Stein/Jonas

Kommentar zur

Zivilprozeßordnung

21. Auflage
bearbeitet von

Reinhard Bork · Wolfgang Brehm
Wolfgang Grunsky · Dieter Leipold
Wolfgang Münzberg · Herbert Roth
Peter Schlosser · Ekkehard Schumann

Band 6
§§ 704–863

J. C. B. Mohr (Paul Siebeck) Tübingen

Bearbeiter:

Prof. Dr. jur. REINHARD BORK, Hamburg
Prof. Dr. jur. WOLFGANG BREHM, Bayreuth
Prof. Dr. jur. WOLFGANG GRUNSKY, Bielefeld
Prof. Dr. jur. DIETER LEIPOLD, Freiburg i. Br.
Prof. Dr. jur. WOLFGANG MÜNZBERG, Tübingen
Prof. Dr. jur. HERBERT ROTH, Münster
Prof. Dr. jur. PETER SCHLOSSER, München
Prof. Dr. jur. EKKEHARD SCHUMANN, Regensburg

Zitiervorschlag: Stein/Jonas/Bearbeiter[21] § 29a Rdnr. 2

Die Deutsche Bibliothek – CIP-Einheitsaufnahme

Stein, Friedrich:
Kommentar zur Zivilprozessordnung / Stein/Jonas.
Bearb. von Reinhard Bork ... – Geb. Ausg. – Tübingen : Mohr.
  NE: Jonas, Martin:; Bork, Reinhard [Bearb.]
  Geb. Ausg.
  Bd. 6. §§ 704–863. – 21. Aufl. – 1995
  ISBN 3-16-146386-2

© 1995 J.C.B. Mohr (Paul Siebeck) Tübingen.

Das Werk einschließlich aller seiner Teile ist urheberrechtlich geschützt. Jede Verwertung außerhalb der engen Grenzen des Urheberrechtsgesetzes ist ohne Zustimmung des Verlags unzulässig und strafbar. Das gilt insbesondere für Vervielfältigungen, Übersetzungen, Mikroverfilmungen und die Einspeicherung und Verarbeitung in elektronischen Systemen.

Dieser Band wurde von Gulde-Druck in Tübingen aus der Rotation gesetzt, auf alterungsbeständiges Werkdruckpapier der Papierfabrik Niefern gedruckt und von der Großbuchbinderei Heinr. Koch in Tübingen gebunden. Den Einband entwarf Alfred Krugmann in Stuttgart.

Zwangsvollstreckung

Vorbemerkungen

I. Begriff der Zwangsvollstreckung	1
1. Rechtswege, Verwaltungsvollstreckung	2
2. Freiwillige Gerichtsbarkeit, Versteigerung außerhalb der ZV	9
3. Regelung der ZPO	10
4. Ergänzendes Recht	12
5. Systematik im achten Buch	15
II. Recht auf Zwangsvollstreckung	16
1. Vollstreckbare Titel (Bedeutung, Verlust, mehrere Titel)	18
2. Verhältnis zum Anspruch, Haftung des Gläubigers	21
3. Inhalt u. Grenzen der Vollstreckungsbefugnis, Bestimmtheit des Titels (→ auch XI 1)	25
4. Subjekte der Zwangsvollstreckung (Gläubiger, Schuldner, Dritte)	35
5. Inhalt und Grenzen staatlicher Vollstreckungsakte	39
6. Verfassungsrecht	43
7. Treu u. Glauben, Rechtsmißbrauch	45
III. Vollstreckung im engeren und weiteren Sinn	46
1. Verurteilung	46
2. Vollstreckungswirkungen im weiteren Sinn	47
3. Vollstreckbarkeit im Sinne der ZPO, ZV im Sinne des Gebührenrechts	51
IV. Formelle Voraussetzungen der Zwangsvollstreckung	55
1. Vollstreckbare Ausfertigung	56
2. Weitere Bedingungen der ZV	57
3. Vollstreckungshindernisse	60
4. Bedeutung formeller Mängel (→ IX)	66
V. Organe der Zwangsvollstreckung	67
1. Gerichtsvollzieher	67
2. Amtsgericht als Vollstreckungsgericht, Grundbuchamt	68
3. Prozeßgericht	69
4. Folgen der Unzuständigkeit	70
VI. Verfahren in der Zwangsvollstreckung, Rechtsbehelfe	74
1. Prozeßvoraussetzungen	77
2. Rechtshängigkeit	85
3. Einwendungen des Schuldners	86
4. Einwendungen Dritter	92
5. Einstweilige Anordnungen, Verhältnis zu einstweiligen Verfügungen	93
6. Parteivereinbarungen	99
7. Erfüllungsfristen, Stundungen; Aufschub der ZV	104
8. Rechtshilfe, ZV im Ausland	105
VII. Beginn und Ende der Zwangsvollstreckung	106
1. Vorbereitungshandlungen	107
2. Beginn der ZV	110
3. Ende der ZV (im weiten und engen Sinn)	114
4. Rückgabe der Sicherheit	124
5. Unterbrechung der Verjährung	125
VIII. Zeitbestimmungen; Verjährung, Gerichtsferien	126
IX. Mängel der Zwangsvollstreckung	128
1. Anfechtbarkeit	128
2. Nichtigkeit	129
3. Anfechtbarkeit und Heilung	132
4. Haftung des Gläubigers, Amtshaftung	141
5. Wirkung erfolgreicher Anfechtung	143
X. Ehemalige DDR, Berlin, Beitrittsgebiet	144
1. ZV aus Titeln der DDR und Ost-Berlins	
2. Umstellung von Titeln auf DM	148
XI. Wertsicherungsklauseln u. fremde Währungen	150
1. Titel mit Wertsicherungsklauseln	151
2. Ausländische Währungen	161
XII. Arbeitsgerichtliche Verfahren	163
XIII. Kosten und Gebühren	164

Stichwortverzeichnis zu den Vorbemerkungen vor § 704

Amtsbetrieb: → Rdnr. 75
Amtshaftung: → Rdnr. 142
Amtshilfe: → Rdnr. 105
Anfechtbarkeit: → Rdnr. 136, 138
Anordnungswirkungen: → Rdnr. 47
Anspruch, materiellrechtlicher: → Rdnr. 21
Arbeitsgericht (ZV): → **Rdnr. 163**
Armenrecht: → Rdnr. 75, 81
Aufhebung von ZV-Akten: → Rdnr. 143
Aufschub der ZV: → Rdnr. 41, 93, 104
Auslegung des Titels: → Rdnr. 26
Ausland, ZV im: → Rdnr. 105
Ausländisches Recht: → Fn. 1
Ausländische Staaten, ZV gegen: → Rdnr. 83
Ausländische Währung: → Rdnr. 161 ff.
Ausschluß der ZV, gesetzlicher: → Rdnr. 40 – vertraglicher: Rdnr. 99
Aussetzung: → Rdnr. 75
Bagatellbeträge: → Rdnr. 45a
Bedingte Ansprüche: → Rdnr. 32, 58, 152
Bedingte ZV: → Rdnr. 42, 58, 152
Beendigung der ZV: → Rdnr. 114 ff.
Befreiung von inländischer Gerichtsbarkeit: → Rdnr. 83 f., 130
Befriedigung des Gläubigers: → Rdnr. 114
Befristete Ansprüche: → Rdnr. 32
Befristete ZV: → Rdnr. 57
Beginn der ZV: → Rdnr. 106 ff.
Beibringungsgrundsatz: → Rdnr. 76
Bereicherungsansprüche: → Rdnr. 23, 141, 160
Berlin: → Rdnr. 144 ff.
Besatzungsrecht: → Rdnr. 65
Bestimmtheit des Titels: → Rdnr. 26 ff., 129, 153 f.
Betriebsrat: → Rdnr. 372, 392
Bruttolohn: → Bestimmtheit des Titels
Bundesverfassungsgericht (ZV): → Rdnr. 5
Bundeswehr: → Rdnr. 14
DDR: → Rdnr. 144 ff., 163 ff.
Devisenrecht: → Rdnr. 58
Dritte: → Rdnr. 37, 38, 97, 129
Duldung der ZV: → Rdnr. 1
Einstellung der ZV (einstweilige, endgültige): → Rdnr. 48, 51, 60, 86, 93 ff., 137, 143, 152, Fn. 498
einstweilige Anordnung: → Rdnr. 93, 116
einstweilige Verfügungen: → Rdnr. 95
Eintragung in Register usw.: → Rdnr. 47 ff.
Einwendungen des Schuldners: → Rdnr. 86 ff.
Einwendungen Dritter: → Rdnr. 92, 97
Ende der ZV: → Rdnr. 114 ff., 143
Enteignung: → Rdnr. 142
Erfüllungsfristen: → Rdnr. 104
Ersitzung: → Rdnr. 85
Exemption, Exterritorialität: → Rdnr. 83

Fernmeldegebühren: → Fn. 11
Feststellungsklage: → Rdnr. 179 – trotz Titel: → Rdnr. 31
Feststellungsurteile: → Rdnr. 46
Finanzgericht (ZV): → Rdnr. 5
Finanzverwaltung: → Rdnr. 7
Fiskus, ZV gegen: → Rdnr. 6
Formvorschriften für ZV-Akte: → Rdnr. 131
Freiwillige Gerichtsbarkeit: → Rdnr. 9, Fn. 6
Gebührenrecht: → Rdnr. 53
Genehmigungen, behördliche: → Rdnr. 58, 151
Gerichtsferien: → Rdnr. 127
Gerichtsvollzieher: → Rdnr. 67, 93, 110, 156
Gesamtschuldner: → Rdnr. 28
Gesamtvollstreckungsordnung: → Rdnr. 62, 62 a
gesetzliche Vertreter: → Rdnr. 77 ff.
Gestaltungsurteile: → Rdnr. 46, 50
GmbH, gelöschte: → Rdnr. 79
Grundbuchamt: → Rdnr. 68
Haftungsbeschränkungen
– gesetzliche: → Rdnr. 33 f.
– vertragliche: → Rdnr. 99
Handlungen u. Unterlassungen, Erzwingung: → Rdnr. 113, 121
Heilung von ZV-Akten: → Rdnr. 132 ff.
Herausgabe von Sachen: → Rdnr. 110, 120
Hindernisse der ZV → **Rdnr. 60 ff.**
Juristische Personen des öff. Rechts: → Rdnr. 6, 68
Justizverwaltung (Beitreibung): → Rdnr. 8
Klage trotz Titel: → Rdnr. 19, 31
Kompetenzkonflikt: → Rdnr. 8
Konkurs, Insolvenz: → Rdnr. 18, 20, 61
Kostenentscheidungen: → Rdnr. 29, 48 Fn. 274
Kostenfestsetzung: → Rdnr. 48
Landesrecht: → Rdnr. 4
Leistung an Gläubiger: → Fn. 487
Londoner Schuldenabkommen: → Rdnr. 14
Luftfahrzeuge: → Rdnr. 14, 68
mehrere Gläubiger oder Schuldner: → Rdnr. 28, 35
mehrere Titel: → Rdnr. 20
mündliche Verhandlung: → Rdnr. 74
NATO-Truppenstatut: → Rdnr. 65, 84
Nichtigkeit des Titels: → Fn. 526
Nichtigkeit des ZV-Akts: → Rdnr. 129, 134
Notfristzeugnis: → Rdnr. 107
Parteien kraft Amtes: → Rdnr. 34, 37, 78
Parteifähigkeit: → Rdnr. 77 ff., Fn. 536
Parteivereinbarungen: → Rdnr. 99
Pfändungspfandrecht: → Rdnr. 128 ff.
Prozeßfähigkeit: → Rdnr. 77 ff.
Prozeßgericht als ZV-Organ: → Rdnr. 69
Prozeßkostenhilfe: → § 119 Rdnr. 14 ff.
Rangfragen: → Rdnr. 128 ff.

Rechtliches Gehör: → Rdnr. 74, 80
Rechtsbehelfe: → Rdnr. 74, 86 ff., 115
Rechtshängigkeit: → Rdnr. 85
Rechthilfe: → Rdnr. 105
Rechtskraftzeugnis: → Rdnr. 107
Rechtsmißbrauch: → Rdnr. 45
Rechtspfändungen: → Rdnr. 111 f., 18, 131, 157
Rechtspfleger: → Rdnr. 68
Rechts- u. Schuldnachfolge: → Rdnr. 36, 80
Rechtsweg: → Rdnr. 2, 130
Rechtswidrigkeit der ZV: → Rdnr. 22
Reform: → Rdnr. 15 Fn. 47, Rdnr. 68
Rückwirkungen: → Rdnr. 132 ff., 143
Sachliche Bedingungen der ZV: → Rdnr. 55, 57
Sachpfändungen: → Rdnr. 110, 117, 156, 164 ff., 169
Schadensersatz (§§ 823, 826, 839 BGB): → Rdnr. 24, 142; s. auch § 717
Schiedssprüche: → Rdnr. 86
Schuldnerschutz: → Rdnr. 14, 41, 59, 74, 91
Sicherheitsleistung: → Rdnr. 42, 107, 124, Fn. 287
Sittenwidrigkeit: → Rdnr. 24, 45, 91, 102, Fn. 449
Sozialgericht (ZV): → Rdnr. 5
Streitgenossen: → Rdnr. 37 (→ auch mehrere Gläubiger oder Schuldner)
Stundungen: → Rdnr. 104
Subjekte der ZV: → Rdnr. 35, 131
Tod des Gläubigers: → Rdnr. 78 – des Schuldners: → Rdnr. 80
Treu und Glauben: → Rdnr. 45
Umwandlung der Rechtsform von Personenvereinigungen: → Fn. 403
Unbewegliches Vermögen, ZV in: → Rdnr. 10, 96, 112, 123
Unerlaubte Handlung → Schadensersatz
Ungerechtfertigte Bereicherung: → Rdnr. 23, 141
Unterbrechung von Verjährung und Ersitzung: → Rdnr. 85, 125
Unterwerfung unter Gerichtsgewalt: → Rdnr. 84
Unzuständigkeit, Rechtsfolgen: → Rdnr. 70, 72 f., 130
Verbrauch eines »Titels« (Ausfertigung): → Rdnr. 18, 46 (§ 775 Rdnr. 2)
Vereine, nicht rechtsfähige: → Rdnr. 77
Verfahren: → Rdnr. 74
Verfassungsrecht: → Rdnr. 43
Vergleichsverfahren: → Rdnr. 63, 93
Verjährung: → Rdnr. 85, 126

Verlust des Titels: → Rdnr. 19
Vermögensbeschlagnahme: → Rdnr. 64
Veröffentlichungsbefugnis: → Rdnr. 49
Versteigerung außerhalb der ZV: → Rdnr. 9
Verteilungsverfahren: → Rdnr. 122, 139 f., 156
Verwaltungsgericht (ZV): → Rdnr. 5
Verwaltungsvollstreckung: → Rdnr. 7
Verzicht auf
– Rechtsbehelfe: → Rdnr. 102
– Vollstreckbarkeit: → Fn. 455
– Wartefristen: → Rdnr. 100
– Zustellung: → Rdnr. 100
– Zwangsvollstreckung: → Rdnr. 99
Vollmacht: → Rdnr. 81
vollstreckbare Ausfertigung: → Rdnr. 56
vollstreckbare Titel: → Rdnr. 18 (→ auch mehrere Titel u. Verlust)
vollstreckbare Urkunden: → Rdnr. 27
Vollstreckbarkeit: → Rdnr. 46 ff., 126, Fn. 455
Vollstreckungsabkommen: → Rdnr. 14
Vollstreckungsanspruch: → Rdnr. 16
Vollstreckungsantrag: → Rdnr. 75, 129, 137
Vollstreckungsgericht: → Rdnr. 68
Vollstreckungshindernisse: → Rdnr. 60 ff.
Vollstreckungsklausel: → Rdnr. 56, 129, 137, 152
Vollstreckungsmängel: → Rdnr. 128 ff.
Vollstreckungsnotrecht: → Rdnr. 12
Vollstreckungsorgane: → Rdnr. 67 ff.
Vollstreckungsschutz: → Rdnr. 14, 41, 59, 74, 91
Vollstreckungsstandschaft: → Rdnr. 38
Vollstreckungstitel: → Rdnr. 18, 129
Vollstreckungsurteil: → Rdnr. 51
Vollstreckungsverträge: → Rdnr. 99 ff.
Vollstreckungswirkungen im weiteren Sinn: → Rdnr. 47
Vollziehungsfrist: → Rdnr. 126
Vorbehaltsurteil: → Rdnr. 18
Vorpfändung: → Rdnr. 58, 111
Währungen, fremde: → Rdnr. 150 ff.
Wahlschuld: → Fn. 129
Wartefristen: → Rdnr. 32, 41
wertbeständige Schuldtitel: → Rdnr. 150
Wertsicherungsklauseln: → Rdnr. 150 ff.
Zahlungsaufforderungen: → Rdnr. 109
Zug um Zug: → Rdnr. 26 a. E., 32, 35 a. E.
Zuständigkeit: → Rdnr. 67 ff.
Zustellung an Schuldner: → Rdnr. 100, 107, 137
Zwangsvollstreckung im engeren u. weiteren Sinn: → Rdnr. 1, 46 ff.

I. Der Begriff der Zwangsvollstreckung

1 **Zwangsvollstreckung**[1] im Sinne der ZPO ist die vom Staat oder mit seiner Ermächtigung[2] ausgeübte Tätigkeit zur zwangsweisen Befriedigung oder Sicherung von Ansprüchen auf Leistung[3] oder Duldung[4]. Sie ist nicht Teil oder Anhang des Erkenntnisverfahrens[5], zumal sie nicht nur dem Vollzug der Urteile, sondern auch anderer Vollstreckungstitel dient, und ist grundsätzlich nicht Aufgabe des Prozeßgerichts (über Ausnahmen s. §§ 887ff.). Aber sie ist begrifflich wie nach positivem Recht bürgerliche Rechtsstreitigkeit[6]. Jedenfalls gehört sie formell und, soweit gerichtliche »Entscheidungen« ergehen, auch materiell zur Rechtsprechung zumindest in einem weiteren Sinn, mögen auch manche Hoheitsakte in einem materiellen oder funktionellen Sinne eher Verwaltungsakten ähneln[7].

Zur Vollstreckung **ausländischer Titel im Inland** → §§ 722f. nebst Anhang, zur **Vollstreckung im Ausland** → § 722 Rdnr. 2a. Über die Vollstreckung aus Titeln der **ehemaligen DDR** im Geltungsgebiet der ZPO und aus dortigen Titeln in den neuen Bundesländern → Rdnr. 144ff.

2 1[8]. **Die Zulässigkeit des Rechtswegs** für die Zwangsvollstreckung[9] bestimmt sich zunächst nach dem zu vollstreckenden Titel. Alle Urteile und sonstigen Titel, die nach Maßgabe der ZPO erlassen oder errichtet sind[10], werden mangels abweichender Bestimmungen auch nach ihr vollstreckt, sollte auch der Anspruch selbst nicht privatrechtlich sein[10a], so wie umgekehrt privatrechtliche Ansprüche der öffentlichen Hand, über welche Verwaltungsinstanzen entschieden haben, regelmäßig in die Verwaltungsvollstreckung (→ Rdnr. 7) gehören[11], auch wenn Vorbescheide[12] gerichtlich bestätigt oder teilweise abgeändert wurden, ebenso wie für

---

[1] Lit.: vgl. neben Kommentaren u. Gesamtdarstellungen des ZPR → Einl. Rdnr. 98 die Lb von *Baumann/Brehm* ZV[2]; *Baur/Stürner*[11]; *Blomeyer* ZwVR; *Brox/Walker*[4]; *Bruns/Peters*[3]; *Gerhardt*[2]; *Grunsky*[4] (1987); *Jauernig*[23]; *Lippross* Grundlagen und System des Vollstreckungsschutzes (1983); *Renkl* (1983); *Rosenberg/Gaul/Schilken*[10]; *Schlosser* (1984) sowie *Stein* Grundfragen der ZV (1913); *J. Blomeyer* Erinnerungsbefugnis Dritter (1966); *Gaul* Rpfleger 1971, 1; *Henckel* Prozeßrecht u. materielles Recht (1970). – Ältere Lit. → 19. u. 20. Aufl. jeweils Fn. 1. – Zum PfändPfandR → § 804 Fn. 2, zur Wirksamkeit von Vollstreckungsakten → Rdnr. 128.
Reformlit. → Rdnr. 15 Fn. 47; Lit. zum **ausländischen Recht** bei *Stürner* aaO Rdnr. 81 (alphabetisch nach Ländern geordnet, auch zum Insolvenzrecht); zur **Rechtsvergleichung** *Gaul* JZ 1973, 476ff., ZZP 85 (1972) 279ff.; mit Frankreich *Recq/Wilske* RIW 1993, 809; *Stefan Bauer* Rechtsvergleichende Untersuchungen usw. (Diss. Tübingen 1993). – Zur **Geschichte** der ZV *Blomeyer* aaO § 2 I; *Baumann/Brehm* ZV[2] § 4. – *Rechtssoziologische Aspekte* z.B. bei *Hörmann* Verbraucher u. Schulden usw. (1987).

[2] → die Beispiele Rdnr. 16 nach Fn. 53.

[3] → dazu Fn. 62.

[4] → Rdnr. 34 u. Rdnr. 7, 17f. vor § 253. Die dort gemeinte Duldung der ZV wegen Haftung bzw. Mithaftung ist zu unterscheiden von der Duldung bestimmter Handlungen i.S.d. § 890.

[5] *Brox/Walker* ZwVR[4] Rdnr. 5; *Gaul* Rpfleger 1971, 81 f.

[6] Nicht Freiwillige Gerichtsbarkeit, RGZ 54, 206; *Baur/Stürner*[11] Rdnr. 8; *Blomeyer* ZwVR § 1 II; *Bruns/Peters*[3] § 1 II 1; *Miedtank* Die ZV gegen Bund, Länder, ... und andere jur. Personen des öff. Rechts (1964), 17; *Rosenberg/Gaul*[10] § 2 I 1, III; *Zöller/Stöber*[18] Rdnr. 4. → auch Rdnr. 9.

[7] → Einl. (20. Aufl.) Rdnr. 551, 553; auch unten Rdnr. 16. Wie hier *Blomeyer* (Fn. 6) § 1 II; *Gaul* (Fn. 5), 2 Fn. 3 u. 41 ff., 49 ff., beide mwN, *Baur/Stürner*[11]; *J. Blomeyer* (Fn. 1) 35 ff. (→ aber § 766 Rdnr. 1 Fn. 4); *Gaul* (Fn. 6) § 2 I 1, II 1; a.M. *Schlosser* ZPR II (1984) § 3 II. Ält. Lit.: *Stein* Grenzen u. Beziehungen (1912) 54 f. u. 19. Aufl. Fn. 2.

[8] Vgl. zum folg. *Baur/Stürner*[11] § 1 III; *Blomeyer* (Fn. 6) § 2 II; *Gaul* (Fn. 6) § 4 I.

[9] → Einl. (20. Aufl.) VIII, besonders Rdnr. 386 zu a) a.E.

[10] → Rdnr. 18 ff.

[10a] *MünchKommZPO-Lüke* Einl. Rdnr. 371.

[11] VGH München BayVBl. 1987, 308; OVG Münster NJW 1986, 1190 mwN; 1969, 524; LG Bonn NJW 1977, 814; *Baumbach-Hartmann*[52] Rdnr. 117 mwN; *Baur/Stürner*[11] Rdnr. 19; *Engelhardt/App* VwVG-VwZG[3] Vorb § 6 VwVG Anm. 2.; *Kopp* (Fn. 20) § 168 Rdnr. 5 mwN; *Redeker/v. Oertzen*[11] § 168 Rdnr. 11; *Schunck-de Clerck* (Fn. 20) § 168 Anm. 1c; *Ule* (Fn. 20) 399, h.M. – A.M. OVG Koblenz NJW 1980, 1541 (L); OVG Lüneburg NJW 1984, 2485; OVG Münster NJW 1987, 396; 1954, 896; VG Berlin NJW 1976, 1420; *Eyermann/Fröhler* (Fn. 20) § 168 Rdnr. 6 mwN; *Renck* NVwZ 1982, 547. – Ältere Lit. → 20. Aufl. Fn. 6. – Weitere Titel, aus denen die ZV nach ZPO stattfindet, → § 794 Rdnr. 100. – Zu Fernmeldegebühren s. BVerwG JZ 1978, 59 = MDR 255 = NJW 335 (krit. *Rupp*); OVG Bremen NJW 1986, 2131; *Kopp* (Fn. 20) § 40 Rdnr. 52 (Verwverfahren); Gegenansicht OVG Hamburg JZ 1977, 753 = DÖV 788; VG Köln MDR 1977, 342 (zust. *Tettinger*); *Menger* VerwA 1979, 91 mwN; *Gaul* JZ 1979, 499; *Schmidt* DÖV 1978, 330; *Stern*[6] Verwaltungsprozessuale Probleme usw., S. 43; *Tettinger* JA 1978, 289 mwN; → auch Einl. (20. Aufl.) Rdnr. 362 »Bundespost« (3).

[12] → Einl. (20. Aufl.) Rdnr. 407 Fn. 16; Rdnr. 432.

Prozeßvergleiche vor Verwaltungsgerichten (§ 106 VwGO) selbst dann § 168 Abs. 1 Nr. 3 gilt, wenn sie privatrechtliche Ansprüche regeln[13]. Über weitere gerichtliche Titel außerhalb des Zivilrechtswegs → Rdnr. 5.

Das *Bundesrecht* hat aber auch für zahlreiche Titel außerhalb des Zivilprozesses die Vollstreckung nach der ZPO eröffnet, → § 794 Rdnr. 100 und § 68 GVGA.   **3**

Die *Bundes-* wie auch die *Landesgesetzgebung* (§ 13 GVG) sind befugt, die Vollstreckung wegen privatrechtlicher Ansprüche dem ordentlichen Rechtswege zunächst[14] zu entziehen und Verwaltungsbehörden[15] oder -gerichten zu übertragen, und zwar auch bei nicht öffentlichrechtlichen Titeln, nicht aber bei gerichtlichen Titeln, und mit der in § 4 EG bestimmten Einschränkung für Fiskalansprüche[16]. Endlich kann das Landesrecht, was in → § 801 noch neben § 13 GVG besonders ausgesprochen ist, die gerichtliche Vollstreckung auch bei Verwaltungstiteln anordnen. Durch die VO vom 15.IV. 1937 (RGBl I 466) ist die Vollstreckbarkeit solcher Titel auf das gesamte deutsche Gebiet ausgedehnt worden.   **4**

Über die *arbeits-, finanz-, sozial-* und *verwaltungsgerichtliche* Vollstreckung vgl. §§ 62, 64, 85 ArbGG[17], §§ 150 ff. FGO[18], §§ 198 ff. SGG[19] und §§ 167 ff. VwGO[20]. Wegen § 19 BRAGO für Tätigkeiten außerhalb des Zivilrechtswegs → § 764 Rdnr. 2, § 899 Rdnr. 3. Beschwerden nach § 146 VwGO, Erinnerungen nach § 766 (mit Ausnahme der sozialgerichtlichen Vollstreckung: Amtsgericht) und Klagen nach § 767 finden im selben Rechtsweg statt, während Klagen nach §§ 771, 805 im Zivilrechtsweg zu erheben sind[21]. S. ferner zur Vollstreckung von Entscheidungen des *Bundesverfassungsgerichts* § 35 BVerfGG sowie für Entscheidungen des *EuGH* → Anh. § 723 Rdnr. 27.   **5**

Zur Vollstreckung gerichtlicher und sonstiger Schuldtitel gegen den *Fiskus* und gegen *juristische Personen des öffentlichen Rechts* → § 882a sowie § 15 Nr. 3 EG mit Bem. Wegen der Rechtsbehelfe s. § 167 Abs. 1 VwGO, § 151 Abs. 1 FGO, § 198 Abs. 1 SGG.   **6**

Das Verfahren der **Verwaltungsvollstreckung**[22] ist bundeseinheitlich geregelt für die von der Finanzverwaltung einzuziehenden Forderungen in §§ 249 ff. AO 1977[23], in der JBeitrO[24]   **7**

---

[13] OVG Münster NJW 1969, 524 (anders noch JZ 1954, 549 = NJW 896 = DÖV 734); VerwG Freiburg NJW 1965, 2073; *J. Schröder* Prozeßvergleich in den verwaltungsgerichtlichen Verfahrensarten (1971) 191 ff.; *Gaul* (Fn. 6) § 4 I (dort wohl nur versehentlich »Verwaltungsvollstreckung« statt verwaltungsgerichtliche Vollstreckung). S. auch *Martens* JuS 1974, 99 f.

[14] → Einl. (20. Aufl.) Rdnr. 431 f.

[15] *Engelhardt/App* (Fn. 11) § 1 Anm.III; *Sauthoff* DÖV 1987, 800 ff.; *Wolff/Bachof* Verwaltungsrecht III[5] § 160 III a. – Wegen Art. 92 GG u. a. von *Gaul* (Fn. 6) § 4 I Fn. 4 (mwN) geäußerte Bedenken dürften bezüglich des »zugreifenden« Bereichs der ZV unbegründet sein, weil nicht jede Vollstreckung (→ Rdnr. 7) zum Bereich → Rdnr. 1 gehört und die Zuweisung zu diesem nicht durch Art. 92 GG, sondern erst durch § 13 GVG geschieht.

[16] → Einl. (20. Aufl.) Rdnr. 430.

[17] → Rdnr. 172.

[18] Lit.: *Gräber*[2] FGO-Komm. §§ 150 ff.; *Naumann* SGb 1972, 382; *Rahn* BB 1974, 1434; *Wettlaufer* Vollstreckung verwaltungs-, sozial- und finanzgerichtlicher Titel zugunsten der öffentlichen Hand (1989) 321 ff., dazu *Schilken* ZZP 104 (1991) 377. – Krit. (u. a. zur Regelung des § 150 FGO: Finanzamt als Vollstreckungsbehörde finanzgerichtlicher Titel) *Gaul* u. *Zeiss* JZ 1973, 478; 1974, 567; *Wettlaufer* aaO 329.

[19] Lit.: *Naumann* (Fn. 18), *Wettlaufer* (Fn. 18) 223 ff. und die Komm. *Mayer-Ladewig*[3], *Peters/Sautter/Wolff*[4], *Zeihe*[5], *Hastler/Rohwer/Kahlmann* und *Miesbach/Ankenbrauk* (beide Loseblatt).

[20] Lit.: *Gaul* JZ 1979, 496 (auch zur Mitwirkung des Zivilgerichts und für Reform); *Naumann* (Fn. 18); *Wettlaufer* (Fn. 18) 50 ff.; *Ule* Verwaltungsprozeßrecht[9]; die Komm. *Eyermann/Fröhler*[9], *Kopp*[9], *Redeker/v. Oertzen*[11], *Schunck-de Clerck*[3], s. auch *Bank* ZV gegen Behörden usw. (1982).
Zur Reform der Verwaltungsvollstreckung *Gaul* (Fn. 6) § 4 IV mwN; *Renck* ZRP 1979, 254. Zum Entwurf einer Verwaltungsprozeßordnung *Zeiss* ZRP 1982, 74; *Wettlaufer* (Fn. 18) 395 ff.

[21] *Gaul* (Fn. 6) § 4 II 1 d mwN auch zu Gegenansichten.

[22] Vgl. *App* VerwVollstrR[2]; *Sadler* VwVG[2]; *Hornung* Rpfleger 1981, 86 ff.; *Baur/Stürner*[11] Rdnr. 21 ff.; *Engelhardt/App* (Fn. 11); *Maurer* VerwaltungsR[6] 20 mwN; *Wind* VerwRundschau 1988, 133 ff.; *Wolff* (Fn. 15) § 160 mwN. Wegen der neuen Bundesländer *Theune, Brachmann* LKV 1991, 298. – Krit. (Unübersichtlichkeit, Zweifel an Beachtung der Gewaltenteilung *Gaul* JZ 1979, 496 ff., 502 f.; 1973, 477; *Zeiss* JZ 1974, 567; dagegen *Borchert* u. *Huken* KKZ 1977, 117 u. 126.

[23] Lit.: *Eberlein* DStZ 1985, 120 ff.; *Sauer* Vollstreckung im Steuerrecht[2] u. die Komm. *Hübschmann/Hepp/Spitaler* (Loseblatt ab 1951), *Klein/Orlopp*[4]; *Koch*[3]; *Tipke/Kruse*[14]. – S. auch die Anweisungen für Vollstreckungsverfahren v. 13.III. 1980 BStBl I 112, Änderungen BStBl 1987, 370; 1992, 283 u. für Vollziehungsbeamte v. 29.IV. 1980 BStBl I 194, geändert BStBl 1992, 279 (dazu *App* NJW 1992, 1938. – Zur Kritik → Fn. 22; die AO 1977 hat zur ZV nichts wesentliches geändert → 20. Aufl. Fn. 12.

[24] Sie gilt auch als Landesrecht. Näheres s. Schönfelder Deutsche Gesetze Vorbem. zu Nr. 121 u. 122 sowie we-

für die dort in § 1 aufgeführten, von der Justizverwaltung einzuziehenden Ansprüche und für die übrigen Bundesverwaltungen im VwVG[25], das gemäß § 169 VwGO auch für die Vollstreckung verwaltungsgerichtlicher Titel zugunsten der öffentlichen Hand gilt, und im UZwG[26]. S. auch §§ 1, 2 BeitrG-EG[27]. Im übrigen vollzieht sich die Beitreibung nach Landesrecht[28]. Zur wahlweisen Vollstreckung durch Sozialbehörden (§ 66 Abs. 4 SGB-X) → § 794 Rdnr. 100 Nr. 16. Inwieweit Gerichte[29] und sonstige Justizorgane (Gerichtskassen, Gerichtsvollzieher[30]) mitzuwirken haben und ob z. B. Klagen entsprechend §§ 767, 771 beim ordentlichen Gericht zugelassen sind, bestimmt sich nach den genannten Vorschriften[31], wobei über Art und Weise der Rechtsbehelfe im Verwaltungszwangsverfahren allerdings im einzelnen noch Streit besteht[32].

8   Der *Rechtsweg*[33] sowie die Frage, welche Stelle für die Anordnung einstweiliger Einstellungen und ähnlicher Maßnahmen zuständig ist[34], entscheidet sich auch insoweit nach der

---

gen der neuen Bundesländer Nr. 346; ferner die Einforderungs- u. Beitreibungsanordnung, AV BJM v. 25. XI. 1974 (BAnz 1984, 230).

[25] BGBl. 1953 I 157 mit späteren Änderungen. Der Anwendungsbereich ist durch Vorschriften wie § 150 FGO, § 200 Abs. 2 SGG u. § 169 VwGO erweitert. S. dazu *Engelhardt* (Fn. 11); *Wettlaufer* (Fn. 18) 90 ff.

[26] Gesetz über den unmittelbaren Zwang bei Ausübung öffentlicher Gewalt durch Vollzugsbeamte des Bundes vom 10. III. 1961 (BGBl. I 165); letzte Änderung 20. XII. 1984 (BGBl. I 1654).

[27] Vom 10. VIII. 1979 (BGBl. I 1429) mit G vom 7. VIII. 1981 (BGBl. I 807).

[28] Über unterschiedliche Abweichungen zum VwVO (nebst AO) *App* DÖV 1991, 415 ff. Vgl. *VwVG Baden-Württemberg* v. 12. III. 1974 (GBl. 93, zuletzt geändert GBl. 1991, 223); *BayVwZVG* v. 11. XI. 1970 (GVBl. 1971, 1, zuletzt geändert GVBl.1982, 682); in *Berlin* gilt nach § 5 Abs. 2 G über das Verfahren der Berliner Verwaltung. v. 8. XII. 1976 (GVBl. 2735) das VwVG; *VwVG Brandenburg* v. 18.12.1991 (GVBl. 661); *VwVG Bremen* v. 1. IV. 1960 (GBl. 37, zuletzt geändert GBl. 1986,290) sowie G über die Vollstreckung von Geldforderungen im Verwaltungswege v. 15.12.1981 (GVBl. 283); *VwVG Hamburg* v. 13. III. 1961 (GVBl.1961, 79, zuletzt geändert GVBl. 1989, 5); *HessVwVG* v. 4. VII. 1966 (GVBl. I 151, zuletzt geändert GVBl. 1990, 228); *Mecklenburg-Vorpommern EGVwR* v. 25. IV. 1991; für Geldforderungen *NVwVG Niedersachsen* v. 2. VI. 1982 (GVBl. 139); *VwVG NW* v. 13. V. 1980 (GVBl 510, geändert GVBl. 1990,46); *VwVG Rheinland-Pfalz* v. 8. VII. 1957 (GVBl. 101, zuletzt geändert GVBl. 1990,296); *VwVG Saarland* v. 27. III. 1974 (Amtsbl. 430, geändert AmtsBl 1981, 157); *LVwG Schleswig-Holstein* v. 19. III. 1979 (GVBl. 181, geändert GVBl. 1988, 196); *ThürVwZVG* Art. II Nr. 2 des G v.7. VIII. 1991 (GVBl 1991, 285,314). Wegen der übrigen neuen Bundesländer s. Art. 9 I 1 EinigV. – Weitere einschlägige Gesetze bei *Engelhardt/App* (Fn. 11).

[29] So stets Zivilgerichte in den Fällen der §§ 864–871 ZPO. Vgl. auch §§ 284 Abs. 6, 7 AO → Rdnr. 2 vor § 899.

[30] Zur Tätigkeit der GV bei der Justizbeitreibung s. §§ 260 ff. GVGA u. im Verwaltungszwangsverfahren § 273 GVGA.

[31] S. insbes. §§ 262, 293 Abs. 2 AO, §§ 2–6 JustizbeitrO u. zur Landesgesetzgebung → Einl. (20. Aufl.) Rdnr. 403. Auf die Vollstreckungstitel gemäß § 168 VwGO sind die §§ 766, 767, 771 entsprechend anwendbar *BVerwG* NVwZ 1985, 563 = DVBl 392; *OVG Lüneburg* NJW 1974, 918; *VGH München* BayVBl 1985, 213, NJW 1983, 1992; *OVG Münster* NJW 1987, 3029; *Baur/Stürner*[11] Rdnr. 23; *Ule* (Fn. 20) § 70 I, IV; *Kopp* (Fn. 20) § 167 Rdnr. 1 f. mwN, h. M. Zum VerwG als Vollstreckungsgericht *VGH München* u. *OVG Münster* NJW 1984, 2484 f. mwN. – Wegen der Fernmeldegebühren → Fn. 11 a. E.

[32] Str. ist, ob die §§ 766, 767 (wegen §§ 771, 805 s. § 5 Abs. 1 VwVG mit §§ 262, 293 AO) auch für die Vollstreckung aus *Verwaltungsakten* gelten, vgl. § 5 Abs. 1 VwVG mit § 256 AO. De lege lata in der Regel ablehnend, da § 173 VwGO – im Gegensatz zu § 167 I VwGO – einen Vorrang der verwaltungsgerichtlichen Klagen statuiere (grds. ausreichender Rechtsschutz mit Rechtsbehelfen der VwGO), die h. M., *BVerwGE* 27, 141, zu § 113 Abs. 1 S. 4 VwGO *BVerwG* NJW 1978, 335; *OVG Bremen* (Fn. 11); *OVG Koblenz* NJW 1982, 2276; *VGH München* BayVBl 1984, 208; *OVG Münster* NJW 1976, 2036 = DÖV 673; *Baur/Stürner*[11] Rdnr. 26; *Engelhardt* (Fn. 11) § 5 VwVG Anm. 4, § 18 VwVG Anm. IV 2; *Eyermann/Fröhler* (Fn. 20) § 172 Anh Rdnr. 10 ff. mwN; *Kopp* (Fn. 20) § 167 Rdnr. 18 ff. mwN; *Seibert* JuS 1985, 626 f.; *Wolff* (Fn. 15) § 160 II j, III m (aber str., welcher Rechtsbehelf der VwGO im einzelnen zur Anwendung kommt).

Gegenmeinung: *VGH Mannheim* VBlBW 1983, 142; *OVG Münster* JZ 1965, 366 (zust. *Rupp*); *Gaul* (Fn. 6) § II 2 b, ausführlich (Fn. 22), 496; *Wettlaufer* (Fn. 18) 159 ff.; *Redeker/v. Oertzen*[11] § 167 Rdnr. 5; *Renck* NJW 1966, 1247; *Traulsen* Rechtsbehelfe im Verwaltungsvollstreckungsverfahren (1971). – Vgl. auch *Baumbach/Hartmann*[52] § 766 Rdnr. 35, § 767 Rdnr. 59, § 771 Rdnr. 29, jeweils mwN.

[33] Vollstreckungsgericht, auch i. S. d. §§ 766, 828, ist in allen Fällen das Gericht des ersten Rechtszugs (zum Rechtsweg → Rdnr. 2), h.M., *VGH München* NJW 1983, 1992; *OVG Münster* NJW 1986, 1190; 1984, 2484; *Gaul* (Fn. 6) § 4 II 1 d u. JZ 1979, 504; *Kopp* (Fn. 20) § 167 Rdnr. 5 mwN; *Ule* (Fn. 20) § 70 IV; a. M. *Renck* NVwZ 1982, 547 f. Zur Offenbarungsversicherung → Rdnr. 1 f. vor § 899 u. § 899 Rdnr. 3 f. Gegen Entscheidungen der VerwGe als Vollstreckungsgerichte ist die Beschwerde gegeben, § 146 VwGO, z. B. im Bereich des § 16 VwVG (Ersatzzwangshaft im Bereich des Verwaltungszwangs), *App* (Fn. 22) Rdnr. 737; *Engelhardt* (Fn. 11) § 16 VwVG 5; *Kanes* NJW 1963, 1439 f.

[34] Vgl. *Wolff* (Fn. 15), *VGH Mannheim* VBlBW 1985, 185 ff.; *VGH München* NJW 1983, 1992.

Herkunft des Titels[35]. Im Falle eines *Kompetenzkonfliktes* gelten die → Einl. (20. Aufl.) Rdnr. 414 ff. dargestellten Regeln auch für die Vollstreckung[36]. Zur gleichzeitigen Pfändung auf verschiedenen Wegen → 804 Rdnr. 407, 827 Rdnr. 3. Ausgeschlossen ist eine Überleitung der Verwaltungsvollstreckung in eine zivilprozessuale im Wege einer Umschreibung des der öffentlichen Hand zustehenden Vollstreckungstitels auf einen Dritten[37]. So kann z.B. der nachstehende Gläubiger, der die nach § 10 Abs. 1 Nr. 3 ZVG bevorrechtigte Forderung nach §§ 268, 1150 BGB abgelöst hat, nicht die Vollstreckung in das Grundstück auf Grund des nur für den Verwaltungszwang bestimmten Teils betreiben.

2. **Außerhalb der Zwangsvollstreckung nach der ZPO** stehen ferner die Vollstreckung auf dem Gebiet der **freiwilligen Gerichtsbarkeit** (§ 33 FGG), soweit nicht ausnahmsweise die Anwendung der ZPO vorgeschrieben ist (→ § 794 Rdnr. 100 f.), die **Zwangsversteigerung** zum Zwecke der **Aufhebung einer Gemeinschaft**, §§ 180 ff. ZVG[38], und andere *Versteigerungen*, die, ohne Vollstreckung zu sein, lediglich im Verfahren der ZPO folgen, besonders nach § 127 KO[39] und § 1235 BGB[40].

9

3. Das **achte Buch** regelt[41] nur das zivilgerichtliche Vollstreckungsverfahren aus den Titeln der §§ 704, 794 und der sonstigen Bundes-[42] und Landesgesetze (§ 801), welche die ZPO für anwendbar erklären. Es ist auch darin *nicht erschöpfend*, denn die Zwangsvollstreckung in das *unbewegliche Vermögen* ist hier nur in ihren Grundlagen geordnet, während die Durchführung im einzelnen im **ZVG** (→ Einl. (20. Aufl.) Rdnr. 184) geregelt ist und die Zwangseintragung nach Maßgabe der GBO vollzogen wird. Nach § 869 muß jedoch das ZVG als integrierender Teil der ZPO betrachtet werden.

10

Andererseits greift das achte Buch über die Zwangsvollstreckung hinaus. Es umfaßt das ganze Verfahren bei *Arresten* und *einstweiligen Verfügungen*, obwohl nur ihre Vollziehung »Vollstreckung« ist, → Rdnr. 1–5 vor § 916. Außerdem sind die Voraussetzungen gewisser Urteilswirkungen, die nicht Zwangsvollstreckung sind, im 8. Buch geregelt → Rdnr. 47 ff.

11

4. Neben das Recht der ZPO und (für die Immobiliarvollstreckung) des ZVG tritt umfangreiches **ergänzendes Recht**, → auch Rdnr. 43 zum GG. Zur Entwicklung seit 1877 → Einl. (20. Aufl.) Rdnr. 113 ff. Das sogenannte *Vollstreckungsnotrecht*[43] hatte lange Zeit das Vollstreckungsdauerrecht stark entwertet. Das VollstreckungsmaßnahmenG[44] hat das Vollstreckungsrecht bereinigt. Was vom Notrecht der Erhaltung wert war, ist in die ZPO eingefügt und an entsprechender Stelle erläutert[45].

12

a) Danach ist die ZPO im Bereich der Zwangsvollstreckung durch die in der Gesetzesgeschichte → Einl. (20. Aufl.) Rdnr. 148 Nr. 1, 3, 4, 6, 8, 9, 12, 14, Rdnr. 151, 152, 157 und 160 genannten Gesetze geändert worden.

13

b) Von dem nicht in der ZPO geregelten *ergänzenden* Recht sind insbesondere zu erwähnen:

14

1. Das RpflG → Anh. § 576, dazu Einl. (20. Aufl.) Rdnr. 175;
2. §§ 6, 14 KO, 47 f. VglO, 290, 406 Abs. 2, 406b StPO;
3. §§ 99 f. LuftRG[46], durch das die §§ 787, 794 Abs. 1 Nr. 5, 800 a, 817 a, 830 a, 837 a, 847 a, 855 a,

---

[35] Für Vollstreckungsakte → Rdnr. 2.
[36] *Kissel* GVG² § 13 Rdnr. 87.
[37] LG Oldenburg Rpfleger 1982, 435 (Abtretung an Privatperson), zust. *Gaul* (Fn. 6) § 4 II 2; OLG Hamm NJW-RR 1989, 959 = Büro 1178 (Umwandlung landwirtsch. Kreditanstalt in AktGes.).
[38] Sie ist Zwangsmaßnahme ohne Titel (§ 181 Abs. 1 ZVG), aber nicht »ZV« i.S.d. ZPO; a.M. anscheinend *Zeller/Stöber* ZVG¹⁴ § 180 Rdnr. 6.2.
[39] Vgl. RGZ 58, 12 § 237 Nr. 1 GVGA.

[40] *Stein* Grundfragen (Fn. 1) 59 f. → auch die Rsp § 766 Rdnr. 2 Fn. 10.
[41] S. auch die Übersichtsskizze »Regelungszusammenhang« bei *Gerhardt* (Fn. 1) § 3 III.
[42] → § 794 Rdnr. 100 f.
[43] S. dazu *Jonas-Pohle* ZwVollstrNotrecht¹⁶.
[44] → Einl. (20. Aufl.) Rdnr. 149, zur Lit. 19. Aufl. Fn. 22.
[45] → 19. Aufl. mit Fn. 23.
[46] G über Rechte an Luftfahrzeugen vom 26. II. 1959

864, 865, 870a, 873, 895, 916 ff., 938, 941, 942 Abs. 2 S. 1 im Hinblick auf die Vollstreckung in Luftfahrzeuge und deren Ersatzteile ergänzt werden; → auch §§ 923 Rdnr. 15 f., 928 Rdnr. 7–9 und Art. 27 des Abk. über die Internationale Zivilluftfahrt v. 7. IV. 1956 (BGBl. 1956 II 418) betr. Befreiung von Beschlagnahme und Sicherheitsleistung wegen Patentverletzung u. ä.; → auch § 816 Rdnr. 8.

4. Der Erlaß über Zustellungen, Ladungen, Vorführungen und Zwangsvollstreckungen in der Bundeswehr, teilweise abgedruckt bei dem aufgehobenen → § 752 und in → § 904 Rdnr. 2 f., ferner die → § 829 Rdnr. 24, 26, 28 f. erwähnten, für eine Zustellung von Pfändungs- und Überweisungsbeschlüssen sowie Pfändungsbenachrichtigungen in besonderen Fällen wichtigen Vorschriften;

5. Internationale Vollstreckungsabkommen nebst AusfG → Anh. § 723;

6. § 17 des (infolge der Wiedervereinigung wieder in den Blick kommenden) Londoner Schuldenabkommens, → Anh. § 723 Rdnr. 1 Fn. 2 und Einl. (20. Aufl.) Rdnr. 691, nebst §§ 13–30 des AusfG (BGBl 1953 I 1003; 1955 I 57; 1956 I 99; 1956 I 758) sowie das Gesetz über die innerdeutsche Regelung von Vorkriegsremboursverbindlichkeiten vom 20. VIII. 1953 (BGBl. I 999) und das VertragshilfeG vom 26. III. 1952 (BGBl. I 188), die heute kaum noch praktisch werden, → dazu 19. Aufl. IV 3 f. vor § 704;

7. Das devisenrechtlich bedeutsame Außenwirtschaftsgesetz (AWG) → Rdnr. 58, § 750 Rdnr. 42, § 829 Rdnr. 30 und Einl. (20. Aufl.) Rdnr. 990;

8. Die Vorschriften über die Umstellung von Vollstreckungstiteln aus der ehemaligen DDR → Rdnr. 144 ff.;

9. Regelungen, die das ehemalige Besatzungsrecht abgelöst haben, → Einl. (20. Aufl.) Rdnr. 663 f. und 19. Aufl. XIII vor § 704;

10. zahlreiche Vorschriften über den Schuldnerschutz außerhalb der ZPO, → § 811 Rdnr. 74 ff., die Übersicht zu §§ 851, 857 sowie § 882 a Rdnr. 24.

11. Das Gebührenrecht, → Rdnr. 174.

15 **5. Die Anordnung des achten Buches** geht in den §§ 704 ff. vom richterlichen Urteil als wichtigstem Vollstreckungstitel (→ Rdnr. 18) aus und entwickelt im Anschluß daran die allgemeinen Grundsätze der Vollstreckung (§§ 722 ff.), während die übrigen bundes- und landesrechtlichen Titel im Wege der Verweisung (§§ 794 bis 802) behandelt werden. Dann folgen die Vollstreckung wegen Geldforderungen (§§ 803–882), die Vollstreckung zur Erwirkung von Handlungen und ähnliche Fälle (§§ 883–898) und die Hilfsmittel der Vollstreckung, Offenbarungsversicherung und Haft (§§ 899–915). Der fünfte Abschnitt behandelt den Arrest und die einstweiligen Verfügungen (§§ 916–945).

6. Auf Bestrebungen und Entwürfe zur **Reform**[47] wird jeweils im Rahmen der betroffenen Materie eingegangen.

II. Das Recht auf die Zwangsvollstreckung und seine Voraussetzungen[48]

16 Zwangsvollstreckung ist **Staatstätigkeit,** wenn sie auch im Dienste der Verwirklichung des privaten Rechts steht. Sie gehört in allen ihren Teilen wie das Erkenntnisverfahren dem Prozeßrecht und damit **dem öffentlichen Recht an**[49], wenn auch viele ihrer *Wirkungen* privatrechtliche sind[50] und in diesem Rahmen die Rechtspflege fremdnützig tätig wird[51]. Der

---

(BGBl I 57, zuletzt geändert 3. XII. 1976 BGBl 1976 I 3281, 3310).

[47] **Reformlit.:** 39 Vorschläge der *Arbeitsgruppe* aufgrund Beschlusses der JM-Konferenz vom 15.12.1988; Auswahl aus dem Schlußbericht von *Markwardt* DGVZ 1993, 17; E eines G zur Änderung zwangsvollstreckungsrechtlicher Vorschriften BR-Drucks. 134/94; *Alisch* DGVZ 1982, 33; *Behr* Rpfleger 1981, 417 mwN; *Brehm* Rpfleger 1982, 125 mwN, DGVZ 1985, 19; 1986, 97; *Bruckmann* ZRP 1994, 129; *Eich* DGVZ 1989, 49 = ZRP 1988, 454; *Gaul* (Fn. 20); *Gilleßen* DGVZ 1981, 161 mwN; *Gottschalk* DGVZ 1988, 35; *Hörmann* DGVZ 1991, 86 f. mwN; *Jesse* DGVZ 1993, 85; *Münzberg* Rpfleger 1987, 269; *Seip* Rpfleger 1982, 257 mwN; *Schilken*

DGVZ 1994, 138; *E. Schneider* DGVZ 1976, 161, DRiZ 1986, 416; *Baur/Stürner*[11] Rdnr. 41; 17 Diskussionsbeiträge in ZZP 105 (1992), 397 ff.

[48] *Stein* Grundfragen (Fn. 1) 5 ff.; *Gaul* Rpfleger 1971, 1 ff. mwN.

[49] Vgl. *RGZ* 82, 86 (VZS); 128, 85; 156, 395; *Baur/Stürner*[11] Rdnr. 10; *Gaul* (Fn. 48) 2 u. *Lippross* (Fn. 1) 115 je mwN. → auch § 811 Rdnr. 2 f., § 850 Rdnr. 1.

[50] → z. B. §§ 803 Rdnr. 5 Fn. 9; 804 Rdnr. 24 ff.; 815 Rdnr. 13, 16; 819 Rdnr. 1–4, 9; 829 Rdnr. 85 f., 835 Rdnr. 8, 25, 41 f.

[51] Das tut sie nämlich auch im Erkenntnisverfahren u. letztlich tun es alle Staatsorgane zumindest dann, wenn diese auf Anträge Privater tätig werden; insoweit nicht

Staat allein hat das *Recht zum Zwang*; der Gläubiger hat es unvollkommen[52] nur noch in den geringfügigen Resten der Selbsthilfe, §§ 229 f., 561, 859 BGB[53], der Privatpfändung, Art. 89 EGBGB und der sog. Vorpfändung nach § 845, sowie im Falle der Überweisung zur Einziehung nach §§ 835, 857[54] oder besonderer Ermächtigung nach § 887 Abs. 1, s. auch § 892. Im übrigen hat er *gegen seinen Schuldner* neben seinem materiellen Anspruch keinen privaten oder öffentlichen Anspruch auf Vollstreckung[55]. Wohl aber bestehen eine öffentlich-rechtliche Pflicht *des Staates* und entsprechende Amtspflichten der einzelnen als Vollstreckungsorgan tätigen Beamten (vgl. § 839 BGB, Art. 34 GG), dem Gläubiger unter den gesetzlichen Voraussetzungen die begehrte Vollstreckung zu gewähren[56]. Diese Pflichten versetzen den Gläubiger unter Berücksichtigung aller seiner prozessualen Befugnisse in eine Rechtsposition, die wohl nicht nur »Reflex«, sondern schon subjektives öffentliches Recht ist[57]. Damit kehrt der Justizgewährungsanspruch auch im Vollstreckungsrecht wieder und kann hier, soweit der Gläubiger ihn verfolgt, als gegen den Staat gerichteter **Vollstreckungsanspruch** auf Vornahme der beantragten und gesetzlich zulässigen Vollstreckungsmaßnahmen bezeichnet werden[58].

Alle *Voraussetzungen* bestimmen sich nach dem Recht zur Zeit und am Ort der vorzunehmenden Vollstreckungshandlung[59], soweit nicht Staatsverträge anderes vorsehen, → Anh. § 723. 17

1. Die nach der ZPO schlechthin unerläßliche Voraussetzung jedes Rechtes zur Vollstreckung[60] ist der **vollstreckbare Titel**[61]. Das ist eine gesetzlich vorgesehene Entscheidung oder öffentlich beurkundete Erklärung/Einigung, die einen Anspruch auf Leistung[62] oder die Haftung für einen solchen[63] feststellt oder nur bezeichnet (→ Rdnr. 21 f.) und vom Gesetz mit der *Wirkung der Vollstreckbarkeit* ausgestattet ist, → dazu Rdnr. 46 ff. Die wirksam erteilte vollstreckbare Ausfertigung zwingt grundsätzlich die Vollstreckungsorgane, vorbehaltlich § 732 von der Existenz eines vollstreckbaren Titels auszugehen[64]. Die Vollstreckbarkeit muß entweder *ausdrücklich* im Titel angeordnet sein wie bei vorläufig vollstreckbaren Urteilen, 18

---

schlüssig *Windel* ZZP 102 (1989) 188, der auch aaO 188 (Fn. 89), 193, 203 übersieht, daß öffentliches Recht nicht nur als materielles Verwaltungs- oder Staatsrecht, sondern auch als prozessuales denkbar ist, *Gaul* (Fn. 48) 2 Fn. 3.

[52] Grundsätzlich führen auch die folgenden Behelfe nicht ohne staatliche Hilfe zur Befriedigung; anders die Aufrechnung, vgl. *Gerhardt* (Fn. 1) § 1 II 2 mwN. Aber sie ist ein Glücksfall (s. auch §§ 53 ff. KO) u. – als bloßes – auf beiden Seiten mögliches – gestaltendes Rechtsgeschäft nur entfernt mit Zwang vergleichbar. → auch § 766 Fn. 2, § 850b Rdnr. 34 Fn. 107.

[53] Dazu *W.B. Schünemann* Selbsthilfe im Rechtssystem (1985).

[54] Durch unmittelbare Ausübung von Befugnissen des Schuldners, → § 835 Rdnr. 14, § 857 Rdnr. 108, § 859 Rdnr. 5, 13, 20, 31.

[55] RGZ(VZS) 82, 86; *Stein* Voraussetzungen (1903) 3 ff.; *Hein* Duldung (1911) 58 ff.; *Gerhardt* (Fn. 1) § 1 II, *Rosenberg/Gaul* § 6 I, ganz h.M. – A.M. *Windel* (Fn. 51) 187 f.

[56] Zur korrespondierenden sozialen Pflicht gegenüber dem Schuldner auf angemessenes Vollstreckungshandeln s. *Gerhardt* (Fn. 1); *Stürner* (Fn. 49), → § 758 Rdnr. 1 u. vgl. *Henckel* (Fn. 1) S. 349 ff.

[57] So auch *Gerhardt* (Fn. 1) § 2 I. S. auch das einprägsame Schema der Beziehungen Parteien und Staat bei *Baur/Stürner*[11] Rdnr. 8.

[58] → Einl. (20. Aufl.) Rdnr. 210 ff. So BGHZ 3, 82 = NJW 1951, 886; *Gaul* (Fn. 55) § 6 I, II 2; in der Sache

auch *Peters* (Fn. 1) § 1 III 3; *Jauernig* ZwVR[19] § 1 IV; *Stürner* (Fn. 49) Rdnr. 1, 8 u. *Groh* ZZP 51 (1926) 151, denn auf die Bezeichnung »Vollstreckungsanspruch« kommt es weniger an als auf die Anerkennung des o.g. Rechts gegenüber dem Staat. → auch 20. Aufl. Fn. 34 und s. *Gaul* (Fn. 55) § 6 I Fn. 12 gegen Schlosser. Die praktische Bedeutung geht freilich über den Erklärungswert wenig hinaus, *Peters* aaO, so daß die Frage, ob der Vollstreckungsanspruch schon vor Titulierung, mit wirksamem Titel oder erst nach Klauselerteilung, Zustellung u. etwaigen weiteren Voraussetzungen der ZV entsteht, vgl. zur Vollstreckbarkeit *Windel* (Fn. 51) 187 f., kaum lohnt.

[59] RG JW 1899, 325.

[60] Zur Vermeidung von Mißverständnissen wurde der Text gegenüber der 20. Aufl. geändert: Konkrete ZV erfordert die Ausfertigung, Titel gewähren nur das Recht dazu, → Rdnr. 46, 129, § 724 Rdnr. 2, § 766 Rdnr. 13.

[61] In der Praxis oft nur »Titel« genannt. – die Bem. zu §§ 704, 794, 801, 928, 936. – Anders z.T. (nicht stets, →z.B. § 909 Rdnr. 1 a. E.) im Verwaltungsverfahren, vgl. z.B. §§ 249, 251, 254, 260, 285, 322 Abs. 3, 328 AO u. §§ 3, 5 VwVG; vgl. schon RGZ 88, 99, jetzt z.B. OVG Bremen (Fn. 11) u. die krit. Lit. → Fn. 22.

[62] → Rdnr. 5 ff. vor § 253. Ob dieser in der ZV materiellrechtlich oder prozessual abzugrenzen ist, s. *Münch* Vollstreckbare Urkunde usw. (1989), dazu *Münzberg* ZZP 104 (1991), 227.

[63] → Fn. 4, Rdnr. 34.

[64] Näheres → Rdnr. 46, § 766 Rdnr. 13.

§§ 708 ff., Vollstreckungsurteilen, § 722, Vollstreckungsbeschlüssen nach § 1042 a, Vollstreckungsbescheiden, § 700, vollstreckbaren Urkunden, § 794 Abs. 1 Nr. 5, oder sie muß sich unmittelbar aus dem Gesetz ergeben, wie bei nicht für vorläufig vollstreckbar erklärten, aber rechtskräftigen Endurteilen[65] und den ihnen gleichgestellten[66] Vorbehaltsurteilen oder bei den → § 708 Rdnr. 13 zu d) genannten Entscheidungen, den Vergleichen, § 794 Abs. 1 Nr. 1, der Tabelle im Konkurs, § 164 Abs. 2 KO (§ 201 Abs. 2 InsO). Der Titel kann ein Richterspruch (also Staatsakt) oder ein beurkundeter Parteiakt sein[67]. Über die einzelnen Titel → Bem. zu §§ 704, 794, 801. Endurteile und Beschlüsse sind nur dann Vollstreckungstitel, wenn sie – zumindest als Kostenentscheidung – eine Verurteilung zur Leistung[68] oder zur Duldung der Zwangsvollstreckung[69] aussprechen; gerichtliche Vergleiche nur insoweit, als in ihnen eine solche Pflicht übernommen ist[70]. Wegen der erforderlichen Bestimmtheit des Anspruchs → Rdnr. 25 ff.

19 Ist der Titel **verloren** und kann er auch nicht (neu) ausgefertigt (§ 733) oder nach der VO vom 18. VI. 1942 (RGBl. I 395) bzw. für Urkunden gemäß § 794 Abs. 1 Nr. 5 nach §§ 46, 57 Abs. 10 BeurkG ersetzt werden, so ist die Vollstreckung unmöglich und eine neue Klage nötig. Ihr steht die etwaige Rechtskraft des früheren Titels nicht entgegen[71].

20 Über die Frage, ob *trotz vorhandenen* Titels Klagen zulässig sind, → Rdnr. 31 sowie § 727 Rdnr. 7, § 731 Rdnr. 6, § 733 Rdnr. 4, § 756 Rdnr. 7 Fn. 62, Rdnr. 8, § 794 Rdnr. 102, für rechtskräftige Urteile § 256 Rdnr. 35, § 322 Rdnr. 200 f. Hat ein Gläubiger **für denselben Anspruch zwei Titel** gegen denselben Schuldner[72], z. B. im Falle → Rdnr. 31, § 756 Rdnr. 8, durch Urteil und Auszug nach § 164 Abs. 2 KO[73] oder § 85 Abs. 1 VglO[74], oder durch Verurteilung trotz einer vorhandenen vollstreckbaren Urkunde bzw. eines gerichtlichen Vergleichs, und ist im späteren Titel die Vollstreckung *nicht* von der Rückgabe des früheren abhängig gemacht worden[75], so wird der erste Titel durch den später entstandenen nicht ohne weiteres »aufgezehrt«[76] im Sinne eines Wegfalls der Rechtskraft[77] und der Vollstreckbarkeit[78]. Vielmehr kann der Gläubiger zunächst aus dem einen oder anderen Titel vollstrecken,

---

[65] → § 704 Rdnr. 2, 4.
[66] → § 717 Rdnr. 1 a. E.
[67] Daß jeder Titel einen »Dienstbefehl« an die Vollstreckungsorgane enthalte, *Goldschmidt* Ungerechtfertigter Vollstreckungsbetrieb (1910), 42 ff., ist nur eine Umschreibung dieser Wirkung, im übrign lediglich für die Amtshaftung erheblich. S. auch *Heim* Feststellungswirkung (1912) 39.
[68] → Fn. 62.
[69] → Fn. 4.
[70] »Die Parteien sind sich darüber einig, daß ... zur Verfügung gestellt wird« genügt im Zweifel nicht *LG Bonn* Rpfleger 1990, 83.
[71] → § 322 Rdnr. 201. Nach *Bruns/Peters*³ § 5 IV geht die Klage auf Feststellung des ursprünglichen Urteilsinhalts, falls er noch ermittelt werden kann. → aber Rdnr. 105 vor § 253.
[72] Ist der Komplementär verurteilt u. wird die Forderung dann im Konkurs (Insolvenz) der KG festgestellt, so scheidet eine »Aufzehrung« von vornherein aus, *LG Hannover* Rpfleger 1992, 127 = DGVZ 11.
[73] Dazu *Gaul* FS für F. Weber (1975) 155 ff. → auch Fn. 72.
[74] *OLG Karlsruhe* MDR 1977, 937; *RGZ* 132, 115; *Gaul* FS für G. Schiedermair (1976) 155 ff.
[75] → § 794 Rdnr. 102 Fn. 671 f.
[76] So aber *Behr* DGVZ 1977, 50, 54 mwN (jedoch treffen die Zitate OLG Hamm u. OLG Düsseldorf NJW 1955, 1444 u. 1974, 1517 insoweit nicht zu).
[77] *Gaul* (Fn. 73) 171 ff., (Fn. 74) 178 ff.
[78] *Hahn* Mat. zur KO (1881) 345; *RGZ* 132, 113 zu § 75 aF VglO; *BGH* NJW 1960, 436; *OLG München* BayrZ 1906, 145; *OLG Karlsruhe* (Fn. 74); *Gaul* (Fn. 55) § 10 IV 1; *Pohle* Anm. zu BAG Nr. 1 zu § 776 (anders noch JZ 1954, 344); *MünchKommZPO-Wolfsteiner* § 727 Rdnr. 25; *Rosenberg* zu LG Essen ZZP 68 (1955) 310; offenlassend *BAG* JZ 1968, 136 = NJW 74 = MDR 180 = DGVZ 19 = DB 1967, 2036 = AP Nr. 13 zu § 794 (*Grunsky*). Mißverständlich *RGZ* 112, 297, das trotz »Aufzehrung« für die Fälle des § 164 Abs. 2,3 KO die Klage nach § 767 gewährt (nur folgerichtig, wenn die Vollstreckbarkeit nicht als »aufgezehrt« angesehen wird) u. dies – unter bedenklicher Berufung auf Rechtskraftwirkung – mit einer Umwandlung des Anspruchs von fremder in deutsche Währung begründet.
Gegen Ersetzung der Rechtskraft, aber für Wegfall der Vollstreckbarkeit für die Fälle des § 164 Abs. 2 KO *Gaul* (Fn. 73) 173 ff.: Auf dem (schon wegen § 146 Abs. 6 KO im Prüfungstermin vorzulegenden, *RGZ* 85, 68) Titel sei entsprechend § 145 Abs. 1 S. 2 KO die Feststellung zu vermerken u. das Vollstreckungsorgan habe diesen »Entwertungsvermerk« von Amts wegen, notfalls über § 766 zu berücksichtigen. Dem ist nur zuzustimmen, wenn der Vermerk tatsächlich erfolgte u. der Gläubiger keine etwa schon nach § 733 erteilte zweite Ausfertigung ohne Vermerk zur ZV benutzt; der Weg zu § 766 über »fehlendes Rechtsschutzbedürfnis« (so *Pape* KTS 1992, 189) ist kaum vereinbar mit der Formalisierung der ZV. – Wie hier *Gaul* (Fn. 73) 178 ff. für die Fälle § 85 Abs. 1, 3 VglO mwN u. ausführlicher Begr.

solange er eine noch nicht »verbrauchte« Ausfertigung in Händen hat[79]. Ist jedoch durch den späteren Titel der *Anspruch* aus dem ersten ganz oder teilweise aufgehoben oder inhaltlich verändert worden, so kann *insoweit* der Schuldner der Vollstreckung aus dem ersten Titel mit der Vollstreckungsgegenklage nach § 767 entgegentreten[80]. Ebenso, wenn er oder sein Drittschuldner auf einen der Titel freiwillig ganz oder teilweise geleistet hatte. Falls aber die eine der vollstreckbaren Ausfertigungen »verbraucht« wurde, ist der Weg über § 767 unnötig; in solchen Fällen gewähren nämlich schon §§ 775 Nr. 4, notfalls 732 und 766 Schutz gegen doppelte Vollstreckung[81], falls die noch nicht verbrauchte Ausfertigung des anderen Titels zweifelsfrei denselben Anspruch betrifft. Wegen *gerichtlicher Vergleiche nach Erlaß eines Urteils* → § 775 Rdnr. 8, § 794 Rdnr. 32. Über konkurrierende rechtskräftige Urteile → § 322 Rdnr. 226 f.

2. Dagegen ist das **Bestehen des zu vollstreckenden Anspruchs** (worunter im folgenden eine gegenständliche Haftung mitverstanden ist) **keine Voraussetzung der Vollstreckung**. Die vollstreckbare Ausfertigung des Titels ist nicht dazu da, den Anspruch zu beweisen oder auch nur prima facie wahrscheinlich zu machen[82]; denn es ist für die Durchführung der Vollstreckung gleichgültig, ob der Titel als rechtskräftiges Urteil den Anspruch endgültig feststellt, als vorläufig vollstreckbares oder Vorbehaltsurteil die endgültige Feststellung einer späteren Entscheidung überläßt oder als Arrestbefehl sich der Feststellung überhaupt enthält. Und die vollstreckbaren Parteiakte entbehren vollends jeder feststellenden Kraft: Rechtsgeschäfte in Vergleichen und vollstreckbaren Urkunden[83] können anfechtbar oder sonst mit Mängeln behaftet sein. Während der Vollstreckung wird nicht geprüft, ob der Anspruch besteht oder noch besteht[84] und ob er etwa entgegen dem Titelinhalt noch nicht fällig ist[85]. Auch § 775 Nr. 4 und 5 bilden keine Ausnahme; sie sehen nur die vorläufige Einstellung oder Beschränkung der Vollstreckung vor, während die schon vollzogenen Maßnahmen bestehen bleiben, § 776, und gegen den Willen des Gläubigers nur über § 767 beseitigt werden können[86].

Die Vollstreckung ist somit von ihrem materiellrechtlichen Untergrund gelöst[87]; sie ge-

21

22

---

[79] Vgl. *OLG Hamm* NJW 1988. 1998; *LG Heilbronn* DGVZ 1971, 21; → auch Fn. 78 Abs. 2, falls man zu § 164 Abs. 2 KO der Ansicht von *Gaul* folgt. Zum »Verbrauch« → Fn. 81. – Anders laut Tenorierung im Falle → Rdnr. 31 Fn. 170.

[80] RGZ 112, 297 (→ Fn. 78); *OLG Karlruhe* (Fn. 74) mwN; *Gaul* (Fn. 55) § 10 IV 1, zu § 85 VglO aaO 2 b mwN auch zur Gegenansicht; *Wieczorek*² § 704 Anm. C IV a. Zum Vergleich nach rechtskräftigem Urteil → § 767 Rdnr. 17 Fn. 147, § 794 Rdnr. 32 a. – **Nicht** hierher gehört eine Abänderung des Titels (also nicht nur des Anspruchs), z.B. nach § 323 Abs. 4; → dazu § 725 Rdnr. 7; unklar *OLG Hamm* FamRZ 1993, 340, das aufgrund polnischen Unterhaltsurteils negative Feststellung gegenüber vollstreckbarer Urkunde bejahte. – Wer Wegfall der Vollstreckbarkeit des ersten Titels annimmt, muß folgerichtig § 766 anwenden, so auch *Gaul* (Fn. 73) mit der zu § 164 Abs. 2 KO wohl h.M.

[81] → Rdnr. 46, 54, § 775 Rdnr. 2, 18. Quittung des Gläubigers bietet aber wie sonst nur vorläufig Schutz → § 775 Rdnr. 32. Hatte der GV die vollstreckbare Ausfertigung des einen Titels oder die Teilquittung dem Schuldner ausgehändigt, kann der Schuldner diese Urkunden aber nicht verwenden, so ist er nicht etwa auf § 767 zu verweisen, sondern es muß zunächst der Gläubiger gehört und notfalls anderweitig Beweis erhoben werden → § 766 Rdnr. 39.

[82] Heute h.M. *OLG München* Rpfleger 1974, 29; *Gaul* Rpfleger 1971, 90; *Windel* (Fn. 51); zum früheren Streit → 19. Aufl. Fn. 40.

[83] *Münzberg* (Fn. 62) 231 f. gegen *Münch* (Fn. 62) 126.

[84] *BGH* NJW 1994, 461 zu B II 2 b. Vgl. *Münzberg* DGVZ 1971, 167 ff.; *Brehm* JZ 1978, 262; *Münch* (Fn. 62) 183 ff. u. ausführlich für die Beibehaltung dieses Systems der ZPO *Gaul* ZZP 85 (1972) 293 ff. Die Bezeichnung als »Formalisierungsprinzip« führt oft zu dem Irrtum, es verbiete Vollstreckungsorganen die Prüfung »materiellrechtlicher Fragen«, so z.B. *Geißler* DGVZ 90, 84; *H. Schneider* Die Ermessens- u. Wertungsbefugnis des Gerichtsvollziehers (1989), dazu *Münzberg* ZZP 103 (1990) 505. Zu Ausnahmen, die sich aber formell aus dem Wortlaut des § 887 Abs. 1, sachlich aus der Sonderstellung des Prozeßgerichts als Vollstreckungsorgan ergeben, → § 887 Rdnr. 25 f., § 888 Rdnr. 10, 18. → auch § 890 Rdnr. 18.

[85] → § 751 Rdnr. 1 Fn. 5, § 794 Rdnr. 88 a.E.

[86] → § 775 Rdnr. 32, § 767 Rdnr. 11 nach Fn. 78, § 766 Rdnr. 53.

[87] *BGH* NJW 1990, 1663; *BAG* NJW 1989, 1053 f. = MDR 571 gegen *LAG Baden-Württemberg*; *OLG München* (Fn. 82), *KG* ZZP 96 (1983) 370; ganz h.M. Zu abw. Ansichten → Fn. 84 u. 19. Aufl. Fn. 41. – Auch prozessuale Mängel beim Erlaß des Titels hindern die ZV nicht, außer wenn sie zur Nichtigkeit führen, *LG Berlin* DGVZ 1959, 169; ebensowenig fehlende Rechtskraft wegen Unbestimmtheit des Anspruchs *BGH* NJW 1994, 461 zu B II 2 a. → auch Rdnr. 129.

schieht auch nicht etwa unter der Bedingung, daß der Anspruch besteht[88]. Einwendungen und Einreden gegen den Anspruch sind vielmehr im Wege des Angriffs auf den Titel geltend zu machen, indem er entweder im noch anhängigen Verfahren durch Rechtsmittel oder Einspruch beseitigt wird oder ihm die Vollstreckbarkeit nach §§ 767, 797 Abs. 4 entzogen wird[89]. Geschieht dies nicht oder erlangt ein Vollstreckungsorgan von der Entscheidung, die den Titel beseitigt oder einschränkt, keine Kenntnis, so bleibt die prozessual gesetzmäßige[90] Vollstreckung als Staatstätigkeit *rechtmäßig*[91], selbst wenn dem Schuldner (etwa wegen Rechtskraft) keine Abwehr mehr möglich sein sollte[92].

23   Das schließt aber nicht aus, daß der »Befriedigung«[93] des Gläubigers durch Vollstreckung der rechtliche Grund im Sinne des **§ 812 BGB** fehlen kann und dann eine Bereicherungsklage begründet ist[94], soweit nicht die Rechtskraft[95] oder § 323 Abs. 3, 4 entgegenstehen[96].

24   Ferner kann das Ingangsetzen der Vollstreckung oder – da sie jederzeit vom Gläubiger beendet werden kann – auch ihr Weiterbetreiben eine **unerlaubte Handlung des Gläubigers** sein, für deren Folgen er dem Schuldner oder Dritten[97] nach §§ 823 Abs. 1, 2 oder 826 BGB[98] einzustehen hat[99], soweit nicht § 717 Abs. 3[100] oder die Rechtskraft[101] entgegenstehen; ferner kommt Schadensersatz wegen **Vertragsverletzung** in Betracht[102]. Wegen einstweiliger Verfügungen → Rdnr. 93 Fn. 449. Freilich folgt die Rechtswidrigkeit noch nicht allein daraus, daß objektiv der materielle Anspruch fehlt[103], oder daß der Vollstreckungsantrag des Gläubigers zufällig zur Pfändung schuldnerfremder Gegenstände führt[104]. Die materiellrechtliche Vollstreckungsbefugnis des Gläubigers entfällt nur unter den besonderen Umständen einer

---

[88] → noch § 708 Rdnr. 4ff.
[89] Zu Ausnahmen kraft Gesetzes → Fn. 84 a. E.
[90] Wer insoweit auf die »Zulässigkeit der ZV« abstellt, so z.B. *Stein* Grundfragen (Fn. 1) 23, 43, 50 u. *Henckel* (Fn. 1) 252, muß diesen Begriff hier i.e.S. gebrauchen, nämlich als gesetzliche Verhaltensregel für ZV-Organe, → § 775 Rdnr. 22: bis zu einer Entscheidung gemäß §§ 775 f. bleibt die ZV zulässig u. schon deshalb gesetzmäßig; **durch** die Entscheidung wird zwar »die ZV« unter den Voraussetzungen → § 775 Rdnr. 5 ff. von selbst »unzulässig«; dennoch darf und muß das ZV-Organ erst einstellen, wenn es zuverlässige Kenntnis erhalten hat; bis dahin vollstreckt es rechtmäßig.
[91] H.M. *BGHZ* 55, 26 = NJW 1971, 800 u. 85, 110 = NJW 1983, 232 zu 2; *Henckel* (Fn. 1) 236 ff. mwN gegen *Goldschmidt* (Fn. 67) 75 u. *Niese* Doppelfunktionelle Prozeßhandlungen (1950) 123, die beide übersehen, daß nur menschliches Verhalten verboten sein kann; ein Titel als solcher kann unrichtig oder nicht mehr vollstreckbar, aber nicht rechtswidrig sein, → auch Fn. 99.
[92] *LG Berlin* DGVZ 1969, 41 (auch keine Grundrechtsverletzung).
[93] § 362 BGB gilt bei ZV nur, wenn bestehende Ansprüche aus dem Vermögen des Schuldners befriedigt werden, → Rdnr. 141; § 708 Rdnr. 4, 7; § 815 Rdnr. 18 f.; § 819 Rdnr. 10 f. u. die Hinweise → Fn. 54.
[94] → Rdnr. 141, die Verweisungen in Fn. 93 sowie im einzelnen noch § 717 Rdnr. 51 ff., § 767 Rdnr. 56, § 819 Rdnr. 11, § 835 Rdnr. 35 Fn. 106 (Schuldner), § 771 Rdnr. 73–80, § 805 Rdnr. 27, § 817 Rdnr. 15, § 819 Rdnr. 3, § 829 Rdnr. 71, § 835 Rdnr. 35 Fn. 106 (Dritte, Drittschuldner), § 819 Rdnr. 10, § 829 Rdnr. 71 Fn. 358, § 878 Rdnr. 38 f. (andere Gläubiger) u. § 804 Rdnr. 22 ff. (Bedeutung des PfändPfandR). – Wegen der Verfolgung des Eigentums u. sonstiger dinglicher Rechte → aber § 771 Rdnr. 72.
[95] → § 322 Rdnr. 266 f.

[96] Vgl. *BGH* NJW-RR 1991, 1154 f. (Vergleich).
[97] → § 771 Rdnr. 76 f.
[98] Für § 717 Abs. 2 ist dagegen gleichgültig, ob der Gläubiger erlaubt oder unerlaubt vollstreckte, → § 717 Rdnr. 9 f.
[99] Insoweit ganz h.M. Rechtsvergleichend *Hopt* Schadensersatz aus unberechtigter Verfahrenseinleitung (1968), 61 ff., 84, 111, 155 ff., 238, 259. Sehr umstritten sind die Begründungen u. die Frage, ob das Verhalten des Gläubigers auch dann rechtmäßig sein kann, wenn ihm der materielle Anspruch fehlt, was *BGHZ* 85, 113 = NJW 1983, 232; 95, 19 = NJW 1985, 1961 (Vermutung der Rechtmäßigkeit) – insoweit sicherlich zutreffend – bejaht mwN; – s. auch *BGH* NJW 1994, 2756; zum Streitstand s. *Henckel* (Fn. 1) 248 ff. mwN; er übersieht allerdings S. 260, daß die klassische Indikationslehre bei der wichtigsten Pfändungsart versagt, weil Forderungen nach ganz h.M. nicht absolute Rechte, also nur nach § 823 Abs. 2 oder § 826 BGB geschützt sind, worauf auch *Kohler* ZZP 99 (1986) 37 zutreffend hinweist, u. stellt 270 ff. die neueren Rechtswidrigkeitslehren verzerrt dar (→ § 717 Fn. 42). Näheres → § 717 Rdnr. 9–11 mwN.
[100] → dort Rdnr. 53.
[101] → § 322 Rdnr. 268 ff.; *Gaul* (Fn. 55) § 7 II 3.
[102] *Gaul* (Fn. 55) § 7 II 4 a. Insoweit richtig *BGH* NJW 1985, 3081 = Büro 539: nicht eingehaltene Zusage, dem Vollstreckungsgericht vor dem Offenbarungstermin Zahlungen mitzuteilen. Aber die (schon in *BGHZ* 58, 207 bejahte) aaO obiter bestätigte »gesetzliche Sonderbeziehung privatrechtlicher Art«, die **allein** durch ZV entstehen u. zur Wahrung der Interessen des Schuldners verpflichten soll, ist höchst fragwürdig, *Gaul* aaO 4 b.
[103] *BGH* (Fn. 99), → § 717 Rdnr. 10. – A. M. z.B. *A.Blomeyer* AcP 165 (1965) 485 u. ZwVR § 20 III.
[104] → § 771 Rdnr. 77; anders *BGH* Rpfleger 1992, 529 (im Ergebnis richtig, da Verschulden u. damit Verletzung einer Verhaltenspflicht bejaht).

der Betreibung entgegenstehenden *objektiven Verhaltenspflicht*[105], insbesondere bei bewußter Ausnutzung der formalen Rechtsstellung ohne materiellen Anspruch[106], aber auch dann, wenn ihm Umstände bekannt sind, die ihm – selbst unter Berücksichtigung seiner besonderen Lage – sein Einlenken hätten aufdrängen müssen[107]. Es handelt sich dabei um die rechtliche Bewertung zweier ganz unterschiedlicher *Handlungen* verschiedener Personen, nämlich derjenigen des Vollstreckungsorgans und derjenigen des Gläubigers (oder eines Dritten). Daß die erste gesetzlich angeordnetes und daher erlaubtes, die letzte verbotenes Verhalten sein kann, ist – jedenfalls für die Lehre vom Verhaltensunrecht – nichts Ungewöhnliches[108]. Keineswegs ist »die Zwangsvollstreckung« zugleich rechtmäßig und rechtswidrig[109]; zu dieser widersprüchlichen Vorstellung kann sich nur gezwungen sehen, wer die Rechtswidrigkeit (ex post) auf den *eingetretenen* schädlichen Erfolg gründen will, anstatt das jeweilige Verhalten (ex ante) mit Rücksicht auf den *möglichen* Erfolg auf Grund einer Interessenabwägung zu bewerten[110]. Zur Bedeutung des Pfändungspfandrechts für die Rechtswidrigkeit sowie zur Amtshaftung → Rdnr. 142.

3. Da der Schuldner den staatlichen Zwang nur nach Maßgabe des Titels dulden muß, bestimmt der Titel den **Inhalt** und **Umfang** des Rechts auf Vollstreckung und zur Durchführung der Vollstreckung[111]; vgl. auch § 803 Abs. 1 S. 2. – Zur Bestimmung der **Parteien** → Fn. 132 und § 727 Rdnr. 32–35, § 736 Rdnr. 1, 10, § 750 Rdnr. 17–27. – Wegen der Folgen von Verstößen → Rdnr. 128 ff., besonders Fn. 524, 529, 536, § 767 Rdnr. 11. 25

a) Der **Inhalt der zu erzwingenden Leistung** ist durch **Auslegung des Titels** festzustellen. Sie obliegt den Vollstreckungsorganen[112], notfalls unter Zuziehung von Sachverständigen. Einwendungen dagegen sind nach §§ 766, 793 zu verfolgen[113]. Der Titel muß aber aus sich heraus hinsichtlich der Parteien[114] und des Vollstreckungsumfangs für eine Auslegung genügend **bestimmt** sein oder doch sämtliche Voraussetzungen für seine **Bestimmbarkeit** klar 26

---

[105] → z. B. § 717 Rdnr. 5, § 755 Rdnr. 5, § 767 Rdnr. 15, § 803 Fn. 89. Dazu *BGH* (Fn. 99) a. E.; *BGHZ* 74, 15 f. = NJW 1979, 1352 (keine Indikation der Rechtswidrigkeit bei subjektiv redlichem Verhalten); *Niederelz* Rechtswidrigkeit des Gläubiger- u. Gerichtsvollzieherverhaltens (Diss. Bonn 1974), 7 ff., 125 ff.; *Kohler* (Fn. 99) 38. Nachweise krit. Stellungnahmen bei *Gaul* (Fn. 102).

[106] Sie ist stets rechtswidrig, mag auch die Haftung nach § 826 BGB mit Rücksicht auf die materielle Rechtskraft einzuschränken sein, → § 322 Rdnr. 268 ff. u. zur Unabhängigkeit der Rechtswidrigkeit von der Haftung *Münzberg* Verhalten und Erfolg (1966) 72 ff. Wird in relative Rechte vollstreckt, so ist nur § 826 BGB einschlägig *Kohler* (Fn. 99) 38. Zu Verstößen im Erkenntnisverfahren *Rosenberg/Schwab*[15] § 65 VIII 7 c.

[107] »Vermutung der Rechtmäßigkeit« u. Verneinung einer Pflicht, »mit Sorgfalt zu prüfen«, ob man ein gesetzlich vorgesehenes Verfahren einleiten oder weiterbetreiben darf (so u. a. *BGH* NJW 1985, 1961 mit BGH – Zitat Fn. 105), treffen zwar Wesentliches u. sprechen insoweit für die Beweislast des Geschädigten, helfen aber wenig bei der Prüfung, ob dennoch eine deliktische Verhaltenspflicht i. S. d. § 823 BGB bestand und verletzt wurde. Der im Text vorgeschlagene Maßstab begründet erst die Rechtswidrigkeit u. sollte daher nicht »grobe Fahrlässigkeit« genannt werden (weil es »leichte« ohne Rechtswidrigkeit nicht gibt). Er wird auch dann sonst nicht angewandt, wenn jemand grundsätzlich auf die Ordnungsgemäßheit amtlicher, besonders gerichtlicher Tätigkeit vertrauen darf, z. B. bei § 839 Abs. 3 BGB *BGH* NJW 1989, 1242 f. a. E. (mwN, schon seit *RG* JW 1927, 1412[8]).

[108] Das Verhalten des Gläubigers ist auf den Ebenen Zulässigkeit (rechtliches Können) und Rechtmäßigkeit (rechtliches Dürfen) zu bewerten. Beide können, müssen sich aber nicht decken. Für § 823 ff. BGB interessiert nur das Dürfen. Zulässige ZV-Gesuche können daher rechtswidrig sein, weil Zahlungen des Schuldners übersehen wurden, *BGH* (Zitat Fn. 105), zugleich zum (im Hinblick auf § 775 Nr. 4, 5) eingeschränkten Sorgfaltsmaßstab im Deliktsrecht während sich aus Vereinbarungen schärfere Anforderungen ergeben können, *BGH* WM 1977, 657 f. Im Verhältnis zu Dritten → aber auch § 771 Rdnr. 77.

[109] Gegen diese Ansicht *Goldschmidt* (Fn. 67) 8 ff., *Stein* Grundfragen (Fn. 1) 1 ff.

[110] → § 717 Rdnr. 39, 34, 42 u. *Münzberg* (Fn. 106) pass. – Unklar *BGH* LM Nr. 5 zu § 771 (L, Anm. *Arndt*) = NJW 1960, 1461 = BB 680, wo »die ZV« in Vermögen Dritter »rechtswidrig« genannt wird trotz der »Befugnis« der ZV-Organe, auf Grund der Gewahrsamsverhältnisse zuzugreifen, → auch Fn. 108. Zum enteignungsgleichen Eingriff → § 771 Rdnr. 79.

[111] S. auch § 803 Abs. 1 S. 2.

[112] Allg. M. *RGZ* 82, 161 (164); *BGH* JZ 1987, 204; *OLG Stuttgart* Justiz 1970, 49. Die ZV darf nicht wegen »Förmelei« scheitern *BGH* NJW 1967, 821 f. (→ § 736 Fn. 45).

[113] → § 766 Rdnr. 54; *Rosenberg/Gaul*[10] § 10 II 2 b mwN.

[114] → Rdnr. 28 a. E., Rdnr. 35, § 724 Rdnr. 8, § 750 Rdnr. 18 ff., § 794 Rdnr. 36, 89, § 867 Rdnr. 10. Unbestimmt »Rechtsanwalt X & Partner« als Gläubiger *LG Bonn* Rpfleger 1984, 28.

festlegen[115]. *Unbestimmtheit* kann nach § 766 oder (besser, weil insoweit jede Art Vollstreckung verhindernd) § 732 gerügt werden[116]. Bei teilweiser Unbestimmtheit ist der bestimmte Teil zu vollstrecken[117]. Ungenügend ist eine Fixierung durch *Bezugnahme auf Urkunden*, die weder allgemein zugänglich[118] noch durch Beifügung als Anlage oder – bei Entscheidungen – durch Verweisung im Tenor auf die Urkunde als Anlage der Entscheidung Bestandteil des Titels geworden sind[119]; zur Bestimmtheit bei Wertsicherungsklauseln → Rdnr. 153. Es genügt, daß Vollstreckungs- oder Beschwerdegerichte, notfalls nach einem Hinweis entsprechend § 139[120], zur Auslegung in der Lage sind; ob der Gerichtsvollzieher damit überfordert ist und deshalb die Vollstreckung (rechtmäßig) ablehnt, kann für die Vollstreckungsfähigkeit nicht entscheidend sein[121]. Zur Behebung des Mangels → Rdnr. 31. Bedingtheit darf nicht mit Unbestimmtheit verwechselt werden, → § 794 Rdnr. 86, aber auch Rdnr. 152. Zur *Bestimmtheit der Gegenleistung bei der Verurteilung Zug um Zug* → Fn. 169 a. E., § 726 Rdnr. 13.

27 Bei *Urteilen* ist in erster Linie die Formel[122] maßgebend und der übrige Inhalt, bei Versäumnisurteilen ohne Gründe[123] und Anerkenntnisurteilen[124] die Klageschrift, bei Arrestbefehlen ohne Gründe der schriftsätzliche Vortrag des Antragstellers[125], nur hilfweise heranzuziehen[126], falls der Gläubiger das vollständige Urteil usw. vorlegt (wozu er notfalls entsprechend § 139 aufzufordern ist) oder das Prozeßgericht Vollstreckungsorgan ist[127]. Hingegen scheitert Vollstreckbarkeit nicht daran, daß einem klar tenorierten Urteil z. B. wegen unklarer Begründung materielle Rechtskraft fehlt[128]. Bei *Vergleichen* nach § 794 Nr. 1 muß deren protokollierter Inhalt bestimmt[129] oder zumindest aus dem Zusammenhang durch Auslegung bestimmbar sein, wobei Zweifel auch am grundsätzlichen Bestehen einer Leistungspflicht (ganz oder teilweise) auftreten können[130]; auf Prozeßanträge kommt es für die Auslegung nicht

---

[115] *BGH* JZ 1987, 204 = NJW 1986, 1440; → Rdnr. 27ff., 153, § 724 Rdnr. 8, wegen ausländischer Titel → Fn. 118. Unbestimmtheit des **Anspruchs** hindert die ZV nicht, wenn Art u. Umfang der Leistung bestimmt sind → Fn. 87 a. E.
[116] → § 732 Rdnr. 9, § 766 Rdnr. 15, § 767 Rdnr. 11, § 794 Rdnr. 87.
[117] → Rdnr. 154, § 794 Rdnr. 86 a. E. Ferner → unten Rdnr. 28 a. E.
[118] In Zeitschriften veröffentliche Unterhaltstabellen genügen daher nicht *OLG München* FamRZ 1979, 1057. Über Bezugnahme auf andere veränderliche Werte → Rdnr. 153. Zur Konkretisierung ausländischer, lediglich dem inländischen Bestimmtheitserfordernis nicht entsprechender Titel im Exequaturverfahren, z. B. »gesetzlichen Zinsen« (Frankreich, Italien) oder »Gerichtszinsen« (Belgien) → § 722 Rdnr. 23, Anh. § 723 Rdnr. 306 Fn. 18.
[119] Für **Urteile** *OLGe Hamburg* MDR 1959, 767; *Hamm* MDR 1983, 849 f.; **einstweilige Verfügungen** *OLG Saarbrücken* OLGZ 1967, 34; **Vergleiche § 794 Abs. 1 Nr. 1** *BGH* (Fn. 115); *RGZ* 147, 30 (Vergleichsverhandlungen für Anerkenntnisurteil unerheblich); *OLGe Hamm, Karlsruhe* OLGZ 1974, 59 = NJW 1962 652 (Bezugnahme auf Gutachten); *Justiz* 1984, 303 (Bezugnahme auf BaföG-Bescheide); *OLG Zweibrücken* NJW-RR 1992, 1408 = Rpfleger 441 (im Prot. fehlte Bezeichnung als »Anlage« → § 724 Rdnr. 13); **§ 794 Abs. 1 Nr. 5** → dort Rdnr. 86–89, 91b.
[120] Bei § 867 durch Zwischenverfügung, → dort Rdnr. 26.
[121] *Stürner* JZ 1987, 185 Fn. 95; auch *BGH* NJW 1993, 1996 = Rpfleger 454 stellt auf gerichtliche Auslegung ab.
[122] Jedoch rangiert der Tenor nicht stets vor den Gründen, → § 322 Rdnr. 179 u. *Lindacher* ZZP 88 (1975) 68ff. Zur unvollständigen Ausfüllung von Vordrucken für Vollstreckungsbescheide *LG Hagen* Rpfleger 1981, 198f. *(Wenner)*.
[123] *AG Neustadt* DGVZ 1978, 61; *LG Hamburg* DGVZ 1978, 61f.
[124] *RG* (Fn. 119).
[125] *OLG Frankfurt* Rpfleger 1982, 479f. = Büro 1983, 944f. »Kostenpauschale«. Ebenso bei Prüfung der materiellen Rechtskraft *BGH* (Fn. 84) zu B I 1a.
[126] → § 322 Rdnr. 179; *KG* ZIP 1983, 371 (Mehrdeutigkeit der Formel); *BGH* NJW 1982, 447f. = MDR 221 (dort für Beschwer); Grenzfälle: *BGH* NJW 1988, 3101; *LAG Köln* NZA 1988, 39. *LG Darmstadt* DGVZ 1989, 71 griff sogar bei Urteil mit Gründen auf Schriftsätze zurück (bedenklich, dann schon besser wie → Rdnr. 31).
[127] Sein Auslegungsspielraum geht weiter als der anderer ZV-Organe (Vollstreckungsgerichte) → § 887 Rdnr. 5 mwN.
[128] Z.B. wenn offengelassen ist, welchem von zwei prozessualen Ansprüchen stattgegeben wurde, vgl. *OLG Hamm* NJW-RR 1992, 1279.
[129] Wahlschuld (→ Rdnr. 10–12 vor § 803) genügt aber auch hier, *OLG Köln* DB 1974, 2002 = MDR 1975, 586; auch Ersetzungsbefugnis schadet nicht → Rdnr. 13 vor § 803. Unbestimmtheit des Vergleichsinhaltes: *KG* HRR 1938, 1197 (»laufende Miete«); *OLG Hamburg* MDR 1969, 393 (»alle... erforderlichen Erklärungen abzugeben«); *OLG Hamm* NJW 1969, 2149 (unklare Kostenregelung).
[130] »x DM über den freiwillig gezahlten Betrag von y DM hinaus« tituliert im Zweifel nur diesen Spitzenbetrag *BGH* (Fn. 121). **Fehlende Leistungspflicht:** *OLGe Karlsruhe* Justiz 1970, 344; *Düsseldorf* Rpfleger 1987, 254: Abtretung, falls nicht gezahlt werde (vertretbar, falls dies schon als bedingte Abtretungserklärung, nicht nur als Pflicht dazu auszulegen war); *LG Düsseldorf* DGVZ 1963, 12. → auch § 885 Rdnr. 1 (20. Aufl. Fn. 11). – Zum

an¹³¹. Die Unterwerfung in *vollstreckbaren Urkunden* muß ebenfalls gegenüber bestimmten Personen¹³² und wegen einer bestimmten Leistung¹³³ erfolgen. Auf Vertragsverhandlungen¹³⁴ oder Erklärungen des Notars kann zur Auslegung nicht zurückgegriffen werden.

Bei **Zahlungsansprüchen** ist eine zur Auslegung genügende Bestimmbarkeit gegeben, wenn sie auf einen *Lohnbetrag »brutto«* lauten¹³⁵. Soweit der Schuldner die Lohn- und etwa Kirchensteuer sowie die Sozialversicherungsbeiträge nach Schluß der mündlichen Verhandlung nicht abgeführt und dies gemäß § 775 Nr. 4 oder §§ 766, 793¹³⁶ bis zum Zeitpunkt des Erlösempfangs nachgewiesen hat¹³⁷, ist der Titelbetrag beizutreiben und die Pflicht zur Abführung geht auf den (ohnehin steuerpflichtigen, § 38 Abs. 2 EStG) Gläubiger über¹³⁸. Entsprechendes gilt für Verurteilungen zur Rückzahlung von Bruttolohn¹³⁹ und für Beträge, die im Titel als Abfindung wegen Auflösung eines Dienstverhältnisses gekennzeichnet sind¹⁴⁰, ferner, wenn zwar der Vermerk »brutto« fehlt, aber der Titel eindeutig steuer-bzw. beitragspflichtiges Einkommen betrifft¹⁴¹. *Zinssätze* dürfen vom Diskontsatz der Deutschen Bundesbank abhängig gemacht werden¹⁴²; nicht amtlich veröffentlichten Marktsätzen fehlt aber die Bestimmtheit¹⁴³; zu *Fälligkeit* und Beginn des Zinslaufs → § 751 Rdnr. 1–4, § 794 Rdnr. 88 a. E. Bestimmtheit fehlt auch, wenn die Anspruchshöhe nur nach vorheriger Erstellung eines Kontoabschlusses¹⁴⁴ bestimmt werden kann. Die Auslegung versagt, wenn der Titel auf Leistung eines Einkommens-, Lohn- oder Vermögensbruchteils¹⁴⁵ lautet, wenn die Höhe eines an Pfändungs- oder Abtretungsgläubiger zu zahlenden Betrags von dessen »Pfändbarkeit« abhängen soll¹⁴⁶ oder wenn dem Gläubiger »Ersparnisse«¹⁴⁷ oder »erhaltenes Arbeitslosengeld«, für das nur die Bezugszeit angegeben ist, angerechnet werden sollen¹⁴⁸. Ebenso, wenn Angaben fehlen zum Verhältnis der Verpflichtung **mehrerer** Schuldner oder der Berechtigung mehrer Gläubiger¹⁴⁹, falls auch die Entscheidungsgründe keine Ausle- 28

Zahlungsbeginn bei Unterhaltsvergleichen für Scheidung s. *J. Blomeyer* Rpfleger 1972, 387 (bb).
¹³¹ *KG* NJW-RR 1988, 1406 = DGVZ 170 = MDR 1989, 77.
¹³² Auch gegenüber künftigem Zessionar einer Eigentümergrundschuld« *BGH* NJW 1976, 567; *Schönke/Baur*¹⁰ § 14 IV 1b; a.M. *KG* Rpfleger 1975, 371 = Büro 1207.
¹³³ → § 794 Rdnr. 86 ff.
¹³⁴ *OLG Köln* OLGZ 1979, 487 = Büro 1699.
¹³⁵ Jetzt allg. M., → § 253 Rdnr. 62 mwN, ferner *BGH* WPM 1966, 758 = DB 1196; *BAGE* 15, 227 = NJW 1964, 1338; *BAG* WM 1980, 854 (Titel aufgrund Abtretung mehrerer Lohnforderungen »brutto« müssen Zedenten nennen, sonst unbestimmt); *OLG Frankfurt* OLGZ 1990, 328 = DB 1292 mwN; *Sibben* DGVZ 1987, 178 f. mwN; *Thomas/Putzo*¹⁸ vor § 704 Rdnr. 17; *Wieczorek*² § 704 Anm. C I a 3. Aber nicht »brutto« auf Zahlung nur des »pfändbaren« Nettolohns *LAG Niedersachsen* NZA 1992, 713. – Auch **Nettolohnklagen** läßt *BAG* NJW 1985, 646 für laufende Bezüge zu; die dadurch entstehenden Steuer- u. Versicherungsprobleme (Hochrechnung auf Bruttobetrag durch Schuldner, *LAG München* Büro 1986, 1901) liegen außerhalb der ZV, so daß auch Titel nach § 794 Abs. 1 Nr. 1, 5 so lauten können.
¹³⁶ *MünchArbR-Brehm* (1993) § 382 Rdnr. 7; *OLG Frankfurt* (Fn. 135); *LG Berlin* DGVZ 1993, 27. Zur Anwendung des § 775 Nr. 4 auf Leistung an solche Dritte → § 775 Rdnr. 19.
¹³⁷ Dazu *LGe Freiburg* Rpfleger 1982, 347; *Berlin* (Fn. 136); *AG, LG Köln* DGVZ 1983, 157 f.
¹³⁸ Zur Nachricht des GV an Finanzamt u. Sozialversicherungsträger s. § 86 GVO. Gleiches gilt für Titel auf Bruttolohn »abzüglich … netto« schon ausgezahlter, bezifferter Teilbeträge; der Rest ist voll beizutreiben *AG Berlin-Neukölln* DGVZ 1978, 29 (zust. *Rosenberg/Gaul*¹⁰ § 10 II 2 a aa) gegen *ArbG Wetzlar* DGVZ 1977, 15.
¹³⁹ Daß sie materiell verfehlt sein mag, ist in der ZV unerheblich, *Gaul* (Fn. 138) gegen *LG Hamburg* NJW 1966, 786 (wo freilich der knappe Hinweis »brutto« doch unbestimmt war → Text vor Fn. 135).
¹⁴⁰ Zu einem Vergleich »brutto = netto«, wenn die Parteien irrtümlich Steuerfreiheit nach § 3 Nr. 9 EStG annahmen, *LAG München* (Fn. 135).
¹⁴¹ Richtig *Sibben* (Fn. 135) 179.
¹⁴² → Rdnr. 153 Fn. 649.
¹⁴³ *OLG Frankfurt* Rpfleger 1992, 206 (Libor-Satz).
¹⁴⁴ *LG Köln* Büro 1976, 254⁸⁶ (abl. *Mümmler*). Vgl. auch den Fall *OLG Düsseldorf* → Fn. 130: Ermittlung der Beträge durch Steuerberater.
¹⁴⁵ *BGHZ* 22, 54 = NJW 1957, 23 = DNotZ 200; *OLG Koblenz* OLGZ 1976, 380 (1/3 des Grundbesitzes); *LG Saarbrücken* SaarRuStZ 1957, 16; *LG Berlin* Rpfleger 1974, 29 = DGVZ 11. – Anders § 10a Öster. ExekutionsO, vgl. *Sprung* Konkurrenz von Rechtsbehelfen (1966) 43, 105. – Auch nicht, wenn Lohnpfändung durchgeführt wird, *BGHZ* aaO (61 f.) gegen *OLG Dresden* OLGRsp 43, 353 u. a.
¹⁴⁶ *LAG Niedersachsen* NZA 1992, 713.
¹⁴⁷ *LAG Bad.-Württ.* AP Nr. 1 zu § 732 (*Pohle*).
¹⁴⁸ *BAG* NJW 1979, 2634.
¹⁴⁹ Es sei denn, sie beantragten sämtlich die ZV u. bestimmten Empfangsbevollmächtigte → § 754 Rdnr. 4. Zu Eheleuten *Lappe* Rpfleger 1991, 11 (auch zu § 6 BRAGebO).

gung zugunsten § 421 BGB[150], § 427 BGB[151] oder § 428 BGB[152] erlauben und die Regel des § 420 BGB versagt[153]. Diese ist zwar schon im Erkenntnisverfahren zu berücksichtigen; aber für die Auslegungsfrage, ob das Gericht hiernach auf Teilleistungen erkannt hat, ist zumindest der § 420 BGB zugrundeliegende Rechtsgedanke verwertbar[154], und auf Parteiakte wie vollstreckbare Vergleiche und Urkunden ist § 420 BGB unmittelbar anzuwenden[155]. → auch § 867 Rdnr. 10. Eine Unbestimmtheit aus solchen Gründen auf der *Gläubigerseite* zeigt freilich die Besonderheit auf, daß zumindest allen zusammen der Anspruch unabhängig vom Beteiligungsverhältnis zusteht; daher darf die Vollstreckung nicht scheitern, wenn sie gemeinsam beantragt wird, → § 753 Rdnr. 4. Hingegen ist Unklarheit auf der Schuldnerseite ein Vollstreckungshindernis, wenn durch Auslegung nicht einmal sicher festgestellt werden kann, daß alle mindestens zu gleichen Teilen schulden.

Über *Wertsicherungsklauseln* und Verurteilungen auf Zahlung in *ausländischer Währung* → Rdnr. 150 ff., 161 ff.

29   **Kostenentscheidungen** sind außer im Falle des § 699 Abs. 3 grundsätzlich unbestimmt und erhalten ihre für die Vollstreckung erforderliche Bestimmtheit erst durch den Kostenfestsetzungsbeschluß[156]. Er ist auch dann nötig, wenn ein Mahnbescheid nach § 692 Nr. 3 den Kostenbetrag enthält und nach Erhebung eines Widerspruchs oder Einspruchs anstelle der Klagschrift zur Herstellung des Urteils verwendet wird[157].

30   Bei **Individualansprüchen** versagt die Auslegung, wenn bei **§§ 883f.** die herauszugebenden[158] Sachen bzw. die Gattungsmerkmale der Sachen nicht zweifelsfrei bestimmt werden können[159] und wenn bei **§§ 887ff.** das geschuldete Verhalten, z.B. Rechnungslegung[160], Auskunft[161] und namentlich Beseitigung einer Störung oder Unterlassung[162], nur im allgemeinen angegeben ist. Über die Grenzen der Last des Gläubigers zur Konkretisierung des geschuldeten Verhaltens → jedoch § 887 Rdnr. 37 ff., § 890 Rdnr. 4. Die Wirkung des **§ 894** kann nur für eine inhaltlich bestimmte Willenserklärung eintreten[163]. – Zur *Wahlschuld* → Rdnr. 10 vor § 803.

31   Eine wegen Unbestimmtheit oder Unbestimmbarkeit erforderliche **Ergänzung des Titels** kann grundsätzlich nicht in Zwangsvollstreckungsverfahren stattfinden[164]. Zur Konkretisierung eines allgemein gefaßten Titels auf Erwirkung von Handlungen oder Unterlassungen durch das Prozeßgericht → aber § 887 Rdnr. 5, 37–39, § 889 Rdnr. 9, § 890 Rdnr. 5f., 9f.

---

[150] So z.B. bei Verurteilung »nach § 11 Abs. 2 GmbHG« oder § 128 HGB, *LG Berlin* Rpfleger 1979, 145.

[151] So bei gleichzeitiger Verpflichtung durch Prozeßvergleich zu derselben einheitlichen Leistung, *KG* (Fn. 131). »Gemeinschaftliche Verpflichtung« (§ 427 BGB) wird jedoch nicht vermutet, *OLG Köln* (Fn. 134: dort Titel unbestimmt).

[152] So für Kostenfestsetzungsbeschluß zugunsten Streitgenossen, falls deren gemeinsamer Anwalt die Festsetzung nicht getrennt beantragt hatte *BGH* Rpfleger 1985, 321 f., für Kostenfestsetzung zugunsten Anwaltssozietät *OLGe Saarbrücken* Rpfleger 1978, 227 f.; a.M. *LG Hamburg* AnwBl. 1974, 167 (mehrere Gläubiger).

[153] Das Verhalten des Gläubigers nach Errichtung des Titels ist für § 420 BGB unmaßgeblich (a.M. *LG Berlin* Rpfleger 1976, 437 = MDR 1977, 146[63]), u. auch Offenbarungsverfahren dürfen nicht abgelehnt werden, nur weil der Gläubiger statt seines Teils das Ganze verlangt → § 900 Rdnr. 18 f.

[154] *Berner* Rpfleger 1966, 340; *Thomas/Putzo*[18] vor § 704 Rdnr. 24, vgl. auch § 130 Nr. 5 GVGA; die h.M. wendet § 420 BGB unmittelbar an. *OLG Hamburg* Rpfleger 1962, 382 (mehrere Schuldner) lehnte § 420 BGB wohl nicht grundsätzlich sondern deshalb ab, weil ihm auch der Betrag noch zweifelhaft erschien.

[155] *KG* DGVZ 1971, 72 f. Aber gerade dort zweifelhaft, weil Unterhaltsbedarf mehrerer Kinder unterschiedlich sein kann, weshalb *OLG Zweibrücken* FamRZ 1986, 1237 Unbestimmtheit annahm, zust. *Gaul* (Fn. 113) § 10 II 3 c.

[156] → § 103 Rdnr. 1, für Vergleiche → § 103 Rdnr. 3.

[157] → § 696 Rdnr. 11, § 700 Rdnr. 8.

[158] Zu Anforderungen an Räumungstitel → § 885 Rdnr. 1 a.E.

[159] → § 883 Rdnr. 1 (20. Aufl. Fn. 5) u. Rdnr. 17. Oft stellt sich dies erst beim Versuch der ZV heraus. Unbestimmt »Herausgabe von Softwarekopien« *AG Offenbach* NJW-RR 1989, 445.

[160] *KG* OLGRsp 29, 252. Zur ZV → § 888 Rdnr. 5.

[161] Zur Vorlage von Belegen → § 888 Rdnr. 5 (20. Aufl. Fn. 20); instruktiv *BayObLG* NJW-RR 1989, 933.

[162] → § 887 Rdnr. 37, § 888 Rdnr. 2, § 890 Rdnr. 4, 9, 25.

[163] → § 894 Rdnr. 5, § 888 Rdnr. 2.

[164] *BayObLG* (Fn. 161) mwN; *LG Mainz* Rpfleger 1993, 253.

und zur Bestimmtheit ausländischer Titel → § 723 Rdnr. 23. Werden die Grenzen einer im Vollstreckungsverfahren zumutbaren Auslegung[165] überschritten[166] und scheidet § 319 aus, so darf der Mangel nicht etwa durch entsprechende Fassung der Vollstreckungsklausel behoben werden[167], sondern es bedarf es einer neuen **Klage**, die trotz etwaiger Rechtskraft des ersten Urteils auf *Feststellung* des Urteilsinhalts[168] oder auf eine zweite bestimmte *Verurteilung* gerichtet werden darf[169]; im letzten Falle sollte aber die Vollstreckung aus dem ersten Titel entweder gleichzeitig für unzulässig erklärt[170] oder wie → § 794 Rdnr. 102 Fn. 671 f. vorgegangen werden, um Streit über angeblich doppelte Vollstreckung (Identität des Anspruchs) zu vermeiden[171]. Eine zweite Klage *des Schuldners* wegen Unbestimmtheit oder unrichtiger Auslegung fällt, auch hinsichtlich der Zuständigkeit, nicht unter § 767[172]; wird aber der (bestimmte) vollstreckbare Teil eines Titels nach § 767 angegriffen und hängt die Entscheidung von der Auslegung des übrigen Titelinhalts ab, so ist diese mit vorzunehmen, soweit § 767 Abs. 2 das erlaubt[173]. Über die mögliche Konkurrenz dieser Klage mit §§ 766, 793 → § 766 Rdnr. 54, § 890 Rdnr. 10; zu Einwendungen gegen die Vollstreckungsklausel → § 732 Rdnr. 2. Zur Feststellung, ob § 850 f. Abs. 2 auf einen Anspruch anwendbar ist, → dort Rdnr. 10 f.

b) Titel (Entscheidungen oder Parteiakte, § 794 Abs. 1 Nrn. 1, 5), deren Anspruch noch **befristet oder betagt** ist, sind nach Maßgabe der §§ 726, 795 erst *nach* Fristablauf oder Eintritt des Termins zu vollstrecken, ebenso solche, deren Anspruch vom Eintritt einer vom Gläubiger zu beweisenden aufschiebenden **Bedingung** abhängt; zur Auslegung des Titels → § 726 Rdnr. 3, § 751 Rdnr. 1. Ob diese Ansprüche vollstreckungsreif sind, wird entweder schon bei der Erteilung der Vollstreckungsklausel oder erst durch das Vollstreckungsorgan geprüft; Näheres → §§ 726 Abs. 1, 731, 751 Abs. 1 und für die **Verurteilung Zug um Zug** §§ 726 Abs. 2, 756, 765 mit Bem. Trifft die Beweislast dafür, ob eine Bedingung eingetreten ist, den Schuldner, so obliegt es ihm, einer verfrühten Vollstreckung entgegenzutreten, → § 726 Rdnr. 2, 6 f., ähnlich bei auflösenden Bedingungen → § 726 Rdnr. 10, § 767 Rdnr. 17. Eine Bedingtheit nur der Vollstreckbarkeit als solcher fällt unter § 726 Abs. 1, → dort Rdnr. 9, ausgenommen die Fälle des § 751 Abs. 2, → dort Rdnr. 7 ff. Wegen der **Wartefristen** → § 750 Rdnr. 5 f.

32

c) **Umfang der Vollstreckung**: für den Anspruch haftet in der Regel das **ganze Vermögen** *des Schuldners*. Ausnahmsweise kann aber die *Verpflichtung oder die Haftung beschränkt* sein[174], namentlich die des Erben und der ihm in § 786 gleichgestellten Personen, s. § 781.

33

---

[165] → Rdnr. 26.
[166] Z.B. in den Fällen → § 322 Rdnr. 193, s. *BGH* NJW 1972, 2268 = JR 1973, 112 = MDR 132 mwN (Versäumnisurteil auf Herausgabe eines mit falscher Nr. bezeichneten Sparbuchs).
[167] → § 726 Fn. 14. Für ausländische Titel → aber Rdnr. 26 Fn. 118.
[168] → § 256 Rdnr. 35, 81 mwN.
[169] → § 322 Rdnr. 200, § 794 Rdnr. 102; *BGH* MDR 1958, 215 = LM Nr. 9 zu § 794 I Nr. 1 (→ dazu § 890 Rdnr. 11); *BGH* MDR 1989, 339³⁴ = NJW-RR 318 = BB 179; *Baumann/Brehm*² § 10 I 2b; *Baur/Stürner*¹¹ Rdnr. 156; *Brox/Walker*⁴ Rdnr. 44 je mwN. **Leistungsklage** empfiehlt sich, falls ohnehin durch § 767 Abs. 2 nicht ausgeschlossene Einwendungen zu erwarten sind → § 794 Rdnr. 102. – Für den Vorrang der **Feststellungsklage** RGZ 82, 162(164); BGHZ 36, 14 = NJW 1962, 110; *Bruns/Peters*³ § 5 III 2 Fn. 18, *Gaul* (Fn. 113) § 10 II 2b; wohl auch *Blomeyer* § 9 II 2b; sie ist zumindest dann vorzuziehen, wenn nur die Gegenleistung (→ § 726 Rdnr. 13) unbestimmt ist, vgl. *BGH* BauR 1976, 431

(Werknachbesserung, deren Umfang erst in der ZV streitig wurde); *LGe Hannover* DGVZ 1978, 62; *Mainz* (Fn. 164).
[170] So *Stein* (Fn. 55) 101 f.; *Hellwig* System 2, 164.
[171] Er wäre im Falle des Verbrauchs der Ausfertigungen nach § 766, andernfalls nach § 767 auszutragen → Rdnr. 20, § 775 Rdnr. 2.
[172] RGZ 82, 163; *BGH* Warn 1973, Nr. 48 = NJW 803 = MDR 482; *KG* OLGRsp 9, 118; s. auch zum Weiterbeschäftigungsanspruch bis zur Rechtskraft *LAG Köln* NZA 1988, 39.
[173] *BGH* JZ 1977, 136 = Büro 393 mit ausführlichem Sachverhalt = NJW 583 (Reichweite einer Abfindungsklausel beim Vergleich); *BVerwG* NJW 1992, 192 (krit. *Renck* aaO 2209). Rechtskräftige Feststellung des Titelinhalts kann dabei nach § 256 Abs. 2 erreicht werden (wichtig für Dauertitel z.B. nach §§ 887 ff.).
[174] Dazu *v. Tuhr* Allg. Teil 1, 112; *Hellwig* System 2, 224 ff.

Andererseits kann die Haftung auch über den Anspruch *hinausgehen*, z. B. wenn ein Ehegatte die Vermutung des § 1362 BGB nicht widerlegen kann[175]. – Zur Erweiterung der Haftung über das Vermögen des Schuldners hinaus s. §§ 1 ff. AnfG, §§ 29 ff. KO (§§ 129 InsO). → dazu § 771 Rdnr. 34, 46, § 829 Rdnr. 110.

34 Soweit der Titel eine *Haftung ohne Leistungspflicht* ergibt, wie bei der hypothekarischen oder der Pfandklage und allgemein in den Fällen der Verurteilung zur Duldung der Zwangsvollstreckung[176], beschränkt sich die Vollstreckbarkeit auf bestimmte Vermögensteile, → Rdnr. 9 vor § 803. Diese Beschränkungen gelten nur nach Maßgabe des Titels, müssen also insbesondere im Urteil *vorbehalten* sein. Bei den *Parteien kraft Amtes*[177], die nur mit dem von ihnen verwalteten Vermögen haften, genügt hierfür die Bezeichnung in ihrer amtlichen Stellung, → § 780 Rdnr. 13 und über das Verhältnis dieser materiellrechtlichen zu den prozeßrechtlichen Beschränkungen → Rdnr. 41.

Wegen *vertraglicher Haftungsbeschränkungen* → Rdnr. 99.

35 4. Nach dem Titel bestimmen sich die **Subjekte der Vollstreckung**[178], die wie beim Erkenntnisverfahren[179] voneinander verschiedene Personen sein müssen[180], und die das Gesetz *Gläubiger und Schuldner* nennt, auch wo es sich um dingliche Haftungen handelt. Es sind Personen, für oder gegen die der Titel vollstreckbar ist, gleichviel ob wirklich ein materieller Anspruch besteht[181] und ob sie die Subjekte dieses materiellen Anspruchs sind oder nicht, so z.B. Parteien kraft Amtes[182] oder Prozeßstandschafter[183]. *Gläubiger* ist, wer laut Titel nebst Vollstreckungsklausel die Leistung fordern darf, auch wenn darin Leistung an Dritte vorgesehen ist[184], was daher einer Anfechtung nach § 7 (ab 1999: § 11) AnfG nicht entgegensteht[185]. Nennt der Titel mehrere Gläubiger, ohne anzugeben, wer von ihnen Leistung an alle verlangen kann[186], so müssen alle den Antrag stellen. Gelegentlich versteht die ZPO unter »Gläubiger« freilich den Antragsteller oder Betreiber der Vollstreckung ohne Rücksicht darauf, ob er vollstreckungsrechtlich der »richtige« Gläubiger ist[187]. *Schuldner* ist, wer laut Titel die Leistung zu bewirken[188] oder die Vollstreckung zu dulden hat[189]. Beide verlieren diese Stellung nicht einfach durch materiellrechtliche Änderungen → Rdnr. 36, 38. Bei der Verurteilung zur Leistung nach Gegenleistung oder Zug um Zug[190] ist daher im Sinne der Zwangsvollstreckung weder der Kläger Schuldner in bezug auf die Gegenleistung[191], noch der Beklagte in bezug auf ihre Annahme. Über Parteifähigkeit → Rdnr. 77 ff., zur Mehrheit von Schuldnern und Gläubiger → Rdnr. 28.

36 Hat nach materiellem Recht ein **Wechsel der Vollstreckungssubjekte** stattgefunden, auch durch Erbgang oder Umwandlung juristischer Personen[192], so werden die neu eintretenden

---

[175] → § 739 Rdnr. 9, § 740 Rdnr. 13 ff.
[176] Fn. 4 u. Rdnr. 7–10 vor § 735.
[177] → Rdnr. 25 ff. vor § 50.
[178] Durch Antragstellung wird man zwar Partei im ZV-Verfahren, aber nicht »Gläubiger«, *Becker-Eberhard* ZZP 104 (1991) 428 Fn. 57.
[179] → Rdnr. 17 f. vor § 50.
[180] Vgl. *Heinsheimer* FS f. Wach (1913) 3, 127 ff.
[181] → Rdnr. 21 f.
[182] → Rdnr. 25 ff. vor § 50, § 724 Rdnr. 8, § 727 Rdnr. 25.
[183] → Rdnr. 42, 45 vor § 50, § 724 Rdnr. 8.
[184] BGH NJW 1983, 1678. → § 724 Rdnr. 8, § 727 Rdnr. 1 f., 10–12, 45. Die noch von *Stein* übernommene Formulierung, zu wessen Gunsten die Verurteilung laute (→ 20. Aufl.), war ungenau, *Becker-Eberhard* (Fn. 178) 425.
[185] BGH (Fn. 184).
[186] → dazu Rdnr. 28. Bezeichnung als »Erbengemeinschaft« genügt wegen § 2039 BGB *KG* NJW 1957, 1154 f. Zur Klauselerteilung → § 725 Rdnr. 5.
[187] Z.B. den Antragsteller im Klauselerteilungsverfahren in § 731, den Betreibenden in §§ 757 Abs. 2, 771 Abs. 2 (→ dort Rdnr. 9 mit § 766 Rdnr. 55), § 788 Rdnr. 3. → auch § 775 Rdnr. 19 (laut Titel Empfangsberechtigter). Zum Antrag → Rdnr. 75.
[188] Über Schuldner, die in Titel oder Klausel nicht genannt sind, → § 885 Rdnr. 8 ff.
[189] → Fn. 4; dazu *Schultz* Vollstreckungsbeschwerde (1911) 148 ff.; *Münzberg* ZZP 104 (1991) 230 zu *Münch* (Fn. 62) 59, 108; *RG* Gruch.53 (1909), 1055 (zu § 738); *RGZ* 71, 177 (zum AnfG).
[190] → § 726 Rdnr. 13–17.
[191] *RGZ* 100, 198, *Scheffler* NJW 1989, 1848 mwN. Unrichtig wendet *LG Koblenz* DGVZ 1989, 43 § 726 Abs. 2 an auf die vom Gläubiger(!) als Gegenleistung geschuldete Willenserklärung.
[192] *OLG Hamm* Rpfleger 1989, 337.

nur in bestimmten Fällen Gläubiger oder Schuldner für die Vollstreckung und nur dadurch, daß der bisherige Titel auf sie durch die (hier konstitutive) Vollstreckungsklausel umgestellt wird, § 727[193]. Dagegen kann die Haftung für Bereicherung und Schadensersatz unabhängig von § 727 auch Dritte treffen, → § 717 Rdnr. 19. – Wegen zweifelhafter Identität der Parteien → § 750 Rdnr. 22 ff., § 727 Rdnr. 10 f.; zur neuen Klage → Rdnr. 31.

Alle anderen Personen sind **Dritte**, auch ein Mitverpflichteter, gegen den das Urteil nicht ergangen ist[194]. Soweit Personen verurteilt sind, die nur mit einem *Teil ihres Vermögens* oder nur als *Parteien* kraft Amtes usw. mit fremdem Vermögen haften, sind sie darüber hinaus Dritte, → § 808 Rdnr. 5 f. Stehen nach dem Titel auf einer Seite mehrere Personen, so sind sie Streitgenossen[195]. Verschieden von der Frage, gegen wen der Titel wirkt, ist die andere, gegen wen er gerichtet sein muß, wenn das anzugreifende Vermögen der Berechtigung Mehrerer untersteht, → dazu §§ 735 ff. mit Vorbem sowie § 739 gegenüber Ehegatten. 37

Von **Vollstreckungsstandschaft** kann man sprechen, falls jemand fremde Ansprüche im eigenen Namen beitreibt[196]. *Prozessual* ist dazu jedoch wegen § 750 nur der formell in Titel und/oder Klausel ausgewiesene »Vollstreckungsgläubiger« befugt[197] und er bleibt es solange, bis diese Befugnis prozessual entfällt, sei es durch gerichtliche Entscheidung, Rückgabe der vollstreckbaren Ausfertigung (§§ 727 ff., 767 f.) oder deren Verbrauch. Beispiele: § 328 BGB[198]; Obsiegen als Partei kraft Amtes oder Prozeßstandschafter[199]; Verlust des materiellen Anspruchs nach Erhalt der Vollstreckungsklausel bis zu etwaiger Korrektur nach § 767; die Fälle des § 252 AO[200]. Insoweit ist der Vollstreckungsgläubiger aber nur materiellrechtlich »Dritter« und bedarf daher zur Vollstreckung weder einer Zustimmung des Anspruchsinhabers noch eines rechtlichen Interesses[201]. Auch die Frage einer »Prozeßführungsbefugnis« stellt sich für solche, nach § 750 ausgewiesene Vollstreckungsgläubiger nicht mehr[202] und der Begriff »Vollstreckungsbefugnis« hat hier nur als Recht auf Klauselerteilung eigenständige 38

---

[193] Übersicht → § 727 Rdnr. 2, 6, 25 ff. u. über das Verhältnis des Urgläubigers zum Nachfolger dort Rdnr. 43 ff.

[194] RGZ 30, 386 f. → dazu Rdnr. 1 ff. vor § 735, § 727 mit Bem., § 750 Rdnr. 27, § 771 Rdnr. 35 ff., § 805, § 808 Rdnr. 5 f., § 809 mit Bem., aber auch § 771 Rdnr. 48–50.

[195] → § 725 Rdnr. 5, § 733 Rdnr. 3 b u. zur titelgerechten Bezeichnung ihrer Rechte und Pflichten bei Zahlungsansprüchen oben Rdnr. 28. – Über notwendige Streitgenossenschaft in der ZV (z. B. bei Forderungspfändung → § 829 Rdnr. 21 für Gläubiger als Vollstreckungsschuldner u. Rdnr. 56 gegen Drittschuldner) vgl. *Petschek* ZV in Forderungen (1901) 228 ff.; *Lux* Notwendigkeit der Streitgenossenschaft (1906) 107 ff.; *Emmerich* Pfandrechtskonkurrenzen (1909) 21, 476 f. S. ferner RGZ 68, 221 (223) zu § 747; KG OLGRsp 15, 71 f. zu § 771; OLG München BayrZ 1909, 439 zu § 766; OLG Dresden Seuff Arch 65 (1910), 138 zu § 747. – Die Parallele erlaubt jedoch keine unbesehene Anwendung der für Klagen geltenden Vorschriften (etwa zu § 36 Nr. 3 → § 764 Rdnr. 4 a.E.); umgekehrt ist z. B. eine gebührenrechtliche Unabhängigkeit mehrerer ZV-Aufträge (OLG München NJW 1959, 1376) noch kein ausreichendes Argument gegen die Verwendung des Begriffs Streitgenossenschaft in der ZV.

[196] *Bettermann* Vollstreckung des Zivilurteils usw. (1948) 35; *A. Wienke* Vollstreckungsstandschaft (Diss. Bonn 1989); *Münzberg* NJW 1992, 1867. Hingegen verstehen wohl BGHZ 92, 347 = NJW 1985, 809 = JZ 341 (*Brehm*) u. OLG Bremen NJW-RR 1989, 574 = MDR 460 f. darunter nur eine Vollstreckungsstandschaft, die auch gegenüber § 767 noch standhält, → Fn. 198; dann ist aber der Begriff überflüssig, → folgenden Text.

[197] → § 727 Rdnr. 44, § 732 Rdnr. 3 sowie unten Fn. 206; *Becker-Eberhard* (Fn. 178); *Brehm* (Fn. 196) 343; *Schenker* DAmtsV 1886, 470; *Wienke* (Fn. 196) 343. Insoweit schief OLG Bremen (Fn. 196). Es übersah, daß erst sein nach § 767 stattgebendes Urteil die bisher zulässige ZV des ursprünglichen Anspruchsinhabers rechtsgestaltend »unzulässig werden« ließ, § 767 Rdnr. 2 (richtig *LG Mönchengladbach* → Fn. 201). Unsauber auch BGH (Fn. 196): »Das ZV-verfahren« lasse die ZV durch den (in Titel u. Klausel ausgewiesenen!) Gläubiger nicht zu; gemeint ist aber »das ZV-Recht i.w.S.«, nämlich § 767, wie sich aus den übrigen Ausführungen ergibt.

[198] → § 724 Rdnr. 8 a Fn. 53.

[199] Näheres → § 724 Rdnr. 8 a Fn. 50–52.

[200] Dazu *App* (Fn. 22) Rdnr. 51 ff. Die Fiktion (»Gläubiger«) gilt nur vollstreckungsrechtlich.

[201] Der Ausdruck »vereinbarte Prozeßstandschaft in der ZV« (so *LG Mönchengladbach* WM 1977, 1441) paßt daher kaum.

[202] OLG Köln FamRZ 1985, 627; *Becker-Eberhard* (Fn. 178); verkannt von OLG Frankfurt a. M. FamRZ 1983, 1268, das daher für § 1629 Abs. 3 BGB nach Scheidung unrichtig auf § 766 verwies, → § 724 Rdnr. 9, Rdnr. 8 a Fn. 51. Insoweit richtig OLG Nürnberg Büro 1983, 383; es übersah jedoch, daß ein Verlust der materiellen Gläubigerschaft oder Einziehungsbefugnis grundsätzlich § 767 erfüllt (nicht nur, wenn »doppelte« ZV droht!) → Fn. 208. Wegen etwaiger Ausnahmen → § 767 Rdnr. 22 Fn. 216, § 727 Fn. 243 a.E.

Bedeutung[203]. § 804 gilt zugunsten solcher Vollstreckungsstandschafter[204] und ein Erlös ist an sie zu entrichten (zur Zwangshypothek → § 867 Rdnr. 10a); materiell berechtigten Dritten stehen diese Rechte nur zu, wenn der Titel sie als empfangsberechtigt nennt[205]. – Gewillkürte »isolierte« Vollstreckungsstandschaft, also Vollstreckung im eigenen Namen *ohne* Benennung in Titel und/oder Klausel ist unzulässig[206] und daher nach § 766 zu rügen; sie allein rechtfertigt auch nicht etwa Titelumschreibung analog § 727[207]. – Ob der Schuldner nach § 767 einer formell ordnungsgemäßen Vollstreckungsstandschaft erfolgreich entgegentreten kann, hängt von der Befugnis zur Geltendmachung des Anspruchs im Zeitpunkt der letzten mündlichen Verhandlung ab[208]. Zum Streit zwischen Vollstreckungsstandschafter und Rechtsinhaber, wem die Klausel zu erteilen oder zu entziehen sei, → § 727 Rdnr. 44 ff.

5. Inhalt und Grenzen staatlicher Vollstreckungsakte

39   Die zulässigen Handlungen der Staatsorgane sind **andere** als die nach dem Titel **vom Schuldner zu leistenden**, obwohl das Gesetz einen der freiwilligen Erfüllung möglichst nahe kommenden Erfolg erstrebt: Pfändung (§ 803), Zwangsversteigerung und Zwangsverwaltung (§ 869) statt Zahlung, Eintragung einer Sicherungshypothek (§ 866), Erzwingung der Offenbarungsversicherung durch Haft (§ 901), Wegnahme (§ 883) statt Übergabe, Ermächtigung des Gläubigers nebst Verurteilung des Schuldners zu den Kosten (§ 887) oder Verhängung von Zwangs- und Ordnungsmitteln (§§ 888 ff.) wegen Nichterfüllung anderer Verhaltenspflichten. Der Anspruch[209] des Gläubigers auf Vornahme solcher Staatsakte[210] kann nicht durch Vormerkung nach § 883 BGB gesichert werden; denn sie dient nur dem privatrechtlichen Anspruch gegen den Schuldner[211].

40   a) Zuweilen ist die Zwangsvollstreckung dem Gläubiger **versagt**, wenn a) er auf anderem Weg zu seiner Befriedigung gelangen kann, § 777, b) die geschuldete Handlung schon erbracht oder unerbringlich ist, → § 887 Rdnr. 22 ff., § 888 Rdnr. 18 f.[212], ferner bei unerzwingbaren Handlungen, §§ 427, 888 Abs. 2, 888a (§ 61 Abs. 4 ArbGG), 894 Abs. 2 und ähnlichen Fällen[213], obwohl hier der materielle Anspruch besteht und zur Verurteilung führen kann[214]. → auch Rdnr. 24 Fn. 106, Rdnr. 42 zu f), 96 (Fn. 449) und § 765a Rdnr. 11 ff.

41   b) Auch bei unbeschränktem materiellen Anspruch ergeben sich dadurch **Einschränkungen**, daß *bestimmte Teile des Schuldnervermögens dem Zugriff entzogen sind*, §§ 811 ff., 850 ff., 54 f. SGB-I, oder daß *Vollstreckungsmaßregeln aufgeschoben* werden, obwohl der Anspruch fällig ist, → §§ 721, 794a, 765a, 813a, 900 Abs. 4 und zu Wartefristen → § 750

---

[203] *Becker-Eberhard* (Fn. 178) 419, 427. → § 724 Rdnr. 8a.
[204] → § 804 Rdnr. 8 Fn. 26, Rdnr. 9 Fn. 33.
[205] → § 815 Rdnr. 1, § 819 Rdnr. 7, § 835 Rdnr. 6, § 888 Rdnr. 27; wegen Zwangshypotheken → § 867 Rdnr. 10 a. E.
[206] Arg. § 750 Abs. 1, *BGH, Brehm, Münzberg* (alle Fn. 196). Freilich könnte der materiell Berechtigte im Namen des Titelgläubigers vollstrecken, falls die »gewillkürte Vollstreckungsstandschaft« als Vollmacht auszulegen wäre.
[207] *Gaul* (Fn. 55) § 16 V 2 d; insoweit zutreffend *BGH* (Fn. 196). → auch § 727 Rdnr. 14. – Umgekehrt wird eine Abtretung nicht dadurch berührt, daß der Zedent einen Titel erwirkt, z. B. nach § 103 *BGH* Büro 1988, 857[58].
[208] → § 767 Rdnr. 22, § 727 Rdnr. 46. Insoweit unrichtig *BGH* (Fn. 196), ihm folgend *KG* DAVorm 1989, 318 = FamRZ 417; auch *BGH* NJW-RR 1992, 61, falls versäumt wurde, die »Ermächtigung« materiellrechtlich auszulegen als Einziehungsermächtigung, die § 767 standhält, *Münzberg* (Fn. 196); zust. *Becker-Eberhard* ZZP 107 (1994), 97. **Zutreffend** *BGH* NJW 1980, 2527;

1993, 1398 = WuB VI E § 767 2.93 *(Brehm)*; *KG* MDR 1975, 756; *Brehm* (Fn. 196) 343 u. KTS 1985, 10, 14, *Gaul* (Fn. 55) § 40 V 1a Fn. 118; *Schenker* (Fn. 197); *Wienke* (Fn. 196) 150; im Ergebnis auch *OLG Köln* (Fn. 202) u. *LG Mönchengladbach* (Fn. 201), die freilich ebenfalls nur prozessuale Begriffe verwenden, statt auf Einziehungsbefugnis abzustellen. Ob diese schon im Rahmen einer Prozeßstandschaft besteht oder erst nach Errichtung des Titels geschaffen wird, ist unerheblich, ebenso, ob die Einziehungsermächtigung widerruflich (aber noch nicht widerrufen) ist.
[209] Er steht der Anfechtung der Pfändung nach § 30 Nr. 2 KO nicht entgegen, seit *RGZ* VZS 10, 34 allg. M.
[210] → Rdnr. 16.
[211] → § 830 Rdnr. 23 u. § 867 Rdnr. 22 a. E.
[212] Die 18. Aufl. sah darin mangelndes Rechtsschutzbedürfnis; s. dagegen Fn. 74 der 19. Aufl.
[213] → § 888 Rdnr. 12–17.
[214] Dazu *Stein* Voraussetzungen (1903) 111. Verurteilung ist (obgleich unvollkommener) Rechtsschutz, weshalb man nicht vom Mangel der Rechtsschutzfähigkeit (so 18. Aufl.) sprechen sollte.

Rdnr. 5f. Diese prozessualen[215] Beschränkungen treten *neben* die etwa im Titel verlautbarten materiellrechtlichen[216]. → auch zur Exemption Rdnr. 83f. und zu vereinbarten Vollstreckungsbeschränkungen Rdnr. 99.

c) **Unterschiede** zwischen materiellem Anspruch und staatlicher Vollstreckungshandlung ergeben sich auch insoweit, als die Vollstreckung durch *Sicherheitsleistung des Gläubigers oder Schuldners* aufschiebend oder auflösend bedingt sein kann, §§ 709ff. 42

d) Umfang und Inhalt der staatlichen Vollstreckungshandlungen können nicht durch Parteivereinbarungen begrenzt werden, obwohl für diese im Vollstreckungsrecht Raum bleibt, → Rdnr. 99ff.

e) Gläubiger können im Bereich von ZPO und ZVG nicht nur wählen zwischen gesetzlich für ihren Titel zugelassenen Vollstreckungsmaßnahmen[217]; sie können für die → Rdnr. 1–5 vor § 803 genannten Ansprüche auch mehrere Maßnahmen zugleich beantragen, ohne an eine Reihenfolge gebunden zu sein[218]. Für beides besteht auch rechtspolitisch ein Bedürfnis: Erfolge einzelner Maßnahmen lassen sich oft besser vom Gläubiger als von Vollstreckungsorganen oder -gerichten, aber niemals sicher voraussehen, weshalb Rangverlusten oder anderen Gefahren durch rechtzeitige, weitere Maßnahmen vorzubeugen ist[219].

f) Unzulässige oder (und) rechtswidrige Vollstreckungsakte sind grundsätzlich nicht nichtig, sondern **nur anfechtbar**, → Rdnr. 128ff.

6. Umstritten ist, welche – über einfaches Recht hinausgehende – Grenzen das **materielle Verfassungsrecht**[220], insbesondere der **Grundsatz der Verhältnismäßigkeit**[221], der Zwangsvollstreckung zieht. Trotz öffentlich-rechtlicher Natur der Vollstreckungstätigkeit kommt auch im Hinblick auf Art. 1 Abs. 3 GG eine *unmittelbare* Anwendung materiellen Verfassungsrechts bei der Vollstreckung privatrechtlicher Titel[222] nicht in Betracht[223], ausgenom- 43

---

[215] → Rdnr. 104.
[216] → Rdnr. 33f. u. vgl. *OLG Hamm* OLGRsp 14, 230f.
[217] Vorbehaltlich §§ 777, 803 Abs. 1 S. 2, 812, 866 Abs. 3 sowie § 76 ZVG; anders § 322 Abs. 4 AO. Dazu *Gaul* (Fn. 113) § 5 II 3; *Münzberg* in: 40 Jahre Bundesrepublik Deutschland usw. (1990) 109; *Zeller/Stöber* ZVG[14] Einl. 48, 4 ff. handeln dies unter »Rechtsschutzbedürfnis« ab, im Erg. wie hier. → auch Rdnr. 44 Fn. 240f.
[218] *Gaul* (Fn. 113) § 5 II 3. → auch Rdnr. 44 Fn. 242.
[219] Ausführlich *Brehm* Rpfleger 1982, 127f. Trifft unter den Schuldner der gewählte Zugriff härter als ein Zugriff auf andere Vermögensteile, so kann er diese zugunsten des Gläubigers verwerten oder verpfänden (§ 777; mißbräuchliche Ablehnung seitens des Gläubigers ist mit § 765 a zu bewältigen). Die Reformvorschläge von *Götte* ZZP 100 (1987) 427f. sind daher unausgewogen.
[220] Lit. s. *Gaul* (Fn. 113) § 3.
[221] Zur Herleitung dieses Grundsatzes aus Grundrechten u. dem Rechtsstaatprinzip *Maunz/Dürig/Herzog* GG (Loseblatt 1991) Art. 20 VII Rdnrn. 71 f.; *Kunig* GG[4] Art. 20 Rdnr. 27; *Jarass/Pieroth* GG[2] Art. 20 Rdnr. 56; zu seiner Geltung in der ZV *Gaul* JZ 1974, 279; *E. Peters* FS f. Baur (1981) 549; *Schiffhauer* ZIP 1981, 832; *Kissel* FS f. G. Müller (1981), 860f.; *Weyland* Verhältnismäßigkeitsgrundsatz usw. (1987), dazu *Goette*, ZZP 102 (1989) 498ff.; *Goette* Grundsatz usw. (Diss. 1985) sowie DGVZ 1986, 179; *Wieser* Grundsatz der Verhältnismäßigkeit (1989), dazu krit. *E. Peters* ZZP 103 (1990) 528ff.; *Schilken* Reform der ZV in: Vorträge zur Rechtsentwicklung usw. (1991), 309f.; *Münzberg* DGVZ 1988, 81 sowie (Fn. 217) 102 ff.

[222] Für die Verwvollstr (→ Rdnr. 4, 7), gilt hingegen der Verhältnismäßigkeitsgrundsatz unmittelbar, auch wenn die einschlägigen Vorschriften auf die ZPO verweisen. Insoweit richtig *BGH* NJW 1973, 894 = JZ 1974, 291 (*Gaul* aaO 282). Dazu *Münzberg* (Fn. 217) 109, *App* DStR 1988, 24.
[223] A.M.: *Böhmer* BVerfGE 49, 231ff. = NJW 1979, 535ff. *Goerlich* DÖV 79, 133; vgl. auch *Vollkommer* Rpfleger 1982, 1ff.; *Behr* DGVZ 1980, 52; *Morgenstern* NJW 1979, 2279 f. zur Haft; ausführlich mit Umsetzungsvorschlägen *Wieser* (Fn. 221), einer Zusammenfassung aus ZZP 98 (1985) 50ff., 427ff. und ZZP 100 (1987) 146ff. samt Erwiderungen auf Kritik der Lit. – u. a. auch *Münzberg* (Fn. 217) 106ff. – Unklar AK ZPO *Schmidt-von Rhein* (1987) Rdnr. 2: er geht von der Rsp für mittelbaren Drittwirkung aus, bejaht aber unmittelbare Anwendung; nicht eindeutig zur Unmittelbarkeit der Anwendung, aber in den Ergebnissen ähnlich wie hier *Stöber* (Fn. 217) in Einl. 48. 6 u. *Zöller/Stöber*[18] Rdnr. 29. Wie hier: *Jauernig*[19] §§ 1 X, 31 I; *Baur/Stürner*[11] Rdnr. 11 S. 10, *Rimmelspacher* ZZP 97 (1984) 358; *Stürner* ZZP 99 (1986) 296, 321f.; *Gerhardt* ZZP 95 (1982) 482ff.; *Gaul* (Fn. 113) § 3 III 5, zust. *Schilken* (Fn. 221); *Goette* gegen *Weyland* (Fn. 221). – Die Gegenmeinung müßte konsequenterweise z. B. eine ZV gegen Gesamtschuldner nur unter Beachtung des Gleichheits- und des Verhältnismäßigkeitsgrundsatzes zulassen (eine entsprechende Regelung enthalten in § 268f. AO), was aber mit dem materiellen Recht (§ 421 BGB) unvereinbar ist. S. auch zur Gefahr einer Aushöhlung des materiellen Rechts *Münzberg* aaO 107.

men dort, wo nur das Verhältnis Staat:Bürger betroffen ist, → § 888 Rdnr. 23 (20. Aufl. Fn. 113), § 890 Rdnr. 39.

a) Das Zwangsvollstreckungsverfahren ist in diesem Bereich den bürgerlichen Rechtsstreitigkeiten zuzurechnen[224]. Es bildet – wie das Erkenntnisverfahren – lediglich den geordneten Rahmen zur zwangsweisen Durchsetzung materiell privatrechtlicher Ansprüche zwischen den Parteien[225]. Die uneingeschränkte Anwendung des materiellen Verfassungsrechts hätte daher auch zwischen den Parteien eine unmittelbare Verfassungsbindung zur Folge. Wegen dieser Konsequenz wird die uneingeschränkte Anwendung im Erkenntnisverfahren von der h.M. zu recht abgelehnt[226]. Die damit bezweckte – und über Art. 2 Abs. 1 GG grundrechtlich verbürgte[227] verfahrensrechtliche Sicherung der Privatautonomie würde durch eine uneingeschränkte Verfassungsbindung in der Zwangsvollstreckung gleichsam durch die Hintertür beseitigt. Die Zuerkennung eines Anspruchs, der z.B. wegen unverhältnismäßiger Belastung des Schuldners nicht vollstreckt werden könnte, wäre sinnlos[228].

44 b) Mit der für das Erkenntnisverfahren h.M. ist deshalb auch im Vollstreckungsverfahren von einer nur **mittelbaren Drittwirkung** des materiellen Verfassungsrechts auszugehen. Dies bedeutet[229]:

aa) Uneingeschränkt an der Verfassung zu messen sind die Normen des Vollstreckungsrechts selbst[230], auch hinsichtlich Anwendungsbereich[231] und Auslegung[232].

bb) Darüber hinaus sind die verfassungsrechtlichen Verfahrensvorschriften wie Art. 13 Abs. 2[233], 103 Abs. 1[234], 104 GG[235] und der aus Art. 20 Abs. 3 hergeleitete Grundsatz des

---

[224] → Rdnr. 1 Fn. 6.
[225] H.M. → Rdnr. 16; *Stöber* (Fn. 223) Rdnr. 1; *Peters* (Fn. 221) § 1 IV 1–3; *Brox/Walker*⁴ Rdnr. 1; *Baumann/ Brehm*² § 3 I 2, II 1a. Deshalb hat auch der materiell unzulässige, verfahrensrechtlich aber wirksame Zugriff auf Drittvermögen keinen Entschädigungsanspruch gegen den Staat zur Folge, → Rdnr. 142 Fn. 567, *Gaul* (Fn. 82) 42. Der Zugriff erfolgt materiellrechtlich und vom Antrag her gesehen durch den Gläubiger. Die Annahme einer Enteignung scheitert daran, daß der Eingriff nicht zum Zweck der Erfüllung einer **bestimmten** öffentlichen Aufgabe erfolgt (zu diesem Erfordernis BVerfGE 70, 199f. mwN), obwohl allgemein auch ein öffentliches Interesse an ZV besteht, BVerfG 61, 136 = NJW 1983, 559. Die ZV **enteignet auch nicht den Schuldner**: aus der materiellrechtlichen Schuldverpflichtung folgt die Vermögenshaftung, *Gaul* (Fn. 113) § 3 III 3, *Staudinger/J.Schmidt* BGB¹² Einl. zu §§ 241ff. Rdnr. 135; *MünchKomm-Kramer* BGB³ Einl. vor § 241 Rdnr. 41; *Palandt/Heinrichs* BGB⁵³ Einl. vor § 241 Rdnr. 13. Sie bestimmt im Sinne des Art 14 Abs. 1 S. 2 GG bereits den Inhalt des Eigentums an den einzelnen Vermögensstücken (vgl. BVerfGE 58, 144f. = NJW 1982, 634 – Pflichtexemplar); der Vollstreckungszugriff konkretisiert lediglich diese Eigentumsbindung. Dies gilt verstärkt, wenn Rechte an einzelnen Vermögensstücken eingeräumt sind; deren Zwangsverwertung konkretisiert die mit der Einräumung des Rechts verbundene Eigentumsbeschränkung. Dies verkennt *Böhmer* (Fn. 223), der die verfassungsrechtliche Rechtfertigung im Verfahrensrecht sieht.
[226] Ständige Rsp. des BVerfG seit BVerfGE 7, 198, 204ff. (Lüth-Urteil); BVerfGE 73, 269 = NJW 1987, 827; BGH 50, 133, 138, folgt dieser Ansicht. Zur Lit ausführlich *Stern* Staatsrecht III/1 (1988) § 76, (dort Fn. 227f. mwN zur Rsp.); *Maunz/Dürig* (Fn. 221) Art. 1 III Rdnr. 125ff.; *Kunig* GG⁴ Vorb. Art. 1–19 Rdnr. 31f.; *Jarass* (Fn. 221) Art. 1 Rdnr. 24ff. Ausnahmen sind lediglich für Art. 9 Abs. 3 Satz 2 und Art. 48 Abs. 1 und 2 GG anerkannt.
[227] BVerfGE 74, 151f. mwN; *Stern* (Fn. 226) § 76 III 2b; *Kunig* GG⁴ Art. 2 Rdnr. 16 Stichwort »Vertragsfreiheit«; *Jarass* (Fn. 221) Art. 2 Rdnr. 4.
[228] *Schiffhauer* Rpfleger 1978, 397; zu entsprechenden Auswirkungen des früheren Vollstreckungsnotrechts *Baumann/Brehm*² § 1. Dies übersieht *Böhmer* (Fn. 223) 231, 241 wenn er die Parallele zum Erkenntnisverfahren leugnet.
[229] → Fn. 226, besonders *Stern* § 76 II 2, IV 6,7.
[230] § 807 ist verfassungsgemäß, auch für Gerichtskosten OLG München Rpleger 1993, 118 (zur Amtshaftung). Zu § 739 → dort Rdnr. 11 (Art. 3, 6 GG); zum Pfändungsschutz → § 811 Rdnr. 1–3. Nur in den Grenzen des Art. 14 GG ist auch die gesetzliche Einschränkung der Vollstreckbarkeit bestehender Titel zulässig. → auch Einl. Rdnr. 65 u. z.B. de lege ferenda *Münzberg* Rpfleger 1987, 276, 279, 281.
[231] Zur ergänzenden Anwendung des § 765a bei Räumungsschutz → § 721 Rdnr. 2, 13; zur entspr.Anw. des § 888 Abs. 2 → dort Rdnr. 38; zum ZVG → Rdnr. 5 vor § 864; dazu *Schiffhauer* ZIP 1981, 835ff. Allgemein → Einl. (20. Aufl.) Rdnr. 64ff. Zum Haftaufschub bis zur Sicherstellung der Versorgung Minderjähriger → § 909 Rdnr. 11.
[232] *Zöller/Stöber*¹⁸ Rdnr. 29. Zum Verschuldenserfordernis für Ordnungsgeld und -haft → § 890 Rdnr. 22. Zum ZVG → Fn. 231, dort auch zum aus Art. 14 GG abgeleiteten Anspruch auf rechtsstaatliche Verfahrensgestaltung und effektiven Rechtsschutz → auch Einl. (20. Aufl.) Rdnr. 64ff.
[233] → § 758 Rdnr. 2.
[234] → Einl. (20. Aufl.) Rdnr. 504; speziell im ZV-Verfahren BVerfGE 6, 14f. = NJW 1957, 17; OLG Köln Rpfleger 1984, 424; 1985, 498.
[235] → § 901 mit Bem.

fairen Verfahrens[236] unmittelbar anzuwenden. Diese Bestimmungen betreffen unmittelbar und ausschließlich das Verhältnis der hoheitlich handelnden Vollstreckungsorgane zu **beiden** Parteien[237].

cc) Demgegenüber ist das materielle Verfassungsrecht, insbesondere der *Grundsatz der Verhältnismäßigkeit*, lediglich mittelbar in seiner Funktion als objektive Wertordnung ein maßgebender Gesichtspunkt bei der Anwendung der Generalklauseln und unbestimmten Rechtsbegriffe[238]. Die Vollstreckung von *Bagatellforderungen* ist danach nicht von vornherein verboten, weder im ganzen[239] noch hinsichtlich des Zugriffs auf bestimmte Vermögensstücke[240] oder bestimmter Maßnahmen gegen den Schuldner[241]. Ob unverhältnismäßige Härten drohen, ist auf Antrag nach § 765a zu prüfen → dort Rdnr. 19 Fn. 81, und unverhältnismäßige Vollstreckungskosten können ohnehin den Gläubiger treffen, wenn er sie nicht zu vermeiden versucht hat, → Rdnr. 45. Ebensowenig müssen Gläubiger eine bestimmte Zugriffsreihenfolge einhalten[242]. Schließlich gibt es kein Verfassungs*gebot*, die Belange der Parteien stets von Amts wegen zu berücksichtigen[243] oder gar, die Zwangsvollstreckung zentral von Amts wegen zu betreiben[244]. 47a

7. Auch im Zwangsvollstreckungsverfahren gilt das Gebot, **Treu und Glauben** zu wahren[245], insbesondere das **Verbot des Rechtsmißbrauchs**, §§ 242, 226 BGB[246]. Dieser Grundsatz ist allerdings subsidiär gegenüber den speziell vollstreckungsrechtlichen Generalklauseln und noch vorsichtiger als im materiellen Recht[247] anzuwenden. Denn er wäre 1.) – wie 45

---

[236] → Einl. (20. Aufl.) Rdnr. 515; speziell für den Bereich der ZV: *BVerfGE* 51, 156.

[237] Deutlich *BVerfGE* 52, 207 = NJW 1980, 580 zum Erkenntnisverfahren.

[238] *H.Schneider* DGVZ 1987, 57; zum Begriff »ohne Verzug« (§ 902 Abs. 1 S. 2) *Münzberg* (Fn. 230) 278u. → § 902 Rdnr. 2f. Zum Rechtsschutzinteresse *BVerfGE* 61, 135 = NJW 1983, 559. Zu § 765a *BVerfGE* 15, 223; dessen besondere Abwägungskriterien berücksichtigen aber bereits zutreffend die typische Interessenkonstellation in der ZV, *Gaul* (Fn. 113) § 3 III 5 d,e, § 43 I 5u. → Fn. 245 S. 97ff. Wegen § 242 BGB → Rdnr. 45.

[239] *LGe Wuppertal, Aachen* NJW 1980, 297, *Büro* 1987, 924; *LG Bochum* Rpfleger 1994, 117; *AG Karlsruhe* DGVZ 1986, 92; *Brehm* (Fn. 219) 127; *Gaul* (Fn. 113) § 3 III 5c, → auch Fn. 250; *Götte* DGVZ 1986, 180; *Jauernig* (Fn. 223); *Münzberg* (Fn. 221) 82f.; *Schiffhauer* ZIP 1981, 836; *Stürner* ZZP 99(1986) 305. Mit »Rechtsschutzbedürfnis«, so *Brox/Walker*[4] Rdnr. 28, 854, sollte dies freilich nicht begründet werden; denn es besteht ohnehin, wenn nicht freiwillig geleistet wird. – A.M. (unter Berufung auf Verhältnismäßigkeit oder/und Treu und Glauben → Rdnr. 45) *E.Schneider* DGVZ 1978, 166, ihm folgend z.B. *AG Dortmund, LG Koblenz, AG Kamen, LG Hannover* DGVZ 1981, 44f.; 1982, 45; 1983, 190; 1991, 190.

[240] *Brox/Walker*[4] Rdnr. 28; *Gaul, Jauernig u.Schiffhauer* (Fn. 239); *E.Peters* (Fn. 221) 522f.; *Münzberg* (Fn. 221) 84f. → auch Rdnr. 5 vor § 864. – A.M. *Böhmer* (Fn. 223) für ein von der Schuldnerin selbst bewohntes Grundstück.

[241] Anders *BVerfGE* 51, 113 = NJW 1979, 1540 (obiter!) für **Durchsuchung der Wohnung**; ebenso *LG Hannover* Büro 1986, 1418; *Behr* DGVZ 1980, 53. Zutreffend für **Offenbarung** *OLG Frankfurt* MDR 1981, 412 = Büro 777 (345 DM); für **Haftanordnung** nach § 901 noch *BVerfGE* 48, 400ff. = NJW 1978, 2023f. → aber auch § 901 Rdnr. 5 (20. Aufl. Fn. 22f.) zu *BVerfGE* 61, 126. Wie hier: *OLG Düsseldorf, LG Konstanz* NJW 1980,

1171u. 297; *Brox/Walker*[4] Rdnr. 28 für Durchsuchung; Näheres *Münzberg* (Fn. 221) 84ff.

[242] Vergleichbar den »gradus executionis« des Gemeinen Rechts, in diese Richtung *Böhmer* (Fn. 223), dazu *Vollkommer* Rpfleger 1982, 8 und *Behr* DGVZ 1980, 52; dagegen wie hier *Gaul* (Fn. 113) § 3 III 5b; *Schiffhauer* ZIP 1981, 834; *Stürner* ZZP 99 (1986) 304f.; *Münzberg* (Fn. 221) 84ff. Solche Einschränkungen sind nur über § 765a aufgrund Abwägung im Einzelfall zulässig → dort Rdnr. 6 zu Fn. 27u. grundsätzlich zur Immobiliar-ZV Rdnr. 5 vor § 864.

[243] *BVerfGE* 61, 137f. = NJW 1983, 560 zum Antragserfordernis bei § 765a; *Brehm* Rpfleger 1982, 127; *Münzberg* (Fn. 221) 88f. Grundsätzlich anders *Böhmer* (Fn. 223); *Vollkommer* Rpfleger 1982, 9.

[244] → Rdnr. 44 vor § 704. Dahin tendieren aber *Böhmer* in BVerfGE 49, 234ff. *Vollkommer* (Fn. 243); zum Konkursverfahren *Quack* Rpfleger 1975, 186; wie hier *Brehm* (Fn. 243), auch zu entsprechenden Reformvorschlägen; AK-ZPO *Schmidt-v.Rhein* (1987) Rdnr. 48.

[245] Allg. M. Z.B. *BGH* MDR 1976, 914[16] = Rpfleger 354 = WPM 1097. Hierzu *Gaul* FSf. Baumgärtel (1990) 75ff. mwN. Zum griechischen Recht *Beys* ZZP 101 (1988) 165ff.

[246] *Schiffhauer* Rpfleger 1978, 400; *Wieser* DGVZ 1990, 177; zwischen mehreren Gläubigern untereinander *OLG Schleswig* KTS 1973, 272.

[247] → Einl. Rdnr. 242ff., besonders 243 a.E. Auf bisheriges Verhalten des Gläubigers oder Verhandlungen, die nicht zu ZV-Vereinbarungen geführt haben, darf der Schuldner nicht ohne weiteres vertrauen *Oerke* GV u. Parteiherrschaft (Diss. Freiburg 1991), 68. ZV von **Bagatellbeträgen** ist als solche nicht rechtsmißbräuchlich, gleichviel, ob es sich um Restbeträge oder gar den Gesamtbetrag des Titels handelt *Braun* DGVZ 1979, 109ff., 129ff. gegen *E.Schneider* (Fn. 239) 166ff., 171f. (dem *Sibben* DGVZ 1988, 180 im wesentlichen folgt); ferner *Münzberg* (Fn. 217) 82ff.; ZZP 102 (1989) 135; *Gaul* (Fn. 113) § 26 I 1c mit zahlreichen Nachweisen aus der

unstreitig im Erkenntnisverfahren – auch hier von Amts wegen zu berücksichtigen und droht so das Antragserfordernis gemäß § 765a zu unterlaufen, arg. § 765a Abs. 2[248]; 2.) darf er nicht dazu führen, inhaltlich geringere Anforderungen an den generellen Schutz des Schuldners zu stellen als § 765a. Er begründet daher keine zusätzlichen Befugnisse für die Vollstreckungsorgane, sondern darf allenfalls dort als Handlungsmaxime dienen, wo Normen und Wertentscheidungen des Gesetzes nicht entgegenstehen. So darf z.B. ein Vollstreckungsorgan zwar über Rechtsbehelfe und Kostenfolgen belehren, nicht aber eigenmächtig deren Ergebnisse vorwegnehmen, arg. §§ 765a Abs. 2, 767[249]. Die Vollstreckung ist insbesondere nicht aus Erwägungen zu versagen, die in das titelschaffende Erkenntnisverfahren und in den Bereich der §§ 767ff., 878 gehören oder gar dort anders beschieden wurden[250]. → auch § 767 Rdnr. 17 Fn. 168 zur **Verwirkung**, ferner § 775 Rdnr. 1f.

45a Ein *Gläubiger* handelt rechtsmißbräuchlich, wenn er die Zwangsvollstreckung lediglich zu vollstreckungsfremden Zwecken betreibt[251], nicht aber schon dann, wenn er eine Zugriffsmöglichkeit ausnutzt, von der er durch rechtswidriges Verhalten Dritter erfahren hat[252]. Aus jedem Verstoß gegen Treu und Glauben schon die Unzulässigkeit der Vollstreckung zu folgern, ist ohnehin irrig. So kann man zwar dem Gläubiger entsprechend § 242 BGB und dem Rechtsgedanken des § 226 BGB zumuten, vor der Beitreibung eines **Bagatellbetrages** den Schuldner zu mahnen; aus der Unterlassung kann aber lediglich folgen, daß die Kosten »nicht notwendig« sind[253], oder daß die Vollstreckung auf Antrag nach § 765a noch für kurze Zeit aufzuschieben ist[254]. Grundsätzlich ist über mißbräuchliche Durchsetzung des Anspruchs nach § 767 zu entscheiden, → dort Rdnr. 21. Denn mit dem Argument, dadurch würden auch die eingesetzten Vollstreckungsanträge mißbräuchlich, darf gesetzliche Kompetenzregelung nicht umgangen werden. Entsprechendes gilt, soweit man wegen arglistiger Erwirkung und Ausnutzung rechtskräftiger Entscheidungen eine Klage nach § 826 BGB zuläßt, → dazu § 322 Rdnr. 268ff.: Ihr Ergebnis darf nicht von Vollstreckungsorganen oder -gerichten vorweggenommen werden[255]. Zur »Such-« oder »Verdachtspfändung« → § 829 Rdnr. 7. Über das Verhältnis zu konkurrierenden Gläubigern → Fn. 246 sowie § 878 Rdnr. 27.

Rsp der AGe und LGe aaO Fn. 17; *Meyer* Büro 1987ö, 45f. mit *AG Karlsruhe, LG Hannover* DGVZ 1986, 92f.; *OLG Düsseldorf* NJW 1980, 1171; *LG Aachen* Büro 1987, 924u. *Stöber* (Fn. 217) § 753 Rdnr. 8 mwN. Allgemein zu Bagatell- u. Teilbeträgen → § 754 Rdnr. 1b-2c.
[248] *Brehm* JZ 1978, 253; *Münch* (Fn. 62) 259; a.M. *Wieser* (Fn. 246) 178, 182, 185: mangels RechtsschutzB Berücksichtigung von Amts wegen durch ZV-Organe; ebenso wegen Sittenwidrigkeit *H.Schneider* DGVZ 1989, 149.
[249] *LG Traunstein* DGVZ 1993, 157 (Partnervermittlungsvertrag); *Münch* (Fn. 62) 260f. Gerade bei Bagatellforderungen wird die vorherige Zahlungsaufforderung des GV (§ 104 S. 2 mit § 105 Abs. 1 GVGA) nebst Belehrung über drohende weitere Kosten meist zur Erledigung führen, falls entsprechende Aufforderungen durch den Gläubiger versäumt wurden (→ Fn. 253) oder erfolglos waren. Im übrigen darf das ZV-Organ nur unnötige ZV-Kosten (→ § 788 Rdnr. 18ff.) absetzen, falls sie nicht nach §§ 103f. festgesetzt wurden (→ § 788 Rdnr. 23). → auch § 766 Fn. 97, § 771 Rdnr. 48ff., § 775 Rdnr. 1, § 809 Rdnr. 4, § 811 Rdnr. 8f., 14f., § 883 Rdnr. 14f., § 885 Rdnr. 28, § 878 Rdnr. 27.
[250] *Münch* (Fn. 62) 191. Auch nicht bei **Bagatellforderungen** → Rdnr. 44a; bei trotz Tilgung erwirkten **Vollstreckungsbescheiden** (Mahnverfahrenskosten) *LG Bochum* Rpfleger 1985, 448; *AG Starnberg* DGVZ 1993, 159; *Brehm* JZ 1978, 262 gegen *E.Schneider* DGVZ 1977, 129 (Erwiderung *Brehm* DGVZ 1978, 85); *Münz-*

berg ZZP 98 (1985) 359 gegen *Stöber*; s. auch *BGHZ* 101, 380, 382; *Gaul* (Fn. 113) § 26 I 1 mwN; → auch § 775 Rdnr. 16 Fn. 90f. zur Anwendung des § 775 auf Zahlungen vor Erlaß des Vollstreckungsbescheids. – A.M. *AG Nordhorn* DGVZ 1983, 30. – Zu **Rangfragen** *Münzberg* Rpfleger 1986, 485f. (nur § 878!); bei Prozeßvergleichen (keine Prüfung der Vergleichsgrundlagen im ZV-Verfahren, a.M. *LG Heilbronn* Beschluß v. 20.1.1988–1 b T 343/87 III) – → Rdnr. 21, § 794 Rdnr. 54.
[251] Was aber ZV-Organe nicht unterstellen dürfen, so aber *Wieser* (Fn. 246) 182, 184f. (wenn GV überzeugt sei, daß nur Druckmittel, nicht ZV gewollt sei). Eindeutig z.B., wenn die ZV als Druckmittel zur Durchsetzung nicht titulierter Forderungen veranlaßt wird → § 883 Rdnr. 14f., § 885 Rdnr. 28; aber **nicht** schon dann, wenn mit ZV-Maßnahmen Druck zur titelgerechten Befriedigung ausgeübt wird → § 900 Rdnr. 59, oder kein »berechtigtes Interesse« an der ZV (in Wahrheit: am Gegenstand des Anspruchs, also § 767!) hat; verfehlt daher *LG Heilbronn* (Fn. 250). Wegen unnötiger Immobiliar-ZV trotz **möglicher** Pfändung → § 765a Rdnr. 6 Fn. 27, trotz beim Notar »hinterlegtem« Betrag → § 777 Rdnr. 4 a.E.
[252] *BGH* MDR 1973, 926 = WM 892 = DB 1987.
[253] → 788 Rdnr. 18a, 21. Daher verfehlt *LG Hannover* DGVZ 1991, 190, das die ZV von 0,18 DM Zinsen ablehnte.
[254] → § 900 Rdnr. 57 zur Offenbarung.
[255] A.M. *LG Ellwangen* Rpfleger 1993, 453f.

Der *Schuldner* handelt rechtsmißbräuchlich, wenn er die Vollstreckung absichtlich zu vereiteln sucht[256]. Wegen *Dritter* → § 771 Rdnr. 47ff., § 809 Rdnr. 4a. Bei der Prüfung, ob eine Partei gegen Treu und Glauben verstößt, sind auch die Wertentscheidungen des materiellen Verfassungsrechts zu beachten[257]. Sie begründen jedoch für sich allein nicht den Vorwurf des Rechtsmißbrauchs.

III. Vollstreckung im engeren und im weiteren Sinn[258]

1. Der Ausdruck **Vollstreckbarkeit im engeren Sinn** bedeutet den Inbegriff jener Eigenschaften eines **Titels**, aus denen sich *grundsätzlich* das Recht zum Vollstreckungszwang ergibt → Rdnr. 18, so daß sie die Erteilung und Aufrechterhaltung einer vollstreckbaren Ausfertigung gesetzlich rechtfertigen und auf diese Weise mittelbar die Vollstreckung ermöglichen[259]. Sie ist gemeint in §§ 704, 794 mit den Worten »Die Zwangsvollstreckung findet statt...«, und solange sie besteht, sind Vollstreckungsgegenklagen zulässig[260]. – Davon zu unterscheiden ist die charakteristische Eigenschaft einer **Titelausfertigung**, die entweder von gesetzlich zuständiger Stelle als »vollstreckbar« erteilt ist (oder wie → § 708 Rdnr. 4 auch ohne diesen Vermerk vollstreckbar ist) und die Vollstreckungsorgane wegen deren begrenzter Prüfungskompetenz zugleich zwingt, von der Vollstreckbarkeit des ausgefertigten Titels im o.g. genannten Sinne auszugehen[261]. Diese Eigenschaft könnte man zwar »*aktuelle oder formelle Vollstreckbarkeit*« nennen, weil sie unter den Voraussetzungen des § 750 die Zwangsvollstreckung ermöglicht und ihr nicht mit § 766 entgegengetreten werden kann; jedoch sollte man den Ausdruck Vollstreckbarkeit hierfür vermeiden, denn er hat vor allem im Bereich des *Wegfalls der Vollstreckbarkeit* schon zu manchen Mißverständnissen geführt[262], welche durch die Unterscheidung vermeidbar werden.   46

2. Bei gerichtlichen Entscheidungen[263] ist **vollstreckbar im engeren Sinn** nur die zwangsweise durchsetzbare *Verurteilung*, → Rdnr. 18. Sie fehlt den Feststellungsurteilen[264], den Gestaltungsurteilen (soweit sie nicht zugleich Leistungsurteile sind[265]), sowie abweisenden oder eine Entscheidung aufhebenden Urteilen und Beschlüssen. Zur *Kostenentscheidung* → Fn. 274.   47

Die ZPO nimmt aber darauf keine Rücksicht; sie ordnet z.B. die vorläufige Vollstreckbarkeit in § 708 Nr. 1–3, 7, 10 ohne Ansehung des Urteilsinhalts an und in § 708 Nr. 6 auch bei ablehnenden und aufhebenden Urteilen. Auch in §§ 775 Nr. 1, 868, 895 S. 2 ist die Vollstreckbarkeit lediglich aufhebender Entscheidungen genannt; s. auch § 25 GBO, § 22 SchiffsRG, § 16 HGB. → dazu § 708 Rdnr. 10, 12, ferner § 895 Rdnr. 1, 4. Zum Ausschluß der vorläufigen Vollstreckbarkeit in § 704 Abs. 2 → dort Rdnr. 4.

Daraus ergibt sich deutlich, daß Vollstreckbarkeit der Entscheidungen i.S.d. ZPO, gleichgültig ob sie auf § 572, § 704, § 794 Nr. 2–4a oder auf §§ 708 ff. beruht[266], nicht nur den   47a

---

[256] Z.B. Vereitelung durch Flucht → § 759 Rdnr. 2, Abberufung des Geschäftsführers einer GmbH, um Offenbarungspflicht zu umgehen → § 807 Rdnr. 46, zu Lohnschiebung → § 850h mit Bem. (dort Vereitelungsabsicht nicht nötig). → aber auch § 766 Fn. 97.

[257] → Rdnr. 44. Auch sie schützen aber nicht zahlungsunwillige Schuldner (*BVerfGE* 61, 126, 136) u. gestatten nicht den Rückgriff auf materielle Einwendungen, *Stürner* ZZP 99 (1986) 316 u. *Münzberg* (Fn. 221) 82f. gegen *Böhmer* BVerfGE 49, 238f., denn die Beachtung der Rechtskraft ist Teil des Gebots der Rechtssicherheit als Bestandteil des Rechtsstaatsprinzips, *Jarass/Pieroth* GG² Art. 20 Rdnr. 46 mwN.

[258] Vgl. *Hubernagel* ZZP 63 (1943) 100ff.; *Better-* *mann* (Fn. 196) 28ff.; *Wieser* ZZP 102 (1989) 261 ff.; *Rosenberg/Gaul*¹⁰ § 10 I 3; *Gerhardt* (Fn. 1) § 4 II 2a mwN.

[259] Man könnte sie auch »Vollstreckungswirkung« nennen, so *Windel* (Fn. 51) 213 zu Fn. 224, was aber verwechselt werden könnte mit Wirkungen einer ZV.

[260] → § 767 Rdnr. 43.

[261] → Rdnr. 55 f., § 724 Rdnr. 2.

[262] Z.B. *Windel* (Fn. 51) 196 Fn. 143; → dazu noch Rdnr. 20, 54, 54a sowie § 767 Rdnr. 42 f.

[263] Über Parteiakte → § 794 Rdnr. 34, 82.

[264] → § 256 Rdnr. 172.

[265] → Rdnr. 60 vor § 253.

[266] Sind Wirkungen nicht an jede Vollstreckbarkeit,

engeren Begriff der Vollstreckung meint, sondern auch Entscheidungswirkungen umfaßt, die i.S. d. theoretischen Begriffs nicht Zwangsvollstreckung sind[267], **Vollstreckbarkeit im weiteren Sinn.** Sie sind zu unterscheiden von der materiellen Rechtskraft, der Gestaltungswirkung und der Tatbestandswirkung[268]. Einige der i.w.S. vollstreckbaren Entscheidungen sind aber mit Gestaltungswirkungen verbunden[269], die von manchen als *Anordnungswirkungen* bezeichnet werden[270]. Die Wirkungen solcher Entscheidungen begreift die h.M. als **Vollstreckungswirkungen i.w.S.**[271].

48 a) Die Vollstreckungswirkungen i.w.S. bestehen einmal darin, daß vollstreckbare Urteile, in manchen Fällen erst ab Rechtskraft[272], die Grundlage bilden können für staatliche Handlungen, die (noch) keinen Zwang gegen den Schuldner enthalten: aa) erst ab Rechtskraft gewisse Eintragungen in öffentliche Bücher, z.B. nach § 20 AGBG, die Berichtigung der Konkurstabelle (§ 146 Abs. 7 KO = § 183 Abs. 2 InsO) oder eines Teilungsplans (§ 880), die Freigabe einer nach § 711 vom Gläubiger geleisteten Sicherheit[273]; bb) ohne Rücksicht auf Rechtskraft das Einschreiten von Behörden der freiwilligen Gerichtsbarkeit (z.B. wegen § 50 FGG) und von Verwaltungsbehörden; die Festsetzung der Prozeßkosten, §§ 103 ff.[274]; die Einstellung oder Beschränkung der Zwangsvollstreckung nach § 775 Nr. 1[275]; cc) bei Urteilen, die nach §§ 709 oder 712 zunächst nur gegen Sicherheitsleistung vollstreckbar gewesen waren, erst ab unbedingter Vollstreckbarkeit[276] die Freigabe nach § 709 geleisteter Sicherheiten[277], grundsätzlich auch die Fiktion gemäß § 895 S. 1 (Näheres → dort Rdnr. 4 ff.) – Zur Vollstreckungswirkung späterer Entscheidungen auf frühere → § 708 Rdnr. 10, 20, 26, § 717 Rdnr. 1 a.E., § 868 Rdnr. 4, § 895 Rdnr. 10, 13, aber auch unten Rdnr. 50.

49 b) Zu den Wirkungen der Vollstreckbarkeit i.w.S. gehören ferner die Fiktion der Willenserklärung nach § 894[278], die Veröffentlichungsbefugnis nach § 23 UWG, § 18 AGB-Gesetz, die Möglichkeit der Anfechtung nach § 2 AnfG[279] usw. Vgl. auch §§ 1233 Abs. 2 BGB, §§ 16 Abs. 1 S. 1 und Abs. 2, 371 Abs. 3 HGB[280], § 12 KSchG.

49a c) *Beschlüsse* sind, auch wenn sie nicht nach § 794 Abs. 1 »vollstreckbar« sind, auch ohne entsprechenden Ausspruch sofort *vollziehbar*, falls sie diese Wirkung nicht ausdrücklich aufschieben oder an Bedingungen knüpfen; denn wenn nach dem Grundsatz des § 572 nicht

---

sondern nur an jene nach § 704 geknüpft (formelle Rechtskraft), so können sie trotzdem als Vollstreckungswirkungen i.w.S. begriffen werden. Denn unterschiedliche Voraussetzungen hindern noch nicht die Bildung eines einheitlichen Begriffs für Wirkungen; auch jene des § 775 Nr. 1 treten z.B., wenn der Kläger gemäß §§ 767 ff. erst in letztmöglicher Instanz obsiegt, mit Rechtskraft ein u. gehören doch dazu, u. umgekehrt gibt es formell rechtskräftige Urteile, die noch nicht vollstreckbar sind, *Jauernig* ZwVR[19] § 1 IX, § 2 III 2. – A.M. *Wieser* (Fn. 258) 265 f., 268 zu § 146 Abs. 7 KO, § 20 Abs. 2 AGBG, § 12 S. 1 KSchG, §§ 880, 882, 894. Zuzugeben ist freilich, daß man die Wirkung des § 17 Abs. 3 GVG besser nicht dazurechnet, aber nicht aus dem o.g. Grunde, sondern wegen ihres Inhalts.

[267] Vgl. auch KB zur Nov 1898, 168 f.
[268] → § 322 Rdnr. 8–17, § 722 Rdnr. 5. Es wäre zwar denkbar, aber kaum zweckmäßig sowohl die Vollstreckungswirkungen i.w.S. als auch die → Fn. 269 genannten Gestaltungswirkungen zu den Tatbestandswirkungen zu rechnen, → § 322 Rdnr. 16 (20. Aufl. Fn. 6) u. vgl. *Wieser* (Fn. 258) 264.
[269] → § 767 Rdnr. 6, 51, § 771 Rdnr. 5–7, § 878 Rdnr. 8 f., 34, (vgl. auch § 371 HGB). Darüber, ob hier die Vollstreckungswirkung i.w.S. erst durch die Gestaltungs- oder Anordnungswirkung hervorgerufen wird, lohnt kein Streit; dazu *Wieser* (Fn. 258) 263, auch zu § 371 HGB.
[270] *Bruns/Peters*[3] § 5 I 3.
[271] *Wieser* (Fn. 258) 267 f. hält diesen Begriff für unangemessen weit; er erkennt nur »Vollstreckbarkeitswirkungen« an, so daß alle Wirkungen, für die das Gesetz nicht ausdrücklich Vollstreckbarkeit verlangt, herausfallen.
[272] → Fn. 266.
[273] → § 711 Rdnr. 8. – A.M. *Wieser* (Fn. 258) 267; → aber Fn. 266.
[274] *Gaul* (Fn. 258); *Gerhardt* (Fn. 1) 48; *Baur/Stürner*[11] Rdnr. 159, 161. *Peters* (Fn. 270) nennt bereits die unbezifferte Kostenentscheidung vollstreckbar i.e.S., weil er die ZV nach Kostenfestsetzung als Endziel einbezieht u. auf die Abhängigkeit des Beschlusses (→ § 104 Rdnr. 68) abstellt.
[275] Allg.M. → dazu Rdnr. 49 a.
[276] Entweder in der nächsten Instanz nach § 708 Nrn. 1–3, 10, nach §§ 718 mit 708, 710 oder nach § 704.
[277] → § 709 Rdnr. 11. – A.M. *Wieser* (Fn. 258) 267; aber die unbedingte ist auch Vollstreckbarkeit.
[278] → § 894 Rdnr. 3, aber auch *Schlosser* § 1042 Rdnr. 2; dazu *Walter* FS für K.Schwab (1990) 540 f.
[279] → auch 708 Rdnr. 3. Wie hier *Wieser* (Fn. 258) 264 mwN.
[280] Wie hier *Wieser* (Fn. 258) 264 f.

einmal zulässige Beschwerden die Vollziehung aufschieben, muß diese erst recht ohne Aufschub stattfinden können, wenn Beschwerden ausgeschlossen sind[281]. Dies gilt z.B. für Arreste und einstweilige Verfügungen (arg. § 923), für Beschlüsse nach § 794 Abs. 1 Nr. 2, auch für Einstellungsbeschlüsse; soweit deren Vollziehung *Vollstreckungsorganen* obliegt, kann man sie ebenfalls als Vollstreckungswirkung i.w.S. begreifen, obwohl § 775 Nr. 2 nicht Vollstreckbarkeit verlangt[282].

d) **Keine** Vollstreckungswirkungen i.w.S. sind aber die unabhängig von jeder Art Vollstreckbarkeit eintretenden Wirkungen des § 717 Abs. 1[283] sowie solche Eintragungen in öffentliche Bücher, die infolge rechtskräftiger Gestaltungsurteile eingetretene Rechtsveränderungen nur berichtigend registrieren, z.B. nach § 14 Nr. 2–4 PStG; → auch § 722 Rdnr. 5, § 894 Rdnr. 25 f. 50

3. Vollstreckbarkeit im (weiteren) Sinne der ZPO ist sonach die Fähigkeit eines Urteils, die Grundlage der Zwangsvollstreckung im engeren Sinne **oder** der → Rdnr. 47–49 genannten sonstigen realen Urteilswirkungen zu sein[284]. Der Unterschied zur Vollstreckbarkeit i.e.S. ist praktisch bedeutsam für den Ausspruch der vorläufigen Vollstreckbarkeit, für die Einstellung der Vollstreckung und für die Frage, ob eine Sicherheit geleistet oder eine Vollstreckungsklausel oder ein Vollstreckungsurteil erwirkt werden muß, → Rdnr. 47 f. und §§ 707 ff., 722, 724, 775 f., 894 f. mit Bem. 51

Die ZPO hat aber die *Durchführung* jener Nebenwirkungen, von Ausnahmen wie §§ 775 f., 868, 880, 894 f. abgesehen, nicht selbst geregelt, sondern z.B. der GBO und anderen Registergesetzen, der HinterlO usw. überlassen. Daraus folgt, daß Vorschriften der ZPO über die *Ausführung der Vollstreckung i.e.S.* darauf nicht anwendbar sind. So ist z.B. nicht die vorherige oder gleichzeitige Zustellung nach § 750 erforderlich für die Aufhebung eines Vollstreckungsakts[285] oder einer Entscheidung (→ Rdnr. 48 a.E.) oder für die Kostenfestsetzung, → § 103 Rdnr. 18; die Leistung der Sicherheit ist nicht nach § 751 Abs. 2 nötig für die Kostenfestsetzung als solche (→ § 103 Rdnr. 6) und für die Anfechtung nach § 2 AnfG[286]. Organe, denen die Durchführung des Urteils in *jenen* Richtungen obliegt, sind nicht Vollstreckungsorgane. 52

Im Rahmen des *Gebührenrechts* (→ Rdnr. 164) gehören zur Zwangsvollstreckung alle Tätigkeiten, die vom Gesetz ausdrücklich hinzugerechnet werden, auch wenn sie keine Vollstreckung im engeren Sinne sind[287]. 53

Das vorstehend Ausgeführte gilt grundsätzlich auch für die übrigen Titel (§ 794), soweit ihnen die genannten Wirkungen zukommen.

4. Die Vollstreckbarkeit eines Titels endet:

a) wenn und soweit der Titel aufgehoben wird oder die Zwangsvollstreckung aus ihm »für unzulässig erklärt« ist durch gerichtliche Entscheidung nach §§ 767, 795, 797 mit der Folge des § 775 Nr. 1, die hier zugleich sämtliche etwa erteilte vollstreckbare Ausfertigungen erfaßt; b) wenn eine vollstreckbare Entscheidung durch gerichtlichen Vergleich (§ 794 Abs. 1 Nr. 1) »hinfällig« wird, wodurch aber mangels Entscheidung nach § 775 Nr. 1 die für ihn erteilte vollstreckbare Ausfertigung noch nicht unwirksam wird, → § 794 Rdnr. 32. 54

---

[281] *Gaul* (Fn. 258).
[282] *Stürner* (Fn. 274) Rdnr. 159; *Bruns/Peters*[3] § 5 II 3; *Gaul* (Fn. 258). – A.M. *Wieser* (Fn. 258) 267.
[283] Richtig *Wieser* (Fn. 258) 267 gegen § 708 Rdnr. 10 der 20. Aufl., denn nicht einmal das Merkmal »Vollzug durch ZV-Organe« (Rdnr. 49 a) trifft hier zu. → aber § 708 Fn. 56 f.
[284] Vgl. *RGZ* 16, 421 f.; 25, 377, 403; 32, 423 u. die ältere Lit. → Fn. 83 der 19. Aufl.

[285] → dazu § 775 Rdnr. 22 f.
[286] *RGZ* 110, 354; *Kilger* AnfG[7] Anm. IV 1 zu § 2, jetzt allg. M.
[287] Vgl. z.B. § 58 Abs. 2 Nr. 7, Abs. 3 Nr. 12 BRAGO. Zu nicht in der BRAGO genannten Tätigkeiten anläßlich der ZV vgl. z.B. *OLG Nürnberg* NJW 1967, 940 (Hinterlegung der Sicherheit).

54a Andererseits fällt die Vollstreckbarkeit eines **Titels** noch nicht allein dadurch weg, daß lediglich die Vollstreckung aus einer bestimmten **vollstreckbaren Ausfertigung** für unzulässig erklärt wird, z.B. nach § 732, weil sie etwa voreilig erteilt worden war; § 775 Nr. 1 bezieht sich nämlich dann nur auf diese Ausfertigung, ohne auszuschließen, daß eine neue, ordnungsgemäße Vollstreckungsklausel erteilt werden könnte. Gleiches gilt für den im Gesetz nicht genannten »**Verbrauch einer vollstreckbaren Ausfertigung**«, oft ungenau »Titelverbrauch« genannt[288]. Beide Fälle schließen eine Klage nach § 767 nicht aus, solange andere Ausfertigungen erteilt werden könnten, weshalb man bei ihnen noch nicht vom »Wegfall der Vollstreckbarkeit des Titels« sprechen sollte, → Rdnr. 46, § 767 Rdnr. 43.

IV. Die formellen Voraussetzungen der Zwangsvollstreckung

55 Die Übertragung der Vollstreckung auf andere Organe als das Prozeßgericht schließt es aus, daß diese Organe alle Voraussetzungen der Vollstreckung feststellen. Es ist ihnen deshalb die Prüfung des zu vollstreckenden Anspruchs gänzlich verwehrt (arg. § 767) und jene seiner Vollstreckungsreife grundsätzlich nur insoweit überlassen, als sie auf *formalen Bedingungen* beruht (→ Rdnr. 56), während sie *sachliche Bedingungen* der Vollstreckung mit wenigen Ausnahmen[289] nicht zu prüfen haben, weil diese schon bei der Klauselerteilung (→ Rdnr. 56), manchmal sogar nur auf Grund einer vom Schuldner[290] oder von Dritten[291] herbeizuführenden Entscheidung zu berücksichtigen sind und deshalb nicht einmal die Bezeichnung »Vollstreckungsvoraussetzung« verdienen. Das Gesetz hält an dieser Aufgabenverteilung grundsätzlich auch dann fest, wenn das Prozeßgericht selbst Vollstreckungsorgan ist[292].

56 1. Die Prüfung, ob ein **vollstreckbarer Titel** vorliegt, ist als selbständiger Prozeßvorgang **vor** die Vollstreckung gestellt und Organen übertragen, denen die Urschrift des Titels nebst Akten zugänglich ist, also dem Urkundsbeamten bzw. dem Rechtspfleger des Prozeßgerichts, dem Notar usw.[293]. Ihr Zeugnis über die Vollstreckbarkeit, die *Vollstreckungsklausel*, ist dann formelle Voraussetzung für die Tätigkeit der Vollstreckungsorgane und für manche der → Rdnr. 48 genannten Nebenwirkungen, → § 724 Rdnr. 1. Sie muß auf eine Ausfertigung des Titels gesetzt sein, die sog. *vollstreckbare Ausfertigung*, und aus dem Zusammenhang beider müssen sich für die Vollstreckungsorgane die Parteien und der Umfang der Vollstreckung ergeben, → §§ 724–750, 795–797a mit Bem. Dennoch verbleiben den Vollstreckungsorganen noch gewisse Pflichten zur Prüfung der Vollstreckbarkeit und der Vollstreckungsreife[294].

57 2. Weitere *formelle Voraussetzungen* der Vollstreckung, die neben den wenigen sachlichen Bedingungen[295] von den Vollstreckungsorganen selbständig zu prüfen sind, bilden die *Befristung der Vollstreckung*, §§ 721, 750 Abs. 3, 798, 798a[296], die *Sicherheitsleistung des Gläubigers*, falls die Vollstreckung davon abhängt, § 751 Abs. 2; die **Zustellung** des Titels und nach Maßgabe der §§ 750 Abs. 2, 751 Abs. 2, 756, 765 auch mancher anderen Urkunden.

---

[288] Z.B. *Gaul* (Fn. 258) § 16 I 4; → dazu § 775 Rdnr. 2. Denn im Verfahren nach § 733 kann sich herausstellen, daß eine neue Ausfertigung zu erteilen ist, also trotz »Verbrauchs der Ausfertigung« dem Titel die Vollstreckbarkeit verblieb, →z.B. § 733 Rdnr. 3 a.E. mit § 815 Rdnr. 17.

[289] →z.B. § 726 Rdnr. 8, 14ff., § 750 Rdnr. 5f., §§ 751, 798, 798a mit Bem. Zu § 775 Nr. 4, 5 → Rdnr. 21.

[290] → Rdnr. 21f.; § 726 Rdnr. 6, 7, 10u. §§ 767f.

[291] →z.B. § 727 Rdnr. 48, § 771 Rdnr. 1–3; s. auch §§ 772–774.

[292] → Rdnr. 69, § 724 Rdnr. 1. Über gesetzliche Ausnahmen → § 887 Rdnr. 22ff., § 888 Rdnr. 9ff.

[293] → § 724 Rdnr. 7 mit Verweisungen.

[294] Sei es, daß das Gesetz ihnen von vornherein Kontrollpflichten auferlegt (→ Fn. 289) oder daß gewisse offensichtliche Fehler bei der Klauselerteilung unterlaufen sind, → Rdnr. 26 zur Bestimmtheit, § 726 Rdnr. 22f. u. § 766 Rdnr. 13 Fn. 67.

[295] → Fn. 289.

[296] → § 750 Rdnr. 5f.

Eine für die Leistung des Schuldners etwa erforderliche **devisenrechtliche Genehmigung** 58
ist, wenn der Titel nach § 32 Abs. 1 S. 1 oder 2 AWG[297] unter Vorbehalt errichtet ist, schon
bei Klauselerteilung nachzuweisen[298] und dann auch gemäß § 750 Abs. 2 mit zuzustellen, →
§ 750 Rdnr. 38. Ist der Titel ohne Klausel vollstreckbar → § 724 Rdnr. 4, so muß die
Genehmigung dem Vollstreckungsorgan nachgewiesen werden, bedarf aber dann nicht nach
§ 750 Abs. 2 der Zustellung → § 750 Rdnr. 42. Zur Genehmigung nach Pfändung → § 750
Rdnr. 15. – Nicht genehmigungsbedürftig sind Arreste und einstweilige Verfügungen, die nur
zur Anspruchssicherung dienen, § 32 Abs. 1 S. 3 AWG, was entsprechend für Vorpfändungen[299] und Maßnahmen nach § 720a Abs. 1 S. 1 gelten muß. Dann ist die Genehmigung
jedoch nachzuweisen, bevor die Maßnahme über die Sicherung hinausgeht, → § 930 Rdnr. 11
(Klauselerteilung zum Urteil in der Hauptsache), § 845 Rdnr. 23 f. (Pfändung), § 720a
Rdnr. 6 (Betreiben der Verwertung). Zustellung ist noch nicht Zwangsvollstreckung →
Rdnr. 107. Im übrigen → Einl. Rdnr. 993–996 (20. Aufl.) zu §§ 894 f., zum Verfahren auf
Erteilung der Genehmigung, zur Prüfungspflicht der Vollstreckungsorgane[300] sowie zur
Genehmigung für den Erwerb und die Veräußerung im Wege der Zwangsvollstreckung nach
§ 32 Abs. 2 S. 2 AWG[301]. Über weitere öffentlichrechtlich beachtliche Vorschriften, u.a.
wegen Auslandsbezugs, → auch § 814 Rdnr. 5 ff., § 829 Rdnr. 24 ff., 51, § 845 Rdnr. 12,
§ 887 Rdnr. 8, 10, 29, § 888 Rdnr. 8.

Zum Erfordernis einer besonderen gerichtlichen Zulassung bei der Pfändung an sich 59
unpfändbarer Sachen s. §§ 811a, 811b, zur Vollstreckung gegen juristische Personen des
öffentlichen Rechts § 882a, § 15 EGZPO Rdnr. 3. Zur Exemption → Rdnr. 83.

3. Formelle Hindernisse der Vollstreckung sind 60
a) die in § 775 aufgezählten Gründe der **Einstellung** und der **Verbrauch einer vollstreckbaren Ausfertigung**[302] b) der **Ablauf der Frist** für die *Arrestvollstreckung*, § 929 Abs. 2,
c) die Eröffnung des *inländischen*[303] **Konkurses**[304] (Insolvenzverfahrens, → § 775 61
Rdnr. 40) über das Vermögen des **Schuldners** und die Eröffnung der Gesamtvollstreckung
gegen ihn → Rdnr. 62. Unterbrechung nach § 240 findet nicht statt, da er nur für das
Erkenntnisverfahren gilt[305]. Zur Insolvenz des *Gläubigers* → Rdnr. 63a.

Die Vollstreckung durch **Insolvenzgläubiger**[306] ist, auch in das nicht zur Masse gehörige 62
Vermögen[307], *unzulässig*, § 14 KO (§§ 89, 294 Abs. 1 InsO)[308], eine dennoch begonnene von
Amts wegen einzustellen[309]. Ähnlich schon ab Eröffnungsantrag **§ 2 Abs. 4 GesO**[310]. → aber

---

[297] Text → Einl. (20. Aufl.) Rdnr. 990.
[298] → § 726 Rdnr. 4 Fn. 31.
[299] Wegen § 31 S. 3 AWG ist aber sofortige Einholung der Genehmigung zur Pfändung (§ 845 Abs. 2) ratsam, → § 750 Fn. 59.
[300] Vgl. auch § 80 GVGA, besonders Nr. 4.
[301] auch § 829 Rdnr. 30 a. E.
[302] → Rdnr. 46 u. § 766 Rdnr. 15 Fn. 78.
[303] **Ausländischer** Konkurs hindert ZV im Inland nicht, § 237 KO, obwohl andere Konkurswirkungen als jene des § 14 KO, z.B. § 113 KO (*OLG Zweibrücken* NJW 1990, 649), seit *BGHZ* 95, 256 = NJW 1985, 2897 = ZIP 944 = JZ 1986, 91 (*Lüderitz*) anerkannt werden; dazu *Leipold* FS. f. Schwab (1990) 302 ff. Über Voraussetzungen *Lüke, Trunk u. Habscheid* KTS 1986, 14; 1987, 415; 1989, 593. S. aber zu möglichen Rechtsfolgen einer Inlands-ZV im Ausland *BGH* → Fn. 307 u. zur Frage, ob nach Konkurseröffnung noch Titel im Inland erworben werden können, *OLG Zweibrücken* NJW-RR 1987, 1407; *W. Lüke* aaO 13, *Lüderitz* aaO 97. Zu § 106 KO → § 807 Rdnr. 22.
[304] *Furtner* DGVZ 1968, 65; *Behr* DGVZ 1977, 49; *Arnold* DGVZ 1993, 34.
[305] *OLG Neustadt* NJW 1965, 592; *LG Dortmund* Rpfleger 1963, 311; *Jaeger/Henckel* KO[9] § 10 Rdnr. 37. Dies gilt auch für die in der Vollstreckungsinstanz (z.B. nach § 766) entstehenden Streitigkeiten, *OLG Dresden* OLGRsp 4, 153 f.; *OLG Hamm* NJW 1955, 1444 = KTS 1956, 29.
[306] § 3 KO (§§ 38, 40 InsO). Zu Ansprüchen auf Beseitigung und Unterlassung, Befreiung sowie auf nicht vertretbare Handlungen einschließlich Auskunftsansprüchen s. *Henckel* (Fn. 305) § 3 Rdnr. 16, 23–25, 27; zu letzteren vgl. auch *OLG Düsseldorf* OLGZ 1980, 484.
[307] Auch ausländisches (§ 812 BGB im Inland, falls im Ausland doch die ZV zugelassen wird → Fn. 313), *BGHZ* 88, 147 = NJW 1983, 2147 f. mwN. Ausgenommen in das Gesamtgut, wenn nur der nicht verwaltende Ehegatte im Konkurs, *Henckel* (Fn. 305) § 2 Rdnr. 20 mwN.
[308] Wegen Verzugszinsen während des Konkurses (§ 63 Nr. 1 KO) s. *LG Stuttgart* Büro 1976, 1262.
[309] Vgl. *Henckel* (Fn. 305) § 14 Rdnr. 41; *KG* OLGRsp 23, 226 (Haftbefehl); § 91 Nr. 4 GVGA. Anders, wenn verfehlt die Klausel gegen den Konkursverwalter (→ unten) erteilt ist: dann nur §§ 732/768, vgl. *OLG Hamburg* KTS 1983, 601.
[310] *Smid* GesO (1991) § 7 Rdnr. 30; *Arnold*

§ 807 Rdnr. 22, § 900 Rdnr. 5. Das Hindernis ist von Amts wegen zu beachten, wobei Gelegenheit zur Antragsrücknahme zu geben ist[311]; Nichtbeachtung macht den Vollstreckungsakt anfechtbar[312]. Wurde er nicht rechtzeitig aufgehoben, so hat der Gläubiger den Erlös, falls er nicht einem anderen Gläubiger gebührt, dem Verwalter zu erstatten und nach § 12 KO/§ 87 InsO vorzugehen[313]. Zur Heilung → § 878 Rdnr. 16 a.E. – Ist dagegen der Gläubiger *Massegläubiger*[314] oder zur *Aussonderung* oder zur *abgesonderten Befriedigung* berechtigt, namentlich als Hypothekengläubiger[315] oder auf Grund eines schon vor Konkurseröffnung erworbenen Pfändungspfandrechts, § 49 Nr. 2 KO (§ 50 Abs. 1 InsO, s. aber §§ 88, 210, 321 InsO)[316], so wird die Vollstreckung nicht gehindert[317]. Nur bedarf es, wenn die Vollstreckung in diesen Fällen erst *nach* der Eröffnung beginnen soll, einer Vollstreckungsklausel gegen den Verwalter, → § 727 Rdnr. 25f., und die Unwirksamkeit des Pfändungspfandrechts an Massegegenständen nach § 15 KO (§ 91 InsO) trifft auch von der Konkursteilnahme ausgeschlossene Gläubiger[318]. Zur Vollstreckungsklausel gegen den Gemeinschuldner → § 724 Rdnr. 10, nach Konkursende § 727 Rdnr. 26. Wegen §§ 894f. → § 894 Rdnr. 25.

62a Vollstreckungsmaßnahmen **vor Konkurseröffnung** sind vorbehaltlich §§ 29ff. KO (§§ 88, 114, 129ff. InsO) wirksam. Wegen *allgemeiner Veräußerungsverbote* nach § 106 Abs. 1 S. 3 KO (§ 2 Abs. 3 GesO) → § 772 Rdnr. 1, 5, 7ff., § 807 Rdnr. 22, § 727 Rdnr. 26 Fn. 129. Solange in den neuen Bundesländern die GesO weitergilt[319], verlieren die **vor Eröffnung der Gesamtvollstreckung** gegen den Schuldner eingeleiteten Vollstreckungsakte nach § 7 Abs. 3 S. 1 GesVO mit der Eröffnung ihre Wirksamkeit[320]. Zur einstweiligen Einstellung durch das für die Gesamtvollstreckung zuständige Gericht (ab 1999: Insolvenzgericht) → § 775 Rdnr. 39f.

63 d) Ein dem § 14 KO ähnliches, von Amts wegen zu beachtendes Hindernis begründet die Eröffnung inländischer[321] **Vergleichsverfahren**: von da an bis zur Rechtskraft der das Verfahren abschließenden Entscheidung können Vergleichsgläubiger (§§ 25ff. VglO) sowie die nach

---

(Fn. 304); *Kilger/K. Schmidt* KO[16] § 7 Anm. 3 (aber nicht Aufhebung der vor Eröffnung geschehenen Pfändung, weil im Falle der Einstellung des Gesamtvollstreckungsverfahrens Pfändungspfandrechte mit ursprünglichem Rang fortgelten). Das gilt auch für das in den alten Bundesländern befindliche Vermögen, EinigV Anl. II Kap. III Sachgebiet A Abschn.II Nr. 1 d S. 2.

[311] *LG Oldenburg* ZIP 1981, 1011.

[312] → Rdnr. 128f.; allg. M. *Henckel* (Fn. 305) § 14 Rdnr. 41; *Behr* Fn. 304. Näheres → Fn. 313. Wegen Zwangshypotheken → § 867 Rdnr. 7, 14–16.

[313] *Henckel* (Fn. 305) § 14 Rdnr. 46; *BGH* (Fn. 307); *BSG* NJW 1990, 2709. Die str. Frage, ob neben Verstrickung auch ein **PfändPfandR** entsteht, → Rdnr. 128, 141 u. § 804 Rdnr. 37, 41, wirkt sich hier kaum aus, da die Pfändung a) noch bis zum Ende des Konkurses aufgehoben werden kann → § 766 Rdnr. 16 Fn. 89, *Henckel* aaO Rdnr. 42 (was in der Lit zuweilen übersehen wird, z.B. *Brox/Walker*[4] Rdnr. 389; auch bei *Rosenberg/Schilken*[10] 589 vermißt man einen klärenden Hinweis auf *Gaul* aaO 287), **b)** der Gläubiger nach § 878 (bzw. nachträglich § 812 BGB) auch ohne Aufhebung besseren Rechten weichen muß, → dort Rdnr. 16, 38, es sei denn der Mangel wäre durch Untätigkeit des Konkursverwalters mit Konkursende geheilt, → § 878 Rdnr. 19, zust. *Henckel* aaO.

[314] Zweifelhaft für sog. »unechte« (§ 59 Abs. 1 Nr. 3 KO), *G. Lüke* NJW 1990, 2266 m zu BSG (Fn. 313) 2710. Ab 1999 s. §§ 89 Abs. 2, 90 InsO.

[315] Er darf auch noch Mietzinsen pfänden lassen, *Henckel* (Fn. 305) § 14 Rdnr. 22 mwN auch zur Gegenansicht, oder stattdessen den Anspruch auf Erlösüberschuß aus Zwangsverwaltung, *LG Freiburg* Rpfleger 1988, 422.

[316] *OLG Kassel, OLG München* u. *OLG Hamburg* OLGRsp 18, 414; 19, 12f., 93; Ausnahme: § 221 KO.

[317] *Henckel* (Fn. 305) § 14 Rdnr. 19ff., ebenso Rdnr. 16f. für nach § 63 KO ausgeschlossene u. nicht aus dem Vermögen zu bewirkende Leistungen. Zur Massearmut → aber § 767 Rdnr. 20 Fn. 192. – Zu entsprechenden Fragen u. zum Ablösungsrecht des Verwalters bei der **Gesamtvollstreckung** s. *Smid* (Fn. 310) § 12 Rdnr. 29ff. (36).

[318] *Henckel* (Fn. 305) § 15 Rdnr. 11, 105.

[319] Art. 9 Abs. 2 EV mit Anl.II Kap.III Sachgebiet A Abschn.II Nr. 1 mit Art. 2 Nr. 7 EGInsO.

[320] Anwendungsbereich u. Wirkungen sind umstritten, *E.Braun/H.Bußhardt* ZIP 1992, 902ff. mwN, *Arnold* (Fn. 304) 35 Fn. 10. Die in § 7 Abs. 3 S. 2 GO vorgesehene **Verweisung** des Vollstreckungsverfahrens an das die Gesamtvollstreckung durchführende Gericht ist aber noch auf die Allzuständigkeit des Kreisgerichts nach § 93 ZPO-DDR zugeschnitten, veränderten damals aber nur örtliche Zuständigkeiten u. kann sich jetzt wohl nicht mehr auf die funktionelle Zuständigkeit, insbesondere des GV u. des Grundbuchamts, auswirken. Sie dürfte zu ersetzen sein durch eine Benachrichtigung des Gesamtvollstreckungsgerichts von Amts wegen, um Anordnungen nach § 2 Abs. 4 GO zu ermöglichen; eine Abweichung wäre höchstens im Rahmen des § 828 vertretbar; zum Streitstand *Arnold* (Fn. 304) 36.

[321] Nicht ausländischer *LG Frankfurt a.M.* ZIP 1989, 1271 = NJW 1990, 652.

§ 29 VglO von der Beteiligung ausgeschlossenen Gläubiger gemäß § 47 VglO nicht gegen den Schuldner vollstrecken; → auch § 766 Rdnr. 16. Wegen des Schicksals der bei Eröffnung anhängigen Vollstreckungen nach §§ 48, 28, 87 VglO und der einstweiligen Einstellung *vor* Eröffnung des Verfahrens nach § 13 VglO → § 775 Rdnr. 35–38. § 12 S. 2 VglO betrifft nur Verfügungen des Schuldners selbst[322]. Beendigung des Vollstreckungsschutzes mit Bestätigung des Vergleichs s. § 96 Abs. 3 VglO, zum Anschlußkonkurs s. §§ 104, 107 VglO und → § 775 Rdnr. 38.

Gerät der **Gläubiger in Konkurs**, so ist, wenn der zu vollstreckende Anspruch zur Masse gehört, der Beginn oder die Weiterbetreibung der Vollstreckung auf Grund einer **für den Konkursverwalter zu erteilenden Klausel** zulässig → § 727 Rdnr. 25f. Versucht jedoch der **Gemeinschuldner** zu vollstrecken aufgrund der noch auf ihn lautenden Ausfertigung, so ist § 6 KO (§ 5 Nr. 1 GesVO, ab 1999 § 80 InsO) wie auch in anderen Fällen eines **Verlustes der Verfügungsbefugnis** nicht etwa von Amts wegen durch Vollstreckungsorgane im Falle ihrer Kenntnis des Konkurses zu berücksichtigen mit der Folge, daß für Verstöße § 766 zu gelten hätte, sondern der Titelschuldner muß sich nach § 767 wehren[323], der Konkursverwalter wie → § 727 Rdnr. 46, 48. Daher ist der Konkurs des Gläubigers kein formelles »Vollstreckungshindernis«. Zur Klauselerteilung an ihn trotz Konkurseröffnung → § 724 Rdnr. 11, § 727 Rdnr. 44. 63a

e) Ein mit → Rdnr. 61ff. vergleichbares Hindernis bildet auch die **Vermögensbeschlagnahme** nach §§ 290ff. StPO[324]. → auch § 772 Rdnr. 5. 64

f) Zu Beschränkungen durch Vorschriften, die das frühere Besatzungsrecht abgelöst haben, → Einl. (20. Aufl.) Rdnr. 663ff. und § 829 Rdnr. 28, 51[325]; zur Vollstreckung gegen deutsche Soldaten → den anstelle des aufgehobenen § 752 abgedruckten Erlaß (zu dessen V. Abschnitt → § 904 Rdnr. 3). 65

4. Verstößt die Vollstreckung gegen die → Rdnr. 56ff. genannten Verfahrensvorschriften, so läßt sich wie auch sonst nur durch genaue Untersuchung der Bedeutung einzelner Vorschriften feststellen, wie weit die **Wirkung des Mangels** greift. → Rdnr. 128ff. 66

V. Die Organe der Zwangsvollstreckung

1. In den Fällen der §§ 808, 814ff., 821, 824, 836 Abs. 3, 883–885, 909 vollstrecken **Gerichtsvollzieher,** die nicht unter der Leitung des Gerichts (obgleich unter Aufsicht) handeln und auf Antrag der Parteien tätig werden[326]; wegen § 845 → aber dort Rdnr. 9 · Über ihre Stellung → Rdnr. 31–41 vor § 166 und §§ 753ff. mit Bem. Das Vollstreckungsgericht wirkt insoweit nur mit bei Erinnerungen und Beschwerden gegen die Vollstreckung (§§ 766, 793, 795, 882a Abs. 2) und in den Fällen der §§ 765a, 789, 811a, 811b Abs. 4, 813a, 817a Abs. 2 S. 2, 3, 822f., 825, 844[327], 845 Abs. 2, 857 Abs. 5, 882a[328]. S. auch §§ 827, 872ff. 67

2. Dem **Amtsgericht als Vollstreckungsgericht** (§§ 764, 802) sind außer den → Rdnr. 67 a.E. genannten Aufgaben übertragen: die Vollstreckung in *Rechte* (§§ 828–863, bei §§ 822f., 831 nur die Verwertung), in *unbewegliches Vermögen* und eingetragene Schiffe (§§ 787, 864–871 und ZVG; wegen eingetragener Luftfahrzeuge → §§ 787 Rdnr. 6, 870a Rdnr. 14), das *Offenbarungsverfahren und die Anordnung der Haft* (§§ 807, 883 Abs. 2, 899ff.), ferner die etwa landesgesetzlich erforderliche Mitwirkung zur Vollstreckung gegen Gemeinden und Gemeindeverbände nach § 15 Nr. 3 EGZPO[329]. Diese Vollstreckungsmaßnahmen sind nach § 3 Nr. 1 h–k[330], Nr. 2g, § 20 Nr. 17 S. 1 RpflG vom *Rechtspfleger* 68

---

[322] BGH → § 775 Fn. 187.
[323] → § 767 Rdnr. 22.
[324] OLG Dresden OLGRsp 20, 332: Titel gegen Vermögenspfleger erforderlich.
[325] Zur Auslegung des Art. 34 Abs. 3 des ZusatzAbk-NTS (→ Einl. 20. Aufl. Rdnr. 655) bei der Pfändung von Sold bzw. Bezügen zivilen Gefolges s. noch Schreiben des USHQ an das BJM vom 17.VIII. u. 20.IX.77 (AnwBl. 1977, 499) mit Hinweisen zum Vollstreckungsaufschub bis zur Rechtskraft sowie über die Höhe pfändbarer Bezüge, ferner Kraatz NJW 1987, 1126 mit neuen Adressen der Verbindungsstellen (Art. 32 ZusatzAbk-NTS) u. USA-Suchdienstanschriften.
[326] Über die Gründe des Gesetzgebers Gaul (Fn. 82) 81ff.
[327] → § 844 Rdnr. 8–12.
[328] → auch § 882a Rdnr. 24ff. zu § 39 BBahnG.
[329] → die Bem. dort sowie § 882a Rdnr. 1.
[330] → auch § 867 Rdnr. 1.

vorzunehmen, im übrigen vom Richter; s. auch §§ 4 ff. RpflG. Es gibt Reformbestrebungen zur (teilweisen) Übertragung solcher Aufgaben auf Gerichtsvollzieher, insbesondere bei §§ 813 a, 825, bei der Forderungspfändung und Offenbarungsversicherung[331], letzteres z. T. realisiert durch § 806 a, ferner zur Zentralisierung der Vollstreckung beim Vollstreckungsgericht[332]. – Zur örtlichen Zuständigkeit → §§ 764 Rdnr. 3 ff., 828 Rdnr. 4 ff., 858 Rdnr. 4; s. auch §§ 1, 163, 171, 171 b, 171 h ZVG. Über Festsetzung der Vollstreckungskosten → § 102 Rdnr. 15, § 788 Rdnr. 23 ff. Wegen der Mitwirkung des **Grundbuchamts** → 830 Rdnr. 22, § 867 Rdnr. 17 ff., § 895 Rdnr. 9.

69   3. Das **Prozeßgericht** erster Instanz erzwingt nach §§ 887 ff. Handlungen und Unterlassungen, die nicht unter §§ 803–886 ff., 893 ff. fallen, einschließlich der zivilrechtlichen eidesstattlichen Versicherungen, § 889. Die ihm zugewiesenen Entscheidungen im Klageverfahren nach §§ 767–774, 785 f., 795 S. 1, 796 Abs. 3, 797 Abs. 5 sind ebenso wie jene nach §§ 707, 719 nicht Tätigkeit als Vollstreckungsorgan oder -gericht, gehören jedoch auch zum Vollstreckungsrecht[333].

70   4. **Vollstreckungshandlungen funktionell unzuständiger Organe** sind nach h. M. *nichtig*, z. B. wenn der Gerichtsvollzieher tätig wird, wo das Gericht tätig werden müßte, z. B. §§ 828 f., und umgekehrt, z. B. bei Sachen und Wertpapieren[334]; denn insoweit handelt es sich um Akte, die von einer nach dem Gesetz dazu nicht befähigten Stelle vorgenommen (oder aufgehoben) sind.

71   Das sollte grundsätzlich auch für die *Grenzen zwischen Vollstreckungs- und Prozeßgericht* gelten, soweit es um Vollstreckungsakte geht[335]. Jedoch sind *gerichtliche Entscheidungen*, die solche Grenzen mißachten, nur *anfechtbar*, → § 1 Rdnr. 127 a, auch wenn sie über Voraussetzungen und Wirkungen von Vollstreckungsakten befinden[336], selbst schon Teil der Vollstreckung sind (→ § 887 Rdnr. 36) oder die geschuldete Handlung ersetzen (→ § 894 Rdnr. 1–3). Deshalb sollte man auch *Vollstreckungsakten* sachlich oder funktionell unzuständiger Gerichte, falls sie auf einer die Zuständigkeit zu Unrecht bejahenden »Entscheidung« beruhen, den Vertrauensschutz vorläufiger Wirksamkeit zukommen lassen[337]. Ohnehin nur um sachliche Zuständigkeit handelt es sich, wenn das dem Vollstreckungsgericht übergeordnete *Beschwerdegericht* tätig wird, obwohl es (noch) an einer wirksamen eingelegten Beschwerde fehlt, → § 764 Rdnr. 2 Fn. 16.- Zu den Funktionsgrenzen zwischen Richter und Rechtspfleger s. § 8 RpflG und zu denjenigen zwischen Rechtspfleger und Urkundsbeamten bei Klauselerteilung → § 726 Rdnr. 22 f.

72   Bei **örtlicher Unzuständigkeit** sind sowohl Vollstreckungsakte als auch Entscheidungen nur *anfechtbar*[338] in dem → Rdnr. 128 dargelegten Sinne.

---

[331] → § 828 Fn. 1, § 754 Rdnr. 9 a, § 825 Rdnr. 1 a.
[332] Dazu *Brehm* (Fn. 219). → auch § 909 Rdnr. 1.
[333] Dazu *Münzberg* ZZP 103 (1990) 507 gegen H.Schneider.
[334] Str. für § 831 → dort Rdnr. 2, für ZV in Grundstücksbestandteile u. Zubehör → § 865 Rdnr. 36, § 817 Rdnr. 23. Im übrigen ganz h.M. *Rosenberg/Gaul*[10] § 24 II 2; *Baur/Stürner*[11] Rdnr. 139; *Bruns/Peters*[3] § 20 III 1 a; *Jauernig* ZwVR[19] § 7 IV; *Thomas/Putzo*[18] Rdnr. 58. – A.M. *Wieczorek*[2] § 704 Anm. B IV a (Gericht könne anstelle anderer Organe wirksam handeln).
[335] Z.B. wenn der Rpfl. des Prozeßgerichts (statt jener des Vollstreckungs- oder Arrestgerichts) einen Pfändungsbeschluß auf Grund der Entscheidung nach § 887 Abs. 1 erläßt (→ dort Rdnr. 47) oder den vom VollstrGer erlassenen selbst aufhebt. Hingegen beruht **§ 930 Abs. 1 S. 2** auf Wertungen (vor allem Eilbedürfnis), welche die Gültigkeit einer Pfändung durch den Rpfl eines VollstrGer

(§ 828) vertretbar erscheinen lassen *Jürgen Strauß* Nichtigkeit usw. (Diss. Tübingen 1994), 197; offenbar lassend BGH NJW 1993, 736. – A.M. *Stöber* Forderungspfändung[10] Rdnr. 457; *Walker* ZZP 107 (1994), 106. *Gaul* Rpfleger 1971, 89 erörtert solche Fälle nicht.
[336] *OLG Jena* OLGRsp 25, 158 (vgl. auch *OLG Hamm* MDR 1974, 239 f.; *OLG Stuttgart* Büro 1977, 105); *Gaul* (Fn. 334); *MünchKommZPO-Arnold* § 764 Rdnr. 37.
[337] Also nur bei Erlaß oder Bestätigung durch Richter auf Erinnerung u. Beschwerde, → § 828 Rdnr. 10. Noch mehr Vertrauensschutz (so *Stöber* → Fn. 335) ist unangebracht, zumal der Drittschuldner ohnehin stets durch § 836 Abs. 2 geschützt ist u. die Parteien Zugang zum Akteninhalt haben.
[338] Heute allg.M., *Geib* (Fn. 508) 107 (s. aber auch zur Zwangsverwaltung aaO 108); *Gaul* (Fn. 334) § 24 II 3 je mwN. → auch § 764 Rdnr. 6. – A.M. *RGZ* 61, 330; *Schwinge* Der fehlerhafte Staatsakt usw. (1930, Neu-

Zur Rüge einer Unzuständigkeit → §§ 753 Rdnr. 3, 764 Rdnr. 6, 766 Rdnr. 12, 17, 29 ff., 828 Rdnr. 10, 829 Rdnr. 107 f., 878 Rdnr. 13 f. Die *Beschwerde* kann aber auf eine angeblich unzutreffende Bejahung der *örtlichen* Zuständigkeit nicht gestützt werden, → § 512a Rdnr. 8. 73

VI. Verfahren

Die je nach Art und Ziel des Vollstreckungsantrags sehr unterschiedlichen Verfahren[339] zur Erwirkung von Vollstreckungsmaßnahmen sind auf Zugriff, nicht auf Verhandlung angelegt und daher – trotz des auch hier deutlich erkennbaren Zweiparteienprinzips[340] – *nicht kontradiktorisch* gestaltet. Zur schriftlichen oder mündlichen Verhandlung kommt es grundsätzlich nur, wenn Einwendungen erhoben werden → Rdnr. 86. Vorheriges **Gehör des Schuldners** ist vor Rechtspfändungen im Regelfall verboten (über Ausnahmen → § 834 Rdnr. 4 f.), bei Sachpfändungen nicht erforderlich, arg. §§ 808 Abs. 3, 826 Abs. 3[341], und sonst nur bei Erzwingung eines Verhaltens nach §§ 887–890 vorgeschrieben, § 891, § 900 Abs. 3[342]. Wo es in diesen Fällen oder wegen Einwendungen zur Anhörung des Schuldners kommt[343] oder dieser selbst Anträge stellt[344], zu denen der Gläubiger gehört wird, ist die *mündliche* Verhandlung freigestellt, § 764 Abs. 3[345]. Sie folgt dann den → **§ 128 V** ausführlich dargestellten Regeln mit wenigen Abweichungen, die z. B. durch § 788 geboten sein können[346]. Wo das Gesetz auf mündlicher Verhandlung besteht, sieht es eine Klage vor, §§ 722, 731, 767–786, 805, 878. – Zur *Zuständigkeit* → Rdnr. 67 ff., über *Einstellung der Vollstreckung* → Rdnr. 76, 93. Zu *Rechtsbehelfen* des Schuldners → Rdnr. 86 ff., des Gläubigers → Rdnr. 107 a. E. und §§ 731, 766, 793 (§ 11 RpflG). Über *Prozeßkostenhilfe* → § 119 Rdnr. 14 ff. (Änderung geplant, BT-Drucks. 134/94). 74

Alle Verfahren (Ausnahme: § 872) werden **nur auf Antrag eingeleitet**[347], sei es bei Gerichtsvollziehern[348] oder bei Gerichten. Rechtshängigkeit tritt dadurch nicht ein → Rdnr. 85. Zum Antragsrecht, auch für gemeinsamen Titel mehrerer Gläubiger → Rdnr. 35–38, § 733 Rdnr. 3 b (Klausel). In welcher **Form** Anträge zu stellen sind, hängt von der Verfahrensart ab. Besteht kein Anwaltszwang[349] und ist auch die Benutzung amtlicher Formulare nicht vorgeschrieben[350], so können Anträge mündlich[351] oder schriftlich gestellt werden. Schriftliche 75

---

druck 1963) 55 mwN. – Umstritten ist, ob neben der Verstrickung auch das PfändPfandR entsteht, so *Baumbach/Hartmann*[52] Übers § 803 Rdnr. 8; *Gerhardt* (Fn. 1) § 7 II 3 b; *Jauernig* ZwVR[19] § 16 III C 1 mwN; *Lüke* JZ 1957, 242 (→ Rdnr. 128 u. § 804 I); a.M. anscheinend *Peters* (Fn. 334) § 20 III 2 d bb; *Stürner* (Fn. 334) Rdnr. 142; *Wieczorek*[2] § 828 Anm. C II a.

[339] Sie sind bei den einzelnen Vorschriften erläutert.

[340] *Gaul* Rpfleger 1971, 85. Es ist vom Standpunkt des Gesetzgebers aus unverzichtbar als formelle Voraussetzung für die weitreichende Herrschaft der Parteien (*Brehm* DGVZ 1986, 98), die trotz des zwingenden Vollstreckungsrechts (→ Fn. 460) schon aus den hier dargestellten Grundzügen, erst recht aus den Einzelregelungen deutlich wird. Zur Geltung weiterer Verfahrensgrundsätze in der (gesamten) ZV *Stürner* ZZP 99 (1986) 291 ff. Zust. *Thomas/Putzo*[18] vor § 704 Rdnr. 30 ff.; krit. *Rosenberg/Gaul*[10] § 5 VI.

[341] Dieser Aufschub rechtlichen Gehörs verstößt nicht gegen Art. 103 Abs. 1 GG, → Rdnr. 48 vor § 128, s. auch zum Haftbefehl nach StPO *BVerfGE* 9, 95 = NJW 1959, 427 f., allg. M. – aber § 758 Rdnr. 7 f. zur Anhörung wegen Durchsuchungserlaubnis.

[342] Dabei muß er auch auf gerichtskundige Tatsachen hingewiesen werden, ehe sie gegen ihn verwendet werden *OLG Köln* Rpfleger 1985, 498 (zu § 903).

[343] Wobei darauf zu achten ist, ob und durch welchen Anwalt er vertreten wird, s. (zur Kostenfestsetzung) *BVerfG* NJW 1990, 1104 ff.

[344] Vor allem im Bereich des Schuldnerschutzes, §§ 721, 765a, 794, 813a, 850f. Abs. 1, 850g, 850i, 850k, 851, 851a, 851b.

[345] Ebenso Beschlußverfahren der §§ 704–915, die nicht vor dem VollstreckGer stattfinden, → Rdnr. 22 vor § 128, sowie die in Anh. zu § 723 genannten Verfahren.

[346] → § 788 Rdnr. 1, aber auch Rdnr. 11 ff.

[347] Er ist Prozeßhandlung, *Rosenberg/Gaul*[10] § 5 III mwN; jener des Gläubigers bestimmt, aus welchem Titel in welchem Umfang vollstreckt werden soll (Dispositionsmaxime, ausführlich *Wieser* NJW 1988, 666 mwN; → auch Rdnr. 42 zu e). Zu § 1 RBerG *LG München I* DGVZ 1979, 10 (hier: ausländisches Inkassobüro).

[348] → § 753 Rdnr. 4 f., § 754 Rdnr. 1 ff.

[349] → aber § 891 Rdnr. 1.

[350] Zur Forderungspfändung de lege ferenda s. *Smid* Rpfleger 1988, 393 ff.

[351] Anträge bei Gericht sind dann zu protokollieren, § 496. Dann genügt Beifügung der vollstr. Ausf. auch ohne Erwähnung von Gericht, Datum, Aktenzeichen im Antrag. Dies muß auch für schriftliche Anträge ausreichen *LG Lübeck* Büro 1993, 496.

Anträge bedürfen grundsätzlich eigenhändiger Unterschrift[352]; anders bei Rechtspfändungen[353] oder wenn zugleich mit einem Antrag an den Gerichtsvollzieher die vollstreckbare Ausfertigung überreicht wird, weil darin ohnehin schlüssige Antragstellung zu sehen ist[354]. Sind mehrere Vollstreckungsarten zulässig[355], so muß der Antrag die gewünschte erkennen lassen und bei ihrem Scheitern bedarf es eines erneuten Antrags für eine andere Vollstreckungsart oder für die Offenbarungsversicherung[356]. Innerprozessuale Bedingungen sind wie im Erkenntnisverfahren zulässig → Rdnr. 210 vor § 128.

76 Jeder *Vollstreckungsantrag* kann ohne Zustimmung des Gegners **zurückgenommen**[357], geändert oder wiederholt werden; s. auch § 30 Abs. 1 S. 2 ZVG zur wiederholt bewilligten Einstellung; wegen der *Kosten* in solchen Fällen → § 788 Rdnr. 1, 3, 11, 18 ff. Zweifelhaft ist eine uneingeschränkte Rücknahme von Gesuchen des Gläubigers in *kontradiktorischen* Verfahren (z. B. § 766), falls er seinen Vollstreckungsantrag aufrechterhält, da ein rechtliches Interesse des widersprechenden Gegners an einer bindenden Entscheidung und an einer Vermeidung der Wiederholung des Rechtsbehelfs ebenso nach § 269 Abs. 1 schützenswert sein kann wie sonst, während die Rücknahme von Beschwerden stets unbedenklich ist, weil dann die angefochtene Entscheidung bei Bestand bleibt[358]. Wegen **Zustellungen** → Rdnr. 18 f. vor § 166. Es herrscht der **Beibringungsgrundsatz**[359], was aber die Anwendung des **§ 139** – auch durch Vollstreckungsorgane wie Gerichtsvollzieher – nicht ausschließt[360]. Beweisverfahren sucht die ZPO im Vollstreckungsgang zu vermeiden, teils durch vorläufigen Verzicht auf Sachaufklärung[361], teils durch Beschränkung auf die Vorlage von Urkunden[362] oder durch Glaubhaftmachung[363]. Für Beweis ist dann im kontradiktorischen Rechtsbehelfsverfahren Raum. Im übrigen herrscht zwar der Amtsbetrieb[364]; weitere Betreibungsakte des *Gläubigers* sind aber zuweilen vorgesehen[365]. – Für eine Aussetzung nach §§ 148 f. ist (zumindest vor dem ersten Zwangszugriff) kein Raum[366]. Dagegen kann der Gläubiger, sei es auf Vereinbarung[367], sei es ohne solche, das Verfahren jederzeit **einstweilen einstellen** lassen[368]. Wegen

---

[352] *Gaul* (Fn. 347) § 26 I 1a; *AGe Aachen, Augsburg* DGVZ 1984, 61; 1989, 75. Faksimile genügt nicht, *LGe München, Coburg, Ingolstadt* DGVZ 1983, 57; 1994, 62 u. 92; ebensowenig gedruckte Unterschrift *Müller* DGVZ 1993, 7. → aber Fn. 354.
[353] → § 829 Rdnr. 31 f. Denn Pfändungsbeschlüsse erhalten erst Außenwirkung durch die Zustellung seitens des Gläubigers → § 829 Rdnr. 55, womit spätestens die Identität des Antragstellers feststeht.
[354] *Gaul* (Fn. 347); § 4 Abs. 2 GVGA. Hatte aber der GV schon die Ausfertigung, so sind weitere schriftliche Anträge zu unterschreiben, nur insoweit zutreffend *LG München* (Fn. 352).
[355] Dann steht die Wahl zur Disposition des Gläubigers → Rdnr. 42 zu e).
[356] Zu Reformen *Gaul* JZ 1973, 480 f., ZZP 85 (1972) 829 ff.; *Brehm* Rpfleger 1982, 125, DGVZ 1983, 101; 1985, 19, 65; 1986, 97 je mwN.
[357] *Wieser* (Fn. 347). Wegen der **Kosten** → § 788 Rdnr. 1, 16, 18. Zur Folge der Aufhebung von ZV-akten → § 776 Rdnr. 1 a. E.
[358] → § 573 Rdnr. 7.
[359] Er paßt zur Parteiherrschaft → Fn. 340; deshalb sehen die §§ 704 ff. nirgends Amtsermittlung vor, vgl. auch *Brehm* Rpfleger 1982, 126 ff., *Gaul* (Fn. 347) § 5 VI 2. Hingegen sind etliche aus dem Parteivortrag ersichtlichen Umstände von Amts wegen, also auch ohne zusätzlichen Antrag zu berücksichtigen, →z. B. § 850 Rdnr. 15. Der zu berücksichtigende Sachverhalt kann sich erweitern, wenn Dritte Parteien werden, →z. B. § 766 Rdnr. 30 ff. Daß **GV** von Amts wegen versuchen müssen, etliche Tatsachen zu überprüfen u. zu bewerten mit den ihnen zur Verfügung stehenden, beschränkten Mitteln, zumal der Gläubiger in der Regel, der Schuldner manchmal nicht anwesend sein wird, ist kaum zu vergleichen mit gerichtlicher Amtsermittlung *Gaul* aaO; grundsätzlich auch *Oerke* GV u. Parteiherrschaft (1991), 267 ff. mwN (zu § 811, anders S. 271 zu §§ 810, 812 f., 824). →z. B. § 750 Rdnr. 22.
[360] *Stürner* ZZP 99 (1986) 317; *Münch* (Fn. 62) 261 unter Betonung der Hinweispflicht auch des GV bei evidenter Gefahr; jedoch keine Pflicht zur »Beratung« *Gaul* (Fn. 347) § 25 IV 2 b.
[361] →z. B. Rdnr. 55, 77a, 79, 86 ff., § 808 Rdnr. 2, § 829 Rdnr. 37, auch § 903 Rdnr. 17.
[362] →z. B. Rdnr. 56 f., 86 ff., §§ 726–729, 750 f., 754–757 mit 775, 756 und 765.
[363] → § 294 Rdnr. 2, ferner § 900 Abs. 4.
[364] Nicht zu verwechseln mit Amtsermittlung → Fn. 359.
[365] §§ 811a, 825, 829 Abs. 2 mit 857 und 835 Abs. 3, 844, 848 Abs. 3, 850c Abs. 4, 850e Nr. 2–4, 850f Abs. 2, 850g, 854–856, 858 Abs. 4, 873, 900 Abs. 2, 901.
[366] Näheres → § 148 Rdnr. 9; *OLGe Dresden* Seuff Arch 56 (1901) 40, SächsAnn 27, 86; *OLG Breslau* JW 1933, 1538; *LG Köln* JMBlNRW 1949, 41. – A. M. *OLGe Hamburg u. München* OLGRsp 17, 133; 25, 207. – Aussetzung im Erkenntnisverfahren ist kein Einstellungsgrund → § 249 Rdnr. 5.
[367] → Rdnr. 99.
[368] S. aber § 30 Abs. 1 S. 3 ZVG. Im Erg. ganz h.M., jedoch ist das kein »Ruhen« i. S. d. § 251, zust. *Wieser* NJW 1988, 667 mwN; *Blomeyer* ZwVR § 23 I.

der §§ 239 ff. → Rdnr. 78, 80. Zur Gewährung von *Erfüllungsfristen* u. ä. durch Vollstrekkungsorgane → Rdnr. 104.

1. Hinsichtlich der auch für das Erkenntnisverfahren erheblichen **Prozeßvoraussetzungen**[369] gilt folgendes[370]: 77

a) Für **Gläubiger** sind erforderlich: Parteifähigkeit, Prozeßfähigkeit[371], Legitimation eines etwaigen gesetzlichen Vertreters wie im Erkenntnisverfahren, §§ 50 ff. (zu Vollmachten → Rdnr. 81). Der nicht rechtsfähige Verein hat auch als Gläubiger eine beschränkte Parteifähigkeit[372]. Soweit man in der Befugnis zum Vollstreckungsantrag eine Parallele zur »Prozeßführungsbefugnis« erkennen will, ist vor Fehlschlüssen zu warnen: Ob ein durch Titel/Klausel als antragsberechtigt *ausgewiesener* Gläubiger fremde Rechte befugt geltend macht (Vollstrekkungsstandschaft), ist von Vollstreckungsorganen und -gerichten nicht zu prüfen[373]. Sie haben dann nur ihre Vollstreckungsmaßnahmen so zu gestalten, daß einem im Titel als Leistungsempfänger genannten Dritten der Vollstreckungserfolg gesichert wird[374].

Bei *rechtskraftfähigen Titeln*[375] haben jedoch die Vollstreckungsorgane – schon bei Zustellung[376] – die Wirksamkeit des Titels (nur diese!) hinzunehmen, wenn der Gläubiger in der Entscheidung als parteifähig und prozeßfähig behandelt ist, ganz gleich, ob die Gründe darüber schweigen oder das Gericht die Frage überhaupt geprüft hat[377]. Nichtbeachtung des Mangels im Erkenntnisverfahren ist *nach* Rechtskraft nur gemäß § 579 Nr. 4, *vorher* mit den gegen die Entscheidung vorgesehenen ordentlichen Rechtsbehelfen geltend zu machen[378]. Zur vorläufigen Einstellung s. §§ 707, 719, zur endgültigen § 775 Nr. 1. Gemäß §§ 766, 732 kann also der Schuldner nicht rügen, das Urteil sei deswegen unwirksam; folglich muß dem in Wahrheit *parteiunfähig* gewesene Gebilde auch die Vollstreckung offenstehen, es sei denn es wäre erst nachträglich parteiunfähig geworden; die Vollstreckungsklausel ist auf Antrag des im Prozeß als Vertreter/Organ Aufgetretenen zu erteilen. Wohl aber muß der Schuldner nach **§ 766** rügen dürfen, der *Vollstreckungsantrag* leide unter dem Mangel der *Prozeßunfähigkeit* (diese läßt sich beheben!), ganz gleich, ab wann dieser Mangel bestand. Denn nur für das Erkenntnisverfahren nebst Entscheidung, also für den zuerkannten *Anspruch* ist wegen § 579 Abs. 1 Nr. 4 die Prozeßfähigkeit endgültig zu unterstellen, aber nicht für den Vollstrekkungsantrag[379]. Daraus folgt für das *Vollstreckungsverfahren* lediglich die widerlegbare Vermutung der Fortwirkung zugunsten des Gläubigers[380], so daß Vollstreckungsorgane, 77a

---

[369] → Einl. (20. Aufl.) Rdnr. 311 ff. Zu formellen Voraussetzungen der ZV → Rdnr. 55 ff.
[370] Lit.: *Arens* FS. f. Schiedermair (1976) 1 ff.; *Roth* JZ 1987, 895 (Prozeßfähigkeit des Schuldners), *Gaul* (Fn. 347) § 23 mwN.
[371] LG Essen ZZP 72(1959) 316, → aber Fn. 377; *Thomas/Putzo*[18] § 704 Vorbem. Rdnr. 43; *Baumbach/Hartmann*[52] Grundz § 704 Rdnr. 40; *Blomeyer* ZwVR (1975) § 8 II 2; *Gaul* (Fn. 347) § 23 II 5a; *MünchKommZPO-Lüke* Einl. Rdnr. 372. Zum Unterschied zwischen Nichtexistenz u. fehlender Parteifähigkeit → Fn. 536.
[372] § 50 Rdnr. 22 ff. Zur (partiellen) Parteifähigkeit des Betriebsrats → § 50 Rdnr. 16; *Grunsky* ArbGG[6] § 85 Rdnr. 4 ff.; auch *BAG* NZA 1988, 255. Über politische Parteien u. Gewerkschaften → § 50 Rdnr. 15 f.
[373] → Rdnr. 38 Fn. 201; *Gaul* (Fn. 347) § 23 II 7 mwN.
[374] → § 815 Rdnr. 1, § 819 Rdnr. 7 (Erlös an Dritten) sowie zur Angabe des Empfangsberechtigten im Überweisungsbeschluß u. in der Zwangseintragung § 835 Rdnr. 6, § 867 Rdnr. 10 a. E., ferner oben Rdnr. 38, Rdnr. 5 vor § 803.
[375] Vollstreckungsbescheide wird man ausnehmen müssen, *Bruns/Peters*[3] § 4 II 3. Ob die Rechtskraft schon eingetreten ist, spielt insoweit keine Rolle *Schlosser* ZPR II Rdnr. 37.
[376] → § 750 Rdnr. 21.
[377] So (mit unterschiedlichen Begründungen) *Arens* (Fn. 370) 11 ff.; *Baur/Stürner*[11] Rdnr. 152; *Brox/Walker*[4] Rdnr. 23; *Gaul* (Fn. 347) § 22 I 2a aa, § 23 II 4 b, 5 (anders für Titel gegen bürgerlichrechtliche Gesellschaft aaO § 19 I 1 Fn. 8); *Peters* (Fn. 375); *Hoffmann* KTS 1973, 154 ff. – A.M. LG Essen (Fn. 371); *MünchKommZPO-Arnold* § 750 Rdnr. 24 mit 21–23; *Zöller/Stöber*[18] Rdnr. 16 (Bindung nur, falls in Urteilsgründen bejaht).
[378] → § 579 Rdnr. 12.
[379] Denn ZV leitet neue Verfahren ein, sie sind nicht Fortsetzung des Erkenntnisverfahrens, dessen Ergebnis das Erfordernis der Wiederaufnahme allein sichern will; a. M. *Schlosser* (Fn. 375). Das wurde in 20. Aufl. u. bisheriger Lit. nicht genügend beachtet: Man suchte nach Begründungen für eine Bindungswirkung, da die §§ 318, 322 nicht zutreffen (vgl. etwa *Gaul* (Fn. 347) § 23 II 4, 5 u. die Übersicht bei *Hager* KTS 1991, 20 Fn. 100), vernachlässigte jedoch die Frage, ob eine Bindung der ZV-Organe, mag sie auch nur mittelbar aus § 579 folgen, überhaupt **mehr** als den Anspruch betreffen kann.
[380] Ob sie über »tatsächliche Vermutung« → § 56 Rdnr. 4 a. E., § 292 Rdnr. 6 hinausgehen soll, ob es sich um eine den gesetzlichen Vermutungen des § 292 gleichzustellende oder sogar um eine Rechtsvermutung handelt,

denen kein ordentliches Beweisverfahren zur Verfügung steht³⁸¹, solange davon auszugehen haben, bis der Schuldner den Antragsmangel nach § 766 rügt. Entsprechendes gilt für solche Mängel beim Antrag auf Erteilung der Vollstreckungsklausel, die nach § 732 geltendgemacht werden können.

Bei der Vollstreckung *nicht rechtskraftfähiger Titel* ist ein Mangel der Partei- oder Prozeßfähigkeit jedoch von vornherein von Amts wegen zu beachten und bei Nichtbeachtung grundsätzlich nach § 766 zu rügen; wird jedoch geltend gemacht, der Titel sei unwirksam, weil der Mangel schon zur Zeit der Errichtung vorgelegen habe, so ist gegen Prozeßvergleiche wie → § 794 Rdnr. 47 ff., gegen vollstreckbare Urkunden wie → § 797 Rndr.18 f. vorzugehen. Ist aber der Mangel anläßlich der Klauselerteilung durch richterliche Entscheidung³⁸² ausdrücklich³⁸³ verneint worden, so bleibt wie bei rechtskraftfähigen Entscheidungen im Vollstreckungsverfahren nur die Widerlegung der Vermutung wie oben → Fn. 380 f.³⁸⁴.

78 Stirbt der Gläubiger oder wechselt sein gesetzlicher Vertreter **nach Errichtung des Titels, jedoch vor Beginn der Vollstreckung**, so ist dies von Amts wegen zu beachten³⁸⁵. Hatte jedoch die Vollstreckung **schon begonnen**, so wird sie vorläufig fortgesetzt, im Todesfalle oder bei Umwandlung in eine andere Rechtsperson für Rechnung des Rechtsnachfolgers³⁸⁶, bis es einer Mitwirkung des Gläubigers bedarf³⁸⁷. Für entspr. Anwendung der unmittelbar nur für das Erkenntnisverfahren geltenden §§ 239 ff. besteht hier ebensowenig ein Bedürfnis³⁸⁸ wie im Insolvenzfall³⁸⁹. Steht jedoch schon die Befriedigung oder ein neuer Beitreibungsakt des Gläubigers oder eine Verhandlung an, so hat ein neuer Gläubiger die auf ihn lautende Vollstreckungsklausel zu erwirken (§§ 727 ff.) und zuzustellen³⁹⁰; das gilt trotz § 86 auch dann, wenn der Prozeßbevollmächtigte derselbe bleibt. Muß wegen Prozeßunfähigkeit der gesetzliche Vertreter mitwirken oder wechselt dieser, so bedarf es keiner neuen Klausel³⁹¹. Zur Klauselerteilung für Parteien kraft Amtes → § 727 Rdnr. 25 ff., über Konkurs (Insolvenz) des Gläubigers → Rdnr. 61.

79 b) **Schuldner** müssen *parteifähig* sein³⁹²; zum Verfahren → Rdnr. 77 a, 80. Danach sind Urteile gegen Parteiunfähige zwar wirksam gegenüber allen Personen, die auf der Passivseite betroffen waren, aber die Vollstreckung kann wegen § 750 Abs. 1 dennoch daran scheitern, daß diese Personen oder das als Haftungsobjekt betroffene Vermögen nicht eindeutig anhand des Urteils oder der Vollstreckungsklausel identifiziert werden können, → dazu auch § 736 Rdnr. 1 a. Gegenüber einer wegen Vermögenslosigkeit gelöschten GmbH genügt jedoch die Behauptung, es sei noch Vermögen vorhanden³⁹³. Auch *Prozeßfähigkeit oder gesetzliche Vertretung* ist grundsätzlich in jedem Verfahrensstadium – auch für Zustellungen³⁹⁴ – erforderlich, selbst wenn keine Mitwirkungshandlungen in Betracht kommen und Rechtsbehelfe noch nicht eingelegt sind³⁹⁵. Andernfalls könnte der Schuldner rechtswahrendes Verhalten versäumen und dadurch Nachteile erleiden, die ohne den (zugunsten des Schuldners zu

---

bleibt diskutabel. Zur umstrittenen Beweislast im Erkenntnisverfahren *Bork* ZZP 103 (1990) 468 ff.
³⁸¹ Freibeweis ist insoweit nicht angebracht, → § 56 Rdnr. 7. Die GV werden auf öffentliche Urkunden vertrauen dürfen, arg. § 756. Im Verfahren gemäß § 891 stehen alle Beweismittel zur Verfügung.
³⁸² §§ 797 Abs. 3, 797 a Abs. 2. Klauselerteilung durch Urkundsbeamten oder Notar genügt insoweit nicht, *Hoffmann* (Fn. 377) 161.
³⁸³ Stillschweigende Entscheidungen wird man hier nicht annehmen dürfen, obwohl solche Mängel bei Klauselerteilung erheblich sind, *Hoffmann* (Fn. 377) 161.
³⁸⁴ Zur Anwendung des § 579 Nr. 4 auch auf Beschlüsse → Rdnr. 38 ff. vor § 578, *BayVerfGHE* 27, 115 f. = Rpfleger 1976, 350 *(Kirberger).*
³⁸⁵ *Gaul* (Fn. 347) § 23 II 4 c, 5 c.
³⁸⁶ *Wieczorek²* § 704 Anm. B V a 1.
³⁸⁷ OLGe Breslau u. Hamm OLGRsp 26, 380, JMBlNRW 1963, 132 (dort für ZV-Schutz nach § 30 WohnraumBewG); *Gaul* (Fn. 347) § 23 II 4 d; *Hartmann* (Fn. 371).
³⁸⁸ *OLGe Breslau, Hamm* (Fn. 387) u. *Frankfurt/M.* Rpfleger 1975, 441; *Gaul* (Fn. 347) § 23 II 4 d.
³⁸⁹ → Fn. 305.
³⁹⁰ → § 727 Fn. 11 *(BGH).*
³⁹¹ → § 727 Rdnr. 11, § 750 Rdnr. 20, 26.
³⁹² Vgl. §§ 735 f. Heute unstr., *OLG Hamm* Rpfleger 1990, 131 = MDR 347; *Arens* (Fn. 370) 1 mwN, früher str. → 19. Aufl. Fn. 114. Zur ZV gegen Betriebsräte oder deren Mitglieder → § 50 Rdnr. 16a mit Fn. 34, § 888 Rdnr. 44, vgl. auch *BAG* (Fn. 372).
³⁹³ → § 807 Rdnr. 45 Fn. 239 (str.); erst recht für Pfändungen z.B. nach § 829, wenn der Gläubiger meint, Vermögen entdeckt zu haben.
³⁹⁴ → § 750 Rdnr. 21; *LG Göttingen* DGVZ 1968, 84; *AG Ansbach* DGVZ 1994, 93 (94); *Frank* Büro 1983, 483; s. auch die → Fn. 397 zit. Rsp.
³⁹⁵ Für Offenbarung *OLG Frankfurt* DGVZ 1992, 155,

unterstellenden) Mangel in der Willensbildung vermeidbar gewesen wären[396]. Allerdings unterliegt die Nachprüfung einer angeblich schon bei Errichtung des Titels fehlenden Prozeßfähigkeit durch Vollstreckungsorgane denselben Einschränkungen wie → Rdnr. 77a[397], und ein solcher Mangel läßt die Zulässigkeit des Vollstreckungsantrags unberührt. Tritt *nach Beginn der Vollstreckung* die Partei-oder Prozeßunfähigkeit, das Ende[398] oder ein Wechsel der gesetzlichen Vertretung des Schuldners ein, so ist dies von Amts wegen zu beachten[399]; auch dann scheiden die §§ 239ff. wie → Rdnr. 79 aus[400]. Zum Verfahren → Rdnr. 80. Zweifelt *nur* der Schuldner an seiner Prozeßfähigkeit, so trifft ihn die Beweislast[401]; teilt jedoch das mit dieser Frage befaßte Gericht die Zweifel, so trifft die Beweislast den Gläubiger → § 56 Rdnr. 8ff.

Soweit Mängel wie → Rdnr. 79 beachtlich sind, besteht folgerichtig auch eine Pflicht der Vollstreckungsorgane zur Prüfung von Amts wegen[402], soweit nicht die Partei- oder Prozeßfähigkeit wie → Rdnr. 77a zu vermuten ist, und es ist Sache des Gläubigers, einen tatsächlichen, gerichtlich angeordneten oder infolge Verweigerung durch Vollstreckungsorgane eingetretenen Stillstand des Verfahrens zu beenden bzw. vermeiden, und zwar nach Verlust der *Parteifähigkeit des Schuldners* durch Klauselumschreibung gegen den Rechtsnachfolger, sofern § 779 nicht eingreift[403], bei *Prozeßunfähigkeit* durch Benennung des (neuen) gesetzlichen Vertreters, falls dieser sich nicht von selbst oder nach Hinweis des Gerichts meldet, z. B. für § 891 oder im Offenbarungsverfahren; → dazu § 750 Rdnr. 20. Erhebt der Schuldner Einwendungen, so hat er seine Legitimation bzw. ein neuer gesetzlicher Vertreter seine Vertretungsmacht nachzuweisen. – Ist ein (neuer) gesetzlicher Vertreter noch nicht vorhanden oder auszumachen, so käme ein ungehinderter Fortgang der Vollstreckung einer Versagung rechtlichen Gehörs gleich, da nur Prozeßfähigen oder gesetzlich Vertretenen eine Entscheidung, ob Einwendungen angebracht sind, zugemutet werden darf[404]. Daher reicht es nicht aus, daß Prozeßunfähige den Mangel wie → § 56 Rdnr. 2, 5, 16 selbst geltend machen könnten[405]; gegen sie dürfen keine vollendeten Tatsachen geschaffen werden. In diesem Schutz erschöpft sich aber auch die Bedeutung einer Beachtlichkeit der Prozeßunfähigkeit im Vollstreckungsverfahren. Er dient nur dazu, dem Schuldner Gelegenheit zu geben, sonstige Vollstreckungsmängel geltend zu machen, aber nicht zur Vermeidung einer Vollstreckung.

182, Näheres → § 900 Rdnr. 4; für Zwangsversteigerung *BVerfG* NJW 1993, 51³; obiter *OLG Hamm* (Fn. 392), jetzt h.M. *Arens* (Fn. 370); *Baur/Stürner*[11] Rdnr. 152; *Brammsen* Büro 1981, 13; *Brox/Walker*[4] Rdnr. 25; *Gaul* (Fn. 347) § 23 II 5a; *Gerhardt* ZZP 92 (1979) 488; *Lüke* (Fn. 371); *H.Schneider* DGVZ 1987, 52; *Stöber* (Fn. 377). – A.M. *Hartmann* (Fn. 371); *Thomas/Putzo*[18] Rdnr. 43.
[396] *Brammsen, Brox/Walker, Gaul, Gerhardt, H.Schneider* (alle Fn. 395), *Blomeyer* (Fn. 371); *Zöller/Stöber*[18] Rdnr. 16.
[397] Auch hier ist bezüglich Wirksamkeit des Titels (→ Fn. 378f.) u. dessen Zustellung (insoweit a.M. *LG Bonn* NJW 1974, 1387) nicht danach zu differenzieren, ob die Entscheidungsgründe ausdrücklich darauf eingehen, *LGe Lübeck* DGVZ 1969, 93 = SchlHA 1971, 66; *Essen* MDR 1956, 236u. die Lit. → Fn. 377, ferner *H.Schneider* (Fn. 395) 54f.; a.M. *Kirberger* FamRZ 1974, 639 mwN aus Rsp u. Lit; *Arnold* (Fn. 377).
[398] Z.B. Eintritt der Volljährigkeit, vgl. *LG Köln* DGVZ 1968, 138.
[399] *OLGe Stuttgart* Büro 1990, 918; *Hamm* (Fn. 392) für Zwangsverwaltung. Zur Beweislast → § 56 Rdnr. 8f.
[400] *Lüke* (Fn. 371) Rdnr. 373; *Stöber* (Fn. 396).
[401] *OLGe Oldenburg, Frankfurt* Rpfleger 1969, 135 f.; 1975, 411; *Gaul* (Fn. 347) § 23 II 5d; *Lüke* (Fn. 371) Rdnr. 374; *Stöber* (Fn. 396). – A.M. *AG Arnsberg* DGVZ 1986. 140;
[402] Wobei auch materiellrechtliche Normen wie §§ 112f. (1903 Abs. 1 S. 2) BGB zu berücksichtigen sind, → Rdnr. 84. Auf Ergebnisse von Freibeweisen, auch Erkundigungen durch GV usw. (dazu *H.Schneider* → Fn. 395), dürfen jedoch höchstens vorläufige Maßnahmen gestützt werden; → auch Rdnr. 7 ff. vor § 355.
[403] Bei Verlust der Parteifähigkeit oder Umwandlung der Rechtsform **nach Beginn der ZV** wird in Anlehnung an § 779 die ZV fortzusetzen sein, bis eine Mitwirkung des Schuldners erforderlich ist, *Wieczorek*² Anm.B V bb 1; a.M. anscheinend *LG Oldenburg* Rpfleger 1980, 27 bei Umwandlung von KG in BGB-Gesellschaft wegen Absinkens des Betriebs auf das Niveau des § 4 Abs. 1 HGB. – Verliert der Schuldner die Parteifähigkeit noch **vor Beginn der ZV**, ist sie nicht über § 727 oder § 729 zulässig, → auch § 736 Rdnr. 1a. Beginnt sie dennoch ohne Umschreibung, → Rdnr. 136ff.
[404] *J.Bernhardt* Der geisteskranke Schuldner in der ZV (Diss. 1967) 72ff.; *Arens* (Fn. 370) zust. *Gerhardt* (Fn. 395); *Roth* (Fn. 370) 900; vgl. auch *Hoffmann* (Fn. 377) 159 gegen eine Lösung über § 767.
[405] Auch dann nicht, wenn ein Anwalt auftritt, da er nicht wirksam bestellt war, *BayVerfGH* (Fn. 384).

Daraus folgt, daß eine Ablehnung jeder Vollstreckung[406] Prozeßunfähige grundlos besser stellen würde als Prozeßfähige; denn auch ihnen wird grundsätzlich[407] erst nachträglich rechtliches Gehör gewährt. Daher ist zumindest bei der Vollstreckung wegen Geldforderungen[408] der *erste, rangwahrende Zugriff*, insbesondere die Pfändung zuzulassen, während die weitere Betreibung aufzuschieben ist. Hat ein Vollstreckungsorgan den dringenden Verdacht, daß der Schuldner prozeßunfähig ist, so sieht es nach dem rangwahrenden Zugriff – ähnlich wie im Falle des § 779 Abs. 2 – unter Benachrichtigung des Gläubigers zunächst von weiteren Betreibungshandlungen ab, bis der gesetzliche Vertreter oder entsprechend § 57 ein besonderer Vertreter[409] bestellt ist und ausreichende Gelegenheit für Einwendungen hatte. Wird ein Gericht damit befaßt, sei es als Prozeßgericht, Vollstreckungsgericht oder -organ[410], so stellt es bei hinreichendem Verdacht die begonnene Vollstreckung vorläufig ein. Stellt es den Mangel fest, so darf es insbesondere rangwahrende Vollstreckungsmaßnahmen nicht übereilt aufheben, da der Mangel heilbar ist und dann keinen Makel darstellt, der etwa nach § 878[411] zu einer Rangminderung führen würde. Es stellt vielmehr (gegebenenfalls erneut) die Vollstreckung einstweilen ein und ermöglicht die Weiterbetreibung, wenn der gesetzliche Vertreter, Pfleger oder Betreuer nach Setzung einer Frist sonstige Vollstreckungsmängel nicht oder erfolglos rügt. Zur *Insolvenz des Schuldners* → Rdnr. 62.

81 c) Die nach § 56 von Amts wegen zu prüfende **Vollmacht** zur Vollstreckung ist in der Prozeßvollmacht enthalten (§ 81), kann aber auch selbständig erteilt werden[412]. Sie untersteht allen Regeln der §§ 87 ff., auch hinsichtlich des Anwaltszwangs[413] und einer nachträglichen Genehmigung[414]. Zum Nachweis → § 80 Rdnr. 36, § 88 Rdnr. 4 ff., § 750 Rdnr. 26. Zur Beiordnung im Falle der *Prozeßkostenhilfe* → Bem. zu § 121.

82 d) Über die **Zulässigkeit des Rechtswegs** und die Folgen etwaiger Verstöße → Rdnr. 2, 130; zur **Zuständigkeit** → Rdnr. 67 ff., 130 sowie die Erläuterungen zu den dort aufgezählten, einzelnen Maßnahmen, z.B. § 828 Rdnr. 10.

83 e) Die **Befreiung von der inländischen Gerichtsbarkeit** erstreckt sich grundsätzlich auch auf die Vollstreckung[415]; jedoch gibt es insoweit Ausnahmen[416], so daß stets gesonderte Prüfung angebracht ist[417]. Verstöße führen zur Nichtigkeit der Vollstreckungsmaßnahme[418]. Zum persönlichen und gegenständlichen Umfang der Befreiung *Exterritorialer* nach §§ 18–20 GVG → Einl.(20. Aufl.) Rdnr. 656–659, zu Staatsverträgen aaO Rdnr. 661. Soweit die Befreiung für bestimmte, z.B. dingliche Klagen nicht gilt[419], ist auch die Vollstreckung zulässig[420]. Die Befreiung *ausländischer Staaten* richtet sich nicht nach §§ 18–20 GVG,

---

[406] So *Stürner* (Fn. 377).
[407] → Rdnr. 74.
[408] Ganz h.M. *Stöber* (Fn. 377) mwN. *Roth* (Fn. 370) 899 hält zutreffend auch bei § 883 eine Wegnahme (unter Aufschub der Übergabe an den Gläubiger) für zulässig, was freilich dem GV erst zuzumuten ist, wenn sein Kostenvorschuß für die vorläufige Aufbewahrung gesichert ist. Bedenklich ist jedoch die von *Roth* aaO bejahte Entsprechung für § 885, da Räumungen nicht nur eine Verständigungsmöglichkeit mit dem Schuldner (→ § 885 Rdnr. 22) sondern vor allem bei Wohnungsräumungen auch grosse Last zu weiteren Dispositionen voraussetzen; auch für Gläubiger könnten solche vorläufigen Räumungen zum Danaergeschenk werden (Kostenvorschuß).
[409] *Blomeyer* (Fn. 371), *Gaul* (Fn. 347) § 23 II 5a; *Lüke* (Fn. 371) Rdnr. 373; zust. *Roth* (Fn. 370) 900 u. *Weinbörner* Rpfleger 1984, 263, zugleich zum Verfahren bei vertretungsloser GmbH. Zur Anwendbarkeit des früheren § 1910 (jetzt § 1896) BGB auf prozeßunfähige Schuldner auch im Interesse des Gläubigers *BayObLG* MDR 1991, 443[77] mwN.

[410] → Rdnr. 68 f.
[411] → § 878 Rdnr. 17.
[412] → § 81 Rdnr. 7.
[413] → § 78 Rdnr. 14, 16 ff., § 891 Rdnr. 1, § 87 Rdnr. 3.
[414] § 89, *OLG Saarbrücken* Rpfleger 1991, 513. S. auch *RGZ* 64, 217.
[415] *BVerfGE* 46, 342 = NJW 1978, 486 (zu B 2b, zust. *Bleckmann* aaO 1093); 64, 1 = NJW 1983, 2767. – Lit.: *P. Busl* Ausländische Staatsunternehmen usw. (Diss. München 1992).
[416] → Einl. (20. Aufl.) Rdnr. 656 ff.; zur Haft → § 904 Rdnr. 5; dazu *Riedinger* RabelsZ 1981, 448.
[417] *OLG Frankfurt/M* NJW 1981, 2650; *v. Schönfeld* NJW 1986, 1985.
[418] Allg. M. Über Titel, die Exterritorialität mißachten, → Rdnr. 10 vor § 578. Allg. zur ZV aus nichtigem Titel → Rdnr. 129, § 766 Rdnr. 13.
[419] → Einl. (20. Aufl.) Rdnr. 657 Fn. 5b.
[420] Obiter *KG* OLGRsp 38, 227, HRR 1933 Nr. 1522, allg. M.

sondern unmittelbar nach allgemeinen Regeln des Völkerrechts; sie binden zwar nicht private Gläubiger, wohl aber unmittelbar die Vollstreckungsorgane über Art. 25 GG als Bundesrecht[421]. Hiernach ist auch für Vollstreckungen die Unterscheidung zwischen hoheitlichem und fiskalischem Handeln[422] grundsätzlich maßgeblich[423]. Unzulässig ist aber in jedem Fall die ohne Zustimmung[424] betriebene Vollstreckung in Gegenstände, die unmittelbar[425] hoheitlichen Zwecken eines fremden Staates zu dienen bestimmt sind[426], mag der Zweck auch auf privatem Wege verfolgt werden, wie z.B. bei Bankguthaben, die unmittelbar zur Erfüllung der diplomatischen Aufgaben einer Botschaft bestimmt sind[427]. Zur erforderlichen Glaubhaftmachung eines solchen Zwecks genügt die Versicherung eines zuständigen Organs des Entsendestaates[428].

Die freiwillige **Unterwerfung** unter die entscheidende Gerichtsgewalt enthält im Zweifel noch nicht die (also zusätzlich erforderliche) Unterwerfung unter die vollstreckende Gewalt[429]; s. aber dort die Bem. über den Betrieb *inländischer Gewerbebetriebe*. Wegen exterritorialer Drittschuldner → § 829 Rdnr. 28. Zur Vollstreckung gegen Personen, die dem **NATO-Truppenstatut** nebst Zusatzabkommen unterliegen[430], → Einl. (20. Aufl.) Rdnr. 674f. Wegen der Vollstreckung gegen den Fiskus → die Bem. zu § 882a und § 15 Nr. 3 EGZPO[431].

84

2. Da Vollstreckungsverfahren grundsätzlich nicht kontradiktorisch gestaltet sind[432], begründen sie keine **Rechtshängigkeit** im Sinne der §§ 261–265[433], obwohl z.B. nach §§ 209 Abs. 2 Nr. 5, 216, 941 S. 2, 942 BGB Verjährung[434] und Ersitzung wie durch Rechtshängigkeit unterbrochen werden.

85

3. Einwendungen des Schuldners

a) Einwendungen gegen den **Anspruch** können, wenn es sich um liquide Zahlung oder Stundung nach der Entstehung des Titels handelt, innerhalb der Vollstreckung, auch im Verfahren nach § 891 oder §§ 900f., mit der Wirkung *einstweiliger* Einstellung geltend gemacht werden, § 775 Nr. 4, 5, → dort Rdnr. 32. Sie können auch zur Abwehr der Klagen gemäß §§ 731, 722f. erhoben werden[435]. Im übrigen führen sie nur zur Beseitigung des Titels durch *Rechtsmittel oder Einspruch* oder zum Wegfall seiner Vollstreckbarkeit durch *Klage* gemäß §§ 767, 795, 796f. (s. auch §§ 719, 769). Über das Verhältnis beider Wege zueinander → § 767 Rdnr. 41. Für *Schiedssprüche* → § 1042 Rdnr. 23f. und zur Beschränkung der Haftung des Erben usw. s. §§ 785f.

86

b) Einwendungen gegen die Wirksamkeit des **Titels** sind durch Einspruch, Rechtsmittel, Wiederaufnahme des Verfahrens geltend zu machen; s. auch §§ 165 KO (186 InsO), 196 KO. Für gerichtliche Vergleiche → § 794 Rdnr. 46ff., für vollstreckbare Urkunden → § 797 Rdnr. 20ff. Über den Fall zweifelhafter Auslegung → Rdnr. 31.

87

---

[421] *BVerfGE* 46,342 zu B 2, C III = NJW 1978, 486, 494; s. auch *BGH* 1979, 1101.
[422] → Einl. (20. Aufl.) Rdnr. 660.
[423] *BVerfG* (Fn. 421) zu C I 5–7 mwN.
[424] Zur Unterwerfung → Rdnr. 84.
[425] Nur mittelbare Verfolgung hoheitlicher Zwecke kommt in Betracht, wenn Guthaben eines nichthoheitlich handelnden Unternehmens zwecks Deckung des Haushalts eines fremden Staates dessen Zentralbank zugeführt werden sollen, aber zur Zeit der Pfändung noch dem Unternehmen zustehen und nicht als Treugut offenkundig ausgewiesen sind, *BVerfG* NJW 1983, 2767f. (Qualifizierung nach dem Recht des Gerichtsstaates, in dem das zu pfändende Vermögen belegen ist).
[426] → Einl. (20. Aufl.) Rdnr. 655 Fn. 3 (*BVerfG*) u. 656.
[427] *BVerfG* (Fn. 421) zu C II 4 = NJW 1978, 494f.
[428] → Fn. 427.
[429] → Einl. (20. Aufl.) Rdnr. 662, jetzt allg.M., *Gaul* (Fn. 347) § 23 II 2.
[430] → Einl. (20. Aufl.) Rdnr. 665–667 (Text). Dazu *Sennekamp* NJW 1983, 2731ff.
[431] Dazu die Gemeindeordnungen, z.B. § 127 GemO Bad.-Württ.
[432] → Rdnr. 74.
[433] *BayObLG* NS 1, 469f..(zu § 265 Abs. 2); *Gaul* (Fn. 347) § 5 I 3 a Fn. 14 mwN. *Wieczorek*[2] § 704 Anm.B VI nimmt Einwand der Rechtshängigkeit an, wenn die Pfändung derselben Forderung auf Grund desselben Titels beantragt wird.
[434] → Rdnr. 125 u. § 267 Rdnr. 6, 11, 16.
[435] → § 723 Rdnr. 3f., § 731 Rdnr. 13–15.

88 c) Einwendungen gegen die erteilte **Vollstreckungsklausel** sind, sofern nicht die Klausel durch rechtskräftiges Urteil erteilt ist[436], nach § 732, in besonderen Fällen wahlweise auch nach §§ 768, 796 Abs. 3, 797 Abs. 5 geltend zu machen[437]. Zum Streit zwischen Urgläubiger und Rechtsnachfolger → § 727 Rdnr. 44 ff.

89 d) Einwendungen gegen die **Art und Weise der Zwangsvollstreckung**, auch bezüglich Zeit, Maß und Gegenstand der Vollstreckung, sind nach § 766 (dann §§ 775 f.) geltend zu machen, s. auch § 777; hierher gehört auch das Bestreiten der Identität der im Titel bezeichneten und der von der Vollstreckungshandlung betroffenen Personen[438]. Zur Konkurrenz der Erinnerung mit anderen Rechtsbehelfen → § 766 Rdnr. 52 ff. – § 93 ZVG gewährt dem Schuldner die sonst Dritten zustehende Widerspruchsklage → § 771 Rdnr. 35.

90 e) Über die Berufung auf *Verfassungsrecht, Treu und Glauben, sittenwidriges oder sonstwie unerlaubtes Verhalten* → Rdnr. 45 ff., 24. Zur Klage auf Unterlassung der Vollstreckung (§ 826 BGB) → § 322 Rdnr. 268 ff.

91 f) **Vollstreckungsschutz** muß, abgesehen von §§ 811, 812, 850, 850 a-e, 850 k, § 54 f. SGB-I, regelmäßig beim Vollstreckungsgericht beantragt werden; der Antrag entspricht sachlich der Erinnerung nach § 766; → die Bem. zu §§ 765 a, 813 a, 850 f. Abs. 1, 850 i, 850 k.

92 **4. Einwendungen Dritter** sind, soweit sie die Art des Vollzugs betreffen, z.B. bei Verstößen gegen § 809, nach § 766 durch *Erinnerung* geltend zu machen. Hat aber der Dritte lediglich ein die Veräußerung hinderndes Recht oder besteht zu seinen Gunsten ein Veräußerungsverbot, so hat er nach § 771 f. zu *klagen*, s. auch §§ 773 f. und → § 865 Rdnr. 26 ff., 36. – Nicht besitzende Pfand- und Vorzugsberechtigte haben ihr Recht auf vorzugsweise Befriedigung durch Klage nach § 805 zu verfolgen. Zur Konkurrenz zwischen §§ 766 und 771 → § 766 Rdnr. 55, § 771 Rdnr. 69 und über Einwendungen Dritter gegen die Vollstreckungsklausel → § 727 Rdnr. 44 ff.

93 **5.** In allen → Rdnr. 86–92 genannten Fällen kann das *Gericht* die Vollstreckung durch **einstweilige Anordnung**[439] vorläufig einstellen oder sonstwie beschränken mit den sich aus §§ 775 f. ergebenden Folgen, sei es unter Aufhebung oder mit Fortdauer der schon begonnenen Maßregeln, sei es mit oder ohne Sicherheitsleistung[440]. – Der *Gerichtsvollzieher* darf – abgesehen von § 765 a Abs. 2 – nur nach §§ 775 Nr. 4, 5[441] und 815 Abs. 2[442] ohne gerichtliche Anordnung einstellen, arg. § 775 Nr. 2; → auch Rdnr. 45. Wegen einstweiliger Einstellung vor und nach Eröffnung des *Vergleichsverfahrens* → Rdnr. 63.

94 Zur »einstweiligen« Natur der in → Rdnr. 93 genannten Anordnungen → § 707 Rdnr. 19, 22. Auch wenn sie vom Prozeßgericht ausgehen, hemmen sie doch schon unmittelbar das Vollstreckungsverfahren[443]; daher unterliegen sie, soweit sie überhaupt anfechtbar sind, nur der sofortigen Beschwerde, → §§ 707 Rdnr. 23 f., 732 Rdnr. 14, 769 Rdnr. 15. Über Schadensersatz für den Gläubiger → § 717 Rdnr. 71.

95 Diese einstweiligen Anordnungen sind von den *einstweiligen Verfügungen* nach §§ 935 ff. scharf zu scheiden, sowohl hinsichtlich der Voraussetzungen, wie der Zuständigkeit, des Verfahrens und der Anfechtung[444]. Da es sich um voneinander unabhängige Verfahren und Titel handelt, können zwar einerseits einstweilige Anordnungen nicht durch einstweilige

---

[436] → § 731 Rdnr. 17.
[437] → § 732 Rdnr. 6.
[438] → § 766 Rdnr. 31, § 727 Rdnr. 32 f., § 750 Rdnr. 18 ff.
[439] *H.-U. Maurer* Einstweilige Anordnungen usw. (Diss. Tübingen 1981).
[440] → § 707 Rdnr. 26 f. u. zu vergleichbaren Anordnungen in Vollstreckungsschutzverfahren → §§ 765 a Rdnr. 20, 813 a Rdnr. 10. 851 a Rdnr. 6, 851 b Rdnr. 8.

[441] → Rdnr. 86.
[442] Der kurze Aufschub der Erlösabführung, falls ein Einstellungsbeschluß erwartet wird, → § 819 Rdnr. 6 Fn. 24, ist keine Einstellung.
[443] Vgl. *Messer* JuS 1969, 117 mwN.
[444] → Rdnr. 5 vor § 935, vgl. auch § 620 a Rdnr. 13 f.

Verfügungen nach §§ 935, 940 aufgehoben werden; andererseits hindert aber die Einstellung oder sonstige Beschränkung der Vollstreckung im Hauptverfahren durch einstweilige Anordnung weder den Erlaß noch die Vollstreckung eines Titels im Verfügungsverfahren nach §§ 935, 940[445]. Ob und inwieweit dabei eine einstweilige Verfügung die Schutzwirkung der einstweiligen Anordnung des Hauptprozesses praktisch ausschalten kann, z. B. dadurch, daß die im Hauptprozeß nach § 719 eingestellte Vollstreckung nun doch ganz oder eingeschränkt im Wege der einstweiligen Verfügung gewährt wird, ist keine Frage einer Bindung an die einstweilige Anordnung des Gerichts der Hauptsache, sondern allein eine Frage der selbständig zu beurteilenden sachlichen Voraussetzungen der einstweiligen Verfügung[446].

Ist ein Antrag auf Erlaß einer einstweiligen Anordnung[447] möglich und werden *lediglich* die mit ihm erreichbaren Ziele erstrebt, so ist er allein der zulässige Rechtsbehelf[448]. Im übrigen kann sich aber gerade bei drohenden Vollstreckungsmaßnahmen ein unabweisbares Bedürfnis nach provisorischer Regelung gemäß §§ 935 ff. ergeben, falls einstweilige Anordnungen nicht oder nicht rechtzeitig erwirkt werden könnten[449]. Wegen entspr. Anwendung der §§ 707, 719 usw. → § 707 Rdnr. 26 ff.[450]. Zur Einstellung der Immobiliarzwangsversteigerung und -verwaltung s. §§ 28, 30–30 d, 75–77, 86 mit 31, 162, 171 a, 172, 176, 180 Abs. 2 (vgl. auch 74 a) ZVG. Über die Anfechtung inkorrekt erlassener einstweiliger Anordnungen oder Verfügungen → Allg. Einl. zu § 511 Rdnr. 64. 96

Auch für *Dritte* ist die einstweilige Verfügung nur ausgeschlossen, soweit ihnen der Weg der einstweiligen Anordnung offensteht[451]; → z.B. § 771 Rdnr. 44, § 805 Rdnr. 28. 97

Einstweilige Anordnungen können auch dann erlassen werden, wenn der Antrag sie falsch als einstweilige Verfügung bezeichnet[452]. 98

6. Parteivereinbarungen[453] sind für das Vollstreckungs- wie für das Erkenntnisverfahren[454] nur beschränkt zulässig. S. noch §§ 3, 7, 9, 10 Nr. 5–6, 11 Nr. 15–16 AGBG. Solche Verträge können prozeßrechtliche, aber auch materiellrechtliche sein, → § 766 Rdnr. 21 ff. *Vollstreckungsbeschränkende* Abreden, durch die sich der Gläubiger verpflichtet, bestimmte prozessuale Befugnisse nicht auszunützen, z. B. von einem Titel überhaupt[455], teilweise[456] 99

---

[445] BGH LM Nr. 14 zu § 719 = NJW 1957, 1193; KG OLGZ 1970, 54.
[446] BGH (Fn. 445), h. M.
[447] → Rdnr. 93.
[448] → Rdnr. 5 vor § 935 mwN; im Ergebnis auch BGH (Fn. 445) u. schon früher RG JW 1901, 160 u. 722; Seuff Arch 66 (1911), 375; für § 769 MünchKommZPO-K.Schmidt § 769 Rdnr. 8. → auch zum Feststellungsinteresse § 256 Rdnr. 73, 95.
[449] § 935 Rdnr. 11, § 938 Rdnr. 28; z.B. LG Bonn NJW 1970, 2303 gegen Zwangsversteigerung (zust. Zeller/Stöber ZVG[14] Einl. 31.7); OLG Köln JW 1930, 175[17] (Pohle) gegen ZV aus (mangels Vollmacht) unwirksamem Vergleich, nachdem die Prozeßfortsetzung (→ § 794 Rdnr. 47) abgelehnt war. Zu sittenwidriger ZV aus rechtskräftigen Titeln → § 707 Rdnr. 28; zur Herausgabe des Titels → § 724 Rdnr. 6.
[450] Stürner (Fn. 334) Rdnr. 178 hält sie stets für den richtigen Weg (statt §§ 935 ff.).
[451] RG JW 1902, 170[28]; OLG Königsberg OLGRsp 21, 89.
[452] RGZ 30, 394 f.; OLG Kiel OLGRsp 19, 151; OLG Dresden SächsAnn 32, 137. – A.M. OLG Königsberg (Fn. 451).
[453] Lit.: Schiedermair Vereinbarungen im ZP (1935) 83 ff.; Bohn ZZP 69 (1956) 20; Soehring Nachfolge in Rechtslagen usw. (1968); Schug Zur Dogmatik des vollstreckungsrechtlichen Vertrags (Diss. 1969); Emmerich ZZP 82 (1969) 413; Gaul JuS 1971, 347; Scherf Vollstreckungsverträge (1971), dazu Peters AcP 172 (1972), 561 u. J. Blomeyer ZZP 89 (1976) 483; Bürck ZZP 85 (1972) 391. Wegen älterer Lit. → 19. Aufl. Fn. 132 u. § 766 II 1 a.E.
[454] → Rdnr. 236 vor § 128.
[455] Gaul (Fn. 347) § 33 IV 2 a mwN; a.M. Baur/Stürner[11] Rdnr. 135. Entgegen J. Blomeyer (Fn. 453) 493 ist dabei der Ausschluß der Vollstreckbarkeit als solcher (→ Fn. 459) zu scheiden von der Vereinbarung, sie nur nicht auszunutzen, BGH NJW 1968, 700 = MDR 307 = WPM 125; vgl. auch BGH JZ 1955, 613 (§ 767 trotz Verzicht): Wenn letztere durch erneute Vereinbarung rückgängig gemacht wird, kann nämlich wieder vollstreckt werden, während fehlende Vollstreckbarkeit nur durch Schaffung neuer Titel herzustellen ist, RG SeuffArch 56 (1901) Nr. 121.
Zu eng Wieczorek[2] § 704 Anm. G I A (vorheriger Verzicht nur in materiellrechtlicher Form); s. dagegen Gerhardt (Fn. 1) § 4 I 2 mwN u. Blomeyer ZwVR § 34 IV 1 a (z.B. Befriedigung nur durch Aufrechnung).
[456] Zusätzlich sollte zur Sicherheit des Schuldners verabredet werden: Erwirkung einer entsprechend beschränkten Ausfertigung nach § 733 unter Rückgabe der ursprünglichen, BGH JZ 1955, 613 (614).

oder in bestimmter Frist oder Art keinen Gebrauch zu machen oder ihn nur unter besonderen Bedingungen zu benützen, sind **zulässig**[457] und kommen insbesondere bei vollstreckbaren Urkunden und Vergleichen, bei Schuldnerschutzverfahren nach §§ 813a, 851a, 851b, bei Aussprachen im Offenbarungstermin und über Einstellungen der Immobiliarvollstreckung öfters vor. → auch § 816 Rdnr. 1f., § 825 Rdnr. 1, § 844 Rdnr. 1. Sie wirken nicht zu Lasten eines an der Abrede nicht beteiligten Gläubigers[458]. Werden sie noch vor der letzten mündlichen Verhandlung des Erkenntnisverfahrens getroffen, so sind sie zumindest dann in das Urteil aufzunehmen, wenn sie schon als Einschränkung des Anspruchs aufgefaßt werden können, → § 766 Rdnr. 25f. – Hingegen sind vorläufige und endgültige Vollstreckbarkeit nach h. M. nicht abdingbar[459].

100 Für *vollstreckungserweiternde* Abreden ist nur ganz beschränkter Raum, denn die Voraussetzungen und Grenzen staatlicher Vollstreckungshandlungen sind grundsätzlich der Parteivereinbarung entzogen[460]. **Unzulässig** sind Abreden, daß ohne Titel oder Klausel[461] vollstreckt werden dürfe, der *Verzicht des Schuldners* auf den Schuldnerschutz nach §§ 811, 850ff.[462], auf die zeitlichen Beschränkungen gemäß §§ 810, 824; ferner der *vorherige Verzicht* auf die Zustellung nach § 750 und auf die → § 750 Rdnr. 5 genannten Wartefristen[463]. Zur Räumungsfrist → § 721 Rdnr. 16.

101 Die Ersetzung eines gesetzlich vorgeschriebenen Verfahrens durch ein anderes[464] oder der Austausch von Vollstreckungsarten[465] ist unzulässig.

102 Auf *Rechtsbehelfe* kann wie im Erkenntnisverfahren[466] grundsätzlich vertraglich verzichtet werden. Jedoch ist beim *vorherigen* vertraglichen Verzicht die Wirksamkeit[467] besonders gründlich von Amts wegen zu prüfen, und er muß insoweit als unwirksam angesehen werden, als auf diesem Umweg Bindungen erzielt würden, die als Vollstreckungsvereinbarung unzulässig wären, → Rdnr. 100.

103 Zur *prozessualen Geltendmachung* der hiernach zulässigen Abreden → § 766 Rdnr. 21ff.

104 **7. Erfüllungsfristen, Stundungen** usw. *mit materiellrechtlicher Wirkung* können die Vollstreckungsorgane grundsätzlich nicht gewähren; s. auch § 14 Nr. 4 EG. Wegen des *Aufschubs von Vollstreckungsmaßnahmen* → Rdnr. 41, 45, 93; er ist prozessualer Natur, schiebt die (materiellrechtliche) Fälligkeit der Forderung nicht hinaus und läßt Verzugsfolgen unberührt; → auch § 765a Rdnr. 18. Zu materiellrechtlichen Wirkungen einer Räumungsfrist → § 721

---

[457] Jetzt ganz h. M.; zur Rsp bis 1969 → 19. Aufl. § 766 I 2 Fn. 55ff. u. Übersichten bei *Emmerich* (Fn. 453) 423ff.; *Bürck* (Fn. 453) 395ff.; ferner *BGH* (Fn. 102); *OLG Karlsruhe* NJW 1974, 2242 = MDR 234; *OLG Hamm* Rpfleger 77, 178 = MDR 675; *OLG Frankfurt* OLGZ 1981, 112; *LG Arnsberg* NJW 1972, 1430 (*H. Schmidt* u. *Raacke* aaO 1430 u. 1868); *LG Bonn* JR 1972, 158 (*H.-J. Hellwig*);vgl. auch *BAG* NJW 1975, 1576 = BB 842 = DB 1130.

[458] Vgl. *BAG* (Fn. 457).

[459] *BGH, RG* (Fn. 455). Dem ist zuzustimmen für die Vollstreckbarkeit rechtskräftiger Entscheidungen u. für die nachträgliche Beseitigung bereits ausgesprochener Vollstreckbarkeit, während *Scherf* (Fn. 453) 50ff. auch bei Urteilen die Beseitigung der Vollstreckbarkeit in den Formen des § 794 Abs. 1 Nr. 1 oder 5 (aaO 53) zulassen will. Jedoch sollte man schon aus den → § 708 Rdnr. 16 genannten Gründen einen Verzicht des Klägers in der Verhandlung auf den Ausspruch der vorläufigen Vollstreckbarkeit als wirksam ansehen, auch weil hier nicht über eingetretene Urteilswirkungen disponiert wird, sondern von vornherein das Urteil antragsgemäß eingeschränkt erlassen wird (*Scherf* aaO 48).

[460] *RGZ* 128, 85; *OLG Hamm* MDR 1968, 334; *LG Flensburg* Rpfleger 1960, 303; *Schiedermair* (Fn. 453); *Baur/Stürner*[11] Rdnr. 130; *Blomeyer* ZwVR § 34 IV: dies folgt zwar nicht »begrifflich« aus dem öffentlichrechtlichen Charakter der ZV (so noch die Voraufl.), wohl aber aus dem Interesse des Staates, »daß sie in gesetzlichen Bahnen verläuft«, wenn u. soweit der Gläubiger sie begehrt; vgl. *Gaul* (Fn. 453) 348 u. Rpfleger 1971, 3; *J. Blomeyer* (Fn. 453) 494.

[461] *Baur/Stürner*[11] Rdnr. 130, ganz h. M.

[462] Näheres → § 811 Rdnr. 8f., § 850 Rdnr. 18.

[463] → § 750 Rdnr. 8f., § 798 Rdnr. 3.

[464] Vgl. *BayObLG* ZZP 64 (1950) 307ff. (kein Beschlußverfahren statt § 731); zust. *Schlosser* Einverständliches Parteihandeln im ZP (1968) 20ff.

[465] → § 887 Rdnr. 6 a. E. (aber auch Rdnr. 7). Anders für Grenzfälle *Scherf* (Fn. 453) 91; *J. Blomeyer* (Fn. 453) 495.

[466] → § 514 mit Bem., § 567 Rdnr. 24.

[467] → Rdnr. 243 vor § 128, § 514 Rdnr. 11, 27f., § 811 Rdnr. 9.

Rdnr. 3. Über das Verhalten der Vollstreckungsorgane, wenn der Schuldner Ratenzahlungen verspricht, → §§ 754 Rdnr. 9, 900 Rdnr. 52 ff.

8. Eines Ersuchens um **Rechtshilfe**[468] zum Zwecke der Zwangsvollstreckung bedarf es, abgesehen von der Amtshilfe in den Fällen der §§ 758, 789, im Inland nicht, § 160 GVG. Soweit aber die Vollstreckung realer Zwang ist, setzt sie voraus, daß die davon betroffene Sache oder Person der deutschen Gerichtsgewalt untersteht[469] und für heimatlose Ausländer s. § 4 des Gesetzes vom 25. IV. 1951 (BGBl. 269); wegen der Exterritorialen und *Angehörigen der Alliierten Streitkräfte* usw. → Rdnr. 83 f., zur Pfändung von Forderungen usw. mit ausländischen Drittschuldnern → § 829 Rdnr. 24 ff. Muß die **Vollstreckung im Ausland** erfolgen, so ist für ein Ersuchen des deutschen Gerichts – mit Ausnahme der wenigen unter § 791 fallenden Ersuchen – kein Raum; der Gläubiger muß sich zunächst einen im Ausland vollstreckbaren Titel beschaffen, wobei ihm zwischenstaatliche Vollstreckungsabkommen eine neue Klage ersparen können, → Anh. § 723.   **105**

VII. Beginn und Ende der Zwangsvollstreckung

In vielen Vorschriften sind Beginn und (oder) Ende der Zwangsvollstreckung rechtlich bedeutsam, besonders in §§ 707, 719, 720 a, 732, 750, 751, 756, 764, 766, 767, 771, 779, 781, 793, 798, 798 a, 805, 829, 890 sowie in § 264 BGB. Zur Zulassung der Erinnerung und der Widerspruchsklage nebst einstweiligen Anordnungen schon bei *drohender* Vollstreckung → §§ 766 Rdnr. 36, 771 Rdnr. 10.   **106**

1. Vor dem Beginn der Vollstreckung liegen eine Reihe von Handlungen, die zu ihrer **Vorbereitung** bestimmt sind und daher zwar organisch mit ihr zusammenhängen, aber noch keinen Anfang des staatlichen Zwangs enthalten, z. B. die Erteilung der *Rechtskraft- und Notfristzeugnisse*, § 706, der ersten und weiteren *vollstreckbaren Ausfertigung*, §§ 724, 733[470], die Leistung erforderlicher *Sicherheiten* und die *Zustellung* des Titels, der Klausel und der Hinterlegungsquittung bzw. Bürgschaftsurkunde, §§ 709 ff., 750 f.[471]. Für sie gelten daher jene Vorschriften nicht, die zum Schutze des Schuldners den Beginn der Vollstreckung sonst bedingen, z. B. §§ 750, 751, 798 usw. Folglich scheidet auch für die *Anfechtung* der dabei zu erlassenden Entscheidungen § 793 aus, → § 706 Rdnr. 12, § 724 Rdnr. 16, § 732 Rdnr. 9, 11, § 733 Rdnr. 9.   **107**

Damit ist jedoch hinsichtlich der Behandlung als Feriensachen und der Kosten nichts entschieden. Wenn nach § 202 GVG das Zwangsvollstreckungsverfahren[472] von den *Gerichtsferien* unberührt bleiben soll, so muß auch die notwendige Vorbereitung in den Ferien gestattet sein: die Zeugnisse des § 706 und die Vollstreckungsklausel sind daher auch in den Ferien zu erteilen[473] und die Beschwerde gegen ihre Ablehnung in den Ferien zu erledigen. – Daß die *Kosten* dieser Akte solche der Vollstreckung sind, ist in § 788 für die Ausfertigung des Urteils, wozu auch die Erteilung der Atteste nach § 706 gehört, ausdrücklich anerkannt. Zur Beschaffung und Leistung der Sicherheit → § 788 Rdnr. 9, 17.   **108**

Vor dem Beginn der Vollstreckung liegen auch private Zahlungsaufforderungen[474] mit und   **109**

---

[468] → Einl. (20. Aufl.) Rdnr. 629 ff.
[469] → Einl. (20. Aufl.) Rdnr. 655 ff.
[470] *BGH* MDR 1976, 838[30] = KTS 1977, 37; *RGZ* 31, 412 a. E.; *OLGe Düsseldorf* FamRZ 1972, 402; *Köln* MDR 1992, 262 mwN; *Rosenberg/Gaul*[10] § 8 I 4. Weitere Nachweise → § 724 Rdnr. 16 Fn. 103.
[471] Wegen der Erlaubnis nach § 761 → dort Rdnr. 1 Fn. 8, aber auch Rdnr. 3.

[472] Ein Unterschied zwischen ZV und ZV-Verfahren ist hierbei nicht maßgeblich, vgl. auch *RGZ* 37, 410. – A. M. *Schultz* Vollstreckungsbeschwerde (1911) 117, 161 mwN.
[473] H. M.; *Baumbach/Albers*[52] § 202 GVG Rdnr. 3.
[474] *Cahn* ZPP 51 (1926) 290 gegen *OLG München* aaO; *Baumbach/Hartmann*[52] § 704 Grundz Rdnr. 51; anders die Leistungsaufforderung des GV → § 754 Rdnr. 5. Für das Kostenrecht → aber § 788 Rdnr. 13, 20.

ohne Androhung der Vollstreckung, der Antrag des Gläubigers[475], da mit ihm zwar das Vollstreckungsverhältnis[476], aber noch nicht die Vollstreckung beginnt, sowie das Ersuchen nach § 941 → dort Rdnr. 3, die Anzeige des Gläubigers und die Bestimmung des Gerichtsvollziehers gemäß § 882 a[477]. – Wegen der Vorpfändung → aber Rdnr. 111.

110   2. Die Vollstreckung **beginnt**, soweit sie durch den Gerichtsvollzieher erfolgt, also besonders bei der Pfändung (§§ 808f., 814, 831) und Wegnahme (§§ 883f.) beweglicher Sachen sowie bei der Räumung usw. (§ 885) mit der ersten gegen den Schuldner oder gegen dessen Sachen gerichteten *Vollstreckungshandlung*[478], z. B. nach § 758 (im Gegensatz zu bloßen Ankündigungen, etwa der Mitteilung des angesetzten Räumungstermins[479]), auch wenn ihr Versuch mißlingt[480].

111   Die *Vorpfändung* nach § 845 ist zwar von gewissen Voraussetzungen befreit, die für den Beginn der staatlichen Vollstreckung (Pfändung) gelten, aber sie ist ihrem Wesen nach ein dem Gläubiger überlassener *Akt der Zwangsvollstreckung*, die daher mit der Vorpfändung schon beginnt[481].

112   Soweit die Vollstreckung dem *Gericht* obliegt (§§ 828ff., 887ff., 930), beginnt sie schon mit der *Verfügung*, nicht erst mit der Zustellung dieser Verfügung[482]; auch bei § 811a ist bereits die Zulassung als Vollstreckungsmaßnahme anzusehen, → dort Rdnr. 14. Dies folgt auch aus §§ 16 Abs. 2, 146 ZVG mit §§ 750 Abs. 2, 765 ZPO und ist insbesondere wichtig für § 750 Abs. 1: Schon der Erlaß eines Pfändungsbeschlusses setzt die Zustellung des Titels voraus. Bei Zwangseintragungen (§ 867) ist deshalb die *Anordnung* der Eintragung durch das Grundbuchamt der Beginn der Vollstreckung[483]. Betrifft der Pfändungsbeschluß einen Herausgabeanspruch (§ 846), so beginnt mit ihm die Vollstreckung auch in die herauszugebenden Sachen[484]. Zur Zulassung durch die Aufsichtsbehörde einer juristischen Person des öffentlichen Rechts → § 15 Nr. 3 EGZPO mit Bem.

113   Bei der *Erzwingung von Unterlassungen* ist schon die Androhung Beginn der Vollstreckung, falls sie besonders beschlossen wird[485]. Zur Androhung eines *Zwangsmittels* nach § 888 → dort Rdnr. 24. Die *Ermächtigung* nach § 887 ist schon Vollstreckungsmaßnahme[486], obwohl sie hinsichtlich § 887 Abs. 2 auch Erlaß eines zusätzlichen Titels ist. Auch die Terminbestimmung im *Offenbarungsverfahren* ist schon Vollstreckungsbeginn, → § 900 Rdnr. 3ff., 24; zur materiellrechtlichen Offenbarung → jedoch § 889 Rdnr. 4.

114   3. Der Ausdruck **Beendigung** der Vollstreckung darf nicht mit der tatsächlichen Befriedigung des Gläubigers gleichgesetzt werden, arg. §§ 767, 775 Nr. 4, 5. Er kann a) die gesamte auf Befriedigung des Gläubigers abzielende Staatstätigkeit umfassen; insoweit tritt das Ende erst mit dem Verbrauch der im Besitz des Gläubigers befindlichen vollstreckbaren Ausfertigung(en) ein, falls die Erteilung einer weiteren nach § 733 nicht in Betracht kommt[487]; er kann

---

[475] *RGZ* 53, 82 (offengelassen nur für § 284 BGB); *KG* DGVZ 1991, 170 = Rpfleger 1992, 32, allg.M. → auch Fn. 482.
[476] *Gaul* (Fn. 470).
[477] → dort Rdnr. 12, 17.
[478] *KG* DGVZ 1991, 170. Dazu gehört schon die Aufforderung des GV zur Leistung → § 754 Rdnr. 5.
[479] *LG Saarbrücken* SaarlRZtschr 1952, 63; *LG Mannheim* DGVZ 1961, 106; ebensowenig Androhung der Wohnungsöffnung *KG* DGVZ 1994, 113f. Daraus folgt aber nicht stets, daß dagegen nur die Dienstaufsichtsbeschwerde gegeben wäre, → § 766 Rdnr. 36.
[480] *AG Reutlingen* DGVZ 1989, 47 (GV erreicht Schuldner nicht in der Wohnung).
[481] → § 845 Rdnr. 10f., § 771 Rdnr. 10; allg.M.
[482] *BGHZ* 25, 60 = NJW 1957, 1480; *RGZ* 25, 370; *RG* JW 1907, 207; WarnRsp 13, 421; auf hier noch nicht mit dem Antrag *OLG Zweibrücken* OLGZ 1983, 468. – A.M. *Schultz* (Fn. 472) 218ff.
»Verfügt« ist eine Maßnahme, sobald sie »existent« wird, d.h. zum erstenmal nach außen gelangt, *BGH* aaO (z. B. die eilige Mitteilung der Einstellung an den GV).
[483] *Blomeyer* ZwVR § 22 I 2; *Thomas/Putzo*[18] vor § 704 Rdnr. 28. → dazu § 867 Rdnr. 2 zu 1. – A.M. *Wieczorek*[2] § 704 Anm. F II b 2 (erst die Eintragung); s. dagegen *Wacke* ZZP 82 (1969) 394, der aber für § 779 schon den Eintragungsantrag genügen läßt.
[484] → § 771 Rdnr. 10 Fn. 78 mwN.
[485] → § 890 Rdnr. 16.
[486] → dort Rdnr. 36. Wie hier *Blomeyer* ZwVR § 22 I 3.

ferner b) die *einzelne* Vollstreckungsmaßregel samt den sich aus ihr entwickelnden und zu ihrer Erledigung bestimmten weiteren Handlungen bedeuten, vgl. auch § 58 BRAGO[488], so daß die Vollstreckung auch ohne Befriedigung mit der Wirkung enden kann, daß mit einer neuen Maßregel auch eine neue selbständige Vollstreckung beginnt.

a) Die Beendigung im ersten, weiten Sinn bildet zugleich die Grenze für eine Anwendung der §§ 732, 779 sowie für die Einstellung. Wegen § 767 → dort Rdnr. 42 f. **115**

b) Wo sonst das Ende der Vollstreckung eine Rolle spielt, ist es nur im letzten, engen Sinn aufzufassen, so daß auch bei *ergebnisloser Vollstreckung* zunächst ihr Ende eintritt[489]. Dies gilt namentlich, wenn die versuchte Vollstreckung fruchtlos ist, wenn die staatlichen Zwangsmittel erschöpft sind, wenn Pfandstücke oder Erlöse auf Veranlassung des Gläubigers freigegeben und daraufhin entstrickt werden[490], wenn der Gläubiger auf die Rechte aus der Pfändung nach § 843 verzichtet und, falls die Vollstreckung nach § 775 Nr. 1 *endgültig* eingestellt oder für unzulässig erklärt wird, mit der Aufhebung der Vollstreckungsmaßnahme[491]. Dagegen wird durch *einstweilige Anordnung* (§ 775 Nr. 2) die Vollstreckung in dem → § 771 Rdnr. 11 dargelegten Sinn auch dann nicht beendet, wenn sie zur Aufhebung einzelner Maßregeln gegen oder ohne Sicherheitsleistung führt[492]. **116**

Abgesehen von ergebnislosen Vollstreckungen (→ Rdnr. 116) ist im einzelnen hervorzuheben: **117**

aa) Die **Vollstreckung in bewegliche Sachen** wegen Geldforderungen (§§ 808 ff.) endet *nicht*, solange die Pfändung – sei es auch nur am Erlös[493] – noch fortbesteht[494]. Mit dem Empfang des Erlöses durch den Gerichtsvollzieher oder der Wegnahme von Bargeld wird zwar der Schuldner in der Regel befreit, → §§ 815 Rdnr. 16 ff., 819 Rdnr. 1; aber die Vollstreckung endet erst durch die Ablieferung an den Gläubiger, arg. §§ 815 Abs. 2, 827, 872 f.[495]. Nur beim Zuschlag an den Gläubiger selbst endet die Vollstreckung i.e.S., wenn er nach § 817 Abs. 4 von der Barzahlung befreit ist und ihm die Sache ausgehändigt wird, → § 817 Rdnr. 14, 15. Dasselbe gilt bei freihändigem Verkauf an den Gläubiger, → § 825 Rdnr. 15[496].

bb) **Vollstreckungsakte in Vermögensrechte** wegen Geldforderungen (§§ 829–863) enden ebenfalls erst mit dem Geldempfang des Gläubigers, also grundsätzlich mit der wirksamen[497] Zahlung des Drittschuldners[498], nicht schon mit der Überweisung zur Einziehung; denn die Beitreibung durch den Gläubiger gegen den Drittschuldner ist inhaltlich noch Teil der Vollstreckung, obwohl sie formell von ihr getrennt ist; sie steht sachlich der Versteigerung und der Einziehung des Erlöses vom Meistbietenden gleich und ist wie diese ein sich aus der Pfändung ergebender, zu ihrer Durchführung bestimmter Akt[499]. Auch die Hinterlegung durch den Drittschuldner beendet die Vollstreckung noch nicht[500]. Die Verwertung der Sache **118**

---

[487] → dazu Rdnr. 46, 54 Fn. 288, § 775 Rdnr. 2. Leistung des Schuldners oder Drittschuldners an den Gläubiger selbst beendet die ZV noch nicht, arg. § 775 Nr. 4, 5 (→ §§ 757 Rdnr. 2, 775 Rdnr. 2 Fn. 12, Rdnr. 32), ebensowenig Hinterlegung → Rdnr. 117 f.
[488] → auch § 930 Rdnr. 11, § 938 (20. Aufl.) Rdnr. 34 Fn. 79.
[489] *OLG Celle* SeuffArch 53 (1898) 114 für § 805.
[490] → § 803 Rdnr. 10, 15 (Entstrickung erst durch GV).
[491] → § 766 Rdnr. 37, 41, § 776 Rdnr. 2 f.
[492] *RG* Gruch.41 (1897), 1186; *KG* OLGRsp 26, 386. → auch die Fälle § 771 Fn. 79–83.
[493] → § 819 Rdnr. 1, 4.
[494] → § 819 Rdnr. 1–4; auch soweit man einen Fortbestand der Pfändung ohne PfändPfandR für möglich hält, so z.B. *OLG München* OLGRsp 21, 105; *Stein* Grundfragen (Fn. 1), 32; → dagegen § 804 Rdnr. 1, 7 ff., 41 u. zum Ende der Pfändung § 803 Rdnr. 11–24.

[495] *RGZ* 56, 91; 80, 185 (189); jetzt allg. M.; → § 815 Rdnr. 15. – Zur weiteren Beschwerde, wenn das LG die Beendigung übersieht, s. *OLG Frankfurt a.M.* DGVZ 1978, 90.
[496] *OLG Celle* NJW 1961, 1730.
[497] → aber § 835 Rdnr. 51, § 850i Rdnr. 120.
[498] *AG Köln* Büro 65, 814. Von da ab ist also eine Einstellung der ZV u. eine Rückgängigmachung des ZV-Akts ausgeschlossen *OLG München* OLGRsp 26, 370. – A.M. *AG Bielefeld* MDR 1959, 45.
[499] *RGZ* 40, 371 f.; *RG* JW 1896, 57; 1901, 330 a.E.; Gruch. 57 (1913), 164; vgl. auch WarnRsp 1913 Nr. 421; *OLG Rostock* SeuffArch 53 (1898) 467; *OLG Jena* OLGRsp 7, 310.
[500] *RGZ* 67, 311.

nach § 847 Abs. 2 gehört ebenso wie die von Rechten oder deren Nutzungen nach §§ 844, 857 Abs. 4, 5 noch zu der durch Rechtspfändung begonnenen Vollstreckung.

119 Mit der *Überweisung an Zahlungs Statt* endet dagegen die Vollstreckung, falls das gepfändete Recht besteht, → § 835 Rdnr. 41 ff., auch wenn es sich gegen den Gläubiger selbst richtet.

120 cc) Die Vollstreckung zur Erwirkung der **Herausgabe von Sachen** usw. (§§ 883 ff.) endet trotz § 897 Abs. 1 nicht schon mit der Wegnahme, sondern erst mit der Ablieferung an den Gläubiger. Für § 886 gilt das → Rdnr. 118 Ausgeführte. Die Räumung nach § 885 endet, falls sie die Herausgabe an den Gläubiger umfaßt, erst mit der Einweisung des Gläubigers[501]; die Wegschaffung nebst Einlagerung sowie die Versteigerung oder Vernichtung des Räumungsguts sind noch vollstreckende Tätigkeit des Gerichtsvollziehers, obwohl nicht zugunsten des Gläubigers[502].

121 dd) Die Vollstreckung zur Erwirkung von **Handlungen und Unterlassungen** endet mit dem Vollzug der angeordneten Zwangsmaßregeln; die Ermächtigung nach § 887 beendet sie aus den → Rdnr. 118 angegebenen Gründen nicht. Wegen mehrerer Zuwiderhandlungen bei § 890 → dort Rdnr. 40 f. Beim **Offenbarungsverfahren**, §§ 899 ff., tritt das Ende mit der eidesstattlichen Versicherung oder der Entlassung aus der Haft ein[503].

122 c) Das **Verteilungsverfahren**, §§ 872 ff., endet erst mit der Ausführung des Teilungsplanes. S. auch § 130 ZVG.

123 d) Zur Vollstreckung in **unbewegliches Vermögen,** eingetragene Schiffe, Schiffsbauwerke und Luftfahrzeuge s. §§ 28, 29, 31 Abs. 1 S. 2, 76 Abs. 2, 77 Abs. 2, 86, 130, 161, 162, 170 Abs. 2, 172 ff. ZVG. Mit der Eintragung der **Sicherheitshypothek** (§ 867) endet die Vollstreckung noch nicht[504].

124 4. Die Anordnung der **Rückgabe einer Sicherheit** nach § 715 steht ganz außerhalb der Zwangsvollstreckung, → § 715 Rdnr. 9 f.

125 5. Für die durch eine Vollstreckungshandlung eintretende **Unterbrechung der Verjährung,** § 209 Abs. 2 Nr. 5 BGB, ist die Dauer der Vollstreckung ohne Bedeutung; eine Fortdauer der Unterbrechung entsprechend § 211 BGB tritt nicht ein[505]. § 209 Abs. 2 Nr. 5 BGB gilt entsprechend, wenn der Gläubiger sofortige Vollstreckung ankündigt und daran nur durch einstweilige Einstellung gehindert wird[505a].

6. Ob und wann Vollstreckungsmaßnahmen zur **Erfüllung** führen, bestimmt allein das materielle Recht mit der Maßgabe, daß ein etwa sonst nötiger Erfüllungswille hier unnötig ist[506]. Zur *Umsatzsteuer* → § 817 Rdnr. 27.

126 VIII. Die **Vollstreckbarkeit** der Titel ist **zeitlich unbeschränkt.** Der Gläubiger kann vorbehaltlich der §§ 750 f., 798 f., 882 a Abs. 1 den Zeitpunkt der Vollstreckung frei wählen[507]; die etwa inzwischen eingetretene *Verjährung oder Verwirkung des materiellen Anspruchs* ist nach § 767 geltend machen, → dort Rdnr. 17, 21. Vollziehungsfristen gelten nur für Arreste und einstweilige Verfügungen, → § 929 Rdnr. 2–9, § 930 Rdnr. 10.

127 *Gerichtsferien* sind auf das Vollstreckungsverfahren ohne Einfluß, § 202 GVG. → dazu Rdnr. 108 und § 223 Rdnr. 33.

---

[501] → § 885 Rdnr. 5, 24; s. auch *RG* JW 1899, 164.
[502] → § 885 Rdnr. 41.
[503] *OLG Kiel* OLGRsp 10, 395.
[504] Str., → § 867 Rdnr. 32.
[505] *RGZ* 128, 80; *BGHZ* 93, 295 = NJW 1985, 1713 = MDR 562. Jeder Antrag des Gläubigers (auch auf Fortsetzung einer gerichtlich eingestellten ZV) u. jede Vornahme von ZV-Akten läßt also die Frist neu beginnen, *BGH* aaO 298.
[505a] *BGHZ* 122, 294 = NJW 1993, 1848.
[506] → § 708 Rdnr. 4 ff., § 775 Rdnr. 16, 21, § 804 Rdnr. 22 ff., § 815 Rdnr. 13 ff., § 835 Rdnr. 8, 12, 14 ff., 35, 42, 45. Dazu *Schünemann* JZ 1985, 49.
[507] *RGZ* 36, 374.

IX. Mängel der Zwangsvollstreckung (Wirkungen, Heilung)[508]

Zu Mängeln des Anspruchs → Rdnr. 21 ff., des Titels → Rdnr. 25 ff., zum Rechtsmißbrauch → Rdnr. 45, zu formellen Vollstreckungshindernissen → Rdnr. 60 ff., zur Unzuständigkeit → Rdnr. 70 ff., zur Exemption → Rdnr. 83. Weitere Mängel sind bei den einzelnen Vollstreckungsakten behandelt[509]. **128**

1. Die Vollstreckungsorgane üben bei der Vornahme ihrer Vollstreckungshandlungen staatliche Hoheitsrechte aus[510]. Solche Akte benötigen und erzeugen ein erhöhtes Vertrauen auf Gültigkeit[511], während Rechtsbehelfe hinreichenden Schutz bieten. Daraus ergibt sich, daß auch **fehlerhafte Vollstreckungsakte** regelmäßig bis zu ihrer Aufhebung **wirksam sind**[512], d.h. sie sind **nur anfechtbar**, nicht nichtig. Ähnliche Ergebnisse folgen aus §§ 124 ff. AO für Vollstreckungsmaßnahmen nach §§ 249 ff. AO[513] und in den Fällen ihrer entsprechenden Anwendung; nur § 46 Abs. 6 S. 2 AO ordnet die Nichtigkeit der Pfändung künftiger Erstattungsansprüche an. Anfechtbare **Pfändungen** begründen nicht nur die Verstrickung, sondern auch das mit ihr unlösbar verbundene Pfändungspfandrecht[514]; die Gegenmeinung verneint in zahlreichen Fällen[515] trotz wirksamer Verstrickung das Pfändungspfandrecht, was zu einer Unsicherheit im Verfahren[516], zu einer Benachteiligung des Gläubigers durch Fehler der Vollstreckungsorgane[517] und schließlich dazu führt, daß das Rangverhältnis unter mehreren fehlerhaften, aber nicht angefochtenen Pfändungen abweichend von § 804 Abs. 3 bestimmt werden müßte[518], während dies nach der hier vertretenen Ansicht nur durch Vereinbarung oder rechtsgestaltendes Urteil möglich ist[519].

---

[508] **Lit.:** *Bernhardt* Vollstreckungsgewalt (1935)) 52 ff.; *Geib* Pfandverstrickung (1969) 100 f. u. dazu *Gaul* FamRZ 1972, 535 f.; *Schwinge* (Fn. 338); *Rechberger* Die fehlerhafte Exekution usw. (Wien 1978), dazu *E. Peters* ZZP 93 (1980) 222; *Rosenberg/Gaul*[10] § 31 II u. die → Fn. 514 f. Genannten.

[509] → z.B. § 725 Rdnr. 12, § 726 Rdnr. 24, § 727 Rdnr. 41, § 739 Rdnr. 24 ff., § 740 Rdnr. 7, § 747 Rdnr. 5, § 750 Rdnr. 7 ff., 11 ff., § 751 Rdnr. 14, § 753 Rdnr. 3, § 756 Rdnr. 10, § 758 Rdnr. 2, § 759 Rdnr. 2, § 761 Rdnr. 3, § 762 Rdnr. 2, § 766 Rdnr. 56, § 772 Rdnr. 5 (zu § 106 KO), § 775 Rdnr. 3, 29, § 777 Rdnr. 1, § 779 Rdnr. 4, § 794 Rdnr. 38, § 798 Rdnr. 7, § 803 Rdnr. 28, § 804 Rdnr. 7 ff., 41, § 808 Rdnr. 3, 5, 20 ff., § 809 Rdnr. 12, § 810 Rdnr. 8, § 811 Rdnr. 22 f., § 812 Rdnr. 6, § 813 Rdnr. 15, § 816 Rdnr. 3, § 817 Rdnr. 21 ff., § 819 Rdnr. 8 f., § 826 Rdnr. 8 f., § 828 Rdnr. 8, 10, § 829 Rdnr. 41, 58, 60, 65 ff., 106 ff., § 830 Rdnr. 8, 14, § 835 Rdnr. 3, § 836 Rdnr. 7, § 837 Rdnr. 1, § 844 Rdnr. 7, § 845 Rdnr. 2, 5 f., 8, § 847 Rdnr. 4, 12, § 850 Rdnr. 19, § 851 Rdnr. 8, § 852 Rdnr. 6, § 857 Rdnr. 106, § 865 Rdnr. 36 f., § 867 Rdnr. 14 ff., 30 f., § 878 Rdnr. 8 f., § 882 a Rdnr. 22.

[510] → Rdnr. 1, 16, § 753 Rdnr. 1.

[511] Vgl. *Schwinge* (Fn. 338) 22 f.

[512] BGHZ 30, 173 = NJW 1959, 1874 (Verstoß gegen § 17 ZVG) mwN; 66, 79 = JZ 1976, 286 = NJW 851 = MDR 648 (Verstoß gegen § 750 Abs. 1), *BGH* NJW 1979, 2045 = Rpfleger 300 = LM § 830 Nr. 1, heute ganz h.M. – A.M. *BAG* NJW 1989, 2148 f. = NZA 821 für »offensichtliche Fehlerhaftigkeit« (dort: falsche Anwendung des § 850 Abs. 2). – Es handelt sich nicht um Gleichsetzung mit Verwaltungsakten (§§ 43 ff. VerwVfG), sondern um eine vergleichbare Bewertung, die Raum läßt für vollstreckungsrechtliche Besonderheiten *Gaul* Rpfleger 1971, 5. → Rdnr. 129.

[513] BGHZ 103, 35 = NJW 1988, 1026 = MDR 395[7] (Eigentümergrundschuld gepfändet, obwohl Duldungsbescheid nur auf Grundstück lautete).

[514] → z.B. §§ 803 Rdnr. 6, 804 Rdnr. 7 ff., 41, § 811 Rdnr. 22 ff., § 850 Rdnr. 19. Wie hier zu verschiedenen Mängeln *OLG Karlsruhe* Rpfleger 1944, 69; *OLG Celle* Rpfleger 1954, 213 = NdsRpfl 7; *OLG Hamm* FamRZ 1978, 603[4]49; *LG München I* NJW 1962, 2306; *Amend* (→ Fn. 529) 17; *Bähr* KTS 1969, 7 ff. (15); *Baumann/Brehm*[2] § 18 I 2 b; *Baumbach/Hartmann*[52] § 803 Übers. Rdnr. 8, § 804 Rdnr. 1–8; *Bernhardt* (Fn. 508) 53 ff.; *Erman/Küchenhoff*[9] BGB Rdnr. 14 zu § 1204 BGB; *Gerhard* (Fn. 1) § 7 II 3 b; *Grund* NJW 1957, 1216; *Jauernig* ZwVR[19] § 16 III C 1; *Lüke* JZ 1957, 242; *Martin* PfändPfandR usw. (1963) 107, 153; *Schönke* ZwVR[5] § 25 III; *Schwab* ZZP 73 (1960) 479.; *Seuffert/Walsmann* 2 zu § 804; *Staudinger/Wiegand* BGB[12] 1204 Rdnr. 20; *Thomas/Putzo*[18] § 803 Rdnr. 8; *O. Werner* JR 1971, 285; *Zöller/Stöber*[18] § 804 Rdnr. 3.

[515] *Baur/Stürner*[11] Rdnr. 142, 434; *Brox/Walker*[4] Rdnr. 383 ff.; *Bruns/Peters*[3] § 20 III 2 d; *Rosenberg/Gaul*[10] § 16 I 2; § 22 II, § 26 III 3c, § 31 IV, § 37 VII 2 (jeweils erst nach Heilung); *MünchKommZPO-Wolfsteiner* § 724 Rdnr. 6 (mit zutreffender Ausnahme für eingetretene Bedingung trotz Verstoßes gegen § 726); *Rosenberg/Schilken*[10] § 50 III 3 b; *Wieczorek*[2] § 803 Anm. E II b 1. Wegen älterer Rsp u. Lit → 20. Aufl. Fn. 225; ebenso die wohl überwiegende zivilrechtliche Lit. für Mängel materiellrechtlicher Natur.

[516] → Rdnr. 138 ff.; §§ 804 Rdnr. 2, 878 Rdnr. 8 f.

[517] → § 750 Rdnr. 14.

[518] → dagegen § 804 Rdnr. 2 ff.

[519] → § 876 Rdnr. 12, § 878 Rdnr. 8 ff.

129   2. **Ausnahmsweise**[520] sind Vollstreckungsmaßnahmen[521] **nichtig** und damit gänzlich wirkungslos (→ Rdnr. 134):

a) wenn ein zur Vollstreckung geeigneter *Titel* schon der *äußeren Form* nach[522] und damit jegliche Voraussetzung einer Vollstreckung nach der ZPO[523] überhaupt fehlt[524]; die h. M. rechnet hierzu auch Verstöße gegen § 929 Abs. 2[525]. Eine Vollstreckung, die *nur* aufgrund vollstreckbarer Ausfertigung zulässig ist, wird daher nur dann von der Nichtigkeit eines Titels ergriffen, wenn dieser Mangel aus der wirksam erteilten Ausfertigung erkennbar ist[526]. – Nur zur *Anfechtbarkeit* führt hingegen die Vollstreckung aufgrund erkennbar falscher Bezeichnung des Titels[527], wegen Unbestimmtheit vollstreckungsunwirksamer Titel[528], nach h. M. auch Vollstreckung gegen weder in Titel noch Klausel benannte Dritte[529], trotz Hemmung der

---

[520] Mangels gesetzlicher Regelung ist dies eine Wertungsfrage. Der Streit, ob es z. B. bei Unwirksamkeit eines Titels (→ Fn. 522) auf die **Schwere** des Mangels oder auf seine **Offenkundigkeit** ankommt (§ 44 VerwVfG, § 125 AO stellen neben einem Katalog auf beides ab, dazu *BGH* → Fn. 513), sollte nicht zu Einseitigkeiten führen: Mit *Baur/Stürner*[11] Rdnr. 139 ist zwar davon auszugehen, daß nur besonders schwerwiegende Mängel zur Nichtigkeit führen können; aber die Evidenz des Mangels sollte zumindest u. gerade für Zweifelsfälle **zusätzliches** Abgrenzungskriterium sein, *Gaul* Rpfleger 1971, 88 mwN; *Bernhardt* (Fn. 508) 56; *Bruns/Peters*[3] § 20 III 1 a; *Zöller/Stöber*[18] Rdnr. 34; auf Offenkundigkeit stellt auch *BGHZ* 121, 102 f. = NJW 1993, 736 = MDR 578 ab.
Von der Offenkundigkeit ist die **Erkennbarkeit für ZV-Organe** zu unterscheiden, die bisher zu wenig Beachtung fand, insoweit zust. *Strauß* (Fn. 335), 167 f., insbesondere falls die ZV aufgrund **vollstreckbarer Ausfertigungen** stattfindet → Fn. 526.

[521] Nicht Entscheidungen, → dazu Rdnr. 71.

[522] → Fn. 520; *BGH* (Fn. 520) sowie → Fn. 512 u. → Fn. 526 a. E. (mündlicher Arrest); auch *AG Siegen* DGVZ 1971, 122 f. Hierher gehören die → § 724 Fn. 11 ff. u. die bei *Gaul* (Fn. 515) § 31 III 2 aaO Fn. 47 genannten Beispiele, wohl auch fehlende Vollstreckbarkeitserklärung *ausländischer* Titel (offensichtlicher Titelmangel im Inland) → § 722 Rdnr. 23; *Wolfsteiner* (Fn. 515) § 724 Rdnr. 7. Jedoch **keine** Nichtigkeit bei Unbestimmtheit (→ Fn. 528) und bei für ZV-Organe **unerkennbar** ungültigen, aber wirksam ausgefertigten Titeln aus den Gründen → Fn. 526, vgl. z. B. *LG Tübingen* JZ 1982, 474 (Versäumnisurteil trotz unwirksamer Klagezustellung), die Fälle fehlender bzw. ungenügender Unterschrift auf dem Original.

[523] Wegen öffentlichrechtlicher Ansprüche → Fn. 61, 526 a. E.

[524] *BGHZ* 30, 173 (Fn. 512), heute ganz h. M. Das gilt wohl auch für ZV ganz ohne eigenen Titel u. Klausel, z. B. VerwVollstr eines übergeleiteten Unterhaltsanspruchs *LG Detmold* Rpfleger 1993, 333 f. (Unrichtigkeit des Grundbuchs trotz Eintragung der Zwangshypothek, vgl. auch *BGH* NJW 1991, 2150. Nicht hierher gehören die Fälle → Fn. 529.

[525] → dort Rdnr. 17 f. Das ist gut vertretbar, da der Mangel schwerwiegend u. der Fristablauf für Vollstreckungsorgane und Parteien ohne weiteres erkennbar ist, → Fn. 520 (a.M. zur Evidenz *Stürner* JZ 1991, 406). Aber nicht überzeugend die von *BGH* JZ 1991, 404 = NJW 497 angeführten Gründe; denn konkurrierende Gläubiger könnten den Mangel auch dann jederzeit nach § 766 oder § 878 geltend machen, wenn man nur Anfechtbarkeit annähme.

[526] Schwerwiegende, jedoch aus der vollstreckb.Ausf.

nicht erkennbare Mängel dürfen daher nicht zur Nichtigkeit der ZV führen; aber nicht *nur* deshalb, weil daraus logisch eine systemwidrige Prüfungspflicht der ZV-Organe folgen würde (insoweit richtig *Schwinge* [Fn. 338] 49, *Geib* [Fn. 508] 115); sondern es wäre vor allem widersinnig, Akte für nichtig zu halten, deren **Vornahme Amtspflicht** ist, weil das ZV-Organ den Mangel nicht erkennen kann, der Titel also »vollstreckungsfähig« ist (*BGH* NJW 1992, 2161 zu I 2 aa), während sonst offensichtlich unzulässige und pflichtwidrige Akte gültig sein können; ähnl. *Walker* (Fn. 335) 107 zu *BGH* (Fn. 520 a.E.). → dazu auch Fn. 522, 525, 529.
Für **Gültigkeit der ZV trotz Titelmangel**, aber mit Klausel *Bernhardt* (Fn. 508) 58; *Rosenberg/Schwab*[14] § 61 III 2; *Stöber* (Fn. 520) Rdnr. 34; *Zeller/Stöber* ZVG[14] § 15 Rdnr. 40.2; *Wolfsteiner* (Fn. 515) § 724 Rdnr. 4 f.; ebenso bei formgerechter Exekutionsbewilligung in Österreich aufgrund nichtiger Titel *Rechberger* (Fn. 508) 101 ff.; auch § 766 Rdnr. 13 Fn. 67 f.
Bei Titeln, die **ohne Ausfertigung** vollstreckt werden, z. B. Verwaltungsakten → § 724 Fn. 15, kommt es aber folgerichtig auf die Erkennbarkeit ihrer Nichtigkeit »auch für ihren mit sämtlichen Gegebenheiten vertrauten Insider« an, insoweit zutreffend *BGH* NJW 1991, 2150 (mündlicher Arrestbeschluß, Entscheidungsgründe gehen unnötig weiter als Entscheidung!); denn dann können sich ZV-Organe gerade **nicht** darauf verlassen, daß die Wirksamkeit des Titels schon geprüft ist → dazu *Gaul* in § 724 Rdnr. 2, 9 f. – A. M. *Geib* (Fn. 508) 113 f.; *Schwinge* (Fn. 338) 49 ff.; *Gaul* (Fn. 515) § 10 II 1; *Münch* (Fn. 62) 253.

[527] *BGH* NJW 1979, 2046 = Rpfleger 300 → § 831 Rdnr. 2; *OLG Köln* Büro 1989, 276: falsche Notarregister-Nr. (§ 794 Abs. 1 Nr. 5) im Pfändungsbeschluß; dort ohne Verwechslungsgefahr, jedoch betont der Senat, daß es insoweit nur auf Vorhandensein, nicht auf urkundlichen Nachweis des Titels ankomme. → auch § 886 (20. Aufl.) Fn. 11 a. E.

[528] → Rdnr. 25 ff.; *Stöber* (Fn. 520). Vgl. auch *Rechberger* (Fn. 508) 72 f.: Unbestimmter Betrag muß nicht einmal materielle Rechtskraft hindern (im Unterschied zu unbestimmtem Anspruch[steil] *BGH* NJW 1994, 460 f.); folglich wäre sogar § 812 BGB verwehrt, falls eine Beitreibung offensichtlich hinter dem Tenor zurückbliebe, weshalb man ihre Nichtigkeit für unverhältnismäßig halten sollte. – **A.M.** *Schwinge* (Fn. 338) 51, ihm folgend *Münch* (Fn. 62) 251 Fn. 307; *Gaul* (Fn. 515) § 31 III 2 (aber *BGHZ* 70, 317 prüfte – und verneinte – »Nichtigkeit«, nicht Unwirksamkeit der Pfändung wegen des der Pfändung zugrundeliegenden Verwaltungsakts).

[529] Zum Begriff → Rdnr. 37, § 750 Rdnr. 27. **Für Anfechtbarkeit** *BGH* (Fn. 513), WM 1977, 841 (Pfändung gegen Gesellschaft aufgrund Titels nur gegen Gesellschaf-

Vollstreckbarkeit infolge einstweiliger Einstellung[530], ohne oder aufgrund unwirksamer vollstreckbarer Ausfertigung (aber aufgrund wirksamen Titels)[531] oder ohne Vollstreckungsantrag[532]; → auch § 831 Rdnr. 2, § 865 Rdnr. 36, § 868 Rdnr. 5 f.

b) wenn der Schuldner von der inländischen Gerichtsbarkeit befreit ist → Rdnr. 83; wenn ein *Vollstreckungsakt* durch eine *funktionell unzuständige* Person oder Behörde vorgenommen ist und keine der → Rdnr. 71 genannten Ausnahmen vorliegt; wenn pfändende Verwaltungsbehörden ohne gesetzliche Zulassung Landesgrenzen überschreiten[533], während Unzulässigkeit des Rechtswegs[534] und örtliche Unzuständigkeit (→ Rdnr. 72) der Gültigkeit nicht entgegenstehen; wegen § 155 GVG → § 753 Rdnr. 3; 130

c) wenn *wesentliche Formen* für die Vornahme des Akts nicht eingehalten sind[535], → z. B. § 808 Rdnr. 1, 20 ff., § 817 Rdnr. 23, § 826 Rdnr. 8, 12, § 829 Rdnr. 41, 58, 67 f., 106, § 831 Rdnr. 2, § 836 Rdnr. 4 f., § 845 Rdnr. 2, 5, 8, § 857 Rdnr. 97 f.; 131

d) wenn angeblich betroffene Schuldner oder Gläubiger überhaupt nicht existieren[536];

e) wenn Titel zwar wirksam, aber schon ihrer Art nach zur Vornahme der konkreten Maßnahme schlechthin ungeeignet sind[537].

3. Sehr streitig ist, welche mangelhaften Vollstreckungsakte in prozessualer oder auch materiellrechtlicher Hinsicht **geheilt** werden können (→ Rdnr. 134, 136) und wenn, ob mit rückwirkender Kraft oder nur für die Zukunft (→ Rdnr. 137 ff.). 132

Diese Fragen pauschal für alle anfechtbaren Akte einheitlich nach der einen oder anderen Seite hin zu lösen, ist bedenklich. Da das Gesetz dazu keine Stellung nimmt, sollten die Maßstäbe für eine Heilung und ihre Wirkung weder aus unsicheren Rechtsgrundsätzen abgeleitet[538] noch von einzelnen Beispielen[539]

---

ter) u., BGHZ 30, 173 (Fn. 512); *Amend* Das öffentlich-rechtliche PfandPfandR (Diss. 1958) 94; *Gaul* (Fn. 515) § 31 III 2; *Hoche* ZV³ 49; *Jauernig* ZwVR¹⁹ § 7 IV; *MünchKommZPO-Schilken* § 803 Rdnr. 30; hingegen zweifelnd *Wolfsteiner* (Fn. 515) § 724 Rdnr. 7. – **Für Nichtigkeit** *Baumann/Brehm*² § 12 III 2c; *Schönke/Baur*¹⁰ § 25 III 1 (anders wohl im Beispiel § 8 III vor 1, vgl. auch *Baur/Stürner* Rdnr. 433); *Bernhardt* (Fn. 508) 58; *Bruns/Peters*³ § 20 III 1a; *Geib* (Fn. 508) 117 f.; *Gerhardt* (Fn. 1) § 7 II 3a; *Schwinge* (Fn. 338) 52.

Die **völlige** Gleichsetzung solcher Mängel, die relativ häufig bei Identitätsproblemen vorkommen (→ § 727 Rdnr. 33 f., § 750 Rdnr. 19 ff.), mit dem Fehlen eines Titels überhaupt würde zwar in vielen Fällen zu einer untragbaren – und wegen des ausreichenden Schutzes nach § 766 unnötigen – Unsicherheit führen, → auch Fn. 531. Im übrigen richtet sich auch die Pfändung schuldnerfremder Sachen ebenso wie die Personenverwechslung sachlich gegen Dritte, obwohl der Schuldner gemeint ist; nach allg.M. ist sie dennoch gültig. – **Fehlt es aber an jeglicher gedanklicher Verbindung des Titels mit dem Dritten**, die man z. B. bei Personenverwechslung oder Besitz am ZV-Gegenstand, vielleicht auch bei unentdeckter Mitbeteiligung Dritter noch annehmen kann, so spricht das Kriterium der »Offenkundigkeit« für Nichtigkeit.

[530] → § 775 Rdnr. 28 f. Nicht hierher gehört Einstellung nebst Aufhebung, → dazu § 776 Rdnr. 2.

[531] OLG Hamburg NJW-RR 1986, 1502⁵⁷ zu § 890; *Riehl* ZZP 17 (1892) 56 ff.; *Weigelin* PfändPfandR (1899) 24, AG Heilbronn DGVZ 1978, 188 (§ 724 f. statt § 726, der dort allerdings unrichtig herangezogen wurde); *Bähr* KTS 1969, 2; *Baur/Stürner*¹¹ Rdnr. 147, 242; *Bernhardt* (Fn. 508) 58; *Geib* (Fn. 508) 116 f. mwN; *Rechberger* (Fn. 508) 112 f.; *Schwinge* (Fn. 338) 63; *Stöber* (Fn. 520); jetzt h.M. – **A.M.** noch *RG* SächsArch 1, 672 f.; *OLG Posen* OLGRsp 2, 34; *Hellwig/Oertmann* 2, 206; *Amend* (Fn. 529); *MünchKommZPO/Wolfsteiner* § 724 Rdnr. 7.

Gaul (Fn. 515) § 31 III 3 für Klauseln nach §§ 726 ff. S. dagegen Fn. 529 u. Fn. 520 Abs. 2; auch die fehlende Klausel nach § 726 sollte nicht schlimmere Folgen haben als die entgegen § 751 verfrühte ZV.

[532] *Schwinge* (Fn. 338) 61; *Bernhardt* (Fn. 508) 61; *Geib* (Fn. 508) 112; krit. *Gaul* (Fn. 508) 535 f.

[533] → § 828 Fn. 26.

[534] *Bernhardt* (Fn. 508) 59; vgl. auch *Gaul* (Fn. 508) 536. – A.M. *Schwinge* (Fn. 338) 60; *Geib* (Fn. 508) 111 mwN.

[535] BGH → Fn. 512, allg. M. Nicht zur »Form« gehört gesetzlich vorgeschriebene Anhörung *Hornung* Rpfleger 1989, 3.

[536] *Schwinge* (Fn. 338) 50, 61. Anders, wenn nur Parteifähigkeit oder Prozeßfähigkeit (→ Rdnr. 77 ff.) fehlen; *Bernhardt* (Fn. 508) 61, *Schwinge* aaO 61 f.; *Schönke/Baur*¹⁰ § 10 IV 4. – A.M. für Parteifähigkeit *Geib* (Fn. 508) 111 mwN. – Sachpfändungen sind durch den Betroffenen anfechtbar, nicht mangels Schuldners nichtig.

[537] BGH (Fn. 520: Überweisung § 835 aufgrund Arrests).

[538] Etwa daraus, daß **alle** Verfahrensnormen (etwa auch § 750?) »drittschützende Bedeutung« hätten, so *Gaul* (Fn. 515) § 31 IV 2, so daß von vornherein fehlerfrei vollstreckende Dritte **stets** besseren Schutz verdienten, so z. B. *Peters* (Fn. 515), *Baur/Stürner*¹¹ Rdnr. 144, oder umgekehrt, daß Dritte sich **niemals** auf nur zur Anfechtbarkeit führende Mängel berufen könnten (so wohl *Baumbach/Hartmann*⁵² Grundz § 704 Rdnr. 56, 58).

Wenig ergiebig *Naendrup* ZZP 85 (1972) 311 ff., der unter Berufung auf die allgemeine Rechtslehre (323) einer den Rang der Pfändung wahrenden Heilung Fiktionscharakter beilegt (und dafür natürlich Normen vermißt), sie rechtsstaatlich bedenklich nennt (329 f.), ohne zu fragen, ob der *Zeitpunkt*, in dem eine Voraussetzung der ZV erfüllt wird, etwas mit Rechtsstaatlichkeit zu tun hat, und schließlich doch nur die »Verfahrenskorrektheit« unter-

einfach auf andere übertragen werden. Vielmehr müssen diese Maßstäbe einerseits aus der jeweiligen Bedeutung und Wirkung des betreffenden Vollstreckungsakts, andererseits aus dem Sinn der Vorschriften, deren Nichtbeachtung zu dem Mangel geführt hat, entwickelt werden, wobei die typische Interessenlage, die das Gesetz jeweils berücksichtigen wollte, ebenso Beachtung finden muß wie etwaige Parallelen im sonstigen Verfahrensrecht oder, soweit es um materiellrechtliche Fragen geht, auch in diesem Bereich[540].

133 Diese Aufgabe ist aber nur zu bewältigen, wenn Klarheit darüber herrscht, was eine Heilung für anfechtbare Vollstreckungsakte bedeuten kann. Dabei sind **Prozeßrecht und materielles Recht** sowie die unmittelbare Heilungswirkung und ihre mittelbaren Folgen **zu unterscheiden:**

134 a) Eine Heilung kommt **nicht** in Frage, wenn ein Vollstreckungsakt entweder von vornherein *nichtig*[541], oder bereits *aufgehoben*[542] ist.

135 b) Eine Heilung ist überflüssig, wenn der Mangel zwar gerügt werden, aber ohnehin nicht zur Aufhebung des Vollstreckungsakts führen kann, → z.B. § 758 Rdnr. 21, 759 Rdnr. 2, 761 Rdnr. 3, 762 Rdnr. 2, 763 Rdnr. 3, 813 Rdnr. 15.

136 c) Eine Heilung scheidet folgerichtig aus, wenn ein zur Anfechtbarkeit führender Mangel als *nicht behebbar* angesehen[543] und rechtzeitig gerügt wird, denn dann muß der Vollstreckungsakt aufgehoben werden, auch wenn die bisher fehlende Voraussetzung inzwischen eingetreten ist.

137 d) **Prozessual bedeutet Heilung** zunächst, daß ein mangelhafter Vollstreckungsakt nicht mehr angefochten werden kann, weil der Mangel behebbar ist und behoben wird, bevor er gerügt ist oder bevor über die Rüge durch Erinnerung oder Beschwerde entschieden ist, → § 766 Rdnr. 42. So können z.B. Vollstreckungsanträge oder Vollmachten[544] nachgebracht, Zustellung der Titel und Urkunden[545] sowie Klauselerteilung nachgeholt[546] bzw. wirksam wiederholt werden. Freilich darf das Gericht nach Feststellung eines gerügten Mangels (z.B. unwirksamer Klausel) nicht die Aufhebung oder Unzulässigerklärung des Vollstreckungsakts aufschieben bis zur Behebung, auch wenn diese schon in die Wege geleitet, z.B. neue Klauselerteilung schon beantragt ist[547]. Ebenso kann man von Heilung sprechen, wenn ein Mangel *ohne Erfolg gerügt* worden ist, → § 766 Rdnr. 50, oder wenn die *Rüge versäumt* wurde und wegen prozessualer Überholung nicht mehr nachgeholt werden kann[548]. Wegen § 295 → § 750 Rdnr. 10[549].

138 In den Fällen → Rdnr. 137 bedeutet Heilung nichts anderes als *Unanfechtbarkeit* und damit *endgültige Wirksamkeit* des zunächst anfechtbaren Aktes. Dabei ist schon die Frage nach der zeitlichen Wirkung der Heilung **innerhalb des Zwangsvollstreckungsverfahrens**[550] überflüssig, denn ein von Anfang an wirksamer, wenn auch zunächst von einer Aufhebung bedrohter Vollstreckungsakt[551] wird nicht dadurch »noch wirksamer«, daß er wegen Heilung des

---

schiedslos (332) zum Rangprinzip erhebt (332 f.), obwohl er sieht, daß im Widerspruchsverfahren nach § 878 Raum für materiellrechtliche Bewertung bleiben sollte (315, 331), → dazu Rdnr. 138 a.E., 139. Zu der von *Naendrup* an sich zutreffend betonten Chancengleichheit → § 878 Rdnr. 14 f., § 750 Rdnr. 14 Fn. 48 ff., zu seiner Argumentation bezüglich § 879 BGB → § 867 Rdnr. 15 a.E.

[539] So folgert z.B. *Furtner* MDR 1964, 460 aus dem singulären Fall der Zwangshypothek, daß überall nur Heilung ex nunc möglich sei (→ dazu § 867 Rdnr. 14–16, 26–28).

[540] Z.B. §§ 158 ff., 184 f. BGB (→ auch § 750 Rdnr. 15 Fn. 59 zu § 31 AWG), § 879 BGB.

[541] → Rdnr. 129–131. A.M. *Brox/Walker* JA 1986, 64; *Blomeyer* ZwVR § 30 III 1 für die Pfändung von Rechten, die Dritten zustehen (→ Rdnr. 131), → dagegen § 829 Rdnr. 68; ferner für Verstöße gegen § 808 Abs. 2 S. 2, → dazu § 808 Rdnr. 28.

[542] Über die zeitliche Wirkung einer Aufhebung für Zwischenmaßnahmen → Rdnr. 143.

[543] So früher *OLG Hamburg* MDR 1965, 143 für alle Formmängel (anders MDR 1974, 322); *OLG Nürnberg* MDR 1960, 318 = Rpfleger 130 (zust. *Bull*) bei verfrüht erteilter Klausel (→ aber § 878 Rdnr. 8, 16); *KG* DGVZ 1966, 103 u. *OLG Bremen* NJW 1961, 1824 = Büro 1962, 48 bei ZV trotz Einstellung (→ dagegen § 775 Rdnr. 28 f.); *OLG Hamm* (Fn. 392) für Zwangsverwaltung gegen nicht parteifähigen Schuldner; für Verstoß gegen § 14 KO früher *Jaeger/Lent* KO[8] § 14 Rdnr. 21; anders jetzt *Jaeger/Henckel*[9] § 14 Rdnr. 42.

[544] → Rdnr. 81 Fn. 414.

[545] → § 750 Rdnr. 28 ff.

[546] *OLG Hamburg* WRP 1981, 221.

[547] Insoweit richtig *OLG Hamm* (Fn. 392).

[548] →z.B. Rdnr. 141 f., auch § 758 Rdnr. 21 f. .

[549] Dazu *Bernhardt* (Fn. 508) 54 f.

[550] Anders u.U. im Prozeß nach § 878 → Rdnr. 139; wie hier *OLG Hamburg* MDR 1974, 322, *Dörndorfer* Rpfleger 1989, 318.

[551] Anschaulich spricht *Blomeyer* ZwVR § 41 III 5 von

Mangels nicht mehr angefochten werden kann⁵⁵². Einer »Rückwirkung« bedarf es daher nicht, die Wirkung von Anfang an ist nur selbstverständlich, soweit man der hier vertretenen Ansicht folgt, daß ein lediglich zur Anfechtung berechtigender Mangel die Entstehung eines Pfändungspfandrechts nicht hindert⁵⁵³; daß damit über materielle Wirkungen **außerhalb** des Zwangsvollstreckungsverfahrens noch nichts entschieden ist, → Rdnr. 139. – Ebenso folgerichtig ist es, eine Heilung erst für den Zeitpunkt der Behebung des Mangels anzunehmen, wenn man der **Gegenansicht** folgt, der Mangel verhindere die Entstehung eines Pfändungspfandrechts, wenn auch nicht der Verstrickung⁵⁵⁴. Denn dann könnte es nicht entstehen, bevor der Mangel behoben ist⁵⁵⁵; damit entfiele jedoch die → Rdnr. 132 erwähnte Möglichkeit differenzierender Bewertung materieller Rechtsfolgen, → Rdnr. 139.

e) Von der prozessualen Heilung → Rdnr. 137 sind deren **materielle Rechtsfolgen** zu unterscheiden. In diesem Bereich ist die zusätzliche Frage nach einer Heilung ex tunc oder ex nunc im Hinblick auf die Rangordnung unter konkurrierenden Gläubigern sinnvoll, soweit man sie sich nicht selbst abschneidet durch pauschale Verneinung des Pfändungspfandrechts⁵⁵⁶. Bei der Vollstreckung wegen Geldforderungen in bewegliches Vermögen stellt sie sich für die hier vertretene Ansicht, daß Verstrickung und Pfändungspfandrecht unlösbar verbunden sind⁵⁵⁷, aber erst **außerhalb des eigentlichen Vollstreckungsverfahrens**⁵⁵⁸, namentlich für das »bessere Recht« im Rahmen der Widerspruchsklage, → § 878 Rdnr. 8 ff. Denn ohne Widerspruchsklage (oder Einigung) ist stets der schon durch die Pfändung begründete Rang (§ 804 Abs. 3) *allein* maßgebend. – Wegen der materiellen Folgen einer Heilung bei dem *Sonderfall der Zwangshypothek* → § 867 Rdnr. 13–16. 139

Wer hingegen bei formellen, zur Anfechtbarkeit führenden Mängeln das Pfändungspfandrecht verneint, müßte die Frage der zeitlichen Heilungswirkung *von vornherein* im Verteilungsplan berücksichtigen, → § 878 Rdnr. 9. 140

4. Ob der Schuldner oder Dritte wegen Verfahrensmängeln, die im Vollstreckungsverfahren nicht mehr berücksichtigt wurden⁵⁵⁹, einen **Anspruch auf Herausgabe der Bereicherung** haben, ist eine Frage materiellen Rechts⁵⁶⁰ und hängt vor allem davon ab, ob der Gläubiger gegen sie einen materiellen Anspruch, sei es auch nur auf Duldung der Zwangsvollstreckung⁵⁶¹, hatte⁵⁶² und diesen auch durchsetzen durfte⁵⁶³. Ein entstandenes Pfändungspfand- 141

»schwebender Wirksamkeit« des PfändPfandR, will diese allerdings von selbst enden lassen nach Beendigung der ZV (aaO III 2), was unnötig ist → Rdnr. 141 f.

⁵⁵² Diese prozessuale Lage entspricht im materiellen Recht dem endgültigen **Wegfall** einer auflösenden Bedingung (nämlich der drohenden Aufhebung); i.E. wie hier *OLG Celle* (Fn. 514); *OLG Hamburg* (Fn. 531, 546 u. 550); *LG München I* NJW 1962, 2306; *Baumbach/Hartmann*⁵² Einf. vor § 750 Rdnr. 2. Als »Begründung« von Ergebnissen sollte dieser Vergleich allerdings nicht dienen; umgekehrt ergibt sich – das zu *Gaul* (Fn. 515) § 31 IV 2a – kein Argument gegen diesen Vergleich aus §§ 158 f. BGB, denn diese betreffen den **Eintritt** einer Bedingung, nach obiger Sicht also die **Aufhebung** des ZV-akts. – Anders freilich, wenn man die Heilung als aufschiebende Bedingung sieht → Fn. 555!.

⁵⁵³ → Fn. 514. Beispiel: A pfändet fehlerhaft am 1.2., B fehlerfrei am 3.2. in dieselbe Sache. Bleibt der Fehler ungerügt, so wird A bei der Erlösverteilung nach §§ 827, 872 ff. bevorzugt. Das Ergebnis kann nicht anders sein, wenn der Mangel vor oder nach dem 3.2. behoben wird. Ob B nach § 878 doch noch klageweise ein besseres Recht geltend machen kann, → § 878 Rdnr. 8 ff.

⁵⁵⁴ → Fn. 515 sowie *RGZ* 56, 214; 125, 288; *Furtner* (Fn. 539); *Henckel* (Fn. 543); *Schwinge* (Fn. 338) 80 f.

⁵⁵⁵ Vergleichbar mit dem Eintritt aufschiebender Bedingung, § 158 Abs. 1 BGB. Hält man Heilung durch Genehmigung für möglich (vgl. auch § 84 ZVG), so ergibt sich die Rückwirkung aus § 184 BGB, → Fn. 540; *Bruns/Peters*³ § 20 III 1a. – S. aber dagegen *Bähr* KTS 1969, 15.

⁵⁵⁶ → Rdnr. 138 a.E.

⁵⁵⁷ → § 803 Rdnr. 6.

⁵⁵⁸ *OLG Hamburg* (Fn. 546); *Zöller/Scherübl*¹¹ 6 vor § 704, *Dörndorfer* (Fn. 550); anders *Stöber* (Fn. 520) Rdnr. 35: Trotz Heilung Anfechtung durch fehlerfrei Pfändenden mit auf Rangtausch beschränktem Antrag (wofür aber dem Erinnerungsgericht die Zuständigkeit fehlt, s. *Münzberg* Rpfleger 1986, 486 zu III 1 u. den folgenden Text).

⁵⁵⁹ → Rdnr. 137 a.E.

⁵⁶⁰ Ganz h.M., *Gerlach* Ungerechtfertigte ZV (1986) 14 ff. gegen *Böhm* Ungerechtfertigte ZV (1971) 44 ff. → auch § 771 Rdnr. 74.

⁵⁶¹ → § 771 Fn. 438 mit Rdnr. 48 f.

⁵⁶² Verfahrensfehler bleiben hier außer Betracht *J. Blomeyer* ZZP 89 (1976) 492; *Bruns/Peters*³ § 20 III 2 e a.E.; *Rechberger* (Fn. 508) 107 ff., 113. → dazu §§ 750 Rdnr. 17, 766 Rdnr. 56; 811 Rdnr. 22, 817 Rdnr. 7, 850 Rdnr. 19 je mwN. Anders je nach Normzweck unter konkurrierenden Gläubigern, → § 878 Rdnr. 10 ff. mit Rdnr. 38 f. – A.M. *Henckel* (Fn. 1) 331 ff.

⁵⁶³ Die §§ 14, 60 KO bewirken auch materiell eine Zuweisung, → Fn. 313 a.E. sowie *Lüke* zu *BSG* (Fn. 314).

recht hindert solche Ansprüche nicht, denn ihm kann der zureichende Rechtsgrund ebenso fehlen wie jedem anderen rechtsgeschäftlichen oder gesetzlichen Erwerb von Rechten oder Rechtspositionen (Eigentum, Grundschuld, Rangstellen)[564].

142 Ebensowenig ist das Pfändungspfandrecht Rechtfertigungsgrund für eine unerlaubte *Veranlassung* der Zwangsvollstreckung und kann daher einem **Schadensersatzanspruch gegen den Gläubiger** nicht entgegenstehen, wobei es gleichgültig ist, ob die Vollstreckungsorgane sich rechtmäßig (→ Rdnr. 24) oder wegen erkennbarer Unzulässigkeit rechtswidrig und schuldhaft verhalten, z. B. gegen im Titel nicht Genannte vollstreckt haben. Im letzten Fall greift die **Amtshaftung** nach Art. 34 GG, § 839 BGB ein, und hierbei hat ein etwa rechtswidriges Verhalten des Gläubigers nur Bedeutung für den Haftungsausschluß nach § 839 Abs. 1 S. 2 BGB. Die Haftung des Staates kommt nicht nur für Verhalten des Gerichtsvollziehers[565], sondern auch der anderen Vollstreckungsorgane[566] in Betracht. Eine Haftung wegen *Enteignung oder enteignungsgleichen Eingriffs* scheidet hier aus[567].

143 5. Wird wegen eines Mangels ein vorläufig wirksamer, aber **anfechtbarer Vollstreckungsakt für unzulässig erklärt oder aufgehoben,** so wirkt die Entscheidung zwar grundsätzlich auf den Zeitpunkt der Vornahme zurück[568]. Dadurch werden jedoch **Handlungen der Vollstreckungsorgane**, die inzwischen auf der Grundlage des mangelhaften Vollstreckungsaktes vorgenommen wurden, *nicht von selbst hinfällig*. Soweit sie überhaupt noch rückgängig zu machen sind, bedürfen sie ebenfalls einer gesonderten Aufhebung, z. B. nach §§ 775f. Eine Aufhebung kommt jedoch nicht mehr in Betracht, wenn die betreffende Maßnahme bereits zur vollen oder teilweisen Befriedigung des Gläubigers geführt hat → Rdnr. 116ff.[569].

X. Ehemalige DDR. Berlin. Beitrittsgebiet.

144 1. Zwangsvollstreckung aus Titeln der ehemaligen DDR und Ost-Berlin.
Gemäß Art. 8 EinigungsV[570] gilt auch im Gebiet der ehemaligen DDR seit dem 3. X. 1990 die **ZPO**; anhängige Verfahren waren nach deren Regeln fortzusetzen[571]. Von da an entstanden also keine Vollstreckungstitel i. S. d. § 794 mehr nach DDR-Recht, und »West-Titel« können in den neuen Bundesländern ohne weiteres vollstreckt werden[572].

145 Vor dem EinigV war umstritten, ob die gemäß der am 1.1. 1976 in Kraft getretenen ZPO-DDR errichteten Vollstreckungstitel im damaligen Bundesgebiet ohne Klage nach §§ 722f. zu vollstrecken waren; entgegen der damals h. M.[573] war dies zu verneinen[574]. Die Frage ist nun

---

[564] *OLG Hamburg* (Fn. 550). → § 804 Rdnr. 4f., 17ff., insbesondere Rdnr. 22f.
[565] → § 753 Rdnr. 7, § 811 Rdnr. 22, § 817a Rdnr. 7, § 818 Rdnr. 2, § 819 Rdnr. 8f., § 827 Rdnr. 5, § 885 Rdnr. 35.
[566] *Erman/Küchenhoff* BGB[9] § 839 Rdnr. 121 mwN (Rsp des RG).
[567] Vgl. für Steuerarreste *BGHZ* 32, 240 = NJW 1960, 1461 = DGVZ 1960, 159; für Zwangsversteigerung *BGH* BB 1967, 941; grundsätzlich zust. *Gaul* Rpfleger 1971, 42.
[568] *Hartmann* (Fn. 538) Rdnr. 56.
[569] Vgl. *BGHZ* 30, 173 = NJW 1959, 1873 = WM 972 (Wirksamkeit der Rechtshandlungen eines unzulässig bestellten Zwangsverwalters trotz Aufhebung der ZwVerw), *Pohle* zu BAG AP Nr. 4 zu § 850d, *Böttcher* zu *BAG* AP Nr. 8 zu § 850d (Wirksamkeit bereits geleisteter Zahlungen des Drittschuldners trotz nachträglicher Abänderung unrichtig festgesetzter Pfändungsgrenzen).
[570] BGBl. II 1990, 889, ergänzt durch Anl.I Kap.III Sachgeb. A Abschn.III Nr. 5. – Lit.: *Stern/Schmidt-Bleib-* *treu* EinigV, 1990; *Viehmann* (Hrsg.) EinigV u. Rechtspflege 1990); speziell zur ZV nach dem EinigV *Arnold* DGVZ 1991, 161ff.; 1992, 20ff.
[571] Anl.I Kap.III Sachgeb.A Absch.III Nr. 28 g EinigV. Zuvor begonnene ZV-Maßnahmen waren nach DDR-Recht zu erledigen, Anl.I Kap.III Sachgeb. A Abschn.III Nr. 5 Maßgabe k u. für Immobiliar-ZV aaO Nr. 15b, weitere selbständige Maßnahmen (z. B. Verwertung eines gepfändeten Gegenstandes) nach ZPO. Zu Pfändungsfreigrenzen für fortwirkende Pfändungen *Gottwald* FamRZ 1990, 1182; *Arnold* DGVZ 1992, 20f.
[572] Trotz Art. 8 EinigV (vgl. auch § 160 GVG) aber zweifelnd *Arnold* (Fn. 571), der allerdings zutreffend keine Kollision mit dem verfassungsrechtlichen Rückwirkungsverbot annimmt. Zu seinem Vorschlag, Grundrechtsverletzungen und Verstößen gegen die Rechtsstaatlichkeit nach § 766 zu begegnen, → Fn. 591.
[573] *OLG Hamm* DtZ 1992, 87; *LG Hamburg* DAV 1982, 394 = IPRspr Nr. 180; *Adler/Alich* ROW 1980, 143; *Baumbach/Hartmann*[52] § 328 Einf. A; *Rosenberg/Gaul*[10] § 12 IV 1. *Bode* AnwBl 1990, 62; *MünchKommZ-*

erstmals[575] mit Art. 18 Abs. 1 S. 1 EinigungsV[576] positiv geregelt. Danach bleiben **rechtskräftige Entscheidungen der bisherigen DDR-Gerichte** wirksam »und können nach Maßgabe« der ZPO »vollstreckt werden«[577], also ohne Rücksicht auf §§ 722 f.[578]. Gleiches wird man annehmen müssen[579] für – den Nrn. 1, 4 a und 5 des § 794 entsprechende – *verbindliche gerichtliche Einigungen*[580], *Schiedssprüche und im Schiedsverfahren abgeschlossene Einigungen*[581] sowie *vollstreckbare Urkunden der Notare bzw. Notariate*[582]. Diese Titel bedürfen einer **Vollstreckungsklausel**[583], falls nicht noch vor dem Stichtag Vollstreckungsmaßnahmen nebst Verwertung eingeleitet waren[584]. Zum Umstellungskurs → Rdnr. 148.

Dies gilt auch für **vor** dem 3. X. 1990 gemäß § 89 ZPO-DDR für vollstreckbar erklärte Entscheidungen der abgeschafften[585] **gesellschaftlichen Gerichte**, die jedoch danach nicht mehr vollstreckbar erklärt werden konnten[586]. Wirksam bleiben die von den **Jugendhilfereferaten** errichteten Unterhaltstitel[587].

Aus Art. 18 EinigungsV ist jedoch nicht zu folgern, Rechtskraft und Vollstreckbarkeit der vor dem 3. X. 1990 rechtskräftig gewordenen Entscheidungen blieben uneingeschränkt erhalten[588] ohne Rücksicht auf die Gefahr, daß sie **mit rechtsstaatlichen Grundsätzen in Widerspruch** stehen könnten[589]. Es wäre verfassungsrechtlich bedenklich, durch Art. 18 EinigV Grundrechtsverstöße der DDR-Gerichte nachträglich zu rechtfertigen[590]. Daher sieht auch Art. 18 Abs. 1 S. 2 EinigV eine Überprüfung auf die Vereinbarkeit mit diesen Grundsätzen vor. **146**

Dann muß es aber dem **Schuldner** ermöglicht werden, sich gegen solche rechtsstaatswidrigen Titel zur Wehr zu setzen[591]. Dies kann auf dem schon bisher von der h. M.[592] befürworteten Weg über die **§§ 766, 793** oder im **Klauselerteilungsverfahren** geschehen mithilfe des Gedankens, ein rechtsstaatswidriger Titel

---

PO-Gottwald § 722 Rdnr. 10, je mwN. Sie verlagerte die Last zur Klage entgegen dem Zweck des § 722 auf den Schuldner (§ 766). Offenlassend *BGHZ* 84, 23 = NJW 1982, 1948 = IPrax 1983, 35 (*Beitzke* aaO 16).

[574] Wegen der **Abweichungen** der ZPO-DDR von der ZPO und der Art ihrer Anwendung (die erheblicher waren als gegenüber manchen ausländischen Verfahrensordnungen) war der Umstand, daß die DDR verfassungsrechtlich schon damals als Inland galt, unmaßgeblich → 20. Aufl. Einl. Rdnr. 841, § 704 Rdnr. 1; *Schütze* JZ 1982, 636 f.; *MünchKommZPO-Krüger* § 704 Rdnr. 4 je mwN.

[575] Die Berliner Sonderregelung über die ZV aus DDR-Titeln nach dem Gesetz über die Vollstreckung von Entscheidungen auswärtiger Gerichte (West-Berlin) vom 31.5.1950 i.d.F. vom 26.2.1953 (VOBl. Berlin 151) war wegen Verstoßes gegen Art. 72 Abs. 1, 74 Nr. 1 GG nichtig KG NJW 1979, 881. Lit. u. frühere Rsp. → 20. Aufl. Rdnr. 144 Fn. 264.

[576] Ergänzt durch Anl.I Kap.III Sachgeb.A Abschn.III Nr. 5 Maßgabe i.

[577] Daher sind z.B. DDR-Titel auf Räumung nicht wegen §128 DDR-ZPO »bedingt« i. S. d. § 726 Abs. 1 durch Zuweisungen anderweitigen Wohnraums KG DtZ 1991, 348; *LG Berlin* DtZ 1991, 410.

[578] Das dürfte mit Rücksicht auf den Sinn des Art. 8 EinigV, ein höchstmögliches Maß an Rechtseinheit zu erreichen, *Viehmann* (Fn. 570) 13, jetzt auch für die Rdnr. 145 genannten DDR-Titel gelten, so wohl auch *Arnold* (Fn. 571) 21. Wegen **ausländischer** Titel, die bereits von DDR-Gerichten für vollstreckbar erklärt worden waren, s. *Andrae* IPRax 1994, 230 f.

[579] → Fn. 578, *MünchKommZPO-Wolfsteiner* § 794 Rdnr. 258 ff.

[580] §§ 46 f., 88 Abs. 1 Nr. 1 ZPO-DDR; *BGH* DtZ 1994, 372; dazu *KG* DAVorm 1992, 510; obiter *OLG Rostock* DtZ 1994, 31 (Protokollierung genügte).

[581] § 88 Abs. 1 Nr. 3 ZPO-DDR.

[582] § 88 Abs. 1 Nr. 5 ZPO-DDR, § 21 NotariatsG vom 5. II. 1976 (GBl. DDR 93).

[583] § 91 Abs. 1 S. 2 ZPO-DDR sah nur für Urkunden und Entscheidungen nichtrichterlicher Organe vollstreckb. Ausf. vor.

[584] Anl. 1 Kap. 3 Sachgebiet A Abschn. III Nr. 5, 5 k.

[585] An ihre Stelle traten **Schiedsstellen der Gemeinden** (GBl-DDR I 1990, 1527); Vergleiche vor ihnen sind nach Klauserteilung durch das Kreisgericht/AG wie § 794 Abs. 1 Nr. 1 zu vollstrecken *Arnold* (Fn. 571) 23. Schiedsstellen für Arbeitsrecht sind abgeschafft BGBl I 1991, 2321.

[586] EinigV Anl. 1 Kap. 3 Sachgebiet A Abschn. III Nr. 5j nebst Erläuterungen zu dieser Norm (BGBl II 1990 S. 885); *MünchKommZPO-Arnold* § 753 Rdnr. 4; *Thomas/Putzo*[18] Einl. Rdnr. 35. *Gottwald* (Fn. 571); a.M. *Wolfsteiner* (Fn. 579) Rdnr. 261.

[587] *LG Hildesheim* DAmtsV 1991, 952.

[588] *Roth* in *Jayme/Furtak* (Hrsg.) Der Weg zur deutschen Rechtseinheit (1991), 183 f.; *MünchKommZPO-Gottwald* § 328 Rdnr. 43. – A.M. *Zöller/Stöber*[18] § 704 Rdnr. 13; wohl auch *Gottwald* (Fn. 571); *KG* u. *LG Berlin* (Fn. 577); EinigV Erläuterungen (Fn. 586) 18 zu Maßgabe i.

[589] Vgl. dazu *BGHZ* 20, 332; für Scheidungs- und Scheidungsfolgesachen *Bosch* FamRZ 1991, 1377 ff.

[590] Insofern zutreffend (wenn auch Art. 18 EinigV übersehen wird) AG Hamburg-Wandsbeck DtZ 1991, 307 f. in Auseinandersetzung mit Art. 234 § 7 EGBGB, wo sich die gleiche Sachproblematik stellt, dazu auch *Palandt/Diederichsen* BGB[53] Art. 234 § 7 EGBGB Rdnr. 4: »Die Anerkennung der DDR-Entscheidung steht unter der Einschränkung des **ordre public**«.

[591] So auch *Roth* (Fn. 588), vgl. auch *LG Hildesheim* (Fn. 587).

[592] → Fn. 573.

sei wie ein unwirksamer zu behandeln[593]. Dieser Notbehelf ist zwar systemwidrig[594]. Das kann aber einstweilen hingenommen werden, da es sich um eine auslaufende Materie handelt und dem Schuldner kein anderer Weg bliebe für die zwar in Art. 18 Abs. 1 S. 2 EinigV vorgesehene[595], aber durch die pauschale Anordnung der Vollstreckbarkeit (und damit zugleich Ausscheidung der §§ 722f.) »heimatlos« gewordene Überprüfung von Entscheidungen der DDR-Gerichte. Denn mit den außerordentlichen Rechtsbehelfen §§ 323, 324, 579 ff., 767 ff. kann eine solche Überprüfung im allgemeinen nicht erreicht werden[596]. Um dem Schuldner eine der materiellen Rechtskraft fähige Entscheidung zu ermöglichen[597], dürfte es folgerichtig auch noch zulässig sein, gegen Titel aus der DDR mit einer – freilich gegenüber rechtskräftigen Titeln nicht minder systemwidrigen[598] – **negativen Feststellungsklage** vorzugehen[599], zumal zweifelhaft ist, ob die o. g. Entscheidungen nach § 766 hier ausnahmsweise[600] auch gegenüber künftigen Vollstreckungsmaßnahmen aus demselben Titel materielle Rechtskraft wirken.

147 Als Maßstab für den Verstoß gegen rechtsstaatliche Grundsätze wird man die §§ 328 Abs. 1 Nrn.1–4 heranziehen können[601]. Dies sollte auch noch für Entscheidungen gelten, die nach dem Inkrafttreten der erneuerten DDR-ZPO[602] ergingen. Denn obwohl mit dieser Novelle der Ballast sozialistischer Rechtsideologie abgeworfen wurde, ist doch nicht auszuschließen, daß die Rechtsanwendung noch nicht überall rechtsstaatlichen Grundsätzen entsprach, zumal auch das materielle Recht noch nicht angeglichen war[603].

148 2. Lautet ein Titel auf **Mark (DDR)**, so erfolgt die **Umrechnung** auf DM grundsätzlich im Verhältnis 2:1[604]. Jedoch gilt ein Umrechnungskurs von 1:1 für nach dem 30. VI. 1990 fällig werdende *wiederkehrende* Zahlungen, soweit es sich nicht um Zahlungen aus und in Lebensversicherungen oder private Rentenversicherungen handelt[605], also z. B. *Unterhalt, Mietzins*. Die VO vom 4. VII. 1990[606] sah für Unterhaltsrückstände auch aus der Zeit *vor* dem 01. VII. 1990 eine Umstellung im Verhältnis 1:1 vor. Sie ist jedoch nichtig[607].

149 Das *Verfahren zur Umrechnung* ist nicht gesetzlich geregelt. Ebenso wie bei Fremdwährungstiteln[608] ist die *Umrechnung* Sache der *Vollstreckunsorgane*[609], falls sie nicht schon in der Vollstreckungsklausel ausgewiesen ist[610]. Gegen die Berechnung ist, soweit sie nicht wegen Aufnahme in die Vollstreckungsklausel nach § 732 zu rügen ist, die *Erinnerung* nach § 766 zulässig[611]; denn es handelt sich, da die Umrechnung ohne deren Festlegung im Titel

---

[593] So *Roth* (Fn. 588); *Baumbach/Hartmann*[52] Einf. § 328 Rdnr. 1; *MünchKommZPO-Gottwald* § 722 Rdnr. 10; *Arnold* (Fn. 571) ausdrücklich für die Zeit nach Inkrafttreten des Einigungsvertrages.

[594] Was schon zuvor für unschädlich gehalten wurde von *BGHZ* 36, 11, 17 = NJW 1962, 109 = JZ 678 (*Lüderitz*) = JR 144 (zust. *Beitzke*) = Rpfleger 93 (*Berner* aaO 86); *Hartmann* u. *Gaul* (Fn. 573); anders *AG Hbg-Wandsbeck* (Fn. 590), dagegen aber Fn. 598.

[595] Nicht für »West«-Titel; waren sie gegen ehemalige Bürger der DDR ergangen, so wäre daher eine Überprüfung auf Verfassungsverstöße nach § 766, die *Arnold* (Fn. 571) für zulässig hält, eine Umgehung des § 93 BVerfGG. Eher diskutabel ist ein Vorschlag, im Falle einigungsbedingter Härten mit § 765a zu helfen.

[596] Liegen die Voraussetzungen dieser Behelfe aber vor, so muß der Schuldner von ihnen Gebrauch machen, *Arnold* (Fn. 571), denn die ausdrückliche Regelung geht der Notlösung vor.

[597] Dies trifft auf Entscheidungen nach § 732 nicht zu, auf solche gemäß § 766 nur insoweit, als Art u. Weise der ZV gerügt worden sind → § 766 Rdnr. 50.

[598] Das übersieht *AG Hamburg-Wandsbeck* DtZ 1991, 307 f. in Auseinandersetzung mit der verwandten Problematik Art. 234 § 7 EGBGB (ordre public, s. *Palandt/Diederichsen* BGB[53] Anm. zu dieser Vorschrift Rdnr. 4).

[599] → Fn. 597, auch Fn. 31, 149. So für die Zeit vor dem EinigV *Gaul* (Fn. 573); *Zöller/Geimer*[18] § 328 Rdnr. 286; *OLG Bamberg* FamRZ 1981, 1103, für die Zeit danach *MünchKommZPO-Gottwald* § 722 Rdnr. 10.

[600] → § 766 Rdnr. 50.

[601] Ebenso *Roth* (Fn. 588); *MünchKommZPO-Gott-*

wald § 328 Rdnr. 43; vgl. auch *AG Hamburg-Wandsbeck* (Fn. 590).

[602] 1. VII. 1990, DDR-GBl I Nr. 14 S. 547.

[603] So auch *Roth* (Fn. 588).

[604] Vertrag über die Schaffung einer Währungs- Wirtschafts- u. Sozialunion v. 18. V. 1990 (BGBl II S. 537) Art. 10 Abs. 5 i. V. m. Anl. 1 Art. 7 § 1 Abs. 1. – Lit.: *Stern/Schmidt-Bleibtreu*, Staatsvertrag usw.(1990).

[605] Art. 7 § 1 Abs. 2 des Staatsvertrags → Fn. 604.

[606] Gesetzblatt-DDR 1990 I S. 812.

[607] Wegen Widerspruchs mit dem Staatsvertrag → Fn. 604, der Verfassungsrang hatte (GBl-DDR 1990 I 812), *Vultejus* DGVZ 1991, 72; *Arnold* DGVZ 1992, 22; *LGe Berlin, Konstanz* DGVZ 1992, 11; Rpfleger 1992, 530 mwN; vgl. auch *LG Hildesheim* DAV 1991, 952. Dies übersehen *OLG Hamm* DtZ 1992, 87 zu II 4; *Adlerstein/Wagenitz* FamRZ 1990, 1172 Fn. 27; *Kalthoener/Büttner* NJW 1991, 399; *Vogel* DtZ 1991, 339.

[608] → Fn. 677.

[609] So für Pfändungsbeschluß *LG Konstanz* (Fn. 607); *Arnold* (Fn. 607); *Stöber* (Fn. 588). – A.M. (nur Ergänzung der Vollstreckungsklausel) *DIV-Gutachten* DAV 1992, 1219; 1993, 287. Das hätte zwar den Vorteil, daß bei Urteilen stets deren Gründe, bei Vergleichen die Prozeßakten von vornherein berücksichtigt werden könnten; jedoch zwingt der Umstand, daß es um eine nicht mehr geltende Währung handelt, nicht zu solcher Abweichung vom sonstigen Umrechnungsverfahren kraft Gesetzes, mag man sie auch für zulässig halten.

[610] → Fn. 609 a. E. Zur Erteilung der Klausel nach Inkrafttreten des EinigV → Rdnr. 145 Fn. 583 f.

[611] *BGH* (Fn. 594); *Stöber* (Fn. 588).

erfolgen soll, trotz Abhängigkeit von der zu prüfenden Anspruchsart um die Art und Weise der Zwangsvollstreckung[612]. Wahlweise sollte man eine *Feststellungsklage* zulassen, a) wenn ohnehin ein Prozeßgericht aus anderen Gründen über Bestand, Inhalt, Abänderung des Titels[613] oder nach §§ 767, 795, 797 zu entscheiden hat und die Frage der Umrechnung zusätzlich oder hilfsweise geltend gemacht ist[614], b) wenn eine Erinnerung von vornherein vergeblich erscheint, weil die für sie und für die Beschwerde zuständigen Gerichte in gleichliegenden Vorentscheidungen bereits einen dem Kläger ungünstigen Standpunkt eingenommen haben[615].

XI. Wertsicherungsklauseln und fremde Währungen

Für sog. *wertbeständige Schuldtitel* galten bis zum 31.XII. 1968 noch die §§ 9–17 der – im übrigen schon durch die Nov. 50 beseitigten – **EntlastungsVO**[616]. Diese wurde durch Nichtaufnahme in die Sammlung des Bundesrechts[617] voreilig am 31.12.1968, also kurz vor der beträchtlichen Kaufkraftminderung[618], welche die DM in den folgenden Jahren erlitt, außer Kraft gesetzt. Ihre Regeln enthielten mit Ausnahme des § 9 Abs. 1 (Verurteilung nach Maßgabe einer amtl. Teuerungszahl) sachgemäße Grundsätze für die vollstreckungsrechtliche Behandlung von Titeln, die auf *ausländische Währung* lauten[619] oder die *Wertsicherungsklauseln* enthalten. Sie sollten daher vorbildlich sein für eine Lückenfüllung oder richterliche Rechtsfortbildung auf den genannten Gebieten, soweit sie nicht von der ZPO abweichende Rechtsbehelfe und Zuständigkeit vorsahen. Im folgenden werden sie deshalb als Erkenntnisquellen ergänzend und vergleichend herangezogen. **150**

1. Die Verwendung von **Wertsicherungsklauseln**[620] in deutschen, auf Zahlung von DM gerichteten Vollstreckungstiteln bedarf gemäß § 3 WährG[621] *materiellrechtlich*[622] der Genehmigung der örtlich zuständigen Landeszentralbank (als der Hauptverwaltung der Deutschen Bundesbank im einzelnen Bundesland)[623], wenn es sich nicht lediglich um genehmi- **151**

---

[612] Sähe man die Umrechnung als »Leistungsinhalt« an, hätte der EinigV folgerichtig erneute Titulierung für erforderlich halten müssen; → auch Fn. 609.
[613] Z.B. nach §§ 323, 578 ff. oder im Falle einer Unbestimmtheit → Rdnr. 31.
[614] A.M. BGH (Fn. 594): Kein Rechtsschutzbedürfnis wegen des einfacheren und billigeren Weges über §§ 766, 793 (noch vereinbar mit dem großzügigeren Standpunkt BGH NJW 1992, 2160 bei der vergleichbaren Frage des Verhältnisses von § 732 zu § 767?); *Staudinger/K.Schmidt*[12] § 244 Rdnr. 115 (in der Regel kein Rechtsschutzbedürfnis). Spezialität ist in solchen Fällen jedoch nicht gegeben → § 766 Rdnr. 54, auch Rdnr. 105 vor § 253.
[615] *Lüderitz* (Fn. 594).
[616] → 19. Aufl. Anh. nach § 915, wo mit *Mes* NJW 1973, 878 noch irrtümlich von der Weitergeltung nach 1968 ausgegangen wurde; zur Geltung bis 1968 BGHZ 22, 62 = NJW 1957, 24.
[617] → Einl (20. Aufl.) Rdnr. 191.
[618] Zu den damit verbundenen Problemen bei Unterhaltsrenten, *Huvalé* DAV 1980, 514.
[619] → Rdnr. 1 vor § 803.
[620] Zum Begriff: einführend *Palandt/Heinrichs* BGB[53] §§ 244 f. Rdnr. 18 ff.; umfassend *Dürkes* Wertsicherungsklauseln[10]; *Mittelbach* Wertsicherungsklauseln in Zivil- und Steuerrecht (1980); *Staudinger/K.Schmidt*[12] vor § 244 Rdnr. D 158 ff. – Zur Eintragbarkeit im Grundbuch: Rentenreallast BGH NJW 1990, 2380 = MDR 1991, 138; Hypothek BGHZ 35, 24; nicht Erbbauzins BGHZ 61, 211; vgl. auch BGH BB 1990, 1660.
[621] § 3 S. 1 WährG gilt **nicht** für im Ausland ansässige Gläubiger (§ 49 AWG) u. für Fremdwährungsschulden;

durch Urteil auferlegte Währungsanpassungen werden von § 32 AWG erfaßt, der nicht für **ausländische Gerichte** gilt *BGH* NJW 1993, 1802. Im **Beitrittsgebiet** gilt gem. Anl.I Kap.IV Sachgeb.B Abschn.III Nr. 1 EinigV (BGBl II 1990, 889) die durch Anl.I Art. 3 des Vertrags über die Wirtschafts- Währungs- und Sozialunion (BGBl II 1990, 537) eingeführte, materiell mit § 3 WährG übereinstimmende Regelung fort, vgl. *Wiedemann-Lang* DtZ 1992, 273; in West-Berlin gilt die inhaltlich mit § 3 WährG übereinstimmende WährungsVO (VOBl Berlin 1948, 363), vgl. *Dürkes* BB 1992, 1073.
[622] Vollstreckungsrechtlich ergeben sich daraus keine Schranken *Rosenberg/Gaul*[10] § 10 II 2 a bb; für Urteile *AG Mannheim* DAVorm 1984, 618; → aber zu Vergleichen § 794 Rdnr. 53 ff. Für die Anwendung des 3 WährG genügt es, daß die Wertsicherung rechtsgeschäftlichen Ursprungs ist *K.Schmidt* (Fn. 620) Rdnr. D 216.
[623] Zur Genehmigungszuständigkeit s. § 49 Abs. 2 AWG; zur materiellrechtlichen Genehmigungsfähigkeit *K.Schmidt* (Fn. 620) Rdnr. D 214 ff.; zum Genehmigungsverfahren *Dürkes* (Fn. 620) Rdnr. H 1 ff.; **Genehmigungsrichtlinien der Deutschen Bundesbank** zu § 3 WährG in der Fassung vom 9.VI. 1978 (BAnz v. 15. VI. 1978 S. 4 = NJW 1978, 2381, berichtigt in BAnz Nr. 124/1978). Zur Eingehung von Verbindlichkeiten in **ECU** s. Mitteilungen der DBBank Nr. 1010/87 BAnz Nr. 112 v. 24. VI 1987. Nicht genehmigt werden Klauseln, die an den Preisindex für die neuen Bundesländer gebunden sind, vgl. Bek. der DBBank BAnz 1992, 3219 = DtZ 1992, 278, zust. *Wiedemann-Lang* (Fn. 621); weitere Schranken für Wertsicherungsklauseln: §§ 10 MHG, 9a ErbRVO (→ dazu Fn. 625 a.E.)

gungsfreie Leistungsvorbehalte, Spannungsklauseln, Kostenelementklauseln, Beteiligungs- und Umsatzklauseln[624] oder Sachschulden handelt, sondern um »echte«, also automatisch wirkende Wertsicherungsklauseln[625]. Praktische Bedeutung erlangen sie im Bereich langfristig wiederkehrender Leistungen[626], insbesondere Unterhaltsrenten[627], in vollstreckbaren Urkunden[628] und gerichtlichen Vergleichen. Zur Verurteilung → § 313 Rdnr. 25[629].

152 Ist der Vorbehalt einer Genehmigung *in den Titel ausdrücklich aufgenommen*, so ist die Vorlage der Genehmigung oder einer Bescheinigung der Landeszentralbank, daß eine Genehmigung doch nicht nötig sei, gemäß § 726 schon bei der Klauselerteilung erforderlich → § 726 Rdnr. 4. *Andernfalls* ist die Genehmigung nicht »Bedingung« i.S.d. § 726, so daß die Vollstreckungsklausel auch schon vor der Genehmigung erteilt wird[630], falls die Wertsicherungsklausel genügend bestimmt ist → Rdnr. 153. Die **Berechnung** des Betrags richtet sich nicht nach § 726 (was zu zeitlicher Beschränkung der Vollstreckungsklausel und zu ihrer Erneuerung bei jeder titelbezogenen Änderung der Berechnungsfaktoren nötigen würde), sondern geschieht erst bei der Vollstreckung[631]. Vertretbar ist die Anwendung des § 726, soweit der Berechnungsmaßstab ab einem bestimmten Zeitpunkt *unveränderlich* wird, etwa in den Fällen → Rdnr. 155 für bereits fällig gewordene Beträge oder für bestimmte Zinssatzerhöhung im Verzugsfalle[632]. Ist die Vollstreckungsklausel wirksam, wenn auch möglicherweise fehlerhaft erteilt[633], so ist das Fehlen der Genehmigung vollstreckungsrechtlich unerheblich bis zu einer einstweiligen oder endgültigen Einstellung nach § 775 Nrn.1, 2, § 776. Sie ist bei Genehmigungsvorbehalten *im Titel* nach §§ 732 oder 768 f., *andernfalls* nur nach §§ 767, 769, 795, 797 Abs. 4, 5 bzw. im Falle rechtskraftfähiger Entscheidungen durch Rechtsmittel oder Nichtigkeitsklage zu erwirken[634]. Nur bei ohne Klausel vollstreckbaren Titeln wäre die Genehmigung vom Vollstreckungsorgan zu prüfen[635]; sie kommen jedoch hier kaum vor.

---

[624] Diese »unechten« Wertsicherungsklauseln sind in Titeln in der Regel mangels Bestimmtheit (→Rdnr. 153) nicht zur ZV geeignet, *Wolfsteiner* Die vollstreckbare Urkunde (1978) Rdnr. 36.15, sondern gewähren nur schuldrechtlichen Anspruch auf Leistungsveränderung oder sogar nur der Mitwirkung dazu (dann nur nach § 888 vollstreckbar *BGH* JZ 1973, 62 = ZZP 86, 322 (*Röhl*). Verwendbar sind allenfalls Spannungsklauseln, d.h. Anbindung an den Preis *gleichartiger* Güter u. Leistungen, die ja auch meist auf allgemein zugängliche Maßstäbe Bezug nehmen, z.B. bestimmte Beamtengehälter (→ Fn. 646) zur Wertsicherung von Pensionsbezügen; weitere Beispiele bei *Dürkes* (Fn. 620) Rdnr. J 9 ff.

[625] »Gleitklausel«, dazu *Palandt/Heinrichs* BGB[53] §§ 244 f. Rdnr. 22; *MünchKomm BGB – von Maydell*[2] § 244 Rdnr. 26. Beispiele *Dürkes* (Fn. 620) Rdnr. J 115 ff.; guter Überblick *Wilms-Wahlig* BB 1978, 973 ff. Im Grundbuch sind sie eintragbar für Hypotheken, BGHZ 35, 24, Rentenreallasten *BGH* NJW 1990, 2380 = MDR 1991, 138; nicht für Erbbauzins BGHZ 61, 211; hier sind nur die schuldrechtlich durchgesetzten Erhöhungsbeträge eintragbar, vgl. *BGH* BB 1990, 1660; zum Ganzen *Dürkes* (Fn. 620) Rdnr. J 121 a.

[626] *K.Schmidt* (Fn. 620) Rdnr. C 63; rechtspolitisch *Huvalé* (Fn. 618).

[627] Dazu *BGH* NJW 1986, 1440.

[628] Dazu *Mes* NJW 1973, 876; *Mümmler* RPfl 1973, 125; *Pohlmann* NJW 1973, 200; *Wolfsteiner* (Fn. 624); *Ahrens*, WM 1980, 749 f.; *Magis* MittRhNotK 1979, 111.

[629] Die Zulässigkeit solcher »dynamisierter« Leistungsurteile ist umstritten; dafür *K.Schmidt* (Fn. 620) Rdnr. C 63. *BGH* NJW 1973, 1653 lehnte dynamisierte Schmerzensgeldrente aus materiellrechtlichen Gründen ab.

[630] → § 726 Fn. 13.

[631] So auch sonst die Feststellung des Umfang der ZV → Rdnr. 26, vgl. auch *BGH* (Fn. 621) 1803 zu c. Ebenso schon § 10 ff. EntlVO; Näheres → Rdnr. 155 ff. – A.M. *Wolfsteiner* (Fn. 624) Rdnr. 26.8, 26.18 f., 27.18 sowie *MünchKommZPO-Wolfsteiner* § 724 Rdnr. 2, § 726 Rdnr. 9 f. (Höhe der jeweils fälligen Beträge sei bedingt). Aber solche auch noch **nach Klauselerteilung veränderlichen** »Dauerbedingungen« sind in § 726 kaum gemeint ist. in den Fällen → Rdnr. 156 kann die Berechnung schon bei Klauselerteilung der materiellen Rechtslage widersprechen, wenn die ZV sich verzögert, so auch *Stürner/Münch* JZ 1987, 186; OLG Stuttgart Nachschlagewerk der Rechtsprechung zum Gemeinschaftsrecht I 36 B 3 sowie JZ 1987, 579; zu § 726 vgl. auch *BGH* (Fn. 621) 1802 zu 2 b.

[632] Daß bei Anwendung des § 726 auch schwerer zugängliche oder schwieriger zu berechnende Maßstäbe zugelassen werden könnten, so *MünchKommZPO-Wolfsteiner* § 726 Rdnr. 9, trifft wohl (wenn überhaupt) nur auf wenige Fälle zu, etwa → Rdnr. 153 Fn. 642 f. genannten. Die von *Wolfsteiner* aaO Rdnr. 10 genannten §§ 641 ff. sprechen wohl eher gegen als für seine Ansicht, da sie von einer Änderung des Titels (nicht nur der Klausel) ab dem in § 641 p Abs. 1 S. 2 bestimmten Zeitpunkt ausgehen u. vor allem **andere** Maßstäbe als die durch AnpassungsVO bestimmten durch § 641 o Abs. 1 mit 1612 a Abs. 1 S. 2 gerade ausschließen.

[633] → §§ 725 Rdnr. 11 f., 726 Rdnr. 22.

[634] → § 726 Rdnr. 4.

[635] → auch zum Devisenrecht Rdnr. 58.

Vollstreckungsrechtlich müssen Wertsicherungsklauseln das Erfordernis der **Bestimmtheit** 153
des Titels wahren[636]. Sie müssen also nicht nur den Vollstreckungsorganen, insbesondere dem Gerichtsvollzieher[637], sondern auch dem Schuldner und etwaigen Drittschuldnern[638] eine zweifelsfreie Auslegung und Berechnung ohne weitere Ermittlungen[639] ermöglichen. Da die in Betracht kommenden Berechnungsfaktoren und Vergleichswerte als künftige nicht schon Bestandteil des Titels sein können[640], müssen sie stattdessen im *Inland* aus *allgemein* zugänglichen und zuverlässigen Quellen zu entnehmen sein[641]. Daher scheiden Tarifbedingungen sowie kommunale[642] und – für inländische Titel – ausländische[643] Quellen aus. Unbedenklich ist dagegen die Bezugnahme auf im BGBl. veröffentlichte Maßstäbe wie die (für einen im Titel bestimmten Ort) jeweils geltenden Sätze der RegelbedarfsVO[644], die Allgemeine Rentenbemessungsgrundlage[645], das nach Besoldungsgruppe und Dienstalter genau bezeichnete Grundgehalt eines Bundesbeamten[646], zweifelsfrei bezeichnete[647] Kostenindices des Statistischen Bundesamts[648] oder am Diskontsatz der deutschen Bundesbank[649]. Wegen **ausländischer Titel** → § 722 Rdnr. 23.

Ist eine **Wertsicherungsklausel unbestimmt**, bleibt der Titel hinsichtlich eines bezifferten 154
Grundbetrags vollstreckbar, soweit der Titel ihn eindeutig als Mindestbetrag ausweist[650]. Zur Zulässigkeit einer Klage des Gläubigers wegen Unbestimmtheit oder vorsorglich wegen diesbezüglicher Zweifel[651] → Rdnr. 31 sowie § 794 Rdnr. 102. Ungenauigkeiten in der Bezeichnung können bei Urteilen und Vollstreckungsbescheiden nur innerhalb der engen

---

[636] *BGH* (Fn. 621); → Rdnr. 26–28, § 794 Rdnr. 86 ff. Formulierungsbeispiele bei *Dürkes* (Fn. 620) Kap. J; *Rasch* NJW 1985, 953.

[637] *Stürner/Münch* (Fn. 631) 182 mwN. Sie bemerken zutreffend, daß GV oft schwierigere Aufgaben meistern, z.B. umfangreiche Zinsberechnungen; daher ist die zuweilen verwandte Formulierung, die **Berechnung** müsse »leicht« (*BGH* → Fn. 616) oder »mühelos« möglich sein, irreführend; leicht u. sicher feststellbar muß nur der **Maßstab** sein, was *BGH* (Fn. 621) für ausländische Titel im Hinblick auf *BGH* NJW 1986, 1440 klarstellt.

[638] → Rdnr. 157. Daher darf nicht etwa auf Fachkenntnisse eines GV abgestellt werden.

[639] Insbesondere ohne sachverständigen Rat oder aufwendige Suche nach etwa noch zusätzlich nötigen Unterlagen. Daher **nicht** Bruchteile eines jeweiligen Einkommens, da dieses (notfalls durch Auskunftsklage) erst ermittelt werden müßte *OLG Braunschweig* FamRZ 1979, 928.

[640] → Rdnr. 26 Fn. 119.

[641] Allg.M.

[642] *Pohlmann* (Fn. 628).

[643] *BGH* NJW 1986, 1440 = IPRax 294 (zust. *Dopfel* aaO 281) = JZ 1987, 203 (schweizerischer Index). Für ausländische Titel → aber § 723 Rdnr. 23.

[644] § 1615f. Abs. 2 BGB; aber ohne die Korrekturen gemäß § 1615g BGB. Werden auch sie im Titel einbezogen, so ist er insoweit unbestimmt, zumindest wenn es sich um Beträge handelt, die sich nach den individuellen Verhältnissen richten.

[645] *LG Göttingen*, NdsRPfl 1971, 208 = DGVZ 197; *Pohlmann* (Fn. 628); a.M. *OLG Celle*, mitgeteilt bei Ahrens WM 1980, 750 (betrifft denselben Titel wie LG Göttingen aaO). Es dürfen keinerlei Zweifel daran bestehen, ob die Bezugsperson von irgendwelchen gesetzlichen Zulagen oder Abzügen betroffen ist oder ob der Parteiwille diese einbeziehen wollte *AG Charlottenburg* FamRZ 1993, 1105; insoweit zutreffend *Mes* (Fn. 628), der aber sonst das Erfordernis der »Erkennbarkeit« zu pauschal einengt.

[646] *Pohlmann* (Fn. 628); *Gaul* (Fn. 622) mwN. – A.M. *LG Essen* NJW 1972, 2050 = DNotZ 1973, 26; *OLG Köln* FamRZ 1986, 1019; *Schüler* DGVZ 1982, 70. BGHZ 22, 54 ist insofern als Leitentscheidung ungeeignet, weil dort mehrere Unsicherheitsfaktoren zusammenwirken. Noch »allgemein« zugänglich sind **Landesbesoldungsordnungen** *OLG Karlsruhe* OLGZ 1991, 227; a.M. *Pohlmann* (Fn. 628): genügend für ZV im betreffenden Lande; jedoch ist eine vom Gesetz bundesweit vorgesehene Vollstreckbarkeit nicht teilbar, *OLG Karlsruhe* aaO.

[647] *AG Darmstadt* DGVZ 1980, 173 → Fn. 645.

[648] *OLG Düsseldorf* NJW 1971, 437; obiter *OLG Braunschweig* (Fn. 639); *Geitner/Pulte* Rpfleger 1980, 93; *Mes* (Fn. 628); *Schüler* (Fn. 646) 72 (er meint freilich, dem ZV-Organ müsse Fundstelle angegeben u. eigene Berechnung vorgelegt werden); *Stürner/Münch* JZ 1987, 183; a.M. *LG Wiesbaden* DGVZ 1972, 59. – Die Indices für Lebenshaltungskosten werden u.a. in den Monatsberichten des Statistischen Bundesamts (Fachserie 17 Reihe 7), im BAnz, im statistischen Jahrbuch u. z.B. in der NJW veröffentlicht, dazu *BGH* NJW 1992, 2088: der sich daraus ergebende Stand sei offenkundig i.S.d. § 291 ZPO. Zweifelhaft für **Statistiken der Landesämter** = abl. *OLG Karlsruhe* OLGZ 1991, 227; obiter *AG Darmstadt* DGVZ 1980, 174. Keinesfalls darf die Vollstreckbarkeit nur im betreffenden Lande bejaht werden → Fn. 646 a.E.

[649] BGHZ 22, 61 (obiter); *Geitner/Pulte* Rpfleger 1980, 93; *OLG Düsseldorf* Rpfleger 1977, 67; vgl. auch Anm. zu Art. 48 Abs. 1 Nr. 2 WG in Schönfelder Nr. 54.

[650] *LG Essen* NJW 1972, 2050. Vgl. auch *BGH* (Fn. 621) 1803 zur sofortigen Teilexequatur ausländischer Titel für zweifelsfreie Beträge, während der Bewertungsmaßstab für den Rest im anhängig bleibenden Exequaturverfahren noch zu klären bleibt. Aber keine ZV eines gesetzlichen Mindestbetrags, wenn der gesamte Anspruch unbestimmt ist.

[651] So für nicht rechtskräftfähige Titel *BGH* NJW-RR 1989, 218 = MDR 339[34] = FamRZ 267 = BB 179.

Grenzen des § 319 behoben werden, während sie nach § 9 Abs. 2 EntlVO[652] entsprechend § 319 beseitigt werden konnten, z.B. fehlende Angaben über den Zeitpunkt, nach dem veränderliche Werteinheiten zu bestimmen sind[653].

155 Soll nach dem Titel der *zur Zeit der Fälligkeit* bestehende Maßstab gelten, so kann die Wertsicherung bei der Vollstreckung von Urteilen nur dann erheblich werden, wenn es sich entweder um wiederkehrende (§ 258) oder künftige (§§ 257, 259) Leistungen handelt (bei einmaligen, fälligen Leistungen wäre von vornherein zu einer bestimmten Summe zu verurteilen). In gerichtlichen Vergleichen und vollstreckbare Urkunden (§ 794 Abs. 1 Nr. 1, 5) können solche Wertmaßstäbe sowohl für wiederkehrende als auch für einmalige Leistungen bestimmt werden; im letzten Falle ist der Betrag nur einmal zu berechnen und endgültig maßgebend.

156 Ist aber im Titel *nicht* angegeben, wann die Berechnung geschehen soll, so gilt der *zur Zeit der Befriedigung* bestehende Wertmaßstab[654], bei wiederkehrenden Leistungen jeweils für die beizutreibende Rate.

Dadurch wird bei manchen Vollstreckungsarten die mehrmalige Berechnung nötig: Der **Gerichtsvollzieher**[655] hat bei Geldpfändung (§ 808) oder freiwilliger Zahlung (§§ 754 f.) auf den Zeitpunkt der Inbesitznahme abzustellen, → § 815 Rdnr. 13, 23, während bei der Pfändung anderer beweglicher Sachen diese anfängliche Berechnung nur vorläufige Bedeutung hat → § 803 Rdnr. 25. Sie ist bei späterer Veränderung der Wertverhältnisse[656] bis zur Versteigerung oder anderweitigen Verwertung[657] zu überprüfen und notfalls zu erneuern. Endgültig entscheidend ist der Zeitpunkt der Empfangnahme des Erlöses[658]. Wird der Erlös nach §§ 720, 720a Abs. 2, 815 Abs. 2, 827 Abs. 2, 839 oder 930 Abs. 2 hinterlegt, so berechnet das **Vollstreckungsgericht im Verteilungsverfahren** den Anspruch für den vorläufigen Plan[659], und im Falle nachträglicher Wertveränderungen bis zum Verteilungstermin nochmals bei der endgültigen Aufstellung des Teilungsplans auf Einigung oder Widerspruch[660]. Werterhöhungen, die noch *nach* dem Verteilungstermin, z.B. während fortdauernder Hinterlegung eintreten, sind für *diesen* Vollstreckungserlös nicht mehr zu berücksichtigen; → aber Rdnr. 159. – Findet eine Hinterlegung nicht statt, weil der Rang unstreitig ist, so bleibt die Berechnung in den Händen des erstpfändenden Gerichtsvollziehers, → § 827 Rdnr. 1 u. 4. Wird hinterlegt, ohne daß ein Verteilungsverfahren eintritt[661], so ist, wenn die Beteiligten sich nicht noch später einigen, die Berechnung Aufgabe des Prozeßgerichts, das über die Klage gemäß § 13 Abs. 2 Nr. 2 HinterlO entscheidet[662], da davon abhängen kann, ob z.B. einem Nachrangigen oder sogar dem Schuldner noch ein Erlösteil gebührt.

157 Bei **Rechtspfändungen** (§§ 828–863) ist zu unterscheiden:

a) Wird das **gesamte Recht** gepfändet, wie üblicherweise bei Geldforderungen[663], im Falle der §§ 821, 831 oder weil das Recht keinen Nennwert hat, oder wird **wegen und in Höhe des beizutreibenden Anspruchs** gepfändet, so obliegt die Berechnung dem **Drittschuldner**, abgestimmt auf den Zeitpunkt seiner Leistung. Kommt es zum Drittschuldnerprozeß und ist der dem Gläubiger zustehende Betrag nicht mehr veränderlich, so hat er einen bestimmten Klagantrag zu stellen; andernfalls kann er die Verurteilung des Drittschuldners gemäß der genehmigten Wertsicherungsklausel beantragen, eine Vollstreckung geschieht dann wie jene aus dem Titel gegen den Schuldner.

---

[652] → Rdnr. 150.
[653] → dazu Rdnr. 155 f., vgl. auch § 244 Abs. 2 BGB.
[654] Arg. § 244 Abs. 2 BGB (→ Rdnr. 162).
[655] → Rdnr. 152 Fn. 631.
[656] Ob dem Gläubiger z.B. wegen Verzugs außerdem Wertminderungsersatz zusteht, ist in einem neuen Prozeß zu klären, → auch Rdnr. 160.
[657] Bei Anordnung des Erwerbs durch den Gläubiger (→ § 825 Rdnr. 15) wird das VollstrGer in dem Beschluß die endgültige Berechnung vorzunehmen haben, zumindest dann, wenn die Verrechnung der Barzahlung erübrigt und damit dem Gerichtsvollzieher nur noch die Übertragung des Besitzes obliegt.
[658] → §§ 819 Rdnr. 1, 815 Rdnr. 13. Vgl. auch § 11 Abs. 1 EntlVO (→ Rdnr. 150) u. für ausländische Währung § 130 Nr. 4 S. 2 GVGA → Rdnr. 162 Fn. 696. A.M.

K.Schmidt ZZP 98 (1985), 48: Zeitpunkt der Erlösauskehr (kaum vereinbar mit dem Wortlaut des § 819).
[659] → § 874 Rdnr. 1.
[660] → § 876 Rdnr. 1–14. Zur früheren Auslegung des insoweit unklar gefaßten § 11 Abs. 2 EntlVO → 19. Aufl. Anh. § 915 Fn. 18.
[661] zu dessen Voraussetzungen § 872 Rdnr. 1 ff.
[662] § 11 Abs. 2 EntlVO sah statt dessen auf Antrag eines an der Hinterlegung Beteiligten eine Berechnung durch besonderen Beschluß des VollstrGer vor, der auch nach Rechtskraft noch bis zur Auszahlung des Hinterlegten auf Antrag abgeändert werden konnte; dies entlastete Hinterlegungskonflikte um den (zusätzlichen) Streit über die Höhe des wertgesicherten Anspruchs und erleichterte daher prozeßsparende Einigungen.
[663] → § 829 Rdnr. 74..

b) Wird das einen Nennwert aufweisende Recht **nur wegen eines bestimmten Betrags** gepfändet oder **an Zahlungs Statt überwiesen**, so muß das **Vollstreckungsgericht** prüfen, ob die Wertsicherungsklausel diesen Betrag abdeckt, ehe es ihn im Pfändungsbeschluß angibt[664]. Ein Verstoß berechtigt zur Erinnerung nach § 766. Das Vollstreckungsgericht kann allerdings in diesen Fällen vom Gläubiger verlangen, daß er eine Berechnung beifügt[665]. Eine nachträgliche Erhöhung des Betrags durch Abänderung des Pfändungsbeschlusses kommt, auch wenn sich inzwischen die Wertverhältnisse geändert haben, schon wegen § 804 Abs. 3 nicht in Frage[666]. Dem Schuldner steht wegen unrichtiger Berechnung nur die Erinnerung zu, nicht die Klage nach § 767[667], da es nicht um Einschränkung der Vollstreckbarkeit, sondern um bloße Berechnung ihres Umfangs geht.

Eine **Zwangshypothek** (§ 866–868) für wertgesicherte Titel kann nur als **Höchstbetragshypothek** 158 eingetragen werden[668]. Gleiches gilt für die Pfändung nach § 848 Abs. 2[669]. Höchstbetrag ist der vom Vollstreckungsgericht errechnete Betrag[670].

Ändern sich die vom Vollstreckungsorgan zuletzt festgestellten Wertverhältnisse, bevor 159 der Gläubiger befriedigt ist[671], und wird die Änderung in diesem Vollstreckungsverfahren nicht mehr berücksichtigt[672], so ist im Falle einer Erhöhung des Anspruchs seit der letzten Berechnung die Ausfertigung noch nicht verbraucht; wegen des Restes kann der Gläubiger die Vollstreckung fortsetzen. Daher ist, um ein Verfahren nach § 733 möglichst zu vermeiden, die Ausfertigung dem Schuldner nur dann nach § 757 Abs. 1 auszuliefern, wenn die endgültige Berechnung zeitlich mit der vollständigen Befriedigung bzw. Befreiung des Schuldners zusammenfällt, in der Regel also bei freiwilliger Zahlung an den Gerichtsvollzieher, Wegnahme von Geld und Empfang des Erlöses nach § 819[673]. Andernfalls ist die Tilgung, da sie unvollständig sein kann, nur nach § 757 Abs. 1 auf der Ausfertigung zu quittieren und diese mit dem datierten Vermerk der Tilgung an den Gläubiger zurückzugeben. Bei teilweiser Beitreibung sollte außerdem auf dem Titel vermerkt werden, wann und auf welchen Betrag der zu vollstreckende Anspruch berechnet worden ist[674].

Hat sich aber seit der letzten Berechnung wegen Änderung des Wertmaßstabs inzwischen der zu 160 vollstreckende **Anspruch verringert**, so kann der Schuldner, da er auch dabei nicht eine Einschränkung der Vollstreckbarkeit, sondern nur eine berichtigende Bestimmung ihres Umfangs begehrt, dies nur durch Erinnerung nach § 766, nicht gemäß § 767 geltend machen. Ist die Vollstreckung schon beendet[675], so bleibt dem Schuldner nur der Anspruch aus § 812 BGB[676].

---

[664] Vgl. auch § 168c Nr. 2, § 171e Nr. 2 ZVG. Zust. für Überweisung an Zahlungs Statt *K. Schmidt* (Fn. 658) 47.
[665] So auch § 12 S. 2 EntlVO (→ Rdnr. 150); vgl. auch *Schüler* (Fn. 646).
[666] → dazu Rdnr. 159.
[667] So auch § 12 S. 3 EntlVO (→Rdnr. 150).
[668] → § 867 Rdnr. 4, § 932 Rdnr. 1. So auch § 14 EntlVO → Rdnr. 150; vgl. auch (zum analogen Fall der Fremdwährungsverbindlichkeiten) *Löscher* Büro 1982, 1791 unter Hinweis auf § 28 GBO; grundlegend *RGZ* 106, 79ff.; s. auch *Zeller/Stöber*[14] ZVG Einl. 67.5; *K. Schmidt* (Fn. 620) § 244 Rdnr. 113; zu beachten ist auch § 1115 BGB.
[669] Ebenso § 13 Abs. 1 EntlVO → Rdnr. 150.
[670] Da die Sicherungshypothek u. U. erst nach geraumer Zeit zur Befriedigung führt, muß sie als Höchstbetragshypothek hier die Berücksichtigung späterer Wertverringerung ermöglichen. Die Berücksichtigung einer Werterhöhung scheidet wegen etwaiger nachrangiger Rechte aus (so auch § 13 Abs. 1 u. 14 S. 2 EntlVO → Rdnr. 150). Vgl. aber auch →Rdnr. 159. Zinsen u. Kosten sind in den Höchstbetrag einzurechnen, § 1190 Abs. 2 BGB. Wegen der in §§ 15f. EntlVO vorgesehenen Besonderheiten für Zwangsversteigerung und Zwangsverwaltung → 19. Aufl. Anh. § 915. → auch Rdnr. 102 zu Kursänderungen.
[671] Für die Sachpfändung → Rdnr. 156; für die Rechtspfändung → § 835 Rdnr. 8, 42, § 847 Rdnr. 14 ff., § 848 Rdnr. 4 ff., für die Sicherungshypothek → Fn. 670.
[672] → Rdnr. 156–158.
[673] → § 815 Rdnr. 13, 23, § 819 Rdnr. 1.
[674] Ähnlich § 17 EntlVO → Rdnr. 150.
[675] → Rdnr. 114, 116.
[676] § 17 Abs. 2 S. 2 EntlVO sah ein Beschlußverfahren vor, um solchen Prozessen vorzubeugen, → 19. Aufl. Anh. § 915 a. E.

161 2. Auf **ausländische Währung** lautende Titel[677] (Fremdwährungs-, Valutaschulden) sind – sofern es sich nicht um eine echte Geldsortenschuld handelt[678], was im Zweifel nicht anzunehmen ist[679] – nach §§ 803 ff. als Geldschuld beizutreiben[680]. Sowohl bei der einfachen (unechten) Fremdwährungsschuld, um die es sich gemäß § 244 Abs. 1 BGB bei *inländischem* Erfüllungsort im Zweifel handelt[681], als auch bei der effektiven (echten) Fremdwährungsschuld, die bei ausländischem Erfüllungsort im Zweifel anzunehmen ist[682], kann die Vollstreckung in DM erfolgen[683]. Dies folgt nicht aus § 244 Abs. 1 BGB[684], sondern entspricht vollstreckungsrechtlichen Grundsätzen[685]. Die Unterscheidung zwischen einfacher und effektiver Fremdwährungsschuld verliert daher in der Zwangsvollstreckung ihre Bedeutung[686]. Da die Vollstreckung, selbst einer effektiven Fremdwährungsverbindlichkeit, demzufolge auf Befriedigung des Gläubigers in DM geht, muß es dem Schuldner auch möglich sein, die

---

[677] Zur Zulässigkeit solcher Titel → § 313 Rdnr. 24 u. *K.Schmidt* (Fn. 620) § 244 Rdnr. 104; *Fr.Arend* Zahlungsverbindlichkeiten in fremder Währung, Diss. 1987, S. 146; für auf ECU lautende Verurteilung *MünchKommBGB²-Martiny* Anh. I nach Art. 34 Rdnr. 56. Sie dürfen weder im Urteil nach § 722 noch bei erneuter inländischer Verurteilung (insoweit noch a.M. → 20. Aufl. § 722 Rdnr. 6) in DM umgerechnet werden *BGH* NJW 1987, 1146 = FamRZ 370 (III 1 c der Gründe); *LG Regensburg* DAVorm 1989, 159 f. a. E.; *Zöller/Geimer*[18] § 722 Rdnr. 36; *Baumann* IPRax 1990, 30. – A. M. *OLG Stuttgart* IPRax 1990, 49 bei devisenrechtlichen Beschränkungen; diesen kann aber auch im ZV-Verfahren Rechnung getragen werden → Fn. 682.

[678] Auf sie kann nur in bestimmten Münzen oder Wertzeichen geleistet werden → Rdnr. 2 vor § 803; dies sind keine Geldforderungen – anders als bei unechter Geldsortenschuld; zur Abgrenzung *K.Schmidt* (Fn. 620) § 245 Rdnr. 3, 9.

[679] → Rdnr. 1 vor § 803; vgl. auch *K.Schmidt* (Fn. 620) § 244 Rdnr. 10.

[680] → Rdnr. 10 vor § 803; obiter *BGHZ* 104, 274 = NJW 1988, 1965 (*K.Schmidt* NJW 1989, 65); *OLG Düsseldorf* NJW 1988, 2185 = WM 558 (krit. *Kleiner* 1459) = IPRax 1989, 295; zu beiden Urt. *Hanisch* IPRax 1989, 276; *K.Schmidt* (Fn. 620) § 244 Rdnr. 113; *Baumann* (Fn. 677); *Hanisch* ZIP 88, 346; *Maier-Reimer* NJW 1985, 2053; *Arend* (Fn. 677) 172 f.; *Thomas/Putzo*[18] Rdnr. 2 vor § 803; *Baumbach/Hartmann*[52] Rdnr. 1 vor § 803. – Für **effektive** Fremdwährungsverbindlichkeiten a. M. (ZV nach §§ 883 ff.): *LG Frankfurt a. M.* NJW 1956, 65 f.; *LG Nürnberg-Fürth* DGVZ 1983, 189; *Gaul* (Fn. 622) § 12 II 7.; *Beitzke* JurAn 1971, 39; wohl auch *Zöller/Stöber*[18] Rdnr. 2 vor § 803 (zu Unrecht unter Berufung auf *K.Schmidt* (Fn. 658) 46, der dort ebenso wie in *Staudinger* (Fn. 620) auch effektive Fremdwährungsverbindlichkeiten als Geldschuld für beitreibbar hält). – Vgl. auch *RGZ* 106, 77, wo grundlegend nicht nur für unechte Fremdwährungsschulden die ZV nach §§ 803 ff. bejaht wird, sondern auch bei genauer Lektüre (S. 77, 3. Abs. oben) auch für effektive Valutaschulden; auf §§ 883, 884 verweist das *RG* nur für Geldsortenschulden (anders verstanden wird das Urt. aber von *Gaul* u. *LG Frankfurt a.M.* aaO). – Zu ausländischen Indices → Fn. 643.

[681] Mag auch das Geld ins Ausland (Erfolgsort) zu übermitteln sein, §§ 270, 269 BGB, vgl. *MünchKommBGB-v. Maydell*² § 244 Rdnr. 46; *BGH* (Fn. 680) zu II 3 b.

[682] *Deutsches Seeschiedsgericht* VersR 1977, 448; *LG Düsseldorf* DGVZ 1989, 140; *MünchKommZPO-Arnold* § 754 Rdnr. 21; a. M. *Birk* AWD 1973, 438.

[683] Dafür spricht auch, daß das ZV-Organ so der – schwer lösbaren – Aufgabe enthoben ist, aufgrund abgekürter Ausfertigungen zwischen einfacher und effektiver Fremdwährungsschuld unterscheiden zu müssen, dazu *Hanisch* ZIP 1988, 347; *Maier-Reimer* (Fn. 680).
Die ZV auf ausländische Währung lautender Titel **in DM** kann sogar **erforderlich** sein, wenn nur so eine Befriedigung des Gläubigers ohne Verstoß gegen strafbewehrte Devisenvorschriften möglich ist, vgl. *BGH* (Fn. 680); ebenso *BGH* DAV 1990, 675 = MDR 1991, 52[54] (mit Hinweis darauf, daß – infolge der politischen Umwälzungen im Ostblock – entstandene Einwendungen über § 767 geltend gemacht werden können, insoweit nicht in MDR abgedruckt); *OLG Düsseldorf* DAV 1987, 836; *LG Düsseldorf* DAV 1989, 626 = DGVZ 140; *LG Nürnberg-Fürth* DGVZ 1983, 188; *Martiny* (Fn. 677) Anh. I nach Art. 34 Rdnr. 61 mwN (jeweils mit zum Problem der ZV aus Unterhaltstiteln, die auf tschechoslowakische Kronen lauten; vgl. auch *OLG Stuttgart* → Fn. 677); ob ein solcher Fall vorliegt, kann auch noch im ZV-Verfahren geprüft werden, vgl. *K.Schmidt* (Fn. 620) § 244 Rdnr. 115; *BGHZ* 36, 11.

[684] Selbst nicht im Falle **einfacher** Fremdwährungsverbindlichkeit. Aus der Ersetzungsbefugnis des **Schuldners** nach § 244 Abs. 1 BGB, statt in vereinbarter ausländischer Währung auch in DM zu erfüllen, folgt nicht, daß auch **Gläubiger** Erfüllung in DM wählen und dies in der ZV durchsetzen könnten → Rdnr. 13 vor § 804; *K.Schmidt* (Fn. 620) § 244 Rdnr. 82 (vgl. auch *RGZ* 106, 80; *BGH* NJW 1980, 2017; *Geimer* (Fn. 677).

[685] Die ZV wegen Geldforderungen kann durch Verwertung des Inlandvermögens nur DM-Beträge erbringen *Soergel/Teichmann* **BGB**[12] § 244 Rdnr. 37; das bedeutet im Ergebnis ZV in DM *Maier-Reimer* (Fn. 680); vgl. auch *Wieczorek*² § 815 Anm. A I a; im Grundsatz auch *K.Schmidt* (Fn. 620) § 244 Rdnr. 113 mwN, jedoch mit der Einschränkung, daß tunlichst Geld der aus dem Titel ersichtlichen Währung vollstreckt werden solle (doch räumt er selbst ein, daß diese Einschränkung weitgehend theoretischer Natur ist); zum Problem ob gepfändetes ausländisches Geld nach § 815 dem Gläubiger auszuhändigen oder nach § 821 zu verwerten ist, *Arend* (Fn. 680) 174.

[686] *Teichmann* (Fn. 685) § 244 Rdnr. 37; *OLG Düsseldorf* (Fn. 680); *Maier-Reimer* (Fn. 680); *Hanisch* (Fn. 683); *Baumann* (Fn. 677) aaO Fn. 31; einschränkend *K.Schmidt* (Fn. 620) § 244 Rdnr. 114; anders die Ansicht, effektive Fremdwährungsverbindlichkeiten seien nach §§ 883 ff. zu vollstrecken → Fn. 680.

Vollstreckung wegen einer solchen Forderung durch »freiwillige« Zahlung in DM an den Gerichtsvollzieher abzuwenden[687]. Sogar der Gläubiger einer *effektiven* Fremdwährungsforderung kann also nicht sicherstellen, daß er in der ZV tatsächlich in ausländischer Währung befriedigt wird. Dies mag mißlich erscheinen[688], ist aber die Konsequenz der Qualifizierung aller Fremdwährungsverbindlichkeiten als Geldforderungen[689].

Die *Umrechnung* der sonach in DM zu vollstreckenden Titel obliegt den Vollstreckungsorganen[690]. Sie erfolgt nach den Grundsätzen des § 244 Abs. 2 BGB[691] zu dem Kurswert[692] am Zahlungsort[693] zur Zeit der tatsächlichen Zahlung[694] oder des Gefahrübergangs auf den Gläubiger nach § 815 Abs. 3, § 819[695]. Für die Zuständigkeit des Gerichtsvollziehers oder Vollstreckungsgerichts, für die Modalitäten der Wertberechnung, insbesondere bei Kursänderung seit der zuletzt vorgenommenen Umrechnung[696], und für die Rechtsbehelfe (§ 766) gelten die gleichen Regeln wie für Wertsicherungsklauseln → Rdnr. 156–160. **162**

Wegen der früheren Rdnr. 163–171 → jetzt Rdnr. 144–149.

XII. Für im **arbeitsgerichtlichen Verfahren**[697] erwachsene Titel gelten, abgesehen von den in § 62 Abs. 1 ArbGG genannten Besonderheiten[698], die §§ 704–915 unmittelbar, §§ 62 Abs. 2, 64 Abs. 3, 85 Abs. 1, 92 Abs. 2 ArbGG[699]. *Vollstreckungsgericht* ist also wie sonst das **163**

---

[687] *Maier/Reimer* (Fn. 680); *Hanisch* ZIP 1988, 346 f. A.M. *K.Schmidt* (Fn. 620) § 244 Rdnr. 114: Bei §§ 754 f. gehe es nicht nur um Abwendung der ZV, sondern um Bewirkung der geschuldeten Leistung; also müsse der GV das angebotene Geld pfänden *Schack* IZVR (1991) Rdnr. 964. Es ist zwar grundsätzlich richtig, daß der GV keine Leistung an Erfüllungs Statt annehmen darf; wenn aber durch Zwang letztlich nur Befriedigung in DM erreicht werden kann, so ist es schwerlich mit Sinn und Zweck des § 754 vereinbar, dem Schuldner die Möglichkeit zu versagen, durch Zahlung in DM die ZV abzuwenden – so *Maier-Reimer* aaO; im Ergebnis ebenso *Arend* (Fn. 677) 178 ff. mit teilw. abw. (und insoweit abzulehnender) Begründung.

[688] Das wirkliche Problem ist jedoch der Umrechnungskurs → Rdnr. 162; denn selbstverständlich ist soviel an Inlandswährung beizutreiben, daß die in Auslandswährung ausgedrückte Schuld erfüllt werden kann.

[689] → Fn. 680. Abzulehnen ist daher der Vorschlag von *Maier-Reimer* (Fn. 680), man solle zur Sicherstellung einer ZV in ausländischer Währung nicht auf Zahlung, sondern auf Vornahme einer Handlung klagen – unter Berufung auf LG Frankfurt a.M. NJW 1956, 65, das aber meint, effektive Fremdwährungsverbindlichkeiten (die es fälschlich als uneigentliche Geldsortenschuld bezeichnet) seien niemals als Geldschuld zu vollstrecken → Fn. 680. Denn eine Geldschuld kann eben nicht mit Liefer- oder Herausgabepflichten gleichgesetzt werden; OLG Düsseldorf (Fn. 680).

[690] *LG Regensburg* DAVorm 1989, 159; *Baumann* (Fn. 677); *Hanisch* (Fn. 683); *Münch* RIW 1990, 20; *Baur/Stürner*[11] Rdnr. 76, 421; zur Problematik der Umrechnungsbefugnis durch VollstrGer → Rdnr. 157 (den analogen Fall der Berechnung wertgesicherter Verbindlichkeiten betreffend). – Anders § 5 BeitrG-EG v. 10. VIII. 1979 (BGBl. I 1429), zuletzt geänd. 7. VIII. 1981 (BGBl. I 807): Umrechnung in DM durch die um ZV nachsuchende ausländische Behörde.

[691] *K.Schmidt* (Fn. 620) § 244 Rdnr. 13; *Hanisch* (Fn. 683); vgl. auch § 130 Nr. 4 GVGA.

[692] Maßgebend ist der Briefkurs (der amtlichen Börsennotiz); denn der Gläubiger soll sich den primär geschuldeten inländischen Betrag beschaffen können, *K.Schmidt* (Fn. 620) § 244 Rdnr. 44 (dort auch zur Frage fehlender Börsennotierung der geschuldeten Währung); vgl. auch *RGZ* 101, 313; *OLG Karlsruhe* OLGZ 1978, 340 f.

[693] Das ist der Ort der tatsächlichen Leistungsbewirkung (Erfolgsort); denn der Gläubiger soll die erhaltene inländische Währung an Ort und Stelle in den Valutabetrag eintauschen können, *K.Schmidt* (Fn. 620) § 244 Rdnr. 85; *Schack* (Fn. 687) Rdnr. 965 (str.).

[694] *Schack* (Fn. 687) Rdnr. 965. Falls sich aus dem Titel selbst nicht ein anderer Umrechnungszeitpunkt ergibt; vgl. für französische Urteile *OLG Karlsruhe* IPRax 1987, 171 f. Dies gilt auch für Zahlungen nur zur Abwendung der ZV aus einem vorläufig vollstreckbaren Urteil. Der Schuldner kann also nichts zurückfordern, wenn der Wert der Fremdwährung bei Eintritt der Rechtskraft geringer ist *OLG Köln* WM 1992, 1367 = MDR 1992, 347.

[695] *Schack* (Fn. 687) Rdnr. 965 außer für effektive Fremdwährungsschulden (dann im Zweifel lex causae maßgeblich). Also nicht der Kurswert zur Zeit der Fälligkeit (*RGZ* 101, 312 ff.) oder des Verzugs (*OLG Köln* NJW 1971, 2128), oder der Urteilsfällung (es sei denn, der Titel bezeichnet diesen Zeitpunkt ausdrücklich als maßgeblich, *OLG München* IPRax 1988, 291), vgl. auch § 130 Nr. 4 GVGA.

[696] Vgl. auch den Vorbehalt der Erhöhung oder Herabsetzung in § 130 Nr. 4 S. 2 GVGA. Über Kursänderungen nach rechtskräftiger Feststellung zur Konkurstabelle *K.Schmidt* FS für F.Merz (1992), 545 ff.

[697] *Brill* BB 1965, 752; *Grunsky* ArbGG[6] mwN zu §§ 62, 64, 85, 92, 109 ff.

[698] Wegen § 62 Abs. 1 ArbGG → besonders § 705 Rdnr. 29 f., § 708 Rdnr. 33, § 712 Rdnr. 9, § 714 Rdnr. 9, § 716 Rdnr. 2, § 719 Rdnr. 9, ferner → § 705 Rdnr. 13 f., § 706 Rdnr. 15, § 713 Rdnr. 6, § 717 Rdnr. 73, § 724 Rdnr. 18, § 731 Rdnr. 19, § 732 Rdnr. 16, § 750 Rdnr. 43.

[699] *Grunsky* ArbGG[6] § 62 Rdnr. 10; *MünchArbR-Brehm* (1993) § 382 Rdnr. 6. Über vom GV zu beachtende Besonderheiten s. *Tschigale* DGVZ 1953, 185.

vor § 704 XII, XIII   Zwangsvollstreckung

Amtsgericht, → § 764 Rdnr. 1—3. Dem Arbeitsgericht fallen nur die → Rdnr. 69 genannten Aufgaben des Prozeßgerichts zu. Wegen seiner Stellung in den Verfahren nach §§ 916 ff. → 52 ff. vor § 916.

164   XIII. Wegen der **Kosten** der Zwangsvollstreckung → Bem. zu § 788 und wegen ihrer Festsetzung → § 103 Rdnr. 10,15; wegen den **Gebühren** s. § 11 Abs. 1, 2, §§ 20, 22 GKG[700] mit Nrn. 1201—1435, 1610, 1640—1660, 1900—1906 KV, das GVKostG[701] und die GVKostGr[702], ferner §§ 8, 10, 40, 47, 49 f., 57—61 BRAGO[703], → dazu Rdnr. 15 vor § 803.

---

[700] I.d.F. v. 15. XII. 1975 (BGBl I 3047), zuletzt geändert 24. VI. 1994 (BGBl. I 1325).
[701] G über Kosten der GV v. 26. VII. 1957 (BGBl. I 887), zuletzt geändert wie → Fn. 700, in Schönfelder Nr. 123; Maßgaben für neue Bundesländer aufgrund EinigV in Schönfelder II Nr. 347.
[702] GVKostGr der Länder, s. dazu *Hartmann* Kostengesetze[25] XI Rdnr. 4 ff.
[703] G v. 26. VI. 1957 (BGBl. I 907), zuletzt geändert wie → Fn. 700.

Erster Abschnitt

Allgemeine Vorschriften

§ 704 [Vollstreckbare Endurteile]

(1) Die Zwangsvollstreckung findet statt aus Endurteilen, die rechtskräftig oder für vorläufig vollstreckbar erklärt sind.

(2) [1]Urteile in Ehe- und Kindschaftssachen dürfen nicht für vorläufig vollstreckbar erklärt werden. [2]Dies gilt auch für den Ausspruch nach § 643 Abs. I Satz I.

Gesetzesgeschichte: Bis 1900 § 644 CPO. Änderungen RGBl. 98 I 256, BGBl. 69 I 1243.

I. Das rechtskräftige oder für vorläufig vollstreckbar erklärte **Endurteil** bildet den **Grundtypus** der in der ZPO anerkannten **Vollstreckungstitel**[1].   1

1. Über den Begriff des *Endurteils* → §§ 300 Rdnr. 1–6, 511 Rdnr. 2, 545 Rdnr. 1, über den zur Vollstreckung nötigen *Inhalt* des Urteils → Rdnr. 25 ff., 46 vor § 704, § 725 Rdnr. 6 f.

2. Das Endurteil muß von einem *deutschen ordentlichen Gericht im Geltungsbereich der ZPO* erlassen sein. Zu Urteilen der ehemaligen **DDR** und aus dem Beitrittsgebiet → Rdnr. 144 ff. vor § 704. *Vor 1976* vollstreckbar gewordene Urteile galten schon vor dem EinigV nach h. M. als inländische[2]. Wegen arbeitsgerichtlicher Urteile → § 708 Rdnr. 33.

Über Urteile **ausländischer Gerichte** → §§ 722 f. nebst Anh. § 723.

3. Das Urteil muß entweder **formell rechtskräftig** (§ 705) oder nach §§ 708 ff. mit §§ 534, 560 für **vorläufig vollstreckbar**[3] erklärt sein. *Ohne diesen Ausspruch* sind sofort vollstreckbar die in § 708 Rdnr. 13a genannten Entscheidungen; → auch § 717 Rdnr. 1.   2

Bedingte Endurteile, die einem selbständig anfechtbaren Zwischenurteil über prozeßhindernde Einreden (§ 280) oder über den Grund des Anspruchs (§ 304) nachfolgen oder die im Nachverfahren nach Erlaß eines Vorbehaltsurteils ergangen sind (§§ 302, 599), können auch nach Eintritt ihrer formellen Rechtskraft nur **vorläufig vollstreckbar** sein, solange das Zwischen- oder Vorbehaltsurteil noch nicht formell rechtskräftig ist, §§ 280, 302, 304, nach h. M. auch 600[4]. Denn solange sie noch vom Fortbestand des Zwischen- oder Vorbehaltsurteils abhängig sind, können sie trotz ihrer Unanfechtbarkeit ebensowenig als endgültig den Prozeß abschließende Entscheidungen angesehen werden wie Urteile, denen selbst noch eine Aufhebung in der Rechtsmittelinstanz drohen kann. Die Ausdrücke Endurteil, Unanfechtbarkeit und formelle Rechtskraft treffen auf solche Entscheidungen nur in einem vom sonstigen Begriffsinhalt abweichenden Sinn zu[5]. Aus ihrer formellen Rechtskraft darf daher nicht die Endgültigkeit der Vollstreckungswirkungen abgeleitet werden[6].   3

Sie sind nach den §§ 708 ff. **für vorläufig vollstreckbar zu erklären**, auch wenn sie sofort mit der Verkündung unanfechtbar werden. Diese vorläufige Vollstreckbarkeit ist wie sonst auflösend bedingt, hier nicht nur durch die Aufhebung des Endurteils selbst oder seiner vorläufigen Vollstreckbarkeit, sondern auch durch die Aufhebung des Zwischen- oder Vorbehaltsurteils → § 717 Rdnr. 1. Andernfalls   3a

---

[1] → Rdnr. 15 vor § 704.
[2] *BGHZ* 20, 323 = NJW 1956, 1436 (Ehesachen); *BAGE* 4, 301; weitere Nachweise, auch zur damaligen Gegenansicht sowie zu Urteilen nach dem 1.1.1976 → 20. Aufl. Fn. 1.
[3] → § 708 Rdnr. 1 ff.
[4] Jetzt allg.M. *KG* OLGRsp 18, 387; *Schiedermair* JuS 1961, 215 ff.; *Blomeyer* ZwVR § 10; *Rosenberg/Gaul*[10] § 11 II 4b; *Baumbach/Hartmann*[52] Rdnr. 2. Vorschläge zur Vermeidung solcher Rechtslagen → § 600 Rdnr. 8 f. –

A.M. *Gelhaar* VersR 1964, 206 (mit Rechtskraft endgültig vollstreckbar).
[5] Näheres → 19. Aufl. I 3 zu Fn. 8 u. 11.
[6] Daran krankt die Kritik von *Gelhaar* VersR 1964, 207 an *Schiedermair* JuS 1961, 216. § 704 sagt nur, *daß*, nicht *wie* aus rechtskräftigen Urteilen vollstreckt wird. Gegen *Gelhaars* Vorschlag, der Beklagte möge das Endurteil anfechten, nur um die (angeblich) endgültige Vollstreckbarkeit hinauszuschieben, → 20. Aufl. Fn. 6.

dauert sie an, bis das Zwischen- oder Vorbehaltsurteil rechtskräftig geworden ist, mag auch inzwischen das Endurteil als solches formell rechtskräftig oder genauer unanfechtbar geworden sein, → § 709 Rdnr. 9 zur Sicherheitsleistung.

Über **unvollstreckbare Urteile** → Rdnr. 31, 40 vor § 704.

4   II. In **Abs. 2** ist für die Urteile in **Ehesachen**[7] und **Kindschaftssachen** (§ 643 Abs. 2) sowie für die Verurteilung zur Leistung des **Regelunterhalts** (§ 643 Abs. 1 S. 1) die Erklärung der *vorläufigen Vollstreckbarkeit verboten*; nach dem eindeutigen Wortlaut (»Urteile«) auch für die Kostenentscheidung, selbst wenn die Klage abgewiesen wird[8]. Dadurch wird die Vollstreckbarkeit i. w. S.[9] bis zur Rechtskraft aufgeschoben; eine Vollstreckung i. e. S. scheidet ohnehin aus, weil diese Urteile feststellende oder rechtgestaltende sind oder, soweit sie zur Leistung verurteilen, entweder nicht vollstreckt werden, § 888 Abs. 2, oder nur die Grundlage bilden für vollstreckbare Beschlüsse, § 794 Abs. 1 Nr. 2, 2a, b. Abs. 2 gilt **nicht** für Teilurteile auf *Auskunft* über Materien der §§ 629 d, 704 Abs. 2 im Rahmen einer Stufenklage[10]. Über weitere Verbote → § 708 Rdnr. 11.

5   III. Wegen **arbeitsgerichtlicher** Entscheidungen → § 708 Rdnr. 33.

§ 705   [Formelle Rechtskraft]

[1]**Die Rechtskraft der Urteile tritt vor Ablauf der für die Einlegung des zulässigen Rechtsmittels oder des zulässigen Einspruchs bestimmten Frist nicht ein.** [2]**Der Eintritt der Rechtskraft wird durch rechtzeitige Einlegung des Rechtsmittels oder des Einspruchs gehemmt.**

Gesetzesgeschichte: Bis 1900 § 645 CPO.

1   I. § 705 betrifft den Zeitpunkt der **formellen Rechtskraft der Urteile**, d. h. ihres durch Unanfechtbarkeit innerhalb des anhängigen Verfahrens[1] gewährleisteten Bestandes. Wenn einem Urteil trotz seiner Unanfechtbarkeit diese Bestandssicherheit fehlt, weil es auflösend bedingt ist, kann man zwar auch noch von formeller Rechtskraft sprechen[2], muß sich aber, ehe man daraus Rechtsfolgen ableitet, über den abweichenden Begriffsinhalt klar werden[3], zumal weder § 704 noch § 705 den Begriff der formellen Rechtskraft definieren und § 19 EGZPO nicht unbedingt die Auslegung verbietet, daß auch eine nur mittelbar gegen das Urteil gerichtete Anfechtung durch ordentliche Rechtsmittel den Eintritt der Rechtskraft in Frage stellt[4]. Auch den *Zeitpunkt* der formellen Rechtskraft bestimmt § 705 nur negativ, indem er lediglich sagt, wann sie *noch nicht* eintritt.

---

[7] → Rdnr. 5 ff. vor § 606. **Nicht für Folgesachen** → § 629 d Rdnr. 1 *OLG Bamberg* FamRZ 1990, 184 mwN, da sie in §§ 621, 623 nur als Familiensachen, in § 606 aber nicht als Ehesachen bezeichnet sind, s. auch *BGH* NJW 1980, 188 zu § 620 a Abs. 4, § 620 b Abs. 3. Eine Analogie, etwa wegen § 629 d, ist unnötig, da vollstreckbare Ausfertigungen ohnehin erst nach Rechtskraft des Scheidungsausspruchs zu erteilen sind, → § 629 d Rdnr. 2, § 708 Rdnr. 13, § 726 Rdnr. 3 a, h. M. *MünchKommZPO-Krüger* Rdnr. 19 mwN.- Läßt man für § 620 f. vorläufig vollstreckbare Entscheidungen genügen, so besteht für entsprechende Anwendung des § 704 Abs. 2 auf Folgesachen erst recht kein Bedürfnis.

[8] *OLG Bremen* ZZP 69 (1956) 215; *OLG Köln* JR 1964, 64.

[9] → Rdnr. 47 ff. vor § 704.

[10] *OLG München* FamRZ 1981, 481.

[1] → § 322 Rdnr. 5.

[2] → § 322 Rdnr. 3. S. auch *Tiedemann* ZZP 93 (1980), 23 ff. (Vorbehaltsurteile).

[3] → § 704 Rdnr. 3.

[4] *Tiedemann* (Fn. 2) 26 ff.

§ 705 gilt für *alle* Urteile, die überhaupt formell rechtskräftig werden können[5], auch wenn 1a
sie nicht Vollstreckungstitel sind. Während es für prozessuale Zwecke meist nur darauf
ankommt, *ob* das Urteil rechtskräftig ist, spielt z. B. für § 721 Abs. 5, § 894 sowie im
bürgerlichen Recht[6] der *Zeitpunkt* der Rechtskraft vielfach eine Rolle; er ist deshalb im
folgenden festzustellen. Die für die Urteile entwickelten Grundsätze gelten entsprechend
auch für **Beschlüsse**[7], soweit sie nicht unbefristeter Anfechtung unterliegen[8]. Zur Rechtskraft
der Vollstreckbarerklärung von Schiedssprüchen → § 1042 d Rdnr. 1.

II. Bei **kontradiktorischen Urteilen**, einschließlich derjenigen nach Lage der Akten, 2
§§ 251 a, 331 a, und der gegen die im Termin allein erschienene Partei ergangenen sogenannten unechten Versäumnisurteile[9], ist die Rechtskraft mindestens[10] so lange **aufgeschoben,** wie
ein *Rechtsmittel* dagegen zulässig ist[11]. Die Möglichkeit der Nichtigkeits- und Restitutionsklage, des Antrags auf Wiedereinsetzung in den vorigen Stand oder der Aufhebung im Nachverfahren der §§ 302, 599[12] oder nach § 927 hindern dagegen die Rechtskraft nicht, ebensowenig die Möglichkeit einer Verfassungsbeschwerde[13]. Zur dennoch möglichen einstweiligen
Einstellung im Verfahren nach §§ 302 Abs. 4 oder 600 → § 707 Rdnr. 1.

Werden in einer **Ehesache** nur Folgesachen angefochten, bleiben sie dennoch im Verbund, 2a
§ 629 a Abs. 2 S. 3 ZPO[14]; die nachträgliche Anfechtung der zunächst nicht angefochtenen
Scheidung wird durch § 629 a Abs. 3 ZPO auf einen Monat nach Zustellung der Rechtsmittelbegründung für die angefochtene Folgesache beschränkt. Da aber die Beteiligten Anschlußrechtsmittel einlegen können, beginnt mit der Zustellung der Rechtsmittelbegründung des
Anschlußrechtsmittels eine weitere Monatsfrist, in der die weiteren noch nicht angefochtenen
Teile der Verbundentscheidung, also auch der Ehesache[15], angefochten werden können. Wird
nur eine Folgesache angefochten, beginnt mit der Zustellung der Rechtsmittelbegründung
wieder eine neue Rechtsmittelfrist (§ 629 a Abs. 3 ZPO)[16].

1. Ist ein **Rechtsmittel** gegen das Urteil **überhaupt nicht zulässig**, so tritt die Rechtskraft *mit* 2b
der Verkündung bzw. mit der Zustellung der Urteilsformel nach § 310 Abs. 2 ein. Hierher
gehören die Urteile des *Bundesgerichtshofes*, des *Bayerischen Obersten Landesgerichts*, der
Landgerichte als Berufungsinstanz, die in § 545 Abs. 2 genannten, auch wenn sie eine
Berufung verwerfen[17], solche nach § 99 Abs. 2, falls sie vom Berufungsgericht erlassen sind,

---

[5] Urteile, gegen die ein Rechtsmittel an sich statthaft ist, werden nicht rechtskräftig, wenn ein Rechtsmittelverfahren infolge des Aufhörens einer deutschen Rechtspflegetätigkeit in dem Bereich dieses Gerichts nicht durchgeführt werden kann *BGHZ* 4, 319 = NJW 1952, 705. Zur Fortsetzung des Verfahrens § 2 ZuständigkeitsergänzungsG v. 7. VIII. 1952 (BGBl I 407).

[6] → § 706 Rdnr. 1.

[7] → § 322 Rdnr. 3, § 516 Rdnr. 13 (ebenso *BAG* NJW 1993, 1878), § 705 Rdnr. 24 (Verzicht), 26 (Bindung), § 577 Rdnr. 9 (Rechtskraft), Rdnr. 38 ff. vor § 578 (Wiederaufnahme), § 706 Rdnr. 13; für § 621 Nr. 6 *KG* FamRZ 1993, 1221. Zweifelhaft ist der Zeitpunkt der Rechtskraft im Falle außerordentlicher Beschwerde, vgl. *BGH* MDR 1993, 80 mwN.

[8] Auf sie trifft § 705 nicht zu; aber ihre Unanfechtbarkeit infolge Erschöpfung des Rechtsmittelzuges, *OLG Celle* FamRZ 1979, 532 (bezüglich des Zeitpunktes der Rechtskraft überholt → Rdnr. 3), oder wegen Verzichts kann man auch »formelle Rechtskraft« nennen *Rosenberg/Gottwald*[15] § 150 II 3; hinsichtlich der Bindungswirkungen (→ § 567 Rdnr. 21 f.) ist Gleichbehandlung angebracht, außer wenn schon das Gesetz Abänderung zuläßt

wie § 620 b *Mümmler* Büro 1979, 490. – A. M. *H. Schmidt* Rpfleger 1974, 180 f.; *Baumbach/Hartmann*[52] Rdnr. 1; *Thomas/Putzo*[18] Rdnr. 1; *Zöller/Stöber*[18] Rdnr. 3.

[9] → Rdnr. 27 ff. vor § 330.

[10] → Rdnr. 1, 6, 7.

[11] Berufung, Revision oder in den Fällen der §§ 135, 387, 402 Beschwerde. Zum Aufschub der Rechtskraft schon wegen nur möglicher Anschließungen und Rechtsmittelerweiterungen → § 629 a Rdnr. 20 f. u. schon zur früheren Rechtslage *BGH* NJW 1980, 702 = Rpfleger 96[87]; *SchlHOLG* SchlHA 1980, 187 (Streitgenossen).

[12] *BGHZ* 69, 272 = NJW 1978, 43 = MDR 221[39] (Zu § 599); a. M. *Tiedemann* ZZP 93 (1980), 40 ff.

[13] → 322 Rdnr. 5.

[14] → § 629 a Rdnr. 3, 6. – S. (auch zum alten Recht) *Diederichsen* NJW 1986, 1462, 1467 mwN.

[15] Falls nicht auf Rechtsmittel und Anschließung im voraus verzichtet worden war, § 629 a Abs. 4.

[16] → § 629 a Rdnr. 10 ff., 20 f. Dazu auch *Sedemund-Treiber* FamRZ 1986, 209, 210 ff.; *Diederichsen* (Fn. 14); *MünchKommBGB-Wolf*[2] § 1564 Rdnr. 79.

[17] → § 545 Rdnr. 2; *BGH* NJW 1984, 2368.

§ 567 Abs. 3, verfahrensbeendende Beschlüsse der *Bezirksgerichte* als zweiter Instanz[18]. Über unanfechtbare Entscheidungen → § 512 Rdnr. 6, § 567 Rdnr. 3, § 568 Rdnr. 15.

3   Dagegen gehören die *übrigen* Urteile der *Oberlandesgerichte und Bezirksgerichte* **nicht hierher**, auch wenn die Revision nicht zugelassen wurde, weil nur das Revisionsgericht über die Zulässigkeit der Revision entscheiden kann[19], d.h. ob in vermögensrechtlichen Streitigkeiten der Wert der Beschwer zu niedrig festgesetzt ist[20], ob der Anspruch nicht vermögensrechtlich ist[21], ob das Berufungsgericht die Revision wirksam zugelassen hat[22], ob eine Berufung als unzulässig verworfen ist[23] oder ob es sich um ein »zweites« Versäumnisurteil handelt[24].

3a   In den Fällen → Rdnr. 3 tritt daher die Rechtskraft frühestens mit dem Ablauf der Revisionsfrist ein. Dies gilt auch für *Scheidungsurteile der Oberlandesgerichte*, gleichgültig, inwieweit sie die Revision für Scheidungs- oder Folgesachen zulassen[25]. Läßt das Scheidungsurteil die Revision (§ 621d) oder eine weitere Beschwerde (§ 621e Abs. 2) *nur* in Bezug auf eine oder mehrere *Folgesachen* zu, so erwächst der *Scheidungsausspruch* mit Ablauf der Fristen der § 629a Abs. 3[26], gegebenenfalls § 629c S. 2 ZPO[27] oder der Verwerfung der Revision hinsichtlich des Scheidungsausspruchs in Rechtskraft[28], auch wenn bezüglich einer Folgesache Rechtsmittel eingelegt wurde. Hinsichtlich der formellen Rechtskraft einer *anderen Folgesache*, für welche der Ausspruch nach § 546 fehlt, → § 629c Rdnr. 12.

3b   Trotz Aufhebung des § 511a Abs. 4 werden auch **erstinstanzliche Urteile** ohne Rechtsmittelverzichte niemals schon mit der Verkündung rechtskräftig; denn die Entscheidung über die Höhe des Beschwerdewerts steht allein dem Rechtsmittelgericht zu[29]. Das muß selbst dann gelten, wenn der gesamte Streitgegenstand von vornherein die erforderliche Rechtsmittelsumme offensichtlich nicht zu erreichen scheint, zumal eine fehlerhafte Auslegung oder sonst unrichtige Beurteilung der Anträge immerhin denkbar ist. Über den Zeitpunkt der Rechts-

---

[18] *BGH* MDR 1991, 332[33]; 1993, 78 (Berufungsverwerfung). Sofortige Beschwerde gegen Beschlüsse der Bezirksgerichts gemäß § 519b Abs. 1 S. 2 nur, wenn dieses anstelle des OLG entschieden hat *BGH* MDR 1993, 78.

[19] Jetzt ganz h.M.; so trotz Änderung des § 547 *GemSOBG* BGHZ 88, 357 = FamRZ 1984, 975 = NJW 1027f.; *BGH* NJW-RR 1990, 326 = Rpfleger 115; *BFH* NVwZ-RR 1992, 331; *BSG* FamRZ 1985, 595; *OLGe Bamberg* FamRZ 1982, 318; *Hamm* MDR 1980, 408; *München* FamRZ 1979, 34, 36; *Saarbrücken* FamRZ 1979, 729; *Baumbach/Albers*[52] § 629a Rdnr. 9; *Baur/Stürner*[11] § 12 II a; *Gerhardt* FS für Beitzke (1979), 191, 208; *MünchKommZPO-Krüger* Rdnr. 5; *Münzberg* NJW 1977, 2058; *Prütting* NJW 1980, 365; *Gottwald* (Fn. 8) § 150 II 1a; *Thomas/Putzo*[18] Rdnr. 6; *Zöller/Philippi*[18] § 629d Rdnr. 7; für Beschlüsse nach § 621e Abs. 2 *KG* (Fn. 7). – A.M. *OLGe Düsseldorf* FamRZ 1985, 620; *Koblenz* FamRZ 1984, 1243 u. die vor 1984h.Rsp. → 20. Aufl. Fn. 3.

[20] → § 546 Rdnr. 43, § 554 Rdnr. 17 und arg. § 708 Nr. 10. Beispiel: *BayObLG* NJW 1977, 685; vgl. auch *RGZ* 70, 432ff.

[21] → § 546 Rdnr. 42; noch zum Recht vor Änderung des § 546 *OLG Celle* NJW 1977, 204.

[22] Z.B. *BGH* DtZ 1992, 242f. zu § 621d. Geklärt ist zwar, daß die Revision auch dann nicht statthaft ist, wenn das OLG irrtümlich einen Fall der zulassungsfreien Revision (jetzt nur noch § 547) angenommen hat und die Voraussetzungen der Zulassung nicht geprüft hat, *BGH* MDR 1980, 388[30]; NJW 1980, 1636. Da aber die Grenzen der Wirksamkeit einer Zulassung noch nicht in allen Fällen als endgültig geklärt gelten können (vgl. z.B. Senatsanfrage *BAG* ZIP 1993, 1573) u. ihr Umfang auslegungsbedürftig sein kann (→ § 546 Rdnr. 24ff., 30, 42f., § 629c Rdnr. 1. u. für Arbeitsgerichtsverfahren § 546 Rdnr. 50), wird man auch trotz § 547 nF an der bisherigen Rsp *BGHZ* 4, 294 = NJW 1952, 425 festhalten müssen; zur Arbeitsgerichtsbarkeit → Rdnr. 14. – Zur teilweisen Zulassung der Revision s. *BGH* JZ 1977, 724 (obiter); NJW 1979, 767; 80, 1579; MDR 1980, 663.

[23] Auch das kann höchstrichterlich entscheidungsbedürftig werden → § 547 Rdnr. 5, *BGH* MDR 1991, 328; *OLG Köln* NJW 1974, 1515, *RGZ* 30, 395, *KG* NJW 1976, 2353; *OLG München* FamRZ 1979, 36.

[24] § 566, vgl. *BGH* ZZP 92 (1979), 370 (*Grunsky*).

[25] Jetzt ganz h.M. → § 629a Rdnr. 21; *BGHZ* 109, 211, 213f. = NJW 1990, 3153 = Rpfl 115; *GemSOB* (Fn. 19).

[26] Auch Anschlußrevision ist an besondere Zulassung gebunden, wenn nicht das OLG die Anschlußberufung als unzulässig verworfen hat *Johannsen/Henrich/Sedemund-Treiber*[2] §§ 621d Rdnr. 5, 621e Rdnr. 31, 629c Rdnr. 1.

[27] Die formelle Rechtskraft tritt erst nach Ablauf der Frist des § 629c S. 2 ZPO ein → § 629c Rdnr. 11f.; *W.Rüffer* Die formelle Rechtskraft des Scheidungsausspruchs usw. (1982) S. 119ff., 171f.

[28] Hier muß den Grundgedanken der Entscheidungen → Fn. 25 gefolgt werden.

[29] *Hartmann* (Fn. 8) Rdnr. 3 (arg.§ 713); *Gottwald* (Fn. 8) § 150 II 1 (arg. § 708 Nr. 10); *Stöber* (Fn. 8) Rdnr. 5, ganz h.M. – A.M. *Leppin* MDR 1975, 899. Ein Ausspruch, das Urteil sei rechtskräftig, gehört weder in den Tenor (so Prozeßrichter *Berlin* JR 1951, 85) noch in die Gründe (so *Leppin* aaO 901).

kraft bei Verwerfung des Rechtsmittels wegen unzureichenden Beschwerdegegenstandes → Rdnr. 7.

2. Mit Rechtsmitteln anfechtbare Urteile werden wie folgt rechtskräftig:

a) Ist ein **Rechtsmittel** gegen das Urteil **an sich statthaft** und wird es **nicht** oder nicht rechtzeitig **eingelegt oder begründet**, so tritt die Rechtskraft *mit dem Ablauf der Notfrist bzw. Begründungsfrist* ein[30], d. h. um Mitternacht ihres letzten Tages, § 188 BGB; anders, wenn eine Unterbrechung oder Aussetzung stattgefunden hat, § 249[31]. Rechtzeitige Einlegung des Rechtsmittels, auch eines unzulässigen[32], hemmt den Eintritt der Rechtskraft, falls sie nicht schon durch Verzicht eingetreten war[33], und zwar für das *ganze Urteil*, nicht bloß für denjenigen Teil, der etwa in der Rechtsmittelschrift oder der Begründungsschrift als Gegenstand der Anfechtung bezeichnet ist, da bis zum Schluß der mündlichen Verhandlung u. U. auch in der Revisionsinstanz und selbst nach Zurückverweisung an das Berufungsgericht, die Anfechtung nach ganz h. M. noch immer auf den ganzen Inhalt des Urteils ausgedehnt werden kann[34]. Eine Ausnahme ergibt sich hier nur, wenn sich die Beschränkung des Rechtsmittelantrags auf einen zum Erlaß eines *Teilurteils* geeigneten Teil des Klageanspruchs nach Lage der Sache als ein *Rechtsmittelverzicht*[35] bezüglich des Restes darstellt[36].

Wird ein **Scheidungsurteil** nicht innerhalb der Berufungsfrist des § 516 ZPO angefochten, wird es dann formell rechtskräftig, wenn die Entscheidung keine im Verbund entschiedenen Sachen (§ 621 ZPO) enthält. Sind Scheidungsfolgesachen im Verbund *entschieden*, läuft die Rechtsmittelfrist für jede Teilentscheidung getrennt; die Frist ist ohnehin nicht einheitlich, weil sie für jeden Beteiligten mit der Zustellung an ihn zu laufen beginnt. Werden *Folgesachen angefochten*, kann sich jeder Ehegatte auch ohne Beschwer und auch nach Ablauf seiner Rechtsmittelfrist *mit der Ehesache anschließen*[37]; die Scheidungssache erlangt dann gemäß § 629a Abs. 3 ZPO erst Rechtskraft, wenn nach der Zustellung der letzten Rechtsmittelbegründung in einer Folgesache ein Monat abgelaufen ist[38]. Hat ein Ehegatte selbst in einer Folgesache Rechtsmittel eingelegt, darf er es nach Ablauf der Begründungsfrist nicht mehr auf die Scheidungssache erweitern[39]. Zum Verzicht s. § 629a Abs. 4 ZPO[40].

b) Die Hemmung der Rechtskraft erstreckt sich auch auf denjenigen Teil des Urteils, der *zugunsten* des Rechtsmittelklägers lautet[41], selbst wenn die Rechtsmittelfrist für den Gegner abgelaufen ist, da dieser sich noch an das Rechtsmittel anschließen kann, §§ 521 Abs. 1, 556 Abs. 1. Der nicht angefochtene Teil wird daher erst rechtskräftig, wenn eine Anschließung nicht mehr stattfinden kann, also in der Berufungsinstanz mit Verhandlungsschluß[42], in der Revisionsinstanz mit Ablauf eines Monats nach Zustellung der Revisionsbegründung, § 556 Abs. 1[42a].

---

[30] *BGHZ* 116, 377 = *NJW* 1992, 842 zu § 519 Abs. 2 S. 2. Zum Beginn solcher Fristen → § 329 Rdnr. 14; § 516 Rdnr. 4ff., § 519 Rdnr. 6–9, § 517 Rdnr. 3; § 552 Rdnr. 1f., § 577 Rdnr. 3f.
[31] Vgl. dazu *RGZ* 62, 26f. Ein Vergleich in der Rechtsmittelfrist ist unerheblich, *OLG Braunschweig* OLGRsp 19 (1909), 81f., sofern er nicht einen wirksamen Rechtsmittelverzicht enthält, *OLG Braunschweig* OLGRsp 17 (1908), 221.
[32] → Rdnr. 7.
[33] → Rdnr. 9. Nach Fristablauf oder Verzicht (dazu *Philippi* FamRZ 1989, 1257, 1261) beeinflußt eine unzulässige Berufung den Zeitpunkt der Rechtskraft nicht mehr.
[34] *BGH* Rpfleger 1980, 96[87] (Anschlußberufung). – A.M. *Grunsky* → § 519 Rdnr. 49; s. dagegen 19. Aufl. § 705 Fn. 10, *Gilles* AcP 177 (1977), 213f.
[35] → Rdnr. 9.

[36] *BGH* NJW 1989, 170 = MDR 1988, 1033[14] (aber eindeutiger Verzichtswille erforderlich, *BGH* NJW 1958, 343[8], so z. B. *OLG Karlsruhe* Justiz 1971, 59).
[37] → § 629a Rdnr. 11; *MünchKommBGB-Wolf*[2] § 1564 Rdnr. 67 mwN.
[38] → Fn. 16 u. § 629a Rdnr. 18, 20f. Ein etwaiges Einspruchsverfahren über einen Teil der Folgesachen beeinflußt den Lauf dieser Fristen für den Rest nicht, *BGH* FamRZ 1986, 897, u. es hat keinen Einfluß auf den Scheidungsausspruch → § 629a Rdnr. 25; a.M. *KG* FamRZ 1989, 1206 (abl. *Freckmann* FamRZ 1990, 185).
[39] *BGHZ* 12, 53, 67; *OLG Zweibrücken* FamRZ 1982, 621.
[40] → § 629a Rdnr. 19, 21.
[41] *BGH* NJW 1992, 2296.
[42] → § 521 Rdnr. 13; *RGZ* 56, 31ff.
[42a] *BGH* NJW 1994, 659[9].

6   c) Wird das eingelegte **Rechtsmittel als unzulässig verworfen** und ist zur Zeit der Rechtskraft dieser Entscheidung[43] die Notfrist noch nicht abgelaufen, etwa weil diese wegen trotz § 317 unterbliebener oder unwirksamer Zustellung nicht begonnen hatte, so tritt die Rechtskraft erst mit dem Ablauf der Notfrist ein[44].

7   In den übrigen Fällen tritt die Rechtskraft ein, wenn die das (rechtzeitig eingelegte) Rechtsmittel verwerfende Entscheidung rechtskräftig ist[45]; dennoch für Rückwirkung (Ablauf der Berufungsfrist) Grunsky → § 519b Rdnr. 12. Ebenso bei ablehnenden Beschlüssen nach § 554 b[46]. Denn in § 705 S. 2 ist im Gegensatz zu S. 1 die Zulässigkeit des Rechtsmittels nicht zur Voraussetzung der Hemmung erklärt; andernfalls wäre die Erwähnung nur einer einzigen Zulässigkeitsvoraussetzung, nämlich der rechtzeitigen Einlegung, überflüssig gewesen[47]. Daher hemmt auch das unzulässige, aber rechtzeitig eingelegte Rechtsmittel die Rechtskraft[48] und für einen rückwirkenden Wegfall der Hemmung[49] gibt es im Gesetz keinen Anhalt. Eine solche Rückwirkung kann auch nicht mit dem möglichen Mißbrauch unzulässiger Rechtsmittel begründet werden; denn auch mit offensichtlich unbegründeten Rechtsmitteln kann Mißbrauch getrieben und doch die Rechtskrafthemmung nicht verhindert werden. Daß hingegen die Statthaftigkeit eines Rechtsmittels nicht in § 705 S. 2 erwähnt wurde, war selbstverständlich; denn wenn sie fehlt, ist die Rechtskraft schon mit der Verkündung der Entscheidung eingetreten[50]. Ist die Rechtskraft schon durch Rechtsmittelverzicht vor Einlegung des Rechtsmittels herbeigeführt worden, scheidet eine »Hemmung« durch unzulässige Rechtsmittel schon begrifflich aus[51]. Eine Ausnahme läßt sich für rechtzeitig, aber formungültig (§ 518) eingelegte und deshalb verworfene Rechtsmittel vertreten, weil § 705 S. 2 die Hemmung der Rechtskraft von der »Einlegung«, d. i. ordnungsgemäßen Einlegung, abhängig macht[52]. In diesem Falle tritt die Rechtskraft mit Ablauf der Notfrist ein.

8   d) Durch einen nach Ablauf der Notfrist gestellten Antrag auf **Wiedereinsetzung**, §§ 233 ff., wird die Rechtskraft nicht gehemmt. Dies geschieht erst rückwirkend durch die Entscheidung, welche die Wiedereinsetzung für zulässig erklärt[53].

e) Wegen der Rechtskraft der Endurteile, die auf einem noch nicht rechtskräftigen *Zwischenurteil* oder *Vorbehaltsurteil* beruhen, → § 266 Rdnr. 4, § 280 Rdnr. 28, 31, 34, § 304 Rdnr. 55, § 600 Rdnr. 7 ff.; wegen ihrer Vollstreckbarkeit → §§ 704 Rdnr. 3, 707 Rdnr. 1.

f) Erstinstanzliche *Kostenentscheidungen* nach § 99 Abs. 2 werden zwar erst mit dem Ablauf der Beschwerdefrist rechtskräftig, sind aber nach § 794 Nr. 3 sofort vollstreckbar.

9   3. Unabhängig vom Ablauf der Rechtsmittelfrist tritt die Rechtskraft ein, wenn *beide Teile* auf das **Rechtsmittel verzichten** (nicht nur auf den materiell-rechtlichen Anspruch[54]), und

---

[43] Inwieweit verwerfende Entscheidungen **materielle** Rechtskraft wirken, s. *BGH* NJW 1991, 1116.
[44] Zur Wiederholung der Berufung → § 519b Rdnr. 13.
[45] *GemSOGB* (Fn. 19); *BGHZ* 4, 294; *KG* VersR 1972, 352, *OLG Stuttgart* FamRZ 1969, 104, *Baumbach/Albers*[52] § 519b Rdnr. 5; *Gottwald* (Fn. 8) § 150 II 1 d; *Thomas/Putzo*[18] Rdnr. 9; *Vollkommer* Rpfleger 1969, 106. – **A.M.** *BFH* JZ 1972, 167; *OLG Hamm* KTS 1978, 106, 108 (zu § 109 KO); *OLG Köln* MDR 1964, 928 = FamRZ 1965, 221 = JR 1964; *Bötticher* JZ 1952, 425; *Wieczorek*[2] Anm. B IV c 1.
[46] *BGH* MDR 1981, 26.
[47] *OLG Hamm* (Fn. 45).
[48] *GemSOBG* (Fn. 19); *Gilles* Rechtsmittel (1972) 172. – A.M. *Grunsky* → § 519b Rdnr. 12, JZ 1972, 169.
[49] So *Bötticher* (Fn. 45) gegen *KG* JZ 1952, 424.
[50] → Rdnr. 2.
[51] → Rdnr. 9.

[52] *Bötticher* und *KG* (Fn. 45, 49); *Nikisch* § 103 II 3 d, *Seuffert/Walsmann* ZPO[12] Anm. 3. *OLG Stuttgart* (Fn. 45) läßt dies offen, jedenfalls verhindere einseitiger Verzicht bei Beschwer des Gegners nicht die Hemmung.
[53] → § 238 Rdnr. 7; dazu auch § 706 Rdnr. 8, 10 sowie § 707.
[54] *BGH* NJW 1989, 170.
[55] → § 514 Rdnr. 20, 22; *BGHZ* 4, 314 = NJW 1952, 705; *OLGe Düsseldorf* NJW 1965, 403 (zust. *Hillebrand*); *Hamm* MDR 1989, 919 (Rechtsmittelverzicht durch Verzicht auf Begründung eines Kostenbeschlusses nach § 91a). Zur Widerruflichkeit von Rechtsmittelverzichten → § 514 Rdnr. 19 ff. Zum **Rechtsmittelverzicht in Ehesachen** → § 514 Rdnr. 5, 10, 12; § 617 Rdnr. 4, § 629a Rdnr. 19: Teilrechtskraft des Scheidungsausspruchs tritt mit Verzicht auf Rechtsmittel, Anschlußrechtsmittel und Antragsrecht nach § 629c ein, → § 629c Rdnr. 11 mwN. .

zwar mit der letzten Erklärung; denn damit wird jedes Rechtsmittel unzulässig[55], falls es nicht noch einem Dritten zusteht, z.B. § 621a mit § 59 FGG[56]. Hat dagegen nur *eine* Partei den Verzicht erklärt, so verbleibt ihr nach § 521 Abs. 1 das Recht, sich dem Rechtsmittel des Gegners anzuschließen[57]. Ob aber der Gegner beschwert ist[58] und ihm deshalb ein Rechtsmittel zusteht, hat nur das Rechtsmittelgericht zu entscheiden; daher wird das Urteil auch bei fehlender Beschwer erst wie oben Rdnr. 4, 6, 7 rechtskräftig[59]; gleiches gilt für den Fall → § 521 Rdnr. 10, daß der Rechtsmittelkläger auf *einen* von mehreren selbständigen Ansprüchen verzichtet hatte und daher eine Anschließung des Rechtsmittelgegners in bezug auf *diesen* Anspruch unzulässig ist; denn darüber zu befinden ist ebenfalls nicht Aufgabe der Geschäftsstelle nach § 706[60]. Jedoch wird in der *Revisionsinstanz* ein zugunsten des Revisionsklägers lautender und deshalb nicht angefochtener *Teil* der Entscheidung rechtskräftig, wenn der Revisionsbeklagte verzichtet hatte und die Frist des § 556 Abs. 1 verstrichen ist[61]. Im übrigen → noch Rdnr. 10.

Soweit ein Verzicht nach dem eben Ausgeführten die Rechtskraft zur Folge hat, *bevor* ein Rechtsmittel eingelegt wird, kommt eine Hemmung begrifflich nicht mehr in Frage[62]. Daher ist es in diesen Fällen für den Zeitpunkt der Rechtskraft gleichgültig, wann das trotzdem eingelegte Rechtsmittel rechtskräftig verworfen wird. In den *übrigen* Fällen hemmt jedoch auch das einem Verzicht zuwider, aber rechtzeitig eingelegte Rechtsmittel die Rechtskraft des Urteils bis zur Rechtskraft der das Rechtsmittel verwerfenden Entscheidung[63].

4. Wird das **Rechtsmittel zurückgenommen**, so tritt die Rechtskraft mit Fristablauf ein[64]; war aber die Frist im Zeitpunkt der Rücknahme schon abgelaufen, so datiert die Rechtskraft, da entsprechende Anwendung des § 269 Abs. 3 abzulehnen ist, vom Zeitpunkt der Rücknahme[65]. Der Beschluß nach § 515 Abs. 3 hat für den Zeitpunkt der Rechtskraft keine Bedeutung, wohl aber für die Erteilung des Rechtskraftzeugnisses[66]. Zur Frage, inwieweit eine *teilweise Rechtsmittelrücknahme* einen teilweisen Rechtsmittel*verzicht* enthält, → §§ 514 Rdnr. 13, 17f., 515 Rdnr. 3, 19.

III. **Versäumnisurteile** werden bei *statthaftem* Einspruch[67] entsprechend → Rdnr. 4ff. gegenüber der *säumigen* Partei mit Fristablauf (§ 339), rechtskräftiger Verwerfung des Einspruchs (§ 341), Verzicht oder Rücknahme (§§ 346, 515)[68] rechtskräftig. Ist der Einspruch wegen § 345 oder § 238 Abs. 2 *nicht statthaft*, so gilt → Rdnr. 2 entsprechend: In der landgerichtlichen Berufungs- und in der Revisionsinstanz werden solche Urteile mit der Verkündung rechtskräftig, sonst aber wegen §§ 513 Abs. 2, 566 erst mit Ablauf der Rechtsmittelfrist; daß die Rechtskraft hier später eintritt als bei statthaftem Einspruch, ist wegen § 708 Nr. 2 (§ 711 trifft nicht zu) für den Gläubiger nur dann praktisch bedeutsam, wenn er wegen § 717 Abs. 2 die Rechtskraft abwarten will.

---

[56] *OLG Saarbrücken* NJW 1979, 2620 (Anschlußberufung trotz beiderseitigen Rechtsmittelverzichts); s.auch *OLG Stuttgart* NJW 1980, 130.
[57] → § 521 Rdnr. 18.
[58] → Allg. Einl. vor § 511 Rdnr. 70ff.
[59] § 514 Rdnr. 20, 22; *Schellhammer* Zivilprozeß⁵ Rdnr. 834; *Oske* MDR 1972, 14 (für Ehesachen, aber die Gründe treffen allgemein zu), *Hartmann* (Fn. 8) Rdnr. 4; *Thomas/Putzo*[18] Rdnr. 7; *Stöber* (Fn. 8) Rdnr. 9; so für Ehesachen auch schon die 19. Aufl. (Fn. 17) mit *BGH* FamRZ 1954, 108. – A.M. *OLGe Nürnberg* VersR 1981, 887; *Stuttgart* (Fn. 45) (obiter), *Baumbach/Albers*[51] Grundz § 511 Rdnr. 2.
[60] A.M. noch 19. Aufl.: sofortige Rechtskraft.
[61] → Rdnr. 5.
[62] → auch Rdnr. 7.

[63] → Rdnr. 7; *OLG Stuttgart* (Fn. 45). – A.M. 18. Aufl. Aber trotz Verzicht eingelegte Rechtsmittel stellen dessen Wirksamkeit in Frage und hierüber hat nur das Rechtsmittelgericht zu entscheiden.
[64] → § 515 Rdnr. 20. S. auch *Gottwald* (Fn. 8) § 150 II 1b, 2.
[65] → die Nachweise § 515 Fn. 63 u. *KG* JZ 1952, 424 (ausführlich); *LAG Hamm* BB 1978, 715; *Hellwig* System I 766; *Thomas/Putzo*[18] Rdnr. 9; *Wieczorek*² Anm. B IV c 2; *Zeise* NJW 1952, 532; *Stöber* (Fn. 8) Rdnr. 10. – A.M. 18. Aufl. mit *Bötticher* (Fn. 45).
[66] → § 515 Rdnr. 28.
[67] → § 341 Rdnr. 2.
[68] Zum Zeitpunkt der Rechtskraft bei Rücknahme → Rdnr. 10; a.M. *Gottwald* (Fn. 8) § 150 II 2b.

12   IV. Über den Einfluß der Rechtsmittel auf die Rechtskraft im Falle **notwendiger Streitgenossenschaft** → § 62 Rdnr. 41 f.

13   V. Im **arbeitsgerichtlichen Verfahren** ergibt sich die Anfechtbarkeit von Entscheidungen der *Arbeitsgerichte* grundsätzlich aus dem Urteil der unteren Instanz selbst[69]. Kontradiktorische Urteile, bei denen der im Urteil *festgesetzte* Streitwert die Rechtsmittelsumme nicht erreicht und das Rechtsmittel auch nicht wegen grundsätzlicher Bedeutung nach § 64 ArbGG zugelassen ist, werden daher *mit der Verkündung* rechtskräftig; str. für die auf Verwerfung des Einspruchs lautenden (sog. zweiten, § 345) Versäumnisurteile[70]. Anders, wenn die Streitwertfestsetzung offenkundig und auf den ersten Blick zu niedrig ist[71]; außerdem kann sich durch Berichtigung oder Ergänzung herausstellen, daß die Rechtskraft noch nicht mit der Verkündung eingetreten ist[72]. Das gilt auch, soweit man §§ 319, 321 auf die unterbliebene Zulassung anwendet[73].

14   Gegen Urteile der *Landesarbeitsgerichte* ist dagegen nach § 72 Abs. 1 ArbGG die Revision nicht nur statthaft, wenn sie im Urteil zugelassen ist, sondern auch dann, wenn durch Beschluß des Bundesarbeitsgerichts nach § 72a Abs. 5 S. 2 ArbGG einer Nichtzulassungsbeschwerde stattgegeben wurde. Da im letztgenannten Fall die Einlegung der Beschwerde aufschiebende Wirkung hat (§ 72a Abs. 4 S. 1 ArbGG), wird das Urteil nicht rechtskräftig, bevor die Notfrist des § 72a Abs. 2 ArbGG verstrichen ist oder eine Nichtzulassungsbeschwerde abschlägig beschieden wurde[74].

Kontradiktorische Urteile und »zweite« Versäumnisurteile (§§ 345, 557, 566) des *Bundesarbeitsgerichts* werden stets mit der Verkündung rechtskräftig.

Wegen der Beschlüsse nach § 85 ArbGG → § 708 Rdnr. 33.

§ 706   [Rechtskraft- und Notfristzeugnis]

(1) Zeugnisse über die Rechtskraft der Urteile sind auf Grund der Prozeßakten von der Geschäftsstelle des Gerichts des ersten Rechtszuges und, solange der Rechtsstreit in einem höheren Rechtszuge anhängig ist, von der Geschäftsstelle des Gerichts dieses Rechtszuges zu erteilen.

(2) ¹Insoweit die Erteilung des Zeugnisses davon abhängt, daß gegen das Urteil ein Rechtsmittel nicht eingelegt ist, genügt ein Zeugnis der Geschäftsstelle des für das Rechtsmittel zuständigen Gerichts, daß bis zum Ablauf der Notfrist eine Rechtsmittelschrift nicht eingereicht sei. ²Eines Zeugnisses der Geschäftsstelle des Revisionsgerichts, daß eine Revisionsschrift nach § 566a nicht eingereicht sei, bedarf es nicht.

Gesetzesgeschichte: Bis 1900 § 646 CPO. Änderungen RGBl. 1898 I 256; 09 I 437; 27 I 175, 334.

---

[69] → § 511a Rdnr. 39 ff.
[70] → § 513 Rdnr. 21 f., § 566 Rdnr. 16.
[71] → § 511a Rdnr. 40 Fn. 80.
[72] → § 319 Rdnr. 22; § 321 Rdnr. 23 f.; § 517 Rdnr. 7.
[73] Zur Berichtigung → § 319 Rdnr. 22, *Grunsky* ArbGG⁶ § 61 Rdnr. 7; zur Ergänzung → § 321 Rdnr. 11, 23 (ja); *Grunsky* aaO § 64 Rdnr. 7 mit § 72 Rdnr. 22 (nein), s. auch *OLG Koblenz* MDR 1976, 940[71].
[74] *Grunsky* (Fn. 73) § 72a Rdnr. 13.

I. Rechtskraftzeugnis

§ 706 hat in der Regel nur mittelbare Beziehung zur Zwangsvollstreckung, denn das Zeugnis über die Rechtskraft[1] ist dafür nicht nötig; es bedarf dazu der Vollstreckungsklausel, § 724[2], und falls sie erst nach Rechtskraft zu erteilen ist (z.B. § 704 Abs. 2), wird dies wie → § 724 Rdnr. 9 von Amts wegen festgestellt. Dagegen wird das Zeugnis benötigt z.B. bei Vollstreckung ohne Sicherheitsleistung im Falle → § 709 Rdnr. 9, in den Fällen → § 726 Rdnr. 3a Fn. 21ff., bei der Wiederaufnahme des Verfahrens[3], zur Geltendmachung der materiellen Rechtskraft in einem neuen Prozeß und zur Herbeiführung der in → § 708 Rdnr. 12 bezeichneten Wirkungen; s. ferner §§ 620f., 629d, 641e, 715, 729 Abs. 1, 2, 738 Abs. 1, 2, 744, § 53g FGG. Dazu treten zahlreiche Vorschriften des BGB, z.B. die §§ 211, 283, 864, 1052, 1470, 1496[4], 1561 Abs. 2 Nr. 1, 1564 S. 2, 1587p, 2128, 2193, 2342, §§ 5, 8 EheG[5] usw. Das Zeugnis kann daher für alle Urteile einschließlich Teilurteilen[6] verlangt werden, die der formellen Rechtskraft fähig sind, nicht nur für solche, die zur Zwangsvollstreckung i.e.S. geeignet sind[7]. Auch in den genannten Fällen ist aber, mit Ausnahme des § 1561 Abs. 2 Nr. 1 BGB, dieses Zeugnis keineswegs das ausschließliche Beweismittel für die formelle[8] Rechtskraft; es steht neben jedem anderen direkten oder indirekten Beweis[9]. Der *Gegenbeweis* ist nach § 418 unbeschränkt zulässig[10], z.B. durch Sterbeurkunden im Falle des § 619[11]. Solange er nicht erbracht ist, ist die Rechtskraft als durch das Zeugnis bewiesen anzusehen[12]. Wegen des trotz Unterbrechung oder Aussetzung des Verfahrens erteilten Zeugnisses → § 249 Rdnr. 29.

Im weiteren Sinne ist übrigens auch die Vollstreckungsklausel, soweit sie auf Grund der Rechtskraft erteilt wird, eine besondere Art des Zeugnisses darüber[13], und Abs. 2 bezieht sich auch auf die zur Erlangung der Vollstreckungsklausel erforderlichen Zeugnisse[14], wie auch die Zuständigkeitsregelung des Abs. 1 in § 724 wiederkehrt. → §§ 729 Rdnr. 4, 738 Rdnr. 1, 744 Rdnr. 1.

II. Zuständigkeit

1. Die Ausstellung des Rechtskraftzeugnisses ist der **Geschäftsstelle**, d.h. dem Urkundsbeamten[15], übertragen. Die Zuständigkeit des Prozeßgerichts ist ausschließlich, § 802; das gilt auch international und interlokal[16]. Zur Vollstreckungsklausel → § 724 Rdnr. 7f.

---

[1] Vgl. auch die Richtlinien in der AV v. 15.IX.1942 DJ 606; *Wieczorek* MDR 1952, 6.

[2] Wegen der Ausnahmen → § 724 Rdnr. 4.

[3] → § 586 Rdnr. 2; jedoch kann die Prüfung von Amts wegen (→ § 589 Rdnr. 1) im Verfahren anhand der Akten nachgeholt werden.

[4] Falls noch Errungenschaftsgemeinschaft gemäß Art. 8 I Nr. 7 GleichberG fortbesteht, s. §§ 1542, 1548 BGB aF.

[5] *OLG Stuttgart* NJW 1980, 129 (Sachverhalt).

[6] Erteilung eines Teil-Notfristzeugnisses, wenn von mehreren einfachen Streitg. nur einzelne Rechtsmittel einlegen (Gesamtschuld) *OLG München* OLGZ 1989, 77. – Zur Beschränkung auf den Kostenausspruch → § 619 Rdnr. 3. Kein Teilrechtskraftzeugnis für im Verbund enthaltenen Scheidungsausspruch solange dessen Anfechtung wie → § 705 Rdnr. 3a, 4a noch möglich ist, *BGH* NJW 1980, 702 = MDR 388[31]; *OLG Bremen* NJW 1979, 1210 (jeweils zur Anschlußberufung). Erteilung jedoch insoweit zulässig, als Parteien auf Rechtsmittel, Anschlußrechtsmittel u. gegebenenfalls Antragsrecht gem. § 629c verzichten *KG* FamRZ 1979, 530 u. 727; *OLG München* FamRZ 1979, 444; 1985, 502; s. auch *OLGe Frankfurt a.M.* FamRZ 1985, 821; *Karlsruhe* MDR 1983, 676.

[7] → Rdnr. 47ff. vor § 704 zur Vollstreckbarkeit i.w.S. u. ähnlichen Nebenwirkungen.

[8] Es enthält keine Aussage über die materielle Rechtskraft, *BGHZ* 31, 391 = NJW 1960, 671 = FamRZ 133.

[9] *RGZ* 46, 76; *OLG Naumburg* JW 1921, 1257.

[10] *RGZ* 46, 360; *BGH* FamRZ 1971, 635.

[11] → dort Rdnr. 3 (Beschränkung auf die Kostenentscheidung).

[12] *BGH* LM Nr. 1 = MDR 1953 Beilage Nr. 789.

[13] Vgl. auch *BayObLG* SeuffArch 58 (1903), 42; *Hornung* Rpfleger 1973, 79.

[14] *RGZ* 9, 387.

[15] § 153 S. 1 GVG; *KG* FamRZ 1974, 447.

[16] Vgl. *OLG München* Rpfleger 1987, 109 (zu § 727).

4 2. Zuständig ist die Geschäftsstelle **erster Instanz**[17], auch wenn diese nicht für die Hauptsache zuständig war[18]. Sobald eine Rechtsmittelschrift – also nicht nur ein Prozeßkostenhilfeantrag[19] – eingereicht ist, beginnt die Zuständigkeit der **höheren Instanz**, sollte auch das Urteil nur zum Teil[20] oder gegen einzelne Streitgenossen[21] angegriffen sein. Diese Zuständigkeit dauert an, solange der Rechtsstreit dort »anhängig« ist. Dieser Begriff ist nicht aus der Funktion des zur Entscheidung berufenen Gerichts, sondern aus jener der Geschäftsstelle zu bestimmen; er deckt sich weder mit dem Beginn noch mit dem Ende der Instanz[22]. Anhängig ist eine Sache grundsätzlich bei der Geschäftsstelle derjenigen Instanz, bei der sich zur Zeit des Antrags die *Prozeßakten befinden*[23]. Auch wenn also die Rechtsmittelinstanz durch Urteil oder Beschluß nach §§ 519b, 554a oder b vollständig[24] und rechtskräftig erledigt ist, besteht die Anhängigkeit der Rechtsmittelinstanz noch so lange, wie mit Rücksicht auf die Abfassung und die Ausfertigung des Urteils sowie ein etwaiges Berichtigungsverfahren die Akten dort zu verbleiben haben[25]; ebenso bei Erledigung durch Vergleich, Verzicht oder Zurücknahme[26]. Schon gestellte Anträge auf Entscheidung nach §§ 269 Abs. 3, 515 Abs. 3 lassen die Anhängigkeit fortbestehen. War ein Wiederaufnahmeverfahren in der höheren Instanz anhängig, so ist nach Beendigung die Geschäftsstelle des früheren Prozeßgerichts erster Instanz zuständig.

III. Verfahren

5 Ob die formelle Rechtskraft nach § 705 ganz oder teilweise eingetreten ist, hat der Urkundsbeamte selbständig zu prüfen. Soweit dazu die Prozeßakten nicht ausreichen, ist es Sache des Antragstellers, die weiter erforderlichen Nachweise beizubringen[27], insbesondere im Falle des Verzichts[28] und der Zurücknahme[29]. Der Beweis wirksamer Zurücknahme wird insbesondere durch den Beschluß nach § 515 Abs. 3[30] erbracht[31]. Andernfalls ist u. U. auch die Einwilligung des Gegners (§ 515 Abs. 1) nachzuweisen. Anläßlich des Gesuchs kann ein Rechtsmittelverzicht auch gegenüber dem Urkundsbeamten erklärt werden[32].

6 Hängt die Rechtskraft von dem *Ablauf der Rechtsmittel- oder Einspruchsfrist* ab und sind die Zustellungsurkunden oder Vermerke nach §§ 212b, 213 nicht in den Akten, so hat der Antragsteller die ordnungsgemäße Zustellung des Urteils und ihren Zeitpunkt durch andere Beweismittel[33], erforderlichenfalls auch durch weitere Urkunden (z.B. Vollmachten), nachzuweisen. Ist die Zustellung fehlerhaft[34], so ist nach § 187 S. 2 eine Heilung nicht möglich. Darauf und auf die Zustellung an alle Empfangsberechtigten hat der Urkundsbeamte zu achten, vor allem in Ehe- und Familiensachen[35]. Steht der Beginn der Notfrist[36] fest, so kann

---

[17] Besteht das Gericht nicht mehr, so bestimmt sich die Zuständigkeit nach dem G vom 06. XII. 1933 (RGBl. I 1037), das trotz verfassungswidriger Ermächtigungsgrundlage gewohnheitsrechtlich gilt *OLG Schleswig* FamRZ 1978, 610; *Wieczorek*² § 1 Anm. D I a 1.
Wegen des Ersatzes für Gerichte, *an deren Sitz deutsche Gerichtsbarkeit nicht mehr ausgeübt wird*, s. § 4 Abs. 3 ZuständigkeitsergänzungsG vom 7. VIII. 1952 (BGBl. I 407).
[18] Ob es sich um Familiensachen handelt, bleibt sich also gleich → § 621 Rdnr. 37 Fn. 214.
[19] *BGH* LM Nr. 2 = Rpfleger 1956, 97; *Münch-KommZPO-Krüger* Rdnr. 3; *Zöller/Stöber*¹⁸ Rdnr. 4. – A.M. *Wieczorek*² Anm.B III b; *Wilm* Rpfleger 1983, 429.
[20] *RGZ* 18, 424; 66, 204f.; z. B. für Folgesache *KG* FamRZ 1989, 1206; *OLG München* FamRZ 1979, 943. → dazu § 705 Rdnr. 4.
[21] *RG* SeuffArch 36 (1881), 122. → § 62 Rdnr. 39ff.
[22] → dazu auch § 176 Rdnr. 9–13.
[23] → Rdnr. 4, auch § 317 Rdnr. 11.

[24] *RG* Gruch. 54 (1910), 1155.
[25] *KG* ZZP 11 (1887) 104f.; *OLG Kassel* ZZP 16 (1891) 544; *Wilm* (Fn. 19) u.a.
[26] Vgl. *OLG Naumburg* JW 1937, 2468.
[27] Vgl. *RG* Gruch. 47 (1903), 1184f. § 139 gilt aber entsprechend.
[28] → § 705 Rdnr. 9. Vgl. dazu *Petermann* Rpfleger 1962, 368.
[29] → § 705 Rdnr. 10.
[30] → dort Rdnr. 28.
[31] Vgl. *RG* Gruch. 51 (1907), 1073.
[32] *RG* SeuffArch 78 (1924), 213.
[33] → § 190 Rdnr. 3, § 750 Rdnr. 37.
[34] → *Schlüssel* Rdnr. 64 vor § 166 Stichwort »Mängel«.
[35] Über typische Fehlerquellen *Adelmann* Rpfleger 1980, 265f.
[36] → § 516 Rdnr. 4ff., § 517 Rdnr. 3, § 552 Rdnr. 1f., § 577 Rdnr. 3f.

ihr unbenützter Ablauf ohne weiteres aus den Akten festgestellt werden[37], wenn die Geschäftsstelle des Gerichts, bei dem die Einspruchs- oder Rechtsmittelschrift einzureichen war, das Zeugnis auszustellen hat[38]. Im übrigen genügt bei den Rechtsmitteln das vom Antragsteller zu beschaffende[39] sog. *Notfristattest* → Rdnr. 9f. Andere Beweismittel sind zulässig; u.U. reicht schon der Ablauf der Rechtsmittelfrist in Verbindung mit der Nichteinforderung der Akten (§§ 544, 566) aus[40]. Wegen der *Sprungrevision* (Abs. 2 S. 2) s. § 566a Abs. 7. Eine Unterbrechung des Verfahrens ist wegen § 249 Abs. 1 von Amts wegen zu beachten.

In entsprechender Anwendung des Abs. 2 ist das Notfristattest auch bei der *Einspruchsfrist* beizubringen, wenn nicht die Geschäftsstelle des für den Einspruch zuständigen Gerichts, sondern eine der oberen oder unteren Instanz das Rechtskraftzeugnis zu erteilen hat[41].

Ist eine *Rechtsmittel- oder Einspruchsschrift vor Ablauf der Notfrist eingereicht*, so ist die Erteilung des Rechtskraftzeugnisses zunächst[42] ausgeschlossen, sofern nur das Rechtsmittel oder der Einspruch an sich *statthaft* ist. Die Geschäftsstelle hat jedoch nicht zu prüfen, ob im einzelnen Falle das Rechtsmittel oder der Einspruch wirklich zuzulassen ist; hierüber zu urteilen ist Sache des Prozeßgerichts[43]. Ist dagegen *nach* Ablauf der Notfrist eine Rechtsmittel- oder Einspruchsschrift eingegangen, so hindert dies die Erteilung des Rechtskraftzeugnisses nicht[44]. – Ob im weiteren Verlauf der Rechtsmittelinstanz bei nur teilweiser Anfechtung des Urteils bezüglich des nicht angefochtenen Teiles ein Rechtskraftzeugnis erteilt werden kann, bestimmt sich nach den → § 705 Rdnr. 4ff. dargelegten Grundsätzen[45]. **7**

Eine *Angabe des Zeitpunktes* der Rechtskraft ist nur bei Urteilen erforderlich, die auf Scheidung, Aufhebung, Nichtigerklärung oder Feststellung der Nichtigkeit einer Ehe lauten. Sie ist aber auch sonst zulässig und z.B. sinnvoll für § 641e und § 621 Nr. 6, falls der Beschluß später als die Scheidungssache rechtskräftig wird[46]. **7a**

Der Vermerk der Rechtskraft ist am Urteilskopf der Urschrift und der Ausfertigung anzubringen und die Unterschrift mit dem Zusatz »als Urkundsbeamter der Geschäftsstelle« zu versehen[47]. **8**

Das Zeugnis für die Rechtskraft des *Urteils* ist auf Antrag auch auf dem *Kostenfestsetzungsbeschluß* anzubringen, damit – etwa bei getrennter Vollstreckung aus Urteil und Beschluß – die Rechtskraft auch ohne Urteilsausfertigung nachgewiesen werden kann[48].

IV. Notfristzeugnis, Abs. 2

Es ist lediglich Beweismittel für den unbenutzten Ablauf der Rechtsmittel- oder Einspruchsfrist zur Erlangung des Rechtskraftzeugnisses und ist deshalb nur notwendig, wenn dieses von einer anderen Geschäftsstelle zu erteilen ist → Rdnr. 4, 6. Zuständig ist die Geschäftsstelle des Gerichts, bei dem das Rechtsmittel oder der Einspruch einzureichen ist. Haben die einzelnen **9**

---

[37] Aber bei Poststelle nachfragen *BVerfG* Rpfleger 1981, 285.
[38] *RGZ* 66, 205. → dazu Rdnr. 4.
[39] Falls die Geschäftsstelle es nicht schon von Amts wegen erwirkt hatte zwecks Mitteilung des rechtskräftigen Urteils in Ehe- und Kindschaftssachen an Vormundschaftsgericht, Standesamt, Bundeszentralregister, Statistisches Landesamt, Staatsanwaltschaft, s. Anordnung über Mitteilungen in Zivilsachen (MiZi) *Piller-Hermann*, Justizverwaltungsvorschriften Nr. 3c 1. Teil Nr. 3, 4; 2. Teil VII 3–6, VIII 1, 2; dazu *Hornung* (Fn. 13) u. §§ 7 Abs. 1, 38 Abs. 5c Justizaktenordnung (AktenO) v. 28. XI. 1934 (Sonderveröffentlichung der DJ Nr. 6a). → auch Rdnr. 9 a.E.
[40] *OLGe Jena* SeuffArch 39 (1884), 365; *München* BayrZ 1906, 189; *Naumburg* JW 1921, 1257.

[41] Beim echten Versäumnisurteil ist also die Geschäftsstelle der unteren Instanz, beim unechten (→ Rdnr. 27ff. vor § 330) die des Rechtsmittelgerichts zuständig *RG* JW 1930, 147.
[42] Wegen der Ausnahmen → Text nach Fn. 44.
[43] *RG* JW 1905, 400[27]; *OLG Hamburg* FamRZ 1990, 185f. zu § 629a Abs. 3. → § 705 Rdnr. 3.
[44] *OLGe Hamburg* SeuffArch 50 (1895), 474, *Rostock* OLGRsp 31 (1915), 81; *LAG Kiel* SchlHA 1984, 15 (Urkundsbeamter hat nicht Richtigkeit der Rechtsmittelbelehrung zu prüfen). → auch Rdnr. 13 sowie § 705 Rdnr. 8.
[45] Dazu *Lappe* Rpfleger 1956, 4. → auch Fn. 54.
[46] *KG* FamRZ 1993, 1221.
[47] Vgl. auch § 7 Nr. 1 AktenO → Fn. 39.
[48] *OLG Frankfurt* Rpfleger 1956, 198 = MDR 361.

Kammern und Senate getrennte Geschäftsstellen, so ist es Sache des inneren Dienstes, Vorsorge dafür zu treffen, daß eine von ihnen die Nichteinreichung für alle bezeugen kann[49]. Dies gilt namentlich für die Zivilkammern und die Kammern für Handelssachen[50]. Das Zeugnis beurkundet, daß vor Ablauf der Notfrist eine Rechtsmittelschrift nicht eingegangen ist; bei Zweifel über Beginn oder Ende der Notfrist empfiehlt sich, die Bescheinigung auf den gegenwärtigen Zeitpunkt abzustellen, z. B. »noch nicht eingegangen« mit Datum[51]. Manche Gerichte besorgen es im Falle → Fn. 39 von sich aus.

10 Ist der Beginn der Notfrist[52] nicht aktenkundig, so hat der Antragsteller ihn zu beweisen[53]; dazu gehört beim Revisionsgericht der Nachweis der Zustellung des Berufungsurteils in vollständiger Form, § 552. Ist ein Rechtsmittel fristgerecht eingelegt, so ist das Notfristzeugnis zu verweigern, auch wenn das Rechtsmittel beschränkt war[54]; → auch für das Rechtskraftzeugnis Rdnr. 7 mit § 705 Rdnr. 8. Eine Feststellung darüber, ob die Zustellung des Urteils formgerecht war und ob das Rechtsmittel formgerecht und rechtzeitig eingelegt ist, steht der Geschäftsstelle nicht zu[55], noch weniger die Prüfung sonstiger Zulässigkeitsfragen[56]. Ist eine Rechtsmittelschrift nach Ablauf der Notfrist in Verbindung mit einem Wiedereinsetzungsgesuch eingereicht, so kann vor Gewährung der Wiedereinsetzung das Notfristzeugnis nicht versagt werden[57]; dann erscheint es aber geboten, die nachträgliche Rechtsmitteleinlegung in dem Zeugnis zu erwähnen. Das Zeugnis darf nicht wegen Aussichtslosigkeit eines Rechtsmittels verweigert werden[58], wohl aber dann, wenn nach der Art des Urteils ein Rechtsmittel schlechthin ausgeschlossen ist, weil dann die Erteilung nicht nach Abs. 2 »von der Einlegung abhängt«[59]. Wurde ein Rechtsmittel nach Fristablauf zurückgenommen, so ist kein Notfristzeugnis zu erteilen, sondern im Verfahren → Rdnr. 5 darüber zu befinden. Wurde das Rechtsmittel aber vor Ablauf der Einlegungsfrist zurückgenommen, so ist gegebenenfalls ein Notfristzeugnis darüber zu erteilen, daß eine weitere Rechtsmittelschrift nicht fristgerecht eingegangen ist[60].

V. Antragsberechtigte und Rechtsbehelfe

11 1. Die Zeugnisse werden *nur auf Antrag* erteilt; dazu berechtigt sind alle Prozeßbeteiligten, also Parteien und Streitgehilfen[61]. Ein besonderes Bedürfnis haben diese nicht darzulegen, und es sind weder Anwaltszwang (§ 78 Abs. 3) noch eine besondere Form für den Antrag vorgeschrieben. Dritten, die eine Urteilsausfertigung vorlegen[62], sollte man die Erteilung nicht verweigern, falls sie ein schutzwürdiges Interesse darlegen[63]. Ein Nachweis dieses Interesses kann jedoch zumindest von den Parteien oder Streithelfern mangels besonderer Vorschriften nicht verlangt werden[64] und würde nur nutzlose Mehrarbeit bedeuten. Wegen Gerichtsferien → Rdnr. 106 vor § 704.

---

[49] S. dazu § 39 Abs. 2 AktenO → Fn. 39.
[50] Vgl. auch *KG* OLGRsp 22 (1911), 357.
[51] *RGZ* 9, 386 f.; *OLGe Darmstadt* OLGRsp 18 (1909), 388 f.; *München* ZZP 52 (1927) 338; *Nürnberg* BayrZ 1926, 325, h.M. – *RG* HRR 1928 Nr. 80 hält dies für zulässig, nach Ermessen könne das Gesuch aber auch abgelehnt werden.
[52] → Fn. 36.
[53] *RG* Gruch.47 (1903), 1184[133] f.; HRR 1928 Nr. 80; *OLG München* BlfRA 72, 1058.
[54] *KG* OLGRsp 18 (1909), 388; *OLG Hamburg* HGZ 1945, 236. Davon zu unterscheiden ist der Fall, daß nur ein einfacher Streitgenosse ein Rechtsmittel eingelegt hat; der andere kann dann ein Teil-Notfristzeugnis fordern, *OLG Karlsruhe* OLGZ 1989, 77 = Büro 1988, 1571.
[55] *OLG München* (Fn. 51); *OLG Hamburg* HGZ 1940, 183.
[56] → Fn. 43.
[57] Vgl. *RG* BayrZ 1907, 388.
[58] → auch § 705 Rdnr. 3.
[59] *RG* WarnRsp 1909 Nr. 432 = SächsArch 455.
[60] *Zöller/Stöber*[18] Rdnr. 14.
[61] *BGH* (Fn. 8).
[62] Parteien müssen sich nur ausweisen; eine Ausfertigung ist aber doch nötig → Rdnr. 8.
[63] *Baumbach/Hartmann*[52] Rdnr. 7; *Seuffert/Walsmann* ZPO[12] Anm. 1; offengelassen von *BGH* (Fn. 8). – A.M. *MünchKommZPO-Krüger* Rdnr. 2; *Zöller/Stöber*[18] Rdnr. 3.
[64] *Baumbach/Hartmann*[52] Rdnr. 8; *Thomas/Putzo*[18] Rdnr. 5; *Zöller/Stöber*[18] Rdnr. 5. – A.M. *Seuffert/Walsmann* ZPO[12] Anm. 1 b.

2. Wird die **Ausstellung des Zeugnisses** über die Rechtskraft oder das Notfristzeugnisses nach Abs. 2 **verweigert**, so ist nach § 576 Abs. 1 zunächst die Entscheidung desjenigen Gerichts nachzusuchen, zu dem die Geschäftsstelle gehört[65]. Wird auch von diesem das Gesuch *abgelehnt*, so findet gegen die Entscheidung des Gerichts die einfache Beschwerde statt[66]; § 793 scheidet aus[67]. Wird das Zeugnis während dieses Verfahrens doch erteilt, so ist nicht die »Beschwerde«, sondern die Hauptsache (Zeugniserteilung) für erledigt zu erklären[68]. Dem *Antragsgegner* steht gegen die *Erteilung* des Zeugnisses nur der Weg des § 576 offen[69]; wird seine Erinnerung zurückgewiesen oder ordnet das Gericht die Erteilung auf die Erinnerung des Antragstellers hin an, so findet dagegen keine Beschwerde statt, da die Voraussetzungen des § 567 fehlen[70]. Hat aber ein Aufhebungsantrag des Gegners nach § 576 Erfolg, so steht dies für § 567 einer Zurückweisung des Gesuchs des Antragstellers gleich[71]. – Ohne Gesuch nach § 576 darf das Prozeßgericht die Entscheidung der Geschäftsstelle nicht ändern.

12

VI. Rechtskraftzeugnis für Beschlüsse

§ 706 findet wegen seiner allgemeinen Bedeutung (→ Rdnr. 1) auch auf Beschlüsse, die dem Rechtsmittel der sofortigen Beschwerde unterliegen, entsprechende Anwendung[72], ebenso auf die dem befristeten Widerspruch unterliegenden Vollstreckbarerklärungsbeschlüsse gemäß §§ 1042c, 1042d. Die von subjektiven Voraussetzungen abhängige (§ 586 Abs. 2) Verlängerung der Notfrist nach § 577 Abs. 2 S. 3 bleibt dabei außer Betracht. Ist die Anfechtung *unbefristet*, so kann die »Rechtskraft« nur in den → § 705 Rdnr. 1 Fn. 8 genannten Fällen bezeugt werden. Die Nichteinreichung beim unteren Gericht kann die Geschäftsstelle selbst feststellen. → auch § 577 Rdnr. 8 f.

13

VII. Kosten

Über sie hat die Geschäftsstelle nicht zu entscheiden[73]. Wegen §§ 576, 567 → § 576 Rdnr. 7. Beide Zeugnisse sind **gebührenfrei**[74]; wegen der *Anwaltsgebühren* s. §§ 37 Nr. 7, 58 Abs. 2 Nr. 1 BRAGO. Der Streitwert wird nach § 3 üblicherweise auf einen geringen Bruchteil des Hauptsachewertes geschätzt[75].

14

VIII. Arbeitsgerichtliches Verfahren

Hier ist ein Notfristzeugnis für Urteile der Arbeitsgerichte nur nötig, wenn sich aus dem Urteil die Rechtsmittelfähigkeit der Entscheidung ergibt, → § 705 Rdnr. 13. Im Abs. 2 S. 2 ist die Verweisung auf § 566a sinngemäß durch die auf § 76 ArbGG zu ersetzen.

15

---

[65] *OLGe Celle* FamRZ 1978, 921; *Karlsruhe* OLGZ 1989, 77. *Krüger* (Fn. 19) Rdnr. 9. Zur Behandlung einer »Beschwerde« als Erinnerung s. *KG* (Fn. 15); *RArbG* 1906, 96. – A.M. (Beschwerde neben § 576) *Hartmann* (Fn. 63) Rdnr. 14.
[66] *OLGe Bamberg* FamRZ 1983, 519; *Celle* (Fn. 65) *Hamm* NJW-RR 1993, 511 = FamRZ 82.
[67] RGZ 25, 391; *KG* (Fn. 15); → dazu Rdnr. 107 vor §704. Daher keine weitere Beschwerde *OLG Hamm* (Fn. 66).
[68] → § 91 Rdnr. 53 a. E. – A.M. *OLG Hamburg* FamRZ 1979, 532.
[69] *RArbG* (Fn. 65).
[70] RG JW 1898, 389; Gruch. 45 (1901), 1152; *OLG Celle* (Fn. 65); auch in Ehesachen *OLG Bamberg* (Fn. 66); a.M. *OLG Stuttgart* Justiz 1979, 384.
[71] *OLG Celle* (Fn. 65).
[72] RGZ 25, 393.
[73] → § 788 Rdnr. 7, 24, 27.
[74] Portofreie Übersendung – jedenfalls für die Prozeßbeteiligten – RGZ 131, 151, *KG* JW 1931, 3574, *OLG Düsseldorf* JW 1931, 226; *Krüger* (Fn. 19) Rdnr. 11. – A.M. *KG* JW 1931, 1844.
[75] Vgl. *OLG Bamberg* (Fn. 66).

§ 707 [Einstweilige Einstellung der Zwangsvollstreckung]

(1) ¹Wird die Wiedereinsetzung in den vorigen Stand oder eine Wiederaufnahme des Verfahrens beantragt oder wird der Rechtsstreit nach der Verkündung eines Vorbehaltsurteils fortgesetzt, so kann das Gericht auf Antrag anordnen, daß die Zwangsvollstreckung gegen oder ohne Sicherheitsleistung einstweilen eingestellt werde oder nur gegen Sicherheitsleistung stattfinde und daß die Vollstreckungsmaßregeln gegen Sicherheitsleistung aufzuheben seien. ²Die Einstellung der Zwangsvollstreckung ohne Sicherheitsleistung ist nur zulässig, wenn glaubhaft gemacht wird, daß der Schuldner zur Sicherheitsleistung nicht in der Lage ist und die Vollstreckung einen nicht zu ersetzenden Nachteil bringen würde.

(2) ¹Die Entscheidung kann ohne mündliche Verhandlung ergehen. ²Eine Anfechtung des Beschlusses findet nicht statt.

Gesetzesgeschichte: Bis 1900 § 647 CPO. Änderung BGBl. 1976 I 3281.

I. Voraussetzungen der Einstellung	1
1. Einlegung des Rechtsbehelfs	2
2. Antrag	3
3. Stand der Vollstreckung	4
II. Entscheidung	5
1. Mögliche Anordnungen, Haftung der Sicherheit	7
2. Einstellung ohne Sicherheit	9
3. Herabsetzung der Sicherheit	17
4. Aufhebung von Vollstreckungsmaßregeln	18
5. Dauer der Anordnungen	19
6. Wegfall der Veranlassung zur Sicherheitsleistung	20
III. Beschluß, Abänderung, Beschwerde	21
1. Beschluß, Bekanntgabe, Wirkungen	
2. Abänderung	22
3. Anfechtung	23
4. Kosten, Gebühren	25
IV. Entsprechende Anwendung und verwandte Regelungen	26
1. Kraft gesetzlicher Anordnung	
2. Ohne gesetzliche Anordnung	27
V. Arbeitsgerichtliches Verfahren	29
1. Voraussetzungen der Einstellung	
2. Einstellung ohne Sicherheit	30
3. Anfechtung	31

I. Voraussetzungen der einstweiligen Einstellung[1]

1   Anträge auf *Wiedereinsetzung* (§§ 233 ff.), *Wiederaufnahmeklagen* (§§ 578 ff.) und *Nachverfahren*[2] (§§ 302 Abs. 4, 600) sind keine Rechtsmittel i. S. d. § 705 und hemmen weder die Rechtskraft[3] noch die Vollstreckbarkeit[4]. Dagegen *kann* in diesen Verfahren nach § 707 der **Aufschub der Zwangsvollstreckung** einschließlich mancher Vollstreckung i. w. S.[5] angeordnet werden. Die entsprechende Anwendung des § 707 nach **§ 719 Abs. 1** ist hier mitberücksichtigt mit Ausnahme der Besonderheiten für Versäumnisurteile und Revision, → § 719 Rdnr. 4 ff. Zu weiteren Fällen entsprechender Anwendung sowie verwandten Regelungen → Rdnr. 26. Über das Verhältnis der einstweiligen Einstellung zur einstweiligen Verfügung → Rdnr. 95 ff. vor § 704 sowie unten Rdnr. 4 Fn. 17.

---

[1] *Maurer*, Hans-Ulrich, Einstweilige Anordnungen in der ZV usw., Diss. Tübingen 1980/81.
[2] Seit BGBl. 76 I 3281. Materialien: BT-Drucks. 7/2729 S. 105. Formelle Rechtskraft des Vorbehaltsurteils (§ 705 Rdnr. 2) hindert Einstellung der ZV im Nachverfahren nicht *BGHZ* 69, 272 = NJW 1978, 43; *Rosenberg/Gaul*[10] § 11 III 1. → auch Rdnr. 7 nach Fn. 62.
[3] → § 705 Rdnr. 2.
[4] → § 775 Rdnr. 1.
[5] Dies freilich nur analog, *Wieser* ZZP 102 (1989) 269, daher für jeden Fall gesondert zu prüfen; →z. B. § 717 Rdnr. 6 u. allgemein zur Vollstreckbarkeit i.w.S. Rdnr. 47 ff. vor § 704.

Anordnungen nach §§ 707, 719 setzen voraus:

1. Die **Wiedereinsetzung in den vorigen Stand** nach § 236 Abs. 1 muß *beantragt* sein, wozu die Nachholung der versäumten Prozeßhandlung gehört[6]. Zur Wiedereinsetzung *wegen verspäteten Einspruchs* → aber § 719 Rdnr. 6a. Bei der **Wiederaufnahme** des Verfahrens kann die Anordnung zwar schon nach Klageinreichung ergehen, aber ihr Vollzug muß dann vom Nachweis der Zustellung abhängig gemacht werden[7]. In den Fällen der §§ 302 Abs. 4, 600 muß die Fortsetzung des Prozesses beantragt sein[8]. Nach § 719 müssen **Einspruch**, **Berufung** oder **Revision** *eingelegt* sein. In allen Fällen genügt ein Antrag auf Prozeßkostenhilfe nicht[9]; Einstellung unter der Bedingung, daß die Klage erhoben bzw. das Rechtsmittel eingelegt wird, ist unzulässig. → auch § 249 Rdnr. 2.

2. Der **Antrag** des *Schuldners* auf eine der zulässigen Anordnungen[10] ist – vorbehaltlich § 496 – *schriftlich* oder in der *mündlichen Verhandlung* zu stellen; er unterliegt im Anwaltsprozeß (§ 78) dem *Anwaltszwang* und der Begrenzung durch § 308 Abs. 1, welche jedoch die Anordnung eines »Weniger« nicht ausschließt[11]. Zur Prozeßkostenhilfe → § 119 Rdnr. 17. Anträge des Schuldners auf Abänderung der Entscheidung über die vorläufige Vollstreckbarkeit fallen unter § 718[12].

3. Die **Zwangsvollstreckung** darf zur Zeit der Beschlußfassung[13] **nicht bereits beendigt** sein[14]; denn die Vollstreckung als Ganzes rückgängig zu machen ginge über die Aufhebung von Vollstreckungsmaßregeln hinaus[15] und zu einem feststellenden Ausspruch über die *Berechtigung* der schon beendigten Vollstreckung ist das Verfahren nach §§ 707, 719 weder bestimmt noch geeignet[16]. Einstweilige Verfügungen, §§ 935 ff., sind jedoch insoweit nicht ausgeschlossen[17]. Soweit schon eine *den Titel einschränkende Entscheidung* verkündet ist[18], scheiden die §§ 707, 719 Abs. 1 für den Schuldner[19] aus, auch bei Herabsetzung wiederkehrender Leistungen. Denn künftige Vollstreckung ist dann nach § 775 Nr. 1 einzuschränken und eine **Aufrechnung** gegen den danach verbleibenden Betrag mit Erstattungsansprüchen aus vergangener Vollstreckung (§ 717 Abs. 2, 3) ist nur über § 767 zu erreichen bzw. über §§ 769 f. abzusichern[20].

Erforderlich ist, daß der Titel zur Zeit der Entscheidung über den Antrag noch (zumindest vorläufig) vollstreckbar ist[21], aber *nicht*, daß die Vollstreckung *bereits begonnen hat*[22]. Auch Klauselerteilung[23] sollte man zumindest dann nicht verlangen, wenn sich aus den Umständen, z.B. Fristsetzung mit (wenn auch verfrühter) Androhung oder Antrag auf Klauselerteilung, eine Vollstreckungsbereitschaft ergibt. Ein vom Gläubiger gewährter Vollstreckungsaufschub

---

[6] Ist wegen Ablehnung einer Wiedereinsetzung die Berufung verworfen, so ist § 719 Abs. 2 anzuwenden, → dort Fn. 25.
[7] RGZ 50, 405; *Baumbach/Hartmann*[52] Rdnr. 2; – dazu § 769 Rndr. 7. – A. M. wohl *Wieczorek*[2] Anm. C I b.
[8] Für Rechtsmittelverfahren gegen Vorbehaltsurteile gilt nur § 719. Bei gleichzeitigem Betrieb des Nachverfahrens sind daher (vor allem wegen → Fn. 31 oder § 719 Abs. 2) **unterschiedliche** Entscheidungen nach § 707 und § 719 möglich, s. auch *OLG Nürnberg* NJW 1982, 392 = MDR 239.
[9] *OLG Düsseldorf* JMBlNRW 1970, 236; *Zöller/Herget*[18] § 719 Rdnr. 3 (erst nach Bewilligung u. etwaiger Wiedereinsetzung). Anders bei § 769, → dort Rdnr. 6f.
[10] → Rdnr. 7ff. Unklare Anträge (z.B. Vordrucke ohne konkretisierende Zusätze) führen wegen § 139 zu Zeitverlust.
[11] Etwa Sicherheitsleistung des Gläubigers statt Einstellung, *OLG Braunschweig* NJW 1974, 2138.
[12] RGZ 66, 305f.; *OLG München* OLGRsp 23, 195f.
[13] → § 300 Rdnr. 20 mit Verweisungen.
[14] *Hartmann* (Fn. 7); *Gaul* (Fn. 2) § 11 III 2. Zum Ende der ZV → Rdnr. 115 vor § 704.
[15] RGZ 23, 336f.; 40, 384; *Gaul* (Fn. 2) § 11 III 2b; a. M. wohl *OLG München* MDR 1985, 1034.
[16] RG JW 1899, 164f.
[17] BGH NJW 1957, 1193; *Gaul* (Fn. 2) § 11 III 8; → auch Rdnr. 96f. vor § 704.
[18] → § 717 Rdnr. 1–5.
[19] Wegen des Gläubigers → § 717 Rdnr. 6.
[20] *OLG Naumburg* OLGRsp 25 (1912), 149f.
[21] Bei wegen Unbestimmtheit unwirksamen oder auch nichtigen Entscheidungen muß, da sie anfechtbar sind, auch der äußere Anschein (Vollstreckbarkeitserklärung) genügen.
[22] RGZ 32, 395, RG JW 1897, 54f.
[23] *Lüke* JuS 1973, 48 hält erst danach den Antrag für zulässig; a.M. *MünchKommZPO-Krüger* (1992) Rdnr. 9.

steht der Anordnung nur entgegen, wenn dieser bis zur Entscheidung in der Hauptsache versprochen ist.

II. Entscheidung über den Antrag

5   Sie trifft – anders als in § 572 Abs. 2 – ausschließlich das für den Rechtsbehelf oder das Nachverfahren[24] zuständige Gericht[25]; → auch Rdnr. 27. Sie kann ohne mündliche Verhandlung ergehen und ist zumindest bei Ablehnung (auch teilweiser!), wegen der besonderen Gefahren für den Gläubiger aber auch in den Fällen → Rdnr. 9ff. zu begründen[26]. Über die *Wirkung* der stattgebenden Entscheidung → § 775 Rdnr. 12f., 26, 29, § 776 Rdnr. 1ff. Wegen des *Einzelrichters* → § 348 Rdnr. 2f.[27], wegen des Vorsitzenden der Kammer für Handelssachen → § 349 Rdnr. 28. Zum **Verfahren** → ausführlich § 128 V. Stets ist der *Gläubiger anzuhören*[28], was aber in Eilfällen (weil sofortige Nachteile drohen, z.B. hohe Vorbereitungskosten bei Räumungen), wegen der Abänderungsmöglichkeit → Rdnr. 22 nachgeholt werden kann[29]; → aber auch Rdnr. 6. Das Gericht entscheidet nach *pflichtgemäßem Ermessen*, ob ein Grund zur Hemmung der Vollstreckung vorliegt. Dabei sind schutzwürdige Sicherungs- und Erhaltungsinteressen beider Parteien sorgfältig abzuwägen[30]; insbesondere ist auf den **voraussichtlichen Erfolg der Anfechtung Rücksicht zu nehmen**[31], was leider immer noch zuweilen nicht beachtet wird vor allem in »Formularbeschlüssen«[32]. Außer den sachlichen Aussichten[33] sind vor allem auch die *Zulässigkeitsvoraussetzungen* zu prüfen, die sich oft schon vor mündlicher Verhandlung und meist ohne Beweisaufnahme auf Grund der Akten überschauen lassen[34]. Hält das Gericht sie nicht für gegeben, so darf es nur dann einstellen, wenn nach einer (ernst zu nehmenden) abweichenden Ansicht die Zulässigkeit doch bejaht werden könnte. → auch § 719 Rdnr. 17ff. Im Zweifel ist zugunsten des Gläubigers zu entscheiden[35]. Wird der Anspruch des Gläubigers bestritten, so trifft diesen erst ab seiner Anhörung die Beweislast[36]. Einstellung gemäß § 32 BVerfGG ist nur zulässig, wenn sie die Entscheidung zur Hauptsache nicht vorwegnimmt[37].

---

[24] Näheres → Fn. 8.
[25] *OLGe Nürnberg, Hamm* NJW 1982, 392 = MDR 239 (Nachverfahren), FamRZ 1985, 307; *Thomas/Putzo*[18] Rdnr. 5; *Gaul* (Fn. 2) § 11 III 2a. – Daher kann wegen Verfassungsbeschwerden nur das BVerfG selbst nach § 32 BVerfGG einstellen, *KG* FamRZ 1966, 157; *LG Mannheim* NJW 1960, 1624.
[26] *OLG Köln* MDR 1989, 920; *E.Schneider* MDR 1973, 359; *Krüger* (Fn. 23) Rdnr. 10 mwN ; → § 769 *OLG Karlsruhe* FamRZ 1993, 225; formelhafte Gründe genügen nicht, *OLG Schleswig* FamRZ 1990, 303f.
[27] Er ist jedenfalls zuständig, wenn der Prozeß noch vor ihm anhängig ist, *OLG Schleswig* SchlHA 1975, 63.
[28] *OLG Celle* MDR 1986, 63; *LAG Hamm* MDR 1972, 362; *Hartmann* (Fn. 7) Rdnr. 7; *Thomas/Putzo*[18] Rdnr. 9; *E.Schneider* (Fn. 26) 357. Mit Zustellung oder Mitteilung einer Eilanordnung ist das aber noch nicht geschehen, → auch Fn. 147, 168. Zu Auswirkungen des rechtlichen Gehörs auf die **Behauptungs- und Beweislast** *OLG Frankfurt* FamRZ 1989, 87u. → § 920 Rdnr. 10f.; wie dort *Thomas/Putzo*[18] Rdnr. 9 vor § 916.
[29] Vgl. *BVerfGE* 18, 404; *OLGe Celle* OLGZ 1970, 356 = MDR 243f.; *Karlsruhe* Justiz 1971, 324; *Köln* NJW-RR 1988, 1467[67] = Büro 1086. → Rdnr. 6.
[30] *OLG Frankfurt* NJW 1976, 2137f.; *OLG Köln* NJW-RR 1987, 189; MDR 1974, 407; *OLG Celle* NJW 1962, 2257 = MDR 1963, 57; *Gaul* (Fn. 2) § 11 III 2c.

[31] *BAG* NJW 1971, 910; *OLGe Braunschweig* FamRZ 1979, 928, Celle Büro 1966, 527, *Düsseldorf* OLGZ 1966, 440; *Frankfurt* Büro 1985, 934 (zu § 719 Abs. 1) u. *KG* FamRZ 1978, 413; *OLGe Köln* (Fn. 30), *Schleswig* SchlHA 1977, 190, ganz h.M.- A.M. *Wieczorek*[2] Anm. C I b: nur fristgemäße Einlegung (trifft aber lediglich zu auf Anordnungen wie → Fn. 123).
[32] *KG* (Fn. 31); *OLG Köln* JMBlNRW 1972, 141; *Gaul* (Fn. 2) § 11 III 2c; *E.Schneider* (Fn. 26) 357.
[33] *BGH* NJW 1992, 1458 prüft bei Wiederaufnahme auch den Erfolg zur Sache (dort Kosten).
[34] BGHZ 18, 47, 49. Mit Recht rügt *E.Schneider* (Fn. 26) 358 Einstellungen ohne Aktenstudium; zu § 572 Abs. 3 *OLG Stuttgart* OLGZ 1977, 117f. – A.M. *Wieczorek*[2] Anm. C I b.
[35] So zu § 719 *OLG Köln* (Fn. 30) u. *OLG Düsseldorf* NJW-RR 1987, 702 = MDR 415; *Krüger* (Fn. 23) Rdnr. 11 mwN. Für das Nachverfahren → § 599 Rdnr. 7 Fn. 25, 25a (zust. *Brehm* WM 1993, 1779f.).
[36] *OLG Frankfurt* FamRZ 1989, 87f. (dort analog § 719 bei negativer Feststellungsklage gegen Interimsvergleich im Verfahren nach § 620).
[37] *BVerfG* NJW 1980, 1379 (zu § 620f.).

Solange die Berufungsbegründung oder die Angaben nach § 340 Abs. 3 noch ausstehen, 6
wird daher selten Anlaß zu einer von vornherein auf die Dauer der gesamten Instanz
erstreckten Anordnung sein[38], zumindest nicht zu einer solchen, die jeden Zugriff verhindert
→ Rdnr. 6a. Oft sind zunächst nur **zeitlich begrenzte Anordnungen** angebracht, etwa kalendermäßig befristete[39], bis zur Äußerung des Gegners[40], bis zum Eingang der Begründung des
Rechtsbehelfs/Rechtsmittels[41]. Sie bedeuten noch nicht teilweise Ablehnung, sondern nur
Aufschub der Entscheidung über den Antrag, die daher nach dem angegebenen Zeitpunkt
noch ergehen muß (was zuweilen vergessen wird).

Auch kurzfristige Einstellungen können jedoch zu erheblicher Verzögerung führen, die 6a
nicht selten von böswilligen Schuldnern erstrebt wird. Dies bedeutet bei Wiedereinsetzung
und Wiederaufnahme, daß dem Gläubiger nach beendetem Erkenntnisverfahren die Rechtsverwirklichung vorenthalten wird; auch in den übrigen Fällen kann die Einstellung den
Gläubiger unbillig treffen, insbesondere wenn sich während der Verzögerung das Vermögen
des Schuldners verringert[42]. Daher ist bei Geldforderungen stets zu erwägen, ob nicht dem
Gläubiger wenigstens der erste Zugriff i. S. d. § 720a erhalten bleiben kann[43], und bei Wechselforderungen, insbesondere *Vorbehaltsurteilen* im Wechselprozeß, ist schon im allgemeinen Interesse des Wechselkredits ein strenger Maßstab anzulegen[44]. Auch gegenüber Urteilen, die **einstweilige Verfügungen** bestätigen, ist wegen der Wertung des § 939 nur ganz
ausnahmsweise in der Berufungsinstanz einzustellen[45]. Andererseits ist eine Einstellung um
so weniger bedenklich, je mehr Befriedigungsmöglichkeiten der Gläubiger sich schon sichern
konnte[46]. Zur Sicherheitsleistung des Schuldners in solchen Fällen → Rdnr. 8 Fn. 80 f. Nach
vollständiger *vollstreckungsabwendender Leistung* ist, falls der Gläubiger nicht wie →
Rdnr. 4a Stillstand der Vollstreckung versprochen hat, auch ohne Rücksicht auf Erfolgsaussicht einzustellen, schon um Klagen zu vermeiden, zumal hierdurch die vollstreckbare Ausfertigung noch nicht verbraucht ist[47].

Einstellung scheidet aber im Zweifel aus, soweit das Urteil seine materielle Wirkung völlig 6b
einbüßen würde, z.B. bei *befristeten Unterlassungsansprüchen*, falls die Rechtskraft der
Entscheidung vor Fristablauf nicht mehr zu erreichen ist[48]; anders aber, wenn der Schuldner
glaubhaft macht, daß die Vollstreckung nicht dringlich ist[49], die Fristen der §§ 926 Abs. 2, 929
Abs. 2 (936) versäumt wurden, u. U. auch, weil ohne Anhörung entschieden wurde[50]. Es steht
– vorbehaltlich der Sonderregelungen in Abs. 1 S. 2[51], § 719 Abs. 1 S. 2[52] und § 719 Abs. 2[53]
– im **freien** pflichtgemäßen Ermessen des Gerichts, *welche* der *zulässigen* Anordnungen es
treffen will[54]:

---

[38] *OLG Köln* (Fn. 30).
[39] Vgl. den Tatbestand in *BGHZ* 8, 48 = JZ 1953, 114 = NJW 179 u. *BGH* NJW 1966, 1079[7] = MDR 583.
[40] → Fn. 28.
[41] Nur in außergewöhnlichen Fällen, zumal es zu möglichst später Begründung verleiten kann.
[42] *E. Schneider* (Fn. 26); *OLG Köln* MDR 1974, 407. → aber auch Fn. 43 (Gefahr für Unterhaltsschuldner).
[43] → Rdnr. 7 Fn. 72. Sogar bei Unterhaltstiteln kann solche Beschränkung u. U. angebracht sein wegen der dort besonders großen Gefahr, Leistungen nie zurückzuerhalten, vgl. *BGH* WuB IV A. § 818 BGB 1.93 (*Lange*).
[44] → § 599 Rdnr. 6; *Hartmann* (Fn. 7) § 599 Rdnr. 10; *Zöller/E. Schneider*[18] § 599 Rdnr. 17; Rsp zu § 707 aF → 20. Aufl. Fn. 20.
[45] *OLGe Frankfurt* MDR 1983, 585; Büro 1992, 196; *Celle* NJW 1990, 3281 (dort stand Aufhebung schon fest); *Krüger* (Fn. 23) Rdnr. 17.
[46] Zust. *Krüger* (Fn. 23) Rdnr. 13.
[47] *Münzberg* KTS 1984, 196. Zum Verbrauch → § 724 Rdnr. 6, § 775 Rdnr. 2, 32.

[48] *BGH* MDR 1979, 997; LM Nr. 27 zu § 719 = JZ 1965, 541 (*Baur*) = NJW 1276; *BAGE* 24, 331 = AP Nr. 4 zu § 719 (*Wieczorek*) = SAE 1973, 216 (*Leipold*) = NJW 1972, 1775; *OLG Koblenz* WRP 1981, 545; *Gaul* (Fn. 2) § 11 III 3a. – S. aber auch zu entsprechenden Folgen beim **Schuldner** *BGH* LM Nr. 18/19 zu § 719 = NJW 1961, 76 → § 719 Fn. 34; *OLG Köln* (Fn. 32: Verurteilung zu unrichtiger presserechtlicher Gegendarstellung).
Ausnahmsweise Einstellung: *OLG Koblenz* WRP 1985, 657 u. *OLG Köln* GRUR 1982, 504; *OLG Celle* NJW-RR 1986, 190 (Unterlassungsnapsurch wird für unzweifelhaft nicht gegeben erachtet). → auch Fn. 49 f.
[49] *OLGe Koblenz, Köln* (Fn. 48).
[50] *OLG Koblenz* NJW-RR 1990, 1535 f.
[51] → Rdnr. 9 ff.
[52] → § 719 Rdnr. 4 ff.
[53] → § 719 Rdnr. 7 ff..

§ 707 II   Erster Abschnitt: Allgemeine Vorschriften

7   1. Das Gericht kann anordnen, daß die Vollstreckung des Gesamtbetrags oder eines Teils davon[55] **gegen Sicherheitsleistung des Schuldners**[56] einstweilen eingestellt wird. Ein solcher Antrag ist zwar im Falle § 712 Abs. 1 S. 1 in der Regel sinnlos. Anders aber, wenn in den übrigen Fällen das Urteil nur gegen Sicherheit des Gläubigers vorläufig vollstreckbar ist[57], auch gegenüber einer Vollstreckung nur nach § 720a[58], oder wenn der Gläubiger nach § 711 nur durch eigene Sicherheitsleistung die vollständige Vollstreckung erzwingen kann[59]. In diesen Fällen wird freilich der Schuldner in der Regel[60] darlegen müssen, in welcher Hinsicht diese Einschränkung sein Vollstreckungsrisiko ungenügend abdeckt[61] und daß dieses Manko erheblich genug ist, um die Interessen des Gläubigers zu überwiegen[62]. Im Nachverfahren folgt dieses Risiko schon daraus, daß mit formeller Rechtskraft des Vorbehaltsurteils ohne Sicherheit vollstreckt werden kann[63]. Ferner kann angeordnet werden, daß die **Vollstreckung zwar stattfinden dürfe, aber nur gegen Sicherheitsleistung des Gläubigers**[64] oder gegen eine höhere als die im Urteil angeordnete[65]. Obwohl in § 707 nicht erwähnt, aber aus seiner Wertung folgend, kann auch als ein »Weniger« die Anordnung ergehen, daß die **Vollstreckung nicht über ein bestimmtes Stadium hinaus fortgesetzt** wird[66], z.B. die *Offenbarung* trotz § 720a aufzuschieben ist[67] oder in bestimmte Gegenstände nicht vollstreckt werden darf[68]; daß der Gläubiger zwar *pfänden*, aber wie bei § 720a die *Verwertung* vorerst nicht[69] oder, falls er einen unbedingt vollstreckbaren Titel hat, trotzdem erst nach Sicherheitsleistung durchführen darf[70], oder daß bereits gepfändete Sachen nicht zwecks Versteigerung *abgeholt* werden dürfen oder einstweilen dem Schuldner (dann aber gesiegelt!) zurückzugeben sind[71]. War schon *vorgepfändet* worden, so sollte der Beschluß die fristgemäße Pfändung nach § 845 Abs. 2 (ohne Überweisung!) ausdrücklich gestatten[72]. Erst recht müssen noch schwächere Einschränkungen der Vollstreckung zulässig sein, die ähnliche Sicherungszwecke erzielen, z.B. die Gestattung der Pfändung und Verwertung, aber verbunden mit der Anordnung der Hinterlegung des Erlöses ähnlich § 720[73]; das freilich nur, solange das Geld sich noch in der Verfügungsgewalt des Vollstreckungsorgans befindet[74]. Bei sämtlichen dieser im Gesetz nicht

---

[54] *OLG Frankfurt* NJW 1968, 756 = DB 393, ganz h.M. – A.M. *Wieczorek*[2] Anm. D I b 1.

[55] Z.B. bei teilweiser Erfolgsaussicht, *E.Schneider* (Fn. 26) 358 zu 4; stets bei nur teilweiser Anfechtung *OLG Köln* DB 1971, 2469; nach Erweiterung der Berufung ist § 719 auch auf den bisher unangefochtenen Teil (§ 534) anwendbar, *OLG Schleswig* (Fn. 31).

[56] Leistet der Schuldner die Sicherheit nicht, so sind §§ 720, 815 Abs. 3, 817 Abs. 4 nicht anzuwenden, vgl. (für § 839) BGHZ 49, 181 = NJW 1968, 398; *LG Berlin* DGVZ 1970, 117; a.M. *Wieczorek*[2] § 839 Anm. A I. Anders bei ausdrücklicher Anordnung → Fn. 73.

[57] Das schließt Einstellung nicht stets aus RGZ 37, 411; *OLGe Celle* MDR 1987, 505; *Düsseldorf* OLGZ 1966; 436 = MDR 932; *Frankfurt* (Fn. 30); *Hamburg* MDR 1990, 161; → auch § 719 Rdnr. 2 Fn. 7 mwN.

[58] *OLG Düsseldorf* (Fn. 35).

[59] Auch das schließt Einstellung nicht schon grundsätzlich aus, *Krüger* (Fn. 23) Rdnr. 9.

[60] Unnötig, wenn die Erfolgsaussicht besonders hoch erscheint, *OLG Frankfurt* (Fn. 30), zust. *Krüger* (Fn. 23) Rdnr. 13; ähnlich bei voreiligem Teilurteil *Hamburg* MDR 1990, 931. Großzügiger *OLG Celle, Hamburg* (Fn. 57).

[61] *OLGe Bamberg* NJW-RR 1989, 576; *Braunschweig* NJW 1974, 2138, *Frankfurt* MDR 1984, 764; *Köln* (Fn. 30) *Schleswig* SchlHA 1976, 184; *E.Schneider* (Fn. 26) 358. Das ist aber entgegen *E.Schneider, OLG Bamberg* aaO keine Frage des Rechtsschutzbedürfnisses, sondern der Begründetheit. S. auch § 720a, den *OLG Schleswig* SchlHA 1977, 190 a. E. wohl nicht bedachte.

[62] → Rdnr. 5 Fn. 30.

[63] → § 709 Rdnr. 9 Fn. 37.

[64] Um nicht § 708 auszuhebeln, ist Zurückhaltung geboten!

[65] RGZ 27, 364f., wohl auch 66, 306.

[66] Wie hier *Gaul* (Fn. 2) § 11 III 3 a a. E. Nach Pfändung sicherer Werte kann aber Herabsetzung der Sicherheitsleistung verlangt werden → Fn. 81.

[67] *OLG Frankfurt* MDR 1989, 462 = Rpfleger 115; *OLG Köln* ZIP 1994, 1053 ließ wegen Konkursgefahr die ZV nach § 720a nur gegen Sicherheitsleistung zu. – aber auch Fn. 75, 100.

[68] BGHZ 18, 219 (unersetzlicher Nachteil drohte nur aus der Pfändung des Anderkontos eines Anwalts); *E.Schneider* (Fn. 26) 358f.

[69] Zust. *Krüger* (Fn. 23) Rdnr. 13.

[70] Über den Unterschied bei einstweiligen Verfügungen, ob ihre Vollstreckbarkeit oder nur ihre Vollziehung von einer Sicherheitsleistung des Gläubigers abhängt, s. *OLG Hamm* MDR 1982, 763; → auch § 890 Rdnr. 20 a. E.

[71] → § 808 Rdnr. 27.

[72] Nicht geschehen in *OLG Stuttgart* Büro 1975, 1378 mit den Folgen → § 845 Rdnr. 17!

[73] RGZ 30, 397f. (zu § 769), *Hartmann* (Fn. 7) Rdnr. 12.

[74] Also nicht »den vom Drittschuldner gezahlten Betrag zu hinterlegen«, *OLG Karlsruhe* OLGRsp 26, (1913) 387 (für § 769).

genannten Maßnahmen ist jedoch wie sonst Abs. 1 S. 2 zu beachten, soweit sich nicht wie im Falle → Fn. 74 aus der Maßnahme selbst eine entsprechende Sicherung des Gläubigers ergibt[75]. – Zur einstweiligen Einstellung *aufhebender* Urteile → § 717 Rdnr. 6.

Zur **Art der Sicherheitsleistung** → Bem. zu § 108, § 751 Rdnr. 11; über Rechte des Gegners **8** an ihr → § 804 Rdnr. 45 f. Wird *jegliche* Vollstreckung aus dem Titel eingestellt, ganz gleich wie lange und ob mit oder ohne Aufhebung bereits geschehener Vollstreckungsmaßnahmen, so **haftet die vom Schuldner geleistete Sicherheit** dem Gläubiger zwar nur bis zu der vom Gericht angeordneten Höhe[76], aber innerhalb dieses Rahmens nicht nur für den Schaden, der ihm durch die mit der Einstellung verbundene *Hinauszögerung seiner Befriedigung* erwächst[77], sondern auch und gerade für die Forderung selbst nebst Prozeßkosten[78]; denn andernfalls würde man dem Gläubiger ein meist hoffnungsloses Beweisrisiko aufbürden und damit in der Regel jenen Verlust, der durch die Sicherheit gerade vermieden werden soll[79]. Dabei macht es keinen Unterschied, ob der Gläubiger bereits vorher durch Vollstreckungsmaßregeln, z. B. Pfändungen, Sicherheiten erlangt hatte oder nicht[80]. Sie machen die Sicherheitsleistung auch nicht entbehrlich, sondern sind nur insofern von Bedeutung, als bei der Bemessung der zu leistenden Sicherheit die durch die Vollstreckungsmaßnahmen bereits erlangten Sicherheiten angemessen zu berücksichtigen sind[81]. Die *Hinterlegung* nur des Streitgegenstandes oder des Erlöses kann, da sie niemals eine Sicherheitsleistung für den Verzögerungsschaden darstellen würde, nur unter den Voraussetzungen angeordnet werden, unter denen die Einstellung ohne Sicherheitsleistung zulässig ist, → Rdnr. 9 ff.

Bezieht sich die Einstellung *nur* auf bestimmte Vermögensgegenstände oder wird sie auf **8a** bereits geschehene Vollstreckungsmaßnahmen beschränkt, oder werden nur diese aufgehoben, während der Gläubiger *im übrigen* weiter vollstrecken darf, so haftet die Sicherheit auch nur für den daraus entstehenden Schaden[82], also bei bloßer Einstellung für den Verzögerungsschaden z. B. wegen nachträglicher Wertminderung des gepfändeten Gegenstandes, bei Aufhebung einer Vollstreckungsmaßnahme jedenfalls für den verlorenen Wert, den die Maßnahme für den Gläubiger gehabt hätte[83]. Dies kommt besonders in den Fällen des § 771 Abs. 3 vor → dort Rdnr. 44, zuweilen aber auch im Rahmen der §§ 707, 719, → unten Rdnr. 16.

2. Einstellung ohne Sicherheitsleistung ist im Bereich des Art. 38 EuGVÜ überhaupt **9** nicht[84] und – außer nach § 924 Abs. 3 S. 2 – **gemäß § 707 Abs. 1 S. 2** nur zulässig, wenn der Rechtsbehelf nicht völlig aussichtslos ist[85] **und der Schuldner** zweierlei glaubhaft macht (§ 294):

---

[75] Insofern gesetzwidrig OLG Frankfurt (Fn. 67, dort unersetzlicher Nachteil ausdrücklich verneint), mag auch offenbarungsreifen Schuldnern i. d. R. Sicherheitsleistung schwer fallen.

[76] Insofern zutreffend (→ aber Fn. 77) OLG Köln NJW-RR 1989, 1396; denn wer sich ausdrücklich nur für diesen (dort offenbar zu gering festgesetzten!) Betrag verbürgt, darf nicht schlechter stehen als ein Hinterleger von Geld.

[77] Insoweit verfehlt die Begründung in OLG Köln (Fn. 76), der Titel nenne keine Verzugsansprüche, denn es geht um Schaden aus Verzögerung der ZV, nicht um §§ 285 f. BGB (richtig nur, daß der Schaden nicht ohne weiteres »in Form von Zinsen« verlangt werden kann). Ebenso Haftung für titulierte Zinsen u. vergebliche ZV-Kosten, *BGH* NJW 1979, 417 (418) = MDR 308 = JR 247 (Schreiber)..

[78] *Krüger* (Fn. 23) Rdnr. 14. Der **Sicherungsfall** tritt bei Zahlungsansprüchen des Gläubigers – wie im Falle → § 711 Rdnr. 11 – ein, sobald der Gläubiger nicht mehr (z. B. durch erneute vorläufige Einstellung) an der ZV gehindert ist, ausführlich *Pecher* WuB VI E. § 108 ZPO 1.93 gegen LG München I aaO, also spätestens, wenn u. soweit die Verurteilung rechtskräftig ist, auch im Falle §§ 708 Nr. 4, 711 BGH (Fn. 2), oder der Anspruch nach § 164 KO (§ 201 Abs. 2 InsO) mangels Widerspruchs festgestellt wird OLG Koblenz NJW-RR 1992, 108.

[79] BGH (Fn. 77); RGZ 141, 196; Gaul (Fn. 2) § 11 III 4; *E. Schneider* Büro 1966, 912. – Zur Umwandlung einer vom Schuldner als Sicherheit bewirkten Hinterlegung in schuldbefreiende Hinterlegung im Wege des Verzichts auf Rücknahme s. RG LeipzZ 1914, 1366.

[80] RGZ 141, 196; *E. Schneider* (Fn. 79).

[81] OLGe Celle NJW 1959, 2268 = MDR 1960, 57 u. *Schleswig* SchlHA 1969, 121; *München* NJW-RR 1987, 767 f. (zu § 769). Außer dem Schätzwert sind etwaige Unsicherheiten (Rang, eventuelle Unpfändbarkeit, Rechte Dritter, Mindererlös) zu berücksichtigen, vgl. auch LG Köln JMBlNRW 1955, 41.

[82] OLG Dresden HRR 1937, 1130 (vereinbar mit RGZ 141, 196).

[83] Zur Schadensschätzung → Fn. 81.

[84] BGH NJW 1983, 1980[13].

[85] → Rdnr. 5.

§ 707 II   Erster Abschnitt: Allgemeine Vorschriften

a) daß er **zur Sicherheitsleistung nicht in der Lage ist**[86]. Anders als für den Gläubiger nach § 710 genügen hier nicht erhebliche Schwierigkeiten[87], sondern nur wirkliches Unvermögen zur Aufbringung der Sicherheit. Findet der Schuldner keinen geeigneten Bürgen und würde der vorübergehende Kapitalentzug ihm schwere Nachteile zufügen, reicht das noch nicht aus. Unvermögen ist aber anzunehmen, wenn schon die vorübergehende Sicherheitsleistung oder Hinterlegung ebenso einen nicht zu ersetzenden Nachteil zur Folge hätte wie die Vollstrekkung; → aber auch Rdnr. 10 a. E.

10 b) außerdem müßte die **Vollstreckung dem Schuldner einen nicht zu ersetzenden Nachteil bringen.**

aa) Der Nachteil muß *aus der Vollstreckung drohen*[88], also nicht nur aus einem Konkurs- oder Vergleichsantrag[89] oder schon aus dem Bekanntwerden des Urteils[90] und grundsätzlich nicht aus freiwilliger Leistung, mögen die Folgen auch meistens gleich sein. In den Fällen der §§ 887, 888, 890 müssen aber naturgemäß Nachteile aus titelgerechtem Verhalten maßgebend sein[91], was nicht ausschließt, bei Nichterfüllung auch den Nachteil aus der Kostenvollstreckung nach § 887 Abs. 2 zu berücksichtigen; denn darin besteht für den Schuldner gerade die Vollstreckung i. S. d. § 707 Abs. 1 S. 2[92]. – Droht der Nachteil *nur* aus dem Kapitalentzug zwecks Sicherheitsleistung, aber nicht aus der Vollstreckung selbst[93], so mag die Voraussetzung zu a) zutreffen[94], aber jene zu b) fehlt.

11 bb) *Nicht zu ersetzen* ist ein Nachteil, den der Schuldner selbst nicht abwenden[95] und den der Gläubiger weder mit Geld noch auf andere Weise wiedergutmachen kann, auch wenn er nach § 717 Abs. 2, 3 zum Ersatz oder zur Rückgabe verpflichtet wäre[96]. Das kann der Fall sein, wenn der Nachweis des Vollstreckungsschadens trotz § 287 auf unüberwindliche Schwierigkeiten stoßen würde (z.B. beim Abfall von Kunden) oder wenn er nach Art und Umfang überhaupt nicht in Geld zu schätzen ist, z.B. völlige oder überwiegende Zerstörung der wirtschaftlichen Existenz[97], aber auch bei der Vollstreckung gemäß § 890, wenn sie bis zur Aufhebung des Titels vollendete Tatsachen schafft[98]. Gerade in den zuletzt genannten Fällen kann aber ein überwiegendes Interesse des Gläubigers, das nicht nur nach § 719 Abs. 2 S. 1, sondern erst recht bei der Abwägung im Rahmen der §§ 707 Abs. 1, 719 Abs. 1 zu beachten ist, der Einstellung entgegenstehen[99].

12 Die *Offenbarungsversicherung* als solche ist noch kein unersetzlicher Nachteil, zumal wenn gegen den Schuldner schon fruchtlos vollstreckt worden war[100]; aber je nach Lage des

---

[86] Dazu BT-Drucks. 7/2729 S. 105.
[87] Vgl. auch *OLG Frankfurt* Büro 1985, 1890 (Blockierung öffentlicher Haushaltsmittel durch Sicherheitsleistung nach § 720a Abs. 3; → auch Fn. 115).
[88] *OLG Celle* OLGZ 1969, 458.
[89] *RG* WarnRsp 1914 Nr. 175; *Celle* (Fn. 88).
[90] *RG* WarnRsp 14 Nr. 175 (Konkurs); *OLG Celle* (Fn. 88) (Vergleichsantrag war schon gestellt).
[91] *OGHZ* 2, 378 = NJW 1950, 27 (zu § 887); *Ritter* ZZP 84 (1971) 177 (Widerruf, § 888); *Hartmann* (Fn. 7) Rdnr. 11; z.B. Urteil auf Rechnungslegung eröffnet Kundenliste, *Baumbach/Hefermehl* Wettbewerbsrecht¹⁷ Einl. UWG Rdnr. 378. Aber nicht, wenn Gericht Einsicht *nur* zuverlässigem Dritten gestattet, *Hefermehl* aaO; *BGH* WRP 1979, 715.
[92] A.M. *OGH* (Fn. 91); *Hartmann* (Fn. 7) Rdnr. 11.
[93] Z.B. wenn das Interesse des Gläubigers an der Unterlassung des verbotenen Verhaltens bedeutender größer ist (§ 711 Rdnr. 3) als das des Schuldners an der Vornahme; vgl. auch *RG* SeuffArch 80 (1926), 158 (Zinsausfall).
[94] → Rdnr. 9 a. E.
[95] *OLG Frankfurt* BB 1985, 832 f. ... Zur Abwendbarkeit durch Anträge nach §§ 711 f. → § 719 Rdnr. 13.

[96] *OLG Frankfurt* (Fn. 95) u. MDR 1982, 239.
[97] *BGH* NJW 1955, 1635 (Anwaltspraxis). → auch § 719 Fn. 53. Aber nicht, wenn der Schaden trotzdem schätzbar ist, z.B. für Gesellschaft in Liquidation *BGH* NJW-RR 1987, 61 = BB 1986, 2018 (zu § 719), weil dort nur das finanzielle Ergebnis mindert *BGH* NJW-RR 1993, 356 (Zwangsräumung) oder der Schuldner nur eine Beteiligungsgesellschaft ist *OLG Frankfurt* (Fn. 95). Vgl. auch *OLG Hamburg* MDR 1990, 161 (Einstellung nur gegen Sicherheitsleistung bei drohendem Schaden für geschäftlichen Ruf und Kreditwürdigkeit des Schuldners).
[98] Entgegen *BGHZ* 21, 377 = NJW 1956, 1717 = JZ 763 reicht jedoch nicht schon jede Vorwegnahme des Prozeßergebnisses durch ZV aus, *BGH* NJW-RR 1991, 186 f.; s. ferner *BGH* LM Nr. 12 zu § 719; *OLG Köln* JMBlNRW 1972, 141 und → § 719 Fn. 33 f. Ungenügend ist der allein darin bestehende Nachteil, daß der Schuldner nicht nach Belieben handeln darf, *BGH* LM Nr. 18/19 zu § 719 = NJW 1961, 76; *BAG* DB 1985, 2202.
[99] *Dütz* DB 1980, 1070, 1072; *OLG Celle* → Fn. 48.
[100] *BGH* LM Nr. 1 zu § 109 = Nr. 5 zu § 719; *OLG Köln* JMBlNRW 1969, 273. → auch Fn. 75.

Münzberg VIII/1994

Falles die durch sie drohende Kreditgefährdung, besonders bei Gewerbetreibenden[101]. Die nahezu aus *jeder* Vollstreckung (vor allem von Geldforderungen) drohende Krediterschwerung oder sonstige Vertrauenseinbußen im Geschäftsverkehr genügen im allgemeinen nicht[102]. Daß das Urteil fehlerhaft ist oder auf fehlerhaftem Verfahren beruht, bleibt in dieser Frage außer Betracht[103]. Wegen solcher Nachteile, die *aus rechtlichen Gründen nicht zu ersetzen sind* (§ 717 Abs. 3), → § 719 Rdnr. 10.

Könnte der Schaden durch Zahlung voll ersetzt werden, ist aber der *mittellose Gläubiger dazu nicht imstande*, so ist der Nachteil zwar ebenfalls nicht ersetzbar[104] und kann in den Fällen *unmittelbarer* Anwendung des § 707 wegen der Rechtskraft des Urteils auch nicht durch Einschränkungen der vorläufigen Vollstreckbarkeit abgewendet werden (anders u.U. im Bereich des § 719 Abs. 1 u. 2[105] und des § 62 Abs. 1 S. 2 ArbGG[106]); Einstellung ohne Sicherheitsleistung wäre daher an sich zulässig[107]. *Trotzdem* genügt die Anordnung nach S. 1, daß die Vollstreckung nur gegen Sicherheitsleistung des Gläubigers erlaubt ist: Findet der mittellose Gläubiger keinen Bürgen oder Kreditgeber, so unterbleibt die Vollstreckung; bringt der Gläubiger aber doch die Sicherheit auf, so entfällt der »nicht ersetzbare Nachteil«. – Auch diese Anordnung ist aber – ähnlich wie bei § 712 – nicht angebracht, wenn besonders wichtige Interessen des mittellosen Gläubigers entgegenstehen oder solange dessen Mittellosigkeit bestritten bleibt[108]. **13**

Drohen Nachteile, die der mittellose Gläubiger nicht zu ersetzen vermag, lediglich aus dem Kapitalentzug in den Fällen des § 720 (Zinsverlust, Krediterschwerung) oder aus Einschränkungen hinsichtlich der Verfügungs- und Benutzungsmöglichkeit gepfändeter Gegenstände im Falle des § 720a, so sind sie nur insoweit zu berücksichtigen, als sie die mit solchen Maßnahmen *üblicherweise verbundenen Vermögenseinbußen übersteigen*, → auch Fn. 102 u. § 719 Rdnr. 11. **14**

cc) An die *Glaubhaftmachung* sind strenge Anforderungen zu stellen. Zwar genügt auch hier die überwiegende Wahrscheinlichkeit[109] der einzelnen Sachverhaltselemente, aus denen der Nachteil geschlossen werden soll; sie können sich sogar aus den Umständen ergeben[110]. Jedoch muß der Schluß ziemlich sicher sein; insoweit reicht die gute Möglichkeit der Verursachung nicht aus. **15**

dd) Droht der Nachteil nur bei bestimmten Vollstreckungsmaßnahmen, z.B. in bestimmte Vermögensteile, oder nur bei Vollstreckung über einen gewissen Betrag hinaus, dann ist nur insoweit einzustellen, zumal wenn dem Gläubiger durch eine vollständige Einstellung schwere Nachteile drohen würden[111]. **16**

ee) die zulässige Anordnung muß zur Abwendung des Nachteils tauglich sein[112]. Würde z.B. der Nachteil nur durch Aufhebung der Pfändung vermieden, scheidet diese aber aus[113], so ist der Einstellungsantrag unbegründet[114].

---

[101] *OLGe Stuttgart* HRR 1932 Nr. 388, *Köln* (Fn. 100) u. *Frankfurt* (Fn. 67, mit pauschaler, daher mit der Rsp → Fn. 100 kaum harmonierender Begründung).
[102] *BGH* NJW 1952, 425 f.[17]. Vgl. aber *OLG Hamburg* OLGRsp 25 (1912), 148 (Verurteilung zur Aufnahme eines Gesellschafters).
[103] *OLG Celle* NJW 1962, 2356 = MDR 1963, 57; *Hartmann* (Fn. 7) Rdnr. 11. → auch Fn. 121. A.M. *OLG Düsseldorf* MDR 1980, 676 (zu § 719); *LG Kleve* MDR 1966, 154.
[104] *BAG* NJW 1985, 2972 mwN; obiter *BVerfG* NJW 1980, 1379 zu §32 BVerfGG; *Krüger* (Fn. 23) Rdnr. 17. – A.M. *Gaul* (Fn. 2) § 11 III 3a; *Thomas/Putzo*[18] Rdnr. 11 mit § 712 Rdnr. 3; nicht eindeutig a.m. BT-Drucks. 7/2729 S. 105. Zum Arbeitsgerichtsverfahren → aber Rdnr. 29 Fn. 216.
[105] → § 719 Rdnr. 13f.
[106] → Rdnr. 29 Fn. 216.
[107] → § 712 Rdnr. 11 a.E. Zur Glaubhaftmachung → Rdnr. 15.
[108] Dann ist dem Schuldner Sicherheitsleistung zuzumuten, so für § 769 *OLG Hamburg* FamRZ 1980, 905.
[109] → § 294 Rdnr. 6.
[110] → § 294 Rdnr. 5; ferner *RG* JW 1907, 840[20]; *OLG Frankfurt* MDR 1969, 60[65]; *OLG Zweibrücken* OLGZ 74, 250 = FamRZ 1975, 105.
[111] BGHZ 18, 219 = JZ 1955, 680 = NJW 1635; BGHZ 18, 398 = NJW 1956, 24. Vgl. auch *BAG* AP Nr. 2 zu § 719 = JZ 1958, 701 = NJW 1940[31]; *E. Schneider* (Fn. 26) 358.
[112] → auch Fn. 90.
[113] → § 719 Rdnr. 20.
[114] *BGH* WM 1965, 1023.

c) Die Glaubhaftmachung der Gründe → Rdnr. 9 ff. ist nicht wegen Zahlungskraft des Schuldners entbehrlich[115].

17   3. Aus der Befugnis, die Einstellung der Zwangsvollstreckung ohne Sicherheitsleistung anzuordnen, folgt als das Mindere die Befugnis, bei § 711 oder § 712 die Sicherheit, durch die der Schuldner die Vollstreckung abwenden kann, einstweilen herabzusetzen[116]. → auch Rdnr. 8.

18   4. Ferner kann das Gericht anordnen, daß vor der Einstellung *erfolgte*[117] **Vollstreckungsmaßregeln gegen Sicherheitsleistung aufzuheben sind**[118], falls nicht mit ihnen die Zwangsvollstreckung schon beendet ist → Rdnr. 4a. Für ausländische Titel s. § 22 Abs. 2, § 29 Abs. 5 AVAG[119]. Ohne volle, das ganze Interesse des Gläubigers *an der aufzuhebenden Maßregel*[120] deckende Sicherheitsleistung darf die *Aufhebung* nach § 707 nicht angeordnet werden[121]. Denn der Schlußsatz des Abs. 1[122] bezieht sich *nur* auf die *Einstellung*. Zur Höhe der Sicherheit, falls die aufzuhebende Maßnahme das gesamte Interesse des Gläubigers abgedeckt hätte, → Rdnr. 8, 8a; zur Vollziehung → Rdnr. 21. Über die Wirkung auf eingetragene Sicherungshypotheken s. § 868 Abs. 2. Die Unterbrechung der Verjährung wird durch *diese* Art der Aufhebung nicht beeinflußt, § 216 Abs. 1 BGB.

19   5. Die Anordnung ist **einstweilig**, d.h. sie wirkt, wenn sie nicht schon von vornherein vorläufig auf kürzere Zeit begrenzt ist[123] oder nachträglich abgeändert wird[124] *bis zum Erlaß des Endurteils der Instanz* und erledigt sich mit diesem von selbst, wenn das angefochtene bzw. im Nachverfahren überprüfte Urteil **aufrechterhalten** wird[125]. Gleiches gilt bei Zurücknahme des Rechtsmittels usw.[126].

19a   Wird dagegen im Nachverfahren oder im Bereich des § 719 das angefochtene, *noch nicht rechtskräftige*[127] Urteil **aufgehoben,** so tritt seine vorläufige Vollstreckbarkeit mit der Verkündung außer Kraft, § 717 Abs. 1. Damit ist auch die Anordnung endgültig erledigt. Das gilt auch dann, wenn das Rechtsmittelgericht im Nachverfahren oder das Revisionsgericht die Aufhebung des Urteils wieder aufhebt. Das Revisionsgericht kann nur entweder sofort rechtskräftig[128] in der Sache selbst entscheiden (§ 565 Abs. 3) oder die Zurückverweisung aussprechen; diese aber bedeutet ihrerseits keine Wiederherstellung der Vollstreckbarkeit des ersten Urteils[129] und läßt auch dann, wenn man dieser Ansicht nicht folgt, jedenfalls die Anordnung nicht wiederaufleben[130].

19b   § 717 Abs. 1 gilt nicht, wenn im unmittelbaren Anwendungsbereich des § 707 ein *rechtskräftiges* Urteil aufgehoben wird[131]. Dann dauert die einstweilige Anordnung fort, bis das *aufhebende* Urteil für vorläufig vollstreckbar erklärt ist (was bereits die Einstellung nach

---

[115] *OLG Frankfurt* (Fn. 87: Land als Schuldner machte vergeblich geltend, Gläubiger sei deshalb nicht gefährdet).
[116] S. auch *OLG München* JW 1925, 2156.
[117] Rechtspfändungen sind vor Zustellung noch nicht wirksam (→ § 829 Rdnr. 63) u. daher ohne Sicherheit aufhebbar, insoweit richtig *OLG Stuttgart* Büro 1975, 1378 (das aber schon erfolgte Zustellung »aufhob«, → dagegen § 829 Rdnr. 62).
[118] Etwa betrieblich benötigte, aber nicht unter §§ 811 ff., 850 ff. fallende Gegenstände (z. B. Konten).
[119] → Anh. § 723 Rdnr. 322, 329.
[120] Es ist nur so hoch wie der Maßnahme zu erwartende Erfolg; zur Schätzung → Fn. 81.
[121] RGZ 37, 431 (zu § 769); 86, 39 (zu § 771 Abs. 3); *Gaul* (Fn. 2) § 11 III 3; a.M. *LG Kleve* MDR 1966, 154.
[122] → Rdnr. 9 ff.
[123] → Rdnr. 6.
[124] → Rdnr. 22.
[125] H.M. *RGZ* 42, 371 f.; *Zöller/Herget*[18] Rdnr. 20; *Krüger* (Fn. 23) Rdnr. 20; a.M. *Dütz* DB 1980, 1075.
[126] *OLG Karlsruhe* BadRPr 1906, 195; *Gaul* (Fn. 2) § 11 III 6.
[127] Wegen rechtskräftiger Vorbehaltsurteile → Rdnr. 19 b.
[128] → § 705 Rdnr. 2.
[129] → § 717 Rdnr. 3.
[130] *Hartmann* (Fn. 7) Rdnr. 15; *Herget* (Fn. 125) Rdnr. 20; *Krüger* (Fn. 23) Rdnr. 21.
[131] Über formell rechtskräftige, aber bedingte Urteile → § 704 Rdnr. 3a, § 717 Rdnr. 1 a. E.

§§ 775 f. erlaubt), andernfalls bis zum Eintritt der Rechtskraft des aufhebenden Urteils (insbesondere bei Wiederaufnahme, obwohl die Aufhebung dann zurückwirkt[132]).

6. Die **Veranlassung zur Sicherheitsleistung** ist im Sinne des § 109 für die Sicherheit des **Schuldners** weggefallen, wenn und soweit[133] feststeht, daß aus dem Titel nicht mehr vollstreckt werden kann, z.B. weil das Urteil durch rechtskräftige Entscheidung endgültig (also ohne Zurückverweisung) aufgehoben ist[134], aber nicht schon durch einen noch unerfüllten, an die Stelle des Titels getretenen Prozeßvergleich[135]; für die Sicherheit des **Gläubigers**, sobald das Urteil durch eine rechtskräftige Entscheidung aufrechterhalten ist[136] oder das Rechtsmittel usw. zurückgenommen ist. → dazu § 109 Rdnr. 8 ff.

20

III. Beschluß, Abänderung, Beschwerde

1. Der **Beschluß** ist, wenn er nicht verkündet wird, von **Amts** wegen im Falle der Einstellung beiden Parteien, im Falle der Ablehnung zumindest dem Schuldner schriftlich bekanntzugeben[137]. Obwohl nach Abs. 2 S. 2 mit § 329 Abs. 2 formlose Übermittlung zur Wirksamkeit genügen würde[138], ist Zustellung an den Beschwerten angebracht wegen → Rdnr. 23[139]. Es ist dann Sache des Schuldners, die Ausfertigung dem Vollstreckungsorgan vorzulegen, § 775 Nr. 2; Nr. 3 ist hier nur dann (entsprechend) für den Nachweis der Sicherheitsleistung anwendbar, wenn zugleich wie → Rdnr. 18 die Aufhebung bisheriger Vollstreckungsmaßnahmen[140] angeordnet ist[141]. Zur Bekanntgabe der Einstellung an Drittschuldner → § 775 Rdnr. 26 Fn. 152 f. Sie erübrigt einen zusätzlichen Beschluß des Vollstreckungsgerichts[142]. Die Einstellung erstreckt sich bei Urteilen von selbst auch auf *Kostenfestsetzungsbeschlüsse*, die auf ihnen beruhen[143], ebenso auf *Regelunterhaltsbeschlüsse*[144]. Für eine Kostenentscheidung im Einstellungsbeschluß ist kein Raum[145].

21

2. Auf neues Gesuch[146] einer der Parteien, in den Fällen → Rdnr. 6 aber auch von Amts wegen, weil über den Antrag noch nicht voll entschieden ist[147], kann die Anordnung von dem Gericht, das sie erlassen hatte oder, falls der Prozeß beim Rechtsmittelgericht anhängig ist, von diesem[148] jederzeit, freilich nur bis zum Erlaß des Endurteils[149] **abgeändert** werden[150] auf Grund neuen Vorbringens. Dieses muß hier, mindestens wenn der Gegner nicht gehört

22

---

[132] → Rdnr. 28 vor § 578.
[133] → § 109 Rdnr. 14.
[134] → § 109 Rdnr. 10 f. So *BGH JZ* 1982, 72 f. = NJW 1397[11] für § 769: bei Zurückverweisung auf Revision haftet die Sicherheit des Schuldners weiter. Dies gilt auch im Falle des § 709 S. 2 für die vom Schuldner zuvor nach § 719 Abs. 1 S. 2 geleistete Sicherheit *OLG Frankfurt* Büro 1993, 620.
[135] Höchstens Antrag auf Anpassung der Sicherheitshöhe, *OLG Frankfurt* Rpfleger 1987, 164 = MDR 239 (aber nur, falls Vergleich so auszulegen ist).
[136] Vgl. aber für noch bedingte Urteile § 704 Rdnr. 3.
[137] *Hartmann* (Fn. 7) Rdnr. 7.
[138] *BGHZ* 25, 60 = NJW 1957, 1480; *E. Schneider* Büro 1974, 584 f.; *Krüger* (Fn. 23) Rdnr. 10. Dies gilt auch für Ablehnung → § 329 Rdnr. 42, 53. – A.M. *AK-ZPO-Schmidt-von Rhein* Rdnr. 4 (aber der Zweck des § 329 Abs. 3 trifft auf die Ausnahmebeschwerde → Rdnr. 23 kaum zu).
[139] *Krüger* (Fn. 23) Rdnr. 10.
[140] → dazu § 775 Rdnr. 26, § 776 Rdnr. 2 f.
[141] → dazu Rdnr. 18. Wie hier *LG Berlin* Rpfleger 1971, 322 = DGVZ 154.

[142] *RGZ* 128, 83.
[143] → § 104 Rdnr. 67.
[144] → § 642 a Rdnr. 2.
[145] → § 91 Rdnr. 9, 19; *OLG Frankfurt* AnwBl 1978, 425. Auch nicht im Falle § 49 Abs. 1 BRAGO *Krüger* (Fn. 23) Rdnr. 26; insoweit a.M. *Herget* (Fn. 125) Rdnr. 19.
[146] → Rdnr. 3; allg. M..
[147] Auch die unverzichtbare Nachholung rechtlichen Gehörs des **Gläubigers** kann Überprüfung von Amts wegen erfordern; wie hier *Krüger* (Fn. 23) Rdnr. 22. – A.M. *AK-ZPO-Schmidt-von Rhein* Rdnr. 10; *Hartmann* (Fn. 7) Rdnr. 21. .
[148] *OLG Hamm* FamRZ 1985, 307 → Fn. 204. Zur Behandlung unzulässiger Beschwerden als Abänderungsgesuch → Fn. 158.
[149] *RGZ* 36, 431. → auch Fn. 125.
[150] *RG JW* 1900, 736[4] mit Mot.395; *RGZ* 42, 370 (372); *OLGe Celle* MDR 1986, 63 = DAmtsVorm 87; *Hamm* FamRZ 1985, 307, *Karlsruhe* ZZP 68 (1955) 218 (220) u. Justiz 1969, 194 f., *Köln* MDR 1989, 920[81] u. die Entscheidungen → Fn. 151; auch im ArbG-Prozeß, *Dütz* EzA § 62 ArbGG 1979, Nr. 1 S. 4.

worden war[151], aber auch sonst *nicht* im Sinne einer zeitlichen Präklusion auf veränderten Tatsachen beruhen, sondern kann sich z. B. auch auf eine zwischenzeitliche Beweisaufnahme und eine dadurch etwa veränderte rechtliche Sicht stützen[152]. § 577 Abs. 3 steht hier nur dann entgegen, wenn eine Beschwerde[153] tatsächlich anhängig ist[154].

23 3. Eine Anfechtung der Anordnung oder ihrer Ablehnung[155] durch **Beschwerde** um ihres Inhalts willen, z. B. wegen unrichtiger Ausübung des Ermessens, insbesondere der Beurteilung der sachlichen Erfolgsaussicht, ist nach **Abs. 2 ausgeschlossen**[156], aber dann wegen der Abänderungsbefugnis[157] zugleich als entsprechender Änderungsantrag zu deuten[158]. Die Praxis versagt jedoch die Anfechtung überwiegend nur dann, wenn das Gericht über den Antrag sachlich entschieden hat[159] und es sich darum handelt, ob das Ermessen richtig ausgeübt worden ist[160]. Dagegen wird die **sofortige**[161] **Beschwerde ausnahmsweise** zugelassen, wenn das Gericht die gesetzlichen Grenzen seines Ermessens überhaupt verkannt haben soll[162], z. B. wenn es die Einstellung usw. wegen angeblichen *Mangels der Voraussetzungen* des § 707 bzw. § 719 abgelehnt hatte oder wenn es umgekehrt von der ihm in § 707 oder § 719 verliehenen Befugnis für einen Fall Gebrauch gemacht hatte, für den sie angeblich[163] nicht gewährt ist[164]; gleichgestellt werden die Fälle, daß statt der beantragten Anordnung eine einstweilige Verfügung erlassen wurde[165] und daß nichts vorgetragen war zum »Nachteil« in Abs. 1 S. 2[166]. Zweifel an der Folgerichtigkeit dieser Praxis bestehen insofern, als sie auf »greifbare Gesetzwidrigkeit« abstellt, die sonst enger gefaßt wird[167], und die Überschreitung

---

[151] *LAG Düsseldorf* NJW 1963, 555; *OLGe Celle* OLGZ 1970, 356 = MDR 244[63], MDR 1986, 63 a.E. u.*Karlsruhe* Justiz 1971, 324; *E.Schneider* (Fn. 26) 357.
[152] *RG* und *OLG Karlsruhe* (Fn. 150); *Krüger* (Fn. 23) Rdnr. 22 (nur Wiederholung identischer Anträge unzulässig); s. auch *OLG Köln* (Fn. 150); *Hartmann* (Fn. 7) Rdnr. 21. – A.M. *OLG Düsseldorf* FamRZ 1978, 125[92].
[153] → Rdnr. 23.
[154] *OLG Celle* MDR 1986, 63; *KG* MDR 1979, 679; *OLGe Köln* (Fn. 150); *München* XXV.ZS (Fn. 81). § 707 Abs. 2 S. 2 ist zwar angesichts der Ausnahmen → Rdnr. 23 ein schwaches Arg. gegen die Anwendung des § 577 Abs. 3 (anders gegenüber § 329 Abs. 3 → Fn. 138); entscheidend ist aber, daß ein uneingeschränktes Verbot der Abänderung durch den iudex a quo dem Wesen »einstweiliger« Anordnung widerspräche (vgl. *Spangenberg* DAVorm 1986, 290). – A.M. (trotz Beschwerdeeinlegung abänderbar) *KG* XIX.ZS FamRZ 1990, 86f..1[47] zu § 769.
[155] *OLG Karlsruhe* MDR 1988, 975.
[156] Grund: Es ist kaum sinnvoll, die Sache zu verzögern, nur um ein Ermessen durch das andere zu ersetzen. Ebenso bei entsprechender Anwendung, mag sie ausdrücklich angeordnet sein → Rdnr. 26 oder nicht → Rdnr. 27, z. B. für **§ 719** *OLGe Celle* (Fn. 150); *Frankfurt* NJW-RR 1989, 62; *KG* MDR 1984, 590[79] (abl. *Franke*); für Anfechtung eines Prozeßvergleichs *LAG Düsseldorf* NJW 1963, 555f.; *OLG Zweibrücken* OLGZ 1974, 248; für negative Feststellungsklage gegen Anordnung nach § 620 *OLG Hamburg* FamRZ 1989, 888. – A.M. *OLG Hamburg* (2.FamS) FamRZ 1990, 1379 für negative Feststellungsklagen (→ § 795 Rdnr. 12).
[157] → Rdnr. 22.
[158] *RG* (Fn. 150) 4; *KG* (Fn. 154); *OLG Celle* (Fn. 156).
[159] *RGZ* 32, 394.
[160] *Krüger* (Fn. 23) Rdnr. 23 mwN, → Fn. 162ff.
[161] → Rdnr. 94 vor § 704; *RG* JW 1903, 101[16]; *KG* Büro 1982, 309; *Hartmann* (Fn. 7) Rdnr. 17; *Gaul* (Fn. 2)

§ 11 III 7; *Herget* (Fn. 125) Rdnr. 22, ganz h.M. – Für **einfache Beschwerde** *Künkel* MDR 1989, 309ff.; *OLG Hamburg* (Fn. 156 a.E.). Oft wird die Frist des § 577 Abs. 2 mangels Zustellung nicht laufen, → Rdnr. 21.
[162] Für die Zulässigkeit genügt Behauptung des Verstoßes, vgl. *RGZ* 25, 402f.; 37, 411; *OLGe Braunschweig* Büro 1974, 238 (zu § 769), *Karlsruhe* OLGZ 1973, 487 = Justiz 321; *E. Schneider* MDR 1980, 532; 1985, 549 je mwN. Ob aber die Darlegung schlüssig ist, gehört zur Begründetheit *Krüger* (Fn. 23) Rdnr. 23g; a.M. *Lüke* ZwVR (1985) 47.
[163] → Fn. 161.
[164] *RG* schon seit Gruch 31, 106 (1886); zuletzt *RGZ* 144, 88f.; *BGH* NJW-RR 1986, 738 (zu § 567 Abs. 3); *OLGE Bremen* NJW 1969, 1260; *Celle* MDR 1986, 63; *Düsseldorf* JR 1962, 342; *Frankfurt* OLGZ 1969, 375 = MDR 60[65]; FamRZ 1985, 723; MDR 1986, 976; *Hamburg* FamRZ 1979, 529; *Hamm* NJW 1981, 132; MDR 1983, 410; Rpfleger 1948, 119 (fehlender Antrag); *Karlsruhe* FamRZ 1982, 401; *KG* NJW 1987, 1339; *Koblenz* WRP 1985, 657; *Köln* NJW-RR 1988, 1467; *Nürnberg* NJW 1982, 392; GRUR 1983, 469; *Schleswig* SchlHA 1975, 62; *Zweibrücken* (Fn. 110) sowie FamRZ 1981, 699, Büro 1987, 298f.; *LAG Frankfurt* BB 1964, 1173 (fehlender Antrag); zum Problem *E.Schneider* MDR 1985, 547. Zu **§ 769** u. seiner analogen Anwendung → dort Rdnr. 15 Fn. 60.
A.M. (Ermessensfehler kein Anfechtungsgrund, greifbare Gesetzwidrigkeit nur wie *BGH* WM 1986, 178, NJW 1988, 51) *OLG Düsseldorf* OLGZ 1989, 383; *Frankfurt* (Fn. 156); *Spangenberg* DAVorm 1986, 289. → auch Fn. 167.
[165] *OLG Karlsruhe* MDR 1992, 808 (zu § 769, Grundsatz der Meistbegünstigung).
[166] *OLGe Braunschweig* MDR 1959, 44; *Hamm* NJW 1981, 132; *Köln* JMBlNRW 1969, 272f. wegen *BGH* LM Nr. 1 zu § 109; *OLG Schleswig* (Fn. 27); *LAG Düsseldorf* (Fn. 156).
[167] *OLGe Düsseldorf* Büro 1989, 863; *Frankfurt*

des Ermessens oder Nichtausnutzung des Ermessensrahmens oft für gewichtiger hält als andere Gesetzesverstöße. Verstöße gegen Verfassungsrecht, z.B. gegen Art. 103 Abs. 1 GG[168] oder Art. 101 Abs. 1 S. 2 GG[169] müßten folgerichtig im Instanzenweg stets gerügt werden dürfen, zumal das BVerfG die Subsidiarität der Verfassungsbeschwerde nicht immer voraussehbar handhabt. **Nicht ausreichend** sind jedenfalls mangelnde Beschlußbegründung[170] oder Glaubhaftmachung[171]. Keinesfalls darf das Beschwerdegericht sein eigenes Ermessen an die Stelle des Ermessens des Instanzgerichts setzen[172]. Daher muß sich auch ein Beschwerdegrund des *Schuldners* schon aus dem diesem Gericht vorgetragenen Sachverhalt ergeben[173].

Gegen Entscheidungen des LG als Berufungsinstanz ist die Beschwerde ausgeschlossen, § 567 Abs. 3 S. 1[174]. Soweit man wie → Rdnr. 23 Beschwerden ausnahmsweise für gesetzmäßig hält, muß man folgerichtig auch § 793 Abs. 2 auf *weitere sofortige Beschwerden* anwenden[175]. Sie sind aber nur nach Maßgabe der §§ 567 Abs. 4 S. 1[176], 568 Abs. 2 und mit dem Ziel der Aufhebung und entweder Zurückverweisung oder Wiederherstellung des Erstbeschlusses[177] zulässig, wenn das LG unter Nichtbeachtung des Anfechtungsrahmens → Rdnr. 23 den Beschluß des AG abgeändert oder die Beschwerde verworfen hat[178]. **24**

4. Wegen der **Kosten** s. § 1 Abs. 1, § 11 Anlage 1 GKG (gebührenfrei), § 37 Nr. 3, § 49 Abs. 1 BRAGO. Sie gehören zu § 91[179]; zum Wert → § 3 Rdnr. 45 »Einstellung«[180], wobei nur von dem auszugehen ist, was noch zu vollstrecken wäre[181]. **25**

(Fn. 156) sowie OLGZ 1991, 223 unter Hinweis auf *BGH* NJW-RR 1986, 738 = WM 178 = Rpfleger 56; *Karlsruhe* MDR 1993, 798; s. auch *BGH* NJW 1988, 51; BGHZ 119, 374 = NJW 1993, 136 mwN. Krit. zur »greifbaren Gesetzwidrigkeit« auch *Krüger* (Fn. 23) Rdnr. 24.

[168] Obwohl rechtliches Gehör des Gläubigers nachgeholt werden darf → Rdnr. 5f., 22, lassen sich Verstöße denken, z.B. wenn in Eilmaßnahmen ohne Anhörung schon die Aufhebung von ZV-Akten angeordnet wird, ferner bei Abänderung zulasten des Schuldners auf bloße Behauptungen des Gläubigers.
Die Beschwerde lassen **nicht** zu: *LAG Hamm* (Fn. 28); *OLGe Karlsruhe* Justiz 1971, 324 mwN; *Saarbrücken* DAVorm 1988, 1042f.; *LG Kiel* SchlHA 1984, 164 (es sei denn, als Folge wäre keine abwägende Ermessensentscheidung mehr möglich gewesen), obiter *OLG Hamburg* OLGZ 1991, 222.
Mit Rücksicht auf *BVerfG* JZ 1979, 96 = Rpfl 12f. (zu § 568 Abs. 2) wohl mit Recht **für Beschwerde** *OLGe Celle* MDR 1986, 63; *Schleswig* VI.FamS FamRZ 1990, 303; *LG Saarbrücken* DAV 1986, 87 (wenn auf Klage nach § 323 eingestellt wird).

[169] Bejahend *OLG Frankfurt* NJW 1988, 79 = MDR 63 wegen Verstoßes gegen Geschäftsverteilungsplan; *Oldenburg* NdsRpfl 1975, 22 (funktionell unzuständiger Richter, insoweit überholt durch § 349 Nr. 10).

[170] *RG* Gruch. 52 (1908), 1142; *LAG Düsseldorf* (Fn. 156); *OLGe Frankfurt* OLGZ 1969, 375 = MDR 60[65]; *Hamburg* (Fn. 108, wenn aber, wenn ohne Begründung **ohne** Sicherheitsleistung eingestellt wird); *Köln* (Fn. 29) u. MDR 1989, 919 (zu § 769); *Saarbrücken* (Fn. 168); *Zweibrücken* (Fn. 110); *E.Schneider* (Fn. 164) 548 mwN. – A.M. *OLGe Schleswig* (Fn. 168) a. E.; *Karlsruhe* (Fn. 26); *Köln* Büro 1993, 627[360] zu § 769.

[171] *LAG Düsseldorf* (Fn. 156); *OLGe Frankfurt* NJW 1974, 1339; *Zweibrücken* (Fn. 110); – A.M. *OLGe Braunschweig* (Fn. 166); *Köln* (Fn. 170), *LG Oldenburg* NJW 1954, 561.

[172] Allg. M., *OLG Frankfurt* (zu §§ 323, 769) FamRZ 1987, 393f.; *E.Schneider* (Fn. 162) mwN; vgl. auch *LG Oldenburg* NdsRpfl 1975, 22 (Aufhebung und Zurückverweisung); *OLG Bremen* OLGZ 1967, 39. – Zu weit geht daher *LG Waldshut* NJW 1954, 277.

[173] *OLGe Frankfurt* (Fn. 172); *Hamburg* FamRZ 1984, 922 (zu § 769: für Beschwerden des Gläubigers gilt das nur, soweit der Schuldner gehört worden war).

[174] Vor der nF str., → 20. Aufl. Fn. 78 sowie *Jost* NJW 1990, 214ff.

[175] Vgl. *OLG Karlsruhe* (Fn. 167); wohl auch *OLG Celle* (Fn. 103); *Thomas/Putzo*[18] Rdnr. 29. – A.M. *Krüger* (Fn. 23) Rdnr. 25.

[176] RGZ 144, 88f. (Abs. 4 entspricht dem damaligen Abs. 3).

[177] → Fn. 172; bei Wiederherstellung nur wegen Unzulässigkeit der Beschwerde übt OLG kein Ermessen aus, vgl. *OLG Karlsruhe* (Fn. 167).

[178] So zu § 769 *OLG München* NJW-RR 1988, 1342 u. noch zu §§ 568 aF *OLGe Düsseldorf* OLGZ 1970, 43 = JMBlNRW 175; *Frankfurt* NJW 1974, 1339.

[179] → Fn. 145.

[180] Wie dort noch *OLGe Hamm* FamRZ 1980, 476; *KG* Rpfl 1982, 308; *München* MDR 1981, 1029; *Hillach/Rohs* Handbuch des Streitwerts usw.[5] (1984) § 70 C I mwN; *Zöller/E.Schneider*[18] § 3 Rdnr. 16 »Einstweilige Einstellung der ZV«.

[181] Bei Klageabweisung also nur von den Kosten, insofern noch richtig (aber damals noch stets vom vollen Wert ausgehend) BGHZ 10, 249 = NJW 1953, 1350.

IV. Entsprechende Anwendung und verwandte Regelungen[182]

26 1. *Kraft Gesetzes* gilt § 707 entsprechend nach § 719, wenn gegen vorläufig vollstreckbare *Urteile oder Vollstreckungsbescheide* (§ 700) **Berufung**[183] oder **Einspruch**[184] eingelegt werden, während für die **Revision** nicht auf § 707 verwiesen ist[185]; nach § 1042c Abs. 2 S. 2, § 1044a Abs. 3, wenn gegen vorläufig vollstreckbare *Beschlüsse, die Schiedssprüche oder Schiedsvergleiche für vollstreckbar erklären,* und nach § 924 Abs. 3 S. 2, wenn gegen *Arrestbefehle oder einstweilige Verfügungen* **Widerspruch** erhoben wird, während die Klageerhebung zur Hauptsache, falls die einstweilige Verfügung unangefochten bleibt, oder der Antrag nach § 926 Abs. 1 nicht genügen[186]; bei Arresten kann die Beschränkung der Einstellung auf die Kostenvollstreckung sachgemäß sein[187]. Soweit gegen eine Entscheidung die **Beschwerde** stattfindet, auch gegen Urteile (§ 99 Abs. 2), ist § 572 Abs. 2, 3 anzuwenden[188], und zwar auch schon im Erinnerungsverfahren nach § 11 Abs. 4 RpflG, sofern nicht besondere Vorschriften bestehen wie z.B. § 620e oder Art. 38 Abs. 2 EuGVÜ, § 24 Abs. 2, § 29 Abs. 5, § 31 AVAG[189]. S. auch § 732 Abs. 2, § 765a Abs. 1, § 766 Abs. 1 S. 2, §§ 769, 770, 771 Abs. 3, §§ 785f., 786a Abs. 2, 3, §§ 795, 805 Abs. 4, §§ 813a, 850k Abs. 3, § 104 Abs. 3, § 107 Abs. 3; § 62 ArbGG[190], § 221 BauGB[191], § 44 Abs. 3 WEG[192], § 212 Abs. 3, § 220 Abs. 1 BEG, § 32 BVerfGG[193], §§ 24 Abs. 2, 3, § 29 Abs. 4 FGG, §§ 114, 151 FGO, §§ 8, 9 JBeitrO, § 198 Abs. 2, § 199 Abs. 2, 3 SozGG, § 167 Abs. 1, § 173 (s. aber § 169) VwGO, §§ 75ff. ZVG. – In den Fällen der §§ 106, 108 Abs. 2 bzw. 114 GenG sind einstweilige Anordnungen erst nach Erhebung der *Anfechtungsklage* möglich, § 112 Abs. 4 GenG. Für *Jagd- und Wildschadenssachen* (§ 35 BJagdG) ermöglichen die Landesgesetze beim Beschreiten des Rechtswegs eine Einstellung[194]. – Wegen einstweiliger Einstellung der **Verwaltungsvollstreckung** s. § 5 VwVG, §§ 256, 258, 297, 361 AO sowie die Gesetze der Länder[195].

27 2. *Ohne gesetzliche Anordnung* kommt die entsprechende Anwendung des § 707 nur in Betracht für Verfahren, die unmittelbar zur Aufhebung oder Einschränkung des Titels oder seiner Vollstreckbarkeit oder wenigstens zur rechtskraftfähigen Feststellung seiner Unwirksamkeit, also zur Anwendung des § 775 Nr. 1 führen können[196], und auch dann nur durch das Gericht, welches selbst hierzu befugt und zu diesem Zweck angerufen worden ist[197], etwa in den Fällen der §§ 926 Abs. 2[198], 927[199]; ebenso, wenn der Schuldner der Klage des Gläubi-

---

[182] Dazu *Maurer* (Fn. 1). → auch Rdnr. 93 vor § 704..
[183] → § 719 Rdnr. 1.
[184] → § 719 Rdnr. 1, 4.
[185] → § 719 Rdnr. 7.
[186] *OLGe Düsseldorf* (Fn. 178); *Frankfurt* FamRZ 1985, 723 u. *Karlsruhe* (Fn. 162); § 924 Abs. 3 S. 2 gilt aber entsprechend im Verfahren über die Rechtmäßigkeit → § 942 Rdnr. 15. Zu §§ 926 Abs. 2, 927 → Rdnr. 27 Fn. 199.
[187] *OLG Karlsruhe* (Fn. 162).
[188] A.M. *OLG Naumburg* OLGRsp 25 (1912) 150. – Wegen Konkurseröffnungsbeschlüssen s. *Pieper* KTS 1963, 193.
[189] Anh. § 723 Rdnr. 38, 324, 329, 331.
[190] → Rdnr. 29.
[191] §§ 707, 719 gelten entsprechend *OLG Karlsruhe* MDR 1983, 943 (noch zu §161 BBauG).
[192] Er verdrängt die Vorschriften der ZPO *BayObLG* MDR 1990, 57.
[193] → Fn. 25 a.E. sowie *BVerfG-Pressestelle* MDR 1980, 548 mwN = NJW 819; *BVerfG* NJW 1980, 1379 = FamRZ 337f.
[194] *Baden-Württ.* 1. DVO z. LJG (GBl. 1954, 44) § 20; *Bayern* G. v. 13.X.78 (GVBl. 678) Art. 47 → VerfG v. 12.VIII.53 (GVBl. 143) Art. 6; *Berlin* AVO z. RJG (RGBl. 35 I 431) § 50; *Bremen* LJG v. 1953 (SaBremR 792-a-1) § 33; *Hamburg* LJG v. 22.V.78 (GVBl. 162) § 24; *Hessen* AusfG zum BJG v. 24.V.78 (GVBl. 286) § 35; *Niedersachsen* LJG v. 24.II.78 (GVBl. 218) Art. 39; *Nordrhein-Westf.* LJG v. 11.VII.78 (GVBl. 318) § 38; *Rheinland-Pfalz* LJG idF v. 5.II.79 (GVBl. 23) mit DVO v. 25.II.81 (GVBl. 27) § 65; *Saarland* 1. DVO z. LJG (ABl. 1964, 354) § 31; *Schleswig-Holst.* VO v. 22.VI.54 (GVBl. 105) § 8.
[195] → Rdnr. 7 vor § 704.
[196] Systemwidrig daher die h.M., einstweilige Einstellung aufgrund negativer Feststellungsklage (statt § 767) gegen einstweilige Anordnungen zuzulassen; hier läßt freilich der eine Fehler den nächsten praktisch notwendig erscheinen, → § 795 Rdnr. 11f.
[197] *OLGe Düsseldorf* (Fn. 178); *Karlsruhe* (Fn. 162); *Hartmann* (Fn. 7) Anm. 3 A.
[198] → § 926 Rdnr. 17 (20. Aufl.). – A.M. obiter *OLG Frankfurt* (Fn. 186), weil dabei keine Prüfung zur Sache mehr stattfindet.
[199] → § 927 Rdnr. 15 (20. Aufl.).

gers mit einer negativen Feststellungsklage zuvorkommt[200]. – Diese Voraussetzungen treffen z. B. **nicht** zu für das Vollstreckungsgericht, wenn nur Verfassungsbeschwerde erhoben ist[201]. – Wird ein Vaterschaftsanerkenntnis nach § 1600l BGB durch Klage nach § 640 Abs. 2 Nr. 3 angefochten, so scheidet eine Einstellung vor Rechtskraft des stattgebenden Urteils schon deshalb aus, weil der Unterhalt bis dahin Rechtens geschuldet ist[202].

Die Einstellung ist **zulässig** bei: Verfahrensfortsetzung wegen Unwirksamkeit eines **Prozeßvergleichs**, falls zugleich die Feststellung der Unwirksamkeit beantragt ist[203], und gegenüber einem **Zwischenvergleich** (z. B. über Mindestbeträge), falls die Klage abgewiesen wird, aber noch nicht Berufung eingelegt ist[204]; Abänderung eines im Verfahren nach §§ 620ff. geschlossenen Unterhaltsvergleichs[205]; nach jetzt h. M. auch bei negativer Feststellungsklage nach einstweiliger Unterhaltsanordnung[206]; **Aufhebungsklagen** nach § 1043[207], bei § 927[208]; Anträgen auf Entscheidung der Kammer für Baulandsachen gegen die in § 157 BBauG genannten Verwaltungsakte[209]; Ergänzungsanträgen nach § 321[210]. Soweit man überhaupt wegen Urteilsmißbrauchs **Klagen nach § 826 BGB** zuläßt, werden auch folgerichtig § 707 oder § 769 entsprechend anzuwenden sein[211]. – Wegen **Abänderungsklagen** → § 323 Rdnr. 75, wegen Änderung des Regelunterhalts → § 642b Rdnr. 11 a. E. Bei § 643a erübrigt der Stundungsantrag im Beschlußverfahren[212] einstweilige Anordnungen. → auch § 925 Rdnr. 19 a. E.

28

V. Arbeitsgerichtliches Verfahren

Hier ergeben sich aus § 62 Abs. 1 S. 3, § 64 Abs. 3 ArbGG folgende Abweichungen:

29

1. Bei allen in § 707 und § 719 genannten Rechtsbehelfen darf nur dann eingestellt werden, wenn der Schuldner glaubhaft macht, daß ihm die Vollstreckung einen *nicht zu ersetzenden Nachteil* bringen würde, § 62 Abs. 1 S. 3 mit S. 2 ArbGG[213]; da Sicherheitsleistung des Gläubigers nach § 62 Abs. 1 S. 1 ArbGG ausscheidet[214], genügt jedoch hier stets[215] auch ein durch Geldzahlung an sich ersetzbarer Schaden, falls der Gläubiger dazu unvermögend ist[216]. Ist dies z. B. wegen derzeitiger Verdienstlosigkeit eines Gläubigers zu befürchten,

---

[200] *OLG Frankfurt* (Fn. 186).
[201] → Fn. 25 a. E.
[202] Vgl. zu Art. 12 § 3 Abs. 2 NEG *OLG Köln* NJW 1971, 2232. Auch nicht nach § 769, *OLGe Celle* NdsRpfl 1975, 120; *Düsseldorf* OLGZ 1972, 303 = NJW 215 = FamRZ 49; *Hamburg* MDR 1975, 234; *Saarbrücken* DAVorm 1985, 155. → auch 19. Aufl. § 644 III 3a. S. zum *Bereicherungsausgleich BGH* NJW 1981, 48; *LG Karlsruhe* DAVorm 1981, 912.
[203] → Rdnr. 27 u. § 794 Rdnr. 54 Fn. 308.
[204] *OLG Hamm* (Fn. 148): Ähnlichkeit mit § 302.
[205] *OLG Zweibrücken* (Fn. 110); str. ob in entspr.Anw. des § 707 oder § 769 → § 620b Rdnr. 1.
[206] Vgl. Fn. 196. Str. ist, ob während der Anhängigkeit der Ehesache die §§ 620b, e vorgehen bzw. ob § 707 oder § 769 entsprechend gilt→ § 620b Rdnr. 1 mwN; *MünchKommZPO-K.Schmidt* (1992) § 769 Rdnr. 4. – *BGH* NJW 1983, 1331 mwN läßt dies offen. Jedenfalls für die Anfechtbarkeit sollte die Wahl der Norm keine Rolle spielen → § 769 Rndr.16, *OLG Hamburg* NJW-RR 1990, 7.
[207] → § 1043 (20. Aufl.) Rdnr. 1.
[208] → § 927 (20. Aufl.) Rdnr. 15.
[209] *OLGe Celle* NJW 1974, 2290; *Hamburg* NJW 1968, 2064; *Karlsruhe* MDR 1983, 943; *KG* NJW 1969, 1072; *Zweibrücken* OLGZ 1973, 256: besser § 732, so auch *Hartmann* (Fn. 7) Rdnr. 22.

[210] *LG Hannover* MDR 1980, 408; *Krüger* (Fn. 23) Rdnr. 4.
[211] *OLGe Karlsruhe* (2.FamS) FamRZ 1986, 1141; *Zweibrücken* NJW 1991, 3041 mwN; *Gaul* (Fn. 2) § 11 IV 3d; *MünchKommZPO-K.Schmidt* (1992) § 769 Rdnr. 4; *AK-ZPO-Schmidt-von Rhein* Rdnr. 1. So auch (allerdings unter Berufung auf Besonderheiten des Verfahrens gemäß § 201 BEG) *BGH* LM Nr. 36 zu BEG 1956 § 209 = Nr. 1 zu § 707 = MDR 1961, 307 = RzW 239. – A.M. (nur einstweilige Verfügung) noch 20. Aufl. Rdnr. 27 Fn. 86 (s. aber *Münzberg* NJW 1986, 361); *OLG Frankfurt* NJW-RR 1992, 511 mwN; *Hartmann* (Fn. 7) § 769 Rdnr. 1; *Herget* (Fn. 125) Rdnr. 4.
[212] → § 643a Rdnr. 9.
[213] → dazu Rdnr. 10–12, 14; *LAG Frankfurt* NZA 1992, 427.
[214] *Germelmann/Matthes/Prütting* ArbGG (1990) § 62 Rdnr. 24; *Grunsky* ArbGG[6] § 62 Rdnr. 8. → aber § 769 Rdnr. 21.
[215] Anders als → Rdnr. 13.
[216] *LAG Düsseldorf* LAGE § 62 ArbGG 1979 Nr. 13; *Dütz* DB 1980, 1071; *Grunsky* (Fn. 214) Rdnr. 4. Die Unterlassung eines Antrags nach § 62 Abs. 1 S. 2 steht einer Einstellung in der höheren Instanz nicht entgegen, *BAG* AP Nr. 1 zu § 719 = NJW 1958, 1940[30] = MDR 877; *Grunsky* (Fn. 214) Rdnr. 6.

so kann das Gericht bei größeren Beträgen dem Urteil die vorläufige Vollstreckbarkeit zu einem *Teilbetrag* entziehen oder insoweit die Einstellung anordnen, indem es von der Erwägung ausgeht, daß voraussichtlich die Wiederbeitreibung des Geleisteten nur zum Teil gelingen kann[217]. Auch die Einstellung einzelner Vollstreckungsmaßnahmen kommt in Betracht[218].

30 2. Die Einstellung steht auch hier im Ermessen des Gerichts[219], jedoch nach h.M. darf es weder diese noch die Vollstreckung selbst von einer *Sicherheitsleistung* abhängig machen[220]. Auch die *Aufhebung* von Vollstreckungsmaßnahmen scheidet aus[221]. – Die sicherlich nicht immer sachgemäße Starrheit dieser Regelung tritt seit der Neufassung der §§ 707 ff. noch deutlicher hervor.

31 3. Die ausnahmsweise zulässige Beschwerde[222] ist nur gegen Entscheidungen der Arbeitsgerichte, nicht der Landesarbeitsgerichte statthaft, § 70 ArbGG.

§ 708 [Vorläufige Vollstreckbarkeit ohne Sicherheitsleistung]

Für vorläufig vollstreckbar ohne Sicherheitsleistung sind zu erklären:
1. Urteile, die auf Grund eines Anerkenntnisses oder eines Verzichts ergehen;
2. Versäumnisurteile und Urteile nach Lage der Akten gegen die säumige Partei gemäß § 331a;
3. Urteile, durch die gemäß § 341 der Einspruch als unzulässig verworfen wird;
4. Urteile, die im Urkunden-, Wechsel- oder Scheckprozeß erlassen werden;
5. Urteile, die ein Vorbehalsurteil, das im Urkunden-, Wechsel- oder Scheckprozeß erlassen wurde, für vorbehaltlos erklären;
6. Urteile, durch die Arreste oder einstweilige Verfügungen abgelehnt oder aufgehoben werden;
7. Urteile in Streitigkeiten zwischen dem Vermieter und dem Mieter oder Untermieter von Wohnräumen oder anderen Räumen oder zwischen dem Mieter und dem Untermieter solcher Räume wegen Überlassung, Benutzung oder Räumung, wegen Fortsetzung des Mietverhältnisses über Wohnraum auf Grund des §§ 556a, 556b des Bürgerlichen Gesetzbuchs sowie wegen Zurückhaltung der von dem Mieter oder dem Untermieter in die Mieträume eingebrachten Sachen;
8. Urteile, die die Verpflichtung aussprechen, Unterhalt, Renten wegen Entziehung einer Unterhaltsforderung oder Renten wegen einer Verletzung des Körpers oder der Gesundheit zu entrichten, soweit sich die Verpflichtung auf die Zeit nach der Klageerhebung und auf das ihr vorausgehende letzte Vierteljahr bezieht;
9. Urteile nach §§ 861, 862 des Bürgerlichen Gesetzbuchs auf Wiedereinräumung des Besitzes oder auf Beseitigung oder Unterlassung einer Besitzstörung;
10. Urteile der Oberlandesgerichte in vermögensrechtlichen Streitigkeiten;
11. andere Urteile in vermögensrechtlichen Streitigkeiten, wenn der Gegenstand der Verurteilung in der Hauptsache eintausendfünfhundert Deutsche Mark nicht übersteigt oder

---

[217] *BAG* JZ 1958, 701 = NJW 1940[31]; *Dütz* (Fn. 216); *Grunsky* (Fn. 214) Rdnr. 4.
[218] → Rdnr. 16. Vgl. *Dütz* (Fn. 216).
[219] → Rdnr. 5. Vgl. *Dütz* (Fn. 216) 1074.
[220] LAGe *Düsseldorf* NJW 1963, 556, *Frankfurt* LAGE § 62 ArbGG 1979 Nr. 12; *Dütz* (Fn. 216) 1074; *Grunsky* (Fn. 214) § 62 Rdnr. 8; LAG *Rheinland-Pfalz* EzA § 62 Nr. 4 (1979) stellte jedoch gegen Sicherheitsleistung ein. Freilich kann die Einstellung geboten sein, wenn der Schuldner freiwillige Sicherheitsleistung nachweist *Dütz* aaO.
[221] *Grunsky* (Fn. 214) § 62 Rdnr. 8 mwN. – A.M. *Dietz/Nikisch* (1954) § 62 Rdnr. 13.
[222] → Rdnr. 23.

wenn nur die Entscheidung über die Kosten vollstreckbar ist und eine Vollstreckung im Wert von nicht mehr als zweitausend Deutsche Mark ermöglicht.

Gesetzesgeschichte: Bis 1900 §§ 648, 649 CPO, dann §§ 708, 709. Änderungen RGBl. 1898 I 256, 1905 I 539, 1910 I 768, 1924 I 135, 1933 I 821, BGBl. 1976 I 3281. Geplante Änderung der Nr. 11: BR-Drucks. 134/94, Art. 1 Nr. 3, Art. 3 Abs. 1 → Rdnr. 27, 29.

I. Allgemeines zur vorläufigen Vollstreckbarkeit	1	4. Besonderheiten: a) Ausschluß der Vollstreckbarerklärung	11
1. Beginn und Ende, Wirkungen	2	b) teilweise Vollstreckbarerklärung	12
a) Umfang möglicher Vollstreckung	3	c) aufgeschobene Wirkungen	13
b) Eintritt der Erfüllungswirkung	4	d) Vollstreckbarkeit ohne Ausspruch	13a
c) Folgen des Wegfalls der Vollstreckbarkeit	8	5. Bedeutung für Prozeßkosten	14
2. Anordnung von Amts wegen oder auf Antrag	9	6. Bedingte Endurteile	15
3. Arten der vorläufig vollstreckbaren Urteile	10	II. Die einzelnen Fälle (Nrn. 1–11)	17
		III. Konkurrenzen einzelner Nrn. des § 708	32
		IV. Arbeitsgerichtliche Entscheidungen	33

Vorbemerkung: Wegen möglicher Abweisung oder Teilabweisung der Klage (Kosten) oder Verurteilung auf Widerklage muß der Kläger rechtzeitig (§ 714) auch an seine Anträge als Schuldner denken, der Beklagte an seine Anträge als Gläubiger. Dabei ist besonders für die Fälle teilweiser Verurteilung auf die eventuelle Verschiebung der Wertgrenze für die Sicherheitsleistung zu achten (§ 708 Nr. 11 → Rdnr. 27 ff.). – Solchen Möglichkeiten kann durch Stellung von **Hilfsanträgen** (auch mehrfach gestaffelt) Rechnung getragen werden.

I. Allgemeines zur vorläufigen Vollstreckbarkeit[1]

Die §§ 708–720a regeln die vorläufige Vollstreckbarkeit noch nicht rechtskräftiger[2] Endurteile und ihnen gleichgestellter Vorbehaltsurteile (§§ 302 Abs. 3, 599 Abs. 3); sie muß grundsätzlich **besonders angeordnet** werden, bildet aber **praktisch die Regel**[3] und beruht auf der Erwägung, daß Nachteile, die dem Gläubiger aus der durch Rechtsbehelfe bedingten Verzögerung der Rechtskraft drohen, auf ein erträgliches Maß vermindert werden sollen. Deshalb lassen die §§ 708 ff. mit § 704 Abs. 1 eine **Vollstreckung schon vor Eintritt der Rechtskraft** zu. 1

Sie soll einmal dem Gläubiger die Befriedigung bzw. gemäß § 720a wenigstens die Rangwahrung ermöglichen, zum andern dem Schuldner den Anreiz nehmen, Rechtsmittel oder Einspruch sowie die damit verbundene Zulassung neuen Prozeßstoffs zu einer Verzögerung zu mißbrauchen. Um keine Partei unzumutbaren Risiken auszusetzen, wurde ein bewegliches, nicht leicht zu durchschauendes System entwickelt, das durch Sicherheitsleistungen des Gläubigers oder Schuldners (§§ 709–712), Ausschluß der vorläufigen Vollstreckbarkeit (§ 712), Beschränkung der Vollstreckung auf den ersten Zugriff (§ 720a), einstweilige Anordnungen mit oder ohne Sicherheitsleistung (§§ 719, 707) und durch die dem

---

[1] Lit.: *E. Schneider* Kostenentscheidung[2] §§ 36 ff., *Steinert* Büro 1977, 621 ff. – Zum Recht bis 1977: *Fraeb* ZZP 54 (1929) 257 ff., *Furtner* Vorläufige Vollstreckbarkeit (1953). → auch 20. Aufl. vor Rdnr. 1 die Übersicht der Veränderungen seit 1977. – Das österr. Recht kennt statt dessen nur die Exekution zur Sicherstellung von Geldforderungen, §§ 371, 373 EO.

[2] → § 705 Rdnr. 2.

[3] Ausnahmen → Rdnr. 11–13 u. § 712 Abs. 1 S. 2.

Gläubiger stets drohende Ersatzpflicht (§ 717) zwar ein beachtliches Beispiel ausgeklügelter gesetzlicher und richterlicher Interessenabwägung liefert, aber auch die Verwirklichung der eigentlichen Ziele der vorläufigen Vollstreckbarkeit oft wieder vereitelt. Gerade weniger begüterte, auf baldige Befriedigung angewiesene Gläubiger nutzen die vorläufige Vollstreckbarkeit oft nicht aus, weil sie das mit § 717 verbundene Risiko scheuen[4]. Insoweit gewähren auch die »vollstreckungsfreundlichen«[5] Änderungen der Vereinfachungsnovelle, insbesondere bezüglich der Sicherheitsleistung des Gläubigers (§§ 710, 711 S. 2, 720 a), nur teilweise Erleichterungen. Wegen besonderer Anträge → Rdnr. 9. **Gemeinsam für alle Fälle gilt:**

2   1. Die im Urteil angeordnete vorläufige Vollstreckbarkeit **beginnt** mit der Verkündung nach § 310 Abs. 1 oder 2 bzw. Zustellung nach § 310 Abs. 3, nicht erst mit Erstellung einer vollstreckbaren Ausfertigung[6]; ebenso die Wirkungen des § 717 Abs. 1[7] und des § 868, während bei Vollstreckungswirkungen im weiteren Sinne[8] streitig ist, ob sie noch zusätzlichen Voraussetzungen unterliegen, z. B. erst aufgrund vollstreckbarer Ausfertigung eintreten können → § 724 Rdnr. 1. Sie **dauert**, unberührt durch Rechtsbehelfe und nur zeitlich gehemmt durch etwaige richterliche Anordnungen (§§ 707, 719, 721), bis das Urteil oder seine Vollstreckbarkeit aufgehoben wird[9], und sie wird zur endgültigen Vollstreckbarkeit, sobald das End- oder Vorbehaltsurteil[10] formell rechtskräftig ist; wegen der Ausnahmen für bedingte Endurteile → Rdnr. 15. Bis dahin steht die vorläufige der endgültigen Vollstreckbarkeit im allgemeinen gleich[11].

3   a) Grundsätzlich sind schon alle Vollstreckungsmaßregeln[12] einschließlich Sicherungshypothek (arg. § 868 Abs. 1), Offenbarung[13] und Überweisung an Zahlungs Statt[14] zulässig; Einschränkungen enthalten die §§ 720 a (Sicherungsvollstreckung), 720, 815 Abs. 3, 817 Abs. 4, 819, 839 (keine Auszahlung an den Gläubiger). – Sonstige Vollstreckungswirkungen[15] treten einstweilen ein. S. jedoch §§ 10, 5 AnfG[16] (ab 1999: §§ 14, 9 AnfG) und die Beschränkung des § 895 (nur Vormerkung oder Widerspruch) sowie den Aufschub des Kündigungs- oder Aufhebungsrechts in §§ 725 Abs. 1, 751 S. 2 BGB, 135, 161 Abs. 2 HGB, 278 Abs. 2 AktG, 66 Abs. 1 GenG.

4   b) Weitere Einschränkungen erlaubt das Gesetz nicht, sondern verweist den Schuldner lediglich auf den Ausgleich nach § 717 Abs. 2, 3. Nur die Vollstreckbarkeit ist hier »vorläufig«, nicht die Vollstreckung. Auch »endgültig« vollstreckbare Titel wie Prozeßvergleiche und vollstreckbare Urkunden schließen eine Rückforderung des zur Abwendung Geleisteten nicht aus[17] und doch führt die Leistung oder Vollstreckung sofort zur Erfüllung[18], nicht erst dann, wenn über eine den Anspruch negierende Klage rechtskräftig entschieden ist[19]. Daß aber eine Erfüllung gerichtlich noch ungeprüfter Ansprüche eher stattfinden soll als eine solche gerichtlich geprüfter Ansprüche, ist kaum einzusehen und läßt sich auch aus dem

---

[4] Dazu *Münzberg* FS für Hermann Lange (1991) 607 ff.
[5] *BT-Drucks.* 7/2729 zu IV S. 44 f. sowie S. 105 ff. Kurze Übersichten bei *Hartmann* Rpfleger 1977, 7; *Noack* DGVZ 1977, 32; *Putzo* NJW 1977, 9.
[6] Arg. § 845 Abs. 1 S. 3, § 775 Nr. 1 (andernfalls könnte vorher nicht vorgepfändet oder die vorläufige Vollstreckbarkeit aufgehoben werden); *MünchKomm-ZPO-Krüger* Rdnr. 3; a.M. *Bruns/Peters*[3] § 6 IV 1. – Anders freilich bei ausdrücklichem Aufschub, z. B. im Falle § 629 d → Fn. 76.
[7] → z. B. § 775 Rdnr. 22 f., 25 f.
[8] → Rdnr. 10.
[9] → Rdnr. 8, auch § 704 Rdnr. 3.
[10] → § 717 Rdnr. 1 a. E.
[11] *RGZ* 18, 287; 36, 374; im Grundsatz auch die h. M., vgl. *Rosenberg/Gaul*[10] § 14 V 1.
[12] *Private* Handlungen, die nach rechtskräftiger Feststellung eines Rechtsverhältnisses erlaubt wären, werden jedoch durch ein nur vorläufig vollstreckbares Urteil allein nicht gedeckt, *KG* WM 1959, 1442 (Ausübung von Gesellschaftsrechten auf Grund vorläufig vollstreckbaren Feststellungsurteils).
[13] → § 807 Rdnr. 5.
[14] → § 835 Rdnr. 38.
[15] → Rdnr. 47 ff. vor § 704 u. oben Rdnr. 2.
[16] S. dazu auch *RGZ* 96, 335.
[17] Wenn auch nicht nach § 717 Abs. 2, 3, sondern nach §§ 812, u. U. 823, 826 BGB → Rdnr. 23 f., 141 vor § 704, § 717 Rdnr. 65.
[18] Obwohl der Bestand solcher Titel mangels gerichtlicher Entscheidung oft viel unsicherer ist als bei vorläufig vollstreckbaren Urteilen, *Münzberg* KTS 1984, 197 f. Daher nach Zahlung keine Aufrechnung mehr *OLG Hamm* FamRZ 1993, 75[30] a. E.
[19] Z. B. nach Abweisung einer Klage nach §§ 795, 767 → § 767 Rdnr. 45, 56, 57.

Gesetz nicht begründen. Auf mangelnden Erfüllungswillen kommt es im gesamten Bereich der Zwangsvollstreckung grundsätzlich nicht an, er wird stets durch hoheitliche Zugriffs- und Verwertungsakte ersetzt[20]. § 717 Abs. 2 S. 1 legt aber nahe, daß Vollstreckung und Abwendungsleistung gleichbehandelt werden sollen[21]. Daraus folgt, daß der Gläubiger **Angebote des Schuldners, die eine Befriedigung von vornherein ausschließen oder die Erfüllung i. S. d. § 362 BGB bis zur Rechtskraft aufschieben** oder sonstwie an im Titel nicht vorgesehene Bedingungen knüpfen, nur dann annehmen muß, wenn der Schuldner **berechtigt ist, die Vollstreckung auch durch Sicherheitsleistung oder Hinterlegung abzuwenden** (§§ 711, 712 Abs. 1 S. 1, 720a Abs. 3). Denn die mit der Abwendungsleistung verbundene Sicherheit für den Gläubigers ist, weil dieser schon darüber verfügen kann, trotz des Vorbehalts mehr als prozessuale Sicherheitsleistung, so daß der Gläubiger sich zunächst damit begnügen muß. Nur dann tritt die materiellrechtliche Erfüllungswirkung auch bei vollstreckungsabwendender Leistung zunächst *nicht* ein, falls der Schuldner diese nicht als Erfüllung gelten lassen will, eben weil er in diesen Fällen zu solchem Vorbehalt kraft Gesetzes befugt ist.

Fehlt dem Schuldner aber solche Berechtigung, so gibt das vorläufig vollstreckbare Urteil[22] 4a dem Gläubiger nicht nur ein Recht auf »Empfang sicherungshalber«, sondern ein **Recht auf volle Befriedigung** i. S. d. des § 362 BGB, und zwar in dem Umfang, wie der Anspruch später rechtskräftig oder durch wirksames Rechtsgeschäft festgestellt wird. »Leistungen«, die eine sofortige Befriedigung durch (über die gesetzlichen Wirkungen des § 717 hinausgehende) Vorbehalte u. ä. *ausschließen*, kann der Gläubiger dann zurückweisen und zwangsweise vorgehen, ohne in Annahmeverzug zu kommen, und umgekehrt bleibt der Schuldner wegen unbefugten Vorbehalts in Verzug[23]. Hingegen besagt ein »**Vorbehalt**«, daß die Schuld bestehe oder daß das Erhaltene für den Fall des § 717 Abs. 2, 3 zurückgefordert werde – nebst Bestreiten des Anspruchs und damit notwendigerweise auch der Erfüllung – nicht mehr als das Gesetz; es verhindert daher nicht die Erfüllungswirkung und berechtigt daher den Gläubiger nicht zur Zurückweisung der Leistung, verändert nicht die Beweislast für den Bestand des Anspruchs und ist daher immer unschädlich, aber auch überflüssig, falls schon die Umstände ergeben, daß der Schuldner nur unter dem Druck drohender Vollstreckung geleistet hat[24]. Erfolgreiche Vollstreckung führt in *diesen* Fällen (Schuldner ist nicht zur Abwendung durch Sicherheit befugt) zur sofortigen materiellrechtlichen Befriedigung des Gläubigers[25] unter *Fortfall des Schuldnerverzugs*[26], der Zinsen nach § 291 BGB und der Vertragszinsen[27], falls der Anspruch später rechtskräftig und einredefrei bestätigt wird und – bei

---

[20] → § 804 Rdnr. 24 ff. Zu anderen Begründungen im Schrifttum s. *Schünemann* JZ 1985, 50 f.

[21] Von dieser Gleichstellung geht auch die h. M. aus, z. B. *BGH* (ZS IVa) NJW 1981, 2244 = MDR 1982, 37[23]; zust. *Braun* AcP 184 (1984) 163. Jedoch folgert z. B. *Krüger* (Fn. 6) Rdnr. 6 daraus gerade umgekehrt, daß auch ZV mangelnden Erfüllungswillen nicht ersetzen könne, weil dieser bei der Abwendungsleistung befugterweise fehle.

[22] Nicht »die ZV« als solche; sie kann nur bestimmte Voraussetzungen für § 362 BGB schaffen, aber nie (auch nicht für rechtskräftige Urteile oder Titel gemäß § 794!) Erfüllung i. S. d. § 362 BGB garantieren → Rdnr. 5 a. E., 7a. Diesen Unterschied übersieht *Gaul* (Fn. 11) aaO Fn. 100.

[23] H. M. *BGHZ* 86, 267 = NJW 1983, 1111 (1112) mwN.

[24] → dazu § 717 Rdnr. 31 Fn. 155 ff.

[25] *Fraeb* ZZP 54 (1929) 268 f.; *Stölzel* Schulung für die jur. Praxis (1941) 36; *Pecher* Schadensersatzansprüche aus ungerechtfertigter Vollstreckung (1967) 175 f.; im Ergebnis (Erfüllung trete *auflösend* bedingt ein) auch *Czub* ZZP 102 (1989) 284 f. Offenlassend *Peters* (Fn. 6). Vgl. auch zu § 3, 17 KO *RGZ* 39, 106; *Jaeger/Henckel* KO⁹ § 3 Rdnr. 34, § 17 Rdnr. 41 (ab 1999: §§ 38, 103 InsO). – Zur Gegenansicht → Fn. 26 f., 37, 45 f.

[26] So im Ergebnis, aber trotz Verneinung des § 362 BGB *BGH* (Fn. 21; anders *BGH* VII.Senat WM 1964, 1168); zust. *Thomas/Putzo*[18] Rdnr. 17. Der Senat ließ freilich offen, ob der Schuldner mit der Pflicht, seinen Vorbehalt entfallen zu lassen, in Verzug kam; krit. *Braun* (Fn. 21) 162 ff.; *Krüger* NJW 1990, 1212; *Braun* aaO will Verzugsschaden konkret anhand § 254 Abs. 2 BGB bestimmen; zust. *Gaul* (Fn. 11) aaO Fn. 109. *Krüger* aaO 1212 lehnt (mit zutreffenden Risikoerwägungen) trotz Verzugs § 287 f. BGB ab, da der Leistungsgegenstand dem Gläubiger zur Verfügung steht, will aber § 326 BGB anwenden.

[27] A. M. *Gaul* (Fn. 11) aaO Fn. 109. Wie hier wohl *Czub* (Fn. 25) 275 mit 284.

§ 708 I   Erster Abschnitt: Allgemeine Vorschriften   94

Zahlungstiteln – der Vollstreckungserlös aus dem Vermögen des Schuldners stammt[28]. Anders als bei freiwilliger Leistung können die Parteien diese Wirkungen des Erlösempfangs[29] nicht durch Vereinbarung abändern.

5   Zu unterscheiden von diesen materiellrechtlichen Wirkungen sind die **prozessualen Fragen**, **a)** ab wann man sicher erkennen kann, ob der Anspruch bestanden hatte und daher durch die Vollstreckung oder Abwendungsleistung erfüllt worden war oder ob die Leistung des Schuldners materiellrechtlich »ins Leere« gestoßen war, **b)** welchen Einfluß die Ungewißheit darüber auf das Verhalten von Parteien und Gericht hat, **c)** ob der Schuldner einer nochmaligen Beitreibung des Vollstreckten oder zur Abwendung Geleisteten aufgrund des vorläufig vollstreckbaren Urteils (falls die vollstreckbare Ausfertigung noch nicht verbraucht ist und § 775 Nrn. 4, 5 versagen) nach § 767 noch entgegentreten kann. Letzteres hängt *vor* Rechtskraft (→ § 767 Rdnr. 41) nicht davon ab, wann »erfüllt« ist, sondern die Klage ist unter ihren sonstigen Voraussetzungen schon deshalb begründet, weil der Gläubiger das, was ihm durch Vollstreckungszwang als solchen verschafft werden kann (nämlich nur den Leistungsgegenstand → Fn. 22), bereits erhalten hat. *Nach* rechtskräftiger Verurteilung steht § 767 Abs. 2 einer Klage zwecks Verhinderung doppelter Beitreibung nicht entgegen, weil der Schuldner im Rechtsmittelverfahren die Erfüllungswirkung folgerichtig bestreiten mußte und daher den Einwand der Erfüllung aus rechtlichen Gründen dort noch nicht vorbringen konnte, → § 767 Rdnr. 28. Hingegen muß der Schuldner solche Rechtsfolgen einer Vollstreckung oder Abwendungsleistung, die *nicht* von einer Erfüllungswirkung, sondern lediglich vom Leistungsempfang abhängen, wie z. B. Verzug, noch im Rechtsmittel- oder Einspruchsverfahren geltend machen[30]. Gleiches gilt für Einwendungen, die den Anspruch schon *vor* der Vollstreckung oder Abwendungsleistung vernichtet hatten, z. B. durch Erklärung einer Aufrechnung (s. aber § 530 Abs. 2) oder Anfechtung nach §§ 119, 123 BGB, da eine Erfüllungswirkung dann schon nicht mehr eintreten konnte.

5a   Daß die Frage **a** regelmäßig erst durch die Rechtskraft[31] beantwortet wird, bedeutet *in den Fällen* → *Rdnr. 4 a* nicht Erfüllungswirkung erst im Zeitpunkt der Rechtskraft, sondern nur Aufschub der Erkenntnis eines vergangenen Sachverhalts, wie er uns auch sonst im Prozeß begegnet[32], insbesondere auch bei Streit um die Wirkung von Leistungen oder Erfüllungssurrogaten **vor** Rechtshängigkeit[33]. Die Vorstellung, eine Rechtsfolge könne solange nicht eintreten, wie sie im Prozeß umstritten ist, wäre hier ebenso abwegig wie sonst (andernfalls könnte jede Rechtsfolge beliebig durch Rechtshängigkeit aufgeschoben werden). Umgekehrt kann die Vollstreckung oder vollstreckungsabwendende Leistung keine Erfüllungswirkung haben, soweit der Schuldner schon zuvor wirksam aufgerechnet hatte (§ 389 BGB), aber erst in letzter Instanz mit dieser Einwendung Erfolg hatte.

5b   Die Frage **b** ist aufgrund **prozessualer** Erwägungen zu entscheiden: Solange der Beklagte in der Rechtsmittelinstanz oder im Einspruchsverfahren behauptet, der Anspruch habe schon im Zeitpunkt der Vollstreckung oder der Abwendungsleistung nicht (mehr) bestanden, also deren Erfüllungswirkung selbst bestreitet, darf das Gericht – genau wie im Falle einer

---

[28] Das ist bei **rechtskräftigen** Urteilen nicht anders → § 771 Rdnr. 73 f., also entgegen *Gaul* (Fn. 11) aaO Fn. 100 keine »nachgeschobene Einschränkung«, die mit dem Recht auf sofortige Befriedigung in Widerspruch stünde.

[29] → § 815 Rdnr. 13–22 (besonders 18), § 819 Rdnr. 6, 9, 11.

[30] So folgerichtig für Verzugsbeendigung *BGH* ZZP 102 (1989) 367 f. Weitergehend *Czub* (Fn. 25) 285 f. (von seiner Ansicht aus ebenfalls folgerichtig): alle Änderungen, die bis zur letzten mündlichen Verhandlung eintreten; anders *BGH* NJW 1990, 2756⁹ = WM 1434: § 767

Abs. 2 stehe auch nach Rechtskraft nicht entgegen, weil erst mit ihr die Erfüllungswirkung eingetreten sei (also im Ergebnis wie der obige Text).

[31] → aber Rdnr. 7 Fn. 50.

[32] *Pecher* (Fn. 25); richtig *OLG Köln* WM 1992, 1367 = MDR 347 (→ auch Fn. 45 a. E.): »...ungewiß bleibt, ob nun tatsächlich Erfüllung eingetreten ist oder nicht« (unter einschränkender Auslegung von *BGH* NJW 1990, 2756).

[33] Z. B. über Tilgungswirkungen nach §§ 366 ff. BGB oder über § 814 BGB, Aufrechnungen, Erfüllungswirkungen von Hinterlegungen usw.

Münzberg VIII/1994

Eventualaufrechnung³⁴ nicht offenlassen, ob der Anspruch bestand oder erst diese Leistung zur Erfüllung geführt hat; folglich darf auch der Kläger sein Prozeßverhalten auf diese Ungewißheit abstellen, so daß er die **Hauptsache nicht für erledigt** erklären muß³⁵. Die Anträge auf Feststellung umzustellen ist ebenfalls unnötig, weil das Rechtsmittel- oder Einspruchsurteil, soweit es zugunsten des Klägers entscheidet, ohnehin nur den vorläufig vollstreckbaren Titel nachträglich bestätigt³⁶.

Aus dem Zweck des Rechtsmittels oder Einspruchs, nicht aus materiellrechtlichen Erwägungen³⁷, ergibt sich ferner, daß dem Beklagten die **Beschwer** verbleibt³⁸ und ihm durch die – in aller Regel mit einem Inzidentantrag → § 717 Rdnr. 37 offengelegte³⁹ Vollstreckung oder Abwendungsleistung vor Abschluß des Erkenntnisvorgangs nicht die Chance genommen werden darf, daß ihm noch in der Rechtsmittelinstanz – vorbehaltlich der §§ 527 – **Einreden** oder sonstige Vergünstigungen bestätigt werden, die schon **vor** der Vollstreckung oder vollstreckungsabwendenden Leistung bestanden und daher ohne diese noch zu verwirklichen gewesen wären. Denn nur so bleibt gewährleistet, daß der Beklagte nicht erst nach § 717 Abs. 2, sondern schon im Rahmen seiner Verteidigung gegen den Klaganspruch alle Schäden für *Rechtsverluste* geltend machen kann, die durch das vollzogene, aber aufgehobene vorläufig vollstreckbare Urteil eingetreten sind, z.B. § 222 Abs. 2 BGB, falls ein beigetriebener Anspruch entgegen dem vorinstanzlichen Urteil schon zu diesem Zeitpunkt verjährt war, oder durch Verlust der Vorteile aus §§ 274, 322 BGB, die das vorinstanzliche Urteil verweigert hatte und auf die erst das Rechtsmittelurteil erkannt hat⁴⁰. Voraussetzung ist allerdings, daß Einreden in der Vorinstanz, im Falle eines Versäumnisurteils im Einspruchsverfahren, (vergeblich) vorgetragen waren⁴¹ oder noch nicht vorgetragen werden konnten⁴²; denn andernfalls würde der Schuldner entgegen dem Zweck → Rdnr. 1 ermutigt, Einreden nachträglich vorzubringen in der Hoffnung, daß sie nach § 528 noch zugelassen werden. Hingegen sind Einreden und Einwendungen, die erst **nach** einer Befriedigung des Gläubigers während vorläufiger Vollstreckbarkeit begründet gewesen wären, jetzt unerheblich, da der Schuldner nicht Vorteile aus zunächst unberechtigtem Bestreiten des Klaganspruchs ziehen darf⁴³. Wegen Aufrechnung mit Ersatzansprüchen aus § 717 → dort Rdnr. 28f.

Die **h.M.** nimmt dagegen an, daß die **Erfüllung** nach § 362 BGB **stets bis zur Rechtskraft aufgeschoben** werde, falls aus vorläufig vollstreckbaren Urteilen vollstreckt oder zur Abwendung der Vollstreckung geleistet wird und aus dem Parteiverhalten⁴⁴ nicht hervorgeht, daß ausnahmsweise Erfüllung eintreten soll⁴⁵. Berufung auf Verjährung, Aufrechnung und Zu-

---

³⁴ → § 145 Rdnr. 47, 51.
³⁵ H.M., vgl. *RGZ* 130, 395 (unten); a.M. *Czub* (Fn. 25) 285 f. – Erledigung liegt aber vor, wenn von vornherein endgültiges Behalten gewollt war *BGH NJW* 1994, 943, wenn der Beklagte sich auf die Erfüllungswirkung beruft, *Wieczorek*² Anm. B II a, oder wenn er einen Leistungsvorbehalt nachträglich entfallen läßt, vgl. *BGH* (Fn. 21).
³⁶ Im Falle vollständiger Bestätigung bleibt er schon formell Vollstreckungstitel → § 725 Rdnr. 6; aber auch bei teilweiser Aufrechterhaltung handelt es sachlich noch um »denselben« Titel → § 725 Rdnr. 7.
³⁷ So aber *RGZ* 98, 329f. u. hinsichtlich der Beschwer *BGH WM* 1968, 923; richtig stellt *RGZ* 109, 106f. auf prozessuale Gründe ab; ähnlich *Baur/Stürner* Fälle u. Lösungen zum ZwVR usw.⁶ 16 »für das laufende Verfahren nicht als erfüllt zu betrachten«.
³⁸ → § 91a Rdnr. 51; *BGH* (Fn. 35). Zum umgekehrten Fall (Beschwer eines erstinstanzlich abgewiesenen Klägers trotz Befriedigung während der Rechtsmittelinstanz) → Allg. Einl. vor § 511 Rdnr. 71.
³⁹ Das ist keine Einwendung nachträglicher Erfüllung; sie würde keinen Schadensersatz begründen (→ § 717 Rdnr. 14) u. außerdem Kostennachteile nach § 91a zur Folge haben.
⁴⁰ Insoweit wie *Braun* (Fn. 21) 158f., *Krüger* (Fn. 26) 1210; s. auch *BGH NJW* 1993, 3319f. Zur Geltendmachung als Schadensersatz nach § 717 Abs. 2 → dort Rdnr. 26 a.E., aber auch aaO Rdnr. 28.
⁴¹ *RGZ* 109, 106f. (dort für § 1000 BGB); für § 320 BGB insoweit offengelassen von *RG JW* 1927, 1469, da schon vor ZV geltendgemacht. – A.M. *Braun* (Fn. 21) 158f. mwN; *Krüger* (Fn. 26) 1210.
⁴² Z.B. weil eine Einrede materiellen Rechts erst nach Urteilserlaß entstand oder ein Gestaltungsrecht mangels derzeitiger Beweisbarkeit noch nicht ausgeübt worden war → § 767 Rdnr. 32 ff.
⁴³ So für Aufrechnung des Schuldners treffend *Braun* (Fn. 21) 158 Fn. 17; *Krüger* (Fn. 26) 1210: auch neue Einreden.
⁴⁴ → Fn. 35 zu Erledigungstatbeständen.
⁴⁵ *RGZ* 63, 331f. (gegen Berufungsgericht); 98, 329; 130, 396 (hier deutlich die Verwechslung von Vorläufigkeit und Ungewißheit der Rechtslage); *BGH MDR* 1976, 1005¹⁸ mwN (Abwendungszahlung); *BGHZ* 86, 270 = *NJW* 1983, 1111; *BGH* (Fn. 30); *Baumbach/Hartmann*⁵²

rückbehaltungsrechte sei also noch ohne die Einschränkungen → Rdnr. 4a, 5c möglich (wegen *Verzugs* → aber Rdnr. 4a Fn. 26). Damit wird dem Schuldner faktisch erlaubt, Leistung durch Maßnahmen zu ersetzen, die wenig mehr bieten als Sicherheitsleistung, auch wenn die gesetzlichen Voraussetzungen der §§ 711f., 720a fehlen. Außerdem versagt die h. M. ohnehin bei vielen Leistungen im Sinne der §§ 883 und 887ff. Denn nach Vornahme der Handlung erlöschen solche Ansprüche sofort, entweder durch Erfüllung[46] oder wegen der Unmöglichkeit, die Leistung zu wiederholen bzw. ungeschehen zu machen (z.B. Abriß eines Hauses, Auskunftserteilung)[47]. Auch die Konsequenz der h.M., daß der auf das vorläufig vollstreckbare Urteil zahlende Bürge u. U. jahrelang bis zur Rechtskraft warten muß, ehe er seine Rechte aus §§ 774, 401, 413 BGB gegen den Schuldner geltend machen kann[48], falls sich nicht ein sofortiger Rückgriff aus dem Innenverhältnis (§ 670 BGB) ergibt[49], ist bedenklich.

7   Der h. M. ist daher nur zu folgen, wenn der Schuldner zur Abwendung der Vollstreckung »freiwillig« leistet *und* a) entweder der Gläubiger dem Aufschub der Erfüllungswirkung zustimmt bzw. entsprechende Vorbehalte widerspruchslos hinnimmt oder b) der Schuldner die Vollstreckung durch Sicherheitsleistung oder Hinterlegung hätte abwenden dürfen → Rdnr. 4. Sogar in diesen Fällen kann aber die Rechtskraft nicht stets aufschiebende Bedingung für die Erfüllung sein; denn diese muß möglich bleiben, auch wenn der Prozeß *ohne* rechtskräftige Entscheidung in der Rechtsmittelinstanz endet[50].

Diese Überlegungen zeigen wieder einmal (→ auch § 804 Rdnr. 22ff.), daß die Zwangsvollstreckung dem Gläubiger nur den Leistungsgegenstand und damit nur die Möglichkeit zur Befriedigung im materiellen Sinne des § 362 BGB zu verschaffen hat. Erfüllungswirkung ist also nur »Wunschziel«, nicht unmittelbare Aufgabe der Vollstreckung, da sie dieses Ziel doch nie garantieren kann. Ob die »Leistung« (Beitreibung oder Abwendungsleistung) zur Erfüllung gemäß § 362 BGB führt, bestimmt allein das materielle Recht, über das zwar richtig oder falsch erkannt werden kann, das aber nicht durch bloße Vollstreckungsregelungen beeinflußt wird.

8   c) Die Vollstreckbarkeit (nicht die Vollstreckung) ist **auflösend bedingt**; sie wird durch die Verkündung einer aufhebenden oder abändernden Entscheidung hinfällig, § 717 Abs. 1, s. auch §§ 775 Nr. 1, 868. Dann hat der Gläubiger in der Regel den Schaden nach § 717 Abs. 2 zu ersetzen, bei Urteilen des § 708 Nr. 10 (mit Ausnahme der Versäumnisurteile) dagegen nur die Bereicherung zu erstatten, § 717 Abs. 3. – Wegen Abänderungen nur hinsichtlich Sicherheitsleistung[51] → aber § 717 Rdnr. 12.

9   2. Die vorläufige Vollstreckbarkeit ist nach §§ 708f. einschließlich der Abwendungsbefugnis des Schuldners gemäß § 711 S. 1 **von Amts wegen** auszusprechen, nach §§ 534, 560 und nach §§ 106, 108f., 114 GenG **auf Antrag**, ebenso die Abweichungen zugunsten des Gläubigers (§§ 710, 711 S. 2) und des Schuldners (§712). Der Ausspruch ist regelmäßig *Bestandteil des Urteils*; wegen der Ausnahmen s. §§ 534, 560 u. im einzelnen die Bem. zu §§ 714, 716, 718.

10   3. Die §§ 708ff. gelten auch für Urteile, die **nicht auf Leistung oder Duldung der Zwangsvollstreckung**[52] gerichtet sind. Denn die ZPO versteht unter Vollstreckbarkeit eines Urteils

---

Einf. vor §§ 708ff. Rdnr. 3; *Gaul* (Fn. 11); *Messer* Freiwillige Leistung usw. (1966) 127; *Wieczorek*[2] Anm. B II a; grundsätzlich auch *Braun* (Fn. 21) 160f. – Zu welchen Fehlschlüssen diese Ansicht verleiten kann, s. den Fall *OLG Köln* (Fn. 32): Währungskursänderung zwischen Zahlung u. Rechtskrafteintritt.

[46] *LAG Frankfurt* NZA 1992, 524 (L).
[47] S. dazu auch *Schünemann* (Fn. 20) 54ff.
[48] So *BGH* (Fn. 23) für rechtskräftiges Urteil nach § 599; wie hier *OLG Hamburg* OLGRsp 18, 44; MünchKommBGB-*Pecher* § 774 Rdnr. 3.

[49] S. *BGH* (Fn. 23) zu II 4 obiter (betr. *BGHZ* 69, 270 = NJW 1978, 43) für Bürgenzahlung aufgrund Prozeßbürgschaft als Sicherheit nach § 713 Abs. 2 aF.
[50] Etwa nach § 91a, durch Prozeßvergleich oder Klagerücknahme.
[51] → § 707 Rdnr. 7; § 709 Rdnr. 12; § 712 Rdnr. 11; § 719 Rdnr. 1.
[52] → Rdnr. 18 vor § 704.

auch seine Fähigkeit, die Grundlage anderer realer Urteilswirkungen zu bilden[53] und diese Wirkungen treten dann vorläufig ein[54]. Dies gilt namentlich für *feststellende und abweisende*[55] Urteile und solche, die eine *Zwangsvollstreckung für unzulässig erklären* → § 767 Rdnr. 51, § 771 Rdnr. 63f., § 775 Rdnr. 7. Bei den einen Einspruch verwerfenden oder ein Rechtsmittel zurückweisenden Entscheidungen gehört zu diesen Vollstreckungswirkungen insbesondere die vorläufige Vollstreckbarkeit des angefochtenen Urteils[56]. Bei *aufhebenden (abändernden) Urteilen* tritt die Wirkung des § 717 Abs. 1 schon mit der Verkündung ein[57]; dies gilt auch bei *Zurückverweisung*[58]. Diese Wirkungen sind zwar nicht »vorläufig«, sondern endgültig, so daß auch die für § 775 Nr. 1 erforderliche Vollstreckbarkeit sich schon aus dem Gesetz ergibt[59] und es insoweit nicht des Ausspruchs bedürfte[60]. Trotzdem ist er auch hier zur Klarstellung wegen § 775 Nr. 1 hinsichtlich der Hauptsache sinnvoll[61], hinsichtlich etwaiger Kostenentscheidung nötig[62]. Bei der Aufhebung rechtskräftiger Vorbehaltsurteile ist die vorläufige Vollstreckbarkeit des aufhebenden Urteils im Nachverfahren sogar auch für die Hauptsache Voraussetzung für den Wegfall der Vollstreckbarkeit des aufgehobenen Urteils[63]. Die Person des Schuldners (Fiskus, Gemeinde usw.) begründet keine Ausnahme[64].

4. a) **Ausgeschlossen** ist die vorläufige Vollstreckbarkeit für Entscheidungen gemäß § 621a, die nach §§ 16, 33 FGG zu vollstrecken sind, auch wenn sie nach § 629 in Urteilsform ergehen; für Urteile in *Ehe- und Kindschaftssachen* nach § 704 Abs. 2 → dort Rdnr. 4, für unbedingte[65] Urteile, die *sofort mit der Verkündung rechtskräftig* werden[66], für Urteile, die eine Verweisung nach § 281 in der Rechtsmittelinstanz aussprechen und deshalb entsprechend § 281 Abs. 2 unanfechtbar sind[67]. In diesen Fällen unterbleibt der Ausspruch ganz, auch wenn über Kosten entschieden ist; s. auch § 712 Abs. 1 S. 2. 11

b) Die vorläufige Vollstreckbarkeit **entfällt für den Ausspruch zur Hauptsache** (wegen der Kosten → Fn. 73 f.), wenn das Urteil *nur* Wirkungen erzeugt, die *an den Eintritt der Rechtskraft geknüpft* sind[68], z.B. § 17 Abs. 3 S. 3 GVG, → auch § 882 Rdnr. 1, § 717 Rdnr. 1 a.E. Das gilt – mit Ausnahme der Urteile gemäß §§ 894f.[69] ebenso für *rechtsgestaltende Urteile*, die erst von der Rechtskraft an wirken[70], so besonders nach §§ 1449, 1470, 1496, 1934 d[71], 2342 Abs. 2 BGB, und für Ansprüche, deren Fälligkeit auf einen Zeitpunkt nach der Rechtskraft festgesetzt ist[72]. In diesen zu b genannten Fällen ist die vorläufige Vollstreckbarkeit nur auszusprechen, wenn zugleich über **Kosten** entschieden ist[73], und wirkt nur für diese, auch wenn zur Vereinfachung der Urteilsformel die Einschränkung »hinsichtlich der Kosten« 12

---

[53] → Rdnr. 47ff. vor §704.
[54] H.M. z.B. *RGZ* 16, 421; 18, 287; 25, 377. – Anders für Feststellungsklagen (nur wegen der Kosten) *E. Schneider* MDR 1967, 643, *OLG Köln* FamRZ 1979, 926 Nr. 11. → auch Rdnr. 113 vor § 704.
[55] → Rdnr. 14.
[56] → Rdnr. 26 u. § 709 Rdnr. 10.
[57] → § 717 Rdnr. 1, Rdnr. 50 vor § 704.
[58] → § 717 Rdnr. 1–5 u. zu den Einzelfällen § 538 Rdnr. 29ff., § 539 Rdnr. 11ff., § 565 Rdnr. 2ff.
[59] *OLG Köln* JMBlNRW 1970, 70 gegen *OLG Frankfurt* OLGZ 1968, 436.
[60] → § 775 Rdnr. 9; *OLG Düsseldorf* OLGZ 1970, 181; *Wieser* ZZP 102 (1989) 267; *Wieczorek*² Anm. A II a; *Zöller/Schneider*¹⁸ § 543 Rdnr. 24 mwN. → auch Fn. 59. – Anders die heute h.M. *OLGe München* Rpfleger 1982, 111f. = MDR 239; *Karlsruhe* JZ 1984, 635; *Düsseldorf* Büro 1985, 1730 (aber einem Irrtum des ZV-Organs könnte mit § 766 begegnet werden → § 775 Rdnr. 2); *Köln* Rpfleger 1988, 111f.; *Krüger* (Fn. 6) Rdnr. 17 mwN.

[61] A.M. *Schneider* (Fn. 60); für zurückverweisende Urteile noch die 20. Aufl. Rdnr. 12 Fn. 20.
[62] *Furtner* DRiZ 1957, 184; vgl.auch *E.Schneider* (Fn. 1) 308, 316. → dazu Fn. 129.
[63] → § 717 Rdnr. 1 a.E., 6.
[64] *OLG Kassel* OLGRsp 29, 159; → § 709 Fn. 6; → dazu auch § 882a Rdnr. 1–7.
[65] Für bedingte → Rdnr. 15.
[66] → § 705 Rdnr. 2 b.
[67] → dort Rdnr. 18.
[68] Gleichgültig, ob man sie als Vollstreckungswirkungen i.w.S. ansieht, → Rdnr. 47ff. vor § 704.
[69] → § 894 Rdnr. 3, 17.
[70] Zu § 9f. KSchG → Rdnr. 33.
[71] *BGH* NJW 1986, 2190 (2193 zu 3 a).
[72] Vgl. *BGH* LM Nr. 18 zu § 607 BGB = NJW 1975, 444³ (Darlehnsauszahlung aufgrund Vorvertrag); ebenso in manchen Versicherungsverträgen, was § 11 VVG nicht schlechthin verbietet.
[73] *OLG Köln* MDR 1963, 932⁶⁴ (**Gestaltungsurteile**); wegen zurückverweisender Urteile → Rdnr. 12.

§ 708 I, II   Erster Abschnitt: Allgemeine Vorschriften   98

weggelassen wird[74]. *Prozessuale Gestaltungsurteile* sind jedoch stets für vorläufig vollstreckbar zu erklären → § 731 Rdnr. 16, § 767 Rdnr. 51, § 771 Rdnr. 64, § 775 Rdnr. 9; zur etwaigen Hemmung ihrer Wirkungen → § 717 Rdnr. 6 a.

13   c) In den Fällen der §§ 283, 1052, 2128 Abs. 2, 2193 Abs. 2 BGB und daher auch § 255 ZPO wirkt der Ausspruch vorläufiger Vollstreckbarkeit nicht für die Fristbestimmung → § 255 Rdnr. 10. **Scheidungsfolgesachen** sind zwar trotz § 629 d sofort für vollstreckbar zu erklären[75] für den Fall, daß sie später rechtskräftig werden als der Scheidungsausspruch, aber bedingt durch dessen Rechtskraft[76].

13a   d) Urteile, die einen *Arrest* oder eine *einstweilige Verfügung* anordnen oder bestätigen, sind **ohne Ausspruch vorläufig vollstreckbar** → § 925 Rdnr. 21, § 929 Rdnr. 1; ebenso Teilurteile nach § 718 Abs. 1 und Urteile nach § 99 Abs. 2, s. § 794 Abs. 1 Nr. 3. Wegen der *Beschlüsse* → § 794 Rdnr. 12 ff.

14   5. Die vorläufige Vollstreckbarkeit erstreckt sich von selbst auf den **Kostenpunkt**, so daß das Urteil sofort die Kostenfestsetzung erlaubt, die Vollstreckung des Festsetzungsbeschlusses aber denselben Einschränkungen unterliegt wie das Urteil in den Fällen der §§ 709, 711 oder 712[77]. In den Fällen → Rdnr. 11 entfällt der Ausspruch auch wegen der Kosten. Bei feststellenden, klagabweisenden und aufhebenden Urteilen[78] sowie in den Fällen → Rdnr. 12 ist er wegen der Kosten wichtig, falls über sie entschieden ist, vgl. auch § 167 Abs. 2 VwGO. Ausdrückliche Beschränkung auf den Kostenpunkt ist hier unnötig[79], ebenso bei Urteilen gemäß § 894[80], und falls § 895 in Betracht kommt, wäre sie unrichtig[81]. Zur Höhe der Sicherheit → aber § 709 Rdnr. 1, 3.

15   6. Die auflösend bedingte Vollstreckungswirkung **bedingter Endurteile**, die einem selbständig anfechtbaren Zwischen- oder Vorbehaltsurteil nachfolgen, ist auch nach ihrer formellen »Rechtskraft« identisch mit den anderen Fällen vorläufiger Vollstreckbarkeit. Sie muß daher auch dann ausdrücklich ausgesprochen werden, wenn das Urteil vom Landgericht als Berufungsinstanz oder vom Bundesgerichtshof *vor* Rechtskraft des Zwischen- oder Vorbehaltsurteils erlassen wird → § 704 Rdnr. 3, § 705 Rdnr. 1.

II. Die einzelnen Fälle

16   Nach § 708 hat das Gericht (vorbehaltlich der Ausnahmen → Rdnr. 11, 13a) die vorläufige Vollstreckbarkeit **von Amts wegen** auszusprechen (s. auch § 716), und zwar grundsätzlich **ohne Sicherheitsleistung**, ausnahmsweise nach § 712 Abs. 2 S. 2 auf Antrag *mit* Sicherheitsleistung. In den Fällen **Nr. 4–11** ist stets § 711 zu beachten, → auch Rdnr. 23a a. E. Zur Konkurrenz mit Nrn. 1–3 → Rdnr. 32. Da die vorläufige Vollstreckbarkeit aber nur dem Schutz des Gläubigers dient, kann er als Kläger einen beschränkten Vollstreckbarkeitsantrag stellen und sich zur Sicherheitsleistung erbieten[82], oder auf den Ausspruch ganz verzichten, zumal das Ergebnis auch durch Zugestehen von Behauptungen des Schuldners nach § 712 Abs. 1 S. 2 zu erzielen wäre[83]; → dazu Rdnr. 99 vor § 704. Ohne ausdrücklichen Ausspruch

---

[74] Vgl. *KG* OLGRsp 27, 390 (Auflösung einer GmbH).
[75] → § 704 Rdnr. 4 Fn. 7.
[76] Entweder ist die Leistungspflicht (z. B. »...,zu zahlen ab Rechtskraft des...«) oder die Vollstreckbarkeit von der Rechtskraft abhängig zu machen, *OLG Bamberg* FamRZ 1990, 184, z. B. »...vorläufig vollstreckbar ab Rechtskraft des ...«; → § 726 Rdnr. 3a, 9.
[77] → Rdnr. 52 vor § 704, § 103 Rdnr. 6.
[78] → Rdnr. 10, besonders Fn. 57 ff.
[79] → Fn. 74.
[80] → dort Rdnr. 17.
[81] → dort Rdnr. 4 f.
[82] *RGZ* 85, 80 im Hinblick auf § 713 Abs. 2 aF. Um für den Fall freiwilliger Leistung die Folgen des § 717 Abs. 2 zu vermeiden, braucht der Gläubiger nur zu erklären, er wolle von der vorläufigen Vollstreckbarkeit keinen Gebrauch machen, → § 717 Rdnr. 31 Fn. 159. Dies ist kein Verzicht auf Anwendung der §§ 708 ff., *OLG Frankfurt* Büro 1969, 360 f. = WM 381.
[83] → § 294 Rdnr. 5.

sind Urteile – mit Ausnahme der → Rdnr. 13a erwähnten – nicht vorläufig vollstreckbar[84], falls man die Wirkungen des § 717 Abs. 1 nicht dazu zählt → dazu Rdnr. 10.

Strafgerichtliche Urteile auf Entschädigung des Verletzten, §§ 403 ff. StPO, können für vorläufig vollstreckbar erklärt werden, und zwar entweder ohne oder gegen Sicherheitsleistung des Gläubigers, § 406 Abs. 2 S. 1, 2 StPO; → auch § 709 Rdnr. 7, § 711 Rdnr. 1, § 714 Rdnr. 1 (jeweils a. E.)

Nr. 1 gilt auch für Teilurteile nach §§ 306 f.

17

Nr. 2 will – zusammen mit § 719 Abs. 1 S. 2 – das Risiko der Säumnis erhöhen und eine Verzögerung durch unbegründete Einsprüche uninteressant machen, erreicht dies allerdings wegen § 709 S. 2 nur halbwegs[85]. Sie gilt auch für Urteile nach § 345. Wegen des Begriffs **Versäumnisurteil** → Rdnr. 23 ff. vor § 330; unechte Versäumnisurteile scheiden hier aus, was z. B. bei Teilabweisung zu beachten ist. Auch **Urteile nach Lage der Akten** (§ 331 a) fallen nur insoweit unter Nr. 2, als sie *gegen* die säumige Partei ergehen[86].
Die Zurückweisung einer Berufung durch Versäumnisurteil oder Urteil nach Lage der Akten des Landgerichts läßt auch das Urteil erster Instanz ohne Sicherheitsleistung vorläufig vollstreckbar werden[87].

Zu **Nr. 3** → Rdnr. 10 nach Fn. 54. Sie wird praktisch bedeutsam, wenn die Kostenentscheidung eine Vollstreckung ermöglicht, die den in Nr. 11 genannten Kostenbetrag übersteigt → Rdnr. 29. Für Beschlüsse nach § 341 Abs. 2 folgt die Vollstreckbarkeit aus § 794 Abs. 1 Nr. 3.

18

Nr. 4 gilt für *alle* Urteile im **Urkunden-, Wechsel- und Scheckprozeß**, §§ 592 ff., auch für die Verurteilung ohne Vorbehalt und für die Klagabweisung[88].

19

Nr. 5 bejaht für das ein Vorbehaltsurteil **bestätigende Urteil** die frühere Streitfrage, ob die Vollstreckbarkeit ohne Sicherheit andauert. Auch das bestätigte Urteil bleibt, soweit es nicht ohnehin schon rechtskräftig ist oder unter Nrn. 10, 11 fallen würde, ohne Sicherheitsleistung vollstreckbar (Nr. 4) einschließlich eines auf ihm beruhenden Kostenfestsetzungsbeschlusses; für die Kosten des Nachverfahrens ermöglicht dann das neue Urteil die Festsetzung und Vollstreckung ohne Sicherheit, → § 600 Rdnr. 23.

Nr. 6 bezieht auch *ablehnende* Urteile ein, was bedeutsam ist für eine Kostenvollstreckung, die den in Nr. 11 a. E. genannten Betrag übersteigt → Rdnr. 29. Wegen der *aufhebenden* Urteile s. §§ 925 bis 927, 936 und → Rdnr. 47 f. vor § 704; zur Hemmung der Aufhebungswirkungen → § 717 Rdnr. 6, § 925 Rdnr. 19.

20

Nr. 6 gilt auch für *teilweise* ablehnende oder aufhebende (abändernde) Urteile, z. B. wenn die Bestätigung des Arrestes von einer Sicherheitsleistung abhängig gemacht wird. Sie gilt entsprechend für Urteile, die das Verfahren zur Hauptsache für erledigt erklären[89]. Zur *Bestätigung* von Arresten oder einstweiligen Verfügungen → Rdnr. 13a und § 925 Rdnr. 21.

Nr. 6 gilt *nicht* für Beschlüsse nach § 934 Abs. 4 (s. § 794 Abs. 1 Nr. 3) und für Urteile nach § 545 Abs. 2[90].

---

[84] S. auch *RG* JW 1901, 81.
[85] Zum Streit über § 708 Nr. 3 aF → 19. Aufl. Fn. 21; *Geldern* NJW 1972, 1650 u. *BT-Drucks.* 7/2729 S. 107 (zu § 709 S. 2 nF).
[86] *BT-Drucks.* 7/2729 S. 106; s. aber § 708 Nr. 11 Halbs. 2.
[87] *LG Hildesheim* MDR 1962, 829.
[88] Wegen der Aufhebung des Vorbehaltsurteils im Nachverfahren → Rdnr. 10 Fn. 63 u. § 709 Rdnr. 1.
[89] *LG Ulm* ZZP 68 (1955) 465.
[90] → Rdnr. 11.

21 Die unter Nr. 7[91] aufgeführten **Mietstreitigkeiten**[92] entsprechen den in § 23 Nr. 2a GVG genannten[93]. Der Untermieter ist mit Rücksicht auf § 556 Abs. 3 BGB miterwähnt. Zur Räumungsfrist s. § 721.

22 Nr. 8 bezieht sich auf **Unterhaltsforderungen**, die auf Gesetz (§§ 1360ff., 1569ff., 1600ff., 1736, 1739, 1754f., 1963, 1969, 2141 BGB, §§ 26, 37 EheG) oder Vertrag, z.B. einer Schenkung, einem Altenteilsvertrag, oder einer letztwilligen Verfügung beruhen[94]. Gleiches gilt für Nebenansprüche (Zinsen, Kosten), auch für die Hilfsansprüche auf **Auskunft** in Unterhalts- und Rentensachen, da die vom Gesetz vorausgesetzte Dringlichkeit auch und erst recht auf sie zutrifft[95]. Die Anwendung entfällt, wenn die Unterhaltsforderung den Charakter einer Ersatzforderung annimmt, z.B. bei Abtretung oder gesetzlichem Übergang[96] oder in den Fällen der §§ 679, 683 BGB. Soweit jedoch der neue Gläubiger den Bedürftigen weiterversorgt, wird man den Unterhaltscharakter nicht verneinen können[97].

23 Den Unterhaltsforderungen sind Geldrenten nach §§ 843f. BGB, § 8 HaftPflG, § 13 Abs. 2 StVG, §§ 36, 38 Abs. 2 LuftverkG, § 30 Abs. 2 AtomG und die in § 60 BSeuchenG genannten gleichgestellt. Wie in § 850b, an dessen Sprachgebrauch der Wortlaut angepaßt wurde[98], gilt Nr. 8 entsprechend, wenn in privatrechtlichen Gesetzen auf Rentenforderungen die §§ 843f. BGB für anwendbar erklärt sind, wie in §§ 618 BGB, 62 Abs. 3 HGB. Auch auf Abänderungen nach §§ 323, 641q ist Nr. 8 anzuwenden[99]. – § 845 BGB ist **nicht** miterfaßt[100], ebensowenig andere fortlaufende Leistungen wie Besoldungen, Pensionen usw.; insoweit → aber § 710 Rdnr. 8 und wegen einstweiliger Verfügungen → Rdnr. 39ff. vor § 935.

23a Für **Rückstände**, die nicht unter Nr. 8 fallen, weil sie *länger als ein Vierteljahr vor Klagerhebung* zurückliegen, gilt § 708 Nr. 11 nur dann, wenn die *gesamten* zur Entscheidung stehenden Unterhaltsbeträge den dort genannten Betrag nicht übersteigen; andernfalls gilt für diese Rückstände § 709 S. 1[101], da auf sie der »Dringlichkeitsgrund« der Nr. 8 nicht zutrifft. Sie sind nach dem tatsächlichen Betrag, der Rest nach § 9 zu berechnen → Rdnr. 28 a.E. Die Ansicht, für § 708 Nr. 11 zählten dann *nur* die älteren Rückstände[102], widerspricht dem Sinn der Nr. 11, dem Schuldner eine sicherheitslose Vollstreckung ein und desselben Anspruchs ohne besondere Gründe[103] nur bis zu einem Höchstbetrag zuzumuten[104]; dieser darf daher nicht einfach dem nach Nr. 8 ohne Sicherheit vollstreckbaren Verurteilungsgegenstand noch aufgepfropft werden. Anders nur bei nachträglichen Erhöhungen gemäß § 323 und bei verschiedenen Ansprüchen → Rdnr. 28.

Bei der Bestimmung des Zeitpunktes der Klagerhebung sind die §§ 270 Abs. 3, 693 Abs. 2 nicht anzuwenden, weil die Vollstreckung mit oder ohne Sicherheit nicht der Bedeutung einer Fristwahrung oder Verjährungsunterbrechung gleichgestellt werden kann[105].

---

[91] Früher § 709 Nr. 1.
[92] Nr. 7 gilt wie § 23 Nr. 2a GVG nicht bei Pacht *RG JW* 1933, 517[11]; auch nicht bei Räumung von Freiflächen *OLG Düsseldorf JMBlNRW* 1993, 138. → § 1 Rdnr. 51 mwN.
[93] → dazu § 1 Rdnr. 51.
[94] Insofern weicht Nr. 8 ab von § 850b Abs. 1 Nr. 2, § 850d Abs. 1.
[95] *AG Hamburg FamRZ* 1977, 814; *Krüger* (Fn. 6) Rdnr. 15 mwN. – A.M. *OLG München FamRZ* 1990, 84 = *NJW-RR* 1022, das nur den Wortlaut in Betracht zieht.
[96] Das gilt auch für § 1615b BGB; *Wieczorek*² Anm. E VI b 1u. (noch zu § 1709 Abs. 2 aF BGB) *LG München NJW* 1959, 1325; *MünchKommBGB-Köhler*³ Rdnr. 3. – A.M. anscheinend *Palandt/Diederichsen* BGB⁵³ Rdnr. 1.
[97] *Zunft NJW* 1955, 1021 mit zutr. Berufung auf *BGHZ* 4, 154 = *NJW* 1952, 337 u. 7, 52 = *NJW* 1954, 1153 (zur Abtretbarkeit unpfändbarer Ansprüche).

[98] *BT-Drucks*. 7/2729 S. 106.
[99] H.M. → § 323 Rdnr. 76; *Krüger* (Fn. 6) Rdnr. 15 mwN.
[100] *OLG Dresden OLGRsp* 35, 111.
[101] A.M. *L. Schmitt NJW* 1955, 493: Nr. 8 schließe Nr. 11 stets aus.
[102] Anders die wohl h.M. *Gaul* (Fn. 11) § 14 II 1h mwN; *E. Schneider* (Fn. 1) 322; *Zöller/Herget*¹⁸ Rdnr. 13.
[103] Soweit also andere Nrn. des § 708 zutreffen, taucht das Problem nicht auf → Rdnr. 32.
[104] Zumal das Insolvenzrisiko hinsichtlich § 717 Abs. 2 bei meist nicht vermögenden Unterhaltsgläubigern erhöht sein dürfte. Zust. wohl *Krüger* (Fn. 6) Rdnr. 15 Fn. 24.
[105] A.M. *Wieczorek*² Anm. E VI a.

Nr. 9 betrifft Urteile, die **Besitzklagen** nach §§ 861 f. (865, 869) BGB stattgeben; sie soll 24 wie auch § 863 BGB die rasche Wiederherstellung des Rechtsfriedens fördern[106].

Nr. 10 gilt für kontradiktorische und als Versäumnisurteile (arg. § 717 Abs. 3) ergehende 25 **Berufungsurteile der Oberlandesgerichte in vermögensrechtlichen Streitigkeiten**[107], auch wenn die Revisionssumme des § 546 nicht erreicht ist[108]. Gleichgültig ist, ob das Gericht selbst in der Sache entscheidet, die Berufung zurückweist oder verwirft oder ein Versäumnisurteil aufrechterhält, → Rdnr. 32. Zwischenurteile scheiden aus; ebenso verweisende Urteile → Rdnr. 11. Wegen zurückverweisender Urteile → Rdnr. 10 ab Fn. 58. Auf Antrag des Schuldners kann nach § 712 Abs. 2 S. 2 auch für die Urteile des § 708 Nr. 10 Sicherheitsleistung angeordnet werden → § 712 Rdnr. 1.

Bei Zurückweisung oder Verwerfung einer Berufung (wegen des Einspruchs s. Nr. 3) 26 erstreckt sich die unbedingte vorläufige Vollstreckbarkeit nach Nr. 10 auf das Urteil erster Instanz, auch wenn es bisher nur gegen Sicherheitsleistung vollstreckbar war[109] oder einem Schutzantrag nach § 712 stattgegeben hatte[110]; verwerfende **Beschlüsse nach § 519 b,** die schon gemäß § 794 Abs. 1 Nr. 3 sofort vollstreckbar sind[111], machen hier keine Ausnahme[112], denn sie haben dieselbe Funktion wie ein Urteil gleichen Inhalts[113]. Diese Wirkungen auf das Urteil erster Instanz gehören zur Vollstreckbarkeit und müssen nicht neben ihr besonders ausgesprochen werden[114]. Der Urkundsbeamte hat ohne weiters die Vollstreckungsklausel zu dem ersten Urteil[115] zu erteilen, ganz gleich, ob es verurteilte oder die Klage abwies (→ Rdnr. 10); dasselbe gilt für das Urteil des OLG selbst, wenn es in der Sache entscheidet[116]. – Über das Schicksal der *Sicherheitsleistung* in diesen Fällen → § 109 Rdnr. 11.

Nr. 11 hat die frühere Streitfrage, ob auch bloße Verurteilung in die Kosten genügt, positiv 27 entschieden[117].

a) Der **1. Halbs.** trifft zu, wenn in **vermögensrechtlichen** Streitigkeiten[118] der Gegenstand der **Verurteilung in der Hauptsache 1500 DM** nicht übersteigt (Erhöhung auf **2500 DM** geplant, BR-Drucks. 134/94 Art. 1 Nr. 3, Art. 3 Abs. 1). Eine *Verurteilung* liegt in jeder der Klage ganz oder teilweise stattgebenden Entscheidung, soweit sie *vor ihrer Rechtskraft* vollstreckt werden kann, z.B. in der Aufrechterhaltung eines Versäumnisurteils → § 709 Rdnr. 13; Zurückweisung oder Verwerfung einer Berufung durch das OLG fallen zugleich unter Nr. 10, Verwerfung des Einspruchs unter Nr. 3 → Rdnr. 32. Auch die Erklärung der Zwangsvollstreckung für unzulässig nach §§ 767 ff. ist eine »Verurteilung« des Vollstreckungsgläubigers i.S.d. Nr. 11, obwohl sie zur Hauptsache nur die Vollstreckungswirkungen i.w.S. gemäß § 775 Nr. 1 auslöst → dort Rdnr. 7, 9, 11.

Für die *Wertgrenze* zählen Kosten und Nebenforderungen nicht mit, §§ 2, 4; da sie aber 28 einbezogen sind → Rdnr. 14, wurde der Betrag zwecks Angleichung an Halbs. 2 niedriger als dort angesetzt[119]. Im übrigen → Bem. zu §§ 3–9 (Wertschlüssel § 3 Rdnr. 41). Die nach § 5 gebotene Zusammenrechnung verschiedener Ansprüche scheidet zwar aus, soweit für sie

---

[106] *BT-Drucks.* 7/2729 S. 106.
[107] → dazu § 1 Rdnr. 43 ff.
[108] Ausgenommen § 545 Abs. 2 → § 705 Rdnr. 2 b, 3.
[109] *RG* JW 1903, 374; *OLGe Hamm, Koblenz,* München NJW 1971, 1187; OLGZ 1990, 229 = Büro 1990, 397; OLGZ 1985, 457, allg. M. Wegen der schon geleisteten Sicherheit → § 709 Rdnr. 11.
[110] Er muß also, um dies zu vermeiden, vor dem OLG erneut gestellt werden → § 712 Rdnr. 1, § 714 Rdnr. 3; a.M. zu § 713 aF *Furtner* (Fn. 1) 25.
[111] → Rdnr. 13 a.E.

[112] So wohl auch *Wieczorek*² Anm. E VII. – A.M. *LG Stuttgart* NJW 1973, 1050; *Gaul* (Fn. 11) §14 IV 2; *Thomas/Putzo*¹⁸ Rdnr. 11.
[113] → § 519 b Rdnr. 30.
[114] A.M. *Oppler* DJZ 1910, 726.
[115] → § 725 Rdnr. 6 f.
[116] Vgl. *OLG Braunschweig* BrschwZ 56, 186 f.; 57, 22 (gegen 54, 162 f.).
[117] *BT-Drucks.* 7/2729 S. 106 f.
[118] → § 1 Rdnr. 43 ff.
[119] *BT-Drucks.* 7/2729 S. 106 f. u. 7/5250 S. 16.

alle ohnehin § 708 gilt; handelt es sich aber um Teile eines *einheitlichen und im selben Urteil zugesprochenen Anspruchs* (wie bei Nr. 8 laufende Rente und nicht darunter fallende Rückstände), so gebietet nicht § 5 sondern der Zweck der Nr. 11 die Zusammenrechnung → Rdnr. 23 a. Frühere Titel zählen nicht mit, auch nicht bei nachträglicher Erhöhung wiederkehrender Leistungen gemäß § 323 oder bei Teilurteilen im Verhältnis zum Schlußurteil. Ergeht jedoch ein Teilanerkenntnisurteil gleichzeitig mit dem streitigen Schlußurteil über einen einheitlichen Anspruch, so gilt zwar für das Teilanerkenntnis Nr. 1, aber für Nr. 11 wird man wie → Rdnr. 23 (Nr. 8) den *gesamten* Anspruch berücksichtigen müssen[120].

28a § 5 ist auch beim Prozeßsieg *mehrerer Kläger* gegen denselben Beklagten anzuwenden, so daß u. U. ein Streitgenosse nach § 709 S. 1 Sicherheit leisten muß, obwohl der ihm zuerkannte Betrag allein unter Nr. 11 fallen würde[121]. → § 709 Rdnr. 2. Jedoch ist für jeden von *mehreren Beklagten* nur die Summe maßgebend, zu der er verurteilt wird; denn die Wertgrenze ist wegen der Belastung des einzelnen Schuldners aufgestellt[122]. Für *wiederkehrende* Leistungen gilt § 9, auch wenn der Gläubiger nicht mehr als den → Rdnr. 27 genannten Betrag vollstrecken will.

29 b) Der **2. Halbs.** gilt, wenn **nur die Kostenentscheidung** vollstreckbar ist und eine Vollstreckung im Wert von nicht mehr als **2000 DM** ermöglicht (Erhöhung auf **3000 DM** ist geplant, BR-Drucks. 134/94 Art. 1 Nr. 3, Art. 3 Abs. 1). Damit sind nicht nur klagabweisende Urteile gemeint[123]. Nr. 11 will den Schuldner vor einem diesen Betrag übersteigenden Wertverlust ohne Risikoausgleich durch Sicherheit bewahren. Daher kommt es hier nicht auf die Unterscheidung zwischen Vollstreckbarkeit im engeren und weiteren Sinne an[124]. Vielmehr erscheint es sachgemäß, **alle Urteile** als »nur in der Kostenentscheidung vollstreckbar« anzusehen, bei denen **die Höhe einer Sicherheitsleistung sich ausschließlich an der Kostentscheidung zu orientieren hätte**, wenn es Nr. 11 nicht gäbe, → Rdnr. 10 f., § 709 Rdnr. 3.

30 Daher können folgende Urteile unter Nr. 11 HS 2 fallen: klagabweisende, feststellende und gestaltende (falls sie nicht zugleich Leistungsurteile sind[125] oder eine Zwangsvollstreckung für unzulässig erklären[126]), Urteile gemäß § 894[127], 895[128], ebenso trotz der Wirkung des § 775 Nr. 1 aufhebende Urteile nach § 343 S. 2[129] und solche, die Verzichtsurteile (Nr. 1), einspruchsverwerfende (Nr. 3) und Entscheidungen gemäß Nr. 6 im Rechtsmittelzug bestätigen[130].

30a Bei **teilweisem Obsiegen** sind für Nr. 11 die Entscheidungsteile getrennt zu betrachten, so daß auf den abweisenden Teil Halbs. 2 zutreffen kann, obwohl das Urteil im stattgebenden Teil nicht »nur« bezüglich der Kosten vollstreckbar ist (und für ihn Halbs. 1 in Betracht kommen kann).

Wird *nach Erledigung der Hauptsache* nur über die Kosten entschieden, so sind Beschlüsse nach § 91 a Abs. 2 und Urteile nach § 99 Abs. 2 mit § 794 Abs. 1 Nr. 3 ohne besonderen Ausspruch und ohne Rücksicht auf die Höhe vollstreckbar. Das gilt auch dann, wenn sie nur eine Teilerledigung betreffen.

---

[120] A. M. *E. Schneider* (Fn. 1) 326. Auch wenn ein Beklagter aufgrund einheitlicher Entscheidung sowohl gegenüber der Klage als auch mit seiner Widerklage über nicht mehr als 1500 DM obsiegt, sollte Nr. 11 nicht in beiden Alternativen anwendbar sein, falls damit die Grenze von 2000 DM überschritten würde.
[121] *Herget* (Fn. 102); *J.Blomeyer* NJW 1967, 2346 f. (auch für mehrere Beklagte als Kostengläubiger aaO Fn. 24, → Rdnr. 31 a. E.); – A.M. *Gaul* (Fn. 11) § 14 II 1 k a. E.; *Krüger* (Fn. 6) Rdnr. 20; *Thomas/Putzo*[18] Rdnr. 15.
[122] *J.Blomeyer* (Fn. 121); *Herget* (Fn. 102). »Verurteilung« in § 2 ist daher entsprechend auszulegen und schränkt insofern § 5 ein.
[123] Vgl. *BT-Drucks.* 7/2729 S. 107: »vor allem« klagabweisende Urteile u. S. 106 die Erwähnung der Nr. 11 bei Nr. 1 (Verzicht), Nr. 3, Nr. 6.
[124] Schlösse man aus dem Wort »nur«, daß Nr. 11 schon dann ausscheide, wenn die Hauptsache i. w. S. vollstreckbar sei, so würde dies die Anwendung zweckwidrig einengen → ausführlich 20. Aufl. Rdnr. 29.
[125] → z. B. Rdnr. 60, 74 vor § 253.
[126] → Rdnr. 12 a. E., 27, § 709 Rdnr. 3.
[127] Falls sie nicht noch vor Rechtskraft eine ZV i. e. S. erlauben → § 894 Rdnr. 12 ff., aber auch dort Rdnr. 18.
[128] → dazu § 709 Rdnr. 3 Fn. 13, § 895 Rdnr. 4 f.
[129] → Fn. 123. Berufungsurteile unterfallen entweder Nr. 10 oder sie sind rechtskräftig.
[130] → Fn. 123 zu Nr. 6.

Die dem Verurteilten im Falle einer Kostenfestsetzung und -vollstreckung **tatsächlich** 31
abverlangten, also nicht die von ihm selbst schon an das Gericht oder den eigenen Anwalt
vorgeschossenen[131] Kostenbeträge dürfen den → Rdnr. 29 genannten Betrag nicht übersteigen, wobei § 106 außer Betracht bleibt[132]. Da insbesondere die Berechnung der Anwaltskosten noch aussteht, ist man auf die *Schätzung der voraussichtlichen Kosten* angewiesen, die gemäß § 3 nach freiem Ermessen erfolgt. Denn auch hier handelt es sich um »Verurteilung« (obwohl dieser Begriff im 2. Halbs. der Nr. 11 nicht wiederholt ist), so daß § 2 und mit ihm der nicht mehr auf den »Streitgegenstand« beschränkte § 3 anwendbar ist[133]. Fiel die Schätzung zu niedrig aus, so bleibt die Vollstreckbarkeit ohne Sicherheit dennoch erhalten bis zu abändernder Entscheidung im Rechtsmittelzug → § 718 Rdnr. 1.

Haben *mehrere Parteien Kosten zu tragen*, so ist die Wertgrenze für jede von ihnen 31a
gesondert zu berechnen, so daß die Kostenentscheidung u. U. gegen die eine mit Sicherheitsleistung, gegen die andere ohne solche für vollstreckbar zu erklären ist. Bei § 92 fällt aber nur der abweisende Teil der Entscheidung unter Halbs. 2 → Rdnr. 30. – Wegen *mehrer Kostengläubiger* gegenüber demselben Schuldner → aber Rdnr. 28 a Fn. 121.

III. Konkurrenzen

Treffen auf ein Urteil **mehrere Fälle des § 708 nebeneinander** zu, so hat dies für die 32
Nrn. 1–7, 9 und 11 insofern Bedeutung, als die Nrn. 1–3 eine Anwendung des § 711 ausschließen → dort Rdnr. 1 Fn. 2. Bei **Nrn. 8, 11** kann sich ein Unterschied ergeben, falls wegen Nr. 1 oder 2 ohnehin das ganze Urteil **ohne Sicherheit vollstreckbar ist**, → dazu Rdnr. 23a, 28. – § 709 S. 2 scheidet aus, soweit § 708 zutrifft → § 709 Rdnr. 13.

IV. Entscheidungen der Arbeitsgerichte und Landesarbeitsgerichte

Ist gegen diese Einspruch, Berufung oder Revision zulässig, so sind sie nach §§ 62 Abs. 1 33
S. 1, 64 Abs. 3 ArbGG vorläufig vollstreckbar, auch wenn sie zu einer Abfindung nach § 9 KSchG verurteilen[134], ohne daß es eines dahin gehenden Ausspruchs bedarf[135]. Das muß entsprechend für *Versäumnisurteile des Bundesarbeitsgerichts* gelten[136]; da das Gesetz darüber schweigt, empfiehlt sich hier der Ausspruch gemäß § 708 Nr. 2. *Beschlüsse* sind in vermögensrechtlichen Streitigkeiten vorläufig vollstreckbar, im übrigen erst nach Rechtskraft, § 85 Abs. 1 S. 1, 2 ArbGG[137], ausgenommen einstweilige Verfügungen, § 85 Abs. 2 ArbGG.

Die §§ 62, 64 ArbGG schließen eine entsprechende Anwendung der §§ 708–712 aus[138], 34
insbesondere die Vollstreckbarkeit gegen Sicherheitsleistung; § 62 Abs. 1 S. 2 ArbGG erlaubt nur den Ausschluß der Vollstreckbarkeit unter den gleichen Voraussetzungen wie § 707 Rdnr. 10–12, 29, ohne das Korrektiv des § 712 Abs. 2 zu übernehmen[139]. Unfähigkeit des

---

[131] *OLG Hamburg* MDR 1954, 178 = AnwBl 128; *Krüger* (Fn. 6) Rdnr. 19.
[132] Arg. § 106 Abs. 2; *Krüger* (Fn. 6) Rdnr. 20 mwN.
[133] So *BT-Drucks.* 7/5250 S. 16.
[134] *BAG* MDR 1988, 523 = AP §62 ArbGG 1988 Nr. 4 (*Pecher*); *LAGe Hamm, Baden-Württemberg, Bremen, Frankfurt* BB 1975, 1068; 1986, 1784; 1983, 1797 = MDR 1054; 1987, 552; *Grunsky* ArbGG⁶ § 62 Rdnr. 1; *Herget* (Fn. 102) Rdnr. 1. – A. M. (Gestaltungsurteil) *LAGe Berlin, Hamburg* LAGE §62 ArbGG 1979 Nr. 14; NJW 1983, 1344.
[135] Lit.: *Brill* BB 1965, 752; *Dütz* DB 1980, 1069; *Grunsky* (Fn. 134) § 62 Rdnr. 1ff. – Für beschwerdefähige Urteile gilt § 794 Abs. 1 Nr. 3 gemäß § 78 Abs. 1 S. 1 (s. auch § 64 Abs. 1) ArbGG).
[136] *Grunsky* (Fn. 134) § 62 Rdnr. 1; *Krüger* (Fn. 6) Rdnr. 21 (entspr. Anw. des § 708 Nr. 2).
[137] Zur Tätigkeit des GV *Tschischgale* DGVZ 1953, 185.
[138] H.M., *Grunsky* (Fn. 134) § 62 Rdnr. 2; zu § 713 aF *BAG* NJW 1958, 1940 = AP § 719 ZPO Nr. 1 mwN. § 713 nF gilt jedoch sinngemäß → dort Rdnr. 6.
[139] Dennoch für entsprechende Interessenabwägung im Hinblick auf den Verhältnismäßigkeitsgrundsatz *Dütz* (Fn. 135) 1070f.; *Vogg* Einstweiliger Rechtsschutz usw. (1991) 164ff. Zumindest wird man S. 2 nicht anwenden

Schuldners zur Sicherheitsleistung ist nicht erforderlich (anders § 707 Abs. 1 S. 2, § 712 Abs. 1 S. 2). Zur Urteilsformel → § 712 Rdnr. 6.

§ 709 [Vorläufige Vollstreckbarkeit gegen Sicherheit]

¹Andere Urteile sind gegen eine der Höhe nach zu bestimmende Sicherheit für vorläufig vollstreckbar zu erklären. ²Handelt es sich um ein Urteil, das ein Versäumnisurteil aufrechterhält, so ist auszusprechen, daß die Vollstreckung aus dem Versäumnisurteil nur gegen Leistung der Sicherheit fortgesetzt werden darf.

Gesetzesgeschichte: Bis 1900 § 650 (S. 1, auf Antrag) CPO, dann § 710 (S. 1). Änderungen RGBl. 1924 I 135 (ohne Antrag). Seit BGBl. 1976 I 3281 = § 709 S. 1, ergänzt durch S. 2 (→ 20. Aufl. Übersicht § 708 vor Rdnr. 1).

1 I. § 709 S. 1 gilt nur für Urteile, die nicht unter § 708 fallen.

1. Sie sind **von Amts wegen gegen Sicherheitsleistung** für vorläufig vollstreckbar zu erklären, sofern sich ihr Inhalt für die vorläufige Vollstreckbarkeit überhaupt eignet[1] und ein Antrag nach § 710 nicht gestellt oder erfolglos ist. Bei *aufhebenden Urteilen* i. S. d. § 717 Abs. 1² empfiehlt sich etwa die Fassung »das Urteil ist vorläufig vollstreckbar, hinsichtlich der Kosten jedoch nur gegen Sicherheitsleistung von ...«[3]. Zum Zweck der Sicherheitsleistung → Rdnr. 3.

2 *Teilweises Obsiegen erfordert getrennte Behandlung der Entscheidungsteile*; so kann für eine Partei § 708 Nr. 11 zutreffen, für die andere § 709 S. 1 (z.B. »Das Urteil ist vorläufig vollstreckbar, für den Kläger jedoch nur gegen Sicherheit ...«)[4]; oder die Sicherheit fällt verschieden hoch aus (»... für den Kläger gegen 15000 DM, für den Beklagten gegen 12000 DM Sicherheit...«). Bei Verurteilung zu *verschiedenartigen Leistungen* oder Beteiligung *mehrerer Streitgenossen*[5] ist die Sicherheit den jeweiligen Werten entsprechend aufzuteilen, da die Vollstreckung vielleicht nur für eine dieser Leistungen erforderlich wird und dann die Leistung der gesamten Sicherheit zu einer unnötigen Erschwerung der Vollstreckung führen würde, die nach den erklärten Zielen der Vereinfachungsnovelle heute mehr denn je unangebracht wäre. Auch ohne solchen ausdrücklichen Ausspruch wird man aber das Urteil im Zweifel so auslegen können, daß jeder in *Zahlungsstreitigkeiten obsiegende Streitgenosse* nur den prozentualen Teil der insgesamt festgesetzten Sicherheit zu leisten hat, der dem ihm zustehenden Urteilsbetrag im Verhältnis entspricht.

3 2. Die **Sicherheit** obliegt auch dem Fiskus als Gläubiger[6] und ist (vorbehaltlich § 710) stets festzusetzen, selbst wenn ein Ersatzanspruch voraussichtlich nicht entstehen wird[7]. Zur **Art** der Sicherheit → § 108 Rdnr. 1ff.

a) Ihre **Höhe** ist im *Leistungsurteil* so zu bestimmen, daß daraus Ansprüche nach § 717 Abs. 2 oder 3 dem Schuldner voll ersetzt werden können[8]. → dazu § 804 Rdnr. 45. Es ist

---

dürfen, wenn dadurch wiederum dem Gläubiger »nicht zu ersetzende Nachteile« entstünden. Über einstweilige Einstellung → § 707 Rdnr. 29f.
² → § 708 Rdnr. 10ff.
² → § 708 Rdnr. 10 Fn. 62.
³ *Furtner* DRiZ 1957, 184.
⁴ → auch § 708 Rdnr. 28.
⁵ Vor allem bei unterschiedlicher Beteiligung, *Thomas/Putzo*[18] Rdnr. 2, allg. M.

⁶ *BGH* LM Nr. 9 zu § 713 = NJW 1963, 445, h.M. – A.M. *KG* OLGRsp 11, 96; *LG Offenburg* NJW 1961, 1216.
⁷ Vgl. *Breit* JW 1912, 780.
⁸ *OLG Dresden* OLGRsp 6, 409, allg. M. Vgl. auch *RG* WarnRsp 14 Nr. 175..

daher namentlich zu berücksichtigen, inwieweit eine Zwangsvollstreckung möglich ist, einschließlich rückständiger und voraussichtlich künftiger Zinsen für einige Monate[9] sowie erstattungsfähige Prozeßkosten[10] und Vollstreckungskosten[11], und welche darüber hinausgehende Schäden schätzungsweise nach § 717 Abs. 2 zu ersetzen sind. Soweit sich das Schadensrisiko nicht aus der Natur der Ansprüche ergibt, z.B. bei §§ 883 ff. oder in nichtvermögensrechtlichen Streitigkeiten[12], ist nach § 139 einschlägiger Vortrag anzuregen. Z.B. hat der Schuldner im Falle des § 894 darzulegen, weshalb ihm aus § 895 über eine Kostenvollstreckung hinaus Nachteile drohen; andernfalls ist die Sicherheit nur nach den Kosten zu bemessen[13]. Gleiches gilt für Kapitalbeschaffungskosten zwecks Abwendungsleistungen oder entsprechende Zinsverluste[14]. Insoweit gilt § 714 Abs. 2 entsprechend, da die Anforderungen hier kaum strenger sein können als in den Fällen des § 714 Abs. 1. – Erklärt ein Urteil die *Zwangsvollstreckung für unzulässig* (§§ 767 ff.), so ist die Sicherheit nicht nur nach den Kosten, sondern vor allem nach den für den Gläubiger nachteiligen Vollstreckungswirkungen i.w.S. gemäß §§ 775 Nr. 1, 776 zu bemessen[15]. – Eine Bemessung der Sicherheit nach § 717 Abs. 3 kommt im Rahmen des § 709 für *Urteile der Oberlandesgerichte* nur dann in Betracht, wenn sie nicht § 708 Nr. 10 unterfallen, stets aber in den Fällen → § 711 Rdnr. 7 u. § 712 Rdnr. 13. Nicht vollstreckbare Gegenleistungen (§ 726 Abs. 2) bleiben außer Betracht.

Bei *wiederkehrenden* Leistungen kann die Bemessung *im Urteil*[16] für jede Rate besonders beziffert[17], im übrigen aber auch in relativer Fassung (»**in Höhe des beizutreibenden Betrags**«) geschehen[18]; jedoch muß dabei, falls wie in aller Regel Zinsen und Vollstreckungsschäden einzubeziehen sind, für Teilbeträge ein **prozentualer Zuschlag** bestimmt werden[19]. Auch bei *anderen* Ansprüchen, die eine Teilvollstreckung erlauben, darf die Sicherheit in dieser Weise festgesetzt werden[20], selbst wenn Anspruchsteile nach Rechtshängigkeit an mehrere Dritte abgetreten worden sind[21].

4

Dies sollte freilich entweder **kombiniert** werden mit der Festsetzung einer absolut bezifferten Gesamtsicherheit[22] oder nur auf **Antrag des Gläubigers** geschehen. Daß schon die erste Teilvollstreckung besonders schädigend sein kann, falls sie in einen hochwertigen Gegenstand erfolgt, ist auch bei wiederkehrenden Leistungen nicht zu vermeiden[23]. Hier wie dort kann dem Rechnung getragen werden, indem der Schadenszuschlag prozentual etwas höher angesetzt wird als bei Bestimmung der Gesamtsicherheit,

4a

---

[9] Ein Monat, so *Oetker* ZZP 102 (1989) 454, wäre nur bei Erwartung einer Abwendungsleistung angemessen (was der Schuldner glaubhaft zu machen hätte). ZV dauert üblicherweise länger.
[10] Auch Gerichtskosten, *MünchKommZPO-Krüger* Rdnr. 7 mwN.
[11] § 788 Abs. 2, der auch im Bereich des § 717 Abs. 3 zu beachten ist, *Oetker* (Fn. 9) 450f. mwN.
[12] Vgl. z.B. *OLG München* MDR 1980, 408.
[13] → § 895 Rdnr. 4f. Wie hier *Oetker* (Fn. 9) 455. A.M. *Schellhammer*[4] Rdnr. 777 (Hauptsachewert).
[14] *Oetker* (Fn. 9) 456.
[15] → § 717 Rdnr. 17, 26 a. E., 30 sowie § 767 Rdnr. 60, h.M.
[16] Zum Vorschlag, durch neuen § 752 *kraft Gesetzes* die Sicherheit allgemein im Verhältnis zum vollstreckten Teilbetrag zu bemessen, zust. *Schilken* Rpfleger 1994, 139; krit. *Otto* ZZP 105 (1992) 418 zu a. E. – BR-Drucks. 134/94 sieht diese Regelung in Art. 1 Nr. 4 vor.
[17] *OLG Posen* OLGRsp 25, 147; *Oetker* (Fn. 9) 464f.
[18] Ganz h.M. für wiederkehrende Leistungen, *OLG Karlsruhe* OLGZ 1975, 484 = Justiz 472; *E.Schneider* Kostenentscheidung[2] 333; *Krüger* (Fn. 10) Rdnr. 6 mwN. – A.M. *Oetker* (Fn. 9) 462ff.
[19] *E.Schneider* (Fn. 18) empfiehlt »... zuzüglich eines weiteren Sicherungsbetrages von ...% des beizutreibenden Betrages«; *LG Wiesbaden* »...zuzüglich 4% über dem jeweiligen Diskontsatz..., mindestens 6% des beizutreibenden Betrags«; *RG* JW 1912, 247[16] »... den jedesmal beizutreibenden Betrag um 1/10 übersteigende Sicherheit«.
[20] *KG* NJW 1977, 2270f. (Teilabtretungen) mwN; *OLGe Düsseldorf* FamRZ 1985, 307 (Gläubiger konnte hohe Sicherheit nicht erbringen); *Köln* JW 1929, 520[9]; *München* OLGRsp 26, 372 (373); *LG Wiesbaden* (Fn. 19); *Mager* ZZP 68 (1955) 166; *Baumbach/Hartmann*[52] Rdnr. 2; *A.Blomeyer* ZwVR § 11 II 2; *Bruns/Peters*[3] § 6 IV 3b; *Rosenberg/Gaul*[10] §14 II 2b; *Baur/Stürner*[11] Rdnr. 189. – *OLG Celle* NdsRpfl 1952, 4 will dann nur bezifferte Teilvollstreckung u. -sicherheit erlauben. – A.M. die in Fn. 18 Genannten (nur bei künftiger Teilfälligkeit) u. ganz ablehnend *OLG Nürnberg* BayJMBl 1964, 33; *Krüger* (Fn. 10) Rdnr. 5.
[21] *KG* (Fn. 20).
[22] Vor allem dann, wenn der prozentuale Schadenszuschlag für Teilvollstreckungen erhöht wird → folgenden Text. Tenororierungsvorschlag: »...Sicherheitsleistung des Gläubigers in Höhe von...DM, bei Teilvollstreckung in Höhe des jeweils beizutreibenden Betrags zuzüglich...v.H. dieses Betrags«.
[23] Dies gegen *Krüger* (Fn. 10) Rdnr. 5.

und zwar a) entweder für alle Teilbeträge gleichmäßig oder b) nur für die erste Teilvollstreckung. Im Falle kombinierter Tenorierung → Fn. 22 entstehen keine Nachteile für den Gläubiger; andernfalls ist er nach § 278 Abs. 3 aufzuklären, um seine Anträge darauf abstimmen zu können. Er kann dann seinen diesbezüglichen Antrag zurücknehmen, falls er Nachteile befürchtet. Soweit er allerdings wegen **§ 720** ohnehin Teilerlöse nicht für weitere Teilsicherheiten verwenden kann, muß das Prozeßgericht prüfen, ob für dem Antrag überhaupt noch berechtigtes Interesse besteht[24].

Das Gesetz verbietet die Aufteilung nicht. Die prozentuale Tenorierung → Fn. 19 ist nicht weniger konkret als bei Zinsansprüchen, so daß das Vollstreckungsorgan nur berechnet, nicht »festsetzt«, und schikanöse Vollstreckung von Teilbeträgen kann auch nach vollständiger Sicherheitsleistung oder nach Rechtskraft nicht vom *Prozeßgericht* verhindert werden[25], was auch nicht seine Aufgabe[26], sondern allenfalls Aufgabe des *Vollstreckungsgerichts* ist[27]; außerdem darf dem Gläubiger ein solches Verhalten trotz drohender Kostennachteile[28] nicht unterstellt werden. Verfehlt ist das Argument, die Sicherheit werde dabei – mit Ausnahme des ersten Teilbetrags – aus dem Vermögen des Schuldners erbracht, falls der Gläubiger die Teilerlöse jeweils als weitere Sicherheit verwende[29]; denn vereinnahmte Beträge sind Vermögen des Gläubigers und § 709 verlangt von ihm nur Schadensdeckung, nicht spürbare Opfer.

5 Ist eine relative oder betragsmäßige Aufteilung im Urteil unterblieben oder so unklar gefaßt, daß sichere Auslegung nicht möglich ist, so ist die Sicherheit in voller Höhe zu leisten, falls nicht der geplante § 752 nF Gesetz wird → Fn. 16. Denn Vollstreckungsorgane dürfen nicht ohne gesetzliche Regelung über Teilsicherheiten bestimmen. Möglich ist aber ein Abänderungsantrag nach § 718 Abs. 1[30]. Zur Bestimmung der Sicherheitsleistung *im Kostenfestsetzungsbeschluß* → § 103 Rdnr. 6. Wegen der Sicherheitsleistung des *Schuldners* → § 711 Rdnr. 6.

6 Eine vom Gläubiger schon vorher nach § 921 Abs. 2 geleistete Sicherheit ist auf die nach § 709 zu leistende anzurechnen[31].

7 b) Eine **Abänderung** der im Urteil bestimmten **Höhe** der Sicherheit ist nicht durch Beschluß des Prozeßgerichts[32], sondern nur im Wege der Berufung zulässig → § 714 Rdnr. 3 f. Eine nur einstweilige Herabsetzung verbietet allerdings § 318 nicht → § 707 Rdnr. 17. Zulässig ist die nachträgliche Abänderung durch unanfechtbaren Beschluß des Strafgerichts in den Fällen der §§ 403 StPO, s. § 406 Abs. 2 S. 3 StPO.

7a Dagegen ist eine Entscheidung über die Art der Sicherheit, die ohne mündliche Verhandlung ergehen kann, nicht Bestandteil des Urteils i.S.d. § 318, auch wenn sie in dieses aufgenommen ist[33]; sie kann durch Beschluß nachträglich ergänzt oder abgeändert werden[34]; vom Berufungsgericht freilich nur, wenn es auch über die Höhe der Sicherheit zu entscheiden hat[35].

8 3. Die Vollstreckbarkeit i.e.S. ist **bedingt** durch die Leistung der Sicherheit[36]. Vorher darf das Urteil zwar vollstreckbar ausgefertigt werden, § 726 Abs. 1, aber seine Vollstreckung darf – vorbehaltlich § 720a – erst begonnen bzw. fortgesetzt werden, wenn die Voraussetzungen des § 751 Abs. 2 erfüllt sind. Wegen der Sicherheitsleistung durch *Bürgschaft* → § 108 Rdnr. 15ff., § 751 Rdnr. 11ff., zur Kostenfestsetzung → § 103 Rdnr. 6. Über Kosten der Sicherheitsleistung → § 788 Rdnr. 9 (Gläubiger), Rdnr. 17 (Schuldner).

---

[24] So aber z.B. im Fall *OLG Düsseldorf* (Fn. 20). Zu eng daher KG OLGRsp 1, 129, das dann die Aufteilung als stets nutzlos ablehnte.
[25] Beides übersieht Krüger (Fn. 10) Rdnr. 5, 6 a.E.
[26] So aber *OLG Celle* (Fn. 20); s. dagegen KG (Fn. 20).
[27] → § 754 Rdnr. 2.
[28] → § 788 Rdnr. 19 Fn. 250ff.
[29] So *OLG Karlsruhe*; *E.Schneider* (Fn. 18); *Hartmann* (Fn. 20) Rdnr. 5; s. dagegen KG (Fn. 19). – Daß Beweisurkunden über die erste Teilsicherheit für mehrere Teilvollstreckungen mißbraucht werden, kann leicht vermieden werden → § 751 Rdnr. 9.
[30] → § 714 Rdnr. 4f., § 718 Rdnr. 2.
[31] *OLG Hamburg* NJW 1962, 1826.
[32] KG OLGRsp 29, 160f.
[33] → auch Allg. Einl. vor § 511 Rdnr. 50.
[34] → § 108 Rdnr. 7, dazu *BGH* NJW 1994, 1351 (Recht auf Austausch gleichwertiger Bürgschaften); zu Vereinbarungen → § 108 Rdnr. 11.
[35] *OLG Frankfurt* NJW-RR 1986, 486; a.M. *OLG Frankfurt* MDR 1981, 677.
[36] → Rdnr. 42 vor § 704.

4. Gegen Sicherheitsleistung vorläufig vollstreckbare Urteile **werden endgültig und unbedingt vollstreckbar**, sobald sie rechtskräftig sind i. S. d. § 704 Abs. 1; also auch unanfechtbare Vorbehaltsurteile, arg. §§ 302 Abs. 3, 599 Abs. 3[37]. Die Vollstreckbarkeit anderer bedingter Endurteile dauert aber, auch wenn sie selbst unanfechtbar geworden sind, solange an, wie sie noch vom Bestand des Zwischen- oder Vorbehaltsurteils abhängig sind[38].

Urteile werden ferner **ohne Sicherheitsleistung** vorläufig vollstreckbar, wenn die höhere Instanz dies nach §§ 534, 560 oder 718 Abs. 1 ausspricht oder wenn ein Rechtsmittel durch ein nach § 708 für vorläufig vollstreckbar erklärtes Urteil zurückgewiesen oder verworfen wird → § 708 Rdnr. 26. Wegen der Entscheidungen im Einspruchsverfahren → § 708 Rdnr. 10, 18, unten Rdnr. 12 ff.

Sobald danach Urteile *unbedingt* vorläufig vollstreckbar werden, **fällt die Veranlassung zur Sicherheitsleistung des Gläubigers**[39] **weg** i. S. d. § 109, falls für ihn § 720 nicht oder nicht mehr gilt[40], auch wenn er schon vorher mit Sicherheitsleistung vollstreckt hatte und daher ein Anspruch aus § 717 Abs. 2 noch entstehen könnte; denn darauf nimmt die jetzt *unbedingte* Vollstreckbarkeit gerade keine Rücksicht mehr[41]; → auch § 534 Rdnr. 2. Tritt die unbedingte Vollstreckbarkeit durch ein Urteil nach § 708 Nr. 10 ein, so liegt es am Gläubiger, ob er die nach § 709 geleistete Sicherheit für *§ 711 S. 1* stehen läßt[42], falls er nicht mit einem Antrag nach § 711 S. 2 Erfolg hat. Die Rückgabe bzw. das Erlöschen der Bürgschaft wird nach Rechtskraft gemäß § 715, sonst nach § 109 angeordnet[43]. § 109 gilt auch, wenn zwar die Vollstreckbarkeit gegen Sicherheit noch andauert, jedoch der Gläubiger *vorbehaltslos* befriedigt wird; nicht aber, wenn der Schuldner nur zur Abwendung der Vollstreckung leistet[44], weil damit noch nicht feststeht, ob eine »Befriedigung« i. S. d. § 362 BGB wirklich eingetreten ist, § 717 Abs. 2, → dazu § 708 Rdnr. 4 ff. Die Veranlassung fällt auch noch nicht weg, wenn nach teilweiser Verurteilung und Klagabweisung nur der Kläger Berufung und nach deren Zurückweisung Revision einlegt[45]. *Verzichtet* der Gläubiger auf die vorläufige Vollstreckbarkeit[46] oder auf ihre Ausnutzung, so kommt es darauf an, ob dieser Verzicht endgültig erklärt ist[47]. Wird dagegen das Urteil oder seine vorläufige Vollstreckbarkeit aufgehoben, so besteht die Veranlassung fort, falls die Vollstreckung schon begonnen hatte[48] oder der Schuldner zur Abwendung geleistet bzw. Handlungen unterlassen hatte, die ihm durch den Titel verboten waren; jedoch läßt die Praxis in gewissen Grenzen das Verfahren nach § 109 zu → dort Rdnr. 7. – Einstweilige Einstellungen lassen die Veranlassung nicht entfallen[49]. Über die Rechte an der Sicherheit → § 804 Rdnr. 45 ff.

---

[37] → § 717 Rdnr. 1 a (str.).
[38] → § 704 Rdnr. 3, § 708 Rdnr. 15.
[39] Gemeint ist hier nur jene nach § 709, nicht die nach § 711 S. 1 zweiter HS, → dort Rdnr. 8. → auch § 712 Rdnr. 4. – Zur Sicherheitsleistung des Schuldners → § 711 Rdnr. 8, § 712 Rdnr. 4 a. E.
[40] *OLG Hamm* NJW 1971, 1187; *Lent* NJW 1959, 946 f.; *Gerkan* MDR 1965, 531 (zu II B), insoweit zutr. auch *OLG Nürnberg* NJW 1959, 535. Einschränkend *Wieczorek*² § 710 Anm. A V: Wenn der Schuldner seine Sicherheit geleistet habe (was *OLG Hamm* nicht voraussetzt).
[41] *OLG Hamm* (Fn. 40, insoweit obiter); *Gerkan* MDR 1965, 531 (zu II A); *Stürner* (Fn. 20) Rdnr. 191; *Lent* (Fn. 40); *Wieczorek* (Fn. 40). – A.M. BGHZ 11, 303 = LM Nr. 1 zu § 709 = JZ 1954, 259; *OLG Nürnberg* (Fn. 40) = BayJMBl 1958, 181; *KG* NJW 1976, 1752 f.; *Pecher* WM 1986, 1514, die alle das »wie lange« mit dem »ob« vermengen: Ist ein Anspruch nicht mehr zu sichern, so kommt es auch nicht darauf an, ob er noch entstehen kann.

[42] → § 711 Rdnr. 11.
[43] → § 109 Rdnr. 7 ff.
[44] *RG* JW 1912, 247¹⁶ (auch dort bestand die Anordnung der Sicherheit noch).
[45] A.M. *OLG Hamm* (Fn. 40): der Beklagte stehe hinsichtlich einer möglichen Aufhebung seiner Verurteilung nicht besser, als wenn er gegen die Zurückweisung einer eigenen Berufung Revision eingelegt hätte. Aber ob die Vollstreckbarkeit gegen Sicherheit weitergilt oder § 708 Nr. 10 eingreift, ist ein Unterschied, der mit Interessenabwägung nicht überspielt werden darf.
[46] → § 708 Rdnr. 16.
[47] → § 109 Rdnr. 13; *OLG München* DB 1978, 2020; *Stürner* (Fn. 20) Rdnr. 191 Fn. 20.
[48] Andernfalls endet das Sicherungsverhältnis *Pecher* WM 1986, 1514.
[49] Schon gar nicht, soweit der Gläubiger bereits gepfändet hat; aber auch sonst kann er die Rückgabe nur durch Verzicht auf die Ausnutzung der vorläufigen Vollstreckbarkeit erreichen → nach Fn. 45. – A.M. *Haakshorst/Comes* NJW 1977, 2344.

12   II. Soweit in **Versäumnisurteilen** (§ 708 Nr. 2) enthaltene Entscheidungen nach § 343 **aufrechterhalten** werden, dauert ihre vorläufige Vollstreckbarkeit an, denn sie ist deren Bestandteil[50]. Wirksame Vollstreckungsakte bleiben daher auch ohne Sicherheitsleistung erhalten. Jedoch ist nach **§ 709 S. 2** die *Fortsetzung* der Vollstreckung von einer Sicherheitsleistung abhängig zu machen. § 710 ist allerdings auch auf diesen Fall anwendbar, andererseits auch § 712 → dort Rdnr. 1.

Die *Höhe der Sicherheit* richtet sich zwar nach → Rdnr. 3 ff., so daß sämtliche vollstreckbar bleibenden Ansprüche einschließlich weiterer Kosten zu berücksichtigen sind[51]; aber dabei sind Schäden, die aus dem bloßen Bestand der bis zur Sicherheitsleistung des Gläubigers »eingefrorenen« Vollstreckungsmaßnahmen entstanden sind oder noch entstehen könnten, nicht in Ansatz zu bringen[52]. Denn dieses Risiko nicht abgesicherter Schäden ist noch durch § 708 Nr. 2 gerechtfertigt[53].

13   1. S. 2 ist nur Sonderregel für den Bereich des S. 1 (»Handelt es sich ...«); er will nicht die Zwecke des § 708 unterlaufen. Gemeint sind daher nicht aufrechterhaltende Urteile, die wiederum unter § 708 fallen[54].

14   2. Nach dem Ausspruch gemäß S. 2 darf die Vollstreckung nur gemäß § 751 Abs. 2 **fortgesetzt** werden → dort Rdnr. 8, 14 a. E. Bis dahin sind alle Handlungen unzulässig, welche die Vollstreckung vorantreiben, z. B. die Verwertung bereits gepfändeter Gegenstände[55], Verurteilung zu Ordnungsmitteln, Offenbarungsversicherung usw., freilich mit Ausnahme der Vollstreckungsakte nach § 720 a[56]. – Maßnahmen, die den bisherigen Stand der Vollstreckung nur gegen Gefahren absichern, wie etwa die Wegnahme schon gepfändeter Sachen wegen Gefährdung durch den Schuldner[57], sind nicht »Fortsetzung« i. S. d. S. 2; denn ohne sie würde der Zweck, dem Gläubiger das bisher Erreichte zu bewahren[58], gefährdet. – Einstweilige Maßnahmen *zugunsten des Schuldners*, die sich gegen den schon erreichten Stand der Vollstreckung richten, bleiben zulässig.

§ 710   [Unterbleiben der Gläubigersicherheit]

Kann der Gläubiger die Sicherheit nach § 709 nicht oder nur unter erheblichen Schwierigkeiten leisten, so ist das Urteil auf Antrag auch ohne Sicherheitsleistung für vorläufig vollstreckbar zu erklären, wenn die Aussetzung der Vollstreckung dem Gläubiger einen schwer zu ersetzenden oder schwer abzusehenden Nachteil bringen würde oder aus einem sonstigen Grunde für den Gläubiger unbillig wäre, insbesondere weil er die Leistung für seine Lebenshaltung oder seine Erwerbstätigkeit dringend benötigt.

Gesetzesgeschichte: Bis 1900 § 650 CPO, dann § 710 S. 2. Änderungen RGBl. 1924 I 135, BGBl. 1976 I 3281 (Erweiterung).

1   I. In den Fällen des § 709 S. 1 u. 2 (s. auch § 711 S. 2) ist nach § 710 auf **Antrag des Gläubigers** (§ 714) **unbedingte Vollstreckbarkeit** anzuordnen, wenn er zwei Voraussetzungen glaubhaft macht (§ 714 Abs. 2); eine betrifft die Not des Gläubigers bei der Sicherheitsbe-

---

[50] → § 708 Rdnr. 9.
[51] H.M., *Krüger* (Fn. 10) Rdnr. 9 mwN auch zur Gegenansicht.
[52] → auch zur umgekehrten Lage § 707 Rdnr. 8 Fn. 82.
[53] Vgl. zum Zweck des § 709 S. 2 BT-Drucks. 7/2729 S. 7. → auch § 717 Rdnr. 12 nach Fn. 52.
[54] *Krüger* (Fn. 10) Rdnr. 9 mwN; a. M. *Hartmann* (Fn. 20) Rdnr. 1.
[55] → Rdnr. 12.
[56] *Krüger* (Fn. 10) Rdnr. 9, allg. M.
[57] → § 808 Rdnr. 23.
[58] → Fn. 53.

schaffung, die andere nachteilige Folgen für ihn im Falle des Vollstreckungsaufschubs. Der Ausspruch nach § 710 verträgt sich mit dem nach § 712 Abs. 1 S. 1[1], ebenso mit der Beschränkung der Vollstreckung auf die Maßnahmen des § 720a gemäß § 712 Abs. 1 S. 2[2]; er entfällt aber, wenn das Urteil nach § 712 Abs. 1 S. 2 nicht für vorläufig vollstreckbar zu erklären ist[3]. Im Fall des § 712 Abs. 2 S. 2 werden die Nöte beider Parteien bereits abschließend bewertet, weshalb er in § 710 nicht genannt ist. → auch § 714 Rdnr. 4 a.E.

II. Anders als nach § 710 S. 2 aF reichen **erhebliche Schwierigkeiten** bei Beschaffung der Sicherheit aus: Es genügt, daß der Aufwand hierfür (Entbehrung des benötigten Kapitals, Zinsverlust oder Kostenlast für Bankkredit oder Bürgschaft) den Gläubiger in seiner *Lebenshaltung oder Berufsausübung in unzumutbarer Weise beeinträchtigen würde*[4]. Unzumutbar im hier gemeinten Sinne ist schon das deutlich spürbare Absinken des Niveaus der Lebenshaltung; das kann der Fall sein, wenn auf das eigene Kraftfahrzeug, die anstehende Erneuerung der Wohnung oder den geplanten Urlaub verzichtet werden müßte[5]. Solche Folgen können zugleich die Berufsausübung beeinträchtigen; diese leidet außerdem etwa durch die Gefährdung nötiger Investitionen oder betriebsschädlichen Verzicht auf Arbeitskräfte. Auch mittelbare Folgen der durch Sicherheitsleistung drohenden Vermögensbelastung zählen hierher wie Erschöpfung des Kreditspielraums, mangelndes Vertrauen Dritter bezüglich Kreditwürdigkeit oder künftiger Leistungsfähigkeit. 2

III. Die *zusätzlich genannten Voraussetzungen* sind nur typische Fälle des Merkmals **Unbilligkeit** und zeigen zugleich, welches Gewicht diese haben muß, um hier erheblich zu sein. Das aus § 710 S. 2 aF übernommene Merkmal des schwer zu ersetzenden oder abzusehenden Nachteils behält aber seine selbständige Rolle, weil es nicht zu umfassenden Wertungen zwingt und eher begrifflichen Eingrenzungen zugänglich ist. 3

1. Der durch die Aussetzung der Vollstreckung drohende **Nachteil** darf auch ganz oder teilweise ideeller Art sein, muß aber dann einiges Gewicht haben und wohl auch spürbare Außenwirkungen befürchten lassen, z.B. Schädigung des Ansehens durch Absinken der Qualität oder Quantität vom Gläubiger erwarteter Leistungen[6]. 4

a) Der Nachteil ist **schwer ersetzbar**, wenn seine Wiedergutmachung wegen anderer Hindernisse als Beweisschwierigkeiten (→ Rdnr. 6) entweder zu scheitern droht oder voraussichtlich nur unvollkommen gelingen würde. Das kann aa) an der *Art des Nachteils* liegen, z.B. wenn nur baldige Naturalherstellung volle Abhilfe schaffen würde, aber nicht oder nur unter unsicheren Bedingungen möglich erscheint. Oder die Wiedergutmachung ist bb) gefährdet durch *Verhältnisse des Schuldners*, etwa weiteren Vermögensverfall, Flucht oder Fluchtgefahr. cc) Erst recht wird man aber die – wenn auch selteneren – Fälle hierher zählen müssen, daß schon die Pflicht zum Ersatz der Nachteile *rechtlich* ausscheidet, z.B. weil der Schuldner wegen § 285 BGB nicht im Verzug ist. 5

b) **Schwer abzusehen** ist ein Nachteil, wenn seine Geltendmachung voraussichtlich auf Beweisschwierigkeiten stößt, weil entweder aa) seine *Verursachung* durch den Vollstreckungsaufschub zwar möglich aber zweifelhaft ist und vielleicht noch ein prozeßverzögernder Einwand nach § 254 BGB zu erwarten ist, wie z.B. beim Rückgang von Aufträgen und Gewinn, bei der Verweigerung weiterer Kredite, bei Kostensteigerungen infolge (durch Kapitalmangel veranlaßter) betrieblicher Maßnahmen; oder bb) weil der Feststellung des *Umfangs der Nachteile* trotz der §§ 286 f. besondere Schwierigkeiten im Wege stehen, etwa 6

---

[1] → dort Rdnr. 4.
[2] → dort Rdnr. 7.
[3] → § 712 Rdnr. 6 u. zur Interessenabwägung Rdnr. 9 ff.
[4] BT-Drucks. 7/2729 S. 107.
[5] *Baumbach/Hartmann*[52] Rdnr. 3.
[6] *Hartmann* (Fn. 5) Rdnr. 4.

bei Besitz- oder Unterlassungsansprüchen. Die vom Gläubiger nach § 714 Abs. 2 glaubhaft zu machenden Tatsachen werden nicht selten zugleich unter mehrere Merkmale fallen.

7   2. Das Merkmal der **Unbilligkeit für den Gläubiger** fordert vor allem dann, wenn die Merkmale → Rdnr. 6 oder 7 nicht glaubhaft gemacht sind, zur **umfassenden Wertung** auf[7], obwohl das Gesetz den vor allem gemeinten Schwerpunkt als Beispiel erwähnt. Jedoch deuten der Wortlaut (»für den Gläubiger«) wie auch der Vergleich mit den §§ 711f. darauf hin, daß Belange des Schuldners im Rahmen des § 710 zurückstehen müssen[8], während dessen *Verhalten* gegenüber dem Gläubiger sehr wohl bedeutsam sein kann.

8   Das Beispiel *dringender Benötigung der Leistung für die Lebenshaltung oder Erwerbstätigkeit* ist aus ähnlichen Erwägungen aufgenommen worden, wie sie § 708 Nr. 8 und § 62 ArbGG zugrunde liegen; → dazu § 708 Rdnr. 23 a. E. Die amtliche Begründung erwähnt, daß die Interessenlage vergleichbar sein kann bei ausstehendem Handwerkerlohn für aufwendige Arbeiten oder Ansprüchen aus Gesellschaftsverträgen, und – insoweit über das vorgegebene Beispiel hinaus – wenn der Schuldner durch Nichtleistung den Gläubiger in eine Zwangslage oder in ein Abhängigkeitsverhältnis zu bringen versucht, um ihm unangemessene Bedingungen aufzuzwingen[9]. *Grobe* Unbilligkeit wird nicht vorausgesetzt; jedoch kann schweres Mitverschulden des Gläubigers an seiner Lage die Unbilligkeit ausschließen[10].

9   IV. Wegen des **arbeitsgerichtlichen Verfahrens** → § 708 Rdnr. 33f.

§ 711   [Abwendungsbefugnis]

[1]**In den Fällen des § 708 Nr. 4 bis 11 hat das Gericht auszusprechen, daß der Schuldner die Vollstreckung durch Sicherheitsleistung oder Hinterlegung abwenden darf, wenn nicht der Gläubiger vor der Vollstreckung Sicherheit leistet.** [2]**Für den Gläubiger gilt § 710 entsprechend.**

Gesetzesgeschichte: Der 1898 (RGBl. I 256) eingefügte § 711 fiel 1910 (RGBl. I 768) weg durch Aufnahme in § 708 Nr. 7 aF = Nr. 10 nF. – § 711 nF (BGBl. 1976 I 3281) lehnt sich an § 713 Abs. 2 aF an.

1   I. § 711 S. 1 erlaubt dem **Schuldner** trotz unbedingter Vollstreckbarkeit die **Abwendung der Vollstreckung** durch Sicherheitsleistung oder Hinterlegung, aber **nur** für die in § 708 Nr. 4–11 genannten Urteile oder unter diese Vorschriften fallenden Entscheidungsteile (nicht zu verwechseln mit der hinsichtlich Voraussetzungen und Wirkungen verschiedenen Vergünstigung nach § 712 Abs. 1 S. 1; s. auch § 720a Abs. 3). Dies gilt auch für den auf dem Urteil beruhenden Kostenfestsetzungsbeschluß; dort ist jedoch der Vorbehalt mit aufzunehmen[1]. – Gegenüber Urteilen nach **§ 708 Nr. 1–3** helfen dem Schuldner allenfalls Anträge nach §§ 707, 719, 765a, auch wenn das Urteil zugleich unter Nrn. 4–11 fällt[2]. – § 711 gilt auch für Urteile, die trotz formeller Rechtskraft noch bedingt sind → § 708 Rdnr. 15, aber

---

[7] Zust. *MünchKommZPO-Krüger* Rdnr. 8; *Zöller/Herget*[18] Rdnr. 2. Daher scheidet auch entsprechende Anwendung auf Leistungs- u. Herausgabeverfügungen aus *OLG Köln* MDR 1989, 920[82].
[8] *Herget* (Fn. 7) Rdnr. 2 a. E.
[9] BT-Drucks. 7/2729 S. 108.
[10] Zust. *Krüger* (Fn. 7) Rdnr. 8 mwN.

[1] *OLG Hamm* NJW 1966, 1760. → § 104 Rdnr. 67, § 103 Rdnr. 6 (auch zum Betrag). Bei Versäumung s. § 104 Abs. 3 oder § 716, nach Fristablauf § 319; nach Korrektur dann § 766. In jedem Stadium hilft aber noch § 732. → aber auch § 719 Rdnr. 13f.
[2] So für § 708 Nr. 4 *OLG Koblenz* NJW-RR 1991, 512; a. M. *LG Aachen* NJW-RR 1986, 359 für § 708 Nr. 1. Wie hier *MünchKomm-ZPO-Krüger* § 708 Rdnr. 8–10; *Zöller/Herget*[18] Rdnr. 1.

nicht für formell rechtskräftige Vorbehaltsurteile, selbst wenn das Nachverfahren noch schwebt[3]; ebensowenig für nur aufhebende und zurückverweisende Urteile[4]. – Weitergehenden Schutz bietet nur § 712.

Eine Sonderregelung enthält § 406 Abs. 2 S. 2 HS 2 StPO, wo aber nicht vorgesehen ist, daß der Gläubiger die Abwendungsbefugnis des Schuldners durch eigene Sicherheitsleistung überwinden kann; → auch § 708 Rdnr. 16, § 709 Rdnr. 7, § 714 Rdnr. 1 (jeweils a. E.).

II. In der Urteilsformel ist vorbehaltlich § 713 **von Amts wegen** auszusprechen, daß das Urteil vorläufig vollstreckbar ist, aber der Schuldner (je nachdem Beklagter oder Kläger, bei Verurteilung gemäß §§ 767 ff. der Gläubiger[5]) durch bezifferte **Sicherheitsleistung oder durch Hinterlegung** des Streitgegenstandes die Vollstreckung abwenden darf, wenn nicht der Gläubiger (je nachdem Kläger oder Beklagter) selbst Sicherheit leistet (die ebenfalls zu beziffern ist). Wegen teilweiser Vollstreckung → Rdnr. 6. Beantragt ein Schuldner den Ausspruch, obwohl das Urteil unter § 709 fällt, so ist zu klären, ob § 712 S. 1 gemeint ist. Falls der Ausspruch fehlt oder unvollständig ist, → 716 Rdnr. 1, 3.

Hatte im Falle § 708 Nr. 10 der Gläubiger die Leistung nebst Kosten schon auf Grund des ersten, nunmehr bestätigten Urteils vollständig erhalten, so ist der Ausspruch gegenstandslos, aber trotzdem aufzunehmen, da eine Überwachung des Vollstreckungsablaufs durch das Prozeßgericht dem Vereinfachungseffekt der Neuerung zuwiderliefe (anders im Falle → § 712 Rdnr. 3).

Die *Art der Sicherheit* kann nachträglich beschlossen werden → § 709 Rdnr. 7. Wegen der Sicherheit durch *Bürgschaft* → § 108 Rdnr. 15 ff. Diese kann als Vertrag zugunsten des Gläubigers auszulegen sein, wenn für ihn ein Prozeßstandschafter das Urteil erwirkt hat[6].

1. Die **Sicherheit des Schuldners** muß **a)** jedenfalls den *Schaden* decken, der den Gläubiger durch den *Aufschub* möglicherweise trifft[7]; er kann z. B. bei Unterlassungsansprüchen das volle Interesse an der Leistung erreichen. Ist die Erfüllung selbst nicht gefährdet, z. B. bei Ansprüchen auf Räumung[8] oder durch Vormerkung gesicherte Übereignung von Grundstücken, oder kann die Erfüllung nicht durch Sicherheit gewährleistet werden[9], so ist bezüglich des Hauptanspruchs[10] nur der *Verzögerungsschaden* maßgeblich. – **b)** Ist die *Erfüllung* in Gefahr, insbesondere bei Ansprüchen auf Zahlung oder Leistung beweglicher Sachen, so muß die Sicherheit *außerdem den Betrag der Forderung* decken; dies gilt auch für Kosten[11] sowie für Zinsen bis zur voraussichtlichen Rechtskraft, da der Schuldner bis dahin nach S. 1 die Vollstreckung verhindern kann[12]. Für jeden Ausspruch, z. B. bei Teilabweisung[13], ist die Sicherheit gesondert zu berechnen. – Hatte der Kläger als Gläubiger nach § 709 Sicherheit geleistet, so kann er sich diese anrechnen lassen, soweit er durch ein abänderndes Urteil nach § 708 Nr. 10 mit § 717 Abs. 2 zum Schuldner geworden ist und noch nicht vollstreckt hatte[14], oder wenn er trotz Sicherheitsleistung noch nicht vollstreckt hatte und in der Berufungsinstanz unter Aufhebung der Verurteilung des Beklagten[15] als Widerbeklagter verurteilt wird. –

---

[3] *BGHZ* 69, 270 = NJW 1978, 43. → § 708 Rdnr. 2 a. E., § 709 Rdnr. 9, § 717 Rdnr. 1 a. E.
[4] *OLG Düsseldorf* Büro 1985, 1730; *OLG Oldenburg* FamRZ 1980, 397 für Aufhebung und Zurückverweisung eines klagabweisenden Urteils gemäß § 767.
[5] → § 709 Rdnr. 3, § 717 Rdnr. 17; *OLG München* FamRZ 1981, 915[568].
[6] *BGH* NJW-RR 1989, 315 = MDR 252.
[7] Vgl. *OLG Schleswig* SchlHA 1974, 169; auch *RGZ* 141, 195 f. (zu § 719). – Für wiederkehrende Leistungen (Unterhalt) vgl. *LG Hannover* DAVorm 1969, 79: fester Betrag für Rückstände, im übrigen ratenweise Sicherheit. Zum Eintritt des Sicherungsfalls → § 707 Rdnr. 8 Fn. 78.
[8] *BGH* NJW 1967, 824 f.
[9] Z. B. bei Auskunftsansprüchen, *OLG Schleswig* (Fn. 7).
[10] Wegen der Kosten → unten b.
[11] Werden sie gegeneinander aufgehoben, dann nur etwaiger Verzögerungsschaden *Oetker* ZZP 102 (1989) 457 Fn. 49.
[12] *Oetker* (Fn. 11) 458.
[13] *Dochnahl* MDR 1989, 423 will hier wegen § 106 dem Kläger die Abwendungsbefugnis bezüglich der Prozeßkosten versagen, falls dieser offensichtlich weniger Kosten zu erstatten hätte als der Beklagte; dagegen zutreffend *Krüger* (Fn. 2) Rdnr. 2 Fn. 2.
[14] Zust. *Krüger* (Fn. 2) Rdnr. 5.
[15] → § 709 Rdnr. 11 a. E.

§ 711 II   Erster Abschnitt: Allgemeine Vorschriften

Über die Rechte an der Sicherheit → § 804 Rdnr. 45. – Wegen einer Herabsetzung der Sicherheit im Wege einstweiliger Anordnung gemäß § 719 Abs. 1 → § 707 Rdnr. 17.

4   2. Die **Hinterlegung durch den Schuldner** hat hier nur praktische Bedeutung bei Ansprüchen auf Herausgabe, Übereignung usw. hinterlegungsfähiger *Sachen* (§ 372 BGB, § 5 HinterlO); eine Hinterlegung von Geld oder Wertpapieren liefe auf das gleiche hinaus wie Sicherheitsleistung, § 108; → auch Rdnr. 5. Über die Rechte am Hinterlegten → § 804 Rdnr. 45 ff.

5   3. Das Gericht kann, insbesondere auf Anregung des Schuldners oder auch des Gläubigers, nur Sicherheit oder nur Hinterlegung anordnen oder beides im Urteil zur Wahl des Schuldners stellen[16]. Bei Übereinstimmung beider Parteien → § 108 Rdnr. 9. Hinterlegung des Streitgegenstandes sichert aber nicht den Verzögerungsschaden (→ Rdnr. 3). Steht er in Aussicht, so ist mangels abweichender Vereinbarung entweder die zusätzliche Hinterlegung eines entsprechenden Wertes oder insgesamt nur Sicherheitsleistung anzuordnen; denn das Gesetz erlaubt zwar nur Sicherheit *oder* Hinterlegung, so daß eine Kombination ausscheidet, aber es will den Gläubiger bei Hinterlegung kaum schlechter stellen.

6   Für den Fall, daß der Gläubiger *teilweise vollstrecken will*, sind auf Antrag *im Urteil* entsprechende Aufteilungen der Sicherheit des Schuldners wie bei derjenigen des Gläubigers zulässig[17], aber auch zur Vermeidung der Sicherheitsleistung in voller Höhe nötig[18]; auch der geplante § 752 erlaubt hier nicht *ohne* Ausspruch im Urteil die Abwendung durch Teilsicherheit (BR-Drucks. 134/94 S. 37). – Zur Abänderung der Höhe oder Art der Sicherheit → § 709 Rdnr. 7.

7   4. Die **Sicherheit des Gläubigers gemäß S. 2** muß den vollen Schaden decken, den der Schuldner erleiden kann → § 709 Rdnr. 3 f.; kommt nur die Haftung nach § 717 Abs. 3 in Betracht, so sind neben dem beizutreibenden Betrag bzw. dem Wert, der dem Gläubiger bei Leistung zur Abwendung der Vollstreckung zufließen würde (§ 717 Abs. 3 S. 2), auch die Ansprüche aus § 818 Abs. 4 BGB zu berücksichtigen → § 717 Rdnr. 54. Die Praxis, beide Sicherheitsleistungen gleich hoch zu bemessen, ist daher nur unbedenklich, solange keine Anhaltspunkte für unterschiedliche Risiken bestehen[19]. Bietet der Gläubiger freiwillig eine höhere Sicherheit an, so darf der Mehrbetrag nicht angeordnet werden[20] sondern hat nur Bedeutung für § 712 oder § 719 Abs. 2 → § 719 Rdnr. 12. – Wenn der Gläubiger im Falle § 708 Nr. 10 seine schon nach § 709 geleistete Sicherheit nicht zurückfordert[21], ist sie auf die nach § 711 zu leistende anrechenbar[22].

8   5. **Die Veranlassung für die Sicherheit entfällt** für den **Gläubiger** hier im Unterschied zu § 709 grundsätzlich erst mit dem Eintritt der Rechtskraft der Verurteilung; im übrigen gelten aber die Ausführungen → § 709 Rdnr. 11 auch für diese Sicherheit. Die Veranlassung für die Sicherheit des **Schuldners** nach § 711 besteht, falls der Gläubiger seine Sicherheit *nicht* leistet, mindestens bis zu dessen vollständiger Befriedigung fort. Sie fällt weg i. S. d. § 109, **a)** grundsätzlich, wenn der Gläubiger seine Sicherheit leistet[23]; legt er jedoch dar, daß er bereits durch den Aufschub nach Abs. 1 S. 1 einen Verzögerungsschaden entweder schon erlitten

---

[16] Zust. *Krüger* (Fn. 2) Rdnr. 4 a. E. mwN.
[17] RG JW 1927, 991[24]. → dazu § 709 Rdnr. 4 f.
[18] A.M. *OLG Hamm* NJW 1966, 1761. Zur Beschränkung im *Kostenfestsetzungsbeschluß* auf den Kostenbetrag → § 103 Rdnr. 6.
[19] Ähnlich *Krüger* (Fn. 2) Rdnr. 3 mwN; besonders eindringlich warnt *Oetker* (Fn. 11) 459 f. vor Gleichsetzung.
[20] RGZ 30, 422.
[21] → § 709 Rdnr. 11.
[22] *Krüger* (Fn. 2) Rdnr. 6; vgl. *OLG Hamm* NJW 1971, 1188.
[23] Ganz h. M. *OLGe Oldenburg* Rpfleger 1985, 504; Köln MDR 1993, 270 mwN; *Krüger* (Fn. 2) Rdnr. 6. → aber Fn. 24.

habe oder ein solcher zu erwarten sei, so führt dies nur zu entsprechend *teilweisem* Wegfall der Veranlassung[24]; gleiches gilt, wenn der Gläubiger (nach Leistung seiner Sicherheit oder Eintritt der Rechtskraft) volle Befriedigung erlangt[25].- **b)** Die Veranlassung entfällt *vollständig*, wenn das zugunsten des Gläubigers lautende Urteil aufgehoben wird, § 717 Abs. 1[26], auch bei Aufhebung und Zurückverweisung[27]. Denn der Gläubiger hätte dann auch im Falle baldiger Vollstreckung den Erlös sofort nach § 717 Abs. 2 oder 3 zurückgeben müssen → dort Rdnr. 12, 37ff.; folglich könnte er sich im Falle der Wiederherstellung des Titels nicht darauf berufen, nachträglicher Vermögensverfall des Schuldners habe ihn um den möglich gewesenen Vollstreckungserfolg gebracht[28]. Vor Wiederherstellung des Titels besteht daher kein Grund, den Gläubiger noch zu sichern. Hingegen reicht ein Prozeßvergleich oder die Aufhebung nur der vorläufigen Vollstreckbarkeit nicht aus für § 109[29], da dann der Gläubiger einen schon vorher erlangten Erlös noch hätte behalten dürfen; → auch § 717 Rdnr. 12.

III. Die **Wirkungen** der Anordnung richten sich nach dem Verhalten der Parteien. Die Vollstreckungsklausel kann stets erteilt werden. **9**

1. Solange *der Schuldner nicht Sicherheit leistet* (hinterlegt), kann vollstreckt werden, und zwar *nicht auf Geld* gerichtete Ansprüche bis zur Befriedigung. Für *Geldforderungen* → aber § 720 Rdnr. 1 f., § 839 Rdnr. 1: Hinterlegung, bis der Gläubiger seine Sicherheit leistet oder die Anordnung gemäß § 711 S. 2 aufgehoben wird oder das Urteil formell rechtskräftig ist. Zur Vollstreckung in unbewegliches Vermögen s. §§ 115 Abs. 4, 156 Abs. 2 S. 4 ZVG.

2. *Leistet der Schuldner die Sicherheit*, der Gläubiger aber nicht, so gilt § 775 Nr. 3 mit **10** § 776 bis zur formellen Rechtskraft. → auch § 720a Rdnr. 8, 11. Zur Zwangshypothek → § 868 Rdnr. 5 zu Nr. 5, zu § 890 → dort Rdnr. 19.

3. Sobald der *Gläubiger seine Sicherheit leistet* oder wenn im Falle § 708 Nr. 10 eine **11** bereits nach § 709 geleistete Sicherheit bestehen bleibt und deren Höhe noch ausreicht (→ § 709 Rdnr. 11), entfallen die Wirkungen des § 711 S. 1 ohne Rücksicht auf eine Sicherheitsleistung des Schuldners (anders § 712 S. 1); der Gläubiger kann (jetzt auch Geldforderungen) bis zur Befriedigung vollstrecken und folglich bei Zahlungsansprüchen, da für sie das gesamte Vermögen des Schuldners haftet, auch die von diesem geleistete Sicherheit oder das nach § 720 Hinterlegte beanspruchen → § 720a Rdnr. 3, § 720 Rdnr. 2, § 804 Rdnr. 45 Fn. 182.

IV. Nach § 711 S. 2 ist auf Antrag des Gläubigers die **Abwendungsbefugnis nicht anzuordnen**, falls er die Voraussetzungen des → § 710 glaubhaft macht (§ 714 Abs. 2). In der Formel ist dann anzugeben, daß das Urteil vorläufig vollstreckbar ist, in den Gründen, weshalb § 711 S. 1 ausscheidet. S. 2 ist z. B. wichtig für Unterhaltsgläubiger, besonders wenn sie begüterten Schuldnern gegenüberstehen, aber auch sonst, um der Vorenthaltung des Erlöses durch die §§ 720, 839 zu entgehen, oder im Falle § 708 Nr. 9 eine zeitgebundene, nicht nachholbare Handlung/Unterlassung sofort durchzusetzen, ohne Sicherheit leisten oder zusätzlich eine einstweilige Verfügung erwirken zu müssen. **12**

V. Wegen des **arbeitsgerichtlichen Verfahrens** → § 708 Rdnr. 34. **13**

---

[24] → Rdnr. 3, § 109 Rdnr. 14. Das wird von der h.M. → Fn. 23 übersehen; nach ihr könnte die ZV, weil der Gläubiger seine Sicherheit nicht sofort leisten konnte, infolge des Aufschubs nach Abs. 1 S. 1 sogar vollständig scheitern, ohne daß der Schaden abgesichert wäre.
[25] Andernfalls kann er nach Eintritt der Rechtskraft die Sicherheit des Schuldners zur Befriedigung verwenden, bei rechtskräftigen Vorbehaltsurteilen selbst dann, wenn das Nachverfahren noch schwebt (und nicht die ZV nach § 707 eingestellt ist), *BGH* (Fn. 3).
[26] *RG* JW 1902, 163; *OLGe Frankfurt* Rpfleger 1985, 32; *Hamm* OLGZ 1982, 453 = MDR 942; *Karlsruhe* OLGZ 1985, 81; *Stuttgart* Rpfleger 1978, 63; *KG* Rpfleger 1979, 430[409]; h.M. – A.M. (erst nach rechtskräftiger Aufhebung) *OLG Frankfurt* OLGZ 1976, 383 f. = Rpfleger 222[184]. → auch § 707 Rdnr. 20.
[27] *OLG Karlsruhe* (Fn. 26).
[28] Das übersieht *OLG Frankfurt* (Fn. 26). *BGH* JZ 1982, 72 f. betrifft andere Fälle → § 769 Rdnr. 12.
[29] Hier trifft die Arg. von *OLG Frankfurt* (Fn. 26) zu. – Anders noch 19. Aufl. § 713 Fn. 15 mit der h.M.

§ 712 [Schutzantrag des Schuldners]

(1) ¹Würde die Vollstreckung dem Schuldner einen nicht zu ersetzenden Nachteil bringen, so hat ihm das Gericht auf Antrag zu gestatten, die Vollstreckung durch Sicherheitsleistung oder Hinterlegung ohne Rücksicht auf eine Sicherheitsleistung des Gläubigers abzuwenden. ²Ist der Schuldner dazu nicht in der Lage, so ist das Urteil nicht für vorläufig vollstreckbar zu erklären oder die Vollstreckung auf die in § 720a Abs. 1, 2 bezeichneten Maßregeln zu beschränken.

(2) ¹Dem Antrag des Schuldners ist nicht zu entsprechen, wenn ein überwiegendes Interesse des Gläubigers entgegensteht. ²In den Fällen des § 708 kann das Gericht anordnen, daß das Urteil nur gegen Sicherheitsleistung vorläufig vollstreckbar ist.

Gesetzesgeschichte: Bis 1900 § 651 CPO. Änderungen RGBl. 1910 I 768, 1924 I 135, 437, BGBl. 1976 I 3281.

I. Gemeinsames

1 § 712 ermöglicht dem **Schuldner** einen über die §§ 709, 711 hinausgehenden Schutz, der vom Gläubiger nur noch wegen überwiegenden Interesses gemäß Abs. 2 überwunden werden kann.

1. § 712 ist – soweit § 713 oder § 534 nicht entgegenstehen – **anzuwenden** auf alle ohne (§ 708) oder gegen Sicherheitsleistung (§ 709) vorläufig vollstreckbaren Urteile, auch auf die des § 709 S. 2[1]; denn das Gesetz läßt nicht erkennen, daß der Schuldner trotz unersetzlicher, d.h. durch Sicherheitsleistung und Schadensersatz des Gläubigers nicht kompensierbarer Nachteile, einer Vollstreckung solcher Urteile ohne Interessenabwägung (Abs. 2) ausgeliefert sein soll. – Wegen *entsprechender* Anwendung zugunsten des Gläubigers → § 717 Rdnr. 6, § 925 Rdnr. 19.

2 **2.** *Sämtliche* in § 712 vorgesehenen Maßnahmen setzen einen rechtzeitig (§ 714 Abs. 1) gestellten, in der Berufungsinstanz im Hinblick auf etwaige Revision besonders wichtigen[2], **Antrag des Schuldners**[3] voraus und kommen nur in Betracht, wenn er glaubhaft macht (§ 714 Abs. 2), daß ihm die Vollstreckung einen **nicht zu ersetzenden Nachteil** bringen würde. Es handelt sich um die gleiche Voraussetzung wie → § 707 Rdnr. 10–12; zur Glaubhaftmachung → § 707 Rdnr. 15. Zahlungsunfähigkeit des Gläubigers oder Erschwerung etwaiger Beitreibung eines Anspruchs gemäß §717 Abs. 2, 3 reichen auch hier allein nicht aus für einen Ausschluß der Vollstreckbarkeit, weil der Schuldner dagegen anderweit geschützt werden kann → Rdnr. 11f. Stets findet eine **Interessenabwägung** statt → Rdnr. 9ff.

3 **3.** Die Anordnungen gehören **in die Urteilsformel**[4]. In der Berufungsinstanz (§ 708 Nr. 10) unterbleiben sie, wenn der Gläubiger die Leistung im Zeitpunkt der letzten mündlichen Verhandlung bereits vollständig nebst Kosten beigetrieben hat[5]. Bleiben Anträge ohne jeden Erfolg, so genügt ihre *Ablehnung in den Entscheidungsgründen*; die Urteilsformel richtet sich dann nur nach den §§ 708–711. Alle Maßregeln **dauern** bis zum Eintritt der Rechtskraft oder bis zu ihrer Aufhebung, § 717 Abs. 1. Wegen *Übergehung* der Anträge s. § 716, zur *Anfechtung* § 718. § 712 schließt einstweilige Anordnungen[6] nicht aus, → auch Rdnr. 8 a.E.

---

[1] Vgl. *BT-Drucks.* 7/2729 S. 108 zu e) 2.Abs; allg.M., jetzt auch *Thomas/Putzo*[18] Rdnr. 1.
[2] → § 719 Rdnr. 13f.
[3] → dazu Rdnr. 8, 12.
[4] → aber Rdnr. 6.
[5] Anders bei § 711 → dort Rdnr. 2..
[6] → Rdnr. 93 ff. vor §704.

II. Maßnahmen nach Abs. 1 S. 1

Unter den Voraussetzungen → Rdnr. 2 ist regelmäßig[7] auszusprechen, daß der Schuldner 4 durch **Sicherheitsleistung** in bestimmter Höhe[8] **oder Hinterlegung**[9] **die Vollstreckung abwenden kann**, s. dazu § 775 Nr. 3. Wird der in BR-Drucks. 134/94 Art. 1 Nr. 4 vorgesehene § 752 S. 2 Gesetz, so genügt eine Teilsicherheit nach dem Verhältnis des Teilbetrags zum Gesamtbetrag. Ist außerdem § 710 anzuwenden, so ist erst dieser Ausspruch, anschließend jener nach § 712 Abs. 1 S. 1 in die Urteilsformel aufzunehmen. Das erspart dem Gläubiger seine Sicherheitsleistung, falls der Schuldner die Anordnung nicht ausnutzt. – Die *Wirkungen* sind an sich die gleichen wie § 711 Rdnr. 9–11, aber mit dem *Unterschied*, daß der Gläubiger den Aufschub der Vollstreckung – bzw. bei Geldforderungen die Hinterlegung des Erlöses nach § 720 – *nicht* durch eigene Sicherheitsleistung verhindern kann (»ohne Rücksicht auf …«); insofern unterscheidet sich auch die Urteilsformel von § 711. Folglich entfällt die Veranlassung für eine vom *Gläubiger* schon geleistete Sicherheit, sobald der Schuldner die seine geleistet hat. Wegen des Wegfalls der Veranlassung für die Sicherheit des *Schuldners* → § 711 Rdnr. 8. Wegen ihrer Herabsetzung im Wege einstweiliger Anordnung nach § 719 Abs. 1 → § 707 Rdnr. 17.

III. Maßnahmen nach § 712 Abs. 1 S. 2

Sie setzen wie in § 707 Abs. 1 S. 2 voraus, daß der Schuldner den drohenden Nachteil → 5 Rdnr. 2 und **außerdem seine Unfähigkeit zur Sicherheitsleistung oder Hinterlegung** glaubhaft macht[10]. Anders als für den Gläubiger nach § 710 genügt es nicht, daß der Schuldner die Sicherheit nur unter erheblichen Schwierigkeiten aufbringen könnte, z.B. weil er – wenn auch unter schweren Opfern – genügend Werte hinterlegen oder Bürgen finden könnte, → dazu § 707 Rdnr. 9. – Das Gericht *muß* dann grundsätzlich eine der beiden Maßnahmen des Abs. 1 S. 2 nach pflichtgemäßem Ermessen auswählen, falls nicht überwiegende Interessen des Gläubigers entgegenstehen → Rdnr. 9 ff. Zum Antrag → Rdnr. 8.

1. Das Gericht kann entweder in der Urteilsformel vermerken, daß das **Urteil nicht** 6 **vorläufig vollstreckbar ist** (nötig im Arbeitsgerichtsverfahren[11] und zu empfehlen in den Fällen §§ 313a, b) oder stattdessen gar nichts über die Vollstreckbarkeit sagen; aus den § 712 erörternden *Gründen* ergibt sich dann deutlich genug, daß es sich um eine Entscheidung, nicht um eine Unterlassung handelt[12]. Dann entfällt § 710. Abs. 1 S. 2 scheidet in aller Regel aus, wenn der dem Schuldner drohende Nachteil → Rdnr. 2 durch Beschränkung auf Maßregeln des § 720a vermieden werden kann[13]. Außerdem kann gerade der völlige Ausschluß der Vollstreckbarkeit an Abs. 2 scheitern → Rdnr. 11.

2. Bei **Geldforderungen**[14] wird das Gericht in aller Regel die Vollstreckbarkeit so aussprechen, 7 wie es in §§ 708, 709 oder 710 vorgesehen ist, aber **die Vollstreckung auf die Maßnahmen des § 720a Abs. 1, 2 beschränken**. Wird die Urteilsformel so gefaßt, dann ist die Aufzählung der einzelnen Maßnahmen des § 720a überflüssig. Die Nennung der Abs. 1 und 2 des § 720a bedeutet, daß dessen Abs. 3 hier nicht einmal entsprechend anwendbar ist. Das Besondere daran ist also, daß a) sogar für *ohne* Sicherheit vorläufig vollstreckbare Urteile nur der erste Zugriff nach § 720a gestattet wird, b) daß der Schuldner ihn, falls er später doch noch eine Sicherheit beschaffen kann, allenfalls nach § 711 S. 1[15], nicht aber mit der geringe-

---

[7] Wegen der Ausnahmen → Rdnr. 5 ff.
[8] → § 711 Rdnr. 3, 5.
[9] → § 711 Rdnr. 4, 5.
[10] § 714 Abs. 2. Wegen → § 719 Rdnr. 14 sollte dies in der Berufungsinstanz zumindest versucht werden.
[11] → § 708 Rdnr. 33; *Sibben* DGVZ 1989, 177.
[12] Ebenso *Sibben* (Fn. 11) 178; MünchKommZPO-*Krüger* Rdnr. 5 a.E.
[13] → Rdnr. 7. Zust. *Krüger* (Fn. 12) Rdnr. 5.
[14] → Rdnr. 1 ff. vor § 803.
[15] → dort Rdnr. 3.

ren Sicherheit nach § 720a Abs. 3 abwenden könnte. Zur Dauer der Beschränkung →
Rdnr. 3, zur Verwertung der Pfandgegenstände §§ 720a Abs. 1 S. 2, 751 Abs. 2.

8   3. Der **Antrag des Schuldners** auf Anwendung des Abs. 1 S. 2 muß nicht zwischen den
Maßnahmen → Rdnr. 6 oder 7 wählen[16], und kann mit einem hilfweise gestellten Antrag nach
Abs. 1 S. 1 verbunden werden. Wird nur der Ausschluß der vorläufigen Vollstreckbarkeit
beantragt, so ist das Gericht gegebenenfalls nicht gehindert, statt dessen als ein »Weniger« die
Maßregeln → Rdnr. 7 anzuordnen. Das gilt auch für das Verhältnis der Anträge nach Abs. 1
zu der Maßregel des Abs 2 S. 2, der nach Wortlaut und Stellung offensichtlich auch ohne
darauf gerichteten Antrag des Schuldners anwendbar ist, falls Abs. 2 S. 1 seinen Anträgen
nach Abs. 1 entgegensteht[17]. Der Schuldner kann sich allerdings auch von vornherein damit
begnügen, nur die Maßregel nach Abs. 2 S. 2 zu beantragen → Rdnr. 12. – Ist jedoch *nur* die
Beschränkung auf Maßregeln des § 720a beantragt, so steht § 308 einer Anwendung des
Abs. 1 S. 1 entgegen[18]. Zur Nachholung versäumter Anträge in zweiter Instanz → § 714
Rdnr. 3, zu übergangenen Anträgen → § 716 Rdnr. 1.

IV. Überwiegende Interessen des Gläubigers, Abs. 2

9   1. Sie sind zwar **von Amts wegen zu berücksichtigen**, also auch wenn der Schuldner sie
vorträgt. Aber die Fassung als Ausnahmefall stellt klar, daß den *Gläubiger* die Last der
Darlegung und, falls der Schuldner bestreitet, auch der Glaubhaftmachung trifft[19]. Der
Wortlaut »überwiegendes Interesse« ist insofern nicht glücklich gewählt, als er zu dem
Mißverständnis führen könnte, ein Aufschub der Befriedigung müsse dem Gläubiger emp-
findlichere Nachteile zufügen als dem Schuldner die Vollstreckung. Ein gewöhnliches *Interesse an baldiger Erfüllung*, das freilich nie allein für eine Anwendung des Abs. 2 ausreicht, muß
jedoch stets zusätzlich ins Gewicht fallen. Daher überwiegen die Interessen des Gläubigers
schon bei sonst etwa gleich großer Beeinträchtigung der Parteien[20]. – Wichtig für die Abwägung sind vor allem auf seiten des Gläubigers die → § 710 Rdnr. 4ff., auf seiten des Schuldners die → § 707 Rdnr. 10ff. genannten Umstände. Wegen der Aussichten eines Rechtsmittels s. § 713, insbesondere dort Rdnr. 5.

10 Überwiegen die Interessen des Schuldners voraussichtlich nur *vorübergehend*, so kann dies
im Verfahren nach § 718 Abs. 1 zur Ablehnung führen, weil die jederzeit abänderbaren[21]
Maßnahmen nach § 719 ausreichen.

11 2. Überwiegen die Interessen des Gläubigers, so ist nach Abs. 2 S. 1 entweder nur der
Antrag des Schuldners zurückzuweisen[22], soweit er auf Maßnahmen nach Abs. 1 gerichtet ist,
oder außerdem **in den Fällen des § 708 die Vollstreckbarkeit gegen Sicherheit anzuordnen**,
gleichgültig ob der Schuldner dies (hilfsweise) beantragt hatte → Rdnr. 8. Dabei ist zu
beachten, daß das Ergebnis der Interessenabwägung verschieden ausfallen kann, je nachdem
auf welche der möglichen Anordnungen sie sich bezieht, auf die Abwendung gegen Sicherheitsleistung des Schuldners, auf den völligen Ausschluß vorläufiger Vollstreckbarkeit oder
auf die Maßregeln des § 720a, und sogar die Anordnung der Vollstreckbarkeit gegen Sicherheitsleistung nach Abs. 2 S. 2 kann noch an entgegenstehenden (ganz besonders wichtigen)
Interessen des Gläubigers scheitern, obwohl der Wortlaut dies nicht mit wünschenswerter
Klarheit erkennen läßt.

---

[16] Zum Ermessen → Rdnr. 5 a. E.
[17] → Rdnr. 9ff.
[18] Ebenso *Krüger* (Fn. 12) Rdnr. 2 a. E.
[19] Ganz h. M. *Krüger* (Fn. 12) Rdnr. 6.
[20] Diese Auslegung entspricht dem Hauptziel der Änderung der §§ 708ff., vgl. *BT-Drucks.* 7/2729 zu § 712
S. 109 (vor f) »im Kollisionsfall hat das Gläubigerinteres-
se Vorrang« u. der Hinweis auf die allgemeine Begründung C IV S. 44f. Zust. *Krüger* (Fn. 12) Rdnr. 7. Anders
für § 708 Nr. 4 *Hertel* Urkundenprozeß (1992), 166ff.
Dazu krit. *Brehm* WM 1993, 1780.
[21] → § 707 Rdnr. 22.
[22] → Rdnr. 3.

Ist das nicht der Fall, würden also überwiegende Interessen des Gläubigers nur den Maßnahmen des Abs. 1 entgegenstehen, nicht aber denen des Abs. 2 S. 2, so muß es dem **Schuldner** auch von vornherein gestattet sein, von Anträgen nach Abs. 1 freiwillig Abstand zu nehmen und ausschließlich die Anordnung der Vollstreckbarkeit gegen **Sicherheitsleistung** nach Abs. 2 S. 2 zu beantragen. Denn was dem Gläubiger bei stärkerer Schutzwürdigkeit zugemutet wird, muß erst recht bei geringerer Schutzwürdigkeit erlaubt sein. Selbstverständlich darf aber einem solchen beschränkten Antrag des Schuldners nur unter den Voraussetzungen des Abs. 1 S. 1[23] stattgegeben werden; denn Abs. 2 S. 2 ist ebenso wie S. 1 nur Ausnahmeregelung im Verhältnis zu Abs. 1, was schon darin zum Ausdruck kommt, daß er nicht als selbständiger Abs. 3 erscheint[24]. – Zur freiwilligen Beschränkung des **Gläubigers** → § 708 Rdnr. 16.

12

Wegen der *Höhe der Sicherheit des Gläubigers* → § 709 Rdnr. 3 und bei Urteilen der Oberlandesgerichte (§ 717 Abs. 3) → § 711 Rdnr. 7. Zum *Wegfall ihrer Veranlassung* → § 709 Rdnr. 11.

13

V. Arbeitsgerichtliches Verfahren → dazu § 708 Rdnr. 34 und oben Rdnr. 6.

14

§ 713 [Unterbleiben von Schutzanordnungen]

Die in den §§ 711, 712 zugunsten des Schuldners zugelassenen Anordnungen sollen nicht ergehen, wenn die Voraussetzungen unter denen ein Rechtsmittel gegen das Urteil stattfindet, unzweifelhaft nicht vorliegen.

Gesetzesgeschichte: Ab 1924 § 713a RGBl. I 135, seit 1977 § 713 mit Textänderung BGBl. 1976 I 3281.

I. Durch § 713 soll der Anreiz genommen werden, unzulässige Rechtsmittel einzulegen, nur um unter dem Schutze der §§ 711f. den Eintritt der Rechtskraft zu verzögern. Es bleibt dann bei den §§ 708f. Nicht gemeint ist die meistens geringere Verzögerung durch Anschließung an ein Rechtsmittel des Gläubigers; § 713 gilt daher *nicht, soweit eine Anschließung des Schuldners* zulässig wäre[1]. – Gegen § 713 verstoßende Anordnungen sind wirksam, aber mit der Berufung ebenso anfechtbar[2] wie das Unterbleiben von Anordnungen nach §§ 711f. wegen unrichtiger Anwendung des § 713.

1

II. Obwohl das über die vorläufige Vollstreckbarkeit erkennende Gericht nicht zur Entscheidung über die **Zulässigkeit eines Rechtsmittels** gegen sein eigenes Urteil berufen ist[3], muß es hier doch seine Ansicht darüber zugrunde legen[4].

2

Findet ein Rechtsmittel schon wegen der Art des Urteils nicht statt, so scheidet wegen Rechtskraft[5] eine Anwendung des § 713 ohnehin aus. Trotz des Wortlauts »stattfindet« ist daher in § 713 die Prüfung sonstiger Zulässigkeitsvoraussetzungen gemeint[6], aber nicht nur jener nach §§ 511a, 521, 546, 556[7], sondern aller, über die der derzeitige Sachstand eine sichere Meinungsbildung des Gerichts zuläßt. Der Gefahr, daß das Gericht sich damit Aufgaben der höheren Instanz anmaßen könnte, ist genügend vorgebeugt durch die Einschränkung auf »unzweifelhafte« Fälle.

3

---

[23] → dazu § 707 Rdnr. 10–12.
[24] *Steinert* Büro 1977, 627; vgl. auch BT-Drucks. 7/2729 S. 109 zu § 712 a. E. »insoweit«.
[1] OLG Celle HRR 1933 Nr. 182; OLG Stettin JW 1931, 1830; Baumbach/Hartmann[52] Rdnr. 2; *Wieczorek*[2] Anm. A I a.
[2] A.M. *Wieczorek*[2] § 713a Anm. B: Übergehung der Vorschrift könne nicht gerügt werden.
[3] → § 705 Rdnr. 3.

[4] § 713 aF enthielt daher noch die Worte »nach dem Ermessen des Gerichts«, was 1977 als entbehrlich gestrichen wurde ohne Absicht zu sachlicher Änderung, BT-Drucks. 7/2729 S. 109 zu Nr. 83f.
[5] → § 705 Rdnr. 2.
[6] A.M. *Wieczorek*[2] § 713a Anm. A I, II.
[7] So aber *Thomas/Putzo*[18] Rdnr. 3. Ist Revision nach § 546 zugelassen, so scheidet § 713 regelmäßig aus BGH FamRZ 1993, 50[11].

4   Dies bedeutet, daß die Anordnungen nach §§ 711 f. nur zu unterbleiben haben, soweit ein Rechtsmittel oder eine Anschließung des Schuldners *offensichtlich unzulässig* wäre. Die bloße Überzeugung des Gerichts bezüglich einer auch nur möglicherweise streitigen Frage genügt also nicht. Wenn eine Schätzung der für die §§ 511a, 546 maßgeblichen Werte (§ 3) nahe an die Rechtsmittelsumme heranreicht[8] oder einer der in § 705 Rdnr. 3 genannten Punkte zum Streit steht, ist die Unzulässigkeit des Rechtsmittels nicht »unzweifelhaft«. Anderseits genügt nicht jede auch noch so unbegründete Behauptung, um Zweifel anzunehmen.

5   Daß ein Rechtsmittel zwar möglicherweise zulässig, aber unzweifelhaft *unbegründet* ist, genügt nicht für den Ausschluß der §§ 711 f. nach § 713. Ob ein solcher Grund für die Interessenabwägung[9] erheblich sein kann, ist eine andere Frage; § 713 spricht jedoch eher dagegen[10].

6   **III. Im arbeitsgerichtlichen Verfahren** ist § 713 sinngemäß anwendbar auf die dem § 712 entsprechenden Sonderregeln der §§ 62 Abs. 1 S. 2, 64 Abs. 3 ArbGG[11], → § 708 Rdnr. 34, § 712 Rdnr. 6. Die Analogie ist jedoch unergiebig aus den zu § 705 Rdnr. 13 genannten Gründen: Offensichtliche Unzulässigkeit einer Berufung (→ Rdnr. 4) trifft meistens ohnehin mit der sofortigen Rechtskraft zusammen, und die Unzulässigkeit einer Revision läßt sich wegen § 72 Abs. 1 S. 2, 3 ArbGG (Divergenzrevision) kaum im voraus »unzweifelhaft« feststellen.

§ 714   [Anträge zur vorläufigen Vollstreckbarkeit]

(1) Anträge nach den §§ 710, 711 Satz 2, § 712 sind vor Schluß der mündlichen Verhandlung zu stellen, auf die das Urteil ergeht.

(2) Die tatsächlichen Voraussetzungen sind glaubhaft zu machen.

Gesetzesgeschichte: Bis 1900 § 653 CPO. Änderungen RGBl. 1824 I 135, BGBl. 1976 I 3281.

I. Zeit der Antragstellung, Abs. 1

1   Da über die Vollstreckbarkeit im Urteil selbst zu erkennen ist[1], sind die **Anträge** gemäß §§ 710, 711 S. 2, 712[2] **bis zum Schluß der mündlichen Verhandlung** zu stellen, auf die das zu vollstreckende Urteil ergeht. Wegen des entsprechenden Zeitpunkts bei der Entscheidung ohne mündliche Verhandlung s. § 128 Abs. 2 S. 2, Abs. 3 S. 2, 3; → auch § 251a Rdnr. 17 ff.

Über die vorläufige Vollstreckbarkeit strafrechtlicher Verurteilungen nach §§ 403 ff. StPO kann jedoch auch nachträglich entschieden werden, und es sind jederzeit Abänderungen durch unanfechtbaren Beschluß möglich, § 406 Abs. 2 S. 3; → auch § 708 Rdnr. 16, § 709 Rdnr. 7, § 711 Rdnr. 1 (jeweils a. E.).

---

[8] Vgl. *Leppin* MDR 1975, 900; *Wieczorek*[2] § 713a Anm. A I (der aber unveröffentlichte, abweichende Entscheidungen zitiert).
[9] → § 710 Rdnr. 7 f., § 712 Rdnr. 9.
[10] Anders als § 719 Abs. 2 (→ dort Rdnr. 17); zust. *MünchKommZPO-Krüger* § 712 Rdnr. 7, da das Gericht von seiner Entscheidung ohnehin überzeugt sein muß.

[11] *Grunsky* Arbeitsgerichtsgesetz[6] § 62 Rdnr. 6.
[1] → § 708 Rdnr. 9. § 307 gilt hierfür nicht *OLG Nürnberg* NJW 1989, 842.
[2] → auch § 721 Rdnr. 21.

1. Nach dem Erlaß eines *Versäumnisurteils* ist die mündliche Verhandlung des **Einspruchs-** 2
verfahrens maßgebend → § 709 Rdnr. 12f.
2. War ein *Vorbehaltsurteil* (§§ 302, 599, 708 Nr. 4) erlassen worden, so können für dieses
die Anträge noch im **Nachverfahren** gestellt werden[3], s. auch § 708 Nr. 5.
3. In der **Berufungsinstanz** können **a)** die Anträge in bezug auf das *Berufungsurteil* gestellt 3
werden, auch wenn in der Sache selbst auf Zurückweisung oder Verwerfung der Berufung
angetragen wird[4]. Außerdem kann **b)** nach § 534 die Vollstreckbarerklärung des *nicht ange-*
fochtenen Teils des Urteils erster Instanz beantragt werden und **c)** kann hinsichtlich des
angefochtenen Teils der Gläubiger *erstmalig*[5] in der Berufungsinstanz beantragen, das *erstin-*
stanzliche Urteil nach § 710 oder § 711 S. 2 für vorläufig vollstreckbar zu erklären[6] oder die
Höhe[7] der Sicherheit anderweit zu bestimmen[8], oder der Schuldner Anträge gemäß § 712
stellen[9], die ihm weitergehende Rechte bringen können als die Einstellung nach § 719[10].

Dafür sprechen: **1.)** das praktische Bedürfnis, besonders bei **nachträglicher Änderung der Sachlage**, 3a
ferner die Analogie des Kostenpunktes: Obwohl auch dieser nur im Urteil selbst entschieden werden
kann, steht außer Streit, daß der Berufungsbeklagte neben dem Antrag auf kostenpflichtige (§ 97)
Zurückweisung oder Verwerfung der Berufung Anträge auf Abänderung der erstinstanzlichen Kostenentscheidung stellen darf. – **2.)** § 714 sagt nichts über das Verhältnis der Instanzen zueinander, sondern
will nur den Grundsatz mündlicher Verhandlung (ganz gleich welcher Instanz) und den Abschluß der
Instanz sichern[11]. – **3.)** Das »Ergänzungsverbot« des § 716 greift nur, wenn **gestellte** Anträge nicht oder
unvollständig beschieden sind[12]. – **4.)** Der Wortlaut des § 718 läßt spricht weder für noch gegen die
Nachholung.

Solche Anträge in bezug auf das erste Urteil können nach ü. M. den Gegenstand einer 4
Anschließung bilden[13], hier ausnahmsweise auch einer unselbständigen, mit der Möglichkeit
(auflösend bedingter) Vorwegentscheidung nach § 718[14]. Über das Verfahren s. § 718. –
Wird eine solche Entscheidung abgelehnt, so steht dem Gläubiger nur der Weg des Arrestes

---

[3] *Seuffert/Walsmann* ZPO[12] Anm. 1a, *Furtner* Vorläufige Vollstreckbarkeit (1953), 46. Im Berufungsverfahren
nur gegen das Schlußurteil (§ 718) gilt § 714 aber
lediglich für dieses, *OLG Frankfurt* OLGZ (1994), 471f.
[4] → § 708 Rdnr. 10, § 709 Rdnr. 10.
[5] Anders, wenn rechtzeitig in 1.Instanz gestellt: dann
nur §§ 321, 716, *OLG Saarbrücken* Büro 1985, 1579.
[6] *OLGe Frankfurt* FamRZ 1990, 539 f.; *Hamm* NJW-
RR 1987, 252; *Koblenz* NJW-RR 1989, 1024 (11.ZS);
OLGZ 1990, 229 = Büro 396 (5.ZS); *Thomas/Putzo*[18]
Rdnr. 5; erst recht gilt dies für Anträge nach § 711 S. 2,
falls die erste Instanz einen Ausspruch gemäß § 708 versäumte → § 716 Rdnr. 3 mit Rdnr. 1. - **A.M.** *OLGe Karls-*
ruhe NJW-RR 1989, 1470 = FamRZ 774 (aber offenlassend für nachträgliche Änderung der Sachlage); *Frankfurt*
OLGZ 1994, 106; *MünchKommZPO-Krüger* (1992)
Rdnr. 3; *Zöller/Herget*[18] Rdnr. 1.
[7] → auch § 718 Rdnr. 2 Fn. 8, Rdnr. 4 Fn. 16.
[8] Z.B. statt absolut relativ festzusetzen → § 709
Rdnr. 4, *OLGe Karlsruhe* OLGZ 1975, 485 = Justiz 473;
Düsseldorf FamRZ 1985, 307f.; a.M. *OLG Frankfurt*
NJW-RR 1986, 189; *Krüger* (Fn. 6) § 718 Rdnr. 2.
[9] *OLGe Bamberg* FamRZ 1990, 185; *Düsseldorf* NJW
1969, 1910; FamRZ 1985, 308; *Frankfurt* III.FamS
FamRZ 1983, 1261[698]; *Hamburg* MDR 1970, 244; *Hamm*
NJW-RR 1987, 252; *Karlsruhe* (Fn. 8); *Koblenz* OLGZ
1990, 229 = Büro 396 f.; *Schleswig* SchlHA 1985, 156 u.
zur älteren Rsp → 19. Aufl. Fn. 2; *Baumbach/Hart-*
mann[51] Rdnr. 2; *A. Blomeyer* ZwVR § 11 I 3; *Bruns/*
Peters[3] § 6 IV 4; *Thomas/Putzo*[18] Rdnr. 5. - **A.M.** *OLGe*
Frankfurt MDR 1985, 62 mwN; *Köln* OLGZ 1975, 113;

Schleswig SchlHA 1983, 194; *Krüger* (Fn. 6)
Rdnr. 2 f.; *Wieczorek*[2] Anm. B III a; *Herget* (Fn. 6). – Offengelassen von *BGHZ* 10, 89 (→ Fn. 16); *Saarbrücken*
(Fn. 5). – Zur Konkurrenz mit §§ 707, 719 → Fn. 16.
[10] Das übersehen *OLGe Frankfurt* MDR 1971, 850,
Karlsruhe OLGZ 1986, 255 = Justiz 21; *Krüger* (Fn. 6)
Rdnr. 2: Anordnungen nach § 712 können über die Berufungsinstanz hinweg dauern → Rdnr. 9; der Ausschluß
der Vollstreckbarkeit nach § 712 Abs. 1 S. 2 ist – anders
als die Aufhebung von Vollstreckungsregeln – § 707
Rdnr. 18 – ohne Sicherheit möglich.
[11] Das verkennen *OLGe Frankfurt* MDR 1971, 850;
Schleswig SchlHA 1979, 144 sowie *Schneider/Herget*
(Fn. 9); *Krüger* (Fn. 6) Rdnr. 2.
[12] → Fn. 5; verkannt von *Schneider/Herget* (Fn. 9).
Gegenüber von Amts wegen zu treffenden Entscheidungen sperrt §716 ohnehin nicht eine Berufungsentschei-
dung → § 716 Rdnr. 3.
[13] → § 521 Rdnr. 5 Fn. 16, jedoch setzen solche Anträge nicht Anschließung voraus → § 521 Rdnr. 7; § 718
Rdnr. 2.
[14] § 522 Rdnr. 72; *OLG München* NJW-RR 1990,
1022 = FamRZ 84; *OLG Koblenz* NJW-RR 1989, 1024
gegen *Schneider/Herget* (Fn. 9): »teilurteilsfähig«, weil
hier keine Gefahr widersprechender Entscheidungen besteht (zust. *OLG Bamberg* FamRZ 1990, 184), → auch
§ 718 Rdnr. 4 a. E. – A.M. *Wieczorek*[2] § 718 Anm. B I b,
offengelassen von *OLG Karlsruhe* (Fn. 9) mwN. Zur Frage, ob die Anschließung hier schon im Antrag zu sehen ist
oder »förmlich« einzulegen ist, → § 718 Rdnr. 2 Fn. 4.

oder der einstweiligen Verfügung[15], dem Schuldner grundsätzlich nur der des § 719 offen → Rdnr. 96 vor § 704.

5   In der **Revisionsinstanz** sind Anträge in bezug auf das *Berufungsurteil* nur zulässig für den nicht angefochtenen Teil des Urteils nach § 560[16]. Anträge in bezug auf *Revisionsurteile* scheiden aus, denn kontradiktorische sind mit der Verkündung rechtskräftig, Versäumnisurteile werden nach § 708 Nr. 2 von Amts wegen für vorläufig vollstreckbar erklärt, und für Gegenanträge Abwesender ist wegen § 714 kein Raum; für das Einspruchsverfahren ist aber keine Vorabentschcidung vorgesehen, § 718.

II. Behandlung der Anträge nach §§ 710–712 und Glaubhaftmachung nach Abs. 2

6   1. Sie sind als *Sachanträge* (§ 137) zu verlesen, §§ 297, 495. Für sie gilt § 139, aber nicht § 278 Abs. 3[17], obwohl der Ausdruck »Nebenforderungen« hier allenfalls sinngemäß zutrifft. Das Gericht hat daher auch die Parteien anzuregen, Tatsachen vorzutragen, die für Höhe und Art einer etwa zu bestimmenden Sicherheitsleistung erheblich sind[18]. Es kann darüber nur durch Urteil entschieden und diese Entscheidung nicht durch Beschwerde angefochten werden[19]. Eine *nachträgliche* Entscheidung des Gerichts ist nur über die *Art* der Sicherheitsleistung zulässig → § 709 Rdnr. 7. Die Berufung des Gläubigers kann sich auf die Frage der Vollstreckbarkeit beschränken, wenn das Urteil zur Hauptsache nur vom Schuldner angegriffen wird und nicht der Weg über eine Anschließung gewählt wird[20]. Zur Übergehung des Antrags s. § 716, zur Verhandlung in der Berufungsinstanz § 718.

7   Soll einem Antrag nach § 710 durch *Versäumnisurteil* entsprochen werden, müssen Antrag und begründete Tatsachen *rechtzeitig schriftlich mitgeteilt sein*, § 335 Abs. 1 Nr. 3. Gegen das stattgebende Versäumnisurteil steht dem Beklagten nur der Einspruch zu; eine Zurückweisung nur dieses Antrags nach § 331 Abs. 2 (zweiter HS) ist ein berufungsfähiges Teilurteil. – Wegen §§ 406 ff. StPO → Rdnr. 1.

8   2. Außer bei Säumnis sind ebenfalls vor Verhandlungsschluß **nach Abs. 2 die tatsächlichen Voraussetzungen glaubhaft zu machen**, soweit sie streitig bleiben. Das gilt für beide Parteien[21]. Der mit der Neuordnung der vorläufigen Vollstreckbarkeit verfolgte Zweck, die Vollstreckung möglichst zu erleichtern[22], gebietet es, an die Glaubhaftmachung der für den Schuldner günstigen Behauptungen, besonders im Bereich des § 712, erhöhte Anforderungen bezüglich Schlüssigkeit der Argumentation und des Wahrscheinlichkeitsgrads zu stellen[23]. Soweit zu §§ 710, 712 nähere Feststellungen erforderlich sind, insbesondere zur Interessenabwägung, ist darauf zu achten, daß die Sachentscheidung dadurch nicht erheblich verzögert wird[24]. Abs. 2 gilt nicht nur für die in §§ 710–712 genannten Voraussetzungen der Anträge, sondern nach dem Zweck der Erleichterung erst recht für alle Tatsachen, die für die Höhe von Sicherheitsleistungen erheblich sind, → § 709 Rdnr. 3, § 712 Rdnr. 4 mit § 711 Rdnr. 3, 5.

---

[15] Eine prozeßunwirtschaftliche Alternative zu §§ 718 mit 710 oder 711 S. 2 OLGe Frankfurt FamRZ 1983, 1261[698]; Koblenz NJW-RR 1989, 1024.
[16] BGHZ 10, 88 = JZ 1953, 604 (zust. *Baur*) = NJW 1263. Zur Übergehung eines Antrags durch das Berufungsgericht → § 716 Rdnr. 3 Fn. 12.
[17] So BT-Drucks. 7/5499 zu Art. 1 Nr. 27.
[18] → auch § 709 Rdnr. 3, § 711 Rdnr. 5.
[19] *RGZ* 20, 423; 25, 424; JW 1901, 402.
[20] → dazu § 718 Fn. 3 u. Rdnr. 2.
[21] → § 294 Rdnr. 6 ff., 18.
[22] BT-Drucks. 7/2729 C IV S. 44 f.
[23] Ähnlich *Baumbach/Hartmann*[52] § 712 Rdnr. 2.
[24] → § 294 Rdnr. 9; *Krüger* (Fn. 6) Rdnr. 4; *Herget* (Fn. 6) § 712 Rdnr. 6.

III. Arbeitsgerichtliches Verfahren

Hier gilt § 714 (§ 62 Abs. 2 ArbGG) nur für den § 712 entsprechenden § 62 Abs. 1 S. 2 ArbGG, → 9
§ 708 Rdnr. 34. Auch hier muß es für zulässig erachtet werden, den Antrag **erstmalig** in der Berufungsinstanz zu stellen[25]. Der Schuldner kann daran ein besonders Interesse haben, weil die Aufhebung der vorläufigen Vollstreckbarkeit sachlich und zeitlich über die Wirkungen einer Anordnung nach § 719 hinausgeht: diese erlaubt hier nicht die Aufhebung von Vollstreckungsmaßnahmen und endet schon mit Erlaß des Berufungsurteils[26], während der Ausspruch nach § 62 Abs. 1 S. 2 ArbGG gerade für die Dauer der Revisionsinstanz für den Schuldner wesentlich sein kann.

§ 715 [Rückgabe der Sicherheit]

(1) ¹Das Gericht, das eine Sicherheitsleistung des Gläubigers angeordnet oder zugelassen hat, ordnet auf Antrag die Rückgabe der Sicherheit an, wenn ein Zeugnis über die Rechtskraft des für vorläufig vollstreckbar erklärten Urteils vorgelegt wird. ²Ist die Sicherheit durch eine Bürgschaft bewirkt worden, so ordnet das Gericht das Erlöschen der Bürgschaft an.
(2) § 109 Abs. 3 gilt entsprechend.

Gesetzesgeschichte: Seit 1900 RGBl. 1898 I 256. Änderung BGBl. 1976 I 3281.

I. Anwendungsbereich

§ 109 gilt auch für die im Vollstreckungsverfahren vom Gläubiger oder Schuldner zu 1
leistenden Sicherheiten[1]. Zur Rückgabe außerhalb § 109 oder § 715 → § 109 Rdnr. 4, zum Wegfall der Veranlassung → §§ 109 Rdnr. 8–11, 707 Rdnr. 20, 709 Rdnr. 11, 711 Rdnr. 8, 712 Rdnr. 4, 720a Rdnr. 14.

1. Nur für die nach §§ 709, 711, 712 Abs. 2 S. 2, also nicht für die aufgrund einstweiliger Einstellung[2] geleistete **Sicherheit des Gläubigers**[3] ordnet § 715 ein **noch einfacheres Verfahren** an, weil in der Regel mit der **Rechtskraft** des bisher vorläufig vollstreckbaren Urteils ein Anspruch des Schuldners gemäß § 717 Abs. 2, 3 nicht mehr entstehen kann[4]. Bei Urteilen gegen *Gesamtschuldner* muß die Rechtskraft gegenüber allen eingetreten sein[5], während es bei sonstiger Mehrheit von Schuldnern darauf ankommt, ob eine von mehreren Sicherheitsleistungen des Gläubigers nur zugunsten des bereits rechtskräftig Verurteilten geleistet worden war[6]. In zwei Ausnahmen sind allerdings Schadensersatzansprüche trotz Rechtskraft möglich:

a) **Vorbehaltsurteile** nach §§ 302 Abs. 3 oder 599 Abs. 3 können trotz formeller Rechts- 2
kraft noch im Nachverfahren aufgehoben werden, §§ 302 Abs. 4 S. 2, 600 Abs. 2. Dennoch will § 302 Abs. 3 ihre Vollstreckung nicht als »vorläufige« im Sinne des § 717 verstanden

---

[25] → Rdnr. 3. – Anders h.M. *Dütz* DB 1980, 1072; *Grunsky* ArbGG⁶ Rdnr. 6; *Krüger* (Fn. 6) Rdnr. 5.
[26] → § 707 Rdnr. 19, 30.
[1] Aber nicht für freiwillige → § 711 Fn. 20, § 719 Rdnr. 12, *v. Stein* GRUR 1970, 162.
[2] Ganz h.M. *Rosenberg/Gaul*¹⁰ § 14 VIII Fn. 195 (obwohl im Text zuvor wohl versehentlich mitzitiert) mwN; *MünchKommZPO-Krüger* (1992) Rdnr. 2; *Zöller/Herget*¹⁸ Rdnr. 1; a.M. (analog) *Haakhorst/Comes* NJW 1977, 2344f.

[3] Zu jener des Schuldners → Rdnr. 4.
[4] Ein Schaden durch vorzeitige ZV, z.B. vor Fälligkeit, ist vom Gesetz nicht berücksichtigt, *Levis* ZZP 34 (1905) 171.
[5] *OLG München* SeuffArch 70 (1915), 173 ff.
[6] *Krüger* (Fn. 2) Rdnr. 4 (Teilrückgabe, → § 109 Rdnr. 14).

wissen⁷. Deshalb regeln §§ 302 Abs. 4 S. 3 u. 4, 600 Abs. 2 den Schadensersatz besonders. *Vor* Rechtskraft angeordnete Sicherheiten des Gläubigers⁸ haften aber nicht für diesen Schaden, sondern nur für Ansprüche nach § 717 Abs. 2, 3, also bei Vorbehaltsurteilen nur dann, wenn sie noch nicht rechtskräftig waren und aufgehoben wurden. § 715 ist daher auch *anwendbar*, wenn das Zeugnis über die Rechtskraft eines Vorbehaltsurteils vorgelegt wird⁹.

3 b) Für die **anderen Fälle auflösend bedingter Endurteile**¹⁰ fehlt jedoch eine Regelung wie → Rdnr. 2. Ihre Vollstreckbarkeit ist daher trotz »formeller Rechtskraft«¹¹ so lange »vorläufig«, bis auch das Zwischenurteil (§ 280) oder das Vorbehaltsurteil (§§ 302, 599) rechtskräftig geworden ist¹². Vorher kann der Fall des § 717 Abs. 2 noch eintreten¹³. Das ist in § 715 unberücksichtigt geblieben, so daß bei solchen Urteilen sinngemäß die Rückgabe der Sicherheit erst anzuordnen ist, wenn sowohl die Rechtskraft des auflösend bedingten Urteils als auch die des Zwischen- oder Vorbehaltsurteils formgerecht (→ Rdnr. 7) nachgewiesen wird¹⁴.

4 Sinngemäß gilt § 715, wenn ein Dritter an Stelle des Gläubigers¹⁵ oder im Falle des § 771 der Kläger die Sicherheit geleistet hat¹⁶. Im Falle rechtskräftiger Klagabweisung ist auch entsprechende Anwendung zugunsten des **Schuldners** unbedenklich¹⁷. Sie scheidet aber aus bei Beendigung des Rechtsstreits durch Vergleich oder Klagerücknahme¹⁸.

5 2. Das **Erlöschen einer Bürgschaft als Sicherheit** ordnet das Gericht nach S. 2 unter den gleichen Voraussetzungen wie die Rückgabe an.

II. Verfahren

6 1. Zur **Zuständigkeit** → § 109 Rdnr. 15 a, zum **Antrag** (Abs. 2) → § 109 Rdnr. 16, 26. Bevor dem Antrag *stattgegeben* wird, ist der Gegner zu hören. Der **Beschluß** kann ohne mündliche Verhandlung ergehen¹⁹ und wird, falls er nicht nach mündlicher Verhandlung gemäß § 329 Abs. 1 zu verkünden ist, den Parteien von Amts wegen bekanntgegeben, § 329 Abs. 2 S. 1. Formlose Mitteilung genügt, da eine Beschwerdefrist nicht in Lauf gesetzt wird → Rdnr. 9. § 109 Abs. 2 S. 2 gilt für den Beschluß nicht²⁰.

7 2. Mit dem Antrag ist ein **Zeugnis über die Rechtskraft** des Urteils (§ 706) vorzulegen. Ist dieses auf Rechtsmittel oder Einspruch aufrechterhalten, so genügt ein Rechtskraftzeugnis für das bestätigende Urteil oder, falls dieses mit der Verkündung rechtskräftig ist²¹, die Vorlegung seiner Ausfertigung. – Der Nachweis, daß das Rechtsmittel oder der Einspruch als unzulässig verworfen oder zurückgenommen ist, genügt *nicht*, weil es auf den Ablauf der Notfrist ankommt, → § 705 Rdnr. 6, 10.

8 3. Durch die Streichung des in der aF auf freies Ermessen hindeutenden Wortes »kann« ist klargestellt, daß das Gericht den Gläubiger nicht auf das ungünstigere Verfahren des § 109 verweisen darf. Wählt er es dennoch, so sind Mehrkosten nicht erstattungsfähig²². – Kann der Gläubiger aber das Rechtskraftzeugnis nicht erhalten, so ist nach § 109 vorzugehen²³.

---

⁷ »... und der ZV als Endurteil anzusehen«, → § 709 Rdnr. 9. Ab Rechtskraft ist die Vollstreckbarkeit daher »endgültig« i.S.d. § 704, BGHZ 69, 270 = NJW 1978, 43.
⁸ Bei Vorbehaltsurteilen des § 302 gemäß § 709, bei solchen des § 599 (wegen § 708 Nr. 4) nur gemäß § 711 S. 1 a.E. oder § 712 Abs. 2 S. 2.
⁹ RGZ 47, 365 f.; allg. M.
¹⁰ → § 704 Rdnr. 3.
¹¹ → § 705 Rdnr. 1.
¹² → § 708 Rdnr. 15.
¹³ → § 717 Rdnr. 60.
¹⁴ Zust. *Krüger* (Fn. 2) Rdnr. 1 a. E.

¹⁵ *OLG Düsseldorf* JW 1925, 819 (Prozeßbevollmächtigter im eigenen Namen); → auch § 711 Rdnr. 2 Fn. 6. Zur Antragsberechtigung → aber § 109 Rdnr. 16.
¹⁶ Dazu → § 771 Rdnr. 12 Fn. 93.
¹⁷ *Gaul* (Fn. 2) mit *Rosenberg/Schwab*¹⁴ § 89 II 3 b. – A.M. *Krüger* (Fn. 2); *Thomas/Putzo*¹⁸ Rdnr. 1.
¹⁸ *Krüger* (Fn. 2) mwN.
¹⁹ Näheres → § 128 Rdnr. 39 ff.
²⁰ *Baumbach/Hartmann*⁵² Rdnr. 3.
²¹ → § 705 Rdnr. 2 b.
²² *OLG München* OLGRsp 23, 132.
²³ *OLG Dresden* SächsAnn 31, 323.

III. Rechtsbehelfe

Gegen Beschlüsse des *Rechtspflegers* findet die unbefristete Erinnerung des § 11 Abs. 1 S. 1 RpflG statt[24]. Entspricht das *Gericht* daraufhin dem Antrag, so scheidet eine Beschwerde aus, § 567, denn § 109 Abs. 4 ist nicht für anwendbar erklärt[25] und § 793 gilt nicht, weil die Anordnung keinen Teil der Zwangsvollstreckung bildet. Lehnt das Gericht den Antrag ab, so findet dagegen die *einfache Beschwerde*, § 567 Abs. 1[26], bzw. das Verfahren nach § 11 Abs. 2 S 4, 5 RpflG statt.

9

IV. Kosten

Das gerichtsgebührenfreie Verfahrens vor dem Rechtspfleger gehört bezüglich der Anwaltsgebühren nach § 37 Nr. 3 BRAGO zum Rechtszug, falls nicht § 56 BRAGO zutrifft. Kostenentscheidungen kommen nur bei Beschwerde in Betracht. Rechnet man die Kosten der Sicherheitsleistung des Gläubigers zu § 788[27], so gilt dies auch für § 715[28].

10

§ 716 [Ergänzung des Urteils]

Ist über die vorläufige Vollstreckbarkeit nicht entschieden, so sind wegen Ergänzung des Urteils die Vorschriften des § 321 anzuwenden.

Gesetzesgeschichte: Bis 1900 § 654 CPO, Neubekanntmachung RGBl. 1942 I 437.

I. Über die vorläufige Vollstreckbarkeit ist **dann nicht entschieden,** wenn *von Amts wegen* vorgesehene[1] Aussprüche nach §§ 708, 709, 711 unterlassen[2] oder ordnungsmäßig[3] gestellte *Anträge der Parteien* nach §§ 710, 711 S. 2, 712 übergangen sind[4]. § 716 gilt mindestens entsprechend, wenn über die vorläufige Vollstreckbarkeit unvollständig, z. B. ohne vollständigen Ausspruch gemäß § 711 S. 1 oder ohne Angabe über die Höhe einer Sicherheit entschieden ist[5]. → auch § 721 Rdnr. 19 (zu Abs. 1 S. 3). Soweit Berichtigung zulässig ist[6], ist nach § 319 vorzugehen[7].

1

II. Für das **Verfahren** gilt das → § 321 Bemerkte. Fehlt der Ausspruch gemäß § 711 S. 1 in einem Berufungsurteil, das die Beschwer unterhalb der Revisionsgrenze festgesetzt hat (§§ 546, 713), und setzt das Revisionsgericht sie oberhalb dieser Grenze fest (vgl. § 554 Abs. 4), so beginnt die *Frist* des § 321 Abs. 2 erst mit der Zustellung dieses Beschlusses[8]. Entsprechendes gilt, wenn sich erst aus einem Beschluß nach § 320 ergibt, daß ein Antrag übergangen wurde[9]. Anläßlich der Nachholung einer Entscheidung dürfen beide Parteien

2

---

[24] H.M. *Krüger* (Fn. 2) Rdnr. 5; a.M. *Thomas/Putzo*[18] Rdnr. 5 (§ 11 Abs. 1 S. 2 RpflG gegen stattgebende Beschlüsse).
[25] Arg. § 715 Abs. 2, *OLG Frankfurt* Rpfleger 1974, 322, ganz h.M.
[26] § 567 Abs. 1, *RGZ* 47, 364 f.; allg. M.
[27] → dazu § 788 Rdnr. 9.
[28] *Krüger* (Fn. 2) Rdnr. 6 mwN.
[1] Aber nicht im Ermessen stehende; a.M. *Wieczorek*[2] § 770 Anm. A I b.
[2] *OLG Bamberg* FamRZ 1990, 184 (§ 708 Nr. 8); *BGH* FamRZ 1993, 50[11] (§ 711). Über absichtliches Weglassen des Ausspruchs als »Entscheidung« → aber § 712 Rdnr. 6.

[3] → § 714 Rdnr. 6–8.
[4] Jetzt allg. M. Vgl. zu § 713 Abs. 2 aF *BGH* LM Nr. 10 zu § 713 = NJW 1964, 590 (L); *MünchKommZPO-Krüger* Rdnr. 1. Zu früher abw. Meinungen → 20. Aufl. Fn. 1.
[5] Allg.M. *Krüger* (Fn. 4) Rdnr. 1.
[6] → § 319 Rdnr. 9 (20. Aufl. Fn. 31), § 321 Rdnr. 7.
[7] Das sollte man auch annehmen, wenn die Aufnahme einer Vollstreckbarkeitsbeschränkung des Urteils in den Kostenfestsetzungsbeschluß (→ § 103 Rdnr. 6) ganz unterblieb; *LG Dresden* JW 1934, 1197[2] half nach Ablauf der Frist für § 104 Abs. 3 mit § 732.
[8] *BGH* NJW 1984, 1240.
[9] *BGH* NJW 1982, 1821 = MDR 663.

sämtliche Anträge bzw. Gegenanträge (auch erstmals) stellen, welche diese Entscheidung beeinflussen können[10]. Zur Terminsversäumnis einer oder beider Parteien → § 321 Rdnr. 18. Wegen der Anfechtung des Urteils und ihres Einflusses auf die Kostenentscheidung → § 321 Rdnr. 20f. – Zur vollstreckbaren Ausfertigung → § 725 Rdnr. 6.

3 Wird die *Frist des § 321 Abs. 2 versäumt*, so bleibt die Anfechtung mit Berufung oder Anschlußberufung[11]; außerdem können die Parteien, wenn die Sache anderweit in die Berufungsinstanz gelangt, ihrerseits Anträge in bezug auf die Vollstreckbarkeit des ersten Urteils stellen → § 714 Rdnr. 3. Für das kontradiktorische Urteil eines Berufungsgerichts kommt jedoch wegen § 718 Abs. 2 nur rechtzeitige Ergänzung nach § 716 in Betracht[12].

4 **III.** Da im **arbeitsgerichtlichen Verfahren** Urteile kraft Gesetzes vorläufig vollstreckbar sind, § 62 Abs. 1 ArbGG, ist § 716 nur anzuwenden, wenn ein Antrag des Schuldners nach § 62 Abs. 1 S. 2 ArbGG[13] übergangen ist, → auch § 712 Rdnr. 6.

§ 717 [Wegfall der vorläufigen Vollstreckbarkeit; Schadensersatz- und Bereicherungsanspruch]

(1) Die vorläufige Vollstreckbarkeit tritt mit der Verkündung eines Urteils, das die Entscheidung in der Hauptsache oder die Vollstreckbarkeitserklärung aufhebt oder abändert, insoweit außer Kraft, als die Aufhebung oder Abänderung ergeht.

(2) ¹Wird ein für vorläufig vollstreckbar erklärtes Urteil aufgehoben oder abgeändert, so ist der Kläger zum Ersatz des Schadens verpflichtet, der dem Beklagten durch die Vollstreckung des Urteils oder durch eine zur Abwendung der Vollstreckung gemachte Leistung entstanden ist. ²Der Beklagte kann den Anspruch auf Schadensersatz in dem anhängigen Rechtsstreit geltend machen; wird der Anspruch geltend gemacht, so ist er als zur Zeit der Zahlung oder Leistung rechtshängig geworden anzusehen.

(3) ¹Die Vorschriften des Absatzes 2 sind auf die im § 708 Nr. 10 bezeichneten Urteile der Oberlandesgerichte, mit Ausnahme der Versäumnisurteile, nicht anzuwenden. ²Soweit ein solches Urteil aufgehoben oder abgeändert wird, ist der Kläger auf Antrag des Beklagten zur Erstattung des von diesem auf Grund des Urteils Gezahlten oder Geleisteten zu verurteilen. ³Die Erstattungspflicht des Klägers bestimmt sich nach den Vorschriften über die Herausgabe einer ungerechtfertigten Bereicherung. ⁴Wird der Antrag gestellt, so ist der Anspruch auf Erstattung als zur Zeit der Zahlung oder Leistung rechtshängig geworden anzusehen; die mit der Rechtshängigkeit nach den Vorschriften des bürgerlichen Rechts verbundenen Wirkungen treten mit der Zahlung oder Leistung auch dann ein, wenn der Antrag nicht gestellt wird.

Gesetzesgeschichte: Bis 1900 § 655 CPO (Erstattung des Geleisteten); Änderungen RGBl. 1898 I 256 (Schadensersatz), 1910 I 768 (Einführung des § 717 Abs. 3), 1924 I 135, Neubekanntmachung RGBl. 1933 I 821, 1020, Änderung BGBl. 1976 I 3281 (nur Anpassung des Abs. 3 S. 1 an neue Zählung in § 708).

I. Beendigung der vorläufigen Vollstreckbarkeit	1	3. Wirkungen der Beendigung	5
1. Außerkrafttreten	1	II. Die Schadensersatzpflicht, Abs. 2	7
2. Aufhebung des aufhebenden Urteils	3	1. Haftungsgründe	9

[10] Seit *OLG Celle* OLGRsp 29, 164 h.M. *Krüger* (Fn. 4) Rdnr. 2.
[11] → § 321 Rdnr. 15; *OLG Bamberg* (Fn. 2); *Krüger* (Fn. 4) Rdnr. 2, ganz h.M.
[12] *BGH* JZ 1953, 604 (zust. *Baur*); vgl. auch *BGH* (Fn. 2). Nach § 560 können Einschränkungen der Vollstreckbarkeit nur beseitigt, nicht ausgesprochen werden.
[13] → § 708 Rdnr. 34.

2. Voraussetzungen für Entstehung und Untergang des Anspruchs	12
3. Berechtigte und Verpflichtete (nebst Rechtsnachfolge)	17
4. Anspruchsinhalt, Verjährung	24
a) Umfang des Ersatzanspruchs	25
b) Ersatz für verlorene Aufrechnungsbefugnis?	28
c) Verursachung des Schadens durch Vollstreckung oder Leistung zur Abwendung drohender Vollstreckung	30
d) Entsprechende Anwendung auf Verlust der Sicherheit durch § 708 Nr. 10	32
5. Einwendungen und Einreden	33
a) Aufrechnung	33
b) Zurückbehaltungsrecht	35
c) Mitwirkendes Verschulden	36
III. Geltendmachung im anhängigen Prozeß	37
1. Inzidentantrag oder Widerklage in Berufungs- und Revisionsinstanz	38
2. Antragstellung	40
3. Rückdatierung der Rechtshängigkeit	41
4. Entscheidung	43
5. Urteil, Rechtsmittel, Vollstreckung	44
IV. Selbständige Klage	45
1. Zuständigkeit	46
2. Anspruchsbegründung und Einreden vor und nach rechtskräftiger Entscheidung im Vorprozeß	47
3. Rechtshängigkeitswirkungen	49
4. Verhältnis der Klage zu einem Inzidentantrag	50
V. Bereicherungsanspruch, Abs. 3	51
1. Voraussetzungen	52
2. Anspruchsinhalt, Einreden	53
3. Geltendmachung	56
VI. Entsprechende Anwendung des Abs. 2 und verwandte Regelungen	57
1. Kraft Gesetzes	57
2. Ohne gesetzliche Anordnung	59
a) andere Fälle vorläufiger Vollstreckbarkeit	60
b) Fälle, die der Aufhebung vorläufig vollstreckbarer Urteile gleichstehen	62
c) Abzulehnende Analogien	65
VII. Arbeitsgerichtliches Verfahren	73
VIII. Anwendung im öffentlichen Recht	75

I. Beendigung der vorläufigen Vollstreckbarkeit[1]

Diese ist stets auflösend bedingt → § 708 Rdnr. 8.

1. Sie[2] **tritt außer Kraft**, wenn und soweit ein Urteil oder Vollstreckungsbescheid in der Hauptsache oder nur seine Vollstreckbarkeit[3] infolge eines Rechtsmittels oder Einspruchs aufgehoben oder abgeändert wird[4], und zwar mit Erlaß, d.h. mit Verkündung (im Falle des § 310 Abs. 3 mit Zustellung), nicht erst mit der Rechtskraft und auch ohne den Ausspruch vorläufiger Vollstreckbarkeit des neuen Urteils[5]. Die Vollstreckbarkeit eines rechtskräftigen Endurteils, das noch vom Bestand eines Zwischen- oder Vorbehaltsurteils abhängt, ist zwar auch nur auflösend bedingt; sie entfällt jedoch erst mit der Rechtskraft der Aufhebung des Zwischen- oder Vorbehaltsurteils[6]. Ergeht in der Berufungsinstanz eine Vorabentscheidung durch Zwischenurteil nach § 304, so ist damit das erstinstanzliche Urteil noch nicht aufgehoben[7].

Für die Aufhebung **unanfechtbar gewordener Vorbehaltsurteile** im Nachverfahren (§§ 302 Abs. 4, 600 Abs. 2) gilt § 717 Abs. 1 allerdings **nicht**; denn sie gelten gemäß §§ 302 Abs. 3,

---

[1] Lit. → Fn. 22.
[2] Das Urteil als solches bleibt jedoch – anders als der Arrestbefehl → § 925 Rdnr. 19 – bis zur Rechtskraft seiner Aufhebung bei Bestand u. kann z.B. durch wirksame Rücknahme der Berufung während der Revisionsfrist noch rechtskräftig werden, *Hellwig* System I 846; *Bötticher* AcP 158 (1959/60), 268; *Gilles* Rechtsmittel im ZP (1972) 33 Fn. 31, arg. § 717 Abs. 1; vgl. auch *RG* JW 1901, 81. – A.M. *Lent* NJW 1956, 1762; *Jauernig* Das fehlerhafte Zivilurteil (1958) 105.
[3] → § 714 Rdnr. 3f., § 718.
[4] → § 343 Rdnr. 3a-10, § 537 Rdnr. 16–18.
[5] → § 708 Rdnr. 10 Fn. 62, § 775 Rdnr. 9.
[6] → § 704 Rdnr. 3, § 708 Rdnr. 15.
[7] *RGZ* 78, 238.

599 Abs. 3 nach Eintritt ihrer formellen Rechtskraft gerade für den Bereich der Zwangsvollstreckung nicht als vorläufig sondern als endgültig vollstreckbar[8]. Ihre Vollstreckbarkeit entfällt daher nur, wenn und sobald das sie aufhebende Urteil im Nachverfahren für vorläufig vollstreckbar erklärt ist[9], und wenn dies versäumt wurde, sogar erst mit Rechtskraft der Aufhebung; zum Fortbestand der Entscheidung als solcher → Fn. 2.

2   Ob und in welchem Umfang ein Urteil aufgehoben ist, muß u. U. durch Auslegung ermittelt werden; der Wortlaut allein entscheidet nicht. Hebt z. B. ein Berufungsgericht das Urteil ganz auf, obwohl es seinen Inhalt nur teilweise ändert, so tritt die Wirkung des § 717 Abs. 1 nur im Umfang der Abänderung ein[10]. Das gleiche gilt, wenn Versäumnisurteile oder Vollstreckungsbescheide inhaltlich teilweise bestätigt, aber unter Verstoß gegen §§ 343, 700 ganz »aufgehoben« werden[11]. Teilweise Aufhebung ist auch die nachträgliche Beifügung der Einschränkung »Zug um Zug«[12]. Zum Kostenfestsetzungsbeschluß —> § 104 Rdnr. 65, 68.

Zur Ersetzung der Vollstreckbarkeit ohne *Sicherheitsleistung* durch solche gegen Sicherheitsleistung, s. § 751 Abs. 2.

3   **2.** Wird ein **aufhebendes** Urteil wiederum in der Revisionsinstanz *unter Zurückverweisung* aufgehoben, so wird damit die vorläufige Vollstreckbarkeit des aufgehobenen Urteils noch nicht wiederhergestellt[13]. Denn die Zurückverweisung an das Berufungsgericht ist in *diesem* Falle (s. jedoch unten) eben noch keine Bestätigung der erstinstanzlichen Entscheidung, sondern läßt es völlig offen, ob diese bei Bestand bleiben wird oder nicht[14]; solche Eventualitäten sind ohne ausdrückliche gesetzliche Anordnung keine Basis für eine vorläufige Vollstreckbarkeit; → auch § 707 Rdnr. 19 a. -

4   Wird jedoch ein **bestätigendes** Berufungsurteil und nur dieses vom Revisionsgericht *unter Zurückverweisung* aufgehoben, so bleibt das erstinstanzliche Urteil nebst vorläufiger Vollstreckbarkeit[15] zunächst bestehen. Selbstverständlich ist ein erstinstanzliches, vom Berufungsgericht aufgehobenes Urteil, das vom Revisionsgericht nach § 565 Abs. 3 ausdrücklich wiederhergestellt wird, auch wieder vollstreckbar[16], soweit nicht dann ohnehin schon formelle Rechtskraft eingetreten ist; → aber Rdnr. 16 a. E.

5   **3.** Von der Urteilsverkündung an darf der Gläubiger die Vollstreckung nicht mehr betreiben; andernfalls haftet er jetzt nicht mehr nach Abs. 2, sondern nach §§ 823 ff. BGB[17]. Zur Einstellung durch Vollstreckungsorgane bedarf es aber weiterer Schritte → § 775 Rdnr. 22 ff., § 927 Rdnr. 18 (20. Aufl.) a. E. Vorher wirksam gewordene vollstreckungsrechtliche Maßnahmen werden durch die Urteilsverkündung allein noch nicht berührt[18], außer wenn das Gesetz dies ausdrücklich anordnet wie in §§ 868, 932 Abs. 2, 895 und § 25 GBO.

---

[8] *BGHZ* 69, 270, 272f. = WM 1977, 1276 = NJW 1978, 43.
[9] → § 599 Rdnr. 6.
[10] *Pick* JR 1925, 621. → auch § 725 Rdnr. 7. Zur Wirkung teilweise abgeänderter Kostenentscheidungen → § 104 Rdnr. 65, 68.
[11] *LG Rudolstadt* JW 1925, 843; *Münzberg* Wirkungen des Einspruchs (1959), 86.
[12] *Wieczorek*² Anm. A I b 1.
[13] *KG* NJW 1989, 3025 = MDR 1110 = Rpfleger 1990, 29; *A. Blomeyer* ZwVR § 11 III 1; *Friedenthal* JW 1926, 757; *Wieczorek*² Anm. A II a, der aber unrichtig *BGH* MDR 1959, 122 (Fn. 165) als abweichend zit. → Fn. 15; *MünchKommZPO-Krüger* Rdnr. 6; *Zöller/Herget*[18] Rdnr. 1; *Thomas/Putzo*[18] Rdnr. 1; *Boemke-Albrecht* NJW 1991, 1333 im Anschluß an *Gilles* (Fn. 2) 54, 251. – A.M. *BGH* NJW 1982, 1397 = JZ 72f. (zu §§ 767, 769, 109 im Ergebnis zutreffend mit der Begründung, daß die vorläufige Vollstreckbarkeit des aufgehobenen LG-Urteils mangels Sicherheitsleistung für dieses Urteil ohnehin noch nicht wirken konnte → § 775 Rdnr. 11); *OLG Frankfurt/M.* NJW 1990, 721; *OLG Naumburg* OLGRsp 13 (1906), 180; *Rosenberg/Gaul*[10] § 14 VI 2; *Baumbach/Hartmann*[52] § 704 Rdnr. 3; *AK-Schmidt-von Rhein* Rdnr. 1.
[14] → Fn. 2 sowie § 565 Rdnr. 3 ff. Vgl. auch Mot. zu E.II 520: Wenn erstinstanzliches Urteil aufgehoben wird ohne Entscheidung in der Sache, »kann das Urteil nicht wiederhergestellt werden, sondern nur ein gleichlautendes neues erlassen werden«.
[15] *BGH* MDR 1959, 122, 123 (Fn. 165); *BAG* DB 1977, 308; *KG* NJW 1989, 3026 a. E.; *Leipold* SAE 1973, 219; *Gaul* (Fn. 13) § 14 VI 2; *Krüger* (Fn. 13) Rdnr. 6. – A.M. *Boemke-Albrecht* NJW 1991, 1335 (IV 2 a. E.).
[16] *Hartmann* (Fn. 13) § 704 Rdnr. 3 verwechselt wohl diesen Fall mit jenem in → Fn. 13.
[17] → Rdnr. 24, 142 vor § 704. Vgl. *OLG Hamburg* SeuffArch 55 (1900), 365.
[18] Arg. § 776, *RGZ* 56, 148 (Arrestbefehl); *OLG Hamburg* (Fn. 17); *Pagenstecher* Gruch. 50 (1906), 294f.

Das Außerkrafttreten der vorläufigen Vollstreckbarkeit des aufgehobenen Urteils kann zwar nicht mehr durch einstweilige Einstellung der »Vollstreckung« aus dem aufhebenden Urteil nach § 719 »gehemmt« werden, zumal dazu eine gesetzlich nicht vorgesehene Rückwirkung nötig wäre[19]. Eine einstweilige Maßnahme kann aber die *Vollstreckung der Kosten* hemmen und anordnen, daß die Aufhebung bereits vollzogener Vollstreckungsmaßnahmen (§ 776) vorerst nicht oder nur gegen Sicherheitsleistung des Schuldners gestattet ist oder daß der Gläubiger sie mit einer Sicherheitsleistung abwenden kann[20]. – Zur Problematik bei der Aufhebung von Arresten usw. → § 925 Rdnr. 19f., § 927 Rdnr. 18.

6

Eine Aufhebung der (endgültigen) Vollstreckbarkeit **rechtskräftiger** Urteile (§§ 233ff., 578ff., 767) vorläufig zu hemmen ist, da auch hier Rückwirkung ausscheidet, nur dadurch möglich, daß das **aufhebende** Urteil von vornherein entsprechend § 712 Abs. 1 nicht für vorläufig vollstreckbar erklärt oder seine vorläufige Vollstreckbarkeit von einer Sicherheitsleistung abhängig gemacht wird[21].

6a

II. Schadensersatzanspruch, Abs. 2[22]

Die **Rückerstattung** des Geleisteten nach § 655 CPO hatte man überwiegend als prozessuale Einrichtung verstanden, der keine materiellen Einreden entgegengesetzt werden konnten mit Ausnahme der rechtskräftigen Bestätigung des vollstreckten Anspruchs; Ersatz **weitergehender Schäden** war Sache des Landesrechts. Seit den Novellen 1910 u. 1898 gewähren Abs. 2 und 3 materielle Ansprüche, die zwar umfangreicher (sogar Abs. 3), aber folgerichtig auch materiellen Einreden ausgesetzt sind → Rdnr. 10f., 33f.

7

Insofern wirkt sich die beabsichtigte Besserung der Lage des Schuldners zugleich nachteilig aus. Alle Versuche, dies zu vermeiden durch Annäherung des § 717 Abs. 2 an die alte prozessuale Regelung[23], führten zu manchen Ungereimtheiten. Vertretbar ist aber, dem Beklagten im Sinne einer gewohnheitsrechtlichen Fortgeltung des § 655 Abs. 2 CPO die **prozessuale Rückerstattung** zu gewähren[24], falls er sie allein oder hilfsweise neben den Ansprüchen aus § 717 Abs. 2, 3 beantragt, um materiellen Einreden des Klägers bzw. dem damit verbundenen Zeitverlust zu entgehen[25].

8

1. Haftungsgründe. Abs. 2 geht davon aus, daß ein **Gläubiger, der vor Rechtskraft vollstreckt**, dies grundsätzlich **auf eigene Gefahr** tun muß[26]. Es handelt sich um eine **Risikohaf-**

9

---

[19] → Rdnr. 1. So (zur Aufhebung einstweiliger Verfügungen) OLG Düsseldorf OLGZ 1970, 180 = NJW 54 = MDR 1017; *Furtner* MDR 1959, 5; *Friedenthal* (Fn. 13). Anders OLG Karlsruhe FamRZ 1980, 909, das »einstweilige Aussetzung« der Wirkungen eines Abänderungsurteils analog §§ 719, 707 bejaht. – Arrest und einstweilige Verfügung bleiben zwar zur Abwendung drohender Nachteile zulässig, solange die Klage nicht rechtskräftig abgewiesen ist; sie werden jedoch kaum Erfolg haben → § 927 Rdnr. 6f.; BGH Rpfleger 1976, 178 = WM 134.
[20] Vgl. *Friedenthal* (Fn. 13); OLG Frankfurt OLGZ 1976, 374, 376 = NJW 1409 (L); OLG Düsseldorf (Fn. 19); zu § 713 Abs. 2 a.F. bereits KG JW 1923, 82, 84 (zust. *Stein*).
[21] Für diese Vollstreckbarkeit i.w.S. ist der Gläubiger »Schuldner« im Sinne des § 712.
[22] *Baur* Studien zum einstweiligen Rechtsschutz (1967); *Ditzen* FamRZ 1988, 349ff.; *Fischer/Fischerhof* Die Schadensersatzpflicht des Vollstreckungsgläubigers usw. (1934); *Götz* Zivilrechtliche Ersatzansprüche bei schädigender Rechtsverfolgung (1989); *Henckel* Prozeßrecht und materielles Recht (1970), 248ff. u. dazu *Bötticher* ZZP 85 (1972), 1ff.; *Häsemeyer* Schadenshaftung im Zivilrechtsstreit (1979); *Kötschau* Zwangszahlung usw. (Diss. Erlangen 1928); *Krüger* NJW 1990, 1208ff.; *Landsberg* ZMR 1982, 69ff. (Räumung); *Marcuse* Haftung für ungerechtfertigten Vollstreckungsbetrieb (Diss. Freiburg 1933); *Ulf Müller* Schadensersatz- u. Bereicherungsansprüche usw. (Diss. Tübingen 1969); *Münzberg* Schutzbereich der Normen §§ 717 Abs. 2, 945 ZPO, FS für Hermann Lange (1991), S. 599ff.; *Niederelz* Rechtswidrigkeit des Gläubiger- u. Gerichtsvollzieherverhaltens usw. (Diss. Bonn 1974); *Pecher* Schadensersatzansprüche aus ungerechtfertigter Vollstreckung (1967); *Vockenberg* Schadensersatzpflicht des Vollstreckungsgläubigers usw. (Diss. Göttingen 1966).
[23] Dazu *Pecher* (Fn. 22) 94ff., 115ff.
[24] Dann aber ohne die Weiterungen des Abs. 3 S. 3 mit § 818 Abs. 4, während dies für Zinsen (§291 BGB) schon früher streitig war, *Pecher* (Fn. 22) 200f.
[25] *Pecher* (Fn. 22) 194ff., 217ff.; er will allerdings den Anspruch aus Abs. 2 mehr einschränken als die h.M. → Fn. 59f., 166, 180. Zust. (aber auch unter Einschränkung) *A.Blomeyer* ZwVR § 13 IV; *Wieczorek*[2] Anm. B I d, III c; a.M. *Henckel* (Fn. 22) 258f. – Ähnlich RGZ 91, 200f. für die in § 717 nicht erfaßte (→ Rdnr. 67) Wiederaufnahme. → z. B. Fn. 64.
[26] RGZ 108, 256; BGHZ 54, 76, 80f. = JZ 1970, 691 = NJW 1459; BGHZ 95, 13f. = NJW 1985, 1959 = JR 508 (zust. *Gerhardt*) = LM Nr. 19; BGH NJW 1988, 1269 (Fn. 292) mwN; ebenso zu § 945 BGHZ 120, 261 = NJW 1993, 593u. BGHZ 120, 73, 80f. = NJW 1993, 1078 (Veranlasserhaftung). – Über die legislativen Momente s. Prot. zum BGB 2, 671ff. = *Mugdan* 2, 1164ff.; Kommissionsbericht 1898, 171f. Zur älteren Lit. → 19. Aufl. Fn. 10. – Zu rechtspolitischen Bedenken etwa *Herget*

tung²⁷, d.h. es wird weder fingiert noch vermutet, daß der Gläubiger rechtswidrig oder gar schuldhaft gehandelt hätte, weil es darauf nach Wortlaut und Zweck des Abs. 2 nicht ankommt²⁸. Daher ist es unerheblich, ob der Gläubiger aus besonderen Gründen auf den Fortbestand des vollstreckbaren Titels vertraut hat oder vertrauen durfte²⁹.

10 Vielmehr geht es darum, Schäden aus vorläufiger Vollstreckung, die der Staat nicht auf sich nehmen will, entweder dem Schuldner oder dem Gläubiger aufzubürden. Das übliche Zurechnungskriterium unrechten Verhaltens ist aus drei Gründen ungeeignet: **1.** handelt ein ordnungsgemäß vollstreckender Gläubiger grundsätzlich nicht rechtswidrig³⁰, außer wenn ihm außergewöhnliche Umstände eine Rechtspflicht zur Unterlassung der Vollstreckung auferlegen → Rdnr. 24 vor § 704, und das kann sogar trotz rechtskräftiger Verurteilung der Fall sein³¹, während § 717 Abs. 2, 3 dann ausscheidet, → auch Rdnr. 67. Auch relatives »Unrecht nur gegenüber dem Schuldner«³² läßt sich nur auf dem Boden eines Erfolgsunrechts halten, denn ein bestimmtes Verhalten in ein und derselben Person kann nur entweder verboten oder nicht verboten sein³³; ein ehemals rechtmäßiges Handeln aber rückwirkend für rechtswidrig zu erklären, wäre vollends unhaltbar³⁴. – **2.** kann der Schuldner die ausnahmsweise Rechtswidrigkeit ordnungsgemäßer Vollstreckung³⁵ nur selten nachweisen; eine gesetzliche Vermutung oder Fiktion der Rechtswidrigkeit wäre wiederum sachwidrig und widersprüchlich gerade im Hinblick auf die §§ 708 ff. – **3.** handelt der Schuldner selber rechtswidrig, solange er dem staatlichen Leistungsbefehl des vorläufig vollstreckba-

---

(Fn. 13) Rdnr. 3: der Gläubiger habe in bedenklicher Weise für Fehler des Gerichts einzustehen; ähnlich *Roth* NJW 1972, 926.
²⁷ Die dogmatische Einordnung ist umstritten. Wie hier *Gaul* (Fn. 13) § 15 III 1 mit Fn. 23 f. mwN; *Jauernig* ZwVR¹⁹ § 2 IV H; im Ergebnis auch *Brox/Walker*⁴ Rdnr. 75; *Gerhardt* JR 1983, 247 f.; *Häsemeyer* (Fn. 22) 66 ff. (freilich als Teil einer allgemeinen Durchsetzungshaftung) und bereits *Larenz* VersR 1963, 593, 601. Im einzelnen → Rdnr. 10 f. – Die Rsp nimmt wie hier eine **Risikohaftung** an, s. etwa BGH NJW 1980, 2527 → Fn. 106, BGHZ 95, 13 f.; BGH NJW 1993, 1078 »Veranlasserhaftung« (zu § 945); zuweilen aber auch als Gefährdungshaftung bezeichnet, so BGHZ 69, 375 f.; 85, 113, 115 → Fn. 110, insoweit abl. *Gerhardt* aaO. Die Lehre ist uneinheitlich: für **Deliktshaftung** *Henckel, Konzen* → Fn. 28 – für **Gefährdungshaftung**: *Bruns/Peters*³ § 6 IV 5 a; *Hartmann* (Fn. 13) Rdnr. 2, 5; *Thomas/Putzo*¹⁸ Rdnr. 8; *Herget* (Fn. 13) Rdnr. 3; *Lange* Schadensersatz² § 3 IX 11 – für privatrechtlichen Aufopferungsanspruch: *Baur/Stürner*¹¹ Rdnr. 215.
²⁸ BGH (Fn. 26, 292); BSG AP Nr. 3 (Bl. 932); *Bötticher* ZZP 85 (1972), 8 ff.; *Canaris* JuS NJW 1964, 1892; *U. Müller* (Fn. 22) 64 ff.; *Niederelz* (Fn. 22) 50 ff.; *Gaul* (Fn. 13) § 7 II 2, § 15 III 1; vgl. dazu *Münzberg* (Fn. 22) 605 u. bereits in Verhalten und Erfolg (1966), S. 72 ff. Das Risiko betrifft aber nicht die Vermögensminderung (sie ist hier bezüglich des Beigetriebenen sicher und gewollt, bezüglich Folgeschäden in aller Regel wahrscheinlich und vom Gläubiger in Kauf genommen), sondern ihre spätere Beurteilung als Schaden; darin liegt der Unterschied zur sonstigen Gefährdungshaftung, *Pecher* (Fn. 22) 155, u. die Verwandtschaft zur Aufopferung → Fn. 39. Wie hier *Gaul* aaO mwN. – A.M. *Henckel* (Fn. 22) 265 mwN in Fußn. 96: Rechtswidrigkeit, falls der Anspruch nicht bestand, vermutete Rechtswidrigkeit, falls das vorläufig vollstreckbare Urteil prozessual fehlerhaft zustandekam, rechtswidrige Gefährdung, falls der Schuldner auf Vollstreckungsdrohung hin leistete. § 945 beruhe z.T. auf dem Verwirkungsgedanken aaO 269 f. Ähnlich *Konzen* Rechtsverhältnisse zwischen Prozeßparteien (1976) 163 f.: Sanktion für widerrechtliches Verhalten nach Maßgabe des aufhebenden Urteils.
²⁹ BGHZ 54, 76, 81 (Fn. 26); BSG (Fn. 28).

³⁰ BGHZ 85, 113 ff. → Fn. 110; *Krüger* (Fn. 13) Rdnr. 7; *Gaul* (Fn. 13) § 7 II 2 mwN. Auch nicht bei Versäumnisurteilen, BGH NJW 1957, 1926. – A.M. *Konzen* (Fn. 28), S. 158 ff. → Fn. 31; *Henckel* (Fn. 22), S. 248 ff., 265 ff., da das vorläufig vollstreckbare Urteil noch nicht »volle Autorität« (aaO 256) genieße, die erst nach »einwandfreier Feststellung« des Anspruchs (aaO 271 f.) gegeben sei. Ist damit Rechtskraft gemeint (→ aber Fn. 31), so wären die §§ 708 ff. gesetzliche Ermunterung zum Rechtsbruch. Soll es aber darauf ankommen, ob LG, OLG oder BGH im konkreten Fall einwandfrei arbeiten, dann hätten Gläubiger nicht einmal eine Chance zu erfahren, ob sie die zulässige ZV beginnen dürfen. Durfte etwa ein Kläger ZV-Antrag stellen, wenn das LG ihm auch ohne den erkrankten Zeugen X glaubte, X aber dann auf der Reise zur Vernehmung vor dem Berufungsgericht stirbt? Gegen *Henckel* unter Einbeziehung der materiellrechtlichen Bedeutung des Vollstreckungsanspruchs *Niederelz* (Fn. 22) 37 ff., 50 ff.; *Bötticher* ZZP 85 (1972) 8, 11. Vgl. auch *Pecher* (Fn. 22) 68 ff., 141 f. sowie *Gaul* (Fn. 13) § 7 II 2, § 15 III 1.
³¹ So auch *Henckel* (Fn. 22) 255, obwohl er einwandfreie gerichtliche Feststellung als Rechtfertigungsgrund ansieht → Fn. 30; dezidiert a.M. *Gaul* (Fn. 13) § 7 II 3 (Verstoß gegen die Prinzipien der Rechtskraft und Restitution). Der von *Konzen* (Fn. 28) 162 f. eingewandte Wertungswiderspruch besteht daher nicht.
³² So 18. Aufl. Fn. 10; *Stein* Grundfragen (1913) 13 ff., vgl. zur älteren Lit. *Marcuse* (Fn. 22) 49 ff. mwN und neuerdings *Konzen* (Fn. 28) 161 ff. mwN.
³³ *Münzberg* Verhalten u. Erfolg (1966) 120 ff.; *Niederelz* (Fn. 22) 29 ff. Freilich kann Haftung trotz rechtswidrigen Verhaltens entfallen, weil der Verletzte nicht in den Schutzbereich der Norm fällt, §§ 823 Abs. 2, 839 BGB.
³⁴ Insoweit zust. *Konzen* (Fn. 28) 162 f. Dies ist aber auch nicht nur ein Problem nachträglicher richterlicher Erkenntnis (vgl. § 708 Rdnr. 5); sie ändert nichts daran, daß der Gläubiger seinerzeit vollstrecken **durfte** ohne Einholung eines Rechtsgutachtens. – A.M. wohl *Bettermann* DÖV 1955, 532 (rechts).
³⁵ → allgemein Rdnr. 24 vor § 704, BGHZ 95, 19 (Fn. 26), dazu *Gerhardt* JR 1985, 512; für vorläufige Vollstreckbarkeit *Matthies* ZZP 102 (1989), 10; *Gaul* (Fn. 13) § 7 II 3 (bei Kenntnis fehlenden Rechts).

ren Urteils nicht folgt, denn er wird ihm ja ungeachtet späterer Korrektur schon jetzt auferlegt. Gerade die Folgen dieses möglicherweise auf einem Irrtum beruhenden Leistungsbefehls will Abs. 2 tunlichst beseitigen. Daher bieten sich mehrere andere Kriterien als **Haftungsgründe** an: **a)** das deutlich in § 238 Abs. 4 sichtbare Prinzip, einen Schaden, an dem der Schädiger möglicherweise ebenso schuldlos ist wie der Geschädigte, dem aufzubürden, in dessen Sphäre er entstanden ist[36], wobei hier noch hinzukommt, daß der Gläubiger Gelegenheit hatte, das Risiko zuvor abzuwägen[37]; **b)** kommt das »Prinzip des aktiven Interesses« zum Tragen, nämlich der Gedanke, daß derjenige den Schaden aus einem erlaubten, aber riskanten Tun tragen soll, der damit unter Kosten des anderen verfolgt[38], sowie dessen besondere Variante »Aufopferung« (vgl. § 906 Abs. 2 BGB), weil der Beklagte die vom Gläubiger veranlaßte und diesem zugute kommende Vollstreckungsgewalt kraft Gesetzes dulden muß[39], hier allerdings nur vorläufig[40].

Freilich erübrigt die Aufdeckung solcher Gründe noch nicht die Frage, welche Verwirklichung des Risikos die Haftung auslösen soll. Es ist nicht (mehr) allein die Aufhebung der vorläufig vollstreckbaren Entscheidung[41]; sie ist nur der äußere Anlaß, den das Gesetz zum leicht erkennbaren Tatbestandsmerkmal erhoben hat. Der innere Grund bezieht sich für Abs. 2 und 3 gleichermaßen auf den Widerspruch des Vollstreckungserfolgs[42] zur materiellen Rechtslage[43]. Diese ist für Abs. 2 allerdings nur so maßgebend, wie sie sich nach dem zuletzt ergangenen Urteil darstellt[44] → Rdnr. 12f. Weitergehender Haftungsgrund für Abs. 2 ist letztlich die Billigkeit[45]. Insofern wird die ratio legis durch typische Prozeßzwecke überlagert[46]. → auch Fn. 65f. **11**

Zu verwandten Regelungen und zur entsprechenden Anwendung des Abs. 2 → Rdnr. 57ff., ferner § 788 Rdnr. 30ff.; über die Sonderregelung für Berufungsurteile der Oberlandesgerichte → Rdnr. 51ff.

2. Erste **Voraussetzung für die Entstehung des Anspruchs** ist, daß ein nach §§ 708ff. (ausgenommen § 708 Nr. 10) oder 534, 560 für **vorläufig vollstreckbar erklärtes Urteil**, dem nach § 700 der Vollstreckungsbescheid gleichsteht[47], ganz oder teilweise[48] **aufgehoben oder abgeändert** wird[49] → Rdnr. 1ff., und zwar *in der Hauptsache*[50] *oder im Kostenpunkt*. → auch § 795 Rdnr. 1 für Beschlüsse gemäß § 794 Abs. 1 Nr. 2f. Die nur in Abs. 1 genannte bloße **12**

---

[36] *BGHZ* 54, 80f.; 95, 14f. (Fn. 26); *Münzberg* (Fn. 11) 113 (auch zu § 344). S. auch *Bötticher* ZZP 85 (1972) 9: das ZPR sei eigenständig genug, um Vermögenspositionen zuzuweisen; sein Bild »Zwangsversicherung« kennzeichnet allerdings eher das Ergebnis als den Grund der Haftung.
[37] Dazu *Münzberg* (Fn. 22) 607; *Bruns/Peters*³ § 6 IV 5 lit. f.
[38] Vgl. *R. Merkel* Kollision (1895) 144ff., Kommissionsbericht Nov 1898, 173. Es spielt auch bei Gefährdungshaftungen eine maßgebliche Rolle.
[39] *BGHZ* 54, 81; 95, 14 (Fn. 26); *Baur* (Fn. 22) 109, 114f.; *U.Müller* (Fn. 22) 88ff., 144.
[40] Auf diesen wichtigen Unterschied weist *Niederelz* (Fn. 22) 77f. hin.
[41] So *RGZ* 58, 238; *Kuttner* Nebenwirkungen (1908) 17ff. Aber dann müßte auch für die bloße Aufhebung der Vollstreckbarkeit gehaftet werden → Rdnr. 12.
[42] Und zwar als *Zustand*, denn ZV-*Handlungen* stützen sich gerade nicht auf die materielle Rechtslage → Rdnr. 21 vor § 704 u. *Pecher* (Fn. 22) 168. Diesen Zustand rechtswidrig zu nennen – so *Horn* Untersuchungen zur Struktur der Rechtswidrigkeit (1962) 17; *Baur* (Fn. 22) 110, 115 – ist unnütz und verwirrend, denn das träfe auch auf den nachträglichen Wegfall des Anspruchs zu (vgl. § 767) u. doch haftet der Gläubiger dann nicht → Rdnr. 14, 16. – A.M. *Henckel* (Fn. 22) 279f.; aaO Fn. 132 verkennt er, daß dieser Zustand, ginge es um Haftung für Unrecht wie in §§ 823ff. BGB, sehr wohl *zentrale Bedeutung für die Wertung* des ursächlichen Verhaltens und damit für den Rechtsgüterschutz hätte, aber nicht ex post nach Rechtskraft, sondern ex ante im Zeitpunkt der ZV, nämlich als mögliche Rechtsgutverletzung zur Konkretisierung der auch von *Henckel* aaO hervorgehobenen Verhaltensanforderungen, *Münzberg* (Fn. 33) 109, 141ff., zusammenfassend 438 zu Nr. 4.
[43] *BGH* (Fn. 26, 167); *Baur* (Fn. 22) 114; *Pecher* (Fn. 22) 162f.; *A.Blomeyer* ZwVR § 13 I 2; vgl. Begr. 1898, 146, Kommissionsbericht 173f., Prot. zum BGB 2, 674 = *Mugdan* 2, 1164.
[44] Vgl. *BGHZ* 54, 81 (Fn. 26); *Häsemeyer* (Fn. 22) 66ff.; *Münzberg* (Fn. 22) 602.
[45] *Hahn/Mugdan* Mat. VIII, 135, 393; dazu *Münzberg* (Fn. 22) 603f.
[46] Ähnlich wie bei §§ 91ff., insoweit treffend *Niederelz* (Fn. 22) 83ff., der aber wie auch *Landsberg* (Fn. 292) den Haftungsgrund »ausschließlich« im Prozeßrecht sucht u. damit die zu einseitige »materielle« Betrachtung *Henckels* leider umkehrt.
[47] Tendenziell dafür *OLG Köln* Büro 1991, 1263f.
[48] *RG* SeuffArch 65 (1910), 126.
[49] Auf die Rechtskraft oder Vollstreckbarkeit kommt es ebensowenig an (→ Rdnr. 15) wie auf die Richtigkeit des aufhebenden Urteils (→ Rdnr. 46ff. mit Fn. 226).
[50] Wegen der Einschränkung auf Leistung »Zug um Zug« → Fn. 12, 54, auch § 708 Rdnr. 5 a.E.

Aufhebung der vorläufigen Vollstreckbarkeit genügt hier nicht[51], ebensowenig wie eine auf Rechtsmittel nachgeholte Einschränkung des Urteils gegen den Anfechtungsgegner gemäß § 10 (ab 1999: § 14) AnfG[52], erst recht nicht die Ersetzung der unbedingten Vollstreckbarkeit durch solche gegen Sicherheit (→ aber Rdnr. 32); ebensowenig der Ausspruch nach § 711 S. 1. Andererseits ist wie nach Abs. 1 *grundsätzlich jede Aufhebung des vollstreckten*[53] *Urteils* ausreichend (Ausnahmen → Rdnr. 14), auch wenn sie eine endgültige Aberkennung des Anspruchs nicht enthält, sei es, daß der Anspruch sich noch als bedingt[54] oder befristet ergibt, oder daß, wie bei einer *Abweisung aus prozessualen Gründen* oder im Falle der *Zurückweisung* nach §§ 538f., 565 Abs. 1, 2 überhaupt noch nicht sachlich über die Klage entschieden wird[55]. Das aufhebende Urteil muß weder rechtskräftig noch (vorläufig) vollstreckbar sein. Dementsprechend kann der Ersatzanspruch bereits im anhängigen Verfahren eingefordert werden und eine darauf ergehende Verurteilung des Gläubigers zur Zahlung erlaubt, sobald sie vollstreckt werden kann, auch sofortigen Zugriff auf eine vom Gläubiger nach §§ 709, 711 S. 1 a. E., 712 Abs. 2 S. 2 geleistete Sicherheit[56].

13 Hierzu zwingt der klare Wortlaut jedenfalls insoweit, als ihm noch eine vernünftige, wenn auch nur mittelbare Beziehung zum eigentlichen Haftungsgrund zugestanden werden kann[57]. § 717 Abs. 2 stellt für die Verurteilung nämlich nicht auf den Grund der Aufhebung ab. Andernfalls könnte z.B. der Ersatzanspruch nach einer Zurückverweisung niemals entstehen, weil das Gericht der unteren Instanz, wenn es nunmehr die Klage abweist, sein früheres Urteil nicht mehr »aufhebt«. Damit wird der innere Haftungsgrund nicht geleugnet, sondern es wird, falls der Anspruch im anhängigen Verfahren geltend gemacht wird[58], nur aus prozessualen Gründen auf eine gesonderte **Feststellung des Haftungsgrundes vorläufig verzichtet** und stattdessen auf das leicht zu handhabende Tatbestandsmerkmal der bloßen Aufhebung abgestellt. Diese schematische Lösung ist zwar, soweit ohne abschließende Prüfung des Klaganspruchs ein über das Beigetriebene hinausgehender Schaden zuerkannt wird, rechtspolitisch nicht unbedenklich[59]. Aber sie läßt sich mit der Begründung halten, daß bis zum Eintritt der Rechtskraft die Verurteilung des Vollstreckungsgläubigers nach § 717 Abs. 2 nur eine ebenso einstweilige **Verteidigung** des Beklagten sein soll wie die vorläufige Vollstreckbarkeit einem nur einstweilig wirksamen **Angriff** des Klägers erlaubt[60]. Während aber zum erfolgreichen Angriff die positive Feststellung des Klagegrunds gehört, genügt zur erfolgreichen Verteidigung seit jeher, daß der Klagegrund unsicher ist, und eben diese Unsicherheit wird auch durch eine Aufhebung aus prozessualen Gründen erzeugt[61], → auch Rdnr. 3. Damit wird zugleich vermieden, daß nur wegen des Schadensersatzes auch dann auf den Sachstreit eingegangen werden müßte, wenn die Prozeßlage dem entgegensteht, z.B. weil eine Zurückverweisung oder eine Abweisung als unzulässig angebracht erscheint.

14 Ergibt sich jedoch aus dem aufhebenden Urteil, daß die Klage zur Zeit der Vollstreckung[62] begründet war und nur wegen **nachträglich entstandener Einwendungen**[63] abgewiesen ist, so

---

[51] *OLG Karlsruhe* Justiz 1975, 101 mwN; → auch Fn. 280.
[52] *BGH* LM Nr. 4 (L) = LM § 2 AnfG Nr. 1.
[53] Die Aufhebung nur des Berufungsurteils, welches das vollstreckte Urteil erster Instanz bestätigte, genügt freilich nicht, → Rdnr. 4 Fn. 15.
[54] Auch wenn er auf Leistung Zug um Zug (vgl. § 726 Abs. 2) eingeschränkt wird, *Wieczorek*[2] Anm. A I b 1. Vgl. auch *RGZ* 64, 280 (zu § 537 aF).
[55] *RGZ* 64, 281 mwN; *JW* 1926, 817; *BGH* MDR 1959, 123 → Fn. 165; *BGH* LM § 91a Nr. 32 = MDR 1972, 765; *BGH* → Fn. 106; *BAG* JZ 1962, 286 (für § 717 Abs. 3); *OLG Köln* JMBlNRW 1964, 184; *OLG Düsseldorf* NJW 1974, 1714 = VersR 1132 (L), heute ganz h.M. – Anders mwN auch zu früher abw. Ansichten *Pecher* (Fn. 22) 81 Fußn. 12–15, 132ff., 162ff.→ Fn. 59.
[56] → Rdnr. 37ff., § 804 Rdnr. 45; *Pecher* WuB VI E. § 108 ZPO 1.93. → dazu § 777 Rdnr. 4f.
[57] → Fn. 42f., aber auch Fn. 226.
[58] Für die selbständige Klage → aber Rdnr. 47f.
[59] Nach *Pecher* (Fn. 22) 197ff., 202f. eröffnet daher

die Aufhebung des Titels in solchen Fällen nur den Weg für die erforderliche materielle Prüfung und löst vorerst nur die prozessuale Erstattung des Erlangten aus → Rdnr. 8 Fn. 25. Zu den Konsequenzen dieser Ansicht → auch Fn. 166, 169.
[60] Zust. *Krüger* (Fn. 13) Rdnr. 8.
[61] Zust. *A. Blomeyer* ZwVR § 13 I 2; *Gaul* (Fn. 13) § 15 III 2a. Dieser Zusammenhang wird von *OLG Köln* JMBlNRW 1964, 184 nicht beachtet. Daß der Gesetzgeber auch eine vorläufige Schadensregulierung als »Verteidigung« in diesem Sinne begreifen kann, übersieht m.E. *Pecher* (Fn. 22) 83, 121f., 135, 199, 206, 217. Für seine Meinung spricht zwar die Geschichte des Gesetzes, dagegen aber der Wortlaut.
[62] Maßgebend ist der Zeitpunkt des ZV-Erfolgs → Fn. 42, also des den Schaden (sofort oder erst später) unmittelbar auslösenden Ereignisses, nicht schon der des ZV-Antrags, denn es geht nicht um Haftung für unrechtes Verhalten → Rdnr. 9ff.
[63] Dazu gehört – trotz § 142 BGB – wohl auch die Anfechtung, *Pecher* (Fn. 22) 177 mwN, a.M. *Wieczorek*[2]

scheidet § 717 Abs. 2 aus. Denn durch ein solches Aufhebungsurteil ist die Begründetheit der Klage zur Zeit des schädigenden Ereignisses und damit zugleich festgestellt, daß der innere Grund für eine die Bereicherung übersteigende[64] Haftung fehlt[65]. → auch Fn. 280f. Das trifft allerdings nicht zu, wenn die Einwendung zwar nach dem Schluß der mündlichen Verhandlung, auf die das aufgehobene Urteil erging, aber noch *vor* der Vollstreckung entstand, denn diese widersprach nach dem Erkenntnisstand des aufhebenden Urteils bereits der materiellen Rechtslage, womit sich das in § 717 Abs. 2 vorausgesetzte »typische Risiko« verwirklicht hat[66]; freilich wird dann § 254 BGB den Schadensersatzanspruch ausschließen oder schmälern, falls der Vollstreckungsschuldner es versäumte, rechtzeitig einen auf die neue Einwendung gestützten Antrag nach § 719 zu stellen[67].

Die Vorläufigkeit des Schadensersatzanspruchs[68] bedeutet zugleich, daß der **Schadensersatzanspruch erlischt**, wenn das aufhebende Urteil im Instanzenzug oder im Nachverfahren wieder aufgehoben wird oder wenn es die Klage nach § 597 Abs. 2 nur als im Urkundenprozeß unstatthaft abgewiesen hatte und der Klage schließlich im ordentlichen Verfahren rechtskräftig stattgegeben wird[69], oder wenn der Kläger nach einer Zurückverweisung (→ Rdnr. 12) doch wieder obsiegt[70]. Dies setzt allerdings stets voraus, daß zugleich zugunsten des Klägers erkannt wird, denn eine wiederum nur kassatorische Entscheidung könnte nicht auflösende Bedingung[71] für den Schadensersatzanspruch sein, weil sie an der Unsicherheit des Klaganspruchs (Rdnr. 13) noch nichts ändert[72]. Dem entspricht ein Vergleich, wenn darin die Klagforderung als von Anfang an begründet anerkannt wird[73]. 15

Der Kläger kann in den Fällen → Fn. 70f. beantragen, daß zugleich mit der Zuerkennung seines Anspruchs die den Schadensersatz zusprechende Entscheidung aufgehoben wird, so 16

Anm. B III b 2; aber **nicht** die Aufhebung wegen eines nachträglich für verfassungswidrig erklärten Gesetzes, auf dem die vollstreckte Entscheidung beruhte; dies gehört ebenso zum Risiko des Gläubigers wie die Klagabweisung wegen Änderung einer langjährigen Rsp, so zu § 945 *BGHZ* 54, 79 (Fn. 26) u. *OLG Düsseldorf* GRUR 1987, 572; *Krüger* (Fn. 13) Rdnr. 17 mit Fn. 50 – krit. *Kroitzsch* GRUR 1976, 511.; auch **nicht** die nachträgliche Löschung eines Gebrauchsmusters oder nachträgliche Versagung eines Patents nach bekanntgemachter Patentanmeldung, *BGH* NJW 1979, 2565f. zu § 945 – krit. *Pietzcker* GRUR 1980, 442 im Anschluß an *Schwerdtner* GRUR 1968, 916.

[64] Dem Schuldner bleibt der Anspruch → Rdnr. 8; *Baur* (Fn. 22) 114 Fn. 34 wendet § 717 Abs. 3 analog an (was jedoch teilweise Schadensersatz bedeuten würde → Fn. 24).

[65] So im Ergebnis *RGZ* 145, 332; *Goldschmidt* Ungerechtfertigter Vollstreckungsbetrieb (1910) 3f.; *Pecher* (Fn. 22) 177; *Baur* (Fn. 22) 114, heute allg. M.; zur früheren Gegenansicht s. 19. Aufl. Fn. 25. – A.M. *Bötticher* (Fn. 36), 9, s. auch 19. Aufl. Fn. 25 a.E.

[66] *Niederelz* (Fn. 22) 68 Fn. 4; im Ergebnis auch *Peters* (Fn. 27) § 6 IV 5b (»nach ... Erlaß und nach der Vollstreckung«); *Gaul* (Fn. 13) § 15 III 2a mit Fn. 9; s. auch (obiter) *BGH* LM § 91a Nr. 32 = MDR 1972, 765. – A.M. *Henckel* (Fn. 22) 268; *U.Müller* (Fn. 22) 44; wohl auch *Baur* (Fn. 22) 115 (»nach Urteilserlaß«); hiergegen *Bötticher* (Fn. 36).

[67] → Rdnr. 36 Fn. 188.

[68] → Rdnr. 12f., auch Rdnr. 25, 47f.

[69] Insoweit a.M. *OLG Köln* JMBlNRW 1964, 184f., das aber dann durch Aufrechnung zum gleichen Ergebnis kommt → Fn. 177. Wie hier *Krüger* (Fn. 13) Rdnr. 9.

[70] Allg.M., vgl. *BGH* LM § 91a Nr. 32 = MDR 1972, 765; *RGZ* 145, 333 mwN; *OLG Nürnberg* OLGZ 1973, 46; zu § 717 Abs. 3 *BGH* NJW 1990, 2756[9] a.E. – **Grund:**

der Beklagte darf sich nicht auf eine Vermögensminderung berufen, die später doch eingetreten oder die er zu dulden verpflichtet gewesen wäre, falls Beitreibung bzw. Leistung jetzt noch möglich wären.

Daß der Beklagte dann den Nachteil zweimaliger ZV tragen muß, ist nicht ungerecht, denn er hat das Risiko eines vorläufigen Sieges ebenso auf sich zu nehmen wie der Kläger, *OLG Nürnberg* aaO 47, vgl. dazu auch *Pecher* (Fn. 22) 161u. *RGZ* 162, 68. – Krit. de lege ferenda *Baur* (Fn. 22) 115 – Sähe man freilich entgegen → Rdnr. 11 die Aufhebung als allein zureichenden *materiellen* Haftungsgrund an, dann wäre die »Aufhebung der Aufhebung« nicht als auflösende Bedingung des Anspruchs erklärbar; insoweit zutreffend *Pecher* (Fn. 22) 19. *Henckel* (Fn. 22) 264 erklärt den Wegfall mit fehlendem Rechtswidrigkeitszusammenhang.

[71] Ihre Annahme dient zur rechtlichen Einordnung, nicht zur Rechtfertigung (→ Fn. 70) des Wegfalls; sie ist nötig, wenn man Bedenken hat, einen schon entstandenen u. zuerkannten Anspruch nur durch nachträglichen Wegfall des Rechtswidrigkeitszusammenhangs (vgl. *Henckel* [Fn. 22] 263) erlöschen zu lassen.

[72] So deutlich und folgerichtig *RGZ* 145, 333 (»spätere Feststellung des Bestehens der Klagforderung«), vgl. auch *RGZ* 121, 182. – *BGH* (Fn. 70) steht nicht entgegen: zwar wird durch Erledigung in der Revisionsinstanz das Berufungsurteil, welches dem Beklagten den Ersatzanspruch zugesprochen hatte, wirkungslos, jedoch kann im Wege selbständiger Klage (→ Rdnr. 45) geprüft werden, ob er noch besteht.

[73] Allg.M. im Anschluß an *RGZ* 145, 332; bedenklich ist jedoch die Annahme aaO 335, ein solcher Vergleich könne dem Pfandgläubiger der Ersatzforderung entgegengehalten werden, s. § 829 Rdnr. 89ff., vgl. dazu *Pecher* (Fn. 22) 208 Fn. 17. – Zur Frage, ob ein Vergleich die Ersatzpflicht auch auslösen kann, → Rdnr. 64, 67.

daß er einer Vollstreckung des Beklagten nach §§ 775 f. begegnen kann. Wurde dies versäumt oder war dies nicht möglich (wie etwa im Fall → Fn. 73), so kann der Kläger nach § 767 vorgehen, auch wenn inzwischen das Schadensersatzurteil rechtskräftig geworden ist, § 767 Abs. 2[74]. Hatte aber der Beklagte den Ersatzanspruch schon beigetrieben, so haftet er in solchen Fällen wiederum dem Kläger nach § 717 Abs. 2 oder 3[75], was der Kläger ebenfalls in seinen Anträgen bereits berücksichtigen sollte, falls der Prozeß noch anhängig ist[76], andernfalls durch selbständige Klage[77]. Dem Rückerstattungsbegehren des Klägers fehlt nicht etwa deshalb das Rechtsschutzbedürfnis, weil das erstinstanzliche Urteil nun wieder vollstreckbar wäre (→ Rdnr. 4). Denn der ursprüngliche Klageanspruch ist durch Vollstreckung oder Abwendungsleistung erfüllt[78]; er ist also mit dem Anspruch nach Abs. 3 keineswegs identisch.

17 3. Die **Haftung** trifft – sieht man von der Durchsetzung vorläufig vollstreckbarer prozessualer Gestaltungsurteile nach §§ 775 f. ab – den **Vollstreckungsgläubiger**, obgleich das Gesetz ihn hier nur *Kläger* nennt, weil die Ansprüche nach § 717 Abs. 2, 3 noch innerhalb des Rechtsstreits geltend gemacht werden können[79]. *Beklagte*, die beim Kläger Kosten oder Schadensersatzansprüche nach § 717 Abs. 2 beigetrieben haben, sind also auch gemeint[80], bei Schädigung des Gläubigers infolge Aufhebung von Vollstreckungsmaßnahmen z. B. nach §§ 767, 771 mit 775 f.[81] auch Vollstreckungsschuldner oder Dritte als Kläger.

18 Unerheblich ist, ob der Gläubiger selbst oder sein gesetzlicher oder bevollmächtigter Vertreter[82] die Leistung beigetrieben oder angenommen hat. Entscheidend ist, *in wessen Interesse die Vollstreckung betrieben wurde*[83]. Daher sind die §§ 31, 68, 89, 831 BGB[84] nicht einmal entsprechend anzuwenden, und es bleibt sich für § 717 Abs. 2 gleich, ob die Vollstreckung durch den Vertreter auf dem Verschulden oder der Weisung des Gläubigers beruhte. Der Vertreter haftet allenfalls nach bürgerlichem Recht[85]. Parteien kraft Amtes haften nur mit dem verwalteten Vermögen[86]. – Der nach § 121 beigeordnete Anwalt haftet dem Gegner nach Beitreibung gemäß § 126 Abs. 1 selbst[87].

19 Hat ein **Rechtsnachfolger** des Klägers, namentlich ein Überweisungsgläubiger das zu Leistende beigetrieben oder hat der Schuldner an den Nachfolger vollstreckungsabwendend geleistet, so trifft diesen die Ersatzpflicht[88]. Da die prozessuale Wirkungslosigkeit der Veräußerung nach § 265 Abs. 2 S. 1 den gesamten Prozeß umfaßt, kann der Anspruch wie sonst **in dem Prozeß** geltend gemacht werden; Prozeßpartei ist auch insoweit der Kläger, nicht der

---

[74] *A.Blomeyer* ZwVR § 13 I 5. → § 767 Fn. 158.
[75] → Rdnr. 17.
[76] → Rdnr. 37 ff.
[77] → Rdnr. 45 ff.
[78] → § 708 Rdnr. 4 ff. Oft wird ohnehin die Ausfertigung verbraucht sein → § 775 Rdnr. 2.
[79] → Rdnr. 37 ff. Die Redaktionskommission lehnte die im 8.Buch gebräuchliche Parteibezeichnung ab, weil die Vorschrift nicht das ZV-Verfahren, sondern den Rechtsstreit über die Hauptsache betreffe, Hahn/Mugdan VIII 395.
[80] *RGZ* 49, 411; *BGH* NJW 1962, 806 = MDR 391.
[81] Gemeint ist die Anwendung des § 717 auf aufhebende Urteile im Instanzenzug *innerhalb* der Prozesse nach §§ 767 ff., nicht die Analogie für stattgebende Urteile → Fn. 280 f. Wegen einstweiliger Einstellung → Fn. 302 f.
[82] Allg. M. Vgl. auch *RGZ* 96, 178.
[83] *LG Leipzig* JW 1935, 1728; *Pecher* (Fn. 22) 185. Unerheblich ist, ob die ZV **auch** im Interesse anderer lag *BGHZ* 120, 261, 265 f. = NJW 1993, 594 = MDR 342

(zur enstpr. Anw. des § 945 im Falle § 45 Abs. 3 WEG): Ausgleich nur im Innenverhältnis.
[84] Vgl. *Josef* KGBl. 21, 11; *Peters* (Fn. 27) § 6 IV 5 e Fn. 67.
[85] *BGHZ* 74, 9, 11 = NJW 1979, 1351; *Pecher* (Fn. 22) 185 mwN.
[86] *Pecher* (Fn. 22) 185.
[87] → § 126 Rdnr. 4.
[88] *RGZ* 148, 172 = JW 1935, 2728 f. (insoweit zust. *Jonas*); *BGH* LM Nr. 8 = ZZP 81 (1968) 290 *(Grunsky)* = WarnRsp 1967, Nr. 152 = JZ 677 = NJW 1966 = MDR 916 = DB 1584 u. 1672 = WPM 845 = JR 1968, 104, jetzt ganz h.M., s. *Nieder* NJW 1975, 1002 Fußn. 27 mwN; *MünchKomm ZPO-Lüke* § 265 Rdnr. 88. – Für gesamtschuldnerische Mithaftung des Klägers *RG Soergel* 1907 Nr. 6 zu § 717; *Blomeyer* ZwVR § 13 I 1; *Wieczorek*² Anm. B IV b, D II b 1. – Alleinhaftung des Klägers (ältere Nachweise bei *Nieder* aaO) nimmt heute niemand mehr an.

Rechtsnachfolger[89], gleich ob die Rechtsnachfolge erst nach oder schon vor der Rechtshängigkeit des *Ersatz*anspruchs eingetreten ist[90].

Jedoch sollte man bei der Frage, ob der **Rechtsnachfolger**[91] **oder** – mit der Möglichkeit einer Umschreibung nach § 727 – **der Kläger**[92] **zum Ersatz zu verurteilen** ist, zunächst nicht übersehen, daß hinsichtlich des Ersatzanspruchs *als solchen* weder auf der Gläubiger- noch auf der Schuldnerseite ein Wechsel stattgefunden hat und daher die §§ 325, 727 jedenfalls nicht unmittelbar gelten. Allenfalls auf eine herauszugebende Sache könnten die §§ 325, 727 unmittelbar Anwendung finden, weil hier nicht eine Nachfolge in das streitige Recht erforderlich ist, sondern die Nachfolge in den Besitz u. U. genügt, § 325 Abs. 2 HS. 2. Aber auch dann ist in den Fällen des § 717 Abs. 2 oder 3 nur die Rückgewähr der Sache »Streitgegenstand« nach §§ 325, 727, nicht der sich von vornherein gegen den Rechtsnachfolger im Kläganspruch richtende Anspruch auf Ersatz des *weiteren* Schadens[93]. Den **Kläger** zu verurteilen, hat daher nur dann Sinn, wenn man sich wegen des engen und präjudiziellen Zusammenhangs zwischen Klag- und Schadensersatzanspruch[94] zu einer entsprechenden Anwendung der §§ 325, 727 entschließt[95]. Dem **Rechtsnachfolger** kann dann wenigstens im Verfahren nach § 732 bzw. § 768 rechtliches Gehör gewährt werden. Indessen würde man ihm dieses Recht unzulässig abschneiden, wenn man *ihn selber* verurteilen würde, ohne daß er am Verfahren (etwa als Streitgehilfe) teilgenommen hat[96]. – *Außerhalb des anhängigen Prozesses* kann der Schuldner den Anspruch nur verfolgen, wenn er den Rechtsnachfolger verklagt[97]. 20

Hatte der Kläger *trotz* Rechtsnachfolge oder schon *vor* ihrem Eintritt vollstreckt, so haftet er *allein* nach § 717 Abs. 2, denn es handelt sich um eine Vollstreckung in seinem Interesse, auch wenn er die Leistung später an den Rechtsnachfolger weitergibt[98]. 21

Der **Anspruch** steht nur dem **Vollstreckungsschuldner** oder seinem Rechtsnachfolger[99] zu, nach Durchsetzung von Entscheidungen gemäß §§ 767 ff. dem Beklagten → Rdnr. 17 a. E. S ein Rechtsnachfolger muß jedoch den Anspruch durch selbständige Klage geltend machen, es sei denn, daß er ihn erst erwirbt, nachdem der Schuldner ihn schon im anhängigen Prozeß erhoben hatte, § 265. § 717 Abs. 2 S. 3 kann die Voraussetzungen des § 265 nicht rückwirkend herstellen. 22

Dritten, die nicht Rechtsnachfolger geworden sind, steht der Anspruch *nicht* zu[100], auch wenn sie materiell betroffen sind. Das gilt z. B. für den zum Widerspruch nach § 771 Berechtigten[101], für den von der Vollstreckung verschont gebliebenen Gesamtschuldner, auch wenn er dem Vollstreckungsschuldner nach § 426 BGB den Ausgleichsbetrag erstattet hat[102], oder für den Dritten, der für den Schuldner nach § 267 BGB leistet[103]. Zur Drittschadensliquidation → Rdnr. 27. 23

---

[89] *RGZ* 148, 166 dazu *Jonas* (Fn. 88); *BGH* (Fn. 88); KG NJW 1977, 2272 (ober); h.M. – A.M. *Pecher* (Fn. 22) 216; *Nieder* NJW 1975, 1004 f.; *Krüger* (Fn. 13) Rdnr. 25 (Inzidentantrag und Widerklage gegen den Rechtsnachfolger).
[90] Es kommt auf die Rechtsnachfolge in den beigetriebenen Anspruch an, *LG Kassel* JW 1926, 1038 f.
[91] *Jonas* (Fn. 88) und 18. Aufl.; *Förster/Kann* Anm. 5 a dd; *Hartmann* (Fn. 13) Rdnr. 6 (im Widerspruch zu § 265 Rdnr. 19); *Falkmann/Hubernagel* Anm. II 5. *Stürner* (Fn. 27) Rdnr. 214. – Unentschieden *Peters* (Fn. 27) § 6 IV 5 h Fn. 82; *Herget* (Fn. 13) Rdnr. 12 f.
[92] *RGZ* 148, 174 (Fn. 88); *OLG Kassel* ZZP 45 (1915), 214; *OLG Hamburg* OLGRsp 18 (1909), 44 f. (a. E.) = SeuffArch 62 (1907) Nr. 269; *Bettermann* Vollstreckung des Zivilurteils (1948) 119; *A.Blomeyer* ZwVR § 13 I 1 Fußn. 14; *Gaul* (Fn. 13) § 15 III 3; *Grunsky* ZZP 81 (1968), 291 Fn. 1; *Wieczorek*² Anm. B IV b u. noch zu § 655 CPO *Kohler* ZZP 12 (1888), 117 f. Über das darin liegende Risiko für den Kläger → Fn. 95.
[93] *Pecher* (Fn. 22) 216.
[94] Vgl. aber *RGZ* 123, 396 zu § 273 BGB.
[95] So *BGH, RG* (Fn. 88); *Gaul* (Fn. 13) § 15 III 3. – A.M. wegen der Selbständigkeit der Ansprüche *Pecher,* *Nieder* (Fn. 89). – Die Gefahr, daß der Schuldner die Umschreibung unterläßt u. gegen den Kläger vollstreckt, ist gering angesichts des Prozeßrisikos des Schuldners nach § 767, s. *Nieder* (Fn. 89); im übrigen wird der Kläger sie als Folge der Veräußerung hinnehmen müssen, vgl. auch *A. Blomeyer* ZPR § 47 III.
[96] *Pecher* (Fn. 22) 216; *Nieder* NJW 1975, 1003; *Krüger* (Fn. 13) Rdnr. 25.
[97] Vgl. auch *BayObLG* NS 1, 469 f.
[98] *RGZ* 148, 170; *Grunsky* ZZP 81 (1968) 291 ff. (zur »Rechtswidrigkeit« → aber Rdnr. 9).
[99] Anders als in → Fn. 90 kommt nur die Nachfolge in den Ersatzanspruch selbst in Betracht.
[100] *BGH* VersR 1984, 943 = Warneyer Nr. 223 = NJW 1985, 128 = MDR 218; *OLG Dresden* SächsArch 2, 740.
[101] *RGZ* 77, 49 (Ehefrau), 96, 337 (Eigentümer); *OLG Braunschweig* Recht 1904 Nr. 642.
[102] *OLG Zweibrücken* OLGRsp 34 (1917), 94. Zum Bürgen s. *BGH* WM 1994, 394 (399) für § 945.
[103] Z.B. für Haftpflichtversicherer, die zur Abwendung der ZV gegen den Versicherungsnehmer leisten, *BGH* NJW 1985, 128 f. (Fn. 100); zum Umfang des Anspruchs des Versicherungsnehmers → Rdnr. 26 Fn. 123.

24 **4. Inhalt des Anspruchs.** § 717 Abs. 2 gewährt einen materiellrechtlichen Anspruch auf **Schadensersatz**, nicht auf Herausgabe der Bereicherung[104]. Er setzt daher nicht voraus, daß der Gläubiger durch die Vollstreckung etwas erlangt hat[105]; §§ 812ff. BGB gelten nicht. Abs. 2 S. 2 HS 2 setzt wohl voraus, daß der Anspruch bereits mit der durch Vollstreckung oder Abwendungsleistung verursachten *Schädigung* entstehe, freilich noch bedingt durch die Aufhebung des Urteils[106]. Er verjährt entsprechend § 852 BGB[107], beginnend mit der Aufhebung oder Abänderung des vorläufig vollstreckbaren Urteils[108].

25 a) Für den **Umfang** des Ersatzes gelten die §§ 249ff. BGB[109]. Es ist der Zustand herzustellen, der nun ohne die Vollstreckung bestehen würde, allerdings mit der aus dem Schutzzweck der Norm folgenden Einschränkung, daß nur die (unmittelbaren und mittelbaren) Folgen des Vollstreckungs*zugriffs* auszugleichen sind, daher *nicht* ein Kreditschaden, der nur durch das Bekanntwerden der ZwV entsteht[110], ebensowenig Nachteile, die durch eine Verzögerung der Verwertung des gepfändeten Gegenstands erwachsen[111]. Der Anspruch geht auf den vollen Vollstreckungsschaden; eine Beschränkung auf den durch *verfrühte* Vollstreckung verursachten Schaden läßt sich auch dann nicht rechtfertigen, wenn das aufhebende Urteil selbst noch nicht rechtskräftig ist[112] oder eine Abweisung der Klage noch nicht ausspricht[113]. → aber auch Rdnr. 32. Haftungsbegrenzendes Zurechnungskriterium ist die dem Gläubiger mögliche Abwägung und Entscheidung über das Vollstreckungsrisiko (Kalkulierbarkeit der Schäden)[114]. Zur zeitlichen Abgrenzung, falls zunächst § 717 Abs. 2 und danach Abs. 3 gilt, → Rdnr. 52.

---

[104] *RGZ* 64, 283; 76, 407f., → auch Fn. 172. De lege ferenda für Beschränkung auf angemessene Entschädigung *U.Müller* (Fn. 22) 115ff., 129.

[105] *RG Gruch.* 69 (1928), 239 = Recht 1927, 48; *JW* 1907, 485²⁵.

[106] Sonst wäre die Vorverlegung der Rechtshängigkeit (damit auch des Beginns der Verzinsung, § 291 BGB) hier noch ohne jede Substanz; ebenso für Abs. 3 S. 4. Aufhebung (Abänderung) des Urteils ist dann nur **aufschiebende** Bedingung → Rdnr. 12f., *RGZ* 85, 219; *Thomas/Putzo*¹⁸ Rdnr. 11 (»bedingt«). **Weitergehend** *BGH ZZP* 94 (1981), 444 (*Pecher*) = NJW 1980, 2528 = MDR 826: schon **vor** Aufhebung des Urteils i.S.d. § 387 BGB **erfüllbar** (was nur dann vereinbar ist mit *BGHZ* 103, 362, 367 = NJW 1988, 2542f. zu 2c, falls die Bestätigung des vollstreckten Urteils **auflösende** Bedingung wäre; aber das Arg., Verhütung oder Minderung des Schadens durch Rückerstattung müsse schon möglich sein, ist kaum schlüssig, das könnte der Kläger auch vor Anspruchsentstehung). – *Gaul* (Fn. 13) § 15 III 2a spricht insoweit von **künftigem** Anspruch. Andere betonen lediglich, daß der Anspruch erst mit Aufhebung oder Abänderung des vollstreckten Urteils entstehe, wobei zuweilen Entstehung u. Fälligkeit (= Entstehung i.S.d. § 198 BGB) gleichgesetzt wird: *OLGe Koblenz MDR* 1957, 427; *Karlsruhe OLGZ* 1979, 374; *Krüger* (Fn. 13) Rdnr. 9, 22. Der Unterschied hat nur für § 387 praktische Bedeutung; zur Verjährung → Fn. 108.

[107] *BGH LM* Nr. 1 = NJW 1957, 1926 = VersR 753 = JZ 1958, 248 = ZZP 71 (1958) 86; *OLG Koblenz MDR* 1957, 427; *Pecher* (Fn. 22) 77 Fn. 97 u. 69 Fn. 72 mwN auch zur Gegenmeinung; s. auch *BGHZ* 75, 1, 3 = NJW 1980, 189, 190 (zu § 945). Daß es auf Rechtswidrigkeit nicht ankommt → Rdnr. 9, steht ebensowenig wie bei § 833 S. 1 BGB und anderen Ansprüchen aus Gefährdungshaftung entgegen, st. Rspr. *RGZ* 149, 321, 324 mwN. (zu § 945); *BGHZ* 57, 170, 176f.; 98, 235, 237 (zu § 22 WHG und generell) auch bei § 833 S. 1 BGB, s. *Münzberg* (Fn. 33) 72 Fn. 144; a.M. *U.Müller* (Fn. 22) 139ff.

[108] Denn nur für diesen Fall kann der Anspruch geltendgemacht werden, wie man auch zur Frage → Fn. 106 stehen mag, vgl. allgemein zu § 198 BGB *BGH NJW* 1982, 931; zu § 717 Abs. 2 *BGH NJW* 1957, 1926 (Fn. 107); *OLG Karlsruhe* (Fn. 106); h.M. *Gaul* (Fn. 13) § 15 III 7; *MünchKommBGB-Mertens* § 852 Rdnr. 36; *Pecher* (Fn. 22) 80, 179. Allgemeine Voraussetzung ist freilich die Schadensentstehung *BGH NJW* 1993, 650. – A.M. (erst mit Rechtskraft des aufhebenden Urteils) *OLG Breslau JW* 1926, 1603; *Fischer/Fischerhof* (Fn. 22) 53. S. auch *BGHZ* 75, 3ff. = NJW 1980, 190f. zu § 945 (erst mit Abschluß des vorläufigen Verfahrens).

[109] *BGHZ* 69, 373, 376 = JZ 1978, 69f. = NJW 163 = WM 1414; → auch Fn. 104. Ausführlich *Münzberg* (Fn. 22) 610ff. mwN. Daß der Geschädigte sich wegen seines Nachteils z.B. gemäß § 812 BGB an Dritte halten kann, schließt Schaden nicht aus, arg. § 255 BGB *BGHZ* 120, 268 (Fn. 83).

[110] *BGHZ* 85, 110, 115 = NJW 1983, 232f. = JR 246 (insoweit zust. *Gerhardt*); *BGH JZ* 1988, 977 (insoweit zust. *Stolz*) (Fn. 143) für § 945; zust. *Brehm JZ* 1983, 644; krit. zur Begründung *Münzberg* (Fn. 22) 613ff. → unten Fn. 125, 128 und Rdnr. 10.

[111] Vgl. auch zu § 771 Abs. 3 *OLG München MDR* 1989, 552⁷¹: Abhandenkommen gepfändeter Sachen beim Schuldner; auch nicht analog § 717 Abs. 2 (→ dazu Rdnr. 71).

[112] → Rdnr. 12 a.E.

[113] → zum Haftungsgrund Rdnr. 13; *OLG Naumburg SeuffArch* 58 (1903), 203; → dazu Rdnr. 13. – Ob lediglich Schäden aus dem Zeitraum **zwischen Eintritt des Vollstreckungserfolgs und späterem Erlöschen des materiellen Anspruchs** (→ Fn. 42 a.E., 62) zu ersetzen sind, vgl. *Baur* (Fn. 22) 110 und *U.Müller* (Fn. 22) 131, ist nur für § 945 sowie für den Fall von Bedeutung, daß die Haftung nach Abs. 2 durch die nach Abs. 3 abgelöst wird, so in *BGHZ* 69, 373 (Fn. 109) → dazu Rdnr. 52 Fn. 242f.

[114] *Münzberg* (Fn. 22) 608, 610ff.; *Peters* (Fn. 27) § 6 IV 5 lit.f. Zum Umfang des Schutzbereichs → Rdnr. 26, 30 mit Fn. 127, 131f.

Zum Ersatz gehören die Aufgabe der durch Pfändung erworbenen Rechte[115], die Rückgewähr des an den Kläger Geleisteten[116] einschließlich beigetriebener Prozeßkosten[117] und Vollstreckungskosten[118]. Zu erstatten ist der volle Verkehrswert versteigerter Sachen, ungeachtet des meist geringeren Versteigerungserlöses[119]; ferner der Wert entgangener Nutzungen[120] sowie ein Zinsverlust[121], für dessen Mindesthöhe § 288 BGB entsprechend angewandt werden kann[122], soweit nicht ohnehin § 717 Abs. 2 S. 3 zur Anwendung des § 291 BGB führt; nicht aber fiktive Kapitalanlagezinsen, wenn ein Dritter geleistet hat[123]. Zu ersetzen sind die tatsächlich für die Beschaffung der Leistung aufgewandten Zinskosten[124]; auch Kreditschäden und sonstiger entgangener Gewinn[125], soweit er mit den beigetriebenen oder zur Abwendung geleisteten Mitteln erzielt worden wäre; darüber hinaus jede Aufwendung des Schuldners für seine Leistung oder Sicherheitsleistung[126], auch der nur mittelbare Schaden[127], besonders in den Fällen der §§ 887ff. und 889ff.[128]. Bei Aufhebung von Urteilen gemäß §§ 767ff., die bereits nach §§ 775f. vollzogen waren, ist der durch den Vollstreckungsaufschub oder eine später gescheiterte Befriedigung des Gläubigers entstandene Verlust zu ersetzen[129]. Über Schäden durch Zwangs- und Ordnungsgeld → Rdnr. 30 a. E. Der Verlust eines Zurückbehaltungsrechts oder Rechts zum Besitz infolge Wegnahme gemäß § 883 ist durch Herausgabe der Sache oder eines gleichwertigen Gegenstands auszugleichen[130].

Ist der Schuldner einem Dritten wegen der Vollstreckung schadensersatzpflichtig geworden, so kann er vom Gläubiger Befreiung von dieser Verbindlichkeit verlangen (→ jedoch auch Rdnr. 36). Unter den üblichen Voraussetzungen der Schadensliquidation im Drittinteresse kann der Schuldner auch den Schaden eines Dritten geltend machen[131].

---

[115] *OLG Dresden* OLGRsp 16 (1908), 331f.
[116] Zur Rückgabe einer Sachgesamtheit, die inzwischen durch Ersatzanschaffung verändert wurde: *RGZ* 123, 396 (Lichtspieltheater). Zum ersatzfähigen Schaden nach ZV des allgemeinen Weiterbeschäftigungsanspruchs je mwN *BAG* DB 1987, 1045, 1047 (nach Grundsätzen der Vorteilsausgleichung); *Löwisch* DB 1978 Beil 7 S. 6f. – Dagegen *Falkenberg* DB 1987, 1534, 1538, der § 717 Abs. 2 zu Unrecht für nicht anwendbar hält. – Vgl. auch *BAG* NJW 1991, 2589 = ZIP 1092 (insoweit in DB 1991, 1836 nicht abgedruckt), wo § 717 Abs. 2 mangels Vollstreckung nicht zur Anwendung kommen konnte.
[117] *RGZ* 49, 412f. = JW 1901, 842; *RG* Gruch. 55 (1911), 1080 = JW 1911, 659.
[118] *BAG* (Fn. 15); *BGHZ* 120, 270ff. (Fn. 83). *Gaul* (Fn. 13) § 15 III 4 mit Fn. 64. – A.M. *KG* JW 1933, 2018 (§ 788 Abs. 2 schließe § 717 Abs. 2 aus).
[119] *Peters* (Fn. 27) § 6 IV 5 lit. f.
[120] *BGHZ* 69, 379f. (Fn. 109).
[121] *RGZ* 49, 65; *BGH* NJW 1993, 595 zu III 1 (insoweit nicht in BGHZ → Fn. 83); *OLG Köln* (Fn. 69). Vgl. für hinterlegtes Geld § 8 HinterlegungsO.
[122] *RG* (Fn. 121).
[123] Standen dem Schuldner die Mittel auch ohne die ZV nicht zur Verfügung, fehlt es an einem eigenen Schaden, *BGH* NJW 1985, 128f. (Fn. 100) u. Vorinstanz *OLG Hamm* ZIP 1983, 119; → Rdnr. 23 mit Fn. 103.
[124] *RGZ* 145, 297; *BGHZ* 120, 266 (Fn. 83); *OLG Köln* (Fn. 69).
[125] *BGHZ* 69, 373 (Fn. 109); 85, 114f. (Fn. 110), allerdings mit der in → Rdnr. 25 zu Fn. 110 genannten normzweckbestimmten Einschränkung, → sogleich im Text; ferner *RG* VersR 1962, 1057. Zur Darlegungslast für § 252 BGB *OLG Köln* (Fn. 47). Vgl. auch zum Schutzbereich des § 839 BGB bei gesetzwidriger ZV *BGH* Rpfleger 1992, 401.
[126] *KG* Rpfleger 1978, 185 = NJW 1440; *OLGe Hamm*, Rpfleger 1977, 449f. = MDR 234; *Bamberg* Büro 1978, 1247; *Zweibrücken* Büro 1986, 618 je mwN (jeweils zu Kosten der Sicherheitsleistung, die nur nach 717 Abs. 2, nicht nach § 103 geltend gemacht werden können, → § 104 Rdnr. 62 a.E., § 788 Rdnr. 35).
[127] Ob auch Vermögensschäden infolge seelischer Erkrankung noch in den Schutzbereich der Norm fallen, ist str. **Dafür** *RGZ* 143, 120; JW 1938, 1051 (zu § 945); *Stürner* (Fn. 27) Rdnr. 208; *Brox/Walker*[4] Rdnr. 1570 zu § 945; *Gerhardt* JR 1983, 249; *Pecher* (Fn. 22) 86; *Herget* (Fn. 13) Rdnr. 7. **Dagegen** *Peters* (Fn. 27) § 6 IV 5f.; *Gaul* (Fn. 13) § 15 III 4; *Häsemeyer* (Fn. 22) 141 und NJW 1986, 1029, ihm folgend *Götz* (Fn. 22) 118; *Hartmann* (Fn. 13) Rdnr…10; tendenziell auch *BGHZ* 85, 115 (Fn. 110) a.E. (insoweit mit Recht krit. *Gerhardt* aaO). Ausführlich dazu *Münzberg* (Fn. 22) 610ff., 621ff.: gegen generelle Ausgrenzung von Gesundheits- und Rufschäden, aber für strenge Anforderungen an deren Nachweis.
[128] *BGHZ* 69, 376 (Fn. 109); *OLG Hamburg* OLGRsp 16 (1908), 287 = SeuffArch 63 (1908), 481 Nr. 267; *Förster/Kann* § 888 Anm. 2k; *Herget* (Fn. 13) Rdnr. 7. – A.M. *Seuffert/Walsmann* Anm. 2d. – Wegen Ordnungsmitteln → Fn. 144.
[129] *Pecher* (Fn. 22) 184. *RG* JW 1906, 89[11] = SeuffArch 61 (1906) Nr. 120 = Gruch. 50 (1906), 1105 betrifft nur die Fälle → Fn. 302 und die Aufhebung betraf das Schadensersatzurteil selbst. – Soweit der Schaden noch nicht abzusehen ist, kann Feststellung begehrt werden → Fn. 107 f. u. § 256 Rdnr. 12.
[130] *OLG Düsseldorf* NJW 1986, 2513 (insoweit nicht abgedruckt); einschränkend *Roussos* JuS 1987, 606ff. (Ersatz vermögenswerter Durchsetzungsnachteile).
[131] Vgl. *RGZ* 121, 188; *Pecher* (Fn. 22) 186f.; *Wieczorek*[2] Anm. B IV c 1. – A.M. *BGH* NJW 1985, 129 (Fn. 100) u. (Vorinstanz) *OLG Hamm* ZIP 1983, 119; *OLG Frankfurt* VersR 1959, 894; *Hartmann* (Fn. 13) Rdnr. 6; *Krüger* (Fn. 13) Rdnr. 13; *Herget* (Fn. 13) Rdnr. 8; *Falkmann/Hubernagel* Anm. II 6.

28 b) Der Schuldner kann die **Wiederherstellung einer Aufrechnungsbefugnis**, die er nach der → § 708 Rdnr. 4a, 5c vertretenen Ansicht durch Beitreibung oder Leistung verloren hat[132], nicht als Schadensersatz verlangen[133]. Denn entweder hält das Gericht den vollstreckten Anspruch für **unbegründet**, dann geht die im Zweifel nur hilfsweise erklärte Aufrechnung ohnehin ins Leere. Oder es hält den vollstreckten Anspruch für **begründet**, dann muß es, falls nicht einer der in § 708 Rdnr. 7 erwähnten Fälle gegeben ist, davon ausgehen, daß durch die Leistung Erfüllung eingetreten ist[134]. Eine Aufrechnung mit dem Anspruch aus § 717 Abs. 2 scheidet dann im anhängigen Prozeß (S. 2) ohnehin aus; denn Abs. 2 entfällt, weil das vorläufig vollstreckbare Urteil in diesem Falle gar nicht erst aufgehoben wird. Wenn aber das über den Schadensersatz entscheidende Gericht **nicht** zugleich sachlich über den vollstreckten Anspruch erkennt, z. B. weil es das Urteil nur aus prozessualen Gründen aufhebt (→ Rdnr. 12), so kann es auch nicht über die Aufrechnung entscheiden; denn es darf nicht die hierbei erforderliche[135] sachliche Prüfung des vollstreckten Anspruchs zugleich ablehnen und doch vornehmen[136].

29 War allerdings die **Aufrechnung schon vor der Vollstreckung erklärt**, aber damals vom Beklagten nicht im Rechtsstreit geltend gemacht oder vom Gericht aus irgendwelchen Gründen nicht oder noch nicht (vgl. § 302) berücksichtigt worden, dann kann sie, soweit die §§ 527–530 nicht entgegenstehen, freilich noch Erfolg haben,, weil die Klagforderung insoweit im Zeitpunkt der Vollstreckung in Wahrheit schon nach § 389 BGB erloschen war → § 708 Rdnr. 5 a. E.; dies hat aber mit dem Schadensersatz nach § 717 Abs. 2 nichts zu tun, der dann noch zusätzlich geltend gemacht werden kann. Ferner kann der Schuldner mit seiner Schadensersatzforderung aufrechnen gegenüber einer noch nicht beigetriebenen Restforderung[137]. Wegen einer zur Abwendung der Vollstreckung erklärten Aufrechnung mit **sonstigen** Forderungen des Schuldners → Fn. 147.

c) **Der Schaden muß entstanden sein:**

30 aa) entweder durch **Vollstreckung**, auch die nach § 720a und § 845, ebenso die Durchführung der in Rdnr. 47a – 49 vor § 704 erwähnten weiteren Vollstreckungswirkungen, z. B. Aufhebung der Pfändung nach §§ 767 ff. mit §§ 775 Nr. 1, 776[138] oder Verlust der Zwangshypothek nach § 868[139], Festsetzung und Beitreibung der Kosten einschließlich der Kosten des dazu nötigen Verfahrens[140], auch Grundbucheintragungen nach § 895, → dazu § 709 Fn. 13. Wirksamkeit der Pfändung oder Befriedigung des Gläubigers sind für Abs. 2 nicht erforderlich[141]; andererseits genügt das bloße Bekanntwerden des Titels[142] oder dessen Begründung[143] noch nicht. Abs. 2 (nicht Abs. 3) ist auf gemäß §§ 888, 890 gezahltes oder beigetriebenes *Zwangs- und Ordnungsgeld* – außer in den Fällen Rdnr. 14 – zwar grundsätzlich anwendbar[144], soweit nicht die Rückerstattung durch das Land[145] den Schaden aus-

---

[132] Nach h.M. → § 708 Fn. 45, besonders *RGZ* 63, 330, *BGH* NJW 1990, 2756⁹, kann regelmäßig mangels Erfüllungswirkung ohnehin noch (zumindest materiellrechtlich) aufgerechnet werden. Zweifelnd *RGZ* 109, 106. – Zur **nach** ZV oder Abwendungsleistung erlangten Aufrechnungsbefugnis → aber 708 Rdnr. 5 Fn. 43.

[133] *Emmerich* Pfandrechtskonkurrenzen (1909) 391 Fn. 233a; *Pecher* (Fn. 22) 178. Folgt man der Gegenmeinung, so muß sich der Schuldner § 254 BGB (→ Rdnr. 36) entgegenhalten lassen, wenn er trotz drohender ZV die Aufrechnung nicht geltend macht.

[134] → § 708 Rdnr. 4a. Dann entfällt auch die (sonst mögliche, → Rdnr. 33) Aufrechnung mit einer nicht auf § 717 Abs. 2 beruhenden Forderung, *Pecher* (Fn. 22) 178; anders nur, wenn wirksame Aufrechnung schon **vor** Beitreibung oder Abwendungsleistung erklärt worden war.

[135] → § 145 Rdnr. 65, § 300 Rdnr. 18.

[136] Zust. *Krüger* (Fn. 13) Rdnr. 20. S. auch bereits *RG* JW 1926, 817 (dort wollte der Kläger aufrechnen).

[137] → auch 707 Fn. 20.

[138] → Rdnr. 26 Fn. 129.

[139] Obwohl § 868 ihn aus besonderen Gründen (→ § 868 Rdnr. 4) schon kraft Gesetzes eintreten läßt, handelt es sich wie in § 776 um Vollstreckung i. w. S. *BGH* LM Nr. 10 = WarnRsp 1971 Nr. 41 = MDR 378 = WM 864 steht ebensowenig entgegen wie *BGH* NJW 1977, 48 = MDR 1976, 830 = WM 719; denn daß der Verlust kraft Gesetzes keine »Leistung« i. S. d. § 717 Abs. 3 ist und § 812 BGB ausscheidet, hindert nicht die Annahme eines Schadens i. S. d. § 717 Abs. 2.

[140] Begr. zur Nov 1898, 106 = *Hahn/Mugdan* Mat. VIII 102 (zu § 302 Abs. 4); *RG* JW 1897, 464; *RGZ* 49, 411; *BAG* (Fn. 15).

[141] S. die Nachweise → Fn. 105; wegen **unzulässiger** ZV → aber Rdnr. 66. – Zurückgewiesene *Anträge* sind jedoch noch nicht ZV i. S. d. § 717, auch wenn ihr Bekanntwerden schädigt; ebensowenig Konkursanträge, vgl. auch *BGHZ* 36, 18 = NJW 1961, 2254 = JZ 1962, 94 (zweifelnd auch *Baur* JZ 1962, 95).

[142] *BGHZ* 85, 114 f. (Fn. 110).

[143] *BGH* NJW 1988, 3268 = JZ 577 (im Ergebnis abl. *Stolz*) = MDR 1989, 59 f. zu § 945 (Ablehnung der Eintragung einer Auflassungsvormerkung wegen eines mit § 123 BGB begründeten Erwerbsverbots → § 938 Rdnr. 26).

[144] → § 888 Rdnr. 33, § 890 Rdnr. 45, 47. – A.M. *LG München* NJW 1961, 1631 (für § 890); s. auch *RG* SeuffArch 75 (1920), 311.

[145] → § 888 Rdnr. 33, § 890 Rdnr. 47.

schließt; jedoch kann den Schuldner Mitverschulden treffen → Rdnr. 36; das gilt auch für Schäden bei einer Durchsuchung gemäß § 758 Abs. 2[146].

bb) oder durch **Leistung**[147], **Sicherheitsleistung oder Hinterlegung**[148] **zur Abwendung der Vollstreckung**[149]. Andere Handlungen als Leistung (die auch in einem Unterlassen bestehen kann[150]) oder Sicherheitsleistung kommen nicht in Betracht, z. B. nicht Insolvenzanträge, um der Vollstreckung zu entgehen[151]. – Die freiwillige Leistung berechtigt nur dann zum Schadensersatz, wenn die **Vollstreckung drohte**[152], weil sonst der Schuldner sich zum Nachteil des Gläubigers befreien könnte[153]. Daher genügt nicht schon jede Leistung nach Erlaß oder Amtszustellung des vorläufig vollstreckbaren Urteils[154]. Andererseits ist *nicht* nötig, daß der Gläubiger selbst sie *angedroht* hat[155]; der vollstreckungsabwendende Zweck kann sich schon aus den Umständen ergeben[156]. Ist eine vollstreckbare Ausfertigung erteilt[157] oder gar zugestellt, so muß der Beklagte, selbst wenn der Kläger die etwa erforderliche Sicherheit noch nicht geleistet hat[158], allerdings annehmen, daß ihm die Vollstreckung droht, es sei denn der Kläger erklärt ausdrücklich, von der vorläufigen Vollstreckbarkeit keinen Gebrauch machen zu wollen[159]. Bei § 890 muß die Androhung bereits verkündet oder nach § 329 Abs. 3 zugestellt sein[160], während es hier auf die Erteilung der Vollstreckungsklausel oder deren Zustellung nicht ankommen kann, weil der Schuldner wegen jeder nach der Androhung begangenen Zuwiderhandlung den Antrag auf Festsetzung von Ordnungsmitteln befürchten muß[161]. – § 717 Abs. 2 gilt mangels Erfüllungsdrucks weder unmittelbar noch entsprechend für Leistungen auf Urteile, die überhaupt nicht vollstreckbar sind oder noch nicht für vorläufig vollstreckbar erklärt waren[162], auch nicht für Leistungen, die der Schuldner fälschlich für titelgemäß hält[163].

d) Leistet der Schuldner zur Abwendung der Vollstreckung aus einem gegen *Sicherheitsleistung* vorläufig vollstreckbaren Urteil des LG und wird dieses Urteil durch Bestätigung in der Berufungsinstanz ohne Sicherheit vorläufig vollstreckbar[164], so kann der Schuldner nach einer Aufhebung des Berufungsurteils aus prozessualen Gründen *entsprechend* § 717 Abs. 2, 3 verlangen, daß ihm die Sicherheit wieder geleistet wird, auf die er hatte verzichten müssen;

---

[146] *Peters* (Fn. 27) § 6 IV 5 lit. f.
[147] Auch Erfüllungsersatz wie Hingabe an Zahlungs Statt oder Aufrechnung (hier kann den Schuldner die Verzögerung der Erfüllung seiner Gegenforderung schädigen; im übrigen → Rdnr. 28 f. Zum umstrittenen Zeitpunkt der Erfüllungswirkung → § 708 Rdnr. 4 ff. (h. M. Rdnr. 6).
[148] Vgl. *RG* JW 1911, 55 (Kursverlust), s. auch *OLG Düsseldorf* JW 1925, 1662 (Aufwertungsverlust); *KG* NJW 1968, 256 (Kosten für Sicherheit des Schuldners). Vgl. auch *OLG Hamburg* MDR 1967, 682 Nr. 67; *OLG Köln* NJW-RR 1987, 1210 f.: Geldübergabe an GV zum Zwecke der Hinterlegung genügt zwar noch nicht als Sicherheitsleistung, wohl aber als Abwendungsleistung; s. zur Sicherheitsleistung → ferner die Nachweise Fn. 126.
[149] Lohnzahlungen können die ZV als Abs. Weiterbeschäftigungsanspruchs nicht hindern und daher nicht nach Abs. 2 zurückverlangt werden, *BAG* NJW 1991, 2591; erst recht, soweit sie bei vertraglich vereinbarter, bis zur rechtskräftigen Abweisung der Kündigungsschutzklage auflösend bedingter Fortsetzung des gekündigten Arbeitsverhältnisses geleistet werden, *BAGE* 53, 17, 21 f. = NZA 1987, 376.
[150] *BGHZ* 69, 373 (Fn. 109) mwN (→ auch Fn. 158); *LG München* (Fn. 144). Vgl. auch *Fricke* WRP 1979, 101.
[151] *RGZ* 131, 185.
[152] *BGH* NJW-RR 1992, 1339. Daher nicht in den Fällen → Rdnr. 66 Fn. 276 f.; zum Merkmal »Drohen der ZV« auch § 288 StGB.

[153] Im Ergebnis ebenso *Gaul* (Fn. 13) § 15 III 2 b mit Fn. 43.
[154] A.M. *LG Bochum* VersR 1980, 659.
[155] So schon Kommissionsbericht zur Nov 1898, 171 u. 174. Die Entscheidung zur ZV muß nur für den Schuldner **erkennbar** sein, vgl. *BGHZ* 120, 271 (Fn. 83).
[156] Vgl. *BGH* WM 1965, 1022; MDR 1976, 1005[18] (geringe Darlegungslast des Schuldners, falls ZV droht); *BGH* NJW 1994, 943 (i. E. offengelassen).
[157] A.M. (erst mit Zustellung) *Hartmann* (Fn. 13) Rdnr. 9; *Gaul* (Fn. 13) § 15 III 2 b; noch enger (z. B erst mit ZV-Auftrag) *Walsmann* (Fn. 158).
[158] *BGH* NJW 1976, 2162 = MDR 1016; NJW 1981, 1730; *RG* JW 1932, 654 *(Walsmann)* → § 751 Abs. 2 a. E.; erst recht seit Geltung des § 720a.
[159] Allg. M. *BGH* VersR 1962, 1057; *RG* (Fn. 158) u. JW 1938, 2368 = HRR Nr. 1166; WarnRsp 40, 26 f.
[160] *BGH* (Fn. 158); *Bork* WRP 1989, 362 f. Wegen § 945 → § 890 Rdnr. 20, zust. *Bork* aaO 365 f.
[161] § 890 Rdnr. 20, vgl. auch *OLG Stuttgart* OLGZ 1944, 364 mwN. – Anders insoweit *BGH* (Fn. 158), aber nur obiter u. wohl ohne diese Problematik berücksichtigt zu haben (dort kam es nicht darauf an).
[162] Näheres → Rdnr. 66; erst recht nicht, wenn schon vor Urteilserlaß auf Grund eines vermeintlich wirksamen Gesetzes geleistet wurde, *BGHZ* 54, 76 (Fn. 26).
[163] *OLG Hamm* MDR 1989, 466 zu § 945; vgl. auch *BAG* ZIP 1991, 1092.
[164] → § 708 Rdnr. 26.

unmittelbar trifft § 717 hier nicht zu, weil aus dem aufgehobenen Berufungsurteil nicht vollstreckt wurde, während das Urteil des LG, auf das zur Abwendung geleistet wurde, wiederum nicht aufgehoben ist[165].

33 5. Gegen den Anspruch können grundsätzlich (→ aber Rdnr. 34) **alle materiellrechtlichen Einreden geltend gemacht werden**[166].

a) Dazu gehört die **Aufrechnung**[167], soweit sie erklärt[168] und gesetzlich erlaubt[169] ist. Die Bedenken der älteren Rechtsprechung[170] trafen nur auf das frühere Recht (→ Rdnr. 7) zu. Für die Aufrechnung muß es auch gleich sein, ob der Ersatz durch Inzidentantrag oder Klage geltend gemacht wird[171]; ebensowenig läßt sich *innerhalb* § 717 Abs. 2 eine unterschiedliche Behandlung von Rückerstattung und weiterem Schaden rechtfertigen[172]; anders nur, wenn der Beklagte ausdrücklich nur die Rückerstattung → Rdnr. 8 begehrt[173].

34 Aufrechnung mit der vollstreckten Klagforderung ist jedoch im anhängigen Prozeß (S. 2) nicht möglich[174] aus den → Rdnr. 28 erwähnten Gründen[175]; das Gericht müßte, falls es diese Forderung für begründet hält, den Ersatzanspruch folgerichtig verneinen[176], und zwar nicht wegen § 389 BGB, sondern weil damit schon das Fehlen des materiellen Haftungsgrundes positiv festgestellt ist[177]. Dann käme es aber im anhängigen Verfahren von vornherein nicht zu der für § 717 Abs. 2 nötigen Aufhebung. Wenn aber das Urteil aus prozessualen Gründen aufgehoben wird, scheitert die Aufrechnung aus den → Fn. 136 genannten Gründen[178]. Der Bestand der Klagforderung kommt daher als (rechtshindernder) Einwand nur in Betracht, wenn die Ersatzforderung **selbständig eingeklagt** wird → Rdnr. 47.

35 b) Die Geltendmachung eines **Zurückbehaltungsrechts** kann nicht schon deshalb ausgeschlossen sein, weil sie dem Zweck des § 249 BGB widerspräche, denn einen so allgemein gehaltenen Grundsatz kennt das materielle Recht nicht, arg. § 273 Abs. 2 (vgl. auch § 393 BGB)[179]. Sind jedoch die Voraussetzungen dieser Einrede erst *durch* die Vollstreckung geschaffen worden, z.B. in den Fällen der §§ 883ff., so verstößt sie gegen den Zweck des § 717 Abs. 2[180].

---

[165] *BGH* LM Nr. 4 = ZZP 72 (1959) 200 = MDR 1959, 122. Zur Analogie → Rdnr. 63 a. E.
[166] Ganz h. M. Über **unzulässige Rechtsausübung** *BGH* NJW 1961, 2257; *BGHZ* 120, 269 (falls Geschädigter die Entstehung des vollstreckten Anspruchs unredlich verhindert hatte). – Abweichend (wegen Ausdehnung der Analogie zu § 655 CPO → Rdnr. 7f., besonders Fn. 25) *Pecher* (Fn. 22) 197ff., → auch Fn. 169.
[167] *BGH* ZZP 94 (1981), 444 (*Pecher*) = NJW 1980, 2528 = MDR 826; *RGZ* 76, 408 = JW 1911, 769; JW 1934, 3193 (zu § 600 Abs. 2); JW 1930, 168. → aber Rdnr. 34.
[168] Vgl. *RGZ* 64, 283. Ob sie prozessual noch zulässig ist, beurteilt sich nach §§ 527ff., § 767 Abs. 2.
[169] Der Anspruch unterfällt nicht § 393 BGB (→ Rdnr. 9ff.); zum Zeitpunkt der Entstehung u. Aufrechenbarkeit → Fn. 106. Ein Aufrechnungseinwand ist daher auch gegenüber Widerklage und Inzidentantrag (→ Rdnr. 37ff.) beachtlich, → auch Fn. 172f.
[170] *RGZ* 34, 355.
[171] *RGZ* 76, 406; *OLG Dresden* SeuffArch 61 (1906), 176; *KG* KGBl. 1904, 21; *Hellwig/Oertmann* System 1902, 167, jetzt h. M., vgl. *BGHZ* 69, 373 (Fn. 109) mwN; → aber Rdnr. 34. – A.M. *OLG Dresden* SächsAnn 29, 465; *OLG Stuttgart* OLGRsp 20 (1910), 328f. (zu § 600).
[172] Vgl. auch *BGHZ* 69, 376 (Fn. 109). Anders im Falle → Rdnr. 8. – A.M. *Pecher* ZZP 94 (1981), 449; *KG* OLGRsp 15 (1907), 274; KGBl. 1910, 37; s. dagegen *RGZ* 76, 406f. u. → Fn. 256.
[173] *Pecher* (Fn. 172), 457 will dies (u. damit auch den Ausschluß von Einwendungen) schon dann annehmen, wenn nicht mehr als das Beigetriebene zurückverlangt wird.
[174] So bei Geltendmachung im anhängigen Verfahren *BGH* ZZP 72 (1959) 200 mwN u. die im Schrifttum h.M.
[175] Insoweit a.M. *Krüger* (Fn. 13) Rdnr. 20.
[176] *Pecher* (Fn. 22) 209; vgl. auch *RGZ* 145, 333 u. *Pohle* Anm. zu BAG AP Nr. 2 zu § 717 (zu c). → auch Rdnr. 11 zu Fn. 43 sowie Fn. 65. Für den selbständigen Schadensersatzprozeß offen gelassen von *BGH* (Fn. 165).
[177] Im Ergebnis ebenso *Pecher* (Fn. 22) 206; *Pohle* (Fn. 176); *Krüger* (Fn. 13) Rdnr. 20; *Gaul* (Fn. 13) § 15 III 5 Fn. 82 mwN; → auch Rdnr. 14 zu Fn. 65. → Rdnr. 28 mit Fn. 136.
[178] → auch Rdnr. 13 zu Fn. 61. Dies muß sicher gelten, wenn das Gericht aufhebt und zurückverweist; aber wohl auch bei Abweisung wegen Unzulässigkeit der Klage, a.M. *Pecher* (Fn. 22) 211; denn man kann schlecht einerseits den unlösbaren Zusammenhang zwischen Kläganspruch und Ersatzforderung betonen (→ Rdnr. 20 zu Fn. 94f.), sich aber andererseits darauf berufen, daß das Bestehen der Klagforderung ja nur Vorfrage und nicht selbständiger Streitgegenstand sei; vgl. auch *Pecher* (Fn. 22) 209 (Elemente einer negativen Feststellungsklage).
[179] Vgl. zu § 717 Abs. 3 *RG* JW 1933, 1130.
[180] *RGZ* 123, 396; die weitere Begründung, es handele sich um dasselbe rechtliche Verhältnis, ist freilich bedenklich angesichts der weiten Auslegung, die diesem Merkmal sonst zuteil wird. Wie hier *Gaul* (Fn. 13) § 15 III 6 mit Fn. 87; *Krüger* (Fn. 13) Rdnr. 21.

c) Durch **mitwirkendes Verschulden** des Vollstreckungsschuldners, seines Vertreters oder Prozeßbevollmächtigten[181] ist der Anspruch nach § 254 BGB gemindert oder ausgeschlossen[182], soweit der Schaden über das vom Gläubiger tatsächlich Erhaltene hinausgeht. Wann das zutrifft, hängt von der nach § 287 besonders frei gestalteten richterlichen Würdigung ab. In Betracht kommen: die bewußte oder versehentliche Unterlassung der Verteidigung[183] (vgl. auch § 97 Abs. 2), soweit die Verteidigungsmittel bekannt, zulässig (§ 598) und beweisbar waren[184]; die Nichtleistung einer dem Schuldner möglich gewesenen Sicherheit zur Abwendung der Vollstreckung[185]; die ernstzunehmende Androhung der Vernichtung verwertbarer Vollstreckungsgegenstände[186]; die Unterlassung des Hinweises auf einen besonders hohen, dem Gläubiger weder bekannten noch erkennbaren Schaden, namentlich beim Zwang zu Unterlassungen[187]; der Nichtgebrauch zulässiger und aussichtsreicher Rechtsbehelfe wie z.B. § 719[188], → auch dort Rdnr. 13f. oder die schweigende Duldung einer unzulässigen Vollstreckung (§ 766), → auch Fn. 278f. – Die bloße Nichtleistung auf das von Anfang an (→ Rdnr. 14) unrichtige Urteil stellt allerdings noch kein Mitverschulden dar; gleiches muß für die Mißachtung des staatlichen Gebots nach § 890 Abs. 2 gelten (a.M. noch 19. Aufl.), falls Ordnungsgeld nicht vom Staat rückerstattet wird (→ Rdnr. 30 a.E.). – Der gesetzlichen Risikoverteilung entsprechend ist stets zu berücksichtigen, ob der Gläubiger seine Schadensminderungspflicht erfüllt hat[189]; ein den Anspruch ganz ausschließendes Mitverschulden des Schuldners wird auch deshalb nur in Extremfällen anzunehmen sein[190].

III. Geltendmachung im anhängigen Prozeß, Abs. 2 S. 2

Der Anspruch kann durch selbständige Klage oder Widerklage erhoben werden. Abs. 2 S. 2 eröffnet dem Beklagten einen *einfacheren Weg*, freilich auf Kosten des Instanzenzugs und nur insoweit, als der vollstreckte Kloganspruch noch rechtshängig ist[191]: Der Schadensersatzanspruch kann durch **einfachen Inzidentantrag** geltend gemacht werden[192]. Wie eine Widerklage macht er den Anspruch rechtshängig und zwingt zur rechtskräftigen Entscheidung (§ 322) darüber; aber er ist von den sonstigen Zulässigkeitsvoraussetzungen der Widerklage befreit → Rdnr. 38. Daher kann man ihn als »privilegierte Widerklage« bezeichnen[193]. Ein Bedürfnis, den Antrag als **gewöhnliche Widerklage** auszulegen[194], die dann aber auch den allgemeinen Regeln unterworfen wäre[195], besteht (falls man den Streitwert gleich ansetzt → Fn. 200) nur noch insoweit, als der Schaden sich auf nicht mehr anhängige Teile der vollstreckten Forderung bezieht[196].

---

[181] → Rdnr. 18.
[182] *RG* WarnRsp 1909 Nr. 282; *BGH* NJW 1957, 1926 a.E. (Fn. 107) u. VersR 1962, 1057; *BGHZ* 120, 270f. (Fn. 83); *KG* (Fn. 183); Kommissionsbericht Nov 1898 S. 174; jetzt allg.M. → auch §945 Rdnr. 9 mwN. – Für angemessene Schadensteilung in Anwendung des Rechtsgedankens des § 824 Abs. 2 BGB bei Haftung der Verbraucherverbände nach §§ 717 Abs. 2, 945: *Tillmann* NJW 1975, 1918.
[183] Z.B. schuldhafte Säumnis *KG* JW 1930, 168, nicht aber das Verpassen nur der genauen Terminsstunde im Anwaltsprozeß, *BGH* NJW 1957, 1926 a.E. (Fn. 107).
[184] A.M. insoweit *Cohn* Gruch. 43 (1899), 410ff., s. aber dort 415 Fn. 5.
[185] Vgl. *BGH* NJW 1957, 1926 (Fn. 107); obiter *BGHZ* 120, 271 vor b (Fn. 83).
[186] *BGH* NJW 1978, 2024f. = MDR 1979, 44f. (zu § 945).
[187] Vgl. zu §945 *BGHZ* 69, 373 (Fn. 109).
[188] Vgl. *RG* Gruch. 58 (1914), 916f.; zweifelhaft *RG* JW 1932, 654, 656 (unterlassene Klärung der ZV-absichten vor Anmietung von Ersatzräumen), weil dann die Ersatzpflicht mangels drohender ZV (→ Rdnr. 31) überhaupt fraglich war.
[189] *BGH* NJW 1990, 2689f. = JZ 604 = MDR 1107 (zu § 945).
[190] Vgl. *BGH* (Fn. 189); → auch § 945 Rdnr. 9.
[191] *RGZ* 145, 298f. Wegen der ZV bereits rechtskräftig abgewiesener Teile der Klagforderung ist nur Widerklage im Rechtsstreit über die Restforderung (→ Fn. 196) oder selbständige Klage (→ Rdnr. 45ff.) möglich, *Gaul* (Fn. 13) § 15 III 6c; *Krüger* (Fn. 13) Rdnr. 23.
[192] → auch Rdnr. 13 zum Haftungsgrund.
[193] *Nieder* NJW 1975, 1001ff.; *Thomas/Putzo*[18] Rdnr. 15; *Gaul* (Fn. 13) § 15 III 6b; krit. *Peters* (Fn. 27) § 6 IV 5c Fn. 63.
[194] Vgl. *RGZ* 63, 369; 124, 184; 145, 298 *RG* JW 1909, 24 (zur Erreichung der Revisionssumme → aber Fn. 201f.).
[195] S. §§ 33, 530 Abs. 1, §§ 561, 595 Abs. 1.
[196] → Fn. 191; hier macht sich der von *Pecher* (Fn. 22) 210 Fn. 24 u. *Nieder* (Fn. 193) vermißte Unterschied zwischen Inzidentantrag u. Widerklage bemerkbar.

38   1. Der Antrag kann ohne Anschließung nach §§ 521, 556 in der **Berufungsinstanz** und in der **Revisionsinstanz** erhoben werden, dort wegen der Vollstreckung des ersten Urteils[197] (für jene des Berufungsurteils nur nach Abs. 3[198]). Der für die Zulässigkeit eines Rechtsmittels (§§ 511a, 546) und für die sachliche Zuständigkeit (§ 506 im Falle des § 342) maßgebende Streitwert[199] der schon anhängigen Klage erhöht sich durch den Antrag, auch wenn er als Widerklage anzusehen ist[200], weder um den Hauptbetrag noch um die zurückzuerstattenden Zinsen und Kosten[201]. Ein darüber hinausgehender Schaden ist jedoch dem Streitwert zuzurechnen[202], kann also eine sonst nicht zulässige Revision eröffnen. – Zum Antrag in **Beschlußverfahren** → Rdnr. 61.

39   Wird die Klage zurückgenommen, so kann der Antrag keine Erledigung mehr finden[203]; wohl aber ist er noch *zulässig* nach Erledigung der Hauptsache gemäß § 91a (zur Begründetheit → jedoch Rdnr. 69), wobei der Streitwert des Antrags oder der Widerklage nach dem Teil des beigetriebenen Betrags zu bemessen ist, der zur Tilgung der Hauptforderung des Klägers bestimmt war[204]. → auch Rdnr. 47 a. E.

Das **Antragsrecht** haben auch nicht rechtsfähige Vereine[205] und Prozeßunfähige, die ihre Prozeßunfähigkeit geltend machen[206].

40   2. Der Antrag ist gemäß § 261 Abs. 2 **in der mündlichen Verhandlung oder durch Zustellung eines Schriftsatzes** zu stellen; für ihn gelten die §§ 297, 495 und für den Fall der Säumnis § 335 Nr. 3. Er ist bedingt durch die Aufhebung oder Abänderung[207] und kann bis zum Schluß der mündlichen Verhandlung, auf die das abändernde Urteil ergeht[208], gestellt werden; auch im Urkundenprozeß unter Einhaltung der §§ 592 ff.[209]; im Nachverfahren gelten §§ 600 Abs. 2, 302 Abs. 2 S. 4.

41   3. Wird der Antrag nach § 261 noch während des Prozesses gestellt, so gilt nach Abs. 2 S. 2 der Anspruch als **zur Zeit der Zahlung oder Leistung rechtshängig** geworden.

Diese Rückwirkung ist für **prozessuale** Wirkungen der Rechtshängigkeit (§ 261 Abs. 3) ohne Bedeutung, da diese entweder einer Rückdatierung unzugänglich sind (z.B. die Zulässigkeit von Haupt- und Nebenintervention, Beschränkung der Klagänderung) oder nur zum *Nachteil* des Beklagten[210] rückdatiert werden könnten, während der Sinn der Bestimmung[211] eine *Bevorzugung* des Beklagten ist. Dieser Zweck wird auch in bezug auf die **materiellrechtlichen** Wirkungen (§ 262) erreicht → Rdnr. 42. Daß auch die **Verjährung** rückwirkend als mit der Leistung unterbrochen gilt, § 209 BGB, hat keine praktische Bedeutung, weil eine z.B. im Falle → Fn. 197 bereits eingetretene Verjährung auch mit § 717 Abs. 2 S. 2 nicht mehr beseitigt werden kann.

42   Daher kann der Beklagte nach § 291 BGB schon von da an **Zinsen** verlangen und der Kläger haftet nach § 292 BGB. Obwohl § 291 S. 2 BGB nicht auf § 288 Abs. 2 BGB verweist, steht

---

[197] Daß dies schon in der Berufungsinstanz möglich gewesen wäre, schadet nicht, *RGZ* 34, 385; *RG JR* 1926 Nr. 798.
[198] *RGZ* 27, 44, allg. M.
[199] *OLG Frankfurt NJW* 1956, 1644 will (nur?) für die *Gebühren* den begehrten Schadensbetrag hinzurechnen.
[200] *BGHZ* 38, 237, 240f. = *NJW* 1963, 300 = *MDR* 127 = *Rpfleger* 152; *OLG Stuttgart AnwBl.* 1976, 133 in Abweichung von *RG* (Fn. 194); *LAG Berlin MDR* 1988, 346f. unter Aufgabe von *MDR* 1978, 345. Es handelt sich um »denselben Streitgegenstand« i.S.v. § 19 Abs. 1 S. 1 GKG, *OLG Köln Rpfleger* 1971, 34 = *Büro* 179. – A.M. *Nieder* (Fn. 193): stets Hinzurechnung.
[201] Ebenso → § 4 Rdnr. 30, § 5 Rdnr. 34, obwohl diese hier als Schadensposten geltend gemacht werden, was sich bei selbständiger Klage auswirken muß → Rdnr. 46. Vgl. dazu *Brox Rpfleger* 1967, 351, 355. – A.M. *Johannsen LM* Nr. 6 a.E.

[202] Allg. M.; dazu *Pecher* (Fn. 22) 215.
[203] → Rdnr. 37, 49.
[204] *OLG Celle NdsRpfl* 1966, 15.
[205] → § 50 Rdnr. 23.
[206] → § 56 Rdnr. 16.
[207] → Rdnr. 12; *Stein DJZ* 1913, 40; vgl. *Kuttner* (Fn. 41) 21f.
[208] Zum entsprechenden Zeitpunkt bei Entscheidung ohne mündliche Verhandlung s. § 128 Abs. 2 S. 2, Abs. 3 S. 2, 3; → auch § 251a Rdnr. 11.
[209] Woran er faktisch scheitern wird, vgl. *Krüger* (Fn. 13) Rdnr. 23.
[210] Z.B. wenn er selbständige Klage erhebt, aber danach den Antrag stellt: dann würde bei Rückdatierung der Klage die Einrede der Rechtshängigkeit entgegenstehen.
[211] BGB-Entwurf I § 746; Mot.28, 48; Prot. zum BGB 2, 717 ff., Begr.146 u. Kommissionsbericht Nov 1898 S. 170 ff.

nichts im Wege, höhere als die gesetzlich geschuldeten Zinsen als Vollstreckungsschaden nachzuweisen.

4. Die **Entscheidung** erfolgt nach § 287. Das *Berufungsgericht* hat sie selbst zu treffen → **43** § 538 Rdnr. 1. Dagegen muß das *Revisionsgericht*, falls die für § 717 erheblichen Behauptungen einer Beweisaufnahme bedürfen[212], nach § 565 auch dann zurückverweisen, wenn es im übrigen nach § 565 Abs. 3 in der Sache selbst entscheidet[213]. – Wegen der Einreden → Rdnr. 33–36. Rechnet der Kläger auf, so kann er wegen eines etwa überschießenden Betrages seiner Gegenforderung die Klage nach § 264 Nr. 2 erweitern.

5. Das **Urteil** über den Inzidentantrag, das bei noch zu erwartendem Schaden auch auf **44** Feststellung lauten kann[214], unterliegt hinsichtlich der etwaigen Ergänzung nach § 321, der Rechtsmittel[215], der Rechtskraft[216] und der Vollstreckung den allgemeinen Grundsätzen[217]. § 718 Abs. 2 gilt insoweit nicht[218]. Da eine vom Gläubiger geleistete Sicherheit (§§ 709, 711 S. 1 a.E., 712 Abs. 2 S. 2) für den Schaden haftet[219], muß er, um die neue Vollstreckung abzuwenden, nur für einen etwa überschießenden Betrag Sicherheit leisten[220]. Ist das Urteil für vorläufig vollstreckbar erklärt, so findet im Falle seiner Aufhebung Abs. 2 wiederum Anwendung → Rdnr. 16 a.E.

IV. Selbständige Klage

Ist der Inzidentantrag nicht gestellt oder konnte er wegen Zurücknahme der Klage nicht **45** sachlich erledigt werden, so bleibt dem Beklagten die **gewöhnliche Klage**[221]. Zur Widerklage → Rdnr. 37. Wegen des nicht rechtsfähigen Vereins → § 50 Rdnr. 23f. Für die Klage gelten nur folgende Besonderheiten:

1. Die **Zuständigkeit** ist selbständig zu beurteilen, wird aber entsprechend § 32 auch am **46** Ort der Vollstreckung begründet[222]. Bei *ausländischen* Titeln im Bereich des § 35 AVAG ist die ausschließliche Zuständigkeit → Anh. § 723 Rdnr. 330 zu beachten. Die Klage ist Familiensache, wenn der vollstreckte Titel eine solche betrifft[223]. Zum Streitwert → § 4 Rdnr. 30 Fn. 91, über Legitimation des Rechtsnachfolgers → Rdnr. 19f. Zum Rechtsweg → Rdnr. 73, 75.

2. Die Klage wird **begründet** mit der Aufhebung des Urteils und setzt die Rechtskraft dieser **47** Aufhebung nicht voraus[224]. Jedoch entfallen hier jene → Rdnr. 13, 34 genannten prozessua-

---

[212] → § 561 Rdnr. 21, 24f., § 565 Rdnr. 23; *BAG* AP Nr. 2 = NJW 1962, 1126 = JZ 287; *BGH* NJW 1994, 2095; *Mattern* JZ 1963, 651; *Vogt* DRiZ 1968, 30. *RGZ* 34, 385 ließ **Urkundenbeweis** nur zu, weil die Echtheit unstreitig war. *RGZ* 159, 84 u. WarnRsp 43, 1 betrafen nur Zulässigkeitsprüfung. – **A.M.** (für Beweisaufnahme) *BAGE* 9, 321 = NJW 1960, 2211; *Pecher* (Fn. 22) 211 Fn. 25; *Rosenberg*⁹ § 142 II 3d, 4 (nicht mehr in *Rosenberg/Schwab*).
[213] → § 561 Rdnr. 35; *RGZ* 27, 44; *BGH* (Fn. 212).
[214] → Fn. 129 a.E.
[215] Wird bewußt über den Antrag *noch* nicht entschieden (§ 301), so ist gegen diesen Aufschub keine Revision zulässig, *RGZ* 85, 220.
[216] *OLG Bamberg* HEZ 2, 369. Zur Rechtskraftwirkung gegen den Kläger, falls über seine Klage nicht sachlich entschieden wurde, s. *Pecher* (Fn. 22) 210. – Für nur analoge Anwendung des § 322 Abs. 1 *Herget* (Fn. 13) Rdnr. 15.
[217] *RG* JW 1893, 308.

[218] *RGZ* 25, 423; *RG* JW 1893, 486.
[219] Vgl. *RG* JW 1898, 223.
[220] A.M. *OLG Hamburg* OLGRsp 21 (1910), 104; *KG* KGBl. 1914, 143. Aber dann hätte der Beklagte zwei Sicherheiten für denselben Anspruch. – Gegen Anwendung der §§ 709, 711 S. 1 überhaupt *Pecher* (Fn. 22) 220f. – Wie hier *Krüger* (Fn. 13) Rdnr. 27.
[221] H.M. Anders *A.Blomeyer* ZwVR § 13 I 6: wegen Rechtshängigkeit erst dann, wenn der Inzidentantrag nicht mehr möglich sei.
[222] → § 32 Rdnr. 23, ganz h.M. *Gaul* (Fn. 13) § 15 III 6a; *Krüger* (Fn. 13) Rdnr. 22 je mwN. – auch Rdnr. 24 zu § 852 BGB. – A.M. *U.Müller* (Fn. 22) 145.
[223] → § 621 Rdnr. 42; *OLG Düsseldorf* FamRZ 1988, 298.
[224] → Rdnr. 12; *KG* OLGRsp 17 (1908), 180 zu § 600. Der Haftungs*grund* (Fn. 42f.) entsteht schon mit der ZV (Abwendungsleistung) u. genügt für §§ 1, 3 KO (§§ 35, 38 InsO), obwohl der Anspruch noch durch die Urteilsaufhebung bedingt ist → Fn. 106.

len Gründe, die bei Aufhebung ohne abschließende Sachentscheidung einer Prüfung des beigetriebenen Anspruchs im *anhängigen Verfahren* entgegenstehen[225]. Daher kann der jetzige Beklagte das **Bestehen seines beigetriebenen Anspruchs** zur Zeit der Vollstreckung oder Abwendungsleistung **einwenden**[226], soweit dieser noch nicht rechtskräftig aberkannt ist[227]. Seine Rechtshängigkeit im anderen Prozeß steht nicht entgegen; das Gericht kann aber die Verhandlung nach § 148 aussetzen[228]. Den dadurch bedingten Aufschub des Ersatzes muß der Geschädigte hinnehmen, wenn er seinen Anspruch nicht nach Abs. 2 S. 2 im Rahmen seiner Verteidigung[229] sondern durch Angriff im neuen Prozeß geltend macht[230]. Hatte das Berufungsurteil den Schadensersatz schon zugesprochen wegen Aufhebung des erstinstanzlichen Urteils, wird es aber wegen Erledigung in der Revisionsinstanz wirkungslos[231], so kann die Klage auf Schadensersatz noch Erfolg haben, wenn sich die Unbegründetheit des ursprünglichen Klaganspruchs im jetzigen Prozeß herausstellt.

48   Soweit der *beigetriebene Anspruch rechtskräftig aberkannt* ist, sind Einreden aus dem ursprünglichen Rechtsverhältnis in dem → § 322 Rdnr. 196 ff., Rdnr. 228 ff. dargelegten Umfang ausgeschlossen; mit Schadensersatzansprüchen wegen Erschleichung des Urteils kann aber aufgerechnet werden[232], soweit man sie bejaht[233]. – Der Ersatzanspruch wird hinfällig, wenn das aufhebende Urteil selbst durch ein zur Sache entscheidendes Urteil wiederum aufgehoben oder durch einen Prozeßvergleich wirkungslos wird → Rdnr. 15.

49   3. Die **Wirkungen der Rechtshängigkeit** werden nach Abs. 2 S. 2 – abweichend von Abs. 3 S. 4 – nur dann zurückdatiert, wenn der Schadensersatzanspruch *im anhängigen Prozeß* geltend gemacht wird → Rdnr. 41. Entsprechend §§ 212, 215 BGB bleibt aber die durch Inzidentantrag bzw. Widerklage bereits eingetretene[234] Rückdatierung erhalten, wenn nach Rücknahme der Klage der Ersatzanspruch binnen sechs Monaten selbständig eingeklagt wird[235]. Abgesehen davon können mit der selbständigen Klage Zinsen nur nach §§ 288, 291 BGB gefordert werden[236].

50   4. Der Inzidentantrag im ersten Prozeß (Rdnr. 37 ff.) begründet die Einrede der *Rechtshängigkeit* gegenüber der später erhobenen Klage, → auch Rdnr. 41, und die Abweisung des Inzidentantrags die Einrede der *Rechtskraft*.

V. Der Bereicherungsanspruch nach Abs. 3

51   Um dem unterlegenen Beklagten einen weiteren Anreiz zur Einlegung der Revision zu nehmen, aber auch wegen des erhöhten Vertrauens auf die Richtigkeit eines Berufungsurteils[237], schließt **Abs. 3** die Schadensersatzpflicht des Abs. 2 unbeschadet des übereinstim-

---

[225] Das gilt auch für den → Rdnr. 8 erwähnten Erstattungsanspruch, *Pecher* (Fn. 22) 223.
[226] Als rechtshindernden Einwand → Rdnr. 34; wie hier *A.Blomeyer* ZwVR § 13 I 6; im Ergebnis *Matthies* ZZP 102 (1989), 108 f. Nur im Ergebnis ebenso, wer statt dessen im selbständigen Prozeß Aufrechnung zulassen will, so *Gaul* (Fn. 13) § 15 III 6a; *Hartmann* (Fn. 13) Rdnr. 11; *Krüger* (Fn. 13) Rdnr. 20; *Wieczorek*² Anm. C III b 1. – A.M. *OLG Düsseldorf* NJW 1974, 1714, das allerdings die Möglichkeit der Aufrechnung offen läßt.
[227] So der Fall *LG Bochum* VersR 1980, 659 → Fn. 154.
[228] *Görres* ZZP 35 (1906), 379; *Goldschmidt* Ungerechtfertigter Vollstreckungsbetrieb (1910) 6 Fn. 35; *A.Blomeyer* (Fn. 226); *Matthies* (Fn. 226) 109 f.; *Seuffert/Walsmann* Anm. 2 h; *Falkmann/Hubernagel* Anm. II 12 f.; *Herget* (Fn. 13) Rdnr. 13 (»zu erwägen«); *OLG Köln* (Fn. 69). Vgl. auch RGZ 65, 68 (zu § 945) u. KG

OLGRspr 25 (1912), 136 (zu § 600). – A.M. *OLG Düsseldorf* (Fn. 226); *LAG Köln* MDR 1993, 684 f.; *Kuttner* (Fn. 41) 248, 252; *Hartmann* (Fn. 13) Rdnr. 13; *Krüger* (Fn. 13) Rdnr. 22.
[229] → Rdnr. 13 nach Fn. 59.
[230] A.M. *OLG Düsseldorf* (Fn. 226); dann dürfte man aber auch bei Aufrechnung nicht aussetzen.
[231] → Fn. 72 a. E. (Rdnr. 15).
[232] Vgl. *RG* Gruch. 44 (1900), 179 f.; *OLG Dresden* OLGRspr 15 (1907), 273.
[233] → dazu § 322 Rdnr. 268.
[234] Zu weit geht *Pecher* (Fn. 22) 192: Analogie zu § 717 Abs. 3 S. 4 auch bei erstmaliger Geltendmachung durch selbständige Klage.
[235] → § 262 Rdnr. 2.
[236] A.M. *Pecher* (Fn. 22) 192.
[237] BGHZ 69, 373, 378 (Fn. 109).

menden Haftungsgrundes aus, wenn ein in einer *vermögensrechtlichen* Streitigkeit[238] ergangenes *kontradiktorisches* Berufungsurteil auf Revision aufgehoben oder abgeändert wird. Für die Aufhebung von Versäumnisurteilen im Einspruchsverfahren bleibt es daher bei § 717 Abs. 2 (Abs. 3 S. 1), für die Aufhebung von Vorbehaltsurteilen im Nachverfahren bei §§ 302 Abs. 4 S. 2, 3 und 600 Abs. 2[239]. Im übrigen ist es unerheblich, ob außer Nr. 10 noch andere Nrn. des § 708 für das Urteil gelten[240].

1. Die Voraussetzungen für die Anwendung des Abs. 3 sind die gleichen wie → Rdnr. 12, 13 (Aufhebung), 17–23 (Sachlegitimation) und 30, 31 (Vollstreckung oder Abwendungsleistung). Der Vollstreckung des Urteils eines OLG steht die Vollstreckung des vom OLG bestätigten landgerichtlichen Urteils sachlich gleich, sofern nur die den Schaden verursachende Vollstreckungsmaßnahme oder Abwendungsleistung *nach Erlaß des Urteils des OLG* geschah[241]. Erfolgte sie jedoch *vorher*, so gilt für sie Abs. 2, auch wenn der hierdurch verursachte Schaden erst danach eintrat[242]. Abs. 3 gilt aber für Vermögenseinbußen, die erst durch die *Fortsetzung*[243] der Vollstreckung oder Abwendungsleistung (besonders bei Unterlassungstiteln) nach Erlaß des bestätigenden Berufungsurteils entstehen[244]. Ob auch eine Sicherheit des Gläubigers dafür weiter haftet, ist eine andere Frage, → § 709 Rdnr. 11. Bleibt jedoch das Urteil erster Instanz vorläufig unberührt, weil das Berufungsurteil nur aus verfahrensrechtlichen Gründen aufgehoben wird, so gilt das → Rdnr. 32 Ausgeführte.

52

2. Abs. 3 schließt jeden Schadensersatzanspruch aus, auch den nach §§ 823ff. BGB[245]. Er gewährt stattdessen nur den Anspruch auf **Erstattung des auf Grund des Urteils Gezahlten**[246] **oder Geleisteten**, also *nicht einer schon kraft Gesetzes verlorenen Zwangshypothek*[247] und unter Ausschluß dessen, was der Beklagte zwar geopfert, der Kläger aber nicht erhalten hat, z.B. Kosten einer Hinterlegung nach § 711, anderseits aber ohne Unterscheidung, ob die Leistung erzwungen wurde oder der Vollstreckungsabwendung diente[248]. Nur auf den *Inhalt* des Anspruchs finden die §§ 818ff. BGB Anwendung[249]. Bei Unterlassungen ist daher nach § 818 Abs. 2 BGB der dem Gläubiger entstehende Vorteil maßgebend[250].

53

---

[238] → § 1 Rdnr. 42ff.
[239] Hier trifft der Gesetzeszweck (Fn. 237) des Abs. 3 ebensowenig zu, *Baur* (Fn. 22) 120, h.M. – A.M. *OLG Düsseldorf* JW 1933, 1038.
[240] Auch Urteile nach § 708 Nr. 5, falls sie auf Revision aufgehoben werden (→ aber Fn. 239 zu § 708 Nr. 4).
[241] BGHZ 69, 377 (Fn. 109).
[242] *BGH* (Fn. 109) mwN; *KG* NJW 1976, 1753; *Lent* NJW 1959, 946.
[243] Geschieht z.B. eine Pfändung *vor*, die Verwertung *nach* Erlaß des OLG-Urteils, so gilt § 717 Abs. 2 nur für den aus der Pfändung entstandenen Schaden, *Pecher* (Fn. 22) 187; denn die Verwertung, die der Gläubiger nach Belieben betreiben oder aufschieben kann, setzt gegenüber der Pfändung eine neue schadensauslösende Ursache.
[244] *BGH* (Fn. 109): Nichtgebrauch einer Warenbezeichnung infolge fortbestehender ZV-drohung, h.M. Hingegen fallen Schäden, die lediglich durch **Fortwirkung** des durch ZV **vor** Erlaß des Berufungsurteils geschaffenen Zustandes nachträglich entstehen, unter → Fn. 242. Daher trifft das vom *BGH* aaO (obiter) genannte Beispiel eines zuvor weggenommenen LKW nicht auf Abs. 3 zu: Der Ausfall der Nutzungen unterfällt *insgesamt* Abs. 2, nur insoweit zutr. *Fricke* WRP 1979, 102. – A.M. (Abs. 3) *Wieczorek*[2] Anm. C IV d I; *Fricke* WRP 1979, 101f., der insoweit nicht berücksichtigt, daß ein titelgemäß unterlassender Schuldner ständig »neue Abwendungsleistung« erbringt, die daher ohne weiteres der Zeit **vor** oder **nach**

Erlaß des OLG-Urteils zugeordnet werden kann, mag auch die Feststellung der jeweiligen Ursächlichkeit schwierig sein.
[245] Begr. zur Nov 1910, 21f.; Kommissionsbericht 10, h.M. – A.M. *Wieczorek*[2] Anm. C V (aber *RG* JW 1906, 89[11] betrifft keinen Fall des § 717 Abs. 3 → Fn. 129, 302); *Krüger* (Fn. 13) Rdnr. 28 für § 826 BGB bei Titelerschleichung. – *LAG Hamm* NJW 1976, 1119 und diesem folgend *Krüger* aaO Rdnr. 31 lehnen über § 291 BGB hinausgehende Verzugszinsen (§ 288 Abs. 2 BGB) ab, weil die ZV aus Urteilen eines OLG oder LAG nicht schuldhaft sei, § 285 BGB (→ Fn. 237). Das mag im Regelfall zutreffen.
[246] Nicht auf Grund von Kostenentscheidungen über erfolglose Rechtsbehelfe des Schuldners (z.B. §§ 766, 900 Abs. 4) dem Gläubiger erstattete Kosten, *BGH* WM 1965, 1022f.
[247] Anders im Falle des Abs. 2 → Fn. 139.
[248] Daher kann z.B. Einwilligung in die Auszahlung eines nach § 720 hinterlegten Erlöses verlangt werden, *RGZ* 103, 352.
[249] Also nicht § 813 BGB; auch § 812 BGB kommt es nicht an, *RGZ* 139, 19ff., ganz h.M. Hiervon zu unterscheiden ist die allgemeine Haftung des Gläubigers nach §§ 812ff. BGB, dazu *Gaul* AcP 173 (1973), 323ff.; *Gerlach* Ungerechtfertigte ZV u. ungerechtfertigte Bereicherung (1986) je mwN.
[250] *Baur* (Fn. 22) 119, *W. v.Stein* GRUR 1970, 159 (zur patentrechtlichen Unterlassung).

54 Die materiellrechtlichen[251] *Wirkungen der Rechtshängigkeit* treten gemäß Abs. 3 S. 4 Hs. 2 unabhängig von der Art der Geltendmachung und grundsätzlich schon mit der Beitreibung oder Leistung ein, so daß Geldleistungen von da an nach §§ 818 Abs. 4, 291 BGB zu *verzinsen* sind, die Haftung für einen herauszugebenden Gegenstand nach § 292 BGB gesteigert ist und § 818 Abs. 3 nicht zur Anwendung kommt[252]. Der Anspruch entsteht, sobald das Urteil aufgehoben ist, auch wenn dies ohne Entscheidung in der Sache selbst[253] oder wenn die Aufhebung durch ein nur vorläufig vollstreckbares Versäumnisurteil (§ 708 Nr. 2) des BGH geschieht. In den Fällen → Rdnr. 14 wird man jedoch folgerichtig die Rückdatierung der Rechtshängigkeit auf den Zeitpunkt abstellen müssen, in dem die Klage unbegründet geworden ist, so daß erst von da an der Schadensausgleich nach § 818 Abs. 4 BGB stattfindet[254]. Der Anspruch erlischt, wenn das Berufungsgericht die Klage nach Aufhebung des Berufungsurteils und Zurückverweisung erneut bestätigt[255].

55 Abgesehen von den → Fn. 249 und 252 genannten Fällen sind **materiellrechtliche Einreden und Einwendungen** im gleichen Umfang zuzulassen wie bei Abs. 2[256], gegenüber der verschärften Haftung nach § 292 BGB auch der Einwand aus § 254 BGB → Rdnr. 36.

56 3. Der Erstattungsanspruch wird entweder durch Antrag **in der Revisionsinstanz** (→ Rdnr. 38) oder durch **selbständige Klage** (→ Rdnr. 45) geltend gemacht. Für diese kommt der Gerichtsstand des § 32 freilich nicht in Betracht, soweit nur Abs. 3 anzuwenden ist.

VI. Entsprechende Anwendung des Abs. 2[257] und verwandte Regelungen

57 1. **Kraft Gesetzes** gilt Abs. 2 entsprechend nach §§ 1042c Abs. 2 S. 3, 1044a Abs. 3.
Für *ausländische Titel* → Anh. § 723 Rdnr. 330, 335 und, soweit nicht das EuGVÜ nebst AVAG bilaterale Vereinbarungen verdrängt hat[258], Anh. § 723 Rdnr. 363 (Schweiz), Rdnr. 367 (Italien), Rdnr. 376 (Belgien), Rdnr. 387 (Österreich), Rdnr. 381 (Großbritannien), Rdnr. 397 (Griechenland), Rdnr. 417 (Niederlande), Rdnr. 430 (Tunesien).

58 *Verwandte Regelungen* mit gleichem oder zumindest ähnlichem Inhalt finden sich in den § 302 Abs. 4 S. 3, 4, § 600 Abs. 2, 641g, § 788 Abs. 2, §§ 945 ZPO, 157 KostO, § 64 GWB. → auch für Wild- und Jagdschadenssachen die in § 707 Fn. 194 genannten Vorschriften.

59 2. Entsprechende Anwendung **ohne gesetzliche Anordnung** kommt sowohl für andere *Titel* als auch für andere *Formen der Aufhebung oder Änderung* vorläufig vollstreckbarer Urteile in Betracht, aber **nur**, soweit die zu → Rdnr. 7ff. genannten materiellen und prozessualen Haftungsgründe in vergleichbarer Weise zutreffen[259]. Das ist keineswegs immer der Fall, wenn Vollstreckungstitel nachträglich entfallen, erst recht nicht, wenn der Wegfall mit einer Aberkennung beigetriebener Ansprüche nicht verbunden ist, → z. B. Fn. 279, 291 ff.

60 a) Die **Analogie ist zulässig**, wenn die Vollstreckbarkeit des wegfallenden Leistungstitels

---

[251] Wegen der prozessualen → Rdnr. 41.
[252] *BAG* AP Nr. 1 = NJW 1961, 1990 (Anm. *Ordemann* NJW 1962, 478). – Der »Einwand« des Gläubigers, er habe aus einer Unterlassung des Schuldners keine Vorteile gezogen, bedeutet jedoch nicht Anwendung des § 818 Abs. 3 BGB, sondern es fehlt schon am »Geleisteten« (§ 717 Abs. 3 S. 2), *v. Stein* (Fn. 250).
[253] → Rdnr. 12, 13.
[254] A.M. *Baur* (Fn. 22) 117. Vgl. auch → Fn. 24, 64.
[255] Vgl. *BGH* NJW 1990, 2756⁹ a. E. (wie bei Abs. 2 → Rdnr. 48).
[256] → Rdnr. 33–35; *OLG München* HRR 1939 Nr. 1534; *Kann* JW 1922, 808; *Baur* (Fn. 22) 119; *Gaul* (Fn. 191) § 15 IV 5, jetzt h. M. – Offengelassen von *RGZ* 139, 20; *BGH* (Fn. 165). – A.M. *RGZ* 103, 352; JW 1933, 1130. Vgl. dazu *Pecher* (Fn. 22) 101 ff.
[257] Wegen Abs. 3 → Fn. 64, 234, 306.
[258] → dazu Anh. § 723 Rdnr. 52, 358.
[259] Heute allg. M., vgl. *BGHZ* 83, 196 (Fn. 311); 95, 13 ff. (Fn. 26) → Rdnr. 71; *Peters* (Fn. 27) § 6 IV 5i mwN. Methodisch für Einzelanalogie *BGHZ* 83, 196; wohl auch *Gaul* (Fn. 13) § 15 V 1; für Rechtsanalogie *BGHZ* 95, 13 ff. (zust. *Gerhardt* JR 1985, 511). Wer aber Einzelanalogie wie hier bejaht, muß damit keineswegs den allgemeinen Rechtsgedanken leugnen, der außer den in Rdnr. 58 genannten Regeln *auch* § 717 Abs. 2 zugrundeliegt. So wohl auch *BGHZ* 83, 196.

im gleichen Sinne wie bei §§ 708 ff. »vorläufig« ist, auch wenn das Gesetz sie nicht so nennt. Das ist der Fall bei *auflösend bedingten Endurteilen*, die wegen der rechtskräftigen Aufhebung eines Zwischen- oder Vorbehaltsurteils (§§ 280 Abs. 2, 304) wegfallen[260], → Rdnr. 1; ferner bei noch nicht rechtskräftigen Beschlüssen des § 794 Abs. 1 Nr. 2 bis 3[261].

Allerdings ist die *Geltendmachung* in einem anhängigen[262] *Beschlußverfahren*, soweit es ohne mündliche Verhandlung stattfinden darf, grundsätzlich ausgeschlossen[263]; es bleibt aber die Klage[264] → Rdnr. 45 ff. Zur »Rückfestsetzung« wegen Aufhebung oder Abänderung von Kostenfestsetzungsbeschlüssen → § 104 Rdnr. 61[265]. **61**

b) Die Analogie ist geboten, wenn bei vorläufig vollstreckbaren Urteilen ein mit ihrer Aufhebung vergleichbarer Fall eintritt. Hierher gehört die *Aufhebung der Vollstreckungsklausel* auf Erinnerung des Gegners nach § 732 oder auf Klage nach § 768. Denn wenn einer durch vorläufig vollstreckbares Urteil nach § 731 erteilten Vollstreckungsklausel durch Aufhebung dieses Urteils die Grundlage entzogen wird (→ § 731 Rdnr. 16), ist § 717 Abs. 2 sicherlich anzuwenden, und im Vergleich dazu stellt sich die im Verfahren ohne obligatorische mündliche Verhandlung (§ 730) erteilte Klausel jedenfalls als das Mindere dar[266]. **62**

Mit einer Aufhebung vergleichbare Fälle sind auch dann gegeben, wenn das vorläufig vollstreckbare Urteil nur auf Grund *nachträglich*[267] entstandener *Klagegründe*, z.B. erst nachträglich eintretender Fälligkeit, oder nur auf Grund einer Klagänderung (§ 263) vom Rechtsmittelgericht bestätigt wird, aber ohne diesen Umstand hätte aufgehoben werden müssen[268]; ebenso eine *Berichtigung* vorläufig vollstreckbarer Urteile zu Ungunsten des Klägers nach § 319, da sie nur aus prozeßökonomischen Gründen die Aufhebung durch Rechtsmittel ersetzt[269], wenn auch der Ersatzanspruch nicht nach § 717 Abs. 2 S. 2, sondern nur im Klageverfahren geltend gemacht werden kann[270]. Auch der Fall → Rdnr. 32 ist hier zu nennen. **63**

Die Beseitigung eines vorläufig vollstreckbaren Urteils (zum rechtskräftigen → Rdnr. 67) **durch Vergleich** kann einer Aufhebung i.S.d. § 717 nur dann gleichstehen, wenn die Parteien ersichtlich davon ausgehen, daß dem Gläubiger der Anspruch bis dahin ganz oder teilweise nicht zugestanden habe; das ist im Zweifel nicht anzunehmen[271], ebensowenig eine still- **64**

---

[260] *Schiedermair* JuS 1961, 216, ganz h.M.
[261] *OLG Nürnberg* Büro 1984, 1097; *OLG Hamm* OLGRsp 29 (1914), 164, allg. M. → Rdnr. 70.
[262] → Rdnr. 37 ff. Nach Verfahrensschluß ist der Antrag auf jeden Fall unzulässig, *OLG Düsseldorf* Büro 1976, 1259 f. (zu § 627 aF).
[263] *OLG Köln* Rpfleger 1976, 220 f.; *Krüger* (Fn. 13) Rdnr. 26.
[264] *OLG Düsseldorf* MDR 1962, 744 f. bejahte stattdessen auch einen Antrag auf Erlaß einer einstweiligen Anordnung analog § 717 Abs. 2 auf Rückgabe von Hausrat, welcher durch ZV eines später aufgehobenen Herausgabebeschlusses gemäß § 627 a.F. erlangt worden war.
[265] Sie verdient Zustimmung; die Rückforderung der Kosten **wegen Aufhebung des Urteils** (§ 104 Rdnr. 64) gehört jedoch ins Hauptverfahren *OLGe München* MDR 1982, 760; *Köln* Rpfleger 1976, 220 = Büro 819; Büro 1988, 494 ff. (abl. *Mümmler*); *OLG Frankfurt/M*. AnwBl 1968, 354; *Gaul* (Fn. 13) § 15 V 3 a Fn. 136; *Krüger* (Fn. 13) Rdnr. 11 Fn. 26 mwN. - Vgl. auch *OLGe Hamm, Bamberg, KG* (alle Fn. 126: Kosten der Sicherheitsleistung des Schuldners). - Für Analogie bei Aufhebung oder Änderung der Kostengrundentscheidung **durch Prozeßvergleich**, → auch Rdnr. 64, falls Zahlung und Rückerstattungsanspruch des Schuldners unstreitig): *KG* MDR 1991, 258 = Büro 389 (Fn. 271); Rpfleger 1987, 432 = MDR 680; *OLG Düsseldorf* Rpfleger 1988, 280 im Anschluß an *OLG Karlsruhe* Büro 1986, 927 (dieses unter Aufgabe

von Rpfleger 1980, 438); *OLG Hamm* Rpfleger 1988, 279 = Büro 1033; *LG Berlin* Rpfleger 1988, 424 = MDR 971. - Für Rückfestsetzung wegen **Erledigung gemäß § 91 a** *OLG Düsseldorf* Rpfleger 1989, 39 f.
[266] *Pecher* (Fn. 22) 188; *Hartmann* (Fn. 13) Rdnr. 20 lit. f; *Krüger* (Fn. 13) Rdnr. 11; *Peters* (Fn. 27) § 6 IV 5 i; *Gaul* (Fn. 13) § 15 V 3 d.
[267] Wegen des maßgeblichen Zeitpunkts → (zum umgekehrten Fall) Rdnr. 14 Fn. 62, vgl. auch Fn. 66.
[268] *Pecher* (Fn. 22) 207 befürwortet wohl sogar unmittelbare Anwendung.
[269] *Pecher* (Fn. 22); *Wieczorek*[2] Anm. B I c 2; *Gaul* (Fn. 13) § 15 V 3c; *Krüger* (Fn. 13) Rdnr. 11; für den Regelfall auch *Hartmann* (Fn. 13) Rdnr. 20 lit. d (nur, wenn die Partei = Gläubiger die Unrichtigkeit erkennen mußte, → dagegen zum Haftungsgrund Fn. 28).
[270] → Rdnr. 61 u. *OLG Hamburg* SeuffArch 55 (1900), 109.
[271] Zust. *Krüger* (Fn. 13) Rdnr. 12 Fn. 35; ähnlich (in der Regel soll Schadensersatz ausgeschlossen sein) *Pecher* (Fn. 22) 208 Fn. 17; *Wieczorek*[2] Anm. B III b 3. **Ohne diese Einschränkungen für Analogie** *Hartmann* (Fn. 13) Rdnr. 23 lit. d a.E.; *Brox/Walker*[4] Rdnr. 76; *OLGe Hamm* MDR 1988, 588 = Rpfleger 279; *Düsseldorf* Rpfleger 1989, 39 f., jeweils im Rahmen der Kostenrückfestsetzung → Rdnr. 61 a.E., auch sonst *KG* MDR 1991, 258. - **Gegen** Analogie *KG* NJW 1963, 662 (zu § 788 Abs. 2); *OLG Frankfurt* OLGRsp 15 (1907), 1; AnwBl

§ 717 VI   Erster Abschnitt: Allgemeine Vorschriften   146

schweigende Vereinbarung einer Ersatzpflicht, die über eine Rückgewähr des zuviel Erhaltenen hinausgeht[272]. → auch Rdnr. 72 Fn. 305 und § 945 Rdnr. 3, Rdnr. 23. – Zum Erlöschen eines *bereits entstandenen* Ersatzanspruchs durch Vergleich → Fn. 73 und Rdnr. 69.

65   c) Eine **Analogie scheidet aus** mit der Folge, daß Schadensersatz nur nach §§ 823 ff. BGB vom Gläubiger oder Fiskus[273] und Herausgabe der Bereicherung nur nach §§ 812 ff. BGB[274] gefordert werden können, falls nicht sogar eine vertragliche Haftung eingreift[275]:

66   aa) Wenn *nicht die Bestandsunsicherheit (Vorläufigkeit) des Titels sondern andere Fehlerquellen in Frage stehen*, z.B. der Titel die Vollstreckung überhaupt nicht[276], noch nicht[277] oder nicht in der vorgenommenen Art und Weise erlaubte oder wenn sonstiges Fehlverhalten der Vollstreckungsorgane oder (und) des Gläubigers zu verfrühter Vollstreckung führte[278]. Ob die Maßnahmen nach § 776 aufgehoben wurden, spielt für § 717 Abs. 2 keine Rolle, solange der Titel erhalten bleibt[279]. § 717 scheidet ferner aus, wenn die Zwangsvollstreckung wegen nachträglicher Einwendungen (→ auch Rdnr. 14) nach § 767 für unzulässig erklärt wird[280], auch bei entsprechender Anwendung des § 767 auf nicht mehr anfechtbare Entscheidungen nach § 79 Abs. 2 S. 3 BVerfGG[281], oder wenn einer Widerspruchsklage nach § 771 stattgegeben wird[282], gleichgültig ob in diesen Fällen der Titel zur Zeit der Vollstreckung schon rechtskräftig war[283]. – Nicht damit zu verwechseln ist die unmittelbare Anwendung des § 717, wenn nach §§ 767 ff. stattgebende, aber nur vorläufig vollstreckbare Urteile nach ihrer Vollziehung gemäß § 775 f. wieder aufgehoben werden, → Fn. 81, 129.

67   bb) Die Analogie ist ferner ausgeschlossen, wenn auf Grund nur *feststellender*[284] oder *endgültig vollstreckbarer Titel* vollstreckt oder geleistet wurde, auch wenn diese dann doch noch wegfallen. Hierher gehören die Aufhebung nach einer Wiedereinsetzung[285] oder auf Grund einer Wiederaufnahme[286], und die damit verwandte Aufhebung eines *rechtskräftig* für *vorläufig vollstreckbar erklärten* Schiedsspruchs → § 1043 Rdnr. 2. Wird ein *rechtskräftig* zuerkannter Anspruch[287] *durch Vergleich* beseitigt, so scheidet mangels besonderer Vereinbarung die Analogie zu § 717 Abs. 2 aus den gleichen Gründen aus[288]. Auch in den →

1968, 354; *LG Köln* Büro 1991, 600 (zu § 788 Abs. 2); *Thomas/Putzo*[18] Rdnr. 2, die aber offenbar die Beseitigung durch Prozeßvergleich mit den Fällen → Rdnr. 68 verwechseln.
[272] Vgl. auch *OLGe Köln* MDR 1971, 673; *Karlsruhe* Justiz 1975, 101 (Sachverhalt) u. 102.
[273] → Rdnr. 24, 142 vor § 704, § 750 Rdnr. 17.
[274] → Rdnr. 23, 141 vor § 704, § 804 Rdnr. 16.
[275] Vgl. z.B. *BGH* WM 1977, 657 f.; NJW 1985, 3080 = MDR 485 f. Zur Subsidiarität der allgemeinen Deliktshaftung *Götz* (Fn. 22) 70, 118 mwN, der aber auf Folgeschäden der §§ 823 ff. BGB zu Unrecht primär (anstelle der Vollstreckungshaftung) anwenden will. Zu den Voraussetzungen einer Haftung gem. §§ 823 I, 826 *BGHZ* 95, 17 ff. (Fn. 26) → Rdnr. 71.
[276] *BAG* JZ 1990, 194 (zust. *Münzberg*) für Feststellungsurteil → Fn. 284; *OLG Colmar* OLGRsp 9 (1904), 39 für wegen Unbestimmtheit nicht vollstreckbaren Titel → Rdnr. 26 ff. vor § 704, § 794 Rdnr. 84.
[277] Z.B. mangels vorläufiger Vollstreckbarkeit wegen § 712 Abs. 1 S. 2 *RGZ* 60, 344 = JW 1905, 430; ebenso in den Fällen des § 894 *BGH* NJW-RR 1992, 1340 (II 2).
[278] *RG* JW 1912, 201[28] (schuldhafter Auftrag an GV). → auch § 811 a Rdnr. 21.
[279] *Pecher* (Fn. 22) 190.
[280] *RG* JW 1898, 506; *Pecher* (Fn. 22) 190 mwN, ganz h.M., → auch Fn. 51. Wegen vollstreckbarer Urkunden → Fn. 290. Ebenso *BAGE* 31, 288 = NJW 1980, 141, 143 a.E. im Falle → § 767 Rdnr. 20 Fn. 192 zu § 60 KO.

[281] *BGHZ* 54, 76 (Fn. 26); zu § 945 *BGH* MDR 1988, 536. Für noch anfechtbare Entscheidungen → aber Fn. 63 a.E., 283.
[282] *RG* Gruch. 50 (1906), 375 u. → Fn. 101, allg. M.
[283] Insoweit ungenau *Hartmann* (Fn. 13) Rdnr. 23 lit. a; denn wenn der Titel nach der ZV rechtskräftig wurde, spielte die Bestandsunsicherheit keine Rolle mehr; wurde er aber auf Rechtsmittel aufgehoben, so gilt Abs. 2 unmittelbar, und das auch nur im Verhältnis Gläubiger-Schuldner → Fn. 101; die Vorläufigkeit geht nur sie an, nicht Dritte.
[284] → Rdnr. 31 a.E. Dies gilt selbst dann, wenn auf Leistung hätte geklagt werden können: *BAG* (Fn. 276).
[285] *Pecher* (Fn. 22) 189; *Krüger* (Fn. 13) Rdnr. 12, h.M. Ob vor oder nach Rechtskraft vollstreckt wurde, ist auch hier unerheblich, → Fn. 283. – A.M. *Hartmann* (Fn. 13) Rdnr. 23 lit. a, b; *Wieczorek*[2] Anm. B I c 1 (wenn dem Gläubiger das Wiedereinsetzungsgesuch erkennbar war; damit werden aber systemwidrig Verschuldensaspekte beim Anspruchsgrund eingeführt, → dagegen Fn. 29).
[286] → § 590 Rdnr. 15 (auch zur entspr. Anw. des Abs. 3).
[287] Zum vorläufigen → Rdnr. 64.
[288] Zum umgekehrten Fall des Erlöschens eines bereits nach § 717 entstandenen Anspruchs durch Vergleich → Fn. 73.

Rdnr. 66 genannten Fällen ist es unerheblich, ob die Vollstreckung stattgefunden hatte, bevor der Titel rechtskräftig geworden war, → Fn. 283.

Erst recht scheidet § 717 aus, wenn der Titel keine Entscheidung[289] sondern ein *Parteiakt* (§ 794 Abs. 1 Nr. 1, 5, § 1044b), insbesondere ein Prozeßvergleich, war[290], denn hier hatten die Parteien die Vollstreckbarkeit als endgültige vereinbart; im übrigen könnten sie die Folgen eines etwaigen Wegfalls vertraglich regeln. **68**

cc) Der *Wegfall vorläufig vollstreckbarer Urteile infolge Parteiverhaltens* steht einer Aufhebung grundsätzlich nicht gleich. Das gilt für die Klagerücknahme auch dann, wenn die Wirkungslosigkeit gemäß § 269 Abs. 3 S. 3 festgestellt wird, denn der Beschluß enthält weder eine sachliche noch eine prozessuale Beurteilung der wirkungslosen Entscheidung[291]. Auch die Erledigung der Hauptsache gemäß § 91a kann auf zu verschiedenen Gründen beruhen, als daß man § 717 entsprechend anwenden dürfte[292], wie auch umgekehrt die Erledigung oder Rücknahme einen bereits entstandenen Anspruch nach § 717 Abs. 2 nicht erlöschen läßt, auch wenn das ihn zusprechende Urteil durch die Erledigung wirkungslos wird[293]. Bei *einseitiger* Erledigungserklärung ist zu differenzieren: keine Analogie, wenn der Antrag des Klägers erfolgreich ist[294]; anders, wenn er abgelehnt und die Klage abgewiesen wird, da sonst Abs. 2 durch unberechtigte Erledigungserklärungen gezielt ausgeschaltet werden könnte[295]. Wegen der Beseitigung eines Titels durch *Vergleich* → Rdnr. 64 (vor Rechtskraft), Rdnr. 67 (nach Rechtskraft). Zum Einfluß eines Vergleichs auf bereits nach § 717 entstandene Ersatzansprüche → Fn. 73. **69**

dd) Der Wegfall *einstweiliger Unterhaltstitel* nach §§ 620 S. 1 Nr. 4, 6, 641d, mag er durch Aufhebung (§§ 620b, c, 641d Abs. 3) oder aus sonstigen Gründen (§§ 620f., 641e, f) eintreten, rechtfertigt nicht die Anwendung des § 717 Abs. 2 oder § 945; denn die Ausnahme des § 641g zeigt, daß in den übrigen Fällen keine Regelungslücke, sondern bewußte Herabsetzung des Risikos des Antragstellers anzunehmen ist[296]. Entsprechendes gilt für einstweilige Anordnungen gem. § 127 a[297]. Für Beschlüsse nach **§ 44 WEG** gilt nach h. M. § 945 entsprechend[298]. **70**

---

[289] § 1044a (→ Rdnr. 57) ist keine Ausnahme, weil die Vollstreckbarerklärung Entscheidung ist.

[290] *BGH* WM 1977, 657; WM 1985, 767; *OLG Karlsruhe* Justiz 1975, 101f. mwN u. OLGZ 1979, 370 (Prozeßvergleich im Arrestverfahren); *OLG Düsseldorf* MDR 1992, 903 = NJW-RR 1530; *Pecher* (Fn. 22) 190; *Krüger* (Fn. 13) Rdnr. 12; *Gaul* (Fn. 13) § 15 V 4d mwN, allg. M.

[291] *A.Blomeyer* ZwVR § 13 III a.E. Vgl. auch *BGH* NJW 1963, 854 zu § 94 RAbgO (aF) u. die einzige gesetzliche Ausnahme § 641g. – A.M. *Pecher* (Fn. 22) 207 mwN. Eine Ausnahme wird man machen können, soweit Klagerücknahme gegen den Willen des Beklagten zulässig ist u. diesem damit die Chance einer Klagabweisung genommen wird; vgl. auch *Damrau* FamRZ 1969, 589. Sonst mag er eine Einwilligung vom freiwilligen Schadensersatz abhängig machen.

[292] *BGH* NJW 1988, 1268 = WM 553 = ZZP 102 (1989), 98 (krit. *Matthies*); *BVerwG* NJW 1981, 699. Auch wenn die Kostenentscheidung zu Ungunsten des Klägers ergeht: *BGH* MDR 1972, 765 = NJW 1283[10] (L); *RG* LeipZ 1921, Sp.147 = Recht Nr. 2629. – A.M. *Pecher* (Fn. 22) 207; *Landsberg* ZMR 1982, 69; *Matthies* aaO 103, 106ff., jew. mwN.

[293] → Rdnr. 47 a. E.

[294] Zu weitgehend *BVerwG* NJW 1981, 699, das jede Analogie ablehnt. Anders als bei der beiderseitigen Erledigung impliziert die Ablehnung der einseitigen Erledigungserklärung eine Prüfung u. Feststellung, daß die Klage im Zeitpunkt der Erledigung unzulässig oder unbegründet war, die ZV daher unberechtigt war. → Fn. 295.

[295] Gegen eine generelle, von *Matthies* ZZP 102 (1989), 109 Fn. 21 befürwortete Analogie spricht, daß die Feststellung der Erledigung die Zulässigkeit und Begründetheit der Klage im Zeitpunkt des erledigenden Ereignisses voraussetzt und damit die Analogiebasis »unberechtigte Vollstreckung« fehlt.

[296] → § 620f. Rdnr. 17 mwN auch zur Gegenansicht; *BGHZ* 93, 183, 188 = NJW 1985, 1075 (nur im Ergebnis zust. *Kohler* ZZP 99 [1986], 34, 36); *OLG Nürnberg* Büro 1984, 1097; *Thomas/Putzo*[18] Rdnr. 6; *Herget* (Fn. 13) Rdnr. 5. – A.M. *Grunsky* → § 945 20. Aufl. Rdnr. 15 (nur für § 641d Analogie ausgeschlossen); *Ditzen* FamRZ 1988, 349 mwN (in der Ungleichbehandlung des Anordnungsschuldners nach § 620 S. 1 Nr. 6 liege Verstoß gegen Art. 3 Abs. 1 GG).

[297] Wie hier z.B. *Herget* (Fn. 13) Rdnr. 5. Auch dann, wenn keine mündliche Verhandlung oder Anhörung der Ag vorausgeht (kein tertium comparationis) – a.M. *AG Viersen* FamRZ 1984, 300.

[298] *BGHZ* 111, 148, 153 = NJW 1990, 2386f. Begründung liefert *BGHZ* 120, 265 (Fn. 83). – A.M. *KG* MDR 1989, 742f. = NJW-RR 1163 = WuM 351; NJW-RR 1992, 211; *Hartmann* (Fn. 13) Rdnr. 24 lit. h.

[299] → § 707 Rdnr. 26f.

71 ee) Für den umgekehrten Fall, den *Aufschub einer Vollstreckung durch einstweilige Maßnahmen*[299], sieht das Gesetz, soweit nicht § 945 zutrifft, ebenfalls *keinen Schadensersatzanspruch des Gläubigers* vor, wenn die Maßnahmen aufgehoben werden[300] oder mit dem Obsiegen des Gläubigers entfallen[301]. Die h.M. sieht auch darin keine Gesetzeslücke und lehnt die Analogie ab[302]; trotz rechtspolitischer Zweifel ist dem nach geltendem Recht zuzustimmen[303]. Das gleiche gilt für Einschränkungen der Vollstreckbarkeit nach § 712[304].

72 Ebensowenig entsteht dem nach § 767 obsiegenden *Schuldner* (→ Fn. 280) über den Rahmen der §§ 91 ff. hinaus ein Anspruch analog § 717 Abs. 2 auf Ersatz von Kosten und Zinsen, die er für eine zu seinen Gunsten gerichtlich angeordnete oder gütlich vereinbarte[305] einstweilige Einstellung der Vollstreckung des angegriffenen Titels aufgewandt hatte.

VII. Arbeitsgerichtliches Verfahren

73 § 717 gilt auch dort, § 62 Abs. 2 ArbGG. Die bisherigen Darlegungen bedürfen insoweit folgender Ergänzung:

1. Bei Urteilen der *Landesarbeitsgerichte* tritt entsprechend Abs. 3 die verminderte Haftung ein[306].

74 2. Die Ansprüche gemäß § 717 Abs. 2, 3 können wie sonst entweder im anhängigen Verfahren oder durch selbständige Klage geltend gemacht werden[307]. Für den *Zuständigkeitskatalog* des § 2 ArbGG ist der Anspruch gemäß § 717 Abs. 2 trotz Rdnr. 9 f. wie ein solcher aus unerlaubter Handlung zu behandeln[308]. Wenn der ursprüngliche Kläganspruch ein vertraglicher ist, muß ein Zusammenhang zwischen dem Schadensersatzanspruch und dem Arbeits- oder Lehrverhältnis stets angenommen werden; die Zuständigkeit des Arbeitsgerichts wird aber auch dann zu bejahen sein, wenn in dem aufhebenden Urteil das Arbeits- oder Lehrverhältnis gerade verneint ist, arg. § 2 Nr. 2 ArbGG (»Nichtbestehen«)[309]. – Zur unberechtigten Vollstreckung eines Weiterbeschäftigungsurteils → Rdnr. 26 Fn. 116.

VIII. Anwendung im öffentlichen Recht

75 § 717 gilt grundsätzlich auch im **verwaltungsgerichtlichen Verfahren**, § 167 Abs. 1 VwGO[310]; für Urteile auf Anfechtungs- und Verpflichtungsklagen jedoch nur hinsichtlich der Kostenentscheidung, § 167 Abs. 2 VwGO.

---

[300] → § 707 Rdnr. 22 f.
[301] → § 707 Rdnr. 19.
[302] Für § 771 Abs. 3 BGHZ 95, 13 ff. (Fn. 26) mwN = JR 508 (zust. *Gerhardt*); *RG* (Fn. 129); *OLGe München* MDR 1989, 552; *Bamberg* SeuffArch 71 (1916), 196; *Gaul* (Fn. 191) § 15 V 4a; *Hartmann* (Fn. 13) Rdnr. 24 lit. g; *Krüger* (Fn. 13) Rdnr. 12 mit Verweis auf möglichen Anspruch auf Ersatz des Verzugsschadens; *Wieczorek*[2] Anm. B I c 3 mwN. – A.M. für § 771 Abs. 3 *Häsemeyer* NJW 1986, 1028; für § 769 u. die Fälle seiner entsprechenden Anwendung W. *Weber* AcP 141 (1935), 257 ff.; *Pecher* (Fn. 22) 189 mwN; LG Frankfurt/M. MDR 1980, 409.
[303] *Baur* (Fn. 22), S. 122; *Wieczorek*[2] Anm. B I c 3.
[304] Vgl. die → Fn. 303 Genannten.
[305] OLG Karlsruhe Justiz 1975, 102.
[306] Allg. M., BAGE 11, 202 = NJW 1961, 1990 = MDR 966 = JZ 1962, 98; BAGE 12, 158 = AP Nr. 2 (Pohle) = JZ 1962, 286 = NJW 1125; LAG Hamm NJW 1976, 1119 = MDR 610.

[307] BAGE 11, 202 (Fn. 306). → dazu Rdnr. 37 ff., 45 ff.
[308] → auch Rdnr. 24 mit Fn. 107, 222.
[309] *Grunsky* ArbGG[6] § 62 Rdnr. 9; vgl. auch BAGE 12, 158 (Fn. 306).
[310] BVerwGE 60, 334; BVerwG NJW 1960, 1875 = DVBl 1961, 42 (in Konkurrenz zum Folgenbeseitigungsanspruch); *Eyermann/Fröhler*[9] § 167 VwGO Rdnr. 19; *Kopp*[9] § 167 VwGO Rdnr. 1, 13 a. – Dagegen bejaht der BGH für Klagen aus § 945 wegen der materiellrechtlichen Natur des Ersatzanspruchs (→ Rdnr. 24) den Rechtsweg zu den ordentlichen Gerichten, BGHZ 63, 277 = NJW 1975, 541 (Steuerarrest); auch nach Aufhebung einer einstweiligen Anordnung gemäß § 123 VwGO durch das VG, BGHZ 78, 127 = NJW 1981, 349; BGHZ 120, 73 = NJW 1993, 1076. Vgl. auch BGH NJW 1982, 2815 = DöV 870. – Im **sozialgerichtlichen** Verfahren gelten die §§ 708 ff., 916 ff. nicht, § 198 Abs. 2 SGG; vgl. dazu BSG AP Nr. 3 = NJW 1968, 567, aber auch BSG NJW 1956, 1415.

Eine entsprechende Anwendung des § 717 Abs. 2 auf den Vollzug eines *später aufgehobenen Verwaltungsakts* scheidet jedoch aus[311]; insbesondere bei behördlicher Anordnung des Sofortvollzugs gemäß § 80 Abs. 2 Nr. 4 VwGO, weil diese nicht im Belieben der Behörde steht, sondern durch überwiegende öffentliche Interessen geboten sein muß[312].

§ 718 [Vorabentscheidung über vorläufige Vollstreckbarkeit]

(1) In der Berufungsinstanz ist über die vorläufige Vollstreckbarkeit auf Antrag vorab zu verhandeln und zu entscheiden.
(2) Eine Anfechtung der in der Berufungsinstanz über die vorläufige Vollstreckbarkeit erlassenen Entscheidung findet nicht statt.

Gesetzesgeschichte: Bis 1900 § 656 CPO. Änderung RGBl. 1924 I 135.

I. § 718 Abs. 1 betrifft nur die Entscheidung über die vorläufige Vollstreckbarkeit des **Urteils erster Instanz**. Da sie ihre eigenständige Bedeutung für die Vollstreckung[1] nur so lange behält, bis das Verfahren mit der Verkündung des Berufungsurteils eines LG rechtskräftig abgeschlossen ist oder bis das OLG neu über die Vollstreckbarkeit entschieden hat[2], ist ein Antrag hierzu nur dann sinnvoll, wenn er bald und jedenfalls vor dem Endurteil des Berufungsgerichts beschieden wird. Deshalb ist **auf Antrag eine Vorabentscheidung über die vorläufige Vollstreckbarkeit** vorgeschrieben. § 718 Abs. 1 ist gegenstandslos, wenn die Vollstreckbarkeit der *einzige* Gegenstand des Berufungsverfahrens ist[3], und er kann für Schuldner entbehrlich werden durch erfolgreiche Anträge nach § 719. Er gilt nur für *angefochtene* Urteile (→ § 714 Fn. 3) und nicht im Einspruchsverfahren, → auch § 714 Rdnr. 2, 5. 1

§ 718 betrifft *alle* in der Berufungsinstanz zulässigerweise begehrten Änderungen der vorläufigen Vollstreckbarkeit des Urteils erster Instanz, gleichgültig wie der Prozeß in die zweite Instanz gelangt ist und ob die Abänderung durch Berufungsanträge nach § 519 oder Anschließungsanträge nach § 521 verlangt wird[4], z.B. ein versäumter Ausspruch nach § 711[5], die Ermäßigung[6] oder Erhöhung[7] der Sicherheit; zur *Art* der Sicherheit → aber § 709 Rdnr. 7a. Auch wenn solche Anträge *in der Berufungsinstanz erstmalig gestellt werden*[8], folgt die Pflicht zur Vorabentscheidung aus der (zumindest entsprechenden) Anwendung des § 718 Abs. 1[9]. 2

---

[311] Vgl. *BGHZ* 39, 77 = NJW 1963, 853 (Steuerbescheid); *BGHZ* 83, 190, 196f. = NJW 1982, 2813, 2815 (Heranziehungsbescheid zur Bardepotpflicht); *Kopp*[9] § 167 VwGO Rdnr. 13a, 21.
[312] *BVerwG* NVwZ 1991, 270 (Widerruf gewerberechtlicher Erlaubnis). Der Betroffene hat u. U. Ansprüche aus § 113 Abs. 1 S. 2 VwGO und Art. 34 GG i. V. m. § 839 BGB, *BGHZ* 39, 77.
[1] Zur Bedeutung für die Haftung → § 717 Rdnr. 52.
[2] → § 708 Rdnr. 26. – A. M. *BGHZ* 11, 303 = LM Nr. 1 zu § 109 (ohne Begr.); *OLG Nürnberg* NJW 1959, 535 u. hiergegen *Lent* aaO 946f.
[3] *OLGe Frankfurt, Nürnberg* NJW 1982, 1890; 1989, 842. Für den *Schuldner* scheidet § 718 Abs. 1 aus, soweit ein Beschluß nach § 534 reicht; → auch § 534 Rdnr. 3, 6.
[4] *OLG Bamberg* FamRZ 1990, 184 behandelt solche Anträge als Anschließung; die *OLGe Hamburg* MDR 1970, 244; *Frankfurt* FamRZ 1983, 1260f.; *Düsseldorf* FamRZ 1985, 307 (Umdeutung) lassen sie auch als erstmalige Anträge ohne förmliche Anschließung genügen, zust. *Grunsky* → § 521 Rdnr. 7 mwN. *OLG Karlsruhe* OLGZ 1975, 485 = Justiz 473 läßt offen, ob sie überhaupt als Anschließung zu werten sind (s. dagegen *Zöller/Herget*[18] § 714 Rdnr. 1 für erstmalige Anträge, anders für Korrektur fehlerhafter Entscheidungen über vorläufige Vollstreckbarkeit aaO § 718 Rdnr. 2). → auch § 714 Rdnr. 4 Fn. 14.
[5] → § 716 Rdnr. 3.
[6] Vgl. *RGZ* 104, 303; *OLG Karlsruhe* (Fn. 4); *OLG Dresden* OLGRsp 6, 409, → §709 Rdnr. 7.
[7] *OLG Frankfurt* OLGZ 1994, 471f.
[8] → § 714 Rdnr. 3f.
[9] → § 714 Rdnr. 3 mwN auch zur Gegenansicht; ausführl. Begründung → 19. Aufl. § 718 Fn. 3ff.

3   Für Anträge, die einen Einstellungsbeschluß betreffen[10], kommt § 718 nicht in Betracht; s. aber § 770 S. 2. Die Vollstreckbarerklärung des nicht angefochtenen Teils des Urteils durch Beschluß nach § 534 hat sachlich (nicht unbedingt zeitlich) den Vorrang[11].

4   II. Wird die Abänderung des ersten Urteils zur Hauptsache und zur Vollstreckbarkeit begehrt, so hat *jede Partei das Recht zu verlangen*, daß über die Vollstreckbarkeit **vorab verhandelt und entschieden** werde, auch wenn die Vollstreckung noch nicht begonnen hatte. Sogar nach ihrer Beendigung kann (seitens des Gläubigers) ein Bedürfnis dafür bestehen, denn eine Herabsetzung oder der Wegfall der Sicherheitsleistung kann dann noch erheblich sein[12]. Das Berufungsgericht[13] hat nach Prüfung der Zulässigkeit der Berufung[14] die vorläufige Vollstreckbarkeit selbständig und ohne Rücksicht auf die Richtigkeit der erstrichterlichen Entscheidung in der Hauptsache[15] zu prüfen. Das Urteil muß, auch wenn es nur die Sicherheit betrifft[16], auf Grund mündlicher Verhandlung ergehen, und es wird dafür ein besonders naher Termin anzuberaumen sein; im einzelnen → § 714 Rdnr. 1, 6, 7, 8. Es ist ein vorläufiges Teilendurteil, kein Zwischenurteil[17], bedarf selbst keiner Vollstreckbarerklärung und kann durch das Schlußurteil zur Hauptsache gemäß § 717 Abs. 1 kraftlos werden[18]. Wegen § 717 Abs. 2 → dort Rdnr. 12.

5   III. Nach **Abs. 2** sind **Urteile der Oberlandesgerichte der Revision entzogen**, soweit sie – auch erstmals – über die vorläufige Vollstreckbarkeit entscheiden. Das gilt selbst dann, wenn die §§ 708 ff. verletzt sind[19]. Abs. 2 gilt aber nicht für die Anfechtung des nach § 717 Abs. 2 erlassenen Urteils[20].

6   IV. Wegen der **Kosten** → § 91 Rdnr. 7. Besondere *Gebühren* entstehen nicht[21].

7   V. § 718 gilt auch im **arbeitsgerichtlichen Verfahren**[22].

§ 719   [Einstweilige Einstellung bei Rechtsmittel und Einspruch]

(1) ¹Wird gegen ein für vorläufig vollstreckbar erklärtes Urteil der Einspruch oder die Berufung eingelegt, so gelten die Vorschriften des § 707 entsprechend. ²Die Zwangsvollstreckung aus einem Versäumnisurteil darf nur gegen Sicherheitsleistung eingestellt werden, es sei denn, daß das Versäumnisurteil nicht in gesetzlicher Weise ergangen ist oder die säumige Partei glaubhaft macht, daß ihre Säumnis unverschuldet war.

(2) ¹Wird Revision gegen ein für vorläufig vollstreckbar erklärtes Urteil eingelegt, so ordnet das Revisionsgericht auf Antrag an, daß die Zwangsvollstreckung einstweilen einge-

---

[10] → § 707 Rdnr. 22.
[11] → Fn. 3, 18 u. § 534 Rdnr. 3, 4, 6.
[12] → § 709 Rdnr. 11; *Furtner* Vorläufige Vollstreckbarkeit (1953) 140; *Baumbach/Hartmann*[52] Rdnr. 1; *Förster/Kann* ZPO³ Anm. 2; vgl. auch BGH ZZP 72 (1959) 200 = MDR 1959, 122. Nachträgliche Erhöhung der Sicherheit scheidet jedoch aus *OLG Hamm* MDR 1949, 369, allg.M. Beweisaufnahmen über solche Fragen wären allerdings mit dem Zweck der Vorschrift (Rdnr. 1) unverträglich, *Wieczorek*² Anm. C II b. – **A.M.** (Rechtsschutzbedürfnis fehle auch für Gläubiger) *OLG Köln* MDR 1980, 764; nach Abwendungsleistung *OLG Hamburg* VersR 1984, 895; *MünchKommZPO-Krüger* Rdnr. 3; *Thomas/Putzo*[18] Rdnr. 2.
[13] Nach *OLG Frankfurt* OLGZ 1990, 931 = MDR 931; *Thomas/Putzo*[18] Rdnr. 1 nicht durch Einzelrichter; a.M. *Zöller/Herget*[18] Rdnr. 3.
[14] Nur soweit sofort nach Berufungsbegründung tunlich → Rdnr. 1, u. U. sogar noch davor *OLG Frankfurt* (Fn. 7).
[15] *OLG Karlsruhe* FamRZ 1987, 496, allg. M.
[16] RGZ 66, 305; 104, 303. → dazu § 709 Rdnr. 7a.
[17] RGZ 25, 424.
[18] RGZ 25, 424, allg. M. Ebenso durch Beschluß nach § 534, falls er nachträglich erlassen wird, → auch Fn. 3. § 318 ist insoweit eingeschränkt.
[19] RGZ 59, 64 f., JW 1905, 502, → auch § 716 Fn. 12.
[20] → § 717 Rdnr. 44; zust. *Krüger* (Fn. 12) Rdnr. 4.
[21] *OLG Hamm* MDR 1975, 501 (Verhandlung gehört zum Rechtszug, § 37 Nr. 3 BRAGO), ganz wohl § 49 Abs. 1 BRAGO trifft nicht zu (a.M. *Thomas/Putzo*[18] Rdnr. 5), Abs. 2 betrifft nur §§ 534, 560. Zum Wert s. *KG* MDR 1974, 323.
[22] → auch § 714 Rdnr. 9.

stellt wird, wenn die Vollstreckung dem Schuldner einen nicht zu ersetzenden Nachteil bringen würde und nicht ein überwiegendes Interesse des Gläubigers entgegensteht. ²Die Parteien haben die tatsächlichen Voraussetzungen glaubhaft zu machen.
(3) Die Entscheidung kann ohne mündliche Verhandlung ergehen.

Gesetzesgeschichte: Bis 1900 § 657 CPO. Änderungen RGBl. 10 I 768, BGBl. 76 I 3281.

I.[1] Gemäß **Abs. 1** kann nach Einlegung des **Einspruchs** oder der **Berufung**[2] entsprechend § 707 die **Einstellung oder Beschränkung der Vollstreckung** trotz fortdauernder Vollstreckbarkeit durch **einstweilige Anordnung** verfügt werden, → Bem. zu § 707; dort ist § 719 **Abs. 1 miterläutert** mit Ausnahme der Besonderheiten für Versäumnisurteile[3] und jener Überlegungen, die bei § 719 Abs. 1 zu dem (über § 707 auch hier maßgeblichen) Begriff »nicht zu ersetzender Nachteil«[4] u.U. noch zusätzlich anzustellen sind wegen der Einbeziehung der vorläufigen Vollstreckbarkeit[5]. Zu **Abs. 2** → Rdnr. 7 ff. 1

1. § 719 gilt auch für Urteile, deren vorläufige Vollstreckbarkeit auch ohne Ausspruch eintritt[6] oder von einer Sicherheitsleistung abhängig ist – einschließlich der Fälle des § 720 a[7] – oder durch Sicherheitsleistung abgewendet werden kann, da auch sie »vorläufig vollstreckbar« sind[8]; ferner für Beschlüsse nach § 534[9], für Vollstreckungsbescheide[10] und für aufhebende Urteile[11]. Zweifel bezüglich des vollstreckungsfähigen Inhalts stehen einer Einstellung nicht entgegen[12]. – Wegen entsprechender Anwendung der §§ 707, 719 und ähnlicher Fälle → § 707 Rdnr. 26 ff. Über einstweilige Verfügungen zugunsten des Gläubigers trotz Einstellung der Vollstreckung → Rdnr. 95 vor § 704, über solche zugunsten des Schuldners oder Dritter → Rdnr. 96 f. vor § 704. 2

2. Wegen der **Entscheidung** über den Antrag nach Abs. 1 S. 1 → **§ 707** Rdnr. 4–6 (Voraussetzungen), Rdnr. 7 (zulässige Anordnungen), Rdnr. 8, 20 (Haftung der Sicherheit, Wegfall ihrer Veranlassung, Eintritt des Sicherungsfalles → § 707 Fn. 78), Rdnr. 9–16 (Einstellung ohne Sicherheit), Rdnr. 17 (Herabsetzung der Sicherheit), Rdnr. 18 (Aufhebung von Vollstreckungsmaßregeln), Rdnr. 19–19b (Wirkung der Anordnung), Rdnr. 21 (Verfahren). Da während eines **Berufungsverfahrens** schon die §§ 709, 711 f. weitgehenden Schutz gewähren, überwiegen oft die Interessen des Gläubigers. → auch § 707 Rdnr. 22 zur **Abänderung**, Rdnr. 23 f. zur **Anfechtung** und Rdnr. 25 zu Kosten und Gebühren. 3

3. Werden **Versäumnisurteile** oder **Vollstreckungsbescheide** (§ 700) nach §§ 338 ff. oder § 513 Abs. 2 angefochten[13], so setzt eine Einstellung **ohne** Sicherheitsleistung nach Abs. 1 S. 2 *außer* den beiden zu § 707 Rdnr. 9 ff. genannten Erfordernissen[14] (wobei es für die »Erfolgsaussicht« im Falle § 513 Abs. 2 freilich nur auf dessen Voraussetzungen, auf die 4

---

[1] *E. Schneider* MDR 1973, 356 ff.; *H.-U. Maurer*, Einstw. Anordnungen in der ZV usw. (Diss. Tübingen 1981) 89ff.
[2] Näheres → § 707 Rdnr. 2.
[3] → unten Rdnr. 4f.
[4] → § 707 Rdnr. 10ff.
[5] Sie spielt in § 707 keine Rolle; → dazu Rdnr. 13.
[6] → § 708 Rdnr. 13a; aber Zurückhaltung geboten → § 707 Rdnr. 6a.
[7] *OLGe Düsseldorf, Frankfurt, Hamburg* NJW-RR 1987, 702 = MDR 415; Rpfleger 1989, 115 = MDR 462; NJW-RR 1990, 1024. Näheres → § 707 Rdnr. 7 mwN.
[8] → § 707 Fn. 57.
[9] → dort Rdnr. 6.
[10] → § 700 Rdnr. 3.
[11] → § 717 Rdnr. 3, 6.
[12] *MünchKommZPO-Krüger* Rdnr. 3 (zutreffend begründet) mwN auch zur Gegenansicht.
[13] Zur Wiedereinsetzung wegen **verspäteten** Einspruchs → Rdnr. 6a.
[14] S. 2 schränkt den auch hier geltenden S. 1 nur ein, BT-Drucks. 7/2729 S. 109; *OLGe Frankfurt* MDR 1982, 588 f.; *Hamburg* NJW 1979, 1464; *KG* MDR 1984, 61; *Zöller/Herget*[18] Rdnr. 2; für den Einspruch auch *Krüger* (Fn. 12) Rdnr. 7. – A.M. *OLG Düsseldorf* MDR 1980, 675 f.; *LG Düsseldorf* MDR 1981, 941; *OLGe Hamm* MDR 1978, 412 (offenlassend aber NJW 1981, 132); *Köln* NJW-RR 1988, 1468 = Büro 1086; *AK-ZPO-Schmidt-von Rhein* (1987) Rdnr. 2; *Baumbach/Hartmann*[52] Rdnr. 3; *Müssig* ZZP 98 (1985) 324 ff.

Hauptsache aber erst nach Aufhebung und Zurückverweisung ankommt[15]) noch weiter voraus, daß eines der in Abs. 1 S. 2 erwähnten Merkmale gegeben ist; es muß also entweder
a) das Versäumnisurteil *nicht in gesetzlicher Weise* ergangen sein[16], was nach dem Wortlaut des S. 2 nicht nur glaubhaft zu machen, sondern eindeutig festzustellen ist[17]. Ungesetzlich erlassen sind auch verfrüht (vgl. § 699 Abs. 1) ausgefertigte Vollstreckungsbescheide[18];

5 b) oder die säumige Partei muß glaubhaft machen, ihre *Versäumnis* der Verhandlung (§§ 330ff.), der Anzeige (§ 331 Abs. 3) oder des Widerspruchs (§§ 699 Abs. 1 S. 1, 700 Abs. 1)[19] sei *unverschuldet* gewesen. Die Fälle des § 513 Abs. 2 werden einschließlich der Verstöße gegen § 337 allerdings schon durch das zu a) genannte Merkmal erfaßt[20].

6 Für das **Verschulden** genügt zwar auch leichte Fahrlässigkeit; denn Beschränkung auf geplante, »prozeßtaktische Säumnis«, auf welche die Vorschrift vor allem abzielt[21], hätte wegen Beweisschwierigkeiten zu ihrer Bedeutungslosigkeit geführt. Dennoch sollte man dieses typische Regelungsziel nicht übersehen und eine wenigstens **vorläufige** Einstellung[22] ohne Sicherheitsleistung zumindest für **zulässig** halten, wenn die Glaubhaftmachung zunächst nur bezüglich Vorsatzes, aber nicht schlüssig auch bezüglich der Fahrlässigkeit gelingt und daher noch »nachgehakt« werden muß. Ob aber die Maßnahme auch **angemessen** ist im Hinblick auf die Lage des **Gläubigers**, ist um so sorgfältiger zu prüfen, als er durch sie u. U. wertvolle Zeit verliert.

6a Wird wegen **verspäteten Einspruchs Wiedereinsetzung** beantragt, so mag es zwar vertretbar sein, zunächst § 707 unmittelbar anzuwenden, jedoch nur bis zur Wiedereinsetzung[23]. Ab dann gilt für die Einschränkung des § 719 Abs. 1 S. 2, da zusätzliche Säumnis, mag sie auch unverschuldet sein, den Schuldner nicht auf Dauer besser stellen darf, als hätte er rechtzeitig Einspruch eingelegt. Daher sollte man in solchen Fällen stets nach § 233 Abs. 1 S. 2 verfahren und eine Einstellung **ohne** Sicherheit nach § 707 Abs. 1 S. 2 vorerst nur bis zur Entscheidung über die Wiedereinsetzung gewähren, von da an aber Glaubhaftmachung nach § 719 Abs. 1 S. 2 verlangen.

7 II. Um verzögernde Revisionen hintanzuhalten[24], schließt **Abs. 2 für die Revisionsinstanz** die Anwendung der §§ 707, 719 Abs. 1 aus[25] und schränkt die Einstellungsmöglichkeit des Revisionsgerichts sowohl nach ihren Voraussetzungen (→ Rdnr. 9 ff.) als auch inhaltlich (→ Rdnr. 20) ein, was entsprechend auch für **§ 568 a** mit § 572 gilt[26]. Aus anderen Gründen darf nicht eingestellt werden[27].

8 1. **Zuständig** sind die Senate (§ 557a) des BGH, in Arbeitssachen jene des BAG. Das BayObLG kann noch vor seiner Entscheidung über die Zuständigkeit (§ 7 Abs. 2 S. 1 EGZPO) die Einstellung anordnen oder sie mit dem Beschluß nach § 7 Abs. 2 S. 3 EGZPO verbinden[28]. Zum erforderlichen **Antrag** → § 707 Rdnr. 3.

9 2. Die einstweilige Einstellung setzt wie in § 707 Abs. 1 S. 2 ZPO, § 62 Abs. 1 ArbGG voraus, daß die Vollstreckung dem Schuldner[29] einen **nicht zu ersetzenden Nachteil** bringen würde[30].

---

[15] Insoweit zutreffend *LG Düsseldorf* (Fn. 14); *Krüger* (Fn. 12) Rdnr. 9.
[16] → § 344 Rdnr. 6. Dazu *Münzberg* Wirkungen des Einspruchs (1959) 115ff.; *OLG Frankfurt* MDR 1981, 762 (L).
[17] *Krüger* (Fn. 12) Rdnr. 2; *Schmidt-von Rhein* (Fn. 14) Rdnr. 2; wohl auch *OLG Hamburg* (Fn. 14). – A.M. *Thomas/Putzo*[18] Rdnr. 2 (es reiche jeweils Glaubhaftmachung aus). – Falls die Vorverlegung dieser sonst erst für § 344 erheblichen Prüfung mündliche Verhandlung oder gar Beweisaufnahme erfordert, kann wie in → § 707 Rdnr. 6 verfahren werden.
[18] Vgl. *BGH* NJW 1979, 658; *OLGe Celle* NJW 1962, 2356 = MDR 1963, 57, *Frankfurt* NJW 1974, 1339, *München* Rpfleger 1983, 288.
[19] *OLG Düsseldorf* MDR 1980, 675 f.

[20] → § 513 Rdnr. 6ff.
[21] Vgl. BT-Drucks. 7/2729 S. 109.
[22] → § 707 Rdnr. 6.
[23] So ist wohl *OLG Hamm* NJW 1981, 132 a. E. gemeint (andernfalls bedenklich!).
[24] → § 708 Rdnr. 1.
[25] Auch wenn ein die Berufung verwerfendes Urteil auf der Ablehnung einer Wiedereinsetzung beruht, *BGH* LM Nr. 25 = NJW 1964, 2415[10] = MDR 593 = WM 553.
[26] *BGH* MDR 1992, 711.
[27] *RG* JR 1926 Nr. 740.
[28] *BGH* LM Nr. 10 zu § 7 EGZPO = NJW 1967, 1967 = WM 964.
[29] Nicht anderen Personen, vgl. *BGH* WM 1983, 1020.
[30] → dazu § 707 Rdnr. 10ff.

Bei der Vollstreckung oberlandesgerichtlicher Urteile können Nachteile insoweit »nicht zu ersetzen« sein, als *der Gläubiger wegen § 717 Abs. 3 nicht zum Schadensersatz verpflichtet ist*[31] und die etwa von ihm zu leistende Sicherheit[32] den Schaden nur teilweise abdeckt[33]. Das kann nicht nur bei Unterlassungsansprüchen[34], sondern auch bei der Geldvollstreckung aus Urteilen gemäß § 708 Nr. 10 eintreten, zumal die §§ 711, 720 den Schuldner bis zur Sicherheitsleistung des Gläubigers nur vor einer Ablieferung des Erlöses, nicht aber vor weiteren Schäden schützen[35].

10

Jedoch wird man auch hier[36] die Einschränkung machen müssen, daß der nicht zu ersetzende Nachteil eine **erhebliche, das übliche Maß übersteigende Einbuße an Gütern** sein muß, so daß etwa der bloße Zinsverlust, den der Schuldner durch die Begrenzung der Ersatzpflicht des Gläubigers gemäß § 717 Abs. 3 S. 3 ZPO mit §§ 818 Abs. 4, 291, 288 Abs. 1 S. 1 BGB (auf 4% Prozeßzinsen) erleidet, nicht ausreicht[37]. Andernfalls würde der Zweck des § 708 Nr. 10, die Vollstreckung solcher Urteile besonders zu erleichtern, nahezu bei jedem der Revision unterliegenden (§ 713) Urteil eines OLG durch Anwendung des § 719 Abs. 2 unterlaufen[38].

11

Außerdem kann der Gläubiger »nicht ersetzbare« Vermögensnachteile beim Schuldner grundsätzlich verhindern durch **vertragliches Einstehen für den vollen Schaden** über § 717 Abs. 3 hinaus, verstärkt durch entsprechend hohe **freiwillige Sicherheitsleistung** (die aber nicht angeordnet werden darf[39]; so kann er vermeiden, daß die Haftungsbegrenzung des § 717 Abs. 3 in ihrer Auswirkung als »nicht zu ersetzender Nachteil« sich gegen ihn selbst kehrt[40]. Das Revisionsgericht hat ein entsprechendes bindendes Angebot des Gläubigers ebenso wie die (u. U. stillschweigende) Annahme des Schuldners im Rahmen des § 719 Abs. 2 S. 2 zu berücksichtigen und kann im Falle der Annahmeverweigerung des Schuldners die Einstellung ablehnen, denn ein Nachteil, den der Gläubiger ersetzen will und kann, ist nicht unersetzlich[41].

12

Überhaupt sind **Nachteile, die der** Schuldner selber vermeiden kann, z. B. durch Abwendung der Vollstreckung mittels ausreichend begründeter[42] Anträge gemäß **§ 712 Abs. 1 S. 1 oder S. 2**, gegebenenfalls über eine Ergänzung nach § 716, im Bereich des § 719 Abs. 1[43] und 2 **nicht unersetzlich**[44], selbst wenn der Schuldner dadurch gezwungen ist, seine Vermögensverhältnisse offenzulegen und damit dem Gläubiger die Vollstreckung zu erleichtern[45]. War der Ausspruch gemäß **§ 711 S. 1** zu Unrecht unterblieben und hat der Schuldner sich selbst durch Versäumung der Frist gemäß §§ 716, 321 Abs. 2 in die mißliche Lage versetzt, daß er den zunächst vermeidbaren Nachteil nun nicht mehr abwenden kann[46], so wird die Einstellung vom BGH versagt[47]. Das ist grundsätzlich sachgerecht, aber insoweit bedenklich, als § 719 Abs. 2 weitergehenden Schutz gewähren würde[48]. → auch Rdnr. 15 zur Kausalität.

13

---

[31] *BGH* LM Nr. 1 = JZ 1951, 644 = MDR 482 (Unterlassung von Bierlieferungen) gegen *OGHZ* 3, 390 = NJW 1950, 600[7]; *Hartmann* (Fn. 14) Rdnr. 4.

[32] → § 711 Rdnr. 7 oder § 712 Rdnr. 11.

[33] *BGHZ* 21, 377 = LM Nr. 13 (*Johannsen*) = NJW 1956, 1717 = JZ 763 (Duldung der Tätigkeit eines Geschäftsführers u. Mitwirkung bei seiner Registereintragung); *Hartmann* (Fn. 14) Rdnr. 4.

[34] Vgl. *BGH* (Fn. 31). – Zur Einstellung bei Unterlassungstiteln → § 707 Fn. 48, 93, 98 mwN.

[35] *BGHZ* 7, 398 = NJW 1953, 181 steht nicht entgegen: dort war ein solcher Schaden nicht dargetan.

[36] → schon § 707 Rdnr. 14.

[37] → auch für Unterlassungsansprüche § 707 Fn. 98 a. E.

[38] Zust. *Rosenberg/Gaul*[10] § 14 VII 2 a; *W. vom Stein* GRUR 1970, 157 (159); vgl. auch *BGH* NJW 1952, 425 f.[17].

[39] → § 711 Rdnr. 7 Fn. 20.

[40] *Gaul* (Fn. 38).

[41] Im Erg. auch *v. Stein* (Fn. 38) 161. S. auch *Gaul* (Fn. 38).

[42] *BGH* NJW 1983, 455 f. = MDR 52.

[43] Was hier aber nur Bedeutung hat für Einstellung **ohne** Sicherheit (§ 707 Abs. 1 S. 2) *OLG Düsseldorf* (Fn. 7); *Krüger* (Fn. 12) Rdnr. 6 mwN gegen *OLG Frankfurt* (I., II., VI.S) NJW 1984, 2955, NJW-RR 1986, 486, OLGZ 1989, 384; zu pauschal auch *OLG Celle* Büro 1994, 311.

[44] *BGH* MDR 1991, 1085 = NJW 1992, 376, ständig seit LM § 712 Nr. 1 = MDR 1979, 326; wohl auch *OLG Düsseldorf* NJW-RR 1987, 702. Ob der Schuldner den Antrag unterließ, weil er zunächst mit seinem Obsiegen rechnen konnte, ist unerheblich *BGH* NJW-RR 1993, 190. Zu § 713 aF → 20. Aufl. Fn. 15.

[45] *BGH* WM 1985, 1435 = Büro 1986, 386; ganz h. M.

[46] → § 716 Rdnr. 3.

[47] *BGH* NJW 1984, 1240, WM 1981, 1236 f., WM 1977, 1174 = Büro 1701 = MDR 1978, 127[22]; zust. *Schmidt-von Rhein* (Fn. 14) Rdnr. 5; *Herget* (Fn. 14) Rdnr. 7.

[48] *Krüger* (Fn. 12) Rdnr. 14; *Thomas/Putzo*[18] Rdnr. 9.

14 Versäumung von Anträgen oder – was gleichzusetzen ist – deren schlüssige Begründung in der Berufungsinstanz[49] sind aber nur dann erheblich, wenn sie für die Frage der Nichtersetzlichkeit des Nachteils *ursächlich* werden konnten, wenn also der Nachteil durch rechtzeitigen und aussichtsreichen Antrag abwendbar gewesen wäre[50]. Das ist im Rahmen des § 712 S. 1 nur dann der Fall, wenn noch vor der letzten mündlichen Verhandlung der nicht zu ersetzende Nachteil für den Schuldner voraussehbar und beweisbar war[51] bzw. der Schuldner weder zur Sicherheitsleistung noch zur Hinterlegung imstande war (§ 712 Abs. 1 S. 2) und ein Antrag auch nicht an überwiegenden Interessen des Gläubigers (§ 712 Abs. 2) gescheitert wäre[52]. Zur Beweislast → Rdnr. 19.

15 Die Unterlassung von Anträgen ist auch insoweit unerheblich, als diese zwar Erfolg gehabt hätten, den nicht zu ersetzenden Nachteil aber trotzdem nicht[53] oder nicht vollständig[54] vermieden hätten oder sonstwie unzumutbar waren[55]. An solcher Kausalität fehlt es schon, wenn zwar das Fehlen eines Ausspruchs nach § 711 nicht rechtzeitig gerügt wurde, aber der Gläubiger ohnehin Sicherheit geleistet hat[56]. Der Schuldner darf also im Ergebnis nicht schlechter behandelt werden, als hätte er seine Möglichkeiten genützt[57].

16 3. Die Einstellung scheidet nach Abs. 2 S. 1 aus, wenn **ein überwiegendes Interesse des Gläubigers entgegensteht.** Im Falle einer Bejahung des »nicht zu ersetzenden Nachteils« ist also eine Abwägung der Interessen *beider* Parteien (»überwiegend«) gefordert, um zu vermeiden, daß der Schuldner in der Revisionsinstanz leichter eine Einschränkung der Vollstreckung erreicht als bei der Entscheidung über die Vollstreckbarkeit nach § 712[58].

17 Damit sind wie in § 712 Abs. 2 zunächst die **Auswirkungen einer Einstellung oder Vollstreckung** auf die Interessenlage der Parteien gemeint, so daß insoweit auf die Ausführungen zu § 712 Rdnr. 9, 10 mit § 710 Rdnr. 4 ff. (Gläubiger) und § 707 Rdnr. 10 ff. (Schuldner) verwiesen werden kann. Wegen des Zusammentreffens *nicht zu ersetzender Nachteile auf seiten beider Parteien,* besonders bei der Vollstreckung von Handlungen, Duldungen und Unterlassungen etwa in Wettbewerbsstreitigkeiten → § 707 Fn. 48, 93, 98.

18 Dem Wortlaut läßt sich jedoch *nicht* entnehmen, daß *nur* solche Wirkungen der Vollstreckung oder Einstellung maßgeblich seien. Das Interesse des Gläubigers an der Vollstreckung ist um so schutzwürdiger und damit stärker, je unwahrscheinlicher der Erfolg der Revision des Schuldners im jeweiligen Stadium des Verfahrens ist[59]. Daher hat das Revisionsgericht nicht nur die meistens rasch und jedenfalls nach Ablauf der Begründungsfrist zu überblickenden Fragen zu berücksichtigen, ob die Revision statthaft, form- und fristgerecht eingelegt ist und die Begründungsfrist eingehalten wurde[60], sondern **alle Zulässigkeitsfragen sowie die sachlichen Erfolgsaussichten**[61] **der Revision**[62], soweit das im jeweiligen Stand des Verfahrens

---

[49] *BGH* (Fn. 42); *Büro* 1986, 385; MDR 1991, 1085 = NJW 1992, 376.
[50] *Hesse* NJW 1967, 1945.
[51] *BGH* (Fn. 44); krit. *Maurer* (Fn. 1) 103 f.
[52] BGHZ 17, 123 f. = LM Nr. 9 (zu § 713 aF). – Im übrigen sollte man dem Schuldner nicht vorwerfen, er hätte den **völligen** Ausschluß der vorläufigen Vollstreckbarkeit nach § 712 Abs. 1 S. 1 herbeiführen können, denn mit § 719 Abs. 2 erreicht er nicht mehr und nicht weniger, vgl. *BAG* AP Nr. 1 = NJW 1958, 1940 = MDR 877 (zu §§ 62 Abs. 2, 64 Abs. 3 ArbGG).
[53] Z.B. wenn der Nachteil schon aus der Pfändung als solcher droht (BGHZ 18, 219 = JZ 1955, 680 = NJW 1635) u. der Schuldner die Sicherheit nach § 711 nicht hätte aufbringen können → § 711 Rdnr. 9, oder wenn der Gläubiger die Abwendungsbefugnis mit einer Sicherheit zunichte machen könnte, die unverhältnismäßig niedriger ist als die vom Schuldner geforderte, *BGH* (Fn. 33).
[54] Vgl. *BGH* (Fn. 33).
[55] *BGH* LM Nr. 34 = WM 1980, 660 = MDR 553[5].
[56] → § 711 Rdnr. 11.
[57] *Hesse* (Fn. 50).
[58] Vgl. *BT-Drucks.* 7/2729 S. 109[85].
[59] Vgl. *BAG* AP Nr. 3 (zust. *Grunsky*) = NJW 1971, 910 f. = BB 268 = SAE 1972, 20 (*Canaris*); *LAG* Berlin BB 1980, 1749 f. Nicht anders als in der Berufungsinstanz, vgl. *OLG Frankfurt* → § 707 Fn. 30.
[60] BGHZ 8, 47 = NJW 1953, 179 = JZ 113.
[61] *BAG* (Fn. 59) hatte dies schon vor der nF entgegen der h.M. berücksichtigt, betonte aber, daß das Gericht dies (nach dem Entlastungszweck der Novelle 1910) nur tun könne, nicht müsse. Jetzt ganz h.M.
[62] Nicht der Klage, falls die Aufhebung des Berufungsurteils unter Zurückverweisung (§ 565 Abs. 1) schon zum Wegfall der Vollstreckbarkeit führen würde: ob die Klage Aussicht hat, ist nur maßgeblich, wenn das Urteil erster Instanz trotz Aufhebung des (bestätigenden) Berufungsurteils vollstreckbar bliebe (→ § 717 Rdnr. 4), das Revi-

tunlich ist. Zur Vermeidung faktischer Präjudizierung des Urteils sollte allerdings der Erfolgsaussicht nur in eindeutig gelagerten Fällen entscheidendes Gewicht beigelegt werden[63]. Daß das Gericht über die Zulässigkeit entgegen § 554a Abs. 2 erst endgültig nach späterer Verhandlung entscheiden will, bildet kein Hindernis, da auch hier »vorläufige«, zeitlich beschränkte Einstellung zulässig ist[64].

4. Entgegen § 561 ist zu prüfen, ob die **tatsächlichen Voraussetzungen glaubhaft sind** 19 (§ 294). Die *Last* zur Darlegung und Glaubhaftmachung trifft zwar in vollem Umfang den *Schuldner*, auch dafür, daß nicht überwiegende Interessen des Gläubigers entgegenstehen[65]. Jedoch ist das gesamte Tatsachenmaterial zu würdigen[66], gleichgültig wer es vorgebracht oder sich auf das eine oder andere gesetzliche Merkmal ausdrücklich berufen hat.

5. Ist der unersetzliche Nachteil glaubhaft und stehen nicht überwiegende Interessen des 20 Gläubigers entgegen, dann **muß ohne Sicherheit eingestellt werden**; andere Anordnungen sind nach Abs. 2 nicht zulässig[67].

§ 720 [Hinterlegung bei Abwendung der Vollstreckung]

Darf der Schuldner nach § 711 Satz 1, § 712 Abs. 1 Satz 1 die Vollstreckung durch Sicherheitsleistung oder Hinterlegung abwenden, so ist gepfändetes Geld oder der Erlös gepfändeter Gegenstände zu hinterlegen.

Gesetzesgeschichte: Bis 1900 659 CPO. Änderung BGBl. 1976 I 3281.

I. § 720 betrifft nur die **Vollstreckung wegen Geldforderungen** → Rdnr. 1–6 vor § 803. 1 Die Anordnungen nach §§ 711 S. 1, 712 Abs. 1 S. 1 hindern, solange die Sicherheit oder Hinterlegung seitens des Schuldners noch aussteht, zwar nicht die Vollstreckung, aber nach § 720 die Abführung *gepfändeten Geldes oder eines Pfändungserlöses* an den Gläubiger und damit dessen Befriedigung (→ aber Rdnr. 2). Nur dieses Geld – nicht auch zwecks Abwendung gezahltes[1] – ist **zu hinterlegen**. S. auch für die Geld- und Sachpfändung §§ 815 Abs. 3, 817 Abs. 4 S. 1, 819 und für die Überweisung von Geldforderungen § 839. Damit wird der Schuldner im Ergebnis zu einer (wenn auch nicht alle Schäden abdeckenden) Sicherung des Gläubigers gezwungen. Über die Rechte am Hinterlegten → § 804 Rdnr. 49 f. Zu einstweiligen Anordnungen, die (aber nur ausdrücklich) mit ähnlichen Folgen ergehen können, → § 707 Rdnr. 7 zu Fn. 56, 73 f.

II. Im Unterschied zu → § 712 Rdnr. 4 gilt § 720 für die Anordnung nach § 711 nur 2 solange, bis der Gläubiger seine Sicherheit geleistet hat. Was schon hinterlegt worden war,

---

sionsgericht es also nur durch eigene Entscheidung nach § 565 Abs. 3 aufheben könnte. So mit Recht *Leipold* SAE 1973, 219 gegen *BAGE* 24, 331 = SAE 1973, 217 = AP Nr. 4 (*Wieczorek*) = JZ 1972, 562 = NJW 1775 = MDR 899 = DB 1584.
[63] *Dütz*, EzA § 62 ArbGG 1979 Nr. 1 S. 5; *Leipold* (Fn. 62); darüber hinaus will *Grunsky* (Fn. 59) auf bloße Wahrscheinlichkeit des Erfolgs abstellen.
[64] → § 707 Rdnr. 6.
[65] *Thomas/Putzo*[18] Rdnr. 10, § 712 Anm. 2 b. – A.M. *Schmidt-von Rhein* (Fn. 14) Rdnr. 5.
[66] Daher bedenklich (zur Vermeidbarkeit des Nach-

teils durch den Schuldner → Rdnr. 13 f.) *BGH* LM Nr. 29 = NJW 1966, 1029[7] = MDR 583.
[67] *RG* (Fn. 27) u. JW 1927, 380[12]; *BGH* WM 1965, 1023, allg. M.
[1] Ebenso *MünchKommZPO-Arnold* Rdnr. 2 mwN. Wird dem GV Geld »zwecks Hinterlegung« nach § 720 oder § 930 gezahlt, so geht die Gefahr ebensowenig auf den Gläubiger über wie im Falle des § 815 Abs. 3, *RG* JW 1913, 102. In *BGH* Rpfleger 1984, 74 = JZ 151 war wohl vereinbart(?), daß an den GV Gezahltes als zur Sicherheit »hinterlegt« angesehen werden sollte.

erhält er erst danach² oder unter den → § 711 Rdnr. 9 genannten weiteren Voraussetzungen ausbezahlt.

Wegen des Wegfalls der Veranlassung zur Sicherheitsleistung → § 711 Rdnr. 8 mit § 709 Rdnr. 11 und § 712 Rdnr. 4, 13.

3   III. Für das **arbeitsgerichtliche Verfahren** ist § 720 gegenstandslos, → § 708 Rdnr. 33.

§ 720a [Sicherungsvollstreckung]

(1) Aus einem nur gegen Sicherheit vorläufig vollstreckbaren Urteil, durch das der Schuldner zur Leistung von Geld verurteilt worden ist, darf der Gläubiger ohne Sicherheitsleistung die Zwangsvollstreckung insoweit betreiben, als
 a) bewegliches Vermögen gepfändet wird,
 b) im Wege der Zwangsvollstreckung in das unbewegliche Vermögen eine Sicherungshypothek oder Schiffshypothek eingetragen wird.
Der Gläubiger kann sich aus dem belasteten Gegenstand nur nach Leistung der Sicherheit befriedigen.
(2) Für die Zwangsvollstreckung in das bewegliche Vermögen gilt § 930 Abs. 2, 3 entsprechend.
(3) Der Schuldner ist befugt, die Zwangsvollstreckung nach Absatz 1 durch Leistung einer Sicherheit in Höhe des Hauptanspruchs abzuwenden, wegen dessen der Gläubiger vollstrecken kann, wenn nicht der Gläubiger vorher die ihm obliegende Sicherheit geleistet hat.

Gesetzesgeschichte: Seit 1977 BGBl. 1976 I 3281.

1   I. § 720a verschafft Gläubigern von **Geldforderungen** Erleichterung, die auf vollständige, jedoch nicht auf sofortige Befriedigung aus dem Vermögen unsicherer Schuldner angewiesen sind und denen Sicherheitsleistung »weh tut«, ohne daß schon die Schwelle der §§ 710, 711 S. 2 oder 712 Abs. 2 erreicht wird. Die Vorschrift erlaubt den **ersten, rangwahrenden Zugriff** ohne Glaubhaftmachung eines Arrestgrundes und schaltet damit zugleich die → § 917 Rdnr. 1, 24 genannten Probleme für bereits titulierte Ansprüche aus[1]. Außerdem dürfte § 720a dem Anreiz zu taktischer Versäumnis und verzögerndem Einspruch entgegenwirken, der durch die halbherzige Lösung in § 709 S. 2[2] immer noch nicht beseitigt ist. – Eine ähnliche Regelung enthält Art. 39 EuGVÜ nebst § 8 Abs. 1, §§ 21–27 AVAVG[3], jedoch mit erheblichen Abweichungen gegenüber § 720a Abs. 3.

2   1. § 720a ist **anzuwenden** auf alle Zahlungsurteile und gemäß § 795 S. 2 auf Kostenfestsetzungs- und Regelunterhaltsbeschlüsse, soweit sie bzw. die Urteile, auf denen sie beruhen, nach §§ 709 S. 1 u. 2 oder 712 Abs. 2 S. 2[4] *nur gegen Sicherheit vorläufig vollstreckbar* sind. Wegen der teilweiser Anwendung des § 720a gemäß § 712 Abs. 1 S. 2 → dort Rdnr. 7.

3   **Nicht** erfaßt sind § 711 S. 1[5] u. § 712 Abs. 1 S. 1; denn **vor** der Sicherheitsleistung des Schuldners gewähren diese Vorschriften dem Gläubiger mehr Rechte als § 720a Abs. 1, da er die Vollstreckung schon bis hin zur Hinterlegung des Erlöses nach § 720 betreiben darf (was nach § 720a nur gemäß Abs. 2 möglich ist), und selbst **nach** Sicherheitsleistung des Schuldners ist der Gläubiger besser gesichert als

---

² *BGH* 12, 92 = JZ 1954, 260 = NJW 558. Der Gläubiger muß also abwarten, wenn u. solange entgegen § 711 S. 1 letzter HS das Urteil die Zulassung *seiner* Sicherheit nicht ausspricht, so für § 713 Abs. 2 aF *BayObLG* MDR 1976, 852.
¹ Zur Offenbarung → § 807 Rdnr. 5.
² → § 708 Rdnr. 17.

³ → Anh. § 723 Rdnr. 308, 320 ff.
⁴ Jetzt allg. M. Keine entspr. Anw. auf die Abhängigkeit der Vollziehung von Arresten von einer Sicherheitsleistung *OLG München* NJW-RR 1988, 1466.
⁵ Ganz h. M. *LG Heidelberg* MDR 1993, 272; *MünchKommZPO-Krüger* Rdnr. 2; a. M. *Baumbach/Hartmann*⁵² Rdnr. 1.

durch die in der Regel geringer bemessene[6] Sicherheit nach § 720a Abs. 3. Nicht gemeint ist ferner die nur auf einstweiligen Anordnungen beruhende Abhängigkeit der Vollstreckung von einer Sicherheit des Gläubigers nach §§ 707, 719, 732, 769f. usw[7].

2. Unter Beachtung aller Vollstreckungsvoraussetzungen mit Ausnahme des § 751 Abs. 2 kann der Gläubiger gemäß **Abs. 1 nach Ablauf der zweiwöchigen Wartefrist des § 750 Abs. 3**[8] und vorbehaltlich §720a Abs. 3[9] **ohne Sicherheitsleistung**

a) **bewegliches Vermögen pfänden**, §§ 803–813, 828–834 (ohne 835–839), 845[10], 847f., 850–852, 857–863),

b) eine **Sicherungshypothek** (§§ 866f.) oder eine **Schiffshypothek** (§ 870a) eintragen lassen[11], wobei besonders mit Rücksicht auf § 868 Abs. 2 und § 720a Abs. 3 mit § 775 Nr. 3 aus dem Grundbuch *mindestens* erkennbar sein muß[12], daß es sich um die Eintragung auf Grund eines gegen Sicherheitsleistung vorläufig vollstreckbaren Titels handelt; *besser* ist der Zusatz »gemäß § 720a ZPO«[13]. c) Auch **Offenbarung** ist zulässig → § 807 Rdnr. 5.

Die **Verwertung**, also bei beweglichen Sachen die Maßnahmen nach §§ 814–827, bei Rechten die Überweisung nebst Einziehung oder Veräußerung, §§ 835–839, 857 Abs. 5, § 858 Abs. 4, bei unbeweglichem Vermögen die Zwangsversteigerung oder -verwaltung (§ 869), darf jedoch – vorbehaltlich der Ausnahmen nach Abs. 2[14] **erst betrieben werden, nachdem der Gläubiger seine Sicherheit geleistet** und gemäß § 751 Abs. 2 nachgewiesen hat. Leistet er sie nicht, so muß er mit der Verwertung bzw. im Falle § 720a Abs. 2 mit der Befriedigung warten, bis das Urteil rechtskräftig oder unbedingt vorläufig vollstreckbar wird[15].

3. Bis dahin hat nach **Abs. 2** in entsprechender Anwendung des § 930 Abs. 2 der Gerichtsvollzieher *gepfändetes Geld zu hinterlegen*, und gepfändete *Sachen* dürfen nur in den Ausnahmefällen des § 930 Abs. 3[16] verwertet werden, ebenfalls unter Hinterlegung des Erlöses. Über Befugnisse des Gläubigers nach Rechtspfändungen → § 829 Rdnr. 84–87.

II. Nach **Abs. 3** ist der **Schuldner zur Abwendung der nach Abs. 1 stattfindenden Zwangsvollstreckung durch Sicherheitsleistung befugt** (§§ 775 Nr. 3, 776), *wenn nicht der Gläubiger vorher die ihm obliegende Sicherheit geleistet hat*[17]. – Wegen der lediglich rangwahrenden Wirkungen ist hingegen eine *einstweilige Einstellung*, die auch § 720a ausschließt, nur mit größter Zurückhaltung angebracht[18], insbesondere wenn der Gläubiger dagegen Arrestgründe[19] oder sonstige Gefährdung der Vollstreckung glaubhaft macht. Ohne Sicherheitsleistung des Schuldners sollte sie gegenüber § 720a auch dort grundsätzlich nur unter den strengen Voraussetzungen des § 707 Abs. 1 S. 2, § 719[20] gewährt werden, wo diese nicht zwingend vorgeschrieben sind, z.B. § 732 Abs. 2, § 766 Abs. 1 S. 2, § 769.

1. Die Regelung lehnt sich § 711 S. 1 an, jedoch mit folgenden Besonderheiten:

a) Sie bedarf *keines Ausspruchs im Titel*[21].

---

[6] → Rdnr. 10.
[7] Es dürfen aber entsprechende Wirkungen ausdrücklich ausdrücklich angeordnet werden → § 707 Rdnr. 7b, § 712 Rdnr. 7.
[8] → dort Rdnr. 5. Unnötig für § 845, → dort Rdnr. 4.
[9] → Rdnr. 8ff.
[10] *BGHZ* 93, 74 = NJW 1985, 863; *KG* Rpfleger 1981, 240f.= MDR 412[80] = ZIP 322.
[11] Von entsprechender Anwendung des § 931 wurde bewußt abgesehen, BT-Drucks. 7/2729 S. 110.
[12] Ähnlich wie bei anderen Zwangshypotheken → § 867 Rdnr. 25.
[13] → § 867 Rdnr. 25. Der noch in BT-Drucks. 7/2719 vorgesehene ausdrückliche Hinweis auf § 720a Abs. 1 in der Eintragung (Begr. S. 110 zu Nr. 87) ist zu empfehlen, obwohl diese Regelung als entbehrlich fallen gelassen wurde, vgl. BT-Drucks. 7/5250 S. 16; denn die Abwendungsbefugnis ergibt sich nur aus dem Gesetz → Rdnr. 9.
[14] → Rdnr. 7.
[15] → § 709 Rdnr. 9f. Dies ist dem ZV-Organ nachzuweisen gemäß § 706 oder durch Vorlage beglaubigter Abschrift oder Ausfertigung des bestätigenden Urteils.
[16] → dort Rdnr. 10.
[17] → Rdnr. 12f.
[18] Eher umgekehrt: Einstellung, ausgenommen Maßnahmen wie § 720a → § 707 Rdnr. 7b.
[19] → Rdnr. 1.
[20] Insofern unrichtig *OLG Frankfurt* → § 707 Rdnr. 7b Fn. 67, 75 (Ausschluß der Offenbarung ohne Sicherheit).
[21] → auch Fn. 13.

10 b) Die für den *Schuldner* zugelassene und gemäß § 108 zu erbringende *Sicherheit muß nur die Höhe des vollstreckbaren Hauptanspruchs erreichen.* Daß sie nicht alle möglichen Schäden des Gläubigers abdeckt[22], wurde zur Vereinfachung in Kauf genommen, damit auch ohne besonderen Ausspruch die Höhe der Sicherheit eindeutig und unabhängig von der Berechnung fortlaufender Zinsen usw. aus dem Titel ersichtlich ist[23]. Da § 720a auf Kostenfestsetzungsbeschlüsse (§ 794 Abs. 1 Nr. 2) »entsprechend« anzuwenden ist, § 795 S. 2, sind die festgesetzten Kosten (ebenfalls ohne Zinsen) hier als »Hauptsache« anzusehen (ebenso wie bei den Regelunterhaltsbeschlüssen des § 794 Abs. 1 Nr. 2a die Unterhaltsbeträge), so daß wenigstens insoweit das berechtigte, über den Hauptanspruch hinausgehende Sicherungsbedürfnis des Gläubigers berücksichtigt wird[24]. Die Sicherheit kann nicht durch Nachweis der Zahlungskraft ersetzt werden[25]. Zur Leistung durch Bürgschaft → § 108 Fn. 15.

11 2. **Die Wirkung** der vom Schuldner nach Abs. 3 geleisteten Sicherheit ist die gleiche wie → § 711 Rdnr. 10. Die Rüge (§ 766) eines etwaigen Verstoßes gegen § 750 Abs. 3 lohnt daher nicht mehr, er wirkt sich nur insofern aus, als die Kosten der nach § 776 aufzuhebenden Maßnahme nicht notwendig waren[26]. Zur Sicherheit nach § 719 → aber § 707 Fn. 78.

12 3. Auch die in Abs. 3 a.E. erwähnte, im Urteil festgesetzte[27] **Sicherheitsleistung des Gläubigers** hat die gleichen Wirkungen wie → § 711 Rdnr. 11, d. h. er kann damit *jederzeit die Abwendungsbefugnis des Schuldners überwinden,* auch nach dessen Sicherheitsleistung[28].

13 Der Schuldner kann **nur die nach Abs. 1 stattfindende** Vollstreckung abwenden, hingegen jene **nach** Sicherheitsleistung des Gläubigers nur unter den Voraussetzungen des § 712 Abs. 1 S. 1 oder durch freiwillige Abwendungszahlung → § 708 Rdnr. 4ff. Der Ausdruck »vorher« in Abs. 3 a.E. bedeutet also nur, daß eine Sicherheit des Schuldners sinnlos ist, wenn der Gläubiger bereits die seine geleistet hat.

III. Der Anlaß für die Sicherheitsleistungen entfällt:

14 1. Für den **Schuldner,** sobald der Gläubiger die seine geleistet hat[29] oder das Urteil aufgehoben wird → § 711 Rdnr. 8.

15 Wird das Urteil nach § 708 Nr. 10 bestätigt, ergeht aber dabei eine Anordnung nach § 712 Abs. 2 S. 2, so besteht der Anlaß fort. Wird die bestätigende Entscheidung mit dem gewöhnlichen Ausspruch nach § 711 S. 1 verbunden oder ergeht eine Anordnung nach § 712 Abs. 2 S. 1, so ist allerdings eine gegenüber den Voraussetzungen und Wirkungen des § 720a verschiedene Rechtslage eingetreten, was auch schon durch die Bestimmung der (in der Regel höheren) Sicherheit im Urteil zum Ausdruck kommt. Die **nach § 720a Abs. 3 geleistete Sicherheit** des Schuldners vermag nur die nach § 720a Abs. 1 stattfindende Vollstreckung abzuwenden → Rdnr. 13; solange der Schuldner sie nicht auf das im **neuen** Urteil geforderte Maß[30] aufstockt, kann also der Gläubiger nunmehr vollstrecken, auch wenn er nicht selber Sicherheit leistet → § 711 Rdnr. 9, § 712 Rdnr. 4. Daß diese Vollstreckung Erfolg hat, darf aber nicht einfach unterstellt werden. Die neue Sicherheitsleistung liegt zwar im Belieben des Schuldners, aber die nach § 720a Abs. 3 geleistete, mag sie auch ohne die genannte Aufstockung *für den Schuldner* jetzt nutzlos sein, muß den Gläubiger weiterhin davor schützen, daß der Schuldner während des Aufschubs nach § 720a Abs. 3 sein pfändbares Vermögen (z.B. durch andere Vollstreckungen) verloren hat. Die Veranlassung besteht daher auch in diesen Fällen fort → § 109 Rdnr. 7. Zur entsprechenden Anwendung des § 777 → dort Rdnr. 4.

---

[22] → § 711 Rdnr. 3.
[23] BT-Drucks. 7/5250 S. 16.
[24] *Krüger* (Fn. 5) Rdnr. 6, h.M.
[25] Auch nicht bei ZV gegen die öffentliche Hand *OLG Frankfurt* NJW-RR 1986, 359.
[26] → § 788 Rdnr. 19 Fn. 204.
[27] → § 709 Rdnr. 3, § 712 Rdnr. 13.
[28] *Thomas/Putzo*[18] Rdnr. 11. Selbstverständlich nützt dem Gläubiger seine Sicherheitsleistung nichts, wenn im Falle § 712 Abs. 1 S. 1 (→ dort Rdnr. 4) entgegen → § 720 Rdnr. 3 nach § 720a Abs. 1 vollstreckt wurde.
[29] Allg.M. *Thomas/Putzo*[18] Rdnr. 11. Der Verlust der Sicherung ist Folge eigener Entscheidung des Gläubigers des Gläubigers (anders bei → Rdnr. 15).
[30] → § 711 Rdnr. 3–6, § 712 Rdnr. 4.

2. Für den **Gläubiger** entfällt die Veranlassung zur Sicherheitsleistung unter den gleichen Voraussetzungen wie → § 709 Rdnr. 11. **16**

IV. Im **arbeitsgerichtlichen Verfahren** ist für § 720a kein Raum, weil es dort eine Vollstreckbarkeit gegen Sicherheit nicht gibt → § 708 Rdnr. 33. **17**

§ 721 [Räumungsfrist für Wohnraum]

(1) ¹Wird auf Räumung von Wohnraum erkannt, so kann das Gericht auf Antrag oder von Amts wegen dem Schuldner eine den Umständen nach angemessene Räumungsfrist gewähren. ²Der Antrag ist vor dem Schluß der mündlichen Verhandlung zu stellen, auf die das Urteil ergeht. ³Ist der Antrag bei der Entscheidung übergangen, so gilt § 321; bis zur Entscheidung kann das Gericht auf Antrag die Zwangsvollstreckung wegen des Räumungsanspruchs einstweilen einstellen.

(2) ¹Ist auf künftige Räumung erkannt und über eine Räumungsfrist noch nicht entschieden, so kann dem Schuldner eine den Umständen nach angemessene Räumungsfrist gewährt werden, wenn er spätestens zwei Wochen vor dem Tage, an dem nach dem Urteil zu räumen ist, einen Antrag stellt. ²§§ 233 bis 238 gelten sinngemäß.

(3) ¹Die Räumungsfrist kann auf Antrag verlängert oder verkürzt werden. ²Der Antrag auf Verlängerung ist spätestens zwei Wochen vor Ablauf der Räumungsfrist zu stellen. ³§§ 233 bis 238 gelten sinngemäß.

(4) ¹Über Anträge nach den Absätzen 2 oder 3 entscheidet das Gericht erster Instanz, solange die Sache in der Berufungsinstanz anhängig ist, das Berufungsgericht. ²Die Entscheidung kann ohne mündliche Verhandlung ergehen. ³Vor der Entscheidung ist der Gegner zu hören. ⁴Das Gericht ist befugt, die im § 732 Abs. 2 bezeichneten Anordnungen zu erlassen.

(5) ¹Die Räumungsfrist darf insgesamt nicht mehr als ein Jahr betragen. ²Die Jahresfrist rechnet vom Tage der Rechtskraft des Urteils oder, wenn nach einem Urteil auf künftige Räumung an einem späteren Tage zu räumen ist, von diesem Tage an.

(6) ¹Die sofortige Beschwerde findet statt
1. gegen Urteile, durch die auf Räumung von Wohnraum erkannt ist, wenn sich das Rechtsmittel lediglich gegen die Versagung, Gewährung oder Bemessung einer Räumungsfrist richtet;
2. gegen Beschlüsse über Anträge nach den Absätzen 2 oder 3.

(7) Die Absätze 1 bis 6 gelten nicht für Mietverhältnisse über Wohnraum im Sinne des § 564b Abs. 7 Nr. 4 und 5 und in den Fällen des § 564c Abs. 2 des Bürgerlichen Gesetzbuchs.

Gesetzesgeschichte: Seit 1900 RGBl. 1898 I 256. Änderungen BGBl. 1964 I 457, BGBl. 1976 I 3281, 1982 I 1912, 1990 I 926, 2847.

Vorbem.: Zur Geltung der älteren Fassungen → Vorbem. der 20. Aufl.

I. Verhältnis zu anderen Vorschriften	1	Nebenräume, geschäftliche Mitnutzung	7
1. Andere Titel als Räumungsurteile		2. Räumungstitel	9
2. Verhältnis zu § 765a	2	3. Ermessensgründe	10
3. Materiellrechtliche Auswirkungen	3	4. Dauer, Berechnung der Räumungsfristen	13
4. Verlängerung nach materiellem Recht	4	5. Verzicht auf Räumungsfrist	16
II. Sachliche Voraussetzungen	5	6. Ausschluß von Räumungsfristen, Abs. 7	
1. Wohnraum, Wohnen	5		

III. Verfahren	17	IV. Rechtsmittel, Abs. 6	27
1. Abs. 1: Auf Antrag oder von Amts wegen		1. Berufung, Einspruch	27
		2. Sofortige Beschwerde	28
a) Antrag, Zuständigkeit	18	3. Keine weitere Beschwerde	29
b) Ergänzung nach § 321	19	4. Verhältnis von Berufung und Beschwerde	30
c) Entscheidung ohne Antrag	20		
d) mündliche Verhandlung	21	5. Beschwerde des Gläubigers trotz Berufung	31
2. Abs. 2	22		
a) Antrag bei künftiger Räumung	22	6. Einstweilige Anordnungen	32
b) Zuständigkeit, einstweilige Anordnung	23	V. Prozeßkosten	
		1. Urteilsverfahren	33
3. Abs. 3: Friständerung auf Antrag	24	2. Selbständiges Beschlußverfahren	34
4. Beschlußverfahren für Abs. 2 und 3	26	3. Sofortige Beschwerde	35
		4. Gebühren	36

I. Verhältnis des § 721 zu anderen Vorschriften

1   1. § 721¹ regelt keinen Vollstreckungsschutz wie einst §§ 30, 31 WohnraumbewG, sondern *zeitweisen Ausschluß der Vollstreckbarkeit* ähnlich § 5a MietSchG². Er gilt nur für **Räumungsurteile** (für Prozeßvergleiche s. § 794a), *nicht* für andere Titel wie Beschlüsse nach § 93 ZVG³, Insolvenzeröffnungsbeschlüsse⁴, Anordnungen gemäß § 620 Abs. 1 Nr. 7⁵ oder Räumungsentscheide im Verfahren nach der HausratsVO, auch wenn sie nach §§ 621 Abs. 1 Nr. 7, 621a Abs. 1, 623 Abs. 1 S. 1, 629 Abs. 1 in das Scheidungsurteil mit aufgenommen und nach § 629d mit dessen Rechtskraft wirksam werden⁶, vgl. §§ 17f. HausratsVO⁷. → auch Rdnr. 11 Fn. 71 und wegen § 731 → Fn. 39. § 721 schließt zusätzliche Anträge nach den §§ 709ff. nicht aus. Sie können besonders wichtig werden, falls die Räumungsfrist vor dem Eintritt der Rechtskraft endet oder (für den Gläubiger) wenn es sich nicht um eine Mietstreitigkeit nach § 708 Nr. 7 handelt⁸. Solange dem verurteilten Schuldner noch eine Räumungsfrist gewährt ist, kann ihm⁹ auch ein Antrag nach § 719 helfen, soweit nicht schon der letzte Halbsatz des § 721 Abs. 1 zum Zuge kommt¹⁰. Beim Beginn der Vollstreckung ist daher nicht nur auf den Ablauf der Räumungsfrist nach § 751 Abs. 1 zu achten, sondern auch auf die §§ 751 Abs. 2 und 775 Nr. 1 und 2. Über ähnlichen, aber mit § 721 nur entfernt vergleichbaren Aufschub bei Unterlassungstiteln → § 890 Rdnr. 54f.

---

¹ *Buche* MDR 1972, 189 (Rsp.-Übersicht); *Pergande* DWW 1965, 63; *Schmidt-Futterer/Blank* Wohnraumschutzgesetze⁶ Anm. B 419ff. *Sternel* Mietrecht³ V Rdnr. 101ff. – *Hilden* Rechtstatsachen im Räumungsrechtsstreit (1976), bes 187ff.

² OLGe Stuttgart, München MDR 1991, 788f.; 1992, 516. → auch Rdnr. 34 Fn. 125.

³ *Baumbach/Hartmann*⁵² Rdnr. 2; *Thomas/Putzo*¹⁸ Rdnr. 2; LG Kiel NJW 1992, 1174 sieht darin Verstoß gegen Art. 3 Abs. 1 GG u. gewährt schon deshalb Frist nach § 765a; LG Heilbronn hält Räumung vier Wochen nach Zuschlag nicht für unangemessen, wenn Schuldner Nutzungsentschädigung schuldig bleibt u. Gläubiger sein Gebäude weitgehend fremdfinanziert hat.

⁴ → dazu § 794 Rdnr. 100 Nr. 2. Wie hier OLG München OLGZ 1969, 43 (45f.); LG Hamburg MDR 1971, 671⁵⁷; *Buche* (Fn. 1); *Burkhardt* NJW 1968, 687; WuM 1968, 70; *Noack* WuM 1970, 18; ZMR 1970, 98, h.M. – A.M. LG Mannheim MDR 1967, 1018⁷¹ = WuM 155 = ZMR 1968, 55; LG Münster MDR 1965, 212; *Schmidt-Futterer* NJW 1968, 143.

⁵ OLG Hamburg FamRZ 1983, 1151. Für in den neuen Bundesländern vor dem 3.10.1990 Geschiedene galten die §§ 39f. DDR-FGB weiter: Räumungsfrist nur nach § 34 FGB BGH DAVorm 1992, 204 a. E.

⁶ So für Zeit vor der Scheidungsrechtsreform (BGBl. 1976 I 1421) *Buche* (Fn. 1) 190; *Blank* (Fn. 1) Anm. B 422, beide mwN; vgl. auch BayObLG MDR 1975, 492⁴⁸. Durch den Entscheidungsverbund hat sich insoweit sachlich nichts geändert, OLGe München NJW 1978, 548; Stuttgart FamRZ 1980, 467.

⁷ Wie Text zu Fn. 4–6 auch *MünchKommZPO-Krüger* Rdnr. 2, *Zöller/Stöber*¹⁸ Rdnr. 1 je mwN.

⁸ → Rdnr. 18.

⁹ Nicht dem Gläubiger, denn § 707 sieht nur vollstreckungs*einschränkende* Maßnahmen vor; § 940a setzt ein besonderes Gesuch nach §§ 940, 936, 920 voraus, → Rdnr. 95 vor § 704. – Wie hier *Wieczorek*² Anm. B IV b 4.

¹⁰ → Rdnr. 19.

2. Der **Räumungsschutz** des § 721 ersetzt frühere Regelungen nach § 721 aF, §§ 5a, 6, 27, 52e MietSchG, 30, 31 WohnraumbewG, 7 GeschäftsraummietenG. Er wird nur noch ergänzt durch den Vollstreckungsschutz des **§ 765 a**[11], dessen Anwendung allerdings wegen des in § 721 eingeräumten weiten Ermessens wohl nur noch dann praktisch werden dürfte, wenn entweder § 721 nicht anwendbar ist[12] oder seine Voraussetzungen so spät eintreten, daß der Schuldner die in § 721 vorgesehenen Antragsfristen nicht mehr einhalten kann[13], wenn die Frist des Abs. 5 überschritten werden soll[14], wenn es sich um nicht zu Wohnzwecken benutzte Räume handelt[15] oder wenn dem Gläubiger der Ausschluß des Schadensersatzes → Rdnr. 3 nicht zugemutet werden kann[16]. Wegen der nach § 765a angebrachten Maßnahmen des Gerichts → dort Rdnr. 11, 20 (Suizidgefahr), des Gerichtsvollziehers Rdnr. 32. Mögliche Anwendung des § 721 enthebt bei einer Kündigung nicht von der Prüfung nach §§ 556a oder 564b BGB[17].

3. Die **Wirkungen** einer nach § 721 gewährten oder verlängerten Räumungsfrist sind insofern auch materiell-rechtlicher Art[18], als nach § 557 Abs. 3 BGB der Vermieter von Wohnraum für die Zeit von der Vertragsbeendigung bis zum Ablauf der Räumungsfrist neben der Nutzungsentschädigung in Höhe des vereinbarten oder ortsüblichen Mietzinses[19] keinen Ersatz »weiteren Schadens« aus §§ 286, 990, 989 BGB verlangen kann[20]. Das ursprüngliche Mietverhältnis wird durch die Räumungsfrist nicht verlängert[21]. Es entsteht ein vertragsähnliches Verhältnis, dessen Rechte und Pflichten sich am Zweck der Gewährung der Räumungs-

---

[11] Vgl. BVerfGE 52, 214 = NJW 1979, 2607 = Rpfleger 450; OLG Frankfurt Rpfleger 1981, 24 = WuM 46. Ein nach § 721 unzulässiger oder unbegründeter Antrag kann entsprechend ausgelegt oder umgedeutet werden, LGe Hildesheim, Kassel WuM 1965, 192; vgl. auch LG Mannheim WuM 1968, 149 = ZMR 1969, 218[55]. Wegen Versagung auch des § 765a bei vertragswidrigem Verhalten LG Wuppertal MDR 1968, 52[61] = ZMR 1969, 218[54]. → auch § 765a Rdnr. 33.

[12] → Rdnr. 1 nebst Fn. 3; oder wegen Verzichts (während Schutz nach § 765a unverzichtbar ist).

[13] Z.B. LG Köln WuM 69, 103. Fristversäumnis allein ist kein ausreichender Grund, LG Göttingen MDR 1967, 847[73]; LG Wiesbaden ZMR 1966, 320[31]; erst recht nicht, seit nach Abs. 2, 3 nF die Wiedereinsetzung möglich ist; für die Zeit davor noch a.M. LG Mannheim (Fn. 11). S. auch Rupp/Fleischmann Rpfleger 1985, 71 (nach Fristversäumnis keine Wiedereinsetzung nach § 765a lediglich auf Grund neuer Tatsachen) gegen LG Stuttgart aaO. Eine Verwirkung des Schutzes nach § 721 gilt im Zweifel auch für § 765a, vgl LG Wuppertal WuM 1967, 191. Anders, wenn unerwartet zum Ende der Jahresfrist neue Umstände auftreten, die eine »Härte« darstellen, vgl. LG Lübeck WuM 1970, 13 = ZMR 122[55] (L); Henckel Prozeßrecht u. materielles Recht (1970) 390f.

[14] OLG Frankfurt (Fn. 11); LGe Kempten MDR 1969, 1015; Köln WuM 1969, 103 (3 Tage); Lübeck WuM 1970, 13 (3 Wochen). S. auch LG Münster WuM 1977, 194 (Umzug unzumutbar, wenn neue Wohnung bereits gemietet; anders, wenn sie nur zugesagt, aber noch nicht gemietet ist LG Kassel WuM 1965, 192); LGe Siegen WuM 1980, 186 (zweimaliger Umzug innerhalb von 2 Monaten unzumutbar). Bei Räumungsvergleichen: KG MDR 1967, 309[58]; LG Mannheim WuM 1969, 134 = ZMR 220[67]; LG Aachen WuM 1973, 174. Vgl. auch BVerfG (Fn. 11).
Vermeidung der Obdachlosigkeit scheidet jedoch als maßgeblicher Grund für solche Fristüberschreitung aus OLGe Düsseldorf DGVZ 1986, 117; Frankfurt Büro 1980, 1898 = Rpfleger 1981, 24; Oldenburg NJW 1961, 2119 = DGVZ 187; LGe Itzehoe WuM 1965, 209; Aachen WuM 1973, 174; Rosenberg/Gaul[10] § 43 III 3 mwN; denn so sicher, wie dies einen Grund für § 721 bildet, zeigt dessen Abs. 5, daß von da an die Obdachlosigkeit in Kauf zu nehmen ist, falls behördlicher Schutz versagt; a.M. LG Hamburg WuM 1991, 360.
Nach § 765a können auch **Tatsachen geltendgemacht werden, die schon für § 721 hätten vorgetragen werden können** Dorn Rpfleger 1989, 262; Stöber (Fn. 7) § 765a Rdnr. 13; a.M. Rupp/Fleischmann (Fn. 13), denen nur zu folgen ist, soweit es ausnahmsweise um endgültige Einstellung geht → § 765a Rdnr. 8. Waren die Umstände jedoch gemäß § 721 schon vorgetragen, aber als nicht ausreichend erkannt worden, so müssen neue Umstände hinzugetreten sein, aus denen sich nunmehr sittenwidrige Härte ergibt.

[15] OLG Köln JMBlNRW 1954, 21; OLG Hamm NJW 1965, 1386; LG Kassel ZMR 1970, 122[53].

[16] → § 765a Rdnr. 11, 18; LG Dortmund WuM 1966, 142 = ZMR 352 (L).

[17] OLG Stuttgart OLGZ 1969, 14 = WuM 25 = ZMR 208[15] (L).

[18] → Rdnr. 41, 104 vor § 704.

[19] Vgl. § 557 Abs. 1 BGB; Pergande NJW 1968, 129 (132 zu II).

[20] Str. für Nutzungsersatz nach den §§ 987f. BGB. Dafür LG Saarbrücken NJW 1965, 1966; MünchKomm BGB-Voelskow² § 557 Rdnr. 19; Staudinger/Berg BGB¹² § 987 Rdnr. 7; Knappmann NJW 1966, 251f.; dagegen LG Mannheim NJW 1970, 1881; Roquette NJW 1965, 1966f.; Palandt/Putzo BGB⁵³ § 557 Rdnr. 18. LG Stuttgart NJW-RR 1990, 656[19] wendet § 557 Abs. 3 BGB entsprechend an im Verhältnis Eigentümer/Untermieter.

[21] LG Mannheim MDR 1967, 130[54]; MünchKomm BGB-Voelskow² § 556 Rdnr. 3; Putzo (Fn. 20) § 556 Rdnr. 9. Über § 767 wegen neuen Vertragsschlusses → Fn. 75.

frist ausrichten²². Zieht der Mieter vor Ablauf der Räumungsfrist aus, so endet die Zahlungspflicht, § 557 Abs. 1 BGB; Anträgen auf Verkürzung der Räumungsfrist fehlt daher das Rechtsschutzinteresse²³. Den etwaigen Verlust an Mietzins trägt, unbeschadet § 826 BGB, der Vermieter, da die Räumungsfrist nur dem Schutz des Mieters dient und die »Dauer der Vorenthaltung« in § 557 Abs. 1 BGB nur die tatsächliche Vorenthaltung trifft²⁴.

4   4. Eine Verlängerung des Vertragsverhältnisses kann dagegen nach §§ 556a ff. BGB (vgl. auch § 308a ZPO) erreicht werden²⁵ sowie für Wohnräume, die der Bewirtschaftung eines zur landwirtschaftlichen Nutzung verpachteten Grundstücks dienen, nach §§ 1 Abs. 2, 8 des LandpachtG²⁶.

II. Sachliche Voraussetzungen

5   1. § 721 ist nur anwendbar, wenn auf Räumung eines **Wohnraums** erkannt wird²⁷. Darunter ist vorbehaltlich Abs. 7 (→ Rdnr. 16a) jeder Raum zu verstehen, der vom Schuldner, seiner Familie oder seinen Hausgenossen tatsächlich zum Wohnen benutzt wird. Unerheblich ist, ob der Raum sich auf einem Grundstück, Schiff oder Fahrzeug befindet (Wohnwagen, abgestellte Eisenbahnwaggons), und ob der Wohnraum nur einen Teil der Sache bildet, die der Schuldner nach dem Urteil herauszugeben hat, z.B. die als Wohnung ausgebaute Laube auf dem herauszugebenden Garten²⁸. Im letzten Fall ist dem Schuldner während der Räumungsfrist der Zugang zum Wohnraum zu belassen.

6   **Wohnen** ist die nicht zu Erwerbszwecken dienende Benutzung eines Raumes durch unmittelbare Besitzer zum ständigen Aufenthalt, insbesondere zur Nachtruhe. Auf die beabsichtigte Dauer kommt es ebensowenig an wie auf die Eignung²⁹ des Raumes zum Wohnen. In diesem Sinne wohnt auch, wer vorübergehend ein möbliertes Zimmer mietet³⁰ oder sich widerrechtlich in einem Wochenendhaus einnistet³¹. Für die in der Wohnung lebenden Besitzdiener (§ 855 BGB) gilt § 721 nicht; die Abhängigkeit ihres Wohnens vom Besitzrecht des Besitzherrn³² wirkt sich auch für den Räumungsschutz aus³³.

7   Zum Wohnraum gehören auch **Nebenräume**, wenn sie zum nichtgeschäftlichen Bereich des Besitzers gehören, z.B. Bad, Küche, Keller und Bodenräume³⁴. Eine Räumungsfrist erstreckt sich auch auf sie, soweit das Gericht nichts anderes bestimmt.

8   Wird ein Raum **zugleich auch als Geschäftsraum** benutzt, so muß er dadurch noch nicht seine Eigenschaft als Wohnraum verlieren, auch wenn der Erwerbszweck überwiegt³⁵. Nur

---

²² S. zu Einzelheiten *K. Müller* MDR 1971, 253 ff. – Bei Vollstreckungsschutz nach § 765a gilt § 557 BGB nicht *Palandt/Putzo* BGB⁵³ § 557 Rdnr. 16. Vgl. auch *BGHZ* 79, 232 = NJW 1981, 865 (866 a.E.). – A.M. *Münch-Komm BGB-Voelskow*² §§ 556a–556c Rdnr. 39.
²³ *LG Hannover* WuM 89, 77.
²⁴ *Roesch* WuM 1969, 197; *Blank* (Fn. 1) B 567. Vgl. auch *A.Blomeyer* ZwVR (1975) § 89 II 2a. – A.M. *LG Wiesbaden* WuM 1968, 164 (abl. *Schmidt*); *AG Düsseldorf* MDR 1970, 332⁶⁶ (L).
²⁵ Über das Verhältnis zu § 721 s. *OLG Stuttgart* MDR 1969, 314⁴⁷ (Rechtsentscheid).
²⁶ Vom 25.VI. 1952 (BGBl. I 343, 398 mit späteren Änderungen, z.B. BGBl. 1974 I 469).
²⁷ *BGH* NJW 1981, 866 a.E.
²⁸ *LG Mannheim* MDR 1971, 223⁵⁴ = BB 590 = WuM 154 = ZMR 226; *AG Wuppertal* MDR 1971, 667⁴⁷ = ZMR 376 (L).
²⁹ A.M. *LG Wuppertal* MDR 1954, 680⁶¹⁸.
³⁰ Vgl. *LG Lübeck* ZMR 1993, 223 (Frauenhaus, auch wenn gewerblich an tragenden Verein vermietet). Auch bei Untermiete, wenn zwischen Hauptvermieter und Untermieter kein Besitzrechtsverhältnis besteht, *OLG Frankfurt* JW 1922, 817⁹ (*Mittelstein*).
³¹ → Fn. 37, 68. Ob dann Räumungsfrist gewährt wird, ist eine andere Frage, → Rdnr. 10f.
³² → § 885 Rdnr. 8.
³³ Ebenso *Wieczorek*² Anm. A III b 3, der aber zu Unrecht Mieter von Hotel- und möblierten Zimmern Besitzdienern gleichachtet.
³⁴ Nicht Garagen *Krüger* (Fn. 7) Rdnr. 8 gegen *Brühl* FamRZ 1964, 541 Fn. 7; anders wohl, solange in ihnen nur Hausrat untergebracht ist, der in der Wohnung keinen Platz findet.
³⁵ *LGe Stuttgart, Kiel* WuM 1973, 83; 1976, 132; *Berlin, Hamburg* GrundE 1980, 160; MDR 1993, 444f. mwN; *Krüger* (Fn. 7) Rdnr. 8. Daß Kündigungsschutz bei Überwiegen der Wohnraumnutzung gewährt wird (*BGH* NJW 1979, 309 L), ist für § 721 nicht maßgebend. – A.M. *LG Mannheim* MDR 1968, 328⁷² = WuM 50 = ZMR 190 (nur, wenn Wohnzweck mindestens gleichwertig); *LG Wiesbaden* WuM 1965, 29; *AG Hamburg* MDR

wird man dann genau prüfen müssen, ob der Raum wirklich zum ständigen privaten Aufenthalt dient oder etwa nur eine Schlafstelle zur eventuellen Übernachtung aufweist. Auf äußerlich vom Wohnraum *getrennte Geschäftsräume* ist jedoch § 721 nicht anzuwenden[36]. Unerheblich für die Eigenschaft als Wohnraum ist, ob das Wohnen auf einem **Rechtsgrund** beruht[37]. Widerrechtliche Besitzer »wohnen« ebenso wie Mieter, Untermieter, Pächter, Nießbraucher oder sonst dinglich oder obligatorisch Berechtigte[38].

2. § 721 gilt nur für Entscheidungen, die zur **Räumung** von Wohnraum verurteilen[39]. Ob wegen einer fälligen Räumungspflicht auf sofortige Räumung oder wegen einer betagten auf künftige Räumung erkannt wird, spielt nur dann eine Rolle, wenn die Räumungsfrist erst nach Erlaß des Räumungsurteils begehrt wird, vgl. Abs. 2.   9

3. **Ob** das Gericht die Räumungsfrist **gewähren** will, steht in seinem **Ermessen**. Da es sich um eine Tatfrage handelt, scheidet die Einholung eines Rechtsentscheides aus[40]. Gleiches gilt für die nach Abs. 3 beantragte **Verlängerung** oder **Verkürzung** einer nach § 721 gewährten Räumungsfrist[41]. Das Gericht muß sämtliche Umstände, die für und gegen die Gewährung einer Räumungsfrist oder ihre Dauer sprechen, gegeneinander abwägen.   10

Im Einzelnen ist zu berücksichtigen: Ob und wie dringend der **Gläubiger** selbst die Wohnung benötigt[42], ob es sich um eine Werkswohnung handelt und das Arbeitsverhältnis beendet ist[43], ob der Gläubiger die Wohnung einem Dritten einzuräumen verpflichtet ist[44], es sei denn, er hätte sein Räumungsinteresse durch verfrühte, vorbehaltlose Vermietung schuldhaft selbst geschaffen, obwohl er mit einer Räumungsfrist oder deren Verlängerung rechnen mußte[45]; ob er die Räumung als sofortige oder zu einem entfernten Termin verlangt hatte; die Länge der Kündigungsfrist und der Grund der Kündigung[46]; wer die Kündigung ausgesprochen hat[47]; die Größe der Wohnung im Verhältnis zu den Lebens- und Vermögensverhältnissen des **Schuldners**; wie lange dieser die Räume bewohnt hat[48]; die Möglichkeit für den Schuldner, rechtzeitig ein anderes zumutbares Unterkommen zu angemessenen, nicht nur erträglichen Bedingungen zu finden[49], wobei die Schwelle des Zumutbaren bei fortschreitender Dauer, insbesondere bei einer Verlängerung der Räumungsfrist zunehmend niederer   10a

---

1972, 242[76] (zu 565 BGB: nur bei Überwiegen des Wohnzwecks, zust. *Weimar*). Aber die Schutzwürdigkeit eines Wohnbedarfs wird nicht dadurch gemindert, daß in der Wohnung auch gearbeitet wird. § 5 Abs. 3 GeschäftsraumMG war nur solange sachgerecht, als das MietSchG sonst schon die *Aufhebung* des Vertrages als solche praktisch unmöglich gemacht hätte.

[36] *OLG Hamburg* MDR 1972, 955[52]; *LG Mannheim* DWW 1973, 310 = WuM 1974, 37 = ZMR 48. *AG Stuttgart* WuM 1974, 180 läßt genügen, daß Geschäftsraum *als Wohnung* untervermietet ist. »Wirtschaftliche Einheit« hindert weder Herausgabe der Geschäfts- noch Schutz der Wohnräume *Krüger* (Fn. 7) Rdnr. 8, während *LG Mannheim* ZMR 1993, 79 § 721 nur anwenden will, wenn getrennte Geschäftsräume möglich, wirtschaftlich sinnvoll u. dem Vermieter zumutbar ist. Höchstens § 765 a für Geschäftsräume *LG Mannheim* (Fn. 35), → Fn. 15.

[37] *LG Mannheim* WuM 1965, 121 = ZMR 1966, 277[43] (L); vgl. auch Fn. 30.

[38] *LG Stuttgart* NJW-RR 1990, 655 (Untermieter nach Kündigung des Hauptmietvertrags).

[39] Nicht im Verfahren nach § 731, *Burkhardt* NJW 1968, 306 gegen *LG Wuppertal* NJW 1967, 2267. → auch Rdnr. 11 Fn. 71.

[40] *BayObLG* WuM 1984, 9 (Rechtsentscheid).

[41] S. bes. *Schmidt-Futterer* NJW 1965, 21 zu 2; Rsp bei *Buche* (Fn. 1) 191 ff.

[42] Eigenbedarf (vgl. § 564 b Abs. 2 BGB); für Studentenheime → Fn. 65. Zur Weitervermietung → Fn. 45.

[43] *LG Mannheim* ZMR 1966, 319; *AG Köln* WuM 1972, 147.

[44] *LG Mannheim* MDR 1967, 596[75]; WuM 1970, 138 (sei allein nicht ausreichend); *AG Dortmund* WuM 1969, 150; *Schmidt-Futterer* (Fn. 41) zu 2 b.

[45] *LG Kassel* WuM 1989, 443 f. (das aber übertreibend sogar für § 794 verlangt, es müsse stets mit 1 Jahr gerechnet werden, → jedoch § 794 a Rdnr. 2); *LG Mannheim* MDR 1966, 511[72].

[46] *LG Wuppertal* MDR 1968, 52[61]; *LG Stuttgart* (Fn. 38); *Pergande* (Fn. 1) 66. – A.M. *AG Düsseldorf* MDR 1970, 144[60] (Kündigungsfrist unerheblich).

[47] Kündigt der Schuldner, so sind ähnliche Beschränkungen wie → § 794 a Rdnr. 3 zu beachten.

[48] *LGe Kaiserslautern, Mannheim, Hamburg* ZMR 1968, 54; WuM 1968, 203; WuM 1988, 18.

[49] Näheres *Pergande* (Fn. 1) 66; ausführlich (auch zur Beweislast) *Schmidt-Futterer* NJW 1961, 295 u. 1965, 23; *Buche* (Fn. 41) 193 zu 4; *LGe Essen* WuM 1968, 132; *Münster* WuM 1965, 19; *Mannheim* WuM 1965, 86; 1967, 138; *Stuttgart* (Fn. 38). Zur finanziellen Zumutbarkeit *LG Köln* Rechtsarchiv der Wirtschaft 1964, 169; *LG Münster* MDR 1967, 405[54]; *LG Mannheim* WuM 1968, 50 = ZMR 189[55]; *Blank* (Fn. 1) Anm. B 434. – Vgl. auch *OLG Karlsruhe* NJW 1970, 1746 zu § 556 a BGB.

angesetzt werden muß⁵⁰; ob sich der Schuldner ausreichend um Ersatzwohnung bemüht hat⁵¹, z. B. durch Einschaltung eines Maklers, wobei die Lage am örtlichen Wohnungsmarkt zu berücksichtigen ist⁵²; ob die Beziehbarkeit einer Eigenwohnung des Schuldners unmittelbar bevorsteht⁵³, ob die Ersatzmietwohnung schon in Aussicht steht⁵⁴, ferner das Verhalten des Schuldners, seiner Angehörigen oder Erben (§§ 569 a f. BGB), insbesondere die Bereitschaft zur Zahlung des Entgelts⁵⁵ oder zur Erfüllung sonstiger bestehenbleibender Pflichten⁵⁶ wie Wahrung des Hausfriedens oder der Hausordnung⁵⁷; Behandlung der Wohnräume⁵⁸ (vom Mieter vorgenommene Renovierungen, sofern nicht ohnehin seine Vertragspflicht); allgemeine persönliche Verhältnisse⁵⁹, Gesundheitszustand, Alter⁶⁰, Schwangerschaft⁶¹ und Kinderzahl⁶² auf seiten des Schuldners oder Gläubigers⁶³. Im Falle anhaltenden Zahlungsverzugs kann allenfalls eine sehr kurze Räumungsfrist gewährt werden⁶⁴. **Interessen Dritter** können erheblich sein, soweit sie zugleich Belange der Parteien berühren⁶⁵.

10b   Für die Bemessung der Räumungsfrist in der *Berufungsinstanz* ist beachtlich, ob die Berufung aussichtsreich erschien⁶⁶, ferner die seit der Kündigung zwischenzeitlich verstrichene Dauer⁶⁷.

11   Hatte der Schuldner sich der Wohnung ohne den Willen ihres Besitzers bemächtigt, so wird die Räumungsfrist regelmäßig zu versagen sein, arg. §§ 708 Nr. 9, 940a ZPO, §§ 858 ff. BGB⁶⁸. Auch bei Hotelzimmern und vorübergehend gemieteten möblierten Räumen wird die

---

⁵⁰ Vgl. *AG Münster* WuM 1983, 59. → auch Rdnr. 10.
⁵¹ *BayObLG* ZMR 1975, 219; *LGe Dortmund, Itzehoe* WuM 1965, 120; 1968, 98 (Ablehnung weiterer Räumungsfrist, falls Nachlässigkeit den Mißerfolg verursachte); *LGe Flensburg* WuM 1972, 15 (abl. *Nies*); *Düsseldorf* ZMR 1990, 381; *Stuttgart* (Fn. 38: Erschwernis für Ausländer); *Schmidt-Futterer* NJW 1971, 1829. *LG Mannheim* (Fn. 36) hält bei von Sozialhilfe lebender Ausländerin mit Kleinkind u. Säugling Ersatzraumsuche bei Wohnungsbehörde für genügend. Die Last zu intensiverer Wohnungssuche entsteht, sobald der Schuldner von der Wirksamkeit der Kündigung ausgehen mußte *LGe Hamburg, Regensburg* WuM 1988, 316; 1991, 359 f., andernfalls ab Vollstreckbarkeit (a.M. *LG Essen* WuM 1992, 202: ab Rechtskraft).
⁵² *LGe Essen, Mannheim* ZMR 1966, 127; 1968, 189⁵⁵; *LGe Düsseldorf, Köln, Hannover* WuM 1969, 190; 1971, 176; 1983, 59. Aufgabe eines Inserates genügt nicht *AG Köln* WuM 1989, 443.
⁵³ *LGe Mannheim, Braunschweig, Münster* WuM 1970, 174; 1973, 82; 1977, 194 (zu § 765 a); *AG Bergheim* WuM 1972, 131; *Burghardt* WuM 1966, 112. – Ablehnend *LG Köln* MDR 1969, 764⁸¹ (L) (einige Wochen vor Fristablauf noch kein Baubeginn), *LG Lübeck* SchlHA 1971, 85 (Baugrundstück noch nicht erschlossen); *LG Düsseldorf* WuM 1989, 387 (Bezugstermin noch nicht konkret absehbar).
⁵⁴ *LGe Münster, Mannheim, Köln* WuM 1968, 83; 1970, 138; 1970, 138 (zu § 794 a); *AG Dortmund* WuM 1969, 150. Nicht, wenn in absehbarer Zukunft aussichtslos *LG Mönchengladbach* ZMR 1990, 463.
⁵⁵ → Rdnr. 3, 15, 16 a; *LGe Itzehoe, Köln* WuM 1968, 98; 1971, 133; *AG Darmstadt* WuM 1988, 159. Verzug durch Sozialamt ist dem Schuldner nicht zuzurechnen *LG Hamburg* WuM 1992, 491 f.
⁵⁶ *LG Itzehoe* (Fn. 55): Nebenkosten usw.; vertragswidriges Verhalten *LG Münster* WuM 1969, 103.
⁵⁷ *LG Wuppertal* MDR 1968, 52⁶¹; *LGe Hagen, Münster, Köln* WuM 1964, 494; 1969, 103 u. 1991, 563 f.; 1970, 121; *AGe Köln, Helmstedt* WuM 1977, 29; 1987, 63; trotz Schuldunfähigkeit erheblich *AG Köln* WuM 1991, 549.

⁵⁸ Vgl. *Pergande* (Fn. 1) 66.
⁵⁹ Z. B. bevorstehendes Examen, *AG Wuppertal* WuM 1971, 66; *AG/LG Bonn* WuM 1991, 102 a. E. (nur ca. 2 Monate für Ersatzraumbeschaffung, nicht für gesamte Examenszeit).
⁶⁰ *LGe Mannheim, Münster, Essen* MDR 1965, 914⁵²; WuM 1968, 83 u. 132; *AGe Itzehoe, Köln* WuM 1966, 98; 1970, 107 (zu § 974 a); *Buche* (Fn. 1) 191 mwN; *Schmidt-Futterer* NJW 1971, 731 ff.
⁶¹ *LG Münster* WuM 1968, 51 (zu § 794 a); *AGe Burgsteinfurt, Münster* WuM 1965, 158; 1968, 98.
⁶² *LG Heilbronn* WuM 1966, 107 = ZMR 278; *AG Münster* WuM 1969, 134.
⁶³ *Pergande* (Fn. 1) 66; *Schmidt-Futterer* (Fn. 60).
⁶⁴ *LG Berlin* GrundE 1982, 83 (maximal 2 Wochen im Regelfall); *LG Berlin* GrundE 1980, 432 (nicht länger als 2 Monate ab Zustellung des Räumungsurteils).
⁶⁵ Z.B. die bei Studentenwohnheimen satzungsgemäß zu berücksichtigende Bedürftigkeit anderer Wohnungsanwärter *AG Bonn* WuM 1991, 101; Mietzinsminderung der Mitmieter wegen Hausfriedensstörungen durch Schuldner *LG Kiel* WuM 1991, 113. Die Absicht, die Wohnung zu verkaufen, um die Geschwister des Schuldners auszahlen zu können, reicht nach *LG Kiel* WuM 1973, 145 nicht aus, wenn Zwangseinweisung in Notunterkunft drohen würde. **Interessen der Allgemeinheit**, z.B. Vermeidung von Obdachlosigkeit, gehören zwar zum Grund des § 721 *LG Regensburg* (Fn. 51), genießen aber keinen Vorrang vor den anderen »Umständen«; *LG Köln* WuM 1976, 165 gewährte nur kurze Frist bei Verkauf für soziales Bauvorhaben.
⁶⁶ Vgl. *LG Hamburg* WuM 1987, 62 f. Jedoch hindert die Verwerfung einer statthaften und rechtzeitig eingelegten Berufung (hier wegen § 519 Abs. 3 Nr. 2) nicht die Fristgewährung *LG Kiel* (Fn. 65).
⁶⁷ Vgl. *LG Traunstein* WuM 1989, 420, 422. Zur Ersatzraumsuche → Fn. 51 a.E.
⁶⁸ *LG Mannheim* WuM 1965, 121 = ZMR 1966, 277⁴³ (L).

Gewährung einer Frist nur in seltenen Ausnahmefällen angebracht sein[69]. Dasselbe muß gelten, wenn der Wohnraum lediglich zu Abstellzwecken genutzt werden soll[70]. Eine Räumungsfrist scheidet aus gegenüber einem Anspruch auf Beseitigung der Ehestörung[71].

Die Beschränkung der Räumungsfrist auf einen **Teil der Wohnung** oder eine verschiedene Fristdauer für Wohnungsteile halten sich im Rahmen des gesetzlich eingeräumten Ermessens[72]. **12**

4. Von den zu Rdnr. 10 f. genannten Umständen hängt auch die Angemessenheit der **Dauer**[73] der Frist sowie die **Art ihrer Berechnung** ab. **13**

Die *Höchstdauer* beträgt nach Abs. 5 **ein Jahr**. Wegen Räumungsschutzes danach gemäß § 765a → Rdnr. 2. Nach Ablauf der Jahresfrist bleibt der Räumungstitel nach wie vor wirksam[74]. Ob die Vollstreckung nach § 767 für unzulässig erklärt werden kann wegen Verwirkung oder stillschweigenden Vertragsschlusses, richtet sich nicht allein danach, ob ein Jahr verstrichen ist[75].

Der in Abs. 5 S. 2 bestimmte Fristbeginn mit Rechtskraft des Urteils oder bei künftiger Räumung mit dem Räumungstermin gilt nur für die Höchstdauer, während die **Berechnung der Räumungsfrist** dem Ermessen des Gerichts unterliegt. Am besten ist die **kalendermäßige Festsetzung** (§ 751 Abs. 1) unter Rücksichtnahme auf Mietzinstermine[76]. Geeignet als Fristbeginn sind auch die Verkündung oder Zustellung des Urteils. *Nicht* zu empfehlen ist es, den Fristbeginn an die Rechtskraft zu knüpfen[77]. Ähnliches gilt für die Vollstreckbarkeit wegen der §§ 712, 716, 718. Ist der Fristbeginn nicht ausdrücklich bestimmt worden (z. B. »drei Monate«), so ist im Zweifel nach § 221 das Wirksamwerden der Entscheidung maßgebend, also in den Fällen §§ 310 Abs. 1, 2 (mit § 128 Abs. 2 S. 2), 329 Abs. 1 die Verkündung[78], in den Fällen §§ 310 Abs. 3, 329 Abs. 2, 3 die Zustellung. **14**

Zulässig und, falls nicht dringender Eigenbedarf des Gläubigers entgegensteht, zuweilen zweckmäßig ist es, die Frist so zu bestimmen, daß sie sich innerhalb der Höchstgrenze **jeweils um einen bestimmten Zeitraum verlängert, wenn bis zu einem bestimmten Termin die fällige Nutzungsentschädigung entrichtet wird**[79]. Die Beweislast für rechtzeitige Zahlung trifft dann im Zweifel den Schuldner, der sie nach § 775 Nr. 4, 5 geltend zu machen hat[80], denn sonst wäre wegen § 726 neue Klage erforderlich. Zumindest unzweckmäßig[81] ist die umgekehrt lautende Klausel, daß die Räumungsfrist bei unpünktlicher Zahlung entfallen oder verkürzt sein soll. Auch von sonstigen Bedingungen können die Räumungsfrist oder ihre Dauer abhängig gemacht werden, sofern keine Unklarheiten im Hinblick auf Abs. 3 S. 2 oder über den zulässigen Vollstreckungsbeginn drohen wie etwa bei einer Ersatzraumklausel[82]. **15**

---

[69] *AG Köln* WuM 1971, 156. → Rdnr. 6 u. §§ 556a Abs. 8, 564b Abs. 7 BGB.
[70] *LG Köln* WuM 1987, 65.
[71] *OLG Celle* NJW 1980, 711 (713) = FamRZ 1980, 242.
[72] *LG Lübeck* SchlHA 1967, 151; *Uhlig* DWW 1969, 300; *Wieczorek*² Anm. B III c. – A.M. *LG Kiel* SchlHA 1965, 241 = ZMR 1967, 188.
[73] Dazu *Pergande* DWW 1965, 66 u. DB 1966, 1007; *Schmidt-Futterer* (Fn. 41) 22 u. *LG Wuppertal* NJW 1966, 260 (keine sofortige Ausschöpfung der Höchstdauer); *Schmidt-Futterer* MDR 1965, 701; *LG Essen* WuM 1965, 158 (mindestens 3 Monate).
[74] *LG Berlin* GrundE 1980, 813 f.
[75] *OLG Hamm* NJW 1982, 341 f. = GrundE 1981, 1105 = WuM 257 f. (Rechtsentscheid; krit. *Lammel* WM 1982, 123); a.M. *Hartmann* (Fn. 3) Rdnr. 2 mit *LG Düsseldorf* MDR 1979, 496. – Zum Vertragsschluß a) wegen mehrfacher Annahme der Nutzungsentschädigung, nachdem Räumungsantrag zurückgenommen u. wiederholt wurde, obiter *LG Hannover* MDR 1979, 495 f.
[76] *Pergande* (Fn. 1). So läßt sich auch ein Zeitverlust vermeiden, der durch unangebrachte Anwendung des § 726 Abs. 1 (→ § 751 Rdnr. 2) droht.
[77] *Pergande* (Fn. 1) 65; *Israel* GrundE 1975, 464. Denn man weiß nicht, wann sie eintreten wird, außerdem ist ihr Eintritt z.T. umstritten → § 705 Rdnr. 1 ff.
[78] *LG Mannheim* MDR 1970, 594⁶³ = WuM 174 = ZMR 205.
[79] Obiter *LG Köln* WuM 1971, 133 f.; *Krüger* (Fn. 7) Rdnr. 10; *Wieczorek*² Anm. B III c; *Thomas/Putzo*¹⁸ Rdnr. 11; *Uhlig* DWW 1969, 300. Das ist keine »Auflage«, → auch Fn. 82. Einschränkend *AG Wuppertal* WuM 1969, 15 (Zahlung als Bedingung nur, wenn diese tituliert); aber das könnte sich zulasten des Schuldners auswirken, da schon die Zumutbarkeit einer Räumungsfrist auch von der Gewährleistung der Zahlungen abhängig sein kann, *Krüger* (Fn. 7) Rdnr. 11. – A.M. *Blank* (Fn. 1) Anm. B 450.
[80] Wie bei Verfallklauseln → § 726 Rdnr. 6, auch § 775 Rdnr. 32.
[81] *LG Hamburg* (Fn. 55): unzulässig, arg. Abs. 3 S. 2.
[82] → § 726 Rdnr. 12; vgl. dazu *Bodié* ZMR 1967, 291 u. *Burghardt* NJW 1968, 306 gegen *LG Wuppertal*

16 5. Ein *Verzicht des Schuldners* auf die Rechte aus § 721 ist möglich, denn es handelt sich nicht um Vollstreckungsschutz im öffentlichen Interesse[83]; diesem wird durch das Institut der polizeirechtlichen Einweisung Rechnung getragen. Freilich kann ein Verzicht vor Beendigung des Vertragsverhältnisses, insbesondere schon im Mietvertrag, nach § 138 BGB oder § 9 AGBG nichtig sein, vgl. auch §§ 556a Abs. 7, 556b, 564b Abs. 6 BGB.

16a 6. Abs. 7 schließt Räumungsfristen aus a) für **Ferienwohnungen** nach Maßgabe des § 564b Abs. 7 Nr. 4 BGB, und für von einer **juristischen Person des öffentlichen Rechts** angemieteten Wohnraum im Rahmen des § 564b Abs. 7 Nr. 5 BGB (in beiden Fällen nur, wenn auf die Zweckbestimmung und den fehlenden Kündigungsschutz hingewiesen worden war, und nicht für Studenten- und Jugendwohnheime i. S. d. § 564b Abs. 7 Nr. 3); b) für **auf bestimmte Zeit vermieteten Wohnraum**, falls nach § 564 Abs. 2 BGB keine Fortsetzung verlangt werden kann. Dies gilt jedoch nur, wenn das Mietverhältnis **ordnungsgemäß durch Zeitablauf endet**[84], also z. B. nicht bei fristloser Kündigung, da dann die dem Abs. 7 zugrundeliegende Erwägung, der Mieter könne sich von vornherein auf den Termin einrichten, nicht durchgreift. Auch dann darf aber die Frist nicht länger bemessen werden als bis zum vertragsgemäßen Ende[85].

III. Verfahren

17 1. Die Räumungsfrist kann nach **Abs. 1 auf Antrag oder von Amts wegen** gewährt werden.

a) Der *Antrag* kann bis zum *Schluß der mündlichen Verhandlung*, also auch noch in der Berufungsinstanz gestellt werden. Wegen des entsprechenden Zeitpunktes bei Entscheidung ohne mündliche Verhandlung → § 128 Rdnr. 83f., 94, 119, bei der Entscheidung nach Lage der Akten § 251a Rdnr. 17ff. und § 331a Rdnr. 9. Reicht der Parteivortrag für eine Fristgewährung von Amts wegen nicht aus, so hat der Amtsrichter einen rechtsunkundigen Schuldner über seine Antragsbefugnis aufzuklären oder doch zur Erklärung über die maßgebenden Umstände aufzufordern[86].

18 Da es sich bei Räumungsklagen nicht immer um **Miet**streitigkeiten handeln muß, für die nach § 23 Nr. 2a GVG, § 29a ZPO das **Amtsgericht** zuständig ist, kann auch das **Landgericht** zur Entscheidung berufen sein. Dann entsteht die Frage, ob der Antrag nach **Abs. 1** erstmalig auch noch in der **Revisionsverhandlung** gestellt werden kann[87] oder ob dort gerügt werden darf, das Berufungsgericht habe nicht von Amts wegen auf § 721 geachtet[88]. Die §§ 549ff. stehen nicht entgegen, da auch das Revisionsgericht nach § 721 Abs. 1 von Amts wegen auf die Räumungsfrist zu achten hat; ebensowenig die Absätze 4 und 6, denn sie gelten nur für Anträge außerhalb des Urteilsverfahrens. Jedoch könnte das Revisionsgericht wegen § 561 sachwidrig nur Umstände berücksichtigen, die vielleicht schon lange zurückliegen, während für § 721 Abs. 1 gerade die zeitliche Entwicklung der Verhältnisse wesentlich ist. Will man sich nicht über § 561 hinwegsetzen[89], so bleibt nur der Weg der Zurückverweisung[90]. Ebenso, wenn mit der Revision zugleich eine Entscheidung des Berufungsgerichts nach § 721 angegriffen wird. Hingegen wird eine Entscheidung in der Sache selbst nach § 565 Abs. 3 Nr. 1 unbedenklich sein, wenn beide Parteien sich mit der Beschränkung auf den wegen § 561 unvollständigen Prozeßstoff ausdrücklich abfinden.

19 b) Ist der **Antrag** rechtzeitig gestellt, aber vom Gericht **übergangen**, d. h. weder positiv noch negativ beschieden worden, so kann nach § 321 binnen zweier Wochen seit Zustellung des Urteils die **nachträgliche Entscheidung** beantragt werden[91]. Gegen die Versäumung dieser

---

NJW 1967, 2267. Verfehlt ist es, vom Schuldner zu entrichtende Nutzungsentschädigungen als »Auflage« zu bezeichnen statt wie → Rdnr. 15 zu verfahren, insoweit richtig *LG Wuppertal* WuM 1987, 67 zu §794a.

[83] → Rdnr. 100 vor §704 und §811 Rdnr. 8; *Schmidt-Futterer* NJW 1965, 23 zu 5 u. NJW 1966, 584; *Hoffmann* MDR 1965, 172; *Stöber* (Fn. 7) Rdnr. 10; *Thomas/Putzo*[18] Rdnr. 8; für §794a *LG Heilbronn* Rpfleger 1992, 528 = Büro 569. – A.M. *Baur/Stürner*[11] Rdnr. 130; *Sternel* (Fn. 1) Rdnr. 109. – Anders früher der vorherige Verzicht auf Vollstreckungsschutz nach §§ 30, 31 WohnraumbewG → 19. Aufl. Fn. 28.

[84] *Sternel* (Fn. 1) Rdnr. 104; a.M. wohl *Hartmann* (Fn. 3) Rdnr. 18.

[85] *Sternel* (Fn. 1) Rdnr. 104.

[86] → § 139 Rdnr. 6, 32ff.

[87] So *BGH* DB 1963, 63 u. NJW 1963, 1307 noch für § 7 GeschäftsraummietenG u. § 721 aF; *Wieczorek*[2] Anm.B I a 1. Er kann aber unbegründet sein, wenn der Schuldner bisher die Gewährung selber verhindert hatte → Rdnr. 20. Zum Verlängerungsantrag → aber Rdnr. 24.

[88] Abs. 1 S. 3 scheidet hier aus → Fn. 91.

[89] So anscheinend *BGH* (Fn. 87) wegen »der das Recht der Raummiete beherrschenden sozialen Tendenz«. Vgl. auch → § 717 Rdnr. 43.

[90] Unter Aufhebung des Urteils insoweit (§ 564), als über die Räumungsfrist nicht entschieden ist, arg. § 565 Abs. 1. Zust. *Krüger* (Fn. 7) Rdnr. 4.

[91] Nichtgewährung der Frist **von Amts wegen** fällt weder unter Wortlaut (»Antrag«) noch Sinn des S. 3, zumal es auch für § 321 nur im »Kostenpunkt« auf Anträge nicht ankommt; zur Anfechtung → Fn. 116. Wie hier *Buche*

Frist ist Wiedereinsetzung nach § 233 unzulässig, denn sie ist keine Notfrist. Wegen der Einzelheiten → Bem. zu § 321. Übergangen ist ein Antrag auch dann, wenn das Gericht ihn und seine Begründung völlig übersehen und statt dessen von Amts wegen eine kürzere Räumungsfrist als die beantragte gewährt hat. Dann hat der Schuldner die Wahl zwischen 1.) dem Antrag nach § 321 wegen der Übergehung des Antrags, 2.) der sofortigen Beschwerde nach § 721 Abs. 6 Nr. 1 gegen die von Amts wegen erlassene Entscheidung über die Räumungsfrist und 3.) dem Verlängerungsantrag nach § 721 Abs. 3, falls die jeweils verschiedenen Fristen noch laufen. Über die weitere Möglichkeit einer Konkurrenz von § 321 und sofortiger Beschwerde → Fn. 116.

Bis zur Entscheidung über den Ergänzungsantrag kann die Vollstreckung des Räumungsanspruchs, also nicht wegen der Kosten, **einstweilen eingestellt werden, Abs. 1 letzter Halbsatz**. Das scheidet jedoch aus, wenn mangels eines beim Urteil übergangenen Antrags kein Ergänzungsverfahren möglich ist[92]. Dies muß auch dann gelten, wenn ein unzulässiger Ergänzungsantrag gestellt wurde. Auch hier ist die Aufklärungspflicht des Gerichts[93] zu beachten. Die Verweisung auf § 732 Abs. 2 erlaubt auch die dort vorgesehene Einstellung **gegen Sicherheitsleistung des Schuldners**.

Nach **Versäumung der Frist des § 321 Abs. 2** kann der Antrag vorbehaltlich Abs. 2[94] nur noch in der Berufungsinstanz nachgeholt werden[95].

c) Die Gewährung einer Räumungsfrist **von Amts wegen** sollte nicht gegen den Willen des Schuldners geschehen[96], zumal er nur bei Miet- und Pachtverhältnissen nach § 557 Abs. 3 BGB vor der Geltendmachung eines Verzugsschadens geschützt ist. Nicht erforderlich ist die eigene Erklärung dieses Willens in der mündlichen Verhaldlung; er kann den Ausführungen des Klägers (§ 139) oder sonstigen Quellen entnommen werden, z.B. einem unbegründeten Antrag des Schuldners nach den §§ 556a ff. BGB. Daher kann die Räumungsfrist von Amts wegen auch im Versäumnisverfahren gegen den Beklagten[97] gewährt werden, § 331, oder in den Fällen der §§ 331a und 251a. 20

d) In allen Fällen des **Abs. 1** wird auf Grund **obligatorischer mündlicher Verhandlung** durch **Urteil** entschieden, §§ 128 Abs. 1, 321 Abs. 3, 4, im Gegensatz zu dem Beschlußverfahren nach den Abs. 2–4. Über zweitinstanzliche Entscheidungen → Rdnr. 30 f. 21

2. Nach **Abs. 2** kann auf Antrag die Räumungsfrist auch nachträglich gewährt werden, wenn das Urteil auf **künftige Räumung** erkannt und über eine Räumungsfrist noch nicht entschieden hatte. 22

a) Gemeint sind Urteile nach § 259, die eine Räumungsfrist weder gewährt noch abgelehnt haben, z.B. weil der Schuldner keinen Antrag gestellt hatte und der ferne Räumungstermin noch keinen Anlaß für eine Entscheidung von Amts wegen bot.

Der nach Abs. 2 nötige **Antrag** muß spätestens zwei Wochen vor dem im Urteil bestimmten Räumungstermin gestellt werden, andernfalls ist er unzulässig. Der dem Schuldner hiernach verbleibende Zeitraum zur Stellung des Antrags ist prozessuale (gesetzlich nur hinsichtlich ihres Endes, nicht ihres Beginns bestimmte) »Frist« i.S.d. § 222 Abs. 1 ZPO i.V.m. § 188 Abs. 2 BGB. Der Zeitraum von zwei Wochen ist also nicht die »Frist« des Abs. 2, sondern dient nur dazu, die Antragsfrist zu beenden durch Rückrechnung auf den Wochentag, der dem 22a

---

(Fn. 1) 190; *Krüger* (Fn. 7) Rdnr. 5; *Stöber* (Fn. 7) Rdnr. 4. – A.M. *Hoffmann* MDR 1965, 175; *Dorn* Rpfleger 1989, 265.
[92] OLG Köln MDR 1980, 764.
[93] → Rdnr. 17.
[94] → Rdnr. 22 f.
[95] A.M. *Hartmann* (Fn. 3) Rdnr. 9: durch Verlängerungsantrag nach Abs. 3; → jedoch Rdnr. 24.

[97] LG Mannheim MDR 1966, 242 = WuM 29; NJW-RR 1987, 143; auch im Falle §345 LG München I WuM 1982, 81. Insoweit aber mit Urteilsgründen.
[96] *Schmidt-Futterer* (Fn. 41) 20; a.M. AG Mühlheim WuM 1968, 83.

Räumungstag entspricht. Ist daher dieser ein Nichtwerktag, so kann der Antrag entgegen der h.M.[98] nach § 222 Abs. 2 noch am darauf folgenden Werktag gestellt werden[99]. Bei Versäumung dieser Antragsfrist findet nach S. 2 die Wiedereinsetzung in den vorigen Stand statt. Wegen § 765a → oben Rdnr. 2 Fn. 13.

22b   War der Antrag in der mündlichen Verhandlung gestellt, wurde aber die Entscheidung darüber wegen der unübersehbaren Verhältnisse zur Zeit des fernen Räumungstermins zurückgestellt, so muß er nicht erneuert werden; die Entscheidung ist dann zu gegebener Zeit von Amts wegen oder auf Anregung des Schuldners im Beschlußverfahren nachzuholen[100].

23   b) Über den Antrag nach Abs. 2 entscheidet nach **Abs. 4** grundsätzlich das **Prozeßgericht** erster Instanz. Die Zuständigkeit des *Berufungsgerichts* beginnt mit der Einlegung der Berufung und endet mit ihrer Rücknahme, einem Verzicht oder der Verkündung eines kontradiktorischen oder nach §§ 542 Abs. 1, 345 erlassenen Berufungs(schluß)urteils[101]. Ist die Hauptsache in der *Revisionsinstanz* anhängig, so ist wieder das Gericht erster Instanz zuständig[102]. Die Entscheidung kann nach **Abs. 4 S. 2** ohne mündliche Verhandlung und daher nur durch **Beschluß** ergehen[103]. Vor der Entscheidung ist der Antragsgegner – schriftlich oder mündlich – anzuhören, **Abs. 4 S. 3**. Das Gericht kann nach **Abs. 4 S. 4** vor seiner Entscheidung die in § 732 Abs. 2 vorgesehenen *einstweiligen Anordnungen* erlassen[104]. Gegen diese ist kein Rechtsmittel gegeben[105]. Im übrigen gelten die für Beschlußverfahren → § 128 Rdnr. 39 ff. dargelegten Regeln. – Zur *Wiederholung* solcher Anträge, falls sie auf neue Tatsachen gestützt werden, → § 577 Rdnr. 8 und § 567 Rdnr. 20[106].

24   3. Nach **Abs. 3** kann – wiederum nur auf **Antrag**[107] – jede nach Abs. 1 oder 2 gewährte Räumungsfrist (trotz § 318 oder § 577) **verlängert oder verkürzt** werden. Der Antrag auf Verlängerung (des Schuldners) ist nach **Abs. 3 S. 2** nur *zulässig*, wenn er spätestens zwei Wochen vor Ablauf der Räumungsfrist[108] gestellt wird, S. 2. Zur Fristberechnung → Rdnr. 22a; an die Stelle des im Urteil genannten Räumungstags tritt der Ablauf der Räumungsfrist. Wiedereinsetzung ist auch hier nach **Abs. 3 S. 3** möglich[109]. Zum Beschlußverfahren → Rdnr. 23. Ferner muß eine Räumungsfrist überhaupt gewährt worden sein[110], denn andernfalls ist eine Verlängerung oder Verkürzung unmöglich; vielmehr kommen dann nur § 721 Abs. 6 Nr. 1 (Versagung), § 721 Abs. 1 S. 3 (Übergehung) oder § 721 Abs. 2 (künftige Räumung) in Betracht, → unten Fn. 116.

---

[98] So zu Abs. 3 S. 2 *LGe München I, Freiburg* WuM 1980, 247; 1989, 443; *LG Berlin* ZMR 1992, 394 f. = NJW-RR 1993, 144; *Krüger* (Fn. 7) Rdnr. 5 mwN (Berechnung wie Einlassungs- und Ladungsfristen; hier geht es aber um **Handlungsfrist** für eine Partei). → auch § 794a Rdnr. 8.
[99] So im Ergebnis, aber mittels Anwendung des § 193 BGB *LG Hamburg* NJW-RR 1990, 657 (zu Abs. 3 S. 2); *Stöber* (Fn. 7) Rdnr. 7; *Palandt/Heinrichs* BGB⁵³ § 193 Rdnr. 3. S. dazu aber *Münzberg* WuM 1993, 9 f. (auch zu § 794a Abs. 1 S. 2).
[100] *Pergande* (Fn. 1) 66 Nr. 4; vgl. auch *Schmidt-Futterer* (Fn. 41) 20.
[101] Abweichend von § 176 Rdnr. 10 u. § 706 Rdnr. 4, denn die Instanzanhängigkeit bezieht sich hier sinngemäß wohl nur auf die Entscheidungstätigkeit des Gerichts, nicht auf die Aufgaben der Geschäftsstelle oder des Anwalts.
[102] BGH NJW 1990, 2823 = MDR 1990, 1003 f. Zur Begründung → Rdnr. 18.
[103] → § 128 Rdnr. 45.
[104] → § 732 Rdnr. 13.
[105] *OLG Celle* MDR 1968, 333⁸⁴ = DGVZ 79 = JurBüro 166 = Rpfleger 97. – A.M. *OLG Köln* DGVZ 1968, 75 = ZMR 192: Anordnung anfechtbar, weil sie hier ihrem Wesen nach die Hauptsache entscheide. Dies trifft nur *nach* Räumungstermin zu; → aber Rdnr. 22.
[106] Vgl. *LG Lübeck* SchlHA 1969, 181 f.
[107] A.M. für die Berufungsinstanz *Schmidt-Futterer* NJW 1967, 1375 zu 2a. – Zur HausratsVO s. *OLG München* (Fn. 6).
[108] **Private Verlängerung** gerichtlich gewährter Räumungsfristen mit Wirkung für § 721 Abs. 3 S. 2 ist bedenklich, mag aber noch vertretbar sein, vgl. Nachweise bei *Buche* (Fn. 1) 194 Fn. 92. Zum Fristablauf hierbei *LG Essen* NJW 1968, 162; *Dengler* ZMR 1968, 316.
[109] *LG München I* (Fn. 98). Rechtzeitiger Antrag ermöglicht § 707.
[110] *LGe Wuppertal* NJW 1967, 832; *Düsseldorf* (Fn. 51: Verurteilung zu künftiger Räumung ist keine Räumungsfrist); *Hartmann* (Fn. 3) Rdnr. 8; *Bodié* ZMR 1970, 99; *Buche* (Fn. 1) 194 bei Fn. 93; *Burkhardt* WuM 1965, 40. → auch § 794a Rdnr. 5. – A.M. *LG Essen* NJW 1968, 162 f.; *Schmidt-Futterer* MDR 1965, 702 (vor 3); *Hoffmann* WuM 1964, 147 u. MDR 1965, 170 (175). → auch Rdnr. 19 a. E.

Daß ein Berufungs- oder Beschwerdegericht die Räumungsfrist bemessen hatte, steht dem **25** Antrag nach § 721 Abs. 3 nicht entgegen. Er darf jedoch nicht auf Gründe gestützt werden, die bereits vorgebracht waren oder hätten vorgebracht werden können, denn sonst würde der Antrag eine unzulässige Umgehung des § 568 Abs. 1 ermöglichen[111].

Für die *Begründetheit* des Antrags sind neben den → Rdnr. 10f. genannten Umständen **26** insbesondere zwischenzeitliche Vorgänge und Veränderungen maßgeblich, z.B. für eine *Verkürzung* der Räumungsfrist die Ablehnung einer Ersatzwohnung ohne genügende Gründe, die Besserung der Wohnungsmarktlage oder ein Verhalten des Schuldners, das beim Fortbestehen des Vertragsverhältnisses vertragswidrig gewesen wäre[112]; für eine *Verlängerung* der sicher bevorstehende Einzug in eine Ersatzwohnung[113], die Erfolglosigkeit ernsthafter Bemühungen um eine Ersatzwohnung[114], die Geburt eines Kindes[115].

IV. Rechtsmittel

Gegen die Versagung[116], Gewährung oder Bemessung einer Räumungsfrist finden nach **Abs. 6** folgende Rechtsmittel statt:

1. unter den allgemeinen Voraussetzungen die **Berufung** (§ 511) oder der **Einspruch** **27** (§ 338), wenn nach § 721 Abs. 1 durch kontradiktorisches Urteil oder Versäumnisurteil darüber entschieden wurde und zugleich andere Urteilsgegenstände, insbesondere der erkannte Räumungsanspruch (aber nicht nur der Kostenpunkt, § 99 Abs. 1) angefochten werden[117].

2. die **sofortige Beschwerde** (§ 577), wenn **a)** die Entscheidung über die Räumungsfrist **28** zwar durch *Urteil*[118] gefällt wurde, aber sie *allein* Gegenstand der Anfechtung ist **(Nr. 1)** oder **b)** wenn nach Abs. 2 oder 3 durch *Beschluß* entschieden wurde **(Nr. 2)**; zwischenzeitlicher Ablauf der nur für die *Anträge* geltenden Zweiwochenfristen der Abs. 2 und 3 macht sie weder unzulässig noch unbegründet.

---

[111] Weitere Beschwerde war schon nach Abs. 6 S. 3 aF ausgeschlossen; wie hier *LG Münster* MDR 1968, 52^62 = ZMR 1969, 218; *LG Lübeck* SchlHA 1969, 181. Anders wohl bei Verlängerung einer Frist, die von der zweiten Instanz erkennbar nur zur Intensivierung der Ersatzraumsuche vorläufig kurz bemessen wurde. – A.M. (§ 793) *Hartmann* (Fn. 3) Rdnr. 17.
[112] *LG Münster* (Fn. 111); *LGe Itzehoe, Mannheim* WuM 1968, 149; 1971, 116.
[113] *LG Heilbronn* WuM 1966, 66, s. aber auch *LG Mannheim* MDR 1970, 594^62. → auch Fn. 53.
[114] *LGe Dortmund, Mannheim, Heilbronn* WuM 1965, 120; 1965, 174; 1966, 107. S. aber auch *LG Itzehoe* u. *AG Hagen* (Fn. 51). Aussichtslosigkeit ist jedoch kein Verlängerungsgrund, vgl. *LG Mönchengladbach* ZMR 1990, 463f.
[115] *AG Burgsteinfurt* WuM 1965, 158.
[116] Unter »Versagung« wird man auch ein Schweigen in den Gründen verstehen dürfen, *Pergande* (Fn. 1) 66; *Schmidt-Futterer* (Fn. 96) 20 (a.M. *Hoffmann* DWW 1964, 147; *Schopp* Rpfleger 1964, 231), obwohl dann eine »Entscheidung« über die Frist nicht vorliegt; davon geht auch *LG Düsseldorf* (Fn. 51) stillschweigend aus. Denn sonst könnte das Gericht eine negative Entscheidung von Amts wegen in den Gründen unerörtert lassen u. damit gegen die sofortige Beschwerde absichern, u. man würde den Schuldner u. U. dazu treiben, den Räumungsanspruch zum Schein mit Berufung anzufechten, nur um die Räumungsfrist zu erlangen.

Wenn man allerdings in dieser Weise die »Versagung« weiter faßt als die »ablehnende Entscheidung«, dann muß das auch gelten, wenn ein Antrag gestellt ist. Dann ist er zwar als solcher übergangen, aber die Versagung liegt trotzdem vor, so daß die §§ 721 Abs. 1, 321 konkurrieren mit § 721 Abs. 6 Nr. 1. Andernfalls würde man den Antragsteller mit der keine Wiedereinsetzung erlaubenden Frist des §321 schlechter stellen als den antraglosen Schuldner. Die Systemwidrigkeit dieser Konkurrenz ist nur die Folge einer Zulassung des § 321 für Entscheidungen, die sowohl auf Antrag als auch von Amts wegen ergehen können.
[117] Z.B. wenn die Entscheidung über die Räumungsfrist nur hilfsweise angefochten wird. Zu Feststellungsanträgen nach § 521, daß die schon abgelaufene Räumungsfrist nicht oder kürzer hätte gewährt werden dürfen (wegen § 557 Abs. 2, 3 BGB), *LG Nürnberg-Fürth* NJW-RR 1992, 1231.
[118] Auch Versäumnisurteil, *LG Mannheim* ZMR 1966, 276^41; a.M. *Burghardt* WuM 1965, 112: Einspruch. – Anders im Falle des § 345, denn 1.) beginnt die Frist des § 577 Abs. 2 schon mit der Zustellung des ersten Versäumnisurteils, 2.) trifft § 721 Abs. 6 Nr. 1 nicht zu, wenn mit dem Einspruch das gesamte Versäumnisurteil angegriffen wurde; *LG Dortmund* NJW 1965, 1385.

29   3. Unanfechtbar sind Entscheidungen des Landgerichts als Berufungsgericht (§ 567 Abs. 3) und Beschwerdegericht (§ 568 Abs. 2 S. 1)[119].

30   4. Ficht der **Schuldner** zunächst unter Hinnahme einer Versagung der Räumungsfrist *nur* den Räumungsanspruch mit der Berufung an und will er anschließend *doch* eine Räumungsfrist erwirken, so muß er dies in Erweiterung seiner Berufung geltend machen; eine sofortige Beschwerde wäre nach Abs. 6 Nr. 1 unzulässig, weil das Gesetz ersichtlich davon ausgeht (»lediglich«), daß zur Zeit der Einlegung einer Beschwerde die Räumungsentscheidung von derselben Partei nicht angefochten ist[120]. → jedoch auch Rdnr. 31.

Umgekehrt bleibt aber die zunächst allein wegen der Räumungsfrist eingelegte Beschwerde des Schuldners zulässig, selbst wenn er später Berufung auch gegen den Räumungsanspruch einlegt, zumal dann rasch über die Frist abschließend beschlossen werden kann, ehe die Entscheidung über die Hauptsache ergeht[121].

31   5. Legt jedoch der *Schuldner* gegen das Urteil Berufung ein, so ist der **Gläubiger** nicht verpflichtet, die von ihm beabsichtigte Anfechtung der gewährten Räumungsfrist im Wege der Anschlußberufung geltend zu machen, denn in den Fällen des § 522 Abs. 1 würde er inzwischen die Frist zur Einlegung der sofortigen Beschwerde nach § 577 versäumt haben. Vielmehr gestattet ihm der klare Wortlaut und Sinn des § 721 Abs. 6 Nr. 1 die sofortige Beschwerde[122]. Deshalb darf der Gläubiger seine schon **vor** der Berufung des Beklagten eingelegte Beschwerde weiter verfolgen; dem Wortlaut des Abs. 6 Nr. 1 läßt sich nicht entnehmen, daß die Anfechtung beider Urteilsgegenstände unter *allen* Umständen einheitlich entschieden werden müsse (»das Rechtsmittel«). Es geht nicht an, dem Gläubiger im Falle der Berufung des Schuldners das Rechtsschutzbedürfnis für seine Beschwerde abzusprechen, ihm aber andererseits zuzumuten, 1. die Beschwerde zuvor fristgerecht einzulegen[123], sich dann 2. der Berufung des Schuldners anzuschließen, 3. seine angeblich unzulässig gewordene Beschwerde zurückzunehmen und schließlich als Krönung des Ganzen im Falle des § 522 Abs. 1 noch 4. die Beschwerde zusammen mit einem dann nötigen Wiedereinsetzungsantrag nach § 233 zu wiederholen. Hier wäre der »unabwendbare Zufall« dadurch verursacht, daß der Sinn des Rechtsschutzbedürfnisses von Gerichten in sein Gegenteil verkehrt würde, denn er liegt nicht in der Entlastung der Rechtspflege durch Belastung der Parteien.

32   6. Nach Einlegung der Berufung oder der sofortigen Beschwerde sind gemäß § 719 Abs. 1, § 572 Abs. 3 *einstweilige Anordnungen* zulässig, → Rdnr. 1, 19, 23.

V. Kosten

33   1. Im **unselbständigen** Räumungsfristverfahren nach Abs. 1 S. 1, 2 entstehen weder gerichtliche (§ 1 GKG) noch außergerichtliche (arg. § 50 BRAGO) Kosten. Das gilt auch für Berufungs- und Einspruchsverfahren → Rdnr. 27. Zu beachten ist § 93b Abs. 3, → dort. Die Gewährung der Räumungsfrist bedeutet noch nicht ein teilweises Unterliegen des Klägers i. S. d. § 92[124].

34   2. Für die Kosten des **selbständigen Beschlußverfahrens** erster Instanz nach Abs. 2, 3 gilt nicht § 788, sondern es finden die §§ 91 ff. Anwendung; denn es handelt sich um zeitweise Einschränkung der Vollstreckbarkeit, über die als Anhang zum Erkenntnisverfahren durch das Prozeßgericht entschieden wird → Rdnr. 1[125].

---

[119] *OLGe Karlsruhe* MDR 1992, 303; *München* WuM 1993, 63 = ZMR 78. → auch § 794a Rdnr. 11.
[120] *Sternel* (Fn. 1) Rdnr. 115; a.M. *LG Düsseldorf* (Fn. 51).
[121] Insofern zutreffend die Arg. *LG Düsseldorf* (Fn. 51); a.M. 20. Aufl. Fn. 80 mit *Schmidt-Futterer* NJW 1967, 1375 zu 2a; *Sternel* (Fn. 1) Rdnr. 115.
[122] *Pergande* DWW 1965, 69 zu 7a, der die Anschlußberufung des Gläubigers bezüglich der Räumungsfrist sogar für unzulässig hält, da Abs. 6 die Anfechtungsbefugnis des Gläubigers ausschließlich regele; dagegen richtig *LG Nürnberg-Fürth* (Fn. 117). – A.M. *LG Landshut* u. *Schmidt-Futterer* NJW 1967, 1375.
[123] Die Notfrist nach § 577 Abs. 2 ist schließlich kürzer als die des § 516.
[124] *OLG Stuttgart* MDR 1956, 555; *LG Mannheim* WuM 1970, 11; *Krüger* (Fn. 7) Rdnr. 7.
[125] *LGe Wuppertal, Konstanz, Essen* JMBlNRW 1965, 95; MDR 1967, 307; Rpfleger 1971, 407; *Hauser* NJW 1965, 804; *Blank* (Fn. 1) Anm. B 354. – A.M. *Schmidt-Futterer* ZMR 1967, 290, wieder anders MDR 1965, 701.

3. Für die **sofortige Beschwerde** nach § 721 Abs. 6 gelten die §§ 91 ff., 97.   35

4. *Gesonderte Gerichtsgebühren* entstehen weder in den selbständigen Verfahren noch im Ergänzungsverfahren nach Abs. 1 S. 3 mit § 321. Für das Beschwerdeverfahren fällt gemäß Nr. 1905 KV eine Gebühr nur im Fall der Verwerfung an. Zu *Anwaltsgebühren* s. §§ 37 Nr. 6, 50, 61 Abs. 1 BRAGO[126]. Zum Streitwert → § 3 Rdnr. 58 »Räumungsfrist«.   36

§ 722 [Vollstreckbarkeit ausländischer Urteile]

(1) Aus dem Urteil eines ausländischen Gerichts findet die Zwangsvollstreckung nur statt, wenn ihre Zulässigkeit durch ein Vollstreckungsurteil ausgesprochen ist.

(2) Für die Klage auf Erlaß des Urteils ist das Amtsgericht oder Landgericht, bei dem der Schuldner seinen allgemeinen Gerichtsstand hat, und sonst das Amtsgericht oder Landgericht zuständig, bei dem nach § 23 gegen den Schuldner Klage erhoben werden kann.

Gesetzesgeschichte: Bis 1900 § 660 CPO.

I. Die Klage auf Vollstreckbarerklärung ausländischer Urteile[1]

Die Befugnis zur Zwangsvollstreckung erwächst zunächst nur aus **deutschen Vollstreckungstiteln** → § 704 Rdnr. 1. Über Entscheidungen aus der ehemaligen **DDR** und Ost-Berlin → Rdnr. 144 ff. vor § 704.   1

Urteile **ausländischer staatlicher Gerichte**[2] können — soweit nicht die (inzwischen praktisch weit überwiegenden) Sonderregelungen → Rdnr. 8 f. eingreifen — im **Inland**[3] nur vollstreckt werden, wenn die Zulässigkeit dieser Vollstreckung auf Grund einer *förmlichen Klage* durch das Vollstreckungsurteil eines inländischen Gerichts ausgesprochen ist[4]. Sachliche Voraussetzungen regelt § 723. Die §§ 722 f. gelten entsprechend nach § 10 Abs. 1 des Gesetzes zur Geltendmachung von Unterhaltsansprüchen im Verkehr mit ausländischen Staaten (**AUG**) → Fn. 54.   2

Zur Vollstreckung **deutscher Titel im Ausland**[5] → zur Gegenseitigkeit § 328 Rdnr. 270 ff.,   2a

---

[126] Dazu *LG Frankfurt a. M.* Rpfleger 1984, 287.

[1] Lit.: Ältere → 20. Aufl. Fn. 1, insbesondere *Kallmann* Anerkennung usw. (Basel 1946); *Riezler* IZPR (1949) 563 ff.; *Geimer* NJW 1965, 1413 ff.; JuS 1965, 476; IZPR²; *Schütze* Anerkennung u. Vollstreckung usw. (Diss. Bonn 1960) u. NJW 1966, 1598 f.; ZZP 77 (1964) 287;. Neuere Lit.: *Bülow/Böckstiegel/Geimer/Schütze* Der Internationale Rechtsverkehr usw.³; *Geimer/Schütze* Internationale Urteilsanerkennung Bd. I (1983/84), Bd. II (1971); *Gottwald, Matscher und Walder* ZZP 103 (1990), 257; 294; 322; *Linke* IZPR (1990); *Nagel* IZPR³; *Pirrung* Internationales Privat- u. Verfahrensrecht (1987); *Schack* IZVR (1991); vgl. auch die Lit. zu § 293 und § 328 sowie zu den einzelnen Übereinkommen → Anh. § 723.

[2] → § 328 Rdnr. 102 ff. Für Schiedssprüche. § 1044. Krit. gegen die im Vergleich zum EuGVÜ erheblichen Förmlichkeiten u. Mehrkosten *Gottwald* ZZP 103 (1990), 287 f.

[3] Zur **Rechtshilfe** für die Geltendmachung, Vollstreckbarerklärung u. ZV von Kosten- u. Unterhaltsgläubigern **im Ausland** → § 328 Rdnr. 532 f. (HaagÜ 1954), Einl. (20. Aufl.) Rdnr. 867 (UNÜ 1956), AuslandsunterhaltsG (AUG) vom 19.12.1986 (BGBl. I 2563) sowie zur geplanten ZV von Unterhaltstiteln im Wege der Rechtshilfe des Vollstreckungsstaats s. BT-Drucks. 11/7887 Nr. 89.

[4] Vgl. z. B. für **Frankreich** BGH NJW 1979, 2477 (konkursähnliche Verfahren); **Jugoslawien** AG Lahnstein FamRZ 1986, 289; für **Polen** OLG Düsseldorf FamRZ 1989, 97; für **Türkei** *Hök* Büro 1991, 625; für **USA** LG Berlin RIW 1989, 988.

[5] Lit.: → die Bem. zu den Übereinkommen → Anh. § 723, insbesondere Rdnr. 31 Fn. 12 u. zu den im folgenden Text behandelten Folgen der deutschen Einigung *Arnold* BB 1991, 2240; ferner *Anke Eilers* Maßnahmen des einstweiligen Rechtsschutzes usw. (1991); *Müller/Hök* Deutsche Vollstreckungstitel im Ausland (Loseblatt seit 1988); *Schütze* Anerkennung u. Vollstreckung deutscher Urteile im Ausland (1973), im folgenden »Schütze Ausl.« zit., *ders.* Rechtsverfolgung im Ausland (1986); *Hellmuth Bauer* ZV aus inländischen Schuldtiteln usw. (Loseblatt); *Weißmann/Riedel* Handbuch der internationalen ZV (Loseblatt) ab 1993. Zu einzelnen Staaten s. die Übersicht *Baur/Stürner*¹¹ Rdnr. 81. Für **USA** *Chrocziel/David* ZVerglRWiss 87 (1988), 165 ff; **Griechenland** *Melissos* AnwBl. 1993, 334; **Frankreich** *Recq* DGVZ 1994, 81; **Polen** *Knypl* DGVZ 1994, 134.

Einl. Rdnr. 867 (Unterhaltsansprüche), sowie die Abkommen → § 328 Rdnr. 501 ff., Anh. § 723. Sie gelten auch für seit dem 3. X. 1990 ergangene Titel aus den **neuen Bundesländern**, Art. 11 EinigV; → auch Rdnr. 9 zur Vollstreckung im Inland. Stammt ein Titel aus der **ehemaligen DDR** und soll er in einem Staat vollstreckt werden, mit dem diese ein Vollstreckungsabkommen geschlossen hatte, so kommt es darauf an, ob dieser Staat das Abkommen noch anerkennt, obwohl die DDR kein Völkerrechtssubjekt mehr ist, vgl. Art. 12 EinigV. Die Fortgeltung ist von zahlreichen Staaten verneint worden, z. B. Belgien, Dänemark, Frankreich, Griechenland, Irland, Island, Luxemburg, Norwegen, Österreich, Schweiz, Spanien, Tunesien, Vereinigtes Königreich, Vereinigte Staaten. Die Vollstreckung solcher Alt-Titel im Ausland aufgrund *vor* dem 3. X. 1990 in Kraft getretener Abkommen mit der *Bundesrepublik* ist jedoch zweifelhaft, → für Österreich Anh. § 723 Rdnr. 83. Zu Auslandsbezügen → ferner § 829 Rdnr. 24 ff., 103, § 883 Rdnr. 13, § 887 Rdnr. 29, § 888 Rdnr. 8.

3   1. Die **Klage** stellt nicht eine vorhandene Vollstreckbarkeit fest[6], denn für das deutsche Hoheitsgebiet fehlt diese dem ausländischen Urteil. Ebensowenig handelt es sich um eine Klage auf Grund des ursprünglichen materiellen Anspruchs, um *diesem* die Vollstreckbarkeit zu verleihen[7]; denn die Voraussetzungen des Vollstreckungsurteils beziehen sich auf das ausländische *Urteil*, nicht aber auf den darin titulierten materiellrechtlichen Anspruch. Dieser wird daher nicht unmittelbarer Gegenstand des Prozesses[8], obwohl seine rechtskräftige Feststellung eine Voraussetzung des Vollstreckungsurteils ist[9] und dieses die Durchsetzung des Anspruchs vorbereiten soll. Die Klage erstrebt vielmehr, daß dem ausländischen Urteil durch **rechtsgestaltendes Urteil** die ihm bisher im *Inland* fehlende Vollstreckbarkeit *originär beigelegt* wird[10]. Andere Urteilswirkungen bestimmen sich im Inland nach § 328. Der öffentlichrechtliche Anspruch auf Vollstreckbarerklärung kann nicht durch private Vereinbarung verwirklicht werden. Das schließt jedoch Verzichte nicht aus → § 306 Rdnr. 10. Über (beschränkte) Anerkenntnisse und Vergleiche → Rdnr. 19 a Fn. 77 f.

4   2. Vollstreckungsurteile oder die vereinfachten Verfahren → Rdnr. 8 f. sind **nötig und zulässig**, wenn ausländische Entscheidungen eine Verurteilung i. e. S. (zur Leistung oder Duldung der Zwangsvollstreckung) enthalten; aber auch für die Vollstreckungswirkungen gemäß § 894, falls die Willenserklärung auf ein dem Inland zuzuordnendes und damit der deutschen Vollstreckungsgewalt unterliegendes Rechtsverhältnis einwirken würde[11], gleichgültig ob das Recht des Urteilsstaates entsprechende Vollstreckungswirkungen kennt oder ob dort ähnlich wie § 888 zu vollstrecken wäre[12]. Ob allein wegen der weiteren → Rdnr. 49 vor § 704 genannten Vollstreckungswirkungen i. w. S. der Weg über § 722 erforderlich ist oder

---

[6] So *Kohler* Prozeß als Rechtsverhältnis (1888) 128; *Langheineken* Urteilsanspruch (1899) 172; *Rintelen* ZZP 9 (1886) 194.
[7] So besonders *Hellwig* Lb 1, 127 f.; System 2, 186.
[8] *BGH* NJW 1990, 1419 f. = MDR 718[52]; *RG* JW 1903, 178[17] (zu § 261); *KG* JW 1926, 1591 (zu § 212 Abs. 2 BGB); *Zöller/Geimer*[18] Rdnr. 6.
[9] → § 723 Rdnr. 8.
[10] Näheres → Rdnr. 23, heute ganz h. M. *BGHZ* 118, 315 f. = NJW 1992, 3097 = MDR 1182; *Rosenberg/Gaul*[10] § 12 II 1; *MünchKommZPO-Gottwald* (1992) Rdnr. 2 mwN; *Geimer* (Fn. 8) Rdnr. 3. Daher stehen auch Vollstreckbarerklärungen oder deren Ablehnung im Ausland nicht entgegen; → auch Anh. § 723 Rdnr. 31 Fn. 11.
[11] Für § 895 nicht str. Zur Vollstreckungswirkung i. w. S. → Rdnr. 47 ff. vor § 704, § 894 Rdnr. 3, 17, § 895 Rdnr. 4. – Wie hier *Hellwig* Anspruch u. Klagrecht (1900) 456 f., 477 f. mwN z. B. für Auflassungen inländischer Grundstücke, Abtretungen als inländisch geltender Forderungen u. Verurteilung von Inländern zum Vertragsschluß; wohl auch *Schack* (Fn. 1) Rdnr. 957 (nur über inländische Vollstreckungsklausel). → auch Fn. 12. – A. M. *Wieser* ZZP 102 (1989) 270. Aber es geht bei § 722 nicht nur um »staatliche Handlungen« im Inland, sondern darum, daß durch die Vollstreckbarkeit i. w. S. dem Gläubiger z. T. einschneidende Befugnisse eingeräumt werden.
[12] A. M. *Geimer* (Fn. 8) Rdnr. 9 a, b: § 722 nur, wenn im Erstraat eine Fiktion wie § 894 fehle u. daher ZV nach § 888 im Inland nötig sei; im übrigen genüge Analogie zu § 328; Verzögerung der Erklärungsabgabe durch § 722 sei unbefriedigend. Solche Verzögerung mag zuweilen sogar mißlich sein als bei ZV im engeren Sinne. Aber wie diese beruht auch die Fiktion auf staatlicher Vollstreckungsgewalt, obwohl sie ohne Zwang auskommt; s. auch für Schiedssprüche *Walter* FS für K.H.Schwab (1990), 540 ff.

die Anerkennung nach § 328 genügt, mag zweifelhaft sein[13]. Ohne § 722 könnte aber nicht wegen der *Kosten* vollstreckt werden[14], so daß zumindest insoweit ein *Teilexequatur* nötig ist[15]. Will man die Gefahr widersprüchlicher Entscheidungen vermindern, wenn verschiedene Behörden über die Anerkennung als Vorfrage zu befinden haben, so bleibt nur die Wahl zwischen § 722 oder § 256 oder eine Kombination beider (§ 722 für Kosten, § 256 für Hauptsache)[16].

Vollstreckungswirkungen i.w.S. stehen aber **nicht** in Frage bei der Geltendmachung der Rechtskraft[17], der Gestaltungswirkung[18], der Tatbestandswirkung des Urteils[19] und bei der Eintragung in öffentliche Bücher, die sich lediglich als berichtigende Registrierung mit der Rechtskraft eintretender Rechtsveränderungen darstellen[20]. Vermerke im Familienbuch nach § 14 Abs. 1 PersStG auf Grund ausländischer Urteile setzen daher kein Vollstreckungsurteil voraus[21]. Zur Anerkennung von Entscheidungen in Ehesachen → § 328 Rdnr. 401 ff., § 606a Rdnr. 4ff.   5

3. Leistungsklagen oder Mahnverfahren *anstelle* des Vollstreckungsurteils sind zulässig, soweit staatsvertragliche Verpflichtungen zur Anerkennung und Vollstreckbarerklärung nicht entgegenstehen → Fn. 26. Dazu besteht etwa Anlaß, wenn die Vollstreckbarkeitserklärung ganz oder teilweise verweigert wird[22], z.B. weil für die → Rdnr. 9 genannten Verfahren gesetzlich erforderte Urkunden nicht zur Verfügung stehen[23], oder wenn der Weg über § 722 von vornherein unsicher ist, etwa weil Zweifel bestehen über die Anerkennung, die Bestimmtheit des ausländischen Urteils oder die Person des zum Exequatur Berechtigten[24]. § 722 schließt erneute Klagen nicht als speziellere Norm aus und die Rechtskraft des ausländischen Urteils steht der Zulässigkeit der Klage nicht entgegen, weil ihre Wirkung im Inland nicht ohne weiteres selbstverständlich ist[25]; zudem kann keine Rede davon sein, daß das   6

---

[13] **Dafür** 20. Aufl. Fn. 6 mit *Hellwig* Anspruch und Klagerecht (1900) 477f. und Lb 1, 130; vgl. auch *Seuffert* ZPO[12] Anm. 1b; ferner für § 1042 RGZ 16, 421 u. 99, 129. – **Dagegen** *Wieser* (Fn. 11); *Gaul* (Fn. 10) § 12 II 2; *Gottwald* (Fn. 10) Rdnr. 14: nur Teilexequatur wegen Kosten; *Stürner* (Fn. 5) Rdnr. 66; *Wieczorek*[2] Anm. A I. – **Feststellungsurteile** sind jedenfalls zur Hauptsache nicht für vollstreckbar zu erklären. → aber Text vor Fn. 16.
[14] Vgl. *RGZ* 109, 387.
[15] So bei anzuerkennenden **Feststellungsurteilen** *BGH* NJW 1993, 1271 f. (dort im Verfahren → Anh. § 723 Rdnr. 84ff.). Denn auch für ausländische Urteile und Kostenfestsetzungen (→ Rdnr. 10) von der Kostenentscheidung abhängig → § 723 Rdnr. 8; h.M. *Luther* FamRZ 1975, 260; *Gottwald* (Fn. 10) Rdnr. 14; *Geimer/Schütze* (Fn. 1) II 185. *OLG Saarbrücken* RIW 1991, 69 steht nicht entgegen; es lehnt nur (zutreffend) ab, Kostengrundentscheidungen inhaltlich auszufüllen mit im Ausland ersatzfähigen ZV-Kosten. → noch Rdnr. 17.
[16] → zunächst § 328 Rdnr. 27f. Für § 722 *Förster/Kann* ZPO[3] Anm. 3.
[17] *RGZ* 88, 249 f.
[18] Dann nur Exequatur für Kosten → Rdnr. 4 Fn. 14f. – A.M. *Hellwig* Anspruch (Fn. 13) 477f. Wegen ausländischer Urteile in Ehesachen → § 328 Rdnr. 402 ff.
[19] → § 322 Rdnr. 8, § 328 Rdnr. 1.
[20] → Rdnr. 50 vor § 704.
[21] *RGZ* 88, 248 ff.
[22] *BGH* NJW 1987, 1146 f. = FamRZ 370 f.; *OLG* Nürnberg DAVorm 1985, 347 (jeweils durch rechtskräftigen Beschluß des AG). → auch Fn. 41. Erst recht, wenn nur §§ 722 f. in Betracht kämen *OLG Hamm* DAVorm 1983, 973; 1990, 166 (Unterhaltstitel aus Portugal, Polen). *KG* FamRZ 1993, 977 ließ Leistungsklage zu, die wegen verzögerter Ausfertigung türkischen Unterhaltsurteils erhoben wurde.
[23] § 722 beschränkt die Beweismittel nicht.
[24] Z.B. wegen Zweifels bezüglich § 328 Abs. 1 Nr. 5 *P. Baumann* IPRax 1990, 29, oder wenn man der Ansicht → Rdnr. 23 Fn. 90 nicht folgt, so wenn Parteiidentität unklar ist → Fn. 67 a.E.S. auch *AG Stuttgart* IPRax 1989, 54 (*Jayme*): Zweifel, ob portugiesischer curador als Prozeßstandschafter oder gesetzlicher Vertreter das Unterhaltsurteil erwirkt hat; *OLG Hamm* FamRZ 1993, 214 (Italien: ordnungsgemäße Verfahrenseinleitung zweifelhaft, unterhaltsberechtigtes Kind hatte keinen eigenen Titel). In solchen Fällen sollte man neben § 722 auch die hilfsweise Leistungsklage zulassen, *Geimer* IZPR (1987) Rdnr. 2347 mwN.
[25] *BGH* (Fn. 22) mwN; *OLGe Düsseldorf* FamRZ 1989, 98; *Hamm* DAVorm 1983, 973 mwN; *Stuttgart* IPRax 1990, 49 (Baumann aaO 28); *Luther* FamRZ 1975, 259; *Gottwald* (Fn. 10) Rdnr. 29 mwN. – A.M. *Schumann* → § 328 Rdnr. 8, 29; *Seuffert/Walsmann* ZPO[12] 3; *Wieczorek*[2] Anm. C II c 1; *Schütze* DB 1977, 2129; 1967, 498; aber es geht nicht um »Aushöhlung der Rechtskraft«, wenn der Kläger inhaltlich gleiche Entscheidung begehrt.

Verfahren nach § 722²⁶ etwa das einfachere oder billigere wäre²⁷. Die Leistungsklage kann jedoch nicht einfach auf den Erlaß des Auslandsurteils gestützt werden²⁸, sondern nur auf das *ursprüngliche materielle Rechtsverhältnis*; dabei sind im Falle der Anerkennung Einwendungen gegen den Anspruch durch die Rechtskraft des ausländischen Urteils im gleichen Umfang abgeschnitten wie im Falle des § 722²⁹. Anträge nach § 323 können in *solchen* Prozessen gestellt werden, auch nach § 33, da hier ohnehin der materielle Anspruch im Streit ist³⁰.

7   Beide Parteien des ausländischen Erkenntnisverfahrens können unter den gleichen Voraussetzungen wie → Rndr.6 die Anerkennungsfähigkeit der ausländischen Entscheidung auch durch **Feststellungsklage** rechtskräftig klären lassen, falls die Klage nach § 722 nicht erhoben ist oder abgewiesen wird³¹. Auch dabei sind aber Einwendungen in gleichem Umfang wie sonst abgeschnitten³², es sei denn, sie hätten die Versagung der Anerkennung zur Folge. Klagen auf Feststellung des Nichtbestehens der Ehe infolge einer im Ausland ausgesprochenen Scheidung fallen unter § 638.

8   4. Die Vollstreckbarkeit **ohne Vollstreckungsurteil** – sei es durch unmittelbare Zulassung des ausländischen Vollstreckungstitels³³, durch Klauselerteilung nach § 724³⁴ oder in einem vereinfachten Beschlußverfahren – kann ausländischen Entscheidungen nur durch Bundesgesetz eingeräumt werden³⁵, nicht durch private Vereinbarung³⁶; Vollstreckung unter Verzicht des Schuldners auf ein Vollstreckungsurteil ist daher unwirksam³⁷.

9   **Vereinfachte Verfahren** für die Vollstreckbarerklärung sehen eine Reihe von bi- und multilateralen Abkommen vor, → die Übersicht § 328 Rndr. 41, Anh. § 723. Sie gelten ab 3.X. 1990 auch für die Vollstreckung in den **neuen Bundesländern**, Art. 10 Abs. 1, 11f. EinigV, wobei es für Übergangsvorschriften wie Art. 54 EuGVÜ darauf ankommt, ob der Schuldner zur Zeit der Klageerhebung bzw. Titelerrichtung in den alten Bundesländern seinen Wohnsitz hatte (dann ist die Zeit des ursprünglichen Inkrafttretens des Übereinkommens maßgebend) oder ob er in der ehemaligen DDR wohnte (dann nur für Titel aus der Zeit ab 3.X. 1990)³⁷ᵃ. Urteile außerdeutscher *Rheinschiffahrtsgerichte* über die → § 1 Rndr. 77 genannten Ansprüche erhalten kostenfrei eine Vollstreckungsklausel vom Urkundsbeamten des Rheinschiffahrtsobergerichts Köln, § 21 BinnenschiffVerfG³⁸. Für § 722 fehlt das Rechts-

---

²⁶ Anders die → Rdnr. 9 erwähnten Verfahren; sie schließen daher regelmäßig Leistungsklage aus *Geimer* (Fn. 8) Rdnr. 57 mwN. Unabhängig von einem Kostenunterschied sind im Vollstreckungsstaat Klagen auf Leistung des im Ursprungsstaat Zuerkannten unzulässig, soweit nach Art. 31 GVÜ die Vollstreckungsklausel zu erteilen wäre *EuGHE* 1976, 1851 = NJW 1977, 495 (L).
²⁷ *BGH* (Fn. 22). Kosten → Rdnr. 24.
²⁸ Zur Eignung als Beweisurkunde (auch für § 592) s. aber *Schlosser* FS für K.H. Schwab (1990), 435.
²⁹ *BGH* NJW 1964, 1626 zu III; → § 723 Rdnr. 3. Verurteilung zu anderer Währung nur nach § 323 *KG* (Fn. 22); *Baumann* (Fn. 24) 30, 32. Zur Einrede fehlenden neuen Vermögens aufgrund schweizerischen Konkursverlustscheins → Anh. § 723 Rdnr. 54 Fn. 3.
³⁰ *KG* (Fn. 22) als Hilfsantrag; *OLG Stuttgart* IPRax 1990, 49 (krit.*Baumann* bezüglich Verurteilung zu DM für Rückstände aaO 32); vgl. obiter *BGH* (Fn. 22). Voraussetzung ist Anerkennungsfähigkeit *OLG Hamm* FamRZ 1993, 189. → aber § 723 Rdnr. 4a für den Prozeß nach §§ 722 f.
³¹ → § 328 Rdnr. 27 (**neben** § 722 ist Antrag nach § 256 Abs. 2 möglich, für den Beklagten Feststellungswiderklage); weitergehend *Geimer* JZ 1977, 146 u. IZPR (1987) Rdnr. 2277; *Gottwald* (Fn. 10) Rdnr. 33. S. auch *BGH* FamRZ 1986, 665f. (jugoslawisches Zahlvaterschaftsurteil). ZV im Inland erlaubt die Feststellung allein nicht; wegen der Kostenvollstreckung → Fn. 16. Im Feststellungsprozeß ist freilich zu beachten, inwieweit ein abweisendes Urteil nach § 722 Rechtskraft wirkt, *Geimer* (Fn. 24) Rdnr. 2343 f.
³² → § 723 Rdnr. 3. Vgl. *RG* DR 1942, 347.
³³ So früher nach h.M. die (richtigerweise aber als »ausländische« anzusehenden) **nach** dem 1.I. 1976 errichteten Titel der ehemaligen DDR → Rdnr. 145 vor § 704. Auch im Falle → Fn. 51 erfolgt die Vollstreckbarerklärung nur incidenter im Vollstreckungsverfahren nach § 33 FGG, *OLG Düsseldorf* FamRZ 1982, 534.
³⁴ Z.B. nach § 7 des AG zum Europäischen Übereinkommen über die Anerkennung u. Vollstreckung von Entscheidungen über das **Sorgerecht** für Kinder (BGBl. II 1990 S. 206) vom 5.4.1990 (BGBl. I 701). → auch Rdnr. 9 Fn. 38.
³⁵ → Anh. § 723. Entscheidend ist, ob solche Möglichkeiten bestehen, nicht, ob sie im Antrag richtig bezeichnet sind *BGH* NJW 1978, 1314¹⁴ zu III.
³⁶ *RGZ* 36, 384.
³⁷ Zum Rügeverzicht bei Unzuständigkeit u. Geständnis von Tatsachen → aber § 328 Rdnr. 165.
³⁷ᵃ Dazu *Arnold* (Fn. 5); *Andrae* IPRax 1994, 228.
³⁸ Vom 27.IX. 1952 (BGBl. I 641) mit ÄndG für die Moselschiffahrt vom 14.V. 1965 (BGBl. I 389). Wegen der Rhein- und Moselschiffahrtsgerichte → Einl. Rdnr. 622f. Die Zuständigkeit nach § 21 Binnenschiff-

schutzbedürfnis, soweit ein solches einfacheres Beschlußverfahren mit Sicherheit den gleichen Erfolg hätte[39]. Kann aber allgemein oder im Einzelfall eine Vollstreckbarerklärung nach einem internationalen Abkommen nicht oder nicht im beantragten Umfang erfolgen, wohl aber nach nationalem Recht, dann kommt dem Verfahren nach § 722, falls dessen Anwendung nicht ausdrücklich im Abkommen ausgeschlossen ist, insoweit eine Auffangfunktion zu[40], als der Gläubiger es nicht vorzieht, je nach internationaler Zuständigkeit erneute Leistungsklage im Ausland oder Inland zu erheben[41].

II. Art der Entscheidungen

Vollstreckbar erklärt werden können – vorbehaltlich *Sonderregelungen in Staatsverträgen* – nur wirksame[42] **Urteile** ausländischer **Gerichte**. Darunter fallen alle endgültigen[43] Entscheidungen einer mit staatlicher Autorität ausgestatteten Stelle, die nach der ausländischen gesetzlichen Regelung zur Entscheidung von privatrechtlichen Streitigkeiten berufen ist[44], falls beiden Parteien in einem prozessualen Verfahren rechtliches Gehör zusteht[45]. Dazu gehören auch *Kostenfestsetzungsbeschlüsse*. **Andere Titel** fallen **nicht** unter § 722, insbesondere nicht *Schiedssprüche*[46], gerichtliche *Vergleiche* und vollstreckbare *Urkunden*[47]. *Exequaturentscheidungen* sind zwar anerkennungsfähig[48]; als Grundlage für § 722 (»Doppelexequatur«) kommen sie jedoch hinsichtlich ihres Hauptanspruchs[49] nicht in Betracht; anders im Bereich des § 1044, falls sie selbständig über den materiellen Anspruch neu entscheiden[50]. Maßnahmen eines Richters der *freiwilligen Gerichtsbarkeit* können für vollstreckbar erklärt werden, wenn sie einem Beteiligten einen vollstreckungsfähigen Anspruch geben[51].

10

VerfG gilt auch für die Klauselerteilung ausländischer Moselschiffahrtsgerichte, *Schütze* Diss. (Fn. 1) 89 gegen *Wieczorek*[2] Anm. A III a 2 (*OLG Koblenz* sei zuständig). Nur § 722 ist anwendbar für Urteile der tschechoslowakischen **Elbschiffahrtsgerichte** (zu diesen → Einl. Rdnr. 624), ebenso für Berufungsurteile der internationalen Elbkommission, Art. 12 des Zusatzübereinkommens zur Elbschiffahrtsakte vom 27.I. 1923 (RGBl. II 485); s. dazu § 9 preuß. G vom 4.VI. 1924 (GS 543) und die entsprechenden Vorschriften der übrigen Landesgesetze.

[39] Wie zur Leistungsklage → Rdnr. 6 Fn. 26, h.M. *Gottwald* (Fn. 10) Rdnr. 3; über das im Zweifel geltende Günstigkeitsprinzip *BGH* MDR 1987, 747 (zu → Anh. § 723 Rdnr. 53). – A.M. *Luther* FamRZ 1975, 260 (freie Wahl zwischen beiden Verfahren); *Matscher* JBl. 1962, 359.

[40] → § 328 Rdnr. 41 mwN; *BGH* (Fn. 39). Vgl. *Geimer* NJW 1972, 1010 zu *AG Garmisch-Patenkirchen* NJW 1971, 2135. Stärker differenzierend *Geimer* (Fn. 1) 58ff.; *Schütze* Ausland (Fn. 1) 12; dagegen *Wieczorek*[2] Anm. A III a.

[41] Z.B. ergänzende Klagen wegen teilweiser Unbestimmtheit des ausländischen Urteils, deren Behebung im Vollstreckbarkeitsverfahren nicht gelingt *Roth* IPRax 1989, 17. → auch § 723 Rdnr. 4a Fn. 15 (zu § 323).

[42] Erste Voraussetzung ist Wirksamkeit im Ursprungsstaat; nach dessen Recht richtet sich auch, ob die Leistung »bestimmbar« ist; Vernichtbarkeit des Urteils schadet nicht *BGH* (Fn. 10). → dazu Rdnr. 23.

[43] → § 723 Rdnr. 8.

[44] BGHZ 20, 329. Näheres → § 328 Rdnr. 107.

[45] *RGZ* 16, 428.

[46] Zur Vollstreckbarerklärung → § 1044 nebst Vorbem.

[47] Ganz h.M. *Baumbach/Hartmann*[52] Rdnr. 1; *Gaul* (Fn. 10) § 12 II 2; *Thomas/Putzo*[18] Rdnr. 5. Die rechtspolitisch zu bedauernde Lücke, *Gottwald* (Fn. 2) 268, wollen *Geimer* DNotZ 1975, 464 u.a. schon de lege lata füllen.

[48] → § 328 Rdnr. 103, 251a.

[49] *Geimer* (Fn. 8) Rdnr. 11 mwN. Ihre Kostenentscheidungen u. darauf beruhende Festsetzungen unterfallen wie sonst § 722 *Geimer* IPRax 1990, 192.

[50] So für Exequatururteile aus USA über Schiedssprüche *BGH* NJW 1984, 2765[13] u. aaO 2763[12] (wahlweises Vorgehen nach § 1044, insoweit folgerichtig?); für Exequatururteil aus England über Prozeßzinsen *OLG Hamburg* NJW-RR 1992, 568. → dazu § 1044 Rdnr. 75; dagegen *Geimer* (Fn. 8) Rdnr. 11 mwN.

[51] *BGH* JZ 1954, 244 (zust. *Makarov*); BGHZ 88, 113 = NJW 1983, 2776 = MDR 920 mwN; *OLG Hamm* FamRZ 1977, 506; krit. *Stürner* (Fn. 5) Rdnr. 66 Fn. 54; *Krefft* Vollstreckung u. Abänderung usw. (1993), 19ff., soweit nicht auf ZV nach ZPO verwiesen ist (aaO 31f.: dann Anwendung des § 722), jedoch grundsätzlich für Notwendigkeit einer Vollstreckbarerklärung 26ff. mwN. **Zuständig** ist, soweit (meist nur für »Streitsachen« geltende) Staatsverträge nicht Abweichendes regeln, im Verfahren nach § 33 FGG (→ Fn. 33) das Gericht, welches zur Sachentscheidung berufen wäre *BGHZ* 67, 257f. = NJW 1977, 150f. (anders noch JZ 1954, 245, dem die 20. Aufl. Fn. 34 gefolgt war). → auch Fn. 56 u. § 328 Rdnr. 107. Für **Sorgerechtsentscheidungen** → Fn. 34.

III. Zuständigkeit, Verfahren

11 Für dessen Gestaltung bildet nicht der ursprüngliche materielle Anspruch, sondern das *prozessuale Begehren auf Vollstreckbarerklärung den Streitgegenstand*[52]. Daher gehört die Klage, auch wenn für die ursprüngliche Streitigkeit im Inland das Verwaltungs-, Sozial- oder Finanzgericht zuständig gewesen wäre, vor die **ordentlichen Zivilgerichte**[53].

12 1. Die **sachliche Zuständigkeit** bestimmt sich, soweit nicht für gesetzliche Unterhaltsansprüche nach § 10 Abs. 3 AUG[54] das Amtsgericht ausschließlich zuständig ist, nach dem Gegenstand des ausländischen Urteils, für den das Vollstreckungsurteil beantragt wird. Abgesehen von dem auch hier für *Familiensachen* maßgeblichen § 23 b GVG[55], wonach über § 621 a auch Vollstreckbarkeitserklärung im Verfahren der freiwilligen Gerichtsbarkeit in Betracht kommt[56], entscheidet allein der nach §§ 3–9 zu bestimmende Wert[57] der Hauptsache[58]. Übersteigt er die amtsgerichtliche Zuständigkeitsgrenze, so gehört die Klage immer vor das Landgericht, § 71 Abs. 1 GVG; die Ausnahmevorschriften in §§ 23 Nr. 2, 23a Nr. 2, 3, 71 Abs. 2 und 3, §§ 94 ff.[59] GVG kommen nicht in Betracht, da sie allenfalls den Streitgegenstand des ausländischen Erkenntnisverfahrens treffen könnten. Auch die §§ 2 ff. ArbGG scheiden hier aus[60].

13 2. **Örtlich zuständig** ist nach Abs. 2 das Gericht des allgemeinen Gerichtsstandes nach §§ 13–19[61] und, wenn dieser fehlt, für vermögensrechtliche Ansprüche nach § 23 das Gericht des Ortes, wo sich das Vermögen des Beklagten befindet. § 36 Nr. 3 gilt auch hier[62]. Die sachliche[63] und örtliche Zuständigkeit sind nach § 802 ausschließlich.

Für die **sonstigen Prozeßvoraussetzungen** gilt nichts Besonderes[64]. Zur Parteifähigkeit von Ausländern → § 50 Rdnr. 35, über Entscheidungen gegen ausländische Staaten → Einl. (20. Aufl.) Rdnr. 660. Zum Geltungsbereich des Europäischen Übereinkommens über Staatsimmunität → § 148 Rdnr. 157.

14 3. Die Klage kann vom **Gläubiger** bzw. dem laut Urteil berechtigten Dritten[65] oder vom **Rechtsnachfolger** erhoben werden gegen den **Schuldner** oder dessen Rechtsnachfolger oder

---

[52] *BGH* (Fn. 10). → Rdnr. 3. Materiell handelt es sich um eine Ausprägung des Justizgewährungsanspruchs *Geimer* (Fn. 8) Rdnr. 7, 16.

[53] H.M.

[54] Vom 19. XII. 1986 (BGBl. I 2563).

[55] → § 621 Rdnr. 37 Fn. 215; *BGH* NJW 1986, 1440 = IPRax 294 (zust. *Dopfel* aaO 281); dazu *Gottwald* (Fn. 10) Rdnr. 20; *Schack* (Fn. 1) Rdnr. 942.

[56] → Rdnr. 10 Fn. 51; BGHZ 88, 113 = NJW 1983, 2775 f. = MDR 920 mwN (Kindesherausgabe). § 16a FGG regelt nur Anerkennung, nicht Vollstreckbarkeit; dazu *Geimer* FS für Murad Ferid (1988) 89; *Krefft* (Fn. 51) 26 ff., zu bilateralen Abkommen 53 ff. sowie 60 f. über erneute inländische Entscheide, falls Vollstreckbarkeitserklärung ausscheidet.

[57] → Wertschlüssel § 3 Rdnr. 62 »Vollstreckbarkeit...«. Für Verurteilungen in Fremdwährung ist der bei Klageeinreichung geltende Umrechnungskurs maßgeblich → § 4 Rdnr. 5 f.

[58] OLG Zweibrücken Büro 1986, 1404. Zum Streitwert einer Kostenentscheidung → § 4 Rdnr. 24 ff.

[59] Zust. *Schütze* NJW 1983, 155 mwN; *Geimer* (Fn. 24) Rdnr. 2321. Bezüglich § 94 GVG könnte man allerdings angesichts der Kehrtwendung des *BGH* (Fn. 51) in FGG-Sachen die Folgerichtigkeit bezweifeln.

[60] BGHZ 42, 195; *Gottwald* (Fn. 10) Rdnr. 22 mwN, ganz h.M. – A.M. *Schnorr von Carolsfeld* ArbRecht (1954) 485 f.

[61] Für »auf See« abgemeldete Beklagte gilt § 16 entsprechend *BGH* IPRax 1983, 80.

[62] OLG München/Augsburg NJW 1975, 505 = MDR 146; *Schack* (Fn. 1) Rdnr. 943. Dies gilt auch für Vollstreckbarerklärungen im Inland aufgrund **bilateraler** Übereinkommen, zumindest dann, wenn der Schuldner schon von vornherein zu hören ist, so z. B. für österr. Titel *BayObLG* NJW 1988, 2184 = RIW 995; a.M. *Roth* RIW 1987, 817 (aber der Schuldner verdient gleichen Schutz, weil es wegen der möglichen Einwendungen → § 723 Rdnr. 3 auch hier um materielles Recht gehen kann). Wegen des **EuGVÜ** → Anh. § 723 Rdnr. 32 Fn. 21.

[63] Für sie ist die Ausschließlichkeit str., *Gottwald* (Fn. 10) Rdnr. 22 mwN. Würde der Anspruch im Inland den §§ 23a, b GVG unterfallen, so ist das **Familiengericht** zuständig BGHZ 88, 113 (→ Fn. 31); OLG Köln FamRZ 1979, 718; *LG Tübingen* aaO 610, jetzt allg.M.

[64] Allg. M. – Wegen der Parteifähigkeit von Ausländern → § 50 Rdnr. 35 (ausländisches Recht maßgebend), dagegen *Wieczorek*² Anm. C II b 1 (inländisches Recht).

[65] Z.B. vom laut Scheidungsurteil berechtigten Kind OLG Hamburg FamRZ 1983, 1157 = DAVorm 1984, 324; AG Lahnstein NJW-RR 1986, 560 mwN. Zum deutschen Recht → § 724 Rdnr. 8a.

gegen solche Dritte, gegen die das Urteil wirksam ist. Es ist *innerhalb* des Verfahrens[66] nach dem im *Ursprungsland* geltenden Recht über die Prozeßführungsbefugnis im Zeitpunkt der Klageerhebung zu entscheiden, da die Vollstreckbarkeit ganz von der Stellung abhängt, die einer Partei im Prozeß selbst zugewiesen ist[67]. Durch Übergang des materiellen Anspruchs *nach* Rechtshängigkeit der Vollstreckungsklage geht jedoch die aus dem fremden Recht folgende Prozeßführungsbefugnis des Titelinhabers nicht verloren, weil sie nach § 265 auch erhalten bliebe, wenn der Anspruch rechtshängig wäre, dessen Durchsetzung das Verfahren vorbereiten soll[68]. Die §§ 727 ff. gelten erst ab Erlaß des Vollstreckungsurteils[69]. Wegen § 726 Abs. 1 → § 723 Fn. 8.

4. Wurden in dem ausländischen Urteil **mehrere Beklagte** als **Gesamtschuldner** verurteilt, so steht es dem Gläubiger frei, gegen einen, mehrere oder alle Schuldner gemäß § 722 zu klagen[70]. Wegen unterschiedlicher Wohnsitze der Schuldner → Rdnr. 13 Fn. 62. **15**

5. Durch die Klage werden prozessuale **Wirkungen der Rechtshängigkeit** in bezug auf den materiellen Anspruch, insbesondere die Einrede der Rechtshängigkeit gegenüber einer Verurteilungsklage auf Grund dieses Anspruchs, nicht begründet[71]; → aber auch § 723 Rdnr. 5. Ein Übergang vom Antrag auf Vollstreckbarerklärung zu jenem auf Verurteilung zur Leistung ist *Klageänderung* i. S. d. § 263[72]. Dadurch kann das bislang mit dem Streit befaßte Gericht unzuständig werden, etwa wenn nun Ansprüche aus einem Arbeitsverhältnis geltend gemacht werden; dies ist auch bei hilfsweisem Verurteilungsantrag zu beachten. Wegen *materiellrechtlicher* Wirkungen[73] s. §§ 209, 941 f. BGB. **16**

6. Das **Verfahren** ist das des **ordentlichen Prozesses**. Zum Antrag → Rdnr. 20, 22. Anträge auf Klauselerteilung können nicht entsprechend umgedeutet werden[74]. Zur Mitwirkungslast bei der Feststellung ausländischen Rechts → § 293 Rdnr. 47 ff. **17**

Bezüglich *devisenrechtlicher* Genehmigungen nach dem AußenwirtschaftsG[75] stehen Klagen nach § 722 gewöhnlichen Klagen gleich. Wegen einer (bei Entscheidung unter Vorbehalt ohnehin unnötigen) Aussetzung → § 148 Rdnr. 133. **18**

Mahnverfahren und Urkundenprozeß sind nicht zulässig, da die Klage nicht auf Zahlung gerichtet ist[76]. **19**

Die Voraussetzungen sind *von Amts wegen zu prüfen* → § 328 Rdnr. 21, auch im Falle der Säumnis des Beklagten → § 331 Rdnr. 4. Anders als bei vollstreckungsrechtlichen Gestaltungsklagen für den inländischen Bereich sind *Anerkenntnisurteile* hier unzulässig[77]; wegen § 93 → aber dort Rdnr. 22, 24. Einer Anwendung der §§ 91a, 269, 306, 330 steht nichts entgegen. Für *gerichtliche Vergleiche* gilt nur § 794 Abs. 1 Nr. 1; dem ausländischen Urteil verleihen sie nicht Vollstreckbarkeit[78]. **19a**

---

[66] RGZ 9, 374f.; JW 1908, 686f.
[67] RG Gruch. 45 (1901), 1130; vgl. ferner Prot. zum BGB 6, 87 u. RG (Fn. 66); jetzt allg. M. So auch § 6 AVAG → Anh. § 723 Rdnr. 306. Durch Auslegung nicht zu beseitigende Identitätszweifel sind gerichtlich im Ursprungsstaat zu klären OLG Frankfurt Rpfleger 1979, 434 zu Art. 31 EuGVÜ. – A.M. *Stein* ZZP 24 (1898) 230 (nur Anwendung inländischen Rechts).
[68] BGH (Fn. 10).
[69] *Geimer* (Fn. 8) Rdnr. 43.
[70] *Geimer* NJW 1975, 1087. Wegen § 36 → Fn. 62.
[71] RG JW 1903, 178; KG JW 1936, 1591; *Riezler* (Fn. 1) 565, ganz h. M. → auch Rdnr. 3, § 723 Rdnr. 5. – A.M. *Wieczorek*² Anm. C II c 4.
[72] Nur unter diesen Voraussetzungen kommt auch ein Verzicht nach § 306 auf den durch das Urteil festgestellten *Anspruch* in Frage.
[73] → dazu § 262 Rdnr. 1–3.
[74] BGHZ 42, 195; BGH NJW 1979, 2477[17].
[75] → dazu Einl. (20. Aufl.) Rdnr. 990, Rdnr. 58 vor § 704.
[76] → § 592 Rdnr. 2, oben Rdnr. 3; *Gottwald* (Fn. 10).
[77] → § 307 Rdnr. 25, ganz h. M. → aber zu beschränkten Anerkenntnissen § 307 Rdnr. 8, § 730 Rdnr. 3; dazu *Geimer* (Fn. 8) Rdnr. 44. Zweifelnd (§ 328 Abs. 1 Nr. 4 genüge als Korrektiv) *Gottwald* (Fn. 10) Rdnr. 24 Fn. 51 (mwN zur h.M.). Ohne Amtsprüfung könnte freilich auch dieses Korrektiv versagen.
[78] Allg. M. → dazu § 794 Rdnr. 13.

20   Wegen der **Verteidigung** des Beklagten → § 723 Rdnr. 3f. Ebenso wie diese zu einer Vollstreckbarerklärung hinsichtlich nur eines *Teilbetrages* führen kann, kann auch der Kläger ein *Teilexequatur* beantragen[79].

21   Widerklagen können wie sonst erhoben werden[80], soweit ihr Gegenstand mit dem Verbot → § 723 Rdnr. 2 vereinbar ist; dabei kann der Gerichtsstand des § 33 nicht auf den Zusammenhang mit dem materiellen Anspruch gestützt werden[81], denn dieser ist nicht »in der Klage geltend gemacht«[82], wohl aber auf den Zusammenhang mit den Verteidigungsmitteln → § 723 Rdnr. 3ff. Vom Standpunkt der → § 33 Rdnr. 2 abgelehnten Ansicht, daß der Zusammenhang nicht bloß zuständigkeitsbegründend, sondern Voraussetzung der Widerklage sei, wäre für eine Widerklage überhaupt kein Raum[83].

22   Das Verfahren zur Erwirkung des Vollstreckungsurteils ist weder nach § 200 noch nach § 202 GVG *Feriensache*. Für **Rechtsmittel** gelten keine Besonderheiten.

IV. Das Vollstreckungsurteil

23   Es erzeugt das bisher fehlende Vollstreckungsrecht für das Inland[84]; den Vollstreckungstitel bildet daher nicht das ausländische Urteil, sondern *allein* das deutsche Vollstreckungsurteil[85]. Es ist daher nicht lediglich die Zulässigkeit der Zwangsvollstreckung aus dem genau zu bezeichnenden ausländischen Urteil auszusprechen, sondern dessen Inhalt ist in deutscher Sprache in die *Formel* aufzunehmen[86], weil sonst beide Urteile zur Vollstreckung nötig wären[87]. Eine Umrechnung der Urteilssumme in deutsche Währung findet zwar grundsätzlich im Exequaturverfahren noch nicht statt[88]. Da es aber für die **Bestimmtheit** des Anspruchs, falls sie nach deutschem Recht dem ausländischen Urteil fehlen würde, nur auf die *deutsche*, Vollstreckbarkeit verleihende Entscheidung ankommt, hat der Exequaturrichter nach Herbeiführung eines entsprechenden Antrags (§ 139) und Ermittlung der Rechtslage[89] die Urteilsformel ausreichend zu konkretisieren, falls diese im Ursprungsland eine Vollstreckung erlauben würde und zumindest mittelbar den Vollstreckungsumfang *eindeutig* bestimmt, so daß sich die Anerkennung auch auf die titulierten Berechnungsmodalitäten bezieht[90]; dies gilt

---

[79] *Geimer* (Fn. 24) Rdnr. 2294; *Gottwald* (Fn. 10) Rdnr. 17, 26. → auch Rdnr. 4.

[80] S. auch *RG* JW 1911, 51; *Wieczorek*[2] Anm. C III e; *Gottwald* FamRZ 1990, 1378 zu 2. – A. M. *Riezler* (Fn. 1) 565; *Hartmann* (Fn. 47) Rdnr. 10.

[81] Anders als bei Leistungsklagen → Rdnr. 6 Fn. 30. Gegen diese Einschränkung *Wieczorek*[2] (Fn. 80).

[82] Vgl. *RGZ* 114, 173 (dagegen mit Recht *Reichel* AcP 133 (1931), 19ff.).

[83] So *Riezler* (Fn. 80) mwN.

[84] → Rdnr. 3. Zur materiellen Rechtskraft → § 328 Rdnr. 28; gegen *BGH* NJW 1987, 1146 differenzierend für ablehnende Urteile *Geimer* (Fn. 8) Rdnr. 26, 65.

[85] *BGH* (Fn. 55) u. *BGHZ* 122, 18 = NJW 1993, 1802 mwN. – A.M. *Riezler* (Fn. 1) 567; *Geimer/Schütze* (Fn. 1) 295 (*beide* Titel zusammen); nur insofern zutreffend, als i.S.d. **§ 788 Abs. 1 S. 1 HS 2** auch die ausländische Entscheidung »Titel« ist, so zu → Anh. § 723 Rdnr. 85 *LG Passau* Rpfleger 1989, 342 (a.M. *Ilg* aaO 343). Zum Nachweis → Fn. 93.

[86] H.M. *Gottwald* (Fn. 10) Rdnr. 26. Zu klarstellenden Ergänzungen → Fn. 90.

[87] Zust. *Gaul* (Fn. 10).

[88] → Rdnr. 161f. vor § 704; *Gottwald* (Fn. 10) Rdnr. 27 mwN. Über ausländische Verurteilung zu Unterhalt in DM *BGH* NJW 1990, 2197 = ZZP 103, 474 (*Geimer* 480) = DAVorm 675 (Tschechoslowakei). – Anders z.B. in **USA** (Umrechnung durch Gericht, je nach Staat auf Zeitpunkt entweder der Anspruchsentstehung oder des Urteilserlasses) *Chrocziel/David* ZVerglRWiss 87 (1988) 165f.

[89] *BGH* (Fn. 85); → § 293 Rdnr. 31ff., zur Auskunft Rdnr. 72ff. Dabei auch Rückgriff auf Urteilsgründe *BGH* IPRax 1985, 102, aber nicht deren Korrektur *Roth* IPRax 1989, 16.

[90] Was erhebliche Verzögerungen (Ablehnung durch ZV-Organ, §§ 766, 793 mit Anhörung des Schuldners) vermeidet *Roth* IPRax 1989, 16. So *BGH* (Fn. 55, 89); für **italienische** Urteile (Zuschläge für Währungsverfall, variable gesetzliche Zinsen) *BGH* MDR 1993, 904f.; für **dänische u. finnische Unterhaltstitel** durch Bezifferung der gesetzlichen Erhöhungen in der Klausel (→ Anh § 723 Rdnr. 11 Fn. 42) *Hamburg* FamRZ 1983, 1151; *Schleswig* DAVorm 1993, 463 = FamRZ 1994, 53; *Dopffel* DAV 1984, 233; *Gottwald* (Fn. 10) Rdnr. 15; *Zöller/Geimer*[18] Rdnr. 41 mwN. Es kann auch u. U. genügen, daß der Exequaturrichter nur die Berechnungsart für dänische ZV-Organe bestimmt (was künftige Klauselkorrekturen vermeiden würde) – **A.M.** *OLG Düsseldorf* FamRZ 1982, 630 (Konkretisierung erst in neuem inländischen Erkenntnisverfahren für dänische Titel über Regelunterhalt); ebenso *OLG Koblenz* (mitgeteilt bei *BGH* aaO); *LG Hamburg* DAV 1984, 605; *LG Karlsruhe* RIW 1988, 226 = IPRspr Nr. 186. – Gegen *BGH* aaO auch *Stürner-Münch* JZ 1987, 185; *OLG Stuttgart* Nachschlagewerk der Rechtsprechung zum Gemeinschaftsrecht Serie D, Über-

auch für Zinsansprüche zu einem ausländischen »gesetzlichen Zinssatz«[91] und für Verurteilungen zu Mehrwertsteuer[92]. Ist der Betrag der *Kosten* aus einer ausländischen Kostenscheidung nicht zu ersehen und fehlt auch ein besonderer Kostenfestsetzungsbeschluß oder enthält dieser einen Kostenbetrag nicht, so kann der Betrag dem deutschen Gericht nicht in anderer Weise nachgewiesen werden, da es insoweit an einer vollstreckbaren ausländischen Entscheidung fehlt[93]. Die **Vollstreckung** folgt auch ihrer Art nach deutschem Recht[94] und setzt Rechtskraft oder vorläufige Vollstreckbarkeit der *deutschen* Entscheidung sowie Klauselerteilung und nach § 750 Zustellung voraus; daß die ausländische Entscheidung schon zugestellt war, genügt also nicht[95]. Deren Vollstreckbarkeit entfällt noch nicht allein dadurch, daß der ausländischen Entscheidung nach dem Recht des Urteilsstaates die Vollstreckbarkeit nachträglich genommen wird[96]; → aber § 723 Rdnr. 3 ff. Für das *ausländische* Urteil ist die Klauselerteilung im Falle des § 722 weder notwendig noch möglich[97].

Für die **Kosten** gelten die §§ 91 ff.[98], nicht § 788. Hinsichtlich der **Gerichts- und Anwaltsgebühren** bestehen keine Abweichungen vom gewöhnlichen Verfahren[99]. § 11 Abs. 1 GKG mit KV 1420 ff. und § 47 BRAGO gelten nur für die vereinfachten Verfahren, → Rdnr. 9 und Anh. zu § 723. 24

§ 723 [Vollstreckungsurteil für ausländische Urteile]

(1) Das Vollstreckungsurteil ist ohne Prüfung der Gesetzmäßigkeit der Entscheidung zu erlassen.

(2) ¹Das Vollstreckungsurteil ist erst zu erlassen, wenn das Urteil des ausländischen Gerichts nach dem für dieses Gericht geltenden Recht die Rechtskraft erlangt hat. ²Es ist nicht zu erlassen, wenn die Anerkennung des Urteils nach § 328 ausgeschlossen ist.

Gesetzesgeschichte: Bis 1900 § 661 CPO. Änderung RGBl. 1898 I 256.

---

einkommen v. 27.9.1968 I-36-B 2; *OLG Stuttgart* JZ 1987, 579: Konkretisierung nur durch das ZV-Organ (ausreichende Bestimmtheit des Titels wird also vorausgesetzt!), da nach der Methode des BGH die Konkretisierung im Vollstreckungszeitpunkt u. U. bereits überholt sei; → auch Fn. 631 vor § 704. Das mag praxisnah erscheinen, rechtfertigt es jedoch nicht, sich über eine fehlende Allgemeinzugänglichkeit und damit fehlende Bestimmtheit hinwegzusetzen → Fn. 664 vor § 704.
[91] *BGH* NJW 1990, 3084 (EuGVÜ); *MDR* 1993, 904 f.; *OLGe Celle* NJW 1988, 2183; *Stuttgart* (Fn. 90); *LG Hamburg* IPRspr 1977 Nr. 154; *Nagel* IPrax 1985, 144 f.; 1988, 271; *Münch* RIW 1989, 18 (gute Übersicht der Rsp, auch zu ausländischen Indexklauseln): Konkretisierung durch Exequaturrichter. Die unterschiedliche Behandlung von Indexklauseln und »gesetzlichem Zinssatz« begründen *OLG Stuttgart* (Fn. 90) u. *Münch* RIW 1989, 21 damit, daß bei letzterem keine nachträglichen Änderungen mehr auftreten können, s. aber auch *BGH* (Fn. 85) 1803 zu 2c. – **A.M.** *OLG München* IPRax 1988, 291: Konkretisierung nur in neuem inländischen Erkenntnisverfahren.
[92] *Geimer* (Fn. 8) Rdnr. 40.
[93] *OLG Saarbrücken* IPRax 1990, 232, zust. *Reinmüller* aaO 207 (Gläubiger versäumte, Huissier-Kosten mit festsetzen zu lassen nach Art. 704, 708 ff. NCPC).
[94] *Geimer* (Fn. 8) Rdnr. 3 a.E., h.M.; auch bezüglich ZV-Verboten u. Unpfändbarkeit *Gottwald* IPrax 1991, 288; soweit letzteres von der Übertragbarkeit des Pfändungsgegenstandes abhängt, richtet sich diese nach der lex causae *Schack* (Fn. 1) Rdnr. 961 mwN. Fehlt im Ursprungsstaat eine dem **§ 894** entsprechende Regelung, so fehlt dem ausländischen Urteil trotz Vollstreckbarkeit die erforderliche Vollstreckungswirkung, so daß im Inland nach § 888 (nicht eine etwa im Urteil angedrohte Sanktion, *Gottwald* aaO 291) zu vollstrecken ist → § 894 (20. Aufl.) Rdnr. 3, 4 a.E. Über den Einfluß ausländischen Konkurses des Schuldners → Rdnr. 61 Fn. 303 von § 704. Zur ZV von **Unterhalt** s. §§ 2, 8 Abs. 2 S. 2 AUG (BGBl. 1986 I 2563): Zentrale Behörde.
[95] → auch zum EuGVÜ Rdnr. 309 Fn. 30. *Geimer* (Fn. 8) Rdnr. 56 fordert sogar Parteizustellung für Vollstreckungsurteil entgegen § 750 Abs. 1 (?).
[96] *Gottwald* (Fn. 10) mwN, allg. M. → auch Anh. § 723 Rdnr. 329.
[97] Anders im Bereich des EuGVÜ → Anh. § 723 Rdnr. 31, 303.
[98] → auch § 93 Rdnr. 22, 24. Anders für Vollstreckbarerklärung im Bereich des EuGVÜ *OLG Düsseldorf* → Anh. § 723 Rdnr. 35 Fn. 30.
[99] Für den Streitwert gelten §§ 3, 4 Abs. 1; vgl. dazu auch *BGH* LM Nr. 7 zu § 4 = Rpfleger 1957, 15 = WM 1956, 1606 = ZZP 70 (1957) 234.

§ 723 I   Erster Abschnitt: Allgemeine Vorschriften

1   I. Da die Vollstreckbarerklärung die Anerkennung der ausländischen Entscheidung voraussetzt, bestimmt § 723 die **Voraussetzungen für den Erlaß des Vollstreckungsurteils**[1] im wesentlichen durch Verweisung auf § 328.

2   1. Durch **Abs. 1** ist dem deutschen Richter die **Prüfung der Gesetzmäßigkeit der Entscheidung verboten**, d. h. die Prüfung, ob nach dem für den ausländischen Richter maßgebenden Recht die Prozeßvoraussetzungen gegeben waren, ob das Verfahren ordnungsgemäß war, ob die Tatsachen richtig festgestellt und gewürdigt waren und ob die Rechtsanwendung darauf richtig war[2]. Zur Bestimmtheit → § 722 Rdnr. 23. → aber auch Rdnr. 9.

3   2. Im Verfahren nach §§ 722 f. ist eine Aufhebung oder Abänderung des Urteils im Ursprungsstaat zu beachten[3]. Dort noch nicht beschiedene **Einwendungen** *gegen den materiellen Anspruch selbst*, einschließlich der Aufrechnung, können geltend gemacht werden, sofern sie erst **nach »Erlaß« des ausländischen Urteils** – genauer: nach dem in § 767 Abs. 2 bestimmten oder ihm im ausländischen Verfahren entsprechenden Zeitpunkt – **entstanden** und daher durch dieses nach dem Recht des Urteilsstaats nicht abgeschnitten sind[4]. Hierzu gehören auch vollstreckungsbeschränkende Abreden, soweit sie nach § 767 zu erheben sind[5]. Damit wird nicht die Gesetzmäßigkeit oder Rechtskraft der Entscheidung in Frage gestellt, sondern nur geltend gemacht, daß dem ausländischen Urteil die Vollstreckbarkeit nun nicht mehr verliehen werden darf, weil schon jetzt feststeht, daß sie nach § 767 doch wieder zu entziehen wäre[6]. Es handelt sich also um eine vom Gesetz nicht verbotene *Vorwegnahme* des § 767 aus prozeßwirtschaftlichen Gründen, die weder zur Beseitigung der Verurteilung dient noch den materiellen Anspruch zum unmittelbaren Streitgegenstand werden läßt und die Anerkennung als solche nicht berührt[7].

4   Eben deshalb können aber den Schuldner höchstens die nachteiligen Wirkungen des § 767 Abs. 3 treffen, wenn er die ihm bekannten und beweisbaren[8] Einwendungen gegen den materiellen Anspruch nicht schon in diesem Verfahren vorbringt[9], aber insoweit **niemals die Präklusionswirkung des § 767 Abs. 2**[10]; letztere kann sich immer nur auf das erste (ausländi-

---

[1] Lit. → § 722 Fn. 1.
[2] *BGHZ* 53, 363; → § 328 Rdnr. 9, 21.
[3] Zur Berücksichtigung solcher von Amts wegen zu beachtenden Tatsachen in der **Revisionsinstanz** → § 561 Rdnr. 14 f., für § 722 f. bejahend *Zöller/Geimer*[18] § 722 Rdnr. 52. Zur Rechtsbeschwerde nach § 20 Abs. 2 AVAG → Anh. § 723 Rdnr. 319.
[4] Arg. § 723 Abs. 1; *RGZ* 13, 348; 114, 173 (Bezugnahme auf § 767 Abs. 2); vgl. *BGH NJW* 1993, 1271 (betr. Aufrechnung im Verfahren → Anh. § 723 Rdnr. 83 ff.); ganz h. M. Zum EuGVÜ → Anh. § 723 Rdnr. 313. – Einwendungen, die zwar schon *vor* dem Erlaß des ausländischen Urteils entstanden sind, deren Geltendmachung jedoch nach dem ausländischen Verfahrensrecht einem *Nachverfahren* vorbehalten ist, können ebenfalls noch im Vollstreckungsverfahren vorgebracht werden, *OLG Stuttgart* OLGRsp 43, 143. Ob die Einwendungen begründet sind, richtet sich nach dem im Urteilsstaat angewandten Recht *Schack* IZVR (1991) Rdnr. 946 mwN; *BGH WM* 1994, 394 (399).
[5] → § 766 Rdnr. 21 ff., dazu *Roth* IPRax 1989, 17. Zum EuGVÜ → Rdnr. 313 Fn. 15. Ebenso gegenüber schweizerischen Insolvenztiteln die Einrede fehlenden neuen Vermögens aufgrund Verlustscheins → Anh. Rdnr. 54 Fn. 3.
[6] Vgl. *Stein* Grundfragen (1913) 17; *BGH* NJW 1990, 1419 f. = FamRZ 506. Daher müssen Schuldner nicht erst alle Rechtsbehelfe im Urteilsstaat ausschöpfen *Schack* (Fn. 4) Rdnr. 945 mwN gegen *OLG Düsseldorf* FamRZ 1979, 313 f.

[7] *BGH* (Fn. 4, Fn. 6); → auch zum AVAG Anh. § 723 Rdnr. 313 Fn. 38. So kann auch der Kläger seinerseits im Falle des § 726 Abs. 1 den Eintritt der Bedingung schon im Verfahren nach §§ 722 f. geltend machen; s. *Langheineken* (§ 722 Fn. 6) 174.
[8] A.M. *BGHZ* 61, 25 = NJW 1973, 1328 = JR 424 = ZZP 87 (1974) 447 ff.; gegen diese unnötige Schärfe s. *Münzberg* ZZP aaO 449 ff.
[9] Auch dies nur, wenn man entgegen der h.M. (die § 767 Abs. 3 mit Abs. 2 vermengt) auf das Wissen und Können des Schuldners abstellt → § 767 Rdnr. 52 Fn. 418. Zweifelnd *MünchKommZPO-Gottwald* § 722 Rdnr. 34. – A.M. 16. Aufl. mit *RGZ* 11, 434 (zu § 731): keine Last zum Vorbringen der Einwendungen.
[10] So aber *Wieczorek*[2] Anm. B III b; *Seuffert/Walsmann* ZPO[12] Anm. 2 c. Unklar *Förster/Kann* ZPO[3] Anm. 1 c. Den Grund für diese verfehlte Auffassung legte *Hellwig* Lb I 173 (für § 722) und Anspruch (1900) 172 f. (für § 731) der, weil er den materiellrechtlichen Anspruch als Streitgegenstand des § 722 (und § 767) ansah, in sich folgerichtig § 767 Abs. 2 anwandte. → auch § 731 Rdnr. 14. – Wie hier wohl *Gottwald* (Fn. 9) § 722 Rdnr. 34. Zutreffend stellt auch *EuGHE* 1987, 4861 = NJW 1989, 663 zu Nr. 30 für den Bereich des EuGVÜ darauf ab, ob die Einwendung »hätte vorgebracht werden können« (entspricht § 767 Abs. 3), nicht darauf, wann sie entstanden ist (entspräche § 767 Abs. 2).

sche) Urteil beziehen. Denn es wäre mehr als bedenklich, dem Schuldner die ihm durch § 767 eingeräumte Befugnis abzuschneiden, ohne Rücksicht darauf zu nehmen, ob er die Einwendungen im Prozeß nach § 722 schon gekannt hat. – Einwendungen, die erst *nach* Erlaß des *Vollstreckungsurteils* entstehen, können im Inland *nur* nach § 767 erhoben werden beim Gericht des § 722[11], → auch Rdnr. 6. – Zu Widerklagen → § 722 Rdnr. 21, unten Rdnr. 4a.

Hingegen durchbrechen unter § 323 fallende Anträge auf **Herabsetzung** titulierter Beträge die Rechtskraft des ausländischen Urteils[12] und gehören daher nicht zum Entscheidungsbereich der Klage nach §§ 722f.[13]. Jedoch sollte man im Bereich der §§ 722f. (also nicht in Beschlußverfahren) insoweit *Widerklage* zulassen, mag auch im Erfolgsfalle das Verbot → § 723 Rdnr. 2 dazu zwingen, im Falle einheitlicher Entscheidung über beide Streitgegenstände (die vermieden werden sollte, falls die Vollstreckbarerklärung früher spruchreif ist) das Exequatur in ursprünglicher Höhe zu erteilen und die Herabsetzung besonders zu tenorieren[14]. Folgerichtig sind auch unter § 323 fallende Anträge des *Klägers* im Wege der Klagehäufung zuzulassen, falls das Gericht dafür zuständig ist[15]. **4a**

3. Ist **während des Verfahrens nach §§ 722f.** im Ursprungsstaat ein den titulierten Anspruch bzw. dessen Vollstreckbarkeit betreffendes Verfahren, dessen Entscheidung in Deutschland anzuerkennen wäre, anhängig, so steht dem Vollstreckbarerklärungsverfahren zwar die ausländische Rechtshängigkeit nicht entgegen[16], doch kann das deutsche Gericht das Verfahren nach § 148 aussetzen[17]. Setzt es jedoch nicht aus und erläßt trotz der Einwendungen das Vollstreckungsurteil, erstreitet jedoch der Schuldner im Ursprungsstaat eine obsiegende, im Inland anzuerkennende Entscheidung, so muß er diese wie → Rdnr. 6 geltendmachen. § 767 Abs. 3 steht nicht entgegen, da sich der Schuldner nun nicht mehr auf die bereits vorgebrachten Einwendungen, sondern auf die anzuerkennende ausländische Entscheidung stützt. Man kann dies auch so ausdrücken, daß das inländische Gericht materielle Einwendungen des Schuldners gegen die Vollstreckbarkeit stets nur vorbehaltlich abweichender Entscheidung des im Ausland dafür zuständigen Gerichts berücksichtigt. **5**

Wird **nach Erlaß des Vollstreckungsurteils** bei dem ausländischen Gericht ein Verfahren anhängig, in dem die ausländische Entscheidung eingeschränkt, aufgehoben oder ihre Vollstreckbarkeit beseitigt wird, so muß der Schuldner dies durch Rechtsmittel[18] gegen das **6**

---

[11] § 767 Rdnr. 47; allg. M.
[12] → § 323 Rdnr. 1.
[13] *OLG Hamm* DAVorm 1990, 166. Insoweit auch für § 722 zutreffend *BGH* (Fn. 6); a.M. (»im« Verfahren) *Geimer* (Fn. 3) § 722 Rdnr. 52, 62 mwN; *Gottwald* (Fn. 9) § 722 Rdnr. 36 je mwN. – § 323 setzt jedenfalls eine Klage voraus. Daher sind Abänderungsbegehren nach § 323 jedenfalls in den **Beschlußverfahren** → § 722 Rdnr. 9 (Ausnahme: § 10 Abs. 2 AUG, auf das die beiläufige, bejahende Bemerkung in *BGH* NJW 1987, 1147 heute zutreffen würde) ebensowenig zulässig wie Widerklagen *BGH* (Fn. 6); *KG* IPRax 1990, 1376 = NJW 1991, 644; *OLGe Schleswig* FamRZ 1994, 53; *Frankfurt* DAVorm 1993, 960 zu HaagÜ 1973; *Gottwald* aaO mwN. Soweit man im Verfahren der **§§ 1042ff.** die Abänderung für zulässig hält → § 1042 Rdnr. 24, muß mindestens nach § 1042a Abs. 1 S. 2 durch Urteil entschieden werden; dogmatisch sauberer im Hinblick auf § 323 wäre auch dort die Widerklage.
[14] Die Arg. »keine révision au fond« des *BGH* (Fn. 6, dort für Beschlußverfahren) trifft nur gegen Zulassung einer Abänderung **innerhalb** des Streitgegenstandes der §§ 722f. zu, → § 323 Rdnr. 17; krit. auch *Gottwald* IPRax 1990, 1378 zu 3. – Zur Zuständigkeit → § 722 Rdnr. 21. Wegen Abänderung **nach** Exequatur *BGH* NJW 1983, 1977 = MDR 1007 = FamRZ 808; MDR 1993, 54. *P.Baumann* IPrax 1990, 30f. mwN; *Leipold* FS für Nagel (1987) 189ff. sowie für Regelunterhalt → § 643a Rdnr. 7, § 641l Rdnr. 10. Zur erneuten Abänderung ausländischer Titel, die deutsche Unterhaltstitel abgeändert hatten, im Inland *OLG Köln* IPRax 1988, 30f. (*Henrich* aaO 21f.).
[15] Andernfalls würden Gläubiger ohnehin wegen § 323 auf Leistungsklage ausweichen *Geimer* (Fn. 3) § 722 Rdnr. 57, 62; nur obiter (weil ohnehin neue Leistungsklage erhoben) *OLG Düsseldorf* FamRZ 1989, 98.
[16] Anderer Streitgegenstand → § 722 Rdnr. 3, 11, 16, § 261 Rdnr. 12. – Str. bei **identischem** Streitgegenstand (z.B. Leistungsklage; Verhältnis einstweiliger Verfügung zu vorläufiger Unterhaltsentscheidung vgl. *OLG Köln* FamRZ 1992, 75) u. Feststellung der Anerkennung → § 148 Rdnr. 142, § 261 Rdnr. 11, § 328 Rdnr. 321, *Geimer* (Fn. 3) § 328 Rdnr. 288; *Schütze* ZZP 104 (1991) 136ff. je mwN; s. auch § 738a HGB; zu den Rechtsfolgen *BGH* NJW 1986, 2195f. (zu II).
[17] → § 148 Rdnr. 136f., 140f. u. im Bereich internationaler Abkommen Rdnr. 158ff. Vgl. auch Art. 22 Abs. 1, 3 EuGVÜ (Konnexität genügt). Von *BGH* (Fn. 16) auch für Leistungsklagen (Rechtshängigkeit) im Falle unsicherer Anerkennungsprognose erwogen. Während der Aussetzung kommen im Inland nur die §§ 916ff. in Betracht; vgl. auch Art. 21–24 EuGVÜ sowie erstmals ein ausdrücklicher Hinweis im Abkommen → Rdnr. 119 (Abs. 2).
[18] → dazu Rdnr. 3 Fn. 3.

deutsche Vollstreckungsurteil oder, falls dieses schon rechtskräftig ist, gemäß § 767[19] geltend machen.

7 Geht der Schuldner gemäß **§ 767 im Inland** gegen das Vollstreckungsurteil vor und ist **in diesem Zeitpunkt** ein die Vollstreckbarkeit des ursprünglichen Urteils betreffendes Verfahren im **Ursprungsstaat** anhängig, so steht die Einrede der Rechtshängigkeit nicht entgegen, da die Bekämpfung der Vollstreckbarkeit im Ausland nicht derselbe Streitgegenstand ist wie jene im Inland, auch wenn beide Klagen auf dieselben Einwendungen gestützt werden; denn diese sind nur Vorfragen → § 767 Rdnr. 5f., 55. Der inländische Rechtsstreit ist jedoch nach § 148 auszusetzen, da ein Erfolg der Klage im Ausland dem Titel die Vollstreckbarkeit entziehen würde → Rdnr. 5. Inzwischen bleibt Raum für Maßnahmen nach § 769. – Nach der **Gegenansicht,** gemäß § 767 werde rechtskräftig über die Einwendungen entschieden, müßte man folgerichtig Rechtshängigkeit annehmen → § 767 Rdnr. 4.

8 II. Nach **Abs. 2 S. 1** darf das Vollstreckungsurteil nur erlassen werden, wenn zur Zeit seines Erlasses[20] die formelle und unbedingte **Rechtskraft** des ausländischen Urteils nach dem für dieses geltenden Recht eingetreten ist, Näheres → § 328 Rdnr. 104, und nur soweit seine Vollstreckbarkeit dann noch besteht, sie also z.B. nicht auf dem Wege eines der Vollstreckungsklage entsprechenden Rechtsbehelfs nachträglich beseitigt ist → Rdnr. 5 a.E. *Vollstreckbarkeit allein* genügt nach Abs. 2 S. 1 auch dann nicht, wenn sie nach dem Recht des Ursprungsstaates schon vor Rechtskraft eintritt[21]. Der *Kostenfestsetzungsbeschluß*, § 722 Rdnr. 10, ist im Sinne dieser Vorschrift erst rechtskräftig, wenn er selbst *und* das ihm zugrundeliegende Urteil Rechtskraft erlangt haben.

9 Außerdem stehen nach **Abs. 2 S. 2** dem Vollstreckungsurteil die in § 328 Abs. 1 Nr. 1–5 enthaltenen **Gründe der Nichtanerkennung ausländischer Urteile** entgegen. Sie sind negativ ausgedrückte Erfordernisse, die – mit Ausnahme des § 328 Abs. 1 Nr. 2 nF – von Amts wegen zu prüfen sind, deren Beweis der Kläger zu liefern hat und die zur Zeit des deutschen Urteils[22] gegeben sein müssen[23]. Entgegen dem (insoweit irreführenden) Gesetzestext in Abs. 2 S. 2 mit § 328 Abs. 1 muß die Gegenseitigkeit auch hinsichtlich der Vollstreckung deutscher Urteile gewährleistet sein[24]. Ein *ausländischer Konkurs* über das Vermögen des Schuldners steht nicht entgegen[25].

10 Bei Urteilen auf Grund der Übereinkommen über **den internationalen Straßengüterverkehr vom 19.V.1956 (CMR) und internationalen Eisenbahnverkehr vom 9.V.1980 (COTIF) mit Anhang A (CIV) und B (CIM)**[26] wird dagegen nach Art. 31 Abs. 3, 4 CMR, Art. 18 § 1 COTIF nur *endgültige Vollstreckbarkeit*, nicht Rechtskraft verlangt. Die ausländischen Urteile, auch Versäumnisurteile und Vollstreckungsbescheide[27], ebenso gerichtliche Vergleiche sind in Deutschland nach § 722 für vollstreckbar zu erklären, soweit nicht Art. 31ff. EuGVÜ oder andere Übereinkommen eingreifen[28]. Die Voraussetzungen sind abschließend geregelt, richten sich also nicht nach §§ 328, 723 oder dem EuGVÜ[29]. Das deutsche Gericht hat nur zu prüfen,
a) ob es sich um eine endgültig vollstreckbare Entscheidung (s.o.) oder einen Prozeßvergleich über einen unter das Übereinkommen fallenden Anspruch handelt;

---

[19] Auch im Falle ausländischer Wiederaufnahme → § 767 Rdnr. 16 Fn. 123; zust. *Gottwald* (Fn. 9) § 722 Rdnr. 34 Fn. 81; a.M. *Rosenberg/Gaul*[10] § 12 II 5: analog § 580 Nr. 6.
[20] → § 300 Rdnr. 20.
[21] Bis zur Rechtskraft steht daher nur der Weg eines Arrests oder einer einstweiligen Verfügung offen. Zu ausländischem einstweiligen Rechtsschutz auf dem Gebiet freiwilliger Gerichtsbarkeit s. *Krefft* Vollstreckung u. Abänderung usw. (1993) 115ff.
[22] Zu dem für die Gegenseitigkeit maßgeblichen Zeitpunkt → § 328 Rdnr. 267. – Zur Bedeutung einer Exequatur in Drittstaaten für die Gegenseitigkeit → § 328 Rdnr. 251a u. *Schütze* ZZP 77 (1964) 287.

[23] → § 328 Rdnr. 195–242, § 722 Rdnr. 19a.
[24] *Milleker* NJW 1971, 303f. So wohl auch *BGHZ* 42, 196f. = NJW 1964, 2351, 2353. → auch § 328 Rdnr. 255 a.E.
[25] → Rdnr. 61 Fn. 303 vor § 704; *Geimer* (Fn. 3) § 722 Rdnr. 4; *Gaul* (Fn. 19) § 12 II 2 je mwN.
[26] Zu CMR u. der aF CIF, CIM → Einl. Rdnr. 824; COTIF mit CIF, CIM nF BGBl.II 1985, 133.
[27] H.M. *Gottwald* (Fn. 9) IZPR S. 1777 Rdnr. 6.
[28] *H.Müller* RIW 1988, 775f.
[29] *Gottwald* (Fn. 9) IZPR S. 1777 Rdnr. 1.

b) ob das ausländische Gericht international zuständig war[30] (nicht zu prüfen, wenn Art. 28 Abs. 3 EugVÜ entgegensteht);

c) ob das ausländische Urteil gegen den ordre public verstößt[31].

Wegen *devisenrechtlicher* Genehmigung → § 722 Rdnr. 18.

---

[30] Dazu § 1a Gesetz zu CMR I.d.F. vom 5. VII. 1989 (BGBl.II 586). → aber für den EG-Bereich Art. 28 Abs. 3 EuGVÜ.

[31] *Schütze* Diss. (§722 Fn. 1) 90; *Gottwald* (Fn. 9) IZPR S. 1778 Rdnr. 8 (nur bei groben Verfahrensfehlern) mwN.

Anhang zu § 723

Vorbemerkungen	1	IX. Israel	154
A. *Multilaterale Abkommen* (Ausführungsgesetze → C)		X. Norwegen	175
		XI. Spanien	186
I. Haager Übereinkommen von 1958	5	C. *Ausführungsgesetze*	
und 1973 betr. Unterhaltspflicht gegenüber Kindern.	19	I. AVAG mit besonderen Vorschriften für	
		EuGVÜ	300
II. EWG-, Montan- und Euratom-Vertrag.	27	HaagÜ 1973	336
		Norwegen	339
III. EG-Übereinkommen (EuGVÜ)	29	Israel	342
		Spanien	350
B. *Bilaterale Abkommen*			356
I. Schweiz	53	II. Schweiz	362
II. Italien	58	III. Italien	366
III. Belgien	69	IV. Belgien	370
IV. Österreich	83	V. Österreich	380
V. Großbritannien	100	VI. Großbritannien	389
VI. Griechenland	106	VII. Griechenland	396
VII. Niederlande	124	VIII. Niederlande	402
VIII. Tunesien	140	IX. Tunesien	422

Vorbemerkungen

1   Abweichend von den §§ 722 f. sehen multilaterale und bilaterale Staatsverträge vereinfachte Verfahren für die Vollstreckbarerklärung bzw. Klauselerteilung vor[1], → die Übersicht § 328 Rdnr. 44 ff. Hinzu tritt das *Londoner Schuldenabkommen* vom 27. II. 1953 für **deutsche Auslandsschulden** (BGBl. 1953 II 331)[2] und für Mitgliedstaaten der **Europäischen Gemeinschaft** die Art. 187, 192 des *EWG-Vertrages* über die Vollstreckung von Urteilen des EuGH (→ Rdnr. 27) und das *EuGVÜ* (→ Rdnr. 29). Zur Geltung in den neuen Bundesländern → § 722 Rdnr. 9.

2   Die in Betracht kommenden Vorschriften sind hier (mit Ausnahme des ganz aufgenommenen HaagÜ 1958) nebst den deutschen Ausführungsgesetzen nur insoweit abgedruckt, als sie die Vollstreckbarerklärung oder Zwangsvollstreckung betreffen; die Vollstreckbarerklärung von **Kostenentscheidungen nach Art. 18 f. des Haager Übereinkommens 1954** ist → § 328 Rdnr. 532 f., 555 ff. zusammen mit den anderen Vorschriften erläutert. Im übrigen → (zur Zeit noch 20. Aufl.) Einl. Rdnr. 901, § 328 Rdnr. 501 ff. und § 110 Rdnr. 23 ff.

3   Soweit nach den folgenden Vorschriften **urkundliche Nachweise** gefordert werden, → § 438 Rdnr. 10 ff.

4   Wegen der eine **Vollstreckung von Schiedssprüchen** betreffenden Abkommen → Anh. zu § 1044. Zu Übereinkommen über den **internationalen Transport** → § 723 Rdnr. 10.

---

[1] Lit: → § 328 Fn. 1, § 722 Fn. 1. Komm. zum IZPR: *Langendorf* Prozeßführung im Ausland usw. (1956 ff.); *Bülow/Arnold* Internationaler Rechtsverkehr in Zivil- und Handelssachen (1954 ff.); Forts. *Bülow/Böckstiegel/ neue Autoren* Der Internationale Rechtsverkehr usw. (Loseblatt); *Geimer* IZPR[2]; *Geimer/Schütze* Internationale Urteilsanerkennung I 1 (1983), I 2 (1984), II (1971); Handbuch des Internationalen Zivilverfahrensrechts I 1982 (*Hermann, Basedow, Kropholler*); III/1 1984 (*Martiny*), III/2 1984 (*Martiny, Wähler, Wolff*); *Nagel* IZPR[3] (1991); *Wieczorek/Schütze*[2] Anm.VI.
[2] → Einl. (20. Aufl.) Rdnr. 691, zur ZV 19. Aufl. § 723 Anh. A III; Vollstreckbarkeitserklärung nach §§ 13 ff. AusfG (BGBl 1953 I 1006) für gerichtliche Entscheidungen, § 23 für Schiedssprüche aus der Zeit nach Inkrafttreten des Abkommens; Zuständigkeit des LG § 16.

A. Multilaterale Abkommen

I. Die Haager Unterhaltsübereinkommen von 1958 und 1973

1. Das Haager Übereinkommen über die Anerkennung und Vollstreckung von Entscheidungen auf dem Gebiet der Unterhaltspflicht gegenüber Kindern vom 15. IV. 1958

Das HaagÜ 1958[1] gilt derzeit noch allgemein im Verhältnis zu den Staaten **Belgien, Österreich, Ungarn und Surinam** sowie zeitlich beschränkt unter den ursprünglichen Vertragsstaaten *Dänemark, Finnland, Frankreich, Italien, Liechtenstein, Niederlande* nebst niederländischen Antillen, *Norwegen, Portugal, Schweden, Schweiz, Spanien, Tschechoslowakei, Türkei* für Ansprüche, die nicht dem HaagÜ 1973 unterfallen nach dessen Art. 24, weil sie noch **vor** dem Inkrafttreten zwischen Ursprungs- und Vollstreckungsstaat[2] tituliert **und** fällig geworden sind[3]. Im übrigen wurde es ersetzt durch das HaagÜ 1973 → § 328 Rdnr. 576 Art. 29. Wegen der neuen Bundesländer → § 722 Rdnr. 2a, 9. Für Titel aus der ehemaligen DDR gilt das Übereinkommen zumindest in Österreich nicht, OGH DAVorm 1993, 957f.

Zu beachten ist, daß das HaagÜ in seinem Anwendungsbereich durch das EuGVÜ nicht berührt wird, Art. 57 EuGVÜ[4]. Soweit sich die Regelungsbereiche der beiden Abkommen decken, kann der Gläubiger wählen, nach welchem der beiden Abkommen er die Vollstreckbarerklärung erreichen will[5].

Art. 1 HaagÜ 1958

(1) Zweck dieses Übereinkommens ist es, in den Vertragsstaaten die gegenseitige Anerkennung und Vollstreckung von Entscheidungen über Klagen internationalen oder innerstaatlichen Charakters[6] sicherzustellen, die den Unterhaltsanspruch[7] eines ehelichen, unehelichen oder an Kindes Statt angenommenen Kindes[8] zum Gegenstand haben, sofern es unverheiratet[9] ist und das 21. Lebensjahr noch nicht vollendet hat[10].

(2) Enthält die Entscheidung auch einen Ausspruch über einen anderen Gegenstand[11] als die Unterhaltspflicht, so bleibt die Wirkung des Übereinkommens auf die Unterhaltspflicht beschränkt.

(3) Dieses Übereinkommen findet auf Entscheidungen in Unterhaltssachen zwischen Verwandten in der Seitenlinie keine Anwendung[12].

---

[1] BGBl. 1961 II 1006. Lit: Begründung zum AusfG BT-Drucks. III Nr. 2584; *Baumann* Die Anerkennung usw. (1989); *Ferid* FamRZ 1956, 197; *Lansky* Das Haager Übereinkommen (Diss. Bonn 1960); *Petersen* RabelsZ 24 (1959), 1; *Riezler* Das Internationale Zivilprozeßrecht (1949). Komm. zum IZPR → Rdnr. 1 Fn. 1.

[2] Zum Inkrafttreten des HaagÜ 1973 im Verhältnis zur Bundesrepublik → Rdnr. 19.

[3] Beispiel: *LG Kiel* DAVorm 1990, 835 ff.

[4] Andere Vollstreckungsabkommen werden durch das HaagÜ 1958 ebensowenig berührt, falls der betreffende Staat noch nicht Vertragspartei des Haager Übereinkommens 1973 ist.

[5] *Grunsky* AWD 1977, 3; allgemein zum Verhältnis des Übereinkommens zum EuGVÜ vgl. auch *Schlosser* FamRZ 1973, 424.

[6] Unter das HaagÜ 1958 fallen sowohl Entscheidungen, in denen das kollisionsrechtliche Abkommen v. 24. X. 1956 (BGBl. 1961 II 1013, für die Bundesrepublik in Kraft seit 1.1. 1962; Zustimmungsgesetz v. 24. X. 1956 in der Fassung vom 2. VI. 1972 BGBl. II 586) Anwendung fand, als auch solche Entscheidungen, die mangels Auslandsberührung allein nach innerstaatlichem Recht erlassen wurden. Auch wenn das Recht eines Staates angewandt wird, der nicht zu den Vertragsstaaten des Übereinkommens gehört, muß die Entscheidung von den anderen Vertragspartnern anerkannt und vollstreckt werden.

[7] Das sind Ansprüche auf regelmäßige Beträge in Geld oder Naturalien zur Deckung des Lebensbedarfs, aber nicht Ansprüche auf einmalige Leistung oder auf Schadensersatz. Die Anwendung auf **gesetzlich übergegangene** Unterhaltsansprüche (z.B. § 1615b Abs. 1 S. 1 BGB, § 90 BSHG) ist – im Unterschied zu → Rdnr. 23f. – zweifelhaft wegen des deutlich in Art. 1 zum Ausdruck gekommenen Zwecks, *nur* Kinder zu begünstigen; dennoch dafür *Lansky* (Fn. 1) 82 unter Berufung auf *Ferid* (Fn. 1) 198 Fn. 35.

[8] Auf die Staatsangehörigkeit der Parteien kommt es nicht an, *BGH* NJW 1973, 950. Pflege- oder Stiefkinder scheiden aus, vgl. *Petersen* (Fn. 1) 32, 36. Über Rechtsnachfolge → Fn. 7.

[9] Heiraten die »Kinder«, so scheiden sie endgültig aus dem vom Abkommen begünstigten Personenkreis aus, *Lansky* (Fn. 1) 81 Fn. 422, h. M.

[10] Es genügt, daß der Unterhalt für die Zeit davor tituliert ist *AG Löwen* DAVorm 1978, 618.

[11] ZV der Anerkennung u. ZV des vom Abkommen nicht erfaßten Teils der Entscheidung (z. B. über Sorgerecht → dazu § 722 Fn. 34) folgt allgemeinen Regeln.

[12] Anders als nach Art. 1 Abs. 3 HaagÜ 1973 (→ dazu aber für Deutschland Rdnr. 339 Fn. 104) also nicht zwischen Geschwistern, vgl. *Lansky* (Fn. 1) 80, wohl aber jene von Kindeskindern (z. B. § 1601 BGB, Art. 328 schweiz. ZGB), vgl. *Lansky* aaO u. *Ferid* (Fn. 1) 197 für das kollisionsrechtliche Abkommen → Fn. 6.

Art. 2 HaagÜ 1958

7 Unterhaltsentscheidungen[13], die in einem der Vertragsstaaten ergangen[14] sind, sind in den anderen Vertragsstaaten, ohne daß sie auf ihre Gesetzmäßigkeit[15] nachgeprüft werden dürfen, anzuerkennen[16] und für vollstreckbar[17] zu erklären,

1. wenn die Behörde, die entschieden hat, nach diesem Übereinkommen zuständig war[18];

2. wenn die beklagte Partei nach dem Recht des Staates, dem die entscheidende Behörde angehört, ordnungsgemäß geladen[19] oder vertreten war;

jedoch darf[20] im Fall einer Versäumnisentscheidung die Anerkennung und Vollstreckung versagt werden, wenn die Vollstreckungsbehörde in Anbetracht der Umstände des Falles der Ansicht ist, daß die säumige Partei ohne ihr Verschulden von dem Verfahren keine Kenntnis hatte oder sich in ihm nicht verteidigen konnte[21];

3. wenn die Entscheidung in dem Staat, in dem sie ergangen ist, Rechtskraft[22] erlangt hat; jedoch werden vorläufig vollstreckbare Entscheidungen und einstweilige Maßnahmen trotz der Möglichkeit, sie anzufechten[23], von der Vollstreckungsbehörde für vollstreckbar erklärt, wenn in dem Staat, dem diese Behörde angehört, gleichartige Entscheidungen erlassen und vollstreckt werden können[24];

4. wenn die Entscheidung nicht in Widerspruch zu einer Entscheidung steht, die über denselben Anspruch und zwischen denselben Parteien in dem Staat erlassen worden ist[25], in dem sie geltend gemacht wird;

---

[13] D.h. der Gerichte u. Verwaltungsbehörden (etwa in Dänemark, *AG Hagen* DAVorm 1977, 465); **nicht** Vergleiche, *LG Hanau* DAVorm 1967, 101 (anders HaagÜ 1973), Unterhaltsverträge, außer wenn sie z.B. wie in der CSSR durch Urteil genehmigt sind *OLG Nürnberg* DAVorm 1984, 1070, und vollstreckbare öffentliche Urkunden; Beschlüsse nach § 642c dürften daher nach *diesem* Abkommen (anders HaagÜ 1973 Art. 2 → Rdnr. 26) ausscheiden im Gegensatz zu jenen gemäß § 642a, b. → aber Rdnr. 50f. für den Bereich des EuGVÜ. Zur Entscheidungsbefugnis von Verwaltungsbehörden vgl. *Lansky* (Fn. 1) 68 Fn. 322–324. Obwohl grundsätzlich ein gerichtliches Verfahren dem Beklagten höheren Rechtsschutz gewährt, ist er durch die Einbeziehung von Verwaltungsentscheidungen in das Abkommen nicht schutzlos. Denn bei Versagung rechtlichen Gehörs kann der Vollstreckungsstaat die Anerkennung und Vollstreckbarerklärung nach Art. 2 Nr. 2 HS 2 oder unter Berufung auf den ordre public gemäß Art. 2 Nr. 5 versagen.

[14] Zu ergänzen: »und dort vollstreckbar sind«. Dies folgt aus Nr. 3 und Art. 4 Nr. 2, vgl. *Lansky* (Fn. 1) 110 gegen abweichende Ansichten. S. auch Art. 4 Abs. 2 HaagÜ 1973 → Rdnr. 23. Wegen Titeln aus der ehmaligen DDR → § 722 Rdnr. 2a, 9a.

[15] Für *nach* dem Erlaß der ausländischen Entscheidung entstandene Einwendungen sehen §§ 4, 7 AusfG die gleiche Regelung vor wie → Rdnr. 384, 386.

[16] Zu den Wirkungen → Art. 6 Abs. 2 → Rdnr. 11.

[17] Entsprechend § 1042a Abs. 1, §§ 1042b, 1042c. Zur Zuständigkeit → Fn. 35, 47.

[18] Es kommt nicht darauf an, ob das Gericht nach *innerstaatlichem* Recht die örtliche oder sachliche Zuständigkeit besaß. Maßgebend ist, ob *irgendeine* Behörde des ausländischen Staates nach Art. 3 zuständig war. Davon zu unterscheiden ist die Frage der *internationalen* Zuständigkeit zum Erlaß einer *sachlichen* Unterhaltsentscheidung, die sich im Geltungsbereich des EuGVÜ nach Art. 2 u. 5 Nr. 2 EuGVÜ u. sonst nur nach dem innerstaatlichen internationalen Prozeßrecht richtet → § 328 Rdnr. 142f.

[19] Ob eine Ladung ordnungsgemäß ist, richtet sich nach dem Recht des Ursprungsstaates, *LG Hamburg* DAVorm 1974, 682; zu diesem Recht gehört auch das internationale Recht aus Staatsverträgen, vgl. insbesondere Art. 1ff. Haager Übereinkommen 54 → § 328 (20. Aufl.) Rdnr. 507. Auch öffentliche Zustellung ist – im Gegensatz zu § 328 Abs. 1 Nr. 2 ZPO – zulässig. Besonders in diesen Fällen kann es trotz ordnungsgemäßer Ladung vorkommen, daß der Beklagte überhaupt nicht oder nicht rechtzeitig von der Einleitung des Verfahrens Kenntnis erlangt hat und sich daher nicht verteidigen konnte; vgl. dazu Art. 2 Nr. 2 HS 2.

[20] Bedeutet nicht Ermessensentscheidung, sondern nur, daß das Recht des Vollstreckungsstaats die Versagung vorsehen kann; insoweit gilt daher § 328 Abs. 1 Nr. 2 → dort Rdnr. 186f.

[21] Liegt nach dem Recht des Vollstreckungsstaates keine ordnungsgemäße Ladung vor, wohl aber nach dem Recht des Erlaßstaates, dann kann die Anerkennung u. Vollstreckung nur (→ Fn. 18) aus anderen Gründe versagt werden, z.B. fehlende Verteidigung infolge Krankheit, Nichtgewährung rechtlichen Gehörs u.ä., vgl. *Lansky* (Fn. 1) 106 mwN.

[22] **Formelle** Rechtskraft → § 328 Rdnr. 111, § 723 Rdnr. 8. Das Recht des Ursprungsstaates gilt auch für die subjektiven Grenzen u. den sachlichen Umfang der **materiellen** Rechtskraft sowie für die Frage, ob und inwieweit auch die Entscheidungsgründe an an ihr teilnahmen, *Riezler* (Fn. 1) 520.

[23] Nach § 5 AusfG (→ 20. Aufl. Anh. § 723 A I 2) ist jedoch **Aussetzung** möglich, wenn der Schuldner die Einlegung eines rechtskrafthemmenden Rechtsbehelfs nachweist (Abs. 1), u. es **ist** auszusetzen (Abs. 2), 1. wenn der Schuldner nachweist, daß im Ursprungsstaat Einstellung angeordnet ist u. deren Voraussetzungen erfüllt hat; 2. wenn vor Erlaß der Entscheidung im Ursprungsstaat der Unterhaltsanspruch im Inland rechtshängig geworden ist u. dort noch nicht rechtskräftig darüber entschieden ist. Dazu BT-Drucks. (Fn. 1) zu § 5 AusfG.

[24] Der übliche Begriff der »Anerkennung« (→ § 328 Rdnr. 2) ist hier abgewandelt; vgl. dazu *Lansky* (Fn. 1) 65. S. auch Art. 6 u. §§ 3–7 AusfG → 20. Aufl. Anh. § 723 A I 2.

[25] Im Unterschied zu → Fn. 23 (Aussetzung) muß sie hier vorher ergangen sein. Vgl. zu der Streitfrage, ob die inländische Entscheidung stets Vorrang hat, *Lansky* (Fn. 1) 120 u. → § 328 Rdnr. 199–203.

die Anerkennung und Vollstreckung darf[26] versagt werden, wenn in dem Staat, in dem die Entscheidung geltend gemacht wird, vor ihrem Erlaß dieselbe Sache rechtshängig geworden ist[27];

5. wenn die Entscheidung mit der öffentlichen Ordnung des Staates, in dem sie geltend gemacht wird, nicht offsichtlich unvereinbar ist[28].

Art. 3 HaagÜ 1958[29]

Nach diesem Übereinkommen sind für den Erlaß von Unterhaltsentscheidungen folgende Behörden zuständig[30]:

1. die Behörden des Staates, in dessen Hoheitsgebiet der Unterhaltspflichtige im Zeitpunkt der Einleitung des Verfahrens seinen gewöhnlichen Aufenthalt[31] hatte[32];

2. die Behörden des Staates, in dessen Hoheitsgebiet der Unterhaltsberechtigte im Zeitpunkt der Einleitung des Verfahrens seinen gewöhnlichen Aufenthalt[33] hatte;

3. die Behörde, deren Zuständigkeit sich der Unterhaltspflichtige entweder ausdrücklich oder dadurch unterworfen hat, daß er sich, ohne die Unzuständigkeit geltend zu machen, zur Hauptsache eingelassen hat[34].

Art. 4 HaagÜ 1958

Die Partei, die sich auf eine Entscheidung beruft oder ihre Vollstreckung beantragt[35], hat folgende Unterlagen beizubringen[36]:

1. eine Ausfertigung[37] der Entscheidung, welche die für ihre Beweiskraft erforderlichen Voraussetzungen erfüllt;

2. die Urkunden, aus denen sich ergibt, daß die Entscheidung vollstreckbar ist[38];

---

[26] Bedeutung wie → Fn. 20; daher ist vom deutschen **Prozeßgericht** § 261 ZPO zu beachten, falls die ausländische Entscheidung anzuerkennen wäre → § 328 Rdnr. 11ff. Zur Aussetzung des Verfahrens vor dem **AG** → Fn. 23 a. E. – Weist das Prozeßgericht die Klage wegen Rechtshängigkeit ab und wird dieses Urteil rechtskräftig, so ist das Verfahren vor dem AG fortzusetzen. Nach einer *Sachentscheidung* über den Anspruch (weil das Prozeßgericht die Anerkennung verneint) weist jedoch das AG den Antrag ab, denn es ist gerade der Sinn der Aussetzung, den Ausgang des anderen Rechtsstreits zu respektieren, → auch § 723 Rdnr. 5ff.

[27] Die Rechtshängigkeit muß noch andauern, → auch Fn. 23 a. E. zu § 5 Abs. 2 Nr. 2 AusfG. Gemeint ist die Konkurrenz zwischen der ausländischen Entscheidung und dem inländischen Prozeß, nicht dem Verfahren vor dem AG, denn dieses läßt den sachlichen Anspruch ebensowenig rechtshängig werden → § 722 Rdnr. 16. Ist der Antrag wegen Rechtshängigkeit derselben Sache im Vollstreckungsstaat zurückgewiesen worden, so kann er nach Abschluß dieses Verfahrens wiederholt werden. Zur Kritik an dieser Vorschrift s. *Lansky* (Fn. 1) 123.

[28] Zum maßgeblichen Zeitpunkt → § 328 Rdnr. 23, 221, 226.

[29] Über das Verhältnis von Art. 3 zu § 621 → dort 20. Aufl. Rdnr. 22 a. E.

[30] Die Zuständigkeit für den Erlaß der sachlichen Unterhaltsentscheidung wird *nur mittelbar* im Verfahren der Vollstreckbarerklärung relevant, → auch Fn. 18.

[31] Dieser Begriff ist nach der Rechtsordnung des Ursprungsstaates zu beurteilen.

[32] Die einmal begründete Zuständigkeit bleibt also erhalten.

[33] Forum actoris, → Bem. zu § 23 a ZPO. S. auch Art. 1 Abs. 1 des kollisionsrechtlichen Abkommens → Fn. 6, wonach das Recht am gewöhnlichen Aufenthaltsort des Kindes bestimmt, ob, in welchem Umfang und von wem das Kind Unterhalt verlangen kann.

[34] Vgl. §§ 38, 39 ZPO.

[35] Zuständig ist nach § 1 Abs. 1 AusfG sachlich das **AG**; die örtliche Zuständigkeit ist nach Abs. 2 wie → Rdnr. 380 geregelt. **Antragsberechtigt** ist jeder, der im Ursprungsstaat aus der Entscheidung Rechte herleiten kann wie → Rdnr. 72; zweifelhaft für aus portugiesischem curador erwirkte Urteile → § 722 Fn. 24, für Antragsrecht des gesetzliche vertretenen Unterhaltsberechtigten in diesem Falle *MünchKommZPO-Gottwald* (1992) IZPR HUVÜ Art. 13 Rdnr. 1. Die in §§ 726f., 751 geregelten Bereiche regelt § 3 AusfG wie → Rdnr. 363.

Bei **deutschen Titeln** ergibt sich die Befugnis zur ZV aus § 725 ZPO. Die **ZV im Ausland** wird erleichtert (→ auch § 722 Fn. 3), wenn sowohl der Ursprungs- als auch der Vollstreckungsstaat das UN-Übereinkommen über die Geltendmachung von Unterhaltsansprüchen im Ausland vom 20. VI. 1956 ratifiziert haben. Dann kann der Gläubiger, um eine Vollstreckbarerklärung zu erlangen, nach Art. 3–6 die Hilfe der Übermittlungs- und Empfangsstellen in Anspruch nehmen. Auf Antrag des Gläubigers übersendet die Übermittlungsstelle (in der Bundesrepublik der jeweilige Landesjustizminister) nach Art. 5 Abs. 1 des UN-Abkommens den Titel an die Empfangsstelle (in der Bundesrepublik der Bundesjustizminister, Art. 2 AusfG) des Zweitstaates, die nach Art. 6 Abs. 1 für die Vollstreckbarerklärung der Entscheidung und die Durchführung der Vollstreckung zu sorgen hat.

[36] → auch Fn. 35 zu §§ 751, 726 f. Fehlen Unterlagen, so sollte das AG, statt nach § 3 S. 3 AusfG mündliche Verhandlung anzuordnen (oder gar den Antrag zurückzuweisen), wie nach Art. 17 Abs. 2 HaagÜ 1973 (→ Rdnr. 22) dem Gläubiger eine angemessene Frist setzen für die Nachreichung.

[37] Für **ausländische** Ausfertigungen genügen originale Unterschriften u. Dienststempel *OLG Stuttgart DAVorm* 1990, 714f. Für ZV **deutscher** Entscheidungen im Ausland sehen §§ 8–11 AusfG die gleiche Regelung vor wie → Rdnr. 332f. S. auch § 313a Abs. 2 Nr. 4, § 317 Abs. 4.

[38] → dazu auch Art. 9 Abs. 3 sowie Rdnr. 46 Fn. 71f.

3. im Fall einer Versäumnisentscheidung[39] eine beglaubigte Abschrift der das Verfahren einleitenden Ladung oder Verfügung und die Urkunden, aus denen sich die ordnungsgemäße Zustellung dieser Ladung oder Verfügung ergibt[40].

Art. 5 HaagÜ 1958

10   Die Prüfung der Vollstreckungsbehörde beschränkt sich auf die in Artikel 2 genannten Voraussetzungen und die in Artikel 4 aufgezählten Urkunden.

Art. 6 HaagÜ 1958

11   (1) Soweit in diesem Übereinkommen nichts anderes bestimmt ist, richtet sich das Verfahren der Vollstreckbarerklärung nach dem Recht des Staates, dem die Vollstreckungsbehörde angehört[41].
(2) Jede für vollstreckbar erklärte Entscheidung hat die gleiche Geltung und erzeugt die gleichen Wirkungen, als wenn sie von einer zuständigen Behörde des Staates erlassen wäre, in dem die Vollstreckung beantragt wird[42].

Art. 7 HaagÜ 1958

12   Ist in der Entscheidung, deren Vollstreckung beantragt wird, die Unterhaltsleistung durch regelmäßig wiederkehrende Zahlungen angeordnet, so wird die Vollstreckung sowohl wegen der bereits fällig gewordenen als auch wegen der künftig fällig werdenden Zahlungen bewilligt.

Art. 8 HaagÜ 1958

13   Die Voraussetzungen, die in den vorstehenden Artikeln für die Anerkennung und Vollstreckung von Entscheidungen im Sinne dieses Übereinkommens festgelegt sind, gelten auch für Entscheidungen einer der in Artikel 3 bezeichneten Behörden, durch die eine Verurteilung zu Unterhaltsleistungen abgeändert wird[43].

Art. 9 HaagÜ 1958

14   (1) Ist einer Partei in dem Staat, in dem die Entscheidung ergangen ist, das Armenrecht gewährt worden, so genießt sie es auch in dem Verfahren, durch das die Vollstreckung der Entscheidung erwirkt werden soll[44].
(2) In den in diesem Übereinkommen vorgesehenen Verfahren braucht für die Prozeßkosten[45] keine Sicherheit[46] geleistet zu werden.
(3) In den unter dieses Übereinkommen fallenden Verfahren bedürfen die beigebrachten Urkunden keiner weiteren Beglaubigung oder Legalisation.

Art. 10 HaagÜ 1958

15   Die Vertragsstaaten verpflichten sich, den Transfer der auf Grund von Unterhaltsverpflichtungen gegenüber Kindern zugesprochenen Beträge zu erleichtern.

---

[39] Für deutsche Versäumnisurteile → auch Fn. 37.
[40] → dazu auch Rdnr. 46 Fn. 74. S. Art. 9 Abs. 3.
[41] Für Deutschland → Rdnr. 18 u. dazu die obigen Anm.
[42] → auch § 328 Rdnr. 2 ff. Da Unterhaltsansprüche in Dänemark u. Finnland kraft Gesetzes indexiert zu vollstrecken sind, berücksichtigen *OLGe Hamburg u. Schleswig* entgegen *OLG Düsseldorf* auch in Deutschland die Erhöhungen in der Vollstreckungsklausel, ohne daß der Titel die Indexierung erwähnt → § 722 Rdnr. 23 Fn. 90; dazu *Groß* DAVorm 1984, 549.
[43] Es besteht also auch für abändernde Entscheidungen eine mehrfache Zuständigkeit.
[44] Dem Gläubiger wird Prozeßkostenhilfe gewährt, ohne daß eine erneute Prüfung der Kostenarmut stattfin-
det, vgl. auch → Rdnr. 20, 63. Insofern geht das Unterhaltsabkommen über die Vorschriften der §§ 20–24 des HaagÜ 54 (→ § 328 +Rdnr. 535) hinaus. Darunter fallen auch notwendige Übersetzungskosten.
[45] Das Abkommen enthält keine den Art. 17 bis 19 HaagÜ 54 (→ § 328 +Rdnr. 531) entsprechende Regelung der Vollstreckbarerklärung von Kostenentscheidungen gegen den **abgewiesenen** Kläger. Dies würde auch dem Sinn des Art. 1 Abs. 2 kaum entsprechen, der nur den Vorteil des Unterhaltsberechtigten bezweckt. Jedoch können die Art. 17–19 des HaagÜ 1954 oder andere Abkommen anwendbar sein, die ein die Kosten betreffendes (Teil-)Exequatur erlauben, → auch § 722 Rdnr. 4.
[46] Sicherheitsleistungen nach Art der §§ 709, 711 f. werden davon nicht betroffen.

Art. 11 HaagÜ 1958

Dieses Übereinkommen hindert den Unterhaltsberechtigten nicht, sich auf sonstige Bestimmungen zu berufen, die nach dem innerstaatlichen Recht des Landes, in dem die Vollstreckungsbehörde ihren Sitz hat, oder nach einem anderen zwischen den Vertragsstaaten in Kraft befindlichen Abkommen auf die Vollstreckung von Unterhaltsentscheidungen anwendbar sind. **16**

Art. 12 HaagÜ 1958

Dieses Übereinkommen findet keine Anwendung auf Entscheidungen, die vor seinem Inkrafttreten ergangen sind. **17**

Zum **Gesetz vom 18. VI. 1961 zur Ausführung des Haager Übereinkommens 1958** (BGBl I 1033) → 20. Aufl. Anh. § 723 A I 2. **18**

Es wurde hier nur in den obigen Anmerkungen berücksichtigt, weil damit zu rechnen ist, daß das HaagÜ 1958 in absehbarer Zeit für die meisten Vertragsstaaten durch das folgende HaagÜ 1973 ersetzt sein wird. Soweit wegen Art. 24 Abs. 2 HaagÜ 1973 (→ § 328 Rdnr. 576) noch das HaagÜ 1958 anzuwenden ist (→ Rdnr. 5), begründet **§ 1 AusfG** die Zuständigkeit des *Amtsgerichts (Familiengerichts)*[47]; Vervollständigung für Entscheidungen ohne Gründe ist in § 9 AusfG ebenso vorgesehen wie → Rdnr. 332[48] und sachliche Einwendungen unterliegen nach § 4 Abs. 1 AusfG denselben Einschränkungen wie § 13 Abs. 1 AVAG → Rdnr. 313.

2. Das Haager Übereinkommen über die Anerkennung und Vollstreckung von Unterhaltsentscheidungen vom 2. X. 1973 (BGBl. 1986 II 826; 1987 II 220) **19**

Es ist am 1. IV. 1987 für die Bundesrepublik in Kraft getreten[49] und gilt – unabhängig von der Staatsangehörigkeit der Parteien – zur Zeit im Verhältnis zu *Dänemark, Finnland, Frankreich, Italien, Luxemburg, Niederlanden, Norwegen, Portugal, Schweden, Schweiz, Spanien, Slowakei, Türkei, Vereinigtes Königreich Großbritannien und Nordirland* (BGBl 1987 I 944). Für Ansprüche, die vorher tituliert **und** fällig geworden sind, → jedoch Rdnr. 5. Vollstreckbarerklärung ist auch nach EuGVÜ zulässig, Art. 23 HaagÜ mit Art. 57 EuGVÜ[50].

Art. 13 HaagÜ 1973

Das Verfahren der Anerkennung oder Vollstreckung der Entscheidung richtet sich nach dem Recht des Vollstreckungsstaats[51], sofern das Übereinkommen nicht etwas anderes bestimmt.

Art. 14 HaagÜ 1973

Es kann auch die teilweise Anerkennung oder Vollstreckung einer Entscheidung beantragt werden[52].

Art. 15 HaagÜ 1973

Der Unterhaltsberechtigte[53], der im Ursprungsstaat ganz oder teilweise Prozeßkostenhilfe oder Befreiung von Verfahrenskosten genossen hat, genießt in jedem Anerkennungs- oder Vollstreckungsverfahren[54] die günstigste Prozeßkostenhilfe oder die weitestgehende Befreiung, die im Recht des Vollstreckungsstaats vorgesehen ist[55]. **20**

---

[47] *OLGe Frankfurt a. M., Stuttgart, KG* DAVorm 1989, 102, 103; 1990, 559. Beschwerdeentscheidungen des OLG sind endgültig *BGH* JZ 1985, 1064 = MDR 302[26].

[48] Entsprechende Anwendung auch auf Nichtvertragsstaaten *OLG Hamm* DAVorm 1985, 168 (Jugoslawien).

[49] Lit.: *Baumann* Anerkennung usw. (1989); *Verwilghen* Erläuternder Bericht BT-Drucks. 10/258 S. 33 ff. Zu Titeln aus der ehemaligen DDR *Andrae* IPRax 1994, 227.

[50] *Geimer* IPrax 1992, 7f. (zugleich zu Unterschieden im Vergleich zu Art. 28, 46 Nr. 2 EuGVÜ).

[51] → Rdnr. 335 zu Nr. 2, Rdnr. 303 ff., insbesondere 339–341.

[52] → dazu Rdnr. 42 zu Art. 42 EugVÜ. Z.B. bei Titeln, die zugleich nicht dem Abkommen unterfallende Ansprüche betreffen (Art. 1 Abs. 2), ein **Teilexequatur** bezüglich des Unterhaltsanspruchs u. des (diesen betreffenden) Teils festgesetzter Kosten, da die Kosten bezüglich anderer Ansprüche nicht dem Abkommen unterfallen *Geimer* (Fn. 50); str. ist, ob der Kostenteil notfalls geschätzt werden darf, so *Gottwald* (Fn. 35) Art. 3 Rdnr. 2 mwN auch zur Gegenansicht.

[53] Insoweit wohl nicht ein Leistungsträger i.S.d. Art. 18.

[54] Also auch in Beschwerdeverfahren beider Bereiche *Bülow/Böckstiegel/Baumann* I.

[55] Str. ist, ob die Vergünstigung im Inland bewilligt werden muß (*Linke* IZPR Rdnr. 252) oder die Bewilligung im Ursprungsstaat genügt, so *MünchKommZPO-Gottwald* (1992).

Art. 16 HaagÜ 1973

21   In den durch das Übereinkommen erfaßten Verfahren braucht für die Zahlung der Verfahrenskosten keine Sicherheit oder Hinterlegung, unter welcher Bezeichnung auch immer, geleistet zu werden.

Art. 17 HaagÜ 1973

22   (1) Die Partei, die die Anerkennung einer Entscheidung geltend macht oder ihre Vollstreckung beantragt[56], hat folgende Unterlagen beizubringen[57]:
1. eine vollständige, mit der Urschrift übereinstimmende Ausfertigung der Entscheidung[58];
2. die Urkunden, aus denen sich ergibt, daß gegen die Entscheidung im Ursprungsstaat kein ordentliches Rechtsmittel mehr zulässig ist[59] und, gegebenenfalls, daß die Entscheidung dort vollstreckbar ist[60];
3. wenn es sich um eine Versäumnisentscheidung handelt, die Urschrift oder eine beglaubigte Abschrift der Urkunde, aus der sich ergibt, daß das Verfahren einleitende Schriftstück mit den wesentlichen Klagegründen der säumigen Partei nach dem Recht des Ursprungsstaats ordnungsgemäß zugestellt worden ist[61];
4. gegebenenfalls jedes Schriftstück, aus dem sich ergibt, daßdie Partei im Ursprungsstaat Prozeßkostenhilfe oder Befreiung von Verfahrenskosten erhalten hat[62];
5. eine beglaubigte Übersetzung der genannten Urkunden, wenn die Behörde des Vollstreckungsstaats nicht darauf verzichtet.
(2) Werden die genannten Urkunden nicht vorgelegt oder ermöglicht es der Inhalt der Entscheidung der Behörde des Vollstreckungsstaates nicht, nachzuprüfen, ob die Voraussetzungen dieses Übereinkommens erfüllt sind, so setzt sie eine Frist für die Vorlegung aller erforderlichen Urkunden.
(3) Eine Legalisation oder ähnliche Förmlichkeit darf nicht verlangt werden.

Art. 18 HaagÜ 1973

23   Ist die Entscheidung gegen einen Unterhaltsverpflichteten auf Antrag einer öffentliche Aufgaben wahrnehmenden Einrichtung ergangen, welche die Erstattung der einem Unterhaltsberechtigten erbrachten Leistungen verlangt, so ist diese Entscheidung nach dem Übereinkommen anzuerkennen und für vollstreckbar zu erklären/zu vollstrecken,
1. wenn die Einrichtung nach dem Recht, dem sie untersteht, die Erstattung verlangen kann;
2. wenn das nach dem Internationalen Privatrecht des Vollstreckungsstaats anzuwendende innerstaatliche Recht eine Unterhaltspflicht zwischen dem Unterhaltsberechtigten und dem Unterhaltsverpflichteten vorsieht[63].

Art. 19 HaagÜ 1973

24   Eine öffentliche Aufgaben wahrnehmende Einrichtung darf, soweit sie dem Unterhaltsberechtigten Leistungen erbracht hat, die Anerkennung oder Vollstreckung einer zwischen dem Unterhaltsberechtigten und dem Unterhaltsverpflichteten ergangenen Entscheidung verlangen[64], wenn sie nach dem Recht, dem sie untersteht, kraft Gesetzes berechtigt ist, an Stelle des Unterhaltsberechtigten die Anerkennung der Entscheidung geltend zu machen oder ihre Vollstreckung zu beantragen[65].

---

[56] → Rdnr. 303, 335.
[57] → aber auch Rdnr. 306 über andere Beweismittel.
[58] → dazu Fn. 37. Wegen Titeln aus der ehemaligen DDR → § 722 Rdnr. 2a. Bei Beschlüssen nach §§ 642a, b auch das Urteil, dem sie zugrundeliegen.
[59] → § 328 Rdnr. 111. Nachweis i.d.R. durch Rechtskraftzeugnis; für vertragsautonome Auslegung *Baumann* (Fn. 49) 22; anders wohl *Verwilghen* (Fn. 49) Nr. 56 (Recht des Ursprungsstaats). S. auch Art. 17 Abs. 3.
[60] Auch Vergleiche. Nachweis durch Vollstreckbarkeitszeugnis, → dazu Rdnr. 46 Fn. 77. Für schweizerische Titel genügt Ausfertigung *Stuttgart* DAVorm 1990, 714. Zustellungsnachweis wird nur im Fall der Nr. 3 verlangt.

[61] Wie → Rdnr. 46 Fn. 76. S. auch Art. 17 Abs. 3.
[62] → Rdnr. 20.
[63] In Deutschland, Frankreich, Italien, Luxemburg, Niederlanden, Portugal, Schweiz, Spanien, Türkei richtet sich dies nach dem HaagÜ über das auf Unterhaltspflichten anwendbare Recht vom 2.X. 1973 (BGBl II 1986, 837); dazu *B. Brückner* Unterhaltsregreß usw. (1994).
[64] Anders als in Art. 18 ist hier der Fall gemeint, daß der Leistungsträger selbst noch keinen anerkennungsfähigen Titel hat. Zur Durchsetzung von Ansprüchen nach §§ 90ff. BSHG *Galster* IPrax 1990, 146ff.
[65] In Deutschland §§ 325, 727, → dazu Rdnr. 306, 335.

Art. 20 HaagÜ 1973

Die öffentliche Aufgaben wahrnehmende Einrichtung, welche die Anerkennung geltend macht oder die Vollstreckung beantragt, hat die Urkunden vorzulegen, aus denen sich ergibt, daß sie die in Artikel 18 Nummer 1 oder Artikel 19 genannten Voraussetzungen erfüllt und daß die Leistungen dem Unterhaltsberechtigten erbracht worden sind; Artikel 17 bleibt unberührt. 25

Art. 21 HaagÜ 1973

Die im Ursprungsstaat vollstreckbaren Vergleiche[66] sind unter denselben Voraussetzungen wie Entscheidungen anzuerkennen und für vollstreckbar zu erklären/zu vollstrecken, soweit diese Voraussetzungen auf sie anwendbar sind. 26

II. EWG-, Montan- und Euratom- Vertrag

1. **Art. 187, 192 EWG-Vertrag**[1] (BGBl. 1957 II 753, ber. 1678, geänd. BGBl. 1961 II 737). 27

Art. 187

Die Urteile des Gerichtshofes[2] sind gem. Art. 192 vollstreckbar.

Art. 192

(1) Die Entscheidungen[3] des Rates[4] oder der Kommission[5], die eine Zahlung auferlegen, sind vollstreckbare Titel; dies gilt nicht gegenüber Staaten[6].

(2) Die Zwangsvollstreckung erfolgt nach den Vorschriften des Staates, in dessen Hoheitsgebiet sie stattfindet. Die Vollstreckungsklausel wird nach einer Prüfung, die sich lediglich auf die Echtheit[7] des Titels erstrecken darf, von der staatlichen Behörde erteilt, welche die Regierung jedes Mitgliedstaates zu diesem Zweck bestimmt und der Kommission und dem Gerichtshof benennt[8].

(3) Sind diese Formvorschriften auf dem Antrag der die Vollstreckung betreibenden Partei erfüllt, so kann diese die Zwangsvollstreckung nach innerstaatlichem Recht betreiben, indem sie die zuständige Stelle unmittelbar anruft.

(4) Die Zwangsvollstreckung kann nur durch eine Entscheidung des Gerichtshofes ausgesetzt werden. Für die Prüfung der Ordnungsmäßigkeit der Vollstreckungsmaßnahmen sind jedoch die einzelstaatlichen Rechtsprechungsorgane zuständig.

2. Entsprechende Regelungen gelten in **Art. 44, 92** des **Montan-Vertrags** (BGBl. 1952 II 447, geänd. 1960 II 1573) und in **Art. 159, 164** des **Euratom-Vertrags** (BGBl. 1957 II 1014) sowie in **Art. 44, 92 EGKSV**. 28

---

[66] Insoweit auch Beschlüsse nach § 642c, → § 794 Rdnr. 76. **Vollstreckbare Urkunden** nur nach Art. 25 (zur Zeit Deutschland, Niederlande, Schweden), dazu Denkschr. BT-Drucks. 10/258 S. 28; → aber für die Bereiche des EuGVÜ und des Luganer Abkommens Rdnr. 50.

[1] Lit: *Grabitz* u.a. Komm. zum EWG-Vertrag[2]; *Schütze* NJW 1963, 2204; zur Vereinbarkeit von Titeln mit dem GG *LG Bonn* NJW 1986, 665; *Sauter* NJW 1988, 1430..

[2] Art. 164–188, EuGH u. Europäisches Gericht erster Instanz.

[3] Im Sinne des Art. 189 Abs. 4.

[4] Vgl. Art. 145–154.

[5] Vgl. Art. 155–163. Über Zwangsgeld *EuGH* NJW 1989, 3083.

[6] Ob Abs. 1 S. 1 HS 2 (dazu *Rinze* JuS 1993, 264) noch anwendbar sein wird auf künftige Urteile des EuGH, die nach Art. 171 Abs. 2 EG-Vertrag nF Mitgliedstaaten Zahlungspflichten auferlegen, ist angesichts der pauschalen Verweisung des Art. 187 auf Art. 192 fraglich. S. dazu Art. 20f. des Übereinkommens über Staatsimmunität vom 16. V. 1972 (BGBl II 1990, 34) mit Art. 2 des G vom 22.1.1990. Lit: *Geiger* EG-Vertrag (1993).

[7] D.h. darauf, ob die betreffende Entscheidung tatsächlich vom Rat, der Kommission oder dem Gerichtshof erlassen worden ist. Eine Überprüfung der Entscheidung an dem inländischen ordre public, so *Schütze* (Fn. 1) 2204, findet nicht statt, h.M. *LG Bonn* NJW 1986, 666 mwN (Ausnahme: Widerspruch mit Wesensgehalt eines deutschen Grundrechts, insoweit zust. *Rupp* aaO 640f. mwN). Vgl. dazu auch *EuGHE* X (1964) 1149 = NJW 2371 Nr. 3 (zur teilweisen Aufgabe der Souveränitätsrechte) u. *BVerfGE* 22, 293ff. = NJW 1968, 348 (gemeinsam begründetes, wenn auch nicht inländisches Recht); 37, 271 = NJW 1974, 1697 (Kollision mit Grundrechten).

[8] Zuständig zur Klauselerteilung in der Bundesrepublik ist der Bundesminister der Justiz, vgl. Bek der Bundesregierung vom 3.II. 1961 (BGBl. II 50).

III. Europäisches Übereinkommen über die Zuständigkeit und Vollstreckung gerichtlicher Entscheidungen in Zivil- und Handelssachen vom 27. IX. 1968

29 (BGBl. 1972 II 774) i.d.F. der Beitrittsabkommen mit dem Vereinigten Königreich, Irland und Dänemark vom 9.X. 1978 (BGBl. 1983 II 802 mit 1986 II 1020, 1146, 1988 II 610), mit Griechenland vom 25.X.1982 (BGBl. 1989 II 214) sowie mit Spanien und Portugal vom 26.V.89 (BGBl. 1994 II 518).

1. Art. 1–30 des **Übereinkommens**[1] sind in der → Einl. (20. Aufl. Rdnr. 901 ff.) abgedruckt. Zu Inkrafttreten und Geltungsbereich → Einl. (20. Aufl.) Rdnr. 781 und § 328 Rdnr. 567–569. Zum seit 8. VI. 1988 geltenden[2] Ausführungsgesetz (**AVAG**) → Rdnr. 300. Zu beachten ist ferner das am 1.IX. 1975 in Kraft getretene Protokoll betreffend die **Auslegung** des Übereinkommens nebst AG[3], das eine wesentliche Ausweitung der Zuständigkeiten des EuGH insoweit mit sich brachte[4], als diesem auch die Kompetenz zukommt, die Vorschriften des EuGVÜ für die nationalen Gerichte *verbindlich*[5] auszulegen. → dazu Einl. (20. Aufl.) Rdnr. 786 ff. und wegen des Zusatzprotokolls zum EuGVÜ → Einl. (20. Aufl.) Rdnr. 920. Wegen der *neuen Bundesländer* → § 722 Rdnr. 2a, 9.

30 2. Mit dem Wirksamwerden des EuGVÜ wurde der letzte Absatz des Art. 220 des EWG-Vertrages verwirklicht. Zur teilweisen Weitergeltung **bilateraler Übereinkommen** mit den Mitgliedstaaten → Rdnr. 52. Das von EG- und EFTA-Staaten (*Finnland, Island, Norwegen, Österreich, Schweden, Schweiz*) am 16. IX. 1988 abgeschlossene **Luganer Übereinkommen**[6] stimmt in den Art. 31–51 inhaltlich mit dem EuGVÜ überein trotz einiger sprachlicher und klarstellenderer Abweichungen im Wortlaut, → die Hinweise in den Fußnoten. Es gilt im Verhältnis der beteiligten EG-Staaten zu den EFTA-Staaten sowie im Verhältnis der EFTA-Staaten untereinander und ist vorerst am 1.I. 1992 für *Frankreich, Schweiz und Niederlande* in Kraft getreten. Nach ihm richten sich Anerkennung und Vollstreckung, falls entweder der Ursprungsstaat oder der ersuchte Staat nicht Mitglied der EG ist und entweder der Beklagte seinen Wohnsitz in einem solchen Staat hat oder dessen Gerichte nach Art. 16 oder 17 zuständig sind (Art. 54b Abs. 2 zu a, c). Es ersetzt nach Art. 55 die Abkommen → Rdnr. 53 *(Schweiz)*, 83 *(Österreich)*, 175 *(Norwegen)*. Über das Verhältnis des **EuGVÜ** zu den **Haager Übereinkommen** → Rdnr. 5, 19.

2. Abschnitt – Vollstreckung

Art. 31 EuGVÜ[7]

31 Die in einem Vertragsstaat[8] ergangenen Entscheidungen[9], die in diesem Staat vollstreckbar sind[10], werden in einem[11] anderen Vertragsstaat vollstreckt[12], wenn sie dort auf Antrag eines Berechtigten[13] für vollstreckbar erklärt worden sind[14].

---

[1] Lit: → § 328 Fn. 1, § 722 Fn. 1, Kommentare zum IZPR → Rdnr. 1 Fn. 1; Droz Compétence judiciaire et effets des jugements dans le Marché Commun (1972); *Geimer/Schütze* Internationale Urteilsanerkennung Bd.I 1 (1983); *Habscheid* Kölner Schriften zum Europarecht 11 (1971); *Kropholler* Europäisches Zivilprozeßrecht[3] (1991); *Arnold* AWD 1969, 89, NJW 1972, 977; *Bauer* DB 1973, 2333; *Grunsky* JZ 1973, 641; *Geimer* AWD 1975, 81; 1976, 139; NJW 1976, 441; *v.Hoffmann* AWD 1973, 57; *Schlosser* NJW 1977, 457. Zum EuGVÜ im deutsch-italienischen Rechtsverkehr *Grunsky* AWD 1977, 1; zum Verhältnis von originär-nationalem Recht zum EuGVÜ *Schlosser* NJW 1975, 2132 f.

[2] BGBl 1988 I 672.

[3] → Einl. (20. Aufl.) Rdnr. 931 f. Vgl. dazu Denkschr. zu dem Prot. vom 3.VI. 1971 nebst Bericht (als Anlage der BT-Drucks. VI Nr. 3294), abgedruckt bei *Bülow/Böckstiegel* (→ § 328 Fn. 1) Nr. 601,602 S. 25 ff. u. *Schütze* IZPR (1980) A I 1 f., g S. 124 ff.; Schlosser-Bericht ABl. EG 1979, C 59, S. 71 ff., abgedruckt bei *Schütze* aaO 145 ff.

[4] Hierzu *Schlosser* NJW 1977, 457; *Arnold* NJW 1972, 977. Übersicht-EuGH-Rsp *Linke* RIW/AWD 1991, Beilage Nr. 5.

[5] Nach h.M. nur für den entschiedenen Fall, *Schlosser* (Fn. 4) 462. Diese Verbindlichkeit tritt nicht ein, soweit das vorlegende Gericht an die rechtliche Beurteilung eines anderen Gerichts bereits gebunden war (z.B. wegen §565 Abs. 2), wenn also dem EuGH in einem zu späten Verfahrensstadium vorgelegt wurde, *Schlosser* aaO.

[6] ABl. EG 1988 Nr. L 319.

[7] Vgl. die den Art. 31 ff. als Vorbild dienende Regelung → Rdnr. 124 ff.

[8] → § 328 Rdnr. 568 f. Zu Titeln aus der ehemaligen DDR → § 722 Rdnr. 2a, 9. Auf die Staatsangehörigkeit der Parteien kommt es nicht an, *Stürner* IPrax 1985, 255, ganz h.M.

[9] Zum **sachlichen** Geltungsbereich (Art. 1, 24, 25), zur Auslegungsmethode u. zur Bindung an Entscheidungen → Einl. (20. Aufl.) Rdnr. 786 f. Zur Festsetzung von *Anwaltskosten* nach § 104 ZPO u. § 19 BRAGO *M.J.Schmidt* Die internationale Durchsetzung von

Im Vereinigten Königreiche wird eine derartige Entscheidung jedoch in England und Wales, in Schottland oder in Nordirland vollstreckt, wenn sie auf Antrag eines Berechtigten zur Vollstreckung in dem betreffenden Teil der Vereinigten Königreichs registriert worden ist[15].

Art. 32 EuGVÜ[16]

Der Antrag ist zu richten: 32
– in Belgien an das »tribunal de première instance« oder an die »rechtbank van eerste aanleg«;
– in Dänemark an das »byret«;[17]
– in der Bundesrepublik Deutschland an den Vorsitzenden einer Kammer des Landgerichts;
– in Griechenland an das »μονομελές πρωτοδικείο«;
– in Spanien an das »Juzgado de Primera Instancia«[18];
– in Frankreich an den Präsidenten des »président du tribunal de grande instance«;
– in Irland an den »High Court«;
– *in Island an das »héra sdómari«;*
– in Italien an die »corte d'appello«;
– in Luxemburg an den Präsidenten des »tribunal d'arrondissement«;
– in den Niederlanden an den Präsidenten der »arrendissements-rechtbank«;
– *in Norwegen an das »herredsrett« oder das »byrett« als »namensrett«;*
– in Österreich an das Landesgericht bzw. das Kreisgericht;
– in Portugal an das »Tribunal Judicial de Circulo«[19];
– *in der Schweiz:*

Rechtsanwalthonoraren (1991), dazu *Lousanoff* ZZP 106 (1993), 417. In *Adhäsionsverfahren* zuerkannter Schadensersatz ist »Zivilsache«, auch wenn der Anspruch auf der Aufsichtspflichtverletzung eines beamteten Lehrers beruht u. daher nach dem für ihn geltenden innerstaatlichen Recht öffentlich-rechtlich einzuordnen wäre *EuGH* NJW 1993, 2091 f. Nrn. 13–25 = SZ 1994, 252. **Unterhaltssachen** unterfallen Art. 1 Abs. 1 (allg. M.) einschließlich einstweiliger Anordnungen über Unterhalt in Ehesachen, auch wenn sie mit Statusklagen verbunden sind *EuGHE* 1980, 731 = NJW 1218[12] (L) = IPRax 1981, 19. *Andere* vermögensrechtliche, vorläufige Anordnungen scheiden aber aus, wenn sie Anhangsverfahren zu den in Art. 1 Abs. 2 Nr. 1 ausgenommenen Statussachen sind; so für Scheidungssachen *OLG Frankfurt* JZ 1977, 803 (mit Angabe der Normen über einstweilige Maßnahmen in Ehesachen, die alle EG-Staaten vorsehen). Einstweilige Maßnahmen, die in einem einseitigen Verfahren **ohne Anhörung des Schuldners** erlassen wurden, können *nicht* nach EuGVÜ anerkannt und vollstreckt werden, *EuGH* IPRax 1981, 95 = NJW 1980, 2016 (L); der Gläubiger kann aber nach Art. 24 vorgehen.

[10] Die Entscheidung muß **nach dem Recht des Erlaßstaates** zumindest vorläufig vollstreckbar sein, allg. M. . Die Vollstreckbarkeit der → Rdnr. 333 genannten deutschen Titel könnte daher auch in den übrigen Vertragsstaaten auch anders als durch die aaO vorgesehene Vollstreckungsklausel nachgewiesen werden (Art. 47), BT-Drucks. VI/3426 S. 25. Der Titel muß einen vollstreckbaren, insbesondere einen ausreichend **bestimmten Inhalt** haben; der Exequaturrichter muß ihn gegebenenfalls ergänzend auslegen u. die Klausel anpassen → § 722 Rdnr. 23. Zur Klauselerteilung bei teilweiser Unbestimmtheit eines einheitlichen Anspruchs → Rdnr. 42 Fn. 63. Zweifel darüber, ob auf ausländischen Urteilsausfertigungen quittierte **Gebühren** im Ursprungsstaat mit beigetrieben werden können, sind durch Auskunftsersuchen zu beheben *BGH* NJW 1983, 2773, → dazu § 293 Rdnr. 72. Ein **Wegfall** der Vollstreckbarkeit kann, falls er sich nicht schon aus dem Titel ergibt, im Exequaturverfahren nur nach § 11 AVAG (→ Rdnr. 311), danach nur wie → Rdnr. 329 Fn. 78 geltendgemacht werden.

[11] ZV in mehreren Vertragsstaaten steht im Belieben des Gläubigers *BGH* NJW 1980, 1234. Gegen doppelte ZV schützen im Inland die §§ 13, 15 AVAG → Rdnr. 313, 315, *Geimer* NJW 1980, 1234 f. gegen *LG Münster* aaO 535.
[12] Nach dem Recht des Vollstreckungsstaats einschließlich Rechtsbehelfen *EuGH* NJW 1989, 663. → dazu § 722 Rdnr. 23. Zur ZV **nicht** auf Zahlung gerichteter Titel im EG-Bereich → Rdnr. 43 Fn. 66. – Neuere Lit. zur ZV: **Italien** *Wastl* Vollstreckung deutscher Titel usw. (1991); **Schottland** → Rdnr. 102 Fn. 10.
[13] Die Berechtigung anderer Personen als des im Titel genannten Gläubigers richtet sich nach dem Recht des Staates, in dem die Entscheidung erlassen ist. Für das deutsche Recht s. §§ 727 ff. sowie § 724 Rdnr. 8 a. Zur Identitätsprüfung → auch Fn. 21 (dort Schuldner).
[14] Fassung 1968: »... mit der Vollstreckungsklausel versehen worden sind.« Über erneute Klagen im Ausland oder Inland, falls Klauselerteilung nach Art. 31 ff. scheitert, → § 722 Rdnr. 6. – **Anerkennungsverfahren** nach Art. 26 Abs. 2 **neben** dem Verfahren nach Art. 31 ff. sind, falls die Voraussetzungen der Anerkennung u. Vollstreckbarerklärung übereinstimmen, insoweit zulässig, als es neben der zu vollstreckenden Leistung auf eine Feststellungswirkung ankommen kann, *Geimer* JZ 1977, 150; *MünchKommZPO-Gottwald* (1992) Art. 26 Rdnr. 9. – A. M. *Bülow/Böckstiegel/Müller* (→ § 328 Fn. 1) Art. 27 Anm. IV.
[15] S. 2 eingefügt durch Beitrittsabkommen vom 9. X. 1978.
[16] Die durch Beitrittsabkommen von 1978, 1982 u. 1989 geänderte Fassung ist in Normalschrift, die Fassungen des Luganer Übereinkommens sind *kursiv* gedruckt. Die Weiterleitung von Anträgen in Unterhaltssachen in England, Wales u. Schottland ist durch die »Transfer of Functions (MagistratesCourts and Family Law) Order 1992« dem »Lord Chancellor« (früher dem »Secretary of State«) übertragen, Bek v. 5. VII. 1993 BGBl. II 1098.
[17] BGBl. 1988 II 791, früher »underret«.
[18] Fassung des dritten Beitrittsabkommens von 1989 (Spanien, Portugal).
[19] Fassung wie → Fn. 18.

a) *für Entscheidungen, die zu einer Geldleistung verpflichten,* an den Rechtsöffnungsrichter/*juge de la mainlevée/guidice competente a pronunciare sul rigetto dell'opposizione im Rahmen des Rechtsöffnungsverfahrens nach den Artikeln 80 und 81 des Bundesgesetzes über Schuldbetreibung und Konkurs/ loi fédérale sur la poursuite pour dettes et la faillite/legge federale sulla esecuzione e sul fallimento;*

b) *für Entscheidungen, die nicht auf Zahlung eines Geldbetrages lauten,* an den zuständigen kantonalen Vollstreckungsrichter/*juge cantonal d'exequatur compétent/giudice cantonale competente a pronunciare l'exequatur;*

– in Finnland an das »ulosotonhaltija/överexekutor«;

– in Schweden an das »Svea hovrätt«;

– im Vereinigten Königreich:

a) in England und Wales an den »High Court of Justice« oder im Falle von Entscheidungen *(für Entscheidungen)* in Unterhaltssachen an den »Magistrates' Court« über den »Lord Chancellor«;

b) in Schottland an den »Court of Session« oder im Falle von Entscheidungen *(für Entscheidungen)* in Unterhaltssachen an den »Sheriff Court« über den »Secretary of State«;

c) in Nordirland an den »High Court of Justice« oder im Falle von Entscheidungen *(für Entscheidungen)* in Unterhaltssachen an den »Magistrates' Court« über den »Lord Chancellor«.

Die örtliche Zuständigkeit wird durch den Wohnsitz[20] des Schuldners[21] bestimmt. Hat dieser keinen Wohnsitz im Hoheitsgebiet des Vollstreckungsstaats, so ist das Gericht zuständig, in dessen Bezirk die Zwangsvollstreckung durchgeführt werden soll[22].

Art. 33 EuGVÜ

33 Für die Stellung des Antrags ist das Recht des Vollstreckungsstaats maßgebend.

Der Antragsteller hat im Bezirk des angerufenen Gerichts ein Wahldomizil zu begründen[23]. Ist das Wahldomizil im Recht des Vollstreckungsstaats nicht vorgesehen, so hat der Antragsteller einen Zustellungsbevollmächtigten zu benennen.

Dem Antrag sind die in den Artikeln 46 und 47 angeführten Urkunden beizufügen[24].

Art. 34 EuGVÜ

34 Das mit dem Antrag befaßte Gericht[25] erläßt seine Entscheidung unverzüglich, ohne daß der Schuldner in diesem Abschnitt des Verfahrens Gelegenheit erhält, eine Erklärung abzugeben[26].

Der Antrag kann nur aus einem der in den Artikeln 27 und 28 angeführten Gründe abgelehnt werden[27].

Die ausländische Entscheidung darf keinesfalls auf ihre Gesetzmäßigkeit[28] nachgeprüft werden[29].

---

[20] S. Art. 52 f. → Einl. (20. Aufl.) Rdnr. 916, *Geimer* NJW 1976, 442, WM 1976, 830.

[21] Durch Auslegung nicht zu beseitigende Identitätszweifel sind gerichtlich im Ursprungsstaat zu klären OLG Frankfurt Rpfleger 1979, 434. Richtet sich im Titel gegen **mehrere Schuldner** mit unterschiedlichem Wohnsitz, so kann der Gläubiger nach h. M. in vertragskonformer Auslegung (arg. Art. 6 Nr. 1) bei einem der zuständigen Gerichte den Antrag insgesamt stellen *Geimer* NJW 1975, 1087; *Roth* RiW 1987, 816 (mit der Zusatzbegründung »Schuldnerüberraschung« ist es allerdings nicht weit her → Rdnr. 309 Fn. 30); *Baumbach-Albers*[52] Anm. zu § 2 AVAG; *Gottwald* (Fn. 14) Art. 32 Rdnr. 6 mwN (Konnexität wird hier nicht mehr geprüft). Das ist unbedenklich, falls der Titel aufgrund Art. 6 Nr. 1 ergangen ist; andernfalls sind Zweifel am Platz, zumal *EuGH* Slg. 1988, 5583 Rdnr. 8–13 schon Art. 6 Nr. 1 auf Fälle beschränkt, in denen eine gemeinsame Entscheidung geboten erscheint. → auch § 722 Rdnr. 13 Fn. 62 a. E. – A. M. (nur § 36 Nr. 3) noch 20. Aufl. Fn. 12 mit OLG München/ OLG Augsburg NJW 1975, 505 = MDR 146.

[22] Soll die ZV in unterschiedlichen Gerichtsbezirken erfolgen, so bietet wohl Art. 6 Nr. 1 keine für eine Analogie ausreichende Grundlage; dennoch erlaubt die h.M. dem Gläubiger dann die Antragstellung bei einem der zuständigen Gerichte, → dazu Rdnr. 302 Fn. 10.

[23] Spätestens bei Zustellung der Entscheidung, die ZV zuläßt, *EuGH* IPRax 1987, 230 (zugleich über Rechtsfolgen einer Unterlassung).

[24] → dazu Rdnr. 48 f. mit Bem.

[25] Das ist in Deutschland zunächst nur der Vorsitzende (Art. 32), §5 AVAG → Rdnr. 305.

[26] »Unverzüglich« meint nicht Eile zulasten des Gläubigers, z.B. wenn es zur Auslegung ausländischen Rechts seiner Mitwirkung bedarf *BGH* NJW 1993, 1803 = EuZw 389. Für den Schutz des Schuldners sorgen die Art. 36, 38, 39, 40 Abs. 2, *Bülow* RabelsZ 29, 506 f. Zur Verfassungsmäßigkeit der Vorschrift im Hinblick auf Art. 103 Abs. 1 GG *Schütze* FSf. Bülow (1981) 212 mwN; *Arnold* AWD 1972, 389. Für Beachtlichkeit einer vom Schuldner eingereichten **Schutzschrift** *Schütze* aaO 215; dagegen *Kropholler*[3] Rdnr. 3; *Gottwald* (Fn. 14) Rdnr. 3 mwN; *Schack* IZVR (1991) Rdnr. 949.

[27] Von Amts wegen zu prüfen *OLGe Köln* OLGZ 1990, 381; *Frankfurt* MDR 1991, 900; aber nicht, ob die ZV aussichtsreich ist oder in anderen Staaten leichter oder schonender möglich wäre *Gottwald* (Fn. 14) Art. 31 Rdnr. 3 mwN.

[28] Drittes Beitrittsabkommen 1989 u. **Luganer Übereinkommen** → Rdnr. 30: »in der Sache selbst«.

[29] Damit wird gewährleistet, daß das ausländische Urteil ebenso wie eine inländische Entscheidung nicht durch

Art. 35 EuGVÜ

Die Entscheidung, die über den Antrag ergangen ist[30], teilt der Urkundsbeamte der Geschäftsstelle dem Antragsteller unverzüglich in der Form mit, die das Recht des Vollstreckungsstaats vorsieht. 35

Art. 36 EuGVÜ

Wird die Zwangsvollstreckung zugelassen, so kann der Schuldner gegen die Entscheidung innerhalb eines Monats nach ihrer Zustellung[31] einen Rechtsbehelf[32] einlegen[33]. 36

Hat der Schuldner seinen Wohnsitz in einem anderen Vertragsstaat als dem, in dem die Entscheidung über die Zulassung der Zwangsvollstreckung ergangen ist, so beträgt die Frist für den Rechtsbehelf zwei Monate und beginnt von dem Tage an zu laufen, an dem die Entscheidung dem Schuldner entweder in Person oder in seiner Wohnung zugestellt worden ist. Eine Verlängerung dieser Frist wegen weiter Entfernung ist ausgeschlossen.

Art. 37 EuGVÜ[34]

Der Rechtsbehelf wird nach den Vorschriften, die für das streitige Verfahren maßgebend sind, eingelegt: 37
  – in Belgien bei dem »tribunal de première instance« oder der »rechtbank van eerste aanleg«;
  – in Dänemark bei dem »landsret«;
  – in der Bundesrepublik Deutschland bei dem Oberlandesgericht[35].
  – in Griechenland bei dem »ἐψετεῖο«;
  – in Spanien bei der »Audencia Provincial«[36];
  – in Frankreich bei der »cour d'appel«;
  – in Irland bei dem »High Court«;
  – *in Island bei dem »héra sdómari«;*
  – in Italien bei der »corte d'appello«;
  – in Luxemburg bei der »cour supérieure de justice« als Berufungsinstanz für Zivilsachen;
  – in den Niederlanden bei der »arrondissementsrechtbank«;
  – *in Norwegen bei dem »lagmannsrett«;*
  – in Österreich bei dem Landesgericht bzw. dem Kreisgericht;
  – in Portugal bei dem »Tribunal da Relação«[37];
  – *in der Schweiz bei dem Kantonsgericht/tribunal cantonal/tribunale cantonale;*
  – *in Finnland bei dem »hovioikeus/hovrätt«;*
  – in Schweden bei dem »Svea hovrätt«;
  – im Vereinigten Königreich:

---

nachträgliche Einwendungen des Schuldners gefährdet wird → Rdnr. 313, 315, vgl. *BGHZ* 74, 278; *EuGH* (Fn. 12); *OLG Koblenz* NJW 1976, 488.

[30] **Kosten u. Gebühren** des **deutschen** Verfahrens: → Rdnr. 308 Fn. 28 f., Rdnr. 311 Fn. 35, Rdnr. 317 Fn. 48. – **Kosten des Exequatur deutscher Titel im Ausland:** Da § 8 AVAG ausnahmsweise schon titelschaffende Kosten als Vorbereitungskosten für die ZV anerkennt → Rdnr. 308 Fn. 29, müssen folgerichtig auch Exequaturkosten im ausländischen EuGVÜ-Bereich nach deutschem Recht analog § 788 behandelt werden (insofern unzutreffend *Hök* Büro 1990, 1394, es fehle der »Beginn der ZV«), während damit über ausländische **ZV-Kosten i. e. S.** nichts gesagt ist, so daß deren ZV sich nach dem ausländischen Recht richtet, *Taupitz* IPRax 1990, 151. Daher können im Ausland angefallene *Exequaturkosten* durch solche deutsche Prozeßgericht, von dem der Titel stammt (→ § 788 Rdnr. 23, 27), festgesetzt werden, auch soweit der Exequaturstaat keine Kostenpflicht vorsieht, *Taupitz* aaO (für Frankreich). Im Ausland vollstreckbar freilich erst nach dortigem Exequatur. Schaltet ein deutscher Anwalt zwecks Exequatur im Ausland einen dortigen **Verkehrsanwalt** ein, so sind dessen Spesen u. Honorar »notwendig« nach deutschem Recht,

§§ 2, 47, 52 BRAGO, gleichgültig in welchem Umfang sie im Exequaturstaat ersatzfähig wären *OLG Düsseldorf* Rpfleger 1990, 184 = RIW 501 f. (krit. *Hök* aaO). **Honorarfestsetzungen** durch französische Anwaltskammern sind erst nach Vollstreckbarerklärung gemäß Art. 102 des Dekrets vom 9. VI. 1972 »Entscheidungen« i. S. d. Art. 25, 31 *OLG Koblenz* IPrax 1987, 24; *LG Karlsruhe* IPrax 1992, 93 (*Reinmüller* aaO 73). Zu Anwaltsgebühren aus deutschen Verfahren → Rdnr. 308 Fn. 29.

[31] → dazu Rdnr. 309 Fn. 30.

[32] → Rdnr. 311 ff. Zu den Voraussetzungen, die das OLG auf Grund einer Beschwerde nach Art. 36 u. § 11 AVAG zu prüfen hat, s. *Geimer* NJW 1975, 1086 f. Über einstweilige Sicherung s. Art. 38 f. mit §§ 20–26 AVAG.

[33] Nur Schuldner, nicht interessierte Dritte (z. B. Streitverkündete) *EuGH* NJW 1993, 2091 Nr. 33 f. Über Einwendungen des Schuldners → Rdnr. 313 Fn. 37 ff. Bringt er sie nicht nach Art. 36 vor, obwohl er das gekonnt hätte, so sind sie im Stadium der ZV grundsätzlich ausgeschlossen *EuGH* (Fn. 12); für Deutschland → Rdnr. 315.

[34] Über die verschiedenen Fassungen → Fn. 16.

[35] → Rdnr. 311 ff.

[36] Fassung wie → Fn. 18.

[37] Fassung wie → Fn. 18.

1. in England und Wales bei dem »High Court of Justice« oder im Falle von Entscheidungen *(für Entscheidungen)* in Unterhaltssachen bei dem Magistrates' Court»;
2. in Schottland bei dem »Court of Session« oder im Falle von Entscheidungen *(für Entscheidungen)* in Unterhaltssachen bei dem »Sheriff Court«;
3. in Nordirland bei dem »High Court of Justice« oder im Falle von Entscheidungen *(für Entscheidungen)* in Unterhaltssachen bei dem »Magistrates' Court«.

Gegen die Entscheidung, die über den Rechtsbehelf ergangen ist[38], finden nur statt:
– in Belgien, Griechenland, Spanien, Frankreich, Italien, Luxemburg und den Niederlanden: die Kassationsbeschwerde;
– in Dänemark: ein Verfahren vor dem »hojesteret« mit Zustimmung des Justizministers;
– in der Bundesrepublik Deutschland: die Rechtsbeschwerde[39];
– in Irland: ein auf Rechtsfragen beschränkter Rechtsbehelf bei dem »Supreme Court«;
– in Portugal: ein auf Rechtsfragen beschränkter Rechtsbehelf;
– im Vereinigten Königreich: ein einziger auf Rechtsfragen beschränkter Rechtsbehelf.

Art. 38 EuGVÜ

38 Das mit dem Rechtsbehelf befaßte Gericht kann[40] auf Antrag der Partei, die ihn eingelegt hat, seine Entscheidung[41] aussetzen, wenn gegen die Entscheidung im Urteilsstaat[42] ein ordentlicher Rechtsbehelf[43] eingelegt oder die Frist für einen solchen Rechtsbehelf noch nicht verstrichen ist; in letzterem Falle kann das Gericht eine Frist bestimmen, innerhalb deren der Rechtsbehelf einzulegen ist.

Ist eine gerichtliche Entscheidung in Irland oder im Vereinigten Königreich erlassen worden, so gilt jeder in dem Urteilsstaat[44] statthafte Rechtsbehelf als ordentlicher Rechtsbehelf im Sinne von Absatz 1[45]. Das Gericht kann auch die Zwangsvollstreckung von der Leistung einer Sicherheit[46], die es bestimmt, abhängig machen[47].

Art. 39 EuGVÜ

39 Solange die in Artikel 36 vorgesehene Frist für den Rechtsbehelf läuft und solange über den Rechtsbehelf nicht entschieden ist, darf die Zwangsvollstreckung[48] in das Vermögen des Schuldners nicht über Maßregeln[49] zur Sicherung[50] hinausgehen.

---

[38] Nicht über vorläufige Maßnahmen *EuGHE* 1984, 3971 = RIW 1985, 235 (*Linke*) u. Urteil v. 4.10.91 (zitiert bei *Jayme* IPRax 1992, 350); BGH NJW 1994, 2156f.

[39] → Rdnr. 317ff.

[40] Wahl zwischen Abs. 1 u. Abs. 3 (dieser, falls ZV nicht schon laut Urteil von Sicherheitsleistung abhängig ist) nach Ermessen des Gerichts; zuvor Prüfung der Erfolgsaussicht, auch bei vorläufiger Vollstreckbarkeit, da diese sonst leerliefe *Gottwald* (Fn. 14) Rdnr. 4.

[41] Drittes Beitrittsabkommen 1989 u. Luganer Übereinkommen → Rdnr. 30: »das Verfahren aussetzen«.

[42] Drittes Beitrittsabkommen 1989 u. Luganer Übereinkommen → Rdnr. 30: »Ursprungsstaat« (vgl. Art. 50f.).

[43] Weite Auslegung BGH NJW 1986, 3027 (auch von Amts wegen eingeleitetes Bestätigungsverfahren für italienischen Arrest). »Ordentliche« sind alle gesetzlich befristeten Rechtsbehelfe, die zur Aufhebung oder Abänderung führen können, falls die Frist durch die im Urteilsstaat anzufechtende Entscheidung selbst (also nicht erst durch Kenntnis des Anfechtungsgrundes OLG Karlsruhe IPRax 1987, 171f.)in Lauf gesetzt wird (vertragsautonome, weite Auslegung, nicht nach nationalem Recht), *EuGHE* 1977, 2175 = NJW 1978, 1107; BGH NJW 1986, 3026f. = MDR 53[66]. Nicht Schiedsgerichtsverfahren OLG Hamm RIW 1994, 245. – Mit § 767 vergleichbare Rechtsbehelfe im Urteilsstaat sind zwar nicht »gegen die Entscheidung«, sondern gegen deren Vollstreckbarkeit gerichtet; trotzdem ist entspr. Anw. geboten, h. M. *Gottwald* (Fn. 14) Rdnr. 3 mwN auch zur Gegenansicht. → auch Rdnr. 313 Fn. 40. S. auch BGH (Fn. 38).

[44] → Fn. 42.

[45] Wie → Fn. 15.

[46] Zweck: Deckung der Rückerstattungs- u. Schadensersatzpflicht → Rdnr. 330, BGHZ 87, 259 = NJW 1983, 1979[12] (1980). Keine Aufhebung schon vollzogener ZV-akte ohne Sicherheit BGHZ 87, 259 = NJW 1983, 1980.

[47] Erst mit Abschluß des Rechtsbehelfsverfahrens gemäß Art. 36, s. dazu § 24 Abs. 1 AVAG → Rdnr. 324; bis dahin schützt allein Art. 39 den Schuldner, *EuGH* (Fn. 18). Für die Zeit während einer Rechtsbeschwerde s. § 24 Abs. 3 AVAG. Zur Aufhebung zulässig vorgenommener ZV-Akte → Rdnr. 322.

[48] Mit Ausnahme der Regelung in Art. 39 mit §§ 20–26 AVAG (→ Rdnr. 320ff.) gilt für die Durchführung der ZV in der Bundesrepublik die ZPO. → dazu Rdnr. 320.

[49] Drittes Beitrittsübereinkommen 1989 u. Luganer Übereinkommen → Rdnr. 30: »Maßnahmen«.

[50] Zweck: Gegengewicht zum bisherigen Aufschub der Anhörung des Schuldners (Art. 34 Abs. 1). Zur Aufnahme in die Klausel → Rdnr. 308. Was »Maßregeln zur Sicherung« sind, wird in §20 AVAG (→ Rdnr. 320) nicht gesagt; sie sind daher ein im einzelnen unmittelbar an Art. 39 zu messen. Für **Geldforderungen** s. § 720a, 930 Abs. 1, 2. Ebenso wie → Rdnr. 385 werden hier, auch für andere Forderungen i. S. d. § 916 Abs. 1, die §§ 932ff. entsprechend anwendbar sein, *Wolf* NJW 1973, 401 Fn. 47; s. auch *Pirrung* DGVZ 1973, 178 (183). Für die Sicherung **anderer** Ansprüche kommen die nach §§ 938, 940 zulässigen Maßnahmen in Betracht. LG München IPrax 1992, 321 (zust. *Schumann* aaO 302) lehnt **§ 917 Abs. 2** inner-

Die Entscheidung, durch welche die Zwangsvollstreckung zugelassen wird, gibt die Befugnis, solche Maßregeln zu betreiben[51].

Art. 40 EuGVÜ[52]

Wird der Antrag abgelehnt, so kann der Antragsteller einen Rechtsbehelf[53] einlegen: **40**
- in Belgien bei der »cour d'appel« oder dem »hof van beroep«;
- in Dänemark bei dem »landsret«;
- in der Bundesrepublik Deutschland bei dem Oberlandesgericht;
- in Griechenland bei dem »ἐψετεῖο«;
- in Spanien bei der »Audencia Provincial«[54];
- in Frankreich bei der »cour d'appel«;
- in Irland bei dem »High Court«;
- *in Island bei dem »héra sdómari«;*
- in Italien bei der »corte d'appello«;
- in Luxemburg bei der »cour supérieure de justice« als Berufungsinstanz für Zivilsachen;
- in den Niederlanden bei dem »gerechtshof«;
- *in Norwegen bei dem »lagmannsrett«;*
- in Österreich bei dem Landesgericht bzw. dem Kreisgericht;
- in Portugal bei dem »Tribunal da Relação'«[55];
- *in der Schweiz bei dem Kantonsgericht/tribunal cantonal/tribunale cantonale*[56];
- *in Finnland bei dem »hovioikeus/hovrätt;*
- *in Schweden bei dem »Svea hovrätt«;*
- im Vereinigten Königreich:

a) in England und Wales bei dem »High Court of Justice« oder im Falle von Entscheidungen *(für Entscheidungen)* in Unterhaltssachen bei dem Magistrates' Court«;
b) in Schottland bei dem »Court of Session« oder im Falle von Entscheidungen *(für Entscheidungen)* in Unterhaltssachen bei dem »Sheriff Court«;
c) in Nordirland bei dem »High Court of Justice« oder im Falle von Entscheidungen *(für Entscheidungen)* in Unterhaltssachen bei dem »Magistrates' Court«.

Das mit dem Rechtsbehelf befaßte Gericht hat den Schuldner zu hören[57]. Läßt dieser sich auf das Verfahren nicht ein, so ist Artikel 20 Absatz 2 und 3 auch dann anzuwenden, wenn der Schuldner seinen Wohnsitz nicht in dem Hoheitsgebiet eines Vertragsstaats hat[58].

Art. 41 EuGVÜ[59]

Gegen die Entscheidung, die über den in Artikel 40 vorgesehenen Rechtsbehelf ergangen ist, finden **41**
nur statt:
- in Belgien, Griechenland, Spanien[60], Frankreich, Italien, Luxemburg und den Niederlanden: die Kassationsbeschwerde;
- in Dänemark: ein Verfahren vor dem »hojesteret« mit Zustimmung des Justizministers;
- in der Bundesrepublik Deutschland: die Rechtsbeschwerde[61];
- in Irland: ein auf Rechtsfragen beschränkter Rechtsbehelf bei dem »Supreme Court«;

---

300 = JZ 1165 verstößt § 917 Abs. 2 gegen das Diskriminierungsverbot; a.M. *Gottwald* IPRax 1991, 292 mwN; *Mankowski* NJW 1995, 307. – Vgl. auch *OLG Hamm* MDR 1978, 324. – Zur Notverwertung s. § 23 AVAG → Rdrn. 323, zur Abwendung durch Sicherheitsleistung des Schuldners → Rdnr. 322. Sicherungs-ZV in Irland: *Coester-Waltjen* IPrax 1990, 65.

[51] **Luganer Übereinkommen** → Rdnr. 30: »Maßnahmen zu veranlassen«. Die Befugnis tritt automatisch ein, *EuGHE* 1985, 3247 = RIW 1986, 300; *Coester/Waltjen* IPRax 1990, 65; *Luther* IPRax 1982, 120; sie befreit jedoch nicht von ZV-Voraussetzungen des Vollstreckungsstaats *Pirrung* IPRax 1989, 20f. Näheres → Rdnr. 309 Fn. 30, Rdnr. 320.

[52] Über die unterschiedlichen Fassungen → Fn. 16.

[53] § 16 Abs. 1 mit §§ 12, 14 AVAG → Rdnr. 312ff.
[54] Fassung wie → Fn. 18.
[55] Fassung wie → Fn. 18.
[56] Text des **Luganer Abkommens** → Rdnr. 30. Dazu ausführlich *Egli* RIW 1991, 977.
[57] Auch wenn **nur** der Gläubiger Beschwerde einlegt *EuGH* IPRax 1985; 274[63]; a.m., falls im nationalen Recht wegen Verfahrensfehlern an das LG zurückzuverweisen wäre, *Stürner* aaO 254; zust. *Zöller/Geimer*[18] Rdnr. 29. Zur **Miterledigung materieller Einwendungen** in solchen Fällen → Rdnr. 316 Fn. 46.
[58] → Rdnr. 32 Fn. 20f. Bei Verstößen: Art. 41.
[59] Die unterschiedlichen Fassungen wie → Fn. 16.
[60] Fassung wie → Fn. 18.
[61] §§ 17–19 AVAG → Rdnr. 317ff.

- in Island: ein Rechtsbehelf bei dem »Haestiréttur«;
- in Norwegen: ein Rechtsbehelf (kjaeremal oder anke) bei dem »Hoyesteretts kjaeremalsutvalg« oder dem »Hoyesterett«;
- in Österreich: der Revisionsrekurs;
- in Portugal: ein auf Rechtsfragen beschränkter Rechtsbehelf[62];
- in der Schweiz: die staatsrechtliche Beschwerde beim Bundesgericht/recours de droit public devant le tribunal fédéral/ricorso di diritto pubblico davanti al tribunale federale;
- in Finnland: ein Rechtsbehelf beim »korkein oikeus/högsta domstolen«;
- in Schweden: ein Rechtsbehelf beim »högsta domstolen«;
- im Vereinigten Königreich: ein einziger auf Rechtsfragen beschränkter Rechtsbehelf.

Art. 42 EuGVÜ

42   Ist durch die ausländische Entscheidung über mehrere mit der Klage geltend gemachte Ansprüche erkannt und kann die Entscheidung nicht im vollen Umfang zur Zwangsvollstreckung zugelassen werden, so läßt das Gericht sie für einen oder mehrere dieser Ansprüche zu[63]. Der Antragsteller kann beantragen, daß die Zwangsvollstreckung nur für einen Teil des Gegenstands der Verurteilung[64] zugelassen wird.

Art. 43 EuGVÜ

43   Ausländische Entscheidungen, die auf Zahlung eines Zwangsgelds lauten, sind in dem Vollstreckungsstaat nur vollstreckbar, wenn die Höhe des Zwangsgelds durch die Gerichte des Urteilsstaats[65] endgültig festgesetzt ist[66].

---

[62] Fassung wie → Fn. 18.

[63] → auch Rdnr. 300 (teilweise Anwendung bilateraler Verträge). Abs. 1 erwähnt nur **mehrere** Ansprüche, setzt also deren *Trennbarkeit* voraus (z.B. Hauptleistung, Zinsen, Kosten → § 722 Rdnr. 4); zur Klauselform s. § 8 Abs. 2 AVAG → Rdnr. 308. *Teilbarkeit* **ein und desselben Anspruchs** ist hingegen nur in Abs. 2 miterwähnt. Daraus schließt die h.M., ohne Antrag sei Teilexequatur unzulässig oder nur auf Rechtsbehelf des Schuldners zulässig (so verfuhr OLG Saarbrücken NJW 1988, 3102[15] zu IV 3, was wenigstens im Falle streitiger Teilerfüllung → Rdnr. 313 dem Gläubiger Teilanträge ersparen würde), *Gottwald* (Fn. 14) Rdnr. 2 mwN. Nach h.M. wäre aber z.B. die Klausel in erster Instanz *ganz* zu verweigern, wenn das Gericht entgegen dem Gläubiger meint, einem teilbaren, aber einheitlichen Anspruch fehle teilweise die Bestimmtheit (→ Rdnr. 31 Fn. 10), so daß man dem Gläubiger zuvor nach § 139 Gelegenheit zu einem Teilantrag nach Art. 42 Abs. 2 geben müßte. Um sich aber die Beschwer für Art. 42 zu erhalten, müßte der Gläubiger wiederum für den angeblich unbestimmten Rest einen weiteren Teilantrag stellen. Das EuGVÜ will aber das Exequaturverfahren vereinfachen, nicht erschweren. Daher entspricht es trotz des Wortlauts vertragskonformer Auslegung, wenn in Staaten, die auch sonst eine zivilprozessuale Teilabweisung von Anträgen kennen, ebenso im Falle teilweise fehlender Exequaturvoraussetzungen *schon in erster Instanz* eine **Teilexequatur ohne Antrag** zuzulassen, so daß Abs. 2 nur jene Fälle betrifft, in denen der Gläubiger selbst (vorerst oder endgültig) nur einen Teil des Anspruchs vollstrecken will. Wie hier *Pirrung* DGVZ 1973, 181; für **Deutschland** entspricht der Wortlaut des § 8 Abs. 2 AVAG dieser Ansicht → Rdnr. 308. Auch *BGH* (Fn. 26: Ausführungen zu Art. 34, 42 EuGVÜ) scheint im Falle teilweiser Unbestimmtheit wegen Währungsaufwertung keinen gesonderten Antrag zu verlangen.

[64] Der Regelungsbereich des Abs. 2 hängt von der Auslegung → Fn. 63 ab. Jedenfalls gehört die freiwillige Beschränkung, z.B. wegen unstreitiger Teilerfüllung oder aus Kostengründen, hierher (Vorbild, mit Formulierungsschwächen, war → Rdnr. 131). Grenze: § 308. Wegen mehrerer Schuldner → Rdnr. 32 Fn. 21.

[65] Wie Fn. 42.

[66] Lit. zur Handlungs- u. Unterlassungs-ZV: *J.Gärtner* Probleme der Auslandsvollstreckung usw. (1991); *Remien* Rechtsverwirklichung durch Zwangsgeld (1992); *Schack* (Fn. 26) Rdnr. 976ff.; *Stadler* JZ 1994, 653 (ZV unvertretbarer Handlungen in Frankreich, Großbritannien, Italien, Spanien). – Vorbild war → Rdnr. 126. Beispiel: die **astreinte**. Ungewiß ist, ob auch Zwangsgelder im weitesten Sinne (Ordnungsgelder, Geldstrafen), die dem *Staat* zufließen, gemeint sind, Schlosser-Bericht (Fn. 3) Rdnr. 213; dafür *Remien* aaO 319ff.; *Gottwald* (Fn. 14) Rdnr. 4; dagegen *Geimer/Schütze* (Fn. 1) 128, 1169; zust. *Schack* aaO, der Art. 43 ohnehin für mißraten hält ZZP 106 (1993), 557. **Nicht** unter Art. 43 fallen Entscheidungen, die lediglich eine nicht auf Zahlung lautende **Leistungspflicht** aussprechen, also **ohne** Verurteilung zu Zwangs- oder Ordnungsgeld für den Fall der Nichterfüllung; sie werden mithilfe von Zwangsmitteln nach inländischem ZV-Recht vollstreckt, Schlosser-Bericht aaO Rdnr. 212, *Gottwald* (Fn. 50) 291. Von § 807 unabhängige Offenbarungspflichten über Vermögen (dazu *Gottwald* aaO 291, England) sollte man entsprechend § 889 vollstrecken; da sie jedenfalls nicht auf deutschem Prozeßrecht beruhen u. im Inland daher als materiellrechtliche anzusehen sind, gleich ob man sie dogmatisch als öffentlich-rechtlich einstufen würde.

Art. 44 EuGVÜ[67]

Ist dem Antragsteller in dem Staat, in dem die Entscheidung ergangen ist *(im Ursprungsstaat)*, ganz oder teilweise[68] das Armenrecht *(Prozeßkostenhilfe)* oder Kosten- und Gebührenbefreiung gewährt worden, so genießt er in dem Verfahren nach den Artikeln 32 bis 35 hinsichtlich des Armenrechts oder *(der Prozeßkostenhilfe und)* der Kosten- und Gebührenbefreiung die günstigste Behandlung, die das Recht des Vollstreckungsstaats vorsieht[69].

Der Antragsteller, welcher die Vollstreckung einer Entscheidung einer Verwaltungsbehörde begehrt, die in Dänemark *(oder in Island)* in Unterhaltssachen ergangen ist, kann im Vollstreckungsstaat Anspruch auf die in Absatz 1 genannten Vorteile erheben, wenn er eine Erklärung des dänischen *(oder des isländischen)* Justizministeriums darüber vorlegt, daß er die wirtschaftlichen Voraussetzungen für die vollständige oder teilweise Bewilligung des Armenrechts *(der Prozeßkostenhilfe)* oder für die Kosten- und Gebührenbefreiung erfüllt.

Art. 45 EuGVÜ

Der Partei, die in einem Vertragsstaat eine in einem anderen Vertragsstaat ergangene Entscheidung vollstrecken will, darf wegen ihrer Eigenschaft als Ausländer oder wegen Fehlens eines inländischen Wohnsitzes oder Aufenthalts eine Sicherheitsleistung oder Hinterlegung, unter welcher Bezeichnung es auch sei, nicht auferlegt werden[70].

3. Abschnitt – *Gemeinsame Vorschriften*

Art. 46 EuGVÜ

Die Partei, welche die Anerkennung einer Entscheidung geltend macht oder die Zwangsvollstreckung betreiben will, hat vorzulegen:

1. – Eine Ausfertigung[71] der Entscheidung, welche die für ihre Beweiskraft erforderlichen Voraussetzungen erfüllt[72].

2. – bei einer im Versäumnisverfahren[73] ergangenen Entscheidung die Urschrift oder eine beglaubigte Abschrift der Urkunde, aus der sich ergibt, daß das den Rechtsstreit einleitende[74] Schriftstück oder ein gleichwertiges Schriftstück[75] der säumigen Partei zugestellt worden ist[76].

---

[67] Zur Fassung → Fn. 16.
[68] Dann trotzdem volle Kostenhilfe für Art. 31 ff., Schlosser-Bericht (Fn. 3) Rdnr. 223.
[69] Es genügt Nachweis gemäß Art. 47 Nr. 2, ohne Prüfung, ob die Voraussetzungen vorlagen oder noch vorliegen, allg. M. Erst für die ZV muß Prozeßkostenhilfe besonders nachgesucht werden, *Bülow* (Fn. 26) 507 Fn. 113; *Gottwald* (Fn. 14) Rdnr. 7; insoweit günstiger → Rdnr. 134.
[70] §§ 110 ff. daher im Exequaturverfahren unanwendbar. Sicherheitsleistungen aus anderen Gründen bleiben unberührt, z.B. Art. 38 Abs. 3, allg. M. .
[71] Nach § 3 Abs. 4 AVAG nebst zwei Abschriften → Rdnr. 303. Sie muß nicht bei den Akten verbleiben *EuGH* JZ 1979, 815 = NJW 527 f. → dazu Rdnr. 307 Fn. 20.
[72] Für ZV im Ausland → Rdnr. 332.
[73] Wegen § 700 auch Mahnverfahren (Zustellung des Mahnbescheids) *Kropholler* (Fn. 1) Art. 14 Rdnr. 24. Kostenfestsetzungsverfahren nur, wenn sie nicht auf streitigem Hauptverfahren beruhen *Gottwald* (Fn. 14) Rdnr. 4.
[74] Nicht spätere Schriftstücke *BGH* NJW-RR 1987, 377 = IPrax 236 (krit. *Grunsky*: auch Klageerweiterung gehört dazu).
[75] Einfügung durch Beitrittsabkommen von 1978. Vgl. auch *OLG Frankfurt* MDR 1978, 942 (Italien; aus Schreiben des Beklagten ergab sich, daß er sich hätte rechtzeitig verteidigen können). Unwirksame Zustellungen begründen aber trotz Zeugnisses gemäß Art. 6 HZÜ nicht Zugangsvermutung *BGH* NJW 1993, 2688 f. Unterlassung eines Rechtsbehelfs gegen Versäumnisurteile heilt nicht unwirksame Zustellung des verfahrenseinleitenden Schriftstücks *EuGH* EuZW 1993, 39, *BGH* aaO.
[76] Zustellungsurkunde oder Zustellungszeugnis des Rpfl genügt *OLG Köln* NJW-RR 1990, 127, OLGZ 1993, 68. Im Vereinigten Königreich verlangt R.S.C. Order 71, r.28 ein affidavit. Zustellung **ohne** Übersetzung ist nur ordnungsgemäß, wenn sie durch Übergabe an den Empfänger persönlich geschieht, weil er die Annahme ablehnen kann *BGH* NJW 1991, 641; *OLG Koblenz* EuZW 1991, 157 (158). Zu Mängeln u. deren Heilung *OLG Düsseldorf* FamRZ 1993, 586 mwN; *Stürner* Beiträge zum Internationalen Verfahrensrecht usw. (1987) 446.

Art. 47 EuGVÜ

47 Die Partei, welche die Zwangsvollstreckung betreiben will, hat ferner vorzulegen:
1. – die Urkunden, aus denen sich ergibt, daß die Entscheidung nach dem Recht des Urteilsstaats *(Ursprungsstaats)* vollstreckbar ist[77] und daß sie zugestellt[78] worden ist;
2. – gegebenenfalls eine Urkunde, durch die nachgewiesen wird, daß der Antragsteller das Armenrecht im Urteilsstaat genießt *(Prozeßkostenhilfe im Ursprungsstaat erhält)*[79].

Art. 48 EuGVÜ

48 Werden die in Artikel 46 Nr. 2 und in Artikel 47 Nr. 2 angeführten Urkunden nicht vorgelegt, so kann[80] das Gericht eine Frist bestimmen, innerhalb deren die Urkunden vorzulegen sind, oder sich mit gleichwertigen Urkunden begnügen oder von der Vorlage der Urkunden befreien, wenn es eine weitere Klärung nicht für erforderlich hält[81]. Auf Verlangen des Gerichts[82] ist eine Übersetzung der Urkunden vorzulegen; die Übersetzung ist von einer hierzu in einem der Vertragsstaaten befugten Person zu beglaubigen.

Art. 49 EuGVÜ

49 Die in den Artikeln 46, 47 und in Artikel 48 Absatz 2 angeführten Urkunden sowie die Urkunde über die Prozeßvollmacht[83], falls eine solche erteilt wird, bedürfen weder der Legalisation noch einer ähnlichen Förmlichkeit.

Titel IV Öffentliche Urkunden und Prozeßvergleiche

Art. 50 EuGVÜ

50 Öffentliche Urkunden, die in einem Vertragsstaat aufgenommen[84] und vollstreckbar sind[85], werden in einem anderen Vertragsstaat auf Antrag in den Verfahren nach den Artikeln 31 ff. für vollstreckbar erklärt[86]. Der Antrag kann nur abgelehnt werden, wenn die Zwangsvollstreckung aus der Urkunde der öffentlichen Ordnung des Vollstreckungsstaats widersprechen würde.

---

[77] Beweisurkunden müssen nicht öffentliche sein, s. auch *OLG München* FamRZ 1992, 1213f. zu Art. 7 EuSorgÜ; notfalls entspr.Anw. des Art. 48, *Gottwald* (Fn. 14) Art. 48 Rdnr. 2, ferner §§ 139, 142, h. M. → auch Rdnr. 305 f.

[78] Nur die zu vollstreckende Entscheidung, nicht auch bestätigende Urteile *EuGH* (Fn. 71). Nachreichung der Urkunde im Beschwerdeverfahren genügt *OLG Koblenz* EuZW 1991, 157 (158). → Bem. zu §199. Da das EuGVÜ nur der **Erleichterung** der ZV dienen soll, kann der Zustellungsnachweis nach deutschem Verfahrensrecht auch durch andere als die gemäß §§ 190f., 198, 212a, 213a vorgesehenen Nachweise geführt werden, z. B. nach § 432 *BGHZ* 65, 296 = NJW 1976, 478. Ausnahmen sieht das EuGVÜ nicht vor. Ob Art u. Form der Zustellung genügen, richtet sich mangels abweichender staatsvertraglicher Regelung nach dem Recht des Empfängerstaats *LG Berlin* NJW 1989, 1334 f. Zur Zustellung französischer Urteile an nicht in Frankreich wohnende Partei *OLGe Frankfurt* MDR 1978, 942; *Oldenburg* IPrax 1992, 169 = NJW 3113 (L).

[79] Text des Dritten Beitrittsabkommens u. des **Luganer Abkommens** → Rdnr. 30. → dazu Rdnr. 44.

[80] Das Fehlen solcher Urkunden ist von Amts wegen zu berücksichtigen *OLG Koblenz* (Fn. 78) mwN; für Ermessen ist daher nur insoweit Raum, als entweder der Antrag zurückgewiesen oder nach Art. 48 verfahren wird, was auch noch im Beschwerdeverfahren zulässig ist *OLG Koblenz* aaO.

[81] Z.B. Beiziehung von Akten, Zustellungsvorgängen *OLG Koblenz* (Fn. 78). → auch Rdnr. 306 zu den Fällen § 751 Abs. 2, §§ 726 ff.

[82] → Rdnr. 303 (§ 3 Abs. 2 AVAG).

[83] Entsprechend für *gesetzliche* Vertretung, *Gottwald* (Fn. 14) Rdnr. 2 mwN.

[84] Nach Art. 54 muß die Aufnahme stattgefunden haben 1.) im Verhältnis zu den Mitgliedsstaaten des EuGVÜ von 1968 **nach** dem 1.II. 1973, 2.) im Verhältnis zu den neuen Mitgliedsstaaten nach dem jeweiligen Inkrafttreten → § 328 Rdnr. 567 ff.

[85] Dazu *Wolfsteiner* Die vollstreckbare Urkunde (1978) Rdnr. 82.3, 16. Für die Vollstreckbarkeit ist das Recht des Vertragsstaats maßgeblich, in dem die Urkunde aufgenommen wurde; Übersicht bei *Geimer/Schütze* (Fn. 1) § 173 II 3. Nur Ansprüche i. S. d. § 1 Abs. 1. Hierher gehören auch vollstreckbare Vergleiche, die nicht vor einem Gericht (arg. Art. 51) geschlossen wurden, z.B. § 797a *Kropholler* (Fn. 1) Rdnr. 1 (fraglich für § 1044b, abl. *Gottwald* (Fn. 14) Rdnr. 9). Anerkennung unnötig, s. aber Abs. 1 S. 2.

[86] Fassung 1968: »... mit der Vollstreckungsklausel versehen.« Zum Verfahren s. insbesondere § 8 Abs. 3, § 13 Abs. 2, § 29 Abs. 1 AVAG; wegen § 15 AVAG → Rdnr. 315 Fn. 44.

Die vorgelegte Urkunde muß die Voraussetzungen für ihre Beweiskraft erfüllen, die in dem Staate, in dem sie aufgenommen wurde, erforderlich sind.

Die Vorschriften des 3. Abschnitts des Titels III sind sinngemäß anzuwenden[87].

Art. 51 EuGVÜ

51 Vergleiche, die vor einem Richter[88] im Laufe eines Verfahrens abgeschlossen und in dem Staat, in dem sie errichtet wurden, vollstreckbar sind, werden in dem Vollstreckungsstaat unter denselben Bedingungen wie öffentliche Urkunden vollstreckt[89].

B. Bilaterale Abkommen

52 **Vorbemerkung:** Das Verhältnis bilateraler Abkommen zwischen einzelnen Vertragsstaaten und dem EuGVÜ ist in den Art. 54–59 EuGVÜ geregelt, → Einl.(20. Aufl.) Rdnr. 901 ff. Danach bleiben auch die bilateralen Abkommen unter den Vertragsstaaten in Kraft,

a) soweit die von ihnen erfaßten Rechtsgebiete nicht unter das EuGVÜ fallen[90], namentlich die in **Art. 1 Abs. 2** genannten Streitigkeiten, s. Art. 56 Abs. 1 EuGVÜ;

b) wenn die Vollstreckbarerklärung von Entscheidungen oder öffentlichen Urkunden in Frage steht, die **vor** dem Inkrafttreten (1. II. 1973 Belgien, Deutschland, Frankreich, Italien, Luxemburg, Niederlande, 1. XI. 1986 Dänemark, 1. I. 1986 Großbritannien, 1. VI. 1988 Irland) ergangen bzw. aufgenommen worden sind, s. Art. 56 Abs. 2[91].

Die bilateralen Abkommen sind in der **Reihenfolge ihrer Entstehung** abgedruckt, damit die Entwicklung dieses Rechtsbereichs leichter verfolgt werden kann. Die jeweiligen Vorschriften über **Schiedssprüche und -vergleiche** sind meist nur vorbehaltlich → Anh. § 1044 anwendbar. → auch Rdnr. 300 zum getrennten Exequatur, falls das AVAG nur für einen Teil der Ansprüche anwendbar ist. Die Bem. → Rdnr. 53 ff. enthalten Hinweise für die Rechtsverfolgung im Ausland, die auch für die Anwendung multilateraler Abkommen dienlich sind. Wegen der zugehörigen **deutschen AusfG** → Rdnr. 362 ff.

I. Das deutsch-schweizerische Vollstreckungsabkommen vom 2. XI. 1929 (RGBl. 1930 II 1066)

53 Das Abkommen[1] ist in Kraft seit 1. XII. 1930 (RGBl. II 1270). Wegen der neuen Bundesländer → § 722 Rdnr. 2a, 9. Es wird im Bereich des **Luganer Abkommens**[2] nach dessen Art. 55 (vorbehaltlich Art. 56) durch dieses ersetzt. Entsprechendes gilt für deutsche Titel ab 1.IV.1987 für den Bereich des **HaagÜ 1973** → Rdnr. 19. Über die Rechtsentwicklung bis zum Abkommen s. 18. Aufl. Anhang II zu § 723. Es betrifft Entscheidungen über vermögensrechtliche (Art. 1, nicht Arreste und einstweilige Verfügungen) und nichtvermögensrechtliche (Art. 3) Ansprüche, gerichtliche Vergleiche (Art. 8) und Schiedssprüche (Art. 9). Kostenentscheidungen werden nach Art. 18, 19 des HaagÜ 1954 vollstreckt → § 328 Rdnr. 532 f. Zur **AusfVO** → Rdnr. 362 ff.

---

[87] Art. 46–49. Abs. 2, 3 fehlen im Dritten Beitrittsübereinkommen 1989.

[88] Der Rpfl. ist »Gericht«, nicht »Richter«. Gleichstellung ist aber wohl vertretbar, soweit er richterliche Aufgaben im Laufe eines Verfahrens wahrnimmt i. S. d. Art. 51, so in § 118 Abs. 1 S. 3; dafür *Gottwald* (Fn. 14) Rdnr. 1, dagegen *Bülow/Böckstiegel/Schlafen* Anm. 2 (Anwendung des Art. 50); aber dann würde Art. 51 hinter allen früheren Abkommen zurückbleiben, die statt »Richter« die Begriffe »Gericht« oder »gerichtlich« wählten → Rdnr. 56, 78, 90, 114, 135, 149.

[89] Das → Fn. 85 ff. Ausgeführte gilt sinngemäß.

[90] Auch dann, wenn eine Entscheidung zwar nicht i. S. d. EuGVÜ, wohl aber i. S. eines bilateralen Abkommens in einer »Zivil- oder Handelssache« ergangen ist, *EuGH NJW 1978, 483 (Geimer)* auf Vorlagebeschluß des *BGH WM 1977, 88*); ferner *BGH NJW 1978, 1113; LG Dortmund NJW 1977, 2035.* Lit. → Fn. 91.

[91] Lit.: *Cramer-Frank* Auslegung u. Qualifikation bilateraler Anerkennungs- u. Vollstreckungsverträge mit Nicht-EG-Staaten (1987); über das Verhältnis des EuGVÜ zu den Abkommen mit Belgien, Italien u. den Niederlanden *Schütze* AWD 1974, 428 ff.

[1] Lit.: → die Komm. zum IZPR Rdnr. 1 Fn. 1, §722 Fn. 1; Denkschrift RT-Drucks. IV 2236/1928; *Baumgart* LZ 1931, 74; *David/Maier* Vollstreckung usw. (1970); *Egli* RIW 1991, 977 (ausführlich); *Guldener* Das IZPR der Schweiz (1951) 129 ff.; *Hauser/Tobler* JR 1987, 353; *Jonas* u. *Meyer-Wild* JW 1930, 3284; *Kallmann* → § 722 Fn. 1; *H.Kaufmann* ZBJV 112 (1976) 361; *Levis* ZschweizR 1937, 35; *Petitpierre* in Denkschrift der schweiz. Vereinigung für internationales Recht Nr. 31 (Zürich 1931); *Probst* Die Vollstreckung usw. (1936); *Vogel* Schweiz. JZ 1933/1934, 129 ff.; *Vortisch* AWD 1963, 75, 105; *Walder/Bohner* Einführung in das IZPR der Schweiz (1989).

[2] → Rdnr. 30.

Art. 6 Deutsch-schweizerisches Abkommen

54 (1) Die Entscheidungen der Gerichte des einen Staates, die nach den vorstehenden Bestimmungen im Gebiete des anderen Staates anzuerkennen sind[3], werden auf Antrag einer Partei von der zuständigen Behörde dieses Staates für vollstreckbar erklärt[4]. Vor der Entscheidung ist der Gegner zu hören[5]. Die Vollstreckbarerklärung hat in einem möglichst einfachen und schleunigen Verfahren zu erfolgen[6].

(2) Die Vollziehung der für vollstreckbar erklärten Entscheidung bestimmt sich nach dem Rechte des Staates, in dem die Vollstreckung beantragt wird[7].

Art. 7 Deutsch-schweizerisches Abkommen

55 (1) Die Partei, die für eine Entscheidung die Vollstreckbarerklärung nachsucht, hat beizubringen:
1. eine vollständige Ausfertigung der Entscheidung; die Rechtskraft der Entscheidung ist, soweit sie sich nicht schon aus der Ausfertigung ergibt, durch öffentliche Urkunden nachzuweisen[8];
2. die Urschrift oder eine beglaubigte Abschrift der Urkunden, aus denen sich die der Vorschrift des Artikel 4 Abs. 3 entsprechende Ladung der nichterschienenen Partei ergibt[9].

(2) Auf Verlangen der Behörde, bei der die Vollstreckbarerklärung beantragt wird, ist eine Übersetzung der im Abs. 1 bezeichneten Urkunden in die amtliche Sprache dieser Behörde beizubringen. Diese Übersetzung muß von einem diplomatischen oder konsularischen Vertreter oder einem beeidigten Dolmetscher eines der beiden Staaten als richtig bescheinigt sein.

Art. 8 Deutsch-schweizerisches Abkommen

56 Die in einem gerichtlichen Güteverfahren (Sühneverfahren) oder nach Erhebung der Klage vor einem bürgerlichen Gericht abgeschlossenen oder von einem solchen bestätigten Vergleiche[10] stehen, vorbe-

---

[3] Über Voraussetzungen der Anerkennung → § 328 (20. Aufl.) Rdnr. 718ff. Zum Günstigkeitsprinzip im Hinblick auf Art. 23–32 IPRG (bedeutsam f. vermögensrechtliche einstweilige Verfügungen) *Egli* (Fn. 1) 980f. Nicht **Konkursverlustschein** nach Art. 265 SchKG *OLG Stuttgart* IPrax 1990, 233 (*Ackmann* aaO 209); er begründet aber für im schweizerischen Konkurs *angemeldete* Ansprüche Unverjährbarkeit (Art. 149 Abs. 5 SchKG) sowie im Inland nach Art. 265 Abs. 2 SchKG die Einrede fehlenden neuen Vermögens, die gegenüber Leistungsklagen nach § 767, gegenüber Anträgen auf Vollstreckbarerklärung wie → § 723 Rdnr. 3 geltenzumachen ist *BGH* NJW 1993, 2315 = ZIP 1094. Soweit die Klage deshalb als unbegründet abgewiesen wird, hindert dies nicht neue Klage aufgrund späteren Vermögenserwerbs, u. falls ihr stattgegeben wird, kann nachträglicher Wegfall des neuen Vermögens nach § 767 geltendgemacht werden *BGH* aaO. Versäumnisurteile bedürfen keiner Entscheidungsgründe. Wegen Titeln aus der ehemaligen DDR → § 722 Rdnr. 2a, 9a.

[4] Zum **deutschen** Verfahren → Rdnr. 362ff. – Zum **schweizerischen** Verfahren s. *Egli* (Fn. 1: Für **Titel auf Zahlung oder Sicherheitsleistung** gilt Art. 81 Abs. 3 SchKG (nach Art. 28 IPRG haben aber seit 1.1.1989 die Kantone nach Bundesrecht ein besonderes Exequaturverfahren zuzulassen, wenn der an sich leistungsbereite Schuldner nur die Vollstreckbarkeit bestreitet, *Egli* (Fn. 1) 978). Daß die im Rechtseröffnungsverfahren ergehenden Entscheidungen als »Vollstreckbarerklärung« i. S. d. Abkommens anzusehen sind, ist im schweizerischen Sitzungsprotokoll zu Art. 6, 7 festgestellt. Verzeichnis der zuständigen Rechtsöffnungsrichter in Bundesanzeiger 1952 Nr. 208 S. 1. Der Gläubiger soll nach Art. 67 Abs. 3 SchKG grundsätzlich den Betrag in sfr angeben, falls der Titel den Umrechnungskurs nicht nennt *BGE* 94 (1968) III 76; er ist dann für diesen Titel endgültig maßgeblich, ohne aber Nachforderungen wegen Kursän-

derungen auszuschließen *BEG* 72 (1946) III 100. Für **andere** als Geldtitel s. Art. 28f. IPRG von 1987 (SR 291) u. die kantonalen Rechte, z. B. § 302 Abs. 2 ZPO-Zürich; Übersicht *Walder/Bohner* ZPR (1983) XXVff. mit Supplement (1991), 3 für die neueren kantonalen Zivilprozeßordnungen u. *Vogel* Grundriß des ZPR[2] Rdnr. 1 S. 330. Zur Wirkung der Vollstreckbarerklärung → § 722 Rdnr. 3, 23.

[5] Wegen seiner hier möglichen Einwendungen → Rdnr. 365 Fn. 5; in der **Schweiz** Art. 81 Abs. 3 SchKG.

[6] → Fn. 4.

[7] Zur ZV in der Schweiz *Fritzsche/Walder* Schuldbetreibung usw.[3]; *Guldener* Schweizerisches ZPR (Zürich 1964); *Burghardt* DGVZ 1977, 177. Nicht auf Geld oder Sicherheitsleistung gerichtete Titel werden nach kantonalem Recht vollstreckt, → dazu Fn. 4 a. E.

[8] Originale Unterschriften u. Dienststempel genügen für schweizerische Titel auch ohne wörtlichen Ausfertigungsvermerk *OLG Stuttgart* DAVorm 1990, 715. In der Schweiz genügt Ausfertigung von Versäumnisurteilen auch ohne Gründe nach § 317 Abs. 4 *BEG* 103 (1976) I a 199. Der Eintritt der **Rechtskraft** richtet sich nach dem Recht des Ursprungsstaats, weshalb völkerrechtswidrige Zustellung deutscher (mit Versäumnis-) Urteile durch Aufgabe zur Post die Vollstreckbarkeit in der Schweiz nicht hindert *BGE* 102 I b 308; *Egli* (Fn. 1) 983.

[9] Bei Vollstreckungsbescheiden sind Mahnbescheide der Ladung gleichzusetzen *Egli* (Fn. 1) 982. Nicht ersetzbar durch andere Beweise *BEG* 102 (1976) I a 311. Urkunden ohne Legalisation → dazu § 438 Rdnr. 13f.

[10] S. zum »bestätigten« Vergleich *BGH* NJW 1986, 1440 (1442). Dies gilt nicht für die Vergleiche vor Gütestellen → § 794 Rdnr. 45, da es am »gerichtlichen« Verfahren fehlt; wohl aber für Vergleiche über vermögensrechtliche Ansprüche in nichtvermögensrechtlichen Streitigkeiten. Vollstreckbare Urkunden sind nicht erfaßt.

haltlich der Bestimmung des Artikels 4 Abs. 1, hinsichtlich ihrer Vollstreckbarkeit anzuerkennenden gerichtlichen Entscheidungen im Sinne der Artikel 6 und 7 gleich[11].

Art. 9 Deutsch-schweizerisches Abkommen

(1) Hinsichtlich der Anerkennung und Vollstreckung von Schiedssprüchen gilt im Verhältnis zwischen den beiden Staaten *das in Genf zur Zeichnung aufgelegte Abkommen zur Vollstreckung ausländischer Schiedssprüche vom 26. September 1927 mit der Maßgabe, daß es ohne Rücksicht auf die im Artikel 1 Abs. 1 daselbst enthaltenen Beschränkungen auf alle in einem der beiden Staaten ergangenen Schiedssprüche Anwendung findet*[12].

(2) Zum Nachweis, daß der Schiedsspruch eine endgültige Entscheidung[13] im Sinne des Artikel 1 Abs. 2 lit. d des vorbezeichneten Abkommens darstellt, genügt in Deutschland eine Bescheinigung der Geschäftsstelle des Gerichts, bei dem der Schiedsspruch niedergelegt ist, in der Schweiz eine Bescheinigung der zuständigen Behörde des Kantons, in dem der Schiedsspruch ergangen ist.

(3) Vor einem Schiedsgericht abgeschlossene Vergleiche werden in derselben Weise wie Schiedssprüche vollstreckt[14].

II. Das deutsch-italienische Vollstreckungsabkommen vom 9. III. 1936 (RGBl. 1937 II 145)

Das Abkommen[1] ist in Kraft seit dem 19. VI. 1937 (RGBl. II 145, BGBl. 1952 II 986), hat aber nur noch Bedeutung für die in Art. 2 Nr. 6, Art. 3, 8 genannten Titel → Rdnr. 52. Es ähnelt dem Abkommen → Rdnr. 53; Unterschiede betreffen vor allem die Frage der Anerkennung[2], im übrigen sind sie in den folgenden Bem. hervorgehoben. Wegen der neuen Bundesländer → § 722 Rdnr. 2a, 9. Zur **AusfVO** → Rdnr. 366 ff.[3]

Art. 6 Deutsch-italienisches Abkommen

Die in dem einen Staate ergangenen gerichtlichen Entscheidungen, die nach Maßgabe der vorstehenden Bestimmungen in dem anderen Staate anerkannt werden, werden dort auch vollstreckt[4], vorausgesetzt, daß sie in dem Staate, in dem sie ergangen sind, vollstreckbar sind[5].

Art. 7 Deutsch-italienisches Abkommen

Die Partei, die die Entscheidung geltend macht[6], hat beizubringen:
1. eine Ausfertigung der Entscheidung, die die für ihre Beweiskraft erforderlichen Voraussetzungen erfüllt[7];
2. die Urkunden, die dartun, daß die Entscheidung in dem Staat, in dem sie gefällt wurde, rechtskräftig ist und, gegebenenfalls, daß sie vollstreckbar ist[8];
3. die Urschrift oder eine beglaubigte Abschrift der Urkunden, aus denen sich ergibt, daß die den

---

[11] Die Vollstreckbarerklärung setzt hier nicht voraus, daß das gerichtliche Verfahren den Zuständigkeitserfordernissen der Art. 1, 2 genügt. Die Wirksamkeit des Vergleichs bestimmt sich nach dem Recht des Ursprungsstaates. Ist er wirksam, so kann die Anerkennung nicht nach Art. 4 Abs. 1 versagt werden; dies bestimmt sich nicht nach den für gerichtliche Entscheidungen, sondern nach den für Verträge geltenden Normen. Im einzelnen → § 1044a Rdnr. 13.

[12] Gemäß Art. VII Abs. 2 des **UNÜ vom 10. VI. 1958** (→ Anh. § 1044 Rdnr. 1) ersetzt dieses das Genfer Abkommen von 1927, für die BRD seit 28. IX. 1961 (Bek. vom 23. II. 1962 BGBl. II 102), für die *Schweiz* seit 30. VIII. 1965 (BGBl. 65 II 1436).

[13] S. aber jetzt Art. V Abs. 1e u. VII Abs. 2 des → Fn. 12 genannten Abkommens, → Anh. § 1044 Rdnr. 54, 78 ff., 88.

[14] → Fn. 12 mit § 1044.

[1] Lit.: *Jonas* DJ 1937, 888; *Kallmann* Anerkennung usw. (Basel 1946); *Luther* Das deutsch-italienische Vollstreckungsabkommen usw. in Heft 1 der Schriftenreihe der Vereinigung für den Gedankenaustausch zwischen deutschen und italienischen Juristen (1966), 9 ff.; *Schütze* BB Beil. 6/1965 (zu Heft 25/65); *ders.* Anerkennung usw. (1973) 61 ff.; *Christanelli* Beitreibung usw. in Italien (1991); *Wastl* Die Vollstreckung deutscher Titel auf der Grundlage des EuGVÜ in Italien, Diss. München 1991; Komm. zum IZPR → Rdnr. 1 Fn. 1.

[2] Art. 1–5 → § 328 Rdnr. 648 ff.

[3] Hierzu insbesondere *Grunsky* RIW/AWD 1977, 1 ff.

[4] Die ZV richtet sich nach dem Recht des Vollstreckungsstaats.

[5] Für Schiedssprüche → Rdnr. 77 Fn. 20..

[6] Zur Berechtigung → Rdnr. 31 Fn. 13.

[7] Zur Form → Rdnr. 55 Fn. 8.

[8] Für deutsche Titel → §§ 724 ff., 795 ff.

Rechtsstreit einleitende[9] Ladung oder Verfügung der Partei, die sich auf den Rechtsstreit nicht eingelassen hatte, entsprechend der Vorschrift des Artikels 4 Abs. 3 zugestellt ist;

4. eine Übersetzung der vorerwähnten Urkunden; die Übersetzung muß von einem diplomatischen oder konsularischen Vertreter oder von einem beeidigten Dolmetscher eines der beiden Staaten als richtig bescheinigt sein[10].

Art. 8 Deutsch-italienisches Abkommen

61 (1) Hinsichtlich der Anerkennung und Vollstreckung von Schiedssprüchen gilt im Verhältnis zwischen beiden Staaten *das in Genf zur Zeichnung aufgelegte Abkommen zur Vollstreckung ausländischer Schiedssprüche vom 26. September 1927*[11] mit der Maßgabe, daß es ohne Rücksicht auf die im Artikel 1 Abs. 1 daselbst enthaltenen Beschränkungen auf alle in einem der beiden Staaten ergangenen Schiedssprüche Anwendung findet.

(2) Zum Nachweis, daß der Schiedsspruch eine endgültige Entscheidung *des Artikels 1 Abs. 2 lit d des vorbezeichneten Abkommens darstellt*[12], genügt eine Bescheinigung der zuständigen Behörden; die Zuständigkeit dieser Behörden ist durch das Justizministerium ihres Staates zu bestätigen.

(3) Vor einem Schiedsgericht abgeschlossene Vergleiche stehen hinsichtlich ihrer Vollstreckbarkeit Schiedssprüchen gleich.

Art. 9 Deutsch-italienisches Abkommen

62 Vergleiche, die vor dem Gericht[13] eines der beiden Staaten abgeschlossen sind und dort vollstreckbar sind, werden ebenso wie gerichtliche Entscheidungen behandelt, ohne daß es einer Prüfung der Zuständigkeit des Gerichts bedarf.

Art. 10 Deutsch-italienisches Abkommen

63 Der in dem einen der beiden Staaten zum Armenrecht zugelassenen Partei ist im anderen Staate in dem Verfahren, in dem sie die Anerkennung oder Vollstreckbarerklärung der zu ihren Gunsten ergangenen Entscheidung nachsucht, ebenfalls das Armenrecht zu bewilligen[14].

Art. 11 Deutsch-italienisches Abkommen

64 Die Gerichte jedes der beiden Staaten haben auf Antrag einer Partei die Entscheidung über Ansprüche abzulehnen, wegen deren vor einem nach diesem Abkommen zuständigen[15] Gericht des anderen Staates bereits ein Verfahren anhängig ist.

Art. 12 Deutsch-italienisches Abkommen

65 Auf Arreste und andere einstweilige Verfügungen, auf die in einem Strafverfahren ergangenen Entscheidungen über privatrechtliche Ansprüche und auf Entscheidungen, die in einem Konkursverfahren oder in einem Vergleichsverfahren zur Abwendung des Konkurses ergangen sind, findet das Abkommen keine Anwendung.

Art. 14 Deutsch-italienisches Abkommen

66 Die Vereinbarungen, die für besondere Rechtsgebiete über die Anerkennung und Vollstreckung von Entscheidungen zwischen beiden Staaten getroffen sind, werden durch dieses Abkommen nicht berührt.

---

[9] → dazu Rdnr. 46 Fn. 74.
[10] Überholt, → § 438 Rdnr. 13 f.
[11] Seit 1.V. 1969 wie → Rdnr. 57 Fn. 12 f. auch für Italien (BGBl. II 1019).
[12] → Fn. 11.
[13] → Rdnr. 56 Fn. 10.
[14] Jetzt § 117 ff.
[15] Gemeint ist die Zuständigkeit irgendeines Gerichts des anderen Staates.

Art. 15 Deutsch-italienisches Abkommen

Die im Artikel 18 Abs. 1 und 2 des Haager Abkommens über den Zivilprozeß vom 17. Juli 1905 genannten[16] Kostenentscheidungen, die in einem der beiden Staaten ergangen sind, werden im Gebiete des anderen Staates auch auf unmittelbaren Antrag einer Partei kostenlos für vollstreckbar erklärt[17]. **67**

Art. 16 Deutsch-italienisches Abkommen

Vorbehaltlich der Vorschriften der Artikel 3 und 4 sind die Bestimmungen dieses Abkommens ohne Rücksicht auf die Staatsangehörigkeit der Parteien anzuwenden. **68**

III. Das deutsch-belgische Abkommen vom 30. VI. 1958 (BGBl. 1959 II 766)

Das Abkommen[1] ist seit 27. I. 1961 in Kraft (BGBl. II 2408); wegen der neuen Bundesländer → § 722 Rdnr. 2a, 9. Über den sachlichen Anwendungsbereich → § 328 Rdnr. 581–585 (20. Aufl.). Wegen seines Verhältnisses zum EuGVÜ → Rdnr. 52, insbesondere Fn. 90 (EuGH). Zum **AusfG** → Rdnr. 370 ff. **69**

Art. 6 Deutsch-belgisches Abkommen

(1) Gerichtliche Entscheidungen[2], die in dem Hoheitsgebiet des einen Staates vollstreckbar[3] und in dem Hoheitsgebiet des anderen Staates nach Maßgabe dieses Abkommens anzuerkennen sind, werden in dem Hoheitsgebiet dieses Staates vollstreckt, wenn sie zuvor für vollstreckbar erklärt worden sind[4]. **70**

(2) Solche Entscheidungen werden in dem Hoheitsgebiet des anderen Staates auch dann für vollstreckbar erklärt, wenn sie in dem Staate, in dessen Hoheitsgebiet sie ergangen sind, noch mit einem ordentlichen Rechtsbehelf[5] angefochten werden können.

Art. 7 Deutsch-belgisches Abkommen

Das Verfahren der Vollstreckbarerklärung richtet sich nach dem Recht des Staates[6], in dessen Hoheitsgebiet der Antrag gestellt wird. **71**

Art. 8 Deutsch-belgisches Abkommen

Die Vollstreckbarerklärung kann bei dem zuständigen Gericht jeder beantragen, der in dem Staate, in dessen Hoheitsgebiet die Entscheidung ergangen ist, Rechte aus ihr herleiten kann[7]. **72**

---

[16] Seit 12. IV. 1957 (Bek. v. 2. XII. 1959 BGBl. II 1388) gilt das HaagÜ 1954 → § 328 Rdnr. 507.

[17] Zweifelhaft ist, ob andere Kostenbeschlüsse dem Abkommen unterfallen, vgl. *Luther* (Fn. 1) 13 f. Fn. 16.

[1] Lit.: BT-Drucks. III Nr. 919; *Beck* Die Anerkennung und Vollstreckung usw. (Belgien, Österreich, Großbritannien und Griechenland), Diss. Saarbrücken 1969; *Geimer/Schütze* Internationale Urteilsanerkennung (1971) 251 ff.; *Harries* RabelsZ 26 (1961) 629 ff.; *Matscher* ZZP 86 (1973) 404 ff. (429–437); Komm. zum IZPR → Rdnr. 1 Fn. 1.

[2] Art. 1–5 → § 328 Rdnr. 581–585 (20. Aufl.).

[3] Vorläufige Vollstreckbarkeit (force exécutoire provisoire) reicht aus. Wegen Titeln aus der ehemaligen DDR → § 722 a Rdnr. 2 a, zur ZV in den neuen Bundesländern → § 722 Rdnr. 9 a.

[4] Ergänzt wird Art. 6 durch Art. 12.

[5] Berufung, Beschwerde, Revision, Appel, **nicht** die außerordentlichen tierce opposition, requete civile und pourvoi en cassation, §§ 323 f., 578 ff. oder Rechtsbehelfe ohne Devolutiveffekt, weshalb anfechtbare Versäumnisurteile und Vollstreckungsbescheide ausscheiden *Geimer/Schütze* (Fn. 1) 296. Das Gericht hat nicht zu prüfen, ob der ausländische Rechtsbehelf zulässig ist, *Harries* (Fn. 1) 660.

[6] Wegen des **deutschen** Verfahrens → Rdnr. 370 ff. In **Belgien** gelten die allgemeinen Bestimmungen, insbesondere Art. 570, 635 Nr. 7 Code judiciaire. Jedoch ist gegen die Entscheidung nicht opposition, sondern binnen 28 Tagen nach Verkündung, bei Versäumnisentscheidungen nach Zustellung nur appel zulässig, Art. 2 loi d'approbation du 10 août 1960, Moniteur v. 18.11.1960, 8931 = Bulletin usuel des lois et arretés 1960 Nr. 1307), vgl. Zusatzprotokoll (BGBl. 1959 II 774).

[7] → Rdnr. 373. Danach können nicht nur die Einzel- oder Gesamtrechtsnachfolger der obsiegenden Partei, sondern auch deren Gläubiger gemäß Art. 166 Code civil im Wege der action subrogatoire die ZV betreiben, *Harries* (Fn. 1) 659 mwN. Auch wegen der Passivlegitimation verweist § 4 AusfG auf belgisches Recht.

Art. 9 Deutsch-belgisches Abkommen

73 Die Partei, welche die Vollstreckbarerklärung beantragt, hat beizubringen:
1. eine Ausfertigung der Entscheidung mit Gründen[8], welche die für ihre Beweiskraft erforderlichen Voraussetzungen nach dem Recht des Staates erfüllt, in dessen Hoheitsgebiet sie ergangen ist;
2. die Urschrift oder eine beglaubigte Abschrift der Urkunde, aus der sich ergibt, daß die den Rechtsstreit einleitende Ladung oder Verfügung[9] der Partei, die sich auf den Rechtsstreit nicht eingelassen hat, gemäß Artikel 2 Abs. 1 Nr. 2 zugestellt worden ist;
3. die Urschrift oder eine beglaubigte Abschrift der Zustellungsurkunde oder einer anderen Urkunde, aus der sich ergibt, daß die Entscheidung der Partei, gegen welche die Zwangsvollstreckung betrieben werden soll, zugestellt worden ist;
4. die Urkunden, in denen bescheinigt ist oder aus denen sich ergibt, daß die Entscheidung nach dem Recht des Staates, in dessen Hoheitsgebiet sie ergangen ist, vollstreckbar ist[10];
5. den Nachweis, daß sie eine ihr auferlegte Sicherheit geleistet hat;
6. eine Übersetzung der vorerwähnten Urkunden in die Sprache des angerufenen Gerichts, die von einem diplomatischen oder konsularischen Vertreter oder von einem amtlich bestellten oder vereidigten Übersetzer eines der beiden Staaten als richtig bescheinigt sein muß.

Art. 10 Deutsch-belgisches Abkommen

74 (1) Bei der Entscheidung über den Antrag auf Vollstreckbarerklärung hat sich das angerufene Gericht auf die Prüfung zu beschränken, ob einer der in Artikel 2 des Abkommens genannten Versagungsgründe vorliegt und ob die nach Artikel 9 erforderlichen Urkunden beigebracht sind[11]. Die Entscheidung darf keinesfalls auf ihre Gesetzmäßigkeit nachgeprüft werden[12].
(2) Kann die Entscheidung, deren Vollstreckbarerklärung beantragt wird, in dem Staate, in dessen Hoheitsgebiet sie ergangen ist, noch mit einem ordentlichen Rechtsbehelf[13] angefochten werden, so kann das Verfahren der Vollstreckbarerklärung ausgesetzt werden[14], wenn der Gegner nachweist, daß er von einem solchen Rechtsbehelf Gebrauch gemacht hat. Ist ein solcher Rechtsbehelf gegen die Entscheidung noch nicht eingelegt und ist die Frist für ihn nach dem Recht des Staates, in dessen Hoheitsgebiet die Entscheidung ergangen ist, noch nicht abgelaufen, so kann das angerufene Gericht nach seinem Ermessen die Entscheidung über den Antrag auf Vollstreckbarerklärung zurückstellen und der Partei, gegen welche die Entscheidung vollstreckt werden soll, eine Frist zur Einlegung des Rechtsbehelfs setzen.
(3) Die Entscheidung über den Antrag auf Vollstreckbarerklärung ist auszusetzen, wenn der Schuldner nachweist[15], daß die Zwangsvollstreckung gegen ihn einzustellen sei und daß er die Voraussetzungen erfüllt hat, von denen die Einstellung abhängt[16].

Art. 11 Deutsch-belgisches Abkommen

75 Enthält die Entscheidung eine Verurteilung hinsichtlich mehrerer Ansprüche und kann sie nicht in vollem Umfange für vollstreckbar erklärt werden, so kann das Gericht sie auch nur hinsichtlich eines oder mehrerer Ansprüche für vollstreckbar erklären. Die Partei, welche die Vollstreckbarerklärung nachsucht, kann überdies beantragen, daß die Entscheidung nur wegen eines Teiles des Gegenstandes der

---

[8] S. § 313a Abs. 2 Nr. 4, § 313b Abs. 3, § 317 Abs. 4. Bei stattgebenden Versäumnisurteilen wird es genügen, wenn der deutsche Richter kurz die Schlüssigkeit der Klage dartut und auf die Geständnisfiktion des § 331 ZPO hinweist. Damit wird die in Belgien entstandene Streitfrage, ob und inwieweit ausländische Urteile dem Begründungszwang nach Art. 97 der belgischen Verfassung unterliegen, vgl. dazu Harries (Fn. 1) 641 mwN, aus dem Weg geräumt. Zu den Erfordernissen einer Entscheidungsausfertigung nach **belgischem** Recht s. Art. 790ff. Code judiciaire.

[9] → dazu Rdnr. 46 Fn. 74.

[10] Ein **deutsches** Urteil muß mit Vollstreckungsklausel versehen sein, soweit sie zur ZV im Inland erforderlich ist. Das **belgische** Gegenstück zur Klausel ist die »formule exécutoire«; wegen ihres Wortlauts s. Art. 1 des Arrêtés Royal vom 17. VII. 1951. Die Klausel wird von dem Gerichtsschreiber des entscheidenden Gerichts auf die erste Ausfertigung der Entscheidung gesetzt und mit Unterschrift u. amtlichem Siegel versehen. So ist in Deutschland der Nachweis der Vollstreckbarkeit zu führen.

[11] Diese selbständige Prüfungsbefugnis des Exequaturgerichts wird jedoch eingeschränkt durch Art. 5 Abs. 1 S. 2 i. V. m. Art. 6 Abs. 1; dazu BGHZ 70, 344 = MDR 1973, 669 = ZZP 87 (1974) 332 (Geimer aaO 336).

[12] → dazu § 723 Rdnr. 2, für das belgische Recht Art. 570 Code judiciaire.

[13] → Fn. 5 u. Geimer/Schütze (Fn. 1) 306.

[14] § 148 ZPO.

[15] Dies in der Form des Art. 9 Nr. 4.

[16] Vollstreckungsaufschub ohne Sicherheitsleistung gemäß Art. 1333 Code judiciaire bzw. § 712 ZPO, gegen Sicherheitsleistung gemäß Art. 1346ff. Code judiciaire bzw. § 711 ZPO.

Verurteilung für vollstreckbar erklärt werde, gleichgültig ob die Entscheidung über einen oder mehrere Ansprüche ergangen ist[17].

Art. 12 Deutsch-belgisches Abkommen

Wird die Entscheidung für vollstreckbar erklärt, so ordnet das Gericht gegebenenfalls zugleich die Maßnahmen an, die erforderlich sind, um der ausländischen Entscheidung die gleichen Wirkungen beizulegen, die sie haben würde, wenn sie von den Gerichten des Staates erlassen worden wäre, in dessen Hoheitsgebiet sie für vollstreckbar erklärt wird[18].

76

Art. 13 Deutsch-belgisches Abkommen

(1) Schiedssprüche[19], die in dem Hoheitsgebiet des einen Staates ergangen[20] sind, werden in dem Hoheitsgebiet des anderen Staates anerkannt und vollstreckt, wenn sie in dem Staate, in dessen Hoheitsgebiet sie ergangen sind, vollstreckbar sind[21], wenn ihre Anerkennung nicht der öffentlichen Ordnung[22] des Staates, in dessen Hoheitsgebiet sie geltend gemacht werden, zuwiderläuft und wenn die vorgelegte Ausfertigung des Schiedsspruchs die für ihre Beweiskraft erforderlichen Voraussetzungen erfüllt.

77

(2) Vergleiche, die vor einem Schiedsgericht abgeschlossen sind, werden wie Schiedssprüche behandelt.

(3) Für die Vollstreckbarerklärung ist zuständig in der Bundesrepublik Deutschland das Amts- oder Landgericht, das für die gerichtliche Geltendmachung des Anspruchs zuständig wäre, in Belgien der Präsident des Zivilgerichts erster Instanz, in dessen Bezirk die Zwangsvollstreckung betrieben werden soll.

(4) Das Verfahren der Vollstreckbarerklärung richtet sich nach dem Recht des Staates, in dessen Hoheitsgebiet die Vollstreckbarerklärung beantragt wird.

Art. 14 Deutsch-belgisches Abkommen

(1) Öffentliche Urkunden, die in dem Hoheitsgebiet des einen Staates errichtet und dort vollstreckbar[23] sind, werden in dem Hoheitsgebiet des anderen Staates für vollstreckbar erklärt. Für die Anwendung dieses Abkommens werden die belgischen Behörden Vergleiche, die in dem Hoheitsgebiet der Bundesrepublik Deutschland vor einem Gericht abgeschlossen und dort vollstreckbar sind[24], wie öffentliche Urkunden behandeln.

78

(2) Das Gericht des Staates, in dessen Hoheitsgebiet die Vollstreckbarerklärung beantragt wird, hat sich auf die Prüfung zu beschränken, ob die Ausfertigung der öffentlichen Urkunde die für ihre Beweiskraft erforderlichen Voraussetzungen[25] nach dem Recht des Staates erfüllt, in dessen Hoheitsgebiet die Urkunde errichtet worden ist, und ob die Vollstreckbarerklärung nicht der öffentlichen Ordnung[26] des Staates zuwiderläuft, in dessen Hoheitsgebiet die Vollstreckbarerklärung beantragt wird.

---

[17] Für das deutsche Recht ist diese Regelung überflüssig → § 722 Rdnr. 4, 20; zur Frage der Teilexequatur im französischen Rechtskreis s. *Matscher* (Fn. 1) 432 ff.

[18] → Rdnr. 113 Fn. 13. Zur Anordnung des Wegfalls der Verpflichtung zur Sicherheitsleistung vor einer Vollstreckung im Inland nach Art. 12 bei einer zunächst nur gegen Sicherheitsleistung vollstreckbaren belgischen Entscheidung s. *BGH* NJW 1975, 2143 = MDR 1976, 138.

[19] → § 1025 Rdnr. 1 ff. Nur zivil- oder handelsrechtliche Entscheidungen (dazu *EugH* → Rdnr. 52 Fn. 90), nicht Gutachten, da Art. 1 Abs. 1 entsprechend gilt, *Harries* (Fn. 1) 663.

[20] Nach welchem Verfahrensrecht, ist unerheblich, *BGH* WM 1978, 573. Auch auf Staatsangehörigkeit der Parteien oder Schiedsrichter kommt es nicht an. Vgl. aber zu anderen Abgrenzungskriterien von Verträgen über die Handelsschiedsgerichtsbarkeit Art. 1 Abs. 1 S. 2 UNÜ → Rdnr. 12.

[21] Während § 1044 Abs. 1 nur »Verbindlichkeit« voraussetzt, muß hier der Schiedsspruch zuvor nach autonomem Recht für vollstreckbar erklärt sein *OLG Stuttgart* IPrax 1987, 369; *Geimer/Schütze* (Fn. 1) 314 mwN.

[22] Gemeint ist der ordre public, hierzu *OLG Köln* KTS 1971, 225; *BGH* (Fn. 20).

[23] Dazu gehören nach **deutschem** Recht die → § 794 Rdnr. 83 u. die in §§ 154 f. KostO, § 84 BRAO erwähnten Urkunden, nach **belgischem** Recht notarielle Urkunden gem. Art. 19 Abs. 1 des G. vom 25. Ventôse des Jahres XI (= 16. III. 1803) u. die von öffentlichen Behörden aufgenommenen Urkunden nach Art. 1317 Code civil, *Geimer/Schütze* (Fn. 1) 317.

[24] Dazu gehören nur die in streitigen Verfahren gemäß § 118 Abs. 1 S. 3 abgeschlossenen Vergleiche; → Rdnr. 56 Fn. 10. – Inhaltsgleiche Titel des belgischen Rechts in Gestalt eines Urteils (jugement de »donnè act«) werden nach Art. 6 vollstreckt, s. *Langendorf* (Rdnr. 1 Fn. 1) Anm. 3 zu 1c; vgl. auch *Harries* (Fn. 1) 663.

[25] Die Vollstreckbarkeit kann durch Vollstreckungsklausel oder formule exécutoire nachgewiesen werden. Die erste Ausfertigung einer in Belgien errichteten notariellen Urkunde wird mit der formule exécutoire versehen (Art. 25 des G → Fn. 23) → auch oben Fn. 21.

[26] Insbesondere Mängel wie § 1044 Abs. 2 Nr. 2–4.

Art. 15 Deutsch-belgisches Abkommen

79 (1) Die Gerichte eines jeden der beiden Staaten haben auf Antrag einer Prozeßpartei die Entscheidung in einer Sache abzulehnen, wenn wegen desselben Gegenstandes und unter denselben Parteien bereits ein Verfahren vor einem Gericht des anderen Staates anhängig ist, für das eine Zuständigkeit im Sinne dieses Abkommens gegeben ist, und wenn in diesem Verfahren eine Entscheidung ergehen kann, die in dem Hoheitsgebiet des anderen Staates anzuerkennen wäre.
(2) Jedoch können die zuständigen Behörden eines jeden der beiden Staaten in Eilfällen die in ihrem innerstaatlichen Recht vorgesehenen einstweiligen Maßnahmen anordnen, einschließlich solcher, die auf eine Sicherung gerichtet sind, und zwar ohne Rücksicht darauf, welches Gericht mit der Hauptsache befaßt ist.

Art. 16 Deutsch-belgisches Abkommen

80 Dieses Abkommen berührt nicht andere Übereinkommen oder Abkommen[27], die für beide Staaten gelten oder gelten werden und die für besondere Rechtsgebiete die Anerkennung und Vollstreckung von gerichtlichen Entscheidungen, Schiedssprüchen und öffentlichen Urkunden regeln.

Art. 17 Deutsch-belgisches Abkommen

81 Dieses Abkommen ist nur auf solche gerichtlichen Entscheidungen, Schiedssprüche oder öffentlichen Urkunden anzuwenden, die nach seinem Inkrafttreten erlassen oder errichtet werden.

Art. 18 Deutsch-belgisches Abkommen

82 ist mit der Unabhängigkeit von Belgisch-Kongo und Ruanda-Urundi seit 1960 bzw. 1962 gegenstandslos geworden.

IV. Der deutsch-österreichische Vollstreckungsvertrag vom 6. VI. 1959

83 Der Vertrag[1] ist in Kraft getreten am 29. V. 1960 (BGBl. II 1523). Er wird im Bereich des **Luganer Abkommens**[2] nach dessen Art. 55 (vorbehaltlich Art. 56) durch dieses ersetzt werden. Wegen der neuen Bundesländer → § 722 Rdnr. 2a, 9; für Titel aus der ehemaligen DDR, lehnt der *OGH* die Anwendung ab[2a]. Zum **AusfG** → Rdnr. 380 ff.

Art. 5 Deutsch-österreichischer Vertrag

84 (1) Rechtskräftige gerichtliche Entscheidungen, die in einem Staate vollstreckbar[3] und in dem anderen Staat anzuerkennen sind, werden in diesem Staate nach Maßgabe der Artikel 6 und 7 vollstreckt[4].
(2) Vorläufig vollstreckbare Entscheidungen von Gerichten in der Bundesrepublik Deutschland, die auf eine Geldleistung lauten, und Entscheidungen österreichischer Gerichte, auf Grund deren in der

---

[27] → vor § 1044 (nach Rdnr. 88). Erleichtert dieses Abkommen die Exequatur, so geht es vor. → dazu § 722 Rdnr. 9, oben Rdnr. 52. S. auch *BGH* (Fn. 20).
[1] BGBl. 1960 II 1246. Lit.: BT-Drucks. II Nr. 1419; *Bauer* Österr. JZ 1968, 421; *Beck* Rdnr. 69 Fn. 1); *Burghardt* DGVZ 1978, 1; *Geimer/Schütze* Internationale Urteilsanerkennung II (1971) 3; *Matscher* JurBl 82 (1960) 265; ders. ZZP 86 (1973) 407; 95 (1982) 170; 103 (1990) 257; *Sedlacek* KfRV 1 (1960) 58; *Schönherr* AWD 1964, 80; *Thoma* NJW 1966, 1057; Kommentar zum IZPR → Rdnr. 1 Fn. 1. – Zum Vertrag über Rechts- und Amtshilfe vom 11. IX. 1970 für Zoll-, Verbrauchsteuer- und Monopolangelegenheiten (BGBl 1971 II 1001) s. *BVerfG* NJW 1983, 2757; *OGH* IPrax 1993, 186; *Koch* aaO 192.
[2] → Rdnr. 30.
[2a] DAVorm 1993, 957 f. = IPrax 1994, 219 (krit. *Andrae* aaO 224 ff., auch über Auswirkungen im alten u. neuen Bundesgebiet).

[3] Hierzu *Geimer/Schütze* (Fn. 1) 10 ff. Bei Feststellungsurteilen die Kostenentscheidung *BGH* NJW 1993, 1271 f.
[4] Art. 1–4 → § 328 (20. Aufl.) Rdnr. 704 ff. Zu Titeln aus der ehemaligen DDR → Rdnr. 83 Fn. 2a. Über Rechts- u. Amtshilfe in Zoll-, Verbrauchsteuer- und Monopolangelegenheiten s. *BVerfG* NJW 1983, 2757; ZV nach deutschem Recht → Rdnr. 23 Fn. 94. Zur ZV in **Österreich** s. § 1 Exekutionsordnung (EO), teilweise abgedruckt bei *Geimer/Schütze* (Fn. 1) 132 ff., vollständig *Neumann/Lichtblau* EO (Wien 1969); *Angst/Jakusch/Pimmer* EO Taschenausgabe[10], **Große Gesetzausgabe**[12].
[5] In **Österreich** sind grundsätzlich nur rechtskräftige Entscheidungen vollstreckbar mit Ausnahme der Exekution zur Sicherstellung, die nicht zur Befriedigung des Gläubigers führt → Fn. 6, während eine Parallele zu § 719 fehlt *Matscher* JBl. 1960, 272.

Republik Österreich Exekution zur Sicherstellung[5] bewilligt werden könnte[6], werden, sofern sie in dem anderen Staat anzuerkennen sind, in diesem Staate nach Maßgabe der Artikel 6, 8–10 vollstreckt.

Art. 6 Deutsch-österreichischer Vertrag

Die Vollstreckbarerklärung (die Bewilligung der Exekution) und die Durchführung der Zwangsvollstreckung richten sich, soweit im folgenden nichts anderes bestimmt wird, nach dem Rechte des Staates, in dem vollstreckt werden soll[7].

85

Art. 7 Deutsch-österreichischer Vertrag

(1) Der betreibende Gläubiger[8] hat dem Antrag auf Vollstreckbarerklärung (Bewilligung der Exekution) beizufügen
1. eine mit amtlichem Siegel oder Stempel versehene Ausfertigung der Entscheidung, die auch die Gründe enthalten muß, es sei denn, daß solche nach dem Rechte des Staates, in dem die Entscheidung ergangen ist, nicht erforderlich waren;
2. den Nachweis, daß die Entscheidung rechtskräftig[9] und vollstreckbar ist; dieser Nachweis ist zu erbringen
    a) bei Entscheidungen von Gerichten in der Bundesrepublik Deutschland durch das Zeugnis über die Rechtskraft[10] und durch die Vollstreckungsklausel[11],
    b) bei Entscheidungen österreichischer Gerichte durch die Bestätigung der Rechtskraft und Vollstreckbarkeit[12].
(2) Hat die unterlegene Partei sich auf das Verfahren nicht eingelassen, so hat der betreibende Gläubiger außerdem nachzuweisen, daß die das Verfahren einleitende[13] Ladung oder Verfügung der unterlegenen Partei ordnungsgemäß zugestellt worden ist; dieser Nachweis ist durch eine beglaubigte Abschrift der Zustellungsurkunde oder durch eine gerichtliche Bestätigung über den Zustellungsvorgang zu erbringen[14].

86

Art. 8 Deutsch-österreichischer Vertrag

(1) Soll die Entscheidung eines österreichischen Gerichtes, auf Grund deren in der Republik Österreich Exekution zur Sicherstellung[15] bewilligt werden könnte, in der Bundesrepublik Deutschland vollstreckt werden, so hat das Gericht, das die Entscheidung erlassen hat, auf Antrag des betreibenden Gläubigers unter sinngemäßer Anwendung der österreichischen Exekutionsordnung[16] darüber zu beschließen, ob und für welchen Zeitraum die Exekution zur Sicherstellung zulässig ist[17]; eine bestimmte Exekutionshandlung hat es jedoch nicht zu bewilligen[18]. Ist die Zulässigkeit der Exekution von der Leistung einer Sicherheit abhängig, so ist diese beim österreichischen Gericht zu erlegen.
(2) Der Antrag des betreibenden Gläubigers, die Entscheidung des österreichischen Gerichtes für vollstreckbar zu erklären, kann von dem Gericht in der Bundesrepublik Deutschland nicht deshalb abgelehnt werden, weil der im Absatz 1 genannte Beschluß, mit dem die Exekution zur Sicherstellung für zulässig erklärt wurde, noch nicht rechtskräftig ist.

87

---

[6] Sie ist nur für **Geldtitel** zulässig, §§ 370 ff. EO. Für andere Ansprüche kommt daher in beiden Staaten Exequatur erst nach Rechtskraft in Frage.
[7] → Rdnr. 381. – In **Österreich** gelten hierfür die §§ 82–85 EO.
[8] Zur Berechtigung → Rdnr. 31 Fn. 13. Nur der der Minderjährige hat sie, wenn ein Elternteil den Unterhaltstitel erwirkt hat, *Knoche* ZfJ 1988, 495.
[9] Wegen noch nicht rechtskräftiger Entscheidungen s. Art. 9.
[10] § 706. Die *österreichische* Gerichte ersehen aus ihm, ob für den *deutschen* Titel Exekution zur Sicherstellung oder zur Befriedigung zu bewilligen ist.
[11] Für die Bewilligung der Exekution in *Österreich* ist die Klausel auch dann erforderlich, wenn sie nach deutschem Recht nicht vorgeschrieben ist (§§ 796 Abs. 1, 929 Abs. 1, 936 ZPO). → Rdnr. 388.

[12] Sie erfolgt in Form einer Stampiglie (§ 150 GeschäftsO für Gerichte I. und II. Instanz v. 9. V. 1951, österreichisches BGBl 1207): »Diese Ausfertigung ist vollstreckbar«.
[13] → dazu Rdnr. 46 Fn. 74.
[14] Auch andere Beweismittel sind zulässig *Geimer/Schütze* (Fn. 1) 143 und 145. Vgl. auch BGH → Rdnr. 47 Fn. 78. Für die Zustellung gilt das HaagÜ 1954 → § 328 Rdnr. 502.
[15] → Rdnr. 84 Fn. 5 f.
[16] §§ 370 ff. EO → Fn. 4.
[17] Dieses Zwischenverfahren erklärt sich daraus, daß für Entscheidungen, auf Grund deren nur Exekution zur Sicherstellung bewilligt werden kann, eine Vollstreckungsklausel nicht zu erteilen ist.
[18] Das ist Sache des deutschen Gerichts, § 6 Abs. 2 AusfG → Rdnr. 385.

Anhang zu § 723 B IV   Erster Abschnitt: Allgemeine Vorschriften

Art. 9 Deutsch-österreichischer Vertrag

88   (1) Der betreibende Gläubiger hat dem Antrag auf Vollstreckbarerklärung (Bewilligung der Exekution zur Sicherstellung) beizufügen
1. eine Ausfertigung der Entscheidung, die den Erfordernissen des Artikels 7 Absatz 1 Z.1 entspricht;
2. den Nachweis, daß die Entscheidung der unterlegenen Partei ordnungsgemäß zugestellt worden ist; dieser Nachweis ist durch eine beglaubigte Abschrift der Zustellungsurkunde oder durch eine gerichtliche Bestätigung über den Zustellungsvorgang zu erbringen;
3. den Nachweis, daß die Entscheidung vollstreckbar ist[19]; dieser Nachweis ist zu erbringen
   a) bei Entscheidungen österreichischer Gerichte durch eine mit dem amtlichen Siegel versehene Ausfertigung des im Artikel 8 Absatz 1 genannten Beschlusses über die Zulässigkeit der Exekution zur Sicherstellung und, falls eine Sicherheit zu leisten war, durch eine gerichtliche Bestätigung über deren Erlag,
   b) bei Entscheidungen von Gerichten in der Bundesrepublik Deutschland durch die Vollstreckungsklausel und, falls die Vollstreckung von einer Sicherheitsleistung abhängig ist, durch eine öffentliche oder öffentlich beglaubigte Urkunde, aus der sich ergibt, daß die Sicherheit geleistet wurde.

(2) Hat die unterlegene Partei sich auf das Verfahren nicht eingelassen, so hat der betreibende Gläubiger außerdem den im Artikel 7 Absatz 2 geforderten Nachweis zu erbringen.

Art. 10 Deutsch-österreichischer Vertrag

89   (1) In der Republik Österreich ist auf Grund der im Artikel 5 Absatz 2 genannten Entscheidungen von Gerichten in der Bundesrepublik Deutschland nur die Exekution zur Sicherstellung zulässig. Einer Glaubhaftmachung der Gefährdung bedarf es jedoch nicht, wenn der betreibende Gläubiger die in der Entscheidung geforderte Sicherheit geleistet hat (Artikel 9 Absatz 1 Z.3 Buchst. b).

(2) In der Bundesrepublik Deutschland sind in Vollziehung der Vollstreckbarerklärung der im Artikel 5 Absatz 2 genannten Entscheidungen österreichischer Gerichte nur solche Maßnahmen zulässig, die der Sicherung des betreibenden Gläubigers dienen[20].

Art. 11 Deutsch-österreichischer Vertrag

90   (1) Gerichtliche Vergleiche[21] werden den rechtskräftigen gerichtlichen Entscheidungen gleichgestellt.

(2) Der betreibende Gläubiger hat dem Antrag auf Vollstreckbarerklärung (Bewilligung der Exekution) eine mit der Bestätigung der Vollstreckbarkeit (der Vollstreckungsklausel) und dem amtlichen Siegel oder Stempel versehene Ausfertigung des Vergleiches beizufügen.

Art. 12 Deutsch-österreichischer Vertrag

91   (1) Die Anerkennung und die Vollstreckung von Schiedssprüchen bestimmen sich nach dem Übereinkommen, das zwischen beiden Staaten jeweils in Kraft ist[22].

(2) Vor einem Schiedsgericht abgeschlossene Vergleiche werden den Schiedssprüchen gleichgestellt[23].

Art. 13 Deutsch-österreichischer Vertrag

92   (1) Öffentliche Urkunden, die in einem Staat errichtet und dort vollstreckbar sind, werden in dem anderen Staate wie rechtskräftige gerichtliche Entscheidungen vollstreckt[24]. Zu diesen Urkunden gehören insbesondere gerichtliche oder notarielle Urkunden[25] und die in Unterhaltssachen von einer Verwaltungsbehörde – Jugendamt – aufgenommenen Verpflichtungserklärungen[26] und Vergleiche[27].

---

[19] Wie → Fn. 11.
[20] §§ 3 u. 6 Abs. 2 AusfG → Rdnr. 382, 385.
[21] Darunter fallen *alle* vor staatlichen Gerichten geschlossenen Vergleiche über Zivil- oder Handelssachen i. S. d. Art. 1 betreffen, *Geimer/Schütze* (Fn. 1) 158; vgl. auch LG Hanau DAVorm 1967, 101. Für die → § 794 Rdnr. 45 genannten gilt Art. 13 Abs. 1.
[22] → H vor § 1044 (nach Rdnr. 88).
[23] Dadurch wird das UNÜ von 1958 im Verhältnis beider Vertragsstaaten zueinander auch auf Schiedsvergleiche ausgedehnt, → § 1044a Rdnr. 33.

[24] Nur wenn sie eine Zivil- oder Handelssache i. S. d. Art. 1 betreffen.
[25] Für das *deutsche* Recht s. insbesondere § 794 Abs. 1 Nr. 5 ZPO; für das *österreichische* Recht kommt vor allem die Notariatsakte gemäß § 3 der österreichischen NotariatsO v. 25. VII. 1871 (RGBl Nr. 75) in Betracht.
[26] Vgl. § 59 f. KJHG, für Österreich § 18 Nr. 3 JWG v. 9. IV. 1954 (BGBl. Nr. 99).
[27] Etwa die → § 794 Rdnr. 45 genannten oder vor der Einigungsstelle der IHK nach § 27a Abs. 7 UWG errichteten Vergleiche, dazu *Geimer/Schütze* (Fn. 1) 165 f.

(2) Der betreibende Gläubiger hat dem Antrag auf Vollstreckbarerklärung (Bewilligung der Exekution) eine mit amtlichem Siegel oder Stempel versehene Ausfertigung der öffentlichen Urkunde beizufügen.

Art. 14 Deutsch-österreichischer Vertrag

(1) Dieser Vertrag ist nicht anzuwenden 93
1. auf Entscheidungen in Ehesachen und in anderen Familienstandssachen[28];
2. auf Entscheidungen in Konkursverfahren und in Vergleichsverfahren (Ausgleichsverfahren)[29];
3. auf einstweilige Verfügungen oder einstweilige Anordnungen und auf Arreste.

(2) Dieser Vertrag ist jedoch anzuwenden auf solche einstweiligen Verfügungen oder einstweilige Anordnungen, die auf Leistung des Unterhaltes oder auf eine andere Geldleistung lauten. Diese Titel werden wie rechtskräftige gerichtliche Entscheidungen vollstreckt[30].

Art. 15 Deutsch-österreichischer Vertrag

Die österreichischen Börsenschiedsgerichte sind Gerichte im Sinne dieses Vertrages in den Streitigkeiten, in denen sie ohne Rücksicht auf einen Schiedsvertrag zur Entscheidung zuständig[31] sind. Soweit ihre Zuständigkeit auf einem Schiedsvertrag beruht, sind sie als Schiedsgerichte anzusehen. 94

Art. 16 Deutsch-österreichischer Vertrag

Der betreibende Gläubiger, dem von dem Gericht des Staates, in dem die Entscheidung ergangen ist, das Armenrecht bewilligt worden ist, genießt ohne weiteres[32] das Armenrecht auch für die Vollstreckung im anderen Staate. 95

Art. 17 Deutsch-österreichischer Vertrag

Ist eine Sache vor dem Gericht eines Staates rechtshängig (streitanhängig) und wird die Entscheidung in dieser Sache in dem anderen Staat anzuerkennen sein, so hat ein Gericht dieses Staates in einem Verfahren, das bei ihm wegen desselben Gegenstandes und zwischen denselben Parteien später anhängig wird, die Entscheidung abzulehnen[33]. 96

Art. 18 Deutsch-österreichischer Vertrag

Dieser Vertrag berührt nicht die Bestimmungen anderer Verträge[34], die zwischen beiden Staaten gelten oder gelten werden und die für besondere Rechtsgebiete die Anerkennung und Vollstreckung von gerichtlichen Entscheidungen, Schiedssprüchen oder öffentlichen Urkunden regeln. 97

Art. 19 Deutsch-österreichischer Vertrag

(1) Dieser Vertrag ist nur auf Schuldtitel (Exekutionstitel) anzuwenden, die nach dem 31. Dezember 1959 entstanden[35] sind. 98

---

[28] Sie sind somit nach dem autonomen Recht des Zweitstaates anzuerkennen. **Unterhaltsentscheidungen** sowie die Entscheidungen nach §§ 6411ff., §§ 642ff. werden jedoch nicht durch Nr. 1 ausgeschlossen, zust. *Knoche* JBl. 1988, 493. – Zur Frage, ob ein auf den Kostenteil eines österreichischen Scheidungsurteils beschränktes Teilexequatur dem Abkommen unterfällt, s. einerseits *Luther* FamRZ 1975, 259 (bejahend); andererseits *Geimer/Schütze* (Fn. 1) 185 (verneinend).

[29] Dafür gelten das Abkommen v. 25. V. 1979 (BGBl. II 1985 S. 410) u. das AusfG v. 8. III. 1985 (BGBl. I 535).

[30] Also ohne Sicherheitsleistung bis zur Befriedigung. Ähnlich Art. 2 Nr. 3 HaagÜ 1958 → Rdnr. 7, Art. 17 Abs. 2 S. 2 des Abkommens mit Griechenland → Rdnr. 118.

[31] → Rdnr. 5 vor § 1025. Eine gesetzliche Zuständigkeit ergibt sich aus §§ 2 Nr. 7, 6 Abs. 2 des österreichischen BörsenG v. 1. IV. 1875 i. V. m. Art. XIII des österreichischen EGZPO. Beruht ihre Zuständigkeit im Einzelfall nicht auf Gesetz, sondern auf einem Schiedsvertrag, so stehen ihre Entscheidungen den Sprüchen privater Schiedsgerichte gleich, deren ZV sich gemäß Art. 12 nach besonderen Verträgen richtet, *KG* NJW 1961, 417 (L). – Für die ZV der Entscheidungen *deutscher* Börsenschiedsgerichte und der vor ihnen abgeschlossenen Vergleiche ist allein Art. 12 maßgebend, → auch § 1025 Rdnr. 32.

[32] Für den **Gläubiger** also schon kraft Gesetzes, krit. *Matscher* ZZP 86 (1973) 428.

[33] Art. 17 steht dem Erlaß einstweiliger Sicherungsmaßnahmen im Zweitstaat nicht entgegen, obwohl dies erst in späteren Abkommen ausdrücklich bestätigt wird → Rdnr. 79, 119, 137, *Geimer/Schütze* (Fn. 1) 176.

[34] → H vor § 1044 (nach Rdnr. 88) sowie den Konkurs- und Vergleichsvertrag BGBl 1985 II 410.

[35] Maßgebend ist der Eintritt der formellen Rechtskraft, *Geimer/Schütze* (Fn. 1) 180.

(2) Auf Schuldtitel (Exekutionstitel), die eine Verpflichtung zur Leistung eines gesetzlichen Unterhaltes zum Gegenstand haben, ist dieser Vertrag für die nach dem 31. Dezember 1959 fällig werdenden Leistungen auch dann anzuwenden, wenn der Schuldtitel (Exekutionstitel) in der Zeit vom 1. Mai 1945 bis zum 31. Dezember 1959 entstanden ist.

Art. 20 Deutsch-österreichischer Vertrag

99 Soweit in anderen Verträgen hinsichtlich der Vollstreckung von Schuldtiteln (Exekutionstiteln) auf den Vertrag über Rechtsschutz und Rechtshilfe vom 21. Juni 1923 verwiesen wird, treten die entsprechenden Bestimmungen dieses Vertrages an dessen Stelle.

V. Das deutsch-britische Vollstreckungsabkommen vom 14. VII. 1960 (BGBl. 1961 II 302)

100 Das Abkommen[1] ist in Kraft seit 15. VII. 1961 (BGBl. II 1025). Es gilt im Verhältnis zu Großbritannien und Nordirland. Wegen der neuen Bundesländer → § 722 Rdnr. 2a, 9. Über den nach Art. 56 EuGVÜ verbliebenen Anwendungsbereich → Fn. 2. Zum **AusfG** → Rdnr. 389 ff.

Art. V Deutsch-britisches Abkommen

101 (1) Entscheidungen im Sinne dieses Artikels[2], die von einem oberen Gericht[3] in dem Hoheitsgebiet[4] der einen Hohen Vertragspartei[5] erlassen sind, werden von den Gerichten in dem Hoheitsgebiet der anderen Hohen Vertragspartei auf die in Artikel VI bis IX bezeichnete Weise und unter den dort erwähnten Voraussetzungen vollstreckt.

Weist der Schuldner dem Gericht des Vollstreckungsstaates nach, daß er in dem Urteilsstaat gegen die Entscheidung einen Rechtsbehelf[6] eingelegt hat oder daß er zwar einen solchen Rechtsbehelf noch nicht eingelegt hat, daß aber die Frist hierfür nach dem Recht des Urteilsstaates noch nicht abgelaufen ist, so braucht eine solche Entscheidung nicht vollstreckt zu werden; das Gericht des Vollstreckungsstaates kann in einem solchen Fall nach seinem Ermessen die Maßnahmen treffen, die nach seinem innerstaatlichen Recht zulässig sind[7].

(2) Entscheidungen im Sinne dieses Artikels sind diejenigen:
a) die in Zivil- oder Handelssachen nach dem Inkrafttreten dieses Abkommens ergangen sind;
b) die in dem Urteilsstaat vollstreckbar sind[8];
c) die auf Zahlung einer bestimmten Geldsumme[9] lauten, einschließlich der Kostenentscheidungen, die in Zivil- oder Handelssachen ergangen sind;
d) deren Anerkennung keiner der in Artikel III in Verbindung mit Artikel IV bezeichneten Versagungsgründe entgegensteht.

(3) Ist der Betrag der Kosten, der auf Grund der Entscheidung zu zahlen ist, nicht in der Entscheidung selbst, sondern durch einen besonderen Beschluß festgesetzt, so ist dieser Beschluß für die Anwendung dieses Abkommens als Teil der Entscheidung anzusehen.

---

[1] Lit.: BT-Drucks. III Nr. 2360; *Arndt* RabelsZ 9 (1935) 442; *Beck* (→ Rdnr. 69 Fn. 1); *Ganske* AWD 1961, 172; *Geimer/Schütze* Internationale Urteilsanerkennung 353 ff.; *Matscher* JurBl 85 (1963) 229, 285 ff. zum gleichlautenden österreichisch-britische Abkommen, *ders.* ZZP 86 (1973) 404, 437 ff.; *Schütze* RIW 1980, 170; *Sonderkötter* RIW 1075, 370; Komm. zum IZPR → Rdnr. 1 Fn. 1.

[2] Art. I Abs. 3 (→ § 328 20. Aufl. Rdnr. 607); für nach dem 1.1. 1987 errichtete **deutsche** Titel nur noch bedeutsam hinsichtlich der in Art. IV Abs. 1 lit. c genannten, auf Zahlung bestimmter Beträge gerichteten (Art. V Abs. 2 (b) Ansprüche, Art. 56 EugVÜ, mit der weiteren Einschränkung, daß wegen Art. I Abs. 2 (a) **Familiensachen** nur noch unter das Abkommen fallen, wenn sie noch vom LG entschieden waren, u. für Ehesachen Art. 7 § 1 FamRÄndG gilt.

[3] Art. I Abs. 2.
[4] Art. I Abs. 1.
[5] Wegen Titeln aus der ehemaligen DDR → § 722 Rdnr. 2a.
[6] Art. I Abs. 7.
[7] Das Gericht kann das Verfahren nach seinem innerstaatlichen Recht aussetzen, dazu → Rdnr. 393, oder die vorläufige ZV zulassen, sie aber einstellen oder Zwangsmaßnahmen aufheben.
[8] Vorläufige Vollstreckbarkeit reicht aus.
[9] Auch Kostenentscheidungen, Abs. 3. Für Ansprüche auf Herausgabe oder Unterlassung verbleibt die Vollstreckbarkeit nach nationalem Recht, in Deutschland also nach §§ 722 f. → dazu 20. Aufl. Fn. 8.

Art. VI Deutsch-britisches Abkommen

(1) Bevor eine Entscheidung, die von einem Gericht im Hoheitsgebiet der Bundesrepublik Deutschland erlassen ist, in dem Vereinigten Königreich vollstreckt werden kann, muß der Gläubiger ihre Registrierung[10] nach Maßgabe der Vorschriften des Gerichts, vor dem die Entscheidung geltend gemacht wird, beantragen[11], und zwar
  a) in England und Wales bei dem High Court of Justice,
  b) in Schottland bei dem Court of Session,
  c) in Nordirland bei dem Supreme Court of Judicature.

(2) Dem Antrag auf Registrierung sind beizufügen:
  a) eine von dem Gericht des Urteilsstaates hergestellte beglaubigte Abschrift der Entscheidung mit Gründen[12]; falls die Entscheidung nicht mit Gründen versehen ist, ist ihr eine von dem Gericht des Urteilsstaates auszustellende Urkunde anzuschließen, die nähere Angaben über das Verfahren und die Gründe enthält, auf denen die Entscheidung beruht;
  b) eine von einem Beamten des Gerichts des Urteilsstaates ausgestellte Bescheinigung, daß die Entscheidung in dem Urteilsstaat vollstreckbar ist[13].

(3) Das Gericht des Vollstreckungsstaates ist nicht berechtigt, die Legalisierung der in Absatz (2) erwähnten beglaubigten Abschrift und der Bescheinigung zu fordern; jedoch sind Übersetzungen dieser Urkunden beizubringen, die von einem allgemein beeidigten Übersetzer oder von einem Übersetzer, der die Richtigkeit seiner Übersetzung unter Eid versichert hat, oder von einem diplomatischen oder konsularischen Vertreter einer der beiden Hohen Vertragsparteien beglaubigt sein müssen.

Art. VII Deutsch-britisches Abkommen

(1) Bevor eine Entscheidung, die von einem Gericht im Hoheitsgebiet Ihrer Majestät der Königin erlassen ist, in dem Hoheitsgebiet der Bundesrepublik Deutschland vollstreckt werden kann, ist in der Bundesrepublik Deutschland bei dem Landgericht[14], in dessen Bezirk der Schuldner seinen gewöhnlichen Aufenthalt hat oder Vermögen besitzt, gemäß den innerstaatlichen Vorschriften ein Antrag auf Vollstreckbarerklärung zu stellen.

(2) Dem Antrag auf Vollstreckbarerklärung sind beizufügen:
  a) eine von dem Gericht des Urteilsstaates hergestellte beglaubigte Abschrift der Entscheidung;
  b) eine von dem Gericht des Urteilsstaates auszustellende Urkunde, die nähere Angaben über das Verfahren und die Gründe enthält, auf denen die Entscheidung beruht[15].

(3) Hat das Gericht des Urteilsstaates eine beglaubigte Abschrift der Entscheidung erteilt[16], so ist anzunehmen, daß die Entscheidung in dem Urteilsstaate zu der Zeit, als die Abschrift erteilt wurde, vollstreckbar war.

(4) Das Gericht des Vollstreckungsstaates ist nicht berechtigt, die Legalisierung der in Absatz (2) erwähnten beglaubigten Abschrift und der Bescheinigung zu fordern; jedoch sind Übersetzungen dieser Urkunden beizubringen, die von einem allgemein beeidigten Übersetzer oder von einem Übersetzer, der die Richtigkeit seiner Übersetzung unter Eid versichert hat, oder von einem diplomatischen oder konsularischen Vertreter einer der beiden Hohen Vertragsparteien beglaubigt sein müssen.

---

[10] Dazu *Matscher* ZZP 86 (1973) 438; *Schütze* RIW 1980, 171. Die nach sect. 2 (1) Act 1933 (mit Order Council v. 26.VI. 1961) innerhalb von 6 Jahren seit der letztinstanzlichen Entscheidung zu beantragende Exequatur (→ aber Fn. 24) durch Registrierung hat nur im Bereich des Registergerichts Vollstreckbarkeit zur Folge, so daß u.U. mehrfache Registrierung erforderlich ist, Act 1933 sect. 2 (2), 12, 13. Zur Anerkennung u. ZV in **Schottland** *G.Böttger* Das schottische Zivilprozeß-, ZV- u. Konkursrecht (Diss. 1982) II.

[11] Der Schuldner wird vor der Registrierung grundsätzlich nicht gehört.

[12] S. § 313a Abs. 2 Nr. 4, § 313b Abs. 3 (früher nur in den AusfG geregelt → Rdnr. 395).

[13] Für **deutsche** Titel nach §§ 724ff. Soweit im Inland entbehrlich, dürfte § 33 AVAG (→ Rdnr. 333) auch im Bereich dieses Abkommens entsprechend anwendbar sein.

[14] Daher Anwaltszwang für das **deutsche** Exequaturverfahren, § 78 Abs. 1.

[15] Da Entscheidungen englischer Gericht nicht mit einer Begründung versehen werden, hat der Act 1933 in sect.10 (1) die Ausstellung solcher Bescheinigungen durch den High Court gegen Entrichtung einer Gebühr zur Verwendung im Ausland vorgesehen. Über den notwendigen Inhalt einer solchen Bescheinigung s. *BGH* WM 1977, 1231 (unnötig für Kostenfestsetzungsentscheidung, falls die Bescheinigung schon für die Hauptsache erteilt wurde).

[16] Die beglaubigte Abschrift wird nach sect.10 des Act 1933 nur ausgestellt, wenn die Entscheidung vollstreckbar ist, also z.B. nicht, wenn die Vollstreckung ausgesetzt ist.

Art. VIII Deutsch-britisches Abkommen

104 (1) Die Registrierung einer Entscheidung nach Artikel VI oder die Vollstreckbarerklärung nach Artikel VII ist abzulehnen, oder, falls sie bereits vorgenommen ist, aufzuheben, wenn der Schuldner dem Gericht des Vollstreckungsstaates nachweist[17],

a) daß der durch die Entscheidung, deren Vollstreckung betrieben werden soll, festgestellte Anspruch nach dem Erlaß[18] der Entscheidung durch Zahlung oder auf andere Weise erloschen ist[19], oder

b) daß die Person, die den Antrag auf Registrierung oder Vollstreckbarerklärung gestellt hat, nicht berechtigt ist, die Vollstreckung aus der Entscheidung zu betreiben[20].

(2) Gelangt das Gericht des Vollstreckungsstaates bei der Prüfung eines solchen Antrags zu der Überzeugung,

a) daß der durch die Entscheidung, deren Vollstreckung betrieben werden soll, festgestellte Anspruch durch Zahlung oder auf andere Weise zu einem Teil erloschen ist[21], oder

b) daß in der Entscheidung, die vollstreckt werden soll, eine Geldforderung zuerkannt ist, die auf mehreren Ansprüchen beruht, und daß Gründe für die Zurückweisung des Antrags auf Registrierung oder Vollstreckbarerklärung nur hinsichtlich einzelner, aber nicht aller Ansprüche bestehen, so wird die Registrierung oder Vollstreckbarerklärung gewährt:

1. in dem unter Buchstabe (a) erwähnten Fall in Höhe des nicht erloschenen Teils,
2. in dem unter Buchstabe (b) erwähnten Fall in Höhe der Teile der in der Entscheidung zuerkannten Geldforderung, hinsichtlich deren Vollstreckung Versagungsgründe nach Artikel V in Verbindung mit den Artikeln III und IV nicht bestehen[22].

Art. IX Deutsch-britisches Abkommen

105 (1) Das Gericht des Vollstreckungsstaates darf einen ordnungsgemäß gestellten Antrag, eine Entscheidung nach Artikel VI zu registrieren oder sie nach Artikel VII für vollstreckbar zu erklären, nur[23] aus den in Artikel V in Verbindung mit den Artikeln III und IV angeführten oder aus den in Artikel VII besonders erwähnten Gründen ablehnen; es hat dem Antrag stattzugeben, wenn keiner der genannten Gründe vorliegt.

(2) Für die Registrierung einer Entscheidung nach Artikel VI und für die Vollstreckbarerklärung nach Artikel VII soll ein einfaches und beschleunigtes Verfahren vorgesehen werden. Demjenigen, der eine Registrierung oder Vollstreckbarerklärung beantragt, darf eine Sicherheitsleistung für die Prozeßkosten nicht auferlegt werden. Die Frist, innerhalb deren der Antrag auf Registrierung oder Vollstreckbarerklärung gestellt werden kann, muß mindestens sechs Jahre[24] betragen; der Lauf dieser Frist beginnt, falls gegen die Entscheidung des Gerichts des Urteilsstaates ein Rechtsbehelf an ein höheres Gericht nicht eingelegt worden ist, mit dem Zeitpunkt, in dem die Entscheidung ergangen ist, und, falls ein Rechtsbehelf eingelegt worden ist, mit dem Zeitpunkt, in dem das höchste Gericht die Entscheidung erlassen hat.

(3) Ist eine Entscheidung nach Artikel VI registriert oder nach Artikel VII für vollstreckbar erklärt worden, so ist der in der Entscheidung zuerkannte Geldbetrag für die Zeit zwischen dem Tage, an dem das Gericht des Urteilsstaates die Entscheidung erlassen hat, und dem Tage der Registrierung oder Vollstreckbarerklärung zu dem Satz zu verzinsen, der sich aus der Entscheidung selbst oder aus einer ihr beigefügten Bescheinigung des Gerichts des Urteilsstaates ergibt[25]. Von dem Tage der Registrierung oder der Vollstreckbarerklärung an beträgt der Zinssatz für die Gesamtsumme (zuerkannter Geldbetrag und Zinsen), auf die sich die Registrierung oder Vollstreckbarerklärung erstreckt, vier vom Hundert jährlich[26].

---

[17] Da der Schuldner in **Großbritannien** vor der Registrierung nicht gehört wird, bleibt die Möglichkeit einer Ablehnung der **Registrierung** auf Grund Schuldnervorbringens illusorisch. Anders im Inland, → Rdnr. 390 mit § 1042a Abs. 1 ZPO.

[18] → dazu Rdnr. 313 Fn. 40. – Über nach der **Vollstreckbarerklärung** entstandene Einwendungen → Rdnr. 395 mit 386.

[19] Man wird ferner rechtshemmende Einwendungen zulassen müssen *Geimer/Schütze* (Fn. 1) 404, → dazu § 723 Rdnr. 3 f. Aber § 323 scheidet insoweit aus, → auch § 723 Rdnr. 4 a Fn. 13.

[20] Will der Schuldner aus diesem Grund die Aufhebung der Registrierung eines deutschen Urteils vor dem englischen Gericht erreichen, muß er zunächst die Vollstrec-kungsklausel beseitigen lassen, *Geimer/Schütze* (Fn. 1) 404.

[21] → Fn. 19.

[22] Zur Teilexequatur in sonstigen Fällen → § 722 Rdnr. 20.

[23] Damit enthält Abs. 1 mittelbar zugleich das Verbot einer révision au fond, vgl. auch Art. III Abs. 3 für die Anerkennung.

[24] → Fn. 10 (im Inland § 218 BGB). Die ZV kann auch noch nach der Sechsjahresfrist durchgeführt werden, vgl. *Matscher* JurBl 85 (1963) 298.

[25] Act von 1933 sect.10. Vgl. *BGH* WM 1977, 1233, *Matscher* JBl. 1963, 299.

[26] Also auch dann, wenn der bisherige Zinssatz höher war. S. hierzu *Geimer/Schütze* (Fn. 1) 409 f. mwN.

(4) Ist eine Entscheidung von einem Gericht in dem Hoheitsgebiet Ihrer Majestät der Königin nach Artikel VI registriert oder ist sie nach Artikel VII für vollstreckbar erklärt, so ist sie vom Tage der Registrierung oder Vollstreckbarerklärung an in dem Vollstreckungsstaat hinsichtlich der Zwangsvollstreckung in jeder Beziehung so zu behandeln, wie wenn sie das Gericht des Vollstreckungsstaates selbst erlassen hätte.

(5) Ist die in der Entscheidung zuerkannte Geldforderung in einer anderen Währung ausgedrückt als derjenigen des Vollstreckungsstaates, so beurteilt sich die Frage, ob und in welcher Art sowie unter welchen Voraussetzungen der zuerkannte Geldbetrag für den Fall der freiwilligen Erfüllung der Entscheidung oder für den Fall ihrer Vollstreckung in die Währung des Vollstreckungsstaates umgerechnet werden kann oder muß, nach dem Recht des Vollstreckungsstaates[27].

VI. Der deutsch-griechische Vollstreckungsvertrag vom 4. XI. 1961 (BGBl. 1963 II 109)

Der Vertrag[1] ist in Kraft seit 18. IX. 1963 (BGBl. II 1278). Wegen der neuen Bundesländer → § 722 Rdnr. 2a, 9. Über den trotz Art. 56 EuGVÜ verbliebenen Anwendungsbereich → Rdnr. 52 sowie unten Fn. 2 mit Rdnr. 114. Wegen anderer Abkommen über besondere Rechtsgebiete → Rdnr. 120. Zum **AusfG** → Rdnr. 396 ff. **106**

Art. 6 Deutsch-griechischer Vertrag

Rechtskräftige oder vorläufig vollstreckbare gerichtliche Entscheidungen[2], aus denen in dem Staat, in dem sie ergangen sind[3], die Vollstreckung zulässig ist[4] und die in dem anderen Staate nach Maßgabe dieses Vertrages anzuerkennen[5] sind, werden in diesem Staate vollstreckt, wenn sie zuvor für vollstreckbar erklärt worden sind. **107**

Art. 7 Deutsch-griechischer Vertrag

Die Vollstreckbarerklärung und die Durchführung der Vollstreckung richten sich nach dem Recht des Staates, in dem vollstreckt werden soll[6]. **108**

Art. 8 Deutsch-griechischer Vertrag

Die Vollstreckbarerklärung kann bei dem zuständigen Gericht jeder beantragen, der in dem Staat, in dem die Entscheidung ergangen ist, Rechte aus ihr herleiten kann[7]. **109**

---

[27] → § 722 Rdnr. 23. Da **britische** Gerichte nur auf britische Währung lautende Entscheidungen fällen oder registrieren, Act 1933 sect. 2 (3), ist die Umrechnung einer auf ausländische Währung lautenden Entscheidung notwendig. Maßgebend ist der in Großbritannien geltende Wechselkurs am Tage der Entscheidung des Erstgerichts. Wegen der Begründung für diese Regelung vgl. *Matscher* JurBl 85 (1963) 298.

[1] Lit.: BT-Drucks. IV/570; *Beck* Diss. (→ Rdnr. 69 Fn. 1); *Ganske* AWD 1962, 194; *Schlosser* NJW 1964, 485; Komm. → Rdnr. 1 Fn. 1; *Fragistas/Yessiou-Faltsi* Die Staatsverträge Griechenlands usw. (1976, griechisch), 31; *Millionis* RIW 1991, 100; *Pouliadis* IPrax 1985, 357; *Yessiou-Faltsi* ZZP 93 (1983), 67; *dies.* FS für Konstantopoulos (1989), 1293; Komm. zum IZPR → Rdnr. 1 Fn. 1. Zum eingeschränkten Anwendungsbereich → zunächst Rdnr. 52. Vgl. auch die Bem. zu den ähnlichen Abkommen → Rdnr. 69 ff. u. Rdnr. 83 ff.

[2] → Rdnr. 52 mit Art. 2 (§ 328 20. Aufl. Rdnr. 594) und 17 → unten Rdnr. 118.

[3] Wegen Titeln aus der ehemaligen DDR → § 722 Rdnr. 2a..

[4] → § 722 Rdnr. 4; zur Bestimmtheit des Titels Art. 915 ZPGB (gr. Zivilprozeßgesetzbuch).

[5] Vgl. Bem. zu Art. 1–5 → § 328 Rdnr. 504 ff.

[6] Für Deutschland → Rdnr. 396 ff. In **Griechenland** entscheidet das Einzelrichtergericht im Verfahren der freiwilligen Gerichtsbarkeit *Langendorf* (Rdnr. 1 Fn. 1) 17, nach Art. 739 ff., außerhalb von Staatsverträgen Art. 905 (nach h. M. genügt Vollstreckbarkeit), für ausländische Schiedssprüche Art. 906 vorbehaltlich → Anh. § 1044 Rdnr. 1. Zum Verfahren *Melissas* AnwBl. 1993, 334. Zur **ZV in Griechenland** *Millionis* (Fn. 1) mwN; rechtsvergleichend einschließlich Rechtsbehelfen u. Einstellung *G.Stoykos* Die ZV wegen Geldforderungen usw. (Diss. Tübingen 1987), 76–401 mwN.

[7] Vollstreckb.Ausf. für Personen, die ein rechtliches Interesse haben, Art. 918 § 3. Für Rechtsnachfolge usw. Art. 919 ZPGB (Nachweis → Rdnr. 398).

Art. 9 Deutsch-griechischer Vertrag

110   Die Partei, welche die Vollstreckbarerklärung beantragt, hat beizubringen[8]
1. eine mit amtlichem Siegel oder Stempel versehene Ausfertigung der vollständigen Entscheidung;
2. die Urschrift oder eine beglaubigte Abschrift der Urkunde, aus der sich ergibt, daß die den Rechtsstreit einleitende Ladung oder Verfügung[9] der Partei, die sich auf den Rechtsstreit nicht eingelassen hat, gemäß Artikel 3 Nr. 2 Buchstabe a zugestellt worden ist;
3. die Urschrift oder eine beglaubigte Abschrift der Zustellungsurkunde oder einer anderen Urkunde, aus der sich ergibt, daß die Entscheidung der Partei, gegen welche die Vollstreckung betrieben werden soll, zugestellt worden ist;
4. die Urkunde, in der bescheinigt ist oder aus der sich ergibt, daß die Entscheidung nach dem Recht des Staates, in dem sie ergangen ist, vollstreckbar ist[10];
5. den Nachweis, daß sie eine ihr auferlegte Sicherheit geleistet hat;
6. eine Übersetzung der vorerwähnten Urkunden in die Sprache des angerufenen Gerichts, die von einem diplomatischen oder konsularischen Vertreter oder von einem amtlich bestellten oder vereidigten Übersetzer eines der beiden Staaten als richtig bescheinigt sein muß.

Art. 10 Deutsch-griechischer Vertrag

111   (1) Bei der Entscheidung über den Antrag auf Vollstreckbarerklärung hat sich das angerufene Gericht auf die Prüfung zu beschränken, ob die nach Artikel 9 erforderlichen Urkunden beigebracht sind und ob einer der in Artikel 3 genannten Versagungsgründe vorliegt. Die Entscheidung darf keinesfalls auf ihre Gesetzmäßigkeit nachgeprüft werden.
(2) Kann die Entscheidung, deren Vollstreckbarerklärung beantragt wird, in dem Staat, in dem sie ergangen ist, noch mit einem Einspruch oder einem ordentlichen Rechtsmittel angefochten werden, so kann das Verfahren der Vollstreckbarerklärung ausgesetzt werden, wenn der Gegner nachweist, daß er von einem solchen Rechtsbehelf Gebrauch gemacht hat. Ist ein solcher Rechtsbehelf gegen die Entscheidung noch nicht eingelegt und ist die Frist für ihn nach dem Recht des Staates, in dem die Entscheidung ergangen ist, noch nicht abgelaufen, so kann das angerufene Gericht die Entscheidung über den Antrag auf Vollstreckbarerklärung zurückstellen und der Partei, gegen welche die Entscheidung vollstreckt werden soll, eine Frist zur Einlegung des Rechtsbehelfs setzen[11].
(3) Die Entscheidung über den Antrag auf Vollstreckbarerklärung ist auszusetzen, wenn der Schuldner nachweist, daß die Vollstreckung gegen ihn einzustellen sei und daß er die Voraussetzungen erfüllt hat, von denen die Einstellung abhängt.

Art. 11 Deutsch-griechischer Vertrag

112   Eine Entscheidung kann auch nur zu einem Teil[12] für vollstreckbar erklärt werden,
1. wenn sie einen oder mehrere Ansprüche betrifft und die betreibende Partei die Vollstreckbarerklärung nur hinsichtlich eines Teils des Anspruchs oder hinsichtlich eines oder einiger Ansprüche beantragt; oder
2. wenn sie mehrere Ansprüche betrifft und der Antrag der betreibenden Partei, sie für vollstreckbar zu erklären, nur wegen eines oder einiger Ansprüche begründet ist.

Art. 12 Deutsch-griechischer Vertrag

113   Wird die Entscheidung für vollstreckbar erklärt, so ordnet das Gericht gegebenenfalls zugleich die Maßnahmen an, die erforderlich sind, um der ausländischen Entscheidung die gleichen Wirkungen

---

[8] Die hier genannten Urkunden sind durch Art. 24 des deutsch-griechischen Rechtshilfeabkommens v. 11. V. 1938 (RGBl. 1939 II 849) vom Legalisationszwang befreit.

[9] → dazu Rdnr. 46 Fn. 74.

[10] Für **deutsche** Titel → Rdnr. 102 Fn. 13. Auch für **griechische** durch Vollstreckungsklausel Art. 918 ZPGB; vorläufige Vollstreckbarkeit nur auf Antrag Art. 907 ff. ZPGB.

[11] Berufung oder Revision. Der Einspruch war ausdrücklich zu nennen, da er nach **griechischem** Recht außerordentlicher Rechtsbehelf ist. Der ebenfalls außerordentliche Rechtsbehelf der Kassation ist nicht erwähnt u. scheidet daher aus. Zu Abs. 2 *Kerameus* FS für Wengler II (1973) 283; *Yessiou-Faltsi* ZZP 96 (1983) 81.

[12] S. BT-Drucks. IV/570 S. 17, → auch Rdnr. 41 Fn. 63, Rdnr. 300 (Verhältnis zum AVAG), § 722 Rdnr. 20.

beizulegen, die sie haben würde, wenn sie von den Gerichten des Staates erlassen worden wäre, in dem sie für vollstreckbar erklärt wird[13].

Art. 13 Deutsch-griechischer Vertrag

(1) Gerichtliche Vergleiche[14] werden den rechtskräftigen gerichtlichen Entscheidungen gleichgestellt. **114**
(2) Die betreibende Partei hat dem Antrag auf Vollstreckbarerklärung eine mit dem amtlichen Siegel oder Stempel versehene Ausfertigung des Vergleiches nebst Vollstreckungsklausel sowie eine Übersetzung beizufügen, die den Erfordernissen des Artikels 9 Nr. 6 entspricht.

Art. 14 Deutsch-griechischer Vertrag

(1) Die Anerkennung und die Vollstreckung von Schiedssprüchen bestimmen sich nach dem Übereinkommen oder Abkommen, das zwischen den beiden Vertragsparteien jeweils in Kraft ist[15]. **115**
(2) Vor einem Schiedsgericht abgeschlossene Vergleiche werden den Schiedssprüchen gleichgestellt.

Art. 15 Deutsch-griechischer Vertrag

(1) Öffentliche Urkunden, die in einem Staat errichtet und dort vollstreckbar sind, werden in dem anderen Staate wie rechtskräftige gerichtliche Entscheidungen vollstreckt. Zu diesen Urkunden gehören insbesondere gerichtliche oder notarielle Urkunden[16] und die in Unterhaltssachen von einer Verwaltungsbehörde – Jugendamt[17] – aufgenommenen Verpflichtungserklärungen und Vergleiche. **116**
(2) Die betreibende Partei hat dem Antrag auf Vollstreckbarerklärung eine mit dem amtlichen Siegel oder Stempel versehene Ausfertigung der öffentlichen Urkunde nebst Vollstreckungsklausel sowie eine Übersetzung beizufügen, die den Erfordernissen des Artikels 9 Nr. 6 entspricht.
(3) Das Gericht des Staates, in dem die Vollstreckbarerklärung beantragt wird, hat sich auf die Prüfung zu beschränken, ob die Ausfertigung der öffentlichen Urkunde nach dem Recht des Staates, in dem sie errichtet worden ist, ordnungsgemäß erteilt ist und ob die Vollstreckbarerklärung nicht der öffentlichen Ordnung des Staates zuwiderläuft, in dem sie beantragt wird.

Art. 16 Deutsch-griechischer Vertrag

Die Vollstreckbarerklärung der in diesem Abschnitt erwähnten Schuldtitel und die Durchführung der Vollstreckung richten sich nach dem Recht des Staates, in dem vollstreckt werden soll[18]. **117**

Art. 17 Deutsch-griechischer Vertrag

(1) Dieser Vertrag ist nicht anzuwenden **118**
1. auf Entscheidungen in Konkurs- und in Vergleichsverfahren;
2. auf Arreste.
(2) Dieser Vertrag ist ferner nicht auf einstweilige Verfügungen und einstweilige Anordnungen anzuwenden. Er gilt jedoch für solche einstweiligen Verfügungen oder einstweiligen Anordnungen, die auf Leistung des Unterhalts oder auf eine andere Geldleistung lauten. Titel dieser Art werden wie rechtskräftige gerichtliche Entscheidungen vollstreckt[19].

Art. 18 Deutsch-griechischer Vertrag

(1) Ist eine Sache vor dem Gericht eines Staates rechtshängig und wird die Entscheidung in dieser **119**
Sache in dem anderen Staat anzuerkennen sein, so hat ein Gericht dieses Staates in einem Verfahren, das bei ihm wegen desselben Gegenstandes und zwischen denselben Parteien später anhängig wird, die Entscheidung abzulehnen.
(2) Jedoch können die zuständigen Gerichte einer jeden der beiden Vertragsparteien in Eilfällen die in ihrem innerstaatlichen Recht vorgesehenen einstweiligen Maßnahmen anordnen, einschließlich solcher,

---

[13] Gemeint sind Entscheidungen, die Eintragungen in öffentliche Register erforderlich machen, BT-Drucks. IV/570 S. 18.
[14] Zu deutschen → Rdnr. 56 Fn. 10, griechische Art. 904 § 2 c ZPGB.

[15] → Länderübersicht H vor § 1044 (nach Rdnr. 88).
[16] § 794 Abs. 1 Nr. 5, Art. 904 § 2 d ZPGB.
[17] → § 794 Rdnr. 83.
[18] → Rdnr. 108 Fn. 6.
[19] → Rdnr. 93 Fn. 30.

Art. 19 Deutsch-griechischer Vertrag

120   Dieser Vertrag berührt nicht die Bestimmungen anderer Abkommen oder Übereinkommen, die zwischen beiden Vertragsparteien gelten oder gelten werden und die für besondere Rechtsgebiete die Anerkennung und Vollstreckung von gerichtlichen Entscheidungen, Schiedssprüchen oder öffentlichen Urkunden regeln.

Art. 20 Deutsch-griechischer Vertrag

121   Dieser Vertrag ist ohne Rücksicht auf die Staatsangehörigkeit der Parteien anzuwenden. Artikel 2 und Artikel 4 Absatz 2 bleiben jedoch unberührt.

Art. 21 Deutsch-griechischer Vertrag

122   Dieser Vertrag ist nur auf solche gerichtlichen Entscheidungen, Vergleiche oder öffentlichen Urkunden anzuwenden, die nach seinem Inkrafttreten erlassen oder errichtet werden.

Art. 22 Deutsch-griechischer Vertrag

123   Durch diesen Vertrag wird nicht ausgeschlossen, daß eine Entscheidung eines Gerichts des einen Staates, für die dieser Vertrag nicht gilt oder die nach diesem Vertrag nicht anerkannt oder vollstreckt werden kann, in dem anderen Staat auf Grund des innerstaatlichen Rechts anerkannt und vollstreckt wird[20].

VII. Der deutsch-niederländische Vollstreckungsvertrag vom 30. VII. 1962 (BGBl. 1965 II 27)

124   Der Vertrag[1] ist in Kraft seit dem 15. IX. 1965 (BGBl. II 1155); wegen der neuen Bundesländer → § 722 Rdnr. 2a, 9. Art. 56 EuGVÜ beschränkt seine Anwendung auf die Bereiche des Erbrechts, des Personenstands und der gesetzlichen Vertretung, → dazu Rdnr. 52. Der Vertrag regelt erstmals auch Verfahrensfragen, die in bisherigen bilateralen Abkommen dem nationalen Prozeßrecht überlassen waren, und diente auch als Vorbild für spätere Verträge. Zum **AusfG** → Rdnr. 402 ff.

Art. 6 Deutsch-niederländischer Vertrag

125   (1) Gerichtliche Entscheidungen, die in einem der beiden Staaten vollstreckbar[2] und in dem anderen Staate nach Maßgabe dieses Vertrages anzuerkennen[3] sind, werden in diesem Staate vollstreckt, wenn dort die Zulässigkeit der Zwangsvollstreckung durch eine Vollstreckungsklausel ausgesprochen ist.
(2) Dies gilt auch für Entscheidungen, die noch nicht rechtskräftig sind.

Art. 7 Deutsch-niederländischer Vertrag

126   Soweit die Entscheidung eines niederländischen Gerichts eine Verurteilung des Schuldners zur Zahlung einer Zwangssumme an den Gläubiger für den Fall enthält, daß der Schuldner der Verpflichtung, eine Handlung vorzunehmen oder zu unterlassen, zuwiderhandelt, wird in der Bundesrepublik Deutschland die Vollstreckungsklausel erst erteilt, wenn die verwirkte Zwangssumme durch eine weitere Entscheidung des niederländischen Gerichts festgesetzt ist[4].

---

[20] § 722 f., in Griechenland Art. 905 ZPGB.
[1] Lit.: BT-Drucks. IV/2351; Komm. zum IZPR → Rdnr. 1 Fn. 1; *Ganske* AWD 1964, 348; *Gotzen* AWD 1964, 348; 1967, 236; 1968, 20; 1969, 54; *Schütze* Anerkennung usw. (1973) 67.

[2] Rechtskraft also nicht erforderlich, Art. 1 Abs. 1..
[3] → Rdnr. 124; Art. 1–5 → § 328 (20. Aufl.) Rdnr. 662 ff..
[4] → dazu Rdnr. 43 mit Bem.

Art. 8 Deutsch-niederländischer Vertrag

Das Verfahren, in dem die Vollstreckungsklausel erteilt wird, richtet sich, vorbehaltlich der Bestimmungen dieses Vertrages, nach dem Recht des Staates, in dem die Zwangsvollstreckung durchgeführt werden soll[5].

127

Art. 9 Deutsch-niederländischer Vertrag

Den Antrag auf Erteilung der Vollstreckungsklausel[6] kann jeder stellen, der in dem Staat, in dem die Entscheidung ergangen ist, Rechte aus ihr herleiten kann[7].

128

Art. 10 Deutsch-niederländischer Vertrag

Die Partei, welche die Erteilung der Vollstreckungsklausel beantragt, hat beizubringen:
a) eine vollstreckb. Ausf. der Entscheidung, die auch die Gründe[8] enthalten muß;
b) die Urschrift oder eine beglaubigte Abschrift der Zustellungsurkunde oder einer anderen Urkunde, aus der sich ergibt, daß die Entscheidung der Partei, gegen welche die Zwangsvollstreckung betrieben werden soll, zugestellt worden ist;
c) den Nachweis, daß sie eine ihr auferlegte Sicherheit geleistet hat;
d) eine Übersetzung der vorerwähnten Urkunden in die Sprache des angerufenen Gerichts, die von einem diplomatischen oder konsularischen Vertreter oder von einem amtlich bestellten oder vereidigten Übersetzer eines der beiden Staaten als richtig bescheinigt sein muß[9].

129

Art. 11 Deutsch-niederländischer Vertrag

(1) Bei der Entscheidung über den Antrag auf Erteilung der Vollstreckungsklausel hat sich das angerufene Gericht auf die Prüfung zu beschränken,
a) ob die nach Artikel 10 erforderlichen Urkunden beigebracht sind;
b) ob einer der in Artikel 2 Buchstaben a und b oder Artikel 3 Absatz 2 genannten Versagungsgründe[10] vorliegt.
(2) Die Entscheidung, zu der die Vollstreckungsklausel erteilt werden soll, darf keinesfalls auf ihre Gesetzmäßigkeit nachgeprüft werden.

130

Art. 12 Deutsch-niederländischer Vertrag

Die Vollstreckungsklausel kann auch nur zu einem Teil[11] der Entscheidung erteilt werden,
a) wenn die Entscheidung einen oder mehrere Ansprüche betrifft und die betreibende Partei beantragt, die Vollstreckungsklausel nur hinsichtlich eines Teils des Anspruchs oder hinsichtlich eines oder einiger Ansprüche zu erteilen;
b) wenn die Entscheidung mehrere Ansprüche betrifft und der Antrag der betreibenden Partei, die Vollstreckungsklausel zu erteilen, nur wegen eines oder einiger Ansprüche begründet ist.

131

Art. 13 Deutsch-niederländischer Vertrag

Die Zwangsvollstreckung darf erst beginnen, wenn die mit der Vollstreckungsklausel versehene Entscheidung dem Schuldner nach dem Recht des Staates, in dem die Zwangsvollstreckung durchgeführt werden soll, zugestellt worden ist[12].

132

---

[5] → Rdnr. 402 u. das niederländische AusfG v. 3. III. 1965, abgedruckt bei *Langendorf* (Rdnr. 1 Fn. 1) Anlage 7; schriftlicher Antrag durch Anwalt beim Präsidenten der Arrondissmentsrechtbank *Gotzen* AWD 1964, 350 f.
[6] → Rdnr. 403–405.
[7] → Rdnr. 31 Fn. 13, Rdnr. 418..
[8] S. § 313a Abs. 2 Nr. 4, § 313b Abs. 3, notfalls nachträglich → Rdnr. 423 mit 378. Bei stattgebenden Versäumnisurteilen wird es genügen, wenn der deutsche Richter kurz die Schlüssigkeit der Klage dartut und auf die Geständnisfiktion des § 331 ZPO hinweist. Wird auch im Falle § 699 eine Begründung verlangt – hiergegen spricht die Erwähnung in Art. 1 Abs. 2 *MünchKommZPO-Gottwald* (1992) IZPR Rdnr. 1 zu Art. 10 –, so wird man über § 700 die o.g. Vorschriften zur Vervollständigung entsprechend anwenden müssen.
[9] → § 438 Rdnr. 13 f..
[10] → Rdnr. 42 Fn. 64. Auch in den Fällen der lit. a) u. b) darf es keinesfalls zu einer durch Art. 11 Abs. 2 verbotenen révision au fond kommen, vgl. auch BT-Drucks. IV/2352 S. 17 f.
[11] S. BT-Drucks. IV/2351; → dazu Rdnr. 42 Fn. 63, Rdnr. 300 (Verhältnis zum AVAG), § 722 Rdnr. 20.
[12] → dazu Rdnr. 415.

Art. 14 Deutsch-niederländischer Vertrag

133 (1) Gegen die Erteilung der Vollstreckungsklausel kann der Schuldner einwenden:
a) die Vollstreckungsklausel habe nicht erteilt werden dürfen;
b) es liege einer der in Artikel 2 Buchstabe c genannten Versagungsgründe vor;
c) es stünden ihm Einwendungen gegen den Anspruch selbst zu aus Gründen, die erst nach Erlaß[13] der gerichtlichen Entscheidung entstanden seien.
(2) Das Verfahren, in dem die Einwendungen geltend gemacht werden können, richtet sich nach dem Recht des Staates, in dem die Zwangsvollstreckung durchgeführt werden soll[14].

Art. 15 Deutsch-niederländischer Vertrag

134 Ist der Partei, welche die Zwangsvollstreckung betreiben will, in dem Staat, in dem die gerichtliche Entscheidung ergangen ist, das Armenrecht bewilligt worden, so genießt sie das Armenrecht ohne weiteres auch in dem anderen Staate für das Verfahren, in dem die Vollstreckungsklausel erteilt wird, und für die Zwangsvollstreckung[15].

Art. 16 Deutsch-niederländischer Vertrag

135 (1) In dem anderen Staate werden außer den gerichtlichen Entscheidungen auch die folgenden Schuldtitel anerkannt und wie rechtskräftige gerichtliche Entscheidungen vollstreckt, sofern sie in dem Staat, in dem sie errichtet worden sind, vollstreckbar sind:
a) gerichtliche Vergleiche[16];
b) andere öffentliche Urkunden, insbesondere gerichtliche oder notarielle Urkunden[17] sowie Verpflichtungserklärungen und Vergleiche, die in Unterhaltssachen von einer Verwaltungsbehörde – Jugendamt – aufgenommen worden sind;
c) Eintragungen in die Konkurstabelle;
d) die in einem Konkursverfahren, in einem Vergleichsverfahren zur Abwendung des Konkurses oder in einem Verfahren des Zahlungsaufschubes (surséance van betaling) gerichtlich bestätigten Vergleiche.
(2) Für den Antrag auf Erteilung der Vollstreckungsklausel und für das weitere Verfahren gelten die Artikel 9, 10 Buchstaben a, c und d, Artikel 12, 13, 14 Absatz 1 Buchstaben a und c und Absatz 2 sowie Artikel 15 entsprechend. Bei der Entscheidung über den Antrag auf Erteilung der Vollstreckungsklausel hat sich das angerufene Gericht auf die Prüfung zu beschränken, ob die erforderlichen Urkunden beigebracht sind und ob der in Artikel 2 Buchstabe a genannte Versagungsgrund vorliegt.

Art. 17 Deutsch-niederländischer Vertrag

136 Die Anerkennung und Vollstreckung von Schiedssprüchen bestimmen sich nach den Verträgen, die zwischen beiden Staaten jeweils in Kraft sind[18].

Art. 18 Deutsch-niederländischer Vertrag

137 *(nicht abgedruckt, da inhaltsgleich mit → Rdnr. 119)*

Art. 19 Deutsch-niederländischer Vertrag

138 Dieser Vertrag berührt nicht die Bestimmungen anderer Verträge, die zwischen beiden Staaten gelten oder gelten werden und die für besondere Rechtsgebiete die Anerkennung und Vollstreckung gerichtlicher Entscheidungen oder anderer Schuldtitel regeln[19].

---

[13] → dazu Rdnr. 313 Fn. 40, über Einwendungen dort Fn. 39.
[14] → Rdnr. 410ff. für Deutschland; für Niederlande *Gotzen* AWD 1967, 140.
[15] Kraft Gesetzes u. ohne Einschränkungen, also auch für Art. 14 u. die ZV, insofern erheblich günstiger als → Rdnr. 44.

[16] Wie → Rdnr. 56 Fn. 10.
[17] → § 794 Rdnr. 83 für deutsche Titel.
[18] UNÜ 1958, → Rdnr. 4ff. vor § 1044 nebst Länderübersicht H vor § 1044 (nach Rdnr. 88).
[19] → Rdnr. 52, § 722 Rdnr. 9, § 723 Rdnr. 10.

Art. 20 Deutsch-niederländischer Vertrag

Dieser Vertrag ist nur auf solche gerichtlichen Entscheidungen und andere Schuldtitel anzuwenden, die nach seinem Inkrafttreten erlassen oder errichtet werden. **139**

VIII. Der deutsch-tunesische Vertrag über Rechtsschutz und Rechtshilfe, die Anerkennung und Vollstreckung gerichtlicher Entscheidungen in Zivil- und Handelssachen sowie über die Handelsschiedsgerichtsbarkeit vom 19. VII. 1966 (BGBl. 1969 II 890)

Der Vertrag[1] ist seit 13. III. 1970 in Kraft (BGBl. II 125). Er ist nebst Protokoll (mit Ausnahme der folgenden Vollstreckungsvorschriften) → § 328 (20. Aufl.) Rdnr. 779 abgedruckt. Wegen der neuen Bundesländer → § 722 Rdnr. 2a, 9, über den sachlichen Anwendungsbereich → Art. 34 Fn. 2 und Art. 42 f. Zum **AusfG** → Rdnr. 422 ff. **140**

Kapitel II Vollstreckung gerichtlicher Entscheidungen

Art. 34 Deutsch-tunesischer Vertrag

Gerichtliche Entscheidungen[2], die in einem Staate vollstreckbar[3] und in dem anderen Staate nach Maßgabe des vorstehenden Kapitels anzuerkennen sind[4], werden in diesem Staate vollstreckt, nachdem sie dort für vollstreckbar erklärt worden sind. **141**

Art. 35 Deutsch-tunesischer Vertrag

Das Verfahren und die Wirkungen der Vollstreckbarerklärung richten sich nach dem Recht des Vollstreckungsstaates[5]. **142**

Art. 36 Deutsch-tunesischer Vertrag

Den Antrag auf Vollstreckbarerklärung kann jeder stellen, der in dem Entscheidungsstaate Rechte aus der Entscheidung herleiten kann[6]. **143**

Art. 37 Deutsch-tunesischer Vertrag

(1) Der Antrag auf Vollstreckbarerklärung ist zu richten: **144**
1. in der Bundesrepublik Deutschland an das Landgericht[7],
2. in der Tunesischen Republik an das Tribunal de première instance (Gericht erster Instanz).

(2) Örtlich zuständig ist das Landgericht oder das Tribunal de première instance, in dessen Bezirk der Schuldner seinen Wohnsitz hat oder die Zwangsvollstreckung durchgeführt werden soll[8]; unter mehreren örtlich zuständigen Gerichten hat die betreibende Partei die Wahl.

---

[1] Art. 1–33 → § 328 (20. Aufl.) Rdnr. 779. Lit.: BR-Drucks. 312 u. 313/68; BT-Drucks. V/3167 u. V/3847; *Arnold* NJW 1970, 1478; *Ganske* AWD 1970, 145; *Schütze* Anerkennung usw. (1973) 132 ff.; Komm. zum IZPR → Rdnr. 1 Fn. 1.
[2] Nur wie Art. 27 f. Unterhaltstitel für Nichteheliche werden in Tunesien wegen Art. 29 Abs. 1 Nr. 2 nur im Falle freiwilliger Anerkennung der Vaterschaft für vollstreckbar erklärt, nicht unter Art. 27 f. fallende Titel nach Ziff. 2 des Protokolls (→ § 328 (20. Aufl.) Rdnr. 867) nur gemäß §§ 328, 722 f. bzw. Anerkennung nach § 16 a FGG u. ZV wie → § 722 Rdnr. 10 Fn. 51. Wegen deutscher Kostenentscheidungen → noch Rdnr. 431.
[3] Art. 1 Abs. 1, 4. Rechtskraft tritt mit Ablauf der Kassationsbeschwerdefrist ein.
[4] Art. 29–33.
[5] Für tunesische Titel → Rdnr. 426 ff. – Gleiches gilt für die ZV, BR-Drucks. (Fn. 1).
[6] → Rdnr. 31 Fn. 13, Rdnr. 427. Wegen juristischer Personen, Gesellschaften oder Vereinigungen s. Art. 2. → Rdnr. 31 Fn. 13.
[7] → auch § 328 (20. Aufl.) Rdnr. 867 (Prot.) zu Nr. 3.
[8] → dazu Rdnr. 302 Fn. 10.

Art. 38 Deutsch-tunesischer Vertrag

145 (1) Die Partei, welche die Vollstreckbarerklärung beantragt, hat beizubringen:
1. eine Ausfertigung der Entscheidung mit Gründen[9], welche die für ihre Beweiskraft erforderlichen Voraussetzungen nach dem Recht des Entscheidungsstaates erfüllt;
2. eine Urkunde, aus der sich ergibt, daß die Entscheidung nach dem Recht des Entscheidungsstaates vollstreckbar ist[10];
3. eine Urkunde, aus der sich ergibt, daß die Entscheidung nach dem Recht des Entscheidungsstaates die Rechtskraft erlangt hat;
4. die Urschrift oder eine beglaubigte Abschrift der Urkunde, aus der sich ergibt, daß die den Rechtsstreit einleitende Klage, Vorladung oder ein anderes der Einleitung des Verfahrens dienendes Schriftstück[11] dem Beklagten nach dem Recht des Entscheidungsstaates oder gegebenenfalls auf einem der in den Artikeln 8 bis 16 vorgesehenen Wege zugestellt worden ist, sofern sich der Beklagte auf das Verfahren, in dem die Entscheidung ergangen ist, nicht eingelassen hat;
5. eine Übersetzung der vorerwähnten Urkunden in die Sprache des Vollstreckungsstaates[12], die von einem amtlich bestellten oder vereidigten Übersetzer oder einem diplomatischen oder konsularischen Vertreter eines der beiden Staaten als richtig bescheinigt sein muß.

(2) Die in dem vorstehenden Absatz angeführten Urkunden bedürfen keiner Legalisation und vorbehaltlich des Absatzes 1 Nr. 5 keiner ähnlichen Förmlichkeit.

Art. 39 Deutsch-tunesischer Vertrag

146 (1) Das Gericht, bei dem die Vollstreckbarerklärung beantragt wird, hat sich auf die Prüfung zu beschränken:
1. ob die nach Artikel 38 erforderlichen Urkunden beigebracht sind;
2. ob einer der in Artikel 29 Abs. 1 und 2 und in Artikel 30 Abs. 2 genannten Versagungsgründe vorliegt.

(2) Darüber hinaus darf die Entscheidung nicht nachgeprüft werden[13].

(3) Die Vollstreckung von Entscheidungen, durch welche die Kosten dem mit der Klage abgewiesenen Kläger auferlegt wurden, kann nur abgelehnt werden, wenn sie der öffentlichen Ordnung des Vollstreckungsstaates widerspricht. Diese Bestimmung ist auch auf die in Artikel 27 Abs. 3 angeführten Entscheidungen anzuwenden.

Art. 40 Deutsch-tunesischer Vertrag

147 Das Gericht kann auch nur einen Teil[14] der Entscheidung für vollstreckbar erklären:
1. wenn die Entscheidung einen oder mehrere Ansprüche betrifft und die betreibende Partei beantragt, die Entscheidung nur hinsichtlich eines oder einiger Ansprüche oder hinsichtlich eines Teils des Anspruchs für vollstreckbar zu erklären;
2. wenn die Entscheidung mehrere Ansprüche betrifft und der Antrag nur wegen eines oder einiger Ansprüche begründet ist.

Art. 41 Deutsch-tunesischer Vertrag

148 Wird die Entscheidung für vollstreckbar erklärt, so ordnet das Gericht zugleich die Maßnahmen an, die erforderlich sind, um der ausländischen Entscheidung die gleichen Wirkungen beizulegen, die sie haben würde, wenn sie von den Gerichten des Vollstreckungsstaates erlassen worden wäre[15].

---

[9] Zu **deutschen** Entscheidungen s. §§ 313a Abs. 2 Nr. 4, § 313b Abs. 3 sowie → Rdnr. 432 mit 378. Vollstreckungsbescheide bedürfen auch hier keiner Begründung (jedenfalls aus Sicht des deutschen Gesetzgebers, arg. § 14 AusfG → Rdnr. 432 mit 379 Fn. 14).

[10] Für **deutsche** Titel nach §§ 724ff., auch soweit im Inland entbehrlich → Rdnr. 432 mit 388. In den Fällen des Art. 27 Abs. 4 ist wegen etwa erforderlicher Sicherheitsleistung § 6 AusfG → Rdnr. 427 zu beachten.

[11] → dazu Rdnr. 46 Fn. 74.

[12] Laut Protokoll (→ § 328 (20. Aufl.) Rdnr. 867) unter Nr. 1 sind sie beiderseits in französischer Sprache abzufassen.

[13] Keine »Nachprüfung« ist die Berücksichtigung von Einwendungen, § 7 AusfG → Rdnr. 427 mit Rdnr. 391.

[14] → Rdnr. 42 Fn. 63, § 722 Rdnr. 20; BR-Drucks. (Fn. 1).

[15] Wie → Rdnr. 113 Fn. 13.

Kapitel III Vollstreckung gerichtlicher Vergleiche und öffentlicher Urkunden

Art. 42 Deutsch-tunesischer Vertrag

(1) Vergleiche, die in einem Verfahren vor dem Gericht[16] des einen Staates abgeschlossen und zu gerichtlichem Protokoll genommen worden sind, werden in dem anderen Staate wie gerichtliche Entscheidungen vollstreckt, wenn sie in dem Staate, in dem sie errichtet wurden, vollstreckbar sind.

(2) Für den Antrag, den Vergleich für vollstreckbar zu erklären, und für das weitere Verfahren gelten die Artikel 35 bis 41 entsprechend.

Bei der Entscheidung über den Antrag auf Vollstreckbarerklärung hat sich das angerufene Gericht auf die Prüfung zu beschränken:

1. ob die erforderlichen Urkunden[17] beigebracht sind;
2. ob die Parteien nach dem Recht des Vollstreckungsstaates berechtigt sind, über den Gegenstand des Verfahrens einen Vergleich zu schließen[18];
3. ob die Vollstreckung der öffentlichen Ordnung des Vollstreckungsstaates widerspricht[19].

Art. 43 Deutsch-tunesischer Vertrag

(1) Öffentliche Urkunden, die in dem einen Staate aufgenommen und vollstreckbar sind, können[20] in dem anderen Staate für vollstreckbar erklärt werden.

(2) Das Gericht des Vollstreckungsstaates hat sich auf die Prüfung zu beschränken, ob die Ausfertigung[21] der öffentlichen Urkunde die für ihre Beweiskraft erforderlichen Voraussetzungen nach dem Recht des Staates erfüllt, in dem die Urkunde aufgenommen worden ist, und ob die Vollstreckbarerklärung der öffentlichen Ordnung des Vollstreckungsstaates widerspricht.

Kapitel IV
Sonstige Bestimmungen

Art. 44 Deutsch-tunesischer Vertrag

(1) Die Gerichte des einen Staates werden auf Antrag einer Prozeßpartei die Klage zurückweisen oder, falls sie es für zweckmäßig erachten, das Verfahren aussetzen, wenn ein Verfahren zwischen denselben Parteien und wegen desselben Gegenstandes in dem anderen Staate bereits anhängig ist und in diesem Verfahren eine Entscheidung ergehen kann, die in ihrem Staate anzuerkennen sein wird[22].

(2) Jedoch können in Eilfällen die Gerichte eines jeden Staates die in ihrem Recht vorgesehenen einstweiligen Maßnahmen einschließlich solcher, die auf eine Sicherung gerichtet sind, anordnen[23] und zwar ohne Rücksicht darauf, welches Gericht mit der Hauptsache befaßt ist.

Art. 45 Deutsch-tunesischer Vertrag

Dieser Titel berührt nicht die Bestimmungen anderer Verträge, die zwischen beiden Staaten gelten und die für besondere Rechtsgebiete die Anerkennung und Vollstreckung gerichtlicher Entscheidungen regeln.

---

[16] → Rdnr. 56 Fn. 10. S. auch Art. 46 → Rdnr. 153.
[17] → Rdnr. 145.
[18] Für das **deutsche** Recht → § 794 Rdnr. 13f.
[19] → § 328 Rdnr. 221 ff.
[20] Kein Ermessen, sondern rechtliche Befugnis. Unter den Voraussetzungen des Abs. 2 **muß** daher die Urkunde für vollstreckbar erklärt werden. S. auch Art. 46.
[21] Vollstreckungsklausel und Übersetzung sind ungeschriebene Erfordernisse, BR-Drucks. (Fn. 1).
[22] → § 261 Rdnr. 11 ff., § 328 Rdnr. 321, hier aber nur auf **Antrag** (wie → Rdnr. 79, aber im Gegensatz zu den meisten anderen Abkommen, z. B. → Rdnr. 64, 96, 119). So werden die in Art. 29 Nr. 4 und 5 genannten Fälle weitgehend vermieden; aber nur bei identischem Streitgegenstand. Soweit sich eine rechtskräftige Entscheidung nur präjudiziell auswirkt (→ § 322 Rdnr. 204 ff., 132 f.), trifft Art. 44 Abs. 1 keine Vorsorge. – Ist die Rechtshängigkeit im anderen Staat früher eingetreten u. ist dort bereits eine Sachentscheidung ergangen oder doch zu erwarten, so empfiehlt sich wegen Art. 29 Nr. 4 die Klagabweisung, während das Gericht des anderen Staates bis dahin das Verfahren aussetzt. In den übrigen Fällen ist die Aussetzung zweckmäßiger, insbesondere wenn im anderen Staat eine Abweisung als unzulässig möglich erscheint. Ist der Rechtsstreit im anderen Staat später rechtshängig geworden, so hat die Aussetzung den Sinn, daß die dort wegen Art. 29 Nr. 4, 44 Abs. 1 zu erwartende Klagabweisung abgewartet werden kann.
[23] S. §§ 916 ff. ZPO u. für die Fälle des Art. 28 Abs. 1 die §§ 620 ff. ZPO. Aus Abs. 2 folgt, daß die Anhängigkeit der Hauptsache im anderen Staat für § 926 Abs. 1 ZPO genügt.

Art. 46 Deutsch-tunesischer Vertrag

153 Die Vorschriften dieses Titels sind nur auf solche gerichtlichen Entscheidungen und Vergleiche sowie auf solche öffentlichen Urkunden anzuwenden, die nach dem Inkrafttreten dieses Vertrages erlassen oder errichtet werden.

IX. Vertrag zwischen der Bundesrepublik Deutschland und dem Staat Israel über die gegenseitige Anerkennung und Vollstreckung gerichtlicher Entscheidungen in Zivil- und Handelssachen (BGBl. 1980 II 928)

154 Der Vertrag[1] ist in Kraft seit 1.1. 1981 (BGBl. II 1531). Wegen der neuen Bundesländer → § 722 Rdnr. 2a, 9. Über den sachlichen Anwendungsbereich s. Art. 1f. (→ § 328 (20. Aufl.) Rdnr. 627f.); zum AusfG → Rdnr. 300ff., insbesondere 350–355.

Vollstreckung rechtskräftiger Entscheidungen und gerichtlicher Vergleiche

Art. 10 Deutsch-israelischer Vertrag

155 Entscheidungen der Gerichte in dem einen Staat[2], auf die dieser Vertrag anzuwenden ist, sind in dem anderen Staat zur Zwangsvollstreckung zuzulassen, wenn
 1. sie in dem Entscheidungsstaat vollstreckbar sind;
 2. sie in dem Staat, in dem die Zwangsvollstreckung durchgeführt werden soll (Vollstreckungsstaat), anzuerkennen sind.

Art. 11 Deutsch-israelischer Vertrag

156 Das Verfahren, in dem die Zwangsvollstreckung zugelassen wird, und die Zwangsvollstreckung selbst richten sich, soweit in diesem Vertrag nichts anderes bestimmt ist, nach dem Recht des Vollstreckungsstaats[3].

Art. 12 Deutsch-israelischer Vertrag

157 Ist der Partei, welche die Zwangsvollstreckung betreiben will, in dem Entscheidungsstaat das Armenrecht bewilligt worden, so genießt sie das Armenrecht ohne weiteres nach den Vorschriften des Vollstreckungsstaats für das Verfahren, in dem über die Zulassung der Zwangsvollstreckung entschieden wird, und für die Zwangsvollstreckung[4].

Art. 13 Deutsch-israelischer Vertrag

158 Den Antrag, die Zwangsvollstreckung zuzulassen, kann jeder stellen, der in dem Entscheidungsstaat berechtigt ist, Rechte aus der Entscheidung geltend zu machen[5].

Art. 14 Deutsch-israelischer Vertrag

159 (1) Der Antrag, die Zwangsvollstreckung zuzulassen, ist
 1. in der Bundesrepublik Deutschland an das Landgericht, 2. im Staat Israel an den District Court in Jerusalem, der sowohl sachlich als auch örtlich ausschließlich zuständig ist[6], zu richten.

---

[1] → § 328 (20. Aufl.) Rdnr. 624. Lit.: *Pirrung* IPRax 1982, 130; *Scheftelowitz* RIW 1982, 172; *Schütze* in Internationale Wirtschafts-Briefe 1981, 741; *Siehr* RabelsZ 50 (1986), 586; Komm. zum IZPR → Rdnr. 1 Fn. 1.
[2] Nach Art. 2 Abs. 1 S. 1 HS 2 sind mit »Entscheidungen« auch gerichtliche (→ dazu Rdnr. 56 Fn. 10) Vergleiche gemeint. Wegen Titeln aus der ehemaligen DDR → § 722 Rdnr. 2a.
[3] Für **Deutschland** → Rdnr. 300ff., insbesondere 350–355. **Kosten** → Rdnr. 308 Fn. 28f. – Für **Israel** VO Nr. 4237 vom 24.5.1981, abgedruckt bei *Bülow/Böckstiegel/Pirrung* Der internationale Rechtsverkehr[3]. → auch Rdnr. 159 Fn. 6.
[4] Ohne Einschränkungen, also auch für Beschwerdeverfahren u. die ZV, insofern erheblich günstiger als → Rdnr. 44.
[5] → Rdnr. 31 Fn. 13.
[6] Den Antrag läßt Israel gemäß Abs. 3 dennoch nach Art. 13 bei jedem zuständigen Gericht zu, BGBl. II 1990 S. 3.

(2) Örtlich zuständig ist in der Bundesrepublik Deutschland das Landgericht, in dessen Bezirk der Schuldner seinen Wohnsitz und bei Fehlen eines solchen Vermögen hat oder die Zwangsvollstreckung durchgeführt werden soll[7].

(3) Jede Vertragspartei[8] kann durch eine Erklärung gegenüber der anderen Vertragspartei ein anderes Gericht als zuständig im Sinne des Absatzes 1 bestimmen.

Art. 15 Deutsch-israelischer Vertrag

(1) Die Partei, welche die Zulassung zur Zwangsvollstreckung beantragt, hat beizubringen: **160**
1. eine von dem Gericht in dem Staat, in dem die Entscheidung ergangen ist, hergestellte beglaubigte Abschrift der Entscheidung;
2. den Nachweis, daß die Entscheidung rechtskräftig ist[9];
3. den Nachweis, daß die Entscheidung nach dem Recht des Entscheidungsstaats vollstreckbar ist[10];
4. wenn der Antragsteller nicht der in der Entscheidung benannte Gläubiger ist, den Nachweis seiner Berechtigung[11];
5. die Urschrift oder beglaubigte Abschrift der Zustellungsurkunde oder einer anderen Urkunde, aus der sich ergibt, daß die Entscheidung der Partei, gegen welche die Zwangsvollstreckung betrieben werden soll, zugestellt worden ist;
6. die Urschrift oder eine beglaubigte Abschrift der Urkunde, aus der sich ergibt, daß die den Rechtsstreit einleitende Klage, Vorladung oder ein anderes der Einleitung des Verfahrens dienendes Schriftstück[12] dem Beklagten nach dem Recht des Entscheidungsstaats zugestellt worden ist, sofern sich der Beklagte auf das Verfahren, in dem die Entscheidung ergangen ist, nicht zur Hauptsache eingelassen hat;
7. eine Übersetzung der vorerwähnten Urkunden in die oder eine Sprache des Vollstreckungsstaats, die von einem amtlich bestellten oder vereidigten Übersetzer oder einem dazu befugten Notar eines der beiden Staaten als richtig bescheinigt sein muß.

(2) Die in dem vorstehenden Absatz angeführten Urkunden bedürfen keiner Legalisation und vorbehaltlich des Absatzes 1 Nummer 7 keiner ähnlichen Förmlichkeit.

Art. 16 Deutsch-israelischer Vertrag

(1) Bei der Entscheidung über den Antrag auf Zulassung der Zwangsvollstreckung hat sich das **161** angerufene Gericht auf die Prüfung zu beschränken, ob die nach Artikel 15 erforderlichen Urkunden beigebracht sind und ob einer der in Artikel 5 oder 6 Absatz 2 genannten Versagungsgründe vorliegt.

(2) Gegen die Zulassung der Zwangsvollstreckung kann der Schuldner auch vorbringen, es stünden ihm Einwendungen gegen den Anspruch selbst[13] zu aus Gründen, die erst nach Erlaß[14] der Entscheidung entstanden seien. Das Verfahren, in dem die Einwendungen geltend gemacht werden können, richtet sich nach dem Recht des Staates, in dem die Zwangsvollstreckung durchgeführt werden soll[15]. Darüber hinaus darf die Entscheidung nicht nachgeprüft werden.

(3) Die Entscheidung über den Antrag auf Zulassung der Zwangsvollstreckung ist auszusetzen, wenn der Schuldner nachweist, daß die Vollstreckung gegen ihn einzustellen sei und daß er die Voraussetzungen erfüllt hat, von denen die Einstellung abhängt[16].

Art. 17 Deutsch-israelischer Vertrag

Das Gericht kann auch nur einen Teil[17] der Entscheidung zur Zwangsvollstreckung zulassen, **162**
1. wenn die Entscheidung einen oder mehrere Ansprüche betrifft und die betreibende Partei bean-

---

[7] → Rdnr. 350; zum Gerichtsstand der ZV → Rdnr. 302 Fn. 10, wegen § 36 Nr. 3 → § 722 Fn. 62, Rdnr. 15. Ausschließlichkeit nur für den District Court, dies auch nur für das Verfahren, nicht den Antrag → Fn. 6.
[8] → Fn. 6.
[9] Wegen nicht rechtskräftiger Entscheidungen → Rdnr. 165 f.
[10] Für **deutsche** Titel nach §§ 724 ff. Soweit im Inland entbehrlich, → Rdnr. 333. Zur Form ausländischer Ausfertigungen → Rdnr. 55 Fn. 8.
[11] Gemeint sind wohl nicht nur Tatbestände wie §§ 727 ff., sondern im Falle einer Vertretung auch Nachweis der Vertretungsmacht.

[12] → Rdnr. 46 Fn. 74.
[13] → dazu Rdnr. 313 Fn. 39. Wegen **§ 323** → § 723 Rdnr. 4 a Fn. 13.
[14] → dazu Rdnr. 313 Fn. 40.
[15] Wegen § 5 AVAG erst mit Beschwerde → Rdnr. 313.
[16] Zur Berücksichtigung einer Aufhebung oder Änderung des Titels noch im Rechtsbeschwerdeverfahren s. *BGH* NJW 1980, 2022 = FamRZ 672.
[17] → dazu Rdnr. 42 Fn. 63, § 722 Rdnr. 20.

tragt, die Entscheidung nur hinsichtlich eines oder einiger Ansprüche oder hinsichtlich eines Teils des Anspruchs zur Zwangsvollstreckung zuzulassen;

2. wenn die Entscheidung einen oder mehrere Ansprüche betrifft und der Antrag nur wegen eines oder einiger Ansprüche oder nur hinsichtlich eines Teils des Anspruchs begründet ist.

Art. 18 Deutsch-israelischer Vertrag

163   Wird die Entscheidung zur Zwangsvollstreckung zugelassen, so ordnet das Gericht erforderlichenfalls zugleich die Maßnahmen an, die zum Vollzug der Entscheidung notwendig sind[18].

Art. 19 Deutsch-israelischer Vertrag

164   Die Vollstreckung gerichtlicher[19] Vergleiche richtet sich nach den Artikeln 10 bis 18; jedoch sind die Vorschriften des Artikels 15 Absatz 1 Nummer 2 und 6 nicht anzuwenden.

Vollstreckung nicht rechtskräftiger Entscheidungen in Unterhaltssachen

Art. 20 Deutsch-israelischer Vertrag

165   Entscheidungen, die Unterhaltspflichten zum Gegenstand haben, sind in entspr. Anwendung der Artikel 10 bis 18 zur Zwangsvollstreckung zuzulassen, auch wenn sie noch nicht rechtskräftig sind[20].

Vollstreckung anderer nicht rechtskräftiger Entscheidungen

Art. 21 Deutsch-israelischer Vertrag

166   Andere Entscheidungen, die noch nicht rechtskräftig sind, werden in entspr. Anwendung der Artikel 10 bis 18 zur Zwangsvollstreckung zugelassen. Jedoch sind in diesem Falle nur solche Maßnahmen zulässig, die der Sicherung des betreibenden Gläubigers dienen[21].

Art. 22 Deutsch-israelischer Vertrag

167   (1) Die Gerichte in dem einen Staat werden auf Antrag einer Prozeßpartei die Klage zurückweisen oder, falls sie es für zweckmäßig erachten, das Verfahren aussetzen, wenn ein Verfahren zwischen denselben Parteien und wegen desselben Gegenstandes in dem anderen Staat bereits anhängig ist und in diesem Verfahren eine Entscheidung ergehen kann, die in ihrem Staat nach den Vorschriften dieses Vertrages anzuerkennen sein wird[22].

(2) Jedoch können in Eilfällen die Gerichte eines jeden Staates die in ihrem Recht vorgesehenen einstweiligen Maßnahmen, einschließlich solcher, die auf eine Sicherung gerichtet sind, anordnen, und zwar ohne Rücksicht darauf, welches Gericht mit der Hauptsache befaßt ist[23].

Art. 23 Deutsch-israelischer Vertrag

168   Die Anerkennung oder Vollstreckung einer Entscheidung über die Kosten des Prozesses kann aufgrund dieses Vertrages nur bewilligt werden, wenn er auf die Entscheidung in der Hauptsache anzuwenden wäre.

Art. 24 Deutsch-israelischer Vertrag

169   Die Anerkennung oder Zulassung der Zwangsvollstreckung kann verweigert werden, wenn 25 Jahre vergangen sind, seitdem die Entscheidung mit ordentlichen Rechtsmitteln nicht mehr angefochten werden konnte.

---

[18] Wie → Rdnr. 113 Fn. 13.
[19] Nicht andere → Rdnr. 56 Fn. 10.
[20] Zur Vollstreckbarkeit → aber Rdnr. 160 Fn. 10.
[21] → Rdnr. 352f. Diese Einschränkung trägt der Unsicherheit des Titelbestands Rechnung u. ist daher zu unterscheiden von der ohnehin vorläufig stattfindenden Beschränkung auf sichernde Maßnahme → Rdnr. 320.
[22] Wie → Rdnr. 151 Fn. 22.
[23] Wie → Rdnr. 151 Fn. 23.

Art. 25 Deutsch-israelischer Vertrag

(1) Dieser Vertrag berührt nicht die Bestimmungen anderer zwischenstaatlicher Übereinkünfte, die zwischen beiden Staaten gelten und die für besondere Rechtsgebiete die Anerkennung und Vollstreckung gerichtlicher Entscheidungen regeln.

(2) Die Anerkennung und die Vollstreckung von Schiedssprüchen bestimmen sich nach den zwischenstaatlichen Übereinkünften, die für beide Staaten in Kraft sind[24].

170

Art. 26 Deutsch-israelischer Vertrag

(1) Die Vorschriften dieses Vertrages sind nur auf solche gerichtlichen Entscheidungen und Vergleiche anzuwenden, die nach dem Inkrafttreten dieses Vertrages erlassen oder errichtet werden und Sachverhalte zum Gegenstand haben, die nach dem 1. Januar 1966 entstanden sind.

(2) Die Anerkennung und Vollstreckung von Schuldtiteln, die nicht unter diesen Vertrag oder andere Verträge, die zwischen beiden Staaten gelten oder gelten werden, fallen, bestimmt sich weiter nach allgemeinen Vorschriften[25].

171

Art. 27 Deutsch-israelischer Vertrag

Jeder Vertragsstaat teilt dem anderen Vertragsstaat seine Rechtsvorschriften mit, die
1. für den Nachweis, daß die Entscheidung rechtskräftig ist (Artikel 15 Absatz 1 Nummer 2), und
2. für den Nachweis, daß die Entscheidung vollstreckbar ist (Artikel 15 Absatz 1 Nummer 3),
maßgebend sind.

172

Art. 28 Deutsch-israelischer Vertrag

Alle Schwierigkeiten, die bei der Anwendung dieses Vertrages entstehen, werden auf diplomatischem Wege geregelt.

173

Art. 29 Deutsch-israelischer Vertrag

(nicht abgedruckt, regelt Geltung im Land Berlin)

174

X. Vertrag zwischen der Bundesrepublik Deutschland und dem Königreich Norwegen über die gegenseitige Anerkennung und Vollstreckung gerichtlicher Entscheidungen und anderer Schuldtitel in Zivil- und Handelssachen (BGBl. 1981 II 342)

Der Vertrag[1] ist in Kraft seit 3.X. 1981 (BGBl. II 901). Wegen der neuen Bundesländer → § 722 Rdnr. 2a, 9. Es wird im Bereich des **Luganer Abkommens**[2] nach dessen Art. 55 (vorbehaltlich Art. 56) durch dieses ersetzt. Über den sachlichen Anwendungsbereich s. Art. 1–4 (→ § 328 (20. Aufl.) Rdnr. 685) sowie Art. 18f. → Rdnr. 184. Zum **AusfG** → Rdnr. 300ff., insbesondere 342–349.

175

Dritter Abschnitt
Vollstreckung gerichtlicher Entscheidungen

Art. 10 Deutsch-norwegischer Vertrag

(1) Entscheidungen der Gerichte des einen Staates[3], auf die dieser Vertrag anzuwenden ist, sind in dem anderen Staat zur Zwangsvollstreckung zuzulassen, wenn

176

---

[24] → Länderübersicht H vor § 1044 (Rdnr. 88).
[25] In **Deutschland** also §§ 328, 722f., § 1 FamRÄndG, in **Israel** das G über die ZV ausländischer Urteile von 1958, abgedruckt bei *Scheftelowitz* Israelische ZP-vorschriften (1981), 124.
[1] Denkschrift u. Unterhändlerbericht BT-Drucks. 8/3864; 9/66. Zum AusfG, das durch das AVAG abgelöst wurde, BT-Drucks. 8/3865; 9/67. Lit.: *Pirrung* IPrax 1982, 130; *Schütze* in Internationale Wirtschafts-Briefe 1982, 245; Komm. zum IZPR → Rdnr. 1 Fn. 1.
[2] → Rdnr. 30 Fn. 6.
[3] Wegen Titeln aus der ehemaligen DDR → § 722 Rdnr. 2a.

Anhang zu § 723 B X   Erster Abschnitt: Allgemeine Vorschriften

1. sie in dem Entscheidungsstaat vollstreckbar sind[4];
2. sie in dem Staat, in dem die Zwangsvollstreckung durchgeführt werden soll (Vollstreckungsstaat), anzuerkennen sind.

(2) Auf Grund noch nicht rechtskräftiger Entscheidungen kann eine nach Maßgabe des Artikels 17 beschränkte Zwangsvollstreckung beantragt werden[5], sofern die Entscheidungen auf eine bestimmte Geldsumme lauten.

Art. 11 Deutsch-norwegischer Vertrag

177   Das Verfahren, in dem die Zwangsvollstreckung zugelassen wird, und die Zwangsvollstreckung selbst richten sich, vorbehaltlich der Bestimmungen dieses Vertrages, nach dem Recht des Vollstreckungsstaates[6].

Vollstreckung rechtskräftiger Entscheidungen

Art. 12 Deutsch-norwegischer Vertrag

178   Den Antrag, die Zwangsvollstreckung zuzulassen, kann jeder stellen, der in dem Entscheidungsstaat Rechte aus der Entscheidung herleiten kann[7].

Art. 13 Deutsch-norwegischer Vertrag

179   (1) Der Antrag, die Zwangsvollstreckung zuzulassen, ist
1. in der Bundesrepublik Deutschland an das Landgericht,
2. im Königreich Norwegen an das namsrett zu richten.

(2) Örtlich zuständig ist
1. in der Bundesrepublik Deutschland das Landgericht, in dessen Bezirk der Schuldner seinen Wohnsitz und bei Fehlen eines solchen Vermögen hat oder die Zwangsvollstreckung durchgeführt werden soll[8],
2. im Königreich Norwegen, vorbehaltlich der sich aus Nummer 6 des diesem Vertrage beigefügten Protokolls[9] ergebenden Ausnahmen, das namsrett, in dessen Bezirk der Schuldner seinen Wohnsitz hat[10], und, wenn die Zwangsvollstreckung zur Erwirkung der Herausgabe einer Sache durchgeführt werden soll, das namsrett, in dessen Bezirk sich diese Sache befindet.

Art. 14 Deutsch-norwegischer Vertrag

180   (1) Die Partei, welche die Zulassung der Zwangsvollstreckung beantragt, hat beizubringen
1. eine Ausfertigung der Entscheidung, die auch die Gründe enthalten muß[11];

---

[4] Rechtskräftige Entscheidungen nach Art. 5 Nr. 1, andere → Rdnr. 183; Unterhaltssachen nur nach Art. 4 mit HaagÜ 1973 → Rdnr. 19.
[5] → Rdnr. 343, 345.
[6] → Rdnr. 300–335, 342–349.
[7] → Rdnr. 31 Fn. 13.
[8] Wie → Rdnr. 362 Fn. 3, zusätzlich → Rdnr. 342 (wie § 23).
[9] Es sieht in **Nr. 5** vor, daß jede Vertragspartei ein anderes Gericht für zuständig erklären kann, »wenn dies durch eine Änderung der innerstaatlichen Gesetzgebung erforderlich wird«. – **Nr. 6** nennt als Ausnahmen §§ 21, 78 des norwegischen G über die ZV vom 13.8.1915. – **Nr. 7** sieht Notifizierung der Erklärungen gemäß (Nr. 4 und) Nr. 5 sowie deren jederzeit mögliche Rücknahme vor.
§ 21. Zwangsvollstreckungsbehörde ist, wenn nicht das Gesetz etwas anderes bestimmt, das namsrett und der Vollstreckungsbeamte, in dessen Bezirk eine Vollstreckungshandlung durchgeführt werden soll oder worden ist.
Die Parteien können nicht die Zuständigkeit einer anderen als der nach dem Gesetz zuständigen Zwangsvollstreckungsbehörde vereinbaren.

§ 78. Die Zwangsvollstreckung wegen Geldforderungen ist zuerst an dem Ort zu versuchen, an dem der Schuldner seinen Wohnsitz hat oder der auf Grund gesetzlicher Vorschriften als sein Wohnsitz in rechtlichen Angelegenheiten gilt. In Vermögensgegenstände, die sich an einem anderen Ort befinden, kann vollstreckt werden:
1. wenn der Schuldner zustimmt;
2. wenn die Zwangsvollstreckung am Wohnsitz des Schuldners nicht zur vollen Befriedigung führt oder wenn von vornherein anzunehmen ist, daß an seinem Wohnsitz zur Befriedigung ausreichendes pfändbares Vermögen nicht vorhanden ist;
3. wenn der Schuldner im Inland keinen bekannten Wohnsitz hat;
4. wenn in einen Gegenstand vollstreckt werden soll, an dem die betreibende Partei ein Pfandrecht oder Zurückbehaltungsrecht wegen des Anspruchs hat.
[10] Wegen mehrerer Schuldner mit unterschiedlichem Wohnsitz → § 722 Rdnr. 13 Fn. 62.
[11] → dazu Rdnr. 332 sowie § 313a Abs. 2 Nr. 4, § 313b Abs. 3, § 922 Abs. 1 S. 2.

2. den Nachweis, daß die Entscheidung rechtskräftig ist[12];
3. den Nachweis, daß die Entscheidung vollstreckbar ist;
4. die Urschrift oder eine beglaubigte Abschrift der Zustellungsurkunde oder einer anderen Urkunde, aus der sich ergibt, daß die Entscheidung der Partei, gegen welche die Zwangsvollstreckung betrieben werden soll, zugestellt worden ist;
5. die Urschrift oder eine beglaubigte Abschrift der Urkunde, aus der sich ergibt, daß das der Einleitung des Verfahrens dienende Schriftstück[13] dem Beklagten ordnungsmäßig zugestellt worden ist, sofern sich der Beklagte auf das Verfahren, in dem die Entscheidung ergangen ist, nicht eingelassen hatte;
6. eine Übersetzung der vorerwähnten Urkunden in die Sprache des angerufenen Gerichts, die von einem diplomatischen oder konsularischen Vertreter oder von einem amtlich bestellten oder vereidigten Übersetzer eines der beiden Staaten als richtig bescheinigt sein muß.

(2) Die Nachweise nach Absatz 1 Nr. 2 und 3 werden durch eine Bescheinigung geführt, die der nach dem Recht des Entscheidungsstaates zuständige Beamte des Gerichts ausstellt, das die zu vollstreckende Entscheidung erlassen hat oder das diesem Gericht im Rechtszuge übergeordnet ist.

(3) Die in den Absätzen 1 und 2 erwähnten Urkunden bedürfen keiner Legalisation oder sonstigen Beglaubigung.

Art. 15 Deutsch-norwegischer Vertrag

(1) In dem Verfahren, in dem die Zwangsvollstreckung zugelassen wird, darf nur geprüft werden, ob
1. die nach Artikel 14 erforderlichen Urkunden beigebracht sind;
2. die Zuständigkeit der Gerichte des Entscheidungsstaates nach Artikel 8 anzuerkennen ist;
3. einer der in Artikel 6 und in Artikel 7 Abs. 2 genannten Versagungsgründe vorliegt.

(2) Gegen die Zulassung der Zwangsvollstreckung kann der Schuldner auch vorbringen, es stünden ihm Einwendungen gegen den Anspruch selbst zu[14] aus Gründen, die erst nach Erlaß[15] der Entscheidung entstanden seien.

(3) Darüber hinaus darf die Entscheidung nicht nachgeprüft werden.

(4) Nach dem Recht des Vollstreckungsstaates bestimmt sich, inwieweit Umstände, die der Zulassung der Zwangsvollstreckung entgegenstehen können, von Amts wegen oder nur auf Vorbringen des Schuldners zu berücksichtigen sind.

Art. 16 Deutsch-norwegischer Vertrag

Die Zwangsvollstreckung kann auch nur für einen Teil[16] der Entscheidung zugelassen werden, wenn
1. die Entscheidung einen oder mehrere Ansprüche betrifft und der Gläubiger beantragt, die Zwangsvollstreckung nur hinsichtlich eines Teils des Anspruchs oder hinsichtlich eines oder einiger Ansprüche zuzulassen;
2. die Entscheidung mehrere Ansprüche betrifft und der Antrag des Gläubigers, die Zwangsvollstreckung zuzulassen, nur wegen eines oder einiger Ansprüche begründet ist.

Vollstreckung nicht rechtskräftiger Entscheidungen

Art. 17 Deutsch-norwegischer Vertrag

(1) Für die Zulassung der Zwangsvollstreckung aus Entscheidungen, die noch nicht rechtskräftig sind (Artikel 10 Abs. 2), gelten die Artikel 12 bis 16 entsprechend. Wird einem Antrag des Gläubigers (Artikel 10 Abs. 2, Artikel 12) stattgegeben, so sind nur solche Maßnahmen zulässig, die der Sicherung des Gläubigers dienen[17].

(2) Ist die Zwangsvollstreckung von einer Sicherheitsleistung abhängig, so hat die Partei, welche die Zulassung der Zwangsvollstreckung beantragt, den Nachweis zu erbringen, daß die Sicherheit geleistet worden ist[18].

---

[12] Zunächst nicht nötig, wenn der Titel auf eine bestimmte Geldsumme lautet, Art. 10 Abs. 2. Näheres für norwegische Titel → Rdnr. 343 Fn. 111.
[13] → dazu Rdnr. 46 Fn. 74.
[14] → § 723 Rdnr. 3f., auch unten Rdnr. 313 Fn. 39. wegen § 323 → § 723 Rdnr. 4a Fn. 13. Zu mißbräuchlicher Berufung auf falsche Parteibezeichnung oder Parteiverwechslung → Rdnr. 363 Fn. 5.
[15] → dazu Rdnr. 313 Fn. 40.
[16] → § 722 Rdnr. 20, Rdnr. 42 Fn. 25 m.
[17] → Rdnr. 343, 345.
[18] § 751 Abs. 2.

Vierter Abschnitt
Vollstreckung aus anderen Schuldtiteln

Art. 18 Deutsch-norwegischer Vertrag

184 (1) Vergleiche, die in Verfahren vor den Gerichten des einen Staates abgeschlossen und zu gerichtlichem Protokoll genommen worden sind[19], werden in dem anderen Staat zur Zwangsvollstreckung zugelassen, wenn
1. in dem Falle, daß eine gerichtliche Entscheidung über den Gegenstand des Vergleichs ergangen wäre, sie unter den Anwendungsbereich dieses Vertrages fallen würde;
2. der Vergleich in dem Staat, in dem er abgeschlossen wurde, vollstreckbar ist.

(2) Für den Antrag, die Zwangsvollstreckung zuzulassen, und für das weitere Verfahren gelten die Artikel 11 bis 16 entsprechend. Bei der Entscheidung über den Antrag auf Zulassung der Zwangsvollstreckung hat sich das angerufene Gericht auf die Prüfung zu beschränken, ob
1. die nach Artikel 14 Abs. 1 Nr. 1, 3, 4 und 6 erforderlichen Urkunden beigebracht sind;
2. die Parteien nach dem Recht des Vollstreckungsstaates berechtigt sind, über den Gegenstand des Verfahrens einen Vergleich zu schließen[20];
3. die Zwangsvollstreckung der öffentlichen Ordnung des Vollstreckungsstaates nicht widerspricht.

Art. 19 Deutsch-norwegischer Vertrag

185 Die Anerkennung und die Vollstreckung von Schiedssprüchen bestimmen sich nach den Übereinkünften, die zwischen beiden Staaten jeweils in Kraft sind[21].

XI. Gesetz zu dem Vertrag vom 14. November 1983 zwischen der Bundesrepublik Deutschland und Spanien über die Anerkennung und Vollstreckung von gerichtlichen Entscheidungen und Vergleichen sowie vollstreckbaren öffentlichen Urkunden in Zivil- und Handelssachen (BGBl. 1987 II 39)

186 Der **Vertrag**[1] ist in Kraft seit 18. IV. 1988 (BGBl. II 207, berichtigt III 375). Nach Inkrafttreten des 3. Beitrittsübereinkommens bleibt er anwendbar in Ehe-, Familien- und Erbschaftssachen, Art. 7 f. Wegen der neuen Bundesländer → § 722 Rdnr. 2 a, 9. Über den sachlichen Anwendungsbereich s. Art. 1–3 → § 328 (20. Aufl.) Rdnr. 745; zum **AusfG** → Rdnr. 300 ff., insbesondere 356.

Dritter Abschnitt
Vollstreckung gerichtlicher Entscheidungen

Art. 11 Deutsch-spanischer Vertrag

187 Entscheidungen der Gerichte des einen Vertragsstaates[2] sind in dem anderen Vertragsstaat in einem einfachen und schnellen Verfahren zur Vollstreckung zuzulassen[3], wenn
1. sie in dem Ursprungsstaat vollstreckbar sind[4];
2. sie in dem ersuchten Staat die für die Anerkennung erforderlichen Voraussetzungen erfüllen.

Art. 12 Deutsch-spanischer Vertrag

188 Das Verfahren, in dem die Vollstreckung der gerichtlichen Entscheidungen zugelassen wird[5], und die Vollstreckung selbst richten sich, soweit in diesem Vertrag nichts anderes bestimmt ist, nach dem Recht des ersuchten Staates.

---

[19] Nicht andere → Rdnr. 56 Fn. 10.
[20] Für deutsche Titel → § 794 Rdnr. 13 f.
[21] → H vor § 1044 (nach Rdnr. 88).
[1] Art. 1–10 → § 328 (20. Aufl.) Rdnr. 745. Lit.: BT-Drucks. 10/5415; *Böhmer* IPrax 1988, 334; 1990, 334; *Grube* EuZW 1992, 17; *Löber* RIW 1987, 429; 1988, 312; *Niemeyer* IPrax 1992, 265.

[2] Wegen Titeln aus der ehemaligen DDR → § 722 Rdnr. 2 a.
[3] Für **Deutschland** → Rdnr. 335, 356. Zur ZV in Spanien *Böhmer* IPrax 1990, 337 f.
[4] Art. 4 Nr. 2 verlangt Rechtskraft.
[5] Für **Deutschland** → Rdnr. 300–335, 356. – Für **Spanien** ausführlich *Niemeyer* (Fn. 1) mwN.

Art. 13 Deutsch-spanischer Vertrag

(1) Eine Sicherheitsleistung oder Hinterlegung als Garantie für die Bezahlung der Kosten[6] darf – gleichviel unter welcher Bezeichnung – wegen der Staatsangehörigkeit oder des Wohnsitzes des Antragstellers nicht verlangt werden, wenn dieser seinen gewöhnlichen Aufenthalt oder, falls es sich nicht um eine natürliche Person handelt, seine Hauptniederlassung im Ursprungsstaat hat.

(2) Wird der Antrag, die Vollstreckung zuzulassen, zurückgewiesen, so wird diese Entscheidung im anderen Vertragsstaat ohne Prüfung der Zuständigkeit anerkannt und zur Vollstreckung[7] zugelassen.

Art. 14 Deutsch-spanischer Vertrag

Ist der Partei, welche die Vollstreckung betreiben will, in dem Ursprungsstaat Prozeßkostenhilfe bewilligt worden, so erhält sie Prozeßkostenhilfe ohne weiteres nach den Vorschriften des ersuchten Staates für das Verfahren, in dem über die Zulassung der Vollstreckung entschieden wird, und für die Vollstreckung selbst[8].

Art. 15 Deutsch-spanischer Vertrag

Den Antrag, die Vollstreckung zuzulassen, kann jeder stellen, der in dem Ursprungsstaat Rechte aus der Entscheidung herleiten kann[9].

Art. 16 Deutsch-spanischer Vertrag

(1) Die Partei, welche die Zulassung der Vollstreckung beantragt, hat beizubringen:
1. eine Ausfertigung der Entscheidung mit Gründen[10];
2. eine gerichtliche Urkunde oder gerichtliche Urkunden, aus denen sich ergibt, daß die Entscheidung im Ursprungsstaat nicht mehr mit einem ordentlichen Rechtsbehelf[11] angefochten werden kann und nach dem Recht des Ursprungsstaates vollstreckbar ist[12];
3. die Urschrift oder beglaubigte Abschrift der Zustellungsurkunde oder einer anderen Urkunde, aus der sich ergibt, daß die Entscheidung der Partei, gegen welche die Vollstreckung betrieben werden soll, zugestellt worden ist;
4. die Urschrift oder beglaubigte Abschrift der Urkunde oder der Urkunden, aus denen sich ergibt, daß das der Einleitung des Verfahrens dienende Schriftstück[13] dem Beklagten ordnungsgemäß zugestellt worden ist, sofern sich der Beklagte auf das Verfahren, in dem die Entscheidung ergangen ist, nicht eingelassen hatte;
5. gegebenenfalls eine Urkunde oder Urkunden, durch die nachgewiesen wird, daß der Partei im Ursprungsstaat Prozeßkostenhilfe bewilligt worden ist;
6. eine Übersetzung der vorerwähnten Urkunden in die Sprache des ersuchten Staates, die von einem vereidigten Übersetzer, einem diplomatischen oder konsularischen Vertreter oder einer sonstigen dazu ermächtigten Person eines der beiden Staaten als richtig bescheinigt sein muß.

(2) Die in dem vorstehenden Absatz angeführten Urkunden bedürfen keiner Legalisation und keiner sonstigen Förmlichkeit.

(3) Der Antrag ist nur zulässig, wenn die in Absatz 1 aufgezählten Urkunden beigebracht werden.

Art. 17 Deutsch-spanischer Vertrag

Wird der Antrag nicht als unzulässig zurückgewiesen, so hat sich das ersuchte Gericht auf die Prüfung zu beschränken, ob die Voraussetzungen des Artikels 4 vorliegen und ob einer der in den Artikeln 5 und 6 Absatz 2 genannten Versagungsgründe vorliegt.

---

[6] Vgl. § 110.
[7] Insoweit sind die Kosten gemeint.
[8] Kraft Gesetzes u. ohne Einschränkungen, also auch für Beschwerdeverfahren u. ZV.
[9] Zur Berechtigung → Art. 31 Fn. 13.
[10] S. § 313a Abs. 1 Nr. 4, § 313b Abs. III, notfalls nachträglich → Rdnr. 332; die ausdrückliche Erwähnung der Vollstreckungsbescheide in Art. 2 Nr. 1a deutet darauf hin, daß insoweit Gründe entbehrlich sind, → auch Rdnr. 129 Fn. 8.
[11] → § 328 Rdnr. 111; maßgebend ist das Recht des Ursprungsstaats.
[12] Für deutsche Entscheidungen nach §§ 724ff., auch für Vollstreckungsbescheide → Rdnr. 333.
[13] → Rdnr. 46 Fn. 74.

Art. 18 Deutsch-spanischer Vertrag

194   Das ersuchte Gericht kann auch nur einen Teil[14] der Entscheidung zur Vollstreckung zulassen,
  1. wenn die Entscheidung einen oder mehrere Ansprüche betrifft und die betreibende Partei beantragt, die Entscheidung nur hinsichtlich eines oder einiger Ansprüche oder hinsichtlich eines Teils des Anspruchs zur Vollstreckung zuzulassen;
  2. wenn die Entscheidung einen oder mehrere Ansprüche betrifft und der Antrag nur wegen eines oder einiger Ansprüche oder nur hinsichtlich eines Teils des Anspruchs begründet ist.

Art. 19 Deutsch-spanischer Vertrag

195   Wird die Entscheidung zur Vollstreckung zugelassen, so ergreift das Gericht erforderlichenfalls zugleich die Maßnahmen, die zum Vollzug der Entscheidung notwendig sind[15].

Vollstreckung aus gerichtlichen Vergleichen und vollstreckbaren öffentlichen Urkunden

Art. 20 Deutsch-spanischer Vertrag

196   (1) Die in Artikel 1 Absatz 2 aufgeführten gerichtlichen Vergleiche[16] und öffentlichen Urkunden werden im anderen Vertragsstaat wie gerichtliche Entscheidungen anerkannt und zur Vollstreckung zugelassen, wenn sie im Ursprungsstaat vollstreckbar sind[17].
  (2) Für die Zulassung der Vollstreckung und das Verfahren gelten die Artikel 11 bis 16 und 18 entsprechend.
  (3) Das ersuchte Gericht hat sich auf die Prüfung zu beschränken,
  1. ob die erforderlichen Urkunden beigebracht sind;
  2. ob die Vollstreckung mit der öffentlichen Ordnung des ersuchten Staates offensichtlich unvereinbar ist.

Vierter Abschnitt: Rechtshängigkeit und Transfer

Art. 21 Deutsch-spanischer Vertrag

197   (1) Die Gerichte in dem einen Vertragsstaat werden gegebenenfalls die Klage zurückweisen oder, falls sie es für zweckmäßig erachten, das Verfahren aussetzen, wenn ein Verfahren zwischen denselben Parteien und wegen desselben Gegenstandes vor einem Gericht des anderen Vertragsstaates bereits anhängig ist und in diesem Verfahren eine Entscheidung ergehen kann, die in ihrem Staat nach den Vorschriften dieses Vertrages anzuerkennen sein wird[18].
  (2) Jedoch können in Eilfällen die Gerichte eines jeden Vertragsstaates die in ihrem Recht vorgesehenen einstweiligen Maßnahmen einschließlich solcher, die auf eine Sicherung gerichtet sind, anordnen, und zwar ohne Rücksicht darauf, welches Gericht mit der Hauptsache befaßt ist[19].

Art. 22 Deutsch-spanischer Vertrag

198   Die Vertragsstaaten werden bei der Anwendung dieses Vertrages den Transfer hinsichtlich des Gegenstands der Vollstreckung nach Maßgabe ihrer Rechtsvorschriften erleichtern.

---

[14] → Rdnr. 42 Fn. 63, Rdnr. 308 Fn. 27, § 722 Rdnr. 20.
[15] → Rdnr. 113 Fn. 13.
[16] Nicht andere → Rdnr. 56 Fn. 10.
[17] Für deutsche Urkunden → § 794 Rdnr. 83, § 795.
[18] Von Amts wegen wie → Rdnr. 64, 96, 119; im übrigen → Rdnr. 151 Fn. 22.
[19] Wie → Rdnr. 151 Fn. 23.

Fünfter Abschnitt: Schlußbestimmungen

Art. 23 Deutsch-spanischer Vertrag

(1) Dieser Vertrag berührt nicht die Bestimmungen anderer zwischenstaatlicher Übereinkünfte, die zwischen beiden Staaten gelten oder gelten werden und die für besondere Rechtsgebiete die Anerkennung und Vollstreckung gerichtlicher Entscheidungen oder anderer Schuldtitel regeln[20].   **199**

(2) Dieser Vertrag berührt nicht die günstigeren Bestimmungen des internen Rechts eines Vertragsstaates[21], durch das die Anerkennung und Vollstreckung gerichtlicher Entscheidungen und Vergleiche und vollstreckbarer öffentlicher Urkunden über diesen Vertrag hinaus erleichtert wird.

Art. 24 Deutsch-spanischer Vertrag

(1) Dieser Vertrag ist nur auf solche gerichtlichen Entscheidungen und Vergleiche sowie vollstreckbaren öffentlichen Urkunden anzuwenden, die nach seinem Inkrafttreten[22] rechtskräftig oder errichtet werden.   **200**

(2) Ungeachtet der Bestimmungen des vorstehenden Absatzes wird dieser Vertrag auch auf Entscheidungen über den Ehe- und Familienstand angewendet, die vor Inkrafttreten dieses Vertrages rechtskräftig geworden sind, vorausgesetzt, daß diese nicht in Abwesenheit des Beklagten ergangen sind.

Art. 25 Deutsch-spanischer Vertrag

(Nicht abgedruckt, regelt Geltung im Land Berlin)   **201**

Art. 26 Deutsch-spanischer Vertrag

Schwierigkeiten, die bei der Anwendung dieses Vertrages entstehen, werden auf diplomatischem Wege geregelt.   **202**

Art. 27 Deutsch-spanischer Vertrag

(nicht abgedruckt, betrifft Ratifikation)   **203**

C. Ausführungsvorschriften

I. Gesetz zur Ausführung zwischenstaatlicher Anerkennungs- und Vollstreckungsverträge in Zivil- und Handelssachen (Anerkennungs- und Vollstreckungsausführungsgesetz – AVAG) (BGBl. 1988 I 662)   **300**

Vorbemerkung[1]: Das Gesetz ist in Kraft seit 30.V. 1988, bezüglich spanischer Titel seit 18.IV. 1988, § 61 AVAG, BGBl I 662. Wegen der neuen Bundesländer → § 722 Rdnr. 9a. Unterfallen Ansprüche teils dem AVAG, teils einem der AusfG zu bilateralen Abkommen, so sind im Falle unterschiedlicher Zuständigkeit gesonderte Anträge erforderlich. Soweit regelungsbedürftige Fragen weder durch Auslegung der Abkommen noch des AVAG gelöst werden können, sind die Lücken durch Anwendung entsprechender Vorschriften der ZPO zu füllen[2]. Wegen der Materialien → § 328 Rdnr. 901 (20. Aufl. Fn. 1). Zur *Unzulässigkeit* einer Leistungs- oder Verurteilungsklage (§ 722), falls nach Art. 31 GVÜ die Klausel zu erteilen wäre, → § 722 Fn. 26, 39.

---

[20] → H vor § 1044 (nach Rdnr. 88).
[21] In Deutschland §§ 328, 722f.
[22] → Rdnr. 186.
[1] BT-Drucks. 11/351; 11/1885; BR-Drucks. 156/87, 153/88. – Lit.: *Geimer* NJW 1988, 2157; *Hök* Büro 1988, 1453; 1989,159. Zum früheren AGGVÜ: *Pirrung* DGVZ 1973, 178, *Wolf* NJW 1973, 397.
[2] *Pirrung* (Fn. 1) 180 zum EuGVÜ und früheren AGGVÜ.

Erster Teil

Anwendungsbereich

§ 1 AVAG

301 (1) Die Ausführung der in § 35 genannten zwischenstaatlichen Verträge zwischen der Bundesrepublik Deutschland und anderen Staaten über die gegenseitige Anerkennung und Vollstreckung von Schuldtiteln in Zivil- und Handelssachen unterliegt diesem Gesetz.

(2) Die Regelungen der zwischenstaatlichen Verträge werden durch die Vorschriften dieses Gesetzes nicht berührt. Dies gilt insbesondere für die Regelungen über
1. den sachlichen Anwendungsbereich[3],
2. die Art der Entscheidungen und sonstigen Schuldtitel[4], die im Geltungsbereich dieses Gesetzes anerkannt oder zur Zwangsvollstreckung zugelassen werden können,
3. das Erfordernis der Rechtskraft der Entscheidungen[5],
4. die Art der Urkunden, die im Verfahren vorzulegen sind[6], und
5. die Gründe, die zur Versagung der Anerkennung oder Zulassung der Zwangsvollstreckung führen[7].

Zweiter Teil

Zulassung der Zwangsvollstreckung aus Entscheidungen, Prozeßvergleichen und öffentlichen Urkunden

Erster Abschnitt

Zuständigkeit, Feriensache

§ 2 AVAG

302 (1) Für die Vollstreckbarerklärung von Entscheidungen, Prozeßvergleichen und öffentlichen Urkunden aus einem anderen Staat ist das Landgericht ausschließlich[8] zuständig.

(2) Örtlich zuständig ist ausschließlich das Gericht, in dessen Bezirk der Schuldner seinen Wohnsitz hat[9], oder, wenn er im Geltungsbereich dieses Gesetzes keinen Wohnsitz hat, das Gericht, in dessen Bezirk die Zwangsvollstreckung durchgeführt werden soll[10]. Der Sitz von Gesellschaften und juristischen Personen steht dem Wohnsitz gleich.

(3) Die Verfahren im Sinne des Absatzes 1 sind Feriensachen.

---

[3] **EuGVÜ** Art. 1, **HaagÜ 1973** Art. 1–3, **Israel** Art. 1–4, **Norwegen** Art. 1–4, **Spanien** Art. 1–3, **Portugal** Rdnr.
[4] → **EuGVÜ** Rdnr. 31 Fn. 9, Rdnr. 43 Fn. 66, Rdnr. 50f., **HaagÜ 1973** Art. 1f., **Norwegen** Art. 1–3, **Israel** Art. 2, **Spanien** Art. 1–3.
[5] → **EuGVÜ** Rdnr. 31 Fn. 10, **HaagÜ 1973** Art. 4, 17; **Norwegen** Art. 5, 10, 17, **Israel** Art. 15, 20, **Spanien** Art. 4.
[6] → **EuGVÜ** Rdnr. 46–51, **HaagÜ 1973** Art. 17, **Norwegen** Art. 14,17, **Israel** Art. 15, **Spanien** Art. 16, 20.
[7] → **EuGVÜ** Art. 27–29, 50f., **HaagÜ 1973** Art. 4–10, 21, **Norwegen, Israel, Spanien** jeweils Art. 5–9.
[8] In den neuen Bundesländern war dies das Bezirksgericht als LG. Also auch in Arbeits- u. Familiensachen (nicht das AG oder Kreisgericht als Familiengericht OLG Düsseldorf IPRax 1984, 217); anders (AG statt LG) für Kostenentscheidungen § 4 AG zum HaagÜ von 1954 (BGBl 1958 II 576). → auch Rdnr. 5 a. E.
[9] → Rdnr. 32 Fn. 20; über **mehrere Schuldner** → Rdnr. 32 Fn. 21.
[10] Nach h. M. ist schlüssig darzulegen, daß dort vollstreckt werden kann u. soll, bei Geldtiteln also auch, ob Vermögen am Ort vorhanden sei *OLG Saarbrücken* NJW-RR 1993, 190f.; *MünchKommZPO-Gottwald* (1992) IZPR Art. 32 EugVÜ Rdnr. 5 mwN. Nimmt man den Zweck dieser Einschränkung ernst, so könnte die h. M., der Gläubiger dürfe den Gerichtsstand wählen, falls nach Abs. 2 unterschiedliche Orte in Betracht kommen, *Wolff* Hdb. IZVR III/2 (1984) Kap.IV Rdnr. 230, auf Schwierigkeiten stoßen. Zur Beschränkung auf den Vermögensgerichtsstand für Israel → Rdnr. 350.

Zweiter Abschnitt
Erteilung der Vollstreckungsklausel

§ 3 AVAG

(1) Der in einem anderen Staat vollstreckbare[11] Schuldtitel wird dadurch zur Zwangsvollstreckung zugelassen, daß er auf Antrag mit der Vollstreckungsklausel versehen wird[12].

(2) Der Antrag auf Erteilung der Vollstreckungsklausel kann bei dem Landgericht schriftlich eingereicht oder mündlich zu Protokoll der Geschäftsstelle erklärt werden[13].

(3) Ist der Antrag entgegen § 184 des Gerichtsverfassungsgesetzes nicht in deutscher Sprache abgefaßt, so kann das Gericht dem Antragsteller aufgeben, eine Übersetzung des Antrags beizubringen, deren Richtigkeit von einer im Geltungsbereich dieses Gesetzes oder in einem anderen Vertragsstaat hierzu befugten Person bestätigt worden ist.

(4) Der Ausfertigung[14] des Schuldtitels, der mit der Vollstreckungsklausel versehen werden soll, und seiner Übersetzung, falls eine solche vorgelegt wird[15], sollen zwei Abschriften beigefügt werden.

§ 4 AVAG

(1) Der Antragsteller hat in dem Antrag einen Zustellungsbevollmächtigten zu benennen. Anderenfalls können alle Zustellungen an den Antragsteller bis zur nachträglichen Benennung eines Zustellungsbevollmächtigten durch Aufgabe zur Post (§§ 175, 192, 213 der Zivilprozeßordnung) bewirkt werden.

(2) Zum Zustellungsbevollmächtigten ist eine Person zu bestellen, die im Bezirk des angerufenen Gerichts wohnt. Der Vorsitzende kann die Bestellung einer Person mit einem Wohnsitz im übrigen Geltungsbereich dieses Gesetzes zulassen.

(3) Der Benennung eines Zustellungsbevollmächtigten bedarf es nicht, wenn der Antragsteller einen bei einem deutschen Gericht zugelassenen Rechtsanwalt oder eine andere Person zu seinem Bevollmächtigten für das Verfahren bestellt hat. Der Bevollmächtigte, der nicht bei einem deutschen Gericht zugelassener Rechtsanwalt ist, muß im Bezirk des angerufenen Gerichts wohnen; der Vorsitzende kann von diesem Erfordernis absehen, wenn der Bevollmächtigte einen anderen Wohnsitz im Geltungsbereich dieses Gesetzes hat.

(4) § 5 des Gesetzes vom 16. August 1980 zur Durchführung der Richtlinie des Rates der Europäischen Gemeinschaften vom 22. März 1977 zur Erleichterung der tatsächlichen Ausübung des freien Dienstleistungsverkehrs der Rechtsanwälte (BGBl. 1980 I S. 1453) bleibt unberührt.

§ 5 AVAG

(1) Über den Antrag entscheidet der Vorsitzende einer Zivilkammer ohne Anhörung des Schuldners[16] und ohne mündliche Verhandlung. Jedoch kann eine mündliche Erörterung mit dem Antragsteller oder seinem Bevollmächtigten stattfinden, wenn der Antragsteller oder der Bevollmächtigte hiermit einverstanden ist und die Erörterung der Beschleunigung dient.

(2) In dem Verfahren vor dem Vorsitzenden ist die Vertretung durch einen Rechtsanwalt nicht erforderlich.

§ 6 AVAG

(1) Hängt die Zwangsvollstreckung nach dem Inhalt des Schuldtitels von einer dem Gläubiger obliegenden Sicherheitsleistung, dem Ablauf einer Frist oder dem Eintritt einer anderen Tatsache ab oder wird

---

[11] → § 722 Rdnr. 4f. zu Verurteilungsarten; → ferner Fn. 19 sowie zum Nachweis im Bereich des EuGVÜ Rdnr. 46–49.

[12] Konkurs des Schuldners steht nicht entgegen *OLG Saarbrücken* NJW-RR 1994, 636. Vorbilder dieser vereinfachten Art einer Vollstreckbarerklärung: → Rdnr. 125 u. schon §§ 82 f. EO von 1896, *Matscher* ZZP 103 (1990) 302 f.

[13] Zur Vermeidung von Verzögerung sind Abs. 4 u. §§ 4, 6 AVAG zu beachten, → auch Fn. 10.

[14] → Rdnr. 46. Für ausländische Ausfertigungen genügt es, wenn das vorgelegte Schriftstück ausreichende Authentizität dokumentiert (originale Unterschriften u. Dienststempel) u. von dem ausstellenden Gericht als Originalersatz zur Verwendung im Ausland geschaffen ist *OLG Stuttgart* DAVorm 1990, 713 f. (zu Art. 13 HaagÜ 1973, Titel aus Schweiz).

[15] Das Gericht muß sie nicht verlangen oder kann sich mit unbeglaubigten Übersetzungen begnügen *EuGH* JZ 1979, 815 = NJW 1980, 528[15].

[16] → dazu Rdnr. 34 Fn. 26.

die Vollstreckungsklausel zugunsten eines anderen als des in dem Schuldtitel bezeichneten Gläubigers oder gegen einen anderen als den darin bezeichneten Schuldner beantragt, so ist die Frage, inwieweit die Zulassung der Zwangsvollstreckung von dem Nachweis besonderer Voraussetzungen abhängig oder ob der Schuldtitel für oder gegen den anderen vollstreckbar ist, nach dem Recht des Staates zu entscheiden, in dem der Schuldtitel errichtet ist. Der Nachweis ist durch Urkunden[17] zu führen, es sei denn, daß die Tatsachen bei dem Gericht offenkundig sind.

(2) Kann der Nachweis durch Urkunden nicht geführt werden, so ist auf Antrag des Gläubigers der Schuldner zu hören. In diesem Fall sind alle Beweismittel zulässig[18]. Der Vorsitzende kann auch die mündliche Verhandlung anordnen.

§ 7 AVAG

307 Ist die Zwangsvollstreckung aus dem Schuldtitel zuzulassen[19], so ordnet der Vorsitzende an, daß der Schuldtitel[20] mit der Vollstreckungsklausel zu versehen ist. In der Anordnung ist die zu vollstreckende Verurteilung oder Verpflichtung in deutscher Sprache wiederzugeben[21].

§ 8 AVAG

308 (1) Aufgrund der Anordnung des Vorsitzenden (§ 7) erteilt der Urkundsbeamte der Geschäftsstelle die Vollstreckungsklausel[22] in folgender Form[23] »Vollstreckungsklausel nach § 3 des Anerkennungs- und Vollstreckungsausführungsgesetzes vom 30. Mai 1988 (BGBl. I S. 662). Gemäß der Anordnung des ... (Bezeichnung des Vorsitzenden, des Gerichts und der Anordnung) ist die Zwangsvollstreckung aus ... (Bezeichnung des Schuldtitels) zugunsten des ... (Bezeichnung des Gläubigers) gegen den ... (Bezeichnung des Schuldners) zulässig.
Die zu vollstreckende Verurteilung/Verpflichtung lautet:
... (Angabe der Urteilsformel oder des Ausspruchs des Gerichts oder der dem Schuldner aus dem Prozeßvergleich oder der öffentlichen Urkunde obliegenden Verpflichtung in deutscher Sprache; aus der Anordnung des Vorsitzenden zu übernehmen).
Die Zwangsvollstreckung darf über Maßregeln zur Sicherung nicht hinausgehen[24], bis der Gläubiger eine gerichtliche Anordnung oder ein Zeugnis[25] vorlegt, daß die Zwangsvollstreckung unbeschränkt stattfinden darf.«
Lautet der Schuldtitel auf Leistung von Geld, so ist der Vollstreckungsklausel folgender Zusatz anzufügen:
»Solange die Zwangsvollstreckung über Maßregeln zur Sicherung nicht hinausgehen darf[26], kann der Schuldner die Zwangsvollstreckung durch Leistung einer Sicherheit in Höhe von ... (Angabe des Betrages, wegen dessen der Gläubiger vollstrecken darf) abwenden.«

(2) Wird die Zwangsvollstreckung nur für einen oder mehrere der durch die ausländische Entscheidung zuerkannten oder in einem anderen Schuldtitel niedergelegten Ansprüche oder nur für einen Teil des Gegenstands der Verurteilung oder der Verpflichtung zugelassen[27], so ist die Vollstreckungsklausel als »Teil-Vollstreckungsklausel nach § 3 des Anerkennungs- und Vollstreckungsausführungsgesetzes vom 30. Mai 1988 (BGBl. I S. 662)« zu bezeichnen.

(3) Die Vollstreckungsklausel ist von dem Urkundsbeamten der Geschäftsstelle zu unterschreiben und mit dem Gerichtssiegel zu versehen. Sie ist entweder auf die Ausfertigung des Schuldtitels oder auf ein

---

[17] → dazu § 438 Rdnr. 10 ff. Entgegen §§ 726, 727 sind auch private Urkunden als Nachweis zugelassen, wenn sie im Errichtungsstaat genügen, BT-Drucks. VI/3426 zu § 6. Fehlen Unterlagen, so sollte in der Regel für die Beibringung eine Frist gesetzt werden, statt sofort nach Abs. 2 zu verfahren.

[18] Entsprechend bei Konkretisierung zur Erreichung der **Bestimmtheit** für die deutsche ZV → § 722 Rdnr. 23 (gesetzliche Zinsen, Wertsicherungsklauseln u. ä.).

[19] Zu Versagungsgründen des Art. 27 EuGVÜ → Fn. 7, Rdnr. 313. Vollstreckungsfähigkeit nach deutschem Recht ist wie → § 724 Fn. 67 zu prüfen, *OLG Saarbrücken* NJW 1988, 3101.

[20] Dazu kann die nach Art. 46 Nr. 1 vorgelegte Ausfertigung verwendet werden → Rdnr. 46 Fn. 71.

[21] Zur Umformulierung zwecks Bestimmtheit → § 722 Rdnr. 23..

[22] Vgl. § 26 RPflG.

[23] Nicht erwähnt ist in § 8 AVAG die Möglichkeit, die ZV von einer Sicherheit des Gläubigers abhängig zu machen → Rdnr. 38.

[24] §§ 20, 24 Abs. 2, 3, 45 AVAG.

[25] §§ 25 f., 46 Abs. 2 AVAG.

[26] §§ 20, 24 Abs. 2, 3, 25 f., 45 f. AVAG.

[27] Art. 42 Abs. 2 EuGVÜ → Rdnr. 42 mit Bem. Formverstöße gegen Abs. 2 führen nicht zur Aufhebung auf Beschwerde *OLG Koblenz* EuZW 1991, 157; die Klausel ist aber zu berichtigen.

damit zu verbindendes Blatt zu setzen. Falls eine Übersetzung des Schuldtitels vorliegt, ist sie mit der Ausfertigung zu verbinden.

(4) Auf die Kosten des Verfahrens vor dem Vorsitzenden[28] ist § 788 der Zivilprozeßordnung entsprechend anzuwenden[29].

§ 9 AVAG

(1) Eine beglaubigte Abschrift des mit der Vollstreckungsklausel versehenen Schuldtitels und gegebenenfalls seiner Übersetzung ist dem Schuldner von Amts wegen zuzustellen[30]. **309**

(2) Muß die Zustellung an den Schuldner außerhalb des Geltungsbereichs dieses Gesetzes[31] oder durch öffentliche Bekanntmachung[32] erfolgen und hält der Vorsitzende die Frist zur Einlegung der Beschwerde von einem Monat (§ 11 Abs. 2) nicht für ausreichend, so bestimmt er eine längere Beschwerdefrist. Die Frist ist in der Anordnung, daß der Schuldtitel mit der Vollstreckungsklausel zu versehen ist (§ 7), oder nachträglich durch besonderen Beschluß, der ohne mündliche Verhandlung erlassen wird, zu bestimmen. Die Frist beginnt, auch im Fall der nachträglichen Festsetzung, mit der Zustellung des mit der Vollstreckungsklausel versehenen Schuldtitels.

(3) Dem Antragsteller sind die mit der Vollstreckungsklausel versehene Ausfertigung des Schuldtitels und eine Bescheinigung über die bewirkte Zustellung zu übersenden. In den Fällen des Absatzes 2 ist die festgesetze Frist für die Einlegung der Beschwerde auf der Bescheinigung über die bewirkte Zustellung zu vermerken.

§ 10 AVAG

Ist der Antrag nicht zulässig oder nicht begründet, lehnt ihn der Vorsitzende durch Beschluß ab[33]. Der Beschluß ist zu begründen. Die Kosten sind dem Antragsteller aufzuerlegen[34]. **310**

---

[28] Gebühren des LG § 11 GKG mit KV 1426f. des Anwalts §§ 47 Abs. 1, 31 Abs. 1 Nr. 1 BRAGO (eine volle Gebühr vom Anspruchswert ohne Zinsen *OLG Frankfurt* Büro 1994, 117).

[29] Dadurch wird **Gleichstellung mit Vorbereitungskosten für die ZV** (→ § 788 Rdnr. 6) erreicht, obwohl es hier noch um Schaffung eines inländischen Titels geht → § 722 Rdnr. 1. Soweit dann ZV-Kosten i.e.S. im Inland entstehen, gilt § 788 unmittelbar. Der Wortlaut des § 8 Abs. 4 AVAG spricht (wie auch § 10 AVAG) gegen Anwendung der §§ 91ff. *OLG Hamburg* MDR 1986, 947 = NJW 1987, 2165 (§ 91a ablehnend, freilich mit schiefer Arg., denn »Hauptsache« wäre hier das selbständige Klauselerteilungsverfahren); *OLG Düsseldorf* MDR 1989, 552f. (Erledigungserklärung als Antragsrücknahme gewertet). Gebühren für **ausländischen Verkehrsanwalt u. Übersetzungen** sind erstattungsfähig, *Gottwald* (Fn. 10) Art. 31 Rdnr. 17 mwN. Nach Aufhebung des Titels im Ursprungsland gilt auch **788 Abs. 2** entsprechend; im übrigen → Rdnr. 330.
ZV deutscher Exequaturkosten im Ausland: Sie können wie → § 788 Rdnr. 23, 27 vom deutschen Exequaturgericht festgesetzt u. so auch im Ausland nach dortigem Exequatur beigetrieben werden, vgl. BT-Drucks. VI/3426. Ebenso im Inland entstandene u. festgesetzte **ZV-Kosten i.e.S.** Obwohl **Anwaltsgebühren** im Verhältnis zum Mandanten in Frankreich als öffentlich-rechtlich gelten, erkennen dortige Gerichte entsprechende deutsche Entscheidungen an *Hök* Büro 1991, 627, 631. Allgemein zur Vollstreckbarkeit von Titeln gemäß § 19 BRAGO im Bereich des EuGVÜ *J.Schmidt* RIW 1991, 627.
Über **Kosten eines Exequatur im Ausland** → Rdnr. 35 Fn. 30.

[30] **Diese** Zustellung ist im Hinblick auf die Beschwerdefrist, nicht auf die ZV geregelt. Im übrigen gilt aber § 750 für die vollstreckb. Ausf., da sie Grundlage der inländischen ZV ist → Rdnr. 39 Fn. 51, so daß zwar die Amtszustellung genügt, aber **nicht** wie § 929 Abs. 3 S. 1 **vor** Zustellung gepfändet werden darf, was *LG Stuttgart* NJW-RR 1988, 1344 = IPRax 1989, 41f. übersieht. **Vorpfändung** kann wie sonst vor Zustellung stattfinden *Gottwald* (Fn. 10) Art. 39 Rdnr. 3 mwN., auch wenn dem Gläubiger die Klausel erst nach Zustellung ausgehändigt wird (so *OLG Stuttgart* NJW-RR 1994, 638), → § 845 Rdnr. 2. Der sonst mit gleichzeitiger ZV durch den GV (→ § 750 Rdnr. 29 Fn. 159) verbundene **Überraschungseffekt**, s. auch Art. 34 Abs. 1, geht so verloren und wird entgegen *Wolf* NJW 1973, 399 auch kaum dadurch gewährleistet, daß der Gläubiger dem nach § 3 gestellten Antrag ein ZV-Gesuch beifügt; denn selbst wenn das LG dieses mit der erteilten Klausel schon vor Zustellung an eine zuständige Stelle (→ § 753 Rdnr. 8) weiterleiten würde, wüßte der GV noch nicht, ob nach § 211 zugestellt ist. S. auch *Schütze* FSf. Bülow (1982) 213f.

[31] → §§ 199–202 mit Bem. Im Bereich des HaagÜ 1973 beträgt dann die Beschwerdefrist stets zwei Monate, § 40 Abs. 1.

[32] → §§ 203ff. mit Bem.

[33] Was aber die Antragsrücknahme entsprechend § 269 nicht hindert; *OLG Hamburg* (Fn. 29) schließt mit Recht lediglich aus, daß damit § 30 AVAG umgangen wird. – Beruht die Ablehnung auf fehlenden Nachweisen i.S.d. Art. 27 oder 28 EuGVÜ (→s. Einl. (20. Aufl.) Rdnr. 912), so kann der Antrag wiederholt werden, *OLG Stuttgart* Justiz 1980, 277.

[34] → Rdnr. 308 Fn. 28f.

Dritter Abschnitt

Beschwerde[35], Vollstreckungsgegenklage

§ 11 AVAG

311 (1) Der Schuldner kann gegen die Zulassung der Zwangsvollstreckung Beschwerde einlegen.

(2) Die Beschwerde ist, soweit nicht nach § 9 Abs. 2 eine längere Frist bestimmt wird, innerhalb eines Monats einzulegen.

(3) Die Beschwerdefrist ist eine Notfrist und beginnt mit der Zustellung des mit der Vollstreckungsklausel versehenen Schuldtitels.

§ 12 AVAG

312 (1) Die Beschwerde des Schuldners gegen die Zulassung der Zwangsvollstreckung wird bei dem Oberlandesgericht durch Einreichen einer Beschwerdeschrift oder durch Erklärung zu Protokoll der Geschäftsstelle eingelegt. Der Beschwerdeschrift soll die für ihre Zustellung erforderliche Zahl von Abschriften beigefügt werden.

(2) Die Zulässigkeit der Beschwerde wird nicht dadurch berührt, daß sie statt bei dem Oberlandesgericht bei dem Landgericht eingelegt wird, das die Zwangsvollstreckung zugelassen hat (§ 5); die Beschwerde ist unverzüglich[36] von Amts wegen an das Oberlandesgericht abzugeben.

(3) Die Beschwerde ist dem Gläubiger von Amts wegen zuzustellen.

§ 13 AVAG

313 (1) Der Schuldner kann[37] mit der Beschwerde[38], die sich gegen die Zulassung der Zwangsvollstreckung aus einer Entscheidung richtet, auch Einwendungen gegen den Anspruch selbst[39] insoweit geltend

---

[35] Sie steht nur dem Schuldner (§ 11), nicht interessierten Dritten zu → Rdnr. 36 Fn. 33. – **Kosten:** §§ 91 ff. Der Gläubiger »unterliegt« auch dann, wenn nicht der Anspruch, sondern nur die vorläufige Vollstreckbarkeit im Urteilsstaat entfallen ist *OLG Hamburg* RIW 1986, 641. **Gebühr** für OLG § 11 Abs. 1 GKG mit KV 1901 f.; für Anwalt § 47 Abs. 1, 2 mit § 31 BRAGO.

[36] Hieraus ergibt sich, daß das Landgericht nicht zur Änderung seiner Entscheidung befugt sein soll, *OLGe München/Augsburg* NJW 1975, 504 f. = MDR 1975, 146; *Wolf* NJW 1973, 399.

[37] Er muß es tun, wenn er die Ausschlußfolgen des § 15 AVAG vermeiden will → Rdnr. 315. Für Beschwerde (nur) des Gläubigers → Rdnr. 316 Fn. 46.

[38] Diese Durchlässigkeit für Einwendungen gegen den Anspruch selbst, gleich ob Schuldner oder Gläubiger Beschwerde einlegen (Art. 34, 40 Abs. 2, → dazu Fn. 62), entspricht der allg. M. zu §§ 722 f. (→ § 723 Rdnr. 3), wirft aber ähnliche Konkurrenzfragen auf wie dort → § 723 Rdnr. 5 ff.

1. Die Berücksichtigung solcher – an sich zu § 767 gehörender – Einwendungen gegenüber rechtskraftfähigen **Urteilen** berührt auch hier nicht die Feststellung des Anspruchs zur Zeit des Urteilserlasses u. läßt für die Zeit danach weder den materiellen Anspruch noch die Einwendung als solche zum unmittelbaren Gegenstand des Beschwerdeverfahrens werden → § 723 Rdnr. 3 f.; die Einwendungen sind vielmehr – wie bei § 767 – nur Vorfrage für die Entscheidung über die künftige inländische Vollstreckbarkeit, → § 723 Rdnr. 7, *BGH* NJW 1990, 1419 f. = MDR 718.[52] (»incidenter«). Die Gegenmeinung müßte, falls das ausländische Urteil nur vorläufig vollstreckbar ist (→ Rdnr. 31 Fn. 10), folgerichtig zur Einrede der Rechtshängigkeit im Verhältnis zur **Anfechtung des Urteils im Ausland** führen. Aus Art. 38 ergibt sich aber, daß **beide Verfahren nebeneinander zulässig** sind, auch wenn die Anfechtung im Ausland **vor** der inländischen Beschwerde anhängig wurde; weder die Einrede der Rechtshängigkeit noch der Mangel eines Rechtsschutzbedürfnisses kommen daher wegen der Gleichzeitigkeit beider Verfahren in Betracht (anders als im Verhältnis inländischer Berufung und Vollstreckungsgegenklage → § 767 Rdnr. 41), sondern nur die **Aussetzung** nach Art. 38 Abs. 1 → Fn. 46.

a) Sogar diese Aussetzung ist zwar regelmäßig angebracht, aber nicht zwingend, wie sich aus dem Wort »kann« in Art. 38 Abs. 1 ergibt. Das Gericht darf also statt der Aussetzung auch über Beschwerden des Schuldners entscheiden. Hält es die Einwendungen für unbegründet, so läßt es die nach Art. 34 erteilte Vollstreckungsklausel bestehen, kann aber trotzdem die ZV nach Art. 38 Abs. 2 von einer **Sicherheitsleistung** abhängig machen. Diese Regelung des EuGVÜ ist nur sinnvoll, wenn das Gericht von vornherein die **Einwendungen des Schuldners nur vorbehaltlich anderweitiger Entscheidung des im Ausland dafür zuständigen Gerichts berücksichtigt**, → auch § 723 Rdnr. 5. Dieser jederzeitige Vorrang von Entscheidungen des mit der Hauptsache oder ihrer Vollstreckbarkeit befaßten ausländischen Gerichts wird durch § 29 AusfG bestätigt; ihre Anerkennung im Inland folgt aus Art. 25. Folglich kann die **Beschwerdeentscheidung die Einwendungen als solche von vornherein nicht mit materieller Rechtskraft feststellen oder aberkennen wollen**; es ist insbesondere nicht ihre Aufgabe, über die Leistungspflicht des Schuldners verbindlich für das Ausland zu entscheiden (a. M. *Grunsky* AWD 1977, 9). Ihre Anerkennung im Ausland nach Art. 25 ff. bedeutet daher nur, daß die Gerichte in den anderen Vertragsstaaten von einer **derzeitigen** Vollstreckbarkeit im Inland bzw. deren Verweigerung auszugehen haben, nicht aber, daß ihnen eine abweichende Entscheidung verwehrt wäre. Folglich bleibt dem Schuldner, falls das Beschwerdegericht im Inland sein Verfahren nicht aussetzt sondern die Beschwerde rechtskräftig zurückweist, immer noch die Möglich-

machen, als die Gründe, auf denen sie beruhen, erst nach dem Erlaß[40] der Entscheidung entstanden sind[41].

keit, auf Grund der gleichen (oder neuer) Einwendungen die Berufung im Ausland zu betreiben und im Erfolgsfalle nach §§ 29f. AusfG vorzugehen.

b) Umgekehrt steht der Erfolg einer auf solche Einwendungen gestützten inländischen Beschwerde selbst nach Rechtskraft dieser Entscheidung einem **neuen Antrag auf Erteilung der Vollstreckungsklausel** nicht entgegen, falls die ausländische Rechtsmittelentscheidung trotz der auch dort erhobenen Einwendungen **das ausländische Urteil** bestätigt.

2. Aus den zu 1 dargestellten, beschränkten Wirkungen einer rechtskräftigen Beschwerdeentscheidung im Inland ergibt sich zugleich, daß dem Schuldner **eine dem § 767 entsprechende Klage im Ausland** sowohl während des Beschwerdeverfahrens als auch nach seinem rechtskräftigen Abschluß nicht mit der Begründung verwehrt werden darf, die Einwendungen seien bereits im Inland rechtshängig oder über sie sei dort mit materieller Rechtskraft entschieden. Vgl. auch für das deutsch-österreichische Abkommen (→ Rdnr. 83ff.) *Geimer-Schütze* (§ 722 Fn. 1) 233, die allerdings das deutsche Gericht an eine *Abweisung* der ausländischen Vollstreckungsgegenklage für nicht gebunden halten.

a) Die Gefahr, daß der Gläubiger durch eigene Beschwerde die Entscheidung über die Weiterentwicklung des umstrittenen Anspruchs endgültig ins Inland zieht, besteht daher entgegen den Befürchtungen *Grunskys* AWD 1977, 9 nicht. Vielmehr ist auch gegenüber solchen, die Vollstreckbarkeit betreffenden ausländischen Erkenntnissen die deutsche Beschwerdeentscheidung nur eine vorläufige in dem zu 1a dargelegten Sinne.

b) Das bedeutet allerdings nicht, daß die inländischen Gerichte dem drohenden »hin und her« zwischen inländischen und ausländischen Entscheidungen von vornherein hilflos gegenüberstünden.

aa) Die vom Schuldner oder Gläubiger erhobene Beschwerde darf zwar nicht allein deshalb als unzulässig verworfen werden, weil die ausländische Vollstreckungsgegenklage vor oder während des Beschwerdeverfahrens rechtshängig wird (a.M. wohl *Grunsky* AWD 1977, 9), aber das Beschwerdeverfahren kann entsprechend Art. 38 Abs. 1 ausgesetzt werden (→ auch § 723 Rdnr. 5, 7).

bb) Ebenso wie gegenüber ausländischen Rechtsmittelverfahren, oben 1a, ist man auch gegenüber Angriffen auf die Vollstreckbarkeit im Ausland **nicht zur Aussetzung des inländischen Beschwerdeverfahrens gezwungen**. Das hat besondere Bedeutung, falls die Beschwerde vom Gläubiger wegen Verweigerung der Klausel (Art. 40) erhoben ist, → dazu Fn. 62. Müßte man hier aussetzen, so könnte ein Schuldner durch Rechtsmittel oder Vollstreckungsgegenklagen im Ausland auch ohne entsprechende einstweilige Anordnungen jederzeit die ZV hemmen, falls das inländische LG aus irgendwelchen Gründen die Klausel vorerst verweigert hätte. Damit wäre der gegenüber § 723 Abs. 1 S. 1 erzielte Fortschritt, daß nach dem EuGVÜ auch vorläufig vollstreckbare Urteile einbezogen werden dürfen, in vielen Fällen illusorisch.

cc) War die Klausel schon nach Art. 34 erteilt worden und hat der Schuldner dagegen Beschwerde eingelegt, so kann – über die Einschränkung des Art. 39 hinaus – die Vollstreckung von vornherein von einer **Sicherheitsleistung** abhängig gemacht werden, falls der Schuldner im Ausland einen Vollstreckungsgegenklage entsprechenden Rechtsbehelf eingelegt hat. Das ergibt sich nicht nur aus einer entspr. des Art. 38 Abs. 2 (→ Rdnr. 38 Fn. 46) sondern auch daraus, daß der Schuldner im Beschwerdeverfahren, soweit es die Aufgabe einer Vollstreckungsgegenklage mit übernimmt, nicht schlechter stehen darf als nach § 769 ZPO, zumal § 15 AusfG ihm die Klage nach § 767 nur subsidiär gestattet. Vgl. auch § 29 Abs. 5.

3. Ob die zu 1 u. 2 für das Beschwerdeverfahren entwickelten Grundsätze auch für die nach § 15 AVAG **im Inland erhobene Vollstreckungsgegenklage** gelten, ist zweifelhaft. Die Regelung des § 15 bewirkt praktisch, daß solche Klagen erst nach Rechtskraft des ausländischen Urteils erhoben werden und auch nur auf besonders spät entstandene Einwendungen gegründet werden dürfen. Dem entspricht die umfassende Funktion dieser Klage, nicht wie die Beschwerdeentscheidung nur vorbehaltlich anderweitiger Entscheidung im Ausland, sondern **endgültig und mit materieller Rechtskraft über die Erteilung der Klausel zu entscheiden** einschließlich der aus § 767 Abs. 3 folgenden Präklusion mit versäumten Einwendungen. Die aus Art. 25 folgende Anerkennung eines solchen Urteils würde also die Gerichte des Vertragsstaates binden, obwohl streng genommen die Vollstreckbarkeit im einen Land nicht voll identisch ist mit der in einem anderen.

Insoweit dürfte *Grunsky* AWD 1977, 9 zuzustimmen sein, daß die Gefahr eines Widerspruchs zwischen inländischen und ausländischen Entscheidungen über Vollstreckungsklagen ausgeräumt werden muß; dies jedoch nicht über den Weg einer Unzulässigkeit des einen oder anderen Verfahrens, sondern durch **Aussetzung**, die allerdings im Unterschied zum Beschwerdeverfahren nicht nach Ermessen sondern stets erfolgen muß.

[39] Weit auszulegen, z.B. auch Verlust der Rechts- u. Parteifähigkeit *BGH* NJW 1992, 627f. = MDR 187f.; Teilbefriedigung auf vorläufig vollstreckbares Urteil *BGH* NJW 1994, 2157. Auch Pfändung der Titelforderung durch andere Gläubiger *BGH* NJW 1983, 2774, → dazu § 829 Rdnr. 97f., 103, § 835 Rdnr. 34; dazu *Prütting* IPrax 1985, 140. Zu Vereinbarungen, das Urteil nicht zu vollstrecken, → Rdnr. 29 Fn. 455 vor § 704, dazu OLGe Saarbrücken (Fn. 19) a.E.; Zweibrücken Büro 1987, 146 mwN; *BGH* NJW-RR 1987, 377f. = IPrax 236f. (*Grunsky* 219). – **Nicht** Einwendungen nach **§ 323** → § 723 Rdnr. 4a Fn. 13.

[40] Nach dem mißglückten Wortlaut wären Einwendungen, die **nach** der letzten mündlichen Verhandlung, aber **vor** Verkündung oder Zustellung der Entscheidung entstanden sind, hier ausgeschlossen, gleichgültig, ob der Schuldner mit ihnen nach dem Recht des Entscheidungsstaates noch gehört werden könnte; obendrein schließt § 15 spätere Geltendmachung aus. Zur Vermeidung von Verstößen gegen Art. 103 Abs. 1 GG ist daher **a)** entweder § 13 in Anlehnung an § 767 Abs. 2 auszulegen: Gemeint ist der Zeitpunkt, in dem Parteivorbringen nicht mehr zu berücksichtigen war. Dieser Weg ist vorzuziehen, so auch *BGH* NJW 1993, 1271 = MDR 907 (zu Österreich → Rdnr. 384) u. schon 19. Aufl. (1970) Anh. § 723 A II 2 Fn. 39 sowie zu den übrigen AusfG; denn der Schuldner darf zwar nicht besser gestellt sein nach § 767 Abs. 2 *OLG Koblenz* NJW 1976, 488, er sollte aber auch nicht schlechter stehen. So auch *Geimer/Schütze* Internationale Urteilsanerkennung Bd.II (1971) für § 5 des AusfG → Rdnr. 384; **b)** oder man verweist den Schuldner insoweit auf einen § 767 entsprechenden

(2) Mit der Beschwerde, die sich gegen die Zulassung der Zwangsvollstreckung aus einem Prozeßvergleich oder einer öffentlichen Urkunde richtet, kann der Schuldner die Einwendungen gegen den Anspruch selbst ungeachtet der in Absatz 1 enthaltenen Beschränkung geltend machen[42].

§ 14 AVAG

314 (1) Über die Beschwerde entscheidet[43] das Oberlandesgericht durch Beschluß, der mit Gründen zu versehen ist. Der Beschluß kann ohne mündliche Verhandlung ergehen. Der Beschwerdegegener ist vor der Entscheidung zu hören.
(2) Solange eine mündliche Verhandlung nicht angeordnet ist, können zu Protokoll der Geschäftsstelle Anträge gestellt und Erklärungen abgegeben werden. Wird die mündliche Verhandlung angeordnet, so gilt für die Ladung § 215 der Zivilprozeßordnung.
(3) Eine vollständige Ausfertigung des Beschlusses ist dem Gläubiger und dem Schuldner auch dann von Amts wegen zuzustellen, wenn der Beschluß verkündet worden ist.

§ 15 AVAG

315 (1) Ist die Zwangsvollstreckung aus einem Schuldtitel zugelassen, so kann der Schuldner Einwendungen gegen den Anspruch selbst[44] in einem Verfahren nach § 767 der Zivilprozeßordnung nur geltend machen, wenn die Gründe, auf denen seine Einwendungen beruhen, erst
  1. nach Ablauf der Frist, innerhalb derer er die Beschwerde hätte einlegen können, oder
  2. falls die Beschwerde eingelegt worden ist, nach Beendigung dieses Verfahrens entstanden sind[45].
(2) Die Klage nach § 767 der Zivilprozeßordnung ist bei dem Landgericht zu erheben, das über den Antrag auf Erteilung der Vollstreckungsklausel entschieden hat.

§ 16 AVAG

316 (1) Gegen den ablehnenden Beschluß des Vorsitzenden (§ 10) kann der Antragsteller Beschwerde einlegen; die §§ 12 und 14 sind entsprechend anzuwenden[46].
(2) Aufgrund des Beschlusses, durch den die Zwangsvollstreckung aus dem Schuldtitel zugelassen wird, erteilt der Urkundsbeamte der Geschäftsstelle des Oberlandesgerichts die Vollstreckungsklausel. § 7 Satz 2 und § 8 Abs. 1 bis 3 sind entsprechend anzuwenden. Ein Zusatz, daß die Zwangsvollstreckung über Maßregeln zur Sicherung nicht hinausgehen darf, ist nur aufzunehmen, wenn das Oberlandesgericht eine entsprechende Anordnung nach diesem Gesetz (§ 24 Abs. 2, § 45 Abs. 1 Nr. 1 oder § 52 Abs. 1 Nr. 1) erlassen hat. Der Inhalt des Zusatzes bestimmt sich nach dem Inhalt der Anordnung[47].

Rechtsbehelf im Urteilsstaat unter Anwendung der Art. 38, § 29 Abs. 1 AVAG → Rdnr. 38 Fn. 43, vgl. *Gottwald* (Fn. 10) Art. 36 Rdnr. 6 a.E. mwN, was schließlich doch nicht der angestrebten Konzentrationsmaxime entspricht.
[41] Also z.B. nicht mehr Prozeßbetrug des Gläubigers BGH NJW 1990, 3084. Auch bei Arresten BGH NJW 1980, 528f. → dazu § 767 Rdnr. 30ff.; insoweit a.M. bezüglich Aufrechnung mit der in der Rsp h.M. OLGe Koblenz (Fn. 40); *Frankfurt* Rpfleger 1978, 454f. (460).
[42] Wie → § 797 Rdnr. 20. – Gilt nicht für norwegische u. israelische Titel, → Rdnr. 344, 351.
[43] Zur etwaigen Aussetzung auf Antrag → Rdnr. 38.
[44] → Fn. 39. **Nicht** Aufrechnung mit Forderung, für deren selbständige Geltendmachung das nach § 767 zuständige Gericht nicht zuständig wäre *EugH* IPRax 1986, 232f.
[45] Eine Präklusion ist zwar durch den Zweck des Art. 36 geboten → Rdnr. 36 Fn. 33 (*EugH*). Jedoch schießt § 15 über diesen Zweck unnötig hinaus durch gesetzgeberisch verfehlte Annäherung an § 767 Abs. 2, statt wie nach zutreffender Auslegung des § 767 Abs. 3 auf das Wissen und Können des Schuldners abzustellen (str., → dazu § 767 Rdnr. 52, § 723 Rdnr. 4 Fn. 10). – Gemeint ist auch hier (→ Fn. 40) der **Zeitpunkt**, in dem Einwendungen noch hätten vorgebracht werden können

Gottwald (Fn. 10) Art. 36 Rdnr. 6, also in schriftlichen Verfahren, bis der UrkB.d.GschSt. die Ausfertigung zur Zustellung herausgibt BVerfG NJW 1993, 51[3]. § 29 AVAG bleibt aber unberührt, falls die Einwendung noch **im Ausland** erfolgreich geltend gemacht wird → Fn. 38, vgl. auch *BGH* (Fn. 41). So wirkt sich die o.g. Annäherung an § 767 Abs. 2 wenigstens nicht vollkommen rechtsverkürzend aus; dennoch krit. *Baur/Stürner*[11] Rdnr. 51, → auch die großzügigere Regelung Rdnr. 369 Art. 4 S. 3. Zur **Beschwerde des Gläubigers** → aber Rdnr. 316 Fn. 46.
[46] Die Beschwerdeschrift ist also dem Schuldner entsprechend § 12 Abs. 3 AVAG zuzustellen; er ist entsprechend § 14 Abs. 1 S. 3 AVAG zu hören, Rdnr. 40 Fn. 57. Wer also überraschend zugreifen will, muß Beschwerde vorerst meiden u. im Inland nach §§ 916ff. vorgehen, *Gottwald* IPRax 1991, 291f. **Die Präklusion nach § 15 Abs. 1** zum Nachteil des Schuldners ist hingegen **nicht** vorgesehen, falls **nur** der Gläubiger Beschwerde einlegt. Damit ist die Systematik der ZPO (zutreffend, wenn auch auf Kosten der Konzentrationsmaxime) gewahrt → § 730 Fn. *2p; zweifelnd *Gottwald* (Fn. 10) Art. 40 Rdnr. *7; a.M. *Bülow/Böckstiegel/Schlafen* (Rdnr. 1 Fn. 1) Art. 40 Anm. 4b; *Kropholler* (Rdnr. 29 Fn. 1) Art. 40 Rdnr. 8.
[47] Zur Vollstreckbarkeitserklärung erster Instanz s. § 8 Abs. 1.

Vierter Abschnitt
Rechtsbeschwerde[48]

§ 17 AVAG

(1) Gegen den Beschluß des Oberlandesgerichts findet die Rechtsbeschwerde statt[49], wenn gegen diese Entscheidung, wäre sie durch Endurteil ergangen, die Revision gegeben wäre[50].
(2) Die Rechtsbeschwerde ist innerhalb eines Monats einzulegen.
(3) Die Rechtsbeschwerdefrist ist eine Notfrist und beginnt mit der Zustellung des Beschlusses (§ 14 Abs. 3, § 16 Abs. 1).

§ 18 AVAG

(1) Die Rechtsbeschwerde wird durch Einreichen der Beschwerdeschrift bei dem Bundesgerichtshof eingelegt.
(2) Die Rechtsbeschwerde ist zu begründen. § 554 der Zivilprozeßordnung ist entsprechend anzuwenden.
(3) Mit der Beschwerdeschrift soll eine Ausfertigung oder beglaubigte Abschrift des Beschlusses, gegen den die Rechtsbeschwerde sich richtet, vorgelegt werden.
(4) Die Beschwerdeschrift ist dem Beschwerdegegner von Amts wegen zuzustellen. Der Beschwerdeschrift und ihrer Begründung soll die für ihre Zustellung erforderliche Zahl von Abschriften beigefügt werden.

§ 19 AVAG

(1) Der Bundesgerichtshof kann nur[51] überprüfen, ob der Beschluß auf einer Verletzung eines Anerkennungs- und Vollstreckungsvertrages oder eines anderen Gesetzes beruht[52]. Die §§ 550 und 551 der Zivilprozeßordnung sind entsprechend anzuwenden. Der Bundesgerichtshof darf nicht prüfen, ob das Gericht seine örtliche Zuständigkeit zu Unrecht angenommen hat.
(2) Der Bundesgerichtshof ist an die in dem angefochtenen Beschluß getroffenen tatsächlichen Feststellungen gebunden[53], es sei denn, daß in bezug auf diese Feststellungen zulässige und begründete Einwände vorgebracht worden sind.
(3) Auf das Verfahren über die Rechtsbeschwerde sind die §§ 554b, 556, 558, 559, 563, 573 Abs. 1 und die §§ 574 und 575 der Zivilprozeßordnung entsprechend anzuwenden[54].
(4) Wird die Zwangsvollstreckung aus dem Schuldtitel erstmals durch den Bundesgerichtshof zugelassen, so erteilt der Urkundsbeamte der Geschäftsstelle dieses Gerichts die Vollstreckungsklausel. § 7 Satz 2 und § 8 Abs. 1 bis 3 gelten entsprechend. Ein Zusatz über die Beschränkung der Zwangsvollstreckung entfällt[55].

---

[48] **Kosten:** → Rdnr. 311 Fn. 35. **Gebühren** des BGH § 11 Abs. 1 GKG mit KV 1903, des Anwalts §§ 2, 11 Abs. 1 (nicht § 47) GKG, weil das Verfahren der Revision gleichgeartet ist, BGH NJW 1983, 1270 = MDR 574..
[49] Nur für Schuldner, nicht interessierte Dritte → Rdnr. 36 Fn. 33. Zum Beschwerderecht interessierter **Dritter** Vorlagebeschluß BGH NJW 1991, 2312 = EuZW 571.
[50] S. §§ 546, 621d, → aber auch Rdnr. 338. § 545 Abs. 2 steht nicht entgegen, BGH (Fn. 41).
[51] Zur Aufhebung oder Änderung des Titels im Ausland → aber Rdnr. 329 Fn. 79.
[52] Zur Vorlegung an den EuGH → § 328 (20. Aufl.) Rdnr. 931 f.
[53] Das entspricht § 561 Abs. 2, während Abs. 1 in § 19 Abs. 3 AVAG nicht für entsprechend anwendbar erklärt ist. Dies spräche für Zulassung neuer Tatsachen, soweit die Beschränkung des § 19 Abs. 1 S. 1 u. die Feststellungen des Beschwerdegerichts nicht entgegenstehen. Dennoch läßt BGH (Fn. *15) neuen Vortrag (dort bejaht für Ausführungen über Wirksamkeit einer schon in der Tatsacheninstanz vorgelegten Vollmacht) nur innerhalb der zu § 561 anerkannten Grenzen zu, → § 561 Rdnr. 7 ff. → auch Rdnr. 329 Fn. 7.
[54] Wegen § 561 → Fn. 53. Für norwegische u. israelische Titel sinngemäß auch die §§ 45–47 AVAG → Rdnr. 348, 355.
[55] Anders für norwegische u. israelische Titel → Rdnr. 348, 355.

Fünfter Abschnitt
Beschränkung der Zwangsvollstreckung auf Sicherungsmaßregeln und Fortsetzung der Zwangsvollstreckung

§ 20 AVAG

320 Die Zwangsvollstreckung[56] ist auf Sicherungsmaßregeln beschränkt[57], solange die Frist zur Einlegung der Beschwerde noch läuft und solange über die Beschwerde noch nicht entschieden ist[58].

§ 21 AVAG

321 Einwendungen des Schuldners, daß bei der Zwangsvollstreckung die Beschränkung auf Sicherungsmaßregeln nach dem zwischenstaatlichen Vertrag, nach diesem Gesetz oder aufgrund einer auf diesem Gesetz beruhenden Anordnung (§§ 20, 24 Abs. 2, §§ 45, 52) nicht eingehalten werde, oder Einwendungen des Gläubigers, daß eine bestimmte Maßnahme der Zwangsvollstreckung mit dieser Beschränkung vereinbar sei, sind im Wege der Erinnerung nach § 766 der Zivilprozeßordnung bei dem Vollstreckungsgericht (§ 764 der Zivilprozeßordnung) geltend zu machen.

§ 22 AVAG

322 (1) Solange die Zwangsvollstreckung aus einem Schuldtitel, der auf Leistung von Geld lautet, nicht über Maßregeln der Sicherung hinausgehen darf[59], ist der Schuldner befugt, die Zwangsvollstreckung durch Leistung einer Sicherheit in Höhe des Betrags abzuwenden, wegen dessen der Gläubiger vollstrecken darf[60].

(2) Die Zwangsvollstreckung ist einzustellen und bereits getroffene Vollstreckungsmaßregeln sind aufzuheben, wenn der Schuldner durch eine öffentliche Urkunde die zur Abwendung der Zwangsvollstreckung erforderliche Sicherheitsleistung nachweist[61].

§ 23 AVAG

323 Ist eine bewegliche Sache gepfändet und darf die Zwangsvollstreckung nicht über Maßregeln zur Sicherung hinausgehen, kann das Vollstreckungsgericht[62] auf Antrag anordnen, daß die Sache versteigert und der Erlös hinterlegt werde, wenn sie der Gefahr einer beträchtlichen Wertminderung ausgesetzt ist oder wenn ihre Aufbewahrung unverhältnismäßige Kosten verursachen würde[63].

§ 24 AVAG

324 (1) Weist das Oberlandesgericht die Beschwerde des Schuldners gegen die Zulassung der Zwangsvollstreckung (§ 11) zurück oder läßt es auf die Beschwerde des Gläubigers (§ 16 Abs. 1) die Zwangsvollstreckung aus dem Schuldtitel zu, so kann die Zwangsvollstreckung über Maßregeln zur Sicherung hinaus fortgesetzt werden[64].

(2) Auf Antrag des Schuldners kann das Oberlandesgericht anordnen, daß bis zum Ablauf der Frist zur Einlegung der Rechtsbeschwerde (§ 17) oder bis zur Entscheidung über diese Beschwerde die Zwangsvollstreckung nicht oder nur gegen Sicherheitsleistung über Maßregeln zur Sicherung hinausgehen darf. Die Anordnung darf nur erlassen werden, wenn glaubhaft gemacht wird, daß die weitergehende Vollstreckung dem Schuldner einen nicht zu ersetzenden Nachteil bringen würde[65]. § 713 der Zivilprozeßordnung ist entsprechend anzuwenden.

(3) Wird die Rechtsbeschwerde gegen den Beschluß des Oberlandesgerichts eingelegt, kann der Bundesgerichtshof auf Antrag des Schuldners eine Anordnung nach Absatz 2 erlassen. Der Bundesge-

---

[56] Wegen §§ 750, 845 → Rdnr. 309 Fn. 30; über ZV in mehreren Vertragsstaaten → Rdnr. 31 Fn. 11.
[57] → § 720a Rdnr. 4–7.
[58] Zur Fortführung der ZV → Rdnr. 324.
[59] → Rdnr. 308, 316, 320, 324.
[60] → § 720a Rdnr. 10.
[61] → § 775 Rdnr. 15.

[62] Zuständig ist der Rpfl., § 20 Nr. 16a RpflG.
[63] → §930 Rdnr. 10.
[64] Auch wenn das Urteil nur vorläufig vollstreckbar ist BGHZ 87, 259 = NJW 1983, 1980 = WPM 240. Abweichungen für norwegische u. israelische Titel → Rdnr. 345, 347; 352, 354. Zum Verfahren → Rdnr. 325f.
[65] → §707 Rdnr. 10f. Dazu BGH NJW 1994, 2156f.

richthof kann auf Antrag des Gläubigers eine nach Absatz 2 erlassene Anordnung des Oberlandesgerichts abändern oder aufheben[66].

§ 25 AVAG

(1) Die Zwangsvollstreckung aus dem Schuldtitel, den der Urkundsbeamte der Geschäftsstelle des Landgerichts mit der Vollstreckungsklausel versehen hat, ist auf Antrag des Gläubigers über Maßregeln zur Sicherung hinaus fortzusetzen[67], wenn das Zeugnis des Urkundsbeamten der Geschäftsstelle dieses Gerichts vorgelegt wird, daß die Zwangsvollstreckung unbeschränkt stattfinden darf[68].

(2) Das Zeugnis ist dem Gläubiger auf seinen Antrag zu erteilen,
1. wenn der Schuldner bis zum Ablauf der Beschwerdefrist keine Beschwerdeschrift eingereicht hat[69];
2. wenn das Oberlandesgericht die Beschwerde des Schuldners zurückgewiesen und keine Anordnung nach § 24 Abs. 2 erlassen hat[70];
3. wenn der Bundesgerichtshof die Anordnung des Oberlandesgerichts nach § 24 Abs. 2 aufgehoben hat (§ 24 Abs. 3 Satz 2)[71] oder
4. wenn der Bundesgerichtshof den Schuldtitel zur Zwangsvollstreckung zugelassen hat[72].

(3) Aus dem Schuldtitel darf die Zwangsvollstreckung, selbst wenn sie auf Maßregeln der Sicherung beschränkt ist, nicht mehr stattfinden, sobald ein Beschluß des Oberlandesgerichts, daß der Schuldtitel zur Zwangsvollstreckung nicht zugelassen werde, verkündet oder zugestellt ist[73].

§ 26 AVAG

(1) Die Zwangsvollstreckung aus dem Schuldtitel, zu dem der Urkundsbeamte der Geschäftsstelle des Oberlandesgerichts die Vollstreckungsklausel mit dem Zusatz erteilt hat, daß die Zwangsvollstreckung aufgrund der Anordnung des Gerichts nicht über Maßregeln zur Sicherung hinausgehen darf (§ 16 Abs. 2 Satz 3), ist auf Antrag des Gläubigers fortzusetzen, wenn das Zeugnis des Urkundsbeamten der Geschäftsstelle dieses Gerichts vorgelegt wird, daß die Zwangsvollstreckung unbeschränkt stattfinden darf[74].

(2) Das Zeugnis ist dem Gläubiger auf seinen Antrag zu erteilen,
1. wenn der Schuldner bis zum Ablauf der Frist zur Einlegung der Rechtsbeschwerde (§ 17 Abs. 2) keine Beschwerdeschrift eingereicht hat;
2. wenn der Bundesgerichtshof die Anordnung des Oberlandesgerichts nach § 24 Abs. 2 aufgehoben hat (§ 24 Abs. 3 Satz 2) oder
3. wenn der Bundesgerichtshof die Rechtsbeschwerde des Schuldners zurückgewiesen hat.

Dritter Teil

Feststellung der Anerkennung einer Entscheidung

§ 27 AVAG

Auf das Verfahren, das die Feststellung zum Gegenstand hat, ob die Entscheidung anzuerkennen ist, sind die §§ 2 bis 6, 9 bis 14 und 16 bis 19 entsprechend anzuwenden[75].

---

[66] Betrifft nur Maßnahmen des OLG gemäß § 24 Abs. 2 AVAG, nicht solche gemäß Art. 38 Abs. 2 EuGVÜ, *BGH* (Fn. 64).
[67] → dazu Fn. 64.
[68] Für norwegische u. israelische Titel s. noch § 46 Abs. 1 AVAG u. § 53 Abs. 1 AVAG.
[69] Über weitere Voraussetzungen für norwegische u. israelische Titel s. § 46 Abs. 2 AVAG u. § 53 Abs. 2 AVAG.
[70] Findet keine Anwendung auf norwegische Titel, § 46 Abs. 2 S. 2. AVAG.
[71] Norwegen → Fn. 70.
[72] Norwegen → Fn. 70.
[73] → §775 Rdnr. 22.
[74] Anders für norwegische u. israelische Titel, § 46 Abs. 1; § 54 AVAG.
[75] Gilt **nicht** im Bereich des **HaagÜ 1973** u. für norwegische Titel, § 41 Abs. 2, § 49 AVAG.

§ 28 AVAG

328   Ist der Antrag auf Feststellung begründet, so beschließt der Vorsitzende, daß die Entscheidung anzuerkennen ist[76]; die Kosten sind dem Antragsgegner[77] aufzuerlegen. Dieser kann die Beschwerde (§ 11) auf die Entscheidung über den Kostenpunkt beschränken. In diesem Falle sind die Kosten dem Antragsteller aufzuerlegen, wenn der Antragsgegner nicht durch sein Verhalten zu dem Antrag auf Feststellung Veranlassung gegeben hat.

Vierter Teil

Aufhebung oder Änderung der Beschlüsse über die Zulassung der Zwangsvollstreckung oder die Anerkennung

§ 29 AVAG

329   (1) Wird der Schuldtitel in dem Staat, in dem er errichtet worden ist, aufgehoben oder geändert[78] und kann der Schuldner diese Tatsache in dem Verfahren der Zulassung der Zwangsvollstreckung nicht mehr geltend machen[79], so kann er die Aufhebung oder Änderung der Zulassung in einem besonderen Verfahren beantragen[80].
(2) Für die Entscheidung über den Antrag ist das Landgericht ausschließlich zuständig, das über den Antrag auf Erteilung der Vollstreckungsklausel entschieden hat.
(3) Der Antrag kann bei dem Gericht schriftlich oder durch Erklärung zu Protokoll der Geschäftsstelle gestellt werden. Über den Antrag kann ohne mündliche Verhandlung entschieden werden. Vor der Entscheidung ist der Gläubiger zu hören. § 14 Abs. 2 ist entsprechend anzuwenden. Die Entscheidung ergeht durch Beschluß, der dem Gläubiger und dem Schuldner auch dann von Amts wegen zuzustellen ist, wenn er verkündet wurde.
(4) Der Beschluß unterliegt der sofortigen Beschwerde[81]. Die Frist, innerhalb derer die sofortige Beschwerde einzulegen ist, beträgt einen Monat; sie ist eine Notfrist und beginnt mit der Zustellung des Beschlusses[82].
(5) Für die Einstellung der Zwangsvollstreckung und die Aufhebung bereits getroffener Vollstreckungsmaßregeln sind die §§ 769 und 770 der Zivilprozeßordnung entsprechend anzuwenden. Die Aufhebung einer Vollstreckungsmaßregel ist auch ohne Sicherheitsleistung zulässig.

§ 30 AVAG

330   (1) Wird die Zulassung der Zwangsvollstreckung auf die Beschwerde (§ 11) oder die Rechtsbeschwerde (§ 17) aufgehoben oder abgeändert, so ist der Gläubiger zum Ersatz des Schadens verpflichtet, der dem Schuldner durch die Vollstreckung des Schuldtitels oder durch eine Leistung zur Abwendung der Vollstreckung entstanden ist[83]. Das gleiche gilt, wenn die Zulassung der Zwangsvollstreckung aus einer Entscheidung, die zum Zeitpunkt der Zulassung nach dem Recht des Urteilsstaats noch mit einem ordentlichen Rechtsmittel angefochten werden konnte, nach § 29 aufgehoben oder abgeändert wird.
(2) Für die Geltendmachung des Anspruchs ist das Landgericht ausschließlich zuständig, das über den Antrag, den Schuldtitel mit der Vollstreckungsklausel zu versehen, entschieden hat[84].

---

[76] Wie → Fn. 75.
[77] Ist die Klausel gegen Rechtsnachfolger zu erteilen → Rdnr. 306, so sind diese Antragsgegner.
[78] Darunter fällt auch die Aufhebung nur der Vollstreckbarkeit, *Pirrung* DGVZ 1973, 182.
[79] Das läßt sich u.U. nach Art. 38 vermeiden → Rdnr. 38. Zur Berücksichtigung der Aufhebung oder Änderung noch im Rechtsbeschwerdeverfahren s. *BGH* NJW 1980, 2022 = FamRZ 672. *OLG Hamburg* ließ Antragsrücknahme (wegen Aufhebung der Vollstreckbarkeit in Frankreich) nicht zu.
[80] **Nicht** im Bereich des **HaagÜ 1973**, § 41 Abs. 2 AVAG (nur § 767).
[81] → § 577 Rdnr. 1.
[82] → § 577 Rdnr. 3 ff.
[83] → §§ 717 Rdnr. 7 ff., 945 Rdnr. 16 ff.
[84] Diese Zuständigkeit gilt a) nur im Inland, b) für dort exequierte Titel, da Art. 16 Nr. 5 EuGVÜ nicht zutrifft *BAG* RIW 1987, 667; *Gottwald* (Fn. 10) Art. 16 Rdnr. 29 auch zur Gegenansicht.

§ 31 AVAG

Wird die Entscheidung[85] in dem Staat, in dem sie ergangen ist, aufgehoben oder abgeändert und kann die davon begünstigte Partei[86] diese Tatsache nicht mehr in dem Verfahren über den Antrag auf Feststellung der Anerkennung geltend machen, so ist § 29 entsprechend[87] anzuwenden. **331**

Fünfter Teil

Besondere Vorschriften für Entscheidungen deutscher Gerichte

§ 32 AVAG

(1) Will eine Partei ein Versäumnis- oder Anerkenntnisurteil, das nach § 313b der Zivilprozeßordnung in verkürzter Form abgefaßt worden ist, in einem anderen Vertragsstaat geltend machen, so ist das Urteil auf ihren Antrag zu vervollständigen[88]. Der Antrag kann bei dem Gericht schriftlich oder durch Erklärung zu Protokoll der Geschäftsstelle gestellt werden. Über den Antrag wird ohne mündliche Verhandlung entschieden. **332**
(2) Zur Vervollständigung des Urteils sind der Tatbestand und die Entscheidungsgründe nachträglich abzufassen, von den Richtern besonders zu unterschreiben und der Geschäftsstelle zu übergeben; der Tatbestand und die Entscheidungsgründe können auch von Richtern unterschrieben werden, die bei dem Urteil nicht mitgewirkt haben.
(3) Für die Berichtigung[89] des nachträglich abgefaßten Tatbestands gilt § 320 der Zivilprozeßordnung entsprechend. Jedoch können bei der Entscheidung über einen Antrag auf Berichtigung auch solche Richter mitwirken, die bei dem Urteil oder der nachträglichen Anfertigung des Tatbestands nicht mitgewirkt haben.
(4) Die vorstehenden Absätze gelten entsprechend für die Vervollständigung von Arrestbefehlen, einstweiligen Anordnungen und einstweiligen Verfügungen, die in einem anderen Vertragsstaat geltend gemacht werden sollen[90] und nicht mit einer Begründung versehen sind.

§ 33 AVAG

Vollstreckungsbescheide, Arrestbefehle und einstweilige Verfügungen[91], die nach dem zwischenstaatlichen Vertrag außerhalb des Geltungsbereichs dieses Gesetzes anerkannt und zur Zwangsvollstreckung zugelassen werden können, sind, sofern die Anerkennung und Zwangsvollstreckung betrieben werden soll, auch dann mit der Vollstreckungsklausel zu versehen, wenn dies für eine Zwangsvollstreckung im Geltungsbereich dieses Gesetzes nach § 796 Abs. 1, § 929 Abs. 1 und § 936 der Zivilprozeßordnung nicht erforderlich wäre. **333**

---

[85] Gemeint sind auch Entscheidungen nach § 29 Abs. 1 AVAG.
[86] Dies kann auch der Gläubiger sein, falls die aufhebende oder ändernde ausländische Entscheidung wiederum dort aufgehoben oder abgeändert wird; er kann also dann u. U. seinen Antrag in diesem Rahmen wiederholen.
[87] Nach dem Wortlaut ist also auch die Wiederholung des Gläubigerantrags im Falle → Fn. 86 »besonderes Verfahren« i.S.d. § 29 Abs. 1, 2 AVAG, so daß eine nachträgliche Änderung der für die örtliche Zuständigkeit nach § 2 Abs. 2 AVAG ursprünglich maßgeblichen Umstände auch in solchen Fällen unerheblich wäre.
[88] Wegen Anwaltsgebühren s. § 37 Nr. 6a BRAGebO.
[89] Wörtlich zu nehmen, also **nicht** für die **Frist**: Nach allg. M. könnte nämlich die Frist des § 320 Abs. 1 zwar nicht beginnen, da eine vollständige Ausfertigung noch gar nicht existiert → § 320 Rdnr. 9f. Aber auch die Frist des Abs. 2 S. 3 wäre (zumal sie nicht verlängert werden kann u. Wiedereinsetzung ausscheidet → § 320 Rdnr. 11) gänzlich unpassend, da die Notwendigkeit der Geltendmachung im Ausland erst nach geraumer Zeit auftreten kann, z.B. durch Umzug des Schuldners. »Entsprechender« Fristbeginn scheidet aus, weil das zu untragbarer Rechtsunsicherheit bzw. ungleicher Behandlung führen würde (oft ist nicht bekannt, wann der Schuldner ins Ausland verzogen ist, u. das Datum, an dem der Gläubiger davon Kenntnis erlangt hat, ist selten nachzuweisen). Folgte man dieser Ansicht nicht, so müßte so mancher Gläubiger neu klagen.
[90] Dazu *Anke Eilers* Maßnahmen des einstweiligen Rechtsschutzes usw. (1991).
[91] Lit. → Fn. 90.

Sechster Teil

Mahnverfahren

§ 34 AVAG

334 (1) Das Mahnverfahren findet auch statt, wenn die Zustellung des Mahnbescheids in einem anderen Vertragsstaat erfolgen muß[92]. In diesem Fall kann der Anspruch auch die Zahlung einer bestimmten Geldsumme in ausländischer Währung zum Gegenstand haben.

(2) Macht der Antragsteller geltend, daß das Gericht aufgrund einer Vereinbarung zuständig sei, hat er dem Mahnantrag die nach dem jeweiligen Vertrag erforderlichen Schriftstücke über die Vereinbarung beizufügen.

(3) Die Widerspruchsfrist (§ 692 Abs. 1 Nr. 3 der Zivilprozeßordnung) beträgt einen Monat. In dem Mahnbescheid ist der Antragsgegner darauf hinzuweisen, daß er einen Zustellungsbevollmächtigten zu benennen hat (§ 174 der Zivilprozeßordnung und § 4 Abs. 2 und 3 dieses Gesetzes). § 175 der Zivilprozeßordnung gilt entsprechend mit der Maßgabe, daß der Zustellungsbevollmächtigte innerhalb der Widerspruchsfrist zu benennen ist[93].

Siebenter Teil

Auszuführende zwischenstaatliche Verträge

§ 35 AVAG

335 (1) Dieses Gesetz ist bei der Ausführung folgender Verträge anzuwenden:

1. Übereinkommen vom 27. September 1968 über die gerichtliche Zuständigkeit und die Vollstreckung gerichtlicher Entscheidungen in Zivil- und Handelssachen (BGBl. 1972 II S. 773)[94];

2. Haager Übereinkommen vom 2. Oktober 1973 über die Anerkennung und Vollstreckung von Unterhaltsentscheidungen (BGBl. 1986 II S. 825)[95];

3. Vertrag vom 17. Juni 1977 zwischen der Bundesrepublik Deutschland und dem Königreich **Norwegen** über die gegenseitige Anerkennung und Vollstreckung gerichtlicher Entscheidungen und anderer Schuldtitel in Zivil- und Handelssachen (BGBl. 1981 II S. 341)[96];

4. Vertrag vom 20. Juli 1977 zwischen der Bundesrepublik Deutschland und dem Staat **Israel** über die gegenseitige Anerkennung und Vollstreckung gerichtlicher Entscheidungen in Zivil- und Handelssachen (BGBl. 1980 II S. 925)[97];

5. Vertrag vom 14. November 1983 zwischen der Bundesrepublik Deutschland und **Spanien** über die Anerkennung und Vollstreckung von gerichtlichen Entscheidungen und Vergleichen sowie vollstreckbaren öffentlichen Urkunden in Zivil- und Handelssachen (BGBl. 1987 II S. 34)[98].

(2) Die Ausführung der Übereinkommen unterliegt ergänzend den Vorschriften des **Achten Teils**, die den allgemeinen Regelungen vorgehen.

---

[92] S. § 688 Abs. 3. Dazu *Hök* Büro 1991, 1145, 1303, 1441, 1605. § 34 gilt **nicht** im Bereich des **HaagÜ 1973**, § 41 Abs. 2.
[93] Dazu *Roth* IPRax 1990, 90 f.
[94] → Rdnr. 29 ff.
[95] → Rdnr. 19 ff.
[96] → Rdnr. 175 ff.
[97] → Rdnr. 154 ff.
[98] → Rdnr. 186 ff.

Achter Teil

Besondere Vorschriften für die einzelnen zwischenstaatlichen Verträge

Erster Abschnitt

Übereinkommen vom 27. September 1968 über die gerichtliche Zuständigkeit und die Vollstreckung gerichtlicher Entscheidungen in Zivil- und Handelssachen[99] (BGBl. 1972 II S. 773)

§ 36 AVAG

(1) Die Frist für die Beschwerde (§ 11) beträgt zwei Monate, wenn der Schuldner seinen Wohnsitz in einem anderen Vertragsstaat als dem hat, in welchem die Entscheidung über die Zulassung der Zwangsvollstreckung ergangen ist (Artikel 36 Abs. 2 des Übereinkommens).
(2) § 9 Abs. 2 Satz 1 ist bei der Zustellung außerhalb des Geltungsbereichs dieses Gesetzes dann nicht anzuwenden, wenn ein Schriftstück in einem Vertragsstaat des Übereinkommens zugestellt werden muß.
(3) Im übrigen bleiben § 9 Abs. 2 und § 11 Abs. 2 unberührt.

§ 37 AVAG

(1) Das Oberlandesgericht kann auf Antrag des Schuldners seine Entscheidung über die Beschwerde gegen die Zulassung der Zwangsvollstreckung aussetzen, wenn gegen die Entscheidung im Ursprungsstaat ein ordentliches[100] Rechtsmittel eingelegt oder die Frist hierfür noch nicht verstrichen ist; im letzteren Fall kann das Oberlandesgericht eine Frist bestimmen, innerhalb derer das Rechtsmittel einzulegen ist. Das Gericht kann die Zwangsvollstreckung auch von einer Sicherheitsleistung abhängig machen[101].
(2) Absatz 1 ist im Verfahren auf Feststellung der Anerkennung einer Entscheidung (§§ 27 und 28) entsprechend anzuwenden.

§ 38 AVAG

Die Rechtsbeschwerde (§§ 17 bis 19) ist stets zulässig, wenn das Oberlandesgericht von einer Entscheidung des Gerichtshofs der Europäischen Gemeinschaften abgewichen ist[102].

Zweiter Abschnitt

Haager Übereinkommen vom 2. Oktober 1973 über die Anerkennung und Vollstreckung von Unterhaltsentscheidungen[103] (BGBl. 1986 II S. 825)

§ 39 AVAG

(1) Die Anerkennung und Vollstreckung von öffentlichen Urkunden aus einem anderen Vertragsstaat findet nur statt, wenn der andere Vertragsstaat die Erklärung nach Artikel 25 des Übereinkommens abgegeben hat.
(2) Die Anerkennung und Vollstreckung von Entscheidungen aus einem anderen Vertragsstaat in Unterhaltssachen zwischen Verwandten in der Seitenlinie und zwischen Verschwägerten ist auf Verlangen des Verpflichteten zu versagen, wenn nach den Sachvorschriften des Rechts des Staates, dem der Verpflichtete und der Berechtigte angehören, eine Unterhaltspflicht nicht besteht[104]; dasselbe gilt, wenn

---

[99] → Rdnr. 29 ff.
[100] → Rdnr. 38 Fn. 43; ebenso von Amts wegen einzuleitende Bestätigungsverfahren für Arrestbefehle *BGH* NJW 1986, 3026 f. = MDR 1987, 53.
[101] Ähnlich wie → § 707 Rdnr. 7 Fn. 65, § 719 Rdnr. 3; vgl. auch § 712 Rdnr. 11.
[102] Will der BGH die von einer EuGH-Entscheidung abweichende Auffassung eines OLG bestätigen, muß er die strittige Frage gem. Art. III Abs. 1 des EuGVÜAusl-Prot. dem EuGH zur Entscheidung vorlegen.
[103] → Rdnr. 19 ff.
[104] So in Deutschland aufgrund Vorbehalts nach Art. 26 Abs. 1 Nr. 2.

sie keine gemeinsame Staatsangehörigkeit haben und nach dem am gewöhnlichen Aufenthaltsort des Verpflichteten geltenden Recht eine Unterhaltspflicht nicht besteht.

§ 40 AVAG

340 (1) Die Frist für die Beschwerde (§ 11) beträgt zwei Monate, wenn die Zustellung an den Schuldner außerhalb des Geltungsbereichs dieses Gesetzes[105] erfolgen muß.
(2) § 9 Abs. 2 Satz 1 ist nur auf die Zustellung durch öffentliche Bekanntmachung[106] anzuwenden.
(3) Im übrigen bleiben § 9 Abs. 2 und § 11 Abs. 2 unberührt.

§ 41 AVAG

341 (1) Die Vorschriften über die Aussetzung des Verfahrens vor dem Oberlandesgericht und die Zulassung der Zwangsvollstreckung gegen Sicherheitsleistung (§ 37 Abs. 1) sind entsprechend anzuwenden.
(2) Die Vorschriften über die Feststellung der Anerkennung einer Entscheidung (§§ 27 und 28), über die Aufhebung oder Änderung dieser Feststellung (§§ 29 bis 31) sowie über das Mahnverfahren (§ 34) finden keine Anwendung.

Dritter Abschnitt

Vertrag vom 17. Juni 1977 zwischen der Bundesrepublik Deutschland und dem Königreich Norwegen über die gegenseitige Anerkennung und Vollstreckung gerichtlicher Entscheidungen und anderer Schuldtitel in Zivil- und Handelssachen[107] (BGBl. 1981 II S. 341)

§ 42 AVAG

342 Hat der Schuldner keinen Wohnsitz im Geltungsbereich dieses Gesetzes[108], so ist für die Vollstreckbarerklärung von Entscheidungen und Prozeßvergleichen auch das Landgericht örtlich zuständig, in dessen Bezirk der Schuldner Vermögen hat[109].

§ 43 AVAG

343 Ist die Entscheidung auf die Leistung einer bestimmten Geldsumme gerichtet[110], so bedarf es für die Zulassung zur Zwangsvollstreckung nicht des Nachweises, daß die Entscheidung rechtskräftig ist (Artikel 10 Abs. 2 und Artikel 17 Abs. 1 Satz 2 des Vertrags)[111].

§ 44 AVAG

344 Auf das Verfahren über die Beschwerde des Schuldners gegen die Zulassung der Zwangsvollstreckung (§ 11) findet § 13 Abs. 2 keine Anwendung.

§ 45 AVAG

345 (1) Weist das Oberlandesgericht die Beschwerde des Schuldners gegen die Zulassung der Zwangsvollstreckung (§ 11) zurück oder läßt es auf die Beschwerde des Gläubigers (§ 16) die Zwangsvollstreckung aus dem Schuldtitel zu, so entscheidet es abweichend von § 24 Abs. 1 zugleich darüber, ob die Zwangsvollstreckung über Maßregeln zur Sicherung hinaus fortgesetzt werden kann:
1. Ist bei einer auf eine bestimmte Geldsumme lautenden Entscheidung der Nachweis, daß die Entscheidung rechtskräftig ist, nicht geführt[112], so ordnet das Oberlandesgericht an, daß die Vollstrek-

---

[105] → §§ 199–202 mit Bem. Im Bereich des HaagÜ 1973 beträgt dann die Beschwerdefrist stets zwei Monate, § 40 Abs. 1 AVAG.
[106] → §§ 203 ff. mit Bem.
[107] → Rdnr. 175 ff.
[108] → § 23 Rdnr. 5.
[109] → § 23 Rdnr. 11 ff.
[110] → Rdnr. 1 ff. vor § 803, § 794 Rdnr. 84–88.

[111] Da aber die Klausel nach § 8 Abs. 1 AVAG von vornherein nur beschränkt auf die Vornahme von Sicherungsmaßnahmen erteilt wird → Rdnr. 308, muß zwecks Verwertung erst das Zeugnis nach § 46 Abs. 2 Nr. 1 erwirkt werden → Rdnr. 346, falls nicht schon zuvor eine Beschwerdeentscheidung des OLG wie → Rdnr. 345 Abs. 1 Nr. 1 ergeht.
[112] → Rdnr. 346.

kung erst nach Vorlage einer norwegischen Rechtskraftbescheinigung nebst Übersetzung (Artikel 14 Abs. 1 Nr. 2 und 6 und Abs. 2 des Vertrags) unbeschränkt stattfinden kann.

2. Ist der Nachweis, daß die Entscheidung rechtskräftig ist, geführt oder ist der Schuldtitel ein Prozeßvergleich, so ordnet das Oberlandesgericht an, daß die Zwangsvollstreckung unbeschränkt stattfinden darf.

(2) § 24 Abs. 2 und 3 bleibt unberührt.

§ 46 AVAG

(1) Die Zwangsvollstreckung aus dem Schuldtitel, den der Urkundsbeamte der Geschäftsstelle des Landgerichts mit der Vollstreckungsklausel versehen hat, ist auf Antrag des Gläubigers auch dann über Maßregeln zur Sicherung hinaus fortzusetzen (§ 25 Abs. 1), wenn eine gerichtliche Anordnung nach § 45 Abs. 1 Nr. 1 oder § 24 Abs. 2 und 3 vorgelegt wird und die darin bestimmten Voraussetzungen erfüllt sind.

(2) Ein Zeugnis gemäß § 25 Abs. 1 ist dem Gläubiger auf seinen Antrag abweichend von § 25 Abs. 2 Nr. 1 nur zu erteilen, wenn der Schuldner bis zum Ablauf der Beschwerdefrist keine Beschwerdeschrift eingereicht hat und wenn
1. der Gläubiger bei einer auf eine bestimmte Geldsumme lautenden Entscheidung nachweist, daß die Entscheidung rechtskräftig ist (Artikel 14 Abs. 1 Nr. 2 und 6 und Abs. 2 des Vertrags),
2. die Entscheidung nicht auf eine bestimmte Geldsumme lautet[113] oder
3. der Schuldtitel ein gerichtlicher Vergleich ist. § 25 Abs. 2 Nr. 2 bis 4 findet keine Anwendung.

(3) § 25 Abs. 3 bleibt unberührt.

§ 47 AVAG

Die Zwangsvollstreckung aus dem Schuldtitel, zu dem der Urkundsbeamte der Geschäftsstelle des Oberlandesgerichts die Vollstreckungsklausel erteilt hat, ist abweichend von § 26 Abs. 1 auf Antrag des Gläubigers nur im Rahmen einer gerichtlichen Anordnung nach § 45 oder § 24 Abs. 2 und 3 fortzusetzen. Eines besonderen Zeugnisses des Urkundsbeamten der Geschäftsstelle bedarf es nicht.

§ 48 AVAG

(1) Auf das Verfahren über die Rechtsbeschwerde sind neben den in § 19 Abs. 3 aufgeführten Vorschriften auch die §§ 45 und 47 sinngemäß anzuwenden.

(2) Hat der Bundesgerichtshof eine Anordnung nach § 19 Abs. 3 in Verbindung mit § 45 Abs. 1 Nr. 1 erlassen, so ist in Abweichung von § 19 Abs. 4 Satz 3 ein Zusatz aufzunehmen, daß die Zwangsvollstreckung über Maßregeln zur Sicherung nicht hinausgehen darf. Der Inhalt des Zusatzes bestimmt sich nach dem Inhalt der Anordnung.

§ 49 AVAG

Die Vorschriften über die Feststellung der Anerkennung einer Entscheidung (§§ 27 und 28) und über die Aufhebung oder Änderung dieser Feststellung (§§ 29 bis 31) finden keine Anwendung.

Vierter Abschnitt

Vertrag vom 20. Juli 1977 zwischen der Bundesrepublik Deutschland und dem Staat Israel über die gegenseitige Anerkennung und Vollstreckung gerichtlicher Entscheidungen in Zivil- und Handelssachen[114] (BGBl. 1980 II S. 925)

§ 50 AVAG

Hat der Schuldner keinen Wohnsitz im Geltungsbereich dieses Gesetzes[115], so ist für die Vollstreckbarerklärung von Entscheidungen und gerichtlichen Vergleichen auch das Landgericht örtlich zuständig, in dessen Bezirk der Schuldner Vermögen hat[116].

---

[113] → **EuGVÜ** Rdnr. 43 Fn. 66, Rdnr. 50 f.
[114] → Rdnr. 154 ff.
[115] → § 23 Rdnr. 5.
[116] → § 23 Rdnr. 11 ff.

§ 51 AVAG

351 Auf das Verfahren über die Beschwerde des Schuldners gegen die Zulassung der Zwangsvollstreckung (§ 11) findet § 13 Abs. 2 keine Anwendung.

§ 52 AVAG

352 (1) Weist das Oberlandesgericht die Beschwerde des Schuldners gegen die Zulassung der Zwangsvollstreckung (§ 11) zurück oder läßt es auf die Beschwerde des Gläubigers (§ 16) die Zwangsvollstreckung aus dem Schuldtitel zu, so entscheidet es abweichend von § 24 Abs. 1 zugleich darüber, ob die Zwangsvollstreckung über Maßregeln zur Sicherung hinaus fortgesetzt werden kann:
    1. Ist der Nachweis, daß die Entscheidung rechtskräftig ist, nicht geführt[117], so ordnet das Oberlandesgericht an, daß die Vollstreckung erst nach Vorlage einer israelischen Rechtskraftbescheinigung nebst Übersetzung (Artikel 15 Abs. 1 Nr. 2 und 7 des Vertrags) unbeschränkt stattfinden darf.
    2. Ist der Nachweis, daß die Entscheidung rechtskräftig ist, erbracht oder hat die Entscheidung eine Unterhaltspflicht zum Gegenstand oder ist der Schuldtitel ein Prozeßvergleich, so ordnet das Oberlandesgericht an, daß die Zwangsvollstreckung unbeschränkt stattfinden darf.
    (2) § 24 Abs. 2 und 3 bleibt unberührt.

§ 53 AVAG

353 (1) Die Zwangsvollstreckung aus dem Schuldtitel, den der Urkundsbeamte der Geschäftsstelle des Landgerichts mit der Vollstreckungsklausel versehen hat, ist auf Antrag des Gläubigers auch dann über Maßregeln zur Sicherung hinaus fortzusetzen (§ 25 Abs. 1), wenn eine gerichtliche Anordnung nach § 52 Abs. 1 Nr. 1 oder § 24 Abs. 2 und 3 vorgelegt wird und die darin bestimmten Voraussetzungen erfüllt sind.
    (2) Ein Zeugnis gemäß § 25 Abs. 1 ist dem Gläubiger auf seinen Antrag abweichend von § 25 Abs. 2 Nr. 1 nur zu erteilen, wenn der Schuldner bis zum Ablauf der Beschwerdefrist keine Beschwerdeschrift eingereicht hat und wenn
    1. der Gläubiger den Nachweis führt, daß die Entscheidung rechtskräftig ist (Artikel 21 des Vertrags),
    2. die Entscheidung eine Unterhaltspflicht zum Gegenstand hat (Artikel 20 des Vertrags) oder
    3. der Schuldtitel ein gerichtlicher Vergleich ist.
§ 25 Abs. 2 Nr. 2 bis 4 findet keine Anwendung.
    (3) § 25 Abs. 3 bleibt unberührt.

§ 54 AVAG

354 Die Zwangsvollstreckung aus dem Schuldtitel, zu dem der Urkundsbeamte der Geschäftsstelle des Oberlandesgerichts die Vollstreckungsklausel erteilt hat, ist abweichend von § 26 Abs. 1 auf Antrag des Gläubigers nur im Rahmen einer gerichtlichen Anordnung nach § 52 oder § 24 Abs. 2 und 3 fortzusetzen. Eines besonderen Zeugnisses des Urkundsbeamten der Geschäftsstelle bedarf es nicht.

§ 55 AVAG

355 (1) Auf das Verfahren über die Rechtsbeschwerde sind neben den in § 19 Abs. 3 aufgeführten Vorschriften auch die §§ 52 und 54 entsprechend anzuwenden.
    (2) Hat der Bundesgerichtshof eine Anordnung nach § 19 Abs. 3 in Verbindung mit § 52 Abs. 1 Nr. 1 erlassen, so ist abweichend von § 19 Abs. 4 Satz 3 ein Zusatz aufzunehmen, daß die Zwangsvollstreckung über Maßregeln zur Sicherung nicht hinausgehen darf. Der Inhalt des Zusatzes bestimmt sich nach dem Inhalt der Anordnung.

---

[117] → Rdnr. 155–164, 166; nicht für Unterhaltssachen → Rdnr. 165.

Fünfter Abschnitt

Vertrag vom 14. November 1983 zwischen der Bundesrepublik Deutschland und Spanien über die Anerkennung und Vollstreckung von gerichtlichen Entscheidungen und Vergleichen sowie vollstreckbaren öffentlichen Urkunden in Zivil- und Handelssachen[118] (BGBl. 1987 II S. 34)

§ 56 AVAG

Artikel 7 des Familienrechtsänderungsgesetzes vom 11. August 1961 (BGBl. I S. 1221) bleibt durch die Vorschriften dieses Gesetzes unberührt (Artikel 10 Abs. 4 des Vertrags). 356

Neunter Teil

Anpassung und Aufhebung von Gesetzen (§ 57 nicht abgedruckt)

§ 58 AVAG

(1) Unbeschadet des Absatzes 2 treten außer Kraft: 357
1. Gesetz vom 29. Juli 1972 zur Ausführung des Übereinkommens vom 27. September 1968 über die gerichtliche Zuständigkeit und die Vollstreckung gerichtlicher Entscheidungen in Zivil- und Handelssachen[119] (BGBl. 1972 I S. 1328);
2. Gesetz vom 10. Juli 1981 zur Ausführung des Vertrages vom 17. Juni 1977 zwischen der Bundesrepublik Deutschland und dem Königreich Norwegen über die gegenseitige Anerkennung und Vollstreckung gerichtlicher Entscheidungen und anderer Schuldtitel in Zivil- und Handelssachen (BGBl. 1981 I S. 514);
3. Gesetz vom 13. August 1980 zur Ausführung des Vertrages vom 20. Juli 1977 zwischen der Bundesrepublik Deutschland und dem Staat Israel über die gegenseitige Anerkennung und Vollstreckung gerichtlicher Entscheidungen in Zivil- und Handelssachen (BGBl. 1980 I S. 1301);
4. Gesetz vom 25. Juli 1986 zur Ausführung des Haager Übereinkommens vom 2. Oktober 1973 über die Anerkennung und Vollstreckung von Unterhaltsentscheidungen (BGBl. 1986 I S. 1156).

(2) Die in Absatz 1 genannten Gesetze sind in Verfahren, die zur Ausführung der in § 35 Abs. 1 Nr. 1 bis 4 genannten Verträge bei Inkrafttreten dieses Gesetzes anhängig gemacht worden sind, weiterhin anzuwenden.

Zehnter Teil

Konzentrationsermächtigung

§ 59 AVAG

(1) Die Landesregierungen werden für die Durchführung dieses Gesetzes ermächtigt, durch Rechts- 358
verordnung die Entscheidung über Anträge auf Erteilung der Vollstreckungsklausel zu ausländischen Schuldtiteln in Zivil- und Handelssachen, über Anträge auf Aufhebung oder Abänderung dieser Vollstreckungsklausel und über Anträge auf Feststellung der Anerkennung einer ausländischen Entscheidung für die Bezirke mehrerer Landgerichte einem von ihnen zuzuweisen, sofern dies der sachlichen Förderung oder schnelleren Erledigung der Verfahren dient. Die Ermächtigung kann auch für das Übereinkommen vom 27. September 1968 über die gerichtliche Zuständigkeit und die Vollstreckung gerichtlicher Entscheidungen in Zivil- und Handelssachen (BGBl. 1972 II S. 773) allein ausgeübt werden.

(2) Die Landesregierungen können die Ermächtigung durch Rechtsverordnung auf die Landesjustizverwaltungen übertragen.

---

[118] → Rdnr. 186 ff.   [119] → 20. Aufl. Anh. § 723 A III 2.

Elfter Teil

Schluß- und Übergangsvorschriften

§§ 60, 61 AVAG

359 (nicht abgedruckt) betreffen die Geltung im Land Berlin und das Inkrafttreten → Rdnr. 300.

II. Verordnung vom 23. VIII. 1930 zur Ausführung des deutsch-schweizerischen Abkommens vom 2. XI. 1929 (RGBl. II 1209)

361 Zum Abkommen → Rdnr. 53 ff. sowie Rdnr. 30, sobald das **Luganer Übereinkommen** im Verhältnis zur Schweiz in Kraft tritt. Lit. → Rdnr. 53 Fn. 1. Wegen der neuen Bundesländer → § 722 Rdnr. 9.

Art. 1 AusfVO Schweiz

362 Für die Vollstreckbarerklärung der im Art. 1 des deutsch-schweizerischen Abkommens bezeichneten gerichtlichen Entscheidungen sowie der im Art. 8 daselbst bezeichneten Vergleiche[1] ist das Amtsgericht zuständig[2], bei dem der Verpflichtete seinen allgemeinen Gerichtsstand hat, und in Ermangelung eines solchen das Amtsgericht, in dessen Bezirk sich Vermögen des Verpflichteten befindet oder die Vollstreckungshandlung vorzunehmen ist[3]. Das gleiche gilt für die gerichtlichen Entscheidungen der im Art. 3 daselbst bezeichneten Art, soweit die Entscheidung der Vollstreckbarerklärung bedarf.

Art. 2 AusfVO Schweiz

363 Auf das Verfahren[4] finden die Vorschriften der § 1042a Abs. 1, § 1042b Abs. 1, 2 S. 1, §§ 1042c, 1042d sowie des § 794 Abs. 1 Nr. 4a der Zivilprozeßordnung entspr. Anw.[5]

Art. 3 AusfVO Schweiz

364 Hängt die Vollstreckung der Entscheidung oder des Vergleichs nach deren Inhalt von dem Ablauf einer Frist oder von dem Eintritt einer anderen Tatsache ab oder wird die Vollstreckbarerklärung zugunsten eines anderen als des in der Entscheidung oder dem Vergleiche bezeichneten Gläubigers oder gegen einen anderen als den dort bezeichneten Verpflichteten nachgesucht, so bestimmt sich die Frage, inwieweit die Vollstreckbarerklärung von dem Nachweis besonderer Voraussetzungen abhängig ist oder ob die Entscheidung für oder gegen den anderen vollstreckbar ist, nach schweizerischem Recht[6]. Die danach erforderlichen Nachweise sind, sofern nicht die nachzuweisenden Tatsachen bei dem über den Antrag entscheidenden Gericht offenkundig sind, durch öffentliche oder öffentlich beglaubigte Urkunden zu führen[7]. Kann ein solcher Nachweis nicht erbracht werden, so ist mündliche Verhandlung anzuordnen.

---

[1] → § 328 (20. Aufl.) Rdnr. 722, oben Rdnr. 56.
[2] Ausschließlich wie § 802; in Familiensachen wie → Rdnr. 18 Fn. 47; kein Anwaltszwang. Wegen § 36 Nr. 3 → § 722 Fn. 62, Rdnr. 15.
[3] § 23; ferner → dazu Rdnr. 302 Fn. 2b, wegen § 36 Nr. 3 → § 722 Rdnr. 13 Fn. 62.
[4] Zu erforderlichen Nachweisen → Rdnr. 55. **Kosten:** Gerichtsgebühren § 11 Abs. 1 GKG mit Nr. 1430–1435 KV; zuständig ist der Rpfl., § 21 Abs. 1 Nr. 3 RpflG. Anwaltsgebühren § 47 BRAGO.
[5] → die Bem. zu § 1042a ff., wegen etwaiger Einwendungen des Schuldners → § 1042 Rdnr. 23 f., oben Rdnr. 313 Fn. 39, zu § 323 → aber § 723 Rdnr. 4a Fn. 13. Die Einrede mangelnden neuen Vermögens nach § 265 Abs. 2 SchKG ist ebenfalls hier geltendzumachen → Rdnr. 54 Fn. 3. Beruft der Schuldner sich erst jetzt auf falsche Parteibezeichnung oder Parteiverwechslung im Titel, so ist das mißbräuchlich *OLG Hamburg* RIW 1987, 873 (zum Abkommen → Rdnr. 100).
[6] Sachlich entspricht die Regelung den §§ 726 f., 731 ZPO, s. Denkschrift zu Art. 6 (Rdnr. 53 Fn. 1).
[7] → Art. 55 Fn. 9 sowie § 726 Rdnr. 19–21, § 727 Rdnr. 37–42.

Art. 4 AusfVO Schweiz

Im Wege des Widerspruchs kann der Verpflichtete auch Einwendungen gegen den Anspruch geltend machen[8], soweit diese nach schweizerischem Recht[9] gegenüber der Entscheidung oder dem Vergleiche zulässig sind[10]. Ebenso können Einwendungen gegen die Zulässigkeit der Vollstreckungsklausel im Wege des Widerspruchs geltend gemacht werden[11]. Der Verpflichtete ist hierdurch nicht gehindert, solche Einwendungen in dem in den §§ 767, 732, 768 der Zivilprozeßordnung vorgesehenen Verfahren geltend zu machen.

Art. 5 und 6 sind aufgehoben (BGBl. 1959 I 427), **Art. 7** betrifft das gleichzeitige Inkrafttreten → Rdnr. 53.

365

III. Verordnung vom 18. V. 1937 zur Ausführung des deutsch-italienischen Abkommens vom 9. III. 1936 (RGBl. II 143)

Art. 1 AusfVO Italien

Für die Vollstreckbarerklärung der im Artikel 1 des deutsch-italienischen Vollstreckungsabkommens bezeichneten gerichtlichen Entscheidungen[1] sowie der im Artikel 9 daselbst bezeichneten Vergleiche[2] ist das Amtsgericht[3] zuständig, bei dem der Verpflichtete seinen allgemeinen Gerichtsstand hat, und in Ermangelung eines solchen das Amtsgericht, in dessen Bezirk sich Vermögen des Verpflichteten befindet oder die Vollstreckungshandlung vorzunehmen ist[4].

366

Art. 2 AusfVO Italien

Auf das Verfahren[5] finden die Vorschriften der § 1042a Abs. 1, § 1042b Abs. 1, 2 Satz 1, §§ 1042c, 1042d sowie des § 794 Abs. 1 Nr. 4a der Zivilprozeßordnung entsprechende Anwendung[6].

367

Art. 3 AusfVO Italien

Hängt die Vollstreckung der Entscheidung oder des Vergleichs nach deren Inhalt von dem Ablauf einer Frist oder von dem Eintritt einer anderen Tatsache ab oder wird die Vollstreckbarerklärung zugunsten eines anderen als des in der Entscheidung oder dem Vergleich bezeichneten Gläubigers oder gegen einen anderen als den dort bezeichneten Verpflichteten nachgesucht[7], so bestimmt sich die Frage, inwieweit die Vollstreckbarerklärung von dem Nachweis besonderer Voraussetzungen abhängig ist oder ob die Entscheidung für oder gegen den anderen vollstreckbar ist, nach italienischem Recht[8]. Die danach erforderlichen Nachweise sind, sofern nicht die nachzuweisenden Tatsachen bei dem über den Antrag entscheidenden Gericht offenkundig sind, durch öffentliche oder öffentlich beglaubigte Urkunden zu führen. Kann ein solcher Nachweis nicht erbracht werden, so ist[9] mündliche Verhandlung anzuordnen.

368

---

[8] → § 723 Rdnr. 3 ff. u. § 1042 Rdnr. 23 f.; zur Abänderung nach § 323 → § 723 Rdnr. 4a Fn. 13 a. E. Keine Präklusion wie → Rdnr. 315, daher wahlweise nachträgliche Klage gemäß § 767 Kallmann (§ 722 Fn. 1) 380 ff. Für sie ist nach RGZ 165, 381 ohne Rücksicht auf den Streitwert das AG zuständig. Einwendungen, die nach der Vollstreckbarerklärung entstanden sind, müssen nach § 767 geltend gemacht werden.

[9] → § 328 Rdnr. 3. – Für das *schweizerische* Recht Art. 81 Abs. 3 SchKG bei **Geldtiteln.** Soweit die Entscheidung auf **Realexekution** gerichtet ist, gilt kantonales Recht, s. z. B. Haubensak Die ZwV nach der zürcherischen Zivilprozeßordnung, Zürich (1975), Inhaltsübersicht bei Münzberg ZZP 90 (1977) 222 ff.

[10] → dazu auch Rdnr. 313 Fn. 38.

[11] Dann ändert sich nichts an dem Charakter des Widerspruchs, er wird damit nicht etwa zu einer Widerklage gemäß §§ 767, 768; eine Verweisung an das Landgericht entsprechend § 506 scheidet aus.

[1] → § 328 (20. Aufl.) Rdnr. 665. Lit. → Rdnr. 58 Fn. 1.

[2] → Rdnr. 62.

[3] Zu ergänzen »ausschließlich«, Kallmann (Rdnr. 58 Fn. 1) 373, → auch Rdnr. 302, 362 Fn. 2; für Familiensachen wie → Rdnr. 18 Fn. 47. Wegen § 36 Nr. 3 → § 722 Fn. 62, Rdnr. 15.

[4] Wie → Rdnr. 362 Fn. 3.

[5] Wegen der **Kosten** → Rdnr. 363 Fn. 4.

[6] → die Bem. zu § 1042 a ff., wegen etwaiger **Einwendungen** des Schuldners → § 1042 Rdnr. 23 f., oben Rdnr. 313 Fn. 39; zu § 323 → aber § 723 Rdnr. 4a Fn. 13.

[7] Gemeint sind die Tatbestände der §§ 726 ff., 751 Abs. 2.

[8] Vgl. Art. 474 ff. Codice di proc. civ.

[9] Also kein Ermessen wie → § 6 Abs. 2 → Rdnr. 306.

Art. 4 AusfVO Italien

369 Im Wege des Widerspruchs kann der Verpflichtete auch Einwendungen gegen den Anspruch geltend machen, soweit diese nach italienischem Recht[10] gegenüber der Entscheidung oder dem Vergleich zulässig sind. Ebenso können Einwendungen gegen die Zulässigkeit der Vollstreckungsklausel im Wege des Widerspruchs geltend gemacht werden. Der Verpflichtete ist hierdurch nicht gehindert, solche Einwendungen in dem in den §§ 767, 732, 768 der Zivilprozeßordnung vorgesehenen Verfahren geltend zu machen[11].

Art. 5 und 6 sind aufgehoben.

IV. Gesetz vom 26. VI. 1959 zur Ausführung des deutsch-belgischen Abkommens vom 30. VI. 1958 (BGBl. I 421 ff.)

§ 1 AusfG Belgien

370 (1) Für die Vollstreckbarerklärung gerichtlicher Entscheidungen (Artikel 1, 6 ff. des Abkommens) und öffentlicher Urkunden (Artikel 14 des Abkommens)[1] ist sachlich[2] das Amtsgericht oder das Landgericht zuständig, das für die gerichtliche Geltendmachung des Anspruchs zuständig sein würde[3].

(2) Örtlich zuständig ist das Gericht, bei dem der Schuldner seinen allgemeinen Gerichtsstand hat, und beim Fehlen eines solchen das Gericht, in dessen Bezirk sich Vermögen des Schuldners befindet oder die Zwangsvollstreckung durchgeführt werden soll[4].

§ 2 AusfG Belgien

371 Für die Vollstreckbarerklärung der in § 1 Abs. 1 genannten Schuldtitel gelten § 1042a Abs. 1, §§ 1042b, 1042c, 1042d und § 794 Abs. 1 Nr. 4a der Zivilprozeßordnung entsprechend[5].

§ 3 AusfG Belgien

372 Für die Vollstreckbarerklärung von Schiedssprüchen (Artikel 13 des Abkommens) gelten § 1044 Abs. 1 und 3, §§ 1046 und 1047 der Zivilprozeßordnung sowie die nach ihnen anzuwendenden weiteren Vorschriften.

§ 4 AusfG Belgien

373 Hängt die Vollstreckung nach dem Inhalt der gerichtlichen Entscheidung, des Schiedsspruchs oder der öffentlichen Urkunde von dem Ablauf einer Frist oder von dem Eintritt einer anderen Tatsache ab oder wird die Vollstreckbarerklärung zugunsten eines anderen als des in der gerichtlichen Entscheidung, dem Schiedsspruch oder der öffentlichen Urkunde bezeichneten Gläubigers oder gegen einen anderen als den darin bezeichneten Schuldner nachgesucht[6], so ist die Frage, inwieweit die Vollstreckbarerklärung von dem Nachweis besonderer Voraussetzungen abhängig oder ob die Entscheidung für oder gegen den anderen vollstreckbar ist, nach belgischem Recht[7] zu entscheiden. Ein solcher Nachweis ist durch öffentliche oder öffentlich beglaubigte Urkunden zu führen, sofern nicht die nachzuweisenden Tatsachen

---

[10] Art. 615 Codice di proc. civ. (»facta nova« wie § 767 Abs. 2), dazu *OLG München* NJW 1964, 986. → dazu auch Rdnr. 313 Fn. 38.

[11] Also keine Präklusion wie → Rdnr. 315. Zur Berufung auf falsche Parteibezeichnung oder Parteiverwechslung im Titel → aber Rdnr. 363 Fn. 5.

[1] → § 328 (20. Aufl.) Rdnr. 581, oben Rdnr. 59 ff. Lit. → Rdnr. 69.

[2] Ausschließlich → Rdnr. 362 Fn. 2, Rdnr. 366 Fn. 3; Familiensachen wie → Rdnr. 18 Fn. 47. → auch § 722 Rdnr. 11.

[3] Wegen § 36 Nr. 3 → § 722 Fn. 62, Rdnr. 15; vgl. ferner *Geimer/Schütze* (Rdnr. 69 Fn. 1) 335, 188. – In **Belgien** richtet sich das Exequaturverfahren nach den allgemeinen Bestimmungen → Rdnr. 71 Fn. 6, und zwar auch für die Vollstreckbarerklärung von öffentlichen Urkunden, s. *Harries* (Rdnr. 69 Fn. 1) 665.

[4] Wie → Rdnr. 362 Fn. 3.

[5] → Bem. zu § 1042a ff. Obwohl nach § 1042a ZPO ohne mündliche Verhandlung im Beschlußverfahren entschieden werden darf, kann die Vollstreckbarerklärung auch von vornherein mit der Klage begehrt werden, *OLG Köln* KTS 1971, 224 f. Zu Einwendungen → Rdnr. 374, 313 Fn. 39. **Kosten** → Rdnr. 363 Fn. 4.

[6] Gemeint sind die Tatbestände der §§ 726 ff., 751 Abs. 2.

[7] → Rdnr. 72 Fn. 7.

bei dem Gericht offenkundig sind. Kann er in dieser Form nicht erbracht werden, so ist[8] mündliche Verhandlung anzuordnen.

§ 5 AusfG Belgien

(1) In dem Verfahren der Vollstreckbarerklärung einer gerichtlichen Entscheidung oder eines Schiedsspruchs kann der Schuldner auch Einwendungen gegen den Anspruch selbst[9] insoweit geltend machen, als die Gründe, auf denen sie beruhen, erst nach dem Erlaß[10] der gerichtlichen Entscheidung oder des Schiedsspruchs entstanden sind.

(2) In dem Verfahren der Vollstreckbarerklärung einer öffentlichen Urkunde kann der Schuldner Einwendungen gegen den Anspruch selbst ungeachtet der in Absatz 1 enthaltenen Beschränkung geltend machen[11].

(3) Ist eine gerichtliche Entscheidung, ein Schiedsspruch oder eine öffentliche Urkunde für vollstreckbar erklärt, so kann der Schuldner Einwendungen gegen den Anspruch selbst in einem Verfahren nach § 767 der Zivilprozeßordnung nur geltend machen, wenn die Gründe, auf denen sie beruhen, erst nach Ablauf der Frist, innerhalb deren er Widerspruch hätte einlegen können, oder erst nach dem Schluß der mündlichen Verhandlung entstanden[12] sind, in der er die Einwendungen spätestens hätte geltend machen müssen.

374

§ 6 AusfG Belgien

(1) Wird eine gerichtliche Entscheidung, ein Schiedsspruch oder eine öffentliche Urkunde nach der Vollstreckbarerklärung in Belgien aufgehoben oder abgeändert und kann der Schuldner diese Tatsache in dem Verfahren der Vollstreckbarerklärung nicht mehr geltend machen, so kann er die Aufhebung oder Abänderung der Vollstreckbarerklärung in einem besonderen Verfahren beantragen.

(2) Für die Entscheidung über den Antrag ist das Gericht ausschließlich zuständig, das in dem Verfahren der Vollstreckbarerklärung im ersten Rechtszug entschieden hat. Über den Antrag kann ohne mündliche Verhandlung entschieden werden; vor der Entscheidung ist der Gläubiger zu hören. Die Entscheidung ergeht durch Beschluß, der dem Gläubiger und dem Schuldner von Amts wegen zuzustellen ist. Der Beschluß unterliegt der sofortigen Beschwerde.

(3) Für die Einstellung der Zwangsvollstreckung und die Aufhebung bereits getroffener Vollstreckungsmaßregeln gelten §§ 769, 770 der Zivilprozeßordnung entsprechend. Die Aufhebung einer Vollstreckungsmaßregel ist auch ohne Sicherheitsleistung zulässig.

375

§ 7 AusfG Belgien

(1) Wird die Vollstreckbarerklärung einer gerichtlichen Entscheidung, die im Zeitpunkt der Vollstreckbarerklärung in Belgien noch mit einem ordentlichen Rechtsbehelf angefochten werden konnte, nach § 6 aufgehoben oder abgeändert, so ist der Gläubiger zum Ersatz des Schadens verpflichtet, der dem Schuldner durch die Vollstreckung der für vollstreckbar erklärten gerichtlichen Entscheidung oder durch eine zur Abwendung der Vollstreckung gemachte Leistung entstanden ist[13].

(2) Für den Anspruch ist das Gericht ausschließlich zuständig, das in dem Verfahren der Vollstreckbarerklärung im ersten Rechtszug entschieden hat.

376

§ 8 AusfG Belgien

(nicht abgedruckt, da jetzt allgemein geregelt in § 313 b Abs. 3)

377

---

[8] Also kein Ermessen, anders § 6 Abs. 2 AVAG → Rdnr. 306.

[9] → § 723 Rdnr. 3 ff. u. § 1042 Rdnr. 23 ff.; zur Abänderung nach **§ 323** → aber § 723 Rdnr. 4a Fn. 13 a.E. Zu mißbräuchlicher Berufung auf falsche Parteibezeichnung oder Parteiverwechslung im Titel → Rdnr. 363 Fn. 5..

[10] → dazu Rdnr. 313 Fn. 40.

[11] Wegen § 323 → aber § 723 Rdnr. 4a Fn. 13 a.E.

[12] → dazu auch Rdnr. 315 Fn. 45.

[13] Für diesen Anspruch gilt ausschließlich deutsches Recht *Geimer/Schütze* Internationale Urteilsanerkennung (1971) 243. Er ist im Wege der Klage durchzusetzen. Das deutsche Urteil wird nach Abschnitt II des Zusatzprotokolls (BGBl. 1959 II 774) i.V.m. Art. 2 Abs. 1 Nr. 3 des Abkommens in Belgien anerkannt und vollstreckt.

§ 9 AusfG Belgien

378 *(Nicht abgedruckt, da Abs. 1–3 inhaltsgleich sind mit → Rdnr. 332 die nachträgliche Anfertigung von Tatbestand und Gründen vorsieht und die Gebührenregelung des Abs. 4 dem heutigen Stand des § 11 Abs. 1 GKG mit KV 1080–1085 sowie des § 37 Nr. 6 a BRAGO entspricht).*

§ 10 AusfG Belgien

379 Einer einstweiligen Anordnung oder einer einstweiligen Verfügung, die in Belgien geltend gemacht werden soll, ist eine Begründung beizufügen. § 9 ist entsprechend anzuwenden[14].

§ 11 AusfG Belgien

(Nicht abgedruckt, weil inhaltsgleich mit → Rdnr. 358 bis auf die hier nicht aufgeführten Anträge auf Feststellung einer Anerkennung)

V. Gesetz vom 8. III. 1960 zur Ausführung des deutsch-österreichischen Vertrags vom 6. VI. 1959 (BGBl. I 169)

§ 1 AusfG Österreich

380 (1) Für die Vollstreckbarerklärung gerichtlicher Entscheidungen (Artikel 1, 5 ff., 14 Abs. 2, Artikel 15 Satz 1 des Vertrages), gerichtlicher Vergleiche (Artikel 11 des Vertrages) und öffentlicher Urkunden (Artikel 13 des Vertrages) ist sachlich[1] das Amtsgericht oder das Landgericht zuständig[2], das für die gerichtliche Geltendmachung des Anspruchs zuständig sein würde.

(2) Örtlich zuständig ist das Gericht[3], bei dem der Schuldner seinen allgemeinen Gerichtsstand hat, und beim Fehlen eines solchen das Gericht, in dessen Bezirk sich Vermögen des Schuldners befindet oder die Zwangsvollstreckung durchgeführt werden soll[4].

§ 2 AusfG Österreich

381 Für die Vollstreckbarerklärung der in § 1 Abs. 1 genannten Schuldtitel gelten § 1042a Abs. 1, §§ 1042b, 1042c und 1042d der Zivilprozeßordnung entsprechend[5], soweit nicht in § 3 etwas Besonderes bestimmt ist.

§ 3 AusfG Österreich

382 (1) Ist eine noch nicht rechtskräftige Entscheidung eines österreichischen Gerichts, hinsichtlich deren die Exekution zur Sicherstellung für zulässig erklärt worden ist, für vollstreckbar zu erklären (Artikel 8, 9 des Vertrages), so ist in dem Beschluß oder Urteil auszusprechen, daß die Entscheidung nur zur Sicherung der Zwangsvollstreckung für vollstreckbar erklärt wird[6].

---

[14] S. auch §§ 936, 922 Abs. 1 S. 2. Nicht Vollstreckungsbescheide (sonst wären sie hier auch genannt).

[1] Wie → Rdnr. 370.

[2] In Familiensachen das Familiengericht *OLG Bamberg* FamRZ 1980, 66. Anwaltszwang vor LG *OLG Braunschweig* NdsRpfleger 1983, 226.

[3] Zur internationalen Zuständigkeit s. *BGH* IPrax 1991, 111 f., dagegen *MünchKommZPO-Gottwald* (1992) IZPR Rdnr. 2 zu Art. 6 des Abkommens. – In Österreich ist der allgemeine Gerichtsstand maßgeblich, hilfsweise ist das Gericht erster Instanz, in dessen Bezirk das für die beabsichtigte Vollstreckung zuständige Bezirksgericht liegt, zuständig § 82 EO. Wegen § 36 Nr. 3 → § 722 Rdnr. 13 Fn. 62.

[4] Wie → Rdnr. 362 Fn. 3.

[5] → die Bem. zu § 1042a ff. Wegen etwaiger Einwendungen → Rdnr. 384, 313 Fn. 39. **Kosten:** § 11 Abs. 1 GKG mit KV Nr. 1420 ff., § 47 Abs. 1, 2 BRAGO.

[6] In Vollziehung dieser Vollstreckbarerklärung sind nur solche Maßnahmen zulässig, die der Sicherstellung und nicht der Befriedigung des betreibenden Gläubigers dienen, § 6 Abs. 2 AusfG. – Erweist sich die Durchführung der ZV als ungerechtfertigt, weil das noch nicht rechtskräftig gewesene österreichische Urteil nicht Bestand blieb, u. kann der Antragsgegner dies noch im Verfahren der Vollstreckbarerklärung gemäß §§ 2, 3 Abs. 1 geltend machen, d. h. die Aufhebung der für vorläufig vollstreckbar erklärten deutschen Vollstreckbarerklärung erreichen, richten sich ihre Rechtsfolgen allein nach deutschem Recht. So hat der Gläubiger im Beschlußverfahren gemäß §§ 2, 3 Abs. 1 AusfG i. V. m. § 1042c Abs. 2 S. 3 ZPO einen Anspruch nach § 717 Abs. 2 PO zu gewärtigen; im Urteilsverfahren folgt er unmittelbar aus § 717 Abs. 2 ZPO. Nicht jedoch folgen diese Ansprüche aus § 8 AusfG, da dieser nur die Fälle betrifft, in denen die Aufhebung oder Abänderung der Vollstreckbarerklärung

(2) Erlangt die Entscheidung des österreichischen Gerichts, die nach Absatz 1 zur Sicherung der Zwangsvollstreckung für vollstreckbar erklärt worden ist, später die Rechtskraft, so ist der Beschluß oder das Urteil über die Vollstreckbarerklärung auf Antrag des Gläubigers dahin zu ändern, daß die Entscheidung ohne Beschränkung für vollstreckbar erklärt wird. Das gleiche gilt für den Fall, daß die Entscheidung des österreichischen Gerichts bereits die Rechtskraft erlangt hat, bevor der Beschluß oder das Urteil über die Vollstreckbarerklärung erlassen wird, sofern der Eintritt der Rechtskraft in dem Verfahren nicht geltend gemacht worden ist. Über den Antrag ist ohne mündliche Verhandlung durch Beschluß zu entscheiden; vor der Entscheidung ist der Gegner zu hören[7]. Für das Verfahren gelten im übrigen § 1042b Abs. 1, §§ 1042c und 1042d der Zivilprozeßordnung entsprechend[8].

§ 4 AusfG Österreich

Hängt die Vollstreckung nach dem Inhalt der gerichtlichen Entscheidung, des gerichtlichen Vergleichs oder der öffentlichen Urkunde von dem Ablauf einer Frist oder von dem Eintritt einer anderen Tatsache als einer dem Gläubiger obliegenden Sicherheitsleistung ab oder wird die Vollstreckbarerklärung zugunsten eines anderen als des in der gerichtlichen Entscheidung, dem gerichtlichen Vergleich oder der öffentlichen Urkunde bezeichneten Gläubigers oder gegen einen anderen als den darin bezeichneten Schuldner nachgesucht[9], so ist die Frage, inwieweit die Vollstreckbarerklärung von dem Nachweis besonderer Voraussetzungen abhängig oder ob der Schuldtitel für oder gegen den anderen vollstreckbar ist, nach österreichischem Recht zu entscheiden. Ein solcher Nachweis ist durch öffentliche oder öffentlich beglaubigte Urkunden zu führen, sofern nicht die nachzuweisenden Tatsachen bei dem Gericht offenkundig sind. Kann er in dieser Form nicht erbracht werden, so ist mündliche Verhandlung anzuordnen.

383

§ 5 AusfG Österreich

(1) In dem Verfahren der Vollstreckbarerklärung einer gerichtlichen Entscheidung kann der Schuldner auch Einwendungen gegen den Anspruch selbst insoweit geltend machen, als die Gründe, auf denen sie beruhen, erst nach dem Erlaß[10] der gerichtlichen Entscheidung entstanden sind.

384

(2) In dem Verfahren der Vollstreckbarerklärung eines gerichtlichen Vergleichs oder einer öffentlichen Urkunde kann der Schuldner Einwendungen gegen den Anspruch selbst ungeachtet der in Absatz 1 enthaltenen Beschränkung geltend machen.

(3) Ist eine gerichtliche Entscheidung, ein gerichtlicher Vergleich oder eine öffentliche Urkunde für vollstreckbar erklärt, so kann der Schuldner Einwendungen gegen den Anspruch selbst in einem Verfahren nach § 767 der Zivilprozeßordnung nur geltend machen[11], wenn die Gründe, auf denen sie beruhen, erst nach Ablauf der Frist, innerhalb deren er Widerspruch hätte einlegen können (§ 1042c Abs. 2, § 1042d Abs. 1 der Zivilprozeßordnung), oder erst nach dem Schluß der mündlichen Verhandlung entstanden[12] sind, in der er die Einwendungen spätestens hätte geltend machen müssen.

---

in dem besonderen Verfahren nach § 7 AusfG erreicht wurde, *Geimer/Schütze* Internationale Urteilsanerkennung (1971), 243. § 719 scheidet auch im Inland (→ für Österreich Rdnr. 84 Fn. 5) aus, wenn gegen ein schon für vollstreckbar erklärtes, noch nicht rechtskräftiges Urteil in *Österreich* ein Rechtsmittel eingelegt wird, da gerade für diesen Fall eine abschließende Regelung in Art. 5 Abs. 2 und 10 Abs. 2 des Abkommens mit §§ 3, 6 Abs. 2 AusfG getroffen ist.

[7] In diesem Nachverfahren können Einwendungen gegen die **Vollstreckbarerklärung** als solche nicht mehr vorgebracht werden; zulässig sind nur solche Einwendungen, die den materiell-rechtlichen **Anspruch** betreffen und nach Abschluß des ersten Vollstreckbarerklärungsverfahrens entstanden sind (das → § 723 Rdnr. 3f. Gesagte gilt also hier entsprechend), ferner solche Gründe, die in einem Verfahren nach §§ 578 ff. ZPO zur Aufhebung der Vollstreckbarerklärung führen würden, *Geimer/Schütze*

(Fn. 6) 224 f. Wegen **§ 323** → aber § 723 Rdnr. 4a Fn. 13. Zu mißbräuchlicher Berufung auf falsche Parteibezeichnung oder Parteiverwechslung im Titel → Rdnr. 363 Fn. 5.

[8] Anwaltsgebühren nach § 47 Abs. 3 BRAGO.

[9] Gemeint sind die Tatbestände der §§ 726 ff., 751 Abs. 2.

[10] → dazu Rdnr. 313 Fn. 40; zust. BGH NJW 1993, 1271.

[11] → Rdnr. 313 Fn. 38, 41, § 723 Rdnr. 3 ff. u. § 1042 Rdnr. 23 ff.; zur Abänderung nach § 323 → § 723 Rdnr. 4a Fn. 13 a. E. zu *BGH* NJW 1990, 1419 = FamRZ 505. Keine Präklusion wie → Rdnr. 315, daher auch nachträgliche Klage gemäß § 767 möglich.

[12] Solange jedoch der Schuldner noch nach § 7 vorgehen kann, fehlt einer Klage nach § 767 das Rechtsschutzbedürfnis, vgl. *Geimer/Schütze* (Fn. 6) 232, 242.

§ 6 AusfG Österreich

385 (1) Aus den für vollstreckbar erklärten Schuldtiteln findet die Zwangsvollstreckung statt, sofern die Entscheidung über die Vollstreckbarkeit rechtskräftig oder für vorläufig vollstreckbar erklärt ist.

(2) Im Falle des § 3 Abs. 1 gelten für die Zwangsvollstreckung §§ 928, 930–932 der Zivilprozeßordnung sowie § 99 Abs. 2 und § 106 Abs. 3 des Gesetzes über Rechte an Luftfahrzeugen vom 26. Februar 1959 (BGBl. I 57) über die Vollziehung eines Arrestes entsprechend. Soll eine Sicherungshypothek eingetragen werden, so ist der um 20 vom Hundert erhöhte Betrag der Forderung als der Höchstbetrag zu bezeichnen, für den das Grundstück oder die Berechtigung haftet. Das gleiche gilt für den Höchstbetrag des Pfandrechts oder des Registerpfandrechts, das in das Schiffsregister, in das Schiffsbauregister oder in das Register für Pfandrechte an Luftfahrzeugen eingetragen werden soll[13].

§ 7 AusfG Österreich

386 (1) Wird eine gerichtliche Entscheidung, ein gerichtlicher Vergleich oder eine öffentliche Urkunde nach der Vollstreckbarerklärung in Österreich aufgehoben oder abgeändert und kann der Schuldner diese Tatsache in dem Verfahren der Vollstreckbarerklärung nicht mehr geltend machen[14], so kann er die Aufhebung oder Abänderung der Vollstreckbarerklärung in einem besonderen Verfahren beantragen[15].

(2) Für die Entscheidung über den Antrag ist das Gericht ausschließlich zuständig, das in dem Verfahren der Vollstreckbarerklärung im ersten Rechtszug entschieden hat. Über den Antrag kann ohne mündliche Verhandlung entschieden werden; vor der Entscheidung ist der Gläubiger zu hören. Die Entscheidung ergeht durch Beschluß, der dem Gläubiger und dem Schuldner von Amts wegen zuzustellen ist. Der Beschluß unterliegt der sofortigen Beschwerde.

(3) Für die Einstellung der Zwangsvollstreckung und die Aufhebung bereits getroffener Vollstreckungsmaßregeln gelten §§ 769, 770 der Zivilprozeßordnung entsprechend. Die Aufhebung einer Vollstreckungsmaßregel ist auch ohne Sicherheitsleistung zulässig.

§ 8 AusfG Österreich

387 Wird die Vollstreckbarerklärung einer noch nicht rechtskräftigen Entscheidung eines österreichischen Gerichts, hinsichtlich derer die Exekution zur Sicherstellung für zulässig erklärt worden war, nach § 7 aufgehoben oder abgeändert, so ist der Gläubiger zum Ersatz des Schadens verpflichtet[16], der dem Schuldner durch die Vollstreckung der für vollstreckbar erklärten gerichtlichen Entscheidung oder durch eine zur Abwendung der Vollstreckung gemachte Leistung entstanden ist.

§ 9 AusfG Österreich

388 Vollstreckungsbescheide und einstweilige Verfügungen, auf Grund deren ein Gläubiger die Bewilligung der Exekution in Österreich beantragen will (Artikel 14 Abs. 2 des Vertrages), sind auch dann mit der Vollstreckungsklausel zu versehen, wenn dies für eine Zwangsvollstreckung im Inland nach § 796 Abs. 1, §§ 936, 929 Abs. 1 der Zivilprozeßordnung nicht erforderlich wäre.

VI. Gesetz vom 28. III. 1961 zur Ausführung des deutsch-britischen Abkommens vom 14. VII. 1960 (BGBl. I 301)

§ 1 AusfG Großbritannien

389 (1) Für die Vollstreckbarerklärung gerichtlicher Entscheidungen (Artikel I Abs. 3, Artikel II Abs. 1, Artikel V, VII bis IX des Abkommens)[1] ist sachlich das Landgericht zuständig[2].

---

[13] Vgl. § 374 EO; ähnlich → Rdnr. 39. Rechtsbehelfe gegen Verstöße wie → Rdnr. 321.

[14] Maßgeblich ist der Zeitpunkt des § 5 Abs. 3 *Geimer/Schütze* (Fn. 6) 242.

[15] Der Antrag kann im Inland schon gestellt werden, bevor der Beschluß des österreichischen Gerichts rechtskräftig geworden ist.

[16] Wie → Rdnr. 376 Fn. 13. – Zur unmittelbaren Geltung des § 717 ZPO → Fn. 6.

[1] Zum Vertrag → Rdnr. 100, Lit. dort Fn. 1. S. auch die Bem. zu den weitgehend übereinstimmenden Regelungen → Rdnr. 370ff. und Rdnr. 380ff.

[2] Ausschließlich wie § 802, zu Familiensachen → Rdnr. 101 Fn. 2.

(2) Örtlich zuständig ist das Landgericht, in dessen Bezirk der Schuldner seinen gewöhnlichen Aufenthalt hat oder sich Vermögen des Schuldners befindet[3].

§ 2 AusfG Großbritannien

Für die Vollstreckbarerklärung der in § 1 Abs. 1 genannten gerichtlichen Entscheidungen gelten §§ 1042a Abs. 1[4], §§ 1042b, 1042c und 1042d der Zivilprozeßordnung entsprechend[5].

390

§ 3 AusfG Großbritannien

Hängt die Vollstreckung nach dem Inhalt der gerichtlichen Entscheidung von einer dem Gläubiger obliegenden Sicherheitsleistung, von dem Ablauf einer Frist oder von dem Eintritt einer anderen Tatsache ab, oder wird die Vollstreckbarerklärung zugunsten eines anderen als des in der gerichtlichen Entscheidung bezeichneten Gläubigers oder gegen einen anderen als den darin bezeichneten Schuldner nachgesucht, so ist die Frage, inwieweit die Vollstreckbarerklärung von dem Nachweis besonderer Voraussetzungen abhängig oder ob die Entscheidung für oder gegen den anderen vollstreckbar ist, nach dem Recht zu entscheiden, daß für das Gericht des Urteilsstaates maßgebend ist. Der Nachweis ist durch öffentliche oder öffentlich beglaubigte Urkunden zu führen[6], sofern nicht die Tatsachen bei dem Gericht offenkundig sind. Kann er in dieser Form nicht erbracht werden, so ist mündliche Verhandlung anzuordnen.

391

§ 4 AusfG Großbritannien

(Nicht abgedruckt, da Abs. 1 und 2 inhaltsgleich sind mit → Rdnr. 384 bis auf die hier nicht aufgeführten gerichtlichen Vergleiche und öffentlichen Urkunden)

392

§ 5 AusfG Großbritannien

(1) Macht der Schuldner gegenüber dem Antrag auf Vollstreckbarerklärung geltend, daß er gegen die gerichtliche Entscheidung, deren Vollstreckbarerklärung beantragt wird, einen Rechtsbehelf eingelegt habe, und weist er dies nach, so kann das Gericht, das über den Antrag zu entscheiden hat, das Verfahren der Vollstreckbarerklärung bis zur Entscheidung über den Rechtsbehelf aussetzen. Das Gericht kann aber auch das Verfahren sogleich fortsetzen.

393

(2) Macht der Schuldner geltend, daß er einen Rechtsbehelf gegen die Entscheidung erst einlegen wolle[7], und weist er nach, daß die Frist für die Einlegung dieses Rechtsbehelfs nach dem Recht, das für das Gericht des Urteilsstaates maßgebend ist, noch nicht abgelaufen ist, so kann[8] das Gericht, das über den Antrag auf Vollstreckbarerklärung zu entscheiden hat, dem Schuldner eine Frist setzen, innerhalb deren er nachzuweisen hat, daß er den Rechtsbehelf eingelegt hat. Das Gericht kann aber auch das Verfahren sogleich aussetzen oder fortsetzen.

§ 6 AusfG Großbritannien

Aus den für vollstreckbar erklärten gerichtlichen Entscheidungen findet die Zwangsvollstreckung statt, sofern die Entscheidung über die Vollstreckbarkeit rechtskräftig oder für vorläufig vollstreckbar erklärt ist.

394

§ 7 AusfG Großbritannien

(Nicht abgedruckt, da inhaltsgleich mit → Rdnr. 386 bis auf die hier nicht aufgeführten gerichtlichen Vergleiche und Urkunden)

395

---

[3] S. § 23 mit Bem.
[4] Anwaltszwang → Rdnr. 103 Fn. 14.
[5] → Rdnr. 363 Fn. 5, wegen **Kosten** aaO Fn. 4.
[6] Nachweis durch die Bescheinigung → Rdnr. 103 Fn. 15.
[7] Ob dies möglich ist, kann das deutsche Gericht aus der Bescheinigung → Rdnr. 103 Fn. 15 ersehen.
[8] → auch Rdnr. 101 Fn. 7. Das deutsche Gericht hat das Schutzbedürfnis des Schuldners gegenüber dem Interesse des Gläubigers an einer raschen ZV abzuwägen. Da nach dem Willen des Abkommens (vgl. Art. I Abs. 3 S. 2) grundsätzlich auch noch nicht rechtskräftige Entscheidungen im Zweitstaat für vollstreckbar zu erklären sind, reicht allein die abstrakte Möglichkeit, daß die Entscheidung in Großbritannien vom Rechtsmittelgericht aufgehoben wird, nicht aus, um die Ermessensentscheidung zugunsten des Schuldners ausfallen zu lassen, *Geimer/Schütze* Internationale Urteilsanerkennung (1971) 425. – A.M. *Beck* (Rdnr. 100 Fn. 1) 144.

§ 8 AusfG Großbritannien

(Nicht abgedruckt, da überholt durch § 313b Abs. 3)

§ 9 AusfG Großbritannien

(Nicht abgedruckt, da Abs. 1−3 inhaltsgleich sind mit → Rdnr. 332 und die Gebührenregelung des Abs. 4 dem heutigen Stand des § 11 Abs. 1 GKG mit KV 1080−1085 sowie des § 37 Nr. 6a BRAGO entspricht).

VII. Gesetz vom 5. II. 1963 zur Ausführung des deutsch-griechischen Vertrags vom 4. XI. 1961 (BGBl. I 129)

§ 1 AusfG Griechenland

396 (1) Für die Vollstreckbarerklärung gerichtlicher Entscheidungen (Artikel 1, 6ff., 17 Abs. 2 des Vertrages), gerichtlicher Vergleiche (Artikel 13 des Vertrages) und öffentlicher Urkunden (Artikel 15 des Vertrages)[1] ist sachlich das Amtsgericht oder das Landgericht zuständig, das für die gerichtliche Geltendmachung des Anspruchs zuständig sein würde[2].

(2) Örtlich zuständig ist das Gericht, bei dem der Schuldner seinen allgemeinen Gerichtsstand hat, und beim Fehlen eines solchen das Gericht, in dessen Bezirk sich Vermögen des Schuldners befindet oder die Zwangsvollstreckung durchgeführt werden soll[3].

§ 2 AusfG Griechenland

397 Für die Vollstreckbarerklärung der in § 1 Abs. 1 genannten Schuldtitel gelten § 1042a Abs. 1, §§ 1042b, 1042c und 1042d der Zivilprozeßordnung entsprechend[4].

§ 3 AusfG Griechenland

398 *(Nicht abgedruckt, da inhaltsgleich mit § 3 AusfG Großbritannien → Rdnr. 391, aber für sämtliche in § 1 aufgezählten Schuldtitel geltend)*

§ 4 AusfG Griechenland

(Nicht abgedruckt, da inhaltsgleich mit → Rdnr. 384)

§ 5 AusfG Griechenland

399 Aus den für vollstreckbar erklärten Schuldtiteln (§ 1 Abs. 1) findet die Zwangsvollstreckung statt, sofern die Entscheidung über die Vollstreckbarkeit rechtskräftig oder für vorläufig vollstreckbar erklärt ist.

§ 6 AusfG Griechenland

400 *(Nicht abgedruckt, da inhaltsgleich mit → Rdnr. 386)*

§ 7 AusfG Griechenland

(Nicht abgedruckt, da überholt durch § 313b Abs. 3).

§ 8 AusfG Griechenland

(nicht abgedruckt aus den gleichen Gründen wie → Rdnr. 378)

---

[1] → Rdnr. 118, § 328 (20. Aufl.) Rdnr. 594ff. Lit. → Rdnr. 106 Fn. 1. Vgl. dazu die Bem. zu den weitgehend übereinstimmenden Regelungen → Rdnr. 370ff. u. Rdnr. 380ff.

[2] → Rdnr. 380 mit Bem. zu Abs. 1.

[3] Wie → Rdnr. 362 Fn. 3.

[4] → Rdnr. 363 Fn. 5, wegen **Kosten** → Rdnr. 363 Fn. 4.

§ 9 AusfG Griechenland

Einer einstweiligen Anordnung oder einer einstweiligen Verfügung, die in Griechenland geltend gemacht werden soll, ist eine Begründung beizufügen. § 8 ist entsprechend anzuwenden[5].   **401**

§ 10 AusfG Griechenland

(Nicht abgedruckt, da inhaltsgleich mit → Rdnr. 388)

VIII. Gesetz vom 15. I. 1965 zur Ausführung des deutsch-niederländischen Vertrags vom 30. VII. 1962 (BGBl. I 17)

§ 1 AusfG Niederlande

(1) Für die Erteilung der Vollstreckungsklausel zu gerichtlichen Entscheidungen (Artikel 1, 6ff. des Vertrages) und zu anderen Schuldtiteln (Artikel 16 des Vertrages)[1] ist sachlich das Landgericht ausschließlich zuständig.   **402**

(2) Örtlich zuständig ist ausschließlich das Gericht, bei dem der Schuldner seinen allgemeinen Gerichtsstand hat, und beim Fehlen eines solchen das Gericht, in dessen Bezirk sich Vermögen des Schuldners befindet oder die Zwangsvollstreckung durchgeführt werden soll[2].

§ 2 AusfG Niederlande

Der Antrag auf Erteilung der Vollstreckungsklausel (Artikel 9, 16 Abs. 2 des Vertrages) kann bei dem Gericht schriftlich eingereicht oder mündlich zu Protokoll der Geschäftsstelle gestellt werden[3].   **403**

§ 3 AusfG Niederlande

Über den Antrag entscheidet der Vorsitzende ohne mündliche Verhandlung. Einer Anhörung des Schuldners bedarf es nicht[4].   **404**

§ 4 AusfG Niederlande

Hängt die Vollstreckung nach dem Inhalt des Schuldtitels (§ 1 Abs. 1) von einer dem Gläubiger obliegenden Sicherheitsleistung, dem Ablauf einer Frist oder dem Eintritt einer anderen Tatsache ab oder wird die Erteilung der Vollstreckungsklausel zugunsten eines anderen als des in dem Schuldtitel bezeichneten Gläubigers oder gegen einen anderen als den darin bezeichneten Schuldner beantragt[5], so ist die Frage, inwieweit die Erteilung der Vollstreckungsklausel von dem Nachweis besonderer Voraussetzungen abhängig oder ob der Schuldtitel für oder gegen den anderen vollstreckbar ist, nach niederländischem Recht zu entscheiden. Der Nachweis ist durch öffentliche oder öffentlich beglaubigte Urkunden zu führen, sofern nicht die Tatsachen bei dem Gericht offenkundig sind. Soll der Nachweis mit anderen Beweismitteln geführt werden, so ist der Schuldner zu hören; in diesem Falle kann auch mündliche Verhandlung[6] vor dem Vorsitzenden angeordnet werden.   **405**

§ 5 AusfG Niederlande

Ist der Antrag begründet, so ordnet der Vorsitzende die Erteilung der Vollstreckungsklausel an.   **406**

---

[5] Wie → Rdnr. 332.
[1] → § 328 (20. Aufl.) Rdnr. 665, oben Rdnr. 135. Lit. → Rdnr. 124 Fn. 1.
[2] Wie → Rdnr. 362 Fn. 3.
[3] Kein Anwaltszwang, s. aber §§ 4, 12 AusfG – Anders Art. 2 Abs. 1 des niederl. AusfG → Rdnr. 127 Fn. 5. **Kosten** → Rdnr. 363 Fn. 4 (Gebühren) und § 7 Abs. 3 → Rdnr. 408 (§788).

[4] Kein Verstoß gegen Art. 103 Abs. 1 GG *OLG Celle* OLGZ 1969, 53 = NdsRpfl 1969, 37; → Rdnr. 34 Fn. 26.
[5] Gemeint sind die Tatbestände der §§ 726ff., 751 Abs. 2.
[6] In diesem Falle gilt § 78 Abs. 1 S. 1 ZPO.

§ 6 AusfG Niederlande

407 (1) Ist der Antrag nicht begründet, so lehnt ihn der Vorsitzende durch Beschluß ab. Der Beschluß ist mit Gründen zu versehen[7].
(2) Gegen den Beschluß findet die Beschwerde[8] statt.

§ 7 AusfG Niederlande

408 (1) *Nicht abgedruckt, entspricht § 8 Abs. 1 S. 1, 3 AVAG → Rdnr. 308.*
(2) Die Vollstreckungsklausel ist von dem Urkundsbeamten der Geschäftsstelle zu unterschreiben und mit dem Gerichtssiegel zu versehen. Sie ist entweder auf die Ausfertigung des Schuldtitels oder auf ein damit zu verbindendes Blatt zu setzen. Mit der Ausfertigung des Schuldtitels ist dessen Übersetzung (Artikel 10 Buchstaben a und d, Artikel 16 Abs. 2 des Vertrages) zu verbinden.
(3) *Nicht abgedruckt, da inhaltsgleich mit § 8 Abs. 3 AVAG → Rdnr. 308.*

§ 8 AusfG Niederlande

409 Eine beglaubigte Abschrift des nach § 7 mit der Vollstreckungsklausel versehenen Schuldtitels (§ 1 Abs. 1) und seiner Übersetzung ist dem Schuldner von Amts wegen zuzustellen. Die erforderliche beglaubigte Abschrift wird von dem Gericht kostenfrei erteilt. Dem Gläubiger ist der mit der Vollstreckungsklausel versehene Schuldtitel sowie eine Bescheinigung über die bewirkte Zustellung zu übersenden.

§ 9 AusfG Niederlande

410 (1) Gegen die Anordnung des Vorsitzenden, daß die Vollstreckungsklausel zu erteilen ist (§ 5), findet Widerspruch statt.
(2) Der Widerspruch ist innerhalb einer Notfrist von zwei Wochen einzulegen. Die Frist beginnt mit der Zustellung des mit der Vollstreckungsklausel versehenen Schuldtitels.
(3) Muß die Zustellung im Ausland oder durch öffentliche Bekanntmachung erfolgen, so hat der Vorsitzende die Widerspruchsfrist in der Anordnung, durch die dem Antrag auf Erteilung der Vollstreckungsklausel stattgegeben wird, oder nachträglich durch besonderen Beschluß, der ohne mündliche Verhandlung erlassen werden kann, zu bestimmen. Die festgesetzte Widerspruchsfrist ist auf der Bescheinigung über die bewirkte Zustellung (§ 8 Satz 3) zu vermerken.

§ 10 AusfG Niederlande

411 (1) Über den Widerspruch[9] entscheidet das Landgericht durch Beschluß; der Beschluß kann ohne mündliche Verhandlung ergehen. Vor der Entscheidung ist der Gläubiger zu hören.
(2) Für die Fortsetzung und die Einstellung der Zwangsvollstreckung sowie für die Aufhebung bereits getroffener Vollstreckungsmaßregeln gelten §§ 769, 770 der Zivilprozeßordnung entsprechend. Die Aufhebung einer Vollstreckungsmaßregel ist auch ohne Sicherheitsleistung zulässig.

§ 11 AusfG Niederlande

412 Der Beschluß, durch den über den Widerspruch entschieden wird, unterliegt der sofortigen Beschwerde. § 9 Abs. 3 Satz 1 gilt entsprechend.

---

[7] Mitteilung wie § 329 Abs. 2 S. 1.
[8] §§ 567 ff. ZPO. Wird der Beschwerde nach § 571 abgeholfen, so kann der Schuldner wie → Rdnr. 410 Widerspruch erheben. Andernfalls kann das OLG, falls der Schuldner nach § 3 nicht gehört worden war, wiederum ohne dessen Anhörung, seine Prüfung auf Art. 11 Abs. 1 beschränken. Ordnet es in diesem Falle die Klauselerteilung an, so steht dem Schuldner noch der Widerspruch zu nach § 9.

[9] Hier kann der Schuldner auch Gründe und Einwendungen nach Art. 14 Abs. 1 b und c vorbringen, mit denen sich der Vorsitzende nach Art. 11 nicht zu befassen hatte. Zu **§ 323** → § 723 Rdnr. 4a Fn. 13. Zu mißbräuchlicher Berufung auf falsche Parteibezeichnung oder Parteiverwechslung im Titel → Rdnr. 363 Fn. 5.

§ 12 AusfG Niederlande

Solange eine mündliche Verhandlung nicht angeordnet ist, können auch zu Protokoll der Geschäftsstelle Anträge gestellt und Erklärungen abgegeben werden[10].

413

§ 13 AusfG Niederlande

(1) Ist zu einem Schuldtitel (§ 1 Abs. 1) die Vollstreckungsklausel erteilt, so kann der Schuldner Einwendungen gegen den Anspruch selbst in einem Verfahren nach § 767 der Zivilprozeßordnung nur geltend machen, wenn die Gründe, auf denen sie beruhen, erst
   1. nach Ablauf der Frist, innerhalb deren er Widerspruch (§ 9) hätte einlegen können, oder
   2. nach Beendigung[11] des Widerspruchsverfahrens oder,
   3. falls Beschwerde (§ 6 Abs. 2, § 11) eingelegt worden ist, nach Beendigung des Beschwerdeverfahrens entstanden sind.

(2) Die Klage ist bei dem Landgericht zu erheben, das über die Erteilung der Vollstreckungsklausel entschieden hat.

414

§ 14 AusfG Niederlande

(1) Die Zwangsvollstreckung aus den mit der Vollstreckungsklausel versehenen Schuldtiteln (§ 1 Abs. 1) darf erst nach Ablauf der Frist beginnen, innerhalb deren Widerspruch eingelegt werden kann (§ 9 Abs. 2 und 3)[12].

(2) Absatz 1 gilt nicht für die Vollstreckung einstweiliger Maßnahmen, einschließlich solcher, die auf eine Sicherung gerichtet sind.

415

§ 15 AusfG Niederlande

(1) *Nicht abgedruckt, da inhaltsgleich mit § 29 Abs. 1 AVAG → Rdnr. 329.*

(2) Für die Entscheidung über den Antrag ist das Landgericht[13] ausschließlich zuständig, das über die Erteilung der Vollstreckungsklausel entschieden hat. Über den Antrag kann ohne mündliche Verhandlung entschieden werden; vor der Entscheidung ist der Gläubiger zu hören. § 12 gilt entsprechend. Die Entscheidung ergeht durch Beschluß, der dem Gläubiger und dem Schuldner von Amts wegen zuzustellen ist[14]. Der Beschluß unterliegt der sofortigen Beschwerde.

(3) *Nicht abgedruckt, da inhaltsgleich mit § 29 Abs. 5 AVAG → Rdnr. 329.*

416

§ 16 AusfG Niederlande

(1) Wird die Vollstreckungsklausel zu einem Schuldtitel (§ 1 Abs. 1) auf den Widerspruch oder die sofortige Beschwerde aufgehoben oder abgeändert, so ist der Gläubiger zum Ersatz des Schadens verpflichtet, der dem Schuldner durch die Vollstreckung des mit der Vollstreckungsklausel versehenen Schuldtitels oder durch eine zur Abwendung der Vollstreckung gemachte Leistung entstanden ist. Das gleiche gilt, wenn die Vollstreckungsklausel zu einer gerichtlichen Entscheidung, die im Zeitpunkt der Erteilung der Vollstreckungsklausel nach niederländischem Recht noch mit einem ordentlichen Rechtsmittel[15] angefochten werden konnte, nach § 15 aufgehoben oder abgeändert wird.

(2) Für die Geltendmachung des Anspruchs ist das Landgericht ausschließlich zuständig, das über die Erteilung der Vollstreckungsklausel entschieden hat.

417

§ 17 AusfG Niederlande

(Nicht abgedruckt, da überholt durch § 313b Abs. 3)

418

---

[10] Nach Anordnung der mündlichen Verhandlung gilt § 78 ZPO, → Fn. 6.
[11] Darunter ist der Zeitpunkt zu verstehen, bis zu dem der Schuldner noch mit seinem Vorbringen gehört wird, → auch Rdnr. 313 Fn. 40.
[12] So können Anträge nach § 10 Abs. 2 noch rechtzeitig gestellt werden; in den Niederlanden fehlt dieser gesetzliche Aufschub *Gotzen* AWD 1967, 140.
[13] Nicht der Vorsitzende, auch wenn er die Anordnung → Rdnr. 406 erteilt hat.
[14] Über § 750 ZPO → Rdnr. 309 Fn. 30.
[15] Das sind die mit rechtskrafthemmender Wirkung versehenen Rechtsbehelfe Verzet (Einspruch gegen Versäumnisurteil), Hoger beroep oder appèl (Berufung), Cassatie (Kassation) u. Revisie (Revision).

§ 18 AusfG Niederlande

(Nicht abgedruckt aus den gleichen Gründen wie → Rdnr. 378. Für den Antrag auf Vervollständigung besteht kein Anwaltszwang, § 18 Abs. 1 S. 3 mit § 12)

§ 19 AusfG Niederlande

419   Arrestbefehlen, einstweiligen Anordnungen oder Verfügungen (Artikel 1 Abs. 2 des Vertrages), die in den Niederlanden geltend gemacht werden sollen, ist eine Begründung beizufügen. § 18 ist entsprechend anzuwenden[16].

§ 20 AusfG Niederlande

420   Vollstreckungsbescheide, Arrestbefehle und einstweilige Verfügungen (Artikel 1 Abs. 2 des Vertrages), auf Grund deren ein Gläubiger die Zwangsvollstreckung in den Niederlanden betreiben will, sind auch dann mit der Vollstreckungsklausel zu versehen, wenn dies für eine Zwangsvollstreckung im Inland nach § 796 Abs. 1, § 929 Abs. 1, § 936 der Zivilprozeßordnung nicht erforderlich wäre.

§ 21 AusfG Niederlande

421   *(Nicht abgedruckt, da inhaltsgleich mit → Rdnr. 359 bis auf die hier nicht aufgeführten Anträge auf Feststellung einer Anerkennung)*

IX. Gesetz vom 29. IV. 1969 zur Ausführung des deutsch-tunesischen Vertrags vom 19. VII. 1966 (BGBl. I 333)

Erster Abschnitt

§ 1 AusfG Tunesien

422   (1) Ein deutscher Staatsangehöriger, der das Armenrecht für eine Klage vor einem Gericht der Tunesischen Republik auf dem in Artikel 7 des Vertrages vorgesehenen Weg nachsuchen will, kann seinen Antrag auf Bewilligung des Armenrechts zusammen mit den erforderlichen Unterlagen bei dem Amtsgericht einreichen, in dessen Bezirk er seinen gewöhnlichen Aufenthalt und beim Fehlen eines solchen seinen derzeitigen Aufenthalt hat. Er kann das Gesuch bei diesem Gericht auch zu Protokoll der Geschäftsstelle erklären.
(2) Ist der Antragsteller außerstande, ohne Beeinträchtigung des für ihn und seine Familie notwendigen Unterhalts die Kosten für die erforderlichen Übersetzungen (Artikel 7 Abs. 4 in Verbindung mit Artikel 20 Abs. 1 und 2 des Vertrages und der Nummer 1 des Protokolls)[1] aufzubringen, so werden diese Übersetzungen von dem Amtsgericht beschafft, es sei denn, daß die Rechtsverfolgung von vornherein aussichtslos oder mutwillig erscheint.
(3) Im Falle des Absatzes 2 ist der Antragsteller von der Zahlung der Auslagen befreit; er ist jedoch zur Nachzahlung des Betrages verpflichtet, sobald er ohne Beeinträchtigung des für ihn und seine Familie notwendigen Unterhalts dazu imstande ist. Im übrigen gelten die Vorschriften über Kosten im Bereich der Justizverwaltung.
(4) Für die Tätigkeiten bei der Entgegennahme und der Weiterleitung eines Antrags nach Absatz 1 werden im übrigen Kosten nicht erhoben.

§ 2 AusfG Tunesien

423   Für die Übermittlung eines Antrags auf Bewilligung des Armenrechts (Artikel 7 Abs. 1 des Vertrages) durch den konsularischen Vertreter der Bundesrepublik Deutschland werden Gebühren und Auslagen nicht erhoben.

---

[16] Also Vervollständigung wie → Rdnr. 332.

[1] → § 328 (20. Aufl.) Rdnr. 792, 867. Lit. → Rdnr. 140 Fn. 1.

Zweiter Abschnitt

§ 3 AusfG Tunesien

(1) Für die Erledigung von Zustellungsanträgen (Artikel 8 des Vertrages) oder von Rechtshilfeersuchen (Artikel 18 des Vertrages) ist das Amtsgericht zuständig, in dessen Bezirk die Amtshandlung vorzunehmen ist. **424**

(2) Die Zustellung wird durch die Geschäftsstelle des Amtsgerichts bewirkt. Diese hat auch den Nachweis über die Zustellung oder über deren Undurchführbarkeit (Artikel 14 des Vertrages) zu erteilen.

(3) Werden die zuzustellenden Schriftstücke nicht angenommen, weil sie nicht in deutscher Sprache abgefaßt oder von einer deutschen Übersetzung begleitet sind, so hat die Geschäftsstelle, bevor die Zustellung bewirkt wird, eine deutsche Übersetzung zu beschaffen, wenn der Empfänger dies verlangt. Die durch die Übersetzung entstandenen Auslagen werden von dem Empfänger erhoben. Von der Erhebung der Auslagen ist ganz oder teilweise abzusehen, wenn dies mit Rücksicht auf die wirtschaftlichen Verhältnisse des Empfängers oder sonst aus Billigkeitsgründen geboten erscheint. Im übrigen gelten die Vorschriften über Kosten im Bereich der Justizverwaltung.

§ 4 AusfG Tunesien

Für die Übermittlung eines Zustellungsantrags (Artikel 9 Abs. 1 des Vertrages) oder eines Rechtshilfeersuchens (Artikel 19 Abs. 1 des Vertrages) durch den konsularischen Vertreter der Bundesrepublik Deutschland wird eine Gebühr von zwei Deutsche Mark erhoben. Diese Gebühr bleibt außer Ansatz, wenn der Zustellungsantrag oder das Rechtshilfeersuchen nicht erledigt werden kann. **425**

Dritter Abschnitt

Erster Titel

§ 5 AusfG Tunesien

(1) Für die Vollstreckbarerklärung gerichtlicher Entscheidungen (Artikel 27, 28, 34 ff. des Vertrages), gerichtlicher Vergleiche (Artikel 42 des Vertrages) und öffentlicher Urkunden (Artikel 43 des Vertrages) gelten § 1042 a Abs. 1, §§ 1042 f., 1042 c und 1042 d der Zivilprozeßordnung entsprechend[2]; jedoch beträgt die Notfrist, innerhalb deren die Beschwerde nach § 1042 c Abs. 3 der Zivilprozeßordnung einzulegen ist, einen Monat. **426**

(2) Die Verfahren der Vollstreckbarerklärung sind Feriensachen[3].

§ 6 AusfG Tunesien

(Nicht abgedruckt, da § 6 inhaltlich → Rdnr. 391 entspricht, nur mit dem Unterschied, daß § 6 für alle in § 5 aufgeführten Titel gilt und in S. 3 HS 2 ausdrücklich im Falle mündlicher Verhandlung den Nachweis mit anderen Beweismitteln zuläßt) **427**

§ 7 AusfG Tunesien

(Nicht abgedruckt, da inhaltsgleich mit → Rdnr. 384)

§ 8 AusfG Tunesien

Aus den für vollstreckbar erklärten gerichtlichen Entscheidungen oder anderen Schuldtiteln findet die Zwangsvollstreckung statt[4], sofern die Entscheidung über die Vollstreckbarkeit rechtskräftig oder für vorläufig vollstreckbar erklärt ist. **428**

---

[2] → Rdnr. 363 Fn. 5. **Kosten** → Rdnr. 363 Fn. 4.   [4] Nach deutschem Recht → § 722 Rdnr. 23 Fn. 94.
[3] S. § 223 mit Bem.

Zweiter Titel

§ 9 AusfG Tunesien

429 (1) *Nicht abgedruckt, da inhaltsgleich mit § 29 Abs. 1 AVAG → Rdnr. 329.*

(2) Für die Entscheidung über den Antrag ist das Landgericht ausschließlich zuständig, das über die Vollstreckbarerklärung entschieden hat. Über den Antrag kann ohne mündliche Verhandlung entschieden werden; vor der Entscheidung ist der Gläubiger zu hören. Die Entscheidung ergeht durch Beschluß, der dem Gläubiger und dem Schuldner von Amts wegen zuzustellen ist. Der Beschluß unterliegt der sofortigen Beschwerde; die Notfrist, innerhalb deren die Beschwerde einzulegen ist, beträgt einen Monat.

(3) *Nicht abgedruckt, da inhaltsgleich mit § 29 Abs. 5 AVAG → Rdnr. 329.*

§ 10 AusfG Tunesien

430 (1) Soweit die Vollstreckbarerklärung einer gerichtlichen Entscheidung oder eines anderen Schuldtitels nach § 9 aufgehoben oder geändert wird, ist der Gläubiger, unbeschadet weitergehender Ansprüche, zur Erstattung des von dem Schuldner auf Grund des Schuldtitels Gezahlten oder Geleisteten verpflichtet; § 717 Abs. 3 Satz 3 der Zivilprozeßordnung gilt entsprechend[5].

(2) Soweit die Vollstreckbarerklärung einer einstweiligen Anordnung (Artikel 27 Abs. 4, Artikel 34 des Vertrages) nach § 9 aufgehoben oder geändert wird, weil die Anordnung in der Tunesischen Republik als ungerechtfertigt aufgehoben oder geändert worden ist, hat der Gläubiger den Schaden zu ersetzen, der dem Schuldner durch die Vollstreckung der für vollstreckbar erklärten einstweiligen Anordnung oder durch eine zur Abwendung der Vollstreckung gemachte Leistung entstanden ist.

(3) Für die Geltendmachung der Ansprüche ist das Landgericht ausschließlich zuständig, das über die Vollstreckbarerklärung entschieden hat.

Dritter Titel

§ 11 AusfG Tunesien

431 (1) Sollen von einer Partei, gegen die eine Kostenentscheidung ergangen ist[6], in der Tunesischen Republik Gerichtskosten eingezogen werden, so ist deren Betrag für ein Verfahren der Vollstreckbarerklärung (Artikel 34 ff. des Vertrages) von dem Gericht der Instanz ohne mündliche Verhandlung durch Beschluß festzusetzen. Die Entscheidung ergeht auf Antrag der für die Beitreibung der Gerichtskosten zuständigen Behörde.

(2) Der Beschluß, durch den der Betrag der Gerichtskosten festgesetzt wird, unterliegt der sofortigen Beschwerde nach § 577 Abs. 1 bis 3, § 567 Abs. 2 bis 4, §§ 568 bis 575 der Zivilprozeßordnung; jedoch beträgt die Notfrist, innerhalb deren die Beschwerde einzulegen ist, einen Monat. Die Beschwerde kann bei dem Gericht schriftlich oder durch Erklärung zu Protokoll der Geschäftsstelle eingelegt werden.

§ 12 AusfG Tunesien

432 *(Nicht abgedruckt, da überholt durch § 313 b Abs. 3)*

§ 13 AusfG Tunesien

(Nicht abgedruckt aus den gleichen Gründen wie → Rdnr. 378)

§ 14 AusfG Tunesien

(Nicht abgedruckt, da § 14 inhaltlich der → Rdnr. 379 entspricht)

§ 15 AusfG Tunesien

(Nicht abgedruckt, da § 15 der → Rdnr. 388 entspricht)

---

[5] In diesem Falle also auch bei Entscheidung durch Urteil kein Schadensersatz wie § 717 Abs. 2.

[6] Auch Kläger, Art. 29 Abs. 3 → § 328 (20. Aufl.) Rdnr. 847.

§ 724 [Vollstreckbare Ausfertigung]

(1) Die Zwangsvollstreckung wird auf Grund einer mit der Vollstreckungsklausel versehenen Ausfertigung des Urteils (vollstreckbare Ausfertigung) durchgeführt.
(2) Die vollstreckbare Ausfertigung wird von dem Urkundsbeamten der Geschäftsstelle des Gerichts des ersten Rechtszuges und, wenn der Rechtsstreit bei einem höheren Gericht anhängig ist, von dem Urkundsbeamten der Geschäftsstelle dieses Gerichts erteilt.

Gesetzesgeschichte: Bis 1900 § 662 CPO. Änderung RGBl. I 256.

I. Vollstreckbare Ausfertigungen

Sie bilden praktisch die **eigentlichen Träger des Rechts auf Durchführung der Vollstreckung**[1], da sie als Zeugnis über die Vollstreckbarkeit[2] allein, nicht das Original des Titels, für die Vollstreckungsorgane formelle Voraussetzung ihrer Tätigkeit sind[3].   1

1. Die vollstreckbare Ausfertigung ist **unerläßliche Voraussetzung jeder Vollstreckungshandlung aller Vollstreckungsorgane**, auch des Prozeßgerichts[4], während sie zur *Vorpfändung* noch nicht nötig ist → § 845 Rdnr. 3. – Vollstreckungswirkungen im weiteren Sinne[5] bedürfen nur in besonderen Fällen einer vollstreckbaren Ausfertigung[6], und für Einstellungen genügt stets einfache Ausfertigung[7]. – Wegen mangelhafter Ausfertigungen und ihrer Wirkung auf die Vollstreckung → Rdnr. 129 f. vor § 704, § 724 Rdnr. 13–16, § 725 Rdnr. 11 f., § 726 Rdnr. 22 f.

Der *Titel* und die in der *Klausel* bezeugten sachlichen Erfordernisse seiner Vollstreckung   2
sind der Nachprüfung durch *Vollstreckungsorgane* entzogen[8], selbst wenn etwa eine Änderung der Rechtslage offensichtlich ist[9] oder die Klausel nur als »klarstellende« erteilt worden ist[10]. Sie sind daran *gebunden* bis zur Aufhebung oder Änderung der Klausel nach §§ 732, 768 bzw. des Titels oder seiner Vollstreckbarkeit, §§ 775 f., außer wenn Titel[11], Ausfertigungen[12] oder auf diese gesetzte Klauseln[13] **offenbar**[14] **unwirksam sind**[15], insbesondere wenn

---

[1] → Rdnr. 46 vor § 704; Mot. *Hahn* II 1 (1880), 433. Das Wort »Vollstreckungsrecht« (→ 20. Aufl.) führte zu Mißverständnissen, denn dieses folgt nur aus dem Titel selbst, s. *Gaul* Rpfleger 1971, 90 Fn. 386, *Rosenberg/Gaul*[10] § 10 II 1 a. Wie hier *Baumann/Brehm*[2] § 10 II 1 a; *MünchKommZPO-Wolfsteiner* Rdnr. 1, 4.
[2] → § 725 Rdnr. 1.
[3] → Rdnr. 56 vor § 704.
[4] Für Beschlüsse nach §§ 888, 890 *RGZ* 53, 181 (183); *OLGe Düsseldorf* OLGZ 1976, 376; *Hamburg* WRP 1981, 221.
[5] → Rdnr. 47 ff. vor § 704.
[6] → § 103 Rdnr. 19, § 894 Rdnr. 26, 28 f.
[7] → § 775 Rdnr. 9.
[8] Ganz h.M. *BayObLG* Rpfleger 1983, 480 f. (Löschung aufgrund § 894 Abs. 1 S. 2); *OLGe Frankfurt* Büro 1976, 1122 mwN (→ § 750 Fn. 196); Büro 1977, 1462 (§ 900); *Hamm* FamRZ 1981, 200; *Oldenburg* MDR 1955, 488.
[9] *LGe Bochum, Duisburg* DAVorm 1992, 987; → Rdnr. 11 Fn. 22 f. Entgegen *MünchKommBGB-Hinz*[3] § 1629 Rdnr. 39 ist daher z.B. das Erlöschen der Prozeßstandschaft eines Elternteils nicht nach § 766 zu rügen *OLGe Hamburg* (1. FS), *München* FamRZ 1984, 928; 1990, 653 mwN; *KG* FamRZ 1984, 505; *Becker-Eberhard* ZZP 104 (1991) 414, 427, 432 f.; mit unsicherer Begründung auch *OLG Frankfurt* FamRZ 1991, 1211 f.

Für § 767 kommt es dann darauf an, ob noch Einziehungsbefugnis besteht → § 767 Rdnr. 22 Fn. 216; unklar *OLG Schleswig* FamRZ 1990, 189 (es fehle auch an »prozessualer« Befugnis).
[10] Denn sie bestätigen, daß ein Subjektwechsel nicht vorliegt → § 727 Rdnr. 10, 34 f., § 736 Fn. 12.
[11] Gemeint sind hier Urkunden, denen die gesetzliche Eigenschaft eines Vollstreckungstitels fehlt (Nichttitel): *OLG Rostock* OLGRsp 31, 95 (Prozeßvergleich ohne Vermerke nach § 162 Abs. 1 S. 3 im Protokoll → § 794 Rdnr. 27 f.); *LG Koblenz* DGVZ 1982, 120 f. (§ 794 Nr. 5 nicht für Räumung).
[12] → Rdnr. 13 f.
[13] → § 725 Rdnr. 11 f.
[14] *OLG Hamm* Rpfleger 1989, 466 f.; *LG Bonn* MDR 1961, 153[87] (»äußerlich« wirksam u. vollstreckbar; Zu § 794 Nr. 5 ausführlich *Wolfsteiner* Vollstreckbare Urkunde (1978) Rdnr. 49.3–6 (Titel), 50.2, 6. (Klausel); *Münch* Vollstreckbare Urkunde (1989) 254, denen zuzustimmen ist, soweit die Nichtigkeit **aus der Ausfertigung ersichtlich** ist. *Wolfsteiner* (Fn. 1) Rdnr. 4 lehnt sogar solche Kontrolle ab. Richtig daher für die Entscheidungen → Fn. 11 u. *LG Essen* MDR 1975, 937), da aus Ausfertigung erkennbar → Rdnr. 14 Fn. 98; *KG* OLGRsp 18, 415, da der Mangel (heute: § 3 Abs. 1 Nr. 4 BeurkG) nicht der Urkunde zu entnehmen war; **unrichtig** (da wegen Nichterkennbarkeit für ZV-Organe nur nach § 732 zu rügen) *LG*

Titel keinen vollstreckungsfähigen Inhalt haben¹⁶. Nur in solchen Fällen hat die Vollstreckung zu unterbleiben; ob die dennoch vorgenommene dann unwirksam oder anfechtbar ist, → Rdnr. 129 vor § 704. Auf *andere* erkannte Mängel des Titels oder der Klausel haben die Vollstreckungsorgane aufgrund ihrer allgemeinen Amtspflicht in einer sich aus der Lage des Falles ergebenden Weise zwar aufmerksam zu machen¹⁷; aber die Vollstreckung darf allein wegen solcher Mängel nicht verweigert werden, auch wenn sie offensichtlich sind¹⁸. Auch die Erinnerung nach § 766 hätte in solchen Fällen keinen Erfolg¹⁹. Zu ihrem Anwendungsbereich → § 725 Rdnr. 11 f., § 726 Rdnr. 24.

3   2. Die Vollstreckungsklausel ist grundsätzlich erforderlich **für alle Titel, die nach der ZPO vollstreckt werden**²⁰, auch einstweilige Anordnungen²¹, Verwaltungsakte im Falle des § 66 Abs. 4 SGB X²², Vollstreckungsurteile nach § 722 sowie die eine Vollstreckbarerklärung aussprechenden Entscheidungen nach §§ 1042 ff. und nach § 797 Abs. 6 auch die Vollstreckbarerklärung des Notars nach § 1044 b Abs. 2. Über Titel aus der *ehemaligen DDR* → Rdnr. 145 vor § 704 Fn. 583 f.; zur Vollstreckbarerklärung aufgrund internationaler Abkommen → § 722 Rdnr. 8 f., Anh. § 723 Rdnr. 300 ff. Zur *Vorpfändung* → aber § 845 Rdnr. 3. Über Form und Inhalt → § 725 Rdnr. 2–4, 8–10, Anh. § 723 Rdnr. 308.

4   Eine **Ausnahme** machen *Vollstreckungsbescheide, Arrestbefehle, einstweilige Verfügungen*²³, die der Vollstreckungsklausel nur bedürfen, wenn für oder gegen andere als die im Titel genannten Personen (§§ 727 ff.) oder im Ausland²⁴ oder aufgrund ausländischer Titel dieser Art²⁵ vollstreckt werden soll, §§ 796 Abs. 1, 929 Abs. 1, 936; ferner *Pfändungsbeschlüsse* für die Wegnahme des Hypothekenbriefes²⁶ *Überweisungsbeschlüsse* für die Herausgabe der Urkunden nach § 836 Abs. 3²⁷ und *Haftbefehle* nach §§ 901, 908 f.²⁸. Zur Vollstreckung von *Kostenfestsetzungsbeschlüssen* genügt in den Fällen des § 105 die vollstreckbare Ausfertigung des Urteils, § 795 a. Ist str., ob eine Klausel nötig ist, so muß sie erteilt werden.

5   3. Die Vollstreckungsklausel bezeugt die Vollstreckbarkeit des Titels, nicht die Zulässigkeit konkreter Vollstreckungshandlungen; daher ist *nach Einstellung* der Zwangsvollstreckung (§§ 707, 719, 769 usw.) zu ihrer Fortsetzung eine neue Klausel nicht erforderlich. Dasselbe gilt bei einem nur gegen Sicherheitsleistung vorläufig vollstreckbaren Urteil nach Eintritt der unbeschränkten Vollstreckbarkeit, arg. § 726²⁹.

6   4. Zur **Aushändigung** der vollstreckbaren Ausfertigung **an den Schuldner** nach Leistung *an den Gerichtsvollzieher* → § 757 Rdnr. 1 ff. Ist *an den Gläubiger* selbst oder dessen Vertreter

---

Hamburg MDR 1991, 1089 a. E. (fehlende Rechtshängigkeit u. daraus abgeleitete Unwirksamkeit); *BezG Leipzig* DtZ 1993, 27 für Scheinurteil → § 725 Rdnr. 11 Fn. 58.
¹⁵ *LG Aurich* Rpfleger 1988, 198 f. (Dienststempel nur vorgedruckt, insofern str. → § 725 Rdnr. 11).
¹⁶ → Rdnr. 26 f., 153 vor § 704.
¹⁷ Zust. *Zöller/Stöber*¹⁸ Rdnr. 14.
¹⁸ Zur Rüge fehlender Zustellung der für eine Klauselerteilung maßgeblichen Urkunden → § 750 Rdnr. 39 a.
¹⁹ *OLG Hamm* FamRZ 1981, 199; *Wolfsteiner* (Fn. 1) Rdnr. 5.
²⁰ → § 795 Rdnr. 16. – Vgl. z. B. *OLG Hamm* Rpfleger 1990, 286 = Büro 1351 (§ 93 ZVG mit Mitbewohner); *BayObLG* NJW-RR 1986, 564 u. *OLG Stuttgart* Rpfleger 1973, 311 (zu § 45 Abs. 3 WEG). – Zu § 167 VwGO *VGH Mannheim* NVwZ-RR 1993, 520, zur VerwVollstr: *LG Mannheim* Justiz 1980, 274 (Dienststempel erforderlich); *LG Hechingen* aaO 274 (gedruckter Dienststempel genüge); *Gaul* JZ 1979, 498 (keine Klauselrechtsbehelfe im Rahmen des § 171 VwGO; *Hornung* Rpfleger 1981, 89.
²¹ *BayObLG* (Fn. 20).

²² *LGe Aachen* DGVZ 1984, 173 f.; *Aurich* (Fn. 15): Dienststempel beizudrücken; *Kassel* DGVZ 1984, 175 (gedruckter Dienststempel genüge); *AG Melsungen* DGVZ 1994, 63 (»gez. Unterschrift« genügt nicht). Vgl. auch *Hornung* Rpfleger 1987, 227 ff. mwN; *Jakobs* DGVZ 1984, 163, 169.
²³ Auch Leistungsverfügungen *OLG Zweibrücken* OLGZ 1983, 466; einstweilige Anordnungen nach WEG bedürfen der Klausel *BayObLG* NJW-RR 1986, 564.
²⁴ Für den EG-Bereich § 33 AVAG → Anh. § 723 Rdnr. 47, 333; → ferner Anh. § 723 Rdnr. 388 für Österreich, Rdnr. 401 für Griechenland. In der Schweiz muß die Rechtskraft bezeugt werden → Anh. § 723 Rdnr. 55.
²⁵ Für den EG-Bereich → Anh. § 723 Rdnr. 31, 47 sowie aaO Rdnr. 93 für Österreich, Rdnr. 118 für Griechenland.
²⁶ → § 830 Rdnr. 14.
²⁷ → § 836 Rdnr. 15, § 883 Rdnr. 1, 36.
²⁸ → §§ 908 Rdnr. 4, 909 Rdnr. 1.
²⁹ → auch § 751 Rdnr. 7.

geleistet (auch im Falle § 836 durch den Drittschuldner) oder hat der Gerichtsvollzieher den Titel entgeten § 757 nach der Vollstreckung dem Gläubiger zurückgegeben, so kann der Schuldner nach *vollständiger* Tilgung[30] vom Gläubiger entsprechend § 371 BGB die *Ausfertigung herausverlangen*, da sie als Trägerin der Vollstreckungsbefugnis dem Schuldschein mindestens gleichsteht[31]. Das gilt jedenfalls, wenn die Vollstreckung gemäß § 767 bzw. § 768 (§§ 795, 796 ff.) vollständig und endgültig für unzulässig erklärt ist, oder die Ausfertigung des Gläubigers »verbraucht« ist → § 775 Rdnr. 2[32], oder die Erfüllung unstreitig ist[33]; folgerichtig aber auch, wenn *zugleich* Anträge nach § 767[34], § 323[34a] oder uneingeschränkte Berufungs- oder Wiederaufnahmeanträge gegen ein stattgebendes Urteil gestellt werden[35]. Zweifelhaft ist das Bedürfnis für eine *selbständige* Klage aufgrund dieser Analogie, solange die Klage nach § 767 noch erhoben werden könnte[36] oder ein Berufungs- oder Wiederaufnahmeverfahren anhängig ist[37]; zumindest darf § 767 Abs. 2, 3 nicht umgangen werden, d. h. der Ausschluß von Einwendungen ist auch im Herausgabeprozeß zu beachten[38]. Auch einstweilige Einstellung scheidet aus, wenn nur auf Herausgabe der Ausfertigung wegen Tilgung geklagt wird[39].

II. Verfahren

1. Die vollstreckbare Ausfertigung erteilt **nach Abs. 2** derjenige **Urkundsbeamte der Geschäftsstelle**[40], der auch für Rechtskraftzeugnisse zuständig ist[41]; diese (ausschließliche) Zuständigkeit ist zugleich eine internationale[42] und hängt nicht davon ab, ob das Gericht zur Hauptsache zuständig war[43]. Zur Abgrenzung der funktionellen Zuständigkeit des Urkundsbeamten gegenüber jener des Rechtspflegers → § 726 Rdnr. 1 f. und Fn. 26, Rdnr. 4, Rdnr. 5–11, Rdnr. 14, 17–19, 22–24, § 727 Rdnr. 36, § 731 Rdnr. 16 Fn. 68. Der **Rechts-**

7

---

[30] Also nebst Zinsen u. Kosten; insbesondere auch im Falle § 767 → dort Rdnr. 7 Fn. 41, § 788 Rdnr. 31, so daß der Kostenfestsetzungsbeschluß nicht herauszugeben ist (*OLG Düsseldorf* Rpfleger 1993, 172 f.), die Ausfertigung des Titels keinesfalls vor der Kostenfestsetzung. Nach vollständiger Befriedigung erübrigt § 775 Nr. 4, 5 meist jeden Streit, es sei denn der Gläubiger vollstreckt weiter trotz freiwilliger Leistung → § 775 Rdnr. 32; zum von Amts wegen zu beachtenden Verbrauch der erteilten Ausfertigung gemäß § 757 → Rdnr. 54 a vor § 704, § 775 Rdnr. 2.

[31] *BGH* NJW 1994, 3225 (Beweislast trifft Schuldner); *OLGe Düsseldorf* MDR 1953, 557, FamRZ 1980, 1046[654] a. E.; *Köln* KTS 1984, 318 (*Münzberg* aaO 193); *Nürnberg* NJW 1965, 1867 (erweiterte Auslegung des § 757, ähnlich *Windel* ZZP 102 (1989) 228 f.); *Rosenberg/Gaul*[10] § 16 I 4; *Saum* JZ 1981, 695, 697; *Wolfsteiner* (Fn. 1) Rdnr. 43. Auch Schiedsgerichte können darüber befinden *BGH* NJW 1987, 662 = MDR 302 f.

[32] Dann kann der Schuldner nach § 732 die ZV für unzulässig erklären lassen, womit er sich jeweils § 766 erspart → § 732 Rdnr. 2, 8, § 775 Rdnr. 2.

[33] *BGH* NJW 1994, 1162; *Brehm* ZIP 1983, 1420 Fn. 1 mwN; *Lüke* JZ 1956, 475 (ausführlich); *MünchKommBGB-Heinrichs*[2] § 371 Rdnr. 8. Daß schon § 775 Nr. 1 den Schuldner schützt, steht nicht entgegen *Münzberg* (Fn. 31) 193; *Wolfsteiner* (Fn. 1) Rdnr. 43; zust. *BGH* NJW 1994, 3225. Gleiches muß folgerichtig auch nach Aufhebung vollstreckbarer Entscheidungen gelten.

[34] → § 767 Rdnr. 45, 48; *Münzberg* (Fn. 31) 194; *Saum* JZ 1981, 695, 698; *OLG Köln* NJW 1986, 1353 f.; *LG Saarbrücken* DAVorm 1991, 867 (869); *Wolfsteiner* (Fn. 1) Rdnr. 43 a. E. mwN.

[34a] *OLG Celle* FamRZ 1993, 1333[764] (Abänderung eines Vergleichs).

[35] Falls man nicht das Rechtsschutzbedürfnis für den zusätzlichen Herausgabeantrag verneint, solange noch eine Einstellung nach § 719 in Betracht käme *Münzberg* (Fn. 31) 196 f.

[36] Abl. *Lüke* (Fn. 33); *Heinrichs* (Fn. 33); *Gaul* (Fn. 31) mwN; *Jauernig* ZwVR[19] § 4 VII (»regelmäßig«); scheidet aber § 767 aus, → dort Rdnr. 11, muß die Herausgabeklage nebst Antrag auf (im Gegensatz zu § 732 rechtskraftfähige!) Feststellung, daß der Titel nicht vollstreckbar sei, zulässig sein. – Dafür *OLGe Dresden* OLGRsp 25 (1912) 164; *Düsseldorf* (Fn. 31, ausführlich); *KG* OLGRsp 4 (1901) 142 u. die 18. Aufl.; *Wolfsteiner* (Fn. 1) Rdnr. 43. Das dürfte nur vertretbar sein, wenn der Gläubiger das vollständige Erlöschen des Anspruchs nicht bestreitet *Münzberg* (Fn. 31) 195.

[37] *Windel* (Fn. 31) 229.

[38] *Lüke* JZ 1956, 476.

[39] *Brehm* ZIP 1983, 1426.

[40] Vgl. § 26 RpflG. Das kann auch ein Angestellter sein, *LG Göttingen* NdsRpfl 1962, 59, oder ein Rpfl nach § 27 RpflG. In den **neuen Bundesländern** genügt Betrauung mit den Aufgaben eines Urkundsbeamten durch Direktor oder Präsidenten des Gerichts *BGH* ZIP 1993, 74 (dort »i. V.« für Geschäftsstellenleiterin); zur Zuständigkeit des Richters s. Anl. 1 Kap. 3 Sachgebiet A Abschn.III Nr. 5 k D.3 EinigV. – Wegen der Entscheidungen des Anerbengerichts (§ 31 LwVG) s. *OLG Köln* RdL 1955, 283. Zur Funktions- und Dienstbezeichnung bei der Unterschrift → § 725 Fn. 43, § 726 Rdnr. 22 f.

[41] → § 706 Rdnr. 3 f.

[42] Vgl. *OLG München* Rpfleger 1987, 110 (zu § 727).

[43] *OLG Stuttgart* Rpfleger 1979, 145.

§ 724 II   Erster Abschnitt: Allgemeine Vorschriften   270

pfleger ist gemäß § 20 Nr. 12, 13 RpflG zuständig nach §§ 726 Abs. 1, 727–729, 733, 738, 742, 744, 745 Abs. 2, 749 und erteilt die Klausel insgesamt, wenn der Titel außerdem Anspruchsteile enthält, für die der Urkundsbeamte zuständig wäre[44]. Für andere Titel s. §§ 795, 797 Abs. 1, 3, 797a Abs. 1 u. 4 mit Bem. Über Titel aus dem Bereich des **EuGVÜ** → Anh. § 723 Rdnr. 308. Wegen der Titel gemäß Art. 187, 192 EWG-, Montan- und Euratomvertrag → Anh. § 723 Rdnr. 27 f. Für den zusätzlich erforderlichen Regelungsvermerk im Rahmen des Londoner Schuldenabkommens[45] ist das LG zuständig, vgl. §§ 27 ff. des AusfG. – Wegen Gerichtsferien → Rdnr. 108 vor § 704.

8   2. Das **Gesuch des Gläubigers** ist formlos (falsche Formulierung unschädlich, z. B. »Bitte um Beauftragung eines Gerichtsvollziehers«) und unterliegt nicht dem Anwaltszwang, § 78 Abs. 3. Es kann sich auch auf einen Teil des Anspruchs richten[46]. Der Gegner darf zwar nur in den Fällen der § 726 Abs. 1, §§ 727–729 gehört werden, arg. § 730; es entspricht aber dem Gesetzeszweck, die Anhörung dann anzuordnen, wenn zweifelhaft ist, *ob* einer dieser Fälle vorliegt und dadurch eine Klärung erhofft wird[47], zumindest dann, wenn der Gläubiger einverstanden ist (§ 139), z. B. weil er sonst Abweisung riskiert[48]. Die Prüfung erfolgt auf Grund der Akten; erforderliche Nachweise obliegen dem Antragsteller wie bei → § 706 Rdnr. 5 f., 10.

8a   Dem Antragsteller gebührt die Klausel gemäß § 724, **a)** wenn *er* ein Urteil auf *Leistung an sich* erstritt, sei es auch nur als Überweisungsgläubiger[49] oder materiellrechtlich nur zugunsten eines Dritten, z. B. als Partei kraft Amtes[50], als gesetzlicher[51] oder gewillkürter[52] Prozeßstandschafter, sei es auch in einem entgegen h. M. ergangenen Urteil in den Fällen der §§ 328, 335 BGB[53]; **b)** wenn das Urteil auf *Leistung an ihn als Kläger und Dritte* lautet[54]; **c)** aber auch dann, wenn ein Gläubiger laut Titel *nur Leistung an Dritte* fordern kann[55], sei es aus eigenem Recht[56] oder als Prozeßstandschafter[57]. → dazu § 750 Rdnr. 18 Fn. 67. Nicht hierher gehören

---

[44] *Wolfsteiner* (Fn. 1) Rdnr. 17.
[45] → 19. Aufl. Anh. A III zu § 723.
[46] Näheres → § 725 Rdnr. 2 Fn. 7 f.
[47] Z.B. solange Zweifel bestehen, wem der Nachweis einer Bedingung obliegt → § 726 Rdnr. 2, 5, 22. Denn das Problem kann sich durch Zugestehen des Schuldners lösen → § 726 Rdnr. 19 u. den Fall *OLG Frankfurt* Rpfleger 1975, 326. Zust. *Gaul* (Fn. 31) § 16 IV 1.
[48] Nur für diesen Fall zust. *Wolfsteiner* (Fn. 1) Rdnr. 25.
[49] → Rdnr. 36 vor § 50, § 835 Rdnr. 25.
[50] → Rdnr. 25 ff. vor § 50.
[51] → Rdnr. 37–40b vor § 50; z.B. Urteil nach **§ 265 Abs. 2** gemäß Irrelevanztheorie, → dazu § 265 Rdnr. 35 ff. Hat der Gläubiger kein **materielles Einziehungsrecht** (mehr), so droht jedoch § 767 *Brehm* KTS 1985, 14, *Münzberg* NJW 1992, 1868. Dazu *A. Wienke*, Vollstreckungsstandschaft (Diss. Bonn 1988), 138 ff. Ebenso gebührt im Falle **§ 1629 Abs. 3 BGB**, der auch außerhalb des Scheidungsverfahrens gilt *BGH* FamRZ 1983, 474, die Klausel dem Elternteil als ZV-Gläubiger (→ § 620 Rdnr. 6, § 621 Rdnr. 20, *BGH* NJW 1991, 840; *Brehm* FamRZ 1991, 357 mwN auch zur Gegenansicht). Dies gilt grundsätzlich auch für Prozeßvergleiche, → § 617 Rdnr. 14, § 794 Rdnr. 36, aber auch dort Fn. 200 zu abweichender Auslegung im Einzelfall, z.B. *OLG Hamburg* FamRZ 1985, 624. Der Klauselinhaber kann solange **im eigenen Namen** vollstrecken, bis a) der Wegfall der Voraussetzungen des § 1629 Abs. 3 BGB nach § 767 – im Falle § 620 Nr. 4 nach h.M. auch gemäß § 256 – erfolgreich geltendgemacht ist → § 767 Rdnr. 22 Fn. 216, oder bis **b)** der Titel auf das Kind umgeschrieben ist → § 727 Rdnr. 30.

[52] *BGHZ* 92, 348 = NJW 1985, 809 f. = JZ 342; NJW 1983, 1678 mwN; 1984, 806; für § 27 Abs. 2 Nr. 5 WEG *LG Bochum* Rpfleger 1985, 438. → Rdnr. 41 ff. vor § 50. Ob das zur Begründetheit solcher Klaganträge nötige materielle Einziehungsrecht bestand, → Rdnr. 45 vor § 50, ist bei Klauselerteilung nicht mehr zu prüfen. → auch § 767 Rdnr. 24 Fn. 224.
[53] → Rdnr. 36 vor § 50. Nach h.M ist auf Leistung an den Dritten zu erkennen, auch wenn ihm ein eigener Anspruch nicht zusteht, *Gerhardt* JZ 1969, 692 f.
[54] So bei Leistung an alle laut Titel Mitberechtigten in den Fällen → Rdnr. 36 f. vor § 50, § 829 Rdnr. 85; *Bekker-Eberhard* (Fn. 9) 415; *BGH* DAVorm 1986, 167 ff.; *LG Essen* DGVZ 1972, 154 = Büro 631. Wegen § 856 → dort Rdnr. 9. Zu betragsmäßiger Aufteilung → Fn. 56.
[55] → Rdnr. 35 Fn. 182 vor § 704; *KG* Rpfleger 1971, 103 mwN.
[56] → Rdnr. 36 vor § 50. Z.B. § 328 BGB → Fn. 53. Ob die Klage eines Schuldners gegen seinen Drittschuldner auf Leistung *nur* an den Pfändungsgläubiger vor oder nach Überweisung zur Einziehung eigene und/oder fremdes Recht geltend macht, mag dahinstehen; jedenfalls ist der Schuldner im Erfolgsfalle Vollstreckungsgläubiger u. kann als solcher sowohl PfändPfandRe als auch Zwangshypotheken erwerben *OLG Köln* Rpfleger 1990, 411 f. (dort betragmäßige Aufteilung der Zahlungspflicht an Kläger, Pfändungs-u. Überweisungsgläubiger). Zum Erlös in solchen Fällen → aber Rdnr. 77 Fn. 174 vor § 704, Rdnr. 5 vor § 803, § 815 Rdnr. 1, § 835 Rdnr. 6 Fn. 11.
[57] → Rdnr. 37, 37a vor § 50; *KG* (Fn. 55); *OLG Düsseldorf* Büro 1967, 256; *Wolfsteiner* (Fn. 1) Rdnr. 20 mwN. Wegen **§ 265 Abs. 2** in Anwendung der Relevanztheorie → § 727 Rdnr. 45. Zur Klauselumschreibung auf

auf Nachlaßpfleger lautende Titel⁵⁸ und einstweilige Verfügungen gemäß § 1615o Abs. 2 BGB. Jedoch können **Dritte** auch selbst von vornherein **Vollstreckungsgläubiger** sein, obwohl sie nicht am Prozeß⁵⁹, am Abschluß gerichtlicher Vergleiche⁶⁰ oder an der Errichtung notarieller Urkunden⁶¹ teilgenommen haben. Wegen **mehrerer Parteien** → § 725 Rdnr. 5. Läßt sich ein Urteil nicht eindeutig einem der vorgenannten Fälle unterordnen, so gebührt die Klausel dem, der das Urteil erstritten hat⁶²; ebenso bei Entscheidungen und Vergleichen nach § 1629 Abs. 3 BGB, ganz gleich ob sie wie oben a, b oder c lauten⁶³. Zur Klauselerteilung an berechtigte Dritte nach oder analog § 727 → dort Rdnr. 5ff., 25ff. und zur Leistung an Zessionar oder Zedenten (§ 354a HGB) → Rdnr. 14a vor § 803.

3. Festzustellen ist zunächst, ob der Antragsteller laut Urteil der Berechtigte⁶⁴ oder von diesem bevollmächtigt ist, §§ 80, 88; wer nach dem Titelinhalt zur Erteilung zuständig ist → Rdnr. 7; dann, ob das Urteil wirksam erlassen ist⁶⁵ (ohne Rücksicht auf sein Alter⁶⁶) und einen *zur Vollstreckung geeigneten Inhalt* hat, insbesondere den Anspruch bestimmt genug bezeichnet⁶⁷ und eine Leistungs- oder Duldungspflicht ausreichend zum Ausdruck kommt⁶⁸, ob die Sache wegen § 726 oder § 733 dem Rechtspfleger vorzulegen ist⁶⁹, ob die Klausel zur Vollstreckung oder sonstigen Durchsetzung des Titels erforderlich ist⁷⁰, ob bei gerichtlichen Vergleichen die §§ 162 f. beachtet sind⁷¹, ob das Urteil *rechtskräftig oder vorläufig vollstreckbar* ist, was sich aus ihm selbst oder aus nachträglichen Entscheidungen ergeben kann⁷², schließlich ob es nicht inzwischen abgeändert⁷³ oder sogar wirkungslos geworden ist → Rdnr. 12. Vorherige Zustellung ist außer im Falle § 310 Abs. 3 unnötig. - Wegen anderer Titel → § 795 Rdnr. 3ff., § 797 Rdnr. 1ff., 7ff.

9

Der Klauselerteilung stehen *nicht* entgegen: Erlaß des Urteils während einer Unterbrechung des Verfahrens⁷⁴, Einstellung der Zwangsvollstreckung⁷⁵, die erst vom Vollstreckungsorgan zu prüfenden Umstände wie etwa Zustellung des Titels, Abwendungsbefugnis des Schuldners nach §§ 711, 712 Abs. 1 S. 1 (auch wenn er die Sicherheit schon geleistet hat), Eintritt des Kalendertags im Falle § 751 Abs. 1⁷⁶, Abhängigkeit der Vollstreckung von einer

10

---

den Rechtsinhaber → § 727 Rdnr. 31, wegen § 767 → dort Rdnr. 22 (Wegfall einer Einziehungsbefugnis), 24 (von vornherein fehlende Einziehungsbefugnis).

⁵⁸ → § 750 Rdnr. 18 Fn. 69 u. wegen Titel für und gegen nachträglich Verstorbene → § 727 Rdnr. 14b.

⁵⁹ Wenn – sei es auch fehlerhaft – im Urteil der Dritte als forderungsberechtigt ausgewiesen ist. Nicht hierher gehören Urteile nach § 265 Abs. 2 auf Leistung an den Nachfolger → § 727 Rdnr. 45. Wegen § 1629 Abs. 3 BGB → Fn. 51.

⁶⁰ → § 794 Rdnr. 36; krit. *Becker-Eberhard* (Fn. 9) 433 mwN.

⁶¹ *KG* OLGZ 1971, 126 = Rpfleger 190 = FamRZ 265 = DGVZ 71 (Unterhalt an Kinder zu Händen der Mutter vor der Neufassung des § 1629 BGB); *BGH* DAVorm 1986, 167 läßt dies offen, weil weder echter Vertrag zugunsten Dritter noch eindeutige Unterwerfung zugunsten des begünstigten Kindes vorlagen. Zur Klauselerteilung → § 797 Rdnr. 2.

⁶² Auch *BGH* NJW 1984, 806 = JZ 199f. = WM 233 geht hiervon »grundsätzlich« aus.

⁶³ *Becker-Eberhard* (Fn. 9) 427 Fn. 56, h.M.

⁶⁴ → Rdnr. 8. Zur auch hier zu prüfenden Identität des Gläubigers → § 727 Rdnr. 10f., 32, § 750 Rdnr. 22f.

⁶⁵ → § 310 Rdnr. 19, 21–28, § 311 Rdnr. 1–6, 9f., § 313b Rdnr. 17f., 22, § 317 Rdnr. 11ff., Rdnr. 1–15 vor § 578. Zu Vergleichen u. vollstreckbaren Urkunden → § 795 Rdnr. 4, § 797 Rdnr. 10ff. – Vgl. für Versäumnisurteil in anhängigem aber nicht rechtshängigem Verfahren *LG Tübingen* JZ 1982, 474; für »Scheinurteil«

wegen Mitwirkung eines Nichtrichters *BezG Leipzig* (Fn. 14 a. E.), dagegen zutr. *Jauernig* DtZ 1993, 173.

⁶⁶ Denn Verjährung u. Verwirkung unterfallen § 767 → dort Rdnr. 17, 21.

⁶⁷ → Rdnr. 18, 26ff. vor § 704; zu **§794 Nr. 1** *OLG Karlsruhe* Justiz 1970, 344; zu **§794 Nr. 5** *BayObLG* DNotZ 1976, 366; *KG* OLGZ 1975, 416 = Rpfleger 371 = JurBüro 1207 (unbestimmte Unterwerfungsklausel); *OLG Saarbrücken* NJW 1988, 3101 (ausländischer Titel). → auch Fn. 101 a. E.

⁶⁸ Z.B. Feststellungsurteile mit Kostenfestsetzungsbeschluß (§ 105). Anerkenntnisse in Vergleichen genügen, wenn auch die Leistungspflicht eindeutig zum Ausdruck kommt, z.B. durch »Unterwerfung« wie § 794 Abs. 1 Nr. 5, mag sie auch wegen § 794 Abs. 1 Nr. 1 überflüssig erscheinen *BGH* NJW-RR 1991, 1021 = Rpfleger 260f.

⁶⁹ Zur umstr. Grenze zwischen Unbestimmtheit und ausreichend bestimmter Bedingung → § 794 Rdnr. 86.

⁷⁰ → Rdnr. 1–4; nicht, wenn ZV schon im Titel ausgeschlossen *OLG Düsseldorf* NJW-RR 1987, 640 = Büro 927 (Vergleich unter Anwälten).

⁷¹ → Rdnr. 14.

⁷² §§ 534, 560, 708 Rdnr. 26 Fn. 110, § 714 Rdnr. 1, 3–5, 9, §§ 716, 718, 725 Rdnr. 6, 726 Rdnr. 3a Fn. 21ff.

⁷³ → § 725 Rdnr. 7.

⁷⁴ → § 249 Rdnr. 28.

⁷⁵ Allg.M.; so seit 19. Aufl. Fn. 14., von *Baumbach/Hartmann*⁵² Rdnr. 11 seither unrichtig als »a.M.« zit.

⁷⁶ *Münzberg* Rpfleger 1987, 207 gegen *LG Wiesbaden* aaO 118.

Sicherheitsleistung des Gläubigers, §§ 709, 712, Abs. 2 S. 2, arg. § 751 Abs. 2[77]. Das *Konkurs/Insolvenzverfahren* über das Vermögen des Schuldners hindert zwar nach § 14 KO/§ 89 InsO die Vollstreckung[78], bis dem Vollstreckungsorgan vom Gläubiger die Beendigung des Verfahrens nachgewiesen wird, aber nicht die Erteilung der Klausel für Titel von Konkurs/Insolvenzgläubigern gegen den Gemeinschuldner; denn sie ist kein Beginn der Vollstreckung[79], erlaubt rechtzeitige Anfechtung, § 13 Abs. 5 AnfG aF[80], und etwaige Teilbefriedigung im Konkurs ist notfalls nach § 767 geltendzumachen, falls nicht schon eine gemäß § 164 Abs. 2 KO/§ 201 Abs. 2 InsO[81] erteilte Klausel entsprechende Einschränkungen enthält. Entsprechendes gilt für § 47 VerglO[82]. Zur Insolvenz des Gläubigers → Rdnr. 11.

11 *Außergerichtliche Vorgänge* (z.B. Vergleiche, Erfüllung u.ä.), die vom Schuldner nach § 767 geltend zu machen sind, bleiben selbst dann außer Betracht, wenn sie aktenkundig[83] oder urkundlich nachweisbar sind. Dies gilt auch für die Rechtsnachfolge und ihr gleichstehende Tatsachen[84], z.B. den Übergang der materiellrechtlichen Verfügungs- und Einziehungsbefugnis des Gläubigers auf den Konkurs/Insolvenzverwalter[85]. Über (umstrittene) Ausnahmen, die eher bei längere Zeit vorher errichteten vollstreckbaren Urkunden praktisch werden, → § 797 Rdnr. 11 ff. Jedoch sollte der Gläubiger gegebenenfalls darauf hingewiesen werden, daß er durch entsprechende Einschränkung seines Antrags einem Prozeß nach § 767 entgehen kann. – Wegen des Eintritts einer Bedingung s. § 726, wegen Wertsicherungsklauseln → Rdnr. 152 vor § 704.

12 Die vollstreckbare Ausfertigung ist **nicht** zu erteilen, soweit ein Urteil, mag es auch rechtskräftig sein, nach §§ 302, 600 durch eine rechtskräftige oder vorläufig vollstreckbare Entscheidung aufgehoben ist; soweit die vorläufige Vollstreckbarkeit eines Urteils gemäß § 717 Abs. 1 außer Kraft getreten ist; wenn ein Urteil durch rechtskräftige Aufhebung eines Zwischen- oder Vorbehaltsurteils entfallen ist[86]; soweit die Klage zurückgenommen wurde[87]; soweit das Urteil durch einen späteren Vergleich hinfällig geworden ist[88], oder solange eine nach den Devisenvorschriften für die Vollstreckung erforderliche Genehmigung noch nicht erteilt ist[89]. → auch § 732 Rdnr. 2–4, § 727 Rdnr. 1 Fn. 9.

13 4. Unter **Ausfertigung**[90] ist in der Regel die in der Form des § 317 Abs. 2, 3 erteilte zu verstehen, bei Urteilen in abgekürzter Form die nach § 317 Abs. 4 hergestellte[91]; wegen notarieller Urkunden s. § 49 Abs. 1–4 BeurkG. Außerhalb des Bereichs des § 317 Abs. 4 sind Titel vollständig auszufertigen[92]. In Bezug genommene Anlagen, aus denen sich Art und

---

[77] Zust. *Münch* (Fn. 14) 230 f. mwN.
[78] → Rdnr. 62 vor § 704.
[79] *Jaeger/Henckel* KO[9] § 14 Rdnr. 35; *Wolfsteiner* (Fn. 1) Rdnr. 37; *Stöber* (Fn. 17) Rdnr. 5, h.M.; a.M. OLG Frankfurt NJW-RR 1988, 511 (das sogar Unwirksamkeit der Klausel annahm). Zu § 164 Abs. 2 KO → § 727 Rdnr. 26 a.E. – Zur Erteilung gegen den Verwalter für Absonderungs-, Aussonderungs- u. Massegläubiger → § 727 Fn. 130, für Konkursgläubiger § 727 Fn. 134.
[80] *OLG Breslau* JW 1927, 534² (dort für § 164 Abs. 2 KO).
[81] Zur Erteilung auch dieser Klausel schon vor Aufhebung des Insolvenzverfahrens → § 727 Rdnr. 26 (str.).
[82] → Rdnr. 63 vor § 704. Zur Wirkung bestätigter Vergleiche → § 732 Fn. 7.
[83] KG, OLG Schleswig FamRZ 1984, 928; 1990, 189. → auch § 727 Rdnr. 44. S. auch OLG Breslau SeuffArch 51 (1896) 249; *Stöber* (Fn. 17) Rdnr. 5. – Das muß auch für den Klagverzicht gelten, dem (noch) kein Verzichtsurteil gefolgt ist, denn er hat dann keine stärkere Wirkung als eine Erledigung der Hauptsache (a.M. *Wieczorek*² Anm.B III a 2). – A.M. *Wolfsteiner* (Fn. 1) Rdnr. 40. Jedoch handelt es sich, wie gerade die §§ 767, 795 zeigen, allenfalls um materiellrechtlich, nicht prozessual einzuordnenden Mißbrauch.
[84] → § 727 Rdnr. 44–46.
[85] § 6 KO/§ 80 Abs. 1 InsO. – A.M. *K.Schmidt* JR 1991, 312 zu III 1 bb; aber weshalb soll teilweiser Rechtsverlust stärker wirken als der vollständige, z.B. Abtretung? → dagegen § 727 Fn. 124.
[86] → § 704 Rdnr. 3.
[87] → § 269 Rdnr. 31 ff., 56.
[88] → § 794 Rdnr. 32.
[89] → Rdnr. 58 vor § 704.
[90] → § 170 Rdnr. 4 f.
[91] Wäre eine Auslegung des Tenors (etwa im Bereich der §§ 887–890) unsicher ohne Gründe, so sind diese auszugsweise wiederzugeben *Wolfsteiner* (Fn. 1) Rdnr. 6.
[92] → § 170 Rdnr. 5; § 49 Abs. 4 BeurkG scheidet daher aus, arg. § 52 BeurkG; wie hier für § 66 Abs. 4 SGB X LG Aurich NdsRpfl 1986, 276 (Beitragsbescheide: Berechnungsgrundlagen dürfen nicht weggelassen, Vorschußanforderungen nicht hinzugefügt werden); *LG Stade* Rpfleger 1987, 253; *Hornung* aaO 228. – A.M. *Wolfsteiner* (Fn. 1) § 725 Rdnr. 4.

Umfang der Vollstreckung ergeben, sind stets beizufügen[93]. Daß die Klausel auf eine bereits *vorher* hergestellte Ausfertigung gesetzt wird, ist nicht wesentlich; denn eine bloße Urteilsabschrift wird dadurch zur Ausfertigung vervollständigt, daß sie mit der Klausel versehen wird[94]. Wegen der Unmöglichkeit einer Ausfertigung → § 315 Rdnr. 6.

Lücken in der Ausfertigung oder andere Abweichungen von der Urschrift[95] sind vor Erteilung der Klausel anhand der Urschrift zu beheben[96], falls diese vollständig ist; andernfalls muß vorher das Protokoll (§ 164) bzw. Urteil (§ 319) berichtigt werden[97]. Lassen z.B. Ausfertigungen gerichtlicher Vergleiche nicht erkennen, daß bei der Protokollierung die § 162 Abs. 1, § 163 beachtet wurden (»v.u.g.«), so dürfen sie nicht mit der Vollstreckungsklausel versehen werden, bevor der Mangel behoben ist, da sonst die Vollstreckung zu verweigern wäre[98]. Enthält auch das Protokoll solche Mängel, so ist die Klausel zu verweigern, falls die Unterschrift nicht nachgeholt oder das Protokoll nicht nach § 164 berichtigt wird bzw. werden kann. **14**

Anlagen, die den vollstreckungsfähigen Inhalt (mit)bestimmen[99], müssen mit der Titelschrift so verbunden werden, daß eine Auswechslung nicht zu befürchten ist[100]. Zu sonstigen Erfordernissen bzw. Fehlern der Ausfertigung → § 317 Rdnr. 26f., zur vollstreckungsrechtlichen Wirksamkeit der Klausel → § 725 Rdnr. 11. **15**

III. Rechtsbehelfe

1. **Verweigert der Urkundsbeamte** die vollstreckbare Ausfertigung, so kann der **Gläubiger** nach § 576 das *Gericht anrufen*[101], das den Schuldner nur in den Ausnahmefällen → Rdnr. 8 hört und selbst entscheiden kann, wenn es den Rechtspfleger statt des Urkundsbeamten für zuständig hält[102] und gegen dessen wiederum ablehnende Entscheidung nach §§ 576 Abs. 2, 567 Abs. 1 die *einfache Beschwerde* erheben, soweit sie nicht nach § 567 Abs. 4 ausgeschlossen ist. – **Verweigert der Rechtspfleger** die Klausel, → § 730 Rdnr. 4. Wegen der Fälle des § 797 → dort Rdnr. 5, 18f. – § 793 scheidet in allen diesen Fällen aus, weil die Klauselerteilung noch nicht Teil der Zwangsvollstreckung ist[103] und weil nach § 793 auch dem Schuldner die Beschwerde gegen die Erteilung zustehen müßte, seine Einwendungen aber nur nach §§ 732 oder 768 geltend gemacht werden können[104]. Daher ist durch § 568 Abs. 1 S. 1 die *weitere Beschwerde* ausgeschlossen[105]. – Zur Klage des Gläubigers auf Erteilung der Klausel → § 731. **16**

2. Wegen der **Rechtsbehelfe des Schuldners** → Rdnr. 2, 6, § 725 Rdnr. 11, 12, §§ 732, 768.

---

[93] → Rdnr. 26 Fn. 119 vor § 704; andernfalls ist die Ausfertigung zwar nicht unwirksam, aber die ZV kann wegen Unbestimmtheit unzulässig sein; Klauseln sind daher auf Rüge aufzuheben, wenn im Vergleichsprot. Bezeichnung als »Anlage« fehlt u. das Prot. nicht zuvor berichtigt ist OLG Zweibrücken NJW-RR 1992, 1408 = Rpfleger 441.
[94] *BGH* LM Nr. 13 zu § 198 = NJW 1963, 1307 (1309 f.).
[95] Z.B. Zusätze, die in Urschrift fehlen, *LG Aurich* (Fn. 15) »Säumniszuschlag«.
[96] → § 317 Rdnr. 26f.; *LG Essen* (Fn. 14); *Zöller/Vollkommer*[18] § 317 Rdnr. 6.
[97] Zur Nachholung der Unterschrift des Notars s. *LG Aachen* DNotZ 1976, 428.
[98] → Rdnr. 2 Fn. 11, 14, § 725 Rdnr. 11.
[99] Besonders bei Mahnbescheiden, wenn das Formular nicht ausreicht. Ist aber im Mahnbescheid selbst der Anspruch ausreichend bestimmt, so gehört die Wechselabschrift nicht zu diesen Anlagen, vgl. *LG Berlin* DGVZ 1973, 140, ebensowenig solche Anlagen, die nur die einzelnen Ansprüche erläutern, aus denen sich der bestimmt angegebene Betrag zusammensetzt; a.M. wohl *AG Berlin-Wedding* DGVZ 1974, 158.
[100] *Biede* DGVZ 1974, 154f.; für mehrere Blätter der Ausfertigung *LG Verden* Rpfleger 1983, 490 (Heftklammern, dazu Anm. Schriftl.).
[101] Vorlage an das Gericht, bevor der Urkundsbeamte wegen Urteilsmängeln ablehnen will, ist nicht entsprechend § 5 Abs. 1 Nr. 1 RpflG geboten; a.M. bei Unbestimmtheit *Wolfsteiner* (Fn. 14) Rdnr. 35. Der Urkundsbeamte kann der Erinnerung abhelfen *Brox/Walker*[4] Rdnr. 128; *Palm* Rpfleger 1967, 365; *Rosenberg/Gaul*[10] § 17 II 1a.
[102] Arg. § 6 RpflG; *Wolfsteiner* (Fn. 1) Rdnr. 44.
[103] → Rdnr. 107 vor § 704; *OLGe Bremen* FamRZ 1980, 725; *Köln* 1992, 206f. = MDR 262; *Zweibrücken* NJW-RR 1992, 1408; *Hamm* (Fn. 20); *Wolfsteiner* (Fn. 1) Rdnr. 45; *Hartmann* (Fn. 75) Rdnr. 13.
[104] Jetzt ganz h.M. *OLGe Bremen* FamRZ 1980, 725; *Köln* FamRZ 1985, 626. – A.M. *Arens/Lüke* Jura 1982, 459.
[105] → § 730 Rdnr. 8.

IV. Kosten

17 Über diese → § 788 Rdnr. 7. – *Gerichtsgebühren* entstehen nicht für die vollstreckbare Ausfertigung deutscher Entscheidungen und gerichtlicher Vergleiche[106], auch nicht nach § 722[107], sondern nur in staatsvertraglich vereinfachten Verfahren für ausländische Titel[108], § 11 Abs. 1 GKG mit KV Nr. n. 1420 ff. Wegen *Anwaltsgebühren* s. §§ 37 Nr. 7, 58 Abs. 2 Nr. 1, § 120 Abs. 2 BRAGO für deutsche Titel einschließlich der Vollstreckungsurteile nach § 722, andererseits für ausländische Schuldtitel in vereinfachten Verfahren § 47 (s. auch § 46) BRAGO. – Über Gebühren für *Beschwerden* s. Nr. 1906 KV, für ausländische Titel Nrn. 1901 ff. KV, ferner § 61, § 47 Abs. 2 BRAGO.

V. Arbeitsgerichtliches Verfahren

18 Hier bestehen keine Besonderheiten, s. auch wegen der → Rdnr. 7 erwähnten Zuständigkeit des Rechtspflegers § 9 Abs. 3 ArbGG.

§ 725 [Vollstreckungsklausel]

Die Vollstreckungsklausel:
»Vorstehende Ausfertigung wird dem usw. (Bezeichnung der Partei) zum Zwecke der Zwangsvollstreckung erteilt« ist der Ausfertigung des Urteils am Schluß beizufügen, von dem Urkundsbeamten der Geschäftsstelle zu unterschreiben und mit dem Gerichtssiegel zu versehen.

Gesetzesgeschichte: Bis 1900 § 663 CPO. Änderung RGBl. 1927 I 175.

1 **I.** Die **Vollstreckungsklausel** ist im Regelfalle nur **Zeugnis über die bestehende Vollstreckbarkeit**[1]; in den Fällen des § 727 und seiner entsprechenden Anwendung verleiht sie jedoch dem Titel die **Vollstreckbarkeit für oder gegen eine andere Person**[2] und ist dann ausnahmslos erforderlich[3].

2 **1.** Die in § 725 aufgestellte **Formel**, deren Wortlaut übrigens nicht wesentlich ist, enthält nur das in *allen* Fällen unbedingt Erforderliche, insbesondere eine Verwechslungen ausschließende Bezeichnung von Gläubigern und Schuldnern[4] und die Erwähnung des Vollstreckungszwecks in Text oder Überschrift (»vollstreckbare Ausfertigung« genügt). Daneben können **Zusätze** nötig sein[5], wenn die *Vollstreckbarkeit des Titels beschränkt* ist[6], insbesondere auf

---

[106] Für vollstreckbare Urkunden → aber § 797 Rdnr. 6, für Vergleiche gemäß §§ 1044a, 1044b s. Nrn. 1410 ff. KV.
[107] → dort Rdnr. 24.
[108] → Anh. § 723 Rdnr. 300 ff.
[1] Über ihre Notwendigkeit → § 724 Rdnr. 3 f.
[2] → § 727 Rdnr. 2.
[3] → § 724 Rdnr. 4.
[4] → § 750 Rdnr. 18 ff., § 727 Rdnr. 32 ff. – »Kläger, Beklagter« reicht nur aus, wenn die Ausfertigung den Urteilskopf bzw. das Protokoll vollständig wiedergibt u. keine Verwechslungsgefahr bei Streitgenossen entsteht, z.B. »Beklagter zu 2.«. Die Bezeichnung »Gläubiger, Schuldner« genügt höchstens bei vollstreckbaren Urkunden u. auch nur dann, wenn auf den darin bezeichneten Gläubiger verwiesen wird *KG* JW 1932, 2174[26]. Die Fälle §§ 727 ff. erfordern stets namentliche Bezeichnung. Unzulässig: »Dem X als Bevollmächtigten des Eigentümers des Hauses Y-Str.« *KG* JW 1938, 56.

[5] Z.B. § 319 Abs. 2 S. 2. Der Titelinhalt muß nicht angegeben werden, vgl. *BayObLG* OLGRsp 1 (1900) 257, → aber § 722 Rdnr. 23. Ein Vermerk über die Ermächtigung des Prozeßbevollmächtigten zum Leistungsempfang gehört nicht in die Klausel *Berner* Rpfleger 1964, 366; *Zöller/Stöber*[18] Rdnr. 1. Gegen Vermerke bezüglich § 850f. Abs. 2 → dort Fn. 71; *Münch* Rpfleger 1990, 250; *MünchKommZPO-Wolfsteiner* § 726 Rdnr. 20; a.M. *Smid* ZZP 102 (1989) 47 ff.

[6] *KG* Rpfleger 1988, 31. – Die Beschränkung muß sich inhaltlich aus der Klausel ergeben (unzulässig »insoweit

einen Teil des Anspruchs⁷, wenn der Gläubiger nur insoweit die Klausel beantragt⁸, was ihm nach teilweisem Erlöschen des Anspruchs gemäß § 139 anzuraten ist⁹, oder wenn für die eine Leistung § 726 Abs. 1, für die andere § 726 Abs. 2 gilt¹⁰. Ähnliche Beschränkungen s. in §§ 742, 744. Weitere Zusätze betreffen den neuen Gläubiger oder Schuldner, §§ 727–729, u. U. auch nur klarstellende Parteibezeichnungen¹¹, Haftung nur mit Kommanditeinlage → § 729 Rdnr. 8, die Feststellung der Offenkundigkeit, § 727 Abs. 2, oder ein Geständnis → § 726 Rdnr. 21, die Bezeichnung der vorgelegten Urkunden, §§ 726 ff., die besondere Entscheidung, auf der die Vollstreckbarkeit beruht¹², im Falle des § 132 Abs. 2 ZVG der Berechtigte und der Betrag der Forderung, im Falle des § 194 KO die Vorheftung der Ausfertigungen des Zwangsvergleichs, des Bestätigungsbeschlusses nebst Rechtskraftvermerk und etwaigen Bürgschaftserklärungen¹³. Über Titel, die auf ausländische Währung lauten oder echte Wertsicherungsklauseln enthalten, → Rdnr. 151 ff. vor § 704 sowie § 722 Rdnr. 23. Entfällt nachträglich die Abhängigkeit der Vollstreckung von einer Sicherheitsleistung oder von einer Leistung Zug um Zug, so kann das (muß aber nicht) auf der Klausel vermerkt werden, → § 733 Rdnr. 3.

2. Wird die bisher ohne Sicherheitsleistung zugelassene Vollstreckbarkeit *nachträglich* **3** von einer Sicherheitsleistung des Gläubigers abhängig gemacht, so kann der Schuldner gemäß § 751 Abs. 2 bis zum Nachweis der Sicherheitsleistung den Beginn der Vollstreckung oder deren Fortsetzung verhindern, indem er die Ausfertigung der einschränkenden Entscheidung gemäß § 775 Nr. 2 dem Vollstreckungsorgan vorlegt; gegen einen Verstoß kann er sich mit der Erinnerung nach § 766 wehren¹⁴. Trotzdem ist ein Vermerk über die Beschränkung, falls sie bei der Erteilung der Klausel aktenkundig ist und es sich nicht nur um einstweilige Maßnahmen handelt (§§ 707, 719, 769 usw.), angebracht. Denn er schützt nicht nur den Schuldner vor unzulässigem Pfändungsbeginn insbesondere nach §§ 828 ff., sondern auch den Gläubiger davor, daß er die Einschränkung aus irgendwelchen Gründen dem Vollstreckungsorgan vorenthält und dadurch Kostennachteile erleidet¹⁵. Bei nachträglicher Gewährung einer Räumungsfrist¹⁶ können solche Folgen kaum eintreten, da der regelmäßig vorher benachrichtigte¹⁷ Schuldner die einschränkende Entscheidung dem Gerichtsvollzieher vorlegen kann; jedoch ist auch ein solcher Vermerk auf der Klausel zulässig.

Dagegen bedürfen die *von vornherein* bestehende Abhängigkeit der Vollstreckung von **4** einer Sicherheitsleistung (§§ 709, 712 Abs. 2 S. 2), die Abwendungsbefugnis nach § 711 und die Beschränkungen des § 712 Abs. 1 nicht der Erwähnung in der Klausel, da sie schon in der Ausfertigung des Titels stehen¹⁸.

3. Bei einheitlichem Urteil zugunsten von *Streitgenossen* ist im Falle des § 62 nur eine **5** gemeinsame Ausfertigung auf Antrag aller zu erteilen¹⁹, andernfalls für jeden Gesamtgläubi-

---

das Urteil nicht durch die Entscheidung des OLG vom ... abgeändert ist«); im Falle des § 194 KO genügt in der Regel Bezugnahme auf den beigehefteten rechtskräftig bestätigten Vergleich *Uhlenbruck* DGVZ 1986, 2 mwN.
⁷ Z.B. Abzug der erhaltenen Quotenbeträge im Falle des § 164 Abs. 2 KO (§ 201 Abs. 2 InsO), *Uhlenbruck* (Fn. 6); zur Kommanditistenhaftung → § 729 Rdnr. 8 Fn. 32.
⁸ RG JW 1899, 5 (Gesamtschuldner); OLG Breslau ZZP 33 (1904) 288 u. BayObLG DNotZ 1976, 366 (Restforderung, → aber auch § 726 Fn. 43); KG OLGRsp 31 (1915) 85 (Teilzessionar). – Teile müssen unmißverständlich abgegrenzt werden; Bezugnahme auf andere Urkunden als den ausgefertigten Titel oder dessen Anlagen scheidet aus. Soweit nicht auf eine bezifferte Gliederung oder Seitenzahl im Titel Bezug genommen werden kann, ist der Teilausspruch in die Klausel aufzunehmen. → auch § 727 Rdnr. 40.

⁹ Um ihm Klagen nach § 767 zu ersparen, → § 724 Rdnr. 2 a. E.
¹⁰ → z. B. § 894 Rdnr. 28 f.
¹¹ → § 727 Rdnr. 10, 34 f., § 750 Rdnr. 24 f.
¹² §§ 716, 718, 534, 560, → auch Rdnr. 6 f.
¹³ *Uhlenbruck* (Fn. 6).
¹⁴ → § 775 Rdnr. 6, 13.
¹⁵ → § 788 Rdnr. 18 ff., § 766 Rdnr. 41 f.
¹⁶ → § 721 Rdnr. 19, 22 ff.
¹⁷ S. § 180 Nr. 2 GVGA.
¹⁸ S. auch RG WarnRsp 1912 Nr. 188. – Anders beim gesonderten Kostenfestsetzungsbeschluß → § 103 Rdnr. 6 u. OLG München NJW 1956, 996 = BayJMBl. 80. Dies ist jedoch kein Fall des § 726, so daß § 20 Nr. 12 RpflG nicht zutrifft.
¹⁹ Vgl. auch OLG Köln OLGZ 1991, 74 f.

§ 725 I, II   Erster Abschnitt: Allgemeine Vorschriften

ger eine Ausfertigung, dies allerdings gemäß der Tendenz der Gesetzesmotive[20] gemäß § 733[21]. Auch bei Gesamthaftung, insbesondere *Gesamtschuldnerschaft*, ferner bei Verurteilung zur Leistung und zur Duldung[22] muß zwar dem Gläubiger die gleichzeitige Vollstreckung gegen mehrere Schuldner ermöglicht werden[23]; nach h. M. werden aber mehrere Ausfertigungen nur gemäß § 733 erteilt[24], wobei allerdings die früheren nicht vorgelegt werden müssen[25]. Bei Teilberechtigung oder -haftung gibt es für oder gegen jede Person eine besondere Ausfertigung.

6   II. Die vollstreckbare Ausfertigung ist von dem Urteil zu erteilen, das den **Vollstreckungstitel bildet**, d. h. den Schuldner zu einer Leistung verurteilt[26]. Auch wenn die Rechtskraft oder vorläufige Vollstreckbarkeit dieses Urteils erst durch eine spätere Entscheidung herbeigeführt worden ist[27], wird die erste Verurteilung vollstreckt. Wird daher das Rechtsmittel gegen die Verurteilung zurückgewiesen oder verworfen oder wird der Einspruch verworfen oder die in dem Versäumnisurteil enthaltene Entscheidung voll aufrechterhalten, § 343[28], so ist *das erste Urteil auszufertigen*[29], wobei dessen Bestätigung in der Klausel vermerkt werden sollte[30], insbesondere wenn erst der BGH ein zunächst aufgehobenes erstinstanzliches Urteil wiederherstellte. War es gegen Sicherheitsleistung vollstreckbar, während das zweite unbedingt vollstreckbar ist[31], so genügt zum Nachweis der unbedingten Vollstreckbarkeit des ersten Urteils auch eine zusätzliche einfache Ausfertigung des zweiten[32]. In solchen Fällen wäre es ein zwar zulässiger[33], aber unnötiger Umweg, das bestätigende zweite Urteil vollstreckbar auszufertigen und die Formel des ersten in die Klausel aufzunehmen. Entsprechendes gilt, wenn die Erteilung der Vollstreckungsklausel durch ein Urteil nach § 731 angeordnet wird.

7   Nach **Abänderung** der ersten Entscheidung[34] ist dagegen die *zweite* der Vollstreckungstitel[35], auch grundsätzlich in den Fällen des § 323[36], obwohl die Vollstreckbarkeit derAnsprü-

---

[20] Hahn II 1 S. 435, → § 733 Rdnr. 1.
[21] *OLG Köln* (Fn. 19) für §§ 887ff. ... So ist wohl *OLG München* Rpfleger 1990, 82 zu verstehen (dort freilich nur für Unterlassungsanspruch); a. M. (ohne Beachtung des § 733) *Wolfsteiner* (Fn. 5) § 724 Rdnr. 21. Nach h. M. wird grundsätzlich nur eine Ausfertigung erteilt *Thomas/Putzo*[18] Rdnr. 12; *Stöber* (Fn. 5) Rdnr. 12.
[22] → Rdnr. 5 ff. vor § 735, aber auch § 729 Rdnr. l3, 8.
[23] Insoweit zutreffend *Wolfsteiner* (Fn. 5) § 724 Rdnr. 21.
[24] → § 733 Rdnr. 3b; *Rosenberg/Gaul*[10] § 16 VI 1; *Schuler* NJW 1957, 1541 a. E. mwN; *Thomas/Putzo*[18] § 724 Rdnr. 11, h. M.; a. M. (kein Fall des § 733) *Wolfsteiner* (Fn. 5) § 733 Rdnr. 3, was bei einfachen Klauseln Zuständigkeit des Urkundsbeamten bedeuten würde. Ergibt sich die Gesamtschuldnerschaft erst aus einer späteren Entscheidung, so kann dies dort informatorisch in der Klausel vermerkt werden, um bei Leistungen auf die frühere Entscheidung auch die spätere vorläufige Einstellung nach § 775 Nr. 5 zu sichern (→ Rdnr. 7 a vor § 803; a. M. *Stöber* (Fn. 5) Rdnr. 12, dem zuzugeben ist, daß der Vermerk nicht erfolgen muß (so aber *Schuler* aaO; *Wolfsteiner* (Fn. 5) § 724 Rdnr. 21, der aber ein entsprechendes Interesse des Gläubigers anerkennt, um den Irrtum zu vermeiden, die Leistung könne nur von allen Schuldnern gemeinsam verlangt werden.
[25] *AGe Wilhelmshaven* DGVZ 1979, 189; *Groß-Gerau* Rpfleger 1981, 151 (zust. *Spangeberg*) entgegen Ministerialerlaß.
[26] → Rdnr. 18, 46 vor § 704.
[27] → § 724 Rdnr. 9.
[28] Den Ausspruch nach § 709 S. 2 hat der Schuldner selbst nach § 775 Nr. 2 geltend zu machen.

[29] *RG* WarnRsp 1912 Nr. 188; *OLG Köln* JW 1919, 837 (mwN in Anm. *Irmler*). Zu aufrechterhaltenen Vollstreckungsbescheiden → § 796 Rdnr. 1 a. E.
[30] *RG* JW 1910, 341 f. Stattdessen kann auch die Beifügung des bestätigenden Urteils verlangt werden *Wolfsteiner* (Fn. 5) Rdnr. 8.
[31] Wegen des umgekehrten Falles → Rdnr. 3.
[32] *RG* u. *OLG Köln* (Fn. 29); *OLG Celle* JurBüro 1985, 1731; *KG* JW 1932, 1156[8]; *Baumbach/Hartmann*[52] Rdnr. 3; *Stöber* (Fn. 5) Rdnr. 4.
[33] *RG* Gruch. 54 (1910), 1154; JW 1910, 341 f. S. auch *Irmler* (Fn. 29).
[34] Z. B. bei teilweiser Aufrechterhaltung eines Versäumnisurteils *OLG Karlsruhe* DGVZ 1965, 87. Sie liegt auch vor, wenn (bei Zurückverweisung des Rechtsmittels im übrigen) andere Parteien, z. B. nach § 239, eingetreten sind *Stölzel* JW 1910, 609 f.
[35] *OLG Hamm* Rpfleger 1973, 440 (obiter bejahend, nur abw. für Beschlüsse, die Notarkosten ermäßigen); *Stöber* (Fn. 5) Rdnr. 4. S. aber auch *LG Köln* Rpfleger 1984, 112 mwN (zu § 104).
[36] Jedenfalls bei *Erhöhung*, aber auch bei *Herabsetzung*, falls im Tenor nicht nur »abgeändert« (also teilweise aufgehoben) → § 323 Rdnr. 76 u. vgl. *LG Hannover* Rpfleger 1970, 144), sondern ganz »aufgehoben« wird (dafür *LG Hannover* aaO, auch *Thomas/Putzo*[18] Rdnr. 31). Daß dann die ZV bis zur Kenntnisnahme durch das Vollstreckungsorgan (→ § 775 Rdnr. 1) u. U. vom Gläubiger noch fortgesetzt wird u. zur Vorlegung nach § 775 die nur einfache Ausfertigung genügt → § 724 Rdnr. 1, ändert nichts daran, daß die nach der Wirksamkeit des Urteils (→ § 323 Rdnr. 34 f.) fälligen Beträge *nur* noch aus dem neuen Urteil vollstreckt werden dürfen,

che im Sinne der §§ 717 Abs. 1, 775 f. nicht außer Kraft tritt, soweit der erste Titel trotz formeller Aufhebung nur im zweiten »aufgeht«[37], und daher für bereits wirksam gewordene Vollstreckungsmaßnahmen (nebst § 850 d Abs. 3) der *aufrechterhaltene* Teil des Titels noch als »derselbe« anzusehen ist[38]. Was für die vorläufige Vollstreckbarkeit in dieser Hinsicht gilt, muß aber auch für die gänzliche oder teilweise Ersetzung rechtskräftiger Urteile durch andere gelten, soweit die Ansprüche sachlich identisch bleiben. Enthält die Formel des zweiten Urteils nicht alles, was für den neuen Umfang der Vollstreckbarkeit wesentlich ist, so wird entweder der aufrechterhaltene Teil der erstinstanzlichen Urteilsformel in die Klausel aufgenommen oder beide Entscheidungen werden ausgefertigt, verbunden und mit einer gemeinsamen Klausel versehen; denn damit wird auch nur der Inhalt der abändernden Entscheidung als Vollstreckungstitel näher festgelegt[39]. – Wegen *ausländischer* Titel → Rdnr. 9.

III. Die Klausel ist der Ausfertigung am Schluß im Original beizufügen[40], wobei mehrere Blätter notfalls nachträglich auf eine Weise zu verbinden sind, die es mindestens ausschließt, daß das den vollstreckungsfähigen Inhalt enthaltende Blatt ausgetauscht werden kann[41]. Die Klausel muß eigenhändig unterschrieben sein[42] und – schon wegen § 20 Nr. 12 RpflG – erkennen lassen, ob sie vom Urkundsbeamten oder vom Rechtspfleger erteilt ist[43]. Ort und Datum sind anzugeben, aber ihr Fehlen macht die Klausel nicht unwirksam. Bezeichnet die Klausel die Titelschrift als Ausfertigung, so ist ein zusätzlicher Ausfertigungsvermerk entbehrlich[44]. Die Klausel muß mit dem – nicht nur auf Formularen vorgedruckten[45] oder fotokopierten – Gerichtssiegel oder -stempel[46] versehen werden.

8

Zur Vollstreckung **ausländischer Titel** wird in den Fällen der §§ 722 f. das inländische Vollstreckungsurteil ausgefertigt[47]. Wegen der *Schiedssprüche* → § 1042 Rdnr. 14 ff., § 1044 Rdnr. 66 ff. Wie dort ist bei der Klauselerteilung zu verfahren, wenn in Vollstreckungsabkommen bzw. den zugehörigen deutschen Ausführungsgesetzen ohne besondere Regelung nur die entsprechende Anwendung der Vorschriften über Schiedssprüche vorgeschrieben ist[48]. Ist das nicht der Fall und verweist ein Abkommen lediglich auf das Recht des Vollstreckungsstaates, so genügt die der Titelausfertigung nach § 725 beigefügte Klausel. Ausdrücklich geregelt ist diese Frage in §§ 3, 8 AVAG[49]. Fehlen besondere Vorschriften, so muß entweder die in den Abkommen vorgesehene Übersetzung[50] mit der Ausfertigung verbunden werden[51] oder der Ausspruch in deutscher Sprache in die Klausel aufgenommen werden.

9

Stöber (Fn. 5) § 775 Rdnr. 4, und dieses daher auch der Klausel bedarf. So auch *Furtner* NJW 1961, 1053, aber ohne Rücksicht auf den Tenor (s. dagegen *LG Hannover* aaO).
[37] → § 717 Rdnr. 2.
[38] *OLG Karlsruhe* FamRZ 1988, 859; *Stöber* (Fn. 5) § 775 Rdnr. 4.
[39] *Stölzel* (Fn. 34); *Hartmann* (Fn. 32) Rdnr. 4; *Stöber* (Fn. 5) Rdnr. 4 mit Formulierungsvorschlag. Vgl. auch *OLG München* NJW 1956, 996; *RG* JW 1927, 1311. – *Wolfsteiner* (Fn. 5) Rdnr. 7 hält auch die Ausfertigung der abgeänderten Entscheidung nebst entsprechender Einschränkung in der Klausel für zulässig; zumindest sollte man die Wirksamkeit nicht verneinen.
[40] Nicht nur als Ausfertigung *LG Frankenthal* Rpfleger 1985, 40. Beifügung am Rande neben dem Tenor ist unschädlich (»Nebenstehende Ausfertigung wird ...«).
[41] Bei Verbindung nur durch Heftklammern ist die ZV abzulehnen, *AG Bremen-Blumenthal* DGVZ 1973, 59 (60).
[42] *LG Berlin* Rpfleger 1979, 111; *LG Frankenthal* (Fn. 40) zu § 727; *AG Bremen* DGVZ 1981, 61 (individueller Schriftzug mit charakteristischen Merkmalen erforderlich). – Zur Erkennbarkeit als Unterschrift s. *BGH* NJW 1976, 626 = VersR 663.

[43] Zur Wirksamkeit s. § 8 Abs. 1, 5 RpflG u. § 726 Rdnr. 22 f. → auch § 317 Rdnr. 27 (20. Aufl. Fn. 29). Dann muß aber der Unterschrift nicht noch außerdem »als UrkB./Rpfl.« hinzugefügt werden *LG Berlin* (Fn. 42). Über Urkundsbeamte in den **neuen Bundesländern** → § 724 Fn. 40.
[44] → § 724 Rdnr. 13 Fn. 94.
[45] *LG Aurich* Rpfleger 1988, 198 f. zu § 66 Abs. 4 SGB X (→ § 724 Fn. 15, 22); *Hornung* Rpfleger 1981, 86, 89.
[46] Auch er gewährleistet, daß die Unterschrift nicht von Unbefugten stammt, vgl. *BGH* NJW 1976, 626; VersR 1985, 551; § 72 Nr. 2 GVGA.
[47] → § 722 Rdnr. 23.
[48] So jeweils in den AusfG zu den Abkommen mit Schweiz, Österreich, Griechenland, Tunesien → Anh. § 723 Rdnr. 363, 381, 397, 426.
[49] → Anh. § 723 Rdnr. 303, 308.
[50] → Anh. § 723 Rdnr. 55 (Schweiz), Rdnr. 110 (Griechenland), Rdnr. 145 (Tunesien). Zum EG-Bereich → Anh. § 723 Rdnr. 303 Fn. 15.
[51] So ausdrücklich nach § 7 Abs. 2 S. 2 des AG zum deutsch-niederländischen Vollstreckungsvertrag → Anh. § 723 Rdnr. 408.

10 Lautet ein Titel auf **ausländische Währung**, so findet eine Umrechnung in DM bei der Klauselerteilung noch nicht statt[52].

11 IV. Vollstreckungsrechtlich sind **Klauseln unwirksam** in dem Sinne, daß die Vollstreckungsorgane ihre Tätigkeit zu verweigern haben, wenn Unterschrift[53], Siegel (Stempel)[54] oder die Bezeichnung der Parteien[55] fehlen[56]. Wegen weiterer Fälle → § 726 Rdnr. 23 und zu Mängeln der Ausfertigung als solcher → § 724 Rdnr. 14. Der unzulässigen Vollstreckung ohne oder auf Grund *unwirksamer* Klausel kann *auch* nach § 766 begegnet werden[57], während im Falle ihrer Wirksamkeit *nur* die → § 730 Rdnr. 4ff. erwähnten **Rechtsbehelfe** gegeben sind[58], auch wenn der für die Klauselerteilung maßgebliche Sachverhalt sich nachträglich geändert hat[59]. Wegen offensichtlich nicht vollstreckungsfähiger Titel → aber § 724 Rdnr. 2.

Zur *Berichtigung* fehlerhafter vollstreckbarer Ausfertigungen → § 317 Rdnr. 26f.

12 **Vollstreckungsakte**, die gesetzwidrig auf Grund von Titeln *ohne* Klausel oder auf Grund *unwirksamer Klauseln* vorgenommen wurden, sind anfechtbar, aber **wirksam** bis zu ihrer Aufhebung[60]. Solange eine Klausel trotz fehlerhafter Erteilung bis zu ihrer Aufhebung gemäß §§ 732, 768 als *wirksam* anzusehen ist[61], kommt wegen solcher Fehler nicht einmal eine Anfechtung des wirksamen Vollstreckungsakts nach § 766 in Betracht[62]. Wird eine Klausel, ganz gleich ob sie vollstreckungsrechtlich wirksam oder unwirksam war, auf Grund einer Entscheidung nach § 732 oder § 768 aufgehoben, so bleibt der Vollstreckungsakt noch bestehen, bis er selbst aufgehoben wird[63].

Wegen der **Heilung** von Mängeln, die nicht rechtzeitig gerügt wurden oder aus anderen Gründen nicht zur Aufhebung der Vollstreckungsmaßnahmen führten, → Rdnr. 137ff. vor § 704, § 878 Rdnr. 14ff. → auch § 750 Rdnr. 15.

§ 726 [Vollstreckbare Ausfertigung bei bedingten Leistungen]

(1) Von Urteilen, deren Vollstreckung nach ihrem Inhalt von dem durch den Gläubiger zu beweisenden Eintritt einer anderen Tatsache als einer dem Gläubiger obliegenden Sicherheitsleistung abhängt, darf eine vollstreckbare Ausfertigung nur erteilt werden, wenn der Beweis durch öffentliche oder öffentlich beglaubigte Urkunden geführt wird.

(2) Hängt die Vollstreckung von einer Zug um Zug zu bewirkenden Leistung des Gläubigers an den Schuldner ab, so ist der Beweis, daß der Schuldner befriedigt oder im Verzug der Annahme ist, nur dann erforderlich, wenn die dem Schuldner obliegende Leistung in der Abgabe einer Willenserklärung besteht.

---

[52] Näheres → Rdnr. 162 vor § 704, § 722 Rdnr. 23, dort auch zur Herbeiführung bisher fehlender Bestimmtheit im Exequaturverfahren.

[53] Zur Wirksamkeit »i.V.« unterzeichneter Ausfertigungsvermerke, falls der Name des vertretenen Urkundsbeamten maschinenschriftlich genannt ist, BGH DtZ 1993, 54f. (dort vertrat ein gemäß EinigV mit den Aufgaben eines Urkundsbeamten Betrauter).

[54] LG Aurich, Hornung (Fn. 45).

[55] → Rdnr. 2.

[56] Wegen äußerer Beschädigungen s. OLG Marienwerder OLGRsp 29 (1914) 170.

[57] → § 766 Rdnr. 13.

[58] OLG Frankfurt a.M. → § 724 Fn. 8; OLG Hamm Rpfleger 1989, 466 = DGVZ 1990, 21; FamRZ 1981, 199, 200; LG Berlin Rpfleger 1970, 293 f.; Baur/Stürner[11] § 15 V 2; Wieczorek[2] § 726 Anm. F I mwN. – A.M. BezG Leipzig DtZ 1993, 27 für Urteil, an dem ein nach § 45 Abs. 2 S. 2 DDR-RiG ausgeschlossener Vorsitzender mitwirkte: § 766. Aber dies ist zumindest kein »offensichtlicher« Mangel des Titels → Rdnr. 2.

[59] OLG Rostock OLGRsp 42 (1922) 32.

[60] OLG Hamburg WRP 1981, 221; heute h.M. Baur/Stürner[11] Rdnr. 147, 242; Jauernig[19] § 4; – A.M. OLG Posen OLGRsp 2 (1901) 34; Hellwig/Oertmann 2, 206 u. jetzt wieder für Klauseln nach §§ 726ff. Gaul FamRZ 1972, 536; Wolfsteiner (Fn. 5) § 724 Rdnr. 7 verneint materielle Wirksamkeit (PfändPfandR).

[61] → Rdnr. 11 und § 726 Rdnr. 22.

[62] → Rdnr. 11 Fn. 58, § 726 Rdnr. 24.

[63] → § 776 Rdnr. 1ff.

I. Bedingung oder Befristung, Übersicht	1
II. Anwendungsgebiet des Abs. 1	3
1. Vom Gläubiger zu beweisende Bedingungen und Befristungen	3
2. Vom Schuldner zu beweisende Bedingungen	6
3. Alternative Leistungspflichten	8
4. Bedingte Vollstreckungsbefugnis	9
5. Auflösende Bedingungen	10
6. Wertsicherungsklauseln	11
7. Ersatzraumklausel bei Räumung	12
III. Verurteilung zur Leistung Zug um Zug, Abs. 2	13
1. Art des zu vollstreckenden Anspruchs	14
2. Vorleistungspflicht des Gläubigers	16
3. Leistung nach Empfang der Gegenleistung	17
IV. Leistung gegen Aushändigung von Urkunden	18
V. Nachweisverfahren	19
VI. Verstöße, Folgen für Wirksamkeit der Klauseln	22
VII. Rechtsbehelfe	24
VIII. Arbeitsgerichtliches Verfahren (Verweisung)	25

Gesetzesgeschichte: Bis 1900 § 664 CPO. Änderung RGBl. 1898 I 256.

I. Bedingung oder Befristung[1], Übersicht

Ist der **Anspruch oder dessen Vollstreckbarkeit**[2] laut Titelinhalt vom Eintritt anderer **Tatsachen** als einer Sicherheitsleistung des Gläubigers **abhängig**[3] oder anders als kalendermäßig befristet (§ 163 BGB), so ist der Eintritt dieser sachlichen Voraussetzungen der Vollstreckung[4], falls **der Gläubiger sie zu beweisen hat**, *vor* der Erteilung der vollstreckbaren Ausfertigung zu prüfen, und zwar, wenn der erforderliche Beweis durch Urkunden geführt werden kann, durch den *Rechtspfleger*, § 20 Nr. 12 RpflG, andernfalls im Wege der Klage nach § 731. – Zur Geltung des § 726 für *ausländische Titel* → die Hinweise § 727 Rdnr. 3 a. E. 1

Ist jedoch die Vollstreckung von einer Zug um Zug zu bewirkenden Gegenleistung[5], von einer prozessualen[6] Sicherheitsleistung des Gläubigers (§ 751 Abs. 2) oder von dem Eintritt eines bestimmten Kalendertages (§ 751 Abs. 1) oder in den Fällen der §§ 750 Abs. 3, 798, 798a von einer Frist seit der Zustellung[7] abhängig, so wird aus praktischen Gründen die **Feststellung der Voraussetzungen den Vollstreckungsorganen überlassen**. Die Vollstreckungsklausel wird dann ebenso nach § 724 Abs. 2[8] **vor Eintritt der Tatsache** erteilt, ebenso bei Bedingungen oder Befristungen, für deren Eintritt den **Schuldner die Beweislast** trifft[9] (und den er nach § 767 geltend machen muß, soweit nicht der vereinfachte Weg über § 775 offen steht). 2

---

[1] Lit.: *Münch* Vollstreckbare Urkunde usw. (1989) 233 ff., 276 ff.
[2] Ebenso *MünchKommZPO-Wolfsteiner* Rdnr. 6; jedoch wird man »bedingte Wirksamkeit« eines Titels als solchen nur für Prozeßvergleiche annehmen können (→ Fn. 26, 75, § 794 Rdnr. 56, 61 f.), im übrigen aber als bedingte Vollstreckungsbefugnis bzw. Vollstreckbarkeit auffassen, vgl. auch *Münch* (Fn. 1) 278.
[3] Um echte Bedingungen (Ungewißheit) muß es sich nicht handeln.
[4] → Rdnr. 32 vor § 704.
[5] → Rdnr. 13.
[6] Anders bei Sicherheiten, die nach § 273 Abs. 3 BGB vorzuleisten sind, *RG* JW 1936, 250[6]; *Zöller/Stöber*[18] Rdnr. 1.
[7] → auch § 751 Rdnr. 3.
[8] *OLG Oldenburg* Rpfleger 1985, 448. – A. M. (»Rpfl« für die Fälle des § 751 Abs. 2) *Wieczorek*[2] Anm. D I u. *Baumbach/Hartmann*[52] Rdnr. 4 a. E. anscheinend auch für § 751 Abs. 1. Aber § 20 Nr. 12 RpflG bezieht sich nur auf Fälle, in denen § 726 Abs. 1 *anzuwenden* ist, nicht auf solche, die er gar nicht nennt.
[9] → Rdnr. 6, 10.

II. Anwendungsgebiet des Abs. 1

3 1. Unter Abs. 1 fallen zunächst die (unbedingten) Urteile über **aufschiebend bedingte Ansprüche**[10], wenn der **Beweis** der bedingenden Tatsache dem **Gläubiger** nach den allgemeinen Grundsätzen über die Beweislast[11] obliegt. Ob eine solche Bedingung vorliegt und worin sie besteht, ist durch Auslegung des Titels[12] festzustellen[13]. Der Wille des Titelurhebers (Gericht, Parteien in den Fällen §§ 794 Abs. 1, 5, 795) muß – in dem bei Auslegung üblicherweise verlangten Grad von Eindeutigkeit – darauf gerichtet sein, daß die Durchsetzung des Anspruchs, also auch die *Vollstreckung* noch von der in Abs. 1 gemeinten »Tatsache« abhängig sein soll[14]. Da es aber bei Urteilen genügt, daß der Tenor die Bedingtheit des Anspruchs klar zum Ausdruck bringt, ist auch bei gerichtlichen Vergleichen und vollstreckbaren Urkunden »im Zweifel« anzunehmen, daß die Bedingtheit des Anspruchs zugleich Bedingtheit der Vollstreckung bedeuten soll[15]. Über die Grenze zwischen Bedingtheit und Unbestimmtheit → § 794 Rdnr. 86. Zur Auslegung der Widerrufbarkeit von Vergleichen → 794 Rdnr. 61.

3a Hierzu gehören die *Vorleistung* des Gläubigers[16], die besonders bei § 794 Nr. 5 wichtige *Kündigung*[17], für Zinsansprüche der im Titel noch nicht festgestellte *Verzug* des Schuldners[18], oder die Auszahlung eines Darlehens[19], bei Verurteilung zur Auszahlung eines Darlehens auf Grund eines Vorvertrags der Zugang des Angebotes des Klägers zum Abschluß des Hauptvertrags[20], der *Eintritt der Rechtskraft*[21] einer mit dem Vollstreckungstitel nicht identischen[22] Entscheidung[23], z. B. bei *Scheidungsfolgesachen* wegen § 629 d[24] (auch wenn es sich um vollstreckbare Urkunden oder Prozeßvergleiche in Scheidungssachen nach § 630 Abs. 1 Nr. 3, Abs. 3 handelt[25]), die nur ab Rechtskraft des Scheidungsausspruchs vollstreckt werden sollen[26], die tatsächliche Gewährung von Sozialhilfe durch den Sozialhilfeträger in den Fällen

---

[10] → dazu § 259 Rdnr. 3. Aufgrund des Urteils festgesetzte Prozeßkosten fallen nicht darunter *Thomas/Putzo*[18] Rdnr. 3.

[11] → § 286 Rdnr. 25 ff. Beispiel: Beweislast trifft Schuldner, wenn er im Vergleich den Abzug von Mängelbeseitigungskosten vom Titelbetrag vorbehalten hat *AG Göppingen* DGVZ 1993, 115.

[12] Nicht anderer Urkunden, *RGZ* 72, 22 ff.; *RG* JW 1910, 658[22]. Vgl. *OLGe Celle* Rpfleger 1990, 112 (*Münzberg* aaO 253): Unklare Titelfassung (Zug um Zug nur für Leistung Nr. 1 oder auch Nr. 2?); *Köln* NJW-RR 1994, 894[58] → Fn. 81 a. E.

[13] Umstände, welche die Parteien zwar gewollt, aber in der Urkunde nicht ausgedrückt haben, bleiben **außer Betracht** *OLG Stuttgart* Justiz 1970, 249 (»Tausch« bedeutet noch nicht Zug um Zug); zu gesetzlichen Fälligkeitsvoraussetzungen *KG* ZZP 96 (1983), 368, 371 (zust. *Münzberg*) = Büro 463; s. auch *RGZ* 134, 156 ff., 162); ebenso materiell-rechtliche Erwägungen darüber, ob auch andere als die beurkundeten Bedingungen die Fälligkeit auslösen, *RGZ* 81, 302 f.; materiell erforderliche, aber im Titel **nicht** erwähnte Genehmigungen (→ dazu Fn. 31, § 794 Rdnr. 94). Wegen vereinbarter Vertragsstrafen → § 726 → § 797 Rdnr. 8. – Zu vereinbarten Abweichungen von § 726 → § 797 Rdnr. 8.

[14] *Münch* Rpfleger 1990, 250 nennt dies anschaulich »planmäßige Unvollständigkeit des Titels« u. führt richtig aus, daß ohne diese im Klauselerteilungsverfahren nicht »planwidrige Lücken« ausgemerzt werden dürfen.

[15] *Wolfsteiner* (Fn. 2) § 794 Rdnr. 200. Näheres → § 794 Rdnr. 86, 89, 91, 94, § 797 Rdnr. 8; dazu *Münzberg* ZZP 104 (1991), 227 ff. zu Fn. 3, 9, 27, insoweit gegen *Münch* (Fn. 1) 235 ff.

[16] Näheres → Rdnr. 16 f.

[17] → Rdnr. 20. Nur formgerechte Erklärung an den Empfänger (Nachweis des Zugangs), nicht die Berechtigung dazu ist für § 726 Abs. 1 erheblich, *OLG Stuttgart* NJW-RR 1986, 549.

[18] *Jansen* FGG[2] III § 52 BeurkG Rdnr. 5. → aber auch Rdnr. 6 Fn. 44 f.

[19] In Parteititeln wird aber oft auf Nachweis verzichtet, z. B. *BGH* NJW 1981, 2757[12]. – A. M. *OLG Stuttgart* BWNotZ 1974, 38, das § 726 Abs. 1 wohl übersieht, → § 794 Rdnr. 86.

[20] *BGH* NJW 1975, 444[3]. Das ist nicht echte »Vorleistung«, wird aber wie diese behandelt, → Rdnr. 16.

[21] Bei dem es sich schon wegen § 269 nie um bloße Befristung sondern stets um echte Bedingung handelt, *LAG Hamburg* NJW 1983, 1344; *OLG München* Rpfleger 1984, 106; → aber auch Rdnr. 10.

[22] → § 724 Rdnr. 9. Im Falle § 10 (ab 1999: § 14) AnfG jedoch das Duldungsurteil selbst *Baumann/Brehm*[2] § 11 III 2 c.

[23] *RGZ* 81, 300; *LAG Hamburg, OLG München* (beide Fn. 21).

[24] → dort Rdnr. 1 f. ... → auch § 708 Rdnr. 13 a. E.

[25] → dort Rdnr. 4 ff., 8.

[26] *OLG München* (Fn. 21) mwN; *Stöber* (Fn. 6) Rdnr. 2; *Wolfsteiner* (Fn. 2) Rdnr. 6; *Wieczorek*[2] Anm. B I a 2. Erteilung nach § 724 Abs. 2 scheidet aus. Die Begründung der Gegenmeinung, z. B. *OLG Braunschweig* Rpfleger 1972, 421 = FamRZ 646 u. *AG Berlin-Wedding* DGVZ 1974, 24 (s. auch *OLG Bamberg* JurBüro 1975, 517[164]), nicht die ZV, sondern die Wirksamkeit des Vergleichs sei bedingt, versagt (→ Rdnr. 12) ebenso wie jene von *Hornung* Rpfleger 1973, 78, den Gläubiger treffe nicht die Beweislast; treffend gegen beide Begründungen *J. Blomeyer* Rpfleger 1972, 388 u. 1973, 80 f. Aber auch für die von ihm befürwortete Analogie zu § 724 fehlt es sowohl an einer Gesetzeslücke als auch am Bedürfnis

des § 90 sowie des § 91 Abs. 3 S. 2 BSHG)[27]; ebenso *Wiederauflebensklauseln*, die eine erlassene Schuld unter aufschiebender Bedingung wiederentstehen lassen[28] oder nachträglich gewährte[29] Stundungen bei Verzug mit anderen, fälligen Leistungen rückgängig machen.

Bei einem im *Vergleichsverfahren* zustandegekommenen Vergleich hat der Gläubiger allerdings nur die in § 9 Abs. 1 VerglO vorgesehene Mahnung und den Ablauf der dortigen Nachfrist glaubhaft zu machen (§ 294), § 85 Abs. 3 VerglO[30]; ab 1999 ebenso beim *Insolvenzplan*, §§ 255, 257 Abs. 3 InsO.

Zu Abs. 1 gehört auch die im Titel angeordnete Abhängigkeit des Anspruchs oder seiner 4 Vollstreckung von einer *Genehmigung*[31]. Das Fehlen im Titel *nicht* erwähnter Genehmigungen[32] muß bei rechtskraftfähigen Entscheidungen durch Rechtsmittel bzw. Nichtigkeitsklage[33], bei sonstigen Titeln nach §§ 767, 795, 797 Abs. 4, 5 geltend gemacht werden[34].

Als unter Abs. 1 fallende **nicht kalendermäßige Fristen**[35] sind zu nennen: die Leistung zu 5 einer bestimmten Zeit nach der Rechtskraft (was zugleich Bedingung und Befristung bedeutet[36]) oder nach dem Eintritt einer nicht vom Schuldner zu beweisenden Tatsache, z.B. nach einer vom Gläubiger oder von Dritten zu erbringenden Leistung[37], ferner Fristen, deren Lauf mit der *Zustellung* eines anderen Schriftstückes als des Vollstreckungstitels beginnt[38]. – In den → § 750 Rdnr. 5 f. genannten Fällen darf jedoch die Klausel nach § 724 Abs. 2 **vor** Ablauf der **Wartefristen** erteilt werden wie bei § 751 Abs. 1[39].

2. Ist der Anspruch bzw. seine Fälligkeit **abhängig von der Nichterfüllung** eines anderen 6 Anspruchs oder Anspruchteiles des Gläubigers gegen den Schuldner oder auch gegen Dritte[40], so trifft im Zweifel (insbesondere wenn laut Titel »spätestens bis...« zu leisten ist, also Stundung ausscheidet), den **Schuldner die Beweislast** für rechtzeitige Erfüllung[41], so daß Abs. 1 nicht zutrifft[42]. Das ist der Fall bei *Zinsen*, die bis zur Erfüllung der Hauptschuld anfallen[43], bei *Verzugszinsen* allerdings nur, wenn die Fälligkeit i.S.d. § 284 Abs. 2 BGB

---

einer von § 726 Abs. 1 u. § 20 Nr. 12 RpflG abweichenden Regelung: Auch der Rpfl kann in den gleichen Fällen wie der Urkundsbeamte (arg. § 8 Abs. 5 RpflG) in der Klausel die amtlich festgestellte Rechtskraft bestätigen, womit sich in vielen Fällen das Rechtskraftzeugnis u. dessen Zustellung erübrigt, stattdessen aber die Offenkundigkeit zu vermerken ist → Rdnr. 21; soweit das nicht möglich ist, müßte, wie *J. Blomeyer* einräumt, ohnehin bezüglich der Beweisurkunden u. ihrer Zustellung ein »Zugeständnis in Richtung auf §§ 726, 750 Abs. 2« gemacht werden, insbesondere was das Scheidungsurteil betrifft (→ dazu § 750 Fn. 189).
[27] *BGH* FamRZ 1992, 797; *Künkel* FamRZ 1994, 548. Zur Form der Nachweise → Rdnr. 37a Fn. 209. Im Bereich des **§ 90 BSHG** (nicht mehr des § 91 BSHG, *Künkel* aaO 544, 548) darf die Sozialhilfeleistung nicht länger als 2 Monate unterbrochen worden sein (§ 90 Abs. 2 BSHG) *OLG Düsseldorf* FamRZ 1979, 1010f. (§ 259); DAVorm 1982, 283 (§ 259); *SchlHOLG* SchlHA 1984, 57 = DA-Vorm 712.
[28] *OLGe Düsseldorf* u. *Karlsruhe* JW 1931, 2167 u. 2168; *KG* OLGZ 1967, 431 = MDR 848; *Kilger* VglO[11] § 9 Anm. 6 u. § 85 Anm. 5 (ab 1999 §§ 255, 257 Abs. 3 InsO).
[29] Wegen des Aufschubs der Fälligkeit von vornherein unter der Voraussetzung pünktlicher Raten- oder Zinszahlung → Rdnr. 6.
[30] Für die Rechtsbehelfe gelten auch hier die §§ 731 f., 768 ZPO, nicht § 121 VerglO; *OLG Hamburg* MDR 1958, 853; *Kilger* VglO[11] § 85 Anm. 5.
[31] Vgl. *BGHZ* 28, 153 = NJW 1958, 1970 = MDR 913 (Abbruchgenehmigung), u. *BGH* NJW 1978, 1263[11] a.E.; *OLG Nürnberg* MDR 1960, 318 = Rpfleger 130 (Bull); →

aber auch Fn. 13, 34. Zu § 32 AWG (Devisenrecht) → Rdnr. 58 vor § 704.
[32] → Fn. 13.
[33] → § 54 Rdnr. 2, § 56 Rdnr. 2.
[34] Wegen vollstreckbarer Urkunden → § 794 Rdnr. 82, 91 ff., 94, § 797 Rdnr. 8 ff., 20 ff., wegen gerichtliche Vergleiche → § 54 Rdnr. 3, § 794 Rdnr. 34 ff. u. Rdnr. 54 f.
[35] → Rdnr. 1.
[36] → Fn. 21, auch § 708 Rdnr. 12.
[37] → auch Rdnr. 16.
[38] → § 751 Rdnr. 2 f.
[39] → dort Rdnr. 3.
[40] *OLG Bamberg* Büro 1975, 515: Abgeltung von Unterhalt durch an Gläubiger abgetretene Forderung, solange Drittschuldner leistet; *AG Friedberg* DGVZ 1991, 47 (Auskunft).
[41] *BGH* NJW 1969, 875; auch wenn andere als Geldschulden zu erfüllen sind, *OLG Hamburg* MDR 1972, 1040 (nach Stunden bemessene Arbeit); *Brehm* KTS 1983, 21, 34; übersehen von *AG Rottweil* DGVZ 1992, 63. Zum Nachweis rechtzeitiger Erfüllung → Rdnr. 7.
[42] → Rdnr. 2.
[43] *BayObLG* DNotZ 1976, 367; es kehrt jedoch unrichtig die Beweislast um und wendet § 726 Abs. 1 an, falls der Gläubiger die Klausel ausschließlich für die Zinsen beantragt, nachdem er nur die Hauptschuld (anscheinend nach § 367 BGB zu widersprechen) als Erfüllung angenommen und dies auch wohl bei Antragstellung offenbart hat (ebenso *Thomas/Putzo*[18] Rdnr. 3; *Hartmann* [Fn. 8] Rdnr. 6 zu e). Aber die Zinsberechnung wird dadurch nicht unbestimmter als vorher auch; entweder darf die Klausel für Zinsen von vornherein nur nach

feststeht oder auf ihren Nachweis eindeutig verzichtet wird[44], ebenso bei Ansprüchen auf Herausgabe der Mietsache für den Fall des Mietzinsverzugs[45], ferner bei **Verfallklauseln**[46] (Fälligkeit des Überrestes oder des Kapitals bei nicht pünktlicher Zahlung der Raten oder Zinsen, oder bei sonst vertragswidrigem Verhalten). Im Zweifel ist es – insbesondere bei Prozeßvergleichen – nicht der Sinn der Klausel, daß etwa bis zur Nichtzahlung gestundet wird[47]; vielmehr wird dem Schuldner die Befugnis gewährt, die Vollstreckung des Überrestes oder des Kapitals durch pünktliche Leistung bis zum folgenden Termin abzuwenden[48]. Bei Darlehenshingabe unter vereinbarter Verfallklausel greift dieser Gesichtspunkt allerdings nicht durch; zum gleichen Ergebnis führt hier aber die Erwägung, daß die Abrede im Zweifel dem Zweck dient, den Gläubiger von jedem Risiko der Verzögerung freizustellen, das sich aus Differenzen über die dem Schuldner obliegenden Pflichen ergeben könnte[49]. Ferner können »Vertragsstrafen« u.ä. so auszulegen sein, wenn sie deutlich genug auf das Erfordernis des Verzugs bzw. Verschuldens (§ 339 S. 1 BGB) verzichten[50]. Gelangt die Sache wegen Zweifeln über die Beweislast nach § 5 Abs. 1 Nr. 2 RpflG zum Richter, so verfährt er nach § 5 Abs. 2 RpflG.

7   Die Vollstreckungsklausel ist daher in den Fällen Rdnr. 6, soweit die Fassung der Verfallklausel nicht eindeutig das Gegenteil besagt, ohne weiteres nach § 724 Abs. 2 zu erteilen. Dem Schuldner bleibt es überlassen, die behauptete Erfüllung oder sonstige den Verzug ausschließende Umstände geltend zu machen, und zwar bei Erfüllung nach § 775 Nr. 4 oder 5 und, falls diese Beweismittel fehlen, nicht ausreichen oder andere Einwendungen (etwa analoge Anwendung des § 343 BGB) erhoben werden, nach §§ 767, 769, 795, 797[51]. Dasselbe gilt bei der Verurteilung nach § 510 b[52]. – Bei *Unterlassungsurteilen* gilt Abs. 1 nicht für die Zuwiderhandlung, weil diese ohnehin vor der Verurteilung nach § 890 geprüft wird[53]. Zu Vertragsstrafen → § 794 Rdnr. 34.

8   3. Ist zu einer Leistung und für den Fall, daß sie nicht fristgemäß erfolgt oder nicht beizutreiben ist, **eventuell zu einer zweiten Leistung verurteilt**, so kann die Klausel für das *ganze* Urteil erteilt werden; denn § 726 bezieht sich nicht auf Tatsachen, die sich erst bei der Vollstreckung selbst vollziehen[54]; wegen § 510 b → Rdnr. 7 a. E. § 726 Abs. 1 gilt aber, wenn die Eventualisierung von der Ausübung des Wahlrechts eines Dritten abhängt[55] oder die Prinzipalleistung nach § 888 Abs. 2 nicht erzwungen werden kann[56]. Bei sonstigen **alternativen Leistungen** (Wahlschuld) ist die Klausel ohne Nachweis zu erteilen[57], arg. § 264 BGB,

---

Abs. 1 erteilt werden, weil auf Verzugsnachweis nicht verzichtet wurde, → den Text zu Fn. 44, oder die Beweislast für den Tilgungszeitpunkt zwecks Zinsberechnung trifft von Anfang an den Schuldner u. es gilt § 724 Abs. 2, dann aber unabhängig davon, ob der Gläubiger vor oder nach Eintritt der vom Schuldner zu beweisenden Tatsache die Klausel ganz oder teilweise beantragt.
Wegen der Bedingungen für den Zins*beginn* → Fn. 18 f.
[44] § 285 BGB, → § 797 Rdnr. 8; *OLG Düsseldorf* DNotZ 1977, 413; vgl. auch *BGH* WM 1971, 165 = DB 381 (Strafzinsen).
[45] *LG Mannheim* Rpfleger 1982, 72 f. (aber ungenau a. E. »§ 766« statt § 767 bzw. § 775 Nr. 4, 5).
[46] *BGH* DB 1964, 1850 = WM 1215 = DNotZ 1965, 544; *RGZ* 134, 160; *BayObLG* (Fn. 43); jetzt allg.M.; übersehen von *AG Heiligenhafen* u. *LG Lübeck* DGVZ 1978, 188 f. Zur Klage des Schuldners → § 767 Rdnr. 44 Fn. 338 a. E.
[47] Anders bei Wiederauflebensklauseln → Rdnr. 3 a bei Fn. 28.
[48] → auch Fn. 72.
[49] → auch § 797 Rdnr. 8 ff.

[50] *OLG Hamburg* MDR 1972, 1040 (7 DM für jede nicht geleistete Arbeitsstunde, → auch Fn. 54, 56); *OLG Frankfurt* Rpfleger 1975, 326 (für Fristversäumnis »gleich aus welchen Gründen«). – Im übrigen → § 794 Rdnr. 34.
[51] *BGH* (Fn. 46); *OLG Bamberg* (Fn. 40). – A.M. (§§ 732, 768) obiter *BayObLG* (Fn. 43); für Anwendung des § 766 *LG Mannheim* Rpfleger 1982, 72 f. (abl. *Trexler-Walde*).
[52] → dort Rdnr. 19. Vgl. auch die verwandten Fälle → Rdnr. 8.
[53] → dort Rdnr. 18 ff.
[54] Vgl. *KG* OLGRsp 18 (1909), 394 f.; *Levy* Gruch. 36 (1892), 39; *OLG Köln* JMBlNRW 1950, 38 = MDR 432; *KG* (Fn. 28). – Für Eventualleistungen, die außerdem noch aufschiebend bedingt sind, gilt freilich wieder § 726 Abs. 1, *OLG Düsseldorf* DNotZ 1956, 323.
[55] *Levy* Gruch. 36 (1892), 36 f., 53. Wegen der Abhängigkeit von der *Leistung* eines Dritten → aber Fn. 40.
[56] Vgl. *RG* JW 1900, 155. – → aber *OLG Hamburg* (Fn. 50).
[57] S. auch *RGZ* 27, 383 u. → Fn. 56.

außer wenn ein nach dem Urteil eingetretener Verlust des Wahlrechts geltend gemacht wird[58].

4. Unter Abs. 1 fallen auch Urteile, bei denen der Anspruch unbedingt, aber die **Befugnis zur Vollstreckung aufschiebend bedingt** ist[59], wie bei der Verurteilung des Gemeinschuldners *während* des Konkurses, falls wegen § 14 KO (§ 89 InsO) der Aufschub der Vollstreckungsbefugnis bis zum Konkursende auf Antrag des Beklagten schon *im Urteil* angeordnet ist[60]; bei der ähnlichen Verurteilung des Drittschuldners auf Klage des Schuldners nach der Pfändung, wenn man sie für zulässig hält[61]; wenn bei einer zweiten Verurteilung trotz Vorhandensein eines Vollstreckungstitels[62] die Vollstreckung von der Rückgabe der früheren Ausfertigung abhängig ist[63]; wenn die Vollstreckung nach § 767 für unzulässig erklärt wird bis zum Eintritt eines *bestimmten* Ereignisses[64]; ferner im Falle des § 10 aF = § 14 nF AnfG[65]. – Jedoch ist der Nachweis der Zahlung von Gerichtskosten, falls die Vollstreckung eines *Kostenfestsetzungsbeschlusses* unnötigerweise davon abhängig gemacht ist[66], gegenüber dem Vollstreckungsorgan zu führen, weil dieser Fall sachlich der Sicherheitsleistung gleichzusetzen ist.

5. Für auflösende Bedingungen, z.B. den Tod bei Unterhaltstiteln auf Lebenszeit[67], die Rechtskraft einer Entscheidung als Grund für das Erlöschen eines Anspruchs[68] oder den Übergang des Sorgerechts auf den anderen Elternteil nach Erlangung eines Titels gemäß § 1629 Abs. 3 BGB[69], gilt Abs. 1 mangels Beweislast des Gläubigers **nicht**; ihr Eintritt ist, gleich ob sie in den Titel aufgenommen sind oder nicht, nach **§ 767** geltend zu machen[70], auch wenn sie sich auf die Vollstreckungsbefugnis[71] beziehen, z.B. bei Abwendung der Vollstreckung durch Stellung eines Ersatzmieters[72]. Zu Wiederauflebensklauseln → aber Rdnr. 3a Fn. 28.

6. Bei (echten) *Wertsicherungsklauseln* handelt es sich nicht um Fälle des § 726, außer wenn der Vorbehalt der Genehmigung nach § 3 WährG im Titel aufgenommen ist[73].

7. Ein gerichtlicher **Vergleich**, in dem sich der Mieter zur **Räumung** bei Stellung ausreichenden oder **angemessenen Ersatzraumes** verpflichtet[74], ist aufschiebend bedingt und damit auch seine Vollstreckbarkeit[75]. § 726 Abs. 1 scheidet aber aus, wenn dem *Schuldner die Beweislast* dafür obliegen soll[76], daß er noch keine Ersatzwohnung habe. Gerichten kann die

---

[58] RGZ 8, 153; 12, 186.
[59] Vgl. auch *BGHZ* 28, 153 (159) = NJW 1958, 1970⁶ a.E.
[60] Diese Einschränkung ist jedoch unnötig, weil schon von Amts wegen, notfalls nach § 766 zu beachten *BGHZ* 25, 400 = NJW 1958, 23; *RGZ* 29, 75f. hielt sie nur auf ausdrücklichen Antrag des Beklagten für angebracht. Fehlt sie im Urteil, so ist allerdings die Klausel weiteres zu erteilen, → auch § 724 Rdnr. 10 Fn. 79. – Zur entspr. Anw. des § 726 im Falle des § 164 Abs. 2 KO (§ 201 Abs. 2 InsO) s. *Jaeger/Lent* KO⁸ § 164 Rdnr. 8; *Uhlenbruck* DGVZ 1986, 1ff.; *OLG Braunschweig* Rpfleger 1978, 220f. mwN = MDR 853.
[61] → § 829 Rdnr. 97f.
[62] → § 794 Rdnr. 102.
[63] Vgl. *Stein* Voraussetzungen des Rechtsschutzes (1903) 99. Auch diese Einschränkung muß aber aus dem Titel hervorgehen → Fn. 12.
[64] → § 767 Rdnr. 14 Fn. 108 (neue Klausel nach § 726 erforderlich).
[65] *Kilger* AnfG⁷ § 10 Anm. 8 mwN.
[66] → § 104 Rdnr. 11.

[67] → § 258 Rdnr. 2. S. aber § 91 BSHG (noch zu Lebzeiten gewährte Sozialhilfe).
[68] In einigen dieser Fälle hilft schon § 775 Nr. 1 (→ dort Rdnr. 8, § 795 Rdnr. 11) oder § 620f.
[69] → § 724 Fn. 51.
[70] → § 767 Rdnr. 17; *OLG Marienwerder* OLGRsp 26 (1913), 375. Dazu gehört z.B. auch der Fall des § 91 Abs. 1 S. 2 BSHG, vgl. Künkel (Fn. 27) 545.
[71] → Rdnr. 9.
[72] Vgl. *LG Köln* MDR 1959, 394.
[73] → Rdnr. 152f. vor § 704.
[74] Die Bedeutung solcher Klauseln hat abgenommen, da die Ersatzraumfrage nach § 556a BGB schon im Erkenntnisverfahren u. danach in § 794a berücksichtigt wird, → dort Rdnr. 3 mit § 721 Rdnr. 10.
[75] *OLG Hamm* DGVZ 1965, 25 = Rpfleger 238; *BayObLGZ* 1964, 311; *LG Darmstadt* u. *OLG Frankfurt* DGVZ 1982, 29f.; weitere Nachweise (auch zur Möglichkeit nachträglicher Beseitigung der Ersatzraumklausel) → 19. Aufl. Fn. 20.
[76] Entgegen *LG Ellwangen* NJW 1964, 671 ist das nicht die Regel (nur wenn ausschließlich der Schuldner

Entscheidung über die Angemessenheit durch Parteivereinbarung nicht übertragen werden[77], wohl aber einem Privatmann, u. U. auch einer Behörde[78] als Schiedsgutachter[79]. Sind solche Schiedsgutachterklauseln unwirksam, so ist die Angemessenheit des Wohnraums nur nach § 731 zu prüfen[80]. Zum Nachweis des Angebotes ausreichenden Ersatzraumes → Rdnr. 19, besonders Fn. 125.

III. Verurteilung zur Leistung Zug um Zug[81]

13   1. Wann das Gericht so erkennen darf oder muß, ist eine Frage des bürgerlichen Rechts[82]. Das Prozeßrecht setzt diese Form nur als zulässig voraus[83]. Art und Umfang der Gegenleistung müssen so **bestimmt** sein, daß diese Gegenstand einer Leistungsklage sein könnte[84], was schon im Erkenntnisverfahren von Amts wegen zu beachten ist[85], dürfen also nicht abhängig gemacht werden von einem künftigen Schiedsgutachten oder vertraglich vereinbarten Taxwertverfahren[86] oder anderen Bedingungen; denn Abs. 1 gilt nur für die Bedingtheit der zu vollstreckenden Leistung, nicht der Gegenleistung[87]. Einer trotzdem erteilten Klausel ist nach § 732 zu begegnen, → aber auch § 756 Rdnr. 8 a. E. – Es gehören hierher außer vertraglichen Festsetzungen[88] besonders die §§ 274, 322, 348, 467, 493, 634, 1217 Abs. 2 BGB. – Zur Vollstreckung → §§ 756, 765.

14   Würde hier nach der Regel des Abs. 1 vom Gläubiger vor der Klauselerteilung der Nachweis seiner Leistung oder des Annahmeverzugs verlangt, so wäre er praktisch zur Vorleistung gezwungen. Deshalb ist nach **Abs. 2** auf diese Fälle der Abs. 1 nicht anzuwenden. Der Gläubiger (nicht der Schuldner[89]) hat also einen für § 2 AnfG geeigneten Titel[90] und **erhält die**

---

sich um Ersatzraum zu bemühen hat, u. auch dann ist die Aufbürdung des negativen Beweises fragwürdig.
[77] *OLG Bamberg* NJW 1950, 917; *BayObLGZ* 1964, 310; *OLG Karlsruhe* MDR 1955, 47. – Anders, wenn ein Richter als Privatperson gemeint ist, vgl. einerseits *AG Bonn* ZZP 71 (1958) 319, andererseits *LG Bonn* ZMR 1957, 58.
[78] Zur Abgrenzung der Zulässigkeit grundsätzlich *BGH* NJW 1955, 665 u. zur obigen Frage verneinend *Potrykus* NJW 1950, 898; bejahend *Eilles* MDR 1950, 266 u. *OLG Hamm* JMBlNRW 1964, 160 (dann kein Verwaltungsakt, *OVG Lüneburg* NJW 1950, 924). S. auch *Habscheid* MDR 1954, 392.
[79] *Potrykus* (Fn. 78). Über zweckmäßigere Formulierungen des Vergleichs s. *Bull* NJW 1951, 302; s. auch *Weber* DRiZ 1952, 132 (Weg des § 731).
[80] *Potrykus* (Fn. 78), h. M.
[81] Vgl. *Reuter* Verurteilung Zug um Zug (1909); *Blunck* NJW 1967, 1598; *Oesterle* JZ 1979, 634ff.; *Schilken* AcP 181 (1981), 355ff.; *BGHZ* 73, 144 = NJW 1979, 651 (zu 4b). Sind lediglich Leistung u. Gegenleistung tituliert ohne zeitliche Verknüpfung, so sind sie unabhängig voneinander vollstreckbar *LG Hamburg* DGVZ 1992, 41 mwN. Muß die Gegenleistung des Gläubigers bis zu einem bestimmten Zeitpunkt erbracht sein (also nicht wie § 756 erst bei der ZV angeboten werden), so kann je nach Auslegung des Titels sogar Abs. 1 anwendbar sein, z. B. *OLG Köln* (Fn. 12).
[82] → auch Rdnr. 18.
[83] Es ist daher für § 726 ohne Bedeutung, ob der Vorbehalt vom Kläger beantragt oder auf Einrede (→ § 308 Rdnr. 5) eingefügt ist. → auch § 767 Rdnr. 17; § 814 Rdnr. 14.
[84] *BGH* Rpfleger 1993, 206 = NJW 325; *OLGe Frankfurt* Büro 1979, 1389; *Hamm* NJW-RR 1988, 1269 (Jagdtrophäen); *Nürnberg* NJW 1989, 987; *LGe Bonn* NJW 1963, 56; *Hannover* DGVZ 1978, 61; *Mainz* Rpfleger 1993, 253; *Blunck* NJW 1967, 1598; *Schilken* (Fn. 81) 360 mwN. Jedoch schadet ungenaue Bestimmung nicht mehr, wenn ein anderes Urteil erweist, daß der Schuldner restlos befriedigt ist; *KG* OLGZ 1974, 310 = WPM 1145; *LG Mainz* aaO (§ 256, nicht § 731). Ist die genaue Bestimmung der Gegenleistung im Erkenntnisverfahren möglich, so muß das auch dort geschehen, *BGHZ* 45, 287 = NJW 1966, 1755 = MDR 836, wo »Auslagen, Gebühren u. Grunderwerbsteuer, die mit einem notariellen Vertrag u. seiner Durchführung verbunden waren«, als ungenügend für die ZV angesehen wurden (was hinsichtlich der Auslagen sicher zutrifft, im übrigen aber mit dem Urteil von 1972 → Fn. 86 kaum vereinbar war). Zur Unbestimmtheit eines Vollstreckungstitels s. auch *OLG Celle* Rpfleger 1990, 253 *(Münzberg)*.
[85] *BGH* NJW 1993, 325 (Fn. 84) mwN; *OLG Nürnberg* NJW 1989, 987. Zur Bestimmung der Gegenleistung in Bezug genommene Urkunden müssen daher »Anlagen« sein *LG Berlin* DGVZ 1994, 8, ebenso wie bei tituliertem Anspruch → Rdnr. 26 Fn. 119 vor § 704.
[86] *BGH* (Fn. 85); NJW 1994, 587, anders noch *BGH* Rpfleger 1972, 397f.[318] (Löschungsbewilligung Zug um Zug gegen durch Sachverständigen noch festzusetzende Zahlung).
[87] Nur der Anspruch des Gläubigers darf also von beliebigen Umständen abhängig gemacht werden; freilich gilt dann Abs. 1. Bei Widerklage auf Erbringung der Gegenleistung ist aber auch diese »zu vollstreckende« Leistung, → Fn. 109, auch § 894 Rdnr. 31.
[88] Zur Auslegung → Fn. 13.
[89] → Rdnr. 35 vor § 704 Fn. 191.
[90] *RG* SeuffArch 65 (1910), 402. Vgl. auch *BGH* MDR 1967, 35 = JR 103 (»unbeschränkt vollstreckbarer Titel«).

Klausel ohne weiteres nach § 724 Abs. 2. Den Beweis der Leistung oder des Annahmeverzuges hat er erst bei Beginn der Vollstreckung selbst zu führen, §§ 756, 765. Er kann deshalb schon im Prozeß selbst nach § 256 die Feststellung des Annahmeverzuges beantragen[91].

Ist jedoch die Verurteilung des Schuldners nach § 894 zu einer **Willenserklärung**[92] von einer Gegenleistung des Gläubigers abhängig gemacht, **Abs. 2**, so gelten **§ 726 Abs. 1** und §§ 730f.[93]; der Rechtspfleger erteilt die Klausel. Über Gründe und Wirkungen → § 894 Rdnr. 28 ff. Soll nur die Gegenleistung eine Willenserklärung sein, so bleibt es bei der Anwendung des Abs. 2[94].   15

2. Wenn der **Gläubiger vorzuleisten hat**[95] und der Schuldner zur Zeit seiner Verurteilung **noch nicht im Annahmeverzug ist**[96], gilt ebenfalls **Abs. 1**[97]. Der Schuldner kann zwar unter den Voraussetzungen des § 259 verklagt werden[98]; aber die Klausel wird erst erteilt, wenn die Vorleistung nach § 726 Abs. 1 oder § 731[99] nachgewiesen ist. Nachträglicher Annahmeverzug genügt dann nicht[100]; er berechtigt nur zur Klage gemäß § 322 Abs. 2 BGB[101]. Das gilt auch für Vergleiche und vollstreckbare Urkunden solchen Inhalts[102].   16

3. Die Verurteilung des *bereits laut Urteil im Annahmeverzug befindlichen Schuldners* zur **Leistung nach Empfang der Gegenleistung** (§ 322 Abs. 2 BGB)[103] läßt zwar auch die Vorleistungspflicht des Gläubigers vorerst bestehen[104], so daß sie zunächst nur als ein in § 322 Abs. 2 BGB geregelter Sonderfall zu § 259 ZPO[105] erscheint. Dieser Unterschied zur Verurteilung Zug um Zug wird jedoch prozessual überspielt durch § 322 Abs. 3 mit § 274 Abs. 2 BGB, um dem Gläubiger die umständliche und nicht immer mögliche Hinterlegung nach §§ 372 S. 1, 378, 383 BGB zu ersparen. Das führt zur *Klauselerteilung nach § 724 Abs. 2*[106] und Anwendung der §§ 756, 765, wobei jedoch der in den Urteilsgründen festgestellte Annahmeverzug als Nachweis ausreicht[107]. Diese vollstreckungsrechtliche Gleichstellung mit   17

---

[91] *Schibel* NJW 1984, 1945; *RG* JW 1909, 463[23]; *KG* OLGZ 1972, 481f. = NJW 2052 = Rpfleger 322; Begr. 148 zur Nov 1898 = *Hahn/Mugdan* 137, die mit Recht diesen Nachweis für »fortdauernden« Annahmeverzug »in der Regel« genügen läßt, also von einer tatsächlichen, wenn auch widerlegbaren Vermutung der Fortdauer des Annahmeverzugs ausgeht. Zu dessen Wegfall → aber § 756 Rdnr. 10c. – Stattdessen für unbeschränkte Verurteilung *Christmann* DGVZ 1990, 2.

[92] Sie fehlt, wenn ein Geldschuldner nur bei der Gegenleistung des Gläubigers (Auflassung) mitzuwirken hat OLG *München* OLGRsp 33 (1916), 91.

[93] Z.B. OLG *Hamm* MDR 1987, 682 = Büro 1255; *BayObLG* Rpfleger 1983, 480 = DNotZ 1985, 47; *BFH* FamRZ 1989, 738. – Ergibt sich die Erklärungspflicht aus einem *Prozeßvergleich*, so ist Abs. 2 anwendbar, da § 894 ausscheidet OLG *Frankfurt* Rpfleger 1980, 292; LG *Koblenz* DGVZ 1986, 44.

[94] Ist die ZV des titulierten Anspruchs durch GV zulässig (§§ 808, 883, 885), so kann Vorleistung des Gläubigers vermieden werden → § 756 Rdnr. 4; bei ZV gemäß § 887f. wird wohl nur der Weg → § 756 Rdnr. 7a helfen, da andere öffentliche Urkunden über die Vergeblichkeit eines Erklärungsangebots kaum zu erlangen sind.

[95] Zum Wegfall der Vorleistungspflicht s. *BGH* NJW 1983, 2437 = JR 1984, 103 (*Haase*).

[96] → Rdnr. 17.

[97] So für Prozeßvergleich OLG *Oldenburg* Rpfleger 1985, 448; a.M. *Baumbach/Hartmann*[52] Rdnr. 9 (Abs. 2 auch ohne Bejahung des Annahmeverzugs im Urteil; aber dann ist § 322 Abs. 2 BGB überhaupt nicht anwendbar). – Wie hier *Wolfsteiner* Die vollstreckbare Urkunde (1978) Rdnr. 28.5.

[98] → dort Rdnr. 1ff.; a.M. *Schilken* AcP 181 (1981) 382 Fn. 133 mwN. Jedenfalls ist ein solches Urteil wirksam.

[99] OLG *Oldenburg* (Fn. 97).

[100] Zust. *MünchKommZPO-Arnold* § 756 Rdnr. 7 Fn. 6; a.M. *Hartmann* (Fn. 97); OLG *Karlsruhe* MDR 1975, 938 hatte jedoch den Annahmeverzug im Urteil festgestellt.

[101] → dazu Rdnr. 17.

[102] Vgl. OLG *Oldenburg* (Fn. 97); *RG* Gruch. 49 (1905) 1056f., das jedoch dem gemäß § 731 klagenden Gläubiger wegen Annahmeverzugs des Schuldners entsprechend § 322 Abs. 2, 3 BGB ohne Vorleistung erteilte. S. auch AG *Schleswig* → Fn. 149. – A.M. OLG *Hamm* Rpfleger 1983, 393 (ohne Begründung).

[103] Dazu *Hüffer* Leistungsstörungen beim Gläubigerhandeln (1976), 27 f., 212 ff.; *Schilken* (Fn. 98) 381 ff.

[104] A.M. *Gabius* NJW 1971, 867 ff.

[105] H.M. – S. *Hüffer* (Fn. 103) 27 Fn. 120; *Rosenberg/Gaul*[10] § 16 V 1b dd.

[106] → Rdnr. 2; insoweit jetzt ganz h.M. *Gaul* (Fn. 105) mwN; *Schilken* (Fn. 98) 381; *Stöber* (Fn. 6) Rdnr. 8a mwN; *Wolfsteiner* (Fn. 2) Rdnr. 24.

[107] Wobei Tatbestand u. Gründe schlüssig den Annahmeverzug ergeben müssen OLG *Köln* Büro 1989, 874 (Bindung der ZV-Organe nur aufgrund Feststellung im Tenor). **Fortbestand** des Annahmeverzugs als Voraussetzung der ZV gehen aus Mot. zum BGB II, 203 u. Begr. Nov 1898 (Fn. 91) eindeutig aus (»wenn und solange«, »fortdauernd«). Diese Ansicht fand in den Beratungen keinen Widerspruch u. ist mit dem Wortlaut des § 274 Abs. 2 BGB vereinbar (»wenn der Schuldner im Annahmeverzug *ist*«). Wie hier die h.M. *Gaul* (Fn. 105) mwN auch zur

der Verurteilung Zug um Zug ist jedoch vom Gesetzgeber nur in der Annahme vollzogen worden, daß der Schuldner einen (nach der letzten mündlichen Verhandlung eingetretenen) *Wegfall seines Annahmeverzugs* noch rechtzeitig geltend machen könne, was nach § 766 zu geschehen hat[108].

IV. Leistung gegen Aushändigung von Urkunden

18   Hat der Schuldner nur Zug um Zug gegen Aushändigung von Urkunden zu leisten, die den Gläubiger legitimieren, Art. 39 WechselG, Art. 34, 47 ScheckG, §§ 785, 797, 808 Abs. 2 BGB, § 364 Abs. 3 HGB, so handelt es sich nicht um die Befriedigung eines selbständigen Gegenanspruchs[109], sondern um eine besondere Ausgestaltung des Rechtes auf Quittung, § 368 BGB, das nicht unter § 726 fällt[110]. Hier braucht das Urteil nur auf die Leistung schlechthin zu lauten[111] und die Klausel ist ohne weiteren Nachweis zu erteilen[112], obwohl es ratsam ist, darin eine in den Urteilsgründen für notwendig gehaltene Urkundenvorlage mit aufzunehmen[113], um Vollstreckungsorgane darauf aufmerksam zu machen. Die Vollstreckung der Hauptsache[114] darf zwar stets nur »mit dem Wechsel in der Hand« im Original geschehen[115]. Das ist jedoch keine Anwendung der §§ 726, 756, 765[116], da eine Gegenleistung, d. h. die Überführung eines Vermögenswertes in das Vermögen des Schuldners, nicht in Frage steht, und die Wirksamkeit der Vollstreckung hängt nicht davon ab[117]. Bei Verstößen gilt das → § 755 Rdnr. 1 a. E., Rdnr. 4f. Ausgeführte. Nach zwangsweiser Befriedigung oder freiwilliger Zahlung an den Gerichtsvollzieher hat dieser den Wechsel[118] oder die sonstige Urkunde neben der vollstreckbaren Ausfertigung (§ 757) dem Schuldner auszuhändigen[119]. Ebenso muß die Urkunde neben dem Titel vorgelegt werden, wenn der Gläubiger Anträge

---

Gegenansicht; *Hartmann* (Fn. 97) Rdnr. 9; *MünchKommZPO-Arnold* § 756 Rdnr. 7; *Schilken* (Fn. 98) 382; *Staudinger/Otto*[12] § 322 Rdnr. 22; *Stöber* (Fn. 6) Rdnr. 8a. – A.M. (erneut Nachweis oder Angebot nötig) *Wieczorek*[2] § 756 Anm.B I b; *Wolfsteiner* (Fn. 2) Rdnr. 24 mwN; es geht jedoch nicht um Rechtskraftbindung der Feststellung im Urteil (→ auch zur Prozeßfähigkeit Rdnr. 77, 80 vor § 704), sondern um deren Eignung als Beweismittel; sie zu leugnen, wäre besonders unangebracht, wenn der Schuldner den Wegfall seines Annahmeverzugs gar nicht geltend macht, und führte zu einer vom Gesetz wohl kaum bezweckten Verzögerung der ZV.

[108] → § 756 Rdnr. 10c; *Hüffer* (Fn. 103) 214 iVm 196f.; *Gaul* (Fn. 105); *Arnold* (Fn. 100); *Schilken* (Fn. 98) 382. Auch OLG Karlsruhe (Fn. 100) geht offenbar hiervon aus (der Gläubiger könne unbeschränkt vollstrecken, »solange der Annahmeverzug ... fortdauert«). – A.M. *Wolfsteiner* (Fn. 2) Rdnr. 24; jedoch wird nach § 766 nicht der »Wegfall« einer ZV-Voraussetzung geltendgemacht, sondern nur der Beweiswert des Urteils für deren Fortbestand entkräftet.

[109] Anders bei Verurteilung (auf Widerklage) auch des Klägers Zug um Zug gegen Zahlung der Wechselbeträge: dann §§ 756, 765 OLG Frankfurt a.M. Rpfleger 1979, 144.

[110] OLGe Hamm DGVZ 1979, 112 = Büro 913; *Frankfurt* Rpfleger 1981, 312 = DGVZ 85 (zu § 867); *Wolfsteiner* (Fn. 2) Rdnr. 26 mwN; *Liesecke* DRiZ 1970, 318.

[111] RGZ 36, 96 (105); OLG Hamm (Fn. 110); LGe Aachen DGVZ 1983, 75; *Bochum* DGVZ 1958, 92; *Düsseldorf* DGVZ 1972, 59; *Baumbach/Hefermehl* Wechsel- u. ScheckG[18] Art. 39 WG Rdnr. 3; *Stöber* (Fn. 6) Rdnr. 13. – A.M. OLGe Celle WM 1965, 984; Nürnberg BB 1965, 1293; *Liesecke* (Fn. 110); *Zöller/Schneider*[18] § 602 Rdnr. 9.

[112] Läßt sich ein unrichtig »Zug um Zug« formulierendes Urteil nicht so auslegen, so will *Wolfsteiner* (Fn. 2) entgegen *Gaul* (Fn. 105) § 16 V 1c Abs. 2 anwenden, was im Falle des § 765 vorweg zu einem aussichtslosen Sachpfändungsversuch zwingen würde, nur um den Annahmeverzug mit dem GV-Protokoll nachweisen zu können.

[113] *Wolfsteiner* (Fn. 2) Rdnr. 27). Aber nur »gegen Vorlage«, also unter Vermeidung der irreführenden (u. titelwidrigen) Worte »Zug um Zug«.

[114] Nicht jene der Kosten OLG Frankfurt (Fn. 110).

[115] RGZ 36, 105; 37, 5; JW 1894, 64; 1898, 224; OLG Frankfurt (Fn. 110); LG Aachen (Fn. 111); LG Hamm DGVZ 1991, 142; AG/LG Saarbrücken DGVZ 1990, 43f.; AG Bergheim DGVZ 1984, 15; Treysse DGVZ 1983, 36; s. §§ 62 Nr. 3, 225 Nr. 3 GVGA. Nach Vernichtung von Schecks hilft nur § 1003 AG Aschaffenburg DGVZ 1993, 175, falls nicht schon aus diesem Grunde im Titel ausdrücklich die Abhängigkeit aufgehoben wurde, obiter AG/LG Saarbrücken aaO. – Doch gilt dies hinsichtlich der Akzeptanten nicht für die Protesturkunde OLG Dresden SeuffArch 56 (1901) 287.

[116] OLG Frankfurt (Fn. 110). Auch wenn entgegen → Fn. 111 »Zug um Zug gegen Aushändigung« verurteilt ist, kommt es nicht auf den Nachweis des Annahmeverzugs an, LG Düsseldorf (Fn. 111); *Hartmann* (Fn. 8) Rdnr. 10.

[117] BayObLG BlfRA 1965, 99; OLG Hamm DGVZ 1979, 123. Teilweise a.M. *Wieczorek*[2] Anm.D II b. – Zu § 867 OLG Frankfurt (Fn. 110).

[118] Bei abhandengekommenem Wechsel das Ausschlußurteil, KG OLGRsp 29 (1914) 278.

[119] OLG Frankfurt (Fn. 109); LG Aachen (Fn. 111).

beim Vollstreckungsgericht stellt[120]. – In den Fällen der §§ 410, 1144, 1167, 1192 BGB, §§ 45, 62 SchiffsRG oder LuftfzRG gilt das gleiche[121]. Es handelt sich zwar dabei nicht nur um die den Gläubiger legitimierende Urkunde, so daß ein Vorbehalt im Urteil erforderlich scheint[122]; aber eine Gegenleistung steht mangels eigenem Vermögenswert auch hier nicht in Frage[123].

V. Nachweis, Verfahren

Der Nachweis ist durch *öffentliche oder öffentlich beglaubigte Urkunden*[124] zu führen. Ihre Beweiskraft bestimmt sich nach §§ 415 ff. Im übrigen gilt auch hier § 286[125]. Nötig ist die *Vorlegung* der Urkunde wie § 435; ein Vorlegungsantrag, etwa nach § 432, genügt nicht. Bezugnahme genügt nur bei Urkunden in der Hand des angegangenen Gerichts[126]. Gegebenenfalls hilft § 792. Über Nachweise durch *Urteil* → Rdnr. 14 Fn. 91, § 756 Rdnr. 7a. Nachweise sind entbehrlich, soweit Tatsachen *offenkundig*[127] oder vom gerichtlich gehörten Schuldner *zugestanden* sind[128], während sein *Nichtbestreiten* – entgegen inzwischen verbreiteter Meinung – mangels Erklärungslast nicht die Folgen des § 138 Abs. 3 auslöst[129]. An der Zuständigkeit des Rechtspflegers ändert sich durch ein Geständnis nichts, zumal dessen Wirksamkeit zu prüfen ist. Gleiches gilt, wenn man auch in diesem Verfahren ein (beschränktes) Anerkenntnis zuläßt[130]. Über die Reichweite etwaiger Geständnisse und (beschränkter) Anerkenntnisse → § 730 Rdnr. 3. *Außerhalb des Verfahrens* erklärte, etwa vom Gläubiger vorgelegte »Geständnisse« (→ § 288 Rdnr. 24) kommen nur als gewöhnliche Nachweise in Betracht, bedürfen daher als Erklärungen öffentlicher Beglaubigung und sind sorgfältig auf ihren Beweiswert zu prüfen; im Prozeß nach § 731 können sie nur Indiz sein. Zur Klauselerteilung *ohne* oder auf Grund *erleichterter* Beweisführung (Glaubhaftmachung) für vollstreckbare Urkunden und Prozeßvergleiche → § 797 Rdnr. 8. Für gerichtliche Entscheidungen ist eine Vereinbarung anderer Beweismittel oder -arten nicht zulässig, da sie den »Inhalt« (Abs. 1) *solcher* Titel nicht zu ändern vermag[131]. Über den (bei § 726 kaum vorkommenden) Fall, daß der Schuldner schon im Klauselerteilungsverfahren den Beweis des Gegenteils durch öffentliche Urkunden führt, → § 727 Rdnr. 37b.

19

---

[120] *OLG Frankfurt* (Fn. 109).
[121] *OLG Hamm* (Fn. 117) ließ daher nach unstr. Löschung der Grundschuld u. Unbrauchbarmachung des Briefs die ZV zu, obwohl der Titel »Zug um Zug« gegen Briefherausgabe u. Erteilung der Löschungsbewilligung lautete, zust. *Gaul* (Fn. 105) § 16 V 1 c. – A.M. *Oesterle* Leistung Zug um Zug (1980) 137, 143, 174 f. (zu § 410 Abs. 1 S. 1 BGB), 210 (zu § 1144 BGB).
[122] *MünchKommBGB-Roth*[2] § 410 Rdnr. 4; *Palandt/Heinrichs* BGB[53] § 410 Rdnr. 1.
[123] *RGZ* 56, 303; *OLG Hamburg* OLGRsp 7 (1903) 297 u. 8 (1904) 48. – A.M. *RGZ* 55, 227; *Hellwig* Anspruch (1900) 354 f. Für § 410 BGB verneint auch *Oesterle* (Fn. 121) 143 § 273 BGB, bejaht aber insoweit Vorleistungspflicht des Gläubigers wie → Rdnr. 17.
[124] → Bem. zu § 415.
[125] → auch § 727 Rdnr. 37b Fn. 213. Es genügt aber nicht, daß sich aus der Urkunde bei freier Beweiswürdigung nur ein mehr oder weniger überzeugender Schluß auf das Beweisthema ziehen läßt (Indiz). In den Fällen → Rdnr. 12 hatten dem Rechtspfleger vorzulegen: a) das Einverständnis des neuen Vermieters, b) für die »Angemessenheit« die Stellungnahme des Schiedsgutachters, *LG Stade* MDR 1959, 303 = NdsRpfl 158; *AG Mönchengladbach* MDR 1963, 603 = DGVZ 1964, 11 mwN.- A.M. (ganz ohne § 286) *Wolfsteiner* (Fn. 2) Rdnr. 33, der aber doch zu gleichen Ergebnissen kommt (Rdnr. 36 gegen Indizienbeweis, Rdnr. 38 für Umstände, mit denen »dem gewöhnlichen Geschehenslauf nach gerechnet werden kann« wie Zugang einer nachgewiesenen Genehmigung u. Rechtslagen aufgrund Registereintragungen).
[126] → § 432 Rdnr. 10; über bei demselben Gericht geführte Register → unten Fn. 127.
[127] Ebenso wie bei § 727, *OLG Hamburg* OLGRsp 17, 186; *KG* DNotZ 1983, 685 = ZIP 370; vgl. aber auch *LG Itzehoe* SchlHA 1949, 127. Zur Offenkundigkeit → Bem. zu § 291, insbesondere Rdnr. 5 (aus Registern, auch desselben Gerichts, können daher beglaubigte Auszüge verlangt werden), ferner § 727 Rdnr. 37 Fn. 192.
[128] § 288; *OLG Frankfurt* Rpfleger 1975, 326; *KG* (Fn. 127); *Gaul* (Fn. 105) § 16 V 3; *Münzberg* NJW 1992, 201 mwN; *Wolfsteiner* (Fn. 2) Rdnr. 50, h.M. → auch § 730 Rdnr. 3 – A.M. *Joswig* Rpfleger 1991, 146 f.
[129] Sehr str. → § 730 Rdnr. 3 Fn. 7.
[130] Dafür *Joswig* Rpfleger 1991, 147; dazu *Münzberg* (Fn. 128) 206 f.
[131] Obiter *RGZ* 83, 340 (entschieden für § 798); *Gaul* (Fn. 105) §16 V 3; *Wieczorek*[2] Anm.E II. Für **Parteititel** (auf Vergleiche, nicht auf Entscheidungen bezogen sich die Ausführungen der 20. Aufl. nach Fn. 71) ist dieser Ansicht jedoch nicht zu folgen → § 794 Rdnr. 90. – A.M. *Hartmann* (Fn. 8) Rdnr. 5.

20   *Kündigungen, Angebote* oder andere **Erklärungen**, von denen die Klauselerteilung abhängt, müssen (falls sie nicht noch dem Nachweis anderer Umstände dienen sollen) vorbehaltlich abweichender Bestimmung im Titel nicht selbst beurkundet oder öffentlich beglaubigt sein; nur ihr *Zugang* muß in solcher Form nachgewiesen[132] oder ein entsprechendes Zugeständnis des Zugangs in der Klausel bezeugt werden[133]. Diese ist erst zu erteilen, wenn der *Ablauf* einer im Titel vereinbarten oder gesetzlichen Kündigungsfrist durch die *formgerechte* (also nicht durch eine vorhergehende formwidrige) Kündigung nachgewiesen ist[134]. Erklärung durch *Vertreter* bedarf zusätzlich des Nachweises der Vertretungsmacht, die auch durch Handels- oder Vereinsregister nachgewiesen werden kann[135]. Privatschriftliche Vollmachten sind (da widerruflich) als öffentlich beglaubigtes Original, Vollmachten in öffentlichen Urkunden durch dem Vertreter erteilte Ausfertigungen nachzuweisen[136].

21   Offenkundigkeit, Geständnisse und die Urkunden sind *in der Klausel zu erwähnen*, da sonst nicht festzustellen wäre, welche Urkunden nach § 750 Abs. 2 zuzustellen sind, woran die Vollstreckung scheitern kann[137]. Kann der Beweis nicht nach Abs. 1 geführt werden, z. B. wenn der Gläubiger sich nur noch auf § 162 BGB berufen kann, so ist nach § 731 Klage zu erheben.

VI. Wirksamkeit der Vollstreckungsklausel

22   1. Klauseln, die den allgemeinen Anforderungen entsprechen[138], sind auch dann **wirksam** und binden daher die Vollstreckungsorgane[139], wenn der *Rechtspfleger* sie fehlerhaft ohne den nach Abs. 1 oder Abs. 2 (Willenserklärung) erforderlichen Nachweis erteilt[140]. Das gleiche gilt, wenn sie vom Urkundsbeamten offensichtlich nach § 724 (also ohne Nachweise zu verlangen) erteilt wurden statt richtigerweise vom Rechtspfleger, z.B. weil fälschlich angenommen wurde, der Schuldner habe die Nachweise zu führen[141]; denn dies ist nicht Überschreitung der funktionellen Zuständigkeit sondern unrichtige sachliche Beurteilung[142], die sogar Beschwerdegerichten unterlaufen kann[143] und kaum gewichtig, noch weniger »offenkundig« genug ist, um die Annahme einer Nichtigkeit zu rechtfertigen. Ebenso wirksam ist die aufgrund Urteils nach § 731 vom Urkundsbeamten statt vom Rechtspfleger erteilte Klausel[144] oder eine Klausel des Notars (§ 797 Abs. 2), die nicht klar erkennen läßt, ob sie

---

[132] *OLG Frankfurt* Rpfleger 1973, 323 mwN, h.M. Postrückschein bei Einschreiben genügt nicht, wohl aber stets förmliche Zustellung. – A.M. wohl *Wieczorek*[2] Anm.E II a mwN aus der älteren Rsp.
[133] *OLG Frankfurt* (Fn. 132) ging daher mit Recht auf das angebliche Nichtbestreiten der Schuldner ein.
[134] *OLG Frankfurt* (Fn. 132); allerdings nur, wenn die ZV überhaupt davon abhängig gemacht ist → Rdnr. 3; *KG* u. *Münzberg* ZZP 96 (1989), 371, 376.
[135] *Wolfsteiner* (Fn. 2) § 797 Rdnr. 24.
[136] *Wolfsteiner* (Fn. 2) Rdnr. 40 mwN.
[137] Also trotz des von § 727 Abs. 2 abweichenden (u. dort schon zu engen → § 727 Rdnr. 39) Wortlauts; *Münzberg* NJW 1992, 201; zust. *Stöber* (Fn. 6) Rdnr. 6; *Wolfsteiner* (Fn. 2) Rdnr. 53 mwN. – A.M. *KG* JW 1922, 499; *OLG Frankfurt* Rpfleger 1973, 323. – Verstöße sind aber unschädlich, falls die Zustellung aller maßgeblichen Urkunden gelingt, → § 750 Rdnr. 191.
[138] → § 724 Rdnr. 13–15, § 725 Rdnr. 8, 11.
[139] → § 724 Rdnr. 2.
[140] Ebenso *KG* Rpfleger 1988, 31 zu § 797 Abs. 2.
[141] → Rdnr. 2, 6; *AG Oldenburg* DGVZ 1989, 142 (freilich sachlich unrichtig, s. Anm. Schriftl.).

[142] Die ZV-Organe hinzunehmen haben → § 724 Rdnr. 2; *LG Kassel* Büro 1986, 1255; *AGe Wildeshausen, Oldenburg* DGVZ 1975, 47; 1989, 142; *Wolfsteiner* (Fn. 2) Rdnr. 16. *Münch* (Fn. 1) 229 Fn. 215. – A.M. *OLG Hamm* OLGZ 1987, 270 = NJW-RR 1987, 957; Rpfleger 1989, 466 = DGVZ 1990, 21; *Stöber* (Fn. 6) Rdnr. 7; wohl auch *München* Rpfleger 1984, 106 (keine Bindung an nicht ordnungsgemäß nach § 726 erteilte Klausel). Daß diese Rsp unnötig zu § 766 führt, zeigt *AG Göppingen* (Fn. 11): GV meinte, den Gläubiger treffe Beweislast, u. sah einfache Klausel als unwirksam an. Entsprechendes könnte sich nach § 829 oder § 867 wiederholen, während die hier vertretene Ansicht zu § 732 zwingt u. Klärung für jede ZV-Art bringt.
[143] Vgl. nur *LG Lübeck* DGVZ 1978, 188: Urkundsbeamter richtig (→ § 726 Rdnr. 6), Beschwerdekammer falsch! Da diese über die Wirksamkeit der Klausel im Rahmen der §§ 766, 793 nur incidenter für die konkrete ZV-maßnahme entscheiden kann, bliebe die Wirksamkeit der Klausel für weitere Vollstreckungsakte weiterhin unsicher, eine für die Praxis üble Folge.
[144] Hier ist die Zuständigkeit str. → § 731 Rdnr. 16 Fn. 68.

nach § 724 oder nach § 726 erteilt wurde[145]. Das gleiche muß aber aus Gründen der Rechtssicherheit auch dann gelten, wenn einer durch den Urkundsbeamten erteilten Klausel nicht anzusehen ist, ob sie nach § 724 oder § 726 erteilt ist. Ohnehin führen wegen Unzuständigkeit eingelegte Rechtsbehelfe nur dann zur Klauselaufhebung, wenn sachliche Voraussetzungen fehlen[146]. – Erteilt ein Rechtspfleger die Klausel anstelle des Urkundsbeamten nach § 724 Abs. 2, so steht das der Wirksamkeit schon nach § 8 Abs. 1, 5 RpflG nicht entgegen.

2. **Unwirksam** ist aber eine Klausel wegen Überschreitung der funktionellen Zuständigkeit[147], wenn der Urkundsbeamte sie eindeutig nach § 726, also unter (zutreffender oder unzutreffender) Berücksichtigung der in § 726 geforderten Beweise anstelle des Rechtspflegers erteilt hat[148]. Wegen sonstiger Mängel, die zur Unwirksamkeit führen, → § 725 Rdnr. 11.

23

VII. Rechtsbehelfe

Dazu → § 730 Rdnr. 4 ff. Jene **des Schuldners** bei fehlerhaft erteilter Klausel sind, was gerade bei § 726 Abs. 1 nicht selten übersehen wird[149], verschieden, je nachdem ob die Klausel vollstreckungsrechtlich wirksam oder unwirksam ist, besonders was die *Anfechtbarkeit der Vollstreckungsakte* betrifft[150]. Ein Verstoß gegen die gesetzliche Regelung drängt den Gläubiger zu Unrecht auf den Weg eigener Erinnerung nach § 766 oder Beschwerde nach § 793, wobei dann leicht noch der Fehler hinzukommt, daß das Vollstreckungsgericht ohne Kompetenz den Mangel behebt, statt den Schuldner gemäß §§ 732, 768 an das hierfür zuständige Prozeßgericht bzw. an das nach § 797 Abs. 3, 5 zuständige Gericht zu verweisen[151]. Jedoch kann § 766 trotz Klauselerteilung anwendbar sein, falls diese wegen Unbestimmtheit der Gegenleistung hätte verweigert werden müssen, → § 756 Rdnr. 8 a. E.

24

VIII. Zum **arbeitsgerichtlichen Verfahren** → § 724 Rdnr. 18.

25

§ 727 [Vollstreckbare Ausfertigung für und gegen Rechtsnachfolger]

(1) Eine vollstreckbare Ausfertigung kann für den Rechtsnachfolger des in dem Urteil bezeichneten Gläubigers sowie gegen denjenigen Rechtsnachfolger des in dem Urteil bezeichneten Schuldners und denjenigen Besitzer der in Streit befangenen Sache, gegen die das Urteil nach § 325 wirksam ist, erteilt werden, sofern die Rechtsnachfolge oder das Besitzverhältnis bei dem Gericht offenkundig ist oder durch öffentliche oder öffentlich beglaubigte Urkunden nachgewiesen wird.

(2) Ist die Rechtsnachfolge oder das Besitzverhältnis bei dem Gericht offenkundig, so ist dies in der Vollstreckungsklausel zu erwähnen.

Gesetzesgeschichte: Bis 1900 § 665 CPO. Änderung RGBl. 1898 I 256.

---

[145] *LG Düsseldorf* DGVZ 1984, 8; dazu → § 725 Fn. 43.
[146] *Wolfsteiner* (Fn. 2) Rdnr. 16.
[147] → Rdnr. 70 f., 130 vor § 704.
[148] Umkehrschluß aus § 8 Abs. 5 RpflG; daher im Ergebnis richtig *OLG Frankfurt* Rpfleger 1991, 12 = MDR 162, obwohl mit undifferenzierter Berufung auf *OLG Hamm* (Fn. 142); für Wirksamkeit auch in diesen Fällen *Wolfsteiner* (Fn. 2) § 724 Rdnr. 16 Fn. 35.

[149] Z.B. *AGe Limburg, Schleswig* DGVZ 1974, 14; 1975, 13; wohl auch *KG* (Fn. 28). → auch § 750 Rdnr. 39 a Fn. 196.
[150] → § 724 Rdnr. 2, § 725 Rdnr. 11, 12, § 766 Rdnr. 13 f. und zum Verteilungsverfahren § 878 Rdnr. 16 f., 22.
[151] → Fn. 149.

I. Subjekte der Vollstreckung	1	und Titel auf Leistung an gewillkürte Prozeßstandschafter	31
1. Anwendungsbereich, Verhältnis zur Rechtskrafterstreckung	2	4. Erlangung einer Grundbuchposition	31a
2. Entsprechende Anwendung, Abgrenzung zu neuer Klage	6 7	IV. Klarstellende Umschreibung bei Einzelfirma	32
3. Vollstreckbarkeit ohne Umschreibung	9	V. Verfahren	36
4. Nicht zu § 727 gehörende Fälle (→ auch IV)	10	VI. Rechtsbehelfe der Parteien gegen Verweigerung und Erteilung an Ur- oder Neugläubiger	43 44
II. Rechtsnachfolge	12	1. Rechtslage für neuen Gläubiger, falls dem alten die Ausfertigung erteilt war	46
1. Nachfolger des Gläubigers	14		
2. Nachfolger des Schuldners	16		
III. Entsprechende Anwendung	25	2. Rechtslage für alten Gläubiger, der die Nachfolge bestreitet	47
1. Konkurs(Insolvenz)verwalter	26		
2. Nachlaß-, Zwangsverwalter, Kanzleiabwickler	28	3. Lösung der Konflikte zu 1 und 2	48
3. § 1629 Abs. 3 BGB	30		

I. Die Subjekte der Vollstreckung[1]

1   Nach § 750 Abs. 1 darf die Vollstreckung nur beginnen, wenn Gläubiger und Schuldner im Titel oder in der Vollstreckungsklausel namentlich als solche[2] bezeichnet sind[3]. Dadurch ist die Frage, **für und gegen wen der Titel vollstreckbar ist**, als sachliche Bedingung der Vollstreckbarkeit[4] der Prüfung durch die Vollstreckungsorgane entzogen[5]. Wird daher die Vollstreckungsklausel für oder gegen die **ursprünglichen Parteien** verlangt, so wird in der Klausel lediglich die Parteibezeichnung des Urteils wiederholt; weitere Feststellungen sind nicht zu treffen, vielmehr dient dazu gegebenenfalls die Berichtigung des Urteils[6]. Nur wenn diese Parteibezeichnung gesetzwidrig[7] den Namen nicht enthalten sollte (Erben des N.N.), hat der Urkundsbeamte die erforderliche Ergänzung vorzunehmen, soweit dies aus den Akten möglich ist[8]. Wegen der lediglich klarstellenden Umschreibung der Klausel und der Fälle, in denen die Umschreibung ganz entbehrlich ist, → Rdnr. 9ff., 32ff. Ist die Ergänzung nicht zulässig, so ist die vollstreckbare Ausfertigung zu verweigern[9] und es bedarf dann einer neuen Klage[10].

2   **1. Durch andere und gegen andere Personen**, auch wenn sie nach materiellem Recht berechtigt, ermächtigt oder verpflichtet sind, kann die Vollstreckung nur dann betrieben werden[11], wenn sie in der Klausel als Vollstreckungsgläubiger[12] oder -schuldner benannt sind[13]. Wer darin nur als empfangsberechtigter Dritter aufgeführt ist, kann also höchstens als Vertreter des Gläubigers vollstrecken. Die Klausel wirkt *rechtsgestaltend*[14], ähnlich wie das Vollstreckungsurteil[15]; sie kann deshalb nur in dem besonderen Verfahren des § 727[16] oder auf Klage nach § 731 erteilt werden. Zur Anfechtbarkeit einer Vollstreckung für und gegen Rechtsnachfolger *ohne* entsprechende Klausel → § 725 Rdnr. 12 Fn. 60.

---

[1] *Bettermann* Die Vollstreckung des Zivilurteils (1948); *Loritz* ZZP 95 (1982), 310 ff.; *Sieg* ZZP 66 (1953) 23 f.
[2] → Rdnr. 2 u. zur Vollstreckungsstandschaft Rdnr. 38 vor § 704. Also nicht nur als Vertreter oder Organ → § 750 Rdnr. 27, oder nur als empfangsberechtigter Dritter → Rdnr. 77 Fn. 374 vor § 704; § 724 Rdnr. 8 a Fn. 55 ff.
[3] → § 750 Rdnr. 18, 27.
[4] → Rdnr. 55 vor § 704.
[5] → § 724 Rdnr. 2, § 725 Rdnr. 11 f.
[6] → § 319 Rdnr. 9.
[7] → §§ 253 Rdnr. 31 ff., 313 Rdnr. 8 ff.
[8] Dies gilt entsprechend für die Namen der Erben in der Tabelle des Nachlaßkonkurses. Wegen des Nachlaßpflegers → Rdnr. 10, 14b, Rdnr. 22.
[9] Vgl. *RG* Gruch. 45 (1901), 1157.
[10] → Rdnr. 19, 31 vor § 704.
[11] Das gilt auch für die Fortsetzung einer bereits begonnenen ZV, *BGH* WM 1963, 754.
[12] Zur Unzulässigkeit »isolierter« Vollstreckungsstandschaft → Rdnr. 38 vor § 704. – A.M. *Wienke* Die Vollstreckungsstandschaft usw. Diss. Bonn (1988), 176 ff.
[13] → Rdnr. 35 vor § 704, § 750 Rdnr. 18, 27.
[14] Sie macht den Gläubiger oder Schuldner des materiellen Rechts zu einem solchen für die ZV, vgl. *BayObLGZ* 1 (1901), 469 f., h. M. – A.M. *Bettermann* (Fn. 1) 57 ff.
[15] → § 722 Rdnr. 3.
[16] → Rdnr. 36 ff.

§ 727 gilt auch für *Maßnahmen des einstweiligen Rechtsschutzes*[17], wobei allerdings darauf zu achten ist, für welchen prozessualen Anspruch Rechtsnachfolge eingetreten ist, insbesondere ob Arrest/Verfügungsgrund und -anspruch erhalten bleiben[18], und für *vorläufig vollstreckbare Urteile*[19]; Ausnahmen sehen nur §§ 729, 744 und (beschränkt) § 728 Abs. 1 vor[20]. Soweit **andere Titel als Urteile** hier nicht miterörtert sind, s. §§ 795–797a, 799, 800–801; wegen in- und ausländischer Schiedssprüche und Schiedsvergleiche s. §§ 1042 ff. und Anh. § 1044, insbesondere § 1042 Rdnr. 18, wegen sonstiger *ausländischer* Titel → § 725 Rdnr. 9 (Kosten → § 724 Rdnr. 17), insbesondere → **Anh. § 723** Rdnr. 306, 335 (Unterhaltstitel und EG-Bereich, Norwegen, Israel, Spanien), ferner aaO Rdnr. 364 (Schweiz), 373 (Österreich), 398 (Griechenland), 427 (Tunesien). Wegen öffentlich-rechtlicher Forderungen → Rdnr. 8 vor § 704. 3

Diese **Ausdehnung der Vollstreckbarkeit** hängt von anderen gesetzgeberischen Erwägungen ab als die Ausdehnung der Rechtskraft auf Dritte, was schon die Anwendung der §§ 727 ff. auf nicht rechtskraftfähige Titel zeigt, § 795 mit § 794 Abs. 1 Nr. 1, 5. Beide Bereiche stimmen also nicht voll überein[21]. Namentlich wird in den Fällen der erweiterten Rechtskraft, die aus besonderen materiell-rechtlichen Zusammenhängen abzuleiten ist[22] oder bei mancher Prozeßführung über fremde Rechte eintritt[23], die Vollstreckbarkeit regelmäßig nicht ausgedehnt. Trotz der Verweisung auf § 325 in § 727 und trotz der Anlehnung des § 728 an die §§ 326 f. ist daher die Begrenzung selbständig aufzustellen[24]. Insbesondere kann ein gegen die OHG erlassenes Urteil schon wegen § 129 Abs. 4 HGB nicht gemäß § 727 gegen die Gesellschafter ausgefertigt werden[25], auch nicht nach Vollbeendigung der Gesellschaft[26]. 4

Aber auch hier gilt die in → § 325 Rdnr. 1 ff. dargelegte Erwägung, daß trotz des Ausnahmecharakters der die Vollstreckbarkeit ausdehnenden Vorschriften ihre entsprechende Anwendung keineswegs ausgeschlossen ist, soweit sie entwicklungsfähige Grundgedanken enthalten[27]; Voraussetzung für entsprechende Anwendung des § 727 ist aber eine mit Rechtsnachfolge vergleichbare, nachträgliche Rechtsänderung[28]. 5

---

[17] → § 929 Rdnr. 1; ausführlich *Baur* FSf. G.Schiedermair (1976) 24; *Loritz* ZZP 106 (1993) 3. Zu § 620 *OLG Hamburg* DAVorm 1982, 482 = FamRZ 425.
[18] *Loritz* (Fn. 17).
[19] → auch § 708 Rdnr. 3.
[20] *OLGe Braunschweig, Hamburg, KG* OLGRsp 15, 158f. mwN; 18, 44; 29, 171; *OLG Kassel* ZZP 45 (1915) 212; *Bettermann* (Fn. 1) 118. – A.M. noch *RGZ* 35, 386; JW 1898, 160.
[21] Was wegen unterschiedlicher Wirkungen kein Systembruch ist → § 325 Rdnr. 5. *KG* Rpfleger 1971, 103; *Bruns* ZZP 64 (1951) 326; *Rosenberg/Gaul*[10] § 16 V 2; *MünchKommZPO-Wolfsteiner* Rdnr. 1; *Sieg* (Fn. 1) 30f. – A.M. teilweise *Bettermann* (Fn. 1) 44f.; *A. Blomeyer* ZwVR § 15 IV. → § 325 Rdnr. 5f.
[22] → § 325 Rdnr. 92 ff.
[23] → § 325 Rdnr. 54 ff.
[24] *Hellwig/Oertmann* System 2, 216; *Bruns/Peters*[3] § 9 II; *Gaul* (Fn. 21); a.M. *Wolfsteiner* (Fn. 21) Rdnr. 3.
[25] *KG* OLGRsp 14 (1907), 167f.; *Baumbach/Duden/Hopt* HGB[28] § 129 Anm. 4; *Fischer* Großkomm. HGB[3] § 124 Anm. 37. – De lege ferenda *Bettermann* (Fn. 1) 236f.
[26] *RG* JW 1908, 687[25]; *OLGe Düsseldorf* Rpfleger 1976, 327f. mwN; *Frankfurt/M.* Rpfleger 1982, 153 = ZIP 315 = BB 399 = Büro 458 = DB 590; *Hamm* NJW 1979, 51; *LG Kiel* SchlHA 1975, 164f., jetzt h.M. Ausführlich *Fischer* (Fn. 25) Anm. 33, 37; *Gaul* (Fn. 21) § 16 V 2 b dd. Vgl. auch *BGH* DB 1969, 922 = BB 892. Näheres *Brüggemann* DGVZ 1961, 33ff., auch für den Fall, daß trotz Löschung im Handelsregister noch unverteiltes Vermögen vorhanden ist. – Anders bei echter Gesamtrechtsnachfolge nach § 142 HGB → Rdnr. 15. Zur Beendigung durch Konkurs s. *AG München* KTS 1966, 122; *AG Essen* Rpfleger 1976, 24. Zur Umwandlung einer KG oder OHG in eine Gesellschaft bürgerlichen Rechts durch Verringerung des Geschäftsumfangs (§ 4 HGB) oder Zweckänderung → § 736 Rdnr. 1. → auch § 50 Rdnr. 13, § 239 Rdnr. 5ff.
[27] → Rdnr. 25ff., insbesondere Rdnr. 31; ausführlich *Loritz* (Fn. 1) 327ff.
[28] → auch Rdnr. 14a, Rdnr. 31 a.E. Daher scheidet Analogie aus: **a)** im Falle § 2329 BGB für den nach § 2325 gegen Erben erstrittenen Titel *Dieckmann* FSf. Beitzke (1979), 399ff., 412f.; nach gesetzlicher Prozeßstandschaft gemäß §§ 432, 1011, 1368, 1369 Abs. 3, 2039 BGB *Becker-Eberhard* ZZP 104 (1991) 444ff.; **b)** bei Rechtsnachfolge **vor** Rechtshängigkeit *KG* (Fn. 21); *OLG Düsseldorf* AnwBl 1980, 377; *Gerhardt* JZ 1969, 691; *Wolfsteiner* (Fn. 21) Rdnr. 7; zur unerkannten Erbfolge → § 50 Rdnr. 43. – Anders bei ursprünglicher Prozeßstandschaft, wenn der Anspruchsinhaber *nach* Rechtskraft die alleinige Prozeßführungsbefugnis zurückerlange, *Heintzmann* ZZP 92 (1979), 69; gegen dessen Begründung s. *Becker-Eberhard* aaO 440f.

6   2. Die Vollstreckbarkeit für und gegen Dritte ist hinsichtlich der Rechts- und Besitznachfolger in § 727 geregelt; → auch § 800 Rdnr. 6. § 727 ist **entsprechend anwendbar** nach §§ 728f., 738, 742, 744f., 749. Gemeinsam ist diesen Fällen, ausgenommen § 728 Abs. 2 S. 2, die Veränderung der ursprünglichen Sachlage, an der es aber auch in § 856 Abs. 4[29], § 93 ZVG[30], § 158I Abs. 2 VVG fehlt oder fehlen kann. Weitere Fälle → Rdnr. 25ff. Zur sog. »Umschreibung« der Kostenfestsetzung auf den Namen des nach § 121 beigeordneten Anwalts → § 126 Rdnr. 16f.

7   Soweit danach das Verfahren gemäß § 727 offen steht, ist für eine *Leistungsklage des Dritten oder gegen ihn* grundsätzlich kein Raum, wenn die Rechtskraft im Verhältnis zum Dritten entgegensteht[31] oder wenn in den übrigen Fällen (z.B. §§ 729ff.) das einfachere Verfahren nach § 727 sicheren Erfolg verspricht[32]. Bestehen jedoch Zweifel, ob es zur Umschreibung kommen wird, z.B. weil ihre Zulässigkeit streitig ist[33], oder droht ohnehin ein nachfolgender Rechtsstreit, weil ernsthafte Einwendungen des Schuldners zu erwarten sind[34], oder ist der Titel nicht der materiellen Rechtskraft fähig[35], oder kommt allenfalls eine beschränkte Rechtskraft in Betracht[36], oder besteht sonst ein vernünftiger Grund für eine Klage[37], so darf ihr nicht das Rechtsschutzbedürfnis abgesprochen werden; andernfalls würde man den Zweck, unnötige Verfahren zu vermeiden, ins Gegenteil verkehren. – Zur Abgrenzung gegenüber § 731 → dort Rdnr. 1ff. und über dessen Verhältnis zur Leistungsklage → § 731 Rdnr. 6.

8   Wegen der Betreibung des Kostenfestsetzungsverfahrens durch den Rechtsnachfolger nach Abtretung oder Überweisung des Kostenerstattungsanspruchs → § 103 Rdnr. 8f. und 19.

9   3. Ohne Anwendung der §§ 727, 730 ist im Falle der *Urheberbenennung* das Urteil gegen den (in der Klausel zu nennenden) ursprünglichen Beklagten vollstreckbar → § 76 Rdnr. 20, ebenso der Zuschlag in der Zwangsversteigerung zugunsten des Berechtigten nach § 132 Abs. 2 ZVG[38].

10 4. Eine Vollstreckung für oder gegen Dritte liegt **nicht** vor, wenn einem im Titel benannten Dritten nach § 724 die Klausel erteilt wurde[39], wenn Gläubiger oder Schuldner im Titel mit ihrem Künstlernamen, ehemaligen Namen[40], in unrichtiger Schreibweise oder unter einer die Identität verdunkelnden Firma benannt sind[41], oder wenn die Formulierung im Titel jemanden auf den ersten Blick als Gläubiger oder Schuldner auszuweisen scheint, der offensichtlich[42] *gesetzlicher Vertreter* war, während gegen den Vertretenen vollstreckt werden soll. Dies gilt auch für *Nachlaßpfleger*[43], sobald die Erbschaft angetreten bzw. der Erbschein erteilt ist. In solchen Fällen ist die Klausel, wenn Zweifel des Vollstreckungsorgans über die Identität zu befürchten sind, nicht in Anwendung der §§ 727, 730[44], wohl aber nach dem Rechtsgedan-

---

[29] → dazu § 856 Rdnr. 9; zust. *OLG Saarbrücken* NJW-RR 1990, 1472.
[30] Dazu *OLG Hamm* Rpfleger 1989, 165f.
[31] *BGH* NJW 1957, 1111.
[32] *Brehm/Brößke* JuS 1990, 210. Wegen einstweiliger Verfügung s. *LG Hamburg* MDR 1967, 54.
[33] → § 731 Fn. 22; so auch *Baur/Stürner*[11] Rdnr. 247 Fn. 6.
[34] *BGH* (Fn. 26). Erheblich ist *dieser* Grund bei rechtskräftigen Entscheidungen (§ 767 Abs. 2), unnötig bei nicht endgültigen Titeln → Fn. 35f. (insoweit hatte *Hüffner* ZZP 85 [1972] 232 die 19. Aufl. mißverstanden). → auch § 731 Fn. 20.
[35] *Hüffner* (Fn. 34) 231 mwN.
[36] *BGH* BB 1964, 195 = DB 259. →z.B. Rdnr. 11ff. vor § 916, Rdnr. 15f. vor § 935.
[37] → Rdnr. 115 vor § 253, § 794 Rdnr. 102. S. auch *Stürner* (Fn. 33).

[38] Über eine trotzdem zulässige Klage → Fn. 34.
[39] Auch wenn man die Erteilung für unzulässig hält; → dazu § 724 Rdnr. 8 Fn. 54ff., § 750 Rdnr. 18 a.E., § 794 Rdnr. 36.
[40] *Aden* MDR 1979, 103ff. Bei Geschlechtsumwandlung läßt sich die Nennung des alten Vornamens zwar in der Klausel vermeiden (§ 5 Abs. 1 TSG), nicht aber der Hinweis auf das TSG in der nach § 750 Abs. 2 zuzustellenden beglaubigten Kopie aus dem Geburtenbucheintrag.
[41] → Rdnr. 32ff. und § 750 Rdnr. 19, 22–25.
[42] → § 750 Rdnr. 27, aber zur Bindung der ZV-Organe an die Klausel auch § 724 Rdnr. 2, § 750 Rdnr. 18 a.E.
[43] → Rdnr. 14b Fn. 80, § 750 Rdnr. 18, Rdnr. 48 vor § 50.
[44] Daher auch durch Urkundsbeamte, *Zöller/Stöber*[18] Rdnr. 33.

ken des § 727 auf den richtigen Namen bzw. den des Vertretenen zu stellen, da es sich nur um klarstellende Aufdeckung des wahren Sachverhalts handelt[45]. Lautet das Urteil auf den Namen des Vertretenen, so ist es vollstreckbar, auch wenn es oder seine Klausel den gesetzlichen Vertreter nicht nennt[46]. Wegen der Parteien kraft Amtes und gewillkürter Prozeßstandschafter → aber Rdnr. 25 ff.

Nicht anwendbar sind die §§ 727, 730, solange die Sachlegitimation trotz Rechtsübergangs 11 bei derselben Partei bleibt[47] oder bei solchen Veränderungen in der Person des Gläubigers oder Schuldners, die ihre *Identität unberührt* lassen[48]. So sind z.B. die Erlangung oder der Verlust der Geschäfts- oder Prozeßfähigkeit, der Wechsel in der Person eines Vertreters[49], auch die Bestellung des Jugendamts zum Beistand eines Kindes, dessen Mutter Gläubigerin eines zu seinen Gunsten geschlossenen Unterhaltsvergleichs ist[50], bei OHG, KG oder GmbH die Liquidation, auch wenn sie zur Registerlöschung führt[51], und der Wechsel ihrer Mitglieder[52] (*anders* bei Gesellschaft bürgerlichen Rechts und Erbengemeinschaft[53]), die Umwandlung einer OHG in eine KG[54] und die Umwandlung einer Vor-GmbH in eine GmbH[55] ohne Einfluß auf die Erteilung der Klausel oder die Wirksamkeit der erteilten. Zur *Entstehung einer OHG aus einer Gesellschaft bürgerlichen Rechts* und umgekehrt → § 736 Rdnr. 1, 10. Wegen nicht rechtsfähiger Vereine → § 735 Rdnr. 4, 4a und über Titel gegen Gründungsgesellschaften juristischer Personen → § 735 Rdnr. 5. Zur Verurteilung des Einzelkaufmanns unter seiner Firma → Rdnr. 32 ff.

II. Rechtsnachfolge

Für und gegen den Rechtsnachfolger[56] muß die Vollstreckungsklausel trotz der Fassung des 12 Abs. 1 (»kann«) unter den allgemeinen[57] und den hier genannten Voraussetzungen erteilt werden[58], sofern die Rechtsnachfolge **nach Rechtshängigkeit**[59] eingetreten[60] ist. → dazu

---

[45] I.E. h.M., für Namens- u. Firmenänderung *Stöber* (Fn. 44) Rdnr. 31 mwN. Ist aber ein Versehen nicht offenbar, so kommen, falls Berichtigung ausscheidet, weil die Grenzen des § 319 überschritten würden, nur neue Klagen in Betracht. – Zum Nachlaßpfleger s. *Eccius* Gruch. 43 (1899), 610.
[46] → § 750 Rdnr. 20.
[47] → § 265 Rdnr. 31 ff. u. zur Abtretung sicherheitshalber, solange die Einziehung dem Sicherungsgeber erlaubt ist *BGH* ZIP 1982, 1462.
[48] → § 239 Rdnr. 6; *Wolfsteiner* (Fn. 21) § 724 Rdnr. 18.
[49] Auch des Prozeßbevollmächtigten, *AG Köln* Büro 1968, 750. Zu Parteien kraft Amtes → Rdnr. 27.
[50] *KG* NJW 1973, 2033 = Rpfleger 373.
[51] → § 50 Rdnr. 34c, § 239 Rdnr. 6 ff. *RG* JW 1894, 426; *KG* OLGRsp 14, 167; *AG Hannover* DGVZ 1975, 79; a.M. zur gelöschten GmbH *AG Limburg* DGVZ 1989, 191. Wegen des Übernehmens des Aktiven → Rdnr. 15, zur Haftung früherer Gesellschafter u. des Übernehmers der Passiven → Rdnr. 19.
[52] → § 50 Rdnr. 13; *OLG Zweibrücken* MDR 1988, 418 (alle KG-Gesellschafter neu); *LG Berlin* MDR 1970, 244 = DGVZ 56, vgl. auch *OLG Düsseldorf* MDR 1977, 144[59] (Parteiberichtigung bei Umwandlung einer OHG in KG u. zugleich Eintritt einer GmbH, deren Gesellschafter die früheren Gesellschafter der OHG sind).
[53] Hier ist Mitgliederwechsel in der als **Gläubiger** auftretenden Gesellschaft/Erbengemeinschaft ein Fall des § 727 (→ auch § 265 Rdnr. 23), mag man auch § 738 BGB entsprechend anwenden, s. dazu *Palandt/Thomas* BGB[53] § 736 Rdnr. 6; *Staudinger-Scherübl* BGB[12] § 1148

Rdnr. 7; *OLG Saarbrücken* Rpfleger 1978, 228. Auf der **Schuldnerseite** ist aber bei solchen Gesellschaften zwischen Gesamthands- und Gesamtschulden zu unterscheiden → § 736 Rdnr. 2.
[54] *AG Hamburg* DGVZ 1982, 158 f. = Rpfleger 1982, 191. Zur Klarstellung der Klausel → aber Rdnr. 34 f., ähnlich § 750 Rdnr. 25.
[55] *BayObLG* MDR 1988, 418; *OLG Saarbrücken* WRP 1985, 662 (GmbH in Gründung); auf Antrag Berichtigung der Schuldnerbezeichnung (zu § 890) *OLG Stuttgart* NJW-RR 1989, 637 f.
[56] → Rdnr. 14 ff. *Schultze* Die Vollstreckbarkeit usw. für u. gegen den Rechtsnachfolger (1891).
[57] → § 724 Rdnr. 8 ff.
[58] RGZ 57, 329 f.; *KG* OLGRsp 15 (1907), 274; *Gaul* (Fn. 21), allg. M.
[59] *BGH* NJW 1992, 2159; *OLGe Düsseldorf, Köln* Büro 1967, 256, DAVorm 1989, 101 mwN; *KG* (Fn. 21). Eine Ausnahme bei der Rsp bei Klauselerteilung analog §§ 724, 727 gegen Mitbewohner im Falle § 93 ZVG, z.B. *OLG Hamm* Rpfleger 1990, 286 f.; a.M. (für Gläubiger) *LAG München* NJW-RR 1987, 956 = NZA 827. – Bei **aufschiebend bedingter Rechtsnachfolge** genügt es, wenn die Bedingung nach Rechtshängigkeit eingetreten ist, so für die von der Zahlung abhängige Überleitung nach **§§ 90 f. BSHG** *BGH* MDR 1982, 302[23] = DAVorm 56 = FamRZ 23; *OLGe Bamberg* Rpfleger 1983, 30 f.; *Bremen* FamRZ 1980, 725; *Düsseldorf* FamRZ 1972, 402; *Hamm* FamRZ 1981, 915; *Köln* FamRZ 1992, 1219; *Stuttgart* DAVorm 1982, 792. Bis zur Zahlung kann der Unterhaltsberechtigte trotz Überleitung mit einer Klage auf künftige Leistung Zahlung an sich fordern, *BGH* (aaO). –

Rdnr. 17. Hierbei ist es gleich, ob die Rechtsnachfolge *nach Beendigung des Rechtsstreits* eingetreten ist oder bereits *während der Rechtshängigkeit*[61]; im letzten Fall[62] macht es für den Rechtsnachfolger[63] keinen Unterschied, ob das Urteil auf Leistung an ihn ergangen ist[64] oder die Rechtsnachfolge in dem Rechtsstreit unberücksichtigt geblieben ist[65]. → auch § 246 Rdnr. 1 ff. Über das Verhältnis von Rechtsnachfolger und Rechtsvorgänger → jedoch Rdnr. 44 ff.

13   Zur Verurteilung und eventuellen Umschreibung, falls ein Rechtsnachfolger des Klägers zum *Ersatz aus § 717 Abs. 2, 3* verpflichtet ist, → § 717 Rdnr. 20. – Wegen der *Teilnachfolge* → Rdnr. 40, wegen des für Titel nach § 794 Abs. 1 Nr. 1, 5 maßgebenden Zeitpunktes der Nachfolge → § 795 Rdnr. 7.

14   1. Auf seiten des **Gläubigers**[66] gilt § 727 für jeden Rechtsnachfolger, sowohl von Todes wegen[67] wie unter Lebenden, mag er durch Rechtsgeschäft[68], Staatsakt (z. B. Pfändung und Überweisung[69]) oder kraft Gesetzes[70] ganz oder teilweise Nachfolger werden; → dazu ausführlich § 325 Rdnr. 14 ff. mit § 265 Rdnr. 11–26 und § 239 Rdnr. 5 (juristischer Personen), 15. Wird ein Dritter zur Einziehung des titulierten Anspruchs ermächtigt, so ist er nur dann Rechtsnachfolger, wenn der Vollstreckungsgläubiger sein Einziehungsrecht zugleich verliert[71].

14a Wird die **Titelforderung eines Vollstreckungsgläubigers** G, der nach Überweisung der für ihn bei S gepfändeten Forderung zur Einziehung gemäß § 835 schon ein **Urteil gegen den Drittschuldner** D erwirkt

---

Über das Zusammentreffen von Gesamtnachfolge nach Rechtshängigkeit u. Einzelnachfolge vor Rechtshängigkeit s. *BGH* MDR 1956, 542 (*Bötticher*).

[60] Daß sie erst künftig – wenn auch sicher – eintreten wird, genügt nicht, *LG Hannover* Rpfleger 1968, 195. Zu §§ 90 f. BSHG → Fn. 59, 209.

[61] Wegen vorläufig vollstreckbarer Urteile u. Entscheidungen nach §§ 916 ff. → Rdnr. 3.

[62] Anders, wenn der Nachfolger noch selbst Partei wird, weil dann die §§ 265, 325, 727 ausscheiden, so für die während eines Baulandenteignungsverfahrens eingetretene Rechtsnachfolge eines Beteiligten *OLG München* MDR 1972, 787 f.

[63] → Rdnr. 45..

[64] → § 265 Rdnr. 33, 40 ff. H.M., *RGZ* 167, 323; *BGH* NJW 1984, 806 = JZ 199 = JR 287 (*Gerhardt* 288); *OLG Hamburg* MDR 1967, 849; *KG* JW 1933, 1779; s. auch *OLG Kiel* ZZP 53 (1928) 164; *Brehm* KTS 1985, 13; *Grunsky* Die Veräußerung usw. (1968) 201 Fn. 48; *Heintzmann* (Fn. 28) 61 ff.; *Thomas/Putzo*[18] Anm. 3 c aa. – A.M. *Bley* JW 1933, 1779; *Kion* JZ 1965, 56; NJW 1984, 1601, die jedoch den Umstand vernachlässigen, daß das Urteil, obwohl es den Anspruch dem Rechtsnachfolger zuerkennt, weder in der Form des § 727 nachweist (*RG* aaO) noch rechtskräftig feststellt (*Grunsky* aaO 200 f.), daß es sich um den (richtigen) Nachfolger handelt. § 325 läßt die Rechtskraftwirkung nämlich gegenüber dem **wahren Rechtsnachfolger** eintreten ohne Rücksicht darauf, wer im Urteil als Rechtsnachfolger bezeichnet ist, zust. *Becker-Eberhard* (Fn. 28) 427 mwN. Der in §727 geforderte Beweis behält daher auch dann seine Bedeutung.

[65] → § 265 Rdnr. 32; zur Nichtberücksichtigung mangels Vortrags der Nachfolge → *Brehm* KTS 1985, 7 ff. – Nichtberücksichtigung kann auch nach § 246 vorkommen, s. *KG* OLGRsp 25 (1912), 216. Wie hier *RG* (Fn. 64); s. dazu *Grunsky* (Fn. 64) 115.

[66] → § 724 Rdnr. 8, § 750 Rdnr. 18.

[67] Auch Vorerbschaft → § 239 Rdnr. 16 ff., § 242 Rdnr. 1 ff. Wegen § 2114 → Fn. 78. Im Falle des § 1953 BGB ist der Ausschlagende weder Nachfolger des Erblassers noch der nach § 1953 Abs. 2 mit dem Erbfall eintretende Erbe Nachfolger des Ausschlagenden *BGH* NJW 1989, 2886 (dort für Passivnachfolge).

[68] Vor allem Abtretung. Bedenklich *OLG Stuttgart* DAVorm 1987, 537 f. (einem Unterhaltsvergleich für gemeinschaftliches Kind im Verfahren nach § 620 liege kein abtretbarer Anspruch zugrunde).

[69] → § 829 Rdnr. 87, § 835 Rdnr. 24 (dort Fn. 68 auch zur eingeschränkten Klauselerteilung für konkurrierende Pfändungsgläubiger). Da Überweisungsgläubiger gegen Drittschuldner nicht fremde (Prozeßstandschaft), sondern eigene Einziehungsrechte geltend machen, → Rdnr. 36 a.E. vor § 50, § 835 Rdnr. 25, gilt § 727 auch dann unmittelbar, wenn ihre Rechte aus der Überweisung nach Rechtshängigkeit des gepfändeten Anspruchs isoliert durch Rechtsgeschäft oder Vollstreckungsakt (also auch ohne Übergang bzw. Pfändung der Titelforderung gegen den Schuldner → § 835 Rdnr. 26) auf andere übergehen.

[70] Z.B. nach §§ 268 Abs. 3 S. 1, 426 Abs. 2 – insoweit a.M. *Loritz* (Fn. 1) 335 → §§ 774, 1143 Abs. 1, 1225, 1249, 1607 Abs. 2, 1615b BGB; §§ 411 Abs. 2, 441 Abs. 2 HGB; §§ 90 f. BSHG, § 7 UVG, 140 Abs. 1 AFG (dazu *BGH* NJW 1989, 3159 f.), § 141m AFG (→ dazu Rdnr. 14 b, 32), § 116 SGB X, § 94 KJHG. – Wegen des Regresses im Wechselrecht → § 265 Rdnr. 23; *OLG Hamburg* MDR 1968, 248; *Greilich* MDR 1982, 15 ff. (h.M.); dagegen *LG Münster* MDR 1980, 1030; *K.Schmidt* ZZP 86 (1973) 191 ff.; wohl auch *Thomas/Putzo*[18] Rdnr. 12 a.E. – Zum Erlöschen der Prozeßstandschaft nach § 1629 Abs. 3 BGB → Rdnr. 30.

[71] → Rdnr. 5 a.E., ebenso wie bei Pfändung u. Überweisung → Fn. 69; insoweit zutreffend *BGHZ* 92, 347, 349 f. = NJW 1985, 809 f. = JR 287 (*Olzen*) = JZ 341 (abl. *Brehm*). Ob Verlust u. Erwerb der Sachbefugnis auf einem Rechtsübergang beruhen, ist hingegen nicht entscheidend, vgl. *Becker-Eberhard* (Fn. 28) 442. → auch Rdnr. 31 Fn. 154.

hatte, an Z abgetreten oder nach § 835 dem Z als Gläubiger des G zur Einziehung überwiesen, so ist nicht nur der Titel des G gegen seinen Schuldner S (→ Fn. 69), sondern auch das Urteil des G gegen D unmittelbar nach § 727 auf Z umzuschreiben. Denn G war im Prozeß gegen D nicht nur Prozeßstandschafter für S gewesen (dessen Forderung gegen D weder auf G noch auf Z übergegangen ist), sondern hatte sein Pfändungspfandrecht aufgrund eigenen, materiellen **Einziehungsrechts** aus § 835 geltend gemacht[72], das mit der Abtretung entsprechend § 401 BGB bzw. mit der Überweisung gemäß §§ 835 f. auf Z übergeht und ihn insoweit zum Rechtsnachfolger des G werden läßt; mit der Umschreibung erlangt Z auch das Pfändungspfandrecht des G, → § 829 Rdnr. 80.

Die Nachfolge muß bereits *eingetreten* sein; das ist nach **§ 90 BSHG, § 7 UVG** und **§ 37 BAföG** erst mit der Leistung der Fall, während der Übergang rückständiger Bezüge nach **§ 141 m AFG** auf die Bundesanstalt für Arbeit schon mit der Antragstellung eintritt, auflösend bedingt durch die Ablehnung einer Zahlung von Konkurs(Insolvenz)ausfallgeld[73]. Eine Anordnung nach § 620 Nr. 4 ist insoweit jetzt als »Titel des Kindes« zu behandeln[74]. Bei *Erbfolge* kann die Klausel schon vor Annahme der Erbschaft[75], aber bis zur Auseinandersetzung wegen §§ 2032, 2039 BGB nur für alle Miterben gemeinsam, für einzelne Miterben nur mit einer dem § 2039 BGB entsprechenden Beschränkung erteilt werden[76]. Ist bei der Auseinandersetzung einem Erben die ganze Forderung zugewiesen, so ist ihm auf den Nachweis dieser Zuweisung die Klausel dafür zu erteilen[77]. *Vorerben* ist im Falle des § 2114 S. 2 BGB die Klausel nur mit der Einschränkung zu erteilen, daß zu hinterlegen ist[78], falls nicht wie → Rdnr. 37 Einwilligung des Nacherben oder Befreiung gemäß § 2136 BGB nachgewiesen wird[79]; zur Nacherbschaft s. § 728. Anstelle des Erben kann auch der *Nachlaßpfleger* die Ausfertigung verlangen[80]. Wegen des Testamentsvollstreckers s. § 749, wegen des Nachlaßverwalters → Rdnr. 28. Daß der verstorbene Gläubiger durch einen Prozeßbevoll-

14b

---

[72] → Rdnr. 36 vor § 50, § 835 Rdnr. 25.
[73] *BAG* NJW 1983, 592; anders im Falle § 9 BetrAVG *BGH* aaO 120. – Zu §§ 90 f. BSHG, § 7 UVG (auch zur Fassung der Klauseln) u. § 37 BAföG *Helwich* Rpfleger 1983, 227 f., bezüglich **Unterhalts** überholt durch § 91 BSHG nF (BGBl. 1993 I 944), wonach jetzt Übergang kraft Gesetzes eintritt. Wegen der vom Übergang ausgeschlossenen Ansprüche (§ 91 Abs. 1 BSHG) s. *Münder* NJW 1994, 495. **Überleitungsanzeigen** nach § 90 Abs. 2 BSHG dürfen vor Rechtshängigkeit erfolgt sein → Fn. 59; *OLGe Karlsruhe* FamRZ 1981, 72[55]; *Zweibrücken* FamRZ 1987, 736 = DAVorm 452. Zum Zeitpunkt der Überleitungsanzeige s. *KG* OLGZ 1976, 134 = FamRZ 545; sie ist bei Herauf- oder Herabsetzung der Leistungen nicht erneut nötig *OLG Hamm* (Fn. 59). **Rechtswahrungsanzeige** ermöglicht nach § 90 Abs. 3 BSHG rückwirkenden Übergang ab Hilfeleistung (früher ab Sozialhilfebescheid *BGH* MDR 1985, 745 = FamRZ 793); zu ihren Voraussetzungen *BGH* DAVorm 1988, 416 f. Über Nachweise → Fn. 209. Für § 7 UVG bedarf es keiner Überleitungsanzeige *OLG Zweibrücken* DAVorm 1987, 373, für § 7 Abs. 2 UVG keiner Rechtswahrungsanzeige, soweit schon die Voraussetzungen des § 1613 Abs. 1 BGB geschaffen wurden *OLG Stuttgart* NJW-RR 1993, 580 = FamRZ 227 = Rpfleger 1993, 167 f. gegen *Helwich* aaO; zust. *Zöller/Stöber*[18] Rdnr. 21. Hatte das Sozialamt Hilfe zum Lebensunterhalt geleistet u. ist der Anspruch gegen das Land gemäß §§ 90, 91 BSHG übergegangen, so genügt für § 7 UVG auch die Zahlung des Landes an das Sozialamt statt an den Unterhaltsberechtigten *OLG Hamm* DAVorm 1983, 313. Zur Durchsetzung der Ansprüche im Ausland *Galster* IPRax 1990, 146 ff.
[74] → § 620 Rdnr. 6 Fn. 46. Auch nach früherem Recht

stand dem Übergang nicht entgegen, daß die Behörde unrichtig auf elterliche Titel geleistet hatte *BGH* NJW 1986, 3082 = DAVorm 722.
[75] *Reichel* FG für Thon (1911) 159 f.; *Wolfsteiner* (Fn. 21) Rdnr. 14. Nachweis möglich durch öffentliches Testament oder Erbvertrag; a.M. *Stöber* (Fn. 44) Rdnr. 4.
[76] *Kreß* Erbengemeinschaft (1903) 72 f.; *Wolfsteiner* (Fn. 21) Rdnr. 14.
[77] Befriedigt ein Miterbe den Nachlaßgläubiger, so kann er wegen seines nach Entstehung u. Höhe noch ungewissen Ausgleichsanspruchs keine Umschreibung für sich gegen die anderen Miterben im Verhältnis der Erbteile nach § 727 verlangen, *BayObLG* NJW 1970, 1802; *Gaul* (Fn. 21) § 16 V 2 a cc.
[78] → dazu Rdnr. 5 vor § 803.
[79] Entgegen *Wolfsteiner* (Fn. 21) Rdnr. 20 werden Titel in solchen Fällen kraft Gesetzes nicht »unbestimmt«, sondern der bisher bestimmte Inhalt wandelt sich in einen anderen bestimmten um.
[80] *LG Stuttgart* Justiz 1994, 87. Trotz seiner Stellung als gesetzlicher Vertreter (→ Rdnr. 48 vor § 50) hat die Klausel auf seinen Namen zu lauten bei Titeln für oder gegen den Verstorbenen *OLG Kiel* OLGRsp 2 (1901), 128; *BayObLG* Büro 1991, 1565 f. mwN; *Wolfsteiner* Die vollstreckbare Urkunde (1978) Rdnr. 46.15. Denn im Falle des § 1960 Abs. 1 S. 2 BGB können Erben ohnehin nicht namentlich benannt, aber von vornherein vertreten werden, → Rdnr. 45. S. auch *Blomeyer* ZwVR § 34 I 1. – A.M. *AG Hamburg* DGVZ 1992, 43, weil Bestallungsurkunde genüge neben Titel für Erblasser; jedoch ersetzen die in §§ 727, 750 Abs. 2 genannten Nachweise auch sonst nicht die Parteibezeichnung in der Vollstreckungsklausel.

mächtigten vertreten war, macht trotz § 86 nicht die Umschreibung, sondern nur eine neue Vollmacht entbehrlich[81].

15 Bei der *OHG* ist der Fall des § 142 HGB Gesamtnachfolge[82]. Nach Auflösung der Gesellschaft ohne Liquidation[83] ist der Übernehmer der *Aktiven* Rechtsnachfolger[84], ebenso der Zessionar von Forderungen einer aufgelösten Gesellschaft gemäß § 705 BGB, mag er auch vorher als Gesellschafter noch zur Geltendmachung befugt gewesen sein[85]. Wegen der Übernahme der Passiven und zur etwaigen Haftung früherer Gesellschafter → Rdnr. 4 a. E., 19. Zum *Wechsel von Gesellschaftern* → Rdnr. 11.
Eine Überleitung des Verwaltungsbeitreibungsverfahrens auf private Gläubiger ist ausgeschlossen, → Rdnr. 8 vor § 704.

16 2. Auf der **Schuldnerseite** ist die Klausel zu erteilen gegen den *allgemeinen Rechtsnachfolger*[86], den *Erwerber* und den *unmittelbaren Besitzer* der im Streit befangenen Sache, soweit das Urteil nach § 325 gegen sie wirksam ist. Im einzelnen → die Bem. zu § 325, die hier nur ergänzt werden.

17 a) Die Rechtsnachfolge muß **seit der Rechtshängigkeit**[87] eingetreten sein → § 325 Rdnr. 14 f. Wegen des Zeitraums bis zur Beantragung des Vollstreckungsbescheids → § 699 Rdnr. 7[88] und wegen *anderer Titel* → § 795 Rdnr. 7. Die in §§ 407 Abs. 2, 408, 413 BGB enthaltene Ausnahme zuungunsten des neuen Gläubigers im Falle der Abtretung bezieht sich nicht auf die Vollstreckbarkeit (»gegen sich gelten lassen«)[89]; die etwa im Urteil enthaltene Verurteilung des alten Gläubigers in die Kosten ist daher nicht gegen den neuen Gläubiger vollstreckbar. Der Tod des Schuldners *nach* Beginn der Vollstreckung macht dagegen eine neue Klausel nicht erforderlich, § 779.

18 b) Der Begriff **Rechtsnachfolge** bestimmt sich auch hier nach dem zu → § 239 Rdnr. 16 ff., § 265 Rdnr. 11 ff., Rdnr. 19 ff., § 325 Rdnr. 19 ff. Ausgeführten. Rechtsnachfolger sind insbesondere *Eigenbesitzer* aufgrund vermeintlichen Erwerbs[90], nach h. M. auch *Erwerber störender Sachen*, falls der Anspruch gemäß § 1004 nicht von dessen Verhalten abhängt[91]. Zur (Teil)rechtsnachfolge des Vollstreckungsgläubigers vor und nach Überweisung eines gepfändeten Rechts → § 829 Rdnr. 87, § 835 Rdnr. 24. Zieht ein allein als *Mieter* aufgetretener Ehegatte nach Rechtshängigkeit der nur gegen ihn gerichteten Räumungsklage aus und überläßt er die Wohnung unter Fortzahlung des Mietzinses oder der Nutzungsentschädigung dem anderen Ehegatten, so kann die Klausel gegen diesen umgeschrieben werden[92]. Anord-

---

[81] *OLG Dresden* SeuffArch 43 (1888), 473.
[82] *Wolfsteiner* (Fn. 21) Rdnr. 15. → auch § 736 Rdnr. 1 a. E.
[83] → § 239 Rdnr. 4 ff.
[84] Vgl. auch *OLGe Braunschweig* OLGRsp 23 (1911), 206; *München* DB 1989, 1918.
[85] *LG Hannover* AnwBl 1972, 133 (Auflösung einer Anwaltssozietät unter Aufteilung der Kostenforderungen nach deren Rechtshängigkeit).
[86] Zur Erbfolge → Rdnr. 14. S. auch *BGH* MDR 1956, 542 = ZZP 69 (1956), 285 (→ Fn. 59 a. E.); *Loritz* ZZP 95 (1982) 324 zu d. Wegen der Rückwirkung gemäß § 1953 BGB ist nach Ausschlagung durch den Schuldner der endgültige Erbe nicht Nachfolger des Schuldners, sondern des Erblassers *BGH* NJW 1989, 2886.
[87] → Fn. 59. Wegen Erbfolge vor Rechtshängigkeit, die erst im Rechtsstreit bekannt wird, → § 50 Rdnr. 43 u. *OLG Breslau* JW 1929, 1600 (krit. *Heinsheimer*); *LG Frankfurt a. M.* Rpfleger 1991, 426. S. auch *BGH* (Fn. 86).
[88] Keine Umschreibung des Vollstreckungsbescheids, wenn der Schuldner schon vor Erlaß des Mahnbescheids verstorben (*LG Oldenburg* JurBüro 1979, 1718) oder in diesem falsch bezeichnet war *LG Gießen* JurBüro 1982, 1093.
[89] A. M. *Eccius* Gruch. 50 (1906), 493 f.
[90] → § 325 Rdnr. 19; *BGH* NJW 1991, 2421.
[91] *Baur* (Fn. 17) 26 ff.; *Brehm* JZ 1972, 255; *Schilken* Veränderungen der Passivlegitimation usw. (1987) 51 ff.; *Wolfsteiner* (Fn. 21) Rdnr. 33; grundsätzlich auch *OLG Düsseldorf* NJW 1990, 1000 (dort aber verneint). Abl. wegen Abgrenzungsschwierigkeiten *Grunsky* ZZP 102 (1989), 128; vgl. z. B. *OLG Köln* MDR 1972, 332 (kommt es beim Verbot der Taubenhaltung auf die Identität der Tiere oder auf Verhalten des Schuldners an?).
[92] *LGe Mannheim* NJW 1962, 815 f. = DGVZ 1963, 105; *Münster* MDR 1973, 934 = Büro 1106 mwN; *Bruns/Peters*³ § 9 II 2; *Gaul* (Fn. 21) § 16 V 2 b bb; *Stöber* (Fn. 44) Rdnr. 17; a. M. *Rheinspitz* NJW 1962, 1402. Die grundsätzlich erforderliche Mitverurteilung (§ 325 Rdnr. 27) hilft nur gegen von vornherein Besitzende, gegen später Einziehende ist man auf §§ 325, 727 angewiesen, vgl. *LG Darmstadt* MDR 1960, 407⁹¹ (Überlassung an Schwiegersohn mit Familie).

nungen nach § 620 Nr. 7 sind auf das Innenverhältnis zwischen Ehegatten beschränkt und können daher nicht auf Dritte umgeschrieben werden[93].

Schuldübernehmer sind **nicht** Rechtsnachfolger[94]. Das gilt auch für juristische Personen im Verhältnis zu ihren Gründungsvereinigungen[95], für die nach § 28 HGB gegründete KG[96] sowie für den Übernehmer der Passiven einer aufgelösten *OHG* oder *KG* und für die haftenden früheren Gesellschafter, → Rdnr. 4 a.E., § 729 Rdnr. 7 und § 736 Rdnr. 10. Zu personellen Veränderungen in Gesellschaften → Rdnr. 11, § 736 Rdnr. 2, 9.   **19**

Im Falle des § 556 Abs. 1 BGB ist der **Untermieter** zwar nicht Rechtsnachfolger des Mieters, zumal er nach § 556 Abs. 3 BGB *neben* diesem auf Rückgabe haftet, also nicht einmal ein befreiender Schuldübergang eintritt[97]. Wird er aber erst nach Rechtshängigkeit[98] *Besitzmittler* des Mieters, so ist die Sache **streitbefangen** nicht nur insoweit, als der Vermieter die Herausgabeklage auf seine *dingliche* Rechtsstellung stützt[99], sondern auch hinsichtlich des (regelmäßig zugleich geltend gemachten) schuldrechtlichen Herausgabeanspruchs[100]. Die Klausel kann daher nach §§ 325, 727 gegen ihn erteilt werden[101]. – Zum *Betriebsübergang* (§ 613a BGB) → Fn. 94 a.E.   **20**

Der durch *verbotene Eigenmacht* erlangte Besitz ist nicht vom bisherigen Besitzer abgeleitet und begründet deshalb keine Besitznachfolge[102]. Die Sachherrschaft des *Besitzdieners* ist   **21**

---

[93] *OLG Hamm* FamRZ 1987, 509; *Stöber* (Fn. 44) Rdnr. 17.
[94] → § 325 Rdnr. 30, auch zur älteren Lit, zu § 265 *BGHZ* 61, 140 = NJW 1973, 1700 = WPM 1121; für Schuldbeitritt *BGH* Rpfleger 1974, 260 mwN; Rechtsnachfolge verneinen auch *Loritz* (Fn. 86) 334; *Schilken* (Fn. 91) 11ff., 32 (anders für Vertragsübernahme); *Stürner* (Fn. 33) Rdnr. 250; *Brox/Walker*[4] Rdnr. 118; *Bruns/Peters*[3] § 9 II 2; *Henckel* ZZP 88 (1975), 329; *Jauernig* ZwVR[19] § 4 III 1; *Thomas/Putzo*[18] Rdnr. 13; *Wieczorek*[2] Anm. C III b; für befreiende Übernahme *Rosenberg/Schwab/Gottwald*[15] § 102 II 2 mit § 156 II 2b. – **Für Erstreckung bei befreiender Übernahme** (unmittelbar oder entspr.Anw. des § 727 oder/und der §§ 729, 738) *Loritz* aaO (aber nur Schuldübernahme nach Rechtskraft analog §§ 729, 738); *KG* JW 1938, 1916; *OLG Schleswig* SchlHA 1959, 198 = JZ 668 (abl. *Sieg*); *Baumbach/Hartmann*[52] Rdnr. 1; *Bettermann* (Fn. 1) 134f.; *Wolfsteiner* (Fn. 21) Rdnr. 27; *Gaul* (Fn. 21) § 16 V 2b cc mwN; *Stöber* (Fn. 44) Rdnr. 16. Auch danach muß aber eine Schuldnachfolge ausscheiden, die nicht vom Urschuldner abgeleitet ist, *BGH* MDR 1975, 301[13] = WPM 144 = ZZP 88 (1975), 324. – **Für Erstreckung auch bei Schuldbeitritt, aber erst nach Rechtskraft** (z.T. nur für gesetzlich veranlaßten) *Bettermann* (Fn. 1) 134f.; *Gaul* aaO (analog §§ 729, 738, aber ohne Rechtskrafterstreckung); *Gottwald* aaO § 156 II 2b; *Wolfsteiner* (Fn. 21) Rdnr. 32. – Zum Sonderfall des **§ 613a Abs. 1 BGB** mit beachtlichen Gründen bejahend *BAG* BB 1977, 395 = DB 680 (zust. *Grunsky* SAE 1977, 225); AP 1979 § 325 Nr. 1 (zust. *Leipold*), dagegen *Schilken* aaO 39ff. Jedenfalls läßt *BAG* ZIP 1994, 901 Leistungsklage zu.
[95] → § 735 Rdnr. 5; *BayObLG* MDR 1988, 418. Es liegt auch weder Gesamtnachfolge noch ein Fall des § 729 vor, zumal nicht alle von den Gründern eingegangenen Verbindlichkeiten ohne weiteres auf die eingetragene Gesellschaft übergehen; vgl. §§ 41 AktG, 11 GmbHG. Die wohl h.M. nimmt eine unmittelbare Verpflichtung der juristischen Person aus *vor* ihrer Gründung abgeschlossenen Rechtsgeschäften nur bei satzungsgemäßen u. notwendigen Geschäften an; sonst muß das Geschäft später »übernommen« werden, *BGHZ* 17, 385 = NJW 1955, 1229 (Genossenschaft) u. *BGHZ* 53, 212 = NJW 1970, 806 (AktGes, GmbH). Wegen der **bei** Gründung eingegangenen Verbindlichkeiten vgl. *BGHZ* 45, 347 = NJW 1966, 1312. – Anders nur, wenn ein vorher nicht rechtsfähiger Verein oder eine Vorgesellschaft die Rechtsfähigkeit erlangt → Rdnr. 11, §§ 55, § 735 Rdnr. 4a.
[96] *BGH* Rpfleger 1974, 260 (*Eickmann*) = WPM 395.
[97] Allg. M. *MünchKommBGB-Voelskow*[2] § 556 Rdnr. 27 mwN; *Berg* NJW 1953, 30. Andernfalls scheidet § 727 aus *Gaul* (Fn. 21) § 16 V 2b bb; *Schilken* (Fn. 91) 75ff., 81ff.; *Wolfsteiner* (Fn. 21) Rdnr. 36. – A.M. *Bettermann* (Fn. 1) 218ff.; *A.Blomeyer* ZwVR § 15 IV 5. Aber dann würde der Untermieter über § 325 hinaus vor dem Zeitpunkt des § 767 Abs. 2 entstandene Einwendungen verlieren, z.B. wenn ihm der Vermieter den Abschluß eines Mietvertrags versprochen hatte oder wenn eine Kollusion zwischen Mieter und Vermieter stattgefunden hatte, s. *Kuttner* Nebenwirkungen (1908) 113f.
[98] → § 265 Rdnr. 12; *Berg* NJW 1953, 30; vgl. auch *Planck* BGB[4] § 556 Anm. 3d.
[99] → § 325 Rdnr. 27; *Grunsky* (Fn. 64) 214, 255; *Schilken* (Fn. 91) 89; *Wolfsteiner* (Fn. 21) Rdnr. 35; a.M. insoweit z.B. *Berg* (Fn. 97).
[100] *Schilken* (Fn. 91) 75ff., 86ff.; *Wolfsteiner* (Fn. 21) Rdnr. 36; i.E. h.M. (zumindest entsprechend §§ 325, 727) *LG Karlsruhe* NJW 1953, 30; *Berg* (Fn. 97) 89; *Gaul* (Fn. 21) § 16 V 2b bb; *Wieczorek*[2] Anm. C III a 2; *MünchKommBGB-Voelskow*[2] § 556 Rdnr. 35; *Soergel/Kummer* BGB[11] § 556 Rdnr. 27; *Staudinger/Sonnenschein* BGB[12] § 556 Rdnr. 23; – **A.M.** *RGRK-Gelhaar* BGB[12] § 556 Rdnr. 23; *Baur/Stürner*[11] Rdnr. 660; *Bruns/Peters*[3] § 9 II 2; krit. auch *Zeuner* FSf. Felgentraeger (1969) 427f. Erkennt man aber die Streitbefangenheit nur hinsichtlich des dinglichen Anspruchs an, so zwingt man das Gericht, da ein nachträglicher Besitzwechsel nie ausgeschlossen werden kann, entgegen der üblichen Praxis zu einer doppelten Begründung und u.U. einer Verlängerung des Prozesses, obwohl er wegen § 556 Abs. 1 BGB entscheidungsreif ist; oder die Zulässigkeit der Klauselerteilung gegen den Untermieter würde vom Zufall abhängen, welche Klagegründe das Gericht bejaht hat.
[101] *A.M. Wolfsteiner* (Fn. 21) Rdnr. 33..

nach § 855 BGB rechtlich Besitz des Schuldners[103]; daher ist die Umschreibung hier unnötig. Ist ein Ehegatte, der in Gütergemeinschaft lebt, Rechtsnachfolger, so sind für die Vollstrekkung in das Gesamtgut die §§ 740 ff. anwendbar, so daß bei einer Gesamtgutverbindlichkeit die Klausel gegebenenfalls durch eine Verurteilung des anderen Ehegatten zu ergänzen ist[104].

22 c) Gegen den oder die **Erben des Schuldners** kann die Klausel für Nachlaßverbindlichkeiten[105] wegen § 1958 BGB erst erteilt werden, wenn der Ablauf der Ausschlagungsfrist des § 1944 BGB oder die Annahme der Erbschaft nachgewiesen wird[106], → § 792 Rdnr. 1. Solange dies nicht in der Form → Rdnr. 37 ff. möglich ist, kann nach §§ 1961 BGB ein *Nachlaßpfleger* bestellt werden, gegen den die Klausel nach § 1960 Abs. 3 BGB schon vor Annahme der Erbschaft zu erteilen ist[107]. Wegen der §§ 2014 f. BGB und der Geltendmachung der beschränkten Haftung → §§ 778 ff. mit Bem. Über *Nachlaßverwalter* → Rdnr. 28, *Testamentsvollstrecker* → § 749, *Erbschaftskäufer* → § 729 Rdnr. 5. International bestimmt sich die Rechtsnachfolge nach Art. 25 Abs. 1 EGBGB[108].

23 *Mehrere* Erben haften zunächst als Gesamtschuldner. Die Klausel für Titel gegen den Erblasser ist also gegen alle Miterben oder, wenn nur dies beantragt wird, gegen einzelne von ihnen zu erteilen[109]. Die Vollstreckung in den ungeteilten Nachlaß ist aber nur mit einer gegen alle Erben lautenden Klausel zulässig, § 747. Rechte einzelner Miterben nach § 2059 BGB und die Teilhaftung nach § 2060 BGB[110] sind nach §§ 767 (785 f.) geltend zu machen[111].

24 d) Nach § 325 Abs. 2 ist die Rechtskraftwirkung ausgeschlossen »**zugunsten derjenigen, die Rechte von einem Nichtberechtigten herleiten**«[112] mit Ausnahmen für rechtsgeschäftliche Erwerber des Grundstücks bei Ansprüchen aus eingetragenen Reallasten, Hypotheken, Grundschulden oder Rentenschulden, § 325 Abs. 3 S. 1[113], während ein Erwerb in der Zwangsversteigerung wiederum durch § 325 Abs. 3 S. 2 begünstigt ist[114]. *Der gute Glaube wird wie sonst vermutet*[115]; daß er nach dem Aufbau des § 325 als Ausnahme erscheint, hat nur die prozessuale Bedeutung, daß der angebliche gute Glaube nach § 768[116] vom Rechtsnachfolger *geltend gemacht* werden muß, um die Erteilung der Klausel zu verhindern[117]. Sie wird also ohne weiteres erteilt, wenn nur der objektive Hergang der Rechtsnachfolge bzw. des Besitzerwerbs nachgewiesen wird[118].

---

[103] → § 808 Rdnr. 7 ff., § 883 Rdnr. 29, § 885 Rdnr. 8.
[104] Vgl. noch zu §§ 739 ff. aF *BayObLG, LG München* BlfRA 73 (1908), 543 f. u. 205 f. – A.M. *Zeitlmann* BlfRA 73 (1908), 498 f.; *Becker* JW 1916, 1444; wohl auch *KG* OLGRsp 25 (1912), 233 f.
[105] Dazu gehören auch Verpflichtungen zur Abgabe von Willenserklärungen und zur Auskunft nebst Rechnungslegung u. eidesstattlicher Versicherung, BGHZ 104, 369 ff. = NJW 1988, 2729 = MDR 844[32]; *OLG München* MDR 1987, 416 = Rpfleger 110 = NJW-RR 649.
[106] Ganz h.M. *Reichel* (Fn. 75) 161; *Blomeyer* ZwVR § 15 III 1 Fn. 12; *Brox/Walker*[4] Rdnr. 118; *Gaul* (Fn. 21) 16 V 2 b aa; *Thomas/Putzo*[18] Rdnr. 13; → § 305 Rdnr. 1; a.M. *Wolfsteiner* (Fn. 21) Rdnr. 3.
[107] Wie zur Gläubigernachfolge → Fn. 80.
[108] *OLG München* (Fn. 105).
[109] *BayObLGZ* 70, 125 = NJW 1800 = Rpfleger 284 mwN.

[110] → § 780 Rdnr. 16 f. Vgl. *Eccius* Gruch. 43 (1899), 815 ff.
[111] *OLG Jena* ThürBl 58, 126 f.
[112] Zur Anwendung auf einstweilige Verfügungen s. *Baur* (Fn. 17) 27 f.; *Gaul* (Fn. 21) 16 V 2 b aa.
[113] → § 325 Rdnr. 32 ff. Zur Zwangshypothek → § 867 Rdnr. 34 a.
[114] → § 325 Rdnr. 44–46.
[115] RGZ 79, 169; 82, 35 ff.
[116] *Wolfsteiner* (Fn. 21) Rdnr. 38 (zutreffend gegen § 732, der noch in 20. Aufl. mitgenannt war).
[117] Versäumt er dies gegenüber einem Urteil auf Herausgabe, so kann er sein Eigentum dennoch durch Klage geltend machen, BGHZ 4, 284.
[118] RGZ 79, 168; *Stürner* (Fn. 33) Rdnr. 250; *Gaul* (Fn. 21) § 16 V 2 b aa; *Stöber* (Fn. 44) Rdnr. 26.

III. Entsprechende Anwendung

§ 727 ist entsprechend anzuwenden[119] auf den Eintritt oder die Beendigung der Stellung als **Partei kraft Amtes**[120]. Nach der Amtstheorie prozessiert sie für fremde Rechnung[121]; dies wird in § 728 Abs. 2 hinsichtlich der Verfügungsbefugnis wie Rechtsnachfolge behandelt und daher auch für § 727, ebenso wie für die Rechtskraft[122]. Gleiches gilt für eine Freigabe des Leistungsgegenstandes. Die Hauptfälle sind: 25

1. Der **Konkurs/Insolvenzverwalter**[123] bedarf einer auf ihn lautenden Klausel und erhält sie, wenn er ein vom Gemeinschuldner erwirktes Urteil vollstrecken will[124] oder gemäß § 13 aF (§ 16 nF) AnfG an die Stelle des Anfechtungsgläubigers tritt[125]. Ebenso der *frühere Gemeinschuldner*, wenn er nach dem Insolvenzverfahren das vom Verwalter erstrittene Urteil vollstrecken will[126] und dessen Gegenstand nicht gemäß § 166 KO (§ 203 InsO) in Anspruch genommen wird. In diesen Fällen ändert sich zwar nicht die Rechtsinhaberschaft, aber die materiellrechtliche Verfügungs- und Einziehungsbefugnis. Ein während des Insolvenzverfahrens vom Verwalter erwirkter Titel »kann« von ihm als Klauselinhaber zwar auch noch nach Verfahrensbeendigung vollstreckt werden[127], aber er »darf« es nur (§ 767), falls er den Anspruch oder ein diesen betreffendes Einziehungsrecht rechtsgeschäftlich (z.B. als Treuhänder) erworben hat[128]; nur wenn er bei der Vollstreckung als Rechtsnachfolger auftritt, bedarf es der Umschreibung auf ihn persönlich (d.h. nicht als Verwalter)[129]. *Aus- und Absonderungsberechtigte und Massegläubiger* bedürfen zur Vollstreckung eines gegen den (späteren) Gemeinschuldner ergangenen Urteils der Klausel gegen den Verwalter[130], und 26

---

[119] Darum geht es letztlich stets (vor allem für das Verfahren), mag auch der Anwendungsgrund auf weitere Vorschriften zu stützen sein, die ihrerseits wieder entsprechende Anwendung des § 727 vorschreiben; dies ist (durchaus klärenden) Kritik von *Loritz* (Fn. 86) 326 ff.

[120] → Rdnr. 25 ff. vor § 50, § 325 Rdnr. 55; *OLG Stuttgart* Büro 1990, 918 (Nachlaßkonkurs). Wie hier für das Amtsende *Becker-Eberhard* (Fn. 28) 429.

[121] → Rdnr. 32 vor § 50 (Amtstheorie), s. auch *KG* JurBüro 1986, 1883 = NJW-RR 1987, 3. Aber auch die Vertretertheorie sollte § 727 entsprechend anwenden *Jaeger/Henckel* KO⁹ § 6 Rdnr. 96 mwN auch zur Gegenansicht.

[122] § 325 Rdnr. 19 ff., 55 ff.

[123] → Rdnr. 62 vor § 704. Dazu *Rosenberg/Gaul*¹⁰ § 16 V 2 c cc; *Baur/Stürner* Bd.II Insolvenzrecht¹² Rdnr. 252. Krit. zum Folgenden *K.Schmidt* JR 1991, 309 ff. Er ordnet aaO 312 ff. den Übergang der Verfügungs- u. Einziehungsbefugnis nach §§ 6 f. KO u. ihren Rückerwerb nach Konkursbeendigung nur als »formales«, nicht materiellrechtliches Nachfolgemerkmal ein; → auch Fn. 124 sowie § 724 Rdnr. 11 Fn. 85.

[124] H.M., *OLGe Hamburg, Celle* OLGRsp 5 (1902), 340; 14 (1907), 161; *Breslau* JW 1918, 145; *LG Bremen* KTS 1977, 124 (L); s. auch *RGZ* 53, 10; *Henckel* (Fn. 121); *Gaul* (Fn. 123); *Loritz* (Fn. 86) 331 (analog § 728 Abs. 2) mwN. – A.M. *KG* LeipZ 1907, 296; *Jaeger/Lent* KO⁸ § 6 Anm. 20. – Will der Gemeinschuldner ein von ihm selbst erwirktes Urteil, das nicht die Masse betrifft, zu seinen Gunsten vollstrecken, so bedarf es nach h.M. keiner neuen Klausel, weil sich an der Verfügungs- u. Einziehungsbefugnis nichts geändert hat. *K.Schmidt* (Fn. 123) 312, 313 a.E. rügt dies als widersprüchlich, weil gerade dieser Ausnahmefall der Prüfung in einem Klauselerteilungsverfahren bedürftig sei. Dabei übersieht er wohl, a) daß der Gemeinschuldner im Titel von vornherein als Gläubiger genannt ist u. folglich nach § 750 Abs. 1 so lange vollstrecken kann, bis der Titelschuldner nach § 767 geltendmacht, daß die Ausnahme nicht gegeben ist, also materiell nur zugunsten der Masse vollstreckt werden darf → Rdnr. 46; b) daß es für Klauseln nach §§ 727 ff. immer, also auch hier eines Antrags bedarf: Hält der Verwalter die Masse doch für betroffen (Regelfall), so mag er den Antrag stellen. Zum etwaigen Streit zwischen Gemeinschuldner und Verwalter → Rdnr. 47 f.

[125] *RGZ* 30, 70; *Gaul* (Fn. 123).

[126] *OLG Kiel* u. *KG* OLGRsp 16 (1908), 322 u. 25 (1912), 219 (nach Zwangsvergleich); *LG Lübeck* DGVZ 1980, 140; *Henckel* (Fn. 121) § 6 Rdnr. 98; *Gaul* (Fn. 123). – A.M. *Lent* (Fn. 124); *K.Schmidt* (Fn. 123) 314 zu IV 1; *Petermann* Rpfleger 1973, 156 (nur wegen des Aufhebungsbeschlusses, falls der Konkursverwalter als solcher im Titel bezeichnet war).

[127] Falls er gegenüber dem ZV-Organ noch »als Verwalter« auftritt (zumal es sich um § 166 KO handeln könnte → § 240 Rdnr. 30, was das ZV-Organ nicht immer erkennen kann), s. *Münzberg* JZ 1993, 96 (III, V) zu BGH aaO 94 = NJW 1992, 2159 f. → auch § 724 Rdnr. 2.

[128] *BGH* (Fn. 127).

[129] *Münzberg* (Fn. 127), insoweit zutreffend *BGH* (Fn. 127).

[130] *OLGe München, Breslau* OLGRsp 22 (1911), 359; 35 (1917), 113; *OLG Stuttgart* NJW 1958, 1353; *Gaul* (Fn. 123); *Loritz* (Fn. 86) 330 (analog § 728 Abs. 2); *Henckel* (Fn. 121); a.M. *Lent* (Fn. 124). – Ob Masseschuld vorliegt, muß schon bei Klauselerteilung geprüft werden *LG Bonn* ZIP 1980, 263 f.; *Henckel* (Fn. 121); anscheinend *LG Frankfurt a.M.* Rpfleger 1987, 31 a.E. Gegen verfehlte Umschreibung zugunsten Insolvenzgläubiger helfen §§ 732/768 (→ § 732 Rdnr. 6), *OLG Hamburg* KTS 1983, 599 ff. – Keine entspr.Anw. für Ansprüche, die sich gegen den Gemeinschuldner höchstpersönlich richten u. daher nicht Insolvenzforderungen sind, so für Auskunftsanspruch als unvertretbare Handlung *OLG Düsseldorf* OLGZ 1980, 484.

ebenso zu einem während des Konkurses/Insolvenzverfahrens[131] *gegen* den Verwalter erstrittenen Urteil nach Verfahrensbeendigung[132] der Klausel gegen den früheren Gemeinschuldner[133]. Massegläubiger sind auch nach § 146 KO (§ 179 f. InsO) obsiegende Konkurs/Insolvenzgläubiger und Anfechtungsgegner hinsichtlich etwaiger Schadensforderungen nach § 717 Abs. 2 und jener Kostenbeträge, zu deren Tragung der Verwalter verurteilt ist. – Dagegen geht das Anfechtungsrecht selbst nicht auf den Gemeinschuldner über, → auch § 240 Rdnr. 37 f. Für *Konkurs/Insolvenzgläubiger* selbst gelten während des Verfahrens § 14 KO[134] (§ 89 InsO) und nach dessen Beendigung die §§ 164, 194, 206 KO (§§ 201, 259 InsO). Die Klausel für den Tabellenauszug gemäß § 164 Abs. 2 KO/§ 18 Abs. 2 GesO aufgrund bereits titulierter Forderung (arg. § 146 Abs. 6 KO/§ 179 Abs. 2 InsO) kann schon vor Verfahrensende erteilt werden aus den → § 724 Rdnr. 10 genannten Gründen[135], nicht aber jene für einen Zwangsvergleich nach § 194 KO[136].

27 Tritt lediglich ein *Wechsel in der Person des Verwalters* ein (Tod oder Entlassung), so kann das zwar entsprechend § 727 vermerkt werden[137], zumal man ihn sogar schon ohne Personenwechsel analog heranzieht[138]; aber nötig ist dies wegen § 81 Abs. 1 KO (§ 56 Abs. 2 InsO) in der Regel nicht[139].

28 2. Dem Konkurs/Insolvenzverwalter steht der **Nachlaßverwalter** (§§ 1981 ff. BGB) im Verhältnis zum Erben[140], der *Kanzleiabwickler* nach § 55 BRAO im Verhältnis zu den Erben des verstorbenen Anwalts[141], der **Zwangsverwalter** (§§ 152 f. ZVG) im Verhältnis zum Eigentümer[142] oder Konkurs/Insolvenzverwalter[143] gleich. Über *Testamentsvollstrecker* s. §§ 728 Abs. 2, 748 f., zum Nachlaßverwalter im Verhältnis zum Erblasser → § 749 Rdnr. 6 und wegen des »Vertreters« bei herrenlosen Grundstücken § 787. Zum Wechsel der verwaltenden Person → Rdnr. 27.

3. Vergleichbare Fälle.

29 a) Hatte nach früherem Recht der *Ehemann* ein nach § 1380 S. 2 (1525, 1550) aF BGB für und gegen die Frau wirksames Urteil erwirkt, so mußte nach Auflösung der Ehe oder Eintritt der Gütertrennung,

---

[131] Dem stellt *OLG Celle* NJW-RR 1988, 447 f. den Fall eines **trotz** Konkursbeendigung fehlerhaft noch gegen den Konkursverwalter ergangenen Urteils gleich (um diesem Wirksamkeit zu erhalten); s. dagegen *K.Schmidt* (Fn. 123) 325; *MünchKommZPO-Wolfsteiner* Rdnr. 25.

[132] Zu einer Umschreibung noch während des Konkurses, aber nach Freigabe s. *LG Hannover* KTS 1955, 123; zu § 265 bei Freigabe → dort Rdnr. 20; *OLG Nürnberg* ZIP 1994, 144.

[133] Die nur erteilt wird, wenn entsprechende Masse an den Gemeinschuldner gelangt ist *Henckel* (Fn. 121) Rdnr. 97 mwN; *OLG Celle* (Fn. 131); zur Haftungsbeschränkung auf dieses Vermögen → § 786 Rdnr. 7 ff. – A.M. *Lent* (Fn. 124).

[134] Gegen den Gemeinschuldner können sie die Klausel nach → § 724 Rdnr. 10, aber für sie scheidet die Umschreibung auf den Konkursverwalter »als wertlos« aus, arg. §§ 14, 138 KO, *OLG Königsberg* JW 1930, 1090; *Henckel* (Fn. 121) mwN. – A.M. anscheinend *OLG München* OLGRsp 22 (1911), 359.

[135] *Henckel* (Fn. 121) § 14 Rdnr. 35; ohne Rücksicht auf vorherige Titulierung *OLG Breslau* JW 1927, 534; nur für Rechtsnachfolger u. (eingeschränkte Klausel) für Absonderungsberechtigte nach § 10 ZVG, 47 KO *Lent* (Fn. 124) § 164 Rdnr. 7. Meinungsstand auch bei *Hansen* Büro 1985, 499. Er sieht aaO 502 f. wie *Lent* aaO die Konkursaufhebung zugleich als aufschiebende Bedingung i. S. d. § 726 Abs. 1 an (was sich nicht zwingend aus §§ 14, 164 KO ergibt) u. meint, wegen etwaiger Teilbefriedigung im Konkurs stehe erst dann der Betrag fest, was aber (wenn überhaupt) nur eine zur Beweislast des Schuldners stehende auflösende, nicht aufschiebende Bedingung sein könnte, → dazu § 726 Rdnr.10, § 767 Rdnr. 17.

[136] *OLG Braunschweig* Rpfleger 1978, 220.

[137] *LG Berlin* MDR 1970, 244. *OLG Breslau* OLGRsp 35 (1917), 113 hielt dies für nötig, ihm folgend noch die 19. Aufl.; abl. *Stürner* (Fn. 123) Rdnr. 251; *LG Essen* NJW-RR 1992, 576 = DGVZ 1991, 117.

[138] → Rdnr. 32 ff. und § 750 Rdnr. 24 f.

[139] *LG Essen* (Fn. 137); *Bruns/Peters*[3] § 9 II 4; *Jaeger/Henckel* (Fn. 121) Rdnr. 99; *Gaul* (Fn. 123); *K.Schmidt* (Fn. 123) 314.

[140] *H.M. Loritz* (Fn. 86) 329; *Staudinger/Marotzke* BGB[12] § 1984 Rdnr. 27; vgl. auch *Eccius* Gruch. 43 (1899), 623, der Nachlaßverbindlichkeiten ausnehmen wollte. – A.M. *OLG München* BlfRA 71, 491; *Staudinger/Lehmann* BGB[11] § 1984 Rdnr. 18.

[141] *LG Hamburg* MDR 1970, 429 = AnwBl. 77; *Gaul* (Fn. 123) § 16 V 2 c dd.

[142] Obiter *BGH* NJW 1986, 3206 ff. = Rpfleger 275; *OLG Düsseldorf* OLGZ 1977, 252 mwN (Umschreibung auf Eigentümer); *AG Schwartau* DGVZ 1976, 46 mwN (Umschreibung auf Zwangsverwalter); *Gaul* (Fn. 123) § 16 V 2 c dd. – A.M. *Petermann* (Fn. 126). – Ersteher oder Grundstücksgläubiger sind jedoch nicht Rechtsnachfolger des Zwangsverwalters → § 265 Rdnr. 25.

[143] *BGH* (Fn. 142).

obwohl eine Rechtsnachfolge i.e.S. nicht stattfand, auch die Klausel für und gegen die Frau erteilt werden, wie dies im umgekehrten Fall § 742 Abs. 1 aF bestimmte[144]. Wegen des Gesamtgutes s. §§ 743 ff.

b) Entsprechend wird bei *§ 1629 Abs. 3 BGB* nach dem Erlöschen der Prozeßstandschaft/ materiellen Sachwalterschaft des *Elternteils* für den Unterhalt des Kindes[145] diesem auf Antrag die Klausel erteilt[146]. Bis zur Umschreibung kann der Elternteil, dem die Klausel erteilt war, nicht nach § 766[147], sondern nur gemäß § 767[148] oder nach h.M. im Falle § 620 Nr. 4 gemäß § 256[149] an der Vollstreckung gehindert werden; auch etwaige Pfändungspfandrechte gehen erst mit Umschreibung auf das Kind über[150]. Zur Prozeßstandschaft nach § 265 → Rdnr. 12 Fn. 64. 30

c) Der zugunsten eines *gewillkürten Prozeßstandschafters* ergangene Titel kann, falls die Prozeßführungsbefugnis mit materieller Einziehungsberechtigung verbunden war[151] und daher der Titel auf *Leistung an ihn selbst*[152] lautete, zwar zugunsten eines »Nachfolgers« in seine Rechtsstellung entsprechend § 727 umgeschrieben werden[153]. Jedoch liegt in solchen Fällen »Nachfolge« erst dann vor, wenn die Einziehungsbefugnis erlischt und daher nur noch dem Rechtsinhaber zusteht[154]. Lautet der Titel auf *Leistung an den Rechtsinhaber*, ohne daß dieser dadurch zum Vollstreckungsgläubiger wird[155], und besteht die materielle Einziehungsbefugnis des Prozeßstandschafters noch, so ist eine Umschreibung auf den Rechtsinhaber im Hinblick auf den Zweck des § 727, nach Titulierung erneute Klage zu vermeiden, höchstens dann (regelwidrig) vertretbar, falls der Prozeßstandschafter entweder noch keine Ausfertigung erlangt oder sie dem Rechtsinhaber übergeben hat[156]. Geht nach solcher Titulierung der Anspruch des Rechtsinhabers auf den Vollstreckungsgläubiger (ehemaliger Prozeßstandschafter) über, so ist diesem eine Klausel auf Leistung an ihn selbst zu erteilen[157]. 31

4. Nach h.M. ist ein gegen den *Bucheigentümer* erwirkter dinglicher Titel auf den nachträglich eingetragenen wirklichen Eigentümer umzuschreiben[158], jedoch nicht bei Änderung eines im Titel genannten Haftungsobjekts[159]. 31a

---

[144] *Haas* Gruch. 45 (1901), 38. – A.M. *Ullmann* AcP 91 (1901), 394f.; *Meikel* BlfRA 67, 214.
[145] Dazu BGH NJW-RR 1990, 323.
[146] → § 620 Rdnr. 6 d, § 620 a Rdnr. 10, 621 Rdnr. 20; *Becker-Eberhard* (Fn. 28) 438 f.; *Wolfsteiner* (Fn. 131) Rdnr. 9 Fn. 16 mwN. Wie → Rdnr. 26 kommt es hier nicht auf prozessuale Rechtslagen, sondern auf den Übergang der Verfügungsbefugnis/Einziehungsbefugnis an. Nach Umschreibung kann im Namen des Kindes nur vollstreckt werden, soweit noch Vertretungsmacht besteht.
[147] → Rdnr. 44; § 724 Rdnr. 2 Fn. 9; OLG München FamRZ 1990, 653 mwN; *Wolfsteiner* (Fn. 121) Rdnr. 9; **a.M.** OLG Frankfurt FamRZ 1983, 1268; → dagegen Rdnr. 38 Fn. 202 vor § 704.
[148] → § 767 Rdnr. 22 Fn. 216; OLG München (Fn. 147); *Wolfsteiner* (Fn. 131) Rdnr. 9 u. sachlich zutreffend, obwohl terminologisch unklar (→ § 724 Fn. 9) OLG Schleswig FamRZ 1990, 189 mwN.
[149] OLG Frankfurt FamRZ 1991, 1211, → dazu § 795 Rdnr. 11 f.
[150] → § 804 Rdnr. 8 f., 31 b.
[151] → Rdnr. 45 vor § 50.
[152] → Rdnr. 45 Fn. 168 vor § 50.
[153] *Heintzmann* (Fn. 28) 68 f.; *Olzen* JR 1985, 289; a.M. *Baumbach/Hartmann*[52] Rdnr. 21; LG Hannover NJW 1970, 436 (zust. Diester) lehnte die Umschreibung auf den neuen Verwalter einer Wohnungseigentümergemeinschaft ab; es ist jedoch nicht ersichtlich, ob er dort Leistung an sich verlangt hatte. Zur entspr.Anw. der §§ 239, 242 → § 239 Rdnr. 9.
[154] Andernfalls fehlt es an der in § 727 vorausgesetzten Änderung einer Rechtslage, → Rdnr. 5 a.E., Rdnr. 14 Fn. 71; *Becker-Eberhard* (Fn. 28) 441 ff.; für Urteile zugunsten des Sicherungszedenten *Brehm* KTS 1985, 5 für offene u. 11 für verdeckte Prozeßstandschaft; im Ergebnis auch *Heintzmann* (Fn. 28) 68 ff. – *Wolfsteiner* (Fn. 21) Rdnr. 10 u. *Gaul* (Fn. 123) § 16 V 2 c ee stellen nur auf Prozeßermächtigung ab (insoweit ist die Ablehnung der Umschreibung richtig), ohne auf einen Wegfall der materiellen Einziehungsbefugnis einzugehen.
[155] → § 724 Rdnr. 8 a bei Fn. 55.
[156] So *Becker-Eberhard* (Fn. 28) 443, weil dann ZV durch Prozeßstandschafter sicher ausgeschlossen sei. – Anders BGH JZ 1983, 150 f. = NJW 1678 = MDR 308 f.: Es genüge Verzögerung oder Ablehnung der ZV; zust. *Gaul* (Fn. 123) § 16 V 2 c ee (wenn Titel sonst nicht durchsetzbar wäre); *Loritz* (Fn. 86) 332 f. Aber rechtsgeschäftliche Ermächtigung kann widerrufen werden, was Umschreibung ermöglicht *Brehm* KTS 1985, 5.
[157] Denn auch dies ist »Rechtsänderung« (→ Rdnr. 5 a.E.) u. begründet schutzwürdiges Interesse daran, daß nicht mehr an den laut Titel Empfangsberechtigten geleistet wird LG Mannheim Rpfleger 1988, 490, zust. *Stöber* (Fn. 44) Rdnr. 13.
[158] OLG Hamm Rpfleger 1990, 215 zu § 1148 BGB mwN; *Palandt/Bassenge*[53] § 1148 Rdnr. 2. Aber es fehlt eine Rechtsänderung (→ Rdnr. 5 a.E.): Erlangung der Grundbuchposition ist für den ohnehin Berechtigten kein Erwerb, mag sie auch für § 812 BGB ausreichen; abl. auch *Wolfsteiner* (Fn. 131) Rdnr. 34. Daß der Eigentümer sich **vor** der Grundbuchberichtigung nur nach § 771 gegen die ZV wehren könnte, *Jauernig* BGB[7] § 1148 Anm. 2, recht-

IV. Klarstellende Umschreibung bei Einzelfirma

32 Ist im Urteil der klagende oder verklagte **Einzelkaufmann** mit seiner **Firma** bezeichnet[160], § 17 Abs. 2 HGB, so wird dadurch eine Vollstreckbarkeit nur für oder gegen ihn, nicht gegen den jeweiligen Inhaber begründet, da die Firma kein Rechtssubjekt ist[161]. Ein *neuer Inhaber ist Dritter*; gegen ihn darf nur vollstreckt werden, soweit die Klausel gemäß § 729 Abs. 2 erteilt ist[162]. Anderseits erlaubt das Urteil gegen denjenigen, für oder gegen den der Prozeß anhängig wurde[163], die Vollstreckung nicht nur in sein Handelsgeschäft, sondern in sein gesamtes Vermögen. Das gilt auch für § 866[164], obwohl die Zwangseintragung nur mit dem bürgerlichen Namen zulässig ist[165].

33 Deshalb kann die Angabe der Firma, ganz gleich ob der Titel auch den Inhaber nennt[166] oder ob die Firma zu Recht geführt wird[167], nur dann dem § 750 Abs. 1 genügen[168], wenn nach den Umständen keine Zweifel an der Person des Schuldners offen bleiben[169]. Die Identitätsprüfung obliegt in der Regel den Vollstreckungsorganen selbst, soweit das mit den ihnen zur Verfügung stehenden Mitteln möglich ist[170]. Insbesondere ist ihnen zuzumuten, aus den Akten, soweit sie ihnen ohne weiteres zugänglich sind[171], den Zeitpunkt der Rechtshängigkeit und die Person festzustellen, der die Klagschrift oder der Vollstreckungsbescheid zugestellt worden war. Letzte Zweifel können z.B. dadurch ausgeräumt werden, daß die Person, gegen die vollstreckt werden soll, sich selber als Firmeninhaber bekennt[172]. Ist aber neben der Firma ein unrichtiger Inhaber benannt, so darf nicht gegen den (nicht genannten) richtigen Inhaber vollstreckt werden[173].

34 Zuweilen übersteigt jedoch diese Prüfung die Kräfte des Vollstreckungsorgans[174], namentlich auch hinsichtlich der Berechtigung zur Firmenführung[175]. Es ist auch nicht seine Aufgabe, eigene Nachforschungen anzustellen, z.B. sich Gewißheit aus dem Handelsregister (§ 9 HGB) oder aus Prozeßakten[176] zu verschaffen, sondern die des Gläubigers[177]. Keinesfalls dürfen solche Unklarheiten zu Lasten des Schuldners gehen[178]. Verbleiben auch nur die geringsten Zweifel, wen der Titel als Schuldner behandelt, bestreitet z.B. der angebliche, im Titel nicht namentlich bezeichnete Schuldner, zur Zeit der Rechtshängigkeit Inhaber gewesen zu sein, so

---

fertigt nach Aufhebung des Zwangsversteigerungsverfahrens noch nicht die Klauselumschreibung.
[159] *LG Berlin* Rpfleger 1985, 159 (zust. *Witthinrich*).
[160] Dazu *Schüler* DGVZ 1981, 65 ff.; *Schuler* NJW 1957, 1537; *Noack* JR 1966, 18; *MDR* 1967, 639 u. DB 1974, 1369; *Eickmann* Rpfleger 1968, 382; *Petermann* Rpfleger 1973, 153.
[161] → § 50 Rdnr. 18.
[162] *OLG Dresden* OLGRsp 29, 228; *Goeppert* ZHR 1947, 280 f.; erst recht wenn der Titel den Namen des früheren Inhabers nennt, *LG Essen* DGVZ 1968, 38.
[163] *BayObLGZ* 1956, 218 = NJW 1800 = DNotZ 596 (Schweyer) = JZ 1957, 66 = Rpfleger 22; *OLG Dresden* (Fn. 162); *OLG Köln* JMBlNRW 1977, 138 f. = DB 1184 = BB 510; *LG Berlin* Rpfleger 1978, 106.
[164] *BayObLG* Rpfleger 1982, 466.
[165] *BayObLG* Rpfleger 1981, 192 → § 867 Rdnr. 10, 24.
[166] → Fn. 180.
[167] → Fn. 175.
[168] Bei der parteifähigen OHG genügt sie immer → Fn. 52 u. § 750 Rdnr. 19a.
[169] Besonders bei nicht oder nicht mehr im Handelsregister eingetragenen Firmen, vgl. *OLG Hamm* MDR 1962, 994 = DGVZ 1963, 27; *KG* Rpfleger 1982, 191; *OLG Köln* (Fn. 163); *OLG München* KTS 1971, 289; *LG Berlin* DGVZ 1964, 9; *LG Stuttgart* MDR 1968, 504 u. 19. Aufl. Fn. 68. S. auch *AG u. LG Kiel* DGVZ 1981, 173.

[170] *Winterstein* DGVZ 1985, 85 ff.; *RG* SeuffArch 90 (1936), Nr. 114; *AG Merzig* DGVZ 1975, 13. Bedenklich weit (Anhörung des Schuldners durch Grundbuchamt) geht *BayObLG* (Fn. 163), → auch Fn. 174 u. § 750 Rdnr. 22.
[171] → Fn. 176.
[172] → auch § 750 Rdnr. 24 Fn. 134.
[173] *LG Koblenz* Rpfleger 1972, 458. Falsche Angabe eines *Vertreters* schadet jedoch nicht → § 750 Rdnr. 20, auch wenn sie eine OHG vortäuscht, deren Firma der Schuldner laut Handelsregister schon vor Rechtshängigkeit allein fortführte; *LG Berlin* (Fn. 163).
[174] *OLG München* (Fn. 169) mwN (»kein Ermittlungsorgan«).
[175] Vgl. *KG* OLGRsp 1 (1900), 397; *LG Essen* Rpfleger 1968, 228 = DGVZ 38; *LG Mainz* DGVZ 1973, 170; *LG Ellwangen* DGVZ 1971, 120; *AG Bremen* Rpfleger 1955, 18 (Berner).
[176] Außer wenn sie greifbar sind, z.B. bei §§ 887 f., 890.
[177] *BayObLG* (Fn. 163). – A.M. *LG Ravensburg* NJW 1957, 1325.
[178] Bedenklich *KG* JR 1953, 144, denn dies begünstigt ZV gegen Dritte, denen mangels Prüfungspflicht der Vollstreckungsorgane u. des Gläubigers nicht einmal §§ 823, 839 BGB helfen würden; auch § 717 Abs. 2 gilt hier nicht.

bietet § 17 Abs. 2 HGB weder seinem Wortlaut noch seiner Tendenz nach[179] eine Handhabe, sich über § 750 Abs. 1 hinwegzusetzen[180]. Hat daher ein Gläubiger den Vorteil des § 17 Abs. 2 HGB, den Prozeß ohne Kenntnis des wahren Firmeninhabers beginnen zu können, genutzt, so sollte er bis zum Erlaß des Urteils oder Vollstreckungsbescheids den Inhaber festzustellen versuchen, wenn dies nicht ohnehin z. B. wegen einer Parteivernehmung[181] geschehen ist. Ist aber bis dahin die Beseitigung der Unklarheit nicht gelungen, so muß das Vollstreckungsorgan jedes weitere Vorgehen ablehnen und es dem Gläubiger überlassen, vom Gericht einen klarstellenden Vermerk (»Inhaber...«) auf der Klausel zur Person des Schuldners zu begehren[182]. Beantragt der vorsichtige Gläubiger von vornherein diesen Vermerk, so darf das nicht etwa mangels Rechtsschutzbedürfnisses abgelehnt werden mit der Begründung, das Vollstreckungsorgan könne die Identität prüfen[183]. Andererseits darf diese Möglichkeit – ebenso die Berichtigung nach § 319 – nicht dazu mißbraucht werden, einen vom Titel nicht gemeinten Schuldner neu einzuführen[184].

Bei **Änderung des Firmennamens** ist die entsprechende Anwendung des § 727 unnötig[185], **35** wohl aber zulässig[186].

V. Verfahren

Zur Zuständigkeit des Prozeßgerichts (auch international) → § 724 Rdnr. 7. Der *Rechts-* **36** *pfleger* erteilt die Klausel, wenn § 727 unmittelbar oder entsprechend gilt → § 730 Rdnr. 1, auch im Falle § 93 ZVG gegen Mitbewohner[187]; lediglich klarstellende Vermerke[188] darf aber der nach § 724 Abs. 2 zuständige Urkundsbeamte anbringen[189]. Zur Zuständigkeit der Notare, Gütestellen und des Jugendamts s. §§ 797 Abs. 2, 797a Abs. 1, 4 sowie § 60 Abs. 1 Nr. 1 KJHG, → § 797 Rdnr. 4.

Die Erteilung der Klausel setzt außer den allgemeinen Anforderungen[190] voraus, daß die **37** Tatsachen, welche die Wirksamkeit für oder gegen den Dritten begründen[191], entweder *offenkundig*[192], d. h. allgemein- oder gerichtskundig[193] sind, oder daß sie durch *öffentliche*[194] *oder öffentlich beglaubigte*[195] *Urkunden bewiesen* werden wie → § 726 Rdnr. 19; soweit *Erklärungen* nachzuweisen sind, → § 726 Rdnr. 20. Von Urkunden, die eingezogen oder für kraftlos erklärt werden können, sind grundsätzlich Ausfertigungen vorzulegen[196]; ebenso

---

[179] → § 50 Rdnr. 18.
[180] Vgl. *LG Mainz* DGVZ 1973, 170. Daß solche Zweifel stets bestünden, falls der bürgerliche Name im Titel fehlt, wurde entgegen *Petermann* Rpfleger 1973, 154 auch in der 19. Aufl. nicht behauptet.
[181] Vgl. auch *Schuler* NJW 1957, 1538.
[182] → Rdnr. 10; dies ist nicht »Umschreibung« auf bürgerlichen Namen – dagegen richtig *Stöber* (Fn. 44) Rdnr. 34 – sondern ein Zusatz zur Firma. Jetzt h. M. BayObLGZ 1978, 143 = Büro 1557 (gebührenfrei, auch bei Notar *OLG Bremen* Rpfleger 1989, 172f.); *OLG Frankfurt* Rpfleger 1973, 64[56] mwN = Büro 561, vgl. auch *OLG Hamburg* OLGRsp 29 (1914), 171. S. auch *KG* u. *AG* u. *LG Kiel* (Fn. 169). – Zur früheren Gegenansicht → 19. Aufl. Fn. 76.
[183] Wie hier *OLG Frankfurt* (Fn. 182); *Stöber* (Fn. 44) Rdnr. 33.
[184] → § 750 Rdnr. 23 f.
[185] LGe Berlin JW 1933, 2720; Ellwangen DGVZ 1965, 136, → auch § 750 Rdnr. 25 (Namensänderung).
[186] *OLG Hamburg* (Fn. 182); obiter *KG* OLGRsp 13 (1906), 153; *LG Ravensburg* (Fn. 177); *Pentz* NJW 1953, 1876.
[187] *OLG Hamm* (Fn. 30).
[188] → Rdnr. 34 f., § 750 Rdnr. 19, 24 f.

[189] *Schuler* NJW 1957, 1538 zu III.
[190] → §§ 724 Rdnr. 8 ff., 725 Rdnr. 5 ff.
[191] Zur Nachfolge in Ansprüche früherer Firmeninhaber s. *Schuler* (Fn. 189) 1539; zur Passivseite → Rdnr. 32, § 729 Abs. 2.
[192] Z.B. durch das am Gerichtssitz geführte Grundbuch, *LG Berlin* Rpfleger 1969, 395 (Umschreibung des Räumungstitels auf neuen Eigentümer). Schlüssige Darlegung ist Voraussetzung, genügt aber grundsätzlich nicht *OLG Bamberg* Büro 1992, 195; ebensowenig privatschriftliche Quittung auf öffentlicher Urkunde *KG* FamRZ 1985, 627 f.
[193] → § 291 Rdnr. 1 ff.
[194] §§ 415 ff. ZPO.
[195] → § 415 Rdnr. 8, § 435 Rdnr. 7. Zur Zustellung → § 750 Fn. 190, 198.
[196] Z.B. §§ 2361 f., 2368 BGB; aber nicht wegen Gutglaubenswirkung, so aber *MünchKommZPO-Wolfsteiner* Rdnr. 45 (sie ist jedoch unabhängig von Vorlage), sondern weil nur in Kraft befindliche Erbscheine und Testamentsvollstreckerzeugnisse Vermutungswirkungen auslösen können. Daher mag es vertretbar sein, eine beglaubigte Abschrift neuesten Datums genügen zu lassen; nur insofern zutreffend *LG Mannheim* Rpfleger 1973, 64: durch Notar (Nachlaßgericht) beglaubigte Erbscheinsabschrift.

Vollmachten wegen der Widerrufsmöglichkeit[197]. Andernfalls genügt grundsätzlich beglaubigte Abschrift. Nicht jede amtliche Beglaubigung ist eine »öffentliche«[198]. Privatschriftliche Erklärungen werden durch Beglaubigung ihrer Abschrift noch nicht zu öffentlich beglaubigten Erklärungen[199], Testamente gemäß § 2247 BGB durch die Niederschrift nach § 2260 Abs. 3 BGB noch nicht zu öffentlichen Urkunden[200]; diese Niederschrift genügt aber in Verbindung mit öffentlichem Testament[201].

37a Was nachzuweisen ist, bestimmt sich nach der Beweislast des Gläubigers (zur Gutgläubigkeit → Rdnr. 24). Dazu gehören Vertretungsmacht[202] oder Ermächtigung, falls ein anderer als der Urgläubiger die Nachfolge veranlaßt hat. Die Annahme einer Abtretungserklärung ergibt sich in der Regel schon schlüssig aus dem Antrag des Zessionars auf Klauselerteilung[203]. Zu § *426 Abs. 2* BGB verlangt die Rechtsprechung – anders als im ordentlichen Prozeß[204] – den Nachweis, daß nicht anstelle gleicher Anteile »ein anderes bestimmt« ist, § 426 Abs. 1 S. 1 BGB. So zwingt man den Gläubiger, falls der Urgläubiger nicht rechtzeitig den Anspruch zusätzlich formgerecht an ihn »abtritt«[205] oder die durch Umschreibung Beschwerten nicht auf Anhörung zustimmen → Rdnr. 18, oft wegen Beweisschwierigkeiten zur Klage nach § 731[206]. In den Fällen der §§ *90f. BSHG* sind nicht nur die für Unterhalt geltenden besonderen Voraussetzungen des § 91 Abs. 1 S. 1, Abs. 2 S. 1, Abs. 3 S. 1 BSHG (wegen der Ausschlußgründe des § 91 BSHG → Rdnr. 37b), bei anderen Leistungen der Zugang der Überleitungsanzeige und – für Leistungen in der Vergangenheit – der Rechtswahrungsanzeige[207], sondern auch die den Übergang der Ansprüche erst bewirkenden Zahlungen[208] in der vorgeschriebenen Form nachzuweisen[209], ebenso im Falle *§ 141 m AFG* nicht nur der Bewilligungsbescheid, sondern auch der Antrag[210].

37b Beweise *gegen* die Wirksamkeit der Nachfolge[211] bedürfen der gleichen Form[212]; andernfalls taugen sie nur für das Verfahren nach § 768. → § 415 Rdnr. 1–12, § 726 Rdnr. 19 ff. und wegen der Beschaffung der Urkunden durch den Gläubiger § 792. – Abgesehen vom Former-

---

[197] → § 726 Rdnr. 20 a. E.
[198] → § 435 Rdnr. 7; *LAG München* NJW-RR 1987, 957: Beglaubigung nach §§ 29f. SGB-X genügt nicht für § 727.
[199] *LAGe Frankfurt* Rpfleger 1985, 200; *München* (Fn. 198); *Düsseldorf* Büro 1989, 1018; *LG Zweibrücken* DNotZ 1975, 551.
[200] *KG* OLGRsp 26 (1913), 377f.
[201] Wie §§ 32 ff. GBO, *Wolfsteiner* (Fn. 196) Rdnr. 45 (aber *Rosenberg/Gaul*[10] § 16 V 3 lehnen nicht ausdrücklich ab).
[202] → dazu § 726 Rdnr. 20 a. E.
[203] *BGH* NJW 1976, 168[4] mwN.
[204] *Baumgärtel* Hdb der Beweislast[2] I 506 Fn. 1.
[205] Vgl. *OLGe Karlsruhe* MDR 1989, 363f.; *Bamberg* (Fn. 192); *Hamm* Rpfleger 1994, 73.
[206] *BayObLGZ* 1970, 125 = NJW 1800 = Rpfleger 284 mwN; *OLG Bamberg* (Fn. 192).
[207] *OLG Düsseldorf* FamRZ 1993, 583 (Verstoß gegen § 185). Zu *§ 7 UVG* → aber Fn. 73.
[208] Ebenso für § 67 VVG *OLG Saarbrücken* VersR 1989, 955, für § 37 BAföG *OLG Köln* FamRZ 1994, 52. Monatliche Zahlungen sind für §§ 90f. BSHG gesondert aufzulisten *OLG Düsseldorf* Rpfleger 1986, 392 = DAVorm 914.
[209] Z.B. Zeugnisurkunde (§ 418) der zahlenden Behörde mit Stempel u. Unterschrift unter Angabe der Höhe u. Art der Leistung (jetzt h. M.) oder notariell beglaubigte Bestätigung des Unterhaltsberechtigten über Höhe u. Zeit der empfangenen Beträge *OLG Stuttgart* FamRZ 1987, 82 = NJW-RR 1986, 1504 u. 1505 (= Rpfleger 438) mwN. Es genügen **nicht** den §§ 415, 418, auch nicht der Offenkundigkeit: EDV-Ausdruck (sog. Fallauszug) *OLG Stuttgart* aaO; *privatschriftlich* Quittierung auf Bewilligungsbescheid *KG* (Fn. 192); Abschrift in Akten des Vormunds *LG Berlin* DAVorm 1971, 162; Posteinlieferungsschein (beweist nur Absendung) *KG* Rpfleger 1974, 121; nur schriftliche Bestätigung des Unterhaltsberechtigten (oder seines Vertreters) *OLGe Hamburg* DAVorm 1983, 739; *Karlsruhe* FamRZ 1987, 852 unter Aufgabe von Justiz 1982, 161; *KG* FamRZ 1985, 627; *OLG Koblenz* FamRZ 1987, 83.
[210] *LAGe Düsseldorf, Frankfurt* (Fn. 199); a. M. *LAG Nürnberg* NZA 1994, 1056 (L).
[211] Dazu gehört auch der Untergang des Anspruchs *vor* Abtretung (→ aber Fn. 212); *nicht* die angeblich wirksame Abtretung oder Überweisung an Gläubiger des ZV-Gläubigers, denn diese müssen ihre Rechte selber wahren, *RGZ* 57, 328f. Über Befriedigung *nach* Abtretung (die mit den Problemen des §§ 407ff. BGB belastet sein kann) oder über sonstiges Erlöschen (etwa nach § 70 Abs. 3 aF EheG, *OLG Karlsruhe* OLGZ 1977, 121) ist nur nach § 767 zu entscheiden. Ausschlußgründe des **§ 91 BSHG** muß der Schuldner beweisen, falls ihn auch als vom Sozialhilfeträger Beklagter die Beweislast trifft (so *Künkel* FamRZ 1994, 548).
[212] *OLG München* Rpfleger 1974, 29, vgl. auch *KG* OLGRsp 25, 152 (Schuldner legte 1. Ausfertigung nebst Wechsel vor; jedoch läßt der Beschluß offen, wie das Zahlungsdatum vor Abtretung bewiesen wurde, dazu → Fn. 211). *Wolfsteiner* (Fn. 196) § 726 Rdnr. 35 verlangt nur Nachweise »in liquider Form« (insofern zutreffend, als Anhörung des Schuldners nicht zu § 768 gehörende Beweisaufnahmen gestattet).

fordernis gilt auch hier freie Beweiswürdigung[213], so daß z. B. die Nachfolge in eine Forderung oder in die Einziehungsbefugnis daraus gefolgert werden kann, daß der neue Gläubiger im Besitz der beglaubigten Abtretungserklärung[214] oder des Überweisungsbeschlusses[215] ist.

Geständnisse (§§ 288, 730) des Schuldners könnten zur Vermeidung von Prozeßkosten trotz mangelnder Kenntnis unrichtig abgegeben sein[216] und daher beim Wechsel auf der Gläubigerseite Interessen des Urgläubigers widerstreiten[217]; trotzdem sollte man sie wie → § 726 Rdnr. 19 zulassen[218], dann aber auch den Urgläubiger hören, der auch durch öffentlich beglaubigte oder protokollierte Erklärung Zustimmung erteilen[219] oder mit formgerechten Urkunden Gegenbeweis führen kann[220]; im übrigen kann er sich wehren wie → Rdnr. 47f. Trotz Geständnis bleibt der Rechtspfleger zuständig → § 726 Rdnr. 19. Über § 138 Abs. 3 → § 730 Rdnr. 3. – Mündliche oder schriftliche Erklärungen **Dritter** außerhalb des Verfahrens wahren jedoch nicht die Form des § 727. Zum (beschränkten) **Anerkenntnis** → § 730 Rdnr. 3. **38**

Wird die Klausel auf Grund der *Offenkundigkeit* erteilt, so muß dies nach **Abs. 2** in ihr *erwähnt* werden. Daß zum Beweis herangezogene *Urkunden*, erst recht *Geständnisse* ebenfalls zu erwähnen sind, folgt schon aus § 750 Abs. 2, denn sonst könnten Vollstreckungsorgane oft nicht feststellen, ob alle oder die richtigen Urkunden zugestellt sind[221]. **39**

Ist bereits eine vollstreckbare Ausfertigung für oder gegen die ursprünglichen Parteien erteilt, so ist entweder diese vorzulegen oder die neue Ausfertigung als weitere zu erteilen, → § 733 Rdnr. 3a. – Bei *Teilnachfolge* ist die Erteilung einer auf den Teilbetrag beschränkten Klauselerteilung zulässig → § 725 Rdnr. 2, wobei auf der bereits über das Ganze erteilten Klausel der Teilübergang einschränkend zu vermerken ist[222]. Wird eine *wiederholte Nachfolge* nachgewiesen, so genügt die Klauselerteilung für die letzte[223]. **40**

Wegen der *Wirkung von Verstößen* gilt das → § 726 Rdnr. 22ff. zur Wirksamkeit und Anfechtbarkeit der Klauseln und Vollstreckungsakte Bemerkte entsprechend[224]. **41**

Ob *devisenrechtliche Genehmigungen* erforderlich sind, ist schon bei Erteilung der Klausel zu prüfen, → § 724 Rdnr. 12. Wegen anderer Genehmigungen → § 726 Fn. 13, Rdnr. 146, 152 vor § 704. **42**

VI. Rechtsbehelfe

Über Rechtsbehelfe des *neuen Gläubigers* gegen die Verweigerung der Klausel nach § 727 → § 730 Rdnr. 4ff., über die des ursprünglichen oder neuen *Schuldners* gegen die Erteilung → § 732 Rdnr. 1ff. **43**

---

[213] Wie → § 726 Rdnr. 19 Fn. 125. Vgl. *LG Berlin* (Fn. 209) u. zur Auslegung *OLG Hamburg* Büro 1974, 1036 (Abtretung einer »Forderung aus dem Urteil« allein bedeute noch nicht Abtretung des Kostenerstattungsanspruchs).
[214] dazu Rdnr. 37a zu Fn. 203.
[215] S. auch *RG* (Fn. 211) u. → Rdnr. 47.
[216] Zumal ihm oft die Kenntnis fehlt *OLG Karlsruhe* Büro 1991, 275; vgl. *OLG Oldenburg* Rpfleger 1992, 490; *Schuler* NJW 1957, 1539 zu III 3; *Wolfsteiner* (Fn. 196) Rdnr. 43 will Geständnisse daher bei Gläubigernachfolge ganz ausschließen mangels Verfügungsbefugnis des Schuldners.
[217] Möglicherweise übersehen von *OLG Saarbrücken* Rpfleger 1991, 161, → dazu Fn. 219.
[218] *Münzberg* NJW 1992, 202f.; *OLGe Saarbrücken* (Fn. 217); *Hamm* Rpfleger 1991, 161; *Schleswig* Büro 1993, 184f.; obiter *Stuttgart* MDR 1990, 1021f. = 519f. Offenlassend *OLGe Bamberg* (Fn. 192); *Oldenburg* (Fn. 216).
[219] *Münzberg* (Fn. 218); *OLG Köln* Büro 1994, 310; *Schlosser* ZPR II Rdnr. 83 a.E. (falls nicht Gefahr im Verzug); erwogen auch von *LGen Ingolstadt* Rpfleger 1992,

491 = Büro 634; *Hamburg* Rpfleger 1994, 423. Daß der Nachfolger die dem Urgläubiger erteilte Ausfertigung vorlegt, dürfte nur genügen, wenn gesichert ist, daß sie ihm zu diesem Zwecke übergeben war. *OLGe Karlsruhe, Oldenburg* Justiz 1991, 124; Rpfleger 1994, 306 begnügten sich mit schriftlicher Erklärung des Anwalts der Urgläubigers (Form?), ebenso *OLG Braunschweig* Büro 1993, 240 (mit unklarem Hinweis auf Anhörung des Schuldners, der anscheinend keine Stellung nahm, → dazu → § 730 Rdnr. 3 Fn. 7).
[220] Insoweit zust. *Wolfsteiner* (Fn. 196) Rdnr. 53.
[221] H.M. Verstoß schadet jedoch nicht bei vollständiger Zustellung. – A.M. (unnötig) *LG Bonn* Rpfleger 1968, 125; *LG Lübeck* SchlHA 1971, 88; *KG* (→ § 726 Fn. 137).
[222] *KG* OLGZ 1976, 133 = FamRZ 545; *OLG Frankfurt* NJW-RR 1988, 511 (Rechtsnachfolge nur bezüglich Grundschuld, nicht in persönliche Schuld); *OLG Köln* Rpfleger 1994, 172f. = Büro 613.
[223] *LG Mannheim* WuM 1960, 43 = ZMR 215.
[224] Zum Widerspruch nach § 878 gegen anfechtbare oder prozessual geheilte PfändPfandRe in solchen Fällen → § 878 Rdnr. 13ff.

§ 727 VI   Erster Abschnitt: Allgemeine Vorschriften

44   Für das **Verhältnis des ursprünglichen Gläubigers zum neuen** gilt folgendes:
1. Beantragt der *ursprüngliche Gläubiger* die Klausel nach § 724, so ist sie ihm auch dann zu erteilen, wenn die Veränderung der materiellen Rechtslage offenkundig ist[225]. Denn der ursprüngliche Gläubiger behält das prozessuale Recht auf Vollstreckung so lange, als es nicht vermöge der neuen Klausel auf den neuen übergegangen[226] oder ihm nach § 767 entzogen ist → Rdnr. 46. Dies gilt auch für die einer Rechtsnachfolge gleichstehenden Tatbestände → Rdnr. 25 ff. und für den Konkurs (die Insolvenz) des Gläubigers[227]. Der Beginn der Vollstreckung durch den ursprünglichen Gläubiger kann zwar nicht nach § 766 gerügt werden[228], macht aber andererseits die Umschreibung weder unzulässig noch für den neuen Gläubiger entbehrlich[229], abgesehen von § 779.

45   Ein im Falle des § 265 Abs. 2[230] nach der Relevanztheorie ergehendes **Urteil zur Leistung an den Rechtsnachfolger** stellt zwar die Leistungspflicht des Beklagten fest, aber weder im Tenor noch in den Gründen, daß der Kläger nunmehr eine **materiellrechtliche** Forderung auf Leistung an den Rechtsnachfolger habe[231] oder daß er selbst zur Einziehung materiellrechtlich ermächtigt sei, noch entscheidet es rechtskräftig darüber, ob der benannte Dritte der wahre Rechtsnachfolger ist[232]. Daher folgte die 20. Aufl. noch der Ansicht, die Klausel sei a) dem Kläger als Rechtsvorgänger überhaupt nicht, b) dem Dritten nur nach § 727 zu erteilen[233]. An der Ansicht zu b) wird festgehalten[234], jene zu a) wird aufgegeben, vor allem deshalb[235], weil nach ihr das Urteil, falls dem Rechtsnachfolger – wie oft – die Nachweise gemäß § 727 nicht zur Verfügung stehen, ohne Prozeß nach § 731 überhaupt nicht zu vollstrecken wäre[236].

45a   Einem nach § 265 Abs. 2 obsiegenden Kläger ist daher – gleichgültig, ob das Urteil auf Leistung an ihn selbst (Irrelevanztheorie) oder an seinen Rechtsnachfolger (Relevanztheorie) lautet – die Klausel nach § 724 zu erteilen[237], falls der Rechtsnachfolger sie noch nicht nach § 727 oder § 731 erhalten hat[238]. Beansprucht aber der Kläger als Rechtsvorgänger die ihm nach § 724 f. zustehende Klausel nicht[239] oder wird ihm die Befugnis zur Vollstreckung

---

[225] → § 732 Rdnr. 3; *Becker-Eberhard* (Fn. 28) 429. So z. B., wenn im Falle des § 265 Abs. 2 der Urteilstatbestand die Abtretung als unstreitig ausweist. Dann ist trotz Offenkundigkeit die Klausel nach § 724 dem Kläger zu erteilen. Aber der Beklagte kann, jedenfalls wenn das Urteil nach der **Irrelevanztheorie** auf Leistung an den Kläger lautet und dieser materiellrechtlich nicht zur Einziehung ermächtigt ist → Fn. 236, sofort ein Urteil wie → § 767 Fn. 340 erlangen, und zwar ungehindert durch § 767 Abs. 2, da ihm die Einwendung mangelnder Sachbefugnis rechtlich unmöglich war (→ § 767 Rdnr. 28), *Becker-Eberhard* aaO 433 f. Falls das Gericht der **Relevanztheorie** folgt, → Rdnr. 45 u. 46 Fn. 243.
[226] → Rdnr. 36, 38, 63a vor § 704; BGH NJW 1991, 840 mwN; unrichtig daher OLG Bremen NJW-RR 1989, 574 f. (Klauselinhaber sei wegen Abtretung »isolierter Vollstreckungsstandschafter«); bezüglich Klauselerteilung h. M. → auch Fn. 242. – A. M. (falls Verlust der ZV-Befugnis »absolut liquide« sei) *Wolfsteiner* (Fn. 196) Rdnr. 40 mwN aaO Fn. 86.
[227] → Rdnr. 63a vor § 704, § 724 Rdnr. 11.
[228] Denn »unzulässig« wird sie erst durch Urteil nach § 767 *Münzberg* NJW 1992, 1868; insoweit unrichtig OLG Frankfurt a. M. FamRZ 1983, 1268 → Rdnr. 38 Fn. 202 vor § 704 sowie unten Fn. 246.
[229] *Jacobi* ZZP 25 (1899) 467 f.
[230] Nicht hierher gehört der Fall, daß ein Zedent über eine *vor* Rechtshängigkeit abgetretene Forderung als *gewillkürter* Prozeßstandschafter ein Urteil auf Leistung an den Zessionar erstreitet, → Fn. 59.
[231] Ob er eine solche hat, ergibt sich möglicherweise aus einem der Rechtsnachfolge zugrundeliegenden Rechtsgeschäft, aber weder aus dem Tenor noch aus den (lediglich § 265 Abs. 2 folgenden) Gründen.
[232] → Fn. 64.
[233] → 20. Aufl. Fn. 121 mwN, u. a. *Kion* JZ 1965, 56 (mit § 265 an sich vereinbar, s. *Grunsky* ZZP 81 (1968) 292 f.) – KG JR 1956, 303 billigte die Klausel dem Vorgänger nach § 724 *und* dem Nachfolger gemäß § 727 zu.
[234] → Fn. 64.
[235] Daß der Urkundsbeamte nach Ansicht der 20. Aufl. auf die Entscheidungsgründe achten müßte, wäre wohl kein Systembruch; a. M. *Becker-Eberhard* (Fn. 28) 426 mwN.
[236] § 767 stünde einer ZV durch den Kläger nicht entgegen, falls der Nachfolger ihn materiellrechtlich zur Einziehung ermächtigt, → Rdnr. 38 Fn. 208 vor § 704.
[237] Jetzt ganz h.M., KG JR 1956, 304; *Gerhardt* (Fn. 28) 692; *Baur/Stürner* Fälle usw. ZwVR⁶ 7 f.; *Becker-Eberhard* (Fn. 28) 424 Fn. 42 mwN; *Gaul* (Fn. 201) § 10 II 3 cc; *Wolfsteiner* (Fn. 196) Rdnr. 8; *Stöber* (Fn. 207) § 724 Rdnr. 3; *MünchKomm ZPO-Lüke* § 265 Rdnr. 89.
[238] KG JW 1933, 1780. Gegen diese, wohl auch von BGH (Fn. 65) erwogene Einschränkung *Stürner* (Fn. 237), diesem folgend *Gaul* (Fn. 201) § 10 II 3 cc, weil die §§ 733 Abs. 3, 757 Abs. 1 genügend Schutz böten (richtig für § 883; der unmittelbare Schutz versagt aber, wenn ZV oder freiwillige Leistung die Ausfertigung nicht verbraucht, z. B. bei Forderungspfändung, → § 775 Rdnr. 2, so daß nur § 767 helfen würde).
[239] BGH (Fn. 65).

gerichtlich entzogen[240], so kann der Rechtsnachfolger die Klausel nach § 727 bzw. § 731 verlangen[241]. Wegen des Konkurses (Insolvenzverfahrens) → § 724 Rdnr. 10, 11.

Soweit hiernach trotz Rechtsnachfolge noch dem *ursprünglichen* Gläubiger die Klausel **46** erteilt worden ist, hat der **Schuldner** den Übergang nach § 767[242] geltend zu machen[243], während § 768 ihm nur die Klage gegen die Erteilung der Klausel zugunsten des *Rechtsnachfolgers* als neuen Gläubiger gewährt. Der **neue Gläubiger** dagegen könnte, wenn die Klausel dem alten vor oder nach dem Übergang erteilt war, zunächst nur eine zweite Ausfertigung wie → Rdnr. 40 verlangen, die aber in der Regel ohne Rückgabe der ersten schwerlich erteilt werden würde, weil sie den Schuldner gefährdet[244]. Der neue Gläubiger hat zwar, mindestens im Falle der Abtretung, einen privatrechtlichen Anspruch gegen seinen Rechtsvorgänger auf Aushändigung der diesem erteilten vollstreckbaren Ausfertigung[245], und im Falle der Pfändung und Überweisung einen vollstreckbaren Anspruch darauf gemäß § 836 Abs. 3; aber damit wird der Gefahr nicht vorgebeugt, daß inzwischen der ursprüngliche Gläubiger zum Schaden des neuen vollstrecken läßt[246].

2. Derselbe Konflikt entsteht, wenn die Klausel gemäß § 727 usw. für den *neuen Gläu-* **47** *biger erteilt* ist und der **ursprüngliche Gläubiger** ihm die Berechtigung bestreitet, z.B. die Ungültigkeit der Abtretung oder Pfändung behauptet, oder ein Ehegatte im Falle des § 742 den zu vollstreckenden Anspruch als Vorbehaltsgut bezeichnet, s. auch § 744 Rdnr. 4, ferner bei *Konkurrenz mehrerer Prätendenten*[247], z.B. wenn dem die Vollstreckungsklausel begehrenden Überweisungsgläubiger von dritter Seite eine zeitlich vorgehende Abtretung entgegengesetzt wird[248]. Nur wird in *diesen* Fällen ein privatrechtlicher Anspruch auf Aushändigung der vollstreckbaren Ausfertigung kaum zu konstruieren sein[249].

3. Die ZPO hat bei der Gestaltung der Rechtsbehelfe im achten Buche die → Rdnr. 46 f. **48** erwähnten Konflikte zwischen ursprünglichem und neuem Gläubiger offenbar übersehen.

Für § 771 ist kein Raum, weil der Bestreitende nicht den Gegenstand der Vollstreckung, sondern die zu vollstreckende Forderung für sich in Anspruch nimmt. Verschiedentlich wird angenommen[250], daß hier

---

[240] → Rdnr. 46 f.
[241] Insoweit allg. M. Aber nicht nach § 724 sondern § 727, → Fn. 64.
[242] *BGH* (Fn. 64) → § 767 Rdnr. 22, § 829 Rdnr. 97; auch wenn die ZV schon begonnen hat, § 775 Rdnr. 3 (a. M. *Noack* DGVZ 1975, 99 mwN: Einstellung). Zur vorläufigen Einstellung führt allerdings die gemäß § 775 Nr. 4 quittierte Leistung an den Überweisungsgläubiger des Vollstreckungsgläubigers, → § 775 Rdnr. 19.
[243] Wurde im Falle des § 265 Abs. 2 nach der Relevanztheorie bereits auf Leistung an einen Rechtsnachfolger erkannt, so will *Becker-Eberhard* (Fn. 28) 434a) die Klage an § 767 scheitern lassen u. sieht zudem b) kein Schutzbedürfnis für § 767, falls der Schuldner den Rechtsübergang an den im Urteil Genannten nicht bestritten hatte; ebenso im Ergebnis *Stürner* (Fn. 237) 9, weil die Prozeßstandschaft fortwirke. Bedenken gegen die Präklusion ergeben sich aus der insoweit fehlenden Rechtskraft → Fn. 64. Ferner kommt ein Schutzbedürfnis des Schuldners insoweit in Betracht, als die Bereitschaft zur ZV bei Alt- und Neugläubiger unterschiedlich sein kann. Zu bedenken ist freilich, daß ein Unterliegen des Altgläubigers nach § 767 zu erheblicher Verzögerung u. Verteuerung führt, falls der Neugläubiger auf § 731 angewiesen wäre, was u.U. gegen § 242 BGB verstoßen könnte, → auch § 767 Rdnr. 16 Fn. 134 zu vergleichbaren Fällen.
[244] Aber es kommt vor, s. *KG* (Fn. 212); *OLG Stuttgart* Rpfleger 1980, 304 sieht keine Bedenken. → aber Fn. 238.

[245] *RG* JW 1936, 1126 = HRR 1937, 1555 (Beschluß wurde wegen Antragsrücknahme nicht wirksam, JW 1936, 1538); *KG* OLGRsp 31, 85, JW 1933, 1779; *Jacobi* (Fn. 229) 447ff.
[246] *Wolfsteiner* (Fn. 196) Rdnr. 51 f. sieht nur Gefahren für den Schuldner. Beispiel: Nach Klauselerteilung u. ZV-beginn gegen den Schuldner wird der Anspruch des Gläubigers gepfändet u. überwiesen. Da dieser nicht nur formell (→ § 724 Rdnr. 2), sondern auch materiell noch befugt wäre, gewisse ZV-Maßnahmen zu betreiben (→ § 835 Rdnr. 32), scheidet für den Überweisungsgläubiger § 766 aus → Fn. 228, *Münzberg* DGVZ 1985, 147, so daß, falls der Schuldner § 767 versäumt, mangels Einigung nur ein Klauselentzug gegen unberechtigte Erlösempfang hilft, unterstützt durch Eilmaßnahmen entsprechend §§ 732, 768 f., → auch § 775 Rdnr. 4.
[247] § 731 scheitert an § 733, falls die Klausel dem einen schon erteilt ist *Wolfsteiner* (Fn. 196) Rdnr. 52; gegen § 731 auch *Wieczorek*[2] Anm. B III b.
[248] Vgl. *RG* (Fn. 211).
[249] Vgl. auch *RGZ* 163, 54 f., das dort einen entsprechenden Anspruch nur aus dem Rechtsverhältnis zwischen Vor- u. Nacherben (§§ 2130, 2138 BGB) abgeleitet hat, weil es mit Recht Bedenken gegen Anwendung des § 952 BGB hatte.
[250] Vgl. *RG* (Fn. 245); *Emmerich* Pfandrechtskonkurrenzen (1909) 256; s. auch *KG* OLGRsp 26, 376. *Wolfsteiner* (Fn. 196) Rdnr. 52 will allein mit Herausgabeklage entsprechend § 952 BGB helfen.

dem Bestreitenden eine Klage auf Feststellung oder Herausgabe der vollstreckbaren Ausfertigung gegen denjenigen, dem sie erteilt ist, zu gewähren[251] und daneben im Wege der einstweiligen Verfügung nach §§ 935ff. vorläufig Abhilfe zu schaffen sei[252]. Besonders bedenklich erscheint die Feststellungsklage. Soll ihr Gegenstand die Sachlegitimation in bezug auf die Forderung sein, so ist nicht abzusehen, wie sich daran die einstweilige Verfügung anhängen und das Urteil nach § 775 wirken soll. Auf die Feststellung der Unzulässigkeit der Klausel als solcher kann aber nicht geklagt werden, da die Klausel ordnungsgemäß erteilt ist.

49 Das Ziel des Rechtsbehelfs kann nur die *Beseitigung* der Klausel sein[253]. Wenn man auf eine Lösung der vorliegenden Konfliktsfälle nicht vollends verzichten will, bleibt nur die **entsprechende Anwendung der §§ 732, 768**[254]. Daß sie ausdrücklich nur dem Schuldner zur Verfügung gestellt sind[255], ist kein entscheidendes Gegenargument, weil nicht anzunehmen ist, daß die ZPO diese Regelung unter bewußter Ausschaltung der hier erörterten Fälle getroffen hätte. Die Möglichkeit *einstweiliger Anordnungen* folgt von dem hier vertretenen Standpunkt dann ohne weiteres aus §§ 732 Abs. 2, 769.

§ 728 [Vollstreckbare Ausfertigung bei Nacherbe oder Testamentsvollstrecker]

(1) Ist gegenüber dem Vorerben ein nach § 326 dem Nacherben gegenüber wirksames Urteil ergangen, so sind auf die Erteilung einer vollstreckbaren Ausfertigung für und gegen den Nacherben die Vorschriften des § 727 entsprechend anzuwenden.

(2) ¹Das gleiche gilt, wenn gegenüber einem Testamentsvollstrecker ein nach § 327 dem Erben gegenüber wirksames Urteil ergangen ist, für die Erteilung einer vollstreckbaren Ausfertigung für und gegen den Erben. ²Eine vollstreckbare Ausfertigung kann gegen den Erben erteilt werden, auch wenn die Verwaltung des Testamentsvollstreckers noch besteht.

Gesetzesgeschichte: Seit 1900 RGBl. 1898 I 256.

1 I. Der **Nacherbe** ist Gesamtrechtsnachfolger des Erblassers, nicht des Vorerben[1]. § 727 gilt aber insoweit entsprechend, als die Rechtskraft gemäß § 326 für und gegen den Nacherben wirkt. Zur Konkurrenz zwischen Vor- und Nacherben als Gläubiger → § 727 Rndr. 43 ff.

2 1. Bei **Nachlaßverbindlichkeiten**[2] wirkt das dem Vorerben günstige Urteil *zugunsten* des Nacherben, sofern die Nacherbfolge nach der Rechtskraft eingetreten ist. Eine Vollstreckung des *abweisenden* Urteils kommt hier nur wegen weiterer Vollstreckungswirkungen[3] in Frage. Die *Nachlaßgläubiger* können daher ein *gegen* den Vorerben ergangenes Urteil *nicht gegen den Nacherben vollstreckbar ausfertigen lassen.*

---

[251] Sie allein schützt nicht → Fn. 246.
[252] *RG* JW 1936, 1127 a.E.
[253] Wie das über eine Klage nach § 731 erreicht werden soll, bleibt bei *Sieg* JR 1959, 168 zu Nr. 4 offen (→ auch Fn. 247). Eine »Kassierung« von Klauseln ist nur in §§ 732, 768, nicht in §§ 731 oder 733 vorgesehen.
[254] § 732, falls Verstoß gegen Förmlichkeiten gerügt wird, im übrigen § 768 *Gaul* (Fn. 201) § 17 IV. Dazu *Jonas* JW 1936, 1127; *RGZ* 163, 51ff. Wie hier auch *Baumbach/Hartmann*[52] Rndr. 33 (anders zu § 749 Rndr. 3: nur Herausgabe nach § 2205 BGB); *A.Blomeyer* ZwVR § 16 III 2; *Brox/Walker*[4] Rndr. 117; *Baur/Stürner*[11] Rndr. 248; *Stöber* (Fn. 207) Rndr. 30. – A.M. *Wiec-*
zorek[2] § 732 Anm. B IV; *Wolfsteiner* (Fn. 196) Rndr. 52. – Die Lösungen von *Sieg* (Fn. 253) halten sich zwar zutreffend im Rahmen der §§ 727ff., anstatt nur auf zivilrechtliche Ansprüche auszuweichen. Aber die Geltendmachung der Rechte des Prätendenten dürfen nicht davon abhängig sein, welche Rechtsbehelfe im Verfahren seines Gegners noch offenstehen; im übrigen muß *Sieg* auf mehrere Analogien zurückgreifen und klärt nicht die Frage → Fn. 253. Gegen *Sieg* auch *Gaul* aaO.
[255] Vgl. *Sieg* (Fn. 253) 167 zu Nr. 3.

[1] → § 242 Rndr. 10.
[2] → § 28 Rndr. 2.
[3] → Rndr. 29, 47ff. vor § 704..

2. Betraf der Prozeß **einen der Nacherbfolge unterliegenden Gegenstand**[4], so kann ein *zugunsten* des Vorerben ergangenes Urteil, wenn es *vor* Eintritt der Nacherbfolge rechtskräftig war, stets **für den Nacherben** ausgefertigt werden[5], das dem Vorerben *ungünstige* Urteil dagegen nur dann **gegen den Nacherben**, wenn der Vorerbe über den Gegenstand ohne Zustimmung des Nacherben verfügen konnte[6]. Anderseits wird Rechtskraft des Urteils vor Eintritt der Nacherbfolge hier in § §26 Abs. 2 nicht verlangt. Die Klausel ist sonach auch zu einem vorläufig vollstreckbaren Urteil zu erteilen[7], selbst wenn es trotz der nach § 242 eintretenden Unterbrechung auf den Namen des Vorerben erlassen ist, → § 249 Rdnr. 28. – Zuständig ist der Rechtspfleger, § 20 Nr. 12 RpflG. 3

Ob eine Nachlaßverbindlichkeit vorliegt bzw. die Verfügung ohne Zustimmung des Nacherben statthaft war, ist nicht durch Urkunden gemäß § 727 zu beweisen, sondern durch Auslegung des Urteils gemäß §§ 2112, 2136 BGB zu bestimmen, und zwar im Falle des § 2136 BGB unter Heranziehung des Testaments[8]. Urkundlich nachzuweisen sind nur der Eintritt der Nacherbfolge (s. dazu § 792) und der Zeitpunkt der Rechtskraft (§§ 705 f.). 4

II. Inwieweit der **Testamentsvollstrecker** als Partei zur Prozeßführung legitimiert ist, ergibt sich aus §§ 2212 f. BGB; s. §§ 327, 748. Nach § 327[9] wirkt das von ihm oder gegen ihn erstrittene Urteil für und gegen den Erben bei allen *Aktivprozessen* über ein zum Nachlaß gehöriges, der Verwaltung des Testamentsvollstreckers unterstehendes Recht, bei *Passivprozessen* über Nachlaßverbindlichkeiten dagegen nur dann, wenn der Testamentsvollstrecker nach § 2213 BGB zur Prozeßführung (neben dem Erben) legitimiert ist, also immer, wenn ihm die Verwaltung des ganzen Nachlasses zusteht, aber mit Ausnahme des Pflichtteilsanspruchs, § 2213 Abs. 1 S. 3 BGB. 5

1. In allen diesen Fällen kann das Urteil **für den Erben** wegen § 2212 BGB erst *nach Beendigung der Verwaltung* des Testamentsvollstreckers ausgefertigt werden[10]. Die Sachlage ist nahe verwandt mit derjenigen bei Beendigung des Konkurses/Insolvenzverfahrens (→ § 727 Rdnr. 26). 6

2. **Gegen den Erben** aber darf die Ausfertigung *jederzeit* (→ aber § 727 Rdnr. 22) erteilt werden. Nur kann dann der Erbe nach § 780 Abs. 2 die Beschränkung seiner Haftung, wenn sie ihm noch zusteht, auch ohne Vorbehalt im Urteil geltend machen, → § 781 Rdnr. 1. 7

Ist der gegen den Nachlaß gerichtete Anspruch sowohl gegen den Testamentsvollstrecker wie gegen den Erben, und zwar gesondert, geltend gemacht, so wird bei *widersprechenden Entscheidungen* die später rechtskräftig gewordene als maßgebend anzusehen sein[11]. Die Ausfertigung gegen den Erben wird also nicht dadurch ausgeschlossen, daß *vor* Erlaß des Urteils gegen den Testamentsvollstrecker eine Klage des Nachlaßgläubigers gegen den Erben rechtskräftig abgewiesen war. Umgekehrt kann aber der Erbe einer Umschreibung des gegen den Testamentsvollstrecker erwirkten Titels mit Erfolg nach § 732 entgegenhalten, daß nachträglich eine *gegen ihn selbst* gerichtete Klage des Nachlaßgläubigers rechtskräftig abgewiesen worden ist[12]. 8

3. Dem *Rechtspfleger* (§ 20 Nr. 12 RpflG) ist bei Rdnr. 7 nur die Erbenstellung, bei Rdnr. 6 zusätzlich die Beendigung der Verwaltung *urkundlich nachzuweisen*, → § 729 Rdnr. 37. 9

---

[4] → § 242 Rdnr. 5.
[5] → § 326 Rdnr. 7.
[6] → § 326 Rdnr. 8.
[7] → § 727 Rdnr. 3.
[8] A.M. *Wieczorek*² Anm. A I: Vor Rechtskraft sei die Verfügungsbefugnis mit den Mitteln des § 727 nachzuweisen.
[9] → dort Rdnr. 2–4.
[10] KG Büro 1986, 1883 = NJW-RR 1987, 3, zugleich zum Nachweis der Beendigung (oder einer Freigabe aus) der Verwaltung.
[11] → § 322 Rdnr. 226; *Staudinger/Reimann* BGB¹² § 2213 Rdnr. 6; z. T. anders *Wieczorek*² Anm. B II (erweiterte Rechtshängigkeit).
[12] *Förster/Kann* ZPO³ § 749 2 a cc; *Reimann* (Fn. 11); zur Problematik *Siber* Prozeßführung des Vermögensverwalters, Leipziger FS für *Wach* (1918) 88; *Salinger* ZZP 48 (1920) 129.

10   4. Zur Vollstreckbarkeit für und gegen den Testamentsvollstrecker s. §§ 748f.

11   III. Wegen der **Kosten** → § 724 Rdnr. 17, § 797 Rdnr. 6.

§ 729 [Vollstreckbare Ausfertigung gegen Vermögens- und Firmenübernehmer]

(1) Hat jemand das Vermögen eines anderen durch Vertrag mit diesem nach der rechtskräftigen Feststellung einer Schuld des anderen übernommen, so sind auf die Erteilung einer vollstreckbaren Ausfertigung des Urteils gegen den Übernehmer die Vorschriften des § 727 entsprechend anzuwenden.

(2) Das gleiche gilt für die Erteilung einer vollstreckbaren Ausfertigung gegen denjenigen, der ein unter Lebenden erworbenes Handelsgeschäft unter der bisherigen Firma fortführt, in Ansehung der Verbindlichkeiten, für die er nach § 25 Abs. 1 Satz 1, Abs. 2 des Handelsgesetzbuchs haftet, sofern sie vor dem Erwerb des Geschäfts gegen den früheren Inhaber rechtskräftig festgestellt worden sind.

Gesetzesgeschichte: Seit 1900 RGBl. 1898 I 256.

1   I. Abs. 1: *Schuldübernahme* begründet, selbst wenn sie den Urschuldner befreit, keine Rechtsnachfolge (str.)[1]. Das gegen den Urschuldner ergangene Urteil kann deshalb nicht nach § 727 gegen den Übernehmer ausgefertigt werden. Wegen § 613a BGB → aber § 727 Fn. 94 a.E. § 729 **Abs. 1** durchbricht diese Regelung bei *vertraglicher* **Übernahme eines Vermögens**, durch die nach § 419 Abs. 1 BGB eine Gesamthaftung des Übernehmers *neben* dem bisherigen Schuldner für dessen Verbindlichkeiten begründet wird[2]. Es wird hier in billiger Rücksicht auf die Gläubiger die Vollstreckbarkeit der gegen den Schuldner *vor der Übernahme rechtskräftig festgestellten*[3] *Schulden*[4] auf den Übernehmer ausgedehnt.

1a   Gemäß Art. 33 Nr. 16, 110 EGInsO ist *§ 419 BGB ab 1999 aufgehoben* und ersetzt durch die verschärften Regelungen des AnfG nF (Art. 1 EGInsO) sowie der §§ 129ff. InsO. Er dürfte aber nach dem Rechtsgedanken des Art. 106 InsO noch weiterhin anwendbar sein auf vor 1999 stattgefundene Übernahmen.

2   1. **Übernehmer** kann auch eine KG oder OHG sein. – Da jedoch die Rechtskraft des Vorprozesses nicht gegen ihn wirkt[5], steht ihm die Vollstreckungsgegenklage des § 767 *ohne die Einschränkung* des § 767 Abs. 2 zu[6]. Auf demselben Wege hat er nach § 419 Abs. 2 BGB mit §§ 786, 781, 785 (767) die Beschränkung seiner Haftung auf den Bestand des Vermögens geltend zu machen. Bei der Klauselerteilung ist sie nicht zu berücksichtigen[7] und nachträgliche Aufnahme eines Vorbehalts im Urteil gegen den Schuldner sieht das Gesetz nicht vor.

---

[1] → § 325 Rdnr. 29f.
[2] Vgl. dazu *RGZ* 69, 283ff.; *BGH* NJW 1975, 304 (Kosten); NJW 1970, 1413 (nicht bei Verpfändung); *Graf Lambsdorff/Levental* NJW 1977, 1854ff. – Nicht bei Erwerb vom Konkursverwalter, wohl aber vom Sequester *BGH* NJW 1988, 1913 mwN. S. auch § 92 Abs. 5 VglO.
[3] → § 705u. *OLG Dresden* SächsAnn 24, 553f. Es kommt bezüglich Gültigkeit u. Zeitpunkt auf den Rechtsübergang, nicht auf das Kausalgeschäft an *BGH* WPM 1964, 1125; *OLG Hamm* MDR 1992, 1002 mwN. Wegen nicht rechtskraftfähiger Titel → Rdnr. 4.

[4] → Rdnr. 4, 11.
[5] → § 325 Rdnr. 29, h.M. *Baumgärtel* DB 1990, 1907; *MünchKommZPO-Wolfsteiner* Rdnr. 2f., aber str., s. *Olshausen* JZ 1976, 88 Fn. 32f. mwN; dafür *Loritz* ZZP 95 (1982), 319, 333.
[6] H.M. *Wolfsteiner* (Fn. 5). So auch *BGH* MDR 1987, 1177, falls Rechtskraft verneint wird.
[7] *OLG Rostock* OLGRsp 31, 88; *Zöller/Stöber*[18] Rdnr. 5; *Wolfsteiner* (Fn. 5) Rdnr. 7.

2. Die **Klausel** erteilt der Rechtspfleger, → § 730 Rdnr. 1; zum Nachweis des Vertrags und der Erwähnung in der Klausel → § 726 Rdnr. 19–21. Oft wird sich jedoch daraus noch nicht sicher ergeben, ob § 419 BGB anwendbar ist[8]. Da mangels Rechtskrafterstreckung Beigetriebenes nach § 812 BGB zurückverlangt werden könnte, darf statt des Klauselerteilungsantrags sogleich auf Leistung geklagt werden[9], ebenso statt einer Klage nach § 731, falls noch Einwendungen wie → Rdnr. 2 Fn. 6 zu befürchten sind, → § 731 Rdnr. 6 a.E. Da bei Übertragung einzelner Gegenstände materiellrechtlich die *Kenntnis* des Übernehmers erforderlich ist, daß diese Gegenstände praktisch das ganze Vermögen darstellen[10], muß der Gläubiger dies behaupten und der Übernehmer ist dazu stets nach § 730 zu hören. Die Beweislast trifft den Gläubiger; kennt jedoch der Übernehmer die Verhältnisse, z.B. als naher Angehöriger, so muß er seine Unkenntnis substanziiert bestreiten, andernfalls ist die Klausel zu erteilen[11]. Da die Haftung des Übernehmers *neben* die des bisherigen Schuldners tritt, ist die Ausfertigung unabhängig von der etwa schon gegen den bisherigen Schuldner erteilten zu gewähren, muß aber die Gesamthaftung feststellen[12]. Kommt es zur Klage nach § 731 oder § 768, so wird durch ein rechtskräftiges Urteil über eine *Schuldübernahme*, das *vor* der Vermögensübernahme ergangen war, diese nicht präjudiziert[13].

3. **Rechtskräftige Feststellung** im Sinne des § 729 ist nur die mit einer *Verurteilung* des Veräußernden verbundene Feststellung des »Anspruchs«[14], sei es auch eine nach §§ 257 ff. oder §§ 302, 599, da mit »rechtskräftig« nur die formelle Rechtskraft als Gegensatz zu §§ 708 ff. gemeint ist[15]. Bei *Parteititeln* (§ 794 Abs. 1 Nr. 1, 5) ist deren Entstehung maßgebend[16]. Zu *Schiedssprüchen* → § 1042.

4. Sinngemäß anzuwenden ist § 729 Abs. 1 auf den **Erbschaftsverkauf**[17] und die Veräußerung eines Erbanteils[18]; die Rechtskraft ist aber hier ebensowenig auf den Käufer ausgedehnt wie bei der Vermögensübernahme auf den Übernehmer[19]. – Für den Verzicht auf Anteile an einer fortgesetzten Gütergemeinschaft gilt § 729 nicht entsprechend[20].

Auf einen Sachwalter, der im Rahmen eines **Treuhandvergleichs** zur Vergleichserfüllung Schuldnervermögen übernommen hat, finden § 419 BGB, § 729 Abs. 1 ZPO keine Anwendung, § 92 Abs. 5 VerglO.

II. Abs. 2: Nach § 25 Abs. 1 HGB[21] haftet der **Erwerber eines Handelsgeschäfts** neben dem bisherigen Inhaber (§ 26 HGB) für dessen Geschäftsschulden[22], falls es *unter Lebenden erworben*[23] *und unter der bisherigen Firma fortgeführt wird*[24], sei es mit oder ohne einen das

---

[8] Zum Vermögensbegriff *Jauernig/Stürner* BGB[7] § 419 Anm. 2; zur Kenntnis des Erwerbers → Fn. 10f.
[9] *Brehm/Brößke* JuS 1990, 210 Fn. 10.
[10] BGH NJW 1966, 1748.
[11] Vgl. BGH NJW 1987, 2864. Zur Nachweislast des Gläubigers OLG Düsseldorf NJW-RR 1993, 959; a.M. *Stöber* (Fn. 7) Rdnr. 3 (nur § 767).
[12] OLG Rostock (Fn. 7); *Schuler* NJW 1957, 1541; *Stöber* (Fn. 7) Rdnr. 6. → auch § 725 Rdnr. 2, § 727 Rdnr. 40. Gesonderte Ausfertigung unterfällt § 733 (→ dort Rdnr. 3a) *Stöber* aaO; a.M. *Wolfsteiner* (Fn. 7) Rdnr. 5.
[13] Vgl. zur Klage nach § 419 BGH JZ 1981, 594 = NJW 2306.
[14] Vgl. § 767 Abs. 1. Gemeint ist endgültige Leistungs-, nicht nur Sicherungspflicht, so daß die §§ 916 ff. (→ Rdnr. vor § 916) ausscheiden; *Wolfsteiner* (Fn. 5) Rdnr. 4 mwN.
[15] → auch § 708 Rdnr. 15.
[16] OLG Rostock (Fn. 7) 85, 87; *Stöber* (Fn. 7) Rdnr. 4.
[17] Allg.M. *Moll, Jonas* JW 1935, 2539 f.; auch für Titel gegen den Erblasser *Loritz* (Fn. 5) 333. – § 727 scheidet aus, da der Käufer weder Rechtsnachfolger des Erben noch des Erlassers ist.
[18] → § 747 Rdnr. 2 Fn. 8f.
[19] → Rdnr. 2; a.M. *Loritz* (Fn. 5) 333.
[20] LG München MDR 1952, 44; auch nicht für Titel gegen Rückerstattungspflichtige OLG München BayJMBl 1952, 268.
[21] Dazu *Schuler* NJW 1957, 1539 ff.; zu Geschichte u. Dogmatik der §§ 25, 28 HGB *Säcker* Z.f. Unternehmens- u. Gesellschaftsrecht 1973, 261 ff. mwN.
[22] → Rdnr. 9.
[23] Daher keine entspr. Anw. bei § 27 HGB; a.M. *Stöber* (Fn. 7) Rdnr. 13. Nicht Erwerb vom Konkurs/Insolvenzverwalter *Jaeger/Henckel* KO[9] § 1 Rdnr. 16. Über Pacht s. *K.Schmidt* zu BGH NJW 1984, 1186.
[24] Dazu *BayObLG* Rpfleger 1988, 269 mwN. *K.Schmidt* Handelsrecht[3] § 8 II 1c will stattdessen auf Unternehmensfortführung u. -identität abstellen; dazu *Brehm/Brößke* (Fn. 9) 211 Fn. 18. Ob die einmal begonnene Firmenfortführung noch andauert, ist unerheblich,

Nachfolgeverhältnis andeutenden Zusatz, gleichviel, ob im Verhältnis der Vertragschließenden zueinander[25] solche Schulden übernommen sind. Auch hier wird Gläubigern, deren Forderungen *vor der Übernahme rechtskräftig festgestellt sind*[26], die Vollstreckbarkeit gegen den Übernehmer entsprechend § 727 gewährt, obwohl die Rechtskraft nicht erstreckt ist[27]. – Dem Rechtspfleger können Firmenfortführung und Kaufmannseigenschaft auf Grund des Handelsregisters (§ 9 HGB) nachgewiesen werden[28], was nicht ausschließt, daß der Erwerber nach § 768 die Nichtfortführung geltend macht. Wegen § 25 Abs. 2 HGB → Rdnr. 10.

8   § 28 HGB[29] trifft eine mit § 25 Abs. 1 HGB sachlich übereinstimmende Regelung, wenn **jemand als Gesellschafter in das Geschäft eines Einzelkaufmanns eintritt**; daher gilt **Abs. 2 entsprechend**[30]. Die Klausel ist sowohl gegen die Gesellschaft wie gegen den neuen Gesellschafter zu erteilen[31]. Ist er Kommanditist, so muß wegen § 171 Abs. 1 HGB in der Klausel unter Angabe des Betrags der Einlage vermerkt werden, daß der Titel nur bis zu dieser Höhe vollstreckbar ist[32]. – Entsprechende Anwendung auf den Fall des **§ 130 HGB**[33] für Urteile gegen die Gesellschaft ist wegen der dort angeordneten Verweisung auf § 129 Abs. 4 HGB bedenklich, weil dann der neu Eintretende schlechter gestellt wäre als die bisherigen Gesellschafter, gegen die eine Klausel ausscheidet[34].

9   Ist der Schuldner im Titel nicht unter seiner Firma bezeichnet und ergibt sich aus ihm auch sonstwie nicht zweifelsfrei unter Beachtung des § 344 HGB, daß die Forderung *im Geschäftsbetrieb* entstanden ist[35], so hilft meist nur § 731 oder Leistungsklage. Dazu und zur neuen Ausfertigung → Rdnr. 3.

10   Nach § 25 Abs. 2 und § 28 Abs. 2 HGB[36] *entfällt die Haftung*, wenn unter den Vertragschließenden das Gegenteil vereinbart, diese Vereinbarung unverzüglich[37] in das Handelsregister eingetragen und entweder bekanntgemacht oder von einem der Vertragschließenden dem Gläubiger mitgeteilt ist. Diese zur Beweislast des Übernehmers stehende Ausnahme ist jedoch im Klauselerteilungsverfahren nur zu berücksichtigen, wenn sich die Eintragung und Bekanntmachung aus dem vorzulegenden Registerauszug ergibt[38], andernfalls nur nach § 768[39].

11   III. Kann die Übernahme des Vermögens oder Handelsgeschäfts **vor** der Rechtskraft des Urteils oder Entstehung des sonstigen Titels[40] nicht nachgewiesen werden[41], so bedarf es einer Leistungsklage gegen den Übernehmer. Dasselbe gilt im Falle des § 25 Abs. 3 HGB (Übernahme der Passiven durch den Vertrag und handelsübliche Bekanntmachung)[42].

12   IV. Wegen der **Kosten** → § 730 Rdnr. 9.

AG Mönchen-Gladbach DGVZ 1963, 142. – Wegen § 25 Abs. 3 HGB → Rdnr. 11.
[25] Zum Außenverhältnis → Rdnr. 10.
[26] → Rdnr. 4, 11.
[27] → § 325 Rdnr. 29f.; *Brehm/Brößke* (Fn. 9) 210 mwN. – A.M. *K.Schmidt* (Fn. 24) § 8 I 7b.
[28] Dient nur dies als Nachweis, so hat der Rpfl vom Zeitpunkt der Eintragungen auszugehen *Wolfsteiner* (Fn. 5) Rdnr. 8. → dazu Rdnr. 11.
[29] Lit. → Fn. 21.
[30] Ganz h.M. *OLGe Naumburg* LeipZ 1919, 1932; *Kiel* HRR 1931, 2081; *Eickmann* Rpfleger 1970, 114 mwN; *Loritz* (Fn. 5) 333. – A.M. *OLG Dresden* SächsArchRpfl 06, 206; *Wieczorek²* Anm.B II. – *BGH* Rpfleger 1974, 260 = WPM 395 konnte die Frage offen lassen.
[31] *OLG Kiel* (Fn. 30).
[32] Analogie zu § 786 scheidet hier aus, da der Haftungsumfang von vornherein summenmäßig feststeht. Ist jedoch die Haftung nach § 171 Abs. 1 HGB deshalb ausgeschlossen, weil die Einlage schon geleistet ist, so hat der Kommanditist dies nach §§ 767f. geltend zu machen. Zust. *Wolfsteiner* (Fn. 5) Rdnr. 10.

[33] So 18. Aufl. (mit unzutr. Berufung auf *Göppert* ZHR 1947, 280 u. *Staub* HGB § 17 Fußn. 42, 44); *Baumbach/Hartmann*[52] Rdnr. 3; *Wolfsteiner* (Fn. 5) Rdnr. 11.
[34] → auch § 727 Rdnr. 4 bei Fn. 25; so auch *Wieczorek²* Anm.B II. Daß § 729 Abs. 2 bereits rechtskräftige Entscheidungen erfordert, vermag den Unterschied kaum zu rechtfertigen, denn auch für sie gilt die Einschränkung des § 129 Abs. 4 HGB; zudem sind persönliche Einwendungen des neuen Gesellschafters ebensogut möglich wie die der bisherigen Gesellschafter.
[35] Vermutungen des § 344 HGB können schon bei Anhörung (→ § 730 Rdnr. 3) formgerecht widerlegt werden → § 727 Rdnr. 37b.
[36] → Rdnr. 8.
[37] BGHZ 29, 2 = NJW 1959, 242.
[38] *Wolfsteiner* (Fn. 5) Rdnr. 8. Bei Verstoß: § 732 *Stöber* (Fn. 7) Rdnr. 9.
[39] Allg. M. *Stöber* (Fn. 7) Rdnr. 9.
[40] → Rdnr. 4.
[41] → Fn. 28 für §§ 25, 28 HGB.
[42] *Eickmann* Rpfleger 1968, 385f.; *Wieczorek²* Anm.B I; *Stöber* (Fn. 7) Rdnr. 11.

§ 730 [Anhörung des Schuldners]

In den Fällen des § 726 Abs. 1 und der §§ 727 bis 729 kann der Schuldner vor der Erteilung der vollstreckbaren Ausfertigung gehört werden.

Gesetzesgeschichte: Bis 1900 § 666 CPO. Änderungen RGBl. 1898 I 256, BGBl. 1950 I 455.

I. In den Fällen der §§ 726 Abs. 1, 727 (738, 742, 744 f., 749) und 728 f. erteilt vorbehaltlich § 5 RpflG der **Rechtspfleger** des Prozeßgerichts[1] die vollstreckbare Ausfertigung, § 20 Nr. 12 RpflG; über andere Titel als Urteile → § 795 Rdnr. 7, 16, § 797 Rdnr. 7–9. Wegen ausländischer Titel → § 723 Rdnr. 308. Zu den Folgen unrichtiger Erteilung durch Urkundsbeamte → § 726 Rdnr. 22, § 727 Rdnr. 41. 1

II. Zum **Verfahren** der Klauselerteilung → § 724 Rdnr. 7–15, § 725 Rdnr. 8 (Form), 9 (ausländische Titel), § 726 Rdnr. 19–21, § 727 Rdnr. 36 ff., § 795 Rdnr. 3 ff., § 797 Rdnr. 3 ff. Es ist nicht Vollstreckungshandlung i. S. d. § 209 Abs. 2 Nr. 5 BGB (wichtig z. B. für § 218 Abs. 2 BGB). → aber § 731 Rdnr. 10. 2

1. Die nach § 730 im Interesse weiterer Aufklärung ins Ermessen gestellte vorherige, schriftliche oder mündliche **Anhörung des Schuldners**[2] dürfte, ehe eine Klausel wie → Rdnr. 1 *erteilt* wird, wegen Art. 103 Abs. 1 GG geboten sein (da Anhörung im Gegensatz zu § 724 hier nicht durch § 732 mit § 730 gesetzlich ausgeschlossen ist), es sei denn der Vollstreckungserfolg wäre hierdurch gefährdet[3]. Sachlich angebracht ist sie besonders dann, wenn der Antragsteller dies wünscht, weil er ein erfolgversprechendes[4] *Geständnis oder Anerkenntnis des Schuldners* erhofft, auf welche Möglichkeit er *vor* einer Ablehnung hinzuweisen ist[5], oder wenn guter Glaube des Schuldners erheblich sein kann[6]. Anhörung ist auch gestattet, wenn zunächst Zweifel bestehen, ob die Klausel nach § 724 oder nach §§ 726 ff. zu erteilen ist → § 724 Rdnr. 8. Den gehörten Schuldner trifft jedoch *keine Darlegungslast, so daß § 138 Abs. 3 ausscheidet*[7]; auch durch Hinweis auf dessen Folgen können Gerichte die fehlende Darlegungslast nicht schaffen[8]. Geständnis und (beschränktes) Anerkenntnis können nicht zu Lasten Dritter wirken[9], erübrigen nicht die Feststellung etwaiger von Amts wegen zu prüfen- 3

---

[1] Wegen der Instanzen → § 724 Rdnr. 7 mit § 706 Rdnr. 3 f.
[2] Das ist hier auch derjenige, gegen den die *beantragte* Klausel sich richten würde, also nicht immer nur der im Titel genannte, was zuweilen übersehen wird.
[3] *Münzberg* Rpfleger 1991, 161 ff. mwN auch zur Gegenansicht (anders noch 20. Aufl.). Denn solche Klauseln »bringen nicht nur den Urteilsinhalt zur Geltung« wie bei § 724 (so für diesen zutreffend *MünchKommZPO-Wolfsteiner* (1992) § 724 Rdnr. 24). Zumindest sollten aber die »neuen Schuldner« → Fn. 2 vorher gehört werden. Wie hier für §§ 727 ff. *Amelung* ZPP 88 (1975), 88; *Rosenberg/Gaul*[10] § 16 V 3 mwN; *Smid* ZZP 102 (1989) 51 Fn. 116. → auch § 797 Rdnr. 8. Anders nach Art. 34 EuGVÜ → § 723 Rdnr. 34. – A.M. *Zöller/Stöber*[18] Rdnr. 1; *Wolfsteiner* aaO § 730 Rdnr. 4.
[4] → § 726 Rdnr. 19, aber auch unten zu Fn. 9 f.
[5] Hierzu u. zu weiteren Anhörungszwecken *Münzberg* (Fn. 3); *OLG Hamm* Rpfleger 1991, 161 = Büro 1350 hält Anhörung **stets** (also auch ohne Anregung des Gläubigers) für geboten, falls die Nachweise nicht ausreichen; hiergegen *Münzberg* aaO 164; *Stöber* (Fn. 3). Zum **außergerichtlichen** Geständnis → § 726 Rdnr. 19, zum Geständnis außerhalb des Verfahrens vor dem Notar § 794 Rdnr. 86 Fn. 505, Rdnr. 91 a. E.

[6] *Sieg* ZZP 66 (1953), 31.
[7] *OLGe Hamm* Rpfleger 1994, 73; *Karlsruhe, Köln* (19. Sen.), *Nürnberg, Stuttgart u. Zweibrücken,* Oldenburg Büro 1991, 275; MDR 1993, 380 (L); MDR 1993, 685 = Rpfleger 500; Rpfleger 1990, 519 u. 520 (= NJW-RR 1991, 638); Rpfleger 1992, 490; *LAG Düsseldorf* Rpfleger 1992, 119; *Joswig* Rpfleger 1991, 146 je mwN; unter Berücksichtigung der Gesetzesgeschichte *Münzberg* NJW 1992, 204; *Gaul* (Fn. 3); *Thomas/Putzo*[18] § 726 Rdnr. 6; *Stöber* (Fn. 3) Rdnr. 6; *Baumbach/Hartmann*[51] Rdnr. 1. – A.M. *OLGe Celle, Koblenz, Köln* (2.Sen.) u. *Düsseldorf* Rpfleger 1989, 467; 1990, 518; 1990, 264; 1991, 465 mwN; *LG Bremen* Rpfleger 1991, 465; für Anwendung nur bei mündlicher Verhandlung *Wolfsteiner* (Fn. 3) § 726 Rdnr. 50 mit teilweise unzutreffenden Nachweisen (kommt auch kaum vor, da Schuldner oder Anwälte – wenn überhaupt – wohl nur erscheinen, um auch zu bestreiten).
[8] *OLG Zweibrücken* (Fn. 7).
[9] *OLG Oldenburg* (Fn. 7); → dazu u. über deren Anhörung § 727 Rdnr. 38; *Wolfsteiner* (Fn. 3) Rdnr. 43 schließt daher Geständnisse u. Anerkenntnisse des Schuldners für Gläubigernachfolge ganz aus.

der Tatsachen[10] und ihre Wirkung kann nicht weiter gehen als jene einer Entscheidung nach §§ 726–729 aufgrund Nachweises, so daß Einwendungen gemäß § 768 nicht präkludiert werden[11]. Im Verfahren nach Art. 34 EuGVÜ[12] findet auch in den Fällen → Rdnr. 1 vorbehaltlich Art. 36, 40 Abs. 2 EuGVÜ keine Anhörung statt. Zur Anhörung *Dritter* → § 727 Rdnr. 38.

2. Rechtsbehelfe:

4   a) Bei *Verweigerung* der Klausel durch den *Rechtspfleger*[13] hat der **Gläubiger**[14] die unbefristete Erinnerung nach § 11 RpflG, bei *Erteilung* der **Schuldner** nur die Einwendung nach § 732[15]. Über beide Rechtsbehelfe entscheidet, falls der Rechtspfleger nicht abhilft, der Richter des Prozeßgerichts, ob die Klausel zu erteilen ist. Erst nach dessen Entscheidung[16] findet die einfache[17] Beschwerde statt[18] bzw. gilt die Erinnerung des Gläubigers im Falle des § 11 Abs. 2 S. 5 RpflG als einfache Beschwerde. → auch § 797 Rdnr. 5, 19. Zum Anwaltszwang → § 78 Rdnr. 25.

5   b) Zur Beschwerde des **Gläubigers**, falls die *erteilte* Klausel nach § 732 *für unzulässig erklärt* wird, → dort Rdnr. 11. Nach endgültiger Verweigerung auf Beschwerde kann der Gläubiger auf Erteilung der Klausel nur *klagen*, sofern die Voraussetzungen des § 731 vorliegen[19]. Andernfalls muß er, soweit auch eine Gegenvorstellung erfolglos bleibt[20], aus dem ursprünglichen Rechtsverhältnis neu klagen, → § 322 Rdnr. 201, Rdnr. 110 vor § 253, Rdnr. 19 vor § 704.

6   c) Soweit der **Richter** nach §§ 5 f. RpflG von vornherein entscheidet, haben *Gläubiger* die Beschwerde nach § 567, *Schuldner* nach Klauselerteilung nur den Rechtsbehelf des § 732[21]. Zur unberechtigten Entscheidung durch den Richter an Stelle des Rechtspflegers s. § 8 RpflG.

7   d) Über die *Einwendungen des Schuldners* s. §§ 732, 768, über die anderer Beteiligter → § 727 Rdnr. 43 ff.

   e) Wegen der Rechtsbehelfe im Falle des § 794 Abs. 1 Nr. 5 → § 797 Rdnr. 4, 18 f.

8   f) *Weitere Beschwerden* sind nach § 568 Abs. 1 S. 1 ausgeschlossen[22].

9   **III.** Wegen der **Kosten** → § 724 Rdnr. 17, für vollstreckbare Urkunden → § 797 Rdnr. 6.

10   **IV.** Wegen des **arbeitsgerichtlichen Verfahrens** → § 724 Rdnr. 18.

---

[10] *Joswig* (Fn. 7) 146; *Münzberg* (Fn. 7) 203 Fn. 19; auch Anerkenntnisse ersetzen hier also i. E. kaum mehr als die dem Gläubiger obliegenden Beweise *Stöber* (Fn. 3) Rdnr. 4.
[11] Anders als bei Geständnis u. Anerkenntnis im Prozeß nach § 731 *Münzberg* (Fn. 3) 163 u. (Fn. 7) 207; wohl auch *Wolfsteiner* (Fn. 3) § 726 Rdnr. 55. Für Anerkenntnisse *Joswig* (Fn. 7) 147; *Baumbach/Hartmann*[51] § 731 Rdnr. 4; *Wieczorek*[2] Anm. A I; *Stöber* (Fn. 3) Rdnr. 4. → auch § 732 Rdnr. 5.
[12] → Anh. § 723 Rdnr. 34, 307 f.
[13] Wegen der Verweigerung durch Urkundsbeamte → § 724 Rdnr. 16.
[14] Gemeint ist der Antragsteller, also nicht immer der im Titel Genannte.
[15] Str., Näheres → § 732 Rdnr. 5 ff.
[16] Falls der Rpfl die Klausel verweigert hatte: Anordnung, die Klausel zu erteilen oder (durch begründeten Beschluß, zumindest wenn die Erinnerung neue Gründe vorbringt) Vorlage nach § 11 Abs. 2 S. 4 RpflG (in Familiensachen an den Familiensenat, *OLGe Düsseldorf, Karlsruhe* FamRZ 1980, 378; 1981, 73; *HansOLG* DAVorm 1982, 486). Zu Entscheidungen nach § 732 → dort Rdnr. 10.
[17] → § 724 Rdnr. 16 Fn. 103 f. (str.).
[18] Nur soweit sie nach § 567 zulässig ist → § 576 Rdnr. 1 a.E. Zu Beschwerden nach Art. 36 ff. EuGVÜ s. §§ 11 ff. AVAG → § 723 Rdnr. 38 ff., 316 ff.
[19] *OLG Marienwerder* OLGRsp 10 (1905), 395.
[20] Dazu *BGH* NJW 1984, 806 = JR 287 (Gerhardt) = MDR 385.
[21] Auch wenn er gehört war u. dabei dieselbe Einwendung vorgebracht hatte → § 732 Rdnr. 5 (str.).
[22] *OLGe Köln* NJW-RR 1992, 632[48] = Rpfleger 206 f.; *Zweibrücken* NJW-RR 1992, 1408.

§ 731 [Klage auf Erteilung der Vollstreckungsklausel]

Kann der nach dem § 726 Abs. 1 und den §§ 727–729 erforderliche Nachweis durch öffentliche oder öffentlich beglaubigte Urkunden nicht geführt werden, so hat der Gläubiger bei dem Prozeßgericht des ersten Rechtszuges aus dem Urteil auf Erteilung der Vollstreckungsklausel Klage zu erheben.

Gesetzesgeschichte: Bis 1900 § 667 CPO. Änderungen RGBl. 1898 I 256.

I. Die **Klage auf Erteilung der Vollstreckungsklausel** setzt voraus, daß der Gläubiger[1] den gemäß §§ 726 Abs1 (einschließlich der Ausnahme in Abs. 2 für Willenserklärungen), 727 bis 729, 738, 742, 744f., 749 erforderten Nachweis nicht mit Urkunden der dort zugelassenen Art zu führen vermag. Dieses Unvermögen kann man als gesetzliche Umschreibung des Rechtsschutzbedürfnisses ansehen[2]. Diese Terminologie ist jedoch von geringem Wert; entscheidend ist zweckentsprechende Auslegung. Sie hat davon auszugehen, daß die Klage als subsidiärer Rechtsbehelf[3] gedacht ist für den Fall, daß der übliche Weg keine Aussicht auf Erfolg bietet, weil mangels Offenkundigkeit Urkunden fehlen[4] oder zum Beweis nicht genügen[5] oder ohnehin Einwendungen[6] drohen. Die Subsidiarität mag zwar auf der Erwägung beruhen, das einfachere Verfahren solle den Vorzug haben, aber nicht um den Preis einer Verfahrensverdoppelung. 1

1. Es genügt, daß der Kläger die Urkunden nicht besitzt[7] und sie auch nicht auf einfachem Weg beschaffen kann[8]. Ist daher die Beschaffung mit Schwierigkeiten verbunden, deren Umfang an die Mühen und Kosten einer Klage heranreichen, oder wäre sogar Klage gegen Dritte erforderlich, z. B. nach § 403 BGB gegen den Urgläubiger, so darf § 731 nicht versagt werden[9]; andernfalls würde man den Zweck der Subsidiarität[10] mißachten, die nicht nur zur Schonung gerade des jeweils angegangenen Gerichts gedacht ist. Den Kläger trifft zwar die Beweislast für die zu erwartenden Beschaffungsschwierigkeiten. Daß er die Urkunden nicht besitze, könnte aber in der Regel nur nach §§ 447f. bewiesen werden, ein Aufwand, der sinnvoller Auslegung widerspricht; das Gericht wird sich *insoweit* mit substantiierten Behauptungen oder allenfalls Beweisanzeichen begnügen und dem Beklagten überlassen dürfen, den Klagvortrag zu widerlegen[11]. 2

Geht das Gericht davon aus, daß der Kläger geeignete Urkunden nicht besitzt und sie auch nicht ohne weiteres beschaffen kann, so darf dem Kläger nicht entgegengehalten werden, er hätte den Antrag ohne Beweismittel stellen und auf ein Zugeständnis oder Anerkenntnis des Beklagten hoffen sollen[12]. Denn dies widerspricht a) dem Wortlaut (»durch ... Urkunden ... 3

---

[1] Nach *Jung* NJW 1986, 160 (mwN auch zur Gegenansicht) auch der nichtrechtsfähige Verein, falls er aufgrund Vergleichs oder Urteils auf Widerklage (→ § 50 Rdnr. 22ff.) Gläubiger sei; → dagegen § 50 Rdnr. 24u. zur Abhilfe über Treuhänder dort Rdnr. 28.
[2] So 18. Aufl. u. die § 256 anwendende Ansicht → Fn. 28; »rechtliches Interesse« *MünchKommZPO-Wolfsteiner* Rdnr. 1.
[3] *Baur/Stürner*[11] Rdnr. 275 Fn. 13; *Zöller/Stöber*[18] Rdnr. 2; a.M. *Rosenberg/Gaul*[10] § 17 II 2.
[4] → Rdnr. 2.
[5] → Rdnr. 4.
[6] → Rdnr. 13.
[7] Nur darauf stellen ab *Rosenberg* ZPR[9] § 176 I 2b; *Wieczorek*[2] Anm. A I; anders nun *Gaul* (Fn. 3) § 17 II 2b.
[8] *OLG Kiel* OLGRsp 16 (1908), 323; *Gaul* (Fn. 3) § 17 II 2b Fn. 18; *Stein* Voraussetzungen des Rechtsschutzes (1903) 149; *Stöber* (Fn. 3) Rdnr. 2, h. M.
[9] Vgl. auch *RG* JW 1900, 155; *OLG Hamburg* OLGRsp 15 (1907), 132; *KG* JW 1932, 191; *OLG Kiel* → Fn. 8: Schwierigkeiten bei gesetzlichem Erbschein; insbesondere → die § 727 Rdnr. 37a genannten Fälle zu § 426 Abs. 2 BGB.
[10] → Rdnr. 1.
[11] →s. auch Rdnr. 4.
[12] *Gaul* (Fn. 3) § 17 II 2b; *Stöber* (Fn. 3) Rdnr. 2; wohl auch *Brox/Walker*[4] Rdnr. 133; **a.M.** *Thomas/Putzo*[18] Rdnr. 6. – Anders, wenn Geständnis zugesagt ist u. genügen würde (→ dazu § 730 Rdnr. 3). Nur dann wäre auch § 93 entsprechend (→ § 307 Rdnr. 21) anzuwenden; → auch Fn. 13.

nicht geführt werden«), b) der Erfahrung, daß ein nicht freiwillig leistender Schuldner meist auch nicht zugesteht, so daß man dem Kläger nur Zeitverlust mit aussichtsarmen Anträgen zumuten würde[13], c) weiß man nicht sicher, ob der Schuldner nach § 730 gehört und so Gelegenheit zu einem Geständnis haben würde.

4 2. Liegen die Voraussetzungen → Rdnr. 2 *nicht* vor, so muß der Kläger zuerst den üblichen Weg beschritten haben, also den abschlägigen Bescheid des Rechtspflegers vorweisen (→ aber auch Rdnr. 6). Die umstrittene Frage, ob er Erinnerung[14] einlegen muß, bevor er klagt, ist nur anhand der konkreten Begründung des Rechtspflegers und der Art der Beweisschwierigkeit zu beantworten[15] und für die Beschwerde zu verneinen[16], es sei denn die Erteilung wäre aus anderen als Beweisgründen abgelehnt[17]. Andernfalls besteht die Gefahr, daß der Gedanke des Rechtsschutzbedürfnisses ad absurdum geführt wird, indem man die Klage als unzulässig abweist, den Kläger zur unsicheren Erinnerung oder Beschwerde treibt und schließlich die Sache doch im ordentlichen Prozeß entscheiden muß → Rdnr. 1. Denn eine Prozeßabweisung würde keine im Erteilungsverfahren zuständige Stelle[18] an die Auffassung der Entscheidungsgründe binden, daß die vorhandenen Urkunden ausreichend seien. Eine Abweisung als unzulässig sollte daher nur erfolgen, wenn der Gläubiger den Weg über §§ 726 ff. nicht einmal versucht hat, obwohl ihm geeignete Nachweise zur Verfügung standen; für eine stattdessen zusprechende Entscheidung unter Anwendung des § 93 (oder Abzug der unnötigen Kosten gemäß § 91) ist dann allerdings kein Raum[19]. – *Andernfalls* ist, um einer Verfahrensverdoppelung vorzubeugen, der Klage auch dann stattzugeben, wenn das Gericht die in einem Verfahren nach §§ 726 ff. vergeblich vorgelegten Urkunden schließlich doch als genügenden Beweis ansieht.

5 Solange die Klausel erteilt ist, scheidet § 731 aus, auch wenn der Schuldner Erinnerung einlegt oder seine Klage nach § 768 ankündigt (→ aber Fn. 37).

6 3. Sind die Voraussetzungen des § 731 gegeben, so ist eine neue Klage aus dem ursprünglichen Rechtsverhältnis bei gerichtlichen Entscheidungen, die entweder zwischen den Parteien (§ 726) oder nach §§ 326 f. gegenüber Dritten, für oder gegen die eine Klausel erteilt werden soll, *Rechtskraft* wirken, regelmäßig ausgeschlossen (str.)[20]. Denn § 731 soll ersichtlich (s. auch § 802) als besondere Art der Rechtsschutzgewährung der allgemeinen grundsätzlich vorgehen[21]; anders, wenn die Möglichkeit einer Umschreibung rechtlich bestritten ist[22], Einwendungen zu befürchten sind, die § 767 Abs. 2 nicht ausschließt[23], oder wenn aus den Gründen → § 727 Rdnr. 7, § 322 Rdnr. 200 ohnehin nochmals geklagt werden könnte[24]. Wer

---

[13] Daher sollte man dem Gläubiger nur bei vermutlicher Aussicht auf Erfolg vorherige Anfrage beim Schuldner zumuten, ob dieser gestehen will; andernfalls scheidet § 93 aus, besonders wenn der Schuldner trotz Anhörung nach § 730 nicht sofort gestanden hatte.
[14] So *OLG Hamburg* OLGRsp 29 (1914), 170; *Baumbach/Hartmann*[52] Rdnr. 2; *Thomas/Putzo*[18] Rdnr. 6. – A.M. *Brox/Walker* (Fn. 12); *Gaul* (Fn. 3) § 17 II 2; grundsätzlich auch *Wolfsteiner* (Fn. 2) Rdnr. 15.
[15] Zust. *Stöber* (Fn. 3) Rdnr. 2; jedenfalls nötig im Falle → Fn. 17.
[16] *Hartmann* (Fn. 14) Rdnr. 2; *Thomas/Putzo*[18] Rdnr. 6 u. die → Fn. 14 a. E. Genannten; vgl. auch *LG Ellwangen* NJW 1964, 671. – A.M. *RG* JW 1895, 520 u., falls Nachweis ohne weiteres erkennbar gelingen würde; noch die 20. Aufl., dieser folgend *Stöber* (Fn. 3) Rdnr. 2; *Bruns/Peters*[3] § 9 III 2. Jedenfalls wird man nicht Klage u. Beschwerde nebeneinander zulassen dürfen, s. auch *Gaul* (Fn. 3) § 17 II 2; anders bei § 768 → § 732 Rdnr. 6 Fn. 28.
[17] *Gaul* (Fn. 3); *Wolfsteiner* (Fn. 2) Rdnr. 15.

[18] Die nach § 731 in erster Instanz entscheidenden Richter können andere sein als die über Erinnerungen entscheidenden (Geschäftsverteilung, Richterwechsel, → auch Rdnr. 11).
[19] Vgl. *Stein* (Fn. 8) 150 mit 25; *Roeger* Gruch. 55 (1911), 326 f.
[20] *Gaul* (Fn. 3) § 17 II 2 d Fn. 31. Zu §§ 729, 738 *Hüffer* ZZP 85 (1972), 231 ff.; *Brehm* JuS 1990, 211 (zu § 419 BGB).
[21] *RG* WarnRspr 1925 Nr. 74 = JW 764[13] mwN; *BGH* NJW 1957, 1111[7]; *Thomas/Putzo*[18] Rdnr. 1; *Wetzel* JuS 1990, 200. – A.M. *BGH* NJW 1987, 2863 = MDR 840[48] (Prüfungsumfang sei der gleiche) = JuS 1988, 402 (zust. *K.Schmidt*) zu § 419 BGB; *LG Osnabrück* JurBüro 1991, 1401 = Rpfleger 465 (Meyer-Stolte); *Hartmann* (Fn. 14) Rdnr. 2; *Stöber* (Fn. 3) Rdnr. 7.
[22] *RGZ* 124, 151; *BGH* BB 1969, 892 = MDR 567 f.; *BAG* ZIP 1994, 901 (§ 613a BGB).
[23] Z.B. im Falle § 729 → dort Rdnr. 2 f.
[24] *Windel* ZZP 102 (1989), 178.

hingegen darauf abstellen will, ob der eine oder andere Weg »einfacher und billiger« ist, müßte auch umgekehrt fragen, ob ein Gläubiger nach § 731 klagen *darf* oder stattdessen nach §§ 688 ff. vorgehen *müsse*, weil der Schuldner keine materiellen Einwendungen erheben will[25].

Antrag und Urteilsformel sind nach dem eindeutigen Wortlaut des § 731 auf die Anordnung zu richten, daß die Klausel zu erteilen ist[26], wobei das Urteil den Inhalt (Titel, Parteien, Zusätze, Einschränkungen) möglichst bestimmt, am besten mit dem künftigen Wortlaut wiedergeben sollte[27]. Die Klage ist sonach entgegen der h.M.[28] nicht *nur* eine solche auf Feststellung der Voraussetzungen für die Erteilung der Klausel, obwohl sie *gegenüber dem Schuldner* so wirkt[29], und ebensowenig eine nochmalige Verurteilung zur Leistung auf Grund des ursprünglichen materiellen Anspruchs[30]; denn ihre Grundlage bildet das Urteil (»aus dem Urteil«). 7

Vielmehr wird *eine bisher fehlende Voraussetzung der Vollstreckungsklausel hergestellt*; die Klage ist eine **prozessuale Gestaltungsklage**[31] wie die nach §§ 767 f., 771 mit der auch dort üblichen Besonderheit, daß schon dem vorläufig vollstreckbaren Urteil Wirkung verliehen ist[32]. Ihr Streitgegenstand, §§ 253 Abs. 2 Nr. 2, 322, ist nicht der materiell-rechtliche Anspruch, sondern die Erteilung der Klausel[33]. Daß trotzdem der Schuldner (in den Fällen → § 727 Rdnr. 16 ff. der neue) und nicht der Staat Beklagter ist, leuchtet schon deshalb ein, weil der Beklagte die Klage durch Geständnis, Anerkenntnis[34] oder freiwillige Leistung entbehrlich machen könnte[35]. → auch § 722 Rdnr. 3. Der Urkundenprozeß ist deshalb unzulässig[36]. Dagegen kann die Klage als Widerklage gegen die Klage aus § 768 geltend gemacht werden[37], und sie steht auch dem nichtrechtsfähigen Verein zu[38]. Hinsichtlich der Streitgenossenschaft bei Miterben gilt das zu § 62 Rdnr. 19 f. Ausgeführte entsprechend. 8

Der nach §§ 726 ff. zu führende Nachweis kann hier durch *jedes Beweismittel*, das in mündlicher Verhandlung erlaubt ist, geführt werden und wird durch *Geständnis* oder was dem gleichsteht (§§ 288, hier auch 138 Abs. 3[39], 331) überflüssig. *Anerkenntnisse* sind als »beschränkte«[40] zulässig im Rahmen der Dispositionsbefugnis des Beklagten, nie zu Lasten Dritter[41]. Zum Bereich der Amtsprüfung → Rdnr. 95 f. vor § 128. 9

---

[25] Vgl. *Meyer-Stolte* (Fn. 21).
[26] *Stöber* (Fn. 3) Rdnr. 5; *Thomas/Putzo*[18] Rdnr. 3. Die h.M. → Fn. 28 müßte folgerichtig tenorieren, daß die Erteilung zulässig sei, so *Hartmann* (Fn. 14) Rdnr. 6; *Gaul* (Fn. 3) § 17 II 2 c. Die Praxis läßt beides gelten, s. auch *Bruns/Peters*[3] § 9 III 1 u. *Hoche* ZwV 27; der *Antrag* ist wie stets auslegungsfähig, s. *RG* JW 1903, 240 u. WarnRsp 25 Nr. 74 (sogar »Verurteilung« genüge, s. aber auch Anm. *Oertmann* JW 1925, 764[13]).
[27] Zust. *Wolfsteiner* (Fn. 2) Rdnr. 21. → auch Rdnr. 15.
[28] *LG Hildesheim* NJW 1964, 1232[12]; *Hartmann* (Fn. 14) Rdnr. 1; *Stürner* (Fn. 3); *Gaul* (Fn. 3) § 17 II 2 d mwN; *Jauernig*[19] § 4 V 4; *Lüke* JuS 1969, 302; *Stöber* (Fn. 3) Rdnr. 4; *Thomas/Putzo*[18] Rdnr. 1; *Wüllenkemper* Rpfleger 1989, 88 ff.; man verfährt jedoch nicht (→ Fn. 73) nicht wie bei Feststellungsklagen u. erklärt das Urteil auch zur Hauptsache für vorläufig vollstreckbar → Fn. 67.
[29] → Fn. 33 f.
[30] So *Hellwig* Anspruch (1900) 170 ff.
[31] *OLG Posen* OLGRsp 35 (1917), 61; *Bettermann* Rechtshängigkeit (1949) 62 ff.; *Gerhardt*[2] § 5 V 2; *Schlosser* Gestaltungsklagen (1966) 99; *Schönke/Kuchinke* ZPR[9] § 40 III 2; *Schuschke* Rdnr. 2; früher *Wolfsteiner* Die vollstreckbare Urkunde (1978) Rdnr. 57.2.; offenlassend in *MünchKommZPO* (Fn. 2) Rdnr. 4; s. auch *de Grahl* DAVorm 1986, 646 (Feststellungsklage in Form einer proz. Gestaltungsklage). Zur verwandten Einordnung als »Anordnungsurteil« vgl. *Gaul* (Fn. 3) § 17 II 2 d.
[32] → § 708 Rdnr. 12 a. E.
[33] *RGZ* 85, 396; *BGHZ* 72, 28 = NJW 1978, 1976; *OLG Posen* (Fn. 31); *Wieczorek*[2] Anm. B I. – A.M. *Wolfsteiner* (Fn. 2) Rdnr. 9 f., 16, 23 (Anspruch werde rechtshängig, so daß § 731 bis zur Rechtskraft ausscheide, Urteil stelle Anspruch rechtskräftig fest). Freilich erweitert die heute allg. M. den Streitgegenstand um den des § 767 (→ dort Rdnr. 2 ff.).
[34] → Rdnr. 9.
[35] Vgl. die Bedenken *Bettermanns* in FSf. F.Weber (1975) 87 ff. zu § 771 (die er insoweit auch zu § 731 haben müßte).
[36] → § 592 Rdnr. 2.
[37] *RG* Gruch. 33 (1889), 1202.
[38] → Fn. 1.
[39] Anders im Erteilungsverfahren → § 730 Rdnr. 3 Fn. 7 (str).
[40] § 307 Rdnr. 8 f.
[41] → § 727 Rdnr. 38, § 730 Rdnr. 3 Fn. 9, 10; *Wolfsteiner* (Fn. 2) Rdnr. 14 mit § 726 Rdnr. 52.

10   II. Mit der Klage beginnt ein **selbständiger neuer Prozeß**, auch in Beziehung auf die Prozeßkosten[42]. Verjährung und Ersitzung werden unterbrochen, §§ 209 Abs. 1, 941 BGB. Die *Prozeßvollmacht* für den Hauptprozeß umfaßt aber auch dieses Verfahren[43], und die Klage *muß*[44] dem Prozeßbevollmächtigten des Hauptprozesses zugestellt werden[45].

11   **Ausschließlich zuständig** (§ 802)[46] ist für Urteile, gerichtliche Vergleiche und Entscheidungen gemäß § 794 Nr. 2–3a (§ 795) das Prozeßgericht erster Instanz[47], auch wenn es unzuständig war[48], aber nicht notwendig die Kammer, die das erste Urteil erlassen hatte[49]. Hatte eine Kammer für Handelssachen oder ein Familiengericht[50] entschieden, so ist wiederum ein solcher Spruchkörper (je nach Geschäftsverteilung) zuständig; bei Vollstreckungsbescheiden und vollstreckbaren Urkunden sind es die in §§ 796 Abs. 3, 797 Abs. 5[51], 800 Abs. 3, 800a Abs. 2 bezeichneten Gerichte.

11a   Wegen §§ 164 Abs. 2, 194, 206 Abs. 2 KO s. §§ 164 Abs. 3, 146 Abs. 2 KO; s. auch §§ 85f. VerglO, §§ 98, 158 Abs. 3 FGG, §§ 109 Abs. 3, 113 Abs. 1 S. 2, 114 Abs. 3, 115c Abs. 3, 115e Abs. 2 Nr. 4 GenossG, § 406b S. 2 StPO, wegen der Vergleiche vor Gütestellen § 797a Abs. 3. Für Schiedssprüche ist das in §§ 1045f. genannte staatliche Gericht zuständig[52], → aber auch § 1042 Rdnr. 18. Zum Wegfall des ehemaligen Prozeßgerichts durch Auflösung oder Gebietsabtrennung → § 1 Rdnr. 102 a.E., Rdnr. 10 vor § 12.

12   Klagen nach § 731 sind *nicht Feriensachen* kraft Gesetzes → § 223 Rdnr. 33.

13   III. **Einwendungen** des Beklagten[53] müssen bei Vermeidung ihres Verlustes[54] hier vorgebracht werden, soweit sie sich gegen die *Zulässigkeit der Vollstreckungsklausel* richten[55]. Auch soweit sie den *materiellen Anspruch* betreffen, *dürfen* sie nach heute h.M.[56] innerhalb der Grenzen des § 767 Abs. 2[57] geltend gemacht werden, um die Klauselerteilung abzuwenden[58]; es gilt das zu → § 723 Rdnr. 3f. Ausgeführte[59]. Soweit der Schuldner imstande ist, derartige Einwendungen schon in diesem Verfahren geltend zu machen, vgl. § 767 Abs. 3, *muß* er es tun[60]; auf sie kann er eine Klage nach § 767 nicht mehr stützen.

14   Freilich kann dieser – ohnehin nicht unbedenkliche[61] *Ausschluß* von Einwendungen nur auf § 767 Abs. 3, nicht auf Abs. 2 gestützt werden[62], der stets nur auf das ursprüngliche Urteil bezogen werden darf[63]; zur Begründung → § 723 Rdnr. 3 a.E., Rdnr. 4, § 767 Rdnr. 52ff.

---

[42] → Rdnr. 18.
[43] → § 81 Rdnr. 7.
[44] H.M. – A.M. *Förster/Kann* ZPO³ Anm. 4d.
[45] → § 178 Rdnr. 2.
[46] Zur Zulässigkeit des Rechtswegs → Einl. (20. Aufl.) Rdnr. 352.
[47] Als Widerklage oder durch Klagänderung kann die Klage auch in der 2. Instanz einen Rechtsstreits erhoben werden, der in 1. Instanz bei dem nach § 731 zuständigen Gericht schwebte, *RGZ* 157, 159.
[48] *Wieczorek*² Anm. A II a; *Wolfsteiner* (Fn. 2) Rdnr. 7 Fn. 12 gegen *Thomas/Putzo*¹⁸ Rdnr. 4 (die bei zu hohem Streitwert für AG § 796 Abs. 3 entsprechend anwenden wollen). §§ 512a, 528, 549 Abs. 2 gelten auch hier; *RG* (Fn. 21).
[49] → § 1 Rdnr. 102, vgl. auch *Münzberg* ZZP 87 (1974) 452f.
[50] OLG Stuttgart Rpfleger 1979, 145; *Böttcher* Rpfleger 1981, 49; *Klauser* MDR 1979, 629 mwN.
[51] Dazu *Münzberg* (Fn. 49) 450ff.
[52] *RGZ* 85, 396.
[53] Dazu *Bettermann* (Fn. 31) 58ff.; *Bruns/Peters*³ § 9 III 4.
[54] → Rdnr. 17.
[55] → § 732 Rdnr. 2.
[56] Obwohl §§ 731, 768 diese prozeßökonomische Erweiterung des Streitgegenstandes auf die gesamte Vollstreckbarkeit des Anspruchs nicht einmal andeuten, s. dazu *Bettermann* (Fn. 31) 58ff.; daher abl. *Münch* Vollstreckbare Urkunde (1989) 238 (nur auf Widerklage nach § 767; diese ist jedenfalls nicht ausgeschlossen, da mit ihr nicht nur der Klauselerteilung, sondern der ZV überhaupt begegnet werden kann).
[57] → aber § 795 Rdnr. 13f., § 797 Rdnr. 20ff.
[58] → auch § 727 Rdnr. 46.
[59] Vgl. *RGZ* 34, 347; JW 1903, 240; HRR 1928, 1521; OLG Hamburg SeuffArch 52 (1897), 369; KG KGBl 1906, 48.
[60] *Stürner* (Fn. 3) Rdnr. 135, insoweit allg. M.
[61] Vgl. 16. Aufl. mit *RGZ* 11, 435; *Stürner* (Fn. 3) Rdnr. 135 Fn. 14. Legt man § 767 Abs. 3 objektiv aus wie BGH ZZP 87 (1974) 447 (dagegen *Münzberg* aaO), so ist die Analogie bei § 731 schlechthin abzulehnen, → auch Fn. 62.
[62] So aber die h.M. S. dagegen treffend *Bruns/Peters* (Fn. 53); *Gaul* (Fn. 3) § 17 II 2 d a.E.; wie hier auch *A. Blomeyer* ZwVR § 16 IV 1c.
[63] Gegen *Wolfsteiner* (Fn. 31) Rdnr. 57.4 Fn. 8: Bei Titeln ohne Rechtskraft scheidet § 767 Abs. 2 eben ganz aus, § 797! Er darf dann nicht »durch die andere Tür« wieder eingeführt werden.

Auch der *Erbe* kann und muß die Beschränkung seiner Haftung spätestens hier geltend 15
machen, worüber wie → § 780 Rdnr. 4 ff. zu entscheiden ist[64]; denn auch hier wird er »als
Erbe des Schuldners« (§ 780) verurteilt[65].

IV. Das **Urteil**[66] ist nach §§ 708 ff. für vorläufig vollstreckbar zu erklären[67], sofern das 16
erste Urteil entweder rechtskräftig oder vorläufig vollstreckbar ist. In diesem Falle hat der
Rechtspfleger[68] sofort, andernfalls nach Rechtskraft, die Klausel zu dem früheren Urteil[69] zu
erteilen und darin das zweite Urteil zu erwähnen, damit Vollstreckungsorgane nicht nach
§ 750 Abs. 2 Urkunden nebst deren Zustellung verlangen. – Die *Anfechtung* folgt allgemeinen Regeln.

Durch die *Rechtskraft* des Urteils werden für den Schuldner die Erinnerung (§ 732) und die 17
Klage nach § 768 ausgeschlossen[70]. Nach rechtskräftiger Sachabweisung darf die Klausel für
den Kläger nur auf Grund neuer Tatsachen erteilt werden[71].

Für die **Kosten** gilt § 788 nicht[72]; auch für *Gerichts- und Anwaltsgebühren*[73] gelten die 18
allgemeinen Vorschriften, s. auch §§ 37 Nr. 7, 58 Abs. 2 Nr. 1 BRAGO. Bei der Kostenentscheidung im Falle des Rechtsübergangs ist § 94 zu beachten.

V. War das Urteil im **arbeitsgerichtlichen Verfahren** ergangen, so ist für die Klage nach 19
§ 731 das Arbeitsgericht zuständig[74].

§ 732 [Erinnerung gegen Erteilung der Vollstreckungsklausel]

(1) ¹Über Einwendungen des Schuldners, welche die Zulässigkeit der Vollstreckungsklausel betreffen, entscheidet das Gericht, von dessen Geschäftsstelle die Vollstreckungsklausel erteilt ist. ²Die Entscheidung kann ohne mündliche Verhandlung ergehen.

(2) Das Gericht kann vor der Entscheidung eine einstweilige Anordnung erlassen; es kann insbesondere anordnen, daß die Zwangsvollstreckung gegen oder ohne Sicherheitsleistung einstweilen einzustellen oder nur gegen Sicherheitsleistung fortzusetzen sei.

Gesetzesgeschichte: Bis 1900 § 668 CPO. Änderungen RGBl. 1927 I 175, 334, BGBl. 1950 I 455.

I. Ist die Klausel einmal wirksam[1] erteilt, so haben Vollstreckungsorgane oder Vollstrek- 1
kungsgerichte sie hinzunehmen[2]. Es ist Sache des **Schuldners**, Einwendungen dagegen nach

---

[64] *OLG Celle* u. *OLG Posen* OLGRsp 15 (1907), 280 u. 29 (1914), 197; *Brox/Walker*[4] Rdnr. 1385 mwN; *Gaul* (Fn. 3) § 17 II 2 d, h.M. – A.M. *OLG Kiel* OLGRsp 16 (1908), 323.
[65] H.M. Da der Präklusionsumfang str. ist, darf der Vorbehalt keinesfalls abgelehnt werden, *OLG Celle* (Fn. 64).
[66] → Rdnr. 7.
[67] *Schlosser* (Fn. 31) 244; *Wolfsteiner* (Fn. 2) Rdnr. 22 mwN, ganz h.M. → § 708 Rdnr. 10, 12 a.E. Die Formel darf nicht den Eindruck erwecken, als wären Sicherheiten zweimal zu leisten.
[68] *Hartmann* (Fn. 14) Rdnr. 1; *Blomeyer* ZwVR § 16 IV 1 d; *Bruns/Peters* ZwVR³ § 9 III 1; *Gaul* (Fn. 3) § 17 II 2 c; *Wolfsteiner* (Fn. 2) Rdnr. 21; *Wüllenkemper* (Fn. 28) 90 f. A.M. (Urkundsbeamter) *Brox/Walker*[4] Rdnr. 135; *Stürner* (Fn. 3) Rdnr. 277; *Napierala* Rpfleger 1989, 493 ff.; *Stöber* (Fn. 3) Rdnr. 5; *Thomas/Putzo*[18] Rdnr. 9, denen zuzugeben ist, daß der eigentliche Grund für die ursprüngliche Zuständigkeit des Rechtspflegers dann nicht mehr besteht. Aber den §§ 20 Nr. 12, 26 RpflG ist nicht sicher zu entnehmen, daß die Zuständigkeit im Falle des § 731 wechseln soll.
[69] → § 725 Rdnr. 6 f.
[70] → Rdnr. 13.
[71] H.M. so schon 19. Aufl. Anders (Präklusion nur hinsichtlich schon vorgetragener Tatsachen) noch 20. Aufl. mit *Hartmann* (Fn. 14) Rdnr. 22 ff. Dagegen für § 731 zutreffend *Wolfsteiner* (Fn. 2) Rdnr. 25.
[72] → Rdnr. 10.
[73] Zum Streitwert *OLG Köln* Rpfleger 1969, 247; *LG Hildesheim* NJW 1964, 1232[13]; *Mümmler* JurBüro 1989, 302 (Wert des Anspruchs, soweit Klausel begehrt wird, kein Abzug »wegen Feststellung«).
[74] → auch § 1 Rdnr. 102.
[1] §§ 725 Rdnr. 11, 726 Rdnr. 22 ff., 727 Rdnr. 41.
[2] → § 724 Rdnr. 2, § 726 Rdnr. 24. Auch wenn späteres Gesetz der ZwV entgegensteht; a.M. *Rechberger* Die fehlerhafte Exekution (1978), S. 126 f.

§ 732 I   Erster Abschnitt: Allgemeine Vorschriften

§ 732 geltend zu machen oder nach § 768 zu klagen[3]. Zu Einwendungen *Dritter* → § 727 Rdnr. 44 ff.

2   1. **Einwendungen gegen die Zulässigkeit der Vollstreckungsklausel** bilden die Rügen *formeller Mängel*, z.B. daß der Titel nicht hätte ausgefertigt werden dürfen, weil er von vornherein nicht[4] oder nicht in der angegebenen Weise[5] oder dem angegebenen Umfang[6] oder nicht mehr[7] vollstreckbar sei, von einer unzuständigen Stelle erteilt worden sei[8], daß gemäß §§ 726 ff. geforderte Nachweise nicht ordnungsmäßig geführt seien[9] oder ein Geständnis bzw. die Offenkundigkeit fälschlich angenommen oder in der Klausel nicht erwähnt worden sei[10], oder daß nötige Zusätze[11] in der Klausel fehlen. Hierher gehört ferner der »Verbrauch« einer Ausfertigung (→ § 775 Rdnr. 2, 2a), denn mit ihm wird nicht materiellrechtliche Erfüllung, sondern nur amtlich bestätigte Beitreibung geltendgemacht[12]. Auch zur Unwirksamkeit der Klausel führende Mängel[13] dürfen so gerügt werden, obwohl diese ohnehin bei der Vollstreckung zu beachten sind; denn § 732 erspart u.U. mehrfache Erinnerung nach § 766. Zur Zulässigkeit → Rdnr. 8 und über das Verhältnis des § 732 zu § 767 → dort Rdnr. 11.

3   Dagegen kann der Schuldner *sachliche Einwendungen* gegen den Anspruch, wozu auch fehlende Sachlegitimation des Gläubigers gehört[14], nicht gegen die Klausel als solche vorbringen[15]. Hier muß er nach § 767 klagen; dies wird durch § 768 bestätigt, wonach die Vollstreckungsgegenklage dann stattfindet, wenn der Schuldner die nach §§ 726 ff. maßgeblichen Tatsachen (nicht nur ihren Beweis) bestreitet. Allerdings können formelle Mängel auch dann nach § 732 geltend gemacht werden, wenn es sich *zugleich* um sachliche Bedingungen handelt, z.B. die ersichtliche Nichtigkeit eines Titels, der den Anspruch erst schafft[16]; → auch Rdnr. 6 zum Wahlrecht bei §§ 726 ff.

---

[3] → Rdnr. 6; damit verschafft er sich, abgesehen von § 730, erstmals das aufgeschobene rechtliche Gehör. Auch keine Einziehung → § 733 Rdnr. 10; *MünchKommZPO-Wolfsteiner* § 724 Rdnr. 43 mwN.

[4] → besonders § 724 Rdnr. 9, z.B. fehlende **Bestimmtheit des Anspruchs** Rdnr. 26 ff., 153 vor § 704, § 794 Rdnr. 86 ff., *OLG Düsseldorf* NJW-RR 1988, 698 = OLGZ 106 = DNotZ 243 (nicht hinreichend bestimmte Zinsen); *BGH* NJW-RR 1987, 1149 = MDR 1988, 136; NJW-RR 1990, 246 (unwirksame Beurkundung); *BGHZ* 15, 190 = NJW 1955, 182; *OLG Zweibrücken* FamRZ 1985, 1071 (unwirksame Scheidungsfolgenvergleiche); *LG Gießen* NJW 1956, 555 *Rosenberg/Gaul*[10] § 17 III 2 a (fehlende Gerichtsbarkeit); *OLG Oldenburg* MDR 1955, 488 = NdsRpfl 77 (falsch angegebene gesetzliche Vertretung); *BGH* WPM 1958, 1194 (unklare Unterwerfung).

[5] *OLG Düsseldorf* OLGZ 1984, 93 (Urkunde nennt anderen als Vollstreckungsschuldner); *OLG München* NJW 1956, 996 = BayJMBl 80 (Sicherheitsleistung); *LG Dresden* JW 1934, 1197[2] (wenn im Urteil angeordnete Abwendungsbefugnis entgegen → § 103 Rdnr. 6 im rechtskräftigen Kostenfestsetzungsbeschluß nicht erwähnt ist).

[6] Z.B. bei einer Unterwerfung, § 794 Abs. 1 Nr. 5.

[7] → § 724 Rdnr. 12. Das gilt zwar auch im Falle § 96 Abs. 3 VerglO, falls das Prozeßgericht die bestrittene Forderung trotz geltend gemachter Herabsetzung voll zuerkennt, so folgerichtig *LG Osnabrück* MDR 1951, 755; Erinnerung aber überflüssig, falls die Herabsetzung schon im Urteil berücksichtigt wird, so *LG Braunschweig* obiter JZ 1956, 660 f. (wo aber der Schuldner vorbehaltslos anerkannt hat). – Wegen der schon vor Vergleichsbestätigung rechtskräftig gewordenen Urteile → Rdnr. 20

vor § 704. – Ist ein Urteil durch Prozeßvergleich hinfällig geworden, so kann der Schuldner wahlweise nach § 732, § 767 (*KG* JW 1930, 2066[9]) oder entsprechend § 269 Abs. 3 S. 2 vorgehen, § 794 Rdnr. 32 b.

[8] *LG Darmstadt* NJW 1967, 1570 (Notar in eigener Sache), s. auch §§ 16 Abs. 1, 20 Abs. 1 S. 1 BNotO.

[9] *RGZ* 50, 366 f.

[10] → § 291 mit Bem., § 726 Rdnr. 21.

[11] → § 725 Rdnr. 2.

[12] → Rdnr. 9. Wer freilich bei § 732 nur auf den Zeitpunkt der Erteilung abstellen will (→ dagegen Rdnr. 9 a), schneidet dem Schuldner diese Möglichkeit ab u. zwingt ihn, gegen jeden ZV-Versuch erneut nach § 766 vorzugehen, zumal die Ansicht verbreitet ist, nach beendeter ZV sei § 767 ausgeschlossen, z.B. *MünchKommZPO-K.Schmidt* § 767 Rdnr. 43 Fn. 114 (→ dagegen § 767 Rdnr. 43).

[13] → § 724 Rdnr. 2, § 725 Rdnr. 11, § 726 Rdnr. 22 f., § 727 Rdnr. 41.

[14] Wegen Abtretung → § 727 Rdnr. 44, 46.

[15] *OLGe Düsseldorf* Rpfleger 1977, 67; *Frankfurt, München* FamRZ 1984, 928; 1990, 653; *Oldenburg* FamRZ 1990, 899 (Prozeßvergleich); *LG Bonn* MDR 1961, 153; *Gaul* (Fn. 4); *Becker-Eberhard* ZZP 104 (1991), 430 (Amtsende einer Partei kraft Amtes als Wegfall materieller Verfügungsbefugnis), h.M. – A.M. *LG Duisburg* KTS 1964, 187 (Stundung), → dagegen Fn. 27.

[16] *BGH* NJW-RR 1990, 247; *Gaul* (Fn. 4) § 17 III 1. – auch § 767 Rdnr. 11 Fn. 68 mwN. *RGZ* 50, 366 steht nicht entgegen, dort sind nur Voraussetzungen des § 768 erörtert. – Auch eine offensichtlich fehlende Genehmigung nach dem AWG → Einl. (20. Aufl.) Rdnr. 993 a.E.

Andererseits darf die Klausel, falls die Einwendungen des Schuldners nach § 732 begründet sind, nicht deshalb aufrechterhalten werden, weil dem Gläubiger eine andere als die Titelforderung zusteht[17].

2. Die §§ 732, 768 enthalten eine gegenüber §§ 576, 567 abweichende, zwingende Sonderregelung für Einwendungen des Schuldners[18]. Daher kann über sie **nur auf Erinnerung oder Klage des Schuldners** entschieden werden (zur Abgrenzung → Rdnr. 6). Bringt er sie schon nach § 730 vor oder in Verfahren, die der Gläubiger nach §§ 576, 567f. oder § 11 RPflG eingeleitet hatte[19], so werden sie folglich nur als Vorfragen geprüft und daher nicht in einer den Schuldner bindenden Weise erledigt[20]. Daß deshalb u. U. derselbe Richter zweimal damit sachlich befaßt wird[21], wird vom Gesetz samt der dadurch bedingten Verzögerung in Kauf genommen. Daraus folgt wiederum, daß dem **Schuldner** gegen die *Erteilung* der Klausel durch Urkundsbeamte, Rechtspfleger oder Richter[22] eigene Beschwerden verschlossen sind[23]. Die Gegenansicht dürfte folgerichtig Einwendungen, die bereits in vom Gläubiger eingeleiteten Beschwerdeverfahren für erfolglos gehalten wurden, auch nach § 768 nicht mehr zulassen[24], was offensichtlich dem Gesetzeszweck zuwiderliefe. Vielmehr ist für lediglich *formelle Einwendungen* nur die **Erinnerung** zulässig; insoweit ist eine Klage ausgeschlossen und über sie darf auch nicht aus Anlaß einer Klage nach § 768 entschieden werden[25]. Über Ausnahmen → § 767 Rdnr. 11.

In den Fällen der §§ 726ff. gibt dagegen § 768 a. E. dem Schuldner ein *Wahlrecht*[26]: er kann sich darauf beschränken, die erteilte Klausel wegen ungenügender Nachweise nach § 732 beseitigen zu lassen[27] oder aber im Wege der *Vollstreckungsgegenklage* nach § 768 einen Ausspruch über die Unzulässigkeit der Zwangsvollstreckung für oder gegen den Rechtsnachfolger usw. herbeizuführen. Der Einwendung nach § 732 steht also niemals entgegen, daß die Klage nach § 768 zulässig wäre, so wie umgekehrt die Klage nach § 768 in den dort bezeichneten Fällen dadurch nicht berührt wird, daß noch die Erinnerung nach § 732 oder die Beschwerde gegen ihre Zurückweisung offensteht[28], oder daß die Klausel im Verfahren des § 732, selbst auf Beschwerde, aufrechterhalten ist[29]. → aber Rdnr. 8.

Über die Folgen einer Versäumung der Rechtsbehelfe aus §§ 732, 768 → § 725 Rdnr. 12, nach Beendigung der Vollstreckung → Rdnr. 23f., 141f. vor § 704, nach der Vollstreckung gemäß § 883 → dort Rdnr. 33.

---

[17] *BGH* WPM 1964, 1125.
[18] Zum Gesetzeszweck *Münzberg* Rpfleger 1991, 210. → auch § 724 Rdnr. 16 zum generellen Ausscheiden des § 793.
[19] → § 724 Rdnr. 16.
[20] *Gaul* (Fn. 4) § 17 III 2b; ausführlich *Münzberg* (Fn. 18). – A.M. *OLG Hamm* Rpfleger 1990, 286 = NJW-RR 1278 (für § 732 fehle dann Rechtsschutzbedürfnis); *Wolfsteiner* (Fn. 3) § 724 Rdnr. 45 (aber die Stellung des Schuldners als »Verfahrensbeteiligter« leugnet niemand; § 732 Rdnr. 3, 5 (Rechtskraft für u. gegen Schuldner wie Entscheidungen nach § 732). Das wäre zwar de lege ferenda akzeptabel, *Gaul* ZZP 85 (1972) 292f., ist aber derzeit unzulässige Gesetzeskorrektur.
[21] Primär darauf stützt z.B. OLG Hamm (Fn. 20) die Gegenansicht u. vermißt (nur insoweit folgerichtig) ein Rechtsschutzbedürfnis für § 732.
[22] A.M. für § 5 RPflG *Wieczorek²* Anm.A III; für § 576 *KG* OLGRsp 25, 216 (ohne § 732 zu erwähnen).
[23] *OLGe München* BayrZ 1909, 114; *Hamm* SeuffArch 77 (1923), 256; ausführlich *Münzberg* (Fn. 18); *Zöller/Stöber*[18] § 724 Rdnr. 13. Dazu → § 567 Rdnr. 15 mit Fn. 25, h. M. – A.M. *OLG Hamm* Rpfleger 1990, 286

= Büro 1352; *KG* OLGRsp 25 (1912), 216f.; *Wieczorek* (Fn. 22) *Wolfsteiner* Die vollstreckbare Urkunde (1978) Rdnr. 56.9.
[24] Dagegen zutreffend *Gaul* (Fn. 4) § 17 III 3; MünchKommZPO-*K.Schmidt* § 768 Rdnr. 4.
[25] *RGZ* 50, 365f.; *BGHZ* 22, 54 a. E.; *OLGe Karlsruhe* BadRPr 1903, 267; *Dresden* OLGRsp 35 (1917), 118; *Koblenz* NJW 1992, 379; *Gaul* (Fn. 4) § 17 III 3; *K.Schmidt* (Fn. 24) § 768 Rdnr. 4.
[26] *OLG Koblenz* (Fn. 25); *Wolfsteiner* (Fn. 3) Rdnr. 4f. – Krit. de lege ferenda *Gaul* ZZP 85 (1972) 293.
[27] *BGH* (Fn. 17): bei Nichtigkeit der Vermögensübernahme, § 729. Sachliche Einwendungen sind jedoch auch dann nur zugelassen, wenn sie die speziellen Voraussetzungen des §§ 726ff. betreffen, also nicht etwa Stundung (→ Fn. 15) oder Erfüllung.
[28] Vgl. *OLG Dresden* ZZP 32 (1904) 363; *Wolfsteiner* (Fn. 3) Rdnr. 17.
[29] *RGZ* 50, 372f.; WarnRsp 1913 Nr. 349; *BGH* MDR 1976, 838[30] = KTS 1977, 37 = BB 725 zum nur vorläufigen, nicht präjudizierenden Charakter der Entscheidung nach § 732 gegenüber der Klage nach § 768.

8 II. Das **Verfahren nach § 732** setzt voraus, daß die Klausel erteilt ist[30], sei es auch erst auf Anordnung des Gerichts[31] oder des Beschwerdegerichts[32]; vorher hat der Schuldner – abgesehen von §§ 730, 767 oder im Wege der Einlegung eines Rechtsmittels gegen das Urteil – kein Mittel zu ihrer Abwendung[33]. Eine Frist ist nicht vorgeschrieben[34]. Auch nach vollständigem Verbrauch der Ausfertigung durch Vollstreckung[35] kann noch ein Rechtsschutzbedürfnis für die Erinnerung nach § 732 bestehen, a) wenn der Gläubiger die Ausfertigung nicht herausgibt[36] und erneut zu vollstrecken sucht oder damit droht[37], b) wenn er noch eine nicht verbrauchte Ausfertigung hat[38]. Urteile nach §§ 731, 768 verschließen den Weg des § 732, soweit ihre Rechtskraft bzw. die Präklusionswirkung des § 767 Abs. 3 reicht; das muß auch ab Erhebung der Klage gemäß § 768 gelten, soweit es nur um darunter fallende Einwendungen geht[39].

9 Das Verfahren gleicht der Erinnerung nach § 576, insofern erst gegen die Entscheidung des angerufenen Gerichts die Beschwerde stattfindet[40]. Ausschließlich (§ 802) *zuständig* ist für Urteile, gerichtliche Vergleiche und Entscheidungen gemäß § 794 Nr. 2–4 (§ 795) das Gericht, dessen Urkundsbeamter oder Rechtspfleger die Klausel erteilt hat[41], auch wenn seine Unzuständigkeit gerügt wird oder es die Klausel erteilt hat, obwohl es dazu das zuständige Gericht hätte anweisen müssen[42]. Wegen vollstreckbarer Urkunden und Vergleiche vor Gütestellen s. § 797 Abs. 3, § 50 Abs. 1 Nr. 2 JWG, § 797a Abs. 2, 4 S. 3, wegen weiterer Titel → § 731 Rdnr. 11. Der Rechtsbehelf verdrängt die Erinnerung des § 11 RpflG, so daß § 11 Abs. 2 S. 3–5 RpflG nicht anwendbar ist[43], also der Richter auch ablehnende Entscheidungen fällen und begründen muß[44] und der Schuldner seine Beschwerde[45] selbst einzulegen hat. Jedoch darf auch hier der Urkundsbeamte oder Rechtspfleger der Erinnerung abhelfen[46]. – Das *Gesuch* kann auch vor dem LG ohne Anwalt schriftlich oder zu Protokoll angebracht werden[47]. Zum Beschlußverfahren bei freigestellter mündlicher Verhandlung → § 128 Rdnr. 39 ff.

9a Ob die Erinnerung begründet ist, richtet sich nach dem zuletzt festgestellten Sachverhalt; denn es geht hier nicht um Fehler der erteilenden Stelle, sondern nur um Schutz vor

---

[30] *OLG Koblenz* (Fn. 25), allg. M. Auch Anordnung durch Beschwerdegericht ist noch nicht »Erteilung« *Münzberg* (Fn. 18).
[31] → § 724 Rdnr. 16.
[32] → Fn. 23.
[33] → Rdnr. 5: Anhörung schützt ihn nur vorläufig.
[34] *Wolfsteiner* (Fn. 3) Rdnr. 6.
[35] Nicht jede ZV »verbraucht« die Ausfertigung → § 775 Rdnr. 2, schon gar nicht die Zwangseintragung *LG Hildesheim* NJW 1962, 1256, → § 867 Rdnr. 32.
[36] Zum Verbleib der Ausfertigung nach Befriedigung → § 757 Rdnr. 2, § 724 Rdnr. 16.
[37] → § 775 Rdnr. 2a. – A.M. *Wolfsteiner* (Fn. 3) Rdnr. 6 (dessen Formulierung »nach Beendigung der ZV« – so auch noch 20. Aufl. Rdnr. 8 – zudem bedenklich ist; denn auch nach vollständiger Zahlung durch einen Drittschuldner könnte noch weiter aus einer fehlerhaft erteilten Klausel vollstreckt u. der Schuldner so unnötig zur Klage nach § 767 gezwungen werden).
[38] *Brehm* ZIP 1983, 1426 Fn. 54.
[39] *Windel* ZZP 102 (1989), 222 Fn. 275.
[40] → Rdnr. 11.
[41] Einzelrichter und Vorsitzende von KfHS nur gemäß §§ 348f. *Zöller/Stöber*[18] Rdnr. 14; bei § 406 StPO das Strafgericht, arg. § 406b StPO, s. auch zur aF *LG Aachen* JMBlNRW 1948, 144. – Mitwirkung eines Richters bei Klauselerteilung führt noch nicht zur Anwendung des § 41 Nr. 6, *OLG Frankfurt* OLGZ 1968, 170f. = Rpfleger 194, ebenso für das Verhältnis von § 732 zu §§ 767f.

BGH (Fn. 29). Zum **Familiengericht** → § 621 Rdnr. 37 Fn. 213, 218.
[42] *Wolfsteiner* (Fn. 3) Rdnr. 7.
[43] *OLGe Celle* Büro 1982, 1264; AnwBl 1984, 216; *Düsseldorf* JMBlNRW 1973, 232; *Karlsruhe* (2.ZS) Rpfleger 1983, 118 = Büro 776; *Schleswig* SchlHA 1974, 43; *Stuttgart* NJW-RR 1986, 549; *LGe Frankenthal*, *Frankfurt* Rpfleger 1983, 31; 1984, 424; *Baltzer* DRiZ 1977, 228ff. (grundlegend); *Baur/Stürner*[11] Rdnr. 272; *A. Blomeyer* ZwVR § 16 III 2; *Bruns/Peters*[3] § 8 I 5; *Jauernig*[19] § 4 V 2; *E. Schneider* Büro 1978, 1118; *Thomas/Putzo*[18] Rdnr. 1; *Wolfsteiner* (Fn. 3) Rdnr. 6 mwN. – **A. M.** *OLGe Hamburg* FamRZ 1981, 980; *Karlsruhe* (1.ZS) Rpfleger 1977, 453 mwN; *LAG Hamm* MDR 1971, 612; *Baumbach/Hartmann*[52] Rdnr. 7; *Wieczorek*[2] Anm. C.
[44] Andernfalls ist die Begründung nach Einlegung der Beschwerde wie § 571 nachzuholen *OLG Bamberg* Büro 1992, 632.
[45] → Rdnr. 11.
[46] *A. Blomeyer* u. *Peters* (Fn. 43); *Gaul* (Fn. 4) § 17 III 2d; *Helwich* Rpfleger 1983, 229; ausführlich *Baltzer* (Fn. 43) u. *Palm* Rpfleger 1967, 366 (aber nur wie → Rdnr. 10, 10a, keine »Einziehung« → § 733 Rdnr. 10). In diesem Falle steht dem Gläubiger wieder die Erinnerung nach § 11 RpflG zu. – A.M. *Thomas/Putzo*[18] Rdnr. 2; *Wolfsteiner* (Fn. 3) Rdnr. 8.
[47] Wie → § 576 Rdnr. 4; *Peters* (Fn. 43); *Wolfsteiner* (Fn. 3) Rdnr. 6. Für die etwa angeordnete Verhandlung → aber § 78 Rdnr. 21; *LAG Hamm* (Fn. 43).

ungerechtfertigter Vollstreckung[48]. Die Erinnerung wird daher unbegründet, wenn der Gläubiger formelle Mängel nachträglich behebt[49] oder der Schuldner zugesteht, was bisher nicht gehörig nachgewiesen war[50], und sie hat Erfolg, wenn Erteilungsvoraussetzungen erst während des Verfahrens entfallen; vollständige Aufhebung des Titels erledigt freilich wegen §§ 775 f. das Verfahren i. S. d. § 91 a[51].

Die **Entscheidung des Gerichts** bedarf keiner Vollstreckbarerklärung (arg. §§ 794 Abs. 1 Nr. 3, 795); sie weist entweder die Einwendungen zurück oder hebt die Klausel auf, was wegen § 775 Nr. 1 in der Form geschehen sollte, daß die Zwangsvollstreckung *aufgrund dieser Klausel* für unzulässig erklärt wird. Die darin liegende prozessuale Gestaltung betrifft also nur die angegriffene vollstreckbare Ausfertigung[52], während die *Vollstreckbarkeit des Titels* als solchen (soweit sie überhaupt besteht) nicht berührt wird, sondern nur durch dessen Aufhebung oder gemäß §§ 767 f. (→ Rdnr. 3) beseitigt oder eingeschränkt werden kann. Die nach § 732 stattgebende Entscheidung schließt daher nicht aus, nachträglich aufgrund neuen Vorbringens[53] eine Klausel abweichenden (zulässigen) Inhalts zu erteilen. Hiergegen ist der Schuldner nur gesichert durch Urteile nach § 767. **10**

Ist die Klausel nur unter bisher vernachlässigten *Beschränkungen* zulässig, etwa zu einem Teilbetrag, nur für Ratenzahlungen oder nur zur Vollstreckung gegen Sicherheitsleistung, so muß durch geeignete Tenorierung auf jeden Fall verhindert werden, daß der Schuldner auf Grund des Beschlusses schon vollzogene Vollstreckungsmaßnahmen nach § 776 auch insoweit aufheben lassen könnte, als sie trotz der Einschränkung gerechtfertigt sind. Daher darf der Beschluß die Zwangsvollstreckung von vornherein *nur insoweit* für unzulässig erklären, als die Klauselerteilung den zulässigen Umfang überschreitet[54], und muß, falls der Gläubiger die erhaltene Ausfertigung zwecks etwaiger Abänderung vorlegt, zugleich klarstellen, daß der Urkundsbeamte oder Rechtspfleger die Klausel dahin einzuschränken hat; dies ist jedoch im Hinblick auf den Rang von Pfändungen nicht als Neuerteilung anzusehen[55]. Wählt das Gericht, etwa weil es meint, eine solche Abänderung der Klausel greife in die Zuständigkeit der erteilenden Stelle ein, den Weg der völligen Aufhebung der Klausel[56], so muß es sich auch dazu durchringen, einen etwaigen Vollzug des Beschlusses nach § 776 ausdrücklich aufzuschieben, bis die Klausel in abgeänderter Form erteilt ist, ähnlich dem von der Praxis geübten Aufschub des Vollzugs bei Beschlüssen nach § 766[57]. – Eine Einziehung der Ausfertigung ist nicht möglich, → § 733 Rdnr. 10. **10a**

Gegen die *Zurückweisung* der Einwendungen hat der *Schuldner* die **einfache Beschwerde** nach § 567[58], ebenso der *Gläubiger* nach Aufhebung der Klausel; denn die Aufhebung auf **11**

---

[48] Wie bei § 766 nur vor einer Unzulässigkeit der ZV → § 766 Rdnr. 42; *KG* Büro 1986, 1883 = NJW-RR 1987, 3 mwN; *Kniffka* JuS 1990, 970; *Thomas/Putzo*[18] Rdnr. 7; *Wieczorek*[2] Anm. B I; *Wolfsteiner* (Fn. 23) Rdnr. 58.9, anders jetzt in *MünchKommZPO* Rdnr. 1 f., was a) unnötig zu neuen Klauselerteilungsverfahren schon während Anhängigkeit der Erinnerung oder Beschwerde führen würde, b) den nach § 732 obsiegenden Schuldner lediglich vor verfrühter ZV (→ auch Fn. 12), nicht aber vor der ZV als solcher schützte u. c) im umgekehrten Falle dem Gläubiger wegen §§ 775 f. trotz neuer Klausel die vielleicht letzte Befriedigungschance nähme, statt richtigerweise nur im Verhältnis zu anderen Gläubigern diesen das bessere Erlösrecht einzuräumen → § 878 Rdnr. 16.

[49] Vgl. *LG Verden* Rpfleger 1953, 137. – A.M. *OLG Nürnberg* MDR 1960, 318: Es hob Klausel auf trotz nachträglicher Erteilung der im Vergleich vorbehaltenen Genehmigung; richtig hätte die Genehmigung in der Klausel nachträglich erwähnt werden sollen → Rdnr. 10, womit sofort zugunsten des Schuldners § 750 Abs. 2 gegolten hätte, → dort Rdnr. 39.

[50] *OLG München* MDR 1955, 682.

[51] Insoweit zutreffend *Wolfsteiner* (Fn. 3) Rdnr. 2.

[52] Also nur gegen bestimmte Ausfertigung, *KG* ZIP 1983, 371 = DNotZ 682; *Brehm* ZIP 1983, 1426.

[53] Über *nach* § 732 vorgebrachte Einwendungen wird (vorbehaltlich § 768 → Rdnr. 6 u. § 731) rechtskräftig entschieden *Wolfsteiner* (Fn. 3) Rdnr. 15, anders als in den Fällen → Rdnr. 5 Fn. 20.

[54] Aufhebung der Klausel u. Zurückverweisung sollte zumindest der erstinstanzliche Richter vermeiden; noch strenger (Richter allein bleibt zuständig) *Wolfsteiner* (Fn. 3) Rdnr. 9.

[55] *Hartmann* (Fn. 43) Rdnr. 5.

[56] So *OLG Kiel* OLGRsp 29 (1914), 185; *LG Essen* NJW 1972, 2051 (a. E.) bei notariellen Urkunden.

[57] → dort Rdnr. 43.

[58] → § 724 Rdnr. 16 Fn. 103.

§ 732 II – § 733   Erster Abschnitt: Allgemeine Vorschriften

Erinnerung steht sachlich der Verweigerung gleich, gegen die ihm die einfache Beschwerde zusteht[59]. Weitere Beschwerde scheidet aus wegen § 568 Abs. 2 S. 1[60].

12   Zur entsprechenden Anwendung der *Haftungsvorschrift* § 717 Abs. 2 → dort Rdnr. 62.

13   **III.** Die Einwendungen nach § 732 haben *keine aufschiebende Wirkung*. Nach **Abs. 2** kann aber das Gericht auch von Amts wegen **einstweilige Anordnungen**[61] beschließen, z.B. die Einstellung oder Fortsetzung der Vollstreckung von einer Sicherheitsleistung abhängig machen oder die Einstellung als solche verfügen, auch in Räumungssachen[62]. Dagegen ist eine *Aufhebung* schon erfolgter Vollstreckungsmaßregeln *nicht* statthaft[63]. Im übrigen → § 707 Rdnr. 4–6 (Voraussetzungen), Rdnr. 7f., 17, 18 (zulässige Maßnahmen), Rdnr. 21 (Bekanntgabe, Wirkungen). Die Anordnung wird durch die nach Abs. 1 ergehende endgültige Entscheidung außer Kraft gesetzt oder gegenstandslos. Werden darin die Einwendungen zurückgewiesen, so fällt die Veranlassung für Sicherheiten des Gläubigers nach Abs. 2 fort, im umgekehrten Fall für die des Schuldners[64].

14   Wenn auch eine Vorschrift wie § 707 Abs. 2 S. 2 für die Anordnungen nach § 732 Abs. 2 fehlt, liegt es im Sinne der sachlich gleichen Regelung, die *Beschwerde auszuschließen*[65] im gleichen Umfang wie → § 707 Rdnr. 23f.

15   **IV.** Für die **Kosten** gilt das zu §§ 91 Rdnr. 9, 97 Rdnr. 1, 7 Ausgeführte[66]. *Gerichtsgebühren* entfallen; wegen der Beschwerdeinstanz s. Nr. 1905f. KostenV, über *Anwaltsgebühren* s. §§ 57, 58 Abs. 3 Nr. 1 BRAGO. Der Streitwert bestimmt sich wie → § 760 Rdnr. 60, also bei Einwendungen, die eine Klauselerteilung endgültig ausschließen sollen, nach dem Anspruchswert[67].

16   **V.** Zum **arbeitsgerichtlichen Verfahren** ist nur anzumerken, daß nach § 53 Abs. 1 ArbGG der Vorsitzende allein entscheidet, falls nicht mündliche Verhandlung angeordnet ist.

§ 733   [Weitere vollstreckbare Ausfertigung]

(1) Vor der Erteilung einer weiteren vollstreckbaren Ausfertigung kann der Schuldner gehört werden, sofern nicht die zuerst erteilte Ausfertigung zurückgegeben wird.

(2) Die Geschäftsstelle hat von der Erteilung der weiteren Ausfertigung den Gegner in Kenntnis zu setzen.

(3) Die weitere Ausfertigung ist als solche ausdrücklich zu bezeichnen.

Gesetzesgeschichte: Bis 1900 § 669 CPO. Änderungen RGBl. 1927 I 175, 334, BGBl. 1950 I 455.

---

[59] → § 730 Rdnr. 4f. H.M. *OLG Hamm* Rpfleger 1990, 287; *KG* NJW 1962, 2162; a.M. *Künkel* MDR 1989, 311.
[60] → § 730 Rdnr. 8.
[61] → Rdnr. 93 vor § 704.
[62] *LG Wuppertal* NJW 1967, 2267; *Wieczorek*[2] Anm. C IV.
[63] Anders als § 707 Abs. 1 S. 1; h.M. *OLG Hamburg* MDR 1958, 44; *Gaul* (Fn. 4) § 17 III 2c; *Thomas/Putzo*[18] Rdnr. 11; *Wieczorek*[2] Anm. C IV; a.M. *Wolfsteiner* (Fn. 3) Rdnr. 16.
[64] → auch § 707 Rdnr. 20.
[65] Ganz h.M. *OLGe Breslau* JW 1928, 1521; *Celle* RdL 1950, 238; *Dresden* HRR 1936 nr. 1340; *Hamburg* Büro 1977, 1462; MDR 1958, 44 (Beschwerde bei unstatthafter Aufhebung von Vollstreckungsakten); *Hamm* MDR 1979, 852; *KG* JW 1930, 2065; *OLGe München* FamRZ 1988, 1189; *Stettin* JW 1931, 1830; *Stuttgart* Justiz 1994, 88; *Gaul* ZZP 85 (1972), 251 mwN; *Künkel* MDR 1989, 312; alle Komm. – A.M. *LGe Bonn* JMBlNRW 1955, 183; *Waldshut* NJW 1954, 277.
[66] *Thomas/Putzo*[18] Rdnr. 12. S. auch *OLG Bamberg* Büro 1973, 348 (§ 515 Abs. 3 analog bei Zurücknahme der Erinnerung).
[67] *LG Aachen* Büro 1985, 254; im übrigen nach dem Interesse des Schuldners, das notfalls nach billigem Ermessen zu ermitteln ist, § 57 Abs. 2 S. 6 nF BRAGO (in Kraft seit 1. VII. 1994).

I. Die §§ 733, 734 sollen wie auch § 757 den Schuldner, soweit überhaupt möglich[1], von **1** vornherein (d. h. ohne nach § 767 dagegen vorgehen zu müssen), **gegen wiederholte Zwangsvollstreckung aus demselben Titel und über denselben Anspruch sichern**[2]. Wegen anderer Titel als Entscheidungen und gerichtliche Vergleiche → § 797 Abs. 3 Rdnr. 18, 797a Abs. 1, 4 S. 2.

1. Eine vollstreckbare, vollständige oder teilweise Ausfertigung darf *ohne weiteres* erteilt **2** werden, *wenn die schon einmal erteilte zurückgegeben wird*[3], sei es an den Schuldner[4] oder an das Gericht oder den Notar[5], und ein – dann regelmäßig zu bejahendes – Bedürfnis für eine neue vorliegt, auf welcher etwaige Vermerke nach § 757 Abs. 1 aus der früheren Ausfertigung anzubringen sind[6]. Das gilt erst recht, wenn eine dem Gericht zurückgegebene Ausfertigung nur mit neuer oder veränderter Klausel versehen wird, z. B. weil die Erstausfertigung nicht dem Antrag des Gläubigers entsprach[7]; → auch Rdnr. 3a. Denn der Schutzzweck → Rdnr. 1 wird hierdurch nicht berührt. In *sonstigen Fällen* hat der **Rechtspfleger** (§ 20 Nr. 13)[8] zu prüfen, ob nach den Umständen des Falles die neue als **weitere Ausfertigung** ohne *unnötige* Gefährdung des Schuldners erteilt werden kann → Rdnr. 3, 8. Sie darf also nicht einfach mit der Begründung verweigert werden, der Schuldner werde durch Doppelvollstreckung gefährdet[9], denn dies ist er mit *jeder* weiteren Ausfertigung. Vielmehr kommt es darauf an, ob das Durchsetzungsinteresse des Gläubigers überwiegt[10]. Zum Verfahren → Rdnr. 7 ff.

2. Die **Hauptanwendungsfälle** bilden, ohne daß es auf ein Verschulden des Gläubigers **3** ankommt[11],

a) der **Verlust** der ersten (auch Teil-) Ausfertigung, auch wenn die von der Geschäftsstelle abgesandte Abfertigung nicht an den Gläubiger gelangt ist[12]; die Zurückhaltung der Ausfertigung durch Dritte, z. B. Prozeßbevollmächtigte, ohne daraus selbst (weiter) für den Gläubiger zu vollstrecken[13]; unheilbare *Mängel* der erteilten Ausfertigung, die eine Vollstreckung verhindern[13a];

b) die Erteilung einer **unbeschränkt** vollstreckbaren Ausfertigung, falls die erste z. B. noch gemäß §§ 709, 711 S. 1, 712 beschränkt war, oder wegen einer späteren Entscheidung gemäß §§ 716, 718 mit § 710 (soweit dafür überhaupt ein Bedürfnis besteht[14]), falls in diesen Fällen die Erstausfertigung nicht zurückgegeben wird;

---

[1] Soweit ZV die Ausfertigung nicht verbraucht → § 775 Rdnr. 2, ist dieses Ziel auch bei nur *einer* Ausfertigung nicht gewährleistet → § 775 Rdnr. 32.
[2] Mot. bei Hahn II 1435.
[3] Insoweit allg. M., grundlegend *RGZ* 50, 366; *OLG Hamm* Rpfleger 1988, 508 f. = MDR 592 mwN (beide zu § 797).
[4] Obwohl die ü. M. in **diesem** Falle (anders → Fn. 5) auch »weitere« Ausfertigung annimmt, was nach dem Wortlaut des Abs. 1 a. E. zumindest vertretbar ist, *OLG Hamm* Rpfleger 1979, 431; enger *MünchKommZPO-Wolfsteiner* Rdnr. 2, 6, aber aaO Rdnr. 14 wird Neuerteilung wegen Überlassung an Schuldner doch als Fall des § 733 angesehen. Zur Bedeutung → Fn. 5.
[5] Dann scheidet § 733 von vornherein aus, *RG* (Fn. 3), mit der Folge, daß die Zuständigkeit sich nicht ändert, also einfache Ausfertigungen vom Urkundsbeamten erneuert werden.
[6] → dazu § 775 Rdnr. 2.
[7] KG JW 1937, 3050.
[8] Auch diese funktionelle Zuständigkeit ist ausschließlich i. S. d. § 802 *Wolfsteiner* (Fn. 4) Rdnr. 10 mwN.
[9] Vgl. z. B. *OLG Frankfurt* NJW-RR 1988, 512.
[10] *Wolfsteiner* (Fn. 4) Rdnr. 12 mwN.
[11] *Wolfsteiner* (Fn. 4) Rdnr. 14; für Verlust auch *Zöller/Stöber*[18] Rdnr. 5. – A. M. *OLG Frankfurt* Rpfleger 1978, 104. Über **Kosten** in solchen Fällen → aber § 788 Fn. 51.
[12] *OLG Zweibrücken* Büro 1989, 869; *LG Köln* Büro 1969, 1218; *Schultz* JW 1921, 1260 gegen *LG Berlin* III; *Stöber* (Fn. 11) Rdnr. 5 mwN.
[13] *Wolfsteiner* (Fn. 4) Rdnr. 14; hier sollte Glaubhaftmachung genügen, daß dem Anwalt das ZV-Mandat entzogen wurde. – A. M. *OLG Saarbrücken* AnwBl. 1981, 161; *LG Hannover* Rpfleger 1981, 444; *Stöber* (Fn. 11) Rdnr. 9. Im Fall *OLG Frankfurt* (Fn. 9) versuchte wohl der Gläubiger vergeblich, dieser Rsp durch Abtretung an seinen neuen Anwalt zu entgehen.
[13a] *OLG Hamm* Rpfleger 1994, 173 (verlorene Urkunden, weshalb Zustellung nach § 750 Abs. 2 scheitern würde). Dort konnte aber wohl die mangelhafte Ausfertigung zurückgegeben werden, dann kein Fall des § 733 *Hintzen/Wolfsteiner* Rpfleger 1994, 511.
[14] → § 725 Rdnr. 6 u. 2. a. E., für die Zeit nach Rechtskraft → § 709 Rdnr. 9 mit § 706 Rdnr. 1.

c) die **Aushändigung an den Schuldner** *ohne* oder nur nach *teilweiser* Befriedigung[15] des Gläubigers, mag dies auf einem Versehen des Gerichtsvollziehers[16] oder des Gläubigers[17] beruhen, denn § 733 dient dem objektiven Zweck, Vollstreckungshindernisse tunlichst einfach und kostensparend zu vermeiden[18]. Wird nach Aushändigung der Ausfertigung gemäß § 757 oder Vermerk nach § 757 Abs. 1 das Beigetriebene dem Gläubiger nachträglich von einem Dritten nach §§ 771, 805 (bzw. § 812 BGB) oder durch Anfechtung nach § 39 KO (§ 144 Abs. 1 InsO) bzw. § 7 aF (§ 11 nF) AnfG entzogen, so ist die Zweitausfertigung zulässig, denn nicht der Titel, sondern nur die Ausfertigung war als verbraucht anzusehen[19].

3a d) § 733 gilt auch bei **Personenwechsel** nach § 727 und in den Fällen seiner entsprechenden Anwendung[20], falls neu hergestellte Ausfertigungen *neben* die ursprünglichen treten, diese also weder zurückgegeben noch zur »Umschreibung« verwendet werden[21]. Ob die Erteilung einer Teilausfertigung an den *Nachfolger des Gläubigers* mit Vermerk auf der Erstausfertigung unter § 733 Abs. 1 fällt, mag nach dem Wortlaut zweifelhaft sein[22]; aber sie ist jedenfalls unbedenklich, da der Vermerk die Vollstreckbarkeit der Erstausfertigung entsprechend beschränkt, so daß der Schuldner vor Doppelvollstreckung von vornherein[23] geschützt ist, ohne daß er auf § 767 zurückgreifen müßte → § 766 Rdnr. 15.

Umstritten ist, ob solcher Schutz in den Fällen der §§ 727 ff. stets nötig ist[24]. Wird dem Nachfolger die Erstausfertigung nicht freiwillig übergeben, so treffen ihn mit Sicherheit die Erschwernisse → Rdnr. 4, während eine erfolgreiche doppelte Vollstreckung weniger wahrscheinlich sein dürfte[25]. In solchen Fällen kann daher das Bedürfnis des Nachfolgers überwiegen, vor allem in den Fällen → § 727 Rdnr. 26–28, wenn es Parteien kraft Amtes nicht gelingt, die Erstausfertigung zu erlangen.

3b e) Erteilung für weitere **Gesamtgläubiger**[26] oder gegen weitere **Gesamtschuldner**[27];
    f) Erteilung mehrerer Ausfertigungen für denselben Anspruch[28], falls es nötig wird, einen

---

[15] Auch wenn der Gläubiger schlüssig vorträgt (→ Rdnr. 8), Teilbeträge oder ZV-Kosten seien zu gering berechnet gewesen *Stöber* (Fn. 11) Rdnr. 5 u. *Wolfsteiner* (Fn. 4) Rdnr. 14 gegen *OLG Frankfurt* (Fn. 11). Daß andere als die titulierten Ansprüche noch unerfüllt sind, reicht nicht aus *LG Essen* DGVZ 1977, 125 f. (§ 883).

[16] Dann genügt nach h.M. jedenfalls Glaubhaftmachung unvollständiger Befriedigung *OLG Hamm* Rpfleger 1979, 432⁴¹²; *LG Hechingen* aaO 1984, 151. Jedoch sollte schlüssiger Vortrag ausreichen → Rdnr. 8.

[17] A.M. *OLG Frankfurt* Rpfleger 1978, 105 (Gläubiger habe sich unvollständigen ZV-Antrag selbst zuzuschreiben); *LG Zweibrücken* DGVZ 1991, 13 f. (weil GV keinen Fehler begangen habe) Darauf kommt es jedoch nur für § 757, nicht für § 733 an.
Hat der Gläubiger die Rückgabe veranlaßt, so soll vollständige Befriedigung zugunsten des Schuldners vermutet werden, falls dieser behauptet, der Titel sei ihm erst daraufhin ausgehändigt worden; Glaubhaftmachung des Gläubigers genüge dann nicht *OLGe Kiel* JW 1932, 3639; *Stuttgart* Rpfleger 1976, 144; *LG Hechingen* Rpfleger 1984, 151; s. auch *RGZ* 110, 118 (Kursdifferenz). Dieser Ansicht ist nur zu folgen, soweit die Ausfertigung verbraucht ist wie → § 775 Rdnr. 2; sonst wie → Fn. 15. Denn da nach ganz h.M. trotz Nachweisen gemäß § 775 Nr. 4, 5 die ZV auf Verlangen fortzusetzen ist → § 775 Rdnr. 32, darf auch § 733 daran nicht scheitern; a.M. (Gläubiger beweispflichtig) *LG Dortmund* Rpfleger 1994, 308; obiter *OLG Frankfurt* ZIP 1982, 881.

[18] Insoweit a.M. *OLG Frankfurt* Rpfleger 1978, 104 f.

[19] → § 815 Rdnr. 17 a.E mit § 775 Rdnr. 2; *OLG Königsberg* OLGRsp 42, 32; *Gaul* AcP 173 (1973), 339 f.; *Kaehler* JR 1972, 451 f., h.M. Gleiches gilt, wenn der GV das Beigetriebene nach § 757 Abs. 1 vermerkt, anschließend aber für den Schuldner pfändet u. an diesen auskehrt. – A.M. *OLG Hamburg* SeuffArch 65 (1910), 477 mwN.

[20] → § 727 Rdnr. 6, 25 ff.

[21] *OLGe Düsseldorf* JMBlNRW 1977, 90 = DNotZ 571; *Köln* Rpfleger 1994, 172 f.; *München* Rpfleger 1972, 264 = Büro 702; *KG* OLGZ 1973, 112 = Rpfleger 1972, 447; *LG Koblenz* DNotZ 1970, 409.

[22] Verneinend *KG* (Fn. 21); FamRZ 1976, 545 f. Bejahend noch → 20. Aufl. 6; *OLG Köln* (Fn. 21); *Thomas/Putzo*¹⁸ Rdnr. 733 Rdnr. 1 a.E.

[23] Also schon, **bevor** einmal vollstreckt oder geleistet wurde; **danach** ist der Schuldner ohnehin vor doppelter ZV entweder vollkommen (→ § 775 Rdnr. 2) oder vorläufig (→ § 775 Rdnr. 16, 18) geschützt. Das spricht gegen Anwendung des § 733 mit der Folge, daß § 797 Abs. 3 nicht gilt → dort Rdnr. 18.

[24] Bejahend *KG* FamRZ 1985, 627 f. (Erstgläubiger war unbekannten Aufenthalts); *OLG Frankfurt* (Fn. 9); *OLG Köln* (Fn. 21); *Wolfsteiner* (Fn. 4) Rdnr. 16; *Stöber* (Fn. 11) Rdnr. 10. – Verneinend *OLGe Hamm* FamRZ 1991, 966 = Rpfleger 1992, 258 mwN; *Stuttgart* Rpfleger 1980, 304; NJW-RR 1990, 126; *Baumbach/Hartmann*⁵² Rdnr. 7.

[25] Zumal wenn die Nachfolge unstr. ist *Wolfsteiner* (Fn. 4) Rdnr. 16, so wohl auch im Fall *OLG Frankfurt* (Fn. 9), → dazu Fn. 13.

[26] *OLG Köln* OLGZ 1991, 73 f. zu §§ 887 ff. = Rpfleger 82 f.

[27] Näheres → § 725 Rdnr. 5 (ohne Vorlage früherer Ausfertigungen); einschränkend *OLG Naumburg* JW 1936, 400, wenn sie alle am selben Ort wohnen (was aber nur eine einzige ZV-Art zur gleichen Zeit ermöglichen würde → unten f).

[28] Jedoch darf ein Mitgläubigern nach § 432 BGB zustehender Anspruch nicht titelwidrig durch Teilausferti-

Titel **zugleich auf verschiedenen Wegen zu vollziehen**, sei es durch unterschiedliche Vollstreckungsorgane wegen Zahlungsansprüchen (z.B. Sach- und Rechtspfändung, Sachpfändung an Wohn- und Geschäftssitz, Immobiliarvollstreckung[29]), wegen ungleicher Ansprüche (etwa auf Zahlung und gemäß §§ 883ff.), weil noch während des Offenbarungsverfahrens vollstreckt werden soll[30] oder weil die Ausfertigung zwecks Einsicht in das Vermögensverzeichnis benötigt wird[31].

3. Wird die weitere Ausfertigung in diesem Verfahren *endgültig versagt*, so muß[32] entweder auf Herausgabe der dem Schuldner überlassenen Ausfertigung[33] oder aus dem ursprünglichen Rechtsverhältnis von neuem geklagt werden[34]; falls es aber nur noch um Vollstreckungskosten geht, → § 788 Rdnr. 23, 27. Wird die Versagung in den Fällen → § 727 Rdnr. 12ff., 25ff. nur mit mangelnder Vorlegung der Erstausfertigung begründet, kann der Nachfolger dieses Hindernis auch wie → § 727 Rdnr. 48 beseitigen. – Wird die *Klausel erteilt*, so muß der mit § 732 erfolglose Schuldner je nach Art seiner Einwendung gemäß § 767 oder § 768 klagen. Die Klage nach § 767 kann er aber auch schon vorsorglich erheben, da das Verfahren nach § 733 sie weder ausschließt noch ihr vorhergehen muß → § 767 Rdnr. 42, sondern im Erfolgsfalle umgekehrt jede weitere Klauselerteilung an denselben Gläubiger von vornherein zu verhindern vermag.

4. *Nicht* um weitere, sondern um **erste Ausfertigungen** handelt es sich, so daß ihre Erteilung nicht gegen den Willen des Gläubigers von einer Rückgabe der früheren abhängig gemacht werden darf: **a)** wenn die frühere nur wegen eines Anspruchteils oder für einen Teilberechtigten oder gegen einen Teilschuldner erteilt war und die zweite hinsichtlich eines *anderen* Teiles[35] oder einer anderen Partei verlangt wird[36]; **b)** soweit die höhere Instanz dem Gläubiger mehr zugesprochen hat als das zuerst ausgefertigte Urteil[37] **c)** wenn nach Abänderung wiederkehrender Leistungen eine neue Ausfertigung nur für den Zeitraum nach der Abänderung beantragt wird[38].

5. Soweit *Titel ohne Klausel* vollstreckt werden dürfen → § 724 Rdnr. 4, gilt § 733 entsprechend für weitere Ausfertigungen[39]. Sind nachträgliche Vollstreckungsklauseln erforderlich für *Titel aus der ehemaligen DDR*[40], so sind diese ohnehin wie → § 725 Rdnr. 8 unter Vorlage der Erstausfertigung zu erteilen, so daß § 733 ausscheidet.

II. **Das Verfahren** entspricht dem des § 730 und die Voraussetzungen für die erste Erteilung müssen noch gegeben sein → §§ 724f. mit Bem.

1. *Anhörung des Schuldners* (Abs. 1) ist in allen nicht zweifelsfreien Fällen geboten[41]. Der Rechtspfleger entscheidet über die Voraussetzungen → Rdnr. 3 und hat hier besonders auf

---

gungen aufgespalten werden *OLG Hamm* Rpfleger 1992, 258 = Büro 477 (Kostentitel).

[29] Allg.M. *Rosenberg/Gaul*[10] § 16 VI 1; *LG Freiburg* Büro 1952, 127 (Grundbuchamt).

[30] *Wolfsteiner* (Fn. 4) Rdnr. 15; insoweit a.M. *OLG Karlsruhe* Rpfleger 1977, 453f. (Titel könne dafür vorübergehend zurückgefordert werden).

[31] → § 903 Rdnr. 3 (20. Aufl. Fn. 16).

[32] § 731 scheidet aus, wenn es nicht um die dort genannten Nachweise, sondern um die Zahl der Ausfertigungen geht, *Hartmann* (Fn. 9) Rdnr. 9; *Thomas/Putzo*[18] Rdnr. 8.

[33] *OLGe Stuttgart* (Fn. 17) mwN; *Frankfurt* (Fn. 18).

[34] → Rdnr. 100 vor § 253, Rdnr. 19 vor § 704, § 815 Rdnr. 17 a.E. mwN.

[35] *KG* OLGZ 1976, 133 = FamRZ 545.

[36] *KG* OLGRsp 4, 432.

[37] → aber § 725 Rdnr. 3 a.E., falls es sich nur um den Wegfall einer Einschränkung der ZV (Sicherheitsleistung, Zug um Zug, Bedingung) handelt.

[38] Neuausfertigung des **gesamten** Titels unterfällt jedoch § 733 hinsichtlich der **vor** Abänderung fälligen Beträge. Insoweit sollte geklärt werden, ob Rückstände behauptet werden oder sonstige Gründe gegen eine Rückgabe der Erstausfertigung sprechen.

[39] *Wolfsteiner* (Fn. 4) Rdnr. 7 mwN; für Vollstreckungsbescheide *LG Berlin* Rpfleger 1971, 74f.; *AG Birkenfeld* DGVZ 1992, 159; *Gaul* (Fn. 19) § 16 VI 2.

[40] → dazu Rdnr. 145 Fn. 583 vor § 704.

[41] Besonders bei Fn. 15–19. Art. 103 Abs. 1 GG (→ § 730 Rdnr. 3 Fn. 3) gebietet jedoch Anhörung nur, soweit Voraussetzungen nach §§ 726–729 bei Erstausfertigung noch nicht zur Prüfung anstanden.

§ 5 RpflG zu achten. Der Gläubiger hat grundsätzlich die Beweislast; förmlichen Beweis verlangt § 733 zwar nicht[42], aber angebotene Beweise insbesondere des gehörten Schuldners dürfen nicht übergangen werden. Die erheblichen Umstände für das Bedürfnis zur Erteilung muß in der Regel der Gläubiger *mindestens* glaubhaft machen, und ob von ihm überzeugendere Nachweise verlangt werden müssen, kann sich nur aus den Umständen des Einzelfalles ergeben. In den Fällen → Rdnr. 3 Fn. 15–17, Rdnr. 3b sollte jedoch mangels Beweislast des Gläubigers für Erfüllung[43] schlüssiger Vortrag genügen[44], und Beweis für noch offenstehende Beträge darf nur verlangt werden, soweit frühere Ausfertigungen verbraucht sind, arg. § 767[45]. Der Schuldner[46] ist von der Ausfertigung stets formlos (→ Rdnr. 42 vor § 166) zu benachrichtigen, **Abs. 2**.

9 2. Wegen der **Rechtsbehelfe** → § 730 Rdnr. 4 ff., § 732 Rdnr. 8 ff. Danach hat der *Gläubiger* nach § 11 RpflG vorzugehen, der *Schuldner* nach § 732, denn er kann hier Einwendungen sowohl gegen die *erste* Ausfertigung (von der er vielleicht nichts erfahren hatte) als auch gegen die *weitere* Ausfertigung vorbringen[47]. Die Beschwerde ist stets die einfache[48]. – Wegen der Rechtsbehelfe *Dritter* → § 727 Rdnr. 49. – Zu Beschlüssen im Erinnerungs- oder Beschwerdeverfahren → auch § 797 Rdnr. 18 Fn. 99, 101. Über **Kosten** → § 788 Rdnr. 7, *Gebühren* des Gerichts → § 724 Rdnr. 17 (aber KV Nr. 9000), des Notars § 133 KostO, des Anwalts § 57 (Arg. § 37 Nr. 7 »erstmalige«) BRAGO. Zum Gegenstandswert für Erinnerung und Beschwerde s. § 57 Abs. 2 S. 6 nF BRAGO (BGBl. 1994 I 1357).

10 III. **Verstöße** gegen § 733 können nicht zur Unwirksamkeit der Ausfertigung, wohl aber zur Amtshaftung führen[49]. Die Einziehung einer zu Unrecht erteilten weiteren Ausfertigung ist nicht vorgesehen und daher ausgeschlossen[50].

§ 734 [Vermerk auf der Urteilsurschrift]

Vor der Aushändigung einer vollstreckbaren Ausfertigung ist auf der Urschrift des Urteils zu vermerken, für welche Partei und zu welcher Zeit die Ausfertigung erteilt ist.

Gesetzesgeschichte: Bis 1900 § 670 CPO.

Die **Beurkundung auf der Urschrift** ist zum Schutze des Schuldners, der durch Akteneinsicht oder Auskunft die Zahl der vollstreckbaren Ausfertigungen feststellen will, für *alle Titel* vorgeschrieben, s. § 795. Auch ein Gläubiger kann so erfahren, wer außer ihm vollstrecken könnte[1], →z. B. § 727 Rdnr. 44 ff. Ist die vollstreckbare Ausfertigung eines Urteils höherer Instanz von der Geschäftsstelle der unteren Instanz zu erteilen, so gilt die nach § 544 Abs. 2

---

[42] *KG* JW 1938, 969[31]; *OLG Düsseldorf* FamRZ 1994, 1271 f.
[43] Sie ist nach § 767 geltendzumachen *OLG Zweibrücken* (Fn. 12), zugleich gegen Verwirkung des Rechts auf Klauselerteilung.
[44] So im Ergebnis für Gesamtgläubiger außerhalb des Bereichs des § 62 *OLG Köln* (Fn. 26) unter Hinweis auf die materiellrechtlich von den anderen Gläubigern unabhängige Durchsetzungsbefugnis.
[45] Ähnlich *Gaul* (Fn. 19) § 16 VI 1 Fn. 301 mwN; *Wolfsteiner* (Fn. 4) Rdnr. 16; *OLG Düsseldorf* (Fn. 42).
[46] Auch die Vergleichsbürgen, § 85 Abs. 2 VerglO, *RG* SeuffArch 88 (1934) Nr. 28.
[47] Jetzt ganz h. M. *OLGe Karlsruhe* Rpfleger 1977, 453; *Oldenburg* FamRZ 1990, 899; *Stuttgart* MDR 1984,

591 je mwN; *Hartmann* (Fn. 9) Rdnr. 8; *Thomas/Putzo*[18] Rdnr. 8; *Stöber* (Fn. 11) Rdnr. 14 während noch *OLG Hamburg* OLGRsp 4, 361 ein doppeltes Verfahren in Kauf nahm, → dagegen 19. Aufl. Fn. 14 u. gegen andere abw. Ansichten → 20. Aufl. Fn. 18.
[48] → § 724 Rdnr. 16 für Gläubiger *OLGe Frankfurt, Hamm* Rpfleger 1978, 104; 1979, 431; § 732 Rdnr. 9, 11 für Schuldner, jetzt allg. M.
[49] *RG* (Fn. 46) zu § 733 Abs. 2.
[50] S. auch *OLG Hamburg* HGZ 1941, 141. Zur Klage des Schuldners → § 724 Rdnr. 6, zu jener des Gläubigers → Fn. 33.
[1] Auch vom Notar *MünchKommZPO-Wolfsteiner* Rdnr. 2.

dem Untergericht mitgeteilte beglaubigte Abschrift des Urteils der höheren Instanz als Urschrift. Demgemäß muß die Geschäftsstelle der höheren Instanz bei Übersendung dieser Abschrift auf ihr die etwa schon erteilte vollstreckbare Ausfertigung vermerken².

Vorbemerkungen zu den §§ 735–749

Die §§ 735–749 (Nov 1898) betreffen die Vollstreckung in **Vermögen, die der Berechtigung mehrerer Personen** unterstehen.

I. Hauptsächlich wird geregelt, **wie der Titel beschaffen sein muß**, wenn ein Vermögen entweder dem Nutzungsrecht eines Dritten unterliegt oder von ihm kraft Amts verwaltet wird oder mehreren Personen in Rechtsgemeinschaft zusteht. Es handelt sich also darum, wer in diesen Fällen i. S. des § 750 als Vollstreckungsschuldner im Titel oder doch in der Klausel bezeichnet sein muß. Die §§ 735–749 gelten auch für die weiteren Vollstreckungswirkungen¹.

1. In folgenden Fällen muß das Recht eines Beteiligten **nicht im Titel berücksichtigt** werden: das Anteilsrecht des Vereinsmitglieds nach § 735; bei der Gütergemeinschaft das Anteilsrecht des einen Ehegatten, wenn nur der *andere* das Gesamtgut verwaltet, § 740 Abs. 1, und das Recht des verwaltenden Ehegatten im Falle des vom *anderen* selbständig betriebenen Erwerbsgeschäfts in § 741; schließlich das Recht des Erben in § 748 Abs. 1. Diese Vorschriften sind der Sache nach eine **Erstreckung der Vollstreckbarkeit gegen Dritte**, die nach dem Inhalt des Titels weder Vollstreckungsschuldner noch an der Entstehung des Titels beteiligt sind. Es wird hier nicht wie sonst die Vollstreckung auf das Schuldnervermögen beschränkt, sondern ihr auch das *fremde* Recht unterworfen und damit verhindert, daß der Dritte auf dem durch die §§ 771 ff. gewiesenen Wege der Vollstreckung entgegentritt mit der sonst regelmäßig ausreichenden Berufung auf sein Recht; vielmehr müßte er zusätzlich nachweisen, daß er materiellrechtlich dem Gläubiger nicht hafte wie in § 741 mit § 774². Kraft Gesetzes und *ohne* einen gegen ihn gerichteten Titel muß der Dritte die *Vollstreckung in das seinem Recht unterstehende Vermögen dulden*³.

Wenn in diesen Fällen das Recht eines Dritten zurückstehen muß, obwohl er selbst weder verurteilt noch aus sonstigen Gründen Vollstreckungsschuldner ist, so bleibt die Frage offen, unter welchen **formellen Voraussetzungen** eine Vollstreckung *ihm* gegenüber zulässig ist. Der einseitige Titel wirkt nicht gegen die Person, sondern nur gegen das Vermögen des Dritten. Deshalb ist dieser nicht zur Leistung der Offenbarungsversicherung nach § 807 verpflichtet, erhält im Konkurs des verurteilten Schuldners nicht die Rechtsstellung eines Gemeinschuldners und ist auch nicht berechtigt, die dem Vollstreckungsschuldner als solchem zustehenden Rechtsbehelfe wie Einstellungsanträge und Vollstreckungsgegenklage geltend zu machen. Umstritten ist jedoch die Frage, ob mit dem *Recht* des Dritten auch sein *Gewahrsam* unberücksichtigt zu bleiben hat. Sofern es sich um **Ehegatten** handelt, hat die Frage ihre Bedeutung verloren, soweit § 739 reicht (→ Rdnr. 15), so daß nur noch die Fälle der **§§ 735, 745 und 748** übrig bleiben. Hier ist entgegen der wohl ü. M.⁴ der **Eingriff in den Gewahrsam des Dritten** auf Grund des einseitig gegen den Schuldner erlassenen Titels *nicht zulässig*⁵, zumal der Dritte

---

² Ausführlich *AG Bergisch Gladbach* Rpfleger 1989, 336 f.
¹ → Rdnr. 47 a ff. vor § 704. Vgl. *KG* OLGRsp 3, 5 (zu § 739 aF).
² Wie → § 736 Rdnr. 6 a. E.
³ So schon vor Nov 1898 §§ 735 ff. *RGZ* 16, 347 f. Aus § 774 folgt, daß in § 741 der Widerspruch des Ehegatten nur beschränkt ausgeschlossen ist, daß aber für die Regelfälle die Bedeutung des § 741 gerade in diesem Ausschluß besteht.
⁴ → Fn. 8.
⁵ So auch *Blomeyer* ZwVR § 17 I 3; *Brehm* KTS 1983,

weder bei der Entstehung des Titels gehört ist, noch für seine Person die Voraussetzungen des § 750 gegeben sind. Würde man hier eine Vollstreckung zulassen, so müßte das Vollstreckungsorgan nicht nur selbständig prüfen, ob der Gegenstand der Vollstreckung dem haftenden Vermögen des Vereins, der Gütergemeinschaft oder des Nachlasses angehört (darin läge nichts Besonderes, s. § 808 Rdnr. 5), sondern auch, ob der Dritte als betroffene Person überhaupt Mitglied des Vereins (§ 735), anteilsberechtigter Abkömmling (§ 745) oder Erbe (§ 748)[6] ist, was kaum mit § 750 vereinbar wäre. Ein Zugriff auf haftende *bewegliche Sachen* ist also nur zulässig, wenn der Dritte als Vertreter/Organ des Schuldners oder als Besitzdiener die Gewalt ausübt[7].

4   Die **Gegenmeinung**[8] geht ohne weiters davon aus, die §§ 745, 748 hätten mit der Zurückdrängung der Drittrechte in **jedem** Falle eine unmittelbare Erleichterung der Vollstreckung bezweckt. Aus den Gesetzesmotiven[9] ergibt sich aber, daß nur der Vollstreckung gegen den **im Titel genannten Schuldner**, soweit er die betreffende Vermögensmasse in seiner Gewalt hat, kein Hindernis durch die Rechte des Dritten erwachsen sollte, vgl. auch § 728 Abs. 2 S. 2, während an eine Außerkraftsetzung des § 750 nicht gedacht war. Freilich wird die Vollstreckung dann erschwert, wenn etwa der Testamentsvollstrecker dem Erben Nachlaßgegenstände überläßt oder das Vereinsorgan dem Mitglied Vereinsvermögen anvertraut; aber der Gläubiger kann hier in bezug auf § 809 nicht besser stehen, als wenn der Vollstreckungsschuldner sich dazu völlig fremde Personen ausgewählt hätte. Daß auch der Dritte dem Gläubiger materiellrechtlich verpflichtet sein kann oder sogar die Rechtskraft des Titels gegen ihn wirke, ist kein taugliches Gegenargument; denn gerade in solchen Fällen hält das Gesetz sonst eine Umschreibung des Titels für nötig, ehe die Vollstreckung beginnen kann, und erst dabei wird für die Vollstreckungsorgane bindend festgestellt, ob der Dritte auch der richtige Adressat für Vollstreckungsmaßnahmen ist. Statt auf dem umständlichen (hier freilich in der Regel aussichtsreichen[10]) Weg über §§ 846 f. können gerade hier die etwaigen praktischen Schwierigkeiten für den Gläubiger entweder durch Mitverklagung des Dritten (beim Verein allerdings nur **aller** Mitglieder[11]) oder durch Umschreibung der Vollstreckungsklausel in entsprechender Anwendung des § 727 behoben werden. Für § 748 Abs. 1 ergibt sich das schon aus § 728 Abs. 2 S. 2.

5   2. Soweit aber ein **Titel gegen alle Berechtigten** nötig ist, sei es als Verurteilung zur *Leistung* oder zur *Duldung* der Vollstreckung[12], bedeutet dies die Schaffung einer **Streitgenossenschaft für die Vollstreckung** auf der Schuldnerseite[13], so in den §§ 736, 737, 740 Abs. 2, §§ 743, 747, 748 Abs. 2; **jede** der Personen, gegen die der **Titel** ergangen sein muß, ist **Vollstreckungsschuldner** im Sinne des Gesetzes[14]. → auch § 750 Rdnr. 27.

6   a) Wenn hier ein gegen mehrere Personen ergangenes Urteil verlangt wird, so ist damit weder die Gleichartigkeit noch die Gleichzeitigkeit der Schuldtitel zum Erfordernis erhoben. Die mehreren Schuldner müssen nicht gemeinsam verklagt werden[15], und die Titel brauchen nicht sämtlich Urteile zu sein. Nach § 795 und § 794 Abs. 2 stehen vielmehr Vergleiche, vollstreckbare Urkunden usw. insoweit dem Urteil gleich[16].

35; *Goldschmidt* ZPR² § 84 zu 2; *Hoffmann* DGVZ 1973, 101 Fußn.13; *Pawlowski* DGVZ 1976, 36 Fußn. 22; *Planck* DJZ 1900, 77 ff., 246 f., für §§ 740 f. aF. Mot. BGB IV 369 u. Nov 1898 Begr. 213 u. § 670 f. (früher ganz h. M., → 19. Aufl. Fn. 3); für § **735** ist dies noch heute die ganz h. M., z. B. *Thomas/Putzo*[18] Rdnr. 1; *Zöller/Stöber*[18] Rdnr. 1; s. auch § 100 Nr. 1 GVGA (a.M. insoweit *Beitzke* ZZP 68 [1955] 258); auch für § **748 Abs. 1** hat die hier vertretende Meinung an Boden gewonnen → dort Fn. 8.

⁶ Vgl. auch § 2213 Abs. 2 BGB (Erlaß des Titels vor Annahme der Erbschaft).

⁷ → § 808 Rdnr. 7, 15. Für § 735 zust. *MünchKommZPO-Arnold* Rdnr. 11.

⁸ KG OLGRsp 5, 329; 25, 197, Begr. zu § 48 Abs. 3 der preuß. GVGA v. 1899 in JMBl. 1900, 22 ff. u. heute noch § 118 Nr. 2 Abs. 4 GVGA; *Schultz* Vollstreckungsbeschwerde (1911) 301 ff.; für § **748** *Baur/Stürner*[11]

Rdnr. 306; *Thomas/Putzo*[18] Rdnr. 2; *Wieczorek*² Anm. C II d; *Stöber* (Fn. 5) Rdnr. 5.

⁹ Mot. zum BGB 4, 369; Begründung Nov 1898, 152; *Planck* (Fn. 5).

¹⁰ In der Regel hat ein haftendes Vermögen verwaltender Schuldner das Recht auf Inbesitznahme.

¹¹ → § 735 Rdnr. 1a.

¹² → Rdnr. 7 ff.

¹³ → Rdnr. 35 ff. vor § 704.

¹⁴ → Rdnr. 35 ff. vor § 704. S. auch *KG* OLGRsp 31, 89 (noch zu § 752). – Diese Ausdehnung muß auf materiellen Haftungsgründen beruhen *Hein* Duldung der ZV (1911) 61 ff.

¹⁵ → auch Rdnr. 59 a. E. vor § 50, Rdnr. 6 ff. vor § 59 und Rdnr. 6 vor § 373.

¹⁶ → auch § 740 Rdnr. 5.

b) Soweit in diesen Fällen eine Verurteilung zur **Duldung der Zwangsvollstreckung**[17] erforderlich ist (s. auch zum Duldungsbescheid § 191 AO[18]), gelten folgende Besonderheiten: 7

aa) Vollstreckung ohne Titel auf Leistung *und* Duldung ist unzulässig. Der Duldungstitel kann auch nicht durch formlose Zustimmung zur Zwangsvollstreckung ersetzt werden[19]; allerdings kann er nachgebracht werden, solange der Vollstreckungsakt noch nicht aufgehoben ist[20], und wahrt dann auch – vorbehaltlich der Klage nach § 878 – vorläufig den Rang[21]. Für das frühere Ehegüterrecht[22] genügte die Verurteilung des Mannes zur Leistung nicht, insbesondere auch nicht die gesamtschuldnerische Verurteilung beider Ehegatten[23]. Denn mit solcher Verurteilung war nur ausgesprochen, daß der Gläubiger die Leistung vom jeweils verurteilten Ehegatten, d.h. aus dessen Vermögen zu fordern hat; kraft dieser Stellung hatte er keinen Zugriff auf das eingebrachte Gut[24]. Entsprechendes gilt für § 737, während in den Fällen der §§ 740 Abs. 2 und 748 Abs. 2, 3 die Ersetzung der einen Titelart durch die andere vertretbar ist[25].

bb) Die Klage auf Duldung der Zwangsvollstreckung ist eine besondere Form der **Leistungsklage**[26]. Sie kann daher, wenn die sonstigen Voraussetzungen gegeben sind, auch im *Urkunden- und Wechselprozeß* erhoben werden[27], und kann Handelssache sein[28]. Ob der *Rechtsweg* zulässig ist, bestimmt sich nach der rechtlichen Natur des Anspruchs gegen den Leistungsverpflichteten[29]. – Wegen des Übergangs von der Klage auf Leistung zu der auf Duldung der Zwangsvollstreckung → § 268 Rdnr. 66; zum Streitwert → § 6 Rdnr. 8. Das Urteil kann nach §§ 708 ff. für vorläufig vollstreckbar erklärt werden. Über das Arrestverfahren gegen den Duldungsverpflichteten → § 916 Rdnr. 12 f. 8

Ziel der Klage ist die Verurteilung zur Duldung der Zwangsvollstreckung, nicht z.B. zur Zahlung unter Beschränkung auf das Sondervermögen; ein so gefaßtes Urteil wäre gegen den Duldungsverpflichteten solange unbeschränkt vollstreckbar, bis er die Haftungsbeschränkung von sich aus geltend machen würde[30]. 9

Zur *Begründung* der Klage gehört im Falle des § 743 die Darlegung des *Güterstandes*, da das Bestehen des *gesetzlichen* Güterstandes, also der Zugewinngemeinschaft, vermutet wird. Dagegen gehört regelmäßig nicht zum Klagegrund, daß ein Widerstand des Duldungsverpflichteten zu befürchten sei, vgl. § 259. 10

cc) Wegen der Haftung der Leistungs- und Duldungsverpflichteten für die **Kosten** bei gemeinschaftlicher Klage → § 100 Rdnr. 6 ff., 22 ff., zur Verteilung der Kosten bei Abweisung der einen oder der anderen Klage → § 100 Rdnr. 16 ff. Zur Frage, ob der Duldungsverpflichtete zur Erhebung der Klage Anlaß gegeben hat, → § 93 Rdnr. 11 ff., insbesondere 19, 21 und § 794 Rdnr. 97. Dabei ist zu beachten, daß der Duldungsverpflichtete nicht erst durch den tatsächlich gegen die Vollstreckung erhobenen Widerspruch Anlaß zur Klage gibt, denn dann ginge die gleichzeitige Klage gegen Leistungs- und Duldungsverpflichteten stets auf Kosten des Klägers, und die bloße Bereitschaft zur Duldung der Vollstreckung erspart nicht die Beschaffung eines Duldungstitels, weil der Duldungsverpflichtete nicht Dritter im Sinne des § 771, sondern zweiter Vollstreckungsschuldner ist → Rdnr. 5. Der Anlaß zur Klage kann daher nur dann fehlen, wenn sowohl der Leistungsverpflichtete als auch der Duldungsver- 11

---

[17] Dazu *Lent* ZZP 70 (1957) 401 ff.; *Hein* (Fn. 14); *Henckel* Parteilehre (1961) 62 ff.
[18] Zum Anwendungsbereich *Gerhardt* JZ 1990, 961 ff.
[19] *Rosenberg/Gaul*[10] § 18 II 2 mwN; *Arnold* (Fn. 7) § 737 Rdnr. 13.
[20] → Rdnr. 137 vor § 704, § 766 Rdnr. 42 f.
[21] → Rdnr. 138 f. vor § 704, § 878 Rdnr. 16.
[22] → § 739 Rdnr. 1, 19. Aufl. I 1.
[23] BGHZ 2, 168 u. NJW 1951, 838.
[24] *Henckel* (Fn. 17) 63 u. → 19. Aufl. Fn. 11 mwN.
[25] → § 740 Rdnr. 6, § 748 Rdnr. 4.
[26] → Rdnr. 22 vor § 253.
[27] → §§ 592 Rdnr. 4, 602 Rdnr. 3 a.E. (nicht mehr im Mahnverfahren → § 688 Rdnr. 2).
[28] → § 1 Rdnr. 131 ff.
[29] Vgl. *OLG München* BlfRA 69, 351 f.; *Meikel* BlfRA 67, 398 f.; *Stein* Grenzen u. Beziehungen usw. (1912) 57, 64.
[30] Vgl. *RGZ* 89, 365; *Henckel* (Fn. 17) 63.

pflichtete nach Aufforderung durch den Gläubiger die rechtzeitige Befriedigung zusagen oder freiwillig für Titel nach § 794 Abs. 1 Nr. 5, Abs. 2 sorgen, oder wenn der Kläger die Aufforderung grundlos unterlassen hat.

12   dd) Das *Fehlen* des Duldungstitels oder seiner Zustellung[31] kann mit der **Erinnerung** nach § 766 geltend gemacht werden, allerdings nicht vom Leistungsverpflichteten, denn zu seinem Schutz ist der Duldungstitel nicht gedacht[32]. Wegen der Rechtsbehelfe im übrigen s. die Bem. zu §§ 735–749 und zur Heilung der Mängel → Rdnr. 7 (nachträglicher Duldungstitel) und § 750 Rdnr. 7, 11 ff.

13   ee) Ist für die Leistungsklage die Zuständigkeit des **Arbeitsgerichts** begründet, so kann die Duldungsklage nach § 3 ArbGG mit ihr zusammen im selben Rechtsstreit erhoben werden.

14   II. Die §§ 738, 742, 744 (744 a), 745 Abs. 2, 749 regeln die **Erteilung der Vollstreckungsklausel** nach dem Vorbild des § 727 für die Fälle, in denen der Nießbrauch bestellt wird, die Gütergemeinschaft eintritt oder endigt und die Testamentsvollstreckung beginnt, *nachdem* der Rechtsstreit gegen (teilweise auch für) einen der Beteiligten anhängig geworden oder rechtskräftig beendet ist. → auch § 750 Rdnr. 38.

15   III. § 739 – er gehört eigentlich zum Bereich der §§ 808 f. – gestattet ferner, daß bei der **Vollstreckung gegen einen Ehegatten** in bewegliche Sachen der **Allein- oder Mitbesitz** (oder -gewahrsam) des **anderen Ehegatten** für die Durchführung einer Vollstreckung **nicht beachtet** wird, unter Vorbehalt der Möglichkeit für den anderen Ehegatten, sein Recht durch Widerspruchsklage nach § 771 geltend zu machen.

§ 735 [Zwangsvollstreckung gegen nicht rechtsfähigen Verein]

Zur Zwangsvollstreckung in das Vermögen eines nicht rechtsfähigen Vereins genügt ein gegen den Verein ergangenes Urteil.

Gesetzesgeschichte: Seit 1900 RGBl. 1898 I 256.

1   I.[1] Die in § 50 Abs. 2 den **nicht rechtsfähigen Vereinen** verliehene *passive Parteifähigkeit*[2] wird in § 735 auf die Zwangsvollstreckung in der Weise übertragen, daß der **gegen den Verein**[3] **erstrittene Titel genügt** und dem Verein die Rechtsstellung eines Schuldners einräumt, auch für Rechtsbehelfe im Vollstreckungsrecht[4]. Der im Titel anzugebende Vorstand nimmt auch insoweit, z.B. für die Offenbarungsversicherung über das Vereinsvermögen (§ 807), die Stellung des gesetzlichen Vertreters ein[5]. S. auch §§ 213 KO (§ 11 Abs. 1 S. 2 InsO), 108 VglO.

1a   Hat aber der Gläubiger es vorgezogen, wegen einer Vereinsschuld[6] alle Mitglieder wie Gesellschafter einzeln zu verklagen[7], so ist § 736 entsprechend anwendbar[8]. Dasselbe gilt bei einem Aktivprozeß aller Mitglieder für ihre etwaige Verurteilung zu den Prozeßkosten. Aus

---

[31] → § 750 Rdnr. 28, 34.
[32] *OLG Kassel* JW 1936, 2663; *OLG München* NJW 1951, 450; *LG Saarbrücken* SaarlRZtschr 1950, 94; *Baumbach/Hartmann*[52] § 748 Rdnr. 8; *Wieczorek*[2] § 739 Anm.E II b. – A.M. *Hein* (Fn. 14) 313; *Seuffert* Gruch. 43 (1899), 136; *Geib* AcP 94 (1903), 334 f., 359 ff.; *OLG München* HRR 1940, Nr. 560; *Thomas/Putzo*[18] § 748 Rdnr. 5; *Gaul* (Fn. 19) § 18 II 3.
[1] Lit: *Nußbaum* ZZP 34 (1905) 129 ff.; *Konzen* JuS 1989, 20 mwN; allg.Lit s. Komm. zu § 54 BGB.
[2] → § 50 Rdnr. 20 ff.
[3] Urteile gegen einzelne Vereinsmitglieder gemäß § 54 S. 2 BGB erlauben als solche (→ aber Rdnr. 1a Fn. 8) nur ZV in das Privatvermögen.

[4] → § 50 Rdnr. 23, ganz h.M.; *Jung* NJW 1986, 161 mwN (erweiternd auf Rechtsbehelfe als ZV-Gläubiger für Urteile aufgrund Widerklage, → dazu § 731 Fn. 1).
[5] → § 807 Rdnr. 44 f.
[6] *Gierke* Vereine ohne Rechtsfähigkeit (1902) 37 Fn. 62; *H. Schumann* Zur Haftung der nichtrechtsfähigen Vereine (1956) 4 ff.
[7] → § 50 Rdnr. 21 Fn. 63.
[8] H.M. *A.Blomeyer* ZwVR (1975) § 17 IV 3; *Baur/Stürner*[11] Rdnr. 314; *Hennecke* Das Sondervermögen der Gesamthand (1976) 125 f. Fn. 8; s. auch § 100 GVGA. – A.M. *Fabricius* Relativität der Rechtsfähigkeit (1963) 193.

solchen Urteilen kann auch in Privatvermögen der Mitglieder vollstreckt werden, falls nicht mindestens die Urteilsgründe Gegenteiliges aussprechen[9]. Fehlt solche Einschränkung[10], kann die Haftungsbeschränkung nicht mehr nachträglich geltendgemacht werden[11]. Vorbehalte wie in § 780 sind dann zwar unangebracht (str.), aber nach § 781 zu beachten, wenn sie doch ausgesprochen sind[12].

II. Der Titel gegen den **Verein** genügt nur **zur Vollstreckung in das Vereinsvermögen**[13], das zwar rechtlich nur den jeweiligen Mitgliedern in Rechtsgemeinschaft zur gesamten Hand zusteht, aber durch seine Bestimmung für die Zwecke des Vereins als Vereinsvermögen gekennzeichnet ist[14]. Die *Mitglieder des Vereins* sind, wie nach § 50 Abs. 2 für den Prozeß, so nach § 735 *für die Vollstreckung Dritte*, also trotz ihrer Gesamthaftung nicht Vollstreckungsschuldner. Auf Grund des gegen den Verein gerichteten Titels kann sonach in ihr *Privatvermögen* gar nicht vollstreckt werden[15], in das in ihrem Gewahrsam befindliche *Vereinsvermögen* aber nur insoweit, als das Mitglied den **Gewahrsam als Organ** oder Besitzdiener des Vereins hat[16]. Vermögenszugehörigkeit und Gewahrsam des Organs sind vor Beginn der Pfändung festzustellen[17]. Als »Dritte« können die Mitglieder einer Vollstreckung in Vereinsvermögen nicht einfach wegen ihres Miteigentums nach § 771 widersprechen, sondern nur insoweit, als dieses mangels Vereinsschuld nicht hafte[18]. 2

Forderungen des Vereins können durch seine Gläubiger gepfändet, überwiesen und eingezogen werden, obwohl der Verein sie nicht selbst als Kläger geltend machen könnte[19]; denn gepfändet wird die den Mitgliedern zustehende[20] Forderung, die von *ihnen* eingeklagt werden kann, nur daß die Mitglieder als Schuldner bei der Pfändung wie als Beklagte im Prozeß unter der Bezeichnung des Vereins zusammengefaßt werden können, denn dabei geht es nur um Identifizierung der Forderung[21], nicht um Rechts- oder Parteifähigkeit. Gleiches gilt daher auch für andere Rechte, z.B. an Grundstücken, mögen sie auf den Verein oder die Namen aller Mitglieder eingetragen sein sofern nur die Natur als Vereinsvermögen aus der Eintragung oder sonstwie erhellt[22]. § 735 muß trotz des zu engen Wortlauts (»Vermögen«) auch dann Anwendung finden, wenn der Verein zur *Herausgabe, Handlung oder Unterlassung* nach §§ 883 ff. verurteilt ist[23]. 3

III. § 735 gilt auch nach der **Auflösung des Vereins**, solange noch Vereinsvermögen vorhanden ist[24]. Nach vollständiger Auseinandersetzung des Vereinsvermögens oder Auflösung der Vereinsorganisation kommen nur noch die §§ 727, 729 in Betracht[25]. 4

[9] Z.B. Leistung »aus dem Vereinsvermögen«.
[10] Dies im Zweifel oder sogar stets anzunehmen, ginge zu weit, da die Haftungsbeschränkung materiell-rechtlich keinesfalls selbstverständlich ist, vgl. dazu *H.Schumann* (Fn. 6) 15.ff.
[11] Arg. § 767 Abs. 2; auch nicht nach § 771, denn das Widerspruchsrecht im Einzelfall setzt gerade voraus, daß die Haftungsbeschränkung dem Gläubiger überhaupt entgegengehalten werden kann. Vgl. dazu auch *BGH* ZZP 68 (1955) 101ff. = LM § 780 Nr. 3.
[12] § 786 Rdnr. 7f.
[13] §§ 718, 54 BGB; zur Eigenschaft eines Sondervermögens *Fabricius* (Fn. 8) 191; *Reinhardt/Schultz* Gesellschaftsrecht[2] § 33 II 5; zum Umfang *Stöber* Vereinsrecht[5] Rdnr. 397ff. Ob Mitglieder persönlich mithaften (dazu *MünchKommBGB-Reuter*[2] § 54 Rdnr. 20ff.), ist mangels Titel unerheblich *RGZ* 143, 216.
[14] Dazu *Konzen* (Fn. 1).
[15] Auch dann nicht, wenn ein nicht zum Vereinsvermögen gehörender Gegenstand zufällig allen Mitgliedern gemeinsam zusteht; anders nur im Falle → Rdnr. 1 a Fn. 8. – A.M. *Wieczorek*[2] Anm. B I b 2.
[16] → Rdnr. 2–4. vor § 735, insoweit h.M. *Münch-KommZPO-Arnold* Rdnr. 14 mwN auch zur Gegenansicht; also z.B. in der Vereinsbücherei nur bei dem Bibliothekar, nicht bei entleihenden Mitgliedern; bei Verstoß: § 766.
[17] → § 808 Rdnr. 5, 15.
[18] Rdnr. 2 vor § 735.
[19] *RGZ* 54, 300; 76, 276ff. (ausstehende Mitgliedsbeiträge); *OLG Celle* SeuffArch 60 (1905), 239.
[20] Ebenso wie auch die zu pfändenden Sachen ihnen gehören → Rdnr. 2.
[21] → § 829 Rdnr. 40.
[22] Zust. *Jung* (Fn. 4). Zur Diskussion über die Art der Eintragung einerseits *K.Schmidt* NJW 1984, 2249, andererseits *Jung* (Fn. 4) 157.
[23] *OLG Kiel* OLGRsp 19, 31; *KG* OLGRsp 25, 19 (das nur die persönliche Pflicht der Mitglieder verneint); ganz h.M.
[24] → § 50 Rdnr. 34b; ebenso *OLG Rostock* OLGRsp 25, 175; *KG* (Fn. 23); *Baumbach/Hartmann*[52] Rdnr. 2; *Wieczorek*[2] Anm. B I b 1; *Zöller/Stöber*[18] Rdnr. 1 a.E.
[25] Auch § 50 Abs. 2 scheidet dann aus *BGHZ* 74, 212 = NJW 1979, 1592f.

4a Wird der Verein rechtsfähig, so liegt keine Rechtsnachfolge, sondern Identität vor, da zur schon vorhandenen passiven Parteifähigkeit lediglich die aktive hinzutritt, so daß keine Titelumschreibung erforderlich ist[26].

5 IV. Zur Vollstreckung gegen **Vereinigungen als Vorformen juristischer Personen**[27] genügt entsprechend § 735 ein Titel gegen die Vereinigungen als solche[28], falls man sie nicht ohnehin schon als rechtsfähig und damit parteifähig ansieht[29]. Löst sich eine entsprechend § 735 zu behandelnde Gesellschaft auf, ohne daß es zur Eintragung der juristischen Person kommt, so gilt das → Rdnr. 4 Ausgeführte. Zur Umschreibung des gegen eine Gründungsgesellschaft ergangenen Titels gegen die juristische Person → § 727 Rdnr. 19 Fn. 95. Eine »*Vorgründungsgesellschaft*« ist nach den Regeln der BGB-Gesellschaft (§ 736) oder OHG (§ 124 Abs. 2 HGB) zu behandeln[30].

§ 736 [Zwangsvollstreckung gegen BGB-Gesellschaft]

Zur Zwangsvollstreckung in das Gesellschaftsvermögen einer nach § 705 des Bürgerlichen Gesetzbuchs eingegangenen Gesellschaft ist ein gegen alle Gesellschafter ergangenes Urteil erforderlich.

Gesetzesgeschichte: Seit 1900 RGBl. 1898 I 256.

1 I.[1] § 736 gilt für die Gesellschaft des BGB[2], falls sie als Außengesellschaft Gesamthandsvermögen bildet[3] und dieses noch vorhanden ist; sie ist nach h. M. nicht parteifähig[4]. Daran dürfte sich auch durch § 11 Abs. 2 Nr. 1 InsO nichts ändern, vgl. auch § 11 Abs. 1 S. 2 InsO (»insoweit«). Zur Vollstreckung in das den Mitgliedern zur gesamten Hand zustehende Gesellschaftsvermögen bedarf es deshalb eines **Titels gegen alle Gesellschafter**[5], die namentlich zu bezeichnen sind[6], mit Ausnahme solcher, die in Titel oder Klausel selber als Vollstreckungsgläubiger erscheinen[7].

---

[26] *BGHZ* 17, 385 = NJW 1955, 1229; WM 1978, 116; *OLG Stuttgart* NJW-RR 1989, 638[66] (§ 727 unnötig für ZV nach § 890 gegen eingetragene GmbH aufgrund Titels gegen die Vorgesellschaft).
[27] Lit.: *Dirk Eckhardt* Die Vor-GmbH usw. (Diss. Köln 1990).
[28] *OLG Hamm* WM 1985, 658; *MünchKommZPO-Arnold* Rdnr. 7 mwN auch zur Gegenansicht (§ 736).
[29] → § 50 Rdnr. 5, 30.
[30] *Barz* in Großkomm. AktG[3] § 23 Anm. 22 ff.; *Ulmer* in Hachenburg GmbHG[8] § 11 Rdnr. 16 ff.; *Reinhardt/Schultz* Gesellschaftsrecht[2] (1981) Rdnr. 55, 59; *Noack* DGVZ 1974, 6; *OLG Oldenburg* BB 1953, 713 mwN.
[1] Lit.: *Brüggemann* DGVZ 1961, 33; *Göckeler* Die Stellung der Gesellschaft usw. (Diss. Heidelberg 1992); *Hennecke* Das Sondervermögen usw. (1976) 124 ff.; *Kornblum* Haftung der Mitglieder usw. (1972) 62 ff.; *Nicknig* Haftung der Mitglieder usw. (1973) 126 ff.; *Schünemann* Grundprobleme der Gesamthandsgemeinschaft (1975) 207 (224) ff.
[2] Dazu gehört jedenfalls im Außenverhältnis nach h. M. auch die Anwaltssozietät, *BGHZ* 56, 360 = NJW 1971, 1801; *Kornblum* BB 1973, 223; über ihre Stellung als Gläubiger → § 727 Fn. 85 u. *LG Hannover* AnwBl 1972, 133; → auch § 750 Fn. 72.
[3] Nicht für Innengesellschaften, wie sie z. B. bei Ehegatten vorkommen; *Noack* DB 1974, 1370; JR 1971, 226; *Rosenberg/Gaul*[10] § 19 I 1 mwN; s. auch *Schünemann* (Fn. 1) 183, → § 859 Rdnr. 2, u. für die stille Gesellschaft, bei der nur der Inhaber (§ 335 HGB) oder die Stille (→ § 859 Rdnr. 16) in Betracht kommen, s. *K.Schmidt* KTS 1977, 2 ff. Der GV wird sich, falls der Titel nicht zweifelsfreie Auskunft über die Bildung von Gesellschaftsvermögen gibt, i. a. an das Indiz »eigenes Geschäftslokal« halten können *Paulus* DGVZ 1992, 68 (»organisierte GbR«). Auch bei Bruchteilsgemeinschaft scheidet § 736 aus *MünchKommZPO-Arnold* Rdnr. 7.
[4] → § 50 Rdnr. 17 mwN auch zur Gegenmeinung; *Arnold* (Fn. 3) Rdnr. 1; *Göckeler* (Fn. 1) pass. u. 191; W. *Lüke* ZGR 1994, 279 f. Gegen Rechtsfähigkeit auch *BAG* NJW 1989, 3035[2].
[5] Nicht gegen die Gesellschaft als solche *LG Berlin* Rpfleger 1973, 104 (*Petermann*) für **nicht eingetragene** »Firma«; zust. *Gaul* (Fn. 3) § 19 I 1; *LG Kaiserslautern* DGVZ 1990, 90 f.; *Arnold* (Fn. 3) Rdnr. 19; a.M. (klarstellende Klausel) *Winterstein* DGVZ 1984, 2 mit *Eickmann* Rpfleger 1970, 113 f. Auch nicht gegen den verwaltenden Gesellschafter → § 50 Rdnr. 17a (so aber noch Begr. Nov 1898, 150 = Mat. 211 zu E § 670b); heute ganz h. M. → auch § 750 Rdnr. 19 a Fn. 97.
[6] *Arnold* (Fn. 3) Rdnr. 13 ff. → auch § 750 Rdnr. 18 Fn. 72. Zur Aufforderung seitens des Prozeß-

Ist allerdings die Gesellschaft ausdrücklich als **eingetragene OHG oder KG** verurteilt, obwohl die **1a** Voraussetzungen des § 124 HGB fehlten, so wird man auf der Grundlage des § 5 HGB eine Vollstreckung ermöglichen müssen[8]. Für Sachpfändungen muß jedoch eindeutig feststehen, ob die am Gesellschaftsvermögen Gewahrsam ausübenden Personen zugleich die Gesellschafter sind. Auch bei der Vollstreckung in Grundstücke oder Grundstücksrechte kommt es auf die Identität der Eingetragenen mit den Gesellschaftern an. Solche Vollstreckung setzt also mindestens voraus, daß die Gesellschafter aus Urteil oder Vollstreckungsklausel hervorgehen. Eine Vollstreckung nach §§ 829 ff. scheitert spätestens im Drittschuldnerprozeß, wenn das Recht nicht dem Gesellschaftsvermögen zugeordnet werden kann. In eine klarstellende Klausel[9] können die Gesellschafter nur dann aufgenommen werden, wenn sie aus den Urteilsgründen eindeutig hervorgehen. Solche Vollstreckungsklauseln binden das Vollstreckungsorgan aber bis zu ihrer Aufhebung auch dann, wenn man sie für verfehlt hält[10]. Zur Berichtigung des Rubrums → Fn. 6.

Wird aus einer OHG durch Verringerung des Geschäftsumfangs (§ 4 HGB) oder Zweckänderung eine Gesellschaft bürgerlichen Rechts, *nachdem* ein *nur gegen die OHG* ergangenes **1b** Urteil rechtskräftig geworden ist[11], so ist wegen der verlorenen Parteifähigkeit (→ Rdnr. 9) nicht die Identität der Gesellschafter maßgebend[12], sondern vollstreckungsrechtlich Gesamtnachfolge anzunehmen[13]; wegen § 129 Abs. 4 HGB ist die nach § 727 gegen die Gesellschafter zu erteilende Klausel mit der Einschränkung zu erteilen, daß nur in das Gesellschaftsvermögen zu vollstrecken ist[14]. Solange jedoch die Gesellschaft eingetragen ist, haben Vollstreckungsorgane die Änderung nicht von Amts wegen zu prüfen[15]. Wegen des umgekehrten Falles → Rdnr. 10.

Scheidet während des Prozesses ein Gesellschafter aus, so bedarf es wegen des Anwachs- **2** sungsrechts nach § 738 BGB keines Titels gegen ihn für die Vollstreckung nach § 736[16]. – Tritt

---

gerichts, etwa noch nicht Bekannte zu nennen *BGH* NJW-RR 1990, 867. **Berichtigung** des Rubrums ist nur zulässig, wenn alle Gesellschafter vertreten waren u. das Gericht diese eindeutig verurteilen wollte *Arnold* aaO Rdnr. 19, s. auch *BGH* NJW 1967, 821 für den Fall nicht erkannter OHG; wohl weitergehend (für unrichtig als GmbH auftretende Gesellschafter) *OLG Frankfurt* → § 750 Fn. 128. – A.M. *Schünemann* (Fn. 1) 246 ff., ferner (analog § 735) *Wieczorek*[2] Anm. A I u., falls ein Geschäftsführer im Titel benannt sei, *Brüggemann* (Fn. 1) 34. – Zur **Zustellung** → § 750 Rdnr. 19, 34.

[7] *Arnold* (Fn. 3) Rdnr. 26 mwN (auch gegen zur Leistung bereite aaO Rdnr. 11, außer wenn diese nur in einer bereits erbrachten Mitwirkung besteht, z.B. Auflassung, aaO Rdnr. 12). – A.M. *Schünemann* (Fn. 1) 254 f. Sein Beispiel »alle gegen alle« macht jede ZV unnötig u. überzeugt nicht.

[8] *Lindacher* ZZP 96 (1983) 497 f.; *Arnold* (Fn. 3) Rdnr. 16, 20 mwN. Die **Wirksamkeit** des Urteils steht ohnehin fest → Rdnr. 79 mit 77 a vor § 704. An ein Urteil gegen **nicht eingetragene**, aber trotz § 4 Abs. 2 HGB als solche aufgetretene KG hält *BGH* NJW 1980, 784 f. die Gesellschafter (wohl auch für die ZV) gebunden, den zugleich verurteilten »Kommanditisten« gemäß §§ 171 f. HGB; krit. *K.Schmidt* Handelsrecht[2] § 5 II 2; *Hüffer* FS für Stimpel (1985) 175. – A.M. *Gaul* (Fn. 3) § 19 I 1 Fn. 8.

[9] So *Lindacher* (Fn. 8).

[10] → § 724 Rdnr. 2.

[11] Wird solche Umwandlung vor oder nach Rechtshängigkeit *im Erkenntnisverfahren* (→ § 239 Abs. 5) übersehen oder falsch beurteilt, so bindet das Urteil die ZV-Organe, → auch Rdnr. 77 a, 79 vor § 704, bis zur Aufhebung oder einstweiligen Einstellung nach § 579 Abs. 1 Nr. 4, 707 → § 50 Rdnr. 41 a.E. – A.M. *Eickmann* Rpfleger 1970, 116 (»wirkungsloses Urteil«). – Wegen Umwandlung erst nach Beginn der ZV Rdnr. 80 vor § 704.

[12] *MünchKommZPO-Wolfsteiner* § 727 Rdnr. 26; a.M. *Arnold* (Fn. 3) Rdnr. 56; *Eickmann* (Fn. 11) 115: nur »klarstellende« der Klausel»; das ist jedoch für die nachträgliche Umwandlung nur folgerichtig, wenn man auch die Parteifähigkeit der OHG ablehnt u. wie das RG die Gesellschafter als Parteien ansieht (s. dagegen *BGHZ* 62, 131 = NJW 1974, 750); *OLG Frankfurt* Rpfleger 1977, 106) oder wenn man *beide* Gesellschaftsarten für parteifähig hält wie *Schünemann* (Fn. 1) 246 ff. – *Noack* Büro 1976, 1156 hält auch dies für unnötig.

[13] Obwohl materiellrechtlich kaum Rechtsnachfolge angenommen werden kann *LG Oldenburg* Rpfleger 1980, 27 f.; *Wolfsteiner* (Fn. 12) gegen *BayObLG* DNotZ 1991, 598.

[14] *LG Oldenburg* (Fn. 13, zur schon zuvor begonnenen ZV → aber Fn. 18); *Wolfsteiner* (Fn. 12). Vgl. auch *Hennecke* (Fn. 1) 125 Fn. 7. – Beruht die Umwandlung *nur* auf § 4 Abs. 2 HGB, so gilt allerdings § 5 HGB auch im ZV-Verfahren *Eickmann* (Fn. 11) zu Fn. 39; insoweit zutreffend *Arnold* (Fn. 3) Rdnr. 56. Bei völliger Aufgabe des Handelsgewerbes wirken § 15 Abs. 2 HGB bzw. Rechtsschein nur *materiell-rechtlich* zugunsten des Gläubigers, vgl. auch *BGHZ* 61, 69 = NJW 1973, 1694 (abl. *Canaris* NJW 1974, 456). Zur Konkursfähigkeit nach rechtskräftiger Konkurseröffnung *BGH* ZIP 1991, 233 ff. Jedoch ist vom Fortbestand der eingetragenen OHG auszugehen, bis die fehlende Eignung des Titels vom Schuldner, notfalls nach § 766, geltend gemacht wird; für Prüfungspflicht des GV *Paulus* (Fn. 3) 69.

[15] Bei Zweifeln Anfrage an Registergericht *Winterstein* (Fn. 5).

[16] *Arnold* (Fn. 3) Rdnr. 25 mwN; zum materiellen Recht *Lindacher* JuS 1982, 504 ff.

umgekehrt nach Rechtshängigkeit oder Rechtskraft ein *neuer Gesellschafter* in die Gesellschaft ein, so wächst ihm ein Anteil am Gesamtvermögen an[17], und da die Frage, ob ein gegen alle Gesellschafter wirksamer Titel vorliegt, notwendig nach dem Stande zum Beginn der Vollstreckung[18] beantwortet werden muß, ist gegen den neu Eingetretenen ein Titel erforderlich[19]. Er ist zu erstreiten, wenn der Eintretende nicht nach § 794 Abs. 1 Nr. 5 verfährt oder der gegen die Gesellschafter vorhandene Titel eine Gesellschaftsschuld als *Gesamthandsschuld*[20] oder eine streitbefangene Sache[21] betrifft und daher gegen den Eintretenden umgeschrieben werden kann. Eine allgemeine »Schuldnachfolge« aufgrund eines *Gesamtschuldtitels* reicht auch hier für § 727 nicht aus[22]. Das gilt auch dann, wenn ein ausscheidender Gesellschafter seinen Anteil auf den neu eintretenden überträgt.

3 Aber auch ohne Wechsel der Mitglieder können Titel gegen Gesellschafter in getrennten Prozessen oder auf verschiedenen Wegen (§ 794) erreicht werden[23], soweit nicht notwendige Streitgenossenschaft besteht[24].

4 Wirkt der Titel nur gegen einen oder einen Teil der Gesellschafter, so darf nur in ihr Privatvermögen und damit auch in ihre Gesellschaftsanteile nach § 859 vollstreckt werden; gegen eine Vollstreckung in das Gesellschaftsvermögen steht *allen* Gesellschaftern die Widerspruchsklage nach § 771 zu[25]; → aber auch § 771 Rdnr. 45, 48. Auch § 766 schützt hier jeden einzelnen Gesellschafter[26].

5 **II.** § 736 setzt vollstreckungsrechtlich nicht voraus, daß **Gesellschaftsschulden** in dem Sinne tituliert sind, daß sie aus der Geschäftsführung entstanden[27] bzw. »Gesamthandsschulden« sein müßten[28]. Solche Beschränkungen wurden bei der Beratung des BGB als praktisch undurchführbar fallen gelassen[29]. Bei *anderen* Schulden handelt es sich um »Privatgläubiger« der Gesellschafter, denen der Zugriff auf das Gesellschaftsvermögen ohne Rücksicht auf die

---

[17] → § 265 Rdnr. 23 (20. Aufl.); analog § 738 BGB *Palandt/Thomas* BGB[53] § 736 Rdnr. 6, ganz h.M.

[18] H.M. *Arnold* (Fn. 3) Rdnr. 9; *Baumbach/Hartmann*[52] Rdnr. 3. → auch Rdnr. 158 vor § 704; weitergehend *Paulus* (Fn. 3) 69: Zeitpunkt der letzten mündlichen Verhandlung, auch § 767 Abs. 2 (versagt zumindest bei Parteititeln). Vor Eintritt entstandene Pfändungspfandrechte bleiben schon nach §§ 135f. BGB gegen den Eintretenden wirksam, *Falkmann/Hubernagel*[3] Anm. 3 d.

[19] Insoweit jetzt ü.M., z.B. *Ulmer* JZ 1980, 354f., soweit nicht Parteifähigkeit angenommen wird *Lindacher* JuS 1982, 595 (nur Klarstellungsklausel).

[20] Richtig *Göckeler* (Fn. 1) 170 mwN gegen die fehlende Differenzierung in der 20. Aufl. So wohl auch die ü.M., da sie richtig für Beschränkung der Klausel auf das Gesellschaftsvermögen eintritt *Arnold* (Fn. 3) Rdnr. 14; *Bruns/Peters*[3] § 10 I 2a; *Gaul* (Fn. 3) § 19 I 4 (entspr. Anw. der §§ 727, 729); *Lindacher* JuS 1982, 596 f.; *Zöller/Stöber*[18] Rdnr. 2. Im Klauselerteilungsverfahren ist daher nachzuweisen, daß (auch) eine Gesamthandsschuld (dazu materiellrechtlich *Lindacher* JuS 1981, 818; 1982, 36) tituliert ist, woran insbesondere Parteititel scheitern können; anders, wenn man allgemein Schuldnachfolge oder sogar -beitritt genügen ließe, → dagegen § 727 Rdnr. 19.

[21] → § 727 Rdnr. 16.

[22] → dort Rdnr. 19, auch zur Gegenansicht, die freilich im Klauselerteilungsverfahren prüfen müßte, ob überhaupt u. womit (vgl. BGHZ 74, 240 = JZ 1979, 570 = NJW 1821, dazu *Ulmer* JZ 1980, 354) der Eintretende für Altschulden haftet, obwohl sie nicht Gesellschafts- i.S.v. Gesamthandsschulden sind. Insoweit wie hier *Baur/Stürner*[11] Rdnr. 309.

[23] → Rdnr. 6 vor § 735; OLG Colmar OLGRsp 9, 113;

[24] → § 62 Rdnr. 20 a, b. Ergehen trotzdem getrennte Urteile, so genügen sie nach § 736, solange sie nicht aufgehoben sind, ebenso wie getrennte Beurkundungen gemäß § 794 Abs. 1 Nr. 5 immer ausreichen. – A.M. *Kornblum* ZZP 90 (1978) 348.

[25] *Arnold* (Fn. 3) Rdnr. 49; *Hüffer* (Fn. 28) 185 mwN; a.M. *Wieczorek*[2] Anm. A II (nur im Titel nicht Genannte).

[26] → dort Rdnr. 14, 19, 31; *Arnold* (Fn. 3) Rdnr. 50 mwN; *Hüffer* (Fn. 28) 185.

[27] Vgl. auch § 51 KO.

[28] Insoweit jetzt ganz h.M. *Arnold* (Fn. 3) Rdnr. 35 mwN; *Stürner* (Fn. 22) Rdnr. 310; *Gaul* (Fn. 3) § 19 I 2; *Hüffer* FS für Stimpel (1985) 184; *Jaeger/Henckel* KO[9] § 1 Rdnr. 151; sehr str. sind nur noch die Fragen → Fn. 32f. – A.M. *J.Blomeyer* (Fn. 23) 402 Fußn. 43; *Göckeler* (Fn. 1) 202 f.; *Kornblum* (Fn. 1) 62 f. u. BB 1970, 1451; *Lindacher* JuS 1982, 595 (aber entspr. Anw. des § 727); *Nicknig* (Fn. 1) 132 f.; *R.Reinhardt* GesellschaftsR (1973) Rdnr. 91; *Schünemann* (Fn. 1) 227 ff. – Diese Einschränkung des § 736 mag das Gesellschaftsvermögen gegenüber »Privatgläubigern« schützen, gefährdet aber den Bestand der Gesellschaft wegen § 859 Abs. 1, s. Prot. BGB (→ Fn. 29).

[29] Prot. zum BGB 2, 434 ff.; OLG Kiel OLGRsp 8, 81. Auch § 741 beschränkt daher die Haftung nicht für geschäftsschulden → § 741 Rdnr. 9. – Selbstverständlich scheidet aber § 736 aus, wenn die Urteilsformel eine Beschränkung der ZV auf das Privatvermögen ausdrücklich ausspricht, *Arnold* (Fn. 3) Rdnr. 35, ganz gleich ob man das mit *Kornblum* (Fn. 1) 63 Fn. 95 analog § 780 für zulässig hält oder nicht.

ungleiche Höhe der Anteile ihrer Schulden nur zusteht, soweit jeder Gesellschafter auf das Ganze, d. h. als Gesamtschuldner haftet[30].

Daraus folgt, daß bei *Teil*schulden der Gesellschafter § 736 nicht gilt[31]. Handelt es sich bei der nach § 736 titulierten Schuld *nicht um eine Gesellschaftsschuld* und meint man, daß das Gesellschaftsvermögen deshalb nicht haftet[32], so ist dies entsprechend § 774 gemäß **§ 771** geltendzumachen[33], wogegen freilich der Gläubiger eine etwaige materiellrechtliche Mithaft einwenden kann[34]. **6**

Da alle Gesellschafter nach § 736 Vollstreckungsschuldner sein müssen, macht es für § 808 hier keinen Unterschied, ob sich das Vermögen im **Gewahrsam** des geschäftsführenden oder eines anderen Gesellschafters befindet[35]. – Zur Unterscheidung der Vermögensmassen, falls der Titel die **Haftung** eines Gesellschafters **auf das Gesellschaftsvermögen beschränkt**[36], → § 808 Rdnr. 5 mit § 786 Rdnr. 8. **7**

Die Vollstreckung in Gesellschaftsvermögen gemäß § 736 wird nicht durch Konkurs/Insolvenz eines Gesellschafters[37], wohl aber durch Konkurs/Insolvenz aller Gesellschafter gehindert nach § 14 KO (§ 89 InsO)[38]. **8**

III. OHG und **KG** sind parteifähig und werden von den geschäftsführenden Gesellschaftern vertreten, → § 50 Rdnr. 13. Zur Vollstreckung in ihr Vermögen[39] ist, auch bei Wechsel der Mitglieder vor Beginn der Vollstreckung[40], ein gegen die Gesellschaft, nicht die Gesellschafter[41] ergangener Titel erforderlich und genügend, §§ 124 Abs. 2, 161 Abs. 2 HGB[42]. Dies gilt entsprechend für die **Partenreederei**[43], die Europäische Wirtschaftliche Interessenvereinigung[44] und die Partnerschaftsgesellschaft, § 7 Abs. 2 PartGG. – Da solche Titel sich nicht gegen die Gesellschafter als Vollstreckungsschuldner richten, ist bei der Pfändung beweglicher Sachen auf den **Gewahrsam** zu achten, → § 808 Rdnr. 15 und zur Besitzdienerschaft § 808 Rdnr. 7. **9**

Entsteht die OHG aus einer Gesellschaft bürgerlichen Rechts, etwa durch Aufnahme von Geschäften nach § 1 Abs. 2 (s. auch § 124 Abs. 2) HGB, nachdem ein Titel gegen alle Gesellschafter *gemäß § 736* rechtskräftig bzw. durch Parteiakt wirksam errichtet worden sind, so ist, falls nicht eine Auslegung als »Titel gegen die OHG« in Betracht kommt[45], wegen § 124 Abs. 2 HGB trotz materiellrechtlicher Identität eine formelle Umschreibung des Titels auf die OHG erforderlich[46], was nach § 129 Abs. 4 von selbst die Vollstreckung auf das Gesellschaftsvermögen begrenzt; sie ist aber auch unbedenklich wie im Falle → Fn. 11f. zu gewähren, hier sowohl gegen die OHG als auch gegen die Gesellschafter, da schon der Titel **10**

---

[30] *Gaul* (Fn. 3) § 19 I 2; Mat. Nov 1898, 210 zu E § 670b. → auch § 747 Rdnr. 6; h.M.
[31] *Arnold* (Fn. 3) Rdnr. 38.
[32] So die heute wohl h. M., vgl. *Brehm* KTS 1983, 23f. mwN auch zur Gegenansicht, z.B. *Arnold* (Fn. 3) Rdnr. 37; *Jauernig*[19] § 5 II je mwN; *Winter* KTS 1983, 349.
[33] *Brehm* (Fn. 32) 33ff.; *Winter* (Fn. 32) 365ff. Zust. *Hüffer* (Fn. 28); jetzt auch *MünchKommBGB-Ulmer*[2] § 736 Rdnr. 37.
[34] *Brehm* (Fn. 32) 34f.; → § 771 Rdnr. 48.
[35] H.M. *Arnold* (Fn. 3) Rdnr. 39 mwN. Ob man Gewahrsam »der Gesellschaft« bejaht → § 808 Rdnr. 16, ist daher für § 736 gleichgültig, a.M. wohl *Hüffer* (Fn. 28).
[36] Z.B. wenn nur Gesamthandschuld, nicht (auch) Gesamtschuld tituliert ist oder der Titel aus anderen Gründen (z.B. Vereinbarung) die ZV nur auf das Gesellschaftsvermögen beschränkt. → auch § 735 Rdnr. 1 Fn. 8.
[37] *Arnold* (Fn. 3) Rdnr. 25 Fn. 25 mwN.
[38] BGHZ 23, 307 = NJW 1957, 751.
[39] Lit.: *Eickmann* (Fn. 11) 113ff.; *Noack* DB 1970, 1817; *Schünemann* (Fn. 1).
[40] → dazu § 727 Rdnr. 11 Fn. 52.
[41] → aber Fn. 45.
[42] → § 727 Rdnr. 11, § 750 Rdnr. 19a Fn. 96. Übernimmt aber einer der Gesellschafter das gesamte Vermögen, so entfällt die Liquidation u. es darf aus dem gegen die OHG oder KG ergangenen Titel nicht gegen ihn vollstreckt werden OLG Hamm Rpfleger 1990, 131 = MDR 347.
[43] → § 50 Rdnr. 14; OLG Hamburg OLGRsp 23, 93, jetzt allg.M.
[44] → § 50 Rdnr. 16a; *Stöber* (Fn. 20) Rdnr. 5, unstr.
[45] So BGH NJW 1967, 821 = MDR 487, da Gläubiger von der Aufnahme des vollkaufmännischen Betriebs nichts wußte.
[46] *Gaul* (Fn. 3) § 19 II 4 Fn. 41; *Wolfsteiner* (Fn. 12); a.M. *Arnold* (Fn. 3) Rdnr. 55 mwN; *Eickmann* (Fn. 11) 113: nur »klarstellende Klausel« ebenso *Noack* (Fn. 39), der wie *Hennecke* (Fn. 1) 126 Fußn.7 das Urteil → Fn. 45 dahin mißversteht, daß Titel nach § 736 *allgemein* gegen die später entstandene OHG vollstreckbar seien. → auch Fn. 12.

jede Haftungsbeschränkung ausschloß. – Umwandlung der OHG in eine KG oder umgekehrt ist dagegen für Titel gegen die *Gesellschaft* bedeutungslos, da es sich um gleiche parteifähige Gebilde handelt; ebenso ihre Liquidation[47]. – Wegen der Vorformen juristischer Personen → § 735 Rdnr. 5.

§ 737 [Zwangsvollstreckung bei Nießbrauch an einem Vermögen]

(1) Bei dem Nießbrauch an einem Vermögen ist wegen der vor der Bestellung des Nießbrauchs entstandenen Verbindlichkeiten des Bestellers die Zwangsvollstreckung in die dem Nießbrauch unterliegenden Gegenstände ohne Rücksicht auf den Nießbrauch zulässig, wenn der Besteller zu der Leistung und der Nießbraucher zur Duldung der Zwangsvollstreckung verurteilt ist.

(2) Das gleiche gilt bei dem Nießbrauch an einer Erbschaft für die Nachlaßverbindlichkeiten.

Gesetzesgeschichte: Seit 1900 RGBl. 98 I 256.

1   I. Wenn ein **Nießbrauch an einem Vermögen**[1] oder einer **Erbschaft** durch Erlangung des Nießbrauchs an allen dazu gehörenden Gegenständen erworben wird, §§ 1085, 1089, 311 BGB, so haftet das Vermögen bzw. die Erbschaft den bisherigen[2] **Gläubigern des Bestellers** ohne Rücksicht auf den Nießbrauch auch dann, wenn die Forderungen rein persönliche sind, § 1086 BGB[3]. Zur Vollstreckung in die dem Nießbrauch unterliegenden Gegenstände bedarf es nach § 737 (ebenso § 263 AO 1977) eines **Duldungstitels** gegen den Nießbraucher (vgl. auch § 794 Abs. 2), wenn die **Bestellung des Nießbrauchs vor der Rechtskraft** erfolgt[4], soweit nicht § 727 eingreift[5]; bei der Bestellung **nach** Rechtskraft wird der Nießbraucher wie ein Rechtsnachfolger behandelt, auch wenn er es nicht ist[6], § 738. Der Duldungstitel ist nach dem eindeutigen Wortlaut für die Vollstreckung in *alle* dem Nießbrauch unterliegenden Gegenstände, also in bewegliche Sachen, Rechte und Grundstücke[7], Voraussetzung der staatlichen Vollstreckung[8]. Seine Aufgabe kann sich also nicht darin erschöpfen, nur den Gewahrsam des Nießbrauchers an beweglichen Sachen (§ 809) zu überwinden, sondern er nimmt dem Nießbraucher die Möglichkeit, nach § 771 die Belastung des Schuldnervermögens einzuwenden, und macht ihn mittels des Duldungstitels neben dem Besteller zum Vollstreckungsschuldner[9]. Der Titel wird auch nicht im Falle des § 809 entbehrlich[10]. Durch einen Leistungstitel kann er auch nicht ersetzt werden, denn der Nießbraucher dürfte und könnte gar nicht aus dem Vermögen des Bestellers leisten[11], außer wenn § 1087 Abs. 2 BGB gilt.

---

[47] → § 50 Rdnr. 346, § 727 Rdnr. 11. Zum Erlöschen ohne Liquidation → Fn. 42.

[1] In den übrigen Fällen des Nießbrauchs an *beweglichem* Vermögen scheitern die persönlichen oder *nach*rangigen dinglichen Gläubiger an § 771 oder bei Sachen an § 809, weil ein Duldungstitel mangels materiell-rechtlicher Haftung der Gegenstände nicht in Betracht kommt, es sei denn, daß das AnfG eingreift. Wegen der Grundstücke und der Nießbrauchsbestellung nach Rechtshängigkeit → jedoch Rdnr. 2.

[2] → Rdnr. 2.

[3] Diese Haftung ist keine dingliche Belastung des Nießbrauchs u. deshalb weder eintragungsfähig noch -bedürftig, *RGZ* 1970, 344f.

[4] Zum Duldungstitel → Rdnr. 7f. vor § 735, zum Zeitpunkt der Bestellung → Fn. 12.

[5] → Rdnr. 4.

[6] → Rdnr. 4 Fn. 21.

[7] Soweit hier überhaupt eine Beeinträchtigung des Nießbrauchs in Betracht kommt; → Fn. 15.

[8] So die Begr. zur Nov 1898, 150 f. (die ZV wende sich gegen den Nießbraucher), während der gegenüber den verwandten Vorschriften schwächere Wortlaut (vgl. §§ 738, 740, 745, 747 f. »erforderlich«; §§ 739 aF, 743 »nur« zulässig) zu Zweifeln Anlaß geben könnte; so auch *Rosenberg/Gaul* ZwVR[10] § 19 V 1. – A.M. *LG Hamburg* JW 1934, 2645[9].

[9] → Rdnr. 2, 5 vor § 735.

[10] Er könnte später doch widersprechen → Rdnr. 7 mit § 809 Rdnr. 10.

[11] → Rdnr. 7 vor § 735. – A.M. *Wieczorek*[2] Anm. B I a.

II. Gemeinsame Voraussetzung aller Fälle des **Abs. 1** ist, daß die **Verbindlichkeit** des 2
Bestellers **vor der Bestellung**[12] entstanden ist. Dafür sind bei bedingten, befristeten und
ähnlichen Ansprüchen dieselben Grundsätze maßgebend, wie bei den Konkursforderungen
nach § 3 Abs. 1 KO[13] (Insolvenzforderungen nach § 38 InsO). § 737 gilt für persönliche und
dingliche Verbindlichkeiten[14]. Über Nachlaßverbindlichkeiten (Abs. 2) → § 28 Rdnr. 2. Sind
die Forderungen erst *nach* der Bestellung entstanden, so ist die Mobiliarvollstreckung *gegen
den Nießbraucher* ausgeschlossen; die Zwangsversteigerung[15] kann dagegen unbeschadet
des Nießbrauchs erfolgen[16].

1. Ist der Nießbrauch *vor Eintritt der Rechtshängigkeit* bestellt, so kommt § 737 unbe- 3
schränkt zur Anwendung. Es bedarf also eines Titels, der den Besteller zur Leistung, den
Nießbraucher auf Grund des § 1086 BGB zur Duldung der Zwangsvollstreckung verurteilt.
→ Rdnr. 7 ff. vor § 735.

2. War dagegen der Anspruch bei der Bestellung *schon rechtshängig*, so gilt § 737 nur 4
insoweit, als nicht § 265 mit §§ 325, 727 dem Gläubiger das weitergehende Recht gewährt,
die vollstreckbare Ausfertigung nach § 727 zu verlangen. Denn da die Bestellung des Nießbrauchs an der im Streit befangenen Sache[17] eine Veräußerung i. S. des § 265 ist[18], macht sie
den Nießbraucher zum Rechtsnachfolger des beklagten Bestellers[19], und die Übergabe macht
ihn zum unmittelbaren Besitzer der beweglichen Sache nach § 868 BGB. Nur soweit bei
persönlichen Herausgabeansprüchen[20] und Geldforderungen der § 265 nicht Platz greift, ist
auch hier die Verurteilung des Nießbrauchers zur Duldung zulässig[21] und notwendig; denn
insoweit ist er trotz der Haftung für die Schuld nicht Rechtsnachfolger[22].

III. Die Duldung der Zwangsvollstreckung bedeutet nur deren Zulässigkeit in **die dem** 5
Nießbrauch unterliegenden Gegenstände, d.h. diejenigen, an denen der Nießbrauch bestellt
ist oder die ihm kraft Surrogation unterworfen sind. → dazu § 808 Rdnr. 5. Die vom
Nießbraucher gezogenen und in sein Eigentum gefallenen *Früchte* gehören *nicht* dazu,
ebensowenig die allein zum Vermögen des Nießbrauchers gehörenden *fälligen* Mietzinsfor-
derungen (§ 99 Abs. 3 BGB)[23]. Hat dagegen der Nießbraucher an verbrauchbaren Sachen
das *Eigentum* nach § 1067 BGB erlangt, so tritt an die Stelle der Sachen der Anspruch des
Bestellers auf den Ersatz des Wertes, § 1086 S. 2 BGB, für dessen Pfändung der Gläubiger
lediglich einen Titel gegen den Besteller braucht[24]; denn dieser ist hier Drittschuldner des
Bestellers.

---

[12] Es genügt nach ü. M., wenn die Forderung noch während der erst teilweise durchgeführten, aber insgesamt
geplanten Bestellung entstanden ist, *Förster/Kann* ZPO³
Anm. 2 a bb, also nach dem ersten Bestellungsakt;
andernfalls ist der Zeitpunkt maßgeblich, in dem die Ausdehnung auf das ganze Vermögen vereinbart wird
MünchKommZPO-Arnold Rdnr. 8 mwN; a. M. *Hein* Duldung (1911) 201.
[13] Allg. M. *Arnold* (Fn. 12) Rdnr. 9.
[14] Wegen der Ansprüche auf Herausgabe s. jedoch
Henckel Parteilehre (1961) 72 f.
[15] Die Zwangs*verwaltung* ist bis zur Vorlage des Duldungstitels nur mit der Einschränkung zulässig, daß die
Rechte des Nießbrauchers nicht beeinträchtigt werden
OLG Köln NJW 1957, 1769 *(Dempewolf)*; *Arnold*
(Fn. 12) Rdnr. 15; anders *KG* JW 1933, 2348; *Münch-
KommBGB-Petzoldt*² § 1030 Rdnr. 33.
[16] Näheres *Zöller/Stöber*[18] Rdnr. 1 a. E. mwN (bei Vorrang §§ 44, 52 ZVG, andernfalls nach Vorlage der Titel
§ 91 f., 121 ZVG).

[17] → § 265 Rdnr. 11 f. (20. Aufl.).
[18] → dort Rdnr. 19 ff.
[19] S. auch *Jacusiel* LeipZ 10, 760.
[20] → § 265 Rdnr. 12.
[21] A. M. *Hein* (Fn. 12) 119.
[22] Ähnlich wie → § 729 Rdnr. 1.
[23] → dazu § 771 Rdnr. 46; zust. *Arnold* (Fn. 12)
Rdnr. 21; *Gaul* (Fn. 8); *MünchKomm BGB-Holch*³ § 99
Rdnr. 5. Vgl. *RGZ* 138, 71 f., *Palandt/Heinrichs* BGB⁵³
§ 99 Rdnr. 4. Unklar *RGZ* 93, 123 f., das einen Duldungstitel »nach §§ 750, 737 f.« fordert, obwohl der Nießbrauch nicht an der gepfändeten Mietforderung als solcher bestand und nicht an einem »Vermögen« bestellt
war.
[24] *Gaul* (Fn. 8); *Stöber* (Fn. 16) Rdnr. 6, heute ganz
h. M.; a. M. *Langheineken* Anspruch u. Einrede (1903)
268 im Anschluß an Prot. zum BGB 3, 432, *Hein* (Fn. 12)
2.

6   Soweit der Nießbraucher nach § 1088 BGB für Zinsen usw. *persönlich* haftet, muß er zur *Leistung* verurteilt sein; die Vollstreckung findet aber dann in sein ganzes Vermögen statt.

7   **IV. Fehlt** der erforderliche **Duldungstitel,** so kann der Nießbraucher[25] die formelle Unzulässigkeit der Vollstreckung nach § 766 geltend machen, falls er sie nicht schon nach § 809 verhindern konnte; das gleiche gilt für den Drittschuldner im Falle einer Rechtspfändung[26]. → aber § 766 Rdnr. 42 zu rechtzeitiger Vorlage des Duldungstitels vor Entstrickung[27]. Der Gläubiger wird in *diesem* Verfahren nicht mit der materiellen Haftung des Nießbrauchers gehört. – Sein materielles Recht kann der Nießbraucher nach § 771 geltend machen; jedoch hat die Klage dann keinen Erfolg, wenn der Gläubiger ihm die Haftung nach § 1086 BGB als Einrede entgegenhalten kann[28].

§ 738 [Vollstreckbare Ausfertigung gegen Nießbraucher]

(1) Ist die Bestellung des Nießbrauchs an einem Vermögen nach der rechtskräftigen Feststellung einer Schuld des Bestellers erfolgt, so sind auf die Erteilung einer in Ansehung der dem Nießbrauch unterliegenden Gegenstände vollstreckbaren Ausfertigung des Urteils gegen den Nießbraucher die Vorschriften der §§ 727, 730–732 entsprechend anzuwenden.

(2) Das gleiche gilt bei dem Nießbrauch an einer Erbschaft für die Erteilung einer vollstreckbaren Ausfertigung des gegen den Erblasser ergangenen Urteils.

Gesetzesgeschichte: Seit 1900 RGBl. 1898 I 256.

1   **I.** Soweit der Nießbrauch an einem Vermögen oder einer Erbschaft[1] an einer *im Streit befangenen Sache* i. S. d. § 265 bestellt wird, ist gegen den Nießbraucher § 727 unmittelbar anzuwenden, sofern die Bestellung nach Rechtshängigkeit *oder* Rechtskraft erfolgte, → § 737 Rdnr. 4. Die **praktische Bedeutung des § 738** besteht also darin, daß auch bei *persönlichen Sach- und bei Geldforderungen* die Klausel gegen den Nießbraucher erteilt werden kann, was nach § 727 nicht möglich wäre, allerdings mit der Beschränkung auf die dem Nießbrauch unterliegenden Gegenstände[2] und auf den Fall, daß die **Bestellung des Nießbrauchs nach dem Eintritt der Rechtskraft (§ 705)** bzw. nach Entstehung des sonstigen Titels (§ 794) liegt. Die Rechtskraft selbst ist nicht erstreckt, → dazu § 729 Rdnr. 1f.

2   **II.** Der nach § 727 zu führende **Nachweis** beschränkt sich auf die *Bestellung* des Nießbrauchs und ihren Zeitpunkt, auf die Einhaltung der vom Gesetz dafür vorgeschriebenen Formen (§§ 1085, 1089 BGB nebst formgültiger Verpflichtung zur Bestellung, da § 311 BGB keine Heilung vorsieht) und auf den Zeitpunkt der *Rechtskraft*. Über die Zugehörigkeit einzelner Sachen zu dem Vermögen hat die Klausel sich nicht zu äußern. Die Vorschrift des

---

[25] Nicht der Besteller (str. → Rdnr. 12 vor § 735); zust. *Stöber* (Fn. 16) Rdnr. 9; *Arnold* (Fn. 12) Rdnr. 16.

[26] Handelt es sich um Miet- oder Pachtzinsforderungen, die dem Nießbraucher selbst zustehen (vgl. RGZ 68, 13; 149), so ist die gegen den Sacheigentümer gerichtete Vollstreckung mangels einer *ihm* zustehenden Forderung überhaupt kein Gegenstand der Vollstreckung vorhanden, und die zweifelsfreie Identität der Forderung reicht allein nicht aus, so daß die Pfändung ungültig ist, → § 829 I 1 c, IV 1. In RGZ 81, 150 wurde der dahingehende Einwand der Revision einfach beiseitegeschoben und nur auf das bessere Recht des beklagten Gläubigers i. S. d. § 771 abgestellt; s. dagegen 19. Aufl. Fn. 13. Erst RGZ 93, 124 lieferte die nötige Begründung nach, die Aufführung des Eigentümers statt des Nießbrauchers im Pfändungsbeschluß sei ein unwesentliches Versehen; aber dies war nur im dortigen Falle vertretbar, weil sowohl ein Titel gegen den *Nießbraucher* vorlag als auch der Pfändungsbeschluß ihm selbst *zugestellt* war.

[27] Ebenso *Arnold* (Fn. 12) Rdnr. 16.

[28] → § 771 Rdnr. 48; zust. *Gaul* (Fn. 8) § 19 V 3, ganz h.M. Vgl. auch RGZ 81, 150 für die ZV durch vorrangige dingliche Gläubiger. Für die Rechtspfändung → aber Fn. 26.

[1] → § 737 Rdnr. 1.

[2] → § 737 Rdnr. 5.

§ 325 Abs. 2 (Herleitung des Rechts von einem Nichtberechtigten) findet keine Anwendung; die Haftung des Nießbrauchers nach § 1086 BGB ist von seiner Kenntnis unabhängig. Im übrigen → die Bem. zu §§ 727, 730–732. Zuständig ist der *Rechtspfleger*, § 20 Nr. 12 RpflG. Wegen der *Kosten* → § 724 Rdnr. 17.

§ 739 [Zwangsvollstreckung gegen Ehegatten; Gewahrsamsvermutung]

Wird zugunsten der Gläubiger eines Ehemannes oder der Gläubiger einer Ehefrau gemäß § 1362 des Bürgerlichen Gesetzbuchs vermutet, daß der Schuldner Eigentümer beweglicher Sachen ist, so gilt, unbeschadet der Rechte Dritter, für die Durchführung der Zwangsvollstreckung nur der Schuldner als Gewahrsamsinhaber und Besitzer.

Gesetzesgeschichte: Seit 1900 RGBl. 1898 I 256. Änderung BGBl. 1957 I 609.

I. Allgemeines zum früheren und heutigen Recht			III. Wirkungen	
1. §§ 739 ff. alter Fassung	1		1. Regel und Ausnahmen	20
2. § 739 neuer Fassung	9		2. Bedeutung der Unwiderlegbarkeit	22
II. Voraussetzungen der unwiderlegbaren Vermutung	10		3. Mehrere Gläubiger desselben Ehegatten	23
1. Wirksame Ehe	11		4. Wirksamkeit trotz Verstoßes	24
2. Bedeutung des Güterstands	12		IV. Rechtsbehelfe	
3. Gegenstand der Vermutung	13		1. Erinnerung nach § 766	25
4. Gewahrsamsverhältnisse	15		2. Widerspruchsklage nach § 771	27
5. Ausnahme des Getrenntlebens	16		3. Nur ausnahmsweise § 805	30
6. Erwerbsgeschäft	18		4. Verteilungsverfahren, § 878	31
7. Geltungsbereich des § 739	19			

Die angezogene Vorschrift des BGB lautet:

§ 1362 (1) Zugunsten der Gläubiger des Mannes und der Gläubiger der Frau wird vermutet, daß die im Besitz eines Ehegatten oder beider Ehegatten befindlichen beweglichen Sachen dem Schuldner gehören. Diese Vermutung gilt nicht, wenn die Ehegatten getrennt leben und sich die Sachen im Besitz des Ehegatten befinden, der nicht Schuldner ist. Inhaberpapier und Orderpapiere, die mit Blankoindossament versehen sind, stehen den beweglichen Sachen gleich.
(2) Für die ausschließlich zum persönlichen Gebrauch eines Ehegatten bestimmten Sachen wird im Verhältnis der Ehegatten zueinander und zu den Gläubigern vermutet, daß sie dem Ehegatten gehören, für dessen Gebrauch sie bestimmt sind.

I. Allgemeines zum früheren und heutigen Recht

1. Die §§ 739 bis 745 **alter Fassung** regelten aufgrund des alten Güterrechts des BGB[1] die Frage, ob zur Vollstreckung in das einer Ehefrau oder beider Ehegatten gehörende Vermögen ein Vollstreckungstitel gegen beide Ehegatten erforderlich war oder ob ein Titel gegen den Ehemann genügte. Insbesondere war nach **§ 739 aF** eine Vollstreckung in das eingebrachte Gut der Ehefrau nur zulässig, wenn die Ehefrau zur Leistung und der Ehemann zur Duldung der Zwangsvollstreckung in das eingebrachte Gut verurteilt waren. Dazu → 18. Aufl. I 2 a. **1**

a) Das **GleichberechtigungsG** vom 18. VI. 1957[2] hat das eheliche **Güterrecht** wesentlich **umgestaltet 2**

---

[1] Vgl. 18. Aufl. I 1 a.
[2] BGBl. I 609. *Lit.*: zu früheren Komm. u. Lb → 20. Aufl. Fn. 2; *Maßfeller* DB 1957, 1145 f.; *Baur* FamRZ 1958, 252; *Weber* Rpfleger 1959, 179; *Hornung* KKZ 1980, 221; 1981, 1.

und vereinfacht[3]. Zum seitdem geltenden Güterrecht und den Überleitungsvorschriften s. die → Rdnr. 5–8 genannten Vorschriften des BGB jeweils mit Art. 8 Abs. 1 Nr. 3–6 GleichberG[4].

3 b) Zugleich hat das GleichberG die **§§ 739 ff. aF** in seinem Art. 2 Nr. 4 durch die neuen Vorschriften ersetzt und damit an sich **aufgehoben**. Zur Weitergeltung der §§ 739 ff. aF für die bis zum 19. VI. 1957 nach altem Recht begründeten Errungenschafts- und Fahrnisgemeinschaften → 19. Aufl. I 1 b.

4 c) Für güterrechtliche Vereinbarungen der Ehegatten galt und gilt nach §§ 1408 ff. BGB (§§ 1432 ff. aF) in gewissen Grenzen der Grundsatz der Vertragsfreiheit[5]. Wenn danach etwa Gesamtgut oder eingebrachtes Gut, soweit es solches noch gibt, vertraglich vergrößert oder verringert wird, wirkt sich das mittelbar auch auf die vollstreckungsrechtlichen Vorschriften der §§ 739 ff. aus. Dagegen können die Ehegatten nicht nach ihrem Belieben güterrechtliche Vereinbarungen mit der Wirkung treffen, daß etwa die Haftung den Gläubigern gegenüber begrenzt oder – was hier interessiert – besondere Vollstreckungsvoraussetzungen (z. B. ein Duldungstitel gegen den Ehegatten des Schuldners) erforderlich werden. Eine andere, wohl zu bejahende Frage ist es, ob bei materiell-rechtlich wirksamen Vereinbarungen, insbesondere bei einer nach § 1409 Abs. 2 BGB zulässigen Verweisung in einem Ehevertrag auf **ausländisches Güterrecht** (vgl. Art. 15 EGBGB), das zu dem deutschen Recht entsprechenden Gestaltungen führt, die §§ 739 ff. als lex fori sinngemäß zu beachten sind, gegebenenfalls auch in ihrer vor 1958 geltenden Fassung[6].

5 d) Für die **Gütergemeinschaft** und die **fortgesetzte Gütergemeinschaft** nach §§ 1415 ff., 1483 ff. BGB regeln die §§ 740 ff., welche Titel für eine Vollstreckung in das **Gesamtgut** erforderlich sind. Die §§ 740 ff. aF sind insoweit nicht mehr anwendbar.

6 e) In allen **übrigen Fällen** ist weder ein zweiter Titel gegen den nichtschuldenden Ehegatten noch ein Duldungstitel erforderlich; es **genügt** vielmehr regelmäßig ein **Leistungstitel** gegen den schuldenden Ehegatten, in dessen Vermögen vollstreckt werden soll.

aa) Für die ausschließlich in § 1414 BGB geregelte **Gütertrennung**[7] gilt dies auch dann, wenn ein Ehegatte nach § 1413 BGB die Verwaltung seines Vermögens dem anderen überlassen hat. Für eine Duldungsklage gegen den anderen Ehegatten, wie sie früher in sinngemäßer Anwendung des § 739 aF entwickelt worden war, um den (Mit-)Gewahrsam des nichtschuldenden Ehegatten bei der Vollstreckung zu überwinden[8], ist kein Raum mehr; § 739 nF regelt jene Probleme ersichtlich abschließend[9].

7 bb) Gleiches gilt für die als **gesetzlicher** Güterstand vorherrschende **Zugewinngemeinschaft**, §§ 1363 ff. BGB; denn jeder Ehegatte bleibt alleiniger Rechtsträger seines Vermögens und verwaltet auch sein Vermögen im wesentlichen selbständig, s. §§ 1363 Abs. 2, 1364 BGB[10]. Auch der Ausgleichsanspruch nach §§ 1371 ff. BGB steht nur einem Ehegatten gegen den anderen oder einen Dritten zu, läßt also die Frage nach einem Doppeltitel gar nicht entstehen; zu seiner Pfändbarkeit → § 852 Rdnr. 2, 5.

8 cc) Bei der **Gütergemeinschaft**, §§ 1415 ff. BGB, sind wie bei der früheren allgemeinen Gütergemeinschaft **Sondergut und Vorbehaltsgut** alleiniges Vermögen eines der Ehegatten und werden allein von diesem verwaltet, §§ 1417, 1418 BGB, so daß ein Titel gegen den anderen Ehegatten, wie schon früher bei der allgemeinen Gütergemeinschaft, nicht in Betracht kommt. Zur Vollstreckung → § 740 Rdnr. 15 ff. Sondergut ist ohnedies einer Vollstreckung nur begrenzt zugänglich, s. § 1417 Abs. 2 BGB. Bei der **fortgesetzten Gütergemeinschaft** gilt das gleiche für das Vorbehalts- und Sondergut des überlebenden Ehegatten, § 1486 BGB; ebenso bei über den 1. VI. 1953 hinaus aufrechterhaltenen **Errungenschafts- und Fahrnisgemeinschaften des alten Rechts** → 18. Aufl. I 1 a.

9 2. **§ 739 neuer Fassung**[11] regelt eine Frage, die mit den Grundgedanken der §§ 739 ff. aF[12] nichts zu tun hat. Er will nicht einen Ehegatten, sondern die *Gläubiger eines Ehegatten schützen,* und zwar vor den Schwierigkeiten, die bei der Vollstreckung gegen ihre Schuldner

---

[3] Zum Rechtszustand vom 1. IV. 1953 (s. Art. 3 Abs. 2, 117 Abs. 1 GG) bis zum Inkrafttreten des GleichberG s. die 18. Aufl. I 1 b.

[4] → 19. Aufl. I 1 a.

[5] Dazu *Knur* DNotZ 1959, 459 f. mwN.

[6] *Wieczorek*[2] Anm. A; s. auch *BGH* LM § 739 Nr. 3 (zu § 894) = FamRZ 1954, 110; NJW 1954, 837[4] (L).

[7] Wie schon bei Gütertrennung gemäß §§ 1426 ff. BGB aF und der sog. »reinen Gütertrennung«, → 19. Aufl. I 1 a u. die 18. Aufl. I 1 a, b, 2 a, b.

[8] Zu dieser rechtlich bedenklichen Ansicht → 18. Aufl. I 2 a, b mit Fn. 12, 13.

[9] *Maßfeller* DB 1957, 1154; *Beitzke/Lüderitz* FamilienR[26] § 12 VI 1; s. auch schon *BGHZ* 10, 266 = NJW 1953, 1345. – Zur notariellen Unterwerfungsklausel auf Duldung der ZV s. *Weirich* NJW 1959, 1478, 2102 u. *Capeller* 2101. → auch Fn. 94.

[10] A.M. *Noack* DGVZ 1960, 61. – Über Beschränkungen nach §§ 1365 ff. BGB → unten Rdnr. 29, besonders Fn. 94.

[11] *H. Müller* ZV gegen Ehegatten (1970) 18 ff.; *Reinike* DB 1965, 961 u. 1001.

[12] → Rdnr. 1.

aus den unter Ehegatten häufigen Vermengungen und Verschiebungen der Besitz- und Gewahrsamsverhältnisse eintreten können, → dazu § 808 Rdnr. 10. Da der Gesetzgeber auch heute noch davon ausgehen darf, daß diese – auch bei anderen Arten engen Zusammenlebens auftretende – Gefahr bei Ehegatten besonders groß ist, verstößt § 739 weder gegen Art. 3 noch gegen Art. 6 GG[13]. Er stellt im Falle → Rdnr. 20 die Vermutung des Alleingewahrsams des schuldenden Ehegatten auf und erspart dem Gläubiger im Falle die beschwerliche und oft wenig aussichtsreiche[14] Pfändung des angeblichen Herausgabeanspruchs des Schuldners gegen seinen Ehegatten, §§ 846 ff.[15]. Bei Gütergemeinschaft → § 740 Rdnr. 13, 20. **Vollstreckungsschutz** wird durch § 739 nicht beeinträchtigt[16]. Eine *materielle* Haftung des Ehegatten, der nicht Vollstreckungsschuldner ist, begründet § 739 rechtlich *nicht*; praktisch kann sich diese jedoch aus der Beachtung der Gewahrsamsfiktion und bei der Widerspruchsklage aus der Vermutung des § 1362 BGB ergeben, → Rdnr. 27 f.

II. Voraussetzungen der unwiderlegbaren Vermutung

§ 739 verweist hinsichtlich der *Voraussetzungen* der unwiderlegbaren Vermutung (der Vermutungsbasis) zunächst auf die widerlegbaren Eigentumsvermutungen des § 1362 BGB, die der Gerichtsvollzieher zu prüfen hat. Den Anwendungsbereich begrenzt er auf die Durchführung der Zwangsvollstreckung. Daraus ergibt sich folgendes: **10**

1. Da die Vermutung nur für Gläubiger eines Ehemannes oder einer Ehefrau wirkt, muß im Zeitpunkt der Pfändung schon bzw. noch eine **wirksame Ehe** bestehen. Eine nach §§ 16 ff. EheG nichtige Ehe scheidet erst nach Nichtigerklärung aus, § 23 EheG. Eheschließung bzw. -auflösung *nach* der Pfändung hilft bzw. schadet dem Gläubiger nicht. Die entsprechende Anwendung des § 739 auf familiäres oder familienähnliches Zusammenleben von Eltern und erwachsenen Kindern oder sonstigen Verwandten[17], von Partnern einer **nichtehelichen Lebensgemeinschaft**[18], von *Wohngemeinschaften*[19] und auf die Aufnahme von Hausangestellten oder geschäftlichen Hilfskräften in die Familie kommt nicht in Betracht[20]. Ob man Gerichtsvollziehern – trotz der ganz unterschiedlichen tatsächlichen und rechtlichen Bindung solcher Beteiligten untereinander – die Prüfung zumuten kann, ob diese Beziehungen ausreichend eng seien (worauf es nach § 739 gerade nicht ankommt!)[21], ist nicht die entscheidende **11**

---

[13] *MünchKommZPO-Arnold* (1992) Rdnr. 21; *Münzberg* DGVZ 1988, 90 f. sowie in 40 Jahre Bundesrepublik Deutschland usw. (1990) 111 f. – A. M., falls man Analogie auf nichteheliche Lebensgemeinschaft (→ Rdnr. 11) ablehne, *Brox* FamRZ 1981, 1127; *Gerhardt* ZZP 95 (1982), 491; *Jauernig* ZwVR[19] § 17 II a E.; *Rosenberg/Gaul*[10] § 20 II 1 mwN.

[14] Möglicherweise besteht wegen ehelicher Mitgebrauchsrechte gar kein Herausgabeanspruch, *Beitzke/Lüderitz* (Fn. 9); *Pohle* MDR 1955, 1, oder er ist als Teil des Unterhalts unpfändbar.

[15] Schon vor Inkrafttreten des GleichberG hielt die h. M. den **nur** durch eheliches Zusammenleben begründeten Mitbesitz des nichtschuldenden Ehegatten für unbeachtlich, um den insoweit als unzumutbar empfundenen Schranken der §§ 808 f. zu entgehen, *KG* NJW 1957, 1768 = *Rpfleger* 415 (*Meyer*); *OLG Celle* NdsRpfl 1955, 214 = FamRZ 1956, 121; *Beitzke, Pohle* ZZP 68 (1955) 244 f.; 269.

[16] *Pohle* (Fn. 14, 15), heute ganz h. M.; anders noch für PKW, wenn der nichtschuldende Ehegatte beruflich benötig (§ 811 Nr. 5), *OLG Stuttgart* FamRZ 1963, 297, → aber § 811 Rdnr. 14.

[17] Abl. die h. M., z. B. *Thomas/Putzo*[18] Rdnr. 7; → dazu auch § 808 Rdnr. 7, 9, 15a.

[18] **Dafür** *Arnold* (Fn. 13) Rdnr. 19 mwN; *Bruns/Peters*³ § 10 I 3 d mwN; *Diederichsen* NJW 1983, 1019; *Weimar* JR 1982, 323; *MünchKommBGB-Wacke*³ § 1362 Rdnr. 11; *Pawlowski* ZZP 96 (1983) 392; *Thomas/Putzo*[18] Rdnr. 7. Die Gleichstellung für § 569a BGB (*BGH* NJW 1993, 999) u. § 137 Abs. II a AFG (*BVerfG* NJW 1993, 646) beruht auf nicht vergleichbaren Erwägungen. – **Dagegen** *OLG Köln* NJW 1989, 1737; FamRZ 1990, 623 mwN; *LG Frankfurt/M.* DGVZ 1985, 115 f.; *AG Siegen* DGVZ 1993, 61; *E.Schumann* NJW 1981, 1032; *Stöber* (Fn. 54) Rdnr. 13; *Werner* DGVZ 1986, 53 sowie auch die Verfassungswidrigkeit Annehmenden → Fn. 13, z. B. *Brox/Walker*⁴ Rdnr. 241.

[19] A.M. wohl *Pawlowski* (Fn. 18), da er auch für nichteheliche Lebensgemeinschaft nur auf »Wohngemeinschaft« abstellen will.

[20] *AG Tübingen* DGVZ 1973, 141; *AG Berlin-Neukölln* DGVZ 1966,24 (*Kabisch* aaO 25). Überholt ist heute die Annahme eines Alleingewahrsams eines Hauptmieters bzw. Haushaltsvorstands an allen Mobilien in der Wohnung, so noch 20. Aufl. § 808 Rdnr. 9, *AG Berlin-Neukölln, Kabisch* aaO; *H.Müller* (Fn. 11) 15 u. jetzt wieder *Arnold* (Fn. 13) Rdnr. 34 Fn. 34.

[21] So *Arnold* (Fn. 13) Rdnr. 19. Während er aber bei nichtehelichen Lebensgemeinschaften auf »längerfristi-

Frage. Denn das Urteil darüber, ob die auch hier mögliche Verschleierung und Verschiebung des Besitz- und Vermögensstandes genauso intensiv zu befürchten ist wie unter Ehegatten und daher eine Gleichbehandlung erfordert, steht nur dem Gesetzgeber zu[22].

12   2. Ob die Ehegatten im gesetzlichen **Güterstand** oder in Gütertrennung leben, ist für § 739 gleichgültig[23]; dies gilt auch für Güterstände **ausländischen Rechts**, da es für § 739 nur auf die Tatbestandsmerkmale des § 1362 BGB, nicht auf dessen Rechtsfolge ankommt und auch abgesehen davon Art. 16 Abs. 2 EGBGB nur für Rechtsgeschäfte gilt[24]. Auf die (fortgesetzte) *Gütergemeinschaft* ist aber der in Bezug genommene § 1362 BGB nur mit Einschränkungen anwendbar, was im Falle ihres Nachweises zu Abweichungen führen kann[25]. Im übrigen ist vom gesetzlichen Güterstand auszugehen, eine Gütergemeinschaft wäre nachzuweisen[26].

Für Güterstände des **alten Rechts**[27] kann die Vorschrift **neben** den §§ 739 ff. aF angewendet werden, weil § 739 nF statt der Titel- nur die Gewahrsamsfrage regelt. Wo sie sich mit dem Erfordernis eines Doppeltitels nach altem Recht dem Sinne nach in Widerspruch setzen würde, muß sie allerdings außer Betracht bleiben; dagegen gilt § 739 z.B. für die Vollstreckung in eingebrachtes Gut des nicht verwaltungsberechtigten Gatten bei der **Errungenschaftsgemeinschaft**, wenn die Vermutung der Gesamtguteigenschaft widerlegt ist.

3. § 1362 BGB enthält eine doppelte Vermutung für das Eigentum an beweglichen Sachen. Diese Vorschrift und damit auch § 739 erfaßt **gegenständlich**:

13   a) Nach Abs. 2 *ausschließlich zum persönlichen Gebrauch eines Ehegatten bestimmte Sachen*[28], die als ihm gehörig vermutet werden. Das sind insbesondere Kleider, Schmucksachen[29] und Arbeitsgeräte, s. dazu die nicht erschöpfende Legaldefinition im früheren § 1366 BGB. Es können aber auch Sachen anderer Art (Rasierapparat, Föhn, Musikinstrumente, Fahrstuhl des kranken Ehegatten) hierher gehören, nicht dagegen Geld[30]. Haushaltsgegenstände, die dem gemeinsamen Nutzen dienen, wie Staubsauger und Waschmaschinen, scheiden dagegen auch dann aus, wenn nur einer der Ehegatten sie handhabt. Eintragungen im Kraftfahrzeugbrief beweisen allein noch nicht die Voraussetzung des § 1362 Abs. 2 BGB[31]. Zum selbständigen Erwerbsgeschäft → Rdnr. 18.

14   b) Nach Abs. 1 *sonstige bewegliche Sachen* einschließlich der *Inhaber- und Orderpapiere*, die mit Blankoindossament versehen sind. Es sind dies alle nicht unter → Rdnr. 13 fallenden Sachen, insbesondere aller sonstiger Hausrat (Wohnungseinrichtung einschließlich Küche, Musikinstrumente[32], Fernseh-, Rundfunkgeräte), auch Kunstgegenstände, Vorräte an Nah-

---

ges Zusammenleben und gemeinsames Wirtschaften« abstellt, ohne die im Vergleich zu Ehen geringere Stabilität solcher Verhältnisse in Rechnung zu stellen, s. dazu *Münzberg* (Fn. 13), will er dies bei anderen Gemeinschaften gerade nicht genügen lassen, weil es an der erforderlichen Stabilität fehle. Ein speziell auf § 739 abgestimmter, subsumierbarer Begriff »eheähnliche Gemeinschaft« dürfte kaum zu entwickeln sein, vgl. etwa BVerfG 1993, 643 zu § 137 Abs. 2a AFG.

[22] *Münzberg* (Fn. 13); gegen Analogie schon *S.Röhl* Gewahrsam in der ZV (Diss. Kiel 1971) 69 f. – Reformvorschlag s. *Markwardt* DGVZ 1993, 19 Nr. 10.

[23] Ganz h.M. OLGe Bamberg, Düsseldorf DGVZ 1978, 9; 1981, 114 f. = ZIP 538; LGe Limburg, Verden, München II DGVZ 1981, 11 u. 79; Büro 1989, 1311; *Gaul* (Fn. 13) § 20 II 6 Fn. 43 mwN auch zur Gegenansicht, Vorlage des Gütertrennungsvertrags hindere die ZV (was OLG Düsseldorf aaO schon deshalb verneint, weil er wegen Gläubigerbenachteiligung nichtig sein könne); mißverständlich insoweit § 96 Abs. 2 GVGA.

[24] *Arnold* (Fn. 13) Rdnr. 22 f.

[25] → § 740 Rdnr. 13 ff. Entsprechendes dürfte für vergleichbare u. nachgewiesene **ausländische** Güterrechte gelten, was u. U. zu § 766 führen kann; dies aber nicht wegen offensichtlichen Eigentums, so *Arnold* (Fn. 13) Rdnr. 25, sondern nur soweit anzunehmen ist, daß § 1362 Abs. 1 BGB durch Vermutung gemeinschaftlichen Eigentums ausgeschaltet wird ähnlich → § 740 Rdnr. 13.

[26] → § 740 Rdnr. 14. S. auch § 96 Abs. 2 GVGA; Vorlage des Ehevertrages genügt in der Regel *Weber* Rpfleger 1959, 179. Entsprechendes dürfte für Ausländer gelten, die im Inland leben oder ein Erwerbsgeschäft betreiben.

[27] → Rdnr. 3.

[28] dazu Rdnr. 21. Die Beweislast liegt beim Ehegatten, der das Eigentum für sich beansprucht BGH FamRZ 1971, 24 = WM 1970, 1520.

[29] BGHZ 2, 84. Anders für besonders wertvollen Schmuck als Kapitalanlage für die Familie BGH NJW 1959, 142 = MDR 120.

[30] S. die Komm. zu § 1362 BGB, aber auch → § 808 Rdnr. 3 und dazu *Noack* DGVZ 1960, 58 (gerade empfangene Lohntüte).

[31] LG Essen NJW 1962, 2307; *H. Müller* (Fn. 11) 36 f. mwN Fn. 97 auch zur Gegenansicht.

[32] → aber Rdnr. 13.

rungs- und Heizungsmitteln, Wäsche sowie Geld. Sie werden als dem Schuldner gehörig vermutet.

4. Die Sachen müssen sich im unmittelbaren oder mittelbaren[33] **Alleinbesitz eines oder im Mitbesitz beider Ehegatten** befinden (zu unterscheiden von dem für Sachpfändungen erforderlichen Gewahrsam mindestens einer der Ehegatten → Rdnr. 20). Dies genügt auch bei ausschließlich *zum persönlichen Gebrauch des einen Ehegatten bestimmten* Sachen → Rdnr. 13, selbst wenn sie im Alleinbesitz des anderen sind[34]. Bei Mitbesitz Dritter gilt § 809. **15**

5. Eine **Ausnahme** gilt nach § 1362 Abs. 1 S. 2 BGB in den Fällen → Rdnr. 14, wenn die Ehegatten **getrennt leben**. Ein Recht zum Getrenntleben, vgl. § 1353 Abs. 2 BGB, oder die Gestattung durch das Gericht nach § 620 ist nicht vorausgesetzt. Die *tatsächliche* Trennung genügt, selbst wenn sie nicht auf Feindschaft, Abneigung oder dgl. beruht[35]. Es muß sich um eine auf Dauer angelegte Trennung handeln[36]. Immer aber muß die räumliche Trennung erkennbar sein[37], ganz gleich, ob man dies auch für §§ 1566 f. BGB fordert; dies ist nicht der Fall, wenn in Scheidung lebende Ehegatten nicht nur die Wohnung noch teilen[38], sondern auch den einzigen oder die mehreren Räume, Hausrat usw. noch gleichzeitig benutzen[39]. Bei einer freundschaftlichen räumlichen Sonderung (eheliche Wohnung in der Kleinstadt, kleine Wohnung des Mannes für häufige berufliche Tätigkeit in der Großstadt) ist es eine Frage des Einzelfalles, ob der Mann in der Großstadt wirklich getrennt lebt, wenn die Frau die dortige Wohnung z.B. öfters betreut und gelegentlich mit ihrem Mann benützt. Maßgebend ist das Getrenntleben im Zeitpunkt der Pfändung[40]. **16**

Hinzukommen muß Besitz oder **Gewahrsam des Ehegatten, der nicht Schuldner ist**; es handelt sich hier insbesondere um die dem getrenntlebenden Gatten nach § 1361a BGB überlassenen Sachen. In diesen Fällen besteht auch kein Herausgabeanspruch, den der Gläubiger pfänden könnte. Bleibt *trotz* Trennung Mitbesitz der Ehegatten oder Alleinbesitz des schuldenden Ehegatten bestehen, so bleibt es auch bei der Anwendung des § 739. **17**

Für die ausschließlich *zum persönlichen Gebrauch* eines Ehegatten bestimmten Sachen (→ Rdnr. 13) gilt § 739 auch bei Getrenntleben. Wenn derartige Sachen im Alleinbesitz des *anderen* Ehegatten sind, können *dessen* Gläubiger sie aber nach § 808 pfänden lassen, → Rdnr. 21a.

6. Die Vermutung des § 1362 Abs. 1 BGB und damit auch § 739 ist **nicht** anzuwenden bei Sachen, die zu einem von dem *nicht schuldenden Ehegatten selbständig und erkennbar allein* betriebenen **Erwerbsgeschäft** gehören *und* sich im *alleinigen Gewahrsam dieses Ehegatten deutlich getrennt* von der ehelichen und der Gewahrsamssphäre des Schuldners, befinden[41], **18**

---

[33] *BGH* NJW 1993, 936.
[34] → aber auch unten Rdnr. 20 f.
[35] *OLG Köln* FamRZ 1965, 510 u. alle Komm. zur ZPO; *MünchKomm BGB-Wolf*³ § 1567 Rdnr. 35; *Palandt/Diederichsen* BGB⁵³ § 1567 Rdnr. 1. – A.M. *AG Bonn* MDR 1963, 690 = DGVZ 1964, 12; *Sommermeyer* SchlHA 1967, 95.
[36] Nicht längere Strafhaft, solange nicht nach außen zum Ausdruck gebracht wird, daß man getrennt leben will *LG Berlin* DGVZ 1991, 57; *AG Warendorf/LG Münster* DGVZ 1978, 12 ff. (Flucht wegen Strafverfolgung reiche nicht). – Eine Trennung zwecks Erschwerung der ZV bleibt daher nach h. M. unberücksichtigt *Staudinger/Hübner* BGB¹² § 1362 Rdnr. 21; *Arnold* (Fn. 13) Rdnr. 5 Fn. 10; krit. *Wacke* (Fn. 18) Rdnr. 14, der zutreffend darauf hinweist, daß dies selten evident sein wird.
[37] Beweislast (§ 766) trifft Ehegatten *AG Gießen* DGVZ 1986, 140 f. mwN. Polizeiliche Abmeldung ist weder erforderlich (*LG Essen, AG Berlin-Wedding* DGVZ 1972, 185; 1979, 190) noch ausreichend *AG Gießen* aaO. – Unrichtig *AG Oplanden* DGVZ 1975, 31 (abl. Schriftl.), zumal Ehe geschieden war, → Rdnr. 11.
[38] Das allein spricht bei getrennter Haushaltsführung noch nicht gegen Trennung *BGH* NJW 1979, 1360.
[39] *OLG Celle* NdsRpfl. 1977, 247; *OLG Frankfurt* FamRZ 1978, 595. Soweit hingegen *OLG Köln* aaO 596 Trennung trotz gemeinsamer Haushaltsführung aus wirtschaftlichen Gründen annimmt, mag das für § 1566 BGB ausreichen (Prüfung im Erkenntnisverfahren!), aber nicht für die ZV, wo der GV die Prüfung ohne Möglichkeit einer Beweisaufnahme vorzunehmen hat. – Anders bei Aufteilung der Wohnung zur jeweils alleinigen Nutzung, vgl. § 1361b BGB.
[40] *LGe Berlin, Münster* DGVZ 1973, 89; 1978, 13.
[41] Ganz h.M. *OLG Stuttgart* DGVZ 1963, 153; *LGe Berlin, Essen, Aurich, Itzehoe* DGVZ 1961, 139; 1963,

ganz gleich ob man diesen »eigen-geschäftlichen« Gebrauch noch »persönlich« nennen kann (→ Rdnr. 13) und damit zur unmittelbaren Anwendung des § 1362 Abs. 2 BGB gelangt[42], ob man nur dessen Rechtsgedanken folgt, oder ob man § 1362 Abs. 1 S. 2 analog anwendet. Frauengläubiger können danach zwar alle Sachen in der ehelichen Wohnung, nicht aber in der Fabrik des Mannes im Vorort pfänden lassen. Ähnliche Auffassungen sind schon früher vertreten worden[43]; was für persönliches Getrenntleben vorgeschrieben ist → Rdnr. 16f., muß insoweit entsprechend bei klar erkennbarer Abtrennung eines geschäftlichen Bereichs gelten. Dagegen bewendet es bei § 739 im Falle mangelnder Ersichtlichkeit[44].

19 7. Die Vermutung gilt – als eine der allgemeinen Vorschriften – **für alle Arten der Zwangsvollstreckung**, soweit sich nicht aus ihrem Inhalt ein anderes ergibt[45], also für die Vollstreckung wegen Geldforderungen *durch Pfändung beweglicher Sachen*[46], sei es nach §§ 808ff. oder über §§ 846f.[47], aber auch für die Vollstreckung von Ansprüchen auf *Herausgabe oder Leistung beweglicher Sachen*, §§ 883, 884, es sei denn der Gläubiger verfolgte damit sein Eigentum[48]. Bei der Vollstreckung wegen Geldforderungen *in Forderungen und andere Vermögensrechte* kommt sie nach ihrem Inhalt nur in Betracht, soweit diese *als Sachpfändung vollzogen* wird, §§ 821, 831, *oder* wenn im Wege der *Hilfsvollstreckung* bewegliche Sachen zu erfassen sind[49]. Bei der Vollstreckung von Ansprüchen auf Übereignung beweglicher Sachen gilt sie nur für die Wegnahme. Für die Herausgabe unbeweglicher Sachen ist sie *nicht* anzuwenden[50], doch kommt die bisher h.M. praktisch zu ähnlichen Ergebnissen[51]. Zum Offenbarungsverfahren → § 807 Rdnr. 8.

Zur Anwendung im Erinnerungsverfahren → Rdnr. 22, 25f., über die Klagen nach §§ 771, 805, 878 → Rdnr. 27–31.

III. Wirkungen

20 1. Liegen die zu II dargelegten Voraussetzungen vor, ist – vorbehaltlich weniger Ausnahmen für nachgewiesene Gütergemeinschaften → § 740 Rdnr. 13ff. – bei der Sachpfändung vom *alleinigen Besitz oder Gewahrsam eines Ehegatten* auszugehen, falls einer der Ehegatten Gewahrsam hat oder beide Mitgewahrsam haben und nicht nach § 809 der Mitgewahrsam eines Dritten entgegensteht. Bei welchem Ehegatten dann vom Alleingewahrsam auszugehen ist, richtet sich nach der Art der Sache.

Im *Regelfalle* ist Alleingewahrsam desjenigen Ehegatten zu unterstellen, gegen den als *Vollstreckungsschuldner* der Titel gerichtet ist[52]. Ein tatsächlich vielleicht bestehender Allein- oder Mitbesitz oder -gewahrsam des anderen Ehegatten darf also nicht berücksichtigt werden; auf dessen Herausgabebereitschaft (§ 809) kommt es nicht an.

103; 1966, 171; *LG Mosbach* MDR 1972, 518; *Arnold* (Fn. 13) Rdnr. 7; *Gaul* (Fn. 13) § 20 II 2 mwN; a.M. *Hornung* KKZ 1981, 4.

[42] So *OLG Bamberg* u. *LG Coburg* FamRZ 1962, 391 u. 387; *Bruns/Peters*³ § 10 I 3c Fn. 12 mwN.

[43] S. *Pohle* MDR 1954, 706; ZZP 68 (1955) 246; → auch Fn. 88.

[44] *LG Essen* (Fn. 41); *LG Kiel* DGVZ 1960, 107. Z.B. Schreibmaschine in Räumen, in denen zugleich der Mann als selbständiger Versicherungsvertreter, die Frau als selbständige Schreibhilfe tätig ist; Zweifel über die Inhaberschaft bei einem Betrieb, von dem einen auf den anderen Ehegatten übergegangen ist, wenn der angebliche Nichtinhaber als Angestellter tätig ist usw.

[45] Nicht für ZV in Zubehör nach §§ 20 Abs. 2, 55 ZVG *OLG Bamberg* FamRZ 1962, 391; *Hornung* KKZ 1981, 4.

[46] Nicht von Zubehör i.S.d. § 865 Abs. 2 S. 1 ZPO, § 55 Abs. 2 ZVG, *OLG Bamberg* u. *LG Coburg* (Fn. 42). → § 810 Rdnr. 1.

[47] *BGH* (Fn. 33).

[48] *Baur* (Fn. 2) 254 (5a); *Hübner* (Fn. 36) Rdnr. 27; *Gernhuber/Coester-Waltjen* FamilienR⁴ § 22 II 3; *Soergel/Lange*¹² § 1362 Rdnr. 2. Bis dies geklärt ist, wird der GV von § 739 ausgehen müssen, *Baur* aaO; a.M. (uneingeschränkte analoge Anwendung) *Arnold* (Fn. 13) Fn. 8. – → auch Fn. 83.

[49] *Arnold* (Fn. 13) Fn. 9. → §§ 830 Rdnr. 13, 836 Rdnr. 15, 857 Rdnr. 103.

[50] *Arnold* (Fn. 13) Fn. 9 mwN auch zur Gegenansicht.

[51] → § 885 Rdnr. 9ff. S. dagegen *Münzberg* FSf. J.Gernhuber (1993), 781.

[52] → Rdnr. 35 vor § 704, 750 Rdnr. 18ff.

Bei den *ausschließlich zum persönlichen Gebrauch* eines Ehegatten *bestimmten* Sachen 21
wird nach § 739 Alleingewahrsam des Vollstreckungsschuldners aber *nur dann* vermutet,
wenn wie → Rdnr. 13 von *seinem* Eigentum auszugehen ist. Danach kann ein Gläubiger der
Frau deren Schmuck (weil zu ihrem persönlichen Gebrauch bestimmt[53]) auch dann pfänden
lassen, wenn er sich tatsächlich im *Allein*gewahrsam des Mannes befindet.

Dagegen greift § 739 **nicht** ein, wenn nach § 1362 Abs. 2 BGB Eigentum des *nicht schul-* 21a
denden Ehegatten zu vermuten ist, wenn also im Beispielsfalle ein als Eigentum der Frau zu
vermutender Schmuck auf Grund eines Titels gegen den Mann aus dessen *Allein*gewahrsam
gepfändet werden soll[54]. Diese Pfändung ist aber schon nach § 808 zulässig, denn § 739 wirkt
nur *für*, nicht gegen Gläubiger, weil er § 1362 BGB nur zu dessen Gunsten heranzieht[55]. Ob
der Gerichtsvollzieher wegen des Kostenrisikos abrät, weil § 1362 Abs. 2 BGB eindeutig für
das Eigentum der Frau spreche, ist eine andere Frage[56]. Nach der Gegenmeinung könnte ein
Gläubiger des Mannes, obwohl er dessen Eigentum beweisen kann, erst nach Widerlegung der
Vermutung durch Feststellungsurteil pfänden. Wegen konkurrierender Pfändungen durch
Gläubger des Mannes *und* der Frau → Rdnr. 23.

Zur Ausnahme bei *Getrenntleben* → Rdnr. 16f., bei selbständigem *Erwerbsgeschäft* →
Rdnr. 18, und über Besonderheiten bei der *Gütergemeinschaft* → § 740 Rdnr. 13 ff.

2. Wenn ein Ehegatte nach § 739 als alleiniger Besitzer usw. »gilt«, so ist damit der 22
Nachweis, daß die tatsächlichen Besitz- und Gewahrsamsverhältnisse anders liegen, schlechthin ausgeschlossen: § 739 stellt eine **unwiderlegbare Vermutung** (meist unscharf Fiktion
genannt) auf[57]. Hierfür spricht schon der Wortlaut »gilt«. Als Basis dienen zwar die Voraussetzungen des § 1362 Abs. 1 S. 1 BGB, aber diese müssen nur im Augenblick der Vollstrekkung bestehen; ob die einfache Vermutung des § 1362 Abs. 1 S. 1 BGB später widerlegt wird,
berührt nicht mehr die Vermutung des § 739 und damit die Zulässigkeit des Vollstreckungsakts[58]. Er kann nur nach § 771 rechtsgestaltend für unzulässig *erklärt* werden. § 739 ist in
erster Linie für *Vollstreckungsorgane* wichtig, die im Interesse einer zügigen Vollstreckung
die tatsächliche Besitz- und Gewahrsamslage im Verhältnis der Ehegatten untereinander
nicht zu prüfen haben. Es genügt zur Pfändung a) ein Titel gegen einen Ehegatten, einerlei ob
ein Gläubiger des Mannes oder der Frau pfändet, b) die Prüfung der Voraussetzungen des
§ 739. Die Vorschrift schließt eine Berufung des anderen Ehegatten auf seinen alleinigen oder
Mitbesitz usw. im Wege der *Erinnerung* nach § 766 und eines anschließenden Beschwerdeverfahrens aus[59]. Denn dort wird nur geprüft, ob die Vollstreckung prozessual – insbesondere
auch unter Beachtung des § 739 – ordnungsgemäß vollzogen ist. Erlaubte man einen Beweis
des Eigentums oder Mitgewahrsams im Verfahren nach §§ 766, 793[60] oder sogar schon
gegenüber dem Gerichtsvollzieher, um damit der unwiderlegbaren Vermutung des § 739 die
Grundlage zu entziehen, so verwandelte man diese in eine einfache Vermutung. Auch wenn

---

[53] → aber Fn. 29.
[54] Zust. i.E. *Wacke* (Fn. 18) Rdnr. 35. A.M. (§ 739 wirke **gegen** Gläubiger) *Baur* (Fn. 2) 254; *Baumbach/Hartmann*[52] Rdnr. 10; *Erman/Heckelmann* BGB[9] § 1362 Rdnr. 15; *Gaul* (Fn. 13) § 20 II 3; *Diederichsen* (Fn. 35) § 1362 Rdnr. 10 wohl auch *Zöller/Stöber*[18] Rdnr. 5.
[55] → § 808 Rdnr. 2; zust. *Arnold* (Fn. 13) Rdnr. 6; *Wacke* (Fn. 18) Rdnr. 35; *Lange* (Fn. 48) Rdnr. 15.
[56] → § 808 Rdnr. 3. – A.M. *H. Müller* (Fn. 11) 35, weil die Vermutung des § 1362 Abs. 2 BGB ein »eindeutiges Indiz« sei. – Aber *diese* Vermutung ist doch widerlegbar, anders als § 739 → Rdnr. 22).
[57] OLG Bamberg, LG München II (Fn. 23); *H.Müller* (Fn. 11) 25 ff., ganz h.M.
[58] Zust. *Wacke* (Fn. 18) Rdnr. 33.

[59] OLGe Bamberg (Fn. 46) u. DGVZ 1978, 9; *Düsseldorf* ZIP 1981, 538 = DGVZ 114 f. LGe Essen (Fn. 31); Limburg, Verden, Kaiserslautern DGVZ 1973, 31; 1981, 79; 1986, 63; *Gaul* (Fn. 13); *Hoffmann* Aufgabenverteilung usw. (Diss. Saarbrücken 1972), 65 f.; *H.Müller* (Fn. 11) 29 bei Fn. 80; *Thomas/Putzo*[18] Rdnr. 7; grundsätzlich auch *Wacke* (Fn. 18) Rdnr. 33, der dies richtig als Zuständigkeitsproblem ansieht, u. *Arnold* (Fn. 13) Rdnr. 10 mwN; wegen älterer Nachweise → 20. Aufl. Fn. 42.
[60] So *OLG Stuttgart* FamRZ 1963, 279 (L) = Justiz 143; *Baur* (Fn. 2) 253; *Baur/Stürner*[11] Rdnr. 284 mwN; *MünchKommBGB-Gernhuber*[2] § 1363 Rdnr. 19; *Boennecke* NJW 1959, 1260; *Noack* DGVZ 1960, 57 f.; *Erman/Heckelmann* (Fn. 54) Rdnr. 13; *Hübner* (Fn. 36) Rdnr. 17.

die Sache *offensichtlich im Eigentum des nichtschuldenden Ehegatten* steht, hat zwar der Gerichtsvollzieher wie → § 808 Rdnr. 3 zu verfahren, jedoch unterläßt er die Pfändung (wenn überhaupt) nur *zugunsten* des Gläubigers und nie gegen dessen Willen[61]. Wer hingegen hierfür andere Kriterien ins Feld führt, etwa »Sinnlosigkeit« oder »Mißbräuchlichkeit« der Pfändung[62], müßte folgerichtig dem nichtschuldenden Ehegatten doch die Erinnerung gewähren[63]. Die für den Eigentumsstreit durch § 739 auf das Gericht des § 771 verlagerte Zuständigkeit darf aber (schon wegen Art. 101 Abs. 1 S. 2 GG) nicht nur deshalb beiseitegeschoben werden, weil besonders überzeugende Beweise vorhanden sind.

22a *Materiellrechtliche* Bedeutung hat § 739 *nicht*; der nicht schuldende Ehegatte wird dadurch weder materiell zum Schuldner[64] noch zum Vollstreckungsschuldner; er muß nicht nach § 807 offenbaren, prozessuale Kostenpflichten treffen ihn nicht[65]. Er steht daher im Hinblick auf §§ 771 oder 805 wie andere Dritte → Rdnr. 27 f.

23 3. Wenn *mehrere* Gläubiger *desselben* Ehegatten dieselbe Sache pfänden, steht die eine Pfändung der anderen nicht entgegen, und der Rang der Pfandrechte bestimmt sich nach § 804 Abs. 3[66], für gleichzeitige Pfändung → § 827 Rdnr. 7. Nichts anderes gilt, wenn dieselbe Sache kraft der doppelseitigen Vermutung des § 739 von *Gläubigern des Mannes und der Frau* gepfändet wird oder wenn ein Gläubiger der Frau Sachen pfändet, die der Konkurs/Insolvenzverwalter des Mannes trotz Massezugehörigkeit noch nicht aus der Ehewohnung verbracht hatte[67]. Der Gläubiger des einen Ehegatten (oder dessen Konkurs/Insolvenzverwalter im Falle → Fn. 67) kann sich nicht gegen die Pfändung für einen Gläubiger des anderen Ehegatten wenden mit der Begründung, sein Schuldner sei tatsächlich alleiniger Gewahrsamsinhaber, denn § 739 schützt beide Gläubigergruppen in gleicher Weise. Es gilt daher auch hier der **Prioritätsgrundsatz**[68]. – Wegen der Rechtsbehelfe → Rdnr. 31.

24 4. Bei **Verstößen** gegen § 739 ist die Pfändung *nicht nichtig*[69], aber anfechtbar. Zur Rangfrage → Rdnr. 31.

IV. Rechtsbehelfe

25 1. Sind die **Voraussetzungen des § 739 gegeben,** so steht dem *Gläubiger* die **Erinnerung** nach § 766 offen, wenn der Gerichtsvollzieher eine Vollstreckung *ablehnt*. Dagegen wäre die Erinnerung eines *Ehegatten* unbegründet, weil das Vollstreckungsgericht ebenso an § 739 gebunden ist wie der Gerichtsvollzieher[70]. Das gleiche gilt für die Erinnerung eines *Dritten*, insbesondere auch eines Gläubigers[71] des anderen Ehegatten, für den dieselbe Sache nach § 808 oder § 739 gepfändet ist (→ aber Rdnr. 26).

26 Sind die Voraussetzungen des § 739 **nicht gegeben**[72], so gilt § 809; also steht dem *Ehegatten,* in dessen Gewahrsam eingegriffen wurde, obwohl er nicht Schuldner ist, die Erinnerung

---

[61] *Christmann* DGVZ 1986, 109. Doppelt unrichtig daher *AG Mönchengladbach* DGVZ 1981, 27 (in Gütertrennung lebender Schuldner hatte eidesstattlich versichert, daß Wohnungseinrichtung seiner Frau gehöre, was ohnehin schon nicht »offensichtlich« ist).
[62] So *Arnold* (Fn. 13) Rdnr. 11.
[63] So *H.Müller* (Fn. 11) 33 ff.; ihm folgend *Wacke* (Fn. 18) Rdnr. 33; *Soergel/Lange*[12] § 1362 BGB Rdnr. 15; zweifelnd (kaum folgerichtig) *Arnold* (Fn. 36) Fn. 20 a. E.
[64] Wegen der Folgen einer Nichtbeweisbarkeit → jedoch Rdnr. 9 nach Fn. 16.
[65] → Rdnr. 2 f. vor § 735.
[66] → dort Rdnr. 10 f., 16 ff.
[67] Denn dieser Gläubiger ist nicht »Konkurs/Insol-

venzgläubiger« i. S. d. § 14 KO (§ 89 InsO), *LG Frankenthal* MDR 1985, 64.
[68] *Brox* FamRZ 1968, 408; *Gaul* (Fn. 13) § 20 II 4 mwN; *Gernhuber* (Fn. 48) § 22 II 7; im Ergebnis auch *Baur* (Fn. 2) 254; *H.Müller* (Fn. 11) 39. – Im Konkurs/Insolvenzverfahren kann dies nicht gelten (vgl. § 2 KO/§ 37 InsO), weshalb dort auf § 1006 BGB zurückzugreifen ist *Brox; Gernhuber* aaO; *Jaeger/Henckel* KO[9] § 2 Rdnr. 4 a. E.; a. M. *H.Müller* aaO 66 ff.
[69] → § 808 Rdnr. 38.
[70] → Rdnr. 22; *H. Müller* (Fn. 11) 29 ff. (mwN 32 Fn. 86).
[71] A.M. *Boennecke* (Fn. 60); *Heckelmann* (Fn. 54). – Wie hier *H.Müller* (Fn. 11) 38 f.
[72] → z. B. Rdnr. 11, 13, 15–18 (besonders Fn. 48).

zu[73], nicht aber dem Ehegatten, gegen den sich die Vollstreckung nach dem Titel richtet[74]. *Dritte* können den Verstoß gegen § 809 nach § 766 rügen, wenn in ihren Besitz oder Gewahrsam eingegriffen wird oder wenn sie dieselbe Sache später gepfändet haben[75]. – Wegen § 811 → dort Rdnr. 14, 23, 55.

2. Gegen eine Vollstreckung steht dem **nichtschuldenden Ehegatten** als Drittem die **Widerspruchsklage** zu, wenn und solange[76] die Voraussetzungen des § 771 gegeben sind und der Kläger nicht mithaftet[77]: 27

a) Das ist vor allem der Fall, wenn die gepfändeten oder wegzunehmenden Sachen (allein oder auch) *ihm gehören*. Er muß jedoch sein **Eigentum** oder Miteigentum[78] beweisen und dabei die Vermutung des § 1362 BGB widerlegen[79], wobei er seinen Eigentumserwerb, nicht auch den -fortbestand beweisen muß[80]. Dabei hilft § 1006 Abs. 2 BGB, falls der Kläger die Sache bis zur Eheschließung besaß[81]; hatte der Schuldner schon damals Mitbesitz, etwa wegen gemeinsamen Haushalts, so wird Miteigentum der Ehegatten vermutet[82]. Die Eigentumsvermutung gilt zwar nicht gegenüber Dritten, die *ihr* Eigentum nach § 771 geltend machen[83], aber sie gilt gegenüber anderen Gläubigern desselben oder des anderen Ehegatten, die dieselbe Sache wie der Beklagte gepfändet haben. *Vorstehenden* Gläubigern wird die Klage allerdings ebenso wie die Erinnerung[84] versagt werden müssen. Das Interesse eines nach- oder gleichstehenden Pfändungsgläubigers an der Beseitigung vor- oder gleichrangiger Pfandrechte wird dagegen anzuerkennen und die Klage im Falle → Rdnr. 26 neben der Erinnerung[85] nicht auszuschließen sein[86]. Sie kann aber nur darauf gestützt werden, daß der Gegenstand nicht zum Vermögen des Schuldners des Beklagten gehöre, etwa weil die Voraussetzungen des § 739 für den Beklagten nicht gegeben sind oder der Kläger gegebenenfalls die für den Beklagten sprechende Vermutung des § 1362 BGB widerlegt. – Wegen Einwendungen des Beklagten → § 771 Rdnr. 45 ff..Zur Vermutung bei Gütergemeinschaft → § 740 Rdnr. 13 ff.

---

[73] → § 766 Rdnr. 33.
[74] → § 766 Rdnr. 28.
[75] → § 766 Rdnr. 32 f.
[76] → § 771 Rdnr. 10 f.
[77] → § 771 Rdnr. 48, 50.
[78] → § 771 Rdnr. 16; *BGH* (Fn. 47); *LG Aachen* NJW-RR 1987, 712. Dann nach h.M. nur § 857, Sachpfändung ist aufzuheben (anders bei entspr.Anw. des § 808 *Marotzke* FS für K.H.Schwab (1990), 288 f.).
[79] Voller Beweis des Gegenteils *OLG München* MDR 1981, 403 (abgelehnt, weil Echtheit des Datums eines schriftlichen Schenkungsvertrags nicht beweisbar war). Gütertrennung allein genügt für § 771 ebensowenig wie gegenüber § 739 → Fn. 23. Die Vermutung gilt auch für Erwerb aufgrund beiderseitiger **Schlüsselgewaltgeschäfte** *Gaul* (Fn. 13) § 20 II 5 mwN auch zur Gegenansicht; *LG Münster* MDR 1989, 270 (Widerlegung bejaht); *Stöber* (Fn. 54) Rdnr. 10 gegen *OLG Schleswig* FamRZ 1989, 88 u.a. Außerdem kommt gerade hier Mithaftung in Betracht → § 771 Rdnr. 50.
[80] *BGH* NJW 1976, 238 = FamRZ 81 = WM 1975, 1307.
[81] H.M. *BGH* NJW 1992, 1162 f. = MDR 904 = WM 877 f. mwN auch zur Gegenansicht. Erlangung des (Mit-)Besitzes nach § 857 BGB von einem Erblasser, der ihn schon vor der Eheschließung hatte, steht gleich *BGH* aaO. Hingegen hat Besitz *während* der Ehe im Verhältnis zu Gläubigern die Wirkung des § 1006 BGB nur für die § 1362 Abs. 2 BGB unterfallenden Sachen *MünchKommBGB-Medicus*[2] § 1006 Rdnr. 5.

[82] Vgl. für nichteheliche Lebensgemeinschaft *OLG Köln* (Fn. 18). *BGH* (Fn. 81) läßt dies offen; er bejaht dort a) die Vermutung für Miteigentum nur zugunsten von Mitbesitzern vor der Eheschließung, b) nach dem Tode eines von ihnen die Vermutung für die Gesamthandsberechtigung einer dadurch entstehenden Erbengemeinschaft. Eine bestimmte Eigentumsquote wird nicht vermutet *Medicus* (Fn. 81). Zur Vermutungswirkung bei Fremdbesitz eines Dritten, falls der Herausgabeanspruch gepfändet ist, s. *BGH* MDR 1993, 1239 = NJW 936.
[83] *Hübner* (Fn. 36) Rdnr. 27. – A.M. die 18. Aufl. mit *Beitzke* u. *Dölle*. Aber zu der einschränkenden Auslegung des zu weit geratenen Gesetzeswortlauts nötigt der Gesetzeszweck, das Eigentum von Ehegatten wegen der Undurchsichtigkeit des Innenverhältnisses zugunsten ihrer Gläubiger als Einheit zu behandeln, u. dieser Grund fehlt, wenn streitig ist, ob eine Sache überhaupt zu dieser Einheit gehört oder einem Dritten; hier gelten nur § 1006 BGB u. die allg. Beweislastregeln. – Über die weiterreichende Vermutung des § 1362 Abs. 2 BGB s. *Hübner* (Fn. 36) Rdnr. 24 ff.; *Gernhuber* (Fn. 48) § 22 II 4 f. – → auch Fn. 48.
[84] → Rdnr. 25.
[85] → § 766 Rdnr. 55.
[86] Insoweit zu eng *Baur* (Fn. 2) 254 Fn. 7, der allerdings aaO 253 (zu 2 b bb) die Erinnerung auch dann zulassen will, wenn die Pfändung nicht formell gegen § 739 verstößt; → dagegen oben Rdnr. 25.

28 b) Auf **andere Rechte** kann er die Klage wie jeder Dritte stützen, wenn sie nicht aus der Verpflichtung zur ehelichen Lebensgemeinschaft, sondern aus vermögensrechtlich zuordnenden[87] Rechtsgeschäften folgen, z.B. Verpfändung[88], Nießbrauch, Veräußerung unter Eigentumsvorbehalt (Anwartschaft), Sicherungsübereignung, → § 771 Rdnr. 17ff. Besitzlose Pfandrechte kann er nach § 805 verteidigen, auch wenn der schuldende Ehegatte Eigentümer ist. Denn weder § 1362 BGB noch § 739 wollen Ehegatten daran hindern, ungestört mit Dritten sowie auch untereinander in *geschäftliche* Beziehungen zu treten und dabei auch *Besitz- oder Verwertungsrechte* zu begründen[89]. Ferner kann der nicht schuldende Ehegatte, wegen eines *Fremdbesitzes* widersprechen, den er *von einem Dritten ableitet*[90].

29 c) Nach §§ 1368f. BGB kann ein im gesetzlichen Güterstand der Zugewinngemeinschaft lebender Ehegatte die *Unwirksamkeit einer rechtsgeschäftlichen*[91] *Verfügung des anderen Ehegatten* gegen den Dritten gerichtlich geltendmachen, wenn die nach **§§ 1365ff.** BGB erforderliche Zustimmung fehlt[92]. Der Widerspruch ist daher gegen eine Vollstreckung begründet, die eine solche rechtsgeschäftliche Verfügung erst zwangsweise herbeiführen soll[93], oder wenn der Gläubiger eine Sache nach §§ 883ff. nur herausverlangt auf Grund eines Titels, der sich auf eine bereits vorgenommene Übereignung oder andere rechtsgeschäftliche Verfügung stützt[94]. Wegen der Zulässigkeit der Widerspruchsklage *vor* Beginn der Vollstreckung in solchen Fällen → § 771 Rdnr. 10ff. Da sie mit Beendigung der Herausgabevollstreckung unzulässig wird[95], sind rechtzeitige Maßnahmen nach § 771 Abs. 3 hier besonders wichtig.

30 3. Wird einem Gläubiger, für den nach § 739 gepfändet war, sein Befriedigungsrecht streitig gemacht, so kann er auf vorzugsweise Befriedigung nach § 805 im Regelfall *nicht* klagen, → dazu näher § 805 Rdnr. 6ff.

31 4. Ist derselbe Gegenstand von Gläubigern der Frau und des Mannes gepfändet → Rdnr. 23, so ist ein *formeller* Verstoß gegen § 739 im **Verteilungsverfahren**, also im Verhältnis der Gläubiger untereinander, zunächst deshalb unerheblich, weil er weder Bestand noch Rang der Pfändungspfandrechte berührt[96]. Für die **Klage** nach § 878 *scheint* der Verstoß dem fehlerfrei Pfändenden ein »besseres Recht« zu gewähren, solange die Pfändung anfechtbar ist und aufzuheben wäre[97]; da aber der Beklagte alle Gründe zur Verteidigung anführen kann, mit denen er eine eigene Klage gegen den jetzigen Kläger begründen dürfte[98], kommt es für § 878 schließlich doch *allein auf das materielle Ergebnis* an, ob einer der Gläubiger tatsächlich mit seiner Pfändung das Vermögen des ihm *nicht* schuldenden Ehegatten getroffen hat[99]. Dies muß vom jeweils klagenden Gläubiger durch Widerlegung der zugunsten des Gegners

---

[87] *Eichenhofer* JZ 1988, 330.
[88] → § 771 Rdnr. 19; a.M. (§ 739 überwinde den Pfandbesitz) *Wieczorek*² Anm. G II a 1.
[89] Weitergehend *Pohle* ZZP 68 (1955) 263f. mit Lit. u. diesem folgend die 20. Aufl. (jedes rechtsgeschäftlich eingeräumte Besitzrecht). Soweit es für **§ 771** darauf ankommt, ob der Kläger Besitz oder Besitzrechte hat, ist jedenfalls § 739 nicht mehr maßgeblich, a.M. *Brox* FamRZ 1981, 1125f.
[90] Arg. § 986 Abs. 2 BGB; *Arnold* (Fn. 36) Rdnr. 13 mwN.
[91] Nicht bei ZV *KG* Rpfleger 1992, 212; *OLGe Düsseldorf, Köln* NJW 1991, 851 = MDR 251; NJW-RR 1989, 325; *Lorenz* JZ 1959, 109. – A.M. *LG Krefeld* NJW 1973, 2304 = DGVZ 87, dagegen zu Recht *Schmidt* NJW 1974, 323. – Zur Teilungsversteigerung → § 771 Rdnr. 81.
[92] → auch zur Rechtskrafterstreckung § 325 Rdnr. 57.
[93] → Rdnr. 59 vor § 50, § 894 Rdnr. 24, § 897 Rdnr. 4.
[94] Vgl. auch *Bosch* FamRZ 1958, 86 zu 1d; *Brox*

FamRZ 1961, 285. Jedoch ist dies kein ausreichender Grund, Duldungsklagen zuzulassen; denn wenn die §§ 1365, 1369 zutreffen, hat der Gläubiger keinen Duldungsanspruch *Gaul* (Fn. 13) § 20 I Fn. 4, wenn sie aber nicht zutreffen, ist eine Duldungsklage überflüssig und darf der andere Ehegatte erst recht nicht mit Prozeßkosten belastet werden, nur um dem Gläubiger ein Risiko zu ersparen.
[95] → Rdnr. 120 vor § 704, § 771 Rdnr. 10.
[96] → Rdnr. 128ff. vor § 704.
[97] → § 878 Rdnr. 11, 13. Vgl. *Martin* Pfändungspfandrecht (1963) 167f.
[98] → § 878 Rdnr. 31.
[99] → § 878 Rdnr. 26, 31–33; *Martin* (Fn. 97) 254, 266. Dies gilt auch im Falle → Fn. 67, s. dort *LG Frankenthal*. Ebenso im Ergebnis *Baur* (Fn. 2) 253f.; *Boennecke* (Fn. 60); *Gernhuber* (Fn. 48) § 22 II 7; *Heckelmann* (Fn. 54) Rdnr. 14; *H.Müller* (Fn. 11) 39; *Hübner* (Fn. 36) Rdnr. 35.

sprechenden Vermutung des § 1362 BGB nachgewiesen werden. Gelingt dieser Nachweis keinem der Widersprechenden, so bleibt der durch Priorität nach § 804 Abs. 3 begründete Rang der konkurrierenden Pfändungspfandrechte endgültig maßgebend[100].

§ 740 [Zwangsvollstreckung in das Gesamtgut]

(1) Leben die Ehegatten in Gütergemeinschaft und verwaltet einer von ihnen das Gesamtgut allein, so ist zur Zwangsvollstreckung in das Gesamtgut ein Urteil gegen diesen Ehegatten erforderlich und genügend.

(2) Verwalten die Ehegatten das Gesamtgut gemeinschaftlich, so ist die Zwangsvollstreckung in das Gesamtgut nur zulässig, wenn beide Ehegatten zur Leistung verurteilt sind.

Gesetzesgeschichte: Seit 1900 RGBl. 1898 I 256. Änderung BGBl. 1957 I 609.

I. Anwendungsbereich[1]

1. § 740 aF betraf das Gesamtgut der drei früheren Gütergemeinschaften. Von diesen sind die Errungenschafts- und Fahrnisgemeinschaft als Wahlgüterstände fortgefallen; bestanden sie jedoch am 18. VI. 1957, so gilt für sie § 740 aF fort, → 19. Aufl. § 739 I 1 b und die 16.-18. Aufl. Die vom Mann allein verwaltete allgemeine Gütergemeinschaft des BGB ist vom GleichberG in die **Gütergemeinschaft**, §§ 1415 ff. BGB, umgewandelt; diese kann von einem der Ehegatten (§§ 1422 ff. BGB) oder von beiden gemeinschaftlich (§§ 1450 ff. BGB) verwaltet werden. Für sie gilt § 740. **1**

2. § 740 bestimmt nur, welche Titel nötig sind für eine **Vollstreckung in das Gesamtgut**; wegen des Vorbehalts- und Sonderguts → Rdnr. 12 und zum Gewahrsam → Rdnr. 13 ff. **2**

3. § 740 betrifft die Vollstreckung wegen dinglicher und persönlicher **Ansprüche aller Art**[2], ebenso *alle Arten der Vollstreckung* einschließlich § 883[3] und Offenbarung[4], die Vollstreckbarkeit i. w. S.[5], die Vollstreckung der Prozeßkosten[6], der Arreste[7], die Eintragung von Vormerkungen im Wege einstweiliger Verfügungen[8] und die Vollstreckung wegen Geldforderungen in Grundstücke[9]. → auch § 727 Rdnr. 21 a. E. **3**

II. Titel gegen verwaltende Ehegatten

1. Das Gesamtgut steht beiden Eheleuten zur gesamten Hand zu. Anders als bei §§ 736, 747 stellt § 740 jedoch darauf ab, wer befugt ist, das Gesamtgut zu verwalten und die darauf bezüglichen Rechtsstreitigkeiten zu führen, §§ 1422, 1450 BGB. Ein Titel gegen den allein verwaltenden Ehegatten ist erforderlich und genügend; denn wenn dieser haftet, haftet ohne jede Ausnahme auch das Gesamtgut, § 1437 Abs. 1 BGB. Das an sich zur *Widerspruchsklage* **4**

---

[100] Auf Analogie zu § 804 Abs. 3 ist nur angewiesen, wer Pfändungspfandrechte an schuldnerfremden Sachen leugnet, so *Baur* (Fn. 2) 253f. → dagegen § 804 Rdnr. 11, 16ff.
[1] Zu älterer Lit. → 18. Aufl. § 739 Fn. 11, wegen neuerer → § 739 Fn. 2.
[2] S. *AG Würzburg* JW 1930, 210; *Hein* Duldung der ZV (1911) 123f.
[3] *MünchKommZPO-Arnold* Rdnr. 7 Fn. 5 mwN gegen *Zöller/Stöber*[18] Rdnr. 2. Wegen § 1412 BGB → Fn. 35.
[4] → § 807 Rdnr. 7.

[5] → Rdnr. 47ff. vor § 704; z. B. § 894, *KG* OLGRsp 9, 113f. (wegen § 1412 BGB → aber Fn. 35). Für die Klage aus § 878 im Ergebnis ebenso *Posen* OLGRsp 16, 315 (zum früheren gesetzlichen Güterstand).
[6] *OLG Stuttgart* FamRZ 1987, 304 = Rpfleger 108 = MDR 331.
[7] → § 928 Rdnr. 2.
[8] *KG* u. *OLG München* OLGRsp 11, 284; 25, 18.
[9] Dazu müssen beide eingetragen sein, *Horber* GBO[20] § 39 Rdnr. 10, vgl. auch *KG* (Fn. 8), *Steiner/Hagemann* ZVG[9] § 17.

nach § 771 legitimierende *Anteilsrecht* des anderen Gatten wird damit *beiseitegeschoben*. Dagegen wird der nicht verurteilte Ehegatte dadurch nicht zum Vollstreckungsschuldner[10]. Nur bei gemeinschaftlicher Verwaltung werden Titel gegen beide Ehegatten benötigt. Zur Klage gegen den oder die Ehegatten → Rdnr. 61 ff. vor § 50 (auch zur Frage der Duldungsklage) und wegen der Rechtskraftwirkung → § 325 Rdnr. 56.

5   2. Der nach **Abs. 1** bei **Verwaltung** des Gesamtguts **durch einen Ehegatten** erforderliche Titel muß **gegen diesen** als Partei ergangen sein; daß der andere Ehegatte ihn im Prozeß *vertreten* hat, ist unschädlich, auch im Falle des § 1429 BGB (Verhinderung). → aber auch Rdnr. 7. Ob der verwaltungsberechtigte Ehegatte zur Verfügung über den Gegenstand des Rechtsstreits befugt war, z. B. über ein Grundstück gemäß § 1424 BGB, bleibt sich gleich[11]. Die Haftung des Gesamtguts muß der Titel nicht besonders zum Ausdruck bringen, weil sie bei Schulden *dieses Ehegatten* stets gegeben ist, § 1437 Abs. 1 BGB[12]. Eine Verurteilung »als Vertreter des Gesamtguts« ist deshalb nicht nur rechtlich ungenau, sondern entbehrlich[13] und würde überdies eine Vollstreckung in das Vorbehalts- und Sondergut des verwaltenden Ehegatten trotz der Haftung dieser Vermögensmassen nicht rechtfertigen. Zur notwendigen Offenlegung einer *Prozeßstandschaft* bezüglich des nicht verklagten Ehegatten → aber Rdnr. 54 vor § 50. Ebenso würde ein Titel gegen den Verwaltenden auf Duldung der Zwangsvollstreckung in das Gesamtgut – obwohl er wegen einheitlicher Haftungsmasse verfehlt wäre – hier genügen, weil er den vollen Zugriff gerade auf das Gesamtgut gewährt[14]; dagegen würde er die Vollstreckung in Vorbehalts- und Sondergut ausschließen. Ob der Titel gegen den verwaltungsberechtigten Gatten ein Urteil[15] oder einer der sonstigen Vollstreckungstitel ist, z. B. eine vollstreckbare Urkunde[16] oder ein Prozeßvergleich[17], bleibt sich gleich. Da jedoch in den beiden letzten Fällen eine Rechtskraftwirkung für das Gesamtgut auf Grund des § 1422 BGB nicht in Betracht kommt, kann der andere Ehegatte das Fehlen seiner etwa erforderlichen Zustimmung (§§ 1423 ff. BGB) nach § 771 geltend machen, § 1428 BGB[18].

6   3. Bei **gemeinschaftlicher Verwaltung** des Gesamtguts durch beide Ehegatten fordert § 740 Abs. 2 einen **Titel gegen beide**. Nach dem Wortlaut müßten beide Titel Leistungstitel sein, aus dem dann nach §§ 1459 Abs. 2 BGB die Ehegatten auch persönlich haften, so auch die h. M.[19]. Ebenso wie nach Beendigung der Gütergemeinschaft (§ 743) muß jedoch für den Zugriff auf das Gesamtgut genügen, daß einer der Titel auf Duldung lautet, obwohl er ebenso wie im Falle → Rdnr. 5 Fn. 14 nicht ergehen sollte[20]. Die Ehegatten brauchen nicht in

---

[10] → Rdnr. 2 f. vor § 735; auch dann nicht, wenn er nach Beginn der ZV die Verwaltung übernimmt u. die Klausel nach § 742 noch nicht umgeschrieben ist (*Arnold* (Fn. 3) Rdnr. 18. Er wird auch nach § 2 Abs. 1 KO (§ 37 Abs. 1 InsO) nicht Gemeinschuldner, *Jaeger/Henckel* KO[9] § 2 Rdnr. 15 f. – Zum Gewahrsam → aber Rdnr. 16.
[11] BGHZ 48, 369 = NJW 1968, 496 (zu § 745); KG OLGRsp 9, 113, 11, 283, *OLG München* OLGRsp 25, 18; *Arnold* (Fn. 3) Rdnr. 23 mwN; vgl. auch RGZ 69, 180 f. → aber auch Rdnr. 5 a. E.
[12] Zust. *Arnold* (Fn. 3) Rdnr. 21 mwN. Anders freilich, wenn der Titel die Haftung des Gesamtguts ausdrücklich ausschließt, z. B. *OLG Frankfurt* FamRZ 1983, 172.
[13] KG HRR 1932, 1984. – A. M. KG OLGRsp 9, 113; 11, 112.
[14] RG JW 1909, 321; SeuffArch 65 (1910), 33; *MünchKommBGB-Kanzleiter*[3] § 1437 Rdnr. 13; *Thomas/Putzo*[18] Rdnr. 2; *Wieczorek*[2] Anm. B I a 1. Freilich sind solche Duldungsurteile fehlerhaft, falls nicht die Haftung vereinbarungsgemäß auf das Gesamtgut beschränkt ist *Henckel* Parteilehre (1961) 66 f. Sie sind aber vollstreckungsrechtlich wirksam → auch § 748 Rdnr. 2 zu Fn. 4, obwohl § 807 sich dann folgerichtig nur auf Gesamtgut bezieht. – A. M. *Arnold* (Fn. 3) Rdnr. 22 mwN; *Baumbach/Hartmann*[52] Rdnr. 3; *Rosenberg/Gaul*[10] § 20 III 2 a.
[15] Auch Verzichts- (vgl. BGH LM § 306 Nr. 1) u. Anerkenntnisurteile. Ob Verzicht u. Anerkenntnis der Zustimmung des anderen Ehegatten bedürfen, ist nur für § 894 erheblich → dort Rdnr. 24.
[16] Vgl. BGH (Fn. 11).
[17] KG RJA 7, 215. – Die zuweilen als Gegenansicht zit. Entscheidungen KG OLGRsp 24, 10 ff. = KGJ 40, 157 und BayObLGZ 1952, 46 betreffen nur Grundbucheintragungen auf Grund zustimmungsbedürftiger Rechtsgeschäfte.
[18] *Arnold* (Fn. 3) Rdnr. 46 mwN.
[19] *Gaul* (Fn. 14) § 20 III 2 b mwN aaO Fn. 56.
[20] *Hoche* ZwV[3] 38, *Tiedke* FamRZ 1975, 9 Fn. 8; *Wieczorek*[2] Anm. B IV. – A. M. *LG Deggendorf* FamRZ 1964, 49; *Baur/Stürner*[10] § 17 IV 2 b (anders noch *Schönke/Baur*[7] § 14 IV 2); *Rauscher* Rpfleger 1988, 90 f. (wie hier aber für ausländische Güterrechte).

derselben Entscheidung verurteilt zu sein[21]; zur notwendigen Streitgenossenschaft usw. → aber Rdnr. 65 vor § 50. Bei gesonderten Titeln müssen beide vollstreckbar ausgefertigt und zugestellt sein[22]. Andererseits sind bei einheitlichem Titel beide Ehegatten als Vollstreckungsschuldner für das Gesamtgut offenbarungspflichtig, → § 807 Rdnr. 6.

4. Ein *Titel gegen den nicht oder nicht allein verwaltungsberechtigten Ehegatten genügt danach nicht* (Ausnahme → Rdnr. 11) zur Vollstreckung in das Gesamtgut, obwohl dieser Ehegatte in zahlreichen Fällen mit Wirkung für und gegen das Gesamtgut prozessieren kann[23]. Dies gilt auch für die Kosten des Rechtsstreits, für die nach § 1438 Abs. 2, § 1460 Abs. 2 BGB das Gesamtgut stets haftet. Der Titel kann hier jedoch auf den anderen Ehegatten entsprechend § 742 umgeschrieben werden[24]. Wird aus einem Titel, der nur gegen den *nicht* zur Verwaltung berechtigten Ehegatten gerichtet ist, vollstreckt, so können beide dies nach § 766[25], im Falle § 867 nach §§ 72, 53 GBO[26] rügen; der andere Ehegatte kann außerdem sein Recht am Gesamtgut nach § 771 geltend machen, wogegen der Gläubiger gegebenenfalls einwenden kann, daß es sich um eine Gesamtgutsverbindlichkeit handelt[27]. Bei gemeinschaftlicher Verwaltung steht entsprechend beiden Ehegatten die Erinnerung, dem nicht verurteilten die Klage aus § 771 zu. Für Zwangshypotheken → § 867 Rdnr. 31. 7

III. Titel gegen den nicht verwaltungsberechtigten Ehegatten

1. Ein Titel gegen den nicht oder nicht allein verwaltenden Ehegatten ist für die Vollstreckung in dessen *Vorbehalts- und Sondergut* von Wert, → Rdnr. 11. 8

2. Für die Vollstreckung von Gesamtgutsverbindlichkeiten in das *Gesamtgut* ist der Titel gegen ihn *entbehrlich*; das gilt auch für die Überwindung des Allein- oder Mitgewahrsams an Gesamtgut, → Rdnr. 13 ff. Wegen der Bedenken gegen eine entsprechende, auf das Gesamtgut beschränkte Klage → Rdnr. 64 vor § 50. 9

3. Aus den zu → Rdnr. 9[28] genannten Gründen ist ein Titel gegen den nicht verwaltenden Ehegatten auch dann nicht erforderlich, wenn in ein zum Gesamtgut gehörendes, aber noch allein unter seinem Namen im Grundbuch eingetragenes Recht vollstreckt werden soll; denn hier erlaubt der Titel gegen den verwaltungsberechtigten Ehegatten eine Berichtigung nach § 14 GBO[29]. 10

4. Nur **ausnahmsweise**[30] kann aus einem Titel gegen den *nicht* verwaltenden Ehegatten **in das Gesamtgut** vollstreckt werden, wenn dieser selbständig ein **Erwerbsgeschäft** betreibt, → § 741 mit Bem. 11

---

[21] Mot. BGB IV, 258; *BGH* FamRZ 1975, 406[176] = WM 619.
[22] Noch zu §§ 752, 739 aF *KG* OLGRsp 31, 89.
[23] → Rdnr. 54 f., 65 vor § 50. Wie hier *Arnold* (Fn. 3) Rdnr. 25 mwN; *Kanzleiter* (Fn. 14) Rdnr. 12; *Palandt/Diederichsen* BGB[53] § 1428 Rdnr. 1; *Soergel/Gaul* BGB[12] § 1437 Rdnr. 7; *Thomas/Putzo*[18] Rdnr. 2. – A.M. *Hartmann* (Fn. 14) Rdnr. 4 für §§ 1428 f., 1454, 1455 Nr. 7–9 (deren Voraussetzungen aber dann regelmäßig das Vollstreckungsorgan prüfen müßte), → dagegen § 325 Rdnr. 56.
[24] → Rdnr. 25 vor § 91; *OLG Nürnberg* Büro 1978, 762; *Gaul* (Fn. 14) § 20 III 2 b. Der Antrag kann mit dem Kostenfestsetzungsantrag verbunden werden *Arnold* (Fn. 3) Rdnr. 27. Ähnlich *LG Ellwangen* BWNotZ 1975, 126 für § 464b StPO (zu den Gründen s. aber *Kraiß* aaO). Zweifelhaft für Gebühren des eigenen Anwalts, abl. *Ar-*

nold (Fn. 3) Rdnr. 29 mwN auch zur Gegenansicht. – A.M. (keine Umschreibung) *OLG Stuttgart* (Fn. 6) mwN; *Kanzleiter* (Fn. 14) § 1437 Rdnr. 12. – Wegen Rechtskrafterstreckung zur Hauptsache in den Fällen der §§ 1428 f. BGB → § 325 Rdnr. 56.
[25] *OLG Hamburg* OLGRsp 9, 115; *Arnold* (Fn. 3) Rdnr. 44; *A. Blomeyer* ZwVR § 17 II 2 a.E.; *Thomas/Putzo*[18] Rdnr. 5. – A.M. *Hellwig/Oertmann* System 2, 236, *Hartmann* (Fn. 14) Rdnr. 8 (nur verwaltender Ehegatte). – Die Erinnerung kann jedoch nicht mit einer Verletzung des Gewahrsams begründet werden, → Rdnr. 16.
[26] *BayObLG* FamRZ 1983, 1129 = Rpfleger 407 (L). → § 867 Rdnr. 28, 30.
[27] Ganz h.M. → auch § 771 Rdnr. 48.
[28] Vgl. auch → Rdnr. 13 ff.
[29] → auch Fn. 9 sowie Rdnr. 64 vor § 50.
[30] → aber Rdnr. 7.

12 IV. Die Vollstreckung in das **Vorbehaltsgut**, § 1418 BGB, und – soweit überhaupt zulässig – in das *Sondergut* (§ 1417 BGB) des das Gesamtgut *allein oder mitverwaltenden* Ehegatten erfolgt auf Grund des gegen ihn vollstreckbaren Titels, auch wenn die Schuld in der Person des anderen entstanden ist, §§ 1437 Abs. 2, 1459 Abs. 2 BGB; zur Vollstreckung in das Vorbehalts- oder Sondergut des *nicht verwaltenden* Ehegatten ist entsprechend ein Titel gegen diesen erforderlich. Vollstreckungsschuldner ist jeweils nur der Ehegatte, gegen den der Titel gerichtet ist. Daraus ergibt sich, daß der *Verwalter* gegen die Vollstreckung eines *nur* gegen *ihn* gerichteten Titels auch dann nicht Widerspruch erheben kann, wenn sie sich gegen sein Vorbehaltsgut oder Sondergut wendet und die Verbindlichkeit in der Person seines Gatten entstanden ist; denn er haftet mit seinem ganzen Vermögen. Dagegen kann der andere Gatte in solchen Fällen, auch wenn es sich materiell um seine eigene Schuld handelt, sein Recht am Vorbehaltsgut wie am Sondergut nach §771 wahren, da er nicht verurteilt ist[31]. Zur Gewahrsamsfrage → Rdnr. 13 ff.

V. Gewahrsam usw.[32]

13 Zum materiellen Recht nimmt die h. L. seit jeher an, daß in einer Gütergemeinschaft für das Vermögen beider Ehegatten Zugehörigkeit zum Gesamtgut, also zum Vermögen *beider* Ehegatten, zu vermuten ist[33]. Danach ist in diesem Falle die Vermutung des § 1362 Abs. 1 BGB, die ja für die Zugehörigkeit zum Vermögen nur *eines* Ehegatten spricht, zunächst nicht anzuwenden, und damit entfällt auch vorerst die Anwendung des § 739, falls die Gütergemeinschaft nachgewiesen ist → Rdnr. 14. Da die zum ausschließlichen persönlichen Gebrauch eines Ehegatten bestimmten Sachen nach §§ 1417 f. BGB in der Regel nicht zum Sonder- oder Vorbehaltsgut gehören, sondern zum Gesamtgut, ist auch für eine Anwendung des § 1362 Abs. 2 BGB und des § 739, soweit er auf dieser Vorschrift aufbaut, kein Raum. *Erst wenn die Gesamtguteigenschaft widerlegt ist*, greifen die Vermutungen des § 1362 BGB und die Vorschrift des **§ 739** auch bei einer Gütergemeinschaft Platz[34].

14 Das Vollstreckungsorgan hat zunächst davon auszugehen, daß ein verheirateter Schuldner im gesetzlichen Güterstande lebt; es richtet sich also nach § 739, bis ihm ein anderer Güterstand durch öffentliche Urkunden (Güterrechtsvertrag[35] oder Auszug aus dem Güterrechtsregister) von demjenigen nachgewiesen ist, der sich darauf beruft bzw. berufen muß[36]. Solange zwar der Güterstand nachgewiesen ist, aber noch nicht, wem die Verwaltung zusteht, ist heute[37] von der Verwaltung durch beide Ehegatten auszugehen, bis der vertraglich vereinbarte Verwalter oder die Ausnahme des § 741 nachgewiesen ist; eigene Ermittlungen muß das Vollstreckungsorgan nicht anstellen[38]. Alsdann gilt folgendes:

15 1. Liegt ein **Titel gegen beide** Ehegatten vor, so können *alle Sachen*, die sich im Mitgewahrsam beider oder im Gewahrsam des einen oder anderen Ehegatten befinden, gepfändet

---

[31] → aber auch Rdnr. 7 Fn. 27.
[32] Lit: *S.Röhl* Gewahrsam in der ZV (Diss. Kiel 1971) 91 ff.
[33] *LG München II* DGVZ 1982, 188 = FamRZ 1983, 172 mwN (auch ohne Registereintragung); *Diederichsen* (Fn. 23) 1 u. 4 zu § 1362; *MünchKomm BGB-Wacke*[3] § 1362 Rdnr. 3; § 97 Nr. 1 GVGA.
[34] *Gernhuber/Coester-Waltjen* Familienrecht[4] § 22 II 2; *Diederichsen* (Fn. 33); *Weber* Rpfleger 1959, 180; *Hartmann* (Fn. 14) Rdnr. 2 zu § 739.
[35] Er genügt, denn entscheidend ist die wahre Güterrechtslage; die Einschränkung des § 1412 gilt nur für Rechtsgeschäfte *LGe Frankenthal* Rpfleger 1975, 371 f.; *München* (Fn. 33); *Arnold* (Fn. 3) Rdnr. 8; *Soergel/Gaul*

BGB[12] § 1412 Rdnr. 8 mwN. Für Urteile auf **Übereignung** → aber § 898 Rdnr. 1 (gleicht rechtsgeschäftlichem Erwerb); hier gilt § 1412 auch für eine Verurteilung nur eines der Ehegatten zur Einigungserklärung (z.B. im Falle § 929 S. 2 BGB), *Gaul* aaO mwN auch zur Gegenansicht. Ob dies jedoch für die gleichzeitige Verurteilung auf Herausgabe (→ Fn. 3) gilt, so *Gaul* aaO, mag zweifelhaft sein.
[36] → § 739 Rdnr. 12 Fn. 26.
[37] Bei Gütergemeinschaften aus der Zeit vor dem 1. IV. 1953 war Alleinverwaltung des Mannes zu vermuten.
[38] *LG Frankenthal* (Fn. 35) mwN; zu § 1412 BGB → Fn. 49.

werden, weil beide Vollstreckungsschuldner sind. Auf die Zugehörigkeit der Pfandsache zum Gesamtgut oder zum Sonder- oder Vorbehaltsgut dieses oder jenes Ehegatten kommt es dabei nach § 808 nicht an; nach § 771 ist auch keiner der Ehegatten zur Widerspruchsklage berechtigt, weil beide nicht Dritte, sondern Vollstreckungsschuldner sind. Ergibt sich jedoch aus dem Titel, daß nur Gesamtgut haften soll[39], so scheidet ein Zugriff auf Sonder- und Vorbehaltsgut schon bei der Vollstreckung aus[40].

2. Liegt ein **Titel gegen den allein verwaltungsberechtigten** Ehegatten vor, so können, falls dessen Verwaltungsrecht vom Gläubiger nachgewiesen wird[41], nach § 808 *alle Sachen* gepfändet werden, die sich in seinem Alleingewahrsam befinden, aber ebenso alles, was sich im Allein- oder Mitgewahrsam des anderen Ehegatten befindet. Denn wenn es sich dabei um Sonder- oder Vorbehaltsgut handeln sollte, also die Vermutung der Zugehörigkeit zum Gesamtgut widerlegt wäre, müßte der nicht verwaltungsberechtigte Ehegatte den Eingriff in seinen Gewahrsam nach dem nunmehr anwendbaren § 739 verbunden mit § 1362 BGB hinnehmen[42], und was er sich für sein Sonder- und Vorbehaltsgut gefallen lassen muß, muß er sich erst recht beim Gesamtgut gefallen lassen[43]. Auf die Zugehörigkeit zu dieser oder jener Gütermasse kommt es danach auch hier für das Vollstreckungsorgan nicht an. Falls dabei in nicht haftendes Vermögen des nicht verwaltungsberechtigten Ehegatten übergegriffen ist, steht diesem nicht die Erinnerung nach § 766 offen → § 739 Rdnr. 22, wohl aber die Widerspruchsklage nach § 771, bei der er die vermutete Zugehörigkeit zum Gesamtgut und dann die Vermutung des § 1362 BGB widerlegen muß. 16

3. Besitzt der Gläubiger nur einen **Titel gegen den nicht verwaltungsberechtigten** Ehegatten, so unterliegt nur *dessen Vorbehaltsgut und Sondergut* der Vollstreckung, → Rdnr. 7, 12. Fraglich ist aber, wie sich der Gerichtsvollzieher verhält, wenn die Zugehörigkeit beweglicher Sachen zur einen oder anderen Gütermasse nicht offensichtlich ist. 17

a) Befindet sich die zu pfändende Sache im **Alleingewahrsam des Schuldners**, was freilich selten festzustellen sein wird[44], so darf der Gerichtsvollzieher wegen § 808 Abs. 1, der sogar auf das Eigentum Dritter keine Rücksicht nimmt, erst recht die Vermutung der Zugehörigkeit zum Gesamtgut unbeachtet lassen[45]. Für ihre Widerlegung ist in diesem Stadium des Verfahrens kein Raum. Freilich sollte der Gerichtsvollzieher zur Vermeidung unnötiger Kostenbelastung des Gläubigers[46] so nur verfahren, wenn die Zugehörigkeit zum Vorbehaltsgut naheliegt oder der Gläubiger ausdrücklich die Pfändung verlangt. Hiergegen wird man nicht nur dem verwaltungsberechtigten Ehegatten die Klage nach § 771[47], sondern beiden Ehegatten auch die Erinnerung nach § 766 gestatten müssen, mit der sie die Zugehörigkeit zum Gesamtgut und damit das Fehlen des nach § 740 Abs. 1 erforderlichen Titels geltend machen[48]. Kann der Gläubiger die Vermutung in diesem Verfahren nicht widerlegen, etwa weil ihm der Schuldner die zur Feststellung von Voraussetzungen der §§ 1417, 1418 BGB erforderlichen Beweismittel vorenthält[49], so bleibt dem Gläubiger nur das Offenbarungsverfahren, § 807. 18

b) Bei **Allein- oder Mitgewahrsam des verwaltungsberechtigten Ehegatten** bleibt dem Gläubiger nur entweder der umständliche und in der Regel aussichtslose[50] Weg der Pfändung eines etwaigen Anspruchs auf Herausgabe der angeblich zum Vorbehaltsgut gehörenden Sache nach § 846 übrig, oder er müßte gegen die (pflichtgemäße!) Ablehnung der Pfändung durch den Gerichtsvollzieher Erinnerung einlegen 19

---

[39] → dazu auch Fn. 14.
[40] → § 808 Rdnr. 5 f.; *Arnold* (Fn. 3) Rdnr. 37.
[41] Falls von Gütergemeinschaft auszugehen ist → Rdnr. 14, ist dieser Nachweis stets erforderlich LG Frankenthal (Fn. 35); *Gaul* (Fn. 14) § 20 III 2a.
[42] → § 739 II, III.
[43] Ganz h.M. Diederichsen (Fn. 23) Rdnr. 10 zu § 1362; *Gaul* (Fn. 14) § 20 III 2a mwN; BT-Drucks. II/224.
[44] → § 808 Rdnr. 12 f.
[45] Auf § 739 kommt es hier wegen des tatsächlichen Alleingewahrsams nach § 808 Abs. 1 von vornherein nicht an, ähnlich wie → § 739 Rdnr. 21a. – A.M. Arnold (Fn. 3) Rdnr. 43.
[46] §§ 766, 771; → dazu § 788 Rdnr. 16.
[47] → Rdnr. 7.
[48] Insoweit zutreffend *OLG Hamburg* (Fn. 25).
[49] Z.B. bei § 1418 Abs. 2 Nrn.2, 3 BGB oder wenn ein das Vorbehaltsgut ausweisender Vertrag (Nr. 1) nicht im Register eingetragen ist; § 1412 Abs. 1 2.HS gilt nicht für die ZV wegen Geldforderungen → Fn. 35.
[50] → § 739 Fn. 14.

und in diesem Verfahren die Vermutung der Gesamtgutseigenschaft widerlegen, womit – über § 739 verbunden mit § 1362 BGB – der Weg für eine Pfändung frei wäre. Keinesfalls kann auf die Widerlegung jener Vermutung verzichtet werden unter Berufung auf das → Rdnr. 16 vor Fn. 43 angeführte Argument, denn einmal fehlt hier der zur Vollstreckung in das Gesamtgut berechtigende Titel, zum andern soll doch wohl die Vermutung der Zugehörigkeit zum Gesamtgut eine Bevorzugung der Gesamtgutsgläubiger vor den anderen Gläubigern zum Ausdruck bringen[51].

20 Solange aber die Zugehörigkeit zum Gesamtgut vermutet wird und damit § 739 unanwendbar ist, muß der Gerichtsvollzieher folgerichtig davon ausgehen, daß der (Mit-)Gewahrsam des verwaltenden Ehegatten **auf seinem Verwaltungsrecht und nicht nur auf häuslichem Zusammenleben** beruht; daher darf er sich in **solchen** Fällen nicht über den Drittgewahrsam des nicht verurteilten Ehegatten hinwegsetzen mit dem Argument, der durch eheliches Zusammenleben begründete Gewahrsam sei kein Vollstreckungshindernis[52]. Ein Verstoß hiergegen kann nach § 766 gerügt werden.

§ 741 [Zwangsvollstreckung in das Gesamtgut bei Erwerbsgeschäft]

Betreibt ein Ehegatte, der in Gütergemeinschaft lebt und das Gesamtgut nicht oder nicht allein verwaltet, selbständig ein Erwerbsgeschäft, so ist zur Zwangsvollstreckung in das Gesamtgut ein gegen ihn ergangenes Urteil genügend, es sei denn, daß zur Zeit des Eintritts der Rechtshängigkeit der Einspruch des anderen Ehegatten gegen den Betrieb des Erwerbsgeschäfts oder der Widerruf seiner Einwilligung zu dem Betrieb im Güterrechtsregister eingetragen war.

Gesetzesgeschichte: Seit 1900 RGBl. 1898 I 256. Änderung BGBl. 1957 I 609.

I. Allgemeines[1]

1 1. § 741 aF behandelte nur den Fall, daß die Ehefrau selbständig ein Erwerbsgeschäft betrieb, galt aber dann für alle Güterstände des BGB, die ein Gesamtgut oder vom Mann verwaltetes eingebrachtes Gut der Frau kannten. Seit 1.IV. 1953 war er sinngemäß bei Verwaltung der Frau auf ein Erwerbsgeschäft des Mannes anzuwenden. In dieser erweiterten Fassung gilt er heute noch, soweit *Errungenschafts- und Fahrnisgemeinschaften* nach altem Recht (§§ 1405, 1452, 1519 Abs. 2, 1525 Abs. 2, 1549, 1550 aF BGB) fortbestehen, → 19. Aufl. § 739 I 1 b.

2 2. § 741 nF gilt nur noch für die (bestehende, s. § 743) **Gütergemeinschaft** in dem → § 740 Rdnr. 3 genannten Vollstreckungsbereich; zu bejahen ist die entsprechende Anwendung im Rahmen des § 744a, → dort Rdnr. 11 mit Fn. 43. Betreibt der alleinige *Verwalter* des Gesamtguts ein Erwerbsgeschäft, so sind daraus entstehende Verbindlichkeiten nach § 1437 Abs. 1 BGB ohne weiteres Gesamtgutsverbindlichkeiten; zur Vollstreckung in Gesamtgut → § 740 Rdnr. 5, 7. Betreibt dagegen das Erwerbsgeschäft der **nicht verwaltungsberechtigte Ehegatte oder** bei gemeinschaftlicher Verwaltung **nur einer der Ehegatten**, so haftet nach §§ 1431, 1456 BGB das Gesamtgut nur, wenn der andere Ehegatte in den selbständigen Betrieb des Erwerbsgeschäfts eingewilligt hat oder trotz Kenntnis keinen Einspruch eingelegt hat. Es muß sich dabei um Geschäfte handeln, die der Geschäftsbetrieb mit sich bringt. Mit Rücksicht auf diese selbständige, das Gesamtgut verpflichtende Stellung des nicht oder nicht allein zur Verwaltung berechtigten Ehegatten muß nur er verklagt werden[2] und schon dieser

---

[51] Röhl (Fn. 32) 97.
[52] S. auch Röhl (Fn. 32) 97 gegen die Zumutung an den Gerichtsvollzieher, in solchen Fällen die Herkunft des Gewahrsams zu prüfen.

[1] Ältere Lit. → 18. Aufl. § 739 Fn. 11 u. *Hörle* Stellung der Ehefrau usw. (1907); *Bettermann* ZZP 62 (1941) 210.
[2] Vgl. *LG München* JW 1920, 918.

Titel erlaubt die Vollstreckung in das Gesamtgut, ebenso in sein Vorbehalts- oder Sondergut[3]. Wegen der Rechtskraftwirkung → § 325 Rdnr. 56. § 741 ist anwendbar auf funktionsgleiche *ausländische Gemeinschaften* im Inland[4].

3. § 741 gewährt dem Gläubiger gegenüber § 740 nur eine Erleichterung (»genügend«), verbietet ihm aber nicht, den *verwaltenden* oder mitverwaltenden Ehegatten wie sonst auf Leistung zu verklagen bzw. mitzuverklagen und wie gewöhnlich nach § 740 zu vollstrecken[5], da er kaum sicher voraussehen kann, ob das Vollstreckungsorgan die Voraussetzungen → Rdnr. 5 festzustellen vermag oder ob diese im Falle einer Weigerung erst gemäß § 766 nachzuweisen wären[6]. Dann muß er sich allerdings gefallen lassen, daß sämtliche die materielle Haftung des Gesamtguts begründenden Tatsachen schon in diesem Prozeß geprüft werden[7].   3

II. Voraussetzungen der Vollstreckung

Insoweit weicht § 741 mehrfach von den materiell-rechtlichen Voraussetzungen der Haftung des Gesamtguts ab. Ihr Nachweis obliegt dem Gläubiger[8].   4

1. Der Ehegatte muß zur Zeit der Vollstreckung[9] selbständig ein **Erwerbsgeschäft** betreiben. Erwerbsgeschäft (vgl. § 112 BGB) ist jede regelmäßige auf Erwerb gerichtete Tätigkeit, mag sie in beweglichem oder unbeweglichem Kapital eine äußerlich sichtbare Grundlage haben, wie beim Handelsgeschäft, Gewerbebetrieb[10] usw., oder nicht, wie bei künstlerischer, wissenschaftlicher und ähnlicher Tätigkeit[11]. Gleichgültig ist, ob das Geschäft zum Gesamt- oder Vorbehaltsgut gehört[12]. Nur die reine Arbeitstätigkeit in fremdem Dienste steht ihr gegenüber[13]. **Selbständig** ist der Betrieb dann, wenn der Ehegatte Unternehmer ist[14]. Daß er die Geschäfte durch andere, namentlich den anderen Ehegatten[15] als Prokuristen oder Bevollmächtigten für seine Rechnung führen läßt, schließt die Selbständigkeit nicht aus, sollte er auch als Gesellschafter von der Geschäftsführung ausgeschlossen sein[16]. Gleiches gilt für die gemeinsame Führung des Betriebs mit einem anderen, z. B. auch dem anderen Ehegatten[17]. Die Stellung als Kommanditist, stiller Gesellschafter oder GmbH-Gesellschafter ist kein Betrieb, ebensowenig die gelegentliche Vornahme von Erwerbsgeschäften, z. B. Börsenspekulationen. Die Selbständigkeit wird dadurch nicht berührt, daß der andere Ehegatte kraft seines güterrechtlichen Verwaltungsrechts am Gesamtgut das Geschäft verwaltet[18]. **Betrieben** wird ein Erwerbsgeschäft, bis seine Liquidation beendet ist.   5

---

[3] Denn insoweit kommt es nur darauf an, wer Titelschuldner ist → § 740 Rdnr. 12; *MünchKommZPO-Arnold* Rdnr. 15 f.
[4] *Mansel* FS f. Werner Lorenz (1991) 708 ff. (bejaht für comunione legale, Art. 189 C.c.).
[5] *Wieczorek*² Anm. B I mwN; *Zöller/Stöber*¹⁸ Rdnr. 7.
[6] Während GV die Verhältnisse zuweilen aus früheren ZV-Sachen kennen, müßte bei Rechtspfändungen oder im Falle § 867 der Gläubiger alle Nachweise selbst beschaffen, was nicht immer möglich ist. Daß er solche Schwierigkeiten von vornherein dem Prozeßgericht nachweisen müßte, nur um sein Rechtsschutzbedürfnis für eine dem § 740 genügende Klage darzulegen, ist entgegen *Arnold* (Fn. 3) kaum prozeßökonomisch, sondern kann Gläubiger, Erinnerungs-u. Beschwerdegerichte (in mehreren Instanzen, s. BayObLGZ 1983, 187 = Rpfleger 407!) unnötig belasten mit einer wirklichen Entlastung des Prozeßgerichts, das sich statt mit der Begründetheit der Klage eingehend mit Hypothesen beschäftigen müßte, die sich womöglich als falsch herausstellen u. dann doch zu erneuter Klage (gegen den Verwaltenden) zwingen.
[7] Auf die § 741 nur teilweise abstellt → Rdnr. 4 ff.

[8] *LG Frankenthal* Rpfleger 1975, 371 f.; z. B. Registerauszug, Hinweis auf Firma/Praxis in Korrespondenz oder Schriftsätzen, Firmen- oder Praxisschild. Andernfalls Klärung in Erinnerungs- oder Beschwerdeverfahren.
[9] Vgl. *OLG Dresden* SächsAnn 21, 273.
[10] Zum »Gewerbe« → auch § 183 Rdnr. 3 ff.
[11] Mot. BGB I 142; auch Arztpraxis *BGHZ* 83, 78 = NJW 1982, 1811 mwN; Anwaltspraxis *Gernhuber* Familienrecht³ § 38 VII 4; Landwirtschaftsbetrieb *BayObLGZ* (Fn. 6) mwN. Ältere Lit. → 19. Aufl. Fn. 5.
[12] *BayObLG* (Fn. 6); *Gernhuber* (Fn. 11).
[13] *Walsmann* Voraussetzungen usw. (1904) 50.
[14] *OLG Düsseldorf* OLGRsp 22, 161; *BayObLG* (Fn. 6).
[15] A.M. *Palandt/Diederichsen* BGB⁵³ § 1431 Rdnr. 2, falls das Geschäft zum Gesamtgute gehöre (→ aber Fn. 11).
[16] *RGZ* 127, 114 mwN; *OLG Dresden* OLGRsp 4, 341.
[17] *OLG Breslau* JW 1927, 131; *BayObLG* (Fn. 6).
[18] Vgl. *Brüggemann* in Großkomm. HGB⁴ (1983) Rdnr. 25 f. vor § 1 mit 3. Aufl. (1967) Anm. 17 f.; *Walsmann* (Fn. 13) 50 f. mwN.

6   Fehlt eine dieser Voraussetzungen, so können sich beide[19] Ehegatten gegen die Vollstreckung nach § 766 wehren; → aber auch Rdnr. 7, 9.

7   2. §§ 1431, 1456 verlangen den *Betrieb mit Einwilligung des anderen Ehegatten*, stellen dieser aber die Unterlassung des Einspruchs trotz Kenntnis des Geschäftsbetriebs gleich. Einspruch oder Widerruf der Einwilligung sind einem Dritten gegenüber nur wirksam, wenn ihm diese bekannt oder in das Güterrechtsregister (zur Zeit der Vornahme des Rechtsgeschäfts) eingetragen waren, §§ 1431 Abs. 3, 1456 Abs. 3 BGB. Die ZPO hat dagegen das *Verhältnis umgekehrt*: Anstatt die Einwilligung als Erfordernis aufzustellen, läßt sie zunächst die Tatsache des Betriebes, die das Vollstreckungsorgan auf Grund des Handelsregisters, des Firmenschildes (§ 15 a GewO) oder sonst festzustellen hat, genügen. Der Mangel der Einwilligung (**Einspruch** oder **Widerruf**) kann vom anderen Ehegatten nach § 766 geltend gemacht werden und ist erheblich, wenn er bereits zur Zeit des Eintritts der Rechtshängigkeit[20] *eingetragen* war, also nicht schon bei Kenntnis des Dritten. Daß der andere Ehegatte den Geschäftsbetrieb nicht gekannt hat, ist hier ebenfalls unerheblich. Der Gerichtsvollzieher ist im Gegensatz zum Erinnerungsgericht nicht befugt, auf den Nachweis der Eintragung hin die Vollstreckung einzustellen, arg. § 775[21].

8   Da aber nach §§ 1431, 1456 BGB das Urteil dem anderen Ehegatten gegenüber in Ansehung des Gesamtgutes dann unwirksam ist, wenn er den Geschäftsbetrieb nicht kannte oder der Gläubiger den Mangel der Einwilligung kannte, ist ihm in § 774 für solche Fälle die *Widerspruchsklage* eingeräumt, um die fehlende Haftung des Gesamtguts zu rügen. Er kann aber auch die Tatsache der Eintragung seines Einspruchs auf diesem Wege geltend machen, obwohl sie schon nach § 766 gerügt werden kann; denn § 774 umfaßt alle Fälle der Unwirksamkeit, auch den in § 741 vorgesehenen. Wegen des Einwands der Haftung aus anderem Grund → aber § 771 Rdnr. 48, ferner § 740 Rdnr. 7 a. E.

9   3. Die *Vollstreckbarkeit des Urteils beschränkt sich* nicht auf Geschäftsschulden[22]. Dem Vollstreckungsorgan die Entscheidung darüber zu überlassen, ob der »Geschäftsbetrieb« diesen Rechtsstreit »mit sich bringt«, wäre eine praktische Unmöglichkeit gewesen. Da aber bei anderen als Geschäftsschulden §§ 1431, 1456 BGB nicht zutreffen, ist bei ihnen das Urteil dem **anderen** Ehegatten gegenüber in Ansehung des Gesamtgutes nicht wirksam und dieser zur Widerspruchsklage nach § 774, aber nicht zur Erinnerung[23] berechtigt. Dabei hat er zu beweisen, daß eine der Ausnahmen vorliegt, unter denen abweichend von der Regel des § 741 sein Widerspruchsrecht bestehen bleibt. Wegen des Falles, daß demgegenüber der Gläubiger behauptet, der andere Ehegatte habe zu dem Rechtsgeschäft oder Rechtsstreit seine Zustimmung gegeben, → § 774 Rdnr. 1.

III. Allein- oder Mitgewahrsam des anderen Ehegatten

10   § 741 läßt nur zur Vollstreckung einen *Titel* gegen den nicht verwaltungsberechtigten Ehegatten genügen, besagt aber an sich nichts darüber, ob dabei in den *Gewahrsam des anderen* eingegriffen werden kann, → Rdnr. 3 f. vor § 735. Früher wurde deshalb dieser Eingriff überwiegend abgelehnt[24]; aber er entspricht dem Zweck des § 741[25]. Seit auch § 739

---

[19] *Arnold* (Fn. 3) Rdnr. 44; *Stöber* (Fn. 5) Rdnr. 8; *Thomas/Putzo*[18] Rdnr. 5. – A. M. wohl *Baumbach/Hartmann*[52] Rdnr. 3–5; *Wieczorek*[2] Anm. A II a, b, B II 2 (nur § 774, dazu → Rdnr. 8 f.).
[20] Bei vollstreckbaren Urkunden jener der Errichtung, s. § 1412 BGB.
[21] *Hartmann* (Fn. 19) Rdnr. 5; *Rosenberg/Gaul*[10] § 20 III 2 c; *Thomas/Putzo*[18] Rdnr. 3. – A. M. *Arnold* (Fn. 3)

Rdnr. 13; *Förster/Kann* ZPO³ Anm. 4 a; *Hörle* (Fn. 1) 86 f.; *Stöber* (Fn. 5) Rdnr. 7; *Walsmann* (Fn. 13) 53.
[22] *BayObLG* (Fn. 6), allg. M.
[23] *RG* JW 1931, 1345, ganz h. M.
[24] So 16. Aufl.; *Seuffert/Walsmann* ZPO¹² Anm. 3, *Jolly* AcP 93 (1902), 472, *KG* JW 1933, 188 u. a.
[25] *Bettermann* ZZP 62 (1941) 228; *Beitzke* ZZP 68 (1955) 257; *Hein* Duldung der ZV (1911) 205 u. a.

den Gedanken des Gläubigerschutzes in den Vordergrund gestellt hat, ist der Gewahrsam des anderen Ehegatten nach allg. M. unbeachtlich[26]. Eine Duldungsklage gegen den verwaltungsberechtigten Ehegatten[27] kommt danach nicht mehr in Betracht[28]; wegen des Falls, daß ein Recht noch auf dessen Namen eingetragen ist, nicht auf die Gesamthand der Ehegatten, → § 740 Rdnr. 10 a. E. Zur zulässigen *Leistungsklage* gegen beide Gatten → Rdnr. 3.

§ 742 [Gütergemeinschaft während des Rechtsstreits]

Ist die Gütergemeinschaft erst eingetreten, nachdem ein von einem Ehegatten oder gegen einen Ehegatten geführter Rechtsstreit rechtshängig geworden ist, und verwaltet dieser Ehegatte das Gesamtgut nicht oder nicht allein, so sind auf die Erteilung einer in Ansehung des Gesamtgutes vollstreckbaren Ausfertigung des Urteils für oder gegen den anderen Ehegatten die Vorschriften der §§ 727, 730 bis 732 entsprechend anzuwenden.

Gesetzesgeschichte: Seit 1900 RGBl. 1898 I 256. Änderung BGBl. 1957 I 609.

I. Allgemeines

§ 742 erspart Gläubigern eine zweite Klage, wenn die Gütergemeinschaft erst nach dem Beginn des ersten Prozesses eingetreten ist (§ 740), oder erlaubt Vollstreckung von vornherein zugunsten des Gesamtguts[1]. Der nicht oder nicht allein verwaltende Ehegatte bedarf hier – als Ausnahme von dem alleinigen Prozeßführungsrecht des verwaltungsberechtigten oder dem gemeinschaftlichen Prozeßführungsrecht beider Ehegatten, §§ 1422, 1450 BGB – nicht der Zustimmung des anderen zur **Fortsetzung eines zur Zeit des Eintritts**[2] **des Güterstandes** für oder gegen ihn **anhängigen Rechtsstreits**, §§ 1433, 1455 Nr. 7 BGB; in solchen Prozessen ergangene Urteile sind in Ansehung des Gesamtgutes dem anderen Ehegatten gegenüber wirksam. → auch § 744a Rdnr. 7 für die Eigentums- und Vermögensgemeinschaft. Sie ergehen ohne Berücksichtigung der Änderung in der Urteilsformel und erlauben die Vollstreckung in das Vorbehalts- und Sondergut des Prozeßführenden, → § 740 Rdnr. 12. Der andere Ehegatte wird in § 742 hinsichtlich des Gesamtguts wie ein Rechtsnachfolger des prozeßführenden Ehegatten behandelt[3], ohne daß es auf eine unmittelbare oder entsprechende Anwendung des § 265 ankommt[4]. Daraus ergibt sich, daß der intervenierende verwaltende Ehegatte streitgenössischer Nebenintervenient wird[5]. 1

Das rechtfertigt es, daß die (von der Wirksamkeit des Urteils gegenüber dem Gesamtgut scharf zu trennende) *Vollstreckbarkeit*[6] auf den *anderen* allein oder mit zur Verwaltung berechtigten Ehegatten **in Ansehung des Gesamtgutes**, und zwar sowohl für wie gegen ihn, auf dem durch § 727 vorgeschriebenen Wege *übertragen* wird. Über den Fall, daß der Güterstand vor Erteilung der Klausel bereits wieder *beendet* ist, → § 744 Rdnr. 7. 2

---

[26] *Arnold* (Fn. 3) Rdnr. 14; *Stöber* (Fn. 5) Rdnr. 7.
[27] So die für das alte Recht bei Geschäftsschulden h. M., → 16. u. frühere Aufl. mwN in Fn. 11/17. – A.M. schon damals *KG* OLGRsp 17, 188, *Bettermann* (Fn. 1) 228.
[28] *Arnold* (Fn. 3) Rdnr. 14 Fn. 19 mwN; *Erman/Hekkelmann* BGB[7] 6 zu § 1431. – A.M. *Wieczorek*[2] Anm. B I; bei Getrenntleben *Soergel/Gaul*[12] § 1431 Rdnr. 7.
[1] Vgl. § 97 Nr. 2 Abs. 2 GVGA.
[2] Ob ein Ehegatte bei Beginn des Rechtsstreits in einer anderen Ehe lebte und welcher Güterstand in dieser bestand, ist gleichgültig; vgl. auch *KG* JW 1922, 1532.

[3] S. auch *RG* Gruch. 48 (1904), 1017; *Schultze* Vollstreckbarkeit (1891) 146f.
[4] Er greift ein, wenn der anhängige Prozeß sich auf ein von dem Ehegatten durch die Eheschließung erworbenes, eigenes materielles Recht bezieht *Bötticher* FSf. Laun (1948) 298. Im übrigen → § 265 Rdnr. 20.
[5] *Bötticher* (Fn. 4) 299; *Walsmann* Streitgenössische Nebenintervention (1905) 172.
[6] → § 727 Rdnr. 4.

3   Für die Zulässigkeit einer erneuten *Leistungsklage* anstelle der Klauselerteilung nach § 742 gilt das → § 727 Rdnr. 7 Ausgeführte entsprechend[7].

4   *Entsprechende Anwendung* des § 742, wenn nach Eintritt der Rechtshängigkeit das Verwaltungsrecht vom einen auf den anderen Ehegatten oder auf beide übergeht[8], wenn im Falle des § 1429 BGB der eine Ehegatte einen Rechtsstreit weiterführt, obwohl die Verhinderung des anderen bereits behoben ist oder wenn der Verwaltende seine Zustimmung zum Erwerbsgeschäft (vgl. § 741) widerruft[9], kommt nur in Betracht, soweit man in solchen Fällen den Fortbestand der Prozeßführungsbefugnis in ebenfalls entsprechender Anwendung der §§ 1433, 1455 Nr. 7 BGB bejaht[10].

5   § 742 gilt nach seinem Wortlaut auch dann, wenn der Rechtsstreit vor Eintritt der Gütergemeinschaft schon rechtskräftig abgeschlossen war, obwohl hier die Möglichkeit der Einflußnahme auf das Prozeßergebnis durch den anderen Ehegatten[11] ganz ausscheidet[12]. – Zur Umschreibung von *Kostentiteln* analog § 742 → Rdnr. 25 vor § 91, § 740 Rdnr. 7 Fn. 24.

II. Verfahren, Nachweise

6   Die Klausel erteilt der Rechtspfleger, § 20 Nr. 12 RpflG; zum Verfahren s. § 730. Der durch öffentliche oder öffentlich beglaubigte Urkunden zu führende **Nachweis** betrifft den Zeitpunkt der Rechtshängigkeit[13], also regelmäßig den der Zustellung der Klage, sowie den Beginn und die Art des Güterstandes. Für diesen wird die Partei ein Zeugnis des Amtsgerichts (§ 1563 BGB, § 162 FGG)[14] oder, da die Eintragung keinen konstitutiven Charakter hat, eine Ausfertigung des gemäß § 1410 geschlossenen Vertrags vorlegen. Zur Erwähnung der Nachweise in der Klausel → § 727 Rdnr. 39. Bei anderen Titeln als Urteilen (§ 795) tritt an die Stelle des Zeitpunkts der Rechtshängigkeit derjenige ihrer Errichtung. Die Anrufung von Schiedsgerichten begründet zwar keine Rechtshängigkeit im Sinne des § 261, aber sie löst auch sonst entsprechende Folgen aus[15], so daß es hier ebenso auf die »Schiedshängigkeit« ankommt[16]. Zur Erwirkung der Vollstreckbarerklärung in diesem Falle → § 1042 Rdnr. 18.

7   Die Vollstreckungsklausel *für* den verwaltenden Ehegatten lautet unbeschränkt, da er die Rechte aktiv im eigenen Namen verfolgt, §§ 1422, 1450 usw. BGB; jene *gegen* ihn ist nur »in Ansehung des Gesamtgutes« zu erteilen, also beschränkt auf die Vollstreckung in dieses. Zur Vollstreckung in sein Vorbehalts- oder Sondergut bedarf es eines Titels gegen ihn; andernfalls könnte er sie nach § 771 abwehren[17].

8   Bei *gemeinschaftlicher Verwaltung* ist die Klausel entsprechend beschränkt oder unbeschränkt für oder gegen beide zu erteilen.

III. Klauselerteilung, Rechtsbehelfe, Kosten

9   1. Wird die Vollstreckungsklausel **für** den jetzt allein (bzw. mit-) verwaltungsberechtigten Ehegatten verlangt, nachdem bereits der andere eine **vollstreckbare Ausfertigung** erhalten

---

[7] Zust. *MünchKommZPO-Arnold* Rdnr. 3. – A.M. (Rechtsschutzbedürfnis fehle stets) *Baumbach/Hartmann*[52] Rdnr. 1, *Zöller/Stöber*[18] Rdnr. 2.

[8] So *Wieczorek*[2] Anm. B I.

[9] So *Palandt/Diederichsen* BGB[53] § 1433 Rdnr. 2; *MünchKomm BGB-Kanzleiter*[3] § 1431 Rdnr. 12.

[10] Alternative: Parteiwechsel, → dazu § 265 Rdnr. 20. Zust. *Arnold* (Fn. 7) Rdnr. 6, der die Analogie auch bejaht, wenn im Falle § 741 das Erwerbsgeschäft nach rechtskräftiger Verurteilung aufgegeben wird, bevor mit der ZV begonnen werden konnte (aaO § 741 Fn. 16).

[11] → Rdnr. 1 Fn. 5.

[12] Allg. M. *Arnold* (Fn. 7) Rdnr. 5 mwN. Das Problem tritt nämlich auch bei Errichtung vollstreckbarer Urkunden vor Eintritt der Gütergemeinschaft auf (was dem Ehepartner noch eher verborgen bleiben kann als ein Prozeß, s. auch Mot. BGB IV 266), u. trotzdem hat man § 795 insoweit bewußt nicht eingeschränkt, s. Mot. BGB IV 369f. mit 260, 364.

[13] → § 261 Rdnr. 5.

[14] S. § 792. Die nach Rechtshängigkeit datierte Heiratsurkunde (vgl. *Wieczorek*[2] Anm. B I) genügt nur, wenn wirksam zugestanden ist, daß Gütergemeinschaft jetzt besteht, → dazu § 727 Rdnr. 38, § 730 Rdnr. 3.

[15] → § 1034 Rdnr. 22.

[16] Richtig *Arnold* (Fn. 7) Rdnr. 8 in Fn. 7 gegen die Bedenken der 20. Aufl.

[17] Falls er nicht materiell mithaftet → § 771 Rdnr. 48 ff.

hatte, so ist, falls diese nicht (wie regelmäßig[18]) einfach »umgeschrieben« wird, die neue Ausfertigung als weitere gemäß § 733 zu erteilen.

Wird die Klausel **gegen** ihn verlangt, so bleibt die Haftung des prozeßführenden Ehegatten mit dessen Vorbehaltsgut neben jener des Gesamtgutes bestehen. Die (beschränkte) Ausfertigung ist dann gegen den jetzt verwaltenden Ehegatten *neben* der (unbeschränkten) gegen den anderen zu erteilen, aber, da die Haftung beider der Sache nach auf eine Gesamthaftung herauskommt, im Falle sukzessiver Erteilung unter Anwendung des § 733[19]. War hingegen eine Klausel noch nicht erteilt worden, so ist die Ausfertigung tunlichst einheitlich zu erteilen, um die Schuldner nicht unnötig zu gefährden durch mehrere Ausfertigungen[20], nämlich zum Zwecke der Zwangsvollstreckung (ohne Beschränkung) gegen den Prozeßführenden und zum Zwecke der Vollstreckung in das Gesamtgut auch gegen den (oder die) Verwaltenden. 9a

2. Wegen der **Rechtsbehelfe** → § 730 Rdnr. 4ff. Gegen die Erteilung stehen dem *verwaltungsberechtigten* Ehegatten, sofern die Klausel gegen ihn gerichtet ist, die §§ 732 u. 768 wahlweise zu Gebote, wenn er die Unwirksamkeit des Urteils aus irgendeinem Grunde behaupten will, z.B. weil der Rechtsstreit sich nur auf Vorbehaltsgut des prozessierenden Ehegatten bezieht (§§ 1418 Abs. 3, 1440 BGB), oder wenn die Klausel ohne die vorerwähnten Beschränkungen erteilt sein sollte. Über die Rechtsbehelfe des *obsiegenden* Ehegatten, wenn er geltend machen will, daß die zu vollstreckende Forderung zu seinem Vorbehaltsgut gehört, → § 727 Rdnr. 44ff. 10

3. Wegen der **Kosten** → § 724 Rdnr. 17. 11

§ 743 [Beendete Gütergemeinschaft]

Nach der Beendigung der Gütergemeinschaft ist vor der Auseinandersetzung die Zwangsvollstreckung in das Gesamtgut nur zulässig, wenn beide Ehegatten zu der Leistung oder der eine Ehegatte zu der Leistung und der andere zur Duldung der Zwangsvollstreckung verurteilt sind.

Gesetzesgeschichte: Seit 1900 RGBl. 1898 I 256. Änderung BGBl. 1957 I 609.

I. Wird die **Gütergemeinschaft beendigt** durch Vertrag, § 1408 BGB, durch Urteil, §§ 1449, 1470 BGB, durch Tod eines Ehegatten, sofern nicht fortgesetzte Gütergemeinschaft stattfindet, §§ 1482, 1483 BGB, oder durch sonstige Auflösung der Ehe, so tritt das Gesamtgut **bis zur Auseinandersetzung** in die gemeinschaftliche Verwaltung und Verfügung der Ehegatten bzw. des einen Ehegatten und der Erben des anderen, die hier wie im BGB selbst stets unter der Bezeichnung »Ehegatten« mitbegriffen sind, wobei der Grundsatz der gesamten Hand gilt, § 1472 BGB. 1

Deshalb wird wie in § 740 Abs. 2 **während dieser Zeit** zur Vollstreckung in das Gesamtgut ein gegen **beide** Ehegatten vollstreckbarer Titel (oder gesonderte Titel) verlangt, auch von Gläubigern, die nach § 1472 Abs. 2 BGB auf die Alleinverwaltung weiterhin vertrauen durften[1]. Beide Ehegatten werden dadurch zu Vollstreckungsschuldnern, auch für § 807. Der Titel muß gegen den das Gesamtgut *verwaltenden* Ehegatten bzw. dessen Erben stets *auf Leistung* gehen, soweit es sich nicht um Verbindlichkeiten handelt, die im Verhältnis der Ehegatten zueinander dem Gesamtgut nicht zur Last fallen, § 1437 Abs. 2 S. 2 mit §§ 1441ff. BGB, ebenso gegen den *anderen* Ehegatten, soweit er auch *persönlich* haftet, d.h. soweit die 1a

---

[18] → § 733 Rdnr. 3a Fn. 21.
[19] → § 733 Rdnr. 3b.
[20] → auch § 725 Rdnr. 6, § 733 Rdnr. 2.

[1] Dies ersetzt nicht Titel gegen den bisher Nichtverwaltenden, sondern ermöglicht nur materiellrechtlich deren Beschaffung.

Gesamtgutsverbindlichkeit eine Schuld von ihm ist. Soweit dagegen eine *persönliche Haftung nicht besteht* oder nicht geltend gemacht werden soll, genügt es, wenn der andere Ehegatte zur *Duldung* der Vollstreckung in das Gesamtgut verurteilt ist[2] oder nach § 794 Abs. 2 die sofortige Vollstreckung bewilligt. War bei Beendigung des Güterstands ein endgültiger Titel gegen den *allein* Verwaltenden schon vorhanden, so kann er unter den Voraussetzungen des § 744 gegen den anderen Ehegatten vollstreckbar ausgefertigt werden. Für Verbindlichkeiten, die erst *nach* der Beendigung des Güterstandes entstanden sind, haftet das Gesamtgut nicht[3], es sei denn, daß beide Ehegatten nach allgemeinen Grundsätzen Gesamtschuldner sind und als solche verurteilt werden[4].

2   Einer Vollstreckung in das Gesamtgut auf Grund eines nur gegen einen Ehegatten wirksamen Titels kann der andere nach § 771[5] bzw. können beide Ehegatten nach § 766[6] widersprechen; darüber → § 766 Rdnr. 55. War die Vollstreckung bei Beendigung des Güterstandes bereits begonnen, so wird sie unzulässig, wenn der Gläubiger sich nicht in angemessener Frist einen Titel gegen den anderen Ehegatten beschafft[7]. Ebenso kann jeder Teil die Eigenschaft eines gepfändeten Gegenstandes als Vorbehaltsgut oder Sondergut nach § 771 geltend machen, sofern er nur zur Duldung der Vollstreckung in das Gesamtgut verurteilt ist. Dagegen kann jetzt auf Grund eines nur *einseitigen Titels*, also namentlich wegen später entstandener Verbindlichkeiten, der Anteil des verurteilten Ehegatten an dem Gesamtgute (nicht an den einzelnen Gesamtgutsgegenständen) gepfändet werden, s. § 860 Abs. 2.

3   **II. Hatten beide Ehegatten das Gesamtgut verwaltet**, so war schon während des Güterstandes ein Titel gegen beide nötig. Dies genügt in dem → § 740 Rdnr. 6 dargelegten Umfang auch für eine Vollstreckung nach der Beendigung. Für die Zeit nach der Auseinandersetzung → Rdnr. 4.

4   **III. Nach der Auseinandersetzung** gelten für die Inanspruchnahme desjenigen Ehegatten, der zur Zeit der Teilung persönlich haftete, die allgemeinen Vorschriften. Daneben haftet nach § 1480 BGB der andere Ehegatte, für den zur Zeit der Teilung eine solche Haftung nicht bestand, nunmehr auch *persönlich* als Gesamtschuldner, und zwar *mit Beschränkung auf die ihm zugeteilten Gegenstände*. Die Zwangsvollstreckung gegen ihn setzt nach den allgemeinen Vorschriften nunmehr einen Titel auf *Leistung* voraus. Ein Duldungstitel nach § 743 genügt nicht[8], da die gegenständliche Beschränkung der Haftung des § 1480 BGB wegen §§ 786, 781 bei der Vollstreckung unberücksichtigt bleibt bis zur Klage nach § 785 und somit kein Raum ist für einen etwa nur auf die zugeteilten Gegenstände bezogenen Duldungstitel. Wird die Vollstreckung ohne einen Leistungstitel, also nur auf Grund eines Duldungstitels oder eines gegen den anderen Ehegatten gerichteten Leistungstitels betrieben, so kann jeder Ehegatte das nach **§ 766** rügen[9].

---

[2] *OLG Hamburg* HGZ 1941, 52; *Rauscher* Rpfleger 1988, 91. Leistungsurteile sind dann fehlerhaft, ermöglichen aber die ZV, da sie »ein Mehr« gegenüber Duldung bedeuten *RGZ* 89, 363, 365.
[3] Folgt man der Gegenansicht, z.B. *MünchKommBGB-Kanzleiter*[3] § 1472 Rdnr. 4, so gilt § 743.
[4] Zust. *MünchKommZPO-Arnold* Rdnr. 5.
[5] Vgl. *OLG Colmar* OLGRsp 13, 186, ZZP 41 (1911) 207, *OLG Königsberg* OLGRsp 18, 397f.
[6] Vgl. *OLG Königsberg* (Fn. 5).
[7] A.M. (ZV bleibe zulässig) *OLG Koblenz* Rpfleger 1956, 164; *Arnold* (Fn. 4) Rdnr. 10 mwN.
[8] Ganz h.M. *RGZ* 79, 356 (obiter); 89, 365. – A.M. *Wieczorek*[2] Anm. B II b 2.
[9] Die Klage nach § 771 hat nur Erfolg, wenn es auch an der materiell-rechtlichen Haftung fehlt; → § 740 Rdnr. 7 a. E., heute h. M.

§ 744 [Vollstreckbare Ausfertigung bei beendeter Gütergemeinschaft]

Ist die Beendigung der Gütergemeinschaft nach der Beendigung eines Rechtsstreits des Ehegatten eingetreten, der das Gesamtgut allein verwaltet, so sind auf die Erteilung einer in Ansehung des Gesamtguts vollstreckbaren Ausfertigung des Urteils gegen den anderen Ehegatten die Vorschriften der §§ 727, 730 bis 732 entsprechend anzuwenden.

Gesetzesgeschichte: Seit 1900 RGBl. 1898 I 256. Änderung BGBl. 1957 I 609.

I. § 744 geht von der **Gütergemeinschaft** des BGB mit *alleinigem* Verwaltungsrecht eines Ehegatten aus; dazu → § 740 Rdnr. 5. Endigt sie erst **nach rechtskräftiger Beendigung**[1] (vgl. dazu § 738) **eines Rechtsstreits gegen den zur** Verwaltung und **Prozeßführung befugten Ehegatten** oder nach Errichtung eines sonstigen endgültigen Titels (§§ 794 f.) gegen diesen[2], so bleibt der Titel inhaltlich nach wie vor in das Gesamtgut vollstreckbar. Da aber jetzt nach § 1472 BGB die Verwaltung *beiden* Eheleuten gemeinsam zusteht und daher § 743 Titel gegen beide verlangt, gestattet § 744 – aus den gleichen Gründen wie → § 742 Rdnr. 1 f. – die Erteilung der Vollstreckungsklausel gegen den anderen Ehegatten bzw. dessen Erben[3] »in Ansehung des Gesamtguts« entsprechend § 727[4] durch den Rechtspfleger, § 20 Nr. 12 RpflG. Erforderlich ist nur der urkundliche Nachweis, daß der Güterstand bestanden hat, was meist aus den Akten hervorgehen wird, und daß er durch Vertrag, rechtskräftiges Urteil, Tod oder Scheidung der Ehe aufgehoben ist, sowie der Nachweis des Zeitpunktes der Aufhebung und der Rechtskraft. Des Nachweises der Eintragung ins Güterrechtsregister bedarf es auch hier nicht, weil sie nur Voraussetzung für Einwendungen gegen Dritte ist, § 1449 Abs. 2 BGB, hier aber der Dritte Rechte aus der Aufhebung herleitet. Wenn man jedoch der Auffassung folgt, daß § 744 erst recht während *noch bestehender* Gütergemeinschaft anzuwenden sei[5], so braucht die Beendigung des Güterstandes überhaupt nicht nachgewiesen zu werden. Zum Klauselinhalt → § 742 Rdnr. 9 a mit dem Unterschied, daß die beschränkte Klausel hier gegen den bisher Nichtverwaltenden zu richten ist.

Wird die Vollstreckung gegen den Ehegatten, der nicht verurteilt war, auf Grund der beschränkten Klausel in sein sonstiges Vermögen gerichtet, so kann er nach § 771 widersprechen[6].

Erfolgt die Umschreibung eines Leistungsurteils erst *nach Auseinandersetzung* der Gütergemeinschaft, so ist, da nunmehr ein Gesamtgut nicht mehr vorhanden ist, die Klausel unbeschränkt zu erteilen. Die Haftungsbeschränkung auf zugeteilte Gegenstände, § 1480 BGB, ist nach § 786 geltendzumachen[7].

II. **Endet der Güterstand** dagegen vor[8] oder während[9] der **Rechtshängigkeit**, so ist § 744 aus dem → Fn. 1 genannten Grund nicht anwendbar. Soweit allerdings ein zum Gesamtgut gehöriger Gegenstand eine im Streit befangene Sache i. S. der §§ 265, 325, 727 ist[10], darf der

---

[1] Zweck: Nach Beendigung soll ein Verhalten nur des bisher allein Verwaltenden nicht mehr titelschaffend wirken, vgl. *Seuffert* Gruch. 43 (1899), 142. → auch Rdnr. 4 f. Die §§ 302 Abs. 3, 599 Abs. 3 gelten auch insoweit; → § 717 Rdnr. 1 a.

[2] Auch dann ist der Zweck → Fn. 1 gewahrt, *MünchKommZPO-Arnold* Rdnr. 3 Fn. 3.

[3] *OLG Posen* OLGRsp 10, 375.

[4] Wegen erneuter Leistungs- oder Duldungsklage → § 727 Rdnr. 7; ähnlich *OLG Posen* (Fn. 3).

[5] → § 740 Rdnr. 10 mit 18. Aufl. § 740 III 3.

[6] → § 771 Rdnr. 36 f.

[7] → § 743 Rdnr. 4; h. M. *MünchKommZPO-Lindacher* Anh. § 52 Rdnr. 69 a. E. mwN. – A. M. *Zöller/Stöber*[18] Rdnr. 6; *Arnold* (Fn. 2) unter Berufung auf RGZ 68, 426 (das aber nur zutreffend »Schuldtitel« gegen die Frau verlangte, während Umschreibung schon deshalb nicht zulässig gewesen wäre, weil das Urteil gegen den Mann erst **nach** Auseinandersetzung erging).

[8] *OLG Marienwerder* OLGRsp 4, 140.

[9] Allg. M. – Anders (versehentlich?) *OLG Marienwerder* (Fn. 8) obiter 141.

[10] → § 265 Rdnr. 11 ff.

bisher allein Verwaltende den Rechtsstreit fortführen und ist die Klausel in unmittelbarer Anwendung der §§ 265, 727 gegen den anderen zu erteilen[11]. Tritt dieser allerdings als nunmehr zur Verwaltung Mitberechtigter dem Prozeß bei, so wirkt ein darin ergangenes Urteil auch gegen ihn. Im übrigen, insbesondere also bei Zahlungsansprüchen, gilt *vor* der Auseinandersetzung das → § 743 Rdnr. 1 f., *danach* das → § 743 Rdnr. 4 Ausgeführte. Soweit der bisher auf Leistung verklagte Ehegatte nunmehr wegen §§ 1437 Abs. 2 S. 2, 1459 Abs. 2 S. 2 BGB nur noch auf Duldung der Vollstreckung verurteilt werden kann, ist die Änderung des Klagantrags nach § 264 Nr. 2 zulässig[12].

5   Ist entgegen → § 740 Rdnr. 10 eine vollstreckbare Ausfertigung des gegen den verwaltenden Ehegatten ergangenen Urteils noch *während* der Gütergemeinschaft gegen den anderen Ehegatten wegen einer persönlichen Verbindlichkeit erteilt, bevor die Rechtskraft eingetreten ist, so kann dieser die nunmehr eintretende Beendigung des Güterstandes nach §§ 732, 768 geltend machen.

6   III. Endet der Güterstand vor oder nach der Rechtskraft eines Urteils, das **zugunsten des verwaltenden Ehegatten** ergangen ist, so sind in Ansehung des Gesamtgutes **beide** Ehegatten bzw. die Erben des einen von ihnen und der überlebende Ehegatte die Rechtsnachfolger; *bis zur Auseinandersetzung* ist daher auf den Nachweis der Beendigung die Klausel ihnen gemeinsam als Gesamtgläubigern[13] gemäß §§ 727, 730 zu erteilen[14], *nach* der Auseinandersetzung jenem, dem der Anspruch bei der Teilung zugewiesen ist. Hatte dieser das Urteil erstritten, so bedarf es keiner neuen Klausel. Eine Vollstreckung des Titelinhabers aufgrund der bisher *ihm allein* erteilten Klausel bleibt aber zulässig, bis sie nach § 767 für unzulässig erklärt oder nach § 769 einstweilen eingestellt wird. Dies gilt sowohl vor[15] als auch nach[16] Auseinandersetzung. Zu Rechtsbehelfen des oder der anderen Mitberechtigten (z.B. weil der Klauselinhaber nicht bereit ist, etwaige Erlöse für alle zu hinterlegen o.ä.) → § 727 Rdnr. 48.

7   IV. Die zu I–III entwickelten Sätze finden **entsprechende Anwendung**, wenn ein Prozeß für oder gegen den von der Verwaltung ausgeschlossenen Ehegatten bei Eintritt des Güterstandes anhängig war (§ 742), die vollstreckbare Ausfertigung gegen den anderen Ehegatten aber erst nach Beendigung des Güterstandes verlangt wird.

---

[11] Ganz h.M. Aber nicht bei alleiniger Fortführung des Prozesses nach § 1472 Abs. 2 oder 3 *Arnold* (Fn. 2) Rdnr. 4.

[12] → § 264 Rdnr. 66; *Planck* BGB⁴ § 1472 Fn. 33; im Ergebnis auch *Meikel* BlfRA 67, 240f.; *Hein* Duldung der ZV (1911) 248ff. – A.M. *Hellwig* Anspruch 345 (§ 242 analog); *Haas* Gruch. 45 (1901), 39, 45.

[13] *Arnold* (Fn. 2) Rdnr. 11; → § 733 Rdnr. 3 b zu Fn. 26.

[14] Heute allg. M. *Arnold* (Fn. 2) Rdnr. 11 mwN; *Stöber* (Fn. 7) Rdnr. 9; nicht nur einem allein, wie *Hellwig* (Fn. 12) 344 annimmt. § 744 regelt *diesen* Fall nicht (»gegen«).

[15] Und zwar unabhängig davon, ob man materiellrechtlich mit der h.M. § 2039 BGB anwendet (vgl. *BGH* FamRZ 1958, 459 mwN; *MünchKommBGB-Kanzleiter* BGB³ § 1472 Rdnr. 9 mwN; aaO *Dütz* § 2039 Rdnr. 28) oder nicht. Insoweit unklar *Arnold* (Fn. 2) Rdnr. 11 f. Er hält die beiderseitige Klausel → Fn. 13 für »erforderlich«, ohne auszuführen, ob andernfalls der Schuldner einer ZV schon nach §§ 766, 732 oder nur nach § 767 begegnen kann. Letzteres trifft zu, da Titel u. Klausel zugunsten des ehemals Verwaltenden die ZV formell decken u. diesem die Klausel so lange allein verbleibt, bis die Beendigung gemäß § 727 geltendgemacht wird, → dort Rdnr. 44, 46. Allerdings ist eine Rüge nach § 767, der Obsiegende sei nach Beendigung nicht mehr allein berechtigt, unbegründet, soweit man § 2039 BGB entsprechend anwendet.

[16] Dann kann nach § 767 stets gerügt werden, der Titelinhaber sei nicht mehr der materiell Berechtigte, außer wenn ihm Einziehungsermächtigung erteilt ist → § 767 Rdnr. 22.

§ 744a [Zwangsvollstreckung bei fortgesetzter Eigentums- und Vermögensgemeinschaft]

Leben die Ehegatten gemäß Artikel 234 § 4 Abs. 2 des Einführungsgesetzes zum Bürgerlichen Gesetzbuch im Güterstand der Eigentums- und Vermögensgemeinschaft, sind für die Zwangsvollstreckung in Gegenstände des gemeinschaftlichen Eigentums und Vermögens die §§ 740 bis 744, 774 und 860 entsprechend anzuwenden.

Gesetzesgeschichte: Seit 1990 (Einigungsvertrag Anl. I Kap. III Sachgeb. B Abschn. II Nr. 1) BGBl. II 889, 921.

I. Anwendungsbereich[1]

§ 744a ist nur anwendbar, wenn infolge rechtzeitiger Erklärung bis zum 2.X. 1992 nach Art. 234 § 4 Abs. 2 S. 1 EGBGB ein vor dem 3.X. 1990 bestehender (damals gesetzlicher) Güterstand der **Eigentums-und Vermögensgemeinschaft**, einer Art Errungenschaftsgemeinschaft, fortbesteht. Andernfalls leben die Ehegatten in *Zugewinngemeinschaft*, falls sie ihren Güterstand nicht inzwischen vertraglich geändert haben. Dann gilt für sie das → § 739 Rdnr. 6ff. Ausgeführte bezüglich beweglicher Sachen, die beiden Ehegatten nach Art. 234 § 4a Abs. 1 EGBGB als Miteigentümer gehören[2], was nur wie → § 739 Rdnr. 27 geltendgemacht werden kann[3]. Für eine Immobiliarvollstreckung ist entscheidend, welche Gemeinschaftsart eingetragen ist → § 864 Rdnr. 16; § 867 Rdnr. 21.

1

II. Gemeinschaftliches Vermögen und Alleinvermögen der Ehegatten

Nach §§ 13 Abs. 1 FGB[4] gehört persönliches Eigentum einschließlich Vermögensrechten i. S. d. § 23 ZGB DDR und der Surrogate[5]

a) **den Ehegatten gemeinsam** (ohne bestimmte Anteilshöhe und insoweit wie Gesamthandsvermögen, nämlich wie »Gesamtgut« zu behandeln): Vermögen, das von einem oder von beiden Ehegatten durch Arbeit, mittels Arbeitseinkünften[6] oder nach § 13 Abs. 1 S. 2 diesen gleichgestellten Einkünften[7] während der Ehe, auch bei Getrenntleben[8] erworben wird oder im Hinblick auf die künftige Ehe erworben worden war[9], ebenso die genannten Einkünfte selbst, sobald sie ausgezahlt oder überwiesen sind[10];

2

---

[1] *Lit.:* Arnold DtZ 1991, 80; *Rauscher* DNotZ 1991, 209; *Stankewitsch* NJ 1991, 534; *P. Wassermann* FamRZ 1991, 507.
[2] Früher str.: Für **Gesamthand** KG DtZ 1992, 24; *MünchKommZPO-Arnold* (1992) Rdnr. 2; für **Miteigentum** BezG Erfurt DtZ 1994, 114; *Bosch* FamRZ 1991, 1005; *Rauscher* (Fn. 1) 217.
[3] Hierbei ist auch wie → § 771 Rdnr. 48f. zu entscheiden, ob der Gegenstand der ZV trotz Mitberechtigung noch für Altschulden gemäß § 16 FGB haftet.
[4] Lit: Kommentar Familienrecht[5] (Min. der Justiz DDR 1982, Herausgeberin *Grandke* u.a.); Familienrecht Lehrbuch[3] (Staatsverlag DDR 1981); Brudermüller/Wagenitz FamRZ 1990, 1294; *Wirsing* Das eheliche Güterrecht der DDR usw. (1973).
[5] *Grandke* u.a. (Fn. 4) § 13 Anm. 3. Bei Erwerb aus gemeinschaftlichem *und* alleinigem Vermögen entsteht gemeinschaftliches Vermögen, falls nicht die Mittel aus Alleineigentum weit überwiegen; anders bei Vergrößerung oder Erhaltung bereits bestehenden Alleineigentums, aaO § 13 Anm. 4. Surrogate sind insbesondere auch Ersatzansprüche, Erlöse aus Verwertungen von Gesamtgut sowie Sach- und Rechtsfrüchte.
[6] Auch Entnahmen aus selbständigen Betrieben zum persönlichen Verbrauch *Grandke* u.a. (Fn. 4) § 13 Anm. 1.2.1.
[7] Z.B. Renten, Versorgungsansprüche, Ehrensolde, Stipendien, Krankengeld, Ansprüche aus §§ 842f. BGB, *Grandke* u.a. (Fn. 4) § 13 Anm. 1.2.2; ebenso Ersparnisse nebst Zinsen, soweit sie aus Arbeitseinkünften i. S. d. → Rdnr. 2, also nicht Kapitalanlagen oder Vermietung von Mehrfamilienhäusern, stammen, gleichgültig wer gegenüber dem Kreditinstitut verfügungsbefugt ist, *Grandke* u.a. (Fn. 4) § 13 Anm. 1.2.3; *Arnold* (Fn. 2) Rdnr. 9.
[8] § 13 Abs. 2 S. 3 FGB.
[9] *Grandke* u.a. (Fn. 4) § 13 Anm. 1.2.4.
[10] *Grandke* u.a. (Fn. 4) § 13 Anm. 1.2.3. Sogar das Taschengeld, auch wenn dessen Inhaber allein über die Verwendung entscheiden konnte, aaO Anm. 5.

3   b) **einem der Ehegatten allein** nach § 13 Abs. 2 FGB vorbehaltlich abweichender Vereinbarungen gemäß § 14 Abs. 1 FGB[11], die über Grundstücke und Gebäude[12] notariell beurkundet, über eingetragene Rechte an diesen notariell beglaubigt sein müssen, § 14 Abs. 2: Sein vor der Ehe erworbenes persönliches Eigentum ohne Rücksicht auf die Herkunft (Ausnahme → Fn. 9) sowie trotz Erwerbs während der Ehe die aus eigener Arbeit oder Versorgung usw. erlangten Ansprüche als solche; Geschenke an ihn allein; Auszeichnungen, soweit diese nicht im Rahmen eines Arbeitsverhältnisses gewährt werden[13]; Erwerb aus Erbschaft, Vermächtnis oder Pflichtteil einschließlich aus Erbauseinandersetzungen erhaltenen Abfindungen[14]; zur Befriedigung **persönlicher oder beruflicher Bedürfnisse** nur eines der Ehegatten dienende Sachen (auch wenn sie aus gemeinsamen Mitteln erworben sind), und – bei Inhaberschaft nur eines der Ehegatten – auch durch eigene Mittel geschaffenes Betriebsvermögen nebst den nicht für die Familienversorgung verwendeten Erzeugnissen und Gewinnen daraus[15], falls der Wert dieser Gegenstände nicht gegenüber dem gemeinschaftlichen Vermögen unverhältnismäßig hoch ist[16].

III. Das gemeinschaftliche Vermögen haftet

4   a) neben dem Alleinvermögen **unbeschränkt** für gemeinsame **Verbindlichkeiten**, auch wenn sie durch Rechtsgeschäfte »in Angelegenheiten des gemeinsamen Lebens« entstanden sind, bei denen ein Ehegatte den anderen nach § 11 FGB gesetzlich vertreten hat[17]; vgl. auch § 434 Abs. 1 ZGB DDR (Gesamtschuld);

5   b) neben dem Alleinvermögen nach § 16 Abs. 1 FGB für Unterhaltsverpflichtungen (ohne Rücksicht auf den Zeitpunkt der Enstehung) und für *während* der Ehe entstandene persönliche **Verbindlichkeiten nur eines der Ehegatten subsidiär**, d. h. soweit dessen Alleinvermögen nicht zur Befriedigung ausreicht[18], → Rdnr. 10. Diese Haftung konnte nach § 16 Abs. 2 FGB von der Kammer für Familiensachen (§ 139 Abs. 2 ZPO-DDR) noch weitergehend auf Teile des gemeinschaftlichen Vermögens beschränkt werden in entsprechender Anwendung des § 39 FGB, falls der **andere Ehegatte widersprach**, → dazu Rdnr. 11.

IV. Titel zur Vollstreckung in gemeinschaftliches Vermögen

6   § 744a legt nicht ausdrücklich fest, ob **§ 740 Abs. 1 oder Abs. 2** entsprechend anzuwenden ist. Beide Absätze stellen einfach auf die Art der Verwaltung ab, aber nur deshalb, weil das Gesamtgut nach §§ 1437f. BGB ebenso **unbeschränkt** für Verhalten des Alleinverwaltenden haftet wie nach §§ 1459f. BGB für Verhalten beider Verwaltenden, und weil auch die Verfügungs- und Prozeßführungsbefugnis sich nach der Verwaltungsart richtet, §§ 1422ff., 1450ff. BGB. Hingegen kann a) die Haftung des gemeinschaftlichen Vermögens aufgrund Handelns nur eines der Ehegatten im Falle → Rdnr. 5 **beschränkt** werden, b) ist auch die Verfügungsbefugnis insofern eingeschränkt, als zwar nach § 15 Abs. 1 FGB jeder Ehegatte die Gemeinschaft gegenüber Dritten **allein** vertreten kann, seine Verfügung aber **unwirksam** ist, falls die Dritten einen entgegenstehenden Willen des anderen Ehegatten im Zeitpunkt der Verfügung kennen oder es sich um Häuser und Grundstücke handelt (§ 15 Abs. 2 FGB). Volle Haftung und Wirksamkeit von Verfügungen sind also nur gesichert, wenn entweder § 11 FGB zutrifft oder beide Ehegatten einverständlich handeln, entsprechend dem Grundsatz des § 9 FGB, daß **alle** Angelegenheiten des gemeinsamen Lebens in beiderseitigem Einverständnis geregelt werden. Das entspricht eher **gemeinschaftlicher Verwaltung** i.S.d. § 1450 Abs. 1 BGB. §§ 11 und § 15 FGB stehen nicht entgegen. Sie regeln nur **Vertretung** i.S.d. § 164 BGB, so daß aufgrund dieser Vorschriften für den anderen abgegebene Willenserklärungen solche des Vertretenen sind, also **keiner der Ehegatten allein im eigenen Namen das gemeinschaftliche Vermögen unbeschränkt haftbar machen oder mit Wirkung für dieses handeln kann.**

---

[11] Sie können nach § 14 Abs. 1 S. 2 FGB nicht über gemeinschaftliche Vermögenswerte, die der gemeinsamen Lebensführung dienen, getroffen werden. Gemeint sind Gegenstände des ehelichen Haushalts wie beim Voraus des gesetzlichen Erbrechts nach § 365 Abs. 1 S. 4 ZGB DDR, *Grandke* u. a. (Fn. 4) § 14 Anm. 1.2; vgl. auch 1369 Abs. 1 BGB.

[12] Auch grundstücksgleiche Erbbaurechte, während mit »Gebäuden« solche auf volkseigenen Grundstücken, nachgewiesen in einem Gebäudegrundbuchblatt, gemeint waren *Grandke* u. a. (Fn. 4) § 14 Anm. 2.2.1.

[13] *Grandke* u. a. (Fn. 4) § 13 Anm. 2.3.
[14] *Grandke* u. a. (Fn. 4) § 13 Anm. 2.4.
[15] → Fn. 6.
[16] *Grandke* u. a. (Fn. 4) § 13 Anm. 2.5–7.
[17] Allg. M. *Stankewitsch* (Fn. 1) mwN.
[18] Gemeint sind Zahlungsansprüche, die von vornherein oder wegen Nichterfüllung aus dem Alleinvermögen entstehen. *Grandke* u. a. (Fn. 4) § 16 Anm. 1.1.

1. Daher hat Art. 234 § 4a Abs. 2 S. 1 EGBGB zutreffend die Geltung der Vorschriften für gemeinschaftliche Verwaltung angeordnet und es ist **§ 740 Abs. 2** anzuwenden[19], → dazu § 740 Rdnr. 6ff., wobei an die Stelle des Vorbehalts- und Sonderguts das Alleinvermögen → Rdnr. 3 tritt. Erforderlich zur Vollstreckung in gemeinschaftliches Vermögen sind also **Titel gegen beide Ehegatten**. Für *Prozesse* vor Inkrafttreten der Neuerung war zu beachten, daß im Umfang der weitreichenden gesetzlichen Vertretungsbefugnis → Rdnr. 6 zwar ein Ehegatte den anderen auch prozessual in Angelegenheiten gemäß §§ 11, 15 FGB ohne Vollmacht *vertreten* durfte[20]. Dadurch wurde aber (auch) der Vertretene Partei und folglich im Umfang etwaigen Unterliegens ebenso wie der den Prozeß führende Ehegatte Titelschuldner i. S. d. § 740 Abs. 2, so daß dies nicht vergleichbar ist mit der eine Titelumschreibung ermöglichenden Notverwaltung → § 740 Rdnr. 7[21]. Für eine Prozeßstandschaft nur eines der Ehegatten fehlte daher die gesetzliche Grundlage; sie kam nur als gewillkürte in Betracht[22], setzte also Ermächtigung durch den anderen Ehegatten voraus und konnte somit in *Passivprozessen* nicht vom Kläger allein bestimmt werden. Soweit aber Prozeßstandschaft ausscheidet, genügt nur eine Verurteilung beider Ehegatten als Partei, sei es auch in getrennten Prozessen[23]. War allerdings ein von nur einem der Ehegatten geführter Prozeß *bei Wiederherstellung der Vermögensgemeinschaft schon rechtskräftig entschieden*, so ist § 742 entsprechend anzuwenden[24]. Gleiches wird zu gelten haben, wenn ein solcher Prozeß zu diesem Zeitpunkt *schon rechtshängig* war und entweder einen aus Rechtsgeschäft hergeleiteten Anspruch betraf, arg. Art. 234 § 4 Abs. 2 S. 4 EGBGB, oder wenn die Güterrechtsänderung im Prozeß nicht vorgetragen worden war und daher die Sache ohne Parteieintritt des anderen Ehegatten rechtskräftig entschieden ist[25]. Zur Klauselerteilung für oder gegen den anderen Ehegatten → § 742 Rdnr. 6 ff.

2. Art. 234 § 4a EGBGB regelt nur Eigentumsverhältnisse und Verwaltung, nicht die *Haftung*. Für diese bleibt es also bei der Regelung → Rdnr. 4f. Handelt es sich um **persönliche Schulden nur eines der Ehegatten**, für die das gemeinschaftliche Vermögen nur subsidiär haftet → Rdnr. 5, so ist neben dem *Leistungsurteil*, das mangels persönlicher Haftung des anderen Ehegatten nur gegen den Schuldenden selbst ergehen darf[26], ein *Duldungsurteil* gegen den anderen Ehegatten erforderlich[27] und ausreichend. Dessen Inhalt hat sich danach zu richten, inwieweit das gemeinschaftliche Vermögen haftet, → Rdnr. 9–11. Besteht Einvernehmen darüber, so ist § 794 Abs. 2 entsprechend anwendbar, wobei auch festgelegt werden kann, in welche Gegenstände des gemeinschaftlichen Vermögens die Vollstreckung zu dulden ist[28].

Umstritten ist, inwieweit und auf welche Weise die Regelung des § 16 FGB (→ Rdnr. 5) umzusetzen ist.

---

[19] So schon vor Einführung des Art. 234 § 4a EGBGB *Arnold* (Fn. 2) Rdnr. 20 mwN; *Rauscher* (Fn. 1) 222; *Mansel* FS für Lorenz (1991), 709. Zu damals abw. Ansichten s. *Stankewitsch* (Fn. 1) 535; *Stöber* (Fn. 3) Rdnr. 11f.; *Wassermann* (Fn. 1) 510.
[20] *Arnold* (Fn. 2) Rdnr. 20.
[21] A.M. *Arnold* (Fn. 2) Rdnr. 20.
[22] → dazu Rdnr. 41–45 vor § 50.
[23] → § 740 Rdnr. 6.
[24] → dazu § 742 Rdnr. 5. Wie hier *Arnold* (Fn. 2) Rdnr. 28.
[25] Denn die Verweisung auf § 742 umfaßt nicht jene auf die §§ 1433, 1455 Nr. 7 BGB (→ dazu § 742 Rdnr. 1). **Weitergehend** (ohne Rücksicht auf Streitgegenstand oder Offenlegung der Güterrechtsänderung im Prozeß) *Arnold* (Fn. 2) Rdnr. 28. Aber Art. 234 § 4 Abs. 2 S. 4 EGBGB beruht letztlich auf dem Verkehrsschutzgedanken u. paßt daher allenfalls noch auf rechtsgeschäftsähnliches Verhalten (weshalb es auch gerade noch vertretbar erscheint, die o.g. Prozeßführung unter »verdecktem Güterstand« einzubeziehen), aber z.B. nicht auf unerlaubte Handlung.
[26] *Arnold* (Fn. 2) Rdnr. 22; *Stankewitsch* (Fn. 1) 535; *P. Wassermann* (Fn. 1) 509, wohl unstr.
[27] *Arnold* (Fn. 2) Rdnr. 22; *Rauscher* (Fn. 1) 222. Keine Familiensache → § 621 Rdnr. 33. – A.M. (Titel gegen Schuldenden genüge) *Stankewitsch* (Fn. 1) 535, weil insoweit DDR-Verfahren mit rezipiert sei; *P. Wassermann* (Fn. 24) 510, weil Alleinverwaltung zugunsten des Gläubigers zu fingieren u. daher § 740 Abs. 1 anzuwenden sei. Folgt man dieser Ansicht, so sind die Haftungsbeschränkungen → Rdnr. 10f. folgerichtig vom nichtschuldnenden Ehegatten nach § 771 geltendzumachen (arg. § 774), *Stankewitsch* aaO; *Stöber* (Fn. 3) Rdnr. 16; *P. Wassermann* aaO 511.
[28] → dazu auch § 766 Rdnr. 23.

9   a) Jedenfalls ist im Duldungsprozeß → Rdnr. 8 zu prüfen, ob der zu vollstreckende *Anspruch* gegen den schuldenden Ehegatten unter § 16 Abs. 1 FGB fällt → Rdnr. 5.

10   b) Gleiches muß aber auch für die Frage gelten, ob das *Alleinvermögen zur Tilgung ausreichen wird*. Denn diese Haftungsbeschränkung gehört – anders als die verfahrensrechtliche Regelung des § 132 ZPO-DDR[29] – ebenso zum *materiellrechtlichen* Wesensgehalt des Güterstandes wie das Recht des nicht persönlich Schuldenden, nach §§ 16 Abs. 3, 41 FGB die vorzeitige Aufhebung des Güterstandes zu verlangen[30]. Ob das Alleinvermögen genügen wird, läßt sich vor Einleitung einer Vollstreckung ebenso einschätzen wie nach deren Beginn; die dabei auftretenden Schwierigkeiten (was gehört zum pfändbaren Alleinvermögen, wie hoch ist der Erlös zu schätzen?) bleiben nämlich dieselben[31]. Denn auch § 132 ZPO-DDR sah nicht vor, daß zuvor das Alleinvermögen zu versteigern sei, um den Erlöswert der Haftungsmasse zu ermitteln[32], also war man auch damals auf Schätzung angewiesen, die heute bei beweglichen Sachen notfalls durch Sachverständige (z.B. Gerichtsvollzieher) schon im Prozeß bewältigt werden kann. Im übrigen bleibt es dem Gläubiger unbenommen, aufgrund eines etwa schon vorhandenen Leistungstitels schon vor oder während des Duldungsprozesses in das Alleinvermögen des Schuldners zu vollstrecken, gegebenenfalls nach § 807 vorzugehen. Auch *Beweis- und Beweislastprobleme* erleichtern sich nicht durch einen Vollstreckungsbeginn, zumal eine Offenbarung nach § 807 keine Beweiskraft hätte und § 739 ohnehin versagt, sobald es um materiellrechtliche Haftung geht. Dies ist im Duldungsprozeß nicht anders als bei § 771 zu lösen, nämlich wie → § 739 Rdnr. 27, da § 1362 BGB grundsätzlich für jeden Güterstand gilt[33]. Freilich wird man, da der Gläubiger typischerweise keinen Einblick in die ehelichen Vermögensverhältnisse hat und ihm materielle Auskunftsansprüche nicht zur Verfügung stehen, auch bei pfändbaren *Rechten*, die nicht wie bewegliche Sachen übertragen werden und auch nicht aus dem Grundbuch ersichtlich sind, die Beweislast entsprechend § 1362 BGB bestimmen müssen[34]. Andere als die vom Gläubiger mit der Klage geltendgemachten Ansprüche bleiben außer Betracht, falls nicht bis zur letzten mündlichen Verhandlung nachgewiesen wird, daß das Alleinvermögen sich durch anderweite Vollstreckung verringert hat[35].

11   c) Zweifelhaft ist, ob der auf Duldung Verklagte auch jetzt noch die weitergehende Haftungseinschränkung aufgrund *Widerspruchs* nach § 16 Abs. 2 FGB erreichen kann[36], → Rdnr. 5, oder ob ihm als Ausweg nur noch das Recht gemäß §§ 16 Abs. 3, 41 FGB zusteht, bei Inanspruchnahme des gemeinschaftlichen Vermögens aufgrund des Titels gegen den schul-

---

[29] § 744a schließt die Anwendung des § 132 ZPO-DDR aus, wonach ein Titel gegen den persönlichen Schuldner genügte, der Sekretär aufgrund Widerspruchs die ZV vorläufig einzustellen (Abs. 1) u. die Kammer für Familienrecht mit dem Gläubiger u. den Ehegatten über den Widerspruch zu verhandeln u. entsprechend § 39 FGB zu entscheiden hatte (Abs. 2), falls der darauf gerichtete Antrag des Gläubigers rechtzeitig war; andernfalls war die ZV endgültig einzustellen (Abs. 3). Zum Grundgedanken dieser Regelung → Rdnr. 11 zu Fn. 39.

[30] *Arnold* (Fn. 2) Rdnr. 22, 25; insoweit auch *Stankewitsch* (Fn. 1) 535, obwohl er § 771 anwenden will (folgerichtig → Fn. 27). – Zum Verfahren im Falle § 41 FGB, das – wie schon nach § 24 Abs. 1, 2 S. 1 ZPO-DDR – gemäß § 621 Nr. 8 Familienrechtssache ist (*BGH* DtZ 1993, 180), s. *Arnold* (Fn. 1). Es bot in der DDR nicht vollständigen Schutz gegen bereits bestehende Schulden, vgl. *Grandke* Familienrechtslehrbuch³ (1981) 128.

[31] A.M. *P. Wassermann* (Fn. 1) 510 f.; *Stankewitsch* (Fn. 1) 535.

[32] Die ZV in gemeinschaftliches Vermögen konnte z.B. von vornherein gestattet werden, wenn das Alleinvermögen offensichtlich nicht ausreichte, *Stankewitsch* (Fn. 1) 535 Fn. 13 mwN.

[33] → § 739 Rdnr. 12 ff.; also auch hier, BT-Drucks. 11/7817 S. 8 f.

[34] Auch insoweit ist also das von *P. Wassermann* (Fn. 1) 511 zu IV 4 zutreffend gesehene Problem lösbar. Ohnehin kann die Inhaberschaft einer Forderung nie im ZV-Verfahren, sondern nur im Rahmen des § 771 oder eines Drittschuldnerprozesses verbindlich geklärt werden.

[35] Tritt die Verringerung **danach** ein, so kann die dadurch erweiterte Haftung des gemeinschaftlichen Vermögens folgerichtig mit erneuter Duldungsklage geltendgemacht werden, falls die ZV in Alleinvermögen nicht ausreichte.

[36] Bejahend *Eberhardt* in: Komm. zum Sechsten Teil des EGBGB (1991) 114; *Rauscher* (Fn. 1) 222; *Stankewitsch* (Fn. 1) 537; *Stöber* (Fn. 3) Rdnr. 16. Für Beschränkung auf den **halben Wert** des gemeinschaftlichen Vermögens *P. Wassermann* (Fn. 1) 512; dagegen krit. *Stankewitsch* aaO. **Verneinend** *Arnold* (Fn. 2) Rdnr. 24.

denden Ehegatten die vorzeitige Aufhebung des Güterstandes zu verlangen, »wenn es zum Schutz der Interessen eines Ehegatten oder minderjähriger Kinder erforderlich ist«. Es handelt sich wie bei § 16 Abs. 1 FGB um eine haftungsrechtliche Regelung, was zunächst *für* eine Weitergeltung spricht, zumal die Eheleute bei der Fortsetzung ihres Güterstandes darauf vertraut haben mögen[36a]. Andererseits kann nicht davon ausgegangen werden, daß das Widerspruchs*verfahren* der §§ 16 Abs. 2 FGB, 132 ZPO-DDR mit übernommen wurde[37]. Auch die weitgehende, auf die Lebensverhältnisse der Beteiligten und auf Familienbedürfnisse abstellende Gestaltungsfreiheit des Gerichts gemäß § 39 Abs. 1 S. 2, Abs. 2 S. 2 (erste Alternative) FGB paßt wohl kaum zur *haftungs- und vollstreckungsrechtlichen* Lage, die § 744a mithilfe der entsprechenden Anwendung der §§ 740ff. in das Rechtssystem der alten Bundesländer einzubinden versucht[38]. Vertretbar ist jedoch eine Berücksichtigung des (auch in § 860 Abs. 2 zum Ausdruck kommenden) Grundgedankens dieser Regelung, daß Gläubiger nur auf das zugreifen dürfen, was dem Schuldner aufgrund einer Auseinandersetzung gebühren würde[39], falls – anders als bei Beendigung des Güterstands[40] – ausschließlich Umstände *vermögensrechtlicher* Art einbezogen werden wie z. B. die schon nach § 39 Abs. 2 S. 2 (zweite Alternative) FGB erhebliche Frage, inwiefern ein Ehegatte zur Schaffung des gemeinschaftlichen Vermögens beigetragen hat. Hingegen entspricht eine Haftungspauschalisierung auf den halben Wert des gemeinschaftlichen Vermögens[41] nicht diesem Grundgedanken und könnte daher nur durch Gesetz angeordnet werden.

3. Führt einer der Ehegatten **selbständig ein Erwerbsgeschäft**, das zum gemeinschaftlichen Vermögen gehört[42], so genügt zur Durchsetzung der subsidiären Haftung des gemeinschaftlichen Vermögens nach § 16 FGB für aus dieser Tätigkeit entstandene Verbindlichkeiten entsprechend **§ 741 ein Leistungstitel gegen den Unternehmerehegatten**[43]. Da solche Titel regelmäßig ohne Rücksicht auf die Haftungsvoraussetzungen → Rdnr. 9–11 entstehen, kann deren Fehlen vom anderen Ehegatte entsprechend **§§ 774, 771** eingewendet werden. Da dessen Zustimmung aber nach § 16 FGB nicht erheblich ist, kommt es weder auf diese noch auf die in § 741 erwähnten Eintragungen im Güterrechtsregister an.

4. Wird der **Güterstand beendigt** mit dem Ende der Ehe, nach § 41 FGG oder § 1408 BGB, so ändert sich entsprechend **§ 743** nichts an den Titelerfordernissen → Rdnr. 7f., da die gemeinschaftliche Verwaltung → Rdnr. 6 mangels abweichender Vorschriften des FGB[44] fortbesteht *bis* zur Durchführung der Auseinandersetzung (Vermögensverteilung), die im Falle der Scheidung nach § 39 FGB stattfindet[45], andernfalls nach §§ 1471ff. BGB. Freilich genügt ein Leistungstitel gegen einen der Ehegatten zur **Anteilspfändung entsprechend § 860 Abs. 2**, → dort Rdnr. 2. *Nach* Auseinandersetzung wegen *Scheidung* verbleibt Gläubigern, da es in diesem Falle an einem Schutz wie § 1480 BGB fehlt, nur die ihrem Leistungsschuldner verbliebene Haftungsmasse vorbehaltlich einer Gläubigeranfechtung. § 727 kommt auf der

---

[36a] Zum Vertrauensschutz s. auch *BGH* DAVorm 1993, 714 (zu § 40 FGB).
[37] A.M. *Stöber* (Fn. 3) Rdnr. 3 (auf Gläubigerantrag).
[38] Insoweit zutreffend *Arnold* (Fn. 2) Rdnr. 24.
[39] Lehrbuch Zivilprozeßrecht von *Kellner* u. a. (1980) 489. Gläubiger sollten nicht besser stehen als gegenüber unverheirateten Schuldnern.
[40] Zu Abwägungsgrundsätzen im Scheidungsfall *BGH* FamRZ 1992, 533f.; DtZ 1993, 282.
[41] So *P. Wassermann* → Fn. 36. § 39 Abs. 1 FGB sah gleiche Anteile nur vor, falls nicht nach § 39 Abs. 2 ungleiche Teilung beantragt wurde.
[42] Voraussetzung war »persönliches«, nicht »sozialistisches« Eigentum, vgl. §§ 18ff. ZGB-DDR. Nach § 23 Abs. 2 ZGB-DDR waren die Bestimmungen über persönliches Eigentum grundsätzlich entsprechend anzuwenden auf das »überwiegend auf persönlicher Arbeit beruhende Eigentum der Handwerker und Gewerbetreibenden«, also nicht auf »kapitalistisches Vermögen«, das folglich nicht zum gemeinschaftlichen Vermögen gehörte *Wirsing* (Fn. 4) 173ff. mwN.
[43] Soweit ohnehin Titel gegen den jeweils schuldenden Ehegatten für genügend gehalten würden, → die abw. Ansichten Fn. 19, liefe die Verweisung auf § 741 leer.
[44] Dort findet sich keine ausdrückliche Regelung wie § 1472 BGB.
[45] Art. 234 § 4a Abs. 2 EGBGB.

Passivseite nur in Betracht, falls es sich um einen streitbefangenen Gegenstand, also nicht um Zahlungstitel handelt.

V. Durchführung der Vollstreckung und Rechtsbehelfe

14   Für die Anwendung des § 739 zugunsten der Gläubiger gilt das dort Rdnr. 12, 19 sowie § 740 Rdnr. 13–15 Ausgeführte grundsätzlich entsprechend[46], da auch hier bezüglich beweglicher Sachen, die der *gemeinsamen* Lebensführung der Familie dienen, zunächst eine tatsächliche Vermutung für die Gemeinschaftlichkeit besteht[47]. In solche Sachen darf also aus einem Leistungstitel nur gegen *einen* der Ehegatten erst vollstreckt werden, wenn die Gemeinschaftlichkeit widerlegt ist[48], es sei denn dieser hätte sie ausnahmsweise in Alleingewahrsam[49], und umgekehrt muß ein *nicht* persönlich schuldender, aber aus dem Duldungstitel → Rdnr. 8 mithaftender Ehegatte sein Alleineigentum im Wege des § 771 nachweisen[50], was z. B. erleichtert wird, wenn Vereinbarungen nach § 14 FGB[51] außerhalb des Immobilienbereichs schriftlich getroffen wurden. Einer Vollstreckung *ohne* Duldungstitel in das gemeinschaftliche Vermögen kann nach § 766 begegnet werden, auch wenn die Sache sich im Alleingewahrsam des schuldenden Ehegatten befindet → § 740 Rdnr. 18. Zur Pfändung des *Anteils* am gemeinschaftlichen Vermögen oder des künftigen Auseinandersetzungsguthabens aufgrund Zahlungstitels nur gegen einen Ehegatten → § 860 mit Bem.

§ 745   [Zwangsvollstreckung bei fortgesetzter Gütergemeinschaft]

(1) Im Falle der fortgesetzten Gütergemeinschaft ist zur Zwangsvollstreckung in das Gesamtgut ein gegen den überlebenden Ehegatten ergangenes Urteil erforderlich und genügend.

(2) Nach der Beendigung der fortgesetzten Gütergemeinschaft gelten die Vorschriften der §§ 743, 744 mit der Maßgabe, daß an die Stelle des Ehegatten, der das Gesamtgut allein verwaltet, der überlebende Ehegatte, an die Stelle des anderen Ehegatten die anteilsberechtigten Abkömmlinge treten.

Gesetzesgeschichte: Seit 1900 RGBl. 1898 I 256. Änderung BGBl. 1957 I 609.

1   Tritt bei beerbter Ehe im Falle der Gütergemeinschaft die **fortgesetzte Gütergemeinschaft** ein, §§ 1483 ff. BGB, so wird das Rechtsverhältnis als eine zwischen dem überlebenden Ehegatten und den anteilsberechtigten Abkömmlingen[1] bestehende Gütergemeinschaft behandelt[2]; in ihr erhalten der überlebende Ehegatte die vom BGB einem allein verwaltungsberechtigten, die Abkömmlinge die vom BGB dem anderen Ehegatten zugewiesene Rechtsstellung, s. § 1487 BGB.

---

[46] → Fn. 3, § 739 Rdnr. 12, 19.
[47] Die dahin gehende ausdrückliche Vermutung des nicht mehr geltenden § 118 Abs. 1 S. 2 ZPO-DDR (vgl. auch § 37 Abs. 2 FamilienrechtsverfahrensO-DDR) zugunsten der Gläubiger entspricht weiterhin der Sachlage Arnold (Fn. 2) Rdnr. 6.
[48] → § 740 Rdnr. 13, hier aber mit der Abweichung, daß diese Vermutung nicht für Sachen gilt, die zur Befriedigung **persönlicher oder beruflicher Bedürfnisse** nur des Titelschuldners dienen → Rdnr. 3; ungeachtet etwaigen Mitgewahrsams des anderen Ehegatten (§ 739 mit § 1362 Abs. 2 BGB) können sie daher gepfändet werden.
[49] → § 740 Rdnr. 18.
[50] *Arnold* (Fn. 1) 85.
[51] → Rdnr. 3 Fn. 11 f. Nach § 14 Abs. 1 FGB »sollen« sie schriftlich getroffen werden.
[1] §§ 1483 Abs. 1, 1490 f., 1506, 1511, 1517 BGB.
[2] Vgl. § 1487 Abs. 1, § 1497 Abs. 2 BGB.

Dem entspricht es, daß in **Abs. 1** der § 740 Abs. 1 sachlich wiederholt wird und in **Abs. 2** 2
die §§ 743, 744 mit dieser Abweichung für entsprechend anwendbar erklärt sind. Im einzelnen → die Bem. zu §§ 743 f. – Zur Zuständigkeit des Rechtspflegers s. § 20 Nr. 12 RpflG.

§ 746   [aufgehoben]

Gesetzesgeschichte: Seit 1900 RGBl. 1898 I 256. Weggefallen durch BGBl. 1957 I 609.

Die Vorschrift ist durch Art. 2 Nr. 5 GleichberechtG vom 18. VI. 1957 aufgehoben, weil seit dem Wegfall der elterlichen Nutznießung am Kindesvermögen kein Zweifel mehr daran bestehen kann, daß zur Vollstreckung in das Kindesvermögen ein Titel gegen das Kind reicht und ein Titel gegen den oder die elterlichen Gewalthaber nicht erforderlich ist. Zum Gewahrsam der Eltern → § 808 Rdnr. 15.

§ 747   [Zwangsvollstreckung in ungeteilten Nachlaß]

Zur Zwangsvollstreckung in einen Nachlaß ist, wenn mehrere Erben vorhanden sind, bis zur Teilung ein gegen alle Erben ergangenes Urteil erforderlich.

Gesetzesgeschichte: Seit 1900 RGBl. 1898 I 256.

I. Zwangsvollstreckung in einen Nachlaß

Miterben bilden nach §§ 2032 ff. BGB bis zur Auseinandersetzung eine Gemeinschaft zur gesamten 1
Hand. Auf Grund eines Titels, der nicht gegen alle Miterben wirkt, kann daher der Gläubiger nur den **Anteil** seines Schuldners am ungeteilten Nachlaß gemäß § 859 Abs. 2 pfänden oder in dessen **sonstiges** Vermögen vollstrecken.

1. Zur Vollstreckung in den **Nachlaß**, d. h. in die einzelnen, noch nicht verteilten Nachlaß- 2
gegenstände, auch nach § 883[1], bedarf der Gläubiger dagegen, sofern die Vollstreckung nicht schon gegen den Erblasser begonnen hatte (§ 779), nach § 747 (ebenso § 265 AO 1977) mit § 2059 Abs. 2 BGB eines **gegen alle Miterben wirksamen Titels**[2], auch wenn einem der Miterben die Verfügung über die Nachlaßgegenstände zusteht. Im Falle des § 2033 Abs. 1 BGB muß der Titel sich gegen den Erwerber richten[3]. Es genügen getrennte Titel[4], auch solche verschiedener Art, § 794[5]; nur müssen sie auf einheitlichem Rechtsgrund beruhen[6], was vom Vollstreckungsorgan zu prüfen ist[7]. Wird ein *Anteil veräußert*, so ist ein Titel (nur) gegen den Erwerber erforderlich[8]. War der Erblasser bereits verurteilt, so muß der Titel gegen *alle*

---

[1] *MünchKommZPO-Arnold* Rdnr. 2; a. M. *Zöller/Stöber*[18] Rdnr. 2. -Für **§ 894** scheidet § 747 aus, da es sich nicht um »ZV in den Nachlaß« handelt. Die Miterben müssen wegen § 2040 Abs. 1 BGB schon nach § 62 **gemeinschaftlich** verurteilt sein → § 62 Rdnr. 20, soweit nicht einer von ihnen Gläubiger ist; andernfalls tritt die Fiktion zwar ein, verfehlt aber ihr Ergebnis → § 894 Rdnr. 24. Werden aber nur die **Widerstrebenden** auf »Herbeiführung« bzw. »Mitwirkung« bei der gemeinschaftlich vorzunehmenden Erklärung verurteilt, weil die Bereitschaft der anderen feststeht (→ § 62 Rdnr. 19a Fn. 83, BGH WM 1978, 1327 mwN), so gilt ohnehin nicht § 794, sondern § 888, der nur das Verhalten des oder der Verurteilten betrifft, also gemeinschaftliche Verfügungsbefugnis nicht voraussetzt. – A.M. *Arnold* aaO.

[2] Bei unbekanntem Miterben gegen dessen Nachlaßpfleger.

[3] *Arnold* (Fn. 1) Rdnr. 15; *Stöber* (Fn. 1) Rdnr. 5. Zur Umschreibung → Fn. 9.

[4] → § 62 Rdnr. 19a.

[5] BGHZ 53, 110 = JZ 1970, 191 = NJW 473 = Rpfleger 87 = WM 205.

[6] Dies fehlt bei Haupt- u. Bürgenschuld, *BGH* (Fn. 5).

[7] *BGH* (Fn. 5).

[8] *A. Blomeyer* ZwVR § 17 III 1; zust. *Arnold* (Fn. 1) Rdnr. 15.

Miterben (§ 727) bzw. Erbteilerwerber (entsprechend § 729 Abs. 1[9]) vollstreckbar ausgefertigt sein[10]. Über Titel gegen *Nachlaßpfleger* (§ 1961 BGB) → § 750 Rdnr. 18 Fn. 69, § 778 Rdnr. 7, zur Umschreibung § 727 Rdnr. 22. Die Miterben müssen nicht im Titel als solche bezeichnet sein[11]. Ist ein *Miterbe selbst Gläubiger*, so ist zur Vollstreckung in den ungeteilten Nachlaß ein gegen sämtliche *übrigen* Miterben ergangener Titel erforderlich und genügend[12]. Ob es sich um Nachlaßverbindlichkeiten oder andere Schulden handelt, für die sämtliche Erben gesamtschuldnerisch haften, ist gleichgültig[13], solange nicht Nachlaßverwaltung (§ 1984 Abs. 2 BGB) oder Nachlaßkonkurs (§§ 14, 221 KO/§§ 89, 321 InsO) angeordnet ist.

3 2. Ist **Nachlaßverwaltung** angeordnet, so können Nachlaßverbindlichkeiten nur gegen den Nachlaßverwalter geltend gemacht werden, § 1984 Abs. 1 BGB; andere Schulden auch gegen den Erben, aber ohne Vollstreckung in den Nachlaß, § 1984 Abs. 2 BGB. Ein gegen den Nachlaßverwalter gerichteter oder gemäß § 727[14] vollstreckbar ausgefertigter Titel ist sonach zur Vollstreckung in den Nachlaß[15] erforderlich[16] und genügend. Entsprechendes gilt für den *Nachlaßkonkurs/insolvenzverwalter*, soweit Einzelvollstreckungen bevorrechtigter Gläubiger in die Masse in Betracht kommen, → auch § 727 Rdnr. 26. – Wegen des *Testamentsvollstreckers* s. § 748 f.

4 3. Für die **Durchführung** der Vollstreckung ist wegen der Schuldnermehrheit[17] zu beachten, daß nach § 750 getrennte Titel (→ Rdnr. 2) bei Vollstreckungsbeginn[18] sämtlich vollstreckbar und zugestellt sein müssen; → aber insoweit § 766 Rdnr. 42 und zur Heilung Rdnr. 132 ff. vor § 704, § 750 Rdnr. 11 ff., § 878 Rdnr. 16 f. Ferner muß sich die Pfändung von Rechten (vgl. auch § 859 Abs. 1 S. 2 mit Abs. 2) gegen *alle* Erben bzw. Erbteilerwerber[19] richten, sie wird also erst mit Zustellung des letzten Pfändungsbeschlusses wirksam[20].

II. Nicht gegen alle Miterben wirkende(r) Titel

5 Fehlt ein Titel auch nur gegenüber einem der Miterben, so kann jeder Miterbe, auch der verurteilte, der Vollstreckung in den Nachlaß bis zur Teilung nach § 766 widersprechen, während die Klage nach § 771 nur dem nicht verurteilten Miterben offensteht[21]. Behauptet dagegen der Gläubiger, daß die Teilung erfolgt sei, womit die Vollstreckung gegen den einzelnen Miterben als Gesamtschuldner zulässig wäre, so muß er dies beweisen. Wann die Teilung als geschehen anzunehmen ist, kann nur nach Lage des Einzelfalles beantwortet werden[22].

6 Wegen des Vorbehalts der beschränkten Haftung und der Teilhaftung, sowie des in § 2059 BGB den Miterben gegebenen Rechts → § 780 mit Bem.

---

[9] Also nur bei Erwerb nach Rechtskraft, nicht § 727 (so aber *Stöber* (Fn. 1) Rdnr. 5), da der Miterbe weiterhaftet *Arnold* (Fn. 1) Rdnr. 15, wie bei Erbschaftskauf → § 729 Rdnr. 5.
[10] → § 727 Rdnr. 22 f., bei Testamentsvollstreckung § 728 Rdnr. 7.
[11] Vgl. *LG Leipzig* u. *Reichel* ZZP 36 (1907) 350.
[12] *RG* Gruch. 57 (1913), 158 ff. Zur Gesamtschuldklage (vermindert um den der eigenen Erbquote entsprechenden Anteil) *BGH* NJW-RR 1988, 710 = MDR 653[24].
[13] *BGH* (Fn. 5); *A. Blomeyer* ZwVR § 17 III 2, so schon 19. Aufl., falsch zit. von *Baumbach/Hartmann*[52] Rdnr. 2).
[14] → dort Rdnr. 25–28.
[15] Nicht für § 859 Abs. 2.

[16] *OLG Breslau* OLGRsp 18, 411. Bei Verstoß: § 766 bzw. §§ 784 Abs. 2, 785.
[17] → auch Rdnr. 37 vor § 704.
[18] → Rdnr. 110 vor § 704; *Zöller/Stöber*[18] Rdnr. 5: zur Zeit der Antragstellung (aber § 139 gilt auch hier).
[19] *Stöber* (Fn. 1) § 859 Rdnr. 16.
[20] Allg.M. → §828 Rdnr. 5, §829 Rdnr. 56.
[21] Zu empfehlen ist sie nur, wenn der Einwand der Mithaftung (z.B. nach §§ 2058, 2059 Abs. 2 BGB) nicht zu befürchten ist, → § 771 Rdnr. 48 f., während er einer Erinnerung nicht entgegengehalten werden kann (a.M. *Wieczorek*[2] Anm.B I).
[22] Vgl. *Palandt/Edenhofer* BGB[53] § 2059 Rdnr. 3 mwN; *MünchKomm* BGB-*Dütz*[2] § 2059 Rdnr. 4.

§ 748 [Zwangsvollstreckung bei Testamentsvollstrecker]

(1) Unterliegt ein Nachlaß der Verwaltung eines Testamentsvollstreckers, so ist zur Zwangsvollstreckung in den Nachlaß ein gegen den Testamentsvollstrecker ergangenes Urteil erforderlich und genügend.

(2) Steht dem Testamentsvollstrecker nur die Verwaltung einzelner Nachlaßgegenstände zu, so ist die Zwangsvollstreckung in diese Gegenstände nur zulässig, wenn der Erbe zu der Leistung, der Testamentsvollstrecker zur Duldung der Zwangsvollstreckung verurteilt ist.

(3) Zur Zwangsvollstreckung wegen eines Pflichtteilsanspruchs ist im Falle des Absatzes 1 wie im Falle des Absatzes 2 ein sowohl gegen den Erben als gegen den Testamentsvollstrecker ergangenes Urteil erforderlich.

Gesetzesgeschichte: Seit 1900 RGBl. 1898 I 256.

I. Über die Befugnis des **Testamentsvollstreckers** zur Führung von Passivprozessen → § 327 Rdnr. 3, über seine Stellung als Partei kraft Amtes → Rdnr. 32 vor § 50 und § 327 Rdnr. 1. Nach §§ 2212 ff. BGB ist zu unterscheiden: 1

1. Obliegt dem Testamentsvollstrecker die **Verwaltung des gesamten Nachlasses**, so können Nachlaßverbindlichkeiten[1] zwar sowohl gegen den Erben wie gegen den Testamentsvollstrecker geltend gemacht werden, § 2213 Abs. 1 BGB. Der *gegen den Erben* erlangte Titel ist jedoch dem Testamentsvollstrecker gegenüber nicht wirksam[2] und kann deshalb – schon vom Erbfall an, arg. § 2211 BGB – nicht in den Nachlaß vollstreckt werden, wie auch die Gläubiger des Erben selbst keinen Zugriff auf den Nachlaß haben, § 2214 BGB. Dazu bedarf es vielmehr (falls nicht ein Titel gegen den Erblasser nach § 749 umgeschrieben wird) eines *gegen den Testamentsvollstrecker* ergangenen Urteils, mag daneben der Erbe verurteilt sein oder nicht[3]. Der Testamentsvollstrecker kann nach § 2213 Abs. 2 BGB auch vor Annahme der Erbschaft verurteilt werden. Gleichgültig ist für die Vollstreckung, ob er zur Leistung oder zur Duldung der Zwangsvollstreckung (§ 2213 Abs. 3 BGB) verurteilt ist, auch wenn letzteres für Zahlungsansprüche nur neben einem Leistungstitel gegen den Erben zulässig sein mag; denn zwischen beiden Arten der Verurteilung besteht *für Parteien kraft Amtes* kein praktischer Unterschied[4]. Seine Verurteilung begründet die Vollstreckbarkeit immer nur in den seiner Verwaltung unterliegenden Nachlaß[5], also weder in sein sonstiges Vermögen, vgl. auch § 749 Satz 2 und § 2206 BGB (»für den Nachlaß«), noch in das sonstige Vermögen des Erben arg. § 780 Abs. 2. Steht die Verwaltung mehreren Testamentsvollstreckern zu, so bedarf es eines Titels gegen jeden von ihnen; sie sind aber nicht notwendige Streitgenossen, und getrennte Titel, auch solche verschiedener Art, genügen[6]. – Ist der Testamentsvollstrecker selbst der Gläubiger, so genügt ein Titel gegen die Erben[7]. 2

---

[1] → § 28 Rdnr. 2.
[2] → § 327 Rdnr. 7.
[3] *RGZ* 56, 327. Kann der Gläubiger es nicht erlangen (vgl. § 2214 BGB), so muß er sich mit dem Zugriff auf das sonstige Erbenvermögen begnügen oder das Ende der Verwaltung abwarten.
[4] *Wieczorek*[2] Anm. A II a; s. auch *Hellwig* Anspruch (1900) 221, 250, Rechtskraft (Wesen usw. 1901) 316f. u. → Rdnr. 17f. vor § 253. – A.M. die anderen Komm., z.B. *MünchKommZPO-Arnold* Rdnr. 2 mwN u. *Hein* Duldung (1911) 149; *Henckel* Parteilehre (1961) 68 (Duldungstitel nur zusammen mit Leistungstitel gegen Erben). → auch § 740 Rdnr. 5 Fn. 14. – Ob allgemein Erben und Testamentsvollstrecker nebeneinander auf Leistung verklagt werden dürfen (so die wohl h.M., vgl. *Palandt/Edenhofer* BGB[53] § 2213 Rdnr. 2a; a.M. z.B. *Henckel* aaO 67f.), ist für § 748 ohne Bedeutung.
[5] Dies muß also im Titel nicht erwähnt werden; es genügt die Kennzeichnung des Schuldners als Testamentsvollstrecker, → auch § 749 Rdnr. 2.
[6] Vgl. *KG* KGBl. 1915, 12; h.M.
[7] Allg. M. Zum Anlaß für eine Klage trotz § 2205 BGB *RGZ* 82, 151 (Auflassungsanspruch); vgl. auch *BGHZ* 30, 67 = JZ 1960, 173 (v.*Lübtow* aaO 151) = NJW 1959, 1429.

3   Das Verhältnis zwischen Erben und Testamentsvollstrecker ist vergleichbar mit der Gütergemeinschaft des BGB hinsichtlich des Gesamtgutes; der Erbe nimmt die Stellung des nicht verwaltenden, der Testamentsvollstrecker die des verwaltenden Ehegatten ein. Es fehlt jedoch eine dem § 739 entsprechende Regelung zur Überwindung des Gewahrsams von Personen, die nicht im Titel als Schuldner erscheinen; daher kann die Vollstreckung in bewegliche Nachlaßsachen, die der Testamentsvollstrecker trotz § 2205 S. 2 BGB nicht in eigenen **Gewahrsam** genommen hat, an dem Widerspruch des Gewahrsamsinhabers nach § 809 scheitern, falls der Titel sich nach § 748 Abs. 1 nur gegen den Testamentsvollstrecker richtet[8]. Ob der Gewahrsamsinhaber Erbe ist oder nicht, kann – entgegen der ü.M., die den Erben nicht als Dritten ansehen will[9] – keinen Unterschied ausmachen, zumal der Gerichtsvollzieher zu solchen Feststellungen nicht immer in der Lage ist (z.B. wenn die Erbschaft noch nicht angenommen ist, vgl. § 2213 Abs. 2 BGB, oder der Erbschein aus anderen Gründen dem Gläubiger noch nicht zur Verfügung steht). Während in diesen Fällen der Ungewißheit die Vollstreckung auch nach der h.M. am Widerspruch nach § 809 scheitern muß, entsteht dem Gläubiger in den **übrigen** Fällen auch nach der hier vertretenen Meinung kein Nachteil, weil er nach § 728 Abs. 2 S. 2 jederzeit eine vollstreckbare Ausfertigung gegen die Erben erhält. – Wegen des Falles, daß gegen den Testamentsvollstrecker und den Erben voneinander abweichende Entscheidungen ergangen sind, → § 728 Rdnr. 8.

4   2. Steht dem Testamentsvollstrecker die **Verwaltung nur hinsichtlich einzelner Nachlaßgegenstände** zu (§ 2208 BGB), so kann zwar die Leistungsklage nur gegen den Erben erhoben werden, § 2213 Abs. 2 S. 2 BGB; aber der Nachlaßgläubiger kann gegen den Testamentsvollstrecker auf Duldung der Zwangsvollstreckung in diese Gegenstände klagen, § 2213 Abs. 3 BGB, und **Abs. 2** verlangt mit Rücksicht auf das ausschließliche Verfügungsrecht des Testamentsvollstreckers, §§ 2205, 2208 Satz 2, 2211 BGB, den *doppelten Titel*[10] zur Vollstreckung in diese Nachlaßgegenstände. Die Regelung ähnelt § 743, → dort Rdnr. 1. Dabei ersetzt die Verurteilung des Testamentsvollstreckers als Partei kraft Amtes[11] zur Leistung, auch wenn man sie für unzulässig hält[12], diejenige zur Duldung der Vollstreckung: Beide haben vollstreckungsrechtlich gleiche Tragweite, mag zur Leistung aus den verwalteten Gegenständen oder zur Duldung der Vollstreckung in diese[13] verurteilt sein[14].

5   3. Hat der Testamentsvollstrecker **gar kein Verwaltungsrecht**, so bedarf es nur eines Titels gegen den Erben; der Testamentsvollstrecker ist bei der Vollstreckung Dritter.

6   II. Für den **Pflichtteilsanspruch**[15] ist nur der Erbe passiv legitimiert, § 2213 Abs. 1 S. 3 BGB; aber das Urteil gegen ihn kann schon wegen der Gefahr der Kollusion – etwa durch ein der Rechtslage widersprechendes Anerkenntnis[16] – nicht ohne weiteres gegen den Testamentsvollstrecker wirksam sein. Soweit hier in Nachlaßgegenstände vollstreckt werden soll, die der Verwaltung des Testamentsvollstreckers unterliegen, bedarf es nach Abs. 3 eines zusätzlichen Duldungstitels gegen ihn. Beide Titel können in getrennten Prozessen in beliebiger Reihenfolge erwirkt werden[17]; die Rechtslage ist die gleiche wie in § 740 Abs. 2[18]. Für die Vollstreckung gilt das → Rdnr. 3 a.E. Ausgeführte.

---

[8] → Rdnr. 3 f. vor § 735, § 809 Rdnr. 4; *Arnold* (Fn. 4) Rdnr. 23; *Blomeyer* ZwVR § 17 I 3; *Goldschmidt* ZPR² § 84 zu 2; *Pawlowski* DGVZ 1976, 36 Fn. 22; *Rosenberg/Gaul*¹⁰ § 19 VI 1.
[9] → Rdnr. 4 vor § 735.
[10] → Rdnr. 5 vor § 735.
[11] Der Tenor »als Testamentsvollstrecker…Nachlaß des«, sei dieser Dritter oder Miterbe, erfaßt nie dessen Privatvermögen, ob Leistungs- oder Duldungsurteil.
[12] So die h.M. *Rosenberg/Gaul*¹⁰ § 18 II 2; *Arnold* (Fn. 4) Rdnr. 3 je mwN. In der Diskussion werden freilich überwiegend auf den verwalteten Nachlaß beschränkte Duldungsurteile mit *uneingeschränkten* Leistungsurteilen verglichen.
[13] Einzeln aufgezählt werden müssen sie auch im Duldungsurteil nicht, mag das auch die ZV erleichtern *Arnold* (Fn. 4) Rdnr. 22, h.M.
[14] So auch *Baumbach/Hartmann*⁵² Rdnr. 4. Fehlt aber dem Leistungsurteil unrichtig solche Beschränkung, so ist die ZV erst recht zulässig, mag sie auch materiell zu weit gehen.
[15] Vgl. dazu RGZ 50, 225.
[16] Vgl. OLG Celle MDR 1967, 46.
[17] RGZ 109, 166; allg. M.
[18] → dort Rdnr. 6.

III. Rechtsbehelfe. Fehlt ein nach § 748 erforderlicher Leistungs- oder Duldungstitel gegen den *Testamentsvollstrecker*, so kann dieser einer Vollstreckung auf Grund eines nur gegen den Erben gerichteten Titels sowohl mit der Erinnerung (§ 766) als auch mit der Klage nach § 771[19] begegnen; ihr kann jedoch der Einwand materiell-rechtlicher Duldungspflicht entgegengehalten werden[20]. – Gleiches gilt für den *Erben* in den Fällen der Abs. 2 und 3, wenn der gegen ihn gerichtete Leistungstitel fehlt. Den Mangel des Titels gegen den Testamentsvollstrecker kann er jedoch nicht rügen (str.)[21]. 7

IV. Zur Beschaffung der Titel ohne neue Klage → § 727 Rdnr. 22f. (gegen Erben), § 749 (gegen Testamentsvollstrecker) und zur freiwilligen Errichtung der Duldungstitel → § 794 Rdnr. 97f. 8

§ 749 [Vollstreckbare Ausfertigung für und gegen Testamentsvollstrecker]

¹Auf die Erteilung einer vollstreckbaren Ausfertigung eines für oder gegen den Erblasser ergangenen Urteils für oder gegen den Testamentsvollstrecker sind die Vorschriften der §§ 727, 730 bis 732 entsprechend anzuwenden. ²Auf Grund einer solchen Ausfertigung ist die Zwangsvollstreckung nur in die der Verwaltung des Testamentsvollstreckers unterliegenden Nachlaßgegenstände zulässig.

Gesetzesgeschichte: Seit 1900 RGBl. 1898 I 256.

I. Ein **gegen den Erblasser ergangenes Urteil** kann nach § 727 nur gegen Erben als Rechtsnachfolger vollstreckbar ausgefertigt werden. Dies berechtigt aber nach § 748 nicht zur Vollstreckung in den Nachlaß, soweit dieser der Verwaltung des Testamentsvollstreckers unterliegt. Da aber, wenn schon der Erblasser verurteilt ist, eine Umgehung der Verfügungsmacht des Testamentsvollstreckers durch den Erben nicht mehr in Frage kommt, und da der Testamentsvollstrecker als Partei kraft Amtes praktisch dem Rechtsnachfolger gleichsteht[1], gestattet § 749 unter den allgemeinen Voraussetzungen → § 724 Rdnr. 8ff. die **Umschreibung** der Klausel **gegen den Testamentsvollstrecker** entsprechend § 727 und §§ 730ff., also durch den *Rechtspfleger*, § 20 Nr. 12 RpflG. Im Falle des § 2224 BGB ist der Titel gegen alle auszufertigen, es sei denn der Titel beträfe nur Gegenstände, die einer der Testamentsvollstrecker allein verwaltet. 1

Die Beschränkung der Vollstreckbarkeit auf den der Verwaltung unterliegenden Nachlaß ergibt sich aus S. 2 und muß daher nicht in der Klausel erwähnt werden, falls der Testamentsvollstrecker richtig *als solcher* bezeichnet ist[2]. Nachzuweisen sind der Todesfall und die Bestellung des Testamentsvollstreckers, in der Regel durch Testamentsvollstreckerzeugnis, aus dem sich nach § 2368 Abs. 1 S. 2 BGB zugleich etwaige Beschränkungen der Verwaltung[3] ergeben müssen. Wird das Testamentsvollstreckerzeugnis erst auf Antrag des Gläubigers nach § 792 erteilt, so muß dieser noch die Annahme des Amtes nachweisen. 2

Soweit der Nachlaß als Ganzes der Verwaltung des Testamentsvollstreckers unterliegt, genügt nach § 748 Abs. 1 die Ausfertigung gegen ihn. Im Falle des § 748 Abs. 2 muß dagegen 3

---

[19] *Gaul* (Fn. 12) § 18 II 3; *Thomas/Putzo*[18] Rdnr. 5.
[20] → § 771 Rdnr. 48–50; a.M. *Hartmann* (Fn. 14) Rdnr. 7.
[21] → Rdnr. 12 vor § 735. Wie hier *Arnold* (Fn. 4) Rdnr. 30; *Hartmann* (Fn. 14) Rdnr. 8; a.M. *Zöller/Stöber*[18] Rdnr. 10.

[1] → § 727 Rdnr. 25.
[2] Zust. *MünchKommZPO-Arnold* Rdnr. 14. → auch § 748 Rdnr. 2 Fn. 5.
[3] → § 748 Rdnr. 4f.

das Urteil gegen den Erben (→ § 727 Rdnr. 22 f.) *und* den Testamentsvollstrecker ausgefertigt sein[4], da § 749 an den Erfordernissen der Vollstreckung nichts ändern, sondern nur ihre Beschaffung erleichtern will. Es ist dies auch deshalb wichtig, weil dadurch der Erbe Vollstreckungsschuldner wird[5] und entsprechende Einwendungen erheben kann.

4   Die Vollstreckung gegen den Testamentsvollstrecker und folglich die Erteilung der Klausel findet nach § 2213 Abs. 2 BGB ohne Rücksicht auf die Ausschlagungsfrist (§ 1958 BGB) statt → § 778 Rdnr. 7. Dagegen steht ihm die Dreimonatseinrede des § 2014 BGB zu[6].

5   II. Ist das Urteil **zugunsten des Erblassers** ergangen, so ist der Erbe zu einer Verfügung über den Anspruch oder zu seiner gerichtlichen Geltendmachung nach §§ 2211 f. BGB nicht befugt, soweit der Anspruch der Verwaltung des *Testamentsvollstreckers* unterliegt. Dieser kann deshalb nach § 749 die Klausel wie ein Rechtsnachfolger nach § 727 für sich verlangen, wie er auch zur Aufnahme schwebender Prozesse nach § 243 berufen ist; nur muß er dann nachweisen, daß der ganze Nachlaß oder doch der konkrete Anspruch seiner Verwaltung untersteht[7], worüber das nach § 2368 BGB zu erteilende Zeugnis Auskunft gibt. Über die Rechtsbehelfe des Testamentsvollstreckers gegen den Erben, falls diesem vor Beginn der Testamentsvollstreckung die Klausel erteilt wurde, und umgekehrt, falls die Klausel dem Testamentsvollstrecker fehlerhaft erteilt ist, → § 727 Rdnr. 46 ff.[8].

6   III. Für die Umschreibung eines gegen den Erblasser ergangenen Titels auf den **Nachlaßverwalter** ist § 749 entsprechend anzuwenden[9]. Wegen der schon auf den Erben lautenden Titel → § 727 Rdnr. 25, 28.

7   IV. Wegen der **Rechtsbehelfe** → § 730 Rdnr. 4 ff., wegen der **Kosten** → § 724 Rdnr. 17.

§ 750   [Vollstreckungsvoraussetzungen; Parteibezeichnung; Zustellung]

(1) ¹Die Zwangsvollstreckung darf nur beginnen, wenn die Personen, für und gegen die sie stattfinden soll, in dem Urteil oder in der ihm beigefügten Vollstreckungsklausel namentlich bezeichnet sind und das Urteil bereits zugestellt ist oder gleichzeitig zugestellt wird. ²Eine Zustellung durch den Gläubiger genügt; in diesem Fall braucht die Ausfertigung des Urteils Tatbestand und Entscheidungsgründe nicht zu enthalten.

(2) Handelt es sich um die Vollstreckung eines Urteils, dessen vollstreckbare Ausfertigung nach § 726 Abs. 1 erteilt worden ist, oder soll ein Urteil, das nach den §§ 727 bis 729, 738, 742, 744, dem § 745 Abs. 2 und dem § 749 für oder gegen eine der dort bezeichneten Personen wirksam ist, für oder gegen eine dieser Personen vollstreckt werden, so muß außer dem zu vollstreckenden Urteil auch die ihm beigefügte Vollstreckungsklausel und, sofern die Vollstreckungsklausel auf Grund öffentlicher oder öffentlich beglaubigter Urkunden erteilt ist, auch eine Abschrift dieser Urkunden vor Beginn der Zwangsvollstreckung zugestellt sein oder gleichzeitig mit ihrem Beginn zugestellt werden.

(3) Eine Zwangsvollstreckung nach § 720a darf nur beginnen, wenn das Urteil und die Vollstreckungsklausel mindestens zwei Wochen vorher zugestellt sind.

---

[4] Das ist kein Fall des § 733, *MünchKommZPO-Wolfsteiner* § 727 Rdnr. 23.
[5] → Rdnr. 4 a. E. vor § 735.
[6] → § 782 Rdnr. 1 ff. *Eccius* Gruch. 43 (1899), 607, *Wieczorek*² § 782 Anm. A II mwN.
[7] Dies vor allem im Fall des § 2224 BGB.
[8] *Baumbach/Hartmann*⁵² Rdnr. 3; *Zöller/Stöber*¹⁸ Rdnr. 11; *Arnold* (Fn. 2) Rdnr. 15 lassen nur Klage auf Herausgabe der Ausfertigung nach § 2205 BGB zu; s. dagegen § 727 Rdnr. 46 a. E., 48.
[9] *Loritz* ZZP 95 (1982), 329; *Baur/Stürner*¹¹ Rdnr. 254; *A. Blomeyer* ZwVR § 15 III 1 c; *Arnold* (Fn. 2) Rdnr. 7 mwN. – Manche halten Umschreibung auf den Erben lautender Titel (Klauseln) für unnötig, s. *Palandt/Edenhofer* BGB⁵³ § 1984 Rdnr. 8; *MünchKomm BGB-Siegmann*² § 1984 Rdnr. 8.

Gesetzesgeschichte: Bis 1900 § 671 CPO. Änderungen RGBl. 1898 I 256, BGBl. 1976 I 3281 (Abs. 1 S. 2 und Abs. 3 eingefügt).

I. Allgemeines zu §§ 750 f.	1
1. Geltungsbereich	2
2. Abs. 3 und vergleichbare Wartefristen	5
3. Wirkung von Verstößen, s. auch II 1, 2, VI	7
4. Verzicht auf Befolgung der II 750 f.	8
5. Heilung und ihre Folgen	11
II. Namentliche Bezeichnung der Parteien	18
1. Erforderliche Angaben	19
2. Prüfung durch Vollstreckungsorgane, Behandlung unklarer Bezeichnungen	22
3. Unzulässigkeit der Vollstreckung gegen nicht Genannte	27
III. Zustellung des Titels	28
1. Veranlassung	29
2. Adressaten	34
3. Öffentliche Zustellung	35
4. Prüfung von Amts wegen	36
IV. Zustellung von Klausel und Urkunden	38
V. Arbeitsgerichtliches Verfahren	43
VI. Rechtsbehelfe	45

I. Allgemeines zu §§ 750 f.

Die §§ 750 f. regeln zusammen mit §§ 798 f. solche **Bedingungen für den Beginn der Zwangsvollstreckung,** die das Vollstreckungsorgan neben der Vollstreckungsklausel zu prüfen hat[1]. Zum *Beginn* der Vollstreckung → Rdnr. 107–113 vor § 704. *Nach ihrem Beginn* sind die §§ 750 f. *nochmals* anzuwenden, wenn ein Personenwechsel gemäß §§ 727 ff. eintritt[2], ausgenommen den Fall des § 779, und wenn die Vollstreckung nach § 720 a Abs. 1 S. 2 oder § 709 S. 2 fortgesetzt werden soll, § 751 Abs. 2. 1

1. Die §§ 750 f. **gelten** für *alle Arten der Vollstreckung,* auch die nach §§ 887 ff. und die in das unbewegliche Vermögen, §§ 16 Abs. 2, 146 ZVG, einschließlich der Zwangseintragung → § 867 Rdnr. 2–5. Inwieweit sie für Titel gelten, die *nicht auf Grund der ZPO* oder des ArbGG ergehen, bestimmt sich nach den einschlägigen Vorschriften des Bundes[3] oder – bei landesrechtlichen Titeln – der Länder[4]. 2

Im übrigen gibt es **Ausnahmen** nur in § 845 für die Pfändungsbenachrichtigung[5], in §§ 929 Abs. 3 S. 1 (s. aber S. 2), 936 für Arreste und einstweilige Verfügungen sowie in § 133 ZVG. 3

Nicht anwendbar sind die §§ 750 f. bei der Durchführung *weiterer Vollstreckungswirkungen*[6], namentlich der Kostenfestsetzung[7] und der Einstellung usw. nach §§ 775 f. Nur § 751 gilt für die Eintragung der Vormerkung nach § 895[8]. 4

2. Wartefristen. Ihre Beachtung obliegt stets den Vollstreckungsorganen; ob der Antrag vorzeitig gestellt ist, spielt keine Rolle. Gemäß **Abs. 3** darf eine *Sicherungsvollstreckung* nach § 720 a frühestens zwei Wochen nach der Zustellung des Urteils und der Klausel (diese ist nach ü. M.[9] stets zuzustellen, also nicht nur in den Fällen → Rdnr. 38 ff.) beginnen, um dem 5

---

[1] → Rdnr. 55–66 vor § 704.
[2] *BGH* WM 1963, 754, h.M.; *Jacobi* ZZP 25 (1899) 467 f. – A.M. *OLG Breslau* OLGRsp 26, 380.
[3] → § 794 Rdnr. 100 f. Vgl. für Steuern §§ 1, 254 AO 1977, entsprechend für andere öffentlich-rechtliche Geldforderungen §§ 4 f. VwVG. S. auch §§ 167, 168 Abs. 2 VwGO.
[4] → § 794 Rdnr. 100 f. u. § 801. Zu § 15 Abs. 2 LVwVG Baden-Württ. (GBl. 74, 93) s. *Holch* DGVZ 1975, 186 gegen *AG Freiburg* aaO 159; zum VwZVG Bayern (GVBl. 71, 1) s. *OLG Nürnberg* Büro 1976, 1392.
[5] → § 845 Rdnr. 2 f.
[6] → Rdnr. 47–49 vor § 704.
[7] Zust. → § 103 Rdnr. 18.
[8] → dort Rdnr. 4 f.
[9] *KG* MDR 1988, 504 = DGVZ 93; *OLGe Hamm* Rpfleger 1989, 378 = Büro 1748 (ausführlich zum Streitstand); *Karlsruhe* MDR 1991, 161 = Büro 270; *Schleswig*

Schuldner Gelegenheit zu geben, rechtzeitig die eigene Sicherheitsleistung nach § 720 a Abs. 3 zur Abwendung der Vollstreckung aufzubringen[10]. → aber § 845 Rdnr. 4. Gleiche Wartefristen, aber aus anderen Gründen gelten nach § 798 für selbständige, also nicht unter § 795 a fallende *Kostenfestsetzungsbeschlüsse* (§ 794 Abs. 1 Nr. 2), für *Regelunterhaltsbeschlüsse und vollstreckbare Urkunden* (§ 794 Abs. 1 Nr. 2 a und 5), für nach § 1044 b Abs. 2 durch Notare vollstreckbar erklärte *Anwaltsvergleiche* (§ 794 Abs. 1 Nr. 4 a), ferner nach § 798 a S. 1 Fristen von einem Monat für *Beschlüsse, die im vereinfachten Verfahren Unterhaltstitel Minderjähriger abändern* (§ 641 p). Nach § 798 a S. 2 dürfen auch sämtliche *auf Grund solcher Beschlüsse ergangene Kostenfestsetzungsbeschlüsse* erst vollstreckt werden, wenn die Zustellung der die Kostenentscheidung enthaltenden Abänderungsbeschlüsse mindestens einen Monat zurückliegt, und falls die Kosten nachträglich mit selbständigem Beschluß festgesetzt sind, außerdem nicht vor Ablauf der Zweiwochenfrist des § 798. Zur Vorpfändung → aber § 845 Rdnr. 4.

6   Wegen der *Berechnung* durch das Vollstreckungsorgan oder der etwaigen Abänderung der Wartefrist → § 798 Rdnr. 2 f., zu Verzicht und Heilung bei verfrühter Vollstreckung → Rdnr. 8 ff. § 187 S. 2[11] ist auf Wartefristen nicht entsprechend anzuwenden. Die Klausel kann vor Fristablauf nach § 724 Abs. 2 erteilt werden → § 726 Rdnr. 5 a. E.

Über weitere vergleichbare Wartefristen s. § 155 KostO (entsprechende Anwendung des § 798 auf Kostenrechnungen der Notare)[12], § 84 Abs. 2 BRAO, § 106 Abs. 2 OWiG, § 3 Abs. 2 c VwVG, § 254 Abs. 1 AO 1977; im Bereich des Haager Zivilprozeßabkommens 1954 ist § 798 für Kostenentscheidungen entsprechend anzuwenden gemäß § 7 des AG[13].

7   **3. Vollstreckungsakte, bei deren Vornahme die §§ 750 f. nicht beachtet wurden**, sind *anfechtbar, aber nicht nichtig*[14], also *bis zur Aufhebung voll wirksam*[15]. Es entsteht auch hier mit sofortigem Rang (str.) ein Pfändungspfandrecht, und zwar unabhängig davon, ob man es dem bürgerlichen oder dem öffentlichen Recht zurechnet[16]. Wegen § 867 → dort Rdnr. 14 ff.

8   **4.** Entsprechend § 295 können beide Parteien auf die Beanstandung oder Behebung einer Ungenauigkeit in der Bezeichnung[17] und der Schuldner kann *bei oder nach Vornahme des Vollstreckungsakts* auf die Zustellung nach Abs. 1 und 2 sowie auf die Beachtung der Wartefristen → Rdnr. 5 f.[18] **verzichten**, da diese Bestimmungen nur ihn schützen wollen, nicht

---

NJW-RR 1988, 700; *Stuttgart* NJW-RR 1989, 1535 = MDR 1990, 61; *LGe Berlin* NJW-RR 1986, 1211 = DGVZ 172 f.; *Darmstadt* DGVZ 1989, 120; *Düsseldorf* Büro 1989, 1750; *Mönchengladbach* Büro 1987, 925 f. (krit. *Mümmler*); *Ravensburg* Büro 1989, 269; *MünchKommZPO-Arnold* Rdnr. 94 mwN. *Rosenberg/Gaul*[10] § 22 I 2 b aa je mwN. – **A.M.** *LGe Frankfurt/M.* Rpfleger 1982, 296; *Münster* Büro 1986, 939 (zust. *Mümmler*); *Verden* MDR 1985, 330; *Wuppertal* Büro 1984, 935; *Münzberg* Rpfleger 1983, 58; *Baur/Stürner*[11] Rdnr. 190; *Brox/Walker*[4] Rdnr. 154; *Bruns/Peters*[3] § 11 III 2, weil die nach h. M. nötige Parteizustellung die ZV nach § 720 a erschwert, statt sie nach ihrem Zweck zu erleichtern.

[10] BT-Drucks. 7/2729 110 (zu Nr. 88).
[11] → Rdnr. 11.
[12] Zu § 155 → § 794 Rdnr. 100 Ziff. 19 Fn. 658. Im Falle § 156 KostO muß die berichtigte Ausfertigung zugestellt sein *OLG Hamm* Rpfleger 1973, 440 f.
[13] → § 328 (20. Aufl.) Rdnr. 558.
[14] → Rdnr. 45; allg. M. für Verstrickung, Pfändung, Überweisung nach §§ 829, 835 u. Bestellung von Zwangsverwaltern *BGH* WM 1977, 841 f.; *BGHZ* 66, 79 = NJW 1976, 851[8] = WM 355; *BGH* NJW 1976, 1453; weitere Nachweise → Fn. 512 f. vor § 704. – A. M. noch *RGZ* 153, 205.
[15] → Rdnr. 128 ff. vor § 704.
[16] → Rdnr. 128 Fn. 514 f. vor § 704, auch zur Gegenansicht; zu vergleichbaren materiellen Rechtslagen → Rdnr. 138 Fn. 551 f. vor § 704.
[17] → auch § 727 Rdnr. 33 (nach Fn. 170); *Zöller/Stöber*[18] Rdnr. 21; anders nur, wenn eine Verwechslung auf der Hand liegt, insofern zutreffend *Arnold* (Fn. 9) Rdnr. 64, der jedoch schon bei verbleibenden Zweifeln eine ZV für unzulässig hält. Ein vollstreckungserweiternder Verzicht auf die Bezeichnung überhaupt (→ auch Rdnr. 100 vor § 704) ist unbeachtlich; ebenso sind nachträgliche Abtretungs- oder Verzichtserklärungen (oder Beerbung, vgl. den Sachverhalt in *LG Frankfurt/M.* Rpfleger 1991, 426) eines Teil-Gläubigers zugunsten des anderen von ZV-Organ nicht zu berücksichtigen *AG Berlin-Wedding* DGVZ 1975, 172 und 1977, 25.
[18] *OLG Naumburg* OLGRsp 13, 195 (zu § 798); *Gaul* (Fn. 9) § 22 I 2 b dd, ganz h. M.

aber Dritte oder die Allgemeinheit[19], insbesondere auch nicht etwa konkurrierende Gläubiger[20]. Jedoch ist ein *vorheriger* Verzicht auf die Zustellung nach h. M. unbeachtlich[21].

Soweit die h. M. dies darauf stützt, daß der Schuldner sein Verzichtsrisiko vor der Vollstreckung noch nicht ausreichend übersehen könne und daß die gesetzlichen Grenzen der Vollstreckung nicht von vornherein ausdehnungsfähig seien[22], mag das auf die Wartefristen → Rdnr. 5 zutreffen, weniger auf die Zustellung. Sie dient nur dem Informationsbedürfnis des Schuldners, der sich auch ohne diese Voraussetzung entscheiden könnte, ob er es zur Vollstreckung kommen lassen will[23]. Trotzdem ist der h. M. zuzustimmen. Eine Prüfung, ob **vorherige** Verzichte wirksam erklärt waren, würde das formalisierte System des Nachweises der Vollstreckungsreife untergraben, das solche Belastungen nicht nur von den Vollstreckungsorganen, sondern auch vom Erinnerungsverfahren fernhalten soll. Auch »Kostenersparnis« sollte als Argument ausscheiden, denn vorherige, möglicherweise schon im Titel erklärte Verzichte beschwören Erinnerungsverfahren über deren Wirksamkeit herauf, die meist teurer sind als Zustellung. Erklärt allerdings der Schuldner bei Vollstreckungsbeginn gegenüber dem Vollstreckungsorgan, daß er den Verzicht schon vorher erklärt habe, so steht das einem gegenwärtigen Verzicht gleich. 9

Der Verzicht kann auch durch *schlüssiges Verhalten* erklärt werden; hingegen kann das bloße Unterlassen der Rüge[24] die Wirkung des § 295 nur haben, wenn überhaupt ein die Fehlerhaftigkeit des Vollstreckungsakts betreffendes Verfahren (§ 766) anhängig war und entweder eine mündliche Verhandlung stattgefunden hat[25] oder – in sinngemäßer Anwendung des § 295 – das Verfahren endet, ohne daß der Schuldner den Mangel gerügt hat[26]. Bei der Vollstreckung in bewegliche Sachen ist daher die sofortige Vollstreckung zulässig, wenn der Schuldner zu Protokoll des Gerichtsvollziehers den Verzicht erklärt oder den schon erklärten bestätigt[27]; bittet der Gläubiger für den Fall der Weigerung des Schuldners hilfsweise um Zustellung und Einhaltung der etwa einschlägigen Wartefrist[28] (Rdnr. 5 f.), so darf der Gerichtsvollzieher einen solchen Auftrag nicht von vornherein ablehnen. 10

5. Durch wirksamen Verzicht[29] tritt eine **Heilung des Mangels** ein mit der Wirkung, daß weder der Schuldner noch Dritte – diese vorbehaltlich § 878[30] – sich weiterhin auf ihn berufen können → Rdnr. 132 ff. vor § 704. Der Mangel fehlender oder nicht ordnungsgemäßer Zustellung[31] wird ferner geheilt in den Fällen des § 187[32], sowie durch nachträgliche Zustellung, solange die Vollstreckungsmaßnahme noch nicht aufgehoben ist. Das gleiche gilt für eine verfrühte Vollstreckung, sobald die Wartefristen → Rdnr. 5 abgelaufen sind[33]. → auch § 751 Rdnr. 14. 11

In diesen Fällen bedeutet Heilung, daß die von Anfang an bestehende Wirksamkeit der Vollstreckungsmaßnahme – bei Pfändungen sowohl der Verstrickung als auch des Pfändungs- 12

---

[19] Insbesonder fehlen hier – im Unterschied zu §§ 811 ff., 850 ff. – völlig sozialstaatliche Zwecke, was *Henckel* JZ 1992, 654 wohl übersieht; h. m., *RG* Gruch. 43 (1899), 1232; *OLG Naumburg* OLGRsp 13, 195; Gutachten des *KG* vom 23.V.61 bei *Kirchner* DGVZ 1962, 5; *Emmerich* ZZP 82 (1969) 425; *Arnold* (Fn. 9) Rdnr. 91, 96. – A.M. *RGZ* 83, 339; *Furtner* MDR 1964, 460. Würde § 750 auch ein öffentliches Interesse an der Vermeidung unnütze Pfändungen schützen, so spräche das allenfalls gegen den *vorherigen* Verzicht → Rdnr. 9.
[20] → Rdnr. 9; *Bähr* KTS 1969, 18. Daß sie trotzdem vor der Heilung den Mangel nach § 766 rügen können → Rdnr. 45, folgt aus berechtigtem Interesse an § 766 Rdnr. 32, nicht aus gesetzlich vorausgeplantem Schutz.
[21] Rdnr. 100 vor § 704. Vgl. außer Fn. 19 noch die Nachweise bei *Berner* Rpfleger 1966, 134; *Gaul* (Fn. 9) § 22 I 2 b cc mwN; *Arnold* (Fn. 9) Rdnr. 91, 96 (*LG Kreuznach* DGVZ 1982, 189 ist freilich ohnehin überholt durch § 62 Abs. 2 BeurkG). – A.M. *LG Ellwangen* Rpfleger 1966, 145; *AG Montabaur* DGVZ 1975, 93; *Berner* aaO mwN; *Emmerich* (Fn. 19), auch zu § 798; *Stöber* (Fn. 17) Rdnr. 3. Etwaiges Interesse an Geheimhaltung (so argumentierten *LG Ellwangen*, *Berner*, *Emmerich* aaO vor Geltung des § 62 Abs. 2 BeurkG → Rdnr. 32) kann aber durch eigene Zustellung an den Gläubiger gewahrt werden → Rdnr. 30.
[22] → Rdnr. 100 vor § 704.
[23] → auch Rdnr. 30. Vgl. zum Zweck der Zustellung nach § 750 *RGZ* 56, 214.
[24] → Rdnr. 8.
[25] Vgl. *OLG Saarbrücken* OLGZ 1967, 34.
[26] Zust. *Gaul* (Fn. 9) § 22 I 2 b dd.
[27] Zust. *Gaul* (Fn. 9) § 22 I 2 b dd.
[28] Das war wohl im Falle *AG Montabaur* (Fn. 21) versäumt worden.
[29] → Rdnr. 8 ff.
[30] → Rdnr. 13.
[31] → Rdnr. 21, 36 f.
[32] dort Rdnr. 20 u. bei internationaler Zustellung Rdnr. 26 ff. Vgl. *LGe Berlin* DGVZ 1964, 185; *Düsseldorf* Büro 1987, 454 = DGVZ 75; *Bähr* KTS 1969, 1.
[33] *RGZ* 125, 289; *OLG Hamm* OLGZ 1974, 314 = NJW 1516 (beide zu § 798).

pfandrechts – nun nicht mehr durch eine Aufhebung bedroht ist[34]. Dies gilt nicht nur im Verhältnis zum Schuldner, sondern auch zu Dritten[35], deren auf den geheilten Mangel gestützte Erinnerung ebenso unbegründet wäre wie die des Schuldners. Zur Heilung *während des Erinnerungsverfahrens* → § 766 Rdnr. 42[36]. Im Verhältnis zum Schuldner, zu konkurrierenden Gläubigern und zum Drittschuldner genügt es also, daß zur Zeit der Entscheidung gegen sie eine ordnungsgemäße Zustellung vorliegt[37] oder der Mangel sonstwie geheilt ist.

13   Das Pfändungspfandrecht behält im Falle der Heilung seinen von Anfang an nach § 804 Abs. 3 begründeten **Rang**[38], und von einer »Rückwirkung« der Heilung des Pfandrechts[39] könnte man allenfalls im übertragenen Sinne sprechen, nämlich im Hinblick auf die gedachte Unwirksamkeit, die man durch rechtzeitige Anfechtung hätte herbeiführen können. Der geheilte Mangel verschafft konkurrierenden Gläubigern, die nach der fehlerhaften Pfändung, aber vor ihrer Heilung ein Pfändungspfandrecht erlangt haben – im Gegensatz zur Vollstreckung vor Fälligkeit[40] oder vor Ablauf der die Vollstreckbarkeit als solche aufschiebenden Wartefristen gemäß §§ 798, 798 a[41] – in den Fällen der §§ 750, 751 Abs. 2 wegen Fehlverhaltens der Zustellungs- oder Vollstreckungsorgane weder besseren prozessualen Rang[42] noch ein materiell »besseres Recht« i. S. d. § 878[43]. Insbesondere die lediglich vollstreckungshemmende Wartefrist des § 750 Abs. 3 liegt auf gleicher Ebene wie § 751 Abs. 2: Ist nach verfrühter Pfändung die Frist abgelaufen und die Sicherheit des Gläubigers erbracht (oder das Urteil rechtskräftig geworden), so kommt es ohnehin nicht mehr darauf an, ob der Schuldner seine Sicherheit nach § 720 a Abs. 3 innerhalb der Frist noch rechtzeitig geleistet hätte[44], so daß er durch den Verstoß letztlich nicht benachteiligt ist[45]. Weshalb nachpfändende Gläubiger von solchem fehlerhaften Verhalten der Vollstreckungsorgane profitieren sollten, leuchtet daher nicht ein. Auch dieser Verstoß kann daher eine Rangkorrektur nicht rechtfertigen → § 878 Rdnr. 15 f.

14   Die im Verhältnis zu Dritten nur für eine »Heilung ex nunc« eintretende **Gegenansicht**[46] berücksichtigt zu wenig, daß es sich durchweg um (seltenes) **Fehlverhalten von Vollstreckungs- und Zustellungsorganen** handelt, welches das materiellrechtliche Verhältnis zum Schuldner überhaupt nicht berührt. Sie setzt sich so über den begrenzten Zweck der formellen Vorschriften über den Beginn der Zwangsvollstreckung hinweg, der auf den **Schutz des Schuldners** gerichtet ist, nicht aber darauf, dem konkurrierenden Gläubiger die Chance des besseren Rangs zu garantieren. Im übrigen geht sie von der ungenauen (und wohl auf die heute überwundene privatrechtliche Auffassung des Vollstreckungsbetriebs zurückgehenden) Vorstellung des »gesetzwidrig pfändenden Gläubigers«[47] aus und rechnet damit das »Unrecht«, das dem Schuldner und angeblich auch dem Dritten durch gesetzwidriges Verhalten des Vollstreckungsorgans geschieht, mit unzureichender Begründung dem Gläubiger

---

[34] → Rdnr. 137 f. vor § 704.
[35] → Fn. 514, 538, 553 vor § 704 u. zur Gegenansicht dort Fn. 515, 543, 554.
[36] Wie dort auch *OLG Hamm* (Fn. 33); *OLG Hamburg* MDR 1974, 321 f.
[37] So für das Verhältnis zum Schuldner *RGZ* 25, 368 f.; *OLG Posen* OLGRsp 16, 323; 23, 205, zum Drittschuldner *RG* JW 1891, 552; SeuffArch 49 (1894), 222; zum Nachrang der vor Heilung nachpfändenden Gläubiger *Roth* JZ 1987, 903.
[38] → Rdnr. 7; zum Verzicht *Roth* (Fn. 37).
[39] Allgemein zur Rückwirkung der Heilung einer Zustellung obiter *BGH* NJW 1984, 926 (dort für Scheidungsantrag).
[40] *Bähr* KTS 1969, 15 ff.; für § 751 *Gaul* (Fn. 9) § 22 II 2 a.
[41] → § 878 Rdnr. 14, 16.

[42] *Baumbach/Hartmann*[52] Einf. vor §§ 750 f. Rdnr. 3.
[43] → § 878 Rdnr. 17.
[44] → § 720a Rdnr. 12 u. zum Zweck der Wartefrist oben Rdnr. 5. Daß Abs. 3 auch zur Leistung Gelegenheit geben soll, ist erst recht unerheblich; denn sie kann der Schuldner auch noch trotz Pfändung erbringen u. damit die Verwertung verhindern, so daß Rangfragen gar nicht erst entstehen.
[45] Leistet der Schuldner innerhalb der Frist, so trägt der Gläubiger die ZV-Kosten der voreiligen ZV selbst, → § 788 Rdnr. 20.
[46] So die wohl h. M., ausführlich *Gaul* (Fn. 9) § 22 II 1, 2 mwN in Fn. 165; zur Frist des Abs. 3 *Thomas/Putzo*[18] Rdnr. 13; offenlassend *OLG Hamburg* MDR 1974, 321 f.; *Arnold* (Fn. 9).
[47] *Martin* Pfändungspfandrecht (1963) 181.

an⁴⁸. Dies ist kaum mit der h. M. zu vereinbaren, daß auf Verhalten des Gerichtsvollziehers weder § 278 noch § 831 BGB anwendbar ist⁴⁹. Eine Rangkorrektur wäre allenfalls dann diskutabel, wenn der Gläubiger den Mangel rechtzeitig vor der nächsten Pfändung erkennen und abstellen könnte, z. B. weil eine erforderliche Zustellung von ihm nicht einmal beantragt worden war. In der Regel kann aber der Gläubiger den vom Schuldner nicht gerügten Mangel erst später, besonders erst im Verteilungsverfahren erkennen und hat dann keine Chance, durch erneute Pfändung besseren Rang zu erhalten. Die Sorge, eine Zulassung der Heilung »ex tunc« verführe zur Mißachtung gesetzlicher Vorschriften und wirke sich als Freibrief für verfrühte Vollstreckung aus⁵⁰, wäre angesichts der **Amtspflicht zur Prüfung der Vollstreckungsvoraussetzungen** nur bei einer Kollusion zwischen Gläubiger und Vollstreckungsorgan begründet⁵¹. Ferner gerät die Auffassung, der nachpfändende Gläubiger habe ein durch Heilung nicht entziehbares Recht auf Geltendmachung des Mangels⁵², in Widerspruch mit der Zulassung eines wirksamen Rügeverzichts des Schulders⁵³. Schließlich führt die Ansicht, der vom Unglück fehlerhafter Zustellung des Titels oder des Nachweises der Sicherheitsleistung betroffene Gläubiger möge seinen Ausfall nach Art.34 GG, § 839 BGB geltend machen⁵⁴, zu dem befremdlichen Ergebnis, daß dieser angeblich nicht schutzwürdige, weil unrechtmäßig vollstreckende Gläubiger seine Befriedigung aus Steuergeldern statt aus dem Vermögen seines Schuldners erhält und deshalb mittelbar auch die Befriedigung des nachpfändenden Gläubigers zu Lasten der Allgemeinheit geht⁵⁵.

Soweit es mit Rücksicht auf ein *Konkurs- oder Vergleichsverfahren/Insolvenzverfahren* auf den Zeitpunkt der Vollstreckungsmaßregel ankommt, entscheidet ebenfalls die *Vornahme* des Vollstreckungsaktes⁵⁶; eine Nachholung oder sonstige Heilung kann also auch noch nach Eröffnung des Konkurs/Insolvenzverfahrens mit rangwahrender Wirkung erfolgen⁵⁷. Dies gilt im Ergebnis auch für die Zwangseintragung gegenüber dem später eingetragenen Hypothekengläubiger oder Erwerber, wenn auch die *Zwangshypothek* aus besonderen Gründen erst mit der Behebung des Mangels (aber mit dem Rang der Eintragung) entsteht, → § 867 Rdnr. 14. Auch die nachträgliche Einholung einer nach § 32 Abs. 2 AußenwirtschG erforderlichen *Genehmigung der Devisenstelle*⁵⁸, führt zur endgültigen und rangwahrenden Wirksamkeit der Pfändung⁵⁹. → auch Rdnr. 42. **15**

Von der fehlenden *Zustellung der Klausel* gemäß § 750 Abs. 2 ist die gesetzwidrige Vollstreckung ohne wirksam erteilte Klausel zu unterscheiden → § 725 Rdnr. 11 f., § 726 Rdnr. 23. **16**

---

⁴⁸ *Martin* (Fn. 47) 142, 163 f. – Jedoch ist der zur Zeit der gesetzwidrigen Pfändung noch nicht beteiligte Dritte mit seiner bloßen »Chance« weder Subjekt einer Zuordnung nach Grundsätzen der Eingriffskondiktion (so aber *Martin* aaO 168) noch Inhaber einer nach § 823 BGB geschützten Rechtsposition (so richtig *Martin* aaO 164: nur »Reflex der Schuldnerposition«). Vgl. auch *Bähr* KTS 1969, 7.
⁴⁹ → § 755 Rdnr. 5.
⁵⁰ So z. B. auch *Gaul* (Fn. 9) § 22 II 2 a. S. dagegen *Bähr* (Fn. 48). Weshalb der Gläubiger sich mit der Heilung von Gesetzesverstößen der ZV-Organe (!) besonders eilen sollte, so *Martin* (Fn. 47) 180, ist nicht einzusehen; ihn trifft nur die Last, einer Aufhebung nach §§ 766, 775 f. zuvorzukommen.
⁵¹ Gegen solche Arglist wäre ein Nachpfänder ohnehin gemäß § 878 geschützt, s. BGH JZ 1972, 214 für erschliche öffentliche Zustellung, obwohl solches Parteiverhalten deren Wirksamkeit nicht berührt BGH DAVorm 1994, 92 f.
⁵² Vgl. *Bähr* KTS 1969, 15.
⁵³ → Rdnr. 8 – 10.
⁵⁴ RGZ 83, 341 f.; *Martin* (Fn. 47) 181; vgl. auch zur Amtshaftung wegen versäumter Wiederholung einer fehlerhaften Zustellung BGH NJW 1990, 177.
⁵⁵ *Bähr* KTS 1969, 8 Fn. 35. Der nachpfändende Gläubiger hätte keinen Schadensersatzanspruch → Fn. 48.
⁵⁶ → Rdnr. 12 Fn. 35.
⁵⁷ LG München I NJW 1962, 2306 = KTS 1963, 122 für nachträgliche Zustellung an den Verwalter. Vgl. auch für nachträglich erteilte Klausel OLG Hamburg MDR 1974, 322. – A. M. RGZ 25, 371; 125, 286; KG JW 1934, 3146; *Henckel* Prozeßr. u. materielles Recht (1970) 338; *Behr* DGVZ 1977, 55; *Gaul* (Fn. 9) § 22 II 2 c.
⁵⁸ Falls das Genehmigungserfordernis (→ dazu Rdnr. 58 vor § 704) bei Titelerrichtung übersehen worden oder erst nach Titelerrichtung entstanden war **und** auch vom GV, den in solchen Fällen die Prüfungspflicht trifft, *H. F. Schulz* Außenwirtschaftsrecht (1965/66) § 32 AWG Rdnr. 14, nicht beachtet wurde.
⁵⁹ Rückwirkung (arg. § 31 S. 2 AWG) wie bei Rechtsgeschäften nach § 31 S. 1 AWG *Wieczorek*² Anm. D I a 3, während § 31 S. 3 AWG nur gutgläubigen Zwischenerwerb Dritter erfassen will *Sieg/Fahning-Köllin* AWG (1963) § 31 Anm. III 7; vgl. auch *H. F. Schulz* (Fn. 58) § 31 Rdnr. 20.

17 Unabhängig von der Frage der späteren Wirksamkeit kann der Schuldner nach den Grundsätzen der *Amtshaftung* einen Anspruch auf Ersatz des durch die verfrühte Vollstreckung entstandenen Schadens geltend machen[60], soweit nicht § 839 Abs. 3 oder Abs. 1 S. 2 BGB entgegenstehen. Dagegen scheidet ein Bereicherungsanspruch gegen den Gläubiger aus, falls dessen Anspruch bestand[61].

II. Namentliche Bezeichnung der Parteien

18 Personen, durch die und gegen die vollstreckt werden soll, müssen nach **Abs. 1 S. 1** in der vollstreckbaren Ausfertigung[62] des Titels[63] oder (in den Fällen des § 727 und seiner entsprechenden Anwendung) in der nachträglich erteilten Vollstreckungsklausel **namentlich bezeichnet** sein[64]. Das soll den Vollstreckungsorganen die Prüfung abnehmen, für oder gegen wen der Titel wirksam ist[65]. Zur *Räumung* → § 885 Rdnr. 7ff.[66]. Wegen § 1148 BGB → Rdnr. 45. Ist laut Titel eine **Leistung an Dritte** zu erbringen, so wird zwar nicht »durch« sie, aber doch »für« sie i. S. d. Abs. 1 S. 1 vollstreckt; daher sind auch sie in der Urteilsformel, aber nicht in Rubrum oder Klausel[67] namentlich zu benennen. Sind Parteien in Titel oder Klausel nicht namentlich bezeichnet, z. B. »Erben des N.N.« oder »Erbengemeinschaft nach N.N.«[68] statt die Erben oder den *Nachlaßpfleger* namentlich zu benennen[69], oder »Gesellschafter der X-Gesellschaft«[70], oder »Besetzer des Hauses Y« oder eines bestimmten Betriebes mit oder ohne nähere Beschreibung des Personenkreises[71], so ist die Vollstreckung unzulässig[72]. Das gilt erst recht im Grundbuchbereich für § 867[73], auch im Falle des § 800[74].

18a Mitglieder von *Wohnungseigentumsgemeinschaften* eines bestimmten Gebäudes können allerdings in Klagen[75] und Mahnbescheiden[76] mit dieser Kurzbezeichnung benannt werden.

---

[60] *Hartmann* (Fn. 42) Rdnr. 4 vor § 750. – A.M. *Wieczorek*[2] Anm. D III (anders zu § 751 B II). Ist allerdings der Anspruch des Gläubigers zur Zeit der verfrühten ZV schon fällig gewesen, so kann der Schuldner von ihm beigetriebene ZV-Kosten nur dann als Schaden ersetzt verlangen, wenn feststeht, daß er freiwillig hätte leisten wollen u. können, falls erst zum zulässigen Zeitpunkt vollstreckt worden wäre.

[61] → § 766 Rdnr. 56, auch Rdnr. 141 vor § 704 mwN. *OLG Hamburg* MDR 1961, 329; *Schulz* AcP 105 (1909), 424f.; *Stein* Grundfragen (1913) 92; *Martin* (Fn. 47) 168 Fn. 40; *Pecher* Schadensersatzansprüche usw. (1967) 168; *Hartmann* u. *Wieczorek* (Fn. 60). – A.M. *Henckel* (Fn. 57) 331ff.; *A. Blomeyer* ZwVR § 41 III 5.

[62] Auf ihren Inhalt kommt es bei Zustellung und ZV grundsätzlich an. Näheres → Fn. 84; vgl. auch *BGHZ* 67, 284 = NJW 1977, 298 = MDR 306[32].

[63] Nur das entscheidet, auch wenn der Titel auf einem abweichend lautenden Wechsel beruht *AG Hoya* DGVZ 1973, 79.

[64] → § 724 Rdnr. 8 zu c. Dazu *Petermann* DGVZ 1976, 84f.; *Bauer* Büro 1967, 71 mwN.

[65] → Rdnr. 35 vor § 704, § 727 Rdnr. 1 f.

[66] Über Lebensgefährten u. deren Kinder *KG* DGVZ 1994, 25; *LG Kiel* DGVZ 1992, 42; Ehegatten u. deren volljährige Kinder *Münzberg* FS für Gernhuber (1993), 781; Untermieter *LG Hamburg* NJW-RR 1991, 1297.

[67] *RG* JW 1932, 790 zu 5; *AG Schwetzingen* DGVZ 1989, 26; *Scheld* DGVZ 1983, 161; *Arnold* (Fn. 9) Rdnr. 8.

[68] *RG* Gruch. 45 (1901), 1157; *LG Berlin* DGVZ 1978, 59, allg. M.

[69] Für oder gegen unbekannte oder ungewisse Erben darf er – trotz seiner Stellung als gesetzlicher Vertreter → Rdnr. 48 vor § 50 – in Titeln oder Klauseln (→ § 727 Rdnr. 14b, 22) wie eine Partei bezeichnet werden, arg. § 780 Abs. 2; denn das Betroffensein der Erben ist offensichtlich *OLG Stuttgart* Büro 1990, 918.

[70] → § 736 Rdnr. 1 Fn. 6, zur Pfändung nach § 859 → dort Rdnr. 2 Fn. 6.

[71] Gegen so gekennzeichnete Hausbesetzer ist schon der Erlaß des Titels unzulässig (großzügiger → *Schumann* § 253 Rdnr. 32; *LG Kassel* DGVZ 1990, 141, zust. *Gerland* aaO 182 = NJW-RR 1991, 381, falls Personalienangabe auch gegenüber Polizei verweigert wurde; aber Arglist kann erlassener Titel scheitern daran, daß man nicht weiß, ob die Angetroffenen die Verurteilten sind *OLG Köln* NJW 1982, 1888; *BezGer Potsdam* OLGZ 1993, 324; *LGe Düsseldorf* DGVZ 1981, 156; *Christmann* DGVZ 1984, 101; *Gaul* (Fn. 9) § 22 I 1; *Arnold* (Fn. 9) Rdnr. 6, 5a; a.M. *LG Krefeld* NJW 1982, 290[16]; *Kleffmann* Unbekannt als Parteibezeichnung (Diss. Tübingen 1983).insbesondere 130ff., 212ff., u. zwar entweder nach entspr.Anw. des § 319 Klauselklarstellung oder einfach Gelingen der Zustellung an dort Anwesende.

[72] *RG* Gruch. 45 (1901), 1157; *KG* HRR 1938, 56; *LG Berlin* DGVZ 1978, 59 (X-sche Erben); zur **Anwaltssozietät** *OLG Saarbrücken* Rpfleger 1978, 228; *LGe Hamburg* AnwBl 1974, 166; *Berlin, Bonn, München I* Rpfleger 1977, 109; 1984, 28; 1987, 423; → dazu § 736 Fn. 2 mwN.

[73] → § 867 Rdnr. 10.

[74] → § 800 Rdnr. 6.

[75] *BGH* JZ 1977, 524 = NJW 1686f. Zur Zustellung → § 189 Rdnr. 2.

[76] Vgl. auch § 3 Nr. 2 der VO des BJM vom 18. VII. 1991 BGBl. I 1547.

Im Urteil, auch im Vollstreckungsbescheid, sollten jedoch die Mitglieder, notfalls nach Rückfrage, grundsätzlich namentlich genannt werden[77], sei es auch nur durch einen als Anlage zum Rubrum ausgewiesenen Teil eines auf den Zeitpunkt der Rechtshängigkeit[78] bezogenen Grundbuchauszugs; dann genügt in einer Vollstreckungsklausel wieder die Sammelbezeichnung. Die namentliche Bezeichnung ist zumindest notwendig, wenn die Mitglieder *Schuldner* sind[79]. Steht ihnen allerdings als *Gläubiger* der Anspruch *gemeinschaftlich* zu, so kann man die Kurzbezeichnung jedenfalls dann für genügend halten, wenn der Titel auf Leistung an den Verwalter lautet und dieser auch bei der Vollstreckung als Vertreter auftritt[80]. Eine Vollstreckung sollte man aber darüber hinaus auch für zulässig halten, wenn der Titel auf Leistung an die im Urteil oder in der Klausel nicht namentlich genannten Mitglieder der Wohnungseigentumsgemeinschaft lautet, falls dem Vollstreckungsorgan der → Fn. 78 genannte Grundbuchauszug vorgelegt wird[81].

Gegen *persönlich haftende Gesellschafter* darf nur vollstreckt werden, wenn der Titel zweifelsfrei dahin ausgelegt werden kann, daß sie als Schuldner (nicht nur als gesetzliche Vertreter der OHG) aufgeführt sind[82]; aus dem Titel gegen eine GmbH kann gegen die *GmbH & Co KG* und den Geschäftsführer der GmbH auch dann nicht vollstreckt werden, wenn die ihnen gehörenden Grundstücke im Titel genannt sind[83]. Wegen sonstiger, nicht (oder nur mittelbar) § 750 betreffender Unklarheit des Titels → Rdnr. 26 ff. vor § 704. Sind die in dem Titel und der Vollstreckungsklausel genannten Gläubiger ohne erkennbaren Grund (Umschreibung, Berichtigung) nicht personengleich, so darf nicht vollstreckt werden[84]. Jedoch ist für Vollstreckungsorgane allein die Ausfertigung maßgeblich, wenn die Abweichung daher rührt, daß die erteilende Stelle den Titel (richtig oder unrichtig) offensichtlich so ausgelegt hat[85]. **18b**

1. Ob zur namentlichen Bezeichnung i. S. d. § 750 Abs. 1[86] auch die Angabe des Vornamens[87], der Adresse[88], des Berufs oder Titels[89] oder weiterer Unterscheidungsmerkmale (jun., sen.) erforderlich ist, beurteilt sich danach, ob die vorhandenen Angaben insgesamt dem Vollstreckungsorgan die *zweifelsfreie Ermittlung der Person* ermöglichen[90]. Zur Bezeich- **19**

---

[77] *MünchKommZPO-Lindacher* § 50 Rdnr. 47 a. E.; *BayObLG* NJW-RR 1986, 564.
[78] Nur auf diesen Mitgliederstand beziehen sich solche Titel *BayObLG* (Fn. 77) mwN, → § 724 Rdnr. 15. Bei nachträglichem Wechsel gilt daher § 727, andernfalls kann der Schuldner einer ZV zugunsten der neuen Mitglieder nach § 767 begegnen → § 727 Rdnr. 46. Insoweit ungenau (Mitglieder »im Zeitpunkt der Entscheidung«) *LG Hannover* Büro 1985, 1732 = MDR 59.
[79] Obiter *BayObLG* (Fn. 77) mit *LG Kempten* Rpfleger 1986, 93f. ZV gegen nicht Benannte ist unzulässig → Rdnr. 18 b Fn. 84. Bei Rechtsnachfolge kann ein im Titel bezeichnetes, ausgeschiedenes Mitglied nach § 767 überprüfen lassen, ob es weiterhin haftet, gegen das neue ist ZV nur gemäß § 727 zulässig, → Fn. 78. - Großzügiger (auch bei Schuldnern) *Arnold* (Fn. 9) Rdnr. 53.
[80] *BayObLG* (Fn. 77) mit *LG Hannover* (Fn. 78) u. MDR 1989, 358; *AG Frankfurt* DGVZ 1994, 79.
[81] Insoweit ist *LG Hannover* (Fn. 78) zuzustimmen.
[82] *AGe Melsungen, Berlin-Wedding* DGVZ 1970, 57 u. 1978, 14. → auch Fn. 97 (keine Umdeutung). Für klarstellende Klausel wie → Rdnr. 23 in solchen Fällen *Hüffer* FS für Stimpel (1985), 185.
[83] *BayObLG* NJW 1986, 2578 f. = Büro 1731 lehnte es ab, den Titel als gegen die Eigentümer ergangen auszulegen.
[84] *LG Berlin* MDR 1977, 236 = Rpfl 109; *Gaul* (Fn. 9) § 22 I 1a; *Arnold* (Fn. 9) Rdnr. 60. Vgl. auch KG JW 1932, 2174[26]. - A.M. *Thomas/Putzo*[18] Rdnr. 2 (nur Klausel maßgebend).
[85] *Arnold* (Fn. 9) Rdnr. 61. Z.B. wenn der Mutter für den an das Kind zu zahlenden Unterhalt (OLG Hamm FamRZ 1981, 199) oder umgekehrt dem am Prozeß unbeteiligten Kind die Klausel erteilt wurde, obwohl der Titel Zahlung »für« das Kind anordnet *LG Berlin* DAVorm 1974, 143; ebenso *OLG Oldenburg* MDR 1955, 488f. = NdsRpfl 1977, → § 724 Rdnr. 2, § 725 Rdnr. 11, 12, § 794 Rdnr. 36.
[86] Zweck u. daher auch Anforderungen stimmen nicht notwendig mit § 130 Nr. 1, § 253 Abs. 2 Nr. 1 überein, vgl. etwa *BGH* (Fn. 75). Übersicht bei *Schüler* DGVZ 1982, 65.
[87] Sie kann jedenfalls bei fehlerhaft geschriebenem Nachnamen die ZV retten. Vgl. RGZ 85, 166 = JW 1914, 943[31]; *OLGe Hamm* MDR 1962, 994 = DGVZ 1963, 27; *Köln* MDR 1968, 762; *LGe Hamburg* MDR 1961, 239; *Bielefeld* Rpfleger 1958, 278 = DGVZ 1959, 11; *Münster* Rpfleger 1962, 176. - Zu eng *LG Hanau* DGVZ 1959, 12; zu eng *LG Hamburg* Rpfleger 1957, 257 (Anfangsbuchstabe genüge nicht) u. 1960, 20. Ausführlich *Petermann* (Fn. 64).
[88] *LG Hamburg* MDR 1958, 925 = Rpfleger 276 (Vereinssitz); *RG* JW 1899, 537[22] (allgemein).
[89] *RG* (Fn. 87).
[90] Allg.M. *Arnold* (Fn. 9) Rdnr. 18. Unschädlich mangels Verwechslungsgefahr: Zusatz »Regionaldirektion«

nung des *Einzelkaufmanns* mit der Firma → § 727 Rdnr. 32 ff.⁹¹. Ist das Urteil für oder gegen Personen unter ihrem Deck- bzw. Künstlernamen⁹² oder unter der Firma bereits aufgelöster Gesellschaften ergangen oder sind Behörden oder Unternehmen unrichtig bezeichnet⁹³, ohne daß die zweifelsfreie Feststellung der Identität darunter leidet, so ist auch die Vollstreckung unter diesen Bezeichnungen zulässig⁹⁴, vorausgesetzt daß die Zustellung an den so identifizierten Schuldner gelingt. Es kann aber auch entsprechend § 727 die Klausel umgeschrieben werden → Rdnr. 23, und notwendig ist dies bei Zwangseintragungen⁹⁵.

19a Für parteifähige Personenvereinigungen, auch die *OHG* und *KG*, genügt die Angabe der *Firma*⁹⁶. Ergibt sich aus dem im Titel angegebenen Geschäftszweig und fehlender Eintragung im Handelsregister oder sogar aus dem Vorbringen des Gläubigers selbst, daß es sich (noch) nicht um eine OHG handeln kann, ist die Vollstreckung mangels Titels nach § 736 abzulehnen⁹⁷; über Urteile gegen *eingetragene* Schein-OHG → aber § 736 Rdnr. 1 a. Zur Vollstreckung gegen Gesellschaften des Bürgerlichen Rechts und ihnen gleichstehende Vereinigungen (Anwaltssozietät) → § 736 Rdnr. 1 f. und über Titel gegen aufgelöste/in Liquidation befindliche Handelsgesellschaften → § 727 Rdnr. 11. Zu nicht rechtsfähigen Vereinen und Vorformen juristischer Personen → § 735 Rdnr. 1, 5 und wegen Unklarheiten im Titel über das *Beteiligungsverhältnis mehrerer Parteien* → Rdnr. 28 vor § 704.

20 Ist der **gesetzliche Vertreter** des Schuldners oder Gläubigers nicht erwähnt oder nicht namentlich oder unrichtig benannt, so ist der Titel trotzdem vollstreckbar⁹⁸, denn § 750 verlangt, zumal sich doch nachträglich die Verhältnisse ändern können, diese Angaben *nicht im Titel* für den Beginn der Vollstreckung, wenn sie auch in § 313 Abs. 1 Nr. 1 und nun auch für das Mahnverfahren in §§ 690 Abs. 1 Nr. 1, 692 Abs. 1 vorgeschrieben sind. Gerade daraus folgt aber, daß die Vollstreckungsorgane nur von der Prüfung der Parteien entlastet sind → Rdnr. 18, während sie die gesetzlichen Vertreter oder Organe von Amts wegen selbst festzustellen haben⁹⁹. Das bedeutet zwar nicht, daß sie eigene Ermittlungen anstellen müßten; diese Last trifft den Gläubiger¹⁰⁰, wenn auch bei Zustellung und Vollstreckung durch den Gerichtsvollzieher von diesem erwartet werden muß, daß er sich an Ort und Stelle tunlichst

---

bei Versicherungs-AG *OLG Köln* Rpfleger 1975, 102 mwN; »Karl« statt »Karlheinz« *BayObLG* Rpfleger 1982, 466; »Herr«, obwohl weiblicher Vorname richtig angegeben ist *LG Bielfeld* Büro 1983, 1411; mit Vor- u. Nachnamen bezeichnete »Eheleute« waren Mutter u. Sohn *AG Mönchengladbach* Büro 1964, 696; s. aber *LG Berlin* DAVorm 1977, 686.
⁹¹ War ein mit Firma **und Namen** bezeichneter Kaufmann schon bei Rechtshängigkeit nicht mehr Inhaber, so ist er der Schuldner *AG München* DGVZ 1982, 172 f.
⁹² *LG Bremen* DJZ 1905, 752.
⁹³ → Rdnr. 8 vor § 50.
⁹⁴ Wegen § 867 → aber Fn. 95.
⁹⁵ Denn sie ist gegen natürliche Personen nur unter bürgerlichem Namen zulässig → § 727 Rdnr. 32 a. E., § 867 Rdnr. 10, 24. – A.M. *Noack* Büro 1978, 972 unter Berufung auf *OLG Frankfurt* Büro 1973, 561.
⁹⁶ → § 50 Rdnr. 13; *LG Mönchengladbach* BB 1960, 996 = DGVZ 135; *Noack* DB 1973, 1157; auch Firmen nach § 24 HGB ohne Andeutung eines Gesellschaftsverhältnisses. Unrichtige, aber der Identifizierung nicht entgegenstehende Zusätze sind dabei unschädlich *LG Berlin* Rpfleger 1974, 407; ebenso »Firmierung« mit »GbR«, falls es sich um nicht eingetragene OHG handelt *AG Gelsenkirchen* DGVZ 1988, 46; wenn aber der Titel gegen die Gesellschafter lautet, → § 736 Rdnr. 8 f. – Zur Angabe nur der Gesellschafter s. *BGH* § 736 Fn. 45.

⁹⁷ *AG Biedenkopf* DGVZ 1971, 126; *LGe Berlin, Mainz* Rpfleger 1973, 104, 157; *Gaul* (Fn. 9) § 19 I 1 a. E.; *Winterstein* DGVZ 1984, 1; jedoch für Bindung an vom Prozeßgericht bejahte Voraussetzungen gemäß § 1 HGB *Arnold* (Fn. 9) Rdnr. 31 (auch bei vollstr.Ausf. ohne Tatbestand u. Gründe?). »Umdeutung« gegen im Titel genannten Inhaber ist in solchen Fällen nicht zulässig *Petermann* Rpfleger 1973, 104, 155. → auch Fn. 82. Zur (wohl selten möglichen) **Berichtigung** des Rubrums → § 736 Fn. 6 sowie unten Fn. 128 (»GmbH«).
⁹⁸ Ganz h.M., *OLG Braunschweig* MDR 1959, 848; *LGe Essen* Büro 1972, 76; *Göttingen* DGVZ 1968, 84 f. = Büro 164; *Lübeck* DGVZ 1969, 93 = SchlHA 1971, 66; *Roth* JZ 1987, 900 mwN aaO Fn. 59. → auch § 807 Rdnr. 44 ff. zum Wechsel gesetzlicher Vertreter/Organe. – A.M. *LG Hamburg* Rpfleger 1958, 277 = MDR 925 (Vorstandsmitglieder eines Vereins). – Zur unrichtigen Benennung in der *Zustellungsurkunde* s. *KG* Rpfleger 1976, 222. – Davon zu unterscheiden ist die mangelnde Mitwirkung im Verfahren → § 56 Rdnr. 3, 13.
⁹⁹ *AG Cochem* DGVZ 1974, 122; *Gaul* (Fn. 9) § 22 I 1 c; *Wieczorek²* Anm. B II a. Jedoch darf der GV an den vom Gläubiger ausdrücklich Genannten zustellen, § 28 Nr. 4 S. 2 GVGA, auch an eingetragene Vorstandsmitglieder *OLG Frankfurt* Rpfleger 1978, 134.
¹⁰⁰ → § 171 Rdnr. 14. *AG Hannover* DGVZ 1974, 121 (122); *Schüler* DGVZ 1974, 101; *Mümmler* DGVZ 1970, 85 mwN.

erkundigt[101]. Fehlt die Angabe im Titel, so darf und muß das Vollstreckungsorgan daher die Zustellung bzw. Vollstreckung nicht endgültig verweigern, sondern nur solange, bis der Vertreter durch geeignete Angaben und Nachweise des Gläubigers[102] festgestellt werden kann[103]. Ist allerdings der gesetzliche Vertreter im Titel oder in der Klausel[104] benannt, so darf das Vollstreckunsorgan sich darauf solange verlassen, bis Zweifel auftauchen[105]. Bei *mehreren* gesetzlichen Vertretern gilt für die *Zustellung* § 171 Abs. 3[106]. Nach Amtslöschung einer *GmbH* ist an den neuen Liquidator zuzustellen[107].

Hält sich das Vollstreckungsorgan an diese Regeln, so handelt es rechtmäßig. Ob damit auch die Zustellung wirksam bzw. die Vollstreckungsakte zulässig sind, hängt aber nicht allein davon ab. Behandeln *rechtskraftfähige Entscheidungen* eine Partei als prozeßfähig[108], so dürfen Gerichte bei Amtszustellung und der Gerichtsvollzieher bei Parteizustellung sich zwar an die daraus folgende Vermutung der Prozeßfähigkeit halten[109]. Jedoch kann der Schuldner bzw. sein gesetzliche Vertreter nach § 766 rügen, daß nicht an diesen zugestellt wurde[110]. Bis zur Vorlage einer stattgebenden Entscheidung oder einstweiligen Einstellung (§ 775 Nr. 1, 2) ist die Vollstreckung fortzusetzen. Stellt jedoch der Gerichtsvollzieher fest, daß der im Urteil als prozeßfähig behandelte Schuldner minderjährig ist, so hat er von vornherein dem gesetzlichen Vertreter zuzustellen, ehe er mit der Vollstreckung beginnt[111]. Eine *nach* Urteilserlaß eintretende Prozeßunfähigkeit ist unstreitig stets von Amts wegen zu beachten. Der Vollstreckungsakt ist nur zulässig, wenn wirksame Zustellung an den richtigen gesetzlichen Vertreter gelingt[112]. Sind minderjährige Schuldner bei Errichtung *nicht rechtskraftfähiger* Titel nicht vertreten gewesen und der fehlerhaften Klauselerteilung nicht nach § 732 entgegengetreten[113], so ist auch von Amts wegen an den gesetzlichen Vertreter zuzustellen[114]. Ist bei solchen Urkunden fraglich, ob die §§ 112f. BGB gelten, so ist dem Gläubiger anzuraten, für die Zustellung an den Minderjährigen *und* an dessen gesetzlichen Vertreter zu sorgen[115]. Hat der Gläubiger noch keine Anweisungen gegeben, so ist an den gesetzlichen Vertreter zuzustellen. Unrichtige oder unvollständige Angaben der gesetzlichen Vertretung des Gläubigers können im weiteren Verfahren zu Schwierigkeiten führen, etwa bei der Aushändigung

---

[101] *AG Cochem* (Fn. 99), vgl. auch § 28 Nr. 4 S. 2 GVGA; *Gaul* (Fn. 9) § 22 I 1 c; *Schüler* (Fn. 100) 98.
[102] Nicht »der Titel« sondern die bisherigen Angaben des Gläubigers sind zu ergänzen, *Mümmler* (Fn. 100).
[103] Vgl. *AG Hannover* (Fn. 100).
[104] → § 727 Rdnr. 10f.
[105] *Arnold* (Fn. 9) Rdnr. 19 mwN. Nachforschen muß es in solchen Fällen allerdings nicht, so richtig § 28 Nr. 4 S. 1 GVGA. Ähnlich *OLG Oldenburg* MDR 1955, 489, das aber übertrieben von »grundsätzlicher Bindung« an die Bezeichnung des gesetzlichen Vertreters in Titel oder Klausel spricht. Diese bindet ZV-Organ u. VollstrGer ebensowenig wie eine Registereintragung (dazu *OLG Frankfurt* Rpfleger 1976, 28²⁵).
[106] → § 171 Rdnr. 10ff.; gilt auch für Eltern eines Minderjährigen, *BFH* BB 1974, 1103 = DGVZ 1976, 121 u. DGVZ 1977, 153.
[107] *OLG Frankfurt* OLGZ 1983, 75. → auch § 807 Rdnr. 45 f.
[108] Das ist nicht nur anzunehmen, wenn die Prozeßfähigkeit ausdrücklich bejaht ist (so *LG Bonn* NJW 1974, 1388¹⁵; *Schüler* u. *Mümmler* → Fn. 100), was gegebenenfalls nach Anforderung einer vollständigen (§ 317 Abs. 2 S. 2 HS 2, Abs. 4) Ausfertigung oder Abschrift vom Gläubiger geklärt werden könnte, sondern auch, wenn die Minderjährigkeit oder gesetzliche Vertretung nicht aus der Entscheidung ersichtlich ist, → für Gläubiger Rdnr. 78a Fn. 377, für Schuldner Rdnr. 80 Fn. 397 vor § 704 je mwN auch zur Gegenansicht.

[109] → Rdnr. 79 Fn. 394 mit Rdnr. 77a Fn. 379f. vor § 704. Ob auch Notfristen beginnen (dazu *Kirchberger* JuS 1976, 622; *Niemeyer* NJW 1976, 742), ist hier unerheblich. Wegen nicht rechtkräftiger Titel → Text nach Fn. 113.
[110] Wie bei Prozeßunfähigkeit des Gläubigers → Rdnr. 77a vor § 704 (diese kann jedoch ein minderjähriger Schuldner nur durch seinen gesetzlichen Vertreter rügen lassen). Zur Beweislast → Rdnr. 79 a. E. vor § 704.
[111] *Roth* JZ 1987, 903, auch zur Ersatzzustellung nach §§ 181 f. Wegen §§ 112 f. BGB → Fn. 115.
[112] *Schüler* (Fn. 100) 99.
[113] → § 794 Rdnr. 48 Fn. 258, Rdnr. 52 Fn. 295, § 797 Fn. 96.
[114] *Gaul* (Fn. 9) § 22 I 2 a aa.
[115] → § 52 Rdnr. 3, zumal noch keine h. M. darüber auszumachen ist, ob ZV-Organe dies von Amts wegen zu prüfen haben, → einerseits Fn. 84 vor § 704, *Arnold* (Fn. 9) Rdnr. 25 (ja, wenn ohne Schwierigkeit ermittelbar); *Gaul* (Fn. 9) § 22 I 2 a aa (Zustellung an Minderjährigen nur, falls er offensichtlich partiell prozeßfähig ist) mwN; andersseits *AG Wolfratshausen* DGVZ 1975, 47. Daß eine dieser Zustellungen dann unwirksam wäre, berechtigt den GV nicht zur Weigerung, da ein Verstoß i. S. d. § 5 GVGA nicht vorliegt, vgl. *Mager* DGVZ 1970, 35 f.; a. M. *Mümmler* DGVZ 1970, 84 f. mwN; *Frank* Büro 1983, 485. – Wird im Erinnerungsverfahren die angeblich unwirksame Zustellung gerügt, so sind die §§ 112 f. BGB als Vorfrage zu prüfen *LG Bonn* (Fn. 108).

des Erlöses. Zur Bedeutung irrtümlicher Angaben im Titel für das Klauselverfahren → § 727 Rdnr. 10f. Eine unwirksame Zustellung an Minderjährige[116] wird nicht allein durch nachträglichen Eintritt der Volljährigkeit geheilt; → aber Rdnr. 8ff.

22 2. **Die Prüfung der Vollstreckungsorgane**, bei Zwangseintragungen auch des Grundbuchamtes[117], beschränkt sich darauf, ohne eigene, zeitraubende Ermittlungen[118] festzustellen, ob die Person, für oder gegen welche die Vollstreckung beantragt wird, mit der im Urteil oder in der Klausel bezeichneten identisch ist[119], insbesondere bei ungenauer Bezeichnung des Schuldners[120], → Rdnr. 19, 19a. Läßt diese in Verbindung mit den anderen Angaben im Titel noch eine zweifelsfreie Feststellung des Schuldners[121] oder Gläubigers[122] zu, so ist sie unwesentlich und erfordert keine neue Erteilung oder Abänderung der Klausel. So kann z.B. falsche Schreibweise von Umlauten[123] oder bei Nachnamen, die wie bekannte Vornamen lauten, die Weglassung eines klärenden Kommas zwischen Vor- und Nachnamen unschädlich sein[124].

23 Ist aber ein Name so entstellt, daß auch unter Berücksichtigung des übrigen Titelinhalts unsicher bleibt, welche Person gemeint ist, wohnen Personen gleichen Vor- und Nachnamens im selben Hause, ohne daß der Titel Unterscheidungsmerkmale bietet[125], oder bestreitet eine namensgleiche Person ihre Identität mit dem Schuldner, falls der Gläubiger gegen sie unter einer im Titel nicht angegebenen Anschrift vollstrecken läßt[126], darf das Vollstreckungsorgan nicht tätig werden[127]. Dann muß der Gläubiger, falls die Identität auch im Verfahren nach §§ 766, 793 nicht zweifellos geklärt wird, entweder eine Berichtigung des Titels nach § 319 erwirken[128] oder erneut klagen[129], es sei denn, daß nur die Ausfertigung den Mangel enthält

---

[116] → Rdnr. 79 vor § 704.
[117] *RG* (Fn. 87); *OLG Köln* Rpfleger 1991, 149. Für Anhörung des im Vollstreckungsbescheid nur unter »Firma« bezeichneten Schuldners im Falle sich aufdrängender Zweifel *BayObLG* NJW 1956, 1800f.; dem zust. u. für Freibeweise jeglicher Art trotz grundsätzlicher Bejahung der Beibringungslast *Arnold* (Fn. 9) Rdnr. 29 mwN.
[118] *OLG München* KTS 1971, 289; *Gaul* (Fn. 9) § 22 I 1d; lediglich »summarische Kognition« *Stürner* ZZP 99 (1986), 307f.; ähnlich *Arnold* (Fn. 9) Rdnr. 27 mwN über zwar unterschiedliche Formulierungen, aber meist doch im wesentlichen übereinstimmende Ansichten in Rsp u. Lit. Zu den Aufgaben des **GV** gehören jedoch u. U. Erkundigungen bei angetroffenen Personen, ob unter der angegebenen Adresse der Schuldner (*AG Leverkusen* DGVZ 1982, 175) oder weitere gleichnamige Personen wohnen. Weitergehend *Arnold* (Fn. 9) Rdnr. 28: Einsicht in leicht zu erreichende Register oder Prozeßakten. Dies ist für §§ 887ff. zutreffend (→ § 727 Rdnr. 33 Fn. 176) u. wohl auch noch dem VollstrGer zuzumuten. Dem GV sind solche Nachforschungen zwar nicht verwehrt; aber er darf auf Beibringung durch den Gläubiger bestehen.
[119] Nicht, ob der Anspruch noch ihr oder noch gegen diesen Schuldner zusteht → § 724 Rdnr. 2; *OLG Köln* (Fn. 117).
[120] § 319 scheidet aus, wenn die richtige Partei erst durch die »Berichtigung« festgestellt werden soll → § 319 I 5 Fn. 18 (19. Aufl.); *LG Koblenz* Rpfleger 1972, 458; *Petermann* (Fn. 64) 156. Berichtigung ist jedoch zulässig, wenn *dieselben Personen* betroffen bleiben und schon im Erkenntnisverfahren für sie erkennbar war, daß sie nur unrichtig bezeichnet wurden, *OLG Düsseldorf* MDR 1977, 144 (X OHG statt Y GmbH & Co. KG). – Zur Wirksamkeit einer unzulässigen Berichtigung → § 319 Rdnr. 11, ferner unten Rdnr. 28 nach Fn. 154. Zur Berichtigung einer Ausfertigung gemäß der (richtigen) Urschrift s. *BGH* (Fn. 62).

[121] *OLG Köln* MDR 1968, 762, → auch Fn. 90; *AG Hannover* DGVZ 1976, 64 mwN; *Petermann* (Fn. 64). Handschriftliche Änderung des GmbH-Sitzes auf dem Titel kann zur Ablehnung führen *AG Burg/Fehmarn* DGVZ 1972, 75.
[122] *LG Berlin* DGVZ 1969, 91. Zu eng *LG Berlin* Rpfleger 1969, 21 (Nennung des Oberkreisdirektors eines Landkreises statt des Landkreises, vertreten durch jenen); *AG/LG Kiel* DGVZ 1981, 173 (nachträgliche Firmenänderung einer GmbH erfordere trotz beglaubigter Fotokopie aus Handelsregister eine Nachtragsklausel).
[123] *LG Hannover* Büro 1980, 774 (maschinell oe statt ö).
[124] *LG Hannover* Büro 1992, 57 »Lothar Hermann« (aber das Schweigen des Schuldners auf die Titelzustellung dürfte nur dann genügen, wenn er im Erinnerungsverfahren gehört wird).
[125] *LG Münster* Rpfleger 1962, 176; *LG Mainz* → § 727 Fn. 175; *BGH* JW 1902, 164 (alle betr. sen. und jun.); vgl. auch *OLG Hamm* (Fn. 87).
[126] *AG Berlin-Wedding* DGVZ 1992, 123 (im Erinnerungsverfahren wies Gläubiger die Identität nicht nach).
[127] Zust. *Gaul* (Fn. 9) § 22 I 1a.
[128] → § 319, besonders Rdnr. 6, 9. Sie ist unproblematisch, wenn eine Partei unter der angegebenen Bezeichnung mit Sicherheit nicht existiert. So z.B. *OLG Koblenz* WRP 1980, 577 (Einzelfirma, »Inh.X« war eine GmbH mit Geschäftsführer X); *LG Köln* Büro 1987, 1885f. = MDR 1988, 150 (»Frau« Gabriele war Herr Gabriele); *OLG Frankfurt* NJW-RR 1990, 767 für Vollstreckungsbescheid gegen »GmbH«, weil diese nicht existierte, sondern eine BGB-Gesellschaft unrichtig unter dieser Bezeichnung geschäftlich aufgetreten war u. die Zustellung entgegengenommen hatte; nach Rücknahme des Einspruchs ist hierfür wieder der nach § 20 Nr. 1 RpflG tätig gewordene Rpfl zuständig *OLG Frankfurt* aaO.
[129] → Rdnr. 31 vor § 704. *AG Varel* DGVZ 1966, 156.

und dann entsprechend § 319 berichtigt werden kann. Denn auch die überwiegend befürwortete nachträgliche Ausstellung einer auf den richtigen Namen lautenden Klausel, mag man sie auf eine entsprechende Anwendung der §§ 724 f.[130] oder besser der §§ 727, 731 stützen, darf nicht dazu benutzt werden, einem unklaren Titel einen bestimmten Inhalt zu geben[131]; erst recht ist dies nicht Aufgabe des Verfahrens nach § 766; → auch Fn. 211.

Trotzdem bleibt Raum für diese Verfahren zur gebührenfreien[132] **Erteilung einer Nachtragsklausel**[133], nämlich im Grenzbereich zwischen Unbestimmtheit des Schuldners und nur unwesentlicher Ungenauigkeit seiner Bezeichnung. Diese Grenze läßt sich vom Standpunkt des Gläubigers aus nämlich oft nicht sicher bestimmen, zumal in der Praxis das nicht voraussehbare Verhalten des Schuldners bei der Zustellung oder Pfändung entscheidend sein kann[134]. Dem Gläubiger darf in solchen Fällen nicht zugemutet werden, kostbare Zeit zu verlieren mit einem Streit um die Wesentlichkeit des Mangels[135]; andererseits sollte auch der Schuldner so Gelegenheit erhalten, über § 732 eine Entscheidung des Prozeßgerichts herbeizuführen. Freilich dürfen die Vollstreckungsorgane sich durch diese Möglichkeit nicht verleiten lassen, den Gläubiger trotz angebotener Nachweise auf die Umschreibung zu verweisen, statt ihrer Pflicht zur Identitätsprüfung nachzukommen[136]. 24

Ebenso bietet sich bei nachträglicher *Namensänderung* des Schuldners[137] eine – wegen Identität der Person nur entsprechende – Anwendung des § 727 an[138], falls Schwierigkeiten zu befürchten oder bereits eingetreten sind[139]. Hier kommt auch eine Klage entsprechend § 731 in Betracht, wenn dem Gläubiger die zum Nachweis erforderlichen Urkunden nicht zugänglich sind, da – anders als bei anfänglichen Namensfehlern – eine Unbestimmtheit des Titels ausscheidet. 25

Die Legitimation der **Prozeßbevollmächtigten**[140] hat das Vollstreckungsorgan stets selbst zu prüfen, mit Ausnahme der Vollmacht des die Zustellung begehrenden oder empfangenden Anwalts. Es darf sich aber auf Angaben im Titel verlassen[141], soweit nicht besondere Vollmachten zum Empfang des Vollstreckungserlöses nötig sind[142]. → auch Rdnr. 34. Für das Erlöschen der Vollmacht[143] gilt auch hier § 87[144]. 26

3. Für und gegen **andere Personen** als die im Urteil bzw. in der Klausel namentlich als *Gläubiger oder Schuldner* bezeichneten darf (außer nach §§ 739, 779) nicht vollstreckt 27

---

130 So *AG Mönchen-Gladbach* MDR 1962, 138.
131 Zust. *Bruns/Peters*³ § 11 III 1.
132 Auch beim Notar *KG* Büro 1993, 226 mwN.
133 *Petermann* (Fn. 64) 156; *Bruns/Peters*³ § 11 III 1; *Arnold* (Fn. 9) Rdnr. 67, allg. M.
134 → Rdnr. 8. Vgl. *AG Mönchen-Gladbach* Büro 1961, 394 u. bei Bezeichnung eines Einzelkaufmanns mit früherer Firma *OLG Frankfurt* → § 727 Fn. 182. – A.M. *LG Stuttgart* MDR 1968, 504; *Noack* JR 1966, 19. – Keinesfalls genügte die schweigende Hinnahme der Zustellung oder Pfändung oder die Auskunft beliebiger Dritter als Identitätsbeweis.
135 Er wäre sonst nach §§ 766, 793 oder im Rahmen einer Zulässigkeitsprüfung im neuen Prozeß (Rdnr. 31 vor § 704) auszutragen. → auch § 727 Fn. 183; zust. *Arnold* (Fn. 9) Rdnr. 67 f.
136 *AG Merzig* DGVZ 1975, 13; *MünchKommZPO-Wolfsteiner* § 726 Rdnr. 21.
137 Auch bei Titelerrichtung mit gefälschtem Paß, s. den Fall DAVorm 1987, 195.
138 *LGe Mannheim* Rpfleger 1958, 277 (§ 1618 BGB); *Kaiserslautern* Rpfleger 1953, 527; *Köln* Büro 1968, 160; *Petermann* (Fn. 64) 156; *AG Krefeld* MDR 1977, 762, h. M. – A.M. *AG Mönchengladbach* Büro 1963, 714.
139 → § 727 Rdnr. 10, 32 ff. A.M. *Wolfsteiner* (Fn. 136): nur, wenn ohnehin Klausel zu erteilen sei. Bei **Verheiratung** wird dies meist unnötig sein, zumindest wenn standesamtliche Urkunden verfügbar sind (§ 792), vgl. *AGe Mönchengladbach* MDR 1962, 139; *Köln* Büro 1968, 249 u. 750 (s. aber *LG Köln* → Fn. 138); *Gaul* (Fn. 9) § 22 I 1 a; so auch ohne Urkunde *LG Verden* Büro 1986, 778. Ebenso bei Wiederannahme des schon im Titel zusätzlich genannten Mädchennamens *AG Rheydt* StAZ 1963, 94.
140 → § 88 Rdnr. 4.
141 § 62 Nr. 2 GVGA. Private Änderungsvermerke sind unzulässig, aber unschädlich, falls als solche erkennbar, vgl. *LG Berlin* DGVZ 1973, 140.
142 → § 815 Rdnr. 1.
143 Zum Erlöschen durch Konkurs/Insolvenz einer Partei → § 86 Rdnr. 8.
144 *OLG München* MDR 1958, 927. → dazu § 87 Rdnr. 5 ff., zu schlüssigem Handeln dort Rdnr. 11, *LG Berlin* MDR 1994, 307 f.

werden¹⁴⁵, auch nicht auf Grund anderweiter Nachweise über falsche Bezeichnung usw.¹⁴⁶, insbesondere nicht für einen von mehreren Teilgläubigern auf das Ganze¹⁴⁷ oder gegen nicht verurteilte Mitverpflichtete, selbst wenn sie von der Rechtskraft des Titels mitbetroffen sind (arg. §§ 727ff.) oder zivilrechtlich unbedingt für die Titelschuld haften oder zur Duldung der Zwangsvollstreckung verpflichtet wären¹⁴⁸, oder gegen Besitzer des Grundstücks, wenn nur der Eigentümer verurteilt ist¹⁴⁹; weitere Beispiele → Rdnr. 18. Das gilt auch im Rahmen der §§ 735, 745 Abs. 1, 748 Abs. 1 für den Dritten, dessen Widerspruchsrecht ausgeschlossen ist¹⁵⁰. Zur Besitzdienerschaft und vergleichbaren Fällen → § 808 Rdnr. 7ff. Über die Wegschaffung in den Gewahrsam Dritter gelangter Pfandstücke durch den Gerichtsvollzieher → § 808 Rdnr. 37. Wegen der Parteien kraft Amtes → § 727 Rdnr. 25 und zur »Vollstreckungsstandschaft« → Rdnr. 38 vor § 704.

III. Zustellung des Titels

28 Das für die Vollstreckung benötigte **Urteil**¹⁵¹ oder sonstige zustellungsbedürftige Titel¹⁵² müssen nebst Anlagen¹⁵³ entweder vor dem Beginn der Vollstreckung¹⁵⁴ oder gleichzeitig damit **zugestellt** sein. Ist eine Berichtigung nicht wie § 319 Abs. 2 S. 2 vermerkt, so ist auch der Berichtigungsbeschluß zuzustellen oder mit dem Urteil zu verbinden. *Gleichzeitige* Zustellung ist nur bei der Vollstreckung durch Gerichtsvollzieher möglich. Vollstreckt ein Gericht, so muß die Zustellung bereits mit dem Antrag nachgewiesen werden. → auch zum EG-Bereich Anh. § 723 Rdnr. 47, 309. – Über Wartefristen → Rdnr. 5, wegen der *Kosten* s. § 788 Abs. 1 S. 2.

29 1. Die Zustellung von Ausfertigungen vollstreckungsfähiger **Entscheidungen von Amts wegen,** §§ 317 Abs. 1, 329 Abs. 3¹⁵⁵, 699 Abs. 4 S. 1, reicht grundsätzlich auch in den Fällen § 310 Abs. 3 (§ 317 Abs. 1 S. 2), § 329 Abs. 2, 3 (arg. Abs. 1 S. 2) aus, nach h. M. freilich nicht für § 720a → Rdnr. 5. Genügt sie nicht wegen 929 Abs. 2¹⁵⁶ oder weil die Vollstreckungsklausel in den Fällen des Abs. 2 erst nachträglich erteilt wird und dann zugestellt werden muß, oder scheidet sie aus, z. B. nach § 699 Abs. 4 S. 2, § 922 Abs. 2, oder handelt es sich um zustellungsbedürftige¹⁵⁷ Titel, die nicht gerichtliche Entscheidungen sind, vor allem die **Parteititel** § 794 Abs. 1 Nr. 1, 5, § 1044b, so ist die Zustellung **durch den Gläubiger**¹⁵⁸ nötig,

---

¹⁴⁵ BGH NJW 1957, 1877 (Einmann-GmbH); *LG Kassel* DGVZ 1970, 58f., → auch Rdnr. 18b. *LG Essen* Rpfleger 1975, 372 = Büro 1254 hielt X für die Schuldnerin im Vollstreckungsbescheid gegen »X als gesetzliche Vertreterin von Y«. Solche Auslegung wäre zwar möglich, aber Y ist hier namentlich genannt, daher trotz des Formulierungsfehlers im Zweifel Schuldner; so auch *Wieczorek*² Anm. B. – Im Fall *LG Hamburg* Rpfleger 1960, 20 (»Herrn X, Geschäftsführer der Y GmbH«) der Vollstreckungsbescheid gegen X vollstreckt werden müssen, da der Zusatz als Berufsangabe auszulegen ist (so auch Anm. *Bull).* – Zur Bindung an *klar gefaßte,* aber möglicherweise zu Unrecht ausgefertigte Titel oder Klauseln → § 724 Rdnr. 2; § 725 Rdnr. 11f.
¹⁴⁶ A.M. *BayObLG* Amtliche Sammlung (1901), 414f.
¹⁴⁷ Zust. *Arnold* (Fn. 9) Rdnr. 33. Auch nachträglich Erklärungen ersparen hier nicht die Umschreibung der Klausel → Fn. 17 a.E.
¹⁴⁸ *RG* SeuffArch 46 (1891), 475; Gruch. 36 (1892), 889. – aber auch § 771 Rdnr. 48.
¹⁴⁹ *RGZ* 38, 399.
¹⁵⁰ → Rdnr. 3, 4 vor §§ 735ff.
¹⁵¹ → § 725 Rdnr. 6f.

¹⁵² → Rdnr. 2, zu § 62 Abs. 2 BeurkG → Rdnr. 32.
¹⁵³ Soweit sie den vollstreckungsfähigen Inhalt (mit-)bestimmen → Rdnr. 26 Fn. 119 vor § 704, § 887 Rdnr. 4 (20. Aufl. Fn. 7), *OLG Frankfurt* OLGZ 1993, 70 mwN; *LAG Frankfurt a.M.* BB 1987, 2456 = NZA 1988, 175. Zur Form einer Anlage → § 724 Rdnr. 15. *OLG Frankfurt* aaO 72 hält die Zustellung von Anlagen, die der Schuldner schon besitzt, für nicht erforderlich (unbedenklich, falls der Titel diesen Besitz erwähnt). *Schmidt-von Rhein* DGVZ 1978, 135 hält in Zustellungsurkunde vermerkte Übergabe von Anlagen auch dann für ausreichend (§ 187), wenn Unterlassungstitel ohne diese nicht genügend verständlich wären, aber nicht ausdrücklich auf die Anlagen verweisen.
¹⁵⁴ → Rdnr. 110ff. vor § 704.
¹⁵⁵ Früher str., s. *OLG Karlsruhe* Justiz 1973, 136.
¹⁵⁶ → dazu 929 Rdnr. 21, § 938 Rdnr. 30 (20. Aufl.); *Weber* DB 1981, 877.
¹⁵⁷ → Rdnr. 2.
¹⁵⁸ Obwohl Unterhaltsschuldner freiwillig zahlt, ist hierfür Prozeßkostenhilfe zu gewähren *LG Trier* DA-Vorm 1987, 684f.

soweit nicht kostensparend bei vor dem Urkundsbeamten des *Jugendamts* errichteten Titeln die Zustellung an Amtsstelle nach § 60 Abs. 1 S. 2 KJHG geschieht. Die Zustellung durch Gläubiger ist nach dem in Abs. 1 angefügten S. 2 aber auch im Bereich der Amtszustellung zulässig und genügend, insbesondere um eine beschleunigte Vollstreckung durch den Gerichtsvollzieher zu ermöglichen[159], wobei zugleich eine etwa erforderliche Prozeßbürgschaft mit zugestellt werden kann[160]. Dies gilt auch für arbeitsgerichtliche Titel[161].

Zustellungen an den Gläubiger **durch den Schuldner** werden, da sie Rechtsmittelfristen 30 nicht mehr in Lauf setzen können (s. auch § 187 S. 2), künftig nur noch vorkommen, wenn der Titel teilweise auch zu seinen Gunsten gegen den Gläubiger vollstreckbar ist[162]. Obwohl nicht in § 750 Abs. 1 nF erwähnt, müssen sie auch für den zugunsten des Gläubigers lautenden Teil des Titels genügen[163]. Denn der Grundgedanke des weggefallenen § 221 Abs. 2 aF, daß die zustellende Partei mindestens ebenso sichere Kenntnis vom Titel hat als wenn ihr selbst zugestellt wäre, ist nach wie vor so selbstverständlich, daß das Gesetz die Zustellung durch den Schuldner ausdrücklich hätte ausnehmen müssen, um ihr die Wirksamkeit für § 750 zu nehmen.

Für die *Zustellung von Amts wegen* sind Entscheidungen grundsätzlich (wegen der Ausnah- 31 men s. §§ 313a, b) in *vollständiger* Form auszufertigen (arg. § 317 Abs. 2 S. 2). Bei Parteizustellung genügt nach Abs. 1 S. 2 die *abgekürzte* Ausfertigung ohne Tatbestand und Gründe, bzw. deren beglaubigte Abschrift (§ 170), auch diese aber nebst Titelanlagen[164]. Die Vollstreckungsklausel (§§ 724f.) muß hierfür noch nicht erteilt sein, außer wenn gleichzeitig vollstreckt werden soll oder eine Klausel nach §§ 726ff. erforderlich ist → Rdnr. 38.

Die *Zustellung auf Betreiben der Parteien* geschieht nach den §§ 166ff., soweit nicht für 32 vollstreckbare Urkunden über Unterhalt oder Unterhaltsabfindung an nichteheliche Kinder von § 62 Abs. 2 BeurkG oder § 60 Abs. 1 S. 2 KJHG Gebrauch gemacht wird. Eine Rückdatierung nach §§ 207, 270 Abs. 3 findet dabei nicht statt. Der beim Gerichtsvollzieher gestellte Pfändungsantrag bedeutet zugleich die Bitte um Zustellung, falls es sich um Titel handelt, die nicht von Amts wegen zuzustellen sind und ohne Zustellungsnachweis übergeben werden. Erhält der Gerichtsvollzieher vom Gläubiger die noch nicht zugestellte Ausfertigung einer Entscheidung ohne Tatbestand und Gründe oder eines Vollstreckungsbescheids (s. § 699 Abs. 4 S. 2, 3), so wird darin ebenfalls die Bitte um Zustellung gemäß § 750 Abs. 1 S. 2 liegen; bei Zweifeln fragt der Gerichtsvollzieher den Gläubiger oder wartet bis zum Nachweis der Amtszustellung; für Vollstreckungsbescheide → § 699 Rdnr. 19. Dem Gerichtsvollzieher ist die Urschrift/Ausfertigung zu übergeben[165]. Über Kosten → § 788 Rdnr. 10 Fn. 85.

Einmalige Zustellung genügt auch bei wiederholter Vollstreckung auf Grund desselben 33 Titels[166] oder bei Vollstreckung gegen beide Parteien, nachdem zuvor nur gegen eine vollstreckt, aber beiden zugestellt worden war.

2. Zuzustellen ist an den Schuldner[167], also auch an die neben ihm zur Duldung der 34 Vollstreckung verurteilten Personen[168], §§ 737, 743, 745 Abs. 2, § 748 Abs. 2, bei §§ 740

---

[159] Vgl. BT-Drucks. 7/2729 S. 43f., 110. Wegen des Zeitgewinns bei § 699 Abs. 4 S. 2 und § 845s. *Seip* AnwBl. 1977, 235. Daher kann auch von Kostenfestsetzungsbeschlüssen vollstr.Ausf. verlangt werden, bevor sie von Amts wegen zugestellt sind *LG Frankfurt/M.* Rpfleger 1981, 204.
[160] → § 751 Rdnr. 12f.
[161] *LAG Frankfurt* BB 1987, 2456 = NZA 1988, 175.
[162] Einfache Übergabe einer wegen § 630 Abs. 1 Nr. 3 dem Gericht eingereichten Urkunde gemäß § 60 KJHG an die Kindesmutter oder deren Anwalt ist keine »Zustellung« i.S.d. § 212b *DIV-Gutachten* DAVorm 1990, 914, daher auch nicht heilbar durch Zugang nach § 187.
[163] *OLG Frankfurt* MDR 1981, 591 = Rpfleger 313 =

DGVZ 86 mwN, obiter *LG Frankfurt a.M.* Büro 1993, 750, ganz h.M. *Gaul* (Fn. 9) § 22 I 2 a aa.
[164] *LAG Frankfurt a.M.* (Fn. 153). Verfahren zur Ermöglichung des Zustellungsnachweises: Entweder Verbindung der Anlage mit der Entscheidung oder Vermerk der Übergabe in Zustellungsurkunde *Schmidt-von Rhein* (Fn. 153).
[165] → § 169 Rdnr. 1f., § 190 Rdnr. 6.
[166] *RG* JW 1890, 372, allg.M.
[167] Übersicht für Personen- u. Kapitalgesellschaften bei *Winterstein* DGVZ 1991, 21.
[168] Jedem ist nur der gegen ihn, nicht auch der gegen den anderen gerichtete Titel zuzustellen.

Abs. 2, 747 an beide Ehegatten bzw. alle Erben. Die Zustellung an einen Gesamtschuldner wirkt nur gegen ihn, auch bei Ehegatten[169]. Ist im Falle § 736 ein gemeinsamer, ausreichend Bevollmächtigter, z.B. ein Anwalt oder Geschäftsführer[170] nicht eindeutig erkennbar und auch im Geschäftslokal kein Gewerbegehilfe erreichbar[171], so muß an alle Gesellschafter zugestellt werden[172]. Wegen *gesetzlicher Vertreter* → Rdnr. 20. Ist erkennbar[173] ein **Prozeßbevollmächtigter** bestellt, so *muß* an diesen zugestellt werden[174]. Über das Erlöschen dieser Zustellungspflicht → § 176 Rdnr. 25 f. Zur Legitimationsprüfung → Rdnr. 26. Wegen der Zustellung an *Soldaten* usw. → § 181 Rdnr. 19. Auch Arrestbefehle gegen Personen, die dem ZusatzAbk-NTS unterliegen, müssen über die Verbindungsstelle[175] zugestellt werden[176], falls nicht § 176 anwendbar ist[177].

35   3. Zur Zuständigkeit für die *öffentliche Zustellung*[178] und für die Zustellung im *Ausland* → § 202 Rdnr. 1, § 204 Rdnr. 3, § 797 Rdnr. 28.

36   4. Die Zustellung muß *ordnungsgemäß* geschehen sein; zur internationalen Zustellung → Rdnr. 43 ff. vor § 166. Über Mängel des Zustellungsaktes und der beglaubigten Abschriften → Rdnr. 23 ff. vor § 166, § 170 Rdnr. 9, 20, § 176 Rdnr. 40, § 191 mit Bem., § 212 a Rdnr. 2, 7, der Urteile und ihrer Ausfertigung § 170 Rdnr. 4 ff., § 315 Rdnr. 13 ff., § 317 Rdnr. 26 f. Zur Wirkung von Mängeln und deren Heilung → Rdnr. 7 ff.

37   Bei der *Prüfung von Amts wegen*, ob rechtzeitig und wirksam zugestellt ist, darf sich das Vollstreckungsorgan auf den Inhalt der Urkunden gemäß §§ 190 Abs. 2, 4, 198 Abs. 2 S. 2 oder 213 a verlassen[179]. Bei Zweifeln kann sich der Gläubiger über § 213 a hinaus eine Abschrift der Zustellungsurkunde aus den Akten (§ 212 Abs. 2) erteilen lassen, § 299 Abs. 1[180]. Die Zustellung kann auch anderweitig nachgewiesen werden, falls etwa die Akten vernichtet sind, etwa durch amtlichen Zustellungsvermerk auf dem Titel, z.B. auf maschinell erstellten Vollstreckungsbescheiden oder Kostenfestsetzungsbeschlüssen[181], oder durch Erwähnung im Tatbestand einer Entscheidung[182]. Ob der Schuldner von der Zustellung tatsächlich Kenntnis erhalten hat, ist nicht von Amts wegen zu prüfen[183].

IV. Zustellung der Klauseln und Urkunden

38   Der Zustellung der **Vollstreckungsklausel**[184] bedarf es in den Fällen der §§ 726 Abs. 1, 727 und wenn entsprechend § 727 die Klausel für oder gegen eine dritte Person erteilt ist[185], sowie nach h. M. stets im Falle § 720 a → Rdnr. 5. Unnötig ist die Zustellung, soweit eine Klauselum-

---

[169] *BFH* DStR 1972, 281.
[170] → § 173 Rdnr. 2 ff., zur Vollmacht § 80 Rdnr. 16 Fn. 37, § 50 Rdnr. 17 a.
[171] → Bem. zu § 183.
[172] *Paulus* DGVZ 1992, 70.
[173] → § 176 Rdnr. 17 ff.; *BGHZ* 61, 311 = NJW 1974, 240; *BAG* BB 1977, 400 = DB 919.
[174] Näheres → § 176 Rdnr. 4, 12, § 178 Rdnr. 3, 5 f. Zur Zustellung eines **Vergleichs** aus 2. Instanz an den Anwalt der 1. Instanz *LG Köln* Büro 1990, 916 = DGVZ 121; bei zweitinstanzlichen **Entscheidungen** genügt die Zustellung nach § 317 an den Anwalt 2. Instanz *LG Köln* DGVZ 1990, 122. Errichtung von Urkunden nach § 794 Abs. 1 Nr. 5 ist jedoch kein »Rechtsstreit« i. S. d. § 176.
[175] Über Verbindungsstellen der US-Streitkräfte DA-Vorm 1988, 583.
[176] *LG Aachen* NJW-RR 1990, 1344, das jedoch § 187 auf persönliche Zustellung nach § 166 anwendete.
[177] → § 176 Rdnr. 4.
[178] Für Titel gemäß § 794 Abs. 1 Nr. 5 → § 797 Rdnr. 28. Zur Erschleichung öffentlicher Zustellung → Fn. 51.
[179] Der Zustellungsvermerk nach § 213 a muß Unterschrift u. Dienstbezeichnung des Urkundsbeamten, nicht Dienststempel aufweisen, *LG Berlin* DGVZ 1978, 42 = Rpfleger 149 = MDR 411.
[180] Etwa wenn auf der Ausfertigung vermerkt ist, daß an »den Schuldner« zugestellt ist, aber nicht, daß auch § 176 beachtet wurde → Rdnr. 34 u. *AG Bremen-Blumenthal* DGVZ 1973, 59.
[181] *OLG Hamm* DGVZ 1968, 81.
[182] So für den Bereich des Art. 47 EuGVÜ u. der Art. 2, 5 HaagZPAbk *BGHZ* 65, 296 = NJW 1976, 478 = MDR 310.
[183] *AG Korbach* DGVZ 1984, 154 (GV).
[184] Dazu *Stephan* Rpfleger 1968, 106.
[185] §§ 728, 729, 738, 742, 744, 745 Abs. 2, 749. Für **ausländische** Urteile im EG-Bereich und für Unterhaltsentscheidungen → Anh. § 723 Rdnr. 306, für Schweiz, Österreich, Tunesien Rdnr. 364, 383, 427.

schreibung zur Klarstellung zulässig, aber nicht erforderlich ist[186]. Zuzustellen ist die der Ausfertigung des Titels beigefügte Klausel[187] auf Antrag des Gläubigers bzw. Rechtsnachfolgers[188]. Ist die Klausel für eine von Amts wegen zuzustellende, aber bisher noch nicht zugestellte Entscheidung erteilt, so kann sogleich die mit der Klausel versehene Ausfertigung dem Schuldner zugestellt werden, → auch § 724 Rdnr. 13.

Außerdem ist (wenn möglich gleichzeitig mit der Klausel) die **Zustellung**[189] **der öffentlichen oder öffentlich beglaubigten Urkunden** nötig, auf die sich die Erteilung der Klausel gründet[190], und die deshalb aus der Klausel zu ersehen sein sollen, §§ 726 Rdnr. 21, 727[191], es sei denn, daß darin die Erteilung aufgrund Offenkundigkeit oder Geständnisses vermerkt ist → § 726 Rdnr. 21, § 727 Rdnr. 39. Ausnahmen davon gelten nur nach §§ 799, 800 Abs. 2, 800a. Bei der Vollstreckung gegen eine Partei kraft Amtes auf Grund einer gegen sie umgeschriebenen Klausel muß also auch die Bestallungsurkunde zugestellt werden.

39

Ist eine Klausel zu Unrecht ohne Nachweis offensichtlich gemäß § 724 erteilt[192], etwa weil Beweislast des Schuldners angenommen wurde[193] oder eine nach § 727 erforderliche Umschreibung nur als »Klarstellung« der Klausel angesehen worden[194] oder im Falle → § 727 Fn. 64 der Nachweis der Rechtsnachfolge für entbehrlich gehalten wurde, so darf die Vollstreckung nicht mit der Begründung verweigert werden, es fehle an der Zustellung der Urkunden. Denn diese Klausel ist nicht unwirksam[195], sondern der Schuldner muß nach § 732 gegen sie vorgehen[196]. Andernfalls ist die Vollstreckung nur zu verweigern, wenn die Zustellung der Urkunden fehlt, obwohl die »Tatsache« i. S. d. § 726 oder die vom Titel abweichenden Gläubiger bzw. Schuldner (§§ 727 ff.) *in der Klausel* genannt sind, oder wenn die vollstreckbare Ausfertigung wegen wesentlicher Mängel unwirksam ist[197].

39a

Die zur Zustellung verwendete beglaubigte Abschrift muß den Inhalt der Urkunde vollständig wiedergeben; bei Erbscheinen ist sie (wegen § 2361 BGB) von der Urschrift (Ausfertigung) zu fertigen[198]. Von der Zustellung der Urkunde dann abzusehen, wenn ihr wesentlicher Inhalt in die Vollstreckungsklausel aufgenommen ist, ist angesichts der eindeutigen Regelung in § 750 nicht angängig[199]; wohl aber muß die Aufnahme des vollständigen Wortlauts der

40

---

[186] → Rdnr. 24 und § 727 Rdnr. 35. Vgl. *AG Berlin* DGVZ 1937, 57. – A. M. *LG Wuppertal* DGVZ 1938, 342; *Noack* MDR 1967, 640; *Schüler* DGVZ 1982, 66; *Arnold* (Fn. 9) Rdnr. 83.
[187] → § 725 Rdnr. 6–9. Auch bei Kostenfestsetzungsbeschlüssen, *AG Montabaur* DGVZ 1976, 46.
[188] Parteizustellung dieser Klauseln ist zwar nirgends »vorgeschrieben« (vgl. § 270 Abs. 1), was man zur Klarstellung in § 317 nF hätte erwarten können, aber das war auch nicht der Fall, als der mit § 270 Abs. 1 gleichlautende § 261b Abs. 1 noch galt.
[189] Zustellung von Amts wegen (→ Rdnr. 29) genügt auch hier, falls die Voraussetzungen → Rdnr. 37 gegeben sind, z. B. wenn es sich um ein Scheidungsurteil handelt, → § 726 Rdnr. 3 a Fn. 26.
[190] Nicht einer »nachgeschobenen« → § 726 Rdnr. 20 Fn. 134 oder fälschlich nach § 724 erteilten → Rdnr. 39a. Nicht ersatzweise private Kopien (z. B. weil die beglaubigten verlorengingen) *OLG Hamm* Rpfleger 1990, 74f. Zuzustellen sind auch Anlagen, auf der Titel Bezug nimmt *OLG Saarbrücken* OLGZ 1967, 34; *AG Berlin-Wedding* DGVZ 1974, 158. Dies gilt auch für Registerauszüge *AG Kaiserslautern* DGVZ 1990, 74 f.
[191] Vgl. *LG Darmstadt/OLG Frankfurt* 1982, 29, wo dies anscheinend versäumt worden war! Ein Verstoß dagegen ist jedoch unschädlich, falls die Urkunde zugestellt ist.
[192] Vgl. die Sachverhalte in *LG Bonn* Rpfleger 1968,

125, wohl auch *OLG Frankfurt/Kassel* Rpfleger 1973, 323.
[193] → § 726 Rdnr. 2, 22 Fn. 140 f.
[194] → § 727 Fn. 45, Rdnr. 32–35, § 736 Fn. 12, 22, 46.
[195] Str., → § 726 Rdnr. 22 Fn. 142, § 727 Rdnr. 41.
[196] *OLG Frankfurt* Büro 1976, 1122 mwN; *Münch-KommZPO-Wolfsteiner* § 724 Rdnr. 4; grundsätzlich auch *Arnold* (Fn. 9) Rdnr. 82. – A.M. *OLG Frankfurt/Kassel* u. *LG Bonn* (Fn. 192): § 726 Abs. 2 schaffe eigene, von der Klauselerteilung zu trennende Prüfungszuständigkeit der Vollstreckungsorgane bzw. -gerichte; so auch *Arnold* für Klauseln, die offenlassen, ob sie nach § 724 oder §§ 726f. erteilt worden sind. Dies verstößt gegen den klaren Wortlaut des Abs. 2: er nennt nur Urkunden, auf Grund deren die Klausel erteilt »ist«, zust. *Münch* Vollstreckbare Urkunde usw. (1989), 229 Fn. 215. Ferner verfehlt man so den Zweck der Zuständigkeitsverteilung in §§ 732, 750 Abs. 2, → § 726 Rdnr. 24.
[197] → § 724 Rdnr. 14, § 725 Rdnr. 11.
[198] *LG Aachen* Rpfleger 1990, 520 = DGVZ 1991, 42. Ist jedoch die Klausel fehlerhaft nur aufgrund beglaubigter Abschrift erteilt worden, so muß auch Abschrift davon für die Zustellung genügen → Fn. 196; a.M. *AG Ludwigsburg* DGVZ 1994, 47 (abl. Schriftl.).
[199] *OLG Frankfurt* Rpfleger 1977, 416; *LG Berlin* JR 1964, 346 = DGVZ 107, h.M. – A.M. *OLG Jena* JW 1934, 1866.

Urkunde in der Klausel genügen[200]. Ist die Klausel auf Grund eines Urteils nach § 731 erteilt, so genügt die Zustellung beider Urteile[201]. – Auch für Zustellungen nach Abs. 2 gilt § 176.

41 Ist die Vollstreckung von einer *Sicherheitsleistung* abhängig, so gilt Abs. 2 nicht; denn er verweist auf § 726 Abs. 1, der diesen Fall gerade ausnimmt; s. § 751 Abs. 2. Deshalb ist auch dann, wenn die Sicherheit vor Rechtskraft nicht geleistet war, eine nochmalige Zustellung des inzwischen mit dem Rechtskraftnachweis (§ 706) versehenen Urteils nicht erforderlich[202].

42 Wegen der Zustellung einer für die Leistung des Schuldners etwa erforderlichen **devisenrechtlichen Genehmigung** → Rdnr. 58 vor § 704.

V. Entscheidungen im arbeitsgerichtlichen Verfahren

43 Sie waren schon vor der Vereinfachungsnovelle **von Amts wegen zuzustellen**, §§ 50, 64 Abs. 3, 72 Abs. 4, 80 Abs. 2 ArbGG, während die Zustellung im Parteibetrieb weder erforderlich war noch genügte. In der Neufassung des § 50 Abs. 1 ArbGG ist bei der Anpassung an die Änderungen der ZPO durch die Vereinfachungsnovelle aber nur die Anwendung des neuen § 317 Abs. 1 S. 3, nicht jene nach § 750 Abs. 1 S. 2 ausgeschlossen worden. Daraus und aus der Tendenz zur Angleichung der Gerichtsverfahren bezüglich der Zustellung[203] ist zu schließen, daß seitdem auch im Arbeitsgerichtsverfahren die **Zustellung durch den Gläubiger** *für die Vollstreckung genügt*[204]. Wegen des Nachweises → Rdnr. 37.

44 Arbeitsgerichtliche **Vergleiche**[205], als *Beschlüsse* ergangene Arreste und einstweilige Verfügungen[206] und **Vollstreckungsklauseln** nebst Beweisurkunden in den Fällen des § 750 Abs. 2 sind im Parteibetrieb zuzustellen. War der Schuldner durch einen Verbandsvertreter vertreten worden, so gelten die Ausführungen → Rdnr. 34 Fn. 173f. entsprechend[207].

VI. Rechtsbehelfe

45 Verstöße gegen § 750 können vom *Schuldner* und innerhalb der zu § 766 Rdnr. 30ff. dargestellten Grenzen auch von *Dritten,* hier insbesondere vom Drittschuldner[208], vom Konkurs/Insolvenzverwalter zur Abwehr des Absonderungsrechts, vom nachstehenden Pfandgläubiger[209] und vom Eigentümer bei der Zwangseintragung[210] nach § 766 gerügt werden. Zur Einrede des Drittschuldners gegen die Klage des Gläubigers → § 829 Rdnr. 106ff., zum Vertrauensschutz s. § 836 Abs. 2. Über Rechtsbehelfe gegen vorgenommene und verweigerte Zustellungen → § 766 Rdnr. 2 Fn. 12.

46 Wird gegen Dritte vollstreckt → Rdnr. 27, so kann § 766 mit § 771 konkurrieren[211]. Jedoch kann der wahre Grundstückseigentümer die Vollstreckung eines nach § 1148 S. 1 BGB gegen den unrichtig Eingetragenen erlangten Duldungstitels *nur* nach § 771 verhindern

---

[200] *Stöber* Rpfleger 1966, 22; *Stephan* (Fn. 184); *Arnold* (Fn. 9) Rdnr. 78; *Gaul* (Fn. 9) § 22 I 2 a bb; *Hartmann* (Fn. 42) § 750 Rdnr. 12; *Thomas/Putzo*[18] Rdnr. 17; *Stöber* (Fn. 17) Rdnr. 17–20. – A.M. *LG Berlin* Rpfleger 1966, 21; *Wieczorek*[2] Anm. C III b.
[201] *Gaul* (Fn. 9) § 22 I 2 a bb; *Arnold* (Fn. 9) Rdnr. 79.
[202] *OLG Hamburg* NJW-RR 1986, 1501. – A.M. *OLG Schleswig* SchlHA 1968, 216 (§ 751 Abs. 2 analog aus Gründen der Rechtssicherheit.
[203] BT-Drucks. 7/2729 S. 43u. KB (1977) 105.
[204] *LAG Frankfurt a.M.* (Fn. 153); *Grunsky* ArbGG[6] § 50 Rdnr. 3a mwN auch zur Gegenansicht.
[205] Allg.M., dazu *LAG Frankfurt* DB 1971, 870 = BB 654 (L).

[206] § 62 Abs. 2 ArbGG, *Grunsky* (Fn. 204) Rdnr. 3.
[207] *Grunsky* (Fn. 204) Rdnr. 4.
[208] → § 766 Rdnr. 32 a.E.
[209] *RGZ* 153, 205; *Bähr* KTS 1969, 14ff. u. → § 766 Rdnr. 32 mwN in 20. Aufl. Fn. 92u. Fn. 96.
[210] Vgl. auch *RGZ* 20, 436.
[211] → § 766 Rdnr. 31, 33f. Aber weder § 771 noch § 766, wenn der zu Unrecht als Partei im Urteil *Bezeichnete* geltend macht, er sei nicht der wahre Schuldner; nur diesen Fall meint wohl (trotz mißverständlicher Formulierung) *BGH* JZ 1978, 283 zu b aa.

(und lediglich mit Einwendungen, die er auch im Falle seiner Eintragung entgegenhalten könnte), da auch für die Vollstreckung der Eingetragene als der Eigentümer gilt[212].
Zu zivilrechtlichen Folgen von Verstößen → Rdnr. 17.

§ 751 [Bedingungen für Vollstreckungsbeginn]

(1) Ist die Geltendmachung des Anspruchs von dem Eintritt eines Kalendertages abhängig, so darf die Zwangsvollstreckung nur beginnen, wenn der Kalendertag abgelaufen ist.
(2) Hängt die Vollstreckung von einer dem Gläubiger obliegenden Sicherheitsleistung ab, so darf mit der Zwangsvollstreckung nur begonnen oder sie nur fortgesetzt werden, wenn die Sicherheitsleistung durch eine öffentliche oder öffentlich beglaubigte Urkunde nachgewiesen und eine Abschrift dieser Urkunde bereits zugestellt ist oder gleichzeitig zugestellt wird.

Gesetzesgeschichte: Bis 1900 § 672 CPO. Änderungen RGBl. 1898 I 256, BGBl. 1976 I 3281.

I. Die **Fälligkeit des Anspruchs** ist an sich sachliche Voraussetzung der Vollstreckung → Rdnr. 55 vor § 704. Sofern aber die Durchsetzung[1] des Anspruchs vom **Eintritt eines Kalendertags** abhängt, wird sie wie eine formelle Voraussetzung behandelt[2]. Gleiches gilt für solche Abhängigkeit von einer Uhrzeit[3]. Es ist deshalb – anders als gemäß § 726 – auch vor diesem Zeitpunkt die Vollstreckungsklausel zu erteilen, und das Vollstreckungsorgan hat von Amts wegen darauf zu achten, ob der Kalendertag **vor Beginn der Vollstreckung abgelaufen ist**. Das gilt auch für Ansprüche auf fortlaufende Leistungen (§ 258) und entsprechende Zwangshypotheken[4]. Ob solche Abhängigkeit vorliegt und damit § 751 anzuwenden ist, bestimmt **nur der Titel**, → auch zu vollstreckbaren Urkunden § 794 Rdnr. 91a. Enthält er keine Zeitbestimmung, so ist von sofortiger Leistung auszugehen[5]. Zu Räumungsfristen → § 721 Rdnr. 1 a. E., 14. Wird die Vollstreckung durch gerichtliche Anordnung aufgeschoben, z. B. nach § 765a, so ist dies unabhängig von § 751 von Amts wegen zu beachten[6].

Kalendertag ist ein Tag, der mit Hilfe des Kalenders ohne das Hinzutreten anderer Tatumstände zu ermitteln ist, z. B. medio, ultimo, acht Tage nach Ostern; ist er ein Sonntag, Sonnabend oder allgemeiner Feiertag, so tritt an seine Stelle der nächstfolgende Werktag, § 193 BGB (nicht § 222 ZPO, da keine prozessualen Fristen in Frage stehen)[7]. Läßt sich der Beginn einer Frist *nicht* unmittelbar aus dem Kalender ablesen, so gilt § 726 Abs. 1, grundsätzlich (→ aber Rdnr. 3) auch dann, wenn es sich um Zustellungsdaten oder andere aktenkundige Umstände, z. B. Rechtskraft handelt; denn im Regelfall stehen die Prozeßakten dem Vollstreckungsorgan nicht ohne weiteres zur Verfügung[8].

---

[212] *Baur/Stürner* Sachenrecht[16] § 40 IV 4b; *Erman/Räfle* BGB[9] § 1148 Rdnr. 2; *Jauernig* BGB[7] § 1148 Anm. 2; *MünchKommBGB-Eickmann*[2] § 1148 Rdnr. 2, 11 mwN; *Staudinger/Scherübl* BGB[12] § 1148 Rdnr. 5 mwN, h. M. – A. M. *Hellwig* Rechtskraft (1901) 383, 427 (Verweis auf § 767); *RGRK-Schuster*[11] § 1148 Anm. 4 (Feststellungsklage – anders aber die 12. Aufl.: § 771).
[1] Nur diese meint § 751; zur vorherigen Geltendmachung → §§ 257 ff. mit Bem.
[2] → Rdnr. 32, 57 vor § 704. In der Abgaben- und Verwaltungs-ZV ist hingegen die Fälligkeit grundsätzlich auch formelle Mindestvoraussetzung, § 254 AO mit Verweisungen (z. B. § 4 Abs. 1 VwVG); ebenso § 5 Abs. 1 JBeitrO.
[3] *MünchKommZPO-Arnold* Rdnr. 8.
[4] → § 867 Rdnr. 2.
[5] Auch wenn der Anspruch materiellrechtlich noch nicht fällig ist OLG Köln NJW-RR 1986, 159 = DGVZ 76 u. obiter LAG Hamm NZA 1991, 941 mwN (Kündigungsabfindung; *Arnold* (Fn. 3) Rdnr. 11; *Rosenberg/Gaul*[10] § 22 I 3 a. E. → auch § 794 Rdnr. 91a, § 797 Rdnr. 8 Fn. 36 ff.
[6] *Arnold* (Fn. 3) Rdnr. 17.
[7] H. M. *Arnold* (Fn. 3) Rdnr. 15 mwN; a.M. *Zöller/Stöber*[18] Rdnr. 2.
[8] Zust. *Arnold* (Fn. 3) Rdnr. 13 Fn. 11 mwN.

3   Beginnt jedoch die Frist mit *Zustellung des zu vollstreckenden Titels,* so wird man wie auch in den Fällen der §§ 750 Abs. 3, 798, 798a davon ausgehen müssen, daß das Vollstreckungsorgan von Amts wegen die Frist zu berechnen hat[9], so z.B. wenn eine Räumungsfrist ab Zustellung des Urteils laufen soll[10]. Dann wird die Frist wie eine kalendermäßige behandelt, d.h. die Klausel wird sofort erteilt → § 726 Rdnr. 1.

4   Wegen der sog. **Vorratspfändung** bei Arbeitseinkommen → § 850d Rdnr. 49ff. Über die dort gezogenen Grenzen hinaus ist eine Vorratspfändung mit von vornherein *rangwahrender* Wirkung nach dem Vorbild des § 850d Abs. 3 *nicht* möglich[11]. Keine Bedenken bestehen jedoch gegen eine nur aufschiebend bedingte und daher nicht gegen § 751 Abs. 1 verstoßende **Vorauspfändung** eines *Rechts*[12], auch *Dauerpfändung* genannt, wenn sie wegen wiederkehrender Leistungen auf Grund mindestens einer schon fälligen Rate[13] geschieht und im Pfändungsbeschluß ausdrücklich angeordnet wird, daß die Pfändung – und damit sowohl die Verstrickung[14] als auch das Pfändungspfandrecht – jeweils erst am Tage der im Titel kalendermäßig bestimmten Fälligkeit und in Höhe des dann fällig werdenden (und im Pfändungsbeschluß jeweils anzugebenden[15]) Betrags wirksam werden soll[16]. Im Unterschied zur rangwahrenden Vorratspfändung des § 850d Abs. 3 hat diese aufschiebend bedingte Voraus- oder Dauerpfändung keine weiteren Wirkungen als eine ständige Wiederholung des Pfändungsakts zur jeweiligen Fälligkeit des zu vollstreckenden Anspruchs[17], erfüllt nur die Aufgabe, allen Beteiligten diese unrationale Häufung von Pfändungsakten zu ersparen und hindert ebensowenig wie diese, daß inzwischen andere Gläubiger das gepfändete Recht ebenfalls pfänden und dadurch gegenüber der nächsten Stufe der Dauerpfändung den Vorrang erhalten, der ihnen nach dem Zeitpunkt ihrer Pfändung gemäß § 804 Abs. 3 zukommt[18]. Daß also die von einer Vorauspfändung noch nicht ergriffenen Forderungsteile inzwischen von Konkurrenten gepfändet oder vom Drittschuldner wirksam an den Schuldner erfüllt werden dürfen, kann also niemals durch Vorauspfändung verhindert werden, sondern höchstens durch Arrestpfändung für die noch nicht fälligen Forderungsteile. Aufgegeben werden sollte die vermeintliche Voraussetzung, daß ein so zu pfändendes Recht Teilpfändungen und

---

[9] Zust. *Arnold* (Fn. 3) Rdnr. 13 Fn. 10. Wegen ähnlicher Fälle → § 750 Rdnr. 5f. Die Beurteilung nicht allein vom Kalender abzulesender Zeitpunkte durch ZV-Organe ist noch in anderen Fällen unvermeidbar, →z.B. § 765a Rdnr. 11, § 775 Rdnr. 30. Vgl. auch § 82 S. 3 GVGA.

[10] → § 721 Rdnr. 14.

[11] OLGe Celle NdsRpfl 1952, 152; *Hamm* MDR 1963, 226; *Schleswig* SchlHA 1964, 149; *Rosenberg/Schilken*[10] § 55 I 4. – A.M. *Rosenberg* Lb[9] § 177 I 3 (Analogie zu § 850d Abs. 3 ohne Einschränkung).

[12] Das **zu pfändende** Recht kann, da es sich nicht um entspr. Anw. des § 850d Abs. 3 handelt, auf wiederkehrende oder einmalige Leistung (*OLGe Düsseldorf, Hamm* WM 1983, 1070; 1993, 2227 = Rpfleger 1994, 222; *LG Düsseldorf* Rpfleger 1985, 119) gerichtet und auch ein künftiges sein *LG Saarbrücken* Rpfleger 1973, 373; *Baer* NJW 1962, 574. – A.M. *OLG Celle* (Fn. 11); *LG Hannover* Büro 1987, 463[193]: nicht Kapitalforderungen (aber Analogie steht nicht in Frage, s. o., *LG Saarbrücken, Baer* aaO).

Ist zur Pfändung die Wegnahme einer Urkunde erforderlich (§§ 830, 831), so ist die stufenweise Vorauspfändung nur zulässig, wenn die Bildung einer Teilurkunde möglich ist (s. § 1152 BGB), weil andernfalls der Schuldner über den noch nicht gepfändeten Teil nicht verfügen könnte, vgl. *Kleeberg* JW 1940, 95; zumindest muß eine Anschlußpfändung für andere Gläubiger möglich bleiben (→ § 829 Rdnr. 124, § 830 Rdnr. 33, § 835 Rdnr. 46).

[13] *OLG Düsseldorf, LG Saarbrücken* (Fn. 12); insoweit auch *OLG Frankfurt* NJW 1954, 1774 (aber es kommt nicht darauf an, ob die Rate rückständig ist, arg. § 767).

[14] Soweit diese nicht ohnehin wegen der noch laufenden Pfändungen besteht und bis zu deren Erledigung noch andauert.

[15] Der Drittschuldner könnte sonst nicht wissen, wieviel jeweils dem Gläubiger gebührt, da er keine Titelabschrift hat u. der Überweisungsbeschluß regelmäßig nur auf die Pfändungshöhe Bezug nimmt; wie hier *Gaul* (Fn. 5) § 22 I 3c.

[16] *LG Essen* NJW 1966, 1822 mwN; *LGe Düsseldorf, Saarbrücken* (Fn. 12) mwN; *LG Karlsruhe* FamRZ 1986, 378f.; *Arnold* (Fn. 3) Rdnr. 7 mwN; *Baur/Stürner*[11] Rdnr. 324; *Gaul* (Fn. 5) § 22 I 3c. Zur Begründung s. auch *Baer* (Fn. 12); *Berner* Rpfleger 1963, 20. – A.M. *LG Berlin* Rpfleger 1982, 434 = ZIP 1130 (aber »begonnen« wird die ZV ohnehin wegen der bereits fälligen Beträge).

[17] Dies wird nicht beachtet von *OLG Celle* u. *OLG Schleswig* (Fn. 11); *LG Stuttgart* (Fn. 22); *Mertens* DR 1941, 448.

[18] OLGe München Rpfleger 1972, 321; *Hamm* (Fn. 12); *LGe Düsseldorf, Saarbrücken* (Fn. 12); *Gaul* (Fn. 5) § 22 I 3c, ganz h.M. – A.M. *Wieczorek*[2] Anm. A I a.E.

-überweisungen zugänglich sein müsse[19]. Denn Pfändungserlös ist stets teilbar und Drittschuldner haben, auch wenn das ganze Recht von der Pfändung ergriffen wird[20], ohnehin nur jene Beträge zu zahlen, die sich aus den laut Pfändungsbeschluß jeweils wirksam werdenden Pfändungen ergeben[21]. Daher bestehen keine Bedenken, z.B. Erbanteile[22] oder Gesellschaftsanteile auf diese Art vorauszupfänden. Entsprechende »Vorauseintragung« bei § 867 ist jedoch ebensowenig zulässig wie eine Immobiliarvollstreckung für noch nicht fällige Beträge[23].

Eine solche Stufenpfändung käme unter den gleichen Voraussetzungen (→ Fn. 13) bei beweglichen **Sachen**[24] nur in Betracht, wenn man einem – § 826 Abs. 1 entsprechenden – bei oder nach der Pfändung im Pfändungsprotokoll eingetragenen Vermerk die Wirkung zuerkennen würde, daß jeweils zur Fälligkeit der nächsten Rate eine Anschlußpfändung wirksam werden solle, falls die Sache dann noch verstrickt ist. Da aber eine Sache nicht teilweise gepfändet werden kann, könnten solche aufschiebend bedingten Anschlußpfändungen daran scheitern, daß der Gerichtsvollzieher wegen § 803 Abs. 1 S. 2 von vornherein die Pfändung einer für die Stufenpfändung ausreichend wertvollen Sache ablehnt und stattdessen nur eine für den schon fälligen Betrag genügende Sache pfändet. 5

Über bedingte Verurteilung mit Fristsetzung gemäß § 510b → dort Rdnr. 19 und § 726 Rdnr. 7 Fn. 52, zur Leistung Zug um Zug und *nicht* kalendermäßig bestimmten Fristen → § 726 Rdnr. 14 f. mit §§ 756, 765, § 721 Rdnr. 14. 6

II. Die prozessuale **Sicherheitsleistung des Gläubigers**[25] bildet lediglich eine Bedingung der Vollstreckung, nicht des Anspruchs[26]; solange sie nicht erbracht ist, wird bereits vorhandene Vollstreckbarkeit nur gehemmt, → § 878 Rdnr. 18. Daher ist die Vollstreckungsklausel ohne den Nachweis der Sicherheit zu erteilen[27], § 726 Abs. 1. Wegen der Vollstreckbarkeit im weiteren Sinne → Rdnr. 52 vor § 704 a.E. Zur Sicherheitsleistung des Schuldners → § 775 Rdnr. 14 f. 7

Nach Abs. 2 ist die Sicherheitsleistung in den Fällen → § 709 Rdnr. 1–8, § 711 Rdnr. 10 und § 712 Rdnr. 11 **vor Beginn der Vollstreckung nachzuweisen** (→ Rdnr. 10 f.), bei bloßen Sicherungsmaßnahmen des § 720a jedoch nur, wenn der Schuldner nach § 720a Abs. 3 seine Sicherheit geleistet hat, → dort Rdnr. 11–13. »Vollstreckung« i.S.d. Abs. 2 ist auch die Einstellung nach § 775 Nrn. 1 und 2, → dort Rdnr. 11 Fn. 65 f. Will der Gläubiger auf Grund solcher Maßnahmen die Verwertung betreiben bzw. hinterlegte Erlöse erhalten, bevor das Urteil unbedingt vollstreckbar wird, → § 720a Rdnr. 6 f., so ist diese **Fortsetzung der Vollstreckung**[28] vom Nachweis der Sicherheitsleistung abhängig. Gleiches gilt im Falle des § 709 S. 2 oder wenn bei anderen an sich ohne Sicherheitsleistung vollstreckbaren Entscheidungen die Vollstreckung oder Verwertung nachträglich von einer Sicherheitsleistung abhängig gemacht wird[29], sobald dem Vollstreckungsorgan die Ausfertigung gemäß § 775 Nr. 2 vorgelegt oder ihm die einschränkende Entscheidung sonstwie zuverlässig bekannt wird, → § 775 Rdnr. 22–24. Abs. 2 gilt gemäß § 795 auch dann, wenn in einem Prozeßvergleich die Vollstreckung von der Leistung einer Sicherheit des Gläubigers abhängig gemacht wird und 8

---

[19] So noch 20. Aufl. Fn. 4; *OLG Düsseldorf* (Fn. 12); *Gaul* (Fn. 5) § 22 I 3 c a.E. mwN.
[20] → § 829 Rdnr. 74; daher i.E. zutreffend *OLG Hamm* (Fn. 12).
[21] → § 829 Rdnr. 76 f.
[22] So i.E. *OLG Hamm* (Fn. 12), zur Begründung s. aber *Brehm/Aleth* WuB VI E. § 751 ZPO 1.94; *LGe Düsseldorf, Saarbrücken* (Fn. 12). – A.M. *LG Stuttgart* ZZP 71 (1958), 288.
[23] → § 867 Rdnr. 3, *LG Berlin* Rpfleger 1978, 335.
[24] So *Berner* (Fn. 16); krit. *Baur/Stürner*[11] Rdnr. 324 Fn. 15. Sie könnte nur nützlich sein, wenn eine Sache den Wert einzelner Abspruchsraten weit übersteigt und wäre nichts anderes als die Vorweganordnung mehrerer Anschlußpfändungen nach § 826 durch denselben Gläubiger, die auch erst stufenweise wirksam werden.
[25] Näheres → § 108 Rdnr. 2–7, 11 ff.
[26] → Rdnr. 42, 57 vor § 704; *OLG Hamm* OLGZ 1975, 305 = Rpfleger 261 = WM 1020.
[27] → Fn. 26.
[28] Zu dieser Erweiterung des Abs. 2 vgl. BT-Drucks. 7/2729 S. 110 zu Nr. 89.
[29] → § 707 Rdnr. 7 und die Fälle entsprechender Anwendung aaO Rdnr. 26 f.

diese wie → Rdnr. 9 ff. zu erbringen ist³⁰. Der **Nachweis wird entbehrlich**, sobald die Veranlassung zur Sicherheitsleistung weggefallen³¹ und dem Vollstreckungsorgan die Ausfertigung der diesem Wegfall zugrundeliegenden Entscheidung (erforderlichenfalls mit Rechtskraftvermerk) vorgelegt ist oder ihm von Amts wegen davon Kenntnis verschafft wurde.

9 Ob *Art und Höhe* der Sicherheit den Anordnungen des Urteils bzw. dem § 108 genügen, hat das Vollstreckungsorgan zu prüfen³², → dazu § 108 Rdnr. 20. Parteivereinbarungen darüber (→ § 108 Rdnr. 11) müssen, soweit sie nicht schon im Urteil berücksichtigt sind, in der Form des Abs. 2 nachgewiesen werden, falls der Schuldner sie nicht gegenüber dem Vollstreckungsorgan bestätigt; zum Nachweis der entsprechenden Leistung → Fn. 36 a. E. Werden zulässige *Teilsicherheiten* (→ § 709 Rdnr. 4 f.) geleistet, so sollte das Vollstreckungsorgan aus den → § 709 Fn. 29 genannten Gründen auf der Ausfertigung nicht nur die Teilvollstreckung (→ § 757 Rdnr. 4) sondern auch Art, Höhe und Datum des Nachweises der Teilsicherheit vermerken³³.

10 1. Sicherheitsleistung durch **Hinterlegung**. – Wegen der Gegenstände und der Durchführung der Hinterlegung → § 108 Rdnr. 12 ff. Auch der Gerichtsvollzieher kann mit der Einzahlung eines Betrages bei der Hinterlegungsstelle beauftragt werden³⁴. Vor dem Beginn der Vollstreckung ist die *Leistung*³⁵ der Sicherheit dem Vollstreckungsorgan durch öffentliche oder öffentlich beglaubigte (→ § 415 Rdnr. 1 ff.) Urkunden *nachzuweisen*, in der Regel durch eine Bescheinigung der Hinterlegungsstelle über die Annahme³⁶. Für die *Zustellung* dieser Urkunden gilt das zu → § 750 Rdnr. 28 Ausgeführte. Die Vollstreckungsklausel braucht hier, abgesehen von den Fällen der §§ 726 f., nicht zugestellt zu werden, → § 750 Rdnr. 41.

11 2. Sicherheitsleistung durch **Bürgschaft**³⁷. – Zu Anordnung, Inhalt und Zustandekommen³⁸ → § 108 Rdnr. 19 ff. – § 751 Abs. 2 ist nicht in vollem Umfang anwendbar; er ist auf den Fall zugeschnitten, daß die Sicherheitsleistung durch eine Handlung gegenüber der *Hinterlegungsstelle* zu bewirken ist. Er paßt daher nur, wenn die »Hinterlegung« der Bürgschaftsurkunde angeordnet ist³⁹, z. B. um ihre vorzeitige Rückgabe⁴⁰ von vornherein auszuschließen, falls vereinbart ist, daß dadurch die Bürgschaft erlischt (→ Fn. 43). Dann ist die Hinterlegungsbescheinigung nachzuweisen und zusammen mit einer beglaubigten Abschrift der Bürgschaft⁴¹ zuzustellen.

12 Die durch die Nov 24 geschaffene Möglichkeit, die Sicherheit durch Bürgschaft, also eine gegenüber dem *Schuldner* vorzunehmende Handlung zu leisten, berücksichtigt Abs. 2 nicht. Bei Vollstreckung durch *Gerichtsvollzieher* erübrigen sich Nachweis und dessen vorherige Zustellung, wenn der Gerichtsvollzieher bei Beginn der Vollstreckungshandlung⁴² entspre-

---

³⁰ Soll sie anders geleistet werden, gilt § 726 Abs. 1.
³¹ → § 707 Rdnr. 20, § 709 Rdnr. 10–12, § 712 Rdnr.(4), 11, 13.
³² § 83 Nr. 2 u. 3 GVGA.
³³ *Furtner* Das Urteil im ZP³ 71.
³⁴ → § 754 Rdnr. 8, auch zu »privater Hinterlegung«.
³⁵ Entscheidend ist der Eingang bei der Hinterlegungsstelle, nicht nur Absendung *Arnold* (Fn. 3) Rdnr. 19; daher genügt bei bargeldloser Einzahlung (→ § 108 Rdnr. 14) nicht die Zahlungsquittung der Post oder Bank *Sebode* DGVZ 1958, 113; *Jakobs* DGVZ 1973, 110; auch nicht die Quittung irgendeiner Gerichtszahlstelle *OLG Schleswig* SchlHA 1958, 9; arg. § 6 S. 1, S. 2 Nr. 2 HinterlO.
³⁶ So § 83 Nr. 4 GVGA. Es genügt Durchschrift der Annahmeverfügung mit Vermerk der Leistung (*OLG Hamburg* MDR 1982, 588) nebst Unterschrift u. Siegel. – Vereinbarte (→ § 108 Rdnr. 11) oder angeordnete »Hinterlegung« außerhalb der HinterlO, z. B. auf Anderkonto eines Notars oder Anwalts, muß durch notariell beurkundete oder beglaubigte Erklärung nachgewiesen werden *Jakobs* (Fn. 35) 110 f.
³⁷ Lit.: *Breit* JR 1926, 161, 213; *Jakobs* DGVZ 1973, 107, 111 ff.; *Noack* MDR 1972, 287.
³⁸ Die etwa erforderliche Form des § 766 BGB ist auch bei der »Erteilung« (Zugang an Gläubiger) zu beachten, wobei Telefax nicht genügt *BGHZ* 121, 230 mwN = NJW 1993, 1126.
³⁹ → dazu § 108 Rdnr. 26 Fn. 55. Ohne solche Anordnung dürfte die Hinterlegung nicht genügen, da sie die Annahme nicht nachweist (str., s. *Arnold* (Fn. 3) Rdnr. 27.Fn. 27).
⁴⁰ D. h. bevor das Urteil rechtskräftig oder durch das Berufungsgericht bestätigt worden ist *OLG Hamm* NJW 1971, 1186; *Noack* (Fn. 37, III a. E.).
⁴¹ Andernfalls fehlt es am Zugang *Gaul* (Fn. 5) § 22 I 4 b.
⁴² → § 750 Rdnr. 28.

chend § 756 die Bürgschaftserklärung[43] dem Schuldner zustellt[44]. Übergabe des Originals durch den Gerichtsvollzieher *ohne* förmliche Zustellung, ja sogar durch den Gläubiger im Beisein des Gerichtsvollziehers, genügt zur Sachpfändung, weil dieser selbst bei der Leistung der Sicherheit mitwirkt und dies im Protokoll (öffentliche Urkunde) festhält[45]. – Gegenüber *anderen* Vollstreckungsorganen ist *vor* Beginn der Vollstreckung durch öffentliche oder öffentlich beglaubigte Urkunden *nachzuweisen*, daß die Bürgschaftserklärung dem Schuldner oder seinem Anwalt[46] übergeben ist, was in der Regel nur durch Zustellung bewiesen werden kann[47], in den Fällen → Fn. 45 aber auch durch Gerichtsvollzieherprotokoll. Dieser *Nachweis* muß nicht noch außerdem zugestellt werden, weil das zweckloser Formalismus wäre[48].

Abs. 2 regelt *nur die Form des Nachweises* nicht die Form der Bürgschaftserklärung[49] oder die Frage, ob die Bürgschaft wirksam zustandegekommen sein muß[50]. **13**

III. Verfrühte Vollstreckung entgegen Abs. 1 und Mängel der Sicherheitsleistung[51] oder ihres Nachweises (Abs. 2) können mit **Erinnerung** nach § 766 gerügt werden[52]; sie wird jedoch unbegründet, wenn bis zur Entscheidung[53] der **Mangel geheilt** ist[54] durch Ablauf des Kalendertags, Nachleistung[55] bzw. Nachweis[56] der Sicherheitsleistung, nachträglichen Verzicht des Schuldners auf diese oder auf das Abwarten des Kalendertages[57] oder durch Wegfall der Veranlassung zur Sicherheitsleistung[58]. Den Vorrang eines *entgegen Abs. 1* verfrüht entstandenen Pfändungspfandrechts[59] kann jedoch ein Gläubiger, der später, aber noch vor Ablauf des Kalendertags gepfändet hat, nach § 878 überwinden[60]. – Wegen Schadensersatz- und Bereicherungsansprüchen → § 750 Rdnr. 17. **14**

---

[43] Grundsätzlich genügt beglaubigte Abschrift → § 108 Rdnr. 26; soll jedoch die Bürgschaft mit Rückgabe der Urschrift erlöschen, so muß diese in die Hand des Sicherheitsberechtigten gelangen *OLGe München, Hamm* WM 1980, 351; 1993, 2051; *LGe Hannover, Aurich* DGVZ 1989, 141; 1990, 10; *Gaul* (Fn. 5) § 22 I 4b; *Kotzur* DGVZ 1990, 67 je mwN.

[44] *OLGe Düsseldorf* MDR 1978, 489; *Frankfurt* OLGZ 1966, 304 = NJW 1521f.; *Hamm* (Fn. 26); *LG Hannover* Rpfleger 1982, 348; ganz h.M.

[45] *Arnold* (Fn. 3) Rdnr. 28; *Baumbach/Hartmann*[52] § 751 Rdnr. 4; *Brox/Walker*[4] Rdnr. 169f.; *Gaul* (Fn. 5) § 22 I 4b je mwN.

[46] → § 108 Rdnr. 26 mwN, ferner *LG Bochum* Rpfleger 1985, 33.

[47] → § 108 Rdnr. 26. Als Nachweis genügt unstr. Zustellungsurkunde *OLGe Frankfurt* (Fn. 44); *Hamm* (Fn. 26); nach h.M. auch Empfangsbekenntnis bei Original gemäß **§ 198 Abs. 2** *OLG Koblenz* ZIP 1993, 298 = WM 1431 = MDR 470; *LGe Aachen, Mannheim* Rpfleger 1983, 31; 1989, 72 = Büro 859; *Hannover* DGVZ 1989, 141; *AG Freiburg* DGVZ 1989, 46; *Arnold* (Fn. 3) Rdnr. 32; *Kotzur* (Fn. 43) 68 mwN; a.M. *Bork* → § 108 Rdnr. 26 Fn. 53 mwN, obwohl *BGH* NJW 1990, 1125 gleiche Beweiskraft wie bei öffentlichen Urkunden annimmt.

[48] *OLGe Frankfurt* (Fn. 44); *Hamm* (Fn. 26); *Koblenz* (Fn. 47); *Düsseldorf* MDR 1978, 489; *München* AnwBl 1968, 184; *LG Bochum* Rpfleger 1985, 33, ganz h.M. – A.M. *Wieczorek*[2] Anm. C II b.

[49] H.M. *OLGe Frankfurt* (Fn. 44); *Hamm* (Fn. 26); *Koblenz* (Fn. 47); *Kotzur* (Fn. 43). A.M. *Hartmann* (Fn. 46) Rdnr. 4u. *Wieczorek*[2] Anm. C II 2: Form des Abs. 2 sei auch materiellrechtlich nötig, falls der Schuldner die Annahme verweigert (aber öffentliche Beglaubigung würde nur gegen Fälschung schützen, nicht z.B. gegen mangelnde Vertretungsmacht, u. in solchen seltenen Fällen hilft § 766, → Fn. 14).

[50] *Kotzur* (Fn. 43) 66f.

[51] → auch § 108 Rdnr. 20, 22 zur Tauglichkeit von Bürgen u. Bedingungsfeindlichkeit der Bürgschaft.

[52] Von vornherein unzureichende Bürgschaften auch dann, wenn der Schuldner sie materiell angenommen hatte, denn der Mangel wird dadurch noch nicht geheilt, vgl. *Pecher* WuB VI E. § 108 ZPO 1.94 zu *OLG Hamm* (Fn. 43). Zur Erinnerung **Dritter** → § 766 Rdnr. 30ff.

[53] → § 766 Rdnr. 42, ebenso *OLG Hamburg* MDR 1974, 322; *Wieczorek*[2] Anm. B I, wohl auch *BayObLGZ* 1975, 398 = Rpfleger 1976, 66 für § 71 Abs. 2 S. 2 GBO (Zwangshypothek).

[54] Jetzt allg. M. *OLG Celle* NdsRpfl 1954, 7; *OLG Frankfurt* MDR 1956, 111; *OLG Hamburg* (Fn. 53); *Arnold* (Fn. 3) Rdnr. 40; *Hartmann* (Fn. 46) Rdnr. 2. Zur Heilung ex tunc → § 750 Rdnr. 7, 11ff. u. Rdnr. 132 ff. vor § 704; *Hartmann* aaO. – A.M. (Heilung ex nunc) *Zöller/Stöber*[18] Rdnr. 35 vor § 704; für § 751 Abs. 1 auch *Bähr* KTS 1969, 20 (s. dagegen 19. Aufl. Fn. 16).

[55] Grundsätzlich für Heilung wie → § 867 Rdnr. 15; auch *BayObLG* (Fn. 53).

[56] Oder die Nachholung seiner Zustellung, *OLG Celle* (Fn. 54).

[57] *OLG Frankfurt* (Fn. 54); *Arnold* (Fn. 3) Rdnr. 36 mwN.

[58] *OLG Hamburg* (Fn. 53); *Wieczorek*[2] Anm. D I.

[59] Zur Zwangshypothek → § 867 Rdnr. 15a.

[60] → § 878 Rdnr. 16. So i.E. *Martin* Pfändungspfandrecht (1963) 172 zu b. Für § 751 Abs. 2 offengelassen von *OLG Hamburg* (Fn. 53), → dazu § 878 Rdnr. 17a, 18.

§ 752 [aufgehoben]

Gesetzesgeschichte: Bis 1900 § 673 CPO. Neubekanntmachung RGBl. 1924 I 437. Aufgehoben durch KontrRG Nr. 34 Art. III. Zur geplanten nF. → Fn. 16.

§ 752 aF betraf den Beginn der Zwangsvollstreckung gegen Angehörige der Wehrmacht; vgl. dazu 16. Aufl.

Maßgeblich für zivilprozessuale Maßnahmen gegen Soldaten ist heute der Erlaß des BM der Verteidigung über Zustellungen, Ladungen, Vorführungen und Zwangsvollstreckungen in der Bundeswehr[1]. Der Abschnitt für Zwangsvollstreckungen[2] lautet wie folgt:

IV. Zwangsvollstreckungen gegen Soldaten[3]

30. Zwangsvollstreckungen, auf die die Zivilprozeßordnung Anwendung findet, werden zur Zeit durch den dafür zuständigen Beamten, regelmäßig den Gerichtsvollzieher, auch gegen Soldaten nach den allgemeinen Vorschriften durchgeführt. Eine vorherige Anzeige an die militärische Dienststelle ist nicht erforderlich. Das schließt nicht aus, daß ein Vollstreckungsbeamter, der in Kasernen oder auf Schiffen vollstrecken will, sich im Interesse einer reibungslosen Durchführung der Vollstreckung vorher mit der Dienststelle des Schuldners in Verbindung setzt.

31. Auch für Vollstreckungen gegen Soldaten im Verwaltungszwangsverfahren, die der Vollziehungsbeamte der Verwaltungsbehörde vornimmt, ist davon auszugehen, daß keine Sonderregelung für Soldaten mehr besteht und daß die besonderen Vorschriften über Vollstreckungen gegen Soldaten, die in einigen Gesetzen und Verordnungen über die Verwaltungsvollstreckungen enthalten waren, nicht mehr geltendes Recht sind.

32. Der Vollstreckungsbeamte ist befugt, in Sachen zu vollstrecken, die sich im Alleingewahrsam, d. h. in der tatsächlichen Gewalt des Schuldners, befinden.

33. Ein Soldat, der in einer Gemeinschaftsunterkunft wohnt, hat Alleingewahrsam an ihm gehörenden Sachen, die sich in dem ihm zugewiesenen Wohnraum befinden. Der Vollstreckungsbeamte kann daher verlangen, daß ihm Zutritt zu dem Wohnraum des Soldaten gewährt wird, gegen den vollstreckt werden soll.

34. Dagegen hat ein Soldat regelmäßig keinen Alleingewahrsam an ihm gehörenden Sachen, die sich in anderen militärischen Räumen befinden. Anders liegt es nur, wenn der Soldat diese Sachen so aufbewahrt, daß sie nur seinem Zugriff unterliegen. Das würde z. B. zutreffen, wenn ein Kammerunteroffizier im Kammerraum eigene Sachen in einem besonderen Spind verwahrt, zu dem nur er den Schlüssel hat. Nur wenn ein solcher Ausnahmefall vorliegt, kann daher der Vollstreckungsbeamte Zutritt zu anderen Räumen als dem Wohnraum des Soldaten verlangen.

35. Dem Vollstreckungsbeamten ist die Vollstreckung in die im Alleingewahrsam des Schuldners stehenden Sachen zu ermöglichen.

36. Soweit Außenstehenden das Betreten von Räumen, Anlagen, Schiffen oder sonstigen Fahrzeugen aus Gründen des Geheimnisschutzes grundsätzlich untersagt ist, ist auch dem Vollstreckungsbeamten der Zutritt zu versagen, wenn Gründe der Geheimhaltung dies erfor-

---

[1] Fassung vom 16.03.1982, VMBl 130, in Kraft seit 01.06.1982, geändert durch Erlaß v. 20.06.1983, VMBl 182. Zu älteren Erlassen → 19. Aufl.

[2] Wegen zivilprozessualer Haft → § 904 Rdnr. 3, über Zustellungen → § 181 Rdnr. 17, Ladungen → § 214 Rdnr. 12 f.

[3] Vgl. dazu *Bauer* Büro 1964, 15. – Wegen NATO-Truppen (→ Einl. Rdnr. 665 f.) s. *Auerbach* NJW 1969, 729 f.; *Schwenk* NJW 1976, 1562 (II 4); *AG Bad Vilbel* DGVZ 1985, 122.

dern und es nicht möglich ist, durch besondere Vorkehrungen einen Geheimnisschutz zu erreichen.

37. Muß dem Vollstreckungsbeamten aus Gründen des Geheimnisschutzes das Betreten von Räumen, Anlagen, Schiffen oder sonstigen Fahrzeugen verweigert werden, so ist es Pflicht des Disziplinarvorgesetzten des Soldaten, dafür Sorge zu tragen, daß die Vollstreckung trotzdem durchgeführt werden kann. Beispielsweise kann der Vorgesetzte veranlassen, daß die gesamte Habe des Soldaten dem Gerichtsvollzieher an einem Ort zur Durchführung der Vollstreckung vorgelegt wird, den der Gerichtsvollzieher betreten darf.

38. Bei jeder Vollstreckung, die in militärischen Räumen oder an Bord stattfindet, hat ein Vorgesetzter des Schuldners – an Bord der Kommandant oder sein Stellvertreter – anwesend zu sein. Er hat darauf hinzuwirken, daß durch die Zwangsvollstreckung kein besonderes Aufsehen erregt wird. Will der Vollstreckungsbeamte in Sachen vollstrecken, die dem Bund oder anderen Soldaten gehören, so soll der Vorgesetzte des Schuldners den Vollstreckungsbeamten auf die Eigentumsverhältnisse aufmerksam machen. Zu Anweisungen an den Vollstreckungsbeamten ist der Vorgesetzte nicht befugt.

§ 753 [Vollstreckung durch Gerichtsvollzieher; Vollstreckungsantrag]

(1) Die Zwangsvollstreckung wird, soweit sie nicht den Gerichten zugewiesen ist, durch Gerichtsvollzieher durchgeführt, die sie im Auftrage des Gläubigers zu bewirken haben.

(2) ¹Der Gläubiger kann wegen Erteilung des Auftrags zur Zwangsvollstreckung die Mitwirkung der Geschäftsstelle in Anspruch nehmen. ²Der von der Geschäftsstelle beauftragte Gerichtsvollzieher gilt als von dem Gläubiger beauftragt.

Gesetzesgeschichte: § 674 CPO. Änderungen RGBl. 1927 I 175, 334.

I. Zur Verteilung der Zwangsvollstreckung unter Gerichte und Gerichtsvollzieher → Rdnr. 67 ff. vor § 704, über die Dienst- und Geschäftsverhältnisse und die rechtliche Stellung des Gerichtsvollziehers → Rdnr. 30 ff. vor § 166¹. **Der Gerichtsvollzieher** übt als *Beamter* die Zwangsgewalt des Staates unter eigener Verantwortung als ein selbständiges Organ der Rechtspflege aus². Dienstbehörde ist das Amtsgericht, bei dem er beschäftigt ist, unmittelbarer Dienstvorgesetzter ist der aufsichtsführende Amtsrichter, § 2 GVO mit § 154 GVG. Parteien und betroffene Dritte können gegen sein Verhalten bei der Vollstreckung Erinnerung nach § 766 erheben; dabei binden ihn Anordnungen des Vollstreckungsgerichts nur für das laufende Verfahren³, nicht aber vorweg für beliebige künftige Verfahren⁴. Gegenüber Maßnahmen außerhalb der Zwangsvollstreckung eröffnet § 23 EGGVG für Parteien und Dritte

---

[1] Aus der älteren Lit *Stein* Grundfragen (1913) 110 ff. Neuere Lit: *Baumgart* Der GV (1964); *Burkhardt* Handbuch usw. (1967); *Dütz* Der GV usw. (1973); *Eich* DGVZ 1985, 13 (Geschichte); ZRP 1988, 454 (Reform); systemvergleichend u. de lege ferenda *Eickmann* DGVZ 1980, 129; *Gaul* Rpfleger 1971, 81; JZ 1973, 478; ZZP 87 (1974) 241 u. DGVZ 1975, 49, 65; *Gilleßen/Jakobs* DGVZ 1977, 110 (Auswirkungen der Vereinfachungsnovelle); *Grawert* DGVZ 1989, 97 (Gutachten: § 154 GVG als Ermächtigungsnorm verfassungswidrig; *Kern* ZZP 80 (1967) 325; *Niederée* DGVZ 1981, 17; *Noack* DGVZ 1974, 135; *Oerke* GV u. Parteiherrschaft (1991); *Zeiss* JZ 1974, 564; DGVZ 1987, 145; auch zu Reformvorschlägen *Eich* ZRP 1988, 454; *Uhlenbruck* DGVZ 1993, 97. – Zur Mitwirkung des GV auf Ersuchen bei VerwVollstr (§ 5 Abs. 2 VwVG) u. verwaltungsgerichtlicher ZV (§§ 169 f. VwGO) *Gaul* JZ 1979, 507; *Polzius* DGVZ 1981, 129. – Über den Huissier (Frankreich) *Burghardt* DGVZ 1979, 65, den Sheriff als GV (USA) *Heidenberger* aaO 148.

[2] BGHZ 93, 298 = NJW 1985, 1714; *Pawlowski* ZZP 90 (1977) 353 mwN. BVerwGE 65, 267 = NJW 1983, 897 = DGVZ 1982, 153: »relative« Eigenverantwortung u. Selbständigkeit.

[3] Nicht bezüglich der Reihenfolge der Erledigung (§ 6 GVGA), s. die AG-Entscheidungen DGVZ 1970, 174; 1972, 120 f.; 1973, 29; 1974, 123; 1975, 95; 1989, 27; *Thomas/Putzo*¹⁸ Rdnr. 2.

[4] → § 766 Rdnr. 52. Zur Dienstaufsicht → Fn. 7 f.

§ 753 I   Erster Abschnitt: Allgemeine Vorschriften

den Rechtsweg[5]. Eine Fachaufsicht der *Justizverwaltung* kommt nicht in Betracht, soweit § 766 reicht[6], und die Dienstaufsicht beschränkt sich auf eine Überwachung des allgemeinen Geschäftsganges[7] und auf die Kostenbehandlung[8].

2   1. Bei Vollstreckungshandlungen übt der Gerichtsvollzieher lediglich das Recht des Staates zum Zwang aus[9]; eine **Vertretung des Gläubigers** findet weder bei der Pfändung noch bei der Versteigerung oder bei der Wegnahme herauszugebender Sachen statt, obwohl diese Amtshandlungen unmittelbare Rechtswirkung für den Gläubiger erzeugen. Denn ein Handeln mit Wirkung für einen andern (und in dessen Interesse) muß nicht immer Vertretung sein[10]. Seine Kenntnis der Zahlungseinstellung kommt daher für § 30 KO (§§ 130 f. InsO) bei Pfändungen nicht in Betracht[11]. Zu Haftungsfragen → Rdnr. 7, über gutgläubigen Erwerb → § 898 Rdnr. 4.

2a   2. Als *Vertreter* tritt der Gerichtsvollzieher nur auf, soweit seine Handlungen auch vom Gläubiger als Rechtsgeschäfte oder geschäftsähnliches Verhalten vorgenommen werden könnten, wenn er zugegen wäre; sie sind dann zwar auch Amtshandlungen, aber nicht Ausübung staatlichen Zwangs[12], und nichts spricht gegen rechtsgeschäftliche Vertretung in Ausübung eines öffentlichen Amtes[13]. Sie ist *gesetzliche* Vertretung in den Fällen vollstreckungsabwendender Leistungen (str.)[14], des Angebots der Gegenleistung, § 756[15] und der Vorlegung und Protesterhebung bei Wechseln, bevor über die Verwertung gerichtlich entschieden ist[16]. Bei manchen anderen → § 754 Rdnr. 7 ff. genannten, nicht durch §§ 754 f. gedeckten Rechtsgeschäften handelt es sich um Vertretung kraft Vollmacht. – Dagegen ist die Erteilung der Quittung nach § 757 (wie in der Regel auch die nach § 368 BGB) nicht Willens- sondern Wissenserklärung; Vertretung scheidet hier ebenso aus[17] wie bei der Auslieferung der vollstreckbaren Ausfertigung nach § 757 Abs. 2. Wegen der *privatrechtlichen Wirkungen*

---

[5] *OLG Karlsruhe* OLGZ 1975, 409 = MDR 1976, 54: Ablehnung einer Versteigerung nach § 383 Abs. 3, § 1235 BGB; *OLG Frankfurt* DGVZ 1983, 23: Weigerung des AG-Präsidenten, GV anzuweisen; *Stolte* DGVZ 1987, 97. → § 766 Rdnr. 52.

[6] *KG* MDR 1982, 155 = DGVZ 40 (auch wenn es für § 766 zu spät ist → dort Rdnr. 37); *Schlesw.-Holst.-VG* DGVZ 1979, 15; *AG Kassel* DGVZ 1989, 158; *Stürner* DGVZ 1985, 12; *Rosenberg/Gaul*[10] § 25 II 2 b; *Münch-KommZPO-Wolfsteiner* § 154 GVG Rdnr. 11, ganz h.M. Dies folgt nicht aus sachlicher Unabhängigkeit ähnlich Art. 97 GG, sondern aus dem Vorrang der §§ 764, 766 *Gaul* ZZP 87 (1974), 263 ff. - A.M. *Kissel* GVG[2] § 154 Rdnr. 7; *Holch* DGVZ 1982, 8; vgl. auch *OVG Berlin* DGVZ 1981, 139.

[7] *Dütz* DGVZ 1975, 52 ff.; vgl. *Pawlowski* ZZP 90 (1977) 348 mwN; *LG München II* DGVZ 1974, 157; *AG Osnabrück* DGVZ 1975, 175, s. auch § 96 ff. GVO. - Weitergehend *Gaul* ZZP 87 (1974) 251, *Gaul* (Fn. 6) § 25 II 2 mit Hinweisen auf die Mot. in Fn. 50 u. aaO 2 a bb mwN.

[8] Ganz h.M. zum Kostenansatz. Für umfassende Dienstaufsicht in Kostenfragen, solange darüber noch nicht gerichtlich entschieden ist (§ 11 Abs. 3 GVKostG), *AG Kassel* DGVZ 1989, 158; *Gaul* (Fn. 6) § 25 II 2; vgl. auch *BVerwG* 65, 268 f. = NJW 1983, 898 (keine Kosten für nicht gemäß § 110 Nr. 6, § 135 Nr. 5 GVGA verlangte Protokollabschrift) gegen *Dütz* (Fn. 1) 50; DGVZ 1975, 69 ff.; *Schlesw.-Holst.-VG* (Fn. 6). Zur Frage, *welche* Kostentatbestände der GV setzt, → aber Fn. 34. Ausführlich zum Streitstand *Oerke* (Fn. 1) 117 ff.; *BVerwG* (Fn. 2) 898 je mwN; DGVZ 1987, 119.

[9] Vgl. *Gaul* Rpfleger 1971, 2; *BGH* (Fn. 2).

[10] → Bem. zu §§ 803, 814 ff., 897 f. u. wegen der Besitzmittlung § 808 Rdnr. 33 f., ganz h.M. *RGZ* 77, 24; 90, 194; *Messer* Die freiwillige Leistung usw.(1966) 40 ff. (auch zur Gegenansicht).

[11] *RGZ* 90, 197; *JW* 1914, 863[3]; *Baur/Stürner*[11] Rdnr. 1129 mwN; *Kilger/K. Schmidt* KO[16] § 30 Anm. 9; allg. M.

[12] *Fahland* ZZP 92 (1979), 437 mwN. Insoweit auch *Wieser* DGVZ 1988, 135.

[13] *Gaul* (Fn. 6) § 25 IV 1 d; *Eich* DGVZ 1991, 36. Das gilt ebenso für Rechtsgeschäfte im eigenen Namen: Der GV handelt doch – nicht anders als gegenüber Parteien – auch »kraft öffentlichen Amtes«, wenn er (unstr.) privatrechtlich den Lagervertrag abschließt. All dies übersehen z.B. *Fahland* ZZP 92 (1979) 432; *Baumbach/Hartmann*[52] Rdnr. 4; *Brox/Walker*[4] Rdnr. 314; *Zöller/Stöber*[18] Rdnr. 4. Abwegig ist es, in rechtsgeschäftlicher Tätigkeit eine »Abwertung« (statt Aufwertung) zu sehen, so aber *Oerke* DGVZ 1992, 163. Zust. für Annahme von Leistungen an Erfüllungs Statt oder erfüllungshalber *Thomas/Putzo*[18] Rdnr. 14.

[14] → § 754 Rdnr. 7, § 815 Rdnr. 23.

[15] *OLG Köln* NJW-RR 1991, 384; *AG Lampertheim* DGVZ 1980, 188; *Rosenberg/Schwab*[12] § 27 III 3 »prozessualer Stellvertreter« (keine Stellungnahme mehr ab 14. Aufl.). - A.M. *MünchKommZPO-Arnold* § 756 Rdnr. 17; *Hartmann* (Fn. 13); *Stöber* (Fn. 13) Rdnr. 4; wohl auch *Thomas/Putzo*[18] Rdnr. 14.

[16] § 175 Nr. 5 GVGA.

[17] *Messer* (Fn. 10) 53 f. – A.M. 18. Aufl. nach Fn. 4.

der Handlungen des Gerichtsvollziehers gegenüber dem Schuldner und Dritten → § 755 Rdnr. 2.

3. Die **örtliche Zuständigkeit** des Gerichtsvollziehers bestimmt die Justizverwaltung, § 154 GVG, vgl. §§ 20ff. GVO. Handlungen außerhalb seines Bezirks[18] sind als Staatsakte wirksam, aber mit einem sowohl vom Schuldner wie von einem Dritten, z.B. einem später pfändenden Gläubiger, rügbaren Mangel behaftet[19]; ein Verstoß gegen die Geschäftsverteilung innerhalb des Bezirks ist unerheblich[20]. Der *Ausschluß kraft Gesetzes* (§ 155 GVG) macht Handlungen in dem dargelegten Sinne nur anfechtbar[21]. Ein Verstoß gegen die **sachliche Zuständigkeit** führt zur Nichtigkeit[22].

II. Das **Innenverhältnis** zwischen Gerichtsvollzieher und Gläubiger ist kein privatrechtlicher Dienstvertrag[23], sondern eine rein *öffentlich-rechtliche* Beziehung ebenso wie bei gerichtlichen Verfahren jene zwischen Gericht und Antragsteller[24]. Hier wie dort hindert der Eintritt mancher privatrechtlicher Folgen nicht die Annahme hoheitlicher Tätigkeit. Der Gerichtsvollzieher wird tätig auf Grund seiner öffentlich-rechtlichen Beamtenpflicht[25].

1. Der **Antrag**[26], den ZPO, GVO und GVGA im Anschluß an frühere Prozeßgesetze als Auftrag bezeichnen, ist nur der Anlaß für die Amtstätigkeit[27]. Er darf von innerprozessualen Bedingungen abhängig gemacht werden[28] und begrenzt den Umfang der Amtspflicht; darüber hinaus darf nicht vollstreckt werden[29]; → auch zur Vorpfändung § 845 Rdnr. 6. Zum Antragsinhalt → § 754 Rdnr. 1f. Die Amtspflicht geht dahin, nach Maßgabe der gesetzlichen Vorschriften, ergänzt durch die Dienstanweisungen, so schleunig wie möglich[30] zu vollstrecken, bis der Antrag entweder erfolgreich oder wegen völliger Aussichtslosigkeit[31] erledigt ist, ohne daß es nach Miß- oder Teilerfolgen weiterer Anträge bedarf[32]. Insofern ist jeder Antrag

---

[18] §§ 16ff. GVO.
[19] → Rdnr. 72, 128 vor § 704; *Hartmann* (Fn. 13) Rdnr. 11 (gültig analog § 22d GVG); *Bruns/Peters*³ § 12 III 5; *Schultz* Vollstreckungsbeschwerde (1911) 275ff.; *Thomas/Putzo*¹⁸ Anm. 7; *Wieczorek*² Anm. B II.
[20] *Schultz* (Fn. 19) 261; *Peters, Wieczorek* (beide Fn. 19); vgl. auch § 16 Nr. 7 GVO. – A.M. *Hartmann* (Fn. 13) Rdnr. 11.
[21] Arg. § 44 Abs. 3 Nr. 2 VwVG *Baur/Stürner*¹¹ Rdnr. 88; *Peters* (Fn. 19) § 12 III 3; *Gaul* (Fn. 6) § 25 IV 2a. – A.M. (nichtig) *Blomeyer* ZwVR § 4 I 3; *Bruns/Peters*³ § 12 III 2, § 19 III 1a. Ablehnung wegen Befangenheit scheidet aus LG Coburg DGVZ 1990, 89.
[22] → Rdnr. 70, 130 vor § 704; OLG Bamberg JR 1955, 25.
[23] So überwiegend die ältere Auffassung s. bei *Messer* (Fn. 10) 11ff.
[24] RGZ (VZS) 82, 85; 104, 285; LG Kiel Rpfleger 1970, 72.
[25] Über die Amtspflicht zur Achtung und Wahrung von Rechten Dritter s. RGZ 87, 297; vgl. auch BGH LM § 839 (Fi) Nr. 12; OLG Celle VersR 1963, 293. Ferner → Fn. 47 u. § 754 Rdnr. 67.
[26] Näheres → Rdnr. 8; Rdnr. 75ff. vor § 704.
[27] → Rdnr. 34 vor § 166.
[28] LG Kassel DGVZ 1985, 123; → Rdnr. 210 vor § 128, also nicht etwa von Zahlungen an den Gläubiger selbst! Zulässige Beispiele: Verwertung nur, falls Teilzahlungen an GV ausbleiben → § 754 Rdnr. 9c Fall bb; Einstellung gegenüber einem Gesamtschuldner, soweit Beträge von anderem Gesamtschuldner durch denselben GV beigetrieben sind (jedoch sind entgegen LG Kiel MDR 1959, 936 Anträge eines Anwalts nicht im Zweifel so auszulegen; → dazu Rdnr. 7f. vor § 803); Absehen von Verhaftung nach Teilzahlung an GV → § 909 Rdnr. 14.

[29] LG Düsseldorf DGVZ 1991, 10 (nur Antrag auf Wegnahme der Lohnsteuerkarte, GV versuchte auch Kosten zu vollstrecken). → auch § 740 Rdnr. 15f., § 741 Rdnr. 10 (etwaige Weisung, nur in den Gewahrsam eines oder beider Ehegatten einzugreifen). Zur Antragsauslegung in Grenzfällen → § 754 Rdnr. 4, Rdnr. 9f., *Mager, Grund* MDR 1959, 262, 817; *Furtner* JVBl. 1968, 152. Legt der Gläubiger Durchsuchungserlaubnis vor, so ist im Zweifel Wohnungsöffnung inbegriffen AG Berlin-Charlottenburg DGVZ 1990, 13f. Zur ZV trotz fehlenden Antrags → Rdnr. 129 Fn. 532 vor § 704.
[30] §§ 6, 64 GVGA.
[31] Sie liegt nur vor, wenn in absehbarer Zeit keinerlei Hoffnung auf Pfändungen oder Zahlungen besteht *Wieser, Oerke, Polzius* DGVZ 1991, 130; 1992, 163; 1993, 104f.; AG Hanau DGVZ 1990, 77. – § 63 Nr. 1 Abs. 2 GVGA (Erwartung der Fruchtlosigkeit »kann insbesondere begründet sein« nach erfolgloser ZV innerhalb der letzten 3 Monate) ist lediglich allgemeine Richtlinie, deren Einhaltung von der Dienstaufsicht nicht erzwungen werden darf *Mager* DGVZ 1990, 19, zumal § 63 Nr. 2 zutreffend abweichende Wünsche des Gläubigers vorgehen läßt, s. auch Zur Antragsauslegung AG Karlsruhe DGVZ 1990, 45. Denn den Gläubiger trifft das Risiko, daß ZV-Kosten nicht »notwendig« sein könnten. Daher zwar i.E. zutreffend, aber von bedenklicher Begründung LG Hannover DGVZ 1984, 90, richtig LG Essen DGVZ 1981, 22; AG Berlin-Tempelhof/Kreuzberg DGVZ 1984, 153). – A.M. *Schilkens* DGVZ 1989, 161ff. (mit fruchtlosem Pfändungsversuch sei ZV beendet).
[32] § 106 Nr. 5 GVGA; LGe Berlin, Bonn DGVZ 1986, 153; 1974, 56; VG Berlin DGVZ 1989, 123; AG Kassel DGVZ 1989, 157; *Wieser* DGVZ 1991, 130.

»Dauerauftrag«; unter diesem in der Praxis auftauchenden, mißverständlichen Ausdruck sind in Wahrheit Dauerweisungen oder -anregungen, oft sogar beschränkender Art, zu verstehen, z.B. vorerst nur noch Kassen- oder Taschenpfändungen vorzunehmen, → dazu Rdnr. 5. Der Gerichtsvollzieher darf – abgesehen von § 775 Nrn.3–5 – nicht von sich aus Vollstreckungen aufschieben, falls sich daraus Gefahren für den Gläubiger ergeben könnten, auch nicht wegen angeblicher Zweckmäßigkeit[33] oder aus sozialen Gründen über die Pfändungsverbote hinaus. Auch § 104 S. 3 GVGA darf nicht so verstanden werden, daß eine beantragte Maßnahme abzulehnen wäre wegen unnötiger Kosten und Aufwendungen (hier wird nur der Gläubiger tunlichst belehrt, daß er wegen § 788 die Mehrkosten tragen würde), sondern daß unter mehreren Möglichkeiten, dem Antrag nachzukommen, die kostengünstigste zu wählen ist[34]. Dies rechtfertigt allerdings nicht, z.B. zur Ersparung von Zeit und Wegegeld den Eingang zahlreicher Anträge gegen einen bekannt zögerlichen Schuldner abzuwarten, um sie gleichzeitig erledigen zu können[35]. Zum befristeten Aufschub einer sittenwidrigen Herausgabevollstreckung → § 765a Rdnr. 30ff. und zur Abstandnahme von einer Maßnahme im vermuteten – selbstverständlich nicht willkürlich unterstellten! – Einverständnis des nicht sofort erreichbaren Gläubigers → § 754 Rdnr. 9–9c sowie § 817 Rdnr. 3, ferner zur Rückfragepflicht § 775 Fn. 15.

5   2. Eine Pflicht, **Weisungen des Gläubigers** zu befolgen, besteht wegen der eigenen Verantwortung des Gerichtsvollziehers[36] nur insoweit, als die Prozeßgesetze oder ihnen nicht widersprechende Dienstanweisungen[37] das nicht ausschließen[38]. Zur Einstellung auf Antrag des Gläubigers → § 775 Rdnr. 3, 33. Auf dessen Verlangen sind a) auch vermeintlich chancenlose Vollstreckungen zu versuchen[39], falls sich nicht kürzlich Erfolglosigkeit herausgestellt hat[40], b) bestimmte Gegenstände z.B. wegen vermutlichen Dritteigentums nicht zu pfänden[41], c) in angemessenen Abständen Kassen- oder Taschenpfändungen vorzunehmen, denen nach pflichtgemäßem Ermessen nachzukommen ist[42], d) Leistungen an Zahlungs Statt anzunehmen[43], e) die Vollstreckung ganz oder teilweise, endgültig oder vorläufig einzustellen → § 775 Rdnr. 3. Zur Anwesenheit des Gläubigers → § 758 Rdnr. 9. Auf »Anregungen« ist der Gläubiger angewiesen, soweit das Ermessen des Gerichtsvollziehers (auch wegen der Amtshaftung) nicht eingeschränkt werden darf, z.B. bei der Frage, ob gepfändete Sachen in der Wohnung bleiben, wann und in welchen Räumen zu versteigern ist, beim wievielten vergeblichen Versuch ein Schlosser zuzuziehen ist u.ä. Die Pflicht ist auch hier stets öffentlich-

---

[33] Vgl. *LG Bochum* MDR 1954, 431 (§ 885); → aber auch § 754 Rdnr. 9ff.

[34] Insoweit keine Dienstaufsicht *BVerwG* DGVZ 1982,156 (Transportmittel für Verhaftung im Ermessen des GV).

[35] Nicht erfundenes Beispiel: Monate nach Eingang des 1. Antrags wurde ein Teppich für 34 Gläubiger gepfändet, u. zwar gemäß § 168 Nr. 1 GVGA ranggleich (→ dazu § 827 Rdnr. 7).

[36] → Rdnr. 1.

[37] Gesetzesauslegung, vor allem durch das VollstrGer *Wieser* NJW 1988, 666, geht den GVGA vor *OLG Düsseldorf* DGVZ 1981, 114 = ZIP 538; dazu *Kaminski* Die GVGA als Prüfungsmaßstab usw. (1991).

[38] Die mehrdeutige Formulierung der 20. Aufl. »zulassen« wurde von *Wieser* (Fn. 37) 669 als »ausdrückliches« Zulassen interpretiert (was falsch wäre) u. daher geändert; *LG Berlin* MDR 1977, 146[64]. Weisungsbefugnis **bejaht**: Pfändung kenntlich machen *RGZ* 161, 115; Ruhenlassen der ZV auch schon vor Pfändung *AG Straubing* Rpfleger 1979, 72f. Über Auswahl der Pfandstücke *LG Berlin* DGVZ 1976, 185 = MDR 146[64] (L irreführend,

Entscheidung richtig); – **Verneint:** Nur an Drittschuldner zustellen *KG* DGVZ 1966, 163; aussichtslose Kassenpfändung wiederholen *AGe Frankfurt, Geilenkirchen* DGVZ 1975, 95; DGVZ 1976, 188 (s. aber auch *LG Bonn* DGVZ 1974, 56f.); bei Fruchtlosigkeit jeden Hinweis des Gläubigers im Protokoll eingehend abzuhandeln *AG München* DGVZ 1980, 92. → auch § 883 Rdnr. 14f.

[39] *LGe Essen, Göttingen* DGVZ 1981, 22; 1986, 174; vor allem, wenn wegen § 807 neue Fruchtlosigkeitsbescheinigung verlangt wird oder Verjährung unterbrochen werden soll, *AG Freudenstadt* DGVZ 1988, 124.

[40] *LG Hannover* DGVZ 1984, 90.

[41] H.M. *Stöber* (Fn. 13) Rdnr. 4 mwN. – A.M. *Gaul* (Fn. 6) § 25 IV 1a: Nur Anregung (also Pfändung mit sofortiger Freigabe?).

[42] Je nach Erfolgsaussicht (*AG Frankfurt a.M.* DGVZ 1975, 95) u. zumutbarem Zeitaufwand (*AG Offenbach* DGVZ 1991, 29). Vom Gläubiger angegebene günstige Zeitpunkte sind lediglich Anregungen *AGe Gelsenkirchen, Memmingen* DGVZ 1972, 120; 1989, 27.

[43] → § 754 Rdnr. 9.

rechtlich. Gleiches gilt für die Pflicht des Gerichtsvollziehers zur Aushändigung des Geldes, Erlöses oder der herauszugebenden Sache an den Vollstreckungsgläubiger oder den im Titel als empfangsberechtigt genannten Dritten[44]. Ihre Erfüllung kann nur über §§ 766, 793 erzwungen werden[45] durch den in Titel oder Klausel als Vollstreckungsgläubiger Ausgewiesenen[46].

3. Inwieweit sich der Gerichtsvollzieher zur Unterstützung seiner Amtsgeschäfte *privater Personen* bedienen darf, bestimmt sich nach öffentlich-rechtlichen Grundsätzen, insbesondere nach den Dienstvorschriften[47]; für Ermächtigungen seitens des Gläubigers ist kein Raum. 6

Demgemäß besteht auch nur eine Haftung des *Staates für Amtspflichtverletzungen*[48]. Zur Haftung des *Gläubigers* → Rdnr. 24, 142 vor § 704, § 755 Rdnr. 5, § 771 Rdnr. 76. Auch der Anspruch auf *Gebühren und Auslagen* ist rein öffentlich-rechtlich (§§ 1 ff. GVKG). 7

III. Der Gläubiger kann seinen an den zuständigen Gerichtsvollzieher gerichteten Antrag über die beim AG des Vollstreckungsorts eingerichtete **Verteilungsstelle** an den zuständigen Gerichtsvollzieher weiterleiten lassen[49]. Die (seltenere) Vermittlung an Gerichtsvollzieher durch **Mitwirkung der Geschäftsstelle** des Vollstreckungsgerichts (§ 764), **Abs. 2**, entspricht § 166 Abs. 2, bedarf aber stets eines besonderen Antrags, der zu Protokoll irgendeines AG gestellt werden kann. Der Urkundsbeamte handelt ähnlich wie bei § 168[50] aufgrund seiner Amtspflicht als gesetzlicher (nicht rechtsgeschäftlich bevollmächtigter) Vertreter der Partei. Er kann den Antrag an den zuständigen Gerichtsvollzieher oder die Verteilungsstelle weiterleiten und bedient sich nach § 161 GVG weiterer Vermittlung, falls die Vollstreckung in einem anderen Gerichtsbezirk stattzufinden hat. 8

IV. Für die Zwangsvollstreckung aus den im **arbeitsgerichtlichen Verfahren** entstandenen Titeln gilt nur die Besonderheit, daß dem Gerichtsvollzieher die Erhebung von Gebührenvorschüssen (nicht auch von Auslagenvorschüssen) versagt ist, § 12 Abs. 4 S. 3 ArbGG[51]. 9

§ 754 [Wirkung des Vollstreckungsantrages]

In dem schriftlichen oder mündlichen Auftrag zur Zwangsvollstreckung in Verbindung mit der Übergabe der vollstreckbaren Ausfertigung liegt die Beauftragung des Gerichtsvollziehers, die Zahlungen oder sonstigen Leistungen in Empfang zu nehmen, über das Empfangene wirksam zu quittieren und dem Schuldner, wenn dieser seiner Verbindlichkeit genügt hat, die vollstreckbare Ausfertigung auszuliefern.

Gesetzesgeschichte: Bis 1900 § 675 CPO.

I. Vollstreckung gemäß Antrag 1	II. Pflichten, Befugnisse des GV 6
1. Inhalt und Form der Anträge 1	1. Amtsflichten 6
2. Teilvollstreckung, VerbrKrG 2	2. Annahme freiwilliger Leistungen 7
3. Antragsrecht, Ausfertigung 3	3. Rechtsgeschäfte, Ratenzahlung 9
	III. Erlöschen des Antrags 10

---

[44] Zur Benennungsart → § 750 Rdnr. 18 Fn. 67.
[45] → § 819 Rdnr. 8.
[46] Nicht durch Dritte, an die zwar laut Titel zu leisten, denen aber nicht die Klausel erteilt ist, → § 724 Rdnr. 8, § 727 Rdnr. 1 f., § 750 Rdnr. 18 Fn. 67.
[47] § 4 GVO.
[48] → Rdnr. 37 vor § 166, Rdnr. 142 vor § 704. Ausführlich *Gaul* (Fn. 6) § 25 IV b u. zur Haftung für Vollstreckungsgehilfen des GV *Birmanns* DGVZ 1984, 105;

vgl. auch *Palandt/Thomas* BGB[53] § 839 Rdnr. 101 u. z. B. zur Amtspflicht gegenüber **Gläubigern** RGZ 82, 85; *BGH* MDR 1959, 282; **Schuldnern** BGH NJW 1959, 1775; **Dritten** RG JW 1931, 2428; RGZ 153, 262; *BGH* BB 1957, 163; *KG* OLGRsp 2, 77.
[49] Vgl. § 33 ff. GVO.
[50] → § 168 Rdnr. 2.
[51] Näheres *Grunsky* ArbGG[6] §12 Rdnr. 29.

I. Vollstreckung gemäß Antrag

1   1. Der »Auftrag«, d. h. der an den Gerichtsvollzieher oder die Verteilerstelle gerichtete **Antrag**[1], kann **formlos** erteilt werden, auch telefonisch oder durch schlüssiges Verhalten, z. B. Übersendung der Ausfertigung[2]; über Pfändung aufgrund Verhaftungsauftrags → aber § 909 Rdnr. 1, 15. Zum Antrag auf Zustellung → § 750 Rdnr. 32. Im Antrag kann um Übersendung der Protokollabschriften → § 760 Rdnr. 2 gebeten werden. Zur allgemeinen Bedeutung des Antrags → § 753 Rdnr. 4. Er muß **inhaltlich bestimmt** sein und löst keine Gebühren aus, wenn er unzulässigerweise von Anwälten vorweg für künftige Klienten gestellt wird[3] a) Ohne nähere Angaben zu Art und Betrag der Ansprüche ist aber vollständige Beitreibung nebst Zinsen und Vollstreckungskosten für diese Beträge beantragt[4], wobei *dann* auch letztere zu überprüfen sind[5], ebenso festgesetzte Kosten, falls der Beschluß mit vorgelegt oder im Falle § 795 a. Daher müssen Gläubiger wiederkehrender Leistungen (insbesondere Unterhalt) den Zeitraum angeben, in den die zu vollstreckenden Raten fallen. Andernfalls droht Zeitverlust, da der Gerichtsvollzieher rückfragen müßte, um ungewollte Vollstreckung getilgter Raten (und damit begründete Klagen nach § 767) zu verhindern. Soll der **volle Titelbetrag** vollstreckt werden, *ohne* daß etwaige Zahlungen des Schuldners erwähnt sind[6], so hat der Gerichtsvollzieher etwaige Zinsen nach dem Titel selbst zu berechnen[7] und den verlangten Betrag nebst Kosten für dessen Beitreibung (wie → § 788 Rdnr. 23 ff.) zu vollstrecken, soweit nicht § 757 oder § 775, besonders Nr. 4 oder 5 entgegenstehen. Widerspricht der Gläubiger einer Berücksichtigung solcher Urkunden (z. B. weil er meint, solche Zahlungen seien auf andere Forderungen zu verrechnen[8]), oder sind Abschlagszahlungen an den Gläubiger nicht in dieser Form ausgewiesen, so ist der Schuldner auf § 767 verwiesen[9].

1a   b) Das gilt auch, wenn nach anerkannten Teilzahlungen *nur* die vom Gläubiger **bezifferte restliche Hauptforderung** vollstreckt wird[10]. In solchen Fällen darf keine Forderungsaufstellung verlangt werden; denn es ist nicht Sache des Gerichtsvollziehers, dem Schuldner die Last einer Klage nach § 767 abzunehmen bzw. den Gläubiger vor deren Kosten zu bewahren[11]. Ob dieser Rest dem Gläubiger noch zusteht, mag zwar *materiellrechtlich* zweifelhaft sein, z. B. wenn er Teilzahlungen auf frühere Vollstreckungskosten verrechnet hat, die von vornherein nicht § 788 unterfallen oder nicht notwendig waren. Solche früheren Kosten sind aber mangels entsprechenden Antrags[12] *nicht Gegenstand der Vollstreckung*, so daß der Gerichtsvollzieher deren Höhe nicht wie → § 788 Rdnr. 23 nachzuprüfen[13] oder gar vom Titelbetrag

---

[1] → § 753 Rdnr. 4, 8.
[2] → Rdnr. 192 vor § 128; *Rosenberg/Gaul*[10] § 26 I 1a, allg. M. Zur nötigen Unterschrift bei schriftlichen Anträgen → aber Rdnr. 75 vor § 704..
[3] *OVG Berlin* DGVZ 1983, 91 zu § 845 Abs. 1 S. 2 (aber insoweit unhaltbar, als auch für **bestimmte** Gläubiger solche Anträge nur »von Fall zu Fall« gestellt werden dürften; denn Gefahr der Fruchtlosigkeit besteht in der Regel u. Zeitverlust bedeutet Rangverlust).
[4] *LG Koblenz* DGVZ 1982, 77; *AG Kassel* DGVZ 1989, 157; a. M. *Behr* NJW J 1992, 2739: Spezifizierte Forderungsaufstellung nötig. Bei Vollstreckungsbescheiden ergibt sich die Spezifizierung schon aus § 690 Abs. 1 Nr. 3 → dort Rdnr. 5.
[5] *Schilken* DGVZ 1991, 3 f.
[6] Zu Teilzahlungen, deren Verrechnung auf den Titel **anerkannt** ist, → Fn. 10, Rdnr. 1 a ff.
[7] Auch durch Abwendungsleistung endet die Laufzeit von Verzugszinsen sofort → § 815 Rdnr. 23. Zur Zumutbarkeit der Zinsberechnung *LG Heidelberg* DGVZ 1982, 120: Grenze des § 130 Nr. 3 GVGA ist bei 5 unterschiedlichen Zinslaufzeiten laut Titel u. einer anerkannten Abschlagszahlung noch nicht erreicht.

[8] → auch Fn. 24.
[9] → § 775 Rdnr. 5–30; *LGe Frankfurt, Münster* DGVZ 1989, 42; 1994, 11. Näheres *Münzberg* DGVZ 1971, 167 ff.; *Schilken* (Fn. 5); *Behr* (Fn. 4) mwN. Wie hier *LGe Kaiserslautern, Bielefeld, Ravensburg, Frankfurt a. M.* DGVZ 1982, 157; 1984, 121; 1988, 44, 95; *LGe Oldenburg, Düsseldorf* Rpfleger 1980, 236 = DGVZ 88; grundsätzlich auch *LG Amberg* Büro 1993, 369, aber mit der (abzulehnenden) Ausnahme, daß »Anhaltspunkte« für Teilzahlungen vorliegen. Nicht mit Teil-ZV zu verwechseln ist die ZV von Bruttolohnbeträgen abzüglich abgeführter Lohnzüge → § 766 Rdnr. 18 a. E.
[10] *LGe Bielefeld, Darmstadt, Kiel, Hagen* DGVZ 1984, 121; DAVorm 1990, 479 f.; DGVZ 1994, 60 u. 91.
[11] → Fn. 9, 10. Nur mit dieser Einschränkung ist § 130 Nr. 2 GVGA gesetzmäßig. → auch § 775 Rdnr. 32. Daher bedenklich *LGe Kassel, Siegen* DGVZ 1971, 23; 1991, 27; *Zeiss* DGVZ 1976, 137 f. Anders bei Rechtspfändungen → § 829 Rdnr. 34.
[12] Anders im Falle → Rdnr. 1 b Fn. 21.
[13] *LGe Ravensburg, Essen* DGVZ 1988, 44; 1992, 172 = Büro 1993, 435; *Braunschweig* Rpfleger 1978, 461 (zu § 807); auch nicht, um dem Schuldner die Klage nach

abzusetzen hat[14]. Insofern ist der Schuldner wie in den o. g. Fällen nicht anerkannter Teilzahlungen auf § 767 angewiesen[15]. Er kennt Titelbetrag, Zinssatz und Zinsbeginn, seine Teilzahlungen sowie weitere eigene Schulden gegenüber dem Gläubiger, mag er auch hinsichtlich ihm nicht bekannter, bisheriger Vollstreckungskosten ein teilweises Kostenrisiko für § 767 eingehen[16]. Freilich schließt dies nicht aus, beide Parteien auf § 767 hinzuweisen[17].

Ist jedoch der Antrag auf eine vom Gläubiger **nicht bezifferte Restschuld oder/und auf Zinsen** gerichtet, nachdem der Schuldner unstreitig Teilbeträge auf den Titel an den Gläubiger gezahlt hat, so ist dem Gerichtsvollzieher die Berechnung von Hauptbetrag und insbesondere Zinsen nur zuzumuten, wenn der Gläubiger eine §§ 366f. BGB entsprechende, für jeden Gerichtsvollzieher verständliche[18] Abrechnung mit vorlegt[19], es sei denn, schon aus dem Antrag gingen Höhe und Datum der anerkannten Teilleistungen hervor[20]. Dies gilt ebenso für Anträge[21] auf *Beitreibung* früherer Vollstreckungskosten, soweit deren Höhe von anerkannten Teileistungen abhängt. Andernfalls darf der Gerichtsvollzieher die Vollstreckung (insbesondere von Zinsen) ablehnen, jedoch nur soweit die Unklarheit reicht[22]. Dabei hindert § 367 BGB nicht eine Vollstreckung von Hauptbeträgen vor Zinsen und Kosten, sondern bestimmt nur, wie die Endabrechnung zu erfolgen hat, die gegebenenfalls nach § 767 durchzusetzen ist[23]. Auch eine Verrechnung des Gläubigers auf eine andere als die titulierte Forderung ist im Vollstreckungsverfahren nicht nachzuprüfen[24].

1b

2. Anträge auf **teilweise** Vollstreckung sind zulässig, außer wenn Rechtsmißbrauch[25] offenbar wird[26]. Sie können bezifferte Teile der Hauptforderung mit oder ohne Zinsen oder auch nur frühere Vollstreckungskosten betreffen. Auch hierbei gilt das → Rdnr. 1a Ausgeführte[27]. Über Mehrkosten unnötiger Teilvollstreckung → § 788 Rdnr. 21 zu b). Aus dem Streit, inwieweit die Beitreibung von *Bagatellbeträgen* mißbräuchlich oder sittenwidrig sei[28], hat der Gerichtsvollzieher sich herauszuhalten bis zu einer Entscheidung nach § 765a.

2

---

[13] § 767 zu erleichtern (auf die er freilich hinweisen darf); ausführlich *Schilken* (Fn. 5) gegen *Johannsen* DGVZ 1990, 52 ff., aber für Änderung der ZPO zugunsten des Schuldners.
[14] A.M. z.B. *LGe Darmstadt, Lüneburg, Frankfurt a.M.* DGVZ 1984, 89; 1987, 46; 1988, 42; *Johannsen* DGVZ 1990, 53 f.
[15] Ausführlich *LG Oldenburg* (Fn. 9) mwN; *Gaul* (Fn. 2) § 26 I 1 b. De lege ferenda für amtliche Berücksichtigung *Schilken* (Fn. 5) 5 f.; besser als ein neuer S. 2 in § 788 wäre wohl die Einfügung in § 766 »...auszuführen, wenn er die Verrechnung gezahlter oder vollstreckter Teilbeträge auf Vollstreckungskosten beanstandet oder...«.
[16] Nur insoweit zutreffend Anm. Schriftl. DGVZ 1993, 157 zu *LG Stuttgart* aaO.
[17] Vgl. *Stürner* ZZP 99 (1989), 317. Zur Problematik der »Neutralität« bei Raterteilung *Alisch* DGVZ 1983, 1 im Vergleich zu § 25 VwVerfG.
[18] Andernfalls kann der GV Klärung verlangen. Die Anforderungen der Rsp. vor allem an maschinelle Ausdrucke, sind unterschiedlich, verlangen aber stets Klartext mit unterscheidbaren Positionen *LGe Paderborn, Tübingen* DGVZ 1989, 63; 1990, 43; *AGe Frankfurt a.M., Gelsenkirchen* DGVZ 1971, 25; 1976, 139 (verneint). Sie dürfen nicht verabsolutiert werden, z.B. sollten sogar Schlüsselzahlen in einfachen Fällen genügen.
[19] § 130 Nr. 3 GVGA; *OLG Köln* DGVZ 1983, 9 mwN; *LG Hamburg* DGVZ 1975, 91; *Gaul* (Fn. 2) § 26 I 1b; *MünchKommZPO-Arnold* Rdnr. 13; *Schilken* (Fn. 5) 5.
[20] Ähnlich *Arnold* (Fn. 19) Rdnr. 13.
[21] Hier liegt der oft nicht beachtete Unterschied zu den Fällen → Rdnr. 1 Fn. 12.
[22] Verbreitet, aber gesetzwidrig ist die Praxis, die ZV dann vollständig abzulehnen, s. *Münzberg* (Fn. 9) 169 f. Vgl. *LGe Frankfurt a.M., Gießen* DGVZ 1976, 27; 1977, 91.
[23] *LG Kaiserslautern* DGVZ 1982, 157; *Zöller/Stöber*[18] Rdnr. 7. Das wird übersehen von *LGen Tübingen, Nürnberg* DGVZ 1971, 157; 1977, 93; *AG Itzehoe* DGVZ 1978, 14 f. Mangels abweichender Vereinbarung (dazu *Jauernig/Stürner* BGB[7] § 366 Anm. 1 e) gilt für die **materiellrechtliche Verrechnung** aufgrund ZV § 366 Abs. 2 BGB u. aufgrund Abwendungszahlungen im Falle zulässiger, also vor allem im Rahmen des Titels bleibender Bestimmung § 366 Abs. 1 BGB. Zur Bedeutung der §§ 366 f. BGB in der ZV s. *Münzberg* (Fn. 9).
[24] *LG Frankfurt a.M.* DGVZ 1989, 42 (keine Nachprüfung der Zweckbestimmung einer Zahlung).
[25] → Rdnr. 45 vor § 704; Teil-ZV ist entgegen mancher in Rsp u. Lit geäußerter Bedenken zulässig bis zur Schikanegrenze (etwa mehrmals ganz geringe Beträge) *Gaul* (Fn. 2) mwN.
[26] *LGe Darmstadt, Hamburg, Frankfurt, Kassel* DGVZ 1974, 118, 139, 174, 175; *LGe Kaiserslautern* (Fn. 23); *LG München II* DGVZ 1984, 28. – Vgl. auch Nr. 21 GVKostGr.
[27] *LGe Bielefeld, Frankfurt a.M., Amberg, Stuttgart* DGVZ 1984, 87; 1988, 95; 1992, 157; 1993, 156; *Stöber* (Fn. 23) je mwN, auch zur Gegenmeinung. A.M. auch *LG Lübeck* DGVZ 1992, 159.
[28] → Rdnr. 44a, 45a vor § 704.

Stattdessen warnt er den Gläubiger nur davor, daß die Kosten nicht notwendig sind i. S. d. § 788, falls solche Vollstreckung den Schuldner überrascht[29], fügt sich aber einem dennoch aufrechterhaltenen Antrag. Ferner klärt er den Schuldner über unverhältnismäßige Kosten auf, falls dieser nicht freiwillig zahlt. Der Schuldner kann einer *Häufung* von Teilvollstreckungen nach § 755 S. 2 durch freiwillige Zahlungen auf die Hauptforderung, auch an den Gerichtsvollzieher, entgegentreten[30], selbst wenn der Gläubiger keine spezifizierte Berechnung der Gesamtforderung beilegt[31]. Denn für deren Höhe ist seitens der Vollstreckungsorgane nicht die materielle Rechtslage, sondern die (dem Schuldner stets bekannte) Titelforderung maßgeblich; von ihr sind ausschließlich die in den Formen der §§ 757 Abs. 1, 775 Nr. 4 und 5 nachgewiesenen Teilzahlungen abzuziehen[32], sonstige aber nur mit Einwilligung des Gläubigers, die im Zweifel als Beschränkung seines Antrags anzusehen ist[33]. Verbleiben dabei Zweifel, ob die Tilgung vollständig ist, so behält der Gerichtsvollzieher die Ausfertigung → § 757 Rdnr. 1. Das verletzt nicht die Rechte des Schuldners, denn § 757 gibt ihm kein Recht darauf, daß der Gläubiger so früh wie möglich die Feststellung vollständiger Tilgung ermöglicht[34], zumal der Schuldner jederzeit nach § 766 (bei Verrechnungsstreitigkeiten freilich nur nach § 767, → Rdnr. 1 a) vorbringen kann, die Leistung an den Gerichtsvollzieher sei doch vollständig gewesen. Zum *Nachweis der Kosten*, die mit beigetrieben werden sollen, → § 788 Rdnr. 23 ff.

2a   Abweichungen bei der Verrechnung können sich aus **§ 11 Abs. 3 S. 1 VerbrKrG** ergeben, und zwar sowohl für beigetriebene als auch zur Vollstreckungsabwendung gezahlte Beträge[35], falls der Titel[36] oder der Gläubiger selbst[37] (z. B. um Klagen nach § 767 zu entgehen) die *Verrechnung der Rechtsverfolgungskosten und Kapitalrückstände vor Verzugszinsen*[38] fordert.

2b   Aus dem Titel entnimmt der Gerichtsvollzieher diese von § 367 BGB abweichende Verrechnung, wenn ein Urteilstenor, gerichtlicher Vergleich oder eine vollstreckbare Urkunde ausdrücklich auf § 11 Abs. 3 S. 1 VerbrKrG hinweist oder Vollstreckungsbescheide gemäß § 690 Abs. 1 Nr. 3 letzter HS das Datum des Vertragsschlusses und die effektiven Jahreszinsen angeben[39]. Sind neben dem Kapital »Verzugszinsen[40] in Höhe von 5% über dem jeweiligen Diskontsatz der Deutschen Bundesbank« zugesprochen und beruft sich der Schuldner auf § 11 Abs. 3 VerbrKrG, so hat der Gerichtsvollzieher sich die Urteilsgründe vorlegen zu lassen und, falls diese eindeutig einen darunter fallenden Kredit ausweisen,

---

[29] → § 788 Rdnr. 20 a.
[30] KG NJW 1977, 2271; *Zeiss* DGVZ 1976, 137. S. auch *LG Darmstadt* DGVZ 1974, 118 a. E.
[31] Insoweit unrichtig *AGe Darmstadt, Frankfurt* DGVZ 1974, 13 und 92. § 755 S. 2 wurde wohl auch von *OLG Schleswig* DGVZ 1976, 136 übersehen.
[32] Vorbehaltlich abweichender Weisung des Gläubigers → § 775 Rdnr. 32 (insoweit nur § 767 für Schuldner).
[33] *Arnold* (Fn. 19) Rdnr. 16.
[34] Insoweit zutreffend *OLG Schleswig* (Fn. 31). – A. M. *Klein* DGVZ 1974, 84 f.
[35] Zur notwendigen Gleichbehandlung *Braun* WM 1991, 1325 mwN aaO Fn. 3.
[36] *Arnold* (Fn. 19) Rdnr. 17 Fn. 13; *Stöber* (Fn. 23) § 753 Rnr.7 a. Zur (im ZV-verfahren unerheblichen) kontroversen Frage, wie Titel lauten **dürfen**, um nicht gegen § 11 Abs. 3 S. 1, § 18 VerbrKrG zu verstoßen, s. *Braun, Münzberg* WM 1991, 165, 171 u. 1330; *Braun/Raab-Gaudin* DGVZ 1992, 4; *Bülow* VerbrKrG[2] § 11 Rdnr. 49 cff. (dort wie *Münzberg* aaO). Solche Probleme ließen sich reduzieren, wenn man § 11 Abs. 3 VerbrKrG im Einklang mit Erfordernissen der Praxis einschränkend dahin auslegt, daß im Titel nur die Verrechnung auf solches Kapital vorzuschreiben ist, das **bei Titelerrichtung** schon fällig war, womit sich eine Anwendung der §§ 257

oder 726 Abs. 1 von vornherein erübrigen würde (vgl. *Braun* WM 1991, 1328 zu während des Prozesses fällig gewordenen Raten).
[37] *Stöber* (Fn. 23) § 753 Rdnr. 7 a.
[38] Nicht Vertragszinsen, für sie gilt nur § 367 BGB, falls nicht, wie oft bei Ratenkrediten, Abweichendes vereinbart ist *BGHZ* 91, 58 f. = NJW 1984, 2161 f.; denn § 11 Abs. 3 S. 1 wirkt nur auf die Verzugs. 2 anfallenden Zinsen »nach Eintritt des Verzugs«, *Braun/Raab-Gaudin* (Fn. 36) 2 Fn. 7. Zur problematischen Abgrenzung zwischen Verzugszinsen u. beziffertem Verzugsschaden *Münzberg* WM 1991, 170 f., 175; für den dort als vertretbar angesehenen »formellen« Verzugszinsbegriff (Geltendmachung als wiederkehrende Leistung in Prozenten) die wohl h.M. *MünchKommBGB-Habersack*[2] § 11 VerbrKrG Rdnr. 47; *Bülow* (Fn. 36) Rdnr. 37 c.
[39] Andernfalls hat der GV nur von § 367 BGB auszugehen *Braun/Raab-Gaudin* (Fn. 36) 3.
[40] Nicht »Zinsen«, wie *Braun/Raab-Gaudin* (Fn. 36) 2 formulieren. Denn ob andere Ansprüche, z.B. künftige Vertragszinsen, auf diese Weise tituliert werden **dürfen** (was *BGH* NJW 1992, 109 nur nach Kapitalkündigung verneint), geht den GV nichts an, so daß er aus einer Bezugnahme auf den Diskontsatz noch nicht auf die Geltung des VerbrKrG schließen kann.

beigetriebene oder zur Abwendung an ihn gezahlte Beträge nach dieser Vorschrift zu verrechnen[41]. Entsprechendes gilt für Zahlungen an den Gläubiger, falls dieser sie im Vollstreckungsantrag als auf die Titelforderung gezahlt angibt oder der Schuldner Urkunden gemäß § 775 Abs. 1 Nr. 4, 5 vorlegt und der Gläubiger die titeltilgende Wirkung nicht bestreitet[42].

Weder beigetriebene noch zur Abwendung gezahlte Teilbeträge dürfen nach § 11 Abs. 3 VerbrKrG gegen den Willen des Gläubigers auf **noch nicht titulierte** Kapitalteile oder Prozeßkosten verrechnet werden[43]. Nach § 11 Abs. 3 S. 4 ist Abs. 3 S. 1 VerbrKrG nicht anzuwenden, soweit Titel **Verzugszinsen als Hauptforderung** ausweisen, gleichgültig, ob sie so ergehen durften[44]; anders nur, wenn der Schuldner bestimmt, daß seine Abwendungszahlung an den Gerichtsvollzieher die Verzugszinsen tilgen sollen, um der Vollstreckung zu entgehen, oder wenn Urkunden gemäß § 775 Abs. 1 Nr. 4, 5 eine solche Tilgungsbestimmung ausweisen und der Gläubiger solcher Verrechnung nicht widerspricht (anders also, wenn er behauptet, die Zahlung habe doch nichttitulierte Beträge oder das titulierte Kapital betroffen)[45]. **2c**

3. Antragsberechtigt sind die in Titel oder Klausel namentlich *als Gläubiger* benannten Personen, § 750 Abs. 1, ihre gesetzlichen Vertreter und Bevollmächtigten[46], grundsätzlich auch dann, wenn der Titel auf Leistung an Dritte lautet, → dazu § 724 Rdnr. 8a. Der Auftrag des Vormunds bedarf nicht der Genehmigung des Gegenvormunds, da er keine Verfügung über Mündelrechte ist, § 1812 BGB. Wegen Konkurs- und Nachlaßverwaltern → § 727 Rdnr. 25ff., über Testamentsvollstrecker → § 749 Rdnr. 5. Für § 742 benötigt der zur Allein- oder Mitverwaltung berechtigte Ehegatte die auf ihn lautende Klausel nur, wenn er – wie in der Regel – selbst den Gegenstand der Vollstreckung für das Gesamtgut[47] in Empfang nehmen will; andernfalls ist der Antrag auf Vollstreckung zugunsten des im Titel als Gläubiger genannten Ehegatten nur eine Verwaltungshandlung. **3**

Sind im Titel **mehrere Gläubiger** genannt, aber nicht das Maß ihrer Beteiligung, so ist dieses durch Auslegung festzustellen, Näheres → Rdnr. 28 vor § 704, auch zur Mehrheit von Schuldnern. Versagt die Auslegung, so kann der Antrag nur von allen Gläubigern gemeinsam gestellt werden unter Angabe des oder der Leistungsempfänger, während bei durch Auslegung nicht zu beseitigender Unklarheit auf der **Schuldnerseite** eine Vollstreckung ausscheidet[48]. **4**

Bei Pfändungen gegen mehrere **Gesamtschuldner** geht es um verschiedene Anträge, auch wenn es sich um ein und denselben Titel handelt[49]. → dazu auch Rdnr. 7, 7a vor § 803. Vollstreckt derselbe Gerichtsvollzieher gegen mehrere Gesamtschuldner zugleich, so sollte er sich (mangels dahingender Weisungen im Antrag) beim Gläubiger vergewissern, ob er nach vollem Erfolg Abstand nehmen soll von weiteren Pfändungen bei den anderen Gesamtschuldnern; andernfalls muß er pfänden, da nie sicher ist, ob dem Gläubiger der gesamte Erlös verbleibt[50]. **4a**

Ohne **Übergabe der vollstreckbaren Ausfertigung**[51] darf zwar der Auftrag nicht ausgeführt werden; dies ist aber bei anstandsloser Leistung durch den Schuldner ohne Bedeutung, obwohl eine Zahlungsaufforderung dann nicht zulässig wäre[52], da diese schon Vollstreckungshandlung i. w. S. ist. Zur Legitimationswirkung der Übergabe s. § 755, der allerdings den »Auftrag« nicht zugunsten des Gerichtsvollziehers gegenüber dem *Gläubiger* fingiert; → aber Rdnr. 1. Zur Bindung an Titel und Klausel, auch wenn der Gerichtsvollzieher den **5**

---

[41] Weitergehend *Braun/Raab-Gaudin* (Fn. 36) 2: Mit solcher Titulierung stehe für den GV die Anwendbarkeit des § 11 Abs. 3 VerbrKrG bereits fest. – Enger (nur Bestimmung im Tenor) *Aleth* Verzugszinsen usw. (Diss. Bayreuth 1994), 140f. mit entsprechenden Folgerungen für § 767 Abs. 2 u. Rechtskraft aaO 156ff.
[42] → § 775 Rdnr. 32.
[43] *Münzberg, Braun* WM 1991, 172f., 177, 1325f. mit unterschiedlicher Begründung; *Arnold* (Fn. 19) Rdnr. 17 Fn. 13.
[44] Ganz h.M. *Bülow* (Fn. 36) Rdnr. 49c mwN, Rdnr. 53, 55. Dazu *Münzberg, Braun* WM 1991, 173ff.; 1330; *Reinking/Nießen* ZIP 1991, 636.
[45] *Braun/Raab-Gaudin* (Fn. 36) 4f.

[46] Über Prozeßbevollmächtigte u. deren Empfangsvollmacht → § 81 Rdnr. 7, 20, 22, § 750 Rdnr. 26, § 815 Rdnr. 1.
[47] Soweit alte Güterstände fortbestanden → 19. Aufl. § 739 I 1b, galt das gleiche für das eingebrachte Gut, § 1380 aF BGB.
[48] → Rdnr. 28 a. E. vor § 704.
[49] Ganz h.M. *LG Hagen* DGVZ 1976, 31; *Mümmler* DGVZ 1971, 108 mwN, auch zur Kostenfrage; s. auch Nr. 22 GVKostGr.
[50] S. z.B. die Fälle → § 733 Rdnr. 3 a. E.
[51] Ihr steht gleich die Ausfertigung eines Titels, der einer Vollstreckungsklausel nicht bedarf, § 724 Rdnr. 4.
[52] Zust. *Wieser* DGVZ 1988, 136.

Bestand des materiellen Anspruchs oder das Recht zur Vollstreckung bezweifelt, → Rdnr. 45, 45a vor § 704, § 724 Rdnr. 2.

II. Pflichten und Befugnisse des Gerichtsvollziehers[53]

6   1. Der Antrag schafft eine öffentlich-rechtliche Beziehung zwischen Gläubiger und Gerichtsvollzieher; sie verpflichtet zur Vornahme der zulässigerweise begehrten Vollstreckungshandlungen. Eine »Annahme« wie bei privatrechtlichen Angeboten kommt nicht in Frage, und ablehnen darf der Gerichtsvollzieher, abgesehen von § 5 S. 1 GVKG (Kostenvorschuß), nur Anträge, die er nicht ausführen darf oder kann, s. auch §§ 5, 89, 91 GVGA und oben Fn. 22. Zu Weisungen des Gläubigers → § 753 Rdnr. 5.

Ist im Antrag der **Aufenthaltsort** des Schuldners unrichtig bezeichnet, so trifft den Gerichtsvollzieher keine Ermittlungspflicht[54]; Erkundigungen bei Nachbarn, insbesondere nach dem Vermieter, sind ihm jedoch zuzumuten[55] und wenn ein neuer Aufenthaltsort bekannt wird, ist dieser ins Protokoll aufzunehmen[56].

7   2. Der Gerichtsvollzieher ist zu den in § 754 bezeichneten Handlungen befugt, die **außerhalb der Zwangsvollstreckung** i. S. d. § 803[57] und damit auch des eng auszulegenden § 28 VerglO[58] liegen. Diese Befugnis folgt unmittelbar aus den §§ 754f.[59]; der Gläubiger kann sie daher nicht mit Wirkung gegen den Schuldner und Dritte ausschließen[60] oder beschränken, § 755 S. 2. *Vertretungs*macht ist sie nur dort, wo der Gerichtsvollzieher rechtsgeschäftlich mit Wirkung für den Gläubiger tätig wird[61]. Die Entgegennahme freiwillig herausgegebener Sachen in den Fällen der §§ 883 ff. ist keine Willenserklärung. Hingegen ist die Annahme der vom Schuldner oder Dritten[62] angebotenen *Übereignung* von Geld an den Gerichtsvollzieher[63] oder Gläubiger[64] oder von anderen Sachen an den Gläubiger[65] rechtsgeschäftliche Tätigkeit[66], wenn auch in Erfüllung öffentlich-rechtlicher Amtspflicht[67], vgl. § 106 GVGA,

---

[53] H. Schneider Ermessens- u. Wertungsbefugnis des GV (1989), dazu krit. *Münzberg* ZZP 103 (1990) 505 ff.
[54] LGe Osnabrück, München, Essen DGVZ 1971, 175; 1975, 92; 1981, 23, h. M.
[55] AGe Hannover, Leverkusen DGVZ 1977, 26; 1982, 175.
[56] AG Reutlingen DGVZ 1990, 76.
[57] Arg. § 755 »und«, vgl. *OLG Frankfurt* (Str) NJW 1963, 774; s. auch die Unterscheidung in § 717 Abs. 2, § 755 S. 1 sowie § 27 GVKostG, zust. *Wieser* (Fn. 52) 135 f. Im **weiteren** Sinne gehört auch dies noch zum Tätigkeitsbereich »ZV«, vgl. die Unterscheidung in § 27 Abs. 1, 2 GVKG sowie §§ 105 Nr. 2, 110 Nr. 1 GVGA.
[58] OLGe Frankfurt, Dresden, München JW 1929, 1674; 1930, 2813; 1935, 809 (zust. *Kiesow*); die Komm. zu § 28 VerglO. – Über abw. Meinungen s. *Messer* Die freiwillige Leistung usw. (1966), 49, 135 f.
[59] Die doktrinäre Fiktion einer »Beauftragung« (gemeint ist insoweit Vollmachterteilung) in §§ 754, 755 S. 2 entstammt der älteren privatrechtlichen Auffassung → § 753 Rdnr. 4 u. verdrängt in Wahrheit rechtsgeschäftliche Vertretungsmacht durch gesetzliche Fremdwirkung → § 753 Rdnr. 2.
[60] Insoweit hinkt der von *Messer* (Fn. 58) angestellte Vergleich mit §§ 49 f. HGB.
[61] → Fn. 72, Rdnr. 9 sowie § 753 Rdnr. 2.
[62] → Rdnr. 8.
[63] Falls er es mit anderem Geld vermischen u. zunächst auf sein Dienstkonto einzahlen will; *Arnold* (Fn. 19) Rdnr. 50 nimmt nur stillschweigendes Einverständnis mit Vermischung an, was einer Übereignung praktisch doch gleichkommt.

[64] Falls der GV es getrennt aufbewahren u. abliefern will.
[65] Bei freiwilliger Übereignung aufgrund **Prozeßvergleichs** u. aufgrund im Urteil (→ Rdnr. 13 vor § 803) oder nachträglich vom Gläubiger gestatteter (→ Rdnr. 9) Ersatzleistung statt Geld kommt man ohne Vertretung oder Erklärungsbotenschaft bei der Einigung kaum aus, da der Schuldner gewiß nicht an den GV übereignen will; a. M. (hoheitlich) *Arnold* (Fn. 19) Rdnr. 53, während aufgrund **vorläufig vollstreckbaren Urteils** auf Übereignung die vorzeitige Einigung unerheblich ist wegen § 894 u. daher im Zweifel nicht erklärt sein wird, → § 897 Rdnr. 3, 5. Insoweit richtig *Arnold* aaO Rdnr. 51.
[66] *OLG Frankfurt* (Fn. 57), mag man dies als Vertretung (*OLG Stettin* JW 1931, 2152[28]; *Blomeyer* ZwVR § 4 III 1 b, § 47 II 1) oder Botenschaft ansehen *Arnold* (Fn. 19) Rdnr. 41; *Fahland* ZPP 92 (1979), 446 f.; *Gaul* → Fn. 69. – **Gegen Vertretung** die h. M. *LG Kiel* Rpfleger 1970, 72 (unnötig mit Blick aufs Ergebnis, → Fn. 67 u. § 753 Rdnr. 5 a. E.); *Baumbach/Hartmann*[52] § 753 Rdnr. 1; *Arnold* aaO Rdnr. 40 mwN; *Messer* (Fn. 58) 115 ff., 142, der das Angebot des Schuldners als Unterwerfungserklärung, die Annahme von Geld durch den GV als Pfändung und von anderen Leistungsgegenständen als Beschlagnahme mit Verstrickungswirkung ansieht, i. E. ähnlich *Wieser* DGVZ 1988, 136 (PfändPfandR ohne Pfändung), anders aber für Schecks aaO 130; s. dagegen auch *Gaul* (Fn. 2) § 25 IV 1c. Zwang ist zwar kein Erfordernis der Beschlagnahme (aaO 120 f.), aber der GV **will** in diesen Fällen weder pfänden noch beschlagnahmen. Er protokolliert auch nur die Annahme (§ 110 Nr. 1 GVGA) und erhält nach §§ 20, 27 GVKG andere Gebühren als nach §§ 17 ff. GVKG (abwei-

und mit öffentlichrechtlichen Folgen[68]. Hier nimmt der Gerichtsvollzieher als gesetzlicher Vertreter[69] des Gläubigers – das Übereignungsangebot des Schuldners entgegen[70] und nimmt es auch für den Gläubiger an[71]. Falls der Gerichtsvollzieher aufgrund Vereinbarung der Parteien den Leistungsgegenstand als privat »hinterlegt« entgegennimmt, → Rdnr. 8 a. E., so handelt er ebenfalls nicht hoheitlich und ganz außerhalb gesetzlicher Regelung, obwohl keinesfalls gesetzwidrig. Zur Befreiung des Schuldners und zu Übergabesurrogaten → § 815 Rdnr. 23. Wegen anderer als Zahlungstitel → § 897 Rdnr. 1, 3. Darüber hinaus wird der Gläubiger durch den Gerichtsvollzieher kraft *Vollmacht* vertreten, wenn diesem das Aushandeln von Ratenzahlungen überlassen wird, statt ihm nur die Bedingungen für eine Einstellung mitzuteilen, die er als Bote an den Schuldner weitergibt[72]. Hingegen ist der in § 813a nF vorgesehene Verwertungsaufschub von Amts wegen (→ Rdnr. 9a) kein Rechtsgeschäft im Namen des Gläubigers.

Wird die titulierte Leistung bedingungslos und ohne Vorbehalt[73] vom Schuldner oder einem Dritten – s. §§ 267f. BGB[74] – »*freiwillig*« angeboten, so darf und muß[75] der Gerichtsvollzieher sie gegen Erteilung einer Quittung[76] entgegennehmen, auch wenn der Titel auf Leistung an einen Dritten gerichtet ist[77], wenn der Auftrag auf Verhaftung lautet[78] oder Geld zur Hinterlegung übergeben wird, das auch im Falle der Pfändung nach §§ 720, 930 hätte hinterlegt werden müssen[79]. Gleiches sollte gelten, wenn ein zur Sicherheitsleistung zwecks Abwendung der Vollstreckung bestimmter Betrag übergeben wird[80], vorausgesetzt daß der Schuldner die Kosten für Hinterlegung abdeckt. Keine Pflicht besteht, Geld in eigene Verwah- 8

---

chend nur § 22, wo jedoch auch zwischen Wegnahme und freiwilliger Leistung unterschieden ist). Vgl. auch *RG* JW 1913, 102. Schließlich wäre § 754 neben § 808 Abs. 1 überflüssig, wenn jeder Geldempfang Pfändung wäre. *Rosenberg/Schwab*[13] § 27 III 3 sprach von »prozessualer Stellvertretung«.

[67] *LG Gießen* DGVZ 1991, 173, insoweit richtig *Messer* (Fn. 58) 76 mwN dort Fn. 137. Aber Amtspflicht und Rechtsgeschäft sind miteinander vereinbar *OLG Frankfurt, Blomeyer* (Fn. 66); *Fahland* (Fn. 66) 327; *Gaul* (Fn. 2) § 25 IV 1d.

[68] Insbesondere der Verbrauch der vollstr. Ausf. nach vollständiger Leistung, arg. § 757 Abs. 1 → § 775 Rdnr. 2. Daraus dürfte zu folgern, auch die Leistungsannahme durch den GV müsse deshalb hoheitlich sein, so *Fahland* (Fn. 66) 441, ist ein Fehlschluß; auch Leistung an den Gläubiger kann »öffentlichrechtliche« Folgen haben, § 775 Nrn. 4, 5, u. ist noch dazu nach allg. M. Rechtsgeschäft. »Sofortige Beendigung des Vollstreckungsrechtsverhältnisses« (*Fahland* aaO 440) tritt überdies mit der Leistung an den GV nur ein, wenn der Gläubiger nicht eine weitere vollstr. Ausf. hat.

[69] A. M. *Gaul* (Fn. 2) § 25 IV 1d mit *Fahlandt* ZZP 92 (1979), 447, 456ff.: Willensübermittlung »gleich einem Boten«, ebenso *Wieser* (Fn. 66) 130 für Schecks. Aber für solche Herabstufung liefert § 757 keinen Anhalt. Weder ist der GV an der hoheitlichen Aushändigung der vollstr. Ausf. nach § 757 Abs. 1 durch eine Vertretung bei der Zahlung gehindert, noch behauptet irgendjemand, bei Quittungserteilung nach § 757 Abs. 1 handele es sich um Vertretung.

[70] *OLG Frankfurt* (Fn. 57). Es ist bei **Zahlungstiteln** mit der Übergabe durch den Schuldner stets konkludent verbunden, insbesondere auch bei nur vorläufig vollstreckbaren Titeln, denn andernfalls müßte der GV die freiwillige »Leistung« zurückweisen und vollstrecken, → Fn. 73. Ein nicht geäußerter abweichender Wille des Schuldners kommt aber nach § 116 BGB nicht in Betracht; a.M. *Messer* (Fn. 58) 66f. – Über die **Erfüllungs**wirkung vollstreckungsabwender Leistungen → § 708 Rdnr. 4ff. und § 815 Rdnr. 23; → auch § 775 Rdnr. 2. – Aus einer eventuellen Nichtigkeit der Einigung (z.B. Geschäftsunfähigkeit, s. *Messer* aaO 88) erwachsen dem Gläubiger kaum Nachteile, einmal wegen §§ 948, 935 Abs. 2 BGB, zum andern, weil er Rückforderungsansprüchen entweder Aufrechnung (vgl. auch *RGZ* 160, 60) oder die Arglisteinrede entgegensetzen kann.

[71] § 151 S. 1 BGB, so *Gaul* (Fn. 2) § 25 IV 1d, wird damit wegen Zugangs überflüssig.

[72] Das geht zweifellos über »Erklärungsbotenschaft« des GV hinaus, die bei Übereignung vom Schuldner an den Gläubiger selbst noch vertretbar erscheinen mag, → dazu § 753 Rdnr. 2a.

[73] Andernfalls hat der GV unter Zurückweisung des Angebots zu vollstrecken, vgl. § 106 Nr. 1 S. 2 GVGA. S. auch bei konkurrierenden Gläubigern § 168 Nr. 2 GVGA und dazu *Noack* JVBl. 1968, 151.

[74] Widerspricht der Schuldner (§ 267 Abs. 2 BGB), so ist der Gläubiger zu befragen, es sei denn, daß eindeutig ein Fall des § 268 BGB vorliegt oder der Aufschub die Befriedigung gefährden würde. – *Messer* (Fn. 58) 90f. will nur die Entgegennahme der Leistung eines nach § 268 BGB berechtigten Dritten gestatten und nur mit der Wirkung einstweiliger Einstellung entsprechend § 75 ZVG.

[75] → Fn. 67.

[76] Die er mit seinem Namen zu unterzeichnen hat, *Eckstein* ZZP 39 (1909) 464; der des Gläubigers reicht aber aus; *RGZ* VZS 74, 72.

[77] *Keil* ZZP 45 (1915) 152.

[78] Wegen unklarer oder unterbliebener Forderungsberechnung → Rdnr. 1f., § 909 Rdnr. 12; *Münzberg* DGVZ 1971, 170.

[79] Vgl. den Fall *RG* JW 1913, 101, → auch § 815 Rdnr. 8, Rdnr. 23.

[80] *Gaul* (Fn. 2) § 26 II 1 Fn. 30; *OLG Köln* NJW-RR 1987, 1211 (öffentliches Verwahrungsverhältnis bis zur Hinterlegung); *Stöber* (Fn. 23) § 755 Rdnr. 5 je mwN.

§ 754 II   Erster Abschnitt: Allgemeine Vorschriften   410

rung für beide Parteien zu nehmen, statt es zu hinterlegen → Rdnr. 7; folgt jedoch der Gerichtsvollzieher solcher Bitte und begehrt der Schuldner später Anrechnung auf den Titel, so wird dieser befreit, als hätte er auf die Rücknahme von Hinterlegtem verzichtet[81].

9   3. Damit sind die gesetzlichen Vertretungsbefugnisse des Gerichtsvollziehers aber auch umgrenzt; er ist **nicht befugt**, ohne besondere Erlaubnis/Vollmacht des Gläubigers eine angebotene Zahlung wegen § 367 Abs. 2 BGB abzulehnen[82], einen *Vergleich* abzuschließen[83], Wechsel, Schecks, soweit diese nicht durch Scheckkarte gedeckt sind[84], oder andere Sachen unter Verzicht auf sofortige Pfändung *an Zahlungs Statt* anzunehmen[85], einen *Nachlaß* oder eine (Verzug ausschließende) *Stundung*[86] zu gewähren, zivilrechtliche Erklärungen, die nicht freiwilliger Erfüllung dienen[87], vom Schuldner entgegenzunehmen oder für den Gläubiger abzugeben (z. B. *Aufrechnung*[88]), ein *Wahlrecht* nach § 264 BGB auszuüben[89], Vollstreckungsmaßnahmen aufzuheben[90] oder die Wegnahme (§ 883) wegen angeblich mißbräuchlicher Veranlassung zur Ratenzahlung abzulehnen, ohne dem Gläubiger durch vorherige Ankündigung die Gelegenheit zu rechtzeitiger Erinnerung zu geben[91]. → aber auch § 756 Rdnr. 2 ff., § 827 Rdnr. 5 f.

9a **Ratenzahlung unter einstweiliger Einstellung oder nur Verlegung des Versteigerungstermins**[92] darf der Gerichtsvollzieher mit Zustimmung, auch im stillschweigenden[93] Einverständnis des Gläubigers, bewilligen[94]; ebenso noch nach vergeblichem Pfändungsversuch[95].

---

[81] *BGH* JZ 1984, 151 = MDR 310[48] = Rpfleger 74.
[82] Hält er es für seine Pflicht, eine dem Gläubiger nachteilige Anrechnung zu verhindern (was bei Zahlung durch Dritte nicht möglich ist), so muß er das angebotene Geld pfänden.
[83] *RG* JW 1889, 204, h.M. – A.M. *OLG Celle* Seuff-Arch 53 (1898), 229.
[84] § 106 Nr. 2, zur Aushändigung der vollstr.Ausf. erst nach Gutschrift Nr. 3, zur Weitergabe des Schecks an den Gläubiger auf Verlangen des Schuldners Nr. 6 GVGA. Solche Annahme der Leistung erfüllungshalber läßt (obwohl keine Stundung) Verzug sofort erlöschen, falls Gutschrift später erfolgt. Denn wenn Leistungshandlung zur Vermeidung des Verzugs genügt (*BGH* NJW 1969, 875 f.; *MünchKommBGB-Keller*³ § 270 Rdnr. 19–21 mwN), sollte sie auch zu seiner Beendigung reichen, so daß der GV Zinsen nur bis zur Scheckübergabe berechnet *AG Wuppertal* DGVZ 1994, 47; vgl. auch *OLG Düsseldorf* DB 1984, 2686 zur Einzahlung zwecks Überweisung. – A.M. *LGe Hagen, Memmingen* DGVZ 1981, 23; 1993, 13; *MünchKommBGB-Thode*³ § 288 Rdnr. 7a; *Reinert/Burkhardt* DGVZ 1993, 49 f. mwN: Zinsberechnung bis zur zu erwartenden Gutschrift (die Zeitspanne ist aber sehr unterschiedlich, daher kaum praktikabel); *Scherer* DGVZ 1994, 129 stellt nicht auf Leistungshandlung des Schuldners, sondern der Bank ab. – Der Schuldner trägt die Gefahr zufälligen Scheckverlustes *Wieser* (Fn. 66) 134.
[85] § 106 Nr. 2 GVGA erlaubt die Entgegennahme »ungesicherter« Schecks *erfüllungshalber* bei gleichzeitiger Pfändung unter Aufschub der Verwertung bis zur Nichteinlösung (enger noch *RGZ* 112, 62). Dazu *Mager* NJW 1957, 1546; *Burkhardt* DGVZ 1964, 35; *Pawlowski* ZZP 90 (1977) 357.
[86] § 141 Nr. 2 GVGA nF hält zutreffend am Erfordernis der Zustimmung fest, formuliert aber noch immer ungenau »Stundung« → Rdnr. 9 b.
[87] → Rdnr. 7.
[88] H.M. *Arnold* (Fn. 19) Rdnr. 63. Der GV kann zur Aufrechnungserklärung bevollmächtigt, aber nicht verpflichtet werden, *LG Hildesheim* NJW 1959, 537 = DGVZ 24.
[89] → Rdnr. 10 ff. vor § 803; *Arnold* (Fn. 19) Rdnr. 63.
[90] → aber Rdnr. 10.
[91] § 883 Rdnr. 14 f., vgl. auch → § 900 Rdnr. 58.
[92] *KG* DGVZ 1978, 112; ausführlich *Oerke* GV u. Parteiherrschaft (Diss. Freiburg 1991) 140 ff. Zum Einstellungsantrag des Gläubigers → § 775 Rdnr. 3.
[93] Dann handelt der GV nicht etwa gemäß § 177 BGB, sondern schiebt *ohne Abschluß* einer ZV-Vereinbarung in eigener Verantwortung weitere ZV-Maßnahmen auf u. teilt die von ihm vorgeschlagenen Zahlungsbedingungen dem Gläubiger mit.
[94] Jetzt ganz h.M. § 141 Nr. 2 Abs. 2 GVGA nF; *Polzius* DGVZ 1993, 104 f.; weitergehend *Pawlowski* ZZP 90 (1977) 353 ff. mwN; de lege ferenda *Uhlenbruck* DGVZ 1993, 101.
[95] Etwa wegen Fruchtlosigkeit, Abwesenheit oder Verweigerung der Durchsuchung *Schilken* DGVZ 1989, 163; *Pawlowski, Oerke, Otto* DGVZ 1991, 177 ff.; 1992, 162; 1994, 18; *Uhlenbruck* (Fn. 94); *Arnold* (Fn. 19) Rdnr. 66 Fn. 55; *Thomas/Putzo*¹⁸ Rdnr. 4 (die insoweit krit. Begr BR-Drucks. 134/94 S. 82 f. betrifft lediglich den Aufschub vom Amts wegen, nicht Vereinbarungen im Namen des Gläubigers). Dabei sollte sich der GV auch nach § 141 Nr. 2 GVGA richten; ausführlich gegen anderslautende Erlasse der Justizverwaltungen *Polzius* (Fn. 94), auch zum notwendigen (§ 788) Wegegeld (§ 37 GVKostG) bei etwa erforderlicher Abholung. Unnötig u. bedenklich aber sein Vorschlag, anschließend die Übersendung der Fruchtlosigkeitsbescheinigung auszusetzen (ebenso *Oerke* aaO 165); denn die Entscheidung für oder gegen § 807 u. damit die ZV auch in andere Gegenstände steht ohnehin nur dem Gläubiger zu (so auch *Polzius* aaO) u. er trägt selbst das Risiko, wegen eines vertragswidrigen Offenbarungsantrags nach § 766 zu unterliegen oder keine Raten mehr zu erhalten (die Praxis erweist oft das Gegenteil).

Wird jedoch der in BR-Drucks. 134/94 Art. 1 Nr. 17 vorgesehene § 813a nF Gesetz, so darf die Verwertung gepfändeter Sachen, falls der Gläubiger eine Zahlung in Teilbeträgen nicht ausgeschlossen hat, nach § 813a Abs. 1 S. 1 nF auch *ohne* dessen Einverständnis vorläufig, nämlich bis zu einem Widerspruch des Gläubigers (§ 813a Abs. 2 S. 2 nF), *von Amts wegen* aufgeschoben werden, »wenn sich der Schuldner verpflichtet, den Betrag, der zur Befriedigung des Gläubigers und zur Deckung der Kosten der Zwangsvollstreckung erforderlich ist, innerhalb eines Jahres zu zahlen; hierfür kann der Gerichtsvollzieher Raten nach Höhe und Zeitpunkt festsetzen.« Solches *eigenverantwortliche* Vorgehen des Gerichtsvollziehers setzt freilich nach dem Wortlaut des geplanten § 813a Abs. 1 nF eine gelungene Pfändung voraus und darf – anders als Vereinbarungen im Namen des Gläubigers – nur zu einem Verwertungsaufschub von höchstens einem Jahr führen, BR-Drucks. 134/94 S. 83. Die bereits bei Vereinbarungen bewährte Praxis, den Versteigerungstermin auf einen Zeipunkt zu bestimmen bzw. zu verlegen, der nach dem nächsten Zahlungstermin liegt, wird vom geplanten § 813a Abs. 1 S. 2 auch für den Aufschub vom Amts wegen gebilligt. Unterlassen *möglicher* Pfändung gegen Ratenzahlung, Gehaltsabtretung oder gar nur Benennung des Arbeitgebers setzt jedoch, abgesehen von § 803 Abs. 2, ausdrückliche Erlaubnis des Gläubigers voraus[96]. Daß die erste Rate sofort gezahlt wird, sollte zwar Voraussetzung für die Fälle → Fn. 93 sein und ist es meistens auch für eine vorher erteilte Zustimmung des Gläubigers, aber nicht Bedingung der Zulässigkeit[97]. Solange *konkurrierende Gläubiger* nicht der Abstandnahme von weiteren Pfändungen – oder im Falle des § 827 dem Verwertungsaufschub – zugestimmt haben (unter Einigung über die Verteilung eingehender Raten), wird das vom Schuldner[98] gezahlte Geld mit dessen Einverständnis, das im Zweifel zum Inhalt der Vereinbarung gehört, verhältnismäßig verteilt, andernfalls für alle, deren Ausfertigungen noch in der Hand des Gerichtsvollziehers sind, vorbehaltich § 803 Abs. 1 S. 2 gleichzeitig gepfändet[99]. Dies gilt auch für Schecks, obwohl § 106 Abs. 2 GVGA nur »Geld« erwähnt. Falls einer der Konkurrenten die Zustimmung verweigert, ist zu verwerten vorbehaltlich § 813a oder § 765a. Wird für nicht der Vereinbarung zustimmende Gläubiger gepfändet, so ist für die Zustimmenden gleichrangig mitzupfänden, soweit deren Antrag noch aufrechterhalten ist und der Gerichtvollzieher die Titel noch besitzt[100]. Zur entsprechenden Lage nach Verhaftungsauftrag → § 909 Rdnr. 14 f.[101], bei Räumungstiteln → § 883 Rdnr. 14 f.

Meinungsverschiedenheiten über den zulässigen **Inhalt solcher Vereinbarungen** und das Verfahren des Gerichtsvollziehers führten zur Änderung des § 141 Nr. 2 GVGA; zuweilen werden dabei noch immer unterschiedliche Bezugsebenen miteinander verwechselt. **9b**

a) Diese Vereinbarungen sind nicht Schuldnerschutz wie etwa § 813a (= § 813b nF, falls der neue § 813a eingefügt wird), da sie nicht gegen den Willen des Gläubigers zulässig sind[102], sondern **Vollstreckungsvereinbarungen** zwischen den Parteien[103] in meistens beiderseitigem Interesse. Aus § 813a folgt

---

[96] Was diesem selten zu empfehlen ist, aber dennoch eindeutig zugelassen werden muß (arg. § 754), falls Pfändung beantragt war u. nur bei Teilzahlung unterlassen werden sollte; andernfalls wären wohl »Scheinpfändungen« die Folge.
[97] A.M. *Oerke* DGVZ 1992, 166.
[98] Bei Zahlungen Dritter kann der GV ausdrückliche Begünstigung eines der Gläubiger nicht verhindern.
[99] *Polzius* (Fn. 94); *Oerke* (Fn. 97), h. M.; so auch ohne ZV-Vereinbarung § 168 Nr. 2 GVGA; a.M. *Stolte* DGVZ 1988, 153 (richtig aber aaO 151, daß § 813a die Bevorzugung des betroffenen Gläubigers durch Teilleistungen gestattet); jedoch darf der GV nicht an einer Benachteiligung konkurrierender Gläubiger mitwirken, wenn der Schuldner Geld ausschließlich für eine Abwendung der ZV nur *eines* dieser Gläubiger anbietet). Nähme der GV das Geld als freiwillige Zahlung an, so könnte er nicht verhindern, daß es nun dem Schuldner bestimmten Gläubiger zugutekommt *Mümmler* Büro 1988, 1464f. Gerade das verstieße aber gegen den Regelinhalt solcher Vereinbarungen. Einer Beschränkung der Privatautonomie, um die Regel des § 168 Nr. 2 GVGA zu stützen, so *Oerke* aaO, bedarf es daher kaum.
[100] Dies ist in § 168 Nr. 6 GVGA nur für den Fall ganz oder teilweise erfolgloser ZV vorgeschrieben, ergibt sich aber auch eindeutig aus dem Sinn der o.g. Vereinbarungen, deren Zweck es nicht sein kann, nicht Zustimmende zu bevorzugen. *Oerke* (Fn. 97) 168 schlägt entsprechende Ergänzung der GVGA vor.
[101] Zust. *Polzius* (Fn. 94).
[102] → Fn. 86; *Oerke* (Fn. 92) 148 f.
[103] *Wieser* DGVZ 1991, 131 zu III 1.

lediglich, daß solcher Vollstreckungsaufschub vom Gesetz grundsätzlich gebilligt wird, zumal er Vollstreckungsgerichte entlastet; aber § 813a Abs. 4 ist nicht anwendbar. In der Regel ist die Vereinbarung **nicht Stundung**, läßt Fälligkeit und Verzugsfolgen unberührt[104] und wird im Zweifel dahin ausgelegt werden dürfen, daß vereinbarungsgemäße Zahlungen vollstreckungshindernd nach **§ 766** (statt § 767) entgegengehalten werden können[105]. Freilich ist die Erinnerung unbegründet, wenn es an der ausdrücklichen oder stillschweigenden[106] Zustimmung des Gläubigers gefehlt hatte. In diesem Verhältnis zwischen Gläubiger und Schuldner besteht kein Grund, bezüglich Höhe und Zahlungszeiten irgendwelche Grenzen zu setzen. Wird die Vereinbarung so ungeschickt gefaßt, daß **unnötige Kosten** entstehen (z. B. Antragsrücknahme nebst Pfändungsaufhebung und Neupfändungen, statt lediglich einzustellen, oder unangemessen geringe und häufige Raten), so ist die Vereinbarung im Verhältnis zwischen Gläubiger und Schuldner keineswegs unzulässig, sondern die unnötigen Kosten sind vom Gläubiger zu tragen[107], falls nicht der Schuldner selbst auf der aufwendigen Abwicklungsart bestanden hatte.

9c   b) Nur im *Verhältnis zwischen Gerichtsvollzieher und Parteien* kann es angebracht sein, inhaltliche Schranken zu ziehen:

aa) Ist nämlich vereinbart, daß die **Raten dem Gläubiger zu zahlen sind**, dieser einstweilen einstellen läßt und den Gerichtsvollzieher nur im Falle unpünktlicher Zahlung um Fortsetzung der Vollstreckung bittet, so erhält der Gläubiger den Titel zurück und es besteht keinerlei Anlaß, von einer unzulässigen Belastung des Gerichtsvollziehers zu sprechen, es sei denn es käme zu überaus häufiger Fortsetzung/Einstellung, insbesondere Wiederholung von Versteigerungsterminen[108].

bb) Im übrigen kann die Frage einer Unzulässigkeit wegen verfahrensrechtlichen Mißbrauchs[109] nur auftauchen, wenn unangebracht niedrige und daher überaus häufig terminierte Raten **vom Gerichtsvollzieher selbst einzuziehen** sind, meist nur unter zeitsparender Verlegung des Versteigerungstermins (statt Einstellung bis zur Anberaumung neuen Termins). Für solche – wegen der Mentalität mancher Schuldner durchaus angebrachte – Vereinbarungen, deren Rechtsgrundlage eindeutig die §§ 754 f. sind, setzt **§ 141 Nr. 2 Abs. 3, 4 GVGA** grundsätzlich angemessene Maßstäbe, zumal sie nur vorbehaltlich weitergehender Geduld des Gläubigers aufgestellt sind[110]. Überschreiten daher Raten von monatlich 1/12 einer hohen Schuld die Solvenzgrenze des Schuldners, so sollte tunlichst ausdrückliche Zustimmung zu niedrigeren Raten eingeholt werden. Werden diese Maßstäbe durch Vereinbarung allzu niedriger und häufiger Raten verlassen, so indiziert dies eine unzumutbare Belastung des Gerichtsvollziehers, der vorbehaltlich anderweitiger Entscheidung auf Erinnerung die eigene Überwachung der Ratenzahlung ablehnen und dem Gläubiger anheimstellen darf, die Vereinbarung mit dem Schuldner abzuändern[111]. Hingegen wäre eine Ablehnung analog § 803 Abs. 2 nur vertretbar, soweit Kosten, welche die Raten übersteigen, vom *Schuldner* zu tragen wären[112].

10   III. Der »**Vollstreckungsauftrag**«[113] **erlischt**, wenn der Gläubiger den Antrag zurücknimmt, wozu er jederzeit berechtigt ist, aber noch nicht wegen fruchtloser Pfändung[114]. Das Gesuch um Rückgabe der Ausfertigung wird regelmäßig als Antragsrücknahme anzusehen sein, jedenfalls hindert es die Fortsetzung der Vollstreckung; solange aber der Gerichtsvollzieher die Ausfertigung besitzt, gilt § 755[115]. – Ist nach § 754 **dem Schuldner die Ausfertigung zu übergeben** (§ 757), so sind zugleich die auf Grund dieses Titels etwa schon vorgenommenen Pfändungen aufzuheben.

---

[104] *Holch* DGVZ 1990, 134; insoweit unrichtig die Begr BR-Drucks. 134/94 S. 78 (**vereinbarter** Aufschub mit Ratenzahlung führe »notwendig« zum Aufschub der Fälligkeit als »Stundung«).

[105] → § 766 Rdnr. 23, aber auch Rdnr. 24, falls der Inhalt der Abrede str. ist (analog § 767).

[106] → Fn. 93.

[107] *Oerke* (Fn. 92) 164 ff. gegen Überlegungen von *Pawlowski* (Fn. 94) 359 u. *Wieser* DGVZ 1987, 51, wonach Mehrkosten 40% *(Pawlowski)* bzw. 50% *(Wieser)* nicht übersteigen dürften (was ex ante kaum feststellbar ist, sondern vom künftigen Schuldnerverhalten abhängt).

[108] Vgl. § 141 Nr. 2 Abs. 3 Nr. 3 GVGA, § 40 Nr. 1, 3 GVO.

[109] Gegen bisher vorgebrachte Bedenken treffend *Wieser* (Fn. 103) 129 f.

[110] *Oerke* (Fn. 92) 168 f., jedoch aaO 174 f. (entgegen § 141 Nr. 2 Abs. 3 Nr. 3, 4 GVGA) für sofortige Anwendung des »Terminverlegungssystems«, falls der GV es bei bestimmten Schuldnern für allein wirksam halte.

[111] *Bauer* DGVZ 1959, 100; *Mümmler* Büro 1969, 1020.

[112] → Rdnr. 9b a. E. Insofern ungenau *Wieser* (Fn. 103) 131 zu II 3. Über Hebegebühren u. Wegegeld s. § 27 Abs. 1, § 37 GVKostG, dazu *Vultejus, Seip, Puppe* DGVZ 1991, 21, 70, 89.

[113] → dazu § 753 Rdnr. 4 f.

[114] → § 753 Rdnr. 4a Fn. 31.

[115] Gewährt der Gläubiger eine unbestimmte oder länger als 6 Monate dauernde Zahlungsfrist (nicht »Stundung«, so zu pauschal § 111 Nr. 2 GVGA), so »ruht« nach § 40 Nr. 1 GVO die ZV = büromäßige Erledigung unter Aufrechterhaltung der ZV-Maßnahmen. Überwacht der GV Zahlungsauflagen, so gilt nach § 141 Nr. 2 die großzügigere Regelung des § 40 Nr. 1 GVO (längere Frist/aufeinanderfolgende Fristen als insgesamt 12 Monate).

§ 755 [Ermächtigung des Gerichtsvollziehers]

¹Dem Schuldner und Dritten gegenüber wird der Gerichtsvollzieher zur Vornahme der Zwangsvollstreckung und der im § 754 bezeichneten Handlungen durch den Besitz der vollstreckbaren Ausfertigung ermächtigt. ²Der Mangel oder die Beschränkung des Auftrags kann diesen Personen gegenüber von dem Gläubiger nicht geltend gemacht werden.

Gesetzesgeschichte: Bis 1900 § 676 CPO.

I. Der **Besitz der vollstreckbaren Ausfertigung** (für Titel wie → § 724 Rdnr. 4 auch die einfache Ausfertigung, falls die §§ 726 ff. ausscheiden[1]) ermächtigt den **Gerichtsvollzieher dem Schuldner und Dritten gegenüber** sowohl zur Vollstreckung wie zu den in § 754 bezeichneten Handlungen, ohne Rücksicht auf das Bestehen oder Ende des »Auftrags« (Antrags) und auf die Art der Besitzerlangung. Dies gilt für die Empfangnahme der Leistung auch dann, wenn der Gläubiger anwesend ist[2]. Schuldner und beteiligte Dritte[3] können die Vorlage der Ausfertigung verlangen[4], ebenso den Dienstausweis (§ 8 GVO), was aber für die Wirkungen gleichgültig ist. Führt der Gerichtsvollzieher sie nicht bei sich, so sind seine Vollstreckungsakte unzulässig aber gültig, selbst wenn sich die Ausfertigung noch[5] oder wieder vorübergehend beim Gläubiger befindet, und eine deshalb erhobene Erinnerung wird unbegründet, sobald der Gerichtsvollzieher die Ausfertigung zurückerhält bzw. vorzeigt[6]. 1

Ist der Gerichtsvollzieher nach § 755 zur Empfangnahme der freiwilligen Leistung[7] legitimiert, so geht das zur Erfüllung, also nicht nur erfüllungshalber[8] auf *Zahlungstitel* Geleistete sofort in das Eigentum des Gläubigers über, falls das Geld nicht auf das Dienstkonto eingezahlt werden soll[9], und der Schuldner wird dadurch befreit[10], soweit die Leistung ordnungsgemäß ist; auch bei vorläufig vollstreckbaren Titeln (str.)[11]. Über die abweichende Rechtslage bei der Geldpfändung → § 815 Rdnr. 13 ff. – Zu auf *Übereignung von Sachen* lautenden Titeln → § 754 Rdnr. 7 Fn. 65. Hier scheitert die Übereignung, wenn die Sachen Dritten gehören und der bei der Einigung den Gläubiger vertretende Gerichtsvollzieher bösgläubig ist. Läßt er sich aber die Sache nur übergeben, so kommt es auf guten Glauben des Gläubigers an[12]. 2

II. Besitzt der Gerichtsvollzieher die Ausfertigung, so muß der Gläubiger dessen Handlungen gegen sich gelten lassen[13], selbst wenn er **keinen oder nur einen beschränkten Antrag** gestellt oder diesen an einen anderen Gerichtsvollzieher gerichtet hatte, sollte auch der Schuldner oder Dritte den Mangel gekannt haben (anders § 169 BGB). Das Verhältnis zwischen Gläubiger und Gerichtsvollzieher wird dadurch nicht berührt, z. B. wird ein unwirksamer Antrag nicht etwa wirksam. 3

Dagegen können der *Schuldner* oder betroffene *Dritte*[14] den Mangel des Antrags nach § 766 rügen, um die Vollstreckung abzuwenden, obwohl Leistung mit befreiender Wirkung möglich wäre. 4

---

[1] Allg. M. Zöller/Stöber[18] Rdnr. 2.
[2] Zur Leistung an den Gläubiger im Beisein des GV → § 757 Rdnr. 2.
[3] §§ 739 (Ehegatte), § 809.
[4] Vgl. § 62 Nr. 3 GVGA.
[5] A. M. MünchKommZPO-Arnold Rdnr. 16.
[6] → § 766 Rdnr. 42; zust. Arnold (Fn. 5) Rdnr. 16 f.
[7] → § 754 Rdnr. 7, 8.
[8] Sobald aber der Bezogene eines nur erfüllungshalber übergebenen Schecks an den GV zahlt, tritt die Befreiung auch ein, OLG Stettin JW 1931, 2152[28].
[9] → § 815 Rdnr. 23.
[10] Thomas/Putzo[18] Rdnr. 2.
[11] → § 708 Rdnr. 4 ff.
[12] → § 898 Rdnr. 4 a. E.
[13] OLG Dresden OLGRsp 16, 314 (Quittung); Rosenberg Stellvertretung (1908) 542.
[14] Arnold (Fn. 5) Rdnr. 18 mwN; Stöber (Fn. 1) Rdnr. 3; a. M. Wieczorek² Anm. C.

5   III. Für schädigendes Verhalten des Gerichtsvollziehers bei Ausübung seiner *Amtsbefugnisse* **haftet der Gläubiger** nur, wenn er den Gerichtsvollzieher rechtswidrig und schuldhaft dazu bestimmt hat, §§ 823, 826 BGB, z. B. durch unrichtige Angaben oder unzulässige Einwirkungen[15]; grundsätzlich darf sich jedoch der Gläubiger darauf verlassen, daß die Zulässigkeit und Rechtmäßigkeit seiner Weisungen[16] vom Gerichtsvollzieher geprüft und daher von diesem als Vollstreckungsorgan verantwortet werden. Zur Amtshaftung → § 753 Rdnr. 7. – Dagegen haftet der Gläubiger, selbst wenn der Gerichtsvollzieher ihn ausnahmsweise gesetzlich vertritt[17], **nicht** nach § 278 BGB[18] oder § 831 BGB[19]; Analogie zu §§ 302 Abs. 4 S. 2, 717 Abs. 2, 945 scheidet aus[20]. § 831 BGB kommt jedoch in Betracht bei Aufträgen außerhalb des gesetzlichen Rahmens, → z. B. § 754 Rdnr. 9[21].

§ 756 [Zwangsvollstreckung bei Leistung Zug um Zug]

Hängt die Vollstreckung von einer Zug um Zug zu bewirkenden Leistung des Gläubigers an den Schuldner ab, so darf der Gerichtsvollzieher die Zwangsvollstreckung nicht beginnen, bevor er dem Schuldner die diesem gebührende Leistung in einer den Verzug der Annahme begründenden Weise angeboten hat, sofern nicht der Beweis, daß der Schuldner befriedigt oder im Verzuge der Annahme ist, durch öffentliche oder öffentlich beglaubigte Urkunden geführt wird und eine Abschrift dieser Urkunden bereits zugestellt ist oder gleichzeitig zugestellt wird.

Gesetzesgeschichte: Seit 1900 RGBl. 1898 I 256. Neuer Abs. 2 geplant: BR-Drucks. 134/94 Art. 1 Nr. 5 → Rdnr. 6 a. E.

1   I.[1] Nach § 726 Abs. 2 sind Urteile, deren Vollstreckung von einer **Zug um Zug** zu bewirkenden Leistung des Gläubigers an den Schuldner abhängt[2], ohne den Nachweis der Befriedigung oder des Annahmeverzugs des Schuldners vollstreckbar auszufertigen. Zur Abgrenzung der hierher gehörenden Fälle → § 726 Rdnr. 13–18. Die Prüfung dieser Voraussetzungen ist vielmehr den Vollstreckungsorganen überlassen, in § 756 für Gerichtsvollzieher, in § 765 für Vollstreckungsgerichte. Daher muß die Gegenleistung im Tenor eindeutig bestimmt sein[3], mindestens in den Urteilsgründen sollte auch der Leistungsort bestimmt werden, → Rdnr. 5 f. Über die Rechtsfolgen von *Verstößen* und ihrer etwaigen Heilung, falls sie erst nach der Pfändung oder Verwertung entdeckt oder gerügt werden, → zunächst § 750 Rdnr. 12 ff., § 766 Rdnr. 23, aber auch § 878 Rdnr. 15 ff. – Ist jedoch die Abhängigkeit des Anspruchs von

---

[15] S. *RG* JW 1912, 201[28] (Schmiergeldangebot für beschleunigte Versteigerung) oder den Fall → § 808 Fn. 11 der 19. Aufl. Ob der GV sich selbst unzulässig oder rechtswidrig verhält, ist hierfür ohne Belang → Rdnr. 24, 142 vor § 704.
[16] → § 753 Rdnr. 5.
[17] → § 753 Rdnr. 2, § 754 Rdnr. 7.
[18] RGZ 104, 285. Die Begründung taugt zwar nur für den Ausschluß als Erfüllungshilfen. Mit gesetzlichen Vertretern meint § 278 BGB aber nur solche, die nach ihrem Aufgabenbereich den Vertretenen auch verpflichten können; das scheidet hier aus, während die fehlende Auswahl- und Überwachungsmöglichkeit für § 278 BGB keine Rolle spielt, *BGH* LM Nr. 26 zu § 278 BGB = NJW 1958, 670.
[19] Jetzt allg. M. *AG Hannover* ZMR 1987, 27 (zu § 885 Abs. 2). Für den gesetzlich bestimmten Aufgabenbereich → § 754 fehlt die in § 831 Abs. 1 S. 2 BGB vorausgesetzte Auswahl- und Überwachungsmöglichkeit. – A. M. *OLG Hamm* OLGRsp 25, 182.
[20] *RG* JW 1912, 201[28].
[21] Insoweit zutreffend *Stein* Grundfragen (1913) 115.
[1] *Reuter* Verurteilung zur Leistung Zug um Zug (1909); *Schilken* AcP 181 (1981) 359; übersichtliche Darstellung nebst Protokollierungsvorschlägen bei *Gilleßen/Jakobs* DGVZ 1981, 49.
[2] Bedenken gegen Anwendung der §§ 756, 765 bei »ursprünglicher« Anspruchsbeschränkung, z. B. §§ 255, 337 Abs. 1, § 338 S. 2 BGB (jeweils zweite Alternative) äußert *Oesterle* Die Leistung Zug um Zug (1980), 97.
[3] Näheres → § 726 Rdnr. 13.

einer Gegenleistung in der vollstreckbaren Ausfertigung (noch) nicht berücksichtigt, so darf sie nicht von den Vollstreckungsorganen beachtet werden, sondern ist nach § 767 geltend zu machen[4]. Zur ungenügenden Bestimmtheit der Gegenleistung → Rdnr. 8 a. E.

Im Regelfalle darf die Vollstreckung nach § 756 nur beginnen, wenn der **Gerichtsvollzieher dem Schuldner die ihm gebührende Leistung in einer den Verzug der Annahme** nach §§ 293 ff. BGB **begründenden Weise angeboten hat**[5], und zwar die ganze Gegenleistung, auch wenn die Hauptsache nur teilweise vollstreckt werden soll[6]. Prozeßkosten stehen jedoch außerhalb des Zug-um-Zug-Verhältnisses[7]. Unteilbare Gegenleistungen stehen gesamtschuldnerisch Verurteilten im Zweifel gemäß § 428 BGB zu[8].   1a

1. Das **Angebot** muß ein **tatsächliches** sein, § 294 BGB. Das Geschuldete muß also bei der Vollstreckung zur Hand des Gerichtsvollziehers oder des anwesenden Gläubigers[9] sein, wobei dann das Angebot ebenso vom Gerichtsvollzieher ausgehen kann wie vom Gläubiger selbst, da jener insoweit nur als Vertreter des Gläubigers handelt[10] und sich das Angebot des Gläubigers durch seine Aufforderung zur Leistung zu eigen macht.   2

a) Die Leistung muß ferner *angeboten* werden »so wie sie zu bewirken ist«, §§ 266, 269–271, 294 ff. BGB. Darüber hat der Gerichtsvollzieher nach Maßgabe des Titels zu befinden[11], falls erforderlich nach Anhörung von Sachverständigen[12], z. B. bei Gattungsschulden (§ 243 BGB, § 360 HGB). Geht es hierbei um angebliche Qualitätsmängel (über Stückschulden → Rdnr. 11a), so sollte kein Zwang zur Zuziehung von Sachverständigen bestehen, sondern nach pflichtgemäßem Ermessen gepfändet oder die Pfändung abgelehnt und auf § 766 verwiesen werden[13]. Solche Beurteilung ist nicht »Beweisaufnahme«[14] und mangels Bindungswirkung auch nicht »Entscheidung« i. S. d. ZPO[15]; sie unterliegt uneingeschränkt einer Überprüfung nach §§ 766, 793[16]. Sind *Sachen zu übereignen*, so genügt Einigungserklärung und Übergabe von Traditionspapieren[17]. Abtretungserklärung gemäß § 931 BGB reicht, falls der Titel dies nicht ausdrücklich zuläßt[18], im Zweifel nur aus, wenn der Schuldner sie annimmt oder wenn wie → Rdnr. 7 nachgewiesen wird, daß der Besitzer zur Herausgabe   3

---

[4] → § 767 Rdnr. 21.
[5] Vgl. *Reuter* (Fn. 1) 89 ff. insbesondere über Fehlen oder Abtretung des Gegenanspruchs, Gegenleistung an Dritte, Vertretung des Schuldners; *Schilken* (Fn. 1).
[6] *LG Wuppertal* DGVZ 1986, 90; *AG Schönau* DGVZ 1990, 45. Anders nur, wenn der Titel ein Teilangebot zwecks teilweiser ZV ausdrücklich erlaubt, vgl. auch *Richert* DGVZ 1967, 165 (teilweise Räumung). Über Grenzfälle s. *OLG Dresden* OLGRsp 9, 117; *KG* DGVZ 1933, 120 u. *LG Kassel* DGVZ 1985, 173 (Analogie zu § 320 Abs. 2 BGB).
[7] Allg. M. *OLG Frankfurt* Büro 1981, 279 (L); *LG Hildesheim* NJW 1959, 537.
[8] *OLG Köln* NJW-RR 1991, 384 = MDR 260.
[9] → § 758 Rdnr. 9.
[10] → § 753 Rdnr. 2, *OLG Köln* (Fn. 8) 383: Vorlegung schriftlichen Abtretungsangebots; *AG Lampertheim* DGVZ 1980, 188 f.
[11] Unstr. ist dies bezüglich Identität der Leistung *OLG Frankfurt* Rpfleger 1979, 432; *LG Kleve* NJW-RR 1991, 704 = DGVZ 12. Im übrigen → Fn. 19, 22, 34, 48, 76, zu Stückschulden Rdnr. 11a; *Sebode* Büro 1964, 34; *Schmidt* Büro 1964, 415; *E. Schneider* DGVZ 1978, 65. Ob es sich um »Durchbrechung des Formalisierungsprinzips« handelt, so *Schilken* (Fn. 1) 361, mag zweifelhaft sein, denn es geht nicht um Bestand u. Fälligkeit des **zu vollstreckenden** Anspruchs oder um die Einrede Zug um Zug als solche, die der GV sämtlich als Titelinhalt hinzunehmen hat, vgl. *Münzberg* ZZP 103 (1990), 507.
[12] H.M. *OLGe Köln* Rpfleger 1986, 393 = NJW-RR 863; *Stuttgart* MDR 1982, 416 = Büro 616; *LG Heidelberg* DGVZ 1977, 91 mwN. Ist bereits ein Sachverständiger im Beweissicherungsverfahren tätig, so kann der GV die schon begonnene ZV einstweilen einstellen *LG Oldenburg* DGVZ 1974, 88. Bei Mängelrügen (→ Rdnr. 10b) *vor* der Pfändung muß jedoch der voraussichtlich schnellste Weg gewählt werden. Privatgutachten sind für § 756 grundsätzlich nicht »notwendig« i. S. d. § 788, → dort Rdnr. 7 Fn. 56. – A.M. *Stojek* MDR 1977, 456: bloße Mängelrüge könne Gläubiger zur Klage analog § 731 zwingen; s. dagegen *E. Schneider* (Fn. 11), der aber zu eng schon bei »zureichender Begründung« des GV eine Korrektur nach § 766 ablehnt; *Schilken* (Fn. 1) 367, der aaO für Ablehnung der ZV eintritt, wenn der GV sich die Sachkunde nicht selbst zutraut.
[13] → Rdnr. 8, 10a, 11; vgl. auch *Schilken* (Fn. 1) 375.
[14] *Schilken* (Fn. 1) 364 ff.; auch dann nicht, wenn GV schriftliche Aussagen mit heranziehen *LG Kleve* (Fn. 11).
[15] *Münzberg* (Fn. 11).
[16] *OLG Köln* (Fn. 8); *Schilken* (Fn. 1) 364 gegen *LG Bochum* DGVZ 1979, 125 u. *E. Schneider* (Fn. 11, 12); *Rosenberg/Gaul*[10] § 16 V 1 b bb; *MünchKommZPO-Arnold* Rdnr. 59 gegen *LG Hannover* DGVZ 1984, 152 u. a. Offenlassend *KG* NJW-RR 1989, 638 = DGVZ 70.
[17] *Arnold* (Fn. 16) Rdnr. 18 Fn. 22 mwN; *LG Charlottenburg* DGVZ 1923, 88 (dort sogar für nicht indossable Papiere).
[18] Unnötig streng will *OLG Köln* Rpfleger 1992, 527 f. nur diese Auslegungsalternative gelten lassen.

bereit ist, da solche Titel im Zweifel so auszulegen sind, daß dem Schuldner sicherer Besitz ohne Streit mit dem Besitzer verschafft werden muß (weshalb für seinen Annahmeverzug das Bestehen des Herausgabeanspruchs allein nicht genügt[19]). Hat der Schuldner als Gläubiger der Gegenleistung ein *Wahlrecht*, so muß dem Angebot der einen Leistung eine Fristsetzung nach § 264 Abs. 2 BGB vorangegangen sein[20]. Die *Aufrechnung* des Gläubigers, z.B. mit seiner Kostenforderung, genügt nicht[21]; sie geht zwar wegen § 389 BGB über ein Angebot hinaus, aber nur wenn sie zulässig ist und die Gegenforderung besteht, was die Erklärung als solche nicht beweist. Ist die Gegenleistung im Titel nicht so genau angegeben, daß sachgemäß entschieden werden kann, so ist der Gläubiger auf eine Klage zu verweisen[22], falls die Parteien sich nicht über die Identität der angebotenen Leistung einigen[23]. Wegen der Aushändigung von Wechseln → § 726 Rdnr. 18.

4   b) Die Leistung muß **nur angeboten**, d.h. bei Sachleistungen so bereitgestellt werden, daß der Schuldner sogleich von ihr Besitz ergreifen könnte[24]. Um Einwendungen nach § 299 BGB auszuschließen (→ Rdnr. 10), empfiehlt sich stets rechtzeitige Ankündigung. Die wirkliche *Leistung des Gläubigers* hat nur stattzufinden, wenn der Schuldner im Umfang des Titels vollständig leistet nebst Vollstreckungskosten[25]. Deshalb scheidet hier auch die mit Schickschulden verbundene Erleichterung aus, weil sie zu gefährlicher Vorleistung führen würde (und oft nicht einmal in der erforderlichen Form nachweisbar wäre). Hat also der Gläubiger eine *Willenserklärung* abzugeben, so kündigt der Gerichtsvollzieher zunächst nur an, daß er im Namen des Gläubigers die Erklärung umgehend abgeben oder dessen schriftliche oder notarielle Erklärung dem Schuldner aushändigen werde[26], falls dieser sofort leiste. Zur Auflassung → Rdnr. 6.

4a   *Leistet der Schuldner nicht*, so gerät er als Gläubiger der Gegenleistung nach § 298 BGB auch dann in Annahmeverzug, wenn er die angebotene Gegenleistung als solche annehmen will[27], § 298 BGB. Während des Annahmeverzugs muß er nach §§ 274 Abs. 2, 322 Abs. 3 BGB die Vollstreckung dulden, ohne die Gegenleistung zu erhalten. Seine Erklärung, freiwillig die Vollstreckung zu dulden, ist nicht »Leistung« gemäß § 298 BGB; der Gerichtsvollzieher darf daher nicht die Gegenleistung übergeben, nur weil er genügend Pfandstücke vorfindet[28].

5   c) Das Angebot muß **dem Schuldner** selbst oder einem zum Empfang Berechtigten[29] am Leistungsort[30] und zur rechten Zeit[31] gemacht werden.

6   2. Ausnahmsweise genügt nach § 295 BGB ein **wörtliches Angebot** durch den Gerichtsvollzieher[32], wenn er von der Leistungsfähigkeit und -bereitschaft des Gläubigers überzeugt

---

[19] *AG Cochem* DGVZ 1973, 171; *Arnold* (Fn. 16) Rdnr. 13 Fn. 15; daher zu großzügig *LG Bochum* (Fn. 16: Anspruch gegen Behörde).
[20] Vgl. auch § 85 GVGA (dort aber für den zu vollstreckenden Anspruch).
[21] *LG Hildesheim* (Fn. 7).
[22] → Rdnr. 8 Fn. 70.
[23] Obiter *LGe Düsseldorf, Darmstadt* DGVZ 1986, 139; 1989, 71f. Dazu genügt ausdrückliche Bestätigung des Schuldners, die Gegenleistung sei in Ordnung, was der Gläubiger (zumindest stillschweigend) behauptet.
[24] *RGZ* 109, 328; *BGHZ* 90, 359 = NJW 1984, 1679. → Fn. 29ff.
[25] → Rdnr. 4a. Nicht Prozeßkosten, → Rdnr. 1a.
[26] *OLG Hamm* Büro 1955, 487. Sofortige **Vorlegung** oder gar Übergabe einer Abtretungserklärung (so geschehen in *OLG Köln* → Fn. 8) ist hingegen gefährliche Vorleistung, weil der Schuldner sie mündlich annehmen könnte, ohne zu leisten; anders nur, wenn man aufschiebend bedingte Abtretungserklärung genügen lassen u. sie so auslegen würde. → auch Fn. 56 (Angebot u. Ablehnung einer Abtretung schon im Erkenntnisverfahren?).
[27] *OLG Frankfurt* Rpfleger 1979, 144f. a.E.
[28] Zust. *BGHZ* 73, 320 = JZ 1979, 405 = NJW 1979, 1204 zu II 2b. Nachträglicher Untergang der Gegenleistung schadet daher nicht → Fn. 80.
[29] Dazu *Sebode* DGVZ 1958, 34. Ob die Leistung dem Schuldner persönlich oder einem empfangsberechtigten Prozeßbevollmächtigten angeboten wird, gilt gleich *OLG Köln* (Fn. 8).
[30] Vgl. *RGZ* 55, 111; 90, 136; *Alisch* DGVZ 1984, 84; → dazu Rdnr. 6 Fn. 34.
[31] Vgl. § 358 HGB u. dazu *RGZ* 91, 67; 92, 211.
[32] Er kann zustellen, braucht dies aber nicht, da er das selbst erklärte Angebot oder jenes des anwesenden Gläubigers protokollieren darf, was als Nachweis ausreicht *Arnold* (Fn. 16) Rdnr. 23 mwN.

ist³³ und die Leistung eine Mitwirkung des Schuldners, z.B. die Abholung voraussetzt³⁴, wofür dem Schuldner wegen § 299 BGB eine angemessene Frist zu setzen ist, und zwar persönlich zu Protokoll oder durch Zustellung³⁵, zweckmäßigerweise mit dem Hinweis, daß die Abholung nur gegen eigene Leistung gestattet ist. Schuldet der Gläubiger *Auflassung*, so kann er sich, da die Mitwirkung des Schuldners nach § 925 Abs. 1 S. 1 BGB erforderlich ist, vorsorglich den Nachweis des Annahmeverzugs durch öffentliche Urkunden sichern, indem er dem Schuldner nach § 132 BGB ein Schreiben zustellen läßt, in welchem dieser aufgefordert wird, an einem mit dem Notar abgestimmten, angemessen hinausgeschobenen Termin zu erscheinen³⁶. Dieser kann das Nichterscheinen des Schuldners zum Termin bestätigen (§ 418), woraus sich die Nichtannahme (§ 293 BGB) ergibt³⁷. Ist eine *Werkleistung* in den Räumen des Schuldners vorzunehmen, so genügt es, daß dieser nicht angetroffen wurde, obwohl ihm der Gerichtsvollzieher einen zumutbaren Termin mitgeteilt hat, zu dem er und der leistungsbereite Gläubiger erschienen sind³⁸. § 296 BGB gilt nicht, wenn der Termin auf diese Weise bestimmt wird, → Rdnr. 7 Fn. 48. Das wörtliche Angebot genügt auch, wenn der Schuldner dem Gerichtsvollzieher erklärt, die ihm gebührende Leistung nicht annehmen (so auch der geplante Abs. 2 BR-Drucks. 134/94 Art. 1 Nr. 5) oder – was dem gleichzusetzen sein dürfte – die titulierte Leistung nicht erbringen zu wollen³⁹.

Eine *früher erklärte Verweigerung der Annahme* reicht zwar nach § 295 BGB aus; sie ist jedoch wie in den zu Rdnr. 7 angeführten Fällen durch Urkunden nachzuweisen, z.B. durch Protokoll eines anderen Gerichtsvollziehers⁴⁰. Ein Gerichtsvollzieher kann solche Erklärungen nicht nur anläßlich eines Vollstreckungsversuchs mit angebotener Leistung, sondern auf Antrag des Gläubigers auch gesondert entgegennehmen, z.B. wenn ein tatsächliches Angebot sehr kostenträchtig wäre und mit einer Ablehnung des Schuldners zu rechnen ist⁴¹. Mit der wörtlich angebotenen Leistung ist nur die »geschuldete« gemeint → Rdnr. 3, wovon der Gerichtsvollzieher sich überzeugen muß, soweit dies schon erkennbar ist⁴², also insbesondere nach früherer Annahmeverweigerung.

6a

II. Ohne Angebot der Gegenleistung darf der Gerichtsvollzieher nur vollstrecken, wenn der Gläubiger ihm durch öffentliche oder öffentlich beglaubigte Urkunden (→ § 415–418,

7

---

³³ *OLG Oldenburg* DGVZ 1991, 172 = MDR 1992, 74. Zur Nachprüfung der Leistungsfähigkeit → aber Rdnr. 10 Fn. 75.

³⁴ Aber nur, wenn sich das eindeutig aus dem Titel ergibt, *LGe Aachen, Gießen, Ravensburg, Berlin* DGVZ 1977, 88 f.; 1986, 76, 89; 1993, 28 mwN. Da es hier nicht um Verzugsnachweise, sondern um den Anspruchsinhalt geht, wird man bei Urteilen sogar Erwähnung in der Formel verlangen müssen *LG Gießen* aaO; insoweit zutreffend *Schilken* (Fn. 1) 361, 374; *Gilleßen/Jakobs* lassen Urteilsgründe genügen. Für Baumaterialien Benennung eines Abladeplatzes durch den Schuldner *OLG Dresden* (Fn. 6). Rechtliche Wertungen über den Leistungsort sollten dem GV nicht zugemutet werden (Fn. 16) mwN auch zur **Gegenansicht**, z.B. *LG Bonn* DGVZ 1983, 186; *AGe Hamburg-Wandsbek, Hannover* DGVZ 1980, 189; 1981, 46; *Alisch* (Fn. 30). – A.M., falls sich Holzschuld eindeutig aus der Natur der Leistung ergebe, z.B. bei Wandlung *OLG Schleswig* DGVZ 1992, 57; obiter *LG Ulm* NJW-RR 1991, 191⁷¹. – Bedenklich *AG Düsseldorf* DGVZ 1953, 75: bei kostspieligem Transport (Veränderung des Leistungsorts?); s. dagegen *E. Schneider* Büro 1966, 819; auch *LG Berlin* aaO (a.E.).

³⁵ Andernfalls wäre der Zugang kaum nachweisbar (vor allem für § 765).

³⁶ Wörtliches Angebot zur Auflassung genügt vorbehaltlich § 295 BGB nicht *BGH* Rpfleger 1992, 207.

³⁷ Auflassungsangebot u. Aufforderung allein genügen nur, wenn der Titel eine Zeitbestimmung gemäß § 296 BGB für das Erscheinen vor dem Notar setzt.

³⁸ *OLG Köln* (Fn. 12). Bei Sachleistungen wird man wohl erneutes Angebot verlangen müssen, so wohl auch *Arnold* (Fn. 16) Rdnr. 20; a.M. *LG Hamburg* DGVZ 1984, 115 (Abwesenheit trotz Ankündigung sei Ablehnung gleichzustellen).

³⁹ → Rdnr. 4a; ebenso *Arnold* (Fn. 16) Rdnr. 27. Daß der Schuldner nicht leisten will oder kann, ist jedoch durch Protokoll über fruchtlose ZV in *anderer* Sache nicht nachgewiesen *Gaul* (Fn. 16) § 16 V 1 b cc Fn. 99 gegen *LG Oldenburg* DGVZ 1982, 124.

⁴⁰ Allg.M. *Arnold* (Fn. 16) Rdnr. 25. Zum Nachweis aufgrund Urteils → Rdnr. 7 a.

⁴¹ Freilich sollte hier ZV-Antrag schon erteilt sein, weil sonst zweifelhaft ist, ob der GV innerhalb seines Amtsbereichs i.S.d. § 415 handelt *OLG Hamm* Rpfleger 1972, 114 f.¹¹⁷. *Arnold* (Fn. 16) Rdnr. 26 hält in solchen Fällen die Verweigerung nebst Nachweis für ganz entbehrlich unter Hinweis auf § 104 GVGA; jedoch gebietet dieser das Kostensparen nicht gegen das Gesetz.

⁴² Das ist z.B. nicht der Fall, wenn die Gegenleistung in einer Handlung des Gläubigers bestehen soll, die infolge Verhaltens des Schuldners nicht durchführbar ist. Zur Leistungsbereitschaft des Gläubigers → Rdnr. 10a Fn. 74, über 296 BGB → Rdnr. 7 Fn. 48.

§§ 36, 40 BeurkG) nachweist, daß der Schuldner entweder befriedigt oder in Annahmeverzug »ist«. Dies bedeutet a), daß es genügt, wenn der Schuldner schon vor Urteilserlaß in Annahmeverzug war[43], b) daß er es bei der Vollstreckung noch sein muß[44], was zuweilen übersehen wird[45]. Jedoch reicht dafür solange der Beweis, daß der Schuldner im Annahmeverzug »war«, bis die daraus folgende Vermutung für dessen Fortbestand[46] wie → Rdnr. 10 c entkräftet wird. Nur deshalb genügt es, daß früher bereits ein wie → Rdnr. 2–6 ausreichendes Angebot durch den Gläubiger[47] oder seinen Vertreter, z.B. einen Gerichtsvollzieher bei einem früheren Pfändungsversuch stattgefunden hatte → § 765 S. 2, oder daß der Schuldner nach § 296 BGB ohne Angebot durch Zeitablauf in Annahmeverzug gekommen war, was aber voraussetzt, daß Handlungslast des Schuldners und Zeitbestimmung oder Möglichkeit der Kündigung sich aus dem Titel selbst ergibt[48]. Eidesstattliche Versicherungen vor dem Notar über vergebliche Angebote beweisen nur die Erklärung, nicht deren Richtigkeit[49]. Nachweise werden entbehrlich, wenn der *Schuldner vor dem Gerichtsvollzieher zugibt,* daß er die Gegenleistung schon erhalten habe[50]. Ob dies den Schuldner entsprechend § 288 endgültig bindet, also auch für Rechtsbehelfsverfahren, ist zweifelhaft[51]. Zumindest müßte ein solches Geständnis ausdrücklich vom Schuldner persönlich[52] erklärt sein und der Gerichtsvollzieher müßte es wörtlich protokollieren, um spätere Nachprüfung seines genauen Gegenstandes zu ermöglichen. Zum Geständnis vor Gericht → Rdnr. 8.

7a Der Annahmeverzug kann sich aus dem zu vollstreckenden[53] oder einem anderen[54] *Urteil* ergeben, wenn er besonders nach § 256 rechtskräftig festgestellt ist[55] oder so klar aus Tatbestand[56] und Gründen[57] hervorgeht, daß dem Gerichtsvollzieher keine schwierigen rechtlichen Überlegungen abverlangt werden[58].

7b Ob die dem Schuldner gewährte oder angebotene Leistung eine Befriedigung ist[59] bzw. den Annahmeverzug begründet, muß zunächst der Gerichtsvollzieher klären, namentlich wenn

---

[43] *KG* OLGZ 1972, 481 = NJW 2052 u. *Schilken* (Fn. 1) 371 gegen ältere Ansichten; *Arnold* (Fn. 16) Rdnr. 47 mwN.
[44] Vgl. Mot. → § 726 Rdnr. 58 (»wenn *und solange* ... im Annahmeverzug ist«).
[45] → § 726 Rdnr. 17 Fn. 108 sowie unten Rdnr. 10 c.
[46] → § 726 Fn. 91.
[47] Handelte es sich nur um ein wörtliches Angebot, so mußte es nach § 132 BGB zugestellt sein, weil sonst am Nachweis fehlt. Zur Auflassung → Fn. 36.
[48] *Schilken* (Fn. 1) 362; daher scheidet § 296 BGB in den Fällen → Rdnr. 6 Fn. 35–38 aus. Nach h.M. (*Baumgärtel* Handbuch der Beweislast² 372) muß der Gläubiger gemäß § 296 BGB auch die Versäumung nachweisen, *Arnold* (Fn. 16) Rdnr. 47; jedoch sollte für Lasten u. Obliegenheiten Gleiches gelten wie für echte Pflichten → § 282 Rdnr. 64 u. zu negativen Tatsachen Rdnr. 63 a.E. Andernfalls empfiehlt sich wörtliches Angebot → Rdnr. 6, gegebenenfalls unter Fristsetzung.
[49] *OLG Hamm* Rpfleger 1983, 393; *Münzberg* BB 1990, 1011 f., auch zur Problematik einer beurkundeten Erfüllungshandlung vor dem Notar (Löschung eines Computerprogramms).
[50] *LG Hannover* DGVZ 1985, 171; *AG Fürstenfeldbruck* DGVZ 1981, 90.
[51] *LG Hannover* (Fn. 50); *Arnold* (Fn. 16) Rdnr. 58 mwN. Oft wird man sogar Einigung der Parteien annehmen → Fn. 23.
[52] Es sei denn, eine Vollmacht hierzu wäre beglaubigt.
[53] *OLG Köln* Büro 1989, 870 = DGVZ 152; *KG* (Fn. 43); *E. Schneider* Büro 1966, 914 f.; *Zöller/Stöber*¹⁸ Rdnr. 10. Für unbeschränkte Verurteilung in solchen Fällen, falls es sich um § 273 BGB handelt, *Oesterle* (Fn. 2) 105.

[54] *KG* OLGZ 1974, 310 = WM 1145 = MDR 1975, 149[61]; *OLG München* CR 1989, 695.
[55] *LG Augsburg* Büro 1994, 307 f. → § 726 Rdnr. 14 a.E, z.B. *OLG Düsseldorf* NJW-RR 1993, 1088; zur Wirkung → aber Rdnr. 10 c.
[56] Obiter *LG Detmold* DGVZ 1990, 41. Ein auf Leistung Zug um Zug gestellter **Antrag** allein reicht ebensowenig wie Angebot aus (*LG Detmold* aaO) wie die Abweisungsantrag als Ablehnung, h.M. *LG Wuppertal* Rpfleger 1988, 153; *Arnold* (Fn. 16) Rdnr. 53 je mwN auch zur Gegenansicht, der auch *OLG Hamm* Rpfleger 1992, 315 = Büro 406 folgt (Abtretungsangebot durch Klagantrag, Ablehnung schon durch Klagabweisungsantrag). Ein im Tatbestand als unstr. erwähntes **Angebot** reicht allein nicht aus, nach *OLG Köln* (Fn. 8) 384 aber der Vortrag des Beklagten, ebenso **abgelehnt** *Arnold* (Fn. 16) Rdnr. 25. Jedenfalls dürfte eine Beurteilung solcher laut Tatbestand unstr. Tatsachen in den Gründen als Annahmeverzug genügen; a.M. *Schilken* (Fn. 1) 374.
[57] *LG Detmold* (Fn. 56); *AG Mönchengladbach* DGVZ 1992, 124. Sie binden auch den Vollstr Ger (§§ 766, 793), *OLG Köln* (Fn. 53). – A.M. *Schilken* (Fn. 1) 373 f.: nur rechtskraftfähige Feststellung; jedoch kommt es nicht auf Rechtskraft, sondern auf Beweiskraft nach § 415 an *Gaul* (Fn. 4) § 16 V 1 b cc a. E.
[58] Obiter *BGH* NJW 1982, 1049 zu 1 b; *OLG Frankfurt* (Fn. 11) mwN; *KG* (Fn. 43) unter Beschränkung auf den Urteilsspruch mittragende, also nicht nur beiläufige Bemerkungen; *LGe Düsseldorf* DGVZ 1980, 188; *Wuppertal* (Fn. 56); *Arnold* (Fn. 16) Rdnr. 53.
[59] → Rdnr. 3, 10 b. Der Bestand einer abzutretenden Forderung muß nicht nachgewiesen werden *OLG Hamm* JurBüro 1955, 487.

die Befriedigung durch Hinterlegung unter Verzicht auf das Recht der Rücknahme, §§ 372, 378 BGB, erfolgt sein soll[60]. Nachweis der Unmöglichkeit der Gegenleistung genügt nicht, falls sie *vor* dem Annahmeverzug eintritt[61], weil sie den Gläubiger nicht immer unter Aufrechterhaltung der Verpflichtung des Schuldners befreit, so daß nur erneute Titulierung hilft[62]; ebensowenig genügt der Nachweis einer Aufrechnungserklärung → Rdnr. 3 Fn. 21.

Genügen die vorgelegten Urkunden dem Gerichtsvollzieher nicht, ist z. B. eine Quittung 8 des Schuldners nicht beglaubigt oder ist nicht ersichtlich, daß das Angebot ordnungsgemäß war, so kann der *Gläubiger* gegen die Ablehnung der Vollstreckung nach § 766 bzw. § 793 vorgehen. Dort kann der formelle Nachweis → Rdnr. 7 nur dann gemäß § 288 oder § 138 Abs. 3 entbehrlich werden, wenn der Gläubiger die entscheidungserheblichen Tatsachen substantiiert vorgetragen hatte[63] (zum »Geständnis« gegenüber Gerichtsvollziehern → aber Rdnr. 7). Hat der Gläubiger so keinen Erfolg, so muß er klagen[64], s. auch § 368 S. 2 BGB, oder erneut anbieten. Ist die Einrede Zug um Zug als solche materiell entfallen[65], so bleibt nur neue Klage auf Leistung[66], falls dies nicht noch in der Berufungsinstanz geltendgemacht werden kann. Hätte die Klausel wegen *Unbestimmtheit der Gegenleistung* nicht erteilt werden dürfen, ist dies aber nicht erfolgreich nach § 732 gerügt worden[67], so mögen zwar Gerichtsvollzieher und Erinnerungsgericht an die Klausel als solche gebunden sein[68]; dennoch ist die Vollstreckung abzulehnen, weil eben wegen dieser Unbestimmtheit die Ordnungsmäßigkeit der Leistung nicht nachweisbar ist[69]. Auch hier muß der Gläubiger, falls genügende Auslegung im Erinnerungsverfahren nicht gelingt, neu klagen, wobei jedoch wie bei Unbestimmtheit der zu vollstreckenden Leistung auch Feststellungsklage genügen kann[70].

Die Urkunden müssen spätestens bei Vollstreckungsbeginn *zugestellt* sein[71], und zwar nach 9 § 176 an den etwa bestellten Prozeßbevollmächtigten erster Instanz[72].

III. Mögliche Einwendungen des Schuldners:

a) Vorübergehende Verhinderung gemäß § 299 BGB; werden ihm z. B. ohne vorherige 10 Ankündigung des Vollstreckungstermins lebende Tiere angeboten, die er nicht rechtzeitig unterbringen kann, ist der Vollstreckungsversuch nach angemessener Zeit zu wiederholen;

---

[60] Nachweis: Hinterlegungsschein, § 418.
[61] *RGZ* 96, 185; *Reuter* (Fn. 1) 63; *Schmidt* JurBüro 1964, 415. Zur Unmöglichkeit **nach** Eintritt des Annahmeverzugs → aber Fn. 80.
[62] Zur deshalb erneuerten (uneingeschränkten) Klage *BGH* MDR 1992, 293 = NJW 1173 mwN; krit. *Dieckmann* Gedächtnisschrift für P. Arens (1993), 54 ff.
[63] Näheres *Münzberg* DGVZ 1991, 88 zu *LG Düsseldorf* aaO 39.
[64] Ähnlich wie bei mangelnder Bestimmtheit des zu vollstreckenden Anspruchs → Rdnr. 31 (auch Rdnr. 28) vor § 704; *BGH* BauR 1976, 431 = MDR 1977, 133; *KG* HRR 1936 Nr. 1339; *OLG Celle* DGVZ 1958, 185 u. 1959, 41 (Schuldner hat sich die vom Gläubiger geschuldeten Sachen selbst verschafft); *OLG München* CR 1989, 695 (Streit über Vollständigkeit zurückzugebender Software). In *LG Kleve* (Fn. 11): Identität war nicht feststellbar. S. auch *Reuter* (Fn. 1) 110 ff. u. vgl. *BGH* NJW 1962, 2004. Zur Feststellungsklage statt Erinnerung *OLG Stuttgart* Justiz 1982, 130; sie reicht z. B. aus, wenn der Gläubiger auf Abholung besteht, damit nicht nach § 766 unterlag → Fn. 34, *Gilleßen/Jakobs* (Fn. 1) 54 mwN.
[65] Z. B. wegen Unmöglichkeit der Gegenleistung nach § 324 BGB.
[66] *RGZ* 100, 198 f. Anträge auf »Zulassung der ZV ohne Gegenleistung« (*RGZ* 96, 184) oder auf »Leistung ohne Gegenleistung«, auf »Duldung der ZV schlechthin« (*BGH* NJW 1962, 2004) schaden nicht, bedeuten aber nichts anderes als erneute Leistungsklage unter Verzicht auf die ZV aus dem ursprünglichen Titel, vgl. *RGZ* 100, 199 a. E. Nach *BGH* NJW 1992, 1173 = MDR 293 muß allerdings bei rechtskräftigen Urteilen die Einrede erst nachträglich entfallen sein (anders noch *RGZ* 100, 198 f. u. *BGH* NJW 1962, 2004: Rechtskraft erfasse nicht die Gegenleistung, bisher h. M. *Arnold* (Fn. 16) Rdnr. 60).
[67] → § 726 Rdnr. 13.
[68] Falls die dadurch eintretende Unbestimmtheit des Titels nicht offensichtlich ist → § 732 Rdnr. 2.
[69] *AG/LG Bonn* DGVZ 1991, 91 f. So wohl auch in den Fällen *OLG München* (Fn. 64) u. *KG* Rpfleger 1994, 310 = MDR 617 (Herausgabe von Software). Insoweit richtig *LG Mainz* Rpfleger 1993, 253; aber verfehlt ist der Hinweis, eine nötige Beweisaufnahme übersteige bereits die Kompetenz des VollstrGer, *Schilken* (Fn. 1) 369.
[70] *OLG München* (Fn. 64); *LGe Düsseldorf* (Fn. 23); *Kleve* (Fn. 11); *Mainz* (Fn. 69); *Tübingen* DGVZ 1991, 61; *Arnold* (Fn. 16) Rdnr. 61 mwN. → Rdnr. 31 Fn. 168 f. vor § 704, § 726 Rdnr. 13.
[71] → § 750 Rdnr. 38 ff.
[72] → § 750 Fn. 174 (Rdnr. 34); *KG* JW 1936, 3335.

§ 756 III　　　Erster Abschnitt: Allgemeine Vorschriften

ebenso, wenn der Schuldner mangels Ankündigung nicht anwesend[73] oder *nur* aus diesem Grunde nicht leistungsbereit war (wobei er aber in beiden Fällen Leistungsfähigkeit nachweisen müßte, falls der Gläubiger sie bestreitet);

10a　b) Mangelnde Leistungsbereitschaft des Gläubigers zur Zeit eines nicht tatsächlich erfolgten Angebots, was nach der Fassung des § 297 BGB als Ausnahme vom Schuldner zu beweisen ist[74]; auch der Gerichtsvollzieher hat also die Leistungsbereitschaft nur nachzuprüfen, wenn er Anlaß zu Zweifeln hat[75];

10b　c) Der Schuldner kann das Angebot selbst bemängeln, z.B. bei falscher Ware[76] oder schlechter Gattungsware[77] oder Werkleistung, insbesondere deren Nachbesserung[78]. Über Mängel einer im Titel *individualisierten* Sache (Stückschuld) → Rdnr. 11 a.

10c　d) Der Schuldner kann lückenhafte oder nicht formgerechte Beweise rügen[79] oder e) den Wegfall seines Annahmeverzuges[80] vor oder während[81] der Vollstreckung. Auch dieser kann trotz Feststellungsurteils über den Annahmeverzug geltendgemacht werden, da es nur für den Zeitpunkt der letzten mündlichen Verhandlung Rechtskraft wirkt, jedoch für die Zeit danach nur als Beweismittel dient[82] und daher keine stärkere Vermutung für den Fortbestand des Annahmeverzugs begründet als öffentliche Urkunden[83].

10d　Die Einwendungen zu **a-e** betreffen trotz der Verweisung auf das materielle Recht zumindest auch das **Verfahren**. Sie sind daher, falls der Gerichtsvollzieher sie nicht berücksichtigt, vom Schuldner nach §§ 766 (793) geltendzumachen, um der konkreten Vollstreckung zu begegnen[84], und hindern nicht deren *Wiederholung* nach Beseitigung des Mangels. → aber auch Rdnr. 11a zur Stückschuld als Gegenleistung. Zum Streit über die Auslegung des Titels → Rdnr. 26ff. vor § 704.

11　Nur wenn die Einwendung sich **gegen den titulierten Anspruch** richtet, womit nicht nur der gegenwärtigen, sondern auch künftiger Vollstreckung begegnet wird, z.B. weil die Gegenleistung unmöglich geworden sei[85] oder die jetzt noch mögliche nicht mehr dem Urteil entspre-

---

[73] *Arnold* (Fn. 16) Rdnr. 41.
[74] Ganz h.M. *Baumgärtel* Handbuch der Beweislast usw.² § 297 BGB Rdnr. 1 mwN.
[75] *Gilleßen/Jakobs* (Fn. 1) 53 mwN; a.M. *Sebode* DGVZ 1958, 34; vielleicht auch (aber nur obiter) *OLG Oldenburg* (Fn. 33).
[76] *LGe Rottweil* DGVZ 1990, 171; *Kleve* (Fn. 11).
[77] Er darf aber nicht mehr verlangen als ihm nach dem Titel gebührt *KG* OLGZ 1968, 180 = MDR 504: keine Prüfung der vom Gläubiger geschuldeten Abrechnung auf Vollständigkeit oder Unrichtigkeit.
[78] BGHZ 61, 46 = NJW 1973, 1793 zu 2d; *OLG Stuttgart* DGVZ 1989, 11 (12); *KG* (Fn. 16) mwN; *LG Arnsberg* DGVZ 1983, 151; *Arnold* (Fn. 16) Rdnr. 14; freilich nicht im Umfang, wie der Titel Mängelbeseitigung vorsieht *LG Bonn* DGVZ 1989, 12. Daß der Zweck des § 726 Abs. 1, gefährliche Vorleistung des Gläubigers zu vermeiden, hier praktisch nicht erreicht werden kann (E. *Schneider* DGVZ 1982, 38), erlaubt u. gebietet dem GV unter Hinterlegung der titulierten Leistung *LG Stuttgart* DGVZ 1990, 92. Zu entsprechender Vereinbarung → § 754 Rdnr. 7.
[79] Gegenüber den Formen des § 756 genügenden Urkunden nur durch Beweis der Unrichtigkeit, nicht lediglich deren Möglichkeit, *OLG Köln* (Fn. 12) zum Protokoll des GV.
[80] → Fn. 44 u. § 726 Fn. 91. Beispiele: Verbot der Leistung des Gläubigers durch öffentliches Recht (vgl. *BGH* NJW 1952, 742) oder einstweilige Verfügung (→ § 938 [20. Aufl.] Rdnr. 25), endgültige Erfüllungsverweigerung des Gläubigers. Nicht hierher gehört **nach** Eintritt des Annahmeverzugs eingetretene Unmöglichkeit der Ge-

genleistung *LG Oldenburg* DGVZ 1982, 14, auch wenn sie den Annahmeverzug des Schuldners beenden mag (*BAG* JZ 1962, 68); s. auch *OLG Düsseldorf* (Fn. 55) a.E. Denn im ZV-Verfahren ist kein Raum für die Prüfung, ob § 323 oder § 324 (s. auch § 300) BGB eingreift; hier bleibt dem Schuldner nur der Weg über § 767, → Rdnr. 11; *Schilken* (Fn. 1) 369f.; *Gaul* (Fn. 16) § 16 V 1 bb a.E. Unklar *Arnold* (Fn. 16) Rdnr. 66 (richtig, falls Unmöglichkeit **vor** Annahmeverzug gemeint ist, → Rdnr. 7b Fn. 61f.).
[81] *Schilken* (Fn. 1) 382 mwN; jedenfalls, wenn es sich um § 320 BGB handelt, während dies bei § 273 BGB zweifelhaft ist *Oesterle* (Fn. 2) 104f. – A.M. (ohne Differenzierung) *Arnold* (Fn. 16) Rdnr. 3 mwN, 52 a.E.
[82] Richtig *RG* JW 1909, 463²³.
[83] A.M. *Schilken* (Fn. 1) 375; *Arnold* (Fn. 16) Rdnr. 52 (nur § 767); *Christmann* DGVZ 1990, 3 (Wegfall sei dann unerheblich).
[84] Der GV muß pfänden, wenn er die Voraussetzungen des Annahmeverzugs für gegeben hält. Wie hier für § 766 *KG* (Fn. 16); *OLGe Königsberg u. Rostock* OLGRsp 20, 338; 31, 92; *Karlsruhe* SeuffArch 52 (1897), 469; *Hamburg* HRR 1929 Nr. 666; *Reuter* (Fn. 1) 114ff.; *Gaul* (Fn. 1); *Schilken* (Fn. 1) 367ff. gegen *Stojek* MDR 1977, 457f.; *Arnold* (Fn. 16) Rdnr. 33. Vgl. auch *KG* MDR 1968, 504 (obiter). – A.M. *Wieczorek*² Anm. B II b 1 (in den Fällen a, b nur § 767).
[85] Obiter *KG u. LG Berlin* NJW-RR 1989, 638f. *Schilken* (Fn. 1) 370. § 767 hilft hier nur bei Befreiung von der Primärleistung → § 767 Rdnr. 17 Fn. 166; *Reuter* (Fn. 1) 66. – A.M. *OLG Hamburg* SeuffArch 50 (1895), 139.

che und dadurch der zu vollstreckenden Anspruch ganz oder teilweise entfalle, ist § 767 anzuwenden[86]. Hierher gehören Minderung[87] und Wandelung, Rücktritt[88], Anfechtung, auch Aufrechnung mit Schadensersatz- oder Zinsforderungen[89], soweit dies nicht nach § 767 Abs. 2 ausgeschlossen ist.

Gerade diese Abgrenzung zu § 767 ist umstritten, wenn im Titel **individuell bestimmte Sachen** Mängel aufweisen[90]. Soweit der *Titel den Zustand beschreibt*, in dem die vom Gläubiger herauszugebende oder zu leistende Sache sich befinden müsse, können – vom Gerichtsvollzieher zu prüfende – Abweichungen bedenkenlos nach § 766 geltendgemacht werden[91], ebenso, wenn eindeutig zugehörige Teile oder Urkunden fehlen[92] oder nicht passen[93]. Andernfalls bestimmt allein das materielle Recht[94], ob Mängel vom Gläubiger beseitigt werden müssen[95] oder dürfen, oder ob im Falle ihrer Unbehebbarkeit der titulierte Anspruch ganz oder teilweise entfällt. Eine Ablehnung der Vollstreckung, etwa weil zu vermuten wäre, der Titel meine eine mangelfreie Sache[96], würde in solchen Fällen die nur dem Prozeßgericht zustehende Entscheidung nach § 767 vorwegnehmen und z.B. nach Wandelungsprozessen dazu führen, daß der Käufer seinen titulierten Rückzahlungsanspruch eben wegen des Sachmangels und seiner etwaigen, im Titel noch nicht berücksichtigten Folgen[97] nicht vollstrecken könnte[98]. Auch die Frage nach dem *Zeitpunkt einer Verschlechterung* und seiner materiellrechtlichen Bedeutung gehört zum Bereich des § 767[99]. Daher ist außer in den Fällen → Fn. 91f. die **Vollstreckung durchzuführen**, wenn die im Titel eindeutig genannte Sache angeboten wird[100]. Erst recht passen solche Einwendungen nicht ins Vollstreckungsverfahren, wenn der Mangel dem erkennenden Gericht schon vor Schluß der mündlichen Verhandlung vorgetragen war[101].

11a

IV. Das Angebot der Gegenleistung, Erklärungen des Schuldners darüber, Fristsetzungen oder dessen etwaige Befriedigung hat der Gerichtsvollzieher im **Pfändungsprotokoll** oder in einem besonderen Protokoll[102] nach §§ 762f. zu beurkunden, das vor allem für § 765 bedeutsam ist; zur Beweiskraft → Fn. 79. **Kosten** der Urkunden → Rdnr. 7 fallen unter § 788, ebenso die des Angebots, soweit sie nicht ohnehin bei der Leistung entstanden wären[103], einschließlich Rücktransports nach vergeblichem Angebot. Wegen der Gebühren des Gerichtsvollziehers s. § 30 GVKG.

12

---

[86] *Gaul* (Fn. 16); Vgl. *OLG Hamburg* SeuffArch 50 (1895), 234; *LG Bremen* DGVZ 1977, 158, das entgegen *E. Schneider* (Fn. 11) den Einwand nicht »rechtlich unerheblich« nennt.
[87] *Arnold* (Fn. 16) Rdnr. 33 Fn. 49.
[88] *OLG Stuttgart* Justiz 1982, 129; obiter *KG* (Fn. 16).
[89] Vgl. *BGH* NJW 1962, 2004.
[90] Übersicht bei *Arnold* (Fn. 16) Rdnr. 14 Fn. 16.
[91] *KG* DGVZ 1933, 119; *LG Rottweil AG Darmstadt* DGVZ 1979, 126. Insoweit nicht eindeutig *Arnold* (Fn. 16) einerseits wie hier »Maßgeblichkeit des Titels« Rdnr. 14, 29, 33 Fn. 49, andererseits aaO Text zu Fn. 48, 50, 101.
[92] *E. Schneider* (Fn. 11): fehlende Reifen; *AG Mannheim* DGVZ 1971, 79: für PKW fehlte KFZ-Brief.
[93] *OLG Königsberg* OLGRsp 20, 338.
[94] Z.B. §§ 280, 282, 300, 323ff., 462 BGB, positive Vertragsverletzung usw.
[95] Z.B. nach § 476a BGB oder ähnlichen Vereinbarungen.
[96] So *E. Schneider* (Fn. 11): PKW müsse im Zweifel fahrbereit sein.
[97] Z.B. Rost- oder Diebstahlsschäden an einem während der Prozeßdauer abgestellten Fahrzeug; zwecks Feststellung von Mängeln zerlegter Motor *LG Itzehoe* DGVZ 1987, 43.
[98] Falls der Mangel *unbehebbar* ist und deshalb die ZV hindern soll, wäre der Titel praktisch nicht mehr vollstreckbar, obwohl möglicherweise der Schuldner nicht einmal befreit ist, z.B. weil er die Gefahr der zufälligen Verschlechterung trägt oder diese gar selbst zu vertreten hat, s. etwa *LG Itzehoe* (Fn. 98); *LG Hamburg* DGVZ 1984, 11f. Es wäre aber kaum einleuchtend, wegen behebbarer Mängel die ZV nach § 766 abzulehnen, wegen unbehebbarer aber den Schuldner auf § 767 zu verweisen.
[99] Sie besagt nicht nur, ob der Mangel überhaupt noch gerügt werden darf (§ 767 Abs. 2), sondern kann auch dafür entscheidend sein, zu wessen Lasten er geht. Insoweit ist die Rsp unsicher.
[100] *LGe Bremen, Hamburg, Rottweil* DGVZ 1977, 157; 1984, 10; 1990, 171 (gut begründet); *Stöber* (Fn. 53) Rdnr. 6; *Baumbach/Hartmann*[52] Rdnr. 3. – A.M. *LG Bonn* DGVZ 1983, 187 (Unfallschäden an PKW); *LG Hamburg* aaO 11 erwägt eine Ausnahme bei groben u. deutlichen Mängeln.
[101] *OLG Stuttgart* MDR 1991, 546f. = DGVZ 8f. u. *AG Westerburg* DGVZ 1990, 46f. (Motorschaden).
[102] → Rdnr. 6 Fn. 36.
[103] *OLG Hamburg* NJW 1971, 387 = DGVZ 42 = MDR 145 mwN.

13   V. Für **genehmigungspflichtige** Leistungen des Schuldners ist § 32, für jene des Gläubigers ist § 31 AWG zu beachten.

Wegen der Geltung der §§ 756, 765 bei der Vollstreckung **ausländischer** Titel → die Hinweise § 727 Rdnr. 3 a. E.

§ 757   [Übergabe des Titels; Quittung]

(1) Der Gerichtsvollzieher hat nach Empfang der Leistungen dem Schuldner die vollstreckbare Ausfertigung nebst einer Quittung auszuliefern, bei teilweiser Leistung diese auf der vollstreckbaren Ausfertigung zu vermerken und dem Schuldner Quittung zu erteilen.

(2) Das Recht des Schuldners, nachträglich eine Quittung des Gläubigers selbst zu fordern, wird durch diese Vorschriften nicht berührt.

Gesetzesgeschichte: Seit 1900 RGBl. 1898 I 256.

1   I. Der Bedeutung der **vollstreckbaren** Ausfertigung[1] entspricht es, daß der Gerichtsvollzieher[2] sie – auch gegen den Willen des Gläubigers[3] **dem Schuldner auszuhändigen** hat, wenn er die nach dem Titel geschuldete Leistung vorbehaltlos[4] und vollständig[5], also nebst Zinsen[6] und Vollstreckungskosten[7] erhalten hat, im Falle des § 795a auch der Prozeßkosten[8]. Der Besitz dieser Ausfertigung schützt den Schuldner wie → § 775 Rdnr. 18, falls für denselben Anspruch weitere Ausfertigungen erteilt sind. Besteht Anlaß, an der Vollständigkeit der Leistung zu zweifeln[9], so fragt der Gerichtsvollzieher beim Gläubiger an, bevor der die Ausfertigung herausgibt[10].

1a   Ob auch **einfache Ausfertigungen der ohne Klausel vollstreckbaren Titel** auszuliefern sind[11], ist nach dem Wortlaut zweifelhaft. Wenn man dies für **Vollstreckungsbescheide** bejaht[12], so sollte es auch für andere klausellos vollstreckbare Titel gelten; denn die Gefahr erneuter Vollstreckungsversuche ist gleich groß. Soweit man aber die Analogie ablehnt, sollte zumindest die Quittierung wie bei Teilleistungen auf der benützten Ausfertigung erfolgen mit den Folgen → § 775 Rdnr. 2 (Verbrauch); denn die Rechtsfolgen vollständiger Leistung sollten nicht schwächer sein als jene von Teilleistungen. Werden **verwaltungsrechtliche Titel**

---

[1] → § 724 Rdnr. 1f.
[2] Nicht andere ZV-Organe, ausführlich *Saum* JZ 1981, 696f., zust. *Brehm* ZIP 1983, 1422; *MünchKommZPO-Arnold* Rdnr. 2.
[3] Weist er den GV an, Aushändigung zu unterlassen, ist ZV abzulehnen *AG, LG München* DGVZ 1990, 76.
[4] Vorbehalte der Rückforderung des § 717 und der Ausschaltung des § 814 BGB schaden zwar nicht, wenn nur die Beweislastverteilung unangetastet bleibt. Obwohl die h.M. bei Leistung zur Abwendung der ZV aus **vorläufig vollstreckbaren Urteilen** »zeitlichen Aufschub« der Erfüllungswirkung annimmt → § 708 Rdnr. 6, bejaht sie i. E. richtig die Herausgabe, z. B. *Arnold* (Fn. 2) Rdnr. 11.
[5] Maßgebend ist der in der Ausfertigung bzw. Klausel angegebene Betrag. Wird vom Gläubiger oder Schuldner die Ausfertigung einer den Betrag nachträglich ermäßigenden Entscheidung vorgelegt, so ist die Leistung des ermäßigten Betrags »vollständig«.
[6] → § 754 Rdnr. 1–2c. Auch wenn nur zur **Abwendung der ZV** gezahlt wird, hat der GV bei allen Titeln (auch vorläufig vollstreckbaren) zunächst davon auszugehen, daß der Zinslauf, auch für Verzugszinsen, mit der Zahlung auf Hauptforderungen endet, da er etwaigen Streit darüber (→ § 708 Rdnr. 4a Fn. 26f.) nicht zu entscheiden hat. Zu § 11 Abs. 3 S. 1 Verbr.KrG → § 754 Rdnr. 2a–c.
[7] → § 788 Rdnr. 24. Auch bei Titeln gemäß §§ 883ff. zu beachten!
[8] Sind diese durch selbständigen Beschluß festgesetzt, aber noch nicht beigetrieben, so hindert das nicht die Übergabe der vollstr.Ausf. des Urteils an den Schuldner *AG Limburg* DGVZ 1984, 94.
[9] Das ist bezüglich der Hauptschuld nicht der Fall, wenn die ZV einer **bezifferten** »Restschuld« beantragt wird; vgl. *AG Pirmasens/LG Zweibrücken* DGVZ 1991, 13f. (→ aber dazu § 733 Fn. 17).
[10] *Arnold* (Fn. 2) Rdnr. 8.
[11] → § 724 Rdnr. 4, § 755 Rdnr. 1.
[12] So *AG Pirmasens/LG Zweibrücken* (Fn. 9) ohne auf Problem einzugehen; *Wieczorek*² Anm. A I; *Arnold* (Fn. 2) Rdnr. 6.

gemäß Bundes- oder Landesrecht nach der ZPO vollstreckt aufgrund vollstreckbarer Ausfertigung, so gilt § 757 auch für diese[13].

1. Es muß **an den Gerichtsvollzieher** geleistet sein, sei es freiwillig, § 754, sei es zwangsweise nach §§ 808 Abs. 1, 815 Abs. 3 oder 819, 883; vgl. auch §§ 127 Abs. 2, 158 Abs. 3 ZVG. Die Leistung *an den Gläubiger* genügt nur dann, wenn sie unter den Augen des Gerichtsvollziehers geschieht[14]; andernfalls führt sie unter den Voraussetzungen des § 775 Nr. 4, 5 nur zur vorläufigen[15] Einstellung oder Beschränkung der Vollstreckung. In solchen Fällen darf die Ausfertigung nur mit ausdrücklicher Zustimmung des Gläubigers dem Schuldner übergeben werden; ebenso bei Entgegennahme von Schecks durch den Gerichtsvollzieher bis zur Gutschrift[16], oder bei angeblichem Erlöschen der Schuld durch Aufrechnung, Erlaß usw. oder nach § 13 Abs. 2 VerbrKrG[17], denn das zu prüfen ist nicht Aufgabe des Gerichtsvollziehers, arg. § 767. Zum Anspruch gegen den Gläubiger auf Aushändigung des Titels → § 724 Rdnr. 6.

Leistet ein **Dritter** an den Gerichtsvollzieher, so erhält im Regelfalle des § 267 BGB[18] der Schuldner die Ausfertigung. Dem Dritten darf sie ohne ausdrückliche Erlaubnis des Gläubigers nicht übergeben werden[19], auch dann nicht, wenn § 268 (s. auch § 1150) BGB zutrifft, denn der Gerichtsvollzieher hat die Pflicht des Gläubigers oder Schuldners zur Auslieferung des quittierten Titels an den Dritten (§§ 268 Abs. 3, 412, 402 BGB) weder zu prüfen noch zu erfüllen. Da in diesen Fällen zwar durch Quittierung nach Abs. 1 die Ausfertigung, nicht aber der Titel verbraucht ist[20], sondern nach § 727 auf den Dritten umgeschrieben werden kann, scheidet auch die Rückgabe an den Schuldner aus, falls der (zu hörende) Dritte widerspricht[21]. Zur Wahrung der Interessen aller genügen gesonderte Quittungen[22] und mangels Einigung die Verwahrung der quittierten Ausfertigung durch den Gerichtsvollzieher[23].

2. Teilleistungen[24] hat der Gerichtsvollzieher trotz § 266 BGB anzunehmen[25], zu quittieren (→ Rdnr. 8) und auf der Ausfertigung zu vermerken; sie ist dann nicht auszuhändigen, auch wenn nur Vollstreckung dieses Teils beantragt war[26] oder der Rest erst später fällig wird wie z.B. bei wiederkehrenden Leistungen.

3. Ist bei **mehreren Schuldnern** der eine zur Leistung, der andere zur Duldung verurteilt, §§ 737, 748 Abs. 2, so ist die Ausfertigung dem Leistenden auszuhändigen[27]. Ist bei *anteiliger* Haftung gegen jeden Schuldner eine besondere Ausfertigung erteilt, so gebührt jedem die seinen Teil betreffende Ausfertigung nebst Quittung[28]. Andernfalls bleibt die Ausfertigung, wenn die Schuldner sich über ihren Verbleib nicht anderweit einigen, unter Vermerk der einzelnen Leistungen bei den Akten und die Schuldner erhalten nur Quittungen[29]. Der Gläubiger muß sich nicht mehrere Teilausfertigungen besorgen, damit jeder Teilschuldner

---

[13] *AG/LG München* DGVZ 1990, 76.
[14] Zust. *Arnold* (Fn. 2) Rdnr. 24; i.E. auch *Messer* Die freiwillige Leistung usw. (1966) 101f. A.M. *Zöller/Stöber*[18] Rdnr. 2 (auch dann nur § 775 Nr. 4).
[15] → § 775 Rdnr. 32.
[16] Auch bei Scheckkarte, denn hier geht es um Empfang, nicht um Sicherheit; vgl. § 106 Nr. 3 mit Nr. 2 GVGA. Die Deckung durch Scheckkarte soll auf der Quittung vermerkt werden *Arnold* (Fn. 2) Rdnr. 26 mwN.
[17] → § 814 Rdnr. 12ff.
[18] → § 754 Rdnr. 8 Fn. 74.
[19] *Rosenberg/Gaul*[10] § 26 II 2; *Stöber* (Fn. 14) Rdnr. 6; *Baur/Stürner*[11] Rdnr. 244.
[20] → § 775 Rdnr. 2.
[21] Zust. *Arnold* (Fn. 2) Rdnr. 14f.; *Stöber* (Fn. 14) Rdnr. 6.
[22] → Rdnr. 8.

[23] *Stöber* (Fn. 14) Rdnr. 6; für Hinterlegung *Wieczorek*[2] § 754 Anm. B III a; für beides zur Wahl des GV *Arnold* (Fn. 2) Rdnr. 16. Anders noch 20. Aufl. (Rückgabe an Gläubiger).
[24] Auch ZV-Kosten *LG Lüneburg* DGVZ 1981, 116; *Stöber* (Fn. 14) Rdnr. 8; *Arnold* (Fn. 2) Rdnr. 36 gegen *LG Stuttgart* ZZP 71 (1958)l, 284: nur gesonderte Quittung.
[25] Wegen der Verrechnung nach §§ 366f. BGB → § 754 Rdnr. 1b a.E.
[26] → besonders zur Verhaftung → § 900 Rdnr. 24.
[27] Zust. *Arnold* (Fn. 2) Rdnr. 22.
[28] Allg.M.
[29] *Wieczorek*[2] Anm. A II; *Baumbach/Hartmann*[52] Rdnr. 2; a.M. *Arnold* (Fn. 2) mwN: Aushändigung an den, der den Rest leistet.

seine erhalten kann. Leistet ein *Gesamtschuldner* alles allein, so erhält er die Ausfertigung. Leisten mehrere Gesamtschuldner zu Teilen auf ein und dieselbe Ausfertigung, so bleibt diese, falls sich nicht alle Gesamtschuldner anderweit einigen, auch dann bei den Akten, wenn die Schuld ganz getilgt ist[30]; denn auf die Auslieferung hat nur Anspruch, wer voll geleistet hat, arg. Art. 39 WechselG. Vollstreckt derselbe Gerichtsvollzieher aufgrund unterschiedlicher Ausfertigungen gegen Gesamtschuldner, so erhält nur der vollständig Leistende die gegen ihn gerichtete Ausfertigung[31]. Auch Teilleistungen sind nur dem Leistenden, nicht den anderen Gesamtschuldnern zu quittieren → Rdnr. 7a vor § 803.

6   4. Über die Erteilung einer zweiten Ausfertigung, wenn die erste zu Unrecht übergeben wurde oder die Leistung einem Dritten herauszugeben ist, → § 733 Rdnr. 3 zu c. In solchen Fällen darf der GV den Leistungsvermerk auf der ersten Ausfertigung weder durchstreichen noch berichtigen[32].

7   5. Besondere Gebühren erhält der Gerichtsvollzieher für diese Nebengeschäfte nicht, §§ 1, 36 GVKG, Nr. 1 III f GVKostGr.

8   II. Die **Quittung** kann auf der Ausfertigung erteilt werden, wenn diese auszuhändigen ist; sonst muß sie besonders erteilt werden, z. B. bei Teilzahlung, Zahlung durch Scheck oder Wechsel[33]. Sie ist eine öffentliche Urkunde, § 418[34]; die Durchschrift nimmt der Gerichtsvollzieher zu den Akten. Daß der Schuldner auch eine Quittung des Gläubigers selbst verlangen kann, Abs. 2, folgt aus §§ 368 f. BGB. Wegen der Aushändigung von Wechseln → § 726 Rdnr. 18. Nach Leistung eines *Dritten* sind diesem und dem Schuldner Quittungen darüber zu erteilen, da der Schuldner wegen § 775 Nr. 4, der Dritte aus den Gründen → Rdnr. 3 ein berechtigtes Interesse daran haben können[35]. Die Quittung hat Art und Herkunft der Leistung, bei Unterhalt auch den Zeitraum anzugeben, für den geleistet ist[36]. Vermerke des Gerichtsvollziehers, wie Teilleistungen zu verrechnen sind und wie hoch der Restbetrag ist, können nicht verlangt werden[37]; wohl aber sind bei freiwilligen Leistungen etwaige Tilgungsbestimmungen (§ 366 Abs. 1, § 367 Abs. 2 BGB) anzugeben.

9   III. Alleiniger **Rechtsbehelf** ist bei Verstößen gegen § 757 Abs. 1 die Erinnerung, mit der allerdings der Gläubiger eine Rückgabe der dem Schuldner übergebenen Ausfertigung durch den Schuldner nicht erzwingen kann[38]; Ansprüche gegen den *Gläubiger* nach §§ 368 f. BGB sind durch Klage zu verfolgen.

---

[30] § 106 Nr. 4 GVGA; *Arnold* (Fn. 2) Rdnr. 20.
[31] Die anderen Ausfertigungen nur nach Zustimmung des Gläubigers *Arnold* (Fn. 2) Rdnr. 19; denn sie sind nicht verbraucht. Verwahrung oder Hinterlegung (→ Fn. 23) **dieser** Ausfertigungen scheidet daher aus, a. M. *Arnold* aaO.
[32] Zust. *Stöber* (Fn. 14) Rdnr. 10; *Arnold* (Fn. 2) Rdnr. 38. Aber die Wirkung des Vermerks entfällt, wenn nach Vorlegung des Urteils gemäß § 771 die weitere Ausfertigung erteilt wird (§ 733).
[33] *Höppner* KKZ 1991, 67.
[34] KG OLGRsp 10, 391 (offengelassen für freiwillige Leistung), zugleich zur Löschungsfähigkeit (§ 29 Abs. 1 S. 2 GBO); Näheres *Eickmann* DGVZ 1978, 145.
[35] *Arnold* (Fn. 2) Rdnr. 27.
[36] *LG Berlin* DGVZ 1969, 132.
[37] *LGe Hannover, Lüneburg, Bad Kreuznach* DGVZ 1979, 72 f.; 1981, 117; 1991, 117; *Arnold* (Fn. 2) mwN auch zur Gegenansicht. Verrechnung nach §§ 366 f. BGB hat der GV nur zu überprüfen, soweit davon eine **beantragte** ZV abhängt, z. B. Zinsen oder Kosten → § 754 Rdnr. 1 a, 1 b.
[38] Hier nur wie → § 733 Rdnr. 3, *Stöber* (Fn. 14) Rdnr. 12.

§ 758 [Durchsuchung; Gewaltanwendung]

(1) Der Gerichtsvollzieher ist befugt, die Wohnung und die Behältnisse des Schuldners zu durchsuchen, soweit der Zweck der Vollstreckung dies erfordert.
(2) Er ist befugt, die verschlossenen Haustüren, Zimmertüren und Behältnisse öffnen zu lassen.
(3) Er ist, wenn er Widerstand findet, zur Anwendung von Gewalt befugt und kann zu diesem Zwecke die Unterstützung der polizeilichen Vollzugsorgane nachsuchen.

Gesetzesgeschichte: Bis 1900 § 678 CPO. Neubekanntmachung BGBl. 50 I 535.

I. Allgemeines; Durchsuchung (Abs. 1) 1	b) dabei vorgenommene ZV-Akte 21
1. Durchsuchungserlaubnis 2	c) Durchsuchungsanordnung als solche 23
Durchsuchungsbegriff 3	II. Umfang der Durchsuchungs- und Öffnungsbefugnis (Abs. 1, 2) 25
Gefahr im Verzug 4	1. Gemeinsame Räume und Behältnisse 26
a) Zuständigkeit, Antrag 5	2. Räume in Fremdgewahrsam 28
b) Rechtliches Gehör 7	3. »Wohnung« und »Behältnis« 29
2. Entbehrlichkeit der Erlaubnis 9	4. Öffnung von Behältnissen (Abs. 2) 31
a) für Räumung, Verhaftung	III. Gewalt gegen Widerstand (Abs. 3) 32
b) wegen Einwilligung 10	IV. Anwesenheitsrecht des Gläubigers 33
3. Rechtsschutzbedürfnis 13	V. Kosten 36
4. Verfahren, Voraussetzungen 15	
5. Beschluß, Inhalt, Zustellung, Vorzeigung 17	
6. Pfändung für weitere Gläubiger 18	
7. Erlöschen der Erlaubnis 19	
8. Rechtsbehelfe gegen 20	
a) unzulässige Durchsuchung 20	

I. Allgemeines; Durchsuchung (Abs. 1)

§ 758 regelt die **Zwangsbefugnisse des Gerichtsvollziehers** für dessen gesamten Funktionsbereich innerhalb der Zwangsvollstreckung, ebenso § 287 AO für Vollziehungsbeamte. Daß rasch und energisch, aber doch mit tunlichster Schonung[1] zu vollstrecken ist, haben die Dienstvorschriften sicherzustellen. Im Vordergrund steht die **Durchsuchung nach Abs. 1**.   1

1. Nach Art. 13 Abs. 2 GG darf die nach § 758 Abs. 2 erlaubte **Durchsuchung der Wohnung nebst Arbeits-, Betriebs- und Geschäftsräumen des Schuldners**[2] gegen dessen Willen[3] nur stattfinden, wenn sie entweder durch den Richter zugelassen oder wegen Gefahr im Verzug geboten ist[4]. Diese neben den rechtsstaatlichen Schutzmechanismen der ZPO unnötige, verzögernde und zulasten des Schuldners kostentreibende Regelung sollte geändert und bis dahin nicht durch unnötig weite Auslegung verstärkt werden[5].   2

Durchsuchung ist das ziel- und zweckgerichtete Suchen staatlicher Organe nach Personen oder Sachen, um etwas aufzuspüren, was der Wohnungsinhaber von sich aus nicht offenlegen   3

---

[1] *BGH* LM Nr. 2 zu § 808 = ZZP 70 (1957) 251 = BB 1957, 163 = DGVZ 91.
[2] Näheres → Rdnr. 29. Daß Räume dem Geschäftsverkehr eröffnet sind, erlaubt noch keine Durchsuchung.
[3] Zur Einwilligung → Rdnr. 10 f.
[4] BVerfGE 51, 114 = NJW 1979, 1539 = BB 954 = DB 1405 = DGVZ 115 = JZ 637 = MDR 606 = Rpfleger 250.

Gilt auch für Hilfsvollstreckungen *LG Memmingen* Büro 1990, 532.
[5] Vgl. *OLG Köln* NJW 1980, 1532; *E. Schneider* NJW 1980, 2385; *Bischof* ZIP 1983, 522; *Werner* DGVZ 1986, 68; *Münzberg* Rpfleger 1986, 487; *Holch* ZRP 1990, 4; *Zöller/Stöber*[18] Rdnr. 3; *Thomas/Putzo*[18] Rdnr. 2.

Münzberg VIII/1994

oder herausgeben will⁶. **Betreten** der Wohnung ist folglich noch keine Durchsuchung⁷, ebensowenig dort vorgenommene Amtshandlungen ohne Durchsuchungscharakter⁸; daher auch nicht eine *Pfändung* der dort ohne weiteres sichtbaren Sachen⁹, z.B. des PKW in der Garage; denn dies ist kein »Aufspüren« eines Umstandes, den der Schuldner »geheimhalten« will¹⁰. Sie beeinträchtigt zwar das Vermögen, nicht aber das durch Art.13 Abs. 2 geschützte Gut und ist auch – ebenso wie das Betreten¹¹ – weder unzulässiger »Eingriff« noch »Beschränkung« gemäß Art.13 Abs. 3 GG¹². Zur Abholung gepfändeter Sachen → Rdnr. 11, 19.

4   Ob **Gefahr im Verzug** ist, prüft der Gerichtsvollzieher selbst; seine Beurteilung ist richterlich nachprüfbar¹³. Sie ist nicht schon bei jeder Weigerung oder Abwesenheit des Schuldners anzunehmen¹⁴, wohl aber dann, wenn die Verzögerung durch vorherige Einholung der Anordnung den Erfolg der Durchsuchung gefährden würde¹⁵, etwa bei akuten Anzeichen für Vollstreckungsvereitelung, unmittelbar bevorstehendem Umzug oder Ausreise von Ausländern¹⁶; → auch Fn. 50. Nachträglicher gerichtlicher Bestätigung bedarf es dann nicht. Beim Vollzug einstweiliger Verfügungen oder von Arrestbefehlen immer Gefahr im Verzug anzunehmen, geht zu weit¹⁷, wiewohl bei solchen ohne mündliche Verhandlung erwirkten zugleich besondere Eile geboten sein kann; es kommt auch hier auf konkrete Anhaltspunkte für eine Gefährdung an¹⁸. → aber zur Anhörung Rdnr. 7 f.

---

⁶ *BVerfG* JZ 1987, 834 = NJW 2499 = DGVZ 156 = WM 1021; *BVerwGE* 47, 37 = NJW 1975, 131 = JR 169; *OLG Hamburg* NJW 1984, 2898 f.

⁷ *BVerwG* (Fn. 6); *BFH* BStBl 1989, 55 = NJW 855; *LG München I* DGVZ 1984, 118 f.; *Maunz/Dürig* (1984) Art.13 GG Rdnr. 13, 22 a; *Rößler* NJW 1979, 2137; *MünchKomm-Arnold* (1992) Rdnr. 40 mwN auch zur Gegenansicht. Zunächst ebenso, dann aber unklar *BVerfG* (Fn. 6). → auch Rdnr. 25, 29. Dogmatisch unsauber u. teilweise widersprüchlich ist jene Rsp, die zunächst richtig »Durchsuchungszweck« verneint für den Zugang zu fest installierten Sachen, dann doch die Anordnung für nötig hält, sie aber im Herausgabetitel sieht, z.B. *LG Berlin* DGVZ 1988, 118; 1992, 11 je mwN. → dagegen 20. Aufl. § 883 Rdnr. 20 ff., § 885 Fn. 42. – Zur gewaltsamen Öffnung → Rdnr. 31.

⁸ *BVerwG* (Fn. 6) u. zur Entstehungsgeschichte *BVerwGE* 28, 286 = NJW 1968, 563; *BFH* (Fn. 7): Zahlungsaufforderung u. Vorzeigen des Titels. *BVerfG* (Fn. 6) definiert nicht, welche Art von Handlungen in der Wohnung schon als Durchsuchung anzusehen sind, erwähnt aber a.E. immerhin nicht weitere Pfändungen, sondern »Durchsuchung anderer Räume und Behältnisse«.

⁹ Denn auf sie trifft zu, daß der Schuldner sie »nicht offenlegen will, *BFH* (Fn. 7), zust. *Harenberg*, DGVZ 1989, 84. Einschränkend *Werner* (Fn. 5) mit *Rößler* (Fn. 7): Pfändung nur solcher Sachen, deren Standort der GV kenne. Zulässig ist Taschenpfändung in Räumen des Schuldners ohne gewaltsame Öffnung *OLG Köln* (Fn. 5); *Seip* DGVZ 1979, 168; denn durchsucht wird nicht seine «Wohnung» (anders § 107 Nr. 9 S. 2 GVGA); zur Wohnung Dritter → Fn. 149. – A.M. *Dagtoglou* JuS 1975, 75, 756 u. in Überdehnung der Definition → z.B. *VG Köln* NJW 1977, 825; *Arnold* (Fn. 7) Rdnr. 41, obwohl er aaO Rdnr. 33 Betreten u. Pfändung in **fremden** Räumen unter gleichen Voraussetzungen zutreffend gestatten will, folglich dem Schuldner mehr Schutz zubilligt als Dritten!

¹⁰ Vgl. *BVerfG* (Fn. 8); a.M. *LG Berlin* DGVZ 1992, 11 (für jeden sichtbaren PKW auf Gelände des Schuldners).

¹¹ *BFH* (Fn. 7) mwN.

¹² *Jarass/Pieroth*² Art.13 Rdnr. 10 (Behördenbesichtigung u. -betretungsrecht); *Arnold* (Fn. 7) Rdnr. 32. Dort sind gewichtigere Eingriffe als ein kurzer Aufenthalt unter Inbesitznahme von Sachen gemeint, wie die aufgezählten Erlaubnisgründe zeigen. S. auch die Zweifel des *BVerfG* NJW 1987, 2501 zu 2 b (»polizeirechtliche Ausrichtung dieser Vorschrift«).

¹³ *Maunz/Dürig/Herzog* GG (Stand XII/1992) Art.13 Rdnr. 14; *v. Münch/Pappermann* GG³ Art.13 Rdnr. 26 sehen darin einen Ermessensbegriff, *v.Münch/Kunig*⁴ Rdnr. 26 einen unbestimmten Rechtsbegriff. Die Gründe sind im Protokoll (§ 762) festzuhalten *Behr* DGVZ 1980, 54; *Bischof* Rbeistand 1987, 115 f.

¹⁴ *AG Geldern* NJW 1977, 1244; *van den Hövel* NJW 1993, 2031; *Seip* NJW 1994, 354; a.M. *AG Schorndorf* DGVZ 1983, 126; *Behr* NJW 1992, 2136 (Weigerung ohne nähere Begründung).

¹⁵ *BVerfGE* 51, 111 (Fn. 4); § 107 Nr. 4 GVGA, so auch der geplante § 758 a Abs. 1 S. 2 (BR-Drucks. 134/54). Je folgenschwerer der drohende Schaden ist, desto geringer sind die Anforderungen an den Wahrscheinlichkeitsgrad, *BVerwGE* (Fn. 6).

¹⁶ *LG Kaiserslautern* DGVZ 1986, 62 f.; *Seip* DGVZ 1979, 99; *Behr* (Fn. 13), 54; *Bischof* (Fn. 13). Auch Umzug an bekannte Adresse, da erhöhte Gefahr einer Abzweigung von Mobiliarteilen an anderen Ort (so *OLG Karlsruhe* DGVZ 1992, 41), darüber hinaus aber erfahrungsgemäß auch eines Verlustes gerade wertvoller Sachen besteht.

¹⁷ *OLG Karlsruhe* DGVZ 1983, 139; *LG Düsseldorf* DGVZ 1985, 60 f. (einstweilige Verfügung aufgrund mündlicher Verhandlung); *AG Detmold* DGVZ 1983, 189. (Fn. 13) 115 f. → auch Fn. 18. – A.M. *AG Mönchengladbach-Rheydt* DGVZ 1980, 94; *Mümmler* Büro 1979, 1569; *Behr* (Fn. 13) 54; *Kleemann* DGVZ 1980, 3 f.; *E. Schneider* (Fn. 5), 2377 f.; *Herdegen* 1982, 368.

¹⁸ *OLG Karlsruhe* (Fn. 17), *Bischof* (Fn. 13) 115 f.; *Arnold* (Fn. 7) Rdnr. 56. Abstrakte Gefahr eines Beiseiteschaffens von Pfändbarem bedeutet noch nicht »Gefahr im Verzug« *BVerfG* (Fn. 4).

a) Die **Erlaubnis** ist bei dem analog §§ 761 Abs. 1 zuständigen **Richter am Amtsgericht**[19] 5
einzuholen, so auch der geplante § 758a Abs. 1 S. 1 (BR-Drucks. 134/94). Dies gilt auch für
die Vollstreckung nach § 66 Abs. 4 SGB-X[20]. Prozeßgerichte sind dafür nicht zuständig[21].
Jedoch sind Beschlüsse unzuständiger Richter, z.B. eines nach der Geschäftsverteilung nicht
für Anordnungen nach § 761 vorgesehenen Vollstreckungsgerichts, wirksam, → auch
Rdnr. 27 Fn. 141.

Der **Antrag** ist vom Gläubiger selbst zu stellen[22]; Gerichtsvollzieher können zwar als 6
Bevollmächtigte handeln[23], sind hierzu aber weder verpflichtet noch aus eigenem Recht
befugt[24]. Ob der Richter vollmachtloses Handeln »in Eilfällen« zuläßt[25], steht daher entsprechend § 89 in seinem pflichtgemäßen Ermessen[26]. Erteilt er nicht sofort die Erlaubnis, so hat
der Gläubiger das Verfahren zu führen, auch wenn der Gerichtsvollzieher den Antrag gestellt
hatte.

b) Dem Schuldner ist zwar grundsätzlich vor der Entscheidung **rechtliches Gehör** zu 7
gewähren[27] vom Gericht, nicht nur vom Gerichtsvollzieher[28]. Davon kann aber abgesehen
werden, wenn dem *Erfolg* der Vollstreckung *durch die Anhörung* Gefahr droht[29], worüber zu
befinden »dem richterlichen Ermessen im Einzelfall überlassen bleibt«, wobei er »nicht
gehindert ist, allgemeine Erfahrungssätze zu berücksichtigen«[30].

Hiervon zu unterscheiden sind Gefahren, die allein schon aus einer Verzögerung durch die richterliche 8
Anordnung (d.h. auch ohne Anhörung) drohen und daher die Durchsuchungserlaubnis von vornherein
entbehrlich machen[31]. In **Eilfällen** (§§ 936, 930) muß dies nicht immer der Fall sein. Denn die Erlaubnis
kann zuweilen rasch genug erlangt werden, falls eine Anhörung mit Fristsetzung unterbleibt. Soweit man
freilich vorherigen Vollstreckungsversuch verlangt → Rdnr. 13, kann ein Unterlassen der Anhörung
kaum allein auf das »**Überraschungsmoment**« gestützt werden[32], und die Gefahr eines Beiseiteschaffens
von Pfändbarem läßt sich auch nicht einfach aus einer Nichtöffnung der Wohnungstür oder der Verweigerung einer Durchsuchung ohne Anordnung folgern[33]. Der gestattete Rückgriff auf allgemeine Erfahrungssätze bedeutet daher nicht, daß die Anhörung schon im Regelfall unterbleiben dürfte[34], sondern der
Gläubiger hat gefahrbegründende Umstände grundsätzlich darzulegen und aus dem Beschluß muß die

---

[19] *BVerfG* (Fn. 4) a.E. Ebenso § 287 Abs. 4 AO für die Abgabenvollstreckung; für Bußgeldbescheide s. *BGH* NJW-RR 1986, 286; *VGH Mannheim* NJW 1986, 1190. Ebenso für sonstige öffentlich-rechtliche Titel vorbehaltlich abweichenden Landesrechts, z.B. für Geldforderungen bayerischer Gemeinden (Kammervorsitzender der Verwaltunggerichte) *BayVGH* NJW 1983, 1077.
[20] *LG Duisburg* Rpfleger 1982, 192 (Schriftl. mwN).
[21] *Rosenberg/Gaul*[10] § 26 III 3a; *Schubert* MDR 1980, 367; vgl. auch *BVerfG* (Fn. 4) zu 3b. – A.M. *Langheid* MDR 1980, 22f.
[22] § 107 Nr. 3 GVGA; *LGe Koblenz, Hannover* DGVZ 1981, 24; 1983, 154; *Behr* (Fn. 13); *Seip* (Fn. 16) 101; *Bischof* (Fn. 13) 139 mwN.
[23] *Brox/Walker*[4] Rdnr. 328. *Kleemann* (Fn. 17) 3, *E. Schneider* (Fn. 5) 2382 u. *Werner* (Fn. 5) 71 sehen vertretbar die Vollmacht schon im ZV-Auftrag. Unklar *Baumbach/Hartmann*[52] Rdnr. 3 (Vermengung der Zitate). Bedenken wegen der »Neutralität« des GV – so *LG Hannover* DGVZ 1983, 154; *Gaul* (Fn. 21) § 26 III 3e aa mwN – sind angesichts etlicher Rechtsgeschäfte, die GV im Namen der Gläubiger vorzunehmen haben (→ § 753 Rdnr. 2a), zurückzustellen, zumal der Richter entscheidet.
[24] *LGe Bamberg* DGVZ 1989, 152f. u. *Hannover* (Fn. 22); *Frank* Büro 1983, 805 (aber Vertretung u. Handeln im eigenen Namen vermengend). – A.M. (auch ohne Auftrag, falls entgegenstehender Wille des Gläubigers nicht bekannt) *Mümmler* (Fn. 17) 1570. De lege ferenda für Antragsrecht des GV *Jesse* DGVZ 1993, 85.

[25] *Baur/Stürner*[11] Rdnr. 92; *Stöber* (Fn. 5) Rdnr. 17; *AK-ZPO-Schmidt-von Rhein* Rdnr. 1.
[26] → § 89 Rdnr. 1, 13f.
[27] *BVerfGE* 57, 346 (359) = NJW 1981, 2111; dazu *Hansens* Büro 1987, 179ff. mwN auch zu früheren Gegenmeinungen.
[28] *LG Hannover* Büro 1986, 1417 = DGVZ 62 gegen *Cirullies* DGVZ 1986, 179.
[29] Worunter bereits die Gefährdung eines besonderen Interesses an baldigem Erfolg verstanden werden muß; denn wäre der »Erfolg« wie bei »Gefahr im Verzug« zu verstehen, dann wäre schon die Erlaubnis unnötig, *Bittmann* BB 1982, 1082.
[30] *BVerfGE* 57, 359 (Fn. 27); *LG Kaiserslautern* DGVZ 1986, 63.
[31] → Rdnr. 4.
[32] *LG Bamberg* (Fn. 24); *Bittmann* BB 1982, 1081. So aber *LG Berlin* DGVZ 1993, 173 u. viele AGe, z.B. *AG Gelsenkirchen* DGVZ 1989, 15; vgl. Schriftleitung DGVZ 1988, 28.; *Bischof* (Fn. 13) 136 mwN.
[33] Da Gläubiger kaum »Ausnahmen« (Gefahrlosigkeit) vortragen würden, unterbliebe die Anhörung so gut wie immer entgegen *BVerfG* (Fn. 27), *LG Darmstadt* DGVZ 1987, 86f.; *VGH München* NJW 1984, 2482. – A.M. *Stöber* (Fn. 5) Rdnr. 19.
[34] *Bittmann* (Fn. 32) 1082. So aber *KG* Büro 1976, 1734 = NJW-RR 1987, 126; *LG Berlin* DGVZ 1988, 26f.; *Bischof* (Fn. 13) 136 mwN.

Ausübung des Ermessens ersichtlich sein[35]. – Aber der Verfahrensmangel kann durch nachträgliche Anhörung geheilt werden[36].

9   2. Die Durchsuchungserlaubnis ist **entbehrlich** (→ aber Rdnr. 13):

a) für Räumungen einschließlich der dabei vorgenommenen Sachpfändungen[37], für **Verhaftungen des Schuldners**[38], zumindest soweit sie und etwa dabei durchgeführte Pfändungen ohne Durchsuchung erfolgen[39], ferner für Urteile oder einstweilige Verfügungen, die den Zutritt des Gläubigers zwecks Vornahme von Handlungen erlauben[40]. Nach dem geplanten § 758a Abs. 2 ist dessen Abs. 1 (→ Rdnr. 5) auf Räumungen, Herausgabe von Räumen und Verhaftungen nach § 901 Abs. 1 nicht anzuwenden, also ohne Rücksicht darauf, ob der Schuldner nur mittels Durchsuchung aufzufinden ist. Wegen § 883 → dort Rdnr. 20 ff. Beschlüsse nach § 761 gestatten entgegen verbreiteter Meinung[41] keine Durchsuchung[42]; ebensowenig Entscheidungen, die eine Erinnerung oder Beschwerde des Schuldners gegen Vollstreckungsmaßnahmen des Gerichtsvollziehers zurückweisen, ohne eine Durchsuchung zu erwägen[43]. Hingegen ist die richterliche Zurückweisung einer auf Art. 13 GG gestützten Einwendung als Durchsuchungserlaubnis anzusehen[44], freilich ohne Rückwirkung für schon vorgenommene Durchsuchungen[45]. → auch Rdnr. 27 Fn. 141.

10   b) Einer Anordnung bedarf es nicht im Falle der Einwilligung. Sie kann stillschweigend geschehen, was aber noch nicht durch Öffnung für den allgemeinen Verkehr der Fall ist[46], und bei Abwesenheit des Schuldners auch durch vertretungsberechtigte oder das Hausrecht selbst ausübende Dritte erklärt[47] und in des Schuldners Namen verweigert[48] werden; zur Verweigerung Dritter aus eigenem Recht → Rdnr. 26 f. Die Einwilligung gilt auch für die Abholung und kann zwar nicht auf einzelne gleichzeitig pfändende Gläubiger oder bestimmte Gegenstände[49], aber *auf bestimmte Räume beschränkt*[50] werden; → auch Rdnr. 34 zur Verweigerung des Gläubigerzutritts.

---

[35] *LGe Koblenz, Köln, Frankfurt* DGVZ 1982, 91 f.; Büro 1988, 535 f.; NJW-RR 1987, 1344 (gekürzt in MDR 1987, 943).

[36] *KG* (Fn. 34); *LGe Hannover* (Fn. 28), *Frankfurt* (Fn. 35), *Bochum* DGVZ 1983, 167 f.

[37] → § 885 Rdnr. 6, ähnlich die Begr BR-Drucks. 134/94 S. 43–45 (a. M. *OLG Bremen* Rpfleger 1994, 77 mwN für Zuschlagsbeschluß, was praktisch auf Titelüberprüfung hinausläuft); *Behr* NJW 1992, 2127; *Werner* (Fn. 5) 69 f.; jetzt auch *Jauernig* ZwVR[19] § 8 II 3. Insoweit nicht eindeutig (obiter) *BVerfG* NJW 1993, 2037 = FamRZ 1295 zu II: Schutzbereich des Art. 13 GG wird durch Räumung »berührt«, was bei Auslegung des einfachen Rechts zu beachten ist; dies schließt jedenfalls die obige Auslegung nicht aus. – Die Beschränkung der h. M. auf Titel, die mit Räumung oder Wohnung im Zusammenhang stehen, vgl. *Arnold* (Fn. 7) Rdnr. 59 mwN, läßt sich nicht plausibel aus dem Zweck des Art. 13 GG begründen.

[38] Bei Vorführungen nach § 372a Abs. 2, § 380 Abs. 2 nur Suche nach der Person *LG Münster* DGVZ 1983, 57 f.

[39] → § 909 Rdnr. 4–7 u. zum Schutz Dritter aaO Rdnr. 8 f. Für Durchsuchung *LG Darmstadt* DGVZ 1992, 74 f. mwN.

[40] *BVerfG* (Fn. 8), das jedoch bei **gewaltsame Öffnung** wegen der Schwere des Eingriffs vorheriges Gehör bei Schaffung des Titels verlangt (dort einstweilige Verfügung ohne Anhörung); *OLG Köln* NJW-RR 1988, 832 (»Stromzähler«); *AG Heidelberg* DGVZ 1986, 189. → aber § 892 Rdnr. 2, falls das zu duldende Verhalten auf Durchsuchung hinausläuft.

[41] *Behr* (Fn. 37) 2128; *Bischof* (Fn. 13) 116.

[42] *LG Stuttgart* DGVZ 1981, 11; *Stöber* (Fn. 5) § 761 Rdnr. 7.

[43] *BVerfGE* 16, 239, 241 = Rpfleger 1963, 341 = DGVZ 198 dürfte überholt sein (obwohl *BVerfG* → Fn. 4 das offenläßt); *KG* Büro 1983, 1424 = DGVZ 72; *Gaul* (Fn. 21); *Stöber* (Fn. 5) Rdnr. 21; *Arnold* (Fn. 7) Rdnr. 44. – A. M. *Cirullies* Büro 1984, 662.

[44] Vgl. z. B. *LG Berlin* DGVZ 1983, 11.

[45] *BVerfG* (Fn. 4) a. E.

[46] *LG Düsseldorf* DGVZ 1981, 115 f.; *Schubert* (Fn. 21) 367; *E. Schneider* (Fn. 5) 2380; *Frank* (Fn. 24) 804; *Bischof* (Fn. 13) 135; *Arnold* (Fn. 7) Rdnr. 47 mwN auch zur Gegenansicht, die ausdrückliche Einwilligung verlangt.

[47] Zutreffend betont *Arnold* (Fn. 7) Rdnr. 46 f., daß der Personenkreis, welcher wirksam einwilligen kann, enger ist als jener, der wirksam widersprechen kann. Unergiebig die Begr BR-Drucks. 134/94 S. 42. – Weitergehend § 107 Nr. 1 S. 1, Nr. 2 GVGA: der »Angetroffene«; *E. Schneider* (Fn. 5) 2383; *Behr* (Fn. 13) 55 (Personenkreis des § 759); *Mümmler* (Fn. 17) 188; wohl zu weit (auch verständige Kinder) *Weimar* DGVZ 1980, 137. – A. M. (nur Schuldner) *Kleemann* (Fn. 17) 6.

[48] *LGe Nürnberg-Fürth, Berlin* DGVZ 1989, 14; 1990, 137; *Hartmann* (Fn. 23) Rdnr. 7; a. M. *AG Elmshorn* DGVZ 990, 28 (abl. Schriftleitung).

[49] Dann wäre sie unwirksam *Arnold* (Fn. 7) Rdnr. 50; *Frank* (Fn. 24) 807; *Thomas/Putzo*[18] Rdnr. 8; a. M. *Kühne* DGVZ 1979, 146.

[50] Genügt das nicht für die ZV, so ist eine Anordnung nötig.

Sie kann in jedem Stadium des Vollstreckungsverfahrens **widerrufen** werden[51], ohne daß 11
dadurch allerdings Rechtmäßigkeit und Rang der bis dahin vorgenommenen Pfändungsakte
berührt werden[52]. Wurde also *ohne* Anordnung, aber mit Einwilligung gepfändet, so wird im
Falle eines Widerrufs für die Abholung eine Anordnung erforderlich[53]. Zur Abholung aufgrund früherer *Anordnung* → aber Rdnr. 19.

Eine *Belehrung* über das Recht zur Verweigerung der Durchsuchung ist zwar nicht formell 12
erforderlich[54], aber in der Regel zu empfehlen, da die Einwilligung nur wirksam ist, wenn der
Schuldner sich über die Tragweite des Eingriffs ausreichend im klaren ist[55].

3. Ein **Rechtsschutzbedürfnis** für Durchsuchungsanordnungen ist stets gegeben, wenn ein 13
Vollstreckungsgericht – auch zu Unrecht – eine solche verlangt[56]; → auch Rdnr. 34. Es darf
auch nicht mit der Begründung verneint werden, Gefahr sei im Verzug, da die Verzögerung
nur verstärkt würde. Es wird von der **h.M. verneint**, solange dem Schuldner nicht die
Möglichkeit zur Einwilligung gegeben wurde[57]. Deshalb müsse eine Durchsuchung vom
Schuldner oder einer dazu befugten Person verweigert worden sein, wobei wiederholte
Abwesenheit einer Weigerung gleichkommen könne[58]; auch das wird zuweilen (teils zusätzlich, teils statt des zweiten Versuchs) nur bejaht, a) wenn der Termin angekündigt worden
war[59] oder eine schriftliche Aufforderung vorausgegangen war, sich mit dem Gerichtsvollzieher wegen einer Terminvereinbarung in Verbindung zu setzen[60], b) wenn mindestens einmal
ein Versuch nach § 761 gescheitert war[61], c) wenn in den Fällen der Abwesenheit der Titel
schon vorher zugestellt war[62].

So werden unnötige Hürden errichtet, statt es richtigerweise Gläubigern zu überlassen, ob sie im 14
Benehmen mit dem Gerichtsvollzieher, der oft das Verhalten von Schuldnern einzuschätzen weiß, die
Chance einer raschen Vollstreckung für höher halten, wenn sie eine **vorsorgliche Durchsuchungserlaubnis** (dann freilich in der Regel mit Anhörung[63]) erwirken, wie der EuGH sie in vergleichbaren Fällen
bedenkenlos zugelassen hat[64]. Zumindest ist die Anordnung schon zulässig, wenn aufgrund bisherigen

---

[51] *Frank* (Fn. 24); *Stöber* (Fn. 5) Rdnr. 8; wenig verläßlich (aber entgegen Mitt. der Bundesnotarkammer DNotZ 1981, 347 nicht unzulässig) daher die Aufnahme in Titel gemäß § 794 Abs. 1 Nr. 1, 5. Schikanöser Widerruf kann aber Gefahr im Verzug begründen: *Gaul* (Fn. 21) § 26 III 3 b mwN; *Arnold* (Fn. 7) Rdnr. 52. → dazu Rdnr. 4.

[52] *Kühne* (Fn. 49).

[53] *E. Schneider* (Fn. 5) 2381 mwN; *Arnold* (Fn. 7) Rdnr. 52. *Werner* (Fn. 5) 70 will darauf abstellen, ob die Sache noch an derselben Stelle stehe.

[54] *E. Schneider* (Fn. 5) 2383; *Brendel* DGVZ 1982, 179 f.; *Bischof* (Fn. 13) 137 mwN; a.M. *Hartmann* (Fn. 23) Rdnr. 8 mwN; *Jauernig* (Fn. 37). Der GV hat aber die Gründe der Verweigerung zu erfragen, § 107 Nr. 2 GVGA.

[55] *Frank* (Fn. 24) 806; *Gaul* (Fn. 21) § 26 III 3 c; *Stöber* (Fn. 5) Rdnr. 8.

[56] *OLG Köln* (Fn. 40).

[57] *OLG Köln* DGVZ 1986, 151 f.; *OLG Bremen* NJW-RR 1989, 1407 = DGVZ 40; *LGe Dortmund, Itzehoe, Aachen* DGVZ 1985, 170; 1988, 63; 1993, 55; *Wochner* NJW 1979, 2509 f.; *Brox/Walker*[4] Rdnr. 329.

[58] *OLG Bremen* (Fn. 57); *LGe Frankfurt, Aachen* DGVZ 1980, 24 f.; 1989, 172; nach *LG Berlin* DGVZ 1988, 74 = Büro 665 muß der GV einmal von den mindestens zwei Versuchen zu einer Zeit erscheinen, zu der auch Berufstätige zu Hause sind, zust. *LG Berlin* DGVZ 1990, 25. *Hartmann* (Fn. 23) Rdnr. 6 läßt nicht einmal wiederholte Abwesenheit genügen, während *LG Hamburg* DGVZ 1993, 178 einen gescheiterten Versuch dann ausreichen läßt, wenn Transportmittel bereitzustellen sind. Krit. *Barz/Elmenthaler/Krohn/Riecke* DGVZ 1993, 177. – Ist laut Titel dem **Gläubiger** Zutritt zu gewähren, so genügt es, daß er selbst dies mehrfach versucht hat *OLG Köln* (Fn. 40).

[59] *OLG Celle* Rpfleger 1987, 73; *LG Frankfurt* (Fn. 58).

[60] *LGe Berlin, Aachen* DGVZ 1989, 70, 172 (letzteres mit schiefer Berufung auf *OLG Bremen* → N.57, das nur den GV zu erneutem Versuch anwies); *LG Mannheim, AG Kassel* DGVZ 1990, 60 f.

[61] *LG Dortmund* DGVZ 1985, 170 f. Dagegen richtig *LGe Kiel, Zweibrücken, Lübeck, Oldenburg* DGVZ 1980, 25, 158; 1981, 25 f.; 1983, 58; *Bischof* (Fn. 13) 137 mwN.

[62] *LG Ithehoe* (Fn. 57); *Gaul* (Fn. 21) § 26 III 1 a (»regelmäßig«). Dagegen mit Recht *LGe Marburg, Berlin* DGVZ 1988, 30 u. 74 = Büro 665; *Stöber* (Fn. 5) Rdnr. 20; *Arnold* (Fn. 7) Rdnr. 69. Denn »gleichzeitige« Zustellung, § 750 Abs. 1, muß möglich bleiben, bis der Schuldner endlich angetroffen wird, u. Abwesenheit bedeutet nicht Fiktion einer Zutrittsverweigerung. → auch Rdnr. 15 Fn. 68.

[63] Insoweit a.M. *Jauernig* (Fn. 37). Das »Überraschungsmoment« würde hier durch Anhörung kaum weniger beeinträchtigt als durch die jetzt h.M. → Rdnr. 8 Fn. 32; a.M. *Gaul* ZZP 105 (1992) 425 f. gegen *meinen* Vorschlag de lege ferenda aaO 423 f.

[64] So (ohne zusätzliche Voraussetzungen) Slg. 1989, 2920 = NJW 1989, 3082 (Nr. 32) zu Art.14 Abs. 6 der VO Nr. 17, obwohl dessen Wortlaut vorherigen Widerspruch zu verlangen scheint; dazu *Münzberg* in Wege zu einem europäischen Zivilprozeßrecht (1992) 79 f.; de lege ferenda ZZP 105 (1992) 423; ähnlich *Jauernig* (Fn. 37);

§ 758 I   Erster Abschnitt: Allgemeine Vorschriften

Verhaltens des Schuldners mit Widerspruch zu rechnen ist[65] oder ein vergeblicher Vollstreckungsversuch nach §756 unverhältnismäßig teuer käme[66]. Ergeht aber ohnehin eine Anordnung gegen den Schuldner, so besteht auch ein Rechtsschutzbedürfnis zur Erstreckung auf dem Gläubiger bekannte Mitbewohner, mögen sie auch noch nicht widersprochen haben, → dazu Rdnr. 26 f.

15   4. Das **Verfahren** gleicht jenem des § 761. Der Gläubiger trägt die *Darlegungs- und Beweislast*, freilich nicht für Umstände aus der Sphäre des Gegners, die ausnahmsweise einer Durchsuchung entgegenstehen. Für Anordnungen ohne Anhörung sowie Umstände prognostischer Art[67] reicht Glaubhaftmachung aus. **Vollstreckungsvoraussetzungen** prüft ohnehin der Gerichtsvollzieher. Dennoch erwähnt das BVerfG (nur obiter, daher ohne Bindung nach § 31 BVerfGG) eine Nachprüfung »bestimmter förmlicher und materieller Voraussetzungen« durch den Richter, weshalb die h. M. den Nachweis sämtlicher Vollstreckungsvoraussetzungen schon bei der Entscheidung verlangt[68]. Das ist jedoch bedenklich hinsichtlich solcher Voraussetzungen, die laut Gesetz durch den Gerichtsvollzieher auch noch vor Ort erfüllt werden dürfen, z.B. »gleichzeitige« Zustellung nach § 750 Abs. 1, Nachweise gemäß § 751, tatsächliches Anbieten der Gegenleistung nach § 756[69], und wäre vollends inkonsequent, wenn man vorsorgliche Anordnungen zuließe → Rdnr. 14. Auch abgesehen davon dürfen keinesfalls die §§ 929 Abs. 3, 936 auf diese Weise »ausgehebelt« werden. Einstweilige Einstellung oder vereinbarter Vollstreckungsaufschub[70] stehen dem Erlaß der Anordnung entgegen, nicht aber ein unbeschiedener Antrag, da sonst ein Aufschub im Belieben des Schuldners stünde[71].

16   Die Anordnung muß nach BVerfG **verhältnismäßig** sein[72]. Soweit sich dies nicht schon folgerichtig aus Abs. 1 ergibt (ebenso wie die Durchsuchung selbst muß auch die Erlaubnis vom Zweck der Vollstreckung gedeckt sein), handelt es sich praktisch um eine Vorwegnahme der Gründe des § 765 a, an denen man sich daher orientieren sollte[73]. Verhältnismäßigkeit kann z.B. zu verneinen sein bei schwerer Krankheit des Schuldners oder eines Familienangehörigen[74] oder wenn die Räume erst kürzlich vergeblich durchsucht worden waren[75], es sei denn, dem Gläubiger würde in einem Verfahren nach § 807 erneute Fruchtlosigkeitsbescheinigung abverlangt. Die Durchsuchung von Geschäftsräumen kann daher auch beschränkt werden auf Zeiten, in denen unnötiges Aufsehen vermieden wird. Bei Anordnungen gegen **Dritte** verdienen deren besondere Belange mehr Rücksicht als jene des Schuldners → Rdnr. 26 Fn. 134. Der Verhältnismäßigkeitsgrundsatz zwingt jedoch Gläubiger nicht, Rechtspfändungen, Offenbarung oder Immobiliarvollstreckung der Durchsuchung vorzuziehen[76], zumal diese den Schuldner u.U. härter treffen können[77]. Art und Umfang des Titels spielen

---

[65] *Schilken* Rpfleger 1994, 141; *Stöber* (Fn. 5) Rdnr. 17; zugleich zur bisher abl. Rsp *Bischof* (Fn. 5) 528 f. (aber unnötig die Eventualfassung, da Beschluß im Falle der Einwilligung niemandem schadet). Hingegen wären vorsorgliche Anordnungen durch Prozeßgerichte (so *Langheid* → N.21) nur de lege ferenda möglich u. entsprächen wohl nur im Falle kurzer Befristung der Konzeption des BVerfG.
[65] *KG* NJW 1986, 1181 (a. E.); *Gaul* (Fn. 21) § 26 III 3e aa; *Hartmann* (Fn. 23) Rdnr. 6; *Mümmler* (Fn. 17). Zu eng *Arnold* (Fn. 7) Rdnr. 69 a. E.
[66] *E. Schneider* (Fn. 5); *Stöber* (Fn. 5) Rdnr. 20.
[67] → z. B. Rdnr. 8, 11 Fn. 51, Rdnr. 14 Fn. 65 f.
[68] *BVerfGE* (Fn. 4); *OLG Oldenburg* DGVZ 1991, 172 (Annahmeverzug für § 756, → aber auch Rdnr. 14 Fn. 66); *LGe Düsseldorf* MDR 1983, 238, *München* DGVZ 1983, 43; *Lübeck* Büro 1980, 1263; *Itzehoe* (Fn. 57); *LG Berlin* (Fn. 62); *E. Schneider* (Fn. 5) 2382; *Bischof* (Fn. 13) 139 mwN; a. M. *LG Marburg* DGVZ 1982, 30.
[69] Richtig *LG Marburg* DGVZ 1982, 30 für Zustellung.

[70] Vgl. *BFH* BStBl 1980, 86 f.
[71] *BFH* BStBl 1980, 401 (dort Aussetzung der Vollziehung).
[72] *BVerfGE* (Fn. 4, 27). Krit. *E. Peters* FS für F. Baur (1981) 549 ff.; *Jauernig* (Fn. 37). Insoweit mit Recht gegen Bindungswirkung nach § 31 BVerfGG *Gaul* (Fn. 21) § 26 III 3e cc mwN; *Jauernig* aaO; *Arnold* (Fn. 7) Rdnr. 14.
[73] *E. Peters* (Fn. 72) 556.
[74] *BVerfGE* (Fn. 4); *LG Hannover* DGVZ 1984, 116; *Wieser* ZZP 98 (1985), 78 f. Aber nicht, wenn kranke Familienangehörige ohne weiteres aus der Wohnung gebracht werden können *LG Hannover* NJW-RR 1986, 288 = DGVZ 1985, 171.
[75] *LGe Frankfurt* (Fn. 58) u. *Berlin* (Fn. 44); *E. Schneider* (Fn. 5) 2384; *Bischof* (Fn. 5) 531.
[76] Auch für Anordnungen gegen Dritte gibt es solche Subsidiarität nicht, insoweit richtig *Arnold* (Fn. 7) Rdnr. 23.
[77] *OLG Düsseldorf*, *KG* NJW 1980, 1171; 1982, 2326 f.; *LG Koblenz* MDR 1983, 238; *Gerhardt* ZZP 95

insoweit keine Rolle[78]; sein Inhalt darf nicht in Frage gestellt werden[79]. Auch für *Bagatellforderungen* sind Durchsuchungen grundsätzlich zumutbar[80]. Wegen des Verhältnisses zu § 761 → Rdnr. 13 Fn. 61.

5. Der stattgebende **Beschluß** hat die Lage der zu durchsuchenden Räume zu bezeichnen[81]. Er muß den Vollstreckungsantrag benennen, falls er nicht mehrere Vollstreckungen erlauben soll[82], ist (kurz) zu begründen[83], in der Regel (höchstens auf wenige Monate) *zu befristen*, weil die Verhältnisse sich ändern können[84], und kann zusätzlich die Erlaubnis nach § 761 aussprechen. Er wird ohne Rücksicht auf Zustellung wirksam, arg. § 761 Abs. 2[85], muß dem angehörten *Schuldner* nicht vor der Durchsuchung zugestellt werden[86] und bedarf auch keiner vorherigen Ankündigung[87]. Dem *Gläubiger* ist er mitzuteilen, falls dieser nicht zwecks Beschleunigung unmittelbar um Übersendung an den von ihm benannten Gerichtsvollzieher gebeten hatte; diesem sollte der Beschluß zusätzlich mitgeteilt werden, falls er namens des Gläubigers den Antrag gestellt hatte. Eine zumindest beglaubigte Abschrift (besser Ausfertigung) ist bei der Durchsuchung den Angetroffenen vorzuzeigen (so auch der geplante § 758a Abs. 4), bei Abwesenheit des Schuldners in der Wohnung zu belassen[88]. Zur Zustellung ablehnender oder den Antrag unterschreitender Beschlüsse an den Gläubiger s. § 329 Abs. 2, 3. 17

6. Für das Aufsuchen und die gleichzeitige[89] **Pfändung** weiterer Gegenstände **für andere Gläubiger ohne Erlaubnis** bedarf es keiner zusätzlichen Durchsuchungsanordnung, falls dies – wie in der Regel[90] – keine Durchsuchung *weiterer Räume oder Behältnisse* erfordert[91]. Unerheblich ist, ob der Gerichtsvollzieher deshalb einige Minuten länger benötigt[92], zumal dann das Erfordernis zusätzlicher Anordnung auch davon abhängen würde, ob der Schuldner wegen der weiteren Pfändungen verzögernde Schwierigkeiten macht. Denn die Durchsuchung ändert durch weitere Pfändungen nicht ihren beeinträchtigenden Charakter[93] und Art.13 Abs. 2 GG schützt nur den durch die erlaubte Durchsuchung ohnehin beeinträchtigten 18

(1982) 485; *Peters* (Fn. 72) 556 f., *Münzberg* DGVZ 1988, 83, 87; a.M. *Behr* (Fn. 13) 52.
[78] *Peters* (Fn. 72) 550; *Gerhardt* (Fn. 77); a.M. *LG Frankfurt* MDR 1980, 323 = DGVZ 23.
[79] BVerfGE (Fn. 4, 27).
[80] OLG Düsseldorf NJW 1980, 1171; LG Konstanz NJW 1980, 297; *Peters* (Fn. 72) 551; *Münzberg* (Fn. 77) 81, 83; *Gaul* (Fn. 21) § 26 I 1 c mwN; *Jauernig* (Fn. 37). – A.M. LG Hannover DGVZ 1986, 93 u. Büro 1987, 932; *Bischof* (Fn. 5) 531; *Frank* (Fn. 24) 809. BVerfG (Fn. 4) hält hier Unverhältnismäßigkeit für möglich.
[81] *Stöber* (Fn. 5) Rdnr. 21; »Blankoerlaubnis« unzulässig BGHZ 82, 261 (271) = NJW 1982, 755 f. (a. E.) zu § 18 GeschlKrG.
[82] → Rdnr. 19.
[83] KG DGVZ 1983, 72; LG Köln (Fn. 35); *Stöber* (Fn. 5) Rdnr. 21 mwN.
[84] BFH (Fn. 71) = NJW 2096 (L). *Bischof* (Fn. 13) 138: i. d.R. drei Monate; s. aber auch den Fall KG (Fn. 34): 6 Monate.- Vorteil: → Rdnr. 19. Die Frist wird nicht allein durch Wiederherstellung einer aufgehobenen Erlaubnis im Beschwerdeweg verlängert, KG (Fn. 65).
[85] *Arnold* (Fn. 7) Rdnr. 82.
[86] Arg. § 761 Abs. 2; BFH (Fn. 71) 402; AG Hamburg Rpfleger 1980, 395; *Hansens* (Fn. 27) 1569; zuweilen wirkt sich vorherige Zustellung freilich günstig aus, *Cirullies* (Fn. 28) 178.

[87] LG Berlin DGVZ 1988, 26.
[88] BFH (Fn. 71) 402; LG Zweibrücken DGVZ 1980, 27.
[89] Sie ist vorteilhafter als die rangschlechtere Anschlußpfändung, die einer Durchsuchung von vornherein nicht bedarf, → § 826 Rdnr. 5 Fn. 21.
[90] GV wählen ohnehin pflichtgemäß die (im Hinblick auf Versteigerungswert u. wahrscheinliche Freiheit von Drittrechten) »sichersten« Sachen aus, indem sie alle Räume durchsuchen.
[91] Auf solche »weitergehenden Maßnahmen« stellt BVerfGE (Fn. 6) ab, die »zwangsläufig« zu längerem Verweilen führen, nicht **allein** auf das Zeitmoment; weitergehend *Bittmann* DGVZ 1985, 163 f. (»bei Gefahr im Verzug« für die Gläubiger ohne Durchsuchungserlaubnis, was das BVerfG aaO leider nicht in Betracht gezogen hat). – A.M. früher LG Augsburg Rpfleger 1986, 267 (»nicht rechtmäßig«, s. dagegen *Münzberg* (Fn. 5) 486 zu III 2).
[92] Zöge man die Zeitgrenzen so eng, würden neue Durchsuchungserlaubnisse u. Kosten drohen, da sich die anderen Gläubiger mit rangschlechter Anschlußpfändung nicht zufrieden geben müssen (Verfassungsschutz als Bumerang!), *Arnold* (Fn. 7) Rdnr. 89.
[93] Anders etwa, wenn ein Beschluß den Zweck einer Suche nach Beweismitteln ungenügend begrenzt u. dadurch die Durchsuchung erweitert wird, BVerfG NJW 1976, 1735 f.

§ 758 I Erster Abschnitt: Allgemeine Vorschriften

Hausfrieden, nicht die allen Gläubigern haftenden Sachen[94]. Die Pfändung der »mitlaufenden« Gläubiger ist daher weder fehlerhaft noch erleidet sie nach § 878 Rangnachteile[95].

19 7. Die **Durchsuchungserlaubnis erlischt** nach einmalig gelungener Durchsuchung mit oder ohne Erfolg[96], falls der Beschluß nicht weitere Durchsuchungen erlaubt, was im Zweifel bei Befristung anzunehmen ist[97]; gescheiterte Versuche zählen dabei nicht[98]. Für die *Abholung der Sachen* wirkt die für Pfändungen angeordnete Erlaubnis fort → Rdnr. 23 a. E., nicht jedoch für Nachpfändungen anderer Sachen[99]. Sie erlischt mit *Fristablauf*[100] sowie dann, wenn der *Schuldner die Wohnung wechselt*[101]. Eine erneute Durchsuchung darf in der Regel erst sechs Monate später durchgeführt werden[102].

20 8. **Rechtsbehelfe bezüglich Durchsuchung:** Hier ist zu unterscheiden zwischen Anfechtung a) der Durchsuchung, b) der dabei vorgenommenen Vollstreckungsakte, c) der Durchsuchungserlaubnis.

a) Erinnerung nach § 766 steht Gläubigern gegen eine Weigerung des *Gerichtsvollziehers*, ohne Anordnung tätig zu werden, ebenso zu wie Schuldnern und Dritten gegen vom Vollstreckungszweck (Abs. 1) nicht gedeckte Durchsuchungshandlungen und **unzulässige Durchsuchungen ohne Anordnung**[103]. Vollstreckungsrechtlich sind solche Erinnerungen freilich nur sinnvoll, solange solche Fehlgriffe noch drohen[104]; andernfalls mag höchstens wegen der Subsidiarität der Verfassungsbeschwerde noch ein Rechtsschutzbedürfnis bestehen[105].

21 b) **Vollstreckungsakte, die bei Durchsuchung ohne Erlaubnis des Richters bzw. ohne Einwilligung des Schuldners geschehen,** sind nach h. M. gemäß § 766 anfechtbar[106]; geht es um *Pfändungen,* so sollen sie je nach Belieben des Schuldners (!) entweder durch dessen Genehmigung (aber im Rang nach korrekt vorgegangenen Gläubigern) geheilt oder nach § 766 aufgehoben werden[107]; nach anderer Ansicht soll nur ihr Rang im Wege der Anfechtung (ohne Aufhebung) nach dem Zeitpunkt bestimmt werden, an dem ohne Erlaubnis hätte vollstreckt werden können[108]. Ob das auch gelten soll, wenn zwar aufgrund richterlicher Erlaubnis, aber unnötig extensiv durchsucht wurde (Abs. 1) und ob es darauf ankommen soll, daß eine Pfändung gerade darauf beruht oder schon vorher abgeschlossen war, bleibt dabei unklar.

---

[94] *LG München II* DGVZ 1985, 46; 1987, 123 f.; *Werner* (Fn. 5) 72; *Münzberg* (Fn. 5) 486 zu IV; *Gaul* (Fn. 21) § 26 III 3 e aa.

[95] *Münzberg* (Fn. 5) 486; zust. *Gaul* (Fn. 21) § 26 III 3 c mwN u. insoweit richtig *LG Augsburg* (Fn. 91).

[96] (Verbrauch) *LGe Baden-Baden, Bad Kreuznach* DGVZ 1988, 42; 1989, 139; *LG Frankfurt* (Fn. 35); *Bischof* (Fn. 13) 138 mwN.

[97] *BFH* ZIP 1980, 690; *LG Zweibrücken* MDR 1980, 62; *Bischof* (Fn. 13) 138 mwN; *Gaul* (Fn. 21) § 26 III 3 e dd.

[98] *LG Baden-Baden* (Fn. 96); *E. Schneider* (Fn. 5) 2384; *Bischof* (Fn. 13) 138; *Stöber* (Fn. 5) Rdnr. 24.

[99] *E. Schneider* (Fn. 5) 2385; *Bischof* (Fn. 13) 138; *Arnold* (Fn. 7) Rdnr. 86. Zur Abholung ohne Durchsuchungsanordnung gepfändeter Sachen → aber Rdnr. 11 Fn. 53. – A. M., falls der GV den Standort des Pfandguts nicht mehr angeben könne oder dieses sich nicht mehr am selben Ort in der Wohnung befinde, *Behr* (Fn. 37) mwN.

[100] *KG* (Fn. 34).

[101] *LG Köln* DGVZ 1985, 91; *Brendel* (Fn. 54) 181; *Gaul* (Fn. 21) § 26 III 3 d; *Arnold* (Fn. 7) Rdnr. 88. Krit. *Bischof* (Fn. 13) 138.

[102] *LG Hannover* Büro 1987, 1568.

[103] *Bischof* (Fn. 13) 140; *Arnold* (Fn. 7) Rdnr. 93.

[104] → § 766 Rdnr. 37; z. B. weil die ZV noch nicht beendet ist u. der GV darauf beharrt, er dürfe Durchsuchungen ohne Anordnung wiederholen. Hält man mit der h. M. die während der rechtswidrigen Durchsuchung vorgenommenen ZV-Akte für erfolgreich anfechtbar → Fn. 106, so fehlt erst recht ein Bedürfnis für die Anfechtung bereits abgeschlossener Durchsuchungen.

[105] *BVerfG* (Fn. 4). Jedoch räumt *BVerfG* (Fn. 8) zu II 2 ein, daß einfach-rechtlich die »Erledigung der Hauptsache« eingetreten sein kann, wenn die Handlung schon durchgeführt war. Zum in der Regel fehlenden Fortsetzungsfeststellungsinteresse sogar im Bereich des § 113 Abs. 1 Nr. 4 VwGO *VGH München* NVwRZ-RR 1993, 621.

[106] *AG München* DGVZ 1980, 191; *Noack* aaO 35; *E. Schneider* (Fn. 5) 2385; *Wieczorek/Schütze*[2] Anm. E; *Brox/Walker*[4] Rdnr. 331; *Gaul* (Fn. 21) § 26 III 3 e cc; *Arnold* (Fn. 7) Rdnr. 95. Offengelassen von *KG* (Fn. 65).

[107] *Gaul* (Fn. 21) § 26 III 3 e dd mwN; *Arnold* (Fn. 7) Rdnr. 95 f. Ebenso zu § 761 *Henckel* JZ 1992, 654. – A. M. *Bruns/Peters*[3] § 20 III 2 d bb.

[108] So *Stöber* (Fn. 5) Rdnr. 9. Rangkorrekturen entgegen § 804 Abs. 3 kennt aber die ZPO nur in § 878 → dort Rdnr. 34; zudem wären sie hier ungerecht, → den folgenden Text.

Dieser Ansatz ist verfehlt, gerade auch im Bereich der §§ 803f.[109]. Denn damit wird der **Wohnungsschutz** des Art.13 Abs. 2 GG zweckwidrig in einen verfassungsrechtlich nicht angezeigten **Vermögensschutz** für Schuldner und konkurrierende Gläubiger verkehrt[110]: Während für eine (allein folgerichtige) Amtshaftung zweifelhaft ist, ob überhaupt ein rechtlich anzuerkennender Vermögenschaden entstand[111], gewährt man dem Schuldner eine Art (meist nur immateriellen) Schadensersatz, indem man dem Gläubiger das Pfandrecht oder dessen Rang nimmt[112], obwohl dieser den Fehler des Gerichtsvollziehers genausowenig zu verantworten hat wie seine Konkurrenten, denen entgegen dem Zweck des § 804 durch die nachträgliche Aufhebung der angeblich »fehlerhaften« Pfändung unverdient der Vorrang zufällt. **Die Erlaubnis zur Durchsuchung ist aber – ebenso wie jene nach § 761 – nicht »Pfändungsvoraussetzung«, sondern ausschließlich Voraussetzung für das Aufsuchen von Pfändbarem. Fehlerhaftes Aufsuchen ist daher noch nicht fehlerhaftes Pfänden.** Die Pfändung ist daher nicht aufzuheben. Überdies sind Rechtmäßigkeit und Wirksamkeit voneinander unabhängige Kategorien und es besteht kein Grundsatz unserer Rechtsordnung, daß Rechtswidrigkeit des Mittels unweigerlich zur Unwirksamkeit des Ergebnisses führen müßte[113]. 22

c) Die Durchsuchungserlaubnis ergeht i.w.S. »im Vollstreckungsverfahren«, mag auch weder ihre Ablehnung noch ihr Erlaß schon »Vollstreckungsmaßnahme« sein[114]. Schon deshalb scheidet § 567 aus[115] zugunsten **§ 793** für *Gläubiger*[116] und *angehörte Schuldner*[117]. Unterblieb aber die Anhörung → Rdnr. 7, so muß sie auf Erinnerung gemäß § 766 in gleicher Instanz nachgeholt werden[118], weil die Belange des Schuldners zwar von Amts wegen[119], aber nur beschränkt berücksichtigt werden konnten[120]. Gleiches gilt für nicht gehörte Dritte[121]. Für Anfechtung und Aufhebung der *Anordnung* besteht ein Bedürfnis, solange *diese* als solche noch fortwirken kann, z.B. für die Abholung[122]. 23

---

[109] Im Bereich des § 883 müßte die h.M. folgerichtig dem Gläubiger die Sache wieder geben, wäre nicht die ZV beendet; andernfalls müßte der GV die weggenommene, aber dem Gläubiger noch nicht abgelieferte Sache entgegen dem Titel dem Schuldner zurückgeben!

[110] Richtig *Bruns/Peters* (Fn. 107).

[111] In aller Regel wäre die Anordnung ohnehin erteilt worden mit den gleichen Folgen, vgl. dazu *H. Lange* Schadensersatz² § 4 XII 2ff., insbesondere einerseits 5b mit Fn. 113, andererseits 5e, f aaO. Selbst wenn man den Einwand rechtmäßigen Alternativverhaltens (bejahend *MünchKommBGB-Grunsky*³ Rdnr. 90b) nicht gelten ließe wegen des Gewichts der Rechtsverletzung (greift der Präventions-u. Sanktionsgedanke gegenüber einem fahrlässig handelnden Gläubiger, obwohl der Schuldner im Verzug dem Gläubiger den Wert seines pfändbaren Vermögens vorsätzlich vorenthält?), käme ein Vermögensschaden im Falle einer Geldpfändung kaum in Betracht, weil sie den Schuldner vom titulierten Anspruch befreit, bei Sachpfändungen höchstens insoweit, als der Erlös hinter dem Verkehrswert zurückbleibt. Auch der Ersatz solchen Schadens wäre noch zweifelhaft, vgl. zur »hypothetischen Kausalität« BGH NJW 1994, 1000 (II 1c: Gegenüber einer Kabelschädigung wäre der Anspruch auf Kabelbeseitigung zu berücksichtigen gewesen).

[112] Immateriell deshalb, weil so gut wie immer nur konkurrierende Gläubiger davon profitieren. Besonders deutlich zu erkennen ist der von *Arnold* (Fn. 7) § 761 Rdnr. 28 gegebenen Begründung.

[113] Gutgläubiger Erwerb beruht z.B. meist auf rechtswidrigem Verhalten u. bleibt doch unanfechtbar gültig. Vgl. auch zu rechtswidrig erlangten Beweismitteln (Abwägung statt schlichter Gleichsetzung von Rechtswidrigkeit und Unverwertbarkeit) BGH NJW 1982, 277.

[114] OLGe Hamm, Koblenz NJW 1984, 1972 = MDR 411 = DGVZ 72; Rpfleger 1985, 496 = Büro 1892 = MDR 64; *Cirullies* Büro 1984, 1297 Fn. 1.

[115] A.M. *Stöber* (Fn. 5) Rdnr. 25; auf stattgebende Beschlüsse träfe § 567 aber von vornherein nicht zu.

[116] *Bischof* (Fn. 13) 140; *Gaul* (Fn. 21) § 26 III 3e dd; *Jauernig* (Fn. 37); *Arnold* (Fn. 7) Rdnr. 91; *Hartmann* (Fn. 23) Rdnr. 26. → auch § 761 Rdnr. 3; A.M. (§766) *Wieczorek*² Anm. E; s. dagegen *Wieser* Rpfleger 1988, 296 (zu § 761). – Zum Beschwerderecht des GV → § 793 Rdnr. 4a.

[117] Insoweit ganz h.M. für Schuldner OLGe Hamm, Koblenz (Fn. 114); *Arnold* (Fn. 7) Rdnr. 91; *Hartmann* (Fn. 23) Rdnr. 26 mwN; auch für § 287 Abs. 4 AO KG NJW 1986, 1181 = Rpfleger 142; für Gläubiger OLG Stuttgart NJW-RR 1987, 759.

[118] KG (Fn. 117); OLG Stuttgart (Fn. 117) mwN; LGe Arnsberg, Düsseldorf, Karlsruhe, Bad Kreuznach NJW 1984, 499; MDR 1985, 62; NJW-RR 1986, 550; DGVZ 1988, 139f.; *Hansens* (Fn. 27) 181; *Hartmann* (Fn. 23) Rdnr. 26; *Jauernig* (Fn. 37). MünchKommZPO-*K. Schmidt* § 766 Rdnr. 20 befürwortet gleichwohl § 793.

[119] Deshalb stets für § 793 OLGe Hamm, Koblenz (Fn. 114); OLG Saarbrücken Rpfleger 1993, 146; *Cirullies* (Fn. 114) 1299; *Frank* (Fn. 24); *Brox/Walker*⁴ Rdnr. 331, 1184. So im Ergebnis auch noch → 20. Aufl. § 761 Rdnr. 3 (freilich ohne Hervorhebung von Anhörung ausgehend).

[120] Vor allem ohne den Schutz der §§ 139, 278 Abs. 3, falls zur Protokoll der GV zur Verfügung stand, u. nur dann, wenn ihm überhaupt Einwendungen genannt wurden. OLG Hamm (Fn. 114) mißt dem geringe Bedeutung bei u. stellt Unkenntnis des Gerichts dem Verschweigen eines angehörten Schuldners gleich (bedenklich).

[121] KG Rpfleger 1986, 392 = NJW-RR 1000; *Arnold* (Fn. 7) Rdnr. 92.

[122] → Rdnr. 19; LG Gießen DGVZ 1993, 142. Insoweit richtig KG (Fn. 65). Bei Erledigung während Anhängigkeit gilt § 91a entsprechend.

24 Die h.M. läßt diese Anfechtung aber auch noch **nach vollständigem Verbrauch und Fristablauf der Anordnung** zu[123]. Damit wird, beeinflußt vom Gewicht des Verfassungsrechts[124], den Entscheidungen nach §§ 766, 793 eine Genugtuungsfunktion aufgepropft, indem man sie auf prozessual Überholtes richtet, anstatt sie auf die Kontrolle noch fortwirkender Maßnahmen zu beschränken[125], z. B. Fruchtlosigkeitsbescheinigungen oder Pfändungen. Deren Anfechtbarkeit kann aber wiederum nicht davon abhängen, ob die Durchsuchungserlaubnis »aufgehoben« wurde, sondern nur von eigener Fehlerhaftigkeit, die aber nicht gegeben ist: Existent gewordene richterliche Erlaubnisse nach Art. 13 Abs. 2 GG **wirken** nämlich auch dann sofort konstitutiv, wenn sie fehlerhaft sind. Daher war die *Durchsuchung* trotz des richterlichen Fehlers nicht nur prozessual zulässig, sondern auch **verfassungsgemäß**, also nicht anders, als hätte der Schuldner eingewilligt, und rückwirkend kann ihr diese Eigenschaft durch Aufhebung ebensowenig genommen werden wie einer Einwilligung durch nachträglichen Widerruf[126], ebenso wie abgeschlossene rechtmäßige Handlungen nicht nachträglich rechtswidrig werden können. Folglich sind auch die dabei erzielten Ergebnisse (Pfändung, Feststellung der Pfandlosigkeit) nicht rückwirkend fehlerhaft. Die h.M. kommt also praktisch auf eine »Feststellung« früherer Rechtslagen hinaus, was bisher bei den §§ 766, 793 zutreffend abgelehnt wurde[127], und darüber hinaus entbehrt solche Feststellung jeglicher Erheblichkeit, zumal auch Amtshaftung des Richters wegen § 839 Abs. 2 BGB ausscheidet.

II. Umfang der Durchsuchungs- und Öffnungsbefugnis

25 Er wird durch den »Zweck der Vollstreckung« begrenzt; gemeint ist nur die in die Kompetenz des Gerichtsvollziehers fallende Vollstreckung einschließlich der Hilfspfändungen → §§ 821 Rdnr. 4, 829 Rdnr. 80, 830 Rdnr. 13, 836 Rdnr. 15, 17, 857 Rdnr. 103. Zur Einsicht in andere Schriftstücke → § 806 a Rdnr. 8. Abs. 1 beschränkt die Vollstreckung nicht auf die Wohnung. Sie ist überall dort zulässig, wo der Schuldner oder dessen Sachen (vgl. § 809) betroffen werden, und das bloße Betretungsrecht des Gerichtsvollziehers wird hier nicht ausdrücklich geregelt, sondern im Gewahrsamsbereich des Schuldners als selbstverständlich vorausgesetzt. Abs. 1 besagt nur, daß der Gerichtsvollzieher *auch* zu einer **Durchsuchung der Wohnung und der Behältnisse des Schuldners**, also auch eines zur Duldung Verurteilten[128], befugt ist. Ob der Gerichtsvollzieher öffentlich-rechtliche Verbote zu beachten hat, ist nach der Natur der betreffenden Vorschriften zu beurteilen[129].

26 1. Um Räume und Behältnisse des Schuldners i. S. d. § 758 handelt es sich auch dann, wenn er oder sein Besitzdiener (§ 855 BGB) sie **gemeinsam mit Dritten,** etwa Familienangehörigen, Untermietern, Lebensgefährten oder Mitbewohnern bewohnt bzw. besitzt[130]. Insoweit sind

---

[123] *Arnold* (Fn. 7) Rdnr. 91 mwN; *BFH* BStBl 1977 II, 183 = NJW 975; BStBl 1980 II, 658 = DB 2120 = ZIP 690 u. *LG Köln* (Fn. 35): Rechtsschutzbedürfnis liege schon allein im Verstoß gegen Art.13 GG (s. dagegen *BGH* NJW 1990, 2759f. zur strafprozessualen Hausdurchsuchung mwN). Ferner *KG* (Fn. 34) u. *LG Düsseldorf* DGVZ 1985, 152: weil Schuldner später gegen die Fruchtlosigkeitsbescheinigung vorgehen könnte (aber diese ist als solche anfechtbar → § 766 Rdnr. 38, § 900 Rdnr. 35); *LG Köln* (Fn. 35): wegen Auswirkungen auf Pfändung (die aber bereits angefochten war!); *LG Bad Kreuznach* (Fn. 118): wenn neue Durchsuchungserlaubnis drohe (?); *Hartmann* (Fn. 23) Rdnr. 26. – A.M. *LG Baden-Baden* DGVZ 1988, 42; *VGH Mannheim* NVwZ-RR 1991, 591; *LG Frankfurt* (Fn. 35).

[124] *BVerfG* (Fn. 27) ist, was oft übersehen wird, insoweit nicht unmittelbar einschlägig, als dort die Durchsuchung **ohne** Anordnung geschah u. erst **nachträglich** gerichtlich »gebilligt« wurde; *BVerfGE* 42, 212 = NJW 1976, 1735 (zu § 102 StPO) läßt freilich noch nachträglich Verfassungsbeschwerde zu.

[125] → § 766 Rdnr. 38. Richtig *OLG Karlsruhe* Justiz 1988, 72; *LGe Frankfurt, Baden-Baden* (Fn. 35 u.

Fn. 123); auch *VGH Mannheim* (Fn. 123) verneint Rechtsschutzbedürfnis wegen Erledigung. Zur strafprozessualen Überholung *BGH* (Fn. 123).

[126] Wer dennoch Rückwirkung annimmt, müßte folgerichtig rückwirkende Anfechtung der Einwilligung entsprechend §§ 119, 123, 142 BGB zulassen.

[127] → § 766 Rdnr. 37. Richtig *LG Frankfurt* (Fn. 35); *VGH Mannheim* (Fn. 123), da § 113 Abs. 1 S. 4 nur Verwaltungsakte betrifft. Vgl. auch zu § 28 Abs. 1 S. 4 EGGVG *BGH* (Fn. 123): Fehlen konkreter Wiederholungsgefahr.

[128] → Rdnr. 1 vor § 704, Rdnr. 7ff. vor § 735.

[129] Vgl. *LG Frankfurt a.d.O.* JW 1927, 1439 (Viehseuchensperrung); *KG* DGVZ 1931, 390 (Verkehrsbehinderung); *Wieczorek*² Anm. A III. Ein Verstoß kann nicht nach § 766 gerügt werden.

[130] *OLG Stuttgart* Justiz 1981, 79f. (Schlafstelle); *LGe Lübeck, Wiesbaden, Koblenz, Hannover, München I* u. *Hamburg* DGVZ 1981, 25f. u. 61; 1982, 90; 1983, 23f.; 1984, 117f.; 1985, 116 = NJW 72 mwN; *OVG Lüneburg* NJW 1984, 1369, *VG Darmstadt* NJW 1987, 1283; *E. Schneider* (Fn. 5) 2380; *Arnold* (Fn. 7) Rdnr. 24; *Erchinger* Probleme bei der ZV gegen die Partner einer

Gewahrsam an Raum (arg. § 886) oder Behältnis streng zu trennen vom Gewahrsam an der zu pfändenden Sache, und es handelt sich bei der Durchsuchung oder Öffnung zwar *nicht* um »Zwangsvollstreckung gegen Dritte« i. S. d. § 750[131], wohl aber um in ihren Wohnbereich eingreifende hoheitliche Maßnahmen, die sich aus Vollstreckungsrecht (§ 758) ergeben[132]. Ob jedoch wegen eines erklärten oder zu erwartenden Widerspruchs des Mitbewohners eine **Durchsuchungserlaubnis gegen sie** erforderlich wird, ist eine vom einfachrechtlichen Anwendungsbereich des § 758 zu trennende, allein aus Art. 13 GG zu beantwortende Frage. Sie ist bei gemeinsamer Benutzung zu verneinen für Behältnisse[133], aber **entgegen h. M.** zu bejahen für Räume. Denn es handelt sich um die »Wohnung« *auch* der Mitbewohner, und Art. 13 GG unterscheidet nicht zwischen »Schuldner und Dritten«; ihr verfassungsrechtlicher Schutz darf somit nicht geringer[134], sondern muß eher stärker sein als jener des Schuldners. Es geht daher nicht an, dem Schuldner von vornherein den Schutz des Art. 13 GG zu gewähren, Dritten aber erst nachträglich gemäß §§ 766, 793 (so aber BR-Drucks. 134/94 S. 49), so daß § 758a Abs. 3 nF, der die verfassungsrechtliche Duldungspflicht Dritter einfach an die Einwilligung des Schuldners oder an eine gegen diesen ergangene Anordnung knüpft, einer Verfassungsbeschwerde kaum standhalten dürfte. Folglich sind Anordnungen gegen Mitbewohner, die weder elterlicher Sorge des Schuldners unterliegen noch dessen Besitzdiener sind, unter gleichen Voraussetzungen wie beim Schuldner unentbehrlich[135] und, soweit § 758 als Ermächtigungsgrundlage die Durchsuchung einfachrechtlich erlaubt, zulässig[136].

Da das Betreten der gemeinsamen Räume einschließlich der Zugänge[137] ohne Durchsuchungserlaubnis zulässig ist[138], genügt freilich eine gegen den Schuldner ergangene Anordnung, wenn die **Durchsuchung** wegen eindeutiger Abgrenzung der von Schuldner und Drittem bewohnten Wohnungsteile (z. B. verschiedene oder durch Raumteiler getrennte Schlafzimmer) den Wohnbereich des Dritten überhaupt nicht berührt[139]; dieser darf ja schon nach § 758 nicht durchsucht werden, daher auch nicht mit Anordnung. **Weisen jedoch gemeinsam bewohnte Räume keine abgegrenzten Raumteile auf**, muß nach § 758 der Gerichtsvollzieher wegen § 809 prüfen, wer an welchen Sachen Gewahrsam hat. Ist dies nicht ohne »Durchsuchung« möglich, so muß nach Art. 13 GG die gegen den Schuldner nötige Durchsuchungserlaubnis sich auch gegen widersprechende Mitbewohner richten[140], sei es im Tenor oder nur in den Gründen[141]. Folglich sind sie aber auch anzuhören wie → Rdnr. 7f. Dies gilt auch für den »als Mitbewohner« einer Durchsuchung widersprechenden **Ehegatten**, da § 739 nur den (Mit-) Gewahrsam an der zu pfändenden

27

---

eheähnlichen Gemeinschaft usw. (Diss. 1987) 152, 174. – A.M. *Amelung* ZZP 88 (1975), 75.
[131] Insoweit richtig *OLG Stuttgart* (Fn. 130). – A.M. *AG München* DGVZ 1981, 118; *Erchinger* (Fn. 130) 154f.
[132] *KG* (Fn. 121). → auch Fn. 136.
[133] *Arnold* (Fn. 7) Rdnr. 99, jedoch unklar Rdnr. 101 (nur fremde oder auch gemeinsame Räume gemeint?).
[134] So aber *Arnold* (Fn. 7) Rdnr. 17ff. Wieso ist die Störung Dritter geringer als jene des Schuldners, eine Anordnung einfach durch Abwägung kollidierender Grundrechte zu überwinden, beim Schuldner aber nicht?
[135] Also z. B. nicht bei Gefahr im Verzug → Rdnr. 4. Nur insofern unbedenklich der geplante § 758a Abs. 3.
[136] Da § 758 Durchsuchung **gemeinsamer** Räume erlaubt → Fn. 130, ist es widersprüchlich, ihn als Ermächtigungsgrundlage für den Erlaß einer Durchsuchungserlaubnis gemäß Art. 13 GG gegen den davon Mitbetroffenen abzulehnen, → § 909 Rdnr. 9. Das wird oft übersehen (z. B. von den → N.130 Genannten, leider auch in BR-Drucks. 134/94 S. 48) oder verdrängt mit dem von *Kleemann* (Fn. 17) 6 übernommenen, unzutreffenden Argument, der Entschluß zum gemeinsamen Wohnen beschränke schon die Rechte aus Art. 13 GG. S. dagegen *Gaul* (Fn. 21) § 26 III 3f. Er zieht mit *Groß* Die Zulässigkeit usw. (Diss. Bonn 1985) 108 ff. noch § 755 neben § 758 als Ermächtigungsgrundlage für Art. 13 GG heran. – *LG München* DGVZ 1981, 119; obiter *LG Aurich* NJW-RR 1991, 192 sehen in § 758 insoweit keine Ermächtigung.
[137] *LG Hildesheim* DGVZ 1987, 122 (Hauseingang des Vermieters bei Einliegerwohnung des Schuldners); *Arnold* (Fn. 7) Rdnr. 30 mwN.
[138] → Rdnr. 3 Fn. 7ff. – A.M. *Pawlowski* NJW 1981, 670, dem es dort aber um gewaltsame Öffnung geht; → dazu Rdnr. 3.
[139] **Ob** das der Fall ist, muß der GV auch ohne Durchsuchungsanordnung gegen Dritte zunächst einmal feststellen dürfen, insoweit zutreffend *LG Oldenburg* DGVZ 1983, 58f.
[140] → auch § 883 Rdnr. 26 f., zur Verhaftung § 909 Rdnr. 9. Ebenso *Stürner* (Fn. 25); *Gaul* (Fn. 21) § 26 III 3 f.; *Erchinger* (Fn. 130) 157 u. zur Zumutbarkeit der Anordnung aaO 172 (Abwägung) sowie ausführlich *LG Hamburg* (Fn. 7).
[141] Daher waren z. B. die Beschlüsse der *LGe Hannover, Koblenz u. Hamburg, OVG Lüneburg* → Fn. 130 inhaltlich Anordnungen auch gegen die Dritten (es war jeweils noch nicht durchsucht worden, → dazu Fn. 44), mag auch deren Anhörung versäumt u. die Zuständigkeit nicht beachtet worden sein → Rdnr. 5.

§ 758 II   Erster Abschnitt: Allgemeine Vorschriften

Sache, nicht den Raumgewahrsam betrifft[142]. Sind Mitbewohner dem Gläubiger **bekannt**, so kann schon bei der Anordnung gegen den Schuldner darüber mitentschieden werden[143]. Andernfalls muß der Gerichtsvollzieher deren Weigerung respektieren, falls sie Namen und Stellung in der Wohnung offenbaren und damit eine Anordnung ermöglichen[144]; andernfalls müssen sie sich durch Rechtsbehelfe Gehör verschaffen[145]. Gestattet der Schuldner die Durchsuchung der Wohnung, nicht aber der Mitbewohner, so ist die Erlaubnis gegen diesen erforderlich. Duldungsklagen sieht die ZPO hierfür nicht vor, und § 846 versagt, falls der Schuldner Alleingewahrsam an der Sache innerhalb der gemeinsamen Räume hat[146].

28   2. **Räume im ausschließlichen Gewahrsam Dritter** (z.B. des Untermieters) darf der Gerichtsvollzieher zwar weder *durchsuchen* noch gewaltsam öffnen, weil schon § 758 das nicht erlaubt[147], wohl aber zum Zwecke der Pfändung *betreten*, falls dort aus konkretem Anlaß Sachen des Schuldners zu vermuten sind[148]. Davon geht auch § 809 aus. Falls nämlich eine Sache des Schuldners im (Mit-)Gewahrsam des alleinigen Raumbesitzers steht, ist die »Bereitschaft zur Herausgabe« (§ 809) oft nur durch entsprechende Aufklärung des anwesenden Rauminhabers über die Folgen einer Verweigerung (§§ 846ff.) zu erreichen. Auch Taschenpfändungen beim Schuldner sind deshalb in fremden Räumen zulässig[149]. – Jedoch sollte solchen Dritten, um rechtzeitige Rechtsbehelfe zu ermöglichen, in der Regel der Termin angekündigt werden[150]. Zur Verhaftung → § 909 Rdnr. 8f. Widerspricht der fremde Rauminhaber einer Pfändung der dort befindlichen Sache des Schuldners und scheiden die §§ 846f. mangels Herausgabeanspruchs aus, so pfändet der Gläubiger das Zugangsrecht des Schuldners → § 857 Rdnr. 81. Ist in der Durchsuchungserlaubnis eine Wohnung angegeben, in der nur (noch) Dritte leben, so wirkt sie nicht diesen gegenüber[151]. – *Mittelbare Besitzer* (Vermieter, Gastwirt, Garagenvermieter) dürfen einer Durchsuchung der dem Schuldner überlassenen Räume nicht widersprechen[152] und müssen daher auch den Zugang durch ihren Bereich gestatten[153]. Wegen der Vollstreckung gegen *Soldaten* s. Nr. 33ff. des zu § 752 abgedruckten Erlasses.

29   3. Der **Wohnung**[154] stehen Zubehör, Arbeits-Betriebs- und Geschäftsräume, befriedeter Hof, Nebengebäude, Garage, Wohnwagen, Schlafstellen, Hotelzimmer usw. gleich[155], auch

---

[142] Das wurde bisher meist übersehen, z.B. *Bischof* (Fn. 13) 528. Richtig *Christmann* DGVZ 1986, 109; *Stürner* (Fn. 25); *Erchinger* (Fn. 130) 149, 158. BVerfG (Fn. 27) entschied darüber mangels entsprechender Rüge nicht.
[143] → Rdnr. 9 Fn. 44.
[144] Verfehlt *LG Berlin* DGVZ 1990, 138 (Widerspruch des Vaters der Schuldnerin, da diese entgegen ihrer Angabe nicht dort wohne, sei unbeachtlich). Bei solcher Rsp sind Dritte freilich auf Rechtsbehelfe angewiesen, vgl. *KG* (Fn. 121).
[145] *Gaul* (Fn. 21) § 26 III 3f.; *Groß* (Fn. 136) 153ff.
[146] Durchaus systemgerecht, da § 758 einfachrechtlich Pfändung erlaubt *LG Hamburg* DGVZ 1984, 111 = NJW 1985, 73. *Pawlowski* (Fn. 138) u. *Kottmann* DÖV 1980, 902 wollen, da sie Durchsuchungsanordnungen gegen Dritte ablehnen, mit Hilfspfändungen der Mitbesitzrechte des Schuldners am Raum helfen. Diese würden nach Überweisung vorerst nur zur Klage berechtigen gemäß §§ 835, 857; erst durch seine Verurteilung wäre der Dritte »Schuldner« i.S.d. §§ 887–892. Das ist nur praktikabel bei Gewahrsam des Schuldners am Inhalt von Behältnissen in Räumen, an denen **er** keinerlei Gewahrsam hat, z.B. Automaten → § 857 Rdnr. 81, aber nicht in mitbewohnten Räumen, *Arnold* (Fn. 7) Rdnr. 28; *Gaul* (Fn. 21) § 26 III 3f. Außerdem würde hierdurch z.B. der Vereinfachungszweck des § 739 zunichte gemacht, statt richtigerweise auch gegen widersprechende Ehegatten Durchsuchungen anzuordnen.
[147] *Arnold* (Fn. 7) Rdnr. 33, 35; *E. Schneider* (Fn. 5) 2381; *Bittmann* DGVZ 1989, 65, 68. Daher auch **keine** Durchsuchungserlaubnis gegen solche Dritte (nur insofern zutreffend *OLG Oldenburg* DGVZ 1990, 136 f.), z.B. falls in der angegebenen Wohnung nur (noch) Dritte leben, *AG Hamburg* DGVZ 1990, 63; *VG Köln* NJW 1977, 825 (getrennt lebende Ehefrau); obiter *LG Aurich* (Fn. 136) für PKW-Pfändung in Tiefgarage des Vermieters nach Flucht des Schuldners. → auch Rdnr. 28 zu Fn. 151. – Die Ansicht, im Falle der §§ 257 oder 288 StGB sei doch Durchsuchung gestattet (dazu *Arnold* aaO Rdnr. 34 mwN), mag mit Art.13 GG vereinbar sein, nicht aber mit § 758, u. ist daher für den Bereich der ZV abzulehnen.
[148] *Arnold* (Fn. 7) Rdnr. 32, 35; *Brendel* (Fn. 54) 181. *AG München* (Fn. 131) läßt mit → 20. Aufl. Rdnr. 4 Betreten nur zu, wenn GV bereits überzeugt ist, daß Schuldner dort Sachen in Alleingewahrsam hat; diese Einschränkung wird als unpraktikabel abgegeben.
[149] *OLG (Str) Hamburg* NJW 1984, 2898 = MDR 963; *LG Düsseldorf* DGVZ 1987, 76 = Büro 454; *Brendel* (Fn. 54); *Frank* (Fn. 24) 815; *Arnold* (Fn. 7) Rdnr. 100. – A.M. *Stöber* (Fn. 5) Rdnr. 6.
[150] *Arnold* (Fn. 7) Rdnr. 36.
[151] *KG* (Fn. 121). – A.M. *Arnold* (Fn. 7) Rdnr. 15.
[152] *LG Hildesheim* DGVZ 1987, 122.
[153] *Arnold* (Fn. 7) Rdnr. 30.
[154] → § 181 Rdnr. 2
[155] BVerfGE 32, 54 = NJW 1971, 2299; § 107 Nr. 1 GVGA; *BFH* (Fn. 7); *OLG (Str) Hamburg* (Fn. 149); *OLG Koblenz* DGVZ 1985, 166f. u. die → Fn. 156 zust.

soweit juristische Personen betroffen sind[156]. Generelle Eröffnung von Geschäftsräumen bedeutet zwar kein Einverständnis zur Durchsuchung und Pfändung[157]. Dort offen ausgelegte Sachen sind aber mangels »Durchsuchung« pfändbar[158].

Behältnisse sind alle im Gewahrsam des Schuldners befindlichen Räumlichkeiten, die der Aufbewahrung von Sachen dienen, auch PKW, Taschen in den Kleidungsstücken des Schuldners[159] oder seines Besitzdieners. Befinden sie sich nicht der Wohnung, bedarf es keiner Durchsuchungserlaubnis. Über fremde Wohnungen → Rdnr. 28. Haben *Dritte* an Behältnissen in Räumen des Schuldners Mitgewahrsam, nicht aber am Raum, so ist die Durchsuchung ohne richterliche Erlaubnis gegen sie zulässig[160]; zur Pfändung des Inhalts → § 808 Rdnr. 17. 30

4. Die Befugnis gemäß **Abs. 2** zur **Öffnung von Behältnissen** geht so weit wie das Durchsuchungsrecht → Rdnr. 2–4, 26–30, während die Öffnung von **Türen**, durch die man zu Räumen des *Schuldners* gehen muß, schon an das Betretungsrecht geknüpft sein muß[161]. Sie hat als unverhältnismäßig zu unterbleiben, wenn Schaden zu befürchten ist *und* die Vollstreckung auf andere Weise Erfolg verspricht, was außer in Eilfällen stets zu versuchen ist[162]; ebenso, wenn der Schaden außer Verhältnis zu dem beizutreibenden Betrag steht[163]. Sieht aber der Gerichtsvollzieher keine andere Möglichkeit, so darf ihn die Höhe der Öffnungskosten, falls der Gläubiger sie nach § 5 GVKG vorschießt, nicht abhalten[164]. Die Öffnung soll vorher angekündigt werden[165]; anwesende Schuldner oder Personen wie → Rdnr. 10 sind zuvor zur Öffnung aufzufordern. Geeignete Handwerker sind zur Vermeidung unnötiger Schäden hinzuzuziehen[166]. Fehler bei der Öffnung können zu Amtshaftung und Ablehnung einer Notwendigkeit der Öffnungskosten i.S.d. § 788 führen, aber nicht zur Aufhebung der Vollstreckungsmaßnahme[167]. 31

III. Gewalt gegen Widerstand

Ob Gerichtsvollzieher nach **Abs. 3** einen ihnen entgegengesetzten oder angedrohten[168] **Widerstand**[169] selbst unter Zuziehung von Zeugen überwinden (§ 759) oder sofort um polizeiliche Unterstützung[170] nachsuchen wollen, steht in ihrem Ermessen. Gewalt gegen 32

Genannten (aber nicht zeitweise benutzte Marktstände AG Hamburg DGVZ 1981, 63). – A.M. *Hartmann* (Fn. 23) Rdnr. 14; *Thomas/Putzo*[18] Rdnr. 4.
[156] LG Aachen Büro 1982, 618; LG München I NJW 1983, 2390; E. Schneider (Fn. 5) 2380; Frank (Fn. 24) 804. – A.M. AG Berlin-Tempelhof MDR 1980, 62; *Langheid* (Fn. 21) 22; *Hartmann* (Fn. 23) Rdnr. 14; *Thomas/Putzo*[18] Rdnr. 3.
[157] → Fn. 46. Gegen Schutz durch Art. 13 GG während der Geschäftszeiten *van den Hövel* (Fn. 14) 2032 mwN.
[158] BFH (Fn. 7); i.E. auch die Meinung → Fn. 157.
[159] → Rdnr. 2 Fn. 9, Rdnr. 5; *RGSt* 16, 218; OLG Hamburg (Str) (Fn. 149); E. Schneider (Fn. 5) 2378. Durchsuchung weiblicher Personen durch weibliche Hilfspersonen, § 107 Nr. 9 a E.
[160] Zust. *Arnold* (Fn. 7) Rdnr. 99 mwN.
[161] → Rdnr. 2 Fn. 7, Rdnr. 5; also auch Haustür zu Einliegerwohnung LG Hildesheim (Fn. 152); bei Wohngemeinschaften LG Lübeck (Fn. 130); *Gaul* (Fn. 21) § 26 III 5. Gleiches gilt für titulierte **Zutrittsrechte nach § 892**; → aber oben Fn. 40 sowie § 892 Rdnr. 2.
[162] OLG Düsseldorf DGVZ 1979, 40.
[163] *Arnold* (Fn. 7) Rdnr. 103.
[164] OLG Düsseldorf NJW 1980, 1171; a.M. *Wieser* ZZP 98 (1985), 50, 79; *Brox/Walker*[4] Rdnr. 320.
[165] § 107 Nr. 7 GVGA; AGe Hannover, Königstein DGVZ 1977, 27; 1987, 94; *Arnold* (Fn. 7) Rdnr. 102;

Gaul (Fn. 21) § 26 III 5; *Hartmann* (Fn. 23) Rdnr. 22; *Stöber* (Fn. 5) Rdnr. 26; einschränkend (nur in Bagatellsachen oder wenn Schuldner auf Ankündigungen zu zahlen pflege) LG Berlin DGVZ 1988, 27 (abl. Schriftleitung).
[166] AG Tiergarten DGVZ 1988, 15; AG Berlin-Charlottenburg DGVZ 1990, 13; vgl. BGH LM Nr. 2 zu § 808: Keine Amtshaftung bei ordnungsgemäßen Verfahren unter Wahrung der Verhältnismäßigkeit. Für Beeinträchtigungen Dritter (Hauseigentümer) kommen bei Rechtmäßigkeit der ZV § 904 BGB, Aufopferung oder für Beseitigungsansprüche § 1004 BGB (dazu *Münzberg* JZ 1967, 691 Fn. 21) in Betracht, vgl auch den Hinweis in BGH aaO am Ende.
[167] A.M. OLG Düsseldorf DGVZ 1979, 41 f., dagegen zutreffend Schriftleitung aaO.
[168] § 108 Nr. 3 GVGA: Verhalten, das geeignet ist, die Annahme zu begründen, die ZV werde sich nicht ohne Gewaltanwendung durchführen lassen, z.B. Drohung mit Gewalt.
[169] Zwang gegen den Schuldner zur Mitwirkung scheidet aus, Dresden HRR 1928, 186.
[170] Die Polizei hat die Rechtmäßigkeit der ZV nicht zu überprüfen, weshalb ihr Handeln rechtmäßig sein kann, obwohl der GV selbst gegen Verfahrensrecht verstößt OLG Köln (Str) NJW 1975, 889 f.; s.a. *Gerhardt* (Fn. 77) 490 mwN; *Gaul* (Fn. 21) § 26 III 6. Notfalls Anlegung von Handschellen während der ZV LG Ulm DGVZ 1994, 73.

Dritte i. S. d. §§ 750, 808 f.[171] ist nur dann gestattet, wenn diese der Vollstreckung gegen den *Schuldner* Widerstand leisten[172], also nicht, soweit sie sich glaubhaft auf eigenen Gewahrsam berufen[173].

IV. Anwesenheit des Gläubigers

33   **Gläubiger** oder ihre Vertreter dürfen **bei der Vollstreckung anwesend** sein, vor allem zur Ausübung ihres Weisungsrechts; *in der Wohnung* aber nur, wenn entweder der Schuldner nicht widerspricht oder Gläubiger **ein wesentliches Interesse** daran haben[174], statt nur »vor der Tür zu stehen«; also soweit (entsprechend Abs. 1) der Zweck der Vollstreckung es erfordert[175], z. B. → § 756 Rdnr. 2 f., § 811 b, § 883 Rdnr. 31 a. E.

34   Gestattet der Schuldner die Durchsuchung, aber nicht die Anwesenheit des Gläubigers, so befindet zunächst der Gerichtsvollzieher darüber[176], freilich unter der Gefahr, daß der Schuldner seine Gestattung widerruft und dann doch eine Durchsuchungserlaubnis nötig wird. Daher sollte man es für zulässig halten, in solchen Fällen sogleich eine Durchsuchungserlaubnis zu erwirken und darin über das Anwesenheitsrecht mitzuentscheiden[177]. Liegt aber eine Durchsuchungserlaubnis vor, so obliegt es dem Schuldner, sich gegen die Anwesenheit des Gläubigers nach § 766 zu wehren[178].

35   Das Recht auf Anwesenheit ist vom Gerichtsvollzieher auf Verlangen des Gläubigers durch vorherige Mitteilung des Termins zu respektieren[179] und notfalls durch Gewaltanwendung zu schützen[180], weil es sonst wertlos wäre. Aus dem gleichen Grund muß er nach § 62 Nr. 5 GVGA, falls Anwesenheit verlangt wird, zumindest den Termin mitteilen[181]. Eine Übertragung amtlicher Befugnisse scheidet aus; der Gläubiger oder sein Vertreter können aber behilflich sein[182].

---

[171] → auch § 735 Rdnr. 3 f.
[172] *Arnold* (Fn. 7) Rdnr. 109, 112. *Stöber* (Fn. 5) Rdnr. 27; *Brox/Walker*[4] Rdnr. 321. Widersetzen sie sich unter Berufung auf Mitgewahrsam am **Raum** schon der **Durchsuchung**, so darf ihr Widerstand nicht gebrochen werden ohne eine auch gegen sie wirkende Durchsuchungsanordnung → Rdnr. 4.
[173] *Arnold* (Fn. 7) Rdnr. 109; *Stöber* (Fn. 5) Rdnr. 27. Bedenklich *RGSt* 61, 297.
[174] Obiter *LG Berlin* (Fn. 44); *LG Aachen* Rbeistand 1986, 147; *LGe Hannover, Stuttgart* DGVZ 1988, 119; 1991, 188 = NJW-RR 1992, 511; *AG Düren* DGVZ 1986, 45; *Christmann* DGVZ 1984, 83 f.; *Gaul* (Fn. 21) § 26 III 4; *Stöber* (Fn. 5) Rdnr. 28; *Wieczorek/Schütze*[2] Anm. B II. Praxisfremd eng (nämlich nur unter Voraussetzungen, die sich erst während der ZV feststellen ließen) *Johannes* DGVZ 1994, 23. – Für **uneingeschränktes** Anwesenheitsrecht die früher h. M. → 20. Aufl. Fn. 35 mit § 62 Nr. 5 GVGA sowie *KG* DGVZ 1983, 74; *LG Münster* NJW-RR 1991, 1407 = DGVZ 124 = MDR 1092 (dabei offengelassen, ob Zutritt in Wohnung wegen Art. 13 GG verweigert werden kann); *AG Charlottenburg* DGVZ 1986, 142; *Hartmann* (Fn. 23) Rdnr. 25; *Thomas/Putzo*[18] Rdnr. 19. – **Gegen** jedes Aufenthaltsrecht *LGe Kassel, Berlin, Bochum* DGVZ 1988, 173 f.; 1991, 142; 1991, 172 = Büro 57. – *LGe Hof* DGVZ 1991, 123 u. *Stuttgart* aaO halten wegen Art. 13 Abs. 2 GG besonderen »Betretungsbeschluß« für nötig.
[175] *LG Stuttgart* (Fn. 174); *Behr* NJW 1992, 2741 (auch zwecks Verhandlung über Ratenzahlung); *Arnold* (Fn. 7) Rdnr. 120 wegen Art. 13 GG.

[176] A. M. *Arnold* (Fn. 7) Rdnr. 121: Dies komme einer Durchsuchungsverweigerung gleich, folglich bedürfe es einer Durchsuchungserlaubnis; ähnlich *Stöber* (Fn. 5) Rdnr. 28; *Johannes* (Fn. 174) 21 f. – Aber mit Art. 13 Abs. 2 GG hat dies nichts zu tun, der Gläubiger darf ohnehin nicht »durchsuchen« (so auch *Arnold* für den Fall, daß Durchsuchungserlaubnis vorliegt).
[177] Insoweit nur i. E. wie *Arnold* u. *Stöber* → Fn. 176; *Johannes* (Fn. 174) 21.
[178] Zur Begründung → Fn. 176; die (§ 764 verdrängende) Zuständigkeit entsprechend § 761 paßt nur für eine präventiv zu erwirkende Durchsuchungserlaubnis. Außer in Eilfällen sollte dem Schuldner rechtzeitig Gelegenheit zu Einwendungen gegeben werden, *Arnold* (Fn. 7) Rdnr. 121.
[179] § 62 Nr. 5 GVGA; *Arnold* (Fn. 7) Rdnr. 119 mwN; *Behr* (Fn. 175). Einschränkend *Johannes* (Fn. 174), 24: Nicht, wenn Schuldner bereits Zutritt verweigert habe (wobei übersehen wird, daß Gläubiger zuweilen auch an sofortigem Kontakt mit dem GV »draußen vor der Tür« ein schutzwürdiges Interesse haben könnten).
[180] § 62 Nr. 5 S. 4 GVGA; *AG Düren* (Fn. 174); *Reimar* JW 1912, 1044; *Hausmann* DGVZ 1989, 69 gegen *LG Kassel* (Fn. 174).
[181] *LG Münster* (Fn. 174); *Hartmann* (Fn. 23) Rdnr. 25.
[182] *OLG Hamburg* SeuffArch 54 (1899), 483[264] (Identifizierung von Sachen, § 883); *Gaul* (Fn. 21) § 26 III 4; *RG* WarnRsp 13, 413[350] (Aufkleben von Pfandmarken). Durchsuchung von Behältnissen darf der GV aber nicht dulden, § 62 Nr. 5 GVG.

V. Kosten: § 788.

1. Für *Durchsuchungsanordnungen* keine Gerichtsgebühren (§ 1 GKG). Anwaltstätigkeit ist durch § 57 BRAGO abgegolten[183]. Kann mangels richterlicher Erlaubnis nicht vollstreckt werden, fällt zwar die halbe Erledigungsgebühr nach § 20 GVKostG an, sie ist jedoch bei späterer Pfändung auf die Pfändungsgebühr nach § 17 GVKostG anzurechnen[184]. **36**

2. Kosten der *Öffnung*: §§ 3, 35 Abs. 1 Nr. 6 GVKG (Auslagen), Nr. 40 der GVKostGr[185]. **37**

3. *Ersuchen an die Polizei* sind als Nebengeschäfte gebührenfrei, §§ 1,16 ff. GVKG, Nr. 1 III a GVKostGr. → auch § 892. **38**

4. Auch wenn man die *Anwesenheit des Gläubigers* entgegen → Rdnr. 33 für unbeschränkt zulässig hält, sind deren Kosten doch nur notwendig i.S.d. §§ 91, 788, wenn der Zweck der Vollstreckung sie erforderte, z.B. zur Identifizierung von Sachen[186]. **39**

§ 758a [Durchsuchungsanordnung]

(BR-Drucks. 134/94 Art. 1 Nr. 6, Begr S. 39 ff.) war bei Drucklegung (Juli 1994) noch nicht in Kraft. Der Entwurf ist jedoch vorsorglich in den Erläuterungen → § 758 Rdnr. 2–24, 26 mit berücksichtigt.

§ 759 [Zuziehung von Zeugen]

Wird bei einer Vollstreckungshandlung Widerstand geleistet oder ist bei einer in der Wohnung des Schuldners vorzunehmenden Vollstreckungshandlung weder der Schuldner noch eine zu seiner Familie gehörige oder in dieser Familie dienende erwachsene Person anwesend, so hat der Gerichtsvollzieher zwei erwachsene Personen oder einen Gemeinde- oder Polizeibeamten als Zeugen zuzuziehen.

Gesetzesgeschichte: Bis 1900 § 679 CPO. Änderung RGBl. 1909 I 437.

I. Die **Zuziehung von Zeugen** ist notwendig, wenn in der Wohnung[1] vollstreckt werden soll und dabei weder der Schuldner noch erwachsene Angehörige oder Dienstpersonal[2] anwesend sind, oder wenn (auch bei Anwesenheit des Schuldners) Widerstand geleistet wird. Unter *Widerstand* ist hier jedes Verhalten zu verstehen, das geeignet ist, die Annahme zu begründen, daß sich die Vollstreckungshandlung nicht ohne Anwendung von Gewalt werde durchführen lassen[3]; es genügt unter Umständen auch die Erklärung des Schuldners, er werde die Vollstreckungshandlung nicht dulden[4]. **1**

§ 759 ist, obwohl nur Ordnungsvorschrift, zwingendes Recht[5]; seine Außerachtlassung ist rechtswidriges Verhalten[6], begründet aber trotzdem weder die Nichtigkeit der Vollstreckung **2**

---

[183] *Frank* (Fn. 24) 17; *Hansens* (Fn. 27) 182; *Mümmler* Büro 1989; 1354. Ebenso die geplante nF des § 58 Abs. 2 Nr. 3 BRAGO (BR-Drucks. 134/94 S. 19).
[184] *Krauthausen* DGVZ 1983, 86; *Frank* (Fn. 24) 17; *Bischof* (Fn. 13) 141; a.M. *AG Bremen* DGVZ 1983, 14f. → auch § 788 Rdnr. 24 Fn. 272.
[185] *AG Berlin-Charlottenburg* (Fn. 166) billigte anteilige Verrechnung der Auslagen (→ § 788 Rdnr. 10) auch zulasten konkurrierenden Gläubigers, der die Öffnung nicht mitbeantragt hatte.
[186] *OLG Hamburg* (Fn. 182); *Stöber* (Fn. 5) Rdnr. 29, 32.

[1] → § 758 Rdnr. 26 ff.
[2] → § 181 Rdnr. 11–14.
[3] § 108 Nr. 3 GVGA.
[4] Vgl. *RGSt* 24, 389; DR 1942, 1756.
[5] *BGHSt* 5, 93 = NJW 1954, 200 mwN zu IV, ganz h.M. MünchKommZPO-*Arnold* Rdnr. 2 mwN. – A.M. *Wieczorek*[2] Anm. A I.
[6] Die ZV-Handlung als solche (nicht ihr Erfolg, z.B. Pfändung) ist dann keine rechtmäßige Diensthandlung i.S.d §§ 113 Abs. 3, 136 Abs. 3 StGB *BGHSt* (Fn. 5); *RGSt* (Fn. 4); *LG Konstanz* DGVZ 1984, 119; *Lackner*

noch eine zur Aufhebung führende Anfechtbarkeit nach § 766[7]. Denn er dient der Beweissicherung zum Schutze des Schuldners wie auch des Gerichtsvollziehers[8] und läßt keine sachliche Beziehung zu den Rechtsfolgen vorgenommener Vollstreckungsmaßnahmen erkennen. Tritt der Widerstand so plötzlich auf, daß Zeugen nicht rechtzeitig beigezogen werden können, ist von der Vollstreckung bis zum Eintreffen der Zeugen abzusehen; nutzt der Schuldner jedoch diese Lage aus, um die Vollstreckung durch Flucht zu vereiteln, so darf der Gerichtsvollzieher ihn auch ohne Zeugen zunächst an der Flucht hindern[9], und die Notwehr gegen tätliche Angriffe wird durch § 759 nie abgeschnitten. Andererseits ist die Zuziehung schon zulässig, wenn mit Widerstand ernstlich zu rechnen ist. Fehlen jedoch solche Anzeichen, so sind Auslagen für rein vorsorglich hinzugezogene, nicht benötigte Zeuten weder vom Gläubiger noch vom Schuldner zu erstatten[10].

3   Nach § 108 Nr. 2 GVGA sollen unbeteiligte Personen ausgewählt werden; auch der zur Öffnung zugezogene Schlosser ist geeignet[11]. Der Gläubiger zählt zwar notfalls als Zeuge[12], denn er wird in den Verfahren, die § 759 verhüten oder für die er Beweise sichern will (Amtshaftung, Strafprozeß), kaum Partei sein; trotzdem sollte dies ebenso *vermieden* werden wie die Zuziehung nur enger Familienangehöriger des Schuldners oder eines weiteren Gerichtsvollziehers. → auch § 762 Rdnr. 5.

4   **II. Gebühren** entstehen nicht, § 1 GVKG mit Nr. 1 III der GVKostGr (Nebengeschäft). Die an die Zeugen (nicht Polizeibeamte) zu zahlenden Beträge[13] werden als Auslagen erhoben, § 35 Abs. 1 Nr. 5 GVKG.

§ 760   [Akteneinsicht; Aktenabschrift]

Jeder Person, die bei dem Vollstreckungsverfahren beteiligt ist, muß auf Begehren Einsicht der Akten des Gerichtsvollziehers gestattet und Abschrift einzelner Aktenstücke erteilt werden.

Gesetzesgeschichte: Bis 1900 § 680 CPO.

1   **I. Das Recht auf Akteneinsicht und Abschrifterteilung** haben nur Beteiligte, nämlich Gläubiger, Schuldner und deren Rechtsnachfolger, auch Dritte, die ein rechtliches Interesse an der Sache haben, vgl. z. B. §§ 737, 739, 740 f., 748, 771, 805, 809, 829. Einen Bestandteil der Akten, über deren Führung die §§ 55 ff. GVO, z. T. auch die GVGA Näheres bestimmen, bilden auch die Register[1], aus denen statt Abschriften Auszüge zu erteilen sind, sowie die von den Parteien übergebenen Schriftstücke. Eine Zusendung der Akten zur Einsichtnahme kann nicht verlangt werden[2]. Gegen die Ablehnung findet die Erinnerung statt, § 766.

StGB[18] §§ 113 Anm. 5b, 136 Anm. 5; zu § 136 str., vgl. *Alisch* DGVZ 1984, 108.
[7] *Arnold* (Fn. 5) Rdnr. 30 f.; *Thomas/Putzo*[18] Rdnr. 4; *Wieczorek*[2] Anm. A I; *Zöller/Stöber*[18] Rdnr. 4; wohl auch *Baumbach/Hartmann*[52] Rdnr. 4. → auch § 762 Rdnr. 5. – A. M. *Rosenberg/Gaul*[10] § 26 III 6 (anfechtbar); *Müller* Pfändungspfandrecht (1907) 162 f. (nichtig). Zu dem mit Recht von *BGHSt* (Fn. 5) vermiedenen Trugschluß von der Rechtswidrigkeit des Verhaltens (»Dürfen«) auf die Unwirksamkeit des Erfolgs (»Können«) s. *Münzberg* Verhalten (1966) Fn. 139.
[8] *RGSt* 7, 370; *BGHST* (Fn. 5). → auch § 762 Rdnr. 5.
[9] *BGHSt* (Fn. 5); *OLG Hamburg* JR 1955, 272.
[10] *Arnold* (Fn. 5) Rdnr. 6; a. M. *AG Berlin-Neukölln* DGVZ 1986, 79.

[11] Jedoch muß der GV ihn nicht als Zeugen wählen *AG Wiesbaden* DGVZ 1988, 14.
[12] *Hartmann* (Fn. 7) Rdnr. 3; *Stöber* (Fn. 7) Rdnr. 3. – A. M. *Arnold* (Fn. 5) Rdnr. 22; *Gaul* (Fn. 7) § 26 III 6; *Thomas/Putzo*[18] Rdnr. 3; *Wieczorek*[2] Anm. A II a.
[13] S. Nr. 40 IV der GVKostGr u. § 108 Nr. 2 GVGA: Beträge sollen ZuSEntschG-Sätze nicht übersteigen; allerdings ist das ZuSEntschG unanwendbar (§ 1: »Gericht«).
[1] *Baumbach/Hartmann*[52] Rdnr. 2; MünchKommZPO-*Arnold* Rdnr. 4; a. M. *Zöller/Stöber*[18] Rdnr. 1.
[2] *AG Berlin-Charlottenburg* DGVZ 1978, 159.

II. Die Erteilung von Abschriften³, auch vom Protokoll nach § 762, geschieht »**auf Begehren**«; Übersendung von Amts wegen an den *Gläubiger* ist nicht gesetzlich vorgesehen⁴ und darf den Gläubiger nicht mit unerwünschten Schreibgebühren (§ 36 Nr. 1 GVKG) belasten⁵. Die Erteilung an den Schuldner darf nicht von vorheriger Bezahlung der Schreibauslagen abhängig gemacht werden⁶. Regelmäßig empfiehlt es sich (→ Fn. 8), schon im Vollstreckungsantrag darum zu bitten⁷. Darüber hinaus sieht die ZPO keine besonderen Mitteilungen über das Vollstreckungsergebnis usw. vor⁸ mit Ausnahme der → § 763 Rdnr. 1 erwähnten, so daß ihre Unterlassung nicht nach § 766 gerügt werden, sondern höchstens Amtspflichtverletzung sein kann, weil § 63 Nr. 1 GVGA, jetzt auch § 65a GVGA sie vorschreiben. Lehnt der Gerichtsvollzieher die Bitte um nicht vorgeschriebene Mitteilungen ab, so muß er auf § 760 hinweisen⁹.

§ 761 [Vollstreckung zur Nachtzeit und an Sonn- und Feiertagen]

(1) Zur Nachtzeit (§ 188 Abs. 1) sowie an Sonntagen und allgemeinen Feiertagen darf eine Vollstreckungshandlung nur mit Erlaubnis des Richters am Amtsgericht erfolgen, in dessen Bezirk die Handlung vorgenommen werden soll.

(2) Die Verfügung, durch welche die Erlaubnis erteilt wird, ist bei der Zwangsvollstreckung vorzuzeigen.

Gesetzesgeschichte: Bis 1900 § 681 CPO. Änderung RGBl. 1898 I 256. Geplant ist »Vollstreckungsgericht« statt »Richter am Amtsgericht« BR-Drucks. 134/94 Art. 1 Nr. 7.

I. Vollstreckungshandlungen dürfen wie Zustellungen (§ 188) an **Sonn- und Feiertagen**¹ und zur **Nachtzeit** (§ 188 Abs. 1 S. 2) nur mit richterlicher Erlaubnis² erfolgen, auch wenn sie vorher begonnen hatten³. Im Unterschied zu Art. 13 Abs. 2 GG gilt § 761 auch für Räumungen und vollstreckungseinleitende Handlungen ohne Durchsuchungscharakter, z. B. Klingeln

---

³ Zur Beglaubigung von Abschriften s. *Paschold* DGVZ 1992, 39.
⁴ Auch nicht auf Anordnung des VollstrGer nach §§ 329, 495, 763 Abs. 2 *Thomas/Putzo*¹⁸ § 763 Rdnr. 2.
⁵ § 110 Nr. 6 GVGA; *BVerwG* NJW 1983, 896, 898 = DGVZ 1982, 151; *OLG Hamm* Rpfleger 1971, 112; *LGe Hamburg, Nürnberg* DGVZ 1974, 140; 1981, 123; *Köln* MDR 1974, 1024; *AGe Kerpen, Berlin-Tempelhof-Kreuzberg* DGVZ 1978, 120; 1984, 44; *Mümmler* DGVZ 1974, 175; *Rosenberg/Gaul*¹⁰ § 26 IV II; *Thomas/Putzo*¹⁸ Rdnr. 2; *Stöber* (Fn. 1) Rdnr. 4. – A.M. *BayVGH* DGVZ 1979, 87, 90; *AGe Erlangen* DGVZ 1974, 122; *Itzehoe* DGVZ 1978, 15; *Mülheim-Ruhr* DGVZ 1972, 30; *Ewers* ib. Sept DGVZ 1974, 104 u. 170 mwN; *Elias* DGVZ 1975, 33. – *Dütz* DGVZ 1975, 71 f. hält die kostenpflichtige Zusendung auch ohne Antrag für vertretbar, solange dies durch das für den GV zuständige Gericht bejaht wird.
⁶ *AGe Berlin-Tempelhof-Kreuzberg, Eschwege, Frankfurt a. M., Berlin-Wedding* DGVZ 1984, 44; 1984, 191; 1985, 92; 1985, 173. Für diese haftet der Gläubiger gesamtschuldnerisch, *AG Neuwied* DGVZ 1992, 174.
⁷ Daß 80 Prozent der Gläubiger dies tun (*Seip* DGVZ 1974, 170), z. B. um baldigst die für Beschlüsse nach § 761 u. Art. 13 GG verlangten Nachweise zu erhalten (→ § 758 Rdnr. 13, § 761 Rdnr. 1a Fn. 17), rechtfertigt nicht, in jedem ZV-Antrag die konkludente Bitte auf Übersendung zu sehen und damit das Antragserfordernis in eine Last zur ausdrücklichen Ablehnung zu verkehren; vgl. auch § 110 Nr. 6 GVGA. Wie hier *BVerwG* (Fn. 5); a.M. *AGe Charlottenburg, Spandau u. Ludwigshafen/Rhein* DGVZ 1971, 13, 14 u. 91; *AG Itzehoe* (Fn. 5); *Elias* (Fn. 5); *Mager* DGVZ 1989, 183; *Nies* DGVZ 1994, 53.
⁸ *OLG Hamm* DGVZ 1977, 40; *LGe Berlin* DGVZ 1973, 70; *Dortmund* DGVZ 1975, 74 (auch keine formlose und gebührenfreie Fruchtlosigkeitsbescheinigung); *AG Kerpen* (Fn. 5) u. *AG Melsungen* DGVZ 1971, 173; *Ewers* (Fn. 5); *Thomas/Putzo*¹⁸ (Fn. 4); *Stöber* (Fn. 1) Rdnr. 3. – A.M. *LG Hannover* DGVZ 1981, 40; *Arnold* (Fn. 1) Rdnr. 14 f.; *Mümmler* DGVZ 1973, 154.
⁹ *OLG Bremen* DGVZ 1971, 8; *Arnold* (Fn. 1) Rdnr. 16.
¹ → § 188 Rdnr. 3. Zum Sonnabendnachmittag *Schumacher* DGVZ 1956, 131. Für Abänderung auf 6–22 Uhr für § 761 *Jesse* DGVZ 1993, 86.
² Statt dies künftig dem Rpfl zu übertragen, soweit keine Durchsuchungsanordnung nötig ist (s. DGVZ 1993, 18), schlägt *Jesse* DGVZ 1993, 86 vor, die Voraussetzungen gesetzlich zu bestimmen u. den GV gleich selbst entscheiden zu lassen; dagegen *Schilken* Rpfleger 1994, 141.
³ *AG Bochum* DGVZ 1967, 188; *Noack* MDR 1973, 549 (selbst wenn Schuldner Vollstreckung böswillig verzögert), h. M.

an der Tür, Betreten der Wohn- und Geschäftsräume sowie außerhalb dieses Bereichs. Im Geltungsbereich des § 289 AO ist die Vollstreckungsbehörde zuständig[4]. Durch Einwilligung des Schuldners wird der Beschluß entbehrlich[5]. Ihr Widerruf[6] *nach* Beginn der Vollstreckungshandlungen dürfte als mißbräuchlich unwirksam sein, falls er deren Vollendung verhindern soll.

1a **1. Verfahren, Beschluß:** Zuständig ist, solange die geplante nF (»des Vollstreckungsgerichts«) noch nicht in Kraft ist, der *Richter am Amtsgericht*, in dessen Bezirk gehandelt werden soll, nicht als Vollstreckungsgericht gemäß § 764 und § 20 Nr. 17[7]; daher gilt § 8 Abs. 4 RpflG[8]. Im übrigen → § 758 Rdnr. 5–8, auch zum *Antrag*[9] und zur *Anhörung des Schuldners*, die man – schon wegen der Berührungspunkte mit dem Wohnbereich – heute nicht anders beurteilen sollte als bei Durchsuchungsanordnungen[10], obwohl Schutzgut nicht unmittelbar die Wohnung als solche ist[11] und Abs. 2 eher gegen eine Anhörung sprechen mag[12]. Auch bezüglich zu prüfender *Vollstreckungsvoraussetzungen* der Verhältnismäßigkeit gilt das → § 758 Rdnr. 15f. Ausgeführte[13]. Das pflichtgemäße **Ermessen** des Richters bezieht sich vor allem auf die (erforderlichenfalls glaubhaft zu machende) größere Aussicht auf Erfolg[14], nimmt Rücksicht auf besondere Belange des Schuldners[15] und ist nicht auf Fälle beschränkt, in denen Gefahr im Verzug ist[16]. Jedoch ergibt sich aus dem Ausnahmecharakter der Vorschrift, daß zuvor eine Vollstreckung zur Tageszeit an Werktagen versucht sein muß[17].

2 **2.** Die *Erlaubnis* darf auf mehrere, zahlenmäßig genannte Vollstreckungshandlungen erstreckt werden, falls der Zeitraum genau begrenzt wird[18]. Ist dies nicht geschehen, so bezieht sie sich nur auf eine Vollstreckungshandlung[19]; dann verbraucht also der Eintritt in die Wohnung zwecks Vollstreckung die Erlaubnis, auch bei fehlendem oder ungenügendem Erfolg[20]. Hat sich aber der Gerichtsvollzieher keinen Eintritt verschafft, so darf er innerhalb der etwa bestimmten Zeit den vergeblichen Versuch wiederholen[21]. Die Erlaubnis bewirkt

---

[4] Dazu *Gaul* JZ 1979, 502.
[5] Näheres dazu → § 758 Rdnr. 10–12.
[6] → dazu § 758 Rdnr. 11.
[7] Ausführlich *Wieser* Rpfleger 1988, 293f. – Bzgl. Vollstreckung eines nach § 284 Abs. 7 AO erlassenen Haftbefehls zur Nachtzeit ist die Vollstreckungsbehörde zuständig (§ 289 AO), *LG Aachen* DGVZ 1990, 70; *AG Berlin-Schöneberg* DGVZ 1989, 190.
[8] *KG* DGVZ 1975, 57; *OLG Düsseldorf* NJW 1978, 2205 = DGVZ 73 = Rpfleger 226 mwN; *LGe Hamburg* MDR 1977, 1026; *Verden* DGVZ 1978, 187; *Rosenberg/Gaul*[10] § 26 III 1a; *Wieser* (Fn. 7); *MünchKommZPO-Arnold* Rdnr. 12 mwN. – A.M. *Baumbach/Hartmann*[52] Rdnr. 1; *Henze* Rpfleger 1974, 283 mwN; *AGe Rintelen, Gelsenkirchen-Buer* DGVZ 1974, 203; 1976, 189.
[9] Wie dort zur in § 65 Nr. 3 S. 2 GVGA vorgesehenen Antragstellung durch GV *Arnold* (Fn. 8) Rdnr. 10 mwN auch zur Gegenansicht, z.B. *Gaul* (Fn. 8); *Hartmann* (Fn. 8) Rdnr. 5; *AG Düsseldorf* DGVZ 1981, 90.
[10] Ebenso *Arnold* (Fn. 8) Rdnr. 18 mwN auch zur Gegenansicht.
[11] Zumal gerade die ZV zur Nacht- und Feiertagszeit oft die Anwendung des § 758 Abs. 2 entbehrlich macht.
[12] *OLG Stuttgart* NJW 1970, 1330.
[13] Str. Wie → § 758 Rdnr. 15 für Voraussetzungen des ZV-Beginns, die nach §§ 750f., 756 vom GV noch vor Ort geschaffen werden dürfen, *Arnold* (Fn. 8) Rdnr. 17 mwN (aber warum anders bei Durchsuchungserlaubnis?).
[14] *LGe Berlin* Rpfleger 1981, 444; *Dortmund* DGVZ 1985, 170; *AG Gladbeck* MDR 1990, 1123 (wenn ZV sonst nicht oder nur unter großen Schwierigkeiten möglich ist).

[15] Z.B. Hochzeit *AG München* DGVZ 1985, 62f., hoher kirchlicher Feiertag (Weihnachten) *AG Groß-Gerau* DGVZ 1984, 29, Gefahr besonderen Aufsehens während bestimmter Zeiten.
[16] *Arnold* (Fn. 8) Rdnr. 16. S. auch *OLG Colmar* OLGRsp 22 (1911), 360 (Böswilligkeit des Schuldners nicht erforderlich); *LG Berlin* DGVZ 1971, 62; *Bauer* Büro 1961, 171.
[17] Weitergehend *LG Trier* DGVZ 1981, 13 = MDR 326[74] (ein Versuch außerhalb üblicher Arbeitszeit); *OLG Hamm* KTS 1984, 726; *Gaul* (Fn. 8): je einen Versuch während u. außerhalb üblicher Arbeitszeit, so »als Regel« auch *Arnold* (Fn. 8) Rdnr. 13; *Zöller/Stöber*[18] Rdnr. 6; *AG Lünen* DGVZ 1990, 28. Zu eng *LG Berlin* (Fn. 14): Nichtanwesenheit zu unterschiedlichen Tageszeiten rechtfertige allein die Erlaubnis nicht. – Gegen das Erfordernis von ZV-Versuchen außerhalb üblicher Arbeitszeit *LG Frankfurt/Main* DGVZ 1980, 26. Zur Streitfrage, ob auch vergebliche Versuche nur zählen, wenn der Titel zugestellt war, → § 758 Rdnr. 13 a.E.
[18] Befristung sollte die Regel sein; sie ist aber nicht zwingend, zust. *Arnold* (Fn. 8) Rdnr. 20; a.M. (zwingend) *OLG Stuttgart* OLGZ 1970, 185; *LGe Mönchengladbach, Zweibrücken* MDR 1972, 245; 1980, 62; *Stöber* (Fn. 17) Rdnr. 7.
[19] *LG Mönchen-Gladbach* (Fn. 18) mwN. A.M. *Wieczorek*[2] Anm. A II: stets nur für eine ZV-Handlung.
[20] *Noack* MDR 1973, 550; *Arnold* (Fn. 8) Rdnr. 22.
[21] *AG Aachen* DGVZ 1962, 188; *Thomas/Putzo*[18] Rdnr. 8.

keinen Vorrang bei gleichzeitiger Pfändung für Konkurrenten ohne Erlaubnis → § 758 Rdnr. 18. Sie erlaubt keine Durchsuchung von Wohn- oder Geschäftsräumen[22], kann aber zugleich mit einer Anordnung nach Art. 13 Abs. 2 GG ergehen.

3. Die Erlaubnis muß vom Gerichtsvollzieher nur **vorgezeigt**, nicht dem Schuldner zugestellt oder abschriftlich mitgeteilt werden[23]. Näheres, insbesondere bei Vollstreckung in Abwesenheit des Schuldners, → § 758 Rdnr. 17.

II. Rechtsbehelfe: → § 758 Rdnr. 20 ff. für *Gläubiger*[24] und *Schuldner*[25]. → § 758 Rdnr. 20 ff. Kündigt der Gerichtsvollzieher einen solchen Termin ohne richterliche Erlaubnis an, so wehrt sich der Schuldner nach § 766. Hat unzulässigerweise der Rechtspfleger die Erlaubnis erteilt, so gilt § 11 Abs. 1 S. 2 RpflG. Der **Vollstreckungsakt** als solcher ist nicht wegen eines Verstoßes gegen § 761 Abs. 1[26] oder Abs. 2[27] aufzuheben; Pfändungspfandrechte und ihr Rang werden durch solche Verstöße nicht beeinträchtigt[28]. Beides wären sachfremde Strafsanktionen für den hier in aller Regel schuldlosen Gläubiger, → § 758 Rdnr. 22, § 759 Rdnr. 2.

III. Kosten: § 788. *Gerichtsgebühren* werden nicht erhoben; über *Anwaltsgebühren* s. § 58 Abs. 2 Nr. 3 mit § 57 BRAGO, wegen doppelter Gebühren des Gerichtsvollziehers s. § 34 GVKG mit Nr. 39 der GVKostGr.

§ 762 [Protokoll über Vollstreckungshandlungen]

(1) Der Gerichtsvollzieher hat über jede Vollstreckungshandlung ein Protokoll aufzunehmen.

(2) Das Protokoll muß enthalten:
1. Ort und Zeit der Aufnahme;
2. den Gegenstand der Vollstreckungshandlung unter kurzer Erwähnung der wesentlichen Vorgänge;
3. die Namen der Personen, mit denen verhandelt ist;
4. die Unterschrift dieser Personen und den Vermerk, daß die Unterzeichnung nach Vorlesung oder Vorlegung zur Durchsicht und nach Genehmigung erfolgt sei;
5. Die Unterschrift des Gerichtsvollziehers.

(3) Hat einem der unter Nr. 4 bezeichneten Erfordernisse nicht genügt werden können, so ist der Grund anzugeben.

---

[22] → § 758 Rdnr. 11 Fn. 41 f.
[23] *Arnold* (Fn. 8) Rdnr. 19.
[24] § 793, ganz h.M. *OLG Köln* Rpfleger 1976, 24[21]; *LGe Berlin* MDR 1981, 941; *Dortmund, Trier* DGVZ 1985, 170 f.; 1981, 13; *Brox/Walker*[4] Rdnr. 309; *Arnold* (Fn. 8) Rdnr. 26; *Wieser* (Fn. 7) 296 f. – A.M. *Hartmann* (Fn. 8) Rdnr. 8 (§ 766); *Wieczorek*[2] Anm. B I u. *Stöber* (Fn. 17) Rdnr. 9 (§ 567).
[25] Nach **Anhörung** § 793 *MünchKommZPO-K. Schmidt* § 766 Rdnr. 20 zu (3); *Brox/Walker*[4] Rdnr. 309; *Wieser* (Fn. 7) 297 zu c: a.M. *Hartmann* (Fn. 8) Rdnr. 7 (§ 766); – **Ohne Anhörung** § 766 *OLG Stuttgart* (Fn. 12); *LGe Arnsberg* NJW 1984, 499; *Düsseldorf* MDR 1985, 62; *Karlsruhe* NJW-RR 1986, 550; *Köln* DGVZ 1976, 10 (obiter); *Wieser* (Fn. 7) 297; *Noack* MDR 1973, 550. Für Wahl zwischen § 766 u. § 793 *Arnold* (Fn. 8) Rdnr. 26. – A.M. (stets § 793) *OLGe Hamm* NJW 1984, 1972 = DGVZ 72;

Koblenz Rpfleger 1985, 497; *LG Hagen* Büro 1985, 783; *Gaul* (Fn. 8) § 26 III 1 b; *Thomas/Putzo*[18] Rdnr. 9. Stets für § 766 *Hartmann* (Fn. 8) Rdnr. 7.
[26] *Schwinge* Staatsakt (1930) 103; wohl auch *Wieczorek*[2] Anm. C; *Rosenberg*[9] § 178 II 2 a.E. – A.M. (anfechtbar) *Gaul* (Fn. 8) § 26 III 1 b; *Arnold* (Fn. 8) Rdnr. 28 je mwN; *Stöber* (Fn. 17) Rdnr. 9.
[27] Insoweit ganz h.M.
[28] Da nur Ordnungsvorschrift *Bruns/Peters*[3] § 20 III 2 d bb; *Baur/Stürner*[11] Rdnr. 142. – A.M. *Gaul* (Fn. 8) § 26 III 1 b mwN; *Henckel* JZ 1992, 654. *Thomas/Putzo*[18] Rdnr. 10 u. *Stöber* (Fn. 17) Rdnr. 9 befürworten »Rangtausch« statt Aufhebung. → dagegen § 758 Rdnr. 21 Fn. 108. Widersprüchlich *Noack* DGVZ 1980, 35 (dem Gläubiger dürfe Tat des GV nicht angelastet werden, dennoch sei es mißbräuchlich, wenn er sich daraus »Vorrang verschaffe« (dieser ergibt sich jedoch aus § 804 Abs. 3, nicht aus Verhalten des Gläubigers).

§ 762 I, II   Erster Abschnitt: Allgemeine Vorschriften

Gesetzesgeschichte: Bis 1900 § 682 CPO.

1 I. **Vollstreckungshandlungen**, im Sinne des § 762, über die möglichst unmittelbar nach ihrer Vornahme (arg. Nr. 4, s. auch § 110 Nr. 3 GVGA) ein **Protokoll** aufzunehmen ist[1], sind alle Akte, die der Gerichtsvollzieher als Vollstreckungsbeamter zum Zwecke der Zwangsvollstreckung vornimmt[2], also auch das Betreten der Wohnung des Schuldners und ihre Durchsuchung[3], Aufforderungen zur Leistung oder deren Annahme[4], die nachträgliche Wegschaffung gepfändeter Sachen (§ 808), ihre Versteigerung und ihr freihändiger Verkauf[5], aber **nicht** reine Vorbereitungshandlungen[6], z.B. vergebliches Suchen der Wohnung, Aufsuchen der Schuldnerwohnung, ohne diese betreten zu können, weil niemand angetroffen wird[7], auch nicht die Feststellung, daß unter der angegebenen Anschrift der Schuldner nicht ermittelt werden konnte[8]. Falls aber die geplante nF des § 807 Gesetz wird, müssen entgegen dem Wortlaut der Nr. 2 auch manche Vorgänge angegeben werden, die nur der Vorbereitung einer Vollstreckungshandlung dienen; Näheres → § 807 Rdnr. 20a. Die etwa ermittelte neue Anschrift ist zwar mitzuteilen; aber sie bedarf keiner Protokollierung[9]. Die Zustellung gerichtlicher Vollstreckungsakte (§§ 829 usw.) ist nur Zustellungsakt (§ 190), nicht Vollstreckungshandlung.

2 Die Protokollaufnahme ist für die **Wirksamkeit** und den Fortbestand der Vollstreckungshandlung nicht wesentlich, ausgenommen bei der Anschlußpfändung nach § 826. Für die Beweiskraft des Protokolls als öffentlicher Urkunde[10] (§§ 415, 418) ist die Befolgung der Nr. 1–5 und des Abs. 3 nötig[11]. Die Angabe von Tatsachen, welche nicht zu (durchgeführten oder vergeblich versuchten) Vollstreckungshandlungen gehören, nehmen am öffentlichen Glauben nicht teil[12]. Das Protokoll bleibt bei den Akten des Gerichtsvollziehers; zur Erteilung von Abschriften → § 760. Für mehrere, gegen denselben Schuldner vollstreckende Gläubiger ist ein Gesamt-Protokoll zu erstellen[13]; dem einzelnen Gläubiger ist auf allgemein gehaltenen Antrag eine Teilabschrift mit den ihn betreffenden Daten, auf ausdrücklichen Antrag eine vollständige Protokollabschrift zu erteilen, § 168 Nr. 3 GVGA[14].

3 II. Zu **Nr. 1** → § 191 Rdnr. 4f. Nach **Nr. 2** ist sowohl die Vollstreckungshandlung (Pfändung, Verhaftung usw.) wie ihr Gegenstand (gepfändete Sachen) anzugeben, ebenso Titel und berechnete Forderungshöhe, die Hinzuziehung von Sachverständigen sowie etwaige Erklärungen des Schuldners oder anwesender Dritter bezüglich deren Raum- oder Sachgewahrsams einschließlich ihrer Stellungnahme zu einer Durchsuchung ohne richterliche Erlaub-

---

[1] Zur Urkundstätigkeit des GV s. §§ 10, 110, 135 GVGA u. *Noack* JVBl 1967, 270 ff.
[2] → auch § 756 Rdnr. 6a Fn. 41 (mit § 756 Fn. 8) u. Rdnr. 7 Fn. 50.
[3] *RGSt* 32, 389 f.; vgl. auch § 110 Nr. 1 GVGA u. *OLG Hamm* NJW 1959, 1334; *Mager* DGVZ 1989, 182.
[4] Vgl. *RGSt* 31, 420 ff.; *AGe Herne* DGVZ 1983, 27 u. *München* DGVZ 1981, 141; *Mager* (Fn. 3); *Münch-KommZPO-Arnold* Rdnr. 4; § 110 Nr. 1 GVGA. – A.M. *OLG Frankfurt* NJW 1963, 774; *Noack* (Fn. 1); *Zöller/Stöber*[18] Rdnr. 2. Aber daß nach § 106 Nr. 3 S. 2 GVGA zusätzlich ein Aktenvermerk nötig ist, ändert nichts.
[5] *Stein* Grundfragen (1913) 67; *Arnold* (Fn. 4) Rdnr. 4 u. § 110 Nr. 1 S. 2 GVGA.
[6] Zur Abgrenzung *LG Berlin* DGVZ 1991, 9. → Rdnr. 107 ff. vor § 704.
[7] *AG München* DGVZ 1983, 170, vgl. auch §§ 107 Nr. 6, 187 Nr. 5 GVGA; a.M. *AG Reutlingen* DGVZ

1989, 47; *Nies* DGVZ 1994, 52 mwN (ZV-Handlung beginne mit Klingeln an Wohnungstür des Schuldners, was aber nur für § 761 zutrifft). → aber Rdnr. 3 Fn. 15.
[8] *AG München* DGVZ 1983, 171; *VG Karlsruhe* Justiz 1991, 404; *Arnold* (Fn. 4) Rdnr. 6.
[9] Arg. § 806a; *VG Karlsruhe* (Fn. 8); *Arnold* (Fn. 4) Rdnr. 6 mwN. Daher im Falle der Protokollierung keine Schreibauslagen gemäß § 36 Abs. 1 Nr. 1 GVKostG *AG München* (Fn. 8); a.m. *AG Reutlingen* DGVZ 1990, 76.
[10] Allg.M. *BayObLG* NJW 1992, 1842; *VG Berlin* DGVZ 1990, 7.
[11] Zum Umfang der Beweiskraft bei Verstößen s. *RG* (Strafs.) JW 1922, 1683.
[12] *OLG Hamm* Rpfleger 1972, 148[117] (→ aber § 765 Fn. 8); *VG Berlin* DGVZ 1989, 123f.
[13] Zur aF des § 168 Nr. 3 GVGA *AG Itzehoe* 1985, 124; a.M. *AG Frankfurt/Main* DGVZ 1985, 92 ff.
[14] S. *Krauthausen* DGVZ 1991, 134 f.

nis[15]. Zu den wesentlichen Vorgängen gehören auch die in §§ 756[16], 758 Abs. 2, 3[17], 759, 808 erwähnten, auch die Überlassung oder das Angebot eines Ersatzstückes oder eines entsprechenden Geldbetrags durch den Gerichtsvollzieher bei der Austauschpfändung nach § 811a, ein Verzicht des Schuldners auf Zustellung oder auf Einhaltung einer Wartefrist[18] sowie die Aufforderungen und Mitteilungen nach § 763.

Ferner sind bei ganz oder teilweise *fruchtlosen Vollstreckungsversuchen* genügend Umstände anzugeben, die eine Nachprüfung der in §§ 803 Abs. 2, 807 Abs. 1, 810 Abs. 1 S. 2, 811, 811a, 812 genannten Voraussetzungen erlauben, und zwar auch dann, wenn schon ein Verzeichnis gemäß § 807 vorhanden ist[19]. S. auch die in § 126 GVGA genannten Vollstreckungshindernisse. Es ist jeweils auf den Einzelfall abzustellen, wobei § 135 Nr. 6 GVGA eine zutreffende nähere Umschreibung enthält[20]. Die Erstellung eines kompletten Inventars kann vom GV nicht gefordert werden[21]. Gegenstände, die der Pfändung nicht unterworfen sind oder deren Pfändung keinen Überschuß erwarten lassen, müssen nur erwähnt, aber mangels ausdrücklichen Antrags[22] nicht näher nach Art, Beschaffenheit und Wert bezeichnet werden[23], wohl aber gepfändete und weggenommene Sachen in einer Weise, die ihre spätere Identifizierung erlaubt[24]. Hauptsächlich aus Sorge um Überlastung des Gerichtsvollziehers meint man verschiedentlich in der Rechtsprechung[25] und im Schrifttum[26], das Protokoll des GV könne allein an § 762 Abs. 2 Nr. 2 gemessen werden, wonach abweichend von § 135 Nr. 6 GVGA nur eine kurze Erwähnung der wesentlichen Vorgänge erforderlich sei. Dies darf jedoch nie dazu führen, daß der Gläubiger mangels Kenntnisnahme praktisch daran gehindert wird, seine Vollstreckungschancen zu verbessern[27]. Wegen der §§ 811a[28], 811c, 813 s. §§ 123 Nr. 2 S. 2, 122 Nr. 1 S. 2 und 132 Nr. 8 GVGA.

Nr. 3 u. 4. Zu den Personen, mit welchen verhandelt wurde, gehören auch die nach § 759 zugezogenen Zeugen[29], aber nicht die (lediglich gemäß Nr. 2 zu erwähnenden) zugezogene Hilfspersonen[30]. Das Erfordernis ihrer Unterschrift weicht von § 162 ab. Wird sie verweigert, so ist **Abs. 3** anzuwenden. Sachverständige haben das Protokoll nur zu unterschreiben, wenn sie ihre Stellungnahme dort abgeben[31].

---

[15] § 136 Nr. 3, § 137, § 179 Nr. 6, § 180 Nr. 6 GVGA; *Nies* (Fn. 7). → § 758 Rdnr. 26–28, 30, § 809 Rdnr. 4–5, § 883 Rdnr. 20 ff., § 885 Rdnr. 6 ff.

[16] → § 84 GVGA.

[17] → § 107 Nr. 2, 5 GVGA, auch § 118 Nr. 5 GVGA, *AG München* DGVZ 1980, 190 (Protokoll muß angeben, ob Durchsuchungserlaubnis vorgelegt wurde oder Gefahr im Verzug vorlag).

[18] → § 750 Rdnr. 10.

[19] *OLG Frankfurt* DGVZ 1982, 117 (abl. Schriftl.) = MDR 503; *LG Göttingen* DGVZ 1994, 90.

[20] *OLGe Bremen* NJW-RR 1989, 1407 = DGVZ 40 = NJW-RR 1407; *Frankfurt* (Fn. 19); *Oldenburg* Büro 1989, 261 einschränkend zu Büro 1980, 944 (§ 135 Nr. 6 GVGA enthalte Mindestanforderungen); *LGe Darmstadt, Duisburg* Büro 1985, 1893; Büro 1990, 1049; *Düsseldorf* Büro 1982, 781 = DGVZ 116; *Frankfurt/M.; Frankenthal* DGVZ 1981, 140; 1985, 88; *Hamburg* Büro 1989, 1313; *Hannover* MDR 1989, 745 = Büro 703; *Heilbronn* MDR 1985, 773; *Lübeck, Nürnberg-Fürth* Büro 1990, 1369; 1988, 1413; *Traunstein* Rpfleger 1988, 199 (zust. *Behr*); *Verden* Büro 1985, 938; *Behr* NJW 1992, 2738, 2742.

[21] *OLG Oldenburg* (Fn. 20); *LGe Darmstadt* DGVZ 1984, 7; *Lübeck* Büro 1990, 1369; *AG Siegen* DGVZ 1993, 190; *Behr* (Fn. 20); a.M. anscheinend (auch Unpfändbares?) *LG Saarbrücken* DGVZ 1994, 30.

[22] Dieser ist innerhalb des gesetzlichen Rahmens zu beachten *OLGe Frankfurt* (Fn. 19); *Bremen* (Fn. 20); *LGe Darmstadt, Duisburg, Hamburg, Lübeck, Nürnberg-Fürth* (alle Fn. 20); *Essen* DGVZ 1981, 22; *Bochum* Büro 1994, 308; *Göttingen* (Fn. 19). Einschränkend *AG Darmstadt* DGVZ 1983, 169; *LG Detmold* DGVZ 1994, 120.

[23] *OLG Bremen* (Fn. 20); *AG Siegen* (Fn. 21); § 135 Nr. 6 GVGA nF.

[24] Bei Räumungen ist zwar dafür Sorge zu tragen, daß der Inhalt von Kisten/Kartons erkennbar bleibt (Numerierung nebst Auflistung oder Aufschrift; sonst können unnötige Unkosten bei späteren Entnahmen oder Kontrollen entstehen.). Er gehört jedoch nicht in das Protokoll.

[25] *LGe Münster, Regensburg* DGVZ 1984, 46; 1989, 73; *AG u. LG Köln* DGVZ 1983, 44; *AGe Beckum, Bremen, Westerburg, Winsen/Luhe* DGVZ 1984, 45; 1987, 92; 1992, 124; 1987, 61.

[26] *Holch* DGVZ 1993, 145 ff.; *Midderhoff* DGVZ 1983, 4 ff.; *Mümmler* Büro 1988, 667; *Schüler* DGVZ 1983, 81 ff.

[27] *LG Düsseldorf* (Fn. 20).

[28] *OLG Oldenburg* (Fn. 20); *LG Nürnberg-Fürth* (Fn. 20).

[29] S. § 108 Nr. 2 GVGA.

[30] → § 758 Rdnr. 31 Fn. 166 (Schlosser), Rdnr. 32 Fn. 170 (Polizei), § 885 Rdnr. 34 ff. (benutzte oder bereitgestellte Transportmittel); *Arnold* (Fn. 4) Rdnr. 8. A.M. für Polizei *Stöber* (Fn. 4) Rdnr. 4.

[31] *Arnold* (Fn. 4) Rdnr. 8 mit § 251 GVGA.

6 III. Über die Angaben hinsichtlich der Gebühren s. § 14 GVKG und wegen der Behandlung der Kostenrechnungen Nr. 5, 14 der GVKostGr, § 10 Nr. 1e GVGA.

7 IV. **Rechtsbehelfe**: Auf Erinnerung des Gläubigers kann das Vollstreckungsgericht den Gerichtsvollzieher nicht anweisen, dem Protokoll nachträglich einen bestimmten Inhalt zu geben[32], wohl aber, wegen mangelhafter Protokollierung eine Vollstreckungshandlung erneut unter ordnungsgemäßer Protokollierung vorzunehmen[33].

§ 763 [Aufforderungen und Mitteilungen des Gerichtsvollziehers]

(1) Die Aufforderungen und sonstigen Mitteilungen, die zu den Vollstreckungshandlungen gehören, sind von dem Gerichtsvollzieher mündlich zu erlassen und vollständig in das Protokoll aufzunehmen.

(2) ¹Kann dies mündlich nicht ausgeführt werden, so hat der Gerichtsvollzieher eine Abschrift des Protokolls unter entsprechender Anwendung der §§ 181 bis 186 zuzustellen oder durch die Post zu übersenden. ²Es muß im Protokoll vermerkt werden, daß diese Vorschrift befolgt ist. ³Eine öffentliche Zustellung findet nicht statt.

Gesetzesgeschichte: Bis 1900 § 683 CPO. Änderung RGBl. 1933 I 394. Neubekanntmachung BGBl. 1950 I 535.

1 I. **Aufforderungen**, die zu den Vollstreckungshandlungen gehören, sind in der ZPO selbst nicht genannt (die Fälle der §§ 840, 845 gehören nicht hierher), aber zuweilen vorausgesetzt (z. B. in § 756) und durch die GVGA geboten, z. B. in § 84 Nr. 1 (Mitwirkung bei Gegenleistung), § 105 Nr. 2 (freiwillige Leistung), § 131 Nr. 1 (Öffnung der Räume und Behältnisse). Über **sonstige Mitteilungen** s. §§ 806a, 808 Abs. 3, 811b Abs. 2, 826 Abs. 3, 885 Abs. 2. Nachrichten vom Pfändungsvorgang (Protokollabschrift) an den *Gläubiger* gehören nicht hierher → § 760 Rdnr. 2. Nach einer Vollstreckung in Abwesenheit des Schuldners ist jedoch *diesem* unaufgefordert eine Abschrift des Protokolls zu übermitteln[1]. – Aufforderungen und Mitteilungen sind mündlich zu erlassen[2] (s. aber § 761 Abs. 2) und in das Protokoll aufzunehmen.

2 II. Ist die mündliche Mitteilung nach Abs. 1 nicht möglich, so hat der Gerichtsvollzieher eine **Abschrift des Protokolls** mit dem vollständigen Wortlaut der Aufforderung oder sonstigen Mitteilung durch *einfachen Postbrief zu übersenden* oder, falls der Zugang unsicher erscheint, entsprechend §§ 181–186 *zuzustellen* und dies im Protokoll zu vermerken[3]. §§ 173 ff. gelten nicht; Zustellung an General-, Zustellungs- und Prozeßbevollmächtigte scheidet daher aus. Ist der Aufenthalt des Adressaten unbekannt (insbesondere wenn ein aufgegebener Brief mit dem Postvermerk »Empfänger unbekannt verzogen« zurückkommt), so fordert der Gerichtsvollzieher den Gläubiger zur Ermittlung der Anschrift auf. Führen zumutbare Nachforschungen (zB Einholung einer Auskunft des Einwohnermeldeamtes) zu keinem Erfolg, so unterbleibt jede Mitteilung, arg. Abs. 2 S. 3[4]. Auslandszustellung kann hier

---

[32] *OLG Braunschweig* DGVZ 1992, 120.
[33] *OLG Bremen* (Fn. 20); *LGe Hannover* MDR 1989, 745; *Lübeck* Büro 1989, 262; *Traunstein* (Fn. 20).
[1] § 135 Nr. 5 GVGA; zur etwaigen Zustellung → Rdnr. 2.
[2] S. aber § 761 Abs. 2 sowie zur Durchsuchungserlaubnis → § 758 Rdnr. 17.
[3] § 110 Nr. 5 GVGA.
[4] *LG Essen* MDR 1973, 414 für Versteigerungsnachricht an Schuldner gemäß § 142 Nr. 4 GVGA.

nicht im Wege der Rechtshilfe erfolgen[5], es genügt einfacher Postbrief. – Förmliche Zustellung nach allgemeinen Regeln fordern die §§ 829, 840, 845, 857 ff. → auch § 762 Rdnr. 1.

III. Verstöße gegen § 763 führen nicht zur Anfechtbarkeit der Vollstreckungsakte. Gemäß § 766 kann die Nachholung verlangt werden, soweit dies trotz § 760 nötig ist. 3

§ 764 [Vollstreckungsgericht]

(1) Die den Gerichten zugewiesene Anordnung von Vollstreckungshandlungen und Mitwirkung bei solchen gehört zur Zuständigkeit der Amtsgerichte als Vollstreckungsgerichte.
(2) Als Vollstreckungsgericht ist, sofern nicht das Gesetz ein anderes Amtsgericht bezeichnet, das Amtsgericht anzusehen, in dessen Bezirk das Vollstreckungsverfahren stattfinden soll oder stattgefunden hat.
(3) Die Entscheidungen des Vollstreckungsgerichts können ohne mündliche Verhandlung ergehen.

Gesetzesgeschichte: Bis 1900 § 684 CPO

I. Die Zuständigkeit des Vollstreckungsgerichts

1. Zu den Aufgaben der **Gerichte** in der Zwangsvollstreckung und ihrer *Verteilung unter* 1
Richter und Rechtspfleger[1] → Rdnr. 67 ff. vor § 704. Prozeßgericht, auch als Familiengericht (→ Fn. 7), und Grundbuchamt sind nicht »Vollstreckungsgerichte« i. S. d. § 764[2], obwohl sie zuweilen als Vollstreckungs*organ* tätig werden, §§ 887 f.[3] und § 867[4]. – Wird Prozeßkostenhilfe nur für die Vollstreckung beantragt, so ist das Vollstreckungsgericht zuständig[5].

2. Vollstreckungsgericht[6] **ist stets das Amtsgericht**[7] (in den neuen Bundesländern bis zur 2
Neuregelung das **Kreisgericht**), auch wenn der Titel nach § 794 Nr. 1, 5 oder § 1044 b, im *arbeitsgerichtlichen*[8] Verfahren erwachsen ist oder wenn nach § 66 Abs. 4 SGB-X[9] oder aus Vergütungsbeschlüssen nach § 19 Abs. 2, 3 BRAGO[10] vollstreckt wird. Für andere, nicht aufgrund der ZPO ergangene Titel s. § 167 Abs. 1 S. 2, § 170 VwGO[11], § 169 VwGO[12],

---

[5] *MünchKommZPO-Arnold* Rdnr. 6; a.M. *Wieczorek*[2] Anm. B I.
[1] *Lit: Ule* Der Rechtspfleger u. sein Richter (1983).
[2] Vgl. zu § 890 *BayObLG* WuM 1989, 353 zu e. Ob ihnen nach § 21e GVG zugleich Aufgaben als VollstrGer zugewiesen werden können u. ob dadurch einzelne Sachbereiche (z. B. Miet- u. Räumungssachen) dem im übrigen allzuständigen VollstrGer entzogen werden dürfen, ist eine andere Frage.
[3] *OLG Hamm* NJW-RR 1986, 420, ganz h.M.
[4] → dort Rdnr. 1, ferner § 830 Rdnr. 22, § 857 Rdnr. 65, § 895 Rdnr. 4, 9, 13, § 621 Rdnr. 37.
[5] *BGH* NJW 1979, 1048 = MDR 564 (noch zum Armenrecht).
[6] *Lit: Thomann* Vollstreckungs- u. Vollzugsgericht (1973).
[7] Nicht als Familiengericht → § 621 Rdnr. 37 Fn. 207 f.; *OLGe Celle* FamRZ 1979, 57; *Schleswig* SchlHA 1978, 173 (auch für Prozeßkostenhilfe bei ZV aaO 1979, 130), es sei denn in seiner Eigenschaft als **Arrestgericht**, → dazu § 793 Rdnr. 5, oder soweit eine ZV nach § 33 FGG stattfindet. Wegen Wiedergutmachungssachen *OLG Hamm* JMBlNRW 1955, 29.

[8] *Grunsky* ArbGG[6] § 2 Rdnr. 8 mwN; → Rdnr. 172 vor § 704.
[9] *OLG Frankfurt* Rpfleger 1977, 221; *LG Duisburg* Rpfleger 1982, 192; *MünchKommZPO-Arnold* Rdnr. 4. → dazu § 794 Rdnr. 100 Fn. 656.
[10] Str. für gerichtliche Verfahren außerhalb der ZPO; wie hier *OVGe Koblenz, Lüneburg u. Münster* (17. Senat) NJW 1980, 1541; 1984, 2485; 1987, 396 (mwN auch zur Gegenansicht); *VG Berlin* NJW 1981, 884; *LGe Berlin, Heilbronn* NJW-RR 1993, 575 = Rpfleger 252 f.; *Zöller/Stöber*[18] § 899 Rdnr. 1. § 19 Abs. 2 S. 3 BRAGO verweist nämlich auf die ZPO; das Wort »sinngemäß« bezieht sich nicht auf die ZV, sondern nur auf die Gleichsetzung der Vergütungsfestsetzung (hier nach § 19 Abs. 3 BRAGO) mit der Kostenfestsetzung. – A.M. *OVG Münster* (19. Senat) NJW 1986, 1190.
[11] *VG Köln* NJW 1975, 2224 (örtliche Zuständigkeit nach ZPO); *Sommer* Rpfleger 1978, 406; *Gaul* JZ 1979, 496..
[12] S. *OVG Münster* NJW 1980, 1709 = Rpfleger 196 (Erinnerung an VG u. Beschwerde wie → § 766 Rdnr. 7); 1981, 2771 (örtliche Zuständigkeit gemäß § 169 Abs. 1 S. 2). Im Bereich der AO tritt grundsätzlich die Vollstrek-

§ 170 VerwGO, § 151 Abs. 1 S. 2 FGO, § 198 (anders §§ 200f.) SGG[13]. Soweit das Vollstreckungsgericht Vollstreckungsakte erlassen oder aufheben kann[14], ist dies auch dem mit der Sache befaßten *Beschwerdegericht* möglich[15]; war Beschwerde (noch) nicht wirksam eingelegt, so sind solche Akte dennoch wirksam[16]. Nur bei der *Arrestvollziehung* durch Rechtspfändung oder der Anordnung nach § 931 Abs. 3 ist das Arrestgericht Vollstreckungsgericht[17]. Zur einstweiligen Verfügung → § 938 Rdnr. 33, 40. Wegen der Erinnerung → § 766 Rdnr. 35, zur Festsetzung der Vollstreckungskosten → § 788 Rdnr. 27.

3   3. **Örtlich zuständig** ist im Regelfalle das Amtsgericht, in dessen Bezirk die Vollstreckungshandlung vorzunehmen oder vorgenommen ist. Bei Rechtspfändungen, §§ 828, 857, auch im Falle des § 830[18], kommt es für die Zuständigkeit auf den Erlaß, nicht auf die Zustellung an[19]; für Vorpfändungen → § 845 Rdnr. 11, zu § 831 → dort Rdnr. 6 und wegen § 847 → dort Rdnr. 18. Die in Abs. 2 vorbehaltenen *Ausnahmen* finden sich in § 828 Abs. 2, § 848 Abs. 1, 853–855, § 858 Abs. 2, 873, 889 Abs. 1, 899, 902 sowie in §§ 1, 2, 146 Abs. 1, § 171 Abs. 2, § 171b Abs. 1 ZVG. Wird die *Gesamtvollstreckung* gegen den Schuldner eröffnet, so hat gemäß § 7 Abs. 3 S. 2 GesO das Vollstreckungsgericht die Sache an das nach § 1 Abs. 2 S. 1 GesO zuständige Gericht am Wohnsitz des Schuldners abzugeben[20].

4   II. Die Ausnahmen → Rdnr. 2f. zeigen, daß es eine **einheitliche Zuständigkeit für alle Vollstreckungshandlungen nicht gibt.** Abs. 2 meint mit »Vollstreckungsverfahren« jede *selbständige Handlung*, bei der es nicht nur um die Fortdauer (Einstellung, Abänderung, Aufhebung) oder Auswirkung einer früheren Anordnung geht, sondern um eine neue, unabhängige Vollstreckungsmaßnahme[21], mag auch derselbe Gegenstand betroffen sein. Daher ist bei einem Umzug des Schuldners nach der Pfändung von Sachen, die in seinem Gewahrsam verbleiben, für die *Verwertung* (§§ 814ff., 825) das Gericht am neuen Verwahrungsort zuständig[22]. Entsprechendes gilt für § 828 Abs. 2 bei einem Wohnsitzwechsel zwischen Pfändung und Überweisung[23] oder zwischen Pfändung und Anordnungen gemäß §§ 844[24] oder 847[25]. Zur Erinnerungen anläßlich einer (von der Haftanordnung zu unterscheidenden) Verhaftung → § 909 Rdnr. 20. Auch wenn Handlungen derselben oder verschiedener Art in verschiedenen Bezirken gleichzeitig vorzunehmen sind, beurteilt sich die Zuständigkeit für jede besonders; bei mehreren Schuldnern gilt § 36 Nr. 3 nur dann sinngemäß, wenn ein Vollstreckungsakt einheitlich gegen alle zu ergehen hat, z. B. weil ihnen der Vollstreckungsgegenstand gemeinschaftlich zusteht[26]. S. auch § 2 ZVG.

5   Für *nicht selbständige* Handlungen, die der Abwicklung eines einheitlichen Vollstreckungsaktes oder des Offenbarungsverfahrens[27] dienen oder ihn aufheben bzw. abändern, z. B. nach

---

kungsbehörde (§ 249 AO) an die Stelle des VollstreckGer, z. B. §§ 303, 305, 309ff. AO; str. für § 319 AO, soweit verwiesen wird auf § 850e Nr. 4 (*Strunk* StB 1993, 247: AG) u. § 850f. Abs. 2 (*LAG Frankfurt* DB 1988, 2572: AG; a. M. *Strunk* aaO).
[13] *OLG Frankfurt* Rpfleger 1977, 221 = Büro 855 mwN (noch zu §§ 28, 748 RVO): AG zuständig; *LG Duisburg* Rpfleger 1982, 192; *Arnold* (Fn. 9) Rdnr. 4, ganz h. M.
[14] → Rdnr. 68 vor § 704, § 775 Rdnr. 2.
[15] → § 766 Rdnr. 48; *Arnold* (Fn. 9) Rdnr. 16.
[16] *Arnold* (Fn. 9) Rdnr. 42 Fn. 37. → auch Rdnr. 72 Fn. 137, falls solche Akte auf »Entscheidungen« beruhen.
[17] → § 930 Rdnr. 2–10, § 931 Rdnr. 2f., § 934 Rdnr. 3, auch § 919 Rdnr. 16 (z. Z. noch 20. Aufl.).
[18] *RGZ* 65, 376f.
[19] *RGZ* 12, 379; 65, 376; 67, 311; Gruch. 57, 163.
[20] Dazu *Smid* GesO (1991) § 7 Rdnr. 31. Rechtsmittel: Sofortige Beschwerde, § 20 GesO.

[21] Allg.M. *Arnold* (Fn. 9) Rdnr. 29; *Baumbach/Hartmann*[52] Rdnr. 2; *Stöber* (Fn. 10) Rdnr. 4.
[22] *RGZ* 139, 351; *OLGe Frankfurt, Kiel* und *KG* OLGRsp 16, 289, 325 u. 25, 155. Wegen § 885 Abs. 4 → dort Rdnr. 47.
[23] → § 831 Rdnr. 2,6, § 835 Rdnr. 2.
[24] Vgl. *RGZ* 61, 332.
[25] → dort Rdnr. 4 a. E., 17.
[26] → § 36 Rdnr. 25, § 828 Rdnr. 5 je mwN. Daß laut Titel mehrere schulden, reicht also *allein* nicht aus *RG* JW 1937, 316[12] (nur dies war mit mißglückter Formulierung → Rdnr. 4 a. E. der 20. Aufl. gemeint, → dort § 828 Rdnr. 5).
[27] Dazu gehören auch Haftanordnung/Haftbefehl → § 901 Rdnr. 8. Zur Verhaftung, die eines besonderen Antrags beim GV bedarf, → § 909 Rdnr. 20.

§ 850f.[28] oder § 850g[29], insbesondere für *Rechtsbehelfe* gegen die Vornahme oder Versagung von Vollstreckungsakten oder gegen Haftanordnungen/Haftbefehle[30] ist das Gericht zuständig, von dem oder in dessen Bezirk[31] der Akt vorgenommen oder verweigert wurde[32]. Nur in diesem Rahmen dauert dasselbe »Vollstreckungsverfahren« (Abs. 2) und damit die mit einem Antrag begründete Zuständigkeit fort, sei es entsprechend § 261 Abs. 3 Nr. 2[33] oder nur aufgrund Sachzusammenhangs[34]. So ist das nach § 899 zur Zeit des Antrags zuständige Gericht auch zum Erlaß des Haftbefehls berufen[35], ebenso das Gericht am Pfändungsort zur Aufhebung nach § 766, auch wenn im übrigen das Verteilungsgericht nach §§ 853, 873 zuständig geworden ist[36], und zur Anpassung nach § 850g[37]. → auch § 827 Rdnr. 2f.

III. Örtliche und sachliche Zuständigkeit des Vollstreckungsgerichts sind *ausschließlich*, § 802; die sachliche ist stets **funktioneller Art**[38], so daß im Verhältnis zum Prozeßgericht § 281 ausscheidet[39] und § 529 Abs. 2 in der Beschwerdeinstanz nicht entsprechend anzuwenden ist. Da es sich um eine *gesetzliche* Zuweisung handelt, gelten § 36 Nr. 5 und 6 entsprechend[40], während die sinngemäße Anwendung des § 10 nur für *Entscheidungen*[41] und unter den Einschränkungen → § 10 Rdnr. 11ff.[42] in Frage kommt. Zur Anwendung des § 512a → dort Rdnr. 8[43]. Wegen der *Vollstreckungsakte* unzuständiger Gerichte → Rdnr. 70–72 und 128, 130 vor § 704 sowie § 828 Rdnr. 10. → auch Rdnr. 38, 40 vor § 578.

6

IV. Zum **Verfahren** einschließlich Prozeßvoraussetzungen → Rdnr. 74ff. vor § 704 sowie die Bem. zu §§ 765–766, 769, 775–777, 779, 787–789, 829ff., zur Vollmacht → § 80 Rdnr. 36, § 88, wegen der Zustellung → §§ 176, 178.

7

V. Über **Rechtsbehelfe** gegen Vollstreckungshandlungen und Entscheidungen des Vollstreckungsgerichts → § 766 Rdnr. 3ff. und § 793 Rdnr. 1–4; s. auch §§ 95ff. ZVG. Über Rechtsfolgen, falls **Verstöße** nicht oder erfolglos gerügt sind, → Rdnr. 130 vor § 704.

8

§ 765 [Vollstreckungsgericht bei Leistung Zug um Zug]

¹Hängt die Vollstreckung von einer Zug um Zug zu bewirkenden Leistung des Gläubigers an den Schuldner ab, so darf das Vollstreckungsgericht eine Vollstreckungsmaßregel nur anordnen, wenn der Beweis, daß der Schuldner befriedigt oder im Verzug der Annahme ist, durch öffentliche oder öffentlich beglaubigte Urkunden geführt wird und eine Abschrift dieser Urkunden bereits zugestellt ist. ²Der Zustellung bedarf es nicht, wenn bereits der Gerichtsvollzieher die Zwangsvollstreckung nach § 756 begonnen hatte und der Beweis durch das Protokoll des Gerichtsvollziehers geführt wird.

Gesetzesgeschichte: Seit 1900 RGBl 1898 I 256. Geplante Änderung: BR-Drucks. 134/94 → Rdnr. 2.

---

[28] *OLG München* Rpfleger 1985, 154f. Krit. *Stöber* (Fn. 10) § 828 Rdnr. 2.
[29] *BGH* Rpfleger 1990, 308.
[30] → 901 Rdnr. 17.
[31] *OLG Kiel* OLGRsp 16, 325 (zu §§ 811, 766).
[32] *RGZ* 35, 376f. zu § 831, → dort Rdnr. 6.
[33] *Arnold* (Fn. 9) Rdnr. 30.
[34] So *Rosenberg/Gaul*[10] § 27 IV 1.
[35] Vgl. *OLG Dresden* SächsAnn. 20, 184f.
[36] → § 872 Fn. 19. Anders für § 771, → dort Fn. 283.
[37] *BGH* (Fn. 29).
[38] → § 1 Rdnr. 120f., 125; *Gaul* (Fn. 34) § 27 II.

[39] → § 281 Rdnr. 11, wie dort *BayObLG* Rpfleger 1989, 80; s. auch *OLG München* MDR 1991, 796 = Büro 989 (zu § 889).
[40] → § 36 Rdnr. 20, 25; *OLG Frankfurt* Rpfleger 1978, 260; *BayObLG* (Fn. 39).
[41] → § 10 Rdnr. 2 Fn. 9 mwN.
[42] Z.B. nicht, wenn das LG nach fehlerhafter Vorlage eine Erinnerung nach § 766 unrichtig als Durchgriffsbeschwerde behandelt → § 10 Rdnr. 13.
[43] Wie dort *OLG München* Büro 1985, 946; Büro 1991, 796.

I. Vollstreckung bei Leistung Zug um Zug

1 § 765 dient wie § 756 zur Ergänzung des § 726 Abs. 2¹. Bei **gerichtlicher** Vollstreckung² durch Beschlüsse, auch im Offenbarungsverfahren³ können Gegenleistungen nicht tatsächlich angeboten und Urkunden nicht gleichzeitig zugestellt (wohl aber im Falle → § 726 Rdnr. 18 vorgelegt) werden. Daher ist nach **S. 1** ebenso zu verfahren wie bei der Vollstreckung durch Gerichtsvollzieher *ohne Angebot*⁴, nur müssen die Urkunden *vor* der Beschlußfassung zugestellt sein; → dazu § 750 Rdnr. 34.

2 **S. 2** erlaubt aber sofortige Vollstreckung, wenn der Gerichtsvollzieher die notwendigen Feststellungen im Rahmen seiner Aufgaben nach § 756⁵ schon getroffen und dies im Protokoll vermerkt hatte⁶, und zwar auch dann, wenn wegen Nichtannahme der Leistung abgelehnt wurde; so auch die geplante Änderung des § 765, → dazu § 756 Rdnr. 6 a. E. Zur Vermeidung einer Vorleistung wird daher der Rechtspfändung oder Eintragung einer Zwangshypothek regelmäßig ein Versuch gemäß → § 756 Rdnr. 4 vorangehen müssen⁷. Die *dabei* verwendeten Urkunden samt beglaubigter Protokollabschrift müssen dem Vollstreckungsgericht vorliegen, das Protokoll aber nicht zugestellt sein⁸. Das Gericht hat erneut zu prüfen, ob damit die Befriedigung oder der Annahmeverzug des Schuldners bewiesen sind⁹; dabei ist es an die *Beurteilung* des Gerichtsvollziehers weder in rechtlicher¹⁰ noch in tatsächlicher Sicht gebunden, da Gegenbeweis zulässig ist durch Beweis der Unrichtigkeit¹¹, selbst wenn die Beurteilung des Gerichtsvollziehers nach §§ 766, 793 bestätigt worden war¹². Der Fortbestand des einmal eingetretenen Annahmeverzugs wird vermutet → § 726 Fn. 91. Wegen des Angebots → § 756 Rdnr. 3 ff. und zu möglichen Einwendungen des Schuldners, insbesondere zum Wegfall des Annahmeverzugs → § 756 Rdnr. 10 ff. Zur Erinnerung → § 766 Rdnr. 3 ff., zur Heilung von Verstößen → Rdnr. 132 ff. vor § 704, § 878 Rdnr. 14 ff.¹³.

3 **II. § 765 gilt entsprechend** für die Vollstreckungstätigkeit des **Prozeßgerichts**¹⁴ und des **Grundbuchamts**¹⁵; anders bei § 894, → § 894 Rdnr. 28, 31, § 895 Rdnr. 7.

---

¹ → § 756 Rdnr. 1.
² → Rdnr. 68 vor § 704: §§ 829 ff., 867, 899 ff., 887 ff.
³ *OLG Köln* NJW-RR 1991, 383 = MDR 260; *LG Detmold* DGVZ 1990, 41.
⁴ Näheres → § 756 Rdnr. 7 ff.
⁵ »Protokollierung« durch GV *außerhalb* § 756 genügt nicht, → § 415 Rdnr. 5; *OLG Hamm* Rpfleger 1972, 148. Zum Annahmeverzug bei Werkleistungen → § 756 Rdnr. 6; *Noack* DGVZ 1972, 149; Löschung von Computerprogrammen *Münzberg* BB 1990, 1011 f.
⁶ → § 762 Rdnr. 3.
⁷ *OLG Frankfurt* Rpfleger 1979, 144 f. (Wechsel, der – im Unterschied zu → § 726 Rdnr. 18 Fn. 111, 116 – gemäß Urteil auf Widerklage als echte Gegenleistung herauszugeben war).
⁸ *OLG Köln* OLGZ 1986, 481 = NJW-RR 863. Zuzustellen sind aber nach dem engen Wortlaut des S. 2 Protokolle wie → § 756 Rdnr. 6 a Fn. 41: Diese gehören zwar auch zur ZV u. genügen auch dem Zweck des S. 2, da es sich um eigene, also dem Schuldner schon bekannte Erklärungen handelt, die ZV war eben noch nicht »begonnen«, so auch *MünchKommZPO-Arnold* Rdnr. 7 unter Berufung auf *OLG Hamm* Rpfleger 1972, 148 (das aber mangels ZV-Auftrags schon die Beweiskraft nach § 418 verneinte); *Zöller/Stöber*¹⁸ Rdnr. 3.
⁹ *LG Wuppertal* Rpfleger 1988, 153 für § 867. Dazu gehört auch die Prüfung, ob die ZV nach dem Titel echte Gegenleistung voraussetzt, → § 726 Rdnr. 13 ff. u. zum Wechsel oben Fn. 7.
¹⁰ Allg. M. *KG* MDR 1994, 617 = Rpfleger 310; *Arnold* (Fn. 8) Rdnr. 10 mwN.
¹¹ Nicht nur deren Möglichkeit *OLG Köln* (Fn. 8 = Rpfleger 393). Also nicht Bindung an Tatsachenfeststellung (insoweit unklar *LG Oldenburg* DGVZ 1982, 123), sondern nur an Beweiskraft (§ 418); insoweit wurde 20. Aufl. Fn. 4 mißverstanden von *Arnold* (Fn. 8) Rdnr. 10 Fn. 16.
¹² Zust. *Stöber* (Fn. 8); a.M. *Arnold* (Fn. 8) Rdnr. 10; aber in Rechtskraft erwächst nur die Zulassung der **ZV durch den GV** (insoweit übereinstimmend mit → § 766 Rdnr. 50), nicht die Begründung, insoweit richtig *LG Oldenburg* (Fn. 11).
¹³ Wie dort *KG* HRR 1940 Nr. 452 = DR 407¹⁹ = JbfrG 21, 89, zust. *Arnold* (Fn. 8) Rdnr. 13.
¹⁴ → § 764 Rdnr. 1; *LG Frankenthal* Rpfleger 1976, 109.
¹⁵ *BayObLGZ* 1975, 396 = Rpfleger 1976, 67 = WM 489 (für eine dem Gläubiger obliegende Löschungsbewilligung genügt Eintragungsmitteilung gemäß § 55 GBO als Nachweis); *OLG Hamm* Rpfleger 1983, 393 (Nachweis gemäß § 29 GBO nötig).

§ 765 a [Vollstreckungsschutz]

(1) Auf Antrag des Schuldners kann das Vollstreckungsgericht eine Maßnahme der Zwangsvollstreckung ganz oder teilweise aufheben, untersagen oder einstweilen einstellen, wenn die Maßnahme unter voller Würdigung des Schutzbedürfnisses des Gläubigers wegen ganz besonderer Umstände eine Härte bedeutet, die mit den guten Sitten nicht vereinbar ist.

(2) Eine Maßnahme zur Erwirkung der Herausgabe von Sachen kann der Gerichtsvollzieher bis zur Entscheidung des Vollstreckungsgerichts, jedoch nicht länger als eine Woche, aufschieben, wenn ihm die Voraussetzungen des Absatzes 1 glaubhaft gemacht werden und dem Schuldner die rechtzeitige Anrufung des Vollstreckungsgerichts nicht möglich war.

(3) Das Vollstreckungsgericht hebt seinen Beschluß auf Antrag auf oder ändert ihn, wenn dies mit Rücksicht auf eine Änderung der Sachlage geboten ist.

(4) Die Aufhebung von Vollstreckungsmaßregeln erfolgt in den Fällen der Absätze 1 und 3 erst nach Rechtskraft des Beschlusses.

Gesetzesgeschichte: Seit 1953 BGBl. I 952. Abs. 1 S. 2 eingefügt durch Gesetz vom 20.8.1990 BGBl. I 1762. Geplante Änderungen: BR-Drucks. 134/94 Art. 1 Nr. 9, Art. 3, Abs. 2 → Fn. 85, 87.

I. Allgemeines[1], Geltungsbereich

1. Die ZPO unterwirft grundsätzlich das gesamte laut Titel haftende Vermögen eines Schuldners dem Vollstreckungszugriff; **Vollstreckungsschutz gibt es nur als Ausnahme** und nur in möglichst genau gefaßten Bestimmungen aus humanen, sozialen, wirtschaftlichen oder sonstigen Gründen, §§ 811 ff., 850 ff. Diese Strenge und Starrheit weckten den Wunsch nach einer **Generalklausel des Schuldnerschutzes**, vergleichbar mit §§ 138, 226, 242[2], 826 BGB[3]. § 765 a hat Vorbilder in § 872 des ZPO-Entwurfs von 1931 und in den nicht mehr geltenden Vorschriften des VollstrMißbrauchG[4] und den Art. 6 SchutzVO[5]. Während frühere Generalklauseln z.T. gefährlich weit gefaßt waren und unter dem Eindruck der besonderen wirtschaftlichen Verhältnisse ihrer Entstehungszeit großzügig angewendet wurden, zeigen Entstehungsgeschichte[6] und Formulierung des § 765 a eine deutlich abschwächende Tendenz: 1

§ 765 a will nur in *besonders liegenden Ausnahmefällen* helfen und so unvermeidbare Lücken des Schutzrechts schließen; er darf aber nicht einfach zur Erweiterung spezieller Schutzvorschriften dienen[7]. § 765 a ist daher mit *großer Zurückhaltung*, d.h. nur anzuwenden, wenn die Befolgung sonstiger Vorschriften zu einem ganz untragbaren Ergebnis führen würde[8]. Insoweit wacht § 765 a über die Beachtung des Grundsatzes der Verhältnismäßigkeit in der Zwangsvollstreckung[9]. Überschreitung dieser Grenzen bestärkt nur die ohnehin bestehenden Zweifel an der Weite solcher Generalklauseln[10]. 1a

2. § 765 a gilt für Zwangsvollstreckungen jeder Art und aus *jedem Titel*, sei es wegen Geldforderungen, Herausgabe von Sachen, auch Räumung[11], zur Erwirkung von Handlungen 2

---

[1] *Jonas/Pohle* ZwVNotrecht (1954) 29 ff.; *Henckel* Prozeßrecht u. materielles Recht (1970) 378 ff.; *Bloedhorn* DGVZ 1973, 1; 1976, 104; *Buche* MDR 1972, 195; *Behr* KritJust 1980, 156; zur Immobiliar-ZV: *Riedel* NJW 1955, 1705; *Drischler* Rpfleger 1956, 91; zur MobiliarZV *Grund* NJW 1956, 126.
[2] → Rdnr. 45 vor § 704.
[3] Zum Verhältnis der Generalklauseln des BGB zu § 765 a *Henckel* (Fn. 1) S. 363 ff. → dazu § 811 Rdnr. 2.
[4] Vgl. 16. Aufl. B XII ff. vor § 704.
[5] Vgl. 17. Aufl. C XVIII ff. vor § 704.
[6] S. BT-Drucks. I/3284 S. 12 ff.
[7] → Rdnr. 34. So *Alisch* DGVZ 1981, 109, besonders zu § 721; dort Rdnr. 2; ebenso *Baur/Stürner*[11] Rdnr. 804. *LG Duisburg* Büro 1991, 868 (gegen Heraufsetzung des Pfändungsfreibetrages auf den Sozialhilfesatz über § 765 a.
[8] BGHZ 44, 142 f. = NJW 1965, 2107; OLGe Karlsruhe WuM 1967, 1287; Köln MDR 1972, 877 = Rpfleger 378. Billigkeitserwägungen und selbst erhebliche Härten reichen allein nicht aus *OLG Hamm* NJW 1957, 68; hier sind nur kurzfristig aufschiebende Maßnahmen angebracht, vgl. §§ 707, 719, 721, 813 a mit Bem. sowie § 30 a ZVG. – A.M. *Behr* Kritische Justiz 1980, 156 ff.; RpflBl 1970, 37 f.; Rpfleger 1981, 418; *Lippross* Grundlagen usw. (1983) 138.
[9] *Behr*, Rpfleger 1989, 13 meint, § 765 a werde in seiner jetzigen Fassung dieser Funktion nicht gerecht.
[10] Vgl. *Schönke/Baur* ZwVR[10] § 45 I; dazu *Peters* ZZP 89 (1976), 499.
[11] Näheres → § 721 Rdnr. 2 u.(zu § 93 ZVG) aaO Rdnr. 1 Fn. 3; *OLG München* NJW 1978, 548 sieht jedoch in §§ 2, 17 HausratVO (→ § 721 Fn. 7) Sondervorschriften gegenüber § 765 a: Nur das Familiengericht könne Fristen für die Räumung aufgrund von Zuteilungsbeschlüssen verlängern.

bzw. Unterlassungen[12]. → auch Rdnr. 35 wegen Unterhaltstiteln usw. Bei Geldvollstreckung gilt § 765a auch für Offenbarungsverfahren[13] und für die Immobiliarvollstreckung[14]. Zur entsprechenden Anwendung → Rdnr. 36f.

3   § 765a **gilt nicht** für Versteigerungen oder Pfandverwertungen ohne Titel (§§ 172[15], 175, 180[16] ZVG, 1234ff. BGB), da es sich nicht um eigentliche Zwangsvollstreckungen handelt[17]; unzulässiger Rechtsausübung kann hier mit Klage und einstweiliger Verfügung begegnet werden[18] bzw. im Rahmen der Abwägung nach § 180 Abs. 2 ZVG[19].

4   3. Der **persönliche** Geltungsbereich erstreckt sich auch auf juristische Personen. Zum Konkurs/Insolvenzverwalter → Fn. 60, 84. Zu **zeitlichen** Grenzen → Rdnr. 17.

II. Voraussetzungen des Schutzes

5   1. § 765a nötigt zur umfassenden Interessenabwägung[20], auch bei Suizidgefahr[21]. Der (in Abs. 1 keinesfalls zufällig als erster genannte) *Gläubiger hat die bessere Ausgangsstellung*[22] aufgrund seines Titels[23]. Die Abwägung muß *eindeutig*[24] zugunsten des Schuldners ausfallen. Zur Sonderregelung für Heimkehrer und in die Bundesrepublik zurückgekehrte Häftlinge → 20. Aufl. Anh. § 765a.

6   2. Für den **Schuldner** muß die Vollstreckung entweder reine Schikane sein[25], d.h. überwiegend aus verfahrensfremdem Zweck oder gar in Schädigungsabsicht betrieben werden[26],

---

[12] *LG Frankenthal* Rpfleger 1982, 479; → aber die Einschränkungen § 890 Rdnr. 54f. Wegen wettbewerbs- und urheberrechtlicher Unterlassungs- u. Beseitigungsurteile s. *Pastor* GRUR 1964, 245ff.

[13] *OLGe Oldenburg* JR 1965, 304 = NdsRpfl 44, allg. M.; zum Verfahren vor Haftanordnung → § 900 Rdnr. 14, 34, 57, bei Haftanordnung § 901 Rdnr. 4, nach Haftanordnung → § 901 Rdnr. 20 (wie dort noch *LGe München I, Berlin* Rpfleger 1974, 371, DGVZ 1989, 60ff.); über Bagatellbeträge → Rdnr. 44a vor § 704.

[14] *BVerfG* NJW 1994, 1272 (Suizidgefahr); *Zeller/Stöber* ZVG[14] Einl. Rdnr. 52ff.; *OLGe Frankfurt* Rpfleger 1980, 440 = Büro 1981, 282 (wenn Erlös an Sozialhilfeträger abzuführen wäre); *Karlsruhe* BWNotZ 1967, 318u. *Frankfurt* Rpfleger 1976, 25 (Verschleuderungsproblem); *Koblenz* OLGZ 1985, 455 (Ermöglichung der Befriedigung durch zumutbares Gläubigerverhalten, → aber Fn. 75); dazu *Henckel* (Fn. 1) 388ff. Aus § 85a nF ZVG folgt aber, daß Versteigerung zum halben Grundstückswert noch nicht als »Verschleuderung« angesehen werden kann *OLG Hamm* Rpfleger 1992, 211, u. selbst ein darunter liegendes Höchstgebot rechtfertigt nur dann den Aufschub, wenn konkreter Anhalt für höheren Erlös in einem neuen Versteigerungstermin besteht *OLGe Hamm, Celle* Rpfleger 1976, 146; 1979, 117. – Für den **Zuschlagsbeschluß** ist § 765a bei § 83 Nr. 6 ZVG einzuordnen *KG* Rpfleger 1966, 310; *LG Frankenthal* Rpfleger 1984, 194; *Mohrbutter* Rpfleger 1967, 102; dazu *OLG Schleswig* Rpfleger 1975, 372 = SchlHA 146. Zur Zuschlagsbeschwerde → Fn. 108.
Zur Konkurrenz des § 765a u. der anderen Schutzzwecken dienenden §§ 30 a-d ZVG, insbesondere zur Bedeutung des § 30d Abs. 2 ZVG ausführlich *Henckel* (Fn. 1) 383ff.; *Zeller/Stöber* aaO Rdnr. 61. Zu Kosten bei Kumulierung *OLG Düsseldorf* BB 1978, 428.

[15] *Worm* KTS 1961, 119; a.M. *LG Stuttgart* MDR 1993, 83.

[16] Sehr str., wie hier *OLGe Hamm* OLGZ 1972, 316; *Karlsruhe* ZMR 1973, 89 (L); *Koblenz, München/Augsburg* NJW 1960, 828; 1961, 787; *Oldenburg* NJW 1955, 150; *LGe Berlin* NJW-RR 1988, 253; Rpfleger 1993, 297; *Bielefeld* Rpfleger 1983, 168f.; *Braunschweig* NdsRpfl 1977, 106; *Frankenthal* Rpfleger 1985, 315; *Hildesheim* MDR 1971, 589; *Baumbach/Hartmann*[52] Rdnr. 7; *Zeller* ZVG[10] § 1 Rdnr. 68. Zur Anwendbarkeit bei Zusammentreffen von Teilungs- und Vollstreckungsversteigerung *Ebeling* Rpfleger 1991, 349, 352. – A.M. *OLGe Braunschweig* NJW 1961, 129; *Bremen* Rpfleger 1979, 72; *Hamburg* MDR 1954, 369; *Karlsruhe* Rpfleger 1994, 223f.; *Nürnberg* NJW 1954, 722; *Köln* MDR 1991, 452; NJW-RR 1993, 126; *Schleswig* Büro 1964, 612; *Bremen* Rpfleger 1979, 72 mwN; *LG Stuttgart* Rpfleger 1992, 491 = MDR 1993, 53; *Zeller/Stöber*[14] Einl. Rdnr. 52.6 mwN.

[17] *Zeller* (Fn. 16); *E. Schneider* MDR 1980, 617.

[18] → Rdnr. 96 Fn. 449 vor § 704.

[19] *OLG Hamm, LGe Braunschweig, Hildesheim* (alle Fn. 16); *Schneider* (Fn. 17).

[20] *OLG Hamm* NJW 1965, 1386; *LG Aachen* WuM 1973, 174 (Räumung); *OLG Karlsruhe* (Fn. 14: Versteigerung); *Grund* (Fn. 1).

[21] *OLGe Köln* NJW-RR 1990, 590f. = DGVZ 9; *Frankfurt* Rpfleger 1994, 274 = NJW-RR 81; vgl. auch *BVerfG* NJW 1994, 1720 (Nutzungsentschädigung) = Rpfleger 470. → aber Rdnr. 20.

[22] *MünchKommZPO-Arnold* Rdnr. 46; a.M. *Behr* (Fn. **1**) 160f.

[23] Wegen materiellrechtlicher Einwendungen → Rdnr. 8, 32 a.E.

[24] *LG Braunschweig* DGVZ 1991, 187..

[25] Dazu *Wieser* Rpfleger 1985, 96; ZZP 98, 427, 434f.; *OLG Oldenburg* ZMR 1991, 268; *LGe Berlin* DGVZ 1971, 88; *Limburg* Rpfleger 1977, 219: **ZV ohne Befriedigungsaussicht**, was aber meist nicht sicher genug beurteilt werden kann *OLGe Köln* (Fn. 8) u. *Düsseldorf* Rpfleger 1989, 470; *LGe Lüneburg* MDR 1976, 1027; *Koblenz* DGVZ 1987, 44f.; *Freiburg* Rpfleger 1989, 469f.; *Oldenburg* ZIP 1982, 626; *AG Köln* Büro 1966, 159. Ferner Offenbarungsantrag oder Immobiliar-ZV in Schädigungs-

oder sonst nach Art[27] oder Zeit[28] wegen **ganz besonderer Umstände eine Härte bedeuten.**
Nachteile, die eine Vollstreckung *in der Regel* mit sich bringt, muß der Schuldner in Kauf nehmen[29]; → auch Rdnr. 34 zur Konkurrenz mit §§ 811 ff., 850 ff. Einer »Verschleuderung« gepfändeter Sachen ist nach § 813 Abs. 1 S. 3 zu begegnen, statt § 817 a durch § 765 a auszuhöhlen[30]. Über Grundstücke → Fn. 14. Daß die Härte mit den **guten Sitten unvereinbar** sein muß, betont nochmals die Einschränkung auf besonders krasse Fälle; den Gläubiger muß aber nicht etwa ein moralischer *Vorwurf* treffen[31]. Verschulden an der eigenen Notlage ist bei der Abwägung zu berücksichtigen[32], darf aber weder beim Schuldner noch beim Gläubiger[33] überbewertet werden. Überhaupt lassen sich »absolute« Gründe nicht nennen wegen der stets (sogar im Falle § 226 BGB) nötigen Interessenabwägung, zumal dem Gläubiger die gleichen oder noch größeren Härten drohen können. **Besonders wichtige Umstände** sind (manche davon jedoch nur bei Räumung): konkrete Lebensgefahr für den Schuldner oder nahe Angehörige[34], die aber mit hinreichender Wahrscheinlichkeit nachzuweisen ist[35]; schwere Erkrankung[36], fortgeschrittene Schwangerschaft[37], Gebrechlichkeit wegen hohen Alters[38], Existenzvernichtung[39], bei Haft: fehlende Versorgung kleiner Kinder[40]; Dauer des bisherigen Vollstreckungsschutzes und die Gründe dafür[41]. – Zur Vollstreckung von **Bagatellbeträgen** → Fn. 27 a. E., Rdnr. 45 a vor § 704.

---

absicht. S. auch *OLG Frankfurt* OLGZ 80, 482 = Büro 1899 f. (Pfändung eines Rechts, das mit Pfändung erlöschen würde).

[26] Dies wird man annehmen können, wenn der Schuldner die Abtretung eben der Forderung, die nach § 850 d Abs. 3 gepfändet werden soll, dem Gläubiger angeboten (*LG Heilbronn* 1 T 224/76 II verneinte hier RechtsschutzB) oder sogar schon vorgenommen hatte. → auch § 777 Rdnr. 4 a. E. zur ZV trotz »Hinterlegung« bei Notar. Bedenklich aber *OLG Düsseldorf* MDR 1977, 147 (Aufhebung der Pfändung wegen bloßen Versprechens, künftig pünktlich zu zahlen).

[27] → die Fälle Fn. 25, 39, ferner z. B. Zwangsverwaltung wegen geringer Restbeträge *trotz Pfändungsaussichten*. Bei erfolgloser Mobiliar-ZV muß aber auch Zwangsversteigerung möglich sein, vgl. *LG Oldenburg* ZIP 1981, 1139 = Rpfleger 492; in diesem Sinne auch *BGH* NJW 1973, 894. Unrichtig versagt daher *LG Frankenthal* Rpfleger 1979, 433 Zwangsversteigerung wegen 438 DM trotz gescheiterter Pfändung (mit unhaltbaren Gründen); Grundstückseigentümer dürfen sich ebensowenig ihrer Schulden entziehen wie Mieter, → Rdnr. 8; *OLG Köln* OLGZ 1988, 253 = WM 1987, 1347 f. (zust. *E. Schneider* EWiR § 765 a 1/87 S. 1141).

[28] *OLG Hamm* MDR 1962, 139 (L) = JMBlNRW 1961, 235: Lohnpfändung für Restbetrag, wenn keine Pfändungen konkurrieren und der arbeitende Schuldner in Kürze zahlt; *OLG Karlsruhe* (Fn. 14): zu Weihnachten; zur **Räumung** s. die Rsp → § 721 Rdnr. 2.

[29] *OLGe Frankfurt* MDR 1981, 412 = Büro 777; *Köln* Rpfleger 1994, 267 = MDR 728 (noch nicht gegen **Einleitung** eines Zwangsversteigerungsverfahrens); *Oldenburg* NJW 1961, 2119 = DGVZ 187 u. *LG Wiesbaden* DGVZ 1994, 120 (Fehlen einer Ersatzwohnung); *OLG Köln* Rpfleger 1994, 267 = MDR 728 (noch nicht gegen Einleitung eines Zwangsversteigerungsverfahrens). → auch § 721 Fn. 14 zur Frage, unter welchen Umständen zweimalige Umzugskosten zumutbar sind.

[30] → § 817 Rdnr. 9, § 813 Rdnr. 13.

[31] *OLG Hamm* (Fn. 8). Abw. *Grund* (Fn. 1) vor III.

[32] → Rdnr. 35. *LG Hannover*, Rpfleger 1986, 439 verneint bei nicht ausreichender Bemühung um Ersatzraum eine solche Härte.

[33] Es genügt z. B. nicht für § 765 a, daß der Gläubiger zuvor auf Vermögen oder Einkünfte verzichtet hatte oder ohne zwingenden Grund weitere Einnahmequellen nicht ausschöpft *OLGe Nürnberg* Rpfleger 1958, 319; *Hamm* Büro 1960, 240; *KG* MDR 1960, 234. Gegen *jede* Berücksichtigung einer Schuld an der Notlage *Behr* (Fn. 1) 162 (was nur für §§ 811 ff.; 850 ff. zutrifft).

[34] Zur Suizidgefahr *BVerfGE* 52, 214 = NJW 1979, 2607 = Rpfleger 450 = DGVZ 1980, 8; NJW 1991, 3207[1] = MDR 412; auch wenn sie nicht auf psychischer Krankheit beruht *BVerfG* (Fn. 21); *OLG Frankfurt* (Fn. 21: für Mutter); *LG Arnsberg* DGVZ 1986, 170 f. (Anm. Schriftl.); *AGe Fürth* DGVZ 1991, 158; *Köln* ZMR 1967, 314 = MDR 500 = DGVZ 157 (zu § 765 a Abs. 2; abl. *Prahl* MDR 1968, 248, der übersieht, daß der Schuldner inzwischen das Gericht anrufen kann). Abl. *Werner* DGVZ 1986, 56.

[35] *OLG Köln* (Fn. 21); a. M. (es genüge schon eine nicht auszuschließende Lebensgefahr) *LG Hof* DGVZ 1991, 40. Zur Bewältigung der Problematik → Rdnr. 20 Fn. 88.

[36] *KG* MDR 1967, 309; *LGe Mannheim* MDR 1965, 914 (Erblindung) u. ZMR 1976, 94 = DWW 1973, 97; *Lübeck* DGVZ 1980, 26; *AG Essen* DGVZ 1967, 11. Jedoch ist nicht jedes (insbesondere psychisches) Kränkerwerden durch ZV erheblich *OLG Köln* (Fn. 27).

[37] *OLG Frankfurt* Rpfleger 1981, 24 = WuM 46 = Büro 1980, 1898 mwN; *LG Hildesheim* ZMR 1963, 31 (L); *LG Bonn* DGVZ 1994, 75 (grundsätzlich 6 Wochen vor bis 8 Wochen nach Geburt).

[38] Bei Räumung *BVerfG* NJW 1991, 3207[2]; *LG Aachen* WuM 1971, 31; *AGe Köln* (Fn. 34); *Sonthofen* WuM 1966, 47; *Hagen* WuM 1967, 175. S. aber auch *AG Bad Wildungen* ZMR 1966, 279 sowie → Fn. 41.

[39] *LG Kassel* ZMR 1970, 122[53]; s. aber auch *LG Kiel* SchlHA 1955, 278. Im Konkurs wird sie unerheblich, die des Gläubigers wiegt nach dem Sinn des § 765 a stets schwerer. – Bedenklich *LG Bochum* MDR 1955, 683.

[40] → § 909 Rdnr. 11 u. zum Aufschub der Verhaftung auch ohne Heranziehung des § 765 a *OLG München* Büro 1977, 1790.

[41] *LG Itzehoe* WuM 1965, 209 = ZMR 1966, 127 (L); *AG Bad Wildungen* (Fn. 38).

7   3. Das **Schutzbedürfnis des Gläubigers** ist »voll« und in erster Linie[42] zu würdigen. Seine eigene Notlage, auch dringende betriebliche Bedürfnisse[43], die Art der beizutreibenden Forderung[44], das Maß der bisher vom Gläubiger aufgebrachten Geduld können gegen einen Schutz sprechen[45] oder zumindest für dessen Einschränkung[46]. § 765a mutet dem Gläubiger nicht zu, über die §§ 811ff., 850ff. hinaus Aufgaben staatlicher Fürsorge für Bedürftige zu übernehmen[47]. Über drohende Obdachlosigkeit → § 721 Rdnr. 2, besonders Fn. 14.

8   An den *Schuldtitel ist das Vollstreckungsgericht gebunden*; es darf daher die Vollstreckung nicht schlechthin und unbefristet nach Abs. 1 untersagen[48]. Zu Angriffen auf den Titel → Rdnr. 20, 35. Zumindest systematisch bedenklich ist es daher, wenn das BVerfG in extrem gelagerten Fällen[49] endgültige Einstellung bejaht, statt folgerichtig in solchen Gründen verfassungsrechtlich gebotene, **materiellrechtliche Einwendungen** zu sehen[50], die dann aber auch den Einschränkungen des § 767 Abs. 2 unterliegen müssen, falls der Titel rechtskraftfähig ist. Soll nämlich schon allein der Erfolg einer Vollstreckung ohne Rücksicht auf zeitliche Bezüge sittenwidrig sein, dann kann für das Erfüllungsverlangen nichts anderes gelten; es wäre grotesk, wenn zwar der Rechtspfleger des Vollstreckungsgerichts, nicht aber das Prozeßgericht solche Gründe als Einwendungen zu berücksichtigen hätte[51]. Der Grundsatz der Verhältnismäßigkeit[52] darf nicht dazu führen, daß Schulden auf Dauer uneintreibbar werden[53]. Andernfalls wäre die Einstellung ein entschädigungspflichtiger Enteignungstatbestand[54]. Materiellrechtliche Einwendungen gehören nicht in das Vollstreckungsschutzverfahren[55]; freilich sind unstreitige Tilgungen, Hinterlegung[56] u. ä. im Rahmen der Interessenabwägung zu beachten.

---

[42] → Rdnr. 5. *OLG Köln* NJW 1993, 2249 = ZMR 336 wiegt sogar Suizidgefahr gegen Gläubigerinteressen ab, falls sie erst mit wiederholtem Antrag geltendgemacht wird.

[43] *LG Mannheim* WuM 1962, 12 = ZMR 288 (L): herauszugebendes Pachtland, auch bei nur vorläufiger Vollstreckbarkeit. Wirtschaftliche Stärke des Gläubigers läßt zwar dieses Kriterium entfallen, spricht aber nicht für Sittenwidrigkeit der ZV *LG Frankfurt* ZMR 1958, 158.

[44] Z.B. aus unerlaubter Handlung oder verbotener Eigenmacht, *Grund* (Fn. 1) III; *Bruns-Peters*³ § 48 II 2; im übrigen *Lippross* S. 179 (Fn. 185) mwN.

[45] Zur Räumung *LG Heilbronn* Rpfleger 1993, 501 = DGVZ 140; *OLG Köln* (Fn. 42: Gläubiger mußte schon Vertragsstrafe zahlen an Hauserwerber). → auch § 721 Rdnr. 10a Fn. 46, 50f.

[46] → Rdnr. 14.

[47] → Rdnr. 34, besonders Fn. 124.

[48] *OLGe Koblenz* NJW 1957, 1197; *Köln* (Fn. 34), *KG* JR 1951, 662; *LGe Frankenthal* Rpfleger 1984, 69; *Mannheim* (Fn. 36); *Düsseldorf* MDR 1961, 510; *Werner* DGVZ 1986, 56; *Stürner* (Fn. 7) Rdnr. 803. – Anders *LGe Essen* NJW 1968, 407; *Köln* DGVZ 1989, 185f.; *Weiden* DGVZ 1993, 29.

[49] *BVerfG* NJW 1992, 1155 (Räumung hätte zur Pflegebedürftigkeit des Schuldners geführt); unklar zur Dauerhaftigkeit einer Einstellung noch (obiter) *BVerfG* (Fn. 34) sowie NJW 1991, 3207; → auch Rdnr. 11. Der jüngste Kammerbeschluß bindet einschließlich der insoweit tragenden Begründung, § 31 Abs. 1 BVerfGG (vgl. *Maunz/Schmidt-Bleibtreu/Klein/Ulsamer* BVerfGG Stand 1989, § 93b Rdnr. 16, § 31 Rdnr. 16,19). Für großzügigen Vollstreckungsschutz in ähnlichen Fällen *Bindokat* NJW 1992, 2872ff.

[50] Umgekehrt weicht *BVerfG* NJW-RR 1991, 1101 voreilig auf die materiellrechtliche Ebene (§ 771) aus, wo es um genuin vollstreckungsrechtliche Fragen (Gewährsam) u. Nichtgewährung rechtlichen Gehörs Dritter geht *Münzberg* FS. für Gernhuber (1993), 791.

[51] Dazu schon → 20. Aufl. Fn. 37 a. E.: Lehnen Prozeßgerichte §§ 138, 826 BGB ab, so dürfen VollstrGer dies nicht unterlaufen.

[52] *BVerfG* (Fn. 34).

[53] Vgl. *E. Schneider* MDR 1988, 548 zu *Rosenberg/Gaul*¹⁰ § 3.

[54] Diese Sicht liegt wohl auch *E. Schneider* (Fn. 27) zugrunde; er zweifelt zu Recht, ob Gläubiger die Verantwortung für das persönliche Schicksal ihrer Schuldner zu übernehmen haben.

[55] → Rdnr. 21f. und 45 vor § 704; *OLGe Hamburg* MDR 1970, 426 (Urteilsschleichung); *Karlsruhe* ZMR 1956, 105 (Unrichtigkeit des Urteils, Gegenansprüche); *Köln* DGVZ 1965, 108; *LG Stuttgart* NJW 1952, 430; *LG Kaiserslautern* Rpfleger 1965, 239; *LG Düsseldorf* MDR 1961, 510 (zu Unrecht erlassene Vollstreckungsbescheide); *LG Frankenthal* → Fn. 48 (Verwirkung); *Bötticher* MDR 1949, 236 gegen *LG Göttingen*; *Bloedhorn* DGVZ 1976, 104 gegen *AG Uelzen* (noch zum AbzahlungsG, → § 814 Rdnr. 12ff.). Vgl. auch *OLG Schleswig* SchlHA 1962, 131 (keine Berufung auf noch nicht rechtskräftiges Ehelichkeitsanfechtungsurteil, → dazu auch § 707 Fn. 202 u. zu § 640 Nr. 1 *AG Berlin-Spandau* DAVorm 1976, 663). – **A.M.** *LG Kiel* SchlHA 1970, 141 (Ausnutzung von Verfahrensmängeln); *Weiden* (Fn. 48: unklagbare Forderung). – Angeblich unerträglichen Ergebnissen ist aber durch §§ 767, 769 (795) zu begegnen, und wenn Prozeßgerichte auf § 826 BGB gestützte einstweilige Verfügungen verweigern, dürfen VollstrGer die Ablehnung nicht unterlaufen.

[56] Zur »Hinterlegung« bei Notaren → § 777 Rdnr. 4 Fn. 22. Dazu *OLG Koblenz* OLGZ 1985, 453 = Rpfleger 499; aber falsch war Aufhebung der Zwangsversteigerung statt befristeter Einstellung *Alisch* Rpfleger 1986, 62.

4. Interessen Dritter sind nicht zu berücksichtigen[57]; Gefahren für *nahe Angehörige* sind aber dem Interessenbereich des Schuldners zuzuordnen[58], und beim *Konkurs/Insolvenzverwalter*[59] ist sein Interesse an der Erhaltung der Masse naturgemäß auch das der Konkursgläubiger[60].

5. Durch den neu eingefügten **S. 2 des Abs. 1** ist nunmehr – scheinbar erstmalig – die Berücksichtigung des Gedankens des **Tierschutzes** gesetzlich angeordnet. Die Bindung der Vollstreckungsorgane an das TierSchG bestand jedoch in Wahrheit bereits bisher[61]. Sie ist zudem nicht von einem Antrag des Schuldners abhängig. Es ist daher zu befürchten, daß die Praxis (durchaus folgerichtig!) den eigentlichen Aussagegehalt der Vorschrift in einer Aufforderung zur Berücksichtigung der Gefühle des Schuldners in Bezug auf das Tier sieht[62]. In welchen Fällen dazu nach Inkrafttreten des § 811 c noch ein Bedürfnis besteht, ist zweifelhaft.

6. Vorheriger **Verzicht** auf den Schutz des § 765 a ist unwirksam[63]; er kann aber bei der Abwägung mit berücksichtigt werden, wenn der Gläubiger darauf vertraut und sein Verhalten danach eingerichtet hatte[64].

III. Die in Betracht kommenden Maßnahmen

1. Das Gericht ist bei der Wahl der Maßnahmen frei. Es kann die Vollstreckung ganz oder teilweise **einstweilen einstellen** mit der Wirkung, daß eine noch nicht begonnene Vollstreckung vorerst *untersagt* ist, freilich nur insoweit, als die sittenwidrige Härte droht[65], und daß unter *Aufrechterhaltung* etwa schon vollzogener Akte (Pfändung, Beschlagnahme) weitere Maßnahmen (Verwertung) *aufgeschoben* werden. Nach Beginn der Vollstreckung sind solche nur aufschiebende Maßnahmen vorzuziehen, sofern das die Lage des Schuldners überhaupt erleichtern kann[66]. Vor Beginn einer Geldvollstreckung sollte, falls § 720 a nicht ohnehin anwendbar ist und dem Schuldner genügenden Schutz gewährt, zur Sicherung des Gläubigers eine Zulassung der Pfändung unter Aufschub der Verwertung erwogen werden[67]. Einstellung gegen Sicherheitsleistung des Schuldners[68] kann angebracht sein, wenn ihm nur der Entzug eines bestimmten Vollstreckungsgegenstandes vorerst erspart bleiben soll. *Räumungsaufschub* sollte, jedenfalls bei hinreichenden Vermögensverhältnissen des Schuldners, grundsätzlich nur gewährt werden gegen Sicherheitsleistung für die dem Gläubiger aus dem Aufschub drohenden Nachteile, z.B. Mietzinsverluste oder vergebliche Vorhaltungskosten

---

[57] OLGe Schleswig DGVZ 1956, 106 = ZMR 211; München BayJMBl 1955, 76; Hamburg MDR 1954, 369; LG Wiesbaden MDR 1955, 620; auch nicht im Wege der Streithilfe Donau NJW 1955, 412; ebensowenig Interessen der Allgemeinheit → Rdnr. 34 Fn. 124; vgl. LG Kiel JR 1950, 505 (Interesse der Wohnungsbehörde).- Verfehlt LG Oldenburg Büro 1983, 781 (Treuhandverpflichtung gegenüber der Mutter: für deren Klageerhebung nach § 771 wäre höchstens kurzer Aufschub angebracht gewesen).

[58] OLGe Frankfurt (Fn. 21); Karlsruhe Rpfleger 1994, 223f. → auch § 721 Rdnr. 10 a a.E.

[59] → Rdnr. 19 Fn. 84.

[60] OLG Hamm NJW 1976, 1754 = Rpfleger 146. Im Konkurs kann vor 1999 die Verwertung nur aufgeschoben werden, wenn dadurch drohende Verschleuderung verhindert werden kann LG Köln KTS 1968, 59 *(Mohrbutter)*. S. jedoch § 21 Abs. 2 Nr. 3 InsO (Insolvenzgericht).

[61] *Münzberg* ZRP 1990, 215f.

[62] *Münzberg* ZRP 1990, 217. Abschwächend (»weniger« das Wohl des Besitzers) *Hartmann* (Fn. 16) Rdnr. 24.

[63] → Rdnr. 100 vor § 704; LG Mannheim DGVZ 1963, 78 = MDR 226 (L); jedenfalls nicht nur durch Vergleich im Erkenntnisverfahren LG Wuppertal ZMR 1962, 113; Seibel MDR 1964, 979; Schmidt-Futterer MDR 1960, 267 u. LG Osnabrück WuM 1980, 256 (zum Räumungsverfahren). Vgl. auch OLG Hamm (Fn. 20): Vergleich bedeutet noch nicht Verzicht. – A.M. LG Tübingen MDR 1954, 680.

[64] AG Hameln ZMR 1972, 285 = DWW 83 (Weitervermietung im Vertrauen auf rechtzeitige Räumung). Zur Berücksichtigung *zugunsten* des Schuldners s. LG Münster WuM 1966, 106 = ZMR 279 (L): Räumungsschutz vor Weihnachten, wenn der Schuldner im Verfahren nach § 765 a auf weiteren Schutz verzichtet.

[65] Bei Räumungstiteln daher im Normalfall keine Einstellung bezüglich Kosten OLG Köln (Fn. 34).

[66] Vgl. OLG Hamm MDR 1969, 851 zu den Folgen einstweiliger Einstellung.

[67] Wie → § 707 Rdnr. 7.

[68] → § 707 Rdnr. 7f.

für einen unmittelbar bevorstehenden Räumungstermin[69]. – Wegen *vorläufiger Maßnahmen bis zur Entscheidung* über den Antrag → Rdnr. 20.

12 Die Maßnahmen → Rdnr. 11 sind – auch bei Suizidgefahr – zu **befristen**[70] oder ihr Ende ist an den Eintritt eines gewissen Ereignisses zu knüpfen, da sie – anders als nach §§ 707, 719, 769 – nicht von selbst durch den Erlaß einer weiteren Entscheidung enden[71]. Auch die Untersagung der Vollstreckung in bestimmte Gegenstände darf aus den → Rdnr. 34 genannten Gründen nicht endgültig wirken.

13 Das Gericht kann einzelne Maßnahmen mit Dauerwirkung (Pfändung, Beschlagnahme) **aufheben,** sofern die Vollstreckung noch nicht beendet ist, → Rdnr. 17. Dies sollte nur im äußersten Fall (→ Rdnr. 34) und darf nach Abs. 4 **erst nach Rechtskraft des Beschlusses** erfolgen. Bei *beweglichen Sachen* ist der Beschluß entgegen dem Wortlaut des Abs. 1 nur eine *Anordnung* der Entstrickung durch den Gerichtsvollzieher[72]; die Beschlußformel sollte die Einschränkung nach Abs. 4 hervorheben, damit der Gläubiger nicht durch verfrühte Entstrickung sein Pfandrecht verliert. Noch wichtiger ist diese Klarstellung bei *Rechtspfändungen*, damit der Drittschuldner nicht zur voreiligen Leistung an den Schuldner verleitet wird[73].

14 Die Worte »**ganz oder teilweise**« betonen zwar den weitgehenden Entscheidungsspielraum des Gerichts, aber auch seine Pflicht, die Vollstreckung nur insoweit einzuschränken, als es die Notlage des Schuldners gebietet. Ihr kann, falls der Schuldner herauszugebende Sachen dringend benötigt, durch Austausch Rechnung getragen werden[74].

15 2. Die Anordnungen → Rdnr. 11ff. können mit **Auflagen** an beide Parteien[75] verbunden werden, auch mit Zahlungsauflagen an den Schuldner[76], falls ohne sie der Antrag des Schuldners abzulehnen wäre oder der Gläubiger mit einer die Vollstreckung noch mehr zurückdrängenden Maßnahme rechnen müßte. Um Zweifel über die Zulässigkeit einer Fortsetzung der Vollstreckung zu vermeiden, sollte aber die Nichterfüllung nicht als auflösende Bedingung der Schutzanordnung erscheinen, sondern nur Anlaß für eine abändernde Entscheidung auf Antrag des Gläubigers sein, → Rdnr. 24.

16 Die Auflagen müssen sich nicht auf titulierte Ansprüche beschränken, → § 813a Rdnr. 16. So kann die nach dem Titel wegen Rücktritts herauszugebende Abzahlungssache dem Schuldner aus dringenden Gründen auf Zeit belassen werden (Dreschmaschine während der Ernte) gegen pünktliche Zahlung von Raten, die auf die (später durch Urteil oder Vergleich festzusetzenden) Ansprüche nach § 13 VerbrKrG anzurechnen sind. Den erloschenen Kaufpreisanspruch kann das Gericht zwar nicht wiederaufleben lassen; aber es kann sich in der mündlichen Verhandlung, deren Anordnung in solchen Fällen besonders angebracht ist, bei Bereitschaft des Schuldners zu angemessenen Ratenzahlungen um eine Erneuerung des Abzahlungskaufs im Wege des Vergleichs bemühen. Überhaupt sind hier oft vergleichsweise Gesamtbereinigungen (§ 279) möglich, zu denen man im Erkenntnisverfahren noch nicht bereit war. Mit ihnen wird der sonst häufigen Wiederholung von Anträgen nach § 765a vorgebeugt.

---

[69] *Zöller/Stöber*[18] Rdnr. 18; *Schilken* Rpfleger 1994, 142.
[70] → Rdnr. 8; *OLG Köln* (Fn. 21, 34); *Lippross* (Fn. 8) 181 mwN. in Fn. 196.
[71] → § 707 Rdnr. 19.
[72] § 766 Rdnr. 41, § 776 Rdnr. 2, § 803 Rdnr. 15.
[73] Vgl. *OLG Stuttgart* NJW 1961, 34 (abl. *Schuler* aaO 719). Ein die Pfändung aufhebender Beschluß (→ dazu § 766 Rdnr. 41) muß daher die Aufhebung von der Rechtskraft abhängig machen, falls er vorher erlassen wird → § 766 Rdnr. 43.

[74] *DIV DAVorm* 1986, 861.
[75] *Alisch* (Fn. 56); Auflage an **Gläubiger** wäre im Fall *OLG Koblenz* (Fn. 14) angebracht gewesen statt Aufhebung der Zwangsversteigerung.
[76] Soweit nicht ohnehin § 813a anwendbar ist; *LG Lübeck* BB 1949, 564 = SchlHA 271 (noch zu Art.6 SchutzVO, → Fn. 5); *Gaul* (Fn. 53) § 43 V 3d; *Stöber* (Fn. 69); vgl. auch *BVerfG* (Fn. 21): Nutzungsentschädigung für die Zeit psychiatrischer Begutachtung. – A.M. *Wieczorek*[2] Anm. C II b 4.

3. Nach *vollständig beendeter Vollstreckung* ist für Maßnahmen nach § 765 a ebensowenig Raum wie → § 766 Rdnr. 37; sie kann auch nicht ausnahmsweise rückgängig gemacht werden[77]. Zu § 885 Abs. 4 → Rdnr. 21 a. E. **17**

4. Die Anordnungen der Gerichte *ändern nicht materielles Recht;* Verzugsfolgen bleiben unberührt, → Rdnr. 104 vor § 704, auch bei Räumungsaufschub[78]. **18**

IV. Das Verfahren

1. Erforderlich ist ein **Antrag**[79] des Schuldners[80], was mit dem Grundgesetz vereinbar ist[81]. **19** Dazu genügt, daß er etwa in einem Verfahren nach § 766[82] oder § 813 a zu erkennen gibt, er sei mit der Vollstreckung nicht einverstanden, und dabei auf Umstände hinweist, aus denen sich eine Sittenwidrigkeit ergeben könnte[83]. Ob ein solcher Antrag gemeint ist, muß nach § 139 geklärt werden. Anwaltszwang besteht nicht. Im Konkurs des Schuldners hat bezüglich der Masse nur der Verwalter das Antragsrecht[84]. Ab 1999 s. aber zur Einstellung durch das Insolvenzgericht § 21 Abs. 2 Nr. 3 InsO. Zur Prozeßkostenhilfe s. § 20 Nr. 5 HS 1 RpflG.

Da der Antrag sachlich einer Erinnerung gleicht, können bis zur endgültigen Entscheidung **20** nach §§ 766 Abs. 1 S. 2, 732 Abs. 2 **einstweilige Anordnungen** ergehen, solange die Sach- und Rechtslage noch nicht klar zu übersehen ist[85], ausnahmsweise auch, wenn der Titel angegriffen wird und Maßnahmen nach §§ 707, 719 usw. zu spät kämen → Rdnr. 21. Solche Anordnungen sollten grundsätzlich nur nach genügender Glaubhaftmachung geschehen[86], werden sich jedoch kaum vermeiden lassen, wenn bei *Räumungen* der oft »im letzten Augenblick« gestellte Antrag[87] erstmals mit Suizidgefahr begründet wird[88]. An die Glaub-

---

[77] *Bötticher* MDR 1950, 493; *LGe Stuttgart* (Fn. 55); *Mannheim* BWNotZ 1968, 129 (L) sowie *Anheier* NJW 1956, 1668: Nach Zuschlagserteilung. – A. M. *OLG Hamburg* MDR 1950, 492; *LG Heidelberg* NJW 1952, 270. Vgl. auch *BGH* (Fn. 8).
[78] *BGH* NJW 1981, 866[4] (anders als → § 721 Rdnr. 3). Zu Sicherheitsleistung → Rdnr. 11 Fn. 69.
[79] *OLG Frankfurt* Rpfleger 1979, 391 mwN. *LG Limburg* Rpfleger 1977, 219 tritt mit Recht der Zurückweisung des angeblich aussichtslosen Zwangsversteigerungsantrages von Amts wegen »mangels Rechtsschutzbedürfnisses« entgegen. Selbst bei drohender Grundrechtsverletzung kommt eine Anordnung von *Amts wegen* nur solange in Betracht, wie der Schuldner Gelegenheit zum Antrag hat, da auch der Grundrechtsschutz u. U. verzichtbar ist, *Jonas/Pohle* (Fn. 1) 41 u. → Rdnr. 30 a. E. *LG Lübeck* Rpfleger 1994, 174 f. will Antrag gegen Anwartschaftspfändung (→ § 857 Rdnr. 84) erst nach Eigentumserwerb des Schuldners zulassen (i. E. richtig, aber Maßnahme nach § 808 sollte für § 765 a genügen → Rdnr. 21 Fn. 92).
[80] A. M. *Pöschl* BWNotZ 1967, 129 (3): auch Gläubiger, z. B. wenn er Gefahr laufe, durch ein sittenwidriges Gebot nicht gedeckt zu werden.
[81] *BVerfGE* 61, 126 = NJW 1983, 559 = DGVZ 83, 40.
[82] Dann jedoch Abgabe an den Rechtspfleger (→ Rdnr. 22), falls nicht gemäß § 6 RpflG verfahren wird.
[83] *KG* OLGZ 1965, 288 = NJW 2408 mwN; *OLG Bremen* (Fn. 16): Vortrag unzumutbarer Härte genüge.
[84] *OLGe Braunschweig* OLGZ 1968, 62 = NJW 164; *Hamm* (Fn. 60); *Karlsruhe* Justiz 1968, 281; *LG u. AG Hannover* Rpfleger 1987, 166 f. *OLG Celle* ZIP 1981, 1005 f. gewährt auch dem Gemeinschuldner für den Fall, daß der Konkursverwalter keinen Antrag gestellt hat, das Antragsrecht (dagegen *Zeller/Stöber*[14] Einl. Rdnr. 53.1). Zur Abwägung → Rdnr. 9. – A. M. für die Zwangsversteigerung *Zeller/Stöber*[14] Einl.Rdnr. 53.1, der auch hier nur auf die Interessen des Gemeinschuldners abstellt u. daher den Antrag für sinnlos hält. Vgl. auch *Jonas/Pohle* (Fn. 1) 228.
[85] *OLGe Celle* MDR 1968, 333 = Rpfleger 97; *Schleswig* SchlHA 1957, 159; *Pohle* MDR 1955, 210. So auch der E eines Abs. 1 S. 4 in BR-Drucks. 134/94 Art. 1 Nr. 9a. – Wegen einstweiliger Anordnungen im Rahmen der Beschwerde gegen den Zuschlagsbeschluß s. *OLGe Schleswig* SchlHA 1957, 76; *Hamm* Rpfleger 1958, 122. – A. M. vor allem wegen der mit Recht kritisierten »formularmäßigen Einstellungspraxis *Seibel* MDR 1964, 979.
[86] → Rdnr. 5. Insoweit zutreffend *Seibel* (Fn. 85).
[87] Gegen den Vorschlag eines neuen Abs. 3 (*Markwardt* DGVZ 1993, 18; BR-Drucks. 134/94 Art. 1 Nr. 9c mit Begründungsvorschrift in Art. 3 Abs. 2), wonach Anträge in Räumungssachen spätestens 2 Wochen vor dem Räumungstermin gestellt werden müssen (außer bei später entstandenen Gründen u. vorbehaltlich Wiedereinsetzung), s. *Jesse* DGVZ 1993, 85.
[88] Vorläufige Einstellung (*BVerfG* NJW 1994, 1272) zwecks Vorlage amtsärztlichen (*OLG Hamm* DGVZ 1983, 137) Attests (Kosten → § 91 Rdnr. 31); ein auf Rechtspflegertagungen als häufig bezeichneter Fall, der meist zum Aufschub des Räumungstermins zwingt, dadurch dem Schuldner ohne Rücksicht auf Begründetheit seines Antrags eine »graue« Räumungsfrist verschafft u. zu erheblicher Kostensteigerung führt. Auch der Weg ü. Fn. 69 wäre zwar geeignet, vor unbegründeten Anträgen abzuschrecken, dennoch hier bedenklich, weil der Schutz des Lebens schwerlich vom Nachweis gemäß § 751 Abs. 1 abhängig gemacht werden darf.

haftmachung sollten insbesondere dann hohe Anforderungen gestellt werden, wenn der Schuldner nach gerichtlicher Ablehnung von Vollstreckungsschutz unmittelbar vor einer Vollstreckungsmaßnahme mit (angeblich) neuen Gründen kommt. Solche vorläufigen Anordnungen sind, seit der Rechtspfleger sie erläßt, wegen Art. 92 GG stets mit der Erinnerung nach § 11 Abs. 1 S. 2 RpflG[89], aber nur ausnahmsweise mit der Beschwerde anfechtbar[90]; sie können aber ebenso wie → § 707 Rdnr. 22 abgeändert werden.

21   Der Antrag ist unabhängig von der Bestandskraft des Titels und berührt nicht dessen Vollstreckbarkeit; er ist daher auch *zulässig*, wenn ein Rechtsbehelf gegen den Titel eingelegt oder möglich ist und setzt vergebliche Anträge nach §§ 707, 719 nicht voraus[91]; zur *Begründetheit* des Antrags → aber Rdnr. 35. Er kann schon gestellt werden, sobald eine Vollstreckungsmaßnahme unmittelbar droht[92] und ist wie → § 766 Rdnr. 36f. zulässig, solange Vollstreckungsmaßnahmen noch fortwirken und durch das Verhalten der Vollstreckungsorgane noch beeinflußt werden können, z. B. im Falle § 885 Abs. 4[93]; zum Antrag in der Beschwerdeinstanz → Rdnr. 27.

22   **2. Zuständig** ist das *Vollstreckungsgericht*, und zwar auch in den Fällen der §§ 887ff.[94] der *Rechtspfleger*, § 20 Nr. 17 RpflG. Das *Arrestgericht* ist nur insoweit zuständig, als die Aufhebung oder Einschränkung einer von ihm beschlossenen *Rechtspfändung* nach § 765 a begehrt wird[95]. Prozeßgerichte sind zu Anordnungen nach § 765 a nicht befugt[96]. Wegen des Gerichtsvollziehers → Rdnr. 30 ff.

23   **3.** Das Gericht kann das **Verfahren** frei gestalten. Der *Gläubiger* ist grundsätzlich vor der Entscheidung (notfalls telefonisch) *anzuhören*; in Eilfällen kann mit vorläufigen Anordnungen geholfen werden, → Rdnr. 20. In der Regel ist die Anordnung *mündlicher Verhandlung* angebracht, → auch Rdnr. 16 a. E. Glaubhaftmachung genügt nur für einstweilige Eilmaßnahmen → Rdnr. 20; für Freibeweise ist nicht mehr Raum als sonst[97].

24   **4.** Das Vollstreckungsgericht[98] kann nach **Abs. 3** seinen Beschluß auf *Antrag* einer Partei **aufheben oder ändern**, wenn dies mit Rücksicht auf eine *Änderung der Sachlage* (nicht nur der rechtlichen Beurteilung) geboten ist. Die eine Abweichung rechtfertigenden Tatsachen müssen also *neu* sein[99]. Alle Maßnahmen sollten tunlichst von vornherein so tenoriert werden, daß die Last für einen Aufhebungs- oder Abänderungsantrag den Schuldner trifft[100]. – § 765 a Abs. 4 ist auch hier zu beachten. Die **materielle Rechtskraft** der Beschlüsse wirkt ähnlich wie → § 766 Rdnr. 50, insbesondere Fn. 275ff.[101]. Selbst ein im zurückliegenden Verfahren schuldhaft zurückgehaltener Härtegrund scheitert daher nicht an der Rechtskraft; dies kann sich aber bei der Abwägung auswirken[102].

---

[89] Aber ohne Durchgriffsbeschwerde, § 11 Abs. 2 S. 3; *LG Mannheim* ZMR 1972, 285 = WuM 15; *Wieczorek*[2] Anm. C II a. – A.M. *Hartmann* (Fn. 16) Rdnr. 32.
[90] → § 766 Rdnr. 40, § 732 Rdnr. 14; h.M., vgl. *OLG Celle* MDR 1968, 333; anders MDR 1954, 426, wenn die vorläufige Einstellung auf teilweise Ablehnung des Hauptantrags hinausläuft, weil sie nur gegen Sicherheitsleistung angeordnet ist.
[91] → Rdnr. 35.
[92] *LG Braunschweig* NdsRpfl 1953, 52; *Riedel* (Fn. 1) II.
[93] *KG* Rpfleger 1986, 440 = MDR 1033.
[94] → § 764 Rdnr. 1; *BayObLG* WuM 1989, 353 zu § 890.
[95] → § 766 Rdnr. 35.
[96] Vgl. auch *RGZ* 163, 289. Hier genügen die §§ 707, 719.
[97] Zur Beweiserhebungspflicht *BVerfG* (Fn. 34), dazu krit. Alisch DGVZ 1981, 109 Fn. 22.
[98] Der Rpfl erster Instanz ist auch dann zuständig, wenn höhere Instanzen entschieden haben *Donau* NJW 1954, 1315; *Drischler* Rpfleger (Fn. 1). – A.M. *Gäbelein* JZ 1955, 260.
[99] Es müssen gerade die Tatsachen »neu« sein (→ dazu § 766 Rdnr. 50), die eine Abweichung rechtfertigen *LG Mannheim* WuM 1965, 157 = ZMR 1966, 64[56]; *AG Bonn* MDR 1955, 681 (L). Dann steht die Rechtskraft bisheriger Beschlüsse, auch höherer Instanzen, nicht entgegen, *LG Itzehoe* WuM 1966, 106 = ZMR 278 (L). → auch Fn. 101 f.
[100] Insoweit verfehlt *LG Köln* (Fn. 48).
[101] Die Abgrenzung ist jedoch hier, wo es kaum um einzelne Verfahrensmängel geht, schwieriger als bei § 766. *OLG Köln* (Fn. 42) ließ z. B. den Grund »Suizidgefahr« zu, obwohl er schon im Erstverfahren hätte vorgetragen werden können, berücksichtigte diese Verzögerung jedoch bei der Abwägung zugunsten des Gläubigers.
[102] *OLG Köln* (Fn. 21).

5. Gegen den Beschluß des Rechtspflegers ist die **befristete Erinnerung** gegeben, § 11 Abs. 1 S. 2 RpflG; über sie entscheidet allein der Richter gemäß § 11 Abs. 2 S. 1–4 RpflG. Zur *sofortigen Beschwerde* führt nur der Weg über § 11 Abs. 2 S. 4f. RpflG, außer wenn der Richter nach §§ 5f. RpflG entschieden hatte, § 793. S. auch § 572 zur aufschiebenden Wirkung und wegen einstweiliger Anordnungen, die aber nur ergehen dürfen, wenn die Beschwerde zulässig ist[103]. Zur *weiteren Beschwerde* → § 568 Rdnr. 2ff.[104]. – § 813a Abs. 5 S. 4 und § 900 Abs. 4 S. 4 stehen einer Anfechtung nicht entgegen, sofern weitergehende Anträge des Schuldners nach § 765a abgewiesen wurden[105].

a) Hatte das Vollstreckungsgericht § 765a nicht geprüft, weil es den Antrag des Schuldners nach anderen Vorschriften (zu Unrecht) für begründet hielt oder in dem Vorbringen (unrichtig) keinen Antrag nach § 765a sah[106], so muß das Beschwerdegericht auf einem der → § 575 Rdnr. 4 genannten Wegen entscheidend dazu Stellung nehmen.

b) Beruft sich der Schuldner *erstmalig in einem Beschwerdeverfahren* auf § 765a, so darf sich das Beschwerdegericht damit nicht befassen, um nicht die spezielle Zuständigkeitsregelung zu unterlaufen, sondern verweist an das Vollstreckungsgericht[107]. Die Zuschlagbeschwerde kann nur im Rahmen des § 100 ZVG, also mit bis zum Zuschlag vorgebrachten Gründen, auf § 765a gestützt werden[108].

6. Solange ein Beschluß des AG noch nicht rechtskräftig ist, kann der Schuldner eine Änderung der Sachlage entweder nach Abs. 3 oder durch Anfechtung[109] geltend machen[110].

7. Wegen der **Kosten** s. § 788 Abs. 1, 3, für Sachverständige → § 91 Rdnr. 31; wegen der **Gebühren** s. KV Nr. 1641 und für Beschwerdeverfahren Nr. 1905, für Immobilien KV Teil 5 S. 3; §§ 57, 58 Abs. 3 Nr. 3 BRAGO[111].

V. Aufschub durch den Gerichtsvollzieher nach Abs. 2

1. Zuweilen stellt der **Gerichtsvollzieher** fest, daß § 765a zutrifft. Bei **Geldvollstreckungen** ist dann in der Regel noch Zeit für einen Antrag nach § 765a (→ besonders Rdnr. 20) und der Gerichtsvollzieher darf deshalb die Vollstreckung grundsätzlich **nicht hinauszögern**, → Rdnr. 45 vor § 704. Nur ausnahmsweise wird er, wenn der Gläubiger nicht sofort, eventuell fernmündlich, erreicht werden kann, von dessen Einverständnis mit einem kurzen Aufschub der Verwertung ausgehen können; das Unterlassen einer Pfändung erfordert aber ausdrückliches Einverständnis, es sei denn, daß wegen Art. 1 Abs. 1, 2 Abs. 2 mit Art. 1 Abs. 3 GG, z.B. bei gerade eingetretenem Todesfall eines nahen Angehörigen oder bei plötzlicher, besonders schwerer Erkrankung des Schuldners, ein ganz kurzer Aufschub geboten ist[112].

Bei der **Herausgabe von Sachen** käme jedoch ein Antrag nach § 765a oft zu spät, →

---

[103] Vgl. auch *OLG Stuttgart* OLGZ 1977, 115 = Büro 105.
[104] S. *OLGe Stuttgart* NJW 1954, 515 u. ZMR 1959, 274; *Hamm* JR 1955, 64; *Nürnberg* Rpfleger 1966, 149 (für Zurückweisung des erst in der Beschwerdeinstanz gestellten Antrags); → auch Fn. 103. *OLG Frankfurt* (Fn. 21) ließ im Interesse wirksamen Grundrechtsschutzes außerordentliche Beschwerde zu. – *Nicht* gegen Beschluß des Beschwerdegerichts gemäß § 91a, *KG* Rpfleger 1978, 103 (§ 568 Abs. 3).
[105] Dazu *LG Essen* MDR 1955, 50 u. *Käfer* aaO 339; *OLG Hamburg* Rpfleger 1957, 83.
[106] → Rdnr. 19.
[107] *OLGe Nürnberg* Rpfleger 1966, 149; *Köln* NJW-RR 1989, 189 = Büro 266f.; Brox/Walker[4] Rdnr. 1476; a.M. *OLGe Stuttgart* und *Hamm* (Fn. 104).
[108] *BGHZ* 44, 138 = NJW 1965, 2108 = MDR 899; *OLGe Hamm* (Fn. 60); *Köln* (Fn. 27) mwN.
[109] → Rdnr. 25.
[110] *Wieczorek*[2] Anm. C IV b. Einlegung der Beschwerde unter der Bedingung, daß das AG nicht abhilft, ist unzulässig *LG Lübeck* SchlHA 1971, 52.
[111] Zum Streitwert → § 3 Rdnr. 62 »Vollstreckungsschutz« sowie § 57 Abs. 2 S. 6 nF BRAGO; wird nur die Verwertung aufgeschoben, → § 813a (geplant als § 813b nF) Fn. 50.
[112] Vgl. *Jonas/Pohle* (Fn. 1) 32. Für entspr. Anw. des Abs. 2 auf alle ZV-Arten, wenn nur so Grundrechtsverletzungen vermieden werden können, auch *H. Schneider* DGVZ 1987, 57 mwN.

Rdnr. 17. **Abs. 2** ermächtigt daher in den Fällen §§ 883–885[113], den Gerichtsvollzieher zu einem **Aufschub bis zur Entscheidung des Vollstreckungsgerichts,** längstens jedoch **für eine Woche**[114].

32   **2. Die Voraussetzungen des Abs. 1** müssen **glaubhaft** gemacht sein; oft stellt der Gerichtsvollzieher sie durch Augenschein fest. Bei der Prüfung, ob der Schuldner das Gericht hätte rechtzeitig anrufen können (Abs. 2 a.E.), werden im allgemeinen glaubwürdige Angaben des Schuldners oder seiner Angehörigen genügen müssen; jedoch muß bei rechtzeitig angekündigter (§ 180 Nr. 2 GVGA) *Räumung* die Notlage erst kurz vor dem Räumungstermin eingetreten sein[115]. Auf Zweifel an der Rechtmäßigkeit äußerlich wirksamer[116] Titel darf der Gerichtsvollzieher den Aufschub ebensowenig gründen[117] wie das Vollstreckungsgericht, → Rdnr. 8.

VI. Verhältnis zu anderen Schutzbestimmungen

33   **1.** Die verfahrensmäßig selbständigen Vorschriften §§ 721, 794a und § 765a schließen sich nicht gegenseitig aus; zu dessen Anwendung bei Räumungen → § 721 Rdnr. 2. Das gilt auch für die Anhängigkeit eines Vertragshilfeverfahrens nach § 26a HeimkehrerG[118]. – § 765a ist auch neben § 813a und § 900 Abs. 4 anwendbar[119], z.B. wenn der Schuldner vorübergehend nicht einmal Raten leisten kann oder die Notlage gegen Ende der Jahresfrist des § 813a Abs. 4 eintritt[120]; dann sind aber strenge Anforderungen zu stellen[121]. Wegen §§ 30 a-d ZVG → Rdnr. 2 Fn. 14, zu §§ 459a ff. StPO → § 813a Fn. 5.

34   **2.** Der *gegenständliche* Bereich der Vollstreckung wegen *Geldforderungen* darf grundsätzlich nicht über die §§ 811ff., 850ff. hinaus noch weiter durch § 765a eingeschränkt werden[122]; denn einerseits hat das Gesetz selbst die Grenzen so gesteckt, daß dem Gläubiger bei zweckgerechter Auslegung oft das Äußerste zugemutet wird[123], andererseits sehen besonders die §§ 850b Abs. 2, 850e Nr. 2a, 850f., 850h Abs. 2 S. 2, 850i, 851a, b bereits eine umfassende gerichtliche Interessenabwägung vor, aus der sich ergibt, daß dem Schuldner durchaus *nicht immer* das in Entscheidungen häufig berufene Existenzminimum *auf Kosten des Gläubigers* verbleiben muß[124]. Wegen § 817a → Rdnr. 6.

35   **3.** Daß der Schuldner mögliche Anträge nach §§ 707, 719, 721, 732 Abs. 2 nicht gestellt hat, macht seinen Antrag nach § 765a nicht unzulässig, kann aber bei der Abwägung zu seinen Ungunsten ins Gewicht fallen[125]. Das gilt auch für versäumte Anträge auf Aufhebung

---

[113] Zur Wegschaffung von Räumungsgut, das Vermieterpfandrechten unterliegt, → § 885 Rdnr. 29 (20. Aufl. Fn. 128a.E).

[114] Vgl. *LG Mannheim* MDR 1962, 907; ZMR 1964, 159; *AGe Essen* DGVZ 1967, 11; *Köln* (Fn. 34); *Hameln* ZMR 1972, 285 = DWW 83; *E. Schneider* DGVZ 1982,74 → § 885 Fn. 42 a.E. Nur aus den bei → Fn. 112 genannten Gründen ist eine Räumung notfalls länger aufzuschieben bei Transportunfähigkeit wegen schwerer Krankheit, *Henckel* (Fn. 1) 378. Zur gebotenen Skepsis gegenüber ärztlichen Attesten s. aber *Bloedhorn* DGVZ 1976, 107.

[115] Das wird von manchen GV nicht genügend beachtet, s. *AG Köln* (Fn. 34); *LG Mannheim* (Fn. 114); *Prahl* (Fn. 34).

[116] → § 724 Rdnr. 2.

[117] *Bloedhorn* (Fn. 1); *Peters* (Fn. 44) § 48 II 3; *AGe Braunschweig* DGVZ 1975, 12; *Uelzen* (Fn. 55).

[118] Zum VertragshilfeG → 19. Aufl. IV 3f. vor § 704. Es ist noch in Kraft, s. Art. 34 EGInsO.

[119] Zu § 13 VglO, wenn zugleich ein Offenbarungsverfahren anhängig ist, *Lorenz* MDR 1962, 702. Ab 1999 s. § 21 Abs. 2 Nr. 3 InsO.

[120] *Käfer* MDR 1955, 339 gegen *LG Essen* aaO 50; *Behr* (Fn. 1) 166f.

[121] *Henckel* (Fn. 1) 382.

[122] Zust. *Arnold* (Fn. 22) Rdnr. 14 mwN; vgl. auch *OLG Düsseldorf* DGVZ 1986, 116 = NJW-RR 1512. S. aber *OLG Köln* DGVZ 1992, 119 = OLGZ 1993, 113 (Grabstein).

[123] → § 811 Rdnr. 2ff.

[124] Vgl. *OLGe Düsseldorf* (Fn. 122), zust. *Hartmann* (Fn. 16) Rdnr. 10; *Frankfurt* NJW 1981, 24 = WuM 36; *LG Duisburg* Rpfleger 1991, 514 (das aber wohl § 850f. Abs. 1 voreilig ablehne, *Kohte* aaO); *Brox/Walker*[4] Rdnr. 1483; dazu *Gaul* Rpfleger 1971, 92u. besonders *Henckel* (Fn. 1) 380ff. – A.M. *MünchKommZPO-Arnold* Rdnr. 40 (private Schulden seien nicht mittelbar mit öffentlichen Mitteln zu tilgen).

oder Abänderung einstweiliger Anordnungen nach §§ 620b, 641d, e oder Stundungsanträge nach §§ 1382f. BGB, §§ 642e, f ZPO mit § 1615i BGB, deren Wirkungen sich im Hinblick auf Verzugsfolgen von denen der Anordnungen nach § 765a unterscheiden, → Rdnr. 18; ihr Zweck ist, auch wenn nachträgliche Abänderungen vorgesehen sind, grundsätzlich nicht in der Berücksichtigung plötzlich auftretender und vielleicht nur vorübergehender Notlagen zu sehen, über die § 765a hinweghelfen kann[126].

VII. Entsprechende Anwendung

1. Im **Konkurs/Insolvenzverfahren** ist § 765a auf die Eröffnung[127] und auf einzelne Vollstreckungsmaßnahmen sinngemäß anwendbar[128], wird aber wegen des Konkurszwecks noch seltener als sonst zum Erfolg führen. 36

2. Zur entsprechenden Anwendung auf *Titel anderer Gerichtszweige* s. die Verweisungsvorschriften → Rdnr. 5 vor § 704[129]. Für die *Verwaltungsvollstreckung*[130] verweisen § 6 Abs. 1 Nr. 1 JBeitrO auf § 765a, § 5 Abs. 1 VwVG auf § 258 AO, wonach die Vollstreckungsbehörde die gleichen Maßnahmen wie → Rdnr. 11–13 anordnen kann, soweit im Einzelfall die Vollstreckung unbillig ist. Wegen Geldstrafen → § 813a Fn. 5. 37

§ 766 [Erinnerung gegen Art und Weise der Zwangsvollstreckung]

(1) ¹Über Anträge, Einwendungen und Erinnerungen, welche die Art und Weise der Zwangsvollstreckung oder das vom Gerichtsvollzieher bei ihr zu beobachtende Verfahren betreffen, entscheidet das Vollstreckungsgericht. ²Es ist befugt, die im § 732 Abs. 2 bezeichneten Anordnungen zu erlassen.

(2) Dem Vollstreckungsgericht steht auch die Entscheidung zu, wenn ein Gerichtsvollzieher sich weigert, einen Vollstreckungsauftrag zu übernehmen oder eine Vollstreckungshandlung dem Auftrag gemäß auszuführen, oder wenn wegen der von dem Gerichtsvollzieher in Ansatz gebrachten Kosten Erinnerungen erhoben werden.

Gesetzesgeschichte: Bis 1900 § 685 CPO.

I. Anfechtbare Akte	1	2. des Gläubigers	29
1. des Gerichtsvollziehers	2	3. Dritter	30
2. des Vollstreckungsgerichts	3	III. Verfahren	
3. des Grundbuchamts	11	1. Zuständigkeit	35
II. Unter § 766 fallende Einwendungen		2. Zeitliche Begrenzung	36
1. des Schuldners	12	3. Art des Verfahrens	39
		4. Einstweilige Anordnungen	40

---

[125] → auch § 721 Fn. 14. – A.M. *Wieczorek*² Anm. A I a 3; *LG Mannheim* 1968, 590 (während des Erkenntnisverfahrens fehle Rechtsschutzinteresse); *LG Aachen* JMBlNRW 1956, 62 (für § 627 aF, jetzt § 620, weil das Beschwerdegericht ohnehin alle Umstände berücksichtigen könne). Vgl. dazu *Buche* (Fn. 1).
[126] A.M. *Wieczorek*² Anm. A I a 4.
[127] *BGH* NJW 1978, 37 = Rpfleger 1977, 359; *LG Darmstadt* BB 1956, 870.
[128] *OLG Hamburg* ZMR 1955, 374 (Räumung gegen Gemeinschuldner aufgrund Konkurseröffnungsbeschlusses); *Jonas/Pohle* (Fn. 1) 30; *Böhle-Stamschräder* KO¹²

§ 105 Anm. 5. Aber nicht auf Verwertungshandlungen (§ 117 Abs. 1, § 127 Abs. 1 KO/§ 148 Abs. 1 InsO) außerhalb der ZV; vgl. *LG Nürnberg-Fürth* MDR 1979, 591⁷⁶. – Anders jetzt h.M. *Kilger/K. Schmidt* KO¹⁶ § 105 Anm. 3; *Uhlenbruck* KO¹⁰ § 105 Rdnr. 7; *OLG Nürnberg* KTS 1971, 291.
[129] Anwendbar z.B. für Vergleich über öffentlichrechtliche Ansprüche im Rahmen des § 167 VwGO *OVG Lüneburg* Büro 1988, 113f.
[130] Zur Zuständigkeit gegenüber der ZV durch den ersuchten GV *Gaul* JZ 1979, 508 mwN.

5. Entscheidung	41	IV. Konkurrenz mit anderen Behelfen	
6. Beschwerde	45	1. Aufsichtsbeschwerde	52
7. Rechtskraft	50	2. Klagen	53
8. Kosten, Gebühren	51	3. Behelfe Dritter	55
		4. Bereicherungs- und Schadensersatzansprüche	56

I.[1] Anfechtbare Akte

1 § 766 behandelt Anträge, Einwendungen und Erinnerungen, die sich auf die **Art und Weise der Zwangsvollstreckung** nach der ZPO[2] **und das Verfahren des Gerichtsvollziehers** im Rahmen der Vollstreckung[3] beziehen. Diese formlose Anrufung des Vollstreckungsgerichts nennt man allgemein **Erinnerung**[4], vgl. auch § 104 Abs. 3. Wegen der Abgrenzung zur Beschwerde → Rdnr. 3 ff. sowie die Bem. über Rechtsbehelfe zu den einzelnen Vorschriften. Zu anderen Einwendungen, insbesondere gegen den zu vollstreckenden Anspruch → Rdnr. 86 ff. vor § 704 u. unten Rdnr. 21, 25, 28. – Mit Rügen gegen die »*Art und Weise der Zwangsvollstreckung*« ist die Kontrolle von Vollstreckungsorganen gemeint; nicht hierher gehören daher Einstellungsbeschlüsse im Hinblick auf eine erst durch künftiges *Urteil* herbeizuführende Hemmung, sachliche Beschränkung oder Beseitigung der Vollstreckbarkeit[5]. Zur Problematik lediglich *klarstellender Beschlüsse* → § 850a Rdnr. 3, § 850c Rdnr. 26, § 850d Rdnr. 39, 41, § 850e Rdnr. 4, 74.

2 1. Die Erinnerung kann sich gegen das Verfahren des **Gerichtsvollziehers** richten, soweit es zur Zwangsvollstreckung gehört. Das trifft z. B. zu auf die Ablehnung[6] oder unnötige Verzögerung[7] zulässiger Vollstreckungsanträge oder Weisungen des Gläubigers[8] und auf Vorpfändungen[9]; *nicht* auf die Pfandverwertung nach § 1235 bzw. Versteigerung nach § 383 Abs. 3 BGB[10], den Auftrag des Konkurs/Insolvenzverwalters zur Inventarisierung nach § 123 Abs. 1 KO[11] (§§ 151, 153 InsO) und zur Siegelung von Sachen (§ 150 InsO), oder auf eine vorgenommene Zustellung des Titels[12]; zur Zustellung nach § 829 → dort Rdnr. 61 f. Rügen

---

[1] Lit.: *Schultz* Vollstreckungsbeschwerde (1911); *J. Blomeyer* Erinnerungsbefugnis Dritter (1966) u. JR 1969, 289; Rpfleger 1969, 279; *B. Kunz* Erinnerung u. Beschwerde (1980); *Neumüller* Vollstreckungserinnerung usw. (1981); *K. Schmidt* JuS 1992, 91; → auch § 793 Fn. 1. – Reformlit.: *Gaul* ZZP 85 (1972) 274 ff. (E 1931), 293 ff. u. zur Verwaltungs- u. verwaltungsgerichtlichen ZV JZ 1979, 496 ff.

[2] → Rdnr. 1 ff. vor § 704 (besonders zur VerwVollstr → Rdnr. 7 Fn. 32 vor § 704), § 794 Rdnr. 1, 100 ff., unten Rdnr. 2; § 766 nicht gegenüber Aufrechnung, auch wenn sie von einer zur ZV befugten Behörde erklärt ist, vgl. OLG Frankfurt Büro 1978, 851 (Gerichtskasse).

[3] Zur Abgrenzung → Rdnr. 2.

[4] Sie eröffnet in der ZV grundsätzlich ein Zweiparteienverfahren (→ aber Fn. 13) u. ähnelt, obwohl formlos u. nicht gegen den Staat gerichtet, funktionell einer Anfechtungs- bzw. Verpflichtungsklage (vgl. *Baur/Stürner*[11] Rdnr. 719) eher als einer Beschwerde u. genügt zugleich dem Art. 19 Abs. 4 GG; trotzdem sollte man sie nicht mit *J. Blomeyer* (Fn. 1) 20 ff. als »klageartigen Rechtsbehelf« bezeichnen. S. auch §§ 347, 349 AO 1977.

[5] → z. B. § 707 Rdnr. 23, § 732 Rdnr. 14, § 769 Rdnr. 15 ff.

[6] Z. B. »Einstellung« wegen Erfolglosigkeit, → dazu § 753 Rdnr. 4a Fn. 31.

[7] H. M. *Rosenberg/Gaul*[10] § 37 IV 1a; *Stöber* (Fn. 14) Rdnr. 10 gegen AG *Karlsruhe* DGVZ 1984, 29 (Räumung); *Stürner* (Fn. 4) Rdnr. 716; *Gleußner* DGVZ 1994, 147 f. Beruht die Verzögerung auf Arbeitsüberlastung, so darf das VollstrGer keine Rangfolge der Erledigung bestimmen *AG Wolfratshausen* DGVZ 1974, 123.

[8] → § 753 Rdnr. 4 f.; *Stöber* (Fn. 14) Rdnr. 10.

[9] Ganz h. M. *OLG Hamm* Rpfleger 1957, 354 (*Berner*) *KG* KGBL 1911, 70; → § 845 Rdnr. 9, 11 u. alle Komm. zu § 845. → auch § 829 Rdnr. 61 f. – A. M. *Kirchberger* ZZP 38 (1909), 467 f.

[10] *OLG Celle* OLGRsp 17, 334; *OLG Karlsruhe* → § 753 Fn. 5; *LG Mannheim* MDR 1973, 318; *Stöber* (Fn. 14) Rdnr. 5. → auch Rdnr. 9 vor § 704. Anzuwenden ist § 23 EGGVG. *AGe Detmold, Iburg* DGVZ 1983, 171; 1994, 31 übersahen das Problem.

[11] *OLG Celle* DGVZ 1973, 138 f. = KTS 200. Auch wenn der GV nach Landesrecht zuständig ist (s. Anm. Schriftl. aaO), handelt es sich nicht um ZV.

[12] → Rdnr. 107 vor § 704, *Stöber* (Fn. 14) Rdnr. 5; vgl. auch *OLG Frankfurt* Rpfleger 1976, 367 zu §§ 23 ff. EGGVG. *KG* MDR 1984, 856 betrifft Herstellung von Abschriften für Zustellung außerhalb der ZV. – Abs. 2 gilt jedoch entsprechend gegen **Ablehnung der Zustellung**, falls sie zum Zwecke des ZV-Auftrags beantragt wurde, da dies der Ablehnung der ZV gleichkommt *AGe Berlin-Charlottenburg, Bremen* DGVZ 1981, 44, 61 f.; *Gaul* (Fn. 7) § 25 II 2a aa mwN; *Wieczorek*[2] § 166 Anm. F II; a. M. *AG München* DGVZ 1978, 173. Gegenüber Ablehnung von Zustellungen **außerhalb** der ZV gilt § 766 nicht

Gläubiger das Verfahren des Gerichtsvollziehers, so ist dieser nicht Partei und der Schuldner ist es nur, falls er gehört wird und Stellung nimmt[13]. Gerügt werden können *Verfahrensverstöße* gegen das Gesetz, gegen Dienstvorschriften (wie z. B. GVGA) nur, soweit zugleich das Gesetz verletzt wird[14]; der Ansatz der *Kosten und Gebühren*[15] in Bezug auf Zahlungspflicht und Höhe[16] sowie Notwendigkeit (§ 788)[17] oder Vorschuß nach § 5 GVKG[18]; zur Beschwerde → § 793 Rdnr. 4a und zur Dienstaufsicht Rdnr. 52. Daß der Gerichtsvollzieher auf Anweisung des Gerichts handelte[19], steht einer Beanstandung nach § 766 nicht entgegen, falls das Gericht den Erinnerungsführer noch nicht gehört hatte[20].

2. Die Erinnerung findet ferner statt gegen **Vollstreckungsakte des Gerichts ohne Anhörung des Betroffenen** wie in der Regel Pfändungsbeschlüsse, §§ 828ff., 846f., 857f., Anordnung der *Zwangsversteigerung* und Zwangsverwaltung und die Zulassung des Beitritts dazu[21], Anordnungen nach § 65 ZVG[22], aber nicht gegen die Zustellung von Vollstreckungsakten[23]. Diese sind im Sinne des § 793 nicht Entscheidungen, sondern *nur* Ausübung staatlichen Zwangs[24]. Die sofortige Beschwerde ist dann unzulässig[25] und steht auch grundsätzlich nicht mit der Erinnerung zur Wahl[26]; denn dies wäre kaum vereinbar mit § 577 Abs. 3, wonach Abänderung nur dem Beschwerdegericht erlaubt ist, während die Erinnerung gerade die Abänderung ohne Inanspruchnahme der höheren Instanz ermöglichen soll[27]. Das entspricht namentlich bei den ohne Gehör des Schuldners (§ 834) erlassenen Pfändungsakten auch dem praktischen Bedürfnis. Zu versäumter Anhörung → aber auch Rdnr. 8a.

Gegenüber *Vollstreckungsakten des Rechtspflegers* (§ 20 Nr. 16, 17 RpflG) ohne Anhö- 3

4

---

einmal ensprechend *Gaul* aaO; *Midderhoff* DGVZ 1982, 24f. erwägt entspr.Anw. des § 576 mit unterschiedlicher Zuständigkeit je nach Art der Beanstandung, zust. *Gaul* aaO.
[13] *LG Düsseldorf* Büro 1984, 1734; zust. *OLG Hamm* DGVZ 1994, 28. Enger möglicherweise *MünchKommZPO-K. Schmidt* Rdnr. 60: Auch der angehörte Schuldner sei nicht Partei? Über Kosten in diesen Fällen → Rdnr. 41a Fn. 240.
[14] *OLG Hamm* DGVZ 1977, 40f.; *Zöller/Stöber*[18] Rdnr. 11 (daneben können wie aber Amtspflichten i.S.d. § 839 BGB konkretisieren). → allgemein Rdnr. 13ff. und besonders für GV Fn. 232, ferner die Bem. zu §§ 753–763 sowie im einzelnen § 775 Rdnr. 18, 23 a. E., 28f., 32f.; § 777 Rdnr. 1; § 803 Rdnr. 15; § 808 Rdnr. 23, 38; § 809 Rdnr. 12; § 810 Rdnr. 17; § 811 Rdnr. 22f.; § 811a Rdnr. 27; § 811d Rdnr. 7; § 813 Rdnr. 12f.; § 814 Rdnr. 12; § 815 Rdnr. 7; § 817 Rdnr. 16; § 819 Rdnr. 8; § 826 Rdnr. 12; § 845 Rdnr. 9, 11; § 865 Rdnr. 32, 36; § 872 Rdnr. 5b, 9; § 885 Rdnr. 1, 29; § 886 Rdnr. 1; § 900 Rdnr. 34; § 904 Rdnr. 1; § 909 Rdnr. 16; § 911 Rdnr. 1; § 915 Rdnr. 10.
[15] → Rdnr. 174 vor § 704.
[16] Auch des Schuldners, arg. § 788 Abs. 1 S. 1 *Gaul* (Fn. 7) § 37 IV 1b; *KG* OLGRsp 4, 364; auch schon vor Abrechnung auf bloße Ankündigung des GV, daß er Pfandlagerrechnungen anerkennen u. aus dem Erlös begleichen wolle *LG Hannover* DGVZ 1977, 61, u. wegen staatlicher Gebühren usw. *KG* DGVZ 1981, 152 = MDR 852; auch noch nach Bezahlung an den GV *LG Mannheim* ZMR 1974, 179 = WuM 46; gegen zu niedrige Berechnung aber nur, solange der GV den Rest noch beitreiben könnte → § 757 Rdnr. 1, § 788 Fn. 267, 295, 297, § 733 Rdnr. 3 Fn. 16f., Rdnr. 4. Oft ist (schon wegen der Verzinsung, str. → § 104 Rdnr. 25) die Kostenfestsetzung dem § 766 vorzuziehen. Dazu *Dütz* DGVZ 1981, 97. –

Die Höhe nach § 103f. *festgesetzter* ZV-Kosten (→ § 788 Rdnr. 28) ist aber nur nach § 104 Abs. 3 mit § 11 Abs. 2 S. 1 RpflG zu rügen, auch wenn der GV sie beitreibt wie → § 788 Rdnr. 27.
[17] Auch im Verhältnis zum Gläubiger *LG Koblenz* DGVZ 1987, 59f.
[18] *Lupprian*; *Jonas* JW 1934, 3187. *LG Mannheim* (Fn. 16).
[19] → dazu § 753 Rdnr. 1.
[20] → Rdnr. 7; *KG* OLGRsp 25, 160; *OLG Hamm* JMBlNRW 1961, 236[3]; → auch Rdnr. 50.
[21] *BGH* NJW 1984, 2166f. (zu § 2 ZVG); *OLGe Hamm* OLGZ 1974, 46 = Rpfleger 75 mwN, KTS 1977, 177; *Stuttgart* JR 1956, 379; *Gaul* (Fn. 7) § 37 IV 2b aa, ganz h.M. – A.M. *Kunz* (Fn. 1) 110ff., 285ff. mit beachtlichen Gründen, die bei Reformen berücksichtigt werden sollten: stets § 793 bzw. § 11 Abs. 1 S. 2 RpflG mit Abhilfebefugnis (entgegen § 577 Abs. 3) zugunsten des nicht Gehörten.
[22] *LG Frankenthal* Rpfleger 1986, 146 (dort freilich ohne Rücksicht auf rechtliches Gehör bejaht).
[23] → § 829 Rdnr. 62, § 845 Rdnr. 11 a. E.
[24] Im Grundsatz ganz h.M. *Bischof* NJW 1987, 1810; *Gaul* (Fn. 7) § 37 IV 2 mwN; *K. Schmidt* (Fn. 13) Rdnr. 17. – A.M. *Kunz* (Fn. 1); *Schultz* (Fn. 1) 1ff., 101ff., 392ff. u. dagegen *Hein* Identität der Partei I (1918) 214ff.
[25] Ganz h.M.; *OLGe Stuttgart* (Fn. 21); *Celle* NdsRpfl 1963, 154; *Frankfurt* WM 1978, 339. – A.M. *Hellwig-Oertmann* System 2, 272f.
[26] So aber *Schultz* (Fn. 1) 392ff. → auch Fn. 57.
[27] *Gaul* (Fn. 7) § 37 IV 2. Dies spricht de lege lata (→ aber Fn. 21 a. E.) umgekehrt auch gegen die Zulassung der Erinnerung durch Angehörte; a.M. *K. Schmidt* (Fn. 1) 94f.

§ 766 I   Erster Abschnitt: Allgemeine Vorschriften

rung verdrängt daher § 766 als spezieller Rechtsbehelf § 11 Abs. 1 RpflG[28] und § 11 Abs. 2 S. 2, 3 RpflG. Näheres → Rdnr. 35.

5   Trotzdem kann auch der Rechtspfleger wie bei § 576[29] und § 11 Abs. 2 S. 2 RpflG der Erinnerung abhelfen[30] nach Anhörung des Erinnerungsgegners (Gläubigers)[31]. Die Abhilfe ist, da dann beide Parteien gehört sind, ebenso »Entscheidung über die Erinnerung«, als hätte der Richter sie erlassen; für sie gilt daher § 11 Abs. 1 S. 2 RpflG[32]. Eine Zurückweisung der Erinnerung durch den Rechtspfleger ist jedoch unwirksam, § 8 Abs. 4 S. 1 RpflG, so daß der Richter die Erinnerungsentscheidung von Amts wegen nachzuholen hat; ein Rechtsbehelf mit diesem Begehren ist als Antrag auf Fortsetzung des Erinnerungsverfahrens auszulegen, auch wenn er als befristete Erinnerung oder sofortige Beschwerde bezeichnet ist[33]. Zu einstweiligen Anordnungen des Rechtspflegers → Rdnr. 40.

6   a) **Schuldner und Dritte**[34] haben daher in den Fällen → Rdnr. 3 nur die Erinnerung nach § 766, auch wenn der Gläubiger wegen Teilablehnung wie → Rdnr. 10 vorzugehen hat[35], und erst gegen die darauf ergangene Entscheidung unter Beschränkung auf deren Gegenstand[36] die sofortige Beschwerde nach § 793; → auch Rdnr. 4f. und zur erneuten Erinnerung Rdnr. 50. Voreilige »Beschwerden« an das Vollstreckungsgericht können im Zweifel als Erinnerung auszulegen sein[37]; → auch § 793 Rdnr. 3 Fn. 22.

7   Nur wenn der Vollstreckungsakt aufgrund einer »**Entscheidung**« (§ 793) erlassen ist, findet die befristete *Durchgriffserinnerung* nach § 11 Abs. 1 S. 2 RpflG statt bzw. sogleich die sofortige Beschwerde nach § 793, falls der Richter entschieden hat[38]. Das ist stets der Fall, wenn auch der *Betroffene gehört* worden ist, ihm also Gelegenheit zur schriftlichen oder mündlichen Stellungnahme geboten wurde[39], oder er sich unaufgefordert rechtzeitig äußerte[40], ganz gleich ob die Anhörung auf Gesetz oder Ermessen beruhte[41]. Für *Dritte*, insbesondere Drittschuldner, kommt es auf deren Anhörung, nicht auf jene der Parteien an, so daß insoweit unterschiedliche Instanzen zuständig werden können (str.)[42]. → auch Rdnr. 50 zur

---

[28] *OLGe Celle* (Fn. 25); *Hamm* OLGZ 1974, 46 = MDR 239 = Rpfleger 75; *KG* u. *OLGe Koblenz* Rpfleger 1973, 32 u. 65; *Köln* Rpfleger 1972, 65 = MDR 333 je mwN; *J. Blomeyer* RdA 1974, 9; *Brox/Walker*[4] Rdnr. 1181; *Gaul* (Fn. 7) § 39 I 1, ganz h.M.; auch für § 15 ZVG *OLG Hamm* KTS 1977, 177.- A.M. *Kümmerlein* Rpfleger 1971, 12; *Habscheid* KTS 1973, 101; *Kunz* (Fn. 1) 287 ff.

[29] → dort Rdnr. 5.

[30] Ganz h.M. *OLGe Frankfurt* Rpfleger 1979, 111 mwN; *Koblenz* Rpfleger 1978, 226 f. = Büro 763 f. – A.M. *LG Berlin* Rpfleger 1965, 59 *(Biede);* gegen teilweise Abhilfe *LG Lüneburg* NdsRpfl 1981, 122.

[31] *OLG Frankfurt* (Fn. 30); MDR 1983, 413 f.; *LG Frankenthal* Rpfleger 1984, 362; *Gaul* (Fn. 7) § 37 IV 1.

[32] *OLG Koblenz* (Fn. 30); *LGe Bochum, Frankenthal* Rpfleger 1971, 410 a.E., 1984, 362; *Brox/Walker*[4] Rdnr. 1291; *K. Schmidt* (Fn. 13) Rdnr. 64; *Stöber* Forderungspfändung[10] Rdnr. 732; *Thomas/Putzo*[18] Rdnr. 2. – A.M. *LG Koblenz* BB 1977, 1070 mwN; *Baumbach/ Hartmann*[52] Rdnr. 5; *Stürner* (Fn. 4) Rdnr. 717.

[33] Anders, wenn nur die Aufhebung der unwirksamen Entscheidung begehrt wird *Brehm* FamRZ 1991, 356 f. zu *AG Maulbronn* aaO 355.

[34] → auch Fn. 42.

[35] *OLG Koblenz* Rpfleger 1989, 276 = Büro 1179; *Brox/Walker*[4] Rdnr. 1182.

[36] Für bisher unangefochtene Teile eines Pfändungsbeschlusses gilt daher § 766, auch wenn über die angefochtenen nach § 793 zu entscheiden ist *OLG Frankfurt* (Fn. 25).

[37] *OLGe Frankfurt* Rpfleger 1980, 31; *Hamm* OLGZ 1970, 192 = KTS 228; *Hamburg* OLGRsp 31, 125; *München* NJW 1954, 1772; *Stöber* (Fn. 32) Rdnr. 711 a.E.

[38] Seit *RGZ* 18, 434 ganz h.M. → Fn. 39 ff.; *Gaul* (Fn. 7) § 37 IV 2 mwN. – A.M. *Stürner* (Fn. 4) Rdnr. 717 (gegen richterliche Akte § 766, bei solchen der Rpfl differenzierend); *Gerhardt*[2] § 14 I 1a S. 199; sie unterscheiden nicht zwischen ZV-Akt (Ergebnis) und seiner Entstehungsweise durch »streitähnliche Erörterungen« des Für und Wider (Entscheidung) »mit kontradiktorischen Zügen« (*Gaul* Rpfleger 1971, 44). *Schmeken* ZIP 1982, 1295 ff. unterscheidet danach, ob eine Interessenabwägung stattzufinden hat (brauchbar für die Fälle → Rdnr. 8). Krit. schon gegen den Ansatz der h.M. *Kunz* (Fn. 1) 96 ff., 110 ff., 132; *Neumüller* (Fn. 1).

[39] Ganz h.M. *KG* NJW-RR 1986, 1126 = Rpfleger 1985, 308; *OLGe Frankfurt* Büro 1992, 568 = Rpfleger 1993, 57; *Köln* MDR 1991, 1091 = Rpfleger 360 f.; *Gaul* (Fn. 7) § 37 IV 2 mwN; *K. Schmidt* (Fn. 13) Rdnr. 17; *Jauernig* ZwVR[19] § 11 II; *Brox/Walker*[4] Rdnr. 1177. Nur vereinzelt verlangt die Rsp tatsächliche Äußerung des Schuldners *LG Frankenthal* Rpfleger 1989, 274, dagegen *Hornung* aaO 275.

[40] So für Drittschuldner *KG* (Fn. 39).

[41] Insoweit ganz h.M. *OLG Köln* (Fn. 39).

[42] *KG* Rpfleger 1986, 392; *LG Bochum* Rpfleger 1977, 178; *Brox/Walker*[4] Rdnr. 1182; *Stöber* (Fn. 32) Rdnr. 729, 730 a; *Wieczorek*[2] Anm. B IV c 2, D III; *Brox/Walker* JA 1986, 59; offenlassend *KG* (Fn. 39); bejahend für Durchsuchungsanordnung Rpfleger 1986, 392 = NJW-RR 1000. – A.M. *OLG Bamberg* Rpfleger 1978, 31 = NJW 1389 u. *LGe Bonn* DB 1979, 94; *Frankfurt* Rpfleger 1989, 400; *Gaul* (Fn. 7) § 37 IV: Verschiedene Behel-

Rechtskraft. – Wegen Anordnungen des Vollstreckungsgerichts, die Vollstreckungsakte nur vorbereiten, → § 793 Rdnr. 2.

Wurde die Anhörung *gesetzwidrig* durchgeführt oder versäumt, wird man darauf abstellen 8 müssen, ob dem Betroffenen von vornherein erkennbar wird, daß sein Rechtsbehelf befristet ist: War er gehört worden, so muß er die Verfügung stets als »Entscheidung« ansehen[43], zumal die gesetzlichen Grenzen der Anhörung zuweilen umstritten sind[44]. – War er aber nicht gehört worden, so ist ihm die Befristung *höchstens* dann zuzumuten, wenn entweder das Gesetz eindeutig zur Anhörung zwingt (wie in §§ 844 Abs. 2, 891[45], 900 Abs. 3) und dadurch schon klarstellt, daß der Vollstreckungsakt auf einer »Entscheidung« beruht[46], oder wenn der Beschluß sich schon durch seinen Inhalt als echte Entscheidung darstellt[47]. Die nach § 329 Abs. 2 S. 2 nötige Zustellung bietet gewissen, allerdings mangels Rechtsbehelfsbelehrung nicht sicheren Schutz vor Fristversäumnis, → dazu Rdnr. 8a. In allen anderen Fällen hat der nicht Gehörte die unbefristete Erinnerung, § 766.

In den Fällen → Rdnr. 8 Fn. 46–47 ist es zwar durchaus erwägenswert, statt der Beschwerde die 8a **Erinnerung** zuzulassen, falls der Betroffene sich nicht damit abfinden will, daß er nach § 793 erst in höherer Instanz gehört wird[48]. Aber er ginge das Risiko ein, daß das Gericht dieser Ansicht nicht folgt und während des Erinnerungsverfahrens die Frist des § 11 Abs. 1 S. 2 RpflG abläuft, müßte also vorsorglich zugleich nach § 793 selbst Beschwerde einlegen und diese zurücknehmen, wenn er sicher ist, daß über seine Erinnerung sachlich entschieden wird.

Beschlüsse des *Beschwerdegerichts* unterliegen auch dann der weiteren sofortigen Be- 9 schwerde[49], wenn sie erstmals Vollstreckungsakte *nach Anhörung* selbst erlassen[50] oder erweitern[51]. Wenn aber der durch sie Beschwerte noch *nicht* gehört war[52], hat er nur die Erinnerung nach § 766[53], die allerdings dann an das Beschwerdegericht zu richten ist[54]. Hat es gemäß § 575 dem Vollstreckungsgericht die weitere Anordnung überlassen, scheidet § 793 Abs. 2 aus[55] zugunsten § 766, falls der Betroffene nicht (erneut) gehört wurde[56].

---

fe dürften nicht das Verfahren aufspalten. Dieses Arg. versagt jedoch ohnehin, weil die Aufspaltung auch unvermeidbar ist, wenn die Anhörung des Schuldners nicht aus dem Beschluß hervorgeht, u. die Spaltung kann auch bei teilweiser Ablehnung (→ Rdnr. 6, 10) sowie im Falle → Fn. 36 nicht verhindert werden; zur Aufspaltung von Rechtsbehelfen vgl. auch *BGH* DAVorm 1994, 88f. Wie hier *Stöber* (Fn. 14) Rdnr. 2 a.E. Vgl. auch *Kunz* (Fn. 1) 309f. Ob der Drittschuldner in *OLG Hamburg* MDR 1954, 685 gehört war, geht aus dem Leitsatz nicht hervor.
[43] *OLG Hamm* MDR 1975, 938; *KG* OLGZ 1978, 491 = Rpfleger 334f.; auch bei Verstoß gegen § 834, obiter *OLG Frankfurt* Rpfleger 1993, 58; *Christmann* Rpfleger 1988, 458, 460; *Gaul* (Fn. 7) § 37 IV 2; *Wieczorek*[2] Anm. B IV c 2, wohl auch *Jauernig* (Fn. 39); a.M. *LG Frankenthal* Rpfleger 1986, 146 (für § 65 ZVG).
[44] →z.B. § 834 Rdnr. 1, § 844 Rdnr. 4, § 850f. Rdnr. 22.
[45] A.M. (§ 766) *OLG Hamm* NJW-RR 1986, 420f. Der nicht Gehörte ist freilich genügend geschützt durch Zustellung.
[46] *Bruns/Peters*[3] § 14 I; *Gaul* (Fn. 7) § 37 IV 2; *Thomas/Putzo*[18] Rdnr. 3; *Wieczorek*[2] § 811a Anm. B III; – A.M. für §§ 887ff. *OLG Hamm* NJW-RR 1986, 420; *Stürner* (Fn. 4) § 41 I 3 (Erinnerung an Prozeßgericht ähnlich § 167 Abs. 1 S. 2 VwGO).
[47] → § 825 Rdnr. 7; *Schmeken* (Fn. 38) noch zu § 54 SGB I aF.
[48] *K. Schmidt* (Fn. 13) Rdnr. 17.
[49] → § 793 Rdnr. 6.

[50] Weisen sie jedoch nur das VollstrGer dazu an, *OLG Hamm* Rpfleger 1957, 25, so hat der nicht Gehörte den Erlaß abzuwarten u. dagegen nach § 766 vorzugehen.
[51] *OLG Hamm* (Fn. 43) Rdnr. 18; *K. Schmidt* (Fn. 13) Rdnr. 18; *Thomas/Putzo*[18] Rdnr. 29; *Wieczorek*[2] Anm. B IV c 2. *RG* JW 1893, 486 ließ weitere Beschwerde des (gehörten?) Schuldners wohl wahlweise statt Erinnerung zu. – A.M. *Stöber* (Fn. 32) Rdnr. 738; stets für Erinnerung an Beschwerdegericht *Hartmann* (Fn. 32) Rdnr. 14; *Rosenberg* Lb[9] § 183 II 2b.
[52] → § 834 Rdnr. 1.
[53] *OLG Hamm* (Fn. 43); *Pohle* zu *LG Wiesbaden* JW 1936, 1395; insoweit treffend *OLG Braunschweig* JW 1924, 421 (sonst blieben bisher ungehörte Schuldner gegen Pfändungen durch OLG schutzlos); *K. Schmidt* (Fn. 13) Rdnr. 18 mwN; a.M. *Thomas/Putzo*[18] Rdnr. 29. → auch Fn. 51 a.E. – *OLG Hamburg* MDR 1954, 685 ließ Beschwerde des (gehörten?) Drittschuldners zusammen mit derjenigen des Schuldners zu, obwohl nur dieser Erinnerung eingelegt hatte; vgl. auch *RG* (Fn. 51). – Zur weiteren Beschwerde des Schuldners *vor* Ausführung einer ZV-Anweisung des LG → Fn. 268.
[54] *Schultz* gegen *OLG Braunschweig* JW 1924, 421; *OLG Hamburg* MDR 1954, 685; *K. Schmidt* (Fn. 13) Rdnr. 22; *Wieczorek*[2] Anm. C I c 4; → auch Fn. 51 a.E.
[55] *KG* OLGRsp 26, 381; *OLG Düsseldorf* MDR 1956, 492.
[56] *KG*, *OLG Düsseldorf* (Fn. 55); *OLG Hamm* Rpfleger 1957, 25; *K. Schmidt* (Fn. 13) Rdnr. 18.

10 b) Dem **Gläubiger** steht, wenn sein Antrag ganz oder zum Teil vom Richter abgelehnt ist, nur die sofortige Beschwerde zu[57], da er als Betroffener gehört war → Rdnr. 7; für die Ablehnung durch den Rechtspfleger gilt § 11 Abs. 1 S. 2 RpflG[58]. Abgelehnt ist eine Maßnahme nur insoweit, als sie hinter *bestimmten* Anträgen zurückbleibt oder den Antrag vollständig ablehnt; andernfalls gilt auch für den Gläubiger nur § 766[59]. → auch § 793 Rdnr. 3 Fn. 22.

10a c) Dem **Gerichtsvollieher** steht die Erinnerung grundsätzlich nicht zu[60], auch nicht um vorsorglich oder nachträglich prüfen zu lassen, ob er Weisungen des Gläubigers folgen darf oder muß, oder weil er Rückgriffsansprüche befürchtet[61], wohl aber der **Staatskasse** zur Wahrung des Kosteninteresses[62].

11 3. Über Rechtsbehelfe gegen die Tätigkeit des **Grundbuchamts** → § 830 Rdnr. 23 (§ 857 Rdnr. 47 ff.), § 867 Rdnr. 28 ff., § 932 (20. Aufl.) Rdnr. 13.

II. Die unter § 766 fallenden Einwendungen[63]

12 1. Der **Schuldner** muß alle Einwendungen, welche die von den Vollstreckungsorganen zu prüfenden **formellen Voraussetzungen der Zwangsvollstreckung betreffen**[64] nach § 766 geltenmachen, falls sie sich nicht gegen die Offenbarung richten[65]. Dahin gehören:

13 a) Das Fehlen oder die Unwirksamkeit der **vollstreckbaren Ausfertigung**[66], während bei *wirksamer* Ausfertigung die Unwirksamkeit des **Titels** (zur Vollstreckungsfähigkeit seines Inhalts → Rdnr. 15) nur in offensichtlichen Fällen[67] und Mängel bei Klauselerteilung überhaupt nicht nach § 766, sondern nur nach §§ 732, 768 geltend gemacht werden können[68]; ferner der Verstoß eines in der ehemaligen DDR erlassenen Titels gegen den ordre public[69]. Zum *nachträglichen* Wegfall des Titels oder seiner Vollstreckbarkeit → § 775 Rdnr. 5 ff. und § 620f. Rdnr. 14; auch unten Fn. 301;

14 b) das Fehlen von Titeln oder Vollstreckungsklauseln, die noch **gegen andere Personen** als die im vorhandenen Titel genannten erforderlich sind[70], falls der Dritte als Schuldner behandelt wird[71] oder dem als Schuldner bezeichneten ein eigenes Interesse an der Geltendmachung des Mangels zuzubilligen ist[72]; dies ist auch der Fall, soweit eine Räumung derzeit ohnehin scheitern würde an fehlenden Titeln gegen Mitbewohner[73]. → aber auch Rdnr. 12 vor § 735, § 737 Rdnr. 7, § 748 Rdnr. 7 und wegen Gesamtschuldnern → Fn. 80; ebenso fehlende Titel oder Klauseln **für andere Gläubiger**[74] in den Fällen → § 727 Rdnr. 2, 6, 26 ff.,

---

[57] *OLGe Hamm* (Fn. 56); *Koblenz* NJW-RR 1986, 679; Rpfleger 1989, 276 = Büro 1179; *KG* MDR 1954, 690 (Zwangsversteigerung); *Stöber* Rpfleger 1974, 53; ganz h.M. *Gaul* (Fn. 7) § 37 IV 2b cc mwN; *Brox/Walker*[4] Rdnr. 1178. – A.M. *LGe Siegen* JMBlNRW 1955, 209; *Koblenz* MDR 79, 944 zu § 850f. Abs. 2; *Stürner* (Fn. 4) Rdnr. 717; *Neumüller* (Fn. 1) 94.
[58] → auch Rdnr. 5.
[59] *OLG Koblenz* Rpfleger 1978, 227 = MDR 226 (zu § 850d).
[60] Obiter (Beschwerdeverfahren) *OLG Düsseldorf* NJW 1980, 1111; NJW-RR 1993, 1280. → aber Rdnr. 32 a.E. (als »Drittschuldner«); zur Beschwerde gegen Erinnerungsbeschlüsse → § 793 Rdnr. 4a.
[61] *OLG Düsseldorf* (Fn. 60); *AG Düsseldorf* DGVZ 1961, 190; *Brox/Walker*[4] Rdnr. 1210 mwN.
[62] *LG Gießen* DGVZ 1989, 184 = Büro 1990, 114.
[63] Vgl. *Schultz* (Fn. 1) 199ff.
[64] → auch Rdnr. 52f. und wegen § 915 dort Rdnr. 10ff.
[65] → § 900 Rdnr. 33ff.
[66] *RG* Gruch. 51 (1907), 205.
[67] → § 724 Rdnr. 2. – A.M. (stets § 766, wenn Titel fehle) 18. Aufl. Fn. 25. – *RGZ* 56, 70; *BGHZ* 15, 190 = NJW 1955, 182u. *OLG Düsseldorf* Rpfleger 1977, 67 entschieden nur über § 812 BGB, § 732 ZPO u. Bestimmtheit der Leistung (darüber → Rdnr. 15), während die hM (Hartmann (Fn. 32) Rdnr. 16 zit. Rsp nur zeitliche u. sachliche Grenzen des Titelinhalts betrifft.
[68] → § 724 Rdnr. 2, § 725 Rdnr. 11f., § 726 Rdnr. 22ff. Zweifelnd *Stürner* (Fn. 4) Rdnr. 732.
[69] → Rdnr. 146 vor § 704.
[70] → z.B. § 885 Rdnr. 9ff. zur Räumung; soweit man Titel gegen Nichtgenannte für entbehrlich hält, bleibt diesen nur § 771.
[71] → Rdnr. 31; *K. Schmidt* (Fn. 13) Rdnr. 30.
[72] → § 740 Rdnr. 25, § 743 Fn. 7, § 747 Rdnr. 5, § 749 Rdnr. 3. – A.M. *Hoffmann* → Fn. 164.
[73] *OLG Oldenburg* Büro 1991, 1276 = MDR 968[45], → dazu § 885 Rdnr. 7ff.
[74] Darunter fällt ein im Titel als Konkurs/Insolvenzverwalter Bezeichneter nur dann, wenn er im ZV-Verfahren *nicht* in dieser Eigenschaft für die Masse, sondern erkennbar privat (als Rechtsnachfolger) auftritt *Münzberg* JZ 1993, 96 (III) zu *BGH* aaO 94 = NJW 2159.

41 (§§ 728f., 738, 742, 744f.); ferner *Verwechslungen mit dem Titelschuldner*[75] oder Vollstreckung trotz unklarer, nicht auslegungsfähiger Bezeichnung der Parteien[76], wenn auch der materiell Verpflichtete oder Berechtigte »richtig« getroffen sein mag; → auch Rdnr. 19, 54;

c) die Nichtübereinstimmung der Vollstreckung mit dem **Inhalt der vollstreckbaren Ausfertigung**, → Rdnr. 25f., 153f. vor § 704 hinsichtlich Auslegung, zur Vollstreckung geeignetem Inhalt, insbesondere Bestimmtheit der Leistung[77], ferner wegen Einschränkungen der Klausel → § 725 Rdnr. 2; Vollstreckung trotz *Verbrauchs der Ausfertigung*[78], insbesondere wenn der Gläubiger zwei Titel[79] oder zwei Ausfertigungen (§ 733) benutzt, während erfolgreiche Vollstreckung gegen einen *Gesamtschuldner* noch nicht die Titel gegen andere Gesamtschuldner verbraucht und daher von diesen nur nach § 767 bzw. § 775 Nr. 4 geltend zu machen ist, es sei denn die vollständige Beitreibung wäre vom Vollstreckungsorgan selbst auf den anderen Titeln vermerkt[80]; Verstöße gegen §§ 756, 765[81], Vollstreckung ohne Aushändigung zu übergebender Urkunden[82], vor Fälligkeit[83] oder vor dem Nachweis der Sicherheitsleistung[84] oder über die durch den Titel selbst begrenzte Dauer der Vollstreckbarkeit hinaus, z. B. bei Unterhalt[85]; → auch Rdnr. 18f.;

d) die Mißachtung nicht schon im Titel genannter **Voraussetzungen für den Beginn der Vollstreckung**, insbesondere der *Zustellung*[86], deren Unwirksamkeit auf Mängeln des Zustellungsakts, der zuzustellenden Ausfertigung oder sonstiger Urkunden beruhen kann[87], und der Wartefristen → § 750 Rdnr. 5f. sowie in Sonderfällen des Nachweises *behördlicher Genehmigungen*[88]; die Außerachtlassung eines **Vollstreckungshindernisses**, z. B. der einstweiligen oder endgültigen *Einstellung*, → § 775 Rdnr. 5ff., Rdnr. 22ff., Rdnr. 35ff. (Vergleichsverfahren) und zu §§ 14 KO[89], 7 Abs. 3, 18 Abs. 2 S. 3 GesO[90], §§ 13, 28, 47f., 87 VglO, 290ff. StPO → noch Rdnr. 61ff. vor § 704, s. auch § 86 Abs. 1 BVFG. In Insolvenzverfahren, die ab 1999 beantragt worden sind (Art. 103f. EGInsO), entscheidet jedoch gemäß § 89 Abs. 33 InsO das Insolvenzgericht über Verstöße gegen § 89 Abs. 1, 2 InsO und kann nach § 89 Abs. 3 InsO zuvor einstweilige Anordnungen wie § 732 Abs. 2 erlassen. Wegen § 106 KO (§ 21 InsO) → § 772 Rdnr. 5a. Ferner gehört hierher das Fehlen der Nachweise für die **Fortsetzung der Vollstreckung**[91] in den Fällen § 709 S. 2, § 720a, → auch 707 Rdnr. 7, § 772 Rdnr. 10, § 779 Rdnr. 5ff. und für *ausländische Titel* → Anh. § 723 Rdnr. 39 mit Rdnr. 321;

e) fehlende **Prozeßvoraussetzungen**, → zur Zuständigkeit Rdnr. 70ff. vor § 704, §§ 753 Rdnr. 3, 764 Rdnr. 6, 828 Rdnr. 9f., 829 Rdnr. 106, zur *Zulässigkeit des Rechtswegs*, Partei-

---

[75] → Rdnr. 31 und § 727 Rdnr. 32ff., § 750 Rdnr. 22ff., 45; *OLG Naumburg* JW 1925, 282[21] (ZV gegen OHG aus Titel gegen Gesellschafter, → § 736 Rdnr. 9 u. § 750 Fn. 33); *OLG Celle* OLGRsp 29, 191.

[76] → § 750 Rdnr. 22f., 45.

[77] → Rdnr. 26 vor § 704; *OLGe Düsseldorf* Rpfleger 1977, 67[50]; *Rostock* OLGRsp 39, 73 (obiter). – A.M: *RG* Gruch. 44 (1900), 1193.

[78] → § 775 Rdnr. 2 (besonders Fn. 5), 18, ferner § 757 Rdnr. 2ff., § 815 Rdnr. 19.

[79] → Rdnr. 20 vor § 704.

[80] Dann § 775 Nr. 4 vorbehaltlich Widerspruch des Gläubigers → § 775 Rdnr. 32. Ob die Titel verbunden sind oder waren, ist hierfür unerheblich → Rdnr. 7, 7a vor § 803.

[81] → § 756 Rdnr. 10.

[82] → § 726 Rdnr. 18; *OLG Marienwerder* HRR 1939, 46.

[83] → § 751 Rdnr. 1–3, 14.

[84] → § 751 Rdnr. 7ff.

[85] *AG Besigheim* MDR 1983, 238; →z.B. § 795 Rdnr. 11a zu § 620, auch unten Fn. 301.

[86] → §§ 750 Rdnr. 28ff., 751 Rdnr. 10. Aber nicht vor Beginn der ZV *KG* → Fn. 205.

[87] → §§ 724 Rdnr. 13–15, 750 Rdnr. 36f., 40.

[88] → Rdnr. 58, 152 vor § 704.

[89] Diese Erinnerung steht für das massefreie Vermögen dem Schuldner (*Jaeger/Henckel*[3] § 14 Rdnr. 44), für die Masse nach § 6 KO (§ 80 Abs. 1 InsO) dem Verwalter zu, *BGHZ* 25, 400 = NJW 1958, 23 a.E., u. stets dem Drittschuldner (→ Rdnr. 32 Fn. 171), *Lüke* NJW 1990, 2666; aber nicht Konkurs/Insolvenzgläubigern *Henckel* aaO-. Nach Erteilung der Klausel gegen den Verwalter (→ § 727 Rdnr. 26) gehört aber die Rüge, der Titel betreffe doch nur eine gewöhnliche Konkursforderung, nicht zu § 766 sondern zu § 732 *LG Bonn* ZIP 1980, 264; *Henckel* aaO § 6 Rdnr. 96 mwN auch zur Gegenmeinung. – auch Fn. 96, 98, 179; ferner § 772 Rdnr. 3 Fn. 9.

[90] § 766, weil es nach Beendigung des Gesamtvollstreckungsverfahrens an ausreichendem »neuen Vermögen« fehlt *Arnold* DGVZ 1993, 40; *Smid* DtZ 1993, 98.

[91] → § 751 Rdnr. 8.

*fähigkeit*⁹², *Prozeßfähigkeit* sowie zur *Exterritorialität* Rdnr. 2, 77 ff., 130 vor § 704. Hingegen hat die Prozeßführungsbefugnis als solche keine Bedeutung mehr für die Vollstreckung⁹³.

18 f) **Vollstreckung im Übermaß**, z. B. entgegen § 803 Abs. 1 oder § 777, unrichtige *Umrechnung* fremder Währungen⁹⁴ → Rdnr. 162 vor § 704 und zu Titeln aus der ehemaligen DDR Rdnr. 146 ff. vor § 704, fehlerhafte Berechnung wertgesicherter Beträge → Rdnr. 155 ff. vor § 704; → auch Rdnr. 15. Auch auf »Lohnbeträge brutto« oder deren Rückzahlung lautende Titel sind von vornherein nur als insoweit vollstreckbar auszulegen, als der Schuldner die Abführung der Lohnabzüge nicht nachzuweisen vermag, → Rdnr. 28 vor § 704; so wird der umständlichere Weg über § 767 vermieden.

19 g) Einwendungen in bezug auf den **Gegenstand der Vollstreckung**⁹⁵, z. B. der Ausschluß bzw. die Beschränkung der Pfändung von Zubehör und Bestandteilen, → § 865 Rdnr. 36, die *Unpfändbarkeit* einzelner Sachen und Rechte nach §§ 811 ff., 850 ff., 859 ff.⁹⁶, die verfrühte Pfändung stehender Früchte → § 810 Rdnr. 8, die zwecklose Pfändung → § 803 Rdnr. 29 ff., der Übergriff in *andere Vermögensmassen*, wenn beim gesetzlichen Vertreter gepfändet wird, wenn *laut Titel* der Schuldner z. B. als Partei kraft Amtes nur mit fremdem Vermögen oder nur mit bestimmten Teilen seines Vermögens haftet⁹⁷, ebenso wenn der Konkurs/Insolvenzverwalter § 15 KO/§ 91 InsO geltend macht (→ § 804 Rdnr. 37) oder umgekehrt, wenn er mit Hilfe des Gerichtsvollziehers von Gegenständen Besitz ergreift (→ § 794 Rdnr. 100 Nr. 2), die nicht zur Masse gehören⁹⁸, so ausdrücklich § 148 Abs. 2 S. 2 InsO; → auch Rdnr. 54; ferner ein Streit um die Identität der herauszugebenden Sache⁹⁹ oder um die Zulässigkeit einzelner Maßregeln der §§ 883 ff.¹⁰⁰, insbesondere der Art und Weise der Haft, §§ 904–906, → auch Rdnr. 36;

20 h) **reine Verfahrensrügen**, z. B. gegen die Form von Sachpfändungen¹⁰¹ oder Pfändungsbeschlüssen¹⁰²; wegen Eintragung im Schuldnerverzeichnis → § 915 Rdnr. 11 f.

21 i) die Wirkungen **vertraglicher Vollstreckungsbeschränkungen** sind noch immer umstritten¹⁰³; es ist von folgenden Grundsätzen auszugehen¹⁰⁴:
   1. Die Vollstreckbarkeit des Titels wird durch die Vereinbarung allein noch nicht beeinträchtigt¹⁰⁵.
   2. Streitigkeiten über Abreden, die nicht nur Vollstreckungshindernisse aufstellen, sondern zugleich

---

⁹² Wer verurteilt ist, ohne parteifähig zu sein, darf ZV-Mängel ebenso nach § 766 geltendmachen wie Rechtsmittel im Erkenntnisverfahren (vgl. zur Wohnungseigentümergemeinschaft *BGH* NJW 1993, 2944¹² = WM 1939).

⁹³ → Rdnr. 38 Fn. 202 vor § 704; a. M. *Brox/Walker*⁴ Rdnr. 1212.

⁹⁴ Vgl. *RGZ* 110, 117.

⁹⁵ → auch Rdnr. 23. Nicht die zulässige Pfändung eigener Sachen (→ § 808 Rdnr. 4), gleich ob man ein Pfänd-PfandR annimmt (→ § 804 Rdnr. 13) oder nicht, s. *RGZ* 79, 244; *KG* OLGRsp 22, 362; *OLG Celle* OLGRsp 27, 173; *Stein* Grundfragen (1913) 43. – A. M. *OLG München* OLGRsp 18, 400.

⁹⁶ Diese Erinnerung steht dem Schuldner auch im Konkurs/Insolvenzverfahren zu, *Henckel* (Fn. 89) § 1 Rdnr. 62, soweit nicht § 1 Abs. 2 KO (§ 36 Abs. 2 InsO) gilt → Fn. 179. – Zur Arglisteinrede → § 811 Rdnr. 9, 15.

⁹⁷ → Rdnr. 25 (anders beim Vorbehalt nach §§ 780, 786), § 808 Rdnr. 5 f. Vgl. *OLG Colmar* OLGRsp 3, 243 (Begründung bedenklich); → auch § 735 Rdnr. 2, § 736 Rdnr. 6 f., § 780 Rdnr. 6 a. E., § 781 Rdnr. 3. – Auch angebliche Arglist des Schuldners erlaubt nicht ZV in sein übriges Vermögen über den Titel hinaus, vgl. *RAG* ArbRS 28,. 33, → Rdnr. 45 vor § 704. – Zur Konkurrenz mit § 771 → dort Rdnr. 36.

⁹⁸ *RGZ* 37, 398; *BGH* LM Nr. 5 zu § 1 KO u. LM Nr. 2 zu § 117 KO = NJW 1962, 1392; vgl. auch *OLG Naumburg* OLGRsp 19, 199 (Konkursverwalter gegen Zwangsverwalter). Zuständig ist das Konkurs/Insolvenzgericht, *BGH* aaO; *AG Hamburg* KTS 1978, 58; *Henckel* (Fn. 89) § 1 Rdnr. 148; *K. Schmidt* (Fn. 13) Rdnr. 36 mwN zur Gegenansicht (VollstrGer). Hat der Verwalter den Besitz selber ergriffen oder durch die Herausgabevollstreckung schon erlangt, so bleibt nur der Weg der Klage (der aber auch schon vorher beiden Parteien offen steht, *BGH* aaO). – → auch Fn. 179.

⁹⁹ Zur Bestimmtheit des Titel → Rdnr. 30 vor § 704.

¹⁰⁰ Vgl. *RGZ* 23, 366 (zu § 887).

¹⁰¹ → § 808 Rdnr. 20–25.

¹⁰² Vgl. auch *OLG Braunschweig* OLGRsp 9, 127.

¹⁰³ Die Lit seit *Schiedermair* (→ Fn. 453 vor § 704) kritisiert gut bisherige Lösungen und Argumente, liefert aber noch immer keine allseits überzeugende Bewältigung der prozessualen Rechtsfolgen; zum gegenwärtigen Streitstand *Gaul* (Fn. 7) § 33 IV.

¹⁰⁴ Zust. *Gerhardt* ZZP 96 (1983), 284; *K. Schmidt* (Fn. 13) Rdnr. 34 f. u. grundsätzlich *Baumann/Brehm*² § 13 II 2 a; *Brox/Walker*⁴ Rdnr. 204; *Bruns/Peters*³ § 17 IV; *Hartmann* (Fn. 32) Grundz § 704 Rdnr. 27; *Stürner* (Fn. 4) Rdnr. 133 ff.; *Stöber* (Fn. 14) Rdnr. 25 ff. vor § 704.

¹⁰⁵ *BGH* NJW 1991, 2296 = MDR 668¹²³, was auch meist nicht gewollt ist. Sie kann nur nach § 767 beseitigt werden → Fn. 455 vor § 704; nicht etwa durch Stillhalteabreden **vor** Urteilserlaß *OLG Frankfurt* Büro 1969, 360 f. = WM 381; diese wirken lediglich verpflichtend.

den *Anspruch rechtlich mindern*, z. B. als Stundung Fälligkeit und Verzug hinausschieben oder diesen heilen[106], dürfen zumindest dann, wenn der Schuldner auch diese materiellen Wirkungen geltend macht, z. B. titulierte Zinsen kürzen will, nicht dem gesetzlichen Richter, §§ 767 Abs. 1, 802[107] und den Beschränkungen des § 767 Abs. 2 entzogen werden[108] mit der Begründung, solche Vereinbarungen seien »auch« für die Vollstreckung bedeutsam[109]. Näheres → Rdnr. 25 f.

3. Bleibt aber der Anspruch unberührt, so gibt es keine gesetzlich *zwingenden* Gründe für eine Analogie zu § 766[110] oder zu §§ 767, 780, 785 f.[111]; insoweit bleibt Raum für jene Ähnlichkeits-[112] und Zweckmäßigkeitserwägungen, die überwiegend für § 766 sprechen[113] und so im Ergebnis zu einer unmittelbar **prozessualen Wirkung** führen[114].

4. Urteile auf Unterlassung der Vollstreckung[115] hätten keinen unmittelbaren Einfluß (§§ 775 f.) und ihre Durchsetzung nach §§ 888 oder 890 wäre zu schwerfällig[116]; entsprechende Feststellungsurteile[117] böten nicht einmal diese Möglichkeit. Urteile auf »Freigabe«, d.h. Erklärung des Verzichts auf die Pfändung[118], würden nicht vor Rechtskraft wirken, § 894[119], was meistens noch zur einstweiligen Verfügung nötigen würde, soweit nicht § 895 rechtzeitige Abhilfe ermöglicht. **22**

Mit dem Gesetz vereinbar und praktisch brauchbar ist daher folgende Abgrenzung:
aa) Zeitliche[120] und gegenständliche[121] Vollstreckungsbeschränkungen sind grundsätzlich[122] nach § 766 – im Offenbarungsverfahren nach § 900 Abs. 5, im Bereich der §§ 887ff. **23**

---

[106] BGH NJW-RR 1991, 822.
[107] Bei der Frage »§ 766 oder § 767?« geht es also nicht immer nur um § 767 Abs. 2, 3; sie sollte daher nicht einfach danach beantwortet werden, ob die Abrede vor oder nach Titelerlaß getroffen ist (→ dazu Fn. 139); vgl. auch die Differenzierung bei *Bürck* ZZP 85 (1972) 401; *Stürner* (Fn. 4) Rdnr. 133 f.; *K. Schmidt* (Fn. 13) Rdnr. 34; *Gaul* (Fn. 7) § 33 VI; a. M. *Jauernig* (Fn. 39) § 1 VI 3 b.
[108] So im Ergebnis *LG Münster* Rpfleger 1988, 321 f.
[109] Dieser Bedeutung tragen schon die §§ 767, 775 Nrn. 1, 4 genügend Rechnung; insoweit bedenklich *Bruns/Peters*³ § 17 IV; *Bürck* ZZP 85 (1972) 406 will § 767 nur anwenden, wenn die Abrede »offensichtlich« auch materiellrechtlich wirkt, da man erst später erfahre, ob der Anspruch »wirtschaftlich betroffen« sei, aaO 404 f.; für § 767 kommt es jedoch auf rechtliche, nicht wirtschaftliche Betrachtungen an. Anderseits führen nicht *alle* materiellrechtlichen Fragen zu § 767, sondern nur solche, die den vollstreckbaren Anspruch selbst betreffen (insoweit richtig *Bürck* aaO 399), *LG Münster* (Fn. 108); *Jauernig* (Fn. 107). *K. Schmidt* (Fn. 13) Rdnr. 35 sieht jedoch stets »den Anspruch selbst« i. S. d. § 767 betroffen, ohne aber § 766 ausschließen zu wollen; er schätzt also das Arg. mit Zuständigkeit wohl geringer ein, obwohl er »freie Wahl« mit *Gaul* (Fn. 7) § 33 VI ausschließen will.
[110] Dafür die ü. M. → Fn. 104, 114, 123.
[111] Dafür *Gaul* (Fn. 7) § 33 VI mwN; *Gilles* ZZP 83 (1970) 112; *Blomeyer* ZwVR § 34 IV 4; grundsätzlich ebenso *J. Blomeyer* ZZP 89 (1976) 495 ff. S. auch *BGH* NJW 1968, 700 f.; 1991, 2295.
[112] Z. B. zur Unpfändbarkeit u. zu §§ 777, 803 Abs. 2 (vgl. auch § 28 ZVG) bei *gegenständlicher*, zur einstweiligen Einstellung bei *zeitlicher* Beschränkung (falls Fälligkeit u. Verzug unberührt bleiben → Rdnr. 23, 25); vgl. auch §§ 765 a, 813 a, 816, 825 u. §§ 30, 30 a ZVG; dazu *Peters* AcP 172 (1972) 564.
[113] Zumindest diesen Weg nicht ausschließen *K. Schmidt* (Fn. 13) Rdnr. 34.
[114] *Schiedermair* (→ Fn. 453 vor § 704); *Soehring* NJW 1969, 1094 f. (zugleich zur Frage der Rechtsnachfolge in solche Vereinbarungen); *OLGe Karlsruhe* OLGZ 1974, 484 = NJW 2242 = WM 1975, 78; *Frankfurt* OLGZ 1981, 112 = Büro 461 (→ aber Fn. 139); *Brehm* (Fn. 104); *Bruns/Peters*³ § 17 IV; *Bürck* (Fn. 109); *Emmerich* ZZP 82 (1969) 436; *Jauernig* (Fn. 107); *Hartmann*

(Fn. 32) *Grundz* § 704 Rdnr. 27; *K. Schmidt* (Fn. 13) Rdnr. 34; *Stürner* (Fn. 4) Rdnr. 134. Zur älteren Rsp u. Lit. → 19. Aufl. Fn. 55. – A. M. *Windel* ZZP 102 (1989), 212 f. *Henckel* Prozeßrecht u. materielles Recht (1970) 370 verneint mit der »dinglichen Wirkung« auch die prozessuale u. tritt aaO 372 Fn. 51 nur rechtspolitisch für § 766 ein; aber auch »bloß« verpflichtende Prozeßverträge können zumindest auf Einrede unmittelbar wirken, *Emmerich* aaO 421.
[115] So *Roquette* ZZP 49 (1925) 166 ff. S. dagegen *Gaul* (Fn. 7) § 33 VI.
[116] Zust. *Gaul* (Fn. 7) § 33 VI.
[117] Vgl. *BGHZ* 16, 180 = NJW 1955, 546[13]. → § 775 Rdnr. 8.
[118] → für Sachpfändungen § 803 Rdnr. 15, für Rechtspfändungen § 843 Rdnr. 7).
[119] Darauf verwies *BGH* WM 1967, 1199 = DB 1968, 171 den Schuldner (Hilfsantrag), weil er §§ 767 f. für unanwendbar hielt (Gläubiger verpflichtete sich nach Pfändung zur Freigabe bei pünktlicher Teilzahlung).
[120] Nur soweit nicht Stundungswirkungen geltendgemacht werden (→ Rdnr. 23, 25), also z. B. Aufschub der Pfändung oder der Verwertung gepfändeter Sachen (→ § 813 a Rdnr. 20) oder des Offenbarungsverfahrens (→ § 807 Rdnr. 3), der Ausschluß der ZV bis zur Rechtskraft (vgl. *OLG Frankfurt* WM 1969, 381) oder bis zum Urteil im Nachverfahren, vgl. *BGH* NJW 1968, 700 = MDR 307 = WM 125, wo aber §§ 766, 775 Nr. 4 mit bedenklichen Begründungen (→ 19. Aufl. 55) ausgeschlossen u. ihre analoge Anwendung nicht in Betracht gezogen wurde, vgl. auch *Gaul* (Fn. 111). Wie hier *Stürner* (Fn. 4) Rdnr. 133 f.; obiter *OLG Frankfurt* OLGZ 1982, 239.
[121] So der Ausschluß einzelner Objekte der ZV (PKW, Gehalt, Grundvermögen); der Ausschluß der Offenbarungsversicherung, die Beschränkung der ZV auf Eintragung einer Zwangshypothek, *OLG München* SeuffArch 70 (1915), 252[138], oder die Beschränkung der ImmobiliarZV auf die Zwangsverwaltung. Denn nicht materiellrechtliche Haftung von Vermögensteilen, sondern nur Zwangszugriffe werden hier ausgeschlossen. → auch § 843 Rdnr. 7. Zum völligen Ausschluß der ZV u. zur Herausnahme ganzer Vermögensmassen (vgl. §§ 780, 786) → Fn. 140 f.
[122] Ebenso wie in den Fällen → Rdnr. 19; zu Ausnahmen → Fn. 130, Rdnr. 24.

nach § 793 – geltend zu machen, da sie nicht die Leistungspflicht, sondern nur deren zwangsweise Durchsetzung beschränken[123]. Ist die Vereinbarung unstreitig[124] oder urkundlich belegt und inhaltlich klar gefaßt, so führt ihre Vorlegung analog § 775 Nr. 4[125] zur Einstellung und erspart so in der Regel eine Anordnung nach § 766 Abs. 1 S. 2[126]. Bei vertraglichen Abweichungen von § 775 Nr. 2 oder 3 hilft jedoch nur § 766[127]. Soll ein Vollstreckungsaufschub davon abhängen, ob *vereinbarte Raten* pünktlich gezahlt werden[128], so ist freilich die Einstellung durch ein Vollstreckungsorgan nach § 775 Nr. 4, 5 wie stets vorläufiger Art, also vorbehaltlich eines Widerspruchs des Gläubigers[129]. Man wird aber in solchen Fällen als vereinbart annehmen dürfen, daß das Erinnerungsgericht einzustellen hat, wenn der Widerspruch nicht schlüssig begründet wird[130].

24 bb) Besteht *Streit* über Auslegung und Tragweite der Vereinbarung, z. B. ob durch »Stundung« auch Verzug ausgeschlossen sein soll, oder über den Eintritt verabredeter Bedingungen über eine Fortsetzung der Vollstreckung[131], so muß dem Schuldner eine Klage gestattet sein[132], die wegen der für das Vollstreckungsorgan klaren Rechtsfolgen des § 775 Nr. 1 und der Möglichkeit einstweiliger Anordnungen (§ 769) auf eine Analogie zu § 767 Abs. 1 bzw. § 771[133] gestützt werden sollte, während die Beschränkungen nach § 767 Abs. 2 und 3 nur für die Fälle → Rdnr. 25 passen[134]. Stellt sich nach Erhebung solcher Klagen heraus, daß der einfachere Weg über § 766 doch ausgereicht hätte, so ist das allein noch kein Grund, sie als unzulässig abzuweisen[135].

25 cc) Handelt es sich trotz prozessualer Einkleidung der Abrede sachlich um **materiellrechtliche** Abreden, z. B. (teilweisen) Erlaß oder Stundung[136] des Anspruchs[137], so gilt § 767 unmittelbar[138], was zur Geltendmachung im Prozeß und zur *Aufnahme in das Urteil*

---

[123] *OLG Hamm* MDR 1977, 675 = Rpfleger 178; *OLGe Karlsruhe, Frankfurt* (beide Fn. 114); *LG Münster* (Fn. 108); *Brox/Walker*[4] Rdnr. 204; *Stürner* (Fn. 4) Rdnr. 134, 136 u. die → Fn. 114 Genannten außer *Henckel*. *BGH* (Fn. 119) erwog obiter § 766, falls Gegenstände von vornherein unter bestimmten Voraussetzungen von der ZV »schlechthin« ausgenommen seien.

[124] *Brehm* (Fn. 104).

[125] *LG Münster* (Fn. 108); *Peters* (Fn. 114); *Brehm* (Fn. 104); *Scherf* Vollstreckungsverträge (1971), 103; *J. Blomeyer* (Fn. 111); *Hartmann* (Fn. 32) § 775 Rdnr. 13. Enger *K. Schmidt* (Fn. 13) § 775 Rdnr. 19: falls Vereinbarung auch materiell wirke.

[126] Kaum vermeidbar ist der Weg über § 766 bei Beschränkungen mit Wertungsspielraum, z. B. »schonende ZV der Kosten«, auch wenn solche Vergleichsklauseln in den Kostenfestsetzungsbeschluß mit aufgenommen werden (so *OLG München* Rpfleger 1979, 466[449] = MDR 1980, 147[74]).

[127] → § 775 Fn. 72, 83.

[128] → § 754 Rdnr. 9 a.

[129] → § 775 Rdnr. 32.

[130] Im Sinne eines ZV-Verzichts in Höhe vereinbarungsgemäßer, gemäß § 775 Nr. 4, 5 nachgewiesener Zahlungen. So wird der Schuldner nur zur Klage nach § 767 genötigt, wenn die Begründung des Gläubigers für schlüssig gehalten wird. Mit dieser Einschränkung ist *OLG Frankfurt* (Fn. 114) zuzustimmen. Beweisaufnahmen darüber sind jedoch § 767 vorzubehalten, da sie den Anspruch betreffen. Denn eine Einschränkung der Vollstreckbarkeit (wie etwa → Rdnr. 18 a. E.) kann aufgrund solcher Parteivereinbarungen kaum angenommen werden.

[131] Vor allem, wenn diese von pünktlicher Ratenzahlung (→ § 754 Rdnr. 9a-c) abhängig sein soll, Näheres → Fn. 130. Vgl. *LG Heidelberg* NJW 1960, 537 = MDR 146.

[132] Zust. *Brehm* (Fn. 104); *Brox/Walker*[4] Rdnr. 204; *Gerhardt*[2] § 14 I 1 b a. E. Krit. *Gaul* (Fn. 7) § 33 VI.

[133] → Rdnr. 25.

[134] Vgl. *BGH* (Fn. 120); *OLG München* (Fn. 121); *J. Blomeyer* (Fn. 111); *Gaul* JuS 1971, 349; insoweit wohl zu eng *OLG Frankfurt* (Fn. 120).

[135] *K. Schmidt* (Fn. 1) 96. Vgl. auch *BGH* WM 1975, 1213 = DB 1976, 482 (Entscheidung aufgrund ZV-Vereinbarung in einem auf angebliche Anfechtung gestützten Verfahren nach § 767). Für wahlweise Analogie zu §§ 766 oder 767 in schwierigen Fällen *Gerhardt* (Fn. 132) u. bei offensichtlicher »Doppelnatur« sowie völligem Ausschluß der ZV *Bürck* ZZP 85 (1972) 405 f.; *Thomas/Putzo*[18] Rdnr. 26; *Hartmann* (Fn. 32) Grundz § 704 Rdnr. 27. Vgl. auch zum Rechtsschutzbedürfnis *Habscheid* KTS 1973, 98; *Münzberg* AcP 168 (1968) 393 f., 398 a. E.

[136] »Zahlungsfristen« bedeuten keineswegs stets verzugsausschließende Stundung (bedenklich z. B. *AG Düsseldorf* DGVZ 1984, 155, wo es aber nicht darauf ankam).

[137] Hierher gehören wohl die Fälle *OLGe Hamm* FamRZ 1993, 581 f.; *Karlsruhe* (Fn. 114), ferner der **Verzicht auf Rechte aus dem Titel** ohne Übergabe der vollstr.Ausf. an den Schuldner, *BGH* JZ 1955, 613 (→ Fn. 455 vor § 704, insoweit unrichtig *AG Mettmann* DGVZ 1976, 47); gegen voreilige Auslegung in diesem Sinne, falls wegen § 1614 Abs. 1 BGB Anspruchsverzicht ausscheidet, *BGH* NJW-RR 1990, 391[3]. Wie hier *Wieczorek*[2] Anm. B III a 3. – Vereinbarungen, von vollstreckbaren Urkunden nicht über den Vertragszweck hinaus Gebrauch zu machen (vgl. *LG Bonn* JR 1972, 158; Anm. *H.-J. Hellwig*), sollte man nicht ohne weiteres als Vollstreckungsverträge ansehen, da sie meist nur selbstverständliche materielle Pflichten ausdrücklich formulieren, vgl. etwa *BGH* ZMR 1980, 91 f. zu 2 a; *Brehm* (Fn. 104).

[138] *Stürner* (Fn. 4) Rdnr. 133; *Zöller/Stöber*[18]

zwingt¹³⁹, es sei denn die Vollstreckung wird, z.B. wegen unstreitiger Befriedigung vor Urteilserlaß, erst danach ganz oder teilweise ausgeschlossen¹⁴⁰. Das gilt erst recht, wenn von vornherein Schuld und Haftung beschränkt sind auf bestimmte Vermögensmassen¹⁴¹ oder das, was der Schuldner von Dritten zu fordern hat¹⁴². – Ist die Vollstreckbarkeit des Titels schon in der oben angegebenen Weise beschränkt, sind Verstöße nach § 766 zu rügen¹⁴³; ein Streit darüber, ob ein bestimmtes Vollstreckungsobjekt zu der haftenden Masse gehört, kann aber auch nach § 771 ausgetragen werden¹⁴⁴. – Entstehen solche Abreden **nach** Erlaß des Titels, so gilt § 775 teils unmittelbar (Stundung), teils analog → Rdnr. 23.

dd) Treffen **materielle und vollstreckungsrechtliche Abreden** so zusammen, daß ein Vollstreckungsaufschub¹⁴⁵ eindeutig noch neben der materiellen Beschränkung gewollt ist (z.B. verzugsausschließende Stundung für 3 Monate, außerdem keine Vollstreckung vor Rechtskraft), so sollten der Vollstreckungsbeschränkung als solcher nicht schwächere prozessuale Wirkungen beigelegt werden, als wenn sie allein vereinbart wäre; sie können daher nach § 766 eingewandt werden¹⁴⁶. Jedoch darf auch dann über den *materiellen* Teil nicht im Erinnerungsverfahren entschieden werden¹⁴⁷. Nach Ablauf des Vollstreckungsaufschubs sind daher im Beispiel die Verzugszinsen titelgerecht beizutreiben, bis der Schuldner nach §§ 767, 769 vorgeht, und nur für diese Wirkungen kommt es darauf an, ob die Vereinbarung vor oder nach der letzten mündlichen Verhandlung getroffen wurde (§ 767 Abs. 2, → Rdnr. 21, 25). **26**

k) Die **Nichtigkeit** eines Vollstreckungsakts (→ Rdnr. 129ff. vor § 704) steht seiner Anfechtung nicht im Wege, solange er eine tatsächliche oder den Schein einer rechtlichen Beeinträchtigung erzeugt¹⁴⁸. Vermeintlich unbestimmte Rechtspfändungen sind jedoch grundsätzlich nicht aufzuheben, → § 829 Rdnr. 38. **27**

Der *Schuldner* kann **nicht** nach § 766 rügen, daß der Titel irrtümlich oder unzulässig berichtigt (§ 319) worden¹⁴⁹ oder zu Unrecht bzw. mit Fehlern bei der Klauselerteilung vollstreckbar ausgefertigt sei¹⁵⁰, daß der gepfändete Gegenstand einem Dritten gehöre¹⁵¹, daß der Gewahrsam des Dritten verletzt sei¹⁵² oder daß eine zulässig Maßnahme nicht **28**

Rdnr. 27 vor § 704. Insofern richtig *BGH* (Fn. 105). Freilich muß dann beantragt werden, die ZV aus dem Titel (nicht einzelne ZV-Maßnahmen) für unzulässig zu erklären, vgl. *BGH* (Fn. 119).
¹³⁹ *Stürner* (Fn. 4) Rdnr. 133; auch *BGH* (Fn. 105) ließ die Einwendung des (wegen Erfüllung vor Urteilserlaß vereinbarten) ZV-Ausschlusses nur zu, weil sie erst »nach der zeitlichen Zäsur des § 767 II« entstanden war; *Gaul* (Fn. 7) § 33 VI Fn. 121 sieht wohl von § 767 Abs. 2 nur ab, wenn § 767 nicht unmittelbar anwendbar ist, wie auch sein Zitat BGH NJW 1968, 701 zeigt (dort nur Aufschub der ZV bis zur Rechtskraft).
¹⁴⁰ So *BGH* (Fn. 105) u. NJW 1988, 3102¹⁵ (»jedenfalls analog«), obwohl dort § 397 Abs. 2 BGB bejaht wurde. Für § 767, soweit die ZV **endgültig** unterbleiben soll, auch *Blomeyer* ZwVR § 34 IV 5a, da nur so die Vollstreckbarkeit beseitigt werden kann; *BGH* (Fn. 105), ohne auf unmittelbare oder entspr.Anw. einzugehen. *Scherf* (Fn. 125) 106ff. will § 767 *unmittelbar* anwenden wegen gleicher Tragweite wie bei Erlaß, ebenso *Wieczorek*² Anm. B III a 3 (ohne Begr.). Das paßt wohl nur, wenn im Falle freiwilliger Zahlung auch § 812 BGB gelten soll. – Für wahlweise Zulassung der §§ 766 oder 767 *Bürck* (Fn. 135); u. *Thomas/Putzo*¹⁸ Rdnr. 26 a.E. Jedoch ist die unmittelbar prozessuale Wirkung (§ 766) in solchen Fällen noch bedenklicher als bei Verzicht auf alle Titelrechte, vgl. *BGH* JZ 1955, 613. Will der Gläubiger so weit gehen, dann soll er dem Schuldner den Titel übergeben.
¹⁴¹ → § 786 Rdnr. 9 Fn. 18. **Nicht** für den Ausschluß bestimmt bezeichneter Gegenstände → Fn. 121; a.M. *K. Schmidt* (Fn. 13) Rdnr. 35 u. gegen diese Differenzierung überhaupt *Jauernig* (Fn. 107).
¹⁴² *BGH* LM Nr. 3 zu § 780 = ZZP 68 (1955) 102. Dann kommt es auch nicht darauf an, ob es sich um einzelne Gegenstände oder Vermögensmassen handelt.
¹⁴³ → Rdnr. 15, 19; h.M. *Gaul* (Fn. 7) § 33 VIII mwN.
¹⁴⁴ → § 771 Rdnr. 259f.
¹⁴⁵ Zum endgültigen Verzicht auf ZV → Fn. 137, 140.
¹⁴⁶ → Rdnr. 23; *OLG Frankfurt* (Fn. 114); i.E. auch *K. Schmidt* (Fn. 13) Rdnr. 34f. – A.M. *LG Münster* (Fn. 123).
¹⁴⁷ *OLG Frankfurt* (Fn. 114).
¹⁴⁸ *OLGe Braunschweig* OLGRsp 9, 127; *Frankfurt* Rpfleger 1978, 229, 231 a.E., ganz h.M. *Gaul* (Fn. 7) § 37 III 1 mwN. Zu eng *LG Koblenz* MDR 1983, 588 a.E. (§ 845).
¹⁴⁹ *LG Berlin* DGVZ 1970, 76.
¹⁵⁰ → § 724 Rdnr. 2, § 726 Rdnr. 22, § 727 Rdnr. 41, § 750 Rdnr. 39.
¹⁵¹ Allg.M. RGZ 42, 344; *KG* u. *OLGe Rostock* OLGRsp 31, 94; 35, 116; *Hamburg* MDR 1952, 368; *Frankfurt* MDR 1953, 242, → auch § 771 Rdnr. 1, 3, 36f. u. vgl. auch *OLG Hamburg* MDR 1966, 515 (zu § 722). – Daraus folgt aber nicht umgekehrt, daß nur nach § 766 vorgehen könnten, → § 811 Rdnr. 14f. u. *Hellwig-Oertmann* System 2, 271.
¹⁵² *OLG Naumburg* OLGRsp 25, 177, allg.M. *K. Schmidt* (Fn. 13) Rdnr. 25.

notwendig sei i. S. d. § 788¹⁵³. Alle Einwendungen gegen den Anspruch sind nach § 767 zu erledigen¹⁵⁴.

29   2. Da dem **Gläubiger** bei gerichtlicher Ablehnung seiner Anträge nur die sofortige Erinnerung oder Beschwerde zusteht, hat er die Erinnerung nach § 766 nur gegen den Gerichtsvollzieher (→ Rdnr. 2) oder wenn er nicht formell sondern nur materiell beschwert ist¹⁵⁵.

30   3. **Dritten Personen**¹⁵⁶ steht die Erinnerung nur zu, soweit sie ein berechtigtes Interesse daran haben, weil sie von der Vollstreckung betroffen und dadurch beschwert sind¹⁵⁷. Das ist z. B. nicht der Fall, wenn ein noch unbeteiligter Gläubiger (→ aber Fn. 182 zum Konkurs/Insolvenzverfahren) lediglich die Minderung des Vermögens seines Schuldners verhindern will¹⁵⁸ oder ein sonstiger Unbeteiligter nur einen Rückgriffsanspruch des Vollstreckungsgläubigers befürchten muß¹⁵⁹. Zu Einwendungen nach § 771 → Rdnr. 34.

31   a) Gegen *jede* Vollstreckung kann sich wehren, wer *als Schuldner behandelt* wird, obwohl er in Titel oder Klausel nicht als Schuldner genannt ist¹⁶⁰, wobei es gleichgültig ist, ob man ihn noch als Vollstreckungsschuldner¹⁶¹ oder schon als Dritten ansieht¹⁶². Das gilt namentlich, wenn Leistungs- oder Duldungstitel gegen alle an einem Vermögen Beteiligten erforderlich sind¹⁶³, sei es auch nur durch Umschreibung der Klausel¹⁶⁴. Für Konkurs/Insolvenzverwalter → Fn. 89, 179, 182 und Rdnr. 62 vor § 704.

32   b) *Jeden Vollstreckungsmangel* können rügen wie ein Schuldner: Dritte, deren Recht zum Widerspruch nach § 771 durch die §§ 740 Abs. 1, 741, 745 Abs. 1, 748 Abs. 1 abgeschnitten ist¹⁶⁵, die aber deshalb noch keine fehlerhafte Vollstreckung hinnehmen müssen¹⁶⁶; *gleichrangige*¹⁶⁷ *oder nachstehende Pfandgläubiger*, die an der Ausschaltung des Vormannes ein Erlösinteresse haben¹⁶⁸, wobei es genügt, daß der Erinnerungsführer bereits eine Rechtsstel-

---

¹⁵³ Denn das Kostenrisiko trifft dann den Gläubiger → Rdnr. 45 Fn. 249 vor § 704, § 788 Rdnr. 22f.
¹⁵⁴ → Rdnr. 53 und § 767 Rdnr. 11, 24.
¹⁵⁵ → Rdnr. 10 mit Fn. 59, ferner § 915 Rdnr. 10.
¹⁵⁶ *J. Blomeyer* Erinnerungsbefugnis Dritter (1966), dazu *Bruns* AcP 168 (1968), 399; *Münzberg* ZZP 80 (1967) 493.
¹⁵⁷ RGZ 34, 380: »...deren Rechte durch eine unrichtige Art u. Weise der ZV betroffen werden, u. deren Interesse...verletzt wird« (Rechtsverletzung wird also nicht verlangt); *OLGe Dresden* Blätter für Rechtsanwendung 75 (1910), 654; *Kiel* SchlHA 1914, 203; *Köln* DGVZ 1992, 117 (durch Grabsteinpfändung im »Recht auf Bestimmung der Grabsteingestaltung betroffen«); *Köln* DGVZ 1992, 171 (»rechtlich geschützte Position«, dort Mitbesitz an Grundstück); *LG Kiel* JR 1950, 505 (nicht Behörden); *Schultz* (Fn. 1) 136ff. – Betroffen ist auch der Firmeninhaber, wenn sein Vorgänger die Offenbarungsversicherung unter der Firma abgibt *LG Hamburg* MDR 1952, 497. – Auch *J. Blomeyer* (Fn. 156) fordert zwar auch ein betroffenes *Recht*, läßt aber den Schutzbereich von ZV-Normen (77ff.) u. die spätere Beteiligung des Nachpfänders (94ff.) genügen. Da es nicht auf »Verletzung« eines Rechts ankommt, sollen Eingriffe in »subjektivrechtliche Positionen« ausreichen sollen, *K. Schmidt* (Fn. 13) Rdnr. 24 (anders zum Rang aaO Rdnr. 27), im Vordergrund aber ohnehin der **Schutzzweck der Norm** steht, *Gaul* (Fn. 7) § 37 V 3a, auch *K. Schmidt* aaO, ergeben sich zur obigen, im Ansatz flexibleren Definition kaum Abweichungen, zumal sie das RechtsSchutzB schon mit umfaßt.
¹⁵⁸ *LG Koblenz* MDR 1982, 503; *J. Blomeyer* (Fn. 156) 95f. (»schlicht konkurrierende« Gläubiger, die

noch nicht gepfändet oder nicht einmal einen Titel haben); *K. Schmidt* (Fn. 13) Rdnr. 28.
¹⁵⁹ RGZ 140, 45; zum GV → Rdnr. 10a, aber auch Fn. 172 sowie zur Beschwerde § 793 Rdnr. 4a.
¹⁶⁰ *OLG Celle* OLGRsp 29, 191; *Brox/Walker*⁴ Rdnr. 1199; *Gaul* (Fn. 7) § 37 V 3a aa. Anders der Fall → § 750 Fn. 211.
¹⁶¹ → auch Rdnr. 7ff. vor § 50.
¹⁶² → Rdnr. 89 vor § 704, § 750 Rdnr. 18ff., § 778 Rdnr. 3, 4; *Schultz* (Fn. 1) 270ff.; *J. Blomeyer* (Fn. 156) 57f., 64f.; *Gaul* (Fn. 7) § 37 III 2, V 3a aa. – A. M. *Falkmann* 375.
¹⁶³ *LG München* DGVZ 1982, 188 zu § 740; *Gaul* (wie → Fn. 160); → Rdnr. 5ff. vor § 735. Zur Verteidigung von Rechten am ZV-Gegenstand → aber Rdnr. 34, zust. *K. Schmidt* (Fn. 13) Rdnr. 27, 30 a. E.
¹⁶⁴ → die Fälle Rdnr. 14, 19. – A. M. *Hoffmann* Aufgabenverteilung usw. (1972) 56ff.: nur bei Verstoß gegen § 809, sonst lediglich § 771 für Schuldner u. Mitberechtigte.
¹⁶⁵ → Rdnr. 2–4 vor § 735; *Brox/Walker*⁴ Rdnr. 1202 mwN; *K. Schmidt* (Fn. 13) Rdnr. 27.
¹⁶⁶ Allg.M. *Brox/Walker*⁴ Rdnr. 1202 mwN; *Gaul* (wie → Fn. 160), je mwN; obiter *LG Frankfurt a.M.* DGVZ 1989, 61.
¹⁶⁷ Ihre Beeinträchtigung unterscheidet sich von jener der Nachstehenden nur der Höhe nach. **Nicht** vorrangige (z. B. § 559 BGB), *LG Frankfurt a.M.* (Fn. 166).
¹⁶⁸ → § 804 Rdnr. 38; *BGH* MDR 1989, 633 = Rpfleger 248; RGZ 121, 351; 153, 205; *Bähr* KTS 1969, 14ff.; *J. Blomeyer* (Fn. 156) 63, 74f., 81ff. mwN; *Stöber* (Fn. 14) Rdnr. 9; *K. Schmidt* (Fn. 13) Rdnr. 28 mwN; ebenso für nachfolgenden Zessionar *OLG Karlsruhe* HRR

lung erlangt hat, die ihm den Erwerb des Pfandrechts sichert[169]. Unbegründet ist allerdings eine Rüge der Unpfändbarkeit, die den Erinnernden selbst treffen würde[170]. Ferner der *Drittschuldner*[171], auch der Gerichtsvollzieher, wenn er unrichtig als Drittschuldner behandelt wird[172].

c) *Anderen Dritten* steht die Erinnerung nur zu, wenn und soweit gegen Vollstreckungsnormen verstoßen wird, die (auch) ihrem Schutz dienen[173]: der Gewahrsamsinhaber (§ 809)[174], auch wenn er nicht nach § 771 widersprechen darf[175]; der Ehegatte, wenn die Voraussetzungen des § 739 fehlten[176]; derjenige, den die Unpfändbarkeit nach dem Gesetzeszweck schützen soll oder dem sie danach in der Regel tatsächlich und unmittelbar zugute kommt[177], wie die in § 811 Nr. 1–4a, 10, 12 ausdrücklich genannten Personen und die in § 811 Nr. 11, 13 und § 812 zwar nicht genannten, aber gemeinten Familienmitglieder[178]; ferner die in §§ 850ff. unmittelbar begünstigten Personen. Dies gilt auch für den Konkurs/Insolvenzverwalter, der an sich unpfändbare Gegenstände nach § 1 Abs. 2 KO (§ 36 Abs. 2 InsO) zur Masse beansprucht[179]. Realgläubiger (§ 10 ZVG) können die nach §§ 810, 811 Nr. 4, 865 Abs. 2 unzulässige Pfändung von Zubehör oder stehenden Früchten rügen[180]; über ihr Recht zur Klage → § 865 Rdnr. 36. Schließlich können im Falle des § 778 die Gläubiger des Erben bzw. die Nachlaßgläubiger, im Falle des § 28 ZVG eingetragene Dritte[181], im Falle des § 127 KO (§ 173 Abs. 2 S. 2 InsO) der Konkurs/Insolvenzverwalter[182] und gegen eine nach §§ 47f. VerglO unzulässige Vollstreckung[183] alle am Vergleichsverfahren beteiligten Gläubiger[184], nicht aber der Vergleichsverwalter[185] den betreffenden Normverstoß rügen. In Insolvenzverfahren, die ab 1999 beantragt worden sind (Art. 103f. EGInsO, → § 775 Rdnr. 40), wird aber auch der Insolvenzverwalter im Verfahren gemäß § 89 Abs. 3 InsO (→ Rdnr. 16) entsprechende Anträge stellen dürfen ohne Unterscheidung, ob ein Insolvenzplan vorgelegt wird oder nicht, vgl. auch § 233 InsO. – *Vollstreckungsvereinbarungen* zwischen Gläubiger und Dritten, die nicht unter § 771ff. fallen (→ Rdnr. 34), können wie solche mit dem Schuldner[186] nach § 766 vom Dritten durchgesetzt werden, falls er nicht eine Klage

---

1930 Nr. 1164; h. M. Allerdings **nur bis zum Verteilungstermin**, von da an nur nach § 878 → § 872 Rdnr. 9. – A.M. *Pappenheim* Rangstreitigkeiten usw. (1931) 75ff. Das würde zu zahllosen Klagen nach § 878 führen, die nach h. M. vermeidbar sind.

[169] So nach Grundpfandrechtspfändung auch vor der Briefübergabe, falls der Anspruch auf dessen Herausgabe schon gepfändet ist *BGH* NJW-RR 1989, 636 = MDR 633 = Rpfleger 248.

[170] *Bruns/Peters*³ § 20 III 2 c bb.

[171] *BGHZ* 69, 144 = NJW 1977, 1881 = JZ 650 mwN, ganz h.M.; zur Begründung der umfassenden Erinnerungsbefugnis *J. Blomeyer* (Fn. 156) 69ff.; *Lüke* JuS 1962, 421; *Brox/Walker*⁴ Rdnr. 1200 mwN; zur älteren Rsp bei Unpfändbarkeit → 19. Aufl. Fn. 72. Zum Sozialversicherungsträger als Drittschuldner *OLG Hamm* Rpfleger 1977, 109; *KG* Rpfleger 1976, 1731f. für § 850b Abs. 2. – A.M. *Wieczorek*² Anm. B IV b 9; *OLG Celle* NJW 1962, 1731f. für § 850b Abs. 2. – Wegen der Geltendmachung im Prozeß mit dem Gläubiger s. *BGH* aaO u. → §§ 829 Rdnr. 106ff., 850a Rdnr. 1–4.

[172] *LG Kiel* Rpfleger 1970, 71; *K. Schmidt* (Fn. 13) Rdnr. 28. → auch § 815 Rdnr. 14, § 819 Rdnr. 8, § 857 Rdnr. 44.

[173] *LGe Münster, Berlin* DGVZ 1978, 12 u. 113; *J. Blomeyer* (Fn. 156) 77ff.; z.B. *RG* → § 816 Fn. 2. – Zu eng *OLG Celle* Rpfleger 1965, 59 (Dritter i.S.d. § 771 könne Unzuständigkeit des ZV-Organs nicht nach § 766 rügen). → auch § 772 Fn. 9.

[174] *RG* JW 1901, 9; *K. Schmidt* (Fn. 13) Rdnr. 27 mwN. Anders bei unklaren Besitzverhältnissen *KG* OlGRspr 15, 164.

[175] → Rdnr. 3f. vor § 735.

[176] → dort Rdnr. 26.

[177] *OLG Kiel* OLGRsp 4, 152; *LG Düsseldorf* MDR 1962, 62; *AG Offenbach* DGVZ 1992, 60 (§ 811 Nr. 8); *J. Blomeyer* (Fn. 156) 61f., 77ff. mwN; *Gaul* Rpfleger 1971, 89; *Brox/Walker*⁴ Rdnr. 1205 mwN.

[178] → § 811 Rdnr. 23, 31–34, 41, 55.

[179] *Jaeger/Henckel* KO⁹ § 1 Rdnr. 62; s. auch *KG* OLGRspr 15, 33.

[180] *RGZ* 34, 380; 55, 209 (mit Begr. zur Nov 98), → dazu § 865 Rdnr. 36.

[181] *Gaul* (Fn. 7) § 37 V 3a bb.

[182] *RG* JW 1888, 136; *Jaeger/Weber* KO⁸ § 127 Fn. 11 a.E. Wegen § 104 VerglO s. *BGH* NJW 1960, 435 = KTS 14 = ZZP 73 (1960) 224: § 766, nicht § 767. Ab 1999 dürfte dies auch für § 88 InsO gelten, denn § 89 Abs. 3 (Entscheidung des Insolvenzgerichts über Einwendungen) bezieht sich nur auf § 89 Abs. 1, 2 InsO.

[183] Rdnr. 63 vor § 704.

[184] Weitergehend 18. Aufl. Fn. 51 (auch nicht am Vergleich beteiligte). – Gegen beides *Wieczorek*² Anm. B II b 2.

[185] *Bley/Mohrbutter* VerglO⁴ § 47 Rdnr. 27; *Stürner* (Fn. 4) Rdnr. 1211; a.M. noch 20. Aufl. mit *Bley* VerglO² §§ 47f. Fn. 27; *Schönke/Baur*⁸ § 73 II 1 a.

[186] → Rdnr. 21ff.

vorzieht → § 771 Rdnr. 68 Fn. 404. Gleiches gilt, soweit solche Vereinbarungen zwar zwischen den Parteien geschlossenen sind, aber einen Dritten schützen sollen[187].

34 Rechte Dritter am Gegenstand der Vollstreckung sind dagegen ausschließlich nach § 771 geltend zu machen; erst ein Verstoß gegen §§ 775 Nr. 1, 776[188] begründet hier die Erinnerung des Dritten. Das gilt auch für Dritte, die eine nach § 65 Abs. 1 ZVG gepfändete Sache nicht für Zubehör halten[189], für das Eigentum eines Ehegatten an einer ordnungsgemäß nach §§ 739, 808 gepfändeten Sache[190] und für die Inhaberschaft einer gepfändeten Forderung[191]. Eine gemäß § 8 ErbbRVO eintretende relative Unwirksamkeit kann jedoch der Eigentümer nach § 766 oder § 771 geltend machen[192].

III. Das Verfahren

35 1. **Zuständig** ist ausschließlich (§ 802) das *Vollstreckungsgericht*[193], und zwar der *Richter* → Rdnr. 4. Zur Abhilfe durch den Rechtspfleger → Rdnr. 5. Geht der Richter irrig[194] nach § 11 Abs. 2 S. 4 RpflG vor, statt nach § 766 selbst abschließend zu entscheiden, so muß das Beschwerdegericht die Akten mangels Beschwerde zurückgeben[195]. Eine dennoch erlassene Beschwerdeentscheidung wird nicht durch § 10 geheilt[196] und ist auf weitere Beschwerde aufzuheben[197]. Soweit *Arrestgerichte* als Vollstreckungsgerichte tätig geworden sind[198], entscheiden sie auch nach § 766[199]; zum *Konkursgericht* → Fn. 98. Wegen des Familiengerichts → § 764 Rdnr. 1. Falls Pfändungsbeschlüsse eines *Beschwerdegerichts* der Erinnerung unterliegen, so entscheiden sie auch darüber[200]. Über *Vorpfändungen* → § 845 Rdnr. 11, zu § 831 → dort Rdnr. 6, zu § 844 → dort Rdnr. 3 und wegen § 847 → dort Rdnr. 18. Nachweise zur Zuständigkeit für Vollstreckung außerhalb der ZPO → § 764 Rdnr. 2.

36 2. Die Erinnerung des Schuldners ist als Rechtsbehelf gegen Vollstreckungsakte grundsätzlich erst *nach* deren Vornahme **zulässig**, wobei bereits deren Existenz genügt, auch soweit ihre Rechtsfolgen erst später eintreten (Beispiele → z. B. § 751 Rdnr. 4 Fn. 16, § 829 Rdnr. 18); ausnahmsweise bereits gegen *bestimmte drohende* Vollstreckungsakte wie Räumungen[201], Maßnahmen nach § 885 Abs. 4[202], Abriß von Bauwerken[203], Haftvollzug[204], wenn eine nachträgliche Erinnerung erlittene Nachteile nicht voll ausgleichen würde oder wegen Beendigung der Vollstreckung (→ Rdnr. 37) unzulässig wäre[205]; → die ähnliche Lage bei § 771 Rdnr. 10. Auch der Gläubiger kann z. B. schon vor Beginn der Vollstreckung rügen, daß der Gerichtsvollzieher es abgelehnt habe, ihn bei der Pfändung hinzuzuziehen und/oder ihn vom

---

[187] *K. Schmidt* (Fn. 13) Rdnr. 28 a. E.
[188] → insbesondere § 771 Rdnr. 7.
[189] *LG Berlin* (Fn. 173): nur § 771.
[190] → § 739 Rdnr. 22, 27.
[191] → § 771 Rdnr. 20, 27; *KG* OLGRsp 5, 125; *Celle* Rpfleger 1965, 59. – A.M. gelegentlich *RG* SeuffArch 53 (1898), 476; auch *Goldschmidt* 418 Fn. 2188. – Wegen Verfahrensmängeln aber Rdnr. 33 Fn. 173 f.
[192] → § 772 Rdnr. 1, 10 f.
[193] → § 764 Rdnr. 2, 6.
[194] → Rdnr. 4. Sofortige Beschwerde wäre auch gegen ZV durch den Richter (§§ 5 ff., 20 Nr. 16 a. E. RpflG) mangels »Entscheidung« nicht gegeben *OLGe Celle* (Fn. 25); *Koblenz* Rpfleger 1973, 65.
[195] *KG* Rpfleger 1973, 32 (34); *OLGe Düsseldorf* NJW-RR 1993, 831; *Hamm*, *Köln* (Fn. 28); *Koblenz* Rpfleger 1973, 223.
[196] → § 10 Rdnr. 13.
[197] Dies eröffnet stets die weitere Beschwerde, obiter *OLG Saarbrücken* Rpfleger 1993, 146 f.
[198] → § 764 Rdnr. 2.
[199] Ganz h. M. trotz des mehrdeutigen Wortlauts des § 930 Abs. 1 S. 3 (→ 19. Aufl.); *BGHZ* 66, 394 f. = *NJW* 1976, 1453; *OLGe Frankfurt* Rpfleger 1980, 485 = *Büro* 1737; *Hamm* JMBlNRW 1960, 190; *Karlsruhe* WM 1958, 1289; *Köln* (Fn. 28); *München* (Fn. 37), → § 930 Rdnr. 6 mwN. – A.M. *OLG Bremen* JZ 1951, 310 (L). – Pfändungsaufhebung ist daher nicht nur nach § 766, sondern auch im Arrestverfahren möglich *BGH* aaO.
[200] → Rdnr. 9 Fn. 53 f.
[201] *KG* OLGRsp 37, 193, allg. M. In der Regel erst ab Ankündigung gemäß § 180 GVGA *OLG Köln* Büro 1989, 871.
[202] → § 885 Rdnr. 41.
[203] *OLG Köln* DGVZ 1992, 171.
[204] → § 906 Rdnr. 5; *OLG Köln* (Fn. 201).
[205] *Pagenstecher* Prozeßprobleme (1930) 59 ff. I.E. auch (obiter) *OLG Köln* (Fn. 201). → auch § 758 Rdnr. 20–22 zur ZV ohne Durchsuchungsanordnungen. Nicht gegen Androhung der Wohnungsöffnung, da der Schuldner dem GV mitteilen kann, wann er anwesend sein werde *KG* DGVZ 1994, 113 f.

Vollstreckungstermin zu benachrichtigen[206]. – Die Erinnerung nach § 86 Abs. 1 S. 2 BVFG setzt jedoch keine drohende Vollstreckung voraus, zumal sie regelwidrig neben der Vollstreckungsgegenklage zugelassen ist[207] und deren Aufgaben mit übernimmt; → § 767 Rdnr. 42.

Die Erinnerung nach § 766 ist **nicht befristet.** Aber das Gericht kann in die Vollstreckung 37 nicht mehr eingreifen, wenn sie zur Zeit seiner Entstehung bereits *beendet ist*[208], und bloße Feststellung früherer Rechtslagen ist nicht nach §§ 766, 793 zulässig[209]. Auch Beschwerden des Schuldners werden grundsätzlich unzulässig, wenn das Gericht auf die Vollstreckung nicht mehr einwirken könnte[210]. Zu Beschwerden des Gläubigers → aber Rdnr. 47f.

Soweit allerdings *Maßnahmen fortwirken*, bleiben beide Behelfe zulässig; so in der Kosten- 38 frage (→ Rdnr. 2), da § 91a zwar anwendbar ist[211], aber nur die Kostenverteilung regelt; ferner gegenüber Maßnahmen nach § 885 Abs. 4[212] oder wenn der Schuldner wegen § 807 oder § 66 GenossG die Bescheinigung erfolgloser Pfändung angreift[213], eine Leistung des Drittschuldners relativ unwirksam ist[214] solange ein Versteigerungserlös hinterlegt[215] oder aus anderen Gründen noch nicht an den Gläubiger gelangt ist; solange eine herauszugebende Sache noch nicht dem Gläubiger oder dessen Beauftragten übergeben ist[216]; aber **nicht mehr**, um eine Räumung[217], eine wirksame Leistung des Schuldners oder Drittschuldners[218] an den Gläubiger, eine Überweisung an Zahlungs Statt (str.)[219] oder eine Herausgabe der Ausfertigung an den Schuldner rückgängig zu machen[220].

3. Das Verfahren folgt nach § 764 Abs. 3 den Grundsätzen der **fakultativen mündlichen** 39 **Verhandlung,** → im einzelnen § 128 Rdnr. 39ff. Die Einlegung geschieht durch bestimmenden Schriftsatz[221] oder zu Protokoll der Geschäftsstelle[222]. Dem Gegner ist *rechtliches Gehör* zu gewähren, bevor eine ihn beschwerende Entscheidung ergeht[223], wobei jedes Risiko, das die Gefahr einer Unkenntnis vom Verfahren oder der Aufforderung zur Stellungnahme

---

[206] *LGe Hof, München* DGVZ 1991, 123, 124. → dazu § 758 Rdnr. 33–35.
[207] BGHZ 26, 110 = LM Nr. 2 (Johannsen) = NJW 1958, 343; *Zekorn* ZZP 74 (1961) 426. – A.M. *Wieczorek*[2] Anm. A IV: § 768.
[208] → Rdnr. 114ff. vor § 704, insbesondere Rdnr. 117–119 zu Pfändungen, Rdnr. 120 zu Herausgabe u. Räumung: *RG* JW 1896, 32; *OLGe Dresden* SeuffArch 46 (1891), 121; *Jena, Hamburg* OLGRsp 7, 310; 14, 163; *Düsseldorf* JR 1949, 349; *Frankfurt* JR 1954, 183; *LG Braunschweig* DGVZ 1975, 154; *AG/LG Berlin* DGVZ 1991, 141; *LG Köln* DGVZ 1994, 62 (II); in den Fällen → § 938 Rdnr. 21f.; nicht mehr zur Aufhebung der Sequestration *LG Koblenz* DGVZ 1974, 39.
[209] *OLGe Frankfurt* ZIP 1983, 499 = Rpfleger 166 (§ 113 Abs. 1 S. 4 VwGO unanwendbar); *Hamburg* (Fn. 208), *Rostock* OLGRsp 2, 352 (nach Versteigerung); *MünchKommZPO-K. Schmidt* Rdnr. 45 mwN. Im Fall *OLG Hamm* Rpfleger 1957, 354 hatte jedoch das LG festgestellt, daß eine aufgehobene Vorpfändung zulässig gewesen sei.
[210] *LG Berlin* DGVZ 1991, 141, → Rdnr. 15, § 575 Rdnr. 3; aber auch unten Rdnr. 47.
[211] → Rdnr. 41a.
[212] → § 885 Rdnr. 41; *KG* Rpfleger 1986, 439f.
[213] Ganz h.M. *LGe Hamburg, Düsseldorf* MDR 1964, 1012; DGVZ 1985, 152 = Büro 1733 (auch ein dadurch etwa beschwerter Dritter); aber nach Einleitung des Offenbarungsverfahrens nur § 900 Abs. 5 → § 900 Rdnr. 35 a.E. (str.).
[214] Jedoch könnte der Gläubiger sie nicht nach § 766 herausverlangen; → auch § 851 Rdnr. 51.
[215] → Rdnr. 117f. vor § 704; ferner *OLG Kiel* JW 1934, 177; vgl. §§ 720, 720a Abs. 2, 805 Abs. 4, 815 Abs. 1, 827 Abs. 2, 853, 858 Abs. 5, 872 (zur Zulässigkeit der Erinnerung bis zum Verteilungstermin → dort Rdnr. 9), → auch § 707 Rdnr. 7 Fn. 73. Zur Aufhebung von Sachpfändungen in solchen Fällen → § 803 Rdnr. 51.
[216] *K. Schmidt* (Fn. 209) Rdnr. 45.
[217] *LG Braunschweig* DGVZ 1975, 154; *Zöller/Stöber*[18] Rdnr. 13.
[218] *LG Aachen* Rpfleger 1962, 449; *AG Fürth/Odw.* DGVZ 1992, 79; *Baur/Stürner*[11] Rdnr. 123; *Rosenberg/Gaul*[10] § 37 VI 2b. – A.M. *AG Bielefeld* MDR 1959, 45; *Rosenberg*[9] § 183 II 3.
[219] → § 835 Rdnr. 43; zust. *Brox/Walker*[4] Rdnr. 664 mwN.
[220] *LG Düsseldorf* DGVZ 1974, 48; *AG Köln* DGVZ 1978, 30; *Gaul* (wie → Fn. 218), → § 724 Rdnr. 6.
[221] Mit Unterschrift → § 128 Rdnr. 39; *LG Berlin* MDR 1976, 407.
[222] § 496, auch beim LG, arg. § 569 Abs. 2 S. 1 *K. Schmidt* (Fn. 209) Rdnr. 37.
[223] *OLG Frankfurt* (Fn. 30); *Bruns/Peters*[3] § 14 III; auch im Falle → Rdnr. 2 Fn. 13, *Brox/Walker*[4] Rdnr. 1230; aber nicht, wenn der GV ohnehin zur ZV bereit war u. der Gläubiger nur die Art des Vorgehens, z.B. unnötige Verzögerung rügt; falls *K. Schmidt* (Fn. 209) Rdnr. 60 solche Fälle meint, ist ihm zuzustimmen. Bei eiligen Anordnungen nach Abs. 1 S. 2 kann es aber nachgeholt werden wie in → § 707 Rdnr. 5 Fn. 29. Wegen Erinnerungen gegen Rechtspfändungen → § 834 Rdnr. 1. Hatte der **Rpfl** fehlerhaft kein Gehör gewährt, z.B. nach § 850b Abs. 3, so sind Pfändungsbeschlüsse nicht allein deshalb aufzuheben, sondern das Gehör ist im Verfahren nach § 766 nachzuholen *LG Lübeck* Rpfleger 1993, 207.

erhöht, zu vermeiden ist[224]. Art. 103 Abs. 1 GG ist auch verletzt, wenn entschieden wird, bevor der Erinnerungsführer seine angekündigte Begründung liefern konnte[225]. Da Glaubhaftmachung nicht gesetzlich vorgesehen ist, gelten für streitige Behauptungen die §§ 138–144, 159ff., §§ 355ff., → § 128 Rdnr. 44, 49 und zur amtlichen Auskunft (z. B. des Gerichtsvollziehers) § 273 Abs. 2 Nr. 2, § 358a Nr. 2[226]. – Zur Abänderungsbefugnis des Rechtspflegers → Rdnr. 5. – Wegen des von § 766 abweichenden Verfahrens bei befristeter Erinnerung → § 793 Rdnr. 3.

40 4. Nach **Abs. 1 S. 2** kann das Gericht, ebenso ein Abhilfe erwägender Rechtspfleger[227], vor seiner Entscheidung die in → § 732 Rdnr. 13 erläuterten **einstweiligen Anordnungen** erlassen, die grundsätzlich unanfechtbar sind[228], jedoch gerade deshalb die Erinnerung nach § 11 Abs. 1 S. 2, Abs. 2 S. 3 RpflG gestatten, falls der Rechtspfleger sie erläßt[229]. Sie können, falls befristet, verlängert werden und wirken ohne Befristung bis zur abschließenden Entscheidung, im Falle → Rdnr. 43 bis zu dem Zeitpunkt, auf den die Vollziehung aufgeschoben wurde[230]. Ohne solche Anordnungen haben Erinnerungen keine aufschiebende Wirkung[231]. Über Kosten → Rdnr. 51. S. auch § 9 Abs. 1 BeitrO.

41 5. Der **Beschluß** kann aussprechen, daß die Maßnahme ganz oder teilweise unzulässig ist, § 775 Nr. 1, oder den Gerichtsvollzieher zu bestimmtem Verhalten anweisen[232], → zur Tenorierung Fn. 276. Ist das Gericht, wie bei der Rechtspfändung, zugleich Vollstreckungsorgan und schiebt es den Vollzug seiner Entscheidung nicht ausdrücklich auf (was bei Pfändungen die Regel sein sollte → Rdnr. 43), so stellt der Ausspruch der Unzulässigkeit der Maßregel, z. B. des Pfändungsbeschlusses, im Zweifel deren formelle Aufhebung dar[233], → auch Fn. 244. Für bewegliche Sachen ist jedoch ausschließlich der Gerichtsvollzieher Vollstreckungsorgan, so daß die Pfändungswirkungen samt Pfandrecht noch nicht durch den Ausspruch der Unzulässigkeit erlöschen[234]. Nur nach Hinterlegung des Erlöses kann das Vollstreckungsgericht auch Sachpfändungen aufheben → § 804 Rdnr. 51.

41a Über **Kosten** ist nach §§ 91ff., auch §§ 91a und 93[235], zu entscheiden, nach Rücknahme entsprechend § 515 Abs. 3[236], zumal dem obsiegenden Schuldner § 788 nicht zum Ersatz seiner Kosten verhelfen würde[237]. Dem zur Vollstreckung angewiesenen Gerichtsvollzieher oder Rechtspfleger dürfen sie im Erinnerungsverfahren nicht auferlegt werden[238]. Unter-

---

[224] *BVerfG* Rpfleger 1990, 155f. (bei mehreren Anwälten hat das Gericht sich an jenen zu wenden, der den Antrag gestellt hat).
[225] *LG Frankfurt a. M.* Rpfleger 1990, 285.
[226] *Bruns/Peters* (Fn. 223), jetzt ganz h. M. – Freibeweis ist im gleichen Umfang wie sonst (→ Rdnr. 21 vor § 355) ausgeschlossen; *Bruns/Peters* aaO gegen *Reiners* Beweisrecht in der ZV (Diss. München 1965) 64; zust. *Schilken* AcP 81 (1981), 368f. – Zu älterer Lit. u. Rsp → 19. Aufl. Fn. 93.
[227] *LG Frankenhal* Rpfleger 1984, 424; *Gaul* (Fn. 218) § 39 I 1; *Stöber* Forderungspfändung[10] Rdnr. 733; nach Entscheidung des AG aber nur gemäß § 572 Abs. 2, → dort Rdnr. 4.
[228] Näheres → § 732 Rdnr. 14.; wie dort Fn. 65 für § 766 Abs. 1 S. 2: *OLG Celle* MDR 1954, 426; *OLG Schleswig* SchlHA 1955, 224; *LG Mannheim* WM 1967, 191 = ZMR 1968, 56; *Schumacher* ZZP 72 (1959) 360ff.; *Stürner* (Fn. 218) Rdnr. 729; *K. Schmidt* (Fn. 209) Rdnr. 43; *Wieczorek*[2] Anm. B IV c 5 mwN.
[229] *LG Frankenthal* (Fn. 227).
[230] *K. Schmidt* (Fn. 209) Rdnr. 48 a. E.
[231] Anders beim Widerspruch gegen vollziehende Verwaltungsakte *VGH München* NJW 1993, 953.
[232] Nur für das *laufende* Verfahren, → § 753 Rdnr. 1,

(a. M. *Niederée* DGVZ 1981, 18f.); insoweit aber auch vorbeugend zur Vermeidung weiterer Verstöße (und wenn nötig Ermessen überprüfend); *Gaul* ZZP 87 (1974), 252ff. gegen *AG Ahrensburg* SchlHA 1965, 19u. *Dütz* GV (1973) 23ff. Dennoch verbleiben eigenverantwortliche Ermessensbereiche, die gerichtlicher Weisung grundsätzlich entzogen sind, z. B. bei Orts- und Terminwahl von Versteigerungen (vorbehaltlich § 816 Abs. 1u. erheblicher Verzögerung → Fn. 7); der Schätzung → § 813 Rdnr. 13.
[233] RGZ 84, 200; JW 1908, 559; *K. Schmidt* (Fn. 209) Rdnr. 47 mwN.
[234] → §§ 776 Rdnr. 2f.
[235] → § 91a Rdnr. 3; *K. Schmidt* (Fn. 209) Rdnr. 49 mwN. Über § 91a entscheidet der Richter *LG Frankenthal* Rpfleger 1984, 361. Gleiches wird für § 93 gelten müssen, auch wenn der Rpfl abhilft.
[236] *OLG Bamberg* Büro 1973, 348.
[237] *BGH* JZ 1989, 103 = WM 119 = Rpfleger 79f.; *KG* MDR 1960, 236, jetzt auch *Thomas/Putzo*[18] Rdnr. 30, ganz h. M.; *Brox/Walker*[4] Rdnr. 1240 mwN; *K. Schmidt* (Fn. 209) Rdnr. 49; einschränkend bei Forderungspfändung *Bork* → § 91 Rdnr. 9.
[238] *LG Mönchengladbach, OLG Braunschweig* DGVZ 1972, 91 (93) u. 170; *LG Wuppertal* DGVZ 1993, 59 (das

bleibt deshalb beim Obsiegen des Gläubigers eine Kostenentscheidung, weil der Schuldner sich am Erinnerungsverfahren nicht beteiligt hat[239], so trägt dieser die Kosten nach § 788[240]. Über Gebühren → Rdnr. 51. Der Beschluß (auch der verkündete, § 329 Abs. 3) ist nur dem Antragsteller zuzustellen, falls lediglich dessen Erinnerung zurückgewiesen wird[241] oder wenn seine Erinnerung ohne Anhörung des Schuldners zu einem Pfändungsbeschluß führt (dann auch keine formlose Mitteilung an den Schuldner, arg. § 834); in den übrigen Fällen nach § 329 Abs. 3 *allen* Parteien, denn nur die höhere Instanz entscheidet, wer beschwert ist[242]. § 577 Abs. 3 gilt aber schon dann, wenn der Beschluß den inneren Bereich des Gerichts verläßt und damit wirksam wird[243]. Wegen der Durchführung der ohne besonderen Ausspruch (→ aber Rdnr. 43) sofort vollziehbaren[244] Beschlüsse → §§ 775f.

Die Entscheidung ist zu begründen[245] und ergeht wie sonst[246] aufgrund des zuletzt festgestellten Sachverhalts[247]; ob dieser schon dem Gerichtsvollzieher oder Rechtspfleger aufgrund seiner begrenzten Erkenntnismöglichkeiten erkennbar war, spielt grundsätzlich keine Rolle. Erinnerungen des Schuldners werden daher unbegründet, sobald der gerügte Mangel geheilt ist, es sei denn, man hält ihn überhaupt für unheilbar[248]; → auch §§ 750 Rdnr. 11ff., 775 Fn. 33 und zur Wahrung schutzwürdiger Belange konkurrierender Gläubiger § 878 Rdnr. 14. Umgekehrt wird sie begründet, auch wenn der gerügte Mangel, etwa Unpfändbarkeit (str.)[249], behauptete Einstellung oder Betroffenheit von der Vollstreckung[250], erst während des Erinnerungsverfahrens eintritt. Kostennachteile können durch §§ 91a, 93 (→ Rdnr. 41a) vermieden werden. Zweifelhaft ist, ob entsprechend § 28 ZVG dem Gläubiger eine Heilung ermöglicht werden kann unter vorläufiger Einstellung mit Fristsetzung[251]. 42

Obwohl nicht ausdrücklich geregelt (s. aber §§ 765a Abs. 4, 572 Abs. 2, 3), ist es jedoch zulässig und vor allem bei drohendem Rangverlust dringend geboten, bei der Aufhebung oder Unzulässigerklärung von Vollstreckungsmaßnahmen die **Vollziehung** der Entscheidung bis zur Rechtskraft (Ablauf der Beschwerdefrist oder Bestätigung durch höhere Instanz) oder auch für eine kürzere Frist (etwa bei Verschleppungsgefahr) **hinauszuschieben**[252], da mit einer alsbaldigen Aufhebung der Beschwerdezug rechtlich (→ Rdnr. 37) oder doch praktisch wegen verschlechterter Rangchancen vielfach illusorisch wäre[253]. Anordnungen nach § 572 43

Anfechtung wegen greifbarer Gesetzwidrigkeit zuließ). Zu § 793 → aber dort Rdnr. 4a a. E.
[239] → Rdnr. 2 Fn. 13.
[240] *LG Lüneburg* DGVZ 1993, 173f.; *AG Bensberg* DGVZ 1972, 96; *Fäustle* MDR 1970, 115f.; *K. Schmidt* (Fn. 209) Rdnr. 61. – auch § 793 Rdnr. 7 zur Beschwerde.
[241] *RG* JW 1899, 340f., → § 329 Rdnr. 61; *Brox/Walker*[4] Rdnr. 1290.
[242] → auch Allg. Einl. vor § 511 Rdnr. 76; § 567 Rdnr. 31f.
[243] → § 329 Rdnr. 43.
[244] → Rdnr. 49a vor § 704; § 794 Rdnr. 79. Aufhebungen wirken daher unabhängig von der Rechtskraft *BGH* (Fn. 199), u. unabhängig von einer Zustellung an den (durch § 836 Abs. 2 genügend geschützten) Drittschuldner, *OLG Saarbrücken* OLGZ 1971, 426f.
[245] *LG Hannover* Büro 1986, 300; *K. Schmidt* (Fn. 209) Rdnr. 47 (auch im Tenor genügend).
[246] → auch § 732 Rdnr. 9a.
[247] Jetzt ganz h. M. *Stürner* (Fn. 218) Rdnr. 726; *Brox/Walker*[4] Rdnr. 1233; *Gaul* (Fn. 218) § 37 VII 2; *K. Schmidt* (Fn. 209) Rdnr. 46; *Schuschke* Rdnr. 27; *Stöber* (Fn. 217) Rdnr. 27; *Thomas/Putzo*[18] Rdnr. 23.
[248] → Rdnr. 136ff. vor § 704; *OLGe Hamm* OLGZ 1974, 314 = NJW 1516, *Hamburg* MDR 1974, 321f. u. *Düsseldorf* NJW 1978, 2603 mit *OLGen Karlsruhe, Stuttgart, Zweibrücken* (unveröffentlicht); *OLG Saarbrücken* Rpfleger 1991, 513; *Säcker* NJW 1966, 2347; *K. Schmidt* (Fn. 209) Rdnr. 46. – Differenzierend *Bruns/Peters*[3] § 14 VI (aber Heilung sollte vor u. nach Einlegung der Erinnerung nichts Verschiedenes sein u. Vorschriften wie §§ 750, 798, 798a bezwecken nicht, Schuldnervermögen titelgerechter ZV zu entziehen).
[249] Näheres, auch zu Ausnahmen, → § 811 Rdnr. 17.
[250] *OLG Köln* (Fn. 203).
[251] So *K. Schmidt* (Fn. 209) Rdnr. 47 a. E. Da aber die Heilung des in der Vorinstanz gerügten (vgl. *OLG Frankfurt* OLGZ 1981, 239f.) Mangels auch noch bis zur Entscheidung des Beschwerdegerichts berücksichtigt werden kann → Fn. 247f., dürfte das (Fristsetzung u. damit Verzögerung zulasten des Schuldners vermeidende) Verfahren → Rdnr. 43 ausreichen zur Wahrung schutzwürdiger Belange des Gläubigers.
[252] Allg. M. *OLG Hamm* JMBlNRW 1955, 175 = DGVZ 134[23]; *KG* MDR 1966, 515; *OLGe Köln* NJW-RR 1986, 1126 = Rpfleger 441; *Saarbrücken* (Fn. 248); obiter *BGH* (Fn. 199), der § 572 Abs. 2 heranzieht (wohl analog, denn dieser setzt Beschwerdeeinlegung voraus).
[253] Rdnr. 48; auch § 765a Rdnr. 13.

§ 766 III   Erster Abschnitt: Allgemeine Vorschriften

Abs. 3 gehen jedoch stets vor. Zur Heilung eines Mangels während solchen Aufschubs → Rdnr. 42.

44   Rückwirkung kommt der Entscheidung für *Vollstreckungsakte* nicht zu → Rdnr. 143 vor § 704[254]; sie kann auch nicht ausdrücklich augeordnet werden[255].

45   6. Der Beschluß über die Erinnerung unterliegt nach § 793 der **sofortigen Beschwerde** und darf wegen § 577 Abs. 3 nicht nachträglich abgeändert werden, Zur Wiederholung → aber § 577 Rdnr. 8. Im übrigen → § 793 Rdnr. 4 (zum Beschwerderecht, auch des Gerichtsvollziehers), Rdnr. 5 f. (Verfahren, weitere Beschwerde).

46   War der Gerichtsvollzieher zur Vollstreckung angewiesen[256], so *kann* der Schuldner die Ausführung abwarten und dagegen Erinnerung einlegen, zumal wenn er von der Erinnerung des Gläubigers nichts wußte[257]. Er *muß* aber nicht bis dahin warten, sondern darf schon gegen die gerichtliche Anweisung Beschwerde einlegen[258]. Für den Bereich des § 575 → jedoch Rdnr. 9 a. E.

47   Fällt der Ausspruch der Unzulässigkeit einer Maßregel mit deren Aufhebung zusammen (→ Fn. 233) oder führt der Gerichtsvollzieher ihn nach § 776 durch Entstrickung der Sache aus, so ist die Vollstreckung zunächst beendet[259]. Das schließt jedoch die *Beschwerde* (mit dem Ziel neuer Vollstreckung → Rdnr. 48) nicht aus: Wenn das Beschwerdegericht in der Lage ist, Pfändungsbeschlüsse erstmalig zu erlassen oder den Gerichtsvollzieher bzw. nach § 575 das Vollstreckungsgericht zur Pfändung anzuweisen, falls der Amtsrichter nach § 766 die Ablehnung des Gerichtsvollziehers bestätigt oder nach § 11 Abs. 2 S. 4 RpflG die Ablehnung des Rechtspflegers gebilligt hatte, so darf es auch selbst ein Recht pfänden, wenn der Ablehnung durch den Amtsrichter schon eine Pfändung vorausgegangen war[260].

48   Eine der Beschwerde des Gläubigers stattgebende Entscheidung kann aber dann – schon im Hinblick auf etwa inzwischen begründete Rechte Dritter – die aufgehobene Pfändung nicht rückwirkend wiederherstellen (zur Vermeidung solcher Folgen → Rdnr. 43), sondern sie kann die Pfändung nur mit Wirkung ex nunc auf Antrag erneuern[261], bei Rechtspfändungen entweder durch eigenen Ausspruch[262] oder Anweisung des Amtsgerichts[263], bei Sachpfändungen[264] durch Anweisung des Gerichtsvollziehers → Rdnr. 41; aber nicht nach Aufhebung einer Vorpfändung, da der Gläubiger sie selbst wiederholen kann[265]. Wegen der Wahrung der Arrestvollziehungsfrist durch die erste Pfändung → § 929 Rdnr. 11, 13. Unbegründet[266] ist die Beschwerde, wenn die Pfändung nicht erneuert werden kann, z. B. wegen § 929 Abs. 2 oder weil inzwischen über den Gegenstand wirksam verfügt wurde.

---

[254] Vgl. auch *BGHZ* 30, 173 = NJW 1959, 1873 f.
[255] Über eine nur scheinbare Ausnahme → § 850 d Rdnr. 47. → auch § 803 Rdnr. 14.
[256] → Fn. 232.
[257] *OLG Hamm* (Fn. 20). Verspätete Beschwerde wäre hier in Erinnerung umzudeuten, → auch Rdnr. 6 a. E.
[258] Zust. *K. Schmidt* (Fn. 209) Rdnr. 62; vgl. auch *KG* ZIP 1983, 497 (jedenfalls, wenn in der Entscheidung zugleich eine Durchsuchungsanordnung zu sehen ist); a. M. im Grundsatz (allerdings mit Einschränkungen) *KG* JW 1938, 1337.
[259] → Rdnr. 116 vor § 704.
[260] *OLGe Nürnberg, Koblenz* Rpfleger 1961, 52; 1972, 221; *OLG Frankfurt* Büro 1973, 160; *OLG Köln* NJW-RR 1987, 380, seit langem allg. M., → 19. Aufl. Fn. 109 mwN auch zur früheren Gegenansicht. Zur Sachpfändung → Fn. 264. Gegenstandslos werden solche Beschwerden aber, sobald das untere Gericht gemäß erneutem Antrag pfändet *OLG Frankfurt* JW 1928, 740.
[261] *BGH* (Fn. 199); *OLG Saarbrücken* Rpfleger 1993, 80, allg. M. Legt das Beschwerdegericht den Antrag nicht ohnehin so aus, so muß es den Gläubiger nach §§ 139, 278 Abs. 3 darauf hinweisen *E. Schneider* MDR 1984, 372.
[262] Auch das OLG, *OLG Hamm* Rpfleger 1979, 114 (s. Tatbestand); *K. Schmidt* (Fn. 209) Rdnr. 54 mit 51, jetzt wohl unstr.
[263] *KG* JW 1925, 1890; *K. Schmidt* (Fn. 209) Rdnr. 51 mwN. Erneutes Pfändungsgesuch des Gläubigers ist dafür unnötig *OLG Celle* OLGRsp 35, 126.
[264] Auch dabei ist die Beschwerde trotz vollzogener Entstrickung sinnvoll, denn sonst könnten GV und AG (§ 766) eine erneute Pfändung ablehnen u. damit doch Beschwerden provozieren, *OLG Karlsruhe* JW 1935, 3319; *KG* MDR 1966, 515; *LG Düsseldorf* DGVZ 1963, 12 (dem im übrigen nicht zuzustimmen ist, → § 776 Rdnr. 2 Fn. 12 ff.).
[265] *OLG Frankfurt* MDR 1989, 464.
[266] Anders die 18. Aufl. u. *KG* JW 1936, 131 nach Einstellung gemäß § 769. Aber Unzulässigkeit der Pfändung (weshalb auch immer) ist eine Frage der Begründetheit; wie hier *Wieczorek*² Anm. E I b.

Das → Rdnr. 47f. Ausgeführte gilt auch im Verhältnis zwischen Beschwerdegericht und OLG[267]. Der Schuldner kann aber, falls er bisher nicht gehört war, die Beschwerdeentscheidung nicht schon *vor* ihrem Vollzug mit weiterer Beschwerde angreifen[268]; er wartet den Vollzug ab und legt dann Erinnerung ein, mit der er auch Neues vorbringen kann. **49**

7. Die Entscheidung über die Erinnerung kann auch **materiell rechtskräftig** werden[269], allerdings nur für den entschiedenen, durch die erhobene Rüge[270] konkretisierten Verfahrensgegenstand[271] mit Wirkung für und gegen den Erinnerungsführer und den als Partei gehörten Gegner[272] oder deren Rechtsnachfolger usw. entsprechend §§ 325 ff., nicht für oder gegen den Gerichtsvollzieher[273] oder Rechtspfleger. Neue Tatsachen ermöglichen wie sonst neue Entscheidungen[274], ganz gleich ob sie schon früher vorgebrachte oder neue Rügen betreffen. Für einen Ausschluß »alter« Tatsachen, die aber *noch nicht vorgebrachte Rügen* betreffen (entsprechend § 767 Abs. 2, 3) ist jedoch hier kein Raum[275]. Denn § 766 erlaubt nach Wortlaut und Sinn einzelne Einwendungen und zwingt daher nicht zur umfassenden Entscheidung über sämtliche Tatsachen, die einen Vollstreckungsakt zulässig oder unzulässig erscheinen lassen[276]; »alte« Tatsachen sind daher nur insoweit durch die Rechtskraft ausgeschlossen, als sie schon früher vorgebrachte Rügen betreffen[277]. Gerade hier muß der sachliche und zeitliche Bereich der Rechtskraft besonders eng beschränkt werden auf die vom **50**

---

[267] *OLGe Karlsruhe* (Fn. 264); *Koblenz* (Fn. 260); *Hamm* (Fn. 262).
[268] *OLGe Düsseldorf* MDR 1956, 492; *Hamm* Rpfleger 57, 25. Anders für weitere Beschwerde des Drittschuldners *KG* Büro 1986, 944.
[269] Ganz h.M. Vgl. schon RGZ 108, 262 (zur Erinnerung gemäß § 495 StPO aF gegen Einziehung nach § 295 StGB); *KG* JW 1930, 3862 (zu § 865); *OLGe Kassel* HRR 1936[629]; *Schleswig* Rpfleger 1952, 138 (zu § 811); *München* NJW 1956, 187; *Stuttgart* Justiz 1983, 301; *LGe Altona* JW 1934, 2502 (zu § 811); *Stuttgart* ZZP 69 (1956) 452; *Bochum* DGVZ 1964, 10; *Gaul* (Fn. 218) § 37 IX 2 mwN; *Grunsky* AP Nr. 3 zu § 829; *K. Schmidt* (Fn. 209) Rdnr. 55. Ausführlich für zurückgewiesene Erinnerungen des Schuldners *J. Blomeyer* (Fn. 156) 112–148; dazu *Münzberg* ZZP 80 (1967) 496f. u. krit. *Bruns* AcP 168 (1968), 399f. – A.M. *OLG Kassel* u. *KG* OLGRsp 18, 412; 22, 362; *Bruns* aaO (s. aber seinen Vorschlag über »abgeschwächte Rechtskraftwirkung«); *Peters* ZZP 90 (1977) 145ff. will gegen mißbilligte Wiederholungen mit fehlendem RechtsschutzB u. Verzögerungssanktionen helfen → Fn. 277 a.E.
[270] Gemeint sind selbständige rechtliche Gesichtspunkte, auf die Erinnerungen gestützt werden. Davon zu unterscheiden sind Tatsachenbehauptungen, die bereits **vorgebrachte** Rügen betreffen u. daher präkludiert werden, falls die Tatsachen im Entscheidungszeitpunkt schon eingetreten waren, deswegen zutreffend *Peters* JZ 1991, 1026. Anders wohl *K. Schmidt* (Fn. 209) Rdnr. 55 wie *Stöber* (Fn. 217) Rdnr. 38: Nur »eingeführte« Tatsachen seien präkludiert, unter Hinweis auf die 20. Aufl., ohne zu berücksichtigen, daß die dort Fn. 146 zu weit geratene Formulierung schon im gleichen Sinne wie hier eingeschränkt worden war zu Fn. 148. → auch § 903 Rdnr. 7 a.E.
[271] *Gaul* (Fn. 218); *Brox/Walker*[4] Rdnr. 1248 je mwN. Ähnlich zur Offenbarungsergänzung *LG Kassel* Rpfleger 1991, 118.
[272] Rechtskraft bindet nur Parteien u. nur insoweit auch das VollstrGer; berechtigte Erinnerungen Dritter oder eines nicht Gehörten, mag man ihn als Gegner (Partei) ansehen oder nicht, können daher trotz Rechtskraft zur nachträglichen Abänderung führen, mag dies auch einer von der Rechtskraft betroffenen Partei mittelbar zugute kommen, zust. *Brox/Walker*[4] Rdnr. 1249. – A.M. (Rechtskraft gegenüber Dritte bei erfolgloser Erinnerung des Schuldners) *J. Blomeyer* (Fn. 156) 149ff. u. dagegen *Münzberg* (Fn. 269); gegenüber Drittschuldnern wohl auch *Pohle* JW 1936, 1395. Differenzierend *K. Schmidt* (Fn. 209) Rdnr. 55: Bindung gegenüber Dritten, die ihre Erinnerungsbefugnis aus der Position des Schuldners ableiten oder (auch ohne Partei zu werden) gehört waren.
[273] *OLG Düsseldorf* NJW-RR 1993, 1280.
[274] *OLGe Braunschweig* NdsRpfl 1955, 24; *Kassel* (Fn. 269); *LG Stuttgart* ZZP 69 (1956) 454, allg.M.
[275] *J. Blomeyer* (Fn. 156) 145f.; *Gaul* (Fn. 218) – A.M. *LG Stuttgart* (Fn. 274); *Falkmann/Hubernagel*[3] Anm. 10; zuletzt auch *LG Berlin* JW 1935, 149[5]; zu § 765a *OLG Köln* NJW 1993, 2248f.
[276] *Brox/Walker*[4] Rdnr. 1248. Das sollte schon durch vorsichtige Tenorierung zum Ausdruck kommen, vgl. z.B. *LGe Lübeck, Bonn* DGVZ 1969, 93; 1989, 12f.: Anweisung an den GV, »von seinen bisherigen (oder im Bschluß bezeichneten) Bedenken ... abzusehen« (statt »die ZV durchzuführen«), zust. z.B. *Brox/Walker*[4] Rdnr. 1239, jetzt wohl h.M.
[277] → Fn. 270. Würden **alle** eingeführten Tatsachen, die aber noch nicht bewiesen werden konnten, präkludiert, *K. Schmidt* (Fn. 209) Rdnr. 55 a.E., so wäre dies problematisch, falls Parteien u. Gericht im ersten Verfahren nur bestimmte Mängel im Auge hatten u. nunmehr ein bisher von allen übersehener, neuer Mangel gerügt wird, für den u.a. auch die früher behauptete Tatsache erheblich ist. Auch *OLG Frankfurt* OLGZ 1982, 239 verwies den Schuldner auf eine selbständige Erinnerung, da er seine Rüge nicht im (vom Gläubiger eingeleiteten) Erinnerungsverfahren, sondern erst gemäß § 568 vorbrachte, was nicht zum Gegenstand des Erinnerungsverfahrens gehöre. – Der zuweilen befürwortete Ausschluß wegen leicht fahrlässiger Versäumung hat keine gesetzliche Grundlage, *Peters* (Fn. 269). Aber auch die Anwendung des § 296 Abs. 2 (so *Peters* aaO für §§ 279, 283 Abs. 2 a.F.) ist schon deshalb zweifelhaft, weil § 282 nur innerhalb eines Verfahrens bis zur Endentscheidung gilt.

Gericht beschiedenen Mängelrügen, die – trotz der im Wortlaut scheinbar weiterreichenden Anträge, die Vollstreckungsmaßnahme anzuordnen oder für unzulässig zu erklären – fast immer den eigentlichen Entscheidungsgegenstand bilden[278]. → auch Rdnr. 52 a. E.

51   8. Zur **Kostenentscheidung** → Rdnr. 41 a; **Gebühren** entfallen für das *Gericht*, für *Anwälte* gilt nur § 57 (s. § 58 Abs. 1, 3) BRAGO[279]. Anträge nach Abs. 1 S. 2 gehören zum Hauptverfahren, falls über sie nicht getrennt mündlich verhandelt wurde[280]. Zum Streitwert s. § 57 Abs. 2 S. 6 BRAGO[281]. Über Prozeßkostenhilfe s. § 20 Nr. 5 a. E. RpflG[282].

IV. Verhältnis zu anderen Rechtsbehelfen

52   1. Die **Dienstaufsicht über Gerichtsvollzieher** (→ § 753 Rdnr. 1) steht neben § 766[283]. Sie beschränkt sich aber auf allgemeine Überwachung des Geschäftsgangs[284], zu der auch Aufforderungen gehören können, bestehende Vorschriften, besonders die GVGA, künftig zu beachten[285]; aber im Geltungsbereich des § 766, d. h. *im einzelnen Vollstreckungsbetrieb* darf sie weder zu Anweisungen sachlicher Art noch zu sonstigen Eingriffen in seine Tätigkeit führen[286]. Jedoch können »Dienstaufsichtsbeschwerden« als Erinnerung ausgelegt werden[287]. Ob der Gerichtsvollzieher rechtmäßig vorgegangen war, ist in späteren Prozessen auch dann zu prüfen, wenn darüber nicht nach § 766 entschieden worden war[288].

53   2. Unter § 766 fallende Angelegenheiten können die **Parteien** grundsätzlich (über Ausnahmen → Rdnr. 54) **nur nach § 766** geltend machen, also weder nach § 793[289], § 23 EGGVG[290] noch durch Klage[291]; insbesondere kann Unpfändbarkeit nicht mit § 767 gerügt werden[292]. Umgekehrt können unter § 767 fallende Einwendungen nicht nach § 766 geltend gemacht werden[293], auch wenn die Befriedigung des Gläubigers unstreitig ist[294] oder der Schuldner mit einer rechtskräftig festgestellten Forderung aufrechnet[295]; zur Ausnahme § 86 BVFG → Rdnr. 36. Über das Verhältnis des § 766 zu § 732 → Rdnr. 13.

54   Nur unter besonderen Umständen findet eine *Konkurrenz* (nie aber eine Verbindung) von

---

[278] *J. Blomeyer* (Fn. 156) 145 f. Vgl. auch *RGZ* 110, 118 (Umrechnung nach § 244 Abs. 2 BGB wirkt nur für konkreten ZV-Antrag); *KG* JW 1930, 3862 (Zulässigkeit der ZV nach § 865 als Erinnerungsgegenstand); *LG Kleve* DGVZ 1977, 174 (zu § 758); insoweit auch *Bruns* (Fn. 269). → auch § 771 Rdnr. 69 (Drittrechte als Vorfragen im Erinnerungsverfahren).

[279] Erhebt außer dem Schuldner auch ein Dritter Erinnerung, so sind dies zwei selbständige Verfahren, weshalb *LG Düsseldorf* Büro 1993, 217 dem Gläubiger zusätzliche 3/10 Gebühr gewährt. Zum Gegenstandswert s. § 57 Abs. 2 S. 6 nF BRAGO (in Kraft seit 1. VII. 1994).

[280] *OLG München* Büro 1991, 78 f. = MDR 66.

[281] *LG Koblenz* Büro 1991, 110 (u. U. teilweiser Ansatz je nach Antragsziel).

[282] → dazu § 117 Rdnr. 4 f., § 119 Rdnr. 15.

[283] *K. Schmidt* (Fn. 209) Rdnr. 8 mwN. Bei Erinnerungen wegen Untätigkeit muß das AG die Gründe des GV prüfen, ehe es die Parteien auf den Dienstaufsichtsweg verweist *LG Berlin* DGVZ 1972, 71.

[284] → § 753 Rdnr. 1 a. E.

[285] S. §§ 99 Nr. 2, 101 GVO; *Gaul* ZZP 87 (1974) 263 ff.; *Jordan* (Fn. 7; Pendant zur Amtshaftung).

[286] → § 753 Rdnr. 1 Fn. 6. *Stolte* DGVZ 1987, 97 ff. bringt dies auf die griffige Formel, die ZV sei inhaltlich nach § 766, bezüglich des GV-Verhaltens mit Dienstaufsichtsbeschwerde zu rügen, zust. *K. Schmidt* (Fn. 209) Rdnr. 8. – Weitergehend aber *Jordan* (Fn. 7).

[287] *LG Heidelberg* DGVZ 1982, 119.

[288] *RG* JW 1899, 394 f. → auch Rdnr. 50 zur Rechtskraft.

[289] → Rdnr. 3 ff.

[290] Zu dessen Bereich → § 753 Rdnr. 1 Fn. 5.

[291] Z.B. auf Feststellung der Unwirksamkeit einer Pfändung *BGHZ* 69, 147 f. = Rpfleger 1977, 208; *BGH* (Fn. 169).

[292] Allg. M. (früher str. → 19. Aufl. Fn. 119). – Trotzdem erlassene Urteile binden *OLG Jena* OLGRsp 25, 157 f.

[293] → Rdnr. 21 a. E. vor § 704; *OLG Düsseldorf* Rpfleger 1977, 416; *OLG Hamburg* MDR 1952, 368; *LGe Berlin, Freiburg* DGVZ 1959, 45; 1989, 155 f.; *AGe Dortmund, Heidelberg* DGVZ 1987, 92; 1989, 46. – A.M. *LG Traunstein* u. dagegen *Hofstetter* NJW 1963, 55. – Vgl. auch *Koch* JR 1966, 416 f.

[294] Anders bei Klauselerteilung → § 797 Rdnr. 11. – A.M. *OLG Köln* OLGZ 1988, 216 mwN; *Münch* Vollstreckbare Urkunde usw. (1989), 249.

[295] A.M. *AG Nienburg* NdsRpfl 1964, 204 (205). Aber nach §§ 767, 802 hat das Prozeßgericht über Gegenforderung, Wirksamkeit u. Zulässigkeit der Aufrechnung (§ 767 Abs. 2) *ausschließlich* zu entscheiden.

Erinnerung und Klage statt[296]: wenn eine *Auslegung des Titels* durch Vollstreckungsorgane oder -gerichte versagt[297], da die Zuwiderhandlung gegen den Titelinhalt einschließlich Personenverwechslungen unter § 766 fällt → Rdnr. 14 f., während die Klarstellung eines nicht genügend bestimmten Inhalts durch Klage erfolgen muß[298], und die Frage, ob dies oder jenes vorliegt, nicht von vornherein entschieden werden kann[299]; ferner wenn darüber gestritten wird, ob ein Titel nichtig[300] oder noch vollstreckbar ist[301]; über weitere Fälle → Rdnr. 24–26 (Vollstreckungsvereinbarungen), Fn. 207 (§ 86 BVFG), Rdnr. 154 vor § 704 (Wertsicherungsklauseln), Rdnr. 162 vor § 704 (Umrechnung nach § 244 Abs. 2 BGB)[302], § 771 Rdnr. 36 (Übergriff in nicht haftende Vermögensmassen, → auch oben Rdnr. 19). Zu einem umstrittenen Bereich → § 756 Rdnr. 11 a.

3. Auch für **Dritte** (→ Rdnr. 30–34) sind im Regelfall Klagen auf Unzulässigkeit der Pfändung oder wegen Besitzstörung ausgeschlossen, soweit ihnen § 766 offensteht[303]; → auch § 885 Rdnr. 41. Liegen aber die Voraussetzungen des § 766 *und* der §§ 771 oder 805 usw. vor, z. B. beim Besitzer eine Sache, die entgegen § 809 gepfändet wurde, so stehen beide Wege zur Verfügung[304]; → auch § 771 Rdnr. 30, 69. Über ähnliche Fälle → Rdnr. 25 sowie §§ 772–774, 778 mit Bem. Gleiches gilt nach weitverbreiteter Praxis für Hypothekengläubiger, welche die Unzulänglichkeit der Pfändung von Zubehör geltend machen wollen[305]. Über Einwendungen des Drittschuldners → § 829 Rdnr. 106 ff., 850 a Rdnr. 4 a. E. Liegen die Voraussetzungen des § 766 vor, so darf der Dritte nicht auf den Prozeßweg verwiesen werden[306]. → aber auch § 829 Rdnr. 38. 55

4. **Bereicherungsansprüche** nach beendeter Vollstreckung sind unabhängig vom Verfahren nach § 766[307]. Sie werden aber für den Schuldner nicht schon durch Verfahrensmängel begründet, sondern setzen das Nichtbestehen des vollstreckten Anspruchs[308] oder sonstiger Empfangsberechtigung des Gläubigers voraus, → Rdnr. 23, 141 vor § 704, § 750 Rdnr. 17 Fn. 61, § 811 Rdnr. 22 Fn. 114, § 850 Rdnr. 19[309]. 56

§ 767 [Vollstreckungsabwehrklage]

(1) Einwendungen, die den durch das Urteil festgestellten Anspruch selbst betreffen, sind von dem Schuldner im Wege der Klage bei dem Prozeßgericht des ersten Rechtszuges geltend zu machen.

(2) Sie sind nur insoweit zulässig, als die Gründe, auf denen sie beruhen, erst nach dem

---

[296] *Gaul* (Fn. 218) § 37 XI; a. M. *Bettermann* Rechtshängigkeit (1949) 100.
[297] → Rdnr. 26 ff. vor § 704.
[298] → Rdnr. 31 vor § 704, § 750 Rdnr. 23.
[299] KG KGBl 1900, 59 f.; LG Bonn NJW 1963, 56; vgl. auch *Goertz* ZZP 44 (1914) 114 ff. → auch § 890 Rdnr. 10 zur unterschiedlichen Reichweite solcher Entscheidungen. – A.M. OLG Celle OLGRsp 29, 191 f.
[300] LG Köln Büro 1986, 466.
[301] *Pohle* JZ 1954, 343 f.: § 766 gegenüber konkreter ZV-Maßnahme (vgl. auch OLG *Düsseldorf* FamRZ 1978, 913 zu § 627 aF); § 256 gegen ZV überhaupt, ebenso LAG Köln NZA 1988, 39 nach Erlöschen zeitlich begrenzter Vollstreckbarkeit (Weiterbeschäftigung bis zur Rechtskraft).
[302] Vgl. auch RG (Fn. 278): statt nochmaliger Kursfestsetzung im ZV-Verfahren für Restforderung neue Leistungsklage, um drohender Klage nach § 767 zuvorzukommen.

[303] RGZ 34, 377 (381); BGH (Fn. 169); *Stein* Voraussetzungen des Rechtsschutzes (1903) 64 f., 132.
[304] Seit RGZ 9, 427 f. ganz h. M.; s. auch *RG* (Fn. 303); freilich muß der vorgeschriebene *Weg* eingehalten werden, z. B. sind Einwendungen des Eigentümers gegen Beschlüsse nach § 65 Abs. 1 ZVG nur nach § 771 (nicht § 766) geltend zu machen, LG Berlin Rpfleger 1978, 268. Wegen §§ 771 u. 809 → aber § 771 Rdnr. 30, wegen § 1365 BGB → § 739 Rdnr. 29.
[305] → dazu § 865 Rdnr. 36 f.
[306] *Wieczorek*² Anm. B IV b 6; ebenso für § 793 OLG *Frankfurt* → § 793 Fn. 32. – A.M. *RG* JW 1895, 145.
[307] RGZ 56, 71 f.; OLG Rostock SeuffArch 70 (1915), 299[164]; *Gaul* (Fn. 218) § 37 XI 6 c.
[308] *Bruns/Peters*³ § 20 III 2 e a. E.
[309] So schon *Stein* Grundfragen der ZV (1913) 92 f. mwN.

Schluß der mündlichen Verhandlung, in der Einwendungen nach den Vorschriften dieses Gesetzes spätestens hätten geltend gemacht werden müssen, entstanden sind und durch Einspruch nicht mehr geltend gemacht werden können.

(3) Der Schuldner muß in der von ihm zu erhebenden Klage alle Einwendungen geltend machen, die er zur Zeit der Erhebung der Klage geltend zu machen imstande war.

I. Allgemeines, Vollstreckbarkeit und Anspruch	1
1. Bedeutung und Gegenstand der Klage	2
2. Ziel der Klage und Arten der ihr unterworfenen Titel (→ auch VII)	7
3. Parteien	9
4. Abgrenzung gegenüber anderen Behelfen (→ auch II 1 a, 3)	11
5. Entsprechende Anwendung bei Normenkontrolle und Verfassungsbeschwerde	15
II. Die zulässigen Einwendungen	16
1. Arten der Einwendungen	16
a) Erlöschen des Anspruchs; wiederkehrende Leistungen	17
	18
b) Inhaltliche Veränderung bzw. Ersetzung des Anspruchs	20
c) Entkräftung des Anspruchs	21
d) Verlust der Sachbefugnis	22
e) Beschränkung der Haftung	23
Ausgeschlossene Einwendungen	24
2. Entstehungszeit der Einwendungen (Abs. 2)	25
a) Maßgeblicher Zeitpunkt im Verfahren	26
b) Abgrenzung des Abs. 2 zu Abs. 3 (→ auch V)	29
c) Entstehung der Einwendungen, insbesondere bei Gestaltungsrechten	30
3. Abgrenzung zu Einspruch und Berufung	40
III. Beginn und Ende der Klagemöglichkeit	42
IV. Verfahren, Zuständigkeit, Urteilswirkungen	
1. Klagegrund, Beweislast, Antrag und Verbindung mit anderen Anträgen	44
2. Zuständigkeit	46
3. Vollmacht und Klagezustellung	49
4. Verfahren, Rechtsmittel	50
5. Inhalt und Wirkung des stattgebenden Urteils (zum abweisenden → Rdnr. 55)	51
V. Abs. 3, Streitgegenstand, Wirkung abweisender Urteile	52
1. Häufung der Einwendungen (Abs. 3)	52
2. Klagänderung, Rechtshängigkeit	53
3. Rechtskraft abweisender Urteile (→ auch VI)	55
VI. Bereicherung und Schadensersatz	56
VII. Andere Titel; Sonderregelungen	58
VIII. Streitwert und Kosten	60
IX. Arbeitsgerichtliches Verfahren	62

I. Allgemeines, Vollstreckbarkeit und Anspruch[1]

1 Die Vollstreckung beruht lediglich auf dem Titel[2]; Veränderungen des materiellen Anspruchs zugunsten des Schuldners lassen sonach die Vollstreckbarkeit des Titels und die Rechtmäßigkeit der *staatlichen*

---

[1] Lit: *Becker-Eberhard* ZZP 104 (1991), 413; *A. Blomeyer* AcP 165 (1965) 481; *Brehm* ZIP 1983, 1420; *Bürck* ZZP 85 (1972), 391; *Furtner* Vorläufige Vollstreckbarkeit etc., DRiZ 1955, 190; *Gaul* JuS 1962, 1; 1971, 347; AcP 173 (1973), 323; *Gegenwart* Das Verhältnis der Abänderungs- zur Vollstreckungsgegenklage (Diss. Frankfurt 1962); *Geißler* NJW 1985, 1865; *Gilles* ZZP 83 (1970), 61; *Graba* NJW 1989, 481; *Heinze* MDR 1980, 895; *Hellwig* Anspruch (1900) 491; *Jakoby* Das Verhältnis der Abänderungsklage gemäß § 323 ZPO zur Vollstreckungsgegenklage usw. (1991); *Janke* Gegenstand der Vollstreckungsgegenklage (Diss. Marburg 1978); *Kainz* Funktion und dogmatische Einordnung usw. (1984); *Kohler* AcP 80 (1893) 141; ZZP 29 (1901), 14; *Kühne* NJW 1967, 1115; *Langheineken* Urteilsanspruch (1899) 179; *Lippross* Grundlagen und System usw. (1983); *Lüke* JuS 1969, 301; *Merz* Jura 1989, 449; *Münch* NJW 1991, 795; *Münzberg* KTS 1984, 193; NJW 1986, 361; JuS 1988, 345; NJW 1992, 1867; JZ 1993, 95; *Otto* JA 1981, 606, 649; *Ramer* Prozessuale Gestaltungsklagen des schweizerischen Rechts (Diss. Zürich 1973); *Reichel* AcP 133 (1931) 20; *Renck* NJW 1992, 2209; *Rieble/Rumler* MDR 1989, 499; *Schlosser* Gestaltungsklagen (1966); *K. Schmidt* JR 1992, 89; *Schuler* NJW 1956, 1497; *Schultz* Vollstreckungsbeschwerde (1911) 408; *Staab* Gestaltungsklage (Diss. Saarbrücken 1967) 34ff.; *Steines* KTS 1987, 27; *Thümmel* NJW 1986, 556; *Wein* Wann sind im Falle des § 767 Abs. 2 ZPO die Gründe entstanden usw. (Diss. Bochum 1971); *Windel* ZZP 102 (1989), 175; *Zuck* JZ 1985, 921.

[2] → Rdnr. 21 vor § 704.

Tätigkeit unberührt[3], während der *Gläubiger, wenn er trotzdem vollstreckt, dem Schuldner auf Bereicherung oder Schadensersatz haften kann*[4]. Die Vollstreckbarkeit muß dem Titel durch Richterspruch im ordentlichen Klageverfahren entzogen werden.

1. Bedeutung und Gegenstand der Klage. Diese sog. **Vollstreckungsgegenklage**[5] oder Vollstreckungsabwehrklage[6] begehrt *nicht* die Feststellung, der Titel sei nicht oder nicht mehr vollstreckbar[7] bzw. die Vollstreckung sei bereits unzulässig[8]; denn erst das Urteil *beseitigt* ganz oder teilweise die Vollstreckbarkeit[9] und macht die bis dahin zulässige Vollstreckung unzulässig[10] in dem → Rdnr. 51a dargelegten Sinne. Wer schon für die Zeit vorher von »Unzulässigkeit« spricht[11], übersieht z.B. § 769 und müßte folgerichtig § 766 anwenden[12], umschreibt in Wahrheit nur Bedingungen für den Erfolg der Klage und führt damit einen außerprozessualen, mit der Frage einer Rechtswidrigkeit des Gläubigerverhaltens verquickten[13] »materiellen« Begriff der Zulässigkeit ein[14]. Dies kann ebenso Verwirrung stiften, wie wenn man im Hinblick auf einen begründeten, aber noch nicht titulierten Anspruch von einer materiellen Zulässigkeit der Vollstreckung spräche. – Das Urteil wirkt nicht zurück[15], was für eine Haftung des Gläubigers auch nicht erforderlich ist[16]; es wirkt aber schon vor seiner Rechtskraft, → Rdnr. 51.

Ob das stattgebende Urteil zugleich auch rechtskräftig feststellt, daß der Anspruch des Gläubigers ganz oder teilweise weggefallen sei[17] (oder – im Falle der Klagabweisung – immer noch bestehe), hängt davon ab, ob man in dem Antrag des Schuldners (auch) eine darauf abzielende negative Feststellungsklage erblickt[18]. Dies allein würde dem Titel nicht die Vollstreckbarkeit nehmen; der Schuldner begehrt daher ihre Beseitigung oder Beschränkung und damit eine Rechtsgestaltung[19]. Allerdings ist es diskutabel, in diesem Begehren *zusätzlich* einen Feststellungsantrag über den zu vollstreckenden Anspruch zu sehen[20]. Solche Feststel-

---

[3] → Rdnr. 22 vor § 704.
[4] → Rdnr. 23 f. vor § 704, unten Rdnr. 45, 55–57.
[5] Der Name stammt von *Kohler* AcP 72 (1888) 1.
[6] *Reichel* AcP 133 (1931) 20.
[7] *LAG Köln* NZA 1988, 39 (Weiterbeschäftigungsurteil nach Eintritt der Rechtskraft im Kündigungsschutzrechtsstreit). Anders nur, wenn man die Klage auch gegen nicht vollstreckbare (Schein-) Titel zuläßt, → Fn. 99.
[8] *BGHZ* 85, 110, 113 = NJW 1983, 232; *Gaul* JuS 1971, 347, 349; vgl. auch *LAG Köln* (Fn. 7).
[9] *BGHZ* 110, 322 = NJW 1990, 1662 f. = JR 509 (*Brehm*) = JZ 603 f. = DNotZ 1991, 531 (*Münch*); *MünchKommZPO-K. Schmidt* Rdnr. 3.
[10] *BGHZ* 22, 54, 56 = NJW 1957, 23; *Gaul* (Fn. 8) 349; *Graba* NJW 1989, 482.
[11] Das ist leider verbreitet, z.B. *BGH* DNotZ 1954, 601; 88, 488; MDR 1991, 992[94], richtig aber *BGHZ* 22, 56 = NJW 1957, 23 u. *BGH* (Fn. 9); ferner ungenau *OLGe Hamm* ZIP 1982, 881; *Koblenz* NJW-RR 1990, 883 = WM 1063; *Köln* HRR 1937 Nr. 597; *Bremen* NJW-RR 1989, 575 = MDR 461; *Düsseldorf* NJW 1992, 2106; *Frankfurt* ZIP 1982, 881 = MDR 934[66]; *LGe Itzehoe* SchlHA 1968, 212; *Zweibrücken* MDR 1992, 1081. Diese Ausdrucksweise verführt nicht selten vor allem untere Instanzen zu Fehlschlüssen. Scheinbar geht auch § 79 Abs. 2 BVerfGG davon aus, dessen S. 3 man aber, soweit nach ZPO zu vollstrecken ist, als Ausnahme von S. 2 ansehen muß; sonst wäre er wegen § 766 überflüssig (→ Rdnr. 15). Vgl. auch *A. Blomeyer* (Fn. 1) 494 a.E. → ferner § 771 Rdnr. 2, 4.
[12] *Rosenberg/Gaul*[10] § 40 II 2.
[13] → Rdnr. 56 sowie Rdnr. 108 vor § 704 u. unten Fn. 410.
[14] So ausdrücklich Mot. bei *Hahn* 436; *David* ZZP 20 (1884), 432.

[15] → auch Rdnr. 7, 51. Vgl. *Oertmann* AcP 107 (1911) 238; *Hellwig* Grenzen der Rückwirkung (1907) 23. – A.M. *OLG Posen* OLGRsp 23, 151; z.T. *Schlosser* (Fn. 1) 106. *OLG Köln* MDR 1962, 314 u. *LG Tübingen* NJW 1961, 82 meinen indessen mit »Rückwirkung« nur die zutreffende Anwendung des § 767 auch auf rückständige Leistungen (im Gegensatz zu § 323 Abs. 3).
[16] → Rdnr. 56.
[17] Abl. die heute h.M., z.B. *BGH* NJW-RR 1990, 49; ferner untersagt implizit die im 1.Abs. der → Fn. 34 u. die in Fn. 35 Genannten. → auch Rdnr. 51a. zur materiellen Rechtskraft bezüglich der Einwendungen.
[18] So z.B. *Hellwig* Anspruch (1900) 166 Fn. 12; *Schultz* (Fn. 1) 416 f.; *Schlosser* (Fn. 1) 106 mwN; *Wolfsteiner* Die vollstreckbare Urkunde (1978) Rdnr. 59.2, 7, 10, der sich unrichtig auf *RGZ* 153, 218 u. möglicherweise richtig auf *BGHZ* 61, 25 = NJW 1973, 1328 beruft, → dazu *Fn. 35; Münch* Vollstreckbare Urkunde. (1989) 321 ff., 345 ff. u. dagegen *Münzberg* ZZP 104 (1991), 239 f. Zur Rechtskraft klagabweisender Urteile → Rdnr. 55. Vgl. auch *RGZ* 38, 429; 45, 344 u. *RGZ* 153, 218; *Janke* (Fn. 1) 132.
[19] So schon *RG* JW 1903, 398 = SeuffArch 59 (1904), 77[43]; *Hellwig* (Fn. 18), jetzt ganz h.M. → Fn. 31. – A.M. *Janke* (Fn. 1) 58 ff. (65): das Urteil greife nicht in die »ZV« ein (es schon, aber in die Vollstreckbarkeit!).
[20] So *RGZ* 153, 218 (um die Überflüssigkeit eines nochmaligen behördlichen Vorbescheids darzutun); *Hellwig* (Fn. 18); *A. Blomeyer* (Fn. 1) 493 f. u. ZwVR § 33 VII 1; *Bruns/Peters*[3] § 15 II, der jetzt folgerichtig zusätzlichen Feststellungsantrag ablehnt aaO IV 3; *Schlosser* (Fn. 1) 105 f.; ZPR II Rdnr. 125; *K. Schmidt* (Fn. 9) Rdnr. 3, 96. – Damit wäre aber die Klage nicht Fortsetzung des titelerzeugenden Rechtsstreits – so *RG* aaO; *Bettermann* Rechtshängigkeit (1949) 44 f., 51. Sonst wäre Abs. 2, be-

§ 767 I   Erster Abschnitt: Allgemeine Vorschriften

4   lung ist aber für den genannten Zweck ebenso unnötig wie im Falle § 985 BGB die rechtskräftige Feststellung des Eigentums[21].

4   Die zunehmende Tendenz, Urteilen möglichst weitgehende Rechtskraftwirkungen beizulegen, um nachfolgende Prozesse zu verhüten und um die in der Prüfung von Vorfragen investierte Arbeit der Gerichte mit der Anerkennung endgültiger Bindung aufzuwerten, ist ein zweifelhaftes »Geschenk« für Parteien und Richter[22]. War diese Prüfung fehlerfrei, so werden die Parteien sich regelmäßig ohnehin hüten, das Risiko der Abweisung einer zweiten Klage als unbegründet einzugehen. War sie aber fehlerhaft, so ist jede unnötige Rechtskraftbindung vom Übel und viel eher geeignet, Ansehen und Achtung der Rechtsprechung zu untergraben, als widersprechende Entscheidungen, die man vom Rechtsmittelzug her gewohnt ist. Im übrigen würde die hier abgelehnte Ansicht dazu führen, daß die Klage wegen Rechtshängigkeit nicht vor Ablauf der Rechtsmittelfrist zulässig wäre[23] und daß ein Schuldner, der gegen einen der Rechtskraft nicht fähigen Titel nach §§ 795, 767 klagt, im Falle der Klagabweisung dem Gläubiger auch noch zur rechtskräftigen Feststellung seines Anspruchs verhelfen würde, obwohl mit der Klage nur die Vollstreckbarkeit bekämpft werden sollte[24]; dies wäre eine unnötige Abkehr von der Dispositionsmaxime.

5   Deshalb sollte man es wie immer den *Parteien* überlassen, ob sie außer der Vollstreckbarkeit auch den Anspruch des Gläubigers – an sich nur ein Element der Klagebegründung[25], wenn auch meist das wichtigste – zum Gegenstand der Entscheidung erheben wollen, was in aller Regel durch zusätzliche Klage des Schuldners oder Widerklage des Gläubigers[26] nach § 256 Abs. 1[27] oder einfacher (aber nicht nur[28]) nach § 256 Abs. 2 von der Klagerhebung an bis zum Ende der Tatsacheninstanz möglich ist[29], freilich nach Verbrauch der Ausfertigung nicht mehr auf Feststellung, daß die Vollstreckung zulässig *war*[30].

6   Folgt man dieser Ansicht, dann ist die Vollstreckungsgegenklage als solche ausschließlich eine **prozeßrechtliche Klage auf rechtsgestaltendes Urteil**[31], auf gänzliche oder teilweise, endgültige oder zeitweilige[32] Vernichtung der Vollstreckbarkeit[33]. Dies allein ist ihr *Streitgegenstand*[34], der nicht ohne die (→ Rdnr. 5) erwähnten zusätzlichen Parteianträge ausgedehnt werden sollte auf den Fortbestand oder die Fälligkeit des verbrieften Anspruchs[35]. Daher

---

sonders bei nur vorläufig vollstreckbaren Urteilen, unverständlich, u. gegenüber solchen Urteilen stünde der Klage die Rechtshängigkeit entgegen, wie *Goldschmidt* Ungerechtfertigter Vollstreckungsbetrieb (1910) 62f. folgerichtig annimmt; ebenso *Münch* (Fn. 18) 337; s. dagegen *Münzberg* ZZP 87 (1974), 451 zu Fn. 10 u. ZZP 104 (1991), 240.

[21] → § 322 Rdnr. 93.
[22] S. auch *Münzberg* (Fn. 18) 239 gegen *Münch* (Fn. 18).
[23] → dazu Fn. 20 sowie Rdnr. 41.
[24] → Rdnr. 68f. vor § 128, § 308 Rdnr. 1; BGH FamRZ 1984, 878 = MDR 138[47] (Vergleich); *Graba* NJW 1989, 483.
[25] *RG* (Fn. 19); *BGH* WM 1978, 439; 1985, 704; *Graba* (Fn. 24); *Kainz* (Fn. 1) 123. Auch *BGH* NJW 1992, 982 f. sieht den Anspruch nur als »Verfahrensgegenstand i. w. S.«. – In *LG Stuttgart* MDR 1954, 49 werden Klaggründe u. Streitgegenstand vermengt.
[26] Vgl. *BGH* → § 794 Fn. 473; *OLG Karlsruhe* FamRZ 1981, 786 f. u. den umgekehrten Fall *RGZ* 100, 126 (Klage gemäß § 767 nach Rechtshängigkeit der Feststellungsklage des Gläubigers).
[27] *RGZ* 100, 126 u. 134, 161; JW 1915, 1031; *BGHZ* 22, 56 = WM 1956, 1501 = NJW 1957, 23; *BGHZ* 55, 255 = NJW 1971, 707, ganz h. M. – A. M. *Wieczorek*[2] Anm. B III a 2, 3.
[28] *Oertmann* (Fn. 15) 239. – A.M. wohl *Graba* (Fn. 24) u. *Kainz* (Fn. 25); s. dagegen Text zu Fn. 26 f. – Wie hier *Thomas/Putzo*[18] Rdnr. 3.
[29] → § 256 Rdnr. 6, 141, obiter *BGH* NJW 1991, 2295

(Fn. 242); s. die Anträge in *LG Stuttgart* (Fn. 25). Die von *Münch* (Fn. 18) 330 f. erwähnten Nachteile sind generelle des § 256 II, nicht besondere des § 767.
[30] *BGH* WM 1978, 439 (Fn. 25).
[31] *BGHZ* 118, 236 = NJW 1992, 2160 = WM 1989 = WuB VI E § 767 ZPO 3.92 (*Münzberg*) mwN; *Baur/Stürner*[11] Rdnr. 739 mwN, ganz h. M. Zu abw. Ansichten s. *A. Blomeyer* (Fn. 1); *Janke* (Fn. 1). → auch Fn. 410.
[32] Z. B. mangels Fälligkeit (→ auch Rdnr. 21); wegen Stundung (→ auch § 766 Rdnr. 15).
[33] *BGHZ* 85, 371 = NJW 1983, 390 = WM 93, → auch Fn. 317. Ihr Gegenstück bildet die auf *Verleihung* der Vollstreckbarkeit gerichtete Klage gemäß § 722 (nicht § 731).
[34] *BGH* (Fn. 25, 29, 31, 33; → aber auch Fn. 429); *RGZ* 165, 380; *OLGe Düsseldorf* FamRZ 1980, 156; *Frankfurt* WM 1985, 651; *K. Schmidt* (Fn. 9) Rdnr. 3 nach Fn. 17, Rdnr. 41, der aber weitergehende Rechtskraftwirkung annimmt. → auch Rdnr. 57 Fn. 464.
A.M. die in Fn. 20 Genannten: auch der Anspruch des Gläubigers (so *A. Blomeyer* ZwVR § 33 VII 1); ferner *A. Blomeyer* (Fn. 1) 487 f.: Unterlassungs- u. Beseitigungspflicht des Gläubigers bezüglich der ZV. Aber die Klage kann trotz Erfüllung dieser Pflicht (durch Rücknahme des ZV-Auftrags, Freigabe, Verzicht auf Rechte aus dem Titel ohne diesen zu übergeben; *BGH* NJW 1955, 1556) erhoben werden u. nicht mehr nur zur Beseitigung von Folgen einer durchgeführten ZV, → Rdnr. 43.
[35] H. M., *BGH* (Fn. 31, 33); WM 1978, 439; 1985, 704; 1989, 1514; *OLG Köln* OLGZ 1988, 218; → auch Fn. 464 u. Rdnr. 7. Zu dem Widerspruch in *BGHZ* 48, 356

wird auch die Verjährung nicht unterbrochen[36]. Zu den Folgen für Rechtshängigkeit und Klagänderung sowie dazu, ob man den Streitgegenstand noch weiter einschränken kann, → Rdnr. 53–55.

2. Ziel der Klage ist der Ausspruch, daß die **Zwangsvollstreckung aus dem Urteil** fortan ganz, teil- oder zeitweise **unzulässig** ist, nicht die Aufhebung des Urteils[37] oder die Feststellung, daß der Anspruch nicht oder nicht mehr bestehe[38], auch nicht die Unzulässigkeit bestimmter Vollstreckungsmaßnahmen, wie nach § 771 die Unzulässigkeit der ZV in einen bestimmten Gegenstand[39]; → auch Rdnr. 60 Fn. 485 zum Streitwert. Zu Antrag und Tenorierung → Rdnr. 44 a, 51. Materielle Rechtskraft[40] und Kostenentscheidung des Urteils werden nicht berührt[41], ebensowenig die Beitreibung von Kosten für Vollstreckungsmaßnahmen aus der Zeit, in der die Vollstreckbarkeit noch bestand[42]. 7

Arten der unterworfenen Titel. In Betracht kommen **Titel auf Leistung** einschließlich **Unterlassung oder Duldung**[43], auch Urteile nach § 722[44]; ebenso *prozessuale Gestaltungsurteile*, die nach § 775 Nr. 1 einen in die Vollstreckung eingreifenden Vollzug ermöglichen[45] und deren vorläufige Vollstreckbarkeit den Vorschriften der §§ 708 ff. (auch bezüglich Sicherheitsleistung) unterliegt[46], so daß ihre Wirkung insoweit einer »Verurteilung« vergleichbar ist[47]. Gegen sonstige Entscheidungen ohne vollstreckbaren Inhalt im engeren Sinn[48], z. B. klagabweisende[49] und privatrechtsgestaltende[50] oder feststellende Urteile, deren Wirkung sich in der Rechtskraft erschöpft[51], ist die Klage nicht zulässig. Zu § 894 → aber dort Rdnr. 1–3, Rdnr. 19 f. Wegen nicht festgesetzter Kosten → Rdnr. 11 a. E. Zur entsprechenden Anwendung auf *andere Titel als Urteile* → Rdnr. 58. 7a

Daher gilt § 767 nebst Abs. 2 **nicht** für Klagen, welche die Vollstreckbarkeit eines Titels unberührt lassen, z. B. wenn Konkurrenten nach § 878 den Anspruch des Beklagten bestreiten[52], oder wenn nach Verurteilung Zug um Zug auf unbedingte Verurteilung geklagt wird, 8

= NJW 1968, 156 → 19. Aufl. Fn. 19 a. E. – A. M. *A. Blomeyer* ZwVR, § 33 VII 1; *Gilles* (Fn. 1) 81.
[36] *BGH* (Fn. 33).
[37] Heute allg. M. (s. schon *RGZ* 100, 100); *BGHZ* 100, 212 = NJW 1987, 3266 = WM 1048 = ZIP 945 = ZZP 101 (1988), 449 *(Brehm)* = EWiR 1/87, 835 *(Münzberg)*; anders im österr. Recht *Gerhardt* ZZP 97 (1984), 352. → auch Fn. 41, 228 u. Rdnr. 12.
[38] *BGH* (Fn. 33); *OLG Düsseldorf* OLGZ 1988, 111 = NJW-RR 1988, 699; → auch Rdnr. 3 Fn. 18, Rdnr. 6 Fn. 35.
[39] *RG* DR 1942, 1241; *BGH* NJW 1960, 2286 = Büro 1961, 353; DB 1968, 171 = WM 1967, 1199; NJW 1988, 3204 f. Zur Auslegung unrichtig formulierter Anträge → aber Fn. 343, zu einer nur scheinbaren Ausnahme → § 814 Rdnr. 14 u. Bei Haftungsbeschränkung auf bestimmte Vermögensmassen → Rdnr. 23. Auch die gegenständliche Beschränkung der ZV nach § 771 bedeutet allerdings eine Minderung der Vollstreckbarkeit des Titels, → § 771 Rdnr. 5. – A. M. *A. Blomeyer* (Fn. 1) 495 Fn. 67 in Verallgemeinerung der Sonderfälle des § 785. – Zur Analogie bei vereinbarten Haftungsbeschränkungen → § 766 Rdnr. 25.
[40] Zutreffend bereits *Oertmann* (Fn. 15), 236; *Brehm* JZ 1983, 645 gegen *BGH* (Fn. 33), wo aber wohl (Beseitigung der) Vollstreckbarkeit gemeint war.
[41] *BGHZ* 100, 213 (Fn. 37); *BGH* NJW 1975, 540[6] = JZ 181; *OLG Düsseldorf* Rpfleger 1993, 172 f.; *Oertmann* (Fn. 15) 236. Zur Kostenfestsetzung → § 103 Rdnr. 7 a. E.

[42] Auch ergangene Kostenfestsetzungsbeschlüsse bleiben insoweit unberührt *OLG Düsseldorf* (Fn. 41); zu ZV-Kosten → § 788 Rdnr. 27, 31 Fn. 343.
[43] Auch dann handelt es sich prozessual u. materiell um selbständige »Ansprüche« i. S. d. Abs. 1.
[44] → dort Rdnr. 23.
[45] Str.; wie hier *Gaul* (Fn. 12) § 40 III 1. – A. M. etwa *Thomas/Putzo*[18] Rdnr. 9; *K. Schmidt* (Fn. 9) Rdnr. 25, der aber insoweit nicht berücksichtigt, daß die Einwendungen in aller Regel auch bei direkter Anwendung des § 767 gegen den materiellen Anspruch gerichtet sind; nur die **Klage** richtet sich stets gegen die Vollstreckbarkeit. Das trifft aber auch gegenüber prozessualen Gestaltungsurteilen nach §§ 767 f., 771 ff. ZPO zu, sobald die geltendgemachte Einwendung entfällt. → auch Rdnr. 14.
[46] → § 708 Rdnr. 12 a. E., § 709 Rdnr. 3 Fn. 15.
[47] → § 708 Rdnr. 27. Näheres → Rdnr. 14 a. E. und § 771 Rdnr. 7, § 772 Rdnr. 13, § 775 Rdnr. 7.
[48] → Rdnr. 18, 46 vor § 704.
[49] *RGZ* 169, 130.
[50] H. M. *RGZ* 100, 98 für Scheidung, *AG Kemnath* MDR 1953, 232 für Mietaufhebung; *Zöllner* FS für K. Beusch (1993), 976 f. (krit. zu § 767 gegenüber Nichtigkeiterklärung von Hauptversammlungsbeschlüssen vor oder nach Rechtskraft). – A. M. *Jaeger* MDR 1952, 462; *Schlosser* (Fn. 1) 262 ff.
[51] *RGZ* 77, 353 ließ die Klage zu gegen ein Urteil, das einen verwaltungsbehördlichen Titel bestätigte.
[52] Str., → § 878 Rdnr. 23a, 24.

denn der Gläubiger ist hinsichtlich der bekämpften Gegenleistungspflicht nicht Vollstreckungsschuldner[53].

Zur entsprechenden Anwendung auf andere Titel als Urteile, z. B. Beschlüsse nach § 104, → Rdnr. 58 f.

9 3. **Parteien.** Klagen darf der **Vollstreckungsschuldner**, also derjenige, gegen den der Titel ursprünglich wirksam ist oder nachträglich wirksam wird in den Fällen → § 727 Rdnr. 6, 25 ff.[54]. **Dritten**[55] steht die Klage – außer nach § 146 Abs. 6 KO (§ 179 Abs. 2 InsO)[56] – **nicht** zu[57], auch wenn ihr Widerspruchsrecht gesetzlich eingeschränkt ist[58]; → auch § 750 Rdnr. 45 Fn. 212 zu § 1148 BGB.

10 Zu verklagen ist der **Vollstreckungsgläubiger**[59], also der in Titel oder Klausel[60] als Gläubiger Benannte[61]; in den Fällen des § 727 und seiner entsprechenden Anwendung[62] aber auch der angeblich Berechtigte schon *vor* Erteilung der vollstreckbaren Ausfertigung anstatt oder neben dem Urgläubiger, je nachdem ob die Vollstreckung nur von einem von ihnen oder von beiden droht[63]. Stellt sich heraus, daß die Voraussetzungen für eine Klauselerteilung an den vorsorglich Beklagten fehlen, so ist die Klage abzuweisen[64]. Macht der Schuldner nach § 115 Abs. 3 ZVG geltend, daß dem für außergerichtlich befriedigt erklärten Gläubiger das angemeldete Recht nicht zustehe, so ist der Ersteher zu verklagen[65]. Zur Vollstreckungsstandschaft → Fn. 212 sowie ausführlich Rdnr. 38 vor § 704.

11 4. **Abgrenzung gegenüber anderen Behelfen.** → auch Rdnr. 15 (nichtige Gesetze), Rdnr. 18 (§§ 323, 620 b usw.), Rdnr. 40 f. (Einspruch, Berufung, Revision), Rdnr. 42 f. (zeitliche Grenzen) und Rdnr. 58 f. (sonstige Titel). → auch § 620 f. Rdnr. 14 Fn. 70. Die Klage ist grundsätzlich nur gegenüber einem zumindest *der äußeren Form nach*[66] *zur Vollstreckung*

---

[53] *RGZ* 100, 199; *BGH* NJW 1962, 2004³ = MDR 976³⁸; *BGHZ* 117, 2 f. = NJW 1992, 1173.

[54] → Rdnr. 35 f. vor § 704. Zur Klage des Konkurs-/Insolvenzverwalters gegen dingliche Titel wegen §§ 31, 37 KO (§§ 133, 143 InsO) s. *BGHZ* 22, 128 = NJW 1957, 138¹. Der Gemeinschuldner kann seine vor Konkurs erhobene Klage nur insoweit aufnehmen u. Anträge nach § 769 stellen, als der Verwalter die von der ZV betroffenen Gegenstände freigegeben hat *BGH* NJW 1973, 2065 = *Rpfleger* 423 = MDR 1974, 38.

[55] → Rdnr. 37 vor § 704.

[56] Dort aber als negative Feststellungsklage u. mit der Zuständigkeit des § 146 Abs. 2 KO (§§ 180, 185 InsO), h. M., jetzt auch *Kuhn/Uhlenbruck* KO¹⁰ § 146 Rdnr. 33 mwN.

[57] Nicht für Drittschuldner → § 829 Rdnr. 115; wegen konkurrierender Gläubiger → § 878 Rdnr. 23 u. *Stein* Grundfragen (1913) 105 f. gegen *Kohler* AcP 80 (1893) 158 ff.

[58] → Rdnr. 2 f. vor § 735; a. M. *Wieczorek*² Anm. E I.

[59] *BGHZ* 92, 348 = JZ 1985, 341 (*Brehm*) = JR 242 (*Olzen* 287) = NJW 809 = WM 70 f.; *BGHZ* 120, 391 → Fn. 64; *OLG Bremen* MDR 1989, 460 f. = NJW-RR 574 f. Da die Klage Abwehr gegen einen Angriff ist: auch gegen Exterritoriale *Baumbach/Hartmann*⁵² Rdnr. 39, ähnlich wie bei Widerklage → § 33 Rdnr. 34.

[60] *RG* zit. in Fn. 1 zu *OLG Hamburg* OLGRsp 33, 96; *BGH* WM 1963, 526; *OLG Frankfurt* FamRZ 1983, 1268; *LG Osnabrück* Rpfleger 1979, 263 f.

[61] → Rdnr. 35 vor § 704; auch wenn er nicht (mehr) berechtigt ist *BGHZ* 92, 348 (Fn. 59) u. *OLG Bremen* (Fn. 59). Zu § 1629 III BGB differenzierend *de Grahl*

DAVorm 1983, 644; → auch Fn. 216. – Einer Klage gegen den im Titel bezeichneten Prozeßstandschafter fehlt nach Beendigung der Standschaft nicht das RechtsschutzB, solange die Klausel noch auf ihn lautet; a. M. *Graba* NJW 1989, 482. → auch nachfolgenden Text.

[62] → dort Rdnr. 6, 25 ff.

[63] Je nachdem, wer die Leistung fordert (u. die Klausel erstrebt u. erwirken könnte → Fn. 64) oder wen der Schuldner befriedigt hat, *BGH* NJW 1992, 2159 f. a. E.; *OLG Celle* NdsRpfl 1963, 37 (gegen Nachfolger); *OLG Dresden* OLGRsp 26, 385 (gegen befriedigten Zedenten); *RGZ* 64, 229 (wegen Aufrechnung gegen beide); *BGH* (→ Fn. 60: bei Nachfolge während Rechtshängigkeit Ausdehnung der Klage gegen Rechtsnachfolger, wenn alle einverstanden sind). → auch *BGH* (Fn. 151).

[64] Nach *BGHZ* 120, 387, 391 = NJW 1993, 1398 = WM 520 = WuB VI E § 767 ZPO 2.93 (*Brehm*); *OLG Köln* VersR 1990, 403 f. fehlt Passivlegitimation; a. M. (es gehe um passive Prozeßführungsbefugnis) *Becker-Eberhard* ZZP 107 (1994), 88.

[65] *BGHZ* 77, 107 = Rpfleger 1980, 339³⁵¹ = NJW 2586 = MDR 838²⁸.

[66] Nach *BGHZ* (Fn. 31) reicht dies stets aus für § 767; er läßt jedoch offen, ob § 767 ausscheidet, wenn diese Voraussetzung fehlt. In den Fällen *BGH* → Fn. 59 lag ein solcher Titel vor. – A. M. für § 794 Abs. 1 Nr. 5 *J. Hager* ZZP 97 (1984), 192 f.; *Windel* ZZP 102 (1989), 177 f. (201; *Rieble/Rumler* MDR 1989, 499 f. Indessen besteht die andernfalls befürchtete Rechtsschutzlücke nicht, zutreffend *BGHZ* 118, 236 (Fn. 31), → zur rechtskraftfähigen Feststellung der fehlenden Vollstreckbarkeit Rdnr. 13 Fn. 99 ff.

geeigneten Titel zulässig⁶⁷. Fehlt es daran, z.B. wegen Unbestimmtheit oder ersichtlich unwirksamer Beurkundung einer Unterwerfung, so muß der trotzdem erteilten Vollstreckungsklausel nach § 732 begegnet werden⁶⁸, es sei denn der Schuldner erstrebt eine rechtskraftfähige Feststellung über die fehlende Vollstreckbarkeit⁶⁹ oder er begnügt sich mit einer Rüge nach § 766 gegenüber konkreten Vollstreckungsmaßnahmen⁷⁰. Die Klage gemäß § 767 ist dann unzulässig. Jedoch steht nicht entgegen, daß das Urteil materieller Rechtskraft nicht fähig (aber trotzdem vollstreckbar) ist⁷¹. Der Zweck reinlicher Scheidung des § 732 von § 767 darf aber nicht überstrapaziert und damit verfehlt werden, zumal nach § 732 nur die Vollstreckung aus der Klausel, nicht aus dem Titel als solchem für unzulässig erklärt wird⁷². So steht es z.B. der Zulässigkeit der Klage nicht entgegen, wenn a) sie schon vor Erteilung einer Klausel nach § 727 erhoben ist⁷³; b) Rügen nach § 732, die sich gegen prozessuale, aber aus dem Titel nicht ersichtliche Mängel richten, erfolglos bleiben⁷⁴; c) im Falle des § 768 nur die Vollstreckungsklausel unwirksam ist, aber nicht der Titel⁷⁵; d) Titel teilweise unbestimmt, teilweise materiell erledigt sind und beides geltend gemacht wird⁷⁶; e) außerprozessuale Nichtigkeitsgründe zugleich eine Unterwerfung erfassen⁷⁷. Vom Vollstreckungsorgan nach § 788 Abs. 1 S. 1 HS 2 (also ohne Festsetzung nach §§ 103 f.) berechnete Vollstreckungskosten sind einem wirksamen Titel gleichzustellen, soweit über Einwendungen wie Erfüllung, Aufrechnung usw. nach § 767 zu entscheiden ist⁷⁸.

Für den *Schuldner* ist die Klage nach §§ 767 oder 768 (785 f.), soweit das Gesetz nicht selbst Ausnahmen zuläßt wie bei §§ 887 f.⁷⁹, bei jeder Art und in jedem Stadium der Vollstreckung inländischer Titel der einzige vollstreckungsrechtliche⁸⁰ Behelf, um materielle Einwendungen erfolgreich *zur Abwendung der Vollstreckung aus vollstreckbaren Urteilen angriffsweise* **11a**

---

⁶⁷ Genügt ein Titel dieser Anforderung, so ist Vorbringen des Klägers zur Unwirksamkeit unschädlich, falls er auch zulässige Einwendungen wie → Rdnr. 16 ff. erhebt *BGH* (Fn. 31); NJW-RR 1990, 247; *OLG Hamm* (Fn. 68).
⁶⁸ BGHZ 22, 56 (→ Fn. 27) mwN; *BGH* WM 1971, 166; NJW-RR 1990, 246 f. = WM 304; *OLGe Hamburg* KTS 1983, 600 f.; *Hamm* NJW-RR 1991, 1152; *Nürnberg* NJW 1957, 1286; *Düsseldorf* OLGZ 1978, 248; 1988, 110 = DNotZ 1988, 246 = NJW-RR 699; *Karlsruhe* OLGZ 1991, 227; *Köln* NJW-RR 1992, 623; *Zöller/Herget*¹⁸ Rdnr. 2; *K. Schmidt* (Fn. 9) Rdnr. 8. → auch BGHZ 55, 255 (→ Fn. 27: zu § 84 Abs. 3 BRAO) u. die Ausnahmen unten a. E. – Weitergehend auch *Wolfsteiner* (Fn. 18) Rdnr. 59. 5, 8: *neben* materiellen seien stets auch Einwendungen nach § 732 zulässig; es sei Unfug, widersprüchliche Entscheidungen zur Gültigkeit des Titels zu ermöglichen. Aber Korrekturen erkannter Fehler sind nie Unfug (zust. *BGH* JZ 1987, 1040 = NJW-RR 1149), → auch Rdnr. 4, u. der Weg über § 732 sollte grundsätzlich zuerst begangen werden, zumindest wenn die Unwirksamkeit aus prozessualen Gründen aus dem Titel selbst ersichtlich ist, *Münzberg* (Fn. 31) zu 3. → auch Rdnr. 24 bei Fn. 228.
⁶⁹ → Rdnr. 13 mit Fn. 99.
⁷⁰ Z.B. *OLG Düsseldorf* NJW-RR 1988, 699 (§ 766, wenn nur wegen nicht hinreichend bestimmt titulierter Zinsen vollstreckt wird). → ausf. § 766 Rdnr. 13, 15.
⁷¹ Denn dies hindert nicht die Vollstreckbarkeit *BGH* NJW 1994, 461, der jedoch § 767 nur analog anwenden will, weil es bei Unbestimmtheit des Anspruchs nicht um materielle Einwendungen gehe, → dagegen Fn. 123; wie hier *Rechberger* Die fehlerhafte Exekution (Wien 1978) 72.
⁷² BGHZ 118, 234 (Fn. 31) mwN.
⁷³ → Rdnr. 10, 42. Also keine Erledigung wegen nachträglicher Unzulässigkeit.

⁷⁴ Z.B. weil das Gericht der Ansicht von *MünchKommZPO-Wolfsteiner* § 797 Rdnr. 18 folgt, eine »innere Unwirksamkeit« könne nicht nach § 732 gerügt werden, →dazu § 797 Fn. 96.
⁷⁵ Denn ob die Klauselerteilung ohne den formalen Mangel wiederholt werden darf, ergibt sich weder aus § 732 noch aus § 766, wohl aber aus der materiellen Prüfung nach § 768, u. nur darauf kommt es dem klagenden Schuldner an. Wie hier *OLGe München* Büro 1991, 1270 f. = NJW 1992, 125; *Koblenz* NJW 1992, 378 f. Vgl. auch die Begründung in *BGH* (Fn. 31).
⁷⁶ Z.B. Zinsanspruch unbestimmt, Kapital gezahlt; § 767 verhindert, daß mit noch vollstreckbarem Hauptanspruch Zinsen vollstreckt werden, *OLG Düsseldorf* OLGZ 1980, 339 f.
⁷⁷ *BGH* (Fn. 31), → § 797 Fn. 96; *OLG Koblenz* WM 1994, 839 = NJW-RR 682. In *BGH* JZ 1987, 1040 führten prozessuale Gründe (Verstoß gegen §§ 9, 13, 13a BeurkG) zur Unwirksamkeit von Anspruch u. Unterwerfung.
⁷⁸ Erklärbar als gesetzlicher Bestandteil bzw. Anhang des zu vollstreckenden Titels; jedoch nur soweit § 788 Abs. 1 zutrifft, insbesondere die »Notwendigkeit« → § 788 Rdnr. 18 ff.; andernfalls nur Erinnerung oder Beschwerde, → Fn. 122 sowie § 788 Rdnr. 28. Darüber hinaus prüfte *OLG Düsseldorf* Rpfleger 1975, 355 = Büro 1380 im Prozeß nach § 767 auch, ob gewisse Kosten überhaupt § 788 unterfielen, was allenfalls aus prozeßökonomischen Gründen vertretbar war, weil der Schuldner ohnehin andere Gründe gemäß § 767 vorbrachte. → auch Rdnr. 31 Fn. 173 vor § 704 (teilweise unbestimmter Titel).
⁷⁹ → § 887 Rdnr. 22 ff., § 888 Rdnr. 10 f., 18 (str.).
⁸⁰ Zu nicht vollstreckungsrechtlichen → Rdnr. 12, § 775 Rdnr. 8, § 804 Fn. 187 (nicht § 812 BGB, solange Erlös hinterlegt ist).

geltend zu machen[81], da a) insoweit § 766 außer Anwendung bleibt[82], b) nur *vorläufiger* Schutz geboten wird durch § 769 Abs. 2[83], §§ 572, 707, 719 und § 775 Nr. 4, 5[84], und c) § 323 nebst den verwandten Vorschriften → Rdnr. 18 gegenüber rückständigen Raten und Zinsen[85] *keinen* Schutz gewähren. Zur einredeweisen Geltendmachung → §§ 723 Rdnr. 3f., 731 Rdnr. 13ff., 1042 Rdnr. 24; Entsprechendes gilt für Titel aus dem EG-Bereich für die Beschwerde nach § 13 AVAG[86].

12 Im übrigen kann die Vollstreckbarkeit aufgrund materieller Einwendungen nur durch Angriff auf den Titel selbst beseitigt werden[87]. Zur **Konkurrenz** der Klage nach §§ 767f. **mit Einspruch und Berufung** → Rdnr. 40f., mit Beschwerde → § 795 Rdnr. 12, mit dem Verfahren nach § 891 → § 887 Rdnr. 22−27, § 888 Rdnr. 10f., 18. Über ihr Verhältnis zur Klage aus § 323 → dort Rdnr. 41ff., zu § 620b → dort Rdnr. 1 und § 795 Rdnr. 11, zum Antrag nach § 620f. Abs. 1 S. 2 → dort Rdnr. 14 Fn. 70, zu § 642b → dort Rdnr. 2, zur Wiederaufnahmeklage → § 580 Rdnr. 22, zur Fortsetzung des Verfahrens wegen materieller Unwirksamkeit des Prozeßvergleichs → § 794 Rdnr. 54f. Über das Verhältnis einer Vollstreckungsgegenklage im Ausland zur Beschwerde nach § 13 AVAG → Anh. § 723 Rdnr. 313 Fn. 38 (zu 2). Wegen Entscheidungen, die das Fehlen der Vollstreckbarkeit lediglich feststellen, → § 775 Rdnr. 8. Über Klagen auf Herausgabe des Titels → Rdnr. 45, 48. Zur Abgrenzung gegenüber anderen Rechtsbehelfen → Rdnr. 13 und 24.

13 Unberührt bleibt durch § 767 das Recht des Schuldners, materielle Einwendungen *in anderen Prozessen zur Abwehr des materiellen Anspruchs* geltend zu machen[88], sei es als Replik gegen eine Aufrechnung des Gegners mit einer titulierten Forderung[89], sei es durch Klage auf Feststellung, daß der Anspruch nicht oder nicht mehr[90] oder nicht mit dem angenommenen Inhalt[91] bestehe[92]. Für solche Klagen entfallen aber die Zuständigkeit des § 767[93] (was aber eine Verbindung mit dieser Klage nicht hindern muß[94]) sowie die Einstellungsmöglichkeit nach § 769[95] und § 775 Nr. 1[96]; denn eine vorhandene Vollstreckbarkeit bleibt dadurch unberührt[97]. Zulässig ist dann nur *vorläufige* Einstellung nach § 775 Nr. 4[98]. Anders jedoch, wenn die Feststellung begehrt wird, daß der *Titel* von vornherein nicht[99] oder

---

[81] RGZ 158, 149; OLG Düsseldorf Rpfleger 1977, 416 (für Urkunden aaO 76); anders nur, wenn dem Titel bereits die Vollstreckbarkeit fehlt → Rdnr. 13 Fn. 99f. Zur Konkurrenz mit Beschwerde u. Abänderungsbefugnis gemäß § 620b → § 795 Rdnr. 11f., zu § 323 → Fn. 172. − A.M., falls Erfüllung unstr., OLG Köln OLGZ 1988, 216 mwN (Gläubiger hätte aber dort nach § 843 in Höhe der Erfüllung verzichten sollen, andernfalls § 767).
[82] → § 766 Rdnr. 53.
[83] → auch § 769 Rdnr. 7.
[84] → § 775 Rdnr. 32.
[85] dazu Rdnr. 18 Fn. 176ff.
[86] → Anh. § 723 Rdnr. 313.
[87] → auch § 714 Rdnr. 1−4 mit § 718.
[88] RGZ 158, 150; BGH WM 1963, 866 (Erlöschen des gesicherten Anspruchs gegenüber dinglicher Klage aus der Hypothek); K. Schmidt (Fn. 9) Rdnr. 22; BezG Cottbus DtZ 1992, 25 (Nichtigkeit gerichtlicher Einigung gemäß § 46 ZPO-DDR). − Klagen des Schuldners wollen jedoch *Gaul* (Fn. 12) § 40 XIV 7; *Kainz* (Fn. 1) 186 grundsätzlich (Ausnahmen?) ausschließen.
[89] KG OLGRsp 21, 88f.
[90] BGH WM 1969, 929 (Aufrechnung); BGH WM 1985, 704 (Erfüllung). − auch § 795 Rdnr. 11a.
[91] BGH GRUR 1973, 431 = NJW 1803 = MDR 482; LAG Köln NZA 1988, 39, das wegen Erlöschens zeitlich begrenzter Vollstreckbarkeit eine Klage nach § 767 abwies (§§ 139, 278 Abs. 3 gewahrt?). S. aber auch BGH → Fn. 173 vor § 704.
[92] → § 256 Rdnr. 95; RG (Fn. 19); BGHZ 22, 56 (Fn. 27) mwN; BGH FamRZ 1983, 357; WM 1985, 704 (auch noch in Berufungsinstanz als Hilfsantrag zur Klage nach § 767). Zur (unnötigen) Anwendung des § 256 gegenüber einstweiligen Anordnungen → § 795 Rdnr. 11a. Über Klagen nach § 826 BGB → § 322 Rdnr. 268ff. − A.M. *Blomeyer* ZwVR § 33 VIII 3; *Wieczorek*² Anm. B III a 3.
[93] OLG Darmstadt OLGRsp 18, 402; → Fn. 172 vor § 704 mwN. − A.M. noch RGZ 38, 429.
[94] → Rdnr. 45 Fn. 344.
[95] KG NJW 1958, 873; OLG Köln NJW 1973, 195; offen gelassen in FamRZ 1981, 379 (jedenfalls nicht § 769, wenn darüber schon gemäß § 620e entschieden ist). − A.M. OLGe Düsseldorf, Frankfurt → § 795 Rdnr. 11a zu § 620 Nr. 6.
[96] → § 797 Rdnr. 22; *Bruns/Peters*³ § 15 IV 3 Fn. 44. Anders nach rechtskräftiger Feststellung, daß der Titel ohnehin nicht mehr vollstreckbar sei → § 775 Rdnr. 8.
[97] Obiter BGH WM 1985, 704.
[98] → § 775 Rdnr. 18 Fn. 108 mit Rdnr. 32.
[99] Z.B. wegen Formunwirksamkeit oder Unbestimmtheit des Umfangs der ZV → Rdnr. 31 Fn. 172 vor § 704, § 797 Fn. 96 zu BGHZ 118, 236 = NJW 1992, 2162 (II 2), zur Verbindung mit der Klage nach § 767 → Rdnr. 45 u. zur Wirkung auf die ZV → § 775 Rdnr. 8. − *Windel* (Fn. 66) 227 hält solche Feststellungsanträge doch für Klagen nach § 767, für die § 802 nicht gilt. Dies wäre in der Tat nicht hinnehmbar, ist aber ein Kreisschluß, weil er voraussetzt, daß mit § 767 auch sämtlichen Scheintiteln begegnet werden könnte.

nicht mehr[100] *vollstreckbar* sei. Dann gilt zwar auch § 802 nicht, aber man wird ab Rechtskraft § 775 Nr. 1 und § 776[101] und damit wohl auch zuvor die §§ 707, 769[102] entsprechend anwenden müssen. Die Einrede der Rechtshängigkeit steht wegen des abweichenden Streitgegenstandes und des verschiedenen Rechtsschutzziels keiner der beiden Klagen entgegen[103]; → auch Rdnr. 5 f. Zur Lage nach Versäumung oder Prozeßabweisung der Vollstreckungsgegenklage → Rdnr. 56, nach rechtskräftiger Abweisung als unbegründet → Rdnr. 55, 57.

Der *Gläubiger* kann einer drohenden Vollstreckungsgegenklage unter Umständen mit **14** einer Leistungsklage zuvorkommen[104] oder selbst auf Feststellung klagen, daß der Anspruch noch bestehe und vollstreckbar sei[105], auch als Widerkläger → Rdnr. 5. Zu titelergänzenden Klagen → auch Rdnr. 31, 154 vor § 704, § 750 Rdnr. 23, § 766 Rdnr. 54. War aber die Vollstreckbarkeit einmal durch rechtskräftiges Urteil nach § 767 beseitigt oder beschränkt worden und sind die Gründe dafür nachträglich weggefallen, so kann nicht ein Feststellungsurteil die *Vollstreckbarkeit des Titels wiederherstellen*, sondern nur ein auf Vollstreckungsgegenklage des Gläubigers ergehendes Urteil, das die Vollstreckbarkeit (i. w. S.) des ersten, gemäß § 767 wider den Gläubiger ergangenen Urteils aufhebt[106]; dann ist freilich auch erneute Leistungsklage zulässig[107]. Wird jedoch die Vollstreckung nur bis zum Eintritt eines *bestimmten* Ereignisses für unzulässig erklärt, so wird damit lediglich der Anspruch nachträglich dem § 726 Abs. 1 unterworfen[108].

5. Entsprechende Anwendung bei Normenkontrolle und Verfassungsbeschwerde. Erklärt **15** das **Bundesverfassungsgericht** bei der *abstrakten Normenkontrolle* (Art. 93 Abs. 1 Nr. 2 GG, §§ 13 Nr. 6, 76ff. BVerfGG) ein Gesetz für nichtig, so bleibt eine auf dieser Norm beruhende Entscheidung grundsätzlich davon unberührt. Eine weitere[109] Vollstreckung aus einer solchen Entscheidung[110] ist jedoch »unzulässig«[111], wenn diese auf der nichtigen Norm beruht[112]. Ob das so ist, hat das Vollstreckungsorgan nicht zu prüfen. Der Schuldner muß hier

---

[100] Z.B. wegen zeitlicher Begrenzung; näheres → § 775 Rdnr. 8.
[101] → § 775 Rdnr. 8 Fn. 44.
[102] → § 707 Rdnr. 27.
[103] RGZ 11, 126; 134, 161 → Rdnr. 6 f. u. § 261 Rdnr. 56 ff. – A.M. *Wieczorek*² Anm. B III a 3.
[104] BGH WM 1963, 865; RGZ 110, 117, 119; auch noch während des Prozesses nach § 767 RG JW 1915, 1032. → auch §§ 727 Rdnr. 7, 731 Rdnr. 6. Entgegen *Münch* (Fn. 18) 346 liegt darin kein Zugeständnis an die These von der negativen Leistungsklage, weil die Verurteilung zur Leistung gerade nach dem auch von *Münch* vertretenen allgemeinen Streitgegenstandsbegriff nicht lediglich das kontradiktorische Gegenteil einer Beseitigung der Vollstreckbarkeit (nicht: des Titels!) ist; → Fn. 20.
[105] BGH JZ 1966, 575 = MDR 841; OLG Köln FamRZ 1979, 923 (festzustellen war aber nur der Anspruch, denn vollstreckbar ist das rechtskräftige Unterhaltsurteil nach Scheidung, → Fn. 172, s. auch den richtigen Hinweis auf § 767 bei *OLG Köln* aaO 925). Das Feststellungsinteresse für den Gläubiger entfällt mit Erhebung der Klage nach § 767 durch den Schuldner nur, soweit auch die Vollstreckbarkeit festgestellt werden soll; weitergehend (Feststellungsinteresse bleibe generell bestehen) RGZ 100, 126; a.M. *K. Schmidt* (Fn. 9) Rdnr. 22.
[106] Wie hier *Schlosser* (Fn. 1) 264 f.; *Baumann/Brehm*² § 13 III 2 d; *Gaul* (Fn. 12) § 40 III 1. So hätte z.B. OLG Frankfurt FamRZ 1980, 906 f. richtig verfahren (Beendigung einer Überleitung künftiger Ansprüche nach §§ 90 f. BSHG, → Fn. 215), statt das nach § 767 ergangene Anerkenntnisurteil als von vornherein auflösend bedingt auszulegen (was den ZV-Organen nur unpassende materielle Prüfung auferlegen würde, → die Parallele in § 722 Rdnr. 13). – A.M. *K. Schmidt* (Fn. 9) Rdnr. 25; *Thomas/Putzo*[18] Rdnr. 9; *Wieczorek*² Anm. A II; *Jauernig* ZwVR[19] § 12 I a.E. *Hartmann* (Fn. 59) Rdnr. 4 u. *Zöller/Herget*[18] Rdnr. 5 meinen hingegen wohl nur materiellrechtliche Gestaltungsklagen. → Rdnr. 7 a Fn. 47 f.
War die vollstr. Ausf. schon erteilt worden, so muß sie nicht erneuert werden, es genügt Vorlage der Ausfertigung des neuen Urteils → § 775 Rdnr. 31; a.M. *Wolfsteiner* Rpfleger 1985, 449: Klage nach § 731, der in der Tat ähnliche Ziele verfolgt, aber die (nach § 767 gerade beseitigte) allgemeine Vollstreckbarkeit, sei es auch bedingte, schon vorausetzt u. nur weitere Klauselvoraussetzungen herzustellen hilft → § 731 Rdnr. 8.
[107] *Münch* (Fn. 18) 323, 345 ff.
[108] Insoweit zutreffend *Wolfsteiner* (Fn. 106) gegen OLG Koblenz Rpfleger 1985, 200, das anscheinend Nachweise wie §§ 756, 765 vor dem VollstrGer (also ohne § 726) genügen lassen will.
[109] BGH GRUR 1988, 788 f.; OLG Nürnberg Büro 1985, 1894 f. = GRUR 238 f.
[110] Auch Versäumnisurteile u. Vollstreckungsbescheide; a.M. LG Mannheim NJW 1960, 917 = BB 380; aber nicht Entscheidungen im Verfahren auf Erlaß einer einstweiligen Verfügung, auch wenn sie rechtskräftig sind BGH GRUR 1988, 788 f. (daher kann Entscheidung des BVerfG als nachträglicher Umstand gemäß § 927 geltend gemacht werden).
[111] → dazu Fn. 11 a. E.
[112] OLG Hamburg FamRZ 1988, 1177, 1178. Vgl. auch *Zekorn* ZZP 74 (1961), 406 ff. Entsprechendes gilt,

die Unzulässigkeit der Vollstreckung erst auf dem Weg des § 767 herbeiführen, den ihm § 79 Abs. 2 S. 3 BVerfGG (trotz § 767 Abs. 2, → Rdnr. 25 ff.) als einzigen[113] Rechtsbehelf eröffnet wegen der mitunter schwierigen materiellrechtlichen Fragen[114]. – Nach § 95 Abs. 3 S. 3 BVerfGG gilt dies entsprechend bei *Verfassungsbeschwerden*[115]. Soweit dabei allerdings die Entscheidung selbst nach § 95 Abs. 2 BVerfGG aufgehoben wird, gelten die §§ 775 Nr. 1, 776 unmittelbar. Die Anwendung des § 79 Abs. 2 S. 2, 3 BVerfGG ist bedenklich, wenn lediglich Verfahrensnormen für nichtig erklärt sind[116]. Eine Analogie bei Änderung einer ständigen Rechtsprechung scheidet aus[117]. Für die Nichtigerklärung von **Landesrecht** enthält § 183 S. 3 VwGO die gleiche Regelung, soweit nicht ein besonderes Landesgesetz die Aufhebung an sich unanfechtbarer Entscheidungen vorsieht und damit die §§ 775 f. oder entsprechende Vorschriften eingreifen.

II. Die zulässigen Einwendungen[118]

16   1. **Arten der Einwendungen.** Unter § 767 fallen nur **Einwendungen gegen die Zwangsvollstreckung**, die den durch das Urteil festgestellten[119] **Anspruch** (bei Teilurteilen also nur den titulierten Teil[120]) selbst betreffen[121]. Darunter fallen auch Nebenforderungen und Kosten, die Vollstreckungsorgane selbst zu berechnen haben[122]. Sie beruhen in erster Linie[123] auf

---

wenn die Nichtanwendbarkeit nicht mit Gesetzeskraft festgestellt worden war *OLG Nürnberg* Büro 1985, 1894, 1895 = GRUR 238. Eine Änderung der Rsp nach einer Entscheidung des BVerfG, welche lediglich das angefochtene Urteil als verfassungswidrig aufhebt (dazu → Text nach Fn. 115), reicht nicht laut *OLG Köln* WM 1985, 1540 = WRP 1985, 362 (zust. *K. Schmidt* [Fn. 9] Rdnr. 70) u. *OLG München* WRP 1984, 477.
[113] S. aber *BGH* GRUR 1988, 788f. zu § 927 u. NJW 1990, 3022 zum Wegfall der § 323 zugrundeliegenden Bindungswirkung aufgrund *BVerfG* NJW 1989, 2807 (zu § 1579 BGB).
[114] *BGHZ* 54, 79 ff. = JZ 1970, 691 (*Baur*) = NJW 1459; *LG Mannheim* BB 1960, 187; *Zekorn* (Fn. 112) 419 ff.; *Hoegen* Justiz 1960, 30; *Löwisch* JZ 1961, 733. – A.M. *Hoppner* u. *LG Heidelberg* NJW 1960, 513 u. 916.
[115] Vgl. z. B. *BVerfGE* 65, 248 = GRUR 1984, 276 = WRP 128 (Verfassungswidrigkeit der Preisauszeichnungspflicht gemäß PreisangabenVO 1973). – Nach *Baur/Stürner*[11] Rdnr. 749 gilt § 79 Abs. 2 S. 2 BVerfGG analog für Normenkontrollen durch den EGMR nach Art. 53 MRK.
[116] *Zekorn* (Fn. 112) 415 ff. mwN. Für den Sonderfall verfassungswidrig erklärter Gerichte vgl. noch *Jauernig* NJW 1960, 1885 ff.
[117] *OLG Köln* WM 1985, 1339 f. → Fn. 225 f., 112 a. E.
[118] Die Klage ist zulässig, wenn gemäß §§ 253 Abs. 2 Nr. 2, 767 Abs. 1 Einwendungen behauptet werden, die nicht Verfahrensmängel sind, sondern den Anspruch selbst betreffen, also nicht nur die Wirksamkeit des Titels (→ Fn. 37, 68), nur die Klausel (→ aber §§ 768, 796 Abs. 3, 797 Abs. 5) oder Rügen gemäß §§ 766, 900 Abs. 5, *Gaul* (Fn. 12) § 40 IV 2. Ob die Tatsachen schlüssig oder wahr u. wann sie entstanden sind (Abs. 2), gehört zur Begründetheit *RGZ* 77, 353 f.; *Lüke* Fälle zum Zivilprozeß R² 166 Fn. 10 mwN, h.M. – A.M. *Haase* JuS 1967, 561; *Gilles* (Fn. 1) 109 f.
[119] → § 322 Rdnr. 123 ff., 179 ff. Wohl zu eng *BGH* → Fn. 91 (abl. *Fritze* GRUR 1973, 431); *Renck* NJW 1992, 2209 gegen *BVerwG* NJW 1992, 191 f. Denn die schwierige Grenzziehung zwischen Titelauslegung und Einschränkung der Vollstreckbarkeit nach § 767 vor allem bei Un-

terlassungsansprüchen (→ § 890 Rdnr. 33 a.E.) sollte nicht zulasten der Parteien gehen. Das Gericht hat daher den Anspruchsumfang auszulegen u. die Klage nur dann abzuweisen, wenn der Titel den vom Kläger angegriffenen Anspruchsteil nicht umfaßt → Rdnr. 31 Fn. 173 vor § 704 mwN. – In der Begründung bedenklich weit *OLG Düsseldorf* → Fn. 78.
[120] *BGH* NJW 1993, 1996 mwN (für Urteile u. Vergleiche »über freiwillig gezahlte Beträge hinaus«).
[121] *Gilles* (Fn. 1) u. *Münch* (Fn. 18) legen die Betonung auf den *prozessualen* Anspruch, überwiegend unnötig für ihre meist richtigen Ergebnisse (→ auch Fn. 123); zuweilen läßt sich damit aber ein Streit über Anspruchsidentität lösen *Münzberg* (Fn. 18) 229, 233. → dazu auch Rdnr. 20 Fn. 137, § 794 Rdnr. 32 ff.
[122] → Rdnr. 11 Fn. 78. Daher sind nur der kostenauslösende Tatbestand (insbesondere Notwendigkeit) u. die Höhe nach § 766 überprüfbar, aber nicht Einwendungen wie etwa Verjährung → Rdnr. 21; a.M. *AG Ansbach* DGVZ 1992, 139 f.
[123] Die »Einwendung gegen die ZV« kann nicht nur auf (neue) Einwendungen u. Einreden i. S. d. materiellen Rechts, sondern – ebenso wie bei §§ 722 f. (*BGH* NJW 1993, 2315 zu III 1 c bb = ZIP 1094 »Einreden, welche die Vollstreckbarkeit einer Forderung ausschließen«) – auf jede (neue) Tatsache gestützt werden, die einer Verleihung der Vollstreckbarkeit entgegenstünde, *wäre* über die Begründetheit des titulierten Anspruchs jetzt zu entscheiden; denn dann »betrifft« sie ihn i.S. d. Abs. 1 (→ auch Rdnr. 31 zu Abs. 2). Daher gehören hierher z. B. auch die Aufhebung ausländischer, im Inland für vollstreckbar erklärter Urteile aufgrund Wiederaufnahme (gleich aus welchem Grunde), ferner die fehlende Rechtskraft eines Versäumnisurteils wegen Unbestimmtheit des Anspruchs (im Unterschied zur Unbestimmtheit des Umfangs der ZV → Rdnr. 11 Fn. 66 f.), da auch solche Einwendungen den titulierten Anspruch als solchen »betreffen« i.S. d. Abs. 1, mögen sie auch nicht materieller Natur sein; a.M. für den zuletzt genannten Fall *BGH* NJW 1994, 461 f.: § 767 nur »analog«, aber zutreffend ohne Anwendung des Abs. 2, aaO 462.
Wie hier (alle Einwendungen, die jetzt zur Abweisung

Tatsachen, die den Anspruch *nach materiellem* Recht ganz oder teilweise[124] tilgen[125] oder – dauernd[126], zeitweilig[127] oder nur in der Person des Gläubigers[128] oder des Schuldners[129] entkräften, Näheres → Rdnr. 17 ff.; bei nicht rechtskraftfähigen Titeln auch (rechtshindernde) Einwendungen, die den Anspruch ganz oder teilweise[130] erst gar nicht entstehen lassen[131]. Ob der Schuldner für *im angegriffenen Titel nicht genannte Ansprüche* (z. B. Schadensersatz) haftet, ist für § 767 grundsätzlich unerheblich[132], ebenso die Haftung aus anderem Titel[133]; → auch §§ 732 Rdnr. 4. U. U. hilft dem Beklagten aber Berufung auf § 242 BGB[134] oder *Widerklage*[135]. Gleich ob die Aufhebung oder Einschränkung des Anspruchs auf Vertrag, gerichtlichem Akt, Verwaltungsakt oder Gesetz beruht, gehören hierher:

a) Das (auch teilweise) **Erlöschen** des Anspruchs (1.) durch eine die Ausfertigung nicht verbrauchende[136] *Erfüllung*[137], insbesondere wenn der Schuldner unrichtige Verrechnung von Zinsen oder Kosten geltendmacht[138], oder der Gläubiger bei der Vollstreckung gemäß **17**

---

der Klage führen müßten) *Gilles* (Fn. 1) 88 f., 111; *Münch* (Fn. 18) 335 mwN; s. z. B. *RGZ* 52, 218 (→ § 322 Rdnr. 226), unten → Fn. 163 f., 179, § 580 Rdnr. 20, § 723 Rdnr. 6 Fn. 19, § 766 Rdnr. 24; für § 767 ist es auch gleichgültig, ob man den Wegfall der Störungsgefahr bei § 1004 BGB materiell (vgl. *Münzberg* JZ 1967, 692 f.) oder prozessual einordnet. – A. M. *BGHZ* 100, 212 f. (Fn. 37); richtig aber zur Abrede, teilweise nicht zu vollstrecken *BGH* (Fn. 29), insoweit h. M., vgl. *Hartmann* (Fn. 59) Rdnr. 17; *K. Schmidt* (Fn. 9) Rdnr. 58; *Thomas/Putzo*[18] Rdnr. 20; *Gaul* (Fn. 12) § 40 IV 1 mwN.

[124] *RG* JW 1904, 59[14]; *BGH* NJW 1960, 2286 = Büro 1961 a. E.; *BGHZ* 83, 279 f. = NJW 1982, 1148; NJW 1984, 2826 f.; NJW-RR 1987, 60 = WM 1986, 1033; NJW-RR 1993, 760[61]; NJW 1993, 1396 zu b do mwN. Eines Hilfsantrags bedarf es insoweit nicht, → auch Rdnr. 338 1. Abs. u. 207; vgl. auch den Fall *LG Siegen* → Fn. 137.

[125] Ist die anstelle oder vor Einlegung eines Rechtsmittels (→ Rdnr. 41) erhobene Klage des vorläufig vollstreckbar verurteilten Schuldners noch vor Eintritt der Rechtskraft entscheidungsreif, so ist auch seine zur Abwendung der ZV erbrachte Leistung als »sofortige Tilgung« i. S. d. § 708 Rdnr. 4–6 zu behandeln, d. h. die ZV ist hinsichtlich des Geleisteten für unzulässig zu erklären (a. M. *OLG Schleswig* NJW-RR 1992, 192 = MDR 1991, 669). Die das vorinstanzliche Urteil bestätigende Entscheidung kann trotzdem rechtskräftig werden (→ Fn. 37) u. bestätigt damit zugleich die Erfüllungswirkung der ZV, das das Rechtsmittelgericht mangels Erledigungserklärung vorerst ignorieren mußte → § 708 Rdnr. 5. Vgl. dazu *BGH* NJW 1990, 2756 (Erfüllungswirkung einer zur Abwendung der ZV aus einem vorläufig vollstreckbaren Urteil geleisteten Zahlung mit Eintritt der Rechtskraft im Vorprozeß, wenn ein Anspruch aus § 717 Abs. 2 nicht erhoben wurde). – Zahlt der (seine Pflicht nicht bestreitende) **Bürge** zur Abwendung einer ZV vom **Schuldner**, so gilt § 774 BGB. → dazu Fn. 63, 215 u. § 708 Rdnr. 6 a. E. – Wenn aber der bestreitende Bürge auf ein ihn selbst treffendes vorläufig vollstreckbares Urteil zur Abwendung der ZV zahlt, so begründet es nur die vor Rechtskraft noch nicht die Klage des ebenfalls verurteilten *Schuldners*; nur insoweit richtig *RGZ* 98, 329 (330).

[126] *BGH* WM 1990, 306 → Fn. 199.

[127] → Rdnr. 21.

[128] *BGHZ* 92, 350 f. (Fn. 59) u. *OLG Bremen* (Fn. 59); → Rdnr. 22, zur Urteilsformel → Rdnr. 44a Fn. 340.

[129] Es obsiegt z. B. nur einer von mehreren Titelschuldnern nach § 767 *LG Frankenthal* MDR 1983, 586 = Rpfleger 162.

[130] *OLG Hamburg* NJW-RR 1986, 404 (notarielles Schuldanerkenntnis hinsichtlich Verzugszinsen bei Nichtigkeit des zugrundeliegenden Kreditvertrags).

[131] Vgl. *BGH* NJW-RR 1990, 247 (zu §§ 3, 9, 11 Nr. 15 AGBG, § 138 BGB); *OLG Koblenz* NJW-RR 1993, 176 (zu § 3 AGBG); *OLG Köln* NJW-RR 1992, 623 (zu § 138 I BGB). – Gemeint ist hier nur die Nichtanwendung des § 767 Abs. 2 (mißverstanden von *BGHZ* 100, 212 f. → Fn. 37), → § 795 Rdnr. 13, § 797 Rdnr. 20, § 797a Rdnr. 9.

[132] → § 794 Rdnr. 95 a. E., § 797 Rdnr. 20 Fn. 107 f.; *RGZ* 39, 169 f.; s. auch *BGH* NJW 1982, 2072 f. (ZV wegen nachehelichem Unterhalt, aber Titel = Prozeßvergleich nur für Trennungsunterhalt). Bei Grundschuldbeträgen oder abstrakten Schuldanerkenntnissen kann freilich der Gläubiger gegebenenfalls einwenden, die neue Schuld sei mitgesichert → § 794 Rdnr. 82a Fn. 472.

[133] *OLG Koblenz* NJW-RR 1990, 883 f. = WM 1065.

[134] So *BGHZ* 110, 322 (Fn. 9), weil Gläubiger nach § 812 BGB vom Schuldner Wiederherstellung des durch rechtsgrundlose Genehmigung nach § 415 BGB verlorenen Anspruchs verlangen konnte; → auch Rdnr. 20 Fn. 197 a. E.

[135] → Rdnr. 13 u. § 33 Rdnr. 13 a. E., z. B. *BGH* WM 1975, 1213 = DB 1976, 482.

[136] Näheres → Rdnr. 42 f., auch zur Ausnahme → Fn. 319. Zum Verbrauch der vollstreckb. Ausf. ist während des Prozesses nach § 767 → Rdnr. 45 und, falls schon vor Rechtshängigkeit erfüllt war, → Fn. 355 a. E.

[137] Auch durch einen von mehreren Gesamtschuldnern, *LG Augsburg* DGVZ 1993, 188. Ebenso Leistung der vom dazu befugten Schuldner gewährten Schuld *RGZ* 27, 384, § 264 Abs. 1 HS 2 BGB. § 366 Abs. 2 BGB ist zu beachten: Nicht titulierte Forderung bietet »geringere Sicherheit« *OLG Hamburg* MDR 1971, 758. ZV aus Grundschuld tilgt stets diese, auch wenn Verrechnung auf persönliche Schuld vereinbart ist, sowie im Zweifel zugleich abstraktes Anerkenntnis, falls es denselben Anspruch sichert, vgl. *BGHZ* 99, 274 = NJW 1987, 905 f. mit NJW 1988, 707 = MDR 1988, 384[18] = DNotZ 488 (krit. *Schmitz-Valckenberg*. Zur Tilgung der durch Grundschuld und Haftungsübernahme gesicherten Forderung *OLG Koblenz* (Fn. 133). Über (teilweises) Erlöschen durch Schadensminderung *LG Siegen* NJW-RR 1991, 1142 f. Wegen ZV von Handlungen – aber auch Rdnr. 12. – Zur Problematik bei § 733 → dort Fn. 17, Rdnr. 4. Wegen vorläufig vollstreckbarer Ansprüche → Fn. 125.

[138] → § 754 Rdnr. 1, 1a; vgl. *BGH* (Fn. 29).

§ 164 II KO einen aufgrund Absonderung erlangten Betrag nicht abzieht[139]; Leistung an Erfüllungs Statt[140] befreiende Leistung durch[141] oder an Dritte[142]; (2.) Ausübung einer Ersetzungsbefugnis des Schuldners[143]; (3.) Vornahme der Handlung im Falle § 510b oder § 61 Abs. 2 ArbGG[144]; (4.) Hinterlegung nach § 378 BGB[145]; (5.) *Erlaß*[146], *Vergleich*[147] und befreiende Schuldübernahme[148]; (6.) gerichtlich bestätigten (Zwangs-) Vergleich, §§ 193 KO, 82f. VerglO[149]; (7.) *Aufrechnung*[150]; (8.) *Rücktritt* von dem Vertrag, dessen Erfüllung der Titel dient[151], oder Aufhebung eines solchen Vertrags[152], einschließlich § 13 Abs. 3 VerbrKrG[153]; Kündigung[154]; Wandelung oder Minderung nach §§ 462 ff. BGB[155]; (9.) Ablehnung der Erfüllung im Falle § 17 KO[156]; (10.) *Anfechtung* nach §§ 119 ff. BGB[157]; (11.) bei *bedingten Leistungen* der Eintritt der auflösenden Bedingung[158], ebenso Versäumung des Vorbehalts nach § 341 Abs. 3 BGB bei Vertragsstrafen[159], oder der endgültige Ausfall einer zur Beweislast des Schuldners stehenden aufschiebenden Bedingung[160]; (12.) Wegfall des Anfechtungsanspruchs durch Aufhebung des Schuldtitels i.S.d. § 2 AnfG[161]; (13.) Erlöschen der Haftung nach § 1437 Abs. 2 S. 2 BGB; (14.) Wegfall der Geschäftsgrundlage[162]; (15.) bei

---

[139] *Jaeger/Weber* KO[8] § 164 Rdnr. 7a.
[140] *OLGe München* OLGRsp 31, 96; *Hamm* NJW-RR 1988, 266.
[141] Vgl. BGHZ 70, 155f. = NJW 1978, 755[2] (auf titulierte Unterhaltsschuld anrechenbare Kindergeldzahlung), zutreffend eingeordnet von *K. Schmidt* (Fn. 9) Rdnr. 61.
[142] → auch zu Bruttolohntiteln Rdnr. 28 vor § 704, § 775 Rdnr. 19, zugleich zur vorläufigen Einstellung; zum Streit um die Empfangsberechtigung Dritter → § 775 Rdnr. 19a.
[143] → Rdnr. 11 vor § 803.
[144] → § 510b Rdnr. 19. *Grunsky* ArbGG[6] § 61 Rdnr. 16; *LAG Frankfurt* NZA 1992, 524 (L).
[145] RGZ 30, 197 (Drittschuldner); JW 1914, 466.
[146] Oft als »Verzicht« erörtert, z.B. *OLG Oldenburg* FamRZ 1992, 844 (Unterhaltsverzicht); zu Forderungen s. aber § 397 BGB; zutr. dagegen *OLG Köln* VersR 1992, 885 (Teilerlaß). Zur Frage, ob ein Erlaß gemäß § 76 Abs. 2 Nr. 3 SGB IV schon im Zivilprozeß über den nach § 116 SGB X übergegangenen Anspruch geltendgemacht werden muß oder – nach Entscheidung durch Verwaltungsakt bzw. Sozialgericht – erst gemäß § 767, s. *Ahrens* NJW 1989, 1706 ff. mwN.
[147] RG SeuffArch 56 (1901), 214; 78 (1924), 88 (obiter, Klagerücknahmeversprechen in außergerichtlichem Vergleich); JW 1907, 310, 392f.; *BGH* FamRZ 1979, 574 = MDR 829. BGHZ 5, 251; *OLG Düsseldorf* JMBlNRW 1962, 270 (Kostenvergleiche); *OLG Schleswig* SchlHA 1980, 161 (Minderung rechtskräftig festgestellten Unterhalts). Zur Überschneidung im Urteil zugesprochener u. dann vergleichsweise geregelter Ansprüche → § 794 Rdnr. 32ff.
[148] BGHZ 110, 319 (Fn. 9); *LAG Hamm* ZIP 1983, 65.
[149] → Fn. 80 vor § 704; RGZ 123, 71f.; 132, 114; *E. Schneider* DGVZ 1985, 103. Wegen § 193 S. 2 KO s. *BGH* → Fn. 341.
[150] RGZ 44, 365; *BGH* WM 1965, 767; NJW 1980, 2528; 1990, 3211; *KG* Rpfleger 1973, 264f. = ZZP 86 (1973), 441 (zust. *Grunsky*); obiter *OLG Frankfurt/M.* VersR 1986, 544; *OLG München* FamRZ 1993, 814f. (Klage wegen Aufrechnungsverbot gemäß § 394 BGB, § 851 Abs. 1 unbegründet); *LG Amberg* MDR 1992, 19084f. (Aufrechnung mit vorläufig vollstreckbarer Gegenforderung); → auch § 707 Rdnr. 4 a.E. mit § 717 Rdnr. 29. Solange § 428 BGB gilt (verneinend für gemeinsam titulierte Kostenerstattungsansprüche von Streitgenossen *AG Wiesbaden* NJW 1986, 1996f.), genügt eine Gegenforderung gegen nur einen der Gläubiger; s. aber *BGH* LM § 428 BGB Nr. 13 = NJW 1979, 2038[7].
→ auch Rdnr. 32ff. Gegen Aufrechnung mit einer von **§ 269 Abs. 4** betroffenen Forderung *OLG München* OLGZ 1984, 188; *OLG Bremen* NJW-RR 1992, 766. Zur Entscheidungsbefugnis, falls die Gegenforderung an sich vor ein anderes Gericht gehören würde oder dort schon rechtshängig ist, → § 145 Rdnr. 32ff., 43u. § 322 Rdnr. 175. Über etwaige Aussetzung → Rdnr. 26, 38. Über **Aufrechnung durch den Gläubiger** → § 322 Rdnr. 177f.
[151] RGZ 104, 17; *BGH* MDR 1978, 1011 = WM 847 u. NJW 1979, 2032[2]. → auch Fn. 341 zu § 348 BGB.
[152] *BGH* WM 1975, 12 = DB 1976, 482.
[153] Früher § 5 AbzG; → § 814 Rdnr. 14.
[154] *LG Bielefeld* NJW-RR 1991, 182 (§ 627 BGB); *ArbG Münster* BB 1981, 243.
[155] *BGH* (Fn. 33); *OLG München* NJW-RR 1992, 126.
[156] *BGH* NJW 1987, 1702 = MDR 579 = WM 381 = ZIP 304.
[157] Vgl. *BGH* JZ 1978, 147 = WM 60; JZ 1978, 565 = NJW 1480 = WM 636. → auch Rdnr. 33ff.
[158] → § 726 Rdnr. 10, zu § 91 Abs. 1 S. 2 BSHG → § 726 Fn. 70; *OLG Frankfurt/M.* FamRZ 1989, 1320; *Oertmann* (Fn. 15) 243. Im Falle § 66 KO/§ 42 InsO ist nach Feststellung (§ 144ff. KO/§§ 187ff. InsO) auch der Verwalter auf § 767 angewiesen.
[159] *BGH* JZ 1979, 347 = NJW 1163 u. trotz vorheriger Aufrechnung NJW 1983, 384f. Nach Rechtshängigkeit ist nochmaliger Vorbehalt entbehrlich BGHZ 62, 330 = NJW 1974, 1324.
[160] Z.B. bei Verfallklauseln oder **Nachbesserungsansprüchen.** → Rdnr. 21.
[161] Vgl. *OLG München* OLGRsp 18, 404 (gegen Zwangshypothek, dort als Klage nach § 894 BGB behandelt, → dagegen § 867 Rdnr. 32); *LG Köln* Büro 1966, 710 (zust. *E. Schneider*). – Der Anfechtungsgegner kann Einwendungen gegen den Schuldtitel des Anfechtenden auch einredeweise im Anfechtungsprozeß geltend machen, soweit auch der Schuldner sie noch erheben könnte *RG* JW 1928, 1344; *BGH* NJW 1961, 1463f.
[162] Vgl. § 794 Nrn.1, 5 BGHZ 70, 47 = JZ 1978, 148 = NJW 370f.; *OLGe München* MDR 1956, 237; *Schleswig* FamRZ 1986, 71 *OVG Münster* DB 1970, 2073. Für wiederkehrende Ansprüche → aber Rdnr. 18.

Unterlassungsansprüchen der Erwerb des Rechts zur Handlung[163] nebst Einwendungen nach § 19 AGBG[164]; (16.) *Unmöglichkeit* der Erfüllung[165], freilich nur, falls dadurch die Pflicht zur Primärleistung entfällt[166], → auch Rdnr. 20; (17.) bei Wahlschulden der Wegfall des Anspruchs, den der Gläubiger zu vollstrecken versucht[167]; (18.) Fortfall oder Minderung des Anspruchs wegen Wegfalls der Gegenleistung in den Fällen → § 756 Rdnr. 11; (19.) *Verwirkung*[168]; (20.) nach Räumungsurteil erneuter Vertragsschluß[169] oder Ausübung einer Verlängerungsoption[170]; Wegfall des Eigenbedarfs i. S. d. § 564 b Abs. 2 Nr. 2 BGB[171].

(21.) Bei **Unterhaltsforderungen** und sonstigen, eine Prognose einbeziehenden Dauerrechtsverhältnissen gilt § 767 nur für die Veränderung solcher Umstände, die *nicht* unter §§ 323[172], 620 b[173], 641l, 641q, 642 b[174], 642 e[175], 643a fallen. Einer zeitlich nicht beschränkten und daher bis zur Erfüllung der Hauptschuld reichenden Verurteilung zu künftigen Zinsen mit festem Zinssatz[176] kann also eine Verminderung des den Gläubiger belastenden Zinssatzes nicht nach § 767[177], sondern nur nach § 323 begegnet werden[178]. Zur Klageverbindung → Rdnr. 45. Ferner gehören hierher (22.) auch Gesetzesänderungen innerhalb 18

---

[163] *BGH* (Fn. 91) zur Berücksichtigung neuer Erkenntnisse gegenüber einem Jahrzehnte alten Urteil sowie zum Wandel der Bedeutungsvorstellungen des Publikums über eine Angabe, s. auch *Grunsky* FS für J. Rödig (1978) 325 ff. (zum AGBG) u. *Brehm* WRP 1975, 206 zu III (sicherer Wegfall der Gefährdung); obiter *BGH* GRUR 1983, 181 a. E. = NJW 1984, 240[14] a. E. (Wegfall der Sittenwidrigkeit einer Verwertung fremden Betriebsgeheimnisses); RGZ 155, 321, 327 (Löschung eines Gebrauchsmusters); → auch Fn. 165 a. E. wegen sich widersprechender Gebote oder Verbote.
[164] Zu dieser Ausnahme (→ Fn. 226) u. ihrem Verhältnis zu § 21 AGBG → § 322 Rdnr. 257, § 325 Rdnr. 75 f.
[165] RGZ 39, 169 f.; 107, 234 f. (in casu abl., da nur vorübergehende Leistungsverhinderung); KG DR 1940, 2116. → aber auch § 888 Rdnr. 10 f.; OLGe Stuttgart, Hamm NJW-RR 1986, 1501; 1988, 1087 f. - Ebenso bei nachträglicher Leistungsverweigerung aus einem Verhalten, das einem Leistungsge(ver)bot aus früherer Verurteilung widerspricht *Baur* FS für Karl Sieg (1976) 46 f.
[166] OLG Köln NJW-RR 1991, 1023. Wegen Ersatzansprüchen → Rdnr. 20.
[167] → Rdnr. 10 f. vor § 803.
[168] *BGH* Rpfleger 1979, 379[353] = NJW 2047[13]; FamRZ 1987, 261; NJW 1993, 1394 = MDR 272; OLGe Hamm NJW 1982, 341 f. = MDR NJ 147; Karlsruhe GRUR 1988, 719; obiter *Frankfurt/M*. FamRZ 1991, 1329; LGe Köln NJW 1967, 1378; Trier NJW-RR 1993, 55 f.; obiter LG Darmstadt Rpfleger 1985, 243; AGe Wolfsburg DGVZ 1979, 26 (bedenklich); *Remscheid* DGVZ 1981, 126; Dortmund DGVZ 1987, 92; Charlottenburg DAVorm 1988, 185 f. (aber § 323 bei wandelbarer Prognosetatsache, dort Wegfall der Bedürftigkeit bei fehlendem Studierwillen). → auch § 794 Rdnr. 286, § 909 Rdnr. 19. - Str. für § 1579 BGB → § 323 Rdnr. 45; hier für § 323 OLG *Frankfurt* FamRZ 1988, 62; *Graba* (Fn. 10) 485. Zutreffend gegen eine Verwirkung des Rechts auf Klauselerteilung *OLG Zweibrücken* → § 733 Fn. 43, des Rechts auf Kostenfestsetzung KG Rpfleger 1994, 385.
[169] OLG Hamm (Fn. 168); LG Düsseldorf MDR 1979, 596[63]; AG Frankfurt/M. NJW-RR 1988, 204.
[170] BGHZ 94, 29 = JZ 1985, 750 (*Arens*) = JR 468 (*Haase*) = WM 722.
[171] Restriktiver LG Siegen WuM 1992, 147 f. (nur bei vollständiger Aufgabe des Eigennutzungswunsches); s. aber zur strafrechtlich relevanten Garantenpflicht des Vermieters *BayObLG* WuM 1987, 129 f.

[172] → § 323 Rdnr. 41-47; *BGH* FamRZ 1989, 160 f. = NJW-RR 323 u. *OLG Frankfurt/M*. FamRZ 1993, 811 f. für Wegfall des Unterhaltsbedarfs wegen Erlangung eines Rentenanspruchs: § 767 für Vergangenheit, § 323 für Zukunft; *BGH* FamRZ 1988, 62, 1156; NJW-RR 1991, 1155 mwN; auch AG Charlottenburg (Fn. 168); krit. *Braun* Grundfragen der Abänderungsklage (1994) passim, zusammenfassend § 11; *Jacoby* (Fn. 1) 208 ff.
Zum Erlöschen ehelichen Unterhalts durch Eheauflösung *BGH* NJW 1981, 978 = FamRZ 242 = JR 242; vgl. auch *BGH* FamRZ 1981, 441 (*Bosch*). Zum Erlöschen des Anspruchs auf **Trennungsunterhalt** durch Wiederaufnahme der ehelichen Lebensgemeinschaft *OLG Düsseldorf* NJW 1992, 2166 = FamRZ 943. Zum Erlöschen des Anspruchs auf **nachehelichen Unterhalt** durch Wiederheirat *BGH* NJW 1988, 558[7] (§ 767). - Vgl. auch zur Tenorierung des Urteils nach § 1361 BGB *OLG Stuttgart* FamRZ 1979, 704 f. u. dagegen *Scheld* aaO 705. Der von ihm (auch in DGVZ 1984, 52) neben § 767 erwogene Weg über §§ 732, 768 scheidet aus → § 732 Rdnr. 3 u. § 768 Rdnr. 6. Zum Einfluß rechtskräftiger Scheidung auf **einstweiligen Unterhalt** nach §§ 620 f. → § 620 Rdnr. 8, § 795 Rdnr. 11. - Zu wettbewerbsrechtlichen Unterlassungsansprüchen *BGH* (Fn. 91); *OLG Köln* GRUR 1987, 652; *Völp* GRUR 1984, 489 f. empfiehlt Eventualklagenhäufung (§ 323 u. § 767).
[173] → § 620 b Rdnr. 1 f. Näheres → § 795 Rdnr. 11 f.
[174] → § 642 b Rdnr. 2 a. E.
[175] → § 642 e Rdnr. 1.
[176] Für Verzugsfolgen scheint § 11 Abs. 1 letzter HS VerbrKrG noch solche Verurteilungen zu erlauben. Der erforderliche Nachweis des Gläubigers sollte jedoch nur für die Zeit bis zum Schluß der mündlichen Verhandlung (oder einen geringen Zeitraum danach) genügen, *Brehm* ZZP 101 (1988), 456; *Becker-Eberhard* DZWir 1993, 187 ff. mwN. → auch § 754 Fn. 36, 38, 40.
[177] BGHZ 100, 211 (Fn. 37), zust. *Brehm* ZZP 101 (1988), 456. - A. M. *Deichfuß* MDR 1992, 336 f.: Der Titel sei insoweit unbestimmt gewesen, die Nebenentscheidung daher nicht von der Rechtskraft erfaßt; s. dagegen bereits *Brehm* aaO 455.
[178] OLG Karlsruhe NJW 1990, 1738; *Brehm* (Fn. 177); *Becker-Eberhard* (Fn. 176) 185; *Münzberg* JuS 1988, 345; K. Schmidt (Fn. 9) Rdnr. 58. Hingegen würde ein Feststellungsurteil über den Anspruch - so *Herr* NJW 1988, 3137 - noch nicht zu §§ 775 f. führen, → Rdnr. 3.

der → § 322 Rdnr. 258f. aufgezeigten Grenzen[179], (23.) der spätere Erlaß einer den Anspruch verneinenden oder einschränkenden Entscheidung[180], (24.) die Aufhebung einer nicht unter § 580 Nr. 6 fallenden Entscheidung oder eines Verwaltungsakts, auf die das Urteil gegründet war[181]; (25.) der (auch teilweise) Wegfall einer auf den Erben übergegangenen Unterhaltsschuld nach § 70 EheG[182].

18a § 767 ist anwendbar in Verbindung mit § 795 gegenüber Unterhaltsentscheidungen nach §§ 642, 642a, sobald die Unwirksamkeit eines *Vaterschaftsanerkenntnisses* rechtskräftig feststeht, vgl. § 1600f. Abs. 1 BGB[183]. Für diese Einwendung ist weder im Verfahren nach § 642a oder b noch im Prozeß nach § 323 Raum[184]; § 580 Nr. 6 gilt jedenfalls nicht unmittelbar, weil das Anerkenntnis kein Urteil ist, und eine Analogie zu § 580[185] – auch abgesehen von Zweifeln an einer vergleichbaren Interessenlage – könnte bedenkliche Ausweitungen zur Folge haben; sie würde außerdem gegenüber Titeln gemäß § 642c versagen[186], für die sicherlich nur die Klage nach §§ 795, 767 in Betracht kommt[187]; eine unterschiedliche Behandlung wäre aber, nicht zuletzt im Hinblick auf die bei Wiederaufnahme in Betracht kommende Rückwirkung[188], sachwidrig. Wegen § 767 Abs. 2 → Rdnr. 34.

19 Ferner gehören hierher die Konkurs/Insolvenzanfechtungen → Fn. 54, die Entscheidung des Bundesaufsichtsamts für das Versicherungs- und Bausparwesen gemäß § 89 VAG[189], wegen § 1378 Abs. 2 BGB die Verringerung eines Zugewinnausgleichs in der Zeit zwischen Verkündung und Rechtskrafteintritt, falls über den Zahlungsanspruch schon im Entscheidungsverbund aufgrund des § 1384 BGB befunden wurde[190].

20 b) **Inhaltliche Veränderung** bzw. Ersetzung des Anspruchs durch Schadensersatz, §§ 280f., 283, 325f., 571 Abs. 2 BGB[191], durch *Konkurs/Insolvenz*[192] des Schuldners, durch Anpassung wegen Wegfalls der Geschäftsgrundlage oder durch Leistungsbestimmung gemäß § 315 BGB[193], durch Aufschub einer Unterlassungspflicht[194], ferner durch Bestimmung gemäß § 1612 Abs. 2 S. 1 BGB, die allerdings nur für die Zeit nach der Erklärung wirkt, → auch Fn. 267; ebenso, wenn sich eine nach § 811 Abs. 2 S. 2 oder § 867 S. 3 BGB im Urteil festgesetzte Sicherheitsleistung nachträglich als unzulänglich herausstellt[195], oder wenn Zah-

---

[179] → auch § 323 Rdnr. 45; *OLG Frankfurt* DGVZ 1983, 89 (Schriftl.).
[180] → Fn. 123 u. *OLG Köln* MDR 1960, 51; *BayObLG* NJW 1961, 1582 (rechtsgestaltende Entscheidung des Vormundschaftsgerichts nach rechtskräftiger Verurteilung zur Herausgabe eines Kindes). Für Aufhebung oder Abänderung ausländischer Titel im Erlaßstaat → aber Anh. § 723 A Rdnr. 329, 429 (EG-Bereich, Tunesien), Rdnr. 386, 400 (Österreich, Griechenland).
[181] → §§ 580 Rdnr. 22, 723 Rdnr. 5ff.
[182] → Rdnr. 33 zu Fn. 268 für bereits fällige Unterhaltsansprüche.
[183] *MünchKommBGB-Mutschler*³ § 1600f. Rdnr. 21 mwN. Vgl. auch *Gaul* Grundlagen usw. (1956) 214f. (arg. § 79 BVerfGG, → Rdnr. 15) u. gegenüber Unterhaltstiteln nach erfolgreicher Anfechtung der Ehelichkeit *Schwab* JZ 1954, 275.
[184] → § 323 Rdnr. 45.
[185] So u. a. für die Ehelichkeitsanfechtung *Schlosser* (Fn. 1) 259.
[186] → Rdnr. 37 vor § 578.
[187] → § 795 Rdnr. 10, 14.
[188] → Rdnr. 28 vor § 578.
[189] *RGZ* 112, 348 = JW 1926, 1164.
[190] *Dieckmann* ZZP 92 (1979), 396 u. FamRZ 1980, 521; *Gernhuber/Coester-Waltjen* Familienrecht⁴ § 36 VII 3 Fn. 13; *Soergel/Lange* BGB¹² § 1378 Rdnr. 8; s. auch BGH MDR 1979, 827; Rpfleger 1979, 376³⁴⁷ = NJW 2100.

[191] Auf im angegriffenen Titel nicht genannte Ansprüche kann sich der Beklagte nicht berufen → Rdnr. 16 Fn. 132. Zweifelnd für § 571 Abs. 2 BGB *Wolfsteiner* § 727 Rdnr. 30 a. E.
[192] Für Erfüllungsablehnung, § 17 KO (§ 103 Abs. 2 InsO) *BGH* (Fn. 156); §§ 65, 69f. KO (§§ 41, 45f. InsO) *RGZ* 93, 213; 112, 301, dazu → Rdnr. 20 vor § 704 u. über Fremdwährungsansprüche *K. Schmidt* FS für F. Merz (1992), 546f.; **§ 60 KO**, falls die (wenn möglich, noch in der Tatsacheninstanz vorzubringende, *BAG* NZA 1989, 144; *OLG Hamm* ZIP 1993, 523) **Einschränkung im Titel** fehlt *BAGE* 31, 288, 295 = AP Nr. 1 zu § 60 KO (krit. *Henckel*) = JZ 1979, 479 = NJW 1980, 141; *BAG* NZA 1990, 187 = KTS 1990, 123; gegen entspr.Anw. des § 780 → § 886 Rdnr. 12; *LG Oldenburg* DGVZ 1979, 74. Eine lediglich drohende Massenunzulänglichkeit genügt dagegen für § 767 noch nicht (offen, aber tendenziell ebenso *BAG* AP Nr. 5 zu § 60 KO = KTS 1986, 132 = ZIP 1338f. u. *K. Schmidt* [Fn. 9] Rdnr. 63), weil zwar eine auflösende, nicht aber eine aufschiebend bedingte Unzulässigerklärung in Betracht kommen → Rdnr. 7. S. aber für nach dem 31. 12. 1999 eröffnete Insolvenzverfahren (Art. 104 EGInsO) das ZV-Verbot des § 210 InsO. Zum materiell-rechtlichen Charakter des § 60 KO *Uhlenbruck* KTS 1978, 66, 71ff. → auch Fn. 149 (Vergleich), Rdnr. 42 a. E.
[193] → Fn. 266.
[194] → § 890 Rdnr. 54 a. E.
[195] *Oesterle* Leistung Zug um Zug (1980) 132.

lung nicht mehr verlangt werden kann, weil ein Gläubiger die Titelforderung gepfändet und nach § 853 Hinterlegung begehrt hat[196]. Die Klage ist allerdings unbegründet, soweit der Anspruch im prozessualen Sinne trotz materiellrechtlicher Veränderungen derselbe bleibt[197].

c) **Endgültige oder zeitweise Entkräftung des Anspruchs**, z. B. wegen einer geltend gemachten[198] Einrede[199], oder weil eine zur Beweislast des Schuldners stehende[200] aufschiebende Bedingung noch nicht eingetreten ist wie etwa bei *Nachbesserungsansprüchen*[201], *Verfallklauseln*[202]; wegen unzulässiger oder mißbräuchlicher Rechtsausübung/Verstoßes gegen Treu und Glauben[203], → aber auch Rdnr. 24 a. E.; §§ 115, 119 GewO (Nichtigkeit oder Einrede)[204]. Erhebliche Einreden sind ferner *Verjährung*[205] (s. aber § 218 BGB), *Mängeleinreden*, vgl. § 478 BGB[206], mangelnde Gegenleistung, falls der Titel die Einschränkung Zug um Zug noch nicht enthält[207], *Zurückbehaltungsrechte*[208], *Stundung*[209] und sonstige *fehlende Fälligkeit*[210]. Wegen § 60 KO (§ 208 InsO) → Fn. 192. Über teilweise Einschränkung der Vollstreckbarkeit → Rdnr. 44 a.

d) **Verlust der Sachbefugnis** des Gläubigers oder Schuldners, besonders in den Fällen → § 727 Rdnr. 12 ff., 25 ff., 46 ff., solange der Titel noch ohne Umschreibung in der Hand des

21

22

---

[196] → § 853 Rdnr. 5 mit § 727 Rdnr. 14 Fn. 69.
[197] → Fn. 121 a. E. u. zu doppelter Titulierung Rdnr. 20 Fn. 79 f. vor § 704, § 794 Rdnr. 32 ff.; z. B. *OLG Hamm* NJW 1988, 1988. So auch, wenn man den an die Stelle eines unwirksamen Anspruchs getretenen, inhaltlich gleichen (z. B. auf Zahlung gerichteten) Bereicherungsanspruch als »denselben Anspruch« ansieht, weil er auf demselben Tatsachenkomplex beruht *Münzberg* (Fn. 18) 229 Fn. 5; *Münch* DNotZ 1991, 535 mwN zu *BGH* (Fn. 134), der über § 242 BGB zum gleichen Ergebnis kommt. → auch Einl. (20. Aufl.) Rdnr. 290, 294.
[198] *LGe Hamburg* DGVZ 1973, 141; *Koblenz* DGVZ 1985, 62. Hat sich der Schuldner vorprozessual auf die Einredetatsache berufen, so muß dies im Prozeß vorgetragen werden (nicht notwendig vom Kläger, der sich dann aber den Vortrag zu eigen machen muß), soll die Einrede Berücksichtigung finden; insoweit mißverständlich *K. Schmidt* (Fn. 9) Rdnr. 59 a. E.
[199] RGZ 33, 379 (→ Fn. 221). Zu §§ 1157, 1167, 1192 BGB (Wegfall des Sicherungszwecks) *BGH* NJW 1976, 3133; 1986, 2109; WM 1990, 306; ZIP 1992, 163 (gegen Grundschuld); *BGHZ* 99, 281 = NJW 1987, 906 (gegen Schuldanerkenntnis); *OLG Köln* ZIP 1980, 113 (nichtvalutierte Grundschuld); *OLGe Köln* DNotZ 1973, 475 u. *Düsseldorf* NJW-RR 1991, 368 (Bereicherungseinrede); jedoch steht einem abstrakten Schuldanerkenntnis, das neben einer Grundschuld zusätzliche Sicherung gewähren soll, nicht schon wegen Erlöschens der Grundschuld nach § 91 Abs. 1 ZVG die Bereicherungseinrede entgegen *BGH* Rpfleger 1991, 74. Zur Erschöpfungseinrede des Erben → Rdnr. 23 Fn. 222.
[200] Für zur Beweislast des Gläubigers stehende Bedingungen s. §§ 726, 768.
[201] Zu § 887 *BGH* NJW 1993, 1395 = MDR 272 (Neuherstellung erst nach fruchtloser Ausbesserung). Für Zug um Zug zu erbringende Nachbesserung → aber § 756 Rdnr. 10 b, 10 d Fn. 84 (§ 766).
[202] → § 726 Rdnr. 7.
[203] → Rdnr. 45, 45 a vor § 704, § 795 Fn. 67 a. E. zu § 19 BRAGO; *RG* JW 1901, 122; *BGHZ* 42, 1 = NJW 1964, 1620; *BGH* ZIP 1980, 286; Rpfleger 1976, 354 f.; 1981, 140; NJW 1980, 1043 f. = WM 215 f. u. NJW 1981, 2686 f.: je verneinend für Berufung auf Verfallklausel bei Zahlungsverzug; NJW 1983, 1424[4] für Aufgabe einer Sicherheit zulasten eines Gesamtschuldners, der aus-gleichsberechtigt gewesen wäre (mwN); *RGZ* 65, 128 für Pflicht zur alsbaldigen Rückgewähr; aber nicht, solange sie noch ungewiß ist (→ z. B. § 795 Fn. 42 zum Kostenvorschuß nach § 620 Nr. 9); *OLGe Frankfurt/M.* FamRZ 1991, 1329 (obiter); NJW-RR 1992, 31 f.; *Hamm* (Fn. 168); *Koblenz* OLGZ 1985, 455; *Köln* WM 1980, 1077 (Erwerb der Titelforderung zwecks mißbräuchlicher ZV); *Stuttgart* MDR 1986, 1034. – Keine Berufung auf Freistellungsversprechen des Gläubigers, falls dessen ZV Ansprüche Dritter betrifft *OLG Nürnberg* DAVorm 1987, 804 (Unterhalt für Kind); *OLG Köln* (Fn. 199) u. WM 1980, 1077 (Erwerb der titulierten Forderung zwecks mißbräuchlicher ZV); *AG Frankfurt/M.* NJW-RR 1988, 204 (Räumungstitel als Druckmittel). Zum Sonderfall der Verwirkung → Fn. 168 a. E. – A. M. *OLG Karlsruhe* OLGZ 1976, 335.
[204] *BGH* NJW 1975, 1517 = BB 901 (obiter), falls der Arbeitnehmer für Wareneinkäufe beim Arbeitgeber Kredit nimmt u. das Finanzierungsinstitut den Anspruch aus § 607 BGB an den Arbeitgeber abtritt.
[205] RGZ 40, 352; *BGH* (Fn. 33); implicite NJW 1981, 2579 = MDR 1982, 33[14]; obiter NJW 1990, 1755[7]; NJW 1993, 3320 = WM 2043; *KG* OLGZ 1976, 139; *LG Koblenz* (Fn. 198); *Christmann* DGVZ 1992, 82; *Olzen/Reisinger* DGVZ 1993, 67. S. aber (zu § 890) *BGHZ* 59, 72 = NJW 1972, 1460 = KTS 1973, 67 (abl. *Fabricius* JR 1972, 452). Zu § 129 HGB vgl. *BGH* WM 1981, 875.
[206] Vgl. *BGH* (Fn. 162); s. auch *BGHZ* 85, 371 f.
[207] Besonders bei vollstreckbaren Urkunden, s. *BGHZ* 118, 237, 241 f. (Fn. 31); für Vergleiche s. *AG Bielefeld* MDR 1977, 500[74]; für Urteile kommt wegen Abs. 2 nur nachträgliche Abhängigkeit in Frage →z. B. § 814 Rdnr. 14, es sei denn das Urteil lautet auf künftige Leistung *BAG* WM 1983, 740 (künftige Lohnansprüche). – Lautet schon der Titel Zug um Zug, → § 756 Rdnr. 10 ff. (11), § 765 Rdnr. 2.
[208] RGZ 158, 149; *BGH* NJW 1962, 2004[3]; *BAG* WM 1983, 739 f.; *OLGe Köln* JMBlNRW 1983, 274; *Nürnberg* BayJMBl 1952, 187; *Kassel* ZZP 60 (1936/37), 131. Wegen Abs. 2 → Fn. 259. – Lit: *Oesterle* (Fn. 195) 93 ff.
[209] Wegen der Abgrenzung zur Erinnerung → § 766 Rdnr. 23, 25.
[210] Soweit nicht § 767 Abs. 2 entgegensteht. Vgl. für Titel i. S. d. § 794 I Nr. 5 *OLGe München* NJW-RR 1992, 125; *Köln* FamRZ 1993, 956.

Gläubigers ist (→ auch Rdnr. 10); hierher gehören u. a. *Abtretung*[211], es sei denn, dem Vollstreckungsgläubiger verbliebe das Einziehungsrecht[212], ferner dessen Verlust auf Seiten des Vollstreckungsgläubigers, z. B. durch Widerruf der Einziehungsermächtigung[213], *Pfändung*[214], durch *gesetzlichen Übergang*[215] des Anspruchs oder des Einziehungsrechts, z. B. vom sorgeberechtigten Elternteil auf das Kind nach Wegfall der Voraussetzungen des § 1629 Abs. 3 BGB[216]; in den Fällen → Fn. 211–216 kann es sich empfehlen, durch (materielle!) Einziehungsermächtigung seitens des ehemaligen Gläubigers der Einwendung den Boden zu entziehen[217]. Ferner Übergang der Verfügungs- und Einziehungsbefugnis des Gläubigers auf eine *Partei kraft Amtes*, z. B. Konkurs/Insolvenz des Gläubigers[218], Einsetzung eines Testamentsvollstreckers (§ 2211 BGB) oder Nachlaßverwalters (§ 1984 BGB); desgleichen der Verlust dieser Befugnisse durch *Beendigung des Amtes*[219]; Begründung der Gütergemeinschaft (§ 1422 BGB), befreiende Schuldübernahme, Eintritt der Nacherbfolge[220]. Über Fortfall oder Hemmung der Einziehungsbefugnis nach Verurteilung eines Drittschuldners → § 835 Rdnr. 11, 13. – Zu Antrag und Urteilsformel in solchen Fällen → Fn. 214, 340, 341 a. E.

23 e) **Beschränkung der Haftung** durch Einrede des Notbedarfs und verwandte Fälle in §§ 519, 529 Abs. 2, 829, 1603f., 1608 BGB[221]. In §§ 785f. ist für Urteile gegen Erben usw.

---

[211] *RGZ* 65, 128; *BGHZ* 92, 348 *(V.ZS)* = *JZ* 1985, 342 *(Brehm)* = *JR* 242 *(Olzen* 287) = *NJW* 809 u. *(V.ZS)* NJW-RR 1992, 61 (→ aber dazu Fn. 212); *OLG Hamburg* OLGRsp 31, 42; auch wenn an Prozeßbevollmächtigten abgetreten *OLG Bremen* (Fn. 128). Ebenso Sicherheitsabtretung, es sei denn der Zessionar erlaubt dem Zedenten materiellrechtlich die Einziehung, → Fn. 212.

[212] Wie oft bei »stiller Zession«, insbesondere Sicherungsabtretung, *BGH* NJW 1980, 2528 (zu 1 a. E.); *BGHZ* 120, 395f. = NJW 1993, 1398 = WM 520; *Brehm* JZ 1983, 645 (zu 4) u. KTS 1985, 1, 5. Die Klage ist also unbegründet, wenn dem Beklagten bis zur letzten mündlichen Verhandlung Einziehungsermächtigung erteilt ist (nicht zu verwechseln mit prozessualer Vollstreckungsstandschaft, *Münzberg* NJW 1992, 1867 zur Rsp des *V.ZS* → Fn. 211), es sei denn, solcher Vortrag würde als verspätet zurückgewiesen.

[213] Falls er aufgrund seines Einziehungsrechts laut Titel auch Empfangsberechtigter war; also nicht in der Tat nur der Verlust der gewillkürten Prozeßführungsbefugnis zur Klage auf Leistung an empfangsberechtigten Dritten, *Becker-Eberhard* ZZP 104 (1991), 435.

[214] *AG München* DGVZ 1984, 76f. → § 829 Rdnr. 97; oder umgekehrt die Aufhebung der Pfändung nach Urteil gegen Drittschuldner, vgl. *LG Berlin* DGVZ 1959, 45. Im zuerst genannten Fall kann die Unzulässigkeit auflösend bedingt durch gerichtliche Aufhebung der Pfändung ausgesprochen werden, Näheres → Fn. 341. § 766 scheidet hier aus *OLG Frankfurt* DGVZ 1993, 92; *Münzberg* DGVZ 1985, 145; *Becker-Eberhard* (Fn. 213) 435; a.M. *Christmann* DGVZ 1985, 81f. Zur Klauselumschreibung → § 727 Rdnr. 14, zur Lage eines **Drittschuldners** nach Pfändung von Titelforderungen → § 829 Rdnr. 97. → auch Rdnr. 22 Fn. 216.

[215] *OLG Hamm* FamRZ 1991, 1078f. → § 727 Fn. 70. Über Tenorierung → Fn. 340. Zur Geltendmachung → auch Rdnr. 34 zu Fn. 274. Wegen Legalzession von Regelunterhaltsansprüchen → § 643 Rdnr. 10a Fn. 16 a. E. – Durch Abtretung seitens des Legalzessionars an den ehemals und erst künftig Unterhaltsberechtigten kann jedoch § 767 vermieden werden *LG Hamburg* DAVorm 1991, 217.

[216] Vgl. *OLGe Köln* FamRZ 1985, 627; *München* FamRZ 1990, 653; *Oldenburg* FamRZ 1992, 844. →

§ 724 Rdnr. 2 Fn. 19, Rdnr. 8a, § 727 Rdnr. 30, wobei im Ergebnis gleichgültig ist, ob man Übergang des Anspruchs oder, weil von Anfang an das Kind materiellrechtlich Gläubiger sei, nur Übergang einer Einziehungsbefugnis annimmt. Erteilt jedoch das volljährig gewordene Kind dem Gläubiger Einziehungsbefugnis, so ist die Klage unbegründet → Fn. 212. – Bleibt der Titelinhaber gesetzlicher Vertreter oder erteilt ihm das volljährig gewordene Kind Vollmacht, so kann er auch noch trotz Umschreibung des Titels auf das Kind in dessen Namen vollstrecken; *OLG Nürnberg* DAVorm 1987, 804 = FamRZ 1172f. u. Schleswig FamRZ 1990, 189. *Becker-Eberhard* (Fn. 213) 432, *Graba* (Fn. 10) 482 wollen daher der auf mangelnde Umschreibung gestützten Klage den Erfolg versagen, im Ergebnis ähnlich *OLG Nürnberg* aaO (nur bei drohender Doppel-ZV); *MünchKommBGB-Hinz*[3] § 1629 Rdnr. 39 (kein Rechtsschutzbedürfnis für »§ 766«); offenlassend *OLG Frankfurt* FamRZ 1991, 1211, falls das Kind noch minderjährig ist. In der Tat hilft dem Schuldner, wenn es ihm »nur um Geld geht«, diese Klage nicht. Es leuchtet jedoch kaum ein, weshalb die dem materiellen Recht entsprechende, hier leicht zu bewältigende Umschreibung nach § 727 erspart werden soll. Erst sie läßt daher die Klage scheitern. – Anders aber, wenn und soweit die titulierte Unterhaltsforderung gem. §§ 1607 Abs. 2, 412 BGB auf den im Titel bezeichneten (früheren) Prozeßstandschafter übergegangen ist, offen gelassen von *OLG Oldenburg* FamRZ 1992, 844f.

[217] → Fn. 212, 216.

[218] → Rdnr. 61 vor § 704; zur Insolvenz des Schuldners → Rdnr. 62 vor § 704, Fn. 89.

[219] Vgl. *Münzberg* JZ 1993, 95f. zu *BGH* NJW 1992, 2159f. = MDR 1084 = WM 1382. Da der Wegfall einer Verfügungs- und Einziehungsbefugnis der Partei kraft Amtes den »Anspruch betrifft«, bedarf es keiner Analogie; insoweit a.M. *Becker-Eberhard* (Fn. 213) 430, da er nur auf den Fortfall des Amtes als solchen abstellt.

[220] Vgl. *Böhm* Gruch. 42 (1898), 701f. → § 242 Rdnr. 14–16; s. auch § 768.

[221] Soweit nicht § 323 anzuwenden ist. Vgl. *RG* (Fn. 199); *Siber* Rechtszwang (1903) 184. → auch Anh. § 723 Rdnr. 54 Fn. 3 zur Einrede fehlenden neuen Vermögens aufgrund schweizerischen Konkursverlustscheins.

die Anwendung des § 767 ausdrücklich vorgeschrieben, aber auch nur in den Grenzen der §§ 780 ff. statthaft[222]; ähnlich früher für den Treuhänder nach § 12 b Abs. 2 II WoBauG[223]. Wegen *vereinbarter* Haftungsbeschränkungen → § 766 Rdnr. 25, § 786 Rdnr. 7 ff. und zu §§ 65, 69 f. KO (§§ 41, 45 f. InsO) → Fn. 192.

Nicht unter § 767 fallen: Einwendungen, die zu § 323 oder den ihm entsprechenden Normen gehören → Rdnr. 18, Wegfall einer Prozeßführungsermächtigung, die nicht mit Einziehungsbefugnis verbunden war[224]; nachträgliche Änderungen der Rechtsprechung[225] (Ausnahme: § 19 AGBG[226]) oder Rechtsauffassung[227] mit Ausnahme der zulässigen Einwendungen → Rdnr. 17 Fn. 163 f., Rdnr. 18 Fn. 179. Wegen nachträglicher Gesetzesänderung → § 322 Rdnr. 258. Ebensowenig gehören hierher *Verfahrensmängel* bei Errichtung des Titels[228], Erteilung der Klausel[229] (s. aber auch § 768) oder bei der Art und Weise der Vollstreckung[230]. → auch zur Abgrenzung gegenüber anderen Rechtsbehelfen Rdnr. 8, 11–14, 18, zu Vollstreckungsvereinbarungen § 766 Rdnr. 21 ff.[231] und wegen der Erschleichung eines Titels und seiner mißbräuchlichen Ausnutzung → § 322 Rdnr. 275 ff. 24

2. Die Einwendungen müssen nach **Abs. 2** nach dem **Schluß der mündlichen Verhandlung**, in der sie nach §§ 296, 296 a, 523 mit 296, 296 a, 527 f. spätestens hätten geltend gemacht werden müssen, **entstanden** sein[232]. Andere Einwendungen, auch endgültig zurückgewiesene, sind grundsätzlich ausgeschlossen[233]; → auch § 145 Rdnr. 55. – Abs. 2 gilt auch für § 145 Abs. 2 KO (§ 178 Abs. 3 InsO)[234], aber nicht für alle Titelarten, → §§ 795 Rdnr. 13, 797 Abs. 4[235], auch nicht für Urteile, denen materielle Rechtskraft fehlt[236], nicht gegenüber dem *Vermögensübernehmer*[237] und bei *Vollstreckungsvereinbarungen* selbst dann nicht immer, wenn sie nach § 767 geltend gemacht werden[238]. 25

a) Wegen des dem Verhandlungsschluß entsprechenden Zeitpunktes bei der *Entscheidung ohne mündliche Verhandlung* s. § 128 Abs. 2 S. 2, Abs. 3 S. 2, 3; → auch § 251 a Rdnr. 18 f., § 283 Rdnr. 30 und über den maßgeblichen Zeitpunkt bei *anderen Entscheidungen* als 26

---

[222] *RGZ* 59, 301 ff.; über mögliche Klaganträge → Rdnr. 2 a–5.
[223] BGBl. 1976 I 2673, insoweit ersatzlos gestrichen BGBl. 1985 I 1277.
[224] Sie ist weder Voraussetzung der ZV → Rdnr. 38 Fn. 202 vor § 704, noch betrifft sie – im Gegensatz zur Einziehungsbefugnis – den »Anspruch«. Auch für Analogie besteht kein Bedürfnis, wenn der Schuldner den Mangel der Einziehungsbefugnis nicht im Erkenntnisverfahren geltend gemacht hatte, arg. § 767 Abs. 2. Im Ergebnis wie hier *Becker-Eberhard* (Fn. 213) 435.
[225] → § 322 Rdnr. 256; *LAG Hamm* ZIP 1983, 66; *OLG Köln* WM 1985, 1539 f. unter Verweis auf die Möglichkeit einer Verfassungsbeschwerde ist des § 93 BVerfGG; *LG Bochum* FamRZ 1961, 390; *Gaul* (Fn. 12) § 40 V 1 d; *K. Schmidt* (Fn. 9) Rdnr. 70 mwN. → auch Rdnr. 15.
[226] → § 322 Rdnr. 257. ob § 19 AGBG nur für oder auch gegen Verwender gilt, ist str., s. *MünchKommBGB-Gerlach*[3] § 19 AGBG Rdnr. 13 f.
[227] *OLG Köln* WM 1985, 1539; *LG Köln* MDR 1959, 582.
[228] *RGZ* 35, 398; 54, 305 f.; *BGH* LM Nr. 35; NJW 1982, 1047 f. (Bußgeldverfahren); NJW-RR 1990, 246 f. = WM 304; *BGHZ* 118, 236 (Fn. 31); *BayObLG* SeufArch 47 (1892), 370; *OLG Frankfurt* FamRZ 1983, 1268. – auch Fn. 37, 68 u. zur fehlenden Partei- oder Prozeßfähigkeit → Rdnr. 77 ff. vor § 704, § 794 Rdnr. 21, 48, 92, § 797 Rdnr. 10. – A. M. *E. Schneider* NJW 1967, 23 für Verstöße gegen § 308 Abs. 1 u. hiergegen *Johlen* NJW 1967, 1262; *Musielak* FS Schwab (1990), 364. – Zu Entscheidungen, denen materielle Rechtskraft fehlt, weil Unbestimmtheit des Anspruchs nicht behoben wurde, → jedoch Rdnr. 11 Fn. 71.
[229] → Rdnr. 11 und § 732 Rdnr. 2 f.
[230] *KG* NJW-RR 1989, 638; *AG München* DGVZ 1984, 76 f. u. § 766 Rdnr. 53 mit Rdnr. 12–27. Die Behauptung rechtsmißbräuchlicher Wahl der ZV-Maßnahmen ist nach *OLG Frankfurt/M.* NJW-RR 1992, 31 f. (wahllose u. rufschädigende Drittschuldnerbezeichnung) mit einer Klage aus §§ 823 ff. BGB geltend zu machen.
[231] Der Schuldner kann sich im Rahmen des § 767 Abs. 2 (→ aber Fn. 238) auf einen »Vollstreckungsverzicht« des Gläubigers berufen *BGH* NJW 1991, 2296 = WM 1099 f. = JR 1992, 282 f. (zust. *Schilken*).
[232] → Rdnr. 30 ff.
[233] *Rosenberg* SJZ 1950, 314; *Wieczorek* zu *BAG* AP Nr. 1; *Bötticher* MDR 1963, 934; *A. Blomeyer* ZPR[2] § 90 II 1 u. ZwVR § 33 IV 2 a; *Hartmann* Rdnr. 51. Vgl. zur ratio legis *BAG* NZA 1990, 187 = KTS 122 (»Die materielle Rechtskraft ist der alleinige Rechtfertigungsgrund«) → auch Fn. 276 (zu § 530 Abs. 2).
[234] *BGH* NJW 1991, 1615 (auch für Anspruchsgrund).
[235] Z. B. *OLG Köln* NJW-RR 1992, 623; s. aber *BGH* NJW-RR 1988, 958 (Rechtskraft einer gerichtlichen Entscheidung ist auch im Rahmen des § 797 Abs. 2 zu beachten).
[236] Z. B. wegen Unbestimmtheit des Anspruchs *BGH* (Fn. 71), dort Versäumnisurteile über unabgegrenzte Teilbeträge. → dazu auch Fn. 123.
[237] → § 729 Rdnr. 2.
[238] → § 766 Fn. 134 einerseits, Fn. 139 andererseits.

Urteilen → §§ 795 Rdnr. 14, 796 Rdnr. 3. Über die Tragweite des Abs. 2 für die Frage nach der Urteilsgrundlage und nach dem Umfang der Rechtskraft → § 300 Rdnr. 20 ff. und § 322 Rdnr. 123 ff., 228 ff. Der Zeitpunkt des *Urteilserlasses* ist für Abs. 2 unmaßgeblich[239].

27 Gemeint ist der Verhandlungsschluß *erster Instanz*, falls eine Berufung nicht eingelegt, zurückgenommen[240] oder als unzulässig verworfen wurde; bei zulässiger Berufung ist es der Verhandlungsschluß in *zweiter Instanz*, auch wenn ein Revisionsverfahren folgt[241]. Dies gilt auch für ein Wiederaufnahmeverfahren. Der Verhandlungsschluß im *Schluß-* oder *Nachverfahren* ist maßgeblich, soweit dort nach Erlaß eines Teilurteils[242], Vorbehaltsurteils[243] oder Grundurteils[244] noch Einwendungen zulässig sind[245].

28 Die Geltendmachung muß bis dahin **rechtlich möglich** gewesen sein[246], denn sonst hätte die Einwendung nicht »geltend gemacht werden müssen«[247]. Soweit daher nach Veräußerung der streitbefangenen Sache (§ 265) Einwendungen gegen den Rechtsnachfolger im Vorprozeß gegen den Rechtsvorgänger für unzulässig gehalten werden[248], müssen sie nach § 767 stets zugelassen werden[249]; ebenso der Erfüllungseinwand, wenn der Schuldner aufgrund vorläufig vollstreckbaren Urteils zur Abwendung der Vollstreckung geleistet hatte, denn er mußte zwecks Begründung seiner Berufung den Anspruch und damit auch die Erfüllungswirkung der Abwendungsleistung bestreiten[250]. Gleiches muß für Einwendungen gelten, die erst mit Rechtskraft des Urteils oder durch nachträglichen Verwaltungsakt entstehen → Rdnr. 34. Zur Aufrechnung im Erkenntnisverfahren *mit* noch nicht festgesetzten Kostenforderungen → § 104 Rdnr. 15 f.[250a].

29 b) Abs. 2 setzt weiter voraus, daß der zu vollstreckende Anspruch den Gegenstand des vorausgegangenen Verfahrens bildete[251]. Andernfalls ist nur Abs. 3 anwendbar, → § 723 Rdnr. 3 ff., § 731 Rdnr. 13 f.; auch 729 Rdnr. 2.

30 c) Die Einwendung muß **nach** dem Zeitpunkt → Rdnr. 25 ff. **entstanden** sein[252]. Die *Kenntnis* der Partei ist nicht maßgebend[253], außer wenn es – wie in §§ 407, 412 BGB – schon

---

[239] Zum insoweit mißglückten Wortlaut in Ausführungsgesetzen zu Vollstreckungsabkommen → Anh. § 723 Rdnr. 313 Fn. 40 mit *BGH* NJW 1993, 1271 = MDR 907.
[240] *RG* Gruch. 51 (1907), 1073 = JW 1907, 310[10]; JW 1907, 392[13]; *BGH* NJW 1988, 2473; *OVG Münster* NJW 1980, 2428 (Inkrafttreten neuen Bebauungsplans nach Berufungsrücknahme, falls Baugenehmigung trotz rechtskräftiger Verurteilung noch nicht erteilt ist).
[241] → § 561 Rdnr. 4; *RG* JW 1912, 802; *OLG Karlsruhe* OLGRsp 13, 189; vgl. zu § 323 Abs. 2 *BGHZ* 96, 209 f. = NJW 1986, 383 f. u. zur Rechtskraft *BGH* NJW 1962, 916.
[242] *BGH* (Fn. 231).
[243] *RGZ* 45, 432; *KG* u. *OLG München* OLGRsp 37, 165; 42, 34[1]; *OLG Stuttgart* HRR 1930[454].
[244] Vgl. auch *RG* JR 1913, 138[16].
[245] → § 302 Rdnr. 23, § 600 Rdnr. 10 ff., § 304 Rdnr. 47 ff. und für ausländische Nachverfahren § 723 Fn. 4 a. E.
[246] *BGH* NJW 1993, 2105 = MDR 762 → Fn. 297; *OLG Karlsruhe* NJW 1994, 594[13] a. E. Dies nicht unbedingt im Sinne sachlicher Entscheidung über den Einwand; es genügt, daß er den Titel ganz oder teilweise verhindert hätte *BGH* Büro 1976, 1190 = MDR 914 = Rpfleger 354 zu § 19 BRAGO. Vgl. auch *BGH* NJW 1982, 1047 f. bejahend für Einwendungen gegen (gemäß §§ 9, 11 WiStG angeordneten) Rückzahlungsanspruch im Bußgeldverfahren. Verneinend *LG München I* NJW-RR 1992, 1342 f. für Einwand der Vorsteuerabzugsberechtigung im Kostenfestsetzungsverfahren; a. M. *ArbG Passau* NJW-RR 1994, 768. Zum Einwand i. S. d. § 60 KO (§ 209 InsO)
BGH NJW 1981, 141 (erst mit Errechenbarkeit der Quote) → Fn. 192.
[247] → z. B. § 104 Rdnr. 13 Fn. 47 ff., § 708 Rdnr. 5 u. vgl. *BGH* MDR 1965, 374 = BB 605 (Schiedsgericht); *OLG Hamburg* MDR 1953, 558. Vgl. auch *VGH Bad-Württ* Justiz 1980, 364. Über noch nicht mögliche Aufrechnung mangels Erfüllbarkeit *BGH* NJW 38 Fn. 297, mangels verfahrensrechtlicher Zulässigkeit *KG* (Fn. 150). Erfüllbarkeit wurde bejaht von *BGH* NJW 1980, 2527 f. für Schadensersatzanspruch gemäß § 717 im anhängigen Verfahren; → dazu § 717 Rdnr. 25 Fn. 106.
[248] → dagegen § 265 Rdnr. 36.
[249] *Nieder* NJW 1975, 1004; *Brehm* KTS 1985, 14; *Grunsky* ZZP 102 (1989), 126 f. → § 717 Fn. 95. Vgl. auch *OLG Schleswig* SchlHA 1979, 126 (aber mit der unnötigen u. verfehlten Annahme, die Einwendung entstehe erst durch Erfüllungsverlangen des Unterhaltsberechtigten → Fn. 215, 255).
[250] → § 708 Rdnr. 5.
[250a] S. noch *OLG Karlsruhe* (Fn. 246): Abs. 2 hindert nicht solche Aufrechnung gegen rechtskräftiges Teilurteil (erster Instanz) im Berufungsverfahren.
[251] *BGH* (Fn. 242) betr. Zinsanspruch im Schlußurteil nach Teilurteil über Hauptforderung. Es hindert also nicht die Klage gegen den persönlichen Anspruch, wenn nur das dingliche Hypothekenrecht rechtskräftig feststeht *BGH* LM Nr. 16 zu § 322.
[252] → auch Fn. 274.
[253] *RGZ* 100, 99 f. mwN; *BGHZ* 34, 279 f. = NJW 1961, 1068; NJW 1980, 2528; *OLG Köln* JMBlNRW 1980, 64, h. M. Zu abw. Ansichten → Fn. 284.

für die Entstehung auf Kenntnis von Tatsachen ankommt[254]. So entsteht z. B. die Einwendung des Unterhaltsverpflichteten im Falle § 90 BSHG noch nicht mit der Überleitungsanzeige, sondern gemäß §§ 407, 412 BGB erst mit der Erlangung der Kenntnis von der Zahlung der Sozialhilfe[255]. Eine »Voraussehbarkeit« künftiger Einwendungen ist unschädlich[256]. Warum rechtzeitig entstandene und mögliche Einwendungen im Vorprozeß nicht oder nicht mit Erfolg vorgebracht wurden, ist unerheblich. Für Abs. 2 kommt es nicht mehr (wie im Vorprozeß nach §§ 296, 527 f.) darauf an, ob die Versäumung schuldhaft war oder ihre Nachholung verzögernd gewirkt hätte; umgekehrt ist es aber auch gleichgültig, ob der Schuldner die *Entstehung* der Einwendung hätte beschleunigen können oder sollen[257].

§ 767 meint Einwendungen »gegen die Zwangsvollstreckung« (s. § 781), also solche gegen die *Vollstreckbarkeit des Anspruchs,* → Rdnr. 1 f., 6 f. Folglich sind ihre »Gründe« im Sinne des Abs. 2 erst dann als *entstanden* anzusehen, wenn ihretwegen – wäre der Titel erst jetzt zu erwirken – die Vollstreckbarkeit verweigert oder nur beschränkt erteilt werden müßte[258]. 31

Bestehen diese Gründe aus Tatsachen, die einen Einwand oder eine Einrede materiellen Rechts darstellen, so müssen sie den *gesamten* Tatbestand der Einwendung oder Einrede erfüllen; denn mit dem Ausdruck »die Gründe« sind *alle,* nicht nur willkürlich herausgegriffene gemeint. Ein **Gestaltungsrecht** ist, im Gegensatz z. B. zum Zurückbehaltungsrecht, das iSd Abs. 2 »entstanden« ist, sobald der Schuldner die Leistung verweigern darf[259], *vor* seiner Ausübung grundsätzlich[260] weder Einwand noch Einrede[261]; dann ist es aber ebensowenig zur *Beseitigung* der Vollstreckbarkeit nach § 767 geeignet, wie es im Vorprozeß die *Herstellung* der Vollstreckbarkeit verhindern könnte, und bildet daher allein noch keinen ausreichenden »Grund« für eine Einwendung gegen die Zwangsvollstreckung. 32

Dies gilt für alle Einwendungen, deren Entstehung von einer empfangsbedürftigen Willenserklärung des Schuldners abhängt und damit in dessen Belieben gestellt ist, also für **Anfechtung**[262], **Rücktritt, Wandlung**[263], Widerruf gemäß § 1 Abs. 1 HausTWG u. § 7 VerbrKrG[264], Kündigung[265], Erklärung nach § 315 BGB[266], § 1612 Abs. 2 BGB[267], § 70 EheG[268], § 75 Abs. 1 HGB[269] oder § 75 a HGB und entgegen der herrschenden Rechtsprechung → Rdnr. 37 auch für die **Aufrechnung**[270], soweit man diese nicht aus anderen Gründen für unzulässig hält → Rdnr. 38. 33

---

[254] *RGZ* 84, 292; *RG* HRR 1932 Nr. 1001; *OLG Koblenz* Büro 1989, 704, allg. M.
[255] → dazu Fn. 215; a. M. *OLG Schleswig* (Fn. 249).
[256] *BGH* NJW 1982, 1812 = DAVorm 1982, 759.
[257] → Rdnr. 32 ff.; *BGH* WM 1962, 421; 1983, 659; 1985, 722. Unrichtig daher *OLG Düsseldorf* MDR 1987, 682 (Schuldner hätte Aufrechenbarkeit früher herstellen sollen).
[258] → Fn. 123.
[259] *BGHZ* 34, 279 f. = NJW 1961, 1068 zu III 3; *RGZ* 158, 149; *OLG Düsseldorf* MDR 1966, 238; *OLG Celle* OLGZ 1970, 357 (zu § 426 Abs. 1 mit § 273 BGB); *LG Mannheim* ZMR 1966, 280.
[260] Zur Ausnahme § 770 BGB vgl. *BGHZ* 24, 97 = JZ 1957, 508 (*A. Blomeyer*) = NJW 986.
[261] *Lent* DR 1942, 869 ff.; *Schuler* NJW 1956, 1497 ff. zu II. Vgl. insoweit auch *BAG* NZA 1985, 131 (Fn. 262, 283) zu § 282 Abs. 1, § 340 Abs. 3, § 528 Abs. 3 und für vertragliche Gestaltungsrechte *BGHZ* 94, 33 f. (Fn. 170). – A.M. *Henckel* ZZP 74 (1961), 172: die ZPO übernehme hier die gemeinrechtliche Lehre zur Aufrechnungslage als Einrede.
[262] Das übersieht *BAG* (Fn. 261).

[263] Nur für § 463 S. 2 BGB (entgegen Rsp des *BGH*) zust. *K. Schmidt* (Fn. 9) Rdnr. 77.
[264] *OLG Stuttgart* NJW 1994, 1225, da unvereinbar mit § 2 Abs. 1 S. 4 Haus TWG); für § 1 AbzG (jetzt § 7 VerbrKrG) bereits *OLG Karlsruhe* NJW 1990, 2474 f.; a. M. zum Haus TWG *OLG Hamm* NJW 1993, 140.
[265] *LG Bielefeld* NJW-RR 1991, 182 (zu § 627 BGB).
[266] *BAG* AP Nr. 2 (zust. *Schumann*).
[267] *Palandt/Diederichsen* BGB[53] § 1612 Rdnr. 12 mwN.
[268] *OLG Hamm* FamRZ 1992, 583.
[269] Dazu *BAG* NJW 1977, 1359 a. E.
[270] *OLG Karlsruhe* OLGRsp 14, 162 u. die in der Lit. ganz h. M.; → § 145 Rdnr. 55; *Bruns/Peters*[3] § 14 I 3; *Gerhardt*[2] § 15 II 1; *Brox/Walker*[4] Rdnr. 1345 f. mwN; *Schwab* ZZP 74 (1961), 302; *Zeuner* Objektive Grenzen usw. (1959) 106 ff.; *Grunsky* JZ 1965, 392; *Haase* JuS 1967, 562; *A. Blomeyer* ZwVR § 33 IV 2 (außer für Aufrechnung → Fn. 293); umgekehrt nur für Aufrechnung, Wandlung u. Minderung *Lüke* (Fn. 118) 154 f. Zur älteren Lit. → 19. Aufl. Fn. 92. – A.M. (i. E. wie Rsp → Rdnr. 37) etwa *Ernst* NJW 1986, 401; *K. Schmidt* (Fn. 9) Rdnr. 82; *Schuschke* Rdnr. 31 mwN.

34 Erst recht gilt dies für solche Einwendungen, die erst durch rechtskräftige Entscheidungen entstehen[271], insbesondere bei der Anfechtung der Ehelichkeit oder eines Vaterschaftsanerkenntnisses[272], ganz gleich ob man schon vorher materielle Gestaltungsrechte annimmt, denn sie sind noch nicht Einwendungen nach § 767[273]. Entsprechend muß die Einwendung, daß der Anspruch kraft Gesetzes mit seiner Entstehung auf einen anderen übergeht, zulässig sein, wenn man sie im Vorprozeß deshalb nicht zuläßt, weil der Anspruch erst mit Rechtskraft des Urteils entstehe[274]. Auch etwaige Rechte auf privatrechtsgestaltende Hoheitsakte sind noch keine »Einwendungen«, sondern erst der Akt selbst[275].

35 Werden gestaltende Willenserklärungen schon *vor* dem in Abs. 2 bestimmten Zeitpunkt vollzogen, aber nicht mehr rechtzeitig im Prozeß geltend gemacht, so bleiben sie nach Abs. 2 unberücksichtigt[276]. Ob sie aber noch *danach* mit Erfolg erklärt werden können, ist ausschließlich eine Frage materiellen Rechts[277], und ob ihre Folgen dann noch prozessual geltend gemacht werden dürfen, ist ebenso ausschließlich eine Frage der §§ 296, 527f., 530 Abs. 2 und nicht des § 767 Abs. 2. Denn er hat mit solchen auf subjektive oder objektive Prozeßverzögerungen abstellenden Vorschriften nur (teilweise) den *Zweck* gemeinsam, Verfahrenskonzentration und regelmäßig auch materielle Rechtskraft zu sichern, während er als *Mittel* lediglich auf wertungsfreie Kriterien abstellt[278].

35a Es ist daher verfehlt, schon bei Abs. 2 Wertungen ins Spiel zu bringen, die *nur* für Abs. 3 (→ Rdnr. 52) und §§ 296, 527f. maßgebend sind, und ihm damit deren Aufgaben mit aufzubürden[279]. Die §§ 296, 527f., 530 Abs. 2 bleiben durch § 767 Abs. 2 unberührt (→ Fn. 233, 276); ob ihre *analoge* Anwendung einer nach Abs. 2 an sich zulässigen Einwendung entgegenstehen kann, → Rdnr. 38.

36 Soweit gestaltende Willenserklärungen zurückwirken (§§ 142, 389 BGB), scheitern sie nicht schon deshalb an der Rechtskraft[280]. Denn die Rückwirkung ist nur Fiktion[281] und besagt nicht mehr, als daß gewisse Rechtsfolgen (z.B. Zinsen, vgl. ferner § 142 Abs. 2 BGB) so eintreten sollen, als ob der betreffende Anspruch schon vorher erloschen wäre; außerdem bleibt es möglich, bei der Geltendmachung solcher Rechtsfolgen in neuen Prozessen die Präjudizialität des Urteils im Vorprozeß[282] zu beachten, also notfalls die Rückwirkung auf die Zeit nach dem Schluß der letzten mündlichen Verhandlung des Vorprozesses zu beschränken.

37 Die in der **Rechtsprechung** h.M.[283] läßt dagegen die *Befugnis* zur Ausübung der Gestaltungsrechte als Entstehungstatbestand genügen und setzt damit die bloße Möglichkeit[284] der

---

[271] → Rdnr. 18 Fn. 180 ff.
[272] *Schlosser* (Fn. 1) 155 f., wohl ebenso *Schwab* (Fn. 183); vgl. auch *Brüggemann* FamRZ 1969, 122 u. *Lüderitz* FamRZ 1966, 619 mwN.
[273] → Rdnr. 31 f. → auch Rdnr. 28.
[274] So noch zu §§ 7 f. KSchG u. § 96 Abs. 2 S. 2 AVAVG BAG NJW 1968, 1301 = MDR 525; *Reinecke* BB 1981, 858 Fn. 34 zu § 117 AFG (Abfindung).
[275] *K. Schmidt* (Fn. 9) Rdnr. 83. Über Erlasse gemäß § 76 Abs. 2 S. 3 SGB IV → Fn. 146 a.E.
[276] H.M. *BGH* WM 1994, 1185 f. (zu § 530 Abs. 2); *Schuler* (Fn. 261) zu II 3. → auch Fn. 301.
[277] Zur Aufrechnung nach der Beitreibung vorläufig vollstreckbarer Urteile → § 717 Rdnr. 28 f. Vgl. auch → Fn. 125.
[278] *Münzberg* ZZP 87 (1974), 454 f.
[279] So aber *Oertmann* Die Aufrechnung im ZPR (1916), 111; *Nikisch* FS für H. Lehmann (1956), II 787 u. offenbar nur darauf gestützt die Rsp → Rdnr. 37. Vgl. dagegen *Lent* DR 1942, 870.
[280] RG HRR 1935 Nr. 691; *A. Blomeyer* (Fn. 270); *Lent* (Fn. 261); *Bötticher* MDR 1963, 935.
[281] *Lent* (Fn. 261).
[282] → § 322 Rdnr. 204 ff.

[283] RGZ 64, 228 f. (mit Lit. bis 1900); BAG AP Nr. 1 (krit. *Wieczorek*); BGH (Fn. 259); WM 1968, 447 f.; NJW 1980, 2527 → Rdnr. 247, je zur Aufrechnung; BGHZ 42, 37 = NJW 1964, 1797; obiter BAG NZA 1985, 131, je zur Anfechtung; OLG Hamburg FamRZ 1992, 328. Anders zur Option BGH (Fn. 170), aber mit einer Begründung, die auf **alle** Gestaltungsrechte zutrifft → Rdnr. 286, *Arens* JZ 1985, 751; zum *Widerruf* nach HausTWG u. VerbrKrG OLG Stuttgart (Fn. 264); zur *Kündigung* gemäß § 627 BGB LG Bielefeld (Fn. 265). – Auch *Ernst* (Fn. 270) und *K. Schmidt* (Fn. 9) Rdnr. 82 erklären nicht, warum »Abs. 2 vor dem materiellen Recht eingeräumten Entscheidungsfreiheit prozessuale Grenzen zieht«, aber nicht bei arglistiger Täuschung u. arglistigem Verschweigen (aaO Rdnr. 77), Option, ordentlichem Rücktrittsrecht u. Widerspruch nach § 7 VerbrKG (aaO Rdnr. 82).
[284] Anders für die Rechtskraftwirkung BGH NJW 1962, 916 a.E. = ZZP 75 (1962), 253 (*Schwab*); ebenso BGH (Fn. 170). Auch den Beginn der Frist des § 41 KO (§ 139 InsO) nimmt BGH NJW 1983, 1121 Rücksicht auf die Möglichkeit der Rechtswahrung. – Sollte Abs. 2 taktische Verzögerungen ausschließen (→ dagegen Rdnr. 35), so müßte mit der 18. Aufl. auf die *tatsächliche* Möglichkeit des Schuldners abgestellt werden, die ohne Kenntnis

Einwendung dieser selbst gleich. Die Folgen sind schwerwiegend. Einmal wird auf die tatsächliche Unmöglichkeit für den Schuldner, ein ihm noch unbekanntes Gestaltungsrecht auszuüben, keine Rücksicht genommen[285], so daß objektive Ausschluß- und Verjährungsfristen des materiellen Rechts (§§ 121 Abs. 2, 124 Abs. 3, 477 BGB u.a.) praktisch verkürzt werden[286]. Zum andern schmälert diese Rechtsprechung die Rechte des Schuldners insofern, als sie ihn zur Ausübung von Gestaltungsrechten zwingt, bevor er genügend Beweismaterial beisammen hat[287], wozu er nach § 528 Abs. 2 nicht gezwungen wäre[288]. Das hätte zur Folge, daß der Anspruch des Gläubigers nach den Regeln der Beweislast als »lastenfrei« rechtskräftig festgestellt würde, und im Falle der *Aufrechnung* ginge sogar die Gegenforderung praktisch verloren wegen § 322 Abs. 2, während sie bei Erklärung *nach* der letzten mündlichen Verhandlung vielleicht beweisbar geworden wäre[289]. Darüber hinaus wird der praktische und systematische Zusammenhang mißachtet, in den das BGB die Aufrechnung gestellt hat: sie soll neben Erfüllung, Hinterlegung und Erlaß ein *gleichwertiges* Mittel sein, um Schuldverhältnisse zum Erlöschen zu bringen, und es ist nicht einzusehen, warum der Schuldner nach der letzten mündlichen Verhandlung zwar noch erfüllen und hinterlegen, aber nicht mehr aufrechnen können soll, während der Gläubiger sich dafür nach Belieben Zeit lassen darf[290]. Die bisherige Rechtsprechung hat diese Bedenken noch nicht widerlegt[291] und stellt stattdessen auf die Konzentrationsmaxime ab. Diese darf aber nicht dazu führen, über die seit 1977 ausreichend verschärften Vorschriften hinaus ein nach materiellem Recht garantiertes Recht auf prozessualem Wege zu schmälern oder die Chancengleichheit der Parteien ohne Not zu gefährden. Die Zügigkeit der Vollstreckung wird gerade in solchen Fällen genügend gewährleistet durch zurückhaltende Anwendung des § 769[292].

Wer sich aber so sicher ist, daß die Konzentrationsmaxime wegen des engen Zusammenhangs mit dem Vorprozeß auch auf die Vollstreckungsgegenklage hinüberwirken muß, sollte auf verzögerte Aufrechnungen die §§ 296, 527 f., 530 Abs. 2 *entsprechend* anwenden[293]. Das ist nicht nur methodisch sauberer als die Überdehnung des § 767 Abs. 2, sondern erlaubt auch eine befriedigende Lösung der Fälle, in denen eine rechtzeitige Aufrechnung dem Schuldner nicht möglich[294] oder unzumutbar war, → Rdnr. 37. Bei anderen Gestaltungsrechten ist die 38

---

nicht besteht; ebenso *Schuler* (Fn. 261) u. *OLG Stuttgart* NJW 1955, 1562 für Anfechtung; *OLG Schleswig* in Anm. MDR 1953, 558 für Aufrechnung; *OLG Dresden* OLGRsp 16, 292 für Rücktritt. – Das Gesetz bietet jedoch für alle diese Überlegungen keinen Anhalt, s. ausführlich *Pagenstecher* JW 1934, 1970; *OLG Naumburg* JW 1936, 1883 u. zur Kenntnisfrage → Fn. 253.

[285] *Lent, Schuler* (Fn. 261); *Brox/Walker*[4] (Fn. 270); treffend *Schlosser* ZPR II Rdnr. 114 zu anderen Gestaltungsrechten als Aufrechnung. Daß auch andere Präklusionen wegen Unkenntnis oder Beweisnot eintreten können – so arg. *BGH* (Fn. 259) u. *OLG Schleswig* SchlHA 1960, 207 – ist kein Grund, solche Härten ohne klare gesetzliche Anordnung zu vermehren.

[286] *Lent* (Fn. 261); *Wieczorek*[2] Anm. D III b 3; zutreffend, aber nur für Option zugestanden von *BGH* (Fn. 283 a.E.).

[287] Zust. *Brox/Walker*[4] (Fn. 270).

[288] *BGH* NJW 1971, 1040.

[289] *Lent, Schuler* (Fn. 261), auch zu den wirtschaftlichen Nachteilen; *Baumann/Brehm*[2] § 13 III 2c. – Das übersieht *Häsemeyer* FS für F. Weber (1975) 227 ff. Dort zeigt sich besonders deutlich, wie die Furcht vor Verschleppung das gesetzliche Merkmal »Einwendungen« einfach umwandelt in »Verteidigungsmittel«, um sich dann hinter dem objektiven Charakter der Präklusion zu verbergen.

[290] Vgl. *RG* JW 1902, 531[8].

[291] Auch *K. Schmidt* (Fn. 9) Rdnr. 82 geht auf die Bedenken → Fn. 287–289 nicht ein.

[292] *Lent, Schuler* (Fn. 261); *Baumgärtel/Scherf* JR 1968, 370; *Brehm* (Fn. 289); das übersieht *OLG Schleswig* (Fn. 285). Solche Praxis würde die Schuldner zur zeitigen Geltendmachung treiben; auch rasche Einleitung der ZV (§§ 708 f.) führt meist zur Klärung der Aufrechnung nach § 530 Abs. 2.

[293] So *OLG Düsseldorf* MDR 1983, 583; *Bötticher* (Fn. 280); *Schwab* ZZP 79 (1966), 463; *Baumgärtel/Scherf* (Fn. 292); *A. Blomeyer* (Fn. 270); *Otto* JA 1981, 651; *Jauernig* ZwVR[19] § 12 II (nur § 530 Abs. 2). → auch § 145 Rdnr. 55 zur Berufung der h.M. auf den Sinn der Präklusionsvorschriften, aaO zugleich zu dem Fall, daß die Aufrechnung erst während des Berufungsverfahrens möglich geworden war. – Gegen diese Analogie *Lüke* (Fn. 118) 170 Fn. 31; *Brehm* (Fn. 289), da das Ermessen des Gerichts nicht kalkulierbar sei. Entgegen *Lüke* aaO geht es dabei jedoch nicht um Statthaftigkeit der Klage, sondern um Zulassung der Einwendung (Begründetheit), vgl. *Lüke* aaO 166 Fn. 10, es sei denn man folgte der → Fn. 118 a.E. genannten a.M.

[294] Auch bei verfahrensrechtlicher Unzulässigkeit *KG* (Fn. 150), dort im Notariatskostenverfahren, unter Hinweis auf die Fälle Fn. 246 f.

Analogie zu §§ 296, 527f. jedoch bedenklich[295]. – Wegen einer Aufrechnung gegenüber Verurteilungen vor Fälligkeit des Anspruchs → § 145 Rdnr. 28, § 510 b Rdnr. 12, 20; nach der hier vertretenen Ansicht kann sie ohnehin später erklärt und trotzdem nach § 767 geltend gemacht werden[296]; dies gilt jedenfalls gegenüber mangels Fälligkeit noch nicht erfüllbaren Unterhaltsansprüchen[297]. Zur Aufrechnung mit einer Kostenforderung → § 104 Rdnr. 14 ff., zu materiellen Einwendungen gegenüber Kostenfestsetzungen nach § 19 BRAGO → Fn. 246 und § 795 Rdnr. 14.

39   Ist eine Aufrechnung nach Abs. 2 nicht zu berücksichtigen, weil sie zwar schon *vor* dem → Rdnr. 25–28 genannten Zeitpunkt *erklärt*, aber nicht oder nicht rechtzeitig (§ 296) in den Vorprozeß eingeführt wurde, kann der Schuldner nach rechtskräftigem Abschluß des Vorprozesses seine Gegenforderung ohne Rücksicht auf die erklärte Aufrechnung geltend machen. Denn der Zulässigkeit seiner Klage steht § 322 Abs. 2 nicht entgegen, weil im Vorprozeß gerade nicht über die Gegenforderung entschieden wurde[298], und ihre Begründetheit kann nicht an der Aufrechnung scheitern, weil diese von der auch bei § 767 zu beachtenden Präjudizialitätswirkung des Urteils im Vorprozeß[299] nicht erfaßt ist, also die Hauptforderung nicht als durch die Aufrechnung erloschen angesehen werden darf, § 389 BGB aber als Rechtsfolge einer Aufrechnung immer nur den Untergang beider Forderungen vorsieht[300]. – Wurde die Aufrechnung erst *nach* dem → Rdnr. 25–28 genannten Zeitpunkt erklärt und – nach der hier nicht vertretenen h. M. – aus diesem Grunde im Verfahren nach § 767 zurückgewiesen, so kann man § 389 BGB nur mit dem Argument entgehen, § 767 Abs. 2 verhindre die Aufrechnung zugleich materiellrechtlich[301].

40   **3. Abgrenzung zu Einspruch und Berufung.** Ist der Titel ein **Versäumnisurteil** oder ein **Vollstreckungsbescheid**, so ist die Einwendung nach Abs. 2 (§ 796 Abs. 2) nur zulässig, wenn ihre Gründe durch **Einspruch** nicht mehr geltend gemacht werden können. Die Einspruchsfrist muß also abgelaufen sein. Maßgebender Zeitpunkt ist der Schluß der Verhandlung über die Vollstreckungsgegenklage[302]. Die Vorschrift will den Schuldner nur zwingen, den Einspruch grundsätzlich der Klage nach § 767 vorzuziehen und vor allem nicht beide Wege zugleich einzuschlagen[303]. Daß er *vorher* die Einwendung noch durch Einspruch *hätte* geltend machen können, steht der Zulässigkeit der Klage nicht entgegen, wie die Gegenwartsform »geltend gemacht werden können« in bewußter Abweichung zum vorhergehenden Gesetzestext und zu § 529 Abs. 2 aF, § 582 zeigt[304]. Anders die wohl h.M.[305], die aus dieser Formulierung nicht

---

[295] *A. Blomeyer* (Fn. 270); *Lüke* (Fn. 118) 169, der jedoch sog. unselbständige Gestaltungsrechte wie Anfechtung, Rücktritt, Wandlung und Minderung als durch die Rechtskraft präkludiert ansieht. – A.M. *Jauernig* (Fn. 293).

[296] So i.E. schon 18. Aufl. mit der Begründung → Rdnr. 28.

[297] So auch *BGHZ* 123, 52 = NJW 1993, 2105 = MDR 762. → auch Fn. 247 a. E. zur Aufrechnung gegen Ersatzansprüche nach § 717 Abs. 2.

[298] → § 145 Rdnr. 62; *BGH* (Fn. 276); zust. *K. Schmidt* (Fn. 9) Rdnr. 83.

[299] → § 322 Rdnr. 204 ff.

[300] Vgl. auch obiter *BGHZ* 89, 352 f. = NJW 1984, 1357, wo schon das Erfordernis → Rdnr. 29 nicht erfüllt war. Wie hier *Häsemeyer* (Fn. 289) 222 ff. mit Darstellung der abw. M. Diese Lösung steht im Einklang mit richtig verstandener materieller Rechtskraft → § 145 Rdnr. 62. *Kawano* ZZP 94 (1981), 23 ff. meint, dafür sei ein Widerruf nötig.

[301] So *RG* HRR 1935 Nr. 691; *BGHZ* 24, 97 (Fn. 260) u. *BGHZ* 34, 274 = NJW 1961, 1068. → auch § 145 Rdnr. 56–61 zur Zurückweisung der Aufrechnung im Erkenntnisverfahren.

[302] → § 300 Rdnr. 20. – Für Zeitpunkt der Klagerhebung *Stein* Voraussetzungen des Rechtsschutzes (1903) 146; *Hellwig/Oertmann* System 2, 197; *Leo* JW 1922, 476.

[303] Letzteres wäre zwar nach **heutiger** Lehre schon mangels RechtsschutzB unzulässig, falls nur Einwendungen vorgebracht werden, die in das Einspruchsverfahren gehören *K. Schmidt* (Fn. 9) Rdnr. 15. Dies zwingt jedoch nicht dazu, der Norm weitergehende Inhalte zuzuschreiben, da dem Gesetzgeber diese Lehre noch nicht geläufig war. Rechtshängigkeit stünde nämlich nach h.M. nicht entgegen, → Rdnr. 13 u. zur Berufung Rdnr. 41 Fn. 312.

[304] *OLG Hamburg* SeuffArch 48 (1893), 252, der Sache nach auch *KG* ZZP 35 (1906), 461; JW 1921, 755; *Baumann/Brehm*² § 13 III 2 a ß; *Schumann* NJW 1982, 1862; *Jauernig* ZwVR¹⁹ § 12 II; *Bruns/Peters*³ § 15 I 2 mwN; *MünchKomm* ZPO-Wolfsteiner § 769 Rdnr. 6; insoweit auch die → Fn. 302 Zitierten. Ausführlich *Pietzscher* Über das Verhältnis der Vollstreckungsgegenklage usw. (Diss. Hamburg 1956) 50 ff. u. *H. Otto* (Fn. 1) 69 ff.

einen vorläufigen, sondern den endgültigen Ausschluß der Klage nach § 767 herausliest. Damit zwingt sie einen Schuldner, der aus Kostengründen das Versäumnisurteil in Kauf genommen und anschließend geleistet hat, die Mühe und Kosten eines Einspruchsverfahrens auf sich zu nehmen, nur weil die (ferne!) Möglichkeit besteht, daß der Gläubiger trotzdem weiter vollstrecken könnte[306]; so schafft man streitige Verfahren statt sie zu vermeiden.

Dagegen hat der Beklagte bei **kontradiktorischen Urteilen**, wenn die Berufungsfrist noch 41 nicht abgelaufen ist, die Wahl, ob er neue Einreden durch **Berufung oder Klage** geltend machen will[307], muß also nicht die Rechtskraft abwarten[308]. Klagt er nach § 767, so ist dadurch eine spätere Berufung nicht unzulässig; denn diese geht insofern über das Ziel der Klage hinaus, als sie nicht nur die Vollstreckbarkeit, sondern das Urteil selbst nebst Kostenausspruch bekämpft[309] und – abgesehen von den §§ 527f. – alle Einwendungen ohne die Beschränkung des § 767 Abs. 2 erlaubt. Die Verhandlung über die Klage kann dann nach § 148 ausgesetzt werden[310]. Nach Einlegung einer zulässigen[311] Berufung fehlt der dann erst erhobenen Klage aus den genannten Gründen das Rechtsschutzinteresse[312], falls die Einwendung im Berufungsverfahren geltendgemacht werden kann[313]. Ist die Berufung unzulässig oder zurückgenommen, bleibt jedoch die Klage zulässig[314], ferner dann, wenn das Berufungsgericht trotz Leistung zur Vollstreckungsabwendung einem Einstellungsantrag gemäß § 719 Abs. 1 nicht stattgibt[315]. Zur Konkurrenz mit der Beschwerde oder mit § 620b bei vollstreckbaren Beschlüssen → § 795 Rdnr. 10ff.

III. Beginn und Ende der Klagemöglichkeit

1. Die **Vollstreckung muß noch nicht begonnen haben**[316]; auch die vollstreckbare Ausferti- 42 gung muß noch nicht beantragt sein. Denn der Kläger will nicht konkrete Vollstreckungsmaßregeln sondern die Vollstreckbarkeit überhaupt beseitigen lassen[317], und dafür besteht Be-

---

u. JA 1981, 650. Andernfalls könnten Einwendungen, die zu knapp vor Ablauf der Einspruchsfrist entstanden waren, überhaupt nicht mehr geltend gemacht werden.

[305] BGH (Fn. 256); obiter BAG (Fn. 261); RGZ 55, 187; 104, 229 (für § 323 Abs. 2) u. 40, 352, wo auf die Zustellung des Versäumnisurteils(?) abgestellt wird; Baur/Stürner[10] Rdnr. 751; Brox/Walker[4] Rdnr. 1322; Gaul (Fn. 12) § 40 V 3b; Gerhardt[2] § 15 II 2; Hartmann (Fn. 59) Rdnr. 56; Herget (Fn. 68) Rdnr. 14; Thomas/Putzo[18] Rdnr. 21; K. Schmidt (Fn. 9) Rdnr. 15 mwN.

[306] Z.B. weil er trotz § 775 Nr. 4 oder 5 die ZV fortsetzt (→ § 775 Rdnr. 32) oder der Schuldner ohne solche Urkunden geleistet hatte; wie hier Baumann/Brehm[2] § 13 III 2a β.

[307] RG JW 1898, 139 (vgl. auch RGZ 40, 354); OLGe Hamburg SeuffArch 47 (1892) 114; Büro 1977, 1461 (obiter); Dresden OLGRsp 5, 127; OVG Münster (Fn. 240); VGH BadWürtt VBlBW 1985, 186; BAG (Fn. 313), heute ganz h.M., auch für Anschlußberufung Wieczorek[2] Anm. D I b 1, 3; erst recht, wenn nur unselbständige Anschlußberufung möglich ist OLG Oldenburg FamRZ 1980, 397.

[308] Zur Gegenansicht → Fn. 20.

[309] Vgl. BGH NJW 1975, 540[6]; BAG AP Nr. 4 = NZA 1985, 709, 710 = BB 2180; Brox/Walker[4] Rdnr. 1324; Gaul (Fn. 12) § 40 V 3a; Thomas/Putzo[18] Rdnr. 15 a.E.; K. Schmidt (Fn. 9) Rdnr. 14.

[310] Dazu Stein (Fn. 302) u. OLG Dresden (Fn. 307), wo allerdings das Berufungsverfahren ausgesetzt wurde, obwohl in diesem Falle die Abhängigkeit i.S.d. § 148 fehlt, → Rdnr. 3. – A.M. Hellwig (Fn. 1) 497; Bettermann (Fn. 20) 50; BAG (Fn. 309) mwN.

[311] → Fn. 314; OLG Hamm (Fn. 192) ließ genügen, daß die Berufung nicht offensichtlich unzulässig war.

[312] BAG (Fn. 309) OLG Hamm (Fn. 192); h.M.; weitergehend (bis zur einstweiligen Einstellung nach § 62 Abs. 1 S. 3 ArbGG durch Berufungsgericht) LAG Frankfurt NZA 1988, 38 (L). Zur unselbständigen Anschlußberufung s. aber OLG Oldenburg (Fn. 307). Wie BAG aaO Rudolf NZA 1988, 422 für Rechtsmittel gegen vorläufig vollstreckbare Beschlüsse iSd § 85 Abs. 1 S. 2 ArbGG. – A.M. OLG Dresden (Fn. 307), wo aber die Reihenfolge nicht ersichtlich ist; Goldschmidt Ungerechtfertigter Vollstreckungsbetrieb (1910) 62f.; Schlosser (Fn. 1) 337 nehmen Rechtshängigkeit an; → dagegen Fn. 20 a.E.

[313] Bejahend BAG (Fn. 309) für das Fehlen der kündigungsschutzrechtlichen Voraussetzung eines Weiterbeschäftigungsanspruchs. Wegen § 785f. → aber § 785 Rdnr. 4 Fn. 15.

[314] So auch BAGE 31, 288 (Fn. 192).

[315] → dazu § 707 Rdnr. 6.

[316] Insoweit unrichtig OLG Hamm NJW 1988, 1988.

[317] I.E. unstr. RGZ 134, 162; MünchKommZPO-K. Schmidt Rdnr. 43. → auch Fn. 31, 33 u. zur Lit → 19. Aufl. Fn. 117.

dürfnis von der *Entstehung des Titels an*[318] bis mindestens[319] *zum vollständigen Verbrauch seiner Ausfertigung*[320] *oder ihrer Herausgabe an den Schuldner*[321], und zwar ohne den Vorbehalt, auf dem Wege des § 733 auf den Titel zurückzugreifen[322]. Ohne diese Voraussetzungen wird die Klage weder durch Verzicht auf (weitere) Vollstreckung[323] noch durch titelgerechte Leistung an den Gläubiger selbst[324] unzulässig, wohl aber wegen § 93 problematisch für den Schuldner[325]. Bei *wiederkehrenden* Leistungen benötigt freilich der Gläubiger die Ausfertigung trotz stetiger Erfüllung weiterhin, weshalb der BGH hier das Rechtsschutzinteresse schon dann verneint, wenn unzweifelhaft Vollstreckung schon gezahlter Beträge nicht mehr drohe[326]; anders aber, wenn materiell unberechtigte Vollstreckungsversuche stattgefunden hatten[327]. Wegen eines Schiedsspruchs vor seiner Vollstreckbarerklärung → § 1042 Rdnr. 25. Zu Klagen gegenüber unwirksamen Titeln → Rdnr. 11 sowie § 766 Rdnr. 54. § 767 verlangt nicht den Nachweis des in § 256 geforderten rechtlichen Interesses[328]; jedoch fehlt das Rechtsschutzbedürfnis, wenn der Konkursverwalter, obwohl nach § 14 KO (§ 89 InsO) eine Vollstreckung ausscheidet, geltend macht, dem Gläubiger stehe der Tabellenauszug (§ 164 Abs. 2 KO/§ 201 Abs. 2 InsO) als stärkerer Titel zur Verfügung[329]. Einstellung nach § 775 Nrn. 4, 5 steht der Klage nicht entgegen, → dort Rdnr. 32. Gegen Mißbrauch schützt § 93, → Rdnr. 61.

43   2. Auch durch **Beendigung der erfolgreichen Vollstreckung** wird die Klage nur unter den Voraussetzungen → Rdnr. 42 Fn. 319–322 gegenstandslos[330] und damit unzulässig[331]. → dazu § 91a Rdnr. 5 ff., unten Rdnr. 45, 56. Verjähren kann nur der materiellrechtliche Anspruch, nicht das Recht zur Klage.

---

[318] *Becker-Eberhard* (Fn. 64) 90 mwN auch zu (teilweise wohl nur vermeintlichen) Gegenansichten. Gegenüber **ausländischen** Titeln besteht es im Inland jedenfalls nicht vor Einleitung eines Verfahrens zur Vollstreckbarerklärung (*Wieczorek*[2] Anm. G II a); zudem können (und, falls Ausführungsgesetze es vorsehen: müssen) die Einwendungen schon in ihm vorgebracht werden, → Rdnr. 47.
[319] Droht dennoch ein Antrag nach § 733, so besteht sogar weiterhin Bedürfnis für ein Urteil nach § 767, da es auch § 733 ausschließt.
[320] Was oft übersehen wird, z.B. *OLG Schleswig* MDR 1991, 669 = NJW-RR 1992, 192; *BGH* NJW 1993, 3320 = WM 2043. Denn Abwendungszahlung **an den Gläubiger** verbraucht (anders als an den GV → § 757 Rdnr. 2) noch nicht den Titel, → dazu § 775 Rdnr. 54a vor § 704, § 766 Rdnr. 15 Fn. 78 sowie unten Rdnr. 43; insoweit zutreffend, obwohl noch ungenau (denn auch Rechtspfändungen sind »Zwang«, Drittschuldnerzahlung verbraucht jedoch nicht die vollstr. Ausf.) *BGH* NJW-RR 1989, 124.
[321] *BGH* NJW 1980, 2199 u. 1984, 2827. Ebenso scheidet § 767 aus nach Rückgabe der (einzigen) vollstr. Ausf. eines Titels gemäß § 794 Abs. 1 Nr. 5 an den Notar unter Verzicht auf Rücknahme u. mit der Weisung auf Aushändigung an den Schuldner nach Erfüllung einer Bedingung (dort Löschung von Auflassungsvormerkung u. Grundschuld) *BGH* NJW 1994, 1162.
[322] *OLGe Breslau* JW 1930, 3345[31] (*Schultz*); *Saarbrücken* Büro 1978, 1093; vgl. auch *OLG Koblenz* Büro 1989, 133 f.; *BGH* NJW 1994, 1162.
[323] *BGH* (Fn. 152) u. JZ 1955, 613 = NJW 1556; WM 1974, 59 (bei Teilerledigung ist die Klage zulässig bis zur Herausgabe der ersten Ausfertigung u. Erteilung einer neuen für den Rest nach § 733; ebenso *BGH* NJW 1992, 2148); *OLGe München, Hamm* FamRZ 1981, 451 f.; WRP 1992, 195; *Baur/Stürner*[11] Rdnr. 742 u. zu § 768 *RGZ* 159, 387; *Brox/Walker*[4] Rdnr. 1332; a.M. *OLG Frankfurt* NJW-RR 1988, 511 f. (mit unzutreffender Arg., da der Antrag nur teilweise, nämlich bezüglich des persönlichen Anspruchs, nach § 768 hätte stattgegeben werden müssen). → aber auch § 797 Rdnr. 21.
[324] → Fn. 320; auch nach Befriedigung durch Zwangsverwaltung bleibt die Klage zulässig *OLG Bremen* OLGZ 1969, 60. Insoweit trifft *BAGE* 31, 288, 295 = AP Nr. 1 zu § 60 KO (krit. *Henckel*) = JZ 1979, 479 = NJW 1980, 141 nur zu, falls der Schuldner die Ausfertigung schon vom Gläubiger erhalten oder der Schuldner darauf verzichtet hatte wegen unstreitiger Befriedigung. – A.M. *OLG Schleswig* (Fn. 320); *BGH* NJW 1993, 3320 = WM 2043.
[325] → Rdnr. 61.
[326] *BGH* NJW 1984, 2827 = FamRZ 470 = MDR 830 (obwohl der Gläubiger dort erst nach Antragstellung erklärt hatte, befriedigt zu sein).
[327] *OLG Karlsruhe* Büro 1990, 399.
[328] Die Erwähnung des »Interesses« in der älteren Rsp beruht auf der damaligen Gleichstellung mit Feststellungsklagen.
[329] *BGH* (Fn. 33).
[330] *Brehm* ZIP 1983, 1420, vgl. auch *Münzberg* JuS 1988, 347 zu II; a.M. *OLG Schleswig* (Fn. 320); *BGH* (Fn. 324).
[331] *RGZ* 8, 270; *BAG* (Fn. 324); auch noch in der Revisionsinstanz; *BGH* (Fn. 25).

IV. Verfahren, Zuständigkeit, Urteilswirkungen

1. Den **Grund der Klage** (§ 253 Abs. 2 Nr. 2) bilden die Tatsachen, aus denen sich die 44 Einwendung und die Zeit ihrer Entstehung ergeben → Rdnr. 16ff. Der Schuldner trägt – wie im Erkenntnisverfahren – vorbehaltlich besonderer Beweislastregeln oder Vermutungen[332] die **Beweislast** für Einwendungen gemäß Abs. 2[333], aber grundsätzlich *nicht* für rechtshindernde Einwendungen bzw. Anspruchsvoraussetzungen, wenn Abs. 2 ausscheidet[334]; in diesen Fällen trifft den Schuldner die Beweislast nur, wenn sich dies aus dem Rechtsverhältnis ergibt, das dem Anspruch zugrundeliegt, etwa abstraktem Schuldanerkenntnis[335] oder Sicherungsgrundschuld[336]. Soweit rechtskräftig feststeht, daß der Anspruch noch besteht, ist die Klage unbegründet[337].

Der **Antrag** ist (arg. § 775 Nr. 1) darauf zu richten, daß die **Zwangsvollstreckung** ganz oder 44a zum Teil[338], nur derzeit[339] oder dieser Partei gegenüber[340] **für unzulässig** oder nur gegen Gegenleistung oder unter sonstigen Einschränkungen[341] für zulässig **erklärt werde**; nicht auf Aufhebung des Urteils oder auf Feststellung der Tilgung des Anspruchs[342]. Zum gesonderten Feststellungsantrag → Rdnr. 4ff. Wegen §§ 775 Nr. 1, 776 sind Anträge auf Einstellung und Aufhebung der Vollstreckungsmaßregeln überflüssig[343] außer im Rahmen des § 769.

---

[332] Vgl. *BGH* (V. Senat) NJW 1980, 1048. Z.B. für Scheingeschäft *BGH* NJW 1991, 1617.

[333] *RG* Gruch. 49 (1905), 916; *BGHZ* 34, 281 = NJW 1961, 1069; NJW 1980, 1047f.

[334] Also vor allem im Bereich des § 794 Abs. 1 Nr. 1 u. 5 sowie der §§ 795, 797. Dann hat der Gläubiger grundsätzlich die Anspruchsentstehung zu beweisen → § 286 Rdnr. 48. Das gilt auch für vollstreckbare Urkunden *BGH* NJW 1980, 1048; *OLGe Nürnberg* DNotZ 1990, 565; *Hamm* MDR 1993, 348; *Wolfsteiner* NJW 1982, 2851; *Schlosser* (Fn. 20) Rdnr. 117 und – entgegen *BGH* (III. Senat) NJW 1981, 2756 = WM 1140 = ZIP 1074 – selbst dann, wenn auf Nachweis der Klauselerteilung verzichtet wurde (dazu → § 797 Rdnr. 8), *RG* WarnRsp 1911 Nr. 194; *OLGe Celle* NJW-RR 1991, 667; *München* NJW-RR 1992, 125; *LG München II* DNotZ 1990, 574; *Wolfsteiner* aaO 2252; *Bruns/Peters*[3] § 7 II 2b a.E.; *Stürner* (Fn. 323) Rdnr. 236, 261; *Münch* (Fn. 20) 382ff.; NJW 1991, 800f.

[335] → § 794 Fn. 604 a.E.

[336] *BGHZ* 114, 70f. = NJW 1991, 1749.

[337] A.M. (unzulässig) *BGH* NJW 1985, 2535 (im übrigen fehlte es an rechtskräftiger Feststellung *Dunz* aaO 2536).

[338] S. die Rsp → Fn. 124 sowie → Rdnr. 21, 23. Betrifft die Einwendung nur einen *Teil des Anspruchs*, so ist ein zu weitgehender Antrag nicht ganz abzuweisen, sondern auch ohne Hilfsantrag die Beschränkung auszusprechen *BGH* NJW 1993, 1396 zu II 3b dd mwN = MDR 272. Jedoch entstehen nicht selten wegen leichtfertig zu umfassend gestellter Anträge Mehrkosten, s. z.B. *OLG Köln* FamRZ 1992, 461 (nur teilweise Gesamtschuldnerschaft). **Teilklage** ist zulässig, auch wenn die Einwendung den ganzen Anspruch trifft, worden den Beklagten schützt § 256 Abs. 2 *OLG Köln* Rpfleger 1976, 139.

Bei **Verfallklauseln** (→ § 726 Rdnr. 6) ist, wenn der Schuldner mit Erfolg pünkliche Ratenzahlung einwendet, die Unzulässigkeit sowohl *teilweise* (nur für den nicht fälligen Kapitalrest) als auch *zeitlich beschränkt* auszusprechen, denn der Verzug u. damit die Restfälligkeit können jederzeit nach der letzten Tatsachenverhandlung doch eintreten. Würde ungenau »zur Zeit unzulässig« tenoriert (vgl. *RGZ* 134, 158; HRR 1938 Nr. 1104, dort verfehlt als Klage nach § 768 angesehen), müßte das Vollstreckungsorgan aus den Gründen entnehmen, ab wann die an sich bedingungslose Klausel (→ § 726 Rdnr. 6) erneute Beitreibung des Restes erlaubt; richtig für Verzugszinsklausel *OLG Düsseldorf* DNotZ 1977, 414 a.E. – Daß eine Verfallklausel überhaupt nicht vorliege, muß der Schuldner nach §§ 732 oder 768 einwenden.

[339] Z.B. weil Fälligkeit noch fehlt, aber auch noch unbestimmt ist, richtig *OLG Köln* FamRZ 1993, 956.

[340] *BGHZ* 92, 350 a.E. = NJW 1980, 810[16]. In diesen Fällen darf in der Regel die ZV nicht schlechthin, sondern nur die zugunsten des nicht mehr sachbefugten **Gläubigers** für unzulässig erklärt werden, *BGH* aaO; *OLG Bremen* NJW-RR 1989, 574 = MDR 461 a.E., mag auch die Nachfolgerklausel erst unter weiteren Bedingungen erteilt werden, →z.B. zu § 90f. BSHG § 727 Fn. 59, Rdnr. 37a a.E. – Ebenso auf seiten des **Schuldners**, wenn nur einer von mehreren Gesamtschuldnern nach § 767 obsiegt *LG Frankenthal* (Fn. 129), das bei Verstoß mit Auslegung helfen will.

[341] → Rdnr. 21, 23. Zur Unzulässigkeitserklärung nur gegen eine Handlung des klagenden Schuldners (§ 348 BGB) s. *RGZ* 75, 202. Zur Tenorierung, damit ein Grundpfandrecht (§ 193 S. 2 KO) nicht nach § 868 dem Eigentümer (§ 1163) zufällt, s. *BGH* WM 1974, 59. – Die Unzulässigkeit *auflösend bedingt* auszusprechen (etwa in den Fällen Rdnr. 21f.) sollte, falls der Bedingungseintritt nicht in gerichtlichen Akten liegen soll (→z.B. Fn. 214), möglichst vermieden werden aus den → Fn. 106 (zu *OLG Frankfurt*) u. § 772 Rdnr. 13 genannten Gründen. Wie Vollstreckungsgegenklagen des Gläubigers gegen Urteile nach § 767 bei unstreitigen Fällen vermieden werden können, → § 772 Rdnr. 14.

[342] Zur Umdeutung solcher Anträge, wenn sie sich ersichtlich gegen die Vollstreckbarkeit richten, s. *KG* JW 1938, 2671. Vgl. den Fall *BGH* WM 1981, 875.

[343] *RG* JW 1911, 548f. Ein solcher Antrag genügt aber, *BayObLG* NS 6, 207; auch *OLG Frankfurt* JW 1921, 1254, falls er sich gegen die Vollstreckbarkeit wendet (Auslegung); *BGH* V ZR 9/53 ließ den Vortrag des Klägers genügen, im Antrag auf Löschung sei der (deshalb fallen gelassene Antrag) nach § 767 enthalten (in DNotZ 1954, 598 nicht mit abgedruckt). → aber auch Rdnr. 7 Fn. 39.

45 Mit der Klage können (auch hilfsweise) weitere Anträge verbunden werden, falls das Gericht für die Entscheidung darüber zuständig ist oder nach § 39 wird[344]: a) nach § 323[345], b) nach § 768[346]; c) auf Feststellung, daß der Titel von vornherein, z. B. wegen Unbestimmtheit nicht vollstreckbar sei[347], d) Ansprüche auf *Herausgabe* der vollstreckbaren *Ausfertigung*[348], e) auf Rückübertragung oder Beseitigung des dem titulierten Anspruch zugrundeliegenden Rechts[349], f) auf *Rückgewähr* des etwa schon Geleisteten/Beigetriebenen[350], g) auf *Schadensersatz*[351]. Für § 260 reicht es aus, wenn die Verbindung durch zulässige Antragsänderung in der Berufungsinstanz geschieht[352] und diese auch für den neuen Antrag, wäre er schon in erster Instanz anhängig gewesen, zuständig geworden wäre[353], und es kann, wenn die Vollstreckung erst im Laufe des Prozesses erfolgt oder beendet[354] wird, zu den → d-g genannten Ansprüchen nach § 264 Nr. 3 übergegangen werden[355]. → aber § 717 Rdnr. 66[356]. Der Antrag nach § 767 kann auch *als Widerklage* gestellt werden[357], insbesondere wenn der Schuldner rechtskräftig Zug um Zug verurteilt ist und gegenüber der erneuten Klage auf unbedingte Leistung weitere Zurückbehaltungsgründe geltend machen will[358]. Schließlich kann der *Gläubiger* widerklagend die Leistung verlangen, z. B. wenn er (besonders in den Fällen § 794 Abs. 1 Nrn. 1, 5 oder § 1044b) die Verjährung unterbrechen will oder der Schuldner die Vollstreckbarkeit leugnet[359].

46 2. Örtlich und sachlich **ausschließlich zuständig** (§ 802) ist nach Abs. 1 ohne Rücksicht auf den Streitwert[360] das **Prozeßgericht erster Instanz**[361], auch wenn es seine Unzuständigkeit übersehen hatte[362]. Dies gilt für die in → § 704 Rdnr. 1 f. genannten Urteile; wegen anderer Titel s. §§ 795 ff. und die → § 731 Rdnr. 11 (2. Abs.) aufgezählten Normen. Zum Rechtsweg → Rdnr. 59 sowie Einl. Rdnr. 352. Prozeßgericht ist das Gericht als solches, nicht die Kammer oder Abteilung, die früher entschieden hatte[363]; wegen des Einzelrichters → § 348 Rdnr. 3[364].

---

[344] Oft nehmen Beklagte hier auch lästige Zuständigkeiten eher in Kauf, als nochmals verklagt zu werden.

[345] *BGH* (Fn. 337); FamRZ 1979, 575 = MDR 829 (insoweit zust., aber mit Recht Sachdienlichkeit bejahend *Baumgärtel* aaO 591; *Jauernig* ZwVR¹⁹ § 12 VI); *Graba* NJW 1989, 486; *E. Schumann* NJW 1981, 1031; ; *OLG Schleswig* (Fn. 147: als Hilfswiderklage des Gläubigers); *OLG Düsseldorf* FamRZ 1980, 794 (§ 767, hilfsweise § 323, Sachdienlichkeit bejaht); s. auch zu § 263 *OLG Celle* FamRZ 1980, 611. *Graba* aaO will sogar Bedenken gegen fehlende Zuständigkeit im Verhältnis § 767 zu § 323 mit teleologischer Reduktion begegnen. Zur Auslegung oder Umdeutung als Klage nach § 323 *OLG Düsseldorf* FamRZ 1981, 306.

[346] → § 768 Rdnr. 8 Fn. 33.

[347] → Rdnr. 13 Fn. 99 ff., Rdnr. 31 vor § 704. Ist er aber schon seiner äußeren Form nach nicht vollstreckbar, so ist (neben §§ 732, 766) **nur** diese Feststellung zulässig → Rdnr. 11 Fn. 66 (str.).

[348] → Rdnr. 48.

[349] *BGH* NJW 1986, 2109 (Grundschuldlöschung Zug um Zug gegen Befriedigung, zugleich Auskunft über Valutierung) → Rdnr. 24 Fn. 199.

[350] *OLGe Frankfurt* NJW 1982, 934 = ZIP 880 (nach § 767 klagende Gesamtschuldner als nunmehrige Gesamtgläubiger); *OLG Stuttgart* MDR 1989, 463; auch noch mit Berufung *OLG Schleswig* (Fn. 320), zugleich zur Identität des Klagegrundes.

[351] *RG* JW 1886, 3289; BGHZ 16, 182 = NJW 1955, 546; *OLG Stuttgart* MDR 1989, 463.

[352] Bleibt der Klagegrund gleich, so handelt es sich um § 264 Nr. 3 *OLG Schleswig* (Fn. 320). § 528 steht dann nicht entgegen.

[353] → Fn. 346, 352.

[354] → Rdnr. 43.

[355] H.M. *BAG* (Fn. 324) mwN; *OLG Schleswig* (Fn. 320); auch mit Anschlußberufung *OLG Hamm* FamRZ 1993, 74. § 263 gilt, wenn das Ende schon vorher eintrat, *BGH* (Fn. 37); NJW-RR 1988, 958; *OLG Braunschweig* BrschwZ 48, 185 f. Zu solchen »verlängerten Vollstreckungsgegenklagen« → Rdnr. 56, auch zur Zuständigkeit.

[356] Wie dort Fn. 406 BAG (Fn. 324).

[357] → § 33 Rdnr. 13 a. E. Z. B. gegenüber Erhöhung nach § 323 *BGH* FamRZ 1989, 159, 161.

[358] Vgl. *BGH* NJW 1962, 2004³ = MDR 976³⁸.

[359] Verteidigung gegen die Klage genügt nicht für § 209 Abs. 1 BGB, BGHZ 122, 292 = NJW 1994, 1848. → Rdnr. 20 a. E. mit § 33 Rdnr. 13 a. E.; vgl. zum Sachverhalt *BGH* ZIP 1992, 163. In der Berufungsinstanz kann § 530 entgegenstehen, vgl. *BGH* NJW 1982, 2072.

[360] Wegen zusätzlicher Anträge über andere Ansprüche → § 1 Rdnr. 49.

[361] Nicht Berufungsinstanz *OLG Karlsruhe* NJW-RR 1991, 1151. *OLG Frankfurt* NJW 1976, 1983 = MDR 939 ließ aber in der Berufungsinstanz die Änderung einer Schadensersatz- bzw. Freistellungsklage in eine Klage gemäß § 767 zu, weil dem Beklagten die titulierten Ansprüche, gegen die sich der Kläger von Anbeginn wehrte, erst nach Erlaß des LG-Urteils abgetreten wurden u. die Einwendungen dieselben blieben wie in 1.Instanz. S. auch *BGH* → Fn. 345.

[362] Wie → § 731 Rdnr. 11 Fn. 48.

[363] → § 1 Rdnr. 102.

[364] Wie dort *Gerhardt* ZZP 103 (1990), 252 gegen die ü. M.

Familiengerichte sind trotz abweichenden Streitgegenstands (→ Fn. 34) zuständig, wenn die Klage sich gegen einen Anspruch i. S. d. § 23b Abs. 1 Nr. 5 ff. GVG richtet[365], auch bezüglich Rechtsmitteln[366], während es auf die Art der Einwendungen nicht ankommt[367]. Jedoch bleibt die örtliche Zuständigkeit trotz § 621 Abs. 2 und 3 dort erhalten, wo über den Anspruch entschieden worden war[368]. War noch ein LG Prozeßgericht *vor* Schaffung der Familiengerichte, so entscheidet das Familiengericht, in dessen Bezirk das LG seinen Sitz hat, auch wenn mehrere Streitgenossen mit verschiedenen Wohnsitzen verklagt sind[369]. Im übrigen ist jedoch seit Änderung des § 119 GVG (1986) für *Titel aufgrund Entscheidungen* formell darauf abzustellen, welches Gericht als Prozeßgericht entschieden hat[370]. Die zwingende Zuweisung an *Kammern für Baulandsachen* bleibt für § 767 erhalten[371]. *Kammern für Handelssachen* werden, wenn eine solche das Urteil erlassen hatte, auch ohne nochmaligen Antrag gemäß §§ 96, 98 GVG befaßt[372]. Zum Einzelrichter → § 348 Rdnr. 3[373]. Wegen anderer Titel als Urteile → § 797 Rdnr. 23 zur örtlichen, Rdnr. 24 f. zur sachlichen Zuständigkeit und über Kammern für Handelssachen aaO Rdnr. 26. Zur Geltendmachung von Einwendungen gegenüber *Schiedssprüchen* → § 1042 Rdnr. 25. Soweit Schiedsgerichte über *Einwendungen* zu entscheiden haben, gilt dies auch für § 767; die Wirkung des § 775 Nr. 1 kann freilich erst mit der Vollstreckbarerklärung herbeigeführt werden[374].

Soweit die Klage gegenüber *ausländischen Urteilen* im Inland nötig[375] und noch möglich[376] ist, hat das Prozeßgericht des § 722 Abs. 2 zu entscheiden[377], ähnlich für den EG-Bereich § 15 Abs. 2 AVAG[378] und die Beschlußverfahren für den Fall der Abänderung im Erlaßstaat → Fn. 180. Das galt vor der Wiedervereinigung auch für Urteile aus der DDR, die nach dem 1.1.1976 dort vollstreckbar geworden waren[379]. Seit dem EinigV waren in den **neuen Bundesländern** noch gemäß § 133 Abs. 1 ZPO-DDR anhängige Verfahren nach § 767 fortzusetzen[380]; für vor dem 3. X. 1990 rechtskräftig gewordene Entscheidungen gilt § 767 auch bezüglich der Zuständigkeit ebenso unmittelbar[381] wie für danach rechtskräftig gewordene[382].

47

---

[365] *BGH* NJW 1981, 347; Rpfleger 1980, 14[4] (Arrest). Zu güterrechtlichen Ansprüchen → § 621 Rdnr. 33 f.; *OLG Schleswig* SchlHA 1991, 80 = FamRZ 958 (L). Zur Teilungsversteigerung *OLG Zweibrücken* FamRZ 1979, 839. Über Rsp für Vergleiche u. vollstreckbare Urkunden → ferner § 795 Rdnr. 9, § 797 Rdnr. 24.

[366] *BGH* NJW 1978, 1811 = FamRZ 672 (Prozeßkostenhilfe); NJW 1981, 347 = FamRZ 19 (Unterhaltsvergleich); FamRZ 1992, 538 (Kostenfestsetzung).

[367] § 1 Rdnr. 64 d Fn. 155, § 621 Rdnr. 37 Fn. 200; *BGH* NJW-RR 1989, 173 f.; *BayObLG* NJW-RR 1986, 7; a. M. *OLG Hamm* NJW-RR 1989, 1415 = FamRZ 875.

[368] *BGH* NJW 1980, 1393[10] = Rpfleger 182[179] = MDR 477[16]; *OLG Schleswig* SchlHA 1980, 143. Wegen § 797 Abs. 5 → dort Rdnr. 23 f.

[369] *BGH* NJW 1980, 189[15] = FamRZ 47 = MDR 215.

[370] → § 621 Rdnr. 37 bei Fn. 218 (entsprechend § 119 GVG).

[371] *BGH* NJW 1975, 829 = KTS 298 = MDR 559.

[372] → Rdnr. 9 vor § 511, jetzt ganz h. M., *Baumbach/Hartmann*[52] Rdnr. 45; *Thomas/Putzo*[18] Rdnr. 13; *Wieczorek*[2] Anm. F I, obwohl § 95 GVG »Geltendmachung des Anspruchs« verlangt, während § 23b Abs. 1 Nr. 5 ff. GVG (→ Rdnr. 46) genügen lassen, daß die Klage ihn nur »betrifft«. → aber auch § 797 Rdnr. 26.

[373] 20. Aufl. Fn. 9 gegen die ü. M., zust. *Gerhardt* ZZP 103 (1990), 252.

[374] → § 1025 Rdnr. 27 e; *BGH* NJW 1987, 652 = MDR 302[29] (*Schwab* ZZP 100, 456; *Hermann* JR 1988, 277). → auch § 771 Fn. 38.

[375] → § 723 Rdnr. 3–5, besonders Rdnr. 4 Fn. 11 u.

für den Bereich des EuGVÜ → Anh. § 723 Rdnr. 313 Fn. 38 zu Nr. 3. Bis zur Vollstreckbarerklärung im Inland besteht **dort** kaum ein Klagebedürfnis wegen § 13–15 AVAG (→ Anh. § 723 Rdnr. 313–315), so wohl auch *K. Schmidt* (Fn. 317) Rdnr. 10, 43 mwN. Die »ausschließliche« Zuständigkeit der »Gerichte des Vertragsstaates, in dessen Hoheitsgebiet die ZV durchgeführt werden soll oder durchgeführt worden ist« (Art. 16 Nr. 5 EuGVÜ), kann übrigens eine Vollstreckungsgegenklage im Erlaßstaat oder anderen Mitgliedstaaten nicht ausschließen wollen, 1. weil die Klage schon vor Einleitung der ZV zulässig ist → Rdnr. 42, 2. weil die ZV u. U. in mehreren Mitgliedstaaten in Betracht kommt.

[376] → § 723 Rdnr. 4 u. Anh. § 723 Rdnr. 313, 315.

[377] *RGZ* 165, 380 u. zwar das Familiengericht, wenn der Titel Unterhaltsansprüche i. S. d. § 23b I 2 Nr. 5, 6 GVG zum Gegenstand hat *BGH* NJW 1980, 2025 (L) mwN der Schriftl.

[378] → Anh. § 723 A Rdnr. 315 aufgrund Art. 16 Nr. 5 EuGVÜ; jedoch nicht für Aufrechnung mit Ansprüchen, über die Gerichte dieses Staates bei selbständiger Geltendmachung nicht entscheiden dürften *EugH* IPrax 1986, 232 f.

[379] *OLG Düsseldorf* FamRZ 1979, 313. Zur früheren Rechtslage bezüglich noch älterer Titel → Rdnr. 145 vor § 704 (mit 20. Aufl. Fn. 192).

[380] EinigV Anl. 1 Kap. 3 Sachgeb. A Abschn. III Nr. 28 i.

[381] EinigV Anl. 1 Kap. 3 Sachgeb. A Abschn. III Nr. 5 i.

[382] Dies folgt mittelbar aus der Übergangsregelung → Fn. 380, *K. Schmidt* (Fn. 317) Rdnr. 102.

48 Die ausschließliche Zuständigkeit nach §§ 767, 802 gilt nicht für in ihrer Wirkung ähnliche Klagen, → Rdnr. 13; entsprechend § 767 Abs. 1 kann aber eine zusätzliche örtliche Zuständigkeit angenommen werden für die Klagen nach § 323[383] und auf Herausgabe der Ausfertigung[384].

49 3. Die *Vollmacht* des Hauptprozesses gilt auch für § 767[385]; die Klage ist dem Prozeßbevollmächtigten erster Instanz des Gegners *zuzustellen*[386]. Wegen § 53 → dort Rdnr. 17.

50 4. Das **Verfahren** ist das des ordentlichen Prozesses. Es gelten auch § 93 (→ Rdnr. 61), § 307[387] und die §§ 330 f., aber nicht § 592[388]. Zur Beweislast → Rdnr. 44. Hängt die Entscheidung davon ab, ob dem Gläubiger noch die Sachbefugnis für den titulierten Anspruch zusteht[389] und ist diese Nachfolge in einem anderen Prozeß Streitgegenstand, so kommt Aussetzung nach § 148 in Betracht[390], was freilich in der Regel nur unter Einstellung gemäß § 769 sinnvoll ist. Erledigung durch Prozeßvergleich ist möglich[391]. Da auch hier der Zeitpunkt der letzten mündlichen Verhandlung maßgeblich ist[392], kann Erledigung der Hauptsache eintreten, wenn während des Verfahrens z. B. dem Kläger die Ausfertigung übergeben wird oder der Beklagte die fehlende Sachlegitimation nachträglich durch Abtretung oder Einziehungsermächtigung erlangt[393]. § 200 GVG gilt trotz abweichenden Streitgegenstandes[394], weil durch § 769 das Eilbedürfnis für diese Ansprüche tangiert werden kann[395]; § 202 GVG trifft nicht zu[396]. Auch die Einrede des § 269 Abs. 4 wird von der h. M. gewährt, wenn gegen den Kostenbeschluß nach § 269 Abs. 3 im Rahmen des § 767 mit eben dem Anspruch aufgerechnet wird, welcher der zurückgenommenen Klage zugrundlag[397]. Zu § 41 wegen Mitwirkung im Klauselerteilungsverfahren → § 732 Fn. 41. Zur Einstellung der Vollstreckung s. §§ 769 f., zur vorläufigen Vollstreckbarkeit des Urteils → § 708 Rdnr. 10, 12 Fn. 70. Über **Berufungen** in Familiensachen (→ Rdnr. 46) befindet stets der Familiensenat des OLG, auch wenn ein AG nicht als Familiengericht (oder ein LG) über die Vollstreckungsgegenklage entschieden hatte und die Berufung zulässigerweise[398] beim LG eingelegt ist[399]. Hatte umgekehrt ein Familiengericht über die Klage entschieden, obwohl sie nicht Familiensache ist, so entscheidet das LG über die Berufung, auch wenn diese form- und fristgerecht beim OLG eingelegt ist[400]. Die Beschwer besteht fort, wenn der durch vorläufig vollstreckbares Urteil abgewiesene Schuldner zur Abwendung der Vollstreckung leistet[401]. Zur Beschwer des Beklagten, wenn die Klage statt als unbegründet nur als unzulässig abgewiesen wurde, → Rdnr. 93, 97 vor § 511.

51 5. Das stattgebende **Urteil** muß anordnen, in welchem Umfang[402] und gegenüber wem[403] die Vollstreckung unzulässig wird. Rückwirkung hat es insoweit nicht; → aber Rdnr. 2 Fn. 15

---

[383] → § 323 Rdnr. 46, 68.
[384] → § 724 Rdnr. 6. *OLG Hamburg* OLGRsp 33, 97 verneint dafür richtig nur die *ausschließliche* Zuständigkeit. Für diesen Zweck ist es aber unnötig, solche Klagen als Vollstreckungsklagen anzusehen (so *Wieczorek*² Anm. F III für Herausgabeklage).
[385] → § 81 Rdnr. 7.
[386] → § 178 Rdnr. 2 f., § 176 Rdnr. 25 f.
[387] → § 307 Rdnr. 20.
[388] → Rdnr. 5 f. mit § 592 Rdnr. 2.
[389] → Rdnr. 22.
[390] *OLG Frankfurt* Büro 1990, 652 (Verlust der Einziehungsbefugnis nach § 835).
[391] *BGH* (Fn. 374).
[392] → § 300 Rdnr. 22.
[393] → Rdnr. 22 sowie Rdnr. 38 vor § 704.
[394] → Rdnr. 6 Fn. 34, Rdnr. 13 Fn. 103.
[395] *BGH* Rpfleger 1980, 219 = MDR 568³⁹ = NJW 1695¹³ zu § 200 Abs. 2 Nr. 5a GVG mwN. – A.M. *OLG Stuttgart*, MDR 1978, 586.
[396] → § 223 Rdnr. 29.
[397] → § 269 Rdnr. 81 (wegen Geltendmachung desselben Prozeßstoffs), wie dort noch *BGH* WM 1986, 1425 = JR 1987, 331 (zust. *Schubert* aaO 333); *OLG Bremen* NJW-RR 1992, 765; a.m. *OLG Hamm* NJW-RR 1991, 1334.
[398] → Allg. Einl. vor § 511 Rdnr. 38.
[399] *BGHZ* 72, 184 = NJW 1979, 45 = FamRZ 575 mwN (entsprechend §§ 281, 523; s. auch *BGH* MDR 1980, 564³¹ a. E.); *BGH* NJW 1979, 47; *OLG Düsseldorf* (Fn. 345).
[400] → Fn. 399.
[401] *BGH* WM 1968, 923 = BB 1969, 739⁸² (zur Begründung → aber § 708 Rdnr. 4 ff.).
[402] → Rdnr. 7, 44.
[403] → Rdnr. 10 und Fn. 340.

a. E. Mit seiner Vollstreckbarkeit[404], auch der vorläufigen[405], falls sie nach §§ 708 oder 710 unbedingt ist oder durch Leistung der Sicherheit des Klägers usw. unbedingt wird[406], verliert das angegriffene Urteil bereits im Umfang der Urteilsformel seine Vollstreckbarkeit, mag sie auch im Rechtsmittelzug wiederhergestellt werden, → Rdnr. 2. § 711 S. 1, der im Rahmen des § 708 Nr. 10[407] und 11 auch auf Urteile nach § 767 anzuwenden ist[408], ändert nichts an der unbedingten Vollstreckbarkeit; die weitere Vollstreckung i.e.S. aus dem Titel wird also trotzdem unzulässig[409].

Die schon ab unbedingter vorläufiger Vollstreckbarkeit eintretende Unzulässigkeit der Vollstreckung des Titels bedeutet hier nichts anderes als die Möglichkeit, *innerhalb* des Vollstreckungsverfahrens (§ 775) die Vollstreckung zu verhindern[410]. Solange jedoch das Urteil dem Vollstreckungsorgan nicht vorgelegt oder sonst zuverlässig zur Kenntnis gebracht wird[411], verhält es sich trotz Weitervollstreckung rechtmäßig[412], während der Gläubiger u. U. schon seit Entstehung der Einwendung, spätestens aber mit dem unbedingten (s.o.) Wegfall der Vollstreckbarkeit des Titels zur Unterlassung der Vollstreckung verpflichtet ist[413]. – In *materieller Rechtskraft* erwächst weder das Nichtbestehen des Anspruchs (→ Rdnr. 3) noch das Bestehen der erhobenen Einwendung mit Ausnahme des § 322 Abs. 2[414]. Zur Wirkung der Klagabweisung → Rdnr. 57, zur Vollstreckungsgegenklage gegenüber einem Urteil gemäß § 767 oder § 771 → Rdnr. 7a. 51a

V. Abs. 3, Streitgegenstand, Wirkung abweisender Urteile

1. Der Schuldner muß **nach Abs. 3 alle Einwendungen** gegen den durch das Urteil festgestellten Anspruch, die er zur Zeit der Klagerhebung geltend zu machen *imstande* war, geltend machen[415]. Das soll der *Verschleppung* der Vollstreckung durch *mehrere Klagen* nach § 767[416] entgegenwirken[417] und macht daher den späteren Ausschluß versäumter Einwendungen – im Gegensatz zu Abs. 2 – vom Wissen und Können des Schuldners abhängig[418]. Es 52

---

[404] → Rdnr. 18 vor § 704.
[405] → § 708 Rdnr. 12 a.E., 27 a.E.; *Rosenberg/Gaul* § 40 II 3 a.E. mwN.
[406] → § 709 Rdnr. 3, 8–10.
[407] → § 708 Rdnr. 27.
[408] → § 711 Rdnr. 2; *Furtner* DRiZ 1955, 191 noch zu § 713 Abs. 2 aF.
[409] → Fn. 410. § 711 S. 1 bedeutet daher hier nur, daß der beklagte Gläubiger (er ist »Schuldner« i.S.d. § 711, → auch § 717 Rdnr. 17) nach § 775 Nr. 3 durch seine Sicherheitsleistung das **Vorgehen** der ZV-Organe gemäß §§ 775 f. hinausschieben kann, bis der klagende Schuldner (»Gläubiger« der Vollstreckung i.w.S.) Sicherheit leistet → § 711 Rdnr. 10f. Ebenso *Furtner* aaO.
[410] Dieser Zustand ist, ebenso wie man etwa von der Unzulässigkeit eines Rechtsmittels spricht, auch bevor es eingelegt ist, nichts weiter als eine (hier allerdings erst durch Urteil entstehende) prozessuale Rechtslage, die auch dann entsteht, wenn noch gar nicht vollstreckt ist (→ Rdnr. 42), und hat mit unzulässigem menschlichem Verhalten oder Pflichten, somit auch mit Rechtswidrigkeit nichts zu tun → oben Rdnr. 2u. Rdnr. 22 a.E. vor § 704; *Janke* (Fn. 1) 118f. Richtig insoweit *Ramer* (Fn. 1) 50f., 109ff. (aber nicht erst mit Rechtskraft!). Von dieser Unzulässigkeit nimmt das ZV-Organ nach § 775 Nr. 1 Kenntnis und sein Verhalten soll dadurch gesteuert werden; *dieses* mag man dann in einem anderen Sinne zulässig oder unzulässig nennen, besser aber gesetz- oder rechtmäßig bzw. rechts- oder pflichtwidrig, s. *Münzberg/ Brehm* FS für F. Baur (1981), 527.
[411] → § 775 Rdnr. 4, 23.
[412] → Fn. 410.
[413] Zur Haftung des Anwalts u. zu Sorgfaltsanforderungen an ihn, den Gläubiger u. im Rahmen des § 254 BGB an den Schuldner s. *BGHZ* 74, 9 = NJW 1979, 1351 = JR 462.
[414] *BGH* NJW-RR 1990, 49.
[415] Nicht vorgebrachte Einwendungen bleiben unberücksichtigt *RGZ* 109, 69 = JW 1925, 772[25]
[416] Wegen § 323 s. *OLG Hamm* FamRZ 1993, 581 (bedenklich wegen des Streitgegenstands des § 323 erweiternd).
[417] *BGH* NJW 1994, 462 zu B II 2 e, der diesen Zweck jedoch auf rechtskraftfähige Entscheidungen beschränken will (obwohl Abs. 3 z.B. auch für Klagen gegen vollstreckbare Urkunden gilt → § 797 Rdnr. 20?).
[418] Früher h.m., s. *H. Otto* Präklusion usw. (1970) 78 mwN u. JA 1981, 609; jetzt noch *Arens/Lüke*[5] Rdnr. 589; *Brox/Walker*[4] Rdnr. 1357; *Bruns/Peters*[3] § 15 III 5 Fn. 34; *Gaul* (Fn. 405) § 40 IX 2; *Gerhardt*[2] § 15 III 2. – A.M. *BGHZ* 61, 25 = NJW 1973, 1328; WM 1986, 1033; NJW-RR 1987, 59 (Einwendungslast aus Abs. 3, Präklusionsfolge aber aus Abs. 2 gefolgert). *BGH* NJW 1960, 2287; MDR 1967, 568; WM 1985, 703 leiten die (objektive) Präklusion aus Abs. 3 ab, ebenso *Zöller/Herget* Rdnr. 22. Gegen die Vermengung der unterschiedlichen Zwecke von Abs. 2u. 3 *Münzberg* ZZP 87 (1974) 454ff. mwN; *A. Blomeyer* ZwVR § 33 V 5a; *Burgard* ZZP 106 (1993) 32ff. (unter Hinweis auch auf verfassungsrechtli-

handelt sich somit um eine nicht auf materieller Rechtskraft beruhende, sondern nur auf § 767 zugeschnittene Präklusion[419], nach heutigem Verständnis also um eine Abmilderung jener strengen Präklusion, die nach Abs. 2 einträte, wenn der Anspruch als solcher Streitgegenstand der Klage nach § 767 wäre[420]. Berufung auf Unkenntnis versagt bei ungenügender Nachforschung; umgekehrt schadet Kenntnis nicht, wenn mangels derzeitiger Beweismittel die sofortige Geltendmachung zu rechtskräftiger Abweisung führen würde und daher unzumutbar ist[421]. Der Schuldner kann aber alle nach Abs. 2 zulässigen Einwendungen, auch wenn er sie bei oder sogar vor Klagerhebung gekannt hatte, noch bis zum Schluß der Berufungsverhandlung nachbringen[422], soweit nicht die §§ 263, 296, 528, 530 Abs. 2 entgegenstehen[423]. Denn bereits diese Vorschriften verhindern eine Verschleppung *innerhalb* des Verfahrens[424], so daß die ursprünglich wohl auch von den Gesetzesverfassern vertretene Ansicht, mit der Wendung »in der zu erhebenden Klage« sei die Klagschrift gemeint, als über das Ziel hinausschießend heute mehr denn je überholt ist[425]. Damit kann Abs. 3 heute nur noch Präklusionswirkungen in nachfolgenden Vollstreckungsklagen entfalten, ergänzend zur innerprozessualen Präklusion gemäß §§ 296, 528[426]. Folgerichtig *müssen* aber zur Vermeidung der Präklusion des Abs. 3 auch alle bis zur letzten Tatsachenverhandlung entstandenen Einwendungen noch geltend gemacht werden, soweit der Schuldner dazu in der Lage ist[427]. Auf nach §§ 91 a oder 269 erledigte Prozesse ist Abs. 3 nicht anzuwenden[428]; zurückhaltende Anwendung des § 769 reicht hier aus, um mißbräuchlichen Klagewiederholungen zu begegnen.

53   2. Die Rechtsprechung[429] errichtete aber andere Schranken gegen erst nach Rechtshängigkeit vorgetragene, also in der Klageschrift noch nicht genannte Einwendungen, indem sie früher diese sämtlich als **Klagänderung** (§§ 263f., 267f.) ansah[430]. Das unterläuft den Kon-

---

che Bedenken gegen eine verschuldensunabhängige Deutung des Abs. 3); *Jauernig* ZwVR[19] § 12 III; *Baumann/Brehm*[2] § 13 III 2 c.

[419] *Burgard* (Fn. 418) 38; *Schwab* Streitgegenstand usw. (1954), 170; *Zöller/Vollkommer*[18] Rdnr. 70 vor § 322; wohl auch *Habscheid* AcP 165 (1965), 171; bezüglich der Abgrenzung zu Abs. 2 auch *K. Schmidt* JR 1992, 92, gekürzt in *MünchKommZPO* Rdnr. 84 ff. Er versteht jedoch Abs. 3 als Last **innerhalb** des Prozesses, Einwendungen umgehend vorzubringen, sobald der Kläger dazu imstande ist (ohne Zeitbestimmung; Abs. 3 würde sich also von § 296 nur darin unterscheiden, daß verspätete Einwendungen auch dann zurückzuweisen wären, wenn sie nicht verzögernd wirkten). – A. M. *Otto* Präklusion (1970) 78, 94, mit ähnlichen Folgerungen wie *K. Schmidt* aaO.

[420] Nur von dieser (→ Rdnr. 6 abgelehnten) Auffassung aus wäre die von *BGHZ* 61, 25 = *NJW* 1973, 1328 u. *K. Schmidt* JR 1992, 93 befürwortete Anwendung des Abs. 2 auf Einwendungen, die erst mit der zweiten Vollstreckungsgegenklage erhoben werden, folgerichtig.

[421] *Burgard* (Fn. 418) 40 f. mwN.

[422] → § 300 Rdnr. 20. Seit *RGZ* 55, 103 auch für § 767 h. M.; *Brox/Walker*[4] Rdnr. 1354; *Gaul* (Fn. 405) § 40 IX 1 mwN; s. auch *RG* JW 1905, 53[29]; *OLG Celle* MDR 1963, 932 = NdsRpfl 111.

[423] *Bötticher* MDR 1963, 934; JZ 1966, 617; *Schwab* ZZP 79 (1966) 463; *Baumgärtel/Scherf* JR 1968, 368; *Burgard* (Fn. 418) 34 f. mwN.

[424] → Rdnr. 50.

[425] *RG*; *OLG Celle* (Fn. 422), obwohl die Motive (*Hahn* I 437) vom »unabänderlichen Klagegrund« sprechen, s. auch *Baumgärtel/Scherf* (Fn. 423).

[426] *Burgard* (Fn. 418) 34; a. M. *K. Schmidt* JR 1992, 92 u. *MünchKommZPO-K. Schmidt* Rdnr. 86 ff., der Abs. 3 mit §§ 272 f., 282 gleichsetzt; Präklusionsfolge sei nur, eine etwa in der Einwendung zu sehende Klageänderung nicht für sachdienlich zu erklären.

[427] *RG* ZZP 61 (1939) 144; *BGH* MDR 1967, 586 = JR 1968, 386; *OLG Celle* (Fn. 422). Wegen § 263 → Rdnr. 53.

[428] *BGH* NJW 1991, 2281 = MDR 1204 (*Brehm*, *K. Schmidt* JR 1992, 71, 89). In Erledigungserklärungen darf auch nicht ohne weiteres ein Versprechen gesehen werden, die Klage nicht zu wiederholen, *Brehm* aaO gegen *Habscheid* JZ 1963, 582.

[429] → Fn. 430. Fraglich für *BGHZ* 61, 25 = NJW 1973, 1328, da dieser Senat Abs. 3 als Rechtskraftwirkung ansieht (dies zwar enger (→ Rdnr. 54), aber nicht weiter greifen kann als der eingeklagte Streitgegenstand; folglich müßte er alle bis zur letzten Tatsachenverhandlung objektiv entstandene Einwendungen zum ursprünglichen Streitgegenstand als ausnahmslos der Präklusion unterwirft, s. *Münzberg* (Fn. 418) 456, 458.

[430] *BGHZ* 45, 231 = JZ 1966, 614 = NJW 1362; *RG* u. *OLG Celle* (Fn. 422); zust. *Schlechtriem* NJW 1967, 107; *Blomeyer* ZwVR § 33 V 5 b; *Thomas/Putzo*[18] Rdnr. 17; *Wieczorek*[2] Anm. G IV b. So zwar schon die Motive → Fn. 425, aber sie beschränkten auch die Präklusion des Abs. 3 auf den **Zeitpunkt der Klagerhebung**, so daß wegen späterer Einwendungen stets neu geklagt werden durfte, was nach der heutigen Auffassung (→ Fn. 422) an Abs. 3 scheitern könnte (u. nach *BGH* (Fn. 429) sogar scheitern müßte?).

zentrationszweck des Abs. 3 (→ Rdnr. 52), weshalb manche, die den Klagegegenstand ebenso auf einzelne Einwendungen einengen wollen, die Sachdienlichkeit der Klagänderung hier für stets gegeben halten[431] oder die Einschränkung des § 263 von vornherein unter Berufung auf § 767 Abs. 3 nicht gelten lassen[432]. Wer dem nicht folgt und nachträgliche Einwendungen gemäß § 263 mangels Einwilligung und Sachdienlichkeit ausschließt, darf eine spätere Klage nur dann an Abs. 3 scheitern lassen, wenn der Schuldner bei zumutbarer Sorgfalt die Folgen des § 263 hätte vermeiden können[433].

Richtigerweise sollte der Streitgegenstand, *soweit es um Klagänderung und Rechtshängigkeit geht*[434], global von der mit dem Antrag erstrebten Urteilswirkung her bestimmt werden[435]: einzelne materiell-rechtliche Einwendungen und Einreden bedeuten, wenn es mehrere sind, keine Klaghäufung[436] und sind lediglich Elemente der Klagbegründung, die den Streitgegenstand nur dann ändern, wenn sich mit ihnen auch die *Urteilswirkung ändern* würde – so z. B. eine nachgebrachte rechtsvernichtende Einwendung wie → Rdnr. 17f., wenn bisher nur Zurückbehaltungsrecht[437], Stundung oder beschränkte Haftung[438] behauptet wurde. Selbst im Falle einer solchen Änderung ist aber die (zumindest entsprechende) Anwendung des § 264 zu erwägen[439], z. B. wenn statt Aufrechnung später lediglich geltend gemacht wird, daß nur Zug um Zug zu leisten sei[440]. Der Vorteil des § 93 (→ Rdnr. 61) verbleibt dem Gläubiger, auch wenn die nachträgliche Einwendung nicht Klagänderung ist[441].

3. Hingegen schließt die **materielle Rechtskraft sachlich abweisender Urteile** zwar nach § 767 aus, dem Titel mit der Klage zugrundeliegenden Sachverhalt erneut die Vollstreckbarkeit zu nehmen[442]. Jedoch ist hierbei – gerade wegen Abs. 3 und anders als → Rdnr. 54 – von *vorgetragenen* Tatsachenkomplexen auszugehen[443] als Annäherung an den zweigliedrigen Streitgegenstand[444], so daß **nur erhobene Einwendungen**, nicht andere rechtskräftig aberkannt sind[445]. Abs. 2 ist also im erneute Verfahren nach § 767 entgegen BGH[446] nicht nochmals anzuwenden auf Tatsachen, die im ersten Verfahren noch nicht präkludiert, aber noch vor dessen letzter mündlicher Verhandlung entstanden waren[447], und die Präklusion des

[431] *A. Blomeyer* ZwVR § 33 V 5 b.
[432] Langheineken (Fn. 1) 182; *Jerusalem* NJW 1966, 1363; Bruns/Peters³ § 15 III 5; *Jauernig*¹⁹ § 12 III; *Gaul* (Fn. 405) § 40 IX 1; Wieczorek² (Fn. 430); Lippross Vollstreckungsrecht⁶ 224; vgl. auch *Schwab* (Fn. 423) 464; *Hartmann* (Fn. 372) Rdnr. 57f.
[433] *Bötticher* MDR 1963, 933; Brox/Walker⁴ Rdnr. 1356 a.E. Nach *BGH* Fn. 429 dürfte Abs. 3 auf solche Einwendungen, da die Nichtzulassung nach § 263 sie auch vom Streitgegenstand ausschließt, überhaupt nicht angewandt werden, → Fn. 429; so folgerichtig *Hartmann* (Fn. 372) Rdnr. 58; *Stürner* (Fn. 323) Rdnr. 759 (entweder Zulassung der Änderung oder Nichtanwendung des Abs. 3).
[434] → Einl. (20. Aufl.) Rdnr. 285, 291f.
[435] → Rdnr. 6. So *OLG München* OLGRsp 29, 228 (das allerdings negative Feststellungsklage annahm), die → Fn. 423 Genannten u. *Gilles* (Fn. 1); *Gaul* (Fn. 405) § 40 IX 1 mwN; *K. Schmidt* (Fn. 317) Rdnr. 42; im Ergebnis auch *BGH* (Fn. 427), da er nur »verschiedene Einwendungen in zwei gleichzeitig laufenden Verfahren« nicht zulassen will. → auch Einl. Rdnr. 298. Vgl auch zur Zweckmäßigkeit dieser Sicht *BGH* NJW 1993, 1398 = WM 520: Abtretung der zur Aufrechnung verwendeten Forderung war nur als Voraussetzung für die geltend gemachte Aufrechnung vorgetragen, nicht als zusätzliche Einwendung.
[436] *Gilles* (Fn. 1) 112.
[437] *BGH* (Fn. 151) wendet daher §§ 263, 267 zu Recht an.
[438] → Rdnr. 23.

[439] → auch Rdnr. 45.
[440] So wohl auch *Wieczorek* (Fn. 430); vgl. auch *RGZ* 65, 127 → § 768 Fn. 33.
[441] → § 93 Rdnr. 9.
[442] *BGH* WM 1985, 704; FamRZ 1984, 878 = MDR 138⁴⁷; *OLG Düsseldorf* NJW-RR 1992, 1216 (nur neue Beweismittel für alten Vortrag).
[443] *Burgard* (Fn. 418) 38. Auch *BGH* (Fn. 442) stellt auf die »Geltendmachung« der Erfüllung im Vorprozeß ab. A.M. *K. Schmidt* (Fn. 317) Rdnr. 98.
[444] → Einl. Rdnr. 294.
[445] *Otto* JA 1981, 607f.; der Anspruch ist also damit noch nicht rechtskräftig festgestellt, kann an weiteren Einwendungen scheitern *BGH* (Fn. 442); a.M. *K. Schmidt* (Fn. 317) Rdnr. 98: Alle Einwendungen seien ausgeschlossen, die schon objektiv entstanden waren. *BGH* FamRZ 1984, 878 = MDR 1985, 138⁴⁷ betont sogar, daß nur die vollstreckungsrechtlichen Rechtsfolgen der erhobenen Einrede (Wegfall der Vollstreckbarkeit), **nicht** die materiellrechtlichen (dort § 142 BGB) in Rechtskraft erwachsen. Zur entspr.Anw. des § **322 Abs. 2** auf zur Aufrechnung verwendete Forderung s. *BGHZ* 48, 358 = NJW 1968, 156; zust. *K. Schmidt* (Fn. 317) Rdnr. 98 Fn. 280 mwN.
[446] *BGH* NJW-RR 1987, 59 mwN.
[447] *Zeuner* ZZP 74 (1961) 192 mwN; *Münzberg* (Fn. 418), besonders 458 zu 4; *Burgard* (Fn. 418) 38, 40, 48. – A.M. wohl *Gilles* (Fn. 1) 113: wie *BGH* (Fn. 429); NJW 1960, 1460; aber dann wäre Abs. 3 als überflüssig zu streichen, weil bereits Rechtskraft- u. Rechtshängig-

Abs. 3 schließt endgültig[448] nur spätere Vollstreckungsklagen aus, entfaltet aber keine Rechtskraft gegenüber Bereicherungsklagen[449], deren Grund erst *nach* dem Schluß des Verurteilungsverfahrens entstanden und dem Schuldner im Verfahren nach § 767 unbekannt geblieben war[450]. So verbleibt Abs. 3 jene Aufgabe, die ihm schon nach den Motiven zugedacht war: die Präklusion von Einwendungen, welche der Kläger hätte vorbringen können, die aber allein durch die materielle Rechtskraft noch nicht ausgeschlossen wären, weil über sie gar nicht entschieden ist[451].

VI. Bereicherung und Schadensersatz

56   Erhebt der Schuldner die Klage nicht oder zu spät[452], so können seine Einwendungen, soweit nicht materielle Rechtskraft entgegensteht[453], einen Anspruch auf die **Bereicherung** begründen[454], der im gewöhnlichen Gerichtsstand geltend zu machen ist[455]. Daher kann im Falle → Rdnr. 45 Fn. 355 die Anwendung des § 264 Nr. 3 an nunmehr fehlender Zuständigkeit scheitern[456]. Gewöhnlich wird dies jedoch nicht gerügt (§ 39), weil für den beklagten Gläubiger eine erneute Klage lästiger wäre als die Weiterverhandlung, zumal wenn er ohnehin anwaltlich vertreten ist. Der Anspruch ist begründet, wenn es die Klage nach § 767 gewesen wäre[457]; z. B. wegen Verjährung, denn § 222 Abs. 2 S. 1 BGB meint nur »freiwillige« Leistung u. ist daher weder auf Beitreibung noch auf Abwendungsleistungen anwendbar[458]. Ansprüche auf **Schadensersatz** hat der Schuldner innerhalb der gleichen Grenzen, u. U. gemindert nach § 254 BGB, nur aus schuldhafter positiver Vertragsverletzung oder unerlaubter Handlung[459]. Dabei schließt die Rechtmäßigkeit des Verhaltens der *Vollstreckungsorgane* (→ Rdnr. 51) zwar Ansprüche aus Staatshaftung aus; sie steht aber der Annahme widerrechtlichen Verhaltens des *Gläubigers* nicht entgegen[460].

57   Eine *rechtskräftige, sachliche Abweisung* der Klage bescheinigt jedoch dem Gläubiger, daß seine Vollstreckung zur Zeit der letzten mündlichen Verhandlung zulässig[461] und nicht pflichtwidrig war, so daß auch § 819 BGB ausscheidet[462], obwohl damit nicht über den materiell-rechtlichen Anspruch[463] entschieden ist[464]. Verlangt allerdings der Schuldner Scha-

---

keitseinreden seine Aufgabe übernähmen. Folgerichtig freilich *Münch* (Fn. 18) 324 ff. (343): nur deklaratorische Funktion des Abs. 3, weil der prozessuale Anspruch Streitgegenstand sei.
[448] *BGH* LM Nr. 32 = JR 1968, 386.
[449] So auch *K. Schmidt* (Fn. 317) Rdnr. 89, allerdings aufgrund seiner abw. Ansicht → Fn. 419.
[450] *Zeuner* (Fn. 447); *H. Otto* Präklusion (1970) 78. Vgl. auch *Gaul* AcP 173 (1973) 330 gegen *Böhm*, Ungerechtfertigte ZV usw. (1971) 32, 53 f. *BGH* (Fn. 429) müßte folgerichtig § 812 BGB ausschließen; auch die Begründung *BGH* NJW 1960, 1460 = MDR 743 geht im Teil II zu weit.
[451] *Gaul* (Fn. 405) § 40 XI a. E., der aaO IX 2 a. E. mit *Kainz* (Fn. 1) 194 f. die Geltendmachung im Prozeß nach § 767 unbekannt gebliebener Einwendungen in späteren Bereicherungs- oder Schadensersatzklagen auch dann noch für zulässig hält, wenn man der Ansicht des *BGH* → Fn. 418 folgt.
[452] → Rdnr. 43.
[453] → Rdnr. 55 u. § 322 Rdnr. 197 f., 203, 204 ff., 228 ff.
[454] → Rdnr. 23, 141 vor § 704, oben Rdnr. 45; *BAGE* 31, 288 (Fn. 192); *BGH* (Fn. 355, 374); *Gaul* (Fn. 405) § 40 XIV 7 mwN. § 818 Abs. 4 BGB scheidet zwar aus mangels Rechtshängigkeit des Anspruchs (h. M. →

Rdnr. 5); jedoch für Anwendung des § 820 BGB *Kohler* ZZP 99 (1986), 49 ff.
[455] Vgl. *RG* JW 1898; *BGHZ* 4, 2; *OLG Frankfurt* NJW 1961, 1480; *Gaul* JuS 1962, 1 f.
[456] Da der Streitgegenstand sich ändert, scheidet die Anwendung des § 261 Abs. 3 Nr. 2 aus → § 261 Rdnr. 83, § 264 Rdnr. 40; *MünchKommZPO-Lüke* § 261 Rdnr. 82.
[457] *BGH* (Fn. 37); *BGHZ* 83, 280 = NJW 1982, 1148; *OLG Hamm* FamRZ 1993, 74.
[458] *BGH* (Fn. 324) mwN auch zur Gegenansicht. Zur Konkurrenz von Bereicherungsansprüchen, falls sowohl Vermögen des Schuldners wie Dritter durch die ZV betroffen war, *Gerlach* Ungerechtfertigte ZV (1986), 38 f.
[459] → Rdnr. 24 a. E., Rdnr. 45, § 717 Rdnr. 65 f. sowie Rdnr. 24, 142 vor § 704; *OLG Marienwerder* SeuffArch 57 (1902), 395; *OLG Frankfurt* (Fn. 455); *Wolff* Gruch. 38 (1894), 317, 328 f.
[460] → Rdnr. 51, allgemein Rdnr. 22 ff. vor § 704.
[461] Zulässig im Sinne → Fn. 410 auch bei Prozeßabweisung, weil die Vollstreckbarkeit dann bestehen bleibt.
[462] *Brox/Walker*[4] Rdnr. 1374.
[463] → Rdnr. 3 ff.
[464] → § 322 Rdnr. 207 mwN; *Henckel* Prozeßrecht u. materielles Recht (1970) 225 f.; *Gaul* (Fn. 450) 330 f.; *Brox/Walker*[4] Rdnr. 1374. Zweifelhaft ist aber, ob es sich

densersatz aufgrund einer Einwendung, die weder im Verurteilungsprozeß geltend zu machen[465] noch im Prozeß nach § 767 beschieden worden war[466], so kommt es darauf an, ob der Gläubiger diese hätte kennen und beachten müssen; gleiches gilt bei verschärfter Haftung nach §§ 819, 818 Abs. 4 BGB.

VII. Andere Titel, Sonderregelungen

Die Klage ist auch gegenüber **sonstigen Vollstreckungstiteln** zulässig, die aufgrund der ZPO ergangen sind, → für Vergleiche und Beschlüsse § 795 Rdnr. 9 ff., 17 f., § 104 Rdnr. 13 ff., Vollstreckungsbescheide § 796 Rdnr. 3, vollstreckbare Urkunden § 797 Rdnr. 20 ff., Leistungsverfügungen § 938 Rdnr. 41 (für andere einstweilige Verfügungen und Arreste → aber § 924 Rdnr. 8, 14, § 938 Rdnr. 34), Schiedssprüche § 1042 Rdnr. 23 ff.[467]; s. auch § 205 Abs. 3 BEG[468], § 122 Abs. 2 BauGB, § 25 Abs. 2 WertausgleichsG (BGBl 1961 I 1629) und wegen ausländischer Titel → Rdnr. 47. – § 767 gilt auch für Titel, die nicht aufgrund der ZPO ergehen, aber nach ihren Vorschriften zu behandeln sind, s. die → § 731 Rdnr. 11 und § 794 Rdnr. 100 erwähnten Normen sowie §§ 115 Abs. 3, 156 Abs. 2 S. 4 ZVG, § 206 KO (§ 259 InsO), § 52 VAG, § 84 Abs. 3 BRAO[469]. → aber auch §§ 6, 8 JBeitrO, § 156 KostO[470].

58

Für die *gerichtliche* Vollstreckung *anderer Rechtswege*[471] gilt § 767 entsprechend[472]. Das gleiche muß auch ohne ausdrückliche gesetzliche Verweisung (vgl. § 256 AO 1977) für die *Verwaltungsvollstreckung* gelten, falls der zu vollstreckende Verwaltungsakt nicht mehr anfechtbar ist; denn seine Vollstreckbarkeit wird nicht beseitigt durch die nach h. M. lediglich zugelassene Feststellungsklage nach § 43 VwGO[473] oder Anfechtungsklage nach § 42 VwGO gegenüber dem einzelnen vollziehenden Akt, was eine Art. 19 Abs. 4 GG mißachtende Verkürzung des Rechtsschutzes bedeutet[474]; → auch Fn. 470 a. E. Zuständig ist stets das Gericht erster Instanz[475]; s. noch § 7 BeitrG-EG (BGBl. 1979 I 1429).

59

VIII. Streitwert und Kosten

1. Wegen des **Streitwerts** → § 3 Rdnr. 62 »Vollstreckungsgegenklage« samt Verweisungen, § 5 Rdnr. 11: Ihn bestimmt grundsätzlich[476] nur der zu vollstreckende Anspruch[477],

60

---

hierbei um übliche Rechtskraftwirkungen handelt; jedenfalls schließen sie Verschulden und Bösgläubigkeit des Gläubigers (§§ 819, 823 ff. BGB) aus, nicht aber Bereicherungsansprüche des Schuldners, die sich auf damals *nicht* beschiedene Einwendungen stützen → Rdnr. 55.

[465] → Rdnr. 25–28.
[466] → Rdnr. 55.
[467] Zulässig schon ab Niederlegung des Schiedsspruchs RGZ 148, 200. → auch Rdnr. 46 a. E.
[468] Vgl. *BGH* LM Nr. 35 = RzW 1968, 417.
[469] Dazu *BGHZ* 55, 255 = NJW 1971, 705⁶ = MDR 373.
[470] Zur Klage nach § 767, soweit § 156 KostO Aufrechnung nicht zuläßt, s. *KG* Rpfleger 1973, 264 = ZZP 86 (1973), 441 ff. (*Grunsky*). Ähnlich für § 8 Abs. 1 S. 2 JBeitrO *Lammel* MDR 1977, 629, obwohl § 6 Abs. 1 Nr. 1 JBeitrO § 767 nicht erwähnt: arg. Art. 19 Abs. 4 GG.
[471] → Rdnr. 5 vor § 704.
[472] *Gaul* (Fn. 405) § 40 III 3 mwN. So für §§ 167 Abs. 1, 168, 172 VwGO *OVGe Lüneburg, Münster* NJW 1974, 918, DÖV 1983, 254; *BVerwG* DVBl. 1985, 392; ebenso für die ZV nach § 169 Abs. 1, § 5 VwGO mit § 256 AO 1977 *Hartmann* (Fn. 372) Rdnr. 59. Anders für § 150 FGO *BFH* → Fn. 474.

[473] *OVG Münster* NJW 1976, 2037 u. dazu *Gaul* JZ 1979, 499 f., besonders Fn. 31.
[474] *Traulsen* NJW 1972, 792 gegen *BFH* aaO 224; *Gaul* (Fn. 473) mit *OGV Münster* (III. Senat) JZ 1965, 336 (zust. *Rupp*) u. NJW 1968, 422; *BayVGH* BayVBl. 1968, 71; *Renck* NJW 1964, 848 u. 66, 1247; *Menger* JZ 1965, 720. Für Verpflichtungsklage *OVG Koblenz, VGH München* NJW 1982, 2276; 1984, 2307. – A.M. *BVerwGE* 27, 141 = NJW 1967, 1976; *BayVGH* NJW 1968, 1154; *OVG Lüneburg* NJW 1971, 72; *OVG Münster* (II. Senat) NJW 1976, 2037: soweit zulässig, nur §§ 42 f. VwGO gegenüber den vollziehenden Akten, ebenso *Hartmann* (Fn. 372) Rdnr. 59.
[475] *Gaul* (Fn. 473) 504 (wegen des Sachzusammenhangs nicht die Zivilgerichte, vgl. auch die Begründung BGHZ 21, 18 = NJW 1956, 1356. Nicht entscheidend ist, ob der Anspruch ein öffentlich-rechtlich oder zivilrechtlicher ist, obiter *VGH München* NJW 1983, 1992 mwN (→ dazu § 797 Rdnr. 23 Fn. 121).
[476] Zur erhöhten Rechtsmittelbeschwer bei abgelehnter Aufrechnung s. aber *BGHZ* 48, 358 = NJW 1968, 156.
[477] Nach *BGH* NJW-RR 1988, 444 auch nach Vermögensverfall des Schuldners.

soweit dessen Vollstreckbarkeit noch besteht⁴⁷⁸ und ausgeschlossen werden soll⁴⁷⁹, auch wenn er mehrfach tituliert ist⁴⁸⁰ oder mehrere Schuldner sich gegen denselben Anspruch wehren⁴⁸¹. Soweit die Vollstreckbarkeit anders als der Höhe nach eingeschränkt wird⁴⁸², ist der Wert nach § 3 zu schätzen⁴⁸³. Der Umfang eingeleiteter Vollstreckungsmaßnahmen kann für die Auslegung des Klagantrags bedeutsam sein⁴⁸⁴, bestimmt aber nicht den Streitwert⁴⁸⁵. – Die *Gebühren* richten sich wie gewöhnlich nach §§ 11 GKG, 31 BRAGO.

61 2. Hinsichtlich der **Kosten** ist § 93 stets anwendbar⁴⁸⁶, wenn die Klage vor Beginn der Vollstreckung eingereicht ist⁴⁸⁷ und der Gläubiger auch noch keine die Vollstreckung vorbereitenden Schritte getan hatte⁴⁸⁸; u. U. muß der Schuldner ihn aber vorher zu Verzicht und Titelherausgabe⁴⁸⁹ auffordern⁴⁹⁰. Mußte der Gläubiger mit der Einwendung nicht rechnen, so kann § 93 auch noch nach Beginn der Vollstreckung anwendbar sein, → Rdnr. 54 a. E., ebenso bei § 781, wenn der Schuldner nicht rechtzeitig ankündigt, die ihm nach § 780 vorbehaltene Haftungsbeschränkung sei bereits eingetreten⁴⁹¹. – Über Kosten der Sicherheitsleistung des klagenden Schuldners → 769 Rdnr. 20. – Zur Wirkung stattgebender Urteile auf Kostenansprüche → Fn. 41 (Kosten des Vorprozesses) und § 788 Rdnr. 31 (Vollstreckungskosten).

IX. Arbeitsgerichtliches Verfahren

62 Für im **arbeitsgerichtlichen Verfahren** ergangene Entscheidungen und Vergleiche⁴⁹² ist das Arbeitsgericht erster Instanz ausschließlich zuständig⁴⁹³. Wegen der Innungsausschüsse → § 794 Rdnr. 100 Ziff. 13 a. E., wegen vollstreckbarer Urkunden → § 797 Rdnr. 25.

§ 768 [Klage gegen Vollstreckungsklausel]

Die Vorschriften des § 767 Abs. 1, 3 gelten entsprechend, wenn in den Fällen des § 726 Abs. 1, der §§ 727 bis 729, 738, 742, 744, des § 745 Abs. 2 und des § 749 der Schuldner den bei der Erteilung der Vollstreckungsklausel als bewiesen angenommenen Eintritt der Voraussetzung für die Erteilung der Vollstreckungsklausel bestreitet, unbeschadet der Befugnis des Schuldners, in diesen Fällen Einwendungen gegen die Zulässigkeit der Vollstreckungsklausel nach § 732 zu erheben.

Gesetzesgeschichte: Bis 1900 § 687 CPO. Änderung RGBl. 1898 I 256.

1 I. Wenn die *Vollstreckungsklausel* nur auf Grund eines *besonderen Nachweises* erteilt werden darf, eröffnet § 768 dem Schuldner, der den Eintritt der Bedingung¹ oder die Rechtsnachfolge² usw. bestreitet, den Weg der **Vollstreckungsgegenklage neben der Einwendung**

---

⁴⁷⁸ Vgl. *OLG Koblenz* (Fn. 322); *BGH* LM Nr. 7.
⁴⁷⁹ *BGH* NJW-RR 1992, 190 f.; *OLG Hamm* Büro 1990, 649 = Rpfleger 1991, 387 (bei unbeschränktem Antrag ist Abzug von Teilleistung in Streitwertangabe der Klageschrift unerheblich). Über nur teilweise Gesamtschuldnerschaft, aber uneingeschränkten Antrag (aufgrund Aufrechnung) *OLG Köln* (Fn. 338).
⁴⁸⁰ *OLG Saarbrücken* (Fn. 321); zu § 768 *OLG Köln* MDR 1980, 852 f.
⁴⁸¹ *SchlHOLG* Büro 1987, 267.
⁴⁸² → z. B. Fn. 192, 194, Rdnr. 21 ab Fn. 207, Rdnr. 23, Rdnr. 44 a Fn. 339 f.
⁴⁸³ *KG* JW 1933, 2344; *OLG Köln* (Fn. 480) zu § 768.
⁴⁸⁴ *OLG Karlsruhe* Justiz 1978, 277 f.

⁴⁸⁵ *RG* JW 1895, 197; *OLG Hamburg* OLGRsp 15, 4; a. M. *OLG München* OLGRsp 31, 3.
⁴⁸⁶ *BGH* (Fn. 326); selbst wenn man § 307 für unanwendbar hielte, → § 93 Rdnr. 3 a.
⁴⁸⁷ → Rdnr. 42.
⁴⁸⁸ → § 717 Rdnr. 31; andernfalls scheidet § 93 aus.
⁴⁸⁹ → Rdnr. 42.
⁴⁹⁰ → § 93 Rdnr. 16 f.
⁴⁹¹ *LG Krefeld* MDR 1970, 246 zu § 1990 BGB.
⁴⁹² → § 795 Rdnr. 1.
⁴⁹³ → Rdnr. 46.
¹ Näheres → Rdnr. 6.
² Behauptet er Tilgung vor Eintritt der Rechtsnachfolge, so gilt nur § 767, *OLG Kassel* JW 1926, 1040; *BGH* DNotZ 1965, 544. – A. M. *OLG Stettin* OLGRsp 19, 149.

nach § 732³, soweit es sich nicht um lediglich formelle Mängel handelt⁴. Sogar rechtskräftige Beseitigung der Klausel nach § 732 steht der Klage nicht entgegen, solange die Erteilung einer neuen Klausel möglich bleibt⁵. Wegen des Verhältnisses zu einem nach § 731 ergangenen Urteil → § 731 Rdnr. 17. § 768 gewährt eine **beschränkte Vollstreckungsgegenklage**, mit der sie die rechtliche Natur (§ 767) teilt⁶ und von der sie zuweilen nur schwer abgrenzbar ist⁷; sie schließt Klagen auf Feststellung der Unzulässigkeit der Klausel aus⁸. § 768 gilt für Urteile; wegen seiner Anwendung auf andere Titel → § 795 Rdnr. 9ff., § 796 Rdnr. 3, § 797 Rdnr. 20f.

Wegen entsprechender Anwendung, wenn Dritte (Prätendenten) Einwendungen gegen die Klausel erheben, → § 727 Rdnr. 48.

II. Verfahren (→ dazu § 767 Rdnr. 44ff.).

1. **Zuständig** ist das Prozeßgericht erster Instanz⁹, → § 767 Rdnr. 46f. Zur Prozeßvollmacht → § 81 Rdnr. 7.

2. Die Klage ist **zulässig**, sobald sich eine noch nicht verbrauchte¹⁰ vollstreckbare Ausfertigung in den Händen des Gläubigers befindet¹¹; er muß nicht mit Vollstreckung zu drohen¹². Wegen des Zessionars → § 767 Rdnr. 10 Fn. 63. Bei Unwirksamkeit des Titels oder der Klausel → § 766 Rdnr. 13, 53, § 767 Rdnr. 11, insbesondere Fn. 75.

3. Der **Antrag** ist darauf zu richten, daß die Vollstreckung aus der erteilten Klausel¹³ ganz oder teilweise¹⁴ für unzulässig erklärt wird (arg. § 775 Nr. 1); ungenaue Wendungen wie Nichtigerklärung, Aufhebung der Klausel u. ä. sind unschädlich, sofern das Gemeinte ersichtlich ist¹⁵. Zur Verbindung mit anderen Anträgen → Rdnr. 8 und § 767 Rdnr. 45, zur Klagänderung → Fn. 33 und § 767 Rdnr. 53f.

4. Zur **Begründung** muß der Kläger *behaupten*, daß die als »erwiesen angenommenen« Tatsachen der §§ 726 ff. fehlen¹⁶. Was nicht »Voraussetzung für die Erteilung der Vollstrek-

---

³ → § 732 Rdnr. 3, 6. Wie dort *OLGe Düsseldorf* FamRZ 1978, 428³⁴³, *Köln* Büro 1991, 1270, *Koblenz* NJW 1992, 378f.; *MünchKomm-K. Schmidt* (1992) Rdnr. 4, 7.
⁴ *OLG Koblenz* (Fn. 3); *Wolfsteiner* § 732 Rdnr. 5.
⁵ Vgl. zu § 767 *BGH* NJW 1992, 2261; *Baumbach/Hartmann*⁵² Rdnr. 1. Freilich muß der Kläger dann mit § 93 rechnen. – A. M. *K. Schmidt* (Fn. 3) Rdnr. 7 (Rechtsschutzbedürfnis fehle).
⁶ H.M.: Prozessuale Gestaltungsklage *Rosenberg/Gaul*¹⁰ § 17 III 3e mwN; die verschiedenen Ansichten → § 767 Rdnr. 2–6 unterscheiden nicht zwischen §§ 767 u. 768; ältere Nachweise → 18. Aufl. Fn. 3 und § 767 Fn. 5.
⁷ → auch Rdnr. 6. Ist z.B. bei § 774 Abs. 1 S. 3 BGB dem zahlenden Bürgen schon die Klausel nach § 768 abzuerkennen oder gilt für die Einwendungen § 767? Vgl. *BGH* MDR 1976, 838³⁰, auch WM 1964, 1125. – aber auch Fn. 20.
⁸ Insoweit noch unklar *RGZ* 41, 375f. Für zusätzliche (→ § 767 Rdnr. 5) Feststellung, daß der Anspruch noch nicht fällig (§ 726) oder übergegangen (§ 727) sei, wird hier – anders als bei § 767 – selten ein Interesse anzuerkennen sein.
⁹ Hierzu *RG* Warn 1913 Nr. 439.
¹⁰ »Beendigung« der ZV, so *K. Schmidt* (Fn. 3) mit h. M., ist ungenau → § 767 Rdnr. 43.

¹¹ *OLGe Köln, Koblenz* (Fn. 3); *Münzberg* Rpfleger 1991, 210.
¹² *RGZ* 134, 162; Warn 1915 Nr. 159, allg.M. → auch § 767 Rdnr. 42.
¹³ In diesem Bezug auf die derzeit erteilte Ausfertigung liegt der Unterschied zu → § 767 Rdnr. 44: das nach § 768 stattgebende Urteil schließt erneute Klauselerteilung aufgrund neuer Tatsachen nicht aus.
¹⁴ Wie § 767 Rdnr. 44a. Bedenklich *OLG Frankfurt* NJW-RR 1988, 511, das trotz fehlender Nachfolge in die persönliche Schuld ablehnte, die ZV antragsgemäß **insoweit** für unzulässig zu erklären, nur weil der Gläubiger ohnehin wegen § 14 KO nicht (über den Anspruch aus der Grundschuld hinaus) in Mobilien vollstrecken konnte u. wollte, → § 767 Rdnr. 42.
¹⁵ Vgl. *RG* HRR 1938 Nr. 1104. → auch § 767 Rdnr. 44a Fn. 342.
¹⁶ *RGZ* 82, 37; *OLG Koblenz* (Fn. 3). Daß bei Klauselerteilung die förmlichen Beweismittel gefehlt oder ungenügend gewesen seien, kann nur nach § 732 gerügt werden, *RGZ* 50, 367, 375, *Köln* (Fn. 3). Damit stimmt überein, daß der nach § 732 unterlegene Gläubiger noch nach § 731 Erfolg haben kann, aber nicht der nach § 768 unterlegene, es sei denn mit nachträglichen Gründen, → § 731 Rdnr. 17.

kungsklausel« ist, gehört daher nach Wortlaut und Sinn *nicht* hierher, sondern zu § 767: so z. B. auflösende Bedingungen[17] und kassatorische Klauseln[18], aber auch die Fälle, in denen die Klausel laut Unterwerfung *ohne Nachweis* zu erteilen ist[19]; das gilt auch für das Ende ehelichen Unterhalts durch Scheidung[20]. Der Wortlaut zeigt, daß es sich bei diesen »Einwendungen gegen die Zwangsvollstreckung« um ein »Bestreiten« der nach §§ 726 ff. vom *Gläubiger* zu beweisenden Voraussetzungen der Klauselerteilung handelt.

6a Die **Beweislast** richtet sich daher – wie bei § 767 – nicht nach der Parteirolle[21], sondern bleibt dieselbe wie im Verfahren auf Klauselerteilung und nach § 732[22]. Beweisantritte des Schuldners gegen vom Gläubiger vorgelegte Urkunden sind daher nicht Haupt- sondern nur Gegenbeweis[23]. *Was* der Gläubiger beweisen muß, ergibt sich bei § 726 aus dem Titel[24]. Bei § 727 trifft die Beweislast für die Rechtsnachfolge den Gläubiger, und soweit es auf den guten Glauben ankommt, gilt → § 727 Rdnr. 24 auch hier. Bei § 729 obliegt dem Gläubiger die Beweislast für die Vermögensübernahme (Abs. 1) bzw. Fortführung der Firma (Abs. 2) sowie für deren Eintritt nach Rechtskraft[25], während eine Umkehr der Beweislast im eigentlichen Sinne nur in den Fällen → § 282 Rdnr. 121 ff. in Frage kommt. Für das Beweisverfahren gelten im Unterschied zu → § 726 Rdnr. 19 ff., § 727 Rdnr. 37 ff. die allgemeinen Regeln.

7 Ob die Klage begründet ist, entscheidet sich wie sonst nach dem Zeitpunkt → § 300 Rdnr. 20–22[26]; sie ist daher abzuweisen, wenn zu diesem Zeitpunkt die etwa zu Unrecht erteilte Klausel gerechtfertigt ist[27]. Vollstreckungsakte aus der Zeit, als die Klausel noch unzulässig war, werden daher durch Eintritt der Voraussetzungen geheilt[28]; nach § 878 kann ihr Rang von anderen Gläubigern nur überwunden werden, wenn bei ihnen die sachlichen Voraussetzungen eher vorgelegen hatten, während lediglich ungenügende förmliche Beweise nach §§ 726 ff. ihnen gegenüber keine Rolle spielen[29]. Der Gläubiger kann grundsätzlich nicht einwenden, der Schuldner hafte ihm aus anderem, nicht tituliertem Grunde[30].

8 Gemäß § 767 Abs. 3 müssen in der Klage nach § 768 alle hierher gehörenden Einwendungen gehäuft werden[31]. Eine zeitliche Beschränkung (§ 767 Abs. 2) besteht nicht[32], soweit sie nicht aus § 318 oder § 322 folgt. Einwendungen nach §§ 767 und 768 können miteinander

---

[17] → § 726 Rdnr. 10, § 767 Rdnr. 17.
[18] → § 726 Rdnr. 6, § 767 Rdnr. 17.
[19] Gleichgültig, ob man annimmt, a) dadurch werde § 726 Abs. 1 von vornherein ausgeschlossen, oder b) es entfalle nur die Nachweispflicht; denn § 768 setzt beides voraus. Wie hier wohl *BGH* NJW 1981, 2756 = MDR 124; *Münch* Vollstreckbare Urkunde usw. (1989) 396. – A.M. (im Falle b §§ 767 *und* 768) *Baur/Stürner*[11] Rdnr. 261.
[20] → § 767 Fn. 172 gegen den Vorschlag *Schelds* zu §§ 732, 768.
[21] → § 767 Rdnr. 44. Andernfalls würde eine fehlerhafte Erteilung der Klausel aufgrund unzureichender Urkunden den Gläubiger für § 768 von seiner Beweislast befreien, die ihn bei Beachtung des Gesetzes nach § 731 getroffen hätte; zutreffend *OLG Koblenz* (Fn. 3); *Wieczorek*[2] Anm. B II b 2, *Münch* (Fn. 19) 404.
[22] Wie hier *OLGe Koblenz* (Fn. 3); *Köln* NJW-RR 1994, 893[57]; *Zöller/Herget*[18] Rdnr. 2; *Wieczorek* (Fn. 21); *Renzing* MDR 1976, 286; *Münch* (Fn. 19) 404 u. schon 19. Aufl. – A.M. *Hartmann* (Fn. 5) Rdnr. 2; *K. Schmidt* (Fn. 3) Rdnr. 10; *Rosenberg/Gaul*[10] § 17 III 3 c; *Thomas/Putzo*[18] Rdnr. 9 (anders noch 17. Aufl. Anm. 5 c). Die dafür zit. Entscheidungen betreffen aber sämtlich Verfallklauseln → § 726 Rdnr. 6, mit Ausnahme von *RGZ* 82, 37, das aber richtig dem Kläger nur die »Darlegungs- und Behauptungspflicht« aufbürdet; diese fällt aber, wie der dort entschiedene Fall gutgläubigen Erwerbs zeigt, nicht immer mit Beweislast zusammen (vgl. z.B. *BGH* NJW 1993, 2170 f.) u. so ist es stets bei § 768.
[23] *Münch* (Fn. 19) 404; das gibt auch *Gaul* (Fn. 22) zu. Über den praktisch wichtigen Unterschied → § 282 Rdnr. 3. Bei »non liquet« (weil der Urkundenbeweis des Gläubigers erschüttert ist oder gar fehlt, → auch Fn. 21) ist daher die Klausel zu versagen.
[24] → § 726 Rdnr. 3 ff., § 794 Rdnr. 86 ff., § 797 Rdnr. 8.
[25] *Baumgärtel* DB 1990, 1908 mwN, auch zum Beweis des ersten Anscheins.
[26] *RGZ* 134, 160, h.M. – A.M. *KG* OLGRsp 20, 340 (Klausel vor Fälligkeit, die während des Prozesses eintrat).
[27] *Hartmann* (Fn. 5) Rdnr. 2; *K. Schmidt* (Fn. 3) Rdnr. 9, zugleich zu § 91a. Das ist entgegen *Gaul* (Fn. 6) § 17 III 3 c nicht erneute Klauselerteilung.
[28] → Rdnr. 137 ff. vor § 704.
[29] → § 878 Rdnr. 17. – A.M. wohl *Zöller/Herget*[18] Rdnr. 2; aber *RGZ* 41, 376 sagt das nicht.
[30] → § 732 Rdnr. 4, § 767 Rdnr. 16 Fn. 132 u. zu Ausnahmen aaO Fn. 134.
[31] *RGZ* 82, 37.
[32] *Hartmann* (Fn. 5) Rdnr. 3.

verbunden werden[33]; wird aber hiervon kein Gebrauch gemacht im Prozeß nach § 767, so drohen weder Abs. 2 noch § 767 Abs. 3[34].

5. Vor der Entscheidung sind **einstweilige Anordnungen** zulässig, § 769; s. auch § 770.   9

6. Das **Urteil** wird gemäß § 775 Nr. 1 vollzogen; → auch § 767 Rdnr. 51. Eine Tilgung der Klausel auf den Ausfertigungen ist praktisch nicht möglich, da die Rückgabe vor vollständiger Tilgung[35] nicht erzwungen werden kann. Zur Schadenshaftung → § 717 Rdnr. 62 und unten Rdnr. 12.   10

7. Zu Streitwert, Gebühren und Kosten → § 767 Rdnr. 60 f.[36]   11

III. Wegen materiellrechtlicher Ausgleichsansprüche, falls eine Entscheidung nach §§ 768–770 nicht rechtzeitig erwirkt wurde, → § 767 Rdnr. 43, 56 f. Über die Folgen einer Versäumung der Klage im Falle des § 883 → dort Rdnr. 33 a. E., § 897 Rdnr. 8.   12

IV. Wegen der Zuständigkeit der **Arbeitsgerichte** für Klagen aus § 768 → § 767 Rdnr. 62.   13

§ 769 [Einstweilige Anordnungen]

(1) ¹Das Prozeßgericht kann auf Antrag anordnen, daß bis zum Erlaß des Urteils über die in den §§ 767, 768 bezeichneten Einwendungen die Zwangsvollstreckung gegen oder ohne Sicherheitsleistung eingestellt oder nur gegen Sicherheitsleistung fortgesetzt werde und daß Vollstreckungsmaßregeln gegen Sicherheitsleistung aufzuheben seien. ²Die tatsächlichen Behauptungen, die den Antrag begründen, sind glaubhaft zu machen.
(2) ¹In dringenden Fällen kann das Vollstreckungsgericht eine solche Anordnung erlassen, unter Bestimmung einer Frist, innerhalb der die Entscheidung des Prozeßgerichts beizubringen sei. ²Nach fruchtlosem Ablauf der Frist wird die Zwangsvollstreckung fortgesetzt.
(3) Die Entscheidung über diese Anträge kann ohne mündliche Verhandung ergehen.

Gesetzesgeschichte: Bis 1900 § 688 CPO.

I. Allgemeines

Die Klageerhebung nach §§ 767 f., 785 f., 771 ff. und 805 *hemmt nicht die Vollstreckung*. Dazu bedarf es einer **einstweiligen Anordnung**, die *vor* dem Urteil im Beschlußverfahren nach § 769 oder *im* Urteil selbst nach § 770 ergeht.   1

1. Die Anordnung ist ebenso **einstweilig** wie bei → § 707 Rdnr. 19, verliert ihre Wirkung durch Klagerücknahme oder Erledigung der Hauptsache[1] und wird spätestens von selbst hinfällig mit der Verkündung des Endurteils, auch wenn es nicht für vorläufig vollstreckbar erklärt ist[2], im Falle einer Befristung schon vorher durch Fristablauf, wenn die Anordnung   2

---

[33] *RGZ* 134, 161; *BGH* DNotZ 1965, 544. Vgl. auch RGZ 65, 127 (keine unzulässige Klagänderung, wenn dem Antrag aus § 768 ein Hilfsantrag aus § 767 folgt).
[34] *K. Schmidt* (Fn. 3) Rdnr. 8 mwN.
[35] → § 724 Rdnr. 6.
[36] Dazu *Mümmler* Büro 1989, 302.
[1] In beiden Fällen (→ auch § 91 a Rdnr. 21) erleichtert §269 Abs. 3 S. 3 den Nachweis, daß die ZV fortgesetzt werden kann.
[2] *BGH* AnwBl 1960, 193 = DGVZ 183, allg. M., freilich vorbehaltlich §342 *OLG Hamm* NJW-RR 1986, 1508. Dennoch empfiehlt sich zwecks klarer Information für ZV-Organe ausdrückliche Aufhebung von Anordnungen, die nicht kalendermäßig befristet sind.

nicht im Urteil nach § 770 ausdrücklich aufrechterhalten oder durch eine neue ersetzt wird[3]. Auch im Berufungsverfahren ist aber neue Einstellung zulässig → Rdnr. 8. – Über den Unterschied zur einstweiligen Verfügung → Rdnr. 95–98 vor § 704, auch § 894 Rdnr. 19.

3 2. Die **Durchführung** der Anordnung obliegt dem Antragsteller, der die Ausfertigung dem Vollstreckungsorgan vorzulegen hat → § 775 Rdnr. 12f., 26, 29, § 776 Rdnr. 1ff. Wegen § 836 empfiehlt sich unverzügliche Zustellung an den Drittschuldner[4]. → auch Rdnr. 125 vor § 704 zur Unterbrechung der Verjährung.

4 3. Über **entsprechende Anwendung** des § 767 und folglich auch der §§ 769f. → § 767 Rdnr. 15, 58f.[5], § 771 Rdnr. 44, § 323 Rdnr. 67, § 795 Rdnr. 9ff., § 641p Rdnr. 2a, § 797 Rdnr. 22; zu **verwandten Regelungen** → § 707 Rdnr. 26–28 (dort Fn. 211 auch zu Klagen nach § 826 BGB); nach ganz h.M. gilt § 769 entsprechend auch für *negative Feststellungsklagen gegen einstweilige Anordnungen*, → dazu § 795 Rdnr. 11a Fn. 52. Analogie ist **nicht** zulässig bei Schiedssprüchen[6], Klagen auf Herausgabe des Titels nach Schuldtilgung[7], auf Löschung von Grundschulden, aus denen vollstreckt wird[8] und bei der Anfechtung von Vaterschaftsanerkenntnissen[9]. Für Beschlüsse nach § 620b, c gilt § 620e, aber nur insoweit[10], als § 620b ohnehin die Vollstreckungsgegenklage erübrigt[11].

II. Erlaß durch das Prozeßgericht

5 1. Es entscheidet in normaler Besetzung, falls nicht der Einzelrichter nach Übertragung[12] oder der Vorsitzende einer Handelskammer gemäß § 349 Nr. 10 tätig zu werden hat. Zur Zuständigkeit → Rdnr. 10. Nach **h.M.** muß der Rechtsstreit wenigstens durch Einreichung einer schon wirksamen Klageschrift *»anhängig«* sein, ehe die Anordnung ergehen könne[13], eine kaum zweckmäßige Auslegung, die bedürftige Parteien in Eilfällen zwingen würde, nach § 117 und § 769 Abs. 2 gleichzeitig verschiedene Gerichte anzurufen[14].

6 Jedoch versteht § 767 Abs. 1, auf den die §§ 768, 769 Bezug nehmen, unter »Prozeßgericht« ebenso wie § 117 Abs. 1 das durch den Vorprozeß für die zukünftige Klage qualifizierte Gericht, weshalb dieser Ausdruck nichts dafür hergibt, daß die neue Klage bereits anhängig sein müßte[15]. Es wäre auch wenig sinnvoll, dem Gesetz zu unterstellen, es wolle dem Prozeßgericht i.S.d. §§ 767f. in ebenso **dringenden Fällen** wie nach § 769 Abs. 2 geringere Befugnisse zugestehen als dem Vollstreckungsgericht[16], das nach Abs. 2 ohne Rechts- oder Anhängigkeit die Anordnungen erlassen kann. Daß dieses nur in »dringenden« Fällen entscheiden darf, bedeutet eine ausnahmsweise **zusätzliche**, nicht aber eine ausschließliche Zuständigkeit (§ 802) für die Zeit vor Rechtshängigkeit.

---

[3] Fehlt eine neue, so ist daraus nicht zu folgern, die alte bleibe wirksam, KG KGBl 1914, 44. – A.M. *Seuffert/Walsmann* ZPO[12] Anm. 3.
[4] Vgl. *RGZ* 128, 83.
[5] Zu § 167 VwGO s. *OVG Münster* → § 767 Rdnr. 44a Fn. 472. § 44 Abs. 3 WEG geht vor *BayObLG* MDR 1990, 57.
[6] *BGH* MDR 1987, 302f.[29] a.E.
[7] A.M. *OLG Düsseldorf* MDR 1953, 557 = JMBlNRW 160; *Wieczorek*[2] Anm. A IV a 2 (sie sei Klage nach § 767).
[8] *OLG Bamberg* Büro 1974, 238. – A.M. *Wieczorek*[2] Anm. A IV b.
[9] → §707 Rdnr. 27 Fn. 202 (sondern erst bei der darauf gegründeten Klage nach § 767, → dort Rdnr. 18).
[10] Unrichtig verneint *OLG Hamburg* NJW 1978, 1272 §§ 767, 769 auch für Erfüllungseinwand.
[11] Was umstr. ist → § 620b Rdnr. 1; dazu § 767 Rdnr. 18, § 795 Rdnr. 11ff.
[12] §348, *OLG Hamburg* MDR 1968, 54.

[13] *OLGe Bamberg* FamRZ 1979, 732; *Celle* NJW 1967,1282; *Frankfurt* NJW 1967, 567; *KG* NJW 1956, 917; *OLG Schleswig* VI.FamS FamRZ 1990, 303 (das aber nur **unbefristete** Anordnungen im isolierten PKH-Verfahren ablehnt); *MünchKommZPO-K. Schmidt* Rdnr. 11. Rechtshängigkeit wird kaum noch gefordert, s. dagegen *KG* XVIII.ZS FamRZ 1990, 85f.[46].
[14] *OLG Stuttgart* NJW 1963, 258. Gegen Erschwerung des Rechtsschutzes s. auch *Weyer* (Fn. 15) u. *BVerfGE* 22, 83 = NJW 1967, 1267.
[15] *Weyer* NJW 1967, 1969f. Entgegen *K. Schmidt* (Fn. 13) ergibt sich auch aus §§ 771 Abs. 3, 805 Abs. 4 nichts anderes, da sie wegen der abweichenden Zuständigkeit nach § 771 Abs. 1, 805 Abs. 2 offensichtlich nicht auf das in §769 genannte Gericht, sondern nur auf die sachliche Durchführung verweisen.
[16] *RGZ* 10, 315; *OLGe Stuttgart* JZ 1953, 91 = NJW 189; *Schleswig* (II.FamS) FamRZ 1982, 622f.

Das Prozeßgericht ist daher **schon vor Anhängigkeit der Hauptsache** unter den Voraussetzungen des Abs. 2 für befristete Zwischenanordnungen zuständig[17]. Freilich muß es verhindern, daß der Schuldner die Vollstreckung lahmlegt und doch nicht klagt; aber das liegt auf der Ebene der Begründetheit und ist, falls die Anordnung nicht die Aufhebung von Vollstreckungsmaßnahmen erlaubt (in diesem Stadium kaum angebracht), einfach zu erreichen durch Bestimmung einer Frist zum Nachweis der Klagezustellung bzw. Vorschußzahlung, nach deren fruchtlosem Ablauf die Einstellung entfallen soll[18]. Wenn allerdings der Titel nach § 323 erst ab Klageerhebung abgeändert werden darf, scheidet eine Einstellung entsprechend § 769 in der Regel mangels Dringlichkeit und zumindest insoweit aus, als noch Unterhalt geschuldet ist[19]. Soweit § 65 Abs. 7 Nr. 1–4 GKG gilt, insbesondere ein *Antrag auf Prozeßkostenhilfe* eingereicht ist, dessen Begründung entgegen h.M.[20] nicht die Form einer Klage (die doch regelmäßig nur als Entwurf gilt) aufweisen muß[21], tritt an die Stelle einer Frist für die Vorschußzahlung entweder eine Frist für die Klageerhebung oder, falls um Zustellung eines schon eingereichten Klageentwurfs für den Fall der Bewilligung gebeten wurde, die Anordnung, daß die Einstellung mit der erstmaligen[22] Versagung der Prozeßkostenhilfe bzw. der anderen Vergünstigungen nach § 65 Abs. 7 GKG entfällt[23]. Eine *Aufhebung von Vollstreckungsmaßnahmen* (→ Rdnr. 11f.) sollte in diesem frühen Stadium ganz vermieden werden. Wird sie ausnahmsweise erlaubt, so ist ihr Vollzug aufzuschieben[24] bis zum Nachweis der Klagezustellung[25] oder, soweit § 65 Abs. 1 GKG anzuwenden ist (s. unten), mindestens der Einzahlung des Vorschusses[26], was wegen der Amtszustellung durchaus genügt. Ein Rückgriff auf §§ 732 Abs. 2, 766 Abs. 1 S. 2[27] ist jedoch unnötig.

Nach Einlegung eines Rechtsmittels[28] oder Beantragung einer Prozeßkostenhilfe für das Rechtsmittel können auch *höhere Instanzen* die Anordnungen erlassen. Ob das Rechtsmittel zulässig ist, hat nur Bedeutung für die Begründetheit des Antrags[29].

2. Über den **Antrag** des Schuldners[30] → § 707 Rdnr. 3, wegen des **Verfahrens** (Abs. 3) → § 78 Rdnr. 14, § 128 Rdnr. 39, § 707 Rdnr. 5. Die *Glaubhaftmachung* (§ 294) der den Antrag begründenden Tatsachen kann hier nicht (wie nach §§ 921 Abs. 2, 936) durch Sicherheitsleistung ersetzt werden[31] und ist auch in der Revisionsinstanz nötig. Der **Beschluß** ist zu begründen[32] und sollte, wenn er nicht verkündet wird, zumindest im Hinblick auf die

---

[17] *OLG Stuttgart* (Fn. 14, 16: Prozeßkostenhilfegesuch genügt).
[18] Ebenso die h.M. (die freilich Einreichung schon wirksamer Klage verlangt) *KG* (Fn. 13 a.E.); *FamRZ* 1988, 313.
[19] *OLGe Hamburg* (I.FamS) *FamRZ* 1982, 622f. *Schleswig* (Fn. 13).
[20] *OLGe Bamberg, Frankfurt, Karlsruhe, Köln, Hamburg FamRZ* 1979, 732; 186; 1987, 964; III. FamS 1990, 431 = NJW-RR 394; *Baur/Stürner*[11] Rdnr. 761; *K. Schmidt* (Fn. 13); *Thomas/Putzo*[18] Rdnr. 7; *Zöller/Herget*[18] Rdnr. 4. Hingegen nicht eindeutig, da Klage ohnehin schon eingereicht war, *KG FamRZ* 1988, 313f.; *OLG Schleswig* (Fn. 13).
[21] *OLG Stuttgart* (Fn. 14); *Rosenberg/Gaul*[10] § 40 XII 2; *Baumbach/Hartmann*[52] Rdnr. 3; *Brox/Walker*[4] Rdnr. 1359; *KG FamRZ* 1988, 313; *OLG Schleswig* (Fn. 16).
[22] Daß dann vorerst nur das Beschwerdegericht die Einstellung erneuern kann, entspricht dem allgemeinen Prinzip ständiger Überprüfung, vgl. Abs. 1 »bis zum Urteil« u. § 770; → auch Fn. 66.
[23] *OLG Stuttgart NJW* 1963, 258.
[24] Abs. 1 setzt dem Ermessen zeitliche Grenzen nur für das Ende (»bis zum Urteil«), nicht für den Beginn der Maßregeln, weil in diesem Ermessen genügend Spielraum ist für die Zurückweisung mißbräuchlicher Anträge.
[25] So schon *RGZ* 33, 391; 50, 358.
[26] *OLG Düsseldorf JMBlNRW* 1955, 224; *OLG Saarbrücken DRZ* 1949, 261f.; *LGe Essen, Köln Rpfleger* 1950, 564; *MDR* 1960, 770; wohl auch *KG FamRZ* 1990, 85[46] (Zustellung müsse nur »sichergestellt« sein); – A.M. (Voraussetzungen der Klagezustellung müßten vorliegen; z.B. Vorschußzahlung) *OLGE Köln FamRZ* 1987, 964; *Hamburg* III.FamS *FamRZ* 1990, 431[236]; *Thomas/Putzo*[18] Rdnr. 15; *Wieczorek*[2] Anm. B II a.
[27] So aber *OLGe Frankfurt MDR* 1985, 44 u. *Hamburg* (Fn. 26).
[28] Auch Revision, *RGZ* 33, 389f.; *BGH NJW* 1952, 546 (L) für § 323.
[29] *K. Schmidt* (Fn. 13) Rdnr. 12. → auch Rdnr. 10 (Zuständigkeit für Klage).
[30] Im Konkurs → § 767 Fn. 54.
[31] *KG OLGRsp* 4, 149; *ZZP* 31 (1903) 108, allg.M.
[32] Zumindest wie → § 707 Rdnr. 5, vgl. *OLGe Celle, Düsseldorf, Karlsruhe Büro* 1988, 1571; *FamRZ* 1989, 89; *MDR* 1986, 1034 je mwN; *K. Schmidt* (Fn. 13) Rdnr. 24. – A.M. noch 20. Aufl. Fn. 22.

§ 769 II   Erster Abschnitt: Allgemeine Vorschriften

umstrittene Anfechtbarkeit[33] nach § 329 Abs. 3 zugestellt werden. Formlos übermittelte Ausfertigungen genügen aber für § 775 Nr. 2[34].

10   3. Das **Gericht hat zu prüfen**, ob die Voraussetzungen → Rdnr. 1 oder 4 sowie 5–7 vorliegen. Die **Zuständigkeit** für die Hauptsache ist wegen der Eilbedürftigkeit und im Hinblick auf die spätere Verweisungsmöglichkeit (§ 281) in den Verfahren nach §§ 769, 771 Abs. 3 vorerst unerheblich[35]. Das schließt aber nicht aus, bei eindeutiger Unzuständigkeit die Entscheidung dem Adressatgericht zu überlassen, falls sofort verwiesen werden kann und mit noch rechtzeitiger Anordnung durch das Adressatgericht zu rechnen ist[36]. Daß die Vollstreckung bereits begonnen hat, ist nur[37] in den Fällen der §§ 771, 805 und auch dort nur grundsätzlich nötig[38]. Die Vollstreckung darf aber noch nicht beendet sein[39].

11   Ob das Gericht eine Anordnung trifft, steht in seinem freien, pflichtgemäßen Ermessen; vor allem sind die *Aussichten der Klage*[40], aber auch beiden Parteien drohende Nachteile zu berücksichtigen[41]. Erneute Einstellungsgesuche aufgrund wiederholter Klagen können mißbräuchlich sein, falls frühere Klagen sich gemäß § 91a oder § 269 erledigt hatten[42]. Großzügigkeit ist, wenn überhaupt, nur knapp befristet und bis zur Anhörung des Gegners vertretbar[43]. Anordnungen, die dem Gläubiger keine Sicherheiten belassen (Einstellung vor Pfändung, Aufhebung von Maßnahmen ohne Sicherheitsleistung des Schuldners), sollten nur ausnahmsweise erlassen[44] und später auf Antrag des Gläubigers u. U. geändert werden → Rdnr. 16, da sonst der Titel oft nicht mehr durchsetzbar ist. Dies gilt insbesondere, wenn der Schuldner Aufrechnung vorschützt[45].

12   Die **möglichen Anordnungen** gleichen jenen in § 707 bis auf die Abweichungen, daß 1.) die Einstellung ohne Sicherheit unbeschränkt statthaft, wenn auch meist nur unter den gleichen Beschränkungen wie → § 707 Rdnr. 9–16 angemessen ist[46]; 2.) daß (nur) bei § 771 Abs. 3 S. 2 sogar die Aufhebung ohne Sicherheit erlaubt ist; → daher § 707 Rdnr. 7, 8, 17 (Einstellung gegen Sicherheit nebst deren Haftungsumfang, Fortsetzung der Vollstreckung nur gegen Sicherheit u. ä.), 18 (Aufhebung gegen Sicherheit) und 20 (Wegfall der Veranlassung zur Sicherheitsleistung). Entsprechend § 805 Abs. 4 kann auch die Hinterlegung des Erlöses angeordnet werden, namentlich wenn das nach § 771 geltend gemachte Recht der Sache nach nur auf den Erlös geht oder die Parteien über die Verwertung einig sind[47]. Zur Einstellung der Arrestvollziehung → § 771 Rdnr. 44 Fn. 308.

---

[33] → Rdnr. 15–17. Zust. *K. Schmidt* (Fn. 13) Rdnr. 26.
[34] *OLG Frankfurt* NJW 1974, 1389; *E. Schneider* Büro 1974, 584f.; *Karstendiek* DRiZ 1977, 276 mwN, ganz h. M.
[35] *OLGe Koblenz* FamRZ 1983, 939; *Zweibrücken* MDR 1979, 324 (anders bei *eindeutiger* Unzuständigkeit); jetzt allg. M. Das ist nicht der »Notzuständigkeit«, *K. Schmidt* (Fn. 13) Rdnr. 9 mN zur Gegenansicht. – Anders *VGH München* NJW 1983, 1992 bei fehlendem Rechtsweg (zust. *K. Schmidt* aaO, falls eindeutig).
[36] Strenger *K. Schmidt* (Fn. 13) Rdnr. 9 (nur in dringenden Fällen; aber *OLG Hamburg* FamRZ 1984, 922 sagt dazu nichts).
[37] *RG* SeuffArch 66 (1911), 376; *OLG Marienwerder* OLGRsp 2, 350. Näheres → § 707 Rdnr. 4a.
[38] → § 771 Rdnr. 10 Fn. 75f.
[39] Ebenso wie → § 707 Rdnr. 4; *K. Schmidt* (Fn. 13) Rdnr. 20.
[40] *OLG Frankfurt* WM 1969, 381 = Büro 360, *KG* FamRZ 1978, 420; *OLGe Schleswig, Stuttgart* SchlHA

1977, 204; DAVorm 1985, 716, allg. M. → auch § 707 Rdnr. 5f.
[41] Z.B. *OLG Hamm* MDR 1993, 348: Fortsetzung der nach § 794 Abs. 1 Nr. 5 ohne Fälligkeitsnachweis erlaubten ZV nur gegen Sicherheitsleistung, hingegen nur ZV-Abwendung durch Sicherheit des Schuldners, wenn es um Baumängel u. Schadensersatzansprüche (mit denen aufgerechnet wird) geht. → auch Fn. 44.
[42] *BGH* NJW 1991, 2281 zu I 4 = MDR 1204.
[43] → § 707 Rdnr. 5f., 22.
[44] *OLG Frankfurt* MDR 1969, 317; nicht, falls der Gläubiger bei Verzögerung der ZV erheblichen Schadensersatzansprüchen ausgesetzt wäre *BGH* NJW-RR 1993, 356.
[45] → § 767 Rdnr. 37 Fn. 292.
[46] → Rdnr. 11 Fn. 44.
[47] So *RGZ* 30, 397 (für Anfechtungsrecht im Konkurs); *RG* JW 1897, 531. Diese Anordnung darf den Gläubiger nur zur Hinterlegung verpflichten, nicht zu einer etwa vom Schuldner gewünschten Verwertung *KG* OLGRsp 38, 223.

III. Erlaß durch das Vollstreckungsgericht

1. In dringenden Fällen kann das **Vollstreckungsgericht** (§ 764[48]), also nach § 20 Nr. 17 RpflG der Rechtspfleger[49], eine Anordnung wie → Rdnr. 12 vor oder nach[50] Erhebung der Klage erlassen, muß aber dabei eine **Frist** bestimmen[51], in welcher der Schuldner die nach Abs. 1 ergehende vorläufige Entscheidung des Prozeßgerichts[52] über den Antrag beizubringen hat. Die Dringlichkeit ist glaubhaft zu machen und liegt insbesondere vor, wenn die Zeit nicht ausreicht, die Entscheidung des Prozeßgerichts einzuholen, auch wenn es am gleichen Ort ist, z.B. wenn der Schuldner keinen Anwalt findet, der sofort beim zuständigen Landgericht tätig werden kann, oder nach Rechtshängigkeit seinen Anwalt nicht mehr rechtzeitig erreicht[53], oder wenn das Prozeßgericht die Entscheidung vor Klagerhebung verweigert → Rdnr. 5. Auf Verschulden kommt es nicht an. Hat das Prozeßgericht bereits entschieden, dann ist eine Entscheidung des Vollstreckungsgerichts nur wegen neuer, selbständiger Gründe zulässig[54]. Im übrigen → Rdnr. 9–12. Eine *Aufhebung* von Vollstreckungsmaßnahmen wird jedoch kaum so dringend sein, daß nicht die Entscheidung des Prozeßgerichts (→ Rdnr. 14) abgewartet werden könnte[55].   **13**

2. Mit Fristablauf tritt der Beschluß, falls die Frist nicht verlängert wird (§ 224 Abs. 2), ohne weiteres außer Kraft[56] und wird gegebenenfalls ersetzt durch die Anordnung des Prozeßgerichts, das ohne Rücksicht auf die Frist[57] und auf eine gegen den Beschluß des Vollstreckungsgerichts gerichtete Beschwerde oder Beschwerdeentscheidung einstellen kann[58]. Nach Fristablauf darf das Vollstreckungsgericht nur aus neuen selbständigen Gründen einstellen[59].   **14**

IV. Anfechtung der Anordnungen

1. Der Beschluß des **Prozeßgerichts nach Abs. 1** unterliegt entsprechend §§ 707 Abs. 2, 709 Abs. 1 nur innerhalb der → § 707 Rdnr. 23f. dargelegten **engen Grenzen**[60] der **sofortigen**   **15**

---

[48] Auch bei Widerspruchsklage des Konkursverwalters → § 771 Fn. 34 Fn. 237, nicht das Konkursgericht nach § 106 KO, *LG Duisburg* JW 1925, 2383.
[49] Auch bei ZV in unbewegliches Vermögen *Stöber* Rpfleger 1959, 304; *Fischer* NJW 1961, 445 mwN. – A.M. *LG Mannheim* Rpfleger 1959, 319.
[50] → Fn. 53.
[51] Sie sollte nicht zu großzügig (etwa 1 Monat) bemessen werden, schon wegen § 224 Abs. 2.
[52] Nicht jene zur Hauptsache (§ 770), *OLG Jena* ThürBl 1947, 81f.
[53] Was gar nicht so selten ist! Daher bleibt das Vollstreckungsgericht (im Einklang mit dem Wortlaut des Abs. 2) für Eilfälle weiterhin zuständig, z.B. wenn der erste Antrag vom Prozeßgericht abgelehnt worden war; a.M. wohl *K. Schmidt* (Fn. 13) Rdnr. 29.
[54] *LG Berlin* JR 1949, 474.
[55] Ähnlich *Hartmann* (Fn. 21) Rdnr. 10; *Wieczorek*² Anm. D I.
[56] *KG* OLGRsp 25, 164.
[57] *KG* JR 1926 Nr. 741.
[58] *Wieczorek*² Anm. D IV 2b.
[59] *OLG Dresden* Recht 1901, 412; zu großzügig *LG Berlin* KGBl 1909, 84.
[60] Sehr streitig; wie hier im wesentlichen *KG* XXIV. ZS MDR 1982, 329; XIX. ZS FamRZ 1990, 86[47] (Verstoß gegen → Fn. 18 kein Beschwerdegrund); *OLGe Bamberg* II. ZS FamRZ 1984, 1120; Büro 1990, 1519; *Braunschweig* FamRZ 1987, 284; *Celle* Büro 1978, 128, MDR 1972, 699 (aber mit recht weitgehender Nachprüfung); NdsRpfl 1990, 43; *Düsseldorf* I. u. XII. ZS MDR 1967, 1019; *Frankfurt* (III. FamS) FamRZ 1987, 393f.; *Hamburg* I. ZS Büro 1977, 1460 (ausführlich) u. XII. FamS (Fn. 36): »Rsp der FamS des OLG Hamburg«; *Hamm* (Mehrheit der Senate) MDR 1979, 852 = Büro 1079; V. u. X. FamS FamRZ 1986, 1234f.; 1987, 499; *Karlsruhe* I. ZS MDR 1974, 407f.; FamRZ 1982, 401; XVIII. FamS MDR 1986, 1034 (aber mit weitgehender Nachprüfung der Erfolgsaussicht); FamRZ 1990, 1267 (auch fehlende Begründung); *Koblenz* Rpfleger 1983, 175; Büro 1989, 267; *Köln* MDR 1989, 919; *München* III. ZS NJW-RR 1988, 1532 = FamRZ 1169 (ausführlich); IV. ZS NJW-RR 1991, 64 (beide ZS unter Aufgabe bisheriger Rsp); XXI. ZS NJW-RR 1988, 1342; XXV. ZS NJW-RR 1987, 767f.; XXVIII. ZS Büro 1989, 270 (aber Gesetzesverstoß genüge); FamRZ 1990, 1267; NJW-RR 1991, 63; *Nürnberg* NJW-RR 1993, 1216 (nur greifbare Gesetzwidrigkeit); *Oldenburg* NJW 1970, 2219 = MDR 1971, 141 (wie 707 Abs. 2); *Schleswig* I. ZS, II., VI. FamS SchlHA 1978, 146; 1987, 12; FamRZ 1990, 303; *Zweibrücken* Büro 1979, 916; FamRZ 1980, 69. – Im Ergebnis ähnlich, aber großzügiger (Gesetzwidrigkeit u. grobe Ermessensfehler) *KG* XVIII. ZS FamRZ 1990, 85f.[46]; *OLGe Hamburg* NJW 1975, 225 u. für § 323 *Frankfurt* FamRZ 1978, 529; *Zweibrücken* OLGZ 1972, 309, → dazu Fn. 68. In der **Lit.** wie hier *Brox/Walker*⁴ Rdnr. 1363; *Gaul* (Fn. 21) § 40

Beschwerde, § 793⁶¹, falls nicht das LG als Berufungsinstanz entschieden hat⁶², und ist daher trotz § 577 Abs. 3 auch abänderbar wie → § 707 Rdnr. 22⁶³.

16 Wegen gleicher Interessenlage⁶⁴ treffen die Erwägungen der Motive auch hier zu: Die Entscheidung der Hauptsache soll nicht durch das Beschwerdegericht beeinflußt werden und die Anordnungen sollen in jeder Instanz⁶⁵ *frei* abänderbar sein, um der jeweiligen Prozeßlage gerecht zu werden⁶⁶; gerade dies geht bei unbeschränkter Zulassung der Beschwerde wegen § 577 Abs. 3 verloren⁶⁷. Den gleichen Nachteil handelt ein, wer die zu Fn. 60 genannten Beschränkungen zwar anerkennt, aber nur zur Begründetheit zieht⁶⁸. Besonders mißlich wirkt es, wenn eine Analogie entweder auf § 707 oder auf § 769 gestützt werden kann und die Wahl der Argumente dann über die Anfechtbarkeit entscheiden soll⁶⁹. Das wurde im Entwurf BT-Drucks. 10/3054 erkannt, der nur wegen Fehleinschätzung der in Wahrheit sehr differierenden Rechtsprechung nicht Gesetz wurde⁷⁰.

17 2. Der Beschluß des **Rechtspflegers nach Abs. 2** unterliegt stets der **befristeten Erinnerung**, § 11 Abs. 1 RpflG⁷¹, wobei aber die Einschränkungen → Rdnr. 15 f. wegen Art. 92 GG noch nicht gelten dürften, sondern erst, wenn der **Richter** entschieden hat. Gibt dieser dem Antrag ganz oder teilweise statt, sei es auf Erinnerung oder nach § 5 f. RpflG, so steht dem *Gläubiger* die **sofortige Beschwerde** wie → Rdnr. 15 f. zu⁷², da *ihm* Abs. 2 kein Recht für einen »Negativantrag« an das Prozeßgericht gibt und ihm nicht zuzumuten ist, eine Ausnutzung der Frist durch den Schuldner nach Abs. 2 abzuwarten⁷³. Im Falle der Ablehnung besteht jedoch für den *Antragsteller* wegen Abs. 2 kein Bedürfnis, die nächste Instanz anzurufen⁷⁴.

XII 5; *Hartmann* (Fn. 21) Rdnr. 12 f.; *Herget* (Fn. 21) Rdnr. 13; *E. Schneider* MDR 1980, 531 mwN; *Stürner* (Fn. 20) Rdnr. 762; *Thomas/Putzo*¹⁸ Rdnr. 18.
Gegen jede Anfechtung *OLG Hamm* V.ZS NJW 1975, 1932, II.ZS MDR 1979, 852. *Wieczorek*² Anm. C läßt die Beschwerde nur zu, wenn der Antrag als unzulässig angesehen wurde. S. auch *OLG Hamburg* aaO.
Für unbeschränkte Nachprüfung *OLG Bamberg* Büro 1974, 509; auch II.FamS FamRZ 1980, 617, der die Unzuständigkeit für die Klage im Beschwerdeverfahren vorweg berücksichtigen will; *OLGe Düsseldorf* I., IV. u. V.ZS NJW 1969, 2150 (jedoch sei der Ermessensspielraum zu beachten); *Hamm* I., II. u. V.FamS FamRZ 1980, 476; *KG* FamRZ 1978, 528; *OLGe Karlsruhe* V.ZS OLGZ 1976, 479 = Justiz 256; *Köln* MDR 1991, 1196 = NJW-RR 1992, 632f.; anscheinend auch *Stuttgart* XV.FamS FamRZ 1992, 203f.; *Teubner* NJW 1974, 302f. Vgl. auch *OLG Schleswig* I.FamS SchlHA 1977, 204 (zulässig mit neuen Tatsachen).

⁶¹ Auch wenn der Gegner nicht gehört ist, insoweit ganz h.M.; a.M. (§ 766) *Wieczorek*² Anm. B IV b); → dagegen § 766 Rdnr. 1 a.E. – *OLG Hamburg* (Fn. 26) wendet § 567 Abs. 2 an bei Zurückweisung, im übrigen unanfechtbar.
⁶² → § 707 Rdnr. 24.
⁶³ *OLGe Frankfurt* (Fn. 60); *München* III.ZS NJW-RR 1988, 1532. Sogar für Abänderbarkeit nach Beschwerdeeinlegung *KG* XIX.ZS FamRZ 1990, 86f.⁴⁷, → dagegen § 707 Fn. 154.
⁶⁴ *Gaul, E. Schneider, Stürner* (Fn. 60); *OLG München* NJW-RR 1991, 64; *OLG Hamburg* Büro 1977, 1461f. gegen *OLG Bamberg* Büro 1974, 509, das noch freiere Ermessen gegenüber § 707 Abs. 1 S. 2 spricht entgegen *Teubner* NJW 1974, 302f. eher für als gegen Beschränkung der Anfechtbarkeit. → Fn. 66.
⁶⁵ Nur soweit sie befaßt ist, also nicht die Beschwerdeinstanz bei verspäteter Beschwerde; insoweit richtig *OLG Karlsruhe* OLGZ 1976, 479. Ebensowenig die untere Instanz *während* eines Beschwerdeverfahrens → § 707 Fn. 154; *OLG Schleswig* SchlHA 1977, 204.
⁶⁶ Mot. zu §§ 591, 598 a. E. = *Hahn* 436; *OLGe Hamburg, München* (Fn. 64).
⁶⁷ So folgerichtig *OLG Karlsruhe* OLGZ 1976, 478 = Justiz 256 (das sich versehentlich auf 19. Aufl. IV 2 berief = § 769 Abs. 2!). Zudem könnte die erfolgreiche Partei eine ihr ungünstige Abänderung längere Zeit verhindern durch eine Beschwerde, mit der sie zum Schein noch Günstigeres anstrebt, zust. *OLG Karlsruhe* MDR 1974, 407f.
⁶⁸ So *OLGe Hamburg* 5. Senat NJW 1975, 225; *Karlsruhe* MDR 1986, 1033f.; *Zweibrücken* OLGZ 1972, 309; wohl auch *OLG Koblenz* NJW 1960, 827; *OLG Celle* MDR 1972, 699. Wie hier *OLG München* (Fn. 64).
⁶⁹ Insoweit zutreffend *OLG Hamburg* FamRZ 1989, 888f. a.E.
⁷⁰ Begründung BT-Drucks. 11/3621, s. *K. Schmidt* (Fn. 13) Rdnr. 1. S. etwa *OLG München* XIX.S Büro 1991, 1131, das jede Einschränkung trotz Kenntnis der Gesetzgebungsgeschichte ablehnt.
⁷¹ → Fn. 61, insoweit ganz h.M.
⁷² Ohne »Durchgriff« nach § 11 Abs. 2 S. 4, 5, *K. Schmidt* (Fn. 13) Rdnr. 35. – A.M noch 20. Aufl. Fn. 46 mit *OLG Schleswig* SchlHA 1978, 146 (uneingeschränkt § 793, weil die für § 707 Abs. 2 maßgebenden Erwägungen → Fn. 66 nur in unerheblichem Maße zutrafen; folgerichtig § 577 Abs. 2). **Für Unanfechtbarkeit** wegen der Möglichkeit → Rdnr. 14 die → Fn. 73 Genannten.
⁷³ Das wird übersehen von *OLG Hamm* MDR 1977, 322; *LG Frankenthal* Rpfleger 1981, 314; *Gaul* (Fn. 21); *Thomas/Putzo*¹⁸ Rdnr. 18 (ausnahmslose Unanfechtbarkeit).
⁷⁴ Insoweit zutreffend die → Fn. 73 Genannten. *KG* OLGRsp 33, 98; *OLG Hamburg* MDR 1956, 749; *OLG Kiel* HRR 1935 Nr. 382. → aber auch Fn. 65.

3. **Beschwerden und Erinnerungen** gemäß → Rdnr. 15–17 werden unbegründet, wenn gesetzte Fristen abgelaufen sind[75] → Rdnr. 7, 14 (es sei denn sie richten sich gegen die Ablehnung einer Fristverlängerung nach § 224 Abs. 2), oder wenn das Endurteil wie → Rdnr. 2 ergeht[76]. **18**

4. Wird die Anordnung aufgehoben oder entfällt sie wie → Rdnr. 2 oder 14, so kann ein Schadensersatzanspruch gegen den Antragsteller nur aus Verschulden[77], nicht entsprechend §§ 717 Abs. 2 oder 945 entstehen[78]. **19**

V. Wegen der **Kosten** → § 707 Rdnr. 25, zum Streitwert § 3 Rdnr. 45 »Einstellung«[79]. **20** Unterbleibt die Klage im Falle des Abs. 2, so gilt § 788 Abs. 1 → dort Rdnr. 16 Fn. 171. Kosten der *Sicherheitsleistung* des Klägers gehören zwar nicht zu § 788[80], aber zu § 91[81], denn ohne Einstellung ist der Erfolg der Klage gefährdet → § 767 Rdnr. 43, § 771 Rdnr. 11 f. Wird der Prozeßbevollmächtigte auch dafür tätig, so ist das durch § 31 Abs. 1 Nr. 1 BRAGO abgegolten[82].

VI. Wegen der Zuständigkeit des **Arbeitsgerichts** für Klagen aus §§ 767 f. → dort Rdnr. 62, **21** § 797 Rdnr. 25. Die Anordnungen des Prozeßgerichts fallen daher dem Arbeitsgericht, die des Vollstreckungsgerichts dem Amtsgericht (§ 764) zu. Da § 769 nicht in dem einschränkenden § 62 Abs. 1 S. 3 genannt ist, gilt er nach § 62 Abs. 2 entsprechend, so daß den Arbeitsgerichten hier[83] der gleiche Ermessensrahmen zusteht wie → Rdnr. 12 f.[84].

§ 770 [Einstweilige Anordnungen im Urteil]

¹Das Prozeßgericht kann in dem Urteil, durch das über die Einwendungen entschieden wird, die in dem vorstehenden Paragraphen bezeichneten Anordnungen erlassen oder die bereits erlassenen Anordnungen aufheben, abändern oder bestätigen. ²Für die Anfechtung einer solchen Entscheidung gelten die Vorschriften des § 718 entsprechend.

Gesetzesgeschichte: Bis 1900 § 689 CPO.

I. Mit der Verkündung jedes Endurteils über die nach §§ 767 f. (771 ff., 785 f., 805) **1** erhobenen Klagen enden die Anordnungen des § 769[1]. Nach § 770 kann aber das Gericht **im Urteil**, auch neben etwaigen Einschränkungen, die sich ohnehin schon aus seiner Entschei-

---

[75] KG OLGRsp 25, 164.
[76] OLGe München, Saarbrücken OLGRsp 22, 367; NJW 1971, 386. → auch § 575 Rdnr. 2–4 u. wegen § 91 a → dort Rdnr. 52 f.
[77] → § 767 Rdnr. 56; für § 771 Abs. 3 → dort Rdnr. 44.
[78] → § 717 Rdnr. 71; wie dort für §769 *Brox/Walker*[4] Rdnr. 1365; *Herget* (Fn. 21) § 717 Rdnr. 5; *Wieczorek*[2] Anm. F. – A.M. *K. Schmidt* (Fn. 13) Rdnr. 38.
[79] Gegenüber dinglichen Titeln s. *KG* Büro 1969, 986 = Rpfleger 1970, 36 (§ 6 ZPO).
[80] → Rdnr. 9.
[81] → § 788 Rdnr. 16; die Erstattungsfähigkeit hängt daher von der Kostengrundentscheidung ab *OLG München* Rpfleger 1987, 36 = MDR 946; *Saarbrücken* Büro 1987, 1227; *LG Berlin* Büro 1991, 965 f. mwN der Rsp des

KG u. der *OLGe Düsseldorf* Büro 1988, 789 = AnwBl 650) mit *Frankfurt, Hamburg, Hamm, Köln, Nürnberg* aaO. Unentschieden, aber i.E. für Erstattung *SchlHOLG* Büro 1993, 623. – A.M. *OLG Celle* NdsRpfl 1973, 321.
[82] So für § 771 Abs. 3 *OLG Köln* Rpfleger 1984, 74 f. (nicht § 118 Abs.1 Nr. 1 BRAGO).
[83] Anders als → § 707 Rdnr. 29 ff.
[84] So für Anordnung einer Sicherheit *LAG Frankfurt a.M.* DB 1965, 224 (L); *LAG Köln* DB 1983, 1827 (L); wohl auch *LAG Baden-Württ.* NZA 1988, 40 (L); *MünchArbR-Brehm* (1993) § 382 Rdnr. 5; *K. Schmidt* (Fn. 13) Rdnr. 5; *Wieczorek*[2] Anm. B I. – A.M. *LAG Hamm* BB 1980, 265; MDR 1973, 259; *LAG Berlin* MDR 1986, 787 f.; *Grunsky* ArbGG[6] § 62 Rdnr. 14 (anders noch 3. Aufl.).

[1] → dort Rdnr. 2.

dung über die vorläufige Vollstreckbarkeit ergeben², und notfalls sogar vorläufig im Gegensatz zu diesen³ **die in § 769 bezeichneten Anordnungen erstmals⁴ erlassen oder die bereits erlassenen abändern, aufrechterhalten** oder (nur zur Klarstellung → § 769 Rdnr. 2) aufheben, und zwar im Gegensatz zu § 769 *auch von Amts wegen*⁵, wobei stets zu beachten ist, daß *ohne* Entscheidung nach § 770 bisherige Anordnungen nach § 769 mit Erlaß des Urteils ihre Kraft verlieren würden. Zur **Durchführung** nach §§ 775 f. → § 769 Rdnr. 3.

2   Diese Entscheidung ist sofort vollstreckbar, bildet einen Teil des Urteils und unterliegt mit diesem⁶ der Anfechtung; sie bleibt also im Unterschied zu Beschlüssen nach § 769 bis zur Aufhebung bzw. Rechtskraft bestehen⁷. Wird daher im Urteil erster Instanz die Anordnung verweigert oder die bisherige eingeschränkt oder nicht verlängert, so kann sie auf Berufung *durch Urteil* gewährt oder wiederhergestellt werden, wie auch die Verweisung auf § 718 ergibt. In der Berufungsinstanz ist über die Anordnung nach § 718 auf Antrag (durch nicht revisibles Urteil, § 718 Abs. 2) vorab zu entscheiden. Dadurch wird aber nicht ausgeschlossen, daß das Berufungsgericht noch vorher auf Antrag seinerseits *Beschlüsse* nach § 769 erläßt, z.B. die im Urteil aufgehobene oder nicht erwähnte und daher beendete Einstellung von neuem anordnet, → § 769 Rdnr. 3. - § 716 ist in S. 2 nicht genannt; da es um Ermessensentscheidungen geht, könnte er höchstens analog gelten, wenn Maßnahmen nach S. 1 *beantragt* waren, → § 716 Rdnr. 1⁸.

3   II. § 770 gilt **entsprechend** für Urteile nach § 323⁹.

§ 771   [Widerspruchsklage]

(1) Behauptet ein Dritter, daß ihm an dem Gegenstand der Zwangsvollstreckung ein die Veräußerung hinderndes Recht zustehe, so ist der Widerspruch gegen die Zwangsvollstreckung im Wege der Klage bei dem Gericht geltend zu machen, in dessen Bezirk die Zwangsvollstreckung erfolgt.
(2) Wird die Klage gegen den Gläubiger und den Schuldner gerichtet, so sind diese als Streitgenossen anzusehen.
(3) Auf die Einstellung der Zwangsvollstreckung und die Aufhebung der bereits getroffenen Vollstreckungsmaßregeln sind die Vorschriften der §§ 769, 770 entsprechend anzuwenden. ²Die Aufhebung einer Vollstreckungsmaßregel ist auch ohne Sicherheitsleistung zulässig.

Gesetzesgeschichte: Bis 1900 § 690 CPO.

I. Gegenstand und Anwendungsbereich der Widerspruchklage	
1. Klageziel und Urteilwirkungen	
a) beschränkte Prüfung des haftenden Vermögens bei der Vollstreckung, Beweislast für Klage 1	
b) dogmatische Einordnung der Klage 4	

---

² → § 708 Rdnr. 10, 27, § 709 Rdnr. 3, § 717 Fn. 21, § 767 Rdnr. 51, § 771 Rdnr. 64, § 775 Rdnr. 11.
³ Z.B. einstweilige Einstellung ohne Sicherheit, obwohl das Urteil nur gemäß § 709 vollstreckbar ist; zust. *Brox/Walker*³ Rdnr. 1367; z.T. abweichend *Furtner* DRiZ 1955, 191.
⁴ Dann aber nur nach Anhörung des Gegners, was auch noch nach Schluß der mündliche Verhandlung schriftlich geschehen kann, arg. § 769 Abs. 3, *MünchKommZPO-K. Schmidt* (1992) Rdnr. 7.
⁵ A.M. *Wieczorek*² Anm. A, dem nur insoweit zuzustimmen ist, als für § 770 in der Regel kein Anlaß bestehen mag, wenn § 769 nie beantragt war.
⁶ Isolierte Anfechtung durch den Gläubiger ist nur denkbar, wenn die Anordnung trotz Abweisung der Klage getroffen wäre, was aber nicht geschehen sollte → § 769 Rdnr. 11. Bei drohendem unersetzlichem Nachteil hilft hier auch § 712, für den auch § 718 unmittelbar gilt.
⁷ Auch *Wieczorek*² Anm. A meint wohl nur § 769.
⁸ Dafür *K. Schmidt* (Fn. 4) Rdnr. 5.
⁹ *K. Schmidt* (Fn. 4) Rdnr. 2.

c) Klageziel, Urteilswirkungen	5
2. Sachlicher und zeitlicher Anwendungsbereich	
a) betroffene Vollstreckungsarten, Bedeutung von Vollstreckungsmängeln	9
b) Rechtsgefährdung als Sachurteilsvoraussetzung	11
II. Rechte Dritter und Sachlegitimation	
1. Veräußerung hinderndes Recht (Grundlagen)	13
a) dingliche Rechte und Inhaberschaft sonstiger Vermögensrechte, Treuhand und Anwartschaft	16
b) Besitz	29
c) Herausgabeansprüche, Anfechtungsrecht, Wegnahmerecht	31
2. Aktivlegitimation	35
3. Passivlegitimation	40
III. Verfahren	
1. Zuständigkeit des Gerichts	41
2. Antrag und Klagegrund	42
3. Einstweilige Einstellung	44
4. Verteidigung gegen die Klage	45
a) Mängel im Recht des Dritten	46
b) Gegenrechte (→ auch zu d)	47
c) Mithaftung des Klägers, bessere Rechte des Beklagten	48
d) nicht: Zurückbehaltungsrecht	52
IV. Mitverklagung des Schuldners	53
V. Das Urteil, Inhalt und Wirkungen	
1. bei begründeter Klage	54
2. bei unbegründeter Klage	57
3. Kostenentscheidung nach § 93	58
a) Grundprobleme	59
b) Veranlassung zur Klage, Darlegungslasten	60
c) Bei Freigabe vor Rechtshängigkeit	65
d) Berechnungsfragen	66
VI. Verhältnis zu anderen Rechtsbehelfen	
1. für den Dritten	67
2. für den Gläubiger	70
3. Hauptintervention	71
4. Ersatzansprüche nach Vollstreckung	72
a) Bereicherungsanspruch gegen Gläubiger	73
b) Schadensersatzanspruch gegen Gläubiger	76
c) Amtshaftung	79
d) Ansprüche gegen Schuldner	80
VII. Entsprechende Anwendung	82

I. Gegenstand und Anwendungsbereich der (Dritt-)Widerspruchsklage (Interverntionsklage)

1. Klagziel und Urteilswirkungen[1]

a) Obwohl die materielle Vollstreckungsbefugnis auf das *nach dem Titel haftende Vermögen* beschränkt ist[2], wird bei der Vollstreckung die **Zugehörigkeit** des Objekts zu diesem Vermögen nur mit den im Vollstreckungsverfahren zulässigen Erkenntnis- und Beweismitteln geprüft[3]. 1

Fällt diese Prüfung (wozu bei der Geldpfändung auch die Beachtung des § 815 Abs. 2 gehört) positiv aus[4], ist die Vollstreckung *als staatliche Maßnahme* zulässig und rechtmäßig[5], 2

---

[1] Wegen der Lit bis 1900 → 18. Aufl.; ferner *Francke* ZZP 38 (1909) 361f.; *Goldmann* Gruch. 50 (1906), 805ff.; *Langheineken* Urteilsanspruch (1899) 152ff.; *M. Wolff* Festg. f. Hübner (1905); *Sohm* Wesen und Voraussetzungen usw. (1908); *Schultz* Vollstreckungsbeschwerde (1911); *Stein* Grundfragen der ZV (1913) 37ff.; *Cohn* Reform des Interventionsprozesses (1931); *Coenders* FS für R. Schmidt (1932) 330ff.; *Kollmeyer* Gläubigerschutz usw. (1933); *Pagenstecher* AkadZ 1936, 641; *Bötticher* MDR 1950, 705; *Paulus* ZZP 64 (1951) 169; *A. Blomeyer* AcP 165 (1965) 481; *Schlosser* Gestaltungsklagen u. Gestaltungsurteile (1966) 96ff.; *Bettermann* FS für Weber (1975) 87ff.; *W. G. Müller* DGVZ 1976, 1ff.; *Münzberg/Brehm* FS für F. Baur (1981) 517ff.; *Picker* Die Drittwiderspruchsklage usw. (1981); *Geißler* NJW 1985, 1865; *Brox/Walker* JA 1986, 113; *Prütting/Weth* JuS 1988, 505. Ferner zur Anwartschaft → Fn. 126; zur Treuhand → Fn. 162; zu Bereicherungs- u. Schadensersatzansprüchen → Fn. 427; vgl. auch *Hopt* Schadensersatz usw. (1968); *Häsemeyer* Schadenshaftung usw. (1979).

[2] → Rdnr. 33 vor § 704, Rdnr. 2 vor § 735.

[3] *Stein* (Fn. 1) 39ff.: Bei Zwangshypotheken und Grundstücken die Eintragung usw., § 867 mit §§ 39, 41 GBO, § 17 (vgl. auch §§ 28, 37 Nr. 5) ZVG, bei beweglichen Sachen der Gewahrsam oder die Herausgabebereitschaft Dritter, u. nur ausnahmsweise die Vermögenszugehörigkeit, → 808 Rdnr. 3, 5; bei Rechten → § 829 Rdnr. 37 und § 857 Rdnr. 65.

[4] Aber nur dann, *RGSt* 19, 69.

[5] Heute allg. M., vgl. *BGHZ* 80, 298 f. = NJW 1981,

§ 771 I   Erster Abschnitt: Allgemeine Vorschriften   526

sollte auch der Vollstreckungsbereich des Titels materiell überschritten sein; bei Sachpfändungen entstehen Verstrickung (unstr.) und Pfändungspfandrecht (str.), der Ersteher wird nach h. M. Eigentümer[6]. Dies gilt auch bei Pfändung eigener Sachen des Gläubigers[7].

3 Der **Schuldner** kann *diesen* Mangel weder nach § 766[8] noch durch Klage geltend machen[9]. Dem betroffenen **Dritten** steht gegen die Vollstreckung[10] nur der Weg des § 771 offen[11]. Beschreitet er ihn nicht rechtzeitig, bleibt es bei den Rechtsfolgen → Rdnr. 2, vorbehaltlich der Fragen, ob der Gläubiger befriedigt ist und ob Bereicherungs- oder Schadensersatzansprüche gegen ihn entstehen[12]. **Der Dritte wird also zur Abwehr der seinem Vermögen drohenden Gefahr in die Rolle des Klägers gedrängt,** in der ihn die Behauptungslast und, soweit keine gesetzlichen Vermutungen, z. B. § 1006 BGB[13] für ihn streiten, die **Beweislast** für den Erwerb (nicht den Fortbestand) seines Recht treffen[14]; für Sicherungseigentum → Rdnr. 26. Der Gläubiger hat seine durch den Staatsakt gewonnene Rechtsstellung zu verteidigen, → auch zum Kostenrisiko Rdnr. 58 ff.

4 b) Die Natur der *Widerspruchs- oder Interventionsklage*[15] ist streitig[16]. Man sah in ihr eine positive oder negative Feststellungsklage[17] über materielle Rechte, eine (abgewandelte) Beseitigungs- oder Unterlassungsklage i. S. d. § 1004 BGB[18], negative Haftungsklage[19], exekutorische Negatoria[20], prozeßrechtliche Leistungs- oder Feststellungsklage[21], Anordnungsklage[22]. Die **h. M.** nimmt entgegen der sog. »privatrechtlichen«[23] Auffassung[24] eine **selbstän-**

1835; *BGHZ* 58, 210 = NJW 1972, 1048 = JZ 1973, 29 *(Henckel),* wo zwischen Privatrechtswidrigkeit und Rechtswidrigkeit aus der Sicht des Verfahrensrechts unterschieden wird; *BGHZ* 55, 26 = NJW 1971, 800 = NJW 16; *OLG Karlsruhe* MDR 1979, 237; *Stein* (Fn. 3); *Bettermann* (Fn. 1) 88, *Henckel* Prozeßrecht und materielles Recht (1970) 236; *A. Blomeyer* (Fn. 1) 483. → auch Rdnr. 22 vor § 704, § 767 Rdnr. 56.

[6] → § 803 Rdnr. 4 f., § 804 Rdnr. 7, 10 (für Forderungen → aber § 804 Rdnr. 12); § 804 Rdnr. 72 und § 817 Rdnr. 21, 24.

[7] → § 766 Fn. 95, § 804 Rdnr. 13 f.

[8] § 766 Rdnr. 28. → auch dort Fn. 151 wegen § 765 a.

[9] *KG* OLGRsp 17, 190; 22, 369. Wegen Haftungsbeschränkungen → Fn. 259. Ausnahmsweise ist es denkbar, daß der Schuldner über § 765 a Vollstreckungsschutz erreichen kann, wenn die ZV in das Recht des Dritten für den Schuldner selbst eine besondere Härte darstellt, was z. B. der Fall sein kann, wenn der Dritte ein naher Angehöriger ist, der aus tatsächlichen Gründen gehindert ist seine Rechte gem. § 771 rechtzeitig geltend zu machen, vgl. *LG Oldenburg* Büro 1983, 781 → auch 765 a Rdnr. 9; *Zöller/Stöber*[19] § 765 a Rdnr. 8.

[10] Anders im Falle → Fn. 98 (Übergang einer Zwangshypothek auf den späteren Erwerber).

[11] → Rdnr. 67.

[12] → Rdnr. 73 ff., § 804 Rdnr. 22 ff., § 815 Rdnr. 19, § 819 Rdnr. 3, 8 a. E., 19.

[13] Er gilt nur für Eigenbesitzer, die behaupten, mit dem Besitz Eigentum erworben zu haben *BGH* NJW 1967, 2008. Zur Vermutung für Eigenbesitz *BGH* NJW 1975, 1269.

[14] → § 739 Rdnr. 27, auch über das Verhältnis des § 1006 zu § 1362 BGB.

[15] In Österreich Exszindierungsklage (§§ 37 f. EO); s. dazu *Angst/Jakusch/Pimmer* Exekutionsordnung[12] (1989) § 37.

[16] Eingehende Analyse dieses Streits und seiner historischen Bezüge bei *Picker* (Fn. 1), kurze Inhaltsangabe s. *Grunsky* NJW 1982, 918; ausführlicher *Luig* AcP 183 (1983), 795.

[17] *RG* SeuffArch 42 (1887), Nr. 187; Gruch. 58 (1914), 800; *Langheineken* (Fn. 1); *Kayser* AcP 70 (1886), 458 Fn. 15; *R. B. Schmidt* ZZP 17 (1892) 416.

[18] *Hellmann* Lb (1886), 834 f.; *Schultz* AcP 105 (1909), 394 f.; ähnlich *Kahn* AcP 70 (1886), 416 ff.; *A. Blomeyer* (Fn. 1) 486 ff. So auch die historische Deutung der letzten Rechtsentwicklung bei *Picker* (Fn. 1) 469 (Zusammenfassung). *G. Lüke* Fälle zum ZPR[2] 137: sachlich Negatoria, positivrechtliche Gestaltungsklage.

[19] *Bettermann* (Fn. 1) 97; ähnlich *Schlosser* (Fn. 1) 108; *Bötticher* FS für Dölle (1963) I 41 ff., 50 Fn. 16.

[20] *Bettermann* (Fn. 1) 94, zust. *Henckel* ZZP 105 (1992), 102 ff.

[21] *Gaupp/Stein* CPO (1902) § 771 I S. 467.

[22] *Bruns/Peters*[3] § 16 III; *Goldschmidt* ZPR[2], 324.

[23] Diese Bezeichnung ist insofern unglücklich, als auch die h. M. die privatrechtliche Natur der **Klagegründe** nie verleugnet hat.

[24] Ihr folgen *A. Blomeyer* (Fn. 1); *Bettermann* (Fn. 1), dazu *Münzberg/Brehm* (Fn. 1); *Henckel* (Fn. 20); auch *Picker* u. pass., z. B. 19, z. B. 79; 506 u. pass. Er hält die Annahme, bei § 771 handele es sich um ein rein prozeßrechtliches Institut, historisch gesehen für eine Verfälschung. Die Widerspruchsbefugnis eines nur obligatorisch Berechtigten (→ Rdnr. 31), die auch die »privatrechtliche« Theorie für richtig hält, rechtfertigt *Picker* »ex post« (aaO 472) mit einer **Prozeßstandschaft** für fremdes Eigentumsrecht (460 ff., insbesondere 472). Dagegen ausführlich *Rosenberg/Gaul*[10] § 41 II 2. Bedenklich ist jedenfalls eine (etwa sogar »verdeckte«?) Prozeßstandschaft, die weder auf Gesetz noch auf Zustimmung des materiell Berechtigten beruht u. daher nach heutiger Lehre auch materielle Rechtskraft für u. gegen diesen nicht ermöglicht. Das führt wiederum zu der Frage, ob dem Beklagten eine Prozeßführung zuzumuten wäre, die weder das materielle Recht des Klägers beträfe noch Wirkungen für u. gegen den wahren Rechtsinhaber hätte. Näher liegt wohl die Annahme, daß hier ein eigenes rechtliches Interesse des Klägers zu einem Widerspruchsrecht erstarkt ist aus den von *Picker* aaO 444 ff. klar herausgearbeiteten Gründen. Zudem vermißt man bei *Picker* aaO 448 ff. die Frage, ob damals das Institut der **Prozeßvertretung** noch nicht

dige prozeßrechtliche Klage an²⁵. Man versuchte über die begriffliche Einordnung Einzelfragen zu lösen²⁶, vor allem, ob auch schuldrechtliche Rechte zum Widerspruch berechtigen. Das praktische Bedürfnis, die Analogie zur Aussonderung²⁷ sowie die Gleichbehandlung der dinglichen und obligatorischen Ansprüche in § 810 Abs. 2 weisen darauf hin, daß die Klage auch den bloß persönlich Berechtigten zugänglich sein muß → Rdnr. 31. Das leistet die Störungsklage nicht²⁸, da sie nur absolute Rechtspositionen schützt, schuldrechtliche Forderungen höchstens im Falle des § 826 BGB. Ziel der Klage ist auch nicht die rechtskräftige Feststellung des Rechts des Dritten²⁹, sondern eine Entscheidung, durch die der Vollstreckung die Zulässigkeit³⁰ nachträglich genommen wird³¹, weil der betroffene Gegenstand nicht (oder nicht nur) zu dem Vermögen gehört, das nach dem Titel der Haftung unterworfen ist; erst damit kann der Dritte – als Endziel seiner Klage – der Vollstreckung nach §§ 775 Nr. 1, 766 entgegentreten, → Rdnr. 55.

c) Die Klage ist weder Leistungsklage³² »auf Freigabe«³³ noch begehrt sie die Feststellung einer schon bestehenden Unzulässigkeit³⁴; denn ihr praktisches Ziel ist, wie § 775 Nr. 1 zeigt, die *Herbeiführung der Unzulässigkeit staatlicher Zwangsvollstreckung*³⁵. Diese *wird* erst unzulässig, wenn das *Urteil* dies ausspricht → Rdnr. 55; es ist deshalb ein **Rechtsgestaltungsurteil**³⁶**,** *das nicht zurückwirkt.* Aus dieser dogmatischen Einordnung als besondere Rechtsschutzform sollte man allerdings nicht allzuviel ableiten; denn auch das Leistungsurteil gestaltet die prozessuale Rechtslage, weil es Vollstreckbarkeit herstellt³⁷. Beides – Erzeugung und Einschränkung der Vollstreckbarkeit – steht nur dem Staat zu; daher besteht auch kein Grund, Schiedsgerichten das eine zu gestatten u. das andere nicht; in beiden Fällen verleiht erst das staatliche Gericht die Vollstreckungswirkungen (§ 1042)³⁸. Die angeordnete Unzulässigkeit bedeutet:

---

entwickelt war, mit dem sich wohl ohne weiteres die Problematik hätte lösen lassen, falls man der Ansicht gewesen wäre, die Ebene der negatorischen Klage dürfe nicht verlassen werden.

²⁵ *RGZ* 61, 431f.; 67, 312; 81, 191; 165, 380; *BGH* NJW 1972, 1049 r.Sp. = MDR 684; NJW 1979, 929¹² = Rpfleger 99⁹² = FamRZ 219 (zu § 774); NJW 1985, 3067 (li. Sp.) = MDR 1010²⁸ = FamRZ 904; BGHZ 58, 214 (Fn. 5); *Wach* Feststellungsanspruch (1888) 21 f.; *Thomas/Putzo*¹⁸ Rdnr. 1; *Baumbach/Hartmann*⁵² Einf. vor § 771 Rdnr. 1; *Zöller/Herget*¹⁸ Rdnr. 4; *Gaul* (Fn. 24) § 41 II 2 mwN; – Schwankend RGZ 70, 26f. – Vermittelnd *Baur/Stürner*¹¹ Rdnr. 770 (gemischt prozeßrechtlich-materiellrechtliche Theorie); dem folgend *Prütting/Weth* (Fn. 1) 506; wohl auch *MünchKommZPO-* *K. Schmidt* Rdnr. 1 u. 3 (negatorische Klage mit rechtstechnisch andersartiger Durchsetzung; mit Rechtskraft erlösche das PfändPfandR); *K. Schmidt* JZ 1990, 623, → dagegen § 776 Rdnr. 2: erst mit Aufhebung der Pfändung.
²⁶ In den heute noch vertretenen Spielarten stimmt die privatrechtliche Theorie weitgehend mit den Ergebnissen der h. M. überein, so daß der Streit kaum noch von praktischer Relevanz ist, so *Gaul* (Fn. 24) § 41 II 2 a. E.; *Jauernig* ZVR¹⁹ § 13 III; *Stürner* (Fn. 25) Rdnr. 770. *K. Schmidt* (Fn. 25) Rdnr. 3; *Brox/Walker*⁴ Rdnr. 1398; *Münzberg/Brehm* (Fn. 1) 520 u. 533 ff. (aus der Rechtsnatur des § 771 dürfe man Folgerungen für die Rechtsanwendung nicht herleiten); dagegen jedoch *Picker* (Fn. 1) 51.
²⁷ *RGZ* 79, 122; 84, 215.
²⁸ *Petschek* in Forderungen (1901) 118, es sei denn man nähme Prozeßstandschaft an, → dagegen Fn. 24.
²⁹ → § 322 Rdnr. 93. Jetzt allg. M.; vgl. außer *RGZ* 70, 25; 81, 191 noch *Gaul* (Fn. 24) § 41 X 3; *Bruns/Peters*³

§ 16 III u. sogar die Vertreter der »privatrechtlichen« Theorie: *Blomeyer* ZwVR § 37 IV; *Bettermann* (Fn. 1) 91 → auch § 264 Rdnr. 34 a. E.
³⁰ → Rdnr. 5. Näheres zum Begriff »Unzulässigkeit der ZV« → § 767 Fn. 410 u. dazu *Münzberg/Brehm* (Fn. 1) 526 ff. Die Wirksamkeit einer ZV-Maßnahme wird dadurch noch nicht berührt.
³¹ → Rdnr. 5 f.
³² A. M. *A. Blomeyer* (Fn. 1) 491.
³³ → Rdnr. 42.
³⁴ Oft wird so formuliert, als werde eine bereits bestehende Unzulässigkeit geltend gemacht, vgl. z. B. *LG Wuppertal* NJW 1969, 1770 a. E. Das ist hier ebenso irreführend wie bei § 767 → dort Rdnr. 2.
³⁵ *Stein* (Fn. 1) 12, 49. Auch bei Verwertung nach ZPO gem. § 127 Abs. 1 KO, *Kuhn/Uhlenbruck* KO¹⁰ § 127 Rdnr. 8. - Zur entspr. Anw. bei der Zwangsversteigerung zwecks Aufhebung einer Gemeinschaft → Rdnr. 82.
³⁶ → Fn. 25, insoweit übereinstimmend.
³⁷ Vgl. *Schlosser* (Fn. 1) 104; *Bruns/Peters*³ § 16 III.
³⁸ § 1027 a Rdnr. 5; dem folgend *Zöller/Geimer*¹⁸ § 1027 a Rdnr. 3; *K. Schmidt* (Fn. 25) Rdnr. 56, 77; vgl. auch *Thomas/Putzo*¹⁸ § 1025 Rdnr. 3 a. E.; zu § 767 BGHZ 99, 143 = NJW 1987, 652 = JR 1988, 282 (Herrmann) = ZZP 100 (1987), 454 (Schwab); anders aber die wohl noch h. M., nach der es nicht Sache eines privaten Gerichts sein kann durch Untersagung der ZV die Unzulässigkeit eines staatlichen Hoheitsakts auszusprechen, vgl. OLG München BB 1977, 674; *Schwab* Schiedsgerichtsverfahren³ 45; *Schütze/Tscherning/Wais* Hdb. des Schiedsverfahrens Rdnrn. 45, 135; *Baumbach/Albers*⁵² § 1025 Rdnr. 29; *Kornmeier* ZZP 94 (1981), 43.

5a 1.) eine *Erweiterung der prozessualen Befugnisse des Dritten*, der erst *durch* das Urteil in die Lage versetzt wird, sein Recht *innerhalb* des Vollstreckungsverfahrens nach §§ 775 f. geltend zu machen; denn bis zur sicheren Kenntnisnahme des Vollstreckungsorgans von dieser Änderung der Rechtslage[39] muß es die beantragte Vollstreckung fortsetzen[40].
2.) eine *Einschränkung der Vollstreckungsbefugnis*, die das Gesetz bisher dem Titel formell verlieh → Rdnr. 1 f. Es geht somit um eine **gegenständliche Beschränkung der Vollstreckbarkeit**[41]. Sie bedeutet Unzulässigkeit nicht nur schon begonnener[42], sondern auch künftiger Vollstreckung[43], also das Erlöschen der Befugnis zur Vollstreckung in diesen Gegenstand[44], soweit das Urteil nichts Abweichendes bestimmt[45]. Die Klage ist also ein Seitenstück zur Vollstreckungsgegenklage[46]; ein konkreter Vollstreckungsakt ist hier zwar regelmäßig *Anlaß* zur Klage → Rdnr. 10, aber nicht ihr Streitgegenstand, → auch Rdnr. 11 und 42.

6 Das Recht des Dritten wird nicht rechtskräftig festgestellt[47], es sei denn nach § 256 Abs. 2[48]; es ist allerdings das wichtigste Element der Klagebegründung und verleiht die Sachbefugnis zur Klage[49]. Das Urteil entscheidet aber *rechtskräftig über das Bestehen des Gestaltungsgrundes*[50], d. h. es klärt verbindlich zwischen den Parteien, ob im Zeitpunkt der letzten mündlichen Verhandlung der Widerspruch begründet war[51]. Das wirkt sich präjudiziell aus auf vom Kläger[52] nachträglich geltend gemachte Bereicherungs- und Schadensersatzansprüche[53]: Sie scheiden nach Klagabweisung aus[54], weil feststeht, daß die Vollstreckung entweder nicht in das Recht des Dritten eingreift oder von ihm zu dulden war. – Dagegen steht bei erfolgreichem Widerspruch auch dem Grunde nach nicht fest, ob der Kläger Ansprüche hat[55]; sie können z. B. fehlen in den Fällen → Rdnr. 31[56].

7 Von der Rechtskraft ist die dem stattgebenden Urteil durch §§ 775 f. verliehene **Vollstreckungswirkung** i. w. S. zu unterscheiden, deren Umfang sich aus der Rechtsgestaltung → Rdnr. 5 ergibt. Das vollstreckbare Urteil legt – ähnlich wie beim Leistungsurteil – ohne zeitliche Beschränkung für die Zukunft fest, von welcher Rechtslage die Vollstreckungsorga-

---

[39] → § 775 Rdnr. 4, 22 ff.
[40] Die Annahme von *Henckel* (Fn. 20) 103, der Dritte könne sein Recht dem Gläubiger auch ohne Interventionsurteil entgegenhalten, ist prozessual daher ohne Bedeutung, so auch *BGHZ* 58, 215 (Fn. 5); *Thomas/Putzo*[18] Rdnr. 4 u. *Brox/Walker*[4] Rdnr. 466. Jedenfalls schließt § 771 als lex specialis materiellrechtliche Klagen aus, vgl. nur *K. Schmidt* (Fn. 25) Rdnr. 12; *Henckel* selbst AcP 174 (1974), 109 → Rdnr. 67.
[41] *Münzberg/Brehm* (Fn. 1) 529 f.; zust. *Gaul* (Fn. 24) § 42 II 2. u. X 2. → auch Fn. 30. – Bezöge man dagegen die Unzulässigkeit auf das **Verhalten** der ZV-Organe wie etwa *Pagenstecher* Prozeßprobleme (1930) 66 f., so träte sie noch nicht mit Vollstreckbarkeit des Urteils, sondern erst mit Kenntnisnahme der ZV-Organe ein; nur dann wäre man genötigt, eine Gestaltungswirkung **vor** der Vorlage nach § 775 zu leugnen – so *Bettermann* (Fn. 1) u. *A. Blomeyer* (Fn. 1) – oder einen »gestreckten Gestaltungstatbestand« anzunehmen, so *Henckel* ZZP 98 (1976) 229; AcP 174 (1974) 109; vgl. auch Fn. 24 u. 20. *Schlosser* (Fn. 1) 100 f. nimmt unvollkommene Gestaltungswirkung an.
[42] So noch 19. Aufl. u. manche Formulierungen in Rsp u. Lit, die auf Urteilswirkung hindeuten; z. B. obiter *RGZ* 70, 27 (die »betriebene« ZV).
[43] *Baumann/Brehm*[2] § 13 III 5 c; *Münzberg/Brehm* (Fn. 1) 529 u. im Ergebnis – trotz anderem Ausgangspunkt – ebenso *Blomeyer* u. *Bettermann* → Fn. 58, sowie *Gaul* (Fn. 24) § 41 X 3 a.E; a.M. *K. Schmidt* (Fn. 25) Rdnr. 77 (nur Rechtskraftwirkung für erneuten Prozeß).
[44] *Gaul* (Fn. 24) § 41 II. 2. unter Hinweis auf *BGHZ* 72, 334, 338 = NJW 1980, 2527 (dazu *Brehm* JZ 1983, 645 f.); *K. Schmidt* (Fn. 25) Rdnr. 3 a. E.

[45] → Rdnr. 7, 42.
[46] → § 767 Rdnr. 2, 6, 7.
[47] → Fn. 29.
[48] *Bruns/Peters*[3] § 16 III.
[49] → Rdnr. 35 ff.
[50] → § 322 Rdnr. 66.
[51] → § 322 Rdnr. 207; *BGH* LM Nr. 27 zu § 322 = ZZP 74 (1961), 187 (zust. *Zeuner*); *K. Schmidt* (Fn. 25) Rdnr. 80; *Brox/Walker*[4] Rdnr. 1449.
[52] Ansprüche anderer werden (z. B. in den Fällen → Rdnr. 31) nicht berührt.
[53] → Rdnr. 73 ff.
[54] *RGZ* 70, 27 f; *BGH* (Fn. 51); obiter *BGH* NJW 1989, 2050[4] zu 2 b; *Stürner* (Fn. 25) Rdnr. 792; *Gaul* (Fn. 24) § 41 X 3 mwN; *Bruns/Peters*[3] § 16 III; vgl. auch *BGH* NJW 1985, 2050 (li. Spalte), zur Rechtskrafterstreckung bei gewillkürter Prozeßstandschaft.
[55] *K. Schmidt* (Fn. 25) Rdnr. 79; *Gaul* (Fn. 24) § 41 X. 3.; a.M. *A. Blomeyer* (Fn. 1) 496; wohl auch *Lippross* VollstR[6] § 46 VI 2., der allerdings seine Anschauung sowohl mit *Blomeyer* belegt, als auch mit *Münzberg*, ohne zu bemerken, daß deren Ansichten sich gegenseitig ausschließen. Der Meinung von *Lippross* folgen *Prütting/Weth* (Fn. 1), die als weiteren Beleg für ihre Ansicht wiederum *Brox/Walker*[4] Rdnr. 1449 heranziehen; dort wird aber nicht die abweichende *Lippross*'sche Meinung vertreten, sondern der hier eingenommene Standpunkt geteilt.
[56] Vgl. auch § 12 Abs. 8 KaGG → Rdnr. 39 a. E.

ne künftig auszugehen haben. Eine nach Freigabe wiederholte Vollstreckung durch denselben Gläubiger[57] kann daher durch einfache Vorlage der Ausfertigung verhindert oder beseitigt werden[58], § 775 Nr. 1.

Folgt das Vollstreckungsorgan dem nicht, hilft § 766 dem Dritten. Einer neuen Klage stünde zwar nicht die Rechtskraft des stattgebenden Urteils entgegen, wenn sie auf neue Tatsachen gestützt wäre; sie wäre aber unzulässig, weil die erstrebte Gestaltung schon vollzogen ist → Rdnr. 5. Will der *Gläubiger* sich auf eine nach Schluß der mündlichen Verhandlung veränderte Rechtslage berufen, wonach der Gegenstand nunmehr zum haftenden Vermögen gehöre, muß er nach § 767 klagen[59], um die Vollstreckbarkeit des Interventionsurteils zu beseitigen[60]. Der rechtskräftig unterlegene *Dritte* kann zwar eine neue Klage darauf stützen, er habe nach Schluß der mündlichen Verhandlung das Recht zum Widerspruch erworben[61]; aber die Klage wäre nur bei lastenfreiem Erwerb begründet → Rdnr. 13. Eine Abweisung, weil die Klage zu früh oder zu spät erhoben ist oder weil der Vollstreckungsakt unstreitig nichtig sei[62], entscheidet mit materieller Rechtskraft nur über deren Zulässigkeit (fehlendes Rechtsschutzinteresse)[63].

d) § 771 wird durch §§ 772–774, 810 Abs. 2 für besondere Fälle ergänzt. Zur Konkurrenz mit anderen Rechtsbehelfen → Rdnr. 67 ff. **8**

2. Sachlicher und zeitlicher Anwendungsbereich

a) Mit der Widerspruchsklage kann jeder Vollstreckung – s. auch § 262 AO[64] – begegnet werden, die in das Vermögen des Dritten übergreift, sei es durch Pfändung wegen Geldforderungen (§§ 803–882), auch wenn sie nur der Anspruchssicherung dient (§§ 928, 936)[65], sei es durch Wegnahme oder Räumung nach §§ 883 ff.[66] Auch gegen die Teilungsversteigerung gem. §§ 180 ff. ZVG findet die Widerspruchsklage statt[67]. Daß ein Vollstreckungsakt außerdem fehlerhaft oder nichtig ist, insbesondere vom Dritten angefochten werden könnte, steht der Klage nicht entgegen[68]. Die Rechtsbehelfe des § 771 und des § 766 können sogar kumulativ eingelegt werden, soweit ihre jeweiligen Voraussetzungen gegeben sind[69]. Die Gültigkeit der Vollstreckung ist daher im Interventionsprozeß nicht zu prüfen[70]. **9**

---

[57] Selbst wenn dem GV bekannt ist, daß die im Gewahrsam des Schuldners stehende Sache bereits früher einmal nach Intervention eines Dritten freigegeben wurde, muß er die Sache erneut pfänden, wenn ihm nicht eine Urkunde nach § 775 vorgelegt wird (er darf sich nur an formalen Kriterien orientieren), vgl. *AG Berlin-Neukölln* DGVZ 1986, 79.

[58] *Münzberg/Brehm* (Fn. 1) 530; *Gaul* (Fn. 24) § 41 X 3. *Bettermann* (Fn. 1) 92; *Böttcher* (Fn. 19) 60 f.; *Blomeyer* (Fn. 29); z. T. mit »Rechtskraft« begründend. *Schlosser* (Fn. 1) 409 ff. nimmt innerprozessuale Bindungswirkung an. – A.M. *W.G. Müller* (Fn. 1); *Thomas/Putzo*[18] Rdnr. 13; § 776 Rdnr. 4; *OLG Hamm* NJW-RR 1991, 1343 → auch noch 19. Aufl. Fn. 19: lediglich präjudizielle Rechtskraftwirkung im (folgerichtig nötigen) neuen Interventionsprozeß; Daß diese Ansicht die Wirkung der §§ 775 f. irrig einengt, merkt man z. B. an den Fällen → Fn. 75 f.: soll etwa nur der *erste* ZV-Versuch unzulässig sein?

[59] → § 767 Rdnr. 7 a, auch § 772 Rdnr. 13.

[60] A.M. *K. Schmidt* (Fn. 25) Rdnr. 79 (lediglich Erteilung eines neuen ZV-Antrags).

[61] Bei gleicher Sachlage stünde die Rechtskraft des ersten Urteils entgegen, da über den gleichen Gestaltungsgrund zu entscheiden wäre → § 322 Rdnr. 66.

[62] → Fn. 405, gegen die Annahme der Unzulässigkeit in diesem Falle überhaupt → Rdnr. 55 a. E.

[63] RGZ 67, 311; 81, 191; BGHZ (Fn. 44) 336 f; *Brox/Walker*[4] Rdnr. 1405; *Thomas/Putzo*[18] Rdnr. 10, 11; *Wieczorek*[2] Anm. C II (h.M.) → auch Fn. 400. – A.M. *Jauernig* ZwVR[19] § 13 II, der darin eine Frage der Begründetheit sieht. Dann muß aber eine auf den Abweisungsgrund beschränkte (punktuelle) Rechtskraftwirkung anerkannt werden.

[64] Mit Zuständigkeit der Zivilgerichte, § 262 Abs. 3 AO, dazu *Gaul* JZ 1979, 504.

[65] RGZ 92, 22; WarnRspr 1921, Nr. 55.

[66] KG JW 1926, 1034. Wegen § 885 Abs. 2 → dort Rdnr. 41.

[67] → Rdnr. 82

[68] → Rdnr. 69 u. § 766 Rdnr. 55; so bereits RGZ 81, 190; 122, 84; BGH WM 1962, 1177; *OLG Hamburg* MDR 1959, 932; *LG Berlin* Rpfleger 1978, 268, ebenso die in Fn. 405 Genannten.

[69] → Rdnr. 69 u. Fn. 405.

[70] RG WarnRspr 1912 Nr. 214; OLGe Stettin OLGRspr 19, 201; Rostock SeuffArch 71 (1916), 299; Dresden SeuffArch 72 (1917), 344; Naumburg JW 1925, 282. → auch § 766 Fn. 304.

10   b) Sachurteilsvoraussetzung ist eine **Gefährdung**[71] **des Rechts am Gegenstand durch die Vollstreckung**[72]. Sie ist immer gegeben, wenn eine Pfändung oder Beschlagnahme **bereits begonnen hat**[73], gleichviel ob sie zu einer Veräußerung führt (§§ 814 ff., 844, 847 Abs. 2, 857 Abs. 5 sowie §§ 66 ff. ZVG) oder nicht, wie regelmäßig bei §§ 835–837 a und §§ 146 ff. ZVG[74]. Gegenüber einer Herausgabe *bestimmter* Sachen oder Räumung, §§ 883, 885, ist die Klage schon vor Beginn der Vollstreckung zuzulassen, da Beginn und Ende der Zwangsvollstreckung zeitlich zusammenfielen, so daß die Klage zu spät käme[75]. Das gleiche wird gelten müssen, wenn feststeht, daß eine Pfändung oder Beschlagnahme in einen *bestimmten* Gegenstand unmittelbar bevorsteht[76]; → auch Fn. 79 f. Bei der Pfändung künftiger Forderungen ist der Zeitpunkt der Pfändung, nicht deren Wirksamkeit, maßgebend. Über den Beginn der Zwangsvollstreckung → Rdnr. 110 ff. vor § 704. Eine Vorpfändung reicht aus[77]; ebenso die Pfändung eines Anspruchs auf Herausgabe beweglicher Sachen, weil nicht nur dieser Anspruch, sondern auch die Sache selbst zum Gegenstand der Vollstreckung wird wegen § 847 Abs. 2[78]. Ein Erlöschen des Herausgabeanspruchs durch Hinterlegung der Sache bei einem Gläubiger schadet nicht[79]. Wegen hinterlegter Erlöse und Sachen → Rdnr. 11 f.

11   Eine **Gefährdung besteht solange**, wie eine Fortsetzung oder Wiederholung der *Vollstreckung* aus diesem Titel in diesen Gegenstand noch möglich ist[80], wobei nach einer Verwertung der *Erlös* an die Stelle des Gegenstandes tritt, solange er dem Gläubiger vorenthalten wird[81]. Erst mit der vollständigen Durchführung der Vollstreckung **endet** die **Gefährdung**[82]; ebenso durch *vorprozessuale* Freigabe, falls diese endgültig gemeint ist[83]. *Nach Klagerhebung* läßt eine Freigabe allein das Rechtsschutzbedürfnis nicht entfallen und der Rechtsstreit wird nicht erledigt[84], da die Klage auch erneuter Vollstreckung vorbeugt[85]. Andernfalls könnte der

---

[71] *Brehm* JZ 1983, 645 f. mwN. Insoweit stimmt § 771 überein mit § 1004 BGB. Eine Gefährdung liegt schon dann vor, wenn eine angebliche Forderung gegen einen Drittschuldner gepfändet wird, die dem Vollstreckungsschuldner in Wahrheit gar nicht zusteht → Rdnr. 20. Obwohl diese ZV ins Leere ging → § 828 Rdnr. 67, kann der wahre Inhaber der Forderung gegen die Beschlagnahme intervenieren → Rdnr. 20.

[72] Ansonsten fehlt das Rechtsschutzbedürfnis, vgl. *Brox/Walker*⁴ Rdnr. 1405; *K. Schmidt* (Fn. 25) Rdnr. 58. Über Räumungsgut → § 885 Rdnr. 41.

[73] RGZ 65, 376; WarnRsp 1913 Nr. 421; allg. M. Wegen ungültiger Akte → Rdnr. 9 a. E.

[74] Vgl. RGZ 92, 18 ff. (Zwangsverwaltung gemäß §§ 935, 938). Die Zwangsverwaltung ergreift nicht das Zubehör, das Dritten gehört. Demnach ist für § 771 nur Raum, wenn Streit über das Eigentum am Zubehörstück besteht, vgl. *RG* aaO, nicht aber, wenn der Zwangsverwalter die Herausgabe eines unstreitig dem Dritten gehörenden Zubehörstücks verweigert; dann ist auf Herausgabe zu klagen *OLG Dresden* OLGRsp 20, 343.

[75] Allg. M.; *OLG Dresden* OLGRsp 35, 176; *KG* JW 1930, 169. – Dann ist auch eine einstweilige Anordnung nach § 771 Abs. 3 **vor** Beginn der ZV zuzulassen (aber keine Analogie zu § 815 Abs. 2 → § 883 Rdnr. 31 a. E.).

[76] *Coenders* (Fn. 1) 341; *Henckel* AcP 174 (1974) 108; *Gaul* (Fn. 24) § 41 VII; *Stürner* (Fn. 25) Rdnr. 769, 792 mit zutreffendem Hinweis darauf, daß hier keine anderen Maßstäbe angelegt werden sollten als bei § 1004 BGB (dazu *Münzberg* JZ 1967, 689 ff. mwN; *Münch-KommBGB-Medicus*² § 1004 Rdnr. 80). – A. M. *Prütting/Weth* (Fn. 1); wohl auch *Thomas/Putzo*¹⁸ Rdnr. 10 u. *Olzen* (Fn. 78) 246. Vgl. auch § 37 Abs. 3 der Öst.EO.

[77] Allg. M., z. B. *Gaul* (Fn. 24) 41 VII; *K. Schmidt* (Fn. 25) Rdnr. 58; *KG* OLGRsp 19, 8.

[78] Allg. M. BGHZ 72, 334 = NJW 1979, 373 = Rpfleger 59 = WM 80 = JR 283 *(Olzen)*.

[79] BGH (Fn. 78); bestätigt durch BGHZ 96, 324 = NJW 1986, 2362 = JZ 498 *(Brehm)*.

[80] Also auch noch nach treuhänderischer »Hinterlegung« beim Gläubiger durch Drittschuldner im Falle § 847 BGH (Fn. 78).

[81] → §§ 819 Rdnr. 2, 804 Rdnr. 49 ff., 827 Rdnr. 5, 872 Rdnr. 2.

[82] Die h. M. spricht daher davon, daß die Interventionsklage lediglich bis zur »Beendigung der ZV« zulässig sei, z. B. *Brox/Walker*⁴ Rdnr. 1405; *Schellhammer* ZPR⁴ Rdnr. 316. Auch der *BGH* bewegt sich in den Bahnen dieser herkömmlichen Terminologie (vgl. auch noch die 19. Aufl.); er läßt die Klage nur bis zur Beendigung der ZV zu → Fn. 78, bestätigt in NJW 1986, 2363 (Fn. 79). Der Sache nach stellt er aber zutreffend darauf ab, ob das Recht des Dritten noch gefährdet ist (im konkreten Fall die Gefahr nachträglichen Pfandrechtserwerbs). *BGH* WM 1985, 870 ließ auch die Gefahr genügen, daß trotz Aufhebung der Beschlagnahme entgegen → § 766 Fn. 244 die ZV fortgeführt werden könnte, zust. *Brehm* (Fn. 79); *Gaul* (Fn. 24) § 41 VII.

[83] Das wird im Zweifel anzunehmen sein, aber nicht, wenn das Drittrecht bestritten bleibt oder der Gläubiger sich erneute ZV vorbehält oder mit der Aufhebung der Pfändung gegen Hinterlegung eines entsprechenden Betrags durch den Dritten einverstanden ist *RG* WarnRsp 1919 Nr. 125, zust. *BGH* (Fn. 78). → auch Fn. 382 u. zur Beweislast für die Zeit der Freigabe → Fn. 95.

[84] *Münzberg/Brehm* (Fn. 1) 528 ff.; wohl auch *Hartmann* (Fn. 25) Rdnr. 2; ausdrücklich offen gelassen von BGH WM 1985, 870. – A. M. *Thomas/Putzo*¹⁸ Rdnr. 11, 23; *OLG Hamm* (Fn. 58); *BGH* NJW 1972, 1049 r.Sp. (obiter) → auch noch 19. Aufl.

[85] → Rdnr. 5, 7.

Gläubiger bei schlechter Prozeßaussicht (z.B. § 296) den Kläger zur Erledigungserklärung zwingen und doch wieder pfänden; er mag stattdessen anerkennen, → Rdnr. 58 ff. Gleiches gilt für eine nach § 775 f. (auch aufgrund einstweiliger Anordnungen) oder freiwillig aufgrund eines nur vorläufig vollstreckbaren Interventionsurteils beendete Vollstreckung[86]. – Die Gefährdung entfällt aber stets, wenn die *Vollstreckung unmöglich wird*, weil ihr Gegenstand untergeht, lastenfrei an Dritte veräußert wird[87] oder nach Freigabe dem Gewahrsam des Schuldners so entzogen wird, daß auch eine Vollstreckung nach § 809 mit Sicherheit ausscheidet.

Mit dem endgültigen Wegfall der Gefährdung (→ Rdnr. 11) wird die **Klage unzulässig**[88] und u.U. damit erledigt, → § 91 a Rdnr. 5 ff. Der beklagte *Gläubiger* kann vorbehaltlich § 91 a Abs. 2 mit den Rechtsmitteln nur noch den Schadensersatz- bzw. Bereicherungsanspruch nach § 717 Abs. 2, 3 verfolgen[89] und, falls er zur Abwendung der Vollstreckungswirkungen eines vorläufig vollstreckbaren Urteils Sicherheit geleistet hatte[90], deren Freigabe verlangen. – Der *Kläger* kann nach Veräußerung der Pfandstücke oder nach der Einziehung seiner Forderung durch den Gläubiger gemäß § 264 Nr. 3 zum Antrag auf Schadensersatz oder Bereicherung bzw. auf Einwilligung in Herausgabe des Hinterlegten übergehen[91]. War nach §§ 775 f. ein vorläufig vollstreckbares Interventionsurteil oder eine Einstellungsanordnung aufgrund einer Sicherheitsleistung des Klägers vollzogen worden, so kann er seinen Klagantrag unverändert weiter verfolgen[92] und bei Obsiegen die Rückgabe seiner Sicherheit entsprechend § 715 erwirken[93]; eine Erledigungserklärung ist selbst dann unnötig, wenn keine erneute Vollstreckung in den betreffenden Gegenstand droht[94]. – Zur *Erledigung vor Rechtshängigkeit*[95] → Fn. 83 und § 91 a Rdnr. 9 ff.

12

II. Rechte Dritter und Sachlegitimation

1. Dem Kläger muß **ein die Veräußerung hinderndes Recht**[96] am Gegenstand der Vollstreckung zustehen, und zwar *zur Zeit der Vollstreckung*[97] und noch zum Ende der Tatsachenverhandlung → Rdnr. 35. Ein *Erwerb nach Pfändung oder Beschlagnahme* kommt wegen des damit verbundenen Veräußerungsverbots[98] nur dann in Betracht, wenn er gesetzlich zurückwirkt[99], z.B. im Falle des § 883 BGB[100], wenn er wegen *guten Glaubens* dem Pfändungsgläubiger gegenüber wirkt[101], wenn er sich durch *Bedingungseintritt aufgrund einer Anwartschaft* vollzieht, die dem Dritten zur Zeit der Pfändung bereits zustand[102], oder wenn der Gläubiger

13

---

[86] → § 91 a Rdnr. 7 u. (entsprechend) § 708 Rdnr. 5c.
[87] → § 804 Rdnr. 43, auch dort Rdnr. 34.
[88] A.M. *Jauernig*: unbegründet → Fn. 63.
[89] → § 717 Rdnr. 17, 22, 30, 37 ff.
[90] → Rdnr. 7 sowie § 711 Rdnr. 2, § 712.
[91] → Rdnr. 72 ff.; *RG* JW 1898, 507 f.; Gruch. 46 (1902), 671 f. → aber auch Fn. 297. Weitergehend *K. Schmidt* (Fn. 25) Rdnr. 58: für Fortsetzungsfeststellungsklage in entspr. Anw. des § 113 Abs. 1 S. 4 VwGO – richtigerweise dürfte dies eine Frage direkter Anwendung des § 256 sein – dort Rdnr. 87 ff.
[92] → Rdnr. 11.
[93] *Münzberg/Brehm* (Fn. 1) 532 f.; im Ergebnis ebenso *Wieczorek*[2] Anm. E III a. Klagänderung auf Einwilligung in Rückgabe der Sicherheit ist dann ebenso unnötig wie im Falle *RGZ* 67, 313 bei Hinterlegung durch Drittschuldner. Bei Freigabe gegen vertraglich vereinbarte Sicherheit ließ *RG* SeuffArch 74 (1919), 347 die Klage nach § 771 zu.
[94] *Münzberg/Brehm* (Fn. 1) 530 f.
[95] Nach *OLG Dresden* SächsAnn 28, 442 trägt der Beklagte dafür die Beweislast.
[96] Gemeint ist ein der ZV entgegenstehendes Recht

(vgl. die Formulierungen in §§ 9 Nr. 2; 37 Nr. 5 ZVG, § 37 öst.EO → Fn. 15). – auch Fn. 105. Krit. zum mißglückten Gesetzeswortlaut *Gaul* (Fn. 24) § 41 IV; *K. Schmidt* (Fn. 25) Rdnr. 16.
[97] So auch *Stürner* (Fn. 25) Rdnr. 772. Bei Nachfolge in das Recht (→ Rdnr. 35) genügt, daß es zu diesem Zeitpunkt schon dem (nichtschuldenden) Vorgänger zugestanden hat *OLG Karlsruhe* Recht 1928 Nr. 141.
[98] → § 803 Rdnr. 3, 5. Entsprechendes gilt für eine Belastung § 867. In den Fällen § 868 Rdnr. 5–8 schützt den Grundstückserwerber aber schon der Anspruch aus § 894 BGB → § 868 Rdnr. 31, während *OLG Düsseldorf* WM 1993, 1694 = NJW-RR 1430 (unnötig) § 771 entsprechend anwendet.
[99] Vgl. *KG* OLGrsp 22, 163. – A.M. für den Fall der Auflassung eines schon übergebenen Grundstücks *OLG Rostock* OLGrsp 20, 342 (→ dagegen Rdnr. 17 a) u. zu § 865 *OLG Braunschweig* OLGrsp 22, 411 f.
[100] *OLG Kiel* SeuffArch 67 (1912), 272 → auch Fn. 235.
[101] → § 804 Rdnr. 34, 43.
[102] So wenn der Dritte im Zeitpunkt der Zahlung des

§ 771 II   Erster Abschnitt: Allgemeine Vorschriften

14 mit dem Erwerb durch den Dritten *einverstanden* war, auch wenn es nicht zur Entstrickung kam[103].

Bei der **materiellen Bestimmung des haftenden Vermögens** knüpft das Gesetz an die *Rechtszuständigkeit* an: Dem Zugriff des Gläubigers unterliegen grundsätzlich[104] nur Gegenstände, über die **der Schuldner als Berechtigter verfügen könnte**[105]; s. auch § 851 und die Ausnahmen → Rdnr. 15 a. E. Danach würde schon die fehlende Rechtszuständigkeit des Schuldners allein einen Ausspruch der Unzulässigkeit der Zwangsvollstreckung rechtfertigen. Grundsätzlich kann jedoch nur widersprechen, wem die Verfügungsbefugnis selbst zusteht oder wessen Zustimmung zu einer Verfügung nötig wäre; denn nur er hat das Recht, die Veräußerung durch den Schuldner »zu hindern«. Der Widerspruch wird jedoch weder ausgeschlossen, wenn der Schuldner nur als gesetzlicher Vertreter oder Verwalter zur Verfügung über fremdes Vermögen befugt wäre[106], noch wird der Widerspruch begründet, wenn der Schuldner nur verpflichtet ist, seine Verfügungsbefugnis nicht auszuüben[107]. Deshalb gibt ein schuldrechtlicher Anspruch auf den Gegenstand allein kein Widerspruchsrecht (Ausnahmen → Rdnr. 21). Aus praktischen Gründen wird zwar die Klagebefugnis auch manchen lediglich persönlich Berechtigten gegeben; ihr Widerspruch ist aber nur begründet, wenn dem Schuldner die Verfügungszuständigkeit fehlt → Rdnr. 31 ff. Der schuldrechtliche Anspruch gibt also nur die Befugnis, diesen Mangel zum Schutz eigener Rechte[108] geltend zu machen, ist also nur zusammen mit der fremden Rechtszuständigkeit als das »die Veräußerung hindernde Recht« zu begreifen[109]. – Wegen eines besseren Rechts des Gläubigers → Rdnr. 51.

15 Die h. M. bestimmt die zum Drittwiderspruch geeigneten Rechte nicht nach (wie man abwertend sagt) »formaljuristischen« Gesichtspunkten, sondern nach der »wirtschaftlichen« Zugehörigkeit zum Vermögen des Widersprechenden[110]. Gegen diesen Ansatz wendet sich zu Recht eine zunehmend Verbreitung findende Ansicht[111]; denn die Unterscheidung zwischen »formaljuristischer« und »wirtschaftlicher« Zuordnung ist methodologisch wenig fruchtbar[112]. Sinnvoller als diese Unterscheidung ist die teleologische Wertung[113]. Beim

---

Restkaufpreises an den Vorbehaltsverkäufer aufgrund der ihm **übertragenen** Anwartschaft das Eigentum erwirbt u. die Sache erst **nach** der bedingten Übereignung beim Käufer gepfändet war, *BGHZ* 20, 88 = JZ 1956, 413 (zust. *A. Blomeyer*) = NJW 665 = MDR 593 (zust. *Reinikke*). Zum Widerspruch des Anwartschaftsberechtigten vor Eigentumserwerb → Fn. 136, 130. – **Nicht** Auflassungsanwartschaften → Rdnr. 16 a. E., auch nicht bei Vormerkung → Fn. 232.
[103] Vgl. *BGH* (Fn. 68).
[104] Über gesetzliche Ausnahmen u. Erweiterungen der Vollstreckbarkeit → Rdnr. 15a.
[105] Nach *BGHZ* 55, 26 (Fn. 5) kommt es darauf an, ob »die Veräußerung der den Vollstreckungsgegenstand bildenden Sache durch den Schuldner dem berechtigten Dritten gegenüber sich als rechtswidrig darstellen würde«; vgl. auch *Stürner* (Fn. 25) Rdnr. 772. Auf die Verfügungsbefugnis stellten auch die Mot. zum BGB Bd. 3, 77 ab beim Ausschluß des rechtsgeschäftlichen Verfügungsverbots, mit Wirkung für Dritte, § 137 BGB; → auch Fn. 96.
[106] Vgl. auch *RG* SeuffArch 54 (1899), 52. Ebenso, wenn der Vorbehaltskäufer zur Weiterveräußerung ermächtigt ist, *Serick* Eigentumsvorbehalt I (1963) § 12 II 2.
[107] Vgl. § 137 BGB u. dazu → Fn. 105 a. E. Zur Ausnahme bei Treuhand Rdnr. 21 ff.
[108] → Fn. 24.
[109] Anders die historische Deutung bei *Picker* (Fn. 1) 465, 469, 471, der insoweit **ausschließlich** das »hinter« dem Kläger stehende Recht des Eigentümers als eigentlichen Klagegrund gelten läßt (→ dagegen Fn. 24) u. in dem

Genügenlassen des obligatorischen Anspruchs lediglich eine Beschränkung der Sachaufklärung als Folge eines großzügigen Operierens mit Präsumtionen sieht.
[110] So noch die 19. Aufl. mit Nachweisen in Fn. 40. Für diese Ansicht in jüngerer Zeit (meist mit Bezug auf Treuhandverhältnisse): *Hartmann* (Fn. 25) Rdnr. 1; *Herget* (Fn. 25) Rdnr. 14 (»Treuhänder«); *Bruns/Peters*³ § 16 I b); *Brox/Walker*⁴ Rdnr. 1415; *Stürner* (Fn. 25) Rdnr. 775; *BGHZ* 11, 41; *BGH* NJW 1959, 1224. Zur Einmann-GmbH *OLG Hamm* NJW 1977, 1159 (kein Widerspruchsrecht der GmbH bei ZV gegen den Alleingesellschafter), zust. *Geißler* (Fn. 1) 1870; *Herget* (Fn. 25) Rdnr. 14 »Einmann-GmbH«; *Thomas/Putzo*¹⁸ Rdnr. 14; *Stürner* (Fn. 25) Rdnr. 773; dagegen zutreffend *K. Schmidt* (Fn. 25) Rdnr. 50.
[111] Vgl. *Gaul* (Fn. 24) § 41 V 2; *Henckel* ZZP 84 (1971), 456; *Gerhardt* Die systematische Einordnung der Gläubigeranfechtung (1969), 269; krit. gegenüber dem wirtschaftlichen Vermögensbegriff bereits *Paulus* (Fn. 1) 169 ff. u. *LG Hannover* NJW 1952, 978.
[112] *Gerhardt* (Fn. 111) »verwirrend und falsch«; *Gernhuber* JuS 1988, 358 f.: Die Bezeichnung wirtschaftliches Eigentum erwecke den Anschein eines unkontrollierten Einbruchs ökonomischen Denkens in das Recht«; besonders eindringlich *Henckel* (Fn. 111). Eine Frucht zu einseitiger Betonung wirtschaftlicher Betrachtungsweise ist das Urteil des *OLG Hamm* (Fn. 110) zur »Einmann-GmbH«, s. dagegen *Wilhelm* NJW 1977, 1887; *K. Schmidt* (Fn. 25) Rdnr. 50; *Gaul* (Fn. 24) § 41 VI 1.
[113] So *Gaul* (Fn. 24) § 41 V 2; ähnlich *Henckel* (Fn. 111), der aufgrund einer juristischen Analyse ent-

Leasing führt dies z. B. dazu, trotz des möglicherweise bestehenden »wirtschaftlichen Eigentums« des Leasingnehmers dem Leasinggeber das Widerspruchsrecht zuzubilligen, wenn beim Leasingnehmer vollstreckt wird[114]. Lediglich bei fiduziarischen Rechtsverhältnissen mag man aufgrund einer solchen Betrachtungsweise das »wirtschaftliche« Eigentum des Treugebers als zum Drittwiderspruch berechtigendes Recht ansehen, aber eben nur, weil man es haftungsrechtlich so zuordnet[115], ein Ergebnis, das inzwischen bereits als gewohnheitsrechtlich gesichert gelten kann[116].

Gemäß §§ 735, 740 Abs. 1, §§ 741, 748 Abs. 1 ist manchen, an sich zu § 771 gehörenden Rechten die Kraft zum Widerspruch genommen → Rdnr. 2 vor § 735, für den Ehegatten eines Gewerbetreibenden allerdings nur vorbehaltlich § 774. Ähnlich § 510 Abs. 2 HGB und § 2 BinnSchG. Ob diese Voraussetzungen gegeben sind, kann nach § 771 geklärt werden; die Klage ist also nicht etwa unzulässig[117]. → noch § 810 Abs. 2 und die Bem. zu § 865. Ferner erklärt § 859 Abs. 1 S. 1 die fehlende Verfügungsbefugnis des schuldenden Gesellschafters für unerheblich. 15a

a) Der wichtigste Widerspruchsgrund ist das **Eigentum** am Vollstreckungsobjekt, das auch von einem vom Titel nicht betroffenen *Miteigentümer* allein geltend gemacht werden kann, § 1011 BGB[118], z. B. vom nichtschuldenden Ehegatten im Falle des § 739[119], falls statt des Anteils des Schuldners[120] die bewegliche Sache gepfändet oder unbewegliche Gegenstände als solche beschlagnahmt werden zwecks Verwertung[121] oder Teilung nach § 180 ZVG[122]. – *Auflassungsanwartschaften*[123] geben kein Widerspruchsrecht[124] (s. aber § 17 f. GBO); zur Vormerkung → Rdnr. 33 Fn. 232. 16

Ob bei **aufschiebend bedingter Übereignung** (z. B. Vorbehaltskauf) der Inhaber der **Anwartschaft** vor Eintritt der Bedingung[125] widersprechen kann, wenn die Sache beim **Eigentümer als Vollstreckungsschuldner** gepfändet wird, ist streitig[126]. Zunächst ist fraglich, ob diese Vollstreckung den Anwartschaftsberechtigten überhaupt beeinträchtigt[127]. War er unmittelbarer Besitzer (so der Regelfall), dann → Rdnr. 30. Sähe man die Versteigerung als Verfügung nach § 161 Abs. 1 S. 2 BGB an, könnte die Erwerbsaussicht des Anwärters nur bei gutgläubigem Erwerb des Erstehers (§ 161 Abs. 3 BGB) zerstört werden. Es wäre dann nur ein eingeschränkter Widerspruch beachtlich, der gerade diesen Rechtsverlust verhinderte[128]. Die 17

---

scheiden will. Vgl. auch die steuerrechtliche Zuordnung von Wirtschaftsgütern nach § 39 Abs. 2 Nr. 1 AO, die freilich für die Auslegung des § 771 nicht bindend ist, so *Gaul* aaO noch zu § 11 StAnpG.
[114] → Rdnr. 34a.
[115] Vgl. *Gaul* (Fn. 24) § 41 V 2. *Gernhuber* BürgR³ § 20 III 1 b (ebenso → Fn. 112) spricht von quasidinglicher Wirkung wegen geminderter Zuordnung des Treuguts zum Treuhänder; vgl. auch *E. Wagner* WM 1991, 1149. → dazu Rdnr. 21 ff.
[116] Vgl. *Staudinger/Hopt/Mülbert* BGB¹² vor § 607 Rdnr. 195; die übrige Lit will noch nicht so weit gehen, so ausdrücklich *Gerhardt* ZZP 96 (1983), 283;, doch ist es bezeichnend, wenn *Brox/Walker*⁴ Rdnr. 1416 dem Treugeber nach »ganz h. M.« die Klage zubilligen, ohne eine einzige abweichende Meinung zu zitieren. Bei dem vergleichbaren Aussonderungsrecht des Treugebers nach § 43 KO nimmt auch *BGH* NJW 1959, 1224 Gewohnheitsrecht an.
[117] Vgl. *RGZ* 62, 375; 103, 281.
[118] Zum Widerspruchsrecht des Miteigentümers → Rdnr. 19.
[119] *BGH* NJW 1993, 937; vgl. auch *OLG Schleswig* FamRZ 1989, 88. → auch Rdnr. 19 a. E. Zur Beweislast → Rdnr. 3, § 739 Rdnr. 27. Wegen § 1357 BGB *BGH* NJW 1991, 2283; zum Erwerb durch einen der Partner einer nichtehelichen Lebensgemeinschaft *OLG Hamm* MDR

1989, 271 (Alleineigentum, h.M.), a.M. *LG Aachen* FamRZ 1983, 61.
[120] → § 857 Rdnr. 17 f., § 864 Rdnr. 14.
[121] *RGZ* 13, 179; 144, 241; *RG* SeuffArch 61 (1906), 482. → auch Fn. 35.
[122] → Rdnr. 82.
[123] → § 857 Rdnr. 92–95.
[124] → auch zur Übergabe vor Übereignung Rdnr. 29 Fn. 206.
[125] → Rdnr. 13 Fn. 102.
[126] Dafür die ganz h.M. *BGHZ* 55, 27 (Fn. 5); *LG Köln* (zust. *Bauknecht*) NJW 1954, 1173; *Palandt/Bassenge* BGB⁵³ § 929 Rdnr. 51; *Serick* (Fn. 106) § 12 I 2; *K. Schmidt* (Fn. 25) § 21; *Herget* (Fn. 25) Rdnr. 14; *Hartmann* (Fn. 25) Rdnr. 17; *Thomas/Putzo*¹⁸ Rdnr. 15; *Gaul* (Fn. 24) § 41 VI 2 b; *Brox/Walker*⁴ Rdnr. 1412; *Gerhardt*² § 16 III 1 e; *Jauernig* ZwVR¹⁹ § 13 IV 1 a; *Blomeyer* ZwVR § 36 V 1 b u. JR 1978, 272; *Grunsky* JuS 1984, 497; *Frank* NJW 1974, 2211 f. – A.M. *AG Hannover* DGVZ 1967, 158; *Marotzke* Anwartschaftsrecht (1977) 113 ff.; *Lempenau* Direkterwerb oder Durchgangserwerb (1968) 37 f.; *Egert* Rechtsbedingung (1974) 121 (die ein eingeschränktes Widerspruchsrecht annehmen → Fn. 128).
[127] → Rdnr. 19 vor Fn. 147.
[128] So *Marotzke* (Fn. 126): unzulässig sei eine Veräußerung ohne die Einschränkung, daß dadurch die Rechts-

h. M. hält aber § 161 Abs. 1 S. 2 BGB für unanwendbar und nimmt endgültigen Eigentumserwerb durch Hoheitsakt an[129]. Dem Anwartschaftsberechtigten wird daher das volle Widerspruchsrecht zugebilligt.

17a *Bedenken* bestehen allerdings dagegen, daß der Eigentümer durch Begründung von Anwartschaften praktisch sein ganzes Vermögen während der Schwebezeit einer Zwangsvollstreckung entziehen könnte und diesen Zustand durch geschickte Auswahl der Bedingungsart beliebig ausdehnen könnte[130]. Indessen können solche Bedenken beim *Vorbehaltskauf* zurückgestellt werden, weil dort der Bedingungseintritt absehbar ist und der Gläubiger außerdem auf die Pfändung der Kaufpreisforderung ausweichen kann, die einen Rücktritt des Verkäufers verhindert[131]. Man wird daher die Eigentumsanwartschaft des Käufers als Widerspruchsgrund ansehen können, wenn die Sache vom Gläubiger des Eigentümers gepfändet ist[132], jedoch mit der Einschränkung, daß der Widerspruch unbeachtlich ist, sobald der Verkäufer die Kaufsache verwerten könnte[133]. Freilich läge in der Aufhebung der Pfändung nach § 776 eine ungerechte Benachteiligung des Gläubigers, wenn die Bedingung später ausfällt und seiner erneuten Pfändung andere zuvorkommen. Deshalb liegt hier eine Gleichbehandlung mit der Bedingungsanwartschaft des Nacherben in § 773 näher, zumal § 2115 S. 1 BGB dem § 161 Abs. 1 S. 2 BGB entspricht, d. h. man sollte *nur die Verwertung* des Pfandes bis zum eventuellen Ausfall der Bedingung (→ § 772 Rdnr. 11 f.) für unzulässig erklären[134]. Ein Widerspruchsrecht des Anwartschaftsberechtigten (und nicht nur des Vorbehaltseigentümers) besteht auch, wenn die Sache bei ihm durch Gläubiger eines Dritten gepfändet wurde (weil er irrtümlich als Vollstreckungsschuldner angesehen wurde)[135]. Hierher gehört auch der Fall, daß der zunächst Anwartschaftsberechtigte die Anwartschaft auf einen Dritten überträgt und *danach* die Sache von einem Gläubiger des Anwartschaftsberechtigten gepfändet wird[136].

18 Wird eine Sache beim **Vorbehaltskäufer als Schuldner gepfändet**, gewährt die ganz h. M. dem Vorbehaltsverkäufer (Eigentümer) das Widerspruchsrecht[137], das jedoch durch Pfändung der Anwartschaft und Angebot des Restkaufpreises überwunden wird[138]. Die Vollstreckung scheitert, wenn die Bedingung nicht spätestens während des Widerspruchsprozesses herbeigeführt wird, außer man ließe eine Verwertung des Anwartschaftsrechts zu → § 857 Rdnr. 111. Deshalb wurde vorgeschlagen, a) dem Eigentümer nur die Klage gemäß § 805 zu

---

folgen der Verfügung des Schuldners zugunsten des Anwärters unberührt bleiben. Vgl. auch *Hellwig* System 2 (1919), 280. → aber Fn. 141.
[129] *RGZ* 153, 260 f; *BGHZ* 55, 27 (Fn. 5); *Gaul* (Fn. 24) § 41 VI 2 b; *Brox/Walker*[4] Rdnr. 1412 u. 411; → auch § 817 Rdnr. 21; a. M. *Säcker* JZ 1971, 159; *Medicus* BürgR[16] Rdnr. 466 mit dem Vorschlag, dem Anwartschaftsberechtigten gleichwohl das Widerspruchsrecht zuzubilligen, da die Anwartschaft ein Recht zum Besitz gewähre, gegen dessen Entziehung durch Pfändung und Verwertung sich der AnwBerechtigte mit § 771 wehren dürfe.
[130] Gerade deshalb wurde die ZV in § 161 BGB nicht von vornherein verboten, Mot. BGB I, 260.
[131] → § 829 Rdnr. 90 ff.
[132] → dazu Fn. 126.
[133] → auch zum Sicherungseigentum Rdnr. 26 Fn. 195.
[134] *Lempenau* u. *Egert* (Fn. 126); *Baumann/Brehm* ZV[2] § 13 III 5 b y; *Brox/Walker*[4] Rdnr. 1412. *Gaul* (Fn. 24) § 41 VI 2 b; *K. Schmidt* (Fn. 25) Rdnr. 21; weitergehend *Marotzke* (Fn. 126); a. M. *Frank* (Fn. 126) 2213; nach Bedingungsausfall kann der Gläubiger gemäß § 767 die gegenständliche Beschränkung des Titels (→ Rdnr. 5) beseitigen lassen → § 772 Rdnr. 13. Zu einem praktischen Weg für den Käufer, bei unstreitigem Bedingungsausfall der Klage nach § 767 zu entgehen, → § 772 Rdnr. 14.

[135] *BGH* JZ 1978, 199 f. = KTS 170 = WM 174 mwN, jedenfalls dann, wenn man mit dem *BGH* der Ansicht ist, daß dem Anwartschaftsberechtigten hier eine Wahlrecht zwischen § 766 u. § 771 zustand → Fn. 69. Im Falle einer solchen ZV gegen eine im Titel nicht genannte Person dürfte aber allein der Weg über § 766 in Betracht kommen → § 766 Rdnr. 54 i. V. m. Rdnr. 14 u. 31.
[136] *LG Bückeburg* NJW 1955, 1156; *A. Blomeyer* JZ 1956, 40 zu 1 a. E.; *K. Schmidt* (Fn. 25) Rdnr. 21. – Über den Unterschied zu *BGHZ* 20, 88 → Fn. 102. Vgl. auch *Raacke* NJW 1975, 284 (zur Veräußerung *nach* Pfändung).
[137] *BGHZ* 54, 218 = NJW 1970, 1735; *OLG Hamburg* MDR 1959, 398; *Serick* (Fn. 106); *Frank* (Fn. 126); *Grunsky* (Fn. 126) 503; *Gaul* (Fn. 24) § 41 VI 2a; *Stürner* (Fn. 25) Rdnr. 774; *Brox/Walker*[4] Rdnr. 1412; *K. Schmidt* (Fn. 25) Rdnr. 20.
[138] → § 857 Rdnr. 85 a. E. Das Widerspruchsrecht erlischt auch ohne Anwartschaftspfändung, wenn der Schuldner der Restzahlung durch den Gläubiger nicht widerspricht u. der Verkäufer diese nicht ablehnt, § 267 Abs. 2 BGB.

gewähren¹³⁹, b) entsprechend § 772 nur einen eingeschränkten Widerspruch zuzulassen, der lediglich die Verwertung hindert¹⁴⁰, oder c) sie mit der Einschränkung zuzulassen, daß das Vorbehaltseigentum unberührt bleibt¹⁴¹. Wegen *Treuhandeigentums* → Rdnr. 21 ff. Auch bei § 1148 BGB ist die Klage nach § 771 der gegebene Rechtsbehelf¹⁴². Zur Beweislast → Rdnr. 3.

Ferner gehört hierher jede **dingliche Berechtigung an Sachen,** also *Erbbaurecht*¹⁴³, *Nieß-* **19** *brauch*¹⁴⁴, *dingliches Wohnrecht, Warenzeichen-, Patentrecht*¹⁴⁵ und auch das *mit Besitz verbundene Pfandrecht*¹⁴⁶, die *Hypothek* bezüglich der Mithaftung beweglichen Vermögens (s. auch §§ 810, 865), soweit durch die Vollstreckung in diese Rechte selbst eingegriffen wird, z. B. dem Berechtigten durch eine Zwangsverwaltung der Besitz der Sache entzogen oder diese frei von dem dinglichen Recht veräußert werden soll, wogegen, wenn die Vollstreckung die Sache unbeschadet des dinglichen Rechts des Dritten ergreifen soll, ein Widerspruchsrecht *nicht* begründet ist¹⁴⁷. Das gilt auch von dem Anteilsrecht des allein- oder mitverwaltungsberechtigten Ehegatten am *Gesamtgut,* wogegen das des anderen Ehegatten wirkungslos ist¹⁴⁸; zu dem Fall, daß dieser selbständig ein Erwerbsgeschäft betreibt → §§ 741, 774 mit Bem. Wegen der §§ 1365 ff. BGB → § 739 Rdnr. 29. Bei der Vollstreckung gegen den Sammelverwahrer kann der Hinterleger aufgrund seines Miteigentums widersprechen, § 6 DepotG.

Als ein dem Eigentum paralleles Recht berechtigt auch die **Inhaberschaft einer Forderung** **20** oder eines anderen *Vermögensrechts* zur Widerspruchsklage, wenn ein Recht gepfändet wird, das nicht dem Vollstreckungsschuldner, sondern dem Dritten zusteht¹⁴⁹, auch wenn es diesem nur erfüllungshalber abgetreten ist wie beim »unechten« Factoring¹⁵⁰. Auch wenn die Pfändung einer schuldnerfremden Forderung ins Leere geht¹⁵¹, erzeugt sie doch den Anschein einer rechtswirksamen Pfändung und gefährdet so das Recht des wahren Gläubigers¹⁵². Ihn lediglich auf die Klage gegen den Drittschuldner zu verweisen¹⁵³, hieße diesen Unbeteiligten

---

¹³⁹ *Raiser* Dingliche Anwartschaften (1961) 91 f., 103; *Schwerdtner* Jura 1980, 668; *Hübner* NJW 1980, 733 ff.; *Mohrbutter* KTS 1963, 77 ff.: bis der Eigentümer im Falle des Rücktritts der Sache herausverlangen kann; vgl. dagegen *Serick* (Fn. 106) § 12 I 2; *Marotzke* (Fn. 126) 100; *Brox/Walker*⁴ Rdnr. 1412; *Medicus* (Fn. 129) Rdnr. 486; *Gaul* (Fn. 24) § 41 VI 2 a (guter Überblick).
¹⁴⁰ *Münzel* MDR 1959, 350; *Reinicke* MDR 1959, 617 Fn. 32 (de lege ferenda); *Lempenau* (Fn. 126) 82 (§ 773). Vgl. auch *Stoll* ZHR 128, 250; *Kupisch* JZ 1976, 427.
¹⁴¹ *Marotzke* (Fn. 126) 94, 109, 112; s. dagegen zutreffend *A. Blomeyer* JR 1978, 272. – Das käme einer Verwertung nur der Anwartschaft gleich; → auch § 772 Rdnr. 9.
¹⁴² → § 750 Rdnr. 46 Fn. 212.
¹⁴³ → auch § 766 Rdnr. 34 a. E. zu § 8 ErbbRVO.
¹⁴⁴ Bei *Überlassung der Ausübung* iS § 1059 BGB verbleibt das dingliche Recht beim Nießbraucher. Der Ausübungsberechtigte hat nur einen Anspruch *auf Erwerb* → Rdnr. 33. Zusammen mit der Überlassung des Nießbrauchs können aber bestimmte, dem Nießbraucher zustehende Forderungen, z. B. aus Miete, abgetreten sein *RGZ* 101, 5. – auch Rdnr. 46 Fn. 321.
¹⁴⁵ So auch *Kirchhof* in FS für Merz (1992), 284 f., zum Widerspruchsrecht des Lizenznehmers → Rdnr. 31.
¹⁴⁶ Näheres → § 805 Rdnr. 1 f. Zu Pfandrechten an Eigentumsanwartschaften s. *Frank* (Fn. 126). – Nicht hierher gehört das PfändPfandR (→ auch §§ 826, 872 ff.), *BGH* (Fn. 68); *RGZ* 97, 41. – Wegen des Widerspruchsrechts sollte man den Anspruch auf Übererlös u. den künftigen Anspruch auf Herausgabe der Pfandsache gegen den Dritten pfänden.
¹⁴⁷ Etwa wenn ein nachrangiger Gläubiger die Zwangsversteigerung betreibt, §§ 44 Abs. 1, 52 Abs. 1 ZVG.

Ebenso in den Fällen *RGZ* 81, 64 (Besitzer gegenüber Eintragung einer Zwangshypothek); 87, 321 ff. (wenn vorgehender Pfandgläubiger eines Erbteils durch die ZV des nachstehenden nicht gestört wird). Ferner *OLG Celle* OLGRsp 15, 277; *KG* OLGRsp 25, 168 (Recht am eigenen Bild).
¹⁴⁸ → § 740 Rdnr. 4.
¹⁴⁹ → auch Rdnr. 27 u. § 766 Fn. 191. H. M. *BGHZ* 67, 378 = NJW 1977, 384 = WM 1981, 649 = JuS 773; *BGHZ* 96, 326 = JZ 1986, 498 (Brehm) = NJW 2362; NJW 1988, 1095 (insoweit nicht in MDR 405⁵⁶); *BFH* BB 1981, 899; *OLGe* Hamm ZIP 1983, 806; Frankfurt NJW-RR 1988, 1408; *Grunsky* JuS 1988, 501; *Stöber*¹⁰ Rdnr. 745; *Brox/Walker*⁴ Rdnr. 1413; *Gaul* (Fn. 24) § 41 III 2 a mwN; offen gelassen von *KG* OLGZ 1973, 49 = MDR 233; vgl. zum Widerspruch des Zessionars im Verteilungsverfahren *RG* JW 1895, 296 = SeuffArch 51 (1896), 114 f. → auch § 872 Rdnr. 3. – A. M. *J. Blomeyer* RdA 1974, 6 f.; *Serick* Eigentumsvorbehalt III (1970) § 34 III 1.
¹⁵⁰ *K. Schmidt* (Fn. 25) Rdnr. 32.
¹⁵¹ → § 829 Rdnr. 67.
¹⁵² → Fn. 71.
¹⁵³ So aber *RG* JW 1898, 246. Entgegen *OLG Koblenz* Büro 1989, 274 (obiter) ist der wahre Gläubiger jedoch umgekehrt **nicht verpflichtet,** zunächst gemäß § 771 gegen den Gläubiger zu klagen, sondern es steht ihm trotz der Pfändung frei, sofort vom Drittschuldner Leistung zu verlangen; denn durch die ins Leere gegangene Pfändung wird sein Verhältnis zum Drittschuldner nicht berührt *KG* (Fn. 149); bestätigt von *BGH* NJW 1977, 384 (Fn. 149); zust. *Gaul* (Fn. 149); *Stöber* (Fn. 149); *K. Schmidt* (Fn. 25) Rdnr. 59. → auch Rdnr. 69 a. E. u. § 829 Rdnr. 119.

§ 771 II   Erster Abschnitt: Allgemeine Vorschriften

mit doppeltem Prozeß belasten[154] und ihn der Gefahr einander widersprechender Entscheidungen auszusetzen[155]. Gleichgültig ist, ob der Dritte von vornherein Inhaber des Rechts war[156] oder ob er es erst durch Zession erwarb[157]. Bei der Versicherung für fremde Rechnung ist der Versicherte zum Widerspruch berechtigt, wenn er im Besitz des Versicherungsscheines ist, § 75 VVG. Was für die Inhaberschaft der Forderung[158] oder des sonstigen Vermögensrechts gilt, hat auch für die Mitberechtigung zur gesamten Hand (Miterbe, Gesellschafter usw.)[159] und ebenso für den *Nießbrauch*[160] und das *Pfandrecht an dem Recht* zu gelten[161]. Zum Treuhandkonto → Rdnr. 23.

21   Bei **fiduziarischen Rechtsverhältnissen**, d. h. solchen, bei denen der Treugeber dem Treuhänder das Vollrecht (Eigentum, Inhaberschaft der Forderung usw.) zur Herbeiführung bestimmter wirtschaftlicher Zwecke überträgt[162], um nach deren Erledigung dasselbe bzw. ein Surrogat[163] zurückzuerhalten, ist aufgrund einer juristisch-teleologischen Wertung zu entscheiden, wem das Vermögen haftungsrechtlich zuzuordnen ist[164]. → auch Rdnr. 39 und wegen Parteien kraft Amtes → Rdnr. 36.

22   Ist das **Treuhandverhältnis uneigennützig** (was nicht »ohne Vergütung« bedeuten muß[165]), so daß der Gegenstand wirtschaftlich im Vermögen des Treugebers bleibt (typische Fälle: die

---

[154] Vgl. auch *Blomeyer* ZwVR vor § 35: Man zwänge so den Drittschuldner zur Hinterlegung (§ 372 BGB), u. dann käme es doch zum Prozeß zwischen Gläubiger und Drittem.

[155] Auf diesen Vorzug der Klage nach § 771 machte bereits *Stein* in FS für A. Wach Bd. I S. 29 aufmerksam: So wird erreicht, daß die beiden Forderungsprätendenten (ZV- Gläubiger u. Dritter) ihren Streit um die Forderung unmittelbar miteinander austragen, statt jeweils einzeln – und u. U. vor verschiedenen Gerichten! – mit dem Drittschuldner.

[156] *RGZ* 43, 403; 67, 311; 101, 6 f.; *KG* OLGRsp 25, 168 f. (neuer Mietvertrag). – A. M. *OLG Hamburg* OLGRsp 18, 409.

[157] → § 850 h Rdnr. 17. Anspruch auf Abtretung genügt nicht *RGZ* 64, 314 f.; *RG* Gruch. 51 (1907), 964. Str. bei Erwerb trotz Abtretungsverbots; zu **bejahen** bei Annahme relativer Unwirksamkeit *E. Wagner* Vertragliche Abtretungsverbote (1994), 316, 481 mwN für Beschränkungsabreden; zu **verneinen** bei absoluter Unwirksamkeit, so etwa *BGHZ* 108, 172; 112, 387, auch trotz nachträglicher Zustimmung des Drittschuldners *BGHZ* 70, 299 = JZ 1978, 351 = NJW 833.

[158] Zur Berechtigung bei strafprozessualer Hinterlegung *OLG Schleswig* Rpfleger 1955, 49 u. *Just* ebenda 37 f., 51.

[159] *KG, OLGe Dresden, Rostock* OLGRsp 17, 1; 31, 98; 33, 99; *OLG Kiel* SeuffArch 75 (1920), Nr. 55. – auch § 829 Rdnr. 21.

[160] *OLG Kiel* OLGRsp 15, 366 → § 829 Fn. 580.

[161] *Stürner* (Fn. 25) Rdnr. 796; *Wieczorek*[2] Anm. B IV b 3; *Burgstaller* Das Pfandrecht in der Exekution (1988), 146 ff. mwN u. eingehender Begründung (→ aber auch § 805 Rdnr. 1, 16); a. M. *Blomeyer* ZwVR § 69 I; *MünchKommBGB-Damrau*[2] § 1290 Rdnr. 5; *Staudinger/Riedel/Wiegand* BGB[12] § 1290 Rdnr. 6; wie hier noch *RG* JW 1902, 532 Nr. 9 (statt »§ 803« muß es dort richtig »§ 805« heißen – s. *RGZ* 87, 322), abweichend aber *RGZ* 87, 321; *OLG Hamm* NJW-RR 1990, 233; dem zustimmend *Hartmann* (Fn. 25) § 805 Rdnr. 3; → auch § 805 Rdnr. 1 u. § 829 Rdnr. 119.

[162] Vgl. zu diesem Begriff und dem Unterschied zum stillen Vertretungsverhältnis (unechte Treuhand) *RGZ* 84, 214; 91, 16; 127, 344; 133, 87; s. auch *Liebich/*

Mathews Treuhand und Treuhänder[2] 20 ff. Die ständige Rsp seit *RG* JW 1910, 4 (vgl. noch *Scharrenberg* Die Rechte des Treugebers in der ZV (Diss. 1989), 48, 50 mwN) grenzt nach dem **Unmittelbarkeitsprinzip** ab, s. dazu *Kötz* Trust und Treuhand (1963) 129 ff. Erforderlich sei die *unmittelbare* Übertragung eines Rechts vom Treugeber auf den Treuhänder. Was der Treuhänder von Dritten im Auftrag und für Rechnung des Treugebers erwirbt, könne demgegenüber beim Treuhänder, ohne Widerspruchsrecht des Treugebers gepfändet werden (vgl. *BGH* NJW 1959, 1223 ff. = BB 573 = WM 686 – dort auch zu den von der Rsp anerkannten **Ausnahmen** vom Unmittelbarkeitsprinzip: Treuhandkonten → dazu Rdnr. 23). – Demgegenüber neigt die Lit überwiegend zur Aufgabe des Unmittelbarkeitsprinzips; denn das Widerspruchsrecht des Treugebers könne nicht von den Zufälligkeiten der Art und Weise des Rechtserwerbs abhängen. Das formale Kriterium der Unmittelbarkeit sei vielmehr durch materielle Kriterien (z. B. Offenkundigkeit oder Bestimmtheit der Übertragung) zu ersetzen, so etwa *Coing* Die Treuhand usw. (1973) 102, 179; *Walter* Das Unmittelbarkeitsprinzip usw. (1974) 127 ff. mwN.; *Liebich/Mathews* aaO 475; *Gernhuber* JuS 1988, 361; *Gaul* (Fn. 24) § 41 VI 4 a aa; *Scharrenberg* aaO 175 ff. mwN aaO 76 ff; ebenso *OLG Hamburg* MDR 1957, 684; diese Entscheidung blieb aber in der Rsp – auch der OLGe – singulär, anders etwa *OLG Düsseldorf* BB 1954, 850; *OLG Köln*, MDR 1965, 1001. – *BGH* NJW 1971, 559 = MDR 559 = BB 197 ließ aber immerhin offen, ob das Kriterium der Unmittelbarkeit weiter gelten solle; ebenso *KG* JR 1985, 162. Am Unmittelbarkeitsprinzip festhaltend *Hartmann* (Fn. 25) Rdnr. 22; ebenso *Serick* Eigentumsvorbehalt II[2] § 19 II; *Siebert* Das rechtsgeschäftliche Treuhandverhältnis (1933), 193 f; weitere Nachweise bei *Scharrenberg* aaO 65 ff.

[163] Ob sich die Stellung des Treuhänders auf Surrogationserwerb erstreckt, ist str. Verneinend die h. M. *RGZ* 94, 305; 153, 370; einschränkend *Siebert* (Fn. 162); bejahend *Kötz* (Fn. 162) 136; *Liebich/Mathews* (Fn. 162) 475 (Haltung der Rsp sei »antiquiert«).

[164] Zur Kritik an der herkömmlichen Differenzierung zwischen »wirtschaftlichem« und »formaljuristischem« Eigentum → Rdnr. 15.

[165] *BGH* WM 1965, 173; 1969, 935.

Inkassozession[166] u. das Vollindossament zu Inkassozwecken[167], sowie die Treuhandverwaltung[168]), so ist der **Treugeber der Berechtigte**. Er kann also, wenn bei einer gegen den Treuhänder gerichteten Vollstreckung in das Treugut eingegriffen wird, intervenieren[169], es sei denn, die Vollstreckung hält sich im Rahmen des Treuzwecks[170], gerade diesen Gläubiger zu befriedigen. Umgekehrt kann der Treuhänder einer gegen den Treugeber gerichteten Vollstreckung in das Treugut nicht widersprechen[171], es sei denn, daß der Titel gar nicht gegen seinen Treugeber, sondern gegen einen anderen gerichtet ist, denn dann verteidigt er das Treugut gegen außenstehende Dritte[172].

Beim **Treuhandkonto**[173] besteht das Widerspruchsrecht auch dann, wenn nicht unmittelbar aus dem Vermögen des Treugebers eingezahlt ist[174]. Voraussetzung ist jedoch, daß es erkennbar dazu bestimmt ist, fremde Gelder zu verwalten[175], und es sich um ein ausschließlich zur Anlage von Fremdgeldern eingerichtetes Sonderkonto handelt[176]. 23

Bei dem zwischen einem Schuldner und seiner Gläubigerschaft geschlossenen *Treuhandvergleich*[177] liegt eine doppelseitige Treuhand für Schuldner und Gläubiger vor[178] und es ist zu unterscheiden, je nachdem ob die Zwangsvollstreckung in das Treugut von einem Vergleichsgläubiger oder einem sonstigen Gläubiger betrieben wird: Der Vergleichsgläubiger 24

---

[166] Auch wenn der Zessionar geklagt hatte; *RG* Gruch. 37 (1893), 119f.; *BayObLG* NS 2, 12; *OLGe Dresden, Köln, München u. Hamburg* OLGRsp 6, 415; 25, 165; 33, 100.

[167] Dazu *Liebich/Mathews* (Fn. 162) 210.

[168] Zu den verschiedenen Konstellationen der Verwaltungstreuhand umfassend *Liebich/Mathews* (Fn. 162) 186ff. Die Praxis verwendet sie insbesondere beim Aufbau von Verwertungsgesellschaften (GEMA) sowie als Mittel der Vermögensregulierung *BGH* (Fn. 169), besonders in der Form der Liquidationstreuhand, u. bei der Verwaltung breitgestreuter Vermögensanlagen (Immobilienfonds, Bauherrenmodell), vgl. *Gernhuber* BürgR³ § 20 III 3. Vgl. auch RGZ 79, 121 (Treuhandhypothek für Bauhandwerkerforderung); an der vom *OLG Kiel* ZZP 45 (1915) 500 geäußerte Kritik an dieser Entscheidung wurde von RGZ 84, 214 zurückgewiesen; s. auch RGZ 153, 366 und zum Parallelfall § 43 KO (§ 47 InsO) *Kuhn/Uhlenbruck*[10] § 43 Rdnr. 10a ff. mwN.

[169] S. BGHZ 11, 41 = JZ 1954, 438 (krit. *Raiser*) = NJW 190 = JR 218 (zust. *Schütz*); WM 1959, 687; 1969, 476; *K.Schmidt* JZ 1990, 622; vgl. auch *AG München* NJW-RR 1987, 786 (zum Widerspruchsrecht des Mieters bei Pfändung der Mietkaution nach § 550 b Abs. 2 BGB) → aber auch Rdnr. 25.

[170] Vgl. *Brox/Walker*⁴ Rdnr. 1415; *BGH* NJW 1959, 1225.

[171] *BGH* (Fn. 169) zugleich auch zur Frage, inwieweit die ZV in Vermögen des Treuhänders aufgrund eines Titels gegen den Treugeber überhaupt zulässig ist (insoweit zust. *Raiser* JZ 1954, 438); *BGH* WM 1969, 475; *OLG München* OLGRsp 33, 100; *K.Schmidt* (Fn. 25) Rdnr. 26 mwN.

[172] *BGH* LM Nr. 2.

[173] Bankrechtlich ein Unterfall des *Sonder- oder Separatkontos*; → auch § 829 Rdnr. 20. Hat die kontoführende Bank vom Treuhandcharakter Kenntnis erhalten (wobei die Angabe einer bloßen Zweckbestimmung des Kontos noch nicht genügt, z.B. »Verwaltungskonto« *BGH* WM 1975, 1200f.), wird das Konto von dem allgemeinen Pfand-, Aufrechnungs- u. Zurückbehaltungsrecht der Banken gemäß Nr. 19 AGB der Banken (= Nr. 21 der Sparkassen) nicht erfaßt, vgl. *BGH* NJW 1985, 1954 mwN. Eine Unterart ist das *Anderkonto*, das nach den Anderkontenbedingungen des Kreditgewerbes bestimmten Berufsgruppen (Anwälten, Wirtschaftsprüfern, Steuerberatern u. ä; vgl. *Baumbach/Duden/Hopt* HGB²⁸ AGB-Anderkonto Einl.2 B) vorbehalten ist. Zum Ganzen *Canaris* Bankvertragsrecht³ Rdnr. 263ff., 278ff.; *Liebich/Mathews* (Fn. 162) 167ff.

[174] *BGH* NJW 1959, 1223f. = MDR 659 = WM 686 (Kassenwart eines Vereins); so auch BT-Drucks. 7/3998 zu § 49 (= § 51 der endgültigen Fassung) StVollzG zum Überbrückungsgeld. Diese Ausnahme vom Unmittelbarkeitsprinzip (→ Fn. 169), welche die Rsp ursprünglich nur bei »Anderkonten« zuließ, gilt inzwischen für jedes Sonderkonto *BGH* NJW 1971, 560; NJW 1993, 2622; krit. zu dieser Rsp *Staudinger/Hopt/Mülbert* BGB¹² vor § 607 Rdnr. 188.

[175] Wobei nach *BGH* NJW 1993, 2622 = ZIP 1185 = MDR 1119 zwar an den Nachweis einer Aussonderung von Vermögensgegenständen strenge Anforderungen zu stellen sind, aber nicht zugleich Offenkundigkeit (Publizität) zu verlangen ist, vgl. dazu *Canaris* NJW 1973, 832; krit. *Hopt/Mülbert* (Fn. 174); s. auch *Liebich/Mathews* (Fn. 162) 169; *Scharrenberg* (Fn. 162) 54f.; *E. Wagner* WM 1991, 1149f. mwN; *BGH* (Fn. 169, insoweit nicht in BGHZ 11); *BGH* (Fn. 176); *BVerfG* DB 1983, 1759. Für das Pfandrecht nach § 19 AGB-Banken bereits am Offenkundigkeitsprinzip zweifelnd u. auf das Ausschließlichkeitsprinzip (→ Fn. 176) abstellend *BGHZ* 61, 79 = NJW 1973, 1754; die Wahrung beider Prinzipien hielt noch *BGH* NJW 1985, 1954 für erforderlich.

[176] *BGH* NJW 1971, 559 = BB 197 = WM 220 = KTS 198 = AnwBl. 87: Widerspruch gegen Pfändung von Mandantengeldern wegen Vermischung mit Privatgeldern; dies könnte man als «*Ausschließlichkeitsprinzip*» bezeichnen. Zum Verwalter nach WEG *Sühr* WM 1978, 818; *BayObLG* Rpfleger 1979, 266; *LG Köln* WM 1987, 606.

[177] Praktisch wichtig: Liquidationstreuhandvergleiche im gerichtlichen (§ 7 Abs. 4 VerglO, §§ 173 ff KO) u. außergerichtlichen Verfahren, Stundungs-(Moratoriums-)Vergleiche, s. *Liebich/Mathews* (Fn. 162) 137 u. 306ff.; *Coing* (Fn. 162) 82f. S. auch § 287 Abs. 2, § 291 Abs. 2, § 313 InsO.

[178] Vgl. auch *BGH* NJW 1966, 1116; *Liebich/Mathews* (Fn. 162) 309.

darf nach dem Vergleich seine Befriedigung nur über den Treuhänder suchen; er darf nicht eigenmächtig in das Treugut vollstrecken, und der Treuhänder ist, obwohl es sich um eine uneigennützige Treuhand handelt[179], befugt, dem vollstreckenden Vergleichsgläubiger mit der Widerspruchsklage entgegenzutreten[180]. Bei sonstigen Gläubigern des Vergleichsschuldners wiederum ist zu unterscheiden: Die nicht beteiligten, insbesondere die *bevorrechtigten* Gläubiger sind durch den Vergleich nicht gebunden, der Vollstreckung in das Treugut kann im Wege der Intervention nicht entgegengetreten werden[181], während der Vollstreckung aus den nach Zustandekommen des Treuhandvergleichs *neu* entstandenen Ansprüchen (Neugläubiger) der Treuhänder mit der Klage aus § 771 entgegentreten kann[182].

25   Die sich aus dem uneigennützigen Treuhandverhältnis ergebende Interventionsmöglichkeit besteht nur so lange, wie der Treuhänder mit dem Treugut dem Treuhandverhältnis entsprechend verfährt; verfügt der Treuhänder unrechtmäßig über Treugut, so scheidet dieses damit aus dem Vermögen des Treugebers aus, und dessen Anspruch auf Rückübertragung oder Erstattung gehört nicht zum Treugut, so daß bei Vollstreckungen, die sich gegen den Treuhänder selbst richten, insoweit der Widerspruch des Treugebers unbegründet ist[183].

26   **Eigennützige Treuhand** gewährt nur unter Beachtung der dabei getroffenen schuldrechtlichen Vereinbarungen ein Widerspruchsrecht. Der **Sicherungseigentümer** hat es daher[184], solange noch Forderungen zu sichern sind[185]; zu deren Fortfall → Rdnr. 47. War die Sache nicht aufschiebend bedingt durch die Entstehung der zu sichernden Forderung übereignet worden, so hat nach Ansicht des *BGH* der Beklagte die Nichtentstehung zu beweisen[186], andernfalls der Kläger den Forderungsbestand[187], der Beklagte ihren nachträglichen Wegfall, etwa durch Erfüllung[188]. Die Sicherungsübereignung mag zwar eine verschleierte Bestellung eines besitzlosen Pfandrechts sein, das als solches nach § 805 nur ein Vorzugsrecht[189] und im

---

[179] Es liegt also eine Ausnahme von dem bei Fn. 171 dargestellten Grundsatz vor.
[180] Vgl. *BGH* (Fn. 172), *KG* ZZP 52 (1927) 228 (*H.Emmerich*); *OLG Celle* HRR 1931, Nr. 865; *LG Osnabrück* KTS 1967, 190; *Böhle-Stamschräder/Kilger* VerglO¹¹ § 7 Anm. 3; *Bley/Mohrbutter* VerglO⁴ § 85 Anm. 18. Dies gilt aber nur bei ordnungsgemäßer Erfüllung des Vergleichs durch den Treuhänder *OLG Celle* aaO; anders *LG Hannover* MDR 1952, 239; *OLG Celle* MDR 1952, 555. – Wegen §§ 419 BGB, 729 ZPO s. § 92 Abs. 5 VerglO.
[181] Vgl. *OLG Frankfurt* KTS 1976, 246 = MDR 841; *OLG Celle* u. *LG Osnabrück* (Fn. 180); *Coing* (Fn. 162) 181; *Bley/Mohrbutter* VerglO⁴ § 92 Anm. 29; *Böhle-Stamschräder/Kilger* (Fn. 180). – A.M. *Merkel* JW 1930, 1342 (dagegen *Scholz*, *Krückmann* aaO 3708); *Mühl* NJW 1956, 404 f. – Zumindest kann der Klage § 419 BGB oder § 5 AnfG entgegenstehen *Mühl* aaO; *OLG Köln* NJW 1960, 966.
[182] Sofern sie nicht im Rahmen der Liquidation entstanden sind, vgl. *Bley/Mohrbutter* VerglO⁴ § 92 Anm. 30; *Böhle-Stamschräder/Kilger* (Fn. 180).
[183] So besonders *RGZ* 153, 366; *BGH* NJW 1959, 1223 f. (Fn. 174).
[184] Vorbehaltlich → Rdnr. 47. So grundsätzlich die ständige Rsp *RGZ* 124, 73; *BGH* NJW 1952, 1169; *BGHZ* 12, 234 = NJW 1954, 387 = NJW 673 (andeutend, daß bei Übersicherung Abweichendes gelten könnte, → dazu Fn. 331); *BGHZ* 80, 299; *BGH* NJW 1986, 2252; NJW 1987, 1881 = JZ 779 (*Brehm*); NJW 1991, 353; *OLG Hamm* BB 1976, 1047; jetzt auch i.M. *Bötticher* (Fn. 1), → aber Fn. 189; *Bruns/Peters³* § 16 I 1 b; *Gaul* (Fn. 24) § 41 VI 4 b aa; *Stürner* (Fn. 25) Rdnr. 776; *Brox/Walker⁴* Rdnr. 1417; *Jauernig* ZwVR¹⁹ § 13 IV 1 a; *Westermann/H.P. Westermann* Sachenrecht⁶ § 44 IV 2 a; *Gerhardt* JuS 1972, 697; *Henckel* ZZP 84 (1971) 456; *Prüt-*
ting/*Weth* (Fn. 1) 510; *Geißler* (Fn. 1) 1870; auch *Hartmann* (Fn. 25) der zwar Rdnr. 26 den Sicherungseigentümer auf § 805 verweist (die dort als gleicher Meinung Zitierten *Geißler* KTS 1989, 794 und *OLG Bremen* OLGZ 1990, 74 sind allerdings gerade im Gegenteil für § 771), ihm aber Rdnr. 15 wegen seines (in aller Regel bestehenden) mittelbaren Besitzes die Klage nach § 771 zubilligt. Für § 805 aber *AK-Schmidt-von Rhein* Rdnr. 14; *K.Schmidt* (Fn. 25) Rdnr. 29 (bei Sicherungseigentum an beweglichen Sachen) – *Zum* Aussonderungs-/Aneignungsrechts eines Pächters *Richert* Büro 1970, 568 ff.
[185] *BGH* NJW 1987, 1882 = JZ 780 (insoweit zust. *Brehm*); *Gaul* (Fn. 24) § 41 VI 4 b aa; *Grunsky* JuS 1984, 499; *Walz* WM 1985 Sonderbeil. Nr. 10, 13.
[186] *BGH* NJW 1991, 354; mit Recht zweifelnd *K. Schmidt* (Fn. 25) Rdnr. 61; denn gerade der Sicherungszweck ist das wertungsmäßig entscheidende Argument gegen die Versagung des Widerspruchsrechts, falls zu sichernde Forderungen fehlen → Fn. 192. Für Beweislast des Klägers in jedem Falle auch *LG Köln* DB 1981, 883 f. = MDR 592; *Jauernig*¹⁹ § 13 IV 1 a. Zur **kostenrechlichen Behauptungslast** → aber Rdnr. 61 Fn. 380.
[187] *LG Köln* DB 1981, 883 f. = MDR 592.
[188] *BGH* NJW 1991, 354; a.M. *LG Köln* (Fn. 187).
[189] So auch für Sicherungseigentum *LG Bielefeld* MDR 1950, 750; *LG Berlin* JR 1952, 249; *Weiß* NJW 1951, 143; *Wieczorek²* Anm. B IV a 2; *AK-Schmidt-von Rhein* Rdnr. 14d; *K.Schmidt* (Fn. 25) Rdnr. 29. – Differenzierend *Paulus* ZZP 64 (1951) 186 ff.: § 805, wenn Schuldnervermögen unzureichend und daher Konkurs drohe, sonst § 771, zust. *Rimmelspacher* Kreditsicherungsrecht² Rdnr. 499; ähnliche Differenzierung bei *Serick* (Fn. 149) § 33 I 3 b; § 34 I 2 d: § 805 bei Gesamtvermögensübertragung, § 771 bei Sicherungsübertragung einzelner Vermögensteile; dazu krit. *Gaul* (Fn. 24) § 41 VI 4 b aa (imprakti-

Konkurs/Insolvenzverfahren nur ein Absonderungsrecht[190] gewährt. Das ist aber nicht entscheidend, da der in aller Regel gegebene *Herausgabeanspruch/mittelbare Besitz* an dem Schuldner nicht gehörenden Sachen hier nicht geringere Wirkungen haben sollte als sonst[191], und dem Treuhänder nicht das Recht genommen werden darf, über Zeitpunkt und Art der Verwertung (z. B. freihändiger Verkauf) entscheiden zu können[192].

Der **Sicherungsgeber** (Treugeber) hat bis zum Eintritt des Sicherungsfalles ein Widerspruchsrecht gegen die Vollstreckung durch Gläubiger des Treuhänders (Sicherungsnehmers)[193], denn bis dahin darf der Treuhänder nicht darüber verfügen[194]. Sobald aber der Treuhänder – etwa wegen Verzugs – aufgrund der Sicherungsabrede seine Befriedigung aus dem Treugut einleiten darf (Eintritt des Sicherungsfalls); ist es ihm auch haftungsrechtlich zuzuordnen[195], wenn ihm auch der Wert nur in Höhe der gesicherten Forderung zukommen soll[196]. Eine Pfändung scheitert allerdings hier oft an § 809[197]. **26a**

Ebenso kann der **Sicherungszessionar** (-nehmer) gegen Zwangsvollstreckungsmaßnahmen der Gläubiger des Zedenten (Sicherungsgeber) intervenieren, solange seine zu sichernde Forderung noch besteht[198], obwohl die Pfändung ohnehin ins Leere ging, und zwar auch dann, wenn dem Zessionar eine Einziehungsermächtigung erteilt worden ist[199]. Der Konkurs/Insolvenzverwalter kann mit der Klage aus § 771 geltend machen, eine angeblich als massefrei gepfändete Forderung gehöre zur Masse[200]. **27**

Pfand- oder **Vorzugsrechte** (vgl. § 49 KO [§§ 50 f. InsO]) an *beweglichen Sachen*[201], mit denen **kein Besitz** verbunden ist, berechtigen zwar bei der *Wegnahmevollstreckung* nach § 883, *nicht* aber im Falle der Pfändung zur Widerspruchsklage; sie gewähren hier nach § 805 **28**

---

kabel). – S. auch *Bötticher* (Fn. 1); *Heinrich Lange* NJW 1950, 569 (bei überhöhter Sicherung nur § 805).
[190] Allg.M., statt aller *Kuhn/Uhlenbruck* KO[10] § 43 KO Rdnr. 15c, 16; s. auch § 65 KO. Ebenso § 51 Nr. 1 InsO.
[191] → Rdnr. 31 f. *Bötticher* (Fn. 1) 707. Die Zubilligung der Widerspruchsklage (nur) wegen des Herausgabeanspruchs aufgrund mittelbaren Besitzes halten *Gaul* (Fn. 24) § 41 VI 4 b aa; *K.Schmidt* (Fn. 25) Rdnr. 29 für inkonsequent. Jedoch ist das Besitzkonstitut nicht **nur** Hilfsgeschäft, sondern zugleich Ausdruck der über das Pfandrecht hinausgehenden, eigentumsrechtlichen Zuordnung, die ohnehin für ausreichend gehalten wird von *Gaul* aaO; auch *Grunsky* JuS 1984, 499.
[192] Anders als im Konkurs/Insolvenzverfahren, wo auch der lediglich Absonderungsberechtigte »Herr des Verwertungsverfahrens« (*Gaul*) bleibt, § 127 Abs. 2 KO (§ 173 Abs. 1, § 170 Abs. 2 InsO), würde ihm dieses Recht durch § 805 genommen *Bötticher* (Fn. 1) 706 f.; *Geißler* (Fn. 1) 1870; *Gaul* (Fn. 24) § 41 VI 4 b aa; *Brox/Walker*[4] Rdnr. 1417; *Bruns/Peters*[3] § 16 I 1 b; krit. zu der auf die Interessenlage abstellenden Argumentation (insbesondere gegen das Argument, der Sicherungsnehmer müsse vor einem vorzeitigen Abbruch des Kreditverhältnisses geschützt werden) *Grunsky* (Fn. 191).
[193] H.M. BGHZ 72, 141 = NJW 1978, 1859 f. = JZ 723 = MDR 927[47] = JR 158; OLG Karlsruhe NJW 1977, 1069 = WM 1317; LG Berlin MDR 1989, 171; *Brox/Walker*[4] Rdnr. 1416; *Gaul* (Fn. 24) § 41 VI 4 b bb; *Stürner* (Fn. 25) Rdnr. 776; *Jauernig* ZwVR[19] § 13 IV 1 a. Zur Pfändung der gesicherten Forderung → § 829 Rdnr. 82 a. E. – Zu eng OLG München OLGRsp 33, 100; *Derleder* BB 1969, 728; *Weber* NJW 1976, 1605 (nur wenn Sicherungsgeber die Forderung beglichen habe – damit zwänge man aber den Sicherungsgeber unzulässigerweise dazu, das Sicherungsgut früher als vereinbart auszulösen, so zutreffend *Gerhardt*[2] § 16 III 1 c).

[194] Vgl. *Gerhardt*[2] § 16 III 1 c: Bei ZV (auch) in das Sicherungsgut würde eine Verdopplung der Haftungsmasse eintreten.
[195] → Rdnr. 15, 21. BGH (Fn. 193); *Stürner* (Fn. 25) Rdnr. 776; *Brox/Walker*[4] Rdnr. 1416; *Gaul* (Fn. 24) § 41 VI 4 b bb, h.M. – A.M. OLG Karlsruhe (Fn. 193): Übersteige die Titelforderung die gesicherte, so erhalte der Pfändende zu Unrecht einen Übererlös (→ dazu Fn. 196); an der h. M. zweifelnd auch *K.Schmidt* (Fn. 25) Rdnr. 28.
[196] Ein Mehrerlös ist aber nicht dingliches Surrogat sondern gebührt dem Treugeber nur schuldrechtlich, zust. *Gaul* (Fn. 24) § 41 VI 4 b bb. Ob der Pfändende ihn deshalb behalten darf bei entsprechend hoher Titelforderung, hat der BGH (Fn. 193) nicht entschieden; dazu *MünchKommBGB*- *Quack*[2] Anh. §§ 929–936 Rdnr. 95: Das Sicherungsgut hafte nur bis zur Höhe der gesicherten Forderung, für einen Übererlös gelte § 805 entsprechend.
[197] *Brox/Walker*[4] Rdnr. 1416 weisen noch darauf hin, daß eine Pfändung beim Sicherungsgeber bzw. beim herausgabebereiten Sicherungsnehmer schon deshalb selten sein wird, weil der Sicherungsnehmer als Kreditgeber i. d. R. solvent ist.
[198] Wie bei Sicherungsübereignung → Rdnr. 26 Fn. 184, Rdnr. 47 Fn. 327; *Thomas/Putzo*[18] Rdnr. 16.
[199] Denn sie deckt regelmäßig nicht eine Weiterabtretung; BGHZ 66, 150 = NJW 1976, 1091 = MDR 657: Zieht der Gläubiger die überwiesene Forderung ein, so ist er ungerechtfertigt bereichert, auch wenn er gepfändet hatte, bevor der Sicherungsnehmer verwerten durfte (a.M. *Tiedtke* DB 1976, 424, der den Widerspruch ablehnt, solange der Sicherungsnehmer nicht auf die Forderung zugreifen kann). → auch Rdnr. 20.
[200] RGZ 114, 83; ebenso LG Lübeck DGVZ 1976, 89 für Betriebseinnahmen des Zwangsverwalters.
[201] Für Pfandrechte an Forderungen → Fn. 161.

lediglich ein Recht auf *vorzugsweise Befriedigung*[202]. Eine Ausnahme gilt nur für Früchte auf dem Halm, § 810 Abs. 2. Wegen der Hypothekengläubiger → § 865 Rdnr. 36.

Wegen getrennter Vermögensmassen bei *Zusammenlegung* und Übernahme von *Aktiengesellschaften, Genossenschaften* usw. → § 778 Rdnr. 11.

29 b) Der **Besitz** gewährt gegenüber der *Immobiliarvollstreckung* wegen eines *Geldanspruchs*[203] kein Interventionsrecht, da er entweder unberührt bleibt oder dem Recht des Erstehers weichen muß, §§ 57 c, 93 ZVG[204]. Auch die Besitzübertragung auf künftige Erwerber vor Eigentumseintragung schwächt die Rechtsstellung des Eigentümers nicht zu einem formalen Bucheigentum ab[205] und verschafft keine über den obligatorischen Eigentumsverschaffungsanspruch (→ Rdnr. 33) hinausgehende Position[206]; ein Unterschied zwischen dinglichem oder nur persönlichem Schuldner[207] oder zwischen einem vor oder einem nach der Besitzübertragung entstandenen Recht des Vollstreckungsgläubigers ist nicht gerechtfertigt. Auch nach Stellung des Eintragungsantrags steht dem *Auflassungsanwärter* die Interventionsklage *nicht* zu[208]; denn diese Position gewährt im Gegensatz zu Bedingungsanwartschaften an beweglichem Vermögen (§ 161 BGB) keinen Schutz vor Veräußerung an einen Dritten[209] und kann daher kein Recht i. S. d. § 771 sein → Rdnr. 14.

30 Bei *beweglichem Vermögen* hat die Frage kaum praktische Bedeutung, weil einem Eingriff in unmittelbaren Besitz nach §§ 809, 766 (vgl. auch § 886) begegnet werden kann und beim Eingriff in mittelbaren Besitz stets ein *Herausgabeanspruch* → Rdnr. 31 gegeben ist[210]. Praktisch beschränkt sich die Frage darauf, ob der unmittelbare (Mit-)besitzer statt Erinnerung Klage nach § 771 erheben kann[211], und dies wird zwar nicht bei jedem[212], wohl aber bei *berechtigtem Besitz*[213] bejaht werden müssen[214], da auch Verfügungen des Schuldners wegen § 986 Abs. 2 BGB den Besitz nicht beeinträchtigen könnten[215]. → auch Rdnr. 34b (Leasingnehmer), § 805 Rdnr. 1f. Zur Bedeutung freiwilliger Herausgabe für § 771 oder § 805 →

---

[202] Allg.M. *Gaul* (Fn. 24) § 41 VI 5; *K. Schmidt* (Fn. 25) Rdnr. 34.
[203] ZV nach §§ 885 gegen besitzende Käufer (§ 885) scheidet ohnehin aus, weil sie einen Titel gegen diese voraussetzt; s. aber § 93 ZVG.
[204] Bei ZV nach § 93 ZVG kann der Widerspruch auf den aus einem nicht erloschenen Recht folgenden Besitz gegründet werden, § 93 Abs. 1 S. 3 ZVG. Wegen sonstiger Besitzrechte vgl. *OLG Frankfurt* Rpfleger 1989, 209; *LG Baden-Baden* mit *OLG Karlsruhe* WuM 1992, 494 je mwN.
[205] Aus § 891 BGB läßt sich entnehmen, daß der Besitz für die dingliche Rechtslage ohne Bedeutung ist *Brox/Walker*[4] Rdnr. 1419; *Gerhardt*[2] § 16 III 1 a; *Stürner* (Fn. 25) Rdnr. 778; *Prütting/Weth* (Fn. 1) 511; grundlegend *RGZ* 127, 10f.
[206] So für die ZV aus einer Hypothek, die nach Verkauf u. Besitzübertragung ohne Zustimmung des Käufers bestellt ist *RGZ* 127, 8 = JW 1930, 707 (vor Auflassung), *RGZ* 81, 66ff. (nach Auflassung), heute ganz h.M. *Gaul* (Fn. 24) § 41 VI 6; *Brox/Walker*[4] Rdnr. 1419; *Stürner* (Fn. 25) Rdnr. 778; *Jauernig* ZwVR[19] § 13 IV 1 c; anders noch *RGZ* 116, 363 (dort nach Auflassung, s. aaO 367); *OLG Naumburg* JW 1936, 2361.
[207] So aber *RGZ* 127, 10 oben (»entscheidend«) u. darauf sich stützend *OLG Naumburg* (Fn. 206).
[208] A.M. *Blomeyer* ZwVR § 36 V 2; vorsichtiger *Gaul* (Fn. 24) § 41 VI 6.
[209] Vgl. statt aller *Medicus* (Fn. 129) Rdnr. 469; s. aber § 17 GBO.
[210] Wenig klar *RG* JW 1921, 1246, *OLG Königsberg* OLGRsp 40, 104, die den Widerspruch aufgrund des Besitzes zulassen.

[211] Gänzlich belanglos ist die Frage, ob der Besitz das Widerspruchsrecht gibt, auch wenn nur beim mittelbaren Besitz *Jauernig* ZwVR[19] § 13 IV 1 c, da hier jedenfalls der Herausgabeanspruch → Rdnr. 31 das Interventionsrecht gewährt; weitergehend *Gaul* (Fn. 24) § 41 VI 6 (Streit sei generell belanglos).
[212] So früher *RGZ* 14, 365; 34, 422; *RG* JW 1895, 126. – In anderen Entscheidungen lag stets berechtigter Besitz vor *BGHZ* 2, 164 (eheliches Güterrecht); *RGZ* 38, 297 (Tausch); *RGZ* 116, 363; *OLGe Rostock u. Königsberg* OLGRsp 20, 342; 40, 404; *OLG Nürnberg* JW 1936, 2361 (alle Kauf); *RG* JW 1921, 1246 (Sicherungsübereignung); *OLG Stuttgart* OLGRsp 4, 380 (Prozeßvergleich); s. *Pohle* ZZP 68 (1955) 262f.
[213] Er darf vor allem nicht fehlerhaft sein (§ 858 Abs. 2 BGB), *Wieczorek*[2] Anm. B IV c 2, 3; *Canaris* FS Flume I (1978), 399, und muß gegenüber dem Gläubiger wirken, vgl. auch *BVerfG* NJW-RR 1991, 1101 zur ZV nach § 885 gegen Dritte.
[214] → § 809 Rdnr. 12; *Gerhardt*[2] § 16 III 1 h; *Schuschke* Rdnr. 24; *Herget* (Fn. 25) Rdnr. 14 »Besitz«; *Hartmann* (Fn. 25) Rdnr. 15. – A.M. *Westermann/H. P. Westermann Sachenrecht*[6] § 8, 4 a.E.; *Brox/Walker*[4] Rdnr. 1420; *Arens/Lüke*[5] Rdnr. 599; *Prütting/Weth* (Fn. 1), 511; *Diederichsen Das Recht zum Besitz* usw. (1965), 144ff.; *K. Schmidt* (Fn. 25) Rdnr. 38; *Thomas/Putzo*[18] Rdnr. 21, weil der Schutz nach § 808f., 886, 766 ausreiche; dem Dritten kann jedoch nicht der Widerspruch versagt werden, wenn sogar der ordnungsgemäß nach § 846f. vorgehende Gläubiger am Besitzrecht des Drittschuldners scheitert, s. auch *Pohle* (Fn. 212) 265f.
[215] *Canaris* (Fn. 213); *Baumann/Brehm* ZV[2] § 13 III 5 b ß; obiter *RGZ* 116, 366.

§ 809 Rdnr. 10. Zu den tatsächlichen Besitzverhältnissen bei Ehegatten → § 808 Rdnr. 9 ff. Die Besitzfiktion des § 739 begründet kein Widerspruchsrecht[216], ebensowenig der *nur* durch das eheliche Leben begründete Mitbesitz[217].

c) Das Recht zum Widerspruch gibt auch das **obligatorische Recht eines Dritten auf Herausgabe** einer *nicht zum Vermögen des Schuldners* gehörigen bestimmten Sache, auch wenn der Herausgabeanspruch noch nicht fällig ist, inbesondere in den Fällen *mittelbaren Besitzes*, §§ 868–871 BGB, vgl. auch § 1007 BGB. Denn der Staat darf so wenig wie der Schuldner die von einem Dritten anvertraute Sache veräußern. *Hinterleger*[218], *Verleiher, Auftraggeber, Verpächter*[219]*, Vermieter, Verpfänder* usw. sind daher als solche berechtigt, gegen die Pfändung beim unmittelbaren Besitzer Widerspruch zu erheben mit der Behauptung, die Sache gehöre dem Schuldner nicht, ohne daß es auf Eigentum oder Besitzrecht des Dritten ankommt[220], → Rdnr. 14. – Auch dem Inhaber einer ausschließlichen (Patent- Geschmacksmuster- urheberrechtlichen- u. ä.) Lizenz steht das Widerspruchsrecht zu[221], nicht aber dem Inhaber einer einfachen Lizenz oder einer »Know-how-Lizenz«[222]. 31

Ist aber der **Schuldner Eigentümer** und leitet der Dritte seinen *mittelbaren* Besitz von diesem ab, scheidet ein Widerspruch gegen die Pfändung aus[223]; der Dritte hat hier jedoch ein Ablösungsrecht nach § 268 Abs. 1 S. 2 BGB[224]. 32

Zum Widerspruch berechtigt **nicht** ein obligatorischer **Anspruch auf Verschaffung** des *Eigentums* usw. oder auf *Abtretung* von Rechten, die *noch zum Vermögen des Schuldners oder eines Dritten*[225] gehören[226], z. B. ein Anspruch aufgrund eines Kaufs[227] oder Tausches, Auftrags[228], des Meistgebots in der Zwangsversteigerung[229] oder ungerechtfertigter Bereicherung, oder der persönliche Anspruch auf Ausantwortung eines Vermächtnisses seitens des Erben, → Rdnr. 14. Insbesondere hat daher der Käufer von Früchten auf dem Halm die Klage nicht[230]. Ebensowenig begründet der im Innenverhältnis bestehende Ausgleichsanspruch eines Gesamtgläubigers den Widerspruch gegen die Pfändung der gesamten gemeinsamen Forderung[231]. Auch eine Vormerkung (§ 883 BGB) begründet für die hier erwähnten Ansprüche kein Widerspruchsrecht[232]; → auch § 772 Rdnr. 4. Eine mit den zur Treuhand entwickelten Regeln vergleichbare[233] **Ausnahme** bildet § 392 HGB, wonach die Forderungen aus einem *Geschäft des Kommissionärs* schon *vor* Abtretung im Verhältnis zwischen Kommittent und Kommissionär bzw. dessen Gläubigern als Forderungen des Kommittenten gelten. Solchen Gläubigern gegenüber steht dem Kommittenten die Widerspruchsklage zu[234], 33

---

[216] → § 739 Rdnr. 28, 22.
[217] → § 739 Rdnr. 28.
[218] Dazu *OLG Frankfurt/M* NJW-RR 1988, 1408.
[219] Nicht bei Pfandrechten nach dem PachtkreditG v. 5. VIII. 51 (BGBl I 494) (Schönfelder Nr. 42), §§ 11 f. des G.
[220] Vgl. *RGZ* 18, 366; 84, 216; 127, 9; *K. Schmidt* (Fn. 25) Rdnr. 40; *Gaul* (Fn. 24) § 41 VI 7; *Brox/Walker*⁴ Rdnr. 1421; *Stürner* (Fn. 25) Rdnr. 779; *Jauernig* ZwVR¹⁹ § 13 IV 2; *Hartmann* (Fn. 25) Rdnr. 20; a. M. *Blomeyer* ZwVR § 36 V 3.
[221] *Wieczorek*² Anm. B IV f 2; u. zwar neben dem Lizenzgeber *Kirchhof* (Fn. 145) 288 ff. (anders bei Warenzeichenlizenz). Vgl. auch *BGH* NJW 1990, 2931.
[222] *Kirchhof* (Fn. 145) 292 ff., es sei denn als ermächtigter Prozeßstandschafter aaO 300.
[223] *K. Schmidt* (Fn. 25) Rdnr. 40. Zum Widerspruch von Pfandgläubigern gegen eine **Verwertung** → aber § 805 Rdnr. 1.
[224] Zust. *Brox/Walker*⁴ Rdnr. 1421.
[225] Etwa des Sicherungseigentümers, vgl. *BGH* NJW 1984, 1184.
[226] Allg. M., statt aller *K. Schmidt* (Fn. 25) Rdnr. 39.
[227] Auch nicht eines Wiederkaufsrechts, selbst wenn es durch Vormerkung gesichert ist *OLG Hamburg* MDR 1963, 509.
[228] *RGZ* 133, 87; *BGH* NJW 1971, 560. Wegen § 392 HGB → nach Fn. 233. *LG Wuppertal* NJW 1969, 1769 gibt dem Auftraggeber des Auktionators den Widerspruch gegen eine Pfändung des Versteigerungserlöses.
[229] *BGH* NJW 1990, 3142 (li. Sp.).
[230] Vgl. auch *RGZ* 18, 367.
[231] *E. Wagner* WM 1991, 1147 ff. für Pfändung eines »Oder-Kontos« (Gemeinschaftskonto mit Einzelverfügungsbefugnis) gegen *OLG Koblenz* WM 1990, 1532. Vgl. dafür, daß bei einem »Oder-Konto« die Pfändung der gesamten Forderung ohne Rücksicht auf das Innenverhältnis der Gesamtgläubiger möglich ist, wenn nur gegen einen von ihnen ein Titel besteht, *BGHZ* 93, 320 f. mwN.
[232] *BGH* NJW 1994, 129; *OLG Hamburg* (Fn. 227); *K. Schmidt* (Fn. 25) Rdnr. 39; *MünchKommBGB-Wacke*² § 883 Rdnr. 51; *Staudinger/Gursky* BGB¹² § 883 Rdnr. 184.
[233] *K. Schmidt* (Fn. 25) Rdnr. 42.
[234] *BGH* NJW 1974, 457; WM 1988, 873 = WuB IV. D § 392 HGB 1.88 (Emmerich); *OLG Nürnberg* NJW 1972, 2044, allg. M.

s. auch § 407 Abs. 2 HGB. Ebensowenig ist der Anspruch der sonstigen persönlichen Gläubiger des Schuldners, aus dessen Vermögen befriedigt zu werden, schon ein Recht an diesem Vermögen[235].

34 Das **Anfechtungsrecht** nach §§ 29 ff. KO (§§ 129 ff. InsO) geht zwar nur auf Rückgewähr (§ 37 KO/§ 143 InsO) eines Gegenstandes zur Masse. Der Zweck des Anfechtungsrechts, den Anfechtungsgegenstand haftungsrechtlich dem Schuldner zuzuordnen[236], rechtfertigt hier aber die Anwendung des § 771 (str.)[237], solange die Vollstreckung des Anfechtungsgegners oder seiner Gläubiger in das Anfechtungsgut noch andauert → Rdnr. 11 f. Dies gilt an sich auch für § 7 AnfG[238], doch genügt hier gegenüber Sachpfändungen die Klage nach § 805 und ist daher vorzuziehen[239]. Die Rückgewähr nach § 771 (für § 37 KO) oder § 805 (für § 7 AnfG) hat den Vorteil, daß die Vollstreckung – ohne Umweg über einstweilige Verfügungen – nach Abs. 3 bzw. § 805 Abs. 4 rechtzeitig eingestellt und bereits aufgrund eines Interventionsurteils erster Instanz unmittelbar nach §§ 775 f. aufgehoben werden kann; → auch § 769 Rdnr. 12 a. E. Richtet sich jedoch die Klage nicht gegen die Vollstreckung, sondern nur auf Rückgewähr eines Geldbetrages, so scheidet § 771 samt seiner Zuständigkeit aus[240]. – Auch ein *Wegnahmerecht* rechtfertigt den Widerspruch außer bei wesentlichen Bestandteilen (§ 93 BGB). *Nicht* hierher gehört die Verwertungsbefugnis des Konkurs/Insolvenzverwalters aus § 127 KO (§§ 166 ff. InsO)[241] oder aufgrund der Unwirksamkeit im Nachlaßkonkurs nach § 221 KO (§ 321 InsO)[242]. Wegen des Veräußerungsverbotes s. § 772.

34a Der **Leasinggeber** kann widersprechen, wenn gegen den Leasingnehmer vollstreckt wird[243]. Beim *Operating-Leasing* ergibt sich dies bereits daraus, daß es sich hierbei um normale Mietverträge handelt[244]. Das Interventionsrecht läßt sich daher auf das Eigentum und auf den mietrechtlichen Herausgabeanspruch stützen[245], z.B. wenn die Sache an ein Refinanzierungsinstitut sicherungsübereignet wurde. Auch beim *Finanzierungs-Leasing* ist

---

[235] → § 778 Rdnr. 4.
[236] Hier fallen haftungsrechtliche Zuordnung u. eigentumsrechtliche Zuordnung auseinander wie bei § 392 Abs. 2 HGB (→ Rdnr. 33) u. uneigennütziger Treuhand → Rdnr. 22, vgl. *Henckel* JuS 1985, 841 f.; *K. Schmidt* JZ 1987, 889 u. JZ 1990, 621; s. auch *Gaul* (Fn. 24) § 41 VI 8 a (»haftungserweiternder Zweck der Gläubigeranfechtung«); *Stürner* (Fn. 25) Rdnr. 780; *Paulus* AcP 155 (1956), 319 ff.; *Gerhardt*² § 12 III 1 – sog. haftungsrechtliche Theorie; anders *Baur/Stürner* Insolvenzrecht¹² Rdnr. 18.19 mwN, sowie Beispiel Nr. 3 aaO bei Rdnr. 18. 20 u. Rdnr 20.19; *Jauernig* ZwVR¹⁹ § 50 II 1 c (nur schuldrechtlicher Rückgewähranspruch).
[237] So die früher ständige Rsp *RGZ* 18, 394; 30, 397; 40, 371; *KG* NJW 1958, 914 = JZ 441 (krit. *Baur*) = JR 301 (krit. *Lent*); OLG Karlsruhe ZIP 1980, 261; LG Berlin MDR 1989, 171; ebenso *Hartmann* (Fn. 25) Rdnr. 14; *Herget* (Fn. 25) Rdnr. 14 (»Anfechtungsrecht«); *Gaul* (Fn. 24) § 41 VI 8 b; *Brox/Walker*⁴ Rdnr. 1425; *J. Blomeyer* KTS 1976, 93; *Gerhardt* Die systematische Einordnung usw. (1969) 336 ff.; *Costede/Kaehler* ZZP 84 (1971) 416; *Jaeger/Henckel* KO⁹ § 37 Rdnr. 72 ff.; differenzierend *K. Schmidt* (Fn. 25) Rdnr. 44 II u. JZ 1990, 619 f.: für den Fall der Anfechtung einer gegen den Gemeinschuldner gerichteten Pfändung § 771 lediglich analog (S. 625), außerdem Wahlrecht des Konkurs/Insolvenzverwalters zwischen § 771 und Leistungsklage aus § 37 KO (§ 143 InsO); ebenso in *Kilger/K. Schmidt* KO¹⁶ § 29 Anm. 7 und 22 unter Aufgabe der a. M. von *Kilger*; einschränkend *Paulus* AcP 155 (1956) 277: gegenüber Gläubigern des Anfechtungsgegners nur unter den Voraussetzungen des § 40 KO bzw. des § 11 aF AnfG (§ 145 InsO, § 15 nF AnfG). – **A.M.** jetzt *BGH* NJW 1990, 990 = JZ 654 =

WM 326 (zust. *Balz* EWiR Art 1 EuGVÜ 1/90); so bereits OLG Hamburg SeuffArch 80 (1926), 119; OLG Stuttgart OLGRsp 20, 344; OLG Marienwerder OLGRsp 29, 196; LG Trier BB 1955, 139; ebenso *Kuhn/Uhlenbruck*¹⁰ § 29 Rdnr. 52 mwN; *Jauernig* ZwVR¹⁹ § 13 IV 2; *Stürner* (Fn. 25) Rdnr. 780.
[238] Ab Mai 1999: § 11 AnfG. Daher für § 771 *RGZ* 40, 371 (obiter); *KG* JZ 1958, 441 (*Baur*); *Stürner* (Fn. 25) Rdnr. 780; *K. Schmidt* (Fn. 25) Rdnr. 44.
[239] *Gerhardt, Costede/Kaehler, Paulus, Gaul, Brox/Walker* (alle Fn. 237); *K. Schmidt* (Fn. 25) Rdnr. 44 II u. JZ 1990, 622. Ob der Gläubiger des Anfechtungsgegners die Anfechtungsgründe gekannt haben muß, ist str. Verneinend *Costede/Kaehler* (Fn. 237); *G. Lüke* (Fn. 18) 134; bejahend *Gerhardt* (Fn. 237); *Henckel* (Fn. 236).
[240] OLGe Stuttgart u. Braunschweig OLGRsp 20, 344; 25, 167. *Baur* JZ 1958, 442 f. erwog auch für Rückwähranträge außerhalb § 771 die Zuständigkeit nach Abs. 1; anders jetzt *Baur/Stürner* II¹² Rdnr. 20.19. – Der Unterschied zu § 771 hat auch Bedeutung für die Prozeßvollmacht des Beklagten → § 81 Rdnr. 7.
[241] → § 814 Rdnr. 11.
[242] LG Dresden ZZP 32 (1904), 390.
[243] Allg.M. *Borggräfe* ZV in bewegl. Leasinggut (1976), 86 ff.; *v. Westphalen* Der Leasingvertrag⁴ Rdnr. 868; *Gerhardt*² 16 III 1 g; *Gaul* (Fn. 24) § 41 VI 9 a; *K. Schmidt* (Fn. 25) Rdnr. 30.
[244] Allg. M., statt aller *MünchKommBGB-Voelskow*² vor § 535 Rdnr. 43 mwN. Nur Gefahrtragung u. Instandhaltungspflicht sind abweichend vom dispositiven Gesetzesrecht geregelt, dazu *Borggräfe* (Fn. 243) 18.
[245] → Rdnr. 31; *Gerhardt*² § 16 III 1 g; *Gaul* (Fn. 24) § 41 VI 9 a; *Brox/Walker*⁴ Rdnr. 1423.

dieses Widerspruchsrecht nicht etwa wegen »wirtschaftlichen Eigentums« (→ Rdnr. 15) des Leasingnehmers ausgeschlossen. Bei Verträgen, die entsprechend den Leasingerlassen der Finanzverwaltung[246] ausgestaltet sind, ist der Leasinggeber ohnehin auch wirtschaftlicher Eigentümer[247]. Doch auch bei nicht erlaßkonformen Verträgen hindert das dann bestehende wirtschaftliche Eigentum des Leasingnehmers i. S. d. § 39 AO nicht die Widerspruchsklage des Leasinggebers[248]; denn auch dann entspricht seine Stellung als Sachkreditgeber noch mindestens der des Vorbehaltseigentümers[249]; → dazu Rdnr. 18.

Der **Leasingnehmer** ist bei *beweglichem Leasinggut* als Besitzer gegen Vollstreckungsakte der Gläubiger des Leasinggebers über §§ 809, 766 geschützt. Als berechtigter Besitzer kann er daneben aber auch intervenieren[250]. Beim *Immobilienleasing* ist der Leasingnehmer (nur) durch §§ 57–57 d ZVG, die analog anwendbar sind, geschützt[251]. 34b

Werden beim Schuldner **Datenträger** gepfändet, auf denen sich auch **personenbezogene Daten** befinden, die sich auf einen Dritten beziehen und die der Schuldner nicht nach § 28 BDSG weitergeben darf, so ist zwar der Übergang des Gewahrsams an eine andere als die speichernde Stelle als Datenübermittlung im Sinne des § 3 Abs. 5 S. 2 Nr. 3 BDSG anzusehen[252], und gegen eine unzulässige Übermittlung personenbezogener Daten steht dem Betroffenen ein Anspruch auf Unterlassung bzw. auf Widerruf bereits unzulässig übermittelter Daten zu[253]. Dieser Anspruch ist jedoch **nicht** nach § 771 durchzusetzen[254], weil nicht die Daten, sondern ihre Träger verwertet werden sollen. Auch für Analogie besteht kein Bedarf. Denn Datenschutz verbietet die Weitergabe der Daten nicht nur materiellrechtlich, sondern wirkt auch für das Prozeßrecht, so daß der Geschützte vom Gerichtsvollzieher, notfalls nach §§ 766, 793, Beseitigung der Daten verlangen kann, bevor der Datenträger **verwertet** wird. Übertrieben wäre es freilich, deshalb bereits die Pfändung erst nach Datenbeseitigung zuzulassen; denn die mögliche Kenntnisnahme durch den daran uninteressierten Gerichtsvollzieher dürfte noch nicht unzulässige Übermittlung sein, und der Aufschub könnte die Zugriffschancen des Gläubigers unnötig schmälern[255]. 34c

2. Aktiv legitimiert ist der **Inhaber des Rechts**; veräußert er es, so geht die Sachbefugnis auf den Rechtsnachfolger über und § 265 ist anzuwenden, falls dies nach Rechtshängigkeit geschieht[256]; zur Rechtsnachfolge beim Beklagten → Rdnr. 40. Der Rechtsinhaber muß zugleich **Dritter** sein. Das ist jeder, der nicht Vollstreckungsschuldner oder -gläubiger ist[257]. 35

Ausnahmsweise kann auch der *Vollstreckungsschuldner Dritter* sein, wenn seine Haftung auf einen Vermögenskomplex[258] beschränkt oder ein solcher von der Haftung ausgenommen 36

---

[246] Abgedruckt bei *v. Westphalen* (Fn. 243) Rdnr. 1365 ff. u. BStBl 1971 I, 264 = BB 506; BB 1972, 433; BB 1976, 72.
[247] *v. Westphalen* (Fn. 243) Rdnr. 7 ff. insbesondere 23 ff.; *MünchKommBGB-Voelskow*² vor § 535 Rdnr. 47.
[248] → Fn. 113; *v. Westphalen* (Fn. 243) Rdnr. 868; *Borggräfe* (Fn. 243) 88 f.
[249] *Gaul* (Fn. 24) § 41 VI 9 a; *Gerhardt*² § 16 III 1 g; *Brox/Walker*⁴ Rdnr. 1424.
[250] → Rdnr. 30 Fn. 213–215; *Canaris* Bankvertragsrecht (2. Bearb.) Rdnr. 1780; vgl. auch *Stürner* (Fn. 25) Rdnr. 779 (für Finanzierungsleasing Gleichstellung mit Sicherungsgeber bzw. Vorbehaltskäufer); ähnlich *Walz* WM Sonderbeil. Nr. 10, 1985, 13 f.; a.M. *K. Schmidt* (Fn. 25) Rdnr. 31; *Gaul* (Fn. 24) § 41 VI 9 b; *Brox/Walker*⁴ Rdnr. 1424; *v. Westphalen* (Fn. 243) Rdnr. 918.
[251] *Gerhardt*² § 16 III 1 g; *Gaul* (Fn. 24) § 41 VI 9 c; *Brox/Walker*⁴ Rdnr. 1423.
[252] *Koch* KTS 1988, 78.
[253] *BGH* VersR 1983, 1140. Ob es sich zugleich um einen Eingriff in das Persönlichkeitsrecht handelt, mag offenbleiben.
[254] A. M. *Koch* KTS 1988, 79.
[255] Abgesehen von der Verzögerung bestünde die Gefahr, daß der Schuldner dem Gläubiger abträgliche Veränderungen am Datenträger vornimmt, z. B. Betriebs- oder Anwendersoftware löscht. S. dazu *Styliani Bleta* Software in der ZV (Diss. Tübingen 1994), 93 ff.
[256] Auch wenn man das materielle Recht des Dritten als Klagebegründungselement (→ Rdnr. 6) nicht selbst für »streitbefangen« hält, so ist es doch der Anspruch auf Unzulässigerklärung, der als Einzelwirkung des Rechts von diesem abhängt u. daher mit dem Veräußerer auf übergeht → § 265 Rdnr. 15 mit *OLG Dresden* DR 1940, 1692. Zust. *Gaul* (Fn. 24) § 41 VIII 1 a; *K. Schmidt* (Fn. 25) Rdnr. 63; trotz ihres abweichenden Ausgangspunkts (Fn. 24) i. E. ebenso *Bettermann* (Fn. 1), 95; *Blomeyer* ZwVR § 37 II 4.
[257] → Rdnr. 3; *KG* OLGRsp 17, 190; 22, 369; *K. Schmidt* (Fn. 25) Rdnr. 52. → dazu Rdnr. 35–37 vor § 704 u. zur Frage, wer Titelschuldner ist, § 727 Rdnr. 32, § 750 Rdnr. 18 ff., § 766 Rdnr. 31.
[258] Bei bestimmt bezeichneten Objekten hilft § 766 → dort Fn. 121.

ist²⁵⁹, z. B. als Gesellschafter²⁶⁰; also auch das Vereinsorgan, wenn im Falle des § 735 in nicht zum Verein gehörendes Vermögen vollstreckt wird (die sonstigen Mitglieder sind ohnehin Dritte → Rdnr. 2 vor § 735). Auch der gesetzliche Vertreter des Schuldners, ferner *Parteien kraft Amtes*²⁶¹, können die Klage erheben, wenn auf das ihnen unterstellte Sondervermögen²⁶² oder ihr Privatvermögen zugegriffen wird²⁶³; ebenso § 262 Abs. 1 S. 2 AO 1977; der *Ehegatte*, der nach § 743 oder § 744 nur zur Duldung der Vollstreckung in das Gesamtgut verpflichtet ist, wenn in sein übriges Vermögen bzw. sein Vorbehaltsgut vollstreckt wird; ferner, wer die Unwirksamkeit einer Verfügung seines Ehegatten nach §§ 1368 f. BGB geltend macht²⁶⁴; der *Erbe*, wenn *vor* Annahme der Erbschaft wegen Nachlaßverbindlichkeiten in sein übriges Vermögen oder wegen Eigenverbindlichkeiten in den Nachlaß vollstreckt wird²⁶⁵. Ohne solche Beschränkung gibt regelwidrig § 93 ZVG die Widerspruchsklage dem Vollstreckungsschuldner selbst. Zum Widerspruchsrecht von Gemeinschaftern bei der Teilungsversteigerung gem. §§ 180 ff. ZVG → Rdnr. 82.

37 Dagegen ist für die Befreiung des von der Vollstreckung ergriffenen eigenen Vermögens dem *beschränkt haftenden Erben* nach § 781 bzw. § 784 Abs. 1 die Vollstreckungsgegenklage vorgeschrieben, ebenso dem Nachlaßverwalter in § 784 Abs. 2, vgl. § 785. → auch § 766 Rdnr. 25, § 785 Rdnr. 2 und wegen ähnlicher Fälle → § 786 mit Bem.

38 Ein konkurrierender *Pfändungsgläubiger* ist zwar Dritter, kann aber die Pfändung eines anderen regelmäßig nicht damit angreifen, daß er die Zugehörigkeit der Pfandsache zum Schuldnervermögen bekämpft, weil er damit seiner eigenen Pfändung die Grundlage entzieht; zur Konkurrenz von Mannes- und Frauengläubigern → jedoch § 739 Rdnr. 27 Fn. 86.

Zur Intervention des materiellrechtlich *Verpflichteten* oder *Mitverpflichteten* → Rdnr. 48 ff.

39 Der Konkurs/Insolvenzverwalter ist als Anfechtender (→ Rdnr. 34) Dritter. Bei gemeinschaftlicher Verwaltung des Gesamtguts durch Ehegatten ist nach § 1455 Nr. 9 BGB jeder Ehegatte zur Widerspruchsklage ohne Zustimmung des anderen befugt. Der Drittschuldner bei der Forderungspfändung hat dagegen kein Widerspruchsrecht²⁶⁶, es sei denn, daß ihm aus besonderen Gründen ein Recht an der gepfändeten Forderung zusteht²⁶⁷. Nach § 12 c Abs. 2 Nr. 2 KaGG²⁶⁸ steht die Klagebefugnis nur der Depotbank zu²⁶⁹; die Anteilsinhaber können selbst nicht widersprechen²⁷⁰.

40 **3. Passiv legitimiert** ist der betreibende **Gläubiger**²⁷¹, auch wenn er materiell zugunsten Dritter vollstreckt²⁷²; im Falle des § 126 also der Anwalt selbst. Eine Nachfolge kommt erst dann in Betracht, wenn dem Rechtsnachfolger eine Klausel nach § 727 erteilt ist, da erst dann

---

²⁵⁹ → § 766 Rdnr. 19, 25. Vgl. *RG* JW 1907, 522; *K. Schmidt* (Fn. 25) Rdnr. 52; *Hartmann* (Fn. 25) Rdnr. 5, h. M.; → auch § 778 Rdnr. 4, 8. – A. M. *Wieczorek*² Anm. A III b: nur § 767 unter Hinweis auf § 785. § 767 gilt aber lediglich für die Beschränkung der Vollstreckbarkeit auf die haftende Masse als solche, § 771 gilt auch für die Frage, ob das Vollstreckungsobjekt zu ihr gehört, → § 766 Rdnr. 25 u. § 785 Rdnr. 2a.
²⁶⁰ → § 736 Rdnr. 5, § 786 Fn. 13. Das Problem »Einmann-GmbH« → Fn. 110, 112 gehört nicht zur Aktivlegitimation.
²⁶¹ → Rdnr. 25 ff. vor § 50, § 727 Rdnr. 25.
²⁶² → auch Rdnr. 27 a. E. (gepfändetes Masserecht), Rdnr. 39 (Anfechtung).
²⁶³ *RG* (Fn. 259): in Konkurrenz mit § 766, → dort Fn. 97; *Brox/Walker*⁴ Rdnr. 1409; *Hartmann* (Fn. 25) Rdnr. 5; vgl. auch *K. Schmidt* (Fn. 25) Rdnr. 52 mit abw. Verwaltertheorie.
²⁶⁴ → § 739 Rdnr. 29.

²⁶⁵ → § 778 Rdnr. 4, 8.
²⁶⁶ *OLG Breslau* JW 1930, 1086. – A. M. anscheinend *RG* Gruch. 57 (1913), 160 f., besonders 164.
²⁶⁷ *OLG Hamm* ZZP 42 (1912), 195 f.
²⁶⁸ G über Kapitalanlagegesellschaften i. d. F. vom 14.I.70 (BGBl. I 127), zul. geänd. d. EingV. v. 31.8.90 Anl. 1 Kap. IV B II 17 BGBl. II 889.
²⁶⁹ Sie ist Prozeßstandschafter, *J. Baur* InvestmentG (1970) § 12 KAGG Anm. XII, u. zum Widerspruch verpflichtet.
²⁷⁰ Hingegen hatte z. B. § 12 Abs. 2 II. WoBauG (1985 aufgehoben) jedem Wohnsitzberechtigten den eigenen Widerspruch gestattet, soweit das Zweckvermögen dem Gläubiger nicht haftete.
²⁷¹ Auch bei Zwangsverwaltung, *RGZ* 81, 18 ff.; *KG* OLGRsp 12, 69; a. M. *OLG Dresden* OLGRsp 20, 343 (nur Verwalter).
²⁷² → zur »Vollstreckungsstandschaft« Rdnr. 38 vor § 704.

für ihn die Vollstreckung stattfinden kann²⁷³. Betreiben mehrere Gläubiger aufgrund *verschiedener* Titel die Vollstreckung, so wirkt ein Urteil nach § 771 (bzw. die Anordnung nach 769), das im Verhältnis zu einem von ihnen ergangen ist, nicht im Verhältnis zu den übrigen²⁷⁴; werden die mehreren Gläubiger gemeinsam verklagt, sind sie daher gewöhnliche Streitgenossen nach § 61²⁷⁵. Mehrere Mitgläubiger *desselben* Titels fallen dagegen unter § 62²⁷⁶. Wegen der Mitverklagung des Schuldners → Rdnr. 53. Soweit man einen materiellrechtlichen Anspruch gegen den Gläubiger bejaht, ist er nur nach § 771 durchsetzbar²⁷⁷; wegen Schadensersatzansprüchen → Rdnr. 76 ff.

III. Das Verfahren

1. Der *ausschließliche* (§ 802) **Gerichtsstand** ist bei dem Gericht begründet, in dessen Bezirk vollstreckt wird²⁷⁸. Für Vollstreckungen im *Ausland* gilt daher § 771 nicht. Über Interventionsklagen im EG-Bereich s. Art. 6 Nr. 2 EuGVÜ²⁷⁹. – Bei Sachpfändungen kommt es darauf an, wo die Verstrickung²⁸⁰ begründet wird²⁸¹. Für Anschlußpfändungen bestimmt die erste Pfändung den Gerichtsstand²⁸², nach Beginn des Verteilungsverfahrens aber das Verteilungsgericht²⁸³. Über Rechtspfändungen → § 764 Fn. 18–20; auf den Ort der Zustellung oder der Eintragung im Grundbuch nach § 830 Abs. 1 S. 3 kommt es daher nicht an²⁸⁴. § 36 Nr. 3 ist wegen § 802 nicht anzuwenden²⁸⁵, außer im Falle → Fn. 276. **Sachlich** zuständig ist das Amts- oder Landgericht, je nach dem *Wert des Streitgegenstandes*²⁸⁶ → Rdnr. 62, bei Familiensachen das *Familiengericht*, wenn das die Veräußerung hindernde Recht materiell im Familienrecht wurzelt²⁸⁷; → auch § 774 Fn. 11. Vereinbarung vom Amtsgericht auf das Landgericht und umgekehrt ist trotz § 802 möglich. Ein *Arbeitsgericht* ist niemals zuständig²⁸⁸, auch nicht nach § 2 Nr. 3d ArbGG. Ebensowenig zuständig sind gemäß § 262 AO Finanzgerichte und, sofern man die Widerspruchsklage im Verwaltungsvollstreckungsverfahren überhaupt für anwendbar hält²⁸⁹, Verwaltungsgerichte²⁹⁰. Wegen *Schiedsgerichten* → Rdnr. 5 a. E. und § 1027 a Rdnr. 5.

41

2. Der **Antrag** lautet wegen § 775, die *Vollstreckung*²⁹¹ aus einem bestimmten Titel in bestimmte *Gegenstände*²⁹² für unzulässig zu erklären²⁹³, eventuell ab einem bestimmten Zeitpunkt, z.B. wenn mehrere Pfändungen vorliegen, für welche die Unzulässigkeit unterschiedlich zu beantworten sein kann²⁹⁴. Da von der Vergangenheit nur noch der Zeitpunkt

42

---

²⁷³ KG OLGRsp 33, 98. Unklar *OLG Hamburg* MDR 1969, 673; s. *Bettermann* (Fn. 1) 95.
²⁷⁴ *OLG München* SeuffArch 69 (1914), 423.
²⁷⁵ KGBl 1909, 52.
²⁷⁶ KG OLGRsp 15, 71; *Lux* Notwendigkeit usw. (1906) 115 ff; *K. Schmidt* (Fn. 25) Rdnr. 52.
²⁷⁷ BGHZ 58, 210 (Fn. 5).
²⁷⁸ → darüber § 764 Rdnr. 3 ff.
²⁷⁹ → Einl. (20. Aufl.) Rdnr. 904.
²⁸⁰ → § 803 Rdnr. 4, 10.
²⁸¹ RGZ 35, 405 (also unabhängig von einem Wechsel des VollstrGer vor oder nach Klagerhebung, → § 764 Rdnr. 4).
²⁸² KG OLGRsp 29, 194.
²⁸³ RG JW 1895, 296 = SeuffArch 51 (1896), 114 f.
²⁸⁴ RGZ 67, 311 f.
²⁸⁵ RGZ 31, 381; MünchKommZPO-*K. Schmidt* Rdnr. 55; → § 36 Rdnr. 11, 14.
²⁸⁶ Hat ein AG seinen Sitz außerhalb seines Bezirks, so ist das übergeordnete LG zuständig, s. auch *RG* SeuffArch 52 (1897), 89.
²⁸⁷ Näheres → § 621 Rdnr. 37 Fn. 201 ff.; *Baumbach/*

*Hartmann*⁵² Rdnr. 7; *Zöller/Herget*¹⁸ Rdnr. 8; *K. Schmidt* (Fn. 285) Rdnr. 54; *Rosenberg/Gaul*¹⁰ § 41 VIII 2; *Baur/Stürner*¹¹ Rdnr. 787. – A.M. *OLGe Hamburg* FamRZ 1984, 804; *Stuttgart* FamRZ 1982, 401; *Stanicki* FamRZ 1977, 685; *Bötticher* Rpfleger 1981, 49 mwN.
²⁸⁸ *LAG* Berlin MDR 1989, 572; *Grunsky* ArbGG⁶ § 62 Rdnr. 11, 14; *Germelmann/Mathes/Prütting* ArbGG (1989) § 62 Rdnr. 61; *K. Schmidt* (Fn. 285) Rdnr. 54.
²⁸⁹ Dagegen *Kopp* VwGO⁹ § 167 Rdnr. 18.
²⁹⁰ *Gaul* JZ 1979, 504; a.M. *Redeker/v. Oertzen* VwGO⁸ § 169 Rdnr. 11, § 167 Rdnr. 5.
²⁹¹ Gänzlich oder vorbehaltlich zulässig bleibender Maßnahmen, → z.B. Rdnr. 17 a u. § 772 Rdnr. 11; ein Antrag nur auf Aufhebung des konkreten ZV-Akts wäre nicht nur überflüssig, §§ 775 f., sondern auch zu eng → Rdnr. 5 a. E.
²⁹² → auch Rdnr. 5, 7, 10 f. Nicht gesondert in Gegenstände einer Hilfspfändung KG OLGZ 1994, 113 (KFZ-Papiere).
²⁹³ → Rdnr. 5–7.
²⁹⁴ → auch Rdnr. 70 zur Widerklage.

der Vornahme eines Vollstreckungsaktes von Bedeutung sein kann, genügt es dann, das Klagebegehren zeitlich durch Angabe dieses Aktes zu individualisieren. – Eine Verurteilung »zur Freigabe« (§ 894) scheidet ebenso aus[295] wie die bloße Feststellung des materiellen Rechts des Klägers[296]. Anträge auf Einwilligung in die Auszahlung des Hinterlegten sind als zusätzliche unnötig[297], aber nach Hinterlegung zulässig → Rdnr. 12. Auch bei vereinbarter Hinterlegung scheidet das stattgebende Urteil den Pfändungsgläubiger (wie bei einer »Freigabe«) aus dem Kreis der Empfangsberechtigten aus[298]. Man wird jedoch unrichtig gefaßte Anträge genügen und überflüssige Zusätze beiseite lassen können, wenn sie nur das Verlangen, den Gegenstand der Vollstreckung zu entziehen, klar erkennen lassen[299].

43 Den *Klagegrund* bilden a) die Tatsachen, aus denen sich eines oder mehrere der → Rdnr. 13 ff. genannten Rechte ergeben, b) die Vollstreckbarkeit des Anspruchs, aus dem der Zugriff auf den Gegenstand droht → Rdnr. 10 f. Zur *Behauptungs- und Beweislast* → Rdnr. 3 und für Sicherungseigentum Rdnr. 26. Ist die Klage aus Anlaß einer Arrestpfändung erhoben und erlaubt später das Urteil im Hauptprozeß auch die Verwertung[300], so erstrecken sich der Klagantrag sowie ein Einstellungsantrag (Abs. 3) ohne weiteres auch darauf[301]. Es ist auch keine Klagänderung oder – häufung, wenn die Klage bezüglich desselben Vollstreckungsobjekts nachträglich auf ein anderes Rechtsverhältnis oder zugleich auf mehrere Rechte gestützt wird[302]. Der Antrag ist als *Widerklage* zulässig[303]; → aber Rdnr. 41 und § 33 Abs. 2. Wegen der Zustellung der Klage → § 178 Rdnr. 4 f. Sie ist weder nach § 202 GVG *Feriensache*[304] noch nach § 200 Abs. 2 GVG, selbst wenn der titulierte Anspruch einer der dort genannten »geborenen« Feriensachen zugehört[305].

44 3. Die Klage hemmt nicht die Vollstreckung. Dazu bedarf es nach Abs. 3 einer **besonderen Anordnung** gemäß §§ 769, 770 (s. auch § 262 Abs. 2 AO), die hier sogar die Aufhebung der Vollstreckungsmaßregel ohne Sicherheitsleistung verfügen darf, § 769[306], weil der Dritte hier besonderen Schutz verdient[307]. Die Anordnung ist nicht entbehrlich gegenüber einem Arrestbefehl, da sich die Vollstreckung des späteren Leistungsurteils ohne weiteres anschließen kann[308]. Wegen Herausgabe- und Räumungsansprüchen → auch Rdnr. 10. Die Höhe einer Sicherheit ist nach ihrer Haftung zu bemessen[309]. Erlaubt die Anordnung die Aufhebung einer Pfändung, so haftet die Sicherheit anstelle des Pfandgegenstandes insoweit, als der Gläubiger bei Fortbestand der Pfändung befriedigt worden wäre[310]. Bei einstweiliger Einstellung unter Aufrechterhaltung der Pfändung haftet der Kläger nur für den Verzögerungsschaden[311] und

---

[295] *BGHZ* 58, 213 (→ Fn. 5); *RG* SeuffArch 61 (1906), 251 (253); *OLG Hamburg* SeuffArch 54 (1899), 367; *K. Schmidt* (Fn. 285) Rdnr. 12. → auch Rdnr. 5 a. E., 67.
[296] *OLGe Karlsruhe* BadRPr 1901, 134; *Kiel* SchlHA 1905, 152 f. → Rdnr. 67; auch nicht einer Freigabepflicht des Beklagten *RG* (Fn. 295).
[297] *RGZ* 67, 310 (313).
[298] *BGHZ* 72, 338 (Fn. 78).
[299] *RGZ* 67, 312 f.; 70, 27; *RG* Gruch. 56 (1912), 800; WarnRsp 17 Nr. 94; *KG, OLGe Posen und Dresden* OLGRsp 12, 67; 17, 334 f.; 37, 167; *Gaul* (Fn. 287) § 41 VIII 3; *K. Schmidt* (Fn. 285) Rdnr. 12.
[300] → § 930 (20. Aufl.) Rdnr. 11.
[301] Denn der sachliche Anspruch ist, auch hinsichtlich möglicher Einwendungen, identisch, u. ob es auch der ZV-Akt ist, spielt keine Rolle → Fn. 291 u. Rdnr. 5 a. E. – A. M. *OLG Koblenz* NJW 1960, 1915 → Fn. 308.
[302] *Wieczorek*² Anm. E III b 1; *RG* Recht 1909, 123; anders noch *RGZ* 29, 361 → § 264 Rdnr. 34 a. E.
[303] → § 33 Rdnr. 13 Fn. 52. Auch *gegen* die Klage nach § 771 kann Widerklage erhoben werden, vgl. *BGHZ* 70, 299 → NJW 1978, 813 (814). – A. M. *OLG Königsberg* SeuffArch 72 (1917) Nr. 168; *Rosenberg*⁹ § 185 III 8.
[304] → § 223 Rdnr. 33.
[305] *BGH* NJW 1988, 1095 = MDR 405[58].
[306] besonders § 769 Rdnr. 11 f., § 770.
[307] Denn er wird ohne sein Zutun in das ZV-Verfahren gezogen *KG* Rpfleger 1987, 510; vgl. auch Motive bei *Hahn*, Mat. II 1, 442. Daher genügt hier die Beurteilung der Erfolgsaussicht *KG* aaO.
[308] S. auch *OLG Stettin* ZZP 54 (1929), 350. – A. M. (auch noch für die Zeit nach Zustellung des Leistungsurteils!) *OLG Koblenz* (Fn. 301).
[309] → § 707 Rdnr. 8 a. Wie dort für § 771 *RGZ* 86, 39; s. auch 141, 196.
[310] *RGZ* 25, 396.
[311] *RG* JW 1906, 89; *OLG München* NJW RR 1989, 1471 = MDR 552 (keine Haftung für zufälligen Untergang während der Einstellungsdauer, deshalb auch kein Anspruch des Gläubigers auf die Sicherheit).

nur bei Verschulden[312], nicht nach § 717 Abs. 2[313]. Die Haftung der Sicherheit kann aber vertraglich ausgedehnt werden, um die Einstellung zu erleichtern, → auch § 719 Rdnr. 12.

4. Dem Widerspruch kann der beklagte Gläubiger solche **Einwendungen** entgegensetzen, die das Recht des Klägers als nicht bestehend oder dem Beklagten gegenüber nicht wirksam dartun. Zu ihnen gehört jedoch *nie* der Einwand des Gläubigers, er habe ein wirksames Pfändungsrecht erworben, denn der Streit geht ja gerade darum, ob die Wirkungen einer Pfändung (Verstrickung und Pfändungspfandrecht) sich gegenüber dem materiellen Recht des Klägers als ungerechtfertigt erweisen und daher mit Hilfe des Urteils nach §§ 775 Nr. 1, 776 *beseitigt* werden dürfen. Zur *Widerklage* → Rdnr. 43 a. E.

a) in Betracht kommen: *Nichtigkeit* wegen § 138 BGB[314] (die aber nicht schon bei jeder beabsichtigten Vollstreckungsvereitelung eintritt[315]) oder *Simulation* (§ 117 BGB) eines fiduziarischen Erwerbs[316], *Anfechtung* nach dem AnfG[317], sofern der Kläger vom Schuldner erworben hat[318], oder ein *besseres Recht* des Beklagten, das gegenüber dem Kläger wirksam ist, z.B. ein gesetzliches Pfandrecht[319], das der Gläubiger schon früher am Gegenstand der Pfändung erworben hatte, → dazu § 804 Rdnr. 8[320], oder bei Pfändung von Mietzinsansprüchen eine Hypothek des Gläubigers, die dem widersprechenden Nießbraucher im Range vorgeht[321]. Zur Frage, ob solche besseren Rechte des Gläubigers tituliert sein müssen, → Rdnr. 51, 48. War der Dritte schon zum Zeitpunkt der Forderungspfändung Rechtsnachfolger des Schuldners nach § 25 HGB, kann sich der Gläubiger auf § 15 Abs. 1 HGB berufen[322].

b) Der Gläubiger kann einwenden, der Kläger habe *verzichtet*, gegen die Vollstreckung vorzugehen. Das kann z.B. anzunehmen sein, wenn der eine *Ehegatte* den anderen nach außen als Geschäftsinhaber und Eigentümer des Warenlagers usw. in Erscheinung treten läßt[323]. Es kann eingewendet werden, daß der Widerspruch eine unerlaubte Handlung gegen den Beklagten sei[324]. Daß der Intervenient sich dem *Schuldner* gegenüber verpflichtet hatte, sein Recht aufzugeben, genügt nicht[325]. Will man nicht so weit gehen, daß das Widerspruchsrecht eines *Sicherungseigentümers* (→ Rdnr. 26) oder *Sicherungszessionars* (→ Rdnr. 27) auch ohne Vereinbarung einer entsprechenden auflösenden Bedingung[326] schon von selbst entfällt, sobald die vereinbarungsgemäß zu sichernden Forderungen nicht mehr bestehen, so ist doch in solchen Fällen die Erhebung oder Fortsetzung der Widerspruchsklage

---

[312] Wobei nach *BGHZ* 95, 10 = NJW 1985, 1961 = JR 508 (zust. *Gerhardt*) mwN (im Anschluß an *BGHZ* 74, 9 = NJW 1979 1351) leichte Fahrlässigkeit die Haftung noch nicht zu begründen vermag (haftungsrechtliche Privilegierung bei Inanspruchnahme eines gesetzlich geregelten Verfahrens); insoweit einschränkend aber *BGHZ* 118, 201 = NJW 1992, 2014: nur bei Beteiligung des Anspruchsgegners am Verfahren, → dazu auch Fn. 457). – Krit. *Gaul* (Fn. 287) § 7 II 4 a mwN.
[313] → § 717 Rdnr. 71 mwN; *BGHZ* 95, 10 (Fn. 312); *RG* u. *OLG München* (Fn. 311); *Gaul* (Fn. 287) § 41 XI 1. – A.M. *LG Frankfurt* MDR 1980, 409; *Häsemeyer* NJW 1986, 1028 (analog § 717 Abs. 2); *K. Schmidt* (Fn. 285) Rdnr. 69; *Thomas/Putzo*[18] Rdnr. 24.
[314] Vgl. *OLG Stuttgart* WM 1971, 26 f.
[315] *BGH* WM 1971, 444; a.M. *OLG Köln* MDR 1972, 232 (L).
[316] *OLG München* HRR 1931, 142 (Strohmann); *Brox/Walker*[4] Rdnr. 1431.
[317] *BGHZ* 98, 10 = NJW 1986, 2252 = ZIP 928 (Anfechtungsfrist nach § 3 Abs. 1 Nr. 2 AnfG wird schon durch Zustellung eines die Einrede enthaltenden Schriftsatzes gewahrt); *BGH* NJW 1991, 700; Rpfleger 1985, 294; *BGHZ* 55, 28 (Fn. 5); *OLG Celle* DB 1977, 1839; KTS 1963, 50; *K. Schmidt* JZ 1987, 891 mwN aaO Fn. 19;
zu § 12 AnfG *RGZ* 162, 218. – Ob der nach § 5 AnfG beizubringende Schuldtitel ein endgültig vollstreckbarer sein muß, s. *RGZ* 96, 335 (bejahend mwN); *Wieczorek*[2] Anm. E IV b 2 (nein, wenn Kläger vom Schuldner erworben hat); → auch § 767 Fn. 161. Ein Duldungsbescheid des Finanzamts bindet das Prozeßgericht erst, wenn er unanfechtbar ist *BGH* NJW 1991, 700 f.
[318] *KG* OLGRsp 22, 368 f.; *Stein* (Fn. 1) 50.
[319] Z.B. nach § 559 BGB, wenn der Vermieter Sachen pfändet, die der Kläger erst nach der Einbringung erwarb.
[320] *RGZ* 143, 277; *KG* OLGRsp 11, 311 f.; 14, 383; *K. Schmidt* (Fn. 285) Rdnr. 46. – A.M. *KG* ZZP 54 (1929), 348; *OLG Frankfurt* JW 1929, 2899. – *OLG Hamburg* MDR 1959, 580 will hier mit exceptio doli helfen (→ auch Fn. 323, 333); vgl. dagegen *Heyum* JW 1929, 3220.
[321] *RGZ* 81, 149; *K. Schmidt* (Fn. 285) Rdnr. 46.
[322] *BGH* MDR 1979, 308[47] = NJW 373 = Rpfleger 59 = WM 80.
[323] I.E. ebenso *OLG München* (Fn. 316).
[324] Vgl. *RGZ* 70, 193 f.
[325] Vgl. *OLG Kiel* SchlHA 1905, 152 f.
[326] Die im Zweifel nicht anzunehmen ist *BGH* NJW 1984, 1185. Zum Widerspruchsrecht des Schuldners nach § 267 Abs. 2 BGB → Fn. 328.

unzulässige Rechtsausübung; denn dann ist der Herausgabeanspruch durch die Einrede des Sicherungsgebers (Vollstreckungsschuldners) entkräftet, ihm sei die Sache umgehend zurückzugeben (unzulässige Ausnutzung einer nur noch formal bestehenden Rechtsposition)[327]. Der Gläubiger kann der Klage daher dadurch begegnen, daß er den künftigen Rückübertragungsanspruch des Sicherungsgebers pfändet und die gesicherte Forderung gemäß § 267 Abs. 1 BGB tilgt[328]. Freilich muß sich der Sicherungsnehmer die vorzeitige Tilgung nicht aufdrängen lassen[329], es sei denn der Vertrag sieht die Möglichkeit vorzeitiger Tilgung durch den Schuldner vor[330]. Eine unzulässige Rechtsausübung kann auch dann anzunehmen sein, wenn die Forderung des Klägers durch weitere Sicherheiten zweifellos gedeckt ist[331]. Dem Gesellschafter als Gläubiger der GmbH, der sich auf Sicherungseigentum beruft, kann entgegengehalten werden, das der Gesellschaft gegebene Darlehen hafte als Stammkapital[332]. – Wegen der Verteidigung gegen den Widerspruch des Vorbehaltseigentümers → Rdnr. 18, § 857 Rdnr. 85 Fn. 335–337.

48 c) Der Einwand kann nach ganz h.M. auch darauf gestützt werden, daß der **Widerspruchskläger** persönlich oder jedenfalls der Gegenstand der Vollstreckung **für den beizutreibenden Anspruch nach materiellem Recht hafte**[333]. Der früher herrschenden Gegenmeinung[334] ist allerdings zuzugeben, daß nicht schon die materielle Haftung oder Duldungspflicht allein, sondern erst ein Titel darüber die Vollstreckung rechtfertigt; hier wird der Dritte auch nicht als Vollstreckungsschuldner[335] behandelt, so daß er das Fehlen eines Titels gegen ihn selbst nicht nach § 766 rügen kann → dort Rdnr. 31. Trotzdem ist die h.M. vertretbar, weil im allgemeinen dem Dritten dadurch seine Rechte nicht verkürzt werden. Ihm bleiben die Garantien des ordentlichen Prozesses erhalten, die Beweislast bleibt unberührt und der Dritte begibt sich mit seiner Klage ohnehin auf die Ebene der materiellen Berechtigung eines Zugriffs auf das Vollstreckungsobjekt[336]. Formelle Rügen, z.B. nach §§ 808f., bleiben ihm jedenfalls gemäß § 766 erhalten[337].

---

[327] *BGHZ* 100, 105 mwN = NJW 1987, 1882 = WM 541 = JZ 780 (insoweit zust. *Brehm* zu 3); *Serick* Eigentumsvorbehalt III (1970) § 41 II 3; *Grunsky* (Fn. 126) 499; *Gaul* (Fn. 287) § 41 Vi 4 b aa. – Auch § 805 versagt hier, da er den Anspruch voraussetzt. – *RG* JW 1921, 1246, *Mittelstein* MDR 1951, 720, *Wieczorek*² Anm. B IV a 2 bejahen die exceptio doli schon dann, wenn die gesicherte Forderung im wesentlichen nicht mehr besteht; aber das Recht des Klägers erstreckt sich auf das ganze Sicherungsobjekt *Bötticher* (Fn. 1); *Serick* Eigentumsvorbehalt III (1970) § 34 II 4 b.

[328] *Brox/Walker*⁴ Rdnr. 1417; eine Tilgung **ohne** vorherige Pfändung des Rückübertragungsanspruchs, die *Grunsky* (Fn. 327) erörtert, dürfte in der Praxis wegen des (auch von *Grunsky* aaO angesprochenen) Risikos des Zugriffs anderer Gläubiger auf die Sache nicht vorkommen. Außerdem wird mit der Pfändung zugleich erreicht, daß der Schuldner das Widerspruchsrecht nach § 267 Abs. 2 nicht mehr ausüben kann *OLG Celle* NJW 1960, 2196 = MDR 848; *Gaul* (Fn. 287) § 41 IX 4 u. VI 2 a a. E.

[329] *Gaul* (Fn.287) § 41 IX 4 u. VI 4 b aa; *Serick* (Fn. 327) § 34 II 5, insbesondere bei einem verzinslichen Darlehen kann ein Interesse am Fortbestand der Forderung bestehen; einschränkend *Grunsky* (Fn. 327), nur bei »langjähriger Bindung mit günstigem Zinssatz«. – A. M. *Brox/Walker*⁴ Rdnr. 1417.

[330] So im Fall *OLG Celle* (Fn. 328).

[331] *Serick* (Fn. 327) § 34 II 4 a; *OLG Bremen* OLGZ 1990, 74 gewährte die exceptio doli sogar trotz Fälligkeit der gesicherten Forderung, weil es dem Kläger nicht auf deren Sicherung, sondern nur darauf angekommen sei, die Sachem der Schuldnerin (Tochter des Klägers) zu erhalten.

[332] Vgl. *OLG Celle* DB 1977, 1840 (dort Streit zwischen Zessionar u. Pfändungsgläubiger um Hinterlegtes), s. auch § 32a GmbHG.

[333] *RGZ* 30, 388; *AG Hannover* MDR 1967, 804 (nicht verurteilter Gesamtschuldner); *RGZ* 81, 149 (Fn. 321); *RGZ* 143, 277 (Fn. 320), 348) u. die Rsp → Fn. 342 ff; *Prütting/Weth* (Fn.1) 511; *Arens/Lüke* JuS 1984, 267; *K. Schmidt* (Fn. 285) Rdnr. 48; *Hartmann* (Fn. 287) Rdnr. 10; *E.Schneider* Büro 1966, 549 (ausführlich). Vgl. ferner *OLG Karlsruhe* ZZP 54 (1929), 475, *OLG Hamburg* MDR 1959, 580; *OLG Celle* (Fn. 332) für § 805. *OLG Hamburg* JZ 1960, 750 verlangt »besonderen Zusammenhang« zwischen der Haftung des Schuldners und des Dritten; zust. *Gaul* (Frl. 287) § 41 IX 3; dagegen treffend *Brox* JZ 1960, 751; *E. Schneider* aaO 553; *Bruns/Peters*³ § 16 II 3 (Fn. 35). Ausnahmen wären allenfalls dann angebracht, wenn das Gericht aus besonderen Gründen über den Haftungsgrund nicht entscheiden dürfte, z.B. wegen § 1027a. – Zur Gegenansicht → Fn. 334.

[334] So insbesondere *RGZ* 68, 426; JW 1905, 89; *OLG Königsberg* OLGRsp 6, 282; 18, 397; *OLG Düsseldorf* JW 1931, 3565; neuerdings *OLG Hamm* MDR 1987, 505 = NJW-RR 586; *Baumann/Brehm*² § 13 III 5 c (Einwand der Mitschuld oder – haftung unerheblich); *Blomeyer* ZwVR § 28 IV.

[335] Zum Begriff → Rdnr. 35 vor § 704.

[336] Ähnlich *K. Schmidt* (Fn. 285) Rdnr. 48 (Erheblichkeit nicht titulierter Einwendungsansprüche folge aus der Funktion des § 771); *Brox* JZ 1960, 752. Ein weiteres, von

Allerdings darf auf diese Weise kein anderes Ergebnis erzielt werden als im Falle der Widerklage. Bei **49** Abweisung der Klage wegen der Mithaftung ist deshalb bis zur Rechtskraft die Vollstreckung nur gegen Sicherheitsleistung zuzulassen, wenn ein durch Widerklage erlangter Titel nur gegen Sicherheitsleistung vorläufig vollstreckbar wäre; das Gericht hat deshalb von Amts wegen im Urteil gem. § 770 (→ Rdnr. 44) eine entsprechende Anordnung zu treffen. Der Dritte darf auch nicht entgegen materiellem Recht für die Kosten bisheriger Vollstreckungsversuche gegen den Schuldner haften, → § 788 Rdnr. 3, 4, 6; seiner Klage muß daher insoweit stattgegeben werden, auch wenn sie im übrigen wegen der Mithaftung abgewiesen wird. Ferner muß ein Gläubiger, dessen Anschlußpfändung im Range nachgeht, obwohl die Grundlage für die Pfändung des beklagten Gläubigers erst nachträglich durch das klagabweise Urteil geschaffen wurde, im Verteilungsverfahren widersprechen können, → auch § 878 Rdnr. 16.

Daher kann der Gläubiger die materiellrechtliche Lage entgegenhalten, obwohl der zur **50** Einleitung der Vollstreckung erforderliche Titel gegen Dritte gefehlt hatte: a) dem nach § 771 widersprechenden Gesellschafter einer OHG, gegen die sich der Titel richtet (§ 129 Abs. 4 HGB)[338], b) dem Nießbraucher eines Vermögens[339], c) dem nichtschuldenden Ehegattendem im Falle des § 739[340], dem das Gesamtgut verwaltenden Ehegatten in den Fällen der §§ 740ff.[341], insbesondere auch dem nach § 744 klagenden Ehegatten, d) dem nach § 1357 mitverpflichteten Ehegatten[342], e) dem Miterben vor der Teilung[343], f) dem Testamentsvollstrecker[344], h) dem nach § 419 BGB mithaftenden Vermögensübernehmer[345] und i) dem als Bürgen mitschuldenden Treugeber[346].

Ebenso kann der beklagte Gläubiger sein *besseres Recht* einwenden → Rdnr. 46, auch wenn **51** darüber bisher kein Titel erwirkt war, z.B. gegenüber einem Eigentümer, daß gepfändetes Zubehör nach § 1120 BGB zugunsten des Gläubigers belastet ist[347] oder daß gepfändete Sachen dem Gläubiger als Vermieter nach § 559 BGB haften[348]. In solchen Fällen kann es aber schon an einer gültigen Pfändung fehlen, wenn ein in Wahrheit dem Dritten zustehendes Recht gepfändet war[349]; hier muß die Pfändung wiederholt werden, denn ein die Klage nach § 771 abweisendes Urteil kann nur das Recht des Beklagten zur Vollstreckung in den Gegenstand bestätigen, nicht aber wirkungslose Pfändungen heilen, → Rdnr. 134 vor § 704.

d) Ein *Zurückbehaltungsrecht* kommt gegenüber der Widerspruchsklage als Einwand nicht **52** in Frage[350].

IV. Mitverklagung des Schuldners

Da § 771 nur die Verhinderung weiterer Vollstreckung bezweckt, kann der **Schuldner** mit **53** dieser Klage **nicht** belangt werden[351]; Grund und Ziel der Klage berühren ihn nicht[352]. Will

---

der h.M. gern verwandtes Argument ist der Hinweis auf § 242 BGB (dolo agit, qui petit quod statim redditurus est), vgl. etwa *BGHZ* 80, 303 (Fn. 345); *OLG Hamburg* aaO; *Serick* (Fn. 327) § 33 II 7 a. E; *Gaul* (Fn. 287) § 41 IX. 3; *Prütting/Weth* (Fn. 1) 511; krit. *Bettermann* (Fn. 1) 97 (»die übliche Ausflucht eines um eine juristische Begründung Verlegenen«); *K.Schmidt* aaO.

[337] Ein Mißbrauch, absichtlich ohne Titel gegen Dritte in deren Vermögen zu vollstrecken, vgl. *Arens/Lüke* (Fn. 333) zu § 419 BGB (Umgehung des § 729?), ist daher nicht zu befürchten, zust. *Brehm* KTS 1983, 35; es handelt sich stets darum, daß die Zugehörigkeit zu fremdem Vermögen bei der ZV unbekannt oder zweifelhaft ist. S. auch *Brox* JZ 1960, 752; i. E. auch zust. *Arens/Lüke* aaO.

[338] *Noack* DB 1970, 1817; *Brox/Walker*⁴ Rdnr. 1438; *Gaul* (Fn. 287) § 41 IX 5 b.

[339] → § 737 Rdnr. 7 a. E.

[340] → § 739 Rdnr. 27.

[341] → § 740 Rdnr. 7 a. E.

[342] *MünchKommBGB-Wacke*³ § 1362 Rdnr. 34; zweifelnd *Stürner* (Fn. 287) Rdnr. 286 (anders noch die 10. Aufl. u. Rdnr. 786; zum materiellen Recht *BGH* NJW 1991, 2283.

[343] → § 747 Fn. 21.

[344] → § 748 Rdnr. 7.

[345] *BGHZ* 80, 302 = NJW 1981, 1835f. = JZ 703 = WM 716 mwN; *Arens/Lüke* JuS 1984, 263 (Parallele zu § 5 AnfG).

[346] *BGH* (Fn. 172), dort aus sachlichen Gründen verneint.

[347] *OLG Hamm* NJW-RR 1986, 376f.

[348] *RGZ* 143, 277.

[349] → Rdnr. 20, § 829 Rdnr. 67 und § 737 Fn. 26.

[350] *OLG Königsberg* SeuffArch 72 (1917), 277[168], s. auch *BGHZ* 63, 350 = NJW 1975, 687 = Rpfleger 150 zu § 180 ZVG → Rdnr. 82.

[351] Ganz h.M., vgl. nur *Gaul* (Fn. 287) § 41 VIII 2; *Jauernig* ZwVR¹⁹ § 13 II; a.M. aber *Coenders* (Fn. 1) 334f. vom Boden der privatrechtlichen Theorie (Fn. 24) aus.

[352] *KG* OLGRsp 10, 8 ließ deshalb den Schuldner als gesetzlichen Vertreter des Klägers zu.

§ 771 IV, V   Erster Abschnitt: Allgemeine Vorschriften   550

der Dritte auch gegenüber dem Schuldner sein Recht durch Klage auf Herausgabe des Vollstreckungsobjekts oder, soweit § 256 zutrifft, durch Feststellungsklage geltend machen, so liegt eine Klaghäufung vor. **Abs. 2**[353] gestattet diese Verbindung, die nach §§ 59f. nicht zulässig wäre, und es sind dann Gläubiger und Schuldner (wegen der Verschiedenheit der Streitgegenstände: einfache) Streitgenossen. – Zur *Streithilfe* seitens des Schuldners → § 66 Rdnr. 24.

V. Das Urteil

54   1. Das der Klage **stattgebende Urteil** hat nur die Zwangsvollstreckung für unzulässig zu erklären; Näheres → Rdnr. 5–7, 42. Die Befugnis zur Aufhebung der Vollstreckung (einschließlich der Auszahlung hinterlegter Beträge)[354] und die Unzulässigkeit ihrer Wiederholung ergeben sich dann aus § 775 Nr. 1, § 776; eines Ausspruchs darüber bedarf es nur interimistisch nach § 770. Dies gilt auch bei einem inkorrekt (→ Rdnr. 42) gefaßten Urteil[355]. Der Erlös aus etwaiger Verwertung (samt Leistung eines Drittschuldners) gebührt ohne Abzug dem Kläger[356].

55   Das Urteil ist somit nur i. w. S. vollstreckbar[357], ist aber deshalb nach §§ 708ff. für *vorläufig vollstreckbar* zu erklären[358]. Damit wird die Zwangsvollstreckung bereits unzulässig[359]. Ist das Urteil nach §§ 708, 710 oder in den Fällen → § 709 Rdnr. 10 *ohne Sicherheit* vollstreckbar, so können die Rechtsfolgen der Unzulässigkeit (§§ 775 f.) sofort herbeigeführt werden, es sei denn daß im Falle § 711 S. 1 bisher nur der Gläubiger seine Sicherheit geleistet hat, → auch § 767 Rdnr. 51a; in den Fällen der §§ 709, 712 Abs. 2 S. 2 muß der Widerspruchskläger zuvor seine *Sicherheit*[360] leisten → § 775 Rdnr. 11. Deshalb können auch bei stattgebendem Urteil nach § 770 einstweilige Maßnahmen[361] angeordnet werden; entsprechende Anwendung des § 720a kommt nicht in Betracht. – Zur *Kostenentscheidung* → Rdnr. 58ff. – Das Urteil steht auch einer Wiederholung der Vollstreckung in den Gegenstand entgegen → Rdnr. 7, 5. Daher fehlt der Klage auch dann nicht das Rechtsschutzbedürfnis, wenn die konkrete Vollstreckungsmaßnahme nichtig ist und dies von keinem der Beteiligten bestritten wird[362].

56   Aus dem Urteil folgt weder eine Verpflichtung des Gerichtsvollziehers noch des Gläubigers, den Zustand wieder herzustellen, wie er vor Beginn der Vollstreckung bestand, insbesondere die in das Pfandlokal gebrachte Sache dem am Prozeß meist nicht beteiligten Schuldner kostenfrei zurückzuliefern[363]. Dasselbe muß gelten, wenn der Gläubiger selbst die Sache freigegeben hat[364]. Eine solche Verpflichtung kann sich gegen den Gläubiger allenfalls aus materiellem Recht ergeben, §§ 826, 989f., 1004 BGB[365]. Zur Empfangnahme ist nur der

---

[353] → auch § 805 Abs. 3 und dort Rdnr. 20 zur Klage gegen den Schuldner.
[354] *RG* (Fn. 297), → zur Hinterlegung auch Fn. 91.
[355] Vgl. auch *OLG Hamburg* SeuffArch 54 (1899), 366.
[356] Was gegenüber dem GV nach § 766 durchsetzbar ist, *Gerlach* Ungerechtfertigte ZV (1986), 84. Nach Aushändigung an den Gläubiger → Rdnr. 75.
[357] → Rdnr. 47f. vor § 704. Vgl. *RG* SeuffArch 61 (1906), 251. Daher gelten die §§ 775f. auch ohne Zustellung des Urteils → § 750 Rdnr. 4.
[358] → § 708 Rdnr. 10.
[359] → Rdnr. 4f., nicht erst mit Rechtskraft der Entscheidung (so noch *Rosenberg*⁹ § 185 III 7 – zur Kritik daran → 20. Aufl. Fn. 217). Denn § 775 Nr. 1 verlangt nur »*vollstreckbare* Entscheidung«; vgl. auch *Münzberg/Brehm* (Fn. 1) 526ff.; *Hartmann* (Fn. 287) Einf. Rdnr. 1; *Gaul* (Fn. 287) § 41 X 2; *Thomas/Putzo*[18] Rdnr. 1. – Nach *A. Blomeyer* (Fn. 1) 491 tritt Unzulässigkeit erst mit Vorlage

nach § 775 Nr. 1 ein, um Ansprüche aus enteignungsgleichem Eingriff zu vermeiden; → aber dazu Rdnr. 79. Wegen des PfändPfandR → § 776 Rdnr. 2.
[360] Sie haftet wie → Fn. 310.
[361] → Rdnr. 44.
[362] *RGZ* 81, 191 sieht dann keinen »Anlaß« zur Klage; dies trifft zwar zu i. S. d. § 93, jedoch fehlt nicht das RechtsschutzB; die Gegenansicht geht wohl unausgesprochen davon aus, das Urteil erkläre nur den konkreten ZV-Akt (nicht auch künftige) für unzulässig; dagegen *Münzberg/Brehm* (Fn. 1) 529, → auch Rdnr. 9 Fn. 84, 82 u. Rdnr. 69. Für den Fall *vorprozessualer* Freigabe → Rdnr. 65 mit Rdnr. 11.
[363] *Gaul* (Fn. 287) § 41 X 2; *K. Schmidt* (Fn. 285) Rdnr. 78. Vgl. auch § 171 GVGA u. *RG* Gruch. 27 (1883), 864; *KGBl* 1890, 51; 1891, 62; 1896, 2.
[364] Vgl. *OLG Kiel* SchlHA 1952, 470.
[365] → Rdnr. 76ff. u. vgl. zum Herausgabe- u. Beseitigungsanspruch trotz rechtmäßiger Veranlassung *Münz-*

Schuldner berechtigt, da der Gerichtsvollzieher ein Besitzrecht des Dritten nicht prüfen kann[366].

2. Wird die Klage als **unbegründet abgewiesen,** kann das Urteil nach § 770 die nach § 771 Abs. 3 mit § 769 getroffene einstweilige Anordnung aufrechterhalten, abändern oder aufheben, s. § 770. Ergeht eine solche Anordnung nicht, kann der Gläubiger die Vollstreckung fortsetzen → § 775 Rdnr. 30. Zur Notwendigkeit der Anordnung, wenn die Klage wegen Mithaftung des Dritten abgewiesen wird, → Rdnr. 49. Der Dritte hat den Verzögerungsschaden nur nach bürgerlichem Recht zu erstatten, §§ 823 ff., 1004 BGB, → Rdnr. 44 a. E.   **57**

3. Bei der **Kostenentscheidung**[367] ergibt sich die Frage, unter welchen Voraussetzungen der beklagte Gläubiger zur Erhebung der Klage *Veranlassung* gegeben hat, so daß ihn nach *Erledigung der Hauptsache* ohne Urteil[368] oder nach *sofortigem Anerkenntnis* die Kosten treffen[369]. In der Frage, wann ein Anerkenntnis *sofortig* ist[370], gilt für § 771 kein Sonderrecht. Bedenklich ist die vielfach bestehende Neigung, hier das Anerkenntnis auch nach anfänglichem Bestreiten, bzw. gar nach einer Beweisaufnahme genügen zu lassen; wann dies ausnahmsweise hingenommen werden kann, → § 93 Rdnr. 10[371].   **58**

a) Die Schwierigkeit liegt darin, daß einerseits der Dritte durch die Vollstreckung in seiner *materiellen* Rechtsposition und andererseits der Gläubiger durch das Freigabeverlangen des Dritten in seiner durch die Vollstreckung ordnungsgemäß erlangten *formalen* Rechtsposition angegriffen wird. Diese Konfliktslage wird dadurch praktisch verschärft, daß Intervenient und Gläubiger regelmäßig einander völlig unbekannt sind. Der Gedanke, der Gläubiger verursache den staatlichen Eingriff in das Recht des Dritten, ist ebenso wenig hilfreich wie die Betrachtung, der Gläubiger sei mit Rücksicht auf die Ordnungsmäßigkeit des Vollstreckungsbetriebes der schutzwürdigere Teil. Unzutreffend wäre es auch, grundsätzlich dem Intervenienten das Kostenrisiko zuzuschanzen[372] wegen der für den besitzenden Schuldner sprechenden Eigentumsvermutung (§ 1006 BGB) oder etwa aus dem Gedanken heraus, die Weitergabe des Besitzes sei für den Eigentümer von vornherein etwas Gewagtes. Der erste Gedanke wäre juristisch falsch, der zweite lebensfremd. Abzulehnen ist auch die gefühlsmäßige Einstellung, der Gläubiger sei als der vermutlich redlichere Teil schutzwürdiger.   **59**

b) Da der Gläubiger meist nicht weiß, wem der Gegenstand der Vollstreckung gehört, kann ihm regelmäßig[373] nicht zugemutet werden, seine Position auf einfaches Verlangen eines unbekannten Dritten aufzugeben; er darf eine **substantiierte vorherige Darlegung** der gegnerischen Rechtsposition verlangen, die es ihm ermöglicht, sich über die Aussichten des Interventionsstreites ein Bild zu machen[374]. Andererseits zwingt der drohende Fortgang der Vollstreckung den Intervenienten, alsbald zu handeln. Daraus erwächst für ihn als Gegenstück zu seiner Darlegungslast ein Recht auf **Gegendarstellung des Gläubigers**[375], nach welcher Richtung dieser weitere Aufklärung verlangt. Als Grundsatz gilt daher: **Wer das Bemühen des anderen nach außergerichtlicher Klärung des Streites durch Nichtbeantwor-**   **60**

---

berg Verhalten und Erfolg (1966), 376 ff., insbesondere 394 ff. (aber auch aaO 416 f.); *MünchKommBGB-Medicus*² § 1004 Rdnr. 49 ff. S. auch *BGHZ* 79, 211 = NJW 1981, 752 f. = JZ 191⁴⁰.
366 So für den Fall der Freigabe *AGe Kiel, Gelsenkirchen* DGVZ 1975, 31.
367 Vgl. *Fraustädter* Kostenlast in Interventionsprozessen² (1931); *Stürner* Aufklärungspflicht der Parteien (1976), 270 ff.; *E. Schneider* Kostenentscheidung², 167 ff.
368 → § 91 a Rdnr. 29 a ff.
369 Bei der außerordentlichen Verschiedenheit der Fälle ist der Wert der Kasuistik hier sehr beschränkt. Gegen entspr. Anw. des § 93 auf sofort verzichtende **Kläger** → § 93 Rdnr. 1 Fn. 3 mwN; a. M. erneut *OLG Frankfurt* OLGZ 1993, 480.

370 → § 93 Rdnr. 5 ff.
371 Wie dort *OLG München* WM 1979, 293; *Gaul* (Fn. 287) § 41 X 4 b; *Stürner* (Fn. 287) Rdnr. 790; *K. Schmidt* (Fn. 285) Rdnr. 75; großzügiger *Stürner* (Fn. 367) 284 f; *E. Schneider* (Fn. 367) 170.
372 So aber *Weber* WM 1979, 294 (→ Fn. 382).
373 Anders z. B. nach einem früheren erfolgreichen Widerspruch, → auch Rdnr. 77.
374 In der Rspr jetzt unstr., z. B. *OLGe Köln* MDR 1963, 141 = JMBlNRW 1962, 234 = Büro 699; *Frankfurt* MDR 1973, 60; *München* (Fn. 371); es betrifft aber nicht etwa das RechtsschutzB *Levin* JW 1912, 219 f.
375 *Nebelung* zu *LG Berlin* JR 1954, 143; zust. *OLG München* (Fn. 371); VersR 1993, 497 f.

tung, sei es der Freigabeaufforderung, sei es eines Ansuchens um weitere Aufklärung, **durchkreuzt,** hat im Sinne des § 93 den **Prozeß veranlaßt**[376]. Die Frage der Veranlassung ist zwar objektiv, ohne Rücksicht auf Verschulden, zu lösen → § 93 Rdnr. 12; eine Darlegungslast besteht jedoch nur, wenn der Dritte Kenntnisse hat, die der Gläubiger nicht haben kann[377].

61 aa) Wie weit die Darlegungslast des Dritten geht, ist Frage des Einzelfalls. Unstreitig ist dem Gläubiger nicht zuzumuten, auf bloßen Vermerk im Pfändungsprotokoll oder auf unsubstantiierte Bemerkungen des Dritten hin freizugeben. Auch ein Einstellungsbeschluß nach § 769 kann ihn dazu nicht nötigen, es sei denn aus dem Antrag wären die tatsächliche Grundlage des Widerspruchs und die Mittel der Glaubhaftmachung ersichtlich. Aber die Gründe, die dem Gericht für die *vorläufige* Maßregel genügten, brauchen nicht entfernt auszureichen, um den Gläubiger zur *endgültigen* Aufgabe seines Rechts zu veranlassen[378] oder dazu von sich aus Nachforschungen anzustellen[379]. Es ist erforderlich, daß der **Dritte dem Gläubiger die tatsächlichen Grundlagen seines Rechts**[380] **wahrscheinlich macht:** Das bloße Wort des regelmäßig unbekannten Dritten nötigt den Gläubiger nicht zu streitlosem Verzicht[381]. Legt aber z.B. der Dritte *alle* seine Urkunden vor und reichen diese objektiv nicht aus, um sein Recht wahrscheinlich zu machen, so daß der Gläubiger es weiterhin bestreitet, dann ist der Dritte auf gerichtliche Beweisaufnahme angewiesen[382]; → auch Rdnr. 11 Fn. 83.

62 Dabei handelt es sich aber *nicht um eine Glaubhaftmachung* i.S.d. § 294, denn sie kommt nur dem Gericht oder einer sonstigen Behörde gegenüber in Betracht, sondern um eine substantiierte Darlegung unter Mitteilung der in dem Interventionsprozeß vorzubringenden Beweismittel[383]. Auch den üblicherweise mitgeteilten *eidesstattlichen Versicherungen* kommt hier kein unmittelbarer Beweiswert, sondern nur die Bedeutung zu, daß der Gläubiger aus ihnen ersehen kann, wer in dem Prozeß als Zeuge benannt werden wird und mit welchem Inhalt der Aussage er ernstlich rechnen muß. Eidesstattlichen Versicherungen widersprechender Dritter ist deshalb kein größerer Wert beizumessen als ihrer einfachen Erklärung, zumal eine Strafbewehrung ausscheidet, weil der Gläubiger keine zuständige Stelle i.S.d. § 156 StGB ist[384]. Ebensowenig reichen regelmäßig eidesstattliche Versicherungen des Ehegatten des Widersprechenden[385] oder des Vollstreckungsschuldners[386] aus. Regelmäßig werden

---

[376] Vgl. *OLGe München* (Fn. 371); *Breslau* JW 1930, 2071 (*Jonas*), 1931, 3575; *Stuttgart* BB 1961, 842; *Köln* (Fn. 374); *LG Berlin* (Fn. 375); treffend *Scholtz* JW 1933, 2199; *Stürner* (Fn. 367); *E.Schneider* (Fn. 367) 168; *K. Schmidt* (Fn. 285) Rdnr. 75; *Stürner* (Fn. 287) Rdnr. 790; *Jauernig* ZwVR[19] § 13 V; *Brox/Walker*[4] Rdnr. 1446. Krit. zur Formulierung der 20. Aufl. *Gaul* (Fn. 287) § 41 X 4 a (insoweit richtig, als es um kostenrechtliche Lasten, nicht Pflichten geht).

[377] *Stürner* (Fn. 367) 276. → auch § 93 Rdnr. 10 a.E.

[378] *OLGe München* (Fn. 371); *Breslau* JW 1930, 2072; *KG* JW 1930, 570. – A.M. *RG* JW 1902, 213; *OLGe Dresden* SächsAnn 24, 155; JW 1930, 566; *Hamburg* OLGRsp 19, 75.

[379] A.M. *OLG Dresden* JW 1930, 566.

[380] Nicht auch die Vollmacht des auffordernden Anwalts *LG Berlin* KGBl 1911, 93, aber z.B. die zu sichernde Forderung bei angeblichem Sicherungseigentum *OLG München* (Fn. 371); *Köln* (Fn. 187).

[381] Allg.M. *RGZ* 61, 433; SeuffArch 59 (1904), 422; 61 (1906), 340; WarnRsp 11 Nr. 424 (sämtlich aus Anlaß des Verschuldens bei einer Schadensersatzklage → Fn. 460); ferner zahlreiche Entscheidungen der OLGe OLGRsp 1, 39; 2, 101; 3, 130; 5, 39f.; 9, 64; 11, 96; 15, 5; 17, 113; 19, 73, 75; *OLGe Celle* MDR 1954, 490; *Köln* (Fn. 374); *Frankfurt/M.* NJW-RR 1990, 1535.

[382] Dann hat der *Gläubiger* (wenngleich oft schuldlos → Rdnr. 60 a.E.) die Klage veranlaßt (→ aber auch Rdnr. 58 a.E.); freilich wird er kaum anerkennen, vgl. *OLG Hamburg* OLGRsp 17, 112f. – A.M. *Weber* (Fn. 372).

[383] *KG* (Fn. 378); *K. Schmidt* (Fn. 285) Rdnr. 75. Wenn verschiedentlich andere Formulierungen verwandt werden, um das Maß der erforderlichen Darlegung zu beschreiben (z.B. »wahrscheinlich machen« oder »substantiierte Freigabeaufforderung«), so liegt darin kein sachlicher Gegensatz, vgl. *OLG München* (Fn. 371).

[384] *BGH* WM 1965, 863; *E. Schneider* (Fn. 367), 169; ähnlich *K. Schmidt* (Fn. 285) Rdnr. 75.

[385] Vgl. z.B. *OLG Breslau* JW 1930, 2072. Allerdings nicht, weil deren Beweiswert aufgrund der engen Beziehung grundsätzlich gering zu veranschlagen ist (so aber wohl *OLG Breslau* aaO; → dagegen § 284 Rdnr. 70), sondern weil Behauptungen ohne Belege niemals ausreichen → Fn. 383.

[386] Vgl. *KG* JW 25, 2340; *OLG Köln* JW 1927, 2534. Zum Beweiswert → Fn. 385.

Urkunden in Urschrift oder beglaubigter Abschrift[387] vorgelegt werden müssen. Den Gläubiger auf die eigene Einsichtnahme zu verweisen, genügt nur dann, wenn die Urkunden nicht vorgelegt werden können, sich aber derart (wie z.B. bei Einreichung zu gerichtlichen Akten) am selben Ort befinden, daß sie ohne weiteres zugänglich sind[388]. Unter Umständen kann auch eine Darlegung der Identität der Sache erforderlich sein[389].

bb) Ebenso ist nach Lage des Einzelfalles zu beurteilen, **welche Zeit** dem zur Freigabe aufgeforderten Gläubiger für Rückfrage (→ Rdnr. 60), Erkundigung und Entschließung **freibleiben** muß[390]. Schweigt er oder lehnt er gegenüber einer (objektiv unzureichenden) Aufforderung die Freigabe ab, *ohne* weitere Darlegung zu verlangen (→ Fn. 375), so darf der Dritte annehmen, daß ein Prozeß nötig ist[391]. 63

cc) § 93 wird nicht dadurch ausgeschlossen, daß der Gläubiger anerkennt, obwohl ihm die Klage keine neuen Informationen bietet gegenüber der bisher unzureichenden Darlegung des Interventionsrechts; denn der Gläubiger steht einer Klage wesentlich anders gegenüber als einer privaten Aufforderung, bei der er noch nicht weiß, ob ihr die Klage folgen wird[392]. – Zum »sofortigen« Anerkenntnis trotz fortgeschrittenem Verfahren → § 93 Rdnr. 10. 64

c) Ist die Klage unzulässig wegen endgültiger (→ Fn. 83) *Freigabe*[393] vor Rechtshängigkeit[394], dann kann ein Schadensersatzanspruch wegen unterlassener Benachrichtigung des Dritten begründet sein. Für die Frage der Veranlassung zur Klage (§ 93) ist jedenfalls die rechtzeitige Benachrichtigung des Dritten von der Freigabe entscheidend. 65

d) Die **Kosten** gehören nicht zu § 788[395]; wegen der *Gebühren* s. §§ 12, 11 GKG, §§ 31, 49 BRAGO und zum *Streitwert* → § 3 Rdnr. 44 »Drittwiderspruchsklage«[396]. Zur Sicherheitsleistung des Dritten gilt das → § 769 Rdnr. 20 Gesagte. 66

VI. Verhältnis der Widerspruchsklage zu anderen Rechtsbehelfen

1. Im *Regelfalle* (→ jedoch § 766 Rdnr. 33) hat nach Beginn der Zwangsvollstreckung bis zum Erlösempfang durch den Gläubiger der **Dritte nur den Weg des § 771** oder des § 805[397], um sein Recht zur Geltung zu bringen[398]. Eine Klage auf Freigabe, Einwilligung in die Auszahlung des Hinterlegten, Herausgabe der gepfändeten Sache (§ 985 BGB) oder Unterlassung der Störung, die sich auf ein unter § 771 fallendes Recht stützt, denselben *praktischen* Zweck wie die Widerspruchsklage verfolgt und daher bei Anbringung vor dem Gericht des 67

---

[387] Beglaubigung durch Anwälte reicht regelmäßig aus *OLG Kassel* JW 1915, 294.
[388] Für uneingeschränkte Zusendungslast *E. Schneider* (Fn. 367) 170 mit Rücksicht auf die geringen Kosten moderner Vervielfältigungsmethoden; vgl. auch *KG* OLGRsp 27, 168; *OLG Breslau* JW 1930, 2072. – A.M. *OLG Colmar* OLGRsp 19, 75.
[389] *OLG Hamburg* OLGRsp 23, 106.
[390] Dazu *LG Bochum* Büro 1961, 349; *E. Schneider* Büro 1966, 985.
[391] *OLGe Hamburg* OLGRsp 31, 98; *Breslau* JW 1930, 572.
[392] S. dazu *Jonas* JW 1930, 2072; zust. *E. Schneider* (Fn. 367) 170 f.
[393] Erforderlich, hier aber auch genügend zur Aufhebung ist die Benachrichtigung des GV *OLG Dresden* OLGRsp 15, 278; *KG* KGBl 1908, 102.
[394] Zur Beweislast → Fn. 95.
[395] → dort Rdnr. 16.
[396] Zur Bestimmung des Werts, wenn sich die Klage gegen verschiedene Gläubiger richtet, die in denselben Gegenstand vollstrecken, *OLG München* Büro 1989, 848. – Zur Berechnung im Falle des Widerspruchs gegen eine Teilungsversteigerung (→ Rdnr. 82) *OLGe Frankfurt, Saarbrücken* Büro 1989, 1305, 1598; *Mümmler* Büro 1990, 1542 (Anwendung des § 3) – Wegen einer in ausländischer Währung ausgedrückten Urteilsforderung s. *RG* JW 1925, 772.
[397] → § 805 Rdnr. 16 f.
[398] *BGH* NJW 1989, 2542 = BB 2216; *BGHZ* 100, 104 (Fn. 327); 58, 13 (Fn. 5); *RGZ* 67, 310 ff.; 108, 260; Gruch. 57 (1913), 163 f.; *JW* (Beilage) 1902, 192 f. (gegen Besitzansprüche, §§ 858 ff. BGB, zust. *Pohle* (Fn. 212) 263 f.); *OLG Posen* OLGRsp 17, 334 f.; *MünchKommBGB-Medicus*[2] § 985 Rdnr. 46; *H. Schneider* DGVZ 84, 133; *Henckel* AcP 174 (1974), 109; *Jauernig* ZZP 66 (1953), 403 f.; *K. Schmidt* (Fn. 285) Rdnr. 12; *Zöller/Herget*[18] Rdnr. 4; *Gaul* (Fn. 287) § 41 XII 2 mwN; → auch Fn. 40. – A.M. *A. Blomeyer* (Fn. 1) 488, der von der privatrechtlichen Theorie als negatorischer Klage annimmt. Für die Zulassung der Klage nach § 259 (zu dem Fall, daß die Sache nach Entstrickung beim Gläubiger verbleibt, vgl. § 171 Nr. 2 GVGA) *Groß* DGVZ 1961, 131.

§ 771 als solche auszulegen wäre → Rdnr. 42, ist schon wegen § 802[399] vor einem anderen Gericht unzulässig[400]. – Für eine selbständige Feststellungsklage in bezug auf den Pfändungsakt, auf das Recht des Dritten oder das Nichtrecht des Schuldners fehlt regelmäßig das Interesse (s. aber zu § 256 Abs. 2 → Rdnr. 6), weil die Entscheidung ohne Einfluß auf die Vollstreckung wäre, § 775 Nr. 1[401], und die rechtskräftige Feststellung des für etwaige materiellrechtlichen Ansprüche erheblichen Gestaltungsgrundes wird durch das begehrte Urteil ohnehin erreicht, → Rdnr. 6 und 73 ff. Zur Konkurrenz zwischen einstw. Anordnungen (Abs. 3) und einstweiligen Verfügungen (§§ 935, 940) → vor § 704 Rdnr. 96[402].

68 Auch die nur *einredeweise* Geltendmachung des Rechts ist dem Dritten gegenüber einer einstweiligen Verfügung oder Herausgabeklage des Gläubigers (analog § 1227 BGB) versagt, denn sie ermöglicht es – im Unterschied zur Widerklage → Fn. 303 – nicht, einen zur Beseitigung der Pfändung nach § 775 f. geeigneten, gestaltenden Urteilsspruch zu erlassen[403]. Dagegen ist eine Klage auf Unterlassung des Betriebs der Zwangsvollstreckung möglich, wenn der Gläubiger dem Dritten gegenüber, z. B. aufgrund Vertrags, dazu verpflichtet ist[404]. Aber diese Klage fällt weder unter § 771 noch unter § 775 Nr. 1. Wegen gegenständlicher Beschränkung der Haftung durch Vertrag → § 766 Rdnr. 25, § 786 Rdnr. 7 ff.

69 Eine *Konkurrenz mit der Erinnerung nach § 766* kommt in Betracht, soweit die Voraussetzungen beider Rechtsbehelfe vorliegen → § 766 Rdnr. 55. Sie können dann auch zugleich eingelegt werden[405]. Wurde das Recht des Dritten im bereits abgeschlossenen Erinnerungsverfahren nur als Vorfrage geprüft, so steht das der Klage nach § 771 nicht entgegen[406]. Auch im Erinnerungsstreit mit dem Realgläubiger um die Mithaftung des Zubehörs[407] ist das Recht des Realgläubigers an sich nur als Vorfrage erheblich; aber über den eigentlichen Streitgegenstand, die Unzulässigkeit der Pfändung wegen § 865, wird rechtskräftig (→ § 766 Rdnr. 50) entschieden, so daß die Klage jedenfalls bei gleichbleibendem Sachverhalt unzulässig ist[408], auch wenn man sie sonst wahlweise zuläßt. Endlich kann der Forderungsprätendent (→ Rdnr. 20) gegen den Drittschuldner auf Leistung klagen und auf den Einwand der Pfändung erwidern, der Pfändungsbeschluß habe die Forderung nicht beschlagnahmt[409].

70 2. Der **Gläubiger** kann der Widerspruchsklage durch eine negative Feststellungsklage zuvorkommen[410], die am gewöhnlichen Gerichtsstand zu erheben ist[411]. Die Einrede der Rechtshängigkeit wird dadurch aber nicht begründet[412]. Wurde die Klage auf eine bestimmte

---

[399] Dazu *RGZ* 67, 311; *RG* Gruch 57 (1913), 163; *OLG Posen* OLGRsp 17, 334.
[400] *BGH* NJW 1989, 2542 (Fn. 398) mwN, ganz h. M.- A. M. *Jauernig* ZwVR[19] § 13 VII u. → Fn. 398: unbegründet. Aber auch eine am Gerichtsstand des Abs. 1 erhobene materielle Klage, die nicht als Klage nach § 771 ausgelegt werden kann (§ 139!), ist unzulässig → Fn. 398.
[401] → auch § 256 Rdnr. 95, 92.
[402] A. M. als dort *OLG Schleswig* SchlHA 1989, 44: Für § 935, 940 fehle das RechtsschutzB, weil § 771 Abs. 3 schneller und billiger zum selben Ziel führe. – Aber das stimmt eben nicht immer, vgl. *LG Bonn* (Rdnr. 97 vor § 704).
[403] *OLG Frankfurt* ZZP 53 (1928), 166 (abl. *Hagemann* aaO aus Zweckmäßigkeitsgründen; aber der Dritte ist nicht deshalb schutzwürdiger, weil ihm der Schuldner unerlaubt das Pfand übergeben hat); möglicherweise auch a. M. *OLG Koblenz* NJW 1960, 2196.
[404] *OLG Kassel* OLGRsp 15, 5: Der Anspruch wäre nach § 771 nicht durchsetzbar, weil er kein die Veräußerung hinderndes Recht ist (*RGZ* 142, 375). Ebenso *Hartmann* (Fn. 287) Einf. Rdnr. 6. → aber auch § 766 Rdnr. 33 a. E.

[405] *Prütting/Weth* (Fn. 1) 506 mwN; *K. Schmidt* (Fn. 285) Rdnr. 9; *Jauernig* ZwVR[19] § 13 II a. E.; *Blomeyer* ZwVR § 31 IX; *OLG Hamm* Rpfleger 1979, 22 li. Sp.; Rpfleger 1964, 342 = JMBlNRW 1963, 237. – Einschränkend (für § 771 fehle das RechtsschutzB, wenn der einfachere u. billigere Weg des § 766 offensichtlich und schnell zum Ziel führe) *Brox/Walker*[4] Rdnr. 1406; *Gaul* (Fn. 287) § 41 III 3; *OLG Bamberg* JR 1955, 25; *LG Kleve* MDR 1955, 621; *Geißler* (Fn. 1) 1871. § 766 führt zwar oft rascher zum Ziel, trifft jedoch bei den angefochtenen ZV-Akt, während § 771 dem Gläubiger auch eine erneute Vornahme schon nach § 775 f. abschneidet → Rdnr. 5 a, 7, 55 a. E. Offenlassend *OLG Hamburg* MDR 1959, 933.
[406] *BGH* (Fn. 68).
[407] → § 766 Rdnr. 55, § 865 Rdnr. 36.
[408] *KG* JW 1930, 3862. – A. M. *Gaul* (Fn. 287) § 41 XII 1; wohl auch *K. Schmidt* (Fn. 285) Rdnr. 9.
[409] *RG* JW 1898, 246 → Fn. 153.
[410] Vgl. *RGZ* 73, 278; *K. Schmidt* (Fn. 285) Rdnr. 14; ähnlich wie bei → § 767 Rdnr. 14.
[411] *Wieczorek*[2] Anm. B II b 4.
[412] → § 261 Rdnr. 62.

Pfändung bzw. auf einen Zeitraum beschränkt → Rdnr. 42, ist sie auch als *Widerklage* (→ Rdnr. 43) bezüglich weiterer Pfändungen oder über einen anderen Zeitraum zulässig. Gleiches gilt, wenn sich die Widerklage auf die Vollstreckung aus einem anderen Titel bezieht[413].

3. Die **Hauptintervention** (§ 64) konkurriert mit der Klage gegen Gläubiger und Schuldner (→ Rdnr. 53) nur dann, wenn das Urteil lediglich vorläufig vollstreckbar und der Gegenstand der Vollstreckung zugleich der des Rechtsstreits selbst ist, also bei nach §§ 883ff. zu vollstreckenden Ansprüchen[414]. Die Streitgenossenschaft ist hier eine notwendige, die Zuständigkeit nur[415] beim Gericht des Erstprozesses begründet. Die Vollstreckung kann *dann* nicht gemäß § 769 eingestellt, sondern höchstens mit einstweiliger Verfügung bekämpft werden[416]; solche Entscheidungen fallen aber nicht unter § 775 Nr. 1[417]. 71

4. Ist die **Zwangsvollstreckung** vor oder trotz der Widerspruchsklage **durchgeführt** worden[418], kann der Dritte gegen den **Erwerber**, falls man vom kaum beweisbaren Tatbestand des § 826 BGB absieht[419], weder *persönliche Rechte*[420] noch *dingliche Rechte* verfolgen wegen des Eigentumserwerbs, §§ 90ff. mit § 52 ZVG, der auch bei gepfändeten beweglichen Sachen eintritt → § 817 Rdnr. 21[421]; anders nur, wenn es sich um eine Übereignung nach § 894 handelt, die am bösen Glauben[422] oder an §§ 1365ff. BGB[423] scheitert, oder wenn gar kein Eigentumserwerb durch Zwangsvollstreckung in Frage steht, weil nur auf Herausgabe vollstreckt wird[424]. 72

a) Gegen den **Gläubiger**[425] ist wie nach früherem Recht[426] ein **Anspruch auf die Bereicherung** begründet[427], der außer bei Forderungen[428] nicht auf § 816 BGB gestützt werden kann[429], weil die Pfandveräußerung oder Zwangsversteigerung keine Verfügung des Gläubigers sondern ein Staatsakt ist[430], wohl aber auf § 812 BGB[431]. Der Gläubiger erhält den Erlös, der an die Stelle der Sache tritt[432], aufgrund seines zu Unrecht erlangten Pfandrechts (§ 818 73

---

[413] Vgl. *BGH* (Fn. 303), wo sich die Widerklage auf weitere Pfändungen aufgrund anderer Titel bezog.
[414] *K. Schmidt* (Fn. 285) Rdnr. 15.
[415] A.M. *Wieczorek*² Anm. E I b.
[416] → Rdnr. 96 vor § 704.
[417] Die Widerspruchsklage, eventuell verbunden mit einer Feststellungsklage gegen den Schuldner (→ Rdnr. 53), ist daher vorzuziehen, *Gaul* (Fn. 287) § 41 XII 4; *K. Schmidt* (Fn. 285) Rdnr. 15.
[418] → Rdnr. 11 f.
[419] So könnte sogar Rückübereignung verlangt werden über § 249 S. 1 BGB.
[420] Sie wirken nicht gegenüber dem Erwerber, dessen Erwerb kraft Hoheitsakt auch nicht rechtsgrundlos ist *BGHZ* 100, 100 = JZ 1987, 778 zu II = NJW 1881.
[421] Vgl. *RGZ* 156, 398 f. Auch §§ 869, 861 BGB scheiden aus, weil der Staatsakt den fehlenden Herausgabewillen ersetzt *Jauernig* BGB⁷ § 935 Anm. 2 b aa. Wegen § 817 Abs. 4, § 825 → Fn. 435.
[422] → § 898 Rdnr. 1–3.
[423] → Rdnr. 59 vor § 50, § 739 Rdnr. 29.
[424] Vgl. *BGHZ* 4, 284.
[425] Bei der Zwangsversteigerung gegen den letzten Befriedigten, *KG* OLGRsp 22, 400; 25, 251.
[426] Für das gemeine Recht *RGZ* 43, 178, *BayObLG* SeuffArch 35 (1880), 427; für das preußische Recht *RGZ* 40, 288.
[427] *BGH* (Fn. 199, abl. *A. Blomeyer* MDR 1976, 925); *BGHZ* 32, 244 = NJW 1960, 1461 = BB 680; *OLGe Hamburg* MDR 1953, 103; *Celle* NdsRpfl 1962, 230; *LG Lübeck* MDR 1962, 477; *Gerlach* (Fn. 356) 24 ff. u. die Fn. 431 Genannten. Zur umfangreichen älteren Lit → 19. Aufl. Fn. 176. – **A.M.** (nur gegen den Schuldner →

Rdnr. 80) *Hartmann* (Fn. 287) § 819 Rdnr. 2; *H. Böhm* Ungerechtfertigte ZV usw. (1971), 46 f.; *Günther* AcP 178 (1978), 456 f.; *Gloede* MDR 1972, 291; JR 1973; 99; *Schünemann* JZ 1985, 53; vgl. auch *Bötticher* ZZP 85 (1972), 14. Für Ansprüche sowohl gegen den Gläubiger als auch gegen den Schuldner *Thomas/Putzo*¹⁸ § 819 Rdnr. 9. Abl. auch die meisten ausländischen Rechtsordnungen, Überblick bei *Wahl* JZ 1971, 719.
[428] Nach Genehmigung der Leistung des Drittschuldners, § 816 Abs. 2 BGB. Offenlassend *BGH* (Fn. 199).
[429] So aber durch *RG* (Fn. 431) überholte Rsp (→ 20. Aufl. Fn. 240); *Huber* Versteigerung gepfändeter Sachen (1970), 166 f.; *E. Wolf* SachenR² § 8 J II a; *MünchKommBGB- Lieb*² § 812 Rdnr. 269.
[430] → § 814 Rdnr. 2; für den Erwerber ist er nicht rechtsgrundlos *BGH* (Fn. 420).
[431] *RGZ* 156, 395; *BGHZ* 100, 99 f. (Fn. 327); *KG* in BGH NJW 1962, 1498; *OLG Hamm* NJW 1989, 910¹⁴; *Brox/Walker*⁴ Rdnr. 470; *Erman/H. P. Westermann* BGB⁹ § 812 Rdnr. 74; *Gaul* (Fn. 287) § 41 XII 5 a; *Gerlach* (Fn. 356) 24 ff.; *MünchKommZPO-Schilken* § 804 Rdnr. 38; *Palandt/Thomas* BGB⁵³ § 812 Rdnr. 37; *Staudinger/Lorenz* BGB¹² § 812 Rdnr. 27; jetzt auch *Fikentscher* SchuldR⁸ (anders noch 7. Aufl.); *Lent* NJW 1955, 674; *Lüke* AcP 153 (1954), 533 ff. (der von ihm zugestandene »schwächste Punkt der öffentlich- rechtlichen Theorie« ist jedoch nicht vorhanden → Rdnr. 141 vor § 704 u. § 804 Rdnr. 23); *Schmitz* NJW 1962, 854; *v. Gerkan* MDR 1962, 784; *Nicklisch* NJW 1966, 434; *Gaul* AcP 173 (1973), 334; *Kaehler* JR 1972, 451. – *OLG Celle* OLGZ 1980, 14 wendet neben § 812 noch § 816 Abs. 2 an.
[432] → § 819 Rdnr. 2; vgl. auch *RG* (Fn. 431).

Abs. 1 BGB), also auf Kosten des Dritten zu Eigentum[433], und wenn er damit auch nur erhält, was der Schuldner zu leisten hätte, so erhält er es doch aus dem Vermögen des Dritten ohne Rechtsgrund auf sonstige Weise[434]. Entsprechendes gilt beim Erwerb nach § 817 Abs. 4 oder § 825[435]. → auch Rdnr. 6 zur präjudiziellen Wirkung des Interventionsurteils. Dies gilt auch zugunsten des Inhabers einer Bedingungsanwartschaft (Vorbehaltskäufer), wenn die Sache entgegen § 161 Abs. 1 S. 2 BGB verwertet wurde[436]. Die Rechtmäßigkeit des Staatsakts (→ Rdnr. 2) schließt diesen Anspruch ebensowenig aus wie die prozessuale Ordnungswidrigkeit als solche einen Bereicherungsanspruch begründet[437]. Auch das bis zur Aushändigung des Erlöses bestehende prozessuale Pfändungspfandrecht steht nicht entgegen, denn es bildet keinen Rechtsgrund zum Behaltendürfen des Erlöses → Rdnr. 141 vor § 704, § 804 Rdnr. 22 ff., 41, § 817 Rdnr. 15. Allein die materielle Rechtslage entscheidet, und danach ist der Anspruch begründet, es sei denn, daß der Dritte nach materiellem Recht für den Anspruch haftet[438] oder daß seine Widerspruchklage rechtskräftig abgewiesen ist[439], → Rdnr. 6. Ob die Interventionsklage schuldhaft versäumt wurde, ist – anders als beim Schadensersatz nach § 254 BGB – unerheblich[440].

74 Endgültige Güterzuweisung aufgrund einer der materiellen Rechtskraft ähnlichen »Vollstreckungskraft«[441] findet in der Zwangsvollstreckung nicht statt, da der Dritte am Vollstreckungsverfahren gar nicht beteiligt ist[442] und die materielle Rechtslage nicht geprüft wird[443]; ebensowenig steht ein »Vertrauen in die stabilisierende Funktion« der Zwangsvollstreckung dem Anspruch des Dritten entgegen[444]. Das Vertrauen des Gläubigers wird nach h. M. im Rahmen des § 818 Abs. 3 BGB geschützt: Die Bereicherung entfällt, wenn *wegen* der scheinbaren Befriedigung eine Beitreibung vor dem Vermögensverfall des Schuldners unterlassen wurde[445].

75 Dagegen kann der Gläubiger entgegen der h. M.[446] die aufgewandten Vollstreckungskosten nicht abziehen, ohne daß die Voraussetzungen → Fn. 446 gegeben sind. Diese Kosten als Aufwendungen anläßlich des Erwerbs des Verwertungsrechts anzusehen[447], ist praxisfremd und entspricht weder der Wertung der §§ 994 ff. BGB[448] noch des § 771[449], erst recht nicht des § 788[450]. Der Vollstreckungsauftrag ist aus der Sicht des Gläubigers in der Regel ein Versuch und wird wegen § 807 Abs. 1 dem Gerichtsvollzieher selbst dann erteilt, wenn mit Erfolg nicht zu rechnen ist. Deshalb können zumindest die Anwaltsgebühren und die Hälfte der Gebühr für die Pfändung (§ 17 Abs. 4 GVKostG) nicht abgezogen werden. Bei gleichzeitiger Pfändung auch dem Schuldner gehörender Sachen kämen als Abzug nur die Versteige-

---

[433] → Fn. 432.
[434] → § 819 Fn. 38.
[435] → § 817 Rdnr. 15, § 825 Rdnr. 15 f.; *BGHZ* 100, 99 f. (Fn. 327); *Brox/Walker*[4] Rdnr. 473 ff.; vgl auch *Gerlach* (Fn. 356) 22.
[436] *Medicus* BürgR[16] Rdnr. 466.
[437] → Rdnr. 142 vor § 704.
[438] → Rdnr. 48; vgl. *KG* OLGRsp 22, 250 (Vermieterpfandrecht). S. auch *RGZ* 162, 218 u. *OLG Celle* (Fn. 427) wegen des Einwandes des Gläubigers, der Dritte habe den versteigerten Gegenstand anfechtbar erworben.
[439] *BGH* LM Nr. 27 zu § 322; *RGZ* 70, 28; *Bötticher* (Fn. 19) 60 f., → auch Fn. 54.
[440] *BGH* NJW 1993, 2874 zu 2 b. Zu Überlegungen de lege ferenda *Gaul* ZZP 85 (1972), 307 ff.
[441] So *H. Böhm* (Fn. 427) 19, 68, 88.
[442] *Brox/Walker*[4] Rdnr. 470; *Bruns/Peters*[3] § 16 IV 3.
[443] *Gaul* (Fn. 431) 240; *Gerlach* (Fn. 356) 14 ff. → Rdnr. 1.
[444] So aber *Günther* (Fn. 427) 643 ff.
[445] *BGH* (Fn. 199) 155 mwN; differenzierend *Gerlach* (Fn. 356) 70 ff. – A. M. *Kaehler* (Fn. 431) 447; *A. Blomeyer* (Fn. 427), der § 818 Abs. 3 BGB für unanwendbar hält. § 819 BGB setzt jedoch positive Kenntnis voraus.
[446] *BGH* (Fn. 199, abl. *A. Blomeyer* Fn. 427); *BGHZ* 32, 244 (Fn. 427); *RGZ* 40, 293 (vor Geltung des BGB); *LG Lübeck* (Fn. 427); *Staudinger/Lorenz* BGB[12] § 816 Rdnr. 13; *Schilken* (Fn. 431) § 804 Rdnr. 38; *Hartmann* (Fn. 287) Einf. Rdnr. 4; *Herget* (Fn. 398) Rdnr. 23; *Gaul* (Fn. 287) § 41 XII 5 a; *Lent* (Fn. 431); *Lüke* (Fn. 431) 545 Fn. 45; *Schuler* NJW 1962, 1842; *Mümmler* Büro 1986, 509. – **Wie hier** *OLG München* WM 1975, 282 (Forderungspfändung); *AG Büdingen* NJW 1965, 1381 ausführlich u. mit zahlreichen Nachweisen; *Nicklisch* (Fn. 431); *Kaehler* (Fn. 431) 450 f.; *Gerlach* (Fn. 356) 59 ff.; *Blomeyer* ZwVR § 39 II 1 mwN; i. E. (aber noch gestützt auf § 816 BGB) auch *AG Soltau* NJW 1955, 674.
Der Gläubiger wird durch die Einbehaltung der Kosten (§ 6 GVKostG) von seiner primären Kostenpflicht (§ 3 GVKostG) auf Kosten des Dritten befreit. – A. M. *Palandt/Thomas* BGB[53] § 812 Rdnr. 39 (fehlende Unmittelbarkeit); *Brox/Walker*[4] Rdnr. 471. *Wieczorek*[2] Anm. C III b 1 will auch noch die Prozeßkosten absetzen lassen (?).
[447] So aber *BGH* (Fn. 199) sogar bei Forderungspfändung – gegen *OLG München* (Fn. 446) (Vorinstanz). Ein voller Abzug der Kosten als Aufwand für einen »Erwerb« scheitert schon an der Berechnung nach dem beizutreibenden Betrag, § 17 Abs. 1 GVKostG, §§ 7, 57 BRAGO, der den Wert der Sache weit übersteigen kann.
[448] *Gerlach* (Fn. 356) 61; *Reuter/Martinek* Ungerechtfertigte Bereicherung (1983), 622 f.
[449] *Gerlach* (Fn. 356) 64 f.
[450] → Fn. 356.

rungskosten für die Sache des Dritten in Betracht (§ 21 GVKostG). Auch diese hätte aber der Gläubiger nicht abziehen können, wenn er sie vorgeschossen hätte und der Erlös hinterlegt worden wäre, → Rdnr. 11. Würden sie aber vom Gerichtsvollzieher aus dem Erlös einbehalten, § 6 GVKostG, so könnte der Dritte sie herausverlangen, weil er nicht Kostenschuldner nach § 3 GVKostG ist[451].
Wegen der Rechte des Gläubigers gegen den Schuldner → § 815 Rdnr. 17, § 819 Rdnr. 1 a.E., 3.

b) **Ansprüche auf Schadensersatz gegen den Gläubiger** stützt die h.M. auf § 823 BGB[452]. Ein Verschulden des Gläubigers wird namentlich dann bejaht, wenn er selbst die Gegenstände der Pfändung oder sonstigen Vollstreckung bezeichnet oder die Verwertung betrieben hat, obwohl er das Recht des Dritten kannte oder kennen mußte[453]. → aber dazu Rdnr. 57 a.E. Die Kenntnis des Gerichtsvollziehers genügt nicht[454]. Verschulden wird auch angenommen, wenn der Gläubiger trotz genügender Aufklärung seitens des Dritten (→ Rdnr. 61 ff.) sein Pfandrecht nicht aufgibt oder die Freigabe ohne genügenden Grund verzögert[455], dem Dritten zu spät mitteilt oder ihn von der Geltendmachung seiner Rechte abhält. Die Rechtmäßigkeit des Staatsakts und das Pfändungspfandrecht stehen der Haftung nicht entgegen[456]. **76**

Haftung nach § 823 BGB wegen fahrlässiger Unkenntnis des Drittrechts scheidet aber aus, da bei Unkenntnis sein Verhalten nicht rechtswidrig ist[457] es sei denn er hätte **aufgrund besonderen Rechtsverhältnisses** darauf achten müssen. Eine Freigabepflicht als konkrete Verhaltenspflicht (wegen § 1004 → Rdnr. 56) ist unvereinbar mit dem Recht des Gläubigers, trotz »Glaubhaftmachung« auf einer Klärung im Prozeß zu bestehen[458]. Der Gläubiger wäre außerdem – auch ohne Verzug – der Zufallshaftung nach § 848 BGB ausgesetzt und der Anwalt wäre persönlich verantwortlich, obwohl er nicht gegen den Willen des Gläubigers freigeben darf. Die Rechtsprechung sucht die Konsequenzen der Deliktshaftung ohne ausreichende Begründung zu vermeiden: Fahrlässigkeit wird praktisch erst bejaht, wenn sich der Gläubiger vom Bestehen des Rechts überzeugen konnte[459]. Der Anwalt wird als Erfüllungsgehilfe behandelt und seine Eigenhaftung wird verneint[460] dem Gläubiger soll das sonst bei Inanspruchnahme eines gerichtlichen Verfahrens gewährte Haftungsprivileg[461] nicht zugute komme[462]. **77**

Diese Widersprüche werden vermieden, wenn man die Haftung für schuldhaftes Verhalten des Gläubigers nach der Pfändung auf entsprechende Anwendung der §§ 989, 990 Abs. 1 BGB stützt. Mit der Pfändung erwirbt der Gläubiger Besitz (→ § 808 Rdnr. 33 f.) und es entsteht trotz des vorläufig (→ § 804 Rdnr. 22 ff.) wirksamen, aber gemäß §§ 771, 776 **77a**

---

[451] *Blomeyer* ZwVR § 39 II 1; *Gerlach* (Fn. 356) 64. – A.M. *Kaehler* (Fn. 431), der eine Haftung des Dritten aus § 6 GVKostG ableiten will.

[452] BGHZ 55, 20; 58, 207 (→ Fn. 5); 67, 378 = NJW 1977, 384 f. (§ 847); 95, 10; BGH (Fn. 312); → dazu Rdnr. 44); *Thomas/Putzo*[18] Rdnr. 4; *Herget* (Fn. 398) Rdnr. 23; *Hartmann* (Fn. 287) Einf. Rdnr. 4; *Jauernig* ZwVR[19] § 13 II; *Bruns/Peters*[3] § 16 IV 3; *Berg* NJW 1972, 1996 f. – Krit. zur Deliktshaftung *Häsemeyer* Schadenshaftung im Zivilrechtsstreit (1979), 15 f., 66 ff. Er entwickelt besondere Grundsätze einer Streithaftung. Wegen § 717 Abs. 2 → Fn. 313.

[453] BGH WM 1965, 863 f. u. → Fn. 460; BGHZ 118, 201 (Fn. 312); RGZ 156, 400; JW 1911, 368; OLGe Hamburg, Dresden OLGRsp 3, 10; SächsArch 15, 627.

[454] → § 755 Rdnr. 5.

[455] RG Gruch 47 (1903), 659 f.; SächsArch 59, 422; 61, 340; JW 1911, 976; OLG Colmar OLGRsp 22, 403 u. zur Verzögerung der Freigabe RGZ 61, 432 f.; BGHZ 58, 210 (→ Fn. 5) u. KG OLGRsp 9, 119.

[456] → Rdnr. 24, 141 f. vor § 704.

[457] In BGHZ 118, 201 (Fn. 312) hatte der Gläubiger Kenntnis. – A.M. *Brox/Walker*[4] Rdnr. 467: das Verhalten (!) des Gläubigers sei rechtswidrig – etwa der Vollstreckungsauftrag? → dagegen Rdnr. 24 vor § 704. Vgl. allerdings auch BGHZ 58, 213 f. (Fn. 5) u. die dortige Unterscheidung zwischen privatrechtlicher und vollstreckungsrechtlicher Rechtswidrigkeit (zust. *Henckel* JZ 1973, 32). → auch Fn. 40.

[458] Ähnlich *Henckel* (Fn. 5) 330 zum Verschulden; *Wieczorek*[2] Anm. A IV, C III b; vgl. auch Mot. BGB III 407 f. zum unredlichen Besitzer. – Zumutbar ist allerdings, das Erhaltungsinteresse des Dritten zu wahren, falls dieser Sicherheitsleistung anbietet für alle Nachteile aus vereinbartem Verwertungsaufschub.

[459] BGHZ 67, 378 = JZ 1977, 270 = NJW 384 (strenge Maßstäbe für Glaubhaftmachung); BGHZ 55, 20 (Dritter habe Gläubiger zu überzeugen); *Henckel* (Fn. 5) 330; *Gaul* (Fn. 287) § 7 II 4 a bei Fn. 47.

[460] BGHZ 58, 207 → Fn. 5. *Henckel* JZ 1973, 32 gründet die vom BGH postulierte Sonderbeziehung auf § 1004 BGB; zust. *Bruns/Peters*[3] § 16 II 5; *K. Schmidt* (Fn. 285) Rdnr. 70. Im Ausgangspunkt ähnlich *Blomeyer* ZwVR § 35 III. Zu dieser Sonderrechtsbeziehung ferner BGHZ 74, 9 (Fn. 312) u. NJW 1985, 3081; krit. *Gaul* (Fn. 287) §§ 7 II 4 b u. 8 II 3 c.

[461] Dazu → Fn. 312.

[462] Vgl. BGHZ 74, 17 (Fn. 312). Daß der Gläubiger hier Beklagter ist, kann nicht entscheiden; mit der Freigabeverweigerung erzwingt er wie sonst ein Kläger die gerichtliche Klärung u. »ein Recht auf Irrtum« (BGH aaO) müßte auch ihm zustehen. Gegen die Zubilligung des Haftungsprivilegs auch BGHZ 118, 201 (→ Fn. 312).

aufhebbaren Pfändungspfandrechts eine der Vindikationslage vergleichbare Position⁴⁶³. Dem steht nicht entgegen, daß die Klage nach § 985 BGB durch § 771 verdrängt wird → Rdnr. 67; denn § 771 modifiziert nicht materielles Recht, sondern gewährt nur eine besondere Rechtsschutzform⁴⁶⁴. Die Kenntnis i. S. d. § 990 Abs. 1 BGB liegt schon dann vor, wenn Tatsachen nachgewiesen sind, die einem Redlichen den Schluß auf die fehlende Berechtigung aufdrängen⁴⁶⁵. Hat der Anwalt den Gläubiger nicht informiert, wird dessen Kenntnis entsprechend § 166 BGB zugerechnet; daneben findet § 278 BGB auf ein Verschulden Anwendung⁴⁶⁶.

78   Den *Dritten kann ein mitwirkendes Verschulden treffen*, § 254 BGB⁴⁶⁷, das u. U. zum Haftungsausschluß führen kann, wenn der Dritte seine Rechte nicht nach §§ 771, 769 zu wahren versucht hat⁴⁶⁸. Davon unberührt bleibt der Anspruch aus § 812 BGB, der auch bei der Verjährung des deliktischen Anspruchs nach § 852 Abs. 2 BGB fortbesteht und auf Erstattung eines Versteigerungserlöses geht, soweit der Gläubiger durch ihn bereichert ist⁴⁶⁹. Eine entsprechende Anwendung des § 717 Abs. 2 scheidet aus⁴⁷⁰.

79   c) Ist der Schaden des Dritten durch rechtswidriges und schuldhaftes *Verhalten des Gerichtsvollziehers* entstanden, etwa weil dieser entgegen § 775 Nr. 2 die Vollstreckung fortgesetzt hatte⁴⁷¹, so kommt **Amtshaftung** in Betracht, → Rdnr. 142 vor § 704. Ohne diese Voraussetzung ist eine Haftung des Staates ausgeschlossen; insbesondere scheiden Ansprüche aus Enteignung oder aus enteignungsgleichem Eingriff aus⁴⁷².

80   d) Ein Anspruch gegen den **Schuldner** nach § 812 BGB wäre – abgesehen vom Erhalt eines Übererlöses – nur denkbar, wenn der Dritte die Auszahlung des Erlöses an den Gläubiger durch nachträgliche Leistungsbestimmung (Genehmigung) zu einer eigenen Leistung an den Schuldner umwandeln könnte⁴⁷³.

---

⁴⁶³ *OLG Dresden* (Fn. 453); *OLG Jena* OLGRsp 2, 267; *LG Berlin* NJW 1972, 1675; zust. *Stürner* (Fn. 287) Rdnr. 792 Fn. 56; i. E. ebenso *Blomeyer* ZwVR § 35 III; vgl. auch *Gaul* (Fn. 287) (entspr.Anw. der §§ 989 ff. BGB sei diskutabel, § 41 XII 5 b, aber in der Begründung problematisch, aaO § 7 II 4 a a. E.); wie hier aber *Rosenberg/Schilken*¹⁰ § 53 V 1 d aa; *Schilken* (Fn. 431) § 804 Rdnr. 37. – A.M. noch die 19. Aufl.; RGZ 61, 431 f.; 108, 260; *Berg* (Fn. 452); *Brox/Walker*⁴ Rdnr. 465 u. *Bruns/Peters*³ § 16 IV 3 Fn. 57 gegen *LG Berlin* aaO, weil § 985 BGB ausscheide; so auch *BGHZ* 100, 104 (Fn. 327).

⁴⁶⁴ → Rdnr. 4, 6. So auch *Brehm* (Fn. 327); *Konzen* Rechtsverhältnisse zwischen Prozeßparteien (1976), 290; *Rosenberg/Schilken*¹⁰ § 53 V 1 d aa; vgl. auch *Gaul* (Fn. 287) § 8 II 3 c a. E.

⁴⁶⁵ Vgl. *BGHZ* 26, 258 ff.; 32, 92.

⁴⁶⁶ Zust. *Schilken* (Fn. 464). Anders *Blomeyer* ZwVR § 35 III: Er will § 166 BGB statt § 278 anwenden. § 990 Abs. 2 BGB verlangt aber Kenntnis bzw. Kennenmüssen **und** Verschulden. – Zur Kenntniszurechnung **nach** Pfändung vgl. *Lorenz* JZ 1994, 535 f. Dies ist meist unnötig, weil der Gläubiger vom Anwalt informiert werden muß (§§ 675, 666 BGB, vgl. *Feuerich* BRAO² § 43 Rdnr. 152); *BGHZ* 109, 266 = NJW 1990, 511). § 39 der Grundsätze des anwaltlichen Standesrechts, der dieselbe Rechtspflicht zum Inhalt hat, hat nur deklaratorische Bedeutung, weshalb die Frage nach der Geltungskraft der Standesrichtlinien (dazu *BVerfGE* 76, 171 u. 196 = NJW 1988, 191 u. 194) hier bedeutungslos ist.

⁴⁶⁷ Vgl. *OLG München* OLGRsp 26, 388, wo der Dritte fälschlich mitteilte, er habe interveniert; obiter *BGH* NJW 1993, 2574 zu 2 b a. E.

⁴⁶⁸ Vgl. *Palandt/Heinrichs* BGB⁵³ § 254 Rdnr. 42; *BGH* NJW 1993, 524. Freilich obliegt dann dem Gläubiger der Beweis, daß Einstellungsanträge bzw. die Klage des Dritten aussichtsreich gewesen wären (vgl. auch → § 719 Rdnr. 14), woran es z. B. fehlt, wenn der Dritte damals noch keine Beweismittel zur Verfügung hatte. – A. M. *Blomeyer* ZwVR § 39 III (Umkehrschluß aus § 839 Abs. 3 BGB).

⁴⁶⁹ *RGZ* 156, 400.

⁴⁷⁰ → § 717 Rdnr. 66 Fn. 282.

⁴⁷¹ In Betracht kommt auch Verletzung einer Amtspflicht zur Benachrichtigung dem GV bekannter Dritter, falls deren Recht nachgewiesen oder zumindest glaubhaft gemacht ist → § 808 Rdnr. 30; einfache Bescheinigung eines Zeugen läßt *OLG Düsseldorf* NJW-RR 1992, 1246 (gegenüber Finanzbehörde als Gläubiger) nicht ausreichen. Amtshaftung scheidet jedoch aus, wenn der Dritte so rechtzeitig anderweitige Kenntnis hatte, daß er noch nach § 771 Abs. 3 oder § 815 Abs. 2 hätte vorgehen können, § 839 Abs. 3 BGB.

⁴⁷² → Rdnr. 142 a. E. vor § 704 mwN; *Gaul* (Fn. 287) § 3 III 3 a. E.

⁴⁷³ *Kaehler* (Fn. 431) stützt dieses Ergebnis auf § 816 BGB (?); s. auch *Gerlach* (Fn. 356), 33: »ähnlich § 816 BGB«. Dieser gilt aber nur im Falle → Fn. 428. – Weitergehend (ohne auf Genehmigung abzustellen), falls dem Gläubiger schuldlos der Erlös abhandenkommt, *Blomeyer* ZwVR § 51 IV 2; vgl. auch *Wahl* (Fn. 427); beide unter Berufung auf *v. Caemmerer* FS für H. Dölle I (1963) 135 ff. – sog. Rückgriffskondiktion, vgl. *BGH* NJW 1986, 2700; abl. aber *Medicus* BürgR¹⁶ Rdnr. 951; *Gernhuber* BürgR³ § 45 II 2 e mwN; *MünchKommBGB-Lieb*² § 812 Rdnr. 76 f.; *Schilken* (Fn. 431) Rdnr. 36. Die Problematik der Rückgriffskondiktion verkennt *Gerlach* aaO. – Zur Gegenmeinung, die generell nur Bereicherungsansprüche gegen den Schuldner anerkennt, vgl. die Nachweise Fn. 427.

Zum Schadensersatz des Gläubigers wegen **ungerechtfertigter Einstellung** (Abs. 3) → 80a
Rdnr. 44.

VII. Entsprechende Anwendung

Bei der Zwangsversteigerung zwecks Aufhebung einer Gemeinschaft (§ 753 Abs. 1 BGB, 81
§ 180 ZVG) ist § 771 entsprechend anzuwenden[474], wenn ein Beteiligter, z. B. Miteigentümer
(→ Rdnr. 16) Einwendungen aus materiellem Recht erhebt[475]. Ist die Einwendung allerdings
aus dem Grundbuch ersichtlich, so stellt deren Nichtbeachtung durch das Vollstreckungsgericht einen Verfahrensfehler dar (§ 28 ZVG), der auch gem. § 766 gerügt werden kann[476].

§ 772 [Widerspruchsklage bei Veräußerungsverbot]

¹Solange ein Veräußerungsverbot der in den §§ 135, 136 des Bürgerlichen Gesetzbuchs bezeichneten Art besteht, soll der Gegenstand, auf den es sich bezieht, wegen eines persönlichen Anspruchs oder auf Grund eines infolge des Verbots unwirksamen Rechtes nicht im Wege der Zwangsvollstreckung veräußert oder überwiesen werden. ²Auf Grund des Veräußerungsverbots kann nach Maßgabe des § 771 Widerspruch erhoben werden.

Gesetzesgeschichte: Seit 1900 RGBl. 1898 I 256.

I. Widerspruch wegen Veräußerungsverbots[1]

1. Nach §§ 135 ff. BGB können Veräußerungsverbote, die den **Schutz bestimmter Personen** 1
bezwecken (Abgrenzung → Rdnr. 2–5), durch *Rechtsgeschäft* nicht mit Wirkung gegen Dritte
begründet werden, es sei denn, daß dies entgegen § 137 BGB ausdrücklich gestattet ist, wie in
§§ 5–8 ErbbauVO, 12 WEG; wegen § 399 BGB → Rdnr. 6. Im übrigen können sie nur auf
Gesetz, richterlicher oder behördlicher Anordnung beruhen. Gesetzlich angeordnete Fälle[2]

---

[474] Obwohl die Teilungsversteigerung keine ZV (BGHZ 13, 136) u. die widersprechenden Gemeinschafter nicht Dritte ist, bejaht dies allg. M. BGH NJW 1985, 3067 (Fn. 25); FamRZ 1972, 363; 1984, 563; Fn. 350); OLGe Hamm Rpfleger 1979, 20 (eingehende Begründung); Karlsruhe MDR 1992, 904 (nebst entspr. Anw. des § 771 Abs. 3); Schleswig Rpfleger 1979, 472; SchlHA 1989, 44; Frankfurt FamRZ 1985, 404; Karlsruhe OLGZ 1983 = KTS 1984, 159; BayObLGZ 1971, 253 = MDR 1972, 53; MDR 1981, 506; *K. Schmidt* (Fn. 285) Rdnr. 5; *Gaul* (Fn. 287) § 41 III 2 b; *Brox/Walker*[4] Rdnr. 1409; *Zeller/Stöber* ZVG[14] § 180 9.8. mwN. Zu § 1365 BGB → Fn. 475.

[475] Z. B. aus § 1477 Abs. 2 BGB BGH NJW 1985, 3067 (Fn. 25) u. OLG Frankfurt (Fn. 474), dort auch zur Frage der Zuständigkeit des FamG; aus § 2044 BGB *OLG Hamburg* NJW 1961, 610; aus § 752 BGB *LG Darmstadt* MDR 1958, 928. – Zur umstrittenen Frage der (analogen) Anwendung des **§ 1365 BGB** wird häufig vertreten, bereits die Antragstellung bedürfe der Zustimmung des anderen Ehegatten, so *OLGe Hamm* Rpfleger 1979, 20; Bremen Rpfleger 1984, 156 (*Meyer-Stolte*); Celle Rpfleger 1981, 69; *BayObLG* Rpfleger 1979, 135; 1980, 470; FamRZ 1985, 1040; *Zeller/Stöber* ZVG[14] § 180 Rdnr. 3 3.13 e, f mwN. – A.M. *KG* NJW 1971, 711; *Münch-*

KommBGB-Gernhuber[3] § 1365 Rdnr. 55 mwN. Neben § 771 gewähren manche aber auch § 766, wenn die Voraussetzungen des § 1365 BGB unstr. sind *OLGe Frankfurt* Rpfleger 1975, 330; *Zweibrücken* OLGZ 1976, 455; *Koblenz* Rpfleger 1979, 203; *Bremen* aaO; *LG Bielefeld* Rpfleger 1986, 271 (*Böttcher*); Palandt/Diederichsen BGB[53] § 1365 Rdnr. 8; *Gernhuber* aaO Rdnr. 55a; weitergehend *OLG Hamm* aaO. Für § 766 schon dann, wenn begründete Zweifel an den Voraussetzungen des § 1365 Abs. 1 BGB bestehen, *LG Krefeld* Rpfleger 1990, 523; *Zeller/Stöber* aaO 3.13 i. – Keine Zustimmung nach § 1365 BGB auch dann, wenn die Teilungsversteigerung auf einem Pfändungspfandrecht beruht, *OLGe Köln* NJW-RR 1989, 325; *Düsseldorf* NJW 1991, 851 = Rpfleger 215; *Dörr* NJW 1991, 1092; *Diederichsen* aaO § 1365 Rdnr. 8; zweifelnd (Frage sei offen) *Ebeling* Rpfleger 1991, 351 (Fn. 29); a.M. *Zeller/Stöber* aaO 3.13 q.

[476] *Brox/Walker*[4] Rdnr. 1409; *OLG Hamm* (Fn. 475).

[1] Lit.: *Sohm* Wesen u. Voraussetzungen usw. (1908), 121 ff.; *Gerhardt* FS für Flume (1978) 527 ff. Zur Abgrenzung und Systematik zivilrechtlicher Verfügungshindernisse *E. Wagner* Vertragliche Abtretungsverbote etc. (1994), 58 ff., 471 ff.

[2] Vgl. auch *BayObLG* JW 1928, 3391 (staatliche Aufsicht über Stiftungsvermögen).

§ 772 I   Erster Abschnitt: Allgemeine Vorschriften   560

finden sich in §§ 1128 ff. BGB mit §§ 97 ff. VVG³, § 284 Abs. 2 StPO. Wegen §§ 1123 f. BGB
→ aber § 865 Rdnr. 30 f. *Richterliche* Verbote dieser Art können namentlich als einstweilige
Verfügungen nach §§ 935, 940⁴ oder gemäß § 1019 ZPO, § 58 VerglO⁵, § 106 KO⁶, § 2 Abs. 3
GO erlassen werden. Zu § 21 Abs. 2 InsO → Fn. 6 und Rdnr. 5 a.

2   2. § 772 ist **nicht** auf die mit der Pfändung oder sonstigen Beschlagnahme im Wege der
Zwangsvollstreckung und der *Konkurs- oder Vergleichseröffnung* kraft Gesetzes verbundenen Verfügungs- und Veräußerungsverbote anzuwenden, weil hier der Zugriff weiterer
Gläubiger gesetzlich besonders geregelt ist. So können *Sachen* und *Rechte* mehrfach gepfändet werden, §§ 826, 853, und die Belange der konkurrierenden Gläubiger werden ausschließlich durch die Rangfolge der Pfändungspfandrechte (§ 804) sowie durch das Verteilungsverfahren (§§ 872 ff.) gewahrt. Ähnliches gilt in der *Immobiliarvollstreckung* für den Antrag
eines weiteren Gläubigers, der trotz Beschlagnahmewirkung gemäß §§ 10, 23, 148 ZVG nach
§ 27 ZVG als Beitritt zugelassen wird, s. auch §§ 105 ff. ZVG⁷; die *nachträgliche* Mobiliarvollstreckung in die beschlagnahmten Gegenstände ist hier ohnehin durch § 865 Abs. 2 Satz 2
ausgeschlossen, wenn sie nicht schon an § 865 Abs. 2 Satz 1 scheitert. Auch eine schwebende
Zwangsverwaltung schließt nicht den Antrag eines anderen Gläubigers auf Zwangsversteigerung aus, ohne Rücksicht darauf, ob die Zwangsverwaltung von dem besser berechtigten
Gläubiger betrieben wird⁸. Wegen der Wirkung der Immobiliarbeschlagnahme auf eine
vorher bewirkte Pfändung → § 865 Rdnr. 26 ff., § 810 Rdnr. 11 ff.

3   Die *Konkurseröffnung* und die Eröffnung gemäß § 5 GesO wirkt für die Konkursgläubiger
als Vollstreckungshindernis, § 14 KO, § 22 Abs. 4 GesO, dessen Mißachtung ausschließlich
nach § 766 zu rügen ist⁹, wogegen ihre Wirkung bei der Vollstreckung für andere Gläubiger in
§ 15 KO (§ 91 InsO) zwar parallel zu § 135 BGB, aber durchaus selbständig geregelt ist →
Rdnr. 62 f. vor § 704, § 804 Rdnr. 37. Für ab 1999 eröffnete *Insolvenzverfahren* → § 766
Rdnr. 16 nach Fn. 90. Die dem § 14 KO (§ 89 InsO) entsprechende Wirkung der *Nachlaßverwaltung*, § 1984 Abs. 2 BGB, hat in § 784 ihre besondere prozessuale Regelung erfahren.
Ferner ist das *Vergleichsverfahren* ein nach § 766 geltend zu machendes Vollstreckungshin-
dernis für die in → Rdnr. 63 vor § 704 genannten Gläubiger, → § 775 Rdnr. 35 ff. (auch zur
Gesamtvollstreckung und zum neuen Insolvenzverfahren).

4   3. Vormerkung und Widerspruch, §§ 883, 899 BGB, sind zwar dem Veräußerungsverbot
verwandt, fallen aber nicht unter §§ 135 f. BGB¹⁰, ebensowenig § 161 BGB. Zum Eigentumsvorbehalt → § 771 Rdnr. 18 und Fn. 140, 141.

5   4. Die **absoluten**, d. h. gegenüber jedermann wirkenden Veräußerungsverbote und -hinder-
nisse mangels Verfügungsbefugnis, §§ 134, 719, 1365 Abs. 1 Satz 2¹¹, 2211 BGB, §§ 290 ff.,
443 StPO fallen **nicht** unter § 772. Dahin gehört auch die mit der Eintragung in das Grundbuch

---

³ Vgl. *RGZ* 95, 208 (anders *Blomeyer* ZwVR § 38 I 1 a
mwN; *Henckel* KO⁹ § 1 Rdnr. 77 mwN, auch für die hier
vertretene Ansicht); *BGH* MDR 1985, 301²² u. zum Anwendungsbereich des § 156 *BGHZ* 56, 350.
⁴ → § 938 Rdnr. 25.
⁵ *Rosenberg/Gaul*¹⁰ § 41 VI 10a.
⁶ H.M. *LG Hannover* DGVZ 1990, 42; *Henckel* JZ
1986, 695; *MünchKommZPO-K.Schmidt* Rdnr. 5 mwN;
Gerhardt FS 100 Jahre KO (1977), 123 (außer bei Sequestration, → dagegen Fn. 16). Wirksam wird der Beschluß
mit Verkündung oder Zustellung *BGHZ* 83, 158 = JZ
1982, 569 = NJW 1982, 2074 f. § 23 InsO sieht öffentliche Bekanntmachung u. Registereintragungen vor, § 24
Unwirksamkeit von Verstößen des Schuldners entsprechend § 81 InsO (bisheriger § 7 KO).

⁷ *K.Schmidt* (Fn. 6) Rdnr. 13, allg. M.
⁸ *Zeller/Stöber* ZVG¹⁴ § 15 Rdnr. 36.2 mwN auch zur
Gegenansicht.
⁹ *Jaeger/Henckel* KO⁹ § 14 Rdnr. 44 mwN; *J.Blomeyer*
Erinnerungsbefugnis (1966) 80; für konkurrierende Gläubiger billigt er entgegen *Henckel* aaO § 766 zu. → auch
§ 766 Fn. 89, Rdnr. 33. – A.M. *Sohm* (Fn. 1) 130 ff.; *OLG
Düsseldorf* KTS 1969, 109; § 14 KO (§ 89 InsO) ist jedoch
nicht nur eine verfahrensrechtliche Sonderregelung *Gerhardt* (Fn. 1) 534.
¹⁰ *OLG Hamburg* MDR 1963, 509; *Beer* Die relative
Unwirksamkeit (1974), 138 ff., allg. M.
¹¹ *BGHZ* 40, 218 = NJW 1964, 347; → § 739 Rdnr. 29,
§ 771 Rdnr. 82 mit Fn. 475.

wirksam werdende Veräußerungssperre nach § 75 BVG[12]. Die Sperre hindert aber nicht die Vollstreckung aus einem voreingetragenen Recht[13].

Dagegen steht das Veräußerungsverbot nach **§ 106 Abs. 1 S. 3 KO** oder eine vorläufige Verwaltung bis zur Eröffnung gemäß § 2 Abs. 3 GesO[14] auch dann nicht einer *Pfändung* (zur Verwertung → aber Rdnr. 9) entgegen, wenn ein Sequester bestellt wird[15]. Die Gegenmeinung[16] nimmt hier absolute Unwirksamkeit an (was auch nach § 21 Abs. 2 Nr. 2 InsO nicht naheliegen dürfte, arg. § 21 Abs. 2 Nr. 3 InsO), soweit der Sequestrationszweck beeinträchtigt würde, so daß der Sequester nach § 766 die Aufhebung einer Vollstreckungsmaßregel erreichen könne, wenn er darlege, daß er durch sie an einer erforderlichen Verfügung gehindert sei. Sachpfändungen können allerdings am Gewahrsam des Sequesters scheitern, § 809. Zur Anfechtung solcher Pfändungen nach Konkurseröffnung s. § 30 Nr. 2 KO; nach § 88 InsO wird jedoch hier die Anfechtung entbehrlich.

5. Für *Abtretungsverbote* gemäß §§ 399, 413 BGB[17] gilt stets nur § 851[18], → dort Rdnr. 27 ff. (auch zu Fällen relativer Unwirksamkeit, die dorthin und nicht zu § 772 gehören).

II. Materiellrechtliche Wirkung der Verbote

1. Verfügungen, die gegen relative Veräußerungsverbote der → Rdnr. 1 bezeichneten Art verstoßen, sind nach § 135 BGB weder unzulässig noch nichtig, sondern nur der geschützten Person gegenüber **unwirksam** mit Ausnahme der Rechtsinhaltsbestimmungen nach § 5 ErbbVO, §§ 12, 35 WEG, die aber trotzdem vollstreckungsrechtlich § 772 unterfallen, §§ 8 ErbbVO, 12 Abs. 3 5.3 WEG. Die Wirkung der Verfügung, z. B. der Eigentumsübergang bei Sachen, tritt zwar ein, kann aber nicht zum Nachteil der Verbotsgeschützten geltend gemacht werden. Wenn daher in § 135 Abs. 1 Satz 2 BGB der rechtsgeschäftlichen Verfügung die im *Wege der Zwangsvollstreckung* oder der Arrestvollziehung erfolgende gleichgestellt wird, so folgt daraus, daß die staatlichen Akte gesetzlich zulässig[19] und rechtmäßig sind, auch die ihnen sonst zukommende Wirkung erzeugen, daß aber der Pfandgläubiger dem geschützten Dritten weichen muß, falls er während der Geltung des Verbots gepfändet hatte[20]. Gutgläubiger Erwerb des Pfändungspfandrechts nach § 135 Abs. 2 BGB scheidet zwar aus, da er nur bei rechtsgeschäftlichem, nicht beim Erwerb im Wege der Zwangsvollstreckung möglich ist[21].

---

[12] I.d.F. vom 22.I.1982 (BGBl. I 21).
[13] *Stöber* (Fn. 8) § 15 Rdnr. 7.1; Nachweise zum früheren Recht → 20. Aufl. Fn. 10.
[14] *Arnold* DGVZ 1993, 35 Fn. 9.
[15] So die h.M. *OLG Stuttgart* KTS 1985, 349; *LG Hannover* (Fn. 6); *Eickmann* KTS 1974, 203 mwN; *Fricke* MDR 1978, 100; *Gaul* (Fn. 5) § 41 VI 10b; *Kilger/K. Schmidt* KO[16] § 106 Anm. 3; *Kuhn/Uhlenbruck* KO[10] § 106 Rdnr. 4b; für die GesO *Arnold* (Fn. 14) 34 Fn. 9: vorbehaltlich § 2 Abs. 4 GesO. Auch nachträgliche Konkurseröffnung begründet hier keine Erinnerung *LG Hannover* aaO. S. dazu auch *W.Lüke* ZIP 1989, 3.
[16] *Gerhardt* (Fn. 1) 538 ff.; *derselbe* (Fn. 6) 124 ff.; ähnlich, aber über den Weg des S. 2 *Koch* Die Sequestration usw. (1982), 63 ff., dagegen ausführlich *Gaul* (Fn. 5) § 41 VI 10b. Die Vollstreckungssperre folgt selbst aus der Annahme absoluter Unwirksamkeit noch nicht (*Gerhardt* aaO 122), sondern erst aus der Heranziehung der §§ 7, 14 KO. Die KO gibt hierfür keine ausreichende Grundlage, auch wenn eine Regelung im Interesse eines effektiven Sequestrationsverfahrens zu begrüßen wäre. Erst § 21 Abs. 2 Nr. 3 InsO schafft hier Abhilfe. *AG Bonn* DGVZ 1979, 76 hält Pfändungen für unzulässig trotz Anwendung der §§ 135 f. BGB (?), → dagegen Fn. 28 f.
[17] Zu ihrer Wirkung *BGHZ* 112, 389 f. = NJW 1991, 559; 108, 176 = JZ 1989, 807 = NJW 1990, 110 je mwN; krit. *E. Wagner* JZ 1994, 227 mwN; ausführlich *derselbe* (Fn. 1).
[18] *K. Schmidt* (Fn. 6) Rdnr. 8; *E. Wagner* (Fn. 1) 228 f., 316, 481 je mwN.
[19] Ganz h.M. – Anders *Wieczorek*[2] Anm.B II d, der zu § 106 Abs. 1 KO dem Konkursverwalter die Erinnerung gewähren will; aber dieses Veräußerungsverbot ist keine Beschlagnahme und hat nicht die Kraft des § 14 KO → Fn. 16.
[20] Z.B. entgegen § 938 Abs. 2 oder § 106 Abs. 1 S. 3 KO. Untypisches Beispiel: G[1] pfändet Sache, obwohl seine Titelforderung dem G[2] nach § 835 überwiesen ist *AG Bad Seegeberg* DGVZ 1989, 121. **Vorherige** Pfändungen erlauben die Verwertung (→ Rdnr. 8), außer in den Fällen → § 775 Rdnr. 35 f.
[21] S. auch *RGZ* 90, 335 ff.

§ 772 II – IV Erster Abschnitt: Allgemeine Vorschriften

Zum Eigentumserwerb durch Versteigerung → aber § 817 Rdnr. 21 sowie §§ 91 f. ZVG[22], zu sonstiger Veräußerung s. §§ 825, 844.

8 2. Dagegen tritt die Unwirksamkeit **nicht** ein, wenn die Vollstreckung aufgrund eines *trotz des Verbots wirksamen Rechts* erfolgt (arg. S. 1 2. Fall). So z. B., wenn die Vollstreckung zur Durchführung eines solchen Rechts, z. B. eines gesetzlichen oder Vertragspfandrechts, Pfändungspfandrechts[23] oder einer Hypothek usw. erfolgt[24], und dies *vor* dem Verbot entstanden oder wegen guten Glaubens wirksam ist. → auch § 865 Rdnr. 28, § 810 Rdnr. 11 f. Ferner entfällt die Unwirksamkeit, wenn der Verbotsgeschützte der *Verfügung zustimmt*[25] oder das Verfügungsverbot aufgehoben wird.

III. Verfahren bei der Vollstreckung

9 Da bei der Versteigerung oder Veräußerung nach § 825 der Ersteher/Erwerber ohne Rücksicht auf das Recht des Dritten Eigentümer wird[26], ist der durch das Verbot Geschützte der Gefahr ausgesetzt, daß die Vollstreckung zu einer auch *ihm* gegenüber wirksamen **Veräußerung** führt, → auch § 771 Rdnr. 72. Eine Veräußerung oder sonstige Verwertung (§§ 835, 844) unter Rücksichtnahme auf die Belange des Dritten scheidet aber aus[27]. Deshalb enthält § 772 Satz 1 die *Ordnungsvorschrift*, daß eine Veräußerung oder Überweisung nicht erfolgen »soll«. Zur Geltung außerhalb der ZPO s. § 167 VwGO, § 262 AO, § 5 VwVG. Die *Pfändung* ist rechtmäßig → Rdnr. 7, sie darf deshalb auch bei Kenntnis des Veräußerungsverbots *nicht abgelehnt* werden[28], ebensowenig die Eintragung der Sicherungshypothek, § 867[29], oder die Anordnung der Zwangsversteigerung oder Zwangsverwaltung[30]. Dagegen »soll« die Veräußerung (Versteigerung) oder Überweisung abgelehnt werden, wenn wegen eines persönlichen Anspruchs, § 241 BGB, vollstreckt wird[31] oder wenn bei der Vollstreckung aufgrund anderer Rechte feststeht, daß die relative Unwirksamkeit gegenüber dem Geschützten eintritt[32]. Jedoch wird das Vollstreckungsorgan im Rahmen der ihm obliegenden Prüfung[33] praktisch kaum das Bestehen, die Wirksamkeit und den Rang des Verbots feststellen können, so daß der Dritte auf Rechtsbehelfe angewiesen ist → Rdnr. 10 ff. Wegen des Konkurses/Insolvenzverfahrens s. § 13 KO (§ 80 Abs. 2 InsO).

IV. Rechtsbehelfe

10 1. Die Verletzung der Ordnungsvorschrift → Rdnr. 9 kann von dem geschützten *Dritten* im Wege der **Erinnerung** nach § 766 geltend gemacht werden[34]. Dem Schuldner steht sie aus dem

---

[22] Für Erlöschen des Veräußerungsverbots nur nach § 91 ZVG *Zöller/Herget*[18] Rdnr. 2; auch für bewegliche Sachen *Brox/Walker*[4] Rdnr. 1426; *K. Schmidt* (Fn. 6) Rdnr. 16.
[23] → Fn. 20.
[24] → Rdnr. 3 vor § 803.
[25] H.M. *Palandt/Heinrichs* BGB[53] § 136 Rdnr. 8; *Flume* Allg. Teil BGB Bd.II[3/4] § 17/6; *Gerhardt* (Fn. 1) 532. Zur dogmatischen Einordnung *E. Wagner* (Fn. 1) 314 f., 476 f. – Freilich muß der Dritte dazu berechtigt sein (vgl. z. B. § 64 Satz 2 VerglO).
[26] → § 817 Rdnr. 21.
[27] Begr. Nov 1898, 157; vgl. auch Mot. BGB V, 117.
[28] *RGZ* 80, 33; *KG* u. *OLG Frankfurt* OLGRsp 22, 370; 33, 151 (alle zu § 773), allg. M.
[29] *LG Frankenthal* Rpfleger 1981, 438 zu § 106 KO (→ aber Fn. 6 a. E.); *KG* OLGRsp 7, 352 = KGBl 27 A 133 zu § 773, allg. M.

[30] *Stöber* (Fn. 8) § 15 Rdnr. 36.1 mit Verweisung auf Rdnr. 30.12: Mit Einstellungsbeschluß ist Fortgang des Versteigerungsverfahrens zu verhindern *LG Berlin* Rpfleger 1987, 457 (str., ob mit Fristsetzung). – A.M. *Wieczorek*[2] Anm. C II; aber die rangwahrende Beschlagnahme; § 10 Abs. 1 Nr. 1, 5 ZVG, sollte persönlichen Gläubigern nicht versagt werden, da das Verbot enden kann (→ Rdnr. 13), vgl. auch *Lemberg* ZZP 55 (1930) 155. – Bei Zwangsverwaltung gilt § 772 nur, wenn das Verbot sich auch auf die Nutzungen bezieht, → auch § 773 Fn. 3.
[31] Denn hier setzt sich das Verbot in aller Regel durch.
[32] dazu Rdnr. 8.
[33] → § 771 Rdnr. 1.
[34] *K. Schmidt* (Fn. 6) Rdnr. 2, 15, 19. Dies gilt auch für § 21 Abs. 2 Nr. 2 InsO, da § 89 InsO erst das eröffnete Verfahren betrifft.

Recht des Dritten nicht zu[35]. Zum Rangstreit konkurrierender Gläubiger, falls entgegen § 772 oder für einen davon nicht Betroffenen versteigert wurde, → 878 Rdnr. 27. Hat der Geschützte selbst mitgepfändet, dann hat er die Wahl zwischen § 772 S. 2 u. § 878, → § 804 Rdnr. 39 a. E.

2. Daneben[36] gewährt Satz 2 dem geschützten *Dritten* die **Widerspruchsklage**[37], obwohl der Gegenstand der Vollstreckung zum Vermögen des Schuldners gehört. Sie hat hier nur das Ziel, die Veräußerung im Wege der Zwangsvollstreckung bzw. die Überweisung für unzulässig zu erklären, → § 771 Rdnr. 5–7 und 63 f. Eine Aufhebung der Pfändung kann dagegen nicht verlangt werden[38]; demgemäß ist für die Klage gegenüber der Eintragung einer Sicherungshypothek kein Raum[39]. 11

Ab wann und wie lange die Klage zulässig ist, → § 771 Rdnr. 10–12. *Begründet* ist sie nur, soweit das Veräußerungsverbot gegenüber dem Gläubiger wirkt[40], und stets nur, »solange« es besteht. 12

Wie ein *Erlöschen* des Verbots nach Rechtskraft des der Klage stattgebenden Urteils vom Gläubiger geltend gemacht werden kann, sagt das Gesetz nicht. **a)** Das Urteil könnte sie von vornherein als auflösende Bedingung aufnehmen und damit die Nachprüfung dem Vollstreckungsorgan überlassen, wenn der Gläubiger nunmehr die Verwertung verlangt. Praktisch würde dann die Beendigung der Verbotswirkung nach §§ 766, 793 geprüft werden[41]. **b)** Oder die Unzulässigkeit der Verwertung wird ohne Beschränkung ausgesprochen; dann benötigt der Gläubiger nach der Aufhebung des Verbots ein Urteil, das die in der Entscheidung nach § 772 liegende, gegen ihn gerichtete Vollstreckungswirkung im weiteren Sinne[42] rechtsgestaltend wieder aufheben muß und folglich nach § 767 zu erwirken ist → § 771 Rdnr. 7. Die Lösung zu a) wäre nur gegenüber richterlichen Verfügungsverboten praktikabel, da ihre Aufhebung durch Vorlage der betreffenden Entscheidung nachgewiesen werden könnte[43]. In den übrigen Fällen[44] erfordert jedoch ein Streit um das Ende der relativen Unwirksamkeit eine materielle Prüfung, die dem Vollstreckungsorgan nicht aufgelastet werden darf und für die das Erinnerungsverfahren auch nicht geschaffen ist. Daher ist die Lösung zu b) vorzuziehen[45]; → auch § 771 Fn. 134. 13

Ist das Erlöschen des Veräußerungsverbots unstreitig, kann ein »Verzicht« des Dritten zwar nicht die uneingeschränkte Vollstreckbarkeit des Titels wiederherstellen[46]; jedoch wird man einem Umkehrschluß aus § 775 Nr. 1 (»vorgelegt«) entnehmen dürfen, daß die Verwertung stattfindet, wenn der Dritte zur Vermeidung eines Prozesses nach § 767 (→ Rdnr. 13) seine Ausfertigung des Interventionsurteils dem 14

---

[35] Denn nur der Geschützte kann sich auf das Verbot berufen *BGH* MDR 1985, 301[22] (zu § 1128 BGB). → auch § 766 Rdnr. 28; *OLG Hamburg* MDR 1966, 516; *Behr* DGVZ 1977, 55 f.; *Brox/Walker* (Fn. 22) mwN; *Gaul* (Fn. 5) § 41 VI 10 d; *Schuschke* Rdnr. 5; *Thomas/Putzo*[18] Rdnr. 5; *Wieczorek*[2] Anm. C III a. – A.M. *Baumbach/Hartmann*[52] Rdnr. 3; *K. Schmidt* (Fn. 6) Rdnr. 19 unter Berufung auf Hahn Mat. VIII, 144; *Herget* (Fn. 22) Rdnr. 3.
[36] *RG* JW 1912, 909 (zu § 773); → § 766 Rdnr. 55, ganz h. M. – A.M. *Behr* (Fn. 35): § 766 habe »zunächst« Vorrang; → aber § 766 Rdnr. 50.
[37] Vgl. auch *RGZ* 114, 82 (Streit des Konkursverwalters mit einem Pfandgläubiger des Gemeinschuldners über die Zugehörigkeit des Pfandgegenstandes zur Konkursmasse). Im Falle § 766 Rdnr. 5 a kann der Verwertung schon vor Konkurseröffnung widersprochen werden *O. Kleiner* Bedeutung u. Probleme der Sicherungsmaßnahmen usw. (1993), 21 f. gegen *M. Bock* Die Auswirkung der Konkurseröffnung usw. (1980), 90 f.

[38] *OLG München* ZZP 55 (1930) 153; *Förster/Kann* ZPO[3] Anm. 2. – A.M. *Hellwig* System 2, 280; *Seuffert/Walsmann* ZPO[12] Anm. 4.
[39] *KG* (Fn. 29). – A.M. *OLG Dresden* SächsAnn 28, 416 (zu § 773).
[40] → Rdnr. 7 f.
[41] → auch die ähnliche Lage in § 782 Rdnr. 8 a. E.
[42] § 775 Nr. 1, → § 771 Rdnr. 64.
[43] Z.B. bei § 106 KO durch Konkurseinstellung; aber auch hier sind nichtbehördliche Beendigungsakte möglich (Freigabe), über deren Wirksamkeit u. Umfang materieller Streit entstehen könnte.
[44] Z.B. beim Wegfall der Nacherbschaft → § 773 Rdnr. 3.
[45] Zust. *Gaul* (Fn. 5) § 41 VI 10 c; *Herget* (Fn. 22) Rdnr. 3; *Schuschke* Rdnr. 7; a.M. *K. Schmidt* (Fn. 6) Rdnr. 21: »inzident« (Erinnerung des Gläubigers?) oder nach § 256.

Gläubiger übergibt und das Vollstreckungsorgan bittet, es solle das Interventionsurteil als nicht mehr »vorgelegt« betrachten.

15   3. Der **Gläubiger** hat, wenn die Veräußerung durch den Gerichtsvollzieher abgelehnt wird, nach § 766, im übrigen nach § 793 vorzugehen. Sein Rechtsbehelf ist begründet, wenn die Verwertung gegenüber dem Dritten wirksam sein würde → Rdnr. 8.

§ 773 [Widerspruchsklage des Nacherben]

¹Ein Gegenstand, der zu einer Vorerbschaft gehört, soll nicht im Wege der Zwangsvollstreckung veräußert oder überwiesen werden, wenn die Veräußerung oder die Überweisung im Falle des Eintritts der Nacherbfolge nach § 2115 des Bürgerlichen Gesetzbuchs dem Nacherben gegenüber unwirksam ist. ²Der Nacherbe kann nach Maßgabe des § 771 Widerspruch erheben.

Gesetzesgeschichte: Seit 1900 RGBl. 1898 I 256.

I. Widerspruch des Nacherben

1   Während nach §§ 2112 ff. BGB der Vorerbe zu rechtsgeschäftlichen Verfügungen mit Wirksamkeit für den Nacherben in weitem Umfang befugt ist, ist nach § 2115 BGB ein Zugriff der *Gläubiger des Vorerben* auf Erbschaftsgegenstände eingeschränkt: Jede Verfügung im Wege der Zwangsvollstreckung¹ und der Arrestvollziehung ist im Falle des Eintritts der Nacherbfolge insoweit unwirksam, als sie das Recht des Nacherben vereiteln oder beeinträchtigen würde², selbst wenn der Erbe zu solcher Verfügung (z.B. durch Pfandbestellung) berechtigt wäre, und ohne daß eine Befreiung davon durch den Erblasser statthaft wäre, § 2136 BGB. Auf die Zwangsverwaltung und die Pfändung von Nutzungen (§ 100 BGB) trifft das nicht zu, da die während der Vorerbschaft anfallenden Nutzungen dem Vorerben endgültig allein zustehen³.

2   Anders dann, wenn der Gläubiger *Nachlaßgläubiger*⁴ ist, ihm also der Nacherbe ebenso haftet wie der Vorerbe⁵, oder wenn er ein Recht an einem Erbschaftsgegenstande hat, das auch dem Nacherben gegenüber wirksam ist, z.B. ein vom Vorerben wirksam bestelltes Grundpfandrecht⁶, oder wenn der Nacherbe einem Verpflichtungsgeschäft des Vorerben zugestimmt hat⁷. → auch die Bem. zu §§ 242, 326, 728 Abs. 1. Im Konkurs des Vorerben gilt § 128 KO, der bei Verwertung im Wege der Zwangsvollstreckung (§§ 126 f. KO) die Klage

---

⁴⁶ → auch Fn. 455 vor § 704.
¹ Der auch auch Bereicherungsansprüche nach Beendigung der ZV (→ § 771 Rdnr. 73) anzuwenden ist *BGHZ* 83, 378 = NJW 1982, 1811 zu 1 a.
² Fehlt er, so kommt es auf Zustimmung zu einzelnen Geschäften nicht mehr an, *OLG Karlsruhe* OLGZ 1976, 334.
³ Jetzt allg. M. *MünchKommZPO-K. Schmidt* Rdnr. 4 mwN; *Baumbach/Hartmann*⁵² Rdnr. 1; *Wieczorek*² Anm. A III; *Zöller/Herget*¹⁹ Rdnr. 1. Zum früheren Recht *RG* JW 1931, 1345.

⁴ *Bettermann* ZZP 62 (1941) 210 f., *K. Schmidt* (Fn. 3) Rdnr. 1; *Herget* (Fn. 3).
⁵ → § 766 Rdnr. 55; *K. Schmidt* (Fn. 3) Rdnr. 4; *Herget* (Fn. 3).
⁶ → § 741 Rdnr. 7 f.
⁷ *K. Schmidt* (Fn. 3) Rdnr. 6; *Herget* (Fn. 3).
⁸ H.M., denn hier fehlt es mit Sicherheit an der nach §§ 1431, 1456 BGB nötigen Einwilligung, → auch § 741 Rdnr. 8. – A.M. *Wieczorek*² Anm. A II.

nach § 773 nicht ausschließt (in der InsO fehlt ein dem § 128 KO entsprechender, verfahrensrechtlicher Schutz).

Es kann offen bleiben, ob diese Unwirksamkeit dieselbe materiellrechtliche Tragweite hat wie die in § 135 BGB ausgesprochene[8]; prozessual ist jedenfalls die Sachlage gleich. Deshalb entspricht § 773 genau dem § 772 und es ist auf die Bem. zu § 772 zu verweisen. § 62 gilt nicht für vor dem Nacherbfall erhobene Klagen[9]. Wegen des endgültigen Ausfalls der Nacherbschaft (§ 2108 Satz 2, 2074 BGB) nach Rechtskraft eines der Klage stattgebenden Urteils → § 772 Rdnr. 13. Zur entsprechenden Anwendung bei aufschiebend bedingter Übereignung → 771 Rdnr. 17 a.E.

II. Ob das zu vollstreckende **Urteil** gegen den Vorerben selbst oder gegen den Testamentsvollstrecker oder Nachlaßverwalter ergangen ist, macht keinen Unterschied[10].

§ 774 [Widerspruchsklage des Ehegatten]

Findet nach § 741 die Zwangsvollstreckung in das Gesamtgut statt, so kann ein Ehegatte nach Maßgabe des § 771 Widerspruch erheben, wenn das gegen den anderen Ehegatten ergangene Urteil in Ansehung des Gesamtgutes ihm gegenüber unwirksam ist.

Gesetzesgeschichte: Seit 1900 RGBl. 1898 I 256. Änderung BGBl. 1957 I 609.

I. § 774 ergänzt § 741. → auch § 744 a Rdnr. 12. Betreibt ein **Ehegatte**, der das Gesamtgut nicht oder nicht allein verwaltet, ein **Erwerbsgeschäft**, so genügt nach § 741 zur Vollstreckung in das **Gesamtgut** ein gegen ihn ergangenes Urteil. Damit soll aber die viel enger begrenzte materielle Wirksamkeit des Urteils dem *anderen Ehegatten* gegenüber nicht erweitert, andererseits soll eine weitergehende Haftung auch nicht ausgeschaltet werden. Dieser kann sein Recht am Gesamtgut allein geltend machen, § 1455 Nr. 9 BGB[1], soweit das Urteil ihm gegenüber »unwirksam« ist → § 741 Rdnr. 8. Wendet der Gläubiger ein, der klagende Ehegatte habe trotz des allgemeinen Widerspruchs[2] dem einzelnen Geschäft zugestimmt, muß dies zur Klagabweisung genügen. Auch hier wäre es nicht gerechtfertigt, von dem Gläubiger zu verlangen, daß er sich im Wege der Widerklage einen Titel nach § 740 gegen den klagenden Ehegatten beschafft[3]; → aber § 771 Rdnr. 49. Die Klage aus § 774 macht deshalb in Wahrheit nicht die Unwirksamkeit des Urteils gegenüber dem Gesamtgut, sondern dessen fehlende Haftung geltend[4]. Der andere Ehegatte kann danach

1. wahlweise nach § 766 oder § 774[5] sich gegen die Vollstreckung wenden, wenn zur Zeit des Eintritts der Rechtshängigkeit sein Einspruch oder der Widerruf seiner Einwilligung im Güterrechtsregister eingetragen war[6]; die Erinnerung kann aber an § 739 scheitern[7];

---

[9] Beispiel: *BGHZ* (Fn. 1).
[10] → § 771 Rdnr. 41 a.E.
[11] Daß nach § 774 stets der Güterstand betroffen ist, lassen *BGH* NJW 1979, 929; NJW 1985, 3066 = FamRZ 903 nicht genügen. → dagegen § 621 Rdnr. 37 bei Fn. 206.
[1] Unstr. nicht Teilungsversteigerung *BayObLGZ* 1965, 216 = NJW 1966; *OLG Hamm* NJW 1969, 516 mwN, außer wenn sie aufgrund Erbteilpfändung betrieben wird *OLG Celle* 1968, 801 f.
[2] Vgl. *OLG Dresden* SächsAnn 28, 415 ff. u. zur Bedeutung der Vorschrift für die Aufrechnung *RGZ* 80, 30 (insoweit a.M. *KG* OLGRsp 22, 370).

[3] *RGZ* 80, 7, unstr.
[4] → § 28 Rdnr. 2.
[5] Vgl. *LG Glogau* JW 1938, 458 u. zur Frage, wann eine Nachlaßverbindlichkeit (Nachlaßerbenschuld) aus ordnungsgemäßer Verwaltung (§ 2120 BGB) vorliegt, *RGZ* 90, 96; *BGHZ* 110, 176 = NJW 1990, 1237.
[6] Vgl. *RGZ* 133, 263, allg. M.
[7] *LG Berlin* Rpfleger 1987, 457; *MünchKommBGB-Grunsky*[2] § 2120 Rdnr. 3, 5.

3   2. nur nach § 774 vorgehen, wenn er den Geschäftsbetrieb nicht kannte[8], wenn der Gläubiger den Mangel der Einwilligung kannte oder wenn es sich nicht um Geschäftsschulden handelt[9]. → Darüber und über die Beweislast → § 741 Rdnr. 9.

4   II. Zuständig ist stets das **ordentliche Gericht**, nie das **Arbeitsgericht**[10], das Familiengericht, wenn der Titel eine Familiensache betrifft[11]. Wegen *Kosten und Gebühren* → § 771 Rdnr. 62 sowie Rdnr. 54 ff. zu § 93.

§ 775   [Einstellung und Beschränkung der Zwangsvollstreckung]

Die Zwangsvollstreckung ist einzustellen oder zu beschränken:
1. wenn die Ausfertigung einer vollstreckbaren Entscheidung vorgelegt wird, aus der sich ergibt, daß das zu vollstreckende Urteil oder seine vorläufige Vollstreckbarkeit aufgehoben oder daß die Zwangsvollstreckung für unzulässig erklärt oder ihre Einstellung angeordnet ist;
2. wenn die Ausfertigung einer gerichtlichen Entscheidung vorgelegt wird, aus der sich ergibt, daß die einstweilige Einstellung der Vollstreckung oder einer Vollstreckungsmaßregel angeordnet ist oder daß die Vollstreckung nur gegen Sicherheitsleistung fortgesetzt werden darf;
3. wenn eine öffentliche Urkunde vorgelegt wird, aus der sich ergibt, daß die zur Abwendung der Vollstreckung erforderliche Sicherheitsleistung oder Hinterlegung erfolgt ist;
4. wenn eine öffentliche Urkunde oder eine von dem Gläubiger ausgestellte Privaturkunde vorgelegt wird, aus der sich ergibt, daß der Gläubiger nach Erlaß des zu vollstreckenden Urteils befriedgt ist oder Stundung bewilligt hat;
5. wenn ein Postschein vorgelegt wird, aus dem sich ergibt, daß nach Erlaß des Urteils die zur Befriedigung des Gläubigers erforderliche Summe zur Auszahlung an den letzteren bei der Post eingezahlt ist.

Gesetzesgeschichte: Bis 1900 § 691 CPO. Änderung BGBl. 1976 I 3281. Geplante Änderung: BR-Drucks. 134/94 → Rdnr. 21.

I. Einstellung durch Vollstreckungsorgane	
1. Regel und Ausnahme (Ausfertigungsverbrauch)	1
2. Einstellung auf Veranlassung des Gläubigers	3
II. Voraussetzungen und Umfang der Einstellung	
§ 775 Nr. 1	5
§ 775 Nr. 2	12
§ 775 Nr. 3	14
§ 775 Nr. 4	16
§ 775 Nr. 5	20
III. Einstellungsfolgen, Verfahren	
1. § 775 Nrn. 1–3	22
2. Verhalten der ZV-Organe	25
Verhalten des Drittschuldners	27
3. Rechtsbehelfe	28
IV. Fortsetzung der Vollstreckung	30
1. nach Einstellung gemäß Nrn. 1–3	30
2. nach Einstellung gemäß Nrn. 4–5	32
3. nach Einstellung auf Antrag des Gläubigers	33
V. Immobiliarvollstreckung	34
VI. Vergleichsverfahren	35
VII. Gesamtvollstreckungsverfahren	39
VIII. Insolvenzverfahren ab 1999	40

---

[8] Nach h.M. liegt absolute Unwirksamkeit vor, vgl. *Flume* BGB Allg.Teil[4] Bd. 2 S. 352; *Beer* (§ 772 Fn. 10) 188.
[9] *BGH* FamRZ 1993, 802 f. = WM 1158; wohl aber § 2039 BGB analog für die schon zuvor bestehende Anwartschaft *H.Lange* WuB IV A. § 2120 BGB 1.93.
[10] *Seuffert/Walsmann* ZPO[12] Anm. 2.

I. Einstellung durch Vollstreckungsorgane[1]

1. Grundsätzlich wird die formell zulässige Vollstreckung[2] durch *Einwendungen des Schuldners oder Dritter nicht gehindert*. Das *Vollstreckungsorgan* darf regelmäßig nicht auf Vorstellung eines Betroffenen von sich aus Abhilfe schaffen[3]. Schuldner und Dritte haben vielmehr eine **gerichtliche Entscheidung herbeizuführen und dem Vollstreckungsorgan vorzulegen**, § 775 Nrn. 1, 2. Zur Erwirkung solcher Entscheidungen → den Überblick Rdnr. 86 ff. vor § 704, wegen ihrer Wirkung und Durchführung → unten Rdnr. 22 ff. Unmittelbares *Angehen des Vollstreckungsorgans* ist nur in Nrn 0.3–5 vorgesehen; zur Wirkung → Rdnr. 30 ff. sowie Rdnr. 21 vor § 704. Bei mehreren Schuldnern wirkt § 775 nur zugunsten desjenigen, auf den die Nrn 0.1–5 zutreffen[4]. 1

Eine Ausnahme macht das im Gesetz nicht genannte, aber aus dem Rechtsgedanken der §§ 754, 757, 803 Abs. 1 S. 2, 818 folgende Vollstreckungshindernis **Verbrauch der vollstreckbaren Ausfertigung**[5], nicht »des Titels«, wie oft formuliert wird[6]. Denn sichere Nachweise, die das Vollstreckungsorgan schon besitzt, braucht der Schuldner nicht mehr »vorzulegen«. Regelmäßig besitzt aber auch der Schuldner eine diesen Verbrauch bestätigende öffentliche Urkunde, so daß außerdem § 775 Nr. 4 eingreift → Rdnr. 18. *Verbrauch* tritt jedoch nur insoweit ein, als die Befriedigung des Gläubigers unter den Augen desjenigen Vollstreckungsorgans geschieht, das gerade solche Ansprüche zu vollstrecken hat[7]: **a)** durch amtliche Auszahlung des Erlöses einer ZV in bewegliche und unbewegliche (§§ 109 Abs. 2, 127 Abs. 2 ZVG) *Sachen* an den Gläubiger, **b)** durch freiwillige Leistung[8] des Schuldners[9] nur an den *Gerichtsvollzieher* oder in dessen Anwesenheit(!) an den Gläubiger, entweder unter Übergabe der Ausfertigung an den Schuldner (§ 757 Abs. 1) oder Vermerk der (teilweisen) »Leistung« auf der Ausfertigung, § 757 Abs. 1, § 127 Abs. 2 ZVG[10], **c)** im Falle → § 825 Rdnr. 15 f.; **d)** bei der Vollstreckung in *Rechte* nur dann, wenn entweder der Gerichtsvollzieher die Erlösverteilung in der Hand behält und daher § 757 gilt[11] (also nicht durch freiwillige Leistung seitens Drittschuldner, weil kein Vollstreckungsorgan sie erkennen kann, der Gläubiger also zwar rechtswidrig, aber zulässigerweise weiter vollstrecken könnte![12]), oder wenn der Schuldner andere amtliche Urkunden besitzt, aus denen sich die erfolgreiche Beitreibung gegen den Drittschuldner ergibt, z. B. einen Beschluß gemäß § 835 Abs. 2[13]; **e)** durch *Wegnah-* 2

---

[1] S. auch §§ 111 f. GVGA; *Noack* DGVZ 1975, 97 f.
[2] → Rdnr. 55 vor § 704.
[3] → auch Rdnr. 45 vor § 704. Vgl. *LGe Berlin* MDR 1976, 149 = Büro 1975, 1648 (Wucherzins); *Essen* DGVZ 1971, 170 (zu Unrecht titulierte Zinsen u. Kosten); *Koblenz* DGVZ 1985, 62 (verjährte Zinsen); *Kleve* Büro 1991, 269 (Unterhalt für eheliches Kind gemäß § 794 Abs. 1 Nr. 5 ohne Beschränkung auf Minderjährigkeit); § 112 Nr. 5 GVGA. – Zur Verwaltungsvollstreckung → Fn. 25, 30, 85, 109, 118, 156.
[4] *LG Frankenthal* Rpfleger 1983, 162 (unnötig freilich der Rückgriff auf Rechtskraft, da die Gestaltungswirkung schon durch Parteibezeichnung im Rubrum eingeschränkt wird).
[5] Grund: Der für ein ZV-Organ gesetzlich begrenzte Umfang der ZV muß auch für andere ZV-Organe gelten, falls sie das Maß der bisherigen Beitreibung sicher (→ Fn. 7) erkennen können. → Rdnr. 46, 54 vor § 704, zum Haftbefehl § 909 Rdnr. 16. Dazu *Pohle* JZ 1954, 344; *Lüke* JZ 1956, 477 (die aber insoweit noch nicht zwischen Titel u. Ausfertigung unterschieden); *Brehm* ZIP 1983, 1423 ff., *Münzberg* JuS 1988, 346 Fn. 9 f. zu *BGHZ* 100, 211 = NJW 1987, 3266.
[6] Z. B. *MünchKommZPO-K.Schmidt* Rdnr. 8. – Arg. §§ 717, 732 f., 767 f., *Brehm* (Fn. 5) 1425. → auch Rdnr. 46, 54 vor § 704.

[7] Denn eine Unzulässigkeit der ZV muß »zweifelsfrei aufgrund formaler Anknüpfungspunkte feststellbar« sein, *Brehm* (Fn. 5) 1424. Daher nicht im Bereich der §§ 887 ff., → auch § 888 Rdnr. 31.
[8] Nicht Hinterlegung durch GV oder Drittschuldner, → Rdnr. 117 Fn. 495 u. Rdnr. 118 Fn. 500 vor § 704.
[9] Nicht Dritter, → § 757 Rdnr. 3.
[10] Nicht durch Quittung des Gläubigers, → Rdnr. 32, § 757 Rdnr. 1. Unrichtig *AG Homburg/Saar* DGVZ 1993, 117 f. Es hätte wegen § 757 Abs. 1 die Gläubigerin auf § 733 verweisen müssen, nachdem GV das Beigetriebene für den Schuldner gepfändet u. an ihn ausgekehrt hatte, → § 733 Rndr. 3 Fn. 19 a. E.
[11] → § 844 Rdnr. 8 ff., § 857 Rdnr. 110 ff.
[12] A.M. wohl *Rosenberg/Gaul*[10] § 44 II 1, da er schon dann § 767 ausschließen will. → auch Fn. 13.
[13] So wohl auch *Gaul* (Fn. 12). Daß der Drittschuldner eine gegen ihn vollstreckbare Ausfertigung nach freiwilliger Zahlung (also ohne amtlichen Vermerk des GV!) vom Gläubiger erhalten u. etwa an den Schuldner weitergegeben hat, reicht nicht aus, da dies zwar ein Indiz für Befriedigung ist, aber nicht mit Sicherheit die Erteilung einer weiteren Ausfertigung nach § 733 ausschließt (so daß noch Klage nach § 767 möglich sein muß).

§ 775 I   Erster Abschnitt: Allgemeine Vorschriften   568

me und Räumung nach §§ 883, 885 oder Übergabe unter den Augen des Gerichtsvollziehers, da § 757 nicht auf Geldvollstreckung beschränkt ist.

2a   Solche Tatbestände hat das Vollstreckungsorgan **von Amts wegen zu berücksichtigen**. Wird dennoch vollstreckt, so steht zwar dem Schuldner hiergegen die Erinnerung nach § 766 zu, → dort Rdnr. 15 und wegen der Wirkung auf weitere vollstreckbare Ausfertigungen Rdnr. 16. Einem erneuten Vollstreckungsversuch durch ein anderes Vollstreckungsorgan müßte aber wiederum mit § 766 entgegengetreten werden, → dort Rdnr. 50. Daher ist ein **Entzug der Vollstreckungsklausel** nach § 732 vorzuziehen, der jede Vollstreckungsart auf Dauer hindert[14]. Zur Erteilung erneuter Ausfertigungen mit der Begründung, trotz Verbrauchs bestehe der Anspruch fort, → § 733 Rdnr. 3 und zur Verhinderung solcher Neuerteilung durch § 767 → dort Rdnr. 42 Fn. 319.

Wegen **weiterer Ausnahmen** s. §§ 765 a Abs. 2, 811 c Abs. 2, 815 Abs. 2, → auch § 813 Rdnr. 7 a. E., § 865 Rdnr. 25; zum ZVG → Rdnr. 34, im **Konkurs** → Rdnr. 61 f. vor § 704, im **Vergleichsverfahren** → Rdnr. 35 ff. → auch § 900 Rdnr. 52 ff., § 902 Rdnr. 2 f. – Zum Streit, ob Handlungen den Anforderungen des Titels entsprechen oder gegen ihn verstoßen, → § 887 Rdnr. 22 ff., § 888 Rdnr. 18, 30 ff., § 890 Rdnr. 9 ff., 18 ff., 38.

3   **2.** Im übrigen haben Vollstreckungsorgane die Vollstreckung nur einzustellen oder einzuschränken, wenn der **Gläubiger** das beantragt[15], dagegen nicht aufgrund einer Beschwerde, auch wenn sie mit aufschiebender Wirkung ausgestattet ist → § 572 Rdnr. 3, wenn Konkurs bevorsteht[16] oder weil die Titelforderung inzwischen gepfändet und überwiesen oder anfechtbar ist, denn dies ersetzt nicht eine Anordnung nach Nrn. 1 oder 2[17]; anders nur, wenn der Schuldner selbst Pfändungsgläubiger ist[18]; → auch zur Leistung an gewisse Dritte Rdnr. 19. Auch die nachträgliche Feststellung, daß die Vollstreckung wegen eines formellen Mangels[19] nicht hätte begonnen werden sollen, rechtfertigt nicht die eigenmächtige Aufhebung durch ein Vollstreckungsorgan[20].

4   Wohl aber kann ein möglichst *kurzfristiges Zuwarten* mit *endgültig* wirkenden Vollstreckungshandlungen aus allgemeiner Amtspflicht geboten sein, wenn bestimmte Umstände auf die Unzulässigkeit einer Vollstreckungsmaßnahme hindeuten[21], wenn der Gerichtsvollzieher vom Bevorstehen einer gerichtlichen Anordnung erfährt[22] oder wenn eine solche soeben ergangen ist[23] und der Schuldner zu einer ihm darin auferlegten Sicherheitsleistung noch keine Gelegenheit haben konnte[24]. → auch zum Verwertungsaufschub § 754 Fn. 84 (Zahlung durch Scheck), § 813 a Rdnr. 12 a. E. und zur Erlösaushändigung § 819 Rdnr. 6 Fn. 24; → auch § 811 Rdnr. 63, § 902 Rdnr. 2 f.

---

[14] *Brehm* (Fn. 5) 1426. → § 732 Rdnr. 2, 9a.
[15] → § 753 Rdnr. 5 u. zur Rückfragepflicht bei telefonischer oder telegrafischer Anweisung s. § 111 Nr. 1 Abs. 2 GVGA. S. auch § 29 f. ZVG. Der Gläubiger kann die ZV in jedem Stadium aufhalten, was man, obwohl nicht in § 775 geregelt, ebenso »Einstellung« nennen kann *Wieser* NJW 1988, 667; anders *Gaul* (Fn. 12) § 45 I 1: »bloß tatsächlicher Stillstand«. Ob darin eine Rücknahme des Antrags liegt → Rdnr. 76 vor § 704, ist Auslegungsfrage (im Zweifel nein). Zur Befristung → Fn. 181, zur Weigerung mangels ausreichenden Vorschusses besonders bei Pfandlagerung (§ 5 GVKostG mit GVKostGr Nr. 2) *Alisch* DGVZ 1980, 79 ff., auch de lege ferenda.
[16] Vgl. *RGZ* 90, 196.
[17] *RG* SeuffArch 52 (1897), 373; *OLG Dresden* OLGRsp 2, 351; *Münzberg* DGVZ 1985, 145; *K. Schmidt* (Fn. 6) Rdnr. 19 a. E. mwN. → § 767 Rdnr. 22. Zur Überweisung an den Schuldner selbst → aber Rdnr. 16 und über nur kurzfristigen Aufschub der ZV wegen bevorstehender Einstellung nach § 769 → unten Rdnr. 4 Fn. 22. – A. M. *Noack* (Fn. 1) 99; *Wieczorek*[2] Anm. A II b 2.
[18] → Rdnr. 16 Fn. 97.
[19] → Rdnr. 55 vor § 704.
[20] *RG* JW 96, 329, → ferner § 811 Fn. 113.
[21] *Sebode* DGVZ 1957, 132.
[22] *RGZ* 87, 296 (zu § 805); *KG* DGVZ 1958, 71.
[23] Zur telefonischen Benachrichtigung → Rdnr. 23 Fn. 142.
[24] *Noack* (Fn. 1) 98; erst recht, wenn das ZV-Organ eine schon wirksame Einstellung kennt oder der Schuldner dem GV die Bürgschaftsurkunde schon übergeben hat u. dieser sie sofort nach der Einstellung dem Gläubiger zustellt, *LG Hagen* DGVZ 1976, 30.

II. Voraussetzungen und Umfang der Einstellung[25]

Nr. 1 verlangt a) in seiner ersten Variante eine **Entscheidung**, die entweder **das Urteil selbst oder seine Vollstreckbarkeit**[26] ganz oder teilweise **aufhebt** (Näheres → Rdnr. 6, 10) aufgrund Einspruchs oder Rechtsmittels, auch im Wiederaufnahme- oder Nachverfahren (§§ 578 ff., 302, 600). Entsprechendes gilt nach § 25 Abs. 3 AVAG[27] für Beschlüsse eines OLG, die eine erstinstanzliche Zulassung der Vollstreckung ausländischer Titel verneinen, und für den Aufschub der Vollstreckbarkeit nach § 721[28]. Wegen Abänderung bezüglich *Sicherheitsleistung* → Rdnr. 6, 13. Zur Einschränkung des Urteils durch Berichtigung → § 319 Abs. 1 a. E. Nach § 795 gilt § 775 auch für andere nach der ZPO zu vollstreckende Titel[29]; zum Prozeßvergleich → § 794 Rdnr. 32–32c, 48, 54 f., zu Beschlüssen → Rdnr. 8 und zu Arrest und einstweiliger Verfügung → §§ 926 f. (besonders § 927 Rdnr. 18), 928, 936. Im Bereich der §§ 257 f., 292, 297 AO darf nur auf Weisung der Vollstreckungsstelle ganz oder teilweise endgültig eingestellt werden[30].

Eine Teilaufhebung der Vollstreckbarkeit i. S. d. Nr. 1 liegt **nicht** vor bei Abänderungen 6 bezüglich angeordneter **Sicherheitsleistung**. Ist sie nachträglich erhöht oder auf andere Art als bisher zu leisten[31], so kann der Schuldner also *nicht vom Vollstreckungsorgan* nach § 776 die Aufhebung bereits vollzogener Maßnahmen verlangen[32], sondern vorerst nur durch Vorlage der abändernden Entscheidung gemäß § 751 Abs. 2 verhindern, daß eine Vollstreckung vor dem Nachweis der nunmehr erforderlichen Sicherheit beginnt oder fortgesetzt wird; eine Aufhebung ist allenfalls aufgrund des neuen Verfahrensmangels über § 766 zu erreichen → Rdnr. 6, falls die abändernde Entscheidung so auszulegen ist[33]. – Die *nachträgliche Anordnung* einer Sicherheit für bis dahin unbedingt vollstreckbare Titel ist aber jetzt in Nr. 2 berücksichtigt → Rdnr. 13.

b) Zu Nr. 1 gehören ferner Entscheidungen, die gänzlich, teilweise, von einem bestimmten 7 Zeitpunkt an oder nur zur Zeit[34] die **Zwangsvollstreckung für unzulässig** erklären oder (im Gegensatz zu Nr. 2) **endgültig**[35] **einstellen**[36], sowie Entscheidungen, die durch Aufhebung[37] oder endgültige Untersagung einer *Vollstreckungsmaßnahme* (Ausspruch ihrer Unzulässigkeit) Vollstreckungsschutz gewähren, soweit sie nicht unter Nr. 2 (arg. § 776 a. E.) oder Nr. 3 fallen[38]. Wegen § 721 → Rdnr. 5. Die Aufhebung nach § 765 a ist besonders geregelt → dort Rdnr. 13. Zu § 26 HeimkehrerG → 19. Aufl. Anh. § 765 a, zu § 13 VertragshilfeG → 19. Aufl. IV 3 f vor § 704. Die Einstellung bezüglich des Haupttitels gilt auch ohne besonderen Ausspruch für Kostenfestsetzungsbeschlüsse[39], sollte aber dennoch dort aufgenommen werden, falls sie schon vorher verfügt wurde[40]; wegen § 767 → aber dort Rdnr. 7 Fn. 41 f., § 788 Rdnr. 26a. Wegen etwaiger Sicherheitsleistung des Klägers → Rdnr. 11.

---

[25] Zur entsprechenden Anwendung s. § 167 Abs. 1 VwGO, § 6 Abs. 1 Nr. 1 JBeitrO; in Verwaltungsvollstreckungsgesetzen wird meist auf §§ 257 f., 292 AO verwiesen, z. B. § 5 Abs. 1 VwVG.
[26] Gemeint ist hier das Außerkrafttreten der Vollstreckbarkeit i. S. d. §§ 717 Abs. 1, 718, → § 717 Rdnr. 1, § 708 Rdnr. 1, 8 f. Wegen sonstigen Wegfalls oder der Einschränkung der Vollstreckbarkeit → Rdnr. 7.
[27] → Anh. § 723 Rdnr. 325.
[28] → dort Rdnr. 34.
[29] Z. B. Entscheidungen u. Vergleiche nach § 206 a BEG sind vollstreckbar i. S. d. § 775 Nr. 1 *BGH* LM Nr. 79 a. E. zu § 75 BEG 1956.
[30] Nr. 11 Vollziehungsanweisung Abs. 1 (BStBl. 1980 I 198). Abs. 2 erlaubt dem Vollziehungsbeamten in § 775 entsprechenden Fällen nur vorläufigen Aufschub.
[31] → § 709 Rdnr. 7.
[32] *Sebode* DGVZ 1964, 163 ff., *K. Schmidt* (Fn. 6) Rdnr. 12. – A. M. *Wieczorek*[2] Anm. C I a 1.

[33] Der Mangel ist jedoch noch nach Einlegung der Erinnerung heilbar → § 766 Rdnr. 42, § 751 Rdnr. 14; dazu sollte dem Gläubiger durch Fristsetzung Gelegenheit gegeben werden.
[34] → Rdnr. 10, § 767 Rdnr. 21, 23, 44.
[35] Gemeint ist damit vorbehaltlose (wenn auch vielleicht noch anfechtbare, also auch eine nur gegen Sicherheit vollstreckbare) Entscheidung im Gegensatz zur gewollt vorläufigen, so daß auch die Unzulässigkeit der ZV auf Zeit oder nur bis zu einer Gegenleistung des Gläubigers unter Nr. 1 fallen → § 767 Rdnr. 7 Fn. 47, Rdnr. 21, 44a, 51a; § 782 Rdnr. 7.
[36] §§ 732, 766, 767, 768, 771–774, 785 f. → auch Rdnr. 31 Fn. 170 f. vor § 704.
[37] → Rdnr. 26; s. auch §§ 850 k, 851 a, b.
[38] → § 766 Rdnr. 19, § 811 Rdnr. 22, § 850 Rdnr. 19.
[39] → § 104 Rdnr. 68.
[40] *OLG Stuttgart* Rpfleger 1988, 39.

§ 775 II   Erster Abschnitt: Allgemeine Vorschriften

8   c) Die **Aufhebung oder Einschränkung** → Rdnr. 5, 7 muß durch **Urteil oder Beschluß**[41] geschehen, nicht durch Vergleich[42]; → aber auch Fn. 53. Gleichzustellen sind Entscheidungen, die eine *Unwirksamkeit des Titels oder dessen fehlende Vollstreckbarkeit ausdrücklich und nicht nur in ihren Gründen*[43] rechtskräftig feststellen[44]. Ebenso aber auch Entscheidungen nach § 269 Abs. 3 S. 1, 3[45] und § 620 f S. 2[46], entsprechend bei § 91 a → dort Rdnr. 21. Das Protokoll über Klagerücknahme genügt nicht, weil es deren Wirksamkeit nicht beweist[47], ebensowenig beim Klagverzicht, bevor das Urteil nach § 306 erlassen ist[48]. Wohl aber hat das *Prozeßgericht*, wenn es für die Vollstreckung zuständig ist[49], Klagerücknahmen oder -verzichte[50] sowie Prozeßvergleiche[51] von Amts wegen zu beachten, da es auch für eine streitige Nachprüfung der Wirksamkeit solcher Parteiakte kompetent wäre[52]. Darüber hinaus ist eine *entsprechende Anwendung* der Nr. 1 vertretbar für vollstreckbare Entscheidungen, an die das Gesetz unmittelbar und ausnahmslos die Unwirksamkeit des Titels (nicht nur des Anspruchs → Fn. 44!) knüpft wie bei der Aufhebung eines Titels oder seiner Kostenentscheidung mit Wirkung für den Kostenfestsetzungsbeschluß[53] oder bei der Klagabweisung im Falle § 641 f[54]; besser sollte man aber die Erwirkung eines Beschlusses entsprechend § 620 f S. 2, 3 verlangen[55]. Statt Beschlüsse aus §§ 269, 620 f oder klagabweisende Urteile im Falle § 641 f vorzulegen, kann aber auch nach § 732 vorgegangen werden[56]. Zu Anordnungen gemäß § 620 → § 620 f Rdnr. 14, § 795 Rdnr. 11, 11a.

9   Die Entscheidung muß **vollstreckbar**, also entweder rechtskräftig oder für vorläufig vollstreckbar erklärt[57] oder kraft Gesetzes vollstreckbar sein[58]. → dazu § 717 Rdnr. 1. Die

---

[41] *RGZ* JW 1908, 560. Zur Ersetzung eines Titels durch einen neuen → Fn. 44.
[42] → § 794 Rdnr. 32, *OLG Hamm* NJW 1988, 1988; *LG Tübingen* Büro 1986, 624; *Gaul* (Fn. 12) § 45 I 3 a; *K. Schmidt* (Fn. 6) Rdnr. 10 mwN. Soweit Vergleiche einen Erlaß enthalten, kann nur Nr. 4 anwendbar sein. Auch für ZV-Vereinbarungen kann höchstens Nr. 4 unmittelbar oder entsprechend gelten → Rdnr. 16. – Aufhebung durch **Schiedsspruch** fällt aber unter Nr. 1, sobald er für vollstreckbar erklärt ist → § 1042 Rdnr. 2.
[43] Etwa Abweisung von Klagen nach §§ 767 f., weil der Titel von vornherein nicht vollstreckbar sei *Windel* ZZP 102 (1989) 176 f.
[44] → auch § 766 Rdnr. 54 Fn. 301, § 767 Rdnr. 13 Fn. 99 f., § 794 Rdnr. 54 Fn. 308, § 797 Fn. 96 a. E. u. Rdnr. 31 Fn. 170 f. vor § 704; a. M. *Windel* (Fn. 43), 227. Gleichzusetzen ist § 775 (nicht für § 776 S. 1, → § 804 Rdnr. 31, 31a!) die ausdrückliche Ersetzung eines Titels durch einen neuen. Dies kann zwar auch »Aufhebung« des alten Titels sein, so für § 642 b *OLG Stuttgart* Justiz 1985, 294; aber dann gilt § 775 Nr. 1 nur insoweit, als von da an für die (Fortsetzung der) ZV der neue Titel maßgeblich ist. – **Nicht hierher** gehören Entscheidungen, die nur den *materiellen Anspruch* verneinen oder (wenn auch mit Sicherheit) auf sein Erlöschen schließen lassen, z.B. das Scheidungsurteil im Falle → § 767 Fn. 172 Abs. 2 (s. *Scheld* FamRZ 1979, 705). Diese genügen nicht für Nr. 1 *Windel* (Fn. 43), 223, sondern nur für **Nr. 4**, also für vorläufige Einstellung, *Oertmann* AcP 107 (1911) 222, erübrigen daher nicht die rechtsgestaltende Beseitigung der Vollstreckbarkeit nach § 767, falls der Gläubiger Fortsetzung der ZV verlangt → Rdnr. 32; *Münch* Vollstreckbare Urkunde usw. (1989) 329 Fn. 150 mwN. Wegen § 620 Nr. 9 → § 795 Rdnr. 11, 11a.
[45] → § 269 Rdnr. 56, h.M. obiter *OLG München* Büro 1994, 228 a. E.; *K. Schmidt* (Fn. 6) Rdnr. 12; *Wieczorek*² Anm. A II a 2; *Zöller/Stephan*¹⁸ § 269 Rdnr. 17; s. auch § 626 Abs. 1. Zur Geltung des § 269 Abs. 3 S. 3 bei Klagänderung *Gross* NJW 1966, 2345.
[46] → § 620 f Rdnr. 2d (Umfang des Außerkrafttretens), Rdnr. 14 (Anwendung des § 775 Nr. 1); *K. Schmidt* (Fn. 6) Rdnr. 12. Erforderlich ist hier Rechtskraft → § 620f Rdnr. 2a, bis dahin nur einstweilige Einstellung möglich, wie dort für Ehegattenunterhalt *OLG Frankfurt* NJW-RR 1991, 265, für Feststellungsurteile *BGH* NJW 1991, 705 f. Ein Ausspruch des Außerkrafttretens in den Gründen genügt, wenn das Familiengericht »nach« § 775 Nr. 1 (gemeint ist wohl »i. S. d.«, es sei denn das Prozeßgericht wäre ZV-Organ) einstellt, *OLG Köln* FamRZ 1978, 912.
[47] *Wieczorek* (Fn. 45), jetzt auch *Zöller/Stöber*¹⁹ Rdnr. 4.
[48] → Fn. 47.
[49] → Rdnr. 69 vor § 704.
[50] *Wieczorek*² Anm. A II a 3, A III; *Stöber* (Fn. 47); *K. Schmidt* (Fn. 6) Rdnr. 13. → auch für gerichtliche Entscheidungen Rdnr. 23 Fn. 141.
[51] *OLG Stuttgart* WRP 1984, 714 zu §890.
[52] → § 269 Rdnr. 41–56, § 794 Rdnr. 47 f., 56, 60; vgl. auch unten Rdnr. 23 Fn. 140.
[53] → § 104 Rdnr. 64, 67.
[54] → § 641 f Rdnr. 5.
[55] Dies dürfte besonders wegen § 641 e Abs. 1 nötig sein, wo Urkunden u. Vergleiche Grundlage des Regelunterhalts sein können, die weniger bestandssicher sind als rechtskräftige Urteile → § 795 Rdnr. 13, § 797 Rdnr. 20; ein Festsetzungsbeschluß nach § 794 Nr. 2 a muß rechtskräftig sein, bevor ein Beschluß analog § 620 f S. 2, 3 ergehen kann → § 641 f Rdnr. 4.
[56] Für Urteile, die durch Prozeßvergleich ersetzt sind, → § 794 Rdnr. 32b.
[57] → § 708 Rdnr. 10.
[58] Vgl. *RG* (Fn. 41). → § 708 Rdnr. 10 Fn. 57 f. u. Rdnr. 13a, für Beschlüsse § 794 Nr. 3, *RGZ* 84, 203; das ist nicht nur »vorläufige« Vollstreckbarkeit.

Vollstreckbarkeit ausländischer Entscheidungen im Inland ist wie → § 722 Rdnr. 2 oder 8 zu erwirken[59]. Zur *Vorlage* der Entscheidungsausfertigung → Rdnr. 23.

Ob, in welchem **Umfang** und für welchen Zeitraum eine **Aufhebung** anzunehmen ist, → **10** außer Rdnr. 8 noch § 343 Rdnr. 3a-10, § 537 Rdnr. 19 (zu § 304), § 620 f Rdnr. 14, § 717 Rdnr. 2–4, § 725 Rdnr. 7 (auch zu § 323), § 890 Rdnr. 28 ff. und zur entsprechenden Frage, inwieweit die *Zwangsvollstreckung für unzulässig erklärt ist*, → § 732 Rdnr. 10, § 767 Rdnr. 7 Fn. 41, 47, Rdnr. 44, 51, § 768 Rdnr. 5, § 771 Rdnr. 5, 7, 42, § 782 Rdnr. 5 ff., § 786 Rdnr. 11. Insoweit drohen durch ungeschickte Tenorierung erhebliche Auslegungsprobleme, auch bezüglich des Ranges oder Bestandes von Pfändungspfandrechten → § 804 Rdnr. 31, 31a, z. B. bei einer Unzulässigkeitserklärung »zur Zeit«[60] oder wenn eine vollstreckbare Urkunde verschiedene Ansprüche tituliert und wegen Einwendungen nur gegen einen von ihnen die Vollstreckung »aus der Urkunde« für unzulässig erklärt wird[61].

Der **Zeitpunkt** der Vollstreckungswirkung nach Nr. 1 ergibt sich bei **Aufhebung** des Titels **11** aus → Rdnr. 9[62], falls die Entscheidung nicht Abweichendes anordnet. Eine im Urteil angeordnete Sicherheitsleistung hindert *hier* wegen § 717 Abs. 1 nicht die *Einstellung*[63], sondern höchstens die Aufhebung schon bestehender Maßnahmen[64]. Zur Frage eines Aufschubs → § 717 Rdnr. 6, § 925 Rdnr. 19. – Wird jedoch die Vollstreckung **für unzulässig erklärt** (→ Rdnr. 7), so gilt § 717 Abs. 1 nicht; die Einstellung findet daher erst nach unbedingter Vollstreckbarkeit statt: Bei stattgebenden Urteilen gemäß §§ 767 ff. muß daher eine angeordnete **Sicherheitsleistung** des Klägers, solange die vorläufige Vollstreckbarkeit noch von ihr abhängig ist[65], erst nachgewiesen werden[66]. – Zur Hemmung der *Aufhebung* von Vollstreckungsmaßnahmen gemäß § 711 → § 767 Rdnr. 51a, § 771 Rdnr. 64.

Nr. 2. a) Für die **einstweilige Einstellung** der Vollstreckung aus dem *Titel*, die zugehörige **12** Kostenfestsetzungs- und Regelunterhaltsbeschlüsse miterfaßt[67], oder *einzelner Maßnahmen* genügt die **Ausfertigung einer gerichtlichen Entscheidung**, für die Vollstreckbarkeit nicht verlangt wird[68]. Die *Vollstreckung wird unzulässig*, sobald die Entscheidung existent geworden, d. h. verkündet oder sonstwie aus dem internen Bereich des Gerichts hinausgelangt ist[69]. Die (vorläufige) *Vollstreckbarkeit* des Titels wird dadurch *gehemmt*, aber ebensowenig beseitigt wie durch andere Vollstreckungshindernisse[70]. Hierher gehören die einstweiligen Anordnungen → § 707 Rdnr. 7 und die verwandten Fälle → § 707 Rdnr. 26, die einstweilige Einstellung als Vollstreckungsschutz[71], die Einstellung im Vergleichs- und Gesamtvollstreckungsverfahren → Rdnr. 35, 39 und die Einstellung durch einstweilige Verfügung, soweit sie zulässig ist → Rdnr. 96 vor § 704. Ist die Einstellung unter einer Bedingung, insbesondere

---

[59] KG FamRZ 1986, 822 (für § 620 f.).
[60] → Fn. 35 mit Verweisungen.
[61] Vgl. *LG Frankenthal* (Fn. 4).
[62] Zur Durchführung → Rdnr. 4, 23 ff.
[63] *Thomas/Putzo*[18] Rdnr. 5. Unklar *K. Schmidt* (Fn. 6): a. M. Rdnr. 11 Fn. 30 (aber *LG Bonn* MDR 1983, 850 betraf nicht »Aufhebung« → Fn. 66), aber wie hier aaO Rdnr. 12 Fn. 37. *Positive Fortsetzung* der ZV ist daher auch nicht nach §§ 707, 711, 719 möglich, weder mit noch ohne Sicherheit, denn ohne vorläufige Vollstreckbarkeit fehlt es am Titel nach § 704 Abs. 1 (→ § 717 Rdnr. 6; daher kann z. B. § 97 Abs. 2 SGG nicht als Vorbild dienen); einer Gläubigernot könnte hier nur über einstweilige Titel begegnet werden, z. B. § 935; a. M. *OLG Karlsruhe* FamRZ 1980, 909.
[64] → § 776 Rdnr. 1 mit Verweisungen.
[65] → § 709 Rdnr. 8–10.
[66] *LG Bonn* MDR 1983, 850, obiter *BGH* JZ 1982, 72 f. = NJW 1397[11]; *Furtner* DRiZ 1955, 191 folgert dies

zutreffend aus § 751 Abs. 2; denn es handelt sich um eine mit »Verurteilung« vergleichbare Vollstreckungswirkung.
[67] → § 104 Rdnr. 68.
[68] → dazu Rdnr. 49a vor § 704.
[69] → § 329 Rdnr. 40; *BGHZ* 25, 60 = LM Nr. 1 (*Johannsen*) = NJW 1957, 1480 = ZZP 71 (1958) 420 = WPM 1220 = Büro 1958, 42; *KG* (Fn. 22); *OLG Köln* JMBlNRW 1970, 70, ganz h. M. Vgl. auch § 25 Abs. 3 AVAG → Anh. § 723 Rdnr. 325. Wegen Pfändungen nach Eintritt dieser Wirkungen → Rdnr. 29.
[70] *RGZ* 66, 305 (306), was verkannt wird von *OLG Bremen* NJW 1961, 1824, *KG* DGVZ 1966, 103 u. (obwohl im Erg. richtig → § 890 Rdnr. 19, 21) *OLG Frankfurt* NJW-RR 1990, 124. → auch unten Fn. 164 sowie Rdnr. 46 vor § 704.
[71] Nach § 765 a (→ dort Rdnr. 11 f.) nebst den vorläufigen Anordnungen → § 765 a Rdnr. 20, § 813 a Rdnr. 10, § 850 k Abs. 3, § 851 a Rdnr. 9, § 851 b Rdnr. 8.

einer *vom Schuldner zu leistenden Sicherheit*, angeordnet, so muß entsprechend Nr. 3 auch die Erfüllung dieser Bedingung durch öffentliche Urkunde nachgewiesen werden[72]; für die *Sicherheit des Klägers gemäß § 769 oder § 771 Abs. 3* genügt jedoch wie in § 751 Abs. 2 auch öffentliche Beglaubigung, da die Form des Nachweises kaum strenger sein soll als beim vorläufig vollstreckbaren Urteil[73]. Zur Vorlage → Rdnr. 23, zur Dauer der Einstellung → Rdnr. 30.

13   b) Da die **nachträgliche** Anordnung einer **Sicherheitsleistung des Gläubigers** nicht unter Nr. 1 fällt, läßt Nr. 2[74], solange diese Sicherheit noch fehlt[75], die Vorlage einer *Ausfertigung* für die **Einstellung** genügen, wenn ein Versäumnisurteil nur mit der Einschränkung des § 709 S. 2 aufrechterhalten wird[76] oder wenn die Sicherheitsleistung erst durch einstweilige Anordnungen für die Vollstreckung oder Verwertung bzw. deren Fortsetzung nötig wird, → § 707 Rdnr. 7 und die verwandten Fälle § 707 Rdnr. 26 f. – Zur Wirkung der Einstellung → § 751 Rdnr. 8. Sicherungsmaßnahmen bleiben in den → § 720 a Rdnr. 2 genannten Fällen auch vor Leistung der Sicherheit zulässig[77], soweit die Entscheidung nichts anderes anordnet. Wegen bereits vollzogener Maßnahmen → § 709 Rdnr. 12, aber auch unten Rdnr. 29.

14   Nr. 3 bezieht sich auf die **Abwendung der Vollstreckung durch Sicherheitsleistung** nach §§ 711, 712 Abs. 1 S. 1 und 720 a Abs. 3[78]; sie gilt – soweit nicht § 751 Abs. 2 anzuwenden ist[79] – entsprechend, wenn mit einer einstweiligen Einstellung (Nr. 2) zugleich die *Aufhebung* einer Maßnahme nur gegen Sicherheit angeordnet ist[80], in den übrigen Fällen → Fn. 72 aber nur hinsichtlich der Art des Nachweises, also ohne Aufhebung[81]. S. auch § 22 AVAG[82]. Wegen Kostenfestsetzungsbeschlüssen → § 711 Rdnr. 1, zum *Aufschub* der Vollziehung von Urteilen nach §§ 767 ff. → § 767 Rdnr. 51 a, § 771 Rdnr. 64.

15   Die *öffentliche Urkunde* muß die Sicherheitsleistung bzw. Hinterlegung beweisen[83], nicht nur die Absendung (Postschein); also bei *Bürgschaften* den Zugang der Erklärung des Bürgen an den Schuldner[84]; ergibt sich ihre Zulassung als Sicherheit nicht aus dem Titel, so ist eine Ausfertigung der zulassenden Entscheidung vorzulegen.

16   Unter **Nr. 4**[85] fallen nur die **Befriedigung**[86] und die noch nicht abgelaufene[87] und gerade diesem Schuldner gewährte (§ 425 BGB) **Stundung**[88] *nach Erlaß des Titels*, d. h. Verkündung[89] oder gemäß § 310 Abs. 3 Zustellung des Urteils oder des Vollstreckungsbescheids[90], Protokollierung des Vergleichs oder der vollstreckbaren Urkunde (§ 795). Mahnbescheide

---

[72] *RG* WarnRspr 12, 153[137], allg. M. Daher ist eine privatschriftliche Erlaubnis, die Sicherheit beim Anwalt des Gläubigers oder beim Notar zu leisten, als Vollstreckungsvereinbarung nur über § 766 geltend zu machen → § 766 Rdnr. 23, denn Nr. 4 gilt für solche Fälle nicht entsprechend; a. M. *AG Köln* DGVZ 1972, 31. → auch Fn. 95.
[73] → Rdnr. 11 Fn. 66.
[74] Vgl. *BT-Drucks.* 7/2729 zu Nr. 90.
[75] → Rdnr. 30 zu c).
[76] → dort Rdnr. 12 ff.
[77] So auch § 112 Nr. 1 b GVGA.
[78] Wegen § 720 a wurde Nr. 3 neugefaßt → Fn. 74.
[79] → Rdnr. 11 Fn. 66 und Rdnr. 12 nach Fn. 72.
[80] → § 707 Rdnr. 21.
[81] Vgl. *LG Berlin* Rpfleger 1971, 322 = DGVZ 154.
[82] → Anh. § 723 Rdnr. 322.
[83] Öffentliche Beglaubigung genügt nicht → § 415 Rdnr. 8, 10 (anders § 751 Abs. 2). Wegen abweichender Vereinbarungen → Fn. 72.
[84] Dieser genügt, → § 108 Rdnr. 27, § 751 Rdnr. 11 f.
[85] § 9 Abs. 2 JBeitrO, § 292 Abs. 1 AO schreiben die Art des Nachweises nicht vor; jedoch verlangt Nr. 11 Abs. 2 Nr. 1 VollzA (→ Fn. 30) Vorlage eines Verwaltungsakts oder einer gerichtlichen Entscheidung, falls Nachweise wie § 775 Nr. 4 oder 5 fehlen.
[86] Soweit sie schon die Ausfertigung verbraucht, ist Nr. 4 überflüssig → Rdnr. 2; anders bei weiteren Ausfertigungen → Rdnr. 18 Fn. 107, bei Gesamtschuldnern → § 803 Rdnr. 7.
[87] *OLG Königsberg* OLGRspr 18, 408.
[88] Beruht sie auf einem Versprechen zur Ratenzahlung, so ist deren Überwachung nicht Aufgabe des GV, *LG Dortmund* JMBlNRW 1969, 76; *AG Siegen* DGVZ 1974, 89; *Sebode* DGVZ 1959, 37; *Noack* MDR 1968, 817; s. auch § 111 Nr. 2 GVGA mit §§ 40 f. GVO.
[89] Die von *Wieczorek*[2] Anm. C IV c gerügte zeitliche Abweichung von § 767 Abs. 2 ist unschädlich: Wird trotz Zahlung nach letzter mündlicher Verhandlung die ZV beantragt, so wird ohnehin meist ein streitiger Fall vorliegen, der besser gleich über §§ 767, 769 geklärt wird → Rdnr. 32, auch Fn. 90. Im Erg. wie hier *K. Schmidt* (Fn. 6) Rdnr. 20.
[90] Im Falle § 699 Abs. 4 S. 2, 3 könnte man schon die Übersendung an den Gläubiger als »Erlaß« ansehen, so daß auch hier ein Zeitunterschied zu § 796 Abs. 2 bestünde. Aber das lohnt sich aus den Gründen → Fn. 89 kaum.

sind trotz §§ 693 Abs. 2, 696 Abs. 2 keine Titel; ihre Zustellung ist daher noch nicht »Erlaß« i. S. d. Nr. 4 und dem Schuldner ist Widerspruch wegen Zahlung zuzumuten[91]; jedoch wahrt entsprechende Anwendung den Gesetzeszweck → Rdnr. 32 und ist daher unbedenklich, zumindest wenn ein Rangverlust vermieden werden kann, weil der Gläubiger kurzfristig erreichbar ist, um über die Fortsetzung der Vollstreckung zu befinden. *Befriedigung* ist außer der titelgemäßen Leistung[92] des Schuldners oder Drittschuldners[93] auch jeder vom Gläubiger eindeutig in der vorgelegten Urkunde vereinbarte oder nachträglich als Erfüllung anerkannte Ersatz durch Erlaß[94], ebenso die Kürzung des Anspruchs durch Prozeßvergleich (→ § 794 Rdnr. 32), Aufrechnung und Aufrechnungsvertrag. Gleichzustellen sind: vom Gläubiger gestattete Hinterlegung[95], ein pactum de non petendo[96], Pfändung und Überweisung an den Schuldner selbst[97], weil damit die Forderung des Gläubigers entweder erloschen oder doch zur Zeit (ähnlich wie bei der Stundung) nicht verfolgbar ist[98]. Über Schecks → Rdnr. 21. Zur unmittelbaren und entsprechenden Anwendung auf *Vollstreckungsvereinbarungen* → § 766 Rdnr. 23, 25 a. E.; auch § 721 Rdnr. 15. Ob tatsächlich Erfüllung eingetreten ist, hat das Vollstreckungsorgan nicht zu prüfen. Wegen der Rechtsbehelfe → Rdnr. 32.

Gründe, die *ohne* Erfüllung oder Erfüllungsersatz die Forderung erlöschen lassen (Rücktritt, auch im Falle des § 13 VerbrKrG[99], Anfechtung), können nur nach §§ 767, 769 geltend gemacht werden, auch wenn sie urkundlich belegt sind. Gleiches gilt für eine Schuldveränderung nach §§ 69 f. KO (§§ 45 f. InsO). Ebensowenig genügt eine Urkunde, die überhaupt nicht oder nur in Verbindung mit dem Gesetz, z.B. §§ 366, 367 BGB[100], oder zusammen mit außerhalb der Urkunde liegenden Tatsachen[101] erkennen läßt, ob und in welcher Höhe gerade die zu vollstreckende Forderung erfüllt ist. Aufrechnungserklärungen des Schuldners[102] oder im Titel nicht vorgesehene Hinterlegungen, die der Gläubiger *nicht anerkennt* oder mit dem Schuldner nicht eindeutig vereinbart hat, unterfallen also nur § 767, auch die Hinterlegung nach § 378 BGB, denn das Recht dazu ist vom Vollstreckungsorgan nicht nachzuprüfen[103]. Gleiches gilt für den Übergang der titulierten Forderung auf Dritte und andere Fälle eines Verlustes der Sachlegitimation[104]. Wegen eines Falls entsprechender Anwendung der Nr. 4 → § 721 Rdnr. 15.

17

---

[91] A.M. *LGe Stuttgart, Kiel* DGVZ 1983, 24; *K. Schmidt* (Fn. 6) Rdnr. 20 Fn. 61, Rdnr. 23. – Erst recht gilt Nr. 4 nicht für Zahlungen vor Einleitung des Mahnverfahrens, *Bittmann* ZZP 97 (1984), 44, zust. *Gaul* (Fn. 12) § 45 I 3 Fn. 17a gegen LG Koblenz DGVZ 1982, 45; → auch Rdnr. 45 vor § 704 Fn. 250 über Mahnverfahrenskosten trotz unstreitiger Tilgung der Hauptschuld.
[92] Wegen Wahlschulden u. Ersetzungsbefugnis → Rdnr. 10ff. vor § 803.
[93] → § 835 Rdnr. 8; AG Bochum DGVZ 1991, 174 (→ aber Rdnr. 32 Fn. 175).
[94] LGe Freiburg, Münster MDR 1955, 299; 1964, 603; *Gaul* (Fn. 12) § 45 I 3 b bb mwN. – A.M. *Grund* DGVZ 1960, 129.
[95] Auch wenn sie noch nicht erfüllend wirkt, ebenso nachträglich vereinbarte »Hinterlegung« bei Dritten (z. B. Anwalt, Notar); → aber zur Sicherheitsleistung Fn. 72.
[96] *K. Schmidt* (Fn. 6) Rdnr. 19; ob u. inwieweit solche Abreden materiellrechtlich wirken sollen, hat jedoch nur dafür Bedeutung, ob Nr. 4 unmittelbar oder analog anzuwenden ist, → § 766 Rdnr. 23, 25 a. E. mit Fn. 137, 140.
[97] Pfändung und Abtretung zugunsten Dritter hindern nicht den ZV-Betrieb, → § 727 Rdnr. 44 ff., § 767 Rdnr. 22, *Münzberg* (Fn. 17) 146, *K. Schmidt* (Fn. 6) Rdnr. 19 mwN. Zur Zahlung an den Überweisungsgläubiger → aber Rdnr. 19.
[98] RGZ 33, 292; OLGe Dresden, Hamburg u. Kassel OLGRsp 2, 351; 10, 377; 20, 345; *LG Düsseldorf* MDR 1956, 175.
[99] → § 814 Rdnr. 12 ff.
[100] *LG Bonn* NJW 1965, 1387; *LG Oldenburg* MDR 1981, 236; *Grund* (Fn. 94); vgl. z. B. *AG Hamburg-Altona* Rpfleger 1993, 502f. (zu § 813a). Zur Problematik der Banken als Gläubiger *Kolbenschlag* DGVZ 1959, 39. – auch Fn. 110. – Lautet ein Unterhaltstitel auf über freiwillige Leistungen hinausgehenden Betrag, so hat das ZV-Organ im Zweifel davon auszugehen, daß Zahlungen unabhängig von § 366 BGB zunächst auf die nicht titulierte Forderung zu verrechnen sind *Noack* (Fn. 94) 151.
[101] *OLG Hamburg* OLGRsp 33, 196. – A.M. *LG Köln* MDR 1963, 688.
[102] Wie hier *K. Schmidt* (Fn. 6) Rdnr. 19 mwN.
[103] *OLG Düsseldorf* DGVZ 1960, 70f.; obiter *LG Karlsruhe* DGVZ 1984, 155. S. auch *Münzberg* (Fn. 17) 146; *Gaul* (Fn. 12) § 45 I 3 b bb.
[104] → § 767 Rdnr. 22. Aber → oben Fn. 22 zu kurzfristigem Aufschub der ZV u. Rdnr. 19 zur nachgewiesenen Leistung an den nunmehr Berechtigten.

18   Der Nachweis kann nur durch öffentliche[105] oder vom *Gläubiger* ausgestellte Privaturkunde[106] (Quittung, Stundung) geführt werden; wegen Urkunden Dritter → Rdnr. 19. Die *öffentliche Urkunde* muß nicht vom Gläubiger stammen. Es genügt z. B. Quittung des Gerichtsvollziehers (§ 757) oder eine »verbrauchte« Ausfertigung[107], die der Schuldner vorlegt, um einer Vollstreckung aus weiteren Ausfertigungen über denselben Anspruch entgegenzutreten[108], oder ein negatives Feststellungsurteil über Nichtbestand oder Nichtfälligkeit des Anspruchs[109]; zu seiner Wirkung → aber Rdnr. 32. Der Schuldner hat die Echtheit *privater Urkunden des Gläubigers* durch Beglaubigung zu beweisen, falls das Vollstreckungsorgan Zweifel hegt, z. B. beim Telegramm. Bestreitet aber der Gläubiger, wendet er sich besser unmittelbar an den Gerichtsvollzieher als nach § 766 an das Vollstreckungsgericht → Rdnr. 32. Bei teilweiser Befriedigung, z. B. wenn Vollstreckungskosten nicht bezahlt sind, ist die Vollstreckung zu beschränken[110].

19   Lautet der Titel auf Leistung an einen Dritten, erlaubt er diese ausdrücklich[111] oder muß der Gläubiger die Leistung an Dritte kraft besonderer Vorschriften gegen sich gelten lassen, so genügt die **Quittung des Dritten**. Hierher gehören der Abzug vom Arbeitgeber gezahlter Steuerbeträge und Sozialbeiträge beim Bruttolohnurteil[112] und die Leistung des Schuldners an einen Dritten, auf den der titulierte Anspruch oder die Einziehungsbefugnis übergegangen ist, falls dieser Übergang durch öffentliche Urkunden nachgewiesen wird. *Beispiele:* Nach Überweisung der zu vollstreckenden Forderung (§ 835) genügt die Quittung des durch Vorlage des Gerichtsbeschlusses ausgewiesenen Überweisungsgläubigers über den Empfang einer Zahlung (nicht Hinterlegung) des Titelschuldners als Drittschuldners[113]; nach einer durch öffentliche Urkunde nachgewiesenen Überleitung titulierter Ansprüche auf Abfindung oder Arbeitslosengeld nach § 117 Abs. 2, 4 AFG genügt die Quittung des Arbeitsamts[114]. Folgerichtig genügt in diesen Fällen für den Nachweis der Leistung an den Dritten auch eine den Anforderungen der **Nr. 4** entsprechende Urkunde[115].

19a   Jedoch kann solchen Quittungen Dritter nach Nr. 5 oder Nachweisen einer Leistung an diese gemäß Nr. 4 nicht stärkere Wirkung zukommen als einer Quittung des Titelgläubigers → Rdnr. 32; bestreitet daher dieser die Berechtigung des (noch nicht nach § 727 ausgewiesenen!) Dritten, so darf darüber nicht im Erinnerungsverfahren entschieden werden, sondern der Schuldner muß die Vollstreckung nach §§ 767, 769 abwenden → § 767 Rdnr. 22. – Zur Zahlung eines Gesamtschuldners → Rdnr. 7 vor § 803.

20   **Nr. 5** verlangt das Original[116] eines nach Erlaß des Titels (→ Rndr. 16) datierten **Postscheins** über die Einzahlung eines Betrags zugunsten des Titelgläubigers, also Zahlkartenabschnitt,

---

[105] Öffentliche Beglaubigung reicht für nicht vom Gläubiger ausgestellte Urkunden nicht aus, zust. *K. Schmidt* (Fn. 6) Rdnr. 18.
[106] Kopien genügen nicht, vgl. *AG Berlin-Wedding* DGVZ 1976, 93.
[107] → dazu Rdnr. 2.
[108] Ähnlich im Parallelfall zweier Titel über denselben Anspruch → Rdnr. 20 Fn. 81 vor § 704.
[109] → Fn. 44, auch § 767 Rdnr. 13. Ähnlich Nr. 11 VollzAnw Abs. 2 Nr. 1 (→ Fn. 30).
[110] Vgl. *RGZ* 49, 349 ff.; *OLG Hamm* JMBlNRW 1962, 95; *LG Essen* DGVZ 1971, 170 ff., allg. M. – Die Vollstreckung des Restes (z. B. Kosten des Vollstreckungsbescheids) ist nicht Rechtsmißbrauch → Rdnr. 45 vor § 704.
[111] *K. Schmidt* (Fn. 6) Rdnr. 18.
[112] *LG Freiburg* Rpfleger 1982, 347; → dazu Rdnr. 28 vor § 704. Ob die abgeführten Beträge der Rechtslage entsprechen, haben nach h. M. weder ZV-Organ noch Erinnerungsgericht zu prüfen *AG, LG Köln* DGVZ 1983, 157 (Streit über vom Finanzamt behauptete Lohnsteuerpflicht für durch Vergleich zuerkannte Karenzentschädigung); *OLG Frankfurt* OLGZ 1990, 328 f. (Abzüge seien ungerechtfertigt gewesen). Wurde angeblich zu viel abgeführt, so bleibt dem Gläubiger nach *Gaul* (Fn. 12) § 10 II 2 a aa nur § 256, ebenso *OLG Frankfurt* aaO 330; hingegen für die Behauptung des Gläubigers entsprechende höhere ZV (hiergegen nur § 767) *Brehm* ZZP 101, 497; dem ist wohl zuzustimmen, da es auch hier um die (teilweise) Empfangsberechtigung Dritter u. damit um die Höhe der Erfüllung geht → Rdnr. 19 a.
[113] *Münzberg* (Fn. 17) 146 mwN; dies allerdings nur, wenn aus dem Titel zweifelsfrei die Identität der Forderung hervorgeht. Zur Pfändung oder Überweisung vor Zahlung → aber Rdnr. 3, 16.
[114] Insoweit richtig *LG Braunschweig* DGVZ 1982, 42 f., zust. *K. Schmidt* (Fn. 6) Rdnr. 18 mwN; *Sibben* DGVZ 1989, 181 f. Aber die Zurückweisung der Erinnerung des Gläubigers war dennoch verfehlt → Rdnr. 19 a; daher i. E. zutreffend *AG Limburg*, DGVZ 1984, 121.
[115] *AG, LG Köln* (Fn. 112): Lastschrift für Zahlung an Finanzamt i. H. d. von diesem mitgeteilten Betrags.
[116] Im Gegensatz zu → Fn. 105 dürfte jedoch hier eine beglaubigte Kopie ausreichen.

Postanweisung, Lastschriftzettel, Quittung im Posteinlieferungsbuch[117]. Der Einlieferungsschein über einen Geldbrief genügt nicht[118].

Dies gilt sinngemäß für *Bankbescheinigungen* (Einzahlungsquittung oder Überweisungsbescheinigung)[119], was durch Änderung der Nr. 5 klargestellt werden soll, BR-Drucks. 134/94 Art. 1 Nr. 10. Dagegen reicht eine Überweisungsankündigung ebensowenig aus wie ein vom Kreditinstitut nicht bestätigter Überweisungsdurchschlag[120] oder eine Scheckabbuchung[121]; im Hinblick auf die üblich gewordene Zahlung durch Scheck kann aber der Gläubiger selbst zur Vermeidung von Verfahren nach §§ 767, 769 das Vollstreckungsorgan von vornherein um Aufschub bis zur voraussichtlichen Gutschrift bitten[122]. Über Erfüllungswirkung und Rechtsbehelfe → Rdnr. 16 a. E., 32.

III. Einstellungsfolgen, Verfahren

1. a) In den Fällen der **Nrn. 1 und 2** wird die Zwangsvollstreckung schon unabhängig von der Vorlage beim Vollstreckungsorgan[123] in dem sich aus der Entscheidung ergebenden Umfang[124] unzulässig, und zwar in dem → § 767 Fn. 410 (Rdnr. 51a) dargestellten Sinne[125]; zum maßgebenden Zeitpunkt → Rdnr. 11f. Wegen § 894 → dort Rdnr. 19f. Daß die Vollstreckungsorgane erst ab Kenntnis *handeln* dürfen und müssen, ist eine andere Frage[126]; sie betrifft nicht den Inhalt der Entscheidung, sondern deren Vollstreckungswirkung[127]. Soweit Maßnahmen aufzuheben sind, handelt es sich um Beseitigung wirksamer[128] aber unzulässiger Akte. Da die Unzulässigkeit bereits durch richterliche Entscheidung feststeht, genügt hier deren **Vorlegung**[129]. Die vorzulegende *Ausfertigung* muß weder i. S. d. § 724 als vollstreckbar bezeichnet noch nach § 750 zugestellt sein; beglaubigte Abschrift oder Kopie genügt nicht[130].

Dieser gegenüber §§ 766, 793 vereinfachte Weg steht, da § 775 keine Beschränkung enthält, **jedem offen**, der die Unzulässigkeit des Vollstreckungsakts durch Vorlage geltend machen kann, d.h. dem Schuldner und jedem von der Vollstreckung betroffenen **Dritten**[131], im Falle des § 771 auch dem Schuldner[132], nachrangigen Gläubigern aufgrund einer vom Schuldner erwirkten Entscheidung[133]. **Dritte** sind daher nur dann auf § 766 angewiesen, wenn sie die Ausfertigung weder von den Parteien erhalten noch selbst beantragen können und wenn eine Bezugnahme auf die Urschrift[134] nicht genügt.

---

[117] § 112 Nr. 1 e GVGA.
[118] Er beweist nicht, daß dem Gläubiger ein bestimmter Betrag zugewendet wurde. Ebenso Nr. 11 VollzAnw Abs. 2 Nr. 2 → Fn. 30.
[119] Auch öffentlicher Sparkassen und privater Banken, jetzt ganz h.M. *BGH* NJW-RR 1988, 881; *K. Schmidt* (Fn. 6) mwN. Hier Einschränkungen zu machen, würde letztlich zulasten des Gläubigers gehen, der ohnehin die Einstellung ohne Erinnerung durch einfachen Widerspruch rückgängig machen kann → Rdnr. 32. Daher sollte das ZV-Organ auch nicht auf der zusätzlichen Vorlage des Abbuchungsnachweises bestehen, so aber *Gaul* (Fn. 12) § 45 I 3 b cc mwN; *LG Düsseldorf* DGVZ 1990, 140.
[120] Auch nicht neben dem Kontoauszug, es sei denn die Abbuchung wiese den Empfänger aus (unüblich).
[121] A.M. *LG Oldenburg* DGVZ 1989, 187; → auch Rdnr. 32.
[122] Zur Erweiterung der Nrn. 4 u. 5 de lege ferenda *Gaul* ZZP 85 (1972) 303 f.
[123] → auch § 771 Fn. 30 f. mwN u. zur Gegenansicht dort Fn. 41.
[124] → Rdnr. 10.
[125] Ob sie es schon vorher war im Sinne einer Anfechtbarkeit wegen ZV-Mängeln (§ 766), ist in diesem Zusammenhang unerheblich.
[126] Auch *LG Berlin* Rpfleger 1976, 26 = MDR 1975, 672; *Kirberger* Rpfleger 1976, 8 f. (zu Nr. 2); *AG Bochum* DGVZ 1967, 188 unterscheiden zwischen Unzulässigkeit der ZV und unzulässigem Verhalten der Vollstreckungsorgane, → dazu § 767 Fn. 410 a. E.
[127] → Rdnr. 48, 51 vor § 704.
[128] Allg. M. Auch wenn sie während einstweiliger Einstellung erfolgten (→ Rdnr. 12), vgl. *LG Berlin* (Fn. 126).
[129] Näheres → Rdnr. 8 f.
[130] *K. Schmidt* (Fn. 6) Rdnr. 13 mwN gegen *Wieczorek*[2] Anm. C I d. → auch Fn. 105.
[131] Ohne Prüfung, ob sie betroffen ist, *K. Schmidt* (Fn. 6) Rdnr. 25; vgl. auch *Gaul* (Fn. 12) § 45 I 2.
[132] A.M. *Wieczorek*[2] Anm. D II b 1, 2; unklar *Rosenberg*[9] § 187 I 2.
[133] *RGZ* 121, 349; vgl. auch 128, 83. – A.M. *RG* LeipZ 1918, 1276; *Martin* Pfändungspfandrecht usw. (1963) 209 Fn. 39; *Pappenheim* Rangsteitigkeiten usw. (1931) 45 ff.; *Pagenstecher* Prozeßprobleme (1930) 49 ff., der aber den Weg über § 766 erlauben wollte, aaO 66 ff.
[134] → Rdnr. 23a a. E.

23a »Relative Unzulässigkeit« nur gegenüber dem, der die Entscheidung erwirkt hat, gibt es hier ebensowenig wie bei einem von vornherein bestehenden Mangel der Vollstreckungsvoraussetzungen, denn solche Entscheidungen wenden sich an alle[135]. Die in Nrn. 1, 2 vorgesehene Vorlegung ist kein Antrag im üblichen Sinne, sondern nur **formalisierte Bekanntgabe** der durch die Entscheidung eingetretenen Unzulässigkeit[136] an das Vollstreckungsorgan, damit dieses von Amts wegen handeln kann[137]. Die Vorlegung einer Ausfertigung wird in den Nrn. 1, 2 nur deshalb genannt, weil sie vollen Beweis liefert[138]. Es genügt daher auch Vorlegung der Urschrift[139], und wenn das erkennende Gericht selbst Vollstreckungsorgan ist, stellt es von Amts wegen ein[140]; hat es dies versäumt, so genügt Bezugnahme auf die Urschrift in den Akten[141].

23b Erfährt das Vollstreckungsorgan *auf andere Weise*[142] von einer Entscheidung gemäß Nr. 1 oder 2, so verfährt es vorläufig wie → Rdnr. 4; diese Eilmaßnahme ergeht allerdings nur vorbehaltlich nachträglicher und unverzüglicher Vorlage. Kann auch in der vom Vollstreckungsorgan genannten kurzen Frist keine Ausfertigung vorgelegt werden, bleibt der Weg der Erinnerung nach § 766[143] mit der Möglichkeit einstweiliger Anordnungen, § 766 Abs. 2 S. 2.

24 b) Im Falle **Nr. 3** wird die Vollstreckung ebenfalls unzulässig, wie sich aus §§ 711, 712 Abs. 1 ergibt; s. auch § 776. **Wegen Nrn. 4 und 5** → aber Rdnr. 32.

25 2. Was das **Vollstreckungsorgan zu veranlassen hat**, hängt von der Sachlage ab[144], insbesondere davon, ob zugleich § 776 zutrifft und ob die Vollstreckung ganz einzustellen oder nur zu »beschränken« ist auf einen Teil des titulierten Anspruchs oder auf zulässig bleibende einzelne Vollstreckungsmaßnahmen. Zur Fortschaffung gepfändeter Sachen → § 808 Rdnr. 27, § 707 Rdnr. 7 Fn. 71, § 709 Rdnr. 14; das Vollstreckungsgericht kann trotz Einstellung eine Notverwertung entsprechend § 930 Abs. 3 anordnen[145]. Wegen der Handlungs- u. Unterlassungsvollstreckung → § 888 Rdnr. 25, § 890 Rdnr. 21, 26, 45 ff. Da es sich bei der **Einstellung** im Gegensatz zur Aufhebung schon vollzogener Maßregeln (§ 776) um etwas Negatives handelt, kann ein Unterlassen ausreichen[146]. Noch nicht erledigte Anträge des Gläubigers sind jedoch zurückzuweisen, falls er sie trotz endgültiger Einstellung nicht zurücknimmt[147]. Der *Gerichtsvollzieher* hat die Einstellung, falls sie nicht anläßlich der beabsichtigten Vollstreckungstätigkeit erfolgt und deshalb im Protokoll (§ 762) erwähnt wird, in den Akten zu vermerken und den Gläubiger zu benachrichtigen, vgl. § 112 Nr. 4 GVGA, für Vollziehungsbeamte Nr. 20 VollzAnw Abs. 2 Nr. 3 (→ Fn. 30).

26 Soweit künftige Maßregeln bereits im Gang sind, bedarf es besonderer Gegenmaßregeln, z. B. der Aufhebung des Versteigerungs- oder Offenbarungstermins[148] und der Haftanordnung[149] mit den Folgen des § 915a Abs. 2. Bei *Rechtspfändungen* ist auch im Falle der Überweisung zur Einziehung[150] ein besonderer Beschluß des Vollstreckungsgerichts zwar nicht nötig, wenn es *selbst* die Pfändung für unzulässig erklärt hat[151], andererseits aber auch nicht überflüssig, nämlich klarstellend als Abgrenzung zu einem Aufschub des Vollzugs →

---

[135] *RGZ* 128, 83; *KG* (Fn. 22). → auch § 766 Rdnr. 30 ff.
[136] → § 776 Rdnr. 2; zust. *K. Schmidt* (Fn. 6) Rdnr. 25.
[137] Vgl. *BGH* (Fn. 69) a. E.; *OLG Bremen* NJW 1961, 1824; *OLG Karlsruhe* JW 1928, 742; *KG* DGVZ 1958, 71; *LG Berlin* Rpfleger 1965, 279 u. Fn. 126; *Kirberger* (Fn. 126); *Thomas/Putzo*[18] Rdnr. 2. – A.M. *Wieczorek*[2] Anm. D II b; *Blomeyer* ZwVR § 24 III.
[138] *KG* (Fn. 22); *Kirberger* (Fn. 126).
[139] *Förster/Kann* Anm. 1 c Nr. 1; *K. Schmidt* (Fn. 6) Rdnr. 13. – A.M. *RG* LeipZ 1918, 1276.
[140] *BGH* (Fn. 69) a. E., ganz h. M. → auch für Parteiakte Rdnr. 8 Fn. 50 f.
[141] *OLG München* OLGRsp 17, 190; 35, 123; s. auch *KG* (Fn. 22); *K. Schmidt* (Fn. 6) Rdnr. 13.
[142] Z. B. Bekanntgabe einstweiliger Einstellung durch den Richter, *BGH* (Fn. 69) a. E., oder durch den Gläubiger selbst, *KG* (Fn. 22).
[143] Vgl. auch *BGH* (Fn. 69) a. E.; *KG* (Fn. 137). – A.M. *Wieczorek*[2] Anm. D II a 3, dem nur insoweit zu folgen ist, daß § 766 nicht als Ersatz für die *schon mögliche* Vorlage nach § 775 dienen darf.
[144] Vgl. *RGZ* 70, 402 f.
[145] Vgl. zu § 769 *OLG Stettin* ZZP 54 (1929) 350.
[146] *BayObLG* NS II, 59 f. (Eintragung einer Hypothekenpfändung); *RG* (Fn. 144).
[147] *OLG Frankfurt* NJW-RR 1990, 124 zu § 890.
[148] Ebenso bei Zwangsversteigerung *RGZ* 70, 402.
[149] → § 908 Rdnr. 1.
[150] Mit ihr ist die ZV noch nicht beendet → Rdnr. 118 vor § 704; § 775 ist daher anwendbar.
[151] → § 766 Rdnr. 41.

§ 766 Rdnr. 43. Eines Aufhebungsbeschlusses bedarf es, wenn im Falle des § 776 Unzulässigerklärung, endgültige Einstellung oder Aufhebungsanordnung von einem anderen Gericht stammen als demjenigen, das die Vollstreckungsmaßnahme vorgenommen hatte → § 776 Rdnr. 2. Bis dahin ist nur das Weiterbetreiben der Vollstreckung verboten, was aber nicht nur für die Vollstreckungsorgane gilt, sobald sie *sichere Kenntnis* erlangt haben (→ Rdnr. 4, 23), sondern auch für Leistungen des Drittschuldners an den Pfändungsgläubiger, da sonst die Vollstreckung beendet und der Zweck der Entscheidung vereitelt würde[152].

Sobald daher eine nach Nr. 1 oder 2 erlassene Entscheidung wirksam wird (→ Rdnr. 11f.), ist die **Einziehungsbefugnis** des Gläubigers (§ 836) zwar noch nicht beseitigt (es sei denn die Pfändung wäre damit zugleich aufgehoben → Rdnr. 26), aber ebenso **gehemmt** wie die Verwertungsbefugnis des Gerichtsvollziehers. Deshalb sollten vom Vollstreckungsgericht stammende Beschlüsse gemäß Nr. 1 oder 2 den ihm bekannten Drittschuldnern mindestens mitgeteilt, besser zugestellt werden[153]. Leistet der Drittschuldner trotz Kenntnis der Entscheidung an den Pfändungsgläubiger, so kann er sich nicht auf die §§ 407ff. BGB, § 836 berufen, wenn später die Pfändung aufgehoben wird[154]. Bis dahin muß er sich so verhalten, als wäre nur gepfändet ohne Überweisung; ihm bleibt also nur die Hinterlegung[155]. 27

3. Rechtsbehelfe. Gegen die Einstellung nach § 775 oder ihre Verweigerung durch *Gerichtsvollzieher* haben Gläubiger, Schuldner und Dritte[156] die Erinnerung nach § 766[157]; für Nr. 4 und 5 → aber Rdnr. 32 und zum Verbrauch der Ausfertigung → Rdnr. 2. Erläßt das *Vollstreckungsgericht* einen Einstellungsbeschluß[158], so richtet sich die Anfechtung, falls sie nicht von vornherein ausgeschlossen ist wie z.B. nach § 707 Abs. 2 S. 2[159], nach den → § 766 Rdnr. 3f., 7f. dargestellten Regeln. Zu Entscheidungen des Grundbuchamts und des Prozeßgerichts als Vollstreckungsorgan über Einstellungsanträge → § 867 Rdnr. 28, § 891 Rdnr. 5. 28

Pfändungen, die trotz einer unter das **Aufhebungsgebot des § 776** fallenden Einstellung vorgenommen wurden, sind zwar vorerst wirksam, aber doch einfach nach § 776 aufzuheben[160]; einer Erinnerung bedarf es hier nur in Eilfällen → Rdnr. 23. – Ist jedoch ein **Einstellungsbeschluß ohne Aufhebungsanordnung** (§ 776 letzter HS) ergangen und wurde noch *nach* seinem Wirksamwerden[161] gepfändet, z.B. weil die Entscheidung noch nicht vorgelegt und auch sonst noch nicht bekannt war[162] oder weil ein erforderlicher Nachweis der Sicherheit des Schuldners oder eines Dritten (§ 771) erst nachträglich beigebracht werden konnte, so ist die Aufhebung nach § 766 zu erwirken[163]. – Nach dem *Ende der einstweiligen Einstellung* darf die während der Einstellungsdauer vorgenommene Pfändung nicht mehr aufgehoben wer- 29

---

[152] *RGZ* 128, 83, 86; *OLG Bremen* (Fn. 70).
[153] So auch im Fall *RG* (Fn. 152) 84. Auch die ausdrückliche Anordnung, daß der Drittschuldner während der Einstellung nur hinterlegen oder an die Parteien gemeinsam leisten dürfe (→ § 835 Rdnr. 11 mit § 829 Rdnr. 104), ist zu empfehlen, vgl. den Sachverhalt bei *LG Berlin* Rpfleger 1973, 63.
[154] *RG* (Fn. 152) 84 »auf eigene Gefahr«, → § 836 Rdnr. 3 a.E.
[155] *KG* OLGRsp 35, 122, → §829 Rdnr. 104.
[156] Z.B. im Falle des § 771.
[157] Allg. M.
[158] → Rdnr. 26.
[159] Beruht die Einstellung auf dem unanfechtbaren Beschluß eines **anderen** (→ Rdnr. 26) Gerichts, so ist ihre Anfechtung zwar zulässig, aber nur begründet, wenn die Art der Einstellung von diesem Beschluß abweicht.
[160] → dort Rdnr. 2 f.
[161] → Rdnr. 12 Fn. 69.
[162] → Rdnr. 4, 23.
[163] So für die ZV in Sachen und Rechte *OLG Marienwerder* HRR 1936 Nr. 1341 (s. auch *BGH* → Fn. 69); *OLG Bremen* u. *KG* (Fn. 70); *LG Berlin* (Fn. 126); *Oertmann*

AcP 107 (1911) 209, insoweit heute ganz h.M. Dazu bedarf es nicht der Annahme einer Rückwirkung der Unzulässigkeit; denn diese war bereits eingetreten durch die Entscheidung (→ Fn. 69,126) u. fordert die Aufhebung nach dem Entscheidungsinhalt u. -zweck selbst dann, wenn die Pfändung mangels Vorlage der erforderlichen Nachweise noch gesetzmäßig und wirksam war (→ § 776 Rdnr. 2 u. zur Unterscheidung zwischen Unzulässigkeit der ZV und Gesetzmäßigkeit des Verhaltens der ZV-Organe → § 767 Rdnr. 410 a.E.). Bei **Pfändungen vor dem Nachweis der abwendenden Sicherheit** ist diese Entscheidungsfolge besonders einleuchtend, denn die Sicherheitsleistung soll ja gerade an die Stelle der Sicherheit durch Pfändung treten → § 707 Rdnr. 8. – Eine Aufhebung einfach nach § 776, also ohne den Weg über §766, scheidet jedoch in *diesen* Fällen grundsätzlich aus, *OLG Marienwerder* aaO, da sonst der Unterschied zwischen einstweiligen Einstellungen mit u. ohne Anordnung der Aufhebung (§ 776 letzter HS) verwischt würde; → auch Fn. 20. **§ 776** kommt nur dann in Betracht, wenn (was zur Vorbeugung zweckmäßig wäre!) die Entscheidung ausdrücklich angeordnet hatte, daß auch bis zur Vorlage nach § 775 etwa schon vollzogene Pfändungen aufzuheben seien.

den, ganz gleich ob das Vollstreckungsorgan sich rechtmäßig (s. oben) oder unrechtmäßig verhalten hatte, denn damit endet auch die Unzulässigkeit der Zwangsvollstreckung und es ist nicht Aufgabe des § 766, dem Gläubiger Sanktionen aufzubürden für das Fehlverhalten staatlicher Organe[164]. → aber auch § 890 Rdnr. 21 wegen Zuwiderhandlungen während der Einstellung.

IV. Fortsetzung der Vollstreckung nach Einstellung

30   Darüber ist im Gesetz nichts bestimmt. Bei Einstellung nur für *Teilbeträge* (»Beschränkung«) ergibt sich die Fortsetzung für den Rest schon aus dem Titel, ohne daß der Gläubiger deshalb eine Gesamtabrechnung vorzulegen hätte[165]. Im übrigen gilt:

1. War gemäß **Nrn. 1–3** eingestellt worden, bedarf es zur Fortsetzung grundsätzlich einer Entscheidung, die entweder dem Anspruch erneut Vollstreckbarkeit verleiht bzw. deren Beschränkung beseitigt (bei §§ 767, 771) oder eine Fortsetzung der Vollstreckung anordnet oder die Einstellung aufhebt[166]. – Ausnahmen gelten a) bei *einstweiliger* Einstellung, falls sie sich von selbst erledigt[167], b) wenn die Beschränkung auf bestimmte Zeit angeordnet ist[168], c) in den Fällen → Rdnr. 13 nach Leistung der Sicherheit durch den Gläubiger (§ 751 Abs. 2), nach Rechtskraft oder Bestätigung in höherer Instanz, d) im Falle **Nr. 3** nach Eintritt der Rechtskraft, Aufhebung des Urteils[169] oder nach Leistung der dem Gläubiger vorbehaltenen Sicherheit → § 711 Rdnr. 11.

31   War wegen eines stattgebenden Urteils nach § 767 eingestellt worden und ist der *Grund für die Beseitigung oder Beschränkung der Vollstreckbarkeit weggefallen*, so ist die Vollstreckung fortzusetzen, wenn der Gläubiger diesen Wegfall erfolgreich nach § 767 geltendgemacht hat und eine Ausfertigung dieses Urteils entsprechend § 775 Nr. 1 vorlegt[170]. Auch wenn Parteien darüber einig sind, ist dieser für den Schuldner kostenträchtige Weg nicht zu vermeiden, da die ZPO zwecks Fortsetzung einer *ohne* zeitliche oder sachliche Beschränkung[171] für unzulässig erklärten Vollstreckung kein Mittel zur *einverständlichen* Überwindung der formell fortbestehenden Unzulässigkeit zur Verfügung stellt; ähnlich gegenüber Dritten im Falle → § 771 Rdnr. 7[172].

32   2. Bei **Nrn. 4 und 5** handelt es sich – mit Ausnahme der Vorlegung einer verbrauchten Ausfertigung[173] noch nicht um die Unzulässigkeit der Vollstreckung aus dem Titel, sondern um Maßnahmen, die im Interesse *beider* Parteien verhüten sollen, daß der Schuldner unnötig nach §§ 767, 769 vorgeht, nur weil das Vollstreckungsorgan vom Gläubiger nicht rechtzeitig benachrichtigt ist[174]. Bestreitet dieser die Befriedigung oder Stundung, weil er z. B. freiwillige Zahlungen auf nicht titulierte Forderungen (Kosten) verrechnet[175], so ist dieser gesetzliche

---

[164] Zust. *Baur/Stürner*[11] Rdnr. 116 Fn. 7. → auch § 750 Rdnr. 14. – A.M. *OLG Bremen* u. *KG* (Fn. 70); gegen deren Ergebnis u. Begründung → Fn. 70 sowie ausführlicher Fn. 53 der 19. Aufl.

[165] *K. Schmidt* (Fn. 6) Rdnr. 23 gegen *LG Nürnberg-Fürth* Büro 1982, 139.

[166] Zust. *K. Schmidt* (Fn. 6) Rdnr. 28. → auch unten Rdnr. 31.

[167] → § 707 Rdnr. 19, § 769 Rdnr. 2. In den Fällen § 769 Rdnr. 14, § 771 Rdnr. 44 (ähnlich § 815 Rdnr. 11) ist die ZV von Amts wegen fortzusetzen, in den übrigen Fällen dann, wenn das Gericht, das eingestellt hatte, selbst ZV-Organ ist. Andernfalls muß der Gläubiger unter entsprechendem Nachweis die Fortsetzung beantragen.

[168] → die Bem. zu §§ 721, 765a-769, 772, 782, 813 a.

[169] → § 711 Rdnr. 8.

[170] → § 767 Rdnr. 14 bei Fn. 106 f.

[171] *Nicht* hierher gehört also ein von vornherein nur bedingt oder befristet angeordneter Wegfall der Vollstreckbarkeit, → dazu § 726 Rdnr. 9, § 767 Rdnr. 14 a. E.

[172] Schaffung eines neuen Titels durch Parteiakt wäre ohne Prozeß nur nach § 1044b oder bei den in § 794 Abs. 1 Nr. 5, Abs. 2 genannten Anspruchsarten ein dogmatisch einwandfreier Ausweg; sonst müßte ein Anerkenntnisurteil erwirkt oder ein Prozeßvergleich protokolliert werden. Ob der Weg → § 772 Rdnr. 14, wo immerhin die Pfändung ohnehin zulässig geblieben war, auch gegenüber Urteilen nach §§ 767, 771 gangbar ist, dürfte dogmatisch zweifelhaft sein, aus prozeßökonomischen Gründen praktisch vertretbar sein, → § 771 Fn. 83.

[173] → Rdnr. 2.

[174] Mot. 114 (§§ 628, 629).

[175] Beispiel: *BGH* NJW 1990, 1655f. (a. E.). Der GV hat nicht zu prüfen, ob die Verrechnung des Gläubigers

Zweck vereitelt. Deshalb ist die Vollstreckung auf *ausdrückliches Verlangen des Gläubigers fortzusetzen*[176]; vorherige Entscheidung nach § 766 ist sinnlos, weil es außer dem nach § 767 auszutragenden Streit nichts zu entscheiden gibt[177]. Auch die Vorlage eines Feststellungsurteils über das Erlöschen des Anspruchs wirkt nur in diesem Sinne vorläufig → Fn. 44. Erinnerung des Schuldners gegen die Fortsetzung ist dann zwar zulässig, aber unbegründet; ihm bleibt der Weg über § 769, einem Dritten über § 771 Abs. 3.

Dies gilt auch für *Verzichte* auf jegliche Vollstreckung[178], während für Vollstreckungsvereinbarungen *zeitlicher oder gegenständlicher Art* bei Verweigerung der Einstellung dem Schuldner, gegen die Einstellung dem Gläubiger zunächst § 766 offen steht → § 766 Rdnr. 23 a. E. Selbstverständlich kann der Schuldner stets nach § 766 rügen, das Vollstreckungsorgan verneine zu Unrecht die Echtheit oder Eindeutigkeit der Urkunde; in solchen Fällen sollten stattgebende Beschlüsse ausdrücklich klarstellen, daß die Vollstreckung nur unzulässig ist, bis der Gläubiger die Fortsetzung verlangt (s.o.), damit Zweifel über den Umfang der Entscheidungswirkungen[179] vermieden werden. **32a**

3. Die **vom Gläubiger bewilligte Einstellung**[180] ist im Zweifelsfall nur vorläufig gemeint und entspricht in ihren Wirkungen dann nur § 775, nicht § 776. Sie kann befristet sein; übersteigt die Frist 6 Monate oder ist die Einstellung unbefristet, so setzt der Gerichtsvollzieher die Vollstreckung nur auf Antrag fort[181]. **33**

V. Immobiliarvollstreckung

Die §§ 775, 776 gelten an sich auch für die Zwangsversteigerung und Zwangsverwaltung, sind aber hier durch die §§ 28ff., 75ff., 161 Abs. 2 ZVG erweitert oder modifiziert. Vgl. noch § 25 GBO. **34**

VI. Vergleichsverfahren[182]

Zum zeitlichen Geltungsbereich der VglO → Rdnr. 40.

1. Nach § 48 Abs. 1 VerglO sind Vollstreckungen, die bei der **Eröffnung** des Vergleichsverfahrens im Inland[183] zugunsten eines beteiligten Gläubigers oder wegen ausgeschlossener Ansprüche (§ 29 Nrn. 3, 4 VerglO) anhängig sind, kraft Gesetzes **einstweilen eingestellt**. Die Eröffnung ist daher von Amts wegen zu berücksichtigen. Verstöße sind nach § 766, im Offenbarungsverfahren nach § 900 Abs. 5 zu rügen[184]. – Vollstreckungen, die bei Eingang des **35**

---

stimmt → Fn. 176, *LG Karlsruhe* DGVZ 1983, 188 u. vgl. *OLG Hamm* JMBlNRW 1962, 95; *LG Berlin* Rpfleger 1971, 261; *LG Berlin* DGVZ 1971, 137. – A.M. *AG Bochum* (Fn. 93) für Zahlung des Drittschuldners; *AG Wattenscheid* DGVZ 1971, 21 (abl. *Münzberg* aaO 167) für Zahlung an Gläubiger zur Abwendung der Versteigerung); *Noack* (Fn. 94) 152. – Zahlungen an den **GV** verbrauchen dagegen die Titelausfertigung → Rdnr. 2.
[176] Ganz h. M. Substantiiertes Bestreiten unnötig, *Stöber* (Fn. 47) Rdnr. 12; *Münch* (Fn. 44) 231. Zur Rsp. s. OLGe *Hamm* OLGZ 1973, 490 = Rpfleger 324 = MDR 854 u. DGVZ 1980, 154; *Frankfurt* MDR 1980, 63; *LGe Berlin, Essen, Trier, Würzburg* DGVZ 1975, 165 = Büro 1642; DGVZ 1966, 87; 1978, 28; 1969, 129. – A.M. *AG Groß-Gerau* MDR 1982, 943.
Nach Ablauf einer Stundungsfrist (Nr. 4) ist im Zweifel anzunehmen, daß der Gläubiger die Fortsetzung der ZV von Amts wegen begehrt; ähnlich *K. Schmidt* (Fn. 6) Rdnr. 28.
[177] Daher kommt es nach Widerspruch des Gläubigers auch auf den Beweiswert vorgelegter Urkunden nicht mehr an, was oft übersehen wird, z.B. *LG Kiel* (Fn. 91). Im Ergebnis wie hier schon *OLG Breslau* JW 1929, 518; *LG Berlin* JW 1933, 2232; *OLG Dresden* SeuffArch 58 (1903), 174; *LG Essen* DGVZ 1966, 86f.; Mot. (Fn. 174);

Hellwig/Oertmann System 2, 268; *Seuffert/Walsmann* 1 c u. die heutige Lit. außer *Wieczorek*[2] Anm. E III mit RGZ 33, 292, ohne auf die Voraussetzungen und Folgen eines die Fortsetzung ablehnenden Beschlusses einzugehen; sie zeigen sich in bedenklichen Beschlüssen wie *LG Mannheim* MDR 1967, 222; *LG Oldenburg* (Fn. 121), die Gläubiger zur Klage zwingen u. Schuldnern § 767 ersparen!
[178] → § 766 Fn. 137, 140.
[179] → Rdnr. 50.
[180] → § 766 Fn. 3 Fn. 15; eine (Verzug ausschließende!) Stundung i. S. d. Nr. 4 liegt darin im Zweifel selbst dann nicht, wenn Gläubiger dieses Wort gebrauchen *Wieser* (Fn. 15) 667; → auch zur Scheckannahme u. Ratenzahlung § 754 Fn. 84, 86, 104.
[181] § 40 Nr. 1 GVO, § 111 Nr. 1 GVGA → § 754 Fn. 115.
[182] Dazu *Bley/Mohrbutter* VerglO[4]; *Böhle-Stamschräder/Kilger* VerglO[11]; *Bernhardt* Vollstreckungssperre usw. (1929). – Zu den Aufgaben der GV s. § 89 GVGA; *Noack* (Fn. 88).
[183] *LG Frankfurt* MDR 1989, 747 (dort USA).
[184] Keine Nichtigkeit → Rdnr. 128 vor § 704. § 121 VerglO gilt hier nicht, vgl. *OLG Kiel* JW 1933, 1144. Wegen **neuer** ZV-Maßnahmen → Rdnr. 63 vor § 704.

Antrags auf Eröffnung des Vergleichsverfahrens anhängig sind oder vor der Entscheidung über den Antrag noch anhängig werden, können auf Antrag des vorläufigen Vergleichsverwalters durch das Vergleichsgericht nach § 13 VerglO einstweilen eingestellt werden.

36   2. § 48 Abs. 2 VglO erlaubt auf Antrag des Vergleichsverwalters im Interesse der beteiligten Gläubiger eine **endgültige** Einstellung unter **Aufhebung der vor der Eröfnung des Vergleichsverfahrens getroffenen Vollstreckungsmaßregeln**. Die *Anordnung* steht im freien Ermessen des Vergleichsgerichts und ist unanfechtbar. Die Vollstreckungsmaßregeln leben nicht wieder auf, wenn ein Vergleich zustandekommt. Für eine vom Gläubiger geleistete Sicherheit ist damit der Anlaß fortgefallen, § 109.

37   3. Die von einem anderen, in § 48 VerglO nicht genannten[185] Gläubiger betriebene Vollstreckung kann wegen des Vergleichsverfahrens weder vom Vollstreckungs- noch vom Vergleichsgericht endgültig oder einstweilen eingestellt werden. Zu § 58 VerglO → § 772 Rdnr. 1, 9 ff.

38   4. Nach § 28 VerglO bleiben Gläubiger, die später als 20 Tage vor Stellung des Vergleichsantrags im Wege der Zwangsvollstreckung Befriedigung oder Sicherung erlangt haben, Vergleichsgläubiger[186]. Mit Bestätigung des Vergleichs werden diese Sicherungen hinfällig und das zur Befriedigung Erlangte ist als ungerechtfertigte Bereicherung herauszugeben, § 87 VerglO; entsprechendes gilt nach § 104 VerglO im Falle des Anschlußkonkurses[187]. Beide Ereignisse wirken kraft Gesetzes, die Vollstreckungsmaßnahmen sind **von Amts wegen aufzuheben**[188]; Verstößen kann jeder rechtlich Interessierte mit der Erinnerung nach § 766 begegnen[189].

VII. Gesamtvollstreckungsverfahren[190]

Zum zeitlichen Geltungsbereich der GesO → Rdnr. 40.

39   Nach Einreichung eines Antrags auf Eröffnung des Verfahrens hat das mit der Gesamtvollstreckung befaßte Gericht nach § 2 Abs. 4 GesO gegen den Schuldner eingeleitete Vollstreckungsmaßnahmen vorläufig einzustellen, da sie im Falle der Verfahrenseröffnung nach § 7 Abs. 3 S. 1 GesO vorbehaltlich § 12 Abs. 1 GesO unwirksam werden[191] und folglich aufzuheben sind. Die in § 18 Abs. 2 S. 3 GesO vorgesehene Beschränkung der Vollstreckung aufgrund einer Ausfertigung aus dem bestätigten Verzeichnis der Forderungen wirkt nach Art. 108 Abs. 1 EGInsO auch über des 31. XII. 1999 fort.

VIII. Ab 1999 beantragte Insolvenzverfahren[192]

40   Gemäß **Art. 103 S. 1 EGInsO** sind auf Konkurs-, Vergleichs- und Gesamtvollstreckungsverfahren, die vor dem 1. I. 1999 beantragt worden sind, sowie auf deren Wirkungen weiter die bisherigen Vorschriften anzuwenden. Gleiches gilt nach **Art. 103 S. 2 EGInsO** für Anschlußkonkursverfahren, bei denen der dem Verfahren vorausgehende Vergleichsantrag vor dem 1. I. 1999 gestellt worden ist. Gemäß **Art. 104 EGInsO** gelten in einem **nach dem 31. XII.**

---

[185] → Rdnr. 35.
[186] Zu Gläubigern, die den Gegenstand eines ihnen zustehenden Rechts auf Ersatzaussonderung, Aus- oder Absonderung pfänden, vgl. *LG Stuttgart* KTS 1977, 269.
[187] → § 804 Rdnr. 37; auch wenn die ZV zusätzlich von einem Veräußerungsverbot nach § 106 KO (→ § 772 Rdnr. 1, 5) erfaßt war, *BGH* NJW 1980, 345 = Rpfleger 58⁴⁹ = MDR 49 = ZIP 23 (*Gerhardt* aaO 248). De lege ferenda krit. gegen die Beschränkung auf ZV-Maßnahmen *Marotzke* ZZP 105 (1992), 454 mwN.
[188] *BGH*, *Gerhardt* (Fn. 187) mwN.
[189] Vgl. auch *OLG Breslau* HRR 1931 Nr. 618 (Erledigung durch Interventionsprozeß). – Den Gläubiger treffen aber die Kosten, wenn er ohne besonderen Grund unmittelbar Erinnerung erhebt, statt zuerst das Vollstreckungsorgan anzugehen, *LG Düsseldorf* MDR 1954, 688 (Anm. Schriftl.).
[190] Zur Weitergeltung in den neuen Bundesländern → Rdnr. 62 a Fn. 320 vor § 704.
[191] → Rdnr. 62 a vor § 704.
[192] InsO BGBl. 1994 I 2866, EGInsO BGBl. 1994 I 2952.

beantragten Insolvenzverfahren die InsO und das EGInsO auch für Rechtsverhältnisse und Rechte, die vor dem 1. I. 1999 begründet worden sind.

1. Nach § 21 Abs. 1, 2 Nr. 3 InsO können bis zur Entscheidung über Insolvenzanträge Maßnahmen der Zwangsvollstreckung gegen den Schuldner **untersagt oder einstweilen eingestellt** werden, soweit nicht unbewegliche Gegenstände betroffen sind. »Betroffen« sind auch bewegliche Gegenstände, soweit sie nach §§ 864f. der Vollstreckung in unbewegliches Vermögen vorbehalten sind, damit die Haftungseinheit für eine Immobiliarvollstreckung (§§ 49, 165 InsO) erhalten bleibt. Verstöße gegen den Beschluß des Insolvenzrechts sind nach § 766 zu rügen. Zur Immobiliarvollstreckung s. §§ 30 d-f nF (EG InsO Art. 20 Nr. 4). 41

2. Ab Eröffnung des Insolvenzverfahrens gilt für **Insolvenzgläubiger**[193] das Vollstreckungsverbot des § 89 InsO, dessen Abs. 2 die neue Regelung enthält, daß Zwangsvollstreckung in **künftige Forderungen auf Bezüge aus einem Dienstverhältnis** des Schuldners oder an deren Stelle tretende laufende Bezüge während der Dauer des Verfahrens auch für Gläubiger unzulässig sind, die keine Insolvenzgläubiger sind[194]. Zur Geltendmachung und einstweiligen Anordnungen → § 766 Rdnr. 16 nach Fn. 90. Ferner dürfen **Massegläubiger** nach § 90 Abs. 1 InsO für die Dauer von sechs Monaten seit Eröffnung nicht vollstrecken mit Ausnahme jener Gläubiger, deren Ansprüche durch Rechtshandlungen des Insolvenzverwalters begründet worden sind (§ 90 Abs. 1 InsO) —[195] oder gemäß § 90 Abs. 2 InsO deshalb nicht als derartige Masseverbindlichkeiten gelten, weil sie herrühren 42

1. aus einem gegenseitigen Vertrag, dessen Erfüllung der Verwalter gewählt hat[196];
2. aus einem Dauerschuldverhältnis für die Zeit nach dem ersten Termin, zu dem der Verwalter kündigen konnte[197];
3. aus einem Dauerschuldverhältnis, soweit der Verwalter für die Insolvenzmasse die Gegenleistung in Anspruch nimmt[198]. Verstöße gegen § 90 InsO sind nach § 766 zu rügen.

3. Nach § 88 InsO werden Sicherungen, die ein Insolvenzgläubiger im letzten Monat vor dem Antrag auf Eröffnung des Insolvenzverfahrens oder nach diesem Antrag durch Zwangsvollstreckung an dem zur Insolvenzmasse gehörenden Vermögen des Schuldners erlangt, mit der Eröffnung des Verfahrens unwirksam. Dadurch werden einheitlich alle Fälle einbezogen, die bisher den §§ 28, 104 VglO unterfielen (→ Rdnr. 38) oder einer Anfechtung nach § 30 Nr. 2 KO bedurften. 43

4. Ist ein Verfahren auf **Restschuldbefreiung** eingeleitet, so sind nach § 294 Abs. 1 InsO Zwangsvollstreckungen für einzelne Insolvenzgläubiger in das Vermögen des Schuldners **während der Laufzeit der Abtretungserklärung**[199] nicht zulässig. Die Ausnahmen des § 302 InsO (Ansprüche aus vorsätzlich begangener unerlaubter Handlung, Geldstrafen u.ä.) dürften jedoch auch insoweit gelten. Verstöße sind nach § 766 zu rügen. 44

---

[193] §§ 38–40 InsO.
[194] Z.B. Massegläubiger (§§ 54f. InsO) oder Gläubiger, deren Ansprüche zur Zeit der Eröffnung noch nicht begründet waren (§ 38 InsO).
[195] Vgl. § 55 InsO.
[196] Vgl. § 103 Abs. 1, § 105 InsO.
[197] Vgl. §§ 108 ff. InsO.
[198] Vgl. dazu für Verträge des Schuldners als Mieter oder Pächter § 112 Abs. 1 (Kündigungssperre), § 109 Abs. 2 a.E. (Verlust des Rücktrittsrechts), für Geschäftsbesorgungsverträge § 116 mit § 115 Abs. 2 InsO.
[199] § 287 Abs. 2, 3, § 291 Abs. 2, § 299 InsO.

§ 776 [Aufhebung von Vollstreckungsmaßregeln]

¹In den Fällen des § 775 Nr. 1, 3 sind zugleich die bereits getroffenen Vollstreckungsmaßregeln aufzuheben. ²In den Fällen der Nummern 4, 5 bleiben diese Maßregeln einstweilen bestehen; dasselbe gilt in den Fällen der Nummer 2, sofern nicht durch die Entscheidung auch die Aufhebung der bisherigen Vollstreckungshandlungen angeordnet ist.

Gesetzesgeschichte: Bis 1900 § 692 CPO.

1   I. Einstellung oder Beschränkung der Zwangsvollstreckung bedeutet nur, daß diese nicht oder nicht im bisherigen Umfang fortgesetzt wird[1]. Soweit jedoch aufgrund der ergangenen Entscheidung die Vollstreckung *endgültig unzulässig* ist, sind auf Antrag zugleich die bereits vorgenommenen **Vollstreckungsakte aufzuheben**[2], also ohne die Rechtskraft abzuwarten. S. auch § 257 Abs. 2 AO. Das ist stets der Fall bei **§ 775 Nr. 1 und 3**, soweit nicht einstweilige Maßnahmen die Aufhebung aufschieben[3], bei **§ 775 Nr. 2** aber nur dann, wenn die Entscheidung *ausdrücklich* die Aufhebung anordnet, vgl. §§ 707, 769, 771 Abs. 3. Immer ist darauf zu achten, ob diese Wirkungen nur **teilweise** eintreten, vor allem bei wiederkehrender Leistung[4], Unterlassung usw.[5] Wegen erneuter Pfändung → § 766 Rdnr. 48, § 771 Rdnr. 7. Entsprechend führt die Rücknahme eines Vollstreckungsantrags zur Aufhebung[6].

2   Aus dem Zusammenhang dieser Vorschriften mit § 776 geht hervor, daß Unzulässigkeit und Unwirksamkeit einer Vollstreckung streng zu trennen sind. *Unzulässig* wird sie bereits (→ § 775 Rdnr. 22) mit Wirksamkeit[7] der Entscheidung nach § 775 Nr. 1, 2, auch wenn die Geltendmachung dieser Unzulässigkeit noch von einer Sicherheitsleistung abhängig gemacht ist (→ §§ 707 Rdnr. 1, 7, 709 Rdnr. 3, 767 Rdnr. 51, 771 Rdnr. 64); *unwirksam* wird der Akt aber erst mit seiner **Aufhebung**[8]. Diese kann bei Sachpfändungen *nur* durch den Gerichtsvollzieher[9], bei Rechtspfändungen entweder durch den Gläubiger nach § 843 oder durch das Vollstreckungs- bzw. Arrestgericht (falls dieses gepfändet hatte → § 764 Rdnr. 2, § 766 Rdnr. 35) geschehen[10], wobei diese Wirkung unabhängig von der formellen Rechtskraft schon mit der Verkündung bzw. Zustellung der aufhebenden Entscheidung eintritt[11]. Bis dahin bestehen Verstrickung und Pfändungspfandrecht fort → § 766 Rdnr. 41, § 803 Rdnr. 12 ff.[12]; weitere Pfändungen, die z. B. in Unkenntnis der Entscheidung oder deshalb vorgenommen wurden, weil eine erforderliche Sicherheitsleistung des Schuldners oder (bei § 771) des Dritten noch nicht erbracht war (→ § 775 Rdnr. 11 f.), richten sich daher nach § 826, → dort Rdnr. 9, und im Rahmen des § 832 ergreift die Pfändung vorerst auch die nach der Einstellung fällig werdenden Beträge[13].

---

[1] → § 775 Rdnr. 25 f., → auch dort Rdnr. 11 Fn. 63.
[2] → auch § 890 Rdnr. 45. Eine Zustellung nach § 829 Abs. 2, 3 kann weder für unzulässig erklärt noch aufgehoben werden, sondern nur die Pfändung, a. M. *OLG Stuttgart* Rpfleger 1975, 407 = Büro 1378 (indem die Aufhebung der Pfändung selbst wäre dort ebensogut möglich gewesen → § 775 Rdnr. 29 Fn. 163).
[3] → § 707 Rdnr. 1, § 719 Rdnr. 2, § 717 Rdnr. 6, § 775 Rdnr. 11.
[4] z. B. § 620 f Rdnr. 2 d.
[5] → § 890 Rdnr. 28 ff.
[6] § 111 Nr. 1 GVGA, §§ 29, 161 Abs. 3 ZVG, *Stürner* ZZP 99 (1986), 298. → auch § 890 Rdnr. 35, 44.
[7] → § 775 Rdnr. 22; zum maßgebenden Zeitpunkt → § 775 Rdnr. 11 (für Nr. 1) u. § 775 Rdnr. 12 (für Nr. 2).
[8] Allg. M. *MünchKommZPO-K. Schmidt* Rdnr. 1.
[9] Niemals durch ein Gericht (anders nur für den nach §§ 827, 854 hinterlegten Sacherlös) → § 803 Rdnr. 15, 19 f., § 804 Rdnr. 51. Zuweilen werden in Erinnerungsbeschlüssen Sachpfändungen zugleich mit der Unzulässigerklärung »aufgehoben«; das ist wegen § 776 überflüssig u. beseitigt die Pfändung noch nicht *OLG Naumburg* OLGRsp 25, 178; *OLG Oldenburg* MDR 1955, 300 = NdsRpfl 1954, 223, ebensowenig wie die in § 776 letzter HS genannte Anordnung einer Aufhebung.
[10] → auch § 775 Rdnr. 26.
[11] *BGH* § 766 Fn. 244; s. auch § 25 Abs. 3 AVAG (→ Anh. § 723 Rdnr. 325).
[12] *KG* OLGRsp 35, 122 f. So auch für Aufhebung von Arresten *KG* JW 1923, 83 (*Stein*) u. *RGZ* 56, 148 (das allerdings bei rechtskräftiger Abweisung der Hauptsache Erlöschen des Pfandrechts annahm, was *KG* aaO offen ließ). Vgl. auch *RGZ* 121, 351 f. u. dazu → § 878 Rdnr. 11; offen gelassen bei *KG* MDR 1966, 515. – A. M. *K. Schmidt* JZ 1990, 623 zu § 771.
[13] *Wieczorek*² Anm. B III.

All diese Wirkungen enden ex nunc erst mit der Aufhebung gemäß § 776, ganz gleich ob sie 3
vor oder nach dem Wirksamwerden einer gemäß § 776 *zur Aufhebung führenden* Entscheidung eingetreten sind. Wegen der Aufhebung solcher Pfändungen, die noch nach dem Wirksamwerden *einstweiliger Einstellungen ohne Aufhebungsanordnung* erfolgten, → § 775 Rdnr. 29.

Die verbreitete Ansicht, daß schon mit der Unzulässigkeit der Pfändung das Pfändungs- 4
pfandrecht erlösche oder gar nicht erst entstehe[14] oder sogar die Pfändung als ganzes unwirksam sei, findet im Gesetz keine Stütze, auch nicht in § 868, da er nur für den Grundbuchbereich gilt[15], gleichgültig, ob man das Pfändungspfandrecht als privat- oder öffentlichrechtliche Institution auffaßt[16]. Gegebenenfalls ist auch die Rückgabe einer Sicherheit anzuordnen[17]. Wegen Zwangshypotheken → § 868 Rdnr. 1 ff.; wegen Zwangs- und Ordnungsmitteln → § 888 Rdnr. 25, 28, 30–32, § 890 Rdnr. 26 ff., Rdnr. 45 ff.; zu Offenbarungshaft und Löschung im Schuldnerverzeichnis → §§ 906, 909 Rdnr. 16–19, 913, 915a Abs. 2.

II. In den Fällen § 775 Nr. 4 und 5 bleiben die bereits vorgenommenen Vollstreckungsmaß- 5
nahmen so lange in Kraft, bis sie aufgehoben werden, weil der Gläubiger den Vollstreckungsantrag zurücknimmt[18] oder eine Entscheidung gemäß § 775 Nr. 1–3 vorgelegt wird[19]. Zur Aufhebung → Rdnr. 2 f.

§ 777 [Erinnerung bei genügender Sicherung des Gläubigers]

¹Hat der Gläubiger eine bewegliche Sache des Schuldners im Besitz, in Ansehung deren ihm ein Pfandrecht oder ein Zurückbehaltungsrecht für seine Forderung zusteht, so kann der Schuldner der Zwangsvollstreckung in sein übriges Vermögen nach § 766 widersprechen, soweit die Forderung durch den Wert der Sache gedeckt ist². Steht dem Gläubiger ein solches Recht in Ansehung der Sache auch für eine andere Forderung zu, so ist der Widerspruch nur zulässig, wenn auch diese Forderung durch den Wert der Sache gedeckt ist.

Gesetzesgeschichte: Seit 1900 RGBl. 1898 I 256.

I.¹ Die **Verweisung auf die Pfandhaftung**, nach ALR § 46 I 20 noch eine materielle Einrede, 1
hat § 777 prozessual ausgestaltet und ist vom Schuldner nach § 766, gegebenenfalls im Offenbarungsverfahren² geltend zu machen mit dem Antrag, die Vollstreckung in den Gegen-

---

[14] Vgl. z. B. *OLG Oldenburg* (Fn. 9). *Noack* DGVZ 1955, 131 will das Pfandrecht nur bestehen lassen bei einem Aufschub der Vollziehung (→ § 766 Rdnr. 43); dieser ändert aber nichts an der Unzulässigkeitserklärung, sondern hemmt nur die Aufhebung nach § 776 u. bezieht sich daher erst auf den künftig drohenden Wegfall des Pfandrechts.
[15] So auch *Rosenberg/Gaul*[10] § 45 II 3.
[16] Diese Streitfrage (→ § 804 Rdnr. 1 ff.) wird ohnehin nur bedeutsam, wenn der Anspruch des Gläubigers fehlt oder Drittvermögen gepfändet ist (→ auch Fn. 562 vor § 704 u. § 811 Rdnr. 22), worüber aber in den Fällen der Unzulässigkeitserklärung meist eine noch nicht rechtskräftige u. oft nicht einmal rechtskraftfähige Entscheidung getroffen wird, s. auch die Rsp → Fn. 12. Wie hier *Baumbach/Hartmann*[52] § 804 Rdnr. 4; *Thomas/Putzo*[18] § 803 Rdnr. 11; *Zöller/Stöber*[19] § 804 Rdnr. 13; *Martin* Pfändungspfandrecht (1963), 75 Fn. 31; für nachträgliche Unzulässigkeit auch *Gaul* (Fn. 15) § 45 II 1; vgl. ferner *Wieczorek*² § 775 Anm. D I; *Jauernig* ZwVR¹⁹ § 16 III C 1 u. OLG München BayJMBl 1954, 159 (kein Erlöschen des PfändPfandR ohne Erlöschen der Verstrickung). Ebenso noch die 14. Aufl. § 804 IV. – Anders noch 16. Aufl. u. teilweise noch die 17./18. Aufl. RGZ 71, 311 (dort zit. in Fn. 1) stellt aber nicht auf die Unzulässigkeit, sondern die Akzessorietät ab (→ dazu § 804 Rdnr. 8 f.), u. auch RGZ 128, 84 begründet die Einstellungswirkungen auf Forderungspfändungen nicht mit dem Verlust des Pfandrechts. *RGZ* 121, 350 f. läßt die Frage ausdrücklich offen.
[17] Vgl. RGZ 56, 146 f. (vorläufig vollstreckbare Aufhebung eines Arrestbefehls); *K. Schmidt* (Fn. 8) Rdnr. 6.
[18] In einer zeitlich unbefristeten Stundung ist noch keine Rücknahme zu sehen, vgl. § 111 Nr. 2 GVGA mit § 40 f. GVO.
[19] → § 775 Rdnr. 5 ff. – Im Falle → § 775 Fn. 97 f. wird die ZV fortgesetzt, wenn der Gläubiger nachweist, daß die Pfändung seines Anspruchs aufgehoben ist, vgl. OLG Dresden OLGRsp 2, 351 f.
¹ *Voß* ZZP 26 (1899) 457 ff.; *W. Müller* Pfändungspfandrecht (1907) 48 ff.
² *LG Detmold* Rpfleger 1990, 432 f. → § 900 Rdnr. 9 mwN, § 901 Rdnr. 20, h. M.

stand, auf den der Gläubiger zugegriffen hat[3], für unzulässig zu erklären mit den Folgen der §§ 775 Nr. 1, 776. Das Vollstreckungsorgan darf sich also durch einen auf § 777 gestützten Widerspruch nicht von der Pfändung abhalten lassen[4], während einstweilige Anordnungen des Gerichts nach § 766 Abs. 1 S. 2 erlaubt sind. Zu vergleichbaren *Vereinbarungen* → § 766 Rdnr. 23 f. § 777 gilt für jede Vollstreckung wegen Geldforderungen, auch in unbewegliches Vermögen[5].

II. Voraussetzungen des Widerspruchrechts

2   1. Der Gläubiger muß für die zu vollstreckende Forderung ein **Pfand- oder Zurückbehaltungsrecht an einer beweglichen Sache des Schuldners** haben; zum Besitz → Rdnr. 3. Inhaberpapiere sind wie nach § 1293 BGB den beweglichen Sachen gleichzustellen, ebenso Traditionspapiere, §§ 424, 450, 424 HGB[6]. Daß einem *Dritten* gehörende Sachen ver- oder gepfändet sind, genügt ebensowenig[7] wie das Pfandrecht an Forderungen, selbst wenn sie durch Orderpapiere verpfändet werden können (§ 1292 BGB); → aber Rdnr. 4 für Forderungen mit zweifellos sicherer Zugriffsmöglichkeit. Die Pfandhaftung beweglicher Sachen aufgrund einer Hypothek usw. scheidet aus wegen → Rdnr. 3, erst recht nach Wortlaut (»bewegliche Sache«) und Zweck[8] eine Zwangshypothek. – Hierher gehören das *Vertragspfand*, § 1205 ff. BGB, die *gesetzlichen Pfandrechte* des Pächters, § 590 BGB, Unternehmers, § 647 BGB, Kommissionärs, Spediteurs, Lagerhalters und Frachtführers, Verfrachters, §§ 397 ff., 410 f., 421, 440, 623 HGB, auch *Pfändungspfandrechte*[9] an Sachen des Schuldners[10]; ferner *Zurückbehaltungsrechte* mit Verwertungsrecht[11], §§ 1000 f. BGB, §§ 369 ff. HGB u. a. – Pfandrechte des Vermieters, Verpächters und Gastwirts, §§ 559, 581, 704 BGB, sowie das Früchtepfandrecht → § 813 a Rdnr. 7, gehören hierher erst *nach Besitznahme*, § 561 (581, 704) BGB, ebenso die Sicherungsübereignung → Rdnr. 3 a. Über Sicherheitsleistung → Rdnr. 4.

3   2. Der **Besitz des Gläubigers** muß Alleinbesitz oder Mitbesitz (§ 1206 BGB), unmittelbarer oder mittelbarer Besitz sein, damit dem Gläubiger ein *Zugriff ohne Herausgabeklage gegen den Schuldner* verbleibt. Hat sich der Gläubiger von Anfang an mit der Besitzmittlung durch Dritte begnügt (§ 1205 Abs. 2 BGB), so muß er dies auch gegen sich gelten lassen[12], und hat er selbst die Sache in Leihe, Verwahrung usw. gegeben, so darf auch das die Stellung des Schuldners nicht verschlechtern, gleich ob dieser zugestimmt hatte oder nicht.

3a   Der o. g. Gesetzeszweck wird aber nicht erfüllt, solange der Schuldner selbst dem Gläubiger den Besitz vermittelt, so daß der Gläubiger über das Sicherheitsobjekt weder selbst ohne weiteres verfügen noch fremde Verfügungen oder Vollstreckung verhindern kann. Daher berechtigt eine **Sicherungsübereignung** erst dann zum Widerspruch analog § 777, wenn die Sache dem Gläubiger oder einem zur Herausgabe bereiten Dritten zur Verwertung übergeben ist[13], außerdem nur dann, wenn der Sicherungsvertrag nicht entgegensteht[14]. Unbedenk-

---

[3] *MünchKommZPO-K. Schmidt* (1992) Rdnr. 18. → dazu Fn. 5.
[4] Allg. M. *RGZ* 98, 109; *LGe Limburg* (Offenbarung); Hannover (§ 808) Rpfleger 1982, 434 f.; 1986, 187.
[5] Nur dies besagen die Worte »übriges Vermögen«, nicht aber, daß umfassend auch für **künftige** ZV im voraus zu entscheiden sei, zumal die zunächst sicher erscheinende Befriedigung aus dem Pfand doch scheitern könnte.
[6] *K. Schmidt* (Fn. 4) Rdnr. 4, 13 mwN.
[7] Weder gutgläubiger Erwerb noch materiellrechtliche Haftung für den titulierten Anspruch, z. B. nach AnfG, weisen hier den von § 777 gemeinten Sicherheitsgrad auf.
[8] Vgl. *RG* (Fn. 4); *Gaul* JuS 1971, 347 Fn. 2. → auch § 803 Rdnr. 25 Fn. 75, Rdnr. 34.

[9] H.M. *K. Schmidt* (Fn. 3) Rdnr. 9 mwN auch zur Gegenansicht; → dazu Rdnr. 3 a a. E.
[10] → Fn. 7. Entgegen *K. Schmidt* (Fn. 3) auch nicht an Sachen des *Gläubigers*, der eigenes Vermögen nicht zur Befriedigung miteinsetzen muß und es daher nur mangels anderer Pfandobjekte verwertet.
[11] Daher nicht jene nach §§ 273, 320 BGB, *K. Schmidt* (Fn. 3) Rdnr. 11.
[12] Zust. *K. Schmidt* (Fn. 3) Rdnr. 13.
[13] *OLG Köln* OLGZ 1988, 217 obiter; *LG Detmold* (Fn. 2); *Baumbach/Hartmann*[52] Rdnr. 1; *K. Schmidt* (Fn. 3) Rdnr. 13; *Rosenberg/Gaul*[10] § 37 III 3; *Zöller/Stöber*[19] Rdnr. 6, jetzt auch *Thomas/Putzo*[18] Rdnr. 2. Es genügt Übergabe während des Erinnerungsverfahrens →

lich ist der unmittelbare Besitz des Schuldners bei *gepfändeten* und ihm belassenen Sachen, auch beim Arrestpfand[15]; denn hier gewährleisten Siegel und die jederzeitige Eingriffsmöglichkeit des Gerichtsvollziehers den sicheren Zugriff. Eine Vollstreckung gemäß §§ 864ff. kann daher wegen ausreichender Pfändung an § 777 scheitern, während bei weiteren Pfändungen § 803 Abs. 1 S. 2 gilt, → dort Rdnr. 25ff.

3. Hat der Schuldner zur Abwendung oder zwecks Einstellung der Zwangsvollstreckung **Sicherheit durch Hinterlegung von Geld** geleistet, so hat der Gläubiger nur ein Pfandrecht an der Forderung des Hinterlegers gegen das Land, in dessen Vermögen das Geld übergegangen ist. Da dieses Pfandrecht für den Gläubiger denselben Wert wie das Pfandrecht an einer nicht in das Eigentum des Landes übergegangenen Hinterlegungsmasse hat, gilt § 777 für Zahlungsansprüche entsprechend[16], falls der Titel eine *der Rechtskraft fähige Entscheidung* ist[17]; andernfalls scheidet die Analogie aus, weil der Gläubiger auf die Zustimmung des Schuldners nach § 13 Abs. 2 Nr. 1 oder deren Erzwingung angewiesen wäre[18]. Dasselbe gilt, wenn ein **Erlös** hinterlegt ist, → § 804 Rdnr. 49, oder im Fall der Abwendungsleistung bei § 720 a, → dort Rdnr. 12ff., denn der Gläubiger ist auch dann ausreichend gesichert[19]. Vertretbar ist die Analogie auch für *Mietkautionen*[20], *Treuhandkonten* und andere Geldforderungen von zweifelloser Bonität, über die der **Gläubiger ohne weiteres verfügen kann**[21]. Im Titel nicht vorgesehene »Hinterlegung« bei Notaren kann, wenn überhaupt, nur nach § 765a der Vollstreckung entgegenstehen[22] und, falls sie erfüllend wirkt, nur über § 767.

Die Sicherheitsleistung durch *Bürgschaft*[23] gibt dem Schuldner kein Recht, den Gläubiger zunächst an den Bürgen zu verweisen. Dies gilt auch für andere Personalsicherheiten.

4. Der Widerspruch ist nur insoweit begründet, als der vom Schuldner darzulegende **Wert des Sicherungsobjekts** die titulierte Forderung nebst Zinsen und Kosten deckt, was vom Erinnerungsgericht zu prüfen ist. Ergibt sich aus dem Titel, daß der Gläubiger **für Rechnung Dritter** vollstreckt, z.B. als Partei kraft Amtes oder Prozeßstandschafter, oder lautet der Titel auf Leistung an Dritte[24], so kommt es sinngemäß nur darauf an, ob das Sicherungsobjekt *diesen* noch für weitere eigene Forderungen haftet. An der Deckung fehlt es, wenn der Gläubiger Gefahr läuft, nicht vollständig befriedigt zu werden. Das ist auch dann der Fall, wenn dem Gläubiger wegen *Mithaftung des Objekts für fremde Forderungen* ein ausreichender Erlös nicht sicher ist[25]. → auch Rdnr. 9 a.

S. 1 mutet zwar dem Gläubiger die Unterlassung der Vollstreckung nur zu, wenn er ohne sie »sichere«, vollständige Befriedigung ohne Prozeßlasten und -risiken erhalten kann; auf «alsbaldige« Befriedigung stellt er jedoch nicht ab. Der Widerspruch scheitert daher nicht daran, daß aus besonderen Gründen der Gläubiger mit einer Verwertung noch warten muß[26] oder die Pfändbarkeit zweifelhaft ist (denn dies kann

---

§766 Rdnr. 42; Freigabe Zug um Zug gegen Übergabe der Sache, vgl. *Gerhard* ZZP 96 (1983) 284, eignet sich aber wohl nur als Vergleich. – A.M. *Wieczorek*² Anm. B III b 3; *Bruns/Peters*³ §22 III 1 Fn. 6.

[14] Ist z.B. Verwertung nur durch ZV vereinbart, so ist dem Gläubiger die Pfändung der eigenen Sache nur zuzumuten, wenn er sich verpflichtet hat, zuerst aus ihr Befriedigung zu suchen, *Blomeyer* ZwVR § 26 II 6, abgesehen davon, daß die Sache unpfändbar sein kann → § 811 Rdnr. 15.

[15] → § 808 Rdnr. 33 ff.

[16] Ganz h.M. – A.M. *OLG Dresden* SeuffArch 64 (1909), 205.

[17] § 13 Abs. 2 S. 1 Nr. 2 HinterlO. Die Bedenken des *OLG Köln* (Fn. 13), daß der Schuldner nach § 13 Abs. 2 S. 2 HinterlO trotz Rechtskraft spätere Erfüllung (zu Unrecht) einwenden könnte, sollte man hintanstellen.

[18] Insofern treffend *OLG Köln* (Fn. 13).

[19] So auch *Gilleßen/Jakobs* DGVZ 1977, 113.

[20] *LG München* DGVZ 1984, 77f. Freilich nicht für mietfremde Forderungen, da dadurch die vereinbarte Sicherung der Mietforderungen zulasten des Gläubigers gemindert würde.

[21] *K. Schmidt* (Fn. 3) Rdnr. 7.

[22] *OLG Koblenz* OLGZ 1985, 455f. = Rpfleger 499 (einstweilige Einstellung hätte aber genügt *Alisch* Rpfleger 1986, 62).

[23] → § 108 Rdnr. 15ff., § 751 Rdnr. 11ff.

[24] → dazu § 724 Rdnr. 8a.

[25] Im Ergebnis wie hier *K. Schmidt* (Fn. 3) Rdnr. 17, der S. 2 sinngemäß anwenden will. M.E. folgt dies schon aus S. 1 (anders im Falle → Rdnr. 9a, wo der Erlös ausreichen würde).

[26] A.M. *LG Traunstein* NJW 1952, 1300 = MDR 1953, 112; *K. Schmidt* (Fn. 3) Rdnr. 15.

§ 777 II, III – § 778 I, II   Erster Abschnitt: Allgemeine Vorschriften

das Erinnerungsgericht selbst beurteilen). Der Gläubiger kann aber einwenden, daß die angebliche Deckung durch das vorher erlangte Pfändungspfandrecht zu unsicher sei, weil der Widerspruch eines Dritten nach § 771 angekündigt ist[27].

8 5. Die *Vollstreckung* in das übrige Vermögen muß begonnen haben und darf noch nicht beendet sein, → § 766 Rdnr. 36 ff.; zu Verfahren und Rechtsbehelfen → § 766 Rdnr. 39 ff.

9 III. Dem **Gläubiger** will S. 2 nicht zumuten, sich durch Unterlassung der Vollstreckung selbst zu schädigen. Daher steht ihm der Einwand zu, daß das Sicherungsobjekt ihm auch noch für eine **andere Forderung** hafte, wenn auch aus einem anderen Rechtsgrund. Während ihn dafür die Beweislast trifft, obliegt dem Schuldner wiederum der Nachweis, daß ein Erlös dennoch ausreichend wäre[28].

9a Zweifelhaft ist, ob S. 2 entsprechend anwendbar ist, wenn das Sicherungsobjekt zwar für **fremde** Forderungen mithaftet (→ Rdnr. 6 a. E.), aber dem Gläubiger **vorrangige** Befriedigung zusteht und der Wert dafür ausreicht. Dafür spricht, daß S. 2 dem Gläubiger wohl die Schädigung Dritter ebensowenig zumuten will wie die Selbstschädigung → Rdnr. 9.

10 **Verzichtet** der Gläubiger auf sein Pfandrecht, so erlischt das Widerspruchsrecht auch dann, wenn das Pfand noch nicht zurückgegeben ist. Ebenso kann umgekehrt der Schuldner im voraus auf den lediglich seinem Schutz dienenden Widerspruch verzichten[29], z. B. weil er das sichernde Objekt schonen will oder im Falle → Rdnr. 9.

11 IV. Kosten: → § 766 Rdnr. 8.

§ 778 [Zwangsvollstreckung vor Erbschaftsannahme]

(1) Solange der Erbe die Erbschaft nicht angenommen hat, ist eine Zwangsvollstreckung wegen eines Anspruchs, der sich gegen den Nachlaß richtet, nur in den Nachlaß zulässig.

(2) Wegen eigener Verbindlichkeiten des Erben ist eine Zwangsvollstreckung in den Nachlaß vor der Annahme der Erbschaft nicht zulässig.

Gesetzesgeschichte: Seit 1900 RGBl. 1898 I 256.

1 I. **Vorbemerkungen:** Die §§ 778–785[1] regeln die Vollstreckung in das Eigenvermögen des Erben und in den Nachlaß. Sie gelten für dem BGB unterstehende Erbfälle (Art. 213 EGBGB) für **alle Arten der Vollstreckung**[2]. Über den Tod einer **Partei kraft Amtes** → § 727 Rdnr. 27.

2 II. Die nach §§ 1922, 1942 BGB schon mit dem Erbfall, aber vorbehaltlich der Ausschlagung nach § 1944 BGB eintretende Vermögensvereinigung wird in Übereinstimmung mit § 1958 BGB zunächst **bis zur Annahme der Erbschaft** als eine einstweilige behandelt[3], im Falle der Ausschlagung auch für den dann eintretenden Erben, bei Erbengemeinschaften für jeden, der sein Erbe noch nicht angenommen hat. Dem tragen die Einschränkungen des § 778 Rechnung.

3 1. Nach **Abs. 1** können **Nachlaßverbindlichkeiten** (→ § 28 Rdnr. 2) mit Ausnahme der Nachlaßerbenschulden[4] bis zur Annahme **nur in den Nachlaß**[5] vollstreckt werden, → dazu

---

[27] H. M., insoweit richtig *LG Traunstein* (Fn. 26).
[28] H. M., *K. Schmidt* (Fn. 3) Rdnr. 18.
[29] Vorbehaltlich § 138 BGB, AGBG, → auch Rdnr. 100 vor § 704. Zust. *K. Schmidt* (Fn. 3) Rdnr. 1, 18.
[1] S. auch § 167 VwGO, §§ 265 f. AO, § 5 VwVG.
[2] Auch für Willenserklärungen, die aber im Falle des § 780 Abs. 1 nach § 888 zu vollstrecken sind *RGZ* 49, 417; *KG* OLGRsp 11, 118. – → aber auch § 780 Fn. 11 zu Herausgabeansprüchen.

[3] *Reichel* Fest. f. Thon (1911) 161 ff. u. dazu *Hakkenberger* Gruch. 58, 508 ff. S. auch § 9 KO (§ 83 InsO) und → § 305 Rdnr. 1.
[4] *MünchKommZPO-K. Schmidt* (1992) Rdnr. 6 mwN.
[5] Unter Beachtung der §§ 2019, 2041 BGB, vgl. *K. Schmidt* (Fn. 4) Rdnr. 7, 10.

Rdnr. 6f. Der Erbe ist also Vollstreckungsschuldner nur mit dem Nachlaß und kann einer Vollstreckung solcher Ansprüche in sein übriges Vermögen[6] *wahlweise* nach § 771 oder § 766 begegnen[7], da er insofern »Dritter« ist und § 778 neben der Haftungsfrage ausdrücklich zugleich die »Zulässigkeit« der Vollstreckung regelt.

Das Recht zur Erinnerung haben auch die *eigenen Gläubiger des Erben* als interessierte Dritte[8], obwohl ihnen ein Recht zum Widerspruch nach § 771 nicht zusteht; denn sie haben nur ein Recht *auf* das Vermögen des Erben, nicht *an* diesem Vermögen[9]. Die Vollstreckung ist dann aufzuheben, nicht nur bis zur Annahme auszusetzen.

2. Hinsichtlich der danach zulässigen Vollstreckung **in den Nachlaß** vor der Annahme ist **zu unterscheiden**[10]:

a) war die Vollstreckung schon **gegen den Erblasser begonnen** worden, so kann sie ohne Klausel gegen den Erben fortgesetzt werden, § 779.

b) Soll sie erst **nach dem Tode des Erblassers beginnen**, so bedürfte es nach § 750 einer Verurteilung des Erben, sei es in einem schon anhängigen oder einem neuen Prozeß, oder, wenn der Erblasser schon verurteilt war, einer Vollstreckungsklausel gegen den Erben. Dies ist aber nach § 1958 BGB vor Annahme der Erbschaft unzulässig[11], auch wenn der Erblasser einen Prozeßbevollmächtigten hatte[12]. Wenn die Klausel doch erteilt ist, kann der Erbe nach § 732 widersprechen.

Ist dagegen ein Nachlaßpfleger oder ein Nachlaßverwalter bestellt oder unterliegt der Nachlaß der Verwaltung eines Testamentsvollstreckers, so kann sowohl die Verurteilung wie die Erteilung der Klausel erfolgen, §§ 1960 Abs. 3, 1984, 2213 Abs. 2 BGB[13]. Der Gläubiger kann aber auch selbst die Bestellung eines Nachlaßpflegers nach § 1961 BGB beantragen[14].

III. Eigene Verbindlichkeiten des Erben dürfen dagegen nach **Abs. 2 vor Annahme der Erbschaft** nicht in den Nachlaß vollstreckt werden, mit Rücksicht auf die Lage des im Falle einer Ausschlagung nachrückenden Erben[15] und der Nachlaßgläubiger im Falle späterer Ausschlagung. Liegt also ein nur gegen den Erben persönlich[16] vollstreckbarer Titel vor, so kann der Erbe der Vollstreckung in den Nachlaß nach § 771 widersprechen[17], da er mit dem Nachlaß *noch* nicht haftet[18]. Außerdem[19] sind aber sowohl der Erbe selbst, da er andernfalls den Nachlaßgläubigern verantwortlich werden würde (vgl. § 1978 BGB), als auch die Nachlaßgläubiger[20], im Bereich ihrer Verwaltung der Nachlaßpfleger, der Nachlaßverwalter und der Testamentsvollstrecker zur Erinnerung nach § 766 berechtigt, die zur Aufhebung der Vollstreckung führt. Ist der Nachlaß im Gewahrsam eines Nachlaßpflegers, Nachlaßverwalters oder Testamentsvollstreckers, so kann dieser schon nach §§ 809, 766 einer Vollstreckung begegnen. Ein Widerspruchsrecht der Nachlaßgläubiger nach § 771 läßt sich dagegen auch

---

[6] Zu diesem zählen Anteile an einem Recht, die dem Erben schon **vor** dem Erbfall zustanden, auch dann, wenn er durch den Erbfall jetzt alleiniger Inhaber geworden ist; für § 1008 BGB *K. Schmidt* (Fn. 4) Rdnr. 7.

[7] H.M. → § 766 Rdnr. 52f., § 771 Rdnr. 36 u. wegen § 812 BGB, falls die ZV nicht verhindert wurde, § 771 Rdnr. 73. Auf Abs. 1 gestützte Rechtsbehelfe werden unbegründet mit Annahme der Erbschaft, s. dazu § 91a.

[8] → § 766 Rdnr. 33, h.M. – A.M. *Wieczorek*² Anm. B II a (kein Rechtsbehelf).

[9] → § 771 Rdnr. 14, 33.

[10] S. auch *Eccius* Gruch: 43, 605ff.

[11] → § 239 Rdnr. 19, § 305 Rdnr. 1, § 727 Rdnr. 22, h.M.; a.M. *MünchKommZPO-Wolfsteiner* § 727 Rdnr. 23.

[12] → § 86 Rdnr. 1 a.E.

[13] Zur Umschreibung einer für oder gegen den Nachlaßpfleger im Falle des § 1960 Abs. 1 S. 2 BGB erteilten Klausel nach Feststellung der Erben → § 727 Rdnr. 10, 28.

[14] Zur Fassung von Titeln oder Klauseln → § 727 Rdnr. 22, § 750 Fn. 69 u. vgl. *Hörle* ZBlFG 9, 758f.

[15] Er kann sich gegen die etwa noch fortbestehende ZV gemäß Abs. 2 wehren u. ist nicht Rechtsnachfolger des Ausschlagenden → § 727 Fn. 67.

[16] Anders, wenn laut Titel zugleich der Nachlaß haftet → Rdnr. 3.

[17] → § 771 Rdnr. 36 u. wegen § 812 BGB Rdnr. 73. – A.M. *Wieczorek*² Anm. B III a: § 767 über §§ 778 Abs. 2, 785.

[18] Nach Annahme → Fn. 7 a.E.

[19] → § 766 Rdnr. 19, 33.

[20] Zust. *K. Schmidt* (Fn. 4) Rdnr. 12; insoweit a.M. *Wieczorek*² Anm. B III b.

hier nicht konstruieren, sie haben kein Recht *am* Nachlaß, → Rdnr. 4. Wegen der Miterben s. § 747.

9   IV. In allen Fällen des § 778 steht die **Arrestvollstreckung** nach § 928 der Zwangsvollstreckung i. e. S. gleich[21]. Im Falle des Abs. 2 können die Gläubiger des Erben unter Umständen durch einstweilige Verfügung der Verschleppung des Nachlasses entgegentreten.

10 Der Anspruch kann dinglich oder persönlich sein. Sofern aber für eine persönliche Verbindlichkeit des Erben ein Gegenstand des Nachlasses dinglich haftet, z. B. für eigene Schuld verpfändet ist, fällt dieser dingliche Anspruch als Nachlaßverbindlichkeit unter Abs. 1.

§ 779 [Tod des Schuldners nach Beginn der Zwangsvollstreckung]

(1) Eine Zwangsvollstreckung, die zur Zeit des Todes des Schuldners gegen ihn bereits begonnen hatte, wird in seinen Nachlaß fortgesetzt.

(2) ¹Ist bei einer Vollstreckungshandlung die Zuziehung des Schuldners nötig, so hat, wenn die Erbschaft noch nicht angenommen oder wenn der Erbe unbekannt oder es ungewiß ist, ob er die Erbschaft angenommen hat, das Vollstreckungsgericht auf Antrag des Gläubigers dem Erben einen einstweiligen besonderen Vertreter zu bestellen. ²Die Bestellung hat zu unterbleiben, wenn ein Nachlaßpfleger bestellt ist oder wenn die Verwaltung des Nachlasses einem Testamentsvollstrecker zusteht.

Gesetzesgeschichte: Bis 1900 § 693 CPO. Änderung RGBl. 1898 I 256.

1   **I. Stirbt der Schuldner vor Beginn der Vollstreckung**, so ist gegen Erben, Testamentsvollstrecker oder Nachlaßverwalter ein Titel erforderlich, s. auch §§ 747 f.; ein bereits gegen den Erblasser ergangener Titel muß gemäß § 727 oder § 749 vollstreckbar ausgefertigt und die Klausel muß nach § 750 Abs. 2 zugestellt sein. Vor Annahme der Erbschaft kann dies nicht gegen den *Erben* persönlich geschehen, → § 778 Rdnr. 6.

2   Stirbt dagegen der Schuldner erst **nach Beginn der Vollstreckung**, so wird sie nach Abs. 1 aufgrund der gegen den *Erblasser* erwirkten Vollstreckungsklausel *in den Nachlaß fortgesetzt*, und zwar vor wie nach Annahme der Erbschaft. Zur Geltung außerhalb der ZPO s. §§ 167 VwGO, 265 AO, 5 VwVG. Der *Beginn* erfordert eine über Vorbereitungshandlungen hinausgehende konkrete Vollstreckungshandlung[1] aufgrund des Titels, dessen Vollstreckung fortgesetzt werden soll[2], auch wenn diese erfolglos war[3], → auch Rdnr. 3 Fn. 5.

3   Die *Fortsetzung* darf sowohl die bereits von der Zwangsvollstreckung (z. B. der Pfändung oder Vorpfändung) ergriffenen Gegenstände als auch den übrigen Nachlaß betreffen, soweit er vom anderen Vermögen unterschieden werden kann[4], → dazu § 808 Rdnr. 5 a. E.; dabei ist

---

[21] S. auch *RGZ* 60, 181; *Reichel* (Fn. 3) 164 f.

[1] → Rdnr. 107 ff. vor § 704. Findet der GV die Räume des Schuldners verschlossen und geht er nicht nach § 758 Abs. 2 vor, so hat die ZV noch nicht begonnen, *AG Delmenhorst* DGVZ 1957, 62. – Wegen § 867 → Rdnr. 112 Fn. 483 vor § 704.

[2] Die aufgrund eines anderen Titels, *LG Berlin* DGVZ 1965, 88 (Arrestkosten), oder durch andere Gläubiger begonnene ZV, *AG Delmenhorst* (Fn. 1), reicht nicht aus; *Noack* JR 1969, 8. Jedoch darf der Rechtsnachfolger des Gläubigers, sobald die Klausel auf ihn lautet (§ 727), die vom Vorgänger nach § 778 begonnene ZV fortsetzen → Rdnr. 78 Fn. 390 vor § 704.

[3] *LG Stuttgart* DGVZ 1987, 12; *AG Bremerhaven* DGVZ 1993, 60.

[4] *Mot. bei Hahn* 443; jetzt h. M.; *LGe Dortmund* NJW 1973, 374; *München I* MDR 1979, 853; *Verden* MDR 1969, 932; *AG Bremerhaven* (Fn. 3); *Haegele* BWNotZ 1975, 129; *Mümmler* Büro 1976, 1445; *Obermaier* DGVZ 1973, 147 je mwN, jetzt ganz h. M. – A. M. *LG Osnabrück* Büro 1957, 86; *Schüler* Büro 1976, 1003. Einschränkend verlangt *Noack* Büro 1976, 1152 zeitlichen, wirtschaftlichen u. rechtlichen Zusammenhang der neuen ZV mit der vor dem Erbfall begonnenen.

es unbeachtlich, wenn eine vor dem Tode begonnene Vollstreckungsmaßnahme bereits beendet ist[5]. Wegen des Aufschubs nach § 2014f. BGB vgl. §§ 782 f.

Soweit dagegen die Vollstreckung in das *nicht zum Nachlaß gehörige Vermögen des Erben* **4** ausgedehnt werden soll (vgl. § 781), was erst nach der Annahme, statthaft ist, § 778 Abs. 1, ist nach §§ 727, 749, 750 zu verfahren. Ebenso, wenn vertretbare Handlungen vorzunehmen sind und ein Beschluß nach *§ 887 Abs.* 2 noch nicht gegen den Erblasser ergangen war[6], wenn gegen ihn ein Zwangsmittel nach *§ 888* noch nicht festgesetzt oder in den Fällen des *§ 890* die Festsetzung des Ordnungsmittels im Zeitpunkt des Todes noch nicht rechtskräftig war[7]. Denn auf Titel oder Klausel gegen die (oft noch gar nicht feststellbaren!) Erben verzichtet § 779 nur, weil sie dort gerade *noch nicht* als Nachfolger in die Pflichten des Erblassers behandelt werden; zudem hatten sie zu der – in solchen Fällen keineswegs selbstverständlichen – Nachfolge noch kein rechtliches Gehör[8]. Gegen Übergriffe in Eigenvermögen können der Erbe nach § 766 oder § 771[9], bei nicht erfülltem Tatbestand auch nicht vollstreckende Nachlaßgläubiger als interessierte Dritte[10] nach § 766 vorgehen.

II. Zur *Fortsetzung* der begonnenen Vollstreckung bedarf es nach **Abs. 2** der Bestellung **5** eines **Vertreters für den Nachlaß** nur, wenn die Zuziehung des Schuldners[11] bei einer Vollstreckungshandlung »nötig« ist. Vorgeschrieben ist die Zuziehung in §§ 829 Abs. 2, 835 Abs. 3, 844 Abs. 2, 875, 885 Abs. 2, durch die Benachrichtigungen nach §§ 808 Abs. 3, 826 Abs. 3 und in zahlreichen Bestimmungen des ZVG. Sie kann aber auch aus tatsächlichen Gründen nötig sein, z. B. wenn die Aufbewahrung und Verwaltung der gepfändeten Gegenstände Schwierigkeiten bereitet.

Eine genügende Vertretung fehlt dem Nachlaß, wenn er weder von einem Nachlaßpfleger **6** (§ 1960f. BGB) noch einem zur Verwaltung berechtigten (§ 2213 BGB und § 749 ZPO) Testamentsvollstrecker betreut wird, Abs. 2 S. 2, und solange die *Erbschaft noch nicht angenommen ist*[12], oder es *ungewiß* ist, ob die Annahme erfolgt ist, oder der Erbe *unbekannt* ist[13]. Die postmortale Vollmacht des Prozeßbevollmächtigten (§ 86) genügt nicht. Ist aber nur der *Aufenthalt* des Erben nach der Annahme unbekannt, so reichen öffentliche Zustellung und Bestellung eines Abwesenheitspflegers (§ 1911 BGB) aus.

1. In diesen Fällen hat der Gläubiger zunächst die Wahl, ob er beim Nachlaßgericht den **7** Antrag gemäß § 1961 BGB stellt oder das Vollstreckungsgericht (§ 764; § 20 Nr. 17 RpflG) den besonderen Vertreter nach Abs. 2 bestellen läßt. Die befristete Erinnerung[14] steht dem Gläubiger gegen die Ablehnung zu, dem Schuldner gegen die Bestellung[15], wozu aber kaum Anlaß bestehen wird → Rdnr. 9. – Soweit ein Vertreter erforderlich ist, darf der Gerichtsvollzieher erst nach der Bestellung die Vollstreckung fortsetzen[16].

2. Der *besondere Vertreter*, der nur dem Erben, nicht dem Nachlaß bestellt wird und die **8** Stellung eines gesetzlichen Vertreters hat[17], ist zum Empfang aller Zustellungen und zur

---

[5] A.M. *AG Melsungen* Büro 1957, 88; zweifelnd *Wieczorek*[2] Anm.A II c 1. Jedoch spricht § 779 überhaupt nicht vom Ende, sondern vom Beginn der ZV, u. die Zugehörigkeit zum Nachlaß wird dadurch nicht sicherer, daß irgend ein anderer Gegenstand noch verstrickt ist.

[6] → Rdnr. 113 Fn. 486 vor § 704; weitergehend (auch noch der Beschluß nach § 887 Abs. 2 sei gegen den Erben zulässig) *Obermaier* (Fn. 4); *MünchKommZPO- K.Schmidt* Rdnr. 2; folgt man dieser Ansicht, so müßte zumindest im Beschluß die Haftung auf den Nachlaß beschränkt werden, andernfalls haftete der Erbe mit seinem Eigenvermögen, was mit § 779 nie beabsichtigt war, arg. § 727.

[7] *OLG Hamm* MDR 1986, 156.

[8] *K. Schmidt* (Fn. 6) will sie auf § 767 verweisen.

[9] → § 771 Rdnr. 36. Bei entsprechenden Mängeln auch § 732, da die ZV hier aufgrund der gegen den Schuldner erteilten Klausel erfolgt.

[10] → § 766 Rdnr. 33ff. § 785 scheidet hier aus → § 781 Rdnr. 2 a.E.

[11] In den §§ 888f. geht es um mehr als bloße Zuziehung.

[12] → § 778 Rdnr. 3.

[13] Beispiel: *LG Oldenburg* Rpfleger 1982, 105.

[14] → § 793 Rdnr. 3.

[15] *Wieczorek*[2] Anm.C III.

[16] § 92 Nr. 1 Abs. 2 GVGA.

[17] → § 57 Rdnr. 11.

§ 779 II, III – § 780 I   Erster Abschnitt: Allgemeine Vorschriften

Geltendmachung aller Einwendungen des Schuldners nach §§ 766, 767, 732 usw. befugt, aber nicht etwa zur Abgabe der Offenbarungsversicherung verpflichtet[18]. Dagegen gilt § 53 nicht, sobald der Erbe nach der Annahme der Erbschaft in einem von dem Vertreter anhängig gemachten Rechtsstreit zugezogen werden kann[19].

9   3. Das Amt des Vertreters *erlischt* mit dem Eintritt eines Nachlaßpflegers oder Testamentsvollstreckers oder mit dem tatsächlichen Eintritt des Erben in das Verfahren[20].

10   4. Die Bestellung ist *gebührenfrei*. Wegen der Anwaltsgebühren s. §§ 37 Nr. 3, 57 BRAGO. Die Kosten der Vertretung trägt der Erbe. Muß der Gläubiger sie vorlegen (vgl. auch § 7 Abs. 3 ZVG), so gilt § 788.

11   III. Zur **analogen Anwendung** nach Verlust der Parteifähigkeit oder Umwandlung der Rechtsform → Fn. 403 vor 704.

§ 780   [Vorbehalt der beschränkten Erbenhaftung]

(1) Der als Erbe des Schuldners verurteilte Beklagte kann die Beschränkung seiner Haftung nur geltend machen, wenn sie ihm im Urteil vorbehalten ist.

(2) Der Vorbehalt ist nicht erforderlich, wenn der Fiskus als gesetzlicher Erbe verurteilt wird oder wenn das Urteil über eine Nachlaßverbindlichkeit gegen einen Nachlaßverwalter oder einen anderen Nachlaßpfleger oder gegen einen Testamentsvollstrecker, dem die Verwaltung des Nachlasses zusteht, erlassen wird.

Gesetzesgeschichte: Bis 1900 § 695 CPO. Änderung RGBl. 1898 I 256.

I. Beschränkung der Erbenhaftung

1   Die Nov. 1898 geht davon aus, daß die Berufung auf die **Beschränkung der Haftung des Erben**[1] nicht als selbstverständlicher Wille des Schuldners zu unterstellen, sondern im ordentlichen Prozeß geltend zu machen ist. Näheres → § 785 Rdnr. 2–5.

2   1. **Materiellrechtlich** steht dem Erben die **Beschränkung der Haftung** gegenüber **allen** Nachlaßgläubigern zu, wenn Nachlaßverwaltung oder Nachlaßkonkurs/Insolvenzverfahren eröffnet ist, § 1975 BGB[2], es sei denn, daß er die Inventarfrist versäumt, § 1994 BGB, oder das Inventar absichtlich unrichtig aufgestellt hatte, § 2005 BGB. Er haftet den Gesellschaftsgläubigern des Erblassers nach § 27 HGB unbeschränkt, wenn er das Geschäft mit der Firma länger als drei Monate fortführt oder die Passiven handelsüblich übernimmt[3]; s. auch § 139 HGB. Er haftet ferner dem einzelnen Nachlaßgläubiger unbeschränkt, wenn er ihm gegenüber die eidesstattliche Versicherung verweigert, § 2006 Abs. 3 BGB.

3   2. Im Sinne des § 780 liegt eine Beschränkung der Haftung auch dann vor, wenn der Erbe die **Einrede des § 1990 BGB** hat, nachdem Nachlaßverwaltung oder Nachlaßkonkurs/Insolvenzverfahren mangels Masse abgelehnt oder eingestellt sind. Dies folgt schon daraus, daß in § 786 die Fälle der entsprechenden

---

[18] *Bondi* ZZP 32 (1904) 228; *Baumbach/Hartmann*[52] Rdnr. 3. A. M. für § 767 *K. Schmidt* (Fn. 6) Rdnr. 10.
[19] *Zöller/Stöber*[19] Rdnr. 8; a.M. wohl *Bork* § 53 Rdnr. 14.
[20] Allg. M.
[1] Über die beschränkte Haftung im Falle des § 70 EheG, der nach Art.12 Ziff.3 Abs.2 des 1. EheRG für Altehen, die vor dem 1. 7. 1977 geschieden wurden, fortgilt, vgl. *RGZ* 162, 298. Auch beim neuen Recht, vgl. § 1586 b BGB, ist § 780 anzuwenden.
[2] Die Beschränkung besteht auch noch nach Aufhebung dieser Verfahren fort und rechtfertigt den Vorbehalt *BGH* NJW 1954, 635 = JZ 332.
[3] → Fn. 28.

Anwendung des § 1990 BGB unter § 780 Abs. 1 gestellt sind[4]. Das gleiche gilt für **Einreden nach § 1992 BGB[4] und §§ 1973 f. BGB**[5]; sie sind daher auch in den Fällen des Abs. 2 nicht noch besonders vorzubehalten[6]. – Über aufschiebende Einreden nach §§ 2014 f. BGB → § 782 f.

II. Der Vorbehalt im Urteil

1. Ist der Beklagte *als Erbe* des Schuldners *verurteilt* worden, d. h. wegen einer vom Erblasser oder vom Erbfall herrührenden Verbindlichkeit[7], so kann er nach § 780 dem Urteil die Beschränkung der Haftung in der Vollstreckungsinstanz nur dann[8] entgegensetzen, wenn er ihren Vorbehalt im Urteil herbeigeführt hat oder wenn sich schon die Verurteilung auf eine Leistung nur aus dem Nachlaß bzw. lediglich diesen betreffende Duldung der Vollstreckung bezieht[9]. Ob schon die Klage gegen den Erben erhoben war oder ob er *vor* dem Erlaß des Endurteils[10] als Rechtsnachfolger (§§ 239, 246) in den Prozeß eingetreten war, gilt gleich. Immer muß es sich um ein *Leistungsurteil*[11] handeln, sei es auch erst im Prozeß nach § 731[12]; im Feststellungsurteil ist für den Vorbehalt kein Raum[13]. Über entsprechende Anwendung → Bem. zu § 786.

a) Die **Einrede ist in der Verhandlung vor dem Urteil** vorzubringen[14], und zwar vor der Vorabentscheidung über den Grund des Anspruchs[15]. Sie ist auch mit einem Anerkenntnis[16] und mit § 331 Abs. 1 vereinbar[17] und kann auch noch mit Einspruch nach §§ 338, 700 geltendgemacht werden. Gegenüber Mahnbescheiden[18] und ohne Anhörung ergangenen Entscheidungen nach §§ 921, 936 muß zwecks Einrede Widerspruch eingelegt werden. In der Berufungsinstanz kann die Einrede vorbehaltlich § 528 nachgeholt werden; dies kann auch ausschließliches Berufungsziel sein[19]. In der Revisionsinstanz ist sie nicht mehr zulässig (§ 561)[20], außer wenn der Anlaß für die Einrede erst nach der letzten Tatsachenverhandlung eingetreten ist[21] und die Revision nicht lediglich zur Stellung des Antrags auf Vorbehalt der Erbenhaftung eingelegt wird[22]. S. auch § 167 Abs. 1 VwGO. Für die *Verwaltungsvollstreckung* verweisen aber die §§ 265 f. AO, 6 JBeitrO zwar auf §§ 781–784, aber nicht auf §§ 780, 785, so daß Vorbehalte in Leistungs- und Haftungsbescheiden nicht erforderlich sind.

Zur *Begründung* genügt es, daß der Erbe sich die zur Beschränkung seiner Haftung erforderlichen Maßregeln für die Zukunft vorbehält[23]. Das Gericht hat den Vorbehalt ohne Entscheidung über das Bestehen der Beschränkung auszusprechen, falls Nachlaßverwaltung und Nachlaßkonkurs/Insolvenzverfahrens noch beantragt werden könnten. Behauptet der

---

[4] *RG* JW 1913, 872[15] (Vermächtnis); *BGH* NJW 1991, 2840 mwN, allg. M. Auch die Ablehnung der Eröffnung des Konkurs/Insolvenzverfahrens mangels Masse, obwohl in § 1990 BGB nicht erwähnt, genügt u. bindet das Prozeßgericht *BGH* NJW-RR 1989, 1227. → auch Fn. 25 f. u. zu Einwendungen des Gläubigers → § 781 Rdnr. 6 Fn. 22.
[5] Vgl. auch *RGZ* 83, 330; *Förster/Kann* ZPO³ Fn. 2 c.
[6] *KG* OLGRsp 9, 385. – A. M. *KG* OLGRsp 7, 134. Offenlassend *RGZ* 83, 330 ff. (a. E.).
[7] *RG* (Fn. 4); *BGH* WM 1983, 823 (§ 2325 BGB).
[8] → Rdnr. 7 Fn. 35, 38.
[9] Z. B. nach §§ 985, 1113, 1191 BGB oder in den Fällen → Rdnr. 8 a. E.
[10] → § 239 Rdnr. 34, § 781 Rdnr. 1.
[11] Der Vorbehalt ist jedoch gegenüber der Klage auf Herausgabe unzulässig, wenn die Sache unstreitig zum Nachlaß gehört, h. M.
[12] → § 731 Rdnr. 15.
[13] *KG* DAR 1971, 19 (mit schiefer Begründung, es fehle Rechtsschutzbedürfnis); *MünchKommZPO-K. Schmidt* Rdnr. 3 Fn. 4. – A. M. *Wieczorek*² Anm. B III a 1.

[14] Ein besonderer *Antrag* ist nicht nötig *RGZ* 69, 291; *BGH* NJW 1983, 2378 f. = FamRZ 694. Daher gilt auch § 297 nicht.
[15] → § 304 Rdnr. 30.
[16] → § 307 Rdnr. 5; *K. Schmidt* (Fn. 13) Rdnr. 18 mwN.
[17] *K. Schmidt* (Fn. 13) Rdnr. 18.
[18] *K. Schmidt* (Fn. 13) Rdnr. 21.
[19] *K. Schmidt* (Fn. 13) Rdnr. 19; a. M. *Zöller/Stöber*¹⁹ Rdnr. 10.
[20] *RG* JR 1927 Nr. 423; *BGH* NJW 1962, 1250 = MDR 568 = WM 644 = ZZP 75 (1962), 277; BGHZ 54, 205 = NJW 1970, 1742; *BGH* WM 1976, 1085 = DB 1976, 2302.
[21] So *RG* DR 1944, 292 (nachträgliche Aufhebung der Nachlaßverwaltung oder -pflegschaft); BGHZ 17, 72 = NJW 1955, 788 (nachträglicher Erbfall).
[22] Dann gilt aber Abs. 1 nicht für Erbfälle nach der letzten Tatsacheninstanz, BGHZ 54, 205 = NJW 1970, 1742.
[23] Es genügt z. B. Berufung auf § 1990 BGB, *BGH* (Fn. 14), ohne die Voraussetzungen darlegen zu müssen *BGH* NJW 1991, 2840.

Erbe, daß die Beschränkung endgültig feststehe, oder macht der Gegner geltend, daß sie allgemein oder ihm gegenüber verloren sei, so ist trotzdem das Gericht nicht verpflichtet, in dem Urteil darüber zu *entscheiden*; es kann sich auch hier auf den Vorbehalt im allgemeinen beschränken und die sachliche Entscheidung, namentlich in Zweifelsfällen, dem nach § 781 einzuleitenden Prozeß vorbehalten[24]. Dies gilt auch für die Einreden in §§ 1990ff.[25] und § 1973 BGB[26]. Aber auch insoweit, als das Gericht die sachliche Entscheidung dem späteren Prozeß vorbehalten könnte, *darf* es über die Haftungsbeschränkung *sachlich entscheiden*[27], und es *muß* dies tun, wenn der Gläubiger sich auf § 27 HGB beruft[28] oder wenn es der Verurteilung zu einer Willenserklärung die Wirkung des § 894 erhalten will[29], anstatt wegen des Vorbehalts nur nach § 888 vollstrecken zu können[30]. Steht im Falle → Fn. 27 bereits fest, daß dem Zugriff des Klägers offenstehende Vermögensstücke in der Nachlaßmasse nicht oder nicht mehr vorhanden sind, so kann das Gericht auch die Klage abweisen[31]. – Was zum Nachlaß gehört[32] und ob es pfändbar ist[33], muß im Prozeß grundsätzlich weder entschieden noch geprüft werden[34].

7   Ob die Haftungsbeschränkung im Urteil aufgrund sachlicher Prüfung oder ohne solche vorbehalten ist, ist Sache der Formulierung und Auslegung; im ersten Falle ist die Frage – abgesehen von nachträglich entstandenen Umständen – für den zweiten Prozeß rechtskräftig festgestellt[35]. Wird die Haftungsbeschränkung endgültig bejaht, z.B. wegen § 1990 BGB, so ist nur zur *Leistung aus dem Nachlaß* zu verurteilen[36], was einen Vorbehalt überflüssig macht und zuweilen Anlaß gibt, die haftenden Gegenstände gleich mitzubenennen und insoweit zur Duldung der Vollstreckung zu verurteilen[37]. Wird dagegen der Erbe ohne Vorbehalt verurteilt, sei es, weil die Einrede nicht erhoben oder weil sie verworfen wurde, so ist mit der Rechtskraft des Urteils jede Beschränkung der Haftung ausgeschlossen, auch wenn diese erst danach eingetreten ist. Eine Vollstreckungsgegenklage nach § 767 bzw. § 785 findet dann nicht mehr aus diesem Grunde statt[38].

8   b) Dies gilt auch für *Vollstreckungsbescheide* (§ 700)[39] und andere vollstreckbare Entscheidungen, § 795 S. 1[40], der folgerichtig *gerichtliche Vergleiche und vollstreckbare Urkunden*[41] einbezieht, denn ohne Vorbehalt verpflichtet sich der Erbe auch persönlich; besser ist aber

---

[24] Ganz h.M. *BGH* (Fn. 2); *RGZ* 69, 291; *OLG Celle* OLGRsp 2, 507f.; *OLG Hamburg* OLGRsp 13, 192; *OLG Dresden* SächsAnn 35, 379; alle Komm. außer *Wieczorek*. – A.M. *OLG Rostock* OLGRsp 30, 189; *Wieczorek*[2] Anm. F I a.
[25] *BGH* (Fn. 2); *RG* (Fn. 4); *RGZ* 162, 298; *OLG Köln* VersR 1968, 380.
[26] *RGZ* 83, 330. Offengelassen bei *RGZ* 61, 222.
[27] *RGZ* 69, 292; 77, 245; 137, 54; JW 1918, 816; *BGH* (Fn. 2); → auch Rdnr. 7 Fn. 35f. Bei Entscheidungsreife sollte dies stets geschehen *K. Schmidt* JR 1989, 46. – A.M. *OLG Königsberg* OLGRsp 18, 314.
[28] *RGZ* 88, 219f.
[29] Dieser Weg ist tunlichst vorzuziehen *K. Schmidt* JR 1989, 46 f. So entschied *OLG Celle* OLGZ 1978, 199 über Aufwendungen eines Vermögensübernehmers nach § 419 Abs. 2 S. 2 BGB (vgl. auch § 786) schon im Erkenntnisverfahren, um dem Kläger die Freigabe eines hinterlegten Betrags nach § 13 Abs. 2 HinterlO über § 894 zu ermöglichen.
[30] → § 894 Rdnr. 5, 12 a.E. (20. Aufl.).
[31] *RGZ* 137, 54; *BayObLG* SeuffArch 62 (1907), 337; *OLG Hamburg* u. *OLG München* OLGRsp 14, 231 u. 24, 67, h.M. – A.M. *OLG Marienwerder* SeuffArch 66 (1911), 240; *OLG Hamburg* OLGRsp 15, 409 (zu § 1489 BGB); *Krüger* MDR 1951, 664.
[32] *OLG Hamburg* OLGRsp 13, 192.
[33] Vgl. *OLG Hamm* OLGRsp 14, 230.
[34] → dazu § 785 Rdnr. 2, aber auch unten Rdnr. 7 Fn. 37.
[35] *BGH* (Fn. 2), freilich nicht über die Grenzen des § 325 hinaus.
[36] Was die ZV beschränkt wie ein stattgebendes Urteil gemäß → § 785 Rdnr. 2, 4.
[37] Vgl. *K. Schmidt* (Fn. 29) 46 Fn. 13 mwN u. die Anträge in *BGH* FamRZ 1972, 449; NJW-RR 1988, 710. Dann reicht § 766 aus gegen Übergriffe.
[38] *RGZ* 59, 301ff.; *RG* JW 1912, 46. Vgl. auch *Hennekke* Das Sondervermögen usw. (1976), 134 Fn. 55.
[39] *RG* JW 1898, 356; *OLG Köln* NJW 1952, 1145. Daher muß der Erbe schon wegen § 780 Abs. 1 Widerspruch oder Einspruch erheben.
[40] Im Falle § 794 Abs. 1 Nr. 2 ist jedoch ein Vorbehalt nur aufzunehmen, wenn auch das Kosten entscheidende Urteil ihn enthält, u. er ist nicht erforderlich, wenn das Urteil noch gegen den Erblasser ergangen war *OLG Celle* NJW-RR 1988, 133; *K. Schmidt* (Fn. 13) Rdnr. 3. Im Verfahren nach § 19 BRAGO ist es möglich *OLGe Düsseldorf* Rpfleger 1981, 409; *Schleswig* SchlHA 1984, 152. → auch Rdnr. 5 a.E. zur VerwVollstr.
[41] *Wolfsteiner*, Die vollstreckbare Urkunde (1978) § 53.2; ebenso *Wieczorek*[2] § 795 Anm. A I f. Für Prozeßvergleiche *BGH* (Fn. 23) mwN.

(soweit schon möglich) die Bezeichnung der haftenden Masse in solchen Titeln → § 766 Rdnr. 25.

c) Bei *ausländischen Urteilen* genügt der Vorbehalt im Vollstreckungsurteil nach § 722. **8a** Soweit in vereinfachten *Beschlußverfahren*[42] Einwendungen gegen den Anspruch selbst geltend gemacht werden *dürfen*, kann auch dort der Vorbehalt aufgenommen werden, falls das Recht des Urteilsstaates die Haftungsbeschränkung kennt. Ob man von dieser Vereinfachung auch Gebrauch machen *muß*, um eine spätere Vollstreckungsgegenklage nicht zu verlieren, ist in den Ausführungsgesetzen meistens mitgeregelt; im übrigen → § 723 Rdnr. 3f.

d) Beim *schiedsrichterlichen Verfahren* gegen den *Erben* muß die Haftungsbeschränkung **9** bei Vermeidung ihres Verlustes im Schiedsspruch vorbehalten sein[43]. Im Verfahren auf Vollstreckbarerklärung eines gegen den *Erblasser* ergangenen Schiedsspruchs gegen den Erben ist die Geltendmachung der Haftungsbeschränkung zwar zulässig, aber zu ihrer Erhaltung nur notwendig, wenn nach § 1042a Abs. 2 mündlich verhandelt wird → § 1042 Rdnr. 25.

2. Der Vorbehalt gehört in die **Urteilsformel**. Eine bestimmte Fassung ist nicht notwendig **10** und ein versehentlicher Ausspruch lediglich in den Gründen mag auch genügen[44]; er muß aber eindeutig sein[45]. Wenn der Vorbehalt nicht alle eine Haftungsbeschränkung begründenden Einreden umfaßt, ist besondere Klarheit geboten, denn mit anderen Einreden ist dann der Erbe ausgeschlossen[46]. Die *Ablehnung* des Vorbehalts gehört dagegen in die Entscheidungsgründe[47] und ist nur mit Rechtsmitteln anfechtbar. Ist aber der begehrte Vorbehalt *übergangen*, so findet in Konkurrenz mit den Rechtsmitteln gegen das inhaltlich falsche Urteil auch die Ergänzung entsprechend § 321 statt[48].

3. Gegenüber **Prozeßkosten** kann die Haftungsbeschränkung nur insoweit geltend gemacht **11** werden, als sie in der Person des *Erblassers* entstanden sind und der Vorbehalt auch insoweit im *Urteil* aufgenommen ist[49]. Im übrigen haftet der Erbe unbeschränkt[50], was auch bei einer Einstellung nach §§ 785, 769 zu beachten ist. Zur Kostenentscheidung, wenn der Erbe ein sofortiges Anerkenntnis mit dem Vorbehalt verbindet, → § 93 Rdnr. 4.

III. Ausnahmen

Nach **Abs. 2** ist ein **Vorbehalt nicht erforderlich**, so daß die Beschränkung unbedingt nach **12** § 781 geltend gemacht werden kann,

1. wenn der **Fiskus**[51] als gesetzlicher Erbe verurteilt wird, weil er immer nur mit dem Nachlaß haftet[52];
2. wenn **Nachlaßverwalter**, §§ 1981 ff., **Nachlaßpfleger**, §§ 1960 f., oder verwaltungsberechtigte **Testamentsvollstrecker**, § 2213 BGB, verurteilt werden, weil die beiden ersteren **13** nach § 2012 BGB auf die Beschränkung der Haftung des Erben nicht verzichten können, die

---

[42] → Anh. § 723.
[43] *Baumbach/Hartmann*[52] Rdnr. 7; *Schwab* Schiedsgerichtsbarkeit[4] 159. – A.M. *Wieczorek*[2] Anm. B II b 6.
[44] *Lange/Kuchinke* Erbrecht[3] § 51 I 2 a Fn. 4. - A.M. *Hartmann* (Fn. 43).
[45] Z.B. »nach Kräften des Nachlasses«. Verurteilung »als Erbe« genügt nicht, *RG* JW 1911, 948; zu weitgehend daher *Börner* JuS 1968, 54.
[46] → Rdnr. 7. Vgl. dazu *BGH* (Fn. 2).
[47] *OLG München* OLGRsp 29, 107; *K. Schmidt* (Fn. 13) Rdnr. 17.
[48] → dort Rdnr. 3. *BVerwG* NJW 1956, 808; *Wolff* ZZP 64 (1951) 105; h.M. – A.M. *Förster/Kann* ZPO[3] Anm. 3; *Seuffert/Walsmann* ZPO[12] Anm. 2 g.

[49] *KG* MDR 1976, 584 = Rpfleger 187 (s. auch Rpfleger 1981, 365); *OLGe Frankfurt* Büro 1977, 1628 = Rpfleger 372[336]; *München* Büro 1994, 112. Welche Kosten vom Vorbehalt erfaßt sind, muß erst entschieden werden, wenn die Haftungsbeschränkung bejaht wird, i.d.R. also gemäß § 785, *K. Schmidt* (Fn. 13) Rdnr. 21; a.M. (Kostentrennung im Tenor) *Stöber* (Fn. 19) Rdnr. 7; *Hartmann* (Fn. 43). Zum Vorbehalt im Verfahren nach § 19 BRAGO → Fn. 40.
[50] → Rdnr. 10 vor § 91 (20. Aufl. Fn. 20).
[51] Vgl. auch Art. 138 EGBGB.
[52] Vgl. auch §§ 1942 Abs. 2, 2011 BGB.

Verurteilung also kraft Gesetzes beschränkt ist, der Testamentsvollstrecker aber als Partei kraft Amtes stets nur mit Wirkung für den Nachlaß verurteilt werden kann[53]. Über die Vollstreckung des gegen den Testamentsvollstrecker ergangenen Urteils gegen den Erben → § 728 Rdnr. 7 und § 781 Rdnr. 5 a. E.

IV. Nacherben, Erbschaftskäufer

14   § 780 findet auch Anwendung auf den **Nacherben** und den **Erbschaftskäufer**, da nach §§ 2144, 2383 BGB die Vorschriften über die Haftungsbeschränkung auch für sie gelten und diese Regelung zu entsprechender prozessualer Behandlung führen muß. Da der *Nacherbe* Erbe des Erblassers, nicht aber Rechtsnachfolger des Vorerben ist, ist es für ihn gleichgültig, ob der Vorerbe beschränkt haftet und ob diesem die Beschränkung vorbehalten war. Der Nacherbe muß in jedem Falle von den Nachlaßgläubigern besonders verklagt werden → § 728 Rdnr. 2. Der *Erbschaftskäufer* kann aber die Beschränkung nur geltend machen, wenn nicht der Verkäufer zur Zeit des Verkaufs bereits unbeschränkt haftete, § 2383 Abs. 1 S. 2 BGB.

15   Nach Eintritt der Nacherbfolge kann der *Vorerbe* den Wegfall oder die Beschränkung seiner Haftung gemäß § 2145 Abs. 1 BGB durch Klage nach § 767 geltend machen, → dort Fn. 220. Eines Vorbehalts bedarf es dazu nicht. Sofern er aber die Beschränkung nach § 2145 Abs. 2 BGB geltend macht, die ihm nur zusteht, wenn er nicht unbeschränkt haftet, ist § 780 anzuwenden. Dasselbe gilt für den Käufer eines Erbteils, wenn er nach Ausübung des Verkaufsrechts durch die Miterben ausnahmsweise den Nachlaßgläubigern weiter haftet, § 2036 BGB.

V. Miterben

16   Der **Miterbe** ist nach § 2059 Abs. 1 BGB berechtigt, den Gläubiger bis zur Teilung des Nachlasses auf seinen Anteil am Nachlaß (vgl. § 859 Abs. 2) zu verweisen, es sei denn, daß er für die Nachlaßverbindlichkeit unbeschränkt haftet. Obwohl dieses Recht von der Beschränkung der Haftung verschieden ist, muß es ihr doch prozessual gleichgestellt werden, wofür namentlich die Ausdehnung des § 780 auf analoge Fälle in § 786 spricht[54]. Der allgemeine Vorbehalt nach § 780 genügt daher[55].

17   Dagegen ist die *Teilhaftung des Miterben*, §§ 2060 f. BGB[56], eine Modifikation seiner Haftung, über die wie sonst im Urteil zu entscheiden ist und die nach gesamtschuldnerischer Verurteilung ohne Zulässigkeit oder Notwendigkeit eines Vorbehalts nur dann nach § 767 klageweise geltend gemacht werden kann, wenn sie nachträglich (§ 767 Abs. 2) eintrat[57].

---

[53] → § 748 Rdnr. 2 und vgl. § 2205 f. BGB. Das gilt auch für den Nachlaßkonkurs/Insolvenzverwalter *Wieczorek*[2] Anm. B II b; *MünchKommZPO-K.Schmidt* Rdnr. 9.
[54] *Eccius* Gruch. 43, 815 ff.; *Kreß* Erbengemeinschaft (1903) 144 f.; *OLG Dresden*, *KG* u. *OLG Königsberg* OLGRsp 4, 120 f.; 11, 117; 18, 315; *OLG Braunschweig* u. *OLG München* SeuffArch 57 (1902), 193; 69 (1914), 406. – A. M. für § 2059 Abs. 1 S. 2 BGB *Binder* Rechtstellung des Erben (1901- 1905) 3, 312 f.; *Planck* BGB § 2059 Fn. 1.
[55] RGZ 71, 371. Vgl. auch *Kuchinke* (Fn. 44) § 52 IV 2.
[56] → § 28 Rdnr. 5.
[57] So auch *Planck* BGB § 2060 Fn. 2; *K. Schmidt* (Fn. 27) 45 Fn. 5.

§ 781 [Beschränkte Erbenhaftung in der Zwangsvollstreckung]

Bei der Zwangsvollstreckung gegen den Erben des Schuldners bleibt die Beschränkung der Haftung unberücksichtigt, bis auf Grund derselben gegen die Zwangsvollstreckung von dem Erben Einwendungen erhoben werden.

Gesetzesgeschichte: Bis 1900 § 696 CPO, Änderung RGBl. 1898 I 256.

I. Erben[1] können ihre beschränkte Haftung noch während der Vollstreckung geltend machen[2]. Das sind zunächst die Fälle, in denen bereits ein *gegen den Erblasser ergangener Titel* vorliegt und der Titel nach § 727[3] gegen den Erben vollstreckbar ausgefertigt ist[4]. Weiter gehört hierher, daß der Erbe erst nach Erlaß des Endurteils in den Prozeß eingetreten ist[5], oder daß es eines Vorbehalts wegen § 780 Abs. 2 nicht bedarf, → dort Rdnr. 12 f. 1

Ferner regelt § 781 den Fall, daß dem *Erben, der als solcher verurteilt ist*, die Beschränkung nach § 780 vorbehalten ist, sei es mit oder ohne Entscheidung über ihr Bestehen[6]; auch die Klagen auf Vollstreckungsurteil nach §§ 722 f. und und jene nach § 731 gehören hierher[7]. – Eine Vollstreckung »gegen den Erben« i. S. d. § 781 liegt hingegen nicht vor im Falle → § 779 Rdnr. 3, da § 779 den Zugriff von vornherein auf den Nachlaß beschränkt und der Erbe dann zwar materiellrechtlich, aber nicht prozessual »Schuldner« ist, denn es fehlen Titel und Klausel[8]. 2

II. In den Fällen → Rdnr. 1, 2 kann der Gläubiger zunächst ohne Rücksicht auf die Beschränkung die Zwangsvollstreckung gegen den Erben auch in dessen *persönliches Vermögen* betreiben[9]; er muß dem Vollstreckungsorgan nicht nachweisen, daß die zu pfändenden Gegenstände zum Nachlaß gehören. Der Gerichtsvollzieher ist allerdings gehalten, die angeblich zum nicht haftenden Vermögen gehörigen Gegenstände zu verschonen, solange er genügend pfändbare Nachlaßgegenstände findet[10]. 3

Der Erbe hat daher auf Verlangen des Gläubigers *bis* zur Geltendmachung der (eingetretenen) Haftungsbeschränkung die *Offenbarungsversicherung* (§ 807) für sein *ganzes* Vermögen zu leisten; der Vorbehalt allein stellt noch nicht fest, ob die Haftungsbeschränkung wirklich besteht, das Vollstreckungsgericht darf darüber nicht entscheiden (§§ 785, 802) und der Umfang des nach § 781 der Vollstreckung unterliegenden Vermögens bestimmt auch den der Offenbarungsversicherung[11]. Der Gläubiger *darf* allerdings von vornherein eine nur auf den Nachlaß beschränkte Offenbarungsversicherung verlangen[12], und er *muß* sich damit begnügen, wenn die Haftungsbeschränkung schon im Urteil rechtskräftig festgestellt ist[13]. – Wegen § 894 → § 780 Rdnr. 6 Fn. 29 f., § 894 Rdnr. 12 a. E. 4

---

[1] Ebenso Miterben (§§ 2058 f. BGB), Nacherben (§ 2144), Erbschaftskäufer (§ 2383 BGB).
[2] → § 784 Rdnr. 1 f., § 785 Rdnr. 3.
[3] → aber auch § 731 Rdnr. 15.
[4] Über Schiedssprüche → § 780 Rdnr. 9.
[5] → § 239 Rdnr. 34, auch unten Rdnr. 5. – A. M. *Wieczorek*[2] Anm.B II; § 780 B II a. Da eine einhellige Meinung fehlt, ist der Vorbehalt auch dann zulässig *BGHZ* 17, 72 = *NJW* 1955, 789 a. E.
[6] → § 780 Rdnr. 6 f.
[7] → § 780 Rdnr. 8a, § 731 Rdnr. 15.
[8] → § 779 Rdnr. 3, § 808 Rdnr. 5 a. E., § 771 Rdnr. 36.
[9] Auch wenn die Haftungsbeschränkung schon im Titel festgestellt ist (→ § 780 Fn. 23, 35); *LG Berlin DGVZ* 1966, 170. Nur wenn schon der Titel die ZV auf bestimmte Gegenstände beschränkt, gilt § 766 (→ § 766 Rdnr. 19, 25), ganz h. M.
[10] § 94 Abs. 2 GVGA.
[11] *OLGe Hamburg, Marienwerder* OLGRsp 11, 99; 19, 4 (→ aber auch Fn. 12 f.), ganz h. M. – A. M. *Wieczorek*[2] Anm.A II a 2.
[12] *OLG Schleswig* SchlHA 1958, 338; *Förster/Kann* ZPO[3] Anm.I; jetzt ganz h. M. *MünchKommZPO-K.Schmidt* Rdnr. 5 mwN. – A. M. *OLGe Marienwerder* (Fn. 11); *Breslau* OLGRsp 11, 108; *Hamburg* HRR 1929 Nr. 1069 (§ 807 kenne keine beschränkte Offenbarung; aber nach erfolgreicher Klage gemäß § 785 darf sie gar nicht anders verlangt werden).
[13] → § 780 Rdnr. 7. Einem weitergehenden Antrag kann der Schuldner nach § 900 Abs. 5 widersprechen. Das gleiche muß gelten, wenn der Gläubiger die Haftungsbeschränkung nicht bestreitet *OLG Schleswig* (Fn. 12); *K.Schmidt* (Fn. 12) oder wenn die Einstellung des Konkurs/Insolvenzverfahrens mangels Masse gerichtskundig

5 III. Der Erbe muß die Beschränkung im Wege der **Vollstreckungsgegenklage** (§ 785 mit § 767) geltend machen[14], mit dem Antrag, die Vollstreckung in das nicht zum Nachlaß gehörige Vermögen[15] oder, falls die Erschöpfung des Nachlasses schon feststeht, insgesamt[16] für unzulässig zu erklären. Im Bereich der *Verwaltungsvollstreckung* sind die Beschränkungen entsprechend §§ 781–784 bei der Anordnungsbehörde geltendzumachen[17]; jedoch verweist § 8 Abs. 2 JBeitrO den Schuldner auf die Klage. Wegen Eilmaßnahmen s. § 769 und zur Frage, ab wann die Klage zulässig ist, → § 785 Rdnr. 4f. Der Erbe muß dazu, soweit nicht die Beschränkung bereits im früheren Urteil sachlich festgestellt, also nicht nur nach § 780 vorbehalten ist[18], den Nachweis führen, daß die *Beschränkung besteht*, sei es allgemein, sei es diesem Gläubiger gegenüber, bzw. bei §§ 1990f. BGB[19], daß der Nachlaß nicht ausreicht, bei § 1973 BGB, daß er erschöpft ist[20]. Die Klage ist daher zwar zulässig aber unbegründet, wenn ein gegen den Testamentsvollstrecker nach § 780 Abs. 2 ergangenes Urteil gemäß § 728 Abs. 2 vollstreckt wird und der Erbe schon unbeschränkt haftet.

6 Der Gläubiger kann einwenden, die Berufung des *Vermögensübernehmers* auf die beschränkte Haftung sei *arglistig*, soweit dieser übernommenes Vermögen anderweit verbraucht hat und nunmehr infolgedessen (nach § 419 Abs. 2 S. 2 mit §§ 1991, 1978 BGB) persönlich für die Schuld haftet[21]. Dasselbe gilt beim *Erben* im Falle des § 1990 BGB[22].

Wegen der Prozeßkosten → § 780 Rdnr. 11.

§ 782 [Einreden des Erben gegen Nachlaßgläubiger]

¹**Der Erbe kann auf Grund der ihm nach den §§ 2014, 2015 des Bürgerlichen Gesetzbuchs zustehenden Einreden nur verlangen, daß die Zwangsvollstreckung für die Dauer der dort bestimmten Fristen auf solche Maßregeln beschränkt wird, die zur Vollziehung eines Arrestes zulässig sind.** ²**Wird vor dem Ablauf der Frist die Eröffnung des Nachlaßkonkurses/*Nachlaßinsolvenzverfahrens**beantragt, so ist auf Antrag die Beschränkung der Zwangsvollstreckung auch nach dem Ablauf der Frist aufrechtzuerhalten, bis über die Eröffnung des Konkurs/*Insolvenz**verfahrens rechtskräftig entschieden ist.**

Gesetzesgeschichte: Seit 1900 RGBl. 1898 I 256. Änderung ab 1999 durch Art. 18 Nr. 5 EGInsO (BGBl. 1994 I 2917).

---

und daraus die Haftungsbeschränkung zu entnehmen ist *OLG Rostock* OLGRsp 40, 407, vgl. auch *OLG Dresden* OLGRsp 37, 170 a. E.; insoweit a. M. *K. Schmidt* (Fn. 12).

[14] Auch wenn die Haftungsbeschränkung schon rechtskräftig im Erkenntnisverfahren (→ § 780 Fn. 27, 35) oder aufgrund eines – z. B. wegen anderer ZV-Objekte erstrittenen – Urteils nach § 785 feststeht, ganz h. M. § 785 übernimmt dann Aufgaben des § 771 → § 785 Rdnr. 5. Nur bei erschöpfender Aufzählung der einzelnen haftenden Gegenstände im Titel (→ aber § 780 Fn. 32 f.) u. im Falle § 221 KO (§ 321 InsO) steht hier § 766 zur Verfügung. → § 784 Fn. 10.

[15] Nach *BGH* WPM 1972, 363 f. sind dabei schon gepfändete Gegenstände zu bezeichnen; → aber § 785 Rdnr. 2 f.

[16] *OLG Celle* NJW-RR 1988, 133; obiter für § 786 (§ 419 BGB) *OLG Frankfurt* NJW-RR 1992, 32[29]. Anders im Falle → Rdnr. 6.

[17] Ohne Vorbehalt → § 780 Rdnr. 5 a. E.; *VGH München* NJW 1984, 2307; *VGH Mannheim* NJW 1986, 273 (§ 1990 BGB ist schon im Anfechtungsprozeß geltendzumachen).

[18] → § 780 Rdnr. 7, § 785 Rdnr. 2.

[19] Im Falle des § 1991 Abs. 4 BGB hat der Erbe darzutun und zu beweisen, welche anderen Schulden bestehen (auch nicht eingeklagte) und daß nach ihrer Berichtigung für den geltend gemachten Anspruch nichts übrig bleibt.

[20] *OLGe Königsberg* OLGRsp 25, 171; *Dresden* SächsAnn 39, 46.

[21] *OLG Kiel* DR 1940, 324; *VGH München* NJW 1984, 2308 (dort verneint).

[22] *BGH* NJW-RR 1989, 1227 = MDR 1990, 47[46]. Jedoch kann der Gläubiger nicht einwenden, die Ablehnung der Eröffnung des Konkurs/Insolvenzverfahrens mangels Masse sei zu Unrecht erfolgt *BGH* aaO.

* Fassung gemäß Art. 18 Nr. 4 EGInsO.

I. Aufschiebende Einreden des Erben

1. Erben können gemäß §§ 2014 f. BGB auch nach Annahme der Erbschaft noch 3 Monate lang bzw. bis zum Ende des Aufgebots die Berichtigung der *Nachlaßverbindlichkeiten* verweigern[1], in der Zwangsvollstreckung jedoch wegen § 2016 BGB nur dann, wenn ihnen dieses Recht nach § 305 besonders vorbehalten ist oder wenn sie in den Fällen → § 781 Rdnr. 1 f. die allgemeine Beschränkung geltend machen können. Über Ansprüche von Realgläubigern → Rdnr. 5 a. E.

2. Die Einreden bleiben auch hier zunächst unberücksichtigt[2] bis zur Klage gemäß § 785; s. auch § 769. Mit dieser kann aber nach § 782 hier nur beantragt werden, daß die *Vollstreckung bis zum Ablauf der Frist beschränkt* werde[3], und zwar abweichend von § 781 ohne Rücksicht darauf, ob sich eine Vollstreckung gegen den Nachlaß oder gegen das übrige Vermögen richtet. Das gilt auch im Falle des § 779. Zur Begründung der Klage genügt es, daß die Haftungsbeschränkung noch *möglich* ist. Der Gegner hat dann nachzuweisen, daß der Erbe allgemein oder ihm gegenüber unbeschränkt hafte, § 2016 Abs. 1 BGB, oder daß der Anspruch gemäß § 1971 BGB vom Aufgebot nicht betroffen werde, § 2016 Abs. 2 BGB. Zur *Verwaltungsvollstreckung* → § 780 Rdnr. 5 a. E., § 781 Rdnr. 5 Fn. 17.

3. Will der Schuldner nur eine *schon begonnene Vollstreckung* in sein übriges Vermögen[4] beschränken lassen, so beantragt er, die Fortsetzung der Vollstreckung (Verwertung) in die so betroffenen Gegenstände bis zum Fristablauf für unzulässig zu erklären.

Daß die Vollstreckung bereits zu Maßregeln geführt hat, die über Satz 1 hinausgehen, ist aber nicht erforderlich[5]. Will der Erbe *vorsorglich* auch bei künftigen Zugriffen eine Verwertung vorläufig verhindern, so beantragt er allgemein, die Vollstreckung aus diesem Titel bis ... (Fristablauf) insoweit für unzulässig zu erklären, als sie über Maßregeln hinausgeht, die zur Vollziehung eines Arrestes zulässig sind.

4. Die Klage steht wegen §§ 2017, 2213 BGB auch dem *Nachlaßpfleger* und dem *Testamentsvollstrecker* zu. Sie wird aber auch dem *Nachlaßverwalter* (§ 1984 BGB) nicht zu versagen sein[6].

II. Beschränkung der Zwangsvollstreckung

Nach § 782 kann der Erbe nur verlangen, daß die Vollstreckung **auf Arrestmaßregeln beschränkt** werde, also nach §§ 930–932 auf *Pfändung* ohne Verwertung oder Überweisung und *Eintragung einer Sicherungshypothek*. Andere Maßregeln müssen bei der Vollstreckung wegen Geldforderungen für unzulässig erklärt werden[7], namentlich die Beschlagnahme eines Grundstücks; denn § 782 setzt die Grenzen (zweckwidrig) nicht bei etwaiger Verwertung, sondern schon bei der Zulässigkeit der Vollziehungsmaßnahmen[8]. Wird als Ersatz eine Sicherungshypothek jetzt beantragt, so erhält sie nicht den Rang der früheren Beschlagnahme. Dies ist jedoch für Realgläubiger ohne Bedeutung, da ihnen gegenüber keine der beiden Einreden, auch nicht die des § 2014 BGB, Platz greift, § 2016 Abs. 2 BGB (»das gleiche gilt«).

Da bei Ansprüchen auf *Individualleistungen*, §§ 883 ff., ein Arrest nach § 916 nicht zulässig ist, muß entsprechend die Übergabe an den Gläubiger bis zum Fristablauf für unzulässig

---

[1] → § 305 Rdnr. 2.
[2] → § 781 Rdnr. 3 u. zur Vermeidung der Klage → § 766 Rdnr. 23 Fn. 120.
[3] → Rdnr. 5 f.
[4] Gegen ZV in den Nachlaß lohnt *solche* Klage kaum; zu Eigengläubigern s. aber § 783.
[5] → § 785 Rdnr. 3–4 (auch zu § 93).
[6] *MünchKommZPO-K. Schmidt* Rdnr. 3.
[7] Einschließlich § 807, vgl. *OLG Koblenz* NJW 1979, 2521 = Rpfleger 273 (obiter mwN).
[8] A. M. *K. Schmidt* (Fn. 6) Rdnr. 8.

erklärt werden, während die Wegnahme als solche gestattet bleibt[9]. In den Fällen des § 885 scheidet dieser Weg jedoch aus, denn eine Räumung würde auch ohne Besitzeinweisung des Gläubigers mehr als bloße Sicherung sein.

III. Wirkungen der Beschränkung

7   Die im Urteil auszusprechende **Beschränkung** wird nach § 775 vollzogen, bei Verweigerung gemäß § 766 durchgesetzt. Sie **dauert** bis zum Ablauf der in den §§ 2014f. BGB bezeichneten *Fristen*, die deshalb im Urteil so genau wie möglich festzulegen sind. Nach Fristablauf helfen nur noch §§ 781, 785[10]. Die Klage kann sich sowohl auf § 2014 wie auf § 2015 stützen und, wenn sie zuerst auf § 2014 gestützt war, durch Berufung auf § 2015 nachträglich erweitert werden. Ist **nach Fristablauf** das *Nachlaßkonkurs/insolvenzverfahren eröffnet*, so verbietet sich die Fortsetzung der Vollstreckung in den Nachlaß[11], und diejenige in das sonstige Vermögen des Erben ist nach § 784 Abs. 1 aufzuheben[12]. Ist *Nachlaßverwaltung* angeordnet, so gilt für das sonstige Vermögen des Erben ebenfalls § 784 Abs. 1. In den Nachlaß aber kann die Vollstreckung jetzt fortgesetzt werden, bis ihr der Nachlaßverwalter nach § 784 Abs. 2 entgegentritt, wozu er aber nur bei anderen als Nachlaßgläubigern berechtigt ist; s. auch § 1984 Abs. 2 BGB.

8   Tritt die *beschränkte Haftung* des Erben nach § 1990 BGB eben *wegen der Ablehnung* des Nachlaßkonkurs/insolvenzverfahrens oder der Nachlaßverwaltung ein, so kann der Erbe ebenfalls nach § 784 Abs. 1 die Aufhebung der Vollstreckung in sein sonstiges Vermögen verlangen. Bis zum Erlaß einer solchen Entscheidung kann aber der Gläubiger nach Ablauf der Frist die Vollstreckung fortsetzen. Es bedarf dazu nur eines erneuten Antrags beim Vollstreckungsorgan; dabei ist der Ablauf der Frist, soweit er *nicht* kalendermäßig feststeht, nachzuweisen. Das ist besonders für den Gerichtsvollzieher keine leichte Entscheidung, namentlich mit Rücksicht auf § 2015 Abs. 2 BGB. Etwaige Bedenken sind nach § 766 zu entscheiden.

IV. Nachlaßkonkurs (Nachlaßinsolvenzverfahren)

9   Nach **Satz 2** soll, wenn vor Ablauf der Frist das Nachlaßkonkurs/insolvenzverfahren beantragt, aber noch nicht eröffnet ist[13], »auf Antrag« die **Beschränkung** noch so lange über die ursprüngliche Frist hinaus **verlängert** werden, bis über die Eröffnung des Konkurs/Insolvenzverfahrens rechtskräftig entschieden ist[14]. Das Antragsrecht steht Erben und Nachlaßverwaltern zu, sowie denjenigen Nachlaßvertretern, die zur Klage selbst legitimiert sind → Rdnr. 4. Nach § 785 ist dazu eine **Klage** nötig; denn diese Einwendung ist nur in der Dauer von der des § 782 S. 1 verschieden – eine wenig praktische Regelung für einen so kurzen Aufschub. § 769 Abs. 1 ist nach § 785 anwendbar, → dazu § 769 Rdnr. 2, 5 ff. § 769 Abs. 2 gewährt nur kurzen Aufschub, vor allem ist die Lästigkeit der Klage noch kein »dringender Fall«. Schließlich würde eine Verlängerung der im Urteil gesetzten Frist an § 318 scheitern. Praktische Bedeutung hat danach Satz 2 wohl nur dann, wenn der Erbe noch vor dem Urteil in der Lage ist, seinen ursprünglichen Antrag entsprechend zu erweitern, → Rdnr. 7.

---

[9] Heute h.M. – A.M. *Seuffert/Walsmann* ZPO[12] Anm. 3 a.
[10] Tritt die Haftungsbeschränkung nach Rechtshängigkeit der Klage gemäß § 782, aber vor der letzten mündlichen Verhandlung ein, so kann der Erbe nach § 264 Nr. 3 auf den Antrag nach §§ 781, 785 übergehen; anders (grundsätzlich sachdienliche Klageänderung) *K. Schmidt* Rdnr. 13. Endet jedoch die Schonfrist schon vor diesem Eintritt der Haftungsbeschränkung, so bleibt dem Erben nur § 91a.
[11] → § 784 Fn. 10.
[12] Der Verwalter kann die Verwertung nach § 766 verhindern u. sie selbst betreiben *Kuhn/Uhlenbruck* KO[10] § 221 Rdnr. 6 mwN.
[13] → Rdnr. 7.
[14] Üblich ist die Tenorierung, das erste Urteil bis dahin »aufrechtzuerhalten« *Zöller/Stöber*[19] Rdnr. 3. Die Beschränkung kann aber auch neu tenoriert werden.

§ 783 [Einreden des Erben gegen persönliche Gläubiger]

In Ansehung der Nachlaßgegenstände kann der Erbe die Beschränkung der Zwangsvollstreckung nach § 782 auch gegenüber den Gläubigern verlangen, die nicht Nachlaßgläubiger sind, es sei denn, daß er für die Nachlaßverbindlichkeiten unbeschränkt haftet.

Gesetzesgeschichte: Seit 1900 RGBl. 1898 I 256.

I. Die **aufschiebenden Einreden** der §§ 2014 f. BGB bezwecken, dem Erben Zeit zur Prüfung der Kräfte des Nachlasses zu geben[1]. Um zu verhüten, daß in dieser Frist der Nachlaß von den persönlichen Gläubigern des Erben zu ihrer Befriedigung verwendet wird[2], stellt § 783 in Ansehung der Nachlaßgegenstände die **persönlichen Gläubiger** des Erben den Nachlaßgläubigern gleich. Der Erbe kann ihnen gegenüber die Beschränkung der Vollstreckung[3] im Wege der Klage (§ 785) verlangen[4] und braucht dazu nur nachzuweisen, daß der von der Vollstreckung bedrohte Gegenstand zum Nachlaß gehört, und daß die Fristen der §§ 2014 f. BGB noch laufen. Sache des Gläubigers ist es dann, nachzuweisen, daß der Erbe *allen* Nachlaßgläubigern gegenüber die Beschränkung verloren hat. Daß er, namentlich infolge vorbehaltsloser Verurteilung (§ 780), *einzelnen* Nachlaßgläubigern unbeschränkt haftet, ist unerheblich[5]. Ein Vorbehalt im Urteil ist gegenüber den persönlichen Gläubigern weder nötig noch möglich. Zur *Verwaltungsvollstreckung* → § 780 Rdnr. 5 a.E., § 781 Rdnr. 5 Fn. 17. 1

II. Über die endgültige Aufhebung von Vollstreckungsmaßregeln der persönlichen Gläubiger bei *Nachlaßverwaltung* s. § 784 Abs. 2, bei Nachlaßkonkurs/insolvenz s. § 221 KO (§ 321 InsO). Im Falle des § 1990 BGB steht dem Erben hier kein Recht zu, die Aufhebung zu verlangen (str.)[6]. 2

§ 784 [Zwangsvollstreckung bei Nachlaßverwaltung und -konkurs/insolvenz*]

(1) Ist eine Nachlaßverwaltung angeordnet oder der Nachlaßkonkurs/*das Nachlaßinsolvenzverfahren** eröffnet, so kann der Erbe verlangen, daß Maßregeln der Zwangsvollstreckung, die zugunsten eines Nachlaßgläubigers in sein nicht zum Nachlaß gehörendes Vermögen erfolgt sind, aufgehoben werden, es sei denn, daß er für die Nachlaßverbindlichkeiten unbeschränkt haftet.

(2) Im Falle der Nachlaßverwaltung steht dem Nachlaßverwalter das gleiche Recht gegenüber Maßregeln der Zwangsvollstreckung zu, die zugunsten eines anderen Gläubigers als eines Nachlaßgläubigers in den Nachlaß erfolgt sind.

Gesetzesgeschichte: Seit 1900 RGBl. 1898 I 256. Änderung ab 1999 durch Art. 18 Nr. 5 EGInsO (BGBl. 1994 I 2917).

---

[1] → § 305 Rdnr. 2.
[2] Zu materiellrechtlichen Folgen (§ 30 Nr. 2 KO, Schadensersatz gegen Erben) s. *MünchKommZPO-K. Schmidt* Rdnr. 4. § 30 Nr. 2 KO wird durch § 131 InsO ersetzt.
[3] → § 782 Rdnr. 5 ff.
[4] Antrag wie → § 782 Rdnr. 2a.
[5] → § 780 Rdnr. 2; *K. Schmidt* (Fn. 2) Rdnr. 6.
[6] *MünchKommBGB-Siegmann*[2] § 1990 Rdnr. 7; *Wieczorek*[2] Anm.C; anders die wohl h.M. *K. Schmidt* (Fn. 2) Rdnr. 7; *Palandt/Edenhofer* BGB[53] § 1990 Rdnr. 6; *Jauernig/Stürner* BGB[7] Anm. 8.
* Fassung gemäß Art. 18 Nr. 5 EGInsO.

§ 784 I, II   Erster Abschnitt: Allgemeine Vorschriften

1   I. Durch die Anordnung der **Nachlaßverwaltung** und durch die Eröffnung des **Nachlaßkonkurs/insolvenzverfahrens**, dem nach § 113 Nr. 4 VerglO das **Vergleichsverfahren** zur Abwendung des Nachlaßkonkurses gleichsteht, tritt die beschränkte Haftung des Erben ein, sofern nicht die Haftung schon vorher durch Versäumung der Inventarfrist allgemein oder nach §§ 2005 f. BGB einzelnen Gläubigern gegenüber endgültig unbeschränkt ist[1]. Ab dem Eintritt der Beschränkung kann daher der Erbe gegenüber jeder *erst danach* beginnenden Zwangsvollstreckung in sein eigenes Vermögen die Beschränkung der Haftung nach § 781 geltend machen, wenn sie ihm vorbehalten (§ 780) oder der Vorbehalt nicht nötig war, → § 781 Rdnr. 1 f. Dasselbe gilt, wenn der Erbe deshalb beschränkt haftet, weil der Gläubiger im Aufgebotsverfahren ausgeschlossen ist oder einem ausgeschlossenen gleichsteht, §§ 1973 f. BGB[2]. Im Falle des § 1990 BGB kann der Gläubiger einwenden, der Erbe hafte ihm nach §§ 1991 Abs. 1, 1978 Abs. 1 BGB[3] Zur *Verwaltungsvollstreckung* → § 780 Rdnr. 5 a. E., § 781 Rdnr. 5 Fn. 17.

2   Hatte dagegen die **Vollstreckung bereits begonnen**, *ehe* die Beschränkung der Haftung eintrat, so gibt § 784 Abs. 1 dem **Erben** für den Fall des Nachlaßkonkurs/insolvenzverfahrens und der Nachlaßverwaltung das Recht, die **Aufhebung der Vollstreckung in die davon betroffenen Gegenstände zu verlangen**, gleichviel ob er vorher von dem Recht des § 782 Gebrauch gemacht hatte oder die Vollstreckung aus anderen Gründen noch nicht beendet ist oder nur ein Arrest vollzogen ist. Man wird ihm dieses Recht auch in den Fällen der §§ 1973 f. BGB entsprechend geben müssen, und ebenso besteht es, wenn die Beschränkung der Haftung nach § 1990 BGB eintritt[4]. In allen Fällen obliegt dem Erben der Nachweis, daß der Gläubiger *Nachlaßgläubiger* ist und der von der Vollstreckung ergriffene Gegenstand nicht zum Nachlaß gehört. Ist der Erbe dem Gläubiger gegenüber unbeschränkt verurteilt[5], so ist die Klage (§ 785) unbegründet. Außerdem aber steht dem Gläubiger (»es sei denn«) der Nachweis offen, daß einer der oben angeführten Ausnahmefälle unbeschränkter Haftung vorliege; dies gilt auch dann, wenn die Nachlaßverwaltung angeordnet war, obwohl sie in diesem Falle eben wegen der unbeschränkten Haftung des Erben an sich unzulässig war, § 2013 Abs. 1 BGB. Sie kommt dann dem Erben nicht mehr zugute. → auch § 781 Rdnr. 6 Fn. 22 zu § 1990 BGB.

3   Das Urteil soll die *Aufhebung* der Maßregel ermöglichen; es setzt also voraus, daß die Vollstreckung nicht schon beendet ist[6]. Mit Rücksicht auf § 775 Nr. 1 ist die Zwangsvollstreckung für unzulässig zu erklären, falls das Gericht nicht selbst als Vollstreckungsorgan für die Aufhebung selbst zuständig ist (§§ 887 ff.).

4   II. Durch die Nachlaßverwaltung wird umgekehrt der Zugriff auf den Nachlaß – auch wenn der Erbe dem Gläubiger unbeschränkt haften sollte – für *persönliche Gläubiger* des Erben ausgeschlossen, § 1984 Abs. 2 BGB. Insoweit gibt Abs. 2 dem **Nachlaßverwalter** das Recht, schon *vorgefundene* Vollstreckungsmaßnahmen in den Nachlaß zu beseitigen. Ob vorher eine Beschränkung gemäß § 783 stattgefunden hatte, bleibt gleich. Wird die Klage nach Abs. 2 nicht erhoben, so wird die Vollstreckung ohne weiteres fortgesetzt[7]. Vollstreckungen *nach* Verfahrenseröffnung kann der Nachlaßverwalter auch nach § 766 begegnen[8]. Wegen Nachlaßgläubigern, die während der Nachlaßverwaltung vollstrecken wollen, aber vorerst nur einen Titel gegen den Erben haben, → § 747 Rdnr. 3.

---

[1] → § 780 Rdnr. 2.
[2] → § 780 Rdnr. 3 Fn. 5.
[3] *BGH* NJW-RR 1989, 1226 = MDR 47.
[4] *Börner* JuS 1968, 55 (dd); *Baumbach/Hartmann*[52] Rdnr. 2; *MünchKommZPO-K. Schmidt* Rdnr. 2; *Zöller/Stöber*[19] Rdnr. 2.
[5] → § 780 Rdnr. 7.
[6] *OLG Dresden* SächsAnn 28, 231. → dazu Rdnr. 114 ff. vor § 704.
[7] → § 782 Rdnr. 7, allg. M.
[8] *K. Schmidt* (Fn. 4) Rdnr. 5 mwN auch zur Gegenmeinung.

Münzberg VIII/1994

III. Das *Nachlaßkonkurs/insolvenzverfahren* bedurfte keiner Erwähnung in Abs. 2, weil 5
der Verwalter die Fortsetzung⁹ jeder Vollstreckung wegen § 221 KO (§ 321 InsO) schon nach
§ 766¹⁰ verhindern kann. Auch im *Vergleichsverfahren* zur Abwendung des Nachlaßkonkurses (§ 113 Nr. 4 VerglO) ist der Nachlaß gegenüber Zugriffen der persönlichen Gläubiger
abgeschirmt¹¹. Dann sollte aber auch den *Erben selbst* das Recht aus § 784 Abs. 2 zugestanden
werden, falls die Voraussetzungen der §§ 1990, 1992 BGB gegeben sind¹².

§ 785 [Vollstreckungsabwehrklage des Erben]

Die auf Grund der §§ 781 bis 784 erhobenen Einwendungen werden nach den Vorschriften der §§ 767, 769, 770 erledgt.

Gesetzesgeschichte: Seit 1900 RGBl. 1898 I 256.

I. Nach § 785 bedarf es für alle Einwendungen gemäß **§§ 781–784** einer **Klage**, die beim 1
Prozeßgericht erster Instanz zu erheben¹ und sogar trotz Anhängigkeit des Anspruchs in der
Berufungsinstanz zulässig ist². Zur Prozeßvollmacht → § 81 Rdnr. 7. Nach §§ 769 f. können
einstweilige Anordnungen ergehen. Das für vorläufig vollstreckbar erklärte oder rechtskräftige Urteil wird gemäß § 775 vollzogen. § 767 Abs. 2 ist nicht anzuwenden, soweit § 780
reicht³, uneingeschränkt aber § 767 Abs. 3. Wegen § 779 → dort Rdnr. 3. Die §§ 780–784
regeln zwei unterscheidbare Bereiche⁴:

a) der eine gehört zur typischen Aufgabe des § 767, die Vollstreckbarkeit des Titels 2
allgemein einzuschränken, hier auf die der Haftung unterliegende Vermögensmasse, sei es
auch zeitweise wie in § 782;

b) der zweite Bereich setzt den ersten voraus⁵ und übernimmt *zusätzlich* Aufgaben, die 2a
sonst den §§ 771 f. zufallen, nämlich die Ausscheidung *bestimmter*, von der Vollstreckung
betroffener oder bedrohter Gegenstände aus dem Vollstreckungsbereich, weil sie nicht zu
dieser haftenden Masse gehören⁶. Der Antrag lautet wegen §§ 775 Nr. 1, 776, die Vollstreckung in diese konkret zu benennenden Gegenstände für unzulässig zu erklären. Diese
Unterscheidung kommt im Wortlaut ungenügend zum Ausdruck und hat zu Mißverständnissen geführt⁷, die wie folgt aufzulösen sind:

1. Wartet der Erbe den Beginn der Vollstreckung ab, so wird auf entsprechende Anträge 3
über *beide* Bereiche zugleich entschieden (was die von § 771 abweichende einheitliche
Zuständigkeit nach § 767 Abs. 1 erst rechtfertigt), z.B. wird die Vollstreckung aus diesem
Titel in die nicht zum Nachlaß gehörenden Gegenstände (Bereich → Rdnr. 2), *insbesondere* in

---

⁹ Also nur die Verwertung, weil ZV-akte ledilgich gegenüber der Masse unwirksam sind, also nach Konkursende fortgeführt werden können, falls der Verwalter die Verwertung unterließ *RGZ* 157, 295; *OLGe Hamm* NJW 1958, 1629; *Köln* MDR 1969, 401; *Stuttgart* ZZP 70 (1957) 388, allg. M.
¹⁰ *K. Schmidt* (Fn. 4) Rdnr. 3; für § 766 oder § 767 *Wieczorek*² Anm. B II.
¹¹ Wie → § 775 Rdnr. 35 ff. Vgl. *Böhle/Stamschräder* VerglO¹¹ § 113 Anm. 8; *Bley/Mohrbutter* VerglO⁴ § 113 Rdnr. 27; *Lange/Kuchinke* Erbrecht³ § 51 II 6 c Fn. 167 mwN; h. M.
¹² H.M. *Jauernig/Stürner* BGB⁷ §§ 1990 f. Anm. 8; *Lange/Kuchinke* (Fn. 11) § 51 III 5 e; *Brox* Erbrecht¹⁴ Rdnr. 683; *Börner* JuS 1968, 57 zu Fn. 25.

¹ → § 767 Rdnr. 46, zum Antrag § 781 Rdnr. 5. S. auch § 167 VwGO. Zur VerwVollstr → aber § 780 Rdnr. 5 a. E., § 781 Rdnr. 5 Fn. 17.
² *OLG Frankfurt* NJW-RR 1992, 32; anders bei unmittelbarer Anwendung des § 767 → dort Rdnr. 41.
³ → § 780 Rdnr. 7 a.E. *MünchKommZPO-K. Schmidt* Rdnr. 9; a.M. *Rosenberg/Gaul*¹⁰ § 21 II 4 b. Für andere Einwendungen gilt § 767 wie sonst, allg. M.
⁴ Zust. *K. Schmidt* JR 1989, 47 f.; *VGH München* NJW 1984, 2307.
⁵ Näheres → Rdnr. 5.
⁶ → § 771 Fn. 259 und Rdnr. 42.
⁷ S. dazu *Stein* Grundfragen der ZV (1913) 49; *Hellwig* Anspruch (1900) 508 ff.; *Gaul* (Fn. 3) § 21 II 4 c; de lege ferenda *Schlüter* Erbrecht¹² § 53 II 2.

den von der Pfändung ergriffenen Gegenstand (Bereich → Rdnr. 2a) für unzulässig erklärt[8], was als Klagehäufung anzusehen ist[9]. Pfändet der Gläubiger nach diesem Urteil *andere* Gegenstände, so sind die §§ 775f. insoweit nicht anwendbar und der Schuldner muß neu klagen[10], und zwar wegen der pauschalen Fassung des § 785 wiederum gemäß § 767, obwohl nach solcher Tenorierung § 766 oder § 771 ausgereicht hätte[11]. Aber es ist nur noch zu prüfen, ob diese Gegenstände zum haftenden Vermögen gehören[12]. Denn ein beide Bereiche umfassendes Urteil[13] bejaht im Bereich → Rdnr. 2 die Haftungsbeschränkung nicht nur für den ersten Vollstreckungsfall.

4   2. Die Klage nach §§ 780 Abs. 1, 781–783 ist im Bereich → Rdnr. 2 schon vor dem Vollstreckungsbeginn zulässig[14]; denn § 785 verbietet nicht, die Vollstreckbarkeit des Titels *nach dem Eintritt* der Haftungsbeschränkung vorbeugend auf das haftende Vermögen begrenzen zu lassen und damit den Vorbehalt nach § 780 Abs. 1 auszufüllen[15]. Der Antrag lautet, falls es nicht nur um vorläufige Beschränkung (§§ 782f.) geht, »die« (also jede) Zwangsvollstreckung aus diesem Titel in das nicht zum Nachlaß gehörende Vermögen für unzulässig zu erklären. So wird auch vermieden, daß z. B. die Klage zu spät kommt bei einer Geldpfändung[16], und die Prüfung, ob ein Vollstreckungsübergriff schon droht, ist insoweit noch überflüssig. Gegen voreilige Klagen wird der Gläubiger ausreichend nach § 93 geschützt → § 767 Rdnr. 61; eine Abweisung als unzulässig mangels Rechtsschutzbedürfnisses schösse daher über das Ziel hinaus. Freilich läßt sich mit *diesem* Urteil allein noch nicht nach §§ 775f. verhindern, daß eine konkrete Vollstreckung nicht haftendes Vermögen ergreift. Anderseits kommt die rechtskräftige Abweisung eines solchen Antrags einer Verurteilung ohne Vorbehalt gleich (→ § 780 Rdnr. 7 a. E.) und schließt Anträge aus dem Bereich → Rdnr. 2a endgültig aus. Oft wäre die Klage vermeidbar durch Vereinbarung → § 766 Rdnr. 23 Fn. 121.

5   Wenn die Klage gemäß § 785 erhoben wird, *nachdem* die Haftungsbeschränkung für diesen Anspruch allgemein feststeht[17], entweder schon im Titel[18] oder aufgrund eines früheren Urteils nach → Rdnr. 4[19], kommt sie sachlich lediglich einem Widerspruch nach § 771 gleich und setzt dann auch voraus, daß die Vollstreckung schon bestimmte Gegenstände ergriffen hat oder doch in diese droht[20]. Zum Antrag → Rdnr. 2a.

6   II. Wegen der Gebühren und Kosten → § 767 Rdnr. 60f., § 769 Rdnr. 20.

III. Zur Zuständigkeit der Arbeitsgerichte gilt das → § 767 Rdnr. 62 Ausgeführte.

---

[8] Zutreffend *BGH* → § 781 Fn. 15 (»außerdem«). Im Falle des § 1990 BGB kann die ZV insgesamt für unzulässig erklärt werden, falls haftendes Vermögen ganz fehlt *OLG Celle* NJW-RR 1988, 133.
[9] *K. Schmidt* JR 1989, 47.
[10] *K. Schmidt* JR 1989, 48.
[11] → § 780 Fn. 27, 36.
[12] → Rdnr. 2a. Beweislast dafür trifft den Kläger *K. Schmidt* (Fn. 4) Rdnr. 19.
[13] So auch *K. Schmidt* (Fn. 4) Rdnr. 20 a. E. (mit einem Mißverständnis aaO Rdnr. 21: Die 20. Aufl. sprach ebenso das Urteil über **beide** Bereiche an, nicht das auf Bereich → Rdnr. 2a beschränkte; i. E. also keine abw. M.).
[14] Zust. *K. Schmidt* (Fn. 4) Rdnr. 1, 12 mwN auch zur (nicht immer klar formulierten) Gegenansicht; *Brox/Walker*[4] Rdnr. 1379. Wegen § 93 empfiehlt sich aber meistens Versuch einer Einigung wie → § 766 Rdnr. 23 Fn. 21.
[15] Dann ist vorerst nur der Bereich → betroffen → Rdnr. 2. In den Fällen des § 780 Abs. 2 ist allerdings die Klage bei richtiger Tenorierung des Titels vor Beginn der ZV unzulässig, weil überflüssig; auch § 784 setzt den Beginn der ZV voraus (»erfolgt sind«). – Im übrigen bedeutet der Ausdruck »Einwendungen gegen die ZV« hier nichts anderes als in → § 767 Rdnr. 16, u. sogar die Geltendmachung schon im Erkenntnisverfahren als Widerklage (→ § 33 Rdnr. 13 a. E.) ist unbedenklich, da über die Leistungsklage, die ist eher entscheidungsreif als die Widerklage nach § 785, vorab durch Teilurteil (dann aber mit Vorbehalt nach § 780) entschieden werden kann → § 301 Rdnr. 8. Wird aber einheitlich entschieden, → § 780 Fn. 27.
[16] So schon 19. Aufl. für § 782 → Fn. 3; ebenso *Baumbach/Hartmann*[52] § 782 Rdnr. 2.
[17] Dann wird der Gläubiger sich wohl oft mit einem Nachweis des Erben begnügen, daß das Objekt nicht zum Nachlaß gehört. Die Ansicht → Rdnr. 4 muß daher nicht zur doppelten Klage führen; im übrigen sind wiederholte Klagen ohnehin unvermeidbar, wenn auf bisher verschonte Gegenstände zugegriffen wird, → Rdnr. 3.
[18] Verurteilung, die von vornherein auf Leistung nur aus dem Nachlaß oder nur auf ZV in bestimmte Gegenstände gerichtet ist, → § 780 Rdnr. 7 Fn. 36f.
[19] → auch § 781 Fn. 14.
[20] → § 771 Rdnr. 10. So auch *K. Schmidt* JR 1989, 48.

§ 786 [Vollstreckungsabwehrklage bei sonstiger beschränkter Haftung]

Die Vorschriften des § 780 Abs. 1 und der §§ 781 bis 785 sind auf die nach § 1489 des Bürgerlichen Gesetzbuchs eintretende beschränkte Haftung, die Vorschriften des § 780 Abs. 1 und der §§ 781, 785 sind auf die nach den §§ *419**, 1480, 1504, 2187 des Bürgerlichen Gesetzbuchs eintretende beschränkte Haftung entsprechend anzuwenden.

Gesetzesgeschichte: Seit 1900 RGBl. 1898 I 256. Änderung ab 1999 durch Art. 18 Nr. 6 EGInsO (BGBl. 1994 I 2917).

I. Im Falle der **fortgesetzten Gütergemeinschaft** haftet der überlebende Ehegatte für die Gesamtgutsverbindlichkeiten persönlich, § 1489 Abs. 1 BGB. Trifft ihn aber diese Haftung nur infolge des Eintritts der fortgesetzten Gütergemeinschaft, handelt es sich also um solche Schulden des verstorbenen Ehegatten, für die der *überlebende Verwalter* a) nach § 1459 Abs. 2 S. 2 BGB nur während der Gütergemeinschaft haftet (s. § 1463 BGB) oder b) bisher überhaupt nicht persönlich haftete, so finden nach **§ 1489 Abs. 2 BGB** die Vorschriften über die Haftung des Erben entsprechende Anwendung. Dabei treten der *verstorbene* Ehegatte an die Stelle des Erblassers, der *überlebende* an die des Erben und das *Gesamtgut* in dem Stande zur Zeit des Todes an die Stelle des Nachlasses. Mit dieser Maßgabe sind die §§ 780–785 mit Ausnahme des hier nicht einschlägigen § 780 Abs. 2 entsprechend anwendbar[1]. 1

II. In den übrigen Fällen des § 786 hat das BGB die **Haftung** für fremde oder eigene Schulden **auf einzelne Gegenstände beschränkt** und dem Schuldner die Verweisung des Gläubigers auf die Haftungsobjekte in entsprechender Anwendung der §§ 1990 f. BGB[2] gestattet. Dafür fordert § 786, daß dem Schuldner die *Beschränkung seiner Haftung im Urteil vorbehalten sein muß*, § 780 Abs. 1, und daß er gegen die zunächst in sein ganzes Vermögen zulässige Vollstreckung die Beschränkung durch *Klage* nach § 767 geltend macht, §§ 781, 785. Außer Anwendung bleiben § 779, §§ 782–784, ebenso § 780 Abs. 1 insoweit, als die Vollstreckung aufgrund der vollstreckbaren Ausfertigung eines gegen den ursprünglichen Schuldner ergangenen Titels erfolgt[3], namentlich also im Falle des § 729 Abs. 2. 2

Die einzelnen Fälle sind außer §§ 2036 und 2145 Abs. 2 BGB[4] folgende: 3
1. Die Gesamthaftung des Übernehmers bei vertragsmäßiger **Übernahme eines ganzen Vermögens**, § 419 BGB[5], beschränkt sich auf den Bestand des übernommenen Vermögens[6] und die dem Übernehmer aus dem Vertrage zustehenden Ansprüche. Über Mißbräuche mit der Vollstreckungsgegenklage → § 781 Rdnr. 6.

2. Nach **Beendigung der Gütergemeinschaft**[7] erfolgt die Auseinandersetzung hinsichtlich des Gesamtgutes gemäß §§ 1475 ff. BGB mit der Wirkung, daß für eine Gesamtgutsverbindlichkeit, die *vor der Teilung* nicht berichtigt ist, auch der Ehegatte als Gesamtschuldner haftet, für den zur Zeit der Teilung eine solche Haftung nicht bestand, also der bisherige Verwalter des Gesamtgutes in den Fällen des § 1459 Abs. 2 BGB, der andere Ehegatte für die Schulden des Verwalters. Die *Haftung beschränkt sich auf die zugeteilten Gegenstände*, die aber nicht im Urteil festgestellt werden müssen[8]. Ergibt sich, daß dem Ehegatten nichts zugeteilt ist, so ist 4

---

* Ab 1999 ist § 419 gestrichen, Art. 18 Nr. 6 EGInsO.
[1] S. auch § 167 Abs. 1 VwGO für verwaltungsgerichtliche ZV, § 266 AO mit § 5 VwVG für VerwVollstr.
[2] → § 780 Rdnr. 3 sowie Rdnr. 7 zu den möglichen Arten der Verurteilung. Zur Anwendung über die ZPO hinaus → Fn. 1.
[3] Wie beim Erben im gleichen Falle → § 781 Rdnr. 1.
[4] → § 780 Rdnr. 14 f.
[5] → § 729 Rdnr. 1 ff.
[6] Vgl. dazu *RGZ* 137, 50 ff.
[7] → § 743 Rdnr. 1.
[8] → § 780 Rdnr. 6 Fn. 34.

§ 786 II, III   Erster Abschnitt: Allgemeine Vorschriften   604

die Klage ohne weiteres abzuweisen, da dann keine Haftung besteht[9]. Rechtskräftige Urteile gegen den Verwalter können nach § 744 gegen den anderen Ehegatten »in Ansehung des Gesamtgutes« vollstreckbar ausgefertigt werden. Es bedarf dann keines Vorbehalts im Urteil.

5   3. § 1480 BGB gilt entsprechend für die Haftung der anteilsberechtigten Abkömmlinge bei der **Auseinandersetzung der fortgesetzten Gütergemeinschaft**, § 1504 mit § 1498 BGB.

6   4. Der mit einem Vermächtnis oder einer Auflage beschwerte **Vermächtnisnehmer** haftet für die Erfüllung nur mit dem, was er aus dem Vermächtnis erhält, § 2187 BGB.
    Die Haftung eines Ehegatten gegenüber dem Gesamtgut nach § 1467 BGB gehört nicht hierher[10].

7   III. Die Fälle der §§ 780, 786 gleichen sich darin, daß die beschränkte Haftung für eine Leistungspflicht entweder erst durch nachträgliche Ereignisse eintritt (z.B. Nachlaßverwaltung), oder zwar von vornherein besteht (z.B. § 729 Abs. 2 BGB), aber dann nur zum Tragen kommen soll, wenn der Schuldner sich auf sie beruft. Daher ist ein Vorbehalt im Urteil entsprechend §§ 780, 786 **nicht** erlaubt[11], wenn dem Gläubiger von *vornherein* nur der Zugriff auf bestimmte Vermögensstücke oder ein Sondervermögen gestattet ist, z.B.

8   a) wenn der Gesellschafter einer *Gesellschaft des BGB* gegenüber der Gesamtschuldklage die Beschränkung seiner Haftung auf das Gesellschaftsvermögen geltend machen will[12]; über diesen Einwand ist dann sofort sachlich zu entscheiden[13] und er wird, falls er nicht rechtzeitig geltend gemacht ist, nach § 767 Abs. 2 präkludiert[14];
    b) wenn der Gläubiger wegen einer *Vereinsschuld* alle Mitglieder eines nicht rechtsfähigen Vereins wie Gesellschafter einzeln verklagt[15];

9   c) wenn *vereinbarungsgemäß nur bestimmte Vermögensmassen* haften[16] oder
    d) nur der Zugriff auf *bestimmt bezeichnete Gegenstände* gestattet ist[17], sei es kraft Vereinbarung[18] oder weil überhaupt keine Leistungspflicht, sondern nur eine Duldungspflicht besteht[19].

10   Auch bei Klagen gegen den Konkurs/Insolvenzverwalter auf Berichtigung von Masseschulden ist ein Vorbehalt, daß er nur nach Maßgabe des § 60 KO/§ 209 InsO mit der Masse hafte, unangebracht[20]. S. auch § 210 InsO.

11   Enthält aber in den Fällen → Rdnr. 7–9 ein Urteil unrichtig den Vorbehalt, so kann dem Schuldner die Berufung auf §§ 780, 785 nicht verwehrt werden, auch wenn man die Analogie ablehnt; für die Vollstreckungsorgane gilt dann § 781[21].

12   Wird ein Schuldner nach Beendigung des Konkurs/Insolvenzverfahrens von den Massegläubigern aus Titeln belangt, die schon während des Konkurs/Insolvenzverfahrens entstan-

---

[9] Vgl. auch *RGZ* 75, 297 u. → § 780 Rdnr. 6 Fn. 31.
[10] *OLG Hamburg* OLGRsp 14, 228 (gegen 7, 404).
[11] *Roquette* ZZP 49 (1925) 173f.; *Baumbach/Hartmann*[52] Rdnr. 1; *MünchKommZPO-K.Schmidt* Rdnr. 7; für Gesamthandstitel *Schünemann* Grundprobleme usw. (1975) 236ff. (zur Unterscheidung von Gesamthands- und Gesamtschuldklagen → § 62 Rdnr. 20 sowie *Kornblum* BB 1970, 1447ff.; *Hennecke* Das Sondervermögen der Gesamthand [1976] 128f.). Vgl. auch *BGH* MDR 1975, 747[26] (Beschränkung einer Entschädigung auf den Umfang, in dem der Haftpflichtversicherer zum Eintritt veranlaßt werden könnte, ist schon im Urteil zu berücksichtigen). – A.M. *Thomas/Putzo*[18] Rdnr. 1.
[12] Zur Privathaftung eines BGB-Gesellschafters *BGH* NJW 1979, 1821.
[13] *K. Schmidt* (Fn. 11) Rdnr. 9. Ist der Einwand begründet, kann nur Leistung aus dem Gesellschaftsvermögen verlangt werden *MünchKommZPO-Arnold* § 736 Rdnr. 44; a.M. *Rosenberg/Gaul*[10] § 19 I 3, § 21 II 6 d.
[14] → § 766 Rdnr. 25; *K. Schmidt* (Fn. 11) Rdnr. 7, 10

Fn. 15. Zur ZV in das Gesellschaftsvermögen → § 736 Rdnr. 5ff.
[15] → § 50 Rdnr. 21. Denn auch hier wird entweder unbeschränkt verurteilt, dann § 767 Abs. 2 → Rdnr. 8; andernfalls ist ein Vorbehalt überflüssig, weil § 771 genügt *K. Schmidt* (Fn. 11) Rdnr. 10. – A.M. *Gaul* (Fn. 13); *H. Schumann* Zur Haftung usw. (1956) 90.
[16] *K. Schmidt* (Fn. 11) Rdnr. 11; → § 766 Rdnr. 19, 25. – A.M. *Gaul* (Fn. 13); *Blomeyer* ZwVR § 34 IV 4.
[17] *BGH* LM Nr. 3 zu § 780 = ZZP 68 (1955) 102; *Roquette* ZZP 49 (1925) 173ff., heute ganz h.M.
[18] → § 766 Rdnr. 23 Fn. 121, Rdnr. 25 Fn. 141f.
[19] So bei §§ 1086ff. BGB, h.M. *K. Schmidt* (Fn. 11) Rdnr. 8 mwN.
[20] *Brehm* ZZP 100 (1987), 367 (gegen *Pape*); *K. Schmidt* (Fn. 11) Rdnr. 12; → dazu § 767 Rdnr. 20 Fn. 192. RGZ 66, 330 ließ die Frage offen. A.M. *Roth* → § 148 Rdnr. 23 mwN.
[21] Zust. *K. Schmidt* (Fn. 11) Rdnr. 13.

den waren, so muß dem Schuldner die Klage nach § 767 auch ohne Vorbehalt zustehen, wenn er die Beschränkung seiner Haftung auf den Rest der Masse[22] geltend macht[23], und wenn er erst nach dem Konkurs/Insolvenzverfahren verklagt wird, ist die Klage von vornherein nur soweit begründet, als die Haftung reicht.

§ 786 a [Beschränkte Haftung für Seeforderungen in der Zwangsvollstreckung]

(1) Die Vorschriften des § 780 Abs. 1 und des § 781 sind auf die nach § 486 Abs. 1, 3, §§ 487 bis 487d des Handelsgesetzbuchs eintretende beschränkte Haftung entsprechend anzuwenden.

(2) Ist das Urteil nach § 305a unter Vorbehalt ergangen, so gelten für die Zwangsvollstreckung die folgenden Vorschriften:

1. Wird im Geltungsbereich dieses Gesetzes die Eröffnung eines seerechtlichen Verteilungsverfahrens beantragt, an dem der Gläubiger mit dem Anspruch teilnimmt, so entscheidet das Gericht nach § 5 Abs. 3 der Seerechtlichen Verteilungsordnung über die Einstellung der Zwangsvollstreckung; nach Eröffnung des Verteilungsverfahrens sind die Vorschriften des § 8 Abs. 4 und 5 der Seerechtlichen Verteilungsordnung anzuwenden.

2. ¹Ist nach Artikel 11 des Haftungsbeschränkungsübereinkommens (§ 486 Abs. 1 des Handelsgesetzbuchs) von dem Schuldner oder für ihn ein Fonds in einem anderen Vertragsstaat des Übereinkommens errichtet worden, so sind, sofern der Gläubiger den Anspruch gegen den Fonds geltend gemacht hat, die Vorschriften des § 34 der Seerechtlichen Verteilungsordnung anzuwenden. ²Hat der Gläubiger den Anspruch nicht gegen den Fonds geltend gemacht oder sind die Voraussetzungen des § 34 Abs. 2 der Seerechtlichen Verteilungsordnung nicht gegeben, so werden Einwendungen, die auf Grund des Rechts auf Beschränkung der Haftung nach § 486 Abs. 1, 3, §§ 487 bis 487d des Handelsgesetzbuchs erhoben wrden, nach den Vorschriften der §§ 767, 769, 770 erledigt; das gleiche gilt, wenn der Fonds in dem anderen Vertragsstaat erst bei Geltendmachung des Rechts auf Beschränkung der Haftung errichtet wird.

(3) Ist das Urteil eines Gerichts, das seinen Sitz außerhalb des Geltungsbereichs dieses Gesetzes hat, unter dem Vorbehalt ergangen, daß der Beklagte das Recht auf Beschränkung der Haftung nach dem Haftungsbeschränkungsübereinkommen geltend machen kann, wenn ein Fonds nach Artikel 11 des Übereinkommens errichtet worden ist oder bei Geltendmachung des Rechts auf Beschränkung der Haftung errichtet wird, so gelten für die Zwangsvollstreckung wegen des durch das Urteil festgestellten Anspruchs die Vorschriften des Absatzes 2 entsprechend.

Gesetzesgeschichte: → § 305 a.

I. Allgemeines[1]

Über Normzweck und Anwendungsbereich der §§ 305a, 786a → § 305a Rdnr. 1ff. Ist die seerechtliche Haftungsbeschränkung (§§ 486–487d HGB) – wie in der Regel – im Erkenntnisverfahren nicht betragsmäßig berücksichtigt worden[2], so kann sie nach **Abs. 1** entsprechend § 780 Abs. 1 **in der Zwangsvollstreckung** nur geltendgemacht werden, wenn das Urteil den

1

---

[22] Vgl. *BGH* NJW 1955, 339.
[23] *K. Schmidt* (Fn. 11) Rdnr. 12 mwN.

[1] Lit: *Herber* Das neue Haftungsrecht der Schiffahrt (1989), 142ff.
[2] → dazu § 305a Rdnr. 7.

Vorbehalt gemäß § 305 a S. 2 enthält[3]. Außerdem bleibt sie solange unberücksichtigt, bis der Schuldner sie entsprechend § 781 einwendet, und hat zur Voraussetzung, daß es zur **Errichtung eines Fonds** nach Art. 11 ff. Haftungsbeschränkungsübereinkommen[4] kommt.

II. Errichtung eines Fonds im Inland

2   Im **Inland** ist für die Errichtung und Verteilung eines Fonds die **Seerechtliche Verteilungsordnung**[5] maßgebend, die ein dem Konkurs/Insolvenzverfahren ähnliches Verteilungsverfahren vorsieht. Wird dessen **Eröffnung beantragt** und nimmt der Gläubiger daran teil, so kann nach **Abs. 2 Nr. 1** zunächst die **Einstellung der Vollstreckung** angeordnet werden, § 5 Abs. 3 Seerechtliche VerteilungsO. Ist dann das **Verfahren eröffnet**, so ist die Vollstreckung wegen aller daran teilnehmenden Ansprüche bis zur Aufhebung oder Einstellung des Verteilungsverfahrens **unzulässig**. Dies muß der Schuldner im Wege der Klage beim Prozeßgericht des ersten Rechtszuges geltend machen, § 8 Abs. 4, 5 Seerechtliche VerteilungsO.

III. Errichtung eines Fonds in einem anderen Vertragsstaat

3   a) Ist der Anspruch gegen einen solchen, vom Schuldner oder für diesen nach dem Übereinkommen errichteten *Fonds* geltendgemacht[6], so ist nach **Abs. 2 Nr. 2** mit §§ 34, 8 Abs. 4, 5 Seerechtliche VerteilungsO die **Vollstreckung in Vermögen des Schuldners unzulässig**.

4   b) Ist dagegen der Anspruch *nicht gegen den Fonds* geltendgemacht oder fehlt es an der Klagemöglichkeit vor dem den Fonds verwaltenden Gericht bzw. an der freien Transferierbarkeit des Fonds (§ 34 Abs. 2 der Seerechtlichen VerteilungsO), so muß nach **Abs. 2 Nr. 2 S. 2** die Haftungsbeschränkung im Inland gemäß **§§ 767, 769 f.** geltendgemacht werden. In diesem Verfahren muß dann geprüft werden, wie sich die Haftungsbeschränkung auf den titulierten Anspruch auswirkt; es kann mit Rücksicht auf das im anderen Vertragsstaat anhängige Verteilungsverfahren ausgesetzt werden[7]. Gegebenenfalls ist die Vollstreckung *in (bestimmter) Höhe des die Haftungsgrenze übersteigenden Betrags für unzulässig zu erklären*.

5   c) Wird der Fonds erst errichtet, wenn der Schuldner im Inland die Haftungsbeschränkung geltendmacht, so gilt nach **Abs. 2 S. 2 HS 2** das Gleiche wie → Rdnr. 4.

IV. Ausländisches Urteil unter Vorbehalt, Abs. 3

6   Wird für ein solches Urteil, das den Vorbehalt → Rdnr. 1 enthält, von einem inländischen Gericht ein Vollstreckungsurteil erlassen (§§ 722 f.) oder wird es aufgrund staatsvertraglicher Vorschriften im Inland für vollstreckbar erklärt, so ist dieses Gericht zuständig für die ihm bei der entsprechenden Anwendung des Abs. 2 zufallenden Aufgaben[8].

---

[3] → 305a Rdnr. 5 f.
[4] → § 305a Rdnr. 1.
[5] Vom 25. VII. 1986 BGBl I 1130, geändert durch Art. 21 EGInsO BGBl. 1994 I 2919; → dazu Rdnr. 1 vor § 872, ferner § 872 Rdnr. 6 a. E., § 878 Fn. 131 a. E.

[6] Ist der Fonds im Ausland errichtet, so hat der Gläubiger die Wahl, ob er sich an diesem Verfahren beteiligen oder den Anspruch im Inland geltendmachen will, *Herber* Transportrecht 1986, 332.
[7] BT-Druck. 10/3852 S. 37.
[8] BT-Drucks. 10/3852 S. 38.

§ 787 [Zwangsvollstreckung bei herrenlosem Grundstück oder Schiff]

(1) Soll durch die Zwangsvollstreckung ein Recht an einem Grundstück, das von dem bisherigen Eigentümer nach § 928 des Bürgerlichen Gesetzbuchs aufgegeben und von dem Aneignungsberechtigten noch nicht erworben worden ist, geltend gemacht werden, so hat das Vollstreckungsgericht auf Antrag einen Vertreter zu bestellen, dem bis zur Eintragung eines neuen Eigentümers die Wahrnehmung der sich aus dem Eigentum ergebenden Rechte und Verpflichtungen im Zwangsvollstreckungsverfahren obliegt.

(2) Absatz 1 gilt entsprechend, wenn durch die Zwangsvollstreckung ein Recht an einem eingetragenen Schiff oder Schiffsbauwerk geltend gemacht werden soll, das von dem bisherigen Eigentümer nach § 7 des Gesetzes über Rechte an eingetragenen Schiffen und Schiffsbauwerken vom 15. November 1940 (Reichsgesetzbl. I S. 1499) aufgegeben und von dem Aneignungsberechtigten noch nicht erworben worden ist.

Gesetzesgeschichte: Seit 1900 RGBl. 1898 I 256. Änderung RGBl. 1940 I 1609.

I. § 787 ordnet für die Vollstreckung in **herrenlose Grundstücke** die Bestellung eines Vertreters durch das Vollstreckungsgericht (zuständig ist der Rechtspfleger, § 20 Nr. 17 RpflG) mit denselben Worten an wie § 58 die eines Vertreters für die Klage durch den Vorsitzenden des Prozeßgerichts. Es ist deshalb auf die Bem. zu § 58 zu verweisen und hier nur folgendes hervorzuheben:

1. In Betracht kommen neben Hypotheken, Grundschulden und Rentenschulden andere **Rechte an Grundstücken**, die einer Vollstreckung i. e. S. fähig sind[1]. Zur Fortsetzung einer vor Eintritt der Herrenlosigkeit begonnenen Vollstreckung[2] und zur Eintragung eines Rechts aufgrund einer Verurteilung nach § 894 bedarf es der Bestellung nicht.

2. Ist bereits **für den Rechtsstreit** *ein Vertreter nach § 58 bestellt,* so ist eine neue Bestellung nur nötig, wenn der verurteilte Eigentümer während des Prozesses[3] oder nachher das Eigentum aufgegeben hat. Der Titel muß dann entsprechend § 727[4] gegen den Vertreter vollstreckbar ausgefertigt und ihm mit der Klausel gemäß § 750 zugestellt werden[5]. Die ihm gegenüber zulässige Vollstreckung[6] weicht ab von der Regel des § 17 ZVG, weil er weder Eigentümer noch Vertreter des bisherigen Eigentümers ist und seine Bestellung nicht eingetragen werden kann. Eine Bestellung nach Beginn der Vollstreckung[7], wenn der Eigentümer erst dann sein Eigentum aufgegeben hat, wird in demselben Umfang notwendig und zulässig sein, in dem eine Zuziehung des Schuldners sich als nötig erweist[8].

3. Der Vertreter soll die sich aus dem Eigentum ergebenden Rechte und Verpflichtungen wahrnehmen[9]. Aus diesem Zweck folgt, daß der Vertreter an Stelle des künftigen Eigentümers als Schuldner und wie ein solcher auch zu allen selbständigen Prozessen aktiv und passiv legitimiert sein muß, die aus Anlaß der Vollstreckung entstehen, also für Klagen nach §§ 767,

---

[1] → Rdnr. 46 ff. vor § 704. Auch die Ansprüche gemäß § 10 Nr. 2, 3 ZVG, die sich wie dingliche Rechte gegen das Grundstück richten *Zeller/Stöber* ZVG[14] § 15 Rdnr. 22.6. Nicht Erbbaurechte, § 11 ErbbauRVO.
[2] *Wieczorek*[2] Anm. A I a 1; *MünchKommZPO-K. Schmidt* Rdnr. 4.
[3] → § 265 Rdnr. 31 (20. Aufl. Fn. 34).
[4] Ganz h. M. *K. Schmidt* (Fn. 2) Rdnr. 6 mwN.
[5] H. M. – A. M. *Rosenberg*[9] § 175 IV 3 b (§§ 728 Abs. 2, 749 analog); aber nicht der Schuldner, sondern der künftig Aneignende wird vertreten → § 58 Rdnr. 6.
[6] Beispiel; *RGZ* 80, 312.
[7] → Rdnr. 110 ff. vor § 704.
[8] → § 779 Rdnr. 5; *K. Schmidt* (Fn. 2) Rdnr. 5 mwN.
[9] → § 58 Rdnr. 6.

768, 781 ff. usw. und etwaige einstweilige Verfügungen¹⁰. Für eine Widerspruchsklage nach § 771 besteht kein Bedürfnis¹¹.

5   **4. Rechtsbehelfe.** Die Bestellung des Vertreters und ihre Ablehnung sind nicht Vollstreckungsakte, sondern Entscheidungen¹². »Im Zwangsvollstreckungsverfahren« (§ 793) ergehen sie zwar nur, wenn das Eigentum erst nach Beginn der Vollstreckung aufgegeben wurde (→ Rdnr. 3); man wird aber um der Zügigkeit der Vollstreckung willen annehmen müssen, daß in allen Fällen die Erinnerung nach § 11 Abs. 1 S. 2 RpflG befristet ist¹³.

6   **II. § 787 gilt entsprechend** für grundstücksgleiche Rechte¹⁴ (vgl. aber § 11 Abs. 1 ErbbauVO), eingetragene *Schiffe*, Abs. 2, und für *Luftfahrzeuge*, § 99 Abs. 1 S. 1 des G über Rechte an Luftfahrzeugen vom 26.II.1959 (BGBl. I 57).

7   **III.** Eine *Gerichtsgebühr* wird für die Bestellung des Vertreters nicht erhoben. Wegen der Anwaltsgebühren → §§ 57, 37 Nr. 3 BRAGO.

§ 788   [Kosten der Zwangsvollstreckung]

(1) ¹Die Kosten der Zwangsvollstreckung fallen, soweit sie notwendig waren (§ 91), dem Schuldner zur Last; sie sind zugleich mit dem zur Zwangsvollstreckung stehenden Anspruch beizutreiben. ²Als Kosten der Zwangsvollstreckung gelten auch die Kosten der Ausfertigung und der Zustellung des Urteils.

(2) Die Kosten der Zwangsvollstreckung sind dem Schuldner zu erstatten, wenn das Urteil, aus dem die Zwangsvollstreckung erfolgt ist, aufgehoben wird.

(3) Die Kosten eines Verfahrens nach den §§ 765a, 811a, 811b, 813a, 850k, 851a und 851b kann das Gericht ganz oder teilweise dem Gläubiger auferlegen, wenn dies aus besonderen, in dem Verhalten des Gläubigers liegenden Gründen der Billigkeit entspricht.

Gesetzesgeschichte: Bis 1900 § 697 CPO. Änderungen RGBl. 09 I 437, BGBl. 53 I 952, 78 I 333. Geplante Änderungen: BR-Drucks. 134/94 → Rdnr. 4a, 13a, 27.

Stichwortregister zu § 788

Ablösung von Rechten Dritter → Rdnr. 15
Abrechnung → Rdnr. 19a
Absetzung von Kosten → Rdnr. 29
Abtretung
– der Titelforderung vor Pfändung → Fn. 182
– Offenlegung einer Lohnabtretung → Rdnr. 13
Abwendung der ZV
– durch freiwillige Leistung → Rdnr. 20
– Kosten des Schuldners zur → Rdnr. 9, **17**, 35; Fn. 337

Abwendung drohender Drittwiderspruchsklage → Fn. 154
Androhung von Ordnungs- und Zwangsmitteln → Rdnr. 11
Androhung der ZV → Rdnr. 19
Anerkenntnis
– im Festsetzungsverfahren → Rdnr. 25
– sofortiges (§ 93) → Rdnr. 3
Anfechtungsstreit → Rdnr. 23

---

¹⁰ KG OLGRsp 15, 297.
¹¹ Gegen bestehende Rechte am Grundstück könnte sich das Aneignungsrecht nicht durchsetzen, → § 771 Rdnr. 46 Fn. 319 f.; *Stöber* (Fn. 1) § 15 Rdnr. 22.9, u. gegen unwirksame kann sich der Vertreter in seiner Rolle als Vollstreckungsschuldner wehren. Ist aber der Verzicht nach § 928 unwirksam, so kann der Vertreter nicht für den wahren Eigentümer handeln, → § 58 Rdnr. 6. Wie hier *Wieczorek*² Anm.C I.
¹² Zust. *K. Schmidt* (Fn. 2) Rdnr. 5; a.M. wohl *Wieczorek*² Anm.B IV (§ 766 für bisherigen Schuldner).
¹³ Allg.M. *K. Schmidt* (Fn. 2) Rdnr. 5 mwN.
¹⁴ → § 58 Rdnr. 5.

Angebot der Gegenleistung → Rdnr. 10, 13; Fn. 237
Angebot vollständiger Leistung → Rdnr. 20
Anhörung des Schuldners (§ 834) → Rdnr. 28
Anschlußpfändung → Fn. 95
Antragsteller, Haftung für Gebühren → Rdnr. 2
Antragsrücknahme → Rdnr. 1, 4, 18, 20, 26 a
— im Verfahren nach §§ 887, 888, 890 → Rdnr. 11
Anwaltskosten
— allgemein → Rdnr. 10, 18a, 43
— Abwehr drohender Drittwiderspruchsklage → Fn. 154
— Antrag auf Aufhebung eines Arrestbefehls → Fn. 361
— ausländische → Rdnr. 7; Fn. 188
— Beschaffung einer Sicherheit → Rdnr. 9
— Drittschuldnerprozeß vor Arbeitsgericht → Fn. 100, § 835 Rdnr. 30
— Einholung von Auskünften → Rdnr. 7, 18; Fn. 62
— Ermittlung der Anschrift des Schuldners → Fn. 59, 245
— Gebühren für ZV → Rdnr. 15 vor § 803
— Gesamtschuldner → Fn. 147
— Hebegebühr → Rdnr. 10
— Hinterlegung einer Sicherheit → Rdnr. 9
— neben Inkassobürokosten → Rdnr. 19a; Fn. 92
— Leistungsaufforderung → Rdnr. **13a**, 18a, **20a**, 21; Fn. 145, 220
— Rückerlangung einer Sicherheit → Rdnr. 9
— des Schuldners → Rdnr. 22, 35
— Urkundenerteilung nach § 792 → Fn. 108
— Vergleichsgebühr → Fn. 146
— Vorpfändung → Fn. 88
— vorprozessuales Mahnschreiben → Fn. 145
— Zahlungsaufforderung → Rdnr. 10, **13a**, 18a, **20a** (Notwendigkeit), 21; Fn. 220
— Zustellung der Bürgschaftsurkunde → Fn. 69, 221
— ZV Zug-um-Zug (§§ 756, 765) → Fn. 86
Anwartschaft aus Vorbehaltskauf → Rdnr. 15
Anwendungsbereich des § 788 → Rdnr. 1, 1a
Anwesenheit von Gläubigern oder Zeugen bei ZV → Rdnr. 10, 15
Anzeige der bevorstehenden ZV (§ 882a) → Fn. 215
Arbeitslosengeld → Fn. 185
Arbeitsplatz
— Änderung nach ZV-Antrag → Rdnr. 18
— unrichtige Auskunft über → Rdnr. 18
Arrest → Rdnr. 1a, 31; Fn. 336, 361
— Löschung einer Sicherungshypothek → Rdnr. 35
Aufhebung der vollstreckbaren Entscheidung → Rdnr. 17
Aufhebung des Titels → Rdnr. 26a, 27, 29 – 32

Ausfertigung und Zustellung des Titels → Rdnr. 7
Auskunft
— aus Melderegister → Rdnr. 7
— aus Schuldnerverzeichnis → Rdnr. 7
— über Arbeitsplatz des Schuldners → Rdnr. 7, 18
Ausländischer Titel → Rdnr. 7 f.
Auslandsvollstreckung → Rdnr. 7 10
Ausschluß des § 788 → Rdnr. 1
Aussichtslose ZV → Rdnr. 19 a, 39
Austauschpfändung → Rdnr. 12
— Kosten der Zulassung → Rdnr. 37 ff.
Avalprovision, -zinsen → Rdnr. 9 (Gläubiger); Rdnr. 17, 35 (Schuldner)
Bagatellbeträge → Rdnr. 13a, 18a, 21; Fn. 224
Bankbürgschaft → Rdnr. 9; Fn. 221
Bedingte Ansprüche (§ 726) → Rdnr. 7
Beendigung der Vollstreckung → Rdnr. 26 f.
Beginn der Vollstreckung → Rdnr. 4, 26
Beitreibung der Kosten → Rdnr.23f., 26a; 35
— Erstattungsanspruch des Schuldners → Rdnr. 36
— nach Befriedigung des Hauptanspruchs → Rdnr. 26a
— teilweise → Rdnr. 25
Berechnung der ZV-Kosten durch Vollstreckungsorgan → Rdnr. 23, 24; **25**; 26a; 28
Bereicherung des Gläubigers → Fn. 335
Bereicherungsklage → Rdnr. 29
Beschaffung einer Ersatzwohnung → Rdnr. 15
Beschaffungskosten bei Austauschpfändung → Rdnr. 12
Beschaffung von Urkunden → Rdnr. 7, 15
Beschwerde
— Kostenwert (§§ 567, 568) → Rdnr. 28
— erfolglose → Rdnr. 42
— erfolgreiche → Rdnr. 42; Fn. 161
— gegen Verhaftung → Rdnr. 18a
— nach Kostenfestsetzung → Rdnr. 28
— gegen Entscheidung nach § 788 Abs. 3 → Rdnr. 42
Beschwerdegericht → Rdnr. 27
Beschwerdeverfahren
— aus Anlaß der ZV → Rdnr. 16
— gemäß AVAG → Rdnr. 8
— §§ 887, 888, 890 → Rdnr. 11 a 16; Fn. 128
Besondere Rechtsbehelfe → Rdnr. 16, 37 ff. (§ 788 Abs. 3)
— Drittwiderspruchsklage (§ 771) → Rdnr. 15, 16, 31
— erfolglose → Fn. 161
— Erinnerung (§ 766) → Rdnr. 16
— Gebühren → Rdnr. 43
— Klauselerinnerung (§ 732) → Rdnr. 16
— Klauselerteilungsklage (§ 731) → Rdnr. 16
— Vollstreckungsgegenklage (§ 767) → Rdnr. 16, 25, 26a – 28 (Prüfung angesetzter Kosten); 31; Fn. 303; 314

§ 788

Bestimmtheit des Titels → Fn. 204, 286
Betrieb der ZV → Rdnr. 10
Beweisanträge
– erfolglose → Rdnr. 11
– in Beschlußverfahren nach §§ 887 ff. →
  Rdnr. 11
Billigkeit → Rdnr. 39, 40
Bringschuld → Rdnr. 13
Bürgschaft
– Kopie der Urkunde → Fn. 238
– Zulassung als Sicherheit → Fn. 70, 221
Bürgschaftskosten → Rdnr. 9; Fn. 361
– Zustellung der Bürgschaftsurkunde → Fn. 69,
  221
Darlehenskosten, -zinsen für Sicherheit → Rdnr. 9
  (Gläubiger); Rdnr. 17, 35 (Schuldner)
Darlehenszinsen → Rdnr. 9
Detektiv → Rdnr. 7, 21
Devisengenehmigung → Rdnr. 8
Drittschuldner → Rdnr. 10, 27 a. E.; Fn. 80, 164
Drittschuldnererklärung → § 840 Rdnr. 35 f.
Drittwiderspruchsklage (§ 771) → Rdnr. 15 f., 31
Duldungsvollstreckung → Rdnr. 10 a. E., **11 f.**, 24
Durchsuchungserlaubnis → Rdnr. 10, 18, 24
Eidesstattliche Versicherung
– nach BGB → Rdnr. 10 a. E.
– nach §§ 807, 899 ff. → Rdnr. 10 a. E., 19 a;
  Fn. 245
Eigentumsvorbehalt → Rdnr. 15
Einspruch, erfolgreicher → Rdnr. 30
Einstellung der ZV
– einstweilige → Rdnr. 26 f.
– endgültige → Rdnr. 30 ff.
– Notwendigkeit vorher entstandener Kosten →
  Fn. 204
– vor Durchführung der ersten ZV-Maßnahme →
  Rdnr. 4
Einstweilige Anordnung → Rdnr. 1 a, 16
– Sicherheitsleistung (§ 769) → Fn. 173
Einstweilige Einstellung → Rdnr. 26
Einstweilige Verfügung → Rdnr. 1 a; Fn. 133, 336
Eintragung in Grundbuch oder andere Register
– Bewilligung nach § 895 → Rdnr. 13
– nach Vorlage einer Grunderwerbssteuer →
  Rdnr. 15
– Urkunden für → Rdnr. 15
Einwendung
– gegen Notwendigkeit der Kosten → Fn. 303
– materiellrechtliche → Rdnr. 28
Einwohnermeldeamt (Wohnsitzermittlung) →
  Rdnr. 7, 21
Erbschein, Beschaffung → Rdnr. 7
Erfolglose
– Angriffs- und Verteidigungsmittel → Rdnr. 11
– ZV-Maßnahmen → Rdnr. 18
Erfüllung
– nach Antrag auf Entscheidung gemäß § 891 →
  Rdnr. 11

– und trotzdem durchgeführte ZV → Rdnr. 20
– vor Beginn der ZV → Rdnr. 4
Erhaltung der Pfandsachen → Rdnr. 10
Erhaltungskosten bei Zwangsverwaltung →
  Rdnr. 15
Erinnerung (§ 766)
– Kosten → Rdnr. 16
– gegen Kostenberechnung des ZV- Organs →
  Rdnr. 28
Erledigung der Hauptsache → Rdnr. 1, 11, 31, 41
Erledigung (= vollständige Beendigung) der ZV →
  Rdnr. 26, 26 a
Erlöschen des Kostenanspruchs → Rdnr. 33
Ermessen des Richters → Rdnr. 41
Ermittlung
– Arbeitsplatz des Schuldners → Rdnr. 7
– Ort herauszugebender Sache → Rdnr. 7
– Wohnsitz des Schuldners, Detektiv → Rdnr. 7,
  21
Erneuter Vollstreckungsversuch → Rdnr. 19 a
Ersatzvornahme (§ 887) → Rdnr. 11 f., 24
Ersatzwohnung, Beschaffung zwecks Räumung →
  Rdnr. 15
Erstattungsanspruch des Schuldners
– gemäß § 788 Abs. 2 → Rdnr. 30, 32, 35 f.
– nach Vergleich → Rdnr. 32
– gemäß § 788 Abs. 3 → Rdnr. 37 ff.
– gegen Rechtsanwalt → Rdnr. 34
Exequaturkosten
– im Ausland → Rdnr. 7
– im Inland → Rdnr. 8
Festsetzung der Kosten → Kostenfestsetzung
Forderungspfändung
– einer bereits an Dritten abgetretenen Forderung
  → Fn. 182
– gescheiterte wegen Arbeitsplatzwechsel des
  Schuldners → Rdnr. 18
– »ins Leere« gegangene → Rdnr. 18
– Kosten der Einziehung → Rdnr. 10
– mehrfache, unnötig getrennte → Rdnr. 21
Freiwillige Gerichtsbarkeit → Rdnr. 16
Freiwillige Leistung → Rdnr. 3, 4, 10 (an Anwalt);
  Rdnr. 13,
  20, 26 a, 35; Fn. 176
Fristgewährung trotz Fälligkeit → Rdnr. 13 a, 20,
  20 a
Fruchtlosigkeitsbescheinigung → Rdnr. 18, 19 a
Futterkosten für Tiere → Fn. 96
Gebühren für ZV → Rdnr. 15 vor § 803
– des Gerichtsvollziehers → Rdnr. 2, 10
– des Rechtsanwalts → Anwaltskosten
– der Staatskasse → Rdnr. 2
– Haftung für → Rdnr. 2
Gebührenbefreiung → Rdnr. 2 → auch Kostenfreiheit
Gegenleistung → Rdnr. 7, 15
Geldschulden, Aufschub der ZV → 20 a

Gerichtsvollzieher → Rdnr. 2, 4 10, 18, 22, 24, 28, 34, 39
Gesamtschuldner → Rdnr. 4 a, 19; Fn. 147, 220
Gesamtschuldnerische Gebührenhaftung → Rdnr. 2
Gesellschaftsauflösung → Fn. 167
Glaubhaftmachung entstandener Kosten → Rdnr. 25
Gläubiger
– Anwesenheit bei ZV → Rdnr. 10, 15
– Bereicherung des → Fn. 335
– Kostentragungspflicht aus Billigkeitsgründen (§ 788 Abs. 3) → Rdnr. 37 ff.
Gleichzeitiger Haft- und Pfändungsauftrag → Rdnr. 18; 19 a
Grundbuchamt
– Rechtsbehelf gegen Kostenberechnung des → Rdnr. 28
Grundbuchauszug → Rdnr. 7, 15
Grundbucheintragung → Rdnr. 13, 15
Grundschuld → Rdnr. 9
Gutachterkosten → Rdnr. 7; Fn. 303
Haftbefehl, Zustellung → Rdnr. 18 a; Fn. 85
Haftpflichtversicherung (Benachrichtigungsfrist) → Rdnr. 20; Fn. 237
Haftung
– beschränkte → Rdnr. 5
– für Gebühren → Rdnr. 2
– für Kosten → Kostenhaftung
Handlungsvollstreckung → Rdnr. 10 a. E., **11 f.**, 24
Hauptzollamt (ZV durch) → Rdnr. 2
Hebegebühr → Rdnr. 10
Herausgabevollstreckung → Rdnr. 10 a. E.
– Kosten der Übergabe → Rdnr. 13
Hinterlegung
– gepfändeter Beträge durch Drittschuldner → Rdnr. 10; Fn. 80
– gepfändeter Beträge durch GV → Rdnr. 10
Holschuld → Rdnr. 20 a
Inkassogebühren → Rdnr. 10; 19 a; Fn. 176; 181; 211
Insolvenz → Rdnr. 13; Fn. 37
Klagerücknahme → Rdnr. 30; Fn. 120
Klauselerinnerung (§ 732) → Rdnr. 16
Klauselerteilungsklage (§ 731) → Rdnr. 16
Konkurs → Rdnr. 13; Fn. 37
Kosten der ZV allgemein
– Aufstellung → Rdnr. 25
– Begriff → Rdnr. 6
– Beitreibung → Rdnr. 23 ff.
– einstweiliger Anordnungen → Rdnr. 16
– Festsetzung → Kostenfestsetzung
– früherer Vollstreckung → Rdnr. 10, 26 a
– dem Gläubiger zur Last fallende → Rdnr. 22, 30- 33
– materiell zu erstattende → Rdnr. 6, 15, 20 b, 35
– für Rechtsbehelfe → Besondere Rechtsbehelfe

– des Schuldners zur Abwendung der ZV → Rdnr. 9, **17**, 35; Fn. 337
– Verzicht bei ZV der Länderjustizbehörden → Fn. 254
Kostenbefreiung → Rdnr. 2
Kostenentscheidung → Rdnr. 11 a, 22, 23, 35, 41
Kostenfestsetzung → **23**, **27**, 28; Fn. 285
– Anwaltsvergütung (§ 19 BRAGO) → Rdnr. 27
– Erforderlichkeit → Rdnr. 23
– Erstattungsanspruch gemäß § 788 Abs. 2 → Rdnr. 36
– Kosten der Festsetzung → 27
– Mahnbescheide → Rdnr. 27
– vollstreckbare Urkunden → Rdnr. 27
– Zuständigkeit → Rdnr. 27
– Zwangsversteigerungsverfahren → Rdnr. 27
Kostenfestsetzungsbeschluß → Rdnr. 30; Fn. 220, 336, 340, 351, 358
Kostenhaftung
– Dritter → Fn. 18; 37
– des Schuldners → Rdnr. 3; 4 a
Kostenquotelung → Rdnr. 9; Fn. 356, 358
Kostenschuldner → Rdnr. 3
Lagerkosten (Pfänder) → Rdnr. 10, 15; Fn. 154
Leistungsaufforderung (Zahlungsaufforderung) → Rdnr. 10, **13 a**, 18 a, **20 a** (Notwendigkeit), 21; Fn. 220
Löschung
– Arresthypothek → Rdnr. 35
– Widerspruch und Vormerkung → Fn. 134
– Zwangshypothek (Sicherungshypothek) → Rdnr. 13; 35 (Arresthypothek)
Lohnabtretung (Offenlegung) → Rdnr. 13
Mahnbescheid (Kostenfestsetzung) → Rdnr. 27
Mahnschreiben, Anwaltsgebühr → Fn. 146
Mahnung (bei Restbeträgen) → Rdnr. 21
Mehrere Schuldner → Rdnr. 2, 4 a, 19; Fn. 147, 220 sowie Rdnr. 15 vor § 803
Mehrere Vollstreckungsmaßnahmen zugleich → Rdnr. 21
Mehrkosten, unnötige → Rdnr. 21, 25
Mehrwertsteuer → Rdnr. 25
Mietaufwendungen für Ersatzwohnung → Rdnr. 15
Mittelbare Vollstreckungskosten → Rdnr. 13, **14**
Nachforderungen → Rdnr. 24
Nachforschungslast des Gläubigers → Rdnr. 19 a
Nachlaßauseinandersetzung → 16
Nachverfahren → Rdnr. 30
Nachtzeit, ZV zur → Rdnr. 10
Notar → Rdnr. 10; Fn. 188
Notfristzeugnis (§ 706) → Rdnr. 7
Notwendigkeit
– der Androhung von Ordnungs- und Zwangsmitteln nach § 890 → Rdnr. 11
– von Aufwendungen des Gerichtsvollziehers → Rdnr. 18

§ 788   Erster Abschnitt: Allgemeine Vorschriften   612

– der Kosten → Rdnr. **18**
– einer Kostenentscheidung → Rdnr. 41
– Prüfung → Rdnr. 25 (anläßlich Beitreibung); Rdnr. 27 (im Festsetzungsverfahren)
Offenlegung einer Lohnabtretung → Rdnr. 13
Ordnungsgeld → Fn. 276
Parteizustellung → Rdnr. 19, 20a
Pfändung → Rdnr. 10
– von Rechten → Forderungspfändung
Pfändungsanträge
– aussichtslose → Rdnr. 19a
– Sachpfändung neben Verhaftung → Rdnr. 19a
– unpräzise → Fn. 205
Pfändungsbeschluß → Forderungspfändung
Privatgutachten → Fn. 58
Protokollabschrift → § 760 Rdnr. 2
Prozeßgericht → Rdnr. 24, 27
Prozeßkosten (§ 91) → Rdnr. 3–5, 13, 26 f., 32, 35; Fn. 48, 173, 175, 370
Prozeßkostenhilfe → Rdnr. 2
Prozeßkostenvereinbarung → Rdnr. 3
Prozeßvergleich → Vergleich
Prozeßwirtschaftlichkeit → Rdnr. 18, 18a, 19
Rang der Vollstreckungskosten → Rdnr. 26a
Ratenzahlungsvereinbarung → Rdnr. 13a
Räumung
– Beginn der ZV bei → Rdnr. 4
– Beitreibung von Kosten nach beendeter Räumung → Fn. 299, 300
– Bereitstellung eines Spediteurs oder Schlossers → Fn. 176
– Beschaffung einer Ersatzwohnung → Rdnr. 15
– gegen beide Ehegatten → Fn. 36
– Kosten → § 885 Rdnr. 36, 49
– Räumungsantrag trotz Räumungsbereitschaft → Fn. 234
– Räumungsfrist → Fn. 204
– Räumungsgut → Rdnr. 22
– Räumungsschutzantrag → Fn. 207
– Rücknahme des Räumungsauftrags → Fn. 182
– Schäden durch Räumung → Rdnr. 15
– gewaltsame Wohnungsöffnung → Rdnr. 10, Fn. 176, 178
– Zwangsräumung von Wohnraum → Fn. 83
Rechtsanwalt → Anwalt
Rechtsbehelfe → Rdnr. 1, 25, **28**, 29 → auch besondere Rechtsbehelfe
Rechtsbeistände → Rdnr. 10; Fn. 188
Rechtskraftzeugnis (§ 706) → Rdnr. 7, 16
Rechtsmittel, erfolgreiches gegen Urteil → Rdnr. 30
Rechtspfleger → Rdnr. 27
Rechtsschutzbedürfnis (- interesse) → Rdnr. 18, 22, 23, 36; Fn. 111
Restbeträge → Rdnr. 4, 18a, 19a, 20, 21
Rückbürgschaft → Fn. 77
Rückerlangung der Sicherheit → Rdnr. 9

Rückfestsetzung, – zahlung von Kosten → Rdnr. 29, 36; Fn. 340, 358
Rücknahme
– des Antrags → Rdnr. 1, 4, 18, 20, 26a
– der Klage → Rdnr. 30; Fn. 120
– des Räumungsauftrags → Fn. 182
Sachverständigengutachten → Rdnr. 7; Fn. 303
Schaden
– »aus Anlaß der ZV« → Rdnr. 6; 15 (Räumung)
– mittelbarer → Fn. 335
– Verzug → Rdnr. 6; Fn. 33, 91
– Zeitversäumnis → Rdnr. 15
Schadensersatz gemäß § 717 Abs. 2 → Fn. 349, 370
Scheck → Fn. 223; § 754 Fn. 84
Schickschuld → Rdnr. 13, 20a
Schuldnerverzeichnis, Auskunft → Rdnr. 7
Sequestration → Rdnr. 10
Sicherheitsleistung
– als Voraussetzung der ZV → Rdnr. 9, 20b; Fn. 204, 240, 286
– Dritter → Rdnr. 9, 16
– bei einstweiliger Anordnung (§ 769) → Fn. 173
– des Gläubigers → Rdnr. 9, 20 (verfrühte)
– des Schuldners (zur Abwendung der ZV) → Rdnr. 9, 17, 20a (§ 720a); 35
– voreilige Leistungsaufforderung → Fn. 240
– mit Mängeln → Fn. 204
– Rückerlangung → Rdnr. 9
Sicherungshypothek
– Beitreibung der Kosten → Rdnr. 24
– Grundstückswert weit übersteigende → Fn. 207
– Löschung → Rdnr. 13; 35 (Arresthypothek)
– für frühere Vollstreckungskosten → Rdnr. 23
– Zwangseintragung → Rdnr. 10
Sozialversicherungsträger/Sozialleistungsträger → Rdnr. 2; 18a
Steuerberater → Rdnr. 10; Fn. 188
Steuererstattungsansprüche → Rdnr. 10
Stundung → Fn. 204
Stundungsvergleich → Rdnr. 13a
Suchpfändung → Rdnr. 21
Taschenpfändung → Fn. 212
Teilbeträge → Rdnr. 4, 18a, 19a, 20, 21
Teilweise Aufhebung des Titels → Rdnr. 26a, 27, 32 f.
Teilzahlung (§ 367 BGB) → Rdnr. 25; Fn. 260
Teilzahlungsvergleich → Rdnr. 13a
Titel
– Aufhebung, gänzliche → Rdnr. 26a, 27, 29-31
– Aufhebung, teilweise → Rdnr. 26a, 27, 33
– Aushändigung der Ausfertigung → Rdnr. 23 (verfrühte); 26a
– ausländische → Rdnr. 7, 8
– bedingte (§ 726) → Rdnr. 7
– während Insolvenz entstandene → Rdnr. 27
– Kostentitel → Rdnr. 23, **26**

Münzberg VIII/1994

- rechtskräftige (endgültige) → Fn. 335
- Vergleich über titulierte Ansprüche → Rdnr. 32

Transportkosten → Rdnr. 10, 15, 96
- bei Austauschpfändung → Rdnr. 12

Überflüssige ZV- Maßnahme → Rdnr. 19 a
Übergegangene Ansprüche (§ 116 SGB X) → Rdnr. 2
Überwachung des Schuldners → Rdnr. 7
Überweisung (Geld) → Rdnr. 20 a
Übersetzungskosten → Rdnr. 7
Umsatzsteuer (Mehrwertsteuer) → Rdnr. 25
Unpfändbarkeit → Fn. 204
Unterbringung der Pfandsachen → Rdnr. 10
Unterlassungsvollstreckung → Rdnr. 10 a. E.; 11 f., 23
Unzulässige ZV → Rdnr. 19 a
Urkunden
- Beschaffung → Rdnr. 7, 10
- für Eintragung in Register (§ 896) → Rdnr. 15
- vollstreckbare → Rdnr. 27

Veranlassung der ZV → Rdnr. 3
Veräußerungskosten → Fn. 96
Verbraucherkreditgesetz → § 754 Rdnr. 2 b
Vergebliche Pfändungsversuche → Rdnr. 18
Vergleich
- »Aufhebung« eines Titels durch → 25 a. E., 26 a, 32
- Kostenvereinbarung → Rdnr. 3, 23
- Ratenzahlung, Stundung → 13 a
- Zahlungsfrist nach Abschluß → Rdnr. 20; Fn. 229, 240

Vergleichsgebühr für Anwalt → Fn. 146
Verhaftung → Rdnr. 10 a. E., 18, 18 a, 19 a
Verjährung des Kostenerstattungsanspruchs → Rdnr. 23
Vermögenseinbußen → Schaden
Veröffentlichung des Urteils → Rdnr. 13
Verrechnung von Teilzahlungen (§ 367 BGB) → Rdnr. 25; Fn. 260
Verschulden des Gläubigers → Rdnr. 39
Versendungskosten → Rdnr. 13
Versteigerung des Wohneigentums (§§ 18 f., 53 ff. WEG) → Rdnr. 13
Verwahrung der Pfänder → Rdnr. 10, 15; Fn. 154
Verwaltungszwangsverfahren → Rdnr. 18 a
Verzinsung der ZV- Kosten → Rdnr. 23
Verzugsschaden → Rdnr. 6; Fn. 33, 91
Vollstreckbare Ausfertigung → Rdnr. 7
Vollstreckbare Urkunde → Rdnr. 27
Vollstreckungsanträge, verfrühte → Rdnr. 20, 20 a
- aussichtslose → Rdnr. 19 a
- mehrfache → Rdnr. 21
- unzulässige → Rdnr. 19 a
- unpräzise → Rdnr. 205

Vollstreckungsanzeige nach § 882 a → Fn. 215
Vollstreckungsbescheid → Rdnr. 20 b
Vollstreckungsbetrieb → Rdnr. 10

Vollstreckungsgegenklage → Rdnr. 16, 25, 26 a-28
Vollstreckungsgericht → Rdnr. 24; Rdnr. 27
Vollstreckungsklausel
- als Voraussetzung der ZV → Fn. 240; 286
- Klage auf Erteilung (§ 731) → Rdnr. 16
- Leistungsaufforderung vor Erteilung → Fn. 240

Vollstreckungsmaßnahmen
- Aufhebung → Rdnr. 35
- aussichtslose → Rdnr. 19 a; Rdnr. 39
- während einer Einstellung → Rdnr. 4
- erfolglose → Rdnr. 18
- mehrere zugleich → Rdnr. 21
- überflüssige → Rdnr. 19 a
- unzulässige → Rdnr. 19 a

Vollstreckungsorgan → Rdnr. 28
Vollstreckungsschutz → Rdnr. 38 ff.
Vollstreckungstitel → Titel
Vollstreckungsvoraussetzungen, allgemeine → Rdnr. 20 b, 25
Vorbehaltseigentümer → Rdnr. 15
Vorbereitungsmaßnahmen → Rdnr. 4, 7
Voreilige Vollstreckung → Rdnr. 20, 20 a
Vorläufige Vollstreckbarkeit → Rdnr. 31
Vormerkung → Fn. 134
Vorpfändung (§ 845) → Rdnr. 10, Fn. 95; Notwendigkeit Fn. 84
Vorschuß
- bei Ersatzvornahme → Rdnr. 24
- für Verwahrung von Pfändern → Fn. 96
- an ZV- Organ → Rdnr. 15

Wartefrist, gesetzliche → Rdnr. 20 a; Fn. 246
Widerrufsurteil (Veröffentlichung) → Rdnr. 13
Widerspruch → Fn. 134
Wiederaufnahmeverfahren → Rdnr. 30
Wohnungseigentümergemeinschaft → Fn. 34
Wohnungsöffnung, gewaltsame → Rdnr. 10; Fn. 176, 178

Zahlungsaufforderung → Rdnr. **13 a**, 18 a, **20 a** (Notwendigkeit), 21; Fn. 220
Zahlungserleichterungen → Vergleich
Zahlungsfrist → Rdnr. 13 a, 20, 20 a
Zeugen, Anwesenheit bei ZV → Rdnr. 10, 15
Zinsen
- aus Restbeträgen → Rdnr. 19 a
- Verzugsende bei Scheckübergabe → § 754 Fn. 84
- auf Vollstreckungskosten → Rdnr. 23
- Zinsverlust durch Sicherheitsleistung → Rdnr. 9
- Zinsverlust durch Vorschußleistung → Rdnr. 15

»Zugleich« mit dem Anspruch → Rdnr. 26, 26 a
Zug um Zug (§§ 756, 765) → Rdnr. 7; Fn. 88
- Angebot der Gegenleistung → Rdnr. 10, 13; Fn. 237

Zurücknahme des Antrags → Rdnr. 1, 4, 11, 18, 20 f.
Zusicherung eines Mindestgebots durch Gläubiger → Rdnr. 19

Münzberg VIII/1994

Zustellung
- von Amts wegen → Rdnr. 20a
- der Bürgschaftsurkunde → Fn. 69, 221
- fehlende → Fn. 204
- Frist zwischen Zustellung und Vollstreckungsbeginn → Rdnr. 20
- Leistungsaufforderung vor Titelzustellung → Fn. 240
- Parteizustellung (§ 750 Abs. 1 S. 2) → Rdnr. 10, Fn. 84f.; Rdnr. 19, 20a
- der vollstreckbaren Ausfertigung → Rdnr. 7
- zwecks Pfändung → Rdnr. 10
- zwecks Vorpfändung → Rdnr. 10

Zwangseintragung → Rdnr. 24
Zwangsgeld → Rdnr. 11, Fn. 276
Zwangshypothek → Sicherungshypothek
Zwangsräumung → Räumung
Zwangsversteigerung → Rdnr. 24, 27; Fn. 207, 310 (Zuschlagbeschluß)
Zwangsverwaltung → Rdnr. 15
Zwangsvollstreckung zur Nachtzeit (§ 761) → Rdnr. 10
Zweitausfertigung des Titels (§ 733) → Rdnr. 7, 23

I. Regelung des Abs. 1	1
1. Träger der Kostenlast	2
2. Kosten der ZV	6
a) Vorbereitungskosten	7
b) Dem Gläubiger durch Sicherheitsleistung entstehende Kosten	9
c) Kosten des Betriebs der ZV	10
d) Mittelbare Kosten	14
e) Kosten des Schuldners zur Abwendung der ZV	17
3. »Notwendigkeit« der Kosten	18
4. Beim Gläubiger verbleibende Kosten	22
II. Beitreibung und Festsetzung	23
1. Beitreibung zugleich mit dem Anspruch	24
2. Festsetzung nach §§ 103 ff.	27
3. Rechtsbehelfe	28
III. Erstattungsanspruch des Schuldners nach Abs. 2	30
IV. Vollstreckungsschutz und Austauschpfändung, Abs. 3	37
1. Anwendungsbereich	37
2. »Besondere Gründe«	38
3. Kostenentscheidung	41
4. Kosten des Verfahrens nach Abs. 3	42
5. Gebühren und Rechtsbehelfe	43

I. Regelung des Abs. 1

1   § 788[1] trifft für *jede* Art Vollstreckung[2] eine gegenüber vorangegangenen Verfahren selbständige[3] Regelung darüber, wer die **Kosten der Zwangsvollstreckung** zu tragen hat.

In seinem Anwendungsbereich verdrängt er daher die §§ 91 ff.[4], so daß in Verfahren, die nur Vollstreckungsanträge zum Gegenstand haben und noch nicht auf einem Rechtsbehelf beruhen, **grundsätzlich keine Kostenentscheidung** ergeht (über Ausnahmen → Rdnr. 11 ff.), mag auch der Schuldner gehört worden sein. § 91a ist daher auch dann nicht anzuwenden, wenn der Gläubiger wegen Befriedigung nach Stellung seines Antrags von diesem Abstand nimmt. Gibt er eine »Erledigungserklärung« ab, mag auch der Schuldner zustimmen, so ist das als Rücknahme des Vollstreckungsantrags anzusehen[5], wobei entsprechende Anwendung des § 269 Abs. 3 wegen § 788 ausscheidet, → dazu Fn. 182.

1a   § 788 gilt für *alle* nach der ZPO zu vollstreckende Titel (→ Rdnr. 2, 100 vor § 704), auch für den Vollzug von Arresten[6], einstweiligen Verfügungen[7] und einstweiligen Anordnungen

---

[1] Lit: *Noack* DGVZ 1971, 129; 1975, 145; 1976, 65; *Christmann* DGVZ 1985, 147; *Johannsen* DGVZ 1989, 1; *Kammermeier* DGVZ 1990, 3; *Schilken* DGVZ 1991, 1.
[2] Über inländische ZV mit Auslandsbezügen → Rdnr. 7, 8, 10.
[3] → Rdnr. 3.
[4] §§ 91 ff. gelten nur, soweit nicht in §§ 788, 803, 818 Abweichungen enthalten sind, Mot. 111, insbesondere, wenn selbständige Kostenentscheidungen ergehen → Rdnr. 11, 16.
[5] → Rdnr. 76 vor § 704; übersehen in *LG Fulda* Rpfleger 1993, 172.
[6] § 928 (20. Aufl.) Rdnr. 10. *KG* Rpfleger 1977, 372: Festsetzung nur nach Abs. 1, nicht aufgrund der Kostenentscheidung oder -vereinbarung im Hauptsacheverfahren.
[7] § 938 (20. Aufl.) Rdnr. 35.

nach §§ 620, 641d⁸, soweit sie – weil nicht sorgerechtsbezogen – nach der ZPO zu vollstrecken sind⁹.

1. Für *Gebühren* der Staatskasse bzw. des Gerichtsvollziehers¹⁰ haften der Gläubiger als Antragsteller *und* der Vollstreckungsschuldner¹¹ unmittelbar gesamtschuldnerisch (§§ 49, 53, 54, 58 GKG; § 3 GVKG, → auch Rdnr. 29 ff. vor § 91). – Zur Kostenbefreiung bestimmter Hoheitsträger s. § 8 GKG; § 8 GVKG¹². Sozialversicherungsträger haben zwar die Wahl, ob sie gemäß § 66 Abs. 4 SGB X nach den Regeln der ZPO vollstrecken¹³ oder gemäß § 66 Abs. 1–3 SGB X, § 4b VwVG, § 249 AO durch das Hauptzollamt vollstrecken lassen. Auch im letztgenannten Falle erlangen sie aber nicht über § 252 AO Teilhabe an der Kostenfreiheit der Körperschaft, hier also der Bundesrepublik, obwohl diese vollstreckungsrechtlich »Gläubigerin«, nicht nur Vertreterin ist (teleologische Reduktion des § 252 AO)¹⁴. – Eine Gebührenbefreiung für Sozialversicherungsträger kommt jedoch gemäß § 64 Abs. 2 S. 2 SGB X für Gerichtsgebühren nach der KostO im Rahmen des § 867 in Betracht, was auch für Ansprüche gilt, die nach § 116 SGB X übergegangen sind¹⁵. – Aus § 788 folgen dagegen keine Kostenansprüche der Staatskasse oder des Gerichtsvollziehers¹⁶. Wegen der *Prozeßkostenhilfe* für die Vollstreckung s. §§ 114 ff.¹⁷, § 20 Nr. 5 RpflG; s. auch §§ 5, 7 GVKG.

Im *Verhältnis zum Gläubiger*¹⁸ trägt nach **Abs. 1** – wie im Prozeß die unterliegende Partei nach § 91 – in der Zwangsvollstreckung grundsätzlich der **Vollstreckungsschuldner**¹⁹ die Kosten, soweit sie notwendig waren, → Rdnr. 18 ff.; denn er hat durch sein Nichtleisten die Vollstreckung oder Vollstreckungsversuche veranlaßt²⁰, auch wenn er etwa wegen § 93²¹ oder aufgrund von Prozeßkostenvereinbarungen in gerichtlichen Vergleichen²² die Prozeßkosten nicht oder nur teilweise zu tragen hat oder nach Vollstreckungsbeginn doch noch freiwillig leistet²³. Wegen der Ausnahmen des Abs. 3 → Rdnr. 37 ff. Kosten, die der Schuldner nach § 788 nicht tragen muß, fallen dem Gläubiger zur Last, → Rdnr. 22 und zur Titelaufhebung Rdnr. 30–33.

---

⁸ *OLG Hamm* Rpfleger 1972, 319 noch zu § 627 aF.
⁹ → § 620a Rdnr. 10.
¹⁰ → Rdnr. 15 vor § 803.
¹¹ Allerdings nur insoweit, als die Maßnahme »notwendig« war → Rdnr. 18 ff., *OLG Köln* Büro 1986, 900 = Rpfleger 240.
¹² Die Vorwegentnahme der Kosten gemäß § 6 GVKG ist auch gegenüber gebührenbefreiten Gläubigern (§ 8 GVKG) zulässig, selbst wenn der Erlös dann die Forderung nur teilweise deckt *LG Köln* DGVZ 1990, 159; *Bittmann* DGVZ 1986, 9 ff.; *Hartmann* KostG²⁵ § 6 GVKG Rdnr. 1; a.M. *LG Augsburg* DGVZ 1986, 15; *Stellwaag* MDR 1989, 601 (Nachteile für Sozialversicherungsträger).
¹³ Näheres → § 794 Fn. 656; ausführlich *Hornung* Rpfleger 1987, 225 ff.; zur Frage der Notwendigkeit der in diesem Fall entstehenden Kosten → Fn. 194.
¹⁴ So i.E. (auch für vergleichbare Fälle), obwohl teilweise mit verfehlter Begr *AG Osnabrück* DGVZ 1989, 31 = Rpfleger 344 (abl. *Krauthausen*); *AGe Bersenbrück, Düsseldorf, Rheine, Castrop-Rauxel, Bergisch-Gladbach, Bergheim, Kandel, Kamen, Siegburg* u. *Euskirchen* DGVZ 1991, 15, 121; 1992, 79, 142 u. 191; 1993, 59; 1994, 122 f. u. 125; ausführlich *Harenberg* DGVZ 1990, 49. – A.M. *AGe Hanau, Bonn, Dortmund, Köln, Frankfurt/M.* DGVZ 1989, 122; 1990, 93; DGVZ 1994, 121 f. u. 142. – Zur Notwendigkeit einer ZV nach ZPO → Rdnr. 18a.
¹⁵ *OLG Köln* Rpfleger 1990, 64 = Büro 373 (Zwangshypothek).

¹⁶ Heute allg. M. Anders noch *KG* JW 1933, 1731.
¹⁷ Weitere Fundstellen → vor § 114 Stichwort »ZV«, insbesondere § 119 Rdnr. 14. Zuständig ist das VollstrGer → § 117 Rdnr. 4.
¹⁸ Gegen die **Kostenhaftung Dritter** (z.B. für Lagerkosten u.ä nach erfolgreicher Drittwiderspruchsklage) *Schröder-Kay*⁸ Das Kostenwesen der GV § 3 GVKG Anm. 4; *Hartmann* (Fn. 12) § 3 GVKG Rdnr. 10; *Thomas/Putzo*¹⁸ Rdnr. 8; a.M. *Alisch* DGVZ 1982, 113 (anders noch DGVZ 1979, 5 ff.). → aber auch § 885 Rdnr. 39 f.
¹⁹ → Rdnr. 35–37 vor § 704.
²⁰ *OLGe München* Rpfleger 1974, 320; *Hamm* MDR 1978, 585; *LG Itzhoe* MDR 1990, 557. Zur zeitlichen Überschneidung von Leistung u. ZV-Anträgen → Rdnr. 20.
²¹ *RG* Gruch 44 (1900), 202; *OLGe Hamburg, Rostock* OLGRsp 5, 119; 20, 304; *KG* (Fn. 6); vgl. auch *OLG Schleswig* Büro 1980, 1040.
²² Es sei denn, sie regeln eindeutig auch die ZV-Kosten *OLG Hamm* MDR 1966, 1010⁵³; *KG* Rpfleger 1981, 410 = MDR 1029 = DGVZ 1982, 25 (für Vergleiche im ZV-Verfahren, → dazu Rdnr. 13a a.E.). Eine Vereinbarung im Vergleich über »Prozeßkosten« o.ä. umfaßt nicht ohne weiteres die Kosten der ZV → Rdnr. 32 Fn. 350.
²³ S. *RG* JW 1898, 658 f.; JW 1899, 88; *OLG Braunschweig* OLGRsp 23, 209 f. (zu §§ 888 f. → Rdnr. 11).

4 § 788 Abs. 1 setzt *immer* den Beginn der Vollstreckung[24] voraus[25]; → auch Rdnr. 26. Dafür genügt hier allerdings schon, daß der Gerichtsvollzieher Wohnung oder Geschäftslokal betritt, um antragsgemäß zu pfänden oder wegzunehmen (zu räumen), sollte auch der Schuldner dabei freiwillig leisten[26]. Findet eine Vollstreckungshandlung nicht statt wegen vorheriger Erfüllung, Einstellung oder Antragsrücknahme vor Durchführung der ersten Vollstreckungsmaßnahme, so entsteht keine Kostenpflicht[27]. Ob dies auch dann gilt, wenn der Gerichtsvollzieher eine beantragte Sachpfändung verweigert wegen amtsbekannter Pfandlosigkeit des Schuldners[28], ist zweifelhaft. Die Kostenpflicht sollte zumindest dann bejaht werden, wenn der Gläubiger dennoch (obwohl erfolglos) auf einem Pfändungsversuch bestanden hatte[29]. Hat die Vollstreckung einmal begonnen, auch wegen eines Restes[30] oder nur wegen Prozeßkosten, dann gehören – ungeachtet des Erfolgs – aber auch die Vorbereitungskosten → Rdnr. 6f. zu Abs. 1, selbst wenn es später nicht zu dem vorbereiteten Akt, sondern nur zu einer anderen Beitreibungsart kommt[31].

4a Nach Abs. 1 S. 1 haftet der Titelschuldner nur, soweit er auch **Vollstreckungsschuldner** geworden ist[32]. Tritt der geplante Abs. 1 S. 3 in Kraft, wonach § 100 Abs. 3 und 4 entsprechend gelten sollen, so haften als Gesamtschuldner Verurteilte auch für die Vollstreckungskosten gesamtschuldnerisch (BR-Drucks. 134/94). Für Kosten, die *vor* Inkrafttreten entstanden waren (BR-Drucks. 134/94 Art. 3 Abs. 3), gilt jedoch folgendes: Selbst wenn ein Schuldner *gesamtschuldnerisch* haftet, trägt er nur die Kosten der gegen ihn selbst betriebenen Vollstreckung[33], bei *gemeinsamer* Vollstreckung durch mehrere Gläubiger[34] oder gegen mehrere Schuldner nach Kopfteilen[35], es sei denn, die Vollstreckungskosten sind ausnahmsweise als solche Gesamtschulden, so wenn sich *eine* Vollstreckungsmaßnahme *zwingend* zugleich gegen mehrere Gesamtschuldner richtet[36].

---

[24] → Rdnr. 106ff. vor § 704.

[25] H.M. *KG* DGVZ 1991, 170 = Büro 1558 = MDR 300 (→ aber Fn. 28f.); *AGe Neuwied, Pinneberg* DGVZ 1973, 77; 1978, 91. Daß der Erstattungsanspruch schon mit dem ZV-Antrag »im Keim« entsteht *BGH* JZ 1978, 173, genügt nicht für Abs. 1 S. 1, *KG* aaO. S. auch *LG Köln* Rpfleger 1990, 182 = Büro 400 zu Kosten vor Entstehung des Titels. – Abwegig *LG Karlsruhe* AnwBl 1971, 55 (Beitreibung von Mahnkosten des Anwalts, obwohl es zur ZV aus dem Titel nicht kommt).

[26] *OLG Karlsruhe* JW 1930, 729. Im übrigen ist die Aufforderung zur **GV** zur Leistung jedenfalls schon ZV-Handlung i.w.S. → § 754 Rdnr. 5 (über private Aufforderung → aber Rdnr. 13a).

[27] *KG* OLGRsp 25, 171u. Fn. 25; *OLG Frankfurt* NJW 1953, 671; *AG Pinneberg* DGVZ 1978, 91. A.M. *LG Bonn* DGVZ 1982, 186 (wo aber dabei übersehen wird, daß mangels ZV auch Kosten der ZV nicht entstehen können); *Baumbach/Hartmann*[52] Rdnr. 14. – S. auch *OLG Dresden* OLGRsp 19, 157 (Beschaffung der Leistung des § 887 vor Entstehung des Titels).

[28] So *KG* (Fn. 25) nach Leistung des titulierten Betrags; es übersieht jedoch, daß mangels Kostenpflicht folgerichtig auch eine Festsetzung wie → Rdnr. 27 ausscheiden würde.

[29] S. auch *Zöller/Stöber*[18] § 900 Rdnr. 3 a.E. Ob der Gläubiger die Weigerung des GV nur gegenüber diesem oder nach § 766 rügt, darf nicht entscheidend sein; denn Erinnerungen als solche setzen den Beginn der ZV weder voraus (arg. § 766 Abs. 2) noch können sie diesen herbeiführen.

[30] → auch Rdnr. 18a Fn. 189.

[31] *OLG Karlsruhe* (Fn. 26): Grundbuchauszug für § 867, dann aber Zahlung an GV. – auch Fn. 176.

[32] Dazu *Fäustle* MDR 1970, 115f. – Zur Fälligkeit und Aufrechenbarkeit *Pohle* JZ 1957, 24; MDR 1959, 314.

[33] H.M. (s. auch § 425 BGB; § 100 Abs. 4 gilt hier nicht): *OLGe München* NJW 1974, 957 = MDR 408 mwN; *Köln* MDR 1977, 850; *LGe Berlin* Rpfleger 1982, 485 = DGVZ 1983, 183 (ausführlich) mwN; *Frankenthal* Büro 1989, 1264; *Kassel* Rpfleger 1985, 153; *Lübeck* DGVZ 1991, 156 = Büro 1992, 58; *Stuttgart* DGVZ 1993, 11; *AG Donaueschingen* DGVZ 1985, 711 (je zu § 6 BRAGO); *Fäustle* (Fn. 32); *Mümmler* Büro 1986, 1127f.; *Rosenberg/Gaul*[10] § 46 II 1c; *Zöller/Stöber*[19] Rdnr. 10; *MünchKommZPO-K. Schmidt* Rdnr. 24; *Hartmann* (Fn. 27) Rdnr. 2. – **A.M.** *LGe Hamburg* MDR 1969, 583; *Hannover* NdsRpfleger 1969, 208; *AG Walsrode* DGVZ 1985, 156; *Alisch* DGVZ 1984, 36; *Schimpf* MDR 1985, 102 u. DGVZ 1985, 177; s. auch den Gesetzesvorschlag bei *Markwardt* DGVZ 1993, 18f. (entspr. Anw. des § 100 Abs. 3, 4); zust. *Schilken* Rpfleger 1994, 142. Daß für Verzugsschäden nach **materiellem** Recht gesamtschuldnerisch zu haften wäre, genügt für § 788 nicht → Rdnr. 6; a.m. *LGe Hamburg, Hannover* aaO.

[34] Dazu gehört eine Wohnungseigentümergemeinschaft selbst dann, wenn sie durch einen Verwalter vertreten wird *LG Hannover* Büro 1990, 854; s. auch *BGH* Büro 1988, 64 mwN (ganz h.M.); a.m. aber *OLG Koblenz* Büro 1985, 711 (je zu § 6 BRAGO).

[35] *OLG München* (Fn. 33); *AG Donaueschingen* (Fn. 33); *Gaul* (Fn. 33) § 46 II 1c; *Thomas/Putzo*[18] Rdnr. 7; s. auch *Mümmler* Büro 1987, 1649f. Zur »Notwendigkeit« der ZV gegen mehrere Gesamtschuldner zugleich → Rdnr. 19; zur gebührenrechtlichen Behandlung anwaltlicher Zahlungsaufforderung, die zugleich mehrere Gesamtschuldner betrifft → Fn. 147.

[36] So bei Zwangsräumung gegen beide Ehegatten *LGe*

Soweit die Haftung nach dem Titel beschränkt ist (was für Prozeßkosten grundsätzlich nicht gilt → Rdnr. 10a vor § 91), so treffen auch die Vollstreckungskosten nur das haftende Vermögen.

2. Kosten der Zwangsvollstreckung sind – entsprechend → § 91 Rdnr. 28 ff. – alle Aufwendungen, die *unmittelbar* und *konkret zum Zwecke der Vorbereitung und des Betriebs* der Vollstreckung im engeren Sinne[37] gemacht werden[38]. Diese Voraussetzungen sind *neben* der Notwendigkeit zu prüfen[39] (sonst wären z.B. alle Kosten des vorangegangenen Verfahrens ebenfalls Vollstreckungskosten)[40]. In Zweifelsfällen ist zu beachten, daß es nicht der Sinn dieser vereinfachten Kostenerstattung sein kann, alle dem Gläubiger aus Schuldnerverzug erwachsenden Schäden und Aufwendungen als Vollstreckungskosten beizutreiben oder sonstige materiell-rechtliche Kostenerstattungsgründe[41] einzubeziehen. Dies hat, soweit nicht § 91 zutrifft, im ordentlichen Verfahren mit all seinen Garantien für eine gründliche Prüfung der Tat- und Rechtsfragen zu geschehen[42]. Das einfache und schnelle Verfahren der Kostenberechnung durch das Vollstreckungsorgan oder den Kosten festsetzenden Rechtspfleger würde entwertet, wollte man es immer mehr mit allen möglichen Gerechtigkeitserwägungen belasten, die schon vor der Vollstreckung zu verzögernden Rückfragen führen würden[43] und nachher einen Gebrauch von Rechtsmitteln geradezu herausfordern. Der Gläubiger erhielte Steine statt Brot[44]. Daher gehören Kosten, die lediglich *aus Anlaß der Vollstreckung* erwachsen (→ Rdnr. 13 ff.), nicht hierher, ebensowenig Sachschäden, die der Gläubiger erlitten hat[45].

a) Zu Abs. 1 gehören zunächst sämtliche Aufwendungen für die **formalen Vorbedingungen und die tatsächliche Vorbereitung** der begonnenen Vollstreckung[46]: Kosten für die Beschaffung der nötigen öffentlichen und öffentlich beglaubigten Urkunden[47], insbesondere nach S. 2[48]. Abs. 1 regelt zwar nur die *Beitreibung* von Vollstreckungskosten im Inland,

---

Mannheim NJW 1971, 1320 = Rpfleger 261; *Aurich* FamRZ 1973, 203 = DGVZ 168; *Hartmann* (Fn. 27) Rdnr. 3; *Brox/Walker*[4] Rdnr. 1674; *Stöber* (Fn. 33) Rdnr. 10. – Zur Frage, ob ein Gesamtschuldner gegen eine Kostenfestsetzung vorgehen kann, in der nur andere Gesamtschuldner benannt sind, *OLG München* MDR 1990, 62 (bejahend); *OLGe Schleswig* Büro 1981, 403; *Düsseldorf* Rpfleger 1985, 255 (verneinend).
[37] → Rdnr. 46 ff. vor § 704. → auch Rdnr. 8, 13, 13a sowie zur Haftung Dritter § 91 Rdnr. 27. – Die Kosten »der« und solche »in der« ZV (§ 57 BRAGO) müssen sich nicht decken *LG Berlin* Rpfleger 1974, 443.
[38] So ganz h.M. *Brox/Walker*[4] Rdnr. 1674; *Gaul* (Fn. 33) § 46 II 2; *K. Schmidt* (Fn. 33) Rdnr. 9; *Thomas/Putzo*[18] Rdnr. 14; *Noack* DGVZ 1983, 17; *Kammermeier* DGVZ 1990, 5; *OLG München* Büro 1989, 975 = Rpfleger 255 = MDR 460[77]; *AG Donaueschingen* Rpfleger 1990, 389; *AG Rastatt, LG Baden-Baden* Büro 1991, 1272 f. – A.M. *Johannsen* (Fn. 1) 10: Kosten der ZV seien alle Aufwendungen, die kausal auf die Vorbereitung bzw. Durchführung der ZV zurückzuführen sind (sog. weite Auslegung des § 788); s. auch *Stöber* (Fn. 33) Rdnr. 3; gegen das Kriterium der Unmittelbarkeit, aber nicht so weitgehend auch *Johannsen* auch *KG* Rpfleger 1974, 366 u. die → Fn. 40 Genannten. Umfassende Nachweise pro und contra bei *Johannsen* aaO 2 f.
[39] Jedoch nur für Prüfung der Notwendigkeit (→ Rdnr. 18 ff.) *Johannsen* (Fn. 1), 4 ff.
[40] Dies wird nicht beachtet von *Hofstetter* BB 1963, 581; *Haug* NJW 1963, 1910; *Berner* Rpfleger 1967, 185; *E. Schneider* MDR 1974, 887, wenn sie das Kriterium der Unmittelbarkeit verwerfen. *Johannsen* (Fn. 1), 3 (dort Fn. 24) will diesem Einwand entgehen, indem er nur solche Aufwendungen von § 788 erfaßt sieht, die nicht durch eine vorherige »Kostenberechnung festgesetzt« sind.
[41] → Rdnr. 14 ff. vor § 91.
[42] → vor § 91 Rdnr. 17, § 91 Rdnr. 36; s. z.B. *OLG München* NJW 1970, 1195 = MDR 599, zur Einklagung von Inkassogebühren in Fn. 91; *Finger* WRP 1978, 785; *Jäckle* Erstattungsfähigkeit usw. (1978) 115 f. (nein); *Eimer* DGVZ 1976, 7 (ja). S. auch *OLG Stuttgart* → Fn. 134; *Loritz* Konkurrenz materiellrechtlicher Ersatzansprüche u. prozessualer Kostenerstattungsansprüche usw. (Diss. Konstanz 1979); *E. Schneider* MDR 1981, 353 (361).
[43] S. *AG Bielefeld* DGVZ 1965, 10 (GV zu Rückfragen nicht verpflichtet); ferner *Michel* zu *LG Düsseldorf* Büro 1969, 881.
[44] → auch Fn. 33 a.E. – A.M. *Johannsen* (Fn. 1), 11: Er betont den Vorteil, daß alle Streitpunkte zwischen den Parteien in einem Verfahren abschließend geklärt werden können. Aber weder § 766 noch § 104 sind geeignete Rechtsbehelfe zur Klärung schwieriger materiellrechtlicher Fragen bezüglich eines zu vollstreckenden Anspruchs.
[45] A.M. *LG Freiburg* DGVZ 1992, 93, → Text vor Fn. 159.
[46] → auch Rdnr. 55 ff. vor § 704.
[47] Z.B. Grundbuchauszug bei der Immobiliar-ZV *OLG Karlsruhe* JW 1930, 729.
[48] Diese Kosten sind *auch* Prozeßkosten, denn der »Rechtsstreit« i.S.d. § 91 endet erst damit, → § 91 Rdnr. 18; ferner *AG Pinneberg* (Fn. 25).

unterscheidet aber bezüglich der Koste*npflicht* als solcher nicht danach, an welchem Ort und in welchem Verfahren die Vorbereitungs- oder Betriebskosten entstanden sind. Er gilt daher auch für die inländische Beitreibung von Kosten, die bei *Exequatur deutscher Titel im Ausland* entstanden, auch soweit diese dort nicht erstattungsfähig sind[49], einschließlich der Kosten für eine erforderliche Übersetzung des Titels[50]. Zu inländischen Exequaturkosten für *ausländische Titel* → Rdnr. 8 und über inländische Beitreibung von Kosten, die zuvor durch Vollstreckung aufgrund ausländischer Titel *im Ausland* entstanden, → Rdnr. 10. Zu Abs. 1 gehören ferner die Kosten einer zweiten Ausfertigung nach § 733[51], der Zeugnisse des § 706[52]; in den Fällen der §§ 726 f. nicht nur die Anwaltsgebühren[53], sondern auch die Kosten für die Beschaffung der dazu erforderlichen Urkunden[54]; die Kosten für die nach §§ 756, 765 erforderlichen Urkunden[55], auch eines vom Vollstreckungsorgan[56] über die Ordnungsmäßigkeit der Gegenleistung eingeholten Gutachtens → § 756 Rdnr. 3; ebenso eines Gutachtens bei einer Vollstreckung nach §§ 883 f.[57] oder §§ 887 ff.[58]; ferner für die Ermittlung des Wohnsitzes oder des Arbeitsplatzes des Schuldners[59] oder des Belegenheitsorts der herauszugebenden Sache[60], *nicht* aber die Kosten einer allgemeinen Überwachung des Schuldners durch eine Detektei[61]. Die Einholung einer Auskunft aus dem Schuldnerverzeichnis (§ 915 Abs. 3) *vor* Eintritt der Voraussetzungen des § 807 dient lediglich zur Vermeidung aussichtsloser Vollstreckungsversuche; solche Kosten sind daher nicht zur Vorbereitung »notwendig«[62]. Zur (anwaltlichen) Zahlungsaufforderung → Rdnr. 13 a, 18 a, 21.

8   **Nicht** hierher gehört die inländische Beitreibung von Kosten einer *Vollstreckbarerklärung ausländischer Titel* im Inland nach §§ 722 f.[63], § 1042[64] oder aufgrund bilateraler Vollstreckungsabkommen[65]; § 788 gilt allerdings (statt §§ 91 ff.) nach § 8 Abs. 4 AVAG für die Vollstreckbarerklärung von *Titeln aus dem EuGVÜ-Bereich* → § 723 Rdnr. 308 Fn. 28 f. und für Beschwerdeverfahren Rdnr. 311 Fn. 35 mit Rdnr. 317 Fn. 48. Die Kosten einer Devisen-

---

[49] Näheres → Anh. § 723 Rdnr. 35 Fn. 30 mit *OLG Düsseldorf* Rpfleger 1990, 184; obiter *LG Berlin* Büro 1986, 1585; a.M. *Hök* Büro 1990, 1393; *Stöber* (Fn. 33) Rdnr. 3 a.

[50] *LG Berlin* Büro 1986, 1585.

[51] *LG Frankenthal* Büro 1979, 1325. Einschränkend *Hansens* Büro 1985, 1121 ff. (nur wenn die Gründe für die Notwendigkeit einer zweiten Ausfertigung in der »Sphäre« des Schuldners liegen); ebenso *OLG München* Büro 1992, 431 (Anwalt des Gläubigers sandte versehentlich vollstreckb.Ausf. an Schuldner, der sie nicht zurückgab). Dazu → Fn. 175.

[52] → Rdnr. 107 vor § 704, § 706 Rdnr. 14.

[53] §§ 37 Nr. 7, 58 Abs. 2 Nr. 1 u. Abs. 3, 120 Abs. 2 BRAGO. – Gerichtsgebühren entstehen nach § 11 Abs. 1 GKG i. V. m. dem KV insoweit nicht (wohl aber Auslagen, Nr. 9000 KV).

[54] Allg. M. *Gaul* (Fn. 33) § 46 II 2 a mwN. S. auch *OLG Köln* KTS 1970, 52. – Zur devisenrechtlichen Genehmigung → aber Rdnr. 8.

[55] → § 756 Rdnr. 12. Zu Kosten des Angebots der Gegenleistung → Rdnr. 10, 13.

[56] Grundsätzlich nicht vom Gläubiger *OLG Köln* MDR 1986, 1033 = Büro 1581 (sichtbare Mängel einer Nachbesserung); wegen Ausnahmen bei §§ 887 f. → Fn. 58.

[57] → § 884 Fn. 2.

[58] *KG* OLGRsp 25, 171; KGBl 14, 98 (Immissionen); JW 1938, 2485 (§ 890, Nachweis der Zuwiderhandlung); *OLG Frankfurt* MDR 1983, 140 (§ 887, Ermittlung der Kosten für Baumängelbeseitigung durch Gläubiger); *OLG Zweibrücken* Büro 1986, 467 (§ 887, Prüfung, ob Nach-

besserung erledigt). Hier unter Umständen sogar Privatgutachtenkosten erstattungsfähig *OLGe Frankfurt, Zweibrücken* aaO; → auch § 91 Rdnr. 60 für Erkenntnisverfahren. Für § 756 → aber Fn. 56.

[59] Allg. M. *LGe Berlin* Büro 1985, 628; Rpfleger 1990, 37; *Bonn* WuM 1990, 585; *AG Bad Hersfeld* DGVZ 1993, 116; *K. Schmidt* (Fn. 33) Rdnr. 23; *Stöber* (Fn. 33) Rdnr. 13; je zu »Detektivkosten«; s. auch *LG Köln* Büro 1983, 1571 (Auskunftei); dazu → Rdnr. 21. – Nicht Kosten eines ZV-Versuchs, der an der fehlerhaften Angabe des Schuldneraufenthaltes scheitert *AGe Heidenheim* DGVZ 1972, 123 f.; *Itzehoe* DGVZ 1980, 28 (→ Fn. 205). – Zur Frage, ob **Anwälte** besondere Gebühren (neben § 58 BRAGO) für Anschriftenermittlungen erhalten, verneinend *Lorenschat* DGVZ 1989, 150; *LGe Konstanz* Büro 1993, 496 (VI. Kammer); *Hannover* AnwBl 1989, 687 je mwN bejahend *LG Konstanz* AnwBl 1991, 168 (II. Kammer); *AGe Einbeck* AnwBl 1983, 48 mwN; *Leverkusen* AnwBl 1987, 294.

[60] Vgl. *KG* JW 1938, 2844 (dort herauszugebendes Kind nach früherem Recht); *K. Schmidt* (Fn. 33) Rdnr. 18; → auch Rdnr. 21.

[61] *LG Hannover* Büro 1989, 705 = MDR 364.

[62] *AGe Dortmund, Ibbenbüren* DGVZ 1984, 124, 125; *AGe Paderborn, Wesel* DGVZ 1986, 30; 1990, 77; *Mümmler* Büro 1985, 1987 u. 1988, 1632. Über Anwaltsgebühren → § 900 Rdnr. 70.

[63] → § 722 Rdnr. 24; *OLGe Düsseldorf* MDR 1955, 560 = Rpfleger 165; *Hamm* MDR 1972, 1043 (für § 534).

[64] → § 1042 Rdnr. 32.

[65] Zu diesen → Anh. § 723 Rdnr. 53 ff., 362 ff.

genehmigung (§ 32 AußenwirtschG) fallen nicht unter Abs. 1, auch wenn diese erst dem Vollstreckungsorgan nachzuweisen ist[66], → dazu Rdnr. 58 vor § 704.

b) Problematisch ist die Behandlung der Beschaffungskosten für eine nach §§ 709, 712 Abs. 2 S. 2 *zu leistende* **Sicherheit des Gläubigers,** wie etwa die Kosten einer Bankbürgschaft, der Zinsverlust durch Einsatz eigenen Kapitals, Darlehenskosten etc.[67]. Aufgrund einer Entscheidung des *BGH*, wonach die Kosten für die Beschaffung einer Avalbürgschaft jedenfalls Gegenstand eines *prozessualen* Erstattungsanspruchs seien[68], hat die Rechtsprechung weithin die früher h.M. aufgegeben und hält die Beschaffungskosten[69] zumindest einer Bankbürgschaft (zu sonstigen Beschaffungskosten → Fn. 77) nunmehr für (Vorbereitungs-)Kosten der Zwangsvollstreckung[70]. Dieser jetzt ü.M. steht zunächst das → Rdnr. 6 Gesagte entgegen. Ferner ist nicht einzusehen, daß das Risiko für den Fortbestand eines Titels, das diese Sicherheitsleistung mindern soll, verfahrensrechtlich den (nur vorläufig!) Unterliegenden von ·vornherein treffen sollte[71]. Außerdem wäre es ein Wertungswiderspruch[72], wenn zwar der vollstreckende Gläubiger die Beschaffungskosten sofort in einem prozessualen Erstattungsverfahren geltend machen könnte, *der Schuldner* aber seine Kosten zur Abwendung der Vollstreckung erst nachträglich im ordentlichen Prozeß nach § 717 Abs. 2 und im Falle § 717 Abs. 3 überhaupt nicht[73]. Zudem steht dieser Rechtsprechung entgegen, daß Kosten, die für einen Titel aufgewandt werden, um dessen vorläufige Vollstreckbarkeit erst zu erreichen, nur schwerlich bereits als Kosten im Sinne → Rdnr. 7 verstanden werden können. Wer sie also mit dem *BGH*[74] überhaupt als Verfahrenskosten ansehen will, müßte sie der *Schaffung des Titels,* also den §§ 91 ff. zurechnen[75], was wiederum bei etwaiger Kostenquotelung ungerecht sein könnte[76]. Schließlich gerät die Gegenmeinung in Schwierigkeiten, wenn sie zwar Avalprovisionen als »sicher feststellbar« zu Abs. 1 rechnet, aber nicht den Zinsverlust bei Hinterlegung eigenen Geldes oder Darlehensaufnahmen[77] bzw. dabei entste-

[66] Denn sie begründet erst das Recht zur ZV *K. Schmidt* (Fn. 33) Rdnr. 16; s. auch *OLG Frankfurt* (Fn. 27, zum Teil abw.). → im übrigen Einl. (20. Aufl.) Rdnr. 992, § 91 Rdnr. 23, 37.

[67] Dazu → § 91 Fn. 55; *Lange* VersR 1972, 713; *Noack* MDR 1972, 290.

[68] *BGH* NJW 1974, 693f. = BB 1974, 1042 (gegen *RGZ* 145, 300), wobei die Frage, ob dieser Anspruch »für die schlichte Beitreibung (§ 788 Abs. 1 Halbs. 1 ZPO) oder doch für das Kostenfestsetzungsverfahren (§§ 91, 104ff. ZPO) geeignet ist«, ausdrücklich offengelassen wurde; für § 91 *OLG Düsseldorf* GRUR 1987, 576.

[69] Aber nicht Kosten eines nur damit beauftragten Anwalts, sei es mangels Notwendigkeit (so *OLG München* Büro 1989, 549 = MDR 364), oder weil schon kein Gebührentatbestand erfüllt ist *Mümmler* aaO. – Zur Frage der Erstattungsfähigkeit von Anwaltsgebühren wegen Zustellung der Bürgschaftsurkunde *Hartmann* (Fn. 27) Rdnr. 39 (ja); *OLG Frankfurt* Büro 1990, 922 mwN (nein, kein Gebührentatbestand erfüllt).

[70] Nachweise → § 91 Fn. 55, ferner *KG* WM 1985, 878; *OLGe Hamburg* Büro 1984, 1733; *Köln* AnwBl 1987, 288; *Koblenz* OLGZ 1990, 127 (für andere Geltendmachung der Avalprovision fehle Rechtsschutzb); *OLGe München* Büro 1991, 598 = AnwBl 1993, 138 mwN (st. Rspr.); *Stuttgart* Büro 1976, 807; *Hartmann* (Fn. 27) Rdnr. 39; *Lange* (Fn. 67); *E. Schneider* MDR 1974, 885 (anders noch Büro 1968, 850 u. jetzt nur für Avalprovision); *Baur/Stürner*[11] Rdnr. 830; *Gaul* (Fn. 33) § 46 II 2 a; *Thomas/Putzo*[18] Rdnr. 18; *Stöber* (Fn. 33) Rdnr. 5; *Schuschke* Rdnr. 12; ferner *OLG Schleswig* Büro 1988, 257 mwN: auch im Fall → Fn. 173, aber nur bei Abänderung des Urteils zugunsten des Schuldners; außerdem nur ab dem Zeitpunkt der Zulassung einer Bankbürg-

schaft als Sicherheit; für diese Einschränkung (nur bei Zulassung) ebenfalls *OLGe Bamberg* Büro 1987, 933; *Koblenz* OLGZ 1993, 213. → dazu auch § 108 Rdnr. 19). – Zur älteren Rsp → 19. Aufl. Fn. 14 ff.

[71] *Wieczorek*[2] Anm. B II.

[72] So zutreffend noch *KG* NJW 1968, 256f.

[73] → Rdnr. 17, 35 u. § 717 Rdnr. 53. – Genau umgekehrt argumentiert *Tschischgale* einerseits Büro 1966, 44, anderseits Büro 1967, 518.

[74] → Fn. 68.

[75] Auch für das anwaltliche Gebührenrecht ist das Verfahren der Sicherheitsleistung dem Erkenntnisverfahren zuzurechnen *Mümmler* Büro 1989, 549.

[76] Nämlich soweit die Sicherheit lediglich für solche Ansprüche geleistet wird, die laut Urteil oder Vergleich dem Gläubiger verblieben sind. Zust. *K. Schmidt* (Fn. 33) Rdnr. 17. Die **h.M.** hält die Avalprovision jedoch für Kosten nach § 788 und kommt so folgerichtig zur alleinigen Belastung des Schuldners mit diesen Kosten ohne Rücksicht auf die Kostenquotelung im Titel (→ Rdnr. 3), *Hartmann* (Fn. 27) Rdnr. 39; *OLGe Koblenz* OLGZ 1993, 213; *Köln* (Fn. 70); *Schleswig* (Fn. 70); *Düsseldorf* Büro 1984, 598 (für Quotelung noch *OLG Düsseldorf* Büro 1974, 1443, dagegen aber *OLG Frankfurt/M* MDR 1978, 233).

[77] Die unterschiedliche Behandlung von Avalprovisionen und der Kosten andersartiger Sicherheitengestellung ist wenig einleuchtend, so auch *Schuschke* Rdnr. 12, der daraus freilich umgekehrt folgert, auch Kosten des Zinsverlusts bei Verwendung eigener Mittel seien erstattungsfähig, ebenso *Hartmann* (Fn. 27) Rdnr. 40; tendenziell auch *Brox/Walker*[4] Rdnr. 1675. **Gegen** die Erstattungsfähigkeit von Zinsverlusten bzw. eigenen Darlehenszinsen aber die → § 91 Fn. 55 Genannten; ferner *OLG Köln*

hende Grundschuldkosten[78]. Aus diesen Gründen gehören die Beschaffungskosten einer die Vollstreckbarkeit des Titels begründenden Sicherheit **nicht zu Abs. 1**[79]. – Gleiches gilt für Anwaltskosten für die Hinterlegung einer Sicherheit durch den Gläubiger[80] und erst recht für jene der Rückerlangung einer Sicherheit[81]. Über **Sicherheitsleistungen des Schuldners** → Rdnr. 17, 35 und solche *Dritter* → Rdnr. 16 und § 771 Rdnr. 66 mit § 769 Rdnr. 20.

10 c) Kosten des **Vollstreckungsbetriebs** sind solche, die mit dem Beginn und der weiteren Durchführung der Vollstreckung *unmittelbar* zusammenhängen, und zwar auch dann, wenn sie durch Vollstreckung *im Ausland* entstanden aus Titeln, die im Inland für vollstreckbar erklärt sind[82]: Auslagen und Gebühren *des Gerichtsvollziehers (GVKG)*, auch für die gewaltsame Wohnungsöffnung[83] und die zur Vorpfändung (§ 845)[84] und Pfändung (§§ 829, 857) gehörigen Zustellungen[85]; Kosten für die Vertretung durch einen *Anwalt* (ist allerdings ein Notar Gläubiger, so entfällt die Notwendigkeit der Einschaltung eines nach § 78 nicht erforderlichen Anwalts[86]) bei allen Akten des Betriebs (§ 91 Abs. 2)[87] einschließlich des Vollstreckungsantrags und der Fertigung einer Vorpfändung[88]; auch die Hebegebühr des Anwalts nach § 22 BRAGO[89] (nicht aber bei freiwilliger Leistung an ihn[90]). *Inkassobürogebühren* (→ auch § 91 Rdnr. 35, 92) fallen nur insoweit unter Abs. 1, als sie ausschließlich die

---

(Fn. 70); *KG* MDR 1974, 938; *Gaul* (Fn. 70); s. auch *OLG Hamburg* Büro 1990, 1677 (Kosten der Bestellung einer ausländischen Rückbürgschaft, um inländischer Bank zu einer Avalbürgschaft zu bewegen, sind nicht erstattungsfähig).
[78] *OLG München* NJW 1974, 957.
[79] *RG* (Fn. 68); Gruch 41 (1897), 1183; weitere Rsp → § 91 Fn. 55 (wegen älterer Rsp → 20 Aufl. Fn. 37); *Wieczorek*[2] Anm. B II; *K. Schmidt* (Fn. 33) Rdnr. 17.
[80] *KG* MDR 1965, 395 = Büro 316 (weder § 91 noch § 788). Ob solche Anwaltsgebühren überhaupt entstehen bzw. ob sie notwendig sind, s. *OLGe Schleswig, Karlsruhe* Büro 1984, 941; 1984, 1515 (zum Streitstand *Mümmler* aaO); *Frankfurt* Rpfleger 1990, 270. – **A.M.** *OLGe Düsseldorf* Büro 1978, 1379 = Rpfleger 335; *Karlsruhe* aaO; *LG Hanau* Büro 1983, 382; *Lappe* Rpfleger 1961, 59; *Thomas/Putzo*[18] Rdnr. 18. – Kosten der Hinterlegung gepfändeter Beträge durch **Drittschuldner** nach § 853 sind aber *KG*-Kosten → § 853 Rdnr. 11.
[81] *Wieczorek*[2] Anm. B II, → dazu § 91 Rdnr. 37 (Fn. 84); s. auch *OLG Rostock* MecklZ 1920, 266f. – A.M. *Hartmann* (Fn. 27) Rdnr. 40; *Stöber* (Fn. 29) Rdnr. 13.
[82] *LG Passau* Rpfleger 1989, 342 (abl. *Ilg*) für österreichische Titel (zu diesen → Anh. § 723 Rdnr. 85, 385); zust. *K. Schmidt* (Fn. 33) Rdnr. 11; a.M. *Stöber* (Fn. 33) Rdnr. 3a. Als Grundlage der ZV ist auch dabei nur der titulierte Anspruch anzusehen, soweit er im Inland für vollstreckbar erklärt ist; eine ausländische **Kostengrundentscheidung** kann daher nicht einfach im Inland »ausgefüllt« werden mit im Ausland ersatzfähigen ZV-Kosten, → § 723 Fn. 15 a.E. Über Exequaturkosten im Ausland → Rdnr. 7, im Inland → Rdnr. 8. Ob und wie im Ausland entstandene ZV-Kosten **dort** beigetrieben werden können, richtet sich nach dem Recht des Vollstreckungsstaates → Anh. § 723 Rdnr. 35 Fn. 30.
[83] *AG Berlin-Neukölln* DGVZ 1986, 78 (selbst wenn die zugezogenen Zeugen und Hilfsmittel nicht zum Einsatz kommen müssen); → auch Fn. 176 u. § 885 Rdnr. 36, zur Kostentragungspflicht bei der Zwangsräumung von Wohnraum ferner *Brossette* NJW 1989, 963.

[84] Zu ihrer Notwendigkeit → § 845 Rdnr. 27, ferner *OLG Hamburg* Büro 1990, 533 (*Mümmler*); *KG* Büro 1987, 715 = Rpfleger 216 = MDR 595. Zu eng *OLG Frankfurt* MDR 1994, 843, da bei Gehaltskonten in aller Regel Konkurrenzpfändungen drohen.
[85] *AGe Lübeck* SchlHA 1954, 17; *Schöneberg* DGVZ 1971, 92f. (Haftbefehl). – *KG* OLGRsp 25, 145 schließt sie nur im Verhältnis zum GV selbst für § 766 aus. → auch Fn. 198f. – **Gebühren** für Parteizustellung: § 16 GVKG, § 58 Abs. 2 Nr. 2 BRAGO.
[86] So *LG Saarbrücken* DGVZ 1989, 91; *AG Erkelenz* DGVZ 1993, 77; *Hartmann* (Fn. 27) Rdnr. 5; enger aber Rdnr. 32; *K. Schmidt* (Fn. 33) Rdnr. 22. – A.M. *AGe Düsseldorf* DGVZ 1988, 30 = Büro 740 (abl. *Mümmler* mwN); *Essen* DGVZ 1993, 77.
[87] Allgemein zur Anwaltsgebühr in der ZV *Krauthausen* DGVZ 1984, 180.
[88] *OLG München* NJW 1973, 2070 = Rpfleger 373 = MDR 943, → auch zur Zustellung Fn. 84; *AG Biberach* DGVZ 1963, 61. Zur Notwendigkeit von Anwaltskosten *Lorenschat* (Fn. 59) gegen *AG Menden* DGVZ 1989, 76. – Wegen Anwaltgebühren bei der ZV nach §§ 756, 765s. *KG* AnwBl 1974, 186.
[89] Nicht soweit sie im Zusammenhang mit der Herbeiführung der vorläufigen Vollstreckbarkeit anfällt, → Rdnr. 8f. Zudem wird sie gelegentlich nicht notwendig sein, → Rdnr. 20f. Wie hier *OLG Naumburg* JW 1938, 1185; *KG* Büro 1981, 1349 mwN (auch bei Selbstverpflichtung des Schuldners zur Zahlung in einem Vergleich); *LGe Berlin* Rpfleger 1976, 438; *Frankenthal* (Fn. 51); *Koblenz* DGVZ 1984, 43; ferner *Noack* DGVZ 1971, 134. – A.M. *AG Flensburg* DGVZ 1974, 13f.; *Wieczorek*[2] Anm. B III a 2.
[90] → auch § 91 Rdnr. 25 Fn. 48. S. noch *OLG Frankfurt* Büro 1959, 520 (Erstattungsfähigkeit bei besonderer Eile oder schwieriger Rechtslage); a.M. *OLG Frankfurt* MDR 1981, 856 mwN. S. auch *Hartmann* (Fn. 12) § 22 BRAGO Rdnr. 20 (Erstattungsfähigkeit *gerade* bei freiwilliger Leistung).

Durchführung staatlicher Vollstreckung[91] *anstelle* anwaltlicher Hilfe abgelten[92]. Die Kostenbegrenzung auf entsprechend hohe Anwaltskosten gilt auch für *Rechtsbeistände*[93]. Über anwaltliche Leistungsaufforderungen (Zahlungsaufforderungen) → Rdnr. 13a, 18a, 21.- Ferner gehören hierher die Kosten der *Zwangseintragung*, § 867 Abs. 1[94], der Unterbringung[95] und *Erhaltung der Pfänder*[96] (eine Verwaltung durch einen *Sequester*[97] gehört aber *nicht* mehr zur ZV und fällt daher nicht unter Abs. 1, str.[98]), ihrer *Überführung an einen anderen Ort* zwecks günstigerer Verwertung[99], der *Einziehung bei der Forderungspfändung* einschließlich eines erforderlichen Rechtsstreits mit dem Drittschuldner[100], Kosten, die den Gläubiger wegen der Erklärung nach § 840 treffen[101], der Hinterlegung in den Fällen → § 804 Rdnr. 49; auch Steuerberatungskosten nach Pfändung von Steuererstattungsansprüchen[102]; die Kosten für die *Erlaubnis nach § 761*[103] und die *richterliche Durchsuchungsermächti-*

---

[91] Zur Geltendmachung außerhalb der ZV als **Verzugsschaden** OLGe Düsseldorf Büro 1988, 1512; sehr ausführlich Dresden Rpfleger 1994, 260; AGe Überlingen Büro 1991, 1655; Offenbach Büro 1993, 484 (Mümmler mwN); Garmissen Büro 1993, 641 zur Rsp des OLG München; Löswich NJW 1986, 1725; Wedel Büro 1994, 74 → auch Fn. 42.

[92] Das sind zugleich Voraussetzungen ihrer Notwendigkeit (→ Rdnr. 19); LGe Mosbach; Nürnberg-Fürth; Landau; Hanau; Hamburg Rpfleger 1984, 199; Büro 1987, 1258 (Mümmler mwN); DGVZ 1988, 28; Büro 1989, 1552; 1990, 1291; grundsätzlich auch LG Ravensburg DGVZ 1989, 173 = Büro 1990, 46 (aber nur, wenn Rechnung des Inkassobüros nachprüfbar); AGe Mönchengladbach-Rheydt; Paderborn; Straubing; Ibbenbüren DGVZ 1984, 127; Büro 1985, 1896 (Mümmler mwN); DGVZ 1987, 62; DGVZ 1988, 78; Gaul (Fn. 33) § 46 II 2b; K. Schmidt (Fn. 33) Rdnr. 22; Lappe Rpfleger 1985, 283; Mümmler Büro 1993, 337.
LG Kassel Büro 1985, 1269 bejaht Erstattung von Inkassobüro- und Rechtsbeistandsgebühren nebeneinander, wenn unterschiedliche Tätigkeiten betreffend; ebenso, falls der Anwalt erst nach dem Inkassobüro tätig wurde LG Wiesbaden DGVZ 1989, 13 = Büro 652 gegen LG Mosbach aaO. Für uneingeschränkte Erstattungsfähigkeit Eimer (Fn. 42) mwN; G. Hagen Büro 1992, 1f.
Zu eng LG Kassel DGVZ 1976, 61; Finger u. Jäckle (Fn. 42); s. auch ders. NJW 1986, 2692.

[93] Für sie gilt nach Art. IX KostÄndG (im Gegensatz zu Inkassobüros, Art. IX Abs. 2 → dazu § 91 Rdnr. 92) ohnehin die BRAGO; die abw. Gebührenstaffel für Beistände → § 91 Rdnr. 92 gilt nicht mehr; ohnehin handelt es sich um eine auslaufende Materie, da neue Beistände nicht mehr zugelassen werden; Hartmann (Fn. 12) § 57 BRAGO Rdnr. 36 u. Einl. vor Art IX KostÄndG; s. auch LG Mosbach AnwBl 1984, 220.

[94] KG KGBl 11, 94; dazu Löscher Rpfleger 1960, 355.

[95] LG Frankfurt/M. DGVZ 1989, 92 (dort jedoch Kostenentstehung wegen § 11 GVKG abgelehnt, da GV bei Pfändung gemäß § 826 den Gläubiger nicht korrekt über Vorpfändungen informierte, die den Wert der Sache beinahe erreichten).

[96] KG u. OLG Kiel OLGRsp 29, 198f. (Futterkosten); Stöber (Fn. 33) Rdnr. 13 »Erhaltung«, »Futterkosten«, »Lagerung«; K. Schmidt (Fn. 33) Rdnr. 11; s. aber auch OLG Frankfurt/M. DGVZ 1982, 61 (Verwahrung ist zu beenden, wenn der einbehaltene Vorschuß dafür verbraucht ist und der Gläubiger trotz Aufforderung nicht nachleistet). - Erstattungsfähig sind auch Transportkosten zum Verwahrungsort oder zum Sequester KG DGVZ 1986, 183 = NJW-RR 575 (→ auch § 883 Rdnr. 11); a.m. Hartmann (Fn. 27) Rdnr. 37. Zu Transport- u. Verwahrungskosten im Falle des § 885 → dort Rdnr. 36 mwN u. zu Veräußerungskosten → § 885 Rdnr. 49.

[97] Zur Vergütung → § 938 (20. Aufl.) Rdnr. 22; OLGe Bremen, Stuttgart DGVZ 1993, 9; 1994, 88; LG Braunschweig DGVZ 1990, 121.

[98] OLGe Schleswig Büro 1992, 703 mwN; Koblenz Rpfleger 1991, 523 = Büro 1560 mwN (zust. *Mümmler*); Zöller/Vollkommer[18] § 938 Rdnr. 8; *Mümmler* Büro 1988, 434, wohl h.M. – A.M. für reine Verwahrungskosten OLGe Düsseldorf Büro 1989, 550; Karlsruhe Rpfleger 1981, 157 = DGVZ 20; KG DGVZ 1986, 183 = Büro 1987, 125 = NJW-RR 575. »Sequestration« setzt aber Verwaltungstätigkeit voraus, so § 195 Nr. 3 GVGA u. die h.M., z.B. *Nies* MDR 1993, 937 mwN. Die Problematik liegt also darin, ob solche Formulierungsfehler durch Titelauslegung im Kostenverfahren überspielt werden können, so KG aaO; enger OLG Koblenz aaO (nur bei offensichtlichem Erklärungsirrtum des Gerichts). Für Festsetzung nach § 788 auch im Falle »echter« (verwalteter) Sequestration OLG Karlsruhe DGVZ 1993, 26 = Büro 495 (zu Unrecht unter Berufung auf → § 938 20. Aufl. Rdnr. 22 a.E.) u. *Vollkommer* aaO Rdnr. 10, die zwar eine Erstattungspflicht des Schuldners für die Sequestrationskosten bejahen, aber Festsetzung im Erkenntnisverfahren, nicht nach § 788, so eindeutig *Vollkommer* aaO Rdnr. 9; ebenso für Vergütung OLG Bremen (Fn. 97).

[99] LG Hamburg MDR 1953, 433.

[100] → § 835 Rdnr. 28–30, 52. Wie dort K. Schmidt (Fn. 33) Rdnr. 12 mwN; OLGe Karlsruhe Rpfleger 1994, 118 = MDR 95; Köln MDR 1992, 268 (dort zur Klageandrohung mangels Auskunft); Koblenz Büro 1991, 602; Düsseldorf Büro 1990, 1014; KG MDR 1989, 745f.; LG Oldenburg Rpfleger 1991, 218 (zust. *Hintzen*): auch Anwaltsgebühren trotz § 12a ArbGG (dazu auch BAG NJW 1990, 2643); a.M. OLGe Schleswig Büro 1992, 500; München Büro 1990, 1355 = MDR 931 = Rpfleger 528; Bamberg Büro 1994, 612 je mwN; LG Berlin Büro 1990, 138 = Büro 1678.

[101] → § 840 Rdnr. 35, 36 (dort insbesondere Fn. 136).

[102] LGe Heilbronn, Dortmund Büro 1993, 1570; 1990, 1050 mwN; Hansens Büro 1989, 1034 mwN; K. Schmidt (Fn. 33) Rdnr. 23 »Steuerberatungskosten« mwN. Nach h.M. ist jedoch die Erstattungshöhe auf entsprechende Anwaltskosten zu beschränken LG Heilbronn, K. Schmidt aaO; insoweit a.M. Hansens aaO. LG Düsseldorf DGVZ 1991, 11 = Büro 130 (*Mümmler* mwN) verneint Notwendigkeit bei einfach gelagertem Fall; so auch Hansens aaO mwN; LG Gießen DGVZ 1994, 8. – A.M. (überhaupt nicht erstattungsfähig) LG Berlin DGVZ 1985, 43; offenlassend LG Köln Büro 1990, 1355.

[103] → 761 Rdnr. 4.

gung[104]; die Kosten einer erforderlichen *Anwesenheit des Gläubigers*[105] oder der Zeugen in den Fällen des § 759, die einer *früheren erfolglosen Vollstreckung* aus demselben Titel[106], des tatsächlichen *Angebots der Gegenleistung* bei der Vollstreckung Zug um Zug, sofern der Gläubiger nach materiellem Recht seine Leistung nicht ohnehin zum Schuldnerwohnsitz schaffen muß[107]; die Kosten der Urkundenerteilung im Falle des § 792[108]. Über Kosten der Herausgabe- und Räumungsvollstreckung → § 883 Rdnr. 5, 31, 41; § 885 Rdnr. 36, 49; § 886 Rdnr. 7; der Handlungsvollstreckung § 887 Rdnr. 45, 49–51; § 888 Rdnr. 45; der eidesstattlichen Versicherung nach BGB § 889 Rdnr. 13 und nach ZPO §§ 900 Rdnr. 68 ff.; 903 Rdnr. 7; 909 Rdnr. 21 (Verhaftung); der Unterlassungs- und Duldungsvollstreckung § 890 Rdnr. 66 ff.

11   Umstritten ist die Anwendung des § 788 auf Verfahren nach § 891, obwohl in den Fällen §§ 887–890 Antrag und Entscheidung bereits zur Vollstreckung gehören[109]. Daß die Kosten einer *Ersatzvornahme* vom Schuldner zu tragen sind, ergibt sich im Einklang mit § 788 schon aus der Verurteilung nach § 887 Abs. 2 oder 3[110]. Es ist auch vertretbar, § 788 auf einen gesonderten *Androhungsbeschluß* nach § 890 Abs. 2 anzuwenden[111], dessen »Notwendigkeit« allerdings fehlen wird, wenn der Antrag vernünftigerweise schon im Erkenntnisverfahren ohne Mehrkosten zu stellen war[112]. → auch § 889 Rdnr. 13. Jedoch kann es zu groben Ungerechtigkeiten führen und sorgloser Prozeßausweitung Vorschub leisten, wenn die Kosten der *übrigen Beschlußverfahren* im Rahmen der §§ 887, 888 und 890 bei Unterliegen[113] oder nur teilweisem Obsiegen des Gläubigers oder bei Antragsrücknahme[114] nach § 788 ganz dem Schuldner aufgebürdet werden, etwa weil der Anschein nicht widerlegt werden kann, daß dem Gläubiger der Antrag und seine Beweisanträge, die zum Beispiel in Mängelbeseitigungs- und wettbewerblichen Unterlassungssachen recht teuer sein können, ex ante notwendig erscheinen durften[115]. In solchen Fällen, insbesondere bei Abstandnahme von der Zwangsvollstreckung (→ Fn. 120), dürfte es reine Illusion sein anzunehmen, die Organe der Geldvollstreckung oder der die Kosten festsetzende Rechtspfleger würden und könnten in jeder Hinsicht prüfen, ob und inwieweit der Antrag oder kostenträchtige Beweisanträge berechtigt bzw. notwendig waren; der Schuldner müßte also regelmäßig eigene und fremde

---

[104] S. § 758 Rdnr. 2. → Auch Fn. 183. – Sie entstehen wie bei → § 761 Rdnr. 4.
[105] *AG Frankfurt* DGVZ 1961, 62; über Zulässigkeit u. Notwendigkeit → § 758 Rdnr. 33, 36 Fn. 186.
[106] → auch Rdnr. 26a Fn. 301.
[107] → Rdnr. 13 u. → Rdnr. 12. Wie dort *LG Ulm* NJW-RR 1991, 191[71]; *OLG Hamburg* DGVZ 1971, 40 = NJW 1971, 387; *Noack* DGVZ 1975, 148; *K. Schmidt* (Fn. 33) Rdnr. 11 u. -MünchKommZPO-*Arnold* § 756 Rdnr. 46; *Schuschke* Rdnr. 6. – A.M. *Wieczorek*² Anm. B II a.A. (niemals Vollstreckungskosten) – genau entgegengesetzt (immer Vollstreckungskosten, selbst wenn die Kosten auch ohne ZV sowieso angefallen wären) *LG Berlin* Büro 1985, 1581; und auch *Wieczorek*² § 756 Anm. B I c – unklar *Stöber* (Fn. 33) Rdnr. 4; *Hartmann* (Fn. 27) Rdnr. 25; (jeweils für Anwendung des § 788, soweit ZV zu Mehraufwendungen führt, im Falle des § 756 gleichwohl ablehnend, obwohl bei materieller Holschuld gerade Mehrkosten entstehen, dies übersieht auch *OLG Frankfurt* Rpfleger 1980, 28 = Büro 1979, 1721 mwN → auch Rdnr. 13). Notwendigkeit fehlt, wenn ein *tatsächliches* Angebot nicht erforderlich war (§§ 295f. BGB), oder wenn der bereits eingetretene Annahmeverzug in der § 756 verlangten Form billiger hätte nachgewiesen werden können. – Zum nicht ordnungsgemäßen Nachweis, *OLG Bamberg* Büro 1978, 243.
[108] Näheres → § 792 Rdnr. 5.
[109] → Rdnr. 113 vor § 704.
[110] → § 887 Rdnr. 50; *OLGe Hamm* Büro 1977, 1457; *Frankfurt* MDR 1981, 1025 = Rpfleger 495 = Büro 1583; *Düsseldorf* MDR 1984, 323 (auch für die Kosten der Vorfinanzierung durch den Gläubiger → dazu auch § 887 Rdnr. 44). S. auch *OLG München* Büro 1992, 270; *KG* Büro 1993, 747 = Rpfleger 1994, 31 für die Zulässigkeit der Festsetzung von Ersatzvornahmekosten nach § 788, wenn sie die Kosten aus einem Vorschußtitel übersteigen.
[111] *OLG Bremen* NJW 1971, 58, das aber den Einwand, die Androhung sei mangels Zuwiderhandlungsgefahr unnötig, im Kostenfestsetzungsverfahren nicht mehr zulassen will, weil der Schuldner den Antrag mangels Rechtsschutzbedürfnisses hätte zu Fall bringen können; s. aber auch *OLG Saarbrücken* WRP 1979, 239. – Auch hier läßt jedoch *Pastor* Unterlassungsvollstreckung³, 319 vor §§ 91ff. gelten. – Für Androhungen wie § 888 Rdnr. 24 läßt *OLG Karlsruhe* FamRZ 1994, 55[33] nur § 788 gelten.
[112] *Pastor* (Fn. 111).
[113] Für Kostenentscheidung bei zurückweisendem Beschluß *OLG Koblenz* Büro 1982, 1897, im übrigen aber offenlassend, → Fn. 128 mwN; obiter *OLG Hamm* MDR 1985, 590[79]
[114] *OLG Oldenburg* Büro 1991, 1256.
[115] So aber *OLGe Saarbrücken* OLGZ 1965, 58; *München* Rpfleger 1974, 320; *Hamm* MDR 1978, 585 f. = DB 1590 = WRP 386.

Kosten tragen, auch soweit dies weder nach §§ 91 ff. noch nach § 788 angebracht wäre. Hingegen ist dem Prozeßgericht im Verfahren nach § 891 eine solche Prüfung viel eher möglich u. zumutbar[116]. Eine **Kostenentscheidung** kann auch gebührend berücksichtigen, daß nach dem Ergebnis der Beweisaufnahme der Schuldner ganz (§ 91) oder teilweise (§ 92) doch ordentlich geleistet hatte[117] oder wegen Unmöglichkeit entpflichtet ist[118], oder daß für § 890 Voraussetzungen fehlen[119]; bei Leistung *nach* Antragstellung oder sonstiger Erledigung ermöglicht § 91 a befriedigende Ergebnisse[120], zumal das »billige Ermessen« die Notwendigkeit des Antrags i. S. d. § 788 mit berücksichtigen kann[121]. § 96 erlaubt bei Entscheidungen nach §§ 91, 92 gerechte Kostentrennung für aussichtslose Angriffs- und Verteidigungsmittel, insbesondere Beweisanträge[122], auch wenn der Gläubiger voll obsiegt. Zudem gestatten Kostenentscheidungen dem Schuldner in solchen Fällen die Festsetzung *eigener* Aufwendungen, die er nach § 788 Abs. 2 niemals erstattet erhält → Rdnr. 35, insbesondere wenn eine beantragte Maßnahme nicht notwendig war[123]. Bei anderen Vollstreckungsarten wird dieses Ziel durch Kostenentscheidung im Verfahren nach §§ 766, 793 erreicht → Rdnr. 16. – Im übrigen würde das Erfolgsrisiko nach §§ 91 ff. allerdings abweichen von § 788, der auf die *erkennbare* Notwendigkeit abstellt[124]. Das ist aber bei solchen Verfahren, in denen es im Gegensatz zur sonstigen Zwangsvollstreckung wie in normalen Erkenntnisverfahren um erhebliche Aufklärungsinteressen geht[125], durchaus angemessen und führt zugleich zur Beschleuniung durch Zurückdrängung sorgloser Vollstreckungs- und Beweisanträge, wenn der Prozeßbevollmächtigte dem Gläubiger klar machen kann, daß bei Unaufklärbarkeit auch ihm Kosten drohen. Daß der Gesetzgeber die Regelung des § 788 trotz dieser Problematik auch für solche Erkenntnisverfahren ausnahmslos gelten lassen wollte, ist trotz des uneingeschränkten Wortlauts unwahrscheinlich. Denn es sollte nicht in Vergessenheit geraten, daß § 788 nur deshalb auf weitere Kostenverfahren verzichtet, weil sonst die vollständige Befriedigung immer wieder hinausgeschoben würde[126]; dies droht aber nicht, wenn ohnehin die Vollstreckung neue Beschlüsse erfordert[127].

---

[116] S. etwa *OLG Karlsruhe* Justiz 1980, 199f.
[117] *OLGe Hamm* (Fn. 113); *Zweibrücken* OLGZ 1990, 226 = Büro 403 (ausführlich begründet).
[118] → § 888 Rdnr. 10.
[119] → § 890 Rdnr. 18ff.
[120] → § 91a Rdnr. 3; *MünchKommZPO-Lindacher* § 91a Rdnr. 7; ferner *OLGe Zweibrücken* (Fn. 117) (obiter); *Koblenz* (Fn. 113); *Frankfurt* MDR 1978, 411; *E. Schneider* Büro 1965, 696. Anträge nach § 91a sind daher nicht in Kostenfestsetzungsanträge umzudeuten (so aber *LG Göttingen* NdsRpfl 1950, 22⁹). Nimmt der Gläubiger voreilig den Antrag *ausdrücklich* zurück (Anzeigen, daß die Vollstreckung nicht mehr stattfinden solle wegen Erfüllung, sollten aber im Zweifel als Erledigungserklärung ausgelegt werden), so begibt er sich dieses Vorteils und muß daher die Kosten selbst tragen; dies folgern *OLG Königsberg* JW 1928, 744²¹ (abl. *Carlebach* aus der Nichtanwendbarkeit des § 788; *OLG Frankfurt* aaO; *E. Schneider* aaO 697; *OLGe Saarbrücken* Büro 1987, 934; *Oldenburg* Büro 1991, 1256 aus § 269; a.M. *OLG Stuttgart* ZZP 68 (1955) 105f.; *KG* NJW-RR 1987, 192 mwN (richtigerweise wäre dort aber die »Rücknahme« als Erledigungserklärung anzusehen gewesen, siehe oben). Widerspricht der Schuldner der Erledigungserklärung, so ist auf § 788 zurückzugreifen (so im Ergebnis *OLG Köln* WRP 1983, 291): der Schuldner hat kein schutzwürdiges Interesse an einem Streit wie → § 91a Rdnr. 39ff., da auch bei Rücknahme in der ZV seine Einwilligung entgegen § 269 Abs. 1 nicht nötig wäre; allerdings sollte das Gericht ihn darauf aufmerksam machen.

[121] *OLG München* MDR 1964, 769 läßt auch bei § 91a *allein* die Notwendigkeit der Kosten entscheiden.
[122] → § 96 Rdnr. 1, 2.
[123] *OLG Hamm* Rpfleger 1973, 104; MDR 1978, 585 (Fn. 115). Für Kosten des *Schuldners* jetzt auch *OLG München* (XI.Senat) Büro 1991, 598ff. = MDR 357; allerdings hält es wohl an der Entscheidung Rpfleger 1974, 320 fest, in der die Anwendung §§ 91ff. für die Kosten des *Gläubigers* verneint wird unter Berufung auf *OLG Saarbrücken* OLGZ 1967, 38f. (ebenso Büro 1993, 27), das *nur* über Schuldnerkosten entscheiden will.
[124] *OLGe Hamm* (Fn. 115); *Bamberg* Büro 1987, 785. *OLG Karlsruhe* Justiz 1980, 199f. greift auch bei der Frage, ob eine Kostenentscheidung für den Schuldner in Betracht kommt, auf die für den Gläubiger erkennbare Notwendigkeit zurück (Mitberücksichtigung des Grundgedankens des § 788; so wohl auch *K. Schmidt* (Fn. 33) Rdnr. 27); das ist eine vertretbare Lösung.
[125] *OLGe Königsberg u. Frankfurt* (Fn. 120); *OLG Karlsruhe* Justiz 1973, 50; *OLG Zweibrücken* (Fn. 117); *Pastor* (Fn. 111) 139f.; → auch Fn. 115. – Der Vergleich *OLG Münchens* (Fn. 115) mit Verfahren nach §§ 788 Abs. 3, 844, 900 Abs. 5 hinkt aus den im Text genannten Gründen.
[126] So schon Begr. zum E I 449, → Einl. (20. Aufl.) Rdnr. 108.
[127] So auch *Pastor* (Fn. 111) 137ff.; s. auch *OLG Hamm* (Fn. 115): Rückgriff auf §§ 91ff. für Fälle, die § 788 nicht regelt. – A.M. *OLG München* (Fn. 115).

11a Daher sollten **grundsätzlich bei §§ 887, 888 und 890 Kostenentscheidungen** ergehen[128]. Nur wenn sich keine Zweifel an der vollen Kostentragungspflicht des Schuldners ergeben[129], darf die Abwicklung einer Festsetzung ohne Kostenentscheidung (→ Rdnr. 23, 27) oder nach Abs. 1 S. 1 dem Organ der Geldvollstreckung überlassen werden (→ Rdnr. 26). Ergeht dennoch keine Kostenentscheidung, wird man allerdings nach Durchführung der Vollstreckung § 788 anwenden müssen[130]. Wegen Beschwerdeverfahren zu §§ 887, 888, 890 → Rdnr. 16[131].

12 Nach § 811a Abs. 2 S. 4 gehört auch der bei einer Austauschpfändung für die Ersatzbeschaffung festgesetzte Geldbetrag dazu; dementsprechend sind auch die Aufwendungen des Gläubigers für die Beschaffung eines Ersatzstückes einschließlich notwendiger Transportkosten usw. zu behandeln. Wegen der Kosten des Zulassungsverfahrens → Rdnr. 38ff.

13 Dagegen gehören **nicht** hierher sämtliche Kosten für die außerhalb der Vollstreckung i. e. S. stehende Durchführung eines Urteils[132], z.B. für die Grundbucheintragung im Falle des § 895[133], für Maßnahmen, die aus dem Wegfall der Vollstreckbarkeit erwachsen wie etwa die Löschung von Zwangshypotheken[134], für die Versteigerung gemäß §§ 53ff. WEG aufgrund eines Urteils nach §§ 18f. WEG[135], die schon unter die Prozeßkosten fallende Veröffentlichung des Urteils nach § 23 Abs. 2 UWG[136], §§ 111 UrhG, 18 AGBG[137], oder eines Widerrufsurteils[138]; auch nicht die Kosten eines Konkurs/Insolvenzantrags[139] oder der Offenlegung einer Lohnabtretung[140]; Kosten, die der Gläubiger zwar unmittelbar zur Durchführung der Vollstreckung aufwendet, die er jedoch bei freiwilliger Leistung des Schuldners nach mate-

---

[128] *OLGe Düsseldorf* Büro 1990, 1014 (§§ 887ff. gehen § 788 vor); *Königsberg* (Fn. 120); *Stuttgart* ZZP 68 (1955) 397ff. (IV. u. II. Senat zu §§ 890, 888); *Karlsruhe* (Fn. 125), wohl auch Justiz 1977, 377; *Koblenz* GRUR 1984, 838 = WRP 347; *München* NJW-RR 1991, 1086 (XXI. Senat, anders aber XI.Senat → Fn. 123); *E. Schneider* (Fn. 120); *Pastor* (Fn. 111, 127); *Guntau* JuS 1983, 690 (dort in Fn. 30 a.E.); *Wieczorek*² Anm. § 888 E IV, § 890 C IV d; s. auch *K. Schmidt* (Fn. 33) Rdnr. 27 (Prozeßgericht *könne*, wie das VollstrGer auch, entscheiden, die Kostenentscheidung müsse aber an § 788 orientiert ergehen → Fn. 124). – auch § 887 Rdnr. 55. Einschränkend (§§ 91ff. nur bei Zurückweisung) *Thomas/Putzo*[18] Rdnr. 13 zu § 888, Rdnr. 31 zu § 890; *Stöber* (Fn. 33) § 887 Rdnr. 9; *OLGe Zweibrücken* (Fn. 117), *Saarbrücken* OLGZ 1967, 38 (sogar bei Beschwerde Entscheidung nur über Kosten des Schuldners); wohl auch *OLG München* (Fn. 123). Offenlassend für Zurückweisung *OLG Hamm* GRUR 1994, 83.- Noch enger *OLG Hamm* (Fn. 115): nur, wenn Schuldner den ZV-Antrag nicht veranlaßt habe (was allerdings in vielen der nach → Fn. 115 genannten Fälle zu einer Übereinstimmung der §§ 91ff. mit § 788 führt, auch wenn z.B. eine Person gegen Unterlassungsgebote verstößt, für die der Schuldner nicht einstehen muß, → dazu § 890 Rdnr. 22ff.), s. auch *OLGe Hamm* GRUR 1994, 83f.; *Karlsruhe* (Fn. 124); *KG* Rpfleger 1981, 318f.

[129] Insbesondere an der Notwendigkeit des Antrags i. S. d. § 887, s. dazu *OLG Bamberg* (Fn. 124).

[130] So auch *K. Schmidt* (Fn. 33) Rdnr. 27. Ebenso, wenn der Schuldner einer Erledigungserklärung des Gläubigers widerspricht; aber nicht nach Rücknahme, → Fn. 120. Zu § 321s. *KG* (Fn. 128 a.E.).

[131] Wie dort *Baur/Stürner*[11] Rdnr. 695 mit *J. Blomeyer* DNotZ 1975, 761, die richtig für § 890 auf die bloße Herabsetzung des Ordnungsgeldes nicht unbesehen § 92 anwenden; geschieht aber die Herabsetzung nur, weil nicht alle behaupteten u. von der 1. Instanz bejahten

Verstöße begangen wurden, so sollte § 92 gelten *OLG Stuttgart* ZZP 68 (1955) 400.

[132] → Rdnr. 46ff. vor § 704.

[133] *OLGe Celle* NJW 1968, 2246; *Köln* Büro 1969, 442 = JMBlNRW 1970, 148; *K. Schmidt* (Fn. 33) Rdnr. 13. Str. für Eintragung aufgrund einstweiliger Verfügung, hier gegen Anwendung des § 788: *OLGe München* MDR 1974, 939 = Rpfleger 323 = Büro 1036; *Köln* Büro 1987, 763 (abl. *Mümmler* mwN zur wohl herrschenden Gegenansicht); a.M. *Hartmann* (Fn. 27) Rdnr. 23; *OLGe Celle* aaO; *Düsseldorf* MDR 1985, 770; *KG* Rpfleger 1991, 433 = Büro 1412.

[134] *OLGe Frankfurt* Büro 1981, 786; *Stuttgart* Büro 1981, 285 = Rpfleger 158 (gegen die Begründung → aber § 867 Rdnr. 32); *München* (Fn. 38); *LG Berlin* Büro 1988, 1419 = Rpfleger 547; → auch zu Abs. 2 Rdnr. 35 Fn. 362; ebensowenig für die Kosten der Löschung eines zwangsweise eingetragenen Widerspruchs *OLG Schleswig* Büro 1988, 763. – A.M. *Hartmann* (Fn. 27) Rdnr 32; auch *OLG Oldenburg* Rpfleger 1983, 329 mwN (krit. *Lappe*) für Löschung zwangsweise eingetragener Vormerkung.

[135] *LG Nürnberg-Fürth* Büro 1966, 43; ferner *Palandt/Bassenge* BGB⁵² § 19 WEG Rdnr. 1 (»nicht nach ZPO«).

[136] *Pastor* Wettbewerbsprozeß³ 872, 903. – A.M. *RG* GRUR 1934, 381; *Baumbach/Hefermehl* Wettbewerbsrecht[17] § 23 UWG Rdnr. 11; *Hartmann* (Fn. 27) Rdnr. 47; *Stöber* (Fn. 33) Rdnr. 13 »Veröffentlichung«.

[137] *Pastor* (Fn. 136) 697 mit Fn. 25. – A.M. die in Fn. 136 Genannten, ferner *MünchKommBGB*³-*Gerlach* § 18 AGBG Rdnr. 3 mwN.

[138] In *OLG Stuttgart* Büro 1983, 940 = Rpfleger 175 war allerdings ein Veröffentlichungsanspruch gar nicht tenoriert, also auch Kosten nicht zulässig, → dazu Rdnr. 19a.

[139] *LG Berlin* MDR 1983, 587.

[140] *LG Köln* Büro 1990, 400 = Rpfleger 182 (obiter, »große Bedenken ob derartige Kosten unter § 788 fallen«); a.M. aber *LG Heidelberg* (Fn. 148).

riellem Recht auch selbst zu tragen hätte[141]; insbesondere die Versendungskosten der Übergabe an den Gläubiger im Falle des § 883, sofern es sich nicht um eine Bring- oder Schickschuld des Schuldners handelt[142], → im einzelnen § 883 Rdnr. 31; Kosten des Angebots der Gegenleistung gemäß §§ 756, 765, wenn es sich um eine Bring- oder Schickschuld des Gläubigers handelt[143].

Da der Gläubiger den Schuldner (außer bei Bagatell- oder Restbeträgen → Rdnr. 18a, 21 zu a) nicht zur Leistung aufzufordern, ihm Fristen oder Zahlungserleichterungen zu gewähren hat[144], sind Kosten, die durch anwaltliche Zahlungsaufforderungen[145] oder Verhandlungen über ein Entgegenkommen des Gläubigers entstehen[146], nicht nach Abs. 1 beizutreiben (→ auch Rdnr. 6); sie sind oft noch nicht einmal aus Anlaß der Vollstreckung entstanden, sondern zu deren Vermeidung. Trotzdem werden von der h.M. die Kosten von *Leistungsaufforderungen*[147] und von einer verbreiteten Ansicht auch die Kosten von *Teilzahlungs-*[148] und *Stundungsvergleichen*[149] für erstattungsfähig gehalten, falls die formellen Voraussetzungen der Vollstreckung zur Zeit der Verauslagung vorgelegen haben[150]; freilich gehören Kosten, die

13a

---

[141] LG Berlin DGVZ 1976, 156ff.; OLGe Stuttgart u. Hamburg Büro 1981, 779, 943 (→ dazu §§ 883 Rdnr. 31).
[142] H.M. OLG Hamburg MDR 1971, 145 = NJW 387 (auch zutreffend zu § 179 Nr. 2 GVGA); *Noack* (Fn. 107); beide aber inkonsequent, soweit es um die Gegenleistung geht; ferner *Jelinsky* Büro 1989, 125 mwN → 20. Aufl. § 883 Fn. 125 mwN.
[143] → auch Rdnr. 10 Fn. 107.
[144] LGe Essen DGVZ 1971, 170 (172); *Ulm* AnwBl 1975, 239.
[145] **Gegen Erstattungsfähigkeit** OLG Stuttgart Rpfleger 1984, 117, wenn es im Anwaltskammerbezirk nicht üblich ist, hierfür überhaupt Gebühren zu fordern, dazu krit. *K. Schmidt* (Fn. 33) Rdnr. 23 »Anwaltskosten«; *Mümmler* Büro 1992, 407. Vgl. auch OLG Dresden DR 1944, 343 (vorprozessuales Mahnschreiben), u. § 91 Rdnr. 40 mwN. Wichtigster Kostenfaktor sind dabei entstehende Anwaltsgebühren. Zur Frage, ob bereits eine **anwaltliche Zahlungsaufforderung** die Gebühr nach § 57 BRAGO auslöst: *Mümmler* Büro 1990, 1410 (nur wenn mit ZV-Drohung verbunden, sonst nur 2/10 Gebühr gem. §§ 56 Abs. 3, 120 BRAGO), s. auch ders. Büro 1989, 1227ff.; LAG Frankfurt/M Büro 1986, 1205 (ja, aber nur wenn Klausel bereits erteilt); OLG Düsseldorf MDR 1990, 162 (ja, aber nur wenn Schuldner ausreichend Zeit zur freiwilligen Leistung hatte, dies ist jedoch keine Frage der Gebührenentstehung, sondern der Notwendigkeit → Rdnr. 20).
[146] Neben (str.) der Gebühr des § 57 BRAGO kann auch in der ZV die Vergleichsgebühr des § 23 BRAGO anfallen. Allerdings stellt nicht jede Ratenzahlungs- oder Stundungsvereinbarung bereits einen Vergleich (d.h. ein gegenseitiges Nachgeben) dar, so aber OLG Zweibrücken Büro 1992, 429 = Rpfleger 408 = MDR 909; *Schuschke* Rdnr. 11 mwN. **Wie hier** KG MDR 1981, 1029 (Fn. 22); OLG Köln Büro 1979, 1642; LGe Baden-Baden Büro 1991, 1272; Bad Kreuznach DGVZ 1985, 169; Berlin Rpfleger 1976, 438; Bielefeld Rpfleger 1991, 35; Coburg Büro 1988, 1250; Duisburg Büro 1992, 538 = DGVZ 76; Essen DGVZ 1993, 56; Hagen u. Osnabrück DGVZ 1992, 120, 121; Ingolstadt Büro 1989, 1546 (zust. *Mümmler*) = Rpfleger 256; Koblenz DGVZ 1990, 141; Lübeck DGVZ 1987, 29; Lüneburg DGVZ 1988, 43; Münster DGVZ 1992, 172; Ravensburg (Fn. 92); Ottersbach Rpfleger 1990, 284; *K. Schmidt* (Fn. 33) Rdnr. 15 mwN.

[147] OLGe Hamburg AnwBl 1985, 784; *Bamberg* Büro 1977, 505; Düsseldorf MDR 1988, 784; Rpfleger 1983, 330; Schleswig Büro 1981, 873 = SchlHA 152; Frankfurt/M Büro 1972, 203 (noch weitergehend); Koblenz DGVZ 1984, 56; München MDR 1989, 652 = Büro 1117; LG Karlsruhe (Fn. 25); *Gaul* (Fn. 33) § 46 II 2a; *Stöber* (Fn. 33) Rdnr. 6; *Thomas/Putzo*[18] Rdnr. 16; *Mümmler* Büro 1986, 1123; 1991, 1163 mwN; auch OLG Köln Rpfleger 1993, 120 = Büro 602, aber mit der Einschränkung, daß bei Gesamtschuldnern ein aufforderndes Schreiben an den gemeinsamen Bevollmächtigten die Gebühr nur einmal auslöse (abw. von der sonst h.M. zur ZV gegen mehrere Schuldner → Rdnr. 15 vor § 803).
[148] Vorausgesetzt der Gebührentatbestand ist erfüllt, **für** Erstattungsfähigkeit: OLGe Zweibrücken (Fn. 146) (krit. *Mümmler*); Stuttgart Büro 1990, 367; LGe Arnsberg Büro 1980, 1031 = AnwBl 512; Hannover Büro 1981, 284; Kassel AnwBl 1980, 263 f. = Büro 1029f.; Oldenburg DGVZ 1974, 42; Frankenthal Büro 1980, 1669; Köln Büro 1983, 1038; Heidelberg Rpfleger 1984, 36 (auch für Kosten der Offenlegung einer Lohnabtretung → dazu Fn. 140); Darmstadt Rpfleger 1985, 325; s. auch Rpfleger 1988, 333 (bloßes Vergleichsangebot genügt nicht); Heilbronn Büro 1988, 1575 (auch für Kosten der Geltendmachung vergleichsweiser abgetretener Forderungen); AG Traunstein MDR 1991, 260; AG Westerstede MDR 1991, 453; *K. Schmidt* (Fn. 33) Rdnr. 14 (der allerdings nach Rdnr. 15 für den Regelfall die Notwendigkeit für die Einschaltung eines Anwalts verneinen will, ähnlich OLG Stuttgart aaO; → aber Rdnr. 18); *Hartmann* (Fn. 27) Rdnr. 46; *Schuschke* Rdnr. 11.
Dagegen zutreffend (nur bei ausdrücklicher Übernahme der Kosten durch den Schuldner, arg. § 98) OLG Düsseldorf Rpfleger 1994, 264 = DGVZ 139; LGe München MDR 1989, 169 u. Osnabrück DGVZ 1992, 121; *Stöber* (Fn. 33) Rdnr. 7; dazu auch *Hartmann* (Fn. 27) Rdnr. 45) je mwN auch zur Gegenmeinung.
[149] *Wieczorek*[2] Anm. III a 5; *Stöber* (Fn. 33) Rdnr. 13 »Stundung«; a.M. LGe Lüneburg JW 1913, 396, Kassel DGVZ 1963, 189; *Schroeder* Büro 1956, 353 u. insoweit auch (allerdings inkonsequent) *Hartmann* (Fn. 27) Rdnr. 43. Zu den dabei entstehenden Gebühren → Fn. 145.
[150] Für Ratenvereinbarungen a) Wirksamkeit des Titels AG Dinslaken DGVZ 1980, 41 f.; b) Klauselerteilung OLG Bremen Büro 1986, 1203.

§ 788 I   Erster Abschnitt: Allgemeine Vorschriften   626

durch eine infolge Verwertungsaufschubs nötige Verlegung eines Versteigerungstermins entstehen (§ 816 Abs. 3), zu § 788 Abs. 1 (so auch BR-Drucks. 134/94 S. 84 für den Verwertungsaufschub von Amts wegen im geplanten § 813a nF). Zur Notwendigkeit von Leistungsaufforderungen → Rdnr. 20 b.

14 d) Aufwendungen, die zwar **mittelbar** der Vollstreckung dienen und ihren Ertrag sichern oder erhöhen, die aber nicht für Vollstreckungsakte als solche gemacht werden, sowie alle Vermögenseinbußen, die der Gläubiger anläßlich der Vollstreckung erleidet, die aber nicht unmittelbar durch Vollstreckungsakte bedingt sind, **fallen nicht unter § 788**.

15 Daher sind **nur im Erkenntnisverfahren zu verfolgen** (→ Rdnr. 6): Aufwendungen, um den gepfändeten Gegenstand *von Rechten Dritter zu befreien*[151], z. B. zur Abfindung des Vorbehaltseigentümers → § 857 Rdnr. 85[152] und zur Ablösung vorgehender Pfandrechte[153], auch Kosten, die dem Gläubiger allein durch die Intervention als solche entstehen[154], → auch Fn. 164; Kosten der *Gegenleistung* bei Pfändung einer Forderung aus einem gegenseitigen Vertrag[155]; die *Vorlage der Grunderwerbssteuer*, um die zur Vollstreckung nötige Eintragung des Schuldners ins Grundbuch zu erreichen[156]; Beschaffungskosten für Urkunden des § 896[157]; Aufwendungen, um dem Schuldner bei der Räumungsvollstreckung eine *Ersatzwohnung* zu beschaffen[158]; Kosten für die Beseitigung von Schäden, die bei einer Räumungsvollstreckung mit Polizeieinsatz entstanden[159]; Kosten (zum Beispiel Zinsverlust, Bankspesen, Schuldzinsen usw.) eines vom Vollstreckungsorgan verlangten *Vorschusses* (insbesondere für Transport- und Verwahrungskosten), → auch Rdnr. 9, 13; *Grundstückserhaltungskosten* bei Zwangsverwaltung, auch wenn sie nach § 10 Abs. 1 Nr. 1 ZVG bevorrechtigt zur Hebung kommen[160]; *Einbußen* des Gläubigers *infolge Zeitversäumnis* – sei es eigener oder solcher seiner Angestellten – (Ausnahme: notwendige Anwesenheit des Gläubigers → Fn. 105) oder infolge Einsatzes eigener Mittel, soweit diese nicht gerade und nur für den konkreten Vollstreckungsakt aufgewandt werden, → § 91 Rdnr. 34 f. Wegen Transportkosten nach Freigabe → § 803 Fn. 48.

16 Nicht unter Abs. 1 fallen grundsätzlich die **Kosten besonderer Rechtsbehelfe** aus Anlaß der Vollstreckung[161] nach §§ 731[162], 767 f.[163], 771 ff.[164], §§ 732, 766, 793 mit Ausnahme jener

---

[151] S. auch *KG* KGBl 10, 116 (Korrespondenz mit Dritten).
[152] → § 857 Rdnr. 86 a. E., *Jonas* JW 1936, 632; *Klauss* Abzahlungsgeschäfte (1950) Rdnr. 464; *Noack* DGVZ 1972, 81; *Baur/Stürner*[11] Rdnr. 831; *Brox/Walker*[4] Rdnr. 1675; *Gaul* (Fn. 33) § 46 II 2 a; *Thomas/Putzo*[18] Rdnr. 26; *Wieczorek*[2] Anm. B II. – A.M. *LGe Bonn* JMBlNRW 1955, 112; *Aachen* Rpfleger 1968, 60; *Berner* Rpfleger 1951, 169; *Hofstetter* BB 1963, 581 mwN; *Hartmann* (Fn. 27) Rdnr. 25; *Stöber*[10] Rdnr. 1500.
[153] A.M. *OLG München* OLGRsp 18, 398 (betr. Zoll).
[154] *OLG Koblenz* Rpfleger 1977, 66 (Gebühren nach § 118 BRAGO zur Abwendung drohender Interventionsklage); *Wieczorek*[2] Anm. B II. – A.M. *LAG Düsseldorf* Büro 1989, 1180. – Als »notwendig« könnte man all diese Kosten ohnehin wohl nur ansehen, wenn sonst kein pfändbares Vermögen vorhanden ist (so *Hofstetter*, → Fn. 152), u. im Falle der Ablösung müßte der Gläubiger nicht die Zahlung, sondern auch die Berechtigung der Forderung des Eigentümers nachweisen (s. auch *LAG Düsseldorf* aaO: nur notwendig bei ernstem Zweifel am Widerspruchsrecht). – S. aber auch *OLG Stuttgart* Büro 1976, 523 (Verwahrungskosten der gepfändeten Sache bis zur Freigabe erstattungsfähig; dem ist zuzustimmen, solange der Gläubiger nichts vom Recht eines Dritten wußte).
[155] *Nußbaum* KGBl 1904, 53 f.; *Liebrecht* KGBl 1905, 13; *Bendix* KGBl 1906, 69; *Bing* Recht 1907, 1247 f.;

Wieczorek[2] Anm. B II. – A.M. *Flechtheim* ZZP 28 (1901) 285 ff.; *Förster/Kann* ZPO[3] § 835 3 a; *Hellwig* System 2, 316; *Seuffert/Walsmann* ZPO[12] Anm. 1b.
[156] *LG Köln* MDR 1953, 560; *Wieczorek*[2] Anm. B II. – A.M. *Haug* NJW 1963, 1910; *Stöber*[10] Rdnr. 2052; *Wieczorek*[2] § 848 Anm. B II b 4.
[157] Denn auch die damit vorbereitete Eintragung ist nicht mehr ZV → § 895 Rdnr. 6, § 896 Rdnr. 1.
[158] *LG Münster* JMBlNRW 1955, 7; *Noack* ZMR 1978, 65; *Wieczorek*[2] Anm. B II. Anders mag zu entscheiden sein, wenn eine Räumung nach § 765 a bis zur Stellung einer angemessenen Ersatzwohnung eingestellt wird.
[159] A.M. *LG Freiburg* DGVZ 1992, 93.
[160] *LG Königsburg* JW 1929, 3323. – Im übrigen gehören reine Zwangsverwaltungskosten zur ZV *Wieczorek*[2] Anm. B II.
[161] *BGH* WM 1965, 1022 f.; JZ 1989, 103 = MDR 142[5] = Rpfleger 125; *OLGe Schleswig* SchlHA 1977, 191; *Bremen* Rpfleger 1985, 160; *LG Kiel* NJW 1992, 1174; *Fäustle* (Fn. 32); *Hartmann* (Fn. 27) Rdnr. 36; *Stöber* (Fn. 33) Rdnr. 12; *Thomas/Putzo*[18] Rdnr. 25 (anders allerdings für Kosten erfolgloser Rechtsbehelfe, § 97 Abs. 1, und auch für eine erfolgreiche Beschwerde nach § 793 → Fn. 165); a.M. *LG Hamburg* MDR 1969, 583[80] (krit. *Fäustle* MDR 1970, 115 f.).
[162] → § 731 Rdnr. 10.
[163] → auch § 767 Rdnr. 61.
[164] *Wieczorek*[2] Anm. B II mit § 771 G II d; *K. Schmidt*

Verfahren, die mangels Anhörung eines Gegners nicht den §§ 91 ff. unterfallen[165], oder eines sonstigen Beschwerdeverfahrens aus Anlaß der Vollstreckung, zum Beispiel bei Verweigerung des Rechtskraftzeugnisses[166], erst recht eines Verfahrens der freiwilligen Gerichtsbarkeit, z.B. die Nachlaßauseinandersetzung im Falle des § 859 nach §§ 86 ff. FGG[167]. In all diesen Fällen ist über die Kosten nach **§§ 91 ff.** zu entscheiden[168], falls ein Gegner auszumachen ist[169], und die Kosten einstweiliger Anordnungen nach §§ 707, 719, 732 Abs. 2, 738 Abs. 1, 742, 769[170], 770, 771 Abs. 3[171] gehören dazu, → § 91 Rdnr. 19; nur wenn der Schuldner im Falle *§ 769 Abs. 2* nicht rechtzeitig klagt, gilt § 788[172]. Wegen §§ 887, 888, 890 → Rdnr. 11, zu Vollstreckungsschutzverfahren → Rdnr. 38 ff., zum Prozeß gegen Drittschuldner → Fn. 100 u. 164.

e) Kosten, die der **Schuldner zur Abwendung der Vollstreckung** aufwendet (zum Beispiel für Sicherheitsleistung), gehören schon deshalb nicht zu Abs. 1, weil sie nicht mit dem »zur Zwangsvollstreckung stehenden Anspruch« beizutreiben sind[173]. Über sie wird nach Aufhebung der vollstreckbaren Entscheidung gemäß § 717 Abs. 2 (→ Rdnr. 35) oder, soweit sie im Zusammenhang mit einem Rechtsbehelfsverfahren stehen, nach §§ 91 ff. im jeweiligen, vom Schuldner angestrengten Verfahren entschieden, → Rdnr. 16 und § 766 Rdnr. 41, § 767 Rdnr. 61, § 769 Rdnr. 20. Wegen der Ausnahmen des Abs. 3 → Rdnr. 37 ff.

17

3. **Notwendig** sind die Kosten der Vollstreckung[174] immer dann, wenn sie der Gläubiger *im Zeitpunkt ihrer Entstehung*[175] *objektiv für erforderlich* halten durfte, *um* seinen titulierten Anspruch *zwangsweise* durchzusetzen[176]; im einzelnen → § 91 Rdnr. 44 ff.; gleiches gilt für

18

(Fn. 33) Rdnr. 19; *Fäustle* (Fn. 32); *KG* Rpfleger 1977, 178 = Büro 259 f. = DGVZ 20 (obiter) im Unterschied zum Prozeß gegen den Drittschuldner → dazu Rdnr. 10 bei Fn. 100). – A.M. *LAG Düsseldorf* (Fn. 154), → auch Fn. 154.
[165] → § 766 Rdnr. 41a Fn. 240, § 793 Rdnr. 7 Fn. 66 je mwN, auch § 834 Rdnr. 2; *K. Schmidt* (Fn. 33) Rdnr. 19; *Stöber*[10] Rdnr. 842.
[166] *OLGe Posen* OLGRsp 25, 63; *Nürnberg* NJW 1965, 1282; → dazu § 706 Rdnr. 12.
[167] *OLG Hamburg* OLGRsp 35, 127 (Kosten für Liquidator einer durch Urteil aufgelösten Gesellschaft); *K. Schmidt* (Fn. 33) Rdnr. 19. – A.M. *LG Münster* JMBlNRW 1952, 168.
[168] *BGH* JZ 1989, 103 (Fn. 161); *LG Berlin* (Fn. 139); *K. Schmidt* (Fn. 33) Rdnr. 19.
[169] → Fn. 165.
[170] *K. Schmidt* (Fn. 33) Rdnr. 19; *OLG München* Büro 1986, 1584 = MDR 946; a.M. *OLG Schleswig* Büro 1993, 622, dagegen → Fn. 173.
[171] *OLG München* MDR 1991, 66.
[172] → § 769 Rdnr. 20.
[173] *KG* NJW 1968, 256 = MDR 251; *OLGe Hamm* MDR 234 = Rpfleger 1977, 449 je mwN; Büro 1987, 1083; *Hamburg* Büro 1985, 778; *Köln* OLGZ 1994, 250; *Koblenz* Büro 1985, 943; *München* (Fn. 38); *LGe Düsseldorf* Rpfleger 1987, 172; *Berlin* Büro 1991, 966 mwN; *K. Schmidt* (Fn. 33) Rdnr. 37; *Stöber* (Fn. 33) Rdnr. 5. – A.M. *OLGe Karlsruhe* Büro 1990, 64 mwN; *Stuttgart* Büro 1989, 1751 (jeweils abl. *Mümmler*); *Schleswig* Büro 1985, 340 – jeweils auch für vom Gläubiger, also nicht vom Gericht nach § 712 zugelassene Sicherheitsleistung, ausdrücklich anders *OLG Koblenz* aaO; *OLGe Schleswig* (Fn. 70); ferner *OLGe Celle* Rpfleger 1983, 498; *Düsseldorf* Büro 1987, 1229 = NJW-RR 1210; MDR 1990, 344 = Büro 531; *Frankfurt/M* Büro 1986, 109; *Nürnberg* Büro 1990, 1473; *Schleswig* Büro 1981, 444; → auch Fn. 365.

Kosten der Sicherheit gemäß **§ 769** rechnet *OLG Schleswig* Büro 1993, 622 zu § 788; anders die ganz h.M.: Prozeßkosten → Rdnr. 35; § 91 Rdnr. 19 Fn. 27; § 769 Rdnr. 20 Fn. 81 mwN; *OLG Düsseldorf* Büro 1988, 879; *LG Berlin* aaO; *K. Schmidt* (Fn. 33) Rdnr. 37 a.E. je mwN.
[174] Überblick: *H. Bauer* DGVZ 1961, 180 ff.; Büro 1966, 990 ff.; *Mümmler* Büro 1986, 1128 ff.; *Johannsen* (Fn. 1), 4 ff. (mit von der h.M. abw. Lösungsvorschlag, Orientierung am Verhältnismäßigkeitsprinzip, → bereits Fn. 38).
[175] Wie bei Prozeßkosten → § 91 Rdnr. 45. Wäre aber eine *jetzt* notwendig erscheinende Maßnahme vermeidbar gewesen durch prozeßgerechtes *früheres* Verhalten des Gläubigers, so kann die Erstattungsfähigkeit nach Treu u. Glauben zu verneinen sein, freilich nur innerhalb der → Rdnr. 10a vor § 91 genannten Grenzen u. in der Regel nur aufgrund eines Rechtsbehelfs des Schuldners. →z.B. Fn. 51.
Der Grundsatz, daß die Notwendigkeit »ex ante« zu ermitteln ist, verträgt keine Umkehrung: Erscheint eine ZV ex ante gesehen als überflüssig oder voreilig, wird aber ex post doch als notwendig (z.B. voreilige ZV → Rdnr. 20, aber Schuldner zahlt auch später nicht), so sind die Kosten immer notwendig *KG* (Fn. 84).
[176] *KG* (Fn. 110) für Ersatzvornahme; *OLG Frankfurt* Büro 1988, 786; *LGe Berlin* Büro 1985, 1898; *Wiesbaden* (Fn. 92); *Hannover* Büro 1990, 1679; *Münzberg* Büro 1990, 780; *Stöber* (Fn. 33) Rdnr. 9a; *K. Schmidt* (Fn. 33) Rdnr. 21; *Brox/Walker*[4] Rdnr. 1676. Deshalb können Kosten für Bereitstellung eines Spediteurs (zur Zwangsräumung) oder eines Schlossers zur Wohnungsöffnung auch dann notwendig sein, wenn sich das Tätigwerden erübrigt → § 885 Rdnr. 36, ferner *Geißler* DGVZ 1992, 83 ff.; *Schilken* DGVZ 1993, 2 ff. je mwN. – Aufwendungen, die der Gläubiger oder sein Inkassobüro (Fn. 92) nur macht, um eine *freiwillige* Leistung der Schuldners zu erreichen, können – auch wenn man sie zu

Aufwendungen des Gerichtsvollziehers[177]. Dessen Aufwendungen in der begründeten Erwartung einer Verhaftung sind also auch dann notwendig, wenn der Erfolg ausbleibt[178]. Auch sonst entfällt die Notwendigkeit nie dadurch, daß eine zunächst erfolgversprechende Maßnahme später scheitert[179], z. B. weil sich herausstellt, daß Pfändungsgut nicht dem Schuldner gehört[180], und die nächste notwendige Maßnahme erneut Kosten auslöst[181], oder daß der Antrag nach Beginn der Vollstreckung zurückgenommen wird[182]. Insbesondere ist ein *erster Pfändungsversuch stets notwendig*, wenn eine Fruchtlosigkeitsbescheinigung benötigt wird und sie nach den erkennbaren Umständen nicht anders erlangt werden kann. Gleiches gilt für vergebliche Pfändungsversuche zwecks Erwirkung einer Durchsuchungsermächtigung (→ Rdnr. 10), solange ein Teil der Rechtsprechung das Rechtsschutzbedürfnis nur unter solcher Voraussetzung bejaht[183]. Notwendig sind auch Pfändungsbeschlüsse, die nur scheitern, weil der Schuldner nach Antragstellung den Arbeitsplatz wechselt[184] oder weil der Gläubiger auf unrichtige Auskünfte über den Arbeitsplatz vertraute. Ins Leere gehende Rechtspfändungen können notwendig gewesen sein, wenn der Gläubiger Anlaß hatte, mit einer Forderung gegen den Drittschuldner zu rechnen[185].

18a Maßstab ist der **Grundsatz der Prozeßwirtschaftlichkeit**[186]. Der Gläubiger hat also die Kosten so niedrig zu halten, wie dies ohne Gefährdung des Vollstreckungszweckes möglich ist[187]. Jedoch darf er grundsätzlich *anwaltliche Hilfe* in Anspruch nehmen[188]. Es ist ihm nicht zuzumuten, die Vollstreckung deshalb zu unterlassen, weil ihre Kosten außer Verhältnis zum Anspruch stehen, insbesondere bei Restansprüchen oder Bagatellforderungen[189]. Daher sind auch solche Kosten notwendig, wenn es die Vollstreckung ist[190], jedenfalls wenn der Schuldner zuvor (kostenlos) zur Zahlung ausdrücklich aufgefordert wurde[191], bei Restbeträgen

---

den Kosten des Betriebs rechnen wollte (dagegen → Rdnr. 13 a. E.) – niemals als für den Betrieb der ZV *notwendig* angesehen werden.
[177] → Fn. 178 u. § 885 Rdnr. 36.
[178] Z. B. Zwangsöffnung (§ 758) oder Bereitstellung eines Fahrzeugs, obwohl entgegen dem ersten Anschein der Schuldner abwesend ist *AG Berlin-Neukölln* DGVZ 1979, 190. Einschränkend zum Ermessen des GV *OVG Lüneburg* DGVZ 1981, 112 (abl. *Dütz* DGVZ 1981, 100).
[179] *OLGe Hamburg* NJW 1963, 1015 = DGVZ 136 (→ auch Fn. 202); *Karlsruhe Justiz* 1986, 410; *LGe Nürnberg-Fürth* AnwBl. 1982; *Bad Kreuznach* Büro 1990, 654. Zu den Ausnahmen → Rdnr. 19 f.
[180] Insoweit verfehlt *KG* DGVZ 1985, 26 = Nachdruck von 1899, 7.
[181] Vgl. *LG Wiesbaden* (Fn. 92) Inkassobürokosten können neben Anwaltstätigkeit notwendig sein, wenn beide hintereinander tätig werden; zum Tätigwerden nebeneinander → aber Rdnr. 10 Fn. 92.
[182] S. *AG Nortorf* DGVZ 1971, 26 f. (Rücknahme des Räumungsauftrags); *LG Itzehoe* MDR 1990, 557 (§ 269 Abs. 3 gilt nicht, ebenso *KG* (Fn. 120); *Brox/Walker*⁴ Rdnr. 1676; → auch Rdnr. 1 a. E. und Fn. 120). Entgegen *OLG Hamburg* Büro 1990, 779 (abl. *Münzberg*) sind Kosten einer Forderungspfändung notwendig, auch wenn diese zurückgenommen wurde, weil der Gläubiger nachträglich erfuhr, daß die Forderung bereits abgetreten war (es sei denn der Schuldner kann beweisen, daß der Gläubiger bereits bei der Pfändung Kenntnis von der Abtretung hatte, dann erkennbare Aussichtslosigkeit → Fn. 207); gegen *OLG Hamburg* aaO auch *K. Schmidt* (Fn. 33) Rdnr. 21.
[183] → § 758 Rdnr. 13.
[184] *LG Köln* Büro 1966, 528.
[185] *LG Bad Kreuznach* (Fn. 179): Anspruch auf Arbeitslosengeld niedriger als erwartet; *DIV*-Gutachten DAV 1985, 258 (Lohnsteuererstattungsanspruch).
[186] *Hartmann* (Fn. 27) Rdnr. 4.
[187] *OLGe Frankfurt* Rpfleger 1981, 161 = Büro 397; *Köln* Büro 1992, 197; → auch Fn. 243; *LG Lübeck* DGVZ 1986, 120; → auch § 91 Rdnr. 49. Zu den Grenzen dieser Last s. *Hamburg* Büro 1979, 854.
[188] → Rdnr. 10; unter Umständen sogar die Hilfe eines ausländischen Anwalts *OLG Karlsruhe* (Fn. 173); zur Notwendigkeit von Steuerberaterkosten → Fn. 102; von Notarskosten → Fn. 86; Rechtsbeiständen → Fn. 93.
[189] → Rdnr. 44 a, 45 a vor § 704. Wie dort (Fn. 239, 247, 249) *OLG Düsseldorf* NJW 1980, 1171 (zu § 758, dazu a. M. *LGe Hannover* DGVZ 1986, 93); *Bochum* Rpfleger 1994, 117; *AG Karlsruhe* DGVZ 1986, 92; *Braun* DGVZ 1979, 109 u. 129 ff.; *Stöber*¹⁰ Rdnr. 488 a; *Gaul* (Fn. 33) § 26 I 1 c je mwN. – S. auch *LG Limburg* Rpfleger 1977, 219 (Zwangsversteigerung geringwertiger u. hoch belasteter Grundstücke); *Zeller/Stöber* ZVG¹⁴ Einl. 48.4. – A. M. *LG Münster* MDR 1964, 683; *Hartmann* (Fn. 27) Rdnr. 6.
[190] Also z. B. nicht in den Fällen → Rdnr. 19 a.
[191] *LGe Aachen* Büro 1987, 924 = DGVZ 139; *Hannover* DGVZ 1991, 190 (i. E. richtig, nur ungenau formuliert); *AGe Fürstenfeldbruck* DGVZ 1987, 93; *Bremen* Büro 1989, 1023 (*Mümmler* aaO übersieht wohl wegen des mißverständlichen LS, daß *AG Bremen* wie er die Beitreibung von Bagatellforderungen nach voriger Aufforderung für zulässig hält); *LG Hannover* DGVZ 1991, 190. S. auch *Götte* DGVZ 1986, 180, der eine dahingehende Lösung de lege ferenda anregt, → auch *Schriftl.* aaO, 181: Aufforderung sei bereits de lege lata erforderlich, Grund: § 226 BGB; so i. E. auch *Sibben* DGVZ 1988, 182 (Begründung mit »Treu und Glauben«), → auch Fn. 246 ff. sowie → Rdnr. 45 a u. Fn. 249 vor § 704.

unter Angabe des Betrags → Fn. 247. Nur wer solche Beitreibungen für unzulässig hält[192], muß folgerichtig auch ihre Kosten als nicht erstattungsfähig ansehen[193]. Mehrkosten, die einem *Sozialleistungsträger* entstehen, weil er nach der ZPO vollstreckt statt im etwa billigeren Verwaltungszwangsverfahrens, sind erstattungsfähig, da die vom Gesetzgeber gewollte freie Wahlmöglichkeit (→ Rdnr. 2) nicht durch kostenrechtliche Benachteiligungen beschränkt werden darf[194]. Kosten einer vorherigen *Zustellung des Haftbefehls*[195] sollten als »notwendig« anerkannt werden[196], da erst nach Eintritt der Rechtskraft beantragte Verhaftungen wochenlange Verzögerungen vermeiden, die durch Einlegung einer (oft unbegründeten) Beschwerde anläßlich einer vor Rechtskraft beantragten Verhaftung drohen; im übrigen erspart solcher Aufschub die Kosten nochmaliger Verhaftung nach erfolgloser Beschwerde[197]. Hat aber eine abgewartete Beschwerde des Schuldners Erfolg, so werden Verhaftungskosten von vornherein vermieden. Es widerspricht daher nicht dem Grundsatz der Prozeßwirtschaftlichkeit, wenn ein Gläubiger so vorgeht. Zu selten notwendigen Pfändungsanträgen bei Verhaftung → Rdnr. 19 a.

Nicht notwendig sind Aufwendungen für Maßnahmen, deren *verfahrensmäßige Unwirtschaftlichkeit* der Gläubiger aus den Umständen hätte erkennen müssen, etwa a) Zustellung nach § 750 Abs. 1 S. 2[198], falls damit zu rechnen ist, daß Amtszustellung bereits geschah[199]; b) wenn bei einer größeren Anzahl Gesamtschuldner (→ Rdnr. 4) gleichzeitig gegen unnötig viele oder gar alle Schuldner Vollstreckungsmaßnahmen eingeleitet werden, obwohl wegen der verhältnismäßig niedrigen Vollstreckungssumme mit einer vollständigen Befriedigung durch einen oder wenige Schuldner zu rechnen war[200]; c) wenn der Gläubiger zur Überwindung des Pfändungshindernisses des § 803 Abs. 2 die Abgabe eines ausreichenden eigenen Mindestgebots in der Versteigerung oder nach § 825 zusichert (→ § 803 Rdnr. 32) und dies dann doch unterläßt[201].   19

Nicht erstattungsfähig sind Kosten von Maßnahmen, die im konkreten Fall und zur gegebenen Zeit erkennbar[202] überflüssig[203], derzeit oder überhaupt *unzulässig*[204] oder nach den erkennbaren Umständen[205] (wobei den Gläubiger aber keine Pflicht zu vorherigen Nachforschungen trifft[206]) *aussichtslos* waren[207]. So z.B. Pfändungsanträge über nicht bezifferte   19a

---

[192] → Fn. 239, 247 vor § 704; ferner *AGe Kamen* DGVZ 1983, 190; *Stuttgart* NJW 1990, 1054; *E. Schneider* MDR 1990, 893.
[193] → Rdnr. 19 a bei Fn. 204.
[194] → § 91 Rdnr. 49 Fn. 130; *Hornung* (Fn. 13); *Stöber*[10] Rdnr. 443 a; a.M. aber *AG Germersheim* Rpfleger 1982, 159. Zur Wahlmöglichkeit → Rdnr. 2.
[195] → § 901 Rdnr. 10 a.E.
[196] A.M. *AG Lichtenfells* DGVZ 1981, 29.
[197] *LG Ulm* NJW 1963, 867 (das freilich nicht über § 788 zu befinden hatte).
[198] → § 750 Fn. 159. Kosten → Fn. 85.
[199] *Gilleßen/Jakobs* DGVZ 1977, 111 (dort Fn. 7); zum Nachweis → § 750 Rdnr. 37. → auch § 198 Rdnr. 31.
[200] *LG Lübeck* DGVZ 1986, 119 (Fn. 187).
[201] *LG Bochum* DGVZ 1983, 13.
[202] *OLG Hamburg* (Fn. 179); *AG Hamburg* Rpfleger 1982, 392; *K. Schmidt* (Fn. 33) Rdnr. 21.
[203] *OLG München* ZMR 1985, 298 (»Besitzeinweisung« § 885), obwohl der Schuldner die Wohnung bereits verlassen hatte und der Gläubiger mühelos mit eigenem Schlüssel in die Wohnung hätte gelangen können).
[204] *KG* NJW 1963, 663 (linke Spalte); Rpfleger 1968, 229; *OLG Frankfurt* NJW 1978, 1442 (Mängel der Sicherheitsleistung); *Hamm* Rpfleger 1989, 378 (i.E. bedenklich, da ZV nach § 720 a sich durch nachträgliche Rechtskraft als rechtmäßig erwies, mag sie auch zuvor unzulässig gewesen sein); *Koblenz* Büro 1990, 998; *Saarbrücken* Büro 1993, 27 (fehlende Bestimmtheit des Titels); *LGe Mannheim* Justiz 1974, 88 (fehlende Fälligkeit); *Berlin* Büro 1985, 1580 (fehlende Zustellung, jedenfalls wenn der Gläubiger die Unzulässigkeit kannte, im übrigen offen gelassen unter Bezug auf *OLG Hamburg* Fn. 182); *AGe Köln* Büro 1966, 68 (Unpfändbarkeit); *Mönchengladbach* Büro 1964, 38 (unrichtige Schuldnerbezeichnung im Titel). S. auch *OLG Oldenburg* DGVZ 1967, 147 = NdsRpfl 1966, 269 (ZV trotz Stundung). – Einstellung läßt die Notwendigkeit vorher entstandener Kosten unberührt *LG Hamburg* NJW 1961, 1729f.; ebenso nicht nachträglich gewährte Räumungsfrist *LG Berlin* Büro 1967, 673 (→ auch Fn. 207). Zur Prüfung → Rdnr. 25 a.E.
[205] Z.B. Sachpfändungsanträge ohne Angabe der Hausnummer, die deshalb fehlschlugen *AGe Heidenheim*; *Itzehoe* (Fn. 59).
[206] *LG Nürnberg-Fürth* (Fn. 179); *Münzberg* Büro 1990, 780.
[207] *RG* JW 1899, 41f. (zwecklose Immobiliarversteigerung); *OLGe Frankfurt* (Fn. 204); *Köln* Büro 1986, 900 (Eintragung einer Sicherungshypothek in voller Höhe, obwohl durch Grundstückswert bei weitem nicht gedeckt); *LG Berlin* DGVZ 1985, 60 a.E. für Versuch einer Mobiliar-ZV über volle 146.000 DM bei einem Schuldner, gegen den bereits Haftbefehl erwirkt ist, → dazu auch Fn. 212; *LG Ulm* AnwBl 1975, 239. *LG Berlin* (Fn. 176: Aussichtslosigkeit bejaht nach zweimaliger

Restschulden, Zinsen oder Vollstreckungskosten aus Teilbeträgen, soweit sie daran scheiterten, daß eine erforderliche[208] Abrechnung nicht vorgelegt wurde[209]; Sachpfändungsanträge, obwohl vor kurzem bereits fruchtlos vollstreckt[210] oder sogar die Offenbarungsversicherung geleistet worden war[211]; → aber auch Rdnr. 18. Die für solche, meist neben Verhaftungsaufträgen erteilten Pfändungsaufträge entstehenden Kosten sind nur notwendig, wenn entweder konkrete Anhaltspunkte für eine nunmehr erfolgreiche Pfändung vorliegen[212] oder wenn etliche Monate seit dem letzten Versuch verstrichen sind[213], freilich auch dann, wenn der Gläubiger damit rechnen muß, daß er eine erneute Fruchtlosigkeitsbescheinigung benötigt[214]. Kosten der Einschaltung eines *Inkassobüros* sind nicht erstattungsfähig, wenn daneben noch Anwaltskosten für die Vollstreckung entstehen, → Fn. 92. Zur *Vorpfändung* → Fn. 84 u. § 845 Rdnr. 27.

20   Nicht zu ersetzen sind auch Kosten, die durch **voreilige Vollstreckung** entstehen, weil der Gläubiger dem Schuldner nicht ausreichende Gelegenheit zur Abwendung der Vollstreckung durch Leistung gegeben hatte durch Abwarten einer Frist, die je nach den Umständen des Einzelfalles angemessen erscheint[215]. Sie beginnt nie vor Fälligkeit, aber spätestens mit der Zustellung des vollstreckbaren Titels[216], bei Prozeßvergleichen schon mit deren Abschluß, da hiermit rechtzeitige Leistung versprochen wird[217]. Sind aber Schuldner anwaltlich vertreten, so ist eine Zeitspanne für die Weiterleitung an den Mandanten zu berücksichtigen[218]. Entsprechendes gilt für die Benachrichtigung eines Haftpflichtversicherers[219], falls ihm nicht selbst der Titel zugestellt wurde[220]. Nicht erstattungsfähig sind also zum Beispiel Kosten aufgrund

---

Säumnis des Gläubigers im Prozeß gegen Drittschuldner); *Stöber* (Fn. 33). – Abw. *OLG München* MDR 1966, 338. – Entgegen *LG Wiesbaden* ZMR 1970, 122 und *AG Itzehoe* WuM 1967, 209 sind Kosten nicht schon dann unnötig, wenn der Gläubiger einen Räumungsschutzantrag des Schuldners weiß. – S. auch *AG Lübeck* ZMR 1968, 192 u. dagegen zu Recht *LG Berlin* (Fn. 204 a. E.).
[208] Näheres → § 754 Rdnr. 1 b, 2.
[209] → dazu § 754 Rdnr. 1 b, 2.
[210] *LGe Osnabrück* Büro 1977, 1786 = DGVZ 126; *Aschaffenburg* Büro 1983, 393; *Hartmann* (Fn. 27) Rdnr. 6.
[211] *LGe Köln* DGVZ 1964, 171; Büro 1966, 347; *Kassel* DGVZ 1971, 28 (Inkassobürokosten); *Nürnberg-Fürth* (Fn. 179) (aber keine Nachforschungspflicht, ob in **anderer** Sache bereits offenbart worden war → Fn. 206).
[212] *LGe Aachen* Büro 1990, 778 mwN = Rpfleger 134; *Frankfurt/M* DGVZ 1989, 41 mwN = Rpfleger 126; *Heilbronn, Köln u. Paderborn* DGVZ 1994, 172 f.; 1984, 159; 1988, 41 f.; *Oldenburg* Büro 1991, 1003 = DGVZ 41; *AGe Schleswig* DGVZ 1993, 30 = Büro 548; *Oberkirch u. Frankfurt/M* DGVZ 1991, 29 f.; *Stöber* (Fn. 33) Rdnr. 9a; *K. Schmidt* (Fn. 33) Rdnr. 21; *Hartmann* (Fn. 27) Rdnr. 54; weitere Nachweise 20. Aufl. § 909 Fn. 85. – Zu Recht anders für *Taschenpfändungen LG Frankfurt/M* Büro 1977, 216; dazu aber a.M *AG Hadamar* Büro 1976, 1670 (*Mümmler*); *LG Paderborn* DGVZ 1984, 13.
[213] Im Anschluß an *Cirullies* DGVZ 1986, 83 ff. sollte man für den Regelfall 6 Monate annehmen, so auch *Krauthausen* DGVZ 1988, 163 ff.; *LG Münster* DGVZ 1990, 125; *AG Oberkirch* (Fn. 212); *K. Schmidt* (Fn. 33) Rdnr. 21 (anders aber Rdnr. 23 »Anwaltskosten«); s. auch *AGe Schleswig* DGVZ 1987, 191 (jedenfalls im LS); *Ludwigsburg u. Peine* DGVZ 1982, 15 u. 95 (für 3 bzw. 7 Monate). – A.M. *LG Frankfurt/M* DGVZ 1989, 41; *AG Hersbruck* (beide Fn. 212: erst nach Ablauf von 3 Jahren, Hinweis auf § 903; gegen diese Argumentation zutref-

fend *Nies* DGVZ 1993, 90); *LG Aachen* mwN (Fn. 212) (nur bei konkreten Anzeichen von Vermögensverbesserung); ebenso *AG Frankfurt/M* DGVZ 1991, 30; *Stöber* (Fn. 33) Rdnr. 9a; *Hartmann* (Fn. 27) Rdnr. 54; *Mümmler* Büro 1987, 1323).
[214] → z. B. § 909 Rdnr. 19.
[215] *BVerfG* NJW 1991, 2758. Die dort für die ZV gegen die öffentliche Hand aus haushaltsrechtlichen Gründen eingeräumte Frist von 6 Wochen seit Zustellung des Titels (Privilegierung der öffentlichen Hand auch in § 882a) muß jedoch bei privaten Schuldnern nicht eingehalten werden; ebenfalls großzügig gegenüber Gemeinde *OLG Nürnberg* BayVBl 1989, 507.
[216] *OLG München* Büro (Fn. 147, s. auch Fn. 240 zu c) mwN; wohl auch *BVerfG* (Fn. 215). Strenger *OLG Frankfurt/M* Büro 1988, 786: sobald der Schuldner unter gewöhnlichen Umständen von dem Urteil Kenntnis erlangt; dies kann bereits mit der Verkündung der Fall sein, wenn der Schuldner dabei anwesend war *AG Siegburg* Büro 1993, 30.
[217] *LGe Kassel* DGVZ 1984, 156 = Büro 1842; *Bochum* DGVZ 1993, 29. Gegen das Zustellungserfordernis bei Prozeßvergleichen auch *OLG Köln* Büro 1986, 1582.
[218] *OLG Schleswig* (Fn. 219); Mandanten erhalten nicht selten erst nach einer Woche Kenntnis u. müssen wohl auch noch Gelegenheit für eine zumindest telefonische Rückfrage an ihren Anwalt haben. *OLG Zweibrücken* Büro 1988, 929: ZV ist verfrüht, wenn der Schuldneranwalt rechtzeitig mitgeteilt hatte, daß er die Nachricht an den Schuldner wesentlich verzögerte.
[219] *OLGe Schleswig* Büro 1990, 923; *Düsseldorf* MDR 1991, 162 = Büro 231 → auch Fn. 237. S. auch *LG Hannover* Büro 1980, 1264; 1985, 786 (längere Frist, wenn der Arbeitgeber eines Mitarbeiters erfahren muß, ob er an den Gläubiger oder an die Bundesanstalt zu leisten habe).
[220] *OLG Nürnberg* NJW-RR 1993, 1534 = Büro 751 (Kostenfestsetzungsbeschluß). *Hamburg* Büro 1979,

verfrühter Sicherheitsleistung des Gläubigers[221] oder Kosten, die entstanden, nachdem der Schuldner die vollständige Leistung gemäß §§ 293 ff. BGB angeboten[222] oder schon erbracht hatte[223], auch wenn ein geringfügiger Rest offensichtlich nur versehentlich fehlt[224]. Das gilt auch für Vollstreckungsanträge, die wegen nachträglicher Erfüllung noch durch unverzügliche Rücknahme hätten verhindert werden können[225]. War aber der Anwalt schon *vor* Leistung zur Vollstreckung beauftragt worden, so muß der Gläubiger nicht im Interesse einer etwa noch möglichen Einsparung weiterer Kosten für seinen bis dahin säumigen Schuldner mit außergewöhnlicher Eile die weitere Bearbeitung verhindern[226]. Hätte der Gläubiger zwar ex ante mit zeitgerechter Leistung des Schuldners rechnen müssen, bleibt diese aber doch aus, so erweist sich die Zwangsvollstreckung trotz »Voreiligkeit« nachträglich als notwendig → Fn. 175 a. E. Hatte der Gläubiger von der Erfüllung keine Kenntnis[227], so ist entscheidend, ob er sie sich hätte verschaffen können innerhalb des Zeitraums, in dem damit zu rechnen war[228].

Bei *Geldschulden* ist der Aufschub des Vollstreckungsantrags für eine Zeitspanne angemessen, welche die im bargeldlosen Zahlungsverkehr übliche Laufzeit von der Überweisung bis zur Gutschrift umfaßt[229], nämlich unter der Annahme, daß der Schuldner 20a

a) am Tage nach der Parteizustellung der vollstreckbaren Ausfertigung[229a],

b) bei Amtszustellung nach dem voraussichtlichen Zugang einer Zahlungsaufforderung,

c) im Falle vereinbarter Zahlungsfristen[230] oder gesetzlicher Wartefristen (→ § 750 Rdnr. 5) spätestens am Tage vor[231] deren Ablauf[232] seine Leistungshandlung vornehmen könnte. Bei sonstigen *Schickschulden* gilt Entsprechendes für übliche Transportzeiten, während der Gläubiger sich bei *Holschulden* in der Regel[233] davon zu überzeugen hat, daß der Schuldner seine Leistung nicht fristgerecht am Leistungsort bereit hält[234]. Leistet aber der

---

1722 mwN hält eine Leistungsaufforderung an den Schädiger **neben** dem rechtskräftig gesamtschuldnerisch verurteilten Haftpflichtversicherer für nicht notwendig.

[221] (Falls man auf solche Kosten überhaupt § 788 anwendet, → dagegen Rdnr. 9) *OLGe Köln* Büro 1993, 624: Zustellung einer Bürgschaft vor Klauselerteilung; *Schleswig* (Fn. 70): Bankbürgschaft vor gerichtlicher Ermächtigung dazu. S. noch *OLG Frankfurt/M* Rpfleger 1990, 270: Zustellung der Bürgschaft erfüllt keinen Gebührentatbestand.

[222] *KG* Büro 1973, 74; *Wieczorek²* Anm. B III b 1.

[223] *RGZ* 22, 169; *OLG Karlsruhe* JW 1933, 173; *AG Aschaffenburg* DGVZ 1985, 155 (auch rechtzeitiger Eingang eines – gedeckten – Schecks genügt); *Wieczorek²* Anm. B III b mwN.

[224] *AG Bergheim* DGVZ 1983, 29 (Fehlen von 2,58 DM Zinsen). Zur kostenverträglichen Beitreibung solcher Bagatellforderungen → Rdnr. 18 a Fn. 191, Rdnr. 21 zu a).

[225] Vorausgesetzt, daß noch nicht mit Vollzug zu rechnen war, z.B. bei Erfüllung 5 Tage nach Antrag an GV *LG Bochum* (Fn. 217).

[226] *OLG Braunschweig* OLGRsp 23, 209 f.

[227] Das allein entlastet ihn noch nicht *OLG Karlsruhe* (Fn. 223).

[228] *OLG Karlsruhe* (Fn. 223). GV dürfen jedoch vollstrecken, solange Gutschriften auf ihr Dienstkonto noch nicht im ordentlichen Geschäftsgang zugegangen sind *Mager* DGVZ 1964, 177 f.

[229] *OLGe Hamburg* Büro 1976, 1252; *Stuttgart* (Fn. 231); *LG Hannover* (Fn. 232); *AG Ellwangen* DGVZ 1992, 45, mwN, ganz h.M. in der Rsp; *Noack* u. Schriftleitung DGVZ 1976, 65 ff. u. insbes. *Mümmler* Büro 1991, 1164. Zur Vorpfändung vor Ablauf der Wartefrist § 750 Abs. 3 *Münzberg* DGVZ 1979, 166; zur älteren Rsp → 19. Aufl. Fn. 55. – A.M. für § 798 *LGe Itzehoe* MDR 1974, 1024; *Trier* DGVZ 1976, 93; *Nürnberg-Fürth* Büro 1980,

463; *Hartmann* (Fn. 27) Rdnr. 53 (Zeit der Erfüllung sei maßgebend); so auch *Christmann* DGVZ 1991, 106, *Stöber* (Fn. 33) Rdnr. 9c und *LG Münster* NJW-RR 1988, 128, die aber Eingang der Zahlung nach Fristablauf genügen lassen, wenn der Schuldner den Gläubiger noch innerhalb der Frist informiert, daß er Überweisungsauftrag erteilt hat. S. auch *Braun* DGVZ 1979, 114 für die Zeit ab Verzug, insoweit richtig, als man hier von »rechtzeitiger« Leistung sprechen sollte; aber es geht bei § 788 nicht um Verzug, dessen Nachteile der Gläubiger schon vorsorgend im Titel oder durch spätere Klage zum Ausgleich bringen kann, sondern um die Frage, ob zu erwartende Leistungen die sofortige ZV unvernünftig erscheinen lassen, s. auch *ArbG Mannheim* Büro 1980, 1684 f. = AnwBl 1981, 39 f. zur Überweisung 2 Tage nach Fälligkeit des Vergleichsanspruchs).

[229a] A.M. *LG Bonn* DGVZ 1994, 121: ZV-Antrag notwendig, obwohl gezahlt war, bevor GV vollstr. Ausf. hatte.

[230] Der Gläubiger ist weder dazu noch zur Leistungsaufforderung oder Belehrung verpflichtet, *LGe Essen* u. *Ulm* (Fn. 144). An eine bewilligte Frist ist er aber gebunden *AG Steinfurt* DGVZ 1989, 28 (ZV vor Fristablauf ist nicht notwendig, ebenso *AGe Düsseldorf* DGVZ 1984, 155); *Aschaffenburg* (Fn. 223).

[231] *OLG Stuttgart* Büro 1986, 392 läßt bei vereinbarter Zahlungsfrist sogar Bankauftrag am letzten Tag der Frist genügen.

[232] Auch bei § 720a, → zum Zweck der Frist § 750 Fn. 10. Zu § 798 wie hier *LG Hannover* DGVZ 1991, 57 = Büro 1274 (*Mümmler*); *Noack* DGVZ 1976, 65 mwN; ältere Rsp → 19. Aufl. § 798 Fn. 6.

[233] Anders, wenn die Leistungsverweigerung bereits angekündigt ist.

[234] *KG* Rpfleger 1972, 459; *AG Dortmund* ZMR 1965, 96 (Räumungsantrag trotz Räumungsbereitschaft).

§ 788 I   Erster Abschnitt: Allgemeine Vorschriften

Schuldner die *Sicherheit nach § 720a Abs. 3* erst nach Ablauf der Frist des § 750 Abs. 3, so sind die Kosten für Vollstreckungsanträge ab Fristablauf notwendig[235].

20b **Leistungsaufforderungen** (sofern man der h. M. → Rdnr. 13a folgt) sind zwar nicht voreilig, wenn das Urteil schon zwei Wochen verkündet[236] oder sogar rechtskräftig war[237]; sie sind aber noch nicht notwendig, wenn sie schon *zusammen* mit dem Nachweis der Sicherheitsleistung gemäß §§ 709[238] oder 712 Abs. 2 S. 2[239] oder sogar schon *vor* Eintritt der formellen Voraussetzungen der Vollstreckung zugestellt werden[240]. Eine materiellrechtliche Erstattungsfähigkeit solcher Aufwendungen bleibt ebenso unberührt wie die Zulässigkeit der Vollstreckung auf eigenes Kostenrisiko[241]. – Zur ähnlichen Problematik bei Vollstreckungsbescheiden, wo es aber um schon festgesetzte Kosten geht, → Rdnr. 45 vor § 704[242].

21 **Mehrkosten sind unnötig,** wenn billigere, gleich wirkungsvolle Maßnahmen (ex ante) erkennbar zum selben Ziel geführt hätten[243]. Trotz gleicher Rechtsfolgen kann aber zuweilen der teurere Weg als notwendig angesehen werden, wenn er die Rechtsverfolgung besser sichert, z. B. relativ unwirksame Leistungen von vornherein zu verhindern geeignet ist[244]. Hiernach sind **nicht erstattungsfähig**: Detektivkosten, wenn der Schuldneraufenthalt billiger durch Auskunft des Einwohnermeldeamts festzustellen ist[245]; ebenso Mehrkosten, die vermeidbar waren, weil sie entstanden: **a)** für *Bagatellbeträge*, weil der Gläubiger nicht nach Eintritt der Voraussetzungen der §§ 750 Abs. 1, 2, 751[246] unter Androhung der Vollstreckung, bei Restforderungen auch unter Angabe des Betrags[247], gemahnt hatte[248], wobei

---

[235] *OLG Saarbrücken* AnwBl 1979, 277 (Aufforderung dann entbehrlich).
[236] *OLG Schleswig* (Fn. 147); *AG Siegburg* (Fn. 216); a.M. *AG Augsburg* MDR 1984, 951 (abl. *H. Schmidt*). S. auch *OLG Karlsruhe* Büro 1993, 25 (Für Zahlungsaufforderung zwei Wochen nach Urteilszustellung).
[237] *OLGe Köln* (Fn. 147); *Hamm* Büro 1992, 407 (bei Zug-um-Zug-Urteil jedoch erst nach Angebot der Gegenleistung oder Annahmeverzug; weitergehend *OLG Hamburg* Büro 1984, 1842: Zahlungsaufforderung ohne Angebot der Gegenleistung). S. aber auch *OLG Hamburg* Büro 1985, 784 (auch nach Rechtskraft sei vor Zahlungsaufforderung noch »eine Karenzzeit von wenigen Tagen abzuwarten«, zumindest wenn ein Haftpflichtversicherer hinter dem Schuldner stehe, → auch Fn. 219). – Auf § 706 kommt für § 788 nicht an: Der Schuldner weiß, ob er das Urteil angefochten hat; a.M. *AG Schwäbisch Hall* DGVZ 1981, 92.
[238] *OLGe Koblenz* DGVZ 1985, 140 = Rpfleger 376; Büro 1989, 91 je mwN; *Hamburg* Büro 1990, 536 (Zustellung einer Kopie der Bürgschaftsurkunde genügt nicht). → aber auch Fn. 240 zu b.
[239] Obiter *OLG Frankfurt* Rpfleger 1990, 271. Die Sicherheitsleistung nach § 711 ist hier ohne Bedeutung *OLG Koblenz* DGVZ 1985, 140 (Fn. 238).
[240] Also **a)** vor *Klauselerteilung OLGe Bremen* Büro 1986, 1203; *Frankfurt* Büro 1981, 571; *LAGe Frankfurt/M* (Fn. 145); *Hamm* MDR 1984, 1053; *ArbG Dortmund* Büro 1990, 1521;
b) vor **Sicherheitsleistung** *OLGe Frankfurt* Rpfleger 1990, 270 (mit unrichtiger Begründung, denn nicht die Leistungspflicht, sondern nur die ZV hängt von Sicherheitsleistung ab); *Koblenz* Büro 1989, 91; jedoch sollte im Bereich des § 720a folgerichtig schon *vor* Sicherheitsleistung eine Aufforderung wahlweise zur Zahlung **oder** Sicherheitsstellung anerkannt werden, ähnlich *LG Freiburg* AnwBl 1980, 378; *OLG Düsseldorf* MDR 1988, 784. Erwägenswert ist auch die von *OLG Schleswig* (Fn. 219) erwähnte Ausnahme, daß Anhaltspunkte für Zahlungsunwilligkeit (-unfähigkeit) gegeben sind;
c) vor **Zustellung** *OLGe München* MDR 1989, 1117;

Düsseldorf VersR 1981, 755 (LS); *LAG Hamm* MDR 1994, 202; *LG Tübingen* MDR 1982, 327; Büro 1982, 244 (jeweils für den Fall der Aufforderung gleichzeitig mit Zustellung); *Hartmann* (Fn. 27) Rdnr 35; anders für Prozeßvergleiche aus dem → Rdnr. 20 Fn. 217 genannten Grunde *OLG Köln* Büro 1986, 1583. Erst recht nicht
d) vor Titelerlaß *AG Dinslaken* DGVZ 1980, 41.
A.M.: fehlende Zustellung unerheblich, falls diese an den Schuldner persönlich erfolgen kann (arg. § 750 Abs. 1) *ArbG Mannheim* Büro 1980, 1684f. = AnwBl 1981, 39f.; für Geldfordung *OLG Frankfurt/M* Büro 1988, 786 (weil Vorpfändung schon vor Zustellung zulässig sei, s. dagegen *OLG München* aaO).
[241] Es wäre daher falsch, mangels Notwendigkeit der ZV schon das RechtsschutzB abzusprechen, → Rdnr. 22 a. E.
[242] → Fn. 250 vor § 704: ZV der Kosten nur durch Einspruch abwendbar.
[243] Unnötig sind auch Kosten von Justizbeitreibungsmaßnahmen, die der Gläubiger verursacht, weil er als Zweitgebührenschuldner nicht freiwillig leistete *LG Berlin* Büro 1989, 1572. S. auch *AG Preetz* DGVZ 1976, 13 (Barüberweisung, wenn durch Mitwirkung des Gläubigers gebührenfreie Überweisung möglich gewesen wäre); *OLG Frankfurt* (Fn. 187: Anwälte beider Instanzen).
[244] Z.B. Zustellung an den Schuldner des Drittschuldners → § 829 Rdnr. 50, wiederholte Pfändung → § 850h Fn. 15.
[245] *LG Berlin; AG Bad Hersfeld* (Fn. 59); s. auch *LG Bochum* Büro 1988, 256: wenn Auskunft durch Offenbarungsverfahren zu erlangen ist. Zur Notwendigkeit der Einschaltung eines Anwaltes zur Anschriftenermittlung s. *AG Menden* (Fn. 88) u. *Lorenschat* (Fn. 59).
[246] Frühere Mahnung wird man erfahrungsgemäß schwerlich für geeignet halten dürfen, ZV-Kosten zu vermeiden; ein Abwarten des Fristablaufs nach §§ 750 Abs. 3, 798f. (u. damit praktisch Fristverlängerung) ist jedoch gerade bei Bagatellbeträgen kaum zumutbar; → auch Fn. 191.
[247] Anders wird man die übliche Schutzbehauptung nicht anwaltlich vertretener Schuldner, man habe den

allerdings Vermeidbarkeit in der Regel nur anzunehmen ist, wenn der titulierte (Rest-) Betrag inzwischen gezahlt ist[249]; b) durch unnötige **mehrfache Vollstreckungsanträge**, wie etwa durch die Beitreibung von Teilbeträgen aufgrund eines einheitlichen Titels, soweit dafür nicht besondere Gründe vorliegen[250], durch unnötig getrennte Forderungspfändungen[251], durch mehrere und erfolgversprechende Vollstreckungsmaßnahmen, obwohl eine allein ausreichend erschien[252]. Grundsätzlich nicht notwendig ist die Erstattungsfähigkeit der Kosten von »Suchpfändungen«, z.B. Forderungspfändungen bei sämtlichen Banken am Platze in der bloßen Hoffnung, so auf Guthaben des Schuldners zu stoßen[253]. Wegen unnötiger Kostenfestsetzung → Fn. 261, Rdnr. 27 a. E. und zu Inkassobürokosten → Rdnr. 10, 19 a a. E.

4. Soweit Vollstreckungskosten nicht vom Schuldner zu tragen sind, fallen sie dem **Gläubiger zur Last,** da er das Verfahren in Gang gesetzt hat[254]. Dies muß das Vollstreckungsgericht in einer Kostenentscheidung zum Ausdruck bringen, wenn der Schuldner bereits am Verfahren beteiligt war und ihm (zum Beispiel Anwalts-) Kosten entstanden sind[255]. Soweit der Gläubiger die Kosten tragen muß, hat der Gerichtsvollzieher gegenüber Dritten wegen seiner Gebühren kein Recht, die Herausgabe freigegebener Pfandsachen zu verweigern[256]; für Räumungsgut → aber § 885 Rdnr. 39. Dem Gläubiger darf eine Vollstreckungshandlung, für die er mangels Notwendigkeit die Kosten zu tragen hat, nicht allein aus diesem Grunde verwehrt werden; denn die Maßstäbe der Notwendigkeit decken sich nicht mit jenen des (meist dennoch gegebenen) Rechtsschutzbedürfnisses[257].

22

II. Beitreibung und Festsetzung

Vollstreckungskosten können grundsätzlich *ohne besonderen Kostentitel* beigetrieben werden, Abs. 1 S. 1 HS. 2[258]. Trotzdem kann der Gläubiger (→ § 103 Rdnr. 8) sie nach

23

Betrag nicht errechnen können, kaum ausräumen. Aber nicht auch Angabe der (etwa mindestens entstehenden) ZV-Kosten; denn die Notwendigkeit darf nicht davon abhängen, ob der Gläubiger anwaltlich vertreten oder sonst rechtskundig (Anfrage beim GV?) war, u. die Kenntnis, daß ZV nicht billig ist, sollte man beiden Parteien unterstellen dürfen.
[248] Zur kostenrechtlichen Mahnlast → Fn. 191 sowie Rdnr. 45 a vor § 704.
[249] Sonst wird sich wohl nur ausnahmsweise nachweisen lassen, daß der Schuldner auf Mahnung positiv reagiert hätte. Gegenüber ZV-Organen genügt der Nachweis gemäß § 775 Nr. 4, 5.
[250] *KG* OLGRsp 1, 129; *OLGe München* (Fn. 207); *Hamburg* Rpfleger 1962, 997 (LS); *LG Neustadt* Büro 1963, 118 u. dazu *Bauer* DGVZ 1962, 6; *LGe Siegen* DGVZ 1968, 165, *Berlin* Rpfleger 1971, 441; *Bonn* DGVZ 1978, 117. → auch § 850h Fn. 15. – A.M. *Wieczorek*[2] Anm. B III a 4. – Zum Kostennachweis in diesen Fällen → Rdnr. 25.
[251] *OLG Zweibrücken* Rpfleger 1992, 272; *KG* Rpfleger 1976, 327; *LG Aschaffenburg* Rpfleger 1974, 204; *AGe Oldenburg* DGVZ 1979, 127; 1981, 30; *Memmingen* Rpfleger 1989, 302.
[252] *OLG Frankfurt/M* AnwBl 1971, 209; anders, wenn die 2. Pfändung raschere Befriedigung verspricht *OLG Neustadt* Büro 1963, 118; s. auch *LG Aachen* Büro 1985, 942 für Erstattungsfähigkeit mehrerer gleichzeitig eingeleiteter ZV-Maßnahmen; *OLG Düsseldorf* Rpfleger 1983, 330 (Fn. 147) für gleichzeitig gegen mehrere Gesamtschuldner vorgenommene Maßnahmen; zu Beschränkungen aber *LG Lübeck* (Fn. 200).
[253] *AG Hochheim* DGVZ 1993, 31; *Schulz* DGVZ 1985, 105 ff. a. E.; über diskutable Ausnahmen (§ 903?) *Münzberg* ZZP 102 (1989), 133. Sieht man solche Pfändungen schon als **unzulässig** an (so *OLG München* ZIP 1990, 1128 = Büro 1991, 44; *LG Hannover* DGVZ 1985, 43; *Alisch* DGVZ 1985, 107; a.M. *Schulz* aaO, → dazu § 829 Rdnr. 7), so entfällt die Notwendigkeit schon aus den Gründen → Rdnr. 19 a Fn. 204.
[254] S. nur *KG* Rpfleger 1981, 318; *OLG Koblenz* Büro 1982, 1897; *K. Schmidt* (Fn. 33) Rdnr. 25. Wegen des Verzichts auf die Kosten der Vollstreckungsbeamten bei *Aufträgen der Länderjustizbehörden* u. des *BGH* s. Bek. NdsRpfl 1951, 80; JBl RheinlPf 1951, 55; JR 1950, 639.
[255] *KG* und *OLG Koblenz* (Fn. 254); *K. Schmidt* (Fn. 33) Rdnr. 46; *Stöber*[10] Rdnr. 843 a.
[256] → Fn. 18.
[257] Damit stimmt überein, daß § 788 die Durchführung nicht notwendiger Maßnahmen schon voraussetzt; i.E. wie hier *AG Berlin-Tempelhof/Kreuzberg* DGVZ 1984, 153; *AG Mettmann* DGVZ 1989, 75; *Krauthausen* DGVZ 1988, 164. Verfehlt daher *AG Köln* DGVZ 1976, 140.
[258] Darin sieht *Lappe* MDR 1979, 795; Rpfleger 1983, 248 einen Verstoß gegen Art. 19 Abs. 4 GG. Dagegen zu Recht *LG Göttingen* Rpfleger 1983, 498 (zust. *Giebel*); Büro 1984 (zust. *Mümmler*); *Stöber*[10] Rdnr. 831 a; *MünchKommZPO-K. Schmidt* Rdnr. 27; *Rosenberg/Gaul*[10] § 46 II 3; *Christmann* (Fn. 1) 148 f.

§ 103 f. festsetzen lassen²⁵⁹, jedenfalls soweit sie noch nicht unstreitig getilgt sind²⁶⁰, ohne ein besonderes Interesse dafür darzulegen²⁶¹. Nach Festsetzung darf eine Beitreibung nach Abs. 1 allerdings nicht mehr erfolgen²⁶². Festgesetzte Kosten sind gemäß § 104 Abs. 1 S. 2 zu verzinsen (str.)²⁶³. Grundlage der Festsetzung ist auch dann § 788, nicht eine etwaige Kostenentscheidung im Titel²⁶⁴; jedoch ist ein gerichtlicher Vergleich, der eindeutig die Vollstreckungskosten regelt, zur Festsetzung geeignet → Fn. 349. Festsetzung ist *erforderlich* zum Beispiel im Anfechtungsstreit wegen § 2 AnfG²⁶⁵ bei Eintragung einer Zwangshypothek für frühere Vollstreckungskosten²⁶⁶ und im Falle → § 733 Rdnr. 4, wenn es nur noch um die Vollstreckungskosten geht²⁶⁷; → auch §§ 887 Rdnr. 44, 888 Rdnr. 45, 890 Rdnr. 66. Der Erstattungsanspruch verjährt – auch ohne besondere Festsetzung – in 30 Jahren; so lange ist auch die Festsetzung zulässig²⁶⁸.

24 1. Werden die Kosten ohne Festsetzung **zugleich mit dem Anspruch beigetrieben,** dann sind sie immer insgesamt vom *beitreibenden Vollstreckungsorgan*²⁶⁹ zu berechnen²⁷⁰, also vom Gerichtsvollzieher²⁷¹, der grundsätzlich auch die Kosten einer Durchsuchungserlaubnis einbezieht²⁷², oder vom Vollstreckungsgericht (§§ 828 ff.)²⁷³, auch bei Zwangsversteigerung, § 1 ZVG²⁷⁴. Wegen § 867 → dort Rdnr. 44 f. Soweit für die Anwendung des § 788 bei den Verfahren nach §§ 887 ff. überhaupt Raum bleibt²⁷⁵ und gegebenenfalls nicht die in der Praxis übliche und empfehlenswerte Festsetzung wie → Rdnr. 27 gewählt wird²⁷⁶, müssen auch dabei die Organe der Geldvollstreckung die von ihnen beizutreibenden Kosten selbst berechnen, und zwar dann folgerichtig auch die Kosten der Vollstreckungsmaßnahmen eines Prozeßgerichts²⁷⁷; → auch Rdnr. 26. Zur Vollstreckung der nach § 887 Abs. 2 festgesetzten

---

²⁵⁹ → Rdnr. 27, allg. M. *BVerfG* (Fn. 215); *BGHZ* 90, 210 = NJW 1984, 1969 = JZ 116 = Rpfleger 283; *K. Schmidt* (Fn. 258) Rdnr. 31; *Baumbach/Hartmann*⁵² Rdnr. 10; *Zöller/Stöber*¹⁸ Rdnr. 18; *Thomas/Putzo*¹⁸ Rdnr. 13; auch im Arbeitsgerichtsverfahren *LAG Düsseldorf* Büro 1994, 613.
²⁶⁰ Nach h.M. keine Festsetzung für unstr. bezahlte ZV-Kosten *OLG Oldenburg* Rpfleger 1992, 407 mwN (dort waren alle Kosten getilgt wegen § 367 Abs. 1 BGB, aber einige str. geblieben); *MünchKommZPO-Belz* § 104 Rdnr. 27; *Zöller/Herget*¹⁸ § 104 Rdnr. 21 »Tilgung«; s. dagegen → § 104 Rdnr. 13 a Fn. 55 (Aufnahme mit Tilgungsvermerk).
²⁶¹ → § 103 Fn. 51 mwN (einschränkend in Fn. 50) u. *Gaul* (Fn. 258); *Stöber*¹⁰ Rdnr. 832 mwN. Zur »Notwendigkeit« einer Festsetzung trotz § 788 Abs. 1 → bei Fn. 265 ff., Rdnr. 27 a. E.
²⁶² *LG Bad Kreuznach* Rpfleger 1990, 313 (kein RechtsschutzB, Gefahr divergierender Entscheidungen); *K. Schmidt* (Fn. 258) Rdnr. 31; *Thomas/Putzo*¹⁸ Rdnr. 13; a.M *Stöber* (Fn. 259) Rdnr. 18.
²⁶³ H.M., → § 104 Rdnr. 25 mwN in Fn. 92, ferner *Lappe* Rpfleger 1982, 38; a.M. *OLG Saarbrücken* Büro 1991, 970 (abl. *Mümmler*); *K. Schmidt* (Fn. 258) Rdnr. 33; *MünchKommZPO-Belz* § 104 Rdnr. 48 mwN. → auch § 757 Rdnr. 1 und § 766 Fn. 16.
²⁶⁴ → Rdnr. 1, 3, besonders Fn. 4, 21 f. u. *KG* JW 1928, 2153; *OLG Koblenz* Rpfleger 1975, 324; *K. Schmidt* (Fn. 258) Rdnr. 33.
²⁶⁵ *BGH* (Fn. 259), zust. *K. Schmidt* (Fn. 258) Rdnr. 31.
²⁶⁶ → § 867 Rdnr. 45 mwN; ferner *OLGe Celle* NJW 1972, 1902 (wegen § 29 GBO); *Köln* Büro 1981, 452.
²⁶⁷ In den Fällen verfrühter Titelaushändigung stehen aber § 103 und § 733 zur Wahl *Noack* DGVZ 1975, 146,

→ § 733 Rdnr. 3 zu c; a.M. *Wieczorek*² Anm. C IV (nur § 103).
²⁶⁸ *KG* DR 1943, 154.
²⁶⁹ Wegen §§ 807, 900 → § 900 Rdnr. 13.
²⁷⁰ *Gaul* (Fn. 258) § 46 II 3, gleichgültig bei welcher ZV-Maßnahme u. durch welches ZV-Organ sie entstanden sind *Noack* (Fn. 267). Zur Frage, ob das beitreibende ZV-Organ ohne Nachprüfung Kosten übernehmen *kann,* die ein anderes ZV-Organ berechnet hat, **verneinend** *AG Oldenburg* DGVZ 1979, 127; *K. Schmidt* (Fn. 258) Rdnr. 28; *Stöber*¹⁰ Rdnr. 834; im Grundsatz wie *LG Kassel* DGVZ 1987, 44; obiter **bejahend** *AG Karlsruhe-Durlach* DGVZ 1979, 173. Eine **Bindung** an die Kostenberechnung zuvor tätig gewesener Vollstreckungsorgane besteht jedenfalls nicht *AG Frankfurt/M* DGVZ 1986, 94.
²⁷¹ *OLG Köln* MDR 1982, 943 = DGVZ 1983, 9 = Büro 871.
²⁷² Anders, wenn die Durchsuchung *nur* noch der Kosten-ZV dient *LG Berlin* DGVZ 1994, 28, oder wenn nach Anhörung des Schuldners eine Kostenentscheidung erging u. der Gläubiger insoweit den Weg → Rdnr. 27 wählt.
²⁷³ *OLG Naumburg* JW 1938, 1185; *AG Bremen* Rpfleger 1957, 352, → auch § 829 Rdnr. 79.
²⁷⁴ *RGZ* 22, 322; *OLG Dresden* SeuffArch 62 (1907), 171; *Zeller/Stöber* ZVG¹⁴ Rdnr. 40.1. – A.M. *OLG Oldenburg* DJZ 1910, 375; *Mümmler* Büro 1987, 989.
²⁷⁵ → dazu Rdnr. 11, § 887 Rdnr. 55 f., § 888 Rdnr. 45 f., § 889 Rdnr. 13, § 890 Rdnr. 66 ff.
²⁷⁶ *OLG München* Rpfleger 1952, 435. Zur Beitreibung des Zwangsgeldes → § 888 Rdnr. 27, des Ordnungsgeldes → § 890 Rdnr. 44.
²⁷⁷ *Noack* (Fn. 267); *AG Hannover* AnwBl 1973, 47. – A.M. wohl *Wieczorek*² Anm. C II (sagt aber nicht, wie das Prozeßgericht die Kosten beitreiben soll).

Vorschüsse und Nachforderungen → § 887 Rdnr. 47, 50. → auch wegen der Kosten einer Zwangseintragung § 867 Rdnr. 44 f.

Bei der **Berechnung** werden die vom Gläubiger bezeichneten Kosten vom Vollstreckungsorgan auf Betrag und Notwendigkeit überprüft[278]. Dazu kann vom Gläubiger in jedem Stadium der Vollstreckung eine genaue Aufstellung seiner Kosten verlangt werden[279]. Betrag und Notwendigkeit sind entsprechend § 104 Abs. 2 in geeigneter Weise glaubhaft zu machen[280], soweit sie sich nicht für den vorliegenden Antrag aus dem Gesetz ergeben; also insbesondere, wenn frühere Kosten mit angesetzt werden. Zum Ausgleich unberechtigter Posten durch berechtigte → § 104 Rdnr. 20. Zu überprüfen sind aber nicht Kosten, die der Gläubiger mit bereits geleisteten Teilzahlungen gemäß § 367 BGB verrechnet hat[281], da diese Kosten nicht Gegenstand der Beitreibung sind und Vollstreckungsorgane nicht die materiellrechtliche Frage entscheiden dürfen, ob die Verrechnung gemäß § 367 BGB zurecht erfolgte. Dies ist vielmehr ein Fall des § 767[282]; über Ausnahmen wegen abweichender Verrechnung nach § 11 Abs. 1 S. 1 VerbrKrG → § 754 Rdnr. 2 b. Über Mehrkosten unnötiger oder ungenügend vorbereiteter Teilvollstreckungen → Rdnr. 19 a Fn. 209, Rdnr. 21 zu b). Die Erstattung der nach § 25 Abs. 2 BRAGO an einen Rechtsanwalt zu zahlenden **Umsatzsteuer** kann nach § 104 Abs. 2 S. 3 nF verlangt werden, wenn der Gläubiger erklärt, daß er zum Vorsteuerabzug nicht berechtigt sei[283]. Bei der Berechnung muß das Vollstreckungsorgan nicht von Amts wegen prüfen, ob anderweit erfolgte Zwangsmaßnahmen als solche zulässig waren[284], denn es ist Sache des Schuldners, gegen unzulässige Vollstreckungsakte die dafür vorgesehenen Rechtsbehelfe zu ergreifen[285]. Es ist jedoch zu prüfen, ob allgemeine Vollstreckungsvoraussetzungen fehlten[286] oder § 775 entgegenstand. Über *teilweise* Beitreibung der durch Vollstreckung einer Entscheidung bereits entstandenen Vollstreckungskosten nach Herabsetzung der Hauptleistung durch einen Prozeßvergleich → Rdnr. 32.

»Zugleich mit dem Anspruch« bedeutet *nicht* etwa, daß die Vollstreckungskosten *gleichzeitig mit den titulierten Ansprüchen* beigetrieben werden müßten, sondern besagt nur, daß

---

[278] *K. Schmidt* (Fn. 258) Rdnr. 28; *Christmann* (Fn. 1), 150; *LG Darmstadt* Rpfleger 1988, 333 = Büro 1087; *LG Oldenburg* DGVZ 1993, 156; *AG Köln* DGVZ 1985, 94. – Dies gilt auch trotz einem Schuldanerkenntnis im Festsetzungsverfahren → § 104 Rdnr. 7 Fn. 22 mwN auch zur Gegenansicht; ferner *Stöber* (Fn. 259) Rdnr. 15; *LG Ravensburg* (Fn. 92).
[279] Statt vieler *OLG Köln* (Fn. 271, zust. *Mümmler*); *LG Berlin* Rpfleger 1992, 30; *K. Schmidt* (Fn. 258) Rdnr. 28; → ausführlich § 754 Rdnr. 1 b zur ZV des GV. Jedoch darf die ZV des Hauptbetrags nicht mangels Kostenberechnung abgelehnt werden → § 754 Rdnr. 1 a; *LGe Stuttgart* DGVZ 1993, 156 (Schriftl.); *Frankfurt/M*. DAVorm 1994, 309.
[280] *LGe Oldenburg* (Fn. 278); *Karlsruhe* DGVZ 1979, 173. → dazu § 104 Rdnr. 3 f. Zu den Anforderungen s. *LG Darmstadt* (Fn. 278): Vorlage von Belegen nicht unbedingt erforderlich, es können auch sonstige ZV-Unterlagen genügen, ebenso *AG Neukölln* Büro 1991, 1705; *LG Berlin* Rpfleger 1971, 113 u. 1977, 220; *Stöber* (Fn. 259) Rdnr. 15.
[281] → für ZV durch GV § 754 Rdnr. 1 a mwN in Fn. 12 ff.; ferner *LGe Essen* DGVZ 1992, 173 (zust. Schriftl.); *Stade* Büro 1991, 721; *K. Schmidt* (Fn. 258) Rdnr. 28; *Stöber*[10] Rdnr. 464 mwN; *Schilken* (Fn. 1), 3 ff. Gläubiger können also Kosten, deren Berechtigung zweifelhaft ist, durch Verrechnen gemäß § 367 BGB der Überprüfung entziehen; daher für Überprüfungsbefugnis **de lege ferenda** *Schilken* aaO (→ dazu § 754 Fn. 15); dafür auch *Seip* NJW 1994, 355. – **A. M.** (für Nachprüfung schon de lege lata) die → § 754 Fn. 11 Genannten, ferner *LGe Ravensburg* (Fn. 92); *Wuppertal* DGVZ 1987, 189 = Büro 1988, 240; *AG/LG Siegen* DGVZ 1991, 27; *AG Berlin-Schöneberg* DGVZ 1991, 77 mwN = Büro 1265, zust. *Mümmler*); *Johannsen* DGVZ 1990, 51 ff.; *Kammermeier* (Fn. 1); *Christmann* (Fn. 1).
[282] Näheres → § 754 Rdnr. 1 a; *Schilken* u. *Stöber* (beide Fn. 281); *LGe Stuttgart* DGVZ 1993, 156; *Münster* DGVZ 1994, 10.
[283] Zur früheren (str.) Rechtslage → § 91 Rdnr. 89. Die Rsp wird wohl nach den → § 104 Rdnr. 13 erläuterten Grundsätzen den Beweis der Unrichtigkeit nur nach § 767 zulassen, falls der Gläubiger sie nicht zugesteht im Kostenfestsetzungsverfahren → § 104 Rdnr. 13 a Fn. 53. Daher werden Anwälte auf das Kostenrisiko hinweisen u. entsprechende Beratung erteilen müssen *v. Eicken* NJW 1994, 2266 zu 7c.
[284] *OLG Hamburg* MDR 1972, 335 (für ZV-Vereinbarungen); *LG Berlin* Büro 1976, 965.
[285] So auch für Kostenfestsetzung *KG* JW 1938, 244, das die Überprüfung aller »Maßnahmen« des VollstrGer ablehnte (unter Verweisung des Schuldners auf § 766), nicht nur der »Entscheidungen« wie *KG* NJW 1963, 663.
[286] Z. B. wenn ZV-Voraussetzungen fehlen: Sicherheitsleistung *KG* Rpfleger 1968, 229; Vollstreckungsklausel *LG Berlin* Büro 1985, 1580; Bestimmtheit des Titels *OLG Saarbrücken* (Fn. 204); s. auch *OLG Hamm* Rpfleger 1989, 378, ferner → Fn. 204.

die Kostenvollstreckung keinen besonderen Titel erfordert[287] und daß die **Vollstreckung des titulierten Anspruchs**, mag er auf Geld (Hauptbetrag, Zinsen, festgesetzte Prozeßkosten) oder andere Leistungen (§§ 883–890) lauten[288], a) **begonnen** haben muß → Rdnr. 4, b) nicht wegen einstweiliger Einstellung ruhen[289] und c) noch nicht vollständig erledigt[290] sein darf[291]. Beigetrieben werden können aber nur bereits entstandene, nicht Vorschüsse für später eventuell anfallende weitere Kosten[292].

26a **Erledigt** ist die Vollstreckung in diesem Sinne nur, wenn alle Ansprüche vollständig nebst Kosten[293] beigetrieben oder freiwillig beglichen worden sind[294], wenn der Titel ausgehändigt[295] oder aufgehoben wurde (s. Abs. 2)[296], oder wenn der Vollstreckungsauftrag insgesamt zurückgenommen wurde[297]. Zum zulässigen Umfang der Beitreibung bei *teilweiser* Aufhebung, auch durch Vergleich → Rdnr. 32 f. **Bereits entstandene Vollstreckungskosten** können somit auch noch *nach* Befriedigung des Hauptanspruchs (oder nachdem diesem gemäß § 767 bereits die Vollstreckbarkeit genommen ist[298]) ohne besondere Festsetzung nach Abs. 1 vom Vollstreckungsorgan beigetrieben werden[299], insbesondere wenn der Titel auf eine andere Leistung als eine Geldzahlung gerichtet ist[300] oder wenn nicht nur die durch den aktuellen Vollstreckungsakt entstehenden, sondern zugleich die Kosten *früherer*, notwendiger Vollstreckungsversuche beigetrieben werden[301]. Auch diese Kosten hat das beitreibende Vollstreckungsorgan zu berechnen. »Zugleich mit dem Anspruch«, bedeutet auch, daß bei der Pfändungsvollstreckung die Vollstreckungskosten den Rang des Hauptanspruchs teilen[302].

27 2. Werden die **Vollstreckungskosten nach §§ 103 f. festgesetzt**, so sind Notwendigkeit und Betrag in diesem Verfahren zu prüfen[303], nicht aber sachlich-rechtliche Vorgänge, die den Hauptanspruch betreffen[304]. Zur Verzinsung festgesetzter Kosten → Rdnr. 23. Die Erhebung der Vollstreckungsgegenklage, ein bezüglich des Hauptanspruchs oder der Prozeßkosten[305] stattgebendes Urteil gemäß § 767[306], eine vorläufige Einstellung[307] oder die Gründe → Fn. 290 f. stehen der Festsetzung von Vollstreckungskosten nicht entgegen[308], wohl aber die

---

[287] *OLG Frankfurt/M* DGVZ 1982, 60; *KG* (Fn. 25); *LG Düsseldorf* DGVZ 1991, 10; *Hartmann* (Fn. 259) Rdnr. 14; *K. Schmidt* (Fn. 258) Rdnr. 26.
[288] Z.B. Räumung *LG Stade* DGVZ 1991, 119.
[289] Zur Festsetzung → aber Rdnr. 27.
[290] → Rdnr. 26 a. Zur Festsetzung in solchen Fällen → Fn. 308. Über Einstellung nach § 775 Nr. 4 ohne Deckung der ZV-Kosten → § 775 Fn. 110.
[291] *Hartmann* (Fn. 259) Rdnr. 14; *K. Schmidt* (Fn. 258) Rdnr. 26; *Noack* (Fn. 267) 147.
[292] *AG München* DGVZ 1980, 142; *Stöber* (Fn. 259) Rdnr. 14.
[293] → § 757 Rdnr. 1.
[294] RGZ 49, 400 f.
[295] *Hartmann* (Fn. 259) Rdnr. 14; *Wieczorek*² Anm. C III; *K. Schmidt* (Fn. 258) Rdnr. 26. – Wegen verfrühter Aushändigung des Titels → Fn. 267.
[296] *KG* NJW 1963, 661 (Prozeßvergleich); MDR 1979, 408; *Noack* DGVZ 1971, 136.
[297] *LG Memmingen* DGVZ 1973, 120.
[298] → § 767 Rdnr. 7 bei Fn. 41 f. und § 724 nach Fn. 35.
[299] RGZ 49, 398 f.; *OLG Kassel* ZZP 42 (1912), 528 f.; *LGe Koblenz* DGVZ 1958, 170; *Stade* (Fn. 288: nach Räumung); *Berlin* Rpfleger 1992, 37; *Noack* DGVZ 1975, 147; § 109 GVGA, *Stöber* (Fn. 259) Rdnr. 14; *K. Schmidt* (Fn. 258) Rdnr. 26, ganz h.M.
[300] Z.B. bei der Räumungs-ZV, → dazu *LGe Stade* und *Berlin* (Fn. 299).
[301] H.M. *KG* OLGRsp 11, 104; *LGe Dresden* JW 1939, 181; *Nürnberg* DGVZ 1977, 93. – A.M. *OLG Jena* Seuff-Arch 94, (1939), 371; *LG Berlin* (Fn. 100).

[302] *LG München* DGVZ 1974, 58.
[303] *OLGe Naumburg* JW 1938, 1185; *München* Rpfleger 1952, 435; *Frankfurt* Büro 1965, 497; *Stuttgart* Büro 1978, 607 (Rpfl kann Beweise erheben, z.B. durch Sachverständigengutachten); *K. Schmidt* (Fn. 258) Rdnr. 33.; *Stöber* (Fn. 259) Rdnr. 20. – A.M. *OLGe Stuttgart* 1982, 1420 = Rpfleger 355; *Frankfurt/M* MDR 1983, 587[81] = AnwBl 1984, 214 (Einwendungen gegen die Notwendigkeit seien bei Festsetzung nur zu prüfen, wenn die Einwendungstatsache unstreitig oder offensichtlich sei, sonst § 767; diese Ansicht ist ungereimt und verfehlt, denn wenn man schon vom GV die volle Prüfung der Notwendigkeit verlangt → Rdnr. 25, muß dies für den Rpfl im gerichtlichen Kostenfestsetzungsverfahren erst recht gelten).
[304] *OLG Hamburg* Büro 1972, 447 (zeitweiser vertraglicher Ausschluß der ZV); auch *K. Schmidt* (Fn. 258) Rdnr. 33, Rdnr. 30 bei Fn. 133, allerdings mit unzutreffendem Hinweis auf *OLGe Stuttgart* Büro 1982, 1420 (Fn. 303) und *Frankfurt* MDR 1983, 587[81] (Fn. 303), die sich mit Einwendungen gegen die Notwendigkeit der *Kosten* befassen, nicht mit Einwendungen gegen den *vollstreckbaren Hauptanspruch* selbst).
[305] → § 103 Rdnr. 7.
[306] → § 767 Rdnr. 7 Fn. 42.
[307] Anders die Beitreibung → Rdnr. 26 a.E.
[308] *LGe Hamburg* NJW 1961, 1729 f.; *Memmingen* (Fn. 297); erstattungsfähig sind freilich nur *vor* Einstellung entstandene Kosten.

gänzliche Aufhebung des Titels (ergibt sich aus Abs. 2[309]); zur teilweisen Aufhebung → Rdnr. 33. **Zuständig** ist, falls nicht der neue Abs. 2 in Kraft tritt, wonach außer in den Fällen der §§ 887–890 das Vollstreckungsgericht die Kosten festsetzen soll (BR-Drucks. 134/94), grundsätzlich der Rechtspfleger (§ 21 Abs. 1 Nr. 1 RpflG) des *Prozeßgerichts erster Instanz*, § 103 Abs. 2 S. 1[310]. Das gilt auch bei Prozeßvergleichen[311] und für die Festsetzung nach § 19 BRAGO[312]; § 10 bleibt aber anwendbar[313]. Nach bisher h. M. war hingegen das *Vollstreckungsgericht* zuständig, wenn es an einem Prozeßgericht fehlt wie bei vollstreckbaren Urkunden[314], Vollstreckungsbescheiden[315] oder im Konkurs entstandenen Titeln[316]. Der *BGH* hält jedoch bei Vollstreckungsbescheiden jenes Prozeßgericht für zuständig, das für eine Entscheidung im Streitverfahren zuständig gewesen wäre[317]. Folgt man seiner Begründung, die auch auf die §§ 797 Abs. 5, 797a sowie §§ 164 Abs. 3 KO, §§ 98, 158 Abs. 3 FGG, § 84 Abs. 3 BRAO Bezug nimmt, so müssen die dort bezeichneten Prozeßgerichte auch für vollstreckbare Urkunden[318] und im Konkurs entstandene Titel (ab 1999: § 202 InsO → § 775 Rdnr. 40) zuständig sein, ebenso für Vergleiche, auf die § 797a unmittelbar oder entsprechend anzuwenden ist. Geht es jedoch nur um Kosten eines vom Vollstreckungsgericht (Beschwerdegericht) entschiedenen Streits[319], so ist dieses auch für die Festsetzung zuständig[320]. Entsprechend ist das Gericht der Zwangsversteigerung zuständig, wenn Kosten von Rechtsbehelfen in Verfahren nach dem ZVG festzusetzen sind[321]. Die *Kosten des Festsetzungsverfahrens* treffen als nicht notwendig den Gläubiger, wenn eine Beitreibung nach Abs. 1 gleichermaßen möglich und das Vollstreckungsorgan zur Beitreibung der geltend gemachten Kosten bereit gewesen wäre[322]. Werden die Kosten festgesetzt, ist der Beschluß Vollstreckungstitel, § 794 Abs. 1 Nr. 2. Zur Kostenfestsetzung im Drittschuldnerprozeß[323] vor dem Arbeitsgericht → § 835 Rdnr. 30.

3. Als **Rechtsbehelf** gegen Grund und Betrag der Berechnung durch den *Gerichtsvollzieher* **28** haben Schuldner wie Gläubiger die Erinnerung nach § 766[324]. Bei Berechnung durch *Gerichte als Vollstreckungsorgane* nach Abs. 1[325] gelten die Regeln → § 766 Rdnr. 3–11[326]; im

---

[309] *OLG Stuttgart* Rpfleger 1978, 455; *LG Hamburg* (Fn. 308).
[310] Jetzt ganz h.M., nachdem sich der *BGH* (erstmals NJW 1982, 2070) dazu bekannt hat u. ihm die OLGe gefolgt sind → § 103 Rdnr. 15 mwN in Fn. 61, ferner noch *OLGe Hamm, München* Büro 1987, 1709; 1990, 259 = Rpfleger 37; *Stuttgart* Rpfleger 1986, 403 (auch für Familiensachen); zust. *Hartmann* (Fn. 259) Rdnr. 11; *Brehm* JZ 1983, 650f. Die früher ü.M. dürfte daher bis zu einer Gesetzesänderung (→ unten) als überholt gelten, so auch *K. Schmidt* (Fn. 258) Rdnr. 32, der selbst die Lösung des *BGH* jedoch nicht für überzeugend hält, ebenso *Stöber* (Fn. 259) Rdnr. 19; gegen *BGH* auch der Gesetzesvorschlag bei *Markwardt* DGVZ 1993, 18f.; zust. *Schilken* Rpfleger 1994, 142f. *LG Hildesheim* Rpfleger 1990, 38 hält das Prozeßgericht auch für zuständig, wenn Kosten aus einem Zuschlagsbeschluß festzusetzen sind.
[311] *LG Berlin* Rpfleger 1986, 455.
[312] *OLGe Hamm* Rpfleger 1983, 499; *Düsseldorf* Büro 1987, 65 (aber nur für Kosten in einem gerichtlichen Verfahren).
[313] *KG* Büro 1984, 1571 = AnwBl 383; *LG Berlin* Büro 1985, 1898; i.E. ebenso *OLG München* Büro 1985, 1842.
[314] → § 103 Rdnr. 15 Fn. 64 mwN; *Hartmann* (Fn. 259) Rdnr. 12. Obsiegt daher der Gläubiger im Verfahren nach §§ 767, 795, so könnte er die Kosten der ZV aus der Urkunde nur vom VollstrGer, die Kosten des Rechtsstreits vom Prozeßgericht festsetzen lassen, da es sich um verschiedene Titel handelt *OLG Frankfurt* Büro 1980, 939 = Rpfleger 194.

[315] *LG Stuttgart*, zit. in Anm. Rpfleger 1987, 125. *OLG Stuttgart* Büro 1987, 781 = Rpfleger 333 hielt das Mahngericht für zuständig (→ aber Fn. 317).
[316] → § 103 Rdnr. 16; a.M. *Noack* DGVZ 1971, 136.
[317] *BGH* JZ 1988, 160 = NJW-RR 1988, 1986 = Rpfleger 79; *OLGe Stuttgart* Büro 1988, 1033; *Koblenz* Rpfleger 1990, 38.
[318] So *OLG Düsseldorf* Rpfleger 1991, 339f.
[319] → Rdnr. 16, § 766 Rdnr. 41, § 793 Rdnr. 7.
[320] → § 103 Rdnr. 15 (Fn. 62) mwN; ferner *BGH* MDR 1989, 142 = Rpfleger 79; *OLG Schleswig* Büro 1991, 603; *RGZ* 85, 132; *OLG Naumburg* JW 1930, 2806; *Stöber*[10] Rdnr. 833. – A.M. für § 813a *LG Essen* Rpfleger 1966, 316 (nach Wahl des Gläubigers VollstrGer *oder* Prozeßgericht).
[321] *OLG Schleswig* (Fn. 320).
[322] *OLG Dresden* SeuffArch 54 (1899), 235; *OLG Hamm* JMBlNRW 1953, 271; *Noack* 1971, 136 → Rdnr. 27 a.E.; insoweit a.M. *Förster/Kann* ZPO[3] Anm. 5. Beispielsfälle für »Notwendigkeit« → Rdnr. 23 bei Fn. 265ff.
[323] dazu auch Rdnr. 10.
[324] → § 766 Rdnr. 2. Dazu *Noack* DGVZ 1975, 152f.
[325] → Rdnr. 24.
[326] *Brox/Walker*[4] Rdnr. 1678; *K. Schmidt* (Fn. 258) Rdnr. 30 (er sah in der Regelfalle der Anhörung ausgehende Formulierung der 20. Aufl. eine »Gegenansicht«; sie wurde zur Vermeidung weiterer Mißverständnisse weggelassen). – A.M. (für Schuldner stets § 766) *Stöber* (Fn. 259) Rdnr. 17; *Hartmann* (Fn. 259) Rdnr. 16; ebenso wohl obiter *OLG Koblenz* Rpfleger 1975, 324.

Rahmen des § 834 hat der Schuldner also nur die Erinnerung nach § 766³²⁷. Zur Anfechtung der Entscheidung eines Grundbuchamtes → § 867 Rdnr. 28 ff. Beschwerden unterliegen insoweit den Schranken des § 567 Abs. 2³²⁸ und § 568 Abs. 3³²⁹. Wegen § 767 → dort Fn. 78, auch oben Rdnr. 27. – Im Falle einer *Festsetzung* gilt stets § 104 Abs. 3³³⁰. Im Verfahren nach § 767 sind Notwendigkeit und Betrag förmlich festgesetzter Kosten nicht zu prüfen; jedoch kann der Schuldner materielle Einwendungen geltend machen, mit denen er im Festsetzungsverfahren nicht gehört werden konnte³³¹.

29   Das mit einem Kostenrechtsbehelf des Schuldners befaßte Gericht kann die Absetzung³³² oder Rückzahlung der Kosten anordnen³³³; bei Aufhebung des Titels → aber § 717 Fn. 265. Im übrigen bleibt dem Schuldner die Bereicherungsklage³³⁴, soweit nicht Abs. 2 eingreift.

III. Erstattungsanspruch des Schuldners nach Abs. 2³³⁵

30   Er entsteht, wenn das Urteil oder nach § 795 ein anderer nach der ZPO zu vollstreckender Titel³³⁶ **aufgehoben** wird, sei es auf Einspruch³³⁷ oder Rechtsmittel hin, im Nachverfahren (§§ 302, 599) oder Wiederaufnahmeverfahren³³⁸. Ausdrückliche Aufhebung ist nicht erforderlich bei Klagerücknahme, § 269 Abs. 3 S. 1 HS 2³³⁹ oder bei Kostenfestsetzungsbeschlüssen, wenn sie durch Aufhebung der zugrundeliegenden Titel wirkungslos werden³⁴⁰.

31   Die Aufhebung hat jedoch *nur dann* die Wirkung des Abs. 2, wenn sich aus ihr ergibt, daß der zu vollstreckende Anspruch schon zur Zeit der Entstehung der Vollstreckungskosten unbegründet oder die Klage unzulässig war³⁴¹. Daher gilt Abs. 2 **nicht**³⁴², wenn nur die vorläufige Vollstreckbarkeit aufgehoben wird nach §§ 718 mit 717 Abs. 1, wenn die Vollstreckbarkeit aufgrund *nachträglicher* Einwendungen nach § 767 entfällt³⁴³ oder gegenständlich beschränkt wird durch Urteile nach § 771 (→ dort Rdnr. 5) oder §§ 785 f.³⁴⁴, wenn die Arrestvollziehung durch Fristablauf nach § 929 Abs. 2 unzulässig wird³⁴⁵, wenn noch nicht rechtskräftige Urteile aufgrund eines erledigenden Ereignisses³⁴⁶ wirkungslos werden³⁴⁷.

---

³²⁷ *LG Dresden* JW 1939, 708; *Wieczorek*² Anm. B IV b, → auch Fn. 326. – A. M. wohl *Noack* DGVZ 1975, 153; *Thomas/Putzo*¹⁸ Rdnr. 32 (stets § 793 bzw. § 11 RpflG).
³²⁸ → § 793 Rdnr. 4, ganz h.M *K. Schmidt* (Fn. 258) Rdnr. 30. *Hartmann* (Fn. 259) Rdnr. 15 will § 567 Abs. 2 S. 1 anwenden, da es sich bei § 788 um Kostengrundentscheidungen handele, anwendung des § 567 Abs. S. 2 aber die ganz h.M. → § 793 Fn. 35 u. die Ausnahme aaO Fn. 37. **Unanwendbar ist § 567 Abs. 2** auf Entscheidungen über die ZV von Kostenforderungen, wenn weder um deren Bestand noch deren Höhe gestritten wird *OLG Hamm* Rpfleger 1977, 109; *LG Hannover* DGVZ 1991, 190. Ob in *LG Heilbronn* Büro 1993, 747 die Höhe str. war (»Unklarheit«), ist unsicher.
³²⁹ → § 793 Rdnr. 6; dazu *OLGe Frankfurt* Rpfleger 1976, 368 mwN; *Koblenz* Büro 1989, 862; *Köln* Rpfleger 1993, 146.
³³⁰ → § 104 Rdnr. 28 ff., *K. Schmidt* (Fn. 258) Rdnr. 34; *Brox/Walker*⁴ Rdnr. 1680.
³³¹ → § 104 Rdnr. 13 f. mwN, ferner *OLG Hamburg* (Fn. 304).
³³² → § 104 Rdnr. 13 a.
³³³ → § 104 Rdnr. 61.
³³⁴ Allg. M. *Hartmann* (Fn. 259) Rdnr. 16; *Stöber* (Fn. 259) Rdnr. 17. – Anders bei Zahlung von Gebühren usw. an den Staat, → § 766 Fn. 16 a. E. u. *KG* DGVZ 1981, 152 ff.
³³⁵ Er betrifft auch endgültige Titel (anders als → § 717 Rdnr. 67), umfaßt aber nicht mittelbare Schäden (anders

→ § 717 Rdnr. 25 ff.) und setzt nicht Bereicherung des Gläubigers voraus (anders § 717 Abs. 3).
³³⁶ Allg. M. *Gaul* (Fn. 258) § 46 III 1 a, z. B. *KG* JW 1933, 2018 mwN (Kostenfestsetzungsbeschlüsse, → auch Fn. 340); *OLG Hamm* NJW 1976, 1409 (L) = Büro 676 (Arrestbefehle); *RG* JW 1911, 660³⁸ mwN (einstweilige Verfügungen).
³³⁷ *OLG Schleswig* Büro 1984, 140 = SchlHA 61 (allerdings für Erstattung von Kosten zur Abwendung der ZV, Bürgschaft → dazu Fn. 173).
³³⁸ Allg. M. *K. Schmidt* (Fn. 258) Rdnr. 35; *Stöber* (Fn. 259) Rdnr. 22.
³³⁹ *KG* Rpfleger 1978, 150 = Büro 764; *Gaul* (Fn. 258) § 46 III 1 a.
³⁴⁰ → § 104 Rdnr. 64, *K. Schmidt* (Fn. 258) Rdnr. 35; zur »Rückfestsetzung« → Rdnr. 29, 36; zu Kostenfestsetzungsbeschlüssen → auch Fn. 336, 351, 358.
³⁴¹ Zust. *Gaul* (Fn. 258) § 46 III 1 a.
³⁴² Für die folgenden Fälle → Fn. 343–344 zust. *K. Schmidt* (Fn. 258) Rdnr. 36.
³⁴³ → § 767 Rdnr. 7 Fn. 41 f. u. Rdnr. 25, allg. M. *OLG Düsseldorf* Rpfleger 1993, 172 f. mwN; *LG Berlin* MDR 1983, 136; *Gaul* (Fn. 258) § 46 III 1 a; *Brox/Walker*⁴ Rdnr. 1681 je mwN.
³⁴⁴ So auch *Wieczorek*² Anm. D I b.
³⁴⁵ → § 103 Rdnr. 7.
³⁴⁶ Fehlt dieses (→ § 91 a Rdnr. 18), so gilt § 788 Abs. 2 doch *OLG Hamburg* Büro 1981, 283.
³⁴⁷ → § 91 a Rdnr. 21.

Bei »Aufhebung« des Titels durch **gerichtlichen Vergleich** gilt jedoch grundsätzlich 32
Abs. 2[348], es sei denn eine abweichende Kostenvereinbarung erfaßt eindeutig auch die
Vollstreckungskosten[349], was aber bei Regelung der »Kosten des Rechtsstreits« oder »Prozeßkosten« nicht ohne weiteres anzunehmen ist[350]. Umstritten ist aber, was gelten soll, wenn
in dem Vergleich dem Gläubiger ganz oder teilweise dasselbe zugebilligt wird wie in dem
bisherigen Titel. Vielfach wird die Möglichkeit der Beitreibung oder Festsetzung von Kosten,
die durch ZV aus dem bisherigen Titel bereits entstanden waren, abgelehnt, da der ersetzte
Titel keine Grundlage mehr für die Beitreibung oder Festsetzung der Vollstreckungskosten
bilden könne[351]. Entsprechend könne der Schuldner bereits bezahlte Kosten nach Abs. 2
erstattet verlangen[352]. Das trifft jedoch nur für *Prozeßkosten* zu[353]. Für Vollstreckungskosten
ist nicht auf die Kontinuität des Vollstreckungstitels abzustellen, sondern auf die Kontinuität
der Vollstreckbarkeit, die auch in aller Regel dem mutmaßlichen Parteiwillen entspricht[354].
Maßgebend ist, daß der Gläubiger im Hinblick auf den zu seinen Gunsten im Vergleich
festgesetzten Betrag letztlich zu Recht vollstreckt hat und daher auch insoweit Festsetzung
der Vollstreckungskosten verlangen kann[355]. Nach *teilweiser* »Aufhebung« des Titels durch
den Vergleich sind dem Schuldner daher nur jene Mehrkosten zu erstatten, die dadurch
entstanden, daß die Vollstreckung nicht von vornherein auf den Betrag beschränkt wurde, der
dem Gläubiger in dem Vergleich zugebilligt wurde[356]. Bei *vollständiger Aufrechterhaltung*
(oder sogar Erhöhung des dem Gläubiger bereits im Ursprungstitel Zugebilligten) durch den
Vergleich kommt dementsprechend gar keine Kostenerstattung zugunsten des Schuldners in
Betracht[357].

Die gleichen Regeln gelten bei teilweiser Aufhebung des Titels durch *Urteile*[358]. Aus Abs. 2 33
folgt, daß ein noch nicht erfüllter Kostenanspruch des Gläubigers gemäß Abs. 1 mit der
Titelaufhebung erlischt und nicht mehr[359] bzw. bei *Teilaufhebung* nur noch insoweit festsetz-
bar ist, als er für den verbleibenden Titelanspruch entstanden wäre, und daß der Gläubiger ihn
auch nur noch insoweit beitreiben darf[360].

Die Erstattungspflicht trifft nur den *Gläubiger*, nicht sonstige Empfänger der Kosten 34
(Gerichtsvollzieher), im Falle → § 126 Rdnr. 16 ff. den *Anwalt*.

---

[348] → § 103 Rdnr. 7, § 794 Rdnr. 32 je mwN; ferner *KG* Rpfleger 1978, 150; Büro 1991, 391 mwN; *OLGe Hamm* MDR 1993, 917; *Hamburg* MDR 1981, 763 = Büro 1397; *LG Köln* Büro 1991, 600; *Hartmann* (Fn. 259) Rdnr. 17; *K. Schmidt* (Fn. 258) Rdnr. 35; *Stöber* (Fn. 259) Rdnr. 22; *Gaul* (Fn. 258) § 46 III 1a. Über nur teilweises »Hinfälligwerden« durch Vergleich → bei Fn. 356.
[349] *KG* NJW 1963, 662; *OLGe Hamm* (Fn. 336); *Celle* (Fn. 173); *LG Köln* Büro 1991, 600; *K. Schmidt* (Fn. 258) Rdnr. 35; also anders als beim Schadensersatz → § 717 Rdnr. 64.
[350] Es sei denn aufgrund sorgfältiger Auslegung *KG* (Fn. 349), *OLG Hamm* (Fn. 336); *OLGe Frankfurt* Büro 1979, 1566 = MDR 1980, 60[65]; *Karlsruhe* NJW-RR 1989, 1150; *Koblenz* OLGZ 1993, 212 (für »Kosten des Verfahrens«). Bedenklich großzügige Auslegung in *OLG Celle* DGVZ 1971, 61.
[351] *KG* (Fn. 339); MDR 1979, 408 = Büro 767 (dies gelte auch für Kostenfestsetzungsbeschlüsse); *OLGe Frankfurt/M* Büro 1979, 1566; *Köln* Büro 1982, 1085; *Hamm* (Fn. 336); *Karlsruhe* (Fn. 350); → auch § 103 Rdnr. 7.
[352] *OLG Frankfurt/M* (Fn. 351); *KG* MDR 1979, 408 mwN.
[353] → § 794 Rdnr. 32 bis 32 b.
[354] *OLGe Bremen* MDR 1987, 854 = NJW-RR 1208; *Zweibrücken* MDR 1989, 362; *OLG Koblenz* OLGZ 1993, 213 (auch zur Gegenansicht), dort für einen Vergleich, der den durch Urteil zugesprochenen Teilanspruch unberührt ließ.
[355] Arg. Abs. 2, *OLG Stuttgart* Rpfleger 1994, 118.
[356] *OLGe Hamburg* (Fn. 348); *Zweibrücken* (Fn. 354); *LG Köln* Büro 1991, 600; *Thomas/Putzo*[18] Rdnr. 29; *Stöber* (Fn. 259) Rdnr. 22. I.E. ähnlich, aber für einfachere Berechnungsmethode: Quotelung im Verhältnis des Urteils- zum Vergleichsbetrag *OLGe München* Büro 1983, 938; *Schleswig* Büro 1987, 1816; *Bremen* (Fn. 354); *Hartmann* (Fn. 259) Rdnr. 47.
[357] *OLG Koblenz* OLGZ 1993, 213..
[358] *OLGe Hamburg* Büro 1973, 448; *Schleswig* Büro 1992, 500; *Karlsruhe* MDR 1993, 25; *KG* Rpfleger 1993, 291 (unter Aufrechterhaltung a. M. bei »Aufhebung« durch Vergleich und für Kostenfestsetzungsbeschlüsse → Fn. 351]; *K. Schmidt* (Fn. 258) Rdnr. 39; s. auch *OLG Düsseldorf* Büro 1977, 1144 (für Rückerstattung entsprechend der Kostenquotelung im aufhebenden Urteil).
[359] *Stöber* (Fn. 259) Rdnr. 14; ebenso die in Fn. 351 Genannten, die diese im Grundsatz zutreffende Aussage aber auch auf Fälle ausdehnen, in denen der Titel materiell aufrechterhalten bleibt, → dagegen Rdnr. 32.
[360] → § 794 Rdnr. 32; *OLGe Stuttgart* (Fn. 355, obiter); *Hamburg* Büro 1991, 1132; ferner die in Fn. 356 und 358 Genannten; *K. Schmidt* (Fn. 258) Rdnr. 26.

35 Der Erstattungsanspruch des Abs. 2 *umfaßt nur* die nach Abs. 1 beigetriebenen oder vom Schuldner freiwillig gezahlten *Vollstreckungskosten des Gläubigers*, nicht die dem Schuldner selbst erwachsenen Kosten, die er zum Beispiel für seinen Anwalt[361] oder zur Abwehr der Vollstreckung aufgebracht hat, insbesondere also nicht die Kosten einer Sicherheitsleistung des Schuldners → Rdnr. 17, aber auch nicht die Kosten für die Aufhebung einer Vollstreckungsmaßnahme, z. B. der Löschung einer Arrestsicherungshypothek[362]. Solche Kosten *können* unter § 91 fallen[363], andernfalls aber nicht einfach festgesetzt, sondern nur klagweise auf der Grundlage des § 717 Abs. 2 und 3[364] bzw. des bürgerlichen Rechts beansprucht und geltend gemacht werden[365]. Andernfalls würden die speziellen materiellen und prozessualen Regelungen in § 717[366] für einen weiten Teil ihres Anwendungsgebietes von § 788 Abs. 2 unterlaufen, der eine enggefaßte Sonderregelung zu § 717 ist[367]. Auch nach der Gegenmeinung betrifft Abs. 2 jedenfalls nicht solche Kosten, die dem Schuldner durch Kostenentscheidungen wegen erfolgloser Rechtsbehelfe oder Vollstreckungsschutzanträge auferlegt waren; sie gehen endgültig zu seinen Lasten[368].

36 Den Erstattungsanspruch kann der Schuldner *nicht nach Abs. 1* einfach beitreiben[369], denn dessen Voraussetzungen liegen nicht vor und seine entsprechende Anwendung ordnet Abs. 2 nicht an. Dieser ist aber dahin auszulegen, daß die aufhebende Entscheidung zugleich insoweit als Titel gemäß § 103 Abs. 1 dient[370], so daß der Schuldner die ihm zu erstattenden Kosten der Vollstreckung (also *nicht eigene* → Rdnr. 35), falls die beigetriebenen oder gezahlten Beträge nach Grund und Höhe unstreitig sind[371] und daher mündliche Verhandlung entbehrlich ist[372], nach ganz h. M. vom Rechtspfleger *festsetzen lassen kann*, §§ 103 ff.[373]; zur Zuständigkeit → Rdnr. 27. Scheitert diese Festsetzung, z. B. weil eine die Aufhebung des Titels enthaltende Entscheidung fehlt (→ Rdnr. 30), weil Beträge streitig werden oder über

---

[361] *OLG München* Rpfleger 1994, 128 = Büro 228 mwN (Gebühr für Aufhebungsantrag eines Arrestbefehls); *OLGe Köln* Rpfleger 1993, 464 = OLGZ 1994, 250; *Düsseldorf* MDR 1990, 344 = Büro 531 (abl. *Mümmler* aaO 532, der aber für sonstige »eigene« Kosten des Schuldners, besonders Bürgschaftskosten, wie hier die Anwendung des Abs. 2 ablehnt, z. B. Büro 1987, 1084. Dem Schuldner in der ZV entstehende Anwaltskosten sind aber auch seine »eigenen« Kosten und können daher nicht anders behandelt werden). Wie hier auch *Gaul* (Fn. 258) § 46 III 1b; wohl auch *Stöber* (Fn. 259) Rdnr. 24. – A.M. *K. Schmidt* (Fn. 258) Rdnr. 38 Fn. 155.

[362] *OLG München* (Fn. 38); nicht eindeutig *K. Schmidt* (Fn. 258) einerseits Rdnr. 37 Fn. 149a, anderseits Rdnr. 38 Fn. 156.

[363] → Rdnr. 17 (Fn. 173 a.E.) u. § 769 Rdnr. 20 mit § 771 Rdnr. 44. S. zu § 769 auch *OLG Schleswig* Büro 1993, 623 mit von der h.M. – *K. Schmidt* (Fn. 258) Rdnr. 37; *LG Berlin* (Fn. 173) je mwN – abweichenden Zuordnung solcher Kosten zu § 788 (obiter, zu Unrecht unter Berufung auf *Hartmann* (Fn. 259) Rdnr. 40, der das Problem zwar bei § 788 abhandelt, wie sich aus den dort angeführten Zitaten ergibt, § 91 anwenden will); Anwendung des § 788 erwägt auch *KG* NJW 1978, 1440 = Rpfleger 185 (obiter); → dagegen Fn. 173.

[364] → auch § 717 Fn. 265.

[365] So überzeugend *KG* (Fn. 173); Rpfleger 1978, 150 (Fn. 339); NJW 1978, 1440 f. (Fn. 363); *OLGe Hamm* MDR 1978, 234; Büro 1987, 1083 (zust. *Mümmler*) je mwN; *Köln* u. *Düsseldorf* (Fn. 361, X. Senat); Büro 1986, 618; *Koblenz*; *LG Düsseldorf* (alle Fn. 173); *LG Itzehoe* (Fn. 20); *Gaul* (Fn. 258) § 46 III 1b; i. E. auch *Stöber* (Fn. 259) Rdnr. 5, 24; für Sicherheitsleistung des Schuldners auch *K. Schmidt* (Fn. 258) Rdnr. 37). – **A.M.** *OLGe*

Karlsruhe; *Frankfurt*; *Nürnberg* (für den Fall des § 600); *Celle*; *Stuttgart* (alle Fn. 173); *Düsseldorf* Büro 1987, 1229 (Fn. 173, II.Senat); *Schleswig* (Fn. 70); *Hartmann* (Fn. 259) Rdnr. 18 (unter unzutreffender Berufung auf *Münzberg*); *Thomas/Putzo*[18] Rdnr. 29 (für Anwendung d. § 91).

[366] *KG* u. *OLG Hamm* (Fn. 365, alle dort zit. Urteile); vor allem Mitverschulden, Beschränkung nach § 717 Abs. 3 auf Bereicherung, Garantien des ordentlichen Prozesses.

[367] *KG* NJW 1978, 1440f. (Fn. 363); *Gaul* (Fn. 258) § 46 III 1a; s. auch *OLG Koblenz* (Fn. 173): Spezialität des § 717 Abs. 2; a.M. *OLG Frankfurt/M* (Fn. 173).

[368] *BGH* WM 1965, 1022f. = DB 1516; *OLG Schleswig* (Fn. 70); *K. Schmidt* (Fn. 258) Rdnr. 38 a.E.; *Stöber* (Fn. 259) Rdnr. 24.

[369] *K. Schmidt* (Fn. 258) Rdnr. 40; *Gaul* (Fn. 258) § 46 II 2; *Brox/Walker*[4] Rdnr. 1683. – A.M. *OLG* (Fn. 173) (jedenfalls für unumstrittene Kosten); *Stöber* (Fn. 259) Rdnr. 25; wohl auch *Hartmann* (Fn. 259) Rdnr. 18.

[370] Im Unterschied zum Schadensersatz nach § 717 wegen der an den zunächst obsiegenden, dann unterlegenen Gegner erstatteten **Prozeßkosten** (→ § 717 Fn. 265, ebenso *OLG Karlsruhe* Rpfleger 1980, 438). – Wie hier für **ZV-Kosten** schon *KG* JW 1933, 2018[12].

[371] *KG* Büro 1991, 389 = MDR 258.

[372] Was aber nicht sicher vorauszusehen u. insofern riskant ist, → daher Fn. 376.

[373] *OLGe Düsseldorf* (Fn. 358); *Hamburg* MDR 1981, 763 = Büro 1397; *KG* (Fn. 370) u. (Fn. 371) mwN; *Gaul* (Fn. 369); ferner die Komm. → Fn. 372 außer *Wieczorek* (»zweifelhaft«); *K. Schmidt* Rdnr. 41 (»nicht überzeugend«).

Einwendungen des Gläubigers entschieden werden müßte[374], so ist der Erstattungsanspruch nur im Wege neuer *Klage oder entsprechend § 717 Abs. 2 S. 2*[375] geltend zu machen. Für diesen Weg besteht aber auch dann ein Rechtsschutzbedürfnis, wenn jener über eine Kostenfestsetzung zulässig wäre[376].

IV. Vollstreckungsschutz und Austauschpfändung, Abs. 3[377]

1. Der Anwendungsbereich ist bewußt beschränkt[378] auf die ausdrücklich genannten Verfahren. Abs. 3 gilt daher nicht entsprechend für andere Fälle[379], →z. B. § 721 Rdnr. 34. 37

2. Abs. 3 zeigt, daß die Kosten der von ihm erfaßten Verfahren ausnahmsweise[380] als Kosten der Zwangsvollstreckung anzusehen sind. Daraus folgt, daß sie grundsätzlich dem Schuldner zur Last fallen[381], daß aber auch dem Gläubiger durch solche Verfahren entstandene Kosten schon nach Abs. 1 nicht erstattungsfähig sind, soweit sie nicht notwendig waren. Darüber hinaus erlaubt Abs. 3 dem Gericht, dem **Gläubiger** die Kosten dieser Verfahren ganz oder teilweise aufzuerlegen und so ausnahmsweise einen Erstattungsanspruch des Schuldners gegen den Gläubiger zu begründen. Da *besondere Gründe* vorliegen müssen, reicht es nicht aus, daß der Schutzantrag des Schuldners Erfolg hat oder eine Austauschpfändung nicht zugelassen wird[382], oder sich das Verfahren (auch einvernehmlich) erledigt hat[383], auch dann nicht, wenn der Gläubiger damit hätte rechnen müssen, oder ihm zumutbar gewesen wäre, sich über die Erfolgsaussichten eines Vollstreckungsschutzantrags Klarheit zu verschaffen[384]. 38

Die **besonderen Gründe** müssen im *Verhalten des Gläubigers* liegen, z. B. ein Beharren auf offensichtlich aussichtsloser Vollstreckung[385]. Seine Unkenntnis der Schutzbedürftigkeit und -würdigkeit des Schuldners kann ihm regelmäßig nicht angerechnet werden, ebensowenig eine unrichtige Entschließung, die der Gerichtsvollzieher erst trifft, wenn er an Ort und Stelle die Verhältnisse des Schuldners erkannt hat[386]. Ein Verschulden des Gläubigers ist aber nicht erforderlich. Seine Belastung mit den Kosten muß schließlich der *Billigkeit* entsprechen; 39

---

[374] → § 104 Rdnr. 13 f.
[375] Insoweit heute allg. M., statt aller *Gaul* (Fn. 369). Der Antrag im Rechtsmittelzug, also noch vor Erlaß der begehrten Aufhebung (→ § 717 Rdnr. 38), kann zu erheblich rascherer Erstattung führen als bei nachträglicher (womöglich streitiger) Festsetzung gemäß §§ 103 ff., s. auch *OLG Karlsruhe* Rpfleger 1980, 438.
[376] *AG Krefeld* MDR 1980, 942; *K. Schmidt* (Fn. 258) Rdnr. 40; wohl auch *KG* (Fn. 370); nicht eindeutig *Thomas/Putzo*[18] Rdnr. 30 u. *Stöber* (Fn. 259) Rdnr. 25 (nur wenn Betrag str. ist?). – A.M. *Wieczorek*[2] Anm. D I (Vorrang des Festsetzungsverfahrens); zweifelnd obiter *LG Düsseldorf* (Fn. 173).
[377] Angefügt 1953, weil die Kostenfrage str. war → 19. Aufl. IV. – »§ 850 k« wurde 1978 nachgetragen → Einl. (20. Aufl.) Rdnr. 160 Nr. 6.
[378] *Jonas/Pohle*, ZV-Notrecht[16], (1954) 102 f. u. de lege ferenda *Schumacher* ZZP 67 (1954) 255.
[379] H.M. *Gaul* (Fn. 258) § 46 IV a; *Hartmann* (Fn. 259) Rdnr. 9; *K. Schmidt* (Fn. 258) Rdnr. 42; a.M. *LG Itzehoe* (Fn. 20), das Analogie zu vergleichbaren Härtesituationen erwägt.
[380] Zum Grundsatz → Rdnr. 16 f.
[381] *AG Heiligenhafen* DGVZ 1968, 140 (auch bei Erledigung durch außergerichtliche Einigung).
[382] *OLGe Frankfurt* WuM 1981, 47; *Karlsruhe* WuM 1986, 147; *LGe Hannover* WuM 1990, 397; MDR 1970, 684 (Heranziehung des § 93 für Gläubiger); *Berlin* Rpfleger 1991, 219; *Bauknecht* MDR 1954, 391; *Gaul* (Fn. 379); *Brox/Walker*[4] Rdnr. 1685.
[383] *LG Berlin* (Fn. 382); *AG Heiligenhafen* (Fn. 381); *Stöber* (Fn. 259) Rdnr. 26.
[384] Dies wird allenfalls bei Erstattungsanspruch des *Gläubigers* nach Abs. 1 im Rahmen der Notwendigkeit erheblich. – A.M. *LG Göttingen* NdsRpfl 1954, 205; 1956, 149 (betr. § 765 a).
[385] *Schiffhauer* Rpfleger 1978, 403 zu § 765 a (Immobiliar-ZV); *Stöber* (Fn. 259); *Gaul* (Fn. 379); *Brox/Walker*[4] Rdnr. 1685. Richtig *Wieczorek*[2] Anm. B III 3: bei **§§ 811 a, 813 a, 851 a, 851 b** kann ein dem Gläubiger zur Last fallendes Verhalten nicht angenommen werden, es sei denn er hätte eine durch außerprozessuales Rechtsverhältnis gebotene Rücksichtnahme versäumt. Dasselbe gilt für **§ 850 k**. *K. Schmidt* (Fn. 258) Rdnr. 44 verneint generell Abs. 3 bei Erfolg des Antrags nach § 811 a (Ausnahme: § 811 b Abs. 2) u. bejaht Abs. 3 nur im Falle offensichtlicher Aussichtslosigkeit.
[386] *Brox/Walker*[4] Rdnr. 1685; *Gaul* (Fn. 379) (Ausnahme: Kenntnis der maßgeblichen Umstände schon bei Stellung des ZV-Antrags; dafür trifft aber den Schuldner die Beweislast). – A.M. *Stöber* (Fn. 259) Rdnr. 26; *Thomas/Putzo*[18] Rdnr. 31.

§ 788 IV – § 789   Erster Abschnitt: Allgemeine Vorschriften

hierbei kann das bisherige Verhalten des Schuldners[387], insbesondere sein Bemühen, die Schuld zu tilgen, berücksichtigt werden[388].

40   Liegen die Voraussetzungen vor, *muß* das Gericht dem Gläubiger die Kosten aufbürden, denn das »kann« in Abs. 3 bringt nur den Ausnahmecharakter der Vorschrift zum Ausdruck, ohne dem Richter völlig freies Ermessen einräumen zu wollen[389]. Soweit es der Billigkeit entspricht, kann das Gericht die Kosten auch *teilen*.

41   3. Eine gerichtliche Kostenentscheidung ist zwar nicht notwendig[390], jedoch stets zu empfehlen[391]. Sie ist immer zur Festsetzung geeignet[392]; → auch § 813 a Rdnr. 17. Bei Erledigung in erster Instanz gilt Abs. 3, nicht § 91 a[393]. Fehlt eine Kostenentscheidung zugunsten des Schuldners, so gilt für die Kosten des Gläubigers Abs. 1, → Rdnr. 38 und zur Prüfung der Notwendigkeit → Rdnr. 24 f. bzw. Rdnr. 27.

42   4. **Kosten des Verfahrens** nach Abs. 3 sind nur die gerichtlichen und außergerichtlichen erster Instanz. Für die Kosten eines Beschwerdeverfahrens[394] gelten § 97 bei erfolgloser[395] und §§ 91 ff. bei erfolgreicher Beschwerde[396], → auch Rdnr. 16.

43   5. Wegen gerichtlicher und anwaltlicher **Gebühren** für die einzelnen Verfahren und zu **Rechtsbehelfen** → jeweils dort.

§ 789   [Mitwirkung von Behörden]

Wird zum Zwecke der Vollstreckung das Einschreiten einer Behörde erforderlich, so hat das Gericht die Behörde um ihr Einschreiten zu ersuchen.

Gesetzesgeschichte: Bis 1900 § 698 CPO.

1   I. Das **Einschreiten einer Behörde** zum Zweck der Vollstreckung[1] kann bei Durchführung oder Einstellung des Verfahrens notwendig werden, vgl. den früheren § 758 Abs. 3 S. 2, den jetzt praktisch bedeutungslosen § 791 sowie § 882 a nebst § 15 Nr. 3 EGZPO. *Zuständig* für

---

[387] A.M. *Grund* NJW 1958, 1121, weil Abs. 3 nur dasjenige des Gläubigers erwähne. Aber das ist nur die *eine* Voraussetzung für die Anwendung des Abs. 3, die Billigkeit eine *andere*, die nie aufgrund einseitiger Betrachtung ermittelt werden kann; i.E. wie hier *Brox/Walker*[4] Rdnr. 1686; *Gaul* (Fn. 379); *Stöber* (Fn. 259) Rdnr. 26.

[388] Zweifelhaft ist, ob auch die wirtschaftliche Lage der Parteien insoweit erheblich ist, so 20. Aufl., zust. *Brox/Walker*[4] Rdnr. 1685; s. dagegen *Gaul* (Fn. 379); *Stöber* (Fn. 259) Rdnr. 26; *Schuschke* Rdnr. 27.

[389] Allg. M. *Gaul* (Fn. 258) § 46 IV b; *K. Schmidt* (Fn. 258) Rdnr. 44.

[390] Denn die Kostentragung wäre durch Abs. 1 u. 3 auch ohne Kostengrundentscheidung geregelt → Rdnr. 38; *OLG Hamm* NJW 1957, 28 = JZ 23 = DGVZ 1958, 30; *K. Schmidt* (Fn. 258) Rdnr. 45; *Gaul* (Fn. 389). – A.M. *Bauknecht* (Fn. 382); *Wieczorek*[2] Anm. C II b: immer notwendig.

[391] *K. Schmidt* u. *Gaul* (Fn. 389); a.M. *Stöber* (Fn. 259) Rdnr. 26: Klarstellung in den Gründen genüge.

[392] *Gaul* (Fn. 389). Beteiligung durch Schuldner nach Abs. 1 ist nicht möglich. – S. auch *Noack* JR 1967, 369 f. mwN zur Erstattungsfähigkeit u. zum Streitwert (dazu auch *OLG Frankfurt* Fn. 382; *AG Hannover* NdsRpfl 1970, 177).

[393] *LG Berlin* Büro 1967, 678; Rpfleger 1991, 219 (auch für Erledigung in der Beschwerdeinstanz, → aber dazu Rdnr. 42). – A.M. *Pohle* JZ 1957, 25 f.

[394] Dazu ausführlich *Pohle* (Fn. 393) u. hiergegen *Donau* NJW 1957, 636; *Grund* (Fn. 387) 1120 f.

[395] *OLGe Oldenburg* NdsRpfl 1955, 75; *Celle* NdsRpfl 1955, 217; *Hamm* (Fn. 390); *München* III. Senat NJW 1959, 393; *Nürnberg* NJW 1965, 1282; *Frankfurt* (Fn. 382); *Karlsruhe* (Fn. 382); *Bauknecht* (Fn. 382); *Pohle* (Fn. 393); *Hartmann* (Fn. 259) Rdnr. 9; *Stöber* (Fn. 259) Rdnr. 27. – A.M. *OLG München* IV. Senat NJW 1954, 1612; *OLG Schleswig* MDR 1957, 422 = SchlHA 160 = ZMR 280; *LG Berlin* (Fn. 382); *LG Freiburg* NJW 1954, 1690 (Abs. 3 für alle Instanzen einheitlich).

[396] S. die zust. Zitate in → Fn. 395. – Teilweise abw. (Abs. 3 gelte für die in der Sache erfolgreiche Beschwerde des Schuldners) *OLGe München* III. Senat (Fn. 395); *Karlsruhe* (Fn. 382); *LG Göttingen* MDR 1956, 360; *LG Arnsberg* JMBlNRW 1966, 168; *Bauknecht* (Fn. 382); *Stöber* (Fn. 259) Rdnr. 27; dagegen *Pohle* (Fn. 393). – S. auch *OLG Nürnberg* NJW 1965, 1282 (neue Anträge im Rahmen weiterer Beschwerde).

[1] Zur Abgrenzung vgl. *LG Dortmund* NJW 1962, 1519: nicht an militärische Behörden, um ein Mitglied der Streitkräfte zur Zahlung anzuhalten.

das Ersuchen ist das mit der Vollstreckung befaßte Gericht, im Falle der §§ 887ff. also das Prozeßgericht. Nicht hierher gehört die Erwirkung einer Durchsuchungsanordnung und die Inanspruchnahme polizeilicher Hilfe durch den Gerichtsvollzieher, → § 758 Rdnr. 5, 32, § 892[2]. Auch sonst gilt § 789 nicht, soweit der Gläubiger berechtigt ist, Anträge bei Gerichten oder anderen Behörden selbst zu stellen, z.B. nach § 792 oder bei Grundbucheintragungen, §§ 830, 836, 867, 895f., 931f.[3]. – Die Tätigkeit des Gerichts ist gebührenfrei.

II. **Rechtsbehelfe** gegen die Unterlassung des Ersuchens: wie → § 766 Rdnr. 10[4]. Dem Schuldner steht gegen das Ersuchen kein Rechtsbehelf zu[5]. Rechtsbehelfe gegen die erbetenen Maßnahmen oder deren Verweigerung richten sich nach der Art der Behörde und ihres Einschreitens. 2

§ 790 [aufgehoben]

Gesetzesgeschichte: Bis 1900 § 699 CPO. Neubekanntmachung RGBl 1924 I 437. Aufgehoben durch KontrRG Nr. 34 Art. III.

Die Vorschrift betraf die Zwangsvollstreckung gegen Soldaten, → bei § 752.

§ 791 [Zwangsvollstreckung im Ausland]

(1) Soll die Zwangsvollstreckung in einem ausländischen Staate erfolgen, dessen Behörden im Wege der Rechtshilfe die Urteile deutscher Gerichte vollstrecken, so hat auf Antrag des Gläubigers das Prozeßgericht des ersten Rechtszuges die zuständige Behörde des Auslandes um die Zwangsvollstreckung zu ersuchen.

(2) Kann die Vollstreckung durch einen Bundeskonsul erfolgen, so ist das Ersuchen an diesen zu richten.

Gesetzesgeschichte: Bis 1900 § 700 CPO.

I. Abs. 1 wäre nur anwendbar, wenn ein deutsches Urteil **ohne weiteres** im Ausland vollstreckt werden könnte, also ohne Vollstreckungsurteil (vgl. §§ 722f.) oder besondere Vollstreckbarkeitserklärung durch Beschluß des ausländischen Gerichts, → Anhang zu § 723, und wenn der Gläubiger die Vollstreckung im Ausland nicht selber einleiten kann, also Rechtshilfe erforderlich ist. Die Voraussetzungen für § 791 sind nicht mehr gegeben; über **sonstige Rechtshilfe im Ausland** für die Geltendmachung, Vollstreckbarerklärung und Vollstreckung von Kosten- und Unterhaltsansprüchen → § 722 Rdnr. 1 Fn. 3. Zu früheren Fällen → 18. Aufl. 1

II. Abs. 2 ist gegenstandslos, seit die Konsulargerichtsbarkeit entfallen ist. 2

---

[2] Weigert sich der GV, so steht dem Gläubiger § 766 offen. § 789 mag zwar dadurch nicht ausgeschlossen sein MünchKommZPO-K. Schmidt Rdnr. 4; jedoch würde durch Gerichtsersuchen hier kaum die notwendige zeitliche Koordination bei der ZV erreicht.

[3] Allg. M. K. Schmidt (Fn. 2) Rdnr. 3.
[4] K. Schmidt (Fn. 2) Rdnr. 5; a.M. (unbefristet) Zöller/Stöber[19] Rdnr. 1.
[5] K. Schmidt (Fn. 2) Rdnr. 5.

§ 792 [Erteilung von Urkunden an Gläubiger]

Bedarf der Gläubiger zum Zwecke der Zwangsvollstreckung eines Erbscheins oder einer anderen Urkunde, die dem Schuldner auf Antrag von einer Behörde, einem Beamten oder einem Notar zu erteilen ist, so kann er die Erteilung an Stelle des Schuldners verlangen.

Gesetzesgeschichte: Seit 1900 RGBl. 1898 I 256.

1   I. § 792 gewährt dem *Gläubiger* das Recht, solche **Urkunden,** deren *Erteilung* der Schuldner von einer Behörde, einem Beamten oder Notar verlangen kann, **an Stelle des Schuldners zu beantragen,** wenn er ihrer zum Zweck einer Vollstreckung bedarf[1]. Unberührt bleiben Vorschriften, nach denen einem Gläubiger als Beteiligtem oder sogar jedermann Abschriften oder Ausfertigungen bereits anderweitig erteilter Urkunden zustehen → § 432 Rdnr. 17–18[2].

2   Hauptfälle des § 792 sind die Vollstreckung nach § 867 oder § 17 ZVG gegen den nicht als Eigentümer eingetragenen Schuldner, §§ 14, 39f. GBO, die Vollstreckung nach §§ 830, 837, die Beschaffung der Nachweise gemäß §§ 726, 727 und der etwa nach §§ 735ff. erforderlichen (→ Rdnr. 3) Beweisurkunden, vgl. z.B. §§ 1507, 2368 BGB[3]. Die Worte »zum Zwecke der Zwangsvollstreckung« sind im weitesten Sinne auszulegen und umfassen sämtliche zur Vorbereitung der Vollstreckung dienenden Akte[4] und die Vollstreckung i.w.S.[5], was § 896 für einen besonderen Fall bestätigt. *Teilungsversteigerung* (§ 180 ZVG) ist nicht einmal i.w.S. Zwangsvollstreckung[6]; trotzdem gilt § 792 entsprechend, wenn einem an der Gemeinschaft Beteiligten die Beschaffung der nach § 17 ZVG erforderlichen Urkunden nicht anders möglich ist[7]. In den Fällen des § 727 usw. ist Schuldner i.S. des § 792 auch der Rechtsnachfolger[8].

Als Beispiel nennt § 792 den Erbschein, §§ 2353ff. BGB. Falls er noch nicht erteilt ist (§ 85 FGG), kann der Gläubiger[9] die nach § 2356 BGB erforderliche eidesstattliche Versicherung an Stelle des Schuldners abgeben; dies gilt entsprechend bei der Erfüllung sonstiger Erfordernisse[10].

3   II. Gegenüber der Behörde usw. muß der Gläubiger sich durch Vorlage des vollstreckbaren Titels als **Vollstreckungsgläubiger legitimieren**[11]. Dazu bedarf es in den Fällen der §§ 726ff. nicht einer vollstreckbaren Ausfertigung, die ja oft gerade erst durch die Urkunde ermöglicht werden soll[12]. Ob das Bedürfnis besteht, hat die angegangene Behörde zu entscheiden[13]. Es fehlt, soweit Bezugnahme auf öffentliche Register genügt oder der Nachweis ebenso sicher geführt werden kann durch eine dem Gläubiger (z.B. nach §§ 1563 BGB, 9

---

[1] Vgl. *OLG Hamm* OLGRsp 29, 203: kein Bedürfnis für Abschriften, wenn der Vertrag beim Güterrechtsregister vom Gläubiger eingesehen werden kann.
[2] Z.B. § 85 FGG; dazu *KG* Rpfleger 1978, 140 = DNotZ 425: auch wenn der Gläubiger nicht sofort vollstrecken will, kann er wegen § 727 Erbscheinsausfertigung (nicht nur Abschrift) verlangen.
[3] *MünchKommZPO-K. Schmidt* Rdnr. 6.
[4] → Rdnr. 107ff. vor § 704; *KG* OLGRsp 20, 346f.
[5] Rdnr. 46ff. vor § 704; also auch aufgrund Kostengrundentscheidungen gegen unbenannte »Erben«, um Kostenfestsetzung gegen diese zu ermöglichen *VGH Mannheim* NJW 1984, 196[26].
[6] → auch § 765a Rdnr. 3 Fn. 16 (str.).
[7] *OLG Hamm* MDR 1960, 1018; *LGe Marburg* NJW 1952, 149; *Essen* Rpfleger 1986, 387 (Erbschein), allg. M. → auch Fn. 11.
[8] *KG* RJA 5, 234; OLGRsp 26, 392.
[9] *OLG München* DFG 1942, 20; *Zöller/Stöber*[19] Rdnr. 1; aber nicht z.B. sein Generalbevollmächtigter *KG* RJA 13, 199.
[10] Zum Umfang der Auskunft, die vom Gläubiger zur Person des Erben aus dem Melderegister verlangt werden darf *OVG Münster* NJW 1976, 532.
[11] Vgl. *KG* OLGRsp 33, 153; 37; *LG Kiel* Büro 1960, 546 = SchlHA 293. Für § 180 ZVG genügt Nachweis der Mitberechtigung an der auseinanderzusetzenden Gemeinschaft *OLG Hamm* (Fn. 7).
[12] *KG* Rpfleger 1975, 133 mwN, ganz h.M.
[13] Vgl. *KG* OLGRsp 1, 298f. (Pfändung eines Erbteils).

HGB) zu gewährende Registerabschrift¹⁴. Hingegen spielt es keine Rolle, ob der Gläubiger sich auf § 792 oder konkurrierende Normen stützt, die ihm Rechte auf *dasselbe* Beweismittel einräumen, z.B. § 34¹⁵ oder § 85 FGG. Die Zulässigkeit der Vollstreckung selbst hat die Behörde nicht zu prüfen¹⁶ mit Ausnahme der → § 724 Rdnr. 2 Fn. 16 genannten Fälle¹⁷.

Gegen die Ablehnung des Gesuchs sind die **Rechtsmittel** gegeben, die auch dem Schuldner zuständen, also Beschwerde nach §§ 19 ff. FGG¹⁸, § 54 BeurkG, soweit nicht Landesrecht gilt; im Falle § 60 Abs. 1 KJHG, soweit nicht dessen Nr. 2 eingreift, die Anfechtung nach der VwGO¹⁹. **4**

Die **Kosten** der Urkundenerteilung gehören zu § 788²⁰. Bleibt ein Antrag ohne Erfolg, so scheidet § 788 aus, falls deshalb jede Vollstreckung scheitert (z.B. weil im Falle § 727 weder die Erben des Schuldners noch der Verbleib des Nachlasses ermittelt werden können). Andernfalls kommt es jedoch darauf an, ob der Gläubiger den Antrag für erforderlich halten durfte wie → § 788 Rdnr. 18²¹. **5**

§ 793 [Sofortige Beschwerde]

(1) Gegen Entscheidungen, die im Zwangsvollstreckungsverfahren ohne mündliche Verhandlung ergehen können, findet sofortige Beschwerde statt.

(2) Hat das Landgericht über die Beschwerde entschieden, so findet, soweit das Gesetz nicht etwas anderes bestimmt, die sofortige weitere Beschwerde statt.

Gesetzesgeschichte: Bis 1900 § 701 CPO. Änderung BGBl. 1950, 455; 1990 I 2847 (Abs. 2)

I. 1. Der **sofortigen Beschwerde**¹ unterliegen **Entscheidungen, die im Zwangsvollstreckungsverfahren** der ZPO² ohne mündliche Verhandlung erlassen werden können, gleichviel ob sie wirklich stattgefunden hat³, und ob ein Antrag schon zur Vollstreckung geführt hatte. Dies gilt auch für »Entscheidungen« über Durchsuchungserlaubnisse und Vollstreckung zur Nachtzeit, obwohl sie noch im Vorfeld der Vollstreckung liegen (str.)⁴. Zum hier gemeinten, grundsätzlich von der Anhörung des Betroffenen abhängigen Begriff »Entscheidung« im Gegensatz zum bloßen Vollstreckungsakt, zu dem der Betroffene noch nicht gehört war, → § 766 Rdnr. 7f. Hierher gehören Entscheidungen des *Vollstreckungsgerichts* (§ 764 Abs. 3) **1**

---

¹⁴ *OLG Hamm* OLGRsp 29, 203 (Abschrift aus Notarakten wegen § 1563 BGB unnötig); *K. Schmidt* (Fn. 3) Rdnr. 10.
¹⁵ A.M. *OLG Hamm; K. Schmidt* (Fn. 14). Vgl. *BayObLG* Rpfleger 1990, 421 (Einsicht in Nachlaßverzeichnis durch Erbfallgläubiger auch ohne Titel).
¹⁶ *KG* OLGRsp 20, 347; *Thomas/Putzo*¹⁸ Rdnr. 6.
¹⁷ Ähnlich *K. Schmidt* (Fn. 3) Rdnr. 10.
¹⁸ *KG* u. *OLG München* OLGRsp 1, 298 f.; 26, 392.
¹⁹ *Keidel/Kuntze/Winkler* BeurkG¹² § 54 Rdnr. 1.
²⁰ Zu Anwaltsgebühren s. *OLG Stuttgart* Justiz 1970, 302 = NJW 1692 (§ 118, nicht §§ 57 f. BRAGO).
²¹ A.M. *K. Schmidt* (Fn. 3) Rdnr. 12.
¹ *Schultz, Kunz* → § 766 Fn. 1; *Neumüller* Vollstreckungserinnerungen usw. (1981). Treffend gegen Reformpläne zur Abschaffung des § 793 bei Mobiliar-ZV bzw. Einführung der Rechtsbeschwerde *E. Schneider* DGVZ 1976, 164.
² → Rdnr. 1 vor § 704, § 794 Rdnr. 1, 100 f. u. zum

Beginn eines ZV-Verfahrens als Voraussetzung für § 793 seitens des Schuldners → Rdnr. 106 ff. vor § 704, aber auch § 766 Rdnr. 56, während für Gläubiger stets schon die (auch teilweise) Ablehnung ihres Antrags genügt → § 766 Rdnr. 10. Zu **§ 45 Abs. 3 WEG** → § 794 Rdnr. 100 Fn. 647. § 793 ist auch anwendbar auf: Zustimmung nach § 164 BBauG (jetzt BauGB) *OLG Stuttgart* NJW 1970, 1693 (L); Beschlüsse des Vergleichsgerichts über ZV-Maßnahmen nach § 13 VerglO *LG Oldenburg* KTS 1970, 236 mwN. – **Nicht** bei § 33 FGG in Familiensachen *BGH* NJW 1979, 820 = Rpfleger 132 = FamRZ 224. Wurde unrichtig nach § 33 FGG vollstreckt statt nach ZPO, so steht § 19 FGG zur Wahl neben § 793 *OLG Oldenburg* FamRZ 1978, 911; ebenso im umgekehrten Fall. § 621e scheidet aus *BGH* MDR 1981, 36³⁰.
³ Allg. M.
⁴ → § 758 Rdnr. 23 f., § 761 Rdnr. 3 Fn. 8 mwN; *MünchKommZPO-K. Schmidt* Rdnr. 3; *Brox/Walker*⁴ Rdnr. 1252.

über Vollstreckungsmaßnahmen[5] oder deren gesondert erforderliche Zulassung[6], über Erinnerungen (§ 766) und verwandte Rechtsbehelfe[7], ferner Entscheidungen des *Prozeßgerichts*[8] oder des *Arrestgerichts* (→ Rdnr. 5) als Vollstreckungsorgan. Zum *Grundbuchamt* → Bem. zu §§ 830, 867, 932. Nicht zum Bereich des § 793 gehört die sofortige Beschwerde nach § 721 Abs. 6. Über Anfechtung von Vollstreckungsmaßnahmen der *Beschwerdegerichte* und deren Anordnungen gemäß § 575 → § 766 Rdnr. 9. Wegen des Beginns der Notfrist → § 577 Rdnr. 3.

2 § 793 ist **nicht** anzuwenden auf die → § 108 Rdnr. 8ff. und Rdnr. 107, 109 vor § 704 genannten, die Vollstreckung nur vorbereitenden Entscheidungen, auf *ohne Gehör* des Betroffenen ergangene *Vollstreckungsakte* → § 766 Rdnr. 3, 4, 6, 9 Fn. 53, und auf *prozeßleitende Anordnungen*, z. B. Anordnungen mündlicher Verhandlung[9], Beweisbeschlüsse[10] u. ä.[11], → auch § 900 Rdnr. 42, § 902 Rdnr. 7. Wegen der nur ausnahmsweise zulässigen Beschwerde gegen *einstweilige Anordnungen* → § 707 Rdnr. 23 f. und die gesetzlich nicht so geregelten, aber entsprechend zu behandelnden Fälle → § 732 Rdnr. 14, § 765a Rdnr. 20, § 766 Rdnr. 40, § 769 Rdnr. 15[12], § 771 Rdnr. 44, § 813a Rdnr. 10, § 825 Rdnr. 6. Ergeht statt beantragter einstweiliger Anordnung »einstweilige Verfügung«, so stehen Widerspruch und § 793 zu Wahl[13]. *Unanfechtbar* sind Entscheidungen nach §§ 770, 813a[14]. Zu Beschwerden gegen den Zuschlag in der Immobiliarvollstreckung s. §§ 95ff. ZVG. Zur Unanfechtbarkeit von Kostenentscheidungen ohne Anfechtung der Hauptsache → § 99 Rdnr. 3[15]; »isolierte« Kostenentscheidungen sind jedoch grundsätzlich anfechtbar[16].

3 2. Trifft der **Rechtspfleger** eine Entscheidung, die als richterliche § 793 unterfiele[17] oder unanfechtbar wäre, so unterliegt sie nach § 11 Abs. 1 S. 2 RpflG zunächst nur der **befristeten Erinnerung**; sie kann *nach h. M.* nur beim AG wirksam und fristwahrend eingelegt werden, weil sie (jedenfalls bei Einlegung noch) nicht Beschwerde sei und daher trotz § 11 Abs. 4 RpflG für sie § 569 Abs. 1 HS 2 und § 577 Abs. 2 S. 2 nicht gälten[18]. Verwechslung mit § 793 bedeutete danach oft Fristversäumnis. Diese das Parteirisiko erhöhende Auslegung ist unnötig eng, da § 11 RpflG nicht ausdrücklich bestimmt, wo die Erinnerung einzulegen ist, so daß Abs. 4 (»im übrigen«) auch diese Frage miterfassen könnte und »sinngemäße« Anwendung gerade nicht voraussetzt, daß die Erinnerung schon zur Beschwerde geworden ist[19]. Freilich muß das Beschwerdegericht dann die Akten an das AG zurückgeben[20], aber die Frist sollte entgegen h. M. dennoch gewahrt sein. § 36 Nr. 5 oder 6 gelten nicht, wenn ein Gericht die Erinnerung dem Rechtsmittelgericht vorlegt, weil es § 11 Abs. 2 S. 4 RpflG anzuwenden

---

[5] → § 766 Rdnr. 5, 7 f., 10. Nicht Entscheidungen des Staatsanwalts nach § 31 Abs. 6 RpflG im Falle § 111 f. Abs. 3 S. 3 StPO *OLG Karlsruhe* Rpfleger 1992, 447.
[6] → § 758 Rdnr. 23 (Durchsuchungserlaubnis), § 761 Rdnr. 3, ferner § 811a Rdnr. 16, § 811b Rdnr. 4, § 811c Rdnr. 2, § 822 f., § 825 Rdnr. 7, § 844 Rdnr. 6, §§ 900 f.
[7] Darunter sind jedoch manche befristet → § 765a Rdnr. 25, § 850f Rdnr. 19, § 850g Rdnr. 3, 10, § 851a Rdnr. 7, § 851b Rdnr. 10, § 900 Rdnr. 38.
[8] → Rdnr. 69 vor § 704, § 887 Rdnr. 47, § 888 Rdnr. 48, § 890 Rdnr. 43, 56, 64, § 891 Rdnr. 5.
[9] *KG* OLGRsp 27, 174, allg. M. → auch § 216 Rdnr. 35.
[10] *RG* SeuffArch 48 (1893), 467 u. → § 359 Rdnr. 5 (20. Aufl. Fn. 5).
[11] Zwischenverfügungen, die Glaubhaftmachung aufgeben, *OLG Hamburg* OLGRsp 40, 408.
[12] → aber § 769 Rdnr. 17.
[13] *OLG Karlsruhe* MDR 1992, 808.
[14] → aber auch § 813a Rdnr. 18.

[15] Zur unzulässigen Kostenentscheidung gegen GV s. aber die Rsp → Fn. 45.
[16] → § 99 Rdnr. 4 Fn. 17 mwN; *LG Bad Kreuznach* Büro 1990, 654; a. M., falls das Beschwerdegericht schon die Hauptsache (ohne Kosten) entschieden hatte, *OLG Düsseldorf* MDR 1990, 62.
[17] → § 766 Rdnr. 3 ff.
[18] *OLGe Koblenz* Rpfleger 1991, 297 (noch zu § 21 Abs. 2 aF RpflG); *Köln* MDR 1975, 671; *Stuttgart* OLGZ 1977, 115 = Büro 106; *LGe Augsburg* NJW 1971, 2317; *München I* Rpfleger 1972, 399 (abl. *Meyer-Stolte*); *Mönchengladbach* MDR 1973, 592; *Bassenge/Herbst* FGG/RpflG[6] § 11 Anm. 4 c; *K. Schmidt* (Fn. 4) Rdnr. 23 mwN; *Rosenberg/Gaul*[10] § 39 II 1 a; *Zöller/Schneider*[18] § 577 Rdnr. 14.
[19] Wie hier *OLGe Bamberg* Büro 1975, 1498 (zust. *Mümmler*); *Bremen* Rpfleger 1979, 72; *Baumbach/Hartmann*[52] Rdnr. 5; *Meyer-Stolte* Rpfleger 1972, 399.
[20] *OLG Frankfurt* Rpfleger 1980, 31; *K. Schmidt* (Fn. 4) Rdnr. 23 a. E.

meint, während das Rechtsmittelgericht die Erinnerung für unbefristet[21] hält[22]. Im übrigen, auch zum Anwaltszwang, → Anh. § 576 Rdnr. 2, 4, 7f., § 78 Rdnr. 25, § 569 Rdnr. 10 Fn. 21, § 573 Rdnr. 5f.

Nichtabhilfe durch den Richter muß förmlich beschlossen werden[23], obwohl sich dann die Beschwerde weiterhin gegen die Entscheidung des Rechtspflegers richtet, § 11 Abs. 2 S. 5 RpflG[24]. Der Erinnerungsführer muß erkennen können, warum nicht abgeholfen wurde, schon um ihm Gelegenheit zur Rücknahme der Erinnerung zu bieten. Der Beschluß ist daher zu begründen, falls der Rechtspfleger sich mit dem früheren Vortrag noch nicht genügend auseinandergesetzt hatte, erst recht im Falle neuen Vorbringens[25]. Hat der Richter entgegen § 11 Abs. 2 S. 4 (unter Verstoß gegen S. 3) RpflG die Erinnerung selbst zurückgewiesen, so ist seine Entscheidung auf Beschwerde aufzuheben[26]. Hilft jedoch der Richter nach § 11 Abs. 2 S. 3 RpflG ab, so ist nur seine Entscheidung Gegenstand einer etwaigen Beschwerde des Gegners, und wenn das LG diese Abhilfeentscheidung aufhebt, ist damit die Entscheidung des Rechtspflegers noch nicht wiederhergestellt, sondern es bedarf erneuter Entscheidung[27]. Verspätete Erinnerungen bescheidet nur das Beschwerdegericht[28], mangels Beschwerdesumme unzulässige aber der Instanzrichter[29]. Zur Anfechtung der Verfügungen des *Urkundsbeamten* bei Erteilung des Rechtskraftzeugnisses oder der Vollstreckungsklausel → § 706 Rdnr. 12, § 724 Rdnr. 2, 16, § 725 Rdnr. 11, § 732; wegen der Akte des *Gerichtsvollziehers* → § 766 Rdnr. 2. **3a**

II. Das **Beschwerderecht** steht *Gläubigern* und *Schuldnern* zu, soweit sie beschwert sind[30] (→ § 567 Rdnr. 18 und zu einzelnen Anfechtungsgründen § 766 Rdnr. 2, 12–28) sowie solchen *Dritten*, deren Interessen durch die Entscheidung verletzt werden, z.B. dem Drittschuldner bei Rechtspfändungen[31], und anderen Dritten[32], sofern sie nicht nach § 766[33] oder gemäß §§ 771ff., 805 vorzugehen haben. Der Wert des Beschwerdegegenstandes in *Kostensachen* muß 100 DM übersteigen, § 567 Abs. 2 S. 2[34], auch wenn Anträge nach §§ 829ff. bezüglich Kosten oder Erinnerungen gegen die Weigerung des Gerichtsvollziehers, Vollstreckungskosten nach § 788 Abs. 1 S. 1 mit beizutreiben, zurückgewiesen wurden[35]. Weigert sich in solchen Fällen ein Rechtspfleger, Kosten als notwendig einzubeziehen, so entscheidet der Richter abschließend ohne Vorlage an das Beschwerdegericht, § 11 Abs. 2 S. 3 RpflG[36]. Gegenüber Kostengrundentscheidungen[37] gilt die Wertgrenze des § 567 Abs. 1 S. 1, auch **4**

---

[21] → § 732 Rdnr. 9, § 766 Rdnr. 4.
[22] *BGH* NJW 1979, 719 = MDR 212 = Rpfleger 13 = Büro 193.
[23] → Anh. § 576 Rdnr. 5 mit § 571 Rdnr. 6 mwN; *OLG Koblenz* Rpfleger 1974, 260; *LG Heilbronn* Rpfleger 1993, 328; *LG Passau* NJW-RR 93, 512 (Antrag wurde vom Rpfl für unzulässig, vom Richter für unbegründet gehalten); a.M. *OLG Stuttgart* Rpfleger 1994, 204 (Zuschlag); *Hartmann* (Fn. 19) Rdnr. 6.
[24] *OLGe München* Rpfleger 1983, 324 (Zuschlag); *Stuttgart* (Fn. 23).
[25] → § 571 Rdnr. 6 mwN; *LG Heilbronn* (Fn. 23); *LG Stuttgart* Rpfleger 1992, 56. Zur Bezugnahme auf Textbausteinbeschlüsse des Rpfl, wenn deren vollständige Fassung nicht unterschrieben war, *OLG Düsseldorf* Rpfleger 1994, 75. – Unterlassung der Abgabenachricht (§ 11 Abs. 2 S. 4 RpflG) hält *OLG Hamburg* Rpfleger 1982, 293 für wesentlichen Verfahrensmangel (Art.103 Abs. 1 GG); a.M. *OLG Düsseldorf* MDR 1994, 203.
[26] *OLG Hamm* Rpfleger 1990, 287 zu B I = NJW-RR 1277 = Büro 1351.
[27] *BayObLG* Rpfleger 1990, 201 (dort zu § 24 KostO).
[28] *OLG Koblenz* MDR 1976, 321[56] mwN.
[29] *OLG Koblenz* MDR 1975, 413 mwN, zu § 104 *OLGe Frankfurt, Schleswig* Büro 1980, 469f.
[30] → § 567 Rdnr. 18 mit Allg.Einl. vor § 511 Rdnr. 70ff.
[31] → § 766 Rdnr. 32; aber auch wenn ihn die Erinnerungsentscheidung erstmals beschwert *K. Schmidt* (Fn. 4) Rdnr. 7.
[32] Allg. M. RGZ 34, 377 (381) zu § 810; *OLG Frankfurt* BB 1976, 1147 = Rpfleger 372 zu § 844 (GmbH gegen Anteilsversteigerung); *OLG Hamm* Rpfleger 1966, 52 = JMBlNRW 90 (verneint für KG-Komplementär, der bereits als alleiniger Vertreter der KG Beschwerde eingelegt hatte). *Nicht* die Landeskasse, um unrichtige Sachbehandlung zu verhindern, *KG* DGVZ 1978, 112.
[33] → § 766 Rdnr. 3–9 (besonders Rdnr. 7 Fn. 42) u. aaO Rdnr. 30–33.
[34] → § 567 Rdnr. 31f.; auch für den GV *LG Aschaffenburg* DGVZ 1971, 38, → auch § 567 Fn. 75.
[35] → § 567 Rdnr. 31; *LG Heilbronn* Büro 1993, 747 = Rpfleger 455f.; *MünchKommZPO-Braun* § 567 Rdnr. 20.
[36] *OLG Köln* Büro 1993, 243 mwN.
[37] →z.B. § 766 Rdnr. 41, § 788 Rdnr. 11a, 16.

wenn sie unzulässigerweise gegen den Gerichtsvollzieher ergehen[38]. **Nicht** anwendbar ist § 576 Abs. 2 auf Beschwerden gegen die Ablehnung einer Kostenentscheidung[39] und auf die Vollstreckung von Kostenforderungen, wenn weder deren Bestand noch Höhe Gegenstand der Beschwerde ist → § 788 Fn. 328. Zu Kostenansätzen in *gerichtlichen Verfahren* s. §§ 4f. GKG. Über die Konkurrenz der Behelfe → § 766 Rdnr. 55.

4a Dem *Gerichtsvollzieher* steht die Beschwerde gegen Entscheidungen nach § 766 nur insoweit zu, als seine persönlichen Interessen beeinträchtigt sind, z.B. hinsichtlich seiner Gebühren und Auslagen[40], falls ihm gesetzwidrig Kosten auferlegt wurden[41] oder gegen Anordnungen oder Verbote des Vollstreckungsgerichts, deren Befolgung wegen offensichtlicher[42] Unrichtigkeit der richterlichen Entscheidung zur Amtshaftung mit Rückgriffsmöglichkeit führen würde (str.)[43]. Denn auf die materielle Rechtskraft unrichtiger Erinnerungsbeschlüsse kann er sich nicht stützen[44]. Auf die Gefahr eines Wegfalls strafrechtlichen Schutzes (§§ 32, 113 StGB) kann er sich nach h. M. hierbei nicht berufen[45]. Seine Beschwerde kann aber auch Erfolg haben, wenn er ausnahmsweise zur Erinnerung befugt war → § 766 Rdnr. 32 a. E. Obsiegt er in der Beschwerdeinstanz, so sind die Kosten dem Erinnerungsführer aufzuerlegen, andernfalls ihm selbst[46].

5 III. Das **Verfahren in der Beschwerdeinstanz** regelt § 577. Familiensenate des OLG können gegenüber Entscheidungen des AG nur zuständig sein im Rahmen der §§ 887ff.[47] oder soweit man Arreste oder einstweilige Verfügungen als Familiensachen ansieht[48] und das Arrestgericht zur Vollstreckung berufen ist[49]. Zur Ausnahme vom Anwaltszwang bei Einlegung[50] → § 569 Rdnr. 9, 10 Fn. 21, zu einstweiligen Anordnungen § 572 Rdnr. 4ff., zum

---

[38] So noch zur aF *LGe Mönchengladbach, Braunschweig* DGVZ 1972, 93, 169; → dazu Rdnr. 4a Fn. 41.
[39] *Zöller/Schneider*[18] § 567 Rdnr. 35, 47. Allgemein zu Rechtsbehelfen gegen die Unterlassung von Kostenentscheidungen → § 99 Rdnr. 4.
[40] *RG* JW 1899, 160; *OLG Königsberg, KG* u. *OLG Braunschweig* OLGRsp 1, 197; 4, 364; 25, 157 mwN; *OLG Karlsruhe* DGVZ 1974, 114; *LGe Aschaffenburg, Berlin, Bremen, Nürnberg* DGVZ 1971, 38; 1977, 118; 1978, 140; 1981, 121; *Hartmann* (Fn. 19) Rdnr. 9. Zur Begründung s. *Dütz* Der GV usw. (1973) 50ff. mwN; *Geißler* DGVZ 1990, 107; *K. Schmidt* (Fn. 4) Rdnr. 7 mwN. – A. M. (nur Staatskasse) *LGe Koblenz* MDR 1978, 584; *Osnabrück, Rottweil, Gießen, Wiesbaden, Frankfurt a.M.* DGVZ 1980, 124; 1989, 73; 1989, 184; 1991, 60; 1993, 75 (nicht für Auslagen); *Christmann* DGVZ 1990, 20; *Brox/Walker*[4] Rdnr. 1258 mwN; *Zöller/Stöber*[19] Rdnr. 5.
[41] Greifbare Gesetzwidrigkeit *OLG Hamm* DGVZ 1994, 27; *LG Wuppertal* DGVZ 1993, 59; → dagegen *Grunsky* § 567 Rdnr. 9f.
[42] Sonst fehlt schon grobe Fahrlässigkeit (Art.34 Abs. 1 S. 2 GG), → Fn. 43. Meist fehlt daher das Beschwerderecht gegen Anordnungen oder Ablehnungen des VollstrGer, vgl *LG Verden* u. *OLG Köln* DGVZ 1967, 112; 1973, 119; *LG Düsseldorf* NJW 1979, 1990 = DGVZ 155, es sei denn, daß der GV zulässigerweise Antragsteller war, →z.B. § 822 Rdnr. 1, denn formelle Beschwer sollte stets ausreichen.
[43] Daß GV grundsätzlich nicht selbst Erinnerung einlegen können → § 766 Rdnr. 4a, bedeutet, daß der Beschwer **durch** Erinnerungsentscheidungen nichts zu tun, zumal sie dabei kein Recht auf Gehör hatten. Vgl. *LG Hamburg* DGVZ 1977, 139. Nur abstrakte Regreßgefahr genügt nicht nach *LG Düsseldorf* DGVZ 1978, 27 (→ aber Fn. 45). – A.M. *OLGe Oldenburg* NdsRpfl 1955, 35;

Stuttgart Rpfleger 1980, 236f.; *Düsseldorf* NJW 1980, 1111f.; *LG Siegen* DGVZ 1975, 29 (nicht einmal bei Regreßgefahr); *K. Schmidt* (Fn. 4) Rdnr. 7. Im Falle *OLG München* DGVZ 1965, 155f. drohte keine Regreßgefahr.
[44] *OLG Düsseldorf* NJW-RR 1993, 1280, → § 766 Rdnr. 50.
[45] *OLG Stuttgart* DGVZ 1979, 58; *OLG Düsseldorf* NJW 1980, 1112 = DGVZ 138 mwN (anders noch NJW 1980, 458 = Rpfleger 28); *Niederée* DGVZ 1981, 19. Dies wäre nur folgerichtig, wenn der Weg über §§ 766, 793 mit Sicherheit verschlossen wäre. Das ist aber gerade zweifelhaft, wenn der GV zu einem Verhalten angewiesen wird, dessen Strafbarkeit (z.B. § 123 StGB) er nebst dem Irrtum des Erinnerungsrichters erkennt oder ohne weiteres erkennen kann, da zumindest nicht rechtskräftige Entscheidungen ihn kaum stärker schützen dürften als Anordnungen höherer Vorgesetzter i.S.d. § 38 BRRG (vgl. auch § 5 Abs. 2 BBG) u. der entsprechenden Vorschriften der Länder, z.B. § 75 Abs. 2 u. für Vollzugsbeamte Abs. 4 S. 2, 2 des LBeamtG Bad.-Württ. (vgl. auch § 7 Abs. 2, 3 UZwG). – Für die *Parteien* sind jedenfalls unrichtige Entscheidungen nach Rechtskraft verbindlich → § 766 Rdnr. 50, und § 572 reicht hierzu nicht aus entgegen *LG Düsseldorf* → Fn. 42. – Ist die zu einem ZV-Akt erforderliche richterliche Erlaubnis (§§ 758, 761) wegen § 8 Abs. 4 RpflG unwirksam, so entfällt der Schutz des § 113 StGB, *KG* DGVZ 1975, 57, so daß der GV beschwerdeberechtigt ist, wenn der Erinnerungsrichter ohne materielle Prüfung lediglich (unrichtig) die Zuständigkeit des Rpfl bestätigt *LG Hamburg* (Fn. 43).
[46] *Geißler* DGVZ 1990, 108f.
[47] → § 764 Fn. 7.
[48] → § 621 Rdnr. 37.
[49] → § 764 Rdnr. 2.
[50] Zum weiteren Verfahren → aber § 573 Rdnr. 5f.

sachlichen Entscheidungsinhalt § 766 Rdnr. 41 f. Hält das Beschwerdegericht eine rangwahrende Vollstreckungsmaßnahme für nur teilweise gerechtfertigt, so darf es sie nicht ganz aufheben unter Zurückverweisung, falls es nicht zugleich den Vollzug bis zur Rechtskraft aufschiebt nach § 572 Abs. 2[51]. Die Beschwerde wird durch das Ende der Vollstreckung[52] regelmäßig gegenstandslos[53], soweit nicht dennoch eine Beschwer verbleibt[54]; für Beschlüsse, die eine Vollstreckung für unzulässig erklären, → aber § 766 Rdnr. 38, 47. – Über die Erneuerung zurückgewiesener Anträge → § 577 Rdnr. 8.

IV. Die **sofortige weitere Beschwerde**[55] gegen Beschwerdeentscheidungen des LG unterliegt nach **Abs. 2** den Einschränkungen des § 568 Abs. 2 S. 2[56] und Abs. 3; Ausgeschlossen ist sie (anders als eine Erstbeschwerde an das OLG[57]) in Kostensachen[58], im arbeitsgerichtlichen Verfahren[59] und grundsätzlich gegen einstweilige Anordnungen des Beschwerdegerichts[60]. S. auch § 30 b Abs. 3 S. 2, § 74 a Abs. 5 S. 3 HS 2 ZVG, § 189 Abs. 3 KO (§ 6 Abs. 1 InsO). Eine Beschränkung der weiteren Beschwerde über § 568 Abs. 3 hinaus nur auf Fälle, die auch im Erkenntnisverfahren zum OLG gelangen könnten[61], scheidet im Bereich des § 793 aus (str.)[62]. Maßgeblich ist für § 568 Abs. 2 S. 2, falls der Richter am AG einer Erinnerung nach § 11 Abs. 2 S. 3 RpflG abgeholfen hatte, die Abweichung des LG von der abhelfenden, instanzbeendenden Entscheidung[63]. → auch § 766 Rdnr. 9. Über Verletzung rechtlichen Gehörs durch das Beschwerdegericht → § 568 Rdnr. 9, 12. Zur Aufhebung der Beschwerdeentscheidung und Zurückverweisung an das AG, falls § 766 in beiden Instanzen übergangen wurde, → § 766 Rdnr. 35. 6

V. Wegen der **Kosten** → § 575 Rdnr. 10 ff.[64], der *Gebühren* §§ 11 f., 22, 33 GKG mit KV Nr. 1905 f., § 61 Abs. 1 Nr. 1, 2 BRAGO[65]. Soweit man §§ 91 ff. für unanwendbar hält, weil der Schuldner nicht gehört wurde, z.B. bei Ablehnung einer Rechtspfändung oder wenn Gläubiger Erinnerungsentscheidungen rügen, die eine Weigerung des Gerichtsvollziehers für begründet halten, trägt der Schuldner bei Obsiegen des Gläubigers die Kosten nach § 788[66]. Zur Prozeßkostenhilfe s. § 20 Nr. 5 HS 2 RpflG. 7

---

[51] *OLG Köln* ZIP 1980, 578; *Stöber* (Fn. 40) Rdnr. 7 a.E. → auch § 766 Rdnr. 48, 43. – A.M. *OLG Hamm* NJW 1978, 57.
[52] → Rdnr. 114 ff. vor § 704.
[53] H.M. → § 575 Rdnr. 3 mwN; *OLGe Rostock* OLGRsp 2, 352 (nach Versteigerung); *Karlsruhe* Justiz 1988, 72 u. *Hamm* WM 1993, 2226 (nach Abwendungsleistung) = NJW-RR 1994, 895.
[54] → dazu 766 Rdnr. 38.
[55] Zur ihrer Beschränkung auf den Erinnerungsgegenstand s. *OLG Frankfurt* OLGZ 1982, 239 f.; über neue Hilfsanträge, die auf anderem Wege das gleiche Ziel wie der Hauptantrag verfolgen, s. aber *OLG Stuttgart* ZZP 97 (1984), 488 (zust. *Münzberg* aaO 492; *Schneider* (Fn. 18) § 570 Rdnr. 3).
[56] → dazu § 568 Rdnr. 5 ff.
[57] → § 568 Rdnr. 15 a.E.
[58] Auch für ZV-Kosten → § 568 Rdnr. 15 f.; *OLGe Koblenz, München, Stuttgart* Büro 1989, 862, 1747, 1739 je mwN. Nicht gemeint sind jedoch Rügen bezüglich der ZV von Kostentiteln *OLG Stuttgart* Justiz 1983, 302; *Stöber* (Fn. 40) Rdnr. 8; *K. Schmidt* (Fn. 4) Rdnr. 18.
[59] → § 568 Rdnr. 17.
[60] → § 572 Rdnr. 6.
[61] → § 567 Rdnr. 7 f.
[62] *OLG Köln* ZMR 1991, 436 = NJW-RR 1992, 633; NJW 1993, 2248; auch für § 887 *OLG Celle* NJW 1990, 262; ebenso für §§ 888, 890, *OLGe Hamm* NJW 1973, 1135; *Frankfurt* Büro 1976, 1119; *Jost* NJW 1990, 217 f.; *Hartmann* (Fn. 19) Rdnr. 13. – A.M. *KG* NJW 1991, 989; *OLG Frankfurt* Rpfleger 1992, 399 = MDR 1000; *Pentz* NJW 1990, 1466 f.
[63] → § 568 Rdnr. 5 Fn. 9; *KG* NJW 1975, 224 f.; *K. Schmidt* (Fn. 4) Rdnr. 18 mwN.
[64] Für Kostenentscheidung die ganz h.M.; einschränkend (bei erforderlicher u. erfolgreicher Beschwerde des Gläubigers aus § 788) *Thomas/Putzo*[18] § 788 Rdnr. 25; *LG Hamburg* MDR 1969, 583. Wegen § 788 Abs. 3 dort Rdnr. 42. – A.M. *LG Kiel* SchlHA 1973, 222 (nur § 788, auch wenn Schuldner obsiegt, unter Berufung auf *OLG Schleswig* SchlHA 1955, 254 f., das aber § 788 Abs. 3 anwandte).
[65] Wertberechnung: § 57 Abs. 2 S. 6 nF BRAGO; → noch § 2 Rdnr. 34, 44 f. Ferner *Hartmann* Kostengesetze[26] KV 1906 BRAGO Rdnr. 2 f., § 61 BRAGO Rdnr. 54 ff.; *OLG Düsseldorf* Büro 1981, 888. Führen Durchgriffserinnerungen zur Beschwerde, so fällt lediglich die Gebühr nach § 61 Abs. 1 Nr. 1 BRAGO an, *OLG Hamm* Rpfleger 1990, 409.
[66] Wie bei § 766, → dort Rdnr. 41a; *OLG Zweibrücken* Büro 1990, 534; *LG Düsseldorf* Büro 1987, 467; *Stöber* Forderungspfändung[10] Rdnr. 842; a.M. *LG Bochum* Rpfleger 1970, 357 (nur Amtshaftung für Gläubiger).

§ 794 [Weitere Vollstreckungstitel]

(1) ¹Die Zwangsvollstreckung findet ferner statt:
1. aus Vergleichen, die zwischen den Parteien oder zwischen einer Partei und einem Dritten zur Beilegung des Rechtsstreits seinem ganzen Umfang nach oder in betreff eines Teiles des Streitgegenstandes vor einem deutschen Gericht oder vor einer durch die Landesjustizverwaltung eingerichteten oder anerkannten Gütestelle abgeschlossen sind, sowie aus Vergleichen, die gemäß § 118 Abs. 1 Satz 3 oder § 492 Abs. 3 zu richterlichem Protokoll genommen sind;
2. aus Kostenfestsetzungsbeschlüssen;
2a. aus Beschlüssen, die den Betrag des vom Vater eines nichtehelichen Kindes zu zahlenden Regelunterhalts, auch eines Zu- oder Abschlags hierzu, festsetzen;
2b. aus Beschlüssen, die über einen Antrag auf Abänderung eines Unterhaltstitels im Vereinfachten Verfahren entscheiden;
3. aus Entscheidungen, gegen die das Rechtsmittel der Beschwerde stattfindet; dies gilt nicht für Entscheidungen nach § 620 Satz 1 Nr. 1, 3 und § 620b in Verbindung mit § 620 Satz 1 Nr. 1, 3;
3a. aus einstweiligen Anordnungen nach den §§ 127a, 620 Satz 1 Nr. 4 bis 9 und § 620f.;
4. aus Vollstreckungsbescheiden.
4a. aus den für vollstreckbar erklärten Schiedssprüchen, schiedsrichterlichen Vergleichen und Vergleichen nach § 1044b Abs. 1, sofern die Entscheidung über die Vollstreckbarkeit rechtskräftig oder für vorläufig vollstreckbar erkärt ist; ferner aus den nach § 1044b Abs. 2 für vollstreckbar erklärten Vergleichen;
5. aus Urkunden, die von einem deutschen Gericht oder von einem deutschen Notar innerhalb der Grenzen seiner Amtsbefugnisse in der vorgeschriebenen Form aufgenommen sind, sofern die Urkunde über einen Anspruch errichtet ist, der die Zahlung einer bestimmten Geldsumme oder die Leistung einer bestimmten Menge anderer vertretbarer Sachen oder Wertpapiere zum Gegenstand hat, und der Schuldner sich in der Urkunde der sofortigen Zwangsvollstreckung unterworfen hat. ²Als ein Anspruch, der die Zahlung einer Geldsumme zum Gegenstand hat, gilt auch der Anspruch aus einer Hypothek, einer Grundschuld, einer Rentenschuld oder einer Schiffshypothek.

(2) Soweit nach den Vorschriften der §§ 737, 743, des § 745 Abs. 2 und des § 748 Abs. 2 die Verurteilung eines Beteiligten zur Duldung der Zwangsvollstreckung erforderlich ist, wird sie dadurch ersetzt, daß der Beteiligte in einer nach Absatz 1 Nr. 5 aufgenommenen Urkunde die sofortige Zwangsvollstreckung in die seinem Rechte unterworfenen Gegenstände bewilligt.

Gesetzesgeschichte: Bis 1900 § 702 CPO. Änderungen RGBl. 1898 I 256 (Nrn. 1, 5 nF, Abs. 2 neu), 1909 I 475 (Nr. 2a aF = später Nr. 2 nF), 1924 I 135 (Nr. 1 nF, Nr. 2 entfiel, Nr. 2a aF wurde Nr. 2 nF), 1924 I 437 (nur Bek), 1930 I 361 (Nr. 4a), 1940 I 1609 (Nr. 5 nF), BGBl. 1950 I 455 (Nr. 1 nF), 1957 I 609 (Abs. 2 nF), 1969 I 1273 (Nr. 2a), 1976 I 1421 (Nr. 3a), 2029 (Nr. 2b), 3281 (Nr. 4 nF), 1980 I 677 (Nr. 1 nF), 1986 I 303 (Nrn. 3, 3a nF), 1990 I 2847 (Nr. 1 und 4a nF). Geplante Änderung (Nr. 5 nF) BR-Drucks. 134/94 Art. 1 Nr. 12 mit Überleitungsvorschrift Art. 3 Abs. 4, → dazu Rdnr. 84.

I. Allgemeines, Devisenrecht	1
II. Prozeßvergleiche (Nr. 1)	3
1. Der Vergleich als Vertrag materiellen Rechts	8
a) Regelungen materiellrechtlicher Beziehungen und »abstrakter Prozeßbeendigungsvertrag«	8
b) keine Begrenzung auf den Streitgegenstand	11
c) inhaltliche Schranken	13
d) gegenseitiges Nachgeben	15

2. Der Vergleich als Prozeßhandlung	16	8. Bedingungen, Rücktritt, Widerruf	61
a) nur in Verfahren mit mündlicher Verhandlung	16	a) Verfahren nach Wegfall des Vergleichs	62
b) Vergleichsbeteiligte, Anwaltszwang, Vollmacht	20	b) Form für den Widerruf	63
c) Gericht	24	c) Erklärungsadressat für Widerruf	64
d) Abschlußform	27	d) Frist für Widerruf	66
e) »zur Beilegung des Rechtsstreits«	29	e) Verzicht auf Widerruf	67
f) Vergleichsberichtigung	30	9. Außergerichtlicher Vergleich	68
3. Prozessuale Wirkungen des Prozeßvergleichs	31	III. Kostenfestsetzungsbeschlüsse (Nr. 2)	73
a) Verfahrensbeendigung, Einfluß auf Entscheidungen	32	IV. Regelunterhalts- und Unterhaltsabänderungsbeschlüsse (Nrn. 2a, 2b)	75
b) Vollstreckbarkeit (i. e. S./ i. w. S.)	34	V. Beschwerdefähige Entscheidungen (Nr. 3),	78
Gläubiger/Schuldner	36	einstweilige Anordnungen (Nr. 3a)	80
Klauselerteilung, Rechtsbehelfe, Abänderung	37	VI. Vollstreckungsbescheide (Nr. 4)	81
Vollstreckung des Vergleichs	38	VII. Schiedssprüche, schiedsrichterliche und Anwaltsvergleiche (Nr. 4a)	81
c) Verjährung	39	VIII. Vollstreckbare Urkunden (Nr. 5)	82
d) Kosten	40	1. Form	83
4. Arrestverfahren und einstweilige Verfügungen	41	2. Inhalt	84
5. Räumungsvergleiche	44	3. Unterwerfung	91
6. Vergleiche vor Gütestellen, im Prozeßkostenhilfeverfahren und im selbständigen Beweisverfahren	45	4. Duldung (Abs. 2)	97
		5. Ausland	99
7. Unwirksamkeit des Vergleichs	46	IX. Weitere bundesgesetzliche Titel	100
a) Geltendmachung prozessualer Mängel	47	X. Klage trotz Besitz eines Titels	102
b) Geltendmachung materieller Mängel	53		

I. Allgemeines. Devisenrecht

Im Anschluß an § 704 Abs. 1 (»ferner«) sind im § 794 die **weiteren** der ZPO unterstellten **Vollstreckungstitel** aufgezählt; die §§ 794a-800a behandeln deren Besonderheiten; § 801 betrifft landesrechtliche Titel. Über weitere bundesrechtliche Titel → Rdnr. 100. 1

Wegen **devisenrechtlicher** Beschränkungen → Einl. Rdnr. 992, bei Klauselerteilung und Vollstreckung → Einl. Rdnr. 993ff. Zu in der ehemaligen **DDR** errichteten Titeln Rdnr. 145 vor § 704 und wegen des Nato-Truppenstatuts → 20. Aufl. Einl. Rdnr. 663ff., Rdnr. 65 vor § 704. 2

II. Der Prozeßvergleich

Nach **Nr. 1** findet die Vollstreckung statt aus **gerichtlichen Vergleichen**[1]. Wegen anderer Vergleiche → Rdnr. 45. Der **Begriff** »Vergleich« ist zwar in § 779 BGB bestimmt. § 794 3

---

[1] Lit: Neben den → Fn. 1 vor § 704 genannten Gesamtdarstellungen noch *Arens* Willensmängel (1968) 101ff.; *Arndt* DRiZ 1965, 188; *Baumgärtel* Wesen und Begriff der Prozeßhandlung (1957) 192ff. u. ZZP 87 (1974) 133; *Baur* Der schiedsrichterliche Vergleich (1971); *Bökelmann* FS für F. Weber (1975) 101ff.; *Bonin*

Abs. 1 Nr. 1 hebt jedoch den *gerichtlichen* Vergleich oder **Prozeßvergleich** vom *außergerichtlichen* des bürgerlichen Rechts[2] deutlich ab, indem er nur Vergleiche »*zur Beilegung des Rechtsstreits*« erfaßt, während Anwaltsvergleiche nach § 1044 b auch und vor allem der Prozeßverhütung dienen. Daraus ergibt sich zunächst, daß die Parteien durch den Prozeßvergleich gemäß ihrem Willen ohne gerichtliche Entscheidung ganz oder teilweise unmittelbar die **Rechtshängigkeit beenden** können[3]. Insoweit steht der Prozeßvergleich zwar in einer Reihe mit anderen Arten unmittelbarer Prozeßbeendigung wie Klagerücknahme, Erledigung der Hauptsache, Anerkenntnis und Verzicht, aber er reicht über sie alle insoweit hinaus, als er auch nichtstreitige Entscheidungen (§§ 306 f.) überflüssig macht, ebenso Kostenentscheidungen nach § 269 Abs. 3 S. 3, § 91 a[4].

4   Aus den Worten »*zur* Beilegung des Rechtsstreits« folgt ferner, daß mit dem Vergleichsabschluß dieses *Ziel verfolgt werden muß*, soll es ein Prozeßvergleich sein[5]. Damit ist es nicht nur unwesentliches Motiv oder gar nur eine ohne Rücksicht auf den Parteiwillen aufgestellte gesetzliche Rechtsfolge[6], sondern begriffliches Erfordernis und zugleich wesentlicher Inhalt des Prozeßvergleichs[7], das dessen Einordnung jedenfalls *auch* als **Prozeßhandlung** gebietet[8].

5   Ob der Prozeßvergleich ein Institut eigener Art ist[9] oder ob § 794 Abs. 1 Nr. 1 nun gerade den Vergleichsbegriff des § 779 BGB als vorgegeben voraussetzt[10], läßt sich vom Wortlaut her nicht eindeutig beantworten. Aufschlußreicher ist der Zweck: § 779 BGB fordert, daß der Streit oder die subjektive[11] Ungewißheit über ein **Rechtsverhältnis**[12] beseitigt wird.

Den Prozeß mag man als Rechtsverhältnis begreifen; über ihn besteht aber weder Streit noch Ungewißheit, sondern nur über seinen **Ausgang**. Da § 794 Abs. 1 Nr. 1 nicht irgendeinen Streit, sondern einen **Rechtsstreit** nennt, darf auch die prozessuale Lage allein Gegenstand des beiderseitigen Nachgebens sein[13], falls sich die Parteien z.B. mit der Ungewißheit der materiellen Rechtslage weiterhin abfinden wollen, → Rdnr. 15.

Prozeßvergleich (1957); *Dieckmann* ZZP 83 (1970) 343 ff.; *Ekelöf* Gedächtnisschr. f. R. Bruns (1980) 3 ff. → auch Rdnr. 7 Fn. 23–27. *Esser* FS für H. Lehmann II (1956) 713 ff.; *W. Gottwald/Hutmacher/K. F. Röhl/Strempel u. a.* Der Prozeßvergleich (1983), dazu *E. Peters* ZZP 97 (1984) 497; *Holtwick-Mainzer* Der übermächtige Dritte (1985); *Holzhammer* FS für Schima (1969) 215 ff.; dazu *Henckel* Prozeßrecht und materielles Recht (1970) 86 ff.; *Lehmann* Prozeßvergleich (1911); *Mende* Die in den Prozeßvergleich aufgenommene Klagerücknahme (1976); *Michel* JuS 1986, 41; *Niese* Doppelfunktionelle Prozeßhandlungen (1950) 86 ff.; *Pecher* in MünchKommBGB[2] (Fn. 1) Der Vergleich; *Prütting* JZ 1985, 261; *Röhl* Jahrb. f. Rechtssoziologie und Rechtstheorie 7 (1980) 279 u. Der Vergleich usw. (1983); *Salje* DRiZ 1994, 285; *G. Schiedermair* Vereinbarungen usw. (1935) 186 ff.; *P. Schlosser* Einverständliches Parteihandeln usw. (1968); *E. Schneider* JuS 1976, 145; *Schwab* FS für Schnorr v. Carolsfeld (1973) 445 ff.; *Struck* JuS 1975, 762; *Stürner* DRiZ 1976, 202 ff.; *Tempel* FS für Schiedermair (1976) 522 ff.; *M. Wolf* ZZP 89 (1976) 260 ff. – Ältere Lit → 19. Aufl. Fn. 2.

[2] Lit.: *Bork* Der Vergleich (1988) mwN. → Rdnr. 68 ff., auch zum Anwaltsvergleich.

[3] Vgl. *Bonin* (Fn. 1) 84; *Zeiss*[8] Rdnr. 509; *Hellwig* System I 626; *G. Lüke* JuS 1965, 482 f.; *Jauernig* JZ 1958, 657 f. sieht in der Vollstreckbarkeit den entscheidenden Grund für die Prozeßbeendigung; dagegen *Lüke* aaO 483; *Tempel* (Fn. 1) 519 f.; *MünchKommZPO-Wolfsteiner* Rdnr. 30 f. *Rosenberg/Schwab/Gottwald*[15] § 131 II 2 a folgern diese auch noch aus §§ 81, 83, 160 Abs. 2 Nr. 1; *Tempel* aaO 519 oben (dagegen *Bonin* aaO 83 f.). → auch Rdnr. 31.

[4] → dazu § 98 besonders Rdnr. 4, unten Rdnr. 12. Vgl. auch *Blomeyer*[2] § 65 I. *Wieczorek*[2] Anm. C IV d scheint den Prozeßvergleich als Sonderfall der Erledigung der Hauptsache anzusehen, ähnlich v. *Mettenheim* Grundsatz der Prozeßökonomie (1970), 139.

[5] Näheres → Rdnr. 29.

[6] *Gottwald* (Fn. 3) § 131 I 5; *Rosenberg* JZ 1951, 454.

[7] *OLG Dresden* OLGRsp 29, 203 f.; *LG Saarbrücken* JBlSaar 1965, 129; *Baumgärtel* (Fn. 1); *Baumgärtel* Einführung in das ZPR[7] 64; *Bernhardt* JR 1967, 4; *H. Dilcher* SchlHA 1963, 243 Fn. 7; *Lüke* (Fn. 3); *Jauernig* ZPR[24] § 48 II 2; *Henckel* (Fn. 1) 39.

[8] → Rdnr. 253 ff. vor § 128, h.M. – Über ältere rein materiellrechtliche Betrachtungsweisen → 19. Aufl. Fn. 7.

[9] Vgl. *OLG Naumburg* JW 1935, 2519 f.; *Hellwig* System I 626 ff.; *Pohle* AP Nr. 10 zu 3.; *Baumgärtel* (Fn. 1) 195 f.; *Baumbach/Hartmann*[52] Anh. § 307 Rdnr. 1; *Wieczorek*[2] Anm. C III. → auch Fn. 17.

[10] So 18. Aufl.; *RG* Gruch. 46 (1902), 943; 51 (1907), 1077; *BGH* besonders in *BGHZ* 16, 388 = NJW 1955, 705 = DB 332 = LM Nr. 6 (L, *Delbrück*) = ZZP 68 (1955), 197; *BGHZ* 46, 278 = NJW 1967, 440 (in *BGHZ* 1961, 394 = NJW 1974, 107; *BGH* NJW 1980, 1754[14] = MDR 1980 bleibt § 779 BGB unerwähnt); *BAGE* 6, 251 = JZ 1959, 23 (zust. *Rosenberg*) = NJW 1958, 2085, s. aber auch *BAGE* 8, 231 = AP Nr. 4 (*Pohle*) = JZ 1960, 321 (»in der Regel«); weitere Rsp → 19. Aufl. Fn. 9; *Henckel* (Fn. 7); *Palandt/Thomas* BGB[53] § 779 Rdnr. 29. – A. M. *Lehmann* (Fn. 1) 75, 77 ff.; *Blomeyer*[2] § 65 III 2 (Nachgeben nicht erforderlich). – Allerdings wird § 779 BGB meist so weit ausgelegt (→ Fn. 12), daß sich nur selten die Begriffsunterschiede auswirken, dazu Rdnr. 15.

[11] S. *RG* Gruch. 45 (1901), 363, → Fn. 32 a. E.

[12] Im weitesten Sinne *Palandt/Thomas* (Fn. 10) Rdnr. 5; *Zöller/Stöber*[19] Rdnr. 3; s. auch *BGHZ* 39, 60 = NJW 1963, 637 u. vgl. § 779 Abs. 2 BGB.

[13] Vgl. *BGH* NJW 1985, 1964[13] zu II 3 (insbesondere

Die Zulässigkeit des »**abstrakten Prozeßbeendigungsvertrags**« sollte man daher nicht von einer 6
unsicheren Verweisung auf bürgerlichrechtliche Begriffe, sondern davon abhängig machen, ob »zur
Beilegung des Rechtsstreits« auch für solche Vereinbarungen echter Bedarf besteht, z. B. weil die Parteien
einfach nicht mehr prozessieren, sondern die Ungewißheit hinnehmen wollen, die Anrufung eines
Schiedsgerichts beabsichtigen oder bereits außergerichtlich vereinbart haben, daß sie ihre angeblichen
Ansprüche als erloschen betrachten, also insoweit keinen Vollstreckungstitel benötigen[14]; → auch
Rdnr. 9. Daß Prozeßvergleiche fast immer auch **materiellrechtliche Beziehungen regeln**, sei es auch nur in
der Kostenfrage[15], ist somit nicht begriffsnotwendiges Erfordernis[16], sondern ergibt sich einfach daraus,
daß die Parteien in der Regel nur unter solchen Bedingungen zur Prozeßbeendigung bereit sind; **dann** ist
der Prozeßvergleich nicht nur Prozeßhandlung sondern **auch Rechtsgeschäft des bürgerlichen Rechts**[17].
Die h.M. sieht in einer solchen Verbindung von Prozeßhandlung und Rechtsgeschäft eine nahezu
untrennbare Einheit (**Doppelnatur**)[18]. Die Gegenmeinung beurteilt beides voneinander getrennt (»**Doppeltatbestand**«, **Trennungslehre**)[19]. → dazu Rdnr. 257 vor § 128[20]; der Unterschied wirkt sich wie →
Rdnr. 59 aus.

Durch die Vereinfachungsnovelle[21] wurde § 279 neu gefaßt mit dem Ziel, die gütliche Beilegung von 7
Rechtsstreitigkeiten noch mehr als bisher (§§ 296, 495 aF) zu fördern[22]. Die Literatur hat sich in neuerer
Zeit der Fragen nach der Funktion des Prozeßvergleichs[23], besonders auch aus rechtssoziologischer und
-theoretischer Sicht[24], der Vergleichstaktik[25] und der Rolle des Richters als Streitschlichter in erhöhtem
Maße angenommen[26]. In erster Linie dient der Prozeßvergleich der Befriedung und Streitschlichtung[27],
ferner der Schaffung von Vollstreckungstiteln und der Beurkundung von Rechtsgeschäften.

Verzicht auf weitere Feststellungen zur Unterhaltshöhe)
= MDR 392.
[14] Ähnlich *BSG* NJW 1989, 2565f. Dazu *Hellwig*
(Fn. 9); *Baumgärtel* Wesen und Begriff (Fn. 1) 195f.; *Blomeyer*[2] § 65 III 1; *Pohle* Revista de derecho privado 1954
Nr. 442 5, 13u. - Fn. 31.
[15] Aber nicht ohne Prozeßbeendigung, → § 98 Rdnr. 7
sowie *LG Lüneburg* NJW 1963, 312; *Bonin* (Fn. 1) 23f.;
Esser (Fn. 1) 726f. Fn. 56.
[16] *BSG* (Fn. 14); *Bonin* (Fn. 1) 11; *Jauernig* ZPR[24] § 48
I, II 5, V, die übrigen → Fn. 9 Genannten sowie *RG* Gruch.
49 (1905), 106f.; *Blomeyer*[2] § 65 III 1; *Bretzke* NJW
1969, 1409. – A.M. *Schiedermair* (Fn. 1) 188; kostenrechtlich *OLG München* MDR 1985, 327 = Rpfleger 164.
– Zu den verschiedenen Auffassungen *Bonin* (Fn. 1) 10f.
[17] H.M. – A.M. *OLG Nürnberg* BB 1969, 1291; über
weitere rein prozessuale Auffassungen s. die Zitate bei
Bonin (Fn. 1) 1f.
[18] *BGH* (→ aber Fn. 20 a.E.) u. *BAG* in ständiger Rsp
NJW 1983, 2213 mwN sowie aus der Rsp des *BGH* BGHZ
79, 71 = NJW 1981, 823; NJW 1983, 2213; NJW 1988,
65; *BVerwG* Lb.4, 103 = NJW 1962, 1636; *BVerwG* ZMR
1968, 184; *BSG* (Fn. 14) mwN; *Schiedermair* (Fn. 1)
188ff.; *Lüke* (Fn. 3); *Bernhardt* (Fn. 7); *Bökelmann*
(Fn. 1) 103; *Baumgärtel* ZZP 87 (1974) 133 gegen früher
(Fn. 1) 194ff.; *Jauernig* ZPR[24] § 48 I; *Blomeyer*[2] § 30 I 3;
Gottwald (Fn. 3) § 131 III 1c; *Stöber* (Fn. 12); *Erman/
Seiler* BGB[9] § 779 Rdnr. 31; *Staudinger/Marburger*
BGB[12] § 779 Rdnr. 84ff.
[19] *Hellwig* Lb.2, 388; *Grabner* Gruch. 64 (1920), 80ff.;
Bötticher BGB 1950 Nr. 49; *Pohle* Anm. zu BAG AP Nr. 2,
3, 4, 10; *Zeuner* Anm. zu BAG AP Nr. 8; *Karl Blomeyer*
Anm. zu *OLG München* NJW 1949, 70; *Jessen* JR 1956,
8ff.; *Holzhammer* (Fn. 1) 222f.; wohl auch *Nikisch* ZPR[2]
§ 70 I 1; s. auch *LAG BadWürtt* AP Nr. 19.
[20] Über ältere rein materiellrechtliche Auffassungen →
19. Aufl. Fn. 7, zur rein prozessualen → Fn. 17. – *Lehmann* (Fn. 1) 4, 128; *Esser* (Fn. 1) 720f. u. *Bonin* (Fn. 1)
4ff., 54ff. lehnen theoretische Begriffsbestimmung ab;

Grunsky Grundlagen des Verfahrensrechts[2] § 11 I warnt
vor Überbewertung der Theorien u. das mit Recht →
Rdnr. 58ff. Die Ansicht des RG läßt sich nicht eindeutig in
eine der Theorien einordnen, vgl. z.B. RGZ 78, 287; 153,
67 (materiellrechtlich); 65, 423 (ähnlich der heute h.M.,
→ Fn. 18); 106, 314f.; 142, 1ff. (ähnlich der Trennungslehre, → Fn. 19). In BGHZ 61, 394, 398 = NJW 1974,
107 u. NJW 1980, 1753 läßt der BGH die Frage ausdrücklich offen; sonst legt er sich meist auf die h.M. fest, →
Fn. 18. – Eine Sondermeinung vertritt *v. Mettenheim*
(Fn. 4) 139ff.
[21] → Einl. (20. Aufl.) Rdnr. 159.
[22] BT-Drucks. VII/2729 zu § 279.
[23] *M. Wolf* (Fn. 1) bes. 268, 282; *Gottwald* ZZP 95
(1982) 255; *Jauernig* ZPR[24] § 48 III, → auch Fn. 26.
[24] *K. Röhl* (Fn. 1); *A. Holtwick-Mainzer* Der übermächtige Dritte (1985); *Neumann* ZRP 1986, 286.
Rechtstatsächliche Untersuchungen *Röhl/Hegenbarth*
Vergleich (1983). → auch Fn. 26.
[25] Z.B. *W. Gottwald/Treuer* Vergleichspraxis. Tips für
Anwälte und Richter (1991), dazu *Bender* ZZP 106
(1993), 121.
[26] *Mende; Prütting; Salje; E. Schneider; Stürner;
Röhl; M. Wolf; Struck* (alle Fn. 1); letzterer zu Fn. 60 in
der Argumentation mit § 495 Abs. 2 durch die Novelle
überholt, s. BT-Drucks. (Fn. 22). S. noch *Freund* DRiZ
1981, 221; *Gottwald* (Fn. 23) 258; *Stürner* FS für Walder
(1994), 273.
[27] → Rdnr. 11, s. schon 19. Aufl. Fn. 31ff. Die Anforderungen *M. Wolfs* (Fn. 23) i.S.d. Rechtsverwirklichungsfunktion sind als Appell an die richterliche Moral von
Bedeutung; jedoch dürfte ihre Nichtbeachtung nur in Extremfällen rechtliche Sanktionen im weitesten Sinne nach
sich ziehen, s. z. B. *BGH* LM Nr. 33 zu § 123 BGB = Warn
1966 Nr. 158 = NJW 2399 = JZ 753 = MDR 988; zust.
Ostler NJW 1966, 2400; abl. *E. Schneider* aaO u. *Arndt;
Wenzel; Kubisch* NJW 1967, 1585, 1587, 1605 (Drohung
durch Gericht). → auch Fn. 82, 120.

1. Der Prozeßvergleich als Vertrag des materiellen Rechts

8   a) Eine Regelung materiellrechtlicher Beziehungen ist nicht begriffsnotwendig[28], aber praktisch fast immer Bestandteil des Prozeßvergleichs[29]. Selbst wenn nur die Beilegung des Rechtsstreits gewollt ist unter Hinnahme der bisherigen Ungewißheit über die bürgerlich-rechtlichen Beziehungen, wird doch in aller Regel eine Kostenvereinbarung getroffen und damit auch eine materielle Rechtslage festgelegt[30]. → auch Rdnr. 12. Über Teilzahlungsvergleiche in der Zwangsvollstreckung → § 788 Rdnr. 13.

9   Beschränkt sich der Vergleich ausnahmsweise auf die Prozeßbeendigung → Rdnr. 6, so ist die in § 98 angeordnete gegenseitige Aufhebung der Kosten des Vergleichs und des Rechtsstreits zwar nicht Vergleichsinhalt, sondern gesetzliche Folge. Aber gerade diese kann den Parteien erwünschter sein als etwa die Einseitigkeit der § 269 Abs. 3 S. 2, §§ 306 f. mit § 91 oder die Ungewißheit einer Entscheidung nach § 91 a. Schon deshalb muß ein Bedürfnis anerkannt werden, in solchen Fällen eben nicht den Weg der Klagerücknahme, der Erledigung, des Anerkenntnisses oder Verzichts beschreiten zu müssen, sondern den »abstrakten« Prozeßvergleich zu wählen[31], → auch Rdnr. 6 bei Fn. 16.

10 Werden aber *nur die Wirkungen einer Klagerücknahme* mit Einwilligung des Beklagten vereinbart und ist auch keine von § 269 Abs. 3 abweichende Kostentragung gewollt, so handelt es sich nur um eine Klagerücknahme in der irreführenden Form des Vergleichs[32]; → auch Rdnr. 31. Zur Klagerücknahme in Erfüllung außergerichtlicher Vergleiche → § 269 Rdnr. 5, § 98 Rdnr. 3 f.

10a b) Die im Vergleich getroffene **materiell-rechtliche** Regelung wird zuweilen zwischen Anwälten **noch vor der Protokollierung verabredet**, sei es aus eigenem Antrieb oder auf Vergleichsvorschläge des Gerichts hin. Ob das nur Absichtserklärungen für eine Protokollierung sind oder schon als Vergleich i. S. d. § 779 BGB **materiell bindet**, ist eine Frage der Auslegung[33] und wird wichtig, falls eine Protokollierung unterbleibt oder unwirksam ist sowie dann, wenn es auf den Zeitpunkt des Abschlusses ankommt[34]. Dafür mag eine gewisse Verkehrssitte sprechen[35]. Oft ist aber zumindest einer der Vertragspartner nur unter der Bedingung der Prozeßbeendigung/der Erlangung eines Vollstreckungstitels zu der Regelung bereit[36], oder beide rechnen vielleicht noch mit einer Änderung aufgrund eines zu erwartenden Rechtsgesprächs mit dem Gericht in der mündlichen Verhandlung. Mit einer tatsächlichen Vermutung sollte man daher äußerst vorsichtig sein; sie mag z. B. zutreffen, falls ausdrücklich vereinbart ist, daß ein Widerrufsvorbehalt ausscheide. Wird ein schriftlich formulierter **Vergleichsvorschlag des Gerichts** (etwa in einem Aufklärungs- oder Beweisbeschluß) zwar schriftsätzlich »angenommen«, kommt es aber nicht zur Protokollierung → Rdnr. 27, so ist die Einigung jedenfalls noch nicht darin zu sehen, daß die Parteien auf den Vergleichsvorschlag des Gerichts hin schweigen[37]. Enthält der Vorschlag aber eine dahin lautende

---

[28] → Fn. 27; *Stöber* (Fn. 12) Rdnr. 3.
[29] → auch die Lit. Rdnr. 68 Fn. 418 zum außergerichtlichen Vergleich.
[30] Die Anerkennung als Vergleich darf nicht davon abhängen, ob Parteien die Kostenfolge des § 98 als materiellen Vergleichsinhalt selber formulieren oder als gesetzliche Folge in Kauf nehmen wollen.
[31] *Lehmann* (Fn. 1) 64; *Pohle* Anm. zu *BAG* AP Nr. 3, 10; *Grunsky* (Fn. 20) § 11 II; *Blomeyer* (Fn. 14); *Pecher* (Fn. 1) Rdnr. 51; *Mende* (Fn. 1) 30 ff. → auch Fn. 212. – A.M. *Schiedermair* (Fn. 1) 188; *Bonin* (Fn. 1) 12; *Gottwald* (Fn. 3) § 131 I 5 Fn. 22; *Schönke/Kuchinke*[9] § 72 I.
[32] *BAGE* 6, 251 (→ Fn. 10) Büro 1980, 866; MDR 1991, 65; *Gottwald* (Fn. 3) § 131 I 6. Im übrigen → § 269 Rdnr. 2. – Für Prozeßvergleich *Mende* (Fn. 1) 41 f., 45. Auch *Bonin* (Fn. 1) 98 nimmt hier Prozeßvergleich an, will ihn aber doch wie eine einfache Klagerücknahme behandeln. Unzutreffend *OLG Oldenburg* NdsRpfl 1960, 131, das auch bei Klagerücknahme und Kostenübernahme durch den *Beklagten* keinen Prozeßvergleich annimmt, weil über die gesetzliche Kostenfolge des § 271 Abs. 3 S. 2 aF (= § 269 Abs. 3 S. 2 nF)

keine Ungewißheit und damit kein Streit bestehe, ähnlich *OLG Hamburg* JW 1937, 1081 (Berufungs- und Anschlußberufungsrücknahme mit Kostenteilung) u. ihm folgend *Palandt/Thomas* (Fn. 10). Ein Streit liegt nämlich auch dann vor, wenn der Richter infolge seiner Gesetzeskenntnis sofort in der Lage ist, ihn zu entscheiden, *RG* Gruch. 45 (1901), 363. Weitere Lit. bei *Mende* (Fn. 1) 11 ff. → auch Fn. 259.
[33] → Rdnr. 51.
[34] Z.B. wegen § 727 (Abtretung) *BGHZ* 120, 392 f. = NJW 1993, 1398 = WM 520 = WuB VI E § 767 ZPO 2.93 (*Brehm*).
[35] Vgl. *Brehm* (Fn. 34).
[36] Zust. *BGH* NJW 1985, 1963; *OLG Schleswig* MDR 1984, 51. Dann müßte für eine Bindung entweder auflösende Bedingung für den Fall der Nichtprotokollierung oder die Pflicht zu dieser (oder zur Klagerücknahme) angenommen werden.
[37] *OLG Hamburg* MDR 1965, 200 (zugleich zur Frage einer klagbaren Verpflichtung zum Vergleichsabschluß); *Tempel* (Fn. 1) 532; besondere Gründe fordert auch *OLG Nürnberg* VersR 1969, 91 (dort bejaht). – A.M. (im Zwei-

Klausel, so bedeutet sie nur, daß beim Schweigen der Parteien eine vergleichsweise Einigung vorläufig unterstellt wird und deshalb eine Terminbestimmung vorerst unterbleibt; ist allerdings ein solcher »Vorschlag« nebst Fristsetzung protokolliert und von den Parteien genehmigt worden, so handelt es sich in Wahrheit um einen fertigen Vergleich mit Widerrufsvorbehalt[38].

Die materiellrechtliche Regelung muß sich *nicht* unmittelbar auf den *Streitgegenstand* des Prozesses beziehen[39]; sie kann auch nur die Kosten[40] und wird zwecks anhaltender Befriedung oft zusätzlich[41] oder sogar ausschließlich[42] Angelegenheiten betreffen, die außerhalb dieses Prozesses streitig oder ungewiß sind, auch im Verhältnis zu Dritten[43], z. B. noch nicht oder in einem anderen Prozeß[44] eingeklagte Raten[45] oder andere Ansprüche[46]. S. dazu wegen der Gebühren § 11 Abs. 1 GKG mit Nr. 1660 KV[47]. Es ist auch zulässig, einen prozeßbeendigenden Vergleich über den materiellen Anspruch zu schließen, wenn dieser nur mittelbar den Gegenstand des Verfahrens bildet, z. B. bei den Klagen nach §§ 722, 731, 771[48]. Denn da eine bindende Feststellung, wie sie Urteilen zukommt, durch den Vergleich ohnehin nicht erzeugt werden kann[49], kommt es nur darauf an, daß er den Streit beilegt. Was diesem Ziel nach den Vorstellungen der Parteien dient, steht einer vergleichsweisen Regelung jedenfalls offen[50]. Damit stimmt überein, daß das Gesetz auch den Prozeßvergleich zwischen Parteien und Dritten zuläßt, obwohl deren Rechtsverhältnisse bisher nicht den Streitgegenstand bildeten. Es widerspricht auch weder dem Wortlaut noch dem Zweck[51] der Nr. 1, wenn die Parteien darüber hinaus Streitpunkte einbeziehen, deren Regelung sie nicht als Bedingung für das Zustandekommen des Vergleichs ansehen[52]. **11**

Darin ist **kein Mißbrauch der Beurkundungsfunktion** des Vergleichs zu sehen, weil sie ihm **neben** der Schlichtungsfunktion ohnehin eigen ist[53]; zum andern wäre es unzweckmäßig, in unnötig restriktiver Auslegung Parteimotive als Erfordenis aufzustellen, die mühelos vorgetäuscht werden können wie gerade die Voluntativbedingung. Auch in diesen Fällen muß jedoch immerhin an dem Erfordernis einer mindestens teilweisen Beilegung des Rechtsstreits festgehalten werden[54], denn der Prozeßvergleich dient nicht ausschließlich der Beurkundung und der Schaffung von Vollstreckungstiteln[55]. **11a**

---

fel materiellrechtliche Einigung) BAG → Fn. 129; *LAG Schleswig* SchlHA 1966, 88 = BB 1965, 688; *LAG Frankfurt* NJW 1970, 2229. – Die h.M. wird oft auf die im Sachverhalt unklare (s. *E. Schneider* Büro 1967, 536) Entscheidung RGZ 172, 74 = DR 1944, 202 gestützt, schriftsätzliche Annahme eines Vergleichsvorschlags sei unwiderrufliche Prozeßhandlung, vgl. *Hartmann* (Fn. 9) Rdnr. 25. Für den Prozeßvergleich fehlt es hier aber an der erforderlichen Protokollierung *Schönke/Kuchinke*[9] § 72 III; für einen außergerichtlichen Vergleich vernachlässigt man damit allzu leicht die Auslegung des wahren oder vermutlichen Parteiwillens. – Ein schon außergerichtlich **ohne Vorbehalt** abgeschlossener Vergleich bleibt allerdings im Zweifel wirksam, wenn die Protokollierung später scheitert RGZ 55, 136.
[38] *BayObLGZ* 1953, 367 (Nr. 67); *Blomeyer*[2] § 65 II 3; vgl. auch *RG* HRR 1933, 1918 u. → Fn. 128. Zum Widerrufsvorbehalt → Rdnr. 61f.
[39] Mittelbar ist er freilich immer betroffen, soweit die Rechtshängigkeit endet.
[40] Allg. M., z.B. *LAG Köln* Büro 1991, 1680.
[41] BGHZ 14, 381 = NJW 1954, 1887; *OLG München* MDR 1968, 59 = NJW 945 = Büro 1967, 923.
[42] S. die Beispiele vor → Fn. 48. – A.M. *M. Wolf* (Fn. 1) 270; wohl auch *Thomas/Putzo*[18] Rdnr. 14; *Gottwald* (Fn. 3) § 131 I 5.
[43] → Fn. 41; ferner *RG* JW 1925, 773; *OLG Karlsruhe* JW 1934, 49; *Bonin* (Fn. 1) 149f.
[44] *OLG München* NJW 1969, 2149 = Rpfleger 394 = Büro 1004 (*E. Schneider*): Einbeziehung rechtskräftig entschiedener Kosten eines anderen Prozesses; im Ergebnis geht *OLG München* aaO aber zu weit, → Fn. 176. Wie hier auch *Gottwald* (Fn. 3) § 131 I 5. – → auch Rdnr. 32a Fn. 174.
[45] *OLG Hamburg* OLGRsp 23, 261; *KG* JW 1937, 1086. Dazu *Bonin* (Fn. 1) 36f.
[46] → auch § 617 Rdnr. 9 zu Scheidungsfolgesachen.
[47] Vgl. *Hartmann* Kostengesetze[26] KV 1660 Rdnr. 6ff.
[48] *Bonin* (Fn. 1) 14f. – → auch Fn. 84, 86.
[49] → Rdnr. 31f.
[50] RGZ 48, 183. – Zu eng ist die Formulierung, daß die Parteien hiervon die den Streitgegenstand betreffende Regelung »abhängig« machen müßten, so BGHZ 35, 309 = LM Nr. 11 (*Johannsen*) = JZ 1961, 747 = NJW 1819 = MDR 842 = ZZP 76 (1963) 215 (im Ergebnis zust. *Baumgärtel*); *OLG Hamm* NJW 1968, 1242; *Baur/Stürner*[11] Rdnr. 226; noch strenger wohl *M. Wolf* (Fn. 1) 270 Fn. 40: »sachlicher Zusammenhang mit dem Streitgegenstand«. Wie hier *Pecher* (Fn. 1) Rdnr. 47.
[51] → Rdnr. 7 Fn. 27.
[52] *Bonin* (Fn. 1) 19f. (»Mitregelung«); *Esser* (Fn. 1) 724; *Jauernig* (Fn. 7).
[53] *Esser* (Fn. 52). Enger die → Fn. 50 Genannten.
[54] Insoweit zust. *M. Wolf* (Fn. 1) 272 Fn. 45, → aber auch Fn. 27. – A.M. *Esser* (Fn. 52) unter Berufung auf die Beurkundungsfunktion.
[55] → Rdnr. 7 a. E.

12   Andererseits muß der Vergleich nicht den *ganzen* Prozeß erledigen → Rdnr. 29. Die Kosten braucht er nicht ausdrücklich zu umfassen, § 98[56]. Zu Vergleichen, welche die *Kostenfrage zur Entscheidung* stellen, → § 98 Rdnr. 7b. Zur Erfassung von Vollstreckungskosten durch einen Vergleich → § 788 Rdnr. 32.

13   c) Grenzen des *Vergleichsinhalts* können sich aus materiellem Recht ergeben[57] oder aus prozessualen Gründen, z. B. können Vergleiche nicht Verfahren beenden, deren Durchführung zwingend geboten ist[58], und sie können weder ausländische Titel ohne gerichtliche Entscheidung vollstreckbar machen noch gerichtliche oder notarielle Klauselerteilung für inländische Titel ersetzen[59]. Die objektive und subjektive[60] **Vergleichsfähigkeit** ist erwähnt in § 1025, darf aber dort weiter gefaßt werden, weil gerichtliche Kontrolle am Maßstab des § 1041 (insb. Nr. 2) noch vor der Vollstreckbarkeit einsetzen kann, § 1042a Abs. 2[61], was bei § 794 Nr. 1 nicht der Fall ist. Entscheidend ist, ob die Parteien über den Vergleichsgegenstand so *verfügen können*[62], wie sie es tatsächlich getan haben, und ob diesem *Ergebnis* zwingende Normen entgegenstehen[63] *nicht* aber, ob ohne den Vergleich die Rechtslage zwingend anders zu beurteilen gewesen wäre[64]. So sind Vergleiche über die Notwendigkeit entstandener Anwaltskosten mit bindender Wirkung für die Kostenfestsetzung zulässig[65]. Beim Vergleich über künftigen Verwandtenunterhalt ist zwar der (unentgeltliche) Verzicht unwirksam, §§ 1614, 1615e Abs. 1 S. 2 BGB, eine vergleichsweise Regelung ist es aber nur insoweit, als sie den Berechtigten an eine unangemessene, das gesetzliche Mindestmaß unterschreitende Höhe binden will[66], während die Vollstreckbarkeit erhalten bleibt samt der Möglichkeit, sie nach §§ 795, 767 entsprechend einzuschränken. Zum Vergleich in *Familiensachen* → § 617 Rdnr. 6–9, § 642c Rdnr. 1f., ferner unten Rdnr. 44. → auch Rdnr. 19 Fn. 102 (freiwillige Gerichtsbarkeit) und Rdnr. 33 (Wirkungen auf andere oder künftige Verfahren). Über Einschränkungen wegen notwendiger Streitgenossenschaft → § 62 Rdnr. 34. – Unter Beachtung

---

[56] Zu Vergleichen in Scheidungs- u. Folgesachen → § 98 Rdnr. 5, § 617 Rdnr. 16.
[57] *RGZ* 42, 137; 49, 192; 57, 250ff. Zu **§ 1 GWB** BGH MDR 1976, 206 = NJW 194; zu **§§ 134, 138 BGB** BGHZ 51, 141 = NJW 1969, 925; JZ 1990, 546 *(Hepting)* = NJW 703 (Abfindung von den Fall eines Scheidungsantrags); zu § 2205 BGB *BGH* JZ 1991, 727 *(Bork)* = NJW 842 = MDR 419; s. auch *LAG Hamm* → Fn. 649u. *BSG* MDR 1973, 709 (Eltern können nicht den Bezugsberechtigten von Kindergeld bestimmen). Zu arbeitsrechtlichen Vergleichen → Rdnr. 100 Ziffer 13. Über nötige Genehmigungen → Rdnr. 14.
[58] *Bay.Dienstgerichtshof für Richter* NJW 1992, 2842f. für Disziplinarverfahren, obiter dem Strafprozeß.
[59] Sie sind daher ungeeignet zur Beendigung der Verfahren nach §§ 722f. (und entsprechende Beschlußverfahren aufgrund internationaler Abkommen), §§ 730f. Soweit aber Anerkenntnisse u. ä. ein Scheidungsantrag → § 722 Rdnr. 3, § 730 Rdnr. 3, wird man fehlerhaft als »Vergleich« protokollierte Erklärungen entsprechend auslegen oder umdeuten dürfen.
[60] → die Voraussetzungen § 1025 Rdnr. 31f. Auch sie gehören überwiegend zur Verfügungsmacht → Fn. 62. Zur Partei- u. Prozeßfähigkeit → Rdnr. 21, zur Geschäftsfähigkeit für die materiellrechtlichen Vereinbarungen s. §§ 105ff. BGB, → auch Fn. 319, 346.
[61] → dazu § 1025 Rdnr. 27; *Bork* ZZP 100 (1987) 249 mwN.
[62] → § 307 Rdnr. 20, § 1025 Rdnr. 27ff. S. auch §§ 55, 59 VerwVerfG, §§ 54, 58 SGB-X. *Pecher* (Fn. 1) Rdnr. 3ff. mwN; *Baur* (Fn. 1) Rdnr. 40 mwN; *Kornmeier*

ZZP 94 (1981) 27 u. für GmbH-rechtliche Nichtigkeits- u. Anfechtungsklagen: Vergleichsbefugnis usw. (1982), dazu *Urbanczyk* ZZP 96 (1983), 393; *Grunsky* (Fn. 20) § 11 II 1–4; zu FGG-Angelegenheiten → Rdnr. 19. Zur Vergleichsbefugnis eines Veräußerers des Streitgegenstandes → § 265 Rdnr. 40; wie dort *Gottwald* (Fn. 3) § 131 III 2e, a.M. *Tempel* (Fn. 1) 531. Zu Vergleichen in Arbeitssachen → Rdnr. 100 Ziffer 13. – Für verwaltungs- u. sozialrechtliche Vergleiche s. §§ 106 VwGO, 55ff. VwVfG; 101 Abs. 1 SGG; 54ff. SozGB X; *BGH* NJW 1955, 751; *BVerwGE* 14, 103 = NJW 1962, 1636; *BVerwGE* 17, 83ff.; *BGH* VerwRsp 7, 807; *OVG Münster* JZ 1954, 549 = NJW 896 = MDR 380; *BSG* → Fn. 57u. NJW 1967, 1822 = MDR 703; NJW 1968, 176; dazu *Zastrow* u. *Finke* JR 1967, 5, 293; krit. *Jörg Schröder* Der Prozeßvergleich in den verwaltungsgerichtlichen Verfahrensarten (1971) 71ff. Zum Tatsachenvergleich, insbesondere im Steuerprozeß *Sangmeister* BB 1988, 2289.
[63] *BGH* MDR 1989, 980[27] (Rechtsfolgen eines nichtigen Ausgangsgeschäfts dürfen geregelt werden); NJW 1989, 40 (§ 138 Abs. 2 BGB für Kaufvertrag offengelassen, weil Vergleich darüber kein Mißverhältnis mehr aufwies).
[64] *BGH* (Fn. 63); NJW 1988, 65 (über Notarkosten); *Baur* (Fn. 1) Rdnr. 40; *Pecher* (Fn. 1) Rdnr. 35f. mwN.
[65] *KG* Rpfleger 1990, 224 = Büro 892 = MDR 555; s. auch zum *außergerichtlichen* Vergleich *OLG Bamberg* Büro 1987, 1705.
[66] *BGH* NJW 1985, 66 a.E.- Zur Regelung elterlicher Sorge u. des Verkehrsrechts → § 617 Rdnr. 8, § 621a Rdnr. 29; → auch § 1025 Rdnr. 27–27c.

dieser Regeln können die Parteien in den Vergleich jedes Rechtsgeschäft aufnehmen, auch wenn das Gericht darüber nicht entscheiden dürfte[67], ebenso prozessuale Erklärungen.

Die **Wirkung** solcher **Willenserklärungen** ist, wenn man von den prozessualen Vergleichsfolgen → Rdnr. 31 ff. absieht, nicht anders als bei außergerichtlicher Vornahme. Daher stehen z. B. Bedingungen[68] der Wirksamkeit einer Auflassung entgegen, § 925 Abs. 2 BGB[69], Vorschriften über Verträge[70] und entgeltliche Veräußerungen[71] finden Anwendung und vormundschaftliche oder andere Genehmigungen, z. B. § 1365 BGB[72], sind wie sonst erforderlich[73], für den Versorgungsausgleich s. § 1587o Abs. 2 S. 3 BGB. Nach § 19 LandwVG kann das Gericht selbst auf Antrag Vergleichsverfügungen über Grundstücke genehmigen oder versagen[74].

14

d) Das Erfordernis des **gegenseitigen Nachgebens** (§ 779 BGB) mag auch für den Prozeßvergleich gelten[75]. Aber es ist weit auszulegen[76] und kann gerade hier kaum fehlen, weil schon der Verzicht beider Parteien auf eine der Rechtskraft fähige Entscheidung dieses Merkmal erfüllt[77] und den Prozeßvergleich von Verzicht und Anerkenntnis nach §§ 306 f. unterscheidet, die gerade der Erledigung durch Urteil dienen. Es muß sich nicht auf den materiellen Gegenstand des Streits beziehen oder gar ein Zugeständnis über die materielle Rechtslage enthalten[78], sondern kann in jedem tatsächlichen Nachgeben einer Partei bestehen[79], auch wenn etwa ihre Ansprüche vom Gegner materiellrechtlich voll anerkannt werden.

15

2. Der Vergleich als Prozeßhandlung

a) Es muß ein **Verfahren begonnen** haben (»zwischen den Parteien«), in dem für eine **mündliche Verhandlung** Raum ist (»vor einem ... Gericht«)[80], im Regelfall also nach Anhängigkeit eines Anspruchs. Zum Vergleich als Beginn einer Folgesache → § 617 Rdnr. 10. Im *ordentlichen Prozeß* wird man die Erhebung der Klage (§ 253 Abs. 1) voraussetzen müssen, wobei jedoch Verfahrensmängel unschädlich sind, solange sie nicht die mündliche Verhandlung ausschließen[81]. Unerheblich ist der Mangel der Prozeßvoraussetzungen für ein Sachurteil, namentlich der Zulässigkeit des Rechtswegs und der Zuständigkeit des Gerichts, denn das Gericht hat nicht zu entscheiden[82]. Wegen der Prozeßvoraussetzungen für die Parteien →

16

---

[67] → Rdnr. 16 u. zum Vergleich in Arbeitssachen → Rdnr. 100 Ziffer 13.
[68] → Rdnr. 61 ff.
[69] Sind aber Vergleiche unter Widerrufsvorbehalt oder »für den Fall der Scheidung« zur Zeit des Antrags nach § 13 GBO bereits in einer gemäß § 29 GBO nachweisbaren Form endgültig geworden, so dürfte der Gesetzeszweck des § 925 Abs. 2 BGB die Annahme einer Unwirksamkeit kaum decken, *Tempel* (Fn. 1) 532f. gegen die h. M. → § 617 Fn. 21, *BGH* NJW 1988, 416 mwN; *Pecher* (Fn. 1) Rdnr. 57 mwN. – Zum Widerruf i. E. wie hier *Soergel/Stürner*[12] § 925 Rdnr. 39, aber unter der bedenklichen Annahme, ein Widerruf beseitige als Rücktritt nur schuldrechtliche Abreden.
[70] Näheres insbesondere zu §§ 320 ff. BGB *Henckel* Rechtswissenschaft u. Gesetzgebung (1973) 465 ff.
[71] So *RGZ* 54, 167 für § 493 BGB.
[72] *MünchKommBGB-Gernhuber*[3] § 1365 Rdnr. 43 mwN.
[73] → § 54 Rdnr. 3, § 726 Rdnr. 4.
[74] Dazu *OLG Köln* u. *OLG Celle* RdL 1964, 45; 66.
[75] *OLG Hamburg* Büro 1980, 866; MDR 1991, 65; *Baumgärtel* (Fn. 1) 196; *Gottwald* (Fn. 3) § 131 I 6; *Thomas/Putzo*[18] Rdnr. 15; vgl. auch *OLG Hamm* MDR 1981, 62[86]; *OLG München* MDR 1985, 327[78]. – A.M. *OLG Naumburg* (Fn. 9); *Hartmann* (Fn. 9) Rdnr. 3; *Erman/Seiler* (Fn. 18). – *Blomeyer*[2] § 65 III 2; *Grunsky* (Fn. 20) § 11 III 2 lassen unter Hinweis auf § 782 BGB einseitiges Nachgeben genügen, ebenso *Keßler* DRiZ 1978, 79 (ausführlich). *Bonin* (Fn. 1) 10 f. läßt die Frage offen, da alle Auffassungen sich im Ergebnis träfen; *Tempel* (Fn. 1) 521 spricht von theoretischer Spielerei; ähnlich *Pecher* (Fn. 1) Rdnr. 49 mwN.
[76] *LAG Düsseldorf* Büro 1986, 873 zu § 23 BRAGO.
[77] *BGHZ* 39, 63 = NJW 1963, 637; *Gottwald* (Fn. 3) § 131 I 6; *Bruns* ZPR[2] § 30 Rdnr. 162a; *Bernhardt* ZPR (1968) § 41 II. – Im Ergebnis ebenso *OLG Bremen* RzW 1952, 299; *Esser* (Fn. 1) 722 f.; *Stöber* (Fn. 12). – A.M. *OLG Dresden* OLGRsp 13, 253; *Schönke/Kuchinke*[9] § 72 II; *Wieczorek*[2] Anm. C III a 2.; *Salje* (Fn. 1): bei durch Beweisaufnahme feststehender (?) Sachlage sei Vergleich nicht mehr möglich.
[78] *KG* VersR 1964, 738; *Bonin* (Fn. 1) 10 f.; *Joachim* BB 1960, 987; *Breetzke* NJW 1969, 1409; *Stöber* (Fn. 12); *Gottwald* (Fn. 3) § 131 I 6; im Ergebnis auch *Esser* (Fn. 1) 722 f. – S. auch *RG* Gruch. 49 (1905), 106 f.
[79] *BGH* (Fn. 77); *Thomas/Putzo* (Fn. 75); vgl. auch *RG* (Fn. 78). – Im Ergebnis ebenso *Esser* (Fn. 1) 722 f.; *Bonin* (Fn. 1) 10 f.
[80] Also nicht Verfahren nach §§ 128 Abs. 2, 3, 251a, 331a; *Bonin* (Fn. 1) 28; Mahnverfahren vor der Verhandlung *Bonin* (Fn. 1) 25 f. – A.M. *OLG Celle* NJW 1965, 1970 = DGVZ 1966, 41; s. dagegen *E. Schneider* Büro 1967, 535 f.
[81] *Gottwald* (Fn. 3) § 131 I 2; *Zeiss*[8] § 66 III 2 b. Vgl. (obiter) *KG* JW 1937, 1087[41] unter Berufung auf § 295. → auch Fn. 91.
[82] Ganz h. M.; *BGH* BB 1967, 980 = WM 984 = MDR

Rdnr. 21, wegen der Mängel in der Besetzung des Gerichts → Rdnr. 26. Auch zwischen den Instanzen ist die Anberaumung einer mündlichen Verhandlung vor dem zuletzt befaßten Gericht zum Zwecke des Vergleichsabschlusses unbedenklich und zur Vermeidung unnötiger Rechtsmittel geboten[83].

17   Materielle Rechtskraft ist ebensowenig ein Hindernis für den gerichtlichen Vergleich[84] wie für den außergerichtlichen[85], wohl aber formell rechtskräftige *Beendigung des Verfahrens*, in dem der Vergleich stattfinden soll[86], denn es kann nicht mehr »beigelegt« werden und mündliche Verhandlung darf hier nicht mehr anberaumt werden, nur um den Vergleich zu ermöglichen. Ist jedoch das Verfahren trotz formeller Rechtskraft noch nicht beendet, z.B. nach rechtskräftiger Scheidung, aber noch anhängiger Folgesache[87] oder wenn nach der Einlegung eines verspäteten Rechtsmittels die verwerfende Entscheidung noch aussteht, und wird ohnehin eine mündliche Verhandlung anberaumt, so hat ein diese Entscheidung erübrigender Vergleich immer noch verfahrensbeendigende Wirkung[88]. Gleiches muß gelten, wenn unmittelbar im Anschluß an in der Verhandlung erklärte Klagerücknahmen oder Rechtsmittelverzichte ein Vergleich protokolliert wird, da er dann noch im zeitlichen und sachlichen Zusammenhang mit der Verfahrensbeendigung steht, zumal wenn der Rechtsmittelverzicht in Erwartung dieses Vergleichs erklärt wurde[89]. Auch die Ergänzung oder Abänderung eines schon fertig protokollierten Vergleichs sollte aus den gleichen Gründen zulässig und wirksam sein, falls sie noch vor Schluß der mündlichen Verhandlung (§ 136 Abs. 4) ordnungsgemäß protokolliert wird[90].

18   Für den Prozeßvergleich sind grundsätzlich **alle gerichtlichen Verfahren** geeignet, soweit eine **mündliche Verhandlung** stattfindet[91], also gemäß Abs. 1 S. 1 a. E. auch im *selbständigen Beweisverfahren*, § 492 Abs. 3[92] und im *Prozeßkostenhilfeverfahren*[93] in *Verfahren nach §§ 916ff.*[94] und über *einstweilige Anordnungen*[95], im *Vollstreckungsverfahren*, insbesondere nach §§ 765a, 766, 793 und auch vor dem *Versteigerungsgericht*[96]. Zuständig für die Protokollierung des Vergleichs kann hier auch der Rechtspfleger sein, § 3 Nr. 1i, § 20 Nr. 17 RpflG[97]. Beraumen der Rechtspfleger oder nach Vorlage der Richter im *Kostenfestsetzungsverfahren* mündliche Verhandlung an[98], so ist auch dort der Prozeßvergleich zugelassen[99]. Zum *Mahnverfahren* → Fn. 80.

19   Ebenso gilt § 794 Abs. 1 Nr. 1 für Prozeßvergleiche vor dem Gericht für *Baulandsachen*[100] und für in einem *Straf-*, insbesondere einem *Privatklageverfahren* oder *Adhäsionsprozeß* zu

---

43; NJW 1988, 65 (trotz Unzulässigkeit der Widerklage); OVG Lüneburg NJW 1969, 205; LAG Bremen BB 1964, 1125; *Lehmann* (Fn. 1) 208ff., → auch Fn. 27 u. Rdnr. 26.
[83] *Bonin* (Fn. 1) 31f. mit zahlreichen Nachw.; *Esser* (Fn. 1) 728; *Blomeyer*² § 65 II.
[84] OLG München MDR 1982, 760[78]; vgl. *Esser* (Fn. 1) 728; *Bonin* (Fn. 1) 32ff., 34. Unklar LG Hannover NdsRpfl 1970, 175.
[85] → § 322 Rdnr. 222.
[86] Zu Ansprüchen aus *anderen* Verfahren → Fn. 44, aber auch Fn. 176.
[87] → § 617 Rdnr. 10 a. E. In Ehesachen ohne Verbund ermöglicht § 620 noch Vergleiche → § 617 Rdnr. 12.
[88] Vgl. *Bonin* (Fn. 1) 33ff., 41; *Esser* (Fn. 1) 728. – Zu weit geht *Wieczorek*² Anm. C I b 2.
[89] Dies war vor allem in Ehesachen alten Rechts umstritten, → jetzt § 617 Rdnr. 8. BGHZ 15, 190 stellte förmelnd auf die Reihenfolge im Protokoll ab u. ein Teil der Lit. folgt ihm noch immer, → z.B. *Gottwald* (Fn. 3) § 131 I 2. – Wie hier *Bonin* (Fn. 1) 17 Fn. 38; *Wieczorek*² Anm. C I b 2; im Ergebnis auch BGH MDR 1959, 739 u. die OLGe → 19. Aufl. Fn. 51.
[90] Notfalls § 156, → dort Rdnr. 9; a.M. OLG Hamm OLGZ 1983, 91 = MDR 410.

[91] Nicht nur, wenn sie stattfinden **muß**: *Bonin* (Fn. 1) 28ff.; *Esser* (Fn. 1) 724ff.; die Nov 1950 strich die Worte »nach Erhebung der Klage«, um Vergleiche in anderen Verfahren zu ermöglichen. § 106 VwGO erlaubt Abschluß ohne mündliche Verhandlung.
[92] Zum früheren Beweissicherungsverfahren → 20. Aufl. Fn. 64.
[93] → dazu § 118 Rdnr. 32–34 sowie unten Rdnr. 45.
[94] BGH NJW-RR 1991, 1021 = MDR 1199 = Rpfleger 260 (Arrest); → Rdnr. 20 vor § 916, Rdnr. 19 vor § 935 (jeweils m. Aufl.).
[95] → Rdnr. 41ff. *Bonin* (Fn. 1) 164; s. auch OLG Hamburg OLGRsp 14, 165; OLG Dresden SächsArchRpfl N. F. 1, 25; KG DJZ 1915, 1238; KGBl 22, 59; LG Bonn ZZP 70 (1957) 373. – A.M. OLG Hamburg SeuffArch 55 (1900), 249; JW 1926 2468.
[96] RGZ 165, 163; KG JW 1936, 3477; *Bonin* (Fn. 1) 166ff.; *Hornung* Rpfleger 1972, 211 mwN.
[97] OLG Nürnberg Rpfleger 1972, 305; *Thomas/Putzo*¹⁸ Rdnr. 7; *Wieczorek*² Anm. C I a.
[98] → § 104 Rdnr. 2, 42.
[99] *Wieczorek*² Anm. C I b.
[100] OLG München MDR 1976, 150.

richterlichem Protokoll getroffene Vereinbarungen über eine Schadensersatz-, Unterlassungs- oder ähnliche Verpflichtung[101]. Ebenso im *Verfahren der freiwilligen Gerichtsbarkeit*, falls die Beteiligten über den Vergleichsgegenstand und über die Beendigung des Verfahrens verfügen können[102]. Über Vergleiche vor *Gütestellen* und in sonstigen Verfahren außerhalb der ZPO → Rdnr. 45, 100. – Zur Unwirksamkeit von Prozeßvergleichen in besonderen Verfahrensarten → Rdnr. 49.

b) Der Prozeßvergleich muß **zwischen den Parteien** oder zwischen ihnen und **Dritten**[103] abgeschlossen sein. Zur Streitgenossenschaft → § 61 Rdnr. 3, § 62 Rdnr. 34, zur Nebenintervention → § 67 Rdnr. 10, § 68 Rdnr. 1.   20

Fähigkeit zum Abschluß eines Prozeßvergleiches[104] erfordert zunächst *Parteifähigkeit*, sie genügt aber auch; der nicht rechtsfähige Verein kann ihn daher abschließen, → § 50 Rdnr. 22. *Prozeßfähigkeit* muß nur für den konkreten Prozeß bestehen, → § 52 Rdnr. 2f., § 53 Rdnr. 17, → auch Rdnr. 77ff. vor § 704. Wegen etwa erforderlicher Genehmigungen gesetzlicher Vertreter[105] → Rdnr. 14. Zur Verfügungsmacht → Rdnr. 13. Die Prozeßvollmacht ermächtigt, sofern sie nicht beschränkt ist, § 83 Abs. 1, zum Abschluß[106], und bei mangelnder Vertretungsmacht genügt die nachträgliche Genehmigung[107].   21

Bei *Anwaltszwang* gilt für den Vergleich keine Ausnahme, auch nicht in Familiensachen und vor dem Einzelrichter[108], anders vor dem beauftragten oder ersuchten Richter[109]. Ein Verstoß gegen den Anwaltszwang ist nicht heilbar nach § 295[110], so daß der Vergleich nur ein nicht vollstreckbarer sein könnte[111]; → Rdnr. 51.   22

Dritte unterstehen dem Anwaltszwang nicht, da sie nicht Prozeßpartei sind und es auch nicht durch Beteiligung am Vergleich werden[112].   23

c) Der Vergleich muß vor einem **deutschen Gericht**[113] abgeschlossen sein, → § 722 Rdnr. 1 und zu den Verfahrensarten → Rdnr. 18f. Über Vergleiche vor dem Verwaltungsgericht → Rdnr. 2 vor § 704[114], Arbeitsgericht → Rdnr. 100 Ziffer 13, 15[115], Schiedsgericht → § 1044a[116]. Zu Vergleichen vor Gütestellen → Rdnr. 45.   24

---

[101] H.M. *KG* JW 1937, 2789³²; *OLG Hamburg* MDR 1958, 434; *LG Lüneburg* NJW 1963, 312; *LG Wuppertal* ZMR 1961, 28; *Bonin* (Fn. 1) 175 ff.; *Pecher* NJW 1981, 2170; *Gottwald* (Fn. 3) § 131 I 1 je mwN. – Einschränkend *OLG Stuttgart* NJW 1964, 110. – Krit. *Müller* NJW 1951, 347.

[102] → dazu Rdnr. 13. In Streitsachen (→ Rdnr. 100 Nr. 7–10 mwN) sind beide Voraussetzungen grundsätzlich gegeben, ganz h.M. In anderen Antragsverfahren ist nur die materielle Verfügungsbefugnis zu prüfen, *OLG Celle* Rpfleger 1954, 247; vgl. *Baur/Wolf* Grundbegriffe usw.² § 3 I 2 c; ebenso in Amtsverfahren, falls die Verfahrensbeendigung nur in der Beschwerdeinstanz in Frage steht; *Bassenge* Rpfleger 1972, 240 (wobei durchaus Gegenstände einbezogen werden können, die vollstreckbar sind, z. B. Kosten → auch Rdnr. 11). Im wesentlichen wie hier ausführlich *Bonin* (Fn. 1) 171 ff.; *Keidel/Kuntze/Winkler/Kahl* FGG¹³ Rdnr. 23 (zur Form Rdnr. 75) vor §§ 8–18 mwN. – *Grunsky* (Fn. 20) § 11 II 3; *Esser* (Fn. 1) 726; *Habscheid* Freiwillige Gerichtsbarkeit⁷ § 22 II 3 nehmen Amtsverfahren schlechthin aus. Für Zulassung nur in echten Streitsachen *Jansen* FGG² Rdnr. 80f. vor §§ 8–18; *Lehmann* (Fn. 1) 192 f.; ähnlich wohl *Wieczorek*² Anm. A II a, B I b 2. – Zur Frage, ob auch Vollstreckung nach § 33 FGG in Betracht kommt, s. *BayObLGZ* 1968, 164 = FamRZ 663 = JuS 1969, 141; *Müller* JZ 1954, 19.

[103] *Wieczorek*² Anm. C II a 1 läßt wohl auch Prozeßvergleiche nur zwischen Dritten zu, → auch Rdnr. 29 Fn. 142. Zum Verwaltungsprozeß *OVG Münster* NJW 1985, 2492.

[104] Dazu *Gottwald* (Fn. 3) § 131 III 2; *Baur* (Fn. 1) Rdnr. 40; *Pecher* (Fn. 1) Rdnr. 13f.

[105] Zur Vertretung der Kinder beim Vergleich über Unterhalt *Gernhuber/Coester-Waltjen* Familienrecht⁴ § 26 III 4, V 3.

[106] → § 81 Rdnr. 11; *OLG München* ZIP 1981, 615. Wegen nicht streitbefangener Ansprüche → aber § 81 Rdnr. 11 a.E.

[107] Vgl. *BayObLG* NS 6, 529f.

[108] → § 78 Rdnr. 16 Fn. 64 u. Rdnr. 17.

[109] → § 78 Rdnr. 16; ebenso *Gottwald* (Fn. 3) § 131 III 2g; a.M. *Tempel* (Fn. 1) 527. Zur Umgehung des § 78 durch § 279 Abs. 1 S. 2 → § 279 Rdnr. 12; s. auch *OLG Frankfurt* FamRZ 1987, 737.

[110] → § 78 Rdnr. 10.

[111] Vgl. *OLGe Düsseldorf* JW 1926, 851; *Kiel* JR 1948, 77; *Zweibrücken* Büro 1983, 1866.

[112] → § 78 Rdnr. 18 mwN auch zur Gegenansicht (Beratung nötig); zu dieser noch *Tempel* (Fn. 1) 540; *Pecher* (Fn. 1) Rdnr. 53; *Rosenberg/Gaul*¹⁰ § 13 II 1 d bb.

[113] Für gerichtlich bestätigte Vergleiche aus der ehemaligen DDR → Rdnr. 145 vor § 704.

[114] Dazu auch *BVerwG* NJW 1976, 2360 (Grundstückstausch anläßlich Streit über Anliegerbeitrag), zur objektiven Vergleichsfähigkeit → Fn. 62 a.E., 183.

[115] Zur objektiven Vergleichsfähigkeit → dort Fn. 649 sowie *BSG* → Fn. 329.

[116] Dazu noch *Tempel* (Fn. 1) 541f.

§ 794 II   Erster Abschnitt: Allgemeine Vorschriften   660

25   Vor **ausländischen** Gerichten abgeschlossenen Vergleiche sind im Inland als außergerichtliche zu behandeln → § 722 Rdnr. 10[117], außer wenn Vollstreckungsvereinbarungen gelten → **Anh.** § 723, so für die Bereiche des **HaagÜ 1973** → dort Rdnr. 26, des **EuGVÜ** Rdnr. 51 sowie für Vergleichsabschlüsse a) vor der Anwendbarkeit des EuGVÜ (→ Rdnr. 52) oder b) überhaupt außerhalb seines Geltungsbereichs für *Belgien* Rndr. 78, *Griechenland* Rdnr. 114, *Israel* Rdnr. 164, *Niederlande* Rdnr. 135, *Norwegen* Rdnr. 184, *Österreich* Rdnr. 90, *Schweiz* Rdnr. 56, *Spanien* Rdnr. 196, *Tunesien* Rdnr. 149; über ausländische schiedsrichterliche Vergleiche → § 1044 a Rdnr. 22 ff.

26   Unvorschriftsmäßige *Besetzung des Gerichts*, z. B. unwirksame Übertragung auf Einzelrichter[118], ist unschädlich, denn es hat neben der Beurkundung allenfalls eine beratende, womöglich einflußreiche[119], aber nicht »entscheidende« Tätigkeit auszuüben[120]. Auch die gesetzlichen Ausschließungsgründe des § 41 mit § 10 RpflG berühren den trotzdem abgeschlossenen Vergleich nicht[121]. Jedoch ist die Protokollierung abzulehnen in den Fällen der §§ 6 Abs. 1 FGG, 1 Abs. 2, 3 BeurkG[122], und für die einzelnen Verfügungen gelten die §§ 6 f. BeurkG entsprechend[123].

27   d) Der Vergleich muß **vor Gericht** abgeschlossen, also von den Parteien und dem Dritten hier **erklärt**[124] sein, sei es auch aufgrund einer vorhergegangenen Verständigung[125] oder eines überreichten Schriftstücks[126]. Zum *Anwaltsvergleich* s. § 1044 b mit Bem. Die bloße Mitteilung vom außergerichtlichen Abschluß genügt nicht, → dazu Rdnr. 68. Die **Protokollierung** des Vergleichs (§ 160 Abs. 3 Nr. 1) ist – abgesehen von § 106 S. 2 VwGO[127] – sowohl für die Errichtung des Vollstreckungstitels als auch zur Prozeßbeendigung[128] erforderlich[129]; → auch Rdnr. 47, Rdnr. 51 Fn. 283. Diese Gültigkeitsvoraussetzung berücksichtigt auch, daß jede im Vergleich mit Ansprüchen bedachte Partei auf die Vollstreckbarkeit Wert legt[130]. Zur Berichtigung → Rdnr. 30.

28   Die Protokollierung genügt stets zur Wirksamkeit, auch wenn bei außergerichtlichem Abschluß eine besondere Form, z. B. die eigenhändige Unterschrift der Parteien (etwa nach § 1027) oder die Errichtung vor einem *Notar* oder vor dem Amtsgericht in besonderer Zuständigkeit (z. B. § 1945 BGB) erforderlich gewesen wäre, s. auch § 127 a BGB[131]. Zur Auflassung s. § 925 Abs. 1 S. 3 BGB[132], aber auch über Bedingungen → Rdnr. 14. Soweit Rechtsgeschäfte nicht durch Vertreter abgeschlossen werden können, genügt es im Anwaltsprozeß, wenn die anwesende Partei und ihr Anwalt die erforderlichen Erklärungen zugleich abgeben[133]. Die Protokollierung ersetzt aber nicht den Zugang an abwesende Erklärungsgeg-

---

[117] S. auch *OLG München* OLGRsp 30, 35.
[118] *BGH* NJW 1986, 1348 f. = Büro 1188.
[119] Vgl. *M.* **Wolf** (Fn. 1) 261 ff.
[120] *BGHZ* 35, 309 = NJW 1961, 1817 = JZ 747; *BGH* (Fn. 118); *BAG* AP Nr. 18 (*Grunsky*) = DB 1969, 1996; *Lepke* RdA 1970, 295. – A.M. *Esser* (Fn. 1) 730. → auch Fn. 27, 54, 82.
[121] So noch zur aF der §§ 6, 170 ff. FGG. *Wurzer* RheinZ 9. Jahrgang 188; *H. Wolf* AcP 88 (1898) 230. – A.M. *Lehmann* (Fn. 1) 212; *Gottwald* (Fn. 3) § 131 IV 1a; *Sauer* Grundlagen (1919) 398; *Esser* (Fn. 1) 730. – Differenzierend *Bonin* (Fn. 1) 47. – Offengelassen von *BGH* (Fn. 120). →noch § 41 Rdnr. 3 f.
[122] Diese Fälle entsprechen im wesentlichen den in § 41 Nr. 1–4 aufgezählten. – →auch § 48 mit Bem., bes. Fn. 6.
[123] Vgl. *Esser, Gottwald* (beide Fn. 121) u. *Pecher* (Fn. 1) Rdnr. 51.
[124] → auch zur »Annahme« gerichtlicher Vorschläge Rdnr. 10 Fn. 37.
[125] Vgl. *RG* JW 1898, 608; *OLG Schleswig* (Fn. 36). → dazu Rdnr. 10a.
[126] *OLG Hamburg* OLGRsp 19, 95.
[127] Dazu *G. Lüke* NJW 1994, 234.

[128] Eine früher verbreitete Ansicht ließ diese bereits mit der *Erklärung* vor Gericht eintreten, *Schiedermair* 190; *Baumgärtel* 202 Fn. 124 (beide Fn. 1); *Pohle* Anm. *BAG* AP Nr. 4; weitere Lit. → 19. Aufl. Fn. 71. – Enger *OLG Celle* NJW 1965, 1970; *E. Schneider* Büro 1967, 536, die u. U. *schriftliche* Erklärung für genügend halten. → noch Rdnr. 10 a Fn. 37.
[129] H. M. *BGHZ* 16, 388 = NJW 1955, 705, bestätigt durch *BGH* → Fn. 120; *BAGE* 8, 231 = AP Nr. 4 (abl. *Pohle*) = JZ 1960, 321; *BayObLGZ* 1953, 371; *KG* Rpfleger 1970, 217; *OLGe Frankfurt, Köln*, FamRZ 1980, 907 f. mwN; 1994, 1048; *OVG Münster* VerwRspr 1978, 377; *LGe Köln* JMBlNRW 1980, 273; *Berlin* Rpfleger 1988, 110. – Weitere Rsp u. Lit → 19. Aufl. Fn. 73.
[130] → Rdnr. 10 a Fn. 36, Rdnr. 52 Fn. 290.
[131] *BGH* FamRZ 1960, 30 (Erbverzicht ja, Testament nein, wie *RGZ* 48, 187); *BGHZ* 14, 381 = NJW 1954, 1886 = DNotZ 1955, 190; *BGH* NJW 1980, 2307 (auch Erbvertrag gültig, ganz h. M.).
[132] Dazu *Walchshöfer* NJW 1973, 1103; zur Bedingungsfeindlichkeit → Fn. 69.
[133] *BGHZ* 35, 309 = NJW 1961, 1817 = BB 953; *BayObLGZ* 1965, 86 = NJW 1276 = MDR 666 (zu § 2347 Abs. 2 BGB); h. M.

ner oder eine etwa erforderliche Mitwirkung Dritter, z.B. einer Behörde, → auch Rdnr. 14, § 54 Rdnr. 2, ferner § 894 Rdnr. 4.

e) Der Vergleich muß zur **Beilegung des Rechtsstreits** dienen[134]; er muß also – außer im Falle des § 630[135] – auf die unmittelbare, gänzliche oder teilweise[136] Beendigung[137] des Verfahrens gerichtet sein, **in dem der Vergleich abgeschlossen wird**[138], mag es sich auch nur um eine zeitliche (aber unmittelbar wirkende) Abkürzung handeln[139]. – Vereinbarungen über Streitpunkte, die durch Zwischen- oder Vorbehaltsurteile erledigt werden können (§§ 280, 302, 304), genügen daher nicht, wenn sie auch das Verfahren vielleicht vereinfachen und dadurch *mittelbar* abkürzen würden[140]. → auch Rdnr. 11a Fn. 54.   29

Für Prozeßvergleiche, die eine **einstweilige Regelung bis zum Urteilserlaß** bezwecken[141] und dadurch Entscheidungen nach §§ 620, 916, 935, 940 vermeiden, besteht zumindest dann ein praktisches Bedürfnis, wenn den Parteien der nur für bestimmte Ansprüche gegebene Weg über § 794 Abs. 1 Nr. 5 verschlossen ist; aber auch bei weiter Auslegung des Merkmals Beilegung »des« Rechtsstreits wird man die Vermeidung eines **anderen** Verfahrens für sich allein nicht genügen lassen können[142]; daher müssen solche Vergleiche **im Verfahren** der einstweiligen Regelung geschlossen werden[143], und dort protokollierte Vergleiche über die Hauptsache[144] müssen auch das Verfahren des einstweiligen Rechtsschutzes ganz oder teilweise[145] erledigen.   29a

f) Zur *Berichtigung* eines Vergleichs im Protokoll und zu Rechtsmitteln → § 164 Rdnr. 4f.[146]. Über Ablehnungsgründe → Rdnr. 26 a.E. Nicht um Berichtigung, sondern um Inhaltsänderung handelt es sich, wenn nach Protokollierung, aber vor Schluß der mündlichen Verhandlung neue Erklärungen zum Vergleich protokolliert werden, sei es auch nur, um Auslegungsschwierigkeiten zu vermeiden[147].   30

3. Die Wirkungen des Prozeßvergleichs

a) Durch wirksame Prozeßvergleiche wird der **Rechtsstreit ganz oder teilweise beendet**[148], auch bezüglich Kosten, falls diese abschließend geregelt sind und so für § 98 kein Raum   31

---

[134] → Rdnr. 4, 6.
[135] *OLG Karlsruhe* Büro 1980, 1681f. = Justiz 335f. → auch Fn. 143.
[136] *BGH* (Fn. 94: Arrest); → § 301 Rdnr. 4 sowie § 623.
[137] Bloßer Aufschub einer Entscheidung (ähnlich dem Ruhen des Verfahrens) genügt nicht, *KG* JW 1936, 2810; wohl aber Teilerledigung durch Verpflichtung zur Zahlung einer Mindestsumme, gekoppelt mit Aussetzung des Verfahrens bis zur Erstattung eines Gutachtens, *KG* VersR 1964, 78. Zum Kostenvergleich ohne Beilegung der Hauptsache s. *Schlosser* Einverständliches Parteihandeln (1968) 60.
[138] → Fn. 142f.
[139] → z.B. Rdnr. 17 Fn. 88.
[140] *KG* NJW 1974, 912; *Lehmann* (Fn. 1) 108f.; *Gottwald* (Fn. 3) § 131 I 5. Vgl. auch *OLG Celle* NdsRpfl 1952, 205; *OLG Frankfurt* → § 766 Fn. 120; ferner *Beyer* JR 1952, 318 (»Zwischenvergleich«); *Esser* (Fn. 1) 726 dort Fn. 56; *Dütz* zu BAG EzA § 40 BetrVG 1972, 45. Auch Vereinbarungen über präjudizielle Rechtsverhältnisse erleichtern zwar das anhängige Verfahren, erledigen es aber nicht und können daher nicht alleiniger Gegenstand eines Prozeßvergleichs in *diesem* Verfahren sein (wohl aber Nebenabreden eines Vergleichs, der ein *anderes* Verfahren beendet, → Fn. 181f.) – A.M. *Wieczorek*[2] Anm. C II a 3 unter Berufung auf *OLG Hamburg* OLGRsp 14, 166 (dort war aber wohl der Vergleich *im* Verfahren des § 627 aF abgeschlossen u. hat dieses erledigt, → auch Fn. 143).
[141] S. auch *OLG Frankfurt* → § 766 Fn. 120.
[142] A.M. *Esser* (Fn. 1) 726 Fn. 56; *Wieczorek*[2] Anm. C II b; *Pecher* (Fn. 101), denen de lege ferenda zuzustimmen ist.
[143] Beispiel: BGH NJW 1982, 2072. Bei Vergleichsgegenständen gemäß § 630 Abs. 1 Nr. 3 (→ Rdnr. 29) wird man aber auch für das Verfahren nach § 620 entweder eine Ausnahme machen (so *OLG Karlsruhe* → Fn. 135) oder den Antrag nach § 623 in dem Begehren auf Protokollierung des Vergleichs (aber noch nicht in Vergleichsverhandlungen *OLG Hamm* MDR 1981, 325) erblicken müssen, → § 617 Rdnr. 10f.; *OLG Nürnberg* FamRZ 1966, 379 zu § 627 aF.
[144] → Rdnr. 20 vor § 916, Rdnr. 19 vor § 935 (jeweils 20. Aufl.).
[145] Beispiel: *BGH* (Fn. 94).
[146] Dazu *OLG Frankfurt* MDR 1986, 152f.; *Vollkommer* Rpfleger 1976, 258 gegen *OLG Stuttgart* ebendort; wegen **Rechtsmitteln** gegen die Berichtigung oder deren Ablehnung → § 164 Rdnr. 14ff. mwN, ferner *LAGe Düsseldorf* Büro 1986, 614f.; *Nürnberg* MDR 1981, 789.
[147] Nachtragsprotokoll, so im Fall *OLG Hamm* → Rdnr. 17 Fn. 90. Zu § 164 Abs. 2 *OLG Zweibrücken* Rpfleger 1992, 441.
[148] → Rdnr. 3f.; *BGHZ* 41, 311 = NJW 1964, 1525 = MDR 653.

§ 794 II   Erster Abschnitt: Allgemeine Vorschriften   662

bleibt[149]. Insoweit ist die in manchen Vergleichen *zusätzlich* erklärte »Klagerücknahme« meist überflüssig[150] und schafft unnötig Probleme, falls schon aufgrund vorläufig vollstreckbaren Urteils gepfändet, aber noch nicht verwertet war[151]. Anders, wenn der Vergleich lediglich die Kostenfolge einer Rücknahme regelt[152]; zur Unwirksamkeit → Rdnr. 48. Eine der Rechtskraft ähnliche Wirkung hat der Vergleich nicht[153]; er ersetzt daher nicht das in § 13 Abs. 2 Nr. 2 HinterlO geforderte Urteil, sondern kann nur als Nachweis einer Bewilligung gemäß § 13 Abs. 2 Nr. 1 HinterlO dienen[154]. Zur Wiederholung der Klage trotz Prozeßvergleichs → Rdnr. 102; Wiederaufnahme ist nicht zulässig[155].

32   Durch **Vergleiche nach Einspruch**[156] **oder in der Rechtsmittelinstanz** wird zwar das **angefochtene, noch nicht rechtskräftige Urteil** – ähnlich wie bei (teilweiser) Klagerücknahme[157] – in der Regel *materiellrechtlich* hinfällig[158], nämlich soweit es aufgrund des erklärten Parteiwillens mit dem Vergleichsinhalt *unvereinbar* ist[159]. Es darf daher zumindest für in den Vergleich *nicht* mit aufgenommene Ansprüche keine Grundlage mehr bilden für eine Festsetzung der Prozeßkosten[160]. Es wäre jedoch falsch, ohne weiteres anzunehmen, aus dem vollstreckbar ausgefertigten Urteil[161] nebst Kostenfestsetzungsbeschluß könne schon allein deshalb nicht mehr *vollstreckt* werden i.S.d. § 775 Nr. 1 oder § 766[162]. Nur vorläufige Einstellung nach § 775 Nr. 4 ist ohne weiteres möglich, soweit Vergleichsansprüche den Umfang der Verurteilung unterschreiten, vergleichbar mit einem vom Gläubiger schriftlich bestätigten Erlaß[163]. → auch zu Vollstreckungskosten § 788 Rdnr. 32.

32a   Die ZPO enthält keine Vorschriften darüber, ob und wie der Vergleich auf die **Vollstreckbarkeit des Urteils** und auf schon erteilte Ausfertigungen einwirkt: **§ 717 Abs. 1** gilt nur für aufhebende oder abändernde *Entscheidungen*; eine entsprechende Anwendung auf *Parteiakte* scheidet aus, wie schon die Sonderregelung des § 269 Abs. 3 S. 1 HS 2 zeigt. Dessen entsprechende Anwendung mag zwar naheliegen, dürfte aber insoweit dann, wenn noch nicht erledigte **Pfändungen** aufgrund der §§ 708ff. einer Partei **Rangvorteile** verschafft haben, nicht dem Parteiwillen entsprechen, weil dann der Schuldner auch für im Vergleich **aufrechterhaltene** Ansprüche die Pfändungen einfach aufheben lassen könnte → § 775 Rdnr. 8. – § 767 würde zwar in dem Umfang helfen, wie der Vergleich Urteilsansprüche entfallen ließ, aber nicht verhindern können, daß der Gläubiger für den im Vergleich aufrechterhaltenen Rest eine vollstreckbare Ausfertigung erhält bzw. behält **und** zugleich die Klausel für den Vergleich, die ihm wegen § 795 nicht verweigert werden darf.

---

[149] *OLG Köln* OLGZ 1987, 469.
[150] → § 269 Rdnr. 2, zum Rechtsmittelverzicht § 514 Rdnr. 11; *Pecher* (Fn. 1) Rdnr. 50; a.M. *v. Mettenheim* (Fn. 4, 20).
[151] → Rdnr. 32, obwohl nach richtiger Ansicht das PfändPfandR nicht gefährdet ist, soweit es sich im Vergleich um denselben Anspruch handelt → § 804 Rdnr. 31a.
[152] → Rdnr. 10.
[153] *BGH* NJW 1983, 997 mwN; *Gaul* FS für F. Weber (1975) 171 Fn. 72; vgl. auch *BAG* NJW 1974, 2151; *BGH* MDR 1985, 923 = NJW-RR 1986, 22 zu § 3 Nr. 8 PflVG; *LG Trier* NJW 1990, 2391 (§ 283 BGB gilt nicht entsprechend).
[154] *OLG Frankfurt* Rpfleger 1974, 227 (zugleich zur Prozeßvollmacht für die Bewilligung).
[155] → Rdnr. 37 vor § 578.
[156] *OLG Düsseldorf* Büro 1980, 135.
[157] → § 269 Rdnr. 56.
[158] *BGH* JZ 1964, 257 = MDR 313; *KG* NJW 1963, 662; anders freilich, wenn eine Rechtsmittelrücknahme im Vergleich dem Urteil gerade Rechtskraft verschaffen soll *BGH* NJW 1990, 710; 1969, 1481[4], oder solange eine vereinbarte Bedingung (→ Rdnr. 61) noch aussteht. → auch Fn. 167.

[159] *OLG Bremen* NJW-RR 1987, 1207f.
[160] → § 103 Rdnr. 7 (auch Fn. 35); *OLGe Düsseldorf* (→ Fn. 156) u. NJW 1974, 1714 = Rpfleger 230; *Hamm* Rpfleger 1976, 408; *Köln* MDR 1971, 673 (L); *München* (Fn. 84, insoweit nicht in MDR abgedruckt); *Schleswig* SchlHA 1975, 183. Ob der Vergleich die Kostenregelung des Urteils abändert, ist im Kostenfestsetzungsverfahren zu klären; *OLG Hamburg* Büro 1977, 562, → aber auch § 104 Rdnr. 6. – Für **ZV-Kosten** ist jedoch § 788 auf die dem Gläubiger nach dem Vergleich verbleibenden Ansprüche anzuwenden *OLG Koblenz* OLGZ 1993, 213 (auch zur Gegenansicht), dort für einen Vergleich, der den durch Urteil zugesprochenen Teilanspruch unberührt ließ.
[161] → § 724 Rdnr. 12.
[162] → Rdnr. 46 Fn. 262 vor § 704; mißverständlich daher »unwirksam«, »gegenstandslos«, »aus der Welt geschafft« (z.B. *OLG München* MDR 1982, 760[78]), → auch Fn. 170; insoweit richtig, obwohl ungenau im Ausdruck u. zu eng bezüglich § 767 (→ dort Rdnr. 42 Fn. 316) *OLG Hamm* NJW 1988, 1988; → dazu auch § 724 Rdnr. 2.
[163] → § 775 Rdnr. 16 Fn. 94; dafür genügt das Vergleichsprotokoll.

Will man aber von vornherein vermeiden, daß der Gläubiger aus **zwei unterschiedlichen** **32b** **Ausfertigungen vollstrecken kann**, ohne daß die Voraussetzungen des § 733 vorliegen, und will man dem Schuldner den Weg über § 767 ersparen[164], so bietet sich *schon bei Abschluß des Vergleichs* an, in diesem eine künftige Vollstreckung nach §§ 795, 726 Abs. 1 von der Übergabe aller aufgrund des Urteils nebst Kostenfestsetzung erteilten vollstreckbaren Ausfertigungen abhängig zu machen[165]. Scheidet dieser Weg aus, so muß man entweder die für das Urteil erteilte Klausel beseitigen oder dem Urteil als solchem die Vollstreckbarkeit nehmen. Akzeptabel ist aber nur eine systemkonforme Regelung, welche a) die Last, den Vergleich hinsichtlich seiner Wirkung auf das Urteil auslegen zu müssen, nicht den Vollstreckungsorganen aufbürdet, sondern dem *Prozeßgericht* (Richter oder Rechtspfleger), b) die *Kontinuität der Vollstreckbarkeit wahrt*, also für schon aufgrund des Urteils begonnene, aber noch nicht beendete Vollstreckungsmaßnahmen bezüglich der aufrechterhaltenen Ansprüche nicht anders wirkt, als bestünden Urteil und Vergleich weiterhin nebeneinander. Keine Bedenken bestehen daher gegen **a)** (zumindest entsprechende) Anwendung des § 732 auf das Urteil, die sich allerdings nur gegen die erteilte Ausfertigung des Urteils richtet, nicht gegen seine Vollstreckbarkeit als Titel[166] **oder b)** entsprechende Anwendung des § 269 Abs. 3 S. 3[167], wobei aber, falls der Vergleich nicht ausdrücklich die Beseitigung schon eingetretener Vollstreckungswirkungen vorsieht[168], der jeweilige Beschluß so gefaßt werden muß, daß jeder Anschein einer Rückwirkung von vornherein vermieden wird und die **Kontinuität der Vollstreckbarkeit zwecks Rangerhaltung etwaiger Pfändungen gewahrt bleibt**, soweit der Vergleich eben den in der Entscheidung zuerkannten prozessualen **Anspruch aufrechterhält**, mag er auch materiellrechtlich dort in anderer Rechtsform erscheinen[169]. Das kann dadurch klargestellt werden, daß *erst mit der Erteilung der Klausel für den Vergleich die Vollstreckung aus der Urteilsausfertigung unzulässig wird* (analog § 732) bzw. das Urteil wirkungslos wird (analog § 269 Abs. 3 S. 3). Erst *nach* Erlaß solcher Beschlüsse sind die §§ 775 Nr. 1, 776 anwendbar[170] auf solche Vollstreckungsmaßnahmen aufgrund des Urteils, die über den Vergleichsinhalt hinausgehen; bis dahin bleiben erteilte Ausfertigungen des Urteils wie bei Klagerücknahme ohne Einschränkung vollstreckungswirksam[171]. Ist allerdings das Prozeßgericht Vollstreckungsorgan, so hat es den Vergleich schon von Amts wegen zu beachten[172]. Zu § 717 Abs. 2 → dort Rdnr. 64.

Das → Rdnr. 32, 32b Ausgeführte gilt auch für etwa schon erlassene *Kostenfestsetzungsbeschlüsse*, da ihre Vollstreckbarkeit erst zusammen mit jener des Urteils erlischt, es sei denn, sie **32c**

---

[164] Er wäre in solchen Fällen zumindest bezüglich entfallener (oder schon erfüllter) Ansprüche stets möglich KG JW 1930, 2066[9] → § 767 Rdnr. 11, aber wohl meist unnötig. Mißverständlich *Kniffka* JuS 1990, 970, der zu I 2 anzunehmen scheint, das vollstreckbar ausgefertigte Urteil habe seine Titeleigenschaft bereits i. S. d. § 767 durch den Vergleich verloren, → dazu auch Fn. 162, 170 f.
[165] Empfehlenswert, falls z. B. der Vergleich die gesamten Kosten neu regelt u. das Urteil nicht noch zur ZV etwaiger vom Vergleich nicht berührter Beträge benötigt wird.
[166] → § 732 Rdnr. 10.
[167] *KG* (Fn. 164); *OLG Stuttgart* NJW-RR 1987, 128; *Baumbach/Hartmann*[52] § 775 Rdnr. 8; *Wieczorek*[2] § 775 Anm. A II a 4; *Thomas/Putzo*[18] § 775 Rdnr. 4; vgl. auch *OLGe Hamm, Düsseldorf* (Fn. 160) *München* Rpfleger 1970, 98[71] = Büro 268. Auf Urteile, die fehlerhaft *nach* Beendigung der Rechtshängigkeit durch wirksamen Vergleich ergehen, scheidet die entspr. Anw. (schon nach dem Wortlaut »bereits«) aus OLG Hamm NJW 1992, 1706 a. E. – → auch § 620f Rdnr. 14.

[168] → auch Fn. 171.
[169] → § 804 Rdnr. 31a; *OLG Bremen* NJW-RR 1987, 1208 f.
[170] → § 775 Rdnr. 8. Vgl. *Bonin* (Fn. 1) 85; *Sebode* DGVZ 1964, 166. Es ist daher irreführend, wenn manche der → Fn. 160, 162 genannten Entscheidungen »dieselben« Wirkungen annehmen wie bei Aufhebung durch Urteil, s. auch *OLG Düsseldorf* Büro 1981, 1097 (*Mümmler*).
[171] Nicht anders als bei Abänderung von Urteilen → § 717 Rdnr. 2, § 725 Rdnr. 7, § 732 Rdnr. 10, § 775 Rdnr. 10, § 804 Rdnr. 31. Auch soweit Vergleichen materiellrechtlich novierende Kraft zugebilligt wird, kann doch der prozessuale Anspruch derselbe bleiben, was *Kniffka* (Fn. 164) zu *OLG Hamm* (Fn. 162) wohl übersieht u. daher – insbesondere zwecks Rangwahrung der bereits aufgrund des Urteils vollzogenen Pfändungen – empfiehlt, im Vergleich zu **vereinbaren**, ob die Vollstreckbarkeit des Urteils fortbestehen solle. Vgl. auch *Münch* Vollstreckbare Urkunde (1989), 376, 378.
[172] → § 775 Rdnr. 8.

werden (z. B. im Beschwerdeverfahren anläßlich einer neuen Festsetzung) aufgrund des Vergleichs durch das Prozeßgericht aufgehoben[173].

32d Durch denselben Vergleich können **mehrere Verfahren** zugleich beendet werden *(Gesamtvergleich)*, ohne vorherige Verbindung der Prozesse[174], → auch Rdnr. 43 Fn. 193. Freilich sollte man aus § 91a und den zu §§ 269, 514f. entwickelten Regeln zumindest entnehmen, daß die Beendigung erst eintritt, wenn das Vergleichsprotokoll bei dem anderen Gericht eingeht oder beide Parteien den Vergleichsabschluß mitteilen[175]. Wegen der Aufhebung des Prozeßvergleichs durch einen späteren → Rdnr. 57.

32e **Rechtskräftige Urteile** oder Beschlüsse verlieren durch Vergleich nie ihre Vollstreckbarkeit[176]; soweit er die Rechtslage abändert, kann die Vollstreckbarkeit des Urteils nur nach § 767[177] beseitigt oder eingeschränkt werden. Solche Prozesse können vermieden werden durch a) Vergleichsfassungen wie → Rdnr. 32b Fn. 165, b) Herausgabe der vollstreckbaren Urteilsausfertigung(en) unter Verzicht auf Vollstreckung über § 733[178], falls nicht noch vom Vergleich etwa unberührte Prozeßkosten o.ä. ausstehen[179]. Wegen Anschlußberufung → § 522 Rdnr. 5 Fn. 12.

33 Für *andere* anhängige oder künftige Verfahren können Prozeßvergleiche – abgesehen vom Ende der Rechtshängigkeit (→ Rdnr. 32d) – nur insoweit prozessuale oder materielle Wirkungen haben, als auch außergerichtliche Vereinbarungen solche Wirkungen erzeugen könnten[180]. Das gilt z. B. für Vereinbarungen über den Verzicht auf Klagen oder Rechtsmittel oder deren Rücknahme, über Beweisverträge, Schiedsgutachten, über präjudizielle Rechtsverhältnisse[181] oder öffentlichrechtliche Fragen[182]. → auch Rdnr. 31 Fn. 154.

34 b) Der Vergleich ist gemäß Abs. 1 Nr. 1 **Vollstreckungstitel**, wenn er einen genügend bestimmten Inhalt hat, der zur Zwangsvollstreckung im engeren Sinne geeignet ist[183], oder der Vollstreckbarkeit im weiteren Sinne[184] teilhaft ist. Einer Unterwerfungserklärung wie bei Abs. 1 Nr. 5 bedarf es nicht[185]. Gerichtliche Einigungen i.S.d. § 88 Abs. 1 S.1 DDR-ZPO stehen gleich → Rdnr. 145 vor § 704. Der Vergleich ist mangels abweichender Bestimmungen sofort vollstreckbar[186]. Beschränkungen können wie bei vollstreckbaren Urkunden → Rdnr. 90 vereinbart werden, im Falle des § 726 Abs. 1 auch die Erleichterung der dort

---

[173] Vgl. *OLG Hamm* (Fn. 160); *OLG München* (Fn. 167).

[174] *BAG* NJW 1982, 788; *OLG München* OLGRsp 23, 128; *KG* Rpfleger 1970, 217; JW 1937, 1086; *Esser* (Fn. 1) 726. Der Vergleich stellt auch entgegen *KG* FamRZ 1981, 194 die Verbindung der Prozesse nicht stillschweigend her → § 147 Rdnr. 2, auch nicht zwischen Familien- u. Nichtfamiliensachen. Dennoch ist der Rat des *KG* aaO richtig, Vergleichsgegenstände, die nur teilweise Familiensachen sind, getrennt zu protokollieren wegen der Rsp des BGH, der für die Zuständigkeit der Rechtsmittelsenate auf inhaltliche Kriterien abstellt. Zur Beendigung eines zivilgerichtlichen Verfahrens durch einen Vergleich vor einem Verwaltungsgericht *OVG Münster* (→ Fn. 62). – A.M. *Pecher* ZZP 97 (1984), 147ff.

[175] Nur letzteres will *Pecher* (Fn. 174) 150 genügen lassen.

[176] A.M. *OLG München* → Fn. 44.

[177] → § 767 Rdnr. 17 Fn. 147, Rdnr. 20 vor § 704.

[178] Beides zusammen vermeidet § 767 mit Sicherheit → dort Rdnr. 42.

[179] Vgl. *OLG Stuttgart* MDR 1989, 1108: Kostenaufhebung im Vergleich umfasse nicht rechtskräftig entschiedene (str.).

[180] → auch Rdnr. 11–14. Über *Kosten* bei Einbeziehung anderweit rechtshängiger Ansprüche *Mümmler* Büro 1988, 703.

[181] Dazu *Baur* FS für Bötticher (1969), 1ff.

[182] Z.B. steuer- u. sozialversicherungsrechtliche *LAG Düsseldorf* MDR 1990, 1044. Zu allem *Schlosser* Einverständliches Parteihandeln (1968).

[183] → zu Auslegung u. Bestimmtheit Rdnr. 18 a.E., 26 ff. vor § 704, unten Rdnr. 86 sowie § 883 Rdnr.1a, § 887 Rdnr. 4, § 890 Rdnr. 9. Hält das Gericht anläßlich einer Feststellungsklage über die **Auslegung** des von den Parteien für wirksam gehaltenen Vergleichs (→ Rdnr. 31 vor § 704) diesen für unwirksam, so muß es die Parteien auf eine Fortsetzung des Rechtsstreits wie → Rdnr. 47 verweisen *VGH Bad-Württ* VBlBW 1991, 372f. (das aber trotzdem feststellte, daß derzeit, nämlich bis zu dem im fortzusetzenden Prozeß zu erwartenden Urteil, keine Leistungspflicht bestehe). Zur ZV eines Tauschgeschäfts *OLG Stuttgart* Justiz 1970, 49. *OVG Lüneburg* NJW 1980, 414: ZV einer vor dem Verwaltungsgericht übernommenen Pflicht zur Erteilung einer Baugenehmigung nach § 888. *OLG Frankfurt* Rpfleger 1980, 117 wendet § 888 Abs. 2 entsprechend an auf die Pflicht, einen Erbvertrag zu schließen. Zur ZV von Willenserklärungen → § 894 Rdnr. 4.

[184] → Rdnr. 47ff. vor § 704.

[185] → Rdnr. 83 a.E. In *BGH* (Fn. 94) war sie zufällig hilfreich, weil sonst die Auslegung des »Anerkenntnisses« als Zahlungspflicht auf Zweifel gestoßen wäre.

[186] → § 751 Rdnr. 1 Fn. 5; *LAG Hamm* NZA 1991, 941 (Kündigungsabfindung, auch wenn Arbeitsverhältnis zu späterem Termin endet).

geforderten Nachweise wie → § 797 Rdnr. 8[187]; das gehört nämlich mit zum »Inhalt« des Titels i. S. d. §§ 726 Abs. 1, 795. Erweiterung der Vollstreckbarkeit durch Vertrag scheidet aus → Rdnr. 69 a. E. *Vertragsstrafen* sind grundsätzlich nicht ohne Urteil vollstreckungsfähig; denn ob sie verwirkt sind, hängt von rechtlichen Bewertungen ab, für deren Feststellung das Klauselerteilungsverfahren nach §§ 726, 730 (und § 731) oder gar Erinnerungsverfahren (§ 766) nicht gedacht ist. Sie sind daher einzuklagen[188]. Wenn allerdings ausdrücklich bestimmt ist, daß dem Gläubiger die Nachweise der Zuwiderhandlung und des Verschuldens erlassen sind, ist die Vollstreckungsklausel zu erteilen, so daß der Schuldner die Nichtfälligkeit nach § 767 nachzuweisen hätte[189]. Wegen § 890 → dort Rdnr. 4, 12, über § 894 → dort Rdnr. 4.

Vergleiche bilden auch die Grundlagen des *Regelunterhalts* nach § 642c Nr. 1[190] und der *Kostenfestsetzung*[191], auch für Vollstreckungskosten[192] sowie miterledigte andere Verfahren[193]; dazu → noch Rdnr. 12, ferner § 98 Rdnr. 12 ff., § 103 Rdnr. 3 und wegen der Kosten in Familiensachen § 98 Rdnr. 5 f., 13. Der Vergleich ist ferner die Grundlage für *Eintragungen* in das *Grundbuch*, sofern er die dazu erforderliche Bewilligung enthält[194] und nicht nur die Verpflichtung zu ihrer Abgabe[195]. Wegen der *Auflassung* im Vergleich → Rdnr. 14, 28. Über hinterlegte Beträge → Rdnr. 31 a. E. 35

Gleichgültig für die Stellung als **Vollstreckungsgläubiger** ist, ob der Kläger, der Beklagte oder ein beim Vergleich mitwirkender Dritter eine *Verpflichtung* übernimmt[196]. **Dritte** können nach **h. M.** nur Vollstreckungsgläubiger werden, wenn sie an dem Vergleichsabschluß teilgenommen hatten. Daher empfiehlt sich ihre Mitwirkung[197]; andernfalls soll nach h. M. nur der Vergleichsgegner des Schuldners die Vollstreckungsklausel erhalten[198]. Diese Einschränkung leuchtet jedoch nicht ein, falls die Parteien dem Dritten ersichtlich[199] eigene 36

---

[187] *OLGe Celle* DNotZ 1969, 104; *Düsseldorf* DNotZ 1977, 414 = Rpfleger 67; *Stuttgart* NJW-RR 1986, 549; *KG* KGBl. 1919, 64; JW 1934, 1731; *LGe Bonn, Mannheim* Rpfleger 1968, 125; 1982, 72; *Bruns/Peters*³ § 9 I 3, h.M. – A.M. beiläufig *RGZ* 83, 340 (während *RGZ* 72, 26 f. die Frage offen ließ); *Rosenberg/Gaul*¹⁰ § 16 V 3; *Wieczorek*² Anm. E II (beide wie hier für vollstreckbare Urkunden).

[188] *OLGe Hamburg* MDR 1965, 584; *Hamm* MDR 1967, 42; *Oldenburg* NdsRpfl 1968, 64; *Köln* NJW 1969, 756; *Stuttgart* NJW 1969, 1305; *Baumbach/Hefermehl* Wettbewerbsrecht¹⁷ Einl. UWG Rdnr. 504. Vgl. auch zum Sachverhalt in *BGH* NJW 1960, 2332 sowie *BGH* NJW 1980, 1843.

[189] → § 726 Rdnr. 6 Fn. 50. Weitergehend *OLG Frankfurt* → § 726 Fn. 128, → auch dort Rdnr. 19 Fn. 128.

[190] → Rdnr. 75.

[191] Str. für Scheidungsverfahren (Reichweite der Dispositionsbefugnis?) → § 98 Rdnr. 13, bejahend *OLG Hamm* Rpfleger 1982, 481 f., verneinend *OLG Frankfurt* aaO 1984, 159. Zu Kosten → noch Rdnr. 12 u. Fn. 160.

[192] Soweit sie durch Vergleich bestätigte Ansprüche betreffen *OLG Bremen* (Fn. 169); → § 788 Rdnr. 33.

[193] → Fn. 44, 174, zum Verfahren § 103 Rdnr. 3 Fn. 16. Prozeßvergleiche, die auf den künftigen Ausgang eines *anderen* Verfahrens verweisen, sind keine Kostentitel, *KG* Rpfleger 1979, 388; 1980, 232. → auch Fn. 427. – Die Kosten der ZV gehören nicht hierher, *OLG Koblenz* MDR 1976, 584; *OLG Hamm* Büro 1977, 1456, → § 98 Rdnr. 15. – Vgl. auch *OLG Frankfurt* MDR 1979, 63 (→ Fn. 199 a.E.). Bei einem prozessual nichtigen Vergleich (→ Rdnr. 38, 47) hat das Gericht die Kostenfestsetzung

abzulehnen, *KG* Rpfleger 1973, 325. – → auch Rdnr. 40 mit Fn. 214.

[194] *OLG Dresden* SeuffArch 62 (1907), 343; *OLG Hamm* NJW 1968, 1242.

[195] → § 894 Rdnr. 1.

[196] *OLG Dresden* SächsAnn 18, 34; 20, 154; *OLG München* BlfRA 75, 754 f.; *OLG Köln* NJW 1961, 786 (dort unrichtig begründet, weil Dritter ohne Anwalt abschloß, → dagegen § 78 Rdnr. 18). Dritte müssen im Protokoll zweifelsfrei als Schuldner bezeichnet sein *OLG Hamm* Büro 1959, 475 = DGVZ 120, nicht nur im Rubrum erscheinen *OLG Köln* Rpfleger 1985, 305.

[197] Stets ohne Anwalt möglich → Rdnr. 23.

[198] *OLGe Stuttgart* Rpfleger 1979, 146[147] = Büro 773; *München, Celle* (8. Senat) NJW 1957, 1367; 1966, 1367 = JZ 28 (abl. *Jauernig*); *KG* NJW 1973, 2032 = Rpfleger 372 = DAVorm 690; *Zweibrücken* FamRZ 1979, 174; *Wolfsteiner* (Fn. 3) Rdnr. 50, 103; *Baumbach/Hartmann*⁵² Rdnr. 9; *Gerhardt* JZ 1969, 696 f. *Pecher* (Fn. 1) Rdnr. 48; *Gaul* (Fn. 3) § 10 II 3 b bb mwN; *Stöber* (Fn. 12) Rdnr. 6; wenn zum Beitritt vollkommene materielle Eindeutigkeit hinzutritt *Scheld* DGVZ 1983, 164 f. Undifferenziert abl. *BGH* DAVorm 1986, 167; MDR 1980, 41²⁸ = FamRZ 1979, 787.

[199] *Jauernig* (Fn. 198); etwa durch Bestätigung seines Rechts auf vollstreckbare Ausfertigung *im Vergleich*; dazu *OLG Frankfurt* OLGZ 1973, 47 = MDR 321 = Rpfleger 64 = Büro 156 (Unterhaltsvergleich vor Neuregelung durch § 1629 BGB, → Fn. 204). → auch Fn. 200. Daher erlaubt eine Kostenübernahme durch den Beklagten im Zweifel nicht die Festsetzung der Kosten eines Streithelfers, der beim Vergleich nicht mitwirkte *OLG Frankfurt* (Fn. 193).

Rechte verschaffen wollten[200], § 328 BGB[201]; warum sollte man Nr. 1 so auslegen, daß Schuldner *und* Kläger zusammen weniger vermögen als der Schuldner allein nach Nr. 5? Fehleinschätzungen des Urkundsbeamten bei Klauselerteilung sind angemessener nach § 576 zu klären als durch Klage (die dem Dritten nach Ablehnung der Klausel ohnehin bleibt). Davon zu unterscheiden ist freilich die Bestimmung eines Dritten lediglich als Leistungsempfänger[202], und erst recht bedeutet z. B. Leistung »für« Kinder noch nicht Leistung »an« sie[203]. Gemäß **§ 1629 Abs. 3 S. 2 BGB** zwischen Eltern abgeschlossene Prozeßvergleiche sind ohnehin im Zweifel so auszulegen wie Entscheidungen nach § 1629 Abs. 3 S. 1 BGB; das Kind kann dann erst durch Umschreibung entsprechend § 727 Vollstreckungsgläubiger werden[204].

37 Zum Verfahren auf Erteilung der *Klausel* und zur Geltendmachung von Einwendungen durch *Vollstreckungsgegenklage* → § 795 Rdnr. 2–5, 9, 13, § 726 Rdnr. 3 und unten Rdnr. 54; zur Klage auf Erfüllung trotz Vergleichs → Rdnr. 102. Bei offensichtlich prozessual nichtigen Vergleichen (→ Rdnr. 52) ist die Klausel zu verweigern[205]. Zur *Abänderung* eines Vergleichs über wiederkehrende Leistungen → § 323 Rdnr. 33, 49, 51, 53, in Familiensachen → Rdnr. 44, § 641 Rdnr. 2a, 3, § 641m Rdnr. 4–6, § 642c Rdnr. 2, § 643a Rdnr. 1f. → auch § 795 Rdnr. 11. Wegen nachträglicher *Klage auf Sicherheitsleistung* → 324 Rdnr. 2 a. E.

38 Zu den Voraussetzungen einer **Vollstreckung** des Vergleichs s. § 795[206]. *Mängel* des *Vergleichs* bewirken in der Vollstreckung folgendes: Nichtig ist eine Vollstreckungsmaßnahme dann, wenn der Vergleich sowohl nichtig als auch nicht wirksam vollstreckbar ausgefertigt ist[207]. Fehlt die Klausel, ist sie unwirksam oder ist sie für einen wegen prozessualer Mängel[208] offensichtlich unwirksamen Vergleich erteilt, so kann dies nach § 766 gerügt werden[209]. Gegenüber unwirksamen Klauseln[210] hilft jedoch § 732 besser als § 766[211]. Liegt eine äußerlich wirksame vollstreckbare Ausfertigung vor, so richten sich Rechtsbehelfe, die zur Einstellung der Vollstreckung führen können, nach dem geltendgemachten Grund, → Rdnr. 48ff. für prozessuale Unwirksamkeit, Rdnr. 54f. für materiellrechtliche Mängel, § 767 Rdnr. 11 für Gründe, die unter beide Kategorien fallen.

Wegen der Vollstreckung *deutscher* Prozeßvergleiche im **Ausland** s. die Abkommen, auf die → Rdnr. 25 verwiesen wird.

---

[200] *OLG Bamberg* FamRZ 1979, 1059; z.B. *OLG Hamburg* FamRZ 1985, 624 (Auslegung eines Vergleichs nach § 1629 Abs. 3 BGB, daß ab Rechtskraft des Scheidungsurteils nur die Kinder nach § 328 BGB Vollstreckungsgläubiger sein sollen); FamRZ 1981, 490 (Unterhaltsvergleich vor Gütestelle, bei dem Elternteil als gesetzlicher Vertreter auftrat); *Scheld* DGVZ 1983, 166 mwN. Dazu (nicht grundsätzlich abweichend) *OLG Frankfurt* OLGZ 1973, 47 = Rpfleger 64. Es handelt sich nicht um Titelumschreibung (so aber *Hanisch* NJW 1971, 1019) oder Umgehung der §§ 727ff., so aber *Gaul* (Fn. 198), sondern um Bestimmung des alleinigen und ursprünglichen ZV-Gläubigers, u. zwar nicht – wie z.B. *OLG München* entgegenhält – »durch privatrechtlichen Vertrag«, sondern durch Prozeßvergleich zwischen den Parteien.

[201] → auch § 724 Rdnr. 8a. Dies wird nicht verneint, sondern offengelassen von *BGH* FamRZ 1980, 342 = DAVorm 286: der Vergleichstext ergab nicht einmal ein eigenes materielles Forderungsrecht des Dritten; auch *BGH* Rpfleger 1982, 283 = DAV 443 ließ offen. **Wie hier** *OLGe Karlsruhe* (Fn. 43); *Celle* (4. Senat) MDR 1954, 746 = DGVZ 1964, 8; *Hamburg* (Fn. 200); *Nürnberg* FamRZ 1966, 379; *Baur* (Fn. 1) Rdnr. 20–22; *Stürner* (Fn. 50) Rdnr. 226; *Bonin* (Fn. 1) 155ff.; *Jauernig* JZ 1960, 10; 1967, 29; *Kion* NJW 1966, 2021; *G. Lüke* JuS 1973, 49; *Grunsky* (Fn. 20) § 11 III 1; *Bruns* ZPR² § 30 Rdnr. 162a; im Grundsatz wohl auch *Wieczorek²* Anm. C IV a 9.

Beim **echten Vertrag zugunsten Dritter** wird sogar im Zweifel anzunehmen sein, daß die doppelte Gläubigerschaft vollständig vollstreckungsrechtlich umgesetzt werden soll, so daß **beide** ZV-Gläubiger werden; a.M. *AG Augsburg* DGVZ 1992, 189f. (nur der Dritte).

[202] → § 724 Rdnr. 8a Fn. 55.
[203] *OLG Oldenburg* FamRZ 1990, 899.
[204] → § 617 Rdnr. 14f., § 620 Rdnr. 6, § 621 Rdnr. 20, § 641p Rdnr. 2, § 724 Rdnr. 8a Fn. 51, § 727 Rdnr. 30. Unterhaltsansprüche von zur Zeit des Vergleichabschlusses volljährigen Kindern oder vermögensrechtliche Regelungen außerhalb des Unterhalts fallen nicht unter § 1629 Abs. 3 BGB, allg. M. Hier gilt das → Fn. 196ff. Gesagte.
[205] → § 724 Rdnr. 12, Rdnr. 14 Fn. 98.
[206] Zur ZV verwaltungsgerichtlicher Vergleiche → Rdnr. 2 Fn. 13 vor § 704.
[207] → Rdnr. 129, 134 vor § 704.
[208] Näheres → Rdnr. 54 Fn. 302, Rdnr. 59 Fn. 346.
[209] → § 766 Rdnr. 13, insbesondere Fn. 67.
[210] → § 725 Rdnr. 11, § 726 Rdnr. 23f., § 727 Rdnr. 41.
[211] → § 732 Rdnr. 2 a.E.

c) Soweit Ansprüche durch Vergleich vollstreckbar sind, **verjähren** sie nach § 218 Abs. 1 39
BGB in 30 Jahren, auch wenn sie nicht zum Streitgegenstand des Prozesses gehörten[212].
Tarifliche Ausschlußfristen (Verfall) scheiden aus[213].

d) Wegen der **Kosten** → § 98 mit Bem.[214], zur Beteiligung Dritter → dort Rdnr. 11. Zur 40
Erledigung der Hauptsache durch Vergleich → § 91a Rdnr. 25. → auch § 269 Rdnr. 62.
Wegen der Gebühren des *Gerichts* s. § 11 Abs. 1 GKG mit KV Nr. 1202 nF[215] und zu einem
Vergleich, der über den Streitgegenstand hinausgeht, KV Nr. 1660 nF. Über *Anwaltsgebühren* s. §§ 23, 32 Abs. 2, 36 BRAGO. Über Gebührenstreitwerte → § 3 Rdnr. 62 »Vergleich«.
→ auch § 617 Rdnr. 16, § 620g. Zu Vollstreckungskosten → Rdnr. 35, § 788 Rdnr. 32.

4. Bei Vergleichen, die im **Verfahren über Arreste oder einstweilige Verfügungen** ge- 41
schlossen sind[216], ist zu unterscheiden, ob sie ganz oder teilweise der Beilegung *auch* des in
der *Hauptsache* bestehenden Streits dienen[217] oder *nur die Sicherung bzw. einstweilige
Regelung* bezwecken[218]. Die ersteren folgen durchweg den dargelegten Grundsätzen. Aber
auch durch den nur eine einstweilige Regelung treffenden Vergleich wird das Verfahren
beendet → Rdnr. 21 vor § 916.

Die Zeitschranken der §§ 926, 929 Abs. 2 gelten für den Vergleich weder unmittelbar noch entspre- 42
chend, ganz gleich ob er der Erledigung der Hauptsache dient[219] oder nur einer Sicherung, denn er ist
weder Arrest noch einstweilige Verfügung. Freilich können Fristen der in §§ 926, 929 Abs. 2 vorgesehenen Art im Vergleich gesetzt werden; ihre Nichteinhaltung wirkt aber dann nur wie eine auflösende
Bedingung[220]. Aus dem gleichen Grunde gelten auch die §§ 930ff. hier nicht[221]; die Parteien können
ähnliche Wirkungen erzielen durch Vollstreckungsvereinbarung im Vergleich, z.B. durch Ausschluß der
Pfandverwertung oder im Falle des § 867 der Zwangsversteigerung bis zur Erlangung eines Titels in der
Hauptsache[222].

Stellt sich wegen veränderter Verhältnisse die provisorische Vergleichsregelung als unzureichend 43
heraus, so kann trotz des Vergleichs der Antrag auf Arrest oder einstweilige Verfügung erneuert
werden[223]. Gründe, die bei gerichtlichen Entscheidungen unter § 927 fallen würden, können hier nach
§ 795 nur gemäß § 767 geltend gemacht werden, soweit die Auslegung des Vergleichs dies zuläßt; das
»Prozeßgericht« (→ § 795 Rdnr. 9) wird man in solchen Fällen entsprechend § 927 Abs. 2 bestimmen
müssen. Sachgerechter wäre es, § 927 insgesamt entsprechend anzuwenden[224].

Ähnliches muß für **Vergleiche in Verfahren gemäß § 620** gelten[225]: Regeln sie Unterhalt **auf Dauer**, so 44
sind sie – je nach Art der Begründung – gemäß § 323 Abs. 4 abzuändern[226] oder nach § 767 einzuschränken[227], was allerdings eine provisorische Erhöhung nach § 620 nicht ausschließt. – Nur wenn der
Vergleich eine **vorläufige**, als Ersatz für eine einstweilige Anordnung gedachte Regelung bezweckt, →
§ 620f. Rdnr. 1 a.E., kann er bei Änderung der maßgeblichen Umstände auf Antrag nach § 620b
vorläufig »aufgestockt«, aber auch in seiner Vollstreckbarkeit eingeschränkt werden[228]. Daß Vergleiche
in solchen Fällen ihre *materiellrechtliche* Wirkung schon durch die Änderung der Verhältnisse verlieren

---

[212] Zu §§ 211f. BGB beim abstrakten Prozeßvergleich (→ Rdnr. 6, 9); *Mende* (Fn. 1) 33f.
[213] *BAG* NJW 1982, 2208.
[214] Wegen § 344 s. *OLG München* Rpfleger 1979, 345 = MDR 1029; *OLG Düsseldorf* AnwBl 1980, 154 = Büro 135. Nach *BGH* VersR 1983, 981 beziehen sich Kostenvereinbarungen im Zweifel auch auf etwaige materiellrechtliche Kostenerstattungspflicht.
[215] Der Streit um Anwendung der Nrn.1006, 1012 KV aF (*Hartmann* Kostengesetze[25] Nr. 1012 KV aF Rdnr. 4 mwN) ist damit erledigt.
[216] → Rdnr. 18.
[217] → Rdnr. 29a.
[218] Beispiel: *BGH* 1982, 2072f. = JR 24f. (*Bergerfurth*). → Rdnr. 20 vor § 916, Rdnr. 19 vor § 935 (jeweils 20. Aufl.); vgl. *KG* Rpfleger 1978, 389, → dazu § 617 Rdnr. 9ff.
[219] Für diesen Fall wie hier *LG Bonn* ZZP 70 (1957), 373.

[220] → § 767 Rdnr. 17 Fn. 158 u. zur Zuständigkeit → Rdnr. 43.
[221] *LG München I* DNotZ 1951, 40 (keine Arresthypothek). S. auch RGZ 78, 332.
[222] → Rdnr. 99 vor § 704, § 766 Rdnr. 23ff.
[223] → Rdnr. 21 (20. Aufl.) vor § 916. Vgl. mit teilweise anderer Begründung *OLG Köln* JW 1930, 174 (Berufung auf § 927 war dort unnötig, weil Erhöhung beantragt war, *Jonas* aaO).
[224] Vgl. obiter *OLG Köln* (Fn. 223).
[225] Zur objektiven Vergleichsfähigkeit → Rdnr. 13.
[226] → § 620b Rdnr. 2b (str.).
[227] So auch obiter *OLG Hamburg* FamRZ 1980, 905; *AG Mönchengladbach* FamRZ 1981, 188 mwN. → auch zu einstweiligen Anordnungen § 795 Rdnr. 11a.
[228] → § 620b Rdnr. 2b Fn. 27ff.

können, darf nicht als Wegfall der Vollstreckbarkeit ohne gerichtliche Entscheidung mißverstanden werden, → auch Rdnr. 54. Wegen einstweiliger Einstellung in solchen Fällen → § 707 Rdnr. 18 und zur Geltendmachung der Unwirksamkeit solcher Vergleiche → Rdnr. 49, 60.

5. über Räumungsvergleiche mit **Ersatzraumklausel** → § 726 Rdnr. 12. Zu Räumungsfristen s. § 794a.

45   6. Vollstreckbar sind ferner Vergleiche, die gemäß Abs. 1 vor einer durch die Landesjustizverwaltung eingerichteten oder anerkannten **Gütestelle**[229] abgeschlossen oder im **Prozeßkostenhilfeverfahren** protokolliert sind[230], ebenso die vor gemeindlichen **Schiedsstellen** im Beitrittsgebiet protokollierten Vergleiche über vermögensrechtliche Ansprüche[231]. Auch hier ist die Einbeziehung Dritter zulässig. Zu vollstreckbaren Ausfertigungen und Rechtsbehelfen → § 795 Rdnr. 2, § 797a. Wegen der *Anwaltsgebühren* im Güteverfahren und für die Mitwirkung bei einem Vergleich s. § 65 BRAGO. Zum **Anwaltsvergleich** s. § 1044b mit Bem. → auch Rdnr. 100 Nr. 4.

46   7. Die ursprüngliche oder nachträgliche **Unwirksamkeit des Vergleichs** und ihre Folgen.

Die hier auftauchenden Fragen sind sowohl im dogmatischen Ansatz als auch im Ergebnis noch heute umstritten. Daß fast alle typischen Fälle schon höchstrichterlich entschieden sind, bietet dem Rechtsuchenden wenig Sicherheit, da sich widersprechende Entscheidungen, auf unsicherer Dogmatik aufbauende, oft wenig überzeugende und zuweilen in sich widerspruchsvolle Urteilsbegründungen sowie die zum Teil unkritische Übernahme mancher älterer Urteile, die auf heute verlassenen Grundanschauungen beruhen, weiterhin wenig Hoffnung auf eine Einheitlichkeit und Stetigkeit der Rechtsprechung übrig lassen[232]. Den Nachteil hat der Rechtsuchende, der oft erst in höherer Instanz, manchmal erst im zweiten Anlauf[233] erfährt, wie er es angeblich hätte besser machen sollen. Dabei handelt es sich überwiegend um bloße Fragen der Zweckmäßigkeit[234], und es scheint, daß hier selbst eine schlechte gesetzliche Regelung besser wäre als der jetzige Zustand.

47   a) Bei wesentlichen[235] **prozessualen**[236] **Mängeln** herrscht weitgehend Einigkeit darüber, daß sie die prozeßbeendigende Wirkung des Vergleichs verhindern[237], so daß der nach wie

---

[229] Zur Form → § 797a Rdnr. 2. Vgl. für Bayern Bek. vom 31.VII. 1984 (JMBl. 146), dazu *Bethke* NJW 1993, 2728; **Hamburg** VO vom 4.II. 1946 (VOBl 13) mit GebO vom 2.I. 1950 (VOBl 14 f.), dazu *OLG Hamburg* FamRZ 1984, 69; *Schumann* DRiZ 1970, 60; *Gerhardt* NJW 1981, 1543 (zu § 209 Abs. 2 Nr. 1a BGB); für **Lübeck** AV LJM vom 4.VIII. 1949 SchlHA 276u. vom 17. XII. 1952 SchlHA 1953, 9. → auch § 797a Rdnr. 11. Vergleiche vor dem Schiedsmann gehören nicht hierher, → dazu § 801 Rdnr. 2. De lege ferenda für eine Gleichstellung der Schlichtungsstellen *Schmidt-von Rhein* DGVZ 1984, 99 (so schon Bayern aaO, besetzt mit zum Richteramt befähigten Personen); s. auch *Schuster* in *Gottwald u.a.* Der Prozeßvergleich (1983), 109.

[230] → dazu § 118 Rdnr. 32–34, auch zu Gebühren.

[231] §§ 13, 31 des G über die Schiedsstellen in Gemeinden vom 13.IX. 1990 (GBl. DDR I 1527) i. V. m. Anl.II Kap.III Sachgebiet A Abschn.I Nr. 3 EinigV, das nach Art.9 EinigV als Landesrecht fortgilt. Dazu *F. Müller* DTZ 1992, 18. Fehlende Zuständigkeit (z.B. für arbeitsrechtliche Ansprüche, § 13 des G) u. Ausschließlichkeit der Schiedsperson, § 17 des G, stehen der Vollstreckbarkeit ebensowenig entgegen wie bei gerichtlichen Vergleichen → Rdnr. 16 Fn. 82, Rdnr. 26. Zur Erteilung der Vollstreckungsklausel → § 797a Rdnr. 11.

[232] Vgl. z.B. einerseits *BGH* JZ 1959, 252 = NJW 532; andererseits *BGHZ* 28, 171 = JZ 1959, 129 = NJW 1958, 1970 = MDR 915 = WM 1394 (zur Rechtshängigkeit bei nichtigem Vergleich); *BGHZ* 16, 388 = NJW 1955, 705 (ungleiche Behandlung von vertraglich vorbehaltenem und gesetzlichem Rücktritt u. dagegen *Lüke* JuS 1965, 485); überhaupt die verschiedene Beurteilung der Rücktrittsfolgen durch *BGH* aaO einerseits u. *BAG* (Fn. 18) andererseits. → auch zum Widerruf Rdnr. 16 f. – In der Lit. scheint sich eine Wende anzubahnen → Fn. 326, 352.

[233] Z.B. *OLG Dresden* SeuffArch 62 (1907), 482 (Anfechtung des Vergleichs im alten Verfahren; Revisionsgericht fordert neuen Prozeß, s. *RG* SeuffArch 61 (1906), 170; dort wird wegen Nichtigkeit des Vergleichs am Einrede der Rechtshängigkeit der ursprüngliche Klaganspruch als unzulässig abgewiesen, weil der alte Prozeß nicht beendet sei). Ähnlich *OLG Celle* NdsRpfl 1956, 14. → auch Fn. 304 sowie den Sachverhalt bei *OLG Schleswig* SchlHA 1979, 129. S. dazu noch *Lüke* (Fn. 232). – Pragmatisch *BAG* NJW 1974, 2151 → Fn. 261; *BGH* → Fn. 272.

[234] *BGH* WM 1956, 1184; *BAG* (Fn. 153).

[235] Vgl. *OLG Frankfurt* FamRZ 1980, 907 f. mwN; *KG* (Fn. 174) u. Rpfleger 1973, 325 (abl. *Vollkommer* aaO 269) zu Protokollierungsfehlern, teilweise überholt durch §§ 159 ff. nF. Vgl. aber auch *BAG* AP Nr. 20 (zu § 163a aF). Zur Protokollberichtigung → Rdnr. 30 Fn. 146.

[236] Beispiele → Rdnr. 52. – Sind zugleich materielle Mängel (→ Rdnr. 53 ff.) geltend gemacht, so entscheidet der prozessuale Aspekt, → Fn. 346.

[237] Heute h.M., z.B. *BGHZ* 16, 388 (Fn. 232); → 19. Aufl. Fn. 105 mwN. Im Ergebnis wie hier *Esser* 734ff.; *Bonin* 101ff. (beide Fn. 1), die allerdings die eindeutige Unterscheidbarkeit zwischen prozessualen und materiellen Mängeln bezweifeln.

vor rechtshängige Prozeß[238] vor der Instanz, in welcher der Vergleich geschlossen wurde[239], durch Anberaumung der mündlichen Verhandlung fortzusetzen ist, sobald eine Partei[240] dies beantragt[241], §§ 216, 214, 497, möglicherweise nach **einstweiliger Einstellung** der Vollstreckung aus dem Vergleich entsprechend § 707[242]. Die Partei muß nur geltend machen, der Vergleich sei unwirksam; eine schlüssige Begründung muß der zugleich gestellte Sachantrag noch nicht enthalten[243]. Jedoch genügt nicht die Behauptung, der *Gegner* bestreite zu Unrecht die Wirksamkeit[244]. Hat der Vergleich **mehrere Verfahren** miterledigt[245], so kann die Fortsetzung eines jeden beantragt[246] oder, falls jemand in einem neuen Verfahren Rechte aus dem Vergleich geltendmacht, in diesem die Wirksamkeit geklärt werden[247]. Ein nicht durch den Vergleich, sondern *durch rechtskräftiges Urteil erledigtes Verfahren* kann hingegen nicht fortgesetzt werden, gleichgültig in welchem Verfahren der Vergleich geschlossen wurde[248]. – Gegen die Ablehnung der Terminbestimmung ist Beschwerde gegeben, → § 567 Rdnr. 12 f. und zur Rechtslage bei Untätigkeit des Gerichts Rdnr. 20 vor § 567.

Stellt sich heraus, daß der *angebliche Mangel nicht vorhanden* ist, so ist durch ein der Rechtskraft fähiges Endurteil[249] klarzustellen, daß der Vergleich den Prozeß beendet hat[250]. Es hat also nach h. M. nicht etwa auf Abweisung der trotz Vergleichs weiterverfolgten Klage zu lauten[251], steht aber einem erneuten Antrag auf Fortsetzung des als beendet festgestellten

47a

---

[238] *RGZ* 106, 314, allg. M. Die Rechtshängigkeit bleibt bei nicht behebbaren prozessualen u. zur Nichtigkeit von Anfang an führenden Mängeln erhalten; sie tritt nicht erst durch Rüge des Mangels wieder ein, wie *BGH JZ* 1959, 252 (Fn. 232) u. *MDR* 1978, 1019[52] = *DB* 2314 meinten, ähnlich (erst mit Terminbestimmung) *Thomas/Putzo*[18] Rdnr. 36; *Hartmann* (Fn. 9) Rdnr. 35. – Allerdings kann die Rechtshängigkeit *trotz* Unwirksamkeit des Vergleichs beendet sein, z. B. wenn eine wegen des Vergleichs unterlassene Berufungsbegründung nicht rechtzeitig nachgeholt wird u. eine Wiedereinsetzung (§ 233) ausscheidet; *BGH NJW* 1969, 925 = *MDR* 460 (in *BGHZ* 51, 141 nicht mit abgedruckt) ließ selbst dann einen Feststellungsantrag im alten Verfahren zu, weil der Vergleichsbetrag über den des rechtskräftigen Urteils hinausging u. zu klären war, ob der Prozeß durch dieses oder durch den Vergleich beendet wurde. → auch Rdnr. 48 a. E.
[239] Die Besetzung des Gerichts muß nicht dieselbe sein, *BSG MDR* 1976, 524. → auch Fn. 269. – Zum **Scheidungsfolgenvergleich** nach rechtskräftiger Scheidung → § 617 Rdnr. 17 a. E., § 623 Rdnr. 18; a. M. *OLG Frankfurt NJW-RR* 1990, 138 = *FamRZ* 178 f.
[240] Sie muß prozeßfähig sein oder bei Erteilung der Prozeßvollmacht gewesen sein *BGHZ* 86, 186 = *NJW* 1983, 997 = *MDR* 388; a. M. *Hager ZZP* 1997 (1984), 174. **Nicht der Dritte** *Tempel* (Fn. 1) 541; *Wieczorek*[2] Anm. C IV b 1; vgl. auch *Henckel* (Fn. 1) mwN. Er wehrt sich bei prozessualer Unwirksamkeit nach § 732 → Rdnr. 48, andernfalls nach § 767 *BGHZ* 86, 164 = *NJW* 1983, 1433; *Pecher* (Fn. 62) Rdnr. 48.
[241] Nicht von Amts wegen *BGHZ* 86, 186 = *NJW* 1983, 997 = *MDR* 388. Anträge auf »Klagabweisung« können so aufgefaßt werden, *LAG BB* 1980, 943; → auch Fn. 243.
[242] → dort Rdnr. 28; *BGH NJW* 1971, 468[6]; *Rosenberg/Gaul*[10] § 11 IV 3 c mwN.
[243] *Bernhardt JR* 1967, 5; *Pecher* (Fn. 174) 151; *OLG Köln MDR* 1968, 332 (L, zugleich zur Umdeutung eines »Einspruchs« beim LG gegen einen vom AG geschlossenen Vergleich in den Antrag auf Terminbestimmung) – A. M. *Bonin* (Fn. 1) 109 f.; *OLG Frankfurt MDR* 1975, 584.
[244] *OLG Frankfurt* (Fn. 243); *Thomas/Putzo*[18] Rdnr. 37. Dann kann aber der Gläubiger auf Feststellung der Wirksamkeit klagen *Rosenberg/Gottwald*[15] § 131 IV 1b, → Rdnr. 102; denn in der Regel bestreitet der Gegner mit der Wirksamkeit auch die Vollstreckbarkeit; a. M. *Thomas/Putzo* aaO.
[245] → Rdnr. 32 d.
[246] *BAG MDR* 1982, 526[135] = *ZZP* 97 (1984), 213 f. Anträge nach § 256 Abs. 2 wie → Rdnr. 50 dürfen freilich wegen § 261 Abs. 3 Nr. 1 nur einmal gestellt werden.
[247] *BGH NJW* 1983, 2034 f. = *ZIP* 860; *BAG* (Fn. 246).
[248] Insoweit zutreffend *OLG Frankfurt NJW-RR* 1990, 138 = *FamRZ* 178 f. zum Vergleich über bisher noch nicht anhängige Folgesachen, → aber § 617 Rdnr. 10.
[249] *Schumann* zu *BAG AP* Nr. 17. Nach *BGHZ* 79, 74 = *JZ* 1981, 200 = *NJW* 823 soll nach Rechtskraft eines solchen Urteils die materiellrechtliche Unwirksamkeit des Vergleichs nicht mehr aufgrund der im fortgesetzten Verfahren vorgetragenen Tatsachen geltend gemacht werden können. Dort wurde aber erneut geklagt u. das LG hatte nur die *Erledigung*, nicht die Wirksamkeit des Vergleichs rechtskräftig festgestellt *Pecher* (Fn. 174) 159 f., zust. *Gerhardt ZZP* 103 (1990), 130; → dazu Rdnr. 50 Fn. 278.
[250] *BGH WM* 1985, 673. Nur das muß der Tenor zum Ausdruck bringen (vgl. auch *LAG Düsseldorf DB* 1962, 940), also entweder »der Rechtsstreit ist durch den Vergleich erledigt«, *BGHZ* 46, 278 = *NJW* 1967, 441; *OLG Düsseldorf* als Vorinstanz zu *BGH WM* 1990, 1752; *Thomas/Putzo*[18] Rdnr. 39; *Bonin* (Fn. 1) 110, oder »die Fortsetzung des Verfahrens ist unzulässig«; *Lehmann* (Fn. 1) 242 u.a.m. (s. *Bonin* aaO); die Formulierung, der »Antrag auf Fortsetzung des Verfahrens sei als unzulässig zurückzuweisen«, so *Pohle AP* Nr. 7 a. E. oder die Klage sei als unzulässig abzuweisen, so *Wolfsteiner* (Fn. 3) Rdnr. 85, macht wohl nicht genügend deutlich, daß die Überprüfung im alten Verfahren als solche zulässig war, *Pecher* (Fn. 174) 159. Instruktiv zur Einordnung des »Prozeßfortsetzungsverbots« in die Prozeßhindernisse oder die Begründetheit *J. Blomeyer* zu *BAG AP* Nr. 21.
[251] *BGHZ* 46, 278 (Fn. 250). – A.M. *v. Mettenheim* (Fn. 4) 139 f.; *Pecher* (Fn. 174) 154 ff. (Sachurteil über ursprünglichen Klaganspruch je nach Anträgen, was für manche Prozeßlagen angemessen sein mag); *Wolfsteiner* → Fn. 250.

§ 794 II   Erster Abschnitt: Allgemeine Vorschriften

Prozesses[252] entgegen. Zusätzlich entstandene *Verfahrenskosten*[253] trägt die Partei, die sich erfolglos auf die Unwirksamkeit berufen hat; denn insoweit wird § 91 nicht durch § 98 oder die im Vergleich enthaltene Kostenregelung verdrängt[254]. War ein Sachurteil ergangen, etwa weil der Vergleich zu Unrecht für unwirksam gehalten wurde, so ist es auf Rechtsmittel aufzuheben[255].

48   Ist der Vergleich jedoch wegen des geltend gemachten prozessualen Mangels *unwirksam*, so muß in der Sache entschieden werden[256], unter Umständen nach Erlaß eines Zwischenurteils gemäß § 303[257], das die Unwirksamkeit des Vergleichs und damit den Fortbestand der Rechtshängigkeit bejaht, aber nur in diesem Verfahren Bindungswirkung entfaltet, § 318; → noch Rdnr. 50. Daneben kann jeder Vergleichsschuldner nach § 732 rügen, daß die Erteilung der Vollstreckungsklausel wegen prozessualer Nichtigkeit des Vergleichs unzulässig sei[258]. Eine im Vergleich unnötigerweise erklärte, zusätzliche Klagerücknahme hat jedoch keine selbständige Bedeutung und unterliegt daher dem Schicksal des Vergleichs[259]. Nur eine selbständige Klagerücknahme bleibt trotz Unwirksamkeit des Vergleichs bestehen[260].

48a   Verfolgt der Kläger seinen *ursprünglichen* Klagantrag in einem neuen Prozeß, so steht die von Amts wegen zu beachtende Rechtshängigkeit des durch den Vergleich nur scheinbar erledigten Verfahrens entgegen[261]. Anders bei Ansprüchen, die dort *nicht rechtshängig* waren[262]: Diese und aufgrund des Vergleichs erbrachten oder beigetriebenen[263] Leistungen können stets durch erneute Klage zurückgefordert werden[264], und ein Streit um Rechte oder Pflichten Dritter ist (vorbehaltlich der §§ 732, 767 für Schuldner) ebenso auszutragen[265]. Dabei ist die behauptete Unwirksamkeit des Vergleichs genauso incidenter zu prüfen[266] wie etwa bei Klagen auf Abgabe der im Vergleich nur versprochenen Willenserklärungen[267] oder bei dinglichen Klagen aufgrund des für die Vergleichsforderung bestellten Grundpfandrechts[268].

Von dieser Befugnis zur neuen Klage über bisher nicht rechtshängige Vergleichsgegenstände muß aber nicht Gebrauch gemacht werden; die Parteien können stattdessen auch die Wirksamkeit des Vergleichs insgesamt in Fortsetzung des alten Verfahrens überprüfen lassen[269].

---

[252] Nur dieses, nicht eines anderen Prozesses, in dem der Vergleich als unwirksam angegriffen wird → Fn. 249 gegen BGH aaO; anders nur bei Widerklage → Rdnr. 50 Fn. 275.

[253] → auch Fn. 324.

[254] *Thomas/Putzo*[18] Rdnr. 40; *Stöber* (Fn. 12) Rdnr. 15a. – Dem Anwalt entsteht eine weitere Gebühr nur für durch den Vergleich neu eingebrachte Streitwerte, OLG Hamm Büro 1980, 1027 = AnwBl 155 mwN; OLG Schleswig SchlHA 1976, 15; OLG Koblenz NJW 1978, 2399f. mwN, → auch Fn. 257, 324. – A.M. *Tempel* (Fn. 1) 585 mwN.

[255] OLG Hamm NJW 1992, 1706, auch wenn man das Urteil analog § 269 Abs. 3 trotz des Wortlauts (»bereits«) für unwirksam hält OLG Stuttgart (Fn. 167), was OLG Hamm aaO verneint mwN auch zur Gegenansicht.

[256] *Pecher* (Fn. 174) 151, 156, 161.

[257] → § 303 Rdnr. 5 (20. Aufl.Fn. 14); BGH NJW 1965, 2147 (zugleich zur Kostenfrage), auch in der Revisionsinstanz; BGH BB 1957, 624 = WM 851; BAG AP Nr. 8; *Rosenberg/Gottwald*[15] § 131 IV 1b. → auch Rdnr. 50 und bei Zweifeln, welche Entscheidung das Gericht erlassen wollte, BAG NJW 1967, 647.

[258] BGHZ 15, 190 = NJW 1955, 182; LM Nr. 5 zu § 1542 RVO; LG Köln (Fn. 129); *Roth* JZ 1987, 902. → § 724 Rdnr. 12, Rdnr. 14 a.E.; ferner unten Rdnr. 62 sowie Fn. 402, § 732 Rdnr. 2, § 767 Rdnr. 11, § 795 Rdnr. 4; § 766 Rdnr. 13.

[259] OLG Breslau OLGRsp 25, 161; *Arens* (Fn. 1) 115f.; *Pecher* (Fn. 1) Rdnr. 51. → dazu Rdnr. 31. – A.M. *Jessen* (Fn. 19); *Wieczorek*[2] Anm. C IV e.

[260] → Fn. 32 a.E. Die h.M., s. bei *Arens* (Fn. 259), läßt diese Differenzierung vermissen. – Eine Sondermeinung vertritt *Mende* (Fn. 1) 61ff.

[261] RGZ 106, 314; BGH (Fn. 249), anders frühere Urteile s. BGH (Fn. 241) mwN; OLG Dresden (Fn. 233); *Pecher* (Fn. 1) Rdnr. 62 Fn. 244; anders BAG NJW 1974, 2151 (es ließ neue Klage zu, weil beide Vorinstanzen die Rechtshängigkeit nicht geprüft hatten); *Henckel* (Fn. 1) 91. – Es handelt sich also nicht um RechtsschutzB, so wäre (bei Geltendmachung materieller Mängel) BSG NJW 1958, 1463 = MDR 801; OLG München ZBlJR 1954, 210; OLG Düsseldorf NJW 1958, 1354. Unklar BAG AP Nr. 10 (*Pohle*) = JZ 1961, 452. Zum Fortbestand der Rechtshängigkeit wegen **materieller** Mängel → Rdnr. 56.

[262] BGHZ 87, 231 = NJW 1983, 2035 = ZIP 860; OLG Frankfurt (Fn. 248).

[263] *Pecher* (Fn. 62) Rdnr. 63. § 717 Abs. 2 gilt hier nicht entsprechend, → dort Fn. 323.

[264] OLG Frankfurt (Fn. 262), vgl. auch OLG Köln NJW 1994, 3226f.

[265] *Bonin* (Fn. 1) 111ff.; *Pecher* (Fn. 1) Rdnr. 63; *Henckel* (Fn. 1) 91.

[266] BGH (Fn. 262) 232.

[267] → § 894 Rdnr. 1.

[268] Vgl. RGZ 37, 417; *Bonin* (Fn. 1) 114.

[269] BGH LM Nr. 21 = MDR 1974, 567 (Antrag nach § 280 aF = § 256 Abs. 2).

Wird die Unwirksamkeit eines Vergleichs geltend gemacht, der in einem **Arrestverfahren**, einem 49
Verfahren auf Erlaß einer **einstweiligen** Verfügung (§§ 916ff.) oder **einstweiligen Anordnung** gemäß
§§ 620ff., abgeschlossen war (→ Rdnr. 41ff.), so hat dies, wenn der Vergleich lediglich die erstrebte
Sicherung oder **einstweilige** Regelung betrifft, im bisherigen Verfahren zu geschehen mit dem Ziel, daß
nunmehr der Arrestbefehl, die einstweilige Verfügung oder die einstweilige Anordnung erlassen oder
aber der Antrag zurückgewiesen wird. Reicht jedoch der Vergleichsinhalt über den Gegenstand eines
solchen Verfahrens hinaus, regelt er also die Hauptsache oder sonstige Parteibeziehungen **endgültig**, so
kann darüber nur im ordentlichen Verfahren nach Klagerhebung entschieden werden[270]. Wegen veränderter Verhältnisse → Rdnr. 43f. Auch bei Prozeßvergleichen in den übrigen → Rdnr. 18f. genannten, besonderen Verfahrensarten wird man entsprechende Unterscheidungen treffen und es der Rechtsprechung überlassen müssen, sachgerechte Verfahrensweisen zu entwickeln. So wird z.B. die angebliche Unwirksamkeit eines im Strafverfahren geschlossenen Vergleichs nur in einem neuen Zivilprozeß geklärt werden dürfen[271].

Ob angesichts der Rechtshängigkeit des alten Verfahrens für eine selbständige **Feststellungsklage** Raum ist, kann nur aufgrund der Umstände des Einzelfalles entschieden werden[272]. In der Regel wird das in § 256 Abs. 1 vorausgesetzte Interesse wohl fehlen[273]. Eine Feststellung nach **§ 256 Abs. 2**[274], auch als Widerklage[275], ist jedoch zulässig, wenn die Wirksamkeit des Vergleichs ohnehin zu prüfen ist[276]. Ihr Vorteil gegenüber dem Zwischenurteil (→ Rdnr. 48) oder einer nur incidenter zu treffenden Entscheidung[277] liegt in ihrer Rechtskraftfähigkeit[278]; und sie schützt – neben § 148[279] – vor divergierenden Entscheidungen, falls der Vergleich *mehrere Verfahren* zugleich beenden sollte[280] und diese zur Klärung der Wirksamkeit nebeneinander fortgesetzt werden[281]. Soweit in der Revisionsinstanz neue Anträge ausgeschlossen sind, darf das Interesse der Parteien, vom Gegenstand des alten Prozesses nicht unmittelbar erfaßte Streitfragen im Wege einer neuen Klage zu klären, schon gar nicht verneint werden; insoweit steht auch die Rechtshängigkeit des alten Prozesses nicht entgegen[282]. Über Klagen aus den im Vergleich vereinbarten Rechten → auch Rdnr. 102. Im übrigen kann (auch wegen fehlerhafter Beurkundung des Vergleichs) ein Anspruch aus Amtshaftung in Frage kommen[283]. 50

Zur nachträglichen Beseitigung oder *Heilung* prozessualer Mängel → Rdnr. 30 (Berichtigung) und § 295 mit Bem., besonders Rdnr. 9. Durch Verzicht nach § 295 Abs. 1 sind hier *Formmängel* ebensowenig heilbar[284] wie bei Urteilen[285]. An der Ungültigkeit des Vergleichs als Vollstreckungstitel ändert auch jahrelange Erfüllung durch die Parteien nichts[286]. Er kann auch nicht als Urkunde nach Nr. 5 aufrechterhalten werden[287]. Ob Verfahrensmängel auch 51

---

[270] → Rdnr. 20 vor § 916, Rdnr. 19 vor § 935, § 617 Rdnr. 17, § 620a Rdnr. 8, ferner § 620b Rdnr. 2 a.E. OLGe Hamm MDR 1980, 1019 mwN; *Köln* OLGZ 1972, 42.
[271] *Wieczorek*² Anm. C IV e 6.
[272] *BGH* WM 1956, 1185 ließ Klage auf Feststellung der Unwirksamkeit wegen Geschäftsunfähigkeit zu u. schützte so das Vertrauen des Klägers auf *RGZ* 141, 104 u. die Zulassung durch beide Vorinstanzen (allerdings hatte die 2. Instanz den Mangel verneint u. BGH verwies nur wegen Verstoßes gegen § 139 zurück); vgl. auch *BAG* NJW 1974, 2151 (→ Fn. 261).
[273] Vgl. zur negativen Feststellungsklage gegenüber Leistungsklage *BGH* NJW 1973, 1500; *Rosenberg/Gottwald*¹⁵ § 131 IV 1b meinen wohl mit »Rechtsschutzinteresse« dieses Feststellungsinteresse; → auch Fn. 673. Vgl. aber auch *Pecher* (Fn. 174) 170.
[274] Auch der Wirksamkeit *OLG Frankfurt* MDR 1975, 584, → Fn. 249, 278; a.M. *Hartmann* (Fn. 9) Rdnr. 39.
[275] *BGH* (Fn. 269).
[276] *BAG* (Fn. 246).
[277] Besonders in den Fällen → Fn. 263 bis 268.
[278] Die im Falle *BGHZ* 79, 74 gerade fehlte → Fn. 249. Zur Wirkung → Fn. 308.
[279] Ob die zu erwartende Entscheidung eine rechtskraftfähige sein muß → § 148 Rdnr. 22, ist hier unerheblich, weil mit einer solchen in jedem der Verfahren gerechnet werden muß, → Rdnr. 47f.
[280] → Rdnr. 47 Fn. 245f.
[281] *Pecher* (Fn. 1) Rdnr. 67 a.E.
[282] Vgl. die von *Zeuner* in AP Nr. 8 erwähnten Fälle; ferner *Wieczorek*² Anm. C IV d 1; → auch Rdnr. 48a zu Fn. 268; s. aber *BGHZ* 51, 141 (Fn. 238) u. *BGH* → Fn. 322.
[283] *RGZ* 129, 37 (42ff.).
[284] H.M. *OLG Frankfurt* (Fn. 145 a.A.); *OLG Oldenburg* MDR 1958, 850; *LG Braunschweig* MDR 1975, 322; *LG Köln* (Fn. 129).
[285] → § 295 Rdnr. 16, auch oben Rdnr. 22.
[286] *OLG Nürnberg* MDR 1960, 931 = Büro 544; *Rosenberg/Schwab*¹⁴ § 132 IV 1; *Grunsky* Anm. AP Nr. 18; *Reinicke* NJW 1970, 306; *Thomas/Putzo*¹⁸ Rdnr. 34. – A.M. *BAG* AP Nr. 18 = NJW 1970, 349; *OLG Köln* HEZ 2, 294.
[287] → Fn. 482.

zur *Nichtigkeit der materiellrechtlichen Abreden* führen, hängt davon ab, inwieweit die Parteien für diesen Fall den Vergleich als außergerichtlichen[288] hätten gelten lassen *wollen* (vgl. auch § 140 BGB). Dies kann nur durch Auslegung, nicht durch dogmatische Erwägungen wie → Rdnr. 6, 58 ff. ermittelt werden[289]. Auch die Frage, ob in Zweifelsfällen die §§ 139 f. BGB maßgebend sind, wird praktisch überspielt durch die oft zum gleichen Ergebnis führende Erwägung, daß gewöhnlich der Beklagte nicht ohne den Vorteil der Prozeßbeendigung (Rechtsmittelkosten!), der Kläger nicht ohne den der Vollstreckbarkeit nachgegeben hätte[290], da er sonst weiter prozessieren müßte. Freilich kann auch die Aufrechterhaltung gewollt sein, z. B. wenn der Vergleich ohnehin keinen vollstreckbaren Inhalt gehabt hätte, etwa wegen nicht ausreichender Bestimmtheit der Pflichten[291], oder wenn die materielle Regelung ersichtlich den Vorrang hatte vor einer Titulierung[292]. → auch Rdnr. 10a zum Parallelproblem, daß ein verabredeter Vergleich erst gar nicht zur Protokollierung kommt.

52   **Einzelfälle** der den Vergleich unmittelbar als Prozeßhandlung treffenden Mängel: Fehlen der Partei- oder Prozeßfähigkeit[293], der anwaltlichen Vertretung[294] oder Prozeßvollmacht, wenn auch die Genehmigung nach § 89 ausbleibt[295], unterlassene oder mangelhafte Protokollierung[296], Verweigerung der erforderlichen devisenrechtlichen Genehmigung[297], der vormundschaftsgerichtlichen Genehmigung, § 54 Rdnr. 3; nach der → Fn. 89 abgelehnten Meinung auch der Abschluß eines Vergleichs im Anschluß an den Rechtsmittelverzicht. Ferner gehören hierher die Fälle, in denen ein Prozeßvergleich nach § 794 Abs. 1 Nr. 1 begrifflich nicht vorliegt[298], wozu nach der → Fn. 31 a. E. genannten Gegenmeinung auch der sogenannte »abstrakte Prozeßbeendigungsvertrag« zählen würde. Wegen des Widerrufs → Rdnr. 61.

53   b) **Materiellrechtliche Mängel** wirken sich zunächst auf die im Vergleich enthaltene sachliche Regelung aus[299]. Ob sie auch die → Rdnr. 31, 34 genannten *prozeßrechtlichen Wirkungen* beeinträchtigen und auf welchem Wege solche Folgen geltend zu machen sind, ist umstritten.

54   aa) Wie bei allen anderen Vollstreckungstiteln kann hier weder das ursprüngliche Fehlen des materiellen Anspruchs noch sein nachträglicher Wegfall die dem Vergleich nach § 794 Abs. 1 Nr. 1 zukommende **Vollstreckbarkeit** beeinträchtigen[300]. Sie muß ihm grundsätzlich durch ein Urteil nach §§ 795, 767 genommen werden[301]; § 732 scheidet hier aus, falls nicht zugleich prozessuale Unwirksamkeit vorliegt[302]. Daher darf dem Schuldner eines prozessual ordnungsgemäß zustandegekommenen Vergleichs[303] die *Vollstreckungsgegenklage* nicht mit

---

[288] → dazu Rdnr. 68 ff.
[289] *BGH* NJW 1985, 1963 = MDR 392 (dort bejaht); *BVerwG* NJW 1994, 2307.
[290] Zust. *BGH* (Fn. 289); vgl. auch *OLG Schleswig* (Fn. 36); *BVerwG* (Fn. 289). Daher keine Vermutung dafür *Pecher* (Fn. 1) Rdnr. 60. – *BAG* (Fn. 129); *BAGE* 9, 172 = NJW 1973, 918 (im Ergebnis sicher richtig, s. Anm. *J. Blomeyer*) = BB 802; *OVG Münster* VerwRsp 1978, 376 (379 f.); NJW 1975, 949; *Reinicke* NJW 1970, 308 nehmen grundsätzlich gültigen außergerichtlichen Vergleich an. – Differenzierend nach den einzelnen Unwirksamkeitsgründen *Tempel* (Fn. 1) 524 ff.
[291] → Rdnr. 25 ff. vor § 704.
[292] So im Falle *BGH* (Fn. 289).
[293] *BGH* (Fn. 241); → Rdnr. 21. Nicht Geistesstörung der anwaltlich vertretenen Partei *LG Schweinfurt* MDR 1983, 64.
[294] → § 78 Rdnr. 16 Fn. 64 u. Rdnr. 17.
[295] *BGHZ* 16, 388 = NJW 1955, 705; vgl. auch *OLG Hamm* JMBlNRW 1956, 18 (dort bejaht wegen § 86); s. ferner § 83 Abs. 1. – Zur Anscheinsvollmacht *BGH* MDR 1970, 41. S. noch *OLG Braunschweig* OLGZ 1975, 441 (entspr.Anw. des § 166 Abs. 2 BGB auf die Prozeßvollmacht zum Vergleich im Fall des § 105 Abs. 2 BGB).

[296] → auch Fn. 235, 292 f. u. die Bem. zu §§ 159 ff., andererseits oben Rdnr. 30.
[297] → Rdnr. 2, § 54 Rdnr. 3; *BGHZ* 16, 388 (Fn. 295); *BGH* BB 1957, 624 = WM 851. – A.M. *Rosenberg/Gottwald*[15] § 1312 IV 1 a = materieller Mangel; er ist aber nach Wortlaut u. Sinn des § 32 AWG zumindest *auch* ein prozessualer (→ Fn. 346), wenn er schon zur Versagung der Klausel führt, Rdnr. 58 vor § 704, § 724 Rdnr. 12.
[298] → dazu Rdnr. 29.
[299] Z.B. Verstoß gegen § 925 Abs. 2 BGB *BGH* (Fn. 69). Abw. für Willensmängel *Hartmann* (Fn. 9) Rdnr. 36: nur Nichtigkeit nach § 138 BGB u. Prozeßbetrug (dagegen → Fn. 17).
[300] *LAG Frankfurt* NJW 1970, 1703 (zu 2); *Henckel* (Fn. 1) 87 f.; *Pecher* (Fn. 1) Rdnr. 61; dazu *Münzberg* AP Nr. 16[5]; vgl. auch *OVG Münster* NJW 1978, 1174.
[301] Dabei können auch nicht vollstreckbare Vergleichsteile, z. B. Ausgleichsklauseln, mit ausgelegt werden → Rdnr. 31 Fn. 173 vor § 704.
[302] → Rdnr. 48, § 732 Rdnr. 3; *Henckel* (Fn. 300).
[303] Wegen prozessualer Unwirksamkeit → § 767 Rdnr. 11.

der Begründung versagt werden, er könne statt dessen den alten Rechtsstreit fortsetzen[304], zumal § 767 Abs. 2 hier nicht gilt → § 795 Rdnr. 13. Erst recht gilt dies für den Einwand, der Anspruch sei bei Vergleichsschluß schon abgetreten gewesen, da dies nicht einmal zur materiellen Unwirksamkeit des Vergleichs führt und auch ein Wegfall der Geschäftsgrundlage ausscheidet, wenn der Gläubiger selbst den Anspruch abgetreten hatte. Wehren sich Vergleichsschuldner unter Berufung auf materielle Unwirksamkeit gegen noch nicht erfüllte Vergleichspflichten, die im alten Prozeß nicht rechtshängig waren, so ist § 767 auch einer Feststellungsklage vorzuziehen[305], obwohl ein Feststellungsinteresse wohl nicht zu leugnen wäre. Wer allerdings mit der h.M. für die *entsprechende Anwendung der §§ 707, 719 im fortgesetzten Rechtsstreit* eintritt[306], muß erst recht einem rechtskraftfähigen Urteil, das die Unwirksamkeit des Vergleichs feststellt[307], auch eine dem § 775 Nr. 1 entsprechende Wirkung beilegen[308]. Ähnlich wie im Falle der Berufung[309] entfällt daher das Rechtsschutzinteresse für eine Vollstreckungsgegenklage erst, wenn eine Partei bereits zulässigerweise den Antrag auf Fortsetzung des durch den Vergleich zunächst abgeschlossenen Verfahrens gestellt[310] oder eine Klage auf Feststellung der Unwirksamkeit des Vergleichs erhoben hat[311].

Ein anhängiger Rechtsstreit, in dem über die Wirksamkeit des Vergleichs **nur incidenter,** also nicht rechtskraftfähig entschieden wird (etwa eine Klage auf Rückgewähr der Vergleichsleistung), schließt eine Vollstreckungsgegenklage nicht aus; ebenso, wenn der Vergleich nur in einem Zwischenurteil[312] oder in einem späteren Prozeßvergleich[313] oder sogar nur außergerichtlichen Vertrag für unwirksam erklärt wird[314]. 55

bb) Die **Rechtshängigkeit** des Verfahrens, das durch den Vergleich[315] abgeschlossen werden sollte, besteht ebenso wie bei prozessualen Mängeln[316] nach heute[317] h.M. fort, wenn der 56

---

[304] *LG Heidelberg* WuM 1992, 31 (Wegfall des Eigenbedarfs). – A.M. *BGH* NJW 1971, 467 = ZZP 85 (1972) 96 (abl. *Kühne*); *OLGe Celle* NJW 1950, 915; *Düsseldorf* NJW 1966, 2367; *Hamburg* NJW 1975, 225; *Rosenberg/Gottwald*[15] § 131 IV 1b; *Baumbach/Hartmann*[52] § 767 Rdnr. 10; aber zur Beseitigung der Vollstreckbarkeit besteht immer ein RechtsschutzB, eben weil sie wegen nur materieller Mängel nicht von selbst entfallen kann → Fn. 300, u. z.B. bei arglistiger Täuschung wäre es befremdlich, wenn § 826 BGB durch Klage nach § 767 (so *BGH* FamRZ 1969, 476 mwN), § 123 BGB aber nur im alten Verfahren geltend zu machen wäre. Differenzierend *OLGe Köln* JW 1930, 175 u. *München* MDR 1956, 237. – Wie hier früher *BGH* NJW 1953, 345[7] = MDR 156 mwN; *OLGe München* HRR 1937 Nr. 412; *Köln* (als 2. Instanz in *BGH* NJW 1981, 347 = FamRZ 19); *Kühne* NJW 1967, 1115; *Baur/Stürner*[11] Rdnr. 228; *Rosenberg/Gaul*[10] § 13 II 1c; *Henckel* (Fn. 1) 93; *Pecher* (Fn. 1) Rdnr. 68 mwN; *Bonin* (Fn. 1) 112f. mwN. – Der *BGH* läßt die Klage zu, falls außer der Nichtigkeit des Vergleichs auch der nachträgliche Wegfall eines Vergleichsanspruchs geltend gemacht wird NJW 1967, 2014 = MDR 1968, 43 = JR 59, u. in den Fällen → Fn. 301. Zum Vergleich im Scheidungsverfahren s. *OLG Karlsruhe* FamRZ 1981, 786 f.
[305] A.M. *Rosenberg/Gottwald*[15] § 131 IV 1 b a. E.
[306] BGHZ 28, 171 = NJW 1958, 1971; LM Nr. 37 zu § 767; obiter *OLG Frankfurt* (Fn. 183); richtigerweise nur, wenn zugleich Anträge nach § 256 Abs. 2 gestellt werden → Fn. 307 f. mit § 727 Rdnr. 27; *Pecher* (Fn. 174) 165. – Vgl. ferner § 1044a Abs. 3.
[307] Nicht Urteilen nach § 303 → Rdnr. 48; sie binden nur das Gericht im Prozeß, § 318, der Vergleich wird nicht Streitgegenstand → § 303 Rdnr. 1, 7, also auch nicht Gegenstand rechtskräftiger Feststellung → § 322 Rdnr. 58; *Pecher* (Fn. 174) 165.
[308] → § 707 Rdnr. 27, also in den Fällen § 256 Abs. 1 oder im Fortsetzungsprozeß § 256 Abs. 2 → § 775 Rdnr. 8; *BGH* (Fn. 269): es schaffe den Vergleich als Titel »aus der Welt«. Eine formelle »Aufhebung« kommt freilich ebensowenig in Betracht wie bei vollstreckbaren Urkunden. Dazu *Lehmann* (Fn. 1) 231; *LAG Frankfurt* (Fn. 300); *Henckel* (Fn. 1) 93; *Pecher* (Fn. 1) Rdnr. 59.
[309] → § 767 Rdnr. 41.
[310] *OLG Zweibrücken* OLGZ 1970, 185; *Pecher* (Fn. 1) Rdnr. 68.
[311] *Pecher* (Fn. 174) 166.
[312] → Fn. 307.
[313] A.M. *BAG* AP Nr. 1 zu § 776; die Anwendung des § 775 Nr. 1 war dort bedenklich (*Pohle* aaO): Vollstreckbarkeit darf nicht von zuweilen unklaren Parteiformulierungen abhängig sein, die das Gericht durchaus nicht immer verhindern kann. Soweit der neue Vergleich einen Anspruch aus dem alten einschränkt oder beseitigt, kann der Schuldner einer (praktisch seltenen) Ausnutzung der formell weitergreifenden Vollstreckbarkeit nach § 767 begegnen; *Esser* (Fn. 1) 724 Fn. 42; → auch § 804 Fn. 121. – In AP Nr. 2 zu § 829 = NJW 1964, 687 = DB 484 hält das *BAG* seine Ansicht aufrecht.
[314] Er läßt die Vollstreckbarkeit des Vergleichs unberührt *BGH* (Fn. 218). → auch Rdnr. 57 bei Fn. 329.
[315] Fortsetzung eines durch rechtskräftiges Urteil abgeschlossenen Verfahrens scheidet aus → Rdnr. 47 Fn. 248.
[316] → Rdnr. 48a.
[317] Der Rsp des *RG* (zusammenfassend *RGZ* 162, 200) folgt heute niemand mehr.

Vergleich insgesamt[318] wegen materiellrechtlicher Mängel von Anfang an als *nichtig*[319] oder durch *Anfechtung* nach §§ 119, 123, 142 BGB[320] als rückwirkend vernichtet angegriffen wird, ebenso bei Widerruf und *vereinbartem* Rücktritt → Rdnr. 62. Danach sind solche Mängel ebenso wie prozessuale geltend zu machen, also grundsätzlich[321] durch Antrag auf Fortsetzung der mündlichen Verhandlung[322]. Zur Begründung wird dogmatisch auf die Einheit der prozessualen und sachlichrechtlichen Elemente des Vergleichs[323], teleologisch auf die Vorteile einer Verwertung bisheriger Verfahrensergebnisse, auf die Vermeidung mehrerer Prozesse und auf die *Einsparung von Kosten* verwiesen[324].

57 Der **BGH** und das **BVerwG**[325] halten in den Fällen des *gesetzlichen Rücktritts*[326], des *Wegfalls der Geschäftsgrundlage*[327] oder ihres anfänglichen Fehlens[328] und der *vertraglichen Aufhebung* des Vergleichs durch die Parteien[329] an der prozeßbeendigenden Wirkung des Vergleichs fest, was folgerichtig auch die Aufrechterhaltung der – entweder § 98 entnommenen oder im Vergleich vereinbarten – Kostenregelung bedeuten würde[330], während das **BAG** dem Rücktritt ebenso wie der Anfechtung die Wirkung zubilligt, daß die Rechtshängigkeit als nicht erloschen zu gelten habe, einmal wegen der angeblichen Rückwirkung[331], zum anderen aus den erwähnten prozeßökonomischen Erwägungen[332].

---

[318] Führen Teilmängel nicht zur materiellen Nichtigkeit des gesamten Vergleichs, §§ 139f. BGB, dann bleibt der Prozeß beendet, s. z.B. *LG Bielefeld* MDR 1969, 218. *BGH* (Fn. 69) hielt den auflassenden Teil des Vergleichs für nichtig, den zur Auflassung *verpflichtenden* Teil nach § 139 BGB aber für wirksam, ohne die Fortsetzung des Verfahrens mit dem Auflassungsantrag zu beanstanden. Unklar blieb, weshalb die Rechtshängigkeit fortdauern sollte (Vergleich als Prozeßvergleich insgesamt nichtig, nur als außergerichtlicher teilwirksam?).

[319] Z.B. nach §§ 104f. BGB *BGH* WM 1956, 1184; *RGZ* 141, 105; *OLG Hamm* JMBlNRW 1956, 18; §§ 134, 138 BGB BGHZ 28, 171 → Fn. 232; 44, 158 = NJW 1965, 2147; BGHZ 51, 141 → Fn. 57; §§ 306, 779 BGB *BGH* WM 1972, 1444; BGHZ 28, 171 → Fn. 232; *BAGE* 4, 84 = JZ 1957, 478 = NJW 1127; *LAG Bremen* RdA 1949, 40 (*G. Schiedermair*); *OLGe Celle* NJW 1971, 145 = NdsRpfl 1970, 283; *Karlsruhe* → Fn. 355; *LAG Frankfurt* → Fn. 300; *BVerwG* ZMR 1968, 184; § 2205 BGB *BGH* NJW 1991, 842 (*Bork* JZ 1991, 728); § 74a HGB *BAG* JZ 1961, 452 = DB 748 noch zu § 74 Abs. 2 aF HGB; unklar zur unzulässigen Rechtsausübung (§ 242 BGB) *LAG Hamburg* LAGE BGB 1971, 1284.

[320] Z.B. § 119 BGB *BAGE* 9, 319 = AP Nr. 8 (*Zeuner*) = NJW 1960, 2211 = JZ 670; *BGH* (Fn. 262); *OLGe Celle* → Fn. 319; *Bamberg* Büro 1987, 1796; *München* NJW-RR 1990, 1406; § 123 BGB Drohung durch Gericht *BGH* → Fn. 27; Täuschung BGHZ 51, 141 → Fn. 57; BGHZ 28, 171 → Fn. 232; *BGH* WM 1972, 1444. S. auch *RGZ* 153, 65: Täuschung des Gerichts reicht zur Anfechtbarkeit nicht aus. Zum Ganzen *Orfanides* Berücksichtigung von Willensmängeln im ZP (1982) 128ff.

[321] Ausnahmen → Rdnr. 48a.

[322] → Rdnr. 47ff. Oder durch Zwischenfeststellungsantrag, wenn der ursprüngliche Klagantrag noch nicht vollständig erledigt ist *BGH* (Fn. 269).

[323] BGHZ 28, 171 (Fn. 232); 79, 74 = NJW 1981, 823 mwN; *BAGE* 3, 43 = NJW 1956, 1215 = JZ 600; *BAGE* 4, 84 (→ Fn. 319); *BAGE* 8, 231 = JZ 1960, 321 = MDR 440; *BAGE* 9, 319 (→ Fn. 320); *Bernhardt* (Fn. 7); *Blomeyer* ZwVR § 65 III 2; *Bonin* (Fn. 1) 104ff.; *G. Lüke* JuS 1965, 482f.; *Niese* (Fn. 1) 86ff.; *Schiedermair* (Fn. 1) 186ff.

[324] BGHZ 28, 171 (→ Fn. 232); *Arens* (Fn. 1) 114; *Bonin* (Fn. 1) 104ff.; *Esser* (Fn. 1) 734ff.; *Rosenberg/*

Gottwald[15] § 131 IV 1b; *Schiedermair* (Fn. 1) 190f. Bei Fortsetzung des Prozesses entsteht nämlich keine neue Instanz für die Kosten *KG*, *OLGe Marienwerder* OLGRsp 21, 129ff.; *Schleswig* u. *Koblenz* (Fn. 254); *LG Bonn* Rpfleger 1990, 39; *Mümmler* Büro 1991, 933 mwN; auch Prozeßkostenhilfe u. Beiordnung des Anwalts dafür bleiben bestehen *KG* DR 1940, 340 (noch zu §§ 118ff. aF); *Rosenberg/Gottwald*[15] aaO. – Wegen eventueller Mehrkosten → Fn. 254.

[325] DÖV 1962, 323f.; NJW 1994, 2307f. = MDR 616 (L).

[326] *BGH* (Fn. 295a. A.); *OLG Hamm* JMBlNRW 1952, 248; *Pohle* AP Nr. 2; *Thomas/Putzo*[18] Rdnr. 35; *Hartmann* (Fn. 9) Rdnr. 43 sowie die in *BAG* (Fn. 18) zit. BGB-Komm. – **A.M.** (wie → Rdnr. 60) *BAG* (Fn. 18, 323); *OLG Hamburg* (Fn. 304); *Arens* Rdnr. 255; *Bernhardt* (Fn. 7); *Lüke* JuS 1973, 45; *Gerhardt* ZPR[4] 79; *Lehmann* (Fn. 1) 239ff.; *Jauernig* ZPR[24] § 48 IV; *Münzberg* AP Nr. 16; *Pecher* (Fn. 1) Rdnr. 60; *Rosenberg/Gottwald*[15] § 131 IV 3b: *Stöber* (Fn. 12) Rdnr. 15a; im Ergebnis auch *Henckel* FS für Wahl (1973) 472ff. (→ Fn. 338); *Zeiss*[8] § 66 IV 2g (→auch Fn. 352).

[327] *BGH* (Fn. 118) mwN; NJW 1994, 435; *BAG* AP Nr. 16 = DB 1969, 1658; *BVerwG* (Fn. 289); *Pecher* (Fn. 1) Rdnr. 63. – Zur Gegenmeinung → Rdnr. 60a Fn. 355.

[328] *BGH* (Fn. 118).

[329] BGHZ 41, 311 = NJW 1964, 1525 = MDR 653; *OLG Koblenz* MDR 1993, 687 = Büro 115, im Ergebnis auch *BSGE* 19, 112 = NJW 1963, 2292. – **A.M.** (wie → Rdnr. 60) *BAG* (Fn. 18) mwN; *Arens* Rdnr. 255; *Bernhardt* (Fn. 7); *Lüke* (Fn. 323); *Clasen* NJW 1965, 382; *Gottwald* (Fn. 3) § 131 IV 4; *Stöber* (Fn. 12) Rdnr. 15a; auch *OLG Frankfurt* OLGRsp 19, 94 und (obiter) *RGZ* 78, 289; *BAGE* 8, 231 (→ Fn. 323) *BAG* NJW 1974, 2151 ließ dies offen → Fn. 261. – *Wieczorek*[2] Anm. C IV e 2 gewährt hier § 767. – Zur Vollstreckbarkeit → jedoch Fn. 313.

[330] *OLG Hamm* JMBlNRW 1952, 248f.

[331] So noch *BAGE* 3, 43 (→ Fn. 323), während in *BAG* (Fn. 18) vorsichtiger nur darauf hingewiesen wird, daß trotz § 142 BGB auch bei Anfechtung der Vergleich zunächst wirksam gewesen war.

[332] *BAG* (Fn. 18).

Diese von der überwiegenden höchstrichterlichen Rechtsprechung entwickelte **Zweiteilung** der Verfahrensarten zur Geltendmachung materiellrechtlicher Vergleichsmängel ist – abgesehen von den Fällen → Fn. 263 bis 268 und 356 – **nicht** gerechtfertigt: 58
Die von der h. M. befürwortete grundsätzliche Abhängigkeit der Prozeßbeendigung von der materiellen Wirksamkeit des Vergleichs (»Einheitstheorie-Doppelnatur« → Fn. 18) ist zwar zutreffend, läßt sich aber weder aus dem Gesetz noch mit rein dogmatischen Erwägungen begründen[333], sondern überzeugend nur aus dem **Interesse der Parteien** an der einheitlichen Beurteilung der Vergleichsfolgen ableiten[334]. Dann ist aber nicht einzusehen, warum diesem Parteiinteresse nur in den Fällen anfänglicher (§§ 134, 138, 306, 779 BGB) oder als anfänglich fingierter (§ 142 BGB) Unwirksamkeit Rechnung getragen werden sollte. In den übrigen Fällen ist dieses Interesse ebenso stark und schutzwürdig vorhanden.

Auch die → Rdnr. 56 a. E. genannten Zweckmäßigkeitserwägungen der h. M. sind mangels gesetzlicher Regelung vollwertige Faktoren für die Rechtsfindung, gelten dann aber auch für die Fälle des Rücktritts und der vertraglichen Aufhebung. Der ängstliche Blick auf das Problem, ob die einmal erloschene Rechtshängigkeit ohne besondere gesetzliche Gestattung wiederaufleben könne[335], ist angesichts des Fehlens jeder gesetzlichen Regelung unangebracht und versperrt der Rechtsprechung die vom Gesetz offengelassene Möglichkeit zu einer Lückenausfüllung, die in allen Fällen zu einfachen und prozeßwirtschaftlichen Lösungen führt[336]. Insbesondere wird das Interesse der Parteien und Gerichte, eine Prozeßbeendigung durch Vergleich jederzeit aus den Akten entnehmen zu können, zu Unrecht gegen ein Wiederaufleben der Rechtshängigkeit ins Feld geführt: 1.) wird es stark überbewertet; denn solange der Vergleich nicht angegriffen wird, hat das Gericht ohnehin keine Entscheidungen mehr zu fällen. Folglich entfallen die Gründe, die bei anderen Prozeßhandlungen mit Recht gegen prozessuale Schwebezustände angeführt werden[337]. – 2.) wird von der h. M. die Beeinträchtigung dieses angeblich unantastbaren Interesses an der Rechtsklarheit in den häufigsten Fällen (§ 779 BGB und Anfechtung) doch hingenommen: Dort bleiben nämlich dem Gericht Gründe für ein Wiederaufleben des Verfahrens zunächst genauso unbekannt wie in den Fällen einer außergerichtlichen Beseitigung des Vergleichs durch Rücktritt oder vertragliche Aufhebung. Ob der Prozeß rückwirkend oder nachträglich wiederauflebt, ist daher gerade für das Verfahren selbst praktisch unerheblich[338] und wirkt sich allenfalls dort aus, wo die Rechtshängigkeit materiellrechtliche Wirkungen hat[339] oder die Wirkung des § 325 davon abhängt, ob ein Ereignis nach dem Eintritt der Rechtshängigkeit eintrat[340]. Daß aber eine nachträgliche Aufhebung des Vergleichs dazu mißbraucht werden könnte, ein Ruhen des Verfahrens zu erzwingen[341], ist kein taugliches Argument. Denn die Parteien könnten den gleichen Erfolg erzielen durch gemeinsame Vortäuschung anderer Unwirksamkeitsgründe[342]. Schließlich müßte nach h. M. der Angriff auf den Vergleich zugleich im alten *und* im neuen Verfahren erfolgen, wenn vorsorglich Anfechtung *und* gesetzlicher Rücktritt erklärt worden sind[343].

Aber auch der Gegenmeinung (Vergleich als »Doppeltatbestand«) kann *nicht* gefolgt werden[344]. 59

---

[333] → Fn. 19, besonders *Pohle* u. *Zeuner*; *BAG* (Fn. 18).
[334] *Münzberg* AP Nr. 16 Bl. 701 f., zust. *BAG* (Fn. 18); vgl. auch *A. Blomeyer* (Fn. 4) § 65 III 3; *Gottwald* (Fn. 3) § 131 IV 3–5; *Bernhardt* (Fn. 7); *Pecher* (Fn. 1) Rdnr. 62.
[335] Diese Vorstellung ist zwar bei prozessualen Mängeln und ursprünglichen Nichtigkeitsgründen verfehlt → Fn. 238, aber bei gesetzlichem Rücktritt, vertraglicher Aufhebung, auflösender Bedingung und Wegfall der Geschäftsgrundlage dogmatisch vertretbar.
[336] Vgl. auch *Arens* (Fn. 1) 113 Fn. 47 a. E.; *Lüke* (Fn. 323); *Gerhardt* (Fn. 326); *Pecher* (Fn. 1) Rdnr. 64, ferner die Nachw. → Fn. 334.
[337] → Rdnr. 208, 228 f. vor § 128. Wie hier *H. Lehmann* (Fn. 1) 136; *Arens* (Fn. 1) 112; *Münzberg* (Fn. 334); s. auch *Henckel* (Fn. 1) 91 f.
[338] Daher ist auch nicht entscheidend, ob ein gesetzlicher Rücktritt materiell zurückwirkt; wichtiger ist die Frage, ob er den Vergleich überhaupt zerstört, so *Henckel* (Fn. 326) unter Annahme einer vertragsergänzenden Verfallklausel; *Gerhardt* (Fn. 326). Daß bei solchen Folgen ernster Vertragsstörungen auch die prozeßbeendigende Wirkung entfallen soll, ist schon mit Rücksicht auf die sonst drohenden Kostenfolgen (→ Fn. 210) jedenfalls als Parteiwille zu vermuten.
[339] Z. B. § 291 BGB, dazu *Arens* (Fn. 1) 116.
[340] Beispiel: Ein im Vergleich gewährter streitbefangener Gegenstand wird veräußert, bevor die Unwirksamkeit festgestellt ist; dazu *Pecher* (Fn. 1) Rdnr. 62.
[341] So *Schumann* → § 269 Rdnr. 44 (20. Aufl. Fn. 71); *Pohle* AP Nr. 10 S. 624.
[342] *BAG* (Fn. 18); *Lüke* JuS 1965, 486; *Pankow* NJW 1994, 1186. → auch 19. Aufl. Fn. 141.
[343] Vgl. *G. Lüke* JuS 1965, 485; wie hier *Pankow* (Fn. 342). s. auch den Sachverhalt *LG Braunschweig* NJW 1976, 1748.
[344] Zu dem Irrtum, die 19. Aufl. sei dieser Ansicht gefolgt, → 20. Aufl. Fn. 222.

Sie vermeidet zwar den in der unterschiedlichen Behandlung materieller Vergleichsmängel liegenden inneren Widerspruch, indem sie den Einfluß **aller** materiellen Unwirksamkeitsgründe auf die prozessualen Wirkungen verneint (»Trennungstheorie«)[345]. Eine Fortsetzung des ursprünglichen Verfahrens käme nach dieser Ansicht nur in Betracht, wenn **zugleich** prozessuale Mängel geltend gemacht würden[346]. Diese Lehre verweist zwar mit Recht darauf, daß sich nach h.M. neue Prozesse neben oder nach dem wiederaufgenommenen Prozeß zuweilen doch nicht vermeiden lassen, während bei endgültiger Prozeßbeendigung alle Streitigkeiten grundsätzlich in einem einheitlichen neuen Verfahren geklärt werden könnten[347]. Aber solche Zwiespältigkeiten müssen auch nach dieser »Trennungstheorie« in Kauf genommen werden, wenn z. B. prozessuale **und** materielle Mängel im alten Verfahren geltend gemacht werden[348], sich aber doch später die prozessuale Ordnungsmäßigkeit des Vergleichs herausstellt. Immerhin ist dieser Lehre zuzugeben, daß die Fortsetzung des alten Verfahrens – besonders nach erheblichem Zeitablauf – nicht *immer* die erhofften prozeßwirtschaftlichen Vorteile haben kann[349]. Dies ist jedoch kein genügender Grund, auf solche Vorteile grundsätzlich zu verzichten. Zu Unrecht beruft sie sich schließlich darauf, daß die Abhängigkeit der Prozeßbeendigung von der Wirksamkeit materieller Abreden beim Prozeßvergleich nicht weiter reichen dürfe als bei sonstigen Mitteln der Prozeßbeendigung wie Erledigung der Hauptsache, Klagerücknahme, Anerkenntnis und Verzicht[350]. Denn dort ist zwar auch oft eine materiellrechtliche Einigung der Antrieb zur Vornahme der Prozeßhandlung, aber nirgends wird die gewollte Abhängigkeit so eindeutig in Form und Inhalt dokumentiert wie beim Abschluß des prozeßbeendigenden Vergleichs[351]. Im übrigen ist auch der Trennungslehre entgegenzuhalten, daß die von ihr gerügte Unsicherheit über das Ende des Prozesses in Wahrheit unschädlich ist, → Rdnr. 58 nach Fn. 336. Zwar ist die von ihr befürwortete Unterscheidung prozessualer und materieller Mängel in sich folgerichtig und auch praktisch durchführbar, → Fn. 346 a. E. Aber die aus der *Einheitsbetrachtung* (Doppelnatur) folgende, grundsätzliche *Gleichbehandlung aller Mängel* – einschließlich der prozessualen – hat den Vorzug der Einfachheit und Übersichtlichkeit, besonders für die beteiligten Parteien, und sie gerät ebensowenig in Widerspruch mit dem Gesetz wie die Trennungstheorie (Doppeltatbestand).

60 Es verdient daher die schon von *H. Lehmann* begründete Ansicht den Vorzug, daß **alle zur ursprünglichen oder nachträglichen Unwirksamkeit des gesamten (→ Fn. 318) Vergleichs führenden Umstände ebenso behandelt werden wie prozessuale Mängel**, also wie → Rdnr. 47f., 56[352].

60a Soweit ein **Wegfall der Geschäftsgrundlage**[353] oder ihr anfängliches Fehlen ausnahmsweise zur *Auflösung* des Vergleichs führt[354], darf die Entscheidung darüber im fortgesetzten Verfahren ebensowenig verweigert werden wie bei allen anderen Unwirksamkeitsgründen[355]. Ergibt sich jedoch daraus **nur die Anpassung** der Vergleichsverpflichtungen an die neu eingetretene Lage (Regelfall), so bedeutet dies gerade die Aufrechterhaltung des Vergleichs, wenn auch unter Abänderung seines Inhalts. Wer also von vornherein nur eine solche Anpassung begehrt, muß wegen beendeter Rechtshängigkeit folgerichtig neu klagen[356]. Denn dieser

---

[345] → Fn. 19, auch 17.
[346] Z. B. wenn Geschäftsunfähigkeit u. Prozeßunfähigkeit bzw. Fehlen der Prozeßvollmacht zusammenfallen u. § 86 nicht zutrifft (*OLG Hamm* JMBlNRW 1956, 18), oder im Falle des § 83. Hier entscheidet nach beiden Lehren stets der prozessuale Aspekt des Mangels.
[347] *Zeuner* (Fn. 19).
[348] Vgl. z. B. den Fall *BAG* (Fn. 286).
[349] *Pohle* AP Nr. 2 u. 10 zählt Fälle auf, die sich allerdings z. T. durch richtiges Parteiverhalten von vornherein vermeiden lassen.
[350] So *Baumgärtel* (Fn. 1) 199; *Jessen* (Fn. 19).
[351] Vgl. auch *Lehmann* (Fn. 1) 235, 237. Daß sie nicht auch noch die Vollstreckbarkeit ergreift → Rdnr. 54, liegt nur an dem nicht zu überwindenden System der Rechtsbehelfe in der ZV, → auch Rdnr. 21f. vor § 704.
[352] *Lehmann* (Fn. 1) 239ff.; *Arens* (Fn. 1) 113 Fn. 47; *Bernhardt* (Fn. 7); *Esser* (Fn. 1) 734f.; *Gerhardt* (Fn. 326); *Jauernig* ZPR²⁴ § 48 VI, VII; *G. Lüke* (Fn. 343); *Schiedermair* (Fn. 1) 190f.; *Mes* SAE 1971, 63; *Gottwald*

(Fn. 3) § 131 IV; *M. Wolf* Gerichtliches Verfahrensrecht (1978) 258f.; *Stöber* (Fn. 12) Rdnr. 15. (1956) 60. – Zur Vertragsauflösung ohne vorheriges Urteil wegen Verweigerung berechtigter Anpassung *BGH* NJW 1969, 233.
[353] Zum außergerichtlichen Vergleich s. *BGH* NJW 1984, 1746.
[354] Zu Räumungsvergleichen *Pankow* (Fn. 342) 1184. *BGH* (Fn. 354) AP Nr. 16; *Pankow* (Fn. 342) 1186; wohl auch *Jauernig* (Fn. 352); *Stöber* (Fn. 12) Rdnr. 15 a; vgl. auch *Stötter* NJW 1967, 1111 (§ 323); *OLG Karlsruhe* FamRZ 1981, 787 (§ 767). – **A.M.** (stets neue Klage) *BGH* und *BAG* (Fn. 326) (abl. *Münzberg* u. *Mes* SAE 1971, 63); *BGH* (Fn. 354); *Pecher* (Fn. 1) Rdnr. 63.
[356] *Gottwald*; *Münzberg* (Fn. 355); *Gerhardt* ZPR⁷ 78, für diese Fälle übereinstimmend mit *BGH* u. *BAG* → Fn. 326; vgl. auch *Stötter* NJW 1967, 1113. Offengelas-

Streitgegenstand gleicht dem des alten Verfahrens ebensowenig wie etwa die Weiterverfolgung verglichener Ansprüche, die noch nicht oder in anderen Verfahren rechtshängig waren[357], die *Rückforderung von Vergleichsleistungen*[358], das Verlangen von *Schadensersatz wegen Nichterfüllung* der Vergleichspflichten[359], die grundsätzlich zulässige Feststellung eines streitig gewordenen Vergleichsinhalts[360] oder die Berufung auf unzulässige Rechtsausübung wegen nachträglicher Äquivalenzstörungen[361], die ebenfalls neue Streitgegenstände sind. Wird daher in Fortsetzung des Verfahrens der Ausnahmefall einer Vergleichsauflösung geltend gemacht, so trägt die Partei das Risiko, daß das Gericht nur den Regelfall der Anpassung für möglich hält und daher feststellen muß, der Prozeß sei durch den wirksam bleibenden Vergleich beendet[362].

Dieses Risiko, die Kosten des alten Prozesses tragen[363] und einen neuen zwecks Anpassung beginnen zu müssen, wird eine Partei wohl nur eingehen, wenn sie ohnehin neben dem Wegfall der Geschäftsgrundlage noch **andere** Unwirksamkeitsgründe behauptet, z.B. § 119 BGB; sind **diese** aber unbegründet, so wären auch nach der Gegenansicht → Fn. 355 a.E. die Verfahrensfortsetzung zur Klärung der Anfechtung **und** die neue Anpassungsklage nötig[364]. Am Vergleichsabschluß beteiligte oder durch den Vergleich nur begünstigte **Dritte** können eine Fortsetzung des alten Verfahrens nicht selbst erwirken → Fn. 240.

60b

8. Die Vereinbarung aufschiebender[365] oder auflösender **Bedingungen** für die Wirksamkeit des Vergleichs[366], § 158 BGB, z.B. im Falle § 630 ZPO[367], oder einer Zeitbestimmung (§ 163 BGB) ist aus den → Rdnr. 58 bei Fn. 337 angeführten Gründen ebenso unbedenklich wie die eines befristeten oder unbefristeten **Rücktrittsrechts**, § 346 BGB[368]. Der befristete **Vorbehalt des Widerrufs** ist die in der Praxis am häufigsten vorkommende Form der Potestativbedingung. Bedingungen/Widerrufsvorbehalte müssen aber ordnungsgsgemäß protokolliert sein, *ehe* die Rechtshängigkeit durch wirksamen Vergleichsabschluß beendet ist[369]. Andernfalls kommt nur vertragliche Änderung des Vergleichs in Betracht, → auch Rdnr. 30 a.E.

61

---

sen von *LG Braunschweig* (Fn. 343). – A.M. (auch dann altes Verfahren) *Bernhardt* (Fn. 7).
[357] → Rdnr. 11. Wo sie rechtshängig waren, sind sie weiter zu verfolgen *BGHZ* (Fn. 262).
[358] → Fn. 263f.
[359] *RGZ* 96, 203; *OLG Celle* NdsRpfl 1956, 14 u. RdL 1958, 325 = NdsRpfl 1959, 60; *OLG Nürnberg* MDR 1960, 233 = Büro 135 = JVBl 1959, 258. Vgl. auch → Rdnr. 31 Fn. 168–171 vor § 704; zur Schadensersatzklage *Bernhardt* ZPR³ § 41 II S. 256 (mit der vertretbaren Vorschlag, bei Rücktritt während dieses Prozesses – entgegen BGH → Fn. 295 – den Grundgedanken des § 263 Abs. 3 Nr. 2 aF = § 261 Abs. 3 Nr. 2 nF anzuwenden). – Vgl. auch *RGZ* 55, 138 (Klage auf Erfüllung des nicht ordnungsgemäß protokollierten Vergleichs).
[360] Vgl. *OLG Frankfurt* → Fn. 673; *BGH* NJW 1977, 584 zu 1d.
[361] Beispiel: BGH MDR 1990, 995³⁰.
[362] → Rdnr. 47; *Gottwald* (Fn. 355).
[363] → Fn. 254.
[364] Zur Vermeidung dieses Risikos u. solcher Doppelprozesse wollen *v. Mettenheim* (Fn. 4) 113ff.; *Pecher* (Fn. 1) Rdnr. 65f. trotz beendeter Rechtshängigkeit die neuen Anträge im fortgesetzten Verfahren zulassen.
[365] Beispiel: Sicherheitsleistung des Schuldners als Bedingung für die Wirksamkeit *OVG Lüneburg* Büro 1988, 113.

[366] Zu unterscheiden von bedingten oder befristeten Einzelregelungen innerhalb des Vergleichs, die dessen Wirksamkeit nicht antasten, s. *Baur* (Fn. 1) Rdnr. 64.
[367] → § 726 Rdnr. 3a Fn. 25; *KG* FamRZ 1981, 194: Teilvergleiche über Folgesachen im Zweifel stets aufschiebend bedingt durch rechtskräftige Scheidung, s. auch *BGH* FamRZ 1969, 476f.
[368] H.M., z.B. *BGH* NJW 1972, 159 = Rpfleger 13; *OLG Hamburg* (→ § 726 Fn. 41). – A.M. *Baumgärtel* Wesen und Begriff (→ Fn. 1) 199 für alle Bedingungen und Befristungen mit Ausnahme des Widerrufs, ebenso *Pohle* Revista de Derecho Privado 1954, 12; *Tempel* (Fn. 1) 528f. – Zum Prozeßvergleich mit Klagerücknahme (→ Fn. 32, 150, 159, 260) vgl. *Mende* (Fn. 1) 56ff., der auch dort Bedingungen zuläßt. – Alle diese Einschränkungen bedürfen aber der Form → Rdnr. 27; *LG Köln* (Fn. 129) zu § 139 BGB.
[369] → Rdnr. 17, 31. Unschädlich dürfte es hingegen sein, daß die Bedingung nicht zusammen mit dem Vergleichstext protokolliert, sondern in **derselben** mündlichen Verhandlung noch durch ordnungsgemäße »Protokollierung« nachgetragen wird, also mit dem Vermerk «v.u.g.» (der im Fall *OLG Hamburg* FamRZ 1987, 1173 gerade fehlte, insoweit zutreffend). *OLG Düsseldorf* NJW-RR 1987, 256 hielt auch den in Form eines Gerichtsbeschlusses (offenbar auch erst anschließend) protokollierten Widerrufsvorbehalt für wirksam.

61a Ob in der rechtzeitigen Erklärung des Widerrufs eine auflösende Bedingung oder in der Nichtausübung des Widerrufsrechts innerhalb der vereinbarten Frist eine aufschiebende Bedingung des Vergleichsschlusses gesehen werden muß, ist **Auslegungssache**. Regelmäßig wollen die Parteien Vergleichswirkungen erst dann eintreten lassen, wenn die Widerrufsfrist für beide Teile ungenutzt verstrichen ist, zumal eine vorher erteilte vollstreckbare Ausfertigung kaum erwünscht ist[370]. **Im Zweifel ist daher aufschiebende Bedingung anzunehmen**[371]. Rücktritt und Widerruf werden zuweilen sprachlich gleichgesetzt; üblicherweise sind die Wirkungen des Widerrufs gewollt[372]. Zum Vergleichsvorschlag des Gerichts → Rdnr. 10a.

62 a) Zeigt eine Partei dem Gericht an, daß eine aufschiebende Bedingung ausgefallen oder eine auflösende eingetreten, ein vereinbarter Rücktritt oder Widerruf erklärt worden sei (soweit die Erklärung nicht ohnehin dem Gericht abzugeben ist → Rdnr. 65), so ist in allen Fällen das Verfahren fortzusetzen, im ordentlichen Prozeß also durch Terminanberaumung[373]. Soweit hierfür ein *Antrag* gefordert wird, ist er im Zweifel als in der Erklärung oder Anzeige enthalten anzusehen[374]. Auch hier gilt keine Ausnahme vom Anwaltszwang[375]. Die Vollstreckungsklausel ist für den widerrufenen Vergleich zu versagen[376].

62a Ob der Vergleich erst gar nicht zustandegekommen, ob er ex tunc oder ex nunc unwirksam geworden ist, wirkt sich nicht im Verfahren, sondern allenfalls materiellrechtlich aus[377]. Jedoch kann der Unterschied zwischen aufschiebender Bedingung (Widerruf) und Rücktritt bedeutsam werden, wenn bei einer Streitgenossenschaft ein Rücktritt von allen Streitgenossen erklärt werden müßte[378]. Weder Rücktritt noch Widerruf können von einer Bedingung abhängig gemacht werden, auch wenn man sie nicht als Prozeßhandlungen ansieht[379].

63 b) Die *Form* eines Widerrufs oder Rücktritts kann und sollte im Vergleichsprotokoll bestimmt werden[380]. Mit »bei Gericht einzureichenden Schriftsätzen« sind im Zweifel bestimmende[381] gemeint[382]. Bei »einfacher Anzeige zu den Gerichtsakten« genügt ein nicht eigenhändig unterzeichneter Schriftsatz[383], während »Anzeige an das Gericht« auch mündliche oder telefonische Erklärung umfaßt[384]. Ist der Widerruf bei einem auswärtigen OLG-

---

[370] § 726 Abs. 1 hilft nicht gegenüber auflösender Bedingung, → dort Rdnr. 10.
[371] Ganz h.M.; *BGHZ* 46, 277; 88, 367 = JZ 1984, 342f. = NJW 312; NJW-RR 1989, 1215; *OLG München* Rpfleger 1976, 104; *LAG Bremen* MDR 1965, 330; *LG Berlin* NJW 1955, 765; Rpfleger 1962, 149; *Bökelmann* FS für F. Weber (1975) 101ff.; *Bergerfurth* NJW 1969, 1800; *Bonin* (Fn. 1) 50; *Säcker* ZZP 80 (1967) 422; *Stöber* (Fn. 12) Rdnr. 10; *Hartmann* (Fn. 9) Rdnr. 10. Sogar für Unzulässigkeit auflösender Bedingung *Schlosser* ZPR² Rdnr. 335 mwN. – A.M. anscheinend (»... unwirksam werden läßt«) BAGE 9, 172 (→ Fn. 290); wohl auch *Lüke* JuS 1973, 47 (auflösende Bedingung). – Der Bestätigungsvorbehalt ist mit Sicherheit aufschiebende Bedingung *Thomas/Putzo*¹⁸ Rdnr. 17; → auch Fn. 412. – Aus den → Rdnr. 58 bei Fn. 335ff. angegebenen Gründen sollte der Frage »aufschiebend oder auflösend« kein prozessuales Gewicht zukommen; → aber Fn. 377.
[372] *BGH* (Fn. 295 a.A.); *Henckel* (Fn. 326): vereinbarter Rücktritt bedeutet im Zweifel freier Widerruf, s. auch *BGH* (Fn. 371); *Lüke* JuS 1973, 47 Fn. 12: sachlich kein Unterschied (→ dazu auch Fn. 371), sprachlich korrekter sei aber »Widerruf«. – Umgekehrt *OLG München* OLGRsp 23, 156 (Widerruf sei Rücktrittsvorbehalt).
[373] → Rdnr. 60. Dies ist für Widerruf u. vereinbarten Rücktritt ganz h.M. *RGZ* 161, 254; 162, 200; *BGH* (Fn. 368 u. 371); *BAG* AP Nr. 1 (*Pohle*) u. → Fn. 290; *Bonin* (Fn. 1) 49; *Baumgärtel* (Fn. 1) 201. – Zum gesetzlichen Rücktritt → Fn. 326, 332, 352.
[374] *RGZ* 161, 255 a.E. Wegen der Kosten vorsorglich gestellter Anträge s. *OLG München* (Fn. 371).

[375] → Rdnr. 22; *Tempel* (Fn. 1) 529; *LAG BadWürtt* DB 1976, 203; *Hölzer* Büro 1991, 308, je zum Widerruf.
[376] → Fn. 402 a.E., § 732 Rdnr. 2.
[377] S. dazu *Baur* (Fn. 1) Rdnr. 69ff. Zum Rücktritt → Fn. 338.
[378] *BGH* (Fn. 371) bei Erbengemeinschaft; s. auch für sonstige Streitgenossenschaften *BGH* VersR 1962, 155 u. dazu *Bergerfurth* NJW 1969, 1798 (1799 zur Beweislast).
[379] *Baur* (Fn. 1) Rdnr. 73. – A.M. *OVG Münster* JMBlNRW 1972, 243; *Wieczorek*² C IV a 8.
[380] *BAGE* 9, 172 (→ Fn. 290); *Bergerfurth* (Fn. 378). – *Schumann* AP Nr. 17 hält besonders vereinbarte Zugangserfordernisse für unwirksam; zweckgerecht ausgelegt (s. *BAG* aaO) sind sie unbedenklich. Zur Rechtzeitigkeit → aber Fn. 406.
[381] → dazu § 129 Rdnr. 1, 4ff.
[382] *Bergerfurth* (Fn. 378); vgl. obiter *BGH* NJW 1980, 1752f. = Rpfleger 97 = MDR 283. – Zum Rücktritt → aber Fn. 406. Zur Form → § 129 Rdnr. 8–10; Schriftform ist dann unabhängig von materiell- oder prozeßrechtlicher Einordnung einzuhalten mit Unterschrift durch Partei bzw. Anwalt *BAG* NJW 1989, 3035; NZA 1989, 860. *OLGe Hamm, München* NJW 1992, 1705u. 3042 verlangen daher für **Telefax** Unterschrift des Anwalts auf der Kopiergrundlage. Bei Adressierung an Dritte empfiehlt sich der Vermerk, daß dieser die Faxkopie weiterleiten soll, s. *BGHZ* 79, 314 = NJW 1981, 618.
[383] *RGZ* 135, 338.
[384] *Bergerfurth* (Fn. 378).

Senat zu erklären, dann wahrt der Eingang beim Stammgericht nicht eine vereinbarte Frist[385]. Fehlt eine ausdrückliche Bestimmung und kommt auch ein stillschweigendes Einverständnis nicht in Betracht[386], so kann die Erklärung in jeder Form geschehen[387]. Zur Wahrung einer Frist → Rdnr. 66.

c) Den *Adressaten* der Erklärung können und sollten die Parteien ebenfalls im Vergleich bestimmen[388]. Wählen sie das Gericht, so unterstellen sie damit die Erklärungsform[389] dem Prozeßrecht[390]. Ist Erklärung an den Gegner vereinbart, dann untersteht ihre Form[391] den Vorschriften über Rechtsgeschäfte[392], wobei eine unrichtig an das Gericht adressierte Erklärung hier auch als an den Gegner *abgegeben* anzusehen ist[393], ihm also noch zugehen kann, was allerdings innerhalb einer vereinbarten Frist geschehen muß. In beiden Fällen ist durch Auslegung zu prüfen, ob der vereinbarte Adressat der ausschließliche sein soll[394].

64

Streitig ist, an wen die Erklärung zu richten ist, wenn der Vergleich weder ausdrückliche noch stillschweigende[395] Bestimmungen darüber enthält[396]. Ob bestimmte Übungen in Gerichtsbezirken als vereinbart gelten können, ist zweifelhaft[397]. Mit Rücksicht auf die bestehende Rechtsunsicherheit ist den Parteien dringend die Regelung im Vergleich zu raten und, wenn sie dies versäumt haben, die Erklärung dem Gegner *und* dem Gericht abzugeben oder wenigstens dem Gericht so rechtzeitig zu unterbreiten, daß die Zustellung oder sonstige Weitergabe an den Gegner noch innerhalb der bestimmten Frist gesichert ist[398]. Den Vorzug

65

verdient jedoch die Meinung, daß mangels ausdrücklicher Festlegung des Adressaten die Erklärung wirksam wird, wenn sie fristgerecht dem Gericht *oder* dem Gegner zugeht[399].

Denn wer sein angebliches Interesse an einer bestimmten Erklärungsart[400] nicht beim Vergleichsschluß kundtut, erweckt beim Gegner den Eindruck der Gleichgültigkeit gegenüber dieser Frage und muß sich später daran festhalten lassen[401]. Zudem widerspricht es der Zuordnung des Vergleichs zum materiellen *und* prozessualen Recht, den Widerruf willkürlich nur dem materiellen Recht zu unterstellen und daraus insoweit Folgerungen abzuleiten[402].

66   d) Eine für den Wideruf oder Rücktritt vereinbarte **Frist**, die zwar mit protokolliert sein muß, aber nicht unbedingt innerhalb des Vergleichstextes[403], beginnt mangels anderweitiger Vereinbarung mit dem Tag nach dem Vergleichsschluß und ist nach § 222 zu berechnen[404]. Sie ist versäumt, wenn sie dem richtigen Adressaten nicht rechtzeitig[405] in der erlaubten Form (→ Rdnr. 63) zugeht[406]. Fristen für den »Eingang« widerrufender Schriftsätze »bei Gericht« werden jedoch noch gewahrt, wenn sie unmittelbar vor Fristablauf in die Verfügungsgewalt des Gerichts gelangen[407], auch wenn »Anzeige zu den Gerichtsakten« oder »Einreichung zur Geschäftsstelle« vereinbart ist[408]. Gibt ein LG auf amtlichen Briefbogen die Telexnummer der Staatsanwaltschaft an, so wahrt ein an das LG gerichtetes, aber über diese Nummer vermitteltes Fernschreiben die Frist[409]. Eine Analogie zu § 270 Abs. 3 scheidet aus[410], ebenso richterliche Verlängerung[411] oder Wiedereinsetzung[412] oder eine »Anfechtung der Nichtaus-

---

[399] *LG Saarbrücken*; *Dilcher* (Fn. 396); *Bergerfurth* (Fn. 378); *Pohle* AP Nr. 7; *Thomas/Putzo*[18] Rdnr. 24; *Baur* (Fn. 1) Rdnr. 63; *Grunsky* (Fn. 20) § 11 III 3; *Pecher* (Fn. 1) Rdnr. 56.

[400] Z. B. um Verzögerung des Zugangs durch den Umweg über das Gericht zu vermeiden. Vgl. auch *BGH* NJW 1980, 1753 = MDR 471.

[401] *Bergerfurth* (Fn. 378).

[402] *Dilcher* u. zust. *LG Saarbrücken* (Fn. 396); ähnlich *BGH* NJW 1980, 1753. → auch Fn. 389. – **A.M.** (nur materielles Rechtsgeschäft) *OVG Münster* NJW 1971, 533; die → Fn. 392 Genannten. Aber der Widerruf soll dem Vergleich auch seine Eigenschaft als Vollstreckungstitel nehmen, → *BGH* (Fn. 258) im Widerspruch zu *BGH* (Fn. 371, 394); *Baur* (Fn. 1) Rdnr. 60.

[403] *BGH* NJW-RR 1989, 1215 = VersR 932. Jedoch muß der Zusatz ebenfalls »v. u. g.« sein → Rdnr. 27, denn er gehört zum Vergleichsinhalt.

[404] *OLG Schleswig* NJW-RR 1987, 1022 (keine entspr.Anw. des § 221).

[405] § 193 BGB findet entspr.Anw. → § 222 Rdnr. 15; *BGH* LM Nr. 1 zu § 193 BGB; MDR 1979, 49 = NJW 1978, 2091 (L); *OLG München* NJW 1975, 933; *BAG* AP Nr. 1 (zweifelnd *Pohle*); *LG Berlin* NJW 1965, 765; *Bergerfurth* NJW 1969, 1799; *Gottwald* (Fn. 392); wohl h. M. – Zur Anwaltshaftung *OLG Hamm* MDR 1994, 309 (Fristversäumnis wegen Postwarnstreiks).

[406] § 130 Abs. 1 BGB, *BGH* (Fn. 403). Weiter geht *BGH* (Fn. 394): Zugang an Gegner kann ausnahmsweise rechtzeitig sein, obwohl ausdrücklich Erklärung an Gericht vereinbart; → auch Fn. 414f. zu entsprechenden Ergebnissen aufgrund von Treu u. Glauben. → auch Fn. 386.

[407] Insbesondere durch Einlegen in ein Post(abhol)-fach, auch wenn es am Eingangstag nicht mehr geleert wurde *BAG* NJW 1986, 1373 = AP Nr. 38; *BGH* (Fn. 403); aber Zugang erst mit Abholung, wenn Auslieferungsschein für **Einschreiben** dort eingelegt wird, *BAG* aaO. Daß die für AG u. LG oder LG u. OLG gemeinsam zuständige Briefannahmestelle einen mit der Adressierung nicht übereinstimmenden Eingangsstempel anbringt, schadet nicht. Unterhält an AG tägliche Kurierdienste für LG-Post, die üblicherweise auch von Anwälten in das dafür bestimmte Fach gelegt werden darf, so geht der dort eingelegte Widerruf dem LG damit zu *BGH* (Fn. 403). Zur Einlegung in ein unpassendes Fach s. aber *BVerfG* NJW 1982, 1804.

[408] *BVerfG* NJW 1980, 580 = Rpfleger 1979, 451 sowie Rpfleger 1981, 285; vgl. auch *BGH* AP Nr. 28 = NJW 1980, 1752 f. = JR 330 (Zugang genüge, was nach BVerfG aaO wohl unabhängig von der Wortwahl der Parteien gelten muß, also auch bei »Einreichung«); *Grundmann* JR 1980, 331. Damit sind Entscheidungen wie *OLG Hamburg* MDR 1973, 858; *OVG Münster* NJW 1971, 533 überholt.

[409] Auch bei anwaltlicher Vertretung *BVerfG* Rpfleger 1985, 406f.

[410] → Fn. 396.

[411] Zulässig ist nur Verlängerung durch Vereinbarung, → § 224 Rdnr. 5; *Dopfer* Justiz 1966, 79; *Bergerfurth* (Fn. 405).

[412] H.M. → § 233 Rdnr. 16 mwN; *BAG* AP Nr. 24, 26 wurden bestätigt durch *BVerfG* AP Nr. 27; *OLG Hamm* (Fn. 382) u. NJW-RR 1992, 121f.; *Pecher* (Fn. 1) Rdnr. 57 mwN; *Bökelmann* (Fn. 1) 108ff.; h. M. – A. M. *Lüke* JuS 1973, 47; *Schumann* → § 233 Rdnr. 17–19; bei vereinbartem Widerruf an das Gericht *Säcker* ZZP 80 (1967) 421; NJW 1967, 1117; 1968, 708; *Baur* (Fn. 1) Rdnr. 75. – Fristversäumung ist vermeidbar, wenn statt eines Widerrufsvorbehalts ein Bestätigungsvorbehalt vereinbart wird. – Zu **vereinbarter** Wiedereinsetzung § 233 Rdnr. 19 (meine Bedenken v. 20. Aufl. Rdnr. 268 gebe ich auf, da das Gericht dann Vertragsrecht, nicht die §§ 233ff. anwendet). Unbedenklich wäre jedenfalls das Hinnehmen der Prozeßversäumnis wegen Fristversäumnis, neue Klage über den ursprünglichen Streitgegenstand u. Entscheidung über die *materielle* Bindung an den Vergleich im Rahmen der *Begründetheit* nach Maßgabe der vereinbarten »Anwendung« der §§ 233ff.

übung des Widerrufs«[413]. Die Berufung des Gegners auf die Versäumung kann jedoch gegen Treu und Glauben verstoßen[414], insbesondere wenn er von der vereinbarungsgemäß gegenüber dem Gericht abzugebenden, aber versehentlich an seinen Anwalt gerichteten Erklärung noch rechtzeitig Kenntnis genommen hat[415].

e) Auf das Widerrufsrecht kann *vor* seiner Ausübung formlos, auch durch schlüssiges Verhalten, verzichtet werden[416]. *Nachträglich* kann die bereits eingetretene Widerrufswirkung nicht beseitigt werden, auch wenn der Gegner zustimmt; der Vergleich muß neu protokolliert werden, wenn er die Wirkungen des § 794 haben soll[417]. 67

9. Außergerichtliche Vergleiche[418] beenden den Rechtsstreit nicht unmittelbar[419]. Gleiches gilt für Anwaltsvergleiche nach § 1044b[420]. Sie können aber das weitere Erkenntnisverfahren beeinflussen durch Mitteilung an das Gericht[421]. Zu Kosten → § 98 Rdnr. 3 a ff., 16. Zum außergerichtlichen Vergleich in der Revisionsinstanz → § 561 Rdnr. 13, zur Wiederaufnahme gegen ein Urteil nach außergerichtlichem Vergleich → Rdnr. 37 vor § 578. Über die Auslegung unwirksamer Prozeßvergleiche als außergerichtliche → Rdnr. 10 a, 51. 68

Zeigen die Parteien dem Gericht *gemeinsam* ihre Einigung an, so kann darin eine beiderseitige Erledigungserklärung i. S. d. des § 91a liegen. Zur Kostenentscheidung in diesem Falle → § 98 Rdnr. 4, § 91a Rdnr. 30[422]. Da aber ein Gläubiger so keinen Vollstreckungstitel erhält, muß das Gericht zunächst klären (§ 139!), ob nicht der Abschluß eines Prozeßvergleichs oder ein (Teil-)Anerkenntnisurteil beabsichtigt ist, ehe es nach § 91a verfährt; ebenso bei Anwaltsvergleichen, die noch nicht für vollstreckbar erklärt sind. Ferner kann eine (teilweise) Zurücknahme der Klage oder ein Klagverzicht in Betracht kommen, → § 98 Rdnr. 4. Enthält der außergerichtliche Vergleich ein Klagerücknahmeversprechen und wird dieses vom Kläger erfüllt, gilt für die Kosten des Rechtsstreits mangels Regelung im Vergleich § 269[423]. 68a

Um einen Titel zu erlangen, kann der Kläger den Anspruch aus dem Vergleich zum Gegenstand des anhängigen Verfahrens machen[424], indem er seinen Antrag ändert. Dies wird je nach den Umständen entweder nach § 264[425] oder notfalls als Klageänderung gemäß 69

---

[413] *OLG Celle* NJW 1970, 48 = Rpfleger 1969, 385; *Lüke* (Fn. 312). – A.M. wohl *Wieczorek*² Anm. C IV a 8.
[414] *BGHZ* 61, 394 (Fn. 20) obiter. Da die Fristwahrung von Amts wegen zu beachten ist, sieht *OLG Hamm* (Fn. 382) einen Vertrauenstatbestand noch nicht darin, daß der Gegner sich zunächst nicht auf die Unwirksamkeit beruft, weil er auf noch günstigeren Vergleichsabschluß hofft. Treuwidrigkeit verneint auch *OLG Hamm* NJW-RR 1992, 121f. bei Verspätung infolge unabwendbaren Ereignisses (Warnstreik).
[415] *BAG* AP Nr. 15 (*Zeiss*) = NJW 1969, 110f. = DB 1968, 1763. – A.M. *Wieczorek*² Anm. C IV a 8; wohl auch *BGH* (Fn. 394).
[416] *LAG Bremen* MDR 1965, 330, h.M.
[417] *BGH* NJW 1982, 2072 mwN; *OLG München* BayJMBl 1953, 220; *Bergerfurth* (Fn. 405); *Thomas/Putzo*¹⁸ Rdnr. 24. Freilich kann einverständliche Rücknahme des Widerrufs ein neuer außergerichtlicher, also nicht vollstreckbarer Vergleich sein.
[418] Dazu *Bonin* JZ 1958, 268; *Bork* Der Vergleich (1988); *Lent* JW 1934, 92; *Schlosser* (Fn. 182) 100; zum Arbeitsrecht *Brill* DB 1965, 254; *Joachim* BB 1960, 1102. Für das öffentliche Recht vgl. § 55 VwVfG. Zur objektiven Vergleichsfähigkeit → Rdnr. 13.
[419] H.M. *RGZ* 142, 3; *BGH* JZ 1964, 257 = MDR 313; *BAG* NJW 1973, 918 (→ Fn. 290); *LAG Düsseldorf* Büro 1993, 165; *OVG Münster* VerwRspr 1978, 377; *Lent u.*

Bonin (Fn. 418); *Lüke* JuS 1965, 482; *Jauernig* JZ 1958, 657. – A.M. *OLG Oldenburg* JZ 1958, 279; früher *BAG* NJW 1963, 1469 = MDR 711, ihm folgend *LAG Hamm* DB 1971, 971; *Brill* (Fn. 418), diese unter Berufung auf die nur gebührenrechtlich bedeutsamen §§ 12 Abs. 3 S. 1 ArbGG, 29 GKG: Im *arbeitsgerichtlichen* Verfahren beende die Mitteilung eines außergerichtlichen Vergleichsabschlusses die Rechtshängigkeit unmittelbar, → dagegen 19. Aufl. Fn. 185 u. *Jauernig* ZPR²⁴ § 48 IX; *Grunsky* ArbGG⁶ § 12 Rdnr. 18.
[420] Insofern stehen diese vollstreckbaren Urkunden gleich.
[421] *BGH* NJW 1989, 39f. (Pflicht zur Berufungsrücknahme); *BAG* NJW 1973, 918 (→ Fn. 290).
[422] Dazu noch *OLGe Bremen, Frankfurt* Büro 1980, 932; 1983, 1878 je mwN.
[423] → § 269 Rdnr. 5; *E. Schneider* Kostenentscheidung² 190 u. für den Fall abweichender Auslegung § 98 Rdnr. 4; *OLG Hamm* Büro 1992, 424.
[424] Auch nur wegen der Kosten des außergerichtlichen Vergleichs, *OLG Hamburg* JR 1963, 426. S. auch *Lent u. Joachim* (Fn. 418). – *Bonin* JZ 1958, 271 will dies nur auf entsprechenden Vorbehalt im Vergleich zulassen, anderenfalls die Hauptsache für erledigt ansehen. Damit wird dem Kläger in bedenklicher Weise ein Verzicht auf den Vollstreckungstitel unterstellt; → dazu Fn. 434.
[425] So *Hartmann* (Fn. 9) Rdnr. 2; *Joachim* (Fn. 418).

§ 263, die hier in der Regel sachdienlich ist[426], zulässig sein und erlaubt dann auch eine Widerklage zur Herstellung eines Vollstreckungstitels für etwaige Vergleichsansprüche des Beklagten, s. § 33. Bei unstreitigem Inhalt ist daher die Protokollierung als Prozeßvergleich für beide Parteien in der Regel günstiger[427]. Wegen des ursprünglichen Klagantrags → § 264 Rdnr. 67. Die *Vollstreckbarkeit* schon vorhandener Titel kann durch außergerichtliche Vergleiche weder beschränkt[428] noch erweitert oder gar auf neue Ansprüche erstreckt werden[429].

70 Ein **Streit über die Wirksamkeit des außergerichtlichen Vergleichs** ist stets im anhängigen Verfahren auszutragen, soweit dessen Streitgegenstand reicht[430], wozu auch der durch zulässige Antragsänderung *neu* entstandene gehört, es sei denn, daß die Klage bereits zurückgenommen ist, → § 269 Rdnr. 5 a.E. und zur Rechtsmittelrücknahme → § 515 Rdnr. 36.

71 Erklärt **nur der Kläger** unter Bezugnahme auf den Vergleich die Hauptsache für erledigt, während der Beklagte widerspricht, so hat das Gericht, falls der Vergleich wirksam ist, durch Urteil die Erledigung auszusprechen und dem Beklagten die Kosten aufzuerlegen, → § 91 a Rdnr. 37, 41.

72 Beruft sich *nur der Beklagte* auf die außergerichtliche Einigung und enthält diese ein Versprechen zur Klagrücknahme, was durch Auslegung zu ermitteln ist, so kann der Beklagte ein Prozeßurteil erwirken[431]; zur Rücknahme von Rechtsmitteln und des Einspruchs → § 515 Rdnr. 36, § 566, § 346 Rdnr. 1[432]. – Andernfalls gilt das zu → § 91 a Rdnr. 50 Ausgeführte[433], wobei zu beachten ist, daß nicht erfüllte Vergleichsverpflichtungen als solche noch keine Erledigung darstellen, es sei denn, daß im Vergleich auf einen Vollstreckungstitel verzichtet wurde[434].

III. Kostenfestsetzungsbeschlüsse (Nr. 2)

73 Sie sind aus den → § 104 Rdnr. 66 genannten Gründen in **Nr. 2** besonders erwähnt. Zur Vollstreckung s. § 795, besonders S. 2 (§ 720a), §§ 795a, 798 sowie → § 103 Rdnr. 5ff.[435], § 104 Rdnr. 66ff., ferner § 788 Rdnr. 27a. Vgl. auch §§ 10 LFGG BadWürtt, Art.17 Hess FGG, Art.6 Abs. 1 Nr. 1 Nds FGG mit § 13a FGG[436] und § 38 VerschG. Zur erforderlichen Bestimmtheit → Rdnr. 28 vor § 704 Fn. 149ff. Fehlt ein als Kostengrundentscheidung geeigneter Titel, so darf der auch ohne Aufhebung unwirksame Beschluß[437] nicht vollstreckt werden → Rdnr. 56 vor § 704. Jedoch bedarf es zur Vollstreckung selbständiger Beschlüsse grundsätzlich nicht der Vorlegung der Kostengrundentscheidung[438]. Zur Aufhebung → § 104 Rdnr. 46, § 775 Rdnr. 8, 12. Wegen etwa erforderlicher Devisengenehmigungen → Rdnr. 58 vor § 704.

74 Zur Vollstreckung **ausländischer** Kostenentscheidungen im Inland und deutscher Kostenfestsetzungsbeschlüsse im Ausland → § 328 Rdnr. 103, 533, 555, § 722 Rdnr. 10, 723 Rdnr. 8ff., für den EG-Bereich Art.26 EuGVÜ mit → Anh. § 723 Rdnr. 35 Fn. 30, Rdnr. 308 Fn. 28f., Rdnr. 311 Fn. 35, Rdnr. 317

---

[426] *Stöber* (Fn. 12) Rdnr. 17; s. auch *BGH* WM 1981, 32.
[427] Dabei sollte die Erstattung der Kosten für den außergerichtlichen Vergleich *beziffert* geregelt werden, vgl. *OLG Frankfurt* MDR 1980, 60⁶⁷.
[428] → Rdnr. 54; *BGH* FamRZ 1982, 783f.; DAVorm 1988, 260f.
[429] *BGH* NJW 1982, 2073. → auch Rdnr. 95 sowie § 767 Rdnr. 16 a.E.
[430] *RGZ* 142, 5f.; *BAG* NJW 1963, 1469. – Abweichend *RGZ* 142, 7 für den Rücktritt u. dagegen zutreffend *Lent* JW 1934, 92, denn dort war noch nicht auf den Vergleich geleistet worden (→ dazu Fn. 263, 265).
[431] → § 269 Rdnr. 5; vgl. *OVG Münster* NJW 1975, 948. Nach *BAG* MDR 1982, 258[121] aber nicht mehr in Revisionsinstanz.

[432] Wegen der Abhängigkeit von der Erbringung einer Gegenleistung s. *Schlosser* (Fn. 182) 102.
[433] Dazu noch *BAG* NJW 1973, 918 (→ Fn. 290).
[434] *Bonin* will letzteres als Regel ansehen, → dagegen Fn. 424 a.E.
[435] Zur Übernahme von Beschränkungen des Titels in den Beschluß → auch noch § 766 Fn. 126.
[436] Dazu *Keidel/Kuntze/Winkler* FGG[13] Teil A § 13a Rdnr. 72 mwN.
[437] → § 104 Rdnr. 65.
[438] Zweifel an ihrem Bestand hat ein ZV-Organ von Amts wegen (*KG* NJW 1973, 216[18]) zu klären, andernfalls § 766.

IV. Regelunterhalts- und Unterhaltsabänderungsbeschlüsse (Nr. 2a)

1. Die regelmäßig vom Rechtspfleger zu erlassenden (§ 20 Nr. 10f. RpflG), in **Nr. 2 a** genannten **Beschlüsse zur Höhe des Regelunterhalts** nach §§ 642 a-d, 643 Abs. 2 (vgl. §§ 1615f., 1615g BGB) sind als solche zu Vollstreckungstiteln erklärt, obwohl sie nur aufgrund der Urteile aus §§ 642f. oder der Vergleiche und Urkunden aus § 642c[439] den Vollstreckungsanspruch gewähren. Für sie gelten die §§ 795 und 798. Vollstreckung setzt – vorbehaltlich § 795 S. 2 – nur die Wirksamkeit des Beschlusses voraus[440]. Im Falle § 712 Abs. 2 S. 2 ist § 795 S. 2 zu beachten.   75

Für eine Vollstreckung im **Ausland** sind Beschlüsse nach § 642a, b (entsprechend den Kostenfestsetzungsbeschlüssen[441]) Urteilen gleichzustellen, zumindest zusammen mit den Unterhaltsurteilen, auf denen sie beruhen[442]. Für den EG-Bereich s. Art.25 EuGVÜ, im übrigen → HaagÜ 1958 Anh. § 723 Rdnr. 7, HaagÜ 1973 Art.2[443]. Auch in bilateralen Vollstreckungsabkommen spielt die Entscheidungsart keine Rolle; manche setzen Rechtskraft voraus, während z. B. im Abkommen mit Israel die Art.2 Abs. 2 Nr. 1, Art.20 uneingeschränkt eine Vollstreckung zulassen. Hingegen kommt es für Beschlüsse nach § 642 c darauf an, ob die zugrundeliegenden Vergleiche oder vollstreckbaren Urkunden den Abkommen unterfallen, → dazu Anh. § 723 einerseits Rdnr. 7 Fn. 13 (HaagÜ 1958), anderseits Rdnr. 26 (HaagÜ 1973). Zu § 50 EuGVÜ für **ausländische Titel** → § 642c Rdnr. 8 und, falls dort deutsches Recht angewandt wurde, → § 642 Rdnr. 2 a.E.   76

2. Die in **Nr. 2 b** erwähnten **Beschlüsse zur Abänderung von Unterhaltstiteln im vereinfachten Verfahren** gemäß § 641p sind auch bei Ablehnung des Antrags wegen der Kosten und im Falle einer Herabsetzung auch wegen § 775 i. w. S. vollstreckbar[444]. Für ihre Vollstreckung i.e. S. gelten die §§ 795, 798a; sie bedürfen also einer Klausel, soweit sie den Unterhalt erhöhen. Hierher gehören nur *Entscheidungen* nach § 641p; für gerichtliche Vergleiche nach § 641r S. 4 gilt § 794 Nr. 1[445]. Die Angabe des Prozentsatzes der angewandten Anpassungs-VO genügt dem Bestimmtheitsgrundsatz[446]; ein Betrag muß im Beschluß nur im Falle § 641m Abs. 1 Nr. 5 angegeben sein[447]. Wenn und solange das Anfangsdatum gemäß § 641p Abs. 1 S. 2 nicht angegeben ist, beschränkt sich die Vollstreckbarkeit auf die Zeit ab Erlaß. Wegen entsprechender Anwendung des § 769 → § 641p Rdnr. 2a.   77

V. Beschwerdefähige Entscheidungen, einstweilige Anordnungen (Nrn.3, 3a)

Den in Nr. 3 genannten Entscheidungen sind einstweilige Anordnungen nach §§ 127a, 620 S. 1 Nr. 4–9, 621f in Nr. 3a gleichgestellt ohne Rücksicht darauf, ob sie anfechtbar sind[448]; jene nach § 620 S. 1 Nr. 1, 3 und § 620b mit § 620 S. 1 Nr. 1, 3 sind ausgenommen, weil sie nach § 33 FGG vollstreckt werden[449].   78

---

[439] → Fn. 554 a. E.
[440] → § 642a Rdnr. 8.
[441] → Rdnr. 74 a.E.
[442] Diese allein unterfallen nicht Art.50 EuGVÜ, → § 642c Rdnr. 8.
[443] Zum Problem der Bestimmtheit bei der ZV vergleichbarer ausländischer Entscheidungen im Inland → § 722 Fn. 90.
[444] Zur Frage, ob Nr. 2b nötig war, s. *Brüggemann* G zur vereinfachten Abänderung von Unterhaltsrenten (1976) § 641p Rdnr. 26.3 gegen amtl. Begründung *BT-Drucks.* VII/4791 S. 19.

[445] → § 641l Rdnr. 2, h. M. – A.M. *Wieczorek*[2] Anm. D II (gehöre zu Nr. 2b).
[446] → Rdnr. 26ff. vor § 704.
[447] → § 641p Rdnr. 2; *Baumbach/Hartmann*[52] Rdnr. 14, vgl. auch § 641p Abs. 1 S. 3. – A.M. *Brüggemann* (Fn. 444) § 641p Rdnr. 9 (aber eine Anpassungs-VO ist ausnahmslos zugänglich → Rdnr. 153 vor § 704); *MünchKommZPO-Coester-Waltjen* § 641p Rdnr. 2.
[448] Vgl. *BT-Drucks.* VII/650. → dazu § 127a Rdnr. 11, § 620c, § 621f. Abs. 2.
[449] → § 620a Rdnr. 11.

79 1. Der Sinn der **Nr. 3** geht weiter als ihr Wortlaut. Gemeint sind nicht nur *Entscheidungen*, die *noch* mit dem *Rechtsmittel der Beschwerde* anfechtbar sind, sondern auch solche, die wegen ihrer Art und ihres sachlichen Inhalts nach der ZPO *beschwerdefähig* wären, wenn die erste Instanz sie erlassen hätte (vgl. §§ 567 Abs. 3, 568 Abs. 2, 3) oder wenn der (im konkreten Fall nicht genügende) Beschwerdewert erreicht wäre (§ 567 Abs. 2), also auch Beschlüsse des BGH, des BayObLG und der Oberlandesgerichte, ferner Beschwerdeentscheidungen der Landgerichte über Prozeßkosten nach § 568 Abs. 3. Nr. 3 gilt auch dann, wenn der Beschwerde die Erinnerung nach § 11 Abs. 1, 3 mit §§ 20f. RpflG vorgeschaltet ist[450].

79a Die Entscheidung muß entweder auf eine vollstreckbare Leistung[451] gerichtet sein, oder es kommt nur Vollstreckbarkeit i. w. S.[452] in Betracht, insbesondere die Tauglichkeit zur Kostenfestsetzung[453] und die Wirkungen der § 775 Nrn.1, 2[454]. Es gehören hierher namentlich Entscheidungen nach § 99 Abs. 2, § 109[455], § 135 Abs. 2, § 141 Abs. 3, § 380[456], §§ 390, 409, 613 Abs. 2, §§ 641d, 656, 721 Abs. 6, §§ 732[457], 766, 793, 811a (s. aber Abs. 4), §§ 887ff.; s. auch §§ 830, 836 Abs. 2, 3. Über Zwangsmittel → § 888 Rdnr. 27f., über Ordnungsmittel → § 890 Rdnr. 44. Wegen Geldstrafen vgl. § 1 Abs. 1 Nr. 1 JBeitrO. Wegen weiterer Vollstreckungstitel → Rdnr. 100 (insbesondere Nr. 2, die i. w. S. noch unter § 794 Nr. 3 fällt, §§ 73, 109 KO). Vgl. auch noch §§ 80, 82 GenossenschaftsG.

79b Nach Erteilung der Vollstreckungsklausel, die zur Vollstreckung i. e. S. auch hier nötig ist[458], kann sofort vollstreckt werden[459], falls nicht eine bereits eingelegte Beschwerde aufschiebende Wirkung hat (§ 572 Abs. 1)[460], die Aussetzung der Vollziehung angeordnet ist (§ 572 Abs. 2, 3) oder § 629d die Wirksamkeit aufschiebt, s. auch § 811a Abs. 4. Zum Rechtskraftzeugnis → § 706 Rdnr. 13.

80 2. **Einstweilige Anordnungen** nach den §§ 127a, 620 S. 1 Nrn. 4–9, 621f sind bei entsprechendem Inhalt Vollstreckungstitel nach **Nr. 3 a**. Zur str. Frage, ob sie einer Vollstreckungsklausel bedürfen[461], → § 620a Rdnr. 10 Fn. 68. Zur Dauer der Vollstreckbarkeit → § 620f. Rdnr. 1f. und § 775 Rdnr. 8. Maßnahmen nach § 620 S. 1 Nr. 7 zugunsten eines Ehegatten sind nur dann *Räumungstitel*, wenn sie eindeutig Herausgabe der Wohnung bzw. Auszug des anderen anordnen[462].

81 VI. Zu **Vollstreckungsbescheiden** (Nr. 4) → § 700 Rdnr. 3, § 796 Rdnr. 1.

VII. Schiedssprüche, schiedsrichterliche und Anwaltsvergleiche (Nr. 4a)

81a Entscheidungen, die Schiedssprüche, schiedsrichterliche Vergleiche oder Anwaltsvergleiche für vollstreckbar erklären, müssen nach **Nr. 4 a** entweder rechtskräftig oder vorläufig vollstreckbar sein, s. §§ 1042ff. Fehlt der Ausspruch zur vorläufigen Vollstreckbarkeit, so gilt § 716 auch für Beschlüsse nach § 1042c[463]. Im Falle des § 1044b Abs. 2 wird eine Entscheidung entbehrlich durch die Zustimmung der Parteien, → dazu § 1044b Rdnr. 10f. Zur Wirkung des § 894 Abs. 1 S. 1 → § 1042 Rdnr. 2.

---

[450] *Wieczorek*[2] Anm.E I a 3; *MünchKommZPO-Wolfsteiner* Rdnr. 117.
[451] → Rdnr. 18 a. E. vor § 704.
[452] → Rdnr. 47a-49 vor § 704.
[453] → § 103 Rdnr. 3ff., § 788 Rdnr. 41, § 813a Rdnr. 17.
[454] → § 775 Rdnr. 8f., 12f., 22ff.
[455] Art.5 Nr. 1, Art.7 Abs. 1 des G über die Prozeßkostenhilfe vom 13. VI. 1980 BGBl. I 677.
[456] Als Kostengrundentscheidung nur für Parteien, nicht deren Anwälte geeignet *LG Berlin* Rpfleger 1978, 331 = Büro 928.
[457] → § 732 Rdnr. 10f.
[458] → § 724 Rdnr. 1; *Wolfsteiner* (Fn. 450).
[459] → Rdnr. 49a vor § 704, § 572 Rdnr. 3 Fn. 2 mwN.
[460] Ab Beschwerdeeinlegung bis zur Entscheidung darf eine vollstr.Ausf. nicht erteilt werden → § 572 Rdnr. 3, 6.
[461] Das entspräche dem Wortlaut des § 795, s. BT-Drucks. 10/2888 zu Nr. 22; dafür *MünchKommZPO-Wolfsteiner* Rdnr. 119, a.M. *MünchKommZPO-Klauser* § 620 Rdnr. 44.
[462] → dazu § 885 Rdnr. 1 (20. Aufl. Fn. 13), Rdnr. 5.
[463] *Schwab* Schiedsgerichtsbarkeit[4] Kap. 28 IV 2a, → § 1042b Rdnr. 4.

VIII. Vollstreckbare Urkunden (Nr. 5)

Vollstreckbare Urkunden **(Nr. 5)**[464] erlauben die Zwangsvollstreckung, ohne daß der Anspruch[465] durch Urteil oder in einem sonstigen Verfahren festgestellt wird. Der (vorläufige) Verzicht auf richterlichen Spruch erspart dem Gläubiger Zeit, dem Schuldner Kosten[466]. Die Unterwerfungserklärung entzieht dabei dem Schuldner nicht den Rechtsschutz[467], sondern bürdet ihm nur die Last zur rechtzeitigen Verteidigung auf, §§ 795, 797 mit 732, 767, erleichtert durch § 798, freilich ohne den besonderen Schutz des § 717 Abs. 2[468]. Denn sie bezieht sich stets auf einen nur *angeblichen*, wenn auch urkundlich bezeichneten Anspruch, und kann diesen (anders als z.B. mitbeurkundete Rechtsgeschäfte) materiell-rechtlich weder erzeugen noch verstärken[469] oder auch nur bestätigen[470], sondern eröffnet lediglich den formellen Zugang zur Vollstreckung[471]. 82

An diesen ausschließlich vollstreckungsrechtlichen Folgen der Unterwerfungserklärung ändert sich auch dann nichts, wenn in der Urkunde *außerdem* Erklärungen mit materiell-rechtlicher Wirkung enthalten sind, etwa abstrakte oder deklaratorische Schuldanerkenntnisse[472]; diese beeinflussen allenfalls die Erfolgsaussicht einer Vollstreckungsgegenklage des Schuldners, mit welcher er materielle Schranken geltend zu machen hat[473]. Entsprechendes gilt, falls solche zusätzlich protokollierten Geschäfte unwirksam sind, mögen sie auch der Grund für die Unterwerfung sein[474]. Zur Leistungs- oder Feststellungsklage trotz vollstreckbarer Urkunde → Rdnr. 102. Die gedankliche Trennung von Vollstreckung und materiellem Anspruch, Rdnr. 21 f. vor § 704, ist daher gerade auf diesem Gebiet wichtig und erleichtert die Lösung fast aller auftauchenden Probleme. – Über Urkunden gemäß § 642c Nr. 2 → Fn. 554 a.E.; zur Unterwerfung im öffentlich-rechtlichen Vertrag s. § 61 VwVfG[475]. 82a

---

[464] Lit: *Wolfsteiner* Die vollstreckbare Urkunde (1978) u. DNotZ 1990, 531; *J. Münch* Vollstreckbare Urkunde usw. (1989), dazu *Münzberg* ZZP 104 (1991), 227; *Lent* DNotZ 1952, 411; *Bühling* DNotZ 1953, 458; *Knöchlein* JR 1958, 367; *Haegele* Rpfleger 1961, 137; *Jansen* FGG² § 52 BeurkG Rdnr. 13 f.; *Schmucker* BWNotZ 1971, 160; *Baur* FS für H. Demelius (1973), 315 ff.; *Feucht* BWNotZ 1975, 37 ff.; *Magis* MittRhNotK 1979, 111 ff. Wegen älterer Lit → 19. Aufl. Fn. 192. – Für Österreich *Rechberger/Oberhammer/Bogensberger* Der vollstreckbare Notariatsakt (Wien 1994).

[465] Im prozessualen Sinn, → dazu Einl.(20. Aufl.) Rdnr. 286ff.; *MünchKommZPO-Wolfsteiner* Rdnr. 179f.; *Stürner* ZZP 93 (1980), 234; *Magis* (Fn. 464) 116, 125; *Hager* ZZP 97 (1984), 192; *Münch* (Fn. 464) 165ff., dazu *Münzberg* ZZP 104 (1991), 227. Das meinen wohl auch OLGe Celle und Hamm DNotZ 1969, 105; Rpfleger 1991, 377 = Büro 870 mit »Vollstreckungsanspruch«, der vom materiellen zu unterscheiden sei. → ferner Rdnr. 89 Fn. 529, Rdnr. 95 a.E. – A.M. *Rosenberg/Gaul*¹⁰ § 13 II 2c (arg. § 797 Abs. 4; aber es geht hierbei im Kern um Bestimmung der Anspruchsidentität mithilfe prozessual bewährter Kriterien *Münzberg* aaO).

[466] Ob der Schuldner gemäß § 93 dem Gläubiger den Anlaß zur Klage nimmt durch freiwillige Titulierung nach Nr. 5 oder ob er dem Kläger Veranlassung zur Klage gibt, wenn er diesen Weg verweigert oder auch nur versäumt, ist in Einzelheiten str. Für Grundstückslasten → § 93 Rdnr. 19 (bei Überschuldung Aufforderung unnötig OLG Frankfurt MDR 1980, 855); für Unterhaltsansprüche, insbesondere Regelunterhalt → § 93 Rdnr. 16 Fn. 60 u. die Übersicht DAVorm 1987, 467ff. Zur Bereitschaft, Sockelbetrag auf Kosten des Gläubigers zu titulieren, OLG Düsseldorf FamRZ 1994, 117; sehr eng OLG München FamRZ 1988, 1292⁷¹⁷: Bei bisher pünktlicher Zahlung nicht einmal Last zur gebührenfreien Titulierung; für Zwangshypothek (Duldung) SchlHOLG DGVZ 1987, 1078. Über entsprechende Aufforderung zu **überhöhtem** Betrag OLG Düsseldorf FamRZ 1993, 239 (zu § 1934d Abs. 4 BGB).

[467] Zu Gefahren für den Schuldner *Baur* (Fn. 464), insbesondere S. 319 (zu § 767 Abs. 3); vgl. auch *Stürner* ZZP 93 (1980), 235. Dagegen richtig *Wolfsteiner* (Fn. 464) Rdnr. 5.1 Fn. 1 mwN.

[468] Beim Prozeßvergleich aber ebenso → § 717 Rdnr. 68.

[469] → Rdnr. 21 vor § 704; OLG Nürnberg DNotZ 1990, 566. Vgl. auch BGH NJW 1979, 1163 (Unterwerfung meint den Gläubiger nicht den Vorbehalt nach § 341 Abs. 3 BGB).

[470] Von »Anspruchsfeststellung«, so *Münch* (Fn. 464) 126, sollte man daher besser nicht oder nur in abgeschwächtem Sinne sprechen, *Münzberg* (Fn. 464) 231f. Zur Beweislast → Rdnr. 93 Fn. 604 mit § 767 Rdnr. 44.

[471] BGH NJW 1985, 2423 = ZMR 262; OLG Karlsruhe NJW 1953, 1553; LG München II DNotZ 1990, 575. → auch Rdnr. 92 Fn. 577.

[472] BGH NJW 1976, 567 = Rpfleger 125; JZ 1985, 243, 245 a.E. = NJW 136; BGH NJW 1988, 707 = DNotZ 487 (abl. *Schmitz/Valckenberg*); NJW 1990, 981 = MDR 419¹⁶ (dort weite Auslegung der zugehörigen Zweckerklärung); → auch Fn. 600; OLG Frankfurt OLGZ 1981, 49ff. = Rpfleger 59f. = Büro 460; *Zawar* NJW 1976, 1823. → auch Rdnr. 93 Fn. 607 (AGBG).

[473] *Stürner* (Fn. 467) 234 f.; vgl. auch BGH ZMR 1980, 90f. (ungekürzt) = DNotZ 310 = WM 866 u. die Entscheidungen → Fn. 472, 607.

[474] → § 797 Rdnr. 10; BGH NJW 1994, 2756⁷ mwN.

[475] Lit: *Stelkens/Bonk/Leonhardt*⁴ Rdnr. 11 ff.; *Kopp*⁵ Rdnr. 9.

§ 794 VIII   Erster Abschnitt: Allgemeine Vorschriften   686

83   1. Die Urkunde muß von einem **deutschen**[476] **Gericht oder Notar** innerhalb der Grenzen seiner Amtsbefugnisse in der vorgeschriebenen Form aufgenommen sein; öffentliche Beglaubigung genügt nicht. Über Urkunden aus der ehemaligen DDR → Rdnr. 145, 148f. vor § 704[477] und wegen *ausländischer* Urkunden → Rdnr. 99. Diese Erfordernisse bestimmt das BeurkG[478], dessen § 56 Abs. 4 die Beurkundungen durch *Gerichte* auf die dort in § 62 genannten Angelegenheiten beschränkt[479] und im übrigen nur die *Notare* für zuständig erklärt, §§ 1, 20 BNotO, §§ 1ff. BeurkG. Wegen der noch bestehenden landesrechtlichen Zuständigkeiten s. § 61 BeurkG, zur Beurkundung durch *Jugendämter* § 59f. SGB-VIII (KJHG)[480] mit § 59 BeurkG; s. auch § 1 Abs. 2 BeurkG. Nach § 10 KonsularG[481] können auch Konsularbeamte (vgl. dazu §§ 1, 19, 24 KonsularG) vollstreckbare Urkunden aufnehmen; zur Klauselerteilung → § 797 Rdnr. 4. Prozeßgerichte sind nicht für § 794 Abs. 1 Nr. 5, sondern nur für Nr. 1 zuständig[482].

84   2. Wird die in BR-Drucks. 134/94 Art.1 Nr. 12 vorgesehene Änderung der Nr. 5 nebst der Überleitungsvorschrift des Art.3 Abs. 4 Gesetz, so dürfen *nach* dessen Inkrafttreten beurkundete Unterwerfungen alle Ansprüche betreffen, die »einer vergleichsweisen Regelung zugänglich, nicht auf Abgabe einer Willenserklärung gerichtet sind und nicht den Bestand eines Mietverhältnisses über Wohnraum« betreffen; → zur objektiven Vergleichsfähigkeit Rdnr. 13 und über die dem § 1025 Abs. 1 entsprechende Abgrenzung dort Rdnr. 27ff. *Vorher* errichtete Urkunden müssen die Pflicht zur **Zahlung**[483] **einer bestimmten Geldsumme oder zur Leistung einer bestimmten Quantität vertretbarer Sachen oder Wertpapiere**[484] zum Gegenstand haben (eine Einschränkung, die rechtspolitisch mit § 1044b kaum mehr zu vereinbaren war und durch die Änderung der Nr. 5 beseitigt werden soll[485]). Dazu und zur Bedeutung der in S. 2 angeordneten Gleichstellung der eine dingliche Haftung verwirklichenden **Duldungsansprüche**[486] aus Hypothek[487], Grundschuld, Rentenschuld, Schiffshypothek und Registerpfandrecht an Luftfahrzeugen[488] → § 592 Rdnr. 3f., Rdnr. 1ff. vor § 803. Bei der Unterwerfung wegen Grundpfandrechten auftauchende Fragen sind hier nur teilweise (→

---

[476] Gebietsabtrennung nach Errichtung schadet nicht, → § 704 Rdnr. 1, § 722 Rdnr. 1; *Wieczorek*² Anm. H II a.

[477] Bis zum EinigV waren in der ehemaligen DDR aufgenommene Urkunden seit 1.I. 1976 keine inländischen mehr → 20. Aufl. Rdnr. 144ff. vor § 704. *Wolfsteiner* (Fn. 464) Rdnr. 2.6 u. 79.2 hielt bereits das Inkrafttreten des Grundlagenvertrages am 21.VI. 1973 für entscheidend.

[478] Komm. *Keidel/Kuntze/Winkler* FGG¹² B. Die Wirksamkeitsvoraussetzungen der §§ 6–9, 13 BeurkG gelten auch für die Unterwerfung, s. z.B. für Verstöße gegen § 9 *OLG Hamm* OLGZ 1988, 228f. = Rpfleger 197, dort aber zu streng »offensichtliche Schreibfehler« verneint, krit. *Reithmann* DNotZ 1988, 567; – aber § 724 Rdnr. 2.- Zur früheren Rechtslage → 19. Aufl. VII 1.

[479] Für vorher errichtete Urkunden s. § 68 BeurkG. Lit: *Brüggemann* Beurkundungen im Kindschaftsrecht³ 262ff.

[480] BGBl. 1990 I 1163; davor § 49 JWG. Lit: *Brüggemann* (Fn. 479) passim.

[481] Vom 11.IX. 1974 BGBl. I 2317; s. *Hoffmann/Glietsch* Komm. z. Konsularrecht; zum konsularischen Notariat *Geimer* DNotZ 1978, 16.

[482] Deshalb ist ein **unwirksamer** Prozeßvergleich nicht als gerichtliche Urkunde aufrechtzuerhalten *Wolfsteiner* (Fn. 464) Rdnr. 15.9 a.E., auch wenn er eine »Unterwerfungserklärung« enthält; im wirksamen Vergleich ist sie überflüssig u. eignet sich höchstens zur Abgrenzung von Vergleichspflichten, die nicht vollstreckbar sein sollen (unklar *BGH* Rpfleger 1991, 260 a.E.). Vom Prozeßgericht protokollierte, einseitige wettbewerbliche Unterwerfungserklärungen mit Vertragsstrafenversprechen sind keine Titel, vgl. *BGH* NJW 1980, 1843.

[483] Zur Sicherung nur, wenn sie **durch** Zahlung erfolgen soll. Sicherheitsleistung durch Hinterlegung bestimmter Geldbeträge oder bestimmter Wertpapiere reicht also aus wegen der Parallele zu § 592, → dort Rdnr. 3 u. vgl. *BGH* → § 800 Fn. 20; ebenso *Wolfsteiner* (Fn. 464) Rdnr. 24.6, 25.7 mwN. Der ZV nach §§ 887f. unterliegende Wertansprüche scheiden aus → Rdnr. 6 vor § 803. Soweit die Gegenansicht sich der Geld-ZV unterwerfen will, müßte dies folgerichtig auch für § 794 Abs. 1 Nr. 5 genügen *Münch* (Fn. 464) 268.

[484] Nur als Schuldgegenstand i.S.d. § 884, nicht als vereinbarte Pfändungsobjekte für eine Geldschuld; individuell bestimmte Sachen scheiden hier ganz aus → Rdnr. 98 Fn. 638.

[485] BR-Drucks. 134/94 S. 56f. mwN; *Wolfsteiner* (Fn. 465) Rdnr. 129.

[486] Einschließlich jener nach § 7 AnfG, *Münch* (Fn. 464) 275 Fn. 57 mwN auch zur Gegenansicht.

[487] Auch Reallasten, falls sie den o.g. Inhalt haben, gleichgültig ob man sie nur auf Duldung der ZV oder (auch) auf Leistung gerichtet ansieht → dazu § 592 Rdnr. 4; *Wolfsteiner* (Fn. 464) Rdnr. 64.5 mit *Wolpers*. I.E. unstr. *BayObLG* DNotZ 1959, 405ff. → aber § 800 Rdnr. 2 Fn. 8.

[488] → Rdnr. 14 vor § 704.

Rdnr. 92a), allgemein → § 800 miterörtert. Im Ergebnis kommt es also nur darauf an, ob der Anspruch als »Geldforderung« zu vollstrecken ist i. S. d. Überschrift vor § 803[489]. Anders als bei Hinterlegung[490] ist hier auch fremde Währung »Geld«[491]; zur Vollstreckung → Rdnr. 161ff. vor § 704. Zur Festsetzung von Vollstreckungskosten → § 788 Rdnr. 27.

Daß der materielle Anspruch § 13 GVG unterfällt, verlangt Nr. 5 ebensowenig wie Nr. 1[492]. § 797 Abs. 5 entzieht nämlich einen Streit über den Anspruch nicht dem zugehörigen Rechtsweg, so daß auch von daher öffentlich-rechtliche Forderungen unterwerfungsfähig sein können, falls die Vollstreckung nach den Regeln der ZPO nicht ausdrücklich ausgeschlossen ist[493]. Wenn z. B. für Steuerforderungen Grundpfandrechte bestellt werden dürfen[494], sollte auch die Unterwerfung bezüglich eines Grundstücks wegen öffentlich-rechtlicher Forderungen statthaft sein. Jedoch darf damit ein gesetzlich vorgeschriebener Vollstreckungsweg nicht umgangen werden, so z. B. für § 7 ErstattungsG[495] und für öffentlich-rechtliche *Verträge*, § 61 VwVfG[496], abgesehen davon, daß für ohnehin vollstreckbare *Verwaltungsakte*[497] eine zusätzliche Unterwerfung auch sinnlos wäre. Durfte der Inhalt (Umfang) des Anspruchs nach materiellem öffentlichen Recht nicht auf die geschehene Weise, z. B. nur in einem vorgeschriebenen und nicht eingehaltenen Verfahren bestimmt werden, so ist dies nach §§ 795, 767 geltend zu machen. – Nr. 5 gilt auch für Ansprüche nach ausländischem Recht, selbst wenn dieses keine Unterwerfung kennt[498].

85

Die Leistungspflicht muß persönlich und sachlich **bestimmt** sein[499], worauf in besonderem Maße zu achten ist, falls die → Rdnr. 84 genannte Änderung der Nr. 5 zu Unterwerfungen unter Ansprüche auf Herausgabe, Handlungen oder Unterlassungen führt, → dazu § 883 Rdnr. 1a, § 887 Rdnr. 4, § 888 Rdnr. 2, § 889 Rdnr. 9, § 890 Rdnr. 9ff. *Bestimmbarkeit* genügt nur innerhalb der zu → Rdnr. 26–28 vor § 704 dargelegten Grenzen[500]. Zu Wertsicherungsklauseln → Rdnr. 150ff. vor § 704 und wegen § 642c Nr. 2 → Fn. 554 a. E. Unbestimmtheit ist nicht mit *Bedingtheit* zu verwechseln. Sie ist nach § 726 Abs. 1 zulässig, wenn die »Bedingung«[501] so bestimmt gefaßt ist, daß *bei Klauselerteilung* eindeutig über ihren Eintritt befunden werden kann, mag sie Entstehung, Höhe[502] oder Fälligkeit des Anspruchs

86

---

[489] Der Streit, ob Duldung einer Geld- ZV schon unter S. 1 fällt oder erst aus S. 2 oder/und Abs. 2 folgt, ferner, ob Reallasten (→ Fn. 487) deshalb erfaßt sind, weil § 1107 BGB ihre Natur als Duldungsanspruch aufzeige → Fn. 486, sollte also begraben werden; dazu *Münch* (Fn. 464) 266ff.
[490] → § 108 Fn. 16.
[491] *KG* OLGRsp 42, 164; s. auch *RGZ* 106, 76f. (Vergleich); h. M.
[492] → Rdnr. 16 Fn. 82.
[493] → Rdnr. 2 vor § 704. *BayVGH* VerwRspr 1975, 892 = BayVerwBl 650; *Keidel/Kuntze/Winkler* (Fn. 478) § 52 BeurkG Rdnr. 13 Fn. 1. § 767 führt dann zum VG, *BGH* MDR 1994, 719. – A. M. *Wolfsteiner* (Fn. 465) Rdnr. 211ff., wohl auch *Kopp*[5] § 61 VwVfG Rdnr. 16.
[494] Vgl. § 241 Abs. 1 Nr. 5, § 322 AO; dazu *OLG Köln* NJW 1960, 1110; *Baur/Stürner* SachenR[16] § 37 II 1.
[495] → Rdnr. 101.
[496] Vom 25. V. 1976 BGBl. I 1253. S. aber auch §§ 18, 20 SchutzBerG (Satorius Nr. 695), §§ 60, 66 SGB X.
[497] → Rdnr. 7 vor § 704.
[498] *Wolfsteiner* (Fn. 464) Rdnr. 80.1. Für die Unterwerfung als solche (→ Rdnr. 82, 92) gilt als lex fori stets deutsches Recht *BGH* WM 1981, 189f. = DNotZ 739 = ZIP 158.
[499] So, daß auch nach § 592 entschieden werden könnte BGHZ 22, 57 = NJW 1957, 23, u. zumindest dem ZV-Organ mühelos Berechnung aus Angaben der Urkunde möglich ist *BGH* (Fn. 498); *OLG Celle* (Fn. 465). Lit: *Stürner* JZ 1987, 182f.; *Klaus-Jürgen Sauer* Bestimmtheit usw. (1986); *Münch* (Fn. 464) 284ff. mwN.
[500] Dazu noch: **verneinend** *OLG Celle* NJW 1955, 953 = DNotZ 320 (Zinsen u. Verwaltungskosten eines Hauses); *OLG Düsseldorf* OLGZ 1988, 106 = NJW-RR 698 → Fn. 558 a. E., 561; *OLG Frankfurt* FamRZ 1981, 70 (Unterhalt »abzüglich staatlichen Kindergeldes«, das nicht beziffert ist); *OLG Koblenz* FamRZ 1987, 1291 (Verweisung auf »Düsseldorfer Tabelle«); *OLG Nürnberg* Rpfleger 1990, 307 (Höhe abhängig von Bestätigung eines Minderungsbetrags); *LG Aachen* JMBlNRW 1966, 114 (Gutachterkosten). **Bejahend** *OLG Celle* DNotZ 1969, 103 (Zinsbeginn); *KG* DNotZ 1951, 274 (Beträge aus noch vorzulegenden Rechnungen u. »Versicherungsleistungen in gleicher Höhe wie bisher«, zu Recht abl. *Wolpers*); *KG* OLGZ 1983, 216 = ZIP 371 = DNotZ 681 (bestimmter Betrag pro qm am... nicht verkaufter Wohnfläche); *Bühling* (Fn. 464) 463 (Vermögenssteuerwert einer GmbH) u. dagegen richtig *Knöchlein* (Fn. 464) 370.
[501] Aus Wortlaut u. Sinn des § 726 Abs. 1 folgt, daß es sich über § 158 BGB hinaus auch um gewiß eintretende oder sogar schon eingetretene, aber bisher noch nicht nachgewiesene Umstände handeln darf *Wolfsteiner* (Fn. 465) Rdnr. 233.
[502] *Wolfsteiner* (Fn. 464) Rdnr. 26.8. u. in MünchKommZPO § 794 Rdnr. 226. Insoweit a.M. *OLG Nürnberg* (Fn. 500); *Münch* (Fn. 464) 295f.; *Stöber* (Fn. 12) Rdnr. 26. Bedenken auch bei *Gaul* (Fn. 465) § 13 II 2d

(auch einzelner Raten) beeinflussen[503]. § 726 setzt nämlich nur voraus, daß es *außer* dem Bedingungsnachweis nichts mehr zu entscheiden gibt[504]. Deshalb muß der Bedingungseintritt nicht mit den Urkunden des § 726 feststellbar sein, um Bestimmtheit herzustellen. Denn es genügen auch Offenkundigkeit, Geständnis bei der Anhörung[505], im Prozeß nach § 731 sogar Zeugen- und Sachverständigenbeweis[506]. Gerade aus § 731 ergibt sich klar, daß solche Fragen entgegen verbreiteter Meinung[507] *nicht* die Bestimmtheit, sondern lediglich das Risiko des Gläubigers betreffen, ob die erforderlichen Nachweise gelingen werden. Der Notar darf daher in solchen Fällen die Beurkundung nicht ablehnen, erst recht nicht trotz gelungenen Nachweises die Klausel verweigern. Anders nur, wenn eine Erklärung des Schuldners die gesetzlichen Nachweise *ersetzen* (also diese ausschließen!) soll; denn das wäre in Wahrheit ein für den Gläubiger wertloser Aufschub der (noch nicht wirksamen) Unterwerfung und bedürfte daher erneuter Beurkundung nach § 794 Abs. 1 Nr. 5[508]. Wegen *künftiger Ansprüche* → Rdnr. 89 a. E. Bei teilweiser Unbestimmtheit ist der bestimmte Teil zu vollstrecken[509], auch wenn diese schon bei Erteilung der Klausel gebotene ausdrückliche Beschränkung der Vollstreckbarkeit versäumt wurde. Die noch immer häufig auftretenden Bestimmtheitsprobleme könnten oft dadurch vermieden werden, daß die Unterwerfung dem Gläubiger bezüglich Leistungsumfang, -zeit, Zinshöhe und -beginn eindeutig die materiell (je nach Verlauf der künftigen Ereignisse) *höchstzulässige* Vollstreckung von vornherein ohne Nachweis und damit ohne Beschränkung gemäß § 726 Abs. 1 erlaubt und der Schuldner so die Last auf sich nimmt, materiell ungerechtfertigten Überschreitungen nach §§ 767, 769 zu begegnen[510].

Fn. 87. Aber wenn man der Bedingung von vornherein ansieht, daß sie die Höhe eindeutig fixieren wird, ist deren Bestimmtheit schon **vor** Klauselerteilung garantiert. Daher zumindest im Ergebnis richtig *KG* OLGZ 1983, 216 (Fn. 500); *Wolfsteiner* (Fn. 465) § 726 Fn. 2 Fn. 5. Daher sollte auch »Erstattung der sich aus künftigen Steuerbescheiden gegen den Schuldner ergebenden Grundsteuer für das Grundstück X« genügen, falls dies ausschließlich auf den ersten (also nicht erst nach Rechtsmitteln ergehenden) Bescheid abgestellt und angegeben wird, wann diese Pflicht enden soll; a.M. *Wolfsteiner* (Fn. 465) Rdnr. 228 (vereinbar mit aaO Rdnr. 235?).

[503] → § 726 Rdnr. 3 Fn. 13; *BGH* NJW 1983, 2262 = MDR 923[29]; *KG* OLGZ 83, 216 = ZIP 371 = DNotZ 684; *Wolfsteiner* (Fn. 465) Rdnr. 185. Daher unrichtig *OLG Stuttgart* → § 726 Fn. 19 (künftige Darlehnsauszahlung); *OLG Karlsruhe* Justiz 1984, 303 (entsprechende Erhöhung bezifferten Unterhalts, falls BaFöG-Zuschuß weniger als 250 DM beträgt); *Schmucker* BWNotZ 1971, 161 f. (Zinsbeginn ab Grundbucheintragung). Zur **Wertsicherung** anhand bestimmter Lebenshaltungsindices → Rdnr. 153 vor § 704. – Erhöhung auf einen **bestimmt** angegebenen Zinssatz unter genau bezeichneten Bedingungen (z.B. Verzug) ist vollstreckungsfähig *BGH* aaO u. → Fn. 473; *Haegele* Rpfleger 1975, 158; *Wolfsteiner* (Fn. 464) Rdnr. 26.10; *Stürner* (Fn. 499); → auch § 726 Fn. 18, 44. – **A.M.** *Schmucker* aaO (aber § 726 ist auch auf Anspruchsteile, hier die bestimmt bezeichnete Erhöhung, anwendbar, u. wenn auf den Nachweis verzichtet wird → § 797 Rdnr. 8, ist der erhöhte Satz zu vollstrecken vorbehaltlich § 767). – Sogar in *OLG Düsseldorf* OLGZ 1978, 248 (bezifferter qm-Preis für noch nicht vermessene Grundstücksfläche) hätte § 726 geholfen bei richtiger Formulierung der Unterwerfung, *Stürner* aaO u. *KG* aaO (bezifferter Schaden pro nicht verkaufter qm Fläche, deren Nachweis freilich zu unklar formuliert war, so daß nur Geständnis geholfen hätte → Fn. 507); a.M. *OLG Düsseldorf* NJW-RR 1988, 699 = DNotZ 245 f. (nur i. E. richtig wegen unklarer Formulierung der Bedingung → Fn. 558).

[504] Daß dieser etwa nur auf dem Prozeßweg geführt werden kann, schadet also nicht → Fn. 506 f.

[505] → § 797 Rdnr. 9. »Geständnisse«, die vom Gläubiger vorgelegt, aber **nicht** im Rahmen einer Anhörung an den Notar selbst gerichtet sind, kommen nur als gewöhnliche **Nachweise** in Betracht u. bedürfen daher nach § 726 Abs. 1 besonderer Beurkundung oder öffentlichen Beglaubigung → § 726 Rdnr. 19. Weitergehend *Wolfsteiner* (Fn. 465) Rdnr. 157 mit § 726 Rdnr. 51 (Beurkundung nach § 794 Abs. 1 Nr. 5; dem ist aber nur zuzustimmen im Fall → Fn. 508).

[506] Z.B. für das Erreichen bestimmter Bauabschnitte *OLG Hamm* (Fn. 465) 869. Vgl. *KG* (Fn. 503 a.E.); → auch Fn. 558.

[507] Vgl. statt vieler *Wolfsteiner* (Fn. 465) Rdnr. 227 mit Rdnr. 131 a.E. Er übersieht Rdnr. 151, daß (die von ihm aaO § 726 Rdnr. 50, 52 für zulässig gehaltenen) Geständnisse u. beschränkten Anerkenntnisse **im** Klauselerteilungsverfahren die Klage nach § 731 jederzeit erübrigen können; das Geständnis erwähnt er auch aaO Rdnr. 227 nicht. Dieses ist schon aus Kostengründen ziemlich wahrscheinlich, falls der Schuldner das Verhalten des Gläubigers als korrekt ansieht, u. kann daher die Klage nach § 731 unnötig machen.

[508] Insoweit richtig *Wolfsteiner* (Fn. 465) Rdnr. 233 (»lediglich«), s. auch dort Rdnr. 225. Zu Geständnissen → aber § 797 Rdnr. 9.

[509] Z.B. bei mehreren Ansprüchen, Haupt- u. Nebenanspruch (→ dazu auch § 754 Rdnr. 1b Fn. 22), Grundbetrag u. Wertsicherungsklausel (insoweit richtig *LG Essen* NJW 1972, 2050 = Rpfleger 323) u.ä. Unzulässig ist jedoch die ZV eines ungefähren Mindestbetrags, wenn der gesamte betroffene Anspruch zu unbestimmt ist. Vgl. auch *OLG Frankfurt* (Fn. 500).

[510] → z.B. Rdnr. 88. Solche Gestaltungen mögen bisher entweder an der Ängstlichkeit der (genügend auch über das Kostenrisiko des Gläubigers nach § 767 belehrten?) Schuldner oder der Notare gescheitert sein.

Behandeln Vollstreckungsorgane die Leistungspflicht **fehlerhaft** als bestimmt oder unbestimmt, so können Schuldner bzw. Gläubiger sich nach § 766 wehren → dort Rdnr. 15. Dieser Weg ist aber angesichts der eingeengten und zudem umstrittenen Rechtskraftwirkung von Erinnerungsbeschlüssen[511] dem Schuldner grundsätzlich nur zu empfehlen, wenn er das Vollstreckungsgericht im Hinblick auf einstweilige Einstellung (§ 766 Abs. 1 S. 2) schneller erreichen kann als das für § 732[512] zuständige Gericht, § 797 Abs. 3; denn eine Beseitigung der Klausel erspart mit Sicherheit Erinnerungen gegen weitere Vollstreckungsversuche und § 732 Abs. 2 erlaubt ebenso einstweilige Einstellungen. Zulässig ist auch je nach den Umständen eine Feststellungsklage[513], während § 767 ausscheidet, wenn nur Unbestimmtheit gerügt wird[514]. Der Gläubiger sollte einer **Leistungsklage**[515] den Vorzug geben vor einer Feststellungsklage, wenn die Bestimmtheit der Urkunde umstritten ist und er die Erfolgsaussichten von Beschwerden in den Verfahren nach § 766 oder § 732 für gering hält; ihm vor Ausschöpfung aller Rechtsbehelfe das Rechtsschutzbedürfnis für eine Klage abzusprechen, wäre hier ebensowenig angebracht wie in den Fällen → §§ 727 Rdnr. 7, 731 Rdnr. 6, 767 Rdnr. 14.

87

Außer den Ausführungen → Rdnr. 26–28 und 150 ff. vor § 704 ist zur **Bestimmtheit der Leistung** noch zu erwähnen: Bei Höchstbetragshypotheken, § 1190 BGB, muß die auf den Duldungsanspruch bezogene, meist kurz »dinglich« genannte[516] Unterwerfung sich auf einen innerhalb des Höchstbetrags liegenden, ohne Einschränkung bezifferten Betrag beziehen[517] oder auf bestimmte wiederkehrende Leistungen[518]. Auch wenn sonst die Höhe einer Forderung noch nicht feststeht, muß ein bezifferter Betrag als schlechthin geschuldet bezeichnet werden, nicht etwa die höchstmögliche Summe nur »als obere Grenze«[519]. Zu § 767 als Korrektiv → Rdnr. 82. Strafzinsen »bis zu...%« sind also nur vollstreckbar, wenn der Schuldner sich so unterwirft, daß sie auf Verlangen des Gläubigers ohne weiteres zu zahlen sind[520]. Unbezifferte *Kosten eines Rechtsstreits* sind nicht »bestimmt«[521]; solche Urkunden wären nicht zur Festsetzung geeignet, anders als ein Prozeßvergleich[522]. Für *Vollstreckungs-*

88

---

[511] → § 766 Rdnr. 50.
[512] → § 732 Fn. 4 und Fn. 116 vor § 704.
[513] → Rdnr. 31 vor § 704.
[514] → § 767 Rdnr. 11 Fn. 68, 76. Aber § 767, wenn der Betrag der Hauptforderung gezahlt wurde, der Zinsanspruch also unbestimmt ist u. daher nur nach § 767 verhindert werden kann, daß mit dem trotz Tilgung noch vollstreckbar gebliebenen Hauptanspruch materiell Zinsen vollstreckt werden, insoweit richtig *OLG Düsseldorf* OLGZ 1980, 84 f.
[515] → Rdnr. 31 vor § 704 und § 766 Rdnr. 54.
[516] → Rdnr. 84 Fn. 486. Für die persönliche Unterwerfung gelten keine Besonderheiten.
[517] Richtig obiter *BGH* → Fn. 519. Volle Ausschöpfung der Haftsumme in der Hypothekenbestellungsurkunde verbietet sich aber nicht wegen § 794 Nr. 5 (also um eine betragsmäßige Unbestimmtheit der gesicherten Forderung zu vermeiden); denn bei Verkehrs- u. Sicherungshypotheken ist die jeweilige Valutierung meist ebenso variabel u. grundbuchlich unerkennbar, *KG* JR 1926, 505[623] = DNotZ 260; *Bühling* (Fn. 464) 469 ff. Es kommt hier wie sonst nicht darauf an, in welcher Höhe der materielle Anspruch wirklich besteht → Rdnr. 82; so richtig *Lent* (Fn. 464) 412. Das Problem liegt nur bei der *Eintragung im Grundbuch* u. darum ging es bei sämtlichen hierzu zit. Entscheidungen, vgl. *KG* aaO u. *BayObLGZ* 1954, 196 = NJW 1808 = DNotZ 1955, 313; *BayObLG* NJW-RR 1989, 1467 = DNotZ 1990, 594 mwN; *OLG Frankfurt* Rpfleger 1977, 220 je mwN: Wenn Eintragung begehrt wird, müsse die Höchstsumme bei der Angabe des Anspruchs unterschritten werden, aber wegen § 794 Nr. 5, der die prozessuale Unterwerfung unter jeden bestimmten Betrag erlaubt, *Wolfsteiner* (Fn. 465) Rdnr. 250, sondern weil sonst das von der h. M. zu § 1190 BGB zumindest für einen Teil des materiellen Anspruchs geforderte Merkmal der *Unbestimmtheit* fehlen würde!

Daran scheitern kann deshalb nicht die Unterwerfung → Fn. 465, 472, 577, sondern höchstens die Entstehung der Hypothek, was nach § 767 geltend zu machen wäre; u. auch das droht nicht, wenn der bestimmte Betrag nur in der Unterwerfungserklärung, nicht aber in der Eintragungsbewilligung erscheint, *Münch* DNotZ 1990, 598 – gegen *BayObLG* aaO 596 u. *Sauer* (Fn. 499) 70 ff.; dazu ausführlicher *Münch* (Fn. 464) 289 ff.
Dagegen dürfen an die *Individualisierung* des Duldungsanspruchs (→ Rdnr. 89) nicht strengere Anforderungen gestellt werden als bei sonstigen Hypotheken, arg. § 1113 Abs. 2 BGB, *Münch* DNotZ 1990, 600; a.M. *Wolfsteiner* (Fn. 464) Rdnr. 69.6, richtig aber aaO 14.2 u. 69.11 f.
[518] *OLG Colmar* OLGRsp 17, 337.
[519] *BGH* BB 1971, 195 u. 635 = DNotZ 233 = WM 165; Rpfleger 1983, 408; vgl. auch *OLG Düsseldorf* NJW 1971, 437.
[520] *BGH* (Fn. 519); *LG Stuttgart* BWNotZ 1974, 134. Daß die sofortige ZV sich auch auf den Höchstsatz beziehen soll, kann sich durch Auslegung ergeben *BGH* (Fn. 473, 503); a.M. wohl *OLG Stuttgart* DNotZ 1983, 52 f.
[521] → Rdnr. 29 vor § 704. *Jansen* (Fn. 464) Rdnr. 6; *Knöchlein* (Fn. 464) 370; *Wolfsteiner* (Fn. 464) Rdnr. 27.9 mwN. Unbedenklich ist die Bezifferung eines (obwohl nur vorausgeschätzten) Betrags unter der Bedingung, daß in einem bestimmten Verfahren genau bezeichnete Entscheidungen erlassen oder Prozeßhandlungen vorgenommen werden, → Rdnr. 86 a.E. – A.M. *OLG München* ZZP 52 (1927) 209 = LeipzZ 1926, 764; *Haegele* (Fn. 464) 139; nach *Baumbach/Hartmann*[52] Rdnr. 29 sollen »Kosten des Rechtsstreits« über einen bestimmten Anspruch genügen.
[522] → § 103 Rdnr. 3.

kosten ist eine eigene Unterwerfungserklärung überflüssig wegen § 788[523]. »*Nebenleistungen*«, die oft neben bestimmten Zinsen[524] angegeben werden, müssen auch dann beziffert sein (notfalls unter Vorausschätzung → Fn. 521), wenn sie sich aus dem Gesetz ergeben[525]. Ist die *Leistungszeit* nicht erklärt, so gilt § 271 Abs. 1 BGB[526]; ebenso laufen Zinsen sofort, wenn ihr Beginn überhaupt nicht angegeben ist[527]; anders bei unklarer Angabe → Rdnr. 91 Fn. 558, 562 und über Verzugszinsen Fn. 561.

89 Die Angabe des *Schuldgrundes* in der Urkunde ist nicht erforderlich[528], falls der Anspruch sonstwie individualisiert ist[529], bei Grundpfandrechten z.B. durch Verweisung auf die genau bezeichnete Grundbucheintragung oder auf die Bestellungsurkunde[530]. Jedoch ist der Schuldgrund bei der Beurkundung insoweit offenzulegen, als davon die Zuständigkeit zur Beurkundung[531] bzw. die Unterwerfungsfähigkeit des Anspruchs[532] abhängen. Nur zur Individualisierung kann auf Schriftstücke jeglicher Art *Bezug genommen* werden, auch wenn sie nicht beigefügt sind[533]; zur Unterwerfung → aber Rdnr. 91b. Auch wenn der Anspruch auf einem Vertrag beruht, muß nur die Erklärung des Schuldners beurkundet sein[534]. Beliebig kann ein *Erfüllungszeitpunkt* bestimmt[535] oder eine Kündigung vorgesehen oder die Pflicht von einer *Bedingung* oder Gegenleistung (Vorleistung oder Leistung Zug um Zug, §§ 726 Abs. 2, 756, 765) abhängig gemacht werden[536]. Auch *künftige Ansprüche* sind geeignet, wenn die **Bezeichnung des Gläubigers**[537] und des Betrags oder der vereinbarten Teilbeträge genügend bestimmt ist[538]. Daher genügt es, wenn die Erklärung des Schuldners nur erst ein *Angebot* ist[539], z.B. auf einen Vertrag nach §§ 780 oder 781 BGB[540], oder wenn er sich anläßlich der Beurkundung eines ihm unterbreiteten Angebots schon jetzt unterwirft für den erst nach seiner Annahme entstehenden Anspruch[541].

---

[523] *Wolfsteiner* (Fn. 464) Rdnr. 52.3 ff. Die Beurkundungskosten gehören nicht zu § 788 u. sind auch einer unbezifferten Unterwerfung nicht zugänglich *Wolfsteiner* aaO.

[524] → dazu Rdnr. 91 Fn. 557 f.

[525] Vgl. *BGH* (Fn. 473, 503). Ausnahme: § 1115 Abs. 2 BGB.

[526] → § 751 Rdnr. 1 a. E.

[527] *Wolfsteiner* (Fn. 464) Rdnr. 27.15. → auch § 751 Rdnr. 1 Fn. 4.

[528] *BGH* DNotZ 1965, 546 = WM 1964, 1215; *Haegele* (Fn. 464) 138; *Thomas/Putzo*[18] Rdnr. 55; *Hartmann* (Fn. 521) Rdnr. 36; vgl. auch *BGH* NJW 1976, 567 = Rpfleger 125.

[529] *Lent* (Fn. 464) 412; *Wolfsteiner* (Fn. 465) Rdnr. 189. Denn nach Wortlaut u. Sinn kann nicht eine Geldsumme usw. sondern nur »ein Anspruch« vollstreckbar sein; s. dazu *RGZ* 132, 8; *OLG Schleswig* WM 1980, 965; *Wolfsteiner* (Fn. 464) Rdnr. 14.1 ff., insoweit zutreffend auch 14.15 f. Wie hier *Wieczorek*[2] Anm. H IV a 2; *Münch* (Fn. 464) 176, 286; wohl auch *BGH* → § 800 Fn. 20 (denn ohne Individualisierung ist der Anspruch auch nicht für den Urkundenprozeß geeignet). → auch Rdnr. 95; s. dazu aber *Stürner* ZZP 93 (1980), 234.

[530] Näheres → Rdnr. 91b.

[531] → Rdnr. 83.

[532] → Rdnr. 85.

[533] *Wolfsteiner* (Fn. 464) Rdnr. 14.14 mwN; vgl. auch *BGH* Fn. 472 u. → § 800 Rdnr. 4 Fn. 20 (Bezugnahme auf Briefgrundschuld, deren Bewilligung nur öffentlich beglaubigt war).

[534] → auch unten Fn. 539.

[535] → Rdnr. 88 a. E.

[536] → Rdnr. 86.

[537] Näheres *Wolfsteiner* (Fn. 464) Rdnr. 32.3 ff. (auch für Wechsel u. Inhaberschuldverschreibungen). Der Gläubiger kann anders als durch Namensnennung bezeichnet werden, z.B. Inhaber der Firma X, Eigentümer des Grundstücks Y; aber dies muß so eindeutig geschehen (Firmenbezeichnung, Ort, Grundbuch, vgl. *KG* JW 1938, 56), daß bei Klauselerteilung der Name ohne Zweifel angegeben werden kann, u. es gilt hier § 727, wenn der Gläubiger ein anderer ist als bei Unterwerfung, → auch § 727 Rdnr. 32 f. – Wegen mehrerer Gläubiger u. Leistungen an Dritte → § 797 Fn. 6 mwN. Unterwerfungen zugunsten aller (jeweiligen) Mitglieder einer **Wohnungseigentumsgemeinschaft** bedürfen der Namensnennung bei Klauselerteilung, bei Rechtsnachfolge nach Unterwerfung gilt § 727, *Wolfsteiner* (Fn. 465) Rdnr. 194 mwN auch zur Gegenmeinung, die Pauschalbezeichnung reiche zur ZV aus.

[538] Allg. M. seit *RGZ* 132, 7; z.B. *OLG Hamm* (Fn. 465); im einzelnen *Wolfsteiner* (Fn. 464) Rdnr. 30.1 ff. u. 31.1 ff.

[539] *RGZ* 84, 318; 129, 170; 132, 7; *BGH* WM 1978, 577; *Haegele* (Fn. 464); *Zawar* (Fn. 472) 1824. Fehlt eine nach materiellem Recht nötige Form für die Annahmeerklärung des Gläubigers, so begründet dies eine Vollstreckungsgegenklage (vgl. *OLG Düsseldorf* DNotZ 1958, 420, aufgehoben durch *BGH* DNotZ 1958, 579 = WM 1194, der die Annahme bejahte), u. zwar nach § 768, wenn die Notwendigkeit der Annahme aus dem Titel selbst hervorgeht → § 726 Rdnr. 3 (oder statt dessen § 732, s. *Hieber* zu BGH aaO), andernfalls nach § 767, weil es am Anspruch fehlt, s. §§ 795, 797. Die Annahme kann nach § 151 S. 1 BGB im Antrag auf Erteilung der Klausel gesehen werden, *BGH* u. *OLG Frankfurt* (Fn. 472). – Zur Unterwerfung des Käufers in der Angebotsurkunde des Verkäufers s. *Winkler* DNotZ 1971, 354 ff. u. *Haegele* Rpfleger 1975, 157 f.

[540] → dazu Rdnr. 82 a Fn. 472.

[541] In *BayObLG* DNotZ 1987, 177 war eine »Unterwerfung« für künftigen Kaufpreis »für den Fall der Annahme des Angebots« des Verkäufers von vornherein

Auch dann muß jedoch der Gläubiger, an den das Angebot gerichtet ist, schon in der Urkunde   **89a**
bezeichnet werden; seine Person darf nicht bis zur Klauselerteilung ungewiß bleiben (anders sein Name
→ Fn. 537). Unterwirft sich daher der Grundstückseigentümer einer Eigentümergrundschuld[542] und
zugleich in einem Angebot gemäß § 780 BGB persönlich der Zahlung des Grundschuldbetrags[543], so muß
er entweder schon den Gläubiger nennen, dem die Grundschuld abgetreten werden soll[544], oder bei
dieser Abtretung die persönliche Unterwerfung wiederholen[545].

Die Vollstreckung kann auch von vornherein zeitlich[546], gegenständlich oder sonstwie,   **90**
z. B. auf bestimmte Vollstreckungsarten **beschränkt** werden z. B. in den Fällen §§ 1990 Abs. 1
S. 2, 419 Abs. 2 BGB, wenn die Vollstreckung nur in eine vom Schuldner verwaltete Vermögensmasse gestattet sein soll, mag sie ganz oder teilweise Dritten gehören[547], oder wenn
zunächst nur Pfändung gestattet ist, während für die Verwertung ein Urteil abgewartet
werden soll[548], oder wenn bei einer Gesamthypothek die Vollstreckung in eines der haftenden Grundstücke in der Unterwerfung ausgenommen wird[549]. Solche Beschränkungen stehen
der Klauselerteilung nicht entgegen; soweit sie unter §§ 780, 786 fallen[550], sind sie nach § 767
geltend zu machen. Über **aufschiebende Bedingungen** → Rdnr. 91, 91a; Erleichterungen der
dort geforderten Nachweise können wie → § 797 Rdnr. 8 vereinbart werden. Zu **Befristungen** nach § 751 Abs. 1 → Rdnr. 91a, wegen vereinbarter Sicherheitsleistung des Gläubigers
→ § 751 Rdnr. 7 ff. Bei sonstigen Beschränkungen, z. B. »Hinterlegung« beim Notar[551], ist die
Klausel entsprechend dem Titelinhalt eingeschränkt zu erteilen; dann ist vom Klauselinhalt
abweichende Vollstreckung nur nach § 766 zu rügen. Wegen nachträglicher Beschränkungen
→ Rdnr. 99 vor § 704, § 766 Rdnr. 21 ff.; war hier die Klausel schon vor der Beschränkung
ordnungsgemäß erteilt worden, so scheidet § 732 aus. Eine *Beschränkung von Einwendungen* gegen den verbrieften Anspruch kann in der Urkunde vereinbart werden[552]. Auf die
gesetzlichen Wartefristen → § 750 Rdnr. 5 kann jedoch nur bei oder nach der Vollstreckung
verzichtet werden[553]. Zur **Klauselerteilung** → § 797 Rdnr. 2 ff.

3. Der Schuldner muß sich der **sofortigen Zwangsvollstreckung in der Urkunde ausdrücklich unterworfen haben**, wozu aber die Worte des Gesetzes nicht erforderlich sind; es genügt,   **91**
wenn der Schuldner klar zum Ausdruck bringt, daß die Vollstreckung ohne Urteil gestattet

---

nicht als Erklärung des Schuldners (Käufers) anzusehen,
weil sie nur im »Abschnitt Angebot« des Verkäufers enthalten war (sie nannte zudem nicht den Betrag).
[542] → § 800 Fn. 7.
[543] Zur Diskussion darüber *Zawar* → Fn. 472; *Wolfsteiner* (Fn. 464) Rdnr. 70.15 ff. mwN.
[544] *KG* OLGZ 1975, 416 = Rpfleger 371 (Abtretung nur notariell beglaubigt); *Wolfsteiner* (Fn. 464) Rdnr. 70.15 ff. – A.M. wohl *OLG Frankfurt* (Fn. 472); aber nach §§ 133, 157 BGB nur der 1. Zessionar als Geldgeber gemeint sein kann, wahrt noch nicht die Form des § 794 Nr. 5.
[545] Weitergehend *BGH* → Fn. 472: dort war die Abtretung im Unterschied zu *KG* (Fn. 544) immerhin notariell beurkundet und geschah »unter denselben Bedingungen..., insbesondere auch mit der Unterwerfung unter die sofortige ZV ...«. Darin liegt zwar eine inhaltliche Bezugnahme (→ dazu Rdnr. 91b), aber die 1. Unterwerfung war wenigstens gegenständlich bestimmt u. d. 2. bezeichnete den Gläubiger, so daß es gerade noch vertretbar sein mochte, beide Urkunden als Einheit zu werten. –
A.M. *Wolfsteiner* (Fn. 464) Rdnr. 70.15 ff.
[546] Wichtig bei wiederkehrenden Leistungen, z. B. Unterhalt für eheliche Kinder: ohne eindeutige Beschränkung geht ZV über Volljährigkeit hinaus (»zu Händen des jeweils gesetzlichen Vertreters« sichert nur Erfüllung!), *LG Kleve* Büro 1991, 2696 = FamRZ 357.

[547] Vgl. § 740 ZPO; § 6 Abs. 2 KO, §§ 1984 ff., 2206 ff. BGB.
[548] So *BGHZ* 16, 180 = NJW 1955, 546 = JZ 336 für eine bezifferte, aber im Bestand noch unsichere Regreßforderung; *OLG Saarbrücken* → Fn. 597.
[549] *Wolfsteiner* (Fn. 465) Rdnr. 247; *Jansen* (Fn. 464) Rdnr. 11 mwN auch zur Gegenmeinung. Diese übersieht, daß dadurch die gesetzliche Haftung nicht verändert wird; die ZV in das zunächst ausgenommene Grundstück wird durch Klage ermöglicht. Ein Mithaftvermerk muß freilich die Beschränkung kundtun *BGH* NJW 1958, 630 f.
[550] → aber dort Rdnr. 7..
[551] So legt *Wolfsteiner* DNotZ 1991, 538 eine Unterwerfung aus (die *OLG Düsseldorf* aaO 537 unrichtig als durch diese »Hinterlegung« auflösend bedingt ansieht), obwohl Bezugnahme auf den materiell so beurkundeten Teil fehlte, → dagegen Rdnr. 91a Fn. 563.
[552] *BGH* WM 1976, 907 (auch zu § 138 BGB gegenüber Beschränkungen, die einem Ausschluß des § 797 Abs. 4 gleichkommen); ein Verzicht auf die Klage liegt darin nicht, sondern mit ihr kann gerade die Wirksamkeit des Verzichts überprüft werden.
[553] → Rdnr. 100 vor § 704, § 750 Rdnr. 8, § 798 Rdnr. 3.

sein soll⁵⁵⁴. Unentbehrlich ist die genaue *Bezeichnung des Gläubigers*⁵⁵⁵ und des Vollstreckungsumfangs⁵⁵⁶, notfalls unter wiederholter (bezifferter) Bezeichnung der vorher beurkundeten Ansprüche, insbesondere auch des Prozentsatzes und des Beginns der *Verzinsung*, falls ihr sofortiger Beginn⁵⁵⁷ dem übrigen Urkundeninhalt widerspräche⁵⁵⁸. Unterwerfung unter mehrere Ansprüche ermöglicht auch dann die Vollstreckung aller, wenn sie sich auf materiellrechtlich identische oder sich überschneidende Forderungen beziehen, was für Schuldner lediglich Einwendungen nach § 767 begründen kann⁵⁵⁹. Pauschale Formulierungen wie »wegen der vorbezeichneten Forderungen« können z. B. zur (teilweisen) Unwirksamkeit führen, wenn Ansprüche beurkundet sind, die nicht alle für § 794 Abs. 1 Nr. 5 geeignet sind⁵⁶⁰ oder deren Bedingungen⁵⁶¹ sich nicht vollständig aus der Urkunde ergeben⁵⁶².

91a   Durch solche ausdrücklichen⁵⁶³ Bezugnahmen werden im anspruchsbeschreibenden Teil der Urkunde enthaltene *Beschränkungen*⁵⁶⁴ grundsätzlich auch Bestandteil der Unterwerfung⁵⁶⁵. Das gilt vor allem für kalendermäßige **Befristungen**⁵⁶⁶, da es für den Ausschluß der Wirkungen des § 751 Abs. 1 kaum sachliche Gründe gibt, während bei **Bedingungen**, da sie erhebliche Probleme bei Klauselerteilung (und bei hierbei unterlaufenen Fehlern auch in der

---

⁵⁵⁴ *Bühling* (Fn. 464) 461; *Wolfsteiner* (Fn. 464) Rdnr. 13.1 f. Z.B. beurkundete Bewilligung der Eintragung einer Unterwerfung nach § 800 nebst Eintragungsantrag *LG Düsseldorf* ZIP 1981, 970 (Notar hatte vorherige Unterwerfung nur beglaubigt dem Grundbuchamt überreicht). Zusätzliche Unterwerfung eines Schuldübernehmers in derselben Urkunde bedeutet noch nicht, daß die Unterwerfung des Schuldners (auch wenn sie vorgedruckt war) entfällt *BGH* WM 1978, 577f. Wegen der Unterscheidung zwischen ZV in eigenes und in fremdes Vermögen → Rdnr. 97 Fn. 633f. – Die Urkunden des § 642c Nr. 2 gehören nicht hierher, sie sind nur im weiteren Sinne (Rdnr. 47ff. vor § 704) vollstreckbar, → Rdnr. 73, vgl. auch *Wieczorek*² Anm. H V d, es sei denn, der derzeitige Betrag ist mit aufgenommen.
⁵⁵⁵ Er muß schon im Zeitpunkt der Unterwerfung mindestens bestimmbar sein *Wolfsteiner* (Fn. 465) Rdnr. 238. → auch Rdnr. 88 Fn. 537, Rdnr. 89a. Zu Leistungen an Dritte → § 724 Rdnr. 8a Fn. 54, 61 mwN u. *Wolfsteiner* (Fn. 464) Rdnr. 14.8.
⁵⁵⁶ → Rdnr. 86–89.
⁵⁵⁷ → Rdnr. 88 a. E.
⁵⁵⁸ Vgl. *LG Stuttgart* BWNotZ 1974, 134; dazu *Haegele* Rpfleger 1975, 158. Ausreichend für Grundschuldzinsen ist Beginn mit Eintragung im Grundbuch, der dann in der Klausel anzugeben ist; *OLG Stuttgart* Justiz 1973, 176 = Rpfleger 222 = BWNotZ 68 = DNotZ 1974, 358, so auch *Haegele* (Fn. 464); *Magis* (Fn. 464) 125; a.M. *Feucht* (Fn. 464) 40; *Schmucker* (Fn. 503) 162. Bedenklich *OLG Celle* DNotZ 1969, 102ff., denn mit »Fertigstellung von Wohnungen« können unterschiedliche Stadien gemeint sein; ist jedoch nicht auf die Fertigstellung bzw. den Baufortschritt als solchen, sondern auf eine schriftliche Mitteilung vom angeblichen Bauerfolg abgestellt bzw. auf eine mit ihr beginnende Frist für die Fälligkeit, so gilt § 726, u. wenn dies nicht in der gesetzlichen Form nachgewiesen werden kann, ist das keine Frage der Bestimmtheit → Rdnr. 86 Fn. 507 (bzw. bei vereinbarter Klauselerteilung ohne Nachweis: § 767, s. *BGH* → Fn. 519). Daher insoweit unrichtig *OLG Düsseldorf* OLGZ 1980, 339f. → Fn. 514; diesem zust. *Zöller/Stöber*¹⁸ Rdnr. 26, u. zu eng früher *Wolfsteiner* (Fn. 464) Rdnr. 26.15, anders jetzt in *MünchKommZPO* Rdnr. 229 f. Beginn mit Darlehensauszahlung genügt → Rdnr. 86; *Feucht* (Fn. 464) 39; a.M. *OLG Stuttgart* BWNotZ 1974, 38; *Schmucker* aaO 161.

Aus den gleichen Gründen hätte auch in *OLG Düsseldorf* OLGZ 1988, 106 = NJW-RR 698 = DNotZ 243 (abl. *Reithmann*) der bedingte Zinsbeginn je nach Datum der Räumung des Kaufobjekts genügt, *Wolfsteiner* (Fn. 465) Rdnr. 230, wären nicht noch zusätzlich Unklarheiten dazugekommen.
⁵⁵⁹ Erst dort kommt es dann darauf an, ob dem Gläubiger die Beträge kumulativ oder nur alternativ zustehen, s. *BGH* NJW 1988, 707 = DNotZ 488f. (gegen dessen Auslegung treffend *Schmitz-Valckenberg* aaO 490f.) = Rpfleger 138.
⁵⁶⁰ Nämlich wenn nicht einmal im Klauselerteilungsverfahren geklärt werden kann, ob und inwieweit die Unterwerfung den Anspruch ergreifen sollte *Wolfsteiner* (Fn. 464) Rdnr. 14.12f., 26.15 u. 46.9. S. auch *KG* (Fn. 503).
⁵⁶¹ Ihr Eintritt kann aber offenbleiben → Rdnr. 86, Fn. 521, 558. Für Verzugszinsen »ab Mahnung« gilt § 726 Abs. 1 (Nachweis: § 132 BGB, andernfalls nur § 731); bei Klauselerteilung **ohne** Nachweis (→ § 797 Rdnr. 8 Fn. 36ff.) gilt insoweit § 768. Denn gegenüber dem ZV-Organ muß nicht einmal behauptet werden, die Mahnung sei am ... zugegangen (insoweit str. → § 797 Rdnr. 8 Fn. 39), zumindest muß aber diese Behauptung genügen; andernfalls wäre der Verzicht des Schuldners auf den Nachweis sinnlos. Daher entgegen der Kritik von *OLG Düsseldorf* OLGZ 1980, 341 u. 1988, 109 (IX.ZS → Fn. 558) doch richtig *OLG Düsseldorf* DNotZ 1976, 413 = Rpfleger 1977, 67 (III.ZS).
⁵⁶² S. dazu *OLG Celle*; dagegen *LG Hamburg*, *AG Hamburg-Altona* u. Anm. Stoll, alle DNotZ 1969, 102 ff.; *OLG Düsseldorf* DNotZ 1956, 203. *BGH* DNotZ 1965, 544 = WM 1964, 1215 = DB 1850 half mit Auslegung, wo nur monatliche Raten, nicht aber der (vollständig beurkundete) Verfallbetrag in der Unterwerfung erwähnt waren.
⁵⁶³ Eine Annahme »stillschweigender Bezugnahme« würde den Unterschied zwischen Unterwerfung und materiellem Anspruch verwischen, vgl. z. B. *OLG Düsseldorf* DNotZ 1991, 537 (*Wolfsteiner*).
⁵⁶⁴ → Rdnr. 90.
⁵⁶⁵ Str., → § 726 Rdnr. 3 Fn. 13.
⁵⁶⁶ *Münzberg* Rpfleger 1987, 207 gegen *LG Wiesbaden* aaO 118 (*Meyer-Stolte*); zust. *MünchKommZPO-Arnold* § 751 Rdnr. 10.

Vollstreckung) schaffen können, auch bei »Bezugnahme« auf einen materiellrechtlichen Teil der Urkunde besonders sorgfältige Auslegung geboten ist, ob sie auch für die Unterwerfung gelten[567]. »Im Zweifel« wird man freilich annehmen müssen, daß der Schuldner nicht auf den Schutz nach § 726 Abs. 1 verzichten wollte[568]. Soweit aber der *Gläubiger in der Unterwerfung von Nachweisen befreit* wird, ist § 726 Abs. 1 von vornherein nicht anwendbar, die Vollstreckungsklausel ist ohne weiteres nach § 724 Abs. 2 zu erteilen[569]. Dies ist auch teilweise möglich, z.B. Befreiung für den Nachweis der Entstehung des Anspruchs, während es für die Fälligkeit beim Nachweis bleibt, oder umgekehrt[570]. Will der Schuldner jedoch unbeglaubigte *Privaturkunden* »als Nachweis« zulassen, so sollte der Notar solche Beurkundung ablehnen und darüber belehren, daß notfalls stattdessen auf den betreffenden Nachweis verzichtet werden kann (vorbehaltlich § 767) oder gegebenenfalls nur der Zugang einer Erklärung Dritter bestimmten Inhalts Bedingung sein soll[571]. Denn eine Abänderung des Verfahrens gemäß § 726 Abs. 1, der offenbar von einer Nachprüfung der Echtheit von Urkunden gerade absehen will, ist nach wohl zutreffender h.M. unzulässig[572].

Eine Bezugnahme auf *andere*, schon bestehende[573] Urkunden genügt nur zur näheren Individualisierung[574], nicht für den *Umfang* der Unterwerfung, es sei denn sie sind der Niederschrift als Anlage beigefügt, mit vorgelesen und genehmigt, §§ 9 Abs. 1 S. 2, 13 BeurkG[575], soweit nicht § 13a BeurkG davon entbindet. Denn der Umfang der Vollstreckung ist notwendiger Bestandteil der Unterwerfungserklärung als solcher, und auch sie ist nur wirksam, wenn sie entweder in die Niederschrift selbst aufgenommen oder in einer beigefügten Urkunde enthalten ist, die nach §§ 9 Abs. 1 S. 2, 13, 13a BeurkG als Bestandteil der Niederschrift vorgelesen werden muß und vorgelesen worden ist, arg. § 14 Abs. 1 letzter HS BeurkG[576]. 91b

Die *Unterwerfungserklärung* ist eine ausschließlich auf das Zustandekommen des Vollstreckungstitels gerichtete, einseitige *prozessuale* Erklärung, die lediglich prozeßrechtlichen Grundsätzen untersteht[577] und weder von etwaiger Nichtigkeit des ihr zugrundeliegenden Anspruchs nach § 139 BGB erfaßt wird[578] noch nach dieser Norm wegen Teilunwirksamkeit insgesamt unwirksam ist[579]. Sie verträgt daher als solche[580] grundsätzlich keine Bedingun- 92

---

[567] *Münzberg* ZZP 96 (1983) 375, *Münch* (Fn. 464) 235 ff. Für unter **§ 726** fallende Beschränkungen kommt es aber – im Gegensatz zu § 751 Abs. 1 – für die Auslegung **nicht** auf die Sicht der ZV-Organe an, da sie sich allein an die Klausel halten müssen → § 724 Rdnr. 2. Insoweit zu pauschal *Wolfsteiner* (Fn. 465) Rdnr. 200 a.E.
[568] *Münzberg* ZZP 104 (1991), 228 Fn. 3, insoweit gegen *Münch* (Fn. 464) 235f.
[569] *Münzberg* Rpfleger 1984, 276 → § 797 Rdnr. 8.
[570] Ebenso Befreiung vom Nachweis für Entstehung, aber nicht für Fälligkeit einer Zinsforderung *Wolfsteiner* (Fn. 465) Rdnr. 230 Fn. 313 a.E.
[571] → § 726 Rdnr. 20. Nur insofern richtig OLG Stuttgart NJW-RR 1986, 549, aber mit bedenklicher Auslegung, denn dort kam es nur auf bestimmte Ergebnisse des Schiedsgutachtens an, das also als »Nachweis« dienen sollte.
[572] *Wolfsteiner* (Fn. 465) Rdnr. 206 mwN.
[573] Anders nur bei künftigen, § 726.
[574] → Rdnr. 89 Fn. 533.
[575] *Wolfsteiner* (Fn. 464) Rdnr. 16.11 ff.; *Winkler* DNotZ 1971, 359. Zur erweiterten Vermutung des § 13 Abs. 1 S. 3 BeurkG, daß eine Anlage, auf welche die Urkunde verweist, schon bei Beurkundung vorlag, s. BGH NJW 1994, 1289. Zur Beurkundungsform einer Verweisung BGH NJW 1994, 2095.
[576] BGH JZ 1987, 1040 = NJW-RR 1149; Keidel/Kuntze/Winkler (Fn. 493) § 14 BeurkG Rdnr. 8 mwN. Auch in *BGH* → § 800 Fn. 20 war der Teilbetrag wohl (nebst Zinssatz?) beziffert.
[577] Jetzt ganz h.M. BGHZ 108, 376 = NJW 1990, 259 = Rpfleger 16 mwN; BayObLGZ 1970, 254, 258 = NJW 1971, 514f.; DNotZ 1992, 309; OLG Frankfurt Rpfleger 1972, 140 (zust. *Winkler*) = DNotZ 85; OLG Hamm MDR 1987, 243 = Rpfleger 59; KG Rpfleger 1978, 105; 1988, 30f.; LG Saarbrücken NJW 1977, 584 (abl. *Zawar*); *Lent* (Fn. 464) 413; *Gaul* (Fn. 465) § 13 II 2f.; *Stöber* (Fn. 558) Rdnr. 29. *Wolfsteiner* (Fn. 464) 8.3 ff. u. 12.2 ff. will die Regeln für Prozeßhandlungen nicht unbeschränkt anwenden. – A.M. *Rosenberg*⁹ § 173 I 8c (nur privatrechtliches Rechtsgeschäft); *Wieczorek*² Anm. H V a, b (einseitig, abstraktes Rechtsgeschäft u. prozessuale Willenserklärung).
[578] BGH (Fn. 471) mwN. → auch Rdnr. 93 (AGBG).
[579] *Wolfsteiner* (Fn. 465) Rdnr. 148.
[580] Im Unterschied zu ihrem Gegenstand, dem Anspruch → Rdnr. 86, 89, 91.

gen[581] und erfordert daher insbesondere Parteifähigkeit[582] und Prozeßfähigkeit[583] des Schuldners oder seines Vertreters[584]. Beschränkt Geschäftsfähige[585] bedürfen daher außerhalb des Bereichs der §§ 112 f. BGB[586] der Mitwirkung des gesetzlichen Vertreters (str.)[587]. Hatte der Notar dies übersehen oder war er der Gegenansicht gefolgt, so bedarf die beurkundete Unterwerfung[588] der Genehmigung[589]. Auch die Frage der Wirksamkeit einer Unterwerfungserklärung durch einen *Vertreter ohne Vertretungsmacht* ist nach dem Grundgedanken des § 89 zu bejahen[590]. § 80 gilt bei Erklärung der Unterwerfung noch nicht[591]; zur Klauselerteilung → aber § 797 Rdnr. 14. § 181 BGB ist zwar nicht auf die Unterwerfung anzuwenden[592]. Ein Vertreter kann sich jedoch für einen Anspruch zu *seinen* Gunsten ebensowenig im Namen des Vertretenen unterwerfen wie er einen Prozeß gegen diesen so führen könnte[593]; ein Verstoß hiergegen führt nicht zur Nichtigkeit[594] sondern zur Schwebe und ist daher wie Vertretung ohne Vertretungsmacht zu behandeln[595]. § 185 BGB ist nach wohl ü. M. nicht anwendbar, auch wenn das der Unterwerfung zugrundeliegende Geschäft eine Verfügung ist[596].

92a Die Praxis bedarf dieser Analogie nicht: Bestimmte Schuldner können sich durch Vertreter unterwerfen. In den Fällen des § 800 will aber der Käufer bzw. Auflassungsempfänger nicht den bisherigen Eigentümer, sondern sich selbst als künftigen Eigentümer und Sonderrechtsnachfolger unterwerfen; dazu benötigt er keine Einwilligung des derzeit Eingetragenen; denn § 800 meint nur die Unterwerfung »als Eigentümer« und verbietet daher die Erklärung vor der Eintragung ebensowenig wie § 794 Nr. 5 die Unterwerfung einer Person verbietet, die noch nicht »Schuldner« ist, arg. § 726. Daß die Unterwerfung

---

[581] Vielleicht ausgenommen solche aufschiebenden Bedingungen, die unter den Augen der beurkundenden Stelle eintreten, da sie vergleichbar sind mit »innerprozessualen« Bedingungen; ebenso wie aber das Rechtsschutzverfahren als Ganzes nicht bedingt sein darf, *Rosenberg/Schwab/Gottwald*[15] § 65 IV 2, 3, darf auch die Unterwerfung nicht noch vom Willen des Schuldners abhängen → § 797 Rdnr. 2 Fn. 11. So wohl auch *Münch* (Fn. 464) 278 f.

[582] *Wolfsteiner* (Fn. 464) Rdnr. 12.2 f. will Parteifähigkeit des nichtrechtsfähigen Vereins als Schuldner nicht genügen lassen; jedoch sollten Urteile nach § 735 im gleichen Umfang wie sonst ersetzbar sein durch vollstreckbare Urkunden. Nur für Anwendung »mit Vorsicht« jetzt *Wolfsteiner* (Fn. 465) Rdnr. 164.

[583] *Lent* (Fn. 464) 413; *LG Wuppertal* DAVorm 1975, 430; *Hartmann* (Fn. 521) Rdnr. 37; *Gaul* (Fn. 465) § 13 II 2 f.; *Jansen* (Fn. 464) 8 zu § 52 BeurkG; *Wieczorek*² Anm. H V b; *Wolfsteiner* (Fn. 464) Rdnr. 12.4, 5 wendet die Regeln über Geschäftsfähigkeit an (Begründung s. *MünchKommZPO-Wolfsteiner* Rdnr. 163), will aber entgegen *RGZ* 84, 317 = JW 1914, 774²¹ doch nachträgliche Genehmigung zulassen, was bei einseitigen Erklärungen eben wegen § 111 Abs. 1 S. 1 BGB nur möglich ist, wenn man sie auch in dieser Beziehung als Prozeßhandlungen ansieht → Rdnr. 92 Fn. 588 f.

[584] → für den Prozeß § 79 Rdnr. 1 a. E.

[585] Zur Prozeßfähigkeit Betreuter → § 52 Rdnr. 2, § 53 Rdnr. 14 ff.

[586] → § 52 Rdnr. 4 ff.

[587] A.M. folgerichtig *Wolfsteiner* (Fn. 465) Rdnr. 165: Nur Einwilligung oder Genehmigung (→ dazu Fn. 583) erforderlich.

[588] Zustimmung nur zur materiellrechtlichen Verpflichtung genügt nicht *LG Wuppertal* (Fn. 583).

[589] → § 56 Rdnr. 3. *Magis* (Fn. 464) 118, *Jansen* (Fn. 464) Rdnr. 8. – Vorherige Zustimmung (Einwilligung) genügt nur nach der Gegenansicht → Fn. 587; a.M. *Hartmann* (Fn. 521) Rdnr. 36 (obwohl er Prozeßfähigkeit verlangt).

[590] *RGZ* 146, 313 = JW 1935, 1341; *Wolpers* JW 1934, 2162 gegen *KG* JW 1934, 1859 mwN; *Lent* (Fn. 464) 413; *Wolfsteiner* (Fn. 464) Rdnr. 12.12; ganz h.M. Im Ergebnis auch *Rosenberg* (Fn. 577), weil der Schutzgedanke des § 180 BGB nicht zutreffe. Zur Klauselerteilung → § 797 Rdnr. 14.

[591] *Wolfsteiner* (Fn. 464) Rdnr. 12.10 mwN; a.M. wohl *Stöber* Rpfleger 1994, 394. Anders im Klauselerteilungsverfahren → § 797 Rdnr. 14.

[592] Er gilt nicht für Prozeßhandlungen *BGHZ* 41, 107 = NJW 1964, 1130; analoge Anwendbarkeit bejaht etwa *MünchKommBGB-Schramm*³ § 181 Rdnr. 36 mwN.

[593] Zust. obiter *LG Frankfurt a.M.* Rpfleger 1988, 72 (zu § 750); *Baur/Stürner*¹¹ Rdnr. 235; vgl. *BayObLG* NJW 1962, 964; *Palandt/Heinrichs* BGB⁵³ § 181 Rdnr. 5. – A.M. *Wolfsteiner* (Fn. 465) Rdnr. 169. *Dux* WM 1994, 1147 f. hält zwar Befreiung für möglich, verlangt aber Beurkundung einer Vollmacht, falls sie außerdem unwiderruflich ist, da die Unterwerfung selbst gleich komme (insoweit zutreffend).

[594] *KG* Rpfleger 1978, 105 ließ dies offen, aber wohl mit Tendenz zur hier vertretenen Meinung.

[595] → § 797 Rdnr. 14. Wurde die Klausel ohne Genehmigung des Schuldners oder seines gesetzlichen Vertreters (oder falls dieser selbst wie → Fn. 593 aufgetreten war: eines Pflegers) erteilt, so gilt § 732, nicht § 766 (→ dort Rdnr. 28), außer wenn der Vertreter wiederum fehlerhaft an sich selbst zustellen ließ *KG* (Fn. 594).

[596] *BayObLG*, *OLG Frankfurt* (zust. *Winkler*) u. *LG Saarbrücken* (alle Fn. 577); *KG* Rpfleger 1988, 31 = NJW-RR 1229 = DNotZ 628; *Hartmann* (Fn. 521) Rdnr. 4; *Stöber* (Fn. 558) § 800 Rdnr. 8. Das Problem wurde wohl übersehen in *BGHZ* (Fn. 577). – A.M. *OLG Köln* Rpfleger 1980, 223 = DNotZ 628 mwN, → dazu § 800 Rdnr. 6; obiter *BayObLG* Rpfleger 1992, 100 (ohne auf Überlegungen → Rdnr. 92 a einzugehen); *Wolfsteiner* (Fn. 465) Rdnr. 175 mwN.

zur Duldung der Vollstreckung erst **nach** der Eintragung des Übergangs wirken kann, beruht dann nicht auf § 185 Abs. 2 BGB, sondern auf der Komplettierung der Tatbestandsmerkmale des § 800[597]. Nur wenn die Unterwerfung noch **vor** der Übereignung eingetragen werden soll, trifft sie auch den bisherigen Eigentümer, der dazu Vollmacht erteilen kann[598]; auch dann benötigt man also nicht § 185 BGB.

Soweit *Allgemeine Geschäftsbedingungen* Unterwerfungen enthalten, gilt nach h.M. das AGBG[599]. Regelmäßig ergibt sich daraus keine Unwirksamkeit der Unterwerfung als solcher[600]. Denn sie ändert nicht die materielle Rechtslage[601] und prozessual entstehen dem Schuldner durch die auf ihn verlagerte Initiative zur Rechtsverteidigung[602] auch dann keine unangemessene Folgen[603], wenn man die unzutreffende Ansicht des III. Senats des *BGH* teilt, im Prozeß nach §§ 767, 795, 797 treffe die Beweislast auch für die Nichtentstehung des Anspruchs den Schuldner, zumindest falls dieser für die Klauselerteilung auf Nachweise verzichtet habe[604]. Besteht aber der materielle Anspruch (noch) nicht oder ist er noch nicht fällig, kann der Schuldner nach §§ 795, 769 bzw. § 732 Abs. 2 Eilmaßnahmen erwirken. So stellt auch eine Kreditsicherung durch formularmäßige Vollstreckungsunterwerfung wegen des dinglichen und schuldrechtlichen Anspruchs keinen Verstoß gegen § 9 Abs. 1 AGBG dar[605]; anders freilich, wenn ein Grundstückseigentümer sich auch noch der persönlichen Haftung für *fremde* Schulden unterwirft, obwohl sein Grundstück schon für diese haftet[606]. Inwieweit trotz Wirksamkeit der Unterwerfung der materielle Anspruch dem AGBG standhält, ist im Prozeß nach § 767 oder im Rahmen der Duldungsklage → § 867 Rdnr. 38 zu entscheiden[607], unter konkurrierenden Gläubigern nach § 878, → dort Rdnr. 23.

93

---

[597] Ähnlich in der Begründung *OLG Saarbrücken* NJW 1977, 1202 = Rpfleger 373; *KG* (Fn. 595); *BayObLG* Büro 1987, 243 = DNotZ 216; *Gaul* (Fn. 465) § 13 II 2 e; *Opalka* NJW 1991, 1799 mwN; zust. *Thomas/ Putzo*[18] § 800 Rdnr. 2; *Stöber* (Fn. 558) § 800 Rdnr. 5. Hingegen zitiert *BGH* NJW 1990, 259 = Rpfleger 16 hierfür § 185 Abs. 2. Zur **Klauselerteilung** → § 800 Rdnr. 4a.

[598] Die nach *OLG Düsseldorf* Rpfleger 1988, 357 noch nicht in Beleihungs- u. Belastungsvollmacht zu sehen ist (krit. *Linderhaus* aaO 474). Eine Vollmacht, »den Eigentümer« dinglich der ZV zu unterwerfen, läßt *OLG Düsseldorf* Rpfleger 1989, 499 jedoch für § 800 genügen.

[599] H.M. *OLGe Celle u. Hamm* NJW-RR 1991, 667u. 1151; *Koblenz* BauR 1988, 748; *Nürnberg* DNotZ 1990, 565; *Stürner* ZZP 93 (1980) 235 Fn. 4 mwN. – A.M. *Dietlein* JZ 1977, 638 (nur Verpflichtung zur Unterwerfung); *Wolfsteiner* (Fn. 465) Rdnr. 126 (nur Verträge) mwN, auch für h. M.

[600] Weder bei dinglichen noch persönlichen Unterwerfungen (auch bezüglich abstrakter Anerkenntnisse, zumindest soweit sie der Sicherung **eigener** Ansprüche dienen), insbesondere nicht nach §§ 3, 9 Abs. 1, 11 Nr. 15 AGBG *BGHZ* 99, 284f. = NJW 1987, 906; *OLGe Celle* (Fn. 599); *Hamm* DNotZ 1993, 244; *Stuttgart* NJW 1979, 222 (223 a. E.); *München* NJW-RR 1993, 125. § 9 Abs. 2 Nr. 1 AGBG scheidet insoweit ganz aus, *BGH* aaO mwN. Auch die EG-Richtlinie 93/13/EWG (NJW 1993, 1838, dazu *Damm* JZ 1994, 161 mwN) ändert daran nichts. – A.M. *Stürner* JZ 1977, 631f. Für Teilnichtigkeit des Nachweisverzichts → § 797 Rdnr. 8 wegen § 11 Nr. 15 AGBG *OLG Nürnberg* (Fn. 469) 566. Zum Meinungsstand für Bauträgerverträge s. die Hinweise in *BGHZ* 118, 231f. = NJW 1992, 2161.

[601] → Rdnr. 82.

[602] Da stets mit notarieller Belehrung hierüber gerechnet werden darf, steht auch § 3 AGBG der Unterwerfung als solcher nicht entgegen. Ob der Notar dieser Pflicht nachkommt, kann die Wirksamkeit der Unterwerfung nicht berühren, da dies ihren Inhalt nicht betrifft (insoweit wohl a.M. *Eickmann* ZIP 1989, 142 mwN). Ob stattgefundene Belehrung für die Auslegung des Anspruchs bedeutsam sein kann, ist eine andere Frage.

[603] → Rdnr. 82. Das dem Gläubiger durch Unterwerfung ersparte Erkenntnisverfahren bezweckt ohnehin kein Moratorium zugunsten des Schuldners.

[604] *OLGe Celle* (Fn. 599); *Hamm* (Fn. 465) mwN; *AG Köln* DNotZ 1990, 579; *Rastätter* NJW 1991, 393f. – A.M. *OLGe Koblenz* BauR 1988, 748; *Stuttgart* NJW-RR 1993, 1535 = OLGZ 1994, 102; *LGe Mainz u. Köln* DNotZ 1990, 567, 570, 578; *LG Waldshut-Tiengen* NJW 1990, 192; *Baur/Stürner*[11] Rdnr. 261 Fn. 6 mit *Wolfsteiner* NJW 1982, 2853 (Verstoß gegen § 11 Nr. 15 AGB). – Die Beweislast kehrt sich aber mangels eindeutiger Vereinbarung **für § 767** weder durch Unterwerfung noch durch Verzicht auf Nachweise bei Klauselerteilung um *LG München II* DNotZ 1990, 574, → § 767 Rdnr. 44 Fn. 334; *Wolfsteiner* (Fn. 465) Rdnr. 202; offengelassen von *OLG Stuttgart* aaO; anders bei **materiellrechtlichen**, die Beweislast ändernden Geschäften, z. B. Schuldanerkenntnissen → Fn. 472, 607 (die aber aus diesem Grunde noch nicht an § 11 Nr. 15 AGBG scheitern *BGHZ* 114, 13f. = NJW 1991, 1677), oder Grundschulden → § 767 Rdnr. 44 Fn. 336.

[605] *OLG Stuttgart* (Fn. 600); *LG Stuttgart* JZ 1977, 761 = WM 1320 = DNotZ 602 (L) = BWNotZ 1978, 14; *Heß* BWNotZ 1978, 1f.; *Kümpel* WM 1978, 746ff. (auch zum Ausschluß der Inhaltskontrolle nach § 8 AGBG). – A.M. *Stürner* JZ 1977, 432u. BWNotZ 1977, 112; 1978, 2f. (Unterwerfungen unwirksam, wenn sie die ZV in das gesamte Vermögen erlauben).

[606] H.M. *BGH* (Fn. 604) mwN auch zur Gegenansicht.

[607] *BGH* (Fn. 600); *OLGe Stuttgart* NJW 1979, 222f.; *Hamm* NJW-RR 1991, 1152[62]; *München* NJW-RR 1992, 125f. Dies gilt grundsätzlich auch für gegen § 138 BGB verstoßende Geschäfte → § 797 Fn. 52. Im Prozeß kann der Beklagte seine Ansprüche noch dem AGBG anpassen, vgl. *BGH* NJW 1990, 981 zu 4. – In den Gründen mancher Urteile nach § 767 wird ausgeführt, wegen des AGBG »sei« die ZV unzulässig (statt für unzulässig zu erklären,

94   Da die Unterwerfung den Bestand des materiellen Anspruchs, insbesondere einen bereits wirksamen Vertrag nicht voraussetzt[608], bedarf sie als solche keiner vormundschaftsgerichtlichen Genehmigung[609] oder sonstigen für Rechtsgeschäfte erforderlichen Zustimmung, z.B. nach §§ 1365ff. BGB[610]; das besonders für Rechtsunkundige wenig angemessene Ergebnis, daß der Mangel einer für den Anspruch erforderlichen Genehmigung nur nach §§ 767, 795, 797 geltend gemacht werden kann[611], vermeidet der Notar dadurch, daß der Schuldner seine Unterwerfung von der Erteilung der Genehmigung für das Rechtsgeschäft abhängig macht, § 726, zumal er nach § 18 BeurkG darüber ohnehin zu belehren ist[612]. Nur dann ist die Erteilung der Genehmigung im Klauselerteilungsverfahren nachzuweisen[613]. Zur gesetzlichen Vertretung Minderjähriger usw. → Rdnr. 92. Wegen der dinglichen Wirkung bei Grundpfandrechten usw. s. § 800, zur Wirkung auf Rechtsnachfolger → § 797 Rdnr. 7, 10ff.

95   Wird das der Unterwerfung zugrundeliegende Schuldverhältnis **abgeändert**[614], so bedarf es einer neuen Unterwerfung, soweit der Anspruch nicht nur eingeschränkt[615] sondern sonstwie im *Leistungsinhalt verändert*[616], insbesondere *erweitert* wird[617]. Das sollte vorsorglich nur gegen Rückgabe der alten Ausfertigung geschehen. Wird jedoch nur die Erweiterung beurkundet und dabei auf die erste Urkunde Bezug genommen[618], so ist wegen des alten Anspruchs aus dem ersten Titel und wegen eines neuen Teils aus dem zweiten Titel zu vollstrecken[619]. Über Abänderung nach § 323 oder Leistungsklage über die beurkundeten Beträge hinaus → § 323 Rdnr. 49, 53[620]. Soweit aber nur der *Schuldgrund verändert* wird, ist zu unterscheiden: Die **Vollstreckung** bleibt zwar stets im bisherigen Umfang zulässig[621]; einer Klage nach § 767 hält sie jedoch nur stand, wenn der Anspruch im prozessualen Sinne der gleiche bleibt[622], andernfalls höchstens dann, wenn einer Berufung auf den Wegfall der Urverpflichtung § 242 BGB entgegenstünde[623]. Die Unterwerfung für einen Kaufpreis, Miet-

---

→ dazu § 767 Rdnr. 2), z.B. *OLG Koblenz* NJW-RR 1990, 883. Damit kann aber kaum die Unwirksamkeit der Unterwerfung gemeint sein, da nach h.M. dann von vornherein keine Sachentscheidung hätte ergehen dürfen, → § 767 Rdnr. 11, u. dazu in diesen Urteilen nichts gesagt wird.

[608] → Rdnr. 82 u. Rdnr. 89 Fn. 539.

[609] Jetzt ganz h.M. Für § 1822 Nr. 5 BGB *KG* NJW 1971, 435f. mwN (Unterwerfung betr. Unterhaltspflicht des minderjährigen nichtehelichen Vaters). Dies gilt ebenso für § 642c Nr. 2. In Bezug auf Grundstücke ist die Unterwerfung keine Verfügung i.S.d. §§ 1821, 1643, 1915 BGB, auch nicht bei § 800; → dort Fn. 10.

[610] *MünchKommBGB-Gernhuber*³ § 1365 Rdnr. 47 mwN; *Stöber* (Fn. 558) § 800 Rdnr. 10; *Wolfsteiner* (Fn. 464) Rdnr. 12.4 a.E. Ebenso für § 1424 BGB; *Stöber* aaO.

[611] Vgl. *Wolfsteiner* (Fn. 464) Rdnr. 12.7. → dazu § 797 Rdnr. 17.

[612] Der Belehrungsvermerk in der Niederschrift dürfte zur Annahme einer solchen Bedingung nicht ausreichen, u.U. aber der Bezugnahme auf die Beurkundung des Anspruchs, wenn dort dessen Abhängigkeit von der Genehmigung erwähnt ist. – Umgekehrt ist ein Verzicht auf den Nachweis der Genehmigung bei der Klauselerteilung (→ § 726 Rdnr. 19) unnötig, wenn die Unterwerfung nicht davon abhängig gemacht ist.

[613] → § 726 Rdnr. 3f.

[614] Zu unterscheiden von der Abänderung des Titels durch Urteil, § 323 Abs. 4 → dort Rdnr. 49ff. u. *Wolfsteiner* (Fn. 464) Rdnr. 20.3f., 61.5; s. auch *Finger* MDR 1971, 350ff. Zur Abänderungsklage gegenüber Urkunden nach § 49 JWG *LG Gießen* DAVorm 1973, 687, zur entsprechenden Anwendung des § 643a → dort Rdnr. 1 Abs. 2.

[615] → Rdnr. 96.

[616] Z.B. Zahlung statt bisher nur Duldung der ZV in bestimmte Objekte.

[617] *BGHZ* 26, 344ff. = NJW 1958, 630f., vgl. auch *KG* DNotZ 1954, 199 (beide zu § 800); *LG Aachen* JMBlNRW 1966, 114; *RG* JW 1910, 658²².

[618] Das ist zulässig, *Magis* (Fn. 464) 118. Wird die ZV nur erleichtert ohne Änderung ihres Umfangs, z.B. durch nachträglichen Verzicht auf Nachweise (→ § 726 Rdnr. 19), Wegfall bisher vereinbarter zeitlicher oder gegenständlicher Beschränkungen (→ Rdnr. 90) usw., so ist zwar die Form der Nr. 5 einzuhalten, aber die Unterwerfung muß nicht wiederholt werden, *Wolfsteiner* (Fn. 464) Rdnr. 20.13.

[619] *Wolfsteiner* (Fn. 464) Rdnr. 20.10; *Magis* (Fn. 464) 118; *Buhe* Gruch. 58 (1914), 374. – A.M. *Hartmann* (Fn. 521) Rdnr. 41.

[620] Dazu *OLG Zweibrücken* NJW 1993, 473f.

[621] → Rdnr. 21f. vor § 704; *BGHZ* 110, 322 = NJW 1990, 1662f. = JR 509 (*Brehm*) = DNotZ 1991, 531 (*Münch*).

[622] → Rdnr. 82 Fn. 465; § 767 Rdnr. 20 Fn. 197; *OLG Schleswig* WM 1980, 966f. Daher ist neue Unterwerfung nötig bei § 1180 oder § 1198 BGB, *Wolfsteiner* (Fn. 464) Rdnr. 66.11, auch hier freilich nicht zwecks ZV, sondern nur um § 767 zu entgehen, a.M. wohl *Münch* (Fn. 464) 373; ebenso, wenn nach Tilgung titulierter Hypothekenforderungen die Eigentümergrundschulden abgetreten werden, vgl. *OLG Hamm* Rpfleger 1987, 297f. (*Knees*), das jedoch unrichtig die ZV nach §§ 766, 793 ablehnte, obwohl Klausel erteilt war.

[623] So *BGH* (Fn. 621) bei rechtsgrundloser Genehmigung einer Schuldübernahme, weil Schuldner gleichhoch bereichert war → § 767 Fn. 197 (§ 242 nötig?).

zins oder Trennungsunterhalt deckt daher nicht ohne weiteres die Vollstreckung eines an seine Stelle tretenden Schadensersatzes, Entgelts nach § 557 Abs. 1 BGB oder nachehelichen Unterhalts, was nach § 767 geltend zu machen ist[624]. Wer sich wegen einer *Grundschuld* unterworfen hat und bestreiten will, daß diese auch einen Sekundäranspruch sichert, ist ebenfalls auf § 767 angewiesen[625].

Bei einer *Beschränkung* des Anspruchs kann die einseitige (Teil-)Rücknahme der Unterwerfung durch den Schuldner die Vollstreckbarkeit ebensowenig (teilweise) beseitigen wie ein Verzicht des Gläubigers[626]. Einer Vollstreckung ohne Rücksicht auf die Änderung kann vorläufig nach § 775 Nr. 4[627], endgültig aber gegen den Willen des Gläubigers[628] nur nach §§ 795, 767 begegnet werden[629]. Zur Vermeidung dieses Prozesses reicht ein Vollstreckungsvertrag nur dann aus, wenn der Gläubiger zugleich die Ausfertigung dem Schuldner zurückgibt[630], was anläßlich einer neuen, auf den verbliebenen Anspruchsteil beschränkten Unterwerfung geschehen kann[631]. Wegen ungerechtfertigter Bereicherung und Schadensersatz → §§ 767 Rdnr. 56, 717 Rdnr. 68; die Unterwerfung als solche ist insofern nie Freibrief für die Überschreitung materieller Befugnisse, ganz gleich ob der Anspruch von vornherein oder nachträglich hinter ihr zurückblieb. 96

4. Soweit eine **Duldung der Zwangsvollstreckung bestimmte Sondervermögen** nach §§ 737, 743, 745, 748 die Verurteilung eines Beteiligten erfordern würde[632], wird diese nach **Abs. 2** durch die Bewilligung der sofortigen Zwangsvollstreckung in der Form der Nr. 5 ersetzt. Erteilen dabei Duldungspflichtige ihre an sich gar nicht erforderliche »Zustimmung« zu der Unterwerfung des anderen Leistungspflichtigen, so ist das regelmäßig als Unterwerfung zur Duldung der Vollstreckung in das betreffende Vermögen auszulegen[633]; die Unterwerfung eines Duldungspflichtigen wegen seiner eigenen Schuld unter die Vollstreckung in sein eigenes Vermögen ist dagegen keine Duldungsunterwerfung bezüglich des Vermögens des anderen[634]. 97

Die Verweisung auf Nr. 5 bezieht sich auf Zuständigkeit und Form für die *Aufnahme* der Urkunde[635], während der *Inhalt* des Anspruchs hier[636] nicht die Anforderungen → Rdnr. 84 98

---

[624] BGH NJW 1980, 1050 = MDR 389[33] = Rpfleger 98[90] (§ 326 BGB); NJW-RR 1989, 509 = DNotZ 1991, 530 (Erlöschen titulierter Bürgschaftsschuld infolge Ablösung durch neues, infolge Verwertung von Sicherheiten getilgtes Darlehen), → § 767 Rdnr. 20; *OLG Frankfurt a.M.* MDR 1987, 606 = Büro 793 (§ 557 BGB); für Vergleich BGH NJW 1982, 2072 = JR 24. – A.M. *Münch* (Fn. 464) 368f. mwN. Eine für den Sekundäranspruch begehrte Klausel wäre u. a. abzulehnen u. einer dennoch erteilten ist mit § 732 zu begegnen, *Wolfsteiner* (Fn. 464) Rdnr. 35.17 (aber nicht, weil der Primäranspruch erloschen ist, → § 797 Rdnr. 10ff., sondern weil für den Sekundäranspruch die Unterwerfung fehlt!). – Zu Bereicherungsansprüchen → § 767 Fn. 197.

[625] Und trägt dafür die Beweislast BGHZ 114, 71 = NJW 1991, 1749f.

[626] So *Wolfsteiner* (Fn. 464) Rdnr. 20.7 u. sogar für Urteile (in der Form des § 794 Nr. 1 oder 5) *Scherf* Vollstreckungsverträge (1971); *Hieber* DNotVZ 1930, 708ff. (weil er irrig annimmt, bei Klauselerteilung werde der materielle Anspruch überprüft, soweit öffentliche Urkunden vorlägen, arg. § 726; dieser gilt jedoch nur für Tatsachen, von denen der Anspruch nach dem **Titelinhalt** - hier also in der vollstreckbaren Urkunde von dem sich Unterwerfenden selbst - abhängig gemacht ist → § 726 Fn. 13, § 797 Rdnr. 8ff.). Bei dieser Frage geht es nicht um Beseitigung der Rechtskraft (unrichtig *Hieber* aaO 712) sondern der Vollstreckbarkeit, u. diese ist bei allen Titeln gleich.

[627] Von beiden Parteien errichtete Änderungsurkunden werden oft eindeutige Teilerlaß- oder Stundungsabreden enthalten, → dazu § 775 Rdnr. 16.

[628] → § 775 Rdnr. 32.

[629] KG KGJ 49, 15; *Lent* (Fn. 464) 414; *Jansen* (Fn. 464) Rdnr. 12; *Buhe* Gruch. 58 (1914), 369ff. (der allerdings § 775 Nr. 4 nicht berücksichtigt); *Hartmann* (Fn. 521) Rdnr. 41. – A.M. *Wolfsteiner* (Fn. 464) Rdnr. 20.14: § 732 (folgerichtig, → Fn. 626).

[630] → § 767 Rdnr. 42.

[631] Vollstreckungsvertrag und Titelbesitz des Schuldners reichen dann auch aus, um einem Antrag nach § 733 wirksam zu begegnen. Zur Rangwahrung bei Pfändungen → § 804 Rdnr. 31. – Weitergehend *Wolfsteiner* (Fn. 464) Rdnr. 20.5ff.: formloser Vertrag oder Verzicht reiche für § 732 aus.

[632] → auch Rdnr. 7ff. vor § 735, § 739 Rdnr. 1ff.

[633] KG JW 1933, 189; 1938, 695, 1730; *OLG Stettin* HRR 1933 Nr. 1270. – A.M. KG JW 1933, 2709.

[634] KG KGJ 49, 21; weitere Rsp zum früheren Recht → § 739 Fn. 103 der 16. Aufl.

[635] → Rdnr. 83, 89ff.

[636] Nicht bei jedem Duldungsanspruch, wie *Bühling* (Fn. 464) die 18. Aufl. mißverstand. S. jedoch zur entsprechenden Anwendung auf den einem Hypothekengläubiger im Range nachgehenden Nießbraucher *LG Bonn* MDR 1963, 141f.

an die Art des Leistungsgegenstands erfüllen muß[637]. Herausgabe bestimmter, nicht vertretbarer Gegenstände fällt nicht unter Nr. 5 bisheriger Fassung[638], → aber Rdnr. 84 zur geplanten Änderung. Aus Abs. 2 folgt *keine Pflicht* zur Errichtung einer solchen Urkunde; sie kann sich jedoch aus materiellem Recht ergeben, → auch Fn. 466 wegen § 93.

99   5. **Auslandsbezüge:** Wegen Devisenvorschriften → Rdnr. 2. Zur grenzüberschreitenden Vollstreckung für den **Bereich der EG** → Anh. § 723 Rdnr. 50, für **vor dem 1. II. 1973** aufgenommene Urkunden → Anh. § 723 allgemein Rdnr. 52, speziell im Verhältnis zu *Belgien* Rdnr. 78, *Griechenland* Rdnr. 116, *Niederlanden* Rdnr. 135, *Spanien* Rdnr. 196. Wegen des übrigen Auslands → Anh. § 723 für *Österreich* Rdnr. 92, *Tunesien* Rdnr. 150. Ohne solche Abkommen unterfallen ausländische Urkunden[639] weder § 794 Abs. 1 Nr. 5 (→ Rdnr. 83 Fn. 476) noch § 722 → dort Rdnr. 10 Fn. 47. Im Verhältnis zu *Israel* und *Norwegen* scheiden daher vollstreckbare Urkunden aus.

IX. Weitere bundesgesetzliche Titel

100   Weitere bundesgesetzlich anerkannte Schuldtitel, aus denen die Vollstreckung nach der ZPO stattfindet (wegen landesgesetzlicher s. § 801), sind z. B. (s. außerdem die Aufzählung in § 68 GVGA):

1. *Arrestbefehle* und *einstweilige Verfügungen,* §§ 922, 924, 928, 929, 936; → auch Rdnr. 52 (20. Aufl.) vor § 916 zu § 62 Abs. 2 ArbGG;

2. Beschlüsse, die das *Konkurs/Insolvenzverfahren* eröffnen, und Eröffnungsbeschlüsse gemäß § 5 GesO[640] sind für den Verwalter Titel auf Herausgabe und Besitzeinweisung gegen den Gemeinschuldner[641], so ausdrücklich § 148 Abs. 2 InsO (→ § 775 Rdnr. 40), der in S. 3 die Zuständigkeit des Insolvenzgerichts für die Erinnerung nach § 766 vorsieht; ebenso Beschlüsse über die Vergütung des Verwalters[642];

3. *Eintragungen in die Konkurs/Insolvenztabelle,* § 164 Abs. 2 (§ 201 Abs. 2 InsO → § 775 Rdnr. 40), und rechtskräftig bestätigte *Zwangsvergleiche* nach Aufhebung des Konkurses, §§ 194, 206 KO; wegen des Zwangsvergleichs beim Genossenschaftskonkurs s. auch § 115e Abs. 2 Nr. 5 GenG (ab 1999 aufgehoben und neu gefaßt, Art. 49 Nr. 37 EGInsO);

4. bestätigte *Vergleiche* in Verbindung mit Auszügen aus dem berichtigten Gläubigerverzeichnis nach § 85 Abs. 1, 2 VerglO sind Titel gegen *Schuldner* und *Vergleichsgaranten,* sofern sich letztere die Einrede der Vorausklage nicht ausdrücklich vorbehalten haben[643]; ebenso rechtskräftig bestätigte *Insolvenzpläne* mit Tabellenauszügen, § 257 Abs. 1, 2 InsO, sowie *Schuldenbereinigungspläne,* § 308 Abs. 1 InsO (→ zu dieser § 775 Rdnr. 40);

5. *Zuschlagbeschlüsse* nach §§ 93, 162, 171a ZVG; s. ferner § 7 Abs. 2, § 108 Abs. 1, § 118 Abs. 1, § 132 ZVG;

6. für vollstreckbar erklärte *Vorschuß-, Zusatz- und Nachschußberechnungen* nach §§ 105ff. GenG, § 52 VAG;

7. Titel zum *Ausgleich des Zugewinns,* § 53a Abs. 4 FGG, und über *Versorgungsausgleich,*

---

[637] Allg. M. → zur Entstehungsgeschichte 19. Aufl. zu Fn. 231.
[638] Z. B. Herausgabe einer Wohnung wegen Nichtzahlung des Mietzinses, auch wenn dies »mittelbar« den Mietzins einbringen soll. – A.M. *Bühling* (Fn. 464) 482. – In den Fällen §§ 1990 Abs. 1 S. 2, 419 Abs. 2 BGB handelt es sich in Wahrheit um eine Pflicht zur Duldung der ZV in bestimmt haftende Gegenstände wegen einer Geldforderung, *Kretzschmar* BlfRA 09, 195, 197 (zust. RGZ 137, 53).
[639] Dazu *Immanuel Stauch* Die Geltung ausländischer notarieller Urkunden usw. (1983).
[640] *Arnold* DGVZ 1993, 36.

[641] → dazu Rdnr. 79, § 766 Rdnr. 19 Fn. 98, § 721 Rdnr. 1; h.M., *BGH* NJW 1962, 1392; *Jäger/Henckel* KO[9] § 1 Rdnr. 148; *Kuhn/Uhlenbruck* KO[10] § 1 Rdnr. 3. Ob der Beschluß die Vollstreckungsgegenstände genau bezeichnen muß, ist bestritten *LG Düsseldorf* KTS 1957, 143. Die Begr. zu § 148 Abs. 2 InsO (BT-Drucks. 12/2443 S. 170) folgt der h.M.: »einer zusätzlichen richterlichen Anordnung bedarf es nicht«; anders noch für § 167 Abs. 3 des Entwurfs für Immobilien.
[642] *BGH* WM 1964, 1125. § 64 Abs. 3 InsO läßt ausdrücklich die Beschwerde zu, → dazu § 794 Rdnr. 79.
[643] → auch § 726 Rdnr. 3 a. E. u. zum Treuhandvergleich § 729 Rdnr. 6, § 771 Rdnr. 24.

§ 53 g Abs. 3[644], rechtskräftig bestätigte *Vereinbarungen und Auseinandersetzungen* über *Nachlaß* und *Gesamtgut*, §§ 98 f. FGG, die rechtskräftig bestätigte *Dispache* nach § 158 Abs. 2 FGG; in gewissem Umfang auch bestimmte Herausgabe-, Vorlegungs- und ähnliche Anordnungen des Richters der *freiwilligen Gerichtsbarkeit* gem. § 33 FGG[645]; Kostenbeschlüsse nach § 38 VerschollG; → auch die folgenden Nrn. Zur Vollstreckung aus Titeln der freiwilligen Gerichtsbarkeit im Verhältnis zum *Ausland* s. für den EG-Bereich Art. 25 EuGVÜ sowie die bilateralen Abkommen[646] mit Griechenland, Israel, Österreich, Tunesien in Verbindung mit den zugehörigen vollstreckungsrechtlichen Vorschriften → Anh. § 723 Rdnr. 29 ff.

8. rechtskräftige Entscheidungen des Familiengerichts (§ 621 Nr. 7), gerichtliche Vergleiche und einstweilige Anordnungen aufgrund der § 13 Abs. 3 und 4, § 16 Abs. 3, § 18 a der 6. *DVO zum EheG* (RGBl. 1944 I 256);

9. rechtskräftige Entscheidungen, gerichtliche Vergleiche und einstweilige Anordnungen nach § 45 Abs. 3 *WohnungseigentumsG*[647];

10. gerichtliche *Beschlüsse* und *Vergleiche* im Verfahren in *Landwirtschaftssachen*[648], soweit sie einen vollstreckbaren Inhalt haben, § 31 LwVG vom 21. VII. 1953 (BGBl. I 667);

11. rechtskräftige Entscheidungen über richterliche *Vertragshilfe* nach § 16 Abs. 2 VHG vom 26. III. 1952 (BGBl. I 198); Vergleiche nach § 14 VHG;

12. *Vergütungsfestsetzungen* nach dem AktG § 35 Abs. 3 S. 5, § 52 Abs. 4 S. 2, § 85 Abs. 3 S. 5, § 104 Abs. 6 S. 5, § 142 Abs. 6 S. 5, § 147 Abs. 3 S. 9, § 258 Abs. 5 S. 1, § 265 Abs. 4 S. 5, § 306 Abs. 4 S. 9, § 350 Abs. 4 S. 5 und nach § 33 Abs. 2 S. 4 UmwandlungsG (BGBl. 1969 I 2081);

13. im *arbeitsgerichtlichen* Urteilsverfahren ergangene *Urteile* (§ 62 Abs. 2, § 64 Abs. 7 ArbGG) sowie die dort erwachsenen, unter § 794 Nr. 1–4 fallenden Akte[649], im Beschlußverfahren ergangene Entscheidungen[650] sowie die dort abgeschlossenen *Vergleiche*[651], durch die einem Beteiligten eine Verpflichtung auferlegt wird, § 83 a Abs. 1, § 85 Abs. 1 mit § 87 Abs. 2, § 92 Abs. 2 ArbGG[652], ferner nach § 109 ArbGG vom Vorsitzenden des Arbeitsgerichts für vollstreckbar erklärten *Schiedssprüche* und *schiedsrichterliche Vergleiche*, §§ 107–109 ArbGG[653], und die in gleicher Weise für vollstreckbar erklärten *Vergleiche* und von beiden Seiten anerkannten *Sprüche der Innungsausschüsse*, § 111 Abs. 2 S. 6, 7 ArbGG[654];

---

[644] Dazu *Keidel/Kuntze/Winkler* FGG[13] Teil A § 53 a Rdnr. 17, § 53 g Rdnr. 8 mwN u. *OLG Hamm* Rpfleger 1980, 351 = FamRZ 899, das einen Antrag vor Rechtskraft für »unbeachtlich« hält; er ist aber wirksam, bis zur Rechtskraft nur unzulässig u., wenn er nicht deshalb vorher zurückgewiesen wurde, nach Rechtskraft sachlich zu bescheiden.

[645] Dazu *Keidel/Kuntze/Winkler* FGG[13] Teil A § 33 Rdnr. 6 f. → auch § 793 Fn. 2.

[646] → § 328 Rdnr. 594, 628, 704, 844.

[647] Für Beschwerden gilt § 793 *OLG Köln* NJW 1976, 1322 mwN; *BayObLG* ZMR 1980, 256; *OLG Frankfurt* OLGZ 1980, 163 u. zu § 894 ZPO *BayObLG* 1977, 40 = Rpfleger 173. Zum Verfahren nach § 767 s. *LG Wuppertal* Rpfleger 1980, 197.

[648] Dazu *Knur* DNotZ 1953, 342. Zu Vergleichen s. BGHZ 14, 381 = NJW 1954, 1887, zur Genehmigung → Rdnr. 14 Fn. 74.

[649] → Bem. zu §§ 704 ff. jeweils a. E. Zum **Vergleich** im Urteilsverfahren (s. auch § 54 Abs. 2 ArbGG): *Lepke* (Fn. 120). Beispiele zur **Vergleichsfähigkeit**: Nach *LAG Hamm* MDR 1972, 900 sind Vergleichspflichten zur *Vornahme* bestimmter Eintragungen in Arbeitspapiere nicht vollstreckbar; jedoch kann zum Eintragungs*inhalt* vereinbart werden, daß rechtskräftig festgestelltes Gehalt zugrundegelegt wird *LAG Düsseldorf* MDR 1990, 1044. Zum Verzicht auf Arbeitslohn im umstr. fristloser Kündigung im Hinblick auf § 117 AFG *BAG* NJW 1984, 76 f., zur Hinnahme einer Befristung ohne Angabe sachlicher Befristungsgründe *BAG* MDR 1984, 700[135].

[650] Näheres → § 708 Rdnr. 33.

[651] Dazu *BAG* EzA § 40 BetrVG 1972, 14 (*Dütz*). Zur Verfügungsbefugnis (→ Fn. 62) in Beschlußverfahren *Fenn* FS für G. Schiedermair (1976) 137 f.; *Lepke* DB 1977, 629; zur Mitwirkung übriger Beteiligter *Grunsky* ArbGG[6] § 83 a Rdnr. 3; zur Rechtsstellung des Betriebsrats *Grunsky* aaO § 85 Rdnr. 3 ff. mwN.

[652] → § 708 Rdnr. 33 Fn. 137.

[653] Zur Vollstreckbarerklärung → §§ 1042 Rdnr. 34 ff.

[654] Dazu *Grunsky* ArbGG[6] § 111 Rdnr. 13–15. Der die Vollstreckbarkeit aussprechende Beschluß sollte den Inhalt des Spruchs in die Beschlußformel aufnehmen u. ist ebenso wie die Ablehnung unanfechtbar, § 109 Abs. 2 S. 1 ArbGG, s. aber § 110 Abs. 4 zur Aufhebungsklage. Zur Vollstreckungsklausel → § 795 Rdnr. 16 u. § 724 Rdnr. 18. Für die Vollstreckungsgegenklage ist das ArbG zuständig.

14. Entscheidungen der *Strafgerichte* nach § 124 Abs. 3 StPO, die den *Verfall einer Sicherheit* aussprechen; ferner die im sog. *Adhäsionsverfahren* ergangenen Urteile über eine Entschädigung des Verletzten, §§ 406, 406b StPO; auch *Kostenfestsetzungsbeschlüsse* in Strafsachen nach § 464b S. 3 StPO, auch in Privatklageverfahren, § 471 StPO, sowie im Bußgeldverfahren nach § 46 Abs. 1 OWiG i. V. m. § 464b StPO die gerichtlichen Kostenfestsetzungsbeschlüsse und gemäß § 106 Abs. 2 OWiG die *Kostenfestsetzungsbescheide*; wegen der im Privatklageverfahren zu richterlichem Protokoll abgeschlossenen Vergleiche → Rdnr. 19 Fn. 101;

15. aus dem Verfahren vor den *Sozialgerichten* die *gerichtlichen Entscheidungen*, soweit nach §§ 154, 165, 175 SozGG kein Aufschub ihrer Vollstreckbarkeit eingetreten ist, *Anerkenntnisse*, *gerichtliche Vergleiche* und *Kostenfestsetzungsbeschlüsse*, § 199 Abs. 1 SozGG[655]; soll jedoch zugunsten einer Behörde, einer Körperschaft oder Anstalt des öffentlichen Rechts vollstreckt werden, so richtet sich das Verfahren gemäß § 200 SozGG nach dem VwVG, zu diesem → Rdnr. 7 vor § 704;

16. Verwaltungsakte der *Versicherungsträger*[656] nach § 66 Abs. 4 SGB X (BGBl. 1980 I 1469, 2218) mit Ausnahme der Bußgeldbescheide, §§ 89ff. OWiG;

17. *Urteile und Beschlüsse anwaltlicher Ehrengerichte* über Geldbußen und Kosten, § 204 Abs. 3, § 205 Abs. 1 BRAO, mit der Bescheinigung der Rechtskraft versehene Festsetzungsbescheide der Rechtsanwaltskammern über *Zwangsgeld*, § 57 Abs. 4 S. 2 BRAO[657], und mit der Bescheinigung der Vollstreckbarkeit versehene Zahlungsaufforderungen wegen rückständiger Kammerbeiträge nach § 84 BRAO; ebenso die entsprechenden Entscheidungen der patentanwaltlichen Ehrengerichte und Kammern nach § 50 Abs. 6, § 77 Abs. 1, § 144 PatentAnwO vom 7. IX. 1966 (BGBl. I 557);

18. mit der Bescheinigung der Vollstreckbarkeit und dem Siegel der *Notarkammer* versehene Zahlungsaufforderungen wegen *rückständiger Beiträge*, § 73 Abs. 2 BNotO, und wegen der Notarkammer zukommender Beträge aus Notariatsverweserschaften, § 59 Abs. 1 Satz 3 BNotO; Festsetzungsbescheide der Notarkammer über Zwangsgeld, § 74 Abs. 2 BNotO; s. auch § 113 BNotO (§ 68 Nr. 20 GVGA);

19. mit Vollstreckungsklausel versehene *Kostenberechnungen der Notare*[658] und die vollstreckbaren Rückzahlungsanordnungen nach §§ 155, 157 Abs. 2 KostO; s. auch § 58 Abs. 2, 3 BNotO (Notarverweser);

20. Vergütungsfestsetzungsbeschlüsse für *Rechtsanwälte* nach § 19 Abs. 2 S. 3 BRAGO, → dazu § 764 Rdnr. 2, § 795 Rdnr. 34, § 899 Rdnr. 3;

21. Kostenfestsetzungs- und Kostenerstattungsbeschlüsse im Verfahren bei *Todeserklärungen* nach § 38 VerschG;

22. Vollstreckungsanträge der *Gerichtskassen* auf Abnahme der eidesstattlichen Versicherung und der Vollstreckung in unbewegliches Vermögen nach § 7 JBeitrO; im übrigen → Rdnr. 7 vor § 704;

---

[655] S. dazu die Komm. von *Rohwer/Kahlmann, Peters/Sautter/Wolff, Miesbach/Ankenbrank* u. *Meyer/Ladewig*.

[656] Dazu *Hornung* Rpfleger 1987, 225; 1986, 20 zu *LG Verden* aaO 19. § 66 SGB X hat die wahlweise ZV der früheren §§ 28, 748 RVO übernommen. ZV durch das Hauptzollamt nach §§ 249, 252 AO schließt auch jene nach § 807 ein *LG Wuppertal* DGVZ 1993, 59, führt aber nicht zur Kostenfreiheit des Versicherungsträgers (str.) → § 788 Rdnr. 2 Fn. 14. Zur Kostenfreiheit nach § 64 Abs. 2 S. 2 KostO für Eintragungen nach § 867 auch im Falle des § 116 SGB-X *OLG Köln* Büro 1990, 373.

[657] Zur Postzustellung durch die Rechtsanwaltskammer s. *AG Köln* DGVZ 1979, 11.

[658] Daß eine Mitteilung nach § 154 Abs. 1 KostO unterblieben war, macht die Klauselerteilung nicht unzulässig *OLG Hamm* Rpfleger 1988, 206. Zu Kostenforderungen verstorbener Notare, wenn kein Notarverweser bestellt ist, s. *LG Berlin* Büro 1980, 1560. § 218 BGB ist nicht anwendbar *KG* Büro 1990, 1506 = DNotZ 1991, 408.

23. Vergleiche vor *Einigungsstellen in Wettbewerbssachen und Schiedsstellen im Beitrittsgebiet,* → § 797a Rdnr. 11;
24. von den *Jugendämtern beurkundete Unterhaltstitel,* § 59 Abs. 1 Nr. 3, 4 mit § 60 KJHG;
25. die von Anforderungsbehörden nach § 52 BLG oder Wasser- und Schiffahrtsdirektionen gem. § 38 Abs. 1 WaStrG beurkundete Einigung und die von ihnen erlassenen Festsetzungsbescheide; die im *Enteignungsverfahren* gem. § 122 Abs. 1 BauGB entstandenen Titel; zum Verfahren vgl. jeweils Abs. 2; ferner die Festsetzungsbescheide nach § 25 WertausgleichsG[659]; s. auch §§ 18 ff. SchutzBerG[660], § 104 BBergG[661];
26. Widerrufsbescheide der *Entschädigungsbehörden,* wenn die Entscheidungsformel die Verpflichtung zur Rückzahlung bestimmter Beträge enthält, § 205 BEG[662];
27. kraft Verweisung auf die ZPO *verwaltungsgerichtliche Titel* nach § 168 Abs. 1 VwGO, sofern sich nicht aus der VwGO etwas anderes ergibt, §§ 167 ff. VwGO[663];
28. *Kostenfestsetzungsbeschlüsse* gemäß § 84 Abs. 2 S. 2 PatG und § 77 S. 3 GWB;
29. Entscheidungen des *EuGH* und der anderen → Anh. § 723 Rdnr. 27 f. genannten Behörden[664].

Keine Vollstreckungstitel im Sinne der ZPO sind die Beschlüsse nach § 7 ErstattungsG i. d. F. vom 24. I. 1951 (BGBl. I 87, 109); die Vergütungsfestsetzung für den Vormund, § 1836 BGB[665]. Verschieden geregelt ist, abgesehen von → Nr. 17 und 18, die Vollstreckung von Disziplinarmaßnahmen, auf die in berufs- bzw. ehrengerichtlichen Verfahren erkannt worden ist. Zumeist wird ein Verwaltungszwangsverfahren nach landesrechtlichen Vorschriften durchgeführt; s. dazu auch § 118 BDisziplinarO. **101**

X. Klage trotz Besitz eines Titels

Ist der Gläubiger im Besitz eines Titels der vorbezeichneten Art, fehlt für eine **Leistungsklage,** soweit überhaupt der Rechtsweg gegeben ist, zuweilen das Rechtsschutzbedürfnis[666]. Wenn ein verständiger Grund besteht, ist sie jedoch zulässig, so in der Regel bei nicht der materiellen Rechtskraft fähigen Titeln[667], und stets z. B. um einer Vollstreckungsgegenklage oder Feststellungsklage[668] des Einwendungen erhebenden Schuldners zuvorzukommen[669]. → auch zum Streit über die Bestimmtheit von Titeln Rdnr. 31 vor § 704 sowie wegen ausländischer Titel → § 722 Rdnr. 6 f. Allerdings sollte den schutzwürdigen Interessen des Schuldners, sich nicht gegen eine doppelte Vollstreckung aus beiden Titeln wehren zu müssen[670], dadurch Rechnung getragen werden, daß die Vollstreckung aus dem Urteil wohl **102**

---

[659] Vom 12. X. 1971 (BGBl. I 1625).
[660] Vom 7. XII. 1956, Änderung BGBl. 1976 I 3310.
[661] Vom 13. VIII. 1980 (BGBl. I 1310), letzte Änderung BGBl. 1992 I 1564.
[662] BGBl. 1956 I 559, 562, letzte Änderung BGBl. 1991 I 2317.
[663] → Rdnr. 2, 5 vor § 704 Fn. 20. Nach § 169 VwGO richtet sich die ZV zugunsten der öffentlichen Hand nach dem VwVG. Zum Prozeßvergleich → Rdnr. 2 Fn. 13.
[664] Zur Klauselerteilung → Anh. § 723 Rdnr. 27 Fn. 3.
[665] *LG Frankfurt a. M.* Rpfleger 1990, 419 = FamRZ 1034.
[666] → Rdnr. 115 vor 253. *KG* OLGRsp 15, 116; *OLG Koblenz* NJW-RR 1990, 1085 = Büro 105. Vgl. *Stein* Voraussetzungen des Rechtsschutzes (1903) 88 ff. = Festgabe für H. Fitting (1903) 419 ff.
[667] → Rdnr. 31 vor § 704, Rdnr. 154 Fn. 651 (Wertsicherung), § 727 Rdnr. 7, § 731 Rdnr. 6 u. zur älteren Rsp → 19. Aufl. Fn. 243. Zur ZV von Willenserklärungen → § 894 Rdnr. 4. Folgt man der Ansicht → § 700 Rdnr. 10, so kann auch trotz Vollstreckungsbescheids erneut geklagt werden. – A. M. zum Prozeßvergleich *OLG Schleswig* SchlHA 1981, 113; *G. Lüke* JuS 1965, 482 u. FS für F. Weber (1975) 325 f. Fn. 14 f. *Bonin* (Fn. 1) 95 u. *von Mettenheim* (Fn. 4) 127 f. halten solche Klagen für unbegründet. *OLG Zweibrücken* verneint RechtsschutzB für Unterhaltsklage, soweit sie nach § 794 Abs. 1 Nr. 5 tituliert ist.
[668] → § 256 Rdnr. 95, § 767 Rdnr. 13.
[669] Ganz h. M. → Rdnr. 115 vor § 253, § 727 Fn. 34, § 767 Fn. 104; für den *Zuschlagsbeschluß* (obwohl gegen ihn schon die Klage nach § 767 anhängig war!) *RG* JW 1915, 1032, s. auch RGZ 46, 306 f. (auch dort hatte der Schuldner Einwendungen erhoben); für Prozeßvergleiche noch *OLG Hamm* NJW 1976, 246.
[670] → dazu Rdnr. 20 vor § 704, § 766 Rdnr. 15.

schon von Amts wegen, zumindest aber auf Antrag des Beklagten[671] von der Rückgabe der Ausfertigung des ersten Titels abhängig gemacht wird[672]. Will der Gläubiger diese Folge vermeiden, so muß er sich mit einer **Feststellungsklage** begnügen, die ihm bei fehlender Rechtskraft seines Titels nicht verwehrt werden darf[673]. Ob der Schuldner im Prozeß sofort anerkennt, ist nach dem Rechtsgedanken des § 93 für das Rechtsschutzbedürfnis unerheblich außer in den Fällen → § 797 Rdnr. 21.

§ 794a [Zwangsvollstreckung aus Räumungsvergleich]

(1) ¹Hat sich der Schuldner in einem Vergleich, aus dem die Zwangsvollstreckung stattfindet, zur Räumung von Wohnraum verpflichtet, so kann ihm das Amtsgericht, in dessen Bezirk der Wohnraum belegen ist, auf Antrag eine den Umständen nach angemessene Räumungsfrist bewilligen. ²Der Antrag ist spätestens zwei Wochen vor dem Tage, an dem nach dem Vergleich zu räumen ist, zu stellen; §§ 233 bis 238 gelten sinngemäß. ³Die Entscheidung kann ohne mündliche Verhandlung ergehen. ⁴Vor der Entscheidung ist der Gläubiger zu hören. ⁵Das Gericht ist befugt, die im § 732 Abs. 2 bezeichneten Anordnungen zu erlassen.

(2) ¹Die Räumungsfrist kann auf Antrag verlängert oder verkürzt werden. ²Absatz 1 Sätze 2 bis 5 gilt entsprechend.

(3) ¹Die Räumungsfrist darf insgesamt nicht mehr als ein Jahr, gerechnet vom Tage des Abschlusses des Vergleichs, betragen. ²Ist nach dem Vergleich an einem späteren Tage zu räumen, so rechnet die Frist von diesem Tage an.

(4) Gegen die Entscheidung des Amtsgerichts findet die sofortige Beschwerde statt.

(5) Die Absätze 1 bis 4 gelten nicht für Mietverhältnisse über Wohnraum im Sinne des § 564b Abs. 7 Nr. 4 und 5 und in den Fällen des § 564c Abs. 2 des Bürgerlichen Gesetzbuchs.

Gesetzesgeschichte: Seit 1964 BGBl. I 457. Änderungen BGBl. 1976 I 3281, 1982 I 1912, 1990 I 926 (Abs. 5), 2847 (Abs. 4).

I. Anwendungsbereich

1 § 794a war nötig, damit der Schuldner nicht wegen § 721 seine Verurteilung dem Abschluß eines vollstreckbaren **Prozeßvergleichs** vorzieht. Daraus und aus den Wirkungen → Rdnr. 6 ergibt sich, daß er für nicht vollstreckbare *außergerichtliche* Räumungsvergleiche oder ähnliche Vereinbarungen nicht gedacht ist, wohl aber für die ebenso wie Prozeßvergleiche vollstreckbaren **Anwaltsvergleiche** nach § 1044 b¹. Für Vergleiche nach § 13 Abs. 3 Haus-

---

[671] *Stein* (Fn. 666); *Oesterle* Leistung Zug um Zug (1980) 225 mwN; einschränkend noch die 19. Aufl.

[672] → § 726 Rdnr. 9 Fn. 63. Der bloße Verzicht des Gläubigers auf die Rechte aus dem alten Titel (vgl. *Wieczorek*² Anm. B II) gewährt dem Schuldner keinen sicheren Schutz, → §§ 766 Rdnr. 23, 25; 775 Rdnr. 32. Richtig hat daher das *KG* in *RGZ* 100, 198 nach Verzichtserklärung des Gläubigers die ZV aus dem Ersturteil für unzulässig erklärt. – *RG* WarnRsp 29 Nr. 191 setzte sich über dieses Bedenken hinweg; vgl. auch *BGH* NJW 1961, 1116 zu 4.

[673] → § 256 Rdnr. 95; *Wolfsteiner* (Fn. 450) § 797 Rdnr. 41, der regelmäßig das RechtsschutzB für Leistungsklagen verneint. Vgl. auch *KG* ZZP 56 (1931), 229; *OLG Frankfurt* MDR 1975, 584; *BGH* MDR 1966, 841 gewährt Feststellungsklage trotz Vollstreckungsbefehl (während Einstellung der ZV).

¹ Zum nicht vollstreckbaren Vergleich wie hier *LG Wuppertal* NJW 1967, 832; *Bodié* ZMR 1970, 99; *Sternel* Mietrecht³ V Rdnr. 118; *Baumbach/Hartmann*⁵² Rdnr. 1; *MünchKommZPO-Wolfsteiner* (1992) Rdnr. 3; *Thomas/Putzo*¹⁸ Rdnr. 2; *Zöller/Stöber*¹⁸ Rdnr. 1. – A.M. *LGe Essen, Ulm* NJW 1968, 162 = WuM 52; MDR 1980, 944; *Dengler* ZMR 1968, 316. → auch §721 Fn. 108. – Zum **Anwaltsvergleich** zutreffend *Chr.Münch* NJW 1993, 1182.

ratsVO s. dort §§ 15, 17 Abs. 2[2], die in den neuen Bundesländern auf gerichtliche Einigungen auch dann anzuwenden waren, wenn für vor dem 3.10.1990 Geschiedene noch §§ 39 f. DDR-FGB galt, aber eine Räumungsfrist nach § 34 DDR-FGB nicht gewährt worden (oder abgelaufen) war[3]. Über die Anwendung des § 765a neben § 794a → § 721 Rdnr. 2, § 765a Rdnr. 33[4].

II. Räumungsfrist

1. Ihre **sachlichen Voraussetzungen** sind an sich die gleichen wie → § 721 Rdnr. 5–12. Anders als ein Urteil enthält jedoch das vergleichsweise Räumungsversprechen des Schuldners in der Regel[5] auch das Zugeständnis, daß die Einhaltung des Termins möglich und zumutbar sei; hierauf sollte der Gläubiger vertrauen dürfen. Grundsätzlich wird daher der Schuldner weiteren Aufschub nur verdienen, wenn er darlegt, daß die Lage sich nachträglich verschlechtert hat oder die Entwicklung bei Vergleichsabschluß nicht zu übersehen war[6], z. B. wenn ein Dritter die Zusage einer Ersatzwohnung zurückzieht[7].

Nimmt der Gläubiger schon im Vergleich Rücksicht auf die Not des Schuldners, etwa durch finanzielle Hilfe bei der Ersatzraumbeschaffung oder durch erhebliches Hinausschieben des Räumungstermins (sei es durch Vertragsverlängerung oder Vereinbarung einer Räumungsfrist), so ist dies bei der Interessenabwägung zu seinen Gunsten einzubeziehen, auch wenn nicht sicher ist, ob seine Klage begründet gewesen wäre[8]; → Rdnr. 4, 8. Zur Abhängigkeit der Frist von Entschädigungszahlungen → § 721 Rdnr. 15.

2. Die **Dauer**[9] darf nach Abs. 3 ein Jahr nicht überschreiten. Ist der Vergleich aufschiebend bedingt[10], so ist ähnlich wie bei einem Aufschub i. S. d. Abs. 3 S. 2 »an einem späteren Tag zu räumen«, so daß die Höchstfrist erst mit Eintritt der Bedingung beginnt[11]. Daß S. 1 diese Höchstdauer vom Tage des Vergleichsschlusses an rechnet, falls nicht nach dem Vergleich später zu räumen ist (S. 2), ist nur eine redaktionelle Anlehnung an § 721 Abs. 5 und darf nicht zu dem Mißverständnis führen, das Gesetz wolle die seltene Ausnahme, daß sofort zu räumen wäre, zur Regel stempeln; der Sinn dieser Umkehrung dürfte darin liegen, daß eine etwaige Stundung *vor* Vergleichsschluß keinesfalls auf die Höchstdauer angerechnet werden darf[12]. Entscheidend für den **Fristbeginn** ist stets der im Vergleich bestimmte Räumungstag, auch wenn der vereinbarte Aufschub nicht als Vertragsverlängerung, sondern nur als Räumungsfrist gedacht war[13]. Denn eine **schematische** »Anrechnung« privater Räumungsfristen

---

[2] OLGe Hamm, Karlsruhe NJW 1969, 885; Justiz 1979, 438.
[3] KG DtZ 1991, 348. → auch § 721 Fn. 5.
[4] S. außerdem LG Köln WuM 1967, 65; LG Osnabrück WuM 1980, 256 (Neubau verzögert sich um 4 Monate über den zugesagten Räumungstermin hinaus); *Fenger* Rpfleger 1988, 56 f. (nur nachträgliche Umstände erheblich, die nicht im übernommenen Risikobereich liegen); *Schmidt/Futterer/Blank* Wohnraumschutzgesetze[6] B Rdnr. 471 ff. mwN.
[5] Zu prüfen ist aber, ob der Vergleich tatsächlich auf freiwilligem Nachgeben beruht, vgl. *Hilden* (→ § 721 Fn. 1) 187 ff. (195).
[6] LGe Kassel, Kiel WuM 1989, 443; 1994, 555; *Hartmann* (Fn. 1) Rdnr. 3; *Zöller/Stöber*[18] Rdnr. 2; LG Kassel ZMR 1967, 188, WuM 1970, 107 stellt auf Verschulden ab (abl. *Becker*); ebenso *Wolfsteiner* (Fn. 1) Rdnr. 4 (grobes Verschulden). S. auch für § 765a *Fenger* (Fn. 4). – A.M. LGe Stuttgart WuM 1973, 83; *Heilbronn* Büro 1992, 569 (Gläubiger dürfe nur auf Termin vertrauen, wenn Schuldner auf § 794a verzichte); *Buche* MDR 1972, 194 zu 8.

[7] LGe Mannheim, Münster WuM 1965, 139 = ZMR 1966, 280; WuM 1970, 29. Vgl. auch *LG Wuppertal* WuM 1981, 113 (nachträgliches Auffinden einer binnen 4 Monaten beziehbaren Wohnung).
[8] LG Kassel DWW 1967, 23. – A.M. *Wolfsteiner* (Fn. 1) Rdnr. 4.
[9] → dazu § 721 Rdnr. 13 ff.
[10] → § 794 Rdnr. 61.
[11] *Wolfsteiner* (Fn. 1) Rdnr. 8.
[12] LG Wuppertal WuM 1981, 113; *Wolfsteiner* (Fn. 1) Rdnr. 5.
[13] H.M.; LG Karlsruhe WuM 1965, 175 (zust. *Bodié* mwN); LGe Wuppertal, Bochum, Hannover, Kiel WuM 1965, 210; 1966, 141; 1971, 123; 1992, 492; ebenso LG München I WuM 1987, 66 f., wonach aber eine abweichende Vereinbarung möglich und anzunehmen sei, wenn die Frist im Vergleich »als Räumungsfrist« gemäß § 794a bezeichnet wurde; zust. *Wolfsteiner* (Fn. 1) Rdnr. 5. → dazu Fn. 16.

widerspricht der Pflicht des Richters, nach Abs. 1 S. 1 durch eigene Abwägung der Umstände den angemessenen Räumungstermin zu bestimmen; zudem ist der Unterschied zwischen Vertragsverlängerung und privater Räumungsfrist wegen § 557 BGB oft so gering, daß den Parteien die genaue rechtliche Einordnung unbewußt bleibt oder gleichgültig ist[14]; schließlich besteht kein Grund, die Worte »nach dem Vergleich zu räumen« in Abs. 3 S. 2 anders auszulegen als in Abs. 1 S. 2[15]. Die Gegenmeinung[16] verwechselt die **formelle** Berechnung der Höchstdauer mit der materiell möglichen Berücksichtigung eines Entgegenkommens des Gläubigers im Rahmen des richterlichen Ermessens, → Rdnr. 3.

5   3. Die ein- oder mehrmalige[17] **Verlängerung oder Verkürzung** der Räumungsfrist ist nach **Abs. 2** im Rahmen der Höchstdauer hier ebenso zulässig wie nach § 721 Abs. 3[18]. Eine »Verlängerung« von Räumungsfristen, die *nicht* nach § 794a *vom Gericht* nach Abs. 1 bestimmt wurden[19], ist in Wahrheit Entscheidung nach Abs. 1[20]; für ihre Verkürzung ist § 794a keine Rechtsgrundlage[21].

6   4. Wegen der vollstreckungsrechtlichen **Wirkungen** der Räumungsfrist s. § 751 Abs. 1, zu materiell-rechtlichen → § 721 Rdnr. 3[22].

7   5. Wegen der Ausnahmen des **Abs. 5** → § 721 Rdnr. 16a.

III. Verfahren.

8   1. Ausschließlich (§ 802) **zuständig** ist nach Abs. 1 S. 1 das Amtsgericht, in dessen Bezirk der Wohnraum liegt. Es entscheidet nicht als Vollstreckungsgericht (§ 764), denn es geht um eine – wenn auch nur zeitliche – Veränderung der Vollstreckbarkeit des Titels und nicht nur um die Regelung einer Vollstreckungsmaßnahme[23]. Daher entscheidet der Richter.

9   2. Der **Antrag** ist in der Form des § 496 spätestens zwei Wochen **vor** dem Tage, an dem nach dem Vergleich zu räumen ist, zu stellen, **Abs. 1 S. 2**. Die Frist ist wie bei dem gleichlautenden § 721 Abs. 2 zu berechnen[24]; an die Stelle des im Urteil genannten Räumungstags tritt hier der im Vergleich vereinbarte. Ist »bis« oder »spätestens« zu einem Tag zu räumen, der entweder als Datum oder als letzter Tag einer Frist, deren Beginn feststeht, *bestimmt* sein muß, so ist dies der Räumungstag i. S. d. Abs. 1 S. 2[25]. Andernfalls entfällt die Frist, da Abs. 3

---

[14] Vgl. *LG Hagen* WuM 1966, 211 = ZMR 1967, 224.
[15] → Rdnr. 8.
[16] *Burkhardt* WuM 1964, 182; 1965, 40; *Dengler* ZMR 1966, 259. – Offenlassend *LG Hagen* (Fn. 14).
[17] Auch wenn die erste Frist als »einmalig« bezeichnet wurde *LG Wuppertal* WuM 1965, 210.
[18] → dort Rdnr. 24. S. außerdem *LG Münster* WuM 1968, 51; 1969, 103; *LG Essen* WuM 1979, 269 (mit bedenklicher Unterstellung statt § 139 ZPO).
[19] → Rdnr. 3 a. E.
[20] *LGe Wuppertal, Kiel, Heilbronn* NJW 1967, 832 (ausführlich); WuM 1992, 492; Rpfleger 1992, 528; a.M. *LGe Ulm u. Hamburg* MDR 1980, 944; 1981, 236. Aber Abs. 2 S. 2 nF entschärft das Problem weitgehend → Rdnr. 8 a. E.
[21] *LGe Köln, Kaiserslautern, Mannheim, München I, Bremen* WuM 1967, 65; 1984, 115; 1987, 64; 1987, 66; 1991, 564; *LG Hanau* WM 1988, 316; *Wolfsteiner* (Fn. 1) Rdnr. 6. *LG München I* aaO. sieht aber die Möglichkeit vor, das Nutzungsverhältnis fristlos zu kündigen. *Thomas/Putzo*[18] Rdnr. 4; *Zöller/Stöber*[18] Rdnr. 2 ; → auch § 721 Fn. 108. – **A.M.** (entsprechende Anwendung) *LG Bielefeld* MDR 1966, 333 (zust. *Stötter* NJW 1967, 1113);

LGe Mannheim, Hamburg WuM 1971, 116; MDR 1981, 236 u. WM 1987, 65. Aber § 794a ist kein umfassendes Vertragshilferecht, sondern Räumungsschutz für den *Schuldner*; nur in diesem Rahmen berücksichtigt Abs. 2 auch die Not des Gläubigers.
[22] Zur Berücksichtigung der Folgen des § 557 Abs. 3 BGB im Rahmen des § 794a *LG Dortmund* WuM 1966,142.
[23] → § 721 Fn. 4 u. Rdnr. 34; h.M. *LG Hildesheim* MDR 1968, 55; *LG Essen* NJW 1971, 2315 = Rpfleger 323 (Meyer/Stolte); *LGe Köln, Mannheim, München* WuM 1967, 65; 1987, 64; 1987, 66; *Blank* (Fn. 4) B 459. Dies gilt auch bei Vergleichen vor den Arbeitsgerichten; *LAG Bad.-Württ.* NJW 1970, 2046 = BB 1179; *AG Sonthofen* ZMR 1970, 122 = MDR 1968, 925; *Thomas/Putzo*[18] Rdnr. 3. – A.M. (VollstrGer) *AG Hildesheim* MDR 1968, 55f.; *Pergande* DWW 1965, 68.
[24] → § 721 Fn. 22a, insbesondere Fn. 99 zum »Feiertagsproblem«; insoweit a.M. (Antrag müsse am vorhergehenden Freitag eingehen) *LG Freiburg* WuM 1989, 443; *Wolfsteiner* (Fn. 1) Rdnr. 8.
[25] Was zuweilen übersehen wird, z. B. *LG Waldshut-Tiengen* WuM 1991, 285 (Sachverhalt).

S. 1 nur für die Räumungs-, nicht für die Antragsfrist gilt. Worauf ein schon im Vergleich gewährter Aufschub beruht, ist für die Fristberechnung auch hier unerheblich[26]. Beträgt er *weniger* als zwei Wochen oder ist (z.B. mangels Zeitangabe) sofort zu räumen, so ist der Antrag nach dem Wortlaut nicht zulässig; wegen S. 2 HS 2 (sinngemäße Anwendung der §§ 233 ff.) wird man trotzdem einen innerhalb zweier Wochen nach Vergleichsabschluß gestellten Antrag noch zulassen müssen[27]. Gerade dann wird er aber aus den → Rdnr. 3 genannten Gründen nur ausnahmsweise begründet sein. Die wegen Versäumung der Antragsfrist[28] statthafte Wiedereinsetzung[29] kann z.B. auch gewährt werden, wenn Rechtsunkundige meinten, Abs. 2 sei auf vereinbarte Fristen anzuwenden.

3. Der **Beschluß** kann nach Abs. 1 S. 3 ohne mündliche Verhandlung ergehen und ist zu begründen. Der Gläubiger muß schriftlich oder mündlich angehört werden, S. 4. Zur Festsetzung der Räumungsfrist → § 721 Rdnr. 14 f. **10**

4. Bis zur Entscheidung können nach Abs. 1 S. 5, Abs. 2 S. 2 die in § 732 Abs. 2 vorgesehenen **einstweiligen Anordnungen** erlassen werden. Sie sind auch hier unanfechtbar[30]. **11**

IV. Gegen den Beschluß findet die **sofortige Beschwerde** statt, aber keine weitere Beschwerde, § 568 Abs. 2 S. 1 nF[31]. → noch § 721 Rdnr. 28, 32. **12**

V. Die **Kostenfolge** wird wie in den selbständigen Beschlußverfahren des § 721 durch die §§ 91 ff. bestimmt[32]. Enthält der Vergleich eine vorsorgliche Kostenregelung für den Fall des § 794 a, so ist nach § 98 diese maßgebend. Andernfalls ist die Anwendung des § 98 zweifelhaft, denn das Verfahren ist zwar ein Anhang zum erledigten Rechtsstreit (§ 98 S. 2), aber ein selbständiger und zur Zeit des Vergleichsschlusses noch ungewisser, so daß weder seine stillschweigende Einbeziehung in die Vergleichskostenregelung noch deren Ersatz durch § 98 S. 1 angebracht sein dürfte[33]. Wegen der **Gebühren** → § 721 Rdnr. 36. **13**

§ 795 [Zwangsvollstreckung aus Titeln nach § 794]

[1]Auf die Zwangsvollstreckung aus den in § 794 erwähnten Schuldtiteln sind die Vorschriften der §§ 724 bis 793 entsprechend anzuwenden, soweit nicht in den §§ 795 a bis 800 abweichende Vorschriften enthalten sind. [2]Auf die Zwangsvollstreckung aus den in § 794 Abs. 1 Nr. 2, 2a erwähnten Schuldtiteln ist § 720 a entsprechend anzuwenden, wenn die Schuldtitel auf Urteilen beruhen, die nur gegen Sicherheitsleistung vorläufig vollstreckbar sind.

Gesetzesgeschichte: Bis 1900 § 703 CPO. Änderungen RGBl. 1898 I 256, 1909 I 437, BGBl. 1964 I 457, 1976 I 3281.

I. Die entsprechende Anwendung der §§ 724–793 auf die **Zwangsvollstreckung aus den Schuldtiteln des § 794** ist nur insoweit ausgeschlossen, als die §§ 795 a-800 Abweichungen **1**

---

[26] → Rdnr. 2 Fn. 13 ff.
[27] Ganz h.M. *Wolfsteiner* (Fn. 1) Rdnr. 8 mwN. Zweifelnd noch 20. Aufl. Fn. 16; a.M. *Bodié* WuM 1965, 175; *Wieczorek*[2] Anm. A I a; *Thomas/Putzo*[18] Rdnr. 4.
[28] Diese kann nicht verlängert werden, § 224 Abs. 2.
[29] → dazu § 721 Rdnr. 22, 24.
[30] → § 732 Rdnr. 14, § 721 Rdnr. 23 Fn. 105; *OLG Celle* MDR 1968, 333 = DGVZ 79 = Rpfleger 97; *Wolfsteiner* (Fn. 1) Rdnr. 10. – A.M. *OLG Köln* → § 721

Fn. 105, soweit die Anordnung einer Entscheidung zur Hauptsache gleichkomme.
[31] → § 721 Fn. 119; OLGe Stuttgart, München, Frankfurt MDR 1991, 788 f.; 1993, 1006 = OLGZ 1994, 251 f.; NJW-RR 1994, 715.
[32] → § 721 Rdnr. 34 f.
[33] Wie hier *Zöller/Stöber*[19] Rdnr. 6; wohl auch *LG Essen* Rpfleger 1971, 407 (Anwendung des § 93); *Thomas/Putzo*[18] Rdnr. 6 a.E. mit § 721 Rdnr. 13 a.E.

§ 795 I, II   Erster Abschnitt: Allgemeine Vorschriften   706

enthalten. S. 2 berücksichtigt die *Abhängigkeit* der → § 794 Rdnr. 73–76 genannten Titel vom Urteil. Ist es nur gegen Sicherheitsleistung vollstreckbar, so ist daher § 720a[1] und folgerichtig § 717 Abs. 2 oder 3 auch auf diese Titel anzuwenden. → auch § 775 Rdnr. 7 Fn. 39 f. zur Erstreckung einer Einstellung bezüglich des Haupttitels. Im übrigen scheiden die §§ 708–720a aus für alle sofort oder erst ab Rechtskraft vollstreckbaren Titel[2].

2   *Gerichtliche Vergleiche* (§ 794 Nr. 1) sind daher ausschließlich nach § 795 zu behandeln; die §§ 797, 798, 799–800a sind insoweit nicht anzuwenden[3]. Sonst könnte sich die mißliche Folge ergeben, daß bei Vergleichen vor dem ersuchten Richter über die in § 797 Abs. 5 genannten Klagen an einem anderen Ort entschieden würde als über die Klauselerteilung, die Anträge gemäß § 732 f. und über eine Fortsetzung des Prozesses[4], mit der die Vollstreckungsgegenklage konkurriert[5]. Für Vergleiche in Verfahren nach §§ 127a, 486, 620, 641d, 916 ff. ist das protokollierende Gericht als Gericht des ersten Rechtszuges bzw. Prozeßgericht i. S. d. §§ 724 Abs. 2, 731 f., 767 f. anzusehen, solange die Klage noch nicht zugestellt ist. Im übrigen → Fn. 21 und Rdnr. 5.

3   II. Im einzelnen gestaltet sich danach die entsprechende Anwendung der §§ 724 ff. auf die in § 794 Nr. 1[6] und Nr. 2–3 a[7] bezeichneten Schuldtitel folgendermaßen:

1. Zur Vollstreckung ist mit Ausnahme der → § 724 Rdnr. 4 bezeichneten Beschlüsse eine **vollstreckbare Ausfertigung** erforderlich. Für **Prozeßvergleiche** erteilt sie der Urkundsbeamte (§ 724 f.) bzw. Rechtspfleger (§§ 726 ff.) des Prozeßgerichts erster Instanz[8], solange aber das Verfahren noch in höherer Instanz anhängig ist, derjenige des höheren Gerichts[9], auch wenn ein ersuchtes Gericht den Vergleich aufgenommen hat → Rdnr. 2. Die Klausel für einen noch vor dem Landgericht im Scheidungsrechtsstreit abgeschlossenen Unterhaltsvergleich erteilt der Urkundsbeamte des LG, auch wenn für den Prozeß jetzt das Familiengericht zuständig wäre[10]. Für Verfahren, in denen sachliche Einwendungen erhoben werden, → § 732 Rdnr. 6, § 768 Rdnr. 1 f., gilt jedoch § 23b GVG entsprechend[11]. Das wird auch für formelle Einwendungen gelten müssen, a) um für § 732 nicht verschiedene Zuständigkeiten je nach der Art der Einwendungen[12] annehmen zu müssen, b) weil es Einwendungen gibt, die zugleich formelle und sachliche sind[13]. Zur Frage, wem die Klausel zu erteilen ist, → § 724 Rdnr. 8a, § 794 Rdnr. 36.

4   Die Klausel ist zu *versagen*, wenn der Vergleich nicht in einem anhängigen gerichtlichen Verfahren ordnungsgemäß protokolliert ist[14] oder ein vorbehaltener Widerruf aus den Akten ersichtlich ist[15]. Lediglich materielle Mängel, auch wenn sie zur Unwirksamkeit des gesamten Vergleichs führen, können – abgesehen von § 768[16] – im Klauselerteilungsverfahren nicht

---

[1] → § 720a Rdnr. 2, § 708 Rdnr. 14 u. dazu *BT-Drucks.* 7/2729 (Nr. 92). Da § 794 Abs. 1 Nr. 2a gewiß nicht nur wegen Unterhaltsrückständen (→ § 708 Rdnr. 23) in § 795 S. 2 genannt ist, erfaßt § 720a auch die Anwendung des § 712 Abs. 2 S. 2 auf Unterhaltsurteile.
[2] So für § 794 Abs. 1 Nr. 1, 5, für Nr. 3 → § 794 Rdnr. 79a, im übrigen → § 708 Rdnr. 13a.
[3] Jetzt ganz h.M. Wegen älterer Nachweise → 19. Aufl. Fn. 2. – A.M. *RGZ* 21, 345 ff.; *SeuffArch* 59 (1904), 292; *OLG München* NJW 1951, 2265 = WM 768 (*Goerke*); *Wieczorek*[2] § 797 Anm. A, § 795 Anm. A I a 3 (aber A I a 7?).
[4] → § 794 Rdnr. 46 ff.
[5] → § 794 Rdnr. 54 (str.).
[6] → § 794 Rdnr. 3–72.
[7] → § 794 Rdnr. 73–80.
[8] Auch wenn das Gericht für den Vergleichsgegenstand (teilweise) unzuständig war (→ dazu § 794 Rdnr. 16);

a. M. *LAG Bad. Württ.* BB 1959, 1103 (L), das diese Fälle mit jenen → Fn. 21 gleichstellte.
[9] → § 706 Rdnr. 4.
[10] *OLG Stuttgart* Rpfleger 1979, 145 = Büro 773; *Baumbach/Hartmann*[53] § 724 Rdnr. 5. Vgl. auch für § 706 *OLG Hamm* Rpfleger 1980, 395.
[11] *OLGe Düsseldorf* FamRZ 1978, 427 f.; Stuttgart (Fn. 10); *Klauser* MDR 1979, 629, → auch § 797 Rdnr. 24.
[12] Auch bei § 767 ist diese unerheblich → dort Rdnr. 46 Fn. 367. *OLG Düsseldorf* (Fn. 11) ließ dies für § 732 offen.
[13] → § 732 Rdnr. 3.
[14] → dazu § 724 Rdnr. 14, § 794 Rdnr. 17 ff., 47.
[15] *BGH* LM Nr. 5 zu § 1542 RVO.
[16] Auch dies nicht über den gesetzlichen Rahmen hinaus, *Henckel* Prozeßrecht und materielles Recht (1970) 87 f.

Münzberg VIII/1994

berücksichtigt werden[17]; → dazu § 794 Rdnr. 53 ff. Dagegen muß das anfängliche Fehlen der Partei- und Prozeßfähigkeit[18] berücksichtigt werden, solange es an einer bindenden gerichtlichen Feststellung darüber fehlt[19]. Wegen bedingter Ansprüche → § 726 Rdnr. 3 ff., insbesondere zum scheidungsabhängigen Unterhaltsvergleich → § 726 Rdnr. 3 a. Zum erleichtertem Nachweis bei Klauselerteilung → § 797 Rdnr. 8.

Für **Klagen auf Erteilung der Vollstreckungsklausel** ist stets das Prozeßgericht erster Instanz zuständig[20]; § 797 Abs. 5 gilt nur dann entsprechend, wenn der Vergleich vor einem Gericht abgeschlossen ist, das nicht einmal sinngemäß als Prozeßgericht angesehen werden kann[21], soweit nicht ohnehin Sondervorschriften eingreifen, → Rdnr. 17. Für Vergleiche über Familiensachen → § 731 Rdnr. 11.   5

Für das Klauselerteilungsverfahren bei **einstweiligen Anordnungen, § 794 Nr. 3 a**[22] sind die Familiengerichte zuständig, falls sie entschieden hatten[23] (was bei § 127 a nicht der Fall sein muß → dort Rdnr. 3). Wegen **§ 794 Nr. 4** → § 796, wegen **Nr. 4 a** → § 794 Rdnr. 81.   6

2. Die Erteilung der **Vollstreckungsklausel für und gegen andere Personen** nach § 727 ff. ist hinsichtlich der *nach* Errichtung[24] des Titels eingetretenen Rechtsnachfolge usw., mögen es allgemeine oder Sondernachfolger sein, für alle Titel gleichmäßig zulässig. Für *Prozeßvergleiche* ist dieser Zeitpunkt jedenfalls insoweit maßgeblich, als Ansprüche noch nicht rechtshängig waren wie in manchen der → § 794 Rdnr. 11, 45 genannten Fälle[25]. Für zuvor rechtshängige Ansprüche ist hingegen str., ob es genügt, daß die Rechtsnachfolge nach Rechtshängigkeit, aber noch *vor* Wirksamkeit des Vergleichs eingetreten war[26]. Dafür spricht zumindest im Regelfall des § 265 Abs. 2, daß ein neuer Gläubiger die Prozeßführung seines gesetzlichen Prozeßstandschafters ebenso hinnehmen muß, wie er an ein zu erwartendes Urteil gebunden wäre. Zur Prozeßführung gehört aber auch der Vergleichsabschluß[27], ungeachtet der Frage, ob der Prozeßstandschafter insoweit materiell unberechtigt verfügt[28]. Diese Ansicht führt zumindest dann zu praktikablen Ergebnissen, wenn dem Rechtsinhaber die Rechtsnachfolge oder deren Höhe nicht bekannt oder deren Wirksamkeit zu unsicher vorkam, um schon im Vergleich dem Nachfolger die Rechte eines Gläubigers einzuräumen. Wegen § 126 → dort Rdnr. 17. Die Abhängigkeit der *Kostenfestsetzungsbeschlüsse* vom Urteil[29] bezieht sich auch auf Kostenentscheidungen in Nachverfahren[30]. – Zuständig ist hier der *Rechtspfleger* → § 730 Rdnr. 1.   7

3. Entsprechend anwendbar sind die §§ 750 ff. Die Beschlüsse gemäß § 794 Nr. 2–4 a werden nach § 329 Abs. 3 von Amts wegen **zugestellt**[31] (s. aber auch § 750 Abs. 1 S. 2), die Titel gemäß § 794 Nrn. 1, 5 nur im Parteibetrieb[32]. Wegen der Vollstreckungsbescheide s. § 699 Abs. 4, dazu → § 204 Rdnr. 4. Über zu beachtende *Wartefristen* s. §§ 798, 798 a, →   8

---

[17] Für Titel nach § 794 Nr. 5 str. → § 797 Rdnr. 10 ff.
[18] → § 794 Rdnr. 52.
[19] → für ZV-Verfahren Rdnr. 78 a a. E., 80 vor § 704; *Roth* JZ 1987, 902. Für vollstreckbare Urkunden → § 797 Rdnr. 10, 18. **Nach** Vergleichsabschluß eingetretene Partei- u. Prozeßunfähigkeit geht nur das ZV-Organ an, → dazu Rdnr. 78 a Fn. 380, Rdnr. 80 a. E. vor § 704.
[20] → Rdnr. 2 und § 731 Rdnr. 11.
[21] → z. B. § 794 Fn. 96; s. auch § 797 a Abs. 3, § 98 S. 2 FGG u. vgl. *Wieczorek*² Anm. A I a 7. → aber Fn. 8.
[22] → § 794 Rdnr. 80.
[23] → § 724 Rdnr. 7.
[24] *BGH* NJW 1993, 1397 = WM 520 = ZZP 107 (1994), 81 (*Becker-Eberhard* aaO 87). → auch § 729 Rdnr. 4 Fn. 16, § 740 Fn. 16 f., § 742 Rdnr. 6, 744 Rdnr. 1.
[25] *BGH* (Fn. 24), allg. M.

[26] **Dafür** 20. Aufl.; *Hartmann* (Fn. 10) Rdnr. 7; wohl auch *MünchKommZPO-Wolfsteiner* § 727 Rdnr. 7; insoweit offenlassend *BGH* (Fn. 24). → auch § 797 Rdnr. 7 für § 794 Nr. 5. – **Dagegen** *Wieczorek*² Anm. A I a 6; *Becker-Eberhard* (Fn. 24), 93 f., der hier nur Zessionsrecht für maßgeblich hält, ohne auf § 265 einzugehen.
[27] → § 265 Rdnr. 40 (str.) mwN; a. M. anscheinend *Becker-Eberhard* (Fn. 26) 95.
[28] Zu den Folgen s. *MünchKommZPO-Lüke* § 265 Rdnr. 75.
[29] → § 104 Rdnr. 68.
[30] *OLG Koblenz* Büro 1985, 1886.
[31] Das reicht zur ZV stets aus *LG Berlin* DGVZ 1973, 118, → § 750 Rdnr. 29. Wegen arbeitsgerichtlicher Titel → § 750 Rdnr. 43 f.
[32] → Rdnr. 18 vor § 166.

§ 795 II   Erster Abschnitt: Allgemeine Vorschriften

auch § 750 Rdnr. 6 a. E. Für die Bewilligung der öffentlichen Zustellung ist bei Vergleichen das Prozeßgericht zuständig, s. § 203 und für § 794 Nr. 5 → § 797 Rdnr. 28. Bei **Befristung** oder Anordnung bzw. vergleichsweisen Vereinbarung[33] einer **Sicherheitsleistung** s. § 751 und für Kostenfestsetzungsbeschlüsse → § 103 Rdnr. 5 f.

9   4. Für die **Vollstreckungsgegenklagen,** §§ 767, 768, ist bei **Prozeßvergleichen** (→ Rdnr. 2) das Gericht ausschließlich (§ 802) zuständig, bei dem der durch den Vergleich erledigte Prozeß in erster Instanz anhängig war[34]; hat ein Vergleich *Familiensachen* zum Gegenstand, so ist das Familiengericht zuständig, auch wenn er noch vor dem Landgericht abgeschlossen war[35]. → auch § 767 Rdnr. 46 f. Bei einem Vergleich nach § 118 Abs. 1 S. 3 ist das Gericht zuständig, bei dem um Prozeßkostenhilfe nachgesucht war. Über Vergleiche vor Gütestellen → § 797a Rdnr. 9. Ist in sonstigen Fällen das Gericht, vor dem der Vergleich geschlossen wurde, nicht als Prozeßgericht anzusehen, so muß ebenfalls auf § 797 Abs. 5 zurückgegriffen werden → Rdnr. 5. Zur Prozeßvollmacht → § 81 Rdnr. 7, zur Beweislast → § 767 Rdnr. 44. – Über das Verhältnis des § 767 zu § 732 → Rdnr. 4 sowie § 767 Rdnr. 11, § 794 Rdnr. 48 und zur Anwendung des § 767 bei Unwirksamkeit des Vergleichs aus materiellrechtlichen Gründen → § 794 Rdnr. 54. Wegen der Abgrenzung zu §§ 323, 641l, 642b, 643a → § 767 Rdnr. 18, zur **Anwendbarkeit der Abs. 1–3 des § 323 auf Vergleiche** → dort Rdnr. 49 ff.

10 Auch bei den in § 794 Abs. 1 Nr. 2–3a genannten **Beschlüssen** ist das Prozeßgericht erster Instanz ausschließlich (§ 802) zuständig[36], § 767 Abs. 1, gleichgültig ob es sich um eine Familiensache handelt[37]. Die Klage ist gegenüber Kostenfestsetzungsbeschlüssen überflüssig, wenn die Kostengrundentscheidung aufgehoben ist, → § 104 Rdnr. 68.

11 Gegenüber *einstweiligen Anordnungen im Eheverfahren* (§ 620) sind aber Änderungen der *anspruchsbegründenden* Voraussetzungen[38] nur im Abänderungsverfahren nach § 620b geltend zu machen, solange diese Sonderregelung offen steht[39]. Im übrigen ist die Klage nach § 767 wie sonst zulässig, insbesondere bei Erfüllung, Aufrechnung, Erlaß[40], Rechtsnachfolge in den Anspruch[41]. Kostenentscheidungen in Scheidungsurteilen begründen jedoch allein noch keine Einwendung gegen Anordnungen nach § 620 Nr. 9[42], und es ist auch nicht (nur) Aufgabe eines Urteils nach § 767, »anderweitige Regelungen« i. S. d. § 620f. erst herbeizuführen, erst recht nicht anstelle eines Beschlusses gemäß § 620f. Abs. 1 S. 2[43].

11a Ist die Anordnung ausdrücklich von vornherein **zeitlich beschränkt**, z. B. nur bis zur Eheauflösung, so ist danach gemäß § 766 vorzugehen[44]. Wirkt sie aber über die Scheidung hinaus[45] und ist ihre Abänderung nicht noch zur Zeit der Rechtshängigkeit der Ehesache beantragt worden[46], so ist nach der Scheidung auch wegen Änderungen anspruchsbegründender Voraussetzungen eine Klage zuzulassen. Lehnt man

---

[33] → § 751 Rdnr. 8 Fn. 30.
[34] → auch Fn. 3.
[35] Die »formelle Anknüpfung« (→ § 621 Rdnr. 37 a. E., § 767 Rdnr. 46 Fn. 370) gilt nach Wortlaut u. Sinn des § 119 Abs. 1 Nr. 1 GVG nur für Entscheidungen.
[36] Für Kostenfestsetzungsbeschlüsse *BGH* NJW-RR 1987, 61 (zugleich zur internationalen Zuständigkeit).
[37] → § 621 Rdnr. 37 a. E., § 767 Rdnr. 46 Fn. 370.
[38] → § 323 Rdnr. 36.
[39] → § 620b Rdnr. 1 (während des Scheidungsrechtsstreits auch keine einstweilig Einstellung, ebenso *OLG Hamm* NJW 1983, 460, str.); *BGH* FamRZ 1983, 356 = NJW 1330.
[40] Sowohl vor wie nach Rechtskraft des Scheidungsurteils, ausführlich *BGH* (Fn. 39); *OLGe Saarbrücken* FamRZ 1980, 385 mwN; *Schleswig* SchlHA 1979, 163 (das Erläuterungen → 20. Aufl. § 620b Rdnr. 1 mißverstand). – A. M. *OLG Hamburg* NJW 1978, 1272 (nur § 620b, auch für Erfüllungseinwand), anscheinend (wel-

che Einwendung war erhoben?) auch *OLG München* MDR 1980, 148. – Für § 767 ohne Einschränkung *OLG Nürnberg* MDR 1979, 149; *Thomas/Putzo*[18] § 620 Rdnr. 14, § 767 Rdnr. 10; *Flieger* MDR 1980, 804.
[41] *KG* FamRZ 1989, 418 = DAVorm 315 zu §§ 90 f. BSHG (→ aber Rdnr. 38 Fn. 208 vor § 704 zur Einziehungsermächtigung).
[42] § 620f. Rdnr. 11. – A. M. *Hartmann* (Fn. 10) Rdnr. 12 (zu § 767).
[43] → § 620f. Rdnr. 8 Fn. 46, Rdnr. 14 Fn. 70; *OLG Bamberg* Rpfleger 1982, 386; insoweit richtig *OLG Düsseldorf* FamRZ 1980, 1044. – aber Fn. 52.
[44] → § 766 Rdnr. 15 a. E.; *MünchKommZPO-K. Schmidt* § 766 Rdnr. 30 Fn. 74 mwN; *OLG Düsseldorf* FamRZ 1978, 913 (dort noch nach § 627 aF ergangene Anordnung).
[45] → § 620f. Rdnr. 8; z. B. *BGH* NJW 1991, 705 zu 2.
[46] → § 620b Rdnr. 2 a a. E.

jedoch auch nach Rechtskraft des Scheidungsurteils die entsprechende Anwendung des § 323 ab[47] und hält man auch eine Anwendung der §§ 641ff.[48] für ausgeschlossen, so entfällt folgerichtig der systematisch sonst gerechtfertigte Zwang[49], aus den Einwendungen des § 767 die zu § 323 gehörenden auszuscheiden[50], so daß § 767 allen Einwendungen offen steht[51] und man nicht nur auf eine **Feststellungsklage** angewiesen ist, wie die heute **h. M.** annimmt[52]. Systemwidrig, obwohl folgerichtig, ist auch die Analogie zu § 769 oder 707 auf solche Feststellungsurteile[53], da sie nur den Anspruch, nicht auch dessen (fortbestehende!) Vollstreckbarkeit leugnen können[54]. Hat der Anordnungsgläubiger bereits auf Leistung geklagt, so ist negative Feststellung gegen die Anordnung (um Einstellung zu erwirken) bezüglich desselben Anspruchs wegen Rechtshängigkeit unzulässig[55].

Auch gegenüber sonstigen vollstreckbaren Beschlüssen, z. B. nach § 127a[56], darf die Geltung des § 767 nicht verneint werden mit der Begründung, der gleiche Erfolg sei im einfacheren Beschwerdeverfahren erzielbar. **12**

Eine solche Einschränkung der durch § 795 ausdrücklich gewährten Befugnis, die hier ebenso wie bei Urteilen eine Wahlmöglichkeit zwischen Vollstreckungsgegenklage und Rechtsmittel begründen muß[57], ist abzulehnen; sie würde zu der seltsamen Folge führen, daß der Schuldner den Beschluß auch dann mittels Beschwerde aufheben lassen müßte, wenn er den Leistungsbefehl als solchen anerkannt hat und ihm z. B. durch Aufrechnung nachgekommen ist. Im übrigen würde gerade bei wiederkehrenden Leistungen eine Aufhebung oder Abänderung nicht helfen, wenn der Schuldner sich gegen die Vollstreckung von Rückständen wehrt[58]. Allerdings sollte der Schuldner einen Wegfall anspruchsbegründender Voraussetzungen möglichst mit den im Beschlußverfahren vorgesehenen Rechtsbehelfen geltend machen, aber er muß es nur bei einstweiligen Anordnungen tun → Rdnr. 11.

Zur Vollstreckungsgegenklage bei *Schiedssprüchen und schiedsrichterlichen Vergleichen* (§ 794 Nr. 4a) → § 1042 Rdnr. 23f. und zur Zuständigkeit → § 1046 Rdnr. 1 Nr. 6, aber auch § 1027a Rdnr. 5.

5. Für die **Einwendungen nach § 767** gilt das → dort Rdnr. 16ff. Ausgeführte entsprechend; → aber auch oben Rdnr. 11f. und § 794 Rdnr. 54; für Kostenfestsetzungsbeschlüsse → § 104 Rdnr. 13ff., zu § 126 Abs. 2 → dort Rdnr. 6–10, 14, 20. Zur Einrede gemäß § 269 **13**

---

[47] So *BGH* (Fn. 39, 45); *OLG Celle* FamRZ 1980, 610f.; *OLGe Düsseldorf* (Fn. 22) u. *Karlsruhe* FamRZ 1980, 608 gegen *OLG Frankfurt* FamRZ 1980, 175f.
[48] Dafür → § 620b Rdnr. 1 Fn. 4a.
[49] → dazu § 323 Rdnr. 36.
[50] *OLG München* FamRZ 1981, 914 zu 5b, dort freilich (wie *OLG Köln* FamRZ 1983, 940) zu dem von *BGH* (Fn. 39) abgelehnten Einwand, mit rechtskräftiger Scheidung ende der einstweilige Unterhalt. Dieser Aspekt wird von der Gegenmeinung nicht einmal entdeckt, geschweige denn diskutiert, weil übersehen wird, daß § 767 nicht per se, sondern nur **durch** § 323 auf bestimmte Einwendungen beschränkt ist, was aber nur Sinn macht, soweit § 323 auch anwendbar wäre.
[51] *OLG Schleswig* SchlHA 1979, 41; ausführlich *München* (Fn. 50) mwN; früher *BGHZ* 24, 269 = FamRZ 1957, 316; → auch Fn. 40 a. E. – A.M. *BGH* (Fn. 40) ohne Begründung (etwa schon Gewohnheitsrecht?); *OLG Celle* (Fn. 47): die üblichen Grenzen zwischen §§ 323 u. 767 sollen auch hier gelten, weshalb negative Feststellungsklage zu erheben sei (sie kann aber nicht bestehende Vollstreckbarkeit beseitigen, sondern nur fehlende feststellen, was hier nicht der Fall ist).
[52] *BGH* (Fn. 39) mwN, ferner; *OLGe Celle* (Fn. 47); *Düsseldorf* FamRZ 1993, 816. *OLG Zweibrücken* FamRZ 1981, 190f. hält hier § 256 zumindest für besser als § 767. Die dortigen Anträge, das Erlöschen des materiellen Anspruchs festzustellen, hätten überdies für § 775 Nr. 1 nicht ausgereicht, zutreffend *BGH* WM 1985, 704. Ein **Erlöschen der Vollstreckbarkeit** (→ § 775 Rdnr. 8, besonders Fn. 43f.) kann man aber nicht »feststellen«, solange diese fortbesteht. Es müßte also noch der Beschluß nach § 620f S. 2 folgen → § 775 Fn. 46. Schon dies widerlegt die gegen § 767 angeführten Gründe, u. die »anderweitige Regelung« (§ 620f) ist nicht eine mögliche Einwendung i. S. d. § 767, sondern bildet nur eine besondere Gruppe, weil sie zum **Außerkrafttreten kraft Gesetzes** führt (a.M. *OLG Hamm* FamRZ 1980, 277).
[53] »Einhellig« *BGH* (Fn. 39) mwN, ferner *OLG Hamburg* FamRZ 1989, 888 = NJW-RR 1990, 7.
[54] Diese bliebe trotz Rechtskraft erhalten → § 767 Rdnr. 13, u. einstweilige Einstellung kommt sonst nur in Betracht, wenn nach der Endentscheidung die Wirkung des § 775 Nr. 1 hätte → § 707 Rdnr. 27. Statt auf solche Klagen und Urteile die §§ 769 und 775 »entsprechend« anzuwenden, sollte man besser gleich zugeben, daß es sich bei § 767 handelt, der **beide** Wirkungen unmittelbar regelt u. – im Gegensatz zu § 323 – genau wie die Feststellungsklage (*BGH* MDR 1989, 726[25] = NJW-RR 1990, 7) auch eine Korrektur für den Zeitraum **vor** Rechtshängigkeit erlaubt → § 767 Rdnr. 2 Fn. 15 a. E. Entsprechendes gilt bei Vergleichen im Verfahren nach § 620, → dazu § 794 Rdnr. 44.
[55] *OLG Düsseldorf* FamRZ 1985, 1149.
[56] Vgl. auch *BGH* NJW 1979, 1508 (Verhältnis zur Klage auf Prozeßkostenvorschuß).
[57] → § 767 Rdnr. 41: *Zöller/Stöber*[19]; *Flieger* (Fn. 40).
[58] *OLG Düsseldorf* FamRZ 1966, 239. Wie hier *Hartmann* (Fn. 10) Rdnr. 11; *Thomas/Putzo*[18] § 767 Rdnr. 10.

§ 795 II, III   Erster Abschnitt: Allgemeine Vorschriften   710

Abs. 4 → § 767 Rdnr. 50 Fn. 397. Die **zeitliche Beschränkung** nach § 767 Abs. 2[59] entfällt bei vollstreckbaren *Vergleichen*[60], folglich auch beim Schuldenbereinigungsplan gemäß § 308 Abs. 1 S. 2, 3 InsO (→ § 775 Rdnr. 40), ausgenommen jene nach § 85 Abs. 1, 2 VglO sowie Insolvenzpläne nach § 257 Abs. 1, 2 InsO, da sie vollstreckbaren Urteilen gleichgestellt sind[61], während § 767 Abs. 3 stets anwendbar ist[62]. Ob der Vergleichsinhalt für die Einwendung noch Raum läßt, ist eine materiellrechtliche Frage[63].

14   Bei den in § 794 Abs. 1 Nr. 2a, 2b[64], 3 und 3a[65] genannten *vollstreckbaren Beschlüssen* bestimmt sich die Zulässigkeit der Einwendungen gemäß § 767 Abs. 2 danach, ob und wann der Schuldner sie vor dem Erlaß der Entscheidung vorbringen konnte[66]. Das gilt nach h. M. auch für Gebührenfestsetzungsbeschlüsse nach § 19 BRAGO[67]. Ist mündlich verhandelt worden, so ist die letzte Verhandlung maßgebend[68], andernfalls der Zeitpunkt, in dem die letzte Äußerung des Klägers (Schuldners) vor Erlaß der Entscheidung bei Gericht eingegangen ist[69]. Im Falle der Versäumung des Einspruchs gegen eine Rückerstattungsanordnung nach §§ 9, 11 WiStG kommt es auf deren Zustellung an wie § 796 Abs. 2[70]. Wegen der *Kostenfestsetzungsbeschlüsse* → § 104 Rdnr. 13 ff.[71]. Zu Einwendungen gegen Titel nach § 794 Nr. 4, 4a → § 796 Rdnr. 3, §§ 1042 Rdnr. 23−25, 1044a Rdnr. 20 f.

15   **III.** Von den **sonstigen bundesrechtlichen Titeln** (→ § 794 Rdnr. 100) sind die *Arrestbefehle* und *einstweiligen Verfügungen* in § 928 und § 936 besonders behandelt, → die Bem. dazu.

16   1. Im übrigen ergeben sich hier etliche Fragen, die für die einzelnen Titel jeweils besonderer Prüfung bedürfen. Eine **vollstreckbare Ausfertigung** ist für alle Titel nötig, die von einem privaten Gläubiger nach der ZPO vollstreckt werden, z. B. für Kostenfestsetzungsbeschlüsse im Privatklageverfahren. Abgesehen von der Verwaltungsvollstreckung[72] und §§ 171 VwGO, 153 FGO gilt dies grundsätzlich auch für Behörden, z. B. § 155 KostO, §§ 204 f. BRAO, § 66 Abs. 4 SGB X[73], § 20 SchutzBerG. Erteilt wird die Klausel für richterliche Entscheidungen, insbesondere solche nach der KO und VerglO[74], nach §§ 93 und 132 ZVG sowie für Entscheidungen und Vergleiche (→ Rdnr. 2) nach §§ 53a Abs. 4, 53g Abs. 3, 158 Abs. 2 FGG[75] und nach § 45 WEG, entsprechend § 724[76], bei sonstigen Titeln der freiwilligen Gerichtsbarkeit entsprechend § 797, vgl. auch § 98 S. 2 FGG. Die **Leistungs- oder Duldungsklausel** gegen den Ehegatten des Schuldners bei der Gütergemeinschaft (§§ 740 ff.) kann bei strafgerichtlichen Entscheidungen[77] entsprechend §§ 727, 730 ff. von der die Ausfertigung

---

[59] Sie dient der Sicherung der Rechtskraft → § 767 Rdnr. 35 a. E., wenn sie auch nicht nur deren Wirkung sein kann, weil § 767 Abs. 2 schon vor Rechtskraft gilt, → auch dort Rdnr. 41.
[60] Allg. M., weil wie bei § 797 Abs. 4 über den Anspruch nicht entschieden wird *BGH* FamRZ 1969, 476; JZ 1987, 888; *BAG* DB 1980, 359 = NJW 800 (L) je mwN. Zweifelnd *BAG* DB 1980, 974 f. = BB 728. → auch Fn. 86.
[61] *Gaul* FS für Schiedermair (1976), 161 Fn. 18; *Böhle-Stamschräder/Kilger* VglO[11] § 85 Anm. 1 c.
[62] Wie bei § 794 Abs. 1 Nr. 5 → § 797 Rdnr. 20.
[63] Z. B. kann Aufrechnung gegen § 242 BGB verstoßen, wenn der Schuldner sich die Gegenforderung zu diesem Zweck hatte abtreten lassen, ohne sich im späteren Vergleich die Aufrechnung vorzubehalten *BGH* NJW 1993, 1398 (Fn. 24), zust. *Brehm* WuB VI E. § 767 ZPO 2.93.
[64] Vgl. auch zu § 323 Abs. 2 *OLG Celle* FamRZ 1981, 585 f.
[65] *Wieczorek*[2] Anm. A I e 3 schließt § 767 Abs. 2 bei einstweiligen Anordnungen nach § 794 Nr. 3a aus.
[66] → § 104 Rdnr. 13 ff. u. z. B. *LG München I* NJW-RR 1992, 1342 (zum Einwand, der Kostenerstattungsberechtigte dürfe Vorsteuer abziehen, § 15 Nr. 1 UStG).

[67] *BGH* MDR 1976, 914 = Rpfleger 354 mwN auch zur Gegenmeinung (folgerichtig, weil er trotz § 19 Abs. 4 BRAGO rechtskräftige Entscheidung über den Anspruch annimmt). S. aber zur Belehrung u. unzulässigen Rechtsausübung *BGH* aaO.
[68] → auch § 767 Rdnr. 27.
[69] Vgl. *BGHZ* 24, 274 = NJW 1957, 1363; *OLG Düsseldorf* (Fn. 58).
[70] *BGH* NJW 1982, 1048[11].
[71] Wie dort Fn. 48 noch *BGH* GRUR 1987, 55 zu II 1; *OLG Schleswig* SchlHA 1978, 23; *LG Hamburg* AnwBl 1977, 70; s. auch *KG* MDR 1984, 150[85]; einschränkend für vom Vergleich gemäß § 82 VglO erfaßte Kosten *OLG Frankfurt* MDR 1987, 331 f. = Büro 780.
[72] → Rdnr. 7 vor § 704.
[73] *LGe Aachen, Kassel* DGVZ 1984, 173, 175; *Ravensburg* NJW 1981, 2524 (L).
[74] Dazu *Bauer u. Klemmer* KTS 1960, 49 ff., 73.
[75] → § 794 Rdnr. 100 Nr. 7, dazu *Keidel/Kuntze/Winkler* FGG[13] Teil A § 53a Rdnr. 17, 158 Rdnr. 4.
[76] Wegen der → § 794 Rdnr. 100 Ziffer 28 genannten Entscheidungen → dort Fn. 664.
[77] § 794 Rdnr. 100 Nr. 14.

erteilenden Stelle ausgestellt werden, falls dem Ehegatten Einwendungen gegen die Duldungs- oder Gesamtgutshaftung nicht zu Gebote stehen[78]. Zur **Zustellung** → § 750 Rdnr. 2f.

2. Die *Zuständigkeit* für die in § 797 Abs. 5 aufgezählten **Klagen** ist ausdrücklich geregelt z. B. in §§ 164 Abs. 3, 194, 206 KO[79], § 86 VglO (ab 1999: §§ 202, 257 Abs. 1 S. 3 InsO → § 775 Rdnr. 40), § 109 Abs. 3 GenG[80], § 158 Abs. 3 FGG[81], während in § 98 FGG auf § 797 verwiesen ist. Ist diese Zuständigkeit nicht bestimmt, so beurteilt sie sich gegenüber richterlichen Entscheidungen in Verfahren der ordentlichen Gerichtsbarkeit nach § 795[82], weil das erlassende Gericht dann dem Prozeßgericht gleichzustellen ist[83], andernfalls entsprechend § 797 Abs. 5.

Ist in einem Verfahren kein Raum für eine Entscheidung über *Einwendungen gegen die Zwangsvollstreckung* (§ 767 Abs. 1) und wird auf diese auch nicht in sonstiger Weise Rücksicht genommen[84], so scheidet die Anwendung des § 767 Abs. 2 aus[85], so z. B. für Beschlüsse gemäß § 132 Abs. 2 ZVG[86].

IV. Wegen **Kosten** und Gebühren → § 724 Rdnr. 18, ferner die Bem. zu den einzelnen Rechtsbehelfen sowie zu § 788.

§ 795 a [Zwangsvollstreckung aus Kostenfestsetzungsbeschluß]

Die Zwangsvollstreckung aus einem Kostenfestsetzungsbeschlusse, der nach § 105 auf das Urteil gesetzt ist, erfolgt aufgrund einer vollstreckbaren Ausfertigung des Urteils; einer besonderen Vollstreckungsklausel für den Festsetzungsbeschluß bedarf es nicht.

Gesetzesgeschichte: Seit 1909 RGBl. I 437.

I. Wird der **Kostenfestsetzungsbeschluß** nach § 105 **auf das Urteil** und dessen Ausfertigung gesetzt oder auf einen anderen Titel[1], so bildet er mit diesem einen einheitlichen Vollstreckungstitel; Näheres → § 105 Rdnr. 14, 16. Die Wartefrist des § 798 gilt nur, wenn der Titel ihr unterliegt[2]. Daher ist die Urteilsausfertigung erst nach der Mitteilung an den Kostenschuldner (§ 105 Abs. 1 S. 3) herauszugeben → § 105 Rdnr. 16. Wegen unnötig früher Vollstreckung → § 788 Rdnr. 20[3].

II. Bei *nachträglicher Trennung des Beschlusses vom Urteil* ist entweder eine neue Vollstreckungsklausel erforderlich oder die Erteilung einer besonderen Ausfertigung geboten, → § 105 Rdnr. 4. Sie ist solange dem im Urteil genannten Gläubiger zu erteilen, bis etwaige Rechtsnachfolger usw. nach §§ 727 ff. die Klausel für dieses erhalten haben[4].

---

[78] Vgl. *Jonas* JW 1937, 769 zum gesetzlichen Güterstand alten Rechts.
[79] Der für § 767 Abs. 2 maßgebende Zeitpunkt ist hier die Feststellung der Forderung im Prüfungstermin *RG* Recht 1907 Nr. 2801; WarnRsp 1910 Nr. 76; auch beim Zwangsvergleich, denn er bedeutet gegenüber § 164 Abs. 3 KO nur eine Einschränkung. Für die Vergleichsgaranten (§ 194 KO) gilt § 767 Abs. 2 überhaupt nicht, arg. § 797 Abs. 4 (nur Urkundsfunktion ähnlich § 794 Abs. 1 Nr. 5, keine Prüfung oder Entscheidung wie in § 164 KO).
[80] Der für § 767 Abs. 2 maßgebende Zeitpunkt ist die Vollstreckbarerklärung.
[81] Wegen § 767 Abs. 2 s. *Keidel/Kuntze/Winkler* (Fn. 75) § 158 Rdnr. 4.
[82] → auch Rdnr. 16.
[83] Für Zuschlagsbeschluß s. *LG Ulm* NJW-RR 1987, 511.

[84] → z. B. § 767 Rdnr. 28 Fn. 246 für § 19 BRAGO.
[85] → dort Rdnr. 28f.
[86] Nicht weil die mündliche Verhandlung fehlt (so RGZ 71, 413), sondern weil (wie beim Vergleich → Fn. 60) nicht über den Bestand des Anspruchs entschieden wird → § 767 Rdnr. 29, vgl. auch *BGH* NJW 1961, 1116. S. ferner *KG* ZPP 61 (1939) 229 ff.
[1] → § 105 Rdnr. 1.
[2] Wohl aber des § 798a, wenn Kosten in einen Beschluß nach § 641p Abs. 1 aufgenommen sind → dort Rdnr. 3; so auch *Wieczorek*[2] Anm. B.
[3] S. außerdem *v. Richthofen* zu AG Düsseldorf NJW 1955, 595.
[4] S. auch zur Nichtberücksichtigung im Festsetzungsverfahren *OLG München* Rpfleger 1993, 207.

§ 796 [Zwangsvollstreckung aus Vollstreckungsbescheid]

(1) Vollstreckungsbescheide bedürfen der Vollstreckungsklausel nur, wenn die Zwangsvollstreckung für einen anderen als den in dem Bescheid bezeichneten Gläubiger oder gegen einen anderen als den in dem Bescheid bezeichneten Schuldner erfolgen soll.

(2) Einwendungen, die den Anspruch selbst betreffen, sind nur insoweit zulässig, als die Gründe, auf denen sie beruhen, nach Zustellung des Vollstreckungsbescheids entstanden sind und durch Einspruch nicht mehr geltend gemacht werden können.

(3) Für Klagen auf Erteilung der Vollstreckungsklausel sowie für Klagen, durch welche die den Anspruch selbst betreffenden Einwendungen geltend gemacht werden oder der bei der Erteilung der Vollstreckungsklausel als bewiesen angenommene Eintritt der Voraussetzung für die Erteilung der Vollstreckungsklausel bestritten wird, ist das Gericht zuständig, das für eine Entscheidung im Streitverfahren zuständig gewesen wäre.

Gesetzesgeschichte: Bis 1900 § 704 CPO. Änderungen RGBl. I 256, 1909 I 437, 1927 I 175, 334, BGBl. 1976 I 3281.

1 I. **Vollstreckungsbescheide**, § 699, bedürfen im **Inland** einer besonderen Vollstreckungsklausel nur, wenn nach § 727[1] (§§ 728, 729, 738, 742, 744 f., 749) für oder gegen andere Personen als die im Bescheid bezeichneten vollstreckt werden soll; → auch § 750 Rdnr. 22 ff. Zuständig ist das Gericht, welches den Mahnbescheid erlassen hat, auch im Falle § 689 Abs. 3[2]. Zur Erteilung → § 730 Rdnr. 2 f. Über weitere Ausfertigungen → § 733 Rdnr. 2 ff.[3] Für etwaige Vollstreckung im **Ausland** empfiehlt es sich, den Vollstreckungsbescheid von vornherein mit einer Vollstreckungsklausel versehen zu lassen; sie kann aber auch nachträglich erteilt werden[4]. – Wird der Einspruch verworfen oder wird der Vollstreckungsbescheid aufrechterhalten (§§ 700, 343, 345), so bedarf das Urteil keiner Vollstreckungsklausel[5].

2 Wegen Anwaltsgebühren vgl. §§ 57, 58 Abs. 2 Nr. 1, 58 Abs. 3 Nr. 1 BRAGO; Gerichtsgebühren werden nicht erhoben.

3 II. Abs. 2 läßt die Präklusion von Einwendungen in Angleichung an § 767 Abs. 2[6] mit der Zustellung des Bescheids eintreten[7] und regelt die Konkurrenz zwischen Einspruch und Vollstreckungsgegenklage wie beim Versäumnisurteil, → dazu § 767 Rdnr. 40[8].

4 Wegen sittenwidriger Erschleichung des Vollstreckungsbescheids → § 700 Rdnr. 10 (str.); zur Kostenvollstreckung aufgrund trotz Tilgung erwirkter Bescheide → Rdnr. 45 Fn. 250 vor § 704. Über Leistungsklagen trotz Vollstreckungsbescheids → § 794 Rdnr. 102.

5 III. Dem Grundgedanken des § 700 Abs. 3 folgend, ordnet **Abs. 3** für die Klagen nach §§ 731, 767, 768 die *Zuständigkeit* des Gerichts an, das die Entscheidung im Streitverfahren zu treffen hätte[9]. Sie ist ausschließlich (§ 802), was aber eine Wahl nicht hindert, wenn

---

[1] Dazu E. *Schneider* Büro 1965, 450.
[2] *BGH* NJW 1993, 3141 f. = WM 1939 = Rpfleger 1994, 72; *OLG Hamm* Rpfleger 1994, 30 f. (zu § 36 Nr. 6); a. M. *OLG Köln* Rpfleger 1994, 307 (Streitgericht).
[3] S. *LG Berlin* Rpfleger 1971, 74[57].
[4] → Anh. § 723 Rdnr. 333, zum HaagÜ 1958 aaO Rdnr. 9 Fn. 37, für Österreich u. Tunesien aaO Rdnr. 388, 432 a. E.
[5] *AG Bonn* MDR 1969, 675, → auch § 725 Rdnr. 6.
[6] → dort Rdnr. 28 ff.
[7] S. aber auch *RGZ* 46, 334 ff. (einverständliches Mahnverfahren über noch nicht bestehende Forderung).

Ähnlich *RG* HRR 1935 Nr. 301 (Abrede, bei pünktlicher Zahlung vom Vollstreckungsbescheid keinen Gebrauch zu machen). – *OLG Köln* NJW 1986, 1351 setzte sich über Abs. 2 hinweg a) wegen Sittenwidrigkeit, b) wegen schuldloser Unkenntnis von Zustellung (§ 234 Abs. 1 war versäumt).
[8] *BT-Drucks.* 7/2729 S. 111, wo aber offenbar übersehen wurde, daß die Frage → § 767 Fn. 304 f. streitig war u. noch ist.
[9] Bezeichnung im Mahnbescheid (§ 696 Abs. 1 S. 1, § 700 Abs. 3 S. 1) bindet also nicht, → dazu § 696 Rdnr. 9 ff., § 700 Rdnr. 8.

mehrere Gerichte für das Widerspruchs- oder Einspruchsverfahren zuständig gewesen wären[10]. Zur Prozeßvollmacht → § 81 Rdnr. 7.

§ 797 [Vollstreckbare Ausfertigung vollstreckbarer Urkunden]

(1) Die vollstreckbare Ausfertigung gerichtlicher Urkunden wird von dem Urkundsbeamten der Geschäftsstelle des Gerichts erteilt, das die Urkunde verwahrt.
(2) [1]Die vollstreckbare Ausfertigung notarieller Urkunden wird von dem Notar erteilt, der die Urkunde verwahrt. [2]Befindet sich die Urkunde in der Verwahrung einer Behörde, so hat diese die vollstreckbare Ausfertigung zu erteilen.
(3) Die Entscheidung über Einwendungen, welche die Zulässigkeit der Vollstreckungsklausel betreffen, sowie die Entscheidung über Erteilung einer weiteren vollstreckbaren Ausfertigung wird bei gerichtlichen Urkunden von dem im ersten Absatz bezeichneten Gericht, bei notariellen Urkunden von dem Amtsgericht getroffen, in dessen Bezirk der im zweiten Absatz bezeichnete Notar oder die daselbst bezeichnete Behörde den Amtssitz hat.
(4) Auf die Geltendmachung von Einwendungen, die den Anspruch selbst betreffen, ist die beschränkende Vorschrift des § 767 Abs. 2 nicht anzuwenden.
(5) Für Klagen auf Erteilung der Vollstreckungsklausel sowie für Klagen, durch welche die den Anspruch selbst betreffenden Einwendungen geltend gemacht werden oder der bei der Erteilung der Vollstreckungsklausel als bewiesen angenommene Eintritt der Voraussetzung für die Erteilung der Vollstreckungsklausel bestritten wird, ist das Gericht, bei dem der Schuldner im Inland seinen allgemeinen Gerichtsstand hat, und sonst das Gericht zuständig, bei dem nach § 23 gegen den Schuldner Klage erhoben werden kann.
(6) Auf Vergleiche nach § 1044b Abs. 2 sind die Absätze 2 bis 5 entsprechend anzuwenden.

Gesetzesgeschichte: Bis 1900 § 705 CPO. Änderungen RGBl. 1898 I 256, 1909 I 437, 1927 I 175, BGBl. 1990 I 2847.

I. § 797 bezieht sich nur auf **vollstreckbare Urkunden**[1] (§ 794 Abs. 1 Nr. 5) und **notariell verwahrte Anwaltsvergleiche** (Abs. 6), während für gerichtliche Vergleiche und Beschlüsse[2] nach § 794 Abs. 1 Nr. 1–4a bis auf wenige Ausnahmen die §§ 724ff. entsprechend gelten. Zur Vollstreckungsklausel für **ausländische Urkunden** s. die → § 794 Rdnr. 99 genannten Abkommen sowie die Ausführungsvorschriften → Anh. §723 Rdnr. 302, 308, 335, 339. 1

Voraussetzungen und Form der **Vollstreckungsklausel** bestimmen sich für **notarielle Urkunden** ausschließlich nach der ZPO, § 52 BeurkG[3]. Die Vollstreckungsklausel schließt die einfache Ausfertigung (§ 49 BeurkG) mit ein[4]; dennoch macht die h.M. die Erteilung abhängig von den Beschränkungen des § 51 BeurkG[5]. Der in der Urkunde als **Gläubiger** Bezeichne- 2

---

[10] BT-Drucks. 7/2729 S. 111 mit S. 94 (zu § 584 Abs. 2 nF).
[1] Lit. → § 794 Fn. 464.
[2] RGZ 62, 189; Zöller/Stöber[19] Rdnr. 1; Baumbach/Hartmann[52] Rdnr. 2; – a.M. RGZ 35, 398; 37, 420; OLG München NJW 1961, 2265.
[3] Zum früheren Recht vgl. RGZ 129, 168; E. Schneider u. Jansen DNotZ 1966, 20, 274.
[4] → § 724 Rdnr. 13.
[5] OLGe Celle Rpfleger 1974, 262 = DNotZ 484; Hamburg, Hamm DNotZ 1987, 356; 1988, 241 = MDR 1987, 943; Schleswig MDR 1983, 761; LGe Lüneburg NJW 1974, 506; Bochum DNotZ 1990, 572; Frankfurt a.M. DNotZ 1985, 479 (mit lehrreicher Anm. Wolfsteiner aaO 481 über die möglichen Komplikationen dieser Ansicht); Wieczorek[2] Anm. B I; Wolfsteiner Die vollstreckbare Urkunde (1978) Rdnr. 9.2ff. u. 34; Jansen FGG[2] III § 52 BeurkG Rdnr. 23. – Zum früheren Recht → 19. Aufl. Fn. 6 sowie Wolpers DNotZ 1951, 277.

te[6] soll also, wenn eigene Erklärungen oder jene eines Rechtsvorgängers nicht mit beurkundet wurden und er noch keine einfache Ausfertigung hat, einer bis zur Erteilung widerruflichen[7] Ermächtigung des Schuldners bedürfen[8], falls – wie hier regelmäßig – § 51 Abs. 1 Nr. 2 nicht zutrifft. Dadurch würde § 52 BeurkG sinnlos werden[9], weshalb die Gegenmeinung aus ihm folgert, daß von den Einschränkungen des § 51 BeurkG gerade abgesehen werden soll[10]. Schließt allerdings der Schuldner die Erteilung in der Urkunde aus, so ist die Unterwerfung noch kein wirksamer Vollstreckungstitel (wichtig für § 93!), weil sie in Wahrheit davon abhängt, daß die Erteilung erst später dem Notar erlaubt wird[11]. Für Ansprüche aus einer Hypothek usw., § 794 Abs. 1 Nr. 5 S. 2, kann die Klausel schon vor der Eintragung des Rechts im Grundbuch erteilt werden, falls der Schuldner auf den Nachweis verzichtet hat[12].

3   Die *erste* vollstreckbare Ausfertigung **gerichtlicher** Urkunden wird nach Abs. 1 von dem Urkundsbeamten des Gerichts erteilt, das die Urschrift der Urkunde[13] *verwahrt*. Das gilt auch dann, wenn ein um Rechtshilfe ersuchendes Gericht die Urschrift der Urkunde an ein anderes versandt hat[14] oder wenn die Zuständigkeit des Gerichts zur Beurkundung entfallen ist, §§ 68, 52 BeurkG. *Weitere* vollstreckbare Ausfertigungen erteilt der Rechtspfleger, § 20 Nr. 12 RpflG und → § 733 Rdnr. 8f. Für die Erteilung gilt § 730. Wegen der §§ 726ff. → Rdnr. 7ff. und über Rechtsbehelfe → § 724 Rdnr. 16, § 730 Rdnr. 4.

4   Bei **notariellen** Urkunden ist gemäß Abs. 2 mit §§ 25, 45 BNotO der Notar, der Notarverweser oder das Amtsgericht zuständig, bei dem die Urkunde verwahrt wird, nach § 51 Abs. 5 BNotO auch das Amtsgericht, in dessen Bezirk der nicht mehr amtierende Notar seinen Sitz hatte. Dies gilt auch für Urkunden aus der ehemaligen DDR (→ Rdnr. 145 vor § 704). Zu Anwaltsvergleichen → § 1044b mit Bem. Für gerichtlich verwahrte notarielle Urkunden ist die funktionelle Zuständigkeit die gleiche wie → Rdnr. 3, § 45 Abs. 4 S. 2 BNotO. Ist der Notar gesetzlich ausgeschlossen oder sonst verhindert[15], so sollte er gemäß § 45 Abs. 1 BNotO die betreffenden Akten dem Amtsgericht übergeben, das dann nach § 797 Abs. 2 S. 2 die Ausfertigung erteilt[16]; andernfalls muß der Gläubiger das Amtsgericht veranlassen, entsprechend § 45 Abs. 3 BNotO vorzugehen[17]. – Beim *Jugendamt* erteilt der für die Beurkundung der Verpflichtungserklärung zuständige Beamte oder Angestellte die Klausel, § 59 Abs. 1 Nr. 3, 4, § 60 Abs. 1 S. 3 KJHG, während weitere vollstreckbare Ausfertigungen von dem nach § 60 Abs. 2 S. 3 Nr. 2 KJHG auch für Rechtsbehelfe zuständigen Gericht erteilt

---

[6] → Rdnr. 28 vor § 704 (mehrere Schuldner oder Gläubiger), § 724 Rdnr. 8a (Dritte als Gläubiger), § 794 Fn. 537, Rdnr. 89a (Bestimmtheit des Gläubigers).
[7] *LG Lüneburg* NJW 1974, 506; *MünchKommZPO-Wolfsteiner* § 797 Rdnr. 15.
[8] In *RGZ* 129, 170ff. besaß der Gläubiger schon die einfache Ausfertigung.
[9] Was z.B. *Wolfsteiner* (Fn. 5) Rdnr. 34.2 in der Tat annimmt.
[10] 20. Aufl.; *LGe München II, Kempten* MittBayNot 1979, 192; 1986, 142; *Keidel/Kuntze/Winkler* Teil B BeurkG[12] § 52 Rdnr. 2, 26ff.; *Mümmler* Büro 1987, 1288; *Röll* DNotZ 1970, 147; *Rosenberg/Gaul*[10] § 16 IV 1; *Winkler* NJW 1971, 652.
[11] → § 794 Rdnr. 92; so auch *Wolfsteiner* (Fn. 7) § 794 Rdnr. 155. Insoweit kommt also auch die Ansicht → Fn. 10 zum gleichen Ergebnis, vgl. auch § 51 Abs. 2 BeurkG.
[12] Näheres → § 797 Rdnr. 4a (str., ob Verzicht nötig).
[13] Maßgebend ist die Verwahrung der Urkunde, welche die Unterwerfung enthält, denn sie schafft den Titel *Wolfsteiner* DNotZ 1968, 401 zu 5.

[14] *Hartmann* (Fn. 2) Rdnr. 2; *Stöber* (Fn. 2) Rdnr. 3. Vgl. auch *RGZ* 106, 346.
[15] Z.B. wegen Befangenheit **§ 16 Abs. 2 BNotO**, darüber hinaus auch für Ablehnung in entspr.Anw. der §§ 42ff. *Wolfsteiner* (Fn. 7) § 797 Rdnr. 11; oder Ausschluß kraft Gesetzes, dies allerdings, da es hier nicht um Beurkundung geht (*LG Darmstadt* NJW 1967, 1570; a.M. *LG Hildesheim* NJW 1962, 1257), nur **entsprechend § 3 BeurkG**, arg. § 16 Abs. 1 BNotO. Einschränkend (nur § 3 Abs. 1 BeurkG analog) *Wolfsteiner* aaO Rdnr. 10; aus § 16 Abs. 1 BNotO folgt dies aber nicht, denn er ergreift ohnehin nicht unmittelbar die Klauselerteilung, auch nicht über §§ 20–22a BNotO; wie hier *Gaul* (Fn. 10) § 16 III 4. Folgen eines Verstoßes: § 732, aber keine Unwirksamkeit kraft Gesetzes Ist im Falle § 54 BNotO ein Vertreter bestellt, so erteilt dieser die Klausel, arg. § 55 BNotO, *Wolfsteiner* (Fn. 7) § 797 Rdnr. 7.
[16] So für das Jugendamt *LG Frankenthal* (Pfalz) DAVorm 1970, 148 u. *KG* JW 1938, 56 (zu § 17 Abs. 1 Nr. 5 RNotO).
[17] *Thomas/Putzo*[18] kommen zum gleichen Ergebnis analog § 797 Abs. 3.

werden; für *konsularische* Urkunden[18] entsprechend Abs. 2 S. 2 mit § 35 BNotO das AG Berlin-Schöneberg, falls ihm die Urschrift in Verwahrung gegeben wurde[19].

Verweigert der Notar die Erteilung der Ausfertigung[20], so ist für den Gläubiger gemäß § 54 Abs. 1 BeurkG die Beschwerde nach §§ 19 ff. FGG gegeben, über die das in § 54 Abs. 2 S. 2 BeurkG bezeichnete Landgericht entscheidet[21]. Weder dem Schuldner[22] noch dem Notar steht die weitere Beschwerde nach §§ 27 ff. FGG zu[23]. Die Beschwerde nach §§ 19 ff. FGG ist gemäß § 1 Abs. 2 BeurkG auch bei Verweigerung durch Gerichte oder andere Behörden gegeben[24] nach § 68 Abs. 1 BeurkG ohne Rücksicht auf die Zeit der Errichtung. Wegen des Ersatzes für Gerichte, an deren Sitz *deutsche Gerichtsbarkeit nicht mehr ausgeübt wird*, s. § 4 G vom 7.VIII. 1962 (BGBl I S. 407); zur Ersetzung ganz oder teilweise zerstörter oder abhanden gekommener Urkunden s. § 46 BeurkG. Über Gründe zur Verweigerung → Rdnr. 7 ff. 5

Über **Kosten** s. §§ 795, 788 Abs. 1 S. 2; für deren Festsetzung ist das Gericht gemäß Abs. 5 zuständig → § 788 Rdnr. 27. Wegen der Gebühren des Gerichts oder Notars s. §§ 133[25], 141, 144 Abs. 3 KostO; über Kosten bei ausländischen Urkunden und Gebühren des Anwalts → § 724 Rdnr. 18. 6

II. Die vollstreckbare Ausfertigung kann auch für und gegen den **Rechtsnachfolger**[26] usw. in den Fällen des § 727 und seiner entsprechenden Anwendung erteilt werden, sofern die Rechtsnachfolge, sei sie eine allgemeine oder eine Sondernachfolge[27], nach der Errichtung[28] der Urkunde eingetreten ist. → auch Rdnr. 10 Fn. 53. 7

Kommt *in der Unterwerfungserklärung*[29] zum Ausdruck, daß der Anspruch[30] vom **Eintritt einer Bedingung** abhängig sein soll, den der *Gläubiger* zu beweisen hat, so gilt § 726[31]. Trifft den *Schuldner* die Beweislast, z.B. bei Verfallklauseln[32] oder auflösenden Bedingungen[33], 8

---

[18] → § 794 Rdnr. 83 a.E.
[19] § 10 Abs. 3 Nr. 4, 5 KonsularG, was der Gläubiger auch durch eigenen Antrag beim AG nachholen kann, falls ihm die Urschrift ausgehändigt wurde, obwohl im Gesetz nur von der Initiative des Konsulats die Rede ist *Hoffmann/Glietsch* KonsG (Loseblatt) § 10 Rdnr. 3.5.4; *Brüggemann* Beurkundungen im Kindschaftsrecht[3] 107; *Wolfsteiner* (Fn. 7) § 797 Rdnr. 47. Über Rechtsbehelfe → Rdnr. 3.
[20] Außer prozessualen Mängeln kommt hier § 14 BNotO in Betracht *Münch* Vollstreckbare Urkunde usw. (1989) 223 f.
[21] *OLG Hamm* (Fn. 5) = MDR 1987, 943 = Büro 1988, 251. Landesrechtliche Ausnahmen (vgl. §§ 60 f. BeurkG) gelten insoweit nicht mehr. – Verweigert ein Notar die Erteilung trotz Anordnung der Beschwerdeinstanz, so dürfte § 45 Abs. 3 BNotO entsprechend anzuwenden sein, um die funktionelle Zuständigkeit des AG zu wahren.
[22] Abs. 3; es sei denn, er hätte die Erteilung an den Gläubiger beantragt. Krit. gegen diese Regelung *Wolfsteiner* (Fn. 7) § 797 Rdnr. 2.
[23] *BayObLG* Rpfleger 1971, 180[134]; zur weiteren Beschwerde des Gläubigers s. *BayObLGZ* 1970, 125 = NJW 1800. → auch § 732 Rdnr. 5.
[24] *KG* NJW 1974, 910 = OLGZ 184 (Jugendamt). Zum früheren Recht *BGH* NJW 1967, 1371 = MDR 827; *LG Frankenthal* (Fn. 16). – A.M. *Haegele* BeurkG (1969) § 54 II; *Jansen* (Fn. 5) Rdnr. 16.
[25] → auch Fn. 101. Diese Gebühr entsteht nicht bei Rückgabe der Erstausfertigung *OLG Hamm* Rpfleger 1988, 508 f. = Büro 1048 f., ebensowenig für nur berichtigende Nachtragsklauseln *KG* Büro 1993, 226 f. mwN auch zur Gegenansicht, z.B. *OLG Düsseldorf* Büro 1990, 634. Für Teilausfertigungen jeweils eine Gebühr, falls gesonderte Prüfung der Rechtsnachfolge erforderlich ist *BayObLG* Büro 1988, 640. Zu § 136 KostO *Mümmler* Büro 1989, 1231.
[26] S. aber wegen Übergangs auf den Schuldner selbst *OLG Stuttgart* DJZ 1908, 711 (zu § 1164 BGB).
[27] → § 795 Rdnr. 7. Schuldübernahme erfordert nach der → § 727 Rdnr. 19 vertretenen Ansicht eigene Unterwerfung des Übernehmers; a.M. die → § 727 Fn. 94 a.E. Genannten *LG Hamburg* DNotZ 1969, 704; *Wolfsteiner* (Fn. 5) Rdnr. 38.12 mwN. – Die Zuständigkeit zur Klauselerteilung richtet sich dann nur nach der neuen Unterwerfung, *Wolfsteiner* (Fn. 5) Rdnr. 38.14 gegen *OLG München* HRR 1936, Nr. 704 (entsprechend § 727, obwohl keine Rechtsnachfolge angenommen wurde); wie *OLG München Haegele* Rpfleger 1961, 140 Fn. 38.
[28] KGJ 49, 22; obiter *BGH* NJW 1993, 1397, ganz h.M. – Anders *Brüggemann* DAVorm 1987, 582 zu § 7 UVG: Anweisung des unterwerfenden Schuldners, die vollstr.Ausf. nicht dem Urgläubiger, sondern nur dem bereits in Vorlage getretenen Land zu erteilen); bei gerichtlichen Urkunden *Wieczorek*[2] § 795 Anm. A I a 6.
[29] → § 726 Fn. 13. Näheres § 794 Rdnr. 91.
[30] → § 794 Fn. 465, 563, 622. Ob der Anspruch oder »die Vollstreckbarkeit« als aufschiebend bedingt bezeichnet ist, spielt freilich keine Rolle → § 726 Rdnr. 9. Stets geht es um die Bedingtheit der erstrebten Rechtsfolge, *Münch* (Fn. 20) 236 Fn. 243.
[31] → § 726 Rdnr. 3–11 sowie § 794 Rdnr. 86, 88 ff.
[32] → § 726 Rdnr. 6 f.
[33] → § 726 Rdnr. 10.

oder hat er sie vertraglich übernommen[34], so ist die Klausel **ohne Nachweis** nach § 724 Abs. 2 zu erteilen[35]. Auch soweit eine Leistungszeit durch Kündigung i. S. d. § 284 BGB Abs. 2 bestimmt ist, ist für beurkundete Verzugsfolgen wegen § 285 BGB im Zweifel nur die eingetretene Fälligkeit, nicht der Verzug nachzuweisen. Gleiches gilt aber auch *trotz* Beweislast des Gläubigers, wenn in der Urkunde bestimmt ist, daß die **Ausfertigung ohne Nachweis** der Fälligkeit[36] oder sogar der Entstehung des Anspruchs zu erteilen ist[37]. Wird so die Vollstreckung, mag auch der Anspruch im materiellrechtlichen Teil der Urkunde als bedingt erscheinen, in der Unterwerfungserklärung eindeutig als unabhängig vom Beweis des Eintritt einer Tatsache bezeichnet, so ist § 726 Abs. 1 von vornherein unanwendbar[38]; → auch § 800 Rdnr. 4a. Dann darf aber auch vom Gläubiger nicht verlangt werden, daß er den Eintritt der Tatsache in seinem Antrag wenigstens *behauptet*[39]. Unbeachtlich dürfte eine Zulassung unbeglaubigter *Privaturkunden* als Nachweis sein[40]. Jedenfalls liefe eine vereinbarte Zulassung anderer Beweismittel oder -arten als *Urkunden* auf eine unzulässige Änderung des gesetzlichen Verfahrens hinaus[41]. Im Zweifel sollten jedoch mißglückte Formulierungen wenn irgend möglich so ausgelegt werden, daß ein offensichtlich gewolltes Ergebnis erreicht wird, falls dieses durch geschicktere Formulierungen hätte erzielt werden können. Durch solche Erleichterungen der Klauselerteilung wird nämlich der Schuldner nicht rechtlos; er kann sich, da auch solche Unterwerfungen weder die materielle Rechtslage[42] noch die Beweislast ändern[43], ohne zusätzliche Erschwernisse nach §§ 767, 795, 797 Abs. 5[44] verteidigen, soweit nicht schon § 775 zutrifft und der Gläubiger es bei der Einstellung beläßt[45]. Bei *Anwaltsvergleichen* wird § 726, falls man sich überhaupt auf Bedingungen eingelassen hat, vor dem Notar nur in Betracht kommen, wenn die Parteien sich noch einig sind (zum Geständnis in solchen Fällen → Rdnr. 9), da sie wohl andernfalls den Weg über § 1044b Abs. 1 wählen. Unzulässig sind aber Abreden, erst dem Vollstreckungsorgan den vereinbarten Nachweis zu erbringen; denn sie würden etwaigen Streit über den Bedingungseintritt in das Verfahren nach § 766 verlagern, was durch die §§ 726, 732, 768 gerade vermieden werden soll. – Für **§ 751** kommt es darauf an, ob die Fälligkeit in dem Teil der Urkunde geregelt ist, auf den sich die Unterwerfung bezieht[46].

9 Funktionell zuständig ist in den Fällen → Rdnr. 7f. – ausgenommen die Fälle → Fn. 35, 38 – nach § 20 Nr. 12 RpflG der Rechtspfleger, falls das *Gericht* die Klausel erteilt, → Rdnr. 3f.;

---

[34] → § 286 Rdnr. 133f., § 292 Rdnr. 1. Gefährlich (u. bedenklich wegen § 11 Nr. 15 AGBG), weil **solche** Übernahme im Falle der §§ 767, 795, 797 Abs. 5 gelten würde! Daher im Zweifel so auszulegen, daß nur der Nachweis gemäß § 726 entfallen soll *Wolfsteiner* NJW 1982, 2853.

[35] → § 726 Rdnr. 2 a.E.; *BGH* NJW 1981, 2757[12] = MDR 124[20]; *BayObLG* DNotZ 1976, 366 je mwN; *Baur/Stürner*[11] § 15 Rdnr. 261. Für Prozeßvergleiche bleibt es dann bei § 724. – Für den Bereich des **AGBG** a.M. (unwirksam wegen § 11 Nr. 15 AGBG) *OLGe Nürnberg, Stuttgart* → § 794 Rdnr. 93 Fn. 600.

[36] Über Vereinbarkeit mit dem AGBG → § 794 Rdnr. 93. Zur Auslegung, ob § 751 zutrifft, gilt Gleiches wie → Fn. 31 *Münzberg* Rpfleger 1987, 207.

[37] *BGH* WM 1965, 767; NJW 1981, 2757 mwN; *OLG Düsseldorf* Rpfleger 1977, 67 = DNotZ 413; OLGZ 1980, 341; *KG* JW 1934, 1731, OLGZ 1983, 218; *OLG München* NJW-RR 1993, 125; *LG Bonn* Rpfleger 1968, 125; *Lent* DNotZ 1952, 416f.; *Bühling* DNotZ 1953, 474; *Hieber* DNotZ 1958, 582f.; *Wolfsteiner* (Fn. 5) Rdnr. 14.23. *OLG Celle* DNotZ 1969, 105ff. will den Verzicht auf Nachweis schon darin sehen, daß die Urkunde das Recht des Gläubigers auf Klauselerteilung erwähnt; damit ist aber im Zweifel nur die Frage → Rdnr. 2

Fn. 5ff. geregelt. – De lege ferenda gegen solche Abreden *Baur* FS für H. Demelius (1973), 321; aber sie befreien den Gläubiger nicht von seiner Beweislast für den Bestand des Anspruchs im Prozeß nach § 767 (→ dort Rdnr. 44 Fn. 334), so daß die §§ 798, 769 genügend Schutz bieten.

[38] *LG Düsseldorf* DGVZ 1984, 8; *Münzberg* Rpfleger 1984, 276 (zu Vergleichen); insoweit richtig *Münch* → § 794 Rdnr. 568.

[39] A.M. *Reithmann* DNotZ 1988, 248 (zu *OLG Düsseldorf* aaO 243 = NJW-RR 698), damit der Schuldner seine Einwendungen nach § 767 konkretisieren könne.

[40] Schon ihre Beurkundung sollte abgelehnt werden → § 794 Rdnr. 91 a.E. Zu »Geständnissen« des Schuldners außerhalb des Verfahrens → § 794 Rdnr. 86 Fn. 505.

[41] *Wolfsteiner* (Fn. 7) § 794 Rdnr. 206 mwN.

[42] → § 794 Rdnr. 82.

[43] → § 767 Rdnr. 44 Fn. 334, § 794 Rdnr. 93 Fn. 604.

[44] *OLG Hamm* NJW-RR 1991, 115. Nicht § 768, → dort Rdnr. 6, nicht § 732 *OLG München* NJW-RR 1992, 125.

[45] → § 775 Rdnr. 32f.

[46] *Münzberg* zu *KG* ZPP 96 (1983), 375 a.E. u. Rpfleger 1987, 207 gegen *LG Wiesbaden* ebendort 118 *(Meyer-Stolte)*.

der *Notar* (Abs. 2) oder das *Jugendamt*[47] entscheiden stets selbständig[48]; → aber Rdnr. 18 (zu § 733). Soweit § 730 eine *Anhörung* gebietet, hat sie auch hier stattzufinden, und erlaubt ebenso wie im Verfahren vor dem Rechtspfleger *Geständnisse und beschränkte Anerkenntnisse*. Da sie nicht Nachweise sind, sondern diese gerade ersetzen, bedürfen sie nicht besonderer Beurkundung oder Beglaubigung, wenn sie nach Aufforderung zur Stellungnahme an den Notar selbst gerichtet und daher Prozeßhandlungen sind, zumindest diesen gleichstehen, sondern es genügt, daß der Notar diese Erklärungen in der Klausel erwähnt → § 726 Rdnr. 21[49]. Nur Erklärungen außerhalb des Verfahrens bedürfen besonderer Beurkundung oder öffentlicher Beglaubigung, falls sie als Nachweis dienen sollten[50].

Zu **prüfen** ist[51] die Wirksamkeit der Unterwerfung[52] (zum Anwaltsvergleich s. § 1044a Abs. 1, 2 mit § 1044b Abs. 2 S. 2) und die formelle Legitimation des Gläubigers bzw. Rechtsnachfolgers samt der für den Antrag oder für eine rechtsgeschäftliche Rechtsnachfolge nötigen Vollmachten[53], → auch Rdnr. 14; aber **nicht**, ob der materielle Anspruch (noch) besteht, ob er dem Antragsteller (noch) zusteht[54] und ob Einreden erwachsen sind[55]. Umstände, die zum Bereich des § 767 gehören, zumal er hier nach Abs. 4 auf anfängliche Mängel, z. B. § 125 BGB, erstreckt wird, sind daher nicht zu berücksichtigen[56], außer wenn sie zugleich zur prozessualen Unwirksamkeit der Unterwerfung führen → Rdnr. 18 Fn. 96. **10**

Das gilt auch für einen vorherigen Verzicht auf den Anspruch[57], denn er könnte z. B. wegen Anfechtung nichtig sein, und grundsätzlich für rechtskräftige Entscheidungen, die nur den Anspruch aberkennen, *ohne* die Vollstreckung für unzulässig zu erklären, arg. § 775 Nr. 1[58]. Letztere sind ebenso wie Urkunden (auch öffentliche), welche die Erfüllung beweisen, nur Gründe für eine Einstellung der Vollstreckung nach § 775 Nr. 4. Ebenso wie jene nur vorläufig wirkt, d.h. bei Widerspruch des Gläubigers die Klage nach § 767 nicht erübrigt[59], darf auch eine Klärung nach § 767, ob es sich wirklich um den zu vollstreckenden Anspruch handelt oder ob eine Urkunde echt ist, nicht abgeschnitten werden durch Verneinung der Vollstreckbarkeit[60]. Das gleiche gilt für das Zugeständnis einer Zahlung, die der Gläubiger **11**

---

[47] → Rdnr. 4 a. E., *LGe Berlin* Rpfleger 1970, 209; *Frankenthal* (Fn. 16), beide noch zu JWG. Dies gilt auch dann, wenn vor dem 1.1.1991 noch gemäß § 49 Abs. 1 S. 1 Nr. 2 JWG zugunsten der damals Minderjährigen Unterhalt über die Volljährigkeit hinaus tituliert war. – A.M. LG Köln DAVorm 1993, 921 (dagegen DIV-Gutachten mwN aaO 919).
[48] RGZ 129, 172.
[49] Näheres → § 726 Rdnr. 19, § 730 Rdnr. 3. Daß der Notar Beglaubigung verlangen kann, falls er an der Echtheit zweifelt, ist eine andere Frage. – A.M. *Wolfsteiner* (Fn. 7) § 726 Rdnr. 51, § 794 Rdnr. 157 ohne Unterscheidung zwischen Erklärungen innerhalb u. außerhalb des Verfahrens.
[50] → § 794 Rdnr. 86 Fn. 505.
[51] Lit u. Rsp sehr ausführlich bei *Münch* (Fn. 20) 213 ff.
[52] → § 794 Rdnr. 83 ff., zum AGBG *Frank* (Fn. 93)*. BGHZ 71, 260 = NJW 1978, 1480 = MDR 739; BGH LM Nr. 36 zu § 139 BGB = NJW 1967, 245. Zur Partei- u. Prozeßfähigkeit → Rdnr. 80 vor § 704, § 794 Rdnr. 92, *Roth* JZ 1987, 902. Die Unterwerfung kann nicht nur an Gesetzwidrigkeit, sondern auch an **Sittenwidrigkeit** scheitern → Einl. (20. Aufl.) Rdnr. 36 ff., vgl. auch BGH DNotZ 1980, 310; a.M. *Jansen* (Fn. 5) Rdnr. 28. Gerade wegen §§ 795, 767, 797 Abs. 4 ist es aber selbstverständlich, daß aus der Sittenwidrigkeit des zugrundeliegenden Geschäfts u. damit der Unzulässigkeit der Beurkundung, s. *Wolfsteiner* (Fn. 5) Rdnr. 23.3 f., *Münch* (Fn. 20) 197 ff., 233, ohne weiteres auch die Unwirksamkeit der Unterwerfung nach § 138 BGB folgt →

Rdnr. 12 f., vgl. auch BGH NJW 1985, 2423 (Schwarzkauf); OLG Köln NJW 1970, 1881 u. zum AGBG → § 794 Rdnr. 93. Zur Überschreitung »prozessualer Dispositionsbefugnis des Schuldners« → Fn. 75. – Wegen § 139 BGB → § 794 Rdnr. 92 Fn. 578.
[53] → § 724 Rdnr. 8 ff., § 727 Rdnr. 37 ff. KG DNotZ 1951, 274; LG Aachen MDR 1953, 627 (*Habscheid*). War eine Hypothek nie valutiert, so ist ein Gläubiger, der die Eigentümergrundschuld gepfändet hat, nur Rechtsnachfolger des Eigentümers, nicht des in der Hypothekenurkunde **als Gläubiger Bezeichneten**, KG JW 1936, 2754 = HRR Nr. 1059.
[54] → § 727 Rdnr. 44, § 767 Rdnr. 22.
[55] LG Bochum (Fn. 5) 573.
[56] → § 724 Rdnr. 11, § 732 Rdnr. 3 u. KG (Fn. 53); OLGe München Rpfleger 1974, 29; Karlsruhe OLGZ 1977, 122; LG Kleve DNotZ 1978, 680 (abl. *Wolfsteiner*); LG Bochum (Fn. 5); *Will* BWNotZ 1978, 156; grundsätzlich unstr., → aber Fn. 60 ff. – A.M. vereinzelt BGH JZ 1987, 1040 = NJW-RR 1149, dagegen *Wolfsteiner* (Fn. 7) § 797 Rdnr. 20 mwN.
[57] KG JW 1934, 1732; *Wieczorek*² Anm. C I b. – A.M. *Münzel* JW 1934, 2479.
[58] → § 767 Rdnr. 13, § 775 Rdnr. 8; a.M. *Wolfsteiner* (Fn. 5) Rdnr. 35.5, s. aber jetzt *Wolfsteiner* (Fn. 7) § 797 Rdnr. 43.
[59] → § 775 Rdnr. 32.
[60] *Münch* (Fn. 20) 231; *Wolfsteiner* (Fn. 7) § 724 Rdnr. 40, anders früher (Fn. 5) Rdnr. 35.18. – A.M. *Münzel* ZPP 58, (1934) 46; *Wolpers* DNotZ 1951, 278, die

aber anders verrechnen will[61]. Nur soweit der Gläubiger noch im Klauselerteilungsverfahren[62] *zugesteht,* daß gerade der in der Unterwerfung individualisierte Anspruch[63] durch Erfüllung, Rücktritt[63a], Verzicht oder Aufrechnung erloschen ist, oder wenn der Betrag laut Unterwerfungsklausel an *diesen* Notar zu zahlen war[64] und ihm gezahlt ist, bleibt für § 767 nichts mehr zu entscheiden und die Klausel ist nach § 14 Abs. 2 BNotO zu verweigern[65]; das gilt auch für Zinsen aus dem erfüllten Anspruch, denn der Zeitpunkt der Erfüllung ist dann nur im Verfahren nach § 731 beweisbar[66]. Eine Erstreckung solcher Ausnahmen auf sonstige »absolut liquide« Fälle, z. B. urkundlich nachgewiesenes[67] oder offenkundiges und daher vom Gläubiger zu Unrecht bestrittenes Erlöschen des Anspruchs[68], verlagert gesetzwidrig die Last zur Klage vom Schuldner (§ 767) auf den Gläubiger (§ 731). → auch Rdnr. 14 f.

12   Denn der Notar, mag er auch gemäß §§ 724 ff., 1044b Abs. 2 teilweise richterähnliche Funktionen ausüben[69], ist nicht zuständig für Entscheidungen über materielle Ansprüche, Einwendungen oder Einreden, weshalb auch § 1044b Abs. 2 S. 2 nicht die §§ 1042 a ff. nennt[70]; ebensowenig der Urkundsbeamte oder Rechtspfleger in den Fällen → Rdnr. 3 f., 9. Die alleinige Zuständigkeit des Richters nach Abs. 5 für solche Entscheidungen kann auch nicht davon abhängen, ob die dem Anspruch entgegenstehenden Gründe unmittelbar aus dem Gesetz folgen[71], offensichtlich sind[72] oder ob der Notar von ihnen überzeugt ist[73]; denn sonst hinge die Zulässigkeit der Klausel von der Willkür des Notars ab, ob und wie sorgfältig er eine solche Prüfung vornimmt, zu der er nicht verpflichtet ist[74], und ob er seine Überzeugung offenbart. Sachliche Grenzen der Unterwerfung sind nur dort zu beachten, wo der Zweck eines Gesetzes nicht nur Urteile, sondern auch Vollstreckung und damit zugleich freiwillige Unterwerfung verbietet[75].

13   Freilich sollte der Notar (vgl. § 14 Abs. 1 S. 2 BNotO, § 139 ZPO) ähnlich wie bei § 17 Abs. 2 S. 2 BeurkG den Gläubiger dazu anregen, die Klausel nur insoweit zu beantragen, als ihm der materielle Anspruch nach noch vertretbarer Ansicht zustehen kann[76]. **Versagen** darf er sie aus materiellrechtlichen Gründen aber nur gemäß **§ 14 Abs.2 BNotO**, zumal dann schon eine Beurkundung zu verweigern gewesen wäre, § 4 BeurkG; dieser Bereich reduziert sich hier, wenn der Notar rechtzeitig den **Schuldner**

---

solche Fragen entgegen § 767 in das Beschwerdeverfahren verlagern oder dem Gläubiger die Klage nach § 731 aufnötigen.
[61] Im Fall BGH NJW 1985, 2423 war daher die Klausel zu Recht erteilt worden. Ob diese Verrechnung den §§ 366f. BGB entspricht, hat der Notar nicht zu entscheiden; ihm gegenüber ist folglich auch keine Substantiierung nötig, *Münch* (Fn. 20) 232; a.M. *Wolfsteiner* (Fn. 56). Es muß dem Schuldner überlassen bleiben, ob er eine rechtswidrige ZV dulden u. sich dadurch einen Prozeß über jene Forderung ersparen will, auf die der Gläubiger die Zahlung verrechnet haben will, oder ob er nach § 767 klagt u. damit u.U. eine neue Verurteilung auf sich nimmt.
[62] Zuvor abgegebene Erklärungen unterfallen auch nur § 775 Nr. 4.
[63] → § 794 Rdnr. 89 Fn. 529.
[63a] BGH NJW 1994, 1162.
[64] Insoweit zutreffend *Wolfsteiner* DNotZ 1991, 539; → aber zur Auslegung → § 794 Rdnr. 90 Fn. 551.
[65] *Münch* (Fn. 20) 225. Nur insoweit ist der Gegensicht → Fn. 60 zuzustimmen. *Wolfsteiner* (Fn. 7) § 797 Rdnr. 17 mit § 724 Rdnr. 40 stellt auf »absolut liquide« u. offenkundige Einwendungen ab. Eine Erklärung darüber darf der Notar vom Gläubiger nicht verlangen *Münch* aaO 232. Jedoch hielt *KG* DNotZ 1991, 764 es nicht für amtspflichtwidrig, daß der Notar zur Behauptung »Schwarzgeldzahlung« den Gläubiger hörte u., weil dieser nur Rechtsausführungen machte, darauf die Klausel verweigerte (§ 138 Abs. 3 vor Notar?); → dazu Fn. 78.
[66] So im Ergebnis richtig *BayObLG* DNotZ 1976, 366 (368) a. E. (widersprüchlich aber S. 367, insoweit fehle die »Bestimmtheit« i.S.d. § 794 Nr. 5; denn dann könnte auch § 731 nicht helfen).

[67] So *Wolfsteiner* (Fn. 65); unklar *Münch* (Fn. 20) einerseits 225 Fn. 197, anderseits (zutreffend Beachtlichkeit ablehnend) 231.
[68] So *Wolfsteiner* (Fn. 7) § 724 Rdnr. 40.
[69] Vgl. *Wolfsteiner* (Fn. 5) Rdnr. 33.2, 40.7 mwN auch zur Gegenmeinung. Keinesfalls sind sämtliche Vorschriften des gerichtlichen Verfahrens (z.B. § 138 Abs. 3) entsprechend anwendbar.
[70] BT-Drucks 11/828 S. 50.
[71] Z.B. gesetzliche Zinssenkungen oder Moratorien (*KG* JW 1934, 2245). – A.M. *Wolfsteiner* (Fn. 5) Rdnr. 35.19.
[72] Nicht zu verwechseln mit vom Gläubiger **zugestandener** Erfüllung → Fn. 65f. Wie hier *LG Kleve* DNotZ 1978, 680 (abl. *Wolfsteiner*). – A.M. *LG Koblenz* DNotZ 1972, 190; *Münch* (Fn. 20) 225.
[73] Zum Streitstand s. *Wolfsteiner* (Fn. 5) Rdnr. 35.16 Fn. 27f. Beweisaufnahmen »analog § 726« über angebliche Nichtigkeit des Anspruchs (so *LG Düsseldorf* MittBayNot 1977, 252 bei behaupteter Schwarzgeldzahlung, s. auch *KG* → Fn. 65) sind gesetzwidrig, u. Anhörung des Gläubigers in solchen Fällen kann in Sackgassen führen → Fn. 78.
[74] *LG Bochum* (Fn. 5) 572; auch *Wolfsteiner* (Fn. 5) Rdnr. 35.21.
[75] Gleiches gilt für prozessuale Fragen wie Unklagbarkeit, anderweitige Rechtshängigkeit u. rechtskräftige Zuerkennung des Anspruchs, Beschränkung der Anspruchsgrundlagen; a.M. *Münch* (Fn. 20) 279 ff., 204, 211: wie bei § 307, es fehle die »prozessuale Dispositionsbefugnis des Schuldners«. S. dazu u. zum ordre public *Münzberg* ZZP 104 (1991) 235.
[76] Vgl. *Wolfsteiner* (Fn. 5) Rdnr. 35.15.

über die Erfolgsaussichten nach §§ 767, 769 **belehrt**, praktisch auf die seltenen Fälle erkennbarer Schädigung Dritter (ausgenommen der Fall → Fn. 65). Dies sollte er als das Mindere gegenüber einer Versagung in kritischen Fällen auch dann tun, wenn eine Anhörung des Schuldners[77] sonst nicht stattfindet[78]. Im übrigen kann mit der »Verfolgung unerlaubter und unredlicher Zwecke« nicht schon jede Möglichkeit rechtswidriger Vollstreckung gemeint sein[79], denn sie droht regelmäßig in allen Fällen des § 767, → dort Rdnr. 56. Überhaupt darf die Kompetenzverlagerung auf den Notar grundsätzlich nicht dazu führen, daß Klauseln aufgrund Notaramtsrechts verweigert (und damit Gläubiger auf den Weg des § 731 gedrängt) werden, die im Parallelfall z. B. für Vergleiche nach §§ 795, 724 ff. erteilt werden müßten, worauf auch die Beschwerdegerichte → Rdnr. 5 achten sollten[80]. Erst recht darf nicht das Rechtsschutzbedürfnis abgesprochen werden, nur weil der materielle Anspruch fehlt[81].

Ein **Vertreter** kann die Unterwerfung nach dem Grundgedanken des § 89 ohne Nachweis **14** seiner Vertretungsmacht erklären[82]. Von dieser hängt zwar die Wirksamkeit des Titels ab, → aber Rdnr. 16. Die Vollstreckung könnte dann gemäß § 726 *in der Urkunde*[83] von einer die Unterwerfung deckenden Vollmacht oder Genehmigung des Schuldners abhängig gemacht werden[84]. Die Klausel ist in diesem Falle erst aufgrund formgerechter Nachweise gemäß § 726 zu erteilen. Enthält jedoch die Urkunde diese ausdrückliche Einschränkung nicht, so ist die Klausel gemäß §§ 724 f. (nicht § 726) zu erteilen nach entsprechender Anwendung der §§ 80 Abs. 1, 88 Abs. 1, 89[85]. Es genügt dann folglich – wie im Erkenntnisverfahren – der schriftliche Nachweis der Vollmacht oder Genehmigung, falls der Notar keinen Anlaß hat, an der Identität des Ausstellers zu zweifeln[86], bei persönlicher Anhörung des Schuldners auch dessen mündliche Bestätigung[87]. Öffentliche Beglaubigung muß der Notar in solchen Fällen ebensowenig wie das Gericht im Prozeß[88] verlangen, es sei denn entsprechend §§ 80 Abs. 2, 88 Abs. 1, wenn der Schuldner in einem Verfahren gemäß § 730 oder § 732 die Vertretungsmacht leugnet[89].

---

[77] → § 730 Rdnr. 3.
[78] Insoweit richtig *LG Düsseldorf* (Fn. 73). Auch im Falle *KG* → Fn. 65 hätte dies zum Schutz des Schuldners ausgereicht, statt die Klausel nach § 14 Abs. 2 BNotO zu verweigern u. den Gläubiger auf das Beschwerdeverfahren zu verweisen, in dem der Notar dann doch zur Klauselerteilung angewiesen wurde in Übereinstimmung mit *BGH* NJW 1985, 2423.
[79] Bedenklich daher *Hieber* DNotVZ 1930, 712; *Wolfsteiner* (Fn. 5) Rdnr. 35.20; richtig *BGH* DNotZ 1980, 310 zum möglichen Mißbrauch von Schuldanerkenntnissen (zu § 138 BGB → Fn. 52); grundsätzlich auch *LG Kleve* (Fn. 57). Zur unterschiedlichen Bedeutung einer Prüfungspflicht, je nachdem ob nur Unterwerfung oder zugleich zugrundeliegende Rechtsgeschäfte beurkundet werden, *Münch* (Fn. 20) 198 f.
[80] *Münzberg* (Fn. 75) 237 zu *Münch* (Fn. 20) 213 ff.
[81] Ebensowenig wie bei Klagen, → auch Rdnr. 117 (20. Aufl. Fn. 246) vor § 253. – A.M. *Wolfsteiner* (Fn. 5) Rdnr. 35.20; DNotZ 1978, 681.
[82] → § 794 Rdnr. 92.
[83] Nur dann gilt für den Nachweis § 726, → dort Rdnr. 4. Wie hier *Münch* (Fn. 20) 243; a.M. *Wolfsteiner* (Fn. 7) Rdnr. 22.
[84] A.M. *OLG Köln* OLGZ 1969, 68 = MDR 150. Es verkennt die Bedeutung der Worte »nach ihrem Inhalt« (§ 726), wenn es die Abhängigkeit der Vollstreckbarkeit von der Vertretungsmacht schon »begrifflich« ausschließt, statt nur darauf abzustellen, ob diese Abhängigkeit laut Titel **eindeutig** erklärt ist. Auch *Stöber* Rpfleger 1994, 395 f. hält § 726 insoweit für nicht anwendbar.
[85] *Münch* (Fn. 20) 243 mwN; *Zöller/Scherübl*[12] II 3. Zur Gegenansicht → Rdnr. 15. *KG* JW 1931, 1825 f. entschied darüber nicht, da die Vertretungsmacht nicht bestritten wurde (es verwies freilich den Schuldner auf § 767 u. übersah wohl dabei, daß der Mangel nicht nur den Anspruch, sondern auch die Unterwerfung als Prozeßhandlung betrifft, → Fn. 96 u. § 80 Rdnr. 3). Wie *KG* auch *OLG Köln* (Fn. 84): Es hält zwar richtig Titel und Klausel trotz des Mangels für gültig, aber dies besagt noch nicht, daß die Klauselerteilung unbeachtlich wäre oder daß seine Geltendmachung nach § 732 verdrängt würde durch § 767.
[86] *Münch* (Fn. 20) 243; *Jansen* (Fn. 5) Rdnr. 9 unter Hinweis auf § 13 S. 2 FGG. A.M. *LG Bonn* Rpfleger 1990, 374: § 726 analog. I. E. ebenso *Stöber* (Fn. 84), aber unter Berufung auf die Formalisierung der Vollstreckungsvoraussetzung und auf § 84 Abs. 2 ZVG.
[87] *Münch* (Fn. 20) 243. Hatte ein **Anwalt** für den Schuldner die Unterwerfung erklärt, so ist zu beachten, daß dies durch § 81 nicht gedeckt ist, *Stöber* (Fn. 84). Im übrigen gilt jedoch § 88 Abs. 2 entsprechend, d.h. der Notar prüft die Vertretungsmacht nur aus besonderem Anlaß § 88 Rdnr. 4. Für **unwiderrufliche** Vollmachten gelten die §§ 80 ff. nicht, → dazu § 87 Rdnr. 7, § 794 Fn. 593. – A.M. *Wolfsteiner* (Fn. 5) Rdnr. 35.7, dessen Bedenken wohl durch die nF überholt sind.
[88] → § 80 Rdnr. 30.
[89] Nur dann ist eine mit § 88 Abs. 1 vergleichbare Interessenlage gegeben (unmittelbare Anwendung scheidet aus, weil an der Gläubiger »Gegner« wäre u. es an dessen Antrag fehlt).
[90] BayObLGZ 1964, 75 = DNotZ 573 = Rpfleger 1965, 17 (zust. *Haegele*); *OLG Zweibrücken* DNotZ 1970, 640; *OLG Essen* Rpfleger 1973, 324; *Baur/Stürner*[11] Rdnr. 235; *Stöber* (Fn. 2) § 794 Rdnr. 31a; *Thomas/Putzo*[18] Rdnr. 1; *Wolfsteiner* (Fn. 7) § 797 Rdnr. 22 (daß »ohne Vollmacht nicht vollstreckt werden darf«, trifft aber nur zu, wenn sich gerade dies aus dem Urkundeninhalt ergibt → § 724 Rdnr. 2: (keine »offensichtliche« Un-

15 Die h.M. verlangt dagegen stets Nachweise wie gemäß § 726 Abs. 1[90], was nicht entsprechende Anwendung (§ 795) sondern sachliche Erweiterung wäre[91] und dem Gläubiger die Klage nach § 731 auch dann aufnötigte, wenn der Schuldner die Vollmacht oder Genehmigung schriftlich, mündlich oder stillschweigend erteilt hätte und bei einer Anhörung nicht zugestehen würde.

16 Wird der Schuldner ohnehin aus den Gründen → § 730 Rdnr. 3 gehört, so kann er den Mangel dabei rügen, andernfalls nach § 732; s. auch § 732 Abs. 2. Diese Erinnerung ist jedoch entsprechend § 89 Abs. 2 unbegründet, wenn festgestellt oder unstreitig wird, daß die Vollmacht oder Genehmigung mündlich oder stillschweigend erteilt war[92]. Betrifft der Mangel Unterwerfung *und* materiellen Anspruch, z.B. wenn dieser erst bei Beurkundung begründet wird, dann kann das auch nach § 767 gerügt werden → Fn. 96. Nach § 766 kann das Fehlen der Vollmacht oder Genehmigung für die Unterwerfung *nicht* gerügt werden. Denn wie bei Verurteilung im Erkenntnisverfahren ist nur die titelschaffende Stelle, nicht das Vollstreckungsorgan zuständig für die Prüfung der Voraussetzungen für die Entstehung eines Titels[92a], und solche Mängel sind aus den vor → Fn. 92 angeführten Gründen auch nicht »offensichtlich«, → § 724 Rdnr. 2.

17 Anders ist die Lage, wenn das den Anspruch erzeugende Geschäft *vormundschaftsgerichtlicher Genehmigung* bedarf und diese nicht in der Urkunde (Anwaltsvergleich) zur Bedingung erhoben wurde → § 794 Rdnr. 94. Fehlt die Genehmigung, so ist der Anspruch noch (in den Fällen des § 1831 BGB sogar endgültig) unwirksam. Diese Unwirksamkeit verdient keine andere Behandlung als andere materielle Unwirksamkeitsgründe → Rdnr. 10 ff.[93]

18 **III.** § 732 gilt entsprechend für **Einwendungen gegen** die Zulässigkeit der erteilten **Klausel**[94], hier z.B. Unbestimmtheit des Titels[95] und Nichtigkeit der Unterwerfungserklärung aus sonstigen *prozessualen* Gründen wie beim Vergleich → § 794 Rdnr. 48 Fn. 258. Dazu gehören jedenfalls äußerlich ersichtliche, zur Unwirksamkeit führende prozessuale Mängel, da sie nicht nach § 767 zu rügen sind → dort Rdnr. 11; ebenso sollten aber auch nicht aus dem Titel erkennbare prozessuale Mängel, z.B. Prozeßunfähigkeit oder fälschlich vermerktes Verlesen (§ 13 BeurkG) bei Beurkundung der Unterwerfung, nach § 732 gerügt werden können, da dort Erkenntnismöglichkeiten zur Verfügung stehen, die dem Notar verschlossen waren, nicht anders als bei § 766[96]. Zur Entscheidung nach § 732 sowie über die Erteilung einer

---

wirksamkeit, weil der Schulder bereits Vollmacht oder Genehmigung erteilt haben könnte!). § 726 gilt auch sonst nicht »kraft Gesetzes« → dort Rdnr. 4. Solange die Frage str. ist, **kann** der Notar freilich wegen Regreßgefahr die Form des § 726 fordern.
[91] *Jansen* (Fn. 5) Rdnr. 31. Insoweit zutreffend *OLG Köln* (Fn. 85).
[92] *KG* (Fn. 85); *Jansen* (Fn. 5) Rdnr. 31. Bei Anwendung des § 726 müßte man die Erinnerung nach § 732 aber folgerichtig trotz wirksamer Vollmacht/Genehmigung als begründet ansehen, weil Nachweise der in § 726 genannten Art fehlen.
[92a] Die Prüfungspflicht trifft also nur den Notar, nicht das ZV-Organ; a.M. *Stöber* (Fn. 84).
[93] *OLG Dresden* OLGRsp 23, 210 mwN; *KG* RJA 7, 224 = KGJ 1932, A 280[62]; *Jansen* (Fn. 5) Rdnr. 28 mwN. – A.M. BayObLG 1914, 499; *Wolfsteiner* (Fn. 5) Rdnr. 12.6f., 36.13.
[94] → § 732 Rdnr. 2 ff.
[95] → § 767 Fn. 68, § 794 Rdnr. 87; *OLG Karlsruhe* OLGZ 1991, 227.
[96] → § 766 Rdnr. 39, 42; z.B. unterlassenes Vorlesen gemäß § 13 Abs. 1 S. 1 trotz Vermerks »v.g.u.« BGH

NJW-RR 1990, 246, worüber dem Notar eine Beweisaufnahme verschlossen wäre; a.M. *Wolfsteiner* (Fn. 7) § 797 Rdnr. 18. – Über **materiellrechtliche** Nichtigkeitsgründe einschließlich der Anfechtung ist nach allg. M. jedenfalls dann gemäß § 767 zu entscheiden, wenn sie nicht zugleich prozessual wirken (wie etwa in den Fällen → § 85, § 794 Rdnr. 91b oder bei mangelnder Geschäfts- und Prozeßfähigkeit → § 794 Fn. 583f.) Wie hier *Schönke/Baur*[10] § 14 IV 3a; *Werner* DNotZ 1969, 721f.; *Hoffmann* KTS 1973, 161.
Für § 767 ist es aber gleichgültig, ob **derselbe materiellrechtliche Nichtigkeitsgrund zugleich die Unwirksamkeit der Unterwerfung bewirkt** BGH NJW 1992, 2161; denn es handelt sich um verschiedene Rechtsfolgen aus derselben Tatsache, zeitliche Schranken bestehen wegen Abs. 4 nicht u. in beiden Fällen ist die ZV für unzulässig zu erklären (anders wohl noch BGH NJW-RR 1990, 246f.); vgl auch zur nachträglichen Heilung nichtiger Verträge BGH NJW 1994, 2756[7]; *OLG Köln* NJW 1970, 1881. – BGHZ 22, 54ff. betrifft nur die Unwirksamkeit aus **prozessualen** Gründen (Unbestimmtheit). Dazu gehören zwar auch Beurkundungsfehler bei der Unterwerfung BGH NJW-RR 1990, 246; insoweit aber ungenau BGH

weiteren **Ausfertigung** (§ 733) ist bei *gerichtlichen* Urkunden das Gericht berufen, dem die Geschäftsstelle des Abs. 1 angehört, **Abs. 3**. → auch § 733 Rdnr. 7 ff. Für *notarielle* Urkunden bestimmt Abs. 3 das *Amtsgericht* des Amtssitzes des Notars bzw. der Behörde. Damit ist nicht nur die örtliche, sondern auch die sachliche Zuständigkeit geregelt, so daß Arbeitsgerichte hier[97] mit Sicherheit ausscheiden[98]. Im Falle des § 733 ist also – abweichend von → Rdnr. 9 – dem Notar oder Jugendamt (§ 60 Abs. 1 S. 3 KJHG) die eigene Entschließung entzogen[99], auch bei Anwaltsvergleichen (Abs. 6), außer wenn die erste Ausfertigung zurückgegeben bzw. nur umgeschrieben wird[100]. *Erteilt* wird die Ausfertigung stets durch den Notar oder die Behörde, sei es auch auf Anweisung des Amtsgerichts[101]. Wegen *ausländischer* Urkunden → Rdnr. 1. Zur Wirksamkeit erteilter Klauseln und der auf ihnen beruhenden Vollstreckung → § 725 Rdnr. 11 f., § 726 Rdnr. 22 f.

Zum **Verfahren** des im Abs. 3 bezeichneten Gerichts und zur Anfechtung seiner Entscheidung → § 732 Rdnr. 5 ff., § 733 Rdnr. 7 ff. In beiden Fällen steht die Beschwerde[102] dem Notar nicht zu[103]. **19**

IV. Für die **Vollstreckungsgegenklage** des § 767 (§ 795) gilt nach **Abs. 4** die *zeitliche Beschränkung des § 767 Abs. 2 nicht*; sie darf auch nicht »durch die Hintertür« gegen den Gesetzeszweck eingeführt werden; lediglich § 767 Abs. 3 ist anwendbar(str.)[104]. Durch rechtsgeschäftlichen Ausschluß bestimmter (auch aller bis zur Unterwerfung entstandener) Einwendungen kann aber praktisch Gleiches erreicht werden, soweit nicht § 138 oder das AGBG entgegenstehen[105]. Zur Zulässigkeit → § 767 Rdnr. 11. Über die Einwendungen → § 767 Rdnr. 16 ff. und § 794 Rdnr. 82, 87, 90, 94–96[106], wegen Vollstreckungsvereinbarungen → § 766 Rdnr. 21 ff. Zur Tenorierung, falls die Urkunde Ansprüche gegen verschiedene Personen tituliert und nur eine von ihnen obsiegt, → § 767 Fn. 340. Der Gläubiger kann nicht einwenden, der Schuldner hafte ihm aus einem anderen, im Titel nicht genannten Grunde[107], auch nicht über § 273 BGB[108]. Die Beweislast wird weder durch die Unterwerfung als solche **20**

(Fn. 56), der auf §§ 125, 313 BGB für das materielle Geschäft abstellte u. doch § 767 versagte. *RG* Gruch. 54, 164 betrifft nicht die Unzulässigkeit der Klausel, sondern den Mangel der materiellen Berechtigung.
Begehrt der Schuldner über § 732 hinaus eine der materiellen Rechtskraft fähige Entscheidung über die **prozessuale** Unwirksamkeit des Titels, so kann er dies zusammen mit der Klage nach § 767 feststellen lassen *Gaul* (Fn. 10) § 40 IV 2 mwN; *Olzen* DNotZ 1993, 221 f.; die Rechtsnatur dieser Klage offenlassend *BGH* NJW 1992, 2162 zu II 2 (die dort zit. Fn. 49 der 20. Aufl. erörterte jedoch nur die Alternative § 767 u. § 732).
[97] → aber Rdnr. 25.
[98] *Münzberg* ZZP 87 (1974) 453.
[99] Krit. *Wolfsteiner* (Fn. 7) § 797 Rdnr. 8. Ist eine weitere Ausfertigung für einen Rechtsnachfolger beantragt, so entscheidet nur der Notar (nicht das AG) über die Rechtsnachfolge als solche (→ Rdnr. 9) u. führt von Amts wegen den Beschluß des AG über § 733 herbei, *OLG Düsseldorf* DNotZ 1977, 571 = JMBlNRW 90 mwN, auch wenn dem Gläubiger in der Urkunde das Recht auf weitere Ausfertigungen eingeräumt ist, Anm. *Bambring* aaO.
[100] RGZ 50, 366 f.; *OLGe Düsseldorf* (Fn. 99), *Hamm* (Fn. 25), → § 733 Rdnr. 3 a Fn. 21 mwN u. für Teilausfertigungen dort Fn. 22.
[101] Daher sollte (muß aber nicht) schon der **Antrag** von vornherein an den Notar gestellt werden *Wolfsteiner* (Fn. 7) § 797 Rdnr. 8; *OLG Düsseldorf* (Fn. 99). Die Gebühr (§ 133 KostO) steht nur dem Notar zu *OLG Braunschweig* Rpfleger 1974, 237. – A.M. (Rpfleger »erteile« Klausel) *LG Köln* (Fn. 47).

[102] Sie richtet sich bei Erteilung der Klausel nach §§ 567 f. ZPO, bei Versagung nach FGG (→ Rdnr. 5), *OLG Frankfurt* Büro 1981, 932 = Rpfleger 314 mwN.
[103] Für § 733 *OLG Hamm* DNotZ 1952, 444; *Jansen* DNotZ 1966, 272; *Wolfsteiner* (Fn. 7) § 797 Rdnr. 8; s. auch *OLG Frankfurt* (Fn. 102) mwN; für erste Ausfertigung *OLG Colmar* OLGRsp 16, 201.
[104] → § 767 Rdnr. 4 a.E., Rdnr. 52 ff., insbesondere Fn. 418; dazu *Münzberg* (Fn. 75) 240 gegen *Münch* (Fn. 20) 338 ff. Zur Anwendbarkeit des **§ 767 Abs. 3** *Münzberg* ZZP 1987 (1974), 454; obiter *BGH* WM 1985, 704 (dort war jedoch die wiederholte Einwendung ohnehin rechtskräftig aberkannt → § 767 Rdnr. 55). – Präjudizielle Wirkung rechtskräftiger Urteile gilt freilich auch gegenüber zugelassenen Einwendungen, vgl. *BGH* NJW-RR 1988, 957 (dort rechtskräftiges Zahlungsurteil trotz Einwendung gegen Grundschuldunterwerfung).
[105] → § 794 Fn. 552, Rdnr. 93; dazu *Münzberg* (Fn. 75) 234.
[106] Vgl. noch *BGH* DNotZ 1954, 598 (Grundschuld, solange sie nur als Zurückbehaltungsrecht wirken sollte); BGHZ 16, 181 ff. = NJW 1955, 546 (nur zu Sicherheitszwecken); *BGH* WM 1965, 767 (fehlende Kündigung).
[107] *BGH* NJW 1970, 240 = FamRZ 77 a.E.; NJW 1985, 2579. Entscheidend ist, ob der Anspruch noch derselbe bleibt → § 767 Rdnr. 20 Fn. 197, § 794 Rdnr. 95 mwN. – A.M. *Wieczorek*² Anm. E IV.
[108] BGHZ 71, 19 = NJW 1978, 884 = JZ 565. Widerklage ist aber möglich → § 767 Rdnr. 13 a.E., z.B. *BGH* WM 1975, 1213 = DB 1976, 482.

noch durch Verzicht auf Nachweise im Klauselerteilungsverfahren verändert[109]. Verteidigung gegen die Klage genügt allein nicht für § 209 Abs. 1 BGB, → § 767 Fn. 359.

21   Die Vollstreckung muß noch nicht begonnen haben, auch die Klausel muß noch nicht erteilt sein → § 767 Rdnr. 42. Wenn aber der Schuldner mit seiner Unterwerfung, wie regelmäßig bei noch nicht fälligen Ansprüchen, dem Gläubiger einen »Titel auf Vorrat« schaffen will, so wird damit oft ein stillschweigendes Versprechen gegenüber dem Gläubiger[110] verbunden sein, mit der Klage zu warten, bis eine Vollstreckung droht oder ernsthafte Meinungsverschiedenheiten über den Bestand des Anspruchs entstehen; und wenn der Schuldner darüber hinaus durch eigene Erklärungen dafür sorgt, daß sofort eine vollstreckbare Ausfertigung erteilt wird[111], so ist eine solche Drohung auch noch nicht in der Klauselerteilung zu sehen, sondern frühestens in der ersten Mahnung. Bis dahin besteht regelmäßig kein Anlaß zur Klage[112]; § 93 schützt aber den Gläubiger noch nicht fälliger Ansprüche nicht genügend, denn durch sofortiges Anerkenntnis verlöre er den Titel und damit das, was ihm der Schuldner eigens zugestanden hatte. Daher kann der Gläubiger in solchen Fällen die Abweisung der Klage verlangen[113].

22   Zur Konkurrenz mit anderen Klagen usw. und zur Widerklage → § 767 Rdnr. 12f., 44f. Eine gegen den *Anspruch* gerichtete negative Feststellungsklage des Schuldners ermöglicht jedoch (im Gegensatz zu §§ 769f. und zur Feststellung einer bereits bestehenden Unwirksamkeit des Titels) keine einstweilige Einstellung[114] und das Urteil hat nicht die Wirkung des § 775 Nr. 1[115]; denn es fehlt an einem Verfahren i. S. d. §§ 707, 719, das wiederaufgenommen oder fortgesetzt wird (anders nach h. M. beim Vergleich)[116].

23   V. Für die Klagen nach §§ 731, 767, 768 (§ 795) ist nach **Abs. 5** mangels eines Prozeßgerichts das *Gericht des inländischen*[117] *allgemeinen Gerichtsstandes des Schuldners* (§§ 13–19) und in Ermangelung eines solchen das Gericht des Vermögensbesitzes (§ 23) ausschließlich (§ 802) **zuständig**. Diese **örtliche** Zuständigkeit durchbricht, vorbehaltlich des § 800 Abs. 3, bei dinglichen Ansprüchen die des § 24. Treten mehrere Streitgenossen als *Kläger* auf, so können sie sich auf einen der maßgeblichen Gerichtsstände einigen, was eine entsprechende Anwendung des § 36 Nr. 3[118] erübrigt[119]. Im Falle des § 731 ist § 36 Nr. 3 unmittelbar anwendbar[120]. Abs. 5 gilt auch für die konsularischen Urkunden → Rdnr. 4 a. E.[121].

24   Die **sachliche** Zuständigkeit richtet sich nach §§ 23, 71 GVG. Entsprechend anzuwenden sind § 23 Nr. 2[122], § 23a Nr. 2, 3, 5 und bezüglich der *Familiengerichte*[123] § 23b Nr. 5, 6, 9 GVG. Wegen der → § 794 Rdnr. 85 genannten, nicht unter § 13 GVG fallenden Ansprüche → § 767 Rdnr. 59 und wegen *ausländischer* Urkunden → Rdnr. 1 und → § 767 Rdnr. 47.

---

[109] → § 767 Rdnr. 44 Fn. 334 u. § 794 Rndr. 94 Fn. 604.
[110] Zust. *Wolfsteiner* (Fn. 7) Rdnr. 36. Ebenso wie bei ausdrücklichen Vereinbarungen ist es nicht erforderlich, den Weg über Treu und Glauben zu nehmen → Einl. Rdnr. 251 f.; anders wenn dieser Wille des Schuldners nicht eindeutig genug zum Ausdruck gekommen ist, aber bei Voraussahung des Konflikts fairerweise hätte erklärt werden müssen. Verfehlt wäre, hier das Rechtsschutzbedürfnis zu verneinen, denn der Titel ist eine (wenn auch in Kauf genommene) Beeinträchtigung, die gegen den Willen des Gläubigers nur nach § 767 zu beseitigen ist, → § 794 Rdnr. 96.
[111] → Rdnr. 8.
[112] → § 767 Rdnr. 61.
[113] → Einl. Rdnr. 251 f., besonders zu Fn. 20 der 20. Aufl. Regelmäßig wohl als »zur Zeit unzulässig« *Wolfsteiner* (Fn. 7) § 797 Rdnr. 36. Wenn aber z. B. ein Verzicht auf die Einwendung, der Anspruch sei noch nicht entstanden oder fällig, angenommen wird → § 794 Fn. 552, kommt auch Abweisung als unbegründet in Betracht.

[114] → § 767 Rdnr. 13 Fn. 95 f.; *Windel* ZZP 102 (1989), 223.
[115] → § 775 Rdnr. 8; *Windel* (Fn. 114).
[116] → § 794 Rdnr. 54 Fn. 308.
[117] Vgl. auch *RG* JW 1930, 3552 (*Sonnen*).
[118] Sie wäre zulässig, da sich der Gerichtsstand hier ausnahmsweise nach dem Kläger bestimmt *RGZ* 45, 391 f.; a. M. *Thümmel* NJW 1986, 557.
[119] *BGH* NJW 1991, 2910 = MDR 1992, 301 mwN.
[120] *RGZ* 36, 347.
[121] *VGH München* NJW 1983, 1992 (Zivilrechtsweg).
[122] *KG* JW 1936, 2820; *OLG Darmstadt* HRR 1941, Nr. 393; *OLG Schleswig* SchlHA 1950, 16; *Hartmann* (Fn. 2) Rdnr. 11. Offenlassend *OLG München* NJW 1952, 149 (a. E.). – A. M. wohl *OLG Stuttgart* MDR 1954, 49 (?).
[123] Zur Begründung → § 767 Rdnr. 46. Wie hier *OLG Schleswig* SchlHA 1979, 129; *BayObLG* FamRZ 1991, 1455 = NJW-RR 1992, 264, das während der Anhängigkeit der Ehesache obiter auch die Anwendung des § 621 Abs. 2 S. 1 bejaht (aaO a. E.).

Zum *Streitwert* → § 731 Rdnr. 18, § 767 Rdnr. 60. Vgl. auch § 802 und zu nicht auf § 767f. gestützten Klagen → § 767 Rdnr. 48.

Die Annahme einer sachlichen Zuständigkeit der *Arbeitsgerichte* ist für Klagen nach § 767 vertretbar, obwohl der Anspruch sogar bei »ursprünglichen« Einwendungen (Abs. 4) nicht Streitgegenstand ist[124], und daher wohl nur § 2 Abs. 1 Nr. 4a ArbGG in Betracht kommt[125]. Für die anderen in Abs. 5 genannten Klagen nach §§ 731, 768 ist die Zuständigkeit des Arbeitsgerichts zweifelhaft wegen des engen Zusammenhangs mit den Einwendungen nach § 732[126], über die gemäß § 797 Abs. 3 ausschließlich (§ 802) ordentliche Zivilgerichte zu entscheiden haben[127].   25

Obwohl § 802 eine Entscheidung durch *Kammern für Handelssachen* nicht ausschließen würde[128], gehört der Streit, jedenfalls solange der Gläubiger nicht auch die Feststellung des Anspruchs begehrt[129], nicht vor die KfHS, da »durch die Klage« nicht ein § 95 GVG unterfallender »Anspruch geltend gemacht wird«[130]. Die KfHS entscheidet daher nur, wenn der beklagte Gläubiger dem Antrag des Klägers nicht rechtzeitig entgegentritt, § 101 GVG, und das Gericht auch nicht von Amts wegen verweist → § 1 Rdnr. 133.   26

Die Klagen sind gegen den Schuldner bzw. den Gläubiger, niemals gegen den Notar oder die verwahrende Behörde zu richten.   27

VI. Nicht ausdrücklich geregelt ist, welchem Gericht sonstige Funktionen zuzuweisen sind, insbesondere die Ersuchen um **Zustellung im Ausland** und die Bewilligung der **öffentlichen Zustellung**, §§ 202 ff. Der Zuständigkeitsverteilung in Abs. 3 und 5 liegt offenbar der Gedanke zugrunde, die durch Beschluß zu erledigenden Aufgaben dem Gericht des Abs. 3, die Klagen dagegen dem Gericht des Abs. 5 zuzuweisen; dies und das Bedürfnis einer einheitlichen Zuständigkeit für Klauselerteilung und öffentliche Zustellung sprechen für analoge Anwendung des Abs. 3[131].   28

VII. Wegen gerichtlicher **Abänderung** vollstreckbarer Urkunden → § 323 Rdnr. 49[132], § 642c Rdnr. 4 mit § 643a Rdnr. 1 und zur Änderung durch Parteiakte → § 794 Rdnr. 95f.   29

§ 797a [Vollstreckungsklausel bei Gütestellenvergleichen]

(1) Bei Vergleichen, die vor Gütestellen der im § 794 Abs. 1 Nr. 1 bezeichneten Art geschlossen sind, wird die Vollstreckungsklausel von dem Urkundsbeamten der Geschäftsstelle desjenigen Amtsgerichts ereilt, in dessen Bezirk die Gütestelle ihren Sitz hat.
(2) Über Einwendungen, welche die Zulässigkeit der Vollstreckungsklausel betreffen, entscheidet das im Absatz 1 bezeichnete Gericht.

---

[124] → § 767 Rdnr. 6, 13.
[125] Wegen verbleibender Zweifel s. *Münzberg* (Fn. 98) 449 ff. – Zuständigkeit des ArbG für diese Klage nehmen an *OLG Frankfurt* MDR 1985, 330 f.; *Grunsky* ArbGG[6] § 62 Rdnr. 12; *Thomas/Putzo*[18] Rdnr. 4; vielleicht auch BGHZ 61, 25 = NJW 1973, 1328 (unsicher, weil dort § 2 Abs. 1 Nr. 2 ArbGG für den in ein Darlehen umgewandelten Anspruch verneint wurde u. auf die Frage, ob die Vorschrift überhaupt anwendbar gewesen wäre, nicht eingegangen wurde). – *Gegen* Zuständigkeit der ArbG die Vorauflagen u. *Hartmann* (Fn. 2) Rdnr. 11.
[126] → dort Rdnr. 6 und § 731 Rdnr. 1 ff.
[127] → Rdnr. 18 u. vgl. *Münzberg* (Fn. 98). *Grunsky* (Fn. 125) erörtert aaO diese Klagen nicht. – Freilich könnte man ebensogut umgekehrt auf den Zusammenhang mit § 767 insoweit hinweisen, als Einwendungen gegen den Anspruch im Verfahren gemäß §§ 731, 768 erheblich sind → § 731 Rdnr. 13 f., § 768 Rdnr. 8. Gesetzliche Klärung wäre angebracht.
[128] → § 1 Rdnr. 131.
[129] → § 767 Rdnr. 5.
[130] → § 767 Rdnr. 3 f., 6; *Hartmann* (Fn. 2) Rdnr. 11. – A.M. *Neumann* ZZP 36 (1907) 150 ff.
[131] *BayObLG* NJW-RR 1990, 64 = Büro 1989, 1168, jetzt ganz h.M.
[132] Wegen der Abgrenzung zu § 767 → dort Fn. 172, § 323 Rdnr. 41 ff. Gegen Bindung an § 323 Abs. 2, 3 *BGH* NJW 1990, 3274 = MDR 1008[54]. Zur Zuständigkeit → § 323 Rdnr. 68.

§ 797 a I, II   Erster Abschnitt: Allgemeine Vorschriften   724

(3) § 797 Abs. 5 gilt entsprechend.

(4) ¹Die Landesjustizverwaltung kann Vorsteher von Gütestellen ermächtigen, die Vollstreckungsklausel für Vergleiche zu erteilen, die vor der Gütestelle geschlossen sind. ²Die Ermächtigung erstreckt sich nicht auf die Fälle des § 726 Abs. 1, der §§ 727 bis 729 und des § 733. ³Über Einwendungen, welche die Zulässigkeit der Vollstreckungsklausel betreffen, entscheidet das im Absatz 1 bezeichnete Gericht.

Gesetzesgeschichte: Seit 1924 RGBl. 1924 I 135, 437. Änderungen RGBl. 1927 I 175, BGBl. 1950 455.

1   I. Die vor **Gütestellen** geschlossenen **Vergleiche** sind Vollstreckungstitel (→ § 794 Rdnr. 45) und erlauben die Vollstreckung, sobald die Klausel vom Gericht (→ Rdnr. 3) oder nach Abs. 4 vom Vorsteher der Gütestelle erteilt ist. Zum Antragsrecht → § 724 Rdnr. 8a. Zur entsprechenden Anwendung → Rdnr. 11.

2   II. Über die **Form** dieser Vergleiche sagt die ZPO nichts. Eine dem gerichtlichen Vergleichsprotokoll (§ 160 Abs. 3 Nr. 1, → § 794 Rdnr. 27) entsprechende, vom Beamten der Gütestelle unterzeichnete Niederschrift dürfte ausreichen, falls die Unterschrift der Parteien nicht landesgesetzlich vorgesehen ist und aus der Niederschrift hervorgeht, daß der Vergleich vorgelesen und von ihnen genehmigt wurde[1].

3   1. Die *Ausfertigung* ist, falls der Beamte der Gütestelle keine Befugnisse wie → Rdnr. 5 hat, von der Geschäftsstelle herzustellen; die Urschrift des Vergleichsprotokolls ist deshalb dem Gericht vorzulegen und hat bei ihm zu verbleiben[2]. Die **Klausel** erteilt in diesen Fällen der Urkundsbeamte nach § 724 f., soweit nicht der Rechtspfleger zuständig ist, → § 730 Rdnr. 1.

4   **Zuständig** ist ausschließlich (§ 802) das AG, in dessen Bezirk die Gütestelle ihren Sitz hat, Abs. 1. Zur Ersatzzuständigkeit, falls dort deutsche Gerichtsbarkeit nicht mehr ausgeübt wird, → § 1 Rdnr. 102 a. E. Das Verfahren ist gerichtsgebührenfrei, für den Anwalt gelten §§ 57, 58 Abs. 2 Nr. 1, Abs. 3 Nr. 2 BRAGO.

5   2. Nach **Abs. 4** kann der **Vorsteher der Gütestelle** von der Justizverwaltung dazu ermächtigt werden, für Vergleiche, die vor der Gütestelle – nicht notwendig vor ihm persönlich – geschlossen wurden, »einfache« vollstreckbare Ausfertigungen zu erteilen[3]. Dann ist er ausschließlich zuständig[4]. Die Ermächtigung umfaßt die Befugnis zur Beurkundung und muß demnach mit der Verleihung eines amtlichen Siegels (→ § 170 Rdnr. 4) verbunden sein. Eine nicht gesetzlich vorgesehene Delegation der Befugnis auf andere Beamte ist unzulässig, die Klausel wäre unwirksam.

6   Die Ermächtigung ist beschränkt auf die *erste* vollstreckbare Ausfertigung für und gegen die Vergleichsparteien selbst; Ausfertigungen nach § 726 Abs. 1, §§ 727–729 und 733 erteilt wegen Abs. 4 S. 2 der *Rechtspfleger*[5] des in Abs. 1 bezeichneten Gerichts. Kann in den Fällen des Abs. 4 künftig noch eine Klauselerteilung durch den Vorsteher in Betracht kommen, z. B.

---

[1] Vergleiche vor dem Schiedsmann müssen die Parteien unterschreiben, § 27 (RheinlPf: § 24) der insoweit gleichlautenden Landesgesetze → § 801 Fn. 5.

[2] A.M. *MünchKommZPO-Wolfsteiner* Rdnr. 1 (oder meint er nur Fälle des Abs. 4? → dazu Rdnr. 6 a. E.): vorübergehende Abgabe genügte. Aber eine Rückgabe an die Gütestelle macht wenig Sinn, wenn die Befugnis zur Klauselerteilung ganz fehlt; nur auf solche Fälle bezog sich schon die 20. Aufl. Rdnr. 3 (»abgesehen von Abs. 4«).

[3] S. für *Hamburg* § 3 der VO vom 4. II. 1946 (HambVOBl 13), dazu *Schumann* DRiZ 1970, 60; für *Lübeck* die AV vom 4. VIII. 1949 (SchlHA 1949, 279) u. vom 17. XII. 1952 (SchlHA 1953, 9).

[4] *Wolfsteiner* (Fn. 2) Rdnr. 2 (aber die 20. Aufl. Rdnr. 3 befürwortete keine »Doppelzuständigkeit«, → zu dem Mißverständnis Fn. 2).

[5] → § 730 Rdnr. 1. Er entscheidet also nicht nur wie → § 797 Rdnr. 18 über die Erteilung, allg. M. *Wolfsteiner* (Fn. 2) Rdnr. 4.

für nicht abgetretene oder nicht dem § 726 Abs. 1 unterfallende Anspruchsteile, so gibt der Rechtspfleger die Urschrift an den Vorsteher zurück[6].

Verweigert der Vorsteher die vollstreckbare Ausfertigung, so muß die Erteilung nach Abs. 1 beim Amtsgericht beantragt werden[7]; Beschwerde an die Aufsichtsbehörde kommt nicht in Frage. Über Rechtsbehelfe gegen die Verweigerung durch Urkundsbeamte → § 724 Rdnr. 16, durch Rechtspfleger → § 730 Rdnr. 4.

7

III. Über **Einwendungen gegen die Zulässigkeit der Vollstreckungsklausel**, → §§ 732 Rdnr. 2 ff., 795 Rdnr. 4, entscheidet das AG, in dessen Bezirk die Gütestelle ihren Sitz hat, unabhängig davon, wer die Klausel erteilte. Wegen des Familiengerichts → § 795 Rdnr. 3 a. E. Rücknahme der Klausel durch den Vorsteher ist ebenso ausgeschlossen wie Beschwerde an die staatliche Aufsichtsbehörde.

8

IV. Für **Klagen** nach §§ 731, 767, 768 ist nach **Abs. 3** § 797 Abs. 5 entsprechend anzuwenden: → § 797 Rdnr. 23. § 767 Abs. 2 hat hier keinen Anwendungsbereich[8], wohl aber § 767 Abs. 3, → § 795 Rdnr. 13. Für die gerichtlichen Funktionen nach §§ 202 ff. ist das in Abs. 1 und 2 bestimmte AG zuständig, → § 797 Rdnr. 28.

9

V. Zu den vor einem Schiedsgericht in *Arbeitsrechtsstreitigkeiten* geschlossenen Vergleichen und den Sprüchen der *Innungsausschüsse* → § 794 Rdnr. 100 Ziffer 13 Fn. 654.

10

VI. § 797 a ist *entsprechend* anzuwenden
a) auf die vor den Einigungsstellen bei den Industrie- und Handelskammern gemäß § 27 a UWG und § 13 RabattG geschlossenen Vergleiche, s. § 27 a Abs. 7 S. 2 UWG;
b) auf die vor Schiedsstellen im Beitrittsgebiet abgeschlossenen Vergleiche[9].
Zum Vergleich vor dem Schiedsmann → § 801 Rdnr. 2.

11

VII. Über **Kosten** s. §§ 795, 788 Abs. 1 S. 2; für deren Festsetzung ist das in Abs. 3 bestimmte Gericht zuständig → § 788 Rdnr. 27[10].

12

§ 798 [Wartefrist]

Aus einem Kostenfestsetzungsbeschluß, der nicht auf das Urteil gesetzt ist, aus Beschlüssen nach § 794 Abs. 1 Nr. 2a, aus Vergleichen nach § 794 Abs. 1 Nr. 4a zweiter Halbsatz sowie aus den nach § 794 Abs. 1 Nr. 5 aufgenommenen Urkunden darf die Zwangsvollstreckung nur beginnen, wenn der Schuldtitel mindestens zwei Wochen vorher zugestellt ist.

Gesetzesgeschichte: Seit 1900 RGBl. 1898 I 256. Änderungen RGBl. 1909 I 437, 1924 I 135, BGBl. 1969 I 1243, 1990 I 2847.

I. In Abweichung von § 750[1] läßt § 798 die Vollstreckung von *Kostenfestsetzungsbeschlüssen* (§§ 103, 106), ausgenommen die auf das Urteil gesetzten (§§ 105, 795 a), ferner von *Regelunterhaltsbeschlüssen* → § 794 Rdnr. 75, von *durch den Notar vollstreckbar*

1

---

[6] Insoweit übereinstimmend mit *Wolfsteiner* (Fn. 2) Rdnr. 1.
[7] *Zöller/Stöber*[18] Rdnr. 5. Vgl. auch *Schumacher* ZZP 69 (1956), 347 ff.
[8] Allg. M. Verweisung auf § 797 Abs. 4 wäre folgerichtig gewesen, da dort ebensowenig wie hier eine gerichtliche Entscheidung vorangegangen ist.

[9] § 34 Abs. 2 des G über die Schiedsstellen in den Gemeinden; Näheres → § 794 Rdnr. 45 Fn. 231.
[10] So wohl auch *Wolfsteiner* (Fn. 2) Rdnr. 2, da ein fiktives »Prozeßgericht« nicht durch Abs. 2, sondern durch Abs. 3 bestimmt wird.
[1] → dort Rdnr. 28.

§ 798 I – III   Erster Abschnitt: Allgemeine Vorschriften

*erklärten Anwaltsvergleichen*² (§ 1044b Abs. 2) und von *vollstreckbaren Urkunden* gemäß § 794 Abs. 1 Nr. 5, also einschließlich der in § 794 Abs. 2 und §§ 800, 800a genannten, erst nach einer **Wartefrist** zu: Der Schuldner soll hier noch rechtzeitig leisten können oder Gelegenheit haben, Rechtsbehelfe einzulegen und einstweilige Anordnungen zu erwirken³. Wegen vergleichbarer Fristen → § 750 Rdnr. 5f., zur Fristenhäufung → § 798a Rdnr. 2.

2   II. Die Vollstreckung darf nur beginnen⁴, wenn der Titel und im Falle des § 750 Abs. 2 auch die Vollstreckungsklausel sowie die Urkunden → § 750 Rdnr. 38⁵ (diese nicht im Falle § 799 oder wenn Urkunden gemäß § 726 schon von einem Rechtsvorgänger (§ 727) zugestellt waren⁶), **zwei Wochen vorher zugestellt wurden,** was durch das Vollstreckungsorgan zu prüfen ist⁷; → aber Rdnr. 6. Die Frist wird nach § 222 Abs. 1 ZPO mit §§ 187, 188 BGB berechnet; die Vollstreckung ist danach erst am 15. Tag nach Zustellung zulässig⁸, und wenn die Frist an einem Sonntag, allgemeinem Feiertag oder Sonnabend endet⁹, erst am neunten, § 222 Abs. 4¹⁰.

3   Eine Verlängerung oder Verkürzung durch das Gericht schließt § 224 Abs. 2 aus; durch *Parteivereinbarung*¹¹ kann die Frist verlängert, aber nicht von vornherein abgekürzt oder abbedungen werden (str.)¹², zumindest nicht im Falle § 794 Nr. 5, denn § 798 bildet dort das notwendige Gegengewicht zu den Gefahren einer Vollstreckung ohne Entscheidung. Zum Verzicht → auch § 750 Rdnr. 8ff.

4   Sind die Beschlüsse → Rdnr. 1 nur gegen *Sicherheitsleistung* vollstreckbar¹³, so unterfällt der urkundliche Nachweis ebensowenig § 798 wie Nachweise gemäß §§ 756, 765¹⁴.

5   Hat der Schuldner innerhalb der Frist gezahlt, so ist die Einleitung der Vollstreckung nach Fristablauf zwar zulässig¹⁵, aber ihre Kosten sind regelmäßig nicht notwendig¹⁶.

6   Für **Vorpfändungen** gilt § 798 ebensowenig wie § 750 Abs. 3, → dort Rdnr. 3; denn solche Fristen beginnen erst mit Zustellung, diese ist aber nach § 845 Abs. 1 S. 3 gerade entbehrlich¹⁷.

7   III. Ein **Verstoß** gegen § 798 kann sowohl vom Schuldner als auch vom nachpfändenden Gläubiger¹⁸ gemäß § 766 gerügt werden. Zur Heilung¹⁹ → Rdnr. 132 ff. vor § 704, § 750 Rdnr. 11–13 (insbesondere Fn. 33), § 766 Rdnr. 42²⁰. Zum Rang des Pfändungspfandrechts in diesen Fällen → § 750 Rdnr. 13 Fn. 41²¹.

---

² Krit. *MünchKommZPO-Wolfsteiner* Rdnr. 1.
³ Dieser Zweck wird vereitelt durch Zustellung von Parteititeln sofort nach ihrer Erstellung, also womöglich lange vor Fälligkeit. De lege ferenda *Wolfsteiner* (Fn. 2) Rdnr. 2, 3.
⁴ → Rdnr. 107 ff. vor § 704, § 867 Rdnr. 2.
⁵ *Wolfsteiner* (Fn. 2) Rdnr. 4; *Rosenberg/Gaul*¹⁰ § 22 I 2 b; a.M. *Jansen*² § 52 BeurkG Rdnr. 35.
⁶ *Wolfsteiner* (Fn. 2) Rdnr. 4.
⁷ → Rdnr. 57 vor § 704. S. 213a, falls die Geschäftsstelle das Datum einer Amtszustellung nicht schon von Amts wegen auf dem Titel vermerkt (vgl. *OLG Hamm* DGVZ 1968, 81).
⁸ *RGZ* 125, 286 (noch zur a. F.: am 8.Tag).
⁹ → § 188 Rdnr. 3.
¹⁰ *RGZ* 83, 336.
¹¹ Schriftlich in entspr. Anw. des § 775 Nr. 4 (→ § 766 Rdnr. 23) oder von Amts wegen zu beachten als Vorbehalt in der Unterwerfungserklärung.
¹² → Rdnr. 100 vor § 704; *RGZ* 83, 340; *Gerhardt* ZZP 92 (1979) 490; *Gaul* (Fn. 5) § 22 I 2 b dd; *MünchKommZPO-Arnold* § 750 Rdnr. 96; *Wieczorek*² Anm. B II a; *Zöller/Stöber*¹⁹ Rdnr. 3. – A.M. *AG Montabaur* DGVZ 1975, 92 f.; *Baur/Stürner*¹¹ Rdnr. 326; *Brox/Wal-ker*⁴ Rdnr. 155; *Wolfsteiner* (Fn. 2) Rdnr. 7, anders noch in Vollstreckbare Urkunde (1978) Rdnr. 51.5: Nur bei §§ 726 ff. unverzichtbar, im übrigen sei die Prüfungsfrist wie bei Urteilen entbehrlich (aber der Verzicht stellt noch nicht die Gleichwertigkeit von Urkunden u. Urteil her).
¹³ → § 103 Rdnr. 6.
¹⁴ *Wolfsteiner* (Fn. 2) Rdnr. 4 a. E.
¹⁵ → § 775 Rdnr. 32.
¹⁶ → § 788 Rdnr. 20a zu c).
¹⁷ H.M.; *KG* Rpfleger 1981, 240 f. = MDR 412 = Büro 620; *Wolfsteiner* (Fn. 2) Rdnr. 9; ausführlich *Münzberg* DGVZ 1979, 164, jeweils mwN auch zur Gegensicht.
¹⁸ → § 766 Rdnr. 32; *Bähr* KTS 1969, 19.
¹⁹ Die Pfändung ist anfechtbar, aber wirksam, jetzt allg. M.
²⁰ Wie dort *Baumbach/Hartmann*⁵² Rdnr. 5; *Stöber* (Fn. 12) Rdnr. 3. – A.M. für § 326 Abs. 3 Nr. 1 RAO (= § 254 Abs. 1 S. 1 AO 1977) *BFH* ZIP 1980, 384; → auch 19. Aufl. Fn. 9.
²¹ Heilung ex tunc, aber Rangkorrektur nach § 878 → dort Rdnr. 15f., während die h.M. von vornherein nur Heilung ex nunc annimmt, *Jaeger/Henckel* KO⁹ § 15 Rdnr. 25 mwN.

§ 798a [Wartefrist bei Abänderungsbeschluß zu Unterhaltstitel]

¹Aus einem Beschluß nach § 641p darf die Zwangsvollstreckung nur beginnen, wenn der Beschluß mindestens einen Monat vorher zugestellt ist. ²Aus einem Kostenfestsetzungsbeschluß, der aufgrund eines Beschlusses nach § 641p ergangen ist, darf die Zwangsvollstreckung nicht vor Ablauf der in Satz 1 bezeichneten Frist beginnen; § 798 bleibt unberührt.

Gesetzesgeschichte: Seit 1977 BGBl. 1976 I 2029.

Die *Monatsfrist* zwischen Zustellung und Vollstreckungsbeginn soll dem Unterhaltsverpflichteten Gelegenheit geben, gegen den Titel vorzugehen, §§ 641p, q[1]. Ist der Kostenfestsetzungsbeschluß zugleich ergangen, so gilt auch für ihn die Frist von einem Monat. 1

Wurde der Kostenfestsetzungsbeschluß erst nach dem Abänderungsbeschluß erlassen, so müssen sowohl die Monats- wie die Wochenfrist des § 798 gewahrt sein[2]. Maßgeblich für den Vollstreckungsbeginn ist die Frist, welche den längsten Aufschub gewährt. Zur Vorpfändung → § 798 Rdnr. 6. 2

§ 799 [Vollstreckbare Urkunde bei Rechtsnachfolge]

Hat sich der Eigentümer eines mit einer Hypothek, einer Grundschuld oder einer Rentenschuld belasteten Grundstücks in einer nach § 794 Abs. 1 Nr. 5 aufgenommenen Urkunde der sofortigen Zwangsvollstreckung unterworfen und ist dem Rechtsnachfolger des Gläubigers eine vollstreckbare Ausfertigung erteilt, so ist die Zustellung der die Rechtsnachfolge nachweisenden öffentlichen oder öffentlich beglaubigten Urkunde nicht erforderlich, wenn der Rechtsnachfolger als Gläubiger im Grundbuch eingetragen ist.

Gesetzesgeschichte: Seit 1900 RGBl. 1898 I 256.

I. § 799 erleichtert die Vollstreckung der **Hypotheken-, Grund- und Rentenschulden mit Unterwerfungsklausel**, § 794 Abs. 1 Nr. 5, indem er auf die *Zustellung der Urkunden* → § 750 Rdnr. 39 verzichtet, falls der Rechtsnachfolger des Gläubigers im Grundbuch eingetragen ist[1]. Denn regelmäßig wird dem Schuldner diese Eintragung bekanntgemacht, § 55 GBO, und sie beruht wiederum auf Nachweisen gemäß § 29 GBO. § 799 setzt allerdings ausdrücklich voraus, daß die vollstreckbare Ausfertigung dem Rechtsnachfolger bereits *erteilt ist*, woraus sich ergibt, daß auf die Vorlegung der Nachweise → § 727 Rdnr. 37ff. nicht bezüglich des Grundpfandrechts als solchen, erst recht nicht für weitere Ansprüche[2] verzichtet wird. Jedoch genügt der Nachweis der Eintragung des Rechtsnachfolgers für die Nachfolge in das Grundpfandrecht[3]. Ob die Benachrichtigung durch das Grundbuchamt versehentlich oder wegen Verzichts des Eigentümers unterblieb oder unausführbar war, ist unerheblich. – § 799 verzichtet *nicht* auf die Zustellung der Klausel (§ 750 Abs. 2). 1

---

[1] Zur einstweiligen Einstellung → § 641p Rdnr. 2a. Für eine entspr.Anw. auf Vergleiche nach § 641r S. 4 fehlt es an der Notwendigkeit eines Schutzfrist, weil der Schuldner seine Leistungspflicht selbst zuvor anerkannt hat. – A.M. *Wieczorek*² Anm. A I.
[2] *Baumbach/Hartmann*⁵² Rdnr. 3; *Wieczorek*² Anm. B II.

[1] Also nicht beim Rechtsübergang außerhalb des Grundbuchs, §§ 1154, 1192, 1200 BGB, allg. M.
[2] Z.B. auf Zahlung, etwa aufgrund zusätzlicher abstrakter Schuldanerkenntnisse; dafür gilt nicht § 799, sondern die erforderlichen Nachweise sind nach § 750 Abs. 2 zuzustellen *MünchKommZPO-Wolfsteiner* Rdnr. 2.
[3] Insoweit richtig *Wolfsteiner* (Fn. 2) Rdnr. 1 gegen 20. Aufl.

2   II. § 799 gilt auch bei der Vollstreckung gegen einen *später eingetragenen Eigentümer* (neben § 800 Abs. 2), nicht aber gegen den persönlichen Schuldner.

§ 800 [Vollstreckbare Urkunden gegen jeweiligen Eigentümer]

(1) ¹Der Eigentümer kann sich in einer nach § 794 Abs. 1 Nr. 5 aufgenommenen Urkunde in Ansehung einer Hypothek, einer Grundschuld oder einer Rentenschuld der sofortigen Zwangsvollstreckung in der Weise unterwerfen, daß die Zwangsvollstreckung aus der Urkunde gegen den jeweiligen Eigentümer des Grundstücks zulässig sein soll. ²Die Unterwerfung bedarf in diesem Falle der Eintragung in das Grundbuch.

(2) Bei der Zwangsvollstreckung gegen einen späteren Eigentümer, der im Grundbuch eingetragen ist, bedarf es nicht der Zustellung der den Erwerb des Eigentums nachweisenden öffentlichen oder öffentlich beglaubigten Urkunde.

(3) Ist die sofortige Zwangsvollstreckung gegen den jeweiligen Eigentümer zulässig, so ist für die im § 797 Abs. 5 bezeichneten Klagen das Gericht zuständig, in dessen Bezirk das Grundstück belegen ist.

Gesetzesgeschichte: Seit 1900 RGBl. 1898 I 256.

1   I. Während § 794 Abs. 1 Nr. 5 zuläßt, daß der Eigentümer eines Grundstücks sich für seine Person und seine allgemeinen Rechtsnachfolger (§§ 795, 727) wegen des Anspruchs aus der Hypothek usw. der sofortigen Zwangsvollstreckung, allgemein oder mit Beschränkung auf das Grundstück, unterwerfen kann, gestattet § 800, daß er es von vornherein mit dinglicher Wirkung **gegen den jeweiligen Eigentümer** kann.

2   1. Der Eigentümer (→ Fn. 3) muß sich in einer dem § 794 Nr. 5 entsprechenden Urkunde, → § 794 Rdnr. 83 ff., in Ansehung der Hypothek, Grundschuld oder Rentenschuld, d. h. der dinglichen Haftung, der **sofortigen Zwangsvollstreckung** unterwerfen. Wenn auch nicht mit den Worten des Gesetzes, so muß sich die Erklärung doch **ausdrücklich** auf die Vollstreckung **gegen den jeweiligen Eigentümer** beziehen, z. B. unter Verweisung auf § 800[1]. Notfalls dürfte die Beifügung einer beurkundeten (also nicht nur beglaubigten) Bewilligung und Beantragung der Eintragung der Unterwerfung hierfür ausreichen, falls darin Art und Umfang der Unterwerfung genügend bezeichnet sind[2]; zur Eintragung → aber Rdnr. 4. Es genügt die Unterwerfung des *Schuldners als Eigentümer*, auch wenn er es noch nicht ist[3]. Daß der Gläubiger die Unterwerfung »angenommen« hat, ist weder für S. 1 noch für S. 2 erforderlich[4]. Unterwirft sich der noch eingetragene Eigentümer vor oder nach der Auflassung, so ist er *noch Berechtigter*, auch für § 19 GBO[5]; dies gilt erst recht, wenn das Grundbuchamt nach dem offensichtlichen Zweck gleichzeitig eingegangener Anträge auf Eintragung der Auflassung und der Grundschuld diese *vor* dem Eigentumswechsel einträgt[6]. Auch bei der *Eigentümergrund-*

---

[1] OLG Düsseldorf Rpfleger 1977, 68 (Verbindung mit persönlicher Unterwerfung schadet nicht; für sie gilt § 800 nicht). Krit. *Wolfsteiner* Die vollstreckbare Urkunde (1978) 65.4.

[2] LG Düsseldorf ZIP 1981, 970 → § 794 Fn. 554; *MünchKommZPO-Wolfsteiner* Rdnr. 6.

[3] Zur üblichen Unterwerfung des künftigen Eigentümers → § 794 Rdnr. 92a. Über Vertretung → § 794 Rdnr. 92, 92a; Rsp zur Auslegung erteilter Vollmachten → Fn. 5 u. § 794 Fn. 598..

[4] → § 794 Rdnr. 89 u. zu § 19 GBO s. *BayObLG* OLGRsp 6, 401.

[5] *BayObLG* Rpfleger 1992, 99f. (dort durch Käufer als bevollmächtigter Vertreter des Verkäufers, zugleich zur Auslegung nach § 164 Abs. 1 S. 2 BGB); die Ausführungen a. E. zu § 185 BGB hatte nur belehrende Funktion, → aber § 794 Rdnr. 92.

[6] Vgl. *OLG Köln* Rpfleger 1980, 223 = DNotZ 628, das wohl mit seiner Analogie zu § 185 Abs. 1 BGB nur die unsinnige Umkehrung der Eintragungsreihenfolge unschädlich machen u. damit die Amtshaftung vermeiden wollte.

schuld ist die Unterwerfung zulässig[7]; zur zusätzlichen Vorwegnahme einer *persönlichen* Unterwerfung wegen noch nicht bestehender Forderungen in solchen Fällen → § 794 Rdnr. 89 a. E. und allgemein zur inhaltlichen Bestimmtheit → § 794 Rdnr. 86 ff. Entsprechende Anwendung des § 800 ist bei Reallasten[8] ebensowenig möglich, wie dies früher beim Schiffspfand war (dazu jetzt § 800 a).

2. Durch die Unterwerfung wird der materielle Inhalt der Hypothek usw. nicht verändert; es tritt zu ihr lediglich ein *prozessuales Nebenrecht*[9]. Daraus folgt, daß die Unterwerfung auch im Falle des § 800 keine Verfügung über das Grundstück ist[10] und nicht an der Vermutung nach § 891 oder am öffentlichen Glauben des Grundbuchs teilnimmt[11], daß nachrangige Gläubiger einer nachträglichen Unterwerfung nicht zustimmen müssen[12] und daß ein Anspruch auf Unterwerfung nicht selbständig durch Vormerkung gemäß § 883 BGB gesichert werden kann[13].

3

3. Erforderlich ist die **Eintragung der Unterwerfung in das Grundbuch**, wobei ersichtlich werden muß, daß die sofortige Vollstreckung gegen den jeweiligen Eigentümer zulässig ist[14]. Auf das Wort »Unterwerfung« kommt es nicht an[15], es genügt z. B. »vollstreckbar nach § 800«[16]. Bloße Bezugnahme der Eintragung auf die Eintragungsbewilligung genügt nicht: Die Unterwerfung bildet nicht den »Inhalt des Rechts« (§ 874 BGB), → Rdnr. 3; außerdem schreibt § 800 Abs. 1 S. 2 »etwas anderes vor« i. S. d. § 874 BGB[17]. Das gilt auch für den Umfang der Unterwerfung[18]. Ist sie in der Form des § 794 Nr. 5 erklärt, so genügt für §§ 19, 29 GBO die Vorlage der Bewilligung in öffentlich beglaubigter Form[19]; die Bestellung oder Bewilligung des Grundpfandrechts muß nicht beurkundet sein[20]. Das Grundbuchamt prüft nur, ob der sich Unterwerfende als Eigentümer eingetragen ist[21] und ob die Eintragung der Unterwerfung inhaltlich unzulässig wäre, § 53 Abs. 1 S. 2[22], aber nicht deren materielle

4

---

[7] KG DNotVZ 1929, 34 (ausführlich); zust. *BGH* NJW 1975, 1357 = Rpfleger 295 = DNotZ 617; *Wolfsteiner* (Fn. 2) Rdnr. 251; vgl. auch *BGH* DNotZ 1954, 600 (→ § 797 Fn. 106). Solange aber die Grundschuld dem Eigentümer zusteht, ist wegen § 1197 BGB die Klausel nicht zu erteilen *Sternberg* FS für Oberneck (1930) 51; *Zöller/Stöber*[19] Rdnr. 2; s. auch zur Eintragung der Zinsen *BayObLG* Rpfleger 1976, 181; a. M. *LG Köln* Rpfleger 1963, 289. *KG* DNotVZ 1929, 34 ließ aber die Frage der Klauselerteilung offen.

[8] *BayObLG* DNotZ 1959, 403 f. = Rpfleger 1960, 287 (Erbbauzins, zust. *Haegele*) mwN; *Münch* Vollstreckbare Urkunde usw. (1989), 274. Anders die persönliche Unterwerfung → § 794 Fn. 487.

[9] → § 794 Rdnr. 82; BGHZ 108, 376 = NJW 1990, 259 = Rpfleger 16; *KG* RJA 4, 270; *OLG München* HRR 1937 Nr. 1083; *Lent* DNotZ 1952, 414. – A.M. *OLG Colmar* OLGRsp 13, 196; 14, 136.

[10] *KG* → § 797 Fn. 93; *OLG Frankfurt* Rpfleger 1972, 140 (*Winkler*) = DNotZ 85; *KG* (Fn. 9) 414, ganz h.M. *OLG Köln* Rpfleger 1980, 223 u. *MünchKommBGB-Gernhuber*[3] § 1365 Rdnr. 47 je mwN. Zu AGBG, vormundschaftsgerichtlicher Genehmigung u. §§ 1365 ff. BGB → § 794 Rdnr. 93 f.

[11] BGH (Fn. 9); *KG* HRR 1931 Nr. 1704; *OLG München* u. *Lent* (Fn. 9); *Wolfsteiner* (Fn. 1) 65.16.

[12] *KG* OLGRsp 45, 99 = HRR 1926 Nr. 862, h. M.

[13] *Wolfsteiner* (Fn. 1) 65.16; mißverständlich *OLG Colmar* (Fn. 9) → auch Rdnr. 39 a. E. vor § 704.

[14] *KG* OLGRsp 4, 316.

[15] *OLG Dresden* OLGRsp 6, 476; *KG* OLGRsp 7, 354.

[16] *OLG Köln* Rpfleger 1974, 150; *LG Weiden* Rpfleger 1961, 305 (zust. *Honisch*); *LG Nürnberg-Fürth* Rpfleger 1966, 338; *Haegele* u. *Riedel* Rpfleger 1963, 262; *Wolfsteiner* (Fn. 1) 65.15, h.M. – A.M. *LG Braunschweig* NdsRpfl 1963, 255; *Dieckmann* Rpfleger 1963, 267; *Thomas/Putzo*[18] Rdnr. 4. – Das Grundbuchamt ist an den Wortlaut der Anträge nicht gebunden, *OLG Dresden* (Fn. 15); *LG Weiden* u. *Wolfsteiner* aaO; a. M. *OLG Düsseldorf* Rpfleger 1963, 288; *LG Bayreuth* VersR 1962, 1118; *LG Köln* Rpfleger 1963, 289.

[17] *KG* OLGRsp 4, 316, 484 unter Berufung auf die Begr. zur Nov. 1900 (§ 705 b); bestätigt 29, 206. – A.M. *Demharter* GBO[21] § 44 Rdnr. 23. – Bei der Vormerkung zur Sicherung des Anspruchs auf Einräumung einer Hypothek genügt aber die Bezugnahme *KG* JR 1926 Nr. 17 (→ auch Rdnr. 3).

[18] *Wolfsteiner* (Fn. 1) 65.12; *Wieczorek*[2] Anm. A II b; *Stöber* (Fn. 7) Rdnr. 11. – A.M. *KG* RJA 4, 270; *Demharter* (Fn. 17).

[19] *BayObLG* Rpfleger 1974, 159 = DNotZ 376; *LG Stade* Rpfleger 1977, 261. Die Unterwerfung muß nach § 19 GBO ebensowenig nachgewiesen werden wie die Einigung nach § 873 BGB; *Wolfsteiner* (Fn. 1) 65.10 Fn. 17.

[20] BGHZ 73, 156 = JZ 1979, 314 = NJW 928 mwN. Erst recht bei Unterwerfung nach Eintragung des Grundpfandrechts *LG Stade* (Fn. 19), zust. *BGH* aaO. – A.M. die Vorauflagen, *Baumbach/Hartmann*[53] Rdnr. 5, s. auch *BGH* aaO.

[21] *BGH* (Fn. 9).

[22] Obiter *BGH* (Fn. 9); weitergehend *Probst* JR 1990, 370 (Evidenzkontrolle der ZV-Voraussetzungen).

Wirksamkeit[23]. Die Eintragung heilt nicht etwaige Formunwirksamkeit der Unterwerfung[24]. Wirkt eine ausländische Urkunde im Errichtungsstaat ohnehin gegen den jeweiligen Eigentümer eines inländischen Grundstücks (→ § 794 Rdnr. 99), so ist die Eintragung entbehrlich[25], aber in ihrer Warnfunktion für Erwerber nicht unnütz.

4a *Vor* der Eintragung wirkt die Unterwerfung zwar nach § 794 Nr. 5 gegen den sie erklärenden Schuldner[26], gegen den Erwerber als Sondernachfolger aber selbst dann, wenn er sie gekannt hat, nicht nach § 800, sondern nur nach § 727 → Rdnr. 7. Die Erteilung der Klausel gegen jenen Schuldner, der sich selbst unterworfen hat, ist schon vor Eintragung des Rechts[27] und der Unterwerfung zulässig. Der Nachweis *seiner* Eintragung als Eigentümer ist jedenfalls dann entbehrlich, wenn er in der Unterwerfungserklärung darauf verzichtet hatte[28]. Andernfalls dürfte die Eintragung nachzuweisen sein, da das Eigentum des Schuldners zum *Inhalt* der Unterwerfung gehört[29]. Jedoch ist Klauselerteilung ohne diesen Nachweis wirksam[30], heilbar[31] und zudem ungefährlich, weil die Eintragung des Schuldners ebenso wie jene des Rechts ohnehin nach § 17 Abs. 1, § 162 ZVG von Amts wegen zu prüfen ist.

4b Die Unterwerfung kann allgemein und nach § 800 auch nur einen **Teilbetrag** des Grundpfandrechts betreffen, wenn dieser hinreichend bestimmt ist (→ dazu § 794 Rdnr. 84, 86 ff.)[32]. Lediglich tilgungs- und verrechnungsbestimmende Zusätze zum Teilbetrag wie »*zuletzt zu zahlenden*« oder »*rangletzten*«[33] sollte man jedoch nicht als Bestandteil der Unterwerfung ansehen[34], sondern nur als eintragungsfähigen Inhalt der Grundschuld[35], zumal sie nicht die Vollstreckung selbst, sondern nur die Wirkung von Zahlungen außerhalb der Vollstreckung im Hinblick auf §§ 767, 795 regeln[36].

5 Bei nachträglicher **Erweiterung** der Unterwerfung, → § 794 Rdnr. 95, genügt im Falle gleichbleibender Verpflichtung, aber Erstreckung auf ein weiteres Grundstück[37] die Eintragung des Mithaftvermerks nach § 48 GBO ohne Erwähnung der neuen Unterwerfung[38], während im Falle einer Erweiterung der Verpflichtungen die Eintragung der Unterwerfung nach h. M. zu wiederholen ist[39]. **Rangänderung** erfordert nicht neue Unterwerfung[40].

---

[23] *Wolfsteiner* DNotZ 1990, 589.
[24] Obiter *BGH* (Fn. 9) mwN.
[25] *Wolfsteiner* (Fn. 1) Rdnr. 82.6.
[26] *BGH* NJW 1981, 2757[12] mwN.
[27] → § 797 Rdnr. 2 a. E.
[28] → § 797 Rdnr. 8; *KG* JW 1934, 1732 = DNotZ 422; *Zeller/Stöber* ZVG[14] § 15 Rdnr. 40.17.
[29] *Opalka* NJW 1991, 1799. Ob darin zugleich ein Umstand i. S. d. § 726 zu sehen ist – so *Stöber* (Fn. 28) u. *KG* Rpfleger 1988, 31 = NJW-RR 1229 = DNotZ 238 – kann dahinstehen, da der Notar jedenfalls zuständig ist. – A. M. (Nachweis auch ohne Verzicht entbehrlich) *Wolfsteiner* (Fn. 2) Rdnr. 9 unter versehentlicher Berufung auf *KG* DNotZ 1934, 422 (dort war nämlich auf Nachweis verzichtet worden) u. auf *Stöber* (Fn. 28), der auch solchen Verzicht voraussetzt.
[30] *KG* (Fn. 29); → § 725 Rdnr. 22.
[31] → § 732 Rdnr. 9 a.
[32] *BGH* (Fn. 9).
[33] Ihre Bedeutung liegt ausschließlich materiellrechtlich a) in der Erlaubnis zu Teilleistungen ohne Rücksicht darauf, ob sie schon kraft Gesetzes gegen den Willen des Gläubigers zulässig wären, b) in der Verrechnung gezahlter Beträge zunächst auf den nicht titulierten Anspruchsteil, die freilich schon aus § 1143 Abs. 1 S. 2, § 1192 Abs. 1 BGB folgt *Wolfsteiner* (Fn. 23). Str. ist, ob sie auch nach §§ 268, 1150 BGB ablösungsberechtigte Dritte binden, so *BGH* (Fn. 9) mwN; a. M. *Probst* (Fn. 22); *Wolfsteiner* (Fn. 23) mwN.

[34] So aber *BGH* (Fn. 9).
[35] *Wolfsteiner* (Fn. 23); daß sie Grundschuldinhalt sein können, bejaht auch *BGH* (Fn. 9).
[36] So auch *BGH* (Fn. 9).
[37] Es genügt notarielle »Erstreckung der Grundschuld samt Unterwerfungsklausel« *BayObLG* Rpfleger 1992, 196.
[38] *BGHZ* 26, 344 = NJW 1958, 630[7] (auch wenn die neue, etwa unwirksame Unterwerfung erst nach Eintragung formgerecht wiederholt wird).
[39] *KG* KGJ 45, 260 (Zinsen, Nebenleistungen); 52, 190 (nur Fälligkeit geändert); DNotZ 1954, 200 (nur bei Erweiterung, nicht bei Einschränkung der Verpflichtung); *OLG München* (Fn. 9); *LG Essen* DNotZ 1957, 670; *Jansen* FGG[2] § 52 BeurkG Rdnr. 12; zust. *BGH* (Fn. 38), weil der alte Unterwerfungsvermerk sich nicht auf die Erweiterung beziehe. *KG* DNotZ 1954, 200 hält die neue Eintragung für geboten, weil sonst unklar bleibe, ob die Unterwerfung fortgelte. – A. M. *KG* KGJ 62, 261; *Wolfsteiner* (Fn. 1) 65.14 u. (Fn. 2) Rdnr. 23 f., weil die Eintragung die Unterwerfungserklärung nicht benennen müsse (er hält aber die Neueintragung für nötig, wenn Eintragungen in der Hauptspalte zu erfolgen haben). – Zu Auswirkungen einer Veränderung im Grundstücksbestand s. *Wolfsteiner* (Fn. 2) Rdnr. 28–37 mwN.
[40] *Wolfsteiner* (Fn. 2) Rdnr. 25.

II. *Nach* der Eintragung ist der »dingliche« Anspruch aus der Hypothek usw.[41] gegen **jeden** **6** **Erwerber des Grundstücks in dieses**[42] **vollstreckbar.** Dagegen ist er weder gegen den Übernehmer der persönlichen Schuld[43] noch gegen den Erwerber in dessen sonstiges Vermögen[44] vollstreckbar. Der Erwerber muß, falls in der Urkunde noch nicht persönlich als Schuldner erscheint[45], in der **Vollstreckungsklausel** namentlich bezeichnet sein, § 750 Abs. 1[46]; es muß also gegen ihn im Verfahren wie §§ 727, 730f. eine vollstreckbare Ausfertigung erwirkt und nach § 750 Abs. 2 zugestellt werden. Davon geht auch Abs. 2 aus, indem er nur die in § 750 Abs. 2 vorgesehene Zustellung der den Erwerb erweisenden Urkunden wie bei § 799 erläßt. Folgt man dieser Ansicht, so darf die Klausel gegen den Erwerber wie → Rdnr. 4a erst nach dessen Eigentumserwerb erteilt werden, zumindest wenn nicht auf dessen Nachweis verzichtet wurde[47]. Verfrühte Erteilung ist freilich auch hier wirksam, heilbar und ungefährlich für den Erwerber[48]. Für eine Fortsetzung der Zwangsversteigerung oder -verwaltung gemäß § 26 ZVG bedarf es aber der Klausel nicht[49]. Beantragt ein in der Urkunde als Gläubiger Bezeichneter die Klausel, so muß er den Grundpfandbrief nicht vorlegen[50], es sei denn die Urkunde bestimmt es anders[51].

Die Eintragung der Unterwerfung schließt die Erteilung einer vollstreckbaren Ausfertigung gegen **7** einen sonstigen *Rechtsnachfolger* des *Schuldners* nach §§ 727, 731, 797 nicht aus[52], wobei nach § 795 das belastete Grundstück von der Errichtung der Urkunde an[53] als »streitbefangen« entsprechend § 325 (s. auch dort Abs. 3 S. 1), § 727 anzusehen ist[54]. Durch diese Umschreibung kann auch der trotz § 800 nötige Duldungstitel gegen einen verwaltenden Ehegatten (§§ 740, 745) beschafft werden, wenn der andere Ehegatte das Grundstück nach Errichtung der Urkunde erworben hat[55]; gleiches gilt für den Eintritt der Gütergemeinschaft (§ 742). – Für Rechtsnachfolger des *Gläubigers* (→ § 727 Rdnr. 14f.) gelten die allgemeinen sachenrechtlichen Regeln, d. h. Grundbucheintragung bei Buchrechten, beglaubigte oder beurkundete Abtretungserklärungen bei Briefrechten[56] sind bei Klauselerteilung vorzulegen und nach § 750 Abs. 2 mit zuzustellen.

III. Im Abs. 3 ist die **Zuständigkeit** für die in § 795 Abs. 5 bezeichneten Klagen der §§ 731, **8** 767, 768 zweckmäßig im Einklang mit § 24 ausschließlich (§ 802) in den dinglichen Gerichtsstand verwiesen. Das gilt auch dann, wenn ein ursprünglicher Schuldner klagt[57], der zugleich persönlich *und* dinglich verpflichtet ist[58], aber nicht, wenn die Klage sich *nur* gegen den persönlichen Anspruch richtet[59].

---

[41] Nicht aus der Ersatzhypothek des § 1164 BGB *OLG Stuttgart* DJZ 1908 711 = WJb 1920, 288f. Auch für andere dingliche Rechte gelten nur die allgemeinen Vorschriften *Wolfsteiner* (Fn. 2) Rdnr. 5.
[42] Einschließlich der in §§ 1120ff. BGB genannten Gegenstände *BayObLGZ* 1959, 270.
[43] *OLG Dresden* ZZP 32 (1904), 357f.; *Uebe* NJW 1957, 1909f.; *Baur/Stürner*[11] Rdnr. 233; *Wieczorek*[2] Anm. A I b. S. auch *BGH* NJW 1960, 1348[7] = MDR 752. – A.M. *KG* JW 1938, 1916; *Wolfsteiner* DNotZ 1968, 393ff.
[44] Vgl. *KG* HRR 1933, 962 (nicht in anderes Grundstück); → auch Fn. 39 a.E.
[45] Hat er sich (auch oder nur) selbst als künftiger Erwerber unterworfen → § 794 Rdnr. 92a, so muß die Klausel seinen Namen ebensowenig wiederholen wie jenen des Veräußerers, der sich ebenfalls unterworfen hat *Wolfsteiner* (Fn. 2) Rdnr. 10.
[46] *Stöber* (Fn. 28); a.M. *Wolfsteiner* (Fn. 2) Rdnr. 10, wohl wegen der aaO Rdnr. 9 erwähnten Amtsprüfung bei der ZV (§§ 9, 17 Abs. 1 ZVG); damit verlören solche Klauseln ihre eigentliche Funktion u. wären überflüssig.
[47] Ü.M.; s. *KG* (Fn. 29), das die Frage offenläßt; *Stöber* (Fn. 28). – A.M. *Wolfsteiner* (Fn. 2) Rdnr. 9, → dazu Fn. 29.

[48] → Rdnr. 4a a.E.
[49] *Stöber* (Fn. 28) § 15 Rdnr. 40.25 a.E., § 26 Rdnr. 2.7, 2.9, für Zwangsverwaltung § 146 Rdnr. 4.4 zu f.
[50] → auch § 727 Rdnr. 44. Daher kann die Klausel auch schon vor der Eintragung der Grundschuld erteilt werden *Wolfsteiner* (Fn. 2) Rdnr. 9.
[51] *KG* DNotVZ 1930, 679f. = HRR 1931 Nr. 1163.
[52] Vgl. *OLG Rostock* DR 1943, 414; a.M. (nur für Gesamtnachfolger) *Wolfsteiner* (Fn. 2) Rdnr. 2.
[53] → § 795 Rdnr. 7.
[54] *OLG Dresden* JW 1938, 173; *Bühling* DNotZ 1953, 476; *Hartmann* (Fn. 20) § 795 Rdnr. 7; *Wieczorek*[2] Anm. B III; a.M. *Wolfsteiner* (Fn. 2) Rdnr. 11.
[55] So noch zu § 739 a.F. *OLG Dresden, Bühling* (beide Fn. 54), mit anderer Begründung *LG Detmold* NJW 1951, 892.
[56] Zu Einzelheiten vgl. *Wolfsteiner* (Fn. 1) Rdnr. 72.12ff. → auch Fn. 41.
[57] *OLG Dresden* OLGRsp 19, 151.
[58] *KG* OLGRsp 22, 371; *Hartmann* (Fn. 17) Rdnr. 10; *Thomas/Putzo*[18] Rdnr. 7; a.M. *Wolfsteiner* (Fn. 2) Rdnr. 40.
[59] Dann § 797 Abs. 5, *KG* NJW-RR 1989, 1407 B; a.M. *Hartmann* (Fn. 20) Rdnr. 10: § 800 Abs. 3.

§ 800a [Vollstreckbare Urkunde für Schiffshypothek]

(1) Die Vorschriften der §§ 799, 800 gelten für eingetragene Schiffe und Schiffsbauwerke, die mit einer Schiffshypothek belastet sind, entsprechend.
(2) Ist die sofortige Zwangsvollstreckung gegen den jeweiligen Eigentümer zulässig, so ist für die im § 797 Abs. 5 bezeichneten Klagen das Gericht zuständig, in dessen Bezirk das Register für das Schiff oder das Schiffsbauwerk geführt wird.

Gesetzesgeschichte: Seit 1940 RGBl 1940 I 1609.

1 I. § 800a gilt unmittelbar für **eingetragene** Schiffe und Schiffsbauwerke sowie entsprechend für **Luftfahrzeuge**, die in der Luftfahrzeugrolle eingetragen sind, § 99 Abs. 1 LuftfzRG → Rdnr. 14 vor § 704. Zur Vollstreckung in diese Gegenstände s. § 870a.

2 II. Wegen der *Schiffshypothek* s. § 8 ff., 76 SchiffsRG[1]; bei *Luftfahrzeugen* tritt an die Stelle der Hypothek das *Registerpfandrecht*[2], § 99 Abs. 1 LuftfzRG.

3 III. Wegen der Einzelheiten → §§ 799 f. mit Bem.; Besonderheiten ergeben sich nicht. Die ausschließliche (§ 802) Zuständigkeit nach Abs. 2 ersetzt § 800 Abs. 3.

§ 801 [Landesrechtliche Vollstreckungstitel]

Die Landesgesetzgebung ist nicht gehindert, aufgrund anderer als der in den §§ 704, 794 bezeichneten Schuldtitel die gerichtliche Zwangsvollstreckung zuzulassen und insoweit von diesem Gesetz abweichende Vorschriften über die Zwangsvollstreckung zu treffen.

Gesetzesgeschichte: Bis 1900 § 706 CPO. Änderung RGBl 1898 I 256.

1 I. Die *Landesgesetzgebung* kann nach § 801 sowohl ältere Vollstreckungstitel beibehalten wie neue einführen und für sie die gerichtliche Vollstreckung *nach der ZPO* vorsehen, auch wenn es sich um öffentlichrechtliche Ansprüche handelt[1]. Vom Vorbehalt eines von den Bestimmungen der ZPO abweichenden *Verfahrens* ist bisher kein Gebrauch gemacht worden. In manchen Sachgebieten ist aber die gerichtliche Zwangsvollstreckung zu Gunsten der *Verwaltungsvollstreckung* ausgeschlossen[2], was von § 801 nicht erfaßt wird. → auch zum Erkenntnisverfahren Einl. (20. Aufl.) Rdnr. 427 f. sowie §§ 4 EGZPO, 13 GVG.

---

[1] Vom 15. XI. 1940 RGBl I 1499, geändert BGBl 1968 I 1295 u. 1969 I 1513.
[2] Lit.: K. Groth Das Registerpfandrecht usw. (Diss. Frankfurt 1965).

[1] Z.B. → Fn. 6 u. Bad.Württ. VwVollstrG § 15 Abs. 2.
[2] Dazu ausführlich *Sauthoff* DÖV 1987, 800, auch zu verfassungsrechtlichen Bedenken, mit Nachweisen für Bremen, Hamburg, Niedersachsen, Rheinland-Pfalz, Saarland, Schleswig-Holstein aaO Fn. 3.

II. Zu den Schuldtiteln³ des § 801 gehören z. B. die Vergleiche und Vorbescheide bei Wild- 2
und Jagdschadensachen⁴ sowie die *Vergleiche vor dem Schiedsmann*⁵. Durch die VO vom
15. IV. 1937 (RGBl I 466) sind die landesrechtlichen Schuldtitel des § 801 im gesamten
deutschen Gebiet zur Vollstreckung zugelassen⁶. Über Vergleiche vor landesrechtlichen
Gütestellen und gemeindlichen Schiedsstellen → § 794 Rdnr. 45, § 797a Rdnr. 11.

§ 802 [Ausschließliche Gerichtsstände]

Die in diesem Buche angeordneten Gerichtsstände sind ausschließliche.

Gesetzesgeschichte: Bis 1900 § 707 CPO.

I. Die **Ausschließlichkeit der** im 8. Buch angeordneten **Gerichtsstände** (§§ 722, 731, 764, 1
767, 768, 771, 795, 796, 797, 797a, 800, 805, 828, 853 ff., 858, 879, 889 ff., 893, 919, 937,
943) bezieht sich grundsätzlich auf die sachliche wie die örtliche Zuständigkeit¹. Insoweit sind
auch Vereinbarungen ausgeschlossen und unterlassene Rügen sind folgenlos, § 40 Abs. 2. Auf
die *sachliche* Zuständigkeit trifft dies freilich nur insoweit zu, als das 8. Buch sie überhaupt
abweichend von den §§ 23 ff., 71 GVG geregelt hat. Das ist in vollem Umfang geschehen für
den Aufgabenbereich des Vollstreckungsgerichts (§ 764), ebenso in § 732² sowie bei notariellen Urkunden gemäß § 797 Abs. 3 (»Amtsgericht«)³. Bei § 722 Abs. 2, § 797 Abs. 5⁴, § 805
Abs. 2, § 879 schließt die Alternative »AG oder LG« lediglich andere Gerichtsarten aus, setzt
aber die Anwendung der §§ 23 ff., 71 GVG, auch die interne Verteilung zwischen Familiengericht und allgemeiner Prozeßabteilung⁵ geradezu voraus; insoweit ist die sachliche Zuständigkeit nicht »in diesem Buche angeordnet« (§ 802) und daher auch einer Prorogation zugänglich. Im übrigen → § 771 Rdnr. 41, § 797 Rdnr. 24 ff. und § 796 Rdnr. 5. Ist wie in §§ 767,
795 das *Prozeßgericht erster Instanz*⁶ für zuständig erklärt, so ist eine Prorogation ausge-
schlossen⁷ und durch § 621 Abs. 2 S. 1 wird § 802 nicht verdrängt⁸. S. auch § 16 Nr. 5
EuGVÜ.

II. Zur Anfechtung von Entscheidungen wegen Unzuständigkeit → § 10 Rdnr. 5, § 764 2
Rdnr. 6, § 512a Rdnr. 1 f., 4–9, § 549 Abs. 2 und wegen der Folgen einer Unzuständigkeit
für Vollstreckungsmaßnahmen Rdnr. 70 ff. vor § 704, § 828 Rdnr. 9 f.

---

³ Z.B. vollstreckbare Urkunden der Siedlungsbehör-
den in Rheinland-Pfalz, § 3 des G über das Siedlungswe-
sen vom 14. III. 1955 (GVBl. 23).
⁴ → Einl. Rdnr. 435 (20. Aufl. Fn. 14: AusfG der Länder zu § 35 BJagdG).
⁵ S. die meist gleichlautenden §§ 25, 32 der Schieds-
mannsordnungen bzw. -gesetze: *Berlin* vom 31. V. 1965
(GVBl. 705); *Hessen* vom 13. II. 1975 (GVBl. 29); *Niedersachsen* vom 28. II. 1972 (GVBl. 128); *NordrheinW* vom
5. VII. 1983 (GVBl. 236); *RheinlandPf* vom 13. II. 1991
(GVBl. 48) u.14. XII. 1977 (GVBl. 433); *Saarland* vom
25. X. 1971 (AmtsBl. 795); *SchleswigH* vom 31. VII. 1974
(GVOBl. 271); die Klausel wird vom AG am Wohnsitz des
Schiedsmanns erteilt auf der von diesem hergestellten
Ausfertigung, im übrigen ist § 797 entsprechend anzuwenden, §§ 30–32 aaO. Dazu *Drischler* SchiedsmannsZ
1976, 136; Rpfleger 1984, 308. De lege ferenda (Besetzung mit sachkundigen Juristen) *Schmidt-von Rhein*
DGVZ 1984, 100 f., ZRP 1984, 120; *Neumann* ZRP 1986,
286.

⁶ Vgl. z.B. zu Art. 26 Abs. 1 VwVG Bayern *LG Berlin*
Rpfleger 1971, 156.
¹ Ganz h.M. *MünchKommZPO-Wolfsteiner* Rdnr. 1. –
A.M. *Hellwig* System 2, 220; *Wieczorek*² Anm. A II (nur
örtliche).
² → § 732 Rdnr. 9.
³ → § 797 Rdnr. 18 Fn. 97 f.
⁴ → § 797 Rdnr. 23–26.
⁵ → § 767 Rdnr. 46, § 797 Rdnr. 24, ausführlich
BayObLG FamRZ 1991, 1455 = NJW-RR 1992, 264⁷ zu
§ 797 Abs. 5. Sie ist zwingend *BGHZ* 71, 268 = NJW
1978, 1532.
⁶ Zur Erhebung der Vollstreckungsgegenklage in zweiter Instanz vgl. *OLG Frankfurt* NJW 1976, 1982 = MDR
939.
⁷ → dazu § 1 Rdnr. 102, § 621 Rdnr. 37 a.E., § 731
Rdnr. 11, § 767 Rdnr. 46 ff., § 768 Rdnr. 3, § 887
Rdnr. 31, § 888 Rdnr. 22, § 890 Rdnr. 12, § 893 Rdnr. 2.
⁸ → § 621 Rdnr. 55 Fn. 296; *Wolfsteiner* (Fn. 1) mwN
auch zur Gegenmeinung.

Zweiter Abschnitt

Zwangsvollstreckung wegen Geldforderungen

Vorbemerkung

I. Arten und Umfang der Geldvollstreckung	1	II. Weg und Gegenstand der Geldvollstreckung	8
1. Geldforderungen	1	III. Wahlschulden, Ersetzungsbefugnis usw.	10
2. Haftung für Geldleistungen	3		
3. Hinterlegung von Geld, Zahlung an Mehrere und Dritte, Sicherheitsleistung, Befreiungsansprüche	4	IV. Vollstreckungsgebühren	15
4. Umfang der Vollstreckung	7		

I. Arten und Umfang der Geldvollstreckung.

1 1. Gemeint sind Forderungen, die sich von Anfang an oder durch späteren Übergang (vgl. § 1228 Abs. 2 BGB) auf die **Leistung einer bestimmten Wertgröße in Geld** richten. Geld ist der im Inland gesetzlich als Zahlungsmittel anerkannte Wertträger, s. dazu das WährG 1948. Zum Begriff Geldforderung gehört die Angabe entweder einer ziffernmäßig bezeichneten Summe oder ein Maßstab, der eine Umrechnung in das Währungsgeld gestattet[1]. → auch § 313 Rdnr. 24f. Zur Umrechnung noch auf Mark (DDR) lautender Titel → Rdnr. 148f. vor § 704, zu Wertsicherungsklauseln → Rdnr. 150ff. vor § 704, über **ausländische Währung** → Rdnr. 161f. vor § 704.

2 Soll nur eine bestimmte Gattung (in- oder ausländischer) **Münzen** oder Banknoten geleistet werden (Geldsortenschuld), so gilt § 884[2]. S. auch § 893.

3 2. Für die Vollstreckung sind Geldforderungen nicht nur die persönlichen Ansprüche auf Leistung von Geld, sondern auch die **Haftung** mit einzelnen Gegenständen oder besonderen Vermögensmassen (vgl. §§ 780, 786) als Duldungsschuldner für Geldleistungen[3], insbesondere bei Pfandrechten, §§ 1147, 1192[4], 1233 Abs. 2, 1277 BGB, und bei sonstiger Duldung der Zwangsvollstreckung, auch im Falle der Anfechtung nach dem AnfG oder der KO (InsO)[5]. Die §§ 803ff. gelten auch für Titel auf Befriedigung aus dem Gegenstand eines kaufmännischen Zurückbehaltungsrechts, §§ 371 Abs. 3, 410, 696 HGB. Lautet der Titel nur auf Duldung der Zwangsvollstreckung und hat der Gläubiger am haftenden Gegenstand bereits ein Pfandrecht, so sind nur die Vorschriften über die *Verwertung* gepfändeter Sachen, nicht auch jene über die Pfändung anzuwenden; davon zu unterscheiden ist der Fall, daß der Gläubiger aufgrund eines *Leistungstitels* die ihm bereits als Pfand haftende Sache bei seinem Schuldner zusätzlich pfändet[6].

4 3. Die §§ 803ff. sind auf den Regelfall zugeschnitten, daß der beizutreibende Geldbetrag dem **Gläubiger abzuliefern** ist[7] oder mit seiner Forderung verrechnet wird[8]. Sie gelten jedoch

---

[1] Zur Rechtskraftwirkung von Urteilen in Währungskrisen → § 322 Rdnr. 158f. (20. Aufl.).
[2] Insofern zutreffend *LG Frankfurt/M.* NJW 1956, 65f.
[3] *BGHZ* 103, 33 = NJW 1988, 1026 zu §§ 74, 310, 321 Abs. 6 AO, allg. M.
[4] Ist eine Eigentümergrundschuld gepfändet, so steht § 1197 Abs. 1 BGB der ZV nicht entgegen *BGH* (Fn. 3) 37 mwN.
[5] → § 592 Rdnr. 4, § 794 Rdnr. 97f.
[6] → § 804 Rdnr. 8.
[7] § 815 Abs. 1, → auch § 819 Rdnr. 6ff.
[8] § 817 Rdnr. 14, § 825 Rdnr. 15, § 835 Rdnr. 42, 844 Rdnr. 13.

auch dann, wenn nach dem Gesetz Gelderlös **aus prozessualen Gründen zu hinterlegen** ist, § 720a Abs. 2; §§ 720 mit 815 Abs. 3, § 817 Abs. 4, §§ 839, 928, 930 Abs. 2, 3; ebenso, wenn Einstellungsbeschlüsse die Hinterlegung anordnen[9], oder im Falle → § 890 Rdnr. 57.

Ist demnach die unmittelbare Ablieferung des Geldes an den Gläubiger nicht Voraussetzung für die Anwendung der §§ 803ff., so gelten sie auch, wenn schon nach *Maßgabe des Titels* die Zahlung nur an den Gläubiger **in Gemeinschaft mit Dritten** zu erfolgen hat, wie bei Miterben, § 2039 BGB, Gesellschaftern[10], u. U. bei gemeinschaftlich das Gesamtgut verwaltenden Ehegatten[11], und folglich auch für Urteile und andere Titel auf **Zahlung (nur) an einen Dritten**[12] – etwa bei der Streitgegenstandsveräußerung[13], im Falle → § 888 Rdnr. 27 oder bei Prozeßvergleichen[14] und vollstreckbaren Urkunden[15] – oder auf **Hinterlegung einer bestimmten Geldsumme** nach *materiellem* Recht[16], z.B. gemäß § 432 Abs. 1, § 660 Abs. 2, § 1077 Abs. 1, §§ 1281, 2039 S. 2, § 2114 S. 2 BGB oder kraft Vereinbarung[17]. Zur Klauselerteilung → § 724 Rdnr. 8a, § 727 Rdnr. 44, 46 und über Vollstreckungsmaßnahmen zugunsten solcher Dritter → Rdnr. 77 Fn. 374 vor § 704, § 815 Rdnr. 1, § 819 Rdnr. 7, § 835 Rdnr. 6 a.E., § 867 Rdnr. 2, 10.

5

Lautet der Titel auf **Sicherheitsleistung**[18] durch Hinterlegung einer bestimmten Geldsumme *oder* Bestellung eines Pfandes *oder* einer Bürgschaft, so liegt eine Wahlschuld vor[19], → Rdnr. 11. Lautet er jedoch auf Sicherheitsleistung oder Bestellung einer Bürgschaft schlechthin, so kann er allerdings nur nach § 887 vollstreckt werden[20]. Letzteres muß auch für Urteile **auf Befreiung von Verbindlichkeiten** gelten[21], selbst wenn die Verbindlichkeit nur eine Geldschuld ist[22]. § 803 ist nur anwendbar, wenn schon der Titel (ob zu Recht oder zu Unrecht) auf *Zahlung* an (Hinterlegung für) den Gläubiger oder Dritte lautet, → Rdnr. 5.

6

Eine Behandlung als Wahlschuld mit Wahlbefugnis des **Schuldners** widerspräche dem Zweck des Anspruchs, jedenfalls den Erfolg der Befreiung herbeizuführen; denn er könnte scheitern an §§ 263 Abs. 2, 275 BGB, wenn der Schuldner rechtzeitig eine Erfüllungsart wählt, die einerseits dem Gläubiger die Geldvollstreckung nach § 264 Abs. 1 BGB nicht erlaubt, anderseits an der Ablehnung des Drittgläubigers scheitern kann. Zur Wahlbefugnis des **Gläubigers** → Rdnr. 10.

4. Über die **Höhe** der insgesamt beizutreibenden Beträge → Rdnr. 28 vor § 704 (auch zu Lohnansprüchen), § 754 Rdnr. 1f. (Teilvollstreckung) und § 754 Fn. 84, § 757 Rdnr. 1, § 788

7

---

[9] → § 707 Rdnr. 7 a.E., § 719 Rdnr. 3, § 769 Rdnr. 12, § 805 Rdnr. 28.
[10] *RGZ* 70, 32ff.
[11] → Rdnr. 55 vor § 50.
[12] Allg. M. *Schilken* (Fn. 19) Rdnr. 8. Zur h.M. vor 1915 (ZV nach § 887) vgl. *Gerhardt* JZ 1969, 692 zu I 2. → dazu § 724 Rdnr. 8a Fn. 55ff.; § 867 Rdnr. 24 a.E.
[13] → § 727 Rdnr. 12, 45.
[14] → § 794 Rdnr. 36.
[15] → § 724 Rdnr. 8a Fn. 61. Freilich muß die Unterwerfung als solche auf **Zahlung** an den Dritten gerichtet sein, vgl. die unglückliche Urkundenfassung in *LG Frankfurt/M.* Büro 1989, 1314, das entsprechende Auslegung ablehnte.
[16] Vgl. *OLGe Dresden, München, Braunschweig* OLGRsp 7, 327; 31, 105; 33, 104; *Königsberg* JW 1916, 769. Zur Bestimmtheit → § 887 Rdnr. 4.
[17] → § 794 Fn. 483.
[18] Dazu *J. Kohler* ZZP 102 (1989), 58.
[19] Vgl. *OLG Posen* OLGRsp 1, 44; i.E. auch *OLG Breslau* ZZP 39 (1909), 517f.; *MünchKommZPO-Schilken* § 803 Rdnr. 7.
[20] → § 887 Rdnr. 20, ganz h.M. *RGZ* 19, 204 (207); JW 1896, 102[4]; *KG* OLGRsp 3, 156; JW 1936, 677, 1464[34].
[21] *RGZ* 150, 80 (Bürgschaft); *BGH* NJW 1958, 497[2]

(Gesamtschuldner) mwN; AP § 611 BGB Nr. 1; *BAG* KTS 1976, 143; *OLG Hamm* NJW 1960, 923 = Rpfleger 1961, 127 mwN; *KG* Rpfleger 1970, 360 = WM 1124; OLGZ 1973, 54; *OLGe Frankfurt* Rpfleger 1975, 329 = FamRZ 1976, 108; *Hamburg* FamRZ 1983, 212; *Köln* FamRZ 1994, 1048; *Gerhardt* Befreiungsanspruch (1966), 13ff.; zumindest für noch nicht oder nicht vollständig fällige oder im Betrag noch ungewisse Verbindlichkeiten *Rimmelspacher* JR 1976, 90ff., 183ff.; heute nur noch für Geldverbindlichkeiten str., → Fn. 22. Zur Befreiung bei ungewisser Schuldhöhe s. *OLG Düsseldorf* MDR 1980, 410 (abl. bei Sicherungshypothek); anderseits *OLG Frankfurt* Büro 1978, 770 (Rückbürgschaft); *Rimmelspacher* aaO (Sicherheitsleistung).

[22] *BGH* (Fn. 21) u. *BGHZ* 25, 7 = JZ 1958, 25 = NJW 1957, 1514f.; *KG, OLGe Frankfurt, Hamburg, Köln*; *Gerhardt* u. *Rimmelspacher* (alle Fn. 21), jetzt ganz h.M. *Schilken* (Fn. 19) § 887 Rdnr. 3 mwN. – A.M. *Baur/Stürner*[11] Rdnr. 422 mwN.

§ 803 gilt nach **Umwandlung** in eine Geldzahlungsschuld, z.B. nach Abtretung des Befreiungsanspruchs zugunsten des Drittgläubigers oder durch Konkurs des Gläubigers *BGH* WM 1993, 2182 = NJW 1994, 49; zu § 250 S. 2 BGB *BGH* NJW-RR 1987, 44. Vgl. auch zu § 727 *OLG Hamm* Rpfleger 1963, 248 (dort war jedoch der Betrag nicht im Titel bestimmt).

(Zinsen und Kosten). Aus Titeln gegen *Gesamtschuldner* kann gegen jeden auf das Ganze vollstreckt werden (→ aber auch § 788 Rdnr. 4 zu Vollstreckungskosten), ohne bei der Vollstreckung gegen einen der Schuldner auch die etwa gegen die anderen erteilte Ausfertigungen[23] dem Vollstreckungsorgan mit vorlegen zu müssen[24].

7a Zwar sind die Quittung des Gerichtsvollziehers und die dem Schuldner übergebene Ausfertigung öffentliche Urkunden[25] und daher Einstellungsgrund nach § 775 Nr. 4 für die Vollstreckung gegen die anderen Schuldner, falls sie vollständige Beitreibung ausweisen und die Gesamtschuldnerschaft sich aus dem Titel selbst oder aus einem Vermerk auf der Klausel[26] ergibt, § 422 Abs. 1 BGB. Auch sind Kosten für Vollstreckungsmaßnahmen, die erst eingeleitet werden, nachdem der gesamte Titelbetrag schon bei anderen Gesamtschuldnern voll beigetrieben war, nicht notwendig i.S.d. § 788; aber das Gesetz gibt zunächst verschonten Gesamtschuldnern kein Recht darauf, daß anläßlich der Vollstreckung gegen einen von ihnen sämtliche Ausfertigungen quittiert werden oder schon quittierte vorgelegt werden, arg. § 767; → auch § 775 Rdnr. 32. Ist dies dennoch geschehen, so sind die Ausfertigungen freilich in der quittierten Höhe verbraucht[27]. Wegen Unklarheiten im Titel, zur Frage Gesamt- oder Teilschuldnerschaft oder zum Verhältnis mehrerer Gläubiger untereinander → Rdnr. 28 vor § 704, § 754 Rdnr. 1, 4, 4a, § 753 Fn. 28.

II. Weg und Gegenstand der Vollstreckung

8 1. Die Vollstreckung wegen Geldforderungen geschieht durch **Pfändung** und nachfolgende *Verwertung* (Versteigerung, Überweisung usw.) von Gegenständen des *beweglichen Vermögens*, § 803, durch **Beschlagnahme** und anschließende *Zwangsversteigerung oder Zwangsverwaltung des unbeweglichen Vermögens*, § 866, in allen Fällen mit Auszahlung oder Hinterlegung des Erlöses, sowie vorläufig sichernd[28] durch **Zwangseintragung**, § 867. Eine Zwangsvollstreckung in Vermögenswerte, die weder Sachen noch Rechte sind, ist der ZPO nicht bekannt[29]. Andere als die in der ZPO vorgesehenen Wege können die Landesgesetze (s. § 801) nur für die Vollstreckung gegen Gemeinden und Gemeindeverbände vorschreiben, EG § 15 Nr. 3.

9 2. Den **Gegenstand der Vollstreckung** bildet das *ganze Vermögen des Schuldners*, wenn nicht der Titel von Anfang an[30] oder nachträglich durch Vereinbarung[31] oder Urteil[32] sachlich beschränkt ist; zu gesetzlichen Einschränkungen → Rdnr. 40–42 vor § 704. Zur Prüfung der Vollstreckungsorgane, ob der Vollstreckungsgegenstand zum Vermögen des Schuldners gehört, → einerseits § 771 Rdnr. 1 ff., anderseits bei verschiedenen Vermögensmassen, von denen nur eine dem Gläubiger haftet, → § 808 Rdnr. 5 f., auch § 865 Rdnr. 36, 37, sofern nicht kraft Gesetzes dieser Unterschied in der Vollstreckung unbeachtlich ist bis zur Klage des Schuldners, §§ 781, 785 f.

III. Wahlschuld, Ersetzungsbefugnis usw.

10 1. Beinhaltet der Titel eine **Wahlschuld**[33], §§ 262 ff. BGB[34], und hat der *Gläubiger das Wahlrecht*, so kann er es bis zum Vollstreckungsbeginn und gleichzeitig mit diesem ausüben,

---

[23] → § 725 Rdnr. 5, § 733 Fn. 27.
[24] LGe Bremen, Stuttgart DGVZ 1982, 76; 1983, 59 = Rpfleger 161; AG Groß-Gerau Rpfleger 1981, 151 (zust. Spangenberg) = MDR 414; AGe Pirmasens, Wilhelmshaven DGVZ 1987, 30; 1979, 189; Guntau DGVZ 1984, 23. – A.M. AGe Arnsberg, Mönchen-Gladbach DGVZ 1979, 188; 1982, 79. Nicht eindeutig die Begründung in LG Augsburg DGVZ 1993, 188.
[25] → § 757 Rdnr. 8.
[26] → § 725 Rdnr. 5 Fn. 24.
[27] → § 775 Rdnr. 2.
[28] → § 867 Rdnr. 32.
[29] → § 857 Rdnr. 1–6, über Anwartschaften → dort Rdnr. 84 ff., über Software → § 808 Rdnr. 1a, § 857 Rdnr. 22a.
[30] → Rdnr. 33 f. vor § 704, § 766 Rdnr. 25, § 794 Rdnr. 34 mit 90.
[31] → § 766 Rdnr. 23 ff.
[32] → § 767 Rdnr. 2, § 771 Rdnr. 5 a.E., §§ 785 f. mit Bem.
[33] Das ist nicht der Fall, wenn ein einheitlicher Anspruch auf verschiedene Arten erfüllbar ist, z.B. in Immissionsprozessen RG Gruch. 47 (1903), 916 f. → auch Rdnr. 26 f., 30 f. vor § 704.
[34] Dazu krit. Ziegler AcP 171 (1971), 193 ff.

sofern er es nicht schon früher nach § 263 BGB ausgeübt oder nach §§ 264 Abs. 2, 265 S. 1 BGB verloren hatte, was der Schuldner nur durch Klage nach § 767 – gegebenenfalls vorläufig nach § 775 Nr. 4 – geltend machen kann[35].

Hat der *Schuldner das Wahlrecht*, was im Zweifel nach § 262 BGB anzunehmen ist, und hat er es nicht vor Beginn der Vollstreckung[36] ausgeübt, worüber ebenfalls im Streitfalle nach § 767 zu entscheiden ist[37], so darf nach § 264 Abs. 1 BGB der Gläubiger die Vollstreckung auf die eine oder andere Leistung richten; die §§ 887 f. scheiden daher aus[38] (streitig für den Bereich des § 894, → dort Rdnr. 33). Jedoch kann der Schuldner sich bis zum völligen oder teilweisen Empfang der vom Gläubiger gewählten Leistung durch eine der übrigen Leistungen befreien.

Das Wahlrecht bleibt also beim Schuldner, ändert sich aber dahin, daß er es nicht mehr durch Erklärung (§ 263 BGB) sondern nur noch durch wirkliche Leistung ausüben kann[39]. Daher darf der Gläubiger auch noch nachträglich eine der anderen Leistungen erzwingen, solange und soweit er noch nicht befriedigt ist. Zur Pfändung von Forderungen mit Wahlrecht → § 851 Rdnr. 31–35, § 857 Rdnr. 3.

2. Ist dem Schuldner im Zahlungstitel vorbehalten, einen Zahlungsanspruch auch durch eine Ersatzleistung erfüllen oder die Vollstreckung dadurch abwenden zu dürfen, sog. **Ersetzungsbefugnis**[40], so kann nur die geschuldete Primärleistung vollstreckt werden.

Geschieht dies, obwohl der Ersatz geleistet oder dem Gläubiger ordnungsgemäß angeboten wurde, so hat der Schuldner nach § 767 vorzugehen, es sei denn, daß er nach § 775 Nr. 4 eine Einstellung erreicht und der Gläubiger sich damit abfindet[41]. Vollstreckt der Gerichtsvollzieher, so hat er die ihm angebotene Ersatzleistung wie bei → § 756 Rdnr. 3 zu prüfen und unter Abstandnahme von der Vollstreckung anzunehmen, wenn er sie für ordnungsgemäß befindet[42]; in solchen Fällen hat der Gläubiger die Rechtsbehelfe, welche dem Schuldner im Falle → § 756 Rdnr. 10 zustehen.

3. Hat der Schuldner nach dem Titel eine Zahlung zu leisten, falls er eine Sache nicht herausgibt oder herausgeben kann, so darf der Gerichtsvollzieher die Geldforderung nur vollstrecken, wenn die Herausgabe nach § 883 scheitert[43]. Wegen Urteilen nach § 510b und § 61 Abs. 2 ArbGG → § 888a mit Bem.

4. Im Falle des **§ 354a S. 2 HGB** dürfen trotz gespaltener Empfangszuständigkeit (eine unglückliche Regelung) dem Zessionar weder Klage noch sofortige Vollstreckung verwehrt sein[43a]. Ihm gebührt daher auch die Vollstreckungsklausel nach § 724 f.

a) Wird der Schuldner verurteilt, nach seiner Wahl an den Zessionar oder an den Zedenten zu zahlen, so dürfte § 264 Abs. 1 BGB entsprechend gelten. Denn nichts spricht dafür, daß der nach § 354a HGB leistungs*lenkende* Wille des Schuldners im Vollstreckungsstadium länger geschützt sein soll als der leistungs*bestimmende* Wille bei Wahlschulden. Erklärt daher der Schuldner noch vor Beginn der Vollstreckung, daß an den Zedenten gezahlt werden soll, so steht der Erlös aus der gleichwohl zulässigen Vollstreckung dem empfangsberechtigten Zedenten zu, → dazu § 815 Rdnr. 1. Unterbleibt die rechtzeitige Erklärung des Schuldners, so gebührt der Erlös dem Zessionar als Titelgläubiger, falls nicht noch vor Erlösauskehrung nach §§ 767, 769 geltendgemacht wird, daß die Forderung erloschen ist durch Zahlung an den Zedenten oder durch ein ebenso wirkendes Erfüllungssurrogat.

b) Lautet das Urteil in Anlehnung an die Fälle einer Ersetzungsbefugnis auf Zahlung an den Zessionar, falls nicht der Schuldner an den Zedenten leistet, oder soll der Schuldner die Vollstreckung des Zessionars durch Leistung an den Zedenten abwenden dürfen, so gelten die Regeln → Rdnr. 13 entsprechend.

c) Ein Titel auf Hinterlegung für Zessionar und Zedenten wäre entsprechend → Rdnr. 13 zu vollstrecken, dürfte aber nicht als Urteil vorkommen, da § 372 S. 2 BGB nicht zutrifft.

---

[35] *BAG* NJW 1964, 687; *Schilken* (Fn. 19) Rdnr. 10, allg. M. → auch Fn. 37.
[36] → Rdnr. 110 ff. vor § 704.
[37] RGZ 27, 384 f.; KG JW 1938, 1274.
[38] → § 887 Rdnr. 21, § 888 Rdnr. 18 f.
[39] *RG* (Fn. 33); RGZ 53, 82. Diese zuweilen kritisierte Regelung schützt den Gläubiger → 19. Aufl. III.
[40] Z. B. *BGH* NJW 1972, 1202[13].
[41] → § 775 Rdnr. 32.
[42] §§ 86 Nr. 1, 106 Nr. 2 Abs. 1 GVGA; zust. *Schilken* (Fn. 19) Rdnr. 11.
[43] § 106 Nr. 2 Abs. 2 GVGA. Es muß aber die Klausel für den Sekundäranspruch schon erteilt sein, → auch § 726 Rdnr. 19.
[43a] Dazu *E. Wagner* WM 1994, 2093 mit dem zutreffenden Hinweis, daß es auf die oben behandelten Probleme nicht ankommt, wenn und solange der Zedent einziehungsbefugt ist und daher ein Urteil auf Leistung an sich erwirkt.

IV. Vollstreckungsgebühren

15   Wegen der Gebühren → § 3 Rdnr. 62 »Vollstreckung« zu a) sowie die Bem. zu den einzelnen Vorschriften (meist a. E.). Die *Pfändungsgebühren* für Gerichtsvollzieher und Anwälte werden nach dem laut Antrag beizutreibenden Titelbetrag berechnet[44] nebst Zinsen bis zum Tage der Pfändung[45] oder dem Zugang der Antragsrücknahme, falls der Schuldner inzwischen gezahlt hatte, und bisher dafür angefallener Vollstreckungskosten (§ 788), mit Ausnahme der Gebühren für die gerade vorzunehmende Pfändung, die zwar nach § 788 Abs. 1 mit beigetrieben, aber nicht mehr den Gebührenwert beeinflussen können. Die Anzahl gepfändeter Gegenstände für ein und denselben Anspruch spielt, auch für *Anwaltsgebühren* gemäß § 13 Abs. 2, § 57 Abs. 1, 2 S. 1 BRAGO, keine Rolle[46], wohl aber die Mehrheit von Schuldnern einschließlich Gesamtschuldnern[47], sowie – auch für Anwaltsgebühren, soweit nicht in § 58 Abs. 2 und 3 BRAGO besonders geregelt – eine *Mehrheit von Vollstreckungsanträgen*, die nicht in einem inneren Zusammenhang stehen[48]. S. aber auch § 13 Abs. 5 S. 2 nF BRAGO, falls die Vollstreckung sich jahrelang hinzieht. Zur *Mehrheit von Gläubigern*, die durch denselben Anwalt vertreten werden, s. § 6 Abs. 1, § 7 Abs. 2 BRAGO[49]. Für Anträge auf Pfändung eines bestimmten Gegenstandes ist u. U. dessen Wert maßgebend, § 57 Abs. 2 S. 2 BRAGO, Nr. 21 II GVKostGr. Zur *Rechtspfändung* und -überweisung → § 829 Rdnr. 125, für § 850d Abs. 3 s. noch § 57 Abs. 2 S. 3 BRAGO. – Wegen Erinnerungs- und Beschwerdekosten → § 766 Rdnr. 51, § 793 Rdnr. 7.

---

[44] → § 3 Rdnr. 62 »Vollstreckung« I mwN. Zur Pfändung bestimmter Gegenstände → Text nach Fn. 49.

[45] *Gerold/Schmidt/von Eicken* BRAGO[9] § 57 Rdnr. 29 (»Ausführung der ZV«); a. M. (nur bis zum Antrag) *Stöber*[10] Rdnr. 855; weitergehend (bis zur Einziehung) *Riedel/Sußbauer/Keller*[6] BRAGO § 57 Rdnr. 20 (kaum vereinbar mit § 8 Abs. 1 S. 1 BRAGO, der auf § 15 Abs. 2 GKG verweist). Da die Pfändungszeit zur Zeit des Antrags noch nicht feststeht, wird zur Vereinfachung oft nur die ZV der Zinsen bis zur Zeit der Antragstellung begehrt. Bei hohen Zinsbeträgen kann es sich jedoch empfehlen, die Pfändungszeit zu schätzen u. sie als Verzinsungsende anzugeben; wird früher gepfändet, so hat das ZV-Organ entsprechend weniger zu vollstrecken. Für Zahlung durch Scheck → § 754 Fn. 84.

[46] *OLG Düsseldorf* Rpfleger 1993, 208 = Büro 351 (zwei Forderungen gegen unterschiedliche Drittschuldner) mwN.

[47] *OLG Düsseldorf* Rpfleger 1983, 331 = MDR 764[83]; auch aufgrund desselben Titels u. desselben Antrags *OLG Düsseldorf* Büro 1987, 73 (§ 890); *LG Berlin* Büro 1988, 604 f.; *Mümmler* Büro 1987, 1650 mwN, auch zur heute in der Rsp wohl nicht mehr vertretenen Gegenansicht. Ist beantragt, nach gelungener Sachpfändung bei einem der Schuldner gegen die anderen nur noch in Höhe des dadurch nicht gedeckten Betrags zu pfänden, so richten sich die Gebühren für die erste Pfändung nach dem vollen Betrag, für die nächsten Pfändungen nach den noch offenen Teilbeträgen, GVKostGr Nr. 22 I.

[48] Innerer Zusammenhang (mit der Folge, daß nur eine Gebühr entsteht) wird z. B. bejaht bei Vorbereitungshandlungen wie Anschriftenermittlung *Hartmann* Kostengesetze[26] § 58 BRAGO Rdnr. 3; nach ganz ü. M. Wiederholung eines Sachpfändungsantrags nach Wohnungswechsel des Schuldners *OLG München, LG Darmstadt* Büro 1992, 326, 1990, 481, *Mümmler* Büro 1992, 381 f. mwN.

[49] Dazu *Hartmann* (Fn. 48) § 6 BRAGO Rdnr. 27 f., 33, 38; *LG Kaiserslautern* DGVZ 1994, 174.

Erster Titel

Zwangsvollstreckung in das bewegliche Vermögen

I. Allgemeine Vorschriften

§ 803 [Pfändung]

(1) ¹Die Zwangsvollstreckung in das bewegliche Vermögen erfolgt durch Pfändung. ²Sie darf nicht weiter ausgedehnt werden, als es zur Befriedigung des Gläubigers und zur Deckung der Kosten der Zwangsvollstreckung erforderlich ist.

(2) Die Pfändung hat zu unterbleiben, wenn sich von der Verwertung der zu pfändenden Gegenstände ein Überschuß über die Kosten der Zwangsvollstreckung nicht erwarten läßt.

Gesetzesgeschichte: Bis 1900 § 708 CPO.

I. Bewegliches Vermögen	1	3. Gegenstand der Verstrickung	10
II. Pfändung		4. Erlöschen der Verstrickung durch	
1. Begriff und Wirkungen	3	Verwertung oder Entstrickung	11
a) Verstrickung nebst Verfü-		5. Beendigung ohne Staatsakt	22
gungsverbot	4	III. Überpfändung (Abs. 1 S. 2)	25
b) Pfändungspfandrecht	6	IV. Zwecklose Pfändung (Abs. 2)	29
2. Voraussetzungen, Rechtsbehelfe,			
Gläubigeranfechtung	7		

I. Bewegliches Vermögen

Als bewegliches Vermögen gelten für die Zwangsvollstreckung alle Sachen (§§ 808–827) 1 und Rechte (§§ 828–863), soweit sie nicht von der Immobiliarvollstreckung erfaßt werden, → zur Abgrenzung §§ 864f. und für stehende Früchte § 810 mit Bem. Unter den von der Hypothek oder dem Schiffspfandrecht betroffenen Gegenständen unterliegt das *Zubehör des Grundstücks- oder eingetragenen Schiffseigentümers* der Pfändung überhaupt nicht → § 865 Rdnr. 7, 36; die übrigen können gepfändet werden, solange sie nicht im Wege der Immobiliarvollstreckung beschlagnahmt sind[1]. Wegen eingetragener Schiffe und Luftfahrzeuge → § 870a.

Auf fremdem Grund stehende Gartenhäuser, Wohnlauben usw. (→ § 864 Rdnr. 8)[2], Grab- 2 steine auf Friedhöfen[3] sowie nicht eingetragene Schiffe und Luftfahrzeuge sind daher nach § 808f. zu pfänden und nach §§ 814ff. zu verwerten. Zu Pfändungsbeschränkungen im Bereich des beweglichen Vermögens s. §§ 811ff., 850ff. und wegen Beschränkungen außerhalb der ZPO → § 811 Rdnr. 74ff.

---

[1] → § 865 Rdnr. 17f. Dazu *Sebode* DGVZ 1967, 145, 177.
[2] Dazu *Palandt/Heinrichs* BGB⁵³ § 95 Rdnr. 1, 3; obiter *OLG Zweibrücken* Rpfleger 1976, 328 (Bungalow auf Pachtland); ausführlich *Kerres* DGVZ 1992, 54. → auch § 864 Rdnr. 8 (Behelfsheim), dazu *Bauer* Büro 1964, 309.
[3] *OLG Köln* DGVZ 1992, 118 = OLGZ 1993, 113 (Scheinbestandteile des Grundstücks).

II. Die Pfändung[4]

3   1. Sie ist eine **besondere Art der staatlichen Beschlagnahme**, d.h. der zwangsweisen Sicherstellung zum Zwecke weiterer staatlicher Verfügung, begrifflich gleichartig mit der Beschlagnahme nach den §§ 20ff. ZVG und daher auch im Sinne der §§ 392, 1120ff., 1124 BGB als Beschlagnahme anzusprechen[5]. Sie leitet die Vollstreckung nur ein → Rdnr. 8 vor § 803. Daß § 803 S. 1 dennoch nur die Pfändung erwähnt, erlaubt seine Anwendung auch dann, wenn eine Verwertung (noch) nicht stattfindet wie z.B. beim Arrestvollzug. Ihre **Wirkungen** sind:

4   a) die staatliche **Verstrickung**[6], d.h. die gegen künftige private Verfügungen tatsächlich und rechtlich abgesicherte *Bereitstellung* des gepfändeten Gegenstandes zu weiteren, insbesondere zur Verwertung führenden staatlichen Maßnahmen; sie stützen sich jedoch nicht auf die Verstrickung oder auf das Pfändungspfandrecht, sondern auf die §§ 814ff., 835ff. Zur Zulässigkeit und Rechtmäßigkeit solcher Verwertungshandlungen → die Bem. zu §§ 814, 817 sowie Rdnr. 22 vor § 704, § 771 Rdnr. 1-3. Diese gesetzliche Verwertungsbefugnis des Staates (bei § 835 auch des Gläubigers) mag auch durch das Pfändungspfandrecht (→ Rdnr. 6) versinnbildlicht werden → § 804 Rdnr. 21; seine wesentliche Aufgabe liegt aber in der Sicherung des Ranges bei der Erlösverteilung → § 804 Rdnr. 20.

5   Der ausschließlich *abwehrende* Zweck der Verstrickung[7], den Fortgang der Vollstreckung gegen Beeinträchtigungen abzusichern, äußert sich bei Sachen *tatsächlich* im Besitz des Gerichtsvollziehers → § 808 Rdnr. 20-29, *strafrechtlich* in der Sanktion des § 136 StGB[8]. Sie wird *bürgerlichrechtlich* für alle Vollstreckungsobjekte ergänzt durch ein *Verfügungs- oder Veräußerungsverbot für den Schuldner*[9]. Es wird bei der Rechtspfändung ausdrücklich ausgesprochen, §§ 829 Abs. 1, 857 Abs. 1, 2, bei Sachpfändungen ist es wegen des tatsächlichen Zwanges, der in der Besitznahme durch den Gerichtsvollzieher liegt, nicht erwähnt; s. auch § 23 ZVG. Verboten sind aber nur Verfügungen, die den Gegenstand der Zwangsvollstreckung entziehen würden[10], und die Wirkung dieses Verbots bestimmt sich nach §§ 135f. BGB[11]. Da es sich insoweit um einen bürgerlichrechtlichen Schutz des Gläubigers[12] handelt, kann dieser nach der Pfändung[13] darauf verzichten durch Freigabeerklärung oder Gestattung der Veräußerung gegenüber dem Schuldner[14], während die anderen Wirkungen der Verstrickung samt Pfändungspfandrecht bis zur Entstrickung bestehen bleiben[15].

6   b) Untrennbar verbunden mit jeder *wirksamen*, wenn auch womöglich anfechtbaren (→ Rdnr. 128 vor § 704) Beschlagnahme durch Pfändung ist das **Pfändungspfandrecht**[16]. Wir-

---

[4] Zur Lit → § 804 Fn. 1.
[5] RGZ 76, 118; 81, 148f.; 103, 139 (nur bei dinglichem Titel), allg. M.
[6] Dazu *P. Geib* Pfandverstrickung (1969).
[7] A.M. *MünchKommZPO-Schilken* Rdnr. 29: sie sei Grundlage der Verwertung. → dagegen § 804 Rdnr. 21 Fn. 73.
[8] Nicht bei Forderungen *RGSt* VStRS 24, 40. Zu Abs. 3, 4 nF s. *Niemeyer* JZ 1974, 314.
[9] Nicht für Dritte, gleichgültig ob sie Berechtigte sind *Schilken* (Fn. 7) Rdnr. 29 mwN, auch nicht für den Gläubiger; er oder ein Treuhänder als sein Vertreter können wirksam verfügen, wenn Gläubiger und Schuldner das vereinbaren *BGH* KTS 1959, 158.
[10] Was z.B. bei Veräußerung gemäß § 931 BGB nicht der Fall ist → § 804 Fn. 168.
[11] *M. Fahland* Verfügungsverbot (1976) 86ff., ganz h.M. bis auf die Anwendung des § 135 Abs. 2 BGB, → § 804 Rdnr. 43f. S. auch Art. VI des Genfer Abk. über die internationale Anerkennung von Rechten an Luftfahrzeugen BGBl 1959 II 135. – A.M. *G. Huber* Die Versteigerung usw. (1970), 54.

[12] *BGHZ* 58, 26f. = NJW 1972, 428; *BGH* JZ 1978, 24. Der Staat als unmittelbarer Träger des Verwertungsrechts (→ § 804 Rdnr. 21) ist genügend durch Strafdrohungen geschützt.
[13] Also nur als Vorwirkung versprochener Entstrickung; Pfändungen ohne Veräußerungsverbot kann der GV nicht vornehmen.
[14] So im Ergebnis *M. Fahland* (Fn. 11) 118ff.; zust. *E. Peters* ZZP 90 (1977), 310; *Schilken* (Fn. 7) Rdnr. 38; s. auch *BGH* → § 771 Fn. 176. → auch Fn. 36. Ob in der Freigabe gegenüber dem Schuldner *außerdem* eine ZV-Vereinbarung zu sehen ist u. ob diese den Gläubiger nur verpflichtet, den GV zur Entstrickung anzuweisen (so *M. Fahland* aaO) ist eine andere Frage; dazu Rdnr. 17 Fn. 39 u. zur Freigabe gegenüber dem GV → Fn. 34.
[15] → Rdnr. 18. Bezüglich des PfändPfandR a.M. *M. Fahland* (Fn. 11); *Blomeyer* ZwVR § 46 III 2, obiter *BGH* KTS 1959, 157; *OLG Stettin* ZZP 56 (1931), 359.
[16] → § 804 Rdnr. 7, 41.

kungslos sind Pfändungen nur in den → Rdnr. 129–131 vor § 704 genannten Fällen[17]. Über Bereicherungs- und Schadensersatzansprüche, falls der Gläubiger das Pfändungspfandrecht oder dessen Rang zu Unrecht auf Kosten des Schuldners oder Dritter erworben hat, → Rdnr. 22–24 und 141f. vor § 704, §§ 767 Rdnr. 56f., 771 Rdnr. 72ff., 805 Rdnr. 27, 815 Rdnr. 18, 817 Rdnr. 15, 878 Rdnr. 38.

2. Zu den allgemeinen **Voraussetzungen der Pfändung** → Rdnr. 35–37, 75–84 vor § 704 (Parteien, Antrag), Rdnr. 67–73 vor § 704 (Zuständigkeit), Rdnr. 55–66 vor § 704 (Titel, Klausel, Zustellung, Vollstreckungshindernisse). Hinzu treten besondere Voraussetzungen für Sachpfändungen einschließlich der in ihren Formen verlaufenden Wertpapierpfändungen → §§ 808ff., und für gerichtliche Rechtspfändungen → §§ 829ff.

Wegen der **Rechtsbehelfe** des Schuldners und Dritter gegen Pfändungen → Rdnr. 86–103 vor § 704; einige sind nicht gegen die Pfändung, sondern nur gegen die Verwertung oder die Art ihrer Durchführung gerichtet, vgl. z.B. §§ 772f., 813a, 844, → auch § 805 Rdnr. 1 a.E. Wegen § 106 KO → § 772 Rdnr. 1, 5. Über Rechtsbehelfe konkurrierender Pfandgläubiger → § 766 Rdnr. 32, §§ 805 und 876ff. mit Bem.

Eine **Gläubigeranfechtung** findet gegen Pfändungen als solche nach § 30 KO (§§ 130f. InsO) statt[18], im übrigen nach dem AnfG oder nach §§ 31f. KO (§§ 133f. InsO) nur dann, wenn Schuldner oder Gemeinschuldner im einzelnen Falle eine kausale Mitwirkung entfaltet haben[19]. → dazu § 771 Rdnr. 34.

3. Der **Gegenstand der Verstrickung** bestimmt sich bei Sachen und im Falle des § 831 nach der Besitzergreifung → § 808 Rdnr. 20ff., bei Rechten nach dem Inhalt des Pfändungsbeschlusses → § 829 Rdnr. 72ff. Er *ändert* sich, wenn gepfändete Gegenstände durch Versteigerung oder sonstige Veräußerung verwertet werden, da dann der Erlös bis zur Aushändigung an den Gläubiger oder Aufhebung der Pfändung an die Stelle der Sache oder des Rechts tritt[20], ferner, wenn bei § 847 die Sachen an den Gerichtsvollzieher herausgegeben werden[21], und bei Hinterlegung in den Fällen → § 804 Rdnr. 49f. Diese Ersatzgegenstände sind dann zwar nicht »gepfändet«, aber verstrickt (beschlagnahmt), was für Anschlußpfändungen (→ § 826 Rdnr. 7), für § 771 (→ dort Rdnr. 11) und für § 136 StGB[22] von Bedeutung sein kann, → auch § 804 Rdnr. 49 a.E.

4. Die am gepfändeten Gegenstand bestehende **Verstrickung endet**[23] in der Regel (→ aber Rdnr. 22f.) durch staatlichen Verfügungsakt:

a) durch **Verwertungsakte** (zur Verstrickung des Erlöses → aber Rdnr. 10), z.B. Übergabe der Sache an den Ersteher → §§ 817 Rdnr. 22, 825 Rdnr. 10, 844 Rdnr. 9, oder bei Übertragung an den Gläubiger die Übergabe an diesen, § 825 Rdnr. 15, Ablieferung gepfändeten Geldes (→ § 815 Rdnr. 14f.) oder Erlöses (→ § 819 Rdnr. 2, 6), Überweisung an Zahlungs Statt → § 835 Rdnr. 41, Versteigerung der Forderung → § 844 Rdnr. 8–11; für die in §§ 1120, 1123 BGB genannten Gegenstände mit Erteilung des Zuschlags nach §§ 90–92, 20 Abs. 2 ZVG.

---

[17] Auch bei Versäumung der Frist des § 929 **Abs. 2** entstehen Verstrickung u. Pfandrecht. Zur Gegenmeinung (→ § 929 20. Aufl. Rdnr. 17) zwingen weder Wortlaut noch praktische Bedürfnisse, vor allem wenn sich niemand nach § 766 dagegen wehren will. Anders § 929 **Abs. 3** → Fn. 56.

[18] Kilger/K. Schmidt KO[16] § 30 Anm. 13, 20 mwN; auch gegen die Verwertung *RGZ* 40, 90f. Wegen Massegläubiger des § 59 Abs. 1 Nr. 3 s. *OLG Hamm* ZIP 1980, 27f.

[19] *K. Schmidt* (Fn. 18) § 31 Anm. 3 mwN.

[20] → §§ 819 Rdnr. 2, 825 Rdnr. 10, § 844 Rdnr. 11.

[21] → § 847 Rdnr. 11ff.

[22] Str. für Forderungen, s. *Schönke/Schröder/Cramer* StGB[24] § 136 Rdnr. 5.

[23] *D. Lutz* Probleme der Pfandentstrickung (Diss. Kiel 1968/69).

12   b) durch **Entstrickungsakte**, d. h. Aufhebung der Pfändungen durch Vollstreckungsorgane[24], auch wenn diese unzulässig oder rechtswidrig war[25].

13   In beiden Fällen erlischt auch das Pfändungspfandrecht erst zusammen mit der Verstrickung[26], aber dann endgültig. Werden daher Entscheidungen gemäß § 775 Nr. 1 und 3 oder solche nach Nr. 2, die eine Aufhebung anordnen, gemäß § 776 vollzogen und danach selbst wieder aufgehoben, so lebt die beseitigte Pfändung nicht wieder auf; es bedarf einer neuen Pfändung[27]. Zur Vermeidung solcher Folgen → § 766 Rdnr. 43; → auch § 775 Rdnr. 11 mit Verweisungen. – Werden aber solche Entscheidungen in einem Zeitpunkt aufgehoben, in dem die Pfändung noch nicht nach § 776 beseitigt ist, so bleibt diese voll wirksam.

14   Das ist weder eine Rückwirkung[28] noch überhaupt ein Fall der Heilung[29], weil Verstrickung und Pfandrecht hier allenfalls gefährdet waren aber nicht erloschen sind, und es wäre widersinnig, ohne zwingenden Grund[30] dem Gläubiger den Rang zu entziehen als Folge einer Entscheidung, die sich noch rechtzeitig genug als unrichtig herausgestellt hat, bevor sie Schaden anrichten konnte[31].

15   aa) Die **Entstrickung beweglicher Sachen** kann von Gerichten angeordnet, aber bis zu einer Hinterlegung des Erlöses[32] nur vom **Gerichtsvollzieher** vollzogen werden[33]. Dazu ist er abgesehen von § 776 nur befugt (aber auch verpflichtet → Rdnr. 17),

aaa) wenn ihm der *Gläubiger* die Freigabe erklärt[34] oder wenn der *Schuldner* die Entstrickung beantragt unter Vorlage einer schriftlichen Erklärung des Gläubigers, an deren Echtheit der Gerichtsvollzieher nicht zweifelt[35] und in der dem Schuldner gestattet ist, entweder die Freigabe im Namen des Gläubigers selber gegenüber dem Gerichtsvollzieher zu erklären oder an diesen die Freigabeerklärung des Gläubigers weiterzuleiten[36];

bbb) wenn der Gläubiger nicht binnen angemessener Frist widerspricht, nachdem der Gerichtsvollzieher ihm die Aufhebung angekündigt hat wegen § 803 Abs. 2 oder weil die Verwertung aussichtslos ist[37];

ccc) wenn der Erlös anderer Sachen ausreicht → § 818 Rdnr. 1, wenn der Schuldner die vollstreckbare Ausfertigung ordnungsgemäß nach §§ 754, 757 oder vom Gläubiger erhalten hat[38] oder der Gläubiger seinen Vollstreckungsantrag zurücknimmt.

16   Hat der Gläubiger sich gegenüber dem Schuldner lediglich zur Freigabeerklärung **verpflichtet**, z.B. weil er noch die Nachricht von der Gutschrift angeblicher Zahlungen abwarten will, oder hat er die Freigabe nur unter Bedingungen erklärt, deren Eintritt sich nicht unter den Augen des Gerichtsvollziehers vollzieht, so darf dieser nicht entstricken, sondern höchstens nach (oder entsprechend) § 775 Nr. 4 vorläufig einstellen → § 766 Rdnr. 23 a. E., 25 a. E. Soweit es sich nicht um materiellrechtliche Abreden handelt, kann der Schuldner aber die Vereinbarung nach § 766 geltend machen → dort Rdnr. 23, 26.

---

[24] → Rdnr. 15–21, 24. Zur Zuständigkeit für hinterlegte Erlöse → § 804 Rdnr. 51. – Versteht man unter Entstrickung **alle** Gründe für ein Erlöschen der Verstrickung, dann gehören die Fälle → Rdnr. 11, 22–23 dazu, so D. Lutz (Fn. 23) 20.
[25] *Schilken* (Fn. 7) Rdnr. 35 mwN.
[26] → Rdnr. 6, § 776 Rdnr. 2–4, § 804 Rdnr. 41 sowie Rdnr. 143 vor § 704, § 766 Rdnr. 44.
[27] → § 766 Rdnr. 48 mwN. Die wiederholte Pfändung wirkt auch dann nicht zurück, wenn sie nur einer Protokollierung nach § 762 bedarf, weil die bereits entstrickte Sache sich aus irgendwelchen Gründen noch beim GV befand (→ Fn. 49).
[28] → § 766 Rdnr. 44.
[29] → Rdnr. 138 vor § 704.
[30] Wer das Pfandrecht schon vor der Aufhebung für erloschen hält (so *Kabisch* DGVZ 1962, 89; *Wieczorek*² Anm. E II b 4, → auch § 804 Fn. 161), ist freilich zu dieser Folgerung gezwungen.

[31] Wurde dieser Schaden verhütet, weil ein ZV-Organ pflichtwidrig die Entstrickung aufgeschoben hatte, so ist nur dieses Verhalten zu beanstanden, nicht sein Erfolg, der dem neuen Entscheidungsstand entspricht. → auch § 804 Rdnr. 30 Fn. 111.
[32] → § 804 Rdnr. 51.
[33] → § 776 Rdnr. 2.
[34] Schriftlich oder zu Protokoll; bei telegrafischer oder telefonischer Erklärung wird nötigenfalls schriftliche oder mündliche Bestätigung gefordert, § 111 Nr. 1 GVGA.
[35] Vgl. die Vorsichtsmaßnahmen → Fn. 34.
[36] Das ist bei jeder eindeutig u. uneingeschränkt erklärten Freigabe anzunehmen. Ein »Verzicht auf das Pfandrecht« (vgl. § 120 Nr. 2 GVGA) wirkt ebenso: es erlischt erst mit der Entstrickung → Fn. 26 u. § 804 Rdnr. 42, 43 Fn. 168.
[37] Vgl. §§ 125, 145 Nr. 2c GVGA.
[38] → § 754 Rdnr. 10 a. E., § 757 Rdnr. 1–3.

Verweigert der Gerichtsvollzieher in den Fällen → Rdnr. 15 die Entstrickung, so kann er 17
nach § 766 dazu angehalten werden[39].

Die bloße *Erklärung des Gläubigers,* er gebe die Sache frei, verzichte auf das Pfändungs- 18
pfandrecht oder gestatte dem Schuldner die Veräußerung (→ Fn. 14, 36), läßt die Beschlagnahme noch nicht erlöschen[40]. Dies folgt für Sachen, die der Immobiliarvollstreckung unterliegen, aus § 29 ZVG, für andere, nach § 808 zu pfändende Sachen daraus, daß ihre Entstrik-
kung – im Gegensatz zu § 843[41] – nicht gesetzlich geregelt ist und daher der Gerichtsvollzieher eben den Besitz, durch den er die Verstrickung begründet hatte, wieder selber aufgeben
muß[42].

Der Entstrickungsakt des Gerichtsvollziehers, also die *Aufgabe des Besitzes,* geschieht bei 19
Sachen, die der Schuldner im Gewahrsam behielt (→ § 808 Rdnr. 23, 28), durch eigenhändige
Entfernung der Pfandanzeigen, ohne sie durch neue zu ersetzen[43], oder durch formlose
Ermächtigung des Schuldners hierzu[44]; im übrigen durch Rückgabe der Sache an den Schuld-
ner[45] oder einen Dritten, der für den Schuldner mittelbaren Besitz erwirbt[46], falls dabei die
Fortdauer der Pfändung nicht ersichtlich gemacht wird[47], aber auch durch Einwilligung
gegenüber einem Verwahrer zur Rückgabe an den Schuldner[48]. Schon im Augenblick der
Besitzaufgabe erlischt die Verstrickung, auch wenn Siegelablösung oder tatsächliche Rückgabe nachfolgen[49]. Bloßer Besitzverlust oder Beseitigung der Pfandzeichen *ohne* den Willen des
Gerichtsvollziehers[50] zur Besitzaufgabe haben diese Wirkung nicht; die Ersichtlichmachung
ist nur für die Pfändung (→ § 808 Rdnr. 28), nicht für ihren Fortbestand wesentlich[51]. Zum
»Verfolgungsrecht« des Gerichtsvollziehers → aber § 808 Rdnr. 37, zum gutgläubigen Erwerb → § 804 Rdnr. 43 f.

Sollen andere Pfändungspfandrechte an derselben Sache von der Entstrickung nicht betroffen werden, 20
→ auch § 818 Rdnr. 1, so muß die Besitzaufgabe, insbesondere die Beseitigung der Pfandmarken,
unterbleiben; der Aufhebungsakt beschränkt sich dann notwendig auf eine Benachrichtigung des Schuldners und des betroffenen Gläubigers sowie einen entsprechenden Vermerk in den Vollstreckungsakten[52],
so bei Anschlußpfändungen, Pfändungen gegen Ehemann und Ehefrau (→ § 739 Rdnr. 23, § 826 Rdnr. 1
Fn. 2) oder wenn eine Arrestpfändung schon zur Verwertungspfändung erstarkt war und dann nach

---

[39] Auch auf Rüge nachstehender Pfandgläubiger → § 766 Rdnr. 32; aber eine bloße Verpflichtung des Gläu-bigers zur Freigabe (→ Rdnr. 16) werden nachstehende Gläubiger wohl nur im Verteilungsverfahren geltend ma-chen können, → dazu § 878 Rdnr. 13, 14.
[40] *Baur/Stürner*[11] Rdnr. 126; *Brox/Walker*[4] Rdnr. 219; *Schilken* (Fn. 7) Rdnr. 35 mwN auch zur Ge-genmeinung.
[41] Er paßt nur auf Rechtspfändungen, wo der Gläubi-ger sowieso durch Einziehung die Verstrickung ohne Staatsakt selbst beseitigen könnte → Rdnr. 23, u. gilt da-her nur analog für die Entstrickung hinterlegter Sacherlö-se (→ § 804 Rdnr. 51); *Lutz* (Fn. 23) 129, 131 mwN; zust. *Schilken* (Fn. 7) Rdnr. 35. – Dennoch einschränkend man-che für Sachpfändungen auf § 843, so 18. Aufl. Fn. 11, *RGZ* 57, 323 ff. u. ihm folgend *BGH* KTS 1959, 157 f. (obiter zur Gestattung der Verfügung über Pfandsache, dort verneint); *OLG Düsseldorf* JMBlNRW 1966, 140; *LG Berlin* DGVZ 1959, 140; *Blomeyer* ZwVR § 45 III 2 u. dagegen ausführlich *Lutz* aaO 132 ff.; *Geib* (Fn. 6) 126 ff. Bei Sachen führt § 843 zur Rechtsunsicherheit, beschnei-det den Strafschutz u. trägt Unsicherheit in das Verwer-tungs- u. Verteilungsverfahren.
[42] Ganz h.M. jedenfalls für die Verstrickung *OLG Ol-denburg* JR 1954, 33; *LG Düsseldorf* DGVZ 1963, 12; *Schumacher* DGVZ 1960, 35 f.; *Lutz* (Fn. 23) 133 f.; *Geib* (Fn. 6) 122 f.; *Bruns/Peters*[3] § 20 III 1 c; *Stürner* (Fn. 40) Rdnr. 126; *Schilken* (Fn. 7) Rdnr. 35; *Schönke/Schröder/Cramer* StGB[24] § 136 Rdnr. 8. Unklar *Baumbach/Hart-mann*[52] Rdnr. 4 f.
[43] Auf eine Absicht zur Entstrickung kommt es dabei nicht an, *Lutz* (Fn. 23) 27; *Geib* (Fn. 6) 121 Fn. 6, wohl aber auf den Willen zur Besitzaufgabe, → auch zur Pfän-dung § 808 Rdnr. 20 Fn. 148, Rdnr. 28 Fn. 181. § 1253 BGB gilt hier nicht, zumal er vom unmittelbaren Besitz des Pfandgläubigers ausgeht, *Lutz* aaO mwN.
[44] Vgl. *RGSt* 16, 273, § 171 Nr. 1 GVGA, jetzt allg. M. Sie darf aber nicht bedingt sein, u. als stillschweigende Erklärung setzt sie mindestens Kenntnis von der Freigabe des Gläubigers voraus *OLG Oldenburg* JR 1954, 33.
[45] → Fn. 43.
[46] Vgl. *RGZ* 92, 265 (für Grundschuldbrief).
[47] → Fn. 43.
[48] S. *Geib* (Fn. 6) 138 mwN; s. § 171 Nr. 1 S. 4 GVGA; über Empfangsberechtigung, Rückschaffungskosten u. Folgen einer verzögerten Abholung s. § 171 Nr. 2, Nr. 1 S. 2 u. Nr. 3 GVGA, *Alisch* DGVZ 1979, 5 f. mwN; *Noack* Büro 1978, 30.
[49] *Geib* (Fn. 6) 137 f.
[50] *BGH* KTS 1959, 158 stellte allerdings obiter nur auf den Willen des Gläubigers ab.
[51] *RGZ* 35, 333; *RGSt* 16, 273; 18, 163, jetzt allg. M.
[52] Arg. § 826 Abs. 3; s. auch § 112 Nr. 4 GVGA.

§ 776 entweder eine Aufhebung nur des Arrestes oder eine noch nicht rechtskräftige Aufhebung des Haupttitels unter Fortbestand des Arrestes zu vollziehen ist. → § 930 Rdnr. 11 f.

21 bb) **Forderungen und andere Rechte** werden durch Beschluß des zuständigen **Vollstreckungsgerichts entstrickt;** Näheres → §§ 776 Rdnr. 2, 766 Rdnr. 35, 41. Zur Entstrickung von Erlösen nach Hinterlegung → § 804 Rdnr. 51.

5. Pfändungen enden ohne Mitwirkung staatlicher Organe

22 a) bei beweglichen **Sachen** mit ihrer völligen Entwertung etwa durch Zerstörung[53], ferner entsprechend §§ 949, 950 Abs. 2, 973 Abs. 1 BGB[54], beim Erwerb durch (im Hinblick auf die Pfändung) gutgläubige Dritte, wobei streitig ist, ob die Verstrickung erst durch Urteil nach §§ 771, 776 überwunden wird[55], schließlich bei Versäumung der Frist des § 929 Abs. 3[56] und wenn in manchen Fällen des § 825 die Sache vom privaten Versteigerer oder Verkäufer dem Ersteher übergeben wird[57]; gegen die Annahme weiterer Fälle der Entstrickung ohne Staatsakt → Rdnr. 18, 19 a. E.;

23 b) bei Forderungen und anderen **Rechten, wenn sie erlöschen**, z.B. durch erfolgreiche *Einziehung* seitens des Gläubigers[58], durch ein die Erfüllung ersetzendes Verhalten des Drittschuldners wie Aufrechnung[59], befreiende Hinterlegung[60], in seltenen Fällen die Leistung mit Einwilligung des Gläubigers[61] oder in Unkenntnis der Pfändung an den Schuldner[62]; ferner durch Wechsel der Person des Drittschuldners[63], Eintritt auflösender Bedingung, nach Versäumung der Fristen des § 845[64] oder des § 929 Abs. 3[65] und durch **Verzicht** des Gläubigers nach § 843[66]. Zur Erstreckung der Pfändung auf fortlaufende Bezüge → § 832 Rdnr. 7–9.

24 6. Eine **teilweise Entstrickung** ist bei Rechten möglich. Läßt sich aber der Gläubiger vorerst nur einen Teil nach § 835 überweisen, so bedeutet das allein noch keine Entstrickung für den Überrest.

III. Das Verbot der Überpfändung, Abs. 1 S. 2 und § 281 Abs. 2 AO[67]

25 Es gilt für **Sachen** und zum beweglichen Vermögen gehörende **Rechte**, auch wenn beide Pfändungsarten zugleich betrieben werden[68]; → auch § 777. Es trifft auch Pfändungen, die zunächst nicht zur Verwertung führen, z.B. nach § 720a[69] oder § 930, und ist Schutzgesetz i. S. d. § 823 Abs. 2 BGB[70]. Der voraussichtliche Erlös, der meist unter dem Schätzwert (§ 813) liegen wird (zur Rechtspfändung → Rdnr. 27), ist zu vergleichen mit dem zu vollstreckenden, sich aus Titel und Antrag[71] ergebenden Gesamtbetrag nebst Zinsen und Kosten[72], im Falle mehrerer Pfändungsanträge für unterschiedliche Titelbeträge desselben Gläubigers für

---

[53] Vgl. auch *RGZ* 96, 185.
[54] *Rosenberg/Schilken*[10] § 50 III 1c cc; *Thomas/Putzo*[18] Rdnr. 11.
[55] → § 804 Rdnr. 43.
[56] → § 929 (20. Aufl.) Rdnr. 22, h.M. Zu dieser bei Sachen (wegen § 136 StGB) bedenklichen Entstrickung ohne Publizität zwingt wohl der mißglückte Wortlaut des § 929 Abs. 3 S. 2; a.M. *Hartmann* (Fn. 42) § 929 Rdnr. 20ff. – Wegen § 929 Abs. 2 → Fn. 17.
[57] Zur Fortsetzung von Verstrickung u. Pfandrecht am Erlös → Rdnr. 10.
[58] → § 835 Rdnr. 8, 14 ff.
[59] → § 829 Rdnr. 111 f.
[60] → § 829 Rdnr. 104.
[61] Vgl. *BAG* NJW 1975, 1576.
[62] → § 829 Rdnr. 101.
[63] → § 833 Rdnr. 2–4.

[64] → § 845 Rdnr. 14, 16.
[65] → Fn. 56.
[66] → § 843 Rdnr. 1 ff.
[67] *Noack* DGVZ 1967, 81; *Mümmler* Büro 1976, 26.
[68] Z.B. Vorpfändung nach Sachpfändung *Gilleßen/Jakobs* DGVZ 1979, 109.
[69] *AG Düsseldorf* DGVZ 1988, 155 (aufgehoben durch LG).
[70] *BGH* JZ 1985, 631.
[71] Ungenau *Schilken* (Fn. 7) Rdnr. 42; denn bei Teilerfüllung kommt es nicht darauf an, ob sie unstr. ist, sondern darauf, ob deshalb der ZV-Antrag ermäßigt wurde → § 754 Rdnr. 1, 2 Fn. 33.
[72] Zur Berechnung s. § 130 GVGA. Maßgebend ist der Titel, nicht der Bestand der Forderung (arg. § 767), → Rdnr. 21 f. vor § 704, § 754 Rdnr. 1 f.; s. *BGH* JR 1956, 185; weitergehend *Schilken* (Fn. 71). Über **Bruttolohnur-**

jeden einzelnen Pfändungsantrag gesondert[73]. Ist nur *eine* Sache pfändbar, so kommt es auf ihren Wert nicht an[74]. Zugleich betriebene *Immobiliarvollstreckung* bleibt insoweit außer Betracht[75] und kann nur über Anträge nach § 765a berücksichtigt werden[76]. Ansprüche gegen mehrere *Gesamtschuldner* sind auch im Sinne des Abs. 1 S. 2 selbständig; daß die Befriedigung durch einen von ihnen gemäß § 422 Abs. 1 BGB auch für den anderen wirkt, kann wie andere materiellrechtliche Einwendungen erst nach der Befriedigung gemäß § 767 oder vorläufig nach § 775 Nr. 4, 5 geltend gemacht werden. → auch Rdnr. 7 vor § 803.

Der **Wert** bereits gepfändeter Gegenstände bleibt insoweit außer Betracht, als vorrangige 26 Pfändungen bekannt sind[77], der Schuldner aus nicht abwegigen Gründen eine Erinnerung wegen Unpfändbarkeit oder § 812 ankündigt oder glaubhaft vorbringt, daß mit Klagen nach §§ 771 oder 805 zu rechnen ist[78]. Daraus folgt, daß Gerichtsvollzieher, bevor sie sich für die Pfändung bestimmter Sachen und Auslassung anderer entscheiden, erst alles Pfändbare auf Verwertungschancen zu überprüfen haben und zugunsten des Schuldners auch Sachen verschonen dürfen und nach § 131 GVGA sogar sollen, falls genügend gleichwertige gepfändet werden können[79]. Stellen sich solche Gründe nach der Pfändung heraus, insbesondere durch Anhängigkeit solcher Rechtsbehelfe[80], verringert sich inzwischen der Wert eines Pfandgegenstandes oder erweist sich die bisherige Schätzung als zu hoch (→ § 813 Rdnr. 14), so hat der Gerichtsvollzieher weitere Gegenstände auch ohne besonderen Antrag **nachzupfänden**[81].

Ein nur *zeitweiliger* Aufschub der Verwertung[82] erhält dem Gläubiger die Befriedigungsmöglichkeit und berechtigt daher nur insoweit zur Ausdehnung der Pfändung, als mit einer Erhöhung der Zinsbeträge oder der vom Schuldner zu tragenden Kosten (vgl. § 788 Abs. 3) zu rechnen ist[83].

Der Wert gepfändeter **Rechte** ist nur selten (z.B. § 821) abzuschätzen, zumal bei der 27 Pfändung weder der Schuldner noch der Drittschuldner gehört werden (§ 834). Auch im Erinnerungsverfahren sollte das Gericht sich davor hüten, Erfüllungsaussichten zu überschätzen; sogar günstige Auskünfte des Drittschuldners sind nicht immer verläßlich, selbst wenn dieser zahlungsfähig ist[84]. Daher ist es grundsätzlich keine Überpfändung, wenn eine Forderung über den Betrag des zu vollstreckenden Anspruchs hinaus gepfändet wird[85]. Umstritten

---

teile usw. → Rdnr. 28 vor § 704; zu wirksamen Bezugnahmen auf Vergleichswerte, zu Wertsicherungsklauseln u. ausländischer Währung → Rdnr. 153ff. vor § 704.
[73] *OVG Bremen* NJW 1986, 2132[26].
[74] *OLG Celle* DGVZ 1951, 137; *LG Stade* DGVZ 1959, 125 = NdsRpfl 183, allg. M.
[75] *LGe Bad Kreuznach* Rpfleger 1957, 353; *Stuttgart* ZZP 72 (1959), 324; *Blomeyer* ZwVR § 40 I 1a; *Lippross* Grundlagen usw. (1983), 133; zur ZV in mehrere Grundstücke s. § 76 ZVG. – A.M. *AG Günzburg* DGVZ 1983, 61; *Wieczorek*[2] Anm. F I.
[76] *Gaul* JZ 1974, 285, zust. *Lippross* (Fn. 75).
[77] Auch wenn der Vorrang streitig ist.
[78] *Mümmler* (Fn. 67) 27 u. DGVZ 1973, 22; § 132 Nr. 7 GVGA; *Schilken* (Fn. 7) Rdnr. 42, 50. Hier jedoch nicht ohne Zustimmung des Schuldners *RGZ* 51, 190 f., es sei denn das Vorrecht steht ihm gegenüber rechtskräftig fest, → auch § 805 Rdnr. 25. Ansprüche des Vermieters bleiben außer Betracht, soweit andere eingebrachte Sachen sie decken → § 805 Rdnr. 5 Fn. 19.
[79] *AG Usingen* DGVZ 1990, 142; *Münzberg* Rpfleger 1986, 486 f.; *Zöller/Stöber*[19] Rdnr. 4. → auch § 758 Rdnr. 18 zu Folgerungen für Art. 13 Abs. 2 GG.
[80] *OLG Rostock* u. *OLG* OLGRsp 3, 153; 31, 105; wegen Ansprüchen des Vermieters → Fn. 78 a.E. – Strengere Maßstäbe gelten bei der Versteigerung, → § 818 Rdnr. 1.
[81] § 132 Nr. 9 GVGA; *RG* HRR 1926 Nr. 1355; *OLG Hamm* OLGRsp 34, 132 (Amtshaftung).

[82] → §§ 707 Rdnr. 7, 712 Rdnr. 7, 719 Rdnr. 1, 720a Rdnr. 7, 732 Rdnr. 13, 765a Rdnr. 11 f. (anders bei Rdnr. 13), § 26 HeimkehrerG (Anh. § 765a), § 769 Rdnr. 11, § 813a Rdnr. 16, 20. – Wegen § 771 Abs. 3 u. § 805 Abs. 4 → aber Fn. 78.
[83] Ratenzahlungen an den Gläubiger (→z.B. § 754 Rdnr. 9a-c, 813a Rdnr. 16) sind allerdings für Abs. 1 S. 2 grundsätzlich unbeachtlich (anders für die Verwertung → § 775 Rdnr. 16, 32), → Fn. 72, es sei denn sie werden im Erinnerungsverfahren **unstreitig,** *Thomas/Putzo*[18] Rdnr. 14 f. Der Beschluß *AG Hannover* DGVZ 1972, 141 f. (zust. *Mümmler* → Fn. 67) kann daher höchstens auf Treu u. Glauben gestützt werden, weil der Gläubiger sich dort völlig verschweigt. Für § 813a wie hier *Jonas/Pohle* ZwVNotR (1954), 136, für § 765a *Wieczorek*[2] Anm. F I b. – A.M. *OLG Celle* MDR 1954, 48 = DGVZ 105; *LG Traunstein* NJW 1952, 1300 = MDR 1953, 112, weil mit »Befriedigung« in Abs. 1 S. 2 »alsbaldige« gemeint sei.
[84] Vgl. *BGH* DB 1982, 2684 = WM 1364 (künftige Untermietzinsen gepfändet, Vermieter kurz vor dem Konkurs): »wirtschaftliche Betrachtungsweise« maßgeblich.
[85] *Schilken* (Fn. 7) Rdnr. 42; *Stöber*[10] Rdnr. 756; → dazu § 829 Rdnr. 74.

ist der Fall, daß mehrere Forderungen gegen ersichtlich zahlungsfähige Drittschuldner gepfändet werden, obwohl eine oder einige von ihnen bereits den zu vollstreckenden Betrag übersteigen und der Gläubiger hierfür keine besondere Rechtfertigung liefert[86]; jedoch kann, selbst wenn man Überpfändung annähme, durch Beschränkung der Überweisungen auf Teilbeträge eine Aufhebung vermieden werden[87]. Kumulativen Pfändungen[88] steht Abs. 2 nicht entgegen. Die Pfändung einer gegen mehrere Gesamtschuldner als *Drittschuldner* gerichteten Forderung ist keine Überpfändung (wegen gesamtschuldnerisch haftender Vollstreckungsschuldner → Rdnr. 25).

28 Die Überpfändung berechtigt nur zur **Erinnerung** nach § 766[89]; maßgebend sind für die Entscheidung wie sonst[90] die Verhältnisse zur Zeit ihres Erlasses, nicht der Pfändung[91]; der Schuldner trägt die Beweislast für die eine Überpfändung begründenden Umstände[92]. Zur Berechnung → Rdnr. 25.

Zur Aufhebung der Pfändung, wenn die Überpfändung nachträglich erkannt wird, → Rdnr. 15 Fn. 37; hier kann der Gläubiger gegen die Ankündigung des Gerichtsvollziehers nach § 766 vorgehen; zur Rüge fehlerhafter Schätzung → § 813 Rdnr. 12f. – Wegen der Kosten → § 788 Rdnr. 18f.

IV. Die Verbote zweckloser Pfändung, Abs. 2 und § 812

29 Sie gelten für *Erstpfändungen*. Da *Anschlußpfändungen* durch Wegfall der vorherigen Pfändungen bis zum Rang einer Erstpfändung vorrücken können → § 826 Rdnr. 1, gelten Abs. 2 und § 812 (bezüglich der Höhe des Erlöses) für sie nur, wenn sie auch als Erstpfändungen zu beanstanden wären[93]. Freilich darf eine Bescheinigung der Fruchtlosigkeit[94] nicht an vorläufig aussichtslosen Anschlußpfändungen scheitern, und falls der Gläubiger diese trotz Kenntnis zahlreicher vorrangiger Pfändungen ausdrücklich verlangt hatte[95] und darauf keinen Erlös erhält, fallen ihm die Kosten als nicht notwendige selbst zur Last[96]. Ist eine Pfändung zwecklos, so gilt das Verbot erst recht auch für die Verwertung[97]. Zur Verwertung durch nachrangige Gläubiger → § 826 Rdnr. 11.

29a Wird **gleichrangig für mehrere Gläubiger gepfändet**, so kann es zwar wegen der Aufteilung der Auslagen des Gerichtsvollziehers nach Kopfteilen[98] dazu kommen, daß auf einen Gläubiger, der nur wegen eines verhältnismäßig geringen Betrags vollstreckt, mehr Kosten entfallen als Erlös. Jedoch ist dies ebensowenig sicher vorhersehbar wie bei Anschlußpfändungen[99], so daß es unrichtig und wegen Rangverlustes riskant wäre, für diesen Gläubiger nicht zu pfänden, um ihn vor den Kosten zu verschonen[100].

30 1. Bei *Rechtspfändungen* beschränkt sich die Anwendung des Abs. 2 praktisch auf Forderungen, die

---

[86] Zutreffend gegen Anwendung des Abs. 1 S. 2 *Stöber*[10] Rdnr. 758; a. M. *Zunft* NJW 1955, 444.
[87] → § 829 Rdnr. 54 Fn. 294.
[88] → § 829 Rdnr. 40 a. E., Rdnr. 23 a Fn. 148.
[89] *RG* JW 1914, 1040[7]; *BGH* NJW 1975, 738 = MDR 399 = Rpfleger 126, allg. M. Der Gläubiger kann aber nach § 823 Abs. 2 BGB haften, vgl. *BGH* JR 1956, 186; *RGZ* 143, 123, → Rdnr. 24 vor § 704; § 755 Rdnr. 5, andernfalls Amtshaftung → § 753 Rdnr. 7; *RG* HRR 1929 Nr. 1314.
[90] → § 766 Rdnr. 42.
[91] *Brox/Walker*[4] Rdnr. 351.
[92] *Hartmann* (Fn. 42) Rdnr. 10. → aber auch Fn. 86.
[93] Ganz h. M. *LG Marburg* Rpfleger 1984, 406; *Brehm* DGVZ 1985, 65 mwN ausführlich gegen *Wieser* ZZP 98 (1985), 433, diesem zust. *Zöller/Stöber*[19] Rdnr. 9.
[94] → § 807 Rdnr. 12, 20f.
[95] Vgl. § 167 Nr. 5 GVGA, der die von *Mümmler*

DGVZ 1973, 21 empfohlene Anfrage an den Gläubiger unter Mitteilung bekannter Vorpfändungen wohl voraussetzt.
[96] → § 788 Rdnr. 19, zust. *Brehm* (Fn. 93).
[97] Weitergehend *Wieser* (Fn. 93), 434: auch wenn Vorrangige gegen Ratenzahlung Einstellung bewilligt haben u. dem betreibenden Nachrangingen kein Erlös bliebe (in entspr. Anw. des Abs. 2, welche dem § 765a vorgehe). Da dies jedoch nicht immer nur von der Erlöshöhe abhängen muß (→ auch den Text vor Fn. 93), sollte der GV nicht von Amts wegen darüber entscheiden, → dazu § 765a Fn. 25.
[98] § 15 S. 3 GVKostG; de lege ferenda *Lappe* NJW 1984, 1218 zu IX.
[99] → Rdnr. 29a. A.
[100] *Maaß* DGVZ 1983, 42; *Stöber* (Fn. 93) Rdnr. 9; a.M. *LG Berlin* MDR 1983, 501 = DGVZ 1983, 41; *Lappe* (Fn. 98).

nicht einmal im Nennbetrag kostendeckend wären, da die Befriedigungsaussicht im Vollstreckungsverfahren kaum zu klären ist, → Rdnr. 27[101].

2. Ob bei *Sachen* ein die Kosten, auch für Transport, Lagerung und Versteigerung[102], übersteigender Überschuß zu erwarten ist, beurteilt zunächst der *Gerichtsvollzieher*[103], → § 813 Rdnr. 12; bei mehreren Sachen ist der Gesamterlös maßgebend[104]. Rechte Dritter bleiben außer Betracht[105], bis sie unstreitig oder rechtskräftig festgestellt sind.

Schießt der Gläubiger nach § 5 GVKostG die Pfändungskosten vor und sichert er entweder ein ausreichendes, eigenes Mindestgebot in der Versteigerung[106] oder nach § 825 zu[107], so ist zu pfänden, wenn nicht die Zusicherung von vornherein aufgrund dem Gerichtsvollzieher bekannter Umstände (z. B. fruchtlose Pfändungen gegen Gläubiger) unglaubhaft ist[108]; vorher ist aber zu prüfen, ob die Sachen überhaupt pfändbar sind[109]. Kommt es doch nicht zur Verwertung, so ist wie → Rdnr. 15 (bbb) zu verfahren, wenn Abs. 2 zutrifft, und notfalls nachzupfänden → Fn. 81. Zur Wiederholung aussichtsloser Kassen- oder Taschenpfändungen → § 753 Rdnr. 5 zu c.

Verstöße gegen Abs. 2, der übrigens auch den Gläubiger vor unnötigen Kosten schützt[110], machen die Pfändung nur anfechtbar; für Erinnerungen beider Parteien gilt das → Rdnr. 28 Ausgeführte. – Wegen der Kosten → § 788 Rdnr. 18 f. Für § 11 GVKostG kommt es darauf an, wie der Gerichtsvollzieher die Lage vor Beginn der Versteigerung sehen mußte.

3. In der *Immobiliarvollstreckung* gilt § 803 Abs. 2 mangels Regelungslücke nicht entsprechend[111]; auch das Rechtsschutzbedürfnis fehlt nicht wegen zur Zeit aussichtsloser Rangstelle[112]. Jedoch kann sich aus § 139 eine Pflicht zum Hinweis auf § 765a ergeben[113]. Auch *Zwangshypotheken* dürfen nicht daran scheitern, daß ihnen andere Grundpfandrechte vorgehen[114].

31

32

33

34

§ 804 [Pfändungspfandrecht]

(1) Durch die Pfändung erwirbt der Gläubiger ein Pfandrecht an dem gepfändeten Gegenstande.

(2) Das Pfandrecht gewährt dem Gläubiger im Verhältnis zu anderen Gläubigern dieselben Rechte wie ein durch Vertrag erworbenes Faustpfandrecht; es geht Pfand- und Vorzugsrech-

---

[101] *Schilken* (Fn. 7) Rdnr. 47.
[102] Beispiel: *AG Bad Hersfeld* DGVZ 1993, 158 f.
[103] *LG Coburg* DGVZ 1990, 89; auch bei Kraftfahrzeugen *AG Freiburg* DGVZ 1969, 187. Zum Pfändungsprotokoll → § 762 Rdnr. 4 u. *OLG Oldenburg* Büro 1980, 944. – Noch nicht rechtskräftig festgestellte und noch nicht unstreitig gewordene Rechte **Dritter** bleiben, abgesehen von den Einschränkungen → § 808 Rdnr. 3 a, außer Betracht, um den Gläubiger nicht zu gefährden, so richtig *Mümmler* DGVZ 1973, 22 mwN gegen die 18. u. 19. Aufl.
[104] *OLG Köln* DGVZ 1965, 108.
[105] Um den Gläubiger nicht zu gefährden, *Wieser* DGVZ 1985, 38; *Mümmler* Büro 1988, 1464; *Thomas/Putzo*[18] Rdnr. 17; a. M. *Schilken* (Fn. 7) Rdnr. 47; *Hartmann* (Fn. 42) Rdnr. 13.
[106] H.M. *LG Berlin; AGe Neustadt* DGVZ 1970, 92; 1979, 94 f.; *Sinzig* NJW-RR 1987, 508; *Hartmann* (Fn. 42) Rdnr. 13; *Stöber* (Fn. 93) Rdnr. 9; *Mümmler* (Fn. 67) 30; a. M. für Kraftfahrzeuge u. Hausrat *Pardey* DGVZ 1987, 167 (Vorrang des Gebrauchsschutzes; jedoch gehört dieser **nur** in den Bereich der §§ 811, 812, nicht des § 803 Abs. 2 → Fn. 109).
[107] *LGe Bochum, Essen, Köln* DGVZ 1983, 13; 1966, 110; 1988, 61 = Büro 1088 (Betrag müsse erwarteten Erlös deutlich übersteigen); *Lübeck* SchlHA 1970, 116; *AG Walsrode* DGVZ 1985, 157; *Mümmler* (Fn. 67) 30. In *LG Essen* DGVZ 1972, 186 u. *AG Frankfurt* DGVZ 1973, 93 überstieg das Angebot nicht die Kosten. – A.M. *LG Essen* DGVZ 1973, 24 (mit scheinlogischem Kreisschluß, s. *Mümmler* aaO; im übrigen scheiterte die Pfändung dort an §§ 811 f.); *AG Köln* DGVZ 1967, 157 f. (es übersah, daß Schuldner unnötige Kosten nicht trägt → § 788 Rdnr. 18 f.; die Zusicherung des Gläubigers war aber dort auch unglaubhaft.).
[108] *Schilken* (Fn. 7) Rdnr. 47.
[109] *LG Essen* DGVZ 1969, 128; 1973, 24. Ist also der Gebrauchswert älterer, wenig Erlös bringender Sachen noch so hoch, daß im Falle § 812 nicht zu pfänden wäre, so kann bei Unanwendbarkeit dieser Vorschrift nur noch § 811 helfen. Zur Tendenz, stattdessen den Anwendungsbereich des § 803 auszudehnen, → dort Rdnr. 1.
[110] Dies gehört jedoch nicht zum Gesetzeszweck; a.M. *LG Berlin* → Fn. 100.
[111] Ausführlich *OLG Hamm* Rpfleger 1989, 34; *LGe Berlin, Freiburg, Krefeld, Göttingen u. Stade, Münster* Rpfleger 1987, 209; 1989, 469; 1994, 35; 1988, 420; MDR 1989, 77 mwN auch zur Gegenmeinung, z. B. *LGe Frankfurt/M.* Rpfleger 1989, 35 (Zwangsverwaltung); *Regensburg* NJW-RR 1988, 447; *Wieser* Rpfleger 1985, 98 f.; *Hartmann* (Fn. 42) Rdnr. 14.
[112] *OLG Koblenz* MDR 1986, 65.
[113] *OLG Hamm* (Fn. 111), zugleich zum Problem »Rechtsschutz«.
[114] *LG Marburg* Rpfleger 1984, 406.

ten vor, die für den Fall eines Konkurses/*Insolvenzverfahrens** den Faustpfandrechten nicht gleichgestellt sind.

(3) Das durch eine frühere Pfändung begründete Pfandrecht geht demjenigen vor, das durch eine spätere Pfändung begründet wird.

Gesetzesgeschichte: Bis 1900 § 709 CPO. Ab 1999 Änderung EGInsO Art. 18 Nr. 7 (BGBl. 1994 I 2917).

I. Pfändungspfandrecht, Funktion und rechtliche Einordnung 1	2. Haftung in Höhe des Titels 30
	3. Rechtsbehelfe 32
II. Voraussetzungen der Entstehung 7	4. Rangverhältnis 33
1. Unabhängigkeit von Forderung 8	5. Absonderungsrecht 37
2. Auch an Sachen Dritter 10	6. Mehrere Pfändungen derselben Sache 38
3. Auch an Sachen des Gläubigers 13	
4. Entstehung nach Pfändung 15	7. Verwaltungsvollstreckung 40
III. Inhalt und Wirkungen (Grundlagen) 16	IV. Untergang 41
1. Gegenstand des Pfandrechts 29	V. Rechte an Hinterlegtem 45

I. Pfändungspfandrecht, Funktion und rechtliche Einordnung

1 Im Gegensatz zu den meisten früheren Prozeßgesetzen[1] läßt die ZPO durch die Pfändung ein **Pfandrecht**[2] für den Gläubiger entstehen, §§ 804, 930, ebenso § 282 AO für die Körperschaft, der die Vollstreckungsbehörde angehört. Es wäre auch jetzt noch entbehrlich[3] und ist nur eine abgekürzte Bezeichnung für die Rechtsfolge, daß der Erlös aus der Pfandverwertung oder das gepfändete Geld in einem bestimmten Rangverhältnis zu anderen Gläubigern an den pfändenden Gläubiger ausgezahlt werden muß → Rdnr. 18, 20; auch diese Rangfolge steht noch unter dem Vorbehalt der Aufhebung nach § 776 mit §§ 732, 766 ff. oder abweichender rechtsgestaltender Erkenntnisse nach §§ 878 ff., schließlich der Anfechtung nach §§ 29 ff. KO oder § 6 AnfG[4] oder einer Korrektur nach § 812 BGB[5].

1a In diesem **prozessualen Zweck der Erlösverteilung nach dem Rang** erschöpft sich die Bedeutung des Pfändungspfandrechts. Es hat zwar zugleich auch Auswirkungen im Privatrecht, a) weil es als subjektives Recht schutzwürdig ist → Rdnr. 20, b) weil sein Rang die Erlösverteilung festlegt, solange diese nicht wie → Rdnr. 1 korrigiert wird. Sie sind aber so sehr vom Verfahrenszweck her bestimmt und begrenzt, daß Vergleiche mit allen anderen absoluten Rechten des BGB mehr Verschiedenheiten als Gemeinsamkeiten hergeben und gerade bezüglich mancher sonst als wesentlich betrachteten Rechtsfolgen versagen müssen. Um dieses Übergewicht prozessualer Voraussetzungen und auch Wirkungen zu betonen, sollte man es als **prozessuales Recht** dem **öffentlichen Recht** zuordnen[6], das sich vom bürger-

---

* Fassung ab 1999, EGInsO Art. 18 Nr. 7.
[1] Vgl. Mot. 421 ff. – Rechtsvergleichende Übersicht bei *Fragistas* Präventionsprinzip in der ZV (1931).
[2] Lit: *Müller* Wirksamkeit des PfändPfandR (1907); *Emmerich* Pfandrechtskonkurrenzen (1909); *Stein* Grundfragen der ZV (1913); *Schwinge* Der fehlerhafte Staatsakt (1930); *A. Schmidt* Pfändungspfandrecht usw. (1936); *Rudolph* ZZP 59 (1935) 239; *Lüke* JZ 1955, 484; 1957, 239; *Kuchinke* JZ 1958, 198; *Arndt* MDR 1961, 368; *Martin* Pfändungspfandrecht (1963); *Furtner* MDR 1964, 460; *DGVZ* 1965, 49; *Münzberg* ZZP 78 (1965), 287; *Pieper* AcP 166 (1966), 532; *Wasner* ZZP 79 (1966), 113; *Messer* Freiwillige Leistung usw. (1966); *Geib* Pfandverstrickung (1969); *Henckel* Prozeßrecht u. materielles Recht (1970), 309 ff.; *G. Huber* Versteigerung gepfändeter Sachen (1970); *A. Blomeyer* Festg. für Ulrich von Lübtow (1970); *K. Schmidt* JuS 1970, 545; *Säcker* JZ 1971, 156; *Werner* JR 1971, 278; *Gaul* Rpfleger 1971, 4.
[3] *Arens/Lüke*[6] Rdnr. 611; *Baumbach/Hartmann*[53] Rdnr. 1; *Brox/Walker*[4] Rdnr. 392; *Martin* (Fn. 2) 108; *Geib* (Fn. 2) 14; *M. Fahland* Verfügungsverbot (1976) 129 f.; *Rüßmann* ZZP 102 (1989), 401 f.; *Uhlenbruck* KTS 1977, 196; s. auch zur Geschichte *Gaul* (Fn. 2) 6; *Rudolph* IherJb 20 (1882), 319 ff.
[4] → § 803 Rdnr. 9.
[5] → Rdnr. 22 ff.
[6] Ob man es so einordnet oder unter Betonung der o. g. privatrechtlichen Wirkungen für ein Privatrecht hält, hat

lichrechtlichen Pfandrecht in Voraussetzungen und Wirkungen wesentlich unterscheidet[7]. Es entsteht immer dann, wenn auch eine wirksame Verstrickung eintritt. → Rdnr. 7 ff. und wegen der Wirkungen → Rdnr. 16 ff.

Entgegen dieser Ansicht sehen viele im Pfändungspfandrecht ein privatrechtsgestaltendes Pfandrecht im Sinne des **bürgerlichen Rechts;** diese Auffassung hatte wohl auch der historische Gesetzgeber geteilt[8]. 2

Diese Lehre nimmt an, auf das Pfändungspfandrecht seien hinsichtlich seiner Voraussetzungen und Wirkungen die Vorschriften des bürgerlichen Rechts insoweit entsprechend anzuwenden, als nicht Vorschriften der ZPO entgegenstünden[9]. Überwiegend wird insbesondere angenommen, das Pfandrecht sei **akzessorisch** insofern, als es das Bestehen der zu sichernden Forderung voraussetze. Folglich könne eine Verstrickung ohne Pfändungspfandrecht eintreten. Aus diesem Nebeneinander von öffentlichrechtlichen und bürgerlichrechtlichen Aspekten ergeben sich nicht unerhebliche praktische und dogmatische Schwierigkeiten. So könnte der Gläubiger **kein Pfandrecht an der eigenen beweglichen Sache** erwerben, da § 1256 Abs. 2 BGB nur das nachträgliche Zusammentreffen gemäß Abs. 1 meint. Außerdem führt die bürgerlichrechtliche Einordnung zu einer erheblichen Unsicherheit darüber, ob (→ z. B. Rdnr. 10 f.) und wann (→ z. B. Rdnr. 15) das Pfandrecht entstanden ist.

Schließlich ist die Gegenansicht gezwungen, Gläubigern, deren Pfändungspfandrechte angeblich an dem Fehlen bürgerlichrechtlicher oder prozessualer Voraussetzungen scheitern oder denen es nicht gelingt, jeweils die Vermutung zugunsten des Rivalen (§ 1362 BGB) zu widerlegen, den Erlös entweder zu versagen (und dem Schuldner zukommen zu lassen, was man mit Recht bei bestehender Forderung als widersinnig empfindet), oder den Erlös trotzdem so unter ihnen zu verteilen, wie § 804 Abs. 2, 3 es nur bei wirksamem Pfandrecht vorsieht[10]. Damit knüpft man aber die **rangwahrende Funktion** als die einzige Rechtsfolge, die durch § 804 Abs. 3 ausdrücklich dem **Pfändungspfandrecht** zuerkannt ist[11], an die Pfändung schlechthin und raubt dadurch dem Pfändungspfandrecht den letzten Rest seiner ohnehin schwachen Daseinsberechtigung → Fn. 3. 3

Der Hauptunterschied zwischen beiden Lehren liegt weniger in der Zuordnung zum Prozeß- oder Privatrecht[12] als darin, daß die **öffentlichrechtliche (besser »prozessuale«) Theorie** auch auf diesem Gebiet die sonstige Tendenz des Gesetzes zu verwirklichen sucht, **materiellrechtliche Fragen** – abgesehen von der gesetzlich ausdrücklich erwähnten Rangfolge[13] – aus dem eigentlichen Vollstreckungsverfahren ganz herauszuhalten und sie nicht nur 4

---

dann keine praktische Bedeutung, wenn man Voraussetzungen und Wirkungen wie → Rdnr. 4 ff. nach dem Prozeßrecht u. -zweck bestimmt, so z. B. *Baumann/Brehm*[2] § 18 II (2).

[7] *OLGe Frankfurt* BB 1953, 42; NJW 1953, 1835; 1954, 1083; *Oldenburg* OLGZ 1992, 488; *Arens/Lüke*[6] Rdnr. 611; *Hartmann* (Fn. 3) Übers. § 803 Rdnr. 8; *Erman/Küchenhoff* BGB[9] Einl. § 1204 Rdnr. 17; *Zunft* NJW 1955, 1506 (zu 5.); *Grund* NJW 1957, 8; *Habermeier* Zwangshypotheken (1989), 74 ff.; *Rüßmann* (Fn. 3); *G. Schiedermair* AcP 159 (1960/61), 90 f.; *Schlosser* ZPR II Rdnr. 233; *H. Schneider* Verfahrensrechtsfälle*[2] 202; *Schwab* ZZP 73 (1960), 479 f.; *Schönke* ZV[5] § 25 III; *Staudinger/Wiegand* BGB[12] Anh. zu § 1257 Rdnr. 24; *Thomas/Putzo*[18] Rdnr. 3; *Zöller/Stöber*[19] Rdnr. 2; *Martin* (Fn. 2) 98 ff.; *Messer* (Fn. 2) 115; *Geib* (Fn. 2) 8; anscheinend auch *LG München I* NJW 1962, 2306; *AG Köln* DGVZ 1965, 75, weitere Nachweise bei *BGH* NJW 1992, 2572 zu III 1; mit Abweichungen *Rosenberg*[9] § 190 II 2 b. Lit vor 1950 → 19. Aufl. Fn. 4, weitere »prozessuale«, aber wesentlich abw. Ansichten bei *Martin* (Fn. 2) 99 Fn. 12.

[8] Dazu *Lüke* JZ 1957, 242; gegen ihn *Säcker* (Fn. 2). Folgte man aber der Wertung der Motive, so wäre auch § 815 Abs. 3 noch heute als Eigentumsübergang aufzufassen; *Messer* (Fn. 2) 105 f. Im übrigen betonen Mot. BGB III

797 eher den Unterschied zum Vertragspfand (besonders zur Entstehung, aber auch zum Inhalt).

[9] *RGZ* 79, 243; *OLGe Hamm* JMBlNRW 1955, 175 = DGVZ 134; *Braunschweig* MDR 1972, 58 (→ aber Fn. 40); vgl. auch *OLG Oldenburg* MDR 1955, 300 = NdsRpfl 1954, 223; *Stein* (Fn. 2) 31 ff., weitere Lit vor 1950 → 19. Aufl. Fn. 6; *K. Blomeyer*[2] § 14 VIII 2; *Kuchinke* JZ 1958, 202; *Brox/Walker*[4] Rdnr. 393; *MünchKommZPO-Schilken* Rdnr. 2; *Reinicke* MDR 1959, 615; *Arndt* MDR 1961, 370; *Wolff/Raiser* SachenR[10] § 163 Fn. 29; *Bruns/Peters*[3] § 20 III 2; *Baur/Stürner*[11] Rdnr. 430; *Gaul, Henckel, Huber* u. *Säcker* (Fn. 2); *Pesch* JR 1993, 359; weitere Nachweise bei *BGH* NJW 1992, 2573 zu III 2. – Für privatrechtliche Einordnung, aber mit erheblichen Abweichungen vom BGB, die zu wesentlicher oder teilweiser Übereinstimmung mit → Rdnr. 7 ff. führen, die → Fn. 16 Genannten.

[10] Z. B. *Jauernig* ZwVR[19] § 16 III C 3, → Rdnr. 11 Fn. 39.

[11] Insofern unrichtig *Henckel* (Fn. 2) 326 f. Sie ist keine »bloße technische Hilfsfunktion« sondern Schwerpunkt der ZV wegen Geldforderungen, *Martin* (Fn. 2) 129 gegen *Kuchinke* JZ 1958, 199. → Fn. 39.

[12] → Fn. 6.

[13] Vgl. auch *BGHZ* 52, 107 a. E. = NJW 1969, 1347 = MDR 750 = Rpfleger 291 sowie → Fn. 39.

äußerlich sondern auch dogmatisch in die ordentlichen Klagverfahren zu verlagern[14], während die **Lehre vom privaten Pfandrecht** in diesem ein Mittel sehen will, schon ab Pfändung die materiellrechtliche Lage des Gläubigers möglichst vollständig darzustellen, aber ohne sie in das Vollstreckungsverfahren einbinden zu können[15]. Das ist dogmatisch unerreichbar und praktisch unnötig, weil Vollstreckungsorgane und -gerichte unstreitig nicht dazu berufen sind, diese Lage nachzuprüfen oder ihr gar zur Verwirklichung zu verhelfen. Näheres → Rdnr. 22 ff., § 878 Rdnr. 8.

5   Folgt man aber der Ansicht → Rdnr. 16 ff. über Inhalt und Wirkung des Pfändungspfandrechts[16], so behält der Streit um die öffentlich- oder bürgerlichrechtliche Einordnung kaum mehr als terminologische Bedeutung, während die Zulassung einer Verstrickung ohne Pfandrecht (→ Rdnr. 2) zu Ungerechtigkeiten im Verteilungsverfahren führen kann.

6   Durch *Vorpfändung* entsteht das Pfändungspfandrecht als schwebendes Recht[17]; auch bei *Arrestpfändungen* sichert es dem Gläubiger den Rang nur unter dem Vorbehalt, daß die Verwertung später zulässig wird[18]; insoweit vergleichbar ist die Lage bei der *Sicherungspfändung* → § 720a Rdnr. 5–7.

II. Voraussetzungen der Entstehung

7   Den **Entstehungstatbestand** des Pfändungspfandrechts bildet allein die gültige Pfändung, was zwar nicht zwingend aus Abs. 3 folgt, aber mit ihm übereinstimmt. Es gibt keine weiteren Voraussetzungen, die dem bürgerlichen Recht[19] oder dem Prozeßrecht[20] zu entnehmen wären. Unwirksame Pfändungen[21] erzeugen kein Pfändungspfandrecht, aber auch nicht die Verstrickung nebst Verfügungsverbot[22]. → auch § 725 Rdnr. 12, § 750 Rdnr. 12 ff., § 751 Rdnr. 14, § 798 Rdnr. 7.

8   1. Das Pfändungspfandrecht ist **nicht akzessorisch** i. S. d. bürgerlichen Rechts; anders als das Pfandrecht des § 1204 BGB[23], aber ähnlich wie eine Sicherungsgrundschuld[24] ist es unabhängig vom Bestand einer zu sichernden materiellrechtlichen Forderung[25], wenn auch

---

[14] Ausführlicher *Münzberg* JZ 1972, 215, zust. *Schlosser* (Fn. 7); *OLG Oldenburg* (Fn. 7) 489. Auch insofern erweisen sich stattgebende Urteile nach §§ 767, 771, 805 als rechtsgestaltend (Beseitigung *entstandener* PfändPfandRe über § 776), → auch § 878 Rdnr. 8, 34. Nach dem Ende der ZV u. damit auch des Pfändungsrechts (→ Rdnr. 26) wird diese Funktion wieder von § 812 BGB übernommen bzw. ersetzt, *OLG Oldenburg* aaO, von der Gläubigeranfechtung abgesehen.

[15] Die »Einordnung des privaten PfändPfandR »**in den ZV-Vorgang**«, so *Schilken* (Fn. 9) Rdnr. 11, gelingt in Wahrheit nur, wenn es nach dieser Ansicht tatsächlich besteht, was aber im ZV-Verfahren gerade nicht zu klären ist. So nutzt es etwa Schuldnern oder Dritten nicht, nach §§ 766, 793 geltendzumachen, die Sache gehöre nicht dem Schuldner oder der Anspruch bestehe nicht.

[16] So trotz privatrechtlicher Sicht *Blomeyer* ZwVR § 41 III 2–4; *Brehm* (Fn. 6); vgl. auch *Schmidt* Lb 933, u. teilweise *Jauernig* ZwVR[19] § 16 III C 1 (Entstehung trotz prozessualer Verstöße).

[17] → § 845 Rdnr. 13.

[18] → § 930 Rdnr. 8–15.

[19] Wie hier → Fn. 7; vgl. auch die Lit → Fn. 16. – A. M. die → Fn. 9 Genannten.

[20] Die → Fn. 9 Genannten meinen überwiegend, gewisse Verfahrensverstöße (welche, ist überaus str.) stünden dem Pfandrecht, nicht aber der Verstrickung entgegen, z. B. *Rosenberg/Schilken*[10] § 50 III 3.a). Solche Unterschiede können aber kaum mit der privatrechtlichen Einordnung des PfändPfandR begründet werden, so richtig *OLG Hamburg* MDR 1974, 322; *Bähr* KTS 1969, 1 ff.; *Blomeyer* ZwVR § 41 III 5; *Gerhardt*[2] § 7 II 3b; *Jauernig* (Fn. 16). → auch § 819 Rdnr. 11 a.E. zu § 812 BGB.

[21] → Rdnr. 129–131 vor § 704, für Vorpfändung § 845 Rdnr. 2, 5, 16.

[22] → § 803 Rdnr. 4–6.

[23] § 1204 erhebt den vertragstypischen Willen des Verpfänders (Akzessorietät) z. Norm; für Pfändungswirkungen ist rechtsgeschäftlicher Wille unmaßgeblich.

[24] → Rdnr. 22.

[25] So alle → Fn. 7 Genannten u. *Blomeyer* (Fn. 16); *Brehm* (Fn. 6); *Weigelin* PfändPfandR (Fn. 18) 21 f., 89; *Pagenstecher* Gruch. 50 (1906), 274 ff. BGH NJW 1992, 2572 hat (entgegen *Birmanns* DGVZ 1993, 107) nur ein **materiell** wirkendes Pfandrecht verneint. – Abhängigkeit von Vollstreckungsanspruch bzw. Titel nehmen zutreffend an *Schmidt* Lb 934; *Emmerich* (Fn. 2) 258, 525 f.; *Jauernig* (Fn. 10). Damit ist aber – zumindest für nicht rechtskräftige Titel – die bürgerlichrechtliche Akzessorietät verlassen außer bei künftigen Ansprüchen (§ 1204 Abs. 2 BGB, → auch § 850 Rdnr. 54–56). – A. M. (Akzessorietät) die → Fn. 9 Genannten, z.T. mit Erweiterung auf nichtbestehende, aber rechtskräftig festgestellte Forderungen *Peters* (Fn. 9); *Baur/Stürner*[11] Rdnr. 425; *Schilken* (Fn. 9) Rdnr. 14.

die Höhe des Erlösrechts durch Vollstreckungantrag und titulierten Anspruch begrenzt ist → Rdnr. 30. Deshalb entsteht es auch dann zugunsten des durch Titel und Vollstreckungsklausel ausgewiesenen »Gläubigers« (den allein § 804 meint, ebenso wie auch andere vollstreckungsrechtliche Normen), wenn er den Titel nur als *Prozeßstandschafter*, aber auf Leistung an sich selbst erwirkt hat[26], und es entsteht *neben dem dinglichen Recht*, wenn Hypotheken- oder Pfandgläubiger kraft ihres dinglichen Rechts die diesem haftenden Gegenstände pfänden[27]; dies wirkt nicht nur als Beschlagnahme[28]. Auch wenn persönliche Gläubiger Sachen pfänden, an denen sie schon ein Pfandrecht haben, z. B. Vermieter wegen der Mietschuld die eingebrachten Sachen[29], entsteht ihnen ein *neues* Pfändungspfandrecht *neben* dem bisherigen Pfandrecht[30], und sie können die Sachen entweder nach den Vorschriften der ZPO oder des BGB (HGB) verwerten lassen[31]. Bei Konkurrenz mit anderen Gläubigern → die Bem. zu §§ 771, 805, 827, 878 und unten Rdnr. 33 ff.

Das Pfändungspfandrecht entsteht **zugunsten** dessen, an den laut Titel oder Klausel zu 9 zahlen ist[32]; es kann also entstehen, obwohl der zu vollstreckende Anspruch materiellrechtlich von vornherein fehlte oder einem anderen zustand[33]. Es besteht zunächst fort, wenn der materielle Anspruch seit der Entstehung des Titels erloschen oder auf einen anderen übergegangen ist → Rdnr. 31. Ob und unter welchen Voraussetzungen die Pfändung und damit auch das Pfandrecht deshalb aufzuheben sind, ist eine andere Frage[34]. Unabhängigkeit der Vollstreckung vom materiellen Anspruch[35] bedeutet eben nicht nur, daß die staatliche *Tätigkeit* davon unabhängig ist, sondern als ihr *Ergebnis* auch die Pfändung samt Pfandrecht. Dies ist besonders für das Verteilungsverfahren wichtig, wo ein zu Unrecht erworbener Rang, falls die Pfändung nicht aufgehoben wurde, nur noch durch rechtsgestaltendes Urteil oder Einigung überwunden werden kann, und das auch nicht absolut sondern nur gegenüber dem Kläger → § 878 Rdnr. 8. Zum materiellrechtlichen Ausgleich → Rdnr. 22ff.

2. Pfändungspfandrechte entstehen auch bei Pfändungen von **Sachen, die nicht dem** 10 **Schuldner gehören** (str.)[36], gleichgültig, ob der Gläubiger diesbezüglich gut- oder bösgläubig ist. Betroffene Dritte müssen sich gemäß § 771 wehren, andernfalls bleiben ihnen nur Ersatzansprüche → Rdnr. 23, 26–28.

Wer dagegen das Pfändungspfandrecht den Regeln des BGB unterwirft und in der privatrechtsgestal- 11 tenden Wirkung auch gegenüber Dritten einen materiellen Rechtsgrund zum Behaltendürfen des Erlöses sieht[37], muß es in diesen Fällen trotz Verstrickung folgerichtig ablehnen[38]. Für die **Erlösverteilung** müßte dann ein Rangverhältnis außerhalb des Gesetzes gefunden werden, da gerade § 804 Abs. 3 die ranggemäße Verteilung abhängig macht von der »Begründung« eines Pfändungspfandrechts durch den Pfändungs-

---

[26] → § 724 Rdnr. 8a. Die privatrechtliche oder »gemischte« Theorie müßte das Pfandrecht entweder verneinen oder abweichend von § 804 einem weder im Titel noch in der Klausel genannten Gläubiger zubilligen. Falls jedoch laut Titel an den Anspruchsinhaber zu zahlen ist, → Rdnr. 9.
[27] → Rdnr. 3 vor § 803.
[28] A.M. *RGZ* 81, 146; 103, 137.
[29] Als Titel kommt auch Arrest in Betracht *LG Augsburg* NJW 1975, 2350.
[30] *OLG Frankfurt* Rpfleger 1974, 430 = MDR 1975, 228[43] = DGVZ 23; *Lüke* JZ 1957, 243; *Martin* (Fn. 2) 282 Fn. 6 u. 284 Fn. 11; *A. Blomeyer* (Fn. 2) 829 mwN, → auch 19. Aufl. Fn. 16. – A.M. *Stein* (Fn. 2) 35; *KG* OLGRsp 11, 310; 14, 383.
[31] *OLG Frankfurt* (Fn. 30); → auch § 811 Rdnr. 15 a. E. u. zu Fällen nötiger Pfändung → § 805 Rdnr. 7.
[32] Dies können auch Dritte oder der Kläger **und** Dritte sein, → § 724 Rdnr. 8a Fn. 54–57, § 750 Rdnr. 18 Fn. 67, § 815 Rdnr. 1.

[33] → Rdnr. 18; etwa weil das Urteil materiell unrichtig ist oder auf Leistung an Parteien kraft Amtes oder Prozeßstandschafter erkennt, → Fn. 26, § 724 Rdnr. 8a Fn. 50–53.
[34] dazu § 776 und 803 Rdnr. 15.
[35] → Rdnr. 21 ff. vor § 704.
[36] So die → Fn. 7 Genannten u. *Blomeyer* (Fn. 16); *K. Schmidt* ZZP 87 (1974) 330; vgl. auch *Brehm* (Fn. 16); auch *RGZ* 143, 278 sprach von »Beseitigung« des an Sachen Dritter entstandenen PfändPfandR u. *BGHZ* 72, 337 f. = NJW 1979, 373 muß wohl ebenfalls davon ausgegangen sein, daß es an schuldnerfremden Sachen entstehen könnte, s. *Brehm* JZ 1983, 646. Auch *BGH* (Fn. 9) verneint nur ein »privatrechtsgestaltendes« PfändPfandR, das gegenüber dem Eigentümer als Rechtsgrund wirken würde, → aber Rdnr. 22. – Daß § 1207 BGB ausscheidet (*RGZ* 90, 197 f.), ist heute allg. M.
[37] So die → Fn. 9 Genannten. Zur Eigentumsanwartschaft des Schuldners → Fn. 45.
[38] So auch *BGH* NJW 1992, 2573 f. = MDR 1080 f.

akt³⁹. Jedenfalls nach der hier vertretenen Auffassung ist es überflüssig⁴⁰, in dem Unterlassen des Widerspruchs des Dritten gegen die Pfändung eine Genehmigung der Pfändung oder des Pfandrechts analog § 185 BGB zu sehen⁴¹. Diese Unterstellung wäre auch bedenklich⁴². Kannte der Dritte die Pfändung nicht, so ist sein Verhalten schon gar nicht konkludent, zumal es wie bei einer Leistung nach § 267 BGB zugleich als Einverständnis mit der Verwertung seines Vemögens zur Tilgung der Titelforderung ausgelegt werden müßte (→ Fn. 86 a. E.) und damit nicht nur den Weg über § 771 sondern auch spätere Bereicherungsansprüche gegen den Gläubiger abschneiden würde; im übrigen wäre sein Zögern auch bei Kenntnis der Pfändung nicht eindeutig genug, da er vielleicht Gründe hat, nicht sofort zu widersprechen sondern später nach § 812 BGB gegen den Gläubiger vorzugehen (z. B. er hofft noch zusätzliche Beweise zu erhalten). → auch Rdnr. 15.

12 Die Pfändung einer dem Schuldner nicht oder noch nicht zustehenden **Forderung** begründet weder Verstrickung noch Pfändungspfandrecht, außer wenn das künftige Recht des Schuldners gepfändet wird und er es dann auch erwirbt⁴³.

13 3. Pfändungspfandrechte entstehen entgegen dem bürgerlichen Recht auch an **Sachen des Gläubigers**⁴⁴, so bei der Pfändung der unter Eigentumsvorbehalt verkauften oder der in Sicherungseigentum genommenen Sachen⁴⁵; ebenso an **Forderungen** des Gläubigers, z. B. wenn er die ihm als Nießbraucher zustehende Mietzinsforderung pfändet, um sie dem Zugriff eines Hypothekengläubigers zu entziehen⁴⁶.

14 Nachdem man allgemein anerkannt hat, daß auch diese Vollstreckung bis zur Erlösverteilung durchzuführen ist⁴⁷ und daß die Unterstellung eines »Verzichts auf das Eigentum zugunsten des Schuldners« zur Ermöglichung eines privaten Pfandrechts⁴⁸ abwegig wäre⁴⁹, sieht sich die **Lehre vom privaten Pfandrecht** jetzt überwiegend gezwungen, in solchen Fällen auf das Pfandrecht ganz zu verzichten⁵⁰, wobei sie auf die Schwierigkeiten bei Erlösverteilung → Rdnr. 11 stößt⁵¹.

---

³⁹ → Rdnr. 2. So *Baur* FamRZ 1958, 253. Entgegen *Henckel* (Fn. 2) 325 ergibt sich aus §§ 827 Abs. 2, 854 Abs. 2 allein keine Rangordnung; s. dazu *Martin* (Fn. 2) 136f.; *Messer* (Fn. 2) 115 Fn. 45. *G. Huber* (Fn. 2) 164f. will im Verteilungsverfahren mit einer Art Fiktion der Pfandrechte auskommen; *Jauernig* (Fn. 10) stellt nur auf fehlende Anfechtungsmöglichkeiten der Betroffenen ab u. verzichtet damit ganz auf gesetzliche Grundlagen der Priorität unter Gläubigern, die angeblich kein PfändPfandR haben.

⁴⁰ Ebenso die Umwege, mit denen *OLG Braunschweig* MDR 1972, 58 (zu 1) das Pfandrecht bejaht, wenn der Schuldner Eigentumsanwärter ist; s. auch *RGZ* 60, 73.

⁴¹ Auch für die privatrechtliche Auffassung ist hier *Schilken* (Fn. 9) Rdnr. 15. Dagegen für »Heilung« durch solche Genehmigungen *Raiser* (Fn. 9); *Falkmann* 634; *Bruns/Peters*³ § 20 III 2e; *Hoche* ZwVR⁴ Rdnr. 245; *Baur/Stürner*¹¹ Rdnr. 439. Zur Erfüllungswirkung solcher Erklärungen → Fn. 86 a. E. – Gegen die Analogie *RGZ* 60, 72; *Stein* (Fn. 2) 45, 49, weil es an rechtsgeschäftlicher Verfügung fehlt. Zum Erwerb durch den Schuldner → Fn. 53.

⁴² Zust. *BGH* (Fn. 38) 2574.

⁴³ → § 829 Rdnr. 4f., 68–70, § 850 Rdnr. 54 a. E.

⁴⁴ So die → Fn. 7 Genannten u. trotz privatrechtlicher Sicht *Kaufmann* Gruch. 53 (1909), 348ff.; *Hellwig* System 2, 314; *Schmidt* Lb 933; *Blomeyer* (Fn. 16). – A.M. *RGZ* 79, 243; *OLG Hamburg* MDR 1953, 103u. die → Fn. 9 Genannten.

⁴⁵ Lit: *Georgiades* Eigentumsanwartschaft (1963) 76ff.; *Serick* Eigentumsvorbehalt u. Sicherungsübereignung III (1970) 201ff.; *Sponer* Anwartschaftsrecht usw. (1965). Wegen § 13 VerbrKrG (früher § 5 AbzG) → § 814 Rdnr. 12ff. u. zur Pfändung von Anwartschaften → § 857 Rdnr. 84ff.

⁴⁶ → § 829 Rdnr. 22; *RGZ* 86, 137ff. hielt die Pfändung für wirksam, ohne das Pfandrecht anzuerkennen; zu der von ihm erwähnten »Verstärkung« der Stellung des Gläubigers s. ausführlich *OLG Köln* WM 1978, 385. Der Rang kann sich jedoch hier **nur** aus dem Pfandrecht ergeben → Fn. 10f., 39.

⁴⁷ So schon *RGZ* 79, 243ff. (arg. §§ 766, 771). Zur heute nicht mehr vertretenen Gegenmeinung s. *Hellwig* System 2, § 317/3 Fn. 10.

⁴⁸ Zur Verwertung des Verzichtsgedankens in der älteren Rsp → 19. Aufl. Fn. 25.

⁴⁹ Zust. *Schilken* (Fn. 9) Rdnr. 16. Der Übergang des Eigentums auf den Schuldner ohne dessen Mitwirkung stieße auf dogmatische Bedenken, vgl. *Gernhuber* FS für *Baur* (1981), 37f., eine Aufhebung der Pfändung würde zum endgültigen Verlust führen, bedingter einseitiger Verzicht (etwa nur für den Fall erfolgreicher Verwertung) wäre bürgerlichrechtlich kaum zu halten u. ein Vermieterpfandrecht an der Eigentumsanwartschaft des Schuldners würde sofort die Sache ergreifen, vgl. *KG* JW 1931, 2138.

⁵⁰ So schon *RG* (Fn. 44); *KG* (Fn. 49) u. überwiegend die → Fn. 9 Genannten, ohne die trotzdem angenommene Rangordnung nach Priorität der Pfändung überzeugend begründen zu können, → Rdnr. 2, 11.

⁵¹ *Henckel* (Fn. 2) 343; *G. Huber* (Fn. 2) 94 Fn. 21, 164 Fn. 40, 165u. *Schilken* (Fn. 9) Rdnr. 16 stützen die Verwertungsbefugnis auf das Eigentum des Gläubigers, erklären aber nicht, **wer** von mehreren Pfändern den Erlös erhält (z. B. *Schilken* aaO Rdnr. 15, 16) u. in welchem Verfahren das Eigentum den Vorrang einer früheren Pfändung ausschalten soll → Rdnr. 19. Richtigerweise ist auch diese Ansicht auf § 878 angewiesen → dort Rdnr. 26.

4. Hält man das Pfändungspfandrecht **entgegen der hier vertretenen Ansicht** für akzessorisch und die Zugehörigkeit des Pfandgegenstandes zum Vermögen des Schuldners für nötig, so kann es **nachträglich** entstehen, wenn der Gläubiger die im Titel benannte Forderung[52] oder der Schuldner das Eigentum an der gepfändeten Sache erwirbt[53], während die Pfändung fortdauert. § 185 BGB wäre dazu nicht nötig; denn auch sonst kommen zeitlich gestreckte Erwerbstatbestände vor, z.B. bei Hypothekenbestellung oder Pfändung künftiger Forderungen[54]. Eine (durchaus sachgerechte!) Rückwirkung läßt sich jedoch weder aus dieser Sicht noch aus § 185 BGB ableiten, zumal § 184 BGB für die Heilung durch Erwerb nicht gilt[55]. Eher wäre Rückwirkung nach dieser Ansicht denkbar, wenn der Eigentümer die Pfändung genehmigt[56], allerdings nicht zum Nachteil seiner eigenen Gläubiger, § 184 Abs. 2 BGB. – Zur Pfändung künftiger Forderungen → Rdnr. 12.

15

III. Inhalt und Wirkungen des Pfändungspfandrechts

Diese sind so umstritten, daß dem § 804, der schon nach seiner Stellung im Zweifel Prozeßrecht regelt, nicht mehr an materiellrechtlichen Aussagen unterstellt werden sollte, als Wortlaut und Zweck zwingend gebieten. Daher sind auch die §§ 1204 ff. BGB nur ausnahmsweise[57] als Richtlinie heranzuziehen.

16

Die Wirkungen des Pfandrechts sind daher so zu bestimmen, daß es gemäß dem uneingeschränkten Wortlaut des **Abs. 1** bei jeder gültigen Pfändung entstehen kann[58], ohne einen prozessualen oder materiellen Ausgleich für einen nicht gerechtfertigten Erwerb des Pfandrechts zu verhindern.

17

Auch **Abs. 2** ist nicht über den Wortlaut hinaus auszudehnen: **nur gegenüber anderen Gläubigern**[59], also im Hinblick auf das Rangverhältnis unter ihnen, entstehen die Wirkungen eines Vertragspfandrechts[60], **nicht** gegenüber dem Schuldner oder unbeteiligten Dritten; diese werden lediglich betroffen von der Belastung des Gegenstandes mit dem prozessualen Verwertungsrecht des Gläubigers, die pfandrechtsähnlich aber nicht -gleich ist → Rdnr. 21.

18

Außer **Abs. 3** gibt es keine gesetzliche Rangregelung für Gerichtsvollzieher, Drittschuldner oder Rechtspfleger im Verteilungsverfahren → Rdnr. 3; nur im ordentlichen Prozeß kann davon abgewichen werden[61]. Daher gilt das → Rdnr. 17 zu Abs. 1 Ausgeführte auch für Abs. 3.

19

Das Pfändungspfandrecht hat **nur das Recht des Gläubigers auf Erhalt des Erlöses vor Gläubigern mit schlechterem Rang** nach den Regeln der §§ 804 Abs. 2, 3, 815, 819, 827 zum Inhalt[62]. Aus dem Titel allein ergibt sich dies noch nicht[63]. Bei Arrestvollziehung, Vorpfändung und Sicherungsvollstreckung ist dieses Recht noch bedingt → Rdnr. 6, wird aber schon

20

---

[52] Nach hier vertreter Ansicht, → Rdnr. 7, entsteht das Pfandrecht schon mit dem Rang der Pfändung u. könnte nur gestaltend nach § 878 vom besser Berechtigten überwunden werden.
[53] So *RGZ* 60, 73; *KG* OLGRsp 22, 163; *OLG Braunschweig* MDR 1972, 58 (zu 2); obiter *OLG Frankfurt* Rpfleger 1978, 231; ausführlich *K. Schmidt* (Fn. 36) 316 ff.
[54] So ließe sich die Begründung in *RG* u. *KG* (Fn. 53) vervollständigen.
[55] *RG* u. *KG* (Fn. 53); *Stein* (Fn. 2) 45; *Pawlowski* ZZP 90 (1977), 85 gegen *A. Blomeyer*. Wer trotzdem Rückwirkung annimmt, kann dies nur mit § 804 Abs. 3 (u. damit doch wieder mit dem anfänglichen Erwerb des Pfandrechts → Rdnr. 3, 11!) begründen; vgl. *K. Schmidt* (Fn. 36) 322 ff., der aaO 330 folgerichtig mit *A. Blomeyer* die Entstehung eines »schwebend unwirksamen« (das ist es ohnehin immer → Rdnr. 138 vor § 704 u. § 803 Rdnr. 11 ff.) Pfandrechts annimmt wie auch hier → Rdnr. 10.
[56] So mit der wohl heute h.M. *K. Schmidt* (Fn. 36) 320 ff. mwN; *Schilken* (Fn. 9) Rdnr. 17. Da *K. Schmidt* aber sofortige Entstehung des Pfandrechts annimmt wie hier → Rdnr. 10, kann die »Genehmigung« es nur noch »bekräftigen«, genauer: sie ist nichts anderes als der Verzicht auf die Rechte aus § 771 ZPO oder § 812 BGB; → auch Rdnr. 11 u. Fn. 86 a.E.
[57] Für grundsätzliche Anwendung *RGZ* 61, 333; *BGH* NJW 1968, 2060; *KG* OLGRsp 9, 119 ff. – Vgl. auch *RGZ* 97, 40 u. *BGH* aaO zu § 1258 BGB, ferner die Mot. zum BGB (Fn. 8 a.E.).
[58] → § 803 Rdnr. 6.
[59] *Rudolph* (Fn. 3) 408 f.; *Schlosser* (Fn. 7) Rdnr. 231 a.E. Vgl. Mot.: Vorrang vor konkurrierenden Gläubigern, Absonderung im Konkurs u. reale Sicherung zwischen Pfändung u. Erlösauskehrung *Hahn* 449 f.
[60] Näheres → Rdnr. 33.
[61] → § 878 Rdnr. 8.
[62] *OLG Oldenburg* (Fn. 7) 489; → auch Rdnr. 22.
[63] Richtig *Schilken* (Fn. 9) Rdnr. 11 a.E. Aber wieso dies die hier vertretene Ansicht widerlegen soll, bleibt unklar.

während der Schwebezeit durch das Pfandrecht im Rang gesichert → Rdnr. 38. Nach Abs. 2 hat es zwar die Wirkungen eines dinglichen Rechts am Pfandobjekt nur gegenüber konkurrierenden Gläubigern, aber es wirkt dadurch notwendig auch gegenüber dem Schuldner und allen unbeteiligten Dritten[64] und ist daher eine absolute, d. h. gegen jedermann wirkende, vermögenswerte Rechtsposition, die nach § 823 Abs. 1 BGB gegenüber drohender Beeinträchtigung des Pfandobjekts vorbeugenden Rechtsschutz und bei Verletzung Schadensersatzansprüche auslöst[65], während das Verfügungsverbot nur gegen Rechtsgeschäfte des Schuldners schützt[66]. Außerdem berechtigt das Pfändungspfandrecht den Gläubiger zum mittelbaren Besitz[67]. Nach der Verwertung setzt es sich nebst dem erwähnten absoluten Schutz fort am Erlös[68]. Alle diese Wirkungen dauern bis zur Entstrickung[69].

21   Vertretbar, aber unnötig ist, das Pfändungspfandrecht auch als **Grundlage der Verwertung** anzusehen, etwa als Befugnis der Vollstreckungsorgane[70] oder (und) als Recht des Gläubigers auf Verwertung[71]. Denn beide Befugnisse fehlen vorerst in den Fällen → Rdnr. 6, ebenso bei Rechtspfändungen vor der Überweisung, im übrigen folgen sie schon aus den §§ 814ff., 835ff.; schließlich besagt ein Verwertungsrecht des Gläubigers nicht mehr als der Vollstreckungsanspruch[72], → auch Rdnr. 28. Die Verstrickung ist jedenfalls nur Voraussetzung, nicht Grundlage der Verwertung[73]. Noch fruchtloser ist der Streit um die **Sicherungsfunktion** des Pfändungspfandrechts[74]. Ebenso wie das Verfügungsverbot → § 803 Rdnr. 5 nicht akzessorisch ist und doch das Erlösrecht des Gläubigers um des *vermutlichen* Anspruchs willen vor Rechtsgeschäften des Schuldners schützt, erfährt das Erlösrecht als Pfändungspfandrecht Schutz vor Angriffen auf den Pfandgegenstand → Rdnr. 20, selbstverständlich auch um die Befriedigung des *vermutlichen* Anspruchs sicherzustellen. Unabhängigkeit der Vollstreckung vom materiellen Anspruch bedeutet doch nicht Leugnung des Erfüllungs*zwecks* → Rdnr. 24!

22   Die → Rdnr. 20f. umschriebenen Rechte des Gläubigers aus der Pfändung »**Recht auf Befriedigung**« aus dem Pfandobjekt zu nennen[75] ist nur dann unschädlich, wenn man nicht vergißt, daß das prozessuale Pfandrecht – genau wie alle anderen absoluten Rechtspositionen – **kein Recht zum endgültigen Behaltendürfen des Erlöses** gewährt[76].

Es gibt kein einziges dingliches Recht im BGB, das allein Rechtsgrund für das Behaltendürfen seines Gegenstandes oder seines Surrogates wäre, solange eine schuldrechtliche Position entgegenstehen kann,

---

[64] → Rdnr. 18.
[65] Im Ergebnis ganz h.M.; vgl. *Gaul* (Fn. 2) 6; *Münzberg* (Fn. 2) 294; *Peters* (Fn. 9) § 20 III 2c; vgl. auch KG OLGRsp 22, 209. Ob neben §§ 861, 869 (falls dem Schuldner abhanden gekommen) u. § 823 auch § 1227 BGB analog heranzuziehen ist (abl. *Lüke* JZ 1955, 486), mag für das prozessuale Pfandrecht dahinstehen; unhaltbar jedenfalls *Herde* Probleme der Pfandverfolgung (1978), 96f., bürgerlichrechtlicher Schutz könne nur einer materiellrechtlichen Befriedigungsbefugnis zukommen: sollen Arrestpfandrechte vorerst schutzlos bleiben, soll im Herausgabeprozeß etwa geklärt werden, ob bei Titeln nach §§ 708, 720a, 794 Nr. 1 u. 5 der Anspruch besteht oder dem Pfandgegenstand einem Vierten gehört? Das o.g. Recht auf Erhalt des Erlöses steht entgegen *Lüke* aaO u. *Henckel* (Fn. 2) 326f. dem Gläubiger, nicht dem Staat zu u. wirkt gegenüber Dritten, wenn auch insoweit nicht wie ein Vertragspfandrecht → Rdnr. 18. Daher kann bei Besitzentziehung die Herausgabe an den GV auch nach § 823 Abs. 1 verlangt werden.
[66] → § 803 Rdnr. 5.
[67] → § 808 Rdnr. 33.
[68] → § 803 Rdnr. 10.
[69] → § 803 Rdnr. 11 ff.
[70] So *Lüke* JZ 1957, 241; *Martin* (Fn. 2) 130; *Messer* (Fn. 2) 116. – A.M. RGZ 156, 398; *Gaul* (Fn. 2) 4 mwN.
[71] OLG Hamburg MDR 1970, 419; *Lüke* JZ 1955, 485; *Messer* (Fn. 2) 116f.; *Geib* (Fn. 2) 134. – A.M. *Martin*

(Fn. 2) 119ff. u. *Kuchinke* JZ 1958, 201 (gegen dessen Begründung wiederum *Martin* aaO 121, 129). Die privatrechtliche Ansicht verwendet das Wort Verwertungsrecht eher als materielles Recht auf Befriedigung, so eindeutig *Jauernig* (Fn. 10), → dagegen Rdnr. 22.
[72] → Rdnr. 16 vor § 704.
[73] Diese Erkenntnis setzt sich unabhängig vom Theorienstreit immer mehr durch, z.B. *Kuchinke* (Fn. 71); *Jauernig* ZwVR[19] § 16 III C 4b; *Gaul* (Fn. 2) 4.
[74] *Martin* (Fn. 2) 108ff.; *M. Fahland* (Fn. 3) 65, 75ff. mwN.
[75] So die Ansicht → Rdnr. 2 in der irrigen Meinung, dingliche Sicherungsrechte könnten Geldwerte »endgültig zuweisen« als »Instrument der materiellrechtlichen Güterordnung«, vgl. statt vieler *Gaul* (Fn. 2) 6. Sie sind aber sämtlich nur vorläufige Verteidigungsstellungen, deren Festigkeit auf der Beweislast des Angreifers beruht u. deren absoluter Schutz stets versagt gegenüber besser Berechtigten, insbesondere nach §§ 812–826, 853 BGB, zust. *Brehm* ZZP 101 (1988), 498f.
[76] → Rdnr. 141f. vor § 704, § 819 Rdnr. 10f. Wie hier OLGe Hamburg MDR 1974, 322; Oldenburg (Fn. 7) 489; *G. Lüke* AcP 153 (1954), 538f.; *Arens/Lüke*[6] Rdnr. 611; *Baumann/Brehm*[2] § 18 I 2b; *Kohler* ZZP 99 (1986), 39f.; *Rüßmann* (Fn. 3); *Schlosser* (Fn. 7) Rdnr. 232; vgl. auch *Bötticher* ZZP 85 (1972) 13f. Daran ändert auch eine bürgerlichrechtliche Einordnung des Pfandrechts nichts → Fn. 16.

und das kann sie stets bis zu ihrer rechtskräftigen Verneinung durch Urteil; nur gutgläubiger Erwerb kann diese Labilität überwinden, und selbst dieser muß nicht selten obligatorischen Rechten weichen; dafür ist § 816 Abs. 1 S. 2 BGB nur ein Beispiel unter vielen. Sogar akzessorische Rechte müssen nämlich nicht nur **Einwendungen** weichen infolge ihrer Abhängigkeit von der Forderung, sondern nach §§ 1137, 1169, 1211, 1254 auch bloßen **Einreden** (Ausnahme: § 223 Abs. 2 BGB); der Eigentümer darf sie sogar aus dem Recht des Schuldners, also eines Dritten, geltend machen, ganz abgesehen von schuldrechtlichen Einreden, die er oder der Schuldner als eigene entgegenhalten kann und zu denen immer die Einrede der Bereicherung gehört, bei vertraglich begründeten Rechten auch Mängel des schuldrechtlichen Bestellungsvertrages. Erst recht gilt das für nicht akzessorische Sicherungsrechte wie Sicherungsgrundschuld, -eigentum und -abtretung, mit denen allein das prozessuale Pfandrecht in etwa vergleichbar ist → Rdnr. 8. Der Unterschied zu akzessorischen Rechten liegt nur darin, daß das Fehlen des gesicherten Anspruchs nicht den Bestand des Rechts berührt, sondern zu den §§ 812 ff. BGB hinführt; dies gilt entgegen *Jauernig*[77] auch für Beträge, die in Unkenntnis der Nichtschuld vom Schuldner oder dritten Treugeber auf eine Sicherungsgrundschuld *als solche* geleistet sind, § 813 BGB[78].

Rechtsgrund für das **Behaltendürfen** eines Erlöses aus Pfand- und sonstigen Rang- und Sicherungsrechten ist, wenn gutgläubiger Erwerb ausscheidet, eben niemals ein solches Recht, sondern im **Verhältnis zum Schuldner** allein die gesicherte Titelforderung, soweit sie besteht[79], im Verhältnis zum Besteller (Schuldner oder Drittem) auch das schuldrechtliche Pfandbestellungsverhältnis oder sonstige Rechtslagen, die der gesetzlichen Haftung eines Gegenstandes zugrundeliegen[80]. Die Kraft aller dieser Rechte liegt also nicht im Behaltendürfen sondern im sicheren **Bekommen des Erlöses**[81] von bedrängten Schuldnern, und das ist beim Pfändungspfandrecht nicht anders. Daher bleibt der Vorwurf, es sei widersprüchlich, einen Pfandgläubiger Bereicherungsansprüchen auszusetzen, ein Irrtum, auch wenn er ständig wiederholt wird[82], meist unter Berufung auf eine unglückliche Bemerkung *Lükes*[83]. 23

Dies gilt nicht nur für freiwillige Leistungen auf den Titel sondern auch für die Beitreibung, → auch Rdnr. 28. Sie ist zwar nicht »Leistungshandlung« des Schuldners[84] sondern hoheitlicher Vollzug verfahrensrechtlicher Normen, §§ 804, 815, 817 Abs. 4, 819, 827. Dennoch geschieht sie **zum Zwecke der Erfüllung**, s. auch §§ 805 Abs. 1, 807, 817 Abs. 4, 818, nämlich als zwangsweiser Ersatz für eine Geldzahlung[85]. Daß Vollstreckung die bezweckte Erfüllungswirkung haben *kann*[86], folgt aber nicht aus dem Pfändungspfandrecht sondern daraus, daß grundsätzlich das gesamte Vermögen des Schuldners für den titulierten Anspruch haftet → Rdnr. 28; das Pfändungspfandrecht wird auch nicht etwa zur Begrenzung dieser Haftung benötigt, weil ohnehin nur gepfändete Gegenstände zu verwerten sind. Ob diese bezweckte 24

---

[77] *Jauernig* (Fn. 10).
[78] *Brehm* (Fn. 76). Außerdem wäre es abwegig, den ZV-Erlös nur auf das PfändPfandR zu verrechnen statt (zumindest auch) auf die titulierte Geldforderung.
[79] So auch für das PfändPfandR *Rüßmann* (Fn. 3).
[80] S. auch den Fall *BGH* NJW 1983, 2148: § 812 BGB, obwohl rechtmäßig aufgrund Titels Schuldnervermögen gepfändet wurde.
[81] Das ist mit »Befriedigung suchen« in § 1204 BGB gemeint; auch in § 1144 BGB bedeutet Befriedigung die Handlung, *Oesterle* Leistung Zug um Zug (1980) 210. Ob erfüllt ist, richtet sich nur nach der Forderung.
[82] Jetzt wieder *Schilken* (Fn. 9) Rdnr. 7.
[83] AcP 153 (1954), 547 Fn. 58.
[84] *Esser/Weyers* SchuldR II[7] § 50 II 2 a; *Henckel* (Fn. 2) 332 f.; *Jauernig/Schlechtriem* BGB[7] § 812 II 1g; *MünchKommBGB-Lieb*[2] § 812 Rdnr. 269; *Palandt/Thomas* BGB[53] § 812 Rdnr. 37 f., h.M. → auch § 815 Rdnr. 19, § 819 Rdnr. 38.
[85] Daher ist auch trotz fehlender Leistungshandlung entspr.Anw. des § 820 BGB vertretbar *Kohler* (Fn. 76) 49 ff.

[86] Auf rechtsgeschäftliche oder geschäftsähnliche Erklärungen des Schuldners (s. *Palandt/Heinrichs* BGB[53] § 362 Rdnr. 5 ff., 12) muß in der ZV ohnehin verzichtet werden; sie würden auch fehlen, wenn man GV oder Drittschuldner als Leistende ansähe. Sie sind vertreten nicht den Schuldner, vgl. auch *Henckel* (Fn. 2) 332 f., u. ganz schief wäre es, sie als Dritte gemäß § 267 BGB anzusehen, obwohl der Erlös rechtlich aus dem Vermögen des Ersteigerers oder Drittschuldners, wirtschaftlich aus dem Schuldners selbst stammt. Wie hier *Lüke* (Fn. 83) 543 f.: »Zwangserfüllung«; vgl. auch *Gaul* (Fn. 2) 6 Fn. 64 mwN.

Ein **Dritteigentümer** muß jedoch durch rechtsgeschäftliche Erklärung jene Erfüllungswirkung erreichen können, die durch eigene Leistung nach § 267 BGB möglich gewesen wäre; falls nicht durch »Genehmigung der Pfändung« (→ dazu Fn. 41), so doch vertraglich, u.U. stillschweigend verbunden mit prozessualen Handlungen (z.B. Verzicht, Klagerücknahme im Prozeß nach § 771 wegen aussichtsloser Beweislage).

Erfüllung wirklich eintritt, hängt daher nicht von der Zulässigkeit der Pfändung, erst recht nicht vom Pfändungspfandrecht ab, sondern allein davon, ob der im Titel ausgewiesene Anspruch bestand[87] und ihm der verwertete Gegenstand materiell haftete[88]; es besteht nicht das geringste Bedürfnis, dies im Prozeßrecht zu regeln, schon gar nicht auf dem Umweg über das Pfändungspfandrecht, wie auch immer man es rechtlich einordnet. → auch zur Erfüllung bei vorläufiger Vollstreckbarkeit § 708 Rdnr. 5 ff. Auch die §§ 815, 819 regeln ja nur die Zahlungsfiktion, nicht die Erfüllung im Sinne des § 362 BGB[89]. Gleiches wie von der Vollstreckung als solcher kann man auch vom Pfändungspfandrecht sagen: Es bezweckt zwar letztendlich Erfüllung, garantiert sie aber ebensowenig wie materielle Sicherungsrechte sie garantieren können[90].

25   Würde diese Erfüllungswirkung durch Vollstreckung nicht eintreten können, weil der Anspruch fehlt oder nicht haftendes Vermögen gepfändet ist, so kann das Pfändungspfandrecht durch Entstrickung nach § 776 beseitigt werden[91], also auch mit Wirkung für das Insolvenzrecht[92], nämlich vor Rechtskraft durch Einlegung von Rechtsmitteln, nachher durch Wiederaufnahme oder Wiedereinsetzung sowie stets nach den §§ 767, 771, → auch wegen Eilmaßnahmen § 707 Rdnr. 26 ff. und zu vollstreckungsbeschränkenden Vereinbarungen § 766 Rdnr. 21 ff.

26   Ist aber die materiell ungerechtfertigte Erlösauszahlung nicht auf diesen Wegen verhindert worden, so tritt dadurch keine Erfüllung ein[93] und das Pfändungspfandrecht steht Bereicherungs- oder Schadensersatzansprüchen nicht im Wege[94]; in diesen Fällen ist es übrigens ohnehin untergegangen, nachdem es seinen Zweck, dem Vollstreckungsgläubiger zum Erlös zu verhelfen, vollständig erfüllt hat[95]. Erlangt ist dann der *Erlös* sowohl aufgrund des ungerechtfertigt erworbenen Pfändungspfandrechts im Sinne des § 818 Abs. 1 BGB, als auch aufgrund jener prozessualen Rechtslage, die einen durch Vollstreckungstitel ausgewiesenen Gläubiger als berechtigt erscheinen ließ. – Die Bereicherung wegen ungerechtfertigten Erwerbs des Pfändungspfandrechts[96] wirkt sich aber auch dann aus, wenn es noch am Erlös fortbesteht, z. B. wenn dieser hinterlegt ist: im Verteilungsverfahren überwindet der besser berechtigte Kläger den Rang des § 804 Abs. 3 durch Erwirkung des rechtsgestaltenden Urteils → § 878 Rdnr. 8, während das Pfändungspfandrecht gegenüber allen anderen Gläubigern mit seinem Rang fortbesteht bis zur Entstrickung durch Aufhebung oder Erlösverteilung. Erlischt es durch Erlösverteilung, bleibt einem im Verteilungsverfahren noch nicht Berücksichtigten immer noch die Bereicherungsklage, → § 878 Rdnr. 38.

27   Da Beitreibungen nicht Leistungshandlungen des Schuldners sind[97], ist der Erwerb des Erlöses stets **Bereicherung auf sonstige Weise**[98], falls der Anspruch fehlte, der Gegenstand

---

[87] *OLG Oldenburg* (Fn. 7) 489. → auch § 819 Rdnr. 11 a.E.
[88] *Rüßmann* (Fn. 3), → auch Fn. 101.
[89] → §§ 815 Rdnr. 16 ff., 819 Rdnr. 1; *Brehm* ZIP 1983, 1424 f.; *Münch* Vollstreckbare Urkunde (1989), 140; *Schünemann* JZ 1985, 49.
[90] Daran krankt die Argumentation von *Jauernig* (Fn. 10) auf die sich auch *Schilken* (Fn. 9) Rdnr. 11 beruft.
[91] Die von *Blomeyer* u. *K. Schmidt* (Fn. 16) betonte »schwebende Unwirksamkeit« ist zwar ein anschaulicher Hinweis auf das kurze (→ auch § 803 Rdnr. 11) u. oft durch Aufhebungsgründe gefährdete »Leben« des Pfänd-PfandR. Notwendig ist dieses Bild aber hier ebensowenig wie bei anderen erlössichernden Rechten → Rdnr. 22.
[92] Über die dort möglichen »unterschiedlichen Ergebnisse« je nach Pfandrechtstheorie s. *Brox/Walker*[4] Rdnr. 392 a. E., *Schilken* (Fn. 9) Rdnr. 8. Übersehen wird dabei meist, daß der Bereicherungsanspruch → § 771 Rdnr. 73 auch gegenüber ungerechtfertigter Befriedigung aus Absonderungsrechten durchschlägt. Denn auch diese wirken nur gegenüber den anderen Konkurs/Insolvenzgläubigern, nicht gegenüber Dritten, u. es kann insoweit keinen Unterschied machen, ob eine scheinbare Massesache vom GV oder vom Verwalter verwertet wird. → auch Rdnr. 28.
[93] → Rdnr. 24, § 815 Rdnr. 18 f., § 819 Rdnr. 1, 3.
[94] → Rdnr. 141 f. vor § 704; für Bereicherungsansprüche *OLG Oldenburg* (Fn. 7) 489.
[95] → § 803 Rdnr. 11.
[96] Sie kann vom Schuldner nicht mangels Anspruchs nach § 812 BGB geltendgemacht werden, solange Pfändung u. PfandPfandR noch bestehen, insbesondere der Erlös noch nicht an den Gläubiger ausgezahlt ist, sondern nur gemäß 776 (§ 767). Ob erst dann der Anspruch aus § 812 BGB entsteht, so *OLG Oldenburg* (Fn. 7) 389, oder bis dahin nur nicht eingeklagt werden kann, weil die vollstreckungsrechtlichen Behelfe Vorrang haben, mag dahinstehen.
[97] → Rdnr. 24.
[98] → Fn. 84.

nicht dem Schuldner gehörte, die Pfändung gegen § 14 KO (§ 89 InsO) verstieß[99] oder auch nur der Vorrang des Pfändungspfandrechts gegenüber bestimmten Gläubigern ungerechtfertigt war → § 878 Rdnr. 11 ff.

Henckel meint, im Unterschied zur Leistungskondiktion komme hier der materielle Anspruch nicht als Rechtsgrund gegenüber dem Schuldner in Betracht, weil es beim Eingriffserwerb nur auf den Zuweisungsgrund bzw. darauf ankomme, wem nach der rechtlichen Güterzuordnung der Erwerb gebühre[100]. Deshalb glaubt er, nur das Pfändungspfandrecht könne Rechtsgrund für das Behaltendürfen des Erlöses sein. Das kann nicht richtig sein, denn sonst wäre ein Gläubiger bei anderen Vollstreckungsarten, die ohne Pfändungspfandrecht durchgeführt werden (§§ 883 ff.), der Kondiktion des Schuldners ausgesetzt: genügte der Anspruch nicht als Rechtsgrund, so könnte auch dessen rechtskräftige Feststellung nicht genügen[101]. Henckel selbst liefert aber die richtige Lösung[102]: Das Eigentum des Schuldners ist **Haftungsobjekt für seine Geldschulden**; es entspricht der Güterzuordnung, wenn dieses Eigentum zugunsten der Gläubiger verwertet wird. Es ist also doch der materielle Anspruch, der bei der Vollstreckung – wie auch im Konkurs/Insolvenzverfahren – über das Bindeglied der Vermögenshaftung die Güterzuordnung regelt, ebenso wie er für die Erfüllungswirkung der Vollstreckung maßgeblich ist[103]; m.a.W. die Haftung des Schuldnervemögens ist schon Rechtsgrund für das Behalten des Erlöses. Dann ist es aber überflüssig, denselben Rechtsgrund noch zusätzlich aus dem Pfändungspfandrecht abzuleiten; auch bei Veräußerungen nach Pfändung gemäß § 931 zeigt das bestehenbleibende Pfändungspfandrecht lediglich an, daß die Haftung des Gegenstandes[104] prozessual fortdauert, während sie sich materiell trotz Rechtsnachfolge weiterhin nach dem schuldrechtlichen Verhältnis zwischen Gläubiger und Schuldner richtet. Besteht jedoch der Anspruch und ergriff die Pfändung Vermögensgegenstände, die dem Gläubiger **nicht** haften, so wäre es erst recht verfehlt, das Pfändungspfandrecht als Rechtsgrund zum Behaltendürfen des Erlöses anzusehen[105]. Entsprechendes gilt für das Pfändungspfandrecht als Absonderungsrecht bei Insolvenz → Fn. 92.

1. Der **Gegenstand des Pfandrechts** deckt sich mit dem der Pfändung und ändert sich mit ihm durch Surrogation usw.[106]. Er kann aber insofern darüber hinausgehen, als z.B. beim Kraftwagen der Kraftfahrzeugbrief[107], bei Rechtspfändungen auch Schuldscheine und vergleichbare Urkunden sowie Nebenrechte auch ohne Pfändung dem Pfandrecht bzw. der Beschlagnahme unterworfen sind[108], und getrennte Früchte dem Pfandrecht an der Muttersache unterliegen entsprechend § 1212 BGB[109].

2. Die **Höhe der Haftung** des Pfandes ist nicht abhängig vom materiellen Anspruch, sondern begrenzt durch Vollstreckungsantrag[110] und laut Ausfertigung jeweils vollstreckbaren Betrag[111] nebst laufender Zinsen bis zur Erlösauszahlung[112] sowie Vollstreckungskosten[113]. Sie kann sich nach der Pfändung **verändern** a) durch Ausdehnung[114] oder Einschränkung des Antrags, b) durch (teilweise) Entstrickung[115] oder Entstrickung zulasten einzelner Gläubiger[116], c) durch Verbrauch der vollstreckbaren Ausfertigung[117], d) aber *nicht* durch Leistungen des Schuldners an den Gläubiger[118]; auch die (teilweise) Aufhebung des Titels

---

[99] → Rdnr. 37a.
[100] *Henckel* (Fn. 2) 331 ff.
[101] Ebenso unrichtig wäre es, dem Schuldner § 812 BGB zuzugestehen, wenn GV, Drittschuldner oder Verteilungsgericht an den Gläubiger versehentlich auszahlen trotz vorangegangener Entstrickung (§ 775 Nr. 1, § 776), falls der zunächst aufgehobene Titel in höherer Instanz rechtskräftig wiederhergestellt ist. Obwohl das Pfandrecht erloschen war, ist gegenüber dem Schuldner die Haftung des verwerteten Gegenstandes für die Schuld Rechtsgrund, → auch Rdnr. 24.
[102] *Henckel* (Fn. 2) 333.
[103] → Rdnr. 24.
[104] → Rdnr. 20, 23, 30.
[105] → §§ 767 Rdnr. 56, 771 Rdnr. 73 ff. sowie unten Fn. 144.
[106] → § 803 Rdnr. 10; *RGZ* 161, 113.
[107] → § 808 Fn. 170.
[108] → § 829 Rdnr. 80f., § 857 Rdnr. 5.
[109] *Wurzer* Recht 1911, 828; *Hellwig* System 2, 300.
[110] Dazu → Rdnr. 75 vor § 704, § 754 Rdnr. 1, 3–4a.
[111] BGH NJW 1991, 2149. Der Vorwurf *Henckels* (Fn. 2) 324, ohne Akzessorietät sei ziffernmäßige Bestimmung unmöglich, trifft daher das prozessuale Pfandrecht nicht; → auch Rdnr. 22 (Vergleich mit Grundschuld).
[112] Für Schecks → § 754 Fn. 84.
[113] → § 788 Rdnr. 23.
[114] Aber nicht zulasten zwischenzeitlicher Pfändungen, → auch § 829 Rdnr. 83.
[115] → § 803 Rdnr. 20.
[116] → § 803 Rdnr. 20.
[117] → § 775 Rdnr. 2, § 766 Rdnr. 15, § 815 Rdnr. 17–19.
[118] → Rdnr. 9 und § 775 Rdnr. 3.

beseitigt die Pfandhaftung erst mit Entstrickung → § 803 Rdnr. 13 f., § 776 Rdnr. 2 ff. Da Vollstreckungsorgane die Änderungen a-c ohnehin von Amts wegen zu beachten haben[119], besteht kein Bedürfnis, dem Pfändungspfandrecht einen »Nennwert« zuzuweisen oder es »mitsinken« zu lassen bei teilweiser Aufhebung des Titels usw[120]. Das gilt auch, wenn der Konkurs/Insolvenzverwalter einem Pfändungsgläubiger abgesonderte Befriedigung gewährt, denn sie bezieht sich nicht auf das Pfandrecht, sondern auf die »Pfandforderung«, § 48 mit § 49 Nr. 2 KO (»Hauptforderung, Zinsen und Kosten«, § 50 Abs. 1 InsO).

31 *Ohne Einfluß* auf das Pfändungspfandrecht ist die materielle Ersetzung des im Titel genannten Anspruchs durch einen **anderen Anspruch**. Es bleibt für den ursprünglichen Titel erhalten bis zur Entstrickung nach § 776[121] und deckt den **neuen Anspruch** auch dann nicht, wenn er schon tituliert ist[122], sondern es ist dafür neue Pfändung nötig[123], die nicht durch vereinbarte Haftungserstreckung ersetzt werden kann[124].

31a Soweit es sich aber bei erneuter Titulierung nicht um einen »neuen« Anspruch handelt, also unter (vollständiger oder teilweiser) Aufrechterhaltung **desselben Anspruchs**[125] nur der alte Titel, bevor dieser seine Vollstreckbarkeit verloren hat[126], ersetzt wird durch einen neuen Titel[127], oder dem alten Titel über *denselben Anspruch* (oder einen Teil davon) ein neuer Titel hinzugefügt wird[128], so dürfen Pfändungen *nicht* aufgehoben werden, die sich auf den aufrechterhaltenen Anspruch beziehen, und sie behalten auch ihren Rang[129], falls nicht schon unrichtig eine Entstrickung stattgefunden hat. Ob eine (Teil-) Aufrechterhaltung eines Anspruchs aus einem noch nicht rechtskräftigen Urteil *durch Prozeßvergleich* unter den ersten Fall (Titelersetzung) oder zweiten Fall (Titelkumulation) fällt, spielt daher für Pfändung, Pfandrecht und Rang keine Rolle, sondern nur für die Frage, welcher Titel dann noch Grundlage der Vollstreckung sein kann, → Rdnr. 20 vor § 704.

31b Auch rechtsgeschäftlicher oder gesetzlicher **Übergang des materiellen Anspruchs** läßt das Pfändungspfandrecht vorerst für den Titelgläubiger bestehen[130]. Der neue Gläubiger erwirbt es in Übereinstimmung mit der formalen Vollstreckungslage[131] nur aber, aber auch immer dann, wenn ihm die Vollstreckungsklausel erteilt ist[132], gleichgültig ob die Forderung wirklich

---

[119] → § 757 Rdnr. 4, ferner §§ 818, 827 Abs. 2, wo mit »Befriedigung« u. »Deckung« stets die formale Höhe des Titels gemeint ist (soweit die vollstr. Ausf. noch nicht verbraucht ist → § 775 Rdnr. 2).
[120] → Fn. 111.
[121] Entstrickung (oder gar Pfandrechtsverlust ohne diese) darf nicht stattfinden, soweit derselbe Anspruch nur neu tituliert wird → Rdnr. 31 a; ähnlich bei Ersetzung einer vollstreckbaren Entscheidung durch Prozeßvergleich, wenn dieser den Anspruch lediglich einschränkt → § 794 Rdnr. 32 a,b. → auch § 732 Rdnr. 10 (wichtig bei Vorratspfändungen nach § 850 d Abs. 3). Dies gilt entgegen *BAG* AP Nr. 1 zu § 776 auch bei Aufhebung eines Prozeßvergleichs durch einen späteren (→ dazu § 794 Fn. 313), richtig Anm. *Pohle* aaO (zu 3).
[122] → § 767 Rdnr. 16, § 794 Fn. 624. Für die in § 26 S. 2 KO (§ 103 Abs. 2 InsO) genannten Ansprüche *Jaeger/Henckel* KO[9] § 17 Rdnr. 47, für vollstreckbare Urkunden → § 794 Rdnr. 95. Die für Surrogate **gepfändeter Gegenstände** geltenden Regeln (→ § 803 Rdnr. 10, § 857 Rdnr. 11) greifen hier nicht ein.
[123] Vgl. auch *RGZ* 114, 384; *BGH* → § 794 Fn. 624.
[124] Insoweit richtig *BAG* (Fn. 121); ebenso *Baumbach/Hartmann*[53] Rdnr. 8; *Zöller/Stöber*[19] Rdnr. 12; im Ergebnis *OLG Karlsruhe* OLGRsp 15, 393 (unter Berufung auf Akzessorietät).
[125] Wobei für wiederkehrende Leistungen zu beachten ist, daß z. B. bis Juli titulierte Leistungen, etwa Verzugszinsen, nicht identisch sind mit solchen ab August.
[126] → auch § 930 Rdnr. 12 (20. Aufl.). Zum Zeitpunkt

des Außerkrafttretens nach § 620 f Abs. 1 S. 2 (regelmäßig Fortbestand der Vollstreckbarkeit für Rückstände) → dort Rdnr. 2 d a. E.
[127] → § 725 Rdnr. 7, § 775 Rdnr. 10, § 620 f Rdnr. 2 d a. E., dazu *OLG Frankfurt* FamRZ 1989, 765 f.
[128] Z. B. durch Prozeßvergleich im Streit über eine vollstreckbare Urkunde (§§ 767, 795) über denselben Anspruch; → § 794 Rdnr. 32 zum Vergleich nach noch nicht rechtskräftigem Urteil.
[129] Vgl. z. B. *BGH* NJW-RR 1991, 266[6] für ein den Unterhaltsanspruch bejahendes Urteil nach einer Pfändung aus Titel gemäß § 620 Nr. 1 Nr. 6; wie hier *OLG Frankfurt* (Fn. 127) zu § 620 f; *OLG Stuttgart* Justiz 1985, 294 für § 642 b. → auch § 775 Rdnr. 10. Folgt man der »gemischten Theorie«, so darf insoweit kein automatischer Pfandrechtsverlust ohne Entstrickung angenommen werden, als der neue Titel den Anspruch im alten Titel aufrechterhält. Differenzierend *Grunsky* → § 930 Rdnr. 12 (20. Aufl.) mwN auch zur hier vertretenen Ansicht.
[130] *Emmerich* (Fn. 2) 254 ff.; *Goldschmidt* Ungerechtfertigter Vollstreckungsbetrieb (1910), 79; *Pagenstecher* Gruch. 50 (1906), 291 ff.; *Rosenberg/Gaul*[10] § 16 V 2; *Hartmann* (Fn. 124); *Thomas/Putzo*[18] Rdnr. 4. – A. M. *Stein* (Fn. 2) 32 u. die → Fn. 9 Genannten (Klauselumschreibung sei nur zur Geltendmachung erforderlich).
[131] → § 727 Rdnr. 2.
[132] Ausführlich *Martin* (Fn. 2) 213 f. Fn. 50. Deshalb (nicht wegen Akzessorietät!) ist eine Übertragung oder Pfändung nur des PfändPfandR ohne Wirkung, so richtig

übergegangen ist → Rdnr. 9. Dies gilt auch für Pfändungen der Titelforderung, während bei *Erbfolge*, da Rechte nicht ohne Subjekt fortbestehen, die (wahren, also möglicherweise unbekannten!) Erben als vorläufige Inhaber angesehen werden können, bis der durch Erbschein Ausgewiesene durch Klauselerteilung das Pfandrecht erlangt bzw. geltend machen kann[133].

3. Dem *Gläubiger* stehen als **Rechtsbehelfe** nur Erinnerung bzw. sofortige Beschwerde zu gegenüber Verfahrensverstößen[134], auch hinsichtlich der Erlösauszahlung[135], ferner gegenüber Mängeln vorrangiger Pfändungen[136]. Wegen Einwirkungen Dritter auf den Pfandgegenstand → Rdnr. 20; gegenüber unberechtigtem Besitz kann auf Herausgabe an den Gerichtsvollzieher geklagt werden → Fn. 65. Der Anspruch versagt gegenüber redlichen Erwerbern[137] und Dritten, die ihr Recht gemäß § 771 einredeweise entgegenstellen[138]. Zur Erhaltung des Pfandrechts bei Forderungen → auch § 829 Rdnr. 85f. – Über Rechtsbehelfe des *Schuldners* und Dritter → Rdnr. 86ff. vor § 704.

4. Im **Rangverhältnis zu anderen Gläubigern** gewährt das Pfändungspfandrecht nach Abs. 2 dieselben Rechte wie ein Vertragspfandrecht; es steht also in Rangkonkurrenz mit den anderen in § 49 KO (§§ 50f. InsO) genannten, ebenso dem Vertragspfandrecht gleichgestellten Rechten (→ aber Rdnr. 34). Das sind die öffentlichen Abgaberechte gemäß § 49 Nr. 1 KO (§ 51 Nr. 4 InsO), ferner nach § 49 Nr. 2–4 KO (§ 50 Abs. 2, § 51 Nr. 2, 3 InsO) die gesetzlichen Pfandrechte des Vermieters, Verpächters, Pächters, Unternehmers, Gastwirts nach §§ 559, 581, 585, 590, 647, 704 BGB, des Berechtigten bei der Sicherheitsleistung, § 233 BGB, des Kommissionärs, Spediteurs, Lagerhalters, Frachtführers, Verfrachters, der Vergütungsberechtigten, Berger und Hilfeleister nach §§ 397ff., 404, 410f., 421 HGB. S. auch § 22 OrderLagerschVO[139], §§ 440, 623, 627, 674, 725, 731, 751, HGB, BinnschG §§ 77, 89, 97, FlößG §§ 28f., StrandungsO § 20, das Zurückbehaltungsrecht aus nützlicher Verwendung nach §§ 273, 1000, 1003 BGB (nicht aber alle unter § 273 fallenden oder vertragsmäßigen Zurückbehaltungsrechte)[140], die handelsrechtlichen Zurückbehaltungsrechte nach §§ 369ff. (370 aufgehoben ab 1999, Art. 40 Nr. 18 EGInsO), 615, 632 Abs. 2, 888 HGB[140a], sowie die landesgesetzlichen Rechte der Pfandbrief- und Schuldverschreibungsinhaber nach § 17 EGKO (ab 1999 s. Art. 54, 81ff. EGInsO). S. auch § 157 VVG, § 32 DepotG (ab 1999 geändert, Art. 51 EGInsO).

Diesen Rechten gegenüber hat das Pfändungspfandrecht den Rang seines Alters (→ Rdnr. 38) mit folgenden Ausnahmen: Es geht allen, also auch *älteren* Pfand- und Vorzugsrechten vor, die im Konkurs/Insolvenzverfahren den Vertragspfandrechten nicht gleichgestellt sind, Abs. 2 zweiter HS, und es gehen ihm umgekehrt nach § 49 Abs. 2 KO (§ 76 Abs. 1 AO) sogar *jüngere* Rechte vor, wenn sie Abgaberechte gemäß § 49 Nr. 1 KO sind[141] oder gemäß § 1208 BGB, §§ 366 Abs. 2, 3, 623 Abs. 3 HGB, § 77 BinnschiffG[142] im guten Glauben an das Nichtbestehen des Pfändungspfandrechts erworben wurden[143]. Umgekehrt

---

§ 75 Nr. 4 GVGA; wegen des Einziehungsrechts nach Überweisung → § 835 Rdnr. 26.
[133] Insoweit allg. M.
[134] → § 766 Rdnr. 2, 10, 29.
[135] → § 819 Rdnr. 8.
[136] → § 766 Rdnr. 32.
[137] → Rdnr. 43.
[138] A.M. *OLG Frankfurt* ZZP 53 (1928), 116.
[139] Vom 16. XII. 1931 (RGBl. I S 763).
[140] Vgl. *RGZ* 51, 86f.; 66, 26f.; 68, 282.
[140a] Str. für die GesO in den neuen Bundesländern *OLG Dresden* DtZ 1994, 252.

[141] § 49 Abs. 2 KO gilt auch außerhalb des Konkurses, Art. III EGzNov der KO (1898). In der InsO fehlt diese Vorschrift, weil sich der Vorrang ebenso aus § 76 AO ergibt, wie die Ausnahme zugunsten der Schiffsgläubiger aus der nF des § 761 HGB, Begr BT-Drucks. 12/2443 S. 125, Art. 40 Nr. 21 EGInsO.
[142] *OLG Braunschweig* OLGRsp 1910, 345.
[143] → Rdnr. 43, *Münzberg* ZZP 78 (1965), 306 mit 297ff.

können aber weder Pfändungspfandrechte noch ihr Vorrang nach §§ 1207f. BGB gutgläubig erworben werden[144].

35 Wegen der Gläubiger, die ein Recht auf Befriedigung aus dem Grundstück oder eingetragenen Schiff haben, → die Bem. zu §§ 810 und 865; über Früchtepfandrechte → § 810 Rdnr. 7.

36 Gleich- oder nachstehende Gläubiger haben gegenüber dem Pfändungspfandgläubiger das *Ablösungsrecht* nach § 268 BGB; er selbst hat das Recht aus § 1249 BGB nicht wegen § 805.

37 **5. Pfändungspfandrechte gewähren nach § 49 Nr. 2 KO (§ 50 Abs. 1 InsO) abgesonderte Befriedigung im Konkurs/Insolvenzverfahren des Schuldners.**
a) Sie erfolgt nach *bisherigem Recht* gemäß § 4 Abs. 2 mit § 127 Abs. 2 KO durch Fortsetzung der Vollstreckung, ohne daß es einer Zustimmung des Konkursverwalters bedarf, so daß nur ein etwaiger Überschuß zur Masse abzuliefern ist. → auch § 808 Rdnr. 37 a. E.
b) *Nach § 166 Abs. 1 InsO* (→ § 775 Rdnr. 40) darf jedoch der *Insolvenzverwalter* bewegliche Sachen, an denen Absonderungsrechte bestehen, freihändig verwerten, *wenn er sie in seinem Besitz hat*. Damit dürfte unmittelbarer Besitz gemeint sein wie in § 148 InsO, so daß das Verwertungsrecht des Verwalters nur solche gepfändeten Sachen erfaßt, die der Gerichtsvollzieher nach § 808 Abs. 2 S. 2 unter Ersichtlichmachung der Pfändung dem Schuldner belassen hatte[144a] und vom Verwalter nach § 148 InsO übernommen sind. Dann geht dieser nach §§ 167–169 InsO vor. Hat jedoch der Gerichtsvollzieher den nach § 808 erlangten unmittelbaren Besitz behalten, so gelten nach § 173 InsO die gleichen Regeln wie → oben zu a). Solche Unterscheidung nach der Besitzlage mag für Sicherungseigentum und Vermieterpfandrechte angebracht sein, leuchtet aber für gepfändete Sachen kaum ein, zumal das Pfändungsverfahren des Gerichtsvollziehers vom Verhalten des Schuldners abhängen kann → § 808 Rdnr. 23.

37a *Konkurs/Insolvenzgläubigern* verbleibt das Absonderungsrecht jedoch wegen §§ 14, 15 KO (§§ 89, 91 InsO) nur, wenn sie *vor* Eröffnung des Konkurses (des Insolvenzverfahrens), in den Fällen des Nachlaßkonkurses (Nachlaßinsolvenzverfahrens) noch *vor* dem Erbfall, § 221 KO (§ 321 InsO), gepfändet haben und, falls die Pfändung ein künftiges Recht betraf, dieses bis dahin schon – mindestens als bedingtes – entstanden war[145]. Pfändungen, die *nach Eröffnung* wirksam werden, sind nach §§ 14f. KO (§ 89 InsO) aufzuheben, soweit sie Konkurs/Insolvenzforderungen sichern[146]. Wird dies versäumt und erhält deshalb der Gläubiger den Erlös, so kann dieser aber trotz bestehenden Anspruchs und Pfändungspfandrechts nach § 812 BGB vom Verwalter beansprucht werden[147]. Gleiches gilt für § 88 InsO.

37b Pfändungen aufgrund *dinglicher Absonderungsansprüche oder Masseansprüche* scheitern indessen weder an § 14 (§ 89 InsO) noch an § 15 KO (§ 91 InsO)[148]. Soweit sie Masseansprüche betreffen, können allerdings der sechsmonatige Aufschub nach § 90 InsO (Näheres → § 775 Rdnr. 42) und nach der Anzeige der Masseunzulänglichkeit das Vollstreckungsverbot des § 210 InsO entgegenstehen. Für andere Gläubiger, die am Konkurs/Insolvenzverfahren nicht teilnehmen können, gilt zwar § 14 KO (§ 89 InsO) nicht; ihren Pfändungen nach Eröffnung des Verfahrens steht also kein von Amts wegen zu beachtendes Hindernis entgegen. Aber der Verwalter kann und muß sie wegen § 15 KO (§ 91 InsO) nach § 766 aufheben lassen[149]. Über Veräußerungsverbote nach § 106 KO (§ 21 InsO) → § 772 Rdnr. 1, 5a.

---

[144] → Fn. 36 u. zum Rang *OLG Dresden* OLGRsp 4, 331f.
[144a] Vgl. BT-Drucks. 12/2443 S. 178 Abs. 4.
[145] → § 829 Rdnr. 5.
[146] → Rdnr. 62 vor § 704 Fn. 309.
[147] → Rdnr. 23, 27. So i.E. (obgleich unter Verneinung schon des PfändPfandR) auch *Henckel* KO⁹ § 14 Rdnr. 46; JZ 1992, 654; *Kilger/K. Schmidt* KO¹⁶ § 14 Anm. 5b.

[148] *Henckel* KO⁹ § 14 Rdnr. 21 f.
[149] Versäumt er das, so bleibt ihm der Anspruch nach § 812 BGB gegen den Gläubiger: dieser erhielt im Verhältnis zu den Konkursgläubigern ungerechtfertigt abgesonderte Befriedigung, weil nach § 15 KO/§ 91 InsO der Pfandgegenstand nur noch ihnen, nicht mehr dem Pfändungsgläubiger haftete → Rdnr. 28 (also ganz gleich ob man wie hier ein PfändPfandR annimmt oder nicht).

Über die Anfechtbarkeit der Pfändung nach § 30 KO (§ 131 InsO) → § 803 Rdnr. 9, wegen der Besonderheiten des Vergleichsverfahrens → § 775 Rdnr. 38.

6. Das durch **frühere Pfändung** begründete Pfandrecht geht Pfandrechten vor, die durch spätere Pfändung begründet werden; zur Pfändung künftiger Rechte → § 829 Rdnr. 5. Gleichzeitige Pfändungen[150] haben gleichen Rang: sog. **Präventions- oder Prioritätsprinzip**[151]. Ob Gläubiger desselben Schuldners oder verschiedener Schuldner bezüglich desselben Pfandgegenstandes konkurrieren, bleibt sich gleich[152]. Wegen der Rangunterschiede zwischen *Vorrats- und Vorauspfändung* → § 751 Rdnr. 4 und zur Erstreckung des Pfandrechts auf künftige Raten des gepfändeten Rechts → § 832 Rdnr. 7 ff. Der spätere Pfandgläubiger hat deshalb, soweit seine Pfändung in einem Rangverhältnis zu der früheren Pfändung steht[153], stets ein rechtliches Interesse daran, die Nichtigkeit oder Anfechtbarkeit der früheren Pfändung und damit auch des Pfändungspfandrechts geltend zu machen, falls nicht seine Pfändung am selben Mangel leidet[154], nicht aber umgekehrt[155]. Eine Umkehrung der Reihenfolge durch gutgläubigen Erwerb eines Pfändungspfandrechts ist ausgeschlossen → Fn. 144. Wohl aber tritt sie bei Pfändung von Forderungen des Kommissionärs zugunsten der Gläubiger des Kommittenten ein, § 392 Abs. 2 HGB. Zum Rang der Arrestpfandrechte → § 930 Rdnr. 12. »Rangänderungen« wirken nur obligatorisch zwischen Personen, die an der Vereinbarung beteiligt oder unmittelbar durch sie begünstigt sind oder die ihr zugestimmt haben[156]. 38

Hat ein Gläubiger bereits ein älteres gesetzliches oder vertragliches Pfandrecht für dieselbe Forderung, wegen der er pfänden ließ, so folgt aus seiner Doppelstellung[157], daß er entweder nach § 805 als Pfandgläubiger oder nach § 878 als Pfändungspfandgläubiger im Wege der Klage sein besseres Recht verfolgen kann gegenüber solchen Pfändungen, die zwar vor der eigenen Pfändung, aber nach Begründung des eigenen materiellen Pfandrechts erfolgten[158]. Entsprechend hat er die Wahl zwischen § 772 Satz 2 und § 878, wenn zu seinen Gunsten ein vorrangiges Veräußerungsverbot besteht[159]. 39

S. noch wegen Anschlußpfändungen §§ 826, 853, zur Konkurrenz von Anspruchs- und Sachpfändung § 847 Rdnr. 13, wegen der Pfändung von Mietzinsen usw. durch Hypothekengläubiger § 865 Rdnr. 28 f. und bezüglich des Verteilungsverfahrens nebst Bereicherungsproblemen §§ 872 ff.

7. Soweit eine Beschlagnahme oder Pfändung im **Verwaltungswege** nach Bundes-[160] oder Landesrecht ein Pfandrecht begründet, gilt das → Rdnr. 33–38 Gesagte entsprechend; s. auch §§ 826 Rdnr. 3, 827 Rdnr. 3 sowie für Rechtspfändungen § 320 AO. 40

---

[150] → auch § 827 Rdnr. 7.
[151] Dazu *Rosenberg/Schilken*[10] § 50 III 3 e mwN; *Wakke* ZZP 105 (1992), 438, beide zugleich gegen verfassungsrechtliche Bedenken von *Schlosser* ZZP 97 (1984), 130 ff.; *Welbers* Vollstreckungsrechtliches Prioritätsprinzip u. verfassungsrechtlicher Gleichheitssatz (Diss. Bonn 1991); *Sievert* Das Prioritätsprinzip usw. (Diss. Göttingen 1988). Andere Rechtsordnungen (Frankreich, Griechenland, Italien, Japan, Niederlande, Schweiz, Spanien) schränken das Präventionsprinzip mehr oder weniger ein (→ auch Einl. Rdnr. 130) zugunsten gleichmäßiger Befriedigung zumindest innerhalb gewisser Gläubigergruppen, dazu *Fragistas* Präventionsprinzip in der ZV (1931); *Yessiou-Faltsi* ZZP 106 (1993), 215 mwN, zugleich krit. aaO 231 f. zu der mit § 61 KO vergleichbaren Rangordnung in Art. 975–977 des griech. ZPGB.
[152] → bei Ehegatten § 739 Rdnr. 31.
[153] Stehen z. B. nur privilegierte Gläubiger untereinander im Rangverhältnis, → dazu § 850 d Rdnr. 35, § 850 f Rdnr. 16 f., so werden nicht privilegierte (§ 850 c) nicht beeinträchtigt.
[154] → § 766 Rdnr. 32.
[155] Dann gelten die §§ 827, 872 ff., vgl. *RG* Gruch. 50 (1906), 1170.
[156] *BAG* NJW 1990, 2642 zu II mwN. Für »dingliche Rangänderungen« besteht weder eine gesetzliche Grundlage noch ein Bedürfnis: *Martin* (Fn. 2) 278 ff. → dazu § 878 Rdnr. 27; auch *RGZ* 71, 426 u. *BAG* aaO gehen nicht von »absoluter« Rangänderung aus, vgl. ferner *RG* JW 1913, 885[25].
[157] → Rdnr. 8.
[158] So auch *Jauernig* ZwVR[19] § 21 III; *Wieczorek*[2] § 878 Anm. B II b 3. – A. M. *Martin* (Fn. 2) 283: nur § 805. → dagegen ausführlich 19. Aufl. Fn. 68.
[159] *OLG Dresden* SeuffArch 67 (1926), 285. → dazu § 772 Rdnr. 7 f.
[160] Vgl. § 6 Abs. 1 Nr. 1 JBeitrO, § 282 AO 1977, § 5 VwVG, § 2 BeitrG-EG (BGBl 79 I 1429); vergleichbar § 20 ZollG; s. zum früheren Recht *RGZ* 67, 219 f.; 70, 409.

IV. Untergang des Pfändungspfandrechts

41 Das **Pfandrecht teilt das Schicksal der Pfändung,** da es nur zum Zwecke der Zwangsvollstreckung besteht. Ist die Pfändung unwirksam, so entsteht es nicht → Rdnr. 7; ebenso **endet** es immer nur mit dem Erlöschen der Pfändung, d. h. der Verstrickung[161], auch wenn vorher der beizutreibende Anspruch untergeht[162], der Titel aufgehoben wird[163] oder die Vollstreckung für unzulässig erklärt wird[164].

42 Ein **Verzicht** auf das Pfandrecht an Sachen durch bloße Erklärung des Gläubigers ist – wie auch andere Formen der Freigabe – lediglich ein Grund für die Entstrickung durch den Gerichtsvollzieher[165]. Bis dahin bringt er daher weder Pfändung noch Pfandrecht zum Erlöschen[166], da § 1255 BGB höchstens im Verhältnis zu anderen Gläubigern, aber nicht zum Schuldner gelten könnte[167], und bei Forderungen erlöschen durch den Verzicht nach § 843 Pfändung und Pfandrecht zusammen → § 803 Rdnr. 23.

43 Erwirbt ein im Hinblick auf die Pfändung **gutgläubiger**[168] **Dritter** das **Eigentum** an einer Pfandsache, so erlöschen dadurch Verstrickung[169] und Pfandrecht nach §§ 136, 135 Abs. 2 BGB in Verbindung mit einer entsprechenden Anwendung der §§ 932 ff. BGB[170], auch des § 936 BGB; denn die Pfändung ist schon wegen des Verwertungsrechts des Staates und des Erlösrechts des Gläubigers eine »Belastung« im Sinne dieser Vorschrift, ganz gleich ob man dem Pfändungspfandrecht die Wirkungen des vertraglichen Pfandrechts nur im Verhältnis zu anderen Gläubigern (so mit dem Wortlaut des § 804 Abs. 2 → Rdnr. 18) oder auch im Verhältnis zum Schuldner und sonstigen Dritten zuerkennt[171]. Eine **Verpfändung** beseitigt zwar weder Verstrickung noch Pfändungspfandrecht, aber der Gutgläubige erhält den Vorrang und kann entweder als besitzender Pfandgläubiger die Verwertung verhindern oder seinen Vorrang nach § 805 geltend machen[172]; denn nach § 135 Abs. 2 BGB ist auch § 1208 BGB entsprechend anzuwenden[173]. Wer den gutgläubigen Erwerb unter Berufung auf das öffentliche Interesse hier ausschalten will[174], mißt dem

---

[161] → § 803 Fn. 26. So auch *OLG München* → § 776 Fn. 16 u. bei Aufhebung eines Arrestes (zutreffend im Gegensatz zu § 868) *RGZ* 56, 148; *KG JW* 1923, 83, die aber bei Erlöschen der Forderung Untergang des PfändPfandR annehmen, → dagegen Rdnr. 8 mit Fn. 25; offengelassen in *RGZ* 121, 351; *KG MDR* 1966, 515. – A.M. *OLG Hamm JMBlNRW* 1955, 175; *OLG Oldenburg NdsRpfl* 1954, 223 = *MDR* 1955, 300; *LG Düsseldorf DGVZ* 1963, 12; *Baur/Stürner*[11] Rdnr. 434; *Bruns/Peters*[3] § 20 III 2 d; *Wieczorek*[2] § 803 Anm. E II b 4.

[162] A.M. *OLG München OLGRsp* 21, 106; *RG, KG* u. *Stürner, Peters, Wieczorek* (Fn. 161) mwN, die § 1252 BGB anwenden.

[163] Das ist keine Frage der Akzessorietät (→ Rdnr. 8), da der Anspruch trotzdem weiterbestehen kann, z. B. bei noch nicht rechtskräftiger Aufhebung. – A.M. *Peters u. Wieczorek* (Fn. 161); *Hartmann* (Fn. 130) § 10 II 1 b: analog § 868. Aber dessen Zweck und die Rechtslage sind u. verschieden → § 776 Rdnr. 4 u. die Bem. zu § 867 f. S. auch zur Arrestaufhebung → Fn. 161.

[164] Wie hier *Baumbach/Hartmann*[53], *Thomas/Putzo*[18] u. *Zöller/Stöber*[19] → § 776 Fn. 16. – A.M. *OLGe Hamm, Oldenburg, Peters, Stürner, Wieczorek* (alle Fn. 161).

[165] → § 803 Rdnr. 15 ff.

[166] → § 803 Fn. 36.

[167] → Rdnr. 18.

[168] Hat der Gläubiger die Sache freigegeben, auf sein Pfandrecht verzichtet oder dem Schuldner die Veräußerung gestattet → § 803 Rdnr. 5, 15 ff., vgl. z. B. *OLGe Dresden OLGRsp* 7, 304; *Stettin ZZP* 56 (1931) 359, so darf der Erwerber davon ausgehen, daß der GV die Sache bereits entstrickt hat, außer bei Anschlußpfändungen, vgl. *BGH WM* 1962, 1177. Gutgläubigkeit scheidet aus, wenn der Schuldner die vom GV mitgenommene Sache nach § 931 BGB veräußert (vgl. § 934 BGB); denn abtreten könnte er nur sein Recht auf Rückgabe vom GV u. damit ist der Erwerber genügend gewarnt, so daß das Pfandrecht bestehen bleibt. S. auch § 23 Abs. 2 ZVG. Im übrigen ist § 935 BGB zu beachten. Zu den Besitzverhältnissen → § 808 Rdnr. 33 f. Unabhängig von ihnen will *Herde* (Fn. 65) 117 ff. § 935 BGB auch auf Sachen im Gewahrsam des Schuldners anwenden.

[169] Ihr Fortbestehen wäre nur nötig, wenn ein **Verfolgungsrecht** des GV anerkannt würde, wie ich in *ZZP* 78 (1965), 303 ff. – schon damals mit Bedenken – unterstellte, s. dort Fn. 42, vgl. auch *Gaul Rpfleger* 1971, 7. Der Zugriff bei Dritten ist jedoch nach geltendem Recht abzulehnen → § 808 Rdnr. 37, so daß es sich prozessual nicht auswirkt, ob die Verstrickung schon durch den gutgläubigen Erwerb erlischt → Fn. 178, außer wenn der Erwerber die Sache dem GV übergibt *Schilken* (Fn. 9) Rdnr. 37. Im übrigen besteht aber die Verfügungsmacht des Staates nur um des Erlöses zugunsten des Gläubigers willen u. wäre daher ohne Pfandrecht überflüssig; außerdem geht das Verfügungsverbot gegen den Schuldner ins Leere, sobald der Dritte die Sache besitzt. Wie hier im Ergebnis *Gaul FamRZ* 1964, 167; *Lutz* (→ § 803 Rdnr. 23) 99 ff. mwN; *Hartmann* (Fn. 124) Rdnr. 4; *Thomas/Putzo*[18] § 803 Rdnr. 11.

A.M. (Dritter müsse nach § 771 klagen, da vorerst nur das Pfandrecht erlösche) *Schönke/Baur*[10] § 25 III 3, *Peters u. Wieczorek* (Fn. 161); *Jauernig ZwVR*[19] § 17 III; *Schilken* (Fn. 9) § 803 Rdnr. 37. – *Geib* (Fn. 2) 149 f. will Verstrickung u. Pfandrecht fortbestehen lassen, weil durch Hoheitsakte geschaffene Zustände nicht durch Rechtsgeschäfte beseitigt werden könnten (aber dieser Satz erleidet etliche Ausnahmen → § 803 Rdnr. 22, 23). Vgl. auch *Fahland* (→ § 803 Fn. 11) 113 f.

[170] Lastenfreien Erwerb bejaht die h.M.; *BGH WM* 1962, 1177; *AG Köln DGVZ* 1965, 75; die → Fn. 169 Genannten sowie *Brox/Walker*[4] Rdnr. 370; *Jauernig ZwVR*[19] § 17 V.

[171] A.M. *Fahland* (→ § 803 Fn. 11) 114 ff. unter Berufung auf Beweislastumkehr für guten Glauben bei § 771 (die es nicht gibt → § 771 Rdnr. 3).

[172] → § 805 Rdnr. 1 f.

[173] Ganz h.M.

[174] So *Lüke JZ* 1955, 486; *Martin* (Fn. 2) 191, 274 f.;

Interesse der Allgemeinheit am Schutz des Vertrauens auf die Veräußerlichkeit des Eigentums zu wenig Bedeutung bei[175]. Nur wenn eine Beschlagnahme publik gemacht wird, kann dieser Vertrauensschutz ohne Schaden für die Institution Eigentum, so wie das bürgerliche Recht sie auffaßt, ausgeschlossen werden, s. §§ 7, 111 KO/§§ 23, 30 InsO[176].

Besitzt ein Dritter die Pfandsache, so ist er nicht auf § 771 angewiesen, um sie behalten zu können wegen angeblich gutgläubigen Erwerbs[177]. Bezweifelt der Gläubiger den gutgläubigen Erwerb, so steht ihm die Klage auf Herausgabe an den Gerichtsvollzieher offen → Rdnr. 20. Sie wird freilich unnötig, wenn die Sache schon aufgrund strafrechtlicher Verfolgung zum Gerichtsvollzieher zurückgelangt, §§ 136, 288 f., 27 StGB, vgl. auch §§ 94 ff. StPO; geschieht dies, so verbleibt dem Dritten die Klage nach § 771. Nimmt der Gerichtsvollzieher aufgrund vermeintlichen Verfolgungsrechts (→ dagegen § 808 Rdnr. 37) dem Dritten die Sache weg[178] oder pfändet er sie entgegen § 809 erneut, so kann der Dritte sich nach § 766 oder § 771 wehren[179]. 44

V. Rechte an Hinterlegtem

Die **Rechte an hinterlegten Beträgen und Gegenständen** sind nicht in der ZPO geregelt; hier gilt das **bürgerliche Recht**. 45

1. Sind **prozessuale Sicherheiten geleistet** durch Hinterlegung seitens des Gläubigers, des Schuldners oder eines Dritten[180], so erwirbt der Gegner nach §§ 233 f. BGB ein Pfandrecht am Hinterlegten oder der Forderung auf Rückerstattung[181] und damit ein Recht zur Verwertung (im Falle der Bürgschaft einen Anspruch gegen den Bürgen). Diese Rechte sind durchsetzbar, sobald der Sicherungsfall eingetreten ist[182]. Zum Umfang der Haftung → §§ 707 Rdnr. 8 f., 711 Rdnr. 3 ff., 720 a Rdnr. 13 ff., 769 Rdnr. 12, 771 Rdnr. 44, 66. Das Pfandrecht endet noch nicht durch vorläufig vollstreckbare Aufhebung der veranlassenden Entscheidung[183]. Zum Wegfall der Veranlassung zur Sicherheitsleistung → § 109 Rdnr. 8 ff., §§ 711 Rdnr. 20, 709 Rdnr. 11, 711 Rdnr. 8, 712 Rdnr. 4, 732 Rdnr. 13, 769 Rdnr. 19, 771 Rdnr. 12, zur Anordnung der Rückgabe → §§ 109, 715 mit Bem.

2. Ist dem Schuldner nach §§ 711, 712 Abs. 1 oder 720 a Abs. 3 gestattet, die **Vollstreckung abzuwenden** durch Hinterlegung, so ist je nach dem Urteilsinhalt zu unterscheiden: 46
   a) Sind *Handlungen oder Unterlassungen* vorzunehmen, so haftet das Hinterlegte nur als Sicherheit für den Fall, daß nicht oder zu spät erfüllt wird (→ Rdnr. 45).

Wasner ZZP 79 (1976) 115 f.; ausführlich *Herde* (Fn. 65) 97 ff., dessen dogmatische Argumente überaus sorgfältig sind, aber eher für als gegen gutgläubigen Erwerb sprechen; seine Interessenwertung übersieht vor allem, daß Verstrickung u. Verfügungsverbot den Gläubiger nicht um der gepfändeten Sache, sondern nur um eines Geldwertes willen schützen wollen, → den folgenden Text.
[175] Dazu ausführlich *Münzberg* ZZP 78 (1965), 297 ff.
[176] Auch bei der Zwangsversteigerung hat ein Erwerber wenigstens die Möglichkeit, aus dem Versteigerungsantrag (§ 23 Abs. 2 S. 1 ZVG) oder dem Versteigerungsvermerk im Grundbuch (§ 23 Abs. 2 S. 2 ZVG) auf die Beschlagnahme mithaftender Sachen zu schließen.
[177] → § 808 Rdnr. 37. Die Klage nach § 771 ist ihm aber auch nicht versagt, vgl. *BGH* (Fn. 170).
[178] Wehrt sich der Dritte nach § 766 u. **verneint** das Erinnerungsgericht das Verfolgungsrecht wie → § 808 Rdnr. 37, so hat es anzuordnen, daß der GV die Sache an den Dritten zurückgebe; hatte er sie beim Dritten belassen, aber erneut gepfändet entgegen § 809, so ist diese ZV für unzulässig zu erklären, vgl. *AG Köln* aaO. Ob die Sache gutgläubig erworben ist oder die Verstrickung we-

gen Bösgläubigkeit fortbesteht, spielt auch hier noch keine Rolle sondern wird erst geprüft, wenn der Gläubiger Klage auf Herausgabe an den GV erhoben hat → Rdnr. 20.
Bejaht das Gericht entgegen → § 808 Rdnr. 37 das Verfolgungsrecht (u. damit folgerichtig den Fortbestand der Verstrickung auch unabhängig vom guten Glauben → Fn. 169), so hat es die Erinnerung zurückzuweisen u. die ZV geht weiter, bis der Dritte durch Beschluß (§ 771 Abs. 3) oder Urteil (§ 771 Abs. 1) die Einstellung erwirkt, so folgerichtig *LG Köln* MDR 1965, 213. Über den guten Glauben ist daher nach § 766 nicht zu entscheiden (anders *AG Köln* DGVZ 1965, 75, wohl um der Streitfrage »Verfolgungsrecht« aus dem Wege zu gehen).
[179] → § 766 Rdnr. 33 f.
[180] → Vorbem. vor § 108.
[181] Vgl. § 7 HinterlO u. *RGZ* 56, 146 ff.; JW 1910, 830 f. Zur Pfändung solcher Rechte → § 829 Rdnr. 47.
[182] Für Sicherheitsleistung des Schuldners → § 707 Fn. 78, § 711 Rdnr. 11, für solche des Gläubigers → § 717 Rdnr. 12 a. E. → auch § 777 Rdnr. 4 f.
[183] *RGZ* 56, 148.

47   b) Ist eine *Sache herauszugeben* und wird diese selbst hinterlegt, so ist das nicht nur Sicherheit, sondern schon Erfüllung unter der auflösenden Bedingung rechtskräftiger Abänderung des vorläufig vollstreckbaren Urteils[184]. Tritt die Bedingung ein, so fällt das Hinterlegte an den Schuldner zurück; andernfalls verbleibt es endgültig dem Gläubiger. Diese Hinterlegung befreit den Schuldner nach § 378 BGB, da das Recht zur Rücknahme hier durch den Hinterlegungszweck ausgeschlossen ist.

48   c) Bei *Geldschulden* ist die Hinterlegung von *Wertpapieren* nicht wie bei → Rdnr. 47 bedingte Erfüllung, weil eine Hingabe an Zahlungs Statt der Vereinbarung bedürfte; sie ist vielmehr eine Art der Sicherheitsleistung[185]. Aber auch die Hinterlegung von *Geld* muß so aufgefaßt werden, weil der Vorbehalt für den Schuldner ein einheitlicher ist (→z. B. zum Umtausch § 108 Rdnr. 17) und weil die ganz gleichartige Hinterlegung von Geld beim Arrest (§ 923) zweifellos nur Sicherheitsleistung ist. Durch die Annahme eines Pfandrechts wird auch die Übereinstimmung mit den Fällen → Rdnr. 49 hergestellt[186]. Allerdings wird dann der Schuldner nicht befreit, kann aber den Gläubiger nach § 777 auf das Hinterlegte verweisen, → dort Rdnr. 4.

49   3. Werden **Pfändungserlöse hinterlegt,** also *gepfändetes Geld, Erlöse gepfändeter oder gemäß § 847 Abs. 2 verwerteter Sachen* durch den Gerichtsvollzieher nach §§ 720, 720a Abs. 2, 805 Abs. 4, 815 Abs. 2, 827 Abs. 2, 854 Abs. 2, 930 Abs. 2, oder der Schuldbetrag durch den *Drittschuldner* nach §§ 839, 853, so setzt sich das Pfändungspfandrecht des Gläubigers bzw. der Gläubiger fort an der Forderung auf Rückerstattung des nach § 7 HinterlO in das Eigentum des Fiskus übergegangenen Hinterlegungsbetrags[187].

50   Für § 720 ergibt sich dies schon aus den §§ 815 Abs. 3, 819[188], für § 720a Abs. 2 und § 930 Abs. 2 aus dem Zweck der Sicherungsvollstreckung und der Arrestvollziehung, die noch nicht der Befriedigung dienen. Dasselbe muß aber auch in den übrigen Fällen gelten, weil infolge der Konkurrenz der mehreren Gläubiger der Gerichtsvollzieher das Geld nicht abliefert und erst mit der Ablieferung das Eigentum übergehen würde[189], → § 819 Rdnr. 1 ff. Die Pfändungspfandrechte sämtlicher Gläubiger müssen also fortdauern[190]. → auch § 771 Rdnr. 10 Fn. 79, Rdnr. 11 Fn. 81 und Rdnr. 12 Fn. 91. Daher kann der Schuldner mit der Begründung, der titulierte Anspruch fehle, während einer Hinterlegung des Erlöses nur nach §§ 767, 769 vorgehen, aber nicht vom Gläubiger nach § 812 BGB den Anspruch gegen die Hinterlegungsstelle herausverlangen[191].

51   **Entstrickung des Erlöses,** womit stets auch die wie → Rdnr. 49f. erstreckten Pfändungspfandrechte erlöschen[192], tritt spätestens ein durch Ausfolgung des Hinterlegten an Gläubiger, Schuldner oder Dritte, so insbesondere aufgrund von Anordnungen der Verteilungsgerichte[193] und von Entscheidungen, die Sachpfändungen für unzulässig erklären (§§ 775f.). Sofortige Entstrickung tritt jedoch ein durch Aufhebung der den Erlös betreffenden Rechtspfändungen[194] oder durch Verzicht aller konkurrierenden Pfändungsgläubiger nach § 843[195], der entsprechend auch für hinterlegte Sacherlöse gilt[196]. Wird ein nach § 720 hinterlegter Erlös dem Gerichtsvollzieher zurückgegeben wegen Wegfalls des Hinterlegungsgrundes[197], so endet die Verstrickung erst mit der Verfügung des Gerichtsvollziehers über den Erlös[198].

---

[184] So auch *Hartmann* (Fn. 124) § 815 Rdnr. 11; *Schilken* (Fn. 9) Rdnr. 27. Im Unterschied zur *Leistung* zwecks Abwendung der ZV (→ § 708 Rdnr. 4ff.) muß der Gläubiger nach §§ 711f. die Bedingtheit der Erfüllung hinnehmen, → auch § 708 Rdnr. 7.
[185] → § 108 Rdnr. 12f.
[186] *OLG Dresden* SächsAnn 30, 115f.
[187] Es ist weiterhin wie ein sonstiges PfändPfandR zu behandeln u. die ZV ist damit noch nicht beendet → Fn. 495 vor § 704; *KG* OLGZ 1974, 307 (→ § 756 Fn. 54); *OLG Oldenburg* OLGZ 1992, 488.
[188] → § 819 Rdnr. 2.
[189] → § 815 Rdnr. 13ff. (auch zum Dienstkonto des GV).

[190] *OLG Dresden* SächsAnn 28, 161; *Emmerich* (Fn. 2) 379ff.
[191] *OLG Oldenburg* (Fn. 187).
[192] → § 803 Rdnr. 13.
[193] → § 872 Rdnr. 9a, Rdnr. 3 vor § 872.
[194] → § 776 Rdnr. 2, § 766 Rdnr. 35, 41.
[195] → § 843 Rdnr. 5.
[196] → § 803 Fn. 41.
[197] → § 815 Rdnr. 21.
[198] → § 803 Rdnr. 11, § 815 Rdnr. 14, § 819 Rdnr. 2, 6.

§ 805 [Klage auf vorzugsweise Befriedigung]

(1) Der Pfändung einer Sache kann ein Dritter, der sich nicht im Besitz der Sache befindet, auf Grund eines Pfand- oder Vorzugsrechts nicht widersprechen; er kann jedoch seinen Anspruch auf vorzugsweise Befriedigung aus dem Erlös im Wege der Klage geltend machen, ohne Rücksicht darauf, ob seine Forderung fällig ist oder nicht.

(2) Die Klage ist bei dem Vollstreckungsgericht und, wenn der Streitgegenstand zur Zuständigkeit der Amtsgerichte nicht gehört, bei dem Landgericht zu erheben, in dessen Bezirk das Vollstreckungsgericht seinen Sitz hat.

(3) Wird die Klage gegen den Gläubiger und den Schuldner gerichtet, so sind diese als Streitgenossen anzusehen.

(4) ¹Wird der Anspruch glaubhaft gemacht, so hat das Gericht die Hinterlegung des Erlöses anzuordnen. ²Die Vorschriften der §§ 769, 770 sind hierbei entsprechend anzuwenden.

Gesetzesgeschichte: Bis 1900 § 710 CPO.

I. Widerspruchsrecht der Pfandgläubiger	1
II. Nichtbesitzende Pfandgläubiger	4
1. gesetzliche Pfandrechte	5
2. Vertragspfandrechte	6
3. Pachtkredit	9
4. Zurückbehaltungsrechte	13
III. Gegenstand und Zweck der Klage	14
IV. Verfahren	20
1. Voraussetzungen	20
2. Klagebegründung, Beweislast	21
3. Urteil	24
4. Zuständigkeit	26
5. Bereicherung	27
V. Einstweilige Hinterlegung	28
VI. Kosten, Gebühren	31

I. Widerspruchsrecht der Pfandgläubiger[1]

Pfand- und Vorzugsberechtigte können zum Schutze ihres Rechts bei der **Pfändung von Rechten** nach § 771 Widerspruch erheben, sofern eine Beeinträchtigung zu besorgen ist[2], ebenso Sicherungszessionare und Kommittenten[3]. Dem Bedenken, daß dies nachrangige Zugriffe ganz ausschließe, statt dem Pfandgläubiger nur das Recht aus § 1290 BGB zu sichern[4], läßt sich dadurch Rechnung tragen, daß im Gleichklang mit dem materiellen Recht – wie → § 772 Rdnr. 11 – **nur die Verwertung für unzulässig erklärt wird**, nicht schon die Pfändung. Das gleiche gilt nach § 805 bei der Pfändung **beweglicher Sachen, sofern sie im (berechtigten) Besitze sind,** auch wenn es sich nur um Mitbesitz oder **mittelbaren** Besitz handelt[5], also insbesondere bei den gesetzlichen Pfandrechten der Pächter und Werkunternehmer (§§ 590, 647 BGB), Kommissionäre und Spediteure (§§ 397, 410 HGB). Der Widerspruch steht dem Dritten daher auch dann zu, wenn er durch Konnossement, Ladeschein oder Lagerschein über die Sache verfügen kann, §§ 424, 450, 467 HGB[6]. Freilich kann der besitzende Pfandgläubiger – wie bei Rechten – *lediglich der Verwertung nach §§ 814 ff. widersprechen*, denn nur sie beeinträchtigt das Pfandrecht → Rdnr. 2, nicht die nachrangige Pfändung als solche; → auch Rdnr. 3. Er kann sich aber auch mit dem minderen Recht aus § 805 begnügen → Rdnr. 16. Wegen § 811 → dort Rdnr. 34.

1

---

[1] Lit: *Brox/Walker* JA 1987, 57; *Emmerich* Pfandrechtskonkurrenzen (1909); *Hein* Pfandvorzugsklage des Vermieters (1912). – Eine entsprechende Regelung enthält § 293 AO.
[2] → § 771 Rdnr. 9–12, 19, ganz ü.M. *RG* JW 1902, 532 (gemeint ist dort § 805, nicht § 803, s. *RGZ* 87, 322); *Baur/Stürner*¹¹ Rdnr. 796; *Thomas/Putzo*¹⁸ Rdnr. 4; ausführlich *Rosenberg/Gaul*¹⁰ § 41 VI 5, § 42 III 2. Wegen Anwartschaften → Fn. 25.
[3] → § 771 Rdnr. 27, 33.
[4] Deshalb hält *OLG Hamm* NJW-RR 1990, 233 nur § 805 für anwendbar.
[5] *Brox/Walker*⁴ Rdnr. 1418; *Gaul* (Fn. 2) § 41 VI 5; *MünchKommZPO-Schilken* Rdnr. 8; → § 771 Rdnr. 30 Fn. 214 mwN. S. schon *RGZ* 9, 427 f. zum Besitz aufgrund Traditionspapieren unter Berufung auf die Entstehungsgeschichte. Einschränkend (nur § 805, falls Schuldner oder GV Besitzmittler seien) *Wieczorek*² Anm. A I c 3; A II b; *Marotzke* ZZP 103 (1990), 103 mwN zu *Burgstaller* Das Pfandrecht in der Exekution (Wien 1988), 45 ff.
[6] *Gaul* (Fn. 2) mwN.

2 Die Ansicht, auch *besitzende Pfandgläubiger* könnten einer Vollstreckung wegen Geldforderungen ohnehin nicht nach § 771 entgegentreten, sondern müßten nach § 805 vorgehen, weil sie keine Beeinträchtigung zu besorgen hätten[7], setzt sich über den Zweck des § 1232 S. 1 BGB hinweg[8] und trifft erst recht nicht zu in den (allerdings seltenen) Fällen, daß eine Nutzung, eine außergesetzliche Art des Pfandverkaufs oder nach Pfandreife ein Verfall vereinbart ist, §§ 1213f., 1229, 1245 BGB. Legt aber der Dritte auf die Wahrung solcher Sonderinteressen keinen Wert, so wird er ohnehin den Weg über § 805 wählen[9], der ihm die Betreibung der Verwertung erspart, so daß unnötige Nachteile für Pfändungsgläubiger kaum zu befürchten sind. — auch § 771 Rdnr. 34 zum Anfechtungsrecht nach AnfG und §§ 29ff. KO.

3 Hat der **besitzende Pfandgläubiger** zugleich den Gewahrsam, so konkurrieren § 771 oder § 805 (→ Rdnr. 16) bei Verstößen gegen § 809 mit § 766[10]; bei Einwilligung in die Pfändung → § 809 Rdnr. 10.

II. Nichtbesitzende Pfand- und Vorzugsberechtigte

4 Sie haben bei der **Pfändung beweglicher Sachen** – anders bei der Wegnahmevollstreckung nach § 883 – *keinen Widerspruch* nach § 771 oder anderen Vorschriften, etwa entsprechend § 560 BGB → Fn. 6. Sie können nach § 805 **nur die vorzugsweise Befriedigung aus dem Erlös** verlangen[11], auch wenn ihre Ansprüche noch nicht fällig sind. Bei gleichem Rang mit dem Recht eines Beklagten kann *anteilige* Befriedigung verlangt werden. Einverständnis mit der Pfändung steht der Klage nicht entgegen[12]. Daneben ist Ablösung nach § 268 Abs. 1 S. 2 BGB möglich. Nur bei der Pfändung von Früchten auf dem Halme haben die Realgläubiger das Widerspruchsrecht[13]; → aber auch § 865 Rdnr. 36. Von den Rechten, die nach § 804 Abs. 2 dem Pfändungspfandrecht vorgehen können[14], fallen unter § 805 unter der Voraussetzung besseren Rangs[15]:

5 1. Die **gesetzlichen Pfandrechte** des *Vermieters*[16], *Verpächters und Gastwirts*, ehe sie sich in den Besitz der Sache gesetzt haben (§§ 559, 561 Abs. 2, §§ 592, 704 BGB), aber auch nach der Fortschaffung vom Grundstück durch den Gerichtsvollzieher (vgl. § 560 S. 1 BGB), weil der Widerspruch hier ausgeschlossen ist[17]. Die Pfandrechte der Vermieter (nicht der Verpächter, § 592 S. 3 BGB) sind zeitlich beschränkt, §§ 559, 563 BGB[18], und werden ausgeschlossen, wenn die bei Entfernung des Pfandstücks zurückbleibenden Sachen zur Sicherung ausreichen, § 560 BGB a. E.[19]. Die Geltendmachung kann durch Sicherheitsleistung abgewendet werden[20]. Beide Pfandrechte entstehen schon an der Eigentumsanwartschaft des

---

[7] KG OLGRsp 29, 195 (nur Klage nach §§ 1227, 1004 BGB); *Rosenberg*[9] § 185 III 2b y; *Thomas/Putzo*[18] Rdnr. 3 mit § 771 Rdnr. 17; RGZ 87, 321 betraf aber Erbteilspfändung. – Die Fälle § 771 Rdnr. 19 Fn. 147 liegen anders.

[8] Der vorrangige Besitzer soll den günstigsten Verwertungszeitpunkt selbst bestimmen können, Mot. BGB III, 819, vgl. auch Mot. ZPO 425, und als Besitz reicht auch hier der mittelbare aus *Soergel/Mühl* BGB[12] § 1232 Rdnr. 2; ausführlich *Staudinger/Spreng*[11] BGB § 1232 Rdnr. 2, 22 mwN, *Gaul* (Fn. 2) § 41 VI 5; *Walker* JA 1986, 117 Fn. 54. Nur so wird die Übereinstimmung von § 1232 S. 1 BGB mit § 771 ZPO u. § 1232 S. 2 BGB mit § 805 ZPO gewahrt, s. auch die Mot. BGB aaO. Die etwa darin liegende Übertreibung des Prioritätsgedankens ist ein Problem de lege ferenda. – A.M. *Planck/Flad* BGB[5] (1938) § 1232 Anm. 2d, wohl auch die Mot. ZPO aaO; *Staudinger/Wiegand* BGB[12] Rdnr. 3. 7f. (mittelbarer Besitzer habe Verwertungsrecht nur, falls er nach § 1227 BGB Herausgabe verlange).

[9] → Rdnr. 16.

[10] → dort Rdnr. 55; *Schilken* (Fn. 5) Rdnr. 22.

[11] Zur Fassung von Anträgen → Rdnr. 17f., des Urteils → Rdnr. 24.

[12] → § 809 Rdnr. 10.

[13] → § 810 Rdnr. 14f.

[14] → § 804 Rdnr. 33f.

[15] Zum Prioritätsprinzip → § 804 Rdnr. 38f.

[16] *OLG Celle* DB 1977, 1839; *Gaul* (Fn. 2) § 42 IV 1.

[17] → Rdnr. 4, BGH JZ 1986, 687 = NJW 2427; *OLG Frankfurt* Rpfleger 1974, 430 = MDR 1975. 228, allg. M. *Brox/Walker*[4] Rdnr. 1459 mwN. Ältere Nachweise → 20. Aufl. Fn. 6. – Wegen § 561 Abs. 2 S. 2 BGB → Rdnr. 20.

[18] Zur Berechnung s. *BGH* NJW 1972, 721 mwN.

[19] *BGH* (Fn. 17); *Brox/Walker* (Fn. 1) 61 Fn. 41; *Gaul* (Fn. 2) § 42 IV 1; *RGRKomm-Gelhaar*[12] § 560 Rdnr. 4 je mwN auch zur Gegenansicht.

[20] Nicht vom Mieter (§ 562 BGB), sondern entsprechend vom Eigentümer (*BGH* WM 1971, 1088) u. nachrangigen Pfändungspfandgläubiger, *Gelhaar* (Fn. 19); *Staudinger/Emmerich* BGB[12] § 562 Rdnr. 4 mwN. – A.M. *Palandt/Putzo* BGB[53] § 562 Rdnr. 1.

Mieters oder Pächters und setzen sich nach Umwandlung in das Vollrecht an der Sache fort[21], → auch § 810 Rdnr. 6. Ferner die Pfandrechte der *Frachtführer* und *Verfrachter* nach Ablieferung des Guts (§§ 440 Abs. 3, 623 HGB, im übrigen → Rdnr. 1), der Vergütungsberechtigten bei großer Haverei (§ 725 HGB) und der Gläubiger wegen Bergungs- und Hilfskosten (§ 751 HGB), soweit der Gegenstand des Rechts in Ansehung der Zwangsvollstreckung zum beweglichen Vermögen gehört, sowie die Rechte der *Real-* bzw. *Schiffsgläubiger* → § 865 Rdnr. 33.

2. Vertragspfandrechte, die entweder ohne Besitzübertragung[22] oder unter Übertragung 6
des Besitzes (§ 1205 BGB) zur Entstehung gelangt waren[23], wenn aber die Sache danach dem Pfandgläubiger oder dessen Besitzmittler abhanden gekommen ist[24]. Dies gilt auch für **Pfändungspfandrechte an Sachen**[25], wenn der Gerichtsvollzieher den Besitz[26] verloren hat[27] und das Verteilungsverfahren, in das solcher Streit grundsätzlich gehört, noch nicht eingeleitet ist[28].

Eine vorzugsweise Befriedigung trotz **späterer** Entstehung des Pfand- oder Vorzugsrechts 7
kann nur auf dessen gutgläubigen Erwerb[29] oder auf Unwirksamkeit des Pfändungspfandrechts gestützt werden, die der Dritte selbst durch gerichtliche Aufhebung der Pfändung herbeiführen kann[30]; andere Rangkorrekturen sind nur im Verteilungsverfahren möglich[31], an dem aber der Kläger nur teilnehmen kann, wenn er den Gegenstand seines Pfand- oder Vorzugsrechts zusätzlich gepfändet hat[32]. Auch der beklagte Gläubiger kann, wenn das Recht des Klägers **vor** der Pfändung entstand, nur im Verteilungsverfahren ein angeblich besseres Recht geltend machen.

Der *Sicherungseigentümer* ist auf § 805 nur angewiesen, wenn er ausnahmsweise keinen 8
(mittelbaren) Besitz hat → § 771 Rdnr. 26. Wegen des *Vorbehaltseigentums* → § 771 Rdnrn. 16–18.

3. Das vom **Pächter** eines *landwirtschaftlichen Grundstücks* einem Pachtkreditinstitut zur 9
Sicherung eines ihm gewährten Darlehens durch Niederlegung des Verpfändungsvertrags bestellte Pfandrecht an dem in seinem Eigentum stehenden **Inventar**[33], §§ 1 ff. PachtkreditG[34].

Das Pfandrecht hat mit dem gesetzlichen des Verpächters nach Maßgabe des § 11 Abs. 1 S. 3, Abs. 2 des G dergestalt den gleichen Rang, daß dem Kreditinstitut wie dem Verpächter je die Hälfte des Erlöses zunächst zur Verfügung steht und sich aus der auf den anderen Teil entfallenden Hälfte nur insoweit befriedigen kann, als der andere keinen Anspruch darauf erhebt.

Vollstreckt das **Kreditinstitut** oder der **Verpächter** in haftende Inventarstücke, so muß der andere 10
Pfandgläubiger sein Recht auf die Teilnahme am Erlös nach § 805 geltend machen, denn er ist an den Pfandstücken hinsichtlich ihrer ideellen Hälfte bevorrechtigt. Unterläßt er es, so bleibt sein Anspruch im

---

[21] *BGH* LM Nr. 3 zu § 559 BGB = NJW 1965, 1475 mwN; *Baur/Stürner* Sachenrecht[16] § 55 c II 2 b.
[22] BGHZ 39, 175, 178 NJW 1963, 1200 = WM 506 (französisches Registerpfandrecht in Deutschland gepfändetem Kfz). Registerpfandrechte gemäß § 91 LuftfRG (→ Rdnr. 14 Nr. 3 vor § 704) fallen nach Löschung des Flugzeugs in der Luftfahrzeugrolle unter § 805 LG Braunschweig DGVZ 1972, 72 (Wrackteile). → auch Rdnr. 9.
[23] Nicht Pfandrecht an Rechten → Rdnr. 1.
[24] Allg. M. *Gaul* (Fn. 2) § 42 IV 1.
[25] *Baumbach/Hartmann*[53] Rdnr. 3; *Stürner* (Fn. 23) Rdnr. 799; *Gaul* (Fn. 2) § 42 IV 1; *Schilken* (Fn. 5) Rdnr. 31; *Thomas/Putzo*[18] Rdnr. 9; PfändPfandRe an Anwartschaften gehören nicht hierher BGH LM Nr. 2 zu § 857 = NJW 1954, 1327.
[26] → § 808 Rdnr. 33 ff.

[27] Das allein bewirkt noch keine Entstrickung → § 803 Rdnr. 19, § 804 Fn. 168.
[28] Z.B. wenn die Versteigerung noch aussteht (vgl. BGH WM 1962, 1177) oder eine wirksame Pfändung geleugnet wird → § 874 I; wie hier *Gaul* (Fn. 2) § 42 IV 1. – A.M. (ausschließlich §§ 872 ff.) *Wieczorek*[2] Anm. A II b 2; *Schilken* (Fn. 5) Rdnr. 10.
[29] → § 804 Rdnr. 34, 43.
[30] → § 766 Rdnr. 32.
[31] RG JW 1894, 15; *Gaul* (Fn. 2) § 42 IV 1.
[32] → § 804 Rdnr. 8 a.E., 39, § 872 Rdnr. 2, § 878 Rdnr. 8.
[33] Auf Früchte, die nicht zum Zubehör gehören, erstreckt es sich im Gegensatz zum Verpächterpfandrecht (§ 585 BGB) nicht.
[34] Schönfelder Nr. 42. Zum gutgläubigen Erwerb s. §§ 4 ff. des G.

Vollstreckungsverfahren unberücksichtigt; der materielle Anspruch auf Überlassung des Erlöses bis zur Hälfte nach Maßgabe des § 11 Abs. 2 S. 3 des G bleibt aber unberührt.

11   Vollstreckt ein **Dritter**, so müssen sowohl das Kreditinstitut wie der Verpächter ihre Ansprüche nach § 805 geltend machen, § 12 des G. Tut es nur einer, so werden im Vollstreckungsverfahren nur seine Ansprüche berücksichtigt. Dem untätig Gebliebenen steht aber dann ein Anspruch auf Bereicherung zu → Rdnr. 27, und zwar nach Lage des Falles gegen den Vollstreckungsgläubiger oder den anderen Pfandgläubiger oder gegen beide, je nachdem ob der eine von ihnen oder beide von dem Erlös mehr erhalten haben, als sie bei Beteiligung des vom Verfahren Ferngebliebenen erhalten haben würden.

12   Über *Früchtepfandrechte* → § 810 Fn. 4 und Rdnr. 7. Wegen der *Rechte aus AnfG und §§ 29 ff. KO* → § 771 Rdnr. 34.

13   **4. Handelsrechtliche Zurückbehaltungsrechte**[35] berechtigen bereits zur Widerspruchsklage nach § 771, falls unmittelbarer oder mittelbarer Besitz besteht[36]. Geht aber das Recht wegen Besitzverlusts unter (vgl. § 369 Abs. 1 S. 1 HGB), so ist auch § 805 nicht mehr anwendbar. Der durch *Pfändung* bewirkte Besitzverlust ist allerdings auch hier unerheblich → Rdnr. 5.

III. Gegenstand und Zweck der Klage

14   Anstatt der Widerspruchsklage hat der Dritte[37] nach § 805 eine **Klage auf vorzugsweise Befriedigung** aus dem Erlös[38]. Sie bildet ein Seitenstück zur Klage des § 771. Während dort bisher zulässige Vollstreckung für unzulässig erklärt wird[39], erstrebt hier der Dritte eine *Beteiligung* an der auch fernerhin zulässigen Vollstreckung.

15   Das Urteil beschränkt sich nicht auf eine Feststellung des materiellen Rechts auf Beteiligung am Erlös, denn diese würde ohne unmittelbaren Einfluß auf die Vollstreckung sein. Ebensowenig wird aber auch ein schon bestehendes Recht auf Teilnahme an der Vollstreckung oder ihre relative Unzulässigkeit »festgestellt«, denn erst **durch** das Urteil erhält der Dritte das Recht auf Auszahlung **aus dem Erlös dieses Vollstreckungsverfahrens**[40]. Es ist ein rein prozessuales, parallel dem Recht auf den Erlös, das der Gläubiger vermöge seines Titels hat → § 819 Rdnr. 8[41]. Die Klage ist sonach wie die des § 771 eine **Rechtsgestaltungsklage** prozeßrechtlicher Art[42]. Eine Verurteilung des pfändenden Gläubigers zu einer Leistung steht nicht in Frage.

16   Die Klage bildet gegenüber derjenigen auf völlige Unzulässigkeit nach § 771 ein Minderes und steht deshalb auch *besitzenden* sowie an einem Recht[43] Pfandberechtigten zu, der sein Widerspruchsrecht nicht ausüben will, sofern nur sein Recht auch nach dem durch die Pfändung bewirkten Verlust des Gewahrsams noch fortdauert[44]. → auch zum Anfechtungsrecht § 771 Rdnr. 34. Demgemäß muß sich auch bei der Gütergemeinschaft im Falle des § 1455 Nr. 9 BGB die Befugnis eines Ehegatten, ohne Zustimmung des anderen den Wider-

---

[35] → § 804 Rdnr. 33 a. E.
[36] → § 771 Rdnr. 21 f.; *Gaul* (Fn. 2) § 42 IV 2; *Schilken* (Fn. 4) Rdnr. 12.
[37] Auch wer ein Pfandrecht an pfandgesicherter Forderung hat *Burghart* BlfRA 73, 403 f.
[38] Hat der Dritte an mehreren, nacheinander gepfändeten Sachen den Vorrang, so kann er wählen, auf welche Erlöse er die Klage abstellt; auf das Rangverhältnis der Pfändungsgläubiger untereinander muß er keine Rücksicht nehmen *KG* JW 1928, 2562¹.
[39] → § 771 Rdnr. 1.
[40] *BGH* (Fn. 28) nimmt Feststellungsklage an, falls sie schon vor der Versteigerung erhoben wird. Diese Unterscheidung ist unnötig und räumt die o. g. Bedenken nicht aus; zust. *Gaul* (Fn. 2) § 42 II 2.
[41] *Stein* Grundfragen (1913), 84 ff.
[42] *Schlosser* Gestaltungsklagen (1966), 110 mwN, jetzt ganz h.M. *Brox/Walker* (Fn. 1) 58 Fn. 3; *Gaul* (Fn. 2) § 42 II 2.
[43] Ihnen steht § 771 zur Verfügung → Rdnr. 1. Wie hier *OLG Hamm* NJW-RR 1990, 233 (GmbH-Anteil); *Gaul* (Fn. 2) § 42 III 2 a. E.; *Schilken* (Fn. 5) Rdnr. 3; a. M. *Zöller/Stöber*[19] Rdnr. 2.
[44] Allg. M. Vgl. auch *RGZ* 9, 428 ff. (Hinterlegung nach § 923 seitens des Dritten).

spruch gegen eine Vollstreckung geltend zu machen, ebenso auf die Klage nach § 805 beziehen[45].

Anträge nach § 805, die auf Vorwegbefriedigung aus dem Reinerlös »bis zu...DM« (wegen des häufigen Falls, daß der Erlös nicht ausreicht) zu richten sind[46], können auch hilfsweise mit solchen nach § 771 verbunden werden[47], und ein Übergang von der Widerspruchsklage zur Vorzugsklage ist wegen des gleichbleibenden Klagegrundes[48] nur eine Antragsbeschränkung gemäß § 264 Nr. 2[49], die noch in der Revisionsinstanz zulässig ist[50]. **17**

Sind alle Gläubiger und der Schuldner mit der Vorwegbefriedigung einverstanden, so bedarf es des Urteils nach § 805 nicht, was namentlich für §§ 91 a, 93[51] von Bedeutung ist. Die Einwilligung des Schuldners ist nötig[52], weil Pfändungsgläubiger und Dritte den Gerichtsvollzieher nicht zur Zahlung aus dem in seiner Hand befindlichen Vermögen des Schuldners ermächtigen können und dem Schuldner ohne das Recht des Klägers ein etwaiger Erlösrest zustünde[53]. Widerspricht *nur der Schuldner* der Vorwegbefriedigung, besteht für den Dritten nur im Verhältnis zu jenem eine Veranlassung zur Klage i. S. d. § 93. Diese ist auf Duldung der Befriedigung aus dem Erlös in der (oder bis zur) anzugebenden Höhe zu richten[54]. Es genügt aber auch (ungenau) Duldung der Zwangsvollstreckung[55], Zustimmung zur Erlösauszahlung[56] oder Feststellung, daß der Vollstreckungserlös insoweit dem Kläger gebühre[57], zumindest wenn versäumt wurde, nach § 139 den richtigen Antrag herbeizuführen. **18**

Ein gewisser Mangel der Regelung besteht darin, daß § 805 dem Bevorrechtigten mangels Titels[58] kein Recht gewährt, die Vollstreckung mit dem Ziele der vorzugsweisen Befriedigung **selbst zu betreiben**[59]. Da ihm durch die Pfändung selbst bei Einverständnis des Schuldners die Möglichkeit der bürgerlichrechtlichen Pfandverwertung genommen ist, bleibt ihm nur die Erwirkung eines Titels und die Anschlußpfändung; wegen der Rangfrage in diesem Fall → § 804 Rdnr. 39. **19**

Nachrangige Pfandgläubiger werden weder durch § 771 noch durch § 805 davor geschützt, daß ein etwaiger Erlösrest – materiellrechtlich unrichtig – an den Schuldner gezahlt wird[60], falls dieser nicht den Gerichtsvollzieher um Zahlung an den Pfandgläubiger bittet oder einem entsprechenden Verlangen des Pfandgläubigers zustimmt[61]. **19a**

IV. Verfahren

1. Die **Klage** setzt neben der Pfändung voraus, daß das Vollstreckungsverfahren nicht schon abgeschlossen ist[62], → dazu Rdnr. 27. Dagegen gilt für den Vermieter usw. nicht noch daneben die Monatsfrist **20**

---

[45] So schon 18. Aufl. zum gleichlautenden, aber aufgehobenen § 1407 Nr. 4 BGB, der über die §§ 1525 Abs. 2, 1550 Abs. 2 BGB a. F. u. U. noch später anwendbar war, → 19. Aufl. § 739 I 1b. Wegen §§ 1368, 1428 BGB → § 739 Rdnr. 29.
[46] Bei gleichem Rang (→ Rdnr. 4) »in derselben Höhe wie der Beklagte«.
[47] *Blomeyer* ZwVR § 68 II 2b, vgl. auch die Fälle *BGH* (Fn. 25); *OLG Celle* (Fn. 16). Dies empfiehlt sich, wenn der besitzende Pfandgläubiger unsicher ist, ob eine Gefährdung seines Rechts vom Gericht anerkannt wird → Rdnr. 2 u. § 771 Rdnr. 19. Denn ohne Eventualantrag wird nicht über § 805 entschieden, vgl. *BGH* (Fn. 28).
[48] → § 771 Rdnr. 43.
[49] So im Ergebnis *Wieczorek*² Anm. B I, der aber Nr. 1 nennt. – A.M. *RG* WarnRsp 12 Nr. 214.
[50] *Wieczorek*² Anm. B I.
[51] § 307 ist dennoch anwendbar, arg. § 93, zust. *Gaul* (Fn. 2) § 42 III 3; *Schilken* (Fn. 5) Rdnr. 20 mwN; a.M. (kein RechtsschutzB) *Brox/Walker* (Fn. 1) 60 Fn. 25; *Thomas/Putzo*¹⁸ Rdnr. 7; *Stöber* (Fn. 43) Rdnr. 7.
[52] *Blomeyer* ZwVR § 68 II 2a. Vgl. § 170 Nr. 5 GVGA; *RGZ* 51, 190. → auch Rdnr. 22.
[53] → § 819 Rdnr. 6; zust. *Brox/Walker*⁴ Rdnr. 1457.
[54] Zust. *Gaul* (Fn. 2) § 42 II 1.
[55] *Gaul* (Fn. 2) § 42 II 1; *Blomeyer* ZwVR § 68 IV 3; *Brox/Walker* (Fn. 1) 60.
[56] *Blomeyer* ZwVR § 68 VI 1, IX 1 hält diesen Antrag sogar für zutreffend.
[57] Würde nur auf Feststellung des Pfandrechts erkannt, so wohl *Stürner* (Fn. 23) Rdnr. 798, ähnlich vor Versteigerung *BGH* WM 1962, 1177, dürfte nicht ausgezahlt werden, zust. *Gaul* (Fn. 2) § 42 II 1. → auch Rdnr. 22 Fn. 72.
[58] Vgl. *Gaul* ZZP 85 (1972), 304 Fn. 249 (de lege ferenda Annäherung an § 127 Abs. 2 KO?).
[59] → Rdnrn. 116f., 122 vor § 704. Vgl. schon Mot. 425 u. besonders *Pagenstecher* AkadZ 1936, 641ff. – Die Klage hat daher nicht die Folgen des § 13 Abs. 3 VerbrKrG (früher § 5 AbzG), *BGHZ* 39, 173 = NJW 1963, 1201 = WM 506.
[60] → § 819 Rdnr. 6.
[61] *Blomeyer* ZwVR § 69 IX bejaht hier entspr.Anw. des Abs. 3 u. eine Pflicht des Gläubigers zur Benachrichtigung von der bevorstehenden Versteigerung wie nach § 1237 S. 2 BGB.
[62] → Rdnr. 116f., 122 vor § 704; *BGH* (Fn. 17), allg. M.

des § 561 Abs. 2 S. 2 mit §§ 581, 704 BGB; denn es geht nicht um Zurückschaffung[63]. Die Klage ist gegen jeden Gläubiger zu richten, der das Vorzugsrecht bestreitet; gegen den Schuldner (Abs. 3) nur, wenn er widerspricht → Rdnr. 18, 25. Sie sind einfache Streitgenossen[64]. Zur Streithilfe → § 66 Rdnr. 9, 24 vor Fn. 87, zur Zustellung → § 178 Rdnr. 4 f.

21   2. Der Kläger muß sein Pfand- oder Vorzugsrecht, den Vorrang vor dem Pfändungspfandrecht[65] und die Entstehung des Anspruchs, für den er den Vorrang hat, **darlegen** und trägt dafür die Beweislast, während dem Beklagten der Beweis für ein Erlöschen des Anspuchs obliegt[66]. Gehört es zur Begründung des Pfandrechts, daß die Sache im Eigentum des Schuldners steht, wie z.B. beim Vermieterpfandrecht nach § 559 BGB, so muß der Kläger auch das beweisen, ohne sich auf § 1006 BGB berufen zu können[67].

Dies gilt selbst dann, wenn man entgegen der hier vertretenen Auffassung[68] annimmt, daß in solchen Fällen schon kein Pfändungspfandrecht entstehe; denn dem pfändenden Gläubiger steht der Erlös aufgrund seines Titels und der Pfändung auch dann prozessual zu, wenn kein Pfändungspfandrecht entstanden ist[69], und das Eigentum eines Dritten bleibt bis zur Erhebung einer erfolgreichen Widerspruchsklage außer Betracht[70]. Die gleiche Darlegungslast besteht im Falle der Bereicherungsklage → Rdnr. 27.

22   Ein vom Kläger anderweit erwirktes rechtskräftiges Duldungsurteil aufgrund des Pfand- oder Vorzugsrechts[71] erübrigt nur das Einverständnis des *Schuldners* mit der Vorwegbefriedigung[72] und damit nochmalige Klage gegen diesen[73] (→ Rdnrn. 15, 18); es wirkt aber ebensowenig wie ein Urteil gegen den Schuldner über den gesicherten Geldanspruch Rechtskraft gegen den pfändenden Gläubiger[74]. Erweist sich also im Prozeß nach § 805 das gegenüber dem Schuldner ergangene Urteil als ganz oder teilweise unrichtig, so ist die Klage gegen den Pfändungsgläubiger insoweit unbegründet; wegen der Rechtskraft gegenüber dem Schuldner gebührt aber ein etwaiger Resterlös nicht diesem (→ Rdnr. 18), sondern dem Kläger[75].

23   Ist der *Anspruch noch nicht fällig*, so ist die Klage nach Abs. 1 a.E. begründet; doch müssen bei bekanntem Fälligkeitstermin entsprechend §§ 1133, 1217 Abs. 2 BGB für unverzinsliche Forderungen die Zwischenzinsen abgezogen werden[76]. Nur wenn die Forderung oder ihre Fälligkeit noch aufschiebend bedingt ist (vgl. §§ 1204 Abs. 2, 1209 BGB), muß der Kläger sich mit Hinterlegung begnügen[77].

24   3. Das **Urteil** hat auszusprechen, daß der Kläger aus dem Reinerlös[78] der am... gepfändeten Sache(n) bis zur Höhe seiner (bezifferten) Forderung vor dem beklagten Gläubiger zu

---

[63] Heute allg. M. *Schilken* (Fn. 5) Rdnr. 20; ältere Rsp → 20. Aufl. Fn. 32.
[64] Zust. *Schilken* (Fn. 5) Rdnr. 24, → auch § 62 Rdnr. 10.
[65] → § 804 Rdnr. 33 f., 38.
[66] *BGH* (Fn. 17).
[67] Zust. *Gaul* (Fn. 2) § 42 V 2 mwN; *KG* JW 1935, 2442, wo allerdings der Anscheinsbeweis für das Eigentum des Mieters an Möbeln für möglich gehalten wird; ebenso *Hartmann* (Fn. 25) Rdnr. 2. Zum Vermieterpfandrecht trotz Eigentumsvorbehalts s. *BGH* LM Nr. 3 zu § 559 BGB = NJW 1965, 1475.
[68] → § 804 Rdnr. 10 f.
[69] → § 819 Rdnr. 8; *Schilken* (Fn. 5) Rdnr. 4.
[70] → § 771 Rdnr. 1. So schon 12./13. Aufl. aufgrund der »gemischten Theorie« → § 804 Rdnr. 2 f. – A.M. *Wieczorek²* Anm. C III.
[71] → Rdnr. 3 vor § 803.
[72] *Wieczorek²* hält außerdem die Pfändung der Erlösforderung für nötig. Bloße Feststellung des Pfandrechts genügt jedenfalls nicht (seine Ausübung könnte schuldrechtlich ausgeschlossen sein u. ä.).
[73] *Gaul* (Fn. 2) § 42 V 2; *Schilken* (Fn. 5) Rdnr. 24.
[74] → § 325 Rdnr. 100; ausführlich *RG* Gruch. 46 (1902), 436 ff. = JW 1900, 656⁶; *OLG Stettin* OLGRsp 12, 67; *Gaul* (Fn. 2) § 42 V 2; *Pagenstecher* ZZP 37 (1908), 23 f.; *Wieczorek²* Anm. C III. – A.M. *Blomeyer* ZwVR § 68 IV 4 für Urteile über den Zahlungsanspruch; aber § 805 (»auf Grund ...«) verlangt die Prüfung, ob der Kläger das Recht *hat*, nicht nur ob es gegenüber dem Schuldner geltend machen kann. Zumindest sollte die Gegenansicht *nach der Pfändung* erlassenen Urteilen (insbesondere gemäß §§ 307, 331) solche Drittwirkungen versagen, die aus nachträglichen Vereinbarungen nicht zulasten Dritter zukommen können. Ergingen allerdings solche Urteile *vor der Pfändung*, so können sie Indiz sein für vertragliche Begründung des Rechts, die zuweilen einer Terminversäumnis oder einem Anerkenntnis (→ § 307 Rdnr. 11) zugrundeliegt. – Die Lage bei der Gläubigeranfechtung ist nicht vergleichbar, *RG* aaO u. → § 325 Rdnr. 6, § 878 Rdnr. 24 a.
[75] Zust. *Schilken* (Fn. 5) Rdnr. 25.
[76] *Brox/Walker* (Fn. 1) 61 Fn. 39; *Gaul* (Fn. 2) § 42 II 1; *Hartmann* (Fn. 25) Rdnr. 5; *Seuffert/Walsmann* ZPO¹² Anm. 1 c; *Wieczorek²* Anm. B II b. – A.M. *Emmerich* (Fn. 1) 432; *Raddatz* Gruch. 61 (1917), 871 f.; *Förster/Kann* ZPO³ Anm. 1 b aa; *Thomas/Putzo*¹⁸ Rdnr. 9; *Stöber* (Fn. 43) Rdnr. 10: nur Hinterlegung.
[77] *Schilken* (Fn. 5) Rdnr. 19; insoweit richtig die → Fn. 76 a.E. Genannten.
[78] Also nach Abzug der ZV-Kosten, *OLG Marienwerder* SeuffArch 50 (1895), 118⁶⁴, heute allg. M.

befriedigen ist[79]. Eine Mitverurteilung des Schuldners wie → Rdnr. 18 hat auf Duldung der erkannten Befriedigung zu lauten[80]; Unterlassung dürfte jedoch unschädlich sein, falls sich aus den Gründen ergibt, daß der Schuldner unterlegen ist. Es ist nach §§ 708ff. für vorläufig vollstreckbar zu erklären und wird nach Vorlage der Ausfertigung vom Gerichtsvollzieher[81] oder von der Hinterlegungsstelle[82] durch Auszahlung des Erlöses an den Kläger vollzogen. Aus dem etwa verbleibenden Rest ist der Beklagte zu befriedigen. Das rechtskräftige Urteil wirkt präjudiziell gegenüber nachträglichen Bereicherungsansprüchen wie → § 771 Rdnr. 6[83].

Ein Leistungstitel gegen den Schuldner ist nicht erforderlich[84]. Gegen ihn ist aber ein Urteil nach Abs. 3 nötig, falls er widerspricht → Rdnrn. 18, 20. – Die Vorwegbefriedigung erfolgt vorbehaltlich der besseren Rechte Dritter[85], also auch eines etwaigen Verteilungsverfahrens, → § 872 Rdnr. 2. Wie die Pfandstücke verwertet werden, ist für § 805 gleichgültig. 25

4. Für die örtliche und sachliche **Zuständigkeit** gilt das → § 771 Rdnr. 41 Ausgeführte entsprechend. 26

5. Wird das *Pfandstück vor dem Urteil versteigert*, so geht das Pfandrecht an der Sache unter[86], setzt sich aber am Erlös fort[87], so daß die Klage auch noch nach amtlicher (z.B. § 720) oder vereinbarter, treuhänderischer Hinterlegung *bis* zur Auszahlung des Erlöses an den beklagten Gläubiger oder einer Verrechnung nach § 825 zulässig bleibt und erst *nachher*[88] gegen ihn ein Anspruch des Dritten nach § 812 BGB[89] geltend gemacht werden kann[90]. Schadensersatzansprüche gegen den Gläubiger kommen hier höchstens nach § 826 BGB in Frage[91]. Diese Ansprüche können, solange der Prozeß schwebt, gemäß § 264 Nr. 3, nach seiner Beendigung oder wenn die Klage nach § 805 überhaupt nicht erhoben war, durch besondere Klage verfolgt werden. Für diese gilt aber der besondere Gerichtsstand des § 805 Abs. 2 nicht. 27

V. Einstweilige Hinterlegung des Erlöses

Mit § 805 wäre ein Antrag auf Einstellung der Vollstreckung oder Aufhebung der Vollstreckungsmaßregeln unvereinbar, weil sie gerade die Teilnahme des Klägers am Erlös zum Ziel hat → Rdnr. 14. 815 Abs. 2 ist auf Versteigerungserlöse nicht entsprechend anwendbar[92]. Das Gericht[93] hat aber nach **Abs. 4** einstweilen die *Hinterlegung des Erlöses* anzuordnen, wenn der Kläger seinen Anspruch nach § 294 glaubhaft macht. Die entsprechende 28

---

[79] *Schilken* (Fn. 5) Rdnr. 19; oder »der Beklagte hat die Befriedigung des Klägers...zu dulden« (so *Wieczorek*[2] Anm. C V). Irreführend ist die Wendung, der Beklagte habe ... einzuwilligen (so z.B. *Blomeyer* ZwVR § 68 VI 1; *Zöller/Scherübl*[12] Anh.VII Muster 39 IV). Denn § 894 steht nicht in Frage.
[80] *Schilken* (Fn. 5) Rdnr. 25.
[81] → § 819 Rdnr. 6.
[82] § 13 Abs. 2 Nr. 2 HinterlO; *Schilken* (Fn. 5) Rdnr. 25.
[83] Allg. M. *Blomeyer* ZwVR § 68 VI; *Brox/Walker* (Fn. 1) 65; *Gaul* (Fn. 2) § 42 V 3; *Schilken* (Fn. 5) Rdnr. 25.
[84] Vgl. *LG Dresden* ZZP 44 (1914), 275ff., das auf jeglichen Titel gegen Schuldner verzichtet.
[85] Zust. *Schilken* (Fn. 5) Rdnr. 25 a.E.
[86] → § 817 Rdnrn. 21f.
[87] → § 819 Rdnrn. 1ff.
[88] Bis dahin geht § 805 vor *Brox/Walker* (Fn. 1) 59 zu 5.

[89] So im Fall *BGH* (Fn. 17); wie → § 771 Rdnr. 73 nicht nach § 816 BGB *Stürner* (Fn. 23) Rdnr. 797; s. auch *Serick* Eigentumsvorbehalt I (1963) § 12 II 5a.
[90] *RGZ* 97, 41, 43; 119, 269, jetzt ganz h.M. Weitere Lit → § 771 Rdnr. 73.- A.M. *Hellwig* System 2, 397, 399. → auch § 804 Rdnr. 26f.
[91] Anders als bei → § 771 Rdnr. 76ff. scheidet Freigabe von vornherein aus u. eine Verhaltenspflicht zum Verzicht auf den Erlös scheitert an der dem § 805 zugrundeliegenden Wertung, daß jeder sein Recht zur Befriedigung aus dem Eigentum des Schuldners so lange ausüben darf, bis der andere sich wehrt. Nur den Schuldner könnte eine Vertragspflicht zur Benachrichtigung von der Pfändung treffen.
[92] → § 815 Rdnr. 5 Fn. 19. → aber zum kurzfristigen Verwertungsaufschub § 819 Fn. 24.
[93] Prozeßgericht; zum VollstrGer → § 769 Rdnr. 13 f. Der GV darf erst hinterlegen, wenn der Beschluß schriftlich vorliegt, vgl. auch *RG* WarnRsp 33, 164.

Anwendung der §§ 769, 770 (Abs. 4 S. 2) folgt den → § 769 Rdnr. 5–11, 13–20, § 770 Rdnr. 1 f. dargelegten Regeln. Dringlichkeit ist hier schon durch die Pflicht des Gerichtsvollziehers zur alsbaldigen Auszahlung[94] regelmäßig gegeben, weshalb Abs. 4 insoweit keine Glaubhaftmachung verlangt[95].

29   Das Pfändungspfandrecht dauert nach der Hinterlegung fort, indem der Erlös nebst aufgelaufenen Hinterlegungszinsen an die Stelle der gepfändeten Sache tritt[96]; das gleiche gilt für das Pfand- oder Vorzugsrecht des Dritten[97]. → auch § 777. Wegen der Hinterlegung bei Schuldtiteln mit Wertsicherungsklauseln oder auf ausländische Währung → Rdnr. 156, 162 vor § 704.

30   Die Hinterlegung hat stets zugunsten aller in der gerichtlichen Anordnung bezeichneten Parteien zu erfolgen. Dies gilt auch bei mehrfacher Pfändung hinsichtlich solcher Gläubiger, die vermutlich leer ausgehen werden. Dem Gerichtsvollzieher kann gegenüber dem Gerichtsbeschluß eine selbständige Prüfung weder zugemutet noch zugebilligt werden[98].

VI. Kosten, Gebühren

31   Wegen der *Kosten,* insbesondere zur Frage einer Veranlassung der Klage (§ 93) → Rdnr. 18, § 771 Rdnr. 54 ff. An die Stelle der Freigabe tritt hier die Anweisung des Beklagten an den Gerichtsvollzieher zur Auszahlung an den Kläger. → auch Rdnr. 18 a. E. Über *Gebühren* (nicht für Abs. 4) s. KV Nrn. 1201 ff., 1660; §§ 11, 12 GKG; §§ 31, 49 BRAGO.

32   Wegen des Streitwerts → § 6 Rdnrn. 2, 23, 26, besonders 28, § 4 mit Bem. Im Verhältnis zum Schuldner (→ Rdnr. 20, 25) ist der Wert des Vorzugsrechts maßgebend bis zum Wert der Sache.

§ 806   [Keine Gewähr bei Pfandverkauf]

Wird ein Gegenstand auf Grund der Pfändung veräußert, so steht dem Erwerber wegen eines Mangels im Recht oder wegen eines Mangels der veräußerten Sache ein Anspruch auf Gewährleistung nicht zu.

Gesetzesgeschichte: Seit 1900 RGBl. 1898 I 256.

1   I.[1] Der **Gewährleistungsausschluß** gilt für den Schuldner wie für den Gläubiger und umfaßt die Veräußerungen von *Sachen* und *Rechten* (»Gegenstand«). Vgl. auch § 283 AO 77 (gleichlautend), § 56 S. 3 ZVG.

2   **1.** Für **Mängel im Recht** (§§ 434 ff. BGB) ist § 806 von geringer Bedeutung, weil der Erwerber in der Regel lastenfreies Eigentum erwirbt[2]; zu seltenen Ausnahmen → § 817 Rdnr. 23, § 825 Rdnr. 13.

3   **2. Sachmängel** sind nach §§ 460, 462 (und der Überschrift vor § 459) BGB sowohl heimliche Fehler wie der Mangel zugesicherter Eigenschaften[3]. Auch für arglistig verschwiegene

---

[94] → Fn. 92.
[95] *Schilken* (Fn. 5) Rdnr. 26.
[96] → § 804 Rdnr. 49 f.
[97] Vgl. auch *RG* (Fn. 44).
[98] A.M. *Kaufmann* JW 1927, 1920; gegen ihn *Fenner* u. *Stillschweig* JW 1927, 2495.
[1] *Furtner* DGVZ 1965, 1 ff.

[2] → § 817 Rdnr. 21 f., § 825 Rdnr. 10 a. E., § 844 Rdnr. 9 f.
[3] *LG Aachen* DGVZ 1986, 185. In einer Zusicherung durch den GV kann auch keine Abbedingung des § 806 gesehen werden, wie es für § 461 BGB von manchen angenommen wird *Palandt/Putzo* BGB[52] Rdnr. 3; offengelassen von *BGHZ* 96, 216 = NJW 1986, 836.

Mängel ist wie in § 461 BGB die Gewährleistung ausgeschlossen[4]. Das Gegenteil darf weder aus Billigkeitserwägungen heraus angenommen werden, noch kann man unterstellen, daß der Ausdruck »Mangel« hier und in § 461 BGB einen anderen Sinn habe als sonst. Dies gilt selbst dann, wenn der Ersteigerer keine Möglichkeit hatte, sich über den tatsächlichen oder rechtlichen Zustand des Objekts vor Versteigerung Gewißheit zu verschaffen[5]. Die Zulassung der Anfechtung des Gebots nach §§ 119, 123 BGB würde den Zweck der Vorschrift vereiteln und ist schon deshalb ausgeschlossen[6].

Dagegen kann unter den üblichen Voraussetzungen eine **Amtshaftung** nach § 839 BGB, Art. 34 GG eintreten, wenn der Gerichtsvollzieher gehandelt hat[7], oder eine Haftung nach §§ 823 Abs. 2, 826 BGB gegen denjenigen, der eine falsche Zusicherung veranlaßt hat. Ein Garantieversprechen des Gläubigers oder Schuldners wäre wirksam, wird aber kaum vorkommen. 4

II. Eine Veräußerung aufgrund der Pfändung ist auch die **freihändige Veräußerung durch den Gerichtsvollzieher**[8] wie → § 817 a Rdnr. 2, § 821 Rdnr. 7, § 825 Rdnr. 7, § 844 Rdnr. 12, § 857 Rdnr. 110. Wird durch **Privatpersonen** veräußert[9], so sind gilt § 806 zwar nicht unmittelbar; jedoch ist hier der vertragliche Ausschluß der Gewährleistung zulässig und geboten, worauf die veräußernde Person vom Gerichtsvollzieher oder im Falle des § 825 vom Vollstreckungsgericht hinzuweisen ist[10]. Wird dies dennoch versäumt, so haftet der Veräußerer für den dadurch entstehenden Schaden[11]. 5

§ 806 a [Mitteilungen an Gläubiger, Befragung durch Gerichtsvollzieher]

(1) Erhält der Gerichtsvollzieher anläßlich der Zwangsvollstreckung durch Befragung des Schuldners oder durch Einsicht in Schriftstücke Kenntnis von Geldforderungen des Schuldners gegen Dritte und konnte eine Pfändung nicht bewirkt werden oder wird eine bewirkte Pfändung voraussichtlich nicht zur vollständigen Befriedigung des Gläubigers führen, so teilt er Namen und Anschriften der Drittschuldner sowie den Grund der Forderungen und für diese bestehende Sicherheiten dem Gläubiger mit.

(2) ¹Trifft der Gerichtsvollzieher den Schuldner in der Wohnung nicht an und konnte eine Pfändung nicht bewirkt werden oder wird eine bewirkte Pfändung voraussichtlich nicht zur vollständigen Befriedigung des Gläubigers führen, so kann der Gerichtsvollzieher die zum Hausstand des Schuldners gehörenden erwachsenen Personen nach dem Arbeitgeber des Schuldners befragen. ²Diese sind zu einer Auskunft nicht verpflichtet und vom Gerichtsvollzieher auf die Freiwilligkeit ihrer Angaben hinzuweisen. ³Seine Erkenntnisse teilt der Gerichtsvollzieher dem Gläubiger mit.

Gesetzesgeschichte: Seit 1. 4. 1991 BGBl. 90 I 2847

---

[4] *AG Hamburg* DGVZ 1964, 45; *MünchKommZPO-Schilken* Rdnr. 4.
[5] *OLG München* DGVZ 1980, 122; *LG Aachen* (Fn. 3); ebenso für § 56 S. 3 ZVG *Zeller/Stöber* ZVG[14] Rdnr. 4.1.
[6] *Furtner* (Fn. 1) 2f.; *KG* JW 1937, 118 für § 56 ZVG; *Brox/Walker*[4] Rdnr. 409 mwN. Zu Willensmängeln überhaupt → § 817 Rdnr. 8. – A.M. *AG Neustadt* DGVZ 1964, 156 (zust. *Mümmler*).
[7] *OLG München* (Fn. 5), das richtig eine Untersuchungspflicht verneint, ebenso *LG Aachen* (Fn. 3; krit. *Birmanns* aaO).
[8] Allg. M. *Bruns/Peters*[3] § 13 V; *Schilken* (Fn. 4) Rdnr. 3. Nicht der Verkauf durch den GV nach § 373 HGB *RG* JW 1902, 545; 1904, 561, ebenso nicht jener nach § 385 BGB, allg. M.
[9] → § 821 Rdnr. 8, § 825 Rdnr. 13, § 844 Rdnr. 12.
[10] *Rosenberg/Schilken*[10] § 53 III 2 mwN.
[11] *Blomeyer* ZwVR § II 3.

I. Zweck, allgemeine Voraussetzungen

1 1. Zweck der Regelung ist die Verbesserung der Befriedigungschancen des Gläubigers durch Auskünfte, die eine Vollstreckung in Geldforderungen erlauben, ohne erst auf § 807 zurückgreifen zu müssen. Da – entgegen mancher Reformüberlegungen[1] – den Gerichtsvollzieher keine Ermittlungspflicht und den Schuldner keine (sanktionierte) Auskunftspflicht trifft, wird die Effektivität des Vollstreckungsverfahrens wohl nicht allzu stark verbessert werden[2].

2 2. Gemeinsame Voraussetzung **nach Abs. 1 und Abs. 2 ist die** Einleitung einer Vollstreckung wegen einer **Geldforderung** durch den Gerichtsvollzieher[3] in das bewegliche Vermögen (§§ 803 ff.), auch Sicherungsvollstreckung (§ 720a) und Arrestvollziehung (§ 930 Abs. 1), aber **nicht**, wenn *nur* Maßnahmen nach § 909[4], § 883- 885 oder § 892 beantragt sind. Es müssen die Voraussetzungen einer Vollstreckung nach § 803 gegeben sein[5]; andernfalls ist eine Unterrichtung nicht zulässig[6]. Die Mitteilung darf nur an solche Gläubiger erfolgen, welche die Vollstreckung beantragt haben[7]. Jedoch bedeutet dies nicht, daß die Anträge gleichzeitig gestellt sein müßten → Rdnr. 4a (str.).

3 3. Eine Pfändung beweglicher Vermögensgegenstände (§ 803 Abs. 1) darf entweder überhaupt nicht oder nicht in ausreichendem Maße möglich sein, → § 807 Rdnr. 9 ff.

II. Mitteilung der aus dem Bereich des Schuldners erlangten Kenntnisse, Abs. 1

4 1. Voraussetzung der **Mitteilungspflicht nach Abs. 1** ist, daß der Gerichtsvollzieher anläßlich der beantragten Vollstreckung oder deren Versuch durch eine Befragung des Schuldners oder durch Einsicht in Schriftstücke **Kenntnis von Geldforderungen**[8] des Schuldners gegen Dritte erlangt.

5 Die Kenntnis darf auch schon vor Vollstreckungsbeginn, erlangt sein[9]. Dann muß aber auch genügen, daß sie auf dem in Abs. 1 beschriebenen Wege aus Vollstreckungsversuchen für andere Gläubiger stammt. Es kann nach dem Entlastungszweck des Gesetzes[10] nicht darauf ankommen, ob die Anträge anderer Gläubiger gleichzeitig oder schon früher gestellt sind[11]. Erlangt jedoch der Gerichtsvollzieher die Kenntnis erst *nach* Erledigung des Vollstreckungsauftrags, so hat er sie zumindest für *diesen* Gläubiger nicht »anläßlich der ZV« erhalten, so daß sie keine Mitteilungspflicht begründet, freilich nach dem Gesetzeszweck trotzdem ein Mitteilungsrecht[12].

6 Nicht genügend ist die bloße Vermutung[13] oder gar nur die Möglichkeit des Bestehens einer Forderung[14]. Anderseits kann schon im Hinblick auf mögliche Einwendungen des Drittschuldners keine völlige Sicherheit gefordert werden[15]. In Anknüpfung an die zur Glaubhaft-

---

[1] *Brehm* DGVZ 1983, 101, 102 ff.; 1985, 19 ff.; 1986, 97, 102 ff.; *Eich* DGVZ 1989, 49, 51 f.; *Seip* DGVZ 1983, 145, 147 ff.; *Schilken* Reform der ZV in: Vorträge zur Rechtsentwicklung der achtziger Jahre (1991), 316; *Behr* NJW 1992, 2740.
[2] *MünchKommZPO-Schilken* Rdnr. 1, 7.
[3] Rdnr. 1 ff. vor § 803, §§ 758, 808.
[4] *Zöller/Stöber*[19] Rdnr. 2.
[5] → Rdnr. 55 ff. vor § 704; *Stöber* (Fn. 4) Rdnr. 3.
[6] *Stöber* (Fn. 4) Rdnr. 3.
[7] *Baumbach/Hartmann*[53] Rdnr. 3; *Schilken* (Fn. 2) Rdnr. 3; *Stöber* (Fn. 4) Rdnr. 7.
[8] Zum Begriff → § 829 Rdnr. 2 ff. § 806a soll – entgegen den Reformüberlegungen, *Eich* DGVZ 1989, 49, 52 – die Belastung des GV durch die Mitteilungspflicht gering halten u. nur die Befriedigungschancen in der Geld-ZV erhöhen *Schilken* (Fn. 2) Rdnr. 5; *Stöber* (Fn. 4) Rdnr. 5.
[9] *Stöber* (Fn. 4) Rdnr. 7.
[10] Der GV müßte andernfalls trotz bekannter Aussichtslosigkeit der ZV entgegen § 63 GVGA eine »Schein-ZV« vornehmen, so zutreffend Schriftl. DGVZ 1992, 16.
[11] A.M. *Hartmann* (Fn. 7) Rdnr. 3; *Stöber* (Fn. 4) Rdnr. 7.
[12] Insoweit a. M. *Stöber* (Fn. 4) Rdnr. 7.
[13] *Stöber* (Fn. 4) Rdnr. 8.
[14] *Hartmann* (Fn. 7) Rdnr. 6.
[15] *Hartmann* (Fn. 7) Rdnr. 6; *Schilken* (Fn. 2) Rdnr. 4.

machung entwickelten Regeln[16] ist die Wahrscheinlichkeit des Bestehens der Forderung ausreichend, zumal auch bei der sich unter Umständen anschließenden Forderungspfändung nur die »angebliche« Forderung gepfändet wird[17]. Offenkundigkeit[18] steht der Kenntnis gleich. Erstreckt sich die Kenntnis nicht auf *alle* der zur Bestimmtheit einer Pfändung nötigen Angaben[19], so führt dies dennoch zur Mitteilungspflicht, wenn die Aussicht erkennbar ist, daß der Gläubiger die noch fehlenden Daten auch auf andere Weise erlangen könnte.

2. § 806a begründet ein Recht und zugleich eine Pflicht zur **Befragung**[20]. Hingegen statuiert er keine Pflicht des Schuldners zur Auskunftserteilung[21]. Eine Pfändung muß zuvor nicht vergeblich versucht worden sein[22]. Denn wenn Abs. 2 sogar die Befragung Dritter erlaubt, falls der Schuldner nicht anwesend ist, muß erst recht die Befragung des Schuldners stattfinden, wenn er selbst die Wohnungstür öffnet, aber z.B. das Fehlen einer Durchsuchungserlaubnis rügt. Außerdem sind die Worte »und konnte eine Pfändung nicht bewirkt werden« nach ihrer Stellung in Abs. 1 nur Voraussetzung für die Befugnis zur Mitteilung an den Gläubiger, nicht für die Befragung[23]. Der Schuldner muß nicht darüber belehrt werden, daß ihm die Beantwortung freisteht (arg. Abs. 2 S. 2)[24]. Die Befragung hat sich auf jene Umstände zu beschränken, deren Angabe erforderlich ist, um der Bestimmtheit eines Pfändungsantrags nach § 829 zu genügen[25].

3. Weiterhin ist der Gerichtsvollzieher berechtigt und verpflichtet, nach Einleitung der Vollstreckung **Schriftstücke**[26] inhaltlich zu prüfen, auf die er **anläßlich der Vollstreckung** ohnehin stößt oder die ihm der Schuldner vorlegt. Auch dies hängt nicht vom zumindest teilweisen Mißerfolg der Vollstreckung ab[27]. Eine *Durchsuchung* allein zum Zwecke der Ermittlung entsprechender Schriftstücke ist nicht zulässig[28]. Der Schuldner ist hierbei zu keiner aktiven Mitwirkung verpflichtet[29]. Die Schriftstücke müssen dem Schuldner nach Einsichtnahme belassen werden[30], es sei denn dieser erlaubt die Weitergabe von Unterlagen an den Gläubiger[31].

4. Der Gerichtsvollzieher ist befugt und auch verpflichtet, dem vollstreckenden Gläubiger[32] Namen und Anschriften der Drittschuldner sowie den Grund der Forderungen und (soweit bekannt) für diese bestehende Sicherheiten **mitzuteilen**. Der Gerichtsvollzieher muß nach dem Zweck des Abs. 1 auch den Weg bezeichnen, auf dem er die Kenntnis erlangt hat[33]. Ein besonderer Antrag des Gläubigers ist nicht erforderlich[34]. Dem Schuldner wird von der Mitteilung nicht gesondert Kenntnis gegeben; er erhält auch keine Abschrift[35].

---

[16] → § 294 Rdnr. 5ff.
[17] *Hartmann* (Fn. 7) Rdnr. 6 (»gewisse Wahrscheinlichkeit«); *Schilken* (Fn. 2) Rdnr. 4; *Stöber* (Fn. 4) Rdnr. 8.
[18] → § 291 Rdnr. 1ff.
[19] → § 829 Rdnr. 40ff.
[20] *Schilken* (Fn. 2) Rdnr. 7.
[21] *Schilken* (Fn. 2) Rdnr. 7; *Stöber* (Fn. 4) Rdnr. 6.
[22] *Hartmann* (Fn. 7) Rdnr. 4; *Schilken* (Fn. 2) Rdnr. 7.
[23] *Hartmann* (Fn. 7) Rdnr. 4.
[24] *Hartmann* (Fn. 7) Rdnr. 4; *Schilken* (Fn. 2) Rdnr. 7; *Stöber* (Fn. 4) Rdnr. 6.
[25] *Hartmann* (Fn. 7) Rdnr. 4; *Schilken* (Fn. 2) Rdnr. 7; *Schilken* AcP 181 (1981), 355, 365 (allgemein zur Möglichkeit der Sachaufklärung durch den GV).
[26] Z.B. Mietverträge, Bescheide eines Sozialleistungsträgers, Arbeitsvertrag u. Lohnabrechnungen, Versicherungspolicen, Kontoauszüge.
[27] *Hartmann* (Fn. 7) Rdnr. 5.
[28] *Hartmann* (Fn. 7) Rdnr. 5; *Schilken* (Fn. 2) Rdnr. 8; *Stöber* (Fn. 4) Rdnr. 6.
[29] *Hartmann* (Fn. 7) Rdnr. 5.
[30] *Stöber* (Fn. 4) Rdnr. 6.
[31] Die Bestimmungen des BDSG sind nachrangig *Schilken* (Fn. 2) Rdnr. 9.
[32] → Rdnr. 2, 4a.
[33] *Stöber* (Fn. 4) Rdnr. 10.
[34] *Hartmann* (Fn. 7) Rdnr. 8; *Schilken* (Fn. 2) Rdnr. 9; *Stöber* (Fn. 4) Rdnr. 9.
[35] *Stöber* (Fn. 4) Rdnr. 10; a.M. *Hartmann* (Fn. 7) Rdnr. 9: §§ 762f. gelte für das gesamte Verfahren, der Schuldner sollte stets eine Abschrift erhalten.

III. Mitteilung aufgrund Befragung Dritter nach Abs. 2

10 Voraussetzung[36] der Befragung nach Abs. 2 ist, daß der Gerichtsvollzieher den Schuldner bei dem Vollstreckungsversuch nicht in der Wohnung[37] antrifft. Auf die Dauer der Abwesenheit kommt es nicht an[38].

11 1. Der Gerichtsvollzieher übt in diesem Falle sein Befragungsrecht[39] nach seinem **Ermessen**[40] (»kann«) aus. Danach kann er die zum Hausstand des Schuldners gehörenden erwachsenen Personen nach dem Arbeitgeber des Schuldners befragen. Zu den **Hausstandsangehörigen** zählen Familienangehörige und sonstige im Schuldnerhaushalt wohnende oder diensttätige Personen[41], die *volljährig* sind[42]. Eine Befragung muß sich auf Name und Anschrift eines etwaigen Arbeitgebers beschränken[43] und kann so allenfalls eine Lohnpfändung begünstigen.

12 2. Gemäß Abs. 2 S. 2 besteht **keine Auskunftspflicht**. Der Gerichtsvollzieher ist verpflichtet, die befragten Hausstandsangehörigen **auf die Freiwilligkeit** etwaiger Auskünfte **hinzuweisen**. Zu einer Belehrung i. S. v. §§ 383 ff., 395 ist er nicht verpflichtet[44]. Die Befragten können für schuldhaft falsche Auskünfte demjenigen haften, den sie hierdurch schädigen[45]. Deshalb darf der Gerichtsvollzieher auf sie keinerlei – auch nur indirekten – Druck ausüben[46] noch solche ohne ordnungsgemäßen Hinweis erlangte Auskünfte protokollieren oder an den Gläubiger weiterleiten[47].

13 3. Die nach Abs. 2 S. 1 und 2 erlangten Angaben hat der Gerichtsvollzieher nach denselben Regeln → Rdnr. 7 dem Gläubiger[48] mitzuteilen.

III. Protokollierung der Mitteillung

14 Dort sind nach § 763 die zur »Mitteilung« gehörenden Umstände anzugeben, also die Befragung des Schuldners sowie die Einsicht in Schriftstücke und die dabei erlangte Kenntnis von Geldforderungen, desgleichen die Befragung einer zum Hausstand gehörenden, namentlich zu nennenden Person, der Hinweis auf die Freiwilligkeit ihrer Angabe[49] und deren Auskunft aufzunehmen[50], → § 763 Rdnr. 1.

V. Verstöße, Rechtsbehelfe

15 Gläubigern steht bei Unterlassung, Schuldnern und etwaigen betroffenen Dritten bei Durchführung der Maßnahmen nach § 806 a die Erinnerung (§ 766) zu[51]. Über Rechtsbehelfe bei Forderungspfändung → § 829 Rdnr. 53 f. Weiterhin können wegen unberechtigter Vorge-

---

[36] → Rdnr. 2 f.
[37] Zum Begriff → § 758 Rdnr. 2, 29.
[38] *Schilken* (Fn. 2) Rdnr. 10; a. M. für kurzfristige Abwesenheit von voraussichtlich nur 5–10 Minuten (dies stelle keine »Abwesenheit« i. S. d. § 806 a dar) *Hartmann* (Fn. 7) Rdnr. 10.
[39] S. zur Befragung → Rdnr. 5.
[40] *Hartmann* (Fn. 7) Rdnr. 12; *Schilken* (Fn. 2) Rdnr. 11.
[41] → § 181 Rdnr. 11–14.
[42] *Schilken* (Fn. 2) Rdnr. 11. A.M. *Hartmann* (Fn. 7) Rdnr. 12 mit § 181 Rdnr. 14; *Stöber* (Fn. 4) Rdnr. 12 i. V. m. § 759 Rdnr. 2: nötig sei nur Befähigung, die Vorgänge ihrer Bedeutung nach zu erkennen, zu beobachten und wiederzugeben. Im Hinblick auf die **Folgen** (Lohnpfändung, Drittschuldnerprozeß) und deren Verantwortung bei fehlerhaften Aussagen sollte dem GV jedoch nicht zugemutet werden, in Anlehnung an die Auslegung des § 181 (→ dort Rdnr. 11) eigene Wertungen zu riskieren.
[43] Darf also nicht auch andere Geldforderungen und Drittschuldner erfassen.
[44] *Hartmann* (Fn. 7) Rdnr. 13.
[45] *Hartmann* (Fn. 7) Rdnr. 13; *Schilken* (Fn. 2) Rdnr. 12.
[46] *Hartmann* (Fn. 7) Rdnr. 13; *Schilken* (Fn. 2) Rdnr. 12.
[47] *Hartmann* (Fn. 7) Rdnr. 13; *Schilken* (Fn. 2) Rdnr. 12.
[48] → Rdnr. 2.
[49] *Schauf* DGVZ 1991, 51.
[50] *Stöber* (Fn. 4) Rdnr. 13.
[51] *Hartmann* (Fn. 7) Rdnr. 16; *Schilken* (Fn. 2) Rdnr. 14.

hensweise des Gerichtsvollziehers Amtshaftungsansprüche (Art. 34 GG, § 839 BGB) entstehen[52].

V. Kosten, Gebühren

Im Verfahren nach § 806a fallen keine besonderen **Gebühren** an[53]. 16

§ 807 [Eidesstattliche Versicherung]

(1) ¹Hat die Pfändung zu einer vollständigen Befriedigung des Gläubigers nicht geführt oder macht dieser glaubhaft, daß er durch Pfändung seine Befriedigung nicht vollständig erlangen könne, so ist der Schuldner auf Antrag verpflichtet, ein Verzeichnis seines Vermögens vorzulegen und für seine Forderungen den Grund und die Beweismittel zu bezeichnen. ²Aus dem Vermögensverzeichnis müssen auch ersichtlich sein

1. die im letzten Jahre vor dem ersten zur Abgabe der eidesstattlichen Versicherung anberaumten Termin vorgenommenen entgeltlichen Veräußerungen des Schuldners an seinen Ehegatten, vor oder während der Ehe, an seine oder seines Ehegatten Verwandte in auf- oder absteigender Linie, an seine oder seines Ehegatten voll- oder halbbürtigen Geschwister oder an den Ehegatten einer dieser Personen;

2. die im letzten Jahre vor dem ersten zur Abgabe der eidesstattlichen Versicherung anberaumten Termin von dem Schuldner vorgenommenen unentgeltlichen Verfügungen, sofern sie nicht gebräuchliche Gelegenheitsgeschenke zum Gegenstand hatten;

3. die in den letzten zwei Jahren vor dem ersten zur Abgabe der eidesstattlichen Versicherung anberaumten Termin von dem Schuldner vorgenommenen unentgeltlichen Verfügungen zugunsten seines Ehegatten.

Fassung des Abs. 1 S. 2 ab 1999 nach Art. 18 Nr. 8 EGInsO:

1. die in den letzten zwei Jahren vor dem ersten zur Abgabe der eidesstattlichen Versicherung anberaumten Termin vorgenommenen entgeltlichen Veräußerungen des Schuldners an eine nahestehende Person (§ 138 der Insolvenzordnung);

2. die in den letzten vier Jahren vor dem ersten zur Abgabe der eidesstattlichen Versicherung anberaumten Termin von dem Schuldner vorgenommenen unentgeltlichen Leistungen, sofern sie sich nicht auf gebräuchliche Gelegenheitsgeschenke geringen Werts richteten.

³Sachen, die nach § 811 Nr. 1, 2 der Pfändung offensichtlich nicht unterworfen sind, brauchen in dem Vermögensverzeichnis nicht angegeben zu werden, es sei denn, daß eine Austauschpfändung in Betracht kommt. (2) ¹Der Schuldner hat zu Protokoll an Eides Statt zu versichern, daß er die von ihm verlangten Angaben nach bestem Wissen und Gewissen richtig und vollständig gemacht habe. ²Die Vorschriften der §§ 478 bis 480, 483 gelten entsprechend.

Gesetzesgeschichte: Bis 1900 § 711 CPO. Änderungen RGBl. 1898 I 256, BGBl. I 952, 1970 I 911, 1979 I 127. Änderung des Abs. 1 S. 2 ab 1999 Art. 18 Nr. 8 EGInsO → § 775 Rdnr. 40. Geplante Änderung: BR-Drucks. 134/94 Art. 1 Nr. 13 (→ Rdnr. 20a), Art. 3 Abs. 5.

---

[52] *Hartmann* (Fn. 7) Rdnr. 16; *Schilken* (Fn. 2) Rdnr. 14.   [53] *Schauf* DGVZ 1991, 51.

I. Allgemeines: Arten der Offenbarung, Vollstreckungsschutz, vertraglicher Ausschluß, Haftung des Gläubigers	1
II. Voraussetzungen des § 807	5
1. Titelarten, Vollstreckbarkeit	5
2. Offenbarungspflichtige Schuldner	6
3. Beschränkung auf haftendes Vermögen	7
4. a) Nachweis erfolgloser Pfändung	9
b) Glaubhaftmachung, daß Befriedigung durch Pfändung aussichtslos ist	20
c) Verweigerung der Durchsuchung	20a
d) Wiederholte Abwesenheit	20b
5. Antrag, Verfahren, Hindernisse	22
III. Inhalt der Offenbarungspflicht	23
1. Vermögensverzeichnis	23
2. Vermögensgegenstände	24
3. Tatsachen, Beweismittel usw. bei Rechten	33
4. Veräußerte Gegenstände	36
5. Eidesstattliche Versicherung	42
IV. Gesetzliche Vertreter, Organe, Parteien kraft Amtes	44
V. Kosten, Gebühren	48

I. Allgemeines[1]: Arten der Offenbarung, Vollstreckungsschutz und vertraglicher Ausschluß, Haftung des Gläubigers

1   1. Eine *prozeßrechtliche Verpflichtung* des Schuldners zur **Offenbarung seines Vermögens** und zur eidesstattlichen Versicherung der Richtigkeit seiner Angaben als Mittel der Zwangsvollstreckung besteht in den Fällen der §§ 807, 883 (dieser nur für herauszugebende Sachen, s. auch § 836 Abs. 3 S. 2). Auch § 125 KO[2] (§§ 98, 153 Abs. 2 InsO) verweist auf die §§ 899 ff., während § 69 Abs. 2 VglO den Schuldner noch als Partei behandelt. Für die → Rdnr. 5–7 vor § 704 genannte Vollstreckung verweisen die Gesetze teils auf die §§ 807, 899 ff., teils auf die §§ 249 Abs. 2, 284, 315 AO. Eine ähnliche Pflicht besteht nach § 69 VerglO; die §§ 899 ff. gelten jedoch dann nicht, § 100 Abs. 1 Nr. 7 VglO, → Rdnr. 1 vor § 899. Zum persönlichen Arrest zwecks Sicherung der Offenbarung → § 918 Rdnr. 7[3].

2   Soweit eine Offenbarungspflicht auf *bürgerlichem Recht* beruht, gelten die §§ 79, 163 f. FGG und § 889 ZPO.

3   2. Zum *Vollstreckungsschutz* → § 900 Rdnr. 14, 57[4]. – Die Offenbarungspflicht kann durch *Vereinbarung* ganz[5] oder auf Zeit ausgeschlossen[6] oder auf bestimmte Vermögensteile beschränkt werden[7], was nach § 900 Abs. 5 geltendzumachen ist[8].

4   3. Unberechtigtes Einleiten oder Weiterbetreiben des Verfahrens kann zu Schadensersatz verpflichten[9].

---

[1] Lit: *Behr* Rpfleger 1988, 1; Lit vor 1970 → 19. Aufl. Fn. 1 u. über den Wechsel vom Offenbarungseid zur Offenbarungsversicherung (BGBl 70 I 912) → 20. Aufl. Fn. 1. Zur Änderung durch G v. 1.II.79 (BGBl I S. 127) *Arnold* MDR 1979, 359; *Hornung* Rpfleger 1979, 284; *Müller* NJW 1979, 905; *Seip* DGVZ 1979, 34. Zur **Reform** *Gaul* JZ 1973, 481; *W. Lüke* ZZP 105 (1992), 432; *Münzberg* Rpfleger 1987, 275; *Schilken* DGVZ 1991, 97; *Zeiss* JZ 1974, 567. Für **Österreich** (§ 47 Abs. 1, § 253a, § 294a EO) *Konecny* ZZP 105 (1992), 404.

[2] Zur Bedeutung der §§ 14, 106 KO/§§ 89, 21 InsO für Anträge nach § 807 → Rdnr. 22.

[3] Grundsätzlich zust. *OLG München* NJW-RR 1988, 382.

[4] Wegen Kleinstbeträgen → Rdnr. 44a vor § 704 Fn. 239, 241, 243 (höchstens Aufschub nach § 765a, nie Versagung der ZV); a.M. *LG Köln* Rpfleger 1991, 328.

[5] *Zöller/Stöber*[19] Rdnr. 34. – A.M. *Wieczorek*[2] Anm. B III a.

[6] → Rdnr. 99 vor § 704; *OLG Dresden* OLGRsp 13 (1906), 198 f.

[7] *Stöber* (Fn. 5); *Rosenberg/Schilken*[10] § 60 I 1b.

[8] → § 900 Rdnr. 9.

[9] → Rdnr. 24 vor § 704; *BGH* NJW 1985, 3080 = Büro 538 ff. (→ dazu Fn. 102 vor § 704); *BGHZ* 74, 9 = NJW 1979, 1351 = JR 460 (krit. *Alisch*); dazu *Lippross* JA 1980, 16. Verneinend auf Rüge der Unverhältnismäßigkeit *OLG München* Rpfleger 1993, 118.

II. Voraussetzungen des § 807

1. Der **Vollstreckungstitel**[10] muß auf eine Geldleistung in dem → Rdnr. 1–6 vor § 803 dargelegten Sinne gerichtet sein. Zum Betrag → § 900 Rdnr. 17f. Vorläufig vollstreckbare Urteile genügen; eine darin angeordnete *Sicherheit des Gläubigers* muß wegen § 720a noch nicht geleistet sein, da sonst der mit dem Arrest vergleichbare Zweck des § 720a unterlaufen würde[11]. Anders nur, wenn gemäß §§ 707, 719 die Offenbarungsversicherung ausdrücklich von einer Sicherheitsleistung des Gläubigers abhängig gemacht ist[12]. Auch der dingliche[13] *Arrest* reicht nämlich aus, sei er mit oder ohne Sicherheitsleistung verfügt; denn er soll die Pfändung auf Grund eines mindestens in Geld berechneten (§ 803) Anspruchs ermöglichen, wofür nach § 928 auch § 807 entsprechend gilt[14]. *Einstweilige Verfügungen* genügen für § 807 nur dann, wenn sie zur Geldleistung verurteilen[15]. – Zu *ausländischen* Titeln → §§ 722f. nebst Anhang mit Bem.

2. Offenbarungspflichtig ist nur der **Schuldner**[16]; über die verpflichtete Person bei Firmen → § 50 Rdnr. 18 (bei Fn. 55); § 727 Rdnr. 32ff., 750 Rdnr. 18ff. Wegen gesetzlicher Vertreter und Organe juristischer Personen → Rdnr. 44f. Im Falle des Doppeltitels nach § 740 Abs. 2 sind Mann und Frau zur Auskunft über das Gesamtgut verpflichtet → § 740 Rdnr. 6. Wirkt ein Titel der Sache nach gegen nichtverurteilte Dritte, so werden sie dadurch noch nicht Schuldner[17], z.B. Vereinsmitglieder, die weder zum Vorstand gehören noch Organe sind, → § 735 Rdnr. 1, 2[18], der das Gesamtgut nicht verwaltende Ehegatte[19], oder Erben, wenn der Titel sich nur gegen den Testamentsvollstrecker richtet[20]. Auch § 739 begründet für den anderen Ehegatten keine Offenbarungspflicht.

3. Die Auskunftspflicht bezieht sich nur auf das **nach Maßgabe des Titels haftende Vermögen**. Bedarf es eines *Doppeltitels* auf Verurteilung *und* Duldung der Zwangsvollstreckung, so ist vor dessen Erlangung eine Pflicht nicht begründet[21]. Ist die Haftung im Titel auf Vermögensteile beschränkt, so sind nur diese zu offenbaren, z.B. bei der hypothekarischen Klage, bei Titeln nach §§ 735f.[22], ebenso in den Fällen §§ 124 Abs. 2, 129 Abs. 4, 161 Abs. 2 HGB. Bei Erben und den ihnen nach § 786 gleichgestellten Personen bleibt aber die Beschränkung bis zum Erlaß einer nach § 785 zu erwirkenden Entscheidung außer Betracht[23]. In den Fällen § 740 Abs. 1 und § 741 ist auch das Gesamtgut zu offenbaren, bis gemäß § 775 Nr. 1 oder 2 aufgrund eines Urteils nach §§ 771, 774 oder eines Beschlusses nach 771 Abs. 3 die fehlende Haftung geltend gemacht wird[24]; zur Rüge des Mangels der Einwilligung über

---

[10] *LG Hannover* Büro 1988, 1250 (Kostentitel). Anders § 7 JbeitrO, §§ 77, 253, 284 AO 77. Zur Zuständigkeit bei Titeln außerhalb der ZPO → § 764 Fn. 7 Abs. 2 u. Fn. 10 (insbesondere zu § 19 BRAGO).
[11] → § 720a Rdnr. 1; h.M., ausführlich *KG* Rpfleger 1989, 291 (zust. *Behr*) = MDR 745; *OLGe Düsseldorf* NJW 1980, 2717 = Rpfleger 482 = ZIP 1147; *Hamm* MDR 1982, 416; *Koblenz* Rpfleger 1991, 66 = MDR 63 = Büro 126 (unter Aufgabe von NJW 1979, 2521) mwN; *München* OLGZ 1991, 75 = Rpfleger 1991, 66 = MDR 64; *Stuttgart* OLGZ 1980, 60 = JZ 192 = NJW 1698; *LGe Frankenthal* Rpfleger 1982, 190; *Wuppertal* NJW 1979, 275; *Darmstadt* Rpfleger 1981, 362; *Baur/Stürner*[11] Rdnr. 813; *Behr* Rpfleger 1988, 2; *Mümmler* Büro 1991, 145, 152; *Noack* Büro 1981, 482; *Schilken* (Fn. 7) § 60 I 1a; *Treysse* Rpfleger 1981, 340; *Baumbach/Hartmann*[53] Rdnr. 2; *Thomas/Putzo*[18] § 720a Rdnr. 8. – A.M. *LGe Berlin* Rpfleger 1989, 206 (aufgehoben durch *KG* (aaO)); *Essen* Büro 1985, 936; *Mainz* Büro 1987, 926; *Fahlbusch* Rpfleger 1979, 248; zweifelnd wegen Schadensfolgen der Offenbarung *Dressel* Rpfleger 1991, 44.

[12] Bedenklich *OLG Frankfurt*, das nur § 719 anwenden will, → dort Fn. 7.
[13] Nicht der persönliche Arrest.
[14] Allg. M. – Bezieht sich der Arrest nur auf einen bestimmten Gegenstand, so muß nur dieser offenbart werden *LG Göttingen* NdsRpfl 1950, 42.
[15] → § 938 Rdnr. 32, 40 (20. Aufl.).
[16] Zum Begriff → Rdnr. 35ff. vor § 704.
[17] → Rdnr. 2f. vor § 735.
[18] → aber auch Fn. 245. Nach Auflösung u. Beendigung etwaiger Liquidation ist die Klauselumschreibung auf Mitglieder möglich u. nötig, → § 735 Rdnr. 4. – A.M. (ohne Umschreibung) *OLG Rostock* OLGRsp 25, 176.
[19] → § 740 Rdnr. 4, § 745.
[20] → § 748 Rdnr. 3.
[21] → § 740 Rdnr. 7.
[22] → § 735 Rdnr. 2, § 736 Rdnr. 7.
[23] → § 781 Rdnr. 4.
[24] → § 740 Rdnr. 3, 5 a.E., § 741 Rdnr. 8.

§ 766 → § 741 Rdnr. 7. Entsprechendes gilt für gemeinsames Vermögen i. S. d. § 744 a. – Zu Parteien kraft Amtes → Rdnr. 47.

8 § 739 begründet nicht die Pflicht eines Ehegatten zur Offenbarung aller im *alleinigen* Besitz des anderen befindlichen beweglichen Sachen. Mitbesitzverhältnisse muß freilich ein Schuldner ohnedies offenlegen, aber Alleinbesitz seines Ehegatten nur bei Sachen, an denen er Rechte oder auch nur mittelbaren Besitz hat.

9 4. Die bisherig Fassung des § 807 sieht zwei Offenbarungsgründe vor: Eine **Pfändung**, d. h. die Vollstreckung in das **bewegliche** Vermögen[25], muß entweder a) ohne vollständigen Erfolg *versucht* sein (→ Rdnr. 11 ff.), was der Gläubiger[26] zu *beweisen* hat, oder b) von vornherein **erfolglos** erscheinen[27] (→ Rdnr. 20), was der Gläubiger *glaubhaft* machen muß, § 294[28]. Das Gericht darf davon nicht absehen, auch wenn wegen Überlastung des Gerichtsvollziehers in absehbarer Zeit keine Chance für Vollstreckungsversuche besteht[29]. Es hat diese Voraussetzungen in jeder Lage des Verfahrens von Amts wegen zu prüfen[30] und nach freier Überzeugung darüber zu entscheiden, § 286; → aber auch Rdnr. 12. Bei Gesamtschuldnern ist erforderlich und genügend, daß diese Voraussetzung in der zur Abgabe der Versicherung verpflichteten Person vorliegt.

10 Eine Vollstreckung in das *unbewegliche Vermögen* bleibt außer Betracht, wenn ihr ein auf Befriedigung gerichteter Titel zugrunde liegt. Weder genügt der erfolglose Vollstreckungsversuch noch steht ein anhängiges Verfahren dem Offenbarungsverlangen entgegen[31]. Ist aber eine Sicherungshypothek aufgrund eines Arrestes eingetragen, § 932, so darf die Offenbarung des beweglichen Vermögens nur verlangt werden, wenn der Gläubiger glaubhaft macht, daß der Sicherungszweck noch nicht voll erreicht ist.

11 a) 1. **Alternative:** Eine **Pfändung ist erfolglos**, wenn eine Verwertung von **Sachen** (wegen der Rechte → Rdnr. 19) gescheitert ist oder nicht zur vollständigen Befriedigung geführt hat. Bei Vollstreckung gegen einen Ehegatten müssen die Möglichkeiten des § 739 ausgeschöpft sein, soweit nicht von vornherein mit begründetem Widerspruch des anderen nach § 771 zu rechnen ist, → auch Rdnr. 16 f.

12 Zum **Beweis** der Erfolglosigkeit muß der Gläubiger Urkunden vorlegen, arg. § 900 Abs. 1[32]; regelmäßig genügt eine einfache »*Fruchlosigkeitsbescheinigung*« des Gerichtsvollziehers, er habe nichts Pfändbares gefunden oder das Gepfändete werde nicht ausreichen[33], z. B. weil dem Gläubiger viele Anschlußpfändungen vorgehen[34]. Die Vorlegung eines förmlichen Pfändungsprotokolls ist nicht unbedingt geboten[35]; die Bescheinigung darf sich aber – ebenso wie ein entsprechendes Protokoll[36] – nicht auf eine allgemeine (mehr gutachtliche) Äußerung über die Aussichtslosigkeit des Vollstreckungsversuchs beschränken[37]. Über eine

---

[25] → § 803 Rdnr. 1 f.
[26] Auch die Gerichtskasse bei der ZV von Kosten durch eigene Beamte *OLG Köln* Rpfleger 1990, 468 f.
[27] Damit berücksichtigt § 807 den Grundsatz der Verhältnismäßigkeit u. des Übermaßverbots (insoweit richtig *LG Frankenthal* → § 765 a Fn. 27).
[28] Im Verfahren nach § 7 JBeitrO genügt Vermerk u. Unterzeichnung des Antrags durch Leiter u. Buchhalter bzw. Sachgebietsleiter der Gerichtskasse *OLG Frankfurt* Büro 1977, 857 = Rpfleger 145[127]; anders bei ZV durch GV *OLG Köln* (Fn. 28).
[29] *LG Neubrandenburg* MDR 1994, 305 f.
[30] *OLG Frankfurt* (Fn. 28) u. OLGZ 1974, 487; *OLG Köln* (Fn. 26); → auch Rdnr. 14 a. A.
[31] *LG Düsseldorf* MDR 1958, 171.
[32] Daher bedenklich *Stöber* (Fn. 5) Rdnr. 16; *LG Essen* DGVZ 1979, 9 (abl. Schriftl. aaO 10). Freilich können GV-Akten ergänzend beigezogen werden, aber der Gläubiger darf nicht *nur* auf sie Bezug nehmen, statt selbst Urkunden nach § 900 Abs. 1 vorzulegen. – Zur wiederholten Beweisführung → Rdnr. 14.
[33] Dazu *Schumacher* DGVZ 1975, 53. Auszugehen ist von der Verwertung nach §§ 814 ff., *LG Kaiserslautern* Rpfleger 1965, 239 = DGVZ 1966, 13; die Bescheinigung darf aber verweigert werden, wenn vollständige Befriedigung nach § 825 sehr wahrscheinlich ist, *LG Oldenburg* NJW 1969, 2243 = DGVZ 184. – Zur Anfechtbarkeit der Bescheinigung → § 766 Fn. 213.
[34] → § 803 Rdnr. 29, 29 a.
[35] *Neumann* JW 1913, 1192, h. M.
[36] → § 762 Rdnr. 4.
[37] *Behr* Rpfleger 1988, 5; *MünchKommZPO-Eickmann* Rdnr. 9.

Anfechtung der Bescheinigung vor Einleitung des Offenbarungsverfahrens → § 766 Fn. 213; zur Beweislast im Offenbarungsverfahren → § 900 Rdnr. 35.

Je älter die Bescheinigung ist, desto geringer ist ihre Beweiseignung[38]; dies hängt jedoch auch von der Höhe der Schuld ab[39] und kann durch Darlegung besonderer Umstände ausgeglichen werden[40], so daß sich eine feste Zeitgrenze nicht bestimmen läßt[41]. 13

Die Erfolglosigkeit der Pfändung muß zwar während des ganzen Verfahrens nachgewiesen sein[42]. Da aber der Gläubiger sich nicht auf feste Zeitgrenzen verlassen kann → Fn. 41, hat das Gericht, wenn es die **bei Antragstellung ausreichenden Nachweise** wegen längerer Dauer des Verfahrens nicht mehr als genügend ansieht[43], dem Gläubiger gemäß §§ 139 Abs. 2, 278 Abs. 3 rechtzeitig Gelegenheit zu einem erneuten Pfändungsversuch zu geben, ehe es Überraschungsentscheidungen gegen ihn fällt[44]. Ratenzahlungen des Schuldners lassen kaum darauf schließen, daß er inzwischen auch pfändbares Vermögen hat[45]. 14

Bei Schuldnern mit *mehrfachem Wohnsitz* oder neben der Wohnung bestehendem Geschäftslokal muß die Aussichtslosigkeit der Vollstreckung an jedem dieser Orte nachgewiesen werden, sofern der Gläubiger den jeweils anderen Ort kennt oder ohne unverhältnismäßige Aufwendungen (Detektivkosten) ermitteln kann[46]. → aber Rdnr. 20 Fn. 69 f. 15

Bei geringem Titelbetrag ist auch eine aufgrund besonderer Umstände aussichtsreich erscheinende Taschenpfändung zu versuchen[47]; erfolglose Taschenpfändung allein genügt jedoch nicht für die 1. Alternative »fruchtlose Pfändung«.

Erfolglos ist die Pfändung auch dann, wenn der Gläubiger die gepfändeten Sachen *freigegeben* hat, weil **Rechte Dritter** (§§ 771, 805) seiner Befriedigung entgegenstehen, und nach dem Protokoll nur diese Sachen pfändbar waren. 16

Seit die h. M. zu Recht für § 93 eine Veranlassung der Klage durch den Gläubiger annimmt, wenn er trotz **überzeugender Darlegung des Drittrechts die Sache nicht freigibt**[48] bzw. die Vorwegbefriedigung des Dritten nicht anerkennt[49], muß dies auch hier genügen, da dem Gläubiger nicht wegen § 807 das volle Prozeßrisiko und außerdem noch das Risiko einer Haftung[50] aufgebürdet werden darf[51]. Ob der Dritte schon Klage erhoben hat, besagt indessen wenig, denn diese kann aussichtslos sein[52]. Wohl aber kann 17

---

[38] *OLG Frankfurt* (Fn. 30); *Behr* (Fn. 37).
[39] *LG Lübeck* DGVZ 1991, 190 f.
[40] *LG Aachen* Rpfleger 1981, 444 f. Z. B. Behauptung eines erneuten erfolglosen Pfändungsversuchs, die der Schuldner in seiner Stellungnahme nicht bestreitet; insoweit zu *LG Oldenburg* MDR 1979, 1032[90] = NdsRpfl 1980, 15. Völliges Verschweigen des Schuldners ersetzt allerdings nicht den Beweis, denn § 138 Abs. 3 gilt hier nicht.
[41] *OLG Frankfurt* (Fn. 30); *LG Hamburg* MDR 1983, 140 (im übrigen abzulehnen); *Behr* (Fn. 37); *E. Schneider* MDR 1976, 534 f. – *LGe Essen* MDR 1969, 677 = Rpfleger 313; *Kiel* MDR 1977, 586 u. *Mümmler* Büro 1991, 145, 150 lassen 11–12 Monate noch genügen; andere halten 6–9 Monate *Thomas/Putzo*[18] Rdnr. 13; *LGe Frankenthal* MDR 1987, 65; einige halten gar 3–4 Monate für die Höchst- bzw. Regelgrenze (zit. bei *Schneider* aaO u. → 19. Aufl. Fn. 15), wobei nicht stets mitgeteilt ist, der Zeitraum ab Antrag oder ab Entscheidung zurückgerechnet werden soll. *Dempewolf* BB 1977, 1631 tritt für 3 Jahre ein (arg. § 903), ebenso *Jenisch* Rpfleger 1988, 463 grundsätzlich bei höheren Titelforderungen.
[42] *OLG Frankfurt* (Fn. 30); *LG Oldenburg* (Fn. 40); *E. Schneider* (Fn. 41) 535.
[43] Z. B. wegen Ratenzahlung oder Rechtsmitteln. *OLG Schleswig* SchlHA 1977, 61 verneint wohl überhaupt eine zeitliche Minderung der Beweiseignung ab Antrag. *OLG Frankfurt* Büro 1977, 730 = Rpfleger 144[126] betont zwar mit Recht, daß unterhalb der 3-Jahresfrist des § 903 zumindest keine **Vermutung** für Vermögenserwerb anzuerkennen sei; andersiets dürfen bezüglich des Alters **nach**

Antragstellung keine geringeren Anforderungen gestellt werden als vorher, denn die Beweiskraft einer Urkunde hängt nicht von einem Antrag ab. Entgegen *OLG Frankfurt* u. *Stöber* (Fn. 5) Rdnr. 16 (s. auch *OLG Schleswig* aaO) sollte auch keine Rolle spielen, wer die Verzögerung veranlaßt hat.
[44] Insoweit wohl bedenklich *LG Oldenburg* (Fn. 40).
[45] *LG Berlin* MDR 1972, 333; insbesondere nicht Teilzahlungen kurz vor dem Termin oder der Vorführung *LG Mannheim* MDR 1974, 148 = Justiz 186; *Behr* (Fn. 37); *Jenisch* (Fn. 41).
[46] *OLG Köln* Rpfleger 1975, 441 = MDR 1976, 53; *LGe Essen* Büro 1975, 1651 = Rpfleger 408 = MDR 1976, 53; *Berlin* DGVZ 1973, 190; *Hartmann* (Fn. 11) Rdnr. 8; *Thomas/Putzo*[18] Rdnr. 7; *Stöber* (Fn. 5) Rdnr. 14 u. *LG Wuppertal* MDR 1964, 1012 (L) ohne Einschränkung. – A.M. (Hauptwohnsitz genüge) *OLG Frankfurt* Büro 1977, 857 = Rpfleger 145 f.; *LG Oldenburg* Büro 1992, 570; *Behr* Rpfleger 1988, 6; *Eickmann* (Fn. 37) Rdnr. 12 (auch gegen eine Ermittlungspflicht des Gläubigers); *Thomas/Putzo*[18] Rdnr. 13; *Wieczorek*[2] Anm. C II a 4; *Baur/Stürner*[11] Rdnr. 808 (bei mehreren Niederlassungen genüge wirtschaftlicher Schwerpunkt.
[47] *AG Schöneberg* MDR 1993, 273 (Barentlohnung).
[48] → § 771 Rdnr. 60 ff.
[49] → § 805 Rdnr. 31.
[50] → § 771 Rdnr. 76 ff.
[51] Vgl. auch *KG* JW 1931, 2140[7]; *Jauernig* ZwVR[19] § 29; *Stöber* (Fn. 5) Rdnr. 17.
[52] Insoweit richtig *LG Köln* Rpfleger 1971, 229 f.

§ 807 II   Zweiter Abschnitt: Zwangsvollstreckung wegen Geldforderungen

nach einer Einstellung gemäß § 771 Abs. 3 oder Hinterlegungsanordnung gemäß § 805 Abs. 4 das Offenbarungsverlangen begründet sein, falls übrige Pfändungen nicht ausreichen[53]. Das Vollstreckungsgericht wird allerdings darauf achten müssen, ob der Gegner dazu schon gehört war; denn vorher ist unsicher, ob das Prozeßgericht die Klage für aussichtsreich hält → § 769 Rdnr. 11 mit § 771 Rdnr. 44.

18   Ein Aufschub der Verwertung nach § 813a[54] oder § 765a[55] erhält die Sicherung und berechtigt daher noch nicht zur Annahme der Erfolglosigkeit.

19   Daß **Forderungen** oder andere Vermögensrechte nicht gepfändet werden konnten, wird nicht verlangt, da der Gläubiger die hierzu erforderlichen Kenntnisse regelmäßig erst durch § 807 erlangen will[56]. Wenn er aber Rechte erweislich kennt[57] oder solche gepfändet *hat*[58], so muß der Mißerfolg der Pfändung bewiesen oder glaubhaft gemacht werden, daß diese Rechte nicht oder nicht alsbald[59] in einem zur vollen Tilgung ausreichenden Maße einbringlich sind[60]; dies ist aber schon dann anzunehmen, wenn die Forderung noch nicht in hinreichendem Umfang fällig[61] oder pfändbar[62] ist (Gehalt)[63] oder wenn der Drittschuldner die Zahlung oder Auskunft binnen angemessener Frist (vgl. § 840 Abs. 1) verweigert[64], denn dem Gläubiger ist nicht der damit verbundene Aufschub und noch zusätzlich das Prozeßrisiko gegen seinen Willen zuzumuten. Zahlungen des Drittschuldners zur Abwendung der Vollstreckung auf ein vorläufig vollstreckbares, aber angefochtenes Urteil bedeuten noch keine Befriedigungsaussicht, weil es immerhin möglich ist, daß das Geleistete im Falle der Aufhebung des Urteils schon sofort zurückzuerstatten ist, obwohl über den titulierten Anspruch noch nicht sachlich entschieden wird[65].

20   b) **2. Alternative:** Der Gläubiger kann auch ohne eigenen Pfändungsversuch glaubhaft machen, daß **durch Pfändung keine oder keine vollständige Befriedigung zu erlangen sein wird**, etwa bei aussichtslosen Anschlußpfändungen oder wenn der Gerichtsvollzieher bescheinigt, daß sein jüngster Pfändungsversuch[66] für andere Gläubiger fruchtlos war[67], sog. *Unpfändbarkeitsbescheinigung*. Hierbei sollten Datum, Aktenzeichen und Gläubiger angegeben werden. Denn allgemeine Angaben reichen dann nicht aus, wenn der Schuldner, um nach § 418 Abs. 2 den Beweis der Unrichtigkeit führen zu können, die Angabe der angeblichen Vollstreckungsversuche verlangt[68]. Für diese 2. Alternative genügt es auch, wenn

---

[53] Vgl. *OLG Düsseldorf* OLGZ 1969, 460 = JMBlNRW 1970, 132.
[54] *Jonas-Pohle* ZV-Notrecht[16] (1954) 136; *LG Düsseldorf* MDR 1958, 345; *Thomas/Putzo*[18] Rdnr. 10; *Hartmann* (Fn. 11) Rdnr. 9; § 813a Rdnr. 14, → auch § 813a Rdnr. 20. – A.M. *KG* JW 1935, 2656 (zum früheren Recht); *LG Essen* MDR 1961, 1023; *Noack* JR 1967, 370; *Herzig* Büro 1968, 365.
[55] *Wieczorek*[2] Anm. C II a 1.
[56] Ganz ü. M. *LGe Berlin* DGVZ 1967, 172; *Heilbronn* MDR 1993, 273 = Rpfleger 292 = WM 1489; a. M. *Schilken* (Fn. 7) § 60 I 1 d aa.
[57] H. M. *OLGe Celle* OLGRsp 3, 333; *KG* OLGZ 183 = DGVZ 20 = WM 1967, 1181; *LG Berlin* Rpfleger 1979, 112[114]; *Schilken* (Fn. 7) § 60 I 1d; *Brox/Walker*[4] Rdnr. 1128 u. *Behr* Rpfleger 1988, 6 (der freilich nur Gehaltsforderungen erwähnt). Erlangt jedoch der Gläubiger Kenntnis erst im Offenbarungstermin, so hindert dies nicht die Fortsetzung des Verfahrens *LG Berlin* Rpfleger 1975, 373[324] = DGVZ 1976, 9. – A.M. *Wieczorek*[2] Anm. C I a 1 (irrtümliche Berufung auf *OLG Celle* MDR 1952, 751); *Baumann/Brehm*§ 17 I 1c; *Baur/Stürner*[11] Rdnr. 808; *Jauernig* ZwVR[19] § 29 I.
[58] *OLGe Dresden* SeuffArch 58 (1903), 292; *Hamburg* OLGRsp 13, 198; *Jena* OLGRsp 14, 169; *KG* (Fn. 57); *LGe Bielefeld* Büro 1966, 891; *Berlin* Rpfleger 1979, 112; *Heilbronn* (Fn. 56).

[59] *LG Heilbronn* (Fn. 56).
[60] H.M. → Fn. 57 f. A.M. *LG Berlin* DGVZ 1967, 172 f.
[61] *OLG Jena* OLGRsp 18, 415.
[62] *LG Kassel* Büro 1993, 26 (Sozialleistungen, Arbeitslosenhilfe).
[63] *LG Berlin* MDR 1975, 497 = Rpfleger 103 (156 DM monatlich pfändbares Gehalt war wegen einer Forderung von 572 DM in Höhe von insgesamt 3.400 DM vorrangig gepfändet). Bedenklich eng *LG Heilbronn* (Fn. 56): 6 Monate Wartezeit (wegen vorrangiger Pfändungen) bis zum ersten einziehbaren Teilbetrag in Höhe von 450 DM bei einer »relativ geringfügigen Forderung« seien zumutbar.
[64] *OLG Jena* JW 1927, 864[27]; *KG* (Fn. 57); *LG Itzehoe* SchlHA 1985, 107; *Brox/Walker*[4] Rdnr. 1128; *Stöber* (Fn. 5) Rdnr. 15.
[65] → § 717 Rdnr. 12 Fn. 54 f.
[66] → auch Rdnr. 14 f.
[67] *OLG Köln* Rpfleger 1990, 217 f. = DGVZ 25; *LG Lübeck* DGVZ 1991, 190 (unter Angabe des zeitlichen Rahmens, vgl. die Dreimonatsfrist in § 63 Nr. 1 GVGA, u. des Umfangs der letzten Pfändungsversuchs); *Alisch* DGVZ 1983, 110; *Bauer* Büro 1964, 631; *Jenisch* Rpfleger 1988, 463; *Mager* DGVZ 1990, 18; *KG* OLGRsp 16, 301 f. → aber auch Fn. 75.
[68] *OLG Köln* (Fn. 67).

Münzberg VIII/1994

glaubhaft gemacht wird, daß der Schuldner im Inland (→ Fn. 90) überhaupt keine Wohnung unterhält oder sein Verhalten erkennen läßt, daß er seine Wohnung verheimlichen will[69]; ebenso wenn der Gerichtsvollzieher bescheinigt, daß am derzeit im Handelsregister eingetragenen Sitz der schuldenden GmbH bzw. GmbH & Co KG weder ein Geschäftslokal noch sonstiges Vermögen festgestellt werden konnte[70]. *Nicht ausreichend* sind allgemeine Ausführungen über geringe Aussichten von Sachpfändungen[71], ungelöschte Haftbefehle in anderen Offenbarungssachen, denn sie indizieren zwar mangelnde Zahlung, aber noch nicht Pfandlosigkeit (str.)[72]. Jedoch kann eine zusätzliche Bezugnahme auf die entsprechenden Belege in den Parallelakten je nach Alter genügen[73]; sind sie den dortigen Gläubigern zurückgegeben und finden sich auch keine Aktenvermerke oder Beschlußbegründungen, aus denen Art und Alter der Belege ersichtlich ist, so muß der Gläubiger ihr Datum ermitteln und angeben[74]. Daß der Schuldner mit einem Dritten zusammen wohnt, genügt allein nicht, da dies die ZV grundsätzlich nicht hindert, → § 808 Rdnr. 17f.; anders freilich, wenn die Pfändung an einer rechtskräftigen Entscheidung gescheitert ist[75]. Auch die Verweigerung der Durchsuchung allein genügt nicht für *diesen* Offenbarungsgrund (→ aber Rdnr. 20a), da sie nichts darüber aussagt, ob Pfändung nach richterlicher Anordnung erfolglos wäre (str.)[76], mag auch die Weigerung grundlos sein[77]. Ablehnung eines Antrags auf Durchsuchungsanordnung genügt jedoch, wenn sie entweder unanfechtbar geworden ist und ihre Gründe einen erneuten Antrag ausschließen, oder wenn sie schon damit begründet wird, daß Pfändungsversuche aussichtslos wären[78].

Die BR-Drucks. 134/94 Art.1 Nr. 13 sieht zwei weitere Offenbarungsgründe als Nr. 3 und 4 einer Neufassung des Abs. 1 vor[79] für Verfahren, in denen der Gerichtsvollzieher die **20a**

---

[69] *KG* OLGRsp 16, 301. Nicht ausreichend ist eine Bescheinigung des GV, daß in seinem Bezirk der Schuldner nicht wohnt (*AG Hannover*, zit. bei *Schüler* DGVZ 1979, 5) oder woanders wohnt (a.M. *LG Oldenburg* → Fn. 46 zur Alternative 1). S. auch *LG Essen* (Fn. 46).
[70] *Noack* Büro 1980, 9; erst recht, wenn die Geschäfte nur woanders geführt werden u. auch dort erfolglos gepfändet wurde *OLG Stuttgart* BB 1977, 414.
[71] Vgl. den Beweisantrag *OLG Köln* DGVZ 1983, 55.
[72] *LG Berlin* Rpfleger 1984, 361 = DGVZ 188; *LG Bielefeld* Büro 1984, 782; wohl auch *LG Mosbach* Büro 1990, 489 (abl. *Mümmler*) u. *LG Stuttgart* Justiz 1989, 130 (Haftbefehl lag 5 Monate zurück); jedenfalls bei geringfügigen Forderungen *LG Heilbronn* MDR 1993, 800 = Rpfleger 356 (128, 56 DM). – A.M. *LGe Aachen* Büro 1990, 261; *Bochum* Rpfleger 1990, 628; *Frankenthal* Rpfleger 1984, 472 = Büro 1985, 466 (6–11 Monate alte Haftbefehle); *Hanau* Büro 1984, 783f.; *Hannover* Büro 1987, 457; *Kassel* Büro 1987, 457; *Konstanz* Büro 1990, 117 (Haftbefehl darf nicht älter als 1 Jahr sein); *Limburg* Büro 1990, 1052; *Lüneburg* DGVZ 1993, 76; *Mümmler* Büro 1988, 1119f. mwN; Büro 1991, 145, 152; *Thomas/Putzo*[18] Rdnr. 13; *Stöber* (Fn. 5) Rdnr. 18; wohl auch *Wuppertal* Büro 1990, 655 (für jeden Einzelfall zu entscheiden). Das ist aber nur de lege ferenda erwägenswert *Jesse* DGVZ 1993, 85.
[73] *Mümmler* Büro 1987, 458; *Behr* Rpfleger 1988, 6.
[74] *LGe Hannover* u. *Bielefeld* Büro 1983, 1415; 1984, 782f.
[75] Vgl. *AG München* DGVZ 1979, 158 (→ aber § 808 Rdnr. 18 a.E.).
[76] *KG* DGVZ 1989, 291 (Fn. 11); *LGe Berlin* NJW-RR 1988, 1343 u. DGVZ 1990, 89; *Bonn* Rpfleger 1987, 424 = Büro 1988, 126; *Düsseldorf* DGVZ 1990, 26; *Essen* DGVZ 1991, 189; *Frankenthal* Rpfleger 1989, 247; *Frankfurt/M.* Rpfleger 1989, 468 = DGVZ 1990, 27; *Hannover* DGVZ 1991, 189; *Kassel* Büro 1991, 605 (zust. *Mümmler*); *Köln* DGVZ 1990, 28 = MDR 257; *Itzehoe* DGVZ 1984, 190 = SchlHA 75; *Hannover, München* DGVZ 1985, 76f.; *München I* NJW-RR 1989, 64; *Oldenburg* DGVZ 1992, 13; *Stuttgart* NJW 1988, 570; *Mümmler* Büro 1991, 145, 151; ausführlich *Dressel* DGVZ 1988, 24f. u. *Leisner* Rpfleger 1989, 443. Ferner *Baur-Stürner*[11] Rdnr. 808; *Gerhardt* ZZP 95 (1982) 486 N. 80; *Brox-Walker*[4] Rdnr. 1128; *Eickmann* (Fn. 37) Rdnr. 17; *Stöber* (Fn. 5) Rdnr. 14.
[77] A.M. *LGe Aachen* Rpfleger 1981, 444; *Ansbach* Rpfleger 1992, 119; *Aschaffenburg* FamRZ 74 = DGVZ 74; *Detmold* NJW 1986, 2261 *Dortmund* Rpfleger 1987, 165; *Düsseldorf* NJW-RR 1988, 698; *Münster* DGVZ 1987, 124; *Nürnberg-Fürth* DGVZ 1993, 93; *Osnabrück* MDR 1989, 463; *Paderborn* Büro 1989, 273 = DGVZ 1988, 156; *Traunstein* Rpfleger 1989, 115; *Behr* (Fn. 73); *Hartmann* (Fn. 11) Rdnr. 10; *Jenisch* Rpfleger 1988, 464; *Thomas-Putzo*[18] Rdnr. 8. Nur de lege ferenda zust. *Brehm* DGVZ 1986, 102; *Münzberg* Rpfleger 1987, 276 N.41, → dazu Rdnr. 26. Gleiches gilt für den Vorschlag aaO, als neue Nr. 4 die wiederholte u. nicht entschuldigte Abwesenheit trotz Pfändungsankündigung genügen zu lassen.
[78] Vgl. *OLG Stuttgart* Justiz 1981, 79f. (a.E.); *Eickmann* (Fn. 37) Rdnr. 16. – *Behr* DGVZ 1980, 52 meint, der Grundsatz der Verhältnismäßigkeit erlaube Durchsuchungsanordnungen erst, wenn alle anderen Arten der ZV gescheitert oder aussichtslos seien. Aber so triebe man den Schuldner entweder vorweg zur Offenbarung, die ihn meist härter träfe als Durchsuchungen (→ auch Fn. 27), oder er sähe sich gezwungen, zur Vermeidung der Offenbarung *immer* Durchsuchungen zu erlauben, ganz gleich welche Einwendungen er dagegen hätte. In diese Richtung wird man die Rsp des BVerfG noch das die Immobiliar-ZV betreffende Sondervotum *Böhmers* NJW 1979, 535 interpretieren dürfen.
[79] Dazu *Markwardt* DGVZ 1993, 18. Dogmatisch zutreffend vermengt die E diese neuen Gründe – im Gegen-

Vollstreckung vor dem Inkrafttreten dieser Gesetzesänderung versucht hatte[80]; danach soll der Schuldner zur Offenbarung verpflichtet sein:

c) wenn er »*die Durchsuchung (§ 758) verweigert hat*«, Abs. 1 Nr. 3 der geplanten nF[81]. Folglich müßte die Verweigerung auch dann nach § 762 Nr. 2 protokolliert werden, wenn der Gerichtsvollzieher die Wohnung nicht betreten hatte[82]. Da diese Regelung auf Verweigerungsgründe keine Rücksicht nimmt, kann § 900 Abs. 5 hier dem Schuldner nicht helfen, falls er die Durchsuchung mit Recht verweigert hatte[83]. Die Verweigerung muß vom Schuldner persönlich erklärt sein[84]. Daß die schwerwiegende Rechtsfolge (jedenfalls im Gesetzesvorschlag) nicht abhängig gemacht wird von einer vorherigen Belehrung des Schuldners[85], ist ein – auch verfassungsrechtlich – bedenkliches Versäumnis, das hoffentlich noch vor Inkrafttreten entdeckt wird; eine Aufnahme nur in die GVGA wäre nicht der richtige Ort;

d) wenn »*der Gerichtsvollzieher den Schuldner wiederholt in seiner Wohnung nicht angetroffen hat, nachdem er einmal die Vollstreckung mindestens zwei Wochen vorher angekündigt hatte; dies gilt nicht, wenn der Schuldner seine Abwesenheit genügend entschuldigt und den Grund glaubhaft macht.*«, Abs. 1 Nr. 4 der geplanten nF. Damit der Gläubiger die Einhaltung der Frist nachweisen kann, muß der Zeitpunkt der Ankündigung und des angekündigten Vollstreckungsversuchs im Protokoll nach § 762 vermerkt werden[86]. Die Entschuldigung kann hier nach § 900 Abs. 5 geltendgemacht werden[87].

21 Daß der Schuldner Abzahlungsgut *des Gläubigers* besitzt, steht dem Antrag regelmäßig nicht entgegen[88]. Wegen der dem Gläubiger zur Sicherheit übereigneten Sachen → § 777 Rdnr. 3a. Der Gläubiger muß den durch § 809 eröffneten Weg nutzen, wenn er selber Sachen *des Schuldners* im Gewahrsam hat[89]. Wegen Forderungen → Rdnr. 19. Ob im *Ausland* eine Vollstreckung Erfolg verspricht, hat außer Betracht zu bleiben[90].

22 **5. Zum Antrag des Gläubigers** → § 900 Rdnr. 16–20[91]; zur Angabe des gesetzlichen Vertreters des Schuldners im Titel → § 750 Rdnr. 20f. und im Antrag → § 900 Rdnr. 16. Für *Konkursgläubiger/Insolvenzgläubiger*[92] scheidet § 807 wegen § 14 KO (§ 89 InsO) aus[93]; anders für *massefreies Vermögen* wegen erst *nach* Eröffnung des Konkurses/Insolvenzverfahrens fällig werdender, gesetzlicher Unterhaltsforderungen[94], vgl. § 3 Abs. 2 KO (§ 40 InsO), oder bei Sonderkonkursen/insolvenzverfahren, falls der Gläubiger insoweit nicht als

---

satz zu der Rsp → Fn. 77 – nicht mit dem Offenbarungsgrund fruchtloser Pfändung. Die Begr BR-Drucks. 134/94 S. 61 geht freilich unzutreffend davon aus, die vorgezogene Offenbarung vermindere die Gefahr einer Beiseiteschaffung von Pfändungsgut.

[80] So die in BR-Drucks. 134/94 vorgesehene Überleitungsvorschrift Art. 3 Abs. 5.

[81] Gegen verfassungsrechtliche Bedenken BR-Drucks. 134/94 S. 61f.

[82] Insofern sollte § 762 ergänzt werden, da es noch nicht um ZV-Handlungen geht.

[83] Insofern widersprüchlich, zumindest unklar die Begr BR-Drucks. 134/94 S. 63, wo zwar a. E. gesehen wird, daß Verweigerungsgründe überwiegend temporärer Art sind (→ § 758 Rdnr. 16), aber dennoch unzutreffend angenommen wird, die Grundlosigkeit einer Weigerung würde durch nachträglichen Erlaß einer Durchsuchungserlaubnis festgestellt.

[84] Daß Dritte die Durchsuchung vereiteln → § 758 Rdnr. 10, 26, darf nach Wortlaut und Sinn nicht Offenbarungsgrund sein.

[85] Zutreffend de lege ferenda *Jesse* (Fn. 72).

[86] BR-Drucks. 134/94 S. 64. Auch dies sollte durch Ergänzung des § 762 klargestellt werden, da es sich nur um Vorbereitung einer ZV handelt → § 762 Rdnr. 1.

[87] BR-Drucks. 134/94 S. 65.

[88] *OLGe Celle* MDR 1952, 751 = BB 674; *Saarbrücken* OLGZ 1966, 311 = MDR 768 = DGVZ 1967, 40; *LG Bonn* JMBlNRW 1952, 237; *Stöber* (Fn. 5) Rdnr. 17. – A.M. *AG Köln* Büro 1965, 931.

[89] *OLG Schleswig* SchlHA 1956, 204.

[90] *OLG Frankfurt* Büro 1978, 131.

[91] Zur Beschränkung auf bestimmte Gegenstände vgl. *BGH* MDR 1961, 71 = DGVZ 56u. → Rdnr. 44 Fn. 229.

[92] Dies gilt auch für die »unechten Massegläubiger« gemäß § 59 Abs. 1 Nr. 3 KO, *LG Mainz* Rpfleger 1988, 114; *Hess/Krepshofer* KO[4] (1993) § 3 Rdnr. 2; *Kilger/K. Schmidt* KO[16] § 3 Anm. 1c, § 14 Anm. 1, 9; *ders.* NJW 1980, 272f.; *Kuhn/Uhlenbruck* KO[10] Rdnr. 1a zu § 59. – A.M. *OLG Bamberg* Büro 1988, 930; *Eickmann* ZIP 1985, 128; *Jaeger/Henckel* KO[9] § 14 Rdnr. 19.

[93] Auch für konkursfreies Vermögen (ungenau *LG Braunschweig* NdsRpfl 1976, 135 a.E.). Sie können nur nach § 125 KO vorgehen (→ Rdnr. 1), *KG* OLGRsp 23, 226; *Jaeger/Henckel* KO[9] § 14 Rdnr. 7.

[94] *LG Düsseldorf* MDR 1958, 172; s. auch *Jaeger/Henckel* KO[9] § 3 Rdnr. 114.

Insolvenzgläubiger auftritt. Allgemeine *Veräußerungsverbote* nach § 106 KO hindern jedoch nicht die Offenbarung; denn diese dient zur Ermöglichung von Pfändungen, die bis zur Konkurseröffnung zulässig sind[95] und auch bei Bestand bleiben, falls das Veräußerungsverbot vor Konkurseröffnung wieder aufgehoben oder der Konkurs nicht eröffnet bzw. beendet wird, bevor der Konkursverwalter die Aufhebung der Pfändung erwirkt hat[96]. Werden allerdings ab 1999 allgemeine Verfügungsverbote nach § 21 Abs. 2 Nr. 3 verbunden mit einer Untersagung der Vollstreckung, so ist auch für § 807 kein Raum, und auch abgesehen davon könnten Offenbarungen wegen § 88 InsO nur noch im Hinblick auf die Möglichkeit einer Aufhebung des Insolvenzverfahrens nützlich sein und dürften daher nur ausnahmsweise beantragt werden. – Wegen der übrigen Voraussetzungen und Hindernisse des Verfahrens → Rdnr. 3, 5 ff., ferner → Rdnr. 55 ff. vor § 704 und § 900 Rdnr. 2 ff., 34 ff.

III. Inhalt der Offenbarungspflicht[97]

1. Der Schuldner hat ein **Verzeichnis** seines in- und ausländischen[98] Vermögens, soweit es nach Titel und Gesetz Gegenstand der Vollstreckung ist[99], vorzulegen; es muß so vollständig sein, daß der Gläubiger sofort Maßnahmen zu seiner Befriedigung treffen[100] und ersehen kann, ob diese sich lohnen[101]. Daher ist das *Fragerecht des Gläubigers* zu beachten[102], das er auch schon im Antrag schriftlich wahrnehmen und mit dem er Angaben anregen darf, die im amtlichen Vordruck nur pauschal umschrieben sind[103]. Die dadurch auf den Rechtspfleger zukommende Mehrbelastung kann verringert werden, indem durch Hinweise schon anläßlich der Terminsladung dem Schuldner Gelegenheit gegeben wird, sich auf solche Angaben vorzubereiten. Dieses Problem könnte künftig entschärft werden durch gezieltere Fragestellung im Vordruck, der ohnehin im Hinblick auf die Neuerungen ab 1999 geändert werden muß, → Rdnr. 41 a ff. Der Rechtspfleger ist zwar nicht verpflichtet, das Verzeichnis zu Protokoll zu nehmen. Bei geschäftlich ungewandten Personen kann es indessen zweckmäßig sein, die Erklärung zu protokollieren oder schon vor dem Termin mit dem Schuldner durchzusprechen. Die Pflicht, das Verzeichnis *im Termin* mit dem Schuldner zu erörtern, § 139 Abs. 1[104], wird dadurch nicht berührt. Aus Abs. 2 (»die verlangten Angaben«) darf nicht gefolgert werden, der Schuldner müsse über den Katalog des Abs. 1 hinaus Auskunft geben[105].

23

---

[95] → § 772 Rdnr. 5, 9.
[96] → Rdnr. 62 f. vor § 704. Vgl. auch *Jaeger/Lent* KO⁸ § 106 Rdnr. 5; *Uhlenbruck* Insolvenzrecht (1979) Rdnr. 66; LGe Detmold Rpfleger 1989, 300; Frankfurt/ M. NJW-RR 1988, 191 = Rpfleger 111; AG München DGVZ 1985, 158; *Thomas/Putzo*¹⁸ Rdnr. 2. – A.M. LGe Köln DGVZ 1988, 157 = Rpfleger 422; Lübeck Rpfleger 1986, 99; München DGVZ 1972, 74; Braunschweig NdsRpfl 1976, 135 (mit unrichtiger Berufung auf *Jaeger/ Lent* § 14 Rdnr. 1); *Hartmann* (Fn. 11) Rdnr. 3; *Kuhn/ Uhlenbruck* KO¹⁰ Rdnr. 4 e. Daß aber der mögliche Erfolg einer Maßnahme wenig wahrscheinlich ist, beseitigt noch nicht ein RechtsschutzB.
[97] Ausführlich *Schönke/Schröder/Lenckner* StGB²⁴ § 156 Rdnr. 22 ff.; *Behr* Rpfleger 1988, 7.
[98] *Gottwald* IPRax 1991, 291 mwN.
[99] → Rdnr. 7 f.
[100] LG Köln MDR 1976, 150; LG Oldenburg Rpfleger 1983, 163 f. (Beschluß b); Angabe »diverse Büromöbel in der Wohnung« genügt nicht; OLG Bamberg Büro 1988,

1422 f.: Angabe der kontoführenden Bank ausreichend, Konto-Nr. nicht erforderlich; *Hartmann* (Fn. 11) Rdnr. 15; *Behr* Rpfleger 1988, 7; ausführlich *Lenckner* (Fn. 97) Rdnr. 28.
[101] → Rdnr. 33 Fn. 165.
[102] KG MDR 1981, 413 (gekürzt) = DGVZ 76 = Büro 782; LGe München I Büro 1994, 407; Freiburg aaO = DGVZ 118. Zu eindeutig verneinenden Antworten darf jedoch nicht noch Substantiierung verlangt werden *Stöber* Rpfleger 1994, 323; a.M. OLG Köln Büro 1994, 408 (Schuldner hatte Außenstände eindeutig verneint); LG Göttingen NJW 1994, 1164 (*Spring* aaO 1108) = Büro 194 (Behr aaO 193). Zum Verfahren → § 900 Rdnr. 31.
[103] LGe Freiburg, Göttingen; *Behr, Spring* (Fn. 102); AGe Cuxhaven, Remscheid Büro 1994, 372 f. – A.M. LG Augsburg Rpfleger 1993, 454 = Büro 751 mwN.
[104] Näheres *Behr* (Fn. 100) mwN.
[105] BGHSt 8, 399 (→ Fn. 132). Vgl. auch BGHSt 19, 126 = NJW 1964, 60.

24   2. Anzugeben ist das **gesamte aktive Vermögen** des Schuldners (→ Rdnr. 6–8), auch wenn es schon zugunsten anderer Gläubiger verpfändet, gepfändet oder sonst beschlagnahmt ist[106]. Ausgenommen sind offensichtlich wertlose Gegenstände, arg. § 803 Abs. 2[107].

a) Das sind außer den einzelnen beweglichen[108] und unbeweglichen[109] **Sachen** alle **Forderungen**[110], auch wenn sie nicht auf Zahlung gerichtet sind, z.B. auf Abtretung oder Bestellung eines Rechts[111] – und zwar auch noch nicht fällige oder aufschiebend bedingte[112], insbesondere Ansprüche aus einer Lebensversicherung, auch bei Bezugsrecht eines anderen im Falle der Widerruflichkeit[113]; künftige Forderungen, falls ihre Pfändung schon möglich ist → Rdnr. 26, z.B. Beitragsrückvergütungsansprüche aus Haftpflichtversicherungsverhältnissen[114]; ohne Rücksicht hierauf auch künftige Rentenansprüche, da sie auch verfrüht entstehen können und für diesen Fall § 807 einen raschen Zugriff ermöglichen soll (str.)[115]. Zumindest gilt dies, wenn schon Anwartschaften bestanden[116], zumal die Problematik einer Billigkeitsprüfung für die Zukunft, die zuweilen als Argument gegen eine Pfändbarkeit im voraus gedient hatte, wegen § 54 Abs. 4 nF SGB-I ab 14. VI. 1994 entfallen ist. Beendete Arbeitsverhältnisse sind nur anzugeben, wenn noch Ansprüche daraus in Frage kommen[117]. Auch Unterhaltsansprüche sind anzugeben[118], ebenso Bezüge gemäß § 850b Nr. 3 und verschleierte Arbeitseinkommen, § 850h Abs. 2[119]. Über die für Rechte im Verzeichnis nötigen Angaben → Rdnr. 33 ff.

Ferner **sonstige Vermögensrechte**, z.B. Grundpfandrechte, einschließlich der Eigentümergrundschulden[120], Anteilsrechte an einem Gesellschaftsvermögen[121], Ankaufs- und Optionsrechte[122] und vergleichbare Rechte, auch wenn der Schuldner nur formeller Inhaber ist, z.B. als Kommissionär oder in ähnlicher Stellung[123]; ebenso rechtlich geschützte Anwartschaften,

---

[106] → auch Rdnr. 28.
[107] *BGHSt (1.Senat)* 13, 345 = NJW 1960, 206; z.B. durch Gebrauch besonders schnell an Wert verlierender Sachen *BayObLGSt* Rpfleger 1993, 301 f.
[108] Auch wenn sie schon verkauft, aufschiebend bedingt veräußert sind oder nur im Eigenbesitz stehen (z.B. gestohlene) *OLG Braunschweig* MDR 1951, 52 = NdsRpfl 39.
[109] Auch Belastungen (bei Hypotheken wegen etwaiger Eigentümergrundschulden, bei Grundschulden wegen Ansprüchen auf Rückübertragung) *LG Aachen* Rpfleger 1991, 327 (abl. *Kather*), ebenso deren Abtretung, jeweils nebst Gläubiger u. Betrag *LG Berlin* Rpfleger 1978, 229; selbst bei Überschuldung *RG* GoltdArch 1960, 88.
[110] Z.B. aus Unfallversicherung *LG Köln* VersR 1966, 950, auf Arbeitslosenunterstützung *OLG Koblenz* MDR 1977, 323. Bankkonten im Debet jedoch nur, wenn darauf eine Kreditlinie eingeräumt ist im Hinblick auf die str. Frage ihrer Pfändbarkeit → § 851 Rdnr. 36; insofern unpräzis *LG Heilbronn* Rpfleger 1990, 430. Weitergehend *Behr* aaO 431 (alle Konten; aber debitorische sind kein pfändbares »Vermögen« i.S.d. Abs. 1).
[111] → § 857 Rdnr. 79, 93; zur Treuhand → Rdnr. 25.
[112] *RG* JW 1931, 2130; *OLGe Hamm* Rpfleger 1979, 468 (zu § 87a HGB); allerdings nicht bei rechtswirksamem Vertragsabschluß *Karlsruhe* Justiz 1964, 63 (→ auch Rdnr. 26 Fn. 132 f.), wohl aber, wenn der Arbeitgeber bereits gebunden ist, *BGH* MDR 1958, 257 f. = NJW 427 (L).
[113] Dazu *LG Duisburg* NJW 1955, 717; *Herzig* Büro 1967, 169 ff.
[114] *Stöber*[10] Rdnr. 150 a mwN.
[115] *LG Bonn* DGVZ 1993, 29 = Büro 31 = Rpfleger 29 = MDR 1992, 901; vgl. auch *LG Lübeck* Büro 1989, 550 (Postjungbote muß Rentenversicherungsträger und Versicherungsnummer angeben, zust. *Mümmler*).
[116] Mit dieser Einschränkung *LGe Aachen* Büro 1990, 1520 u. *Regensburg* Büro 1990, 782; (wenn damit zu rechnen ist, daß der Schuldner in nicht mehr ferner Zeit Rentenempfänger werden kann, was bei 62-jährigem der Fall ist); *Darmstadt* Büro 1989, 1181; (ja bei 57-jährigen, nein bei erst 40-jährigen Schuldnern) *Hannover* MDR 1993, 175 f. = Rpfleger 168; (ja bei 60-jährigem); *Frankfurt/M.* Rpfleger 1989, 115; *AG Cuxhaven* Büro 1990, 783 (für 51-jährigen, wenn schon Rentenanwartschaft besteht). Anders *LGe Bielefeld* Büro 1990, 784 = Rpfleger 130; *Düsseldorf* Büro 1990, 266 = Rpfleger 130; *Hannover* Büro 1990, 536 = NJW-RR 1216 = Rpfleger 130 (bei 43-jährigem nur, wenn Gläubiger dartut, daß mit verfrühter Rente zu rechnen sei); *Hildesheim* Büro 1990, 1054 (39-jähriger); *Köln* Büro 1990, 401 = Rpfleger 130 (36-jähriger); *Osnabrück* Büro 1991, 279 (48-jähriger). – S. auch *Stöber*[10] Rdnr. 1359 b mwN.
[117] *BGH* NJW 1968, 1388 = AP Nr. 2 zu § 807.
[118] *LG Kleve* Büro 1992, 269.
[119] Zu § 850b *AG Bocholt* Büro 1994, 406; zu § 850h *OLG Hamm* GoltdArch 1975, 180 = MDR 161 (L); *LGe Landau* Rpfleger 1991, 28; *Heilbronn* MDR 1992, 711 = Rpfleger 529 (genaue Beschreibung der Tätigkeit nebst eingebrachter Materialien); *Lübeck* Rpfleger 1986, 99; *München I* Rpfleger 1988, 491 u. MDR 1984, 764 (Hausmann muß Namen der Verlobten angeben, für die er tätig ist); *LG Frankenthal* Büro 1994, 409 (Namen u. Anschrift des Lebensgefährten, in dessen Haushalt Schuldnerin tätig ist). *LG Münster* Rpfleger 1994, 33 verlangt sogar Angabe von Tätigkeitsart u. Nettoeinkommen des Lebensgefährten (bedenklich, → Rdnr. 33 a zu Taschengeld).
[120] Nach *RGSt* 45, 429 ff. neben dem Eigentum am Grundstück (ihre Pfändung sei aussichtsreicher als Zwangshypothek usw.); → auch Fn. 109.
[121] *RGSt* 24, 74; nicht das Vermögen der Gesellschaft, denn es ist als solches nicht Vermögen des Gesellschafters.
[122] *OLG Frankfurt* GoltdArch 1973, 154.
[123] *OLG Rostock* OLGRsp 25, 174 f.

z. B. aus bedingter Veräußerung¹²⁴, auch wenn die Restschuld den Sachwert derzeit übersteigt¹²⁵; ferner Nutzungsrechte, z. B. Nießbrauch¹²⁶.

Bei **treuhänderischer** Übertragung an einen Dritten muß der Schuldner deren Grund¹²⁷, den Treuhänder sowie seine Ansprüche aus dem Treuhandverhältnis auf Rückübertragung, Rechnungslegung und sonstige Leistungen angeben¹²⁸, → auch Fn. 187. Steht bereits fest, daß derartige Ansprüche nicht gegeben sind, so liegt bei Nichtangabe der an einen Gläubiger zur Sicherheit übereigneten Sachen keine objektiv falsche Aussage vor¹²⁹. Gegenstände, die ein Dritter treuhänderisch dem Schuldner übertragen hat, muß dieser als zu seinem Vermögen gehörig offenbaren¹³⁰. 25

Vermögenswerte, die **keine Vermögensrechte** und daher nicht selbständig pfändbar sind¹³¹, müssen grundsätzlich **nicht** offenbart werden, insbesondere bloße künftige Erwerbsmöglichkeiten¹³², z. B. ein Geschäft ohne pfändbare Vermögensgegenstände¹³³, den früheren Kundenkreis¹³⁴, und Rechtsverhältnisse, aus denen noch nicht einmal ein Rechtsgrund für künftige Forderungen des Schuldners entstanden ist¹³⁵. Wegen debitorischer Konten → Fn. 110 a. E. Anders jedoch bei **dauernd wiederkehrender Tätigkeit** für dieselben Dritten, z. B. als selbständiger Handelsvertreter¹³⁶. So muß ein Provisionsvertreter die Geschäftsverbindungen offenbaren, die ihm die Möglichkeit zum Erwerb von Provisionsforderungen bieten¹³⁷, und ein ambulanter Gewerbebetreibender oder Unternehmensberater seinen festen Kundenkreis¹³⁸. Gelegenheits- und Aushilfsarbeiter haben ihre regelmäßigen Arbeitgeber¹³⁹ oder bei ständigem Arbeitsplatzwechsel die Arbeitgeber der letzten 12 Monate¹⁴⁰ sowie den Durchschnittslohn anzugeben¹⁴¹, Makler ihre eingeleitete, jedoch noch nicht abgeschlossene und somit noch nicht provisionsfähige Vermittlungen¹⁴², Kellner die ihnen über das festgesetzte Bedienungsgeld¹⁴³ hinaus versprochenen Trinkgelder¹⁴⁴. Reine Besitz- und Nutzungsrechte scheiden aus, auch wenn sie durch Leasingvertrag begründet sind. Die Erwerbsmög- 26

---

¹²⁴ BGHSt 15, 128 = NJW 1960, 2200 = DGVZ 56; RG (Fn. 112). → auch Fn. 187.
¹²⁵ BGH (Fn. 197); a.M. 5. Senat GoltdArch 1958, 213.
¹²⁶ Zur Pfändung → § 857 Rdnr. 28, 97, 106, zur Verwertung → § 857 Rdnr. 112.
¹²⁷ LGe Krefeld Rpfleger 1979, 146 (ausführlich zu etwaigen Pfändungsmöglichkeiten, → auch Fn. 36 f.); Stuttgart Büro 1991, 876 (Globalzession); Koblenz Büro 1992, 570 = DGVZ 75: bei Globalzession Angaben zur Höhe der abgetretenen Forderungen u. der gesicherten Forderung; Hartmann (Fn. 11) Rdnr. 31; Thomas/Putzo¹⁸ Rdnr. 22; → auch Fn. 187.
¹²⁸ OLG Kiel JW 1932, 3197; RG (Str) JW 1934, 2692; HRR 1939 Nr. 1377. → dazu § 857 Rdnr. 79, Rdnr. 93. Zur Abtretung von Eigentümergrundschulden → auch Fn. 109.
¹²⁹ BGH (Str) NJW 1952, 1023 = LM Nr. 4 (L).
¹³⁰ RGSt 64, 422; KG JR 1985, 161 f. (Kommanditanteile, die ein Rechtsanwalt für einen Mandanten erworben hat).
¹³¹ Über Nebenrechte → aber Rdnr. 33.
¹³² BGH (Str) Rpfleger 1980, 339; NJW 1991, 2844 f.; BGHSt 8, 399 = NJW 1956, 599 mwN = Rpfleger 128; BGH (Str) DB 1965, 287; NJW 1968, 2251; Lenckner (Fn. 97) Rdnr. 27 mwN. → aber auch Fn. 136 ff.; wegen abzuliefernder u. dann zu verteilender Trinkgelder → Fn. 144.
¹³³ RGSt 68, 130; RG JW 1934, 1358; DJ 1936, 1736; BGH (Str) NJW 1991, 2844 f.; BGHSt 8, 399 (→ Fn. 132).
¹³⁴ RGSt 71, 334; OLG München OLGRsp 29, 261; OLG Hamm (Fn. 112); BGH (Fn. 133). → aber Fn. 136 ff.
¹³⁵ BGH (Fn. 133), vgl. auch BGH (Str) NJW 1960, 2252¹⁸; für Makleraufträge s. OLG München (Fn. 134);

LG Düsseldorf MDR 1958, 172 für Handelsvertreter ohne Dauerbeziehung zu einem Geschäftspartner. → aber dazu auch Fn. 112, 136 f.
¹³⁶ OLG Hamm Rpfleger 1979, 468 = Büro 1723 = MDR 1980, 149 mwN. Ebenso OLG Köln (Fn. 102) für selbständigen Malermeister.
¹³⁷ LGe Arnsberg Büro 1985, 472; Kiel Büro 1991, 1408. Zu offenbaren ist, ob und bei wem Provisionskonten geführt werden Eickmann (Fn. 37) Rdnr. 43; Stöber (Fn. 5) Rdnr. 24.
¹³⁸ LGe Hagen Büro 1989, 876; Münster MDR 1990, 61; Kassel DGVZ 1991, 41 = Büro 604 (freier Detektiv u. Unternehmensberater; Münster Büro 1994, 502 f. (Geschäftsverbindungen der letzten 12 Monate); Behr Büro 1990, 676.
¹³⁹ LGe Essen MDR 1972, 788 = Büro 927; Düsseldorf Büro 1986, 940; Frankenthal Büro 1985, 624 (regelmäßige Arbeitgeber des letzten Jahres); Frankfurt/M. NJW-RR 1988, 383 = Rpfleger 111; Koblenz MDR 1974, 148; Landau Büro 1990, 1054 (Kundenkreis, für den häufiger gearbeitet wurde); Berlin Rpfleger 1979, 113 ¹¹⁵; nicht mehr nach gänzlicher Aufgabe der Tätigkeit Frankenthal Rpfleger 1981, 363.
¹⁴⁰ LGe Stuttgart DGVZ 1993, 114; München I Rpfleger 1989, 33; Mönchengladbach MDR 1982, 504; Behr (Fn. 138).
¹⁴¹ → Fn. 139 f.
¹⁴² BGH NJW 1991, 2844 f. = Rpfleger 377.
¹⁴³ → § 829 Rdnr. 112.
¹⁴⁴ E. Schneider MDR 1969, 490. Die Offenbarung solcher künftigen Forderungen kann zudem für die Berechnung der Pfändungsgrenzen des Arbeitseinkommens wichtig sein.

lichkeit des Schuldners als Leasingnehmers, von der dieser keinen Gebrauch machen muß, begründet kein pfändbares Vermögensrecht und muß daher nicht angegeben werden[145].

27 Vom *Wert* der einzelnen Sachen oder Forderungen hängt die Offenbarungspflicht grundsätzlich nicht ab; nur offensichtlich wertlose, wirtschaftlich bedeutungslose Gegenstände scheiden aus, falls auch der Gläubiger nicht zu einer anderen Beurteilung kommen könnte[146]. → auch Rdnr. 33b Fn. 185.

28 b) *Unpfändbare* Gegenstände (§§ 811ff., 850ff., 859ff.) sind grundsätzlich anzugeben, da die Beurteilung der Unpfändbarkeit nicht beim Schuldner liegt[147]. Die Erklärung, nur unpfändbare Gegenstände zu besitzen, reicht daher nicht aus. Andererseits genügt bei gewissen Gruppen geringwertiger Gegenstände, sofern diese nicht bereits unter Abs. 1 S. 3 fallen, wie Kleidung, Wäsche, Arbeitsgerät, Nahrungsmittel, regelmäßig eine summarische Anführung[148].

29 Von der Offenbarungspflicht ausgenommen sind jedoch Sachen, die nach § 811 Nr. 1, 2 *offensichtlich* unpfändbar sind und für die eine Austauschpfändung nicht in Betracht kommt, **Abs. 1 S. 3**[149]. Nicht unter § 811 Nr. 1, 2 fallende Sachen sind also trotz offensichtlicher Unpfändbarkeit aufzuführen, wenn sie nicht völlig wertlos sind. Ob S. 3 anzuwenden ist, richtet sich nach objektiven Maßstäben[150]; dies bedeutet praktisch, daß der Schuldner spätestens im Termin mündlich doch alle Sachen angeben muß, während der Rechtspfleger, den insoweit eine gesteigerte Aufklärungspflicht trifft[151], ihm den Rat erteilen muß, gegebenenfalls das Verzeichnis zu ergänzen, vielleicht auch zu kürzen[152]. Bei Zweifeln ist die Aufnahme ins Verzeichnis geboten[153], insbesondere wenn die Unpfändbarkeit streitig ist oder von besonderen Umständen abhängt, → z. B. § 811 Rdnr. 25, 29f., 33.

30 Eine *Austauschpfändung* (S. 3) kommt bereits dann in Betracht, wenn ein künftiger Antrag des Gläubigers nicht von vornherein aussichtslos erscheint. Hierbei ist vorerst nur eine voraussichtliche Wertdifferenz zwischen Erlös und Ersatzbeschaffungskosten zu berücksichtigen → § 811a Rdnr. 8, wobei der Rechtspfleger den Rat des Gerichtsvollziehers einholen kann, aber nicht muß. Außer Betracht bleiben für § 807 besondere Umstände, die einer Austauschpfändung entgegenstehen können[154].

31 Ferner entfällt die Offenbarungspflicht für Sachen und Rechte, die ihrer *Art* nach zweifellos unpfändbar sind und einer Austauschpfändung von vornherein nicht unterliegen[155], ebenso bei Leistungen, auf die kein Rechtsanspruch besteht[156], z. B. freiwillige Trinkgelder an Kellner, die nicht dem Wirt abzuliefern sind[157]. Schließlich scheiden auch Sachen aus, die dem Schuldner zweifelsfrei nicht mehr gehören, z. B. unter Eigentumsvorbehalt gekaufte Sachen, wenn der Verkäufer sie nach § 13 Abs. 3 VerbrKrG (früher § 5 AbzG) wieder an sich genommen hat oder sonst ausdrücklich oder stillschweigend vom Kaufvertrag zurückgetreten ist[158].

---

[145] Vgl. *LG Berlin* MDR 1976, 409 = Rpfleger 145; anders bei Einkünften aus Pachtrechten, *Lenckner* (Fn. 97) Rdnr. 27. Wegen weitergehender Rechte → auch § 857 Rdnr. 30–32.
[146] *BGH* (Fn. 107); *BGH* (Fn. 129); BB 1958, 891 (GmbH-Anteil, der auch als Firmenanteil wertlos war); → aber auch Fn. 129.
[147] *BGH* (Str) NJW 1956, 756 (L) = JR 430 (zust. *Schmidt*) = Rpfleger 128 = LM Nr. 11 zu § 807; *RGSt* 6, 205; 24, 75; 42, 425f.
[148] Sachlich zust. *Gegenfurtner* DRiZ 1964, 374.
[149] Lit zum G vom 1. II. 1979 → Fn. 1.
[150] *Müller* NJW 1979, 905; BT-Drucks. 8/693 zu Art. 1 Nr. 3.
[151] §§ 138f.; s. *Hornung* Rpfleger 1979, 285f.; BT-Drucks. (Fn. 150).
[152] Im Hinblick auf die Schuldfrage bei § 156 StGB, aber auch auf die mögliche Beihilfe, *Lenckner* (Fn. 97) Rdnr. 34 vor § 153, empfehlen sich entsprechende Vermerke im Protokoll oder wenigstens in den Akten, s. auch *Hornung* (Fn. 151).
[153] *LG Augsburg* Büro 1993, 752 = Rpfleger 454f.; *Eickmann* (Fn. 37) Rdnr. 40; *Stöber* (Fn. 5) Rdnr. 21.
[154] Zu solchen Umständen → § 811a Fn. 18f.
[155] § 811a Rdnr. 2. Vgl. auch *RGSt* 71, 302; 73, 354. Offensichtliche Unpfändbarkeit nur gegenüber dem Antragsteller genügt nicht, da das Verzeichnis auch anderen Gläubigern dienen muß (§§ 903, 915 Abs. 4) *Pohle* JR 1950, 66.
[156] *BGH* GoltdArch 1958, 86 (an Verlobte).
[157] Hier hilft nur Taschenpfändung.
[158] *BGH* LM Nr. 35 zu § 154 StGB = NJW 1955, 638 = BB 270 = DB 311.

c) Aus dem Zweck des § 807 ergibt sich die Pflicht, auch den **Ort** der Aufbewahrung von 32
Sachen (auch Urkunden → Rdnr. 33) und die Anschriften der Drittschuldner näher zu
bezeichnen[159]. **Persönliche Verhältnisse** (Name, Berufstätigkeit) müssen dann richtig angegeben werden, wenn die Aufdeckung des Vermögensstandes sonst erschwert würde[160]. Kennt
jedoch der Schuldner für die Vollstreckung erhebliche Umstände nicht, so verpflichtet § 807
ihn nicht zur Verschaffung der Kenntnis[161].

3. Bei **Forderungen** sind sowohl der Drittschuldner[162] wie auch der *Grund*[163] und die 33
Beweismittel einschließlich etwaiger Vollstreckungstitel zu bezeichnen[164], damit der Gläubiger prüfen kann, ob die Pfändung Aussicht auf Erfolg bietet[165] und nicht an Unbestimmtheit
zu scheitern droht[166]. Dazu gehören auch für die Pfändbarkeit einer Forderung maßgebliche
Umstände aus dem Lebensbereich des Schuldners[167], sofern man dem Gläubiger dafür im
Pfändungsverfahren oder Prozeß gegen den Drittschuldner die Darlegungslast aufbürdet[168].
Anzugeben ist z.B. die Dauer einer Arbeitslosigkeit oder Krankheit, sofern davon die
Rückerstattung gezahlter Lohnsteuer[169] oder die Entstehung u. Höhe von Ansprüchen auf
Arbeitslosengeld oder -hilfe abhängt[170]; aber nicht mehr *nach* Pfändung solcher Forderungen, dann gilt nur noch § 836 Abs. 3[171]. Bei *familienrechtlichen Ansprüchen* gemäß §§ 1360,
1360a BGB hat der Schuldner jedoch grundsätzlich nur das Bestehen des Unterhaltsanspruchs, Namen[172] und Anschrift des mit ihm etwa nicht zusammen wohnenden Ehegatten zu
offenbaren. Zu näheren Angaben über Anspruchshöhe, Umfang des geleisteten Unterhalts
oder Einkommenshöhe des Ehegatten ist er grundsätzlich (→ aber Rdnr. 33 a) nicht verpflichtet[173]. Anders nur, wenn Unterhaltsansprüche schon tituliert oder aus sonstigen Gründen
(z.B. Vereinbarung) mit bezifferten Geldbeträgen zu erfüllen sind; dann sind diese betragsmäßig zu bezeichnen[174].

Bezüglich des **Taschengeldanspruchs** als Teil des Unterhaltsanspruchs gemäß §§ 1360, 1360a BGB, 33a
der nach h.M. als Zahlungsanspruch nach § 850b Abs. 2 gepfändet werden kann[175], hat der Schuldner

---

[159] *RGZ* 62, 353; *BGHZ* 7, 287 = NJW 1953, 261; *BGH* (Fn. 100); *OLGe Bamberg* (Fn. 100); *Frankfurt* Büro 1976, 384 = Rpfleger 1975, 442 u. MDR 1976, 320[54]; *LGe Berlin* Rpfleger 1979, 113; *Koblenz* MDR 1974, 148; *Essen* MDR 1972, 788 = Rpfleger 324; *Bonn* (Fn. 115) (Ehegatte, falls Unterhalt in Betracht kommt); *Stade* Rpfleger 1984, 324 (auch wenn dieser sich in Saudi-Arabien befindet).
[160] Vgl. *BGHSt* 11, 223 = NJW 1958, 677 f. = MDR 437; *BGH* (Str) NJW 1968, 2251; auch *OLG Hamm* BB 1968, 128. Weitergehend *BayObLG* NJW 1957, 472. → auch Rdnr. 26.
[161] *OLG Köln* NJW 1993, 3335 f. = Rpfleger 1994, 32.
[162] → Fn. 159.
[163] → § 829 Rdnr. 40 ff.
[164] Die Angabe des Aktenzeichens genügt nicht *LG Hamburg* MDR 1981, 61.
[165] *RGZ* 62, 352 f.; *OLG Breslau* OLGRsp 29, 260; *LG Hamburg* MDR 1981, 61 mwN. Ob der Drittschuldner bestreitet oder anerkennt, muß der Schuldner nicht angeben *OLG Hamm* JMBlNRW 1969, 128 = DGVZ 1970, 24; *LG Hamburg* aaO.
[166] → § 829 Rdnr. 40 ff. Die Nummer einer Versicherungspolice muß nicht angegeben werden, *AG Nürnberg* Rpfleger 1971, 265; *Eickmann* (Fn. 47), wohl aber das dem Schuldner bekannte Aktenzeichen oder zumindest das Datum einer Hinterlegung zu seinen Gunsten, damit eine Pfändung nicht wegen Unbestimmtheit scheitert, vgl. *KG* Rpfleger 1981, 240 = Büro 784.
[167] *LGe Köln* NJW-RR 1988, 695 = MDR 327 = Rpfleger 322 u. *Regensburg* Büro 1993, 31: wegen § 850e sind Netto- u. Brutto-Betrag des Arbeitseinkommens anzugeben; *Mannheim* MDR 1992, 75: Benennung des Gläubigers, der Arbeitseinkommen gepfändet hat, sowie Höhe der Restschuld – auch wenn kein pfändungsfreier Betrag verbleiben würde. Zu künftigen Rentenansprüchen → Fn. 115 f. Über § 850h → Fn. 119, § 850b → Fn. 172 ff.
[168] Das sind die von Amts wegen zu berücksichtigenden Tatsachen → § 850 Rdnr. 40, ferner solche, von denen die Billigkeit einer Pfändung abhängt, → § 850b Rdnr. 26–28. Gleiches gilt für § 54 SGB, soweit die Darlegungslast dem Gläubiger obliegt → § 850i Rdnr. 95 (jetzt nur noch für einmalige Leistungen), *Eickmann* (Fn. 37) Rdnr. 47; → auch Rdnr. 23. Denn der Gläubiger kann sich nicht darauf verlassen, daß das für die Pfändung zuständige Gericht einer für ihn günstigeren Ansicht folgt.
[169] A.M. *Wieczorek*[2] Anm. D I b 3; *AG u. LG Hamburg* Rpfleger 1982, 387 = Büro 1983, 300 f.).
[170] Vgl. *OLG Hamm* Rpfleger 1979, 114 (Sachverhalt).
[171] → dort Rdnr. 12; *LG Essen* MDR 1975, 673; *Hartmann* (Fn. 11) Rdnr. 43; a.M. *LGe Kleve* MDR 1987, 243 (L); *LG Krefeld* MDR 1985, 63; *Koblenz* MDR 1985, 63; *Köln* MDR 1976, 150.
[172] Nicht Geburtsnamen *Stöber* (Fn. 5) Rdnr. 22; a.M. *LG Kleve* Büro 1992, 269.
[173] *LGe Berlin* Rpfleger 1978, 334; *Bremen* Rpfleger 1993, 119; *Bonn* MDR 1992, 902 = Büro 1993, 31; *LG Mannheim* Rpfleger 1980, 237.
[174] *LG Aachen* Büro 1990, 659.
[175] → § 850b Rdnr. 12.

jedoch nach verbreiteter Ansicht die Tatsachen zu offenbaren, aus denen sich die Höhe dieses Anspruchs ergibt, insbesondere das ihm etwa bekannte[176] **Einkommen**, andernfalls[177] **Beruf und Beschäftigungsstelle des Unterhaltsschuldners**[178]. Zuweilen wird auch Angabe der Vermögensverhältnisse der Ehegatten verlangt[179]. Diese Ausweitung der Offenbarungspflicht auf Einkommen und Vermögen Dritter ist bedenklich[180]. Zwar darf nur das Vollstreckungsgericht, nicht das Prozeßgericht über die Billigkeit entscheiden. Aber schon die Angabe des Berufs oder der Arbeitsstelle des Ehegatten würde dem Gläubiger ermöglichen, das von ihm vermutete Einkommen zu behaupten und es dem Schuldner zu überlassen, ob er unter Offenlegung der ihm bekannten Umstände dagegen Stellung nimmt[181], zumal die genaue Höhe des Taschengeldanspruchs ohnehin erst im Drittschuldnerprozeß feststellbar ist[182].

33b Eine Sicherung durch Pfand, Sicherungsübereignung[183] oder Bürgschaft ist unter Bezeichnung des Gegenstandes (nebst Ort → Rdnr. 32) bzw. des Bürgen und seiner Adresse anzugeben. Gleiches gilt für andere *Nebenrechte*, soweit sie für eine erfolgreiche Geltendmachung bedeutsam sind, insbesondere wenn deren Hilfspfändung erforderlich oder auch nur ratsam ist[184]. Aus tatsächlichen oder rechtlichen Gründen zweifelhafte oder unpfändbare Forderungen darf der Schuldner nicht weglassen[185]. Eine Verpflichtung, Beweismittel, insbesondere Handelsbücher, *vorzulegen*, besteht *vor* der Pfändung nicht[186], s. aber § 836 Abs. 3.

33c Dies gilt entsprechend für **andere Rechte** (§§ 857ff.); sie sind nach Art, Entwicklungsstand usw. näher zu kennzeichnen[187]. Soweit solche anzugebenden Rechte an *fremdem Vermögen* bestehen, müssen über dieses keine ins einzelne gehenden Angaben gemacht werden[188], es sei denn der Schuldner haftet gerade auch damit, z.B. als verwaltungsberechtigter Ehegatte nach § 740 Abs. 1.

34 Tatsachen, zu deren *Geheimhaltung* der Schuldner kraft Gesetzes verpflichtet ist, braucht er nicht zu offenbaren. Der Name des Drittschuldners und die Höhe der Forderung rechnen bei Honoraransprüchen von Ärzten, Rechtsanwälten und dergl. allerdings hier nicht zu den nach § 203 StGB geheimzuhaltenden Tatsachen[189]. Eine entsprechende Anwendung der §§ 383, 387 scheidet aus[190]. Der aus unerlaubter Handlung Verpflichtete muß also Aus-

---

[176] → Rdnr. 32 a.E.
[177] *OLG Köln* (Fn. 161); weitergehend (Einkommen **und** Beruf) *LG Karlsruhe* DGVZ 1993, 92; *Stöber* (Fn. 5) Rdnr. 22.
[178] *OLG Köln* (Fn. 161); *Stade* Büro 1993, 31f. *LGe Heilbronn* MDR 1992, 808 = Rpfleger 400 = Büro 635; *Karlsruhe* (Fn. 177); *Köln* Rpfleger 1993, 455.
[179] *LGe Oldenburg* Büro 1989, 1611; *Osnabrück* Rpfleger 1992, 259 (»allgemeine wirtschaftliche Lage« der Ehegatten). *LG Ellwangen* Büro 1993, 173 verlangt Angabe des Berufs, weiterer Kinder mit eigenem Einkommen, Höhe der Verbindlichkeiten des Schuldners, die der Ehegatte tilgt); *Hartmann* (Fn. 11) Rdnr. 32.
[180] Dagegen *LGe Aachen* Büro 1990, 659 (ließ Angabe von Sozialhilfeleistungen genügen); *Augsburg* DGVZ 1994, 88 = Rechtspfleger 424; *Bonn* MDR 1992, 901 = Rpfleger 1993, 30; *Hildesheim* DGVZ 1994, 88f. (weder Beruf noch Nettoeinkommen); *Kleve* (Fn. 118); *Mannheim* Rpfleger 1980, 237 (ganz abl.); tendenziell auch *Bremen* Rpfleger 1993, 119 zu §§ 1601ff. BGB.
[181] Andernfalls ist der Vortrag des Gläubigers zugrundezulegen → § 829 Rdnr. 37.
[182] Nicht in Betracht kommt der an sich denkbare Ausweg, bei der Billigkeitsprüfung nur die schutzwürdigen Interessen des Gläubigers konkret zu berücksichtigen u. jene des Schuldners lediglich dadurch abstrakt zu wahren, daß der Beschluß nur einen bestimmten Prozentsatz des Einkommens des Unterhaltsschuldners und davon wiederum nur einen Bruchteil (etwa 3/10) pfändet. Denn dies würde zumindest dann versagen, wenn die Einkünfte des Unterhaltsschuldners ständig wechseln, z.B. weil er selbständig erwerbstätig ist oder auch teilweise von (selten gleichbleibenden) Kapitaleinkünften lebt.
[183] Vgl. *RGSt* 64, 417.
[184] → § 829 Rdnr. 80f., § 857 Rdnr. 4f.
[185] *RGSt* 60, 37; *BGH* (Str) NJW 1953, 390, auch verjährte, *Lenckner* (Fn. 97) Rdnr. 26, aber dann mit Angabe der Entstehungszeit, um nicht Vermögen vorzutäuschen, *OLG Stuttgart* NJW 1961, 2319; insbesondere im Grundbuch eingetragene Rechte, außer wenn sie offensichtlich nicht (mehr) bestehen, *Jordan* LeipZ 1926, 276. Zu § 850h Abs. 2 s. *OLG Hamm* GoltdArch 1975, 180 = MDR 161 (L).
[186] *LG Hamburg* (Fn. 164).
[187] Z.B. Stand der Erbauseinandersetzung *BGHSt* 10, 281 = NJW 1957, 1200; *LG Koblenz* MDR 1976, 150[59]; bei Eigentumsanwartschaften aus Kauf u. Rückforderungsansprüchen aus Sicherungsübereignung den Abzahlungsstand (→ § 857 Rdnr. 84, 79 u. oben Fn. 124, 127); ähnlich bei Grundpfandrechten → Fn. 109, 120.
[188] → auch Fn. 121. Wohl aber beim Nießbrauch die Nutzungen *KG* OLGRsp 11, 190.
[189] *BGH* NJW 1991, 2845; *OLGe Frankfurt* Büro 1977, 728; *Köln* MDR 1993, 1007 u. *LGe Lübeck* Rpfleger 1989, 32 (Steuerberater); *Aurich* NJW 1971, 252; *Frankfurt/M.* AnwBl 1985, 258; *Kassel* DGVZ 1991, 41 (Wirtschaftsdetektiv u. Unternehmensberater); *LG Wiesbaden* Büro 1977, 728 = Rpfleger 179; *Weimar* DGVZ 1978, 185; *Hartmann* (Fn. 11) Rdnr. 43.
[190] *BGHZ* 41, 324ff. = NJW 1964, 1470 mwN auch zur Gegenansicht.

gleichsansprüche gegen Mittäter angeben. Ein Verzicht nützt ihm wenig wegen § 807 Abs. 1 Nr. 2[191].

Solange nicht ein ordnungsgemäßes Verzeichnis vorliegt, darf die Versicherung nicht abgenommen werden[192] und ist die trotzdem erfolgte Abgabe für § 903 nicht wirksam, → Rdnr. 43. Werden dagegen Gründe für die Lücken angegeben, so ist die Versicherung unter Beschränkung auf das unvollständige Verzeichnis abzunehmen, denn sie enthält nicht die Bejahung der objektiven Vollständigkeit, sondern nur die der subjektiven Pflichtmäßigkeit[193]. Die Verweigerung des Verzeichnisses steht der Verweigerung der eidesstattlichen Versicherung gleich. 35

4. Nach **Abs. 1 S. 2** sind auch **Veräußerungen usw. aus den letzten Jahren anzugeben.** Dadurch soll eine etwaige Anfechtung nach dem AnfG ermöglicht werden. 36

Dies ist für den Umfang der Offenbarungspflicht von Bedeutung[194] und legt eine Verwertung von Schrifttum und Rechtsprechung zum AnfG[195] nahe. Die Vorschrift bleibt jedoch zum Teil hinter dem AnfG zurück (z.B. ist die Anfechtung nach § 3 Abs. 1 Nr. 1 aF (Abs. 1 nF) nicht einbezogen, zum Teil geht sie darüber hinaus, etwa im Beginn der Fristen, da die Anfechtung in der Regel dem Gläubiger erst durch die Offenbarung möglich wird)[196]. Sie ist eine Ausnahme von dem Grundsatz, daß früheres Vermögen nicht anzugeben ist; er gilt heute noch sogar für Gegenstände, die in anfechtbarer Weise aus dem Vermögen des Schuldners ausgeschieden sind, falls die Voraussetzungen → Rdnr. 37 ff. **nicht** gegeben sind[197]. Ebensowenig sind Sachen oder Rechte zu offenbaren, die von Anfang an Dritten zustanden, mögen sie auch wirtschaftlich auf Kosten des Schuldners erworben und pfändbar sein, z.B. nach § 850h Abs. 1. Die Offenbarungspflicht besteht in folgenden Fällen:

a) nach der bis 1998 geltenden aF des Abs. 1 S. 2: 37
aa) Entgeltliche Veräußerungen, Nr. 1, vgl. dazu § 3 Nr. 2 aF AnfG:
aaa) *Veräußerungen* sind alle Übertragungen[198] von Rechten einschließlich des Eigenbesitzes. Die Anschrift des Erwerbers ist anzugeben, für abgetretene Rechte auch die → Rdnr. 33, 33b, 33c genannten Umstände[199] sowie das Verwandtschaftsverhältnis zum Zessionar[199a]. Verpflichtungsgeschäfte gehören dagegen nicht hierher, Belastungen nur insoweit, als daraus pfändbare Ansprüche des Schuldners entstehen können[200]. Art und Wert des veräußerten Gegenstandes spielen keine Rolle[201]. Die Veräußerung der Gegenstände → Rdnr. 29, 31 muß jedoch nicht angegeben werden. – Zur *Entgeltlichkeit* → Rdnr. 40.

bbb) Der *Schuldner* muß nicht persönlich veräußern; es sind sogar Veräußerungen im Wege der Zwangsvollstreckung erfaßt. 38

ccc) Die Veräußerung *an seinen Ehegatten* usw. kann schon vor Eingehung der Ehe erfolgt sein, Schwägerschaft oder Verwandtschaft müssen dagegen zur Zeit der Vollendung der Veräußerung schon bestanden haben. Nachträgliche Lösung der Ehe hebt die Offenbarungspflicht nicht auf. Die Verwandtschaft oder Schwägerschaft bestimmt sich nach §§ 1589, 1590 BGB, vgl. Art. 51 EGBGB. Handelsgesellschaften, die solchen Personen gehören, sind ihnen

---

[191] → Fn. 198.
[192] Allg. M. *Eickmann* (Fn. 37) Rdnr. 53, *Stöber* (Fn. 5) Rdnr. 31.
[193] → Rdnr. 42; *OLG Frankfurt* JR 1926, Nr. 742; vgl. auch *LG München I* Rpfleger 1983, 448 (abl. *Limberger*). – Vgl. auch *RGZ* 1962, 351 f. (Amtshaftung) u. zum Fragerecht → Rdnr. 23.
[194] *LG Krefeld* Rpfleger 1979, 146[149] (Grund für Sicherungsübereignung); → auch Fn. 199a.
[195] Lit.: *Kilger/Huber* AnfG⁸ (1995); *Gerhardt* Die systematische Einordnung usw. (1969); *Paulus* AcP 155 (1956) 277; *Baur/Stürner*¹¹ § 24 mwN.
[196] Dazu *v. Richthofen* NJW 1953, 1858; *Stöber* (Fn. 5) Rdnr. 30.

[197] *BGH* GoldtArch 1961, 372; *RG* JW 1927, 1314; *OLG München* OLGRsp 19, 5; *KG* JW 1938, 2685; *OLG Hamm* NJW 1951, 246. → auch Rdnr. 38 a. E. – A.M. *Lahn* BayrZ 1911, 62.
[198] Auch der Verzicht, sofern ein Dritter dadurch erwirbt (nachrangiger Hypothekar) *Herzig* Büro 1968, 933.
[199] *LG Memmingen* Büro 1994, 407; auch bei Abtretung von Arbeitseinkommen *KG* DGVZ 1981, 76.
[199a] Wohl auch in *LG Mannheim* Büro 1994, 501 = DGVZ 119 erfragt.
[200] → dazu Fn. 109, 120 u. Rdnr. 40, *Herzig* (Fn. 198) 934.
[201] → auch Rdnr. 27.

gleichzustellen[202]; jedoch gelten nahe Beziehungen (z. B. zwischen Gesellschaft und Gesellschaftern) nach bisherigem Recht nicht entsprechend als Verwandtschaft, mag dies auch für § 3 aF AnfG oder §§ 31 f. KO vertretbar sein, → Fn. 197; der Wert von Veräußerungen an die eigene GmbH wird schon von der Offenbarung des Geschäftsanteils erfaßt[203].

39   ddd) im *letzten Jahr vor dem ersten zur Abgabe der eidesstattlichen Versicherung anberaumten Termin* vorgenommen: Veräußerungen zwischen diesem Termin und der eidesstattlichen Versicherung sind erst recht gemeint[204]. Für die Zeitberechnung ist auch hier die Vollendung des Erwerbs maßgeblich.

   eee) Auf eine *Absicht*, die Gläubiger zu benachteiligen, kommt es *nicht* an; zuverlässige Angaben hierüber sind vom Schuldner ohnehin nicht zu erwarten.

40   bb) **Unentgeltliche Verfügungen, Nr. 2,** vgl. dazu § 3 Nr. 3 aF AnfG:
   aaa) *Unentgeltlich* sind Verfügungen, wenn für sie nach der Vorstellung der Beteiligten[205] ein Ausgleich nicht gewährt ist. Schein-Entgelte bleiben selbstverständlich außer Betracht. Die Ausnahme *gebräuchlicher Gelegenheitsgeschenke* entspricht § 3 Nr. 3 aF AnfG.
   bbb) *Verfügungen* sind nicht nur alle Übertragungen, Belastungen (z. B. Hypothekenbestellung), inhaltliche Änderungen und Aufhebungen (z. B. Forderungserlaß) von Rechten, sondern im hier entscheidenden Sinne des AnfG[206] auch das Gestatten der Benutzung einer Sache, sofern dies üblicherweise entgeltlich erfolgt.
   ccc) Wie → Rdnr. 38 braucht *der Schuldner* nicht persönlich verfügt zu haben; Verfügungen im Wege der Zwangsvollstreckung scheiden hier jedoch aus.
   ddd) Zur *Jahresfrist* → Rdnr. 39.

41   cc) **Unentgeltliche Verfügungen zugunsten des Ehegatten, Nr. 3,** vgl. dazu § 3 Nr. 4 aF AnfG:
   Zur Unentgeltlichkeit → Rdnr. 40. – *Gebräuchliche Gelegenheitsgeschenke* sind hier entsprechend § 3 Nr. 4 aF AnfG nicht besonders erwähnt, müssen aber ebenso wie dort[207] als ausgenommen gelten. Nr. 3 unterscheidet sich daher von Nr. 2 nur dadurch, daß andere Begünstigte als der Ehegatte ausscheiden; abweichend von Nr. 1 muß die Verfügung jedoch bei bestehender Ehe getroffen sein. Für diesen Fall ist die Offenbarungspflicht auf **zwei Jahre** erstreckt; dazu → Rdnr. 39.

41a b) Die gemäß Art. 1 EGInsO (→ zu diesem § 775 Rdnr. 40) **ab 1999 geltende nF des Abs. 1 S. 2** berücksichtigt die **Erweiterung der Anfechtungsvoraussetzungen** nach § 3 Abs. 2, § 4 nF AnfG. Danach sind anzugeben:
   aa) *Entgeltliche Veräußerungen* (→ Rdnr. 37 f.), die in den letzten *zwei Jahren* vorgenommen wurden (→ Rdnr. 39, 41 c) an Personen, die in § 138 InsO als *nahestehende* bezeichnet sind. Dieser lautet:

   *(1) Ist der Schuldner eine **natürliche Person**, so sind nahestehende Personen:*
   *1. Der **Ehegatte des Schuldners**, auch wenn die Ehe erst nach der Rechtshandlung geschlossen oder im letzten Jahr vor der Handlung aufgelöst worden ist;*
   *2. **Verwandte des Schuldners oder des in Nr. 1 bezeichneten Ehegatten** in auf- und absteigender Linie und voll- und halbbürtige Geschwister des Schuldners oder des in Nr. 1 bezeichneten Ehegatten sowie die Ehegatten dieser Personen;*
   *3. Personen, die **in häuslicher Gemeinschaft mit dem Schuldner leben** oder im letzten Jahr vor der Handlung in häuslicher Gemeinschaft mit dem Schuldner gelebt haben.*

---

[202] So für GmbH *Hartmann* (Fn. 11) Rdnr. 36 u. *BGHZ* 96, 352 = NJW 1986, 1407 = MDR 405 mwN (zu § 31 Nr. 2 KO; schon dann, wenn geschäftsführender Mehrheitsgesellschafter ein »Angehöriger« ist).
[203] → Fn. 121.
[204] So *v. Richthofen* NJW 1953, 1858 (zu 2); *Stöber* (Fn. 5) Rdnr. 30: entspr. Anw. des § 3 aF AnfG.

[205] Näheres *Kilger/Huber* AnfG[8] § 3 Anm. II 3, III 1–9. *Kilger/Schmidt* KO[16] § 32 Anm. 2–4. Zum objektiven u. subjektiven Maßstab vgl. *RGZ* 165, 224; *Herzig* (Fn. 198) 937.
[206] Vgl. *Kilger/Huber* AnfG[8] § 3 Anm. III 1,4.
[207] Vgl. *Kilger/Huber* AnfG[8] § 3 Anm. III 10, IV. Vgl. auch zur Konkursanfechtung *RGZ* 124, 61.

(2) Ist der Schuldner eine **juristische Person oder eine Gesellschaft ohne Rechtspersönlichkeit**, so sind nahestehende Personen:
1. die Mitglieder des Vertretungs- oder Aufsichtsorgans und persönlich haftende Gesellschafter des Schuldners sowie Personen, die zu mehr als einem Viertel am Kapital des Schuldners beteiligt sind;
2. eine Person oder eine Gesellschaft, die auf Grund einer vergleichbaren gesellschaftsrechtlichen oder dienstvertraglichen Verbindung zum Schuldner die Möglichkeit haben, sich über dessen wirtschaftliche Verhältnisse zu unterrichten;
3. eine Person, die zu einer der in Nummer 1 oder 2 bezeichneten Personen in einer in Abs. 1 bezeichneten persönlichen Verbindung steht; dies gilt nicht, soweit die in Nummer 1 oder 2 bezeichneten Personen kraft Gesetzes in den Angelegenheiten des Schuldners zur Verschwiegenheit verpflichtet sind.

Die Konkretisierung des Begriffs »nahestehend« (s. schon § 4 Abs. 2, § 108 Abs. 2 VglO) durch § 138 InsO versucht, Personen zu erfassen, die »aus persönlichen, gesellschaftsrechtlichen oder ähnlichen Gründen eine besondere Informationsmöglichkeit über die wirtschaftlichen Verhältnisse des Schuldners hatten«[207a]. Freilich werden auf diese Weise enge persönliche Beziehungen außerhalb einer häuslichen Gemeinschaft doch nicht miterfaßt; sie sind auch gesetzlich kaum abgrenzbar. Mit der Änderung der Nrn. 1 und 2 des **§ 138 Abs. 1 InsO** gegenüber der aF des § 31 Nr. 2 KO und des § 807 Abs. 1 S. 2 Nr. 1 ist bezweckt, daß frühere Ehegatten zeitlich gleichbehandelt werden sollen mit deren Verwandten und Ehegatten[207a]. Nr. 3 soll insbesondere Lebensgefährten erfassen. »Häuslich« ist eine Gemeinschaft noch nicht dadurch, daß man unter einem Dache wohnt, sonst würden z.B. auch solche (sicherlich nicht gemeinte) Wohngemeinschaften darunter fallen, deren Mitglieder kaum persönliche Beziehungen aufweisen. In der Regel wird es auf gemeinsame Haushaltsführung ankommen. **41b**

Für **§ 138 Abs. 2 Nr. 1 InsO** kommen auch fakultative Organe wie Beiräte und Verwaltungsräte in Betracht, denen Aufsichtsbefugnisse übertragen sind[207b]. Eine Nachprüfung, ob jemand zu mehr als einem Viertel am Kapital einer Aktiengesellschaft beteiligt ist, dürfte allerdings weder Vollstreckungsgerichten noch Gläubigern – anders als Insolvenzverwaltern[207b] – möglich sein. Mit § 138 Abs. 2 Nr. 2 InsO sind insbesondere Geschäftsführer, geschäftsführende Gesellschafter (auch als GmbH) und Prokuristen gemeint. Nr. 3 erweitert den Kreis der potentiellen Anfechtungsgegner (wie schon § 108 Abs. 2 S. 2 VglO) um Personen, die durch geschäftlich dem Schuldner Nahestehende über die Verhältnisse des Schuldners mittelbar informiert sein könnten, so daß z.B. nicht nur Lebensgefährten, sondern auch Geschwister von unter Nr. 1 fallenden Kapitalgebern darunter fallen, gleichgültig ob untereinander noch mehr als gelegentliche Kontakte bestehen. **41c**

»Vorgenommen« ist eine Veräußerung gemäß dem (mit § 140 InsO übereinstimmenden) § 8 Abs. 1 nF AnfG in dem Zeitpunkt, »in dem ihre rechtlichen Wirkungen eintreten«, wobei es nach § 8 Abs. 3 AnfG auf den Abschluß der rechtsbegründenden Tatsachen ohne Rücksicht auf etwaige Bedingungen und Befristungen ankommt. Rechtsgeschäfte, die konstitutiver Eintragung bedürfen, sind jedoch nach § 8 Abs. 2 S. 1 nF AnfG schon vorgenommen, »*sobald die übrigen Voraussetzungen für das Wirksamwerden erfüllt sind, die Willenserklärung des Schuldners für ihn bindend geworden ist und der andere Teil den Antrag auf Eintragung der Rechtsänderung gestellt hat*«. § 8 Abs. 1 S. 2 nF AnfG verlegt jedoch für den Fall des § 883 Abs. 1 BGB den Zeitpunkt vor auf den Antrag auf Eintragung der *Vormerkung*. **41d**

bb) Anzugeben sind ferner nach Abs. 1 S. 2 Nr. 2 nF *in den letzten vier Jahren vorgenommene unentgeltliche Leistungen*, sofern sie sich nicht auf *gebräuchliche Gelegenheitsgeschenke geringen Werts* richteten. Zur Unentgeltlichkeit → Rdnr. 40. Der Begriff »Leistungen« soll klarstellen, daß die weite Auslegung des bisherigen Wortlauts »Verfügungen« durch die h.M. (→ Rdnr. 40) auch künftig geltendes Recht ist, und mit der Beschränkung der Ausnahme auf **41e**

[207a] Vgl. Begr zu § 138 Abs. 1 InsO (§ 153 des Entwurfs) BT-Drucks. 12/2443 S. 161f.

[207b] Vgl. Begr zu § 138 Abs. 2 InsO (§ 154f. des Entwurfs) BT-Drucks. 12/2443 S. 162f.

§ 807 III, IV   Zweiter Abschnitt: Zwangsvollstreckung wegen Geldforderungen

Gelegenheitsgeschenke »geringen Werts« soll der als zu weit empfundenen Auslegung durch die bisherige Rechtsprechung künftig vorgebeugt werden[207c].

42   5. Der Schuldner hat gemäß **Abs. 2** nach Belehrung (§ 480) persönlich (§ 478) die *Vollständigkeit und Richtigkeit* seiner Angaben durch Angabe einer **eidesstattlichen Versicherung** *zu bestätigen.* Danach darf er auch keine Gegenstände angeben, die ihm nicht gehören[208]; ebensowenig darf er vortäuschen, eine von ihm offenbarte Forderung stehe (teilweise) einem Dritten zu oder werde vereinbarungsgemäß an diesen erfüllt[209]. Bei Zweifeln über den Umfang seiner Pflicht muß er Rat einholen, gegebenenfalls beim vernehmenden Rechtspfleger[210]. Die Fassung ist im Einklang mit § 260 BGB auf die subjektive Pflichtmäßigkeit der Angaben abgestellt[211]. Die Versicherung darf nicht aufgrund eines unvollständigen Verzeichnisses unter der Auflage einer Ergänzung oder unter dem Versprechen der künftigen Anzeige von nachträglich ermittelten Vermögensstücken[212] abgenommen werden[213], → auch Rdnr. 35.

43   Ergibt sich der begründete Verdacht[214], daß das Vermögensverzeichnis unvollständig, widersprüchlich oder ungenau ist, so kann der Gläubiger die Anberaumung eines neuen Termins zwecks **Ergänzung** des Vermögensverzeichnisses beantragen[215]. Das Ergänzungsverfahren setzt das alte Verfahren fort, verändert nicht die Zuständigkeit des Gerichts und löst keine neuen Kosten aus[216]. Wegen der Straffolgen vgl. §§ 156, 163 StGB[217].

IV. Gesetzliche Vertreter, Organe, Parteien kraft Amtes

44   Für einen prozeßunfähigen[218] Schuldner hat der **gesetzliche Vertreter** zu handeln, den grundsätzlich der Gläubiger zu ermitteln hat[219] und der persönlich zu laden ist[220]. Zur Abgabe verpflichtet ist, wem zum Termin (str.)[221] die Verwaltung des gesamten nach dem Titel haftenden Vermögens (→ Rdnr. 7) zusteht[222], auch wenn im Prozeß ein anderer aufgetreten war. So muß der Betreuer (§§ 1896 ff. BGB[223]) die Versicherung nur abgeben, wenn ihm die

---

[207c] Vgl. Begr zu § 134 InsO (§ 149 des Entwurfs) BT-Drucks. 12/2443 S. 161.
[208] Vorsätzlicher Verstoß (z. B. um Zahlungsfähigkeit vorzutäuschen) war früher vollendeter Meineid, *BGHSt* 7, 375 = LM Nr. 39 zu § 154 StGB = NJW 1955, 1236 = MDR 753; *BGH* NJW 1960, 2201; *OLG Hamm* NJW 1961, 421, was jetzt entsprechend für § 156 StGB gilt. Wegen § 163 StGB s. *Lenckner* (Fn. 97) Rdnr. 10 mwN (besonders zur Vorbereitungspflicht).
[209] *BGHSt* 10, 149 = NJW 1957, 718 = Rpfleger 345.
[210] *BGH* LM Nr. 2 zu § 807.
[211] → Fn. 193.
[212] Vgl. den 1953 aufgehobenen § 162 StGB.
[213] Vgl. *LG Breslau* JW 1929, 3034. Ob das Verzeichnis vollständig ist, richtet sich jedoch nach dem Antrag des Gläubigers → Fn. 91.
[214] Zum Umfang der Darlegungs- u. Beweispflicht des Gläubigers → § 903 Rdnr. 4 u. *LG Koblenz* MDR 1980, 676.
[215] Zu Einzelheiten → § 903 Rdnr. 4–8. Antragsberechtigt ist *jeder* Gläubiger, *OLG Frankfurt* MDR 1976, 321; *Finkelnburg* DGVZ 1977, 5; weitere Nachweise → § 903 Fn. 7 (19. Aufl.). Ergänzung kann auch *mehrfach* beantragt werden, sofern nicht rechtsmißbräuchlich, *LG Hannover* MDR 1979, 237. – Aus der Rsp s. noch *OLGe Düsseldorf* Büro 1984, 947; *Frankfurt* Rpfleger 1975, 443; *LGe Hannover* (Fn. 192) *Koblenz* MDR 1976, 587, *Krefeld* (Fn. 171 u. 194).
[216] → § 903 Rdnr. 4.
[217] → auch Fn. 208.

[218] → Rdnr. 79 f. vor § 704; *LG Koblenz* DGVZ 1972, 117 = FamRZ 471 (L); *Kunz* DGVZ 1979, 54; wegen Krankheit → § 900 Rdnr. 4. Für Stumme gilt § 483 entsprechend.
[219] → § 750 Rdnr. 20.
[220] Allg. M.; *LG Köln* DGVZ 1978, 28.
[221] → auch Rdnr. 46 u. die Gründe Fn. 240 a. E. Wie hier *OLGe Hamm* Rpfleger 1985, 121 = OLGZ 1986, 341; *Köln* Rpfleger 1983, 361 = MDR 676; *Schleswig* Rpfleger 1979, 73; *LG Köln* Rpfleger 1970, 406; *Behr* Rpfleger 1988, 3; Büro 1994, 66; *Schilken* (Fn. 7) § 60 I 1c; *Kunz* (Fn. 218) mwN; *Limberger* DGVZ 1984, 130; *E. Schneider* MDR 1983, 725; *Stöber* (Fn. 5) Rdnr. 6, 8; *Thomas/Putzo*[18] Rdnr. 15; *Wieczorek*[2] Anm. B I a; *Schweyer* Rpfleger 1970, 406; *Noack* DGVZ 1982, 146 (jedoch auch dann, wenn Vertreter im zeitlichen Zusammenhang mit Verfahren nach § 807 sein Amt niederlegt und ein neuer Vertreter nicht bestellt wurde); → auch Fn. 245. – A. M. (wer zur ersten Terminladung Vertreter gewesen sei) *KG* JW 1932, 3196[21]; *OLG Frankfurt* Rpfleger 1976, 27 = Büro 387 (dort aber nur obiter, nicht entscheidungserheblich: der Geladene bestritt, sogar z. Z. des Antrags Vertreter gewesen zu sein); *Hartmann* (Fn. 11) Rdnr. 52.
[222] Nicht Vertreter (Pfleger) für einzelne Angelegenheiten, *OLG Braunschweig* OLGRsp 20 (1910), 371; *KG* NJW 1968, 2245 = OLGZ 428. Ein Nachlaßpfleger ist für den unbekannten Erben im Rahmen des seiner Verwaltung unterliegenden Nachlasses offenbarungspflichtig, *LG Düsseldorf* Büro 1984, 1425.
[223] Zur Änderung der Rechtslage nach dem am

Verwaltung des Schuldnervermögens übertragen worden ist; dies dann aber auch für einen geschäftsfähigen Schuldner[224]. Wer als Schuldner oder als Vertreter hierher gehört, ergibt sich aus den Bem. zu §§ 51–53[225]. Sind mehrere gesetzliche Vertreter gleichermaßen verpflichtet und geeignet und steht jedem die Einzelvertretung zu, so kann das Gericht entsprechend § 455 Abs. 1 S. 2 mit § 449 bestimmen, welcher von ihnen die Versicherung abzugeben hat[226]. Bei Gesamtvertretung kann zwar zunächst ebenso verfahren werden, obwohl dann alle Vertreter offenbarungspflichtig sind[227]; bei Unklarheiten usw. sind aber weitere Vertreter zur Offenbarung zu laden[228]. Im Falle der §§ 112f. BGB beschränkt sich die Auskunftspflicht des Minderjährigen auf die zur erlaubten Tätigkeit gehörenden Gegenstände[229]; im übrigen bleibt der gesetzliche Vertreter verpflichtet[230]. Der Schuldner kann unbedenklich unter den Voraussetzungen des § 455 Abs. 2 herangezogen werden[231]. – Nicht verpflichtet sind die nach § 779 oder § 57 bestellten Vertreter[232] – Zur Zustellung des Titels → § 750 Rdnr. 20f.

45 Bei *Handelsgesellschaften* haben die Vorstände, Geschäftsführer oder geschäftsführenden Gesellschafter die Versicherung abzugeben[233]. Wird die Vertretung bestritten, so genügt ihre Eintragung im Handelsregister nicht[234]. Befindet sich die Gesellschaft in Liquidation, so trifft den Abwickler die Pflicht[235]. Ist die schuldende GmbH nach ihrer Auflösung wegen Vermögenslosigkeit[236] gemäß § 2 LöschG (ab 1999: § 141a FGG) im Handelsregister gelöscht[237], so genügt ebenso wie für das Erkenntnisverfahren[238] die Behauptung des Gläubigers, es sei noch Vermögen vorhanden (str.)[239]. Zur Abgabe verpflichtet ist jedoch wegen § 2 Abs. 3 HS 2

1.1.1992 in Kraft getretenen Betreuungsgesetz s. *Bork* MDR 1991, 97 ff.

[224] *Hartmann* (Fn. 11) Rdnr. 53; *Eickmann* (Fn. 37) Rdnr. 29; *Stöber* (Fn. 5) Rdnr. 6. – Zum früheren Recht: Offenbarungspflichtig war bei einem geschäftsfähigen Pflegebefohlenen der Gebrechlichkeitspfleger mit Wirkungskreis der Vermögenssorge *LG Braunschweig* DAVorm 1982, 594 (Jugendamt); *LG Frankfurt/M.* Rpfleger 1988, 528 = FamRZ 1989, 317 (arg. aus 53, 79) oder der Vertretung im ZV-Verfahren einschließlich der Abgabe der Versicherung, *BayObLG* MDR 1991, 443.

[225] Zu Einzelheiten *Bondi* ZZP 32 (1904) 228ff. – Beim nicht rechtsfähigen Verein ist es der Vorstand, nach Auflösung sind es alle Mitglieder *OLG Rostock* (Fn. 18), → aber zur nötigen Klauselumschreibung Fn. 18. Daher müssen nach Auflösung Liquidatoren offenbaren *Hartmann* (Fn. 11) Rdnr. 53; *Eickmann* (Fn. 37) Rdnr. 31; *Stöber* (Fn. 5) Rdnr. 7. - Bei Kindern unter elterlicher Gewalt Vater *und* Mutter, *LG Düsseldorf* MDR 1958, 434, auch bei Kostenfestsetzung aus Ehesachen trotz § 607, → dort Rdnr. 2 Fn. 12. Zur Ergänzung (→ Rdnr. 43) vgl. auch *OLG Zweibrücken* MDR 1979, 492.

[226] *H.-J. Schmidt* MDR 1960, 981; *Behr* Rpfleger 1988, 4.; Büro 1994, 67; *Brox-Walker*[4] Rdnr. 1142; *Kunz* (Fn. 218); *Eickmann* (Fn. 37) Rdnr. 32; *Thomas/Putzo*[18] Rdnr. 18, für den Fall der Einzelvertretungsmacht auch *Schweyer* Rpfleger 1970, 406f. – A.M. *Hartmann* (Fn. 11) Rdnr. 54 (alle das Vermögen Verwaltende müßten offenbaren).

[227] *LG Köln* Rpfleger 1970, 406, wohl auch *Behr* Büro 1994, 67. – A.M. *OLG Frankfurt* Rpfleger 1976, 110 = MDR 153 (alle ehemaligen Gesellschafter einer KG mit namentlicher Nennung); *Stöber* (Fn. 5) Rdnr. 10.

[228] *Eickmann* (Fn. 37) Rdnr. 32. – A.M. *LG Köln* (Fn. 227), das Befreiung annimmt. *Schweyer* (Fn. 226) stellt auf den Willen des Gläubigers ab u. will § 915 erst anwenden, wenn alle offenbart haben.

[229] Für § 112 BGB obiter *KG* (Fn. 222) mwN; für § 113 BGB *LG Münster* DGVZ 1974, 41 = FamRZ 467 (L) (Offenbarung der Arbeitsstelle).

[230] *KG* (Fn. 222); *LG Münster* (Fn. 229); *Schmidt* (Fn. 226). – Enger *AG Köln* Büro 1966, 529.

[231] *Ottow* DRiZ 1957, 36; *Schmidt* (Fn. 226) 982; vgl. auch *Lipschitz* DRiZ 1963, 152. Schon deshalb wäre der Sachverhalt *OLG Braunschweig* OLGRsp 35, 141 jetzt anders zu entscheiden, s. die dortige Anm. – A.M. *AG Köln* (Fn. 230).

[232] → § 57 Fn. 23, § 779 Fn. 18, aber auch unten Fn. 242.

[233] S. für GmbH *OLG Schleswig* u. *OLG Frankfurt* (Fn. 221 u. 227); für GmbH & Co. KG *OLG Frankfurt* (Fn. 227); *AG Bamberg* DGVZ 1979, 31.

[234] *OLG Frankfurt* (Fn. 221); *KG* JW 1929, 2164[2]; *LG Düsseldorf* GmbH-Rundschau 1960, 144 (abl. *Welter, Besta*); vgl. auch *LG Bremen* DGVZ 1990, 139; *Lipschitz* DRiZ 1963, 151. – A.M. *OLG Hamburg* HGZ 1947, 11; *Schepses* ZZP 58 (1934) 237. – Firmiert jedoch jemand als Geschäftsführer im Rechtsverkehr für eine nicht im Handelsregister eingetragene GmbH, so hat er die Versicherung für die Gesellschaft abzugeben, *LG Dortmund* DGVZ 1989, 121; *Behr* Büro 1994, 67.

[235] *OLG Frankfurt* (Fn. 227) (GmbH & Co. KG); *KG* JW 1930, 2066[10].

[236] Löschung mangels Konkurs/Insolvenzmasse schadet nie *LG Düsseldorf* Büro 1987, 1259f.

[237] Zur Parteifähigkeit s. § 50 Rdnr. 34c ff.

[238] *G. Bokelmann* NJW 1977, 1131.

[239] *OLGe Koblenz* Büro 1990, 537, 540; *Stuttgart* Rpfleger 1994, 424f. = NJW-RR 1064; *LG Freiburg* Rpfleger 1980, 117; *Weinbörner* Rpfleger 1984, 262.- A.M. (substantiierte Darlegung nötig) *OLG Frankfurt* Rpfleger 1976, 329 = Büro 1260; *KG* MDR 1991, 952 = NJW-RR 933 (wo aber schon die Behauptung fehlte); *LGe Berlin* Rpfleger 1990, 374f.; *Düsseldorf* (Fn. 236, obiter); *Frankenthal* DGVZ 1981, 9; *München I* Rpfleger 1974, 371; *Kirberger* Rpfleger 1975, 343f.; *Eickmann* (Fn. 37) Rdnr. 36; *Stöber* (Fn. 5) Rdnr. 8. Dies läuft aber dem Zweck des § 807 zuwider.

LöschG nur ein neu zu bestellender Liquidator (str.)[240], auch wenn vor der Löschung eine Liquidation stattgefunden hatte[241]. Auch wenn man § 57 hier entsprechend anwenden wollte[242], würde das nur weiterhelfen, wenn man dafür eine Person gewönne, die sich im früheren Geschäftsbetrieb auskennt.

46   Befindet sich der als gesetzlicher Vertreter zum Termin Geladene nicht oder nicht mehr im Amt[243], so ist unter Aufhebung des Termins der neu Bestellte zur Abgabe zu laden[244]. Ist aber ein neuer Vertreter *nicht* bestellt und seine Bestellung bis zum Termin auch noch nicht eingeleitet worden, so wird man ein Ausscheiden des bisherigen Vertreters aus dem Amt nach Stellung des Antrags gemäß § 807 oder gar nach der Ladung zum Termin regelmäßig als Scheinhandlung ansehen müssen, welche die Pflicht zur Abgabe unberührt läßt[245].

47   *Parteien kraft Amtes*[246], haben das ihrer Verwaltung unterstehende Vermögen anzugeben; auch der Konkurs/Insolvenzverwalter[247], selbst wenn bereits eine Versicherung nach § 125 KO (§§ 98, 101, 153 Abs. 2 InsO) abgegeben wurde[248]. Die Formel ist in diesen Fällen der besonderen Sachlage anzupassen[249]. Solange der Verwalter aber nicht in der Lage ist, die Masse zu erfassen und aufzuzeichnen (§§ 117, 123 KO/§§ 148, 151 InsO), ruht die Offenbarungspflicht. Zeigt er die Masseunzulänglichkeit an (§ 60 KO), so steht fest, daß die Konkursmasse nicht einmal zur vollen Befriedigung der Massegläubiger ausreicht[250]; für einen Antrag auf Abgabe der eidesstattlichen Versicherung fehlt es dann am Rechtsschutzbedürfnis[251], und nach § 210 InsO wird jede Vollstreckung in die Masse ohnehin unzulässig.

V. Kosten, Gebühren

48   → dazu § 900 Rdnr. 68 ff. Gerichtsgebühren erster Instanz entstehen jedoch nur noch gemäß KV 1643[252]. Der Gegenstandswert für Anwaltsgebühren (§ 58 Abs. 3 Nr. 11 BRAGO) beträgt höchstens 3000 DM, § 57 Abs. 2 S. 5 nF BRAGO[253].

---

[240] *OLG Stuttgart* (Fn. 239); *LG Berlin* Büro 1975, 673 (zust. *Mümmler*) = Rpfleger 374; Rpfleger 1990, 374; *Eickmann* (Fn. 37) Rdnr. 37. – A.M. (früherer Geschäftsführer oder Liquidator) *OLG Frankfurt* (Fn. 221); *KG, OLG Koblenz* u. *LG Freiburg* (alle Fn. 239); *OLG Köln* OLGZ 1991, 214; *LG Frankenthal* DGVZ 1981, 10; *LG Siegen* Rpfleger 1987, 380; *Hartmann* (Fn. 11) Rdnr. 55 f.; *Behr* Büro 1994, 67; *Kirberger* (Fn. 239); *Thomas/Putzo*[18] Rdnr. 16 (anders 10. Aufl.); *Stöber* (Fn. 5) Rdnr. 8. Aber die Offenbarung, mag sie auch nicht Willenserklärung sein (*Kirberger* aaO), soll wie nach § 164 BGB gegen den Schuldner wirken (s. auch *Thomas/Putzo* aaO) u. **er** soll schließlich nach § 915 eingetragen werden, *Schepses* (Fn. 234) 232. Für eine Zustellung des Titels verlangt aber auch *OLG Frankfurt* MDR 1983, 135 = Rpfleger 1982, 290 f. die Bestellung eines neuen Liquidators.

[241] *Behr* Büro 1994, 67. Vgl. für das Erkenntnisverfahren *G. Bokelmann* (Fn. 238) gegen *BGH* NJW 1970, 1046. – A.M. *LG Freiburg* (Fn. 239).

[242] So (schon wegen Kostenminderung) *Weinbörner* (Fn. 240) 263; *Behr* Rpfleger 1988, 4. → dagegen § 57 Fn. 23; krit. *OLG Stuttgart* (Fn. 239) a.E. Allgemein zur entspr. Anw. bei ZV → Fn. 409 vor § 704.

[243] Zur sofortigen Wirkung einer Amtsniederlegung s. *BGH* NJW 1980, 2417.

[244] *OLGe Frankfurt* JW 1926, 2114[8]; *Düsseldorf* MDR 1961, 328 [83]; *Schleswig* (Fn. 221) mwN auch zur Gegenmeinung, die den Wegfall der Vertretungsmacht bei Ladung zum Termin für *stets* unerheblich hält u. damit einen neuen Vertreter einfach übergeht (→ Fn. 221 a.E.); vgl. dagegen *Schepses* (Fn. 234) a.E. – Macht der geladene, ehemalige Vertreter den von Amts wegen zu berücksichtigenden Mangel geltend, so ist das kein Widerspruch

nach § 900 Abs. 5, weil die Offenbarungspflicht des Schuldners nicht bestritten wird, *Schepses* aaO 238 ff.

[245] So für Niederlegung nach Antrag *KG* (Fn. 234); einschränkend *KG* JW 1932, 3196 [21]: erst nach Ladung, s. dagegen *Schepses* (Fn. 234) 233 f. Vgl. auch *OLG Frankfurt* → Fn. 244 (dort nach Haftbefehl), ebenso *OLG Stuttgart* Rpfleger 1984, 107 = DGVZ 110; *OLG Hamm* Rpfleger 1985, 121 (überstürzte Gesellschafterversammlung einen Tag vor Offenbarungstermin); *LG* u. *OLG Zweibrücken* DGVZ 1990, 41 (Liquidator legt Amt nach Ladung nieder); *AG Burgdorf* DGVZ 1980, 45 f. (Einmann-GmbH); *OLG Karlsruhe* HRR 1930, Nr. 458; *OLG Düsseldorf* MDR 1961, 328; *LG Hannover* DGVZ 1981, 60; *Behr* Rpfleger 1988, 3; Büro 1994, 66 (jedenfalls nach Ladung oder Haftbefehl); *Brox/Walker*[4] Rdnr. 1142; *Hartmann* (Fn. 11) Rdnr. 57 f. Enger *OLG Köln* Rpfleger 1983, 361 (Motive müssen zweifelsfrei offenliegen); *LG Bonn* DGVZ 1989, 120 (im jeweiligen konkreten Fall tatsächlich festzustellen); ebenso *E. Schneider* MDR 1983, 724 ff. S. aber auch *LGe Düsseldorf* Büro 1988, 1580 u. *Nürnberg-Fürth* DGVZ 1994, 172: auch bei Neubestellung eines GmbH-Geschäftsführers besteht Möglichkeit, früheren, erst nach Erlaß eines Haftbefehls abberufenen Geschäftsführer Versicherung vornehmen zu lassen. – A.M. *Wieczorek*[2] Anm. B I a. S. dazu auch *Schepses* (Fn. 234) 230 ff.

[246] → Rdnr. 25 ff. vor § 50.

[247] *Kuhn/Uhlenbruck* KO[10] § 57 Rdnr. 7.

[248] Dazu *Kuhn/Uhlenbruck* KO[10] § 57 Rdnr. 7; *Hartmann* (Fn. 11) Rdnr. 58.

[249] S. *Kuhn/Uhlenbruck* (Fn. 247).

[250] *LG Bremen* ZIP 1984, 1259.

[251] *Kuhn/Uhlenbruck* KO[10] § 57 Rdnr. 7; *Uhlenbruck* KTS 1978, 66 ff. (76).

II. Zwangsvollstreckung in körperlichen Sachen

§ 808 [Pfändung beim Schuldner]

(1) Die Pfändung der im Gewahrsam des Schuldners befindlichen körperlichen Sachen wird dadurch bewirkt, daß der Gerichtsvollzieher sie in Besitz nimmt.

(2) ¹Andere Sachen als Geld, Kostbarkeiten und Wertpapiere sind im Gewahrsam des Schuldners zu belassen, sofern nicht hierdurch die Befriedigung des Gläubigers gefährdet wird. ²Werden die Sachen im Gewahrsam des Schuldners belassen, so ist die Wirksamkeit der Pfändung dadurch bedingt, daß durch Anlegung von Siegeln oder auf sonstige Weise die Pfändung ersichtlich gemacht ist.

(3) Der Gerichtsvollzieher hat den Schuldner von der erfolgten Pfändung in Kenntnis zu setzen.

Gesetzesgeschichte: Bis 1900 § 712 CPO. Änderung RGBl. 1898 I 256.

I. Anwendungsbereich, Bedeutung des Gewahrsams	
1. Körperliche Sachen	1
2. Reichweite des § 808, Verhältnis zu § 771	2
3. Ausnahmen trotz Gewahrsams des Schuldners	3
4. Pfändung von Sachen des Gläubigers	4
5. Duldung der Vollstreckung in Fremdvermögen	5
II. Gewahrsam des Schuldners	
1. Sachherrschaft, Abgrenzung	7
2. Erkennbarkeit der Sachherrschaft	8
3. Gewahrsam im gemeinsamen Haushalt	9
4. Eheleute, Lebensgefährten	10
5. Geschäftsbetriebe	14
6. Organe, gesetzliche Vertreter, Parteien kraft Amtes, OHG, KG, BGB-Gesellschaft	15
7. Mitgewahrsam an Sachen	17
8. Gewahrsam des Schuldners in fremden Räumen	18
9. Soldaten	19
III. Erfordernisse der Pfändung	
1. Inbesitznahme durch Gerichtsvollzieher	20
2. Abs. 2: Wegschaffung oder Ersichtlichmachung	21
3. Formen der Ersichtlichmachung	28
4. Abs. 3: Mitteilung an den Schuldner	30
5. Besonderheiten nach der GVGA	31
6. Pfändung gegenüber verschiedenen Schuldnern	32
IV. Rechtsfolgen der Pfändung	
1. Pfändungswirkungen	33
2. Abholung der Sachen zwecks Verwertung	35
V. Rechtsfolgen von Verstößen, Rechtsbehelfe	38
VI. Besitzverlust, Entstrickung	39
VII. Kosten	40

I. Anwendungsbereich, Bedeutung des Gewahrsams

1. Die §§ 808 ff. regeln die **Pfändung** (§ 803) **der körperlichen Sachen** (bewegliche Sachen im Sinne des BGB[1]), einschließlich der Wertpapiere[2], Wechsel und anderer indossabler Papiere (§ 821), sowie der Tiere, § 90a BGB, s. noch § 811c Abs. 2. Besonderheiten gelten für Haustiere, § 811c. Den Gegensatz bilden solche zum beweglichen Vermögen gehörende Rechte, die nicht durch Besitzergreifung gepfändet werden (§§ 828 ff., 857, zu Verstößen →

---

[252] Zur Beschwerdeinstanz s. jetzt KV 5400.
[253] In Kraft seit 1. VII. 1994; zuvor 2400 DM, § 58 Abs. 2 Nr. 11 aF.

[1] → § 803 Rdnr. 1 f.
[2] → § 821 Rdnr. 2.

§ 831 Rdnr. 2) sowie unbewegliches Vermögen, → zur Abgrenzung § 864 Rdnr. 4–10, § 865 Rdnr. 20 ff. und über die Folgen von Verstößen → § 865 Rdnr. 36 (Pfändung), § 817 Rdnr. 23 ff. (Verwertung). Zur Hilfspfändung von Legitimationspapieren usw. (Sparkassenbücher, Pfandscheine, Fahrkarten, Fahrzeugbriefe, Flugscheine) → § 821 Rdnr. 4; über Hypothekenbriefe → § 830 Rdnr. 10. Hingegen kommt eine Wegnahme der Lohnsteuerkarte nur über § 836 Abs. 3 in Betracht, also erst nach Pfändung und Überweisung des Steuererstattungsanspruchs[3]. *Sachgesamtheiten* unterliegen nur als Mehrheit einzelner Gegenstände der Pfändung. **Ideelle Anteile** an beweglichen Sachen, insbesondere das Miteigentum, können nach h.M. nur nach § 857 gepfändet werden[4], auch wenn sich die Sache im Gewahrsam des Schuldners befindet[5]. Wegen der Eigentumsanwartschaften → Rdnr. 4 und § 857 Rdnr. 84 ff. Über nicht registrierte Schiffe und Luftfahrzeuge → § 803 Rdnr. 2, Ersatzanteile an Luftfahrzeugen → Fn. 201, wegen registrierter Schiffe, Schiffsbauwerke und Luftfahrzeuge s. § 870a mit Bem.

1a **Computerprogramme** (»**Software**«) sind, mag man sie selbst als Sachen ansehen oder nicht[6], als Vervielfältigungsstücke in der Form des zumindest entsprechend anwendbaren § 808 zu pfänden[7], da sie im Rechtsverkehr durch Einigung und Übergabe jener Sache übertragen werden, in der sie verkörpert sind[8]. Die Inbesitznahme geschieht durch Wegnahme (Abs. 2) eines im Gewahrsam des Schuldners befindlichen Datenträgers (z.B. einer Originaldiskette des Programmherstellers oder – vertreibers) oder, falls die Software auf dem Computer des Schuldners installiert ist, durch Pfändung des Computers. Ob stattdessen auch Kenntlichmachung des gepfändeten Programms nach § 132 Nr. 2 S. 8 GVGA auf dem Computer des Schuldners[9] oder Übertragung des Programms durch den Gerichtsvollzieher (etwa unter Mitwirkung des Schuldners oder eines zur Schätzung hinzugezogenen Sachverständigen) auf einen beliebigen Datenträger[10] genügt, ist zweifelhaft. Dies wäre zwar de lege ferenda wünschenswert, geht aber wohl über Wortlaut und bisher erfaßten Sinn des § 808 hinaus. Als Gebrauchsanleitung dienende Dokumentationen sind mitzupfänden[11]. Befinden sich auf einem gepfändeten Datenträger auch **personenbezogene Informationen** i.S.d. § 4 mit § 3 Abs. 5 Nr. 1 BDSG, so hindert dies nicht die Pfändung; vor

---

[3] → § 857 Fn. 38.
[4] *BGH* NJW 1993, 937 = Rpfleger 359 mwN.
[5] Anders (§ 808) *Marotzke* FS K.H. Schwab (1990), 277 ff. Das würde regelmäßig an § 809 scheitern *MünchKommZPO-Schilken* Rdnr. 2.
[6] Dazu *Styliani Bleta* Software in der ZV (Diss. Tübingen 1994) § 8; krit. *Moritz* CR 1994, 257 ff. Erwerb eines Endabnehmers bezweckt Nutzungsmöglichkeit des Programms auf Dauer *OLG Nürnberg* CR 1993, 359; das ist bei etlichen Sachen nichts anders (Bücher, Videokassetten usw.). Daher sollte man das Programm schlicht als Zustand des Datenträgers ansehen u. die Nutzungsbefugnis aus dem Eigentum folgern (§ 903 BGB), gegebenenfalls inhaltlich beschränkt durch Urheberrecht, so anscheinend auch *Nerlich* MDR 1994, 759. Sieht man darin aber mit der wohl h.M. den Erwerb eines selbständigen **Nutzungsrechts**, so *BGH* NJW 1994, 1217 (dort allerdings bezüglich Lizenz eines gewerbsmäßigen Vertreibers), so steht dies allein einer Pfändung analog § 808 nicht entgegen. Denn aus den §§ 808, 821, 831 ergibt sich die Tendenz des Gesetzes, daß auch unkörperliche Gegenstände dem Gleichlauf der Formen von Übertragung u. Pfändung unterworfen sein sollen. Klärungsbedürftig ist noch die Frage, ob zwecks Ermöglichung der Verwertbarkeit auch § 836 Abs. 3 entspr.Anw. findet, falls es sich um Rechtspfändung handelt, u. ob dafür eine (hier an sich unnötige) Überweisung wie bei § 831 erfolgen müßte. So würden die von *Koch* KTS 1988, 51, 57 erwähnten Probleme teilweise lösbar sein. *Bleta* aaO § 17 III bejaht die Analogie. – Zur ZV in Urheberrechte an Software, z.B. gegen den Hersteller, → § 857 Rdnr. 22a.
[7] *Koch* (Fn. 6) 53; *Breidenbach* CR 1989, 875 f.; *Paulus* DGVZ 1990, 153; *Bleta* (Fn. 6) § 8 III; *Schilken* (Fn. 5) Rdnr. 2 mit § 803 Rdnr. 21 (entspr.Anw.). Zum Problem des Auffindens, insbesondere auf der Hardware, einerseits *Koch* aaO 56, andererseits *Paulus* aaO 155. Zur schuldrechtlichen Behandlung von Software wie Sachen *BGHZ* 102, 144 = NJW 1988, 408 (Gewährleistung); *BGHZ* 109, 100 = NJW 1990, 321 (Übergabe beweglicher Sachen i.S.d. § 1 AbzG); krit. *Junker* NJW 1994, 900.
[8] → auch § 821 Rdnr. 2, § 831 Rdnr. 1. Zur Übereignung von Software nach § 929 BGB *Dörner* Jura 1993, 578 f. mwN. Im Unterschied zu Rechten i.S.d. §§ 821, 831 ist zwar kopierbare Software nicht an eine bestimmte Sache gebunden; jedoch sollte genügen, daß sie zumindest tatsächlich nicht unkörperlich, sondern nur über Datenträger dem Benutzer zugänglich gemacht werden kann, so daß Einigung allein nicht zur Übertragung ausreicht.
[9] So *Paulus* Software in der Vollstreckung (in *M. Lehmann* Rechtsschutz u. Verwertung von Computerprogrammen[2] 831 ff.) Rdnr. 6, 14; derselbe (Fn. 7) 155.
[10] Dagegen *Koch* (Fn. 6) 59. Man könnte dies zwar in entspr. Anw. des § 808 als »Inbesitznahme« ansehen, da dabei auf § 808 Abs. 2 auf den Endzweck der Nutzbarmachung für Erwerber ankommt, so für den Abzahlungskauf *BGHZ* 109, 101 = NJW 1990, 321. Jedoch würde auf solche Weise nicht **dieses** Programmexemplar des Schuldners in Besitz genommen, sondern ein **neues** geschaffen, mag auch die kopierende Person zur darin liegenden Vervielfältigung – vgl. *BGH* (Fn. 6) – nach § 69d Abs. 1 UrhG berechtigt sein.
[11] *Koch* (Fn. 6) 53.

einer Verwertung ist jedoch dem Schuldner Gelegenheit zu geben, diese Daten zu kopieren und von dem gepfändeten Datenträger zu entfernen[12].

Die Pfändung kann an **§ 811 Nrn. 5, 6, 10 oder 11** scheitern[13]; dies jedoch nur, falls dem Schuldner auch ein zum Einsatz der Software geeigneter Computer zu belassen ist, z.B. nach § 811 Nr. 5 → dort Rdnr. 51 Fn. 193. Im Bereich des § 811 Nr. 10 sollte ein Schuldner die Unpfändbarkeit nicht dadurch herbeiführen können, daß er in nur unwesentlichem Umfang Computerprogramme für die dort genannten Zwecke einsetzt. Zu § 811 Nr. 11 → dort Rdnr. 67 a.E. **1b**

Die **Veräußerung** nach §§ 814 oder 825 ist im Rahmen des § 69c Nr. 3 S. 2 UrhG auch dann zulässig, wenn das Programm urheberrechlich geschützt ist[14]. Erwerber bedürfen zur bestimmungsgemäßen Nutzung innerhalb des in § 69c Nr. 3 genannten Anwendungsbereichs nicht der Zustimmung des Urhebers, § 69d Abs. 1 UrhG. Eine etwa vertragswidrige Weiterbenutzung des veräußerten Programms durch den Schuldner betrifft lediglich das Rechtsverhältnis zwischen diesem und dem Hersteller, vgl. §§ 69f, 98 UrhG[15]. Der Gerichtsvollzieher muß daher bei Pfändungen[16] keine Maßnahmen treffen, um dies zu verhindern[17]. Jedoch ist eine solche vertragliche Beschränkung der Nutzung, wie sie beim Softwarevertrieb üblich (und daher vom Gerichtsvollzieher zu unterstellen) ist, dann zu beachten, wenn die Software § 811 unterfällt → Rdnr. 1b: Diese ist in solchen Fällen auch dann unpfändbar, wenn der Schuldner sie trotz Veräußerung mittels Kopien weiter nutzen könnte. Denn eine Pfändbarkeit darf nicht daraus hergeleitet werden, daß der nach § 811 geschützte Gebrauch dem Schuldner nur auf dem Wege einer Rechtsverletzung verbleiben kann. Daher scheidet eine selbständige Pfändung eines *Betriebssystems* in der Regel aus, zumindest wenn es das einzige im Besitz des Schuldners ist. Ist nämlich die Hardware unpfändbar nach § 811, so ist es auch die Betriebssoftware[18]; andernfalls werden ohnehin beide insgesamt gepfändet. Handelt es sich nicht um Standardsoftware, so wird die Pfändung oft schon an § 803 Abs. 2 scheitern[19]. Zur Schätzung kann ein Sachverständiger zugezogen werden → § 813 Rdnr. 6 Fn. 17, dem zu diesem Zweck ein Probelauf gestattet sein muß[20]. **1c**

2. § 808 bestimmt nur, *wie* Sachen gepfändet werden, die sich im Gewahrsam des Schuldners befinden; er meint damit grundsätzlich den alleinigen Gewahrsam und gewährt daher in Verbindung mit § 809 zugleich Dritten den Schutz ihres (Mit-)Gewahrsams; wegen Ehegatten → jedoch Rdnr. 10ff. und § 739 mit Bem., für Gütergemeinschaften → § 740 Rdnr. 13ff., § 741 Rdnr. 9. Aus § 808 kann aber weder entnommen werden, *alle* im Gewahrsam des Schuldners befindlichen Sachen dürften gepfändet werden, noch, daß jede § 808 entsprechende Pfändung wirksam sei[21]. Vielmehr wird nur für den Regelfall[22] die Entscheidung darüber, ob die Sache zum *haftenden Vermögen* des Schuldners gehört[23], zunächst darauf abgestellt, **2**

---

[12] *Paulus* (Fn. 7) 154 mwN; *Bleta* (Fn. 6) § 15 III. Ebenso, wenn Hardware gepfändet wird. Betreffen solche Daten *Dritte*, so können diese einer Verwertung nach § 766 widersprechen, *Bleta* aaO. Erfährt der GV glaubhaft von der Existenz solcher Daten, so pfändet er dennoch, gibt aber dem Gläubiger anheim, entweder den Dritten zu einer Stellungnahme zu veranlassen oder nach § 825 zu verfahren wie im Falle → § 814 Rdnr. 6 Fn. 30, um dem Dritten rechtliches Gehör zu sichern.

[13] → dazu § 811 Rdnr. 51, 66, 67, ausführlich *Paulus* (Fn. 9) Rdnr. 7; *Bleta* (Fn. 6) § 13 je mwN.

[14] → § 857 Rdnr. 22a Fn. 112, nicht anders als bei Büchern, vgl. *Hubmann/Rehbinder* Urheber- u. Verlagsrecht[7] 294; *Bleta* (Fn. 6) § 14 III, § 17 III. Ist Veräußerung ausnahmsweise verboten, hilft § 771.

[15] → § 857 Rdnr. 22a Fn. 112; *Bleta* (Fn. 6) § 17 III. Der Erwerber ist an urheberrechtliche Schranken ebenso gebunden wie sein Vorgänger. Problematisch ist, ob beim Erwerb vertragliche Nutzungsbeschränkungen übernommen werden müssen, z.B. die Erlaubnis der Nutzung nur auf einem Gerät (CPU-Klausel), soweit nicht § 9 AGBG entgegensteht, dazu *OLG Frankfurt* CR 1994, 399 *(Hoeren)*; aus dem Urheberrechtsschutz ergibt sich dies nicht *Nerlich* (Fn. 6) 758 mwN.

[16] Das kann bei Titeln auf Herausgabe je nach Auslegung anders sein *Münzberg* BB 1990, 1011; dazu ausführlich mwN *Bleta* (Fn. 6) § 18.

[17] Der GV muß daher nicht für Löschung des Programms auf der Hardware des Schuldners sorgen; a.M. *Paulus* (Fn. 9) Rdnr. 14. § 808 verlangt Inbesitznahme; auf »Wegnahme« kommt es nur insoweit an, als andernfalls, z.B. durch verbleibenden Mitbesitz, das Recht des Gläubigers am Pfandobjekt gefährdet wäre, vgl. die Begr in RGZ 118, 278. Im Unterschied zu körperlichen Sachen u. Wertpapieren gefährdet jedoch Veräußerung o.ä. durch den Schuldner nach der Pfändung den Gläubiger nicht, → Fn. 14.

[18] Abgesehen davon, daß Betriebssysteme zuweilen auch wesentlicher Bestandteil der Hardware sein können (§ 93 BGB) u. dann schon deshalb nicht ohne diese pfändbar sind *Bleta* (Fn. 6) § 9.

[19] Dazu *Paulus* (Fn. 7) 154. Es gibt jedoch sehr teure, dann freilich meistens nur auf wenige Benutzer zugeschnittene Software, vgl. den Fall *BGH* (Fn. 6).

[20] A.M. *Koch* (Fn. 6) 58.

[21] → dazu Rdnr. 129 ff. vor § 704, § 804 Rdnr. 7.

[22] Wegen der Ausnahmen → Rdnr. 5, Fn. 111, Rdnr. 16 u. § 809 Rdnr. 1 ff.

[23] → § 771 Rdnr. 1, 14 ff.

ob sich die Sache im *Gewahrsam* des Schuldners befindet[24]. Obwohl die Vermutung des § 1006 BGB nicht zugunsten des pfändenden Gläubigers gilt[25], so läßt doch der Gewahrsam meist eine genügende *tatsächliche Vermutung* für die Zugehörigkeit zum Vermögen[26] des Schuldners zu. Nur wenn für den Gerichtsvollzieher das Gegenteil eindeutig ersichtlich ist, hat er von der Pfändung abzusehen[27]; andernfalls hat er Dritte auf § 771 zu verweisen[28], und seine Pfändung ist rechtmäßig, auch wenn die Sachen Dritten gehören[29].

3 3. Die nach § 811f. und den → § 811 Rdnr. 74ff. genannten Gesetzen der Pfändung nicht unterworfenen **Sachen** *dürfen nicht* gepfändet werden; ferner alle, die als *Zubehör* von Grundstücken oder eingetragenen Schiffen unpfändbar sind oder die zum unbeweglichen Vermögen gehören und im Wege der Vollstreckung in das unbewegliche Vermögen beschlagnahmt sind[30].

3a Sachen, die **offensichtlich nicht dem Schuldner gehören**[31], sollten nicht gepfändet werden (§ 119 Nr. 2 GVGA), und zwar ausschließlich deshalb, um den Gläubiger vor Kostenrisiken nach §§ 771, 91 oder, falls Widerspruch nicht rechtzeitig erhoben wird, vor Bereicherungsansprüchen zu bewahren[32]. Daher wäre es verfehlt (→ Rdnr. 2 a. E.), § 119 Nr. 2 GVGA als »Einschränkung des § 808« anzusehen[33] und ihm den Zweck zu unterstellen, die Rechte Dritter schützen zu wollen, was im Falle der Nichtbeachtung zur Amtshaftung führen würde[34] und auch kaum vereinbar wäre mit der zutreffenden h.M., daß der Gerichtsvollzieher trotz »Offensichtlichkeit« pfänden muß, wenn der Gläubiger dies dennoch verlangt[35] und damit das Risiko eines Prozeßverlustes nach § 771 auf sich nimmt. Deshalb können nach dem eindeutigen Wortlaut des § 808 weder Schuldner[36] noch Dritte[37] die Pfändung aus diesem Grunde nach § 766 verhindern. Da der Zweck des § 119 GVGA mit geringen Mehrkosten auch durch nachträgliche Entstrickung (Freigabe) erreichbar ist, muß der Gerichtsvollzieher zur Vermeidung einer Amtshaftung (Rangverlust!) vorerst pfänden, wenn er auch nur geringste Zweifel am Recht des Dritten hat[38] und er auch den Gläubiger nicht rechtzeitig fragen kann, ob dieser auf der Pfändung bestehe[39], z.B. weil dieser meint, das Drittrecht bestehe nicht oder sei nach dem AnfG zu überwinden[40]. Zu pfänden ist auch, wenn der Dritte erklärt, keinen Widerspruch erheben zu wollen[41]. In allen Fällen empfiehlt sich eine Unterrichtung des Gläubigers[42], da diesem sowohl aus der Nichtpfändung wie auch aus der Pfändung empfindliche Nachteile erwachsen können.

---

[24] Zum Verhalten des GV bei schwer aufklärbarer Sachlage *Noack* DGVZ 1984, 33, 34ff.
[25] OLG Dresden OLGRsp 9, 119; *Franke* ZZP 29 (1901) 89.
[26] Dazu gehören auch Eigentumsanwartschaften, so daß die Bedenken von *Giehl* AcP 161 (1962) 364 nicht begründet sind (→ auch § 771 Rdnr. 89). Ebenso geleaste Sachen, selbst wenn der GV über Vertrag u. Leasinggeber unterrichtet wird *LG Dortmund* NJW-RR 1986, 1497. – Die Pfändung u. Verwertung von Vorbehaltseigentum gelingt oft ohne Schwierigkeiten → § 771 Rdnr. 18 Fn. 138, § 857 Rdnr. 89.
[27] → Rdnr. 3a, 3b.
[28] LG Köln WuM 1963, 47 = ZMR 256; AG Wilhelmshaven DGVZ 1968, 158.
[29] → § 771 Rdnr. 2.
[30] → § 810 Rdnr. 7, 14, 865 Rdnr. 36.
[31] BGH ZZP 70 (1957) 251 = BB 1957, 163 = DGVZ 91 = NJW 544 (L); LG Koblenz DGVZ 1968, 124; *Schmittmann* DGVZ 1994, 49 (Telekommunikationsendgeräte). → auch § 857 Rdnr. 86 Fn. 341 zum Vorbehaltseigentum.
[32] → § 771 Rdnr. 73ff.
[33] § 119 GVGA ist nur für den inneren Dienst bestimmt OLG *Düsseldorf* ZIP 1981, 538 = DGVZ 114f. mwN.

[34] So aber die wohl ü.M. *Geißler* DGVZ 1990, 82f.; *Jauernig* ZwVR[19] § 17 II; *G. Lüke* Fälle zum ZPR[2] 221; AK-ZPO/*Schmidt-von Rhein* Rdnr. 1; *Schilken* (Fn. 5) Rdnr. 11; *Weyland* Automatenaufstellung (Diss. Marburg 1988), 104f., 117. Dann säße der GV bezüglich der Amtshaftung »zwischen zwei Stühlen«, → Fn. 38, vgl. etwa die Ausführungen von *Weyland* aaO 105ff.
[35] § 119 Nr. 2 S. 2 GVGA; *Zöller/Stöber*[19] Rdnr. 3; AG Frankfurt DGVZ 1974, 26 mwN (Reparaturware); AG Waldbröl DGVZ 1990, 29f. (PKW); die Zulässigkeit von Pfändungen darf aber kaum von Erklärungen des Gläubigers abhängen, folglich muß sie schon eher bestehen. Damit erledigen sich auch die Bedenken von *J. Blomeyer* Rpfleger 1969, 283.
[36] Insoweit wohl unstr.
[37] A.M. *Brox/Walker*[4] Rdnr. 259; *Geißler* (Fn. 34).
[38] Also regelmäßig dann, wenn der Gläubiger es leugnet; → dazu auch Fn. 35.
[39] LG Berlin DGVZ 1966, 74; *W. G. Müller* DGVZ 1976, 3 mwN. → Fn. 32.
[40] → § 771 Rdnr. 26, 47.
[41] LG Berlin (Fn. 39) obiter zu § 119 Nr. 2 S. 2 GVGA.
[42] *Geißler* DGVZ 1990, 88.

In der Regel dürfen also beim Frachtführer die transportierten Güter, beim Handwerker die   **3b**
ersichtlich zur Reparatur übergebenen Sachen, beim Pfandleiher die Pfänder, bei Banken die
als Depots kenntlichen Wertpapiere oder etwa beim Rechtsanwalt die in seinen Akten
liegenden Klagewechsel nicht gepfändet werden[43]. Dasselbe gilt von Büchern öffentlicher
Büchereien[44], Filmkopien bei Kinobesitzern, Kohlesäure-, Sauerstoff- und ähnlichen Flaschen bei Handwerkern, Bierfässern bei Gastwirten[45]. – Solche »Offensichtlichkeit« ist aber
nicht schon deshalb anzunehmen, weil der Schuldner schriftliche Belege vorweist, daß es sich
um Kommissionsware oder Treugut handele[46], oder ein auf Dritte lautendes Namensschild
angebracht ist[47]; weil ein *anderer* Gläubiger die Sache freigegeben hat[48] oder dessen Vollstreckung nach § 771 Abs. 3 einstweilen eingestellt ist[49]. Selbst erfolgreiche Klagen gegen
andere Gläubiger nach § 771 zwingen den Gerichtsvollzieher nicht stets, von der Pfändung
Abstand zu nehmen, insbesondere wenn es sich um Urteile nach § 307 handelt[50].

4. Auch die Pfändung **eigener Sachen des Gläubigers** ist zulässig[51]. Zum Abzahlungsgut →   **4**
§ 771 Rdnr. 16–18, § 811 N. 160 f., § 814 Rdnr. 12 ff., § 825 Rdnr. 17 und § 857 Rdnr. 84. Der
Umstand, daß der Pfandgläubiger das Pfandstück nicht erwerben oder zum Pfand nehmen
soll oder darf (s. z. B. §§ 71 Abs. 4, 71e Abs. 2 AktG), steht der Pfändung nicht entgegen.

5. Der Gewahrsam allein genügt nur dann, wenn der **Schuldner** nach dem Titel mit seinem   **5**
eigenen Vermögen haftet[52]. Hat er nur die Vollstreckung in *fremdes* Vermögen (auch Gesamthandsvermögen) zu dulden, so bedarf es vor der Pfändung der Prüfung, ob die Sache zu dem
der Vollstreckung unterworfenen Vermögen gehört[53]. Zu erwähnen sind hier vor allem der
Gesellschafter im Falle des § 736, falls die Haftung mit seinem Privatvermögen im Titel
ausdrücklich ausgeschlossen ist[54], der Nießbraucher nach §§ 737 f., s. auch §§ 740, 743, 745
Abs. 2, ferner die Verwalter fremden Vermögens wie Konkurs/Insolvenz-[55], Nachlaßverwalter[56] und Testamentsvollstrecker, soweit sie als Parteien kraft Amtes selbst Vollstreckungsschuldner sind. Entsprechendes gilt, wenn man sie als Vertreter ansieht[57], denn auch bei
gesetzlichen Vertretern des Schuldners ist der Gewahrsam zur Unterscheidung des haftenden
Schuldnervermögens vom nicht haftenden Vermögen des Vertreters ungeeignet. Der Gerichtsvollzieher hat daher z. B. für Sachen im Gewahrsam von Eltern, Vereinsvorständen,
Geschäftsführern einer GmbH[58] und geschäftsführenden Gesellschaftern einer OHG[59] auch

---

[43] *RG* JW 1895, 543; *OLG Hamburg* OLGRsp 9, 115; *Geißler* (Fn. 34) 83; *Stein* Grundfragen (1911) 39 f.; § 119 Nr. 2 GVGA.
[44] *Brox/Walker* JA 1986, 57, 58 f. – Bei antiquarisch erworbenen Büchern sind jedoch alte Stempel öffentlicher Büchereien kein sicherer Hinweis auf Fremdeigentum.
[45] S. dazu *LG Berlin* DGVZ 1961, 140; § 119 Nrn. 2, 3 GVGA. Zur Kommissionsware *AG Köln* DGVZ 1967, 76; zu Automaten *K. Schmidt* MDR 1972, 376 ff. Bei Leasingnehmern ist in der Regel das Eigentum des Leasinggebers nicht »offensichtlich«, vgl. (ausführlich) *Borggräfe* ZV in bewegliches Leasinggut (1976) 80 ff., s. auch *LG Dortmund* (Fn. 26). – Zur Pfändung der *Rechte* des Leasingnehmers → § 857 Rdnr. 30–32.
[46] *LG Bonn* MDR 1987, 770 (Sicherungseigentum); *AG Köln* (Fn. 45).
[47] *OLG Bremen* DGVZ 1971, 4.
[48] *Geißler* (Fn. 34) 83; *Lippross* Vollstreckungsrecht[6] (1992) § 10 IV Fall 26.
[49] → dazu § 771 Rdnr. 44.
[50] *Geißler* (Fn. 34) 83 mwN. – Frühere Urteile nach § 771 **zwischen denselben Parteien** stehen aber, wenn die Pfandobjekte die gleichen sind, der Pfändung entgegen, falls der Schuldner Ausfertigungen vorlegt → § 771 Rdnr. 7.
[51] → § 766 Fn. 95, § 804 Rdnr. 13 f.; *Baumbach/Hartmann*[53] § 804 Rdnr. 6; *Schilken* (Fn. 5) Rdnr. 11, jetzt allg. M. – § 809 ist aber auch hier zu beachten *LG Oldenburg* DGVZ 1984, 91 f.
[52] → Rdnr. 41 vor § 704.
[53] So für Masseglaubiger *LG Bonn* ZIP 1980, 263. S. auch *Baur/Stürner*[11] Rdnr. 448; *Bruns/Peters*[3] § 21 III 5; *Rosenberg/Schilken*[10] § 51 I 1 c; *H. Schneider* DGVZ 1989, 145, 147; *Schuschke* Rdnr. 6; *Stöber* (Fn. 35) Rdnr. 4. Vgl. § 118 Nr. 4 GVGA.
[54] → § 786 Rdnr. 7 ff. Zust. *Arnold* Angewandte Gleichberechtigung (1954), 44.
[55] → Fn. 53.
[56] *Schuschke* (Fn. 53).
[57] → Rdnr. 28 vor § 50.
[58] *LG Mannheim* DGVZ 1983, 119 = DB 1481.
[59] Falls der Titel sich nur gegen diese, nicht gegen den besitzenden Gesellschafter richtet → § 736 Rdnr. 9. *Schünemann* Grundprobleme usw. (1975) 269 sieht hier die Prüfung der Vermögensträgerschaft vertretbar als Teil der Gewahrsamsprüfung an.

das Eigentum des Schuldners zu prüfen, → Rdnr. 15 ff. Kann er dies nicht klären, so muß er allerdings pfänden⁶⁰ und den Streit um die Zulässigkeit der Pfändung dem Verfahren nach § 766⁶¹ überlassen (wobei er nach zutreffender Beurteilung des Gewahrsams rechtmäßig handelt, auch wenn sich später die Unzulässigkeit der Pfändung herausstellt). Entsprechendes gilt im Falle → § 779 Rdnr. 3 für die Zugehörigkeit zum Nachlaß, für die es nur auf den Gewahrsam des Erblassers ankommt.

6   Dies ergibt sich einwandfrei aus der entgegengesetzten Regelung, die die §§ 780, 786 für den Fall getroffen haben, daß der Schuldner, namentlich der Erbe, zwar mit *seinem* Vermögen, aber nur mit einem Teil, beschränkt haftet; hier bleibt die Beschränkung zunächst außer Betracht, bis der Schuldner sie geltend macht; der Gewahrsam allein genügt also. Eine Ausdehnung dieser Ausnahmen auf Fälle der Haftung mit fremdem Vermögen findet keine Basis⁶². Wegen Ehegatten → Rdnr. 10, § 739 mit Bem., für Gütergemeinschaften § 740 Rdnr. 13 ff.

II. Gewahrsam des Schuldners

7   1. Die Sachen müssen sich im Gewahrsam desjenigen befinden, der nach dem Titel zur Leistung oder Duldung verurteilt ist⁶³; → auch § 727 Rdnr. 1 ff., 32 ff., § 750 Rdnr. 18 ff. und zum Gewahrsam anderer Personen → § 809 Rdnr. 1 ff. Unter Gewahrsam⁶⁴ ist die tatsächliche Herrschaft über die Sache verstanden, also grundsätzlich der Besitz des BGB⁶⁵ mit Ausnahme des mittelbaren Besitzes, § 868 BGB, aber ohne Unterscheidung von Eigen- und Fremdbesitz. Ob er fehlerhaft erlangt ist (vgl. § 858 BGB), spielt keine Rolle⁶⁶. Besitzdiener, § 855 BGB, haben keinen Gewahrsam an den Sachen des Besitzherrn⁶⁷, solange ihr Wille zur Besitzdienerschaft noch aus den Umständen gefolgert werden kann⁶⁸. Auch die Möglichkeit, durch Konnossement, Lager- oder Ladeschein über die Sache zu verfügen⁶⁹, begründet keinen Gewahrsam. In den Fällen der §§ 856 Abs. 2, 857 BGB darf er jedoch dann angenommen werden, wenn der Gerichtsvollzieher die Verhältnisse kennt und danach einen Gewahrsam Dritter mit Sicherheit ausscheiden kann⁷⁰. Sprechen die Umstände für Alleingewahrsam des Schuldners, obwohl ein (Mit-)Gewahrsam Dritter behauptet wird oder immerhin denkbar erscheint, so muß der Gerichtsvollzieher vorerst pfänden⁷¹. Zur Beweislast in solchen zweifelhaften Fällen im Erinnerungsverfahren → Rdnr. 38.

---

⁶⁰ *LG Frankfurt/M.* NJW-RR 1988, 1215 = DGVZ 1989, 62; *Bruns/Peters*³ § 21 III 5.
⁶¹ Auch § 771 kann in Betracht kommen → § 766 Rdnr. 55; *Peters* (Fn. 60); *Schilken* (Fn. 5) Rdnr. 12.
⁶² So auch *Schilken* (Fn. 5) Rdnr. 12. Dies übersieht *Hoffmann* DGVZ 1973, 99.
⁶³ → Rdnr. 35 ff. vor § 704 sowie unten Rdnr. 14 ff.
⁶⁴ S. dazu *Baur/Stürner* Sachenrecht¹⁶ § 7 B II, C; *Baur/Stürner*¹¹ Rdnr. 444 ff. sowie ausführlich *S. Röhl* Gewahrsam in der ZV (Diss. Kiel 1971). Zum »offenen« Gewahrsam auf freiem Gelände, der nur durch Eigentumsprüfung erkennbar ist, *AG Schönau* DGVZ 1974, 61.
⁶⁵ Abweichungen sind nur insoweit gerechtfertigt, als der Gewahrsam andernfalls seine Aufgabe verfehlen würde, auf Vermögen des Schuldners hinzuweisen.
⁶⁶ *Rosenberg/Schilken*¹⁰ § 51 I 1 a. Der Anschein der Vermögenszugehörigkeit ist dadurch nicht verringert. Ebenso *OLG Schleswig* SchlHA 1975, 48 u. (anders begründet) *Kabisch* DGVZ 1960, 161.
⁶⁷ *OLGe Dresden* OLGRsp 33, 104; *Hamm* JMBlNRW 1962, 293; *LG Dortmund* JW 1935, 1760; *AG Stuttgart* DGVZ 1982, 191 (Kellner); *Schilken* (Fn. 66), ganz h. M. → auch § 809 Rdnr. 1 Fn. 5. – A. M. z. B. noch *Rosenberg*

Lb⁹ § 191 I 1 a, wenn bei der Pfändung die unmittelbare tatsächliche Einwirkung des Besitzherrn unmöglich sei. Das ist nur richtig, wenn der »selbständige«, d.h. einer Überwachung in der Regel entzogene Besitzdiener (Filialleiter, Reisende) die Sachen in seinen eigenen räumlichen Bereich gebracht hat, → Fn. 68, auch Rdnr. 14. Der als Gehilfe des Zwangsverwalters den Betrieb führende Eigentümer ist für die Verwaltungsmasse Besitzdiener, Anm. *Schriftl.* DGVZ 1976, 90 zu *LG Lübeck*.
⁶⁸ *Mohrbutter* Handbuch² (1974) § 14 IV 2. Dies war im Falle *OLG Bamberg* NJW 1949, 716 (zu § 935 BGB) nicht gegeben.
⁶⁹ → § 805 Rdnr. 1, § 821 Rdnr. 6.
⁷⁰ *Falkmann/Hubernagel* ZV³ 1; *Schilken* (Fn. 5) Rdnr. 5; *Wieczorek*² Anm. B I b; *Schilken* (Fn. 66); *Blomeyer* ZVR § 45 I 1. – A.M. *Kabisch* DGVZ 1960, 162 u. für § 857 die wohl h.M., vgl. *Baumann/Brehm*² § 18 II 2 a; *Baur/Stürner*¹¹ Rdnr. 444; *Brox/Walker*⁴ Rdnr. 236; *Bruns/Peters*³ § 21 III 1. Aber dann wäre zuweilen weder § 808 noch § 809 anwendbar, z. B. wenn der Erbe das leerstehende Haus noch nicht in Besitz genommen hat oder wenn Holz auf fremdem Grund lagert.
⁷¹ → auch Rdnr. 5 a. E.

2. Im Gewahrsam einer Person befinden sich alle Gegenstände, die in **äußerlich erkennbarer Weise**[72] **ihrer tatsächlichen Herrschaft** unterliegen, wie Sachen in ihren Taschen[73] und in der Regel alles innerhalb der Wohnung oder sonstiger, nach außen abgeschlossener Räume soweit nicht ersichtlich die Sachherrschaft eines anderen besteht, wie z.B. an Waren, die der Reisevertreter in seinem eigenen Wagen befördert oder Sachen, die ein Familienmitglied unter ständigem, sicherem, alleinigem Verschluß z.B. in seinem Schreibtisch oder Schrank verwahrt[74] oder die offensichtlich seinem persönlichen Gebrauch dienen[75] usw. Nur der *Mieter*, nicht der Vermieter hat daher Gewahrsam an in seine Wohnung eingebrachten oder auf von ihm gemieteten Flächen abgestellten[76] Sachen. Das gilt in der Regel auch für mitvermietete Sachen des Vermieters; hat aber der Vermieter, wie bei Hotel- und zumeist auch möblierten Zimmern, ein für Gerichtsvollzieher erkennbares Betretungsrecht, so wird man Mitgewahrsam[77] an dessen im Zimmer befindlichen Sachen annehmen müssen. Dies gilt erst recht für sog. Schlafstellen in einem von Mieter und Vermieter benutzten Zimmer[78]. An Grabsteinen des Schuldners auf Friedhöfen hat der Friedhofsträger zumindest Mitgewahrsam[79]. 8

3. Der **Haushaltungsvorstand**, regelmäßig zugleich Inhaber der Wohnung, ist im Zweifel gegenüber allen Haushaltsangehörigen, mögen diese Familienmitglieder, Gäste oder Hausangestellte sein, als alleiniger Gewahrsamsinhaber aller Sachen anzusehen, die sich in den zum Haushalt gehörigen Räumlichkeiten befinden, ausgenommen die unter alleinigem Verschluß einer Person stehenden[80] oder eindeutig erkennbar nur zu deren persönlichen Gebrauch stehenden Sachen[81]. Dies gilt auch für erwachsene Familienangehörige[82], falls sie nicht abgetrennte Räume bewohnen und für sich wirtschaften. Die Einordnung oder das Verbleiben im Haushalt macht sie zu Besitzdienern bezüglich beweglicher Sachen, wobei in äußerlich erkennbarer Weise eingebrachte Fahrnis auszunehmen ist[83]. Der Gewahrsam des Haushaltungsvorstands dauert auch fort, wenn er einem Familienangehörigen eines der Zimmer der gemeinschaftlichen Wohnung zur Benutzung zuweist; nur wenn dies entgeltlich und zum ausschließlichen Gebrauch geschieht, gilt das → Rdnr. 8 bezüglich der Miete Bemerkte[84]. – *Haushaltungsvorstand* ist, wenn nur ein Elternteil dem Haushalt angehört, dieser allein; im übrigen sind es regelmäßig beide Eheleute[85] oder nichteheliche Lebensgefährten[86]. Bei Wohngemeinschaften gibt es ihn nicht[87]; die Gewahrsamslage kann hier nur anhand etwaigen Alleingewahrsams an bestimmten Räumen oder wie → Fn. 80 festgestellt werden[88]; → aber auch Rdnr. 12. 9

4. Zweifelhaft sind immer noch die Gewahrsamsverhältnisse bei **Ehegatten**[89], insbesondere seit Inkrafttreten des Art. 3 Abs. 2 GG. Das GleichberechtigungsG[90] hat die Gewahrsamsverhältnisse als solche nicht berührt; aber durch § 739 nF wurden die bisherigen Streitfragen für 10

---

[72] Beispiel: *LG Frankfurt/M.* (Fn. 60: PKW in Tiefgarage).
[73] → § 758 Rdnr. 30.
[74] S. auch *Pohle* MDR 1954, 706; *Schilken* (Fn. 66).
[75] *Baur/Stürner*[11] Rdnr. 445; *Schilken* (Fn. 66).
[76] *LG Frankfurt/M.* (Fn. 60).
[77] *Kabisch* DGVZ 1963, 19. A.M. *Schilken* (Fn. 5) Rdnr. 8; *Stöber* (Fn. 35) Rdnr. 6 (nur bei Hotelzimmer).
[78] Vgl. auch *RGSt* 5, 44; wie hier *Hartmann* (Fn. 51) Rdnr. 16; *Wieczorek*[2] Anm. B II a 1; *Stöber* (Fn. 35) Rdnr. 6. → auch Rdnr. 17 f.
[79] *Wieczorek*[2] Anm. B II a 3. – A.M. (Alleingewahrsam des Friedhofträgers) *KG* JW 1936, 399; *OLG Köln* DGVZ 1992, 116 ff. = OLGZ 1993, 113; *LG Wiesbaden* DGVZ 1984, 119. Zur Pfändbarkeit → § 811 Rdnr. 71.
[80] → Fn. 74.
[81] *Schilken* (Fn. 5) Rdnr. 8.
[82] *KG* DGVZ 1964, 7 (Kleider des erwachsenen Sohnes in von Eltern benutztem Schrank); *Kabisch* DGVZ 1963, 18 f.; zur Räumungs-ZV → § 885 Rdnr. 9 ff.
[83] Ebenso *Stöber* (Fn. 35) Rdnr. 9.
[84] Vgl. dazu auch *Beitzke* ZZP 68 (1955) 241; *Kabisch* DGVZ 1963, 17.
[85] → Rdnr. 12 f.
[86] → dazu auch § 739 Rdnr. 11.
[87] Vgl. *LG Berlin* MDR 1975, 939 = DGVZ 1976, 25; *Schilken* (Fn. 66). → auch Fn. 144.
[88] *Schilken* (Fn. 66).
[89] Zur Lage vor dem GleichberechtigungsG → die Nachweise in Fn. 26 der 19. Aufl.
[90] → Rdnr. 1 vor § 606.

die Vollstreckung weitgehend gegenstandslos. Zur Gütergemeinschaft → § 740 Rdnr. 13 ff. Über nichteheliche Lebensgefährten → § 739 Rdnr. 11.

11   Der *tatsächliche*, nicht der vermutete Gewahrsam ist insbesondere noch von Bedeutung bei Getrenntleben[91], beim selbständig betriebenen Erwerbsgeschäft[92], bei den zum ausschließlichen persönlichen Gebrauch eines Ehegatten bestimmten Sachen[93], und bei Gütergemeinschaft für die Vollstreckung in Vorbehaltsgut des Ehegatten, der nicht Verwalter ist[94]. Ob in solchen Fällen die Ehegatten – einer oder beide – Gewahrsamsinhaber sind *oder ein Dritter*, bestimmt sich nach allgemeinen Grundsätzen[95]; daran ändert auch § 739 nach seinem Sinn nichts.

12   Vom Alleingewahrsam des Mannes in seiner Eigenschaft als Haushaltungsvorstand[96] kann heute nicht mehr ausgegangen werden, → Rdnr. 9 a. E. Ebenso kann nicht entscheidend sein, wer die Wohnung gemietet hat[97] oder wem das Haus gehört[98], in dem die Eheleute leben. Gewahrsam an einem Raum und an seinem Inhalt müssen sich nicht decken, → auch Rdnr. 14, 18 sowie wegen des Raumbesitzes → § 758 Rdnr. 26. Auch die Eigentumsvermutungen der §§ 1006, 1362 BGB helfen hier nichts, weil das Eigentum noch nichts für den Gewahrsam beweist und diese Vermutungen ihrerseits nicht nur die Besitzverteilung offen lassen, sondern erst auf dem Besitz basieren[99]. Der Güterstand der Ehegatten[100] ergibt nur Eigentums- oder *Besitzrechte*, kann daher für sich allein nichts über die tatsächliche Gewahrsamslage besagen[101]; → allerdings Fn. 103. Heute sind beide Ehegatten als Haushaltungsvorstand anzusehen; die in der ehelichen Wohnung befindlichen Sachen stehen demgemäß in der Regel im **Mitgewahrsam beider Eheleute**[102].

13   Wenn jedoch nach ehelichem Güterrecht einem Ehegatten das alleinige Recht auf Verwaltung und Inbesitznahme von Sachen des anderen oder von gemeinschaftlichen Sachen zusteht, insbesondere beim Gesamtgut der Gütergemeinschaft nach §§ 1422, 1487 BGB, und er sein Besitzrecht *ausgeübt* hat, ist er Alleinbesitzer und der andere damit zum Besitzdiener geworden. Steht der besitzberechtigte Ehegatte zu den von ihm verwalteten Sachen des anderen in einem tatsächlichen Verhältnis, das äußerlich als Besitz erscheinen könnte – bei Sachen im gemeinsamen Haushalt trifft dies regelmäßig für beide Ehegatten zu – so dürfte eine tatsächliche Vermutung dafür sprechen, daß er sein Besitzrecht auch ausgeübt hat und dadurch alleiniger Gewahrsamsinhaber geworden ist[103]. Ausnahmen sind möglich, z.B. Alleingewahrsam eines Ehegatten (gegebenenfalls auch des nicht Verwaltungs- und Besitzberechtigten) bei Getrenntleben[104], ebenso wenn trotz Verwahrung in der gemeinsamen Wohnung jede tatsächliche Einwirkungsmöglichkeit ausnahmsweise fehlt[105], ferner im Rahmen der Eigentumsvermutung des § 1362 Abs. 2 BGB für Sachen, die zum ausschließlichen persönlichen Gebrauch dieses Ehegatten bestimmt sind[106], und schließlich bei Sachen, die zu

---

[91] → § 739 Rdnr. 16.
[92] → § 739 Rdnr. 18.
[93] → § 739 Rdnr. 21.
[94] → § 740 Rdnr. 17 ff.
[95] → Rdnr. 2, 8 f.
[96] So noch *RG* JW 1911, 327 f.; *OLG Hamburg* NJW 1952, 550.
[97] So schon *RG* JW 1899, 538; *KG* OLGRsp 2, 220 f.; *OLGe Celle* OLGRsp 13, 200; *Hamburg* (Fn. 96).
[98] *OLG Kiel* OLGRsp 15, 399.
[99] *OLGe Celle* (Fn. 97); *Kiel* (Fn. 98). Vgl. auch *RGRK-Pikart*[12] § 1006 BGB Rdnr. 21 ff.
[100] → § 739 Rdnr. 2 ff.
[101] *Francke* ZZP 29 (1901) 86 f.; *Hedemann* Vermutungen (1904) 198; *v. Harder* JW 1915, 749; *Westermann* Sachenrecht[6] Bd. I § 20 I. – A.M. *Frey* SächsArch 10, 456 f.; *Levinson* JW 1915, 269.

[102] Jetzt (mit z.T. abweichender Abgrenzung in Einzelfragen) h.M. *BGHZ* 12, 380, 398 ff.; *OLGe Hamm* NJW 1956, 1681; *Celle* FamRZ 1971, 29.
[103] *RG* JW 1914, 146; *OLG Braunschweig* OLGRsp 1926, 176; *RG* JW 1911, 327 lehnte nur eine *Rechts*vermutung zugunsten des verwaltungsberechtigten Ehegatten ab. S. auch *Pohle* MDR 1954, 705.
[104] *OLG Hamburg* OLGRsp 17, 193; vgl. auch *LG Münster* DGVZ 1978, 13; *VG Köln* NJW 1977, 825. Zum Getrenntleben → § 739 Rdnr. 16.
[105] *Arnold* Fn. 54 → auch Fn. 74. Daß der Ehegatte sich in Strafhaft befindet, berührt dessen Mitgewahrsam nicht *LG Berlin* DGVZ 1991, 57.
[106] → § 739 Rdnr. 13, *Hartmann* (Fn. 51) Rdnr. 14; *Rosenberg/Gaul*[10] § 20 II 3; ähnlich *Baur/Stürner*[11] Rdnr. 285.

einem von diesem Ehegatten selbständig betriebenen Erwerbsgeschäft gehören oder für eine sonstige haupt- oder nebenberufliche Tätigkeit bestimmt sind[107]. Soweit diese Grundsätze nur der Lebenserfahrung entnommene tatsächliche Vermutungen darstellen, lassen sie jedoch Ausnahmen zu, wenn entsprechende besondere Umstände äußerlich erkennbar werden.

5. In **Geschäftsbetrieben** hat der Inhaber oder wer an seiner Stelle die tatsächliche Herrschaft ausübt[108], grundsätzlich alleinigen Gewahrsam an allen zum Betrieb gehörenden Sachen[109], und zwar auch im Stadium der Abwicklung[110]. Zu Automaten in Gastwirtschaften usw. → Rdnr. 17. Angestellte, Arbeiter und Auszubildende sind Besitzdiener (wegen Kommanditisten → Fn. 125). Sie haben nur Gewahrsam an Sachen, die sie mitbringen[111] und in den ihnen zugewiesenen Räumlichkeiten aufbewahren. § 855 BGB gilt auch für den im Betrieb seines Ehegatten Tätigen; selbst ein späterer Anspruch auf Gewinnausgleich kann ihm nicht ohne weiteres Besitz verschaffen[112]. Daher kann z. B. die gegen einen Gastwirt gerichtete Pfändung als Taschenpfändung gegen die im Betrieb tätigen Kellner durchgeführt werden[113]; → auch § 727 Rdnr. 21.

14

6. **Juristische Personen** können eine tatsächliche Herrschaft nur durch ihre **Organe** ausüben. Was diese für die juristische Person[114] beherrschen, ist in deren Besitz oder Gewahrsam, nicht in dem des Organs[115]. Die Vollstreckung kann daher in diesen Gewahrsam aufgrund eines Titels gegen die juristische Person eingreifen, ohne Titel gegen das Organ oder dessen Herausgabebereitschaft. Das gilt nicht nur, wenn das Organ den Gewahrsam in den Geschäftsräumen ausübt, sondern auch dann, wenn etwa der Geschäftsführer einer GmbH in seiner Privatwohnung Gesellschaftsvermögen besitzt[116]; zur Pfändung oder Durchsuchung in solchen Fällen → aber Rdnr. 18. Ist das Organ zugleich auch Angestellter eines Dritten, so kommt es darauf an, für wen der Gewahrsam im Zeitpunkt der Pfändung ausgeübt wurde[117]. Ist der die Sachherrschaft Ausübende Organ mehrerer juristischer Personen, so kann er Gewahrsam für jede von diesen ausüben, sodaß § 809 Anwendung findet[118].

15

Diese Grundsätze auf jeden zu übertragen, der selbst, aber in fremdem Interesse besitzt, geht zu weit[119]. Aber der Interessenlage nach stehen die Fälle gleich, in denen ein **gesetzlicher**

15a

---

[107] *Gaul* (Fn. 106) § 20 II 2, *Bruns/Peters*³ § 10 I 3 Fn. 12; *Pohle* (Fn. 103), s. ferner RG 7.I.98 (zit. in RG Fn. 97), OLGe Hamm (Fn. 67); Bamberg FamRZ 1962, 391; LGe Berlin DGVZ 1961, 140; Essen DGVZ 1963, 103; aber auch LG Kiel DGVZ 1960, 107. → § 739 Rdnr. 18.
[108] Dazu *Noack* Büro 1978, 974.
[109] → auch Fn. 107.
[110] LG Kassel DGVZ 1978, 114; AG Köln DGVZ 1968, 95.
[111] Das gilt für eigene u. für Sachen Dritter. Der GV prüft aber in der Regel, ob die Sachen dem Besitzdiener gehören, s. auch *Kabisch* DGVZ 1963, 18.
[112] Vgl. OLG Breslau OLGRsp 20, 333 (Ehemann als Gewerbegehilfe der Frau); s. ferner *Pohle* (Fn. 103).
[113] Freiwillig an den Kellner gezahltes Trinkgeld darf jedoch nur aufgrund Titels gegen diesen gepfändet werden, vgl. LGe Dortmund JW 1935, 2759; Itzehoe SchlHA 1952, 190; AG Stuttgart (Fn. 67); *Noack* Büro 1976, 1148. Über Bedienungsgeld → § 829 Rdnr. 112, § 850 Rdnr. 27.
[114] Anders, wenn das Organ die Sache für sich besitzt u. benutzt LGe Berlin DGVZ 1972, 113; Mannheim DGVZ 1983, 118; *Brox/Walker*⁴ Rdnr. 242 u. *Behr* Büro 1994, 65, 66 (es komme dabei weniger auf den Willen des Organs, sondern vielmehr auf die äußeren Umstände an); *Schilken* (Fn. 5) Rdnr. 10. Benutzt der Geschäftsführer einen PKW sowohl für die GmbH als auch privat, liegt zumindest ein Organgewahrsam vor, was (auch) eine Pfändung zugunsten der Gesellschaftsgläubiger erlaubt *Behr* aaO; *Winterstein* DGVZ 1991, 17, 19. Zur Einmann-GmbH s. *Noack* DGVZ 1982, 145, 148 (bloße Willensänderung des Alleingesellschafters kann Organ- nicht in Fremdgewahrsam wandeln).
[115] BGH WM 1971, 589 = NJW 1358; 1978, 174 = KTS 170 = JZ 199; *Behr* (Fn. 114); *Brox/Walker*⁴ (Fn. 114); *Westermann* Sachenrecht⁶ Bd. I § 20 II 2; *Wolff/Raiser* Sachenrecht¹⁰ § 5 I; *Baur/Stürner* Sachenrecht¹⁶ § 7 C 3 a.E. ferner die Komm. zur ZPO; *Noack*, *Sebode* DGVZ 1956, 129 u. 177; *Winterstein* DGVZ 1984, 1, 4. S. auch § 100 Nr. 1 GVGA. – Für GmbH in Liquidation LG Kassel (Fn. 110); AG Köln (Fn. 110). – Zur Einmann-GmbH s. *Noack* DGVZ 1982, 145, 147f. Ist der Antrag auf Eintragung der Einmann-GmbH zurückgewiesen worden, so kann aufgrund eines Titels gegen den Gründer in eingebrachte Vermögensgegenstände vollstreckt werden, LG Berlin MDR 1987, 855 = Rpfleger 460 = DGVZ 173 = NJW-RR 1988, 1183. Zur Beweislast → Rdnr. 38a.
[116] LG Mannheim (Fn. 58); *Behr* (Fn. 114); *Winterstein* DGVZ 1991, 17, 19; a.M. AG Darmstadt DGVZ 1978, 46.
[117] OLG Hamm JMBlNRW 1962, 293; *Noack* DGVZ 1982, 147.
[118] *Brox/Walker*⁴ Rdnr. 243; *Schilken* (Fn. 5) Rdnr. 10.
[119] Die ZV aus einem Titel gemäß § 735 ist z.B. unzu-

Vertreter des Schuldners im Zusammenhang mit seiner sich nur auf rechtsgeschäftliches Handeln beziehenden Rechtsstellung gleichzeitig ein *gesetzliches Recht auf Verwaltung und Besitz ausübt*[120]. Auch dieser Besitz und Gewahrsam ist als solcher des Vertretenen zu behandeln. Diese Auffassung lag offenbar auch dem § 746 zugrunde, der ohne Rücksicht auf die Eltern die Vollstreckung in Kindesvermögen nur aufgrund eines Titels gegen das Kind gestattete[121]. Seine Aufhebung durch das GleichberechtigungsG sollte an diesem von Rechtsprechung und Rechtslehre gebilligten Rechtszustand sicher nichts ändern. Bei der Vollstreckung gegen Kinder, die unter elterlicher Sorge stehen, aber auch gegen Mündel, bedarf es daher nur eines Titels gegen diese, nicht gegen die Eltern, den Vormund usw., um auf das haftende Vermögen im Gewahrsam dieser gesetzlichen Vertreter zuzugreifen[122]. Für Konkurs/Insolvenz-, Zwangsverwalter sowie Testamentsvollstrecker gilt dies ebenfalls, wenn man sie als gesetzliche Zwangsvertreter ansieht; behandelt man sie als **Parteien kraft Amtes**[123], richtet sich der Titel gegen sie und erlaubt ohne weiteres den Eingriff in ihren Gewahrsam, beschränkt auf das verwaltete Vermögen, → Rdnr. 5 f.

16 Entsprechendes gilt bei Titeln gegen **OHG**[124] **und KG** (§§ 124, 161 HGB) für die geschäftsführenden Gesellschafter[125], soweit diese für die Gesellschaft den Gewahrsam ausüben[126], während es bei Titeln gemäß § 736 gegen alle Gesellschafter unerheblich ist, bei welchem von ihnen gepfändet wird[127]. Bei Organen und gesetzlichen Vertretern ist damit jedoch der Zugriff ebenfalls nur auf das haftende Vermögen gestattet, so daß der Gerichtsvollzieher die Vermögenszugehörigkeit prüfen muß[128]. Was eindeutig nicht zu diesem Vermögen gehört, soll er schon nach allgemeinen Grundsätzen nicht pfänden[129]. Nach dem Sinn des § 808 muß es für diese schwierige Prüfung genügen, wenn nach den Umständen eine gewisse Wahrscheinlichkeit für die Zugehörigkeit zum Schuldnervermögen spricht[130]. Ferner wird man bei gesetzlichen Vertretern aus dem an sich hier nicht anwendbaren § 739 den allgemeinen Rechtsgedanken ableiten dürfen, daß bei häuslicher Gemeinschaft (Eltern und Kinder, Vormund und Mündel) ein *nur durch das häusliche Zusammenleben begründeter Mitbesitz* des Vertreters *nicht zu beachten ist*[131]. Von diesem Fall des Mitbesitzes abgesehen, können

---

lässig im persönlichen Gewahrsamsbereich einfacher Vereinsmitglieder, § 100 Nr. 1 GVGA. – A. M. *Beitzke* ZZP 68 (1955) 258; *Brüggemann* DGVZ 1961, 33 f. Praktische Schwierigkeiten sind jedoch zu überwinden durch Pfändung des Herausgabeanspruchs (als Gläubiger kann im Pfändungsbeschluß der Verein bezeichnet werden, arg. §§ 50 Abs. 2, 735) oder durch Umschreibung der Klausel auf das die Sache verwaltende Vereinsmitglied analog § 728 Abs. 2 (unter Beschränkung auf das Vereinsvermögen); → Rdnr. 3 f. vor § 735.

[120] *OLG Köln* OLGZ 1977, 243 = MDR 1976, 937 (obiter); *Hartmann* (Fn. 51) Rdnr. 13; *Thomas/Putzo*[18] Rdnr. 6; *Wieczorek*[2] Anm. B III a; *Blomeyer* ZwVR § 45 II 2. Wegen der Nennung des Vertreters im Titel → § 727 Rdnr. 10.

[121] S. die Bem. II zur 16. Aufl.; ebenso i. E. *KG* OLGRsp 5, 148. – A. M. *OLG Celle* OLGRsp 4, 148.

[122] So mit abw. Begr. die heute allg. M., vgl. *Beitzke/Lüderitz* Familienrecht[26] § 28 I 2, 5. → auch Fn. 131.

[123] → Rdnr. 25 ff. vor § 50, § 727 Rdnr. 25 ff.

[124] Dazu *Noack* DB 1970, 1817; *Schünemann* (Fn. 59) 262 f.

[125] *Brox/Walker*[4] Rdnr. 244; *Schilken* (Fn. 66). Im Geschäftsbereich der GmbH & Co. KG besitzt also nur die GmbH für die KG, nicht die Kommanditisten BGHZ 57, 167 = NJW 1972, 43, sondern diese höchstens im Betrieb tätige Besitzdiener *Brox/Walker*[4] Rdnr. 245; *Schilken* (Fn. 5) Rdnr. 10); *Hartmann* (Fn. 51) Rdnr. 13; a. M. *KG* NJW 1977, 1160 (um dem Gläubiger die Klage nach § 7 AnfG zu ersparen?) für den Sonderfall, daß der einzigen Kommanditistin (Ehefrau) ein PKW der KG zur Sicherung übereignet u. für Gesellschaftszwecke überlassen war. → auch Rdnr. 14.

[126] A. M. *Wieczorek*[2] § 736 Anm. A I; *Brüggemann* DGVZ 1961, 34. – Vgl. auch *Sebode* DGVZ 1956, 177. – Gegen GmbH & Co. KG darf die Sachpfändung auch in den Geschäftsräumen der persönlich haftenden GmbH durchgeführt werden *LG Düsseldorf* Büro 1987, 1425. → auch Fn. 118.

[127] → § 736 Rdnr. 7. Bei BGB-Gesellschaft wird der Besitz nicht von einem Gesellschaftsorgan, sondern von den Gesellschaftern als unmittelbaren Mitbesitzern ausgeübt *BGH* NJW 1983, 1114, 1115 u. 1123, 1124; *MünchKommBGB-Joost*[2] § 854 Rdnr. 41; *Schilken* (Fn. 5) Rdnr. 10; *Schilken* (Fn. 66); a. M. (Gewahrsam der BGB-Gesellschaft bejahend) *Hüffer* FS Stimpel, 184; *MünchKommBGB-Ulmer*[2] § 718 Rdnr. 27 f. Vgl. aber auch *BGH* WM 1985, 1433, 1434, wo von einem Besitz der Gesellschaft die Rede ist.

[128] → Rdnr. 5.

[129] → Rdnr. 3 a, 3 b.

[130] So auch *Bruns/Peters*[3] § 21 III 5. – Sind mehrere Gesellschaften in denselben Räumen ohne erkennbare Abgrenzung des Alleingewahrsams tätig, so kann die Schuldnerin als alleinige Gewahrsamsinhaberin angesehen werden *Noack* DGVZ 1984, 34.

[131] *Beitzke* Familienrecht[25] § 33 I 5 wollte den Grundgedanken des § 739 anwenden; *Dölle* Familienrecht (1965) § 94 I Fn. 1.

Organe und Vertreter ein etwaiges Widerspruchsrecht nach § 771 geltend machen[132]. Scheitert der Zugriff, muß der Gläubiger nach §§ 846, 847 vorgehen oder, falls der Anspruch des Schuldners nicht (mehr) besteht, nach § 7 AnfG.

7. Steht die Sache im **gemeinsamen Gewahrsam** des Schuldners und eines Dritten (§ 866 BGB), so ist die Pfändung nur gemäß § 809 zulässig[133]. Dies gilt auch für steueramtlichen Mitverschluß[134] und Schrankfächer (Banksafe) unter Mitverschluß des Vermieters[135]. Dazu → § 857 Rdnr. 80. Mitbenutzen allein oder Aufbewahrung im selben Raum oder Behältnis begründen aber noch nicht immer Mitgewahrsam an der zu pfändenden Sache[136]. Hat der Schuldner an Automaten, die er in fremden Räumen aufstellt, keinen Alleingewahrsam[137] oder gelingt trotz Alleingewahrsams[138] die Pfändung nicht, so ist wie → § 857 Rdnr. 81 zu verfahren. Am Inhalt des Automaten hat der Schuldner Alleingewahrsam, falls der Rauminhaber wie üblich keinen Schlüssel besitzt, so daß der Inhalt nach § 808 zu pfänden ist[139]. Über Mitgewahrsam von Ehegatten s. § 739; wegen des Miteigentums Dritter → § 771 Rdnr. 16 Fn. 121.

8. Befinden sich Sachen im *Gewahrsam des Schuldners* in Räumen, an denen der Schuldner keinen Mitgewahrsam hat, z.B. der Wohnung des Ehegatten oder Arbeitgebers, am Arbeitsplatz, der Privatwohnung des Geschäftsführers einer schuldenden GmbH[140] usw., so darf der Gerichtsvollzieher zum Zwecke der Pfändung diese Räume zwar nicht gewaltsam öffnen und durchsuchen[141], aber doch betreten[142]. Alleingewahrsam des Schuldners in fremden Räumen besteht auch an von ihm aufgestellten Automaten, falls der zugrundeliegende Vertrag als mietrechtliches Element die Abrede enthält, daß der Aufstellplatz gemietet ist[143]; andernfalls → Rdnr. 17. Falls der Rauminhaber der Pfändung oder Durchsuchung widerspricht, → § 758 Rdnr. 28, § 857 Rdnr. 81. – Haben jedoch Familienangehörige oder Mitglieder einer Wohngemeinschaft neben dem Schuldner *nur Mitgewahrsam am Raum*, nicht an der Sache selbst, so handelt es sich i. S. d. § 758 nicht um »fremde«, sondern um **Räume des Schuldners**[144].

9. Wegen der Zwangsvollstreckung gegen **Soldaten** → den bei § 752 abgedruckten Erlaß.

III. Erfordernisse der Pfändung

1. Die **Pfändung wird dadurch bewirkt**, daß der Gerichtsvollzieher die einzelne im Gewahrsam des Schuldners befindliche Sache **in Besitz nimmt**[145], d.h. die tatsächliche Gewalt

---

[132] → aber § 771 Rdnr. 45 ff.
[133] Vgl. *RGZ* 14, 362; *OLG Hamburg* OLGRsp 16, 308 f.
[134] Zur Pfändung in Freihäfen und Zollagern s. § 133 GVGA; § 91 GVO der Länder sowie § 36 AWV (BGBl. 1973 I 1087).
[135] *LG Berlin* DR Teil A 40, 1639; *Schilken* (Fn. 66), h. M. – A. M. *Henrici* Gruch. 44, 820 ff., 833 f. – Am Inhalt des Bankfachs hat der Kunde Alleingewahrsam *LG Berlin* aaO; *Schilken* (Fn. 66).
[136] *LG Hamburg* NJW 1985, 72, 73, → auch Rdnr. 18 und § 758 Rdnr. 26.
[137] Gegen jede Art Gewahrsam des Aufstellers (aber ohne Begr) *LG Aurich* MDR 1990, 932 = NJW-RR 1991, 192; für den Regelfall (»Aufstellvertrag«) *K. Schmidt* (Fn. 45) 376; **für Mitgewahrsam** *OLG Hamm* ZMR 1991, 385; für Mitbesitz des Aufstellers, aber wegen dessen Unerkennbarkeit doch für alleinigen Gewahrsam des Rauminhabers *Weyland* (Fn. 34) 115.
[138] → Rdnr. 18.

[139] *LG Aurich* (Fn. 137); *K. Schmidt* (Fn. 45) 378. Falls auch der Rauminhaber das Öffnungs- u. Entnahmerecht hat, → § 857 Rdnr. 81 Fn. 311.
[140] *LG Mannheim* (Fn. 58), s. auch Fn. 135 a. E.
[141] *AG Berlin-Schöneberg* DGVZ 1984, 154 (zur ZV nach § 883).
[142] → § 758 Rdnr. 28, *OLG München* BlfRA 1954, 44 f.; *LG Düsseldorf* Büro 1987, 454 f. (Taschenpfändung in Gaststätte); *AG Stuttgart* DGVZ 1981, 173; *Hein* Duldung (1911) 60. Vgl. auch *LG Mannheim* (Fn. 58); *AG Köln* JMBlNRW 1967, 257; *Kabisch* DGVZ 1963, 19.
[143] *K. Schmidt* (Fn. 45) 375. → auch Rdnr. 8 Fn. 76 u. vgl. *Palandt/Putzo* BGB⁵³ Einf. vor § 535 Rdnr. 19; *Weyland* (Fn. 34) 56, 70.
[144] → § 758 Rdnr. 26 f. (auch über Durchsuchungsanordnungen); zust. *Guntau* DGVZ 1982, 19.
[145] Er übt den Besitz für den Staat aus ebenso wie ein Vollziehungsbeamter, vgl. z.B. *VG Köln* NJW 1979, 825. – Zur Auswahl der Sachen s. § 131 GVGA sowie §§ 812, 851b ZPO.

darüber erlangt (§ 854 BGB) und sie damit dem Schuldner entzieht[146]. Zur Bedeutung dieses Besitzes → Rdnr. 38. Zum Verfahren s. §§ 753 ff., zur Anwesenheit der Gläubiger → § 758 Rdnr. 33 ff. Für die Inbesitznahme von Waffen und ihren Transport im entladenen und verpackten Zustand benötigt der Gerichtsvollzieher keine besondere Erlaubnis, § 28 Abs. 4 Nr. 10, § 35 Abs. 4 Nr. 2c WaffG, wohl aber für den Transport gepfändeter Kriegswaffen zur Pfandkammer eine Beförderungsgenehmigung[147]. → auch Rdnr. 26 a. E., § 814 Rdnr. 7. Wegen Sachgesamtheiten → Rdnr. 1, 28. Durch gemeinsames Abholen schon gepfändeter und noch nicht gepfändeter Sachen werden letztere gepfändet, wenn der Gerichtsvollzieher auch sie in Besitz nehmen wollte[148]. Die bloße wörtliche Beschlagnahme beim Schuldner genügt nicht[149], ebensowenig das Versprechen des Schuldners, die Sache als gepfändete zu besitzen. Pfändungen sind ferner ungültig, wenn dem Schuldner vom *Gerichtsvollzieher* gestattet wird, über Pfandstücke zu verfügen, insbesondere einzelne Gegenstände durch andere auszutauschen[150]. Auch die Anlegung eines Siegels an ein verschlossenes, dem Gerichtsvollzieher *unzugängliches* Gebäude oder Behältnis (→ Fn. 135) genügt nicht zur Pfändung der darin befindlichen Sachen[151], auch nicht die Bestellung eines Bewachers, wenn nicht zugleich der Gerichtsvollzieher die tatsächliche Gewalt über die Sache erlangt[152]. Befindet sich eine bereits gepfändete Sache in der Pfandkammer, so soll es für eine weitere Pfändung, falls Anschlußpfändung ausscheidet[153], genügen, daß der Gerichtsvollzieher dem Schuldner seinen darauf gerichteten Willen zu erkennen gibt[154]; im Interesse von Rechtssicherheit und Offenlegung sollte jedoch die Protokollierung der Pfändung (§ 762) im gleichen Umfang wie bei der Anschlußpfändung[155] als wesentlich angesehen werden[156].

21   **2. Zweites wesentliches Erfordernis** neben der Besitzergreifung[157] ist, daß entweder die Sache durch *Wegschaffung* im Besitz des Gerichtsvollziehers bleibt oder daß sie im Gewahrsam des Schuldners belassen, dann aber die Besitzergreifung *ersichtlich gemacht wird*.

22   Die **Wegschaffung** bildet praktisch die Ausnahme. *Geld* (§ 815), *Kostbarkeiten*[158] und *Wertpapiere* (§ 821) einschließlich der Wechsel und der indossablen Papiere (§ 831) sind dem Schuldner *wegzunehmen*. Trotz der scheinbaren Unbedingtheit dieser Regel muß man jedoch die Belassung beim Schuldner[159] mit Einwilligung des Gläubigers oder bei erheblichen Transportschwierigkeiten, wie sie vor allem bei Gemälden, Plastiken u. ä. entstehen können, für zulässig erachten[160].

23   *Alle anderen Sachen* hat der Gerichtsvollzieher regelmäßig im **Gewahrsam des Schuldners** *zu belassen*, auch gegen den Willen des Gläubigers. Zur Wegschaffung ist der Gerichtsvollzieher – außer zum Zwecke der Verwertung → Rdnr. 35 – nur berechtigt, dann aber auch vorbehaltlich der Einwilligung des Gläubigers und Schuldners[161] verpflichtet, wenn anzuneh-

---

[146] → § 803 Rdnr. 5. Auf den Entzug des unmittelbaren Besitzes kommt es jedoch nur an, soweit er zum Schutz des Gläubigers nötig ist → Rdnr. 1b Fn. 16.
[147] *Pottmeyer* KWKG² § 12 Rdnr. 83.
[148] OLG Karlsruhe MDR 1979, 237; → auch Rdnr. 28 Fn. 181.
[149] Vgl. *RGZ* 57, 325. A. M. *Geib* Pfandverstrickung (1969) 26 f.
[150] RG JW 1910, 111; 1931, 2109 (zust. *Baumbach*). Zur Erlaubnis des Gläubigers → aber § 803 Rdnr. 18.
[151] Vgl. *OVG Münster* NJW 1958, 1460 (Geld im Spielautomaten); zust. *Grund* DGVZ 1958, 167; *K. Schmidt* (Fn. 45) 376. S. auch § 132 Nr. 2 a.E. GVGA. Zur nachträglichen Besitzergreifung → Rdnr. 28.
[152] → Rdnr. 33 ff.
[153] → § 826 Rdnr. 1 Fn. 2 ff.

[154] *RG* Gruch. 29 (1885), 1139. – Zur Pfändung nach Aufhebung der Erstpfändung *OLG Düsseldorf* DGVZ 1977, 187 = NJW 1978, 221 = JuS 351.
[155] → § 826 Rdnr. 5.
[156] *Geib* (Fn. 149) 60; s. auch § 167 Nr. 1 GVGA.
[157] Zeitlich kann freilich beides zusammenfallen; ein Streit um die Selbständigkeit beider Aspekte hat daher kaum praktische Bedeutung, dazu ausführlich *Schilken* (Fn. 5) Rdnr. 15.
[158] → § 813 Rdnr. 6.
[159] Einer Belassung beim Dritten (§ 809) muß jedoch auch der Schuldner zustimmen *BGH* NJW 1953, 902 = DGVZ 109, → auch § 826 Rdnr. 11.
[160] *OVG Münster* (Fn. 151) mwN; *Rosenberg/Schilken*¹⁰ § 51 II 1 a.
[161] *BGH* (Fn. 159).

men ist, daß durch die Belassung die Befriedigung des Gläubigers *gefährdet* wird[162], daß also der Schuldner oder Dritte die Sache beiseiteschaffen[163] oder der Schuldner (bei Tieren)[164] nicht für die ordnungsgemäße Erhaltung sorgen kann oder wird; ebenso bei Gefahr des Verderbens, z.B. wegen Lagerung in ungeeigneten Räumen, oder der Wertminderung und Beschädigung durch weitere Benutzung des Pfandgegenstandes[165], die dem Schuldner bei Belassung des Gewahrsams nicht verboten ist, z.B. bei Kraftfahrzeugen[166]. Ob solche Gefahr vorliegt, sei es bei der Pfändung, sei es nachher[167], steht im Ermessen des Gerichtsvollziehers[168], dessen Entscheidung aber nach § 766 voll überprüfbar ist[169]. Wegen der Wegschaffung aus dem Gewahrsam *Dritter* → Rdnr. 36 ff.

24 Liegen die Voraussetzungen für die Fortschaffung vor, so ist als Minderes auch die Belassung des Gewahrsams unter geeigneten Sicherungsmaßnahmen zulässig, z.B. die Wegnahme der Fahrzeugpapiere, Schlüssel, Herausnahme einzelner Motorteile oder die Entfernung des Kennzeichens[170]. Zur Pfändung von Gebäuden, die zum beweglichen Vermögen gehören (→ § 803 Rdnr. 2, § 864 Rdnr. 8), genügt die Ersichtlichmachung; für Schiffe s. § 134 Nr. 2 GVGA. Die Wegnahme von Schlüsseln oder Versiegelung des Schlosses kann der Gerichtsvollzieher aufschieben, um eine etwa zwecks Besitzeinweisung des Erwerbers erforderliche freiwillige Räumung zu erleichtern, → dazu auch Rdnr. 36.

25 Bei *Austauschpfändung* und *Vorwegpfändung* muß, auch wenn es sich um Kostbarkeiten handelt oder die Befriedigung des Gläubigers gefährdet ist, ausnahmsweise wie → Rdnr. 36 gepfändet werden[171].

26 Die Dienstvorschriften regeln das Nähere[172] über das *Lokal*, in dem die weggenommenen Sachen aufzubewahren sind. Die Pflicht zur sorgfältigen Verwahrung ist eine *allen* Beteiligten gegenüber bestehende Amtspflicht des Gerichtsvollziehers[173]. Steht ein zur sachgemäßen Unterstellung nötiger Raum (Kühlraum z.B.) nicht zur Verfügung, so muß ihn der Gerichtsvollzieher durch privaten Vertrag beschaffen, wobei er persönlich verpflichtet wird[174]. Sind

---

[162] Dazu *Kabisch* DGVZ 1967, 1. Ständige Abwesenheit des Schuldners reicht nicht; a.M. *AG Elmshorn* DGVZ 1981, 47.

[163] Z.B. weil eine Unterstellung beim Schuldner oder Dritten (§ 809) keine Gewähr für ausreichende Aufsicht bietet, vgl. auch den Fall *LG Kiel* → Fn. 168; ferner *KG* DGVZ 1962, 24 (Meineid des Schuldners).

[164] Fütterungskosten usw. sind solche der ZV, § 788. Der Schuldner hat nur die Wahl zwischen der Erhaltung der Tiere oder deren Abholung, beides auf seine Kosten, vgl. *KG* OLGRsp 29, 198. S. auch § 132 Nr. 4 GVGA u. zum nötigen Vorschuß durch Gläubiger *LG Aachen* DGVZ 1989, 23.

[165] *AG Aschaffenburg* DGVZ 1991, 45 (Einsatz eines Pferdes bei Turnieren).

[166] *OLG Düsseldorf* MDR 1968, 424 = DGVZ 25, das mit § 157 GVGA von der Gefährdung als Regel ausgeht (s. auch *Burkhardt* MDR 1967, 598). Für Spezialfahrzeuge aber anders *Kabisch* (Fn. 162); *KG* DGVZ 1963, 136 (Krankenwagen); vgl. auch *OLG Hamburg* MDR 1967, 763 = DGVZ 185 f. (keine Gefahr bei neuem, noch nicht zugelassenem PKW); → Fn. 170 u. *Schneider/Ludorff* BB 1956, 509.

[167] Vgl. *BGH* MDR 1959, 282 = LM Nr. 12 zu § 839 BGB (abgelöste Siegelmarken, zahlreiche Nachpfändungen); *AG Bayreuth* DGVZ 1972, 124 (Abfallen des Siegels allein kein Grund). Zur Gefährdung bei Anschlußpfändung → § 826 Rdnr. 11.

[168] *KG* DGVZ 1962, 24; *Noack* DGVZ 61, 22; *Wieczorek²* Anm. C I b 2. – A.M. *LG Kiel* MDR 1970, 597 (zu § 11 GVKG; Anm. *Burkhardt*).

[169] *LGe Coburg* DGVZ 1990, 90; *Koblenz* DGVZ 1987, 60; *AG Aschaffenburg* (Fn. 51) Rdnr. 19. Dann entscheidet zwar das Ermessen des Gerichts, aber der Begriff »Gefährdung« ist nicht bestimmt genug, um einer (unangefochten gebliebenen) Entscheidung des GV hinterher jeglichen Ermessensspielraum abzusprechen, insoweit bedenklich *LG Kiel* (Fn. 168).

[170] Dabei handelt es sich nicht um Pfändungs-, sondern Sicherungsmaßnahmen *KG* DGVZ 1968, 24 (Traktor); *Noack* DGVZ 1972, 65, §§ 157 ff. GVGA. Vgl. auch *AG Opladen* DGVZ 1963, 46 (Gebrauchshinderung durch gesiegelte Bündelung von Leitern). S. aber zur Pfändung von KFZ-Kennzeichen *LG Stuttgart* DGVZ 1991, 58 (§ 803 Abs. 2).

[171] → § 811a Rdnr. 17, § 811d Rdnr. 5.

[172] § 48 GVO; §§ 138 Nr. 2, 139 f. GVGA. Zur Pfandkammer *Noack* DGVZ 1961, 22; zur Besichtigung → § 817 Rdnr. 6.

[173] Vgl. *RG* Gruch. 35 (1891), 427 u. *BayObLG* 16, 244.

[174] RGZ 145, 204; *LGe Hanau, Hannover, Kassel* DGVZ 1975, 168; 1977, 60; 1978, 185; *Baur/Stürner*[11] § 26 III 2 b cc; *Brox/Walker*[4] Rdnr. 334; *Schilken* (Fn. 160) u. DGVZ 1986, 145, 150 f. mwN; *Noack* (Fn. 168). – A.M. *Baumann/Brehm*² § 18 II 3 b; *Bruns/Peters*³ § 21 V 1 a; *Schönke/Baur*[10] § 26 III 2 b cc; *Wieczorek*² Anm. C I d 1; *Stöber* (Fn. 35) Rdnr. 17; 19. Aufl. Fn. 71. Offenlassend *BGHZ* 89, 82, 84 f. = DGVZ 1984, 38 = NJW 1759.

sichere Behältnisse für Waffen nicht mietbar, hilft die Polizei weiter. Zu den Kosten → § 771 Rdnr. 56, § 788 Rdnr. 22 (anders bei § 885).

27 Die *einstweilige Einstellung* der Zwangsvollstreckung nach der Pfändung hindert nicht die nachträgliche Fortschaffung der Pfandsachen aus dem Gewahrsam des Schuldners in das Pfandlokal, falls nicht etwa der Einstellungsbeschluß ausdrücklich das Gegenteil anordnet[175]. Eine *Zurückschaffung* in den Schuldnergewahrsam als Aufhebung der Vollstreckungsmaßregel bedarf richterlicher Anordnung[176]. Falls die Pfändung trotzdem erhalten bleiben soll: → Rdnr. 28.

28 3. Bleiben die Sachen im Gewahrsam des Schuldners oder werden sie dorthin zurückgebracht[177], so muß die Besitzergreifung in der in **Abs. 2 bestimmten Weise ersichtlich gemacht werden**[178]. Nur dann sind die Wirkungen der Pfändung dieselben wie bei der Wegnahme. Fehlt die Ersichtlichmachung oder ist sie ungenügend, so ist die Pfändung von Anfang an nichtig[179]; spätere Besitzergreifung heilt nicht rückwirkend[180], sondern kommt nur als neue Pfändung in Betracht[181]. Ein Einverständnis des Schuldners mit der Unterlassung der Ersichtlichmachung ist gegenüber Dritten und im Konkurs/Insolvenzverfahren des Schuldners unerheblich[182]. Die Ersichtlichmachung muß entweder an der Sache selbst durch *Anlegung von Siegeln*[183] oder auf *andere zur Erkennbarkeit der Besitzergreifung geeignete Weise*, z.B. durch Einbrennung von Marken, Anheftung einer mit Unterschrift und Dienstsiegel des Gerichtsvollziehers versehenen Anzeige usw. erfolgen[184], falls der Standort dem Gerichtsvollzieher zugänglich ist (→ Rdnr. 20 Fn. 151). Diese zweite Möglichkeit ist nicht nur auf Fälle beschränkt, in denen das Anlegen von Siegeln unmöglich oder untunlich ist[185].

29 Erforderlich ist bei Siegelung und Pfandanzeige ein **gewisses Maß von Auffälligkeit und Haltbarkeit**. Pfandzeichen müssen aber nicht jedem Betrachter sofort ins Auge fallen; es genügt, wenn sie bei Anwendung verkehrsüblicher Sorgfalt und Aufmerksamkeit von Dritten bemerkt werden können[186]. Was im einzelnen dazu gehört, hängt von den konkreten Verhältnissen, insbesondere von Gestalt, Umfang, Menge, Standort usw. der zu pfändenden Gegenstände ab. Die Siegelung auf der Rückseite von Möbeln mag ausnahmsweise noch genügen[187], nicht aber z.B. das Ankleben an einer versteckten Stelle im Innern eines Schubfachs[188]. Die Anzeige an einem Warenstapel[189] oder an der Tür des Raumes[190], in dem sich die Pfänder befinden, oder sonst neben Sachen[191], genügt dann, wenn sie *deutlich sichtbar ist*[192]

---

[175] Vgl. *RG* SeuffArch 52 (1896), 227, auch *BGH* (Fn. 167). Dies kann auch nachträglich (→ Rdnr. 22) angeordnet werden, *RG* aaO.

[176] S. auch § 171 GVGA u. zur Vernichtung wertloser Sachen *Dir. des AG Steinfurt* DGVZ 1986, 190. Zur Zurückschaffung ohne Entstrickung wegen Verstoßes gegen § 808 Abs. 2 S. 1 vgl. *KG* DGVZ 1967, 105 zu Nr. 4.

[177] → Rdnr. 27 a. E. mit Fn. 176.

[178] → § 803 Fn. 43. Ungenau *RGZ* 57, 325.

[179] *LG Frankfurt/M.* DGVZ 1990, 59 (Siegelmarke in Lagerakte).

[180] *Jauernig* ZwVR[19] § 17 IV 2.

[181] → Rdnr. 134 vor § 704, h.M. Aber der GV muß zwecks Pfändung Besitz ergreifen wollen *RGZ* 32, 420; 37, 343, → auch Fn. 148; so wohl auch *Hartmann* (Fn. 51) Rdnr. 21; *Wieczorek*[2] Anm. C II b 2. Für Heilung auch ohne Pfändungswillen *Blomeyer* ZVR § 45 I 3 b; für wirksame Versteigerung trotz ungültiger Pfändung *Bruns/Peters*[3] § 21 V 1 b; → dagegen § 817 Rdnr. 23. – Zur Amtshaftung → Fn. 198.

[182] *RG* Gruch. 939 (1895), 1165[132] = SeuffArch 50, 373: höchstens schuldrechtliche Wirkung.

[183] Die Anbringung gesetzlich verbotener Siegel genügt nicht *OLG Saarbrücken* SaarlRZschr 1950, 32.

[184] S. § 132 Nrn. 2, 3 GVGA.

[185] *KG* JW 1930, 1737, bestätigt durch *RGZ* 126, 346; *Hartmann* (Fn. 51) Rdnr. 22; *Schilken* (Fn. 5) Rdnr. 22; s. auch § 132 Nr. 2 GVGA (»... oder unzweckmäßig«). A.M. *Stöber* (Fn. 35) Rdnr. 19.

[186] Vgl. *OLG Oldenburg* JR 1954, 33 (Siegel im PKW neben Tür); *AGe Langenberg, Göttingen* DGVZ 1959, 107; 1972, 32; → auch Fn. 184.

[187] *AG Göttingen* (Fn. 186); a.M. *RG* SeuffArch. 47 (1892), 251; 51 (1896), 250.

[188] Vgl. *RGSt* 61, 101 (Pfandmarken in Werkzeugtasche genügt nicht); *RG* DR 1941, 847 (Schrankfach); JR 1925 Nr. 1387 (zwischen Tuchballen gesteckte Pfandanzeigen).

[189] → Fn. 184 sowie *BGH* KTS 1959, 157 (Teppich); *OLG Stuttgart* JW 1930, 2807 (Ziegelsteinstapel, Plakat zwischen Steine gesteckt).

[190] Dann jedenfalls unzureichend, wenn der Raum noch durch andere Tür betreten werden kann *RGZ* 118, 276.

[191] Vgl. § 132 Nr. 3 GVGA. Solche Vorschriften sind aber nur Instruktionen *RGSt* 18, 163; 36, 165; *RGZ* 126, 347, unstr.

[192] Vgl. *RGSt* 18, 163.

und vor allem über die Identität der gepfändeten Sachen keinen Zweifel läßt[193]. Die an dem Behältnis (Regal usw.) angebrachte, Art und Stückzahl der gepfändeten Gegenstände bezeichnende Pfandanzeige genügt demgemäß, wenn das Behältnis tatsächlich nicht mehr und nicht weniger als die bezeichneten Stücke enthält[194]. Wird nur ein Teil (z.B. eines Warenlagers) gepfändet, so ist die körperliche Aussonderung des Teils unbedingt erforderlich[195], und zwar auch dann, wenn die Pfändung eine von mehreren in dem Vorrat enthaltenen Warengattungen in vollem Umfang umfassen soll[196]. Daß durch die Siegelung usw. zugleich ein Schutz *gegen Pfandbruch* geschaffen wird, ist *nicht erforderlich*[197]. Die Ersichtlichmachung ist gegenüber Gläubiger und Schuldner Amtspflicht[198].

4. Die in Abs. 3 vorgeschriebene **Mitteilung** an den *Schuldner* (§§ 762f.) ist zwar obligatorisch, aber nicht Bedingung für die Wirksamkeit der Pfändung. Falls der Schuldner nicht erreichbar ist, genügt auch die Nachholung im Zusammenhang mit eiliger Versteigerung; → dazu auch § 816 Rdnr. 4 a. E. Gleiches gilt für die nach § 132 Nr. 5 GVGA vorgeschriebene Eröffnung des durch die Pfändung begründeten Veräußerungsverbots. Mitteilung an *betroffene Dritte* ist nicht vorgesehen, sollte aber nach dem Rechtsgedanken des § 35 Nr. 5 ZVG Amtspflicht sein, falls ein Recht i. S. d. § 771 glaubhaft gemacht ist[199]. Zur Schätzung des gewöhnlichen Verkaufspreises → § 813.

5. Die **GVGA** bestimmen für einzelne Gruppen von Gegenständen besondere Pflichten des Gerichtsvollziehers, z.B. für Kraftfahrzeuge und Anhänger (§§ 157 ff.)[200], Schiffe usw. (§ 134), Ersatzteile von Luftfahrzeugen (§ 166a)[201], Tiere (§ 132 Nrn. 3, 4, 139 Nr. 5), Zollsachen (§ 133), landwirtschaftliche Gegenstände, insbesondere nicht getrennte Früchte (§§ 150, 152f.), Leergut (§ 119 Nr. 3), Fernsprech- und Fernschreibeinrichtungen (§ 119 Nr. 4), indossable Papiere und Postsparbücher (§ 175), Aufbewahrung von Kostbarkeiten (§ 138 Nr. 2). Auf die Wirksamkeit der Vollstreckungsakte haben diese Vorschriften keinen Einfluß[202], können aber für die Amtshaftung bedeutsam sein.

6. Wird **dieselbe Sache gegenüber verschiedenen Schuldnern** (sog. Doppelpfändung) gleichzeitig gepfändet (was wegen § 739 zulässig ist aufgrund eines Titels gegen den Ehemann und eines Titels gegen die Ehefrau oder bei ihrer Verurteilung als Gesamtschuldner), so handelt es sich um verschiedene Pfändungen[203]. Dabei läßt eine zweifache Siegelung nicht den Pfändungsinhalt erkennen und ist auch nicht durch den Zweck des § 808 Abs. 2 S. 2 geboten[204], wohl aber ein zweites Protokoll nach § 762 (vgl. auch § 167 Nr. 1 GVGA); ein

---

[193] Vgl. *RGZ* 126, 247; *BGH* (Fn. 189); *OLG Stuttgart* NJW 1959, 992; *LG Frankfurt/M.* (Fn. 179); auch *RGSt* 32, 316; 36, 165 sowie → Fn. 188.
[194] *RG* JW 1918, 94. S. auch *OLG Stuttgart* (Fn. 193); *K. Schmidt* (Fn. 45) sowie → Fn. 197.
[195] Ungenügend ist die Anzeige, daß bestimmte Mengen Getreide oder Weinflaschen vom Lager gepfändet seien *RG* JW 1916, 200, 1023.
[196] Vgl. *RG* JW 1915, 523.
[197] Bei vollen Fässern muß der Hahn nicht versiegelt sein *BayObLG* Blätter für Rechtsanwendung 63 (1898), 78. – A.M. *KG* OLGRsp 31, 111: Die Außenseite des Behältnisses müsse so verschnürt sein, daß der Inhalt ohne Lösung der Verschnürung nicht entfernt werden könne; vgl. auch *Hagemann* LeipZ 1926, 373.
[198] *BGH* JZ 1960, 176 = KTS 40 = NJW 1959, 1775; für den Schuldner a.M. *Wieczorek*[2] Anm. C II b 3. – Zu große Rücksichtnahme führt zur Amtshaftung, so daß mit *Hartmann* (Fn. 51) Rdnr. 23 im Zweifel die auffälligere

und dauerhaftere Kenntlichmachung gewählt werden sollte.
[199] *N. Nikolaou* Schutz des Eigentums (Diss. Tübingen 1993), 89f., erwogen vor drohender Versteigerung nach § 298 AO (aber abgelehnt mangels Nachweises) von *OLG Düsseldorf* NJW-RR 1992, 1246. → auch § 771 Rdnr. 79.
[200] → Fn. 166, 170; *Quardt* Büro 1963, 727; 1964, 7 u. zur Amtshaftung *Schetting* MDR 1967, 800.
[201] Erstreckt sich nach § 71 LuftfzRG (→ Rdnr. 14 vor § 704) ein Registerpfandrecht auf sie (s. auch §§ 68f.; 105f. des G), so ist die Pfändung dem VollstrGer anzuzeigen (§ 100): zuständig ist das AG am Sitz des Luftfahrt-Bundesamts, z.Z. Braunschweig. Vgl. auch § 306 AO. Für ausländische Luftfahrzeuge gilt ferner Art. 10 Genfer LuftfahrtÜ (→ § 816 Rdnr. 8).
[202] → Fn. 191.
[203] *Geib* (Fn. 149) 61ff. (ausführlich mit Streitstand). → auch § 739 Rdnr. 23.
[204] Ebenso *Stöber* (Fn. 35) Rdnr. 26.

Verstoß macht jedoch die gleichzeitige Pfändung nicht nichtig[205]; anders bei nachträglicher Zweitpfändung → Rdnr. 20 a.E.

IV. Rechtsfolgen der Pfändung

33 1. Über **Wirkungen der Pfändung** → § 803 Rdnr. 3 ff. Sie ergreift wesentliche Bestandteile (§ 93 BGB) sowie Urkunden, auf die § 952 BGB entsprechend anzuwenden ist, z.B. Kraftfahrzeugbriefe[206]. Der *Gerichtsvollzieher* wird durch die Besitzergreifung[207] kraft seiner Amtsstellung *Besitzer im Sinne des § 854 BGB*[208]. Als solcher darf und muß er etwaige Nutzungen ziehen, → auch § 804 Rdnr. 29 und wegen der Aberntung § 824. Zugleich macht er, da er den Besitz im Interesse des Gläubigers, wenn auch nicht in seiner Vertretung, erwirbt, den *Gläubiger zum mittelbaren Besitzer* im Sinne des § 868 BGB[209]. Allerdings kann der Gläubiger den Besitz nur durch den Gerichtsvollzieher ausüben; daher hat er auch keine Verwahrungspflicht[210].

34 Verbleiben die Sachen *im Gewahrsam des Schuldners*, so vermittelt er als unmittelbarer Besitzer den Besitz dem Gerichtsvollzieher (und über diesen dem Gläubiger[211]), weil er den Gewahrsam behält und gleichzeitig (vgl. §§ 136, 288 StGB) zur Fortsetzung des Besitzes verpflichtet ist. § 868 BGB setzt ein vertragsmäßiges Verhältnis nicht voraus[212]. Ob der Schuldner zugleich nach Abs. 2 ein Recht auf den Besitz hat, kann offen bleiben. In seiner Person vereinigen sich somit Eigenbesitz und unmittelbarer Fremdbesitz, wie etwa beim Eigentümer, der vom Nießbraucher pachtet (s. auch § 1052 Abs. 2 S. 2 BGB). Für die Annahme einer Besitzdienerschaft zwischen Schuldner und Gerichtsvollzieher fehlt es an einem Abhängigkeitsverhältnis[213]. Werden die Sachen fortgeschafft, so ist der Gerichtsvollzieher auch für den Schuldner Besitzmittler. Er ist zur sorgsamen Verwahrung verpflichtet; bei Verlust oder Verschlechterung tritt Amtshaftung des Landes ein[214].

35 2. Nach der Pfändung darf der Gerichtsvollzieher die im Gewahrsam des Schuldners belassenen Pfandstücke zum Zwecke der Versteigerung (§ 814) in eigenen Gewahrsam nehmen. Zur Abholung wegen Gefährdung, falls andere Maßnahmen, wie etwa die erneute Kenntlichmachung der Pfändung[215], nicht ausreichen: → Rdnr. 23. Unterläßt der Gerichtsvollzieher die hiernach erforderlichen Maßnahmen, so ist ein Schaden nach Amtshaftungsgrundsätzen zu ersetzen[216]; ohne besondere Veranlassung hat er aber keine Obhutspflicht hinsichtlich der im Gewahrsam des Schuldners belassenen Sachen[217]. Über zeitliche Beschränkungen des Wegnahmerechts bei der Austausch- und Vorwegpfändung → § 811a Rdnr. 17f., § 811d Rdnr. 5.

---

[205] *Stöber* (Fn. 35) Rdnr. 26. A.M. *AG Düsseldorf* DGVZ 1961, 92 (zust. Schriftl). Aber die Bezeichnung im Protokoll als »gemeinschaftliche Pfändung« ist lediglich ein Fehlgriff im Ausdruck, u. die unzulässige Zusammenrechnung der Titelbeträge durch den GV ist unschädlich, wenn wenigstens die Titel erwähnt u. damit die Unbestimmtheit der Pfändungsinhalte vermieden werden. Entgegen der Ansicht des AG sind auch im Hinblick auf § 771 keine Schwierigkeiten zu befürchten, denn die Entstrickung hinsichtlich der Pfändung gegen den obsiegenden Ehegatten (§ 776) kann der GV erklären u. als solche aktenkundig machen. → § 762 Rdnr. 2.
[206] *KG* OLGZ 1994, 114.
[207] → Rdnr. 20.
[208] *Blomeyer* ZwVR § 46 I; *Schilken* (Fn. 5) Rdnr. 28. A.M. (Besitzdiener des Staates) *Hartmann* (Fn. 51) Rdnr. 9; *Holch* DGVZ 1992, 131; *Wieczorek*² Anm. C I a.

[209] *RGZ* 94, 341; 126, 25; *OLG Hamburg* OLGRsp 23, 165, ganz h.M. – A.M. *Hellwig* System 2, 307; *Wieczorek*² Anm. C I a. – Dazu ausführlich *D. Lutz* Probleme der Pfandentstrickung (Diss. Kiel 1968/69) 36 ff.; *Herde* Probleme der Pfandverfolgung (1978) 78 ff.
[210] Vgl. *KG* OLGRsp 9, 119f.
[211] → Rdnr. 33.
[212] *RGZ* 94, 341; 118, 276; *OLG Schleswig* (Fn. 66); vgl. auch *BGHStr* JZ 1962, 288; *Rosenberg/Schilken*¹⁰ § 51 III 2; ganz h.M. – A.M. *OLG Dresden* OLGRsp 10, 113; *Rosenberg* Lb⁹ § 191 III 2.
[213] Vgl. *RGZ* 94, 341; *OLG Hamburg* OLGRsp 13, 200f.
[214] *OLG Zweibrücken* DGVZ 1993, 151 zu § 324 AO.
[215] *RGZ* 161, 115, vgl. auch *AG Bayreuth* (Fn. 167).
[216] → § 753 Rdnr. 7.
[217] *RGZ* (Fn. 215); ferner *RGZ* 137, 155; 138, 42f.

Die **Wegschaffung** ist kein neuer Vollstreckungsakt, sondern nur unselbständige Ausführungshandlung aufgrund und in Fortsetzung der vorausgegangenen Pfändung[218]. Daher benötigt der Gerichtsvollzieher auch nach Pfändung eines zum beweglichen Vermögen zählenden Gebäudes oder Schiffes (→ Rdnr. 24 a. E.) keinen Räumungstitel, soweit zum Zwecke der Verwertung eine Ausräumung oder eine Entsetzung des Schuldners erforderlich wird; → dazu § 885 Rdnr. 3. Zur einstweiligen Einstellung → Rdnr. 27 Fn. 175. Auch ein **Dritter**, der trotz eigenen Gewahrsams in Pfändung und Herausgabe eingewilligt hatte, muß die Wegschaffung dulden[219]. 36

Ist die Sache aber erst **nach der Pfändung** in den Gewahrsam eines Dritten gelangt, sei es mit oder ohne Willen des Schuldners, selbst bei Kollusion[220], oder ist ohne die Herausgabebereitschaft des Dritten nach § 809 gepfändet worden, so reicht die Verstrickung allein nicht aus, um gegenüber dem zur Herausgabe nicht bereiten Dritten Gewalt anzuwenden oder dessen Räume oder Behältnisse zu durchsuchen, falls er den Besitz des Pfandstücks bestreitet[221]; die gesetzliche Ermächtigung für einen solchen Eingriff in die Gewahrsams- und Freiheitssphäre Dritter, sog. *Verfolgungsrecht des Gerichtsvollziehers*, fehlt[222], vgl. Art. 2, 19 GG, und ein dringendes Bedürfnis für die Ausfüllung dieser Gesetzeslücke ist zwar oft behauptet, aber bisher nicht nachgewiesen worden[223]. Zur Rechtsstellung gutgläubiger Erwerber → § 804 Rdnr. 43 f. Gegenüber dem Konkurs/Insolvenzverwalter (vgl. § 117 Abs. 1 KO/§ 148 Abs. 1 InsO) stehen dem Pfändungsgläubiger nicht mehr Rechte zu als anderen Absonderungsberechtigten[224]. 37

V. Rechtsfolgen von Verstößen, Rechtsbehelfe

Verstöße gegen § 808, welche die Vornahme der Pfändung betreffen[225], machen diese *nichtig*[226], was für die Ersichtlichmachung in Abs. 2 S. 2 ausgesprochen ist[227]; denn die durch Besitz erzeugte Publizität ist hier ebenso unverzichtbar wie bei rechtsgeschäftlichen Pfandrechten[228]. – Beruht dagegen der Verstoß auf falscher Beurteilung der in → Rdnr. 2–19 angegebenen Voraussetzungen, so ist sie grundsätzlich[229] wirksam, auch für den Strafschutz, 38

---

[218] *OLG Karlsruhe* (Fn. 148).
[219] → § 809 Rdnr. 8 u., falls der Dritte es verlangt, aaO Rdnr. 11.
[220] Dazu *Pawlowski* AcP 175 (1975) 197 f.
[221] Sehr str. – Wie hier *OLGe Kiel* DGVZ 1930, 54; *Dresden* JW 1932, 3212; *LG Bochum* DGVZ 1990, 73; *AG Dortmund* DGVZ 1974, 24; *Stein* Grundfragen (1913) 112; *Stöber* (Fn. 35) § 809 Rdnr. 3; *Baumann/Brehm* ZV[2] § 18 II 3 b ß; *Baur/Stürner*[11] Rdnr. 461; *Bruns/Peters*[3] § 21 V 1 b; *Brox/Walker* Rdnr. 373 (außer bei beabsichtigter Vollstreckungsvereitelung); *Gerhardt*[2] § 8 I 2 b 2; *Schmidt-von Rhein* (Fn. 34) § 809 Rdnr. 3; *Rosenberg/Schilken*[10] § 51 II 3; *Rudolph* ZZP 59 (1935) 239 ff.; *Schuschke* Rdnr. 14; *A. Blomeyer* Festschr. für U. v. Lübtow (1970) 807 f.; *Pawlowski* (Fn. 220) 189 ff. u. DGVZ 1976, 33 ff.; umfassend *Herde* Probleme der Pfandverfolgung (1978) 19 ff. (z.T. anders de lege ferenda aaO 159 ff. u. Anhang).
A.M. noch 18. Aufl. Fn. 72; *KG* JW 1933, 2470[4]; *LGe Berlin* DGVZ 1947, 110; *Köln* MDR 1965, 213; *Saarbrücken* DGVZ 1975, 170; *Stuttgart* MDR 1969, 675 u. DGVZ 1969, 168; *Foerder* DGVZ 55 (1930) 176; *Wieczorek*[2] Anm. C II a 6; *Jauernig* ZVR[19] § 17 III (bezüglich Kollusion); *Rosenberg*[9] § 191 I 1 b; *Hartmann* (Fn. 51) § 809 Rdnr. 6; *Thomas/Putzo*[18] § 809 Rdnr. 8; *Lüke* JZ 1955, 485 f.; *Münzberg* ZZP 78 (1965) 291 f. (jedoch schon damals mit Zweifeln an der Rechtsstaatlichkeit aaO

292, s. auch dort Fn. 42); *Furtner* DGVZ 1965, 49; *Geib* (Fn. 149) 140 ff.; einschränkend *Wasner* ZZP 79 (1966) 119.
[222] Insoweit zutreffend *Geib* (Fn. 149) 140 ff., der die von der 18. Aufl. 72 übernommene Begründung für das Verfolgungsrecht in ZZP 78 (1965) 292 Fn. 17 angreift, ähnlich *Herde* (Fn. 221).
[223] Vgl. *Pawlowski* DGVZ 1976, 33 ff. – Sofern der Schutz der §§ 136, 288 StGB (vgl. auch §§ 94 ff. StPO) versagt, kann der Gläubiger wie → § 804 Fn. 65 klagen, was ohnehin weiter reicht als ein Verfolgungsrecht des GV, s. *Münzberg* (Fn. 221) 293 ff.; *A. Blomeyer* (Fn. 221) 808; *Pawlowski* (Fn. 220) 199 f.; *D. Lutz* (Fn. 210) 81 ff.; *Herde* (Fn. 221) 86 ff.
[224] Vgl. dazu § 4 Abs. 2, § 49 Abs. 1 Nr. 2, § 127 KO. – A.M. noch 18. Aufl. (Verfolgungsrecht, auch gegenüber Zwangsverwalter).
[225] → Rdnr. 20 ff.
[226] Zur Anfechtung → § 766 Rdnr. 27.
[227] → Rdnr. 131 vor § 704 und zur Neuvornahme oben Fn. 181.
[228] *Münzberg* ZZP 101 (1988), 441.
[229] Über str. Fälle → z. B. Rdnr. 129 Fn. 529 vor § 704 (ZV gegen Dritte), § 831 Rdnr. 2 (Pfändung nach §§ 846 f. statt § 831), § 865 Rdnr. 38 (Grundstücksbestandteile u. -zubehör).

und kann nur auf Erinnerung des Schuldners oder desjenigen Dritten, dessen Gewahrsam verletzt ist, nach § 766 beseitigt werden[230]; → (auch zur Heilung) § 803 Rdnr. 7f., 16f., Rdnr. 132ff. vor § 704 und § 750 Rdnr. 11 f.

38a Über *Rechtsbehelfe* → § 766 Rdnr. 1–2, 19ff., 52ff., § 771 Rdnr. 1–40, 53. Im Erinnerungsverfahren trägt grundsätzlich der Gläubiger die **Beweislast** für die Voraussetzungen der §§ 808 f.[231] ohne Rücksicht darauf, ob der Gerichtsvollzieher sie bejaht oder verneint hat; wenn aber jemand Gewahrsam tatsächlich ausübt und dies angeblich nur für einen anderen als Organ oder Besitzdiener tut[232], dann muß derjenige die Organ- oder Besitzdienerschaft beweisen, der sich auf sie beruft[233]. Steht fest, daß jemand den Gewahrsam nur als Organ ausübt, während ungewiß ist, für welchen von mehreren Rechtsträgern, so muß der Gerichtsvollzieher zwar auch dann pfänden, wenn der Titel sich nur gegen einen dieser Rechtsträger richtet, → Rdnr. 7 a.E. Aber im Erinnerungsverfahren verbleibt die Beweislast für den Alleingewahrsam des Schuldners beim Gläubiger. Ergibt sich in solchen Fällen aus den Umständen ein Mitgewahrsam auch der nicht schuldenden Rechtsträger, z.B. bei gemeinsam unterhaltenen Büroräumen, so scheitert die Pfändung nach § 809 am Widerspruch des Organs dieser Rechtsträger, auch wenn es zugleich Organ des Schuldners ist[234]. Zu Bereicherungsansprüchen → § 771 Rdnr. 73ff., § 819 Rdnr. 11 mit § 804 Rdnr. 22ff.

VI. Besitzverlust, Entstrickung

39 Über den *Besitzverlust* (→ aber auch Rdnr. 37) und die *Entfernung der Pfandzeichen* als Gründe der Beendigung von Pfändung und Pfandrecht → § 803 Rdnr. 19f., 22 und zu gutgläubigem Erwerb → § 804 Rdnr. 43. Über die Verbringung der gepfändeten Sachen in einen anderen Gerichtsbezirk → § 764 Rdnr. 4.

VII. Kosten

40 → dazu § 788, wegen der **Gebühren** → Rdnr. 15 vor § 803 sowie § 17 GVKG mit Nrn. 21–26, 42 GVKostGr[235]; §§ 57f. BRAGO[236].

§ 809 [Pfändung beim Gläubiger oder bei Dritten]

Die vorstehenden Vorschriften sind auf die Pfändung von Sachen, die sich im Gewahrsam des Gläubigers oder eines zur Herausgabe bereiten Dritten befinden, entsprechend anzuwenden.

Gesetzesgeschichte: Bis 1900 § 713 CPO.

---

[230] *OLG München* HRR 1941 Nr. 142. Ob die Sache ganz oder anteilig Dritten gehört, ist für § 766 unerheblich → dort Rdnr. 34.
[231] Vgl. auch *LG Berlin* (Fn. 87).
[232] → Rdnr. 7ff.
[233] Vgl. obiter *OLG Hamm* JMBlNRW 1962, 293.
[234] *Hartmann* (Fn. 51) Rdnr. 13; vgl. auch *OLG Hamm* (Fn. 233). – A.M. *OLG Frankfurt* OLGZ 1969, 463 = MDR 676 mit Gründen, die einer Analogie zu § 739 nahe kommen, wie sie zwar überall erwogen werden könnte, wo Gewahrsam »manipulierbar« ist; sie ist aber nicht zulässig → § 739 Rdnr. 11.
[235] Zu Gebühren des GV bei Ratenzahlung s. *Vultejus* DGVZ 1991, 21ff.
[236] Wegen mehrerer Pfändungen für einen Anspruch s. *OLG Karlsruhe* Büro 1980, 1536.

I. Pfändung beim Gläubiger oder bei Dritten

1. Nach § 809 gelten alle Vorschriften des § 808 entsprechend, wenn die zu pfändenden Sachen sich im Gewahrsam[1] oder Mitgewahrsam[2] des **Gläubigers** selbst[3] oder eines zur Herausgabe bereiten **Dritten**[4] befinden. Besitzdiener ohne Ermächtigung zur Herausgabe scheiden hier aus[5]. Wird hingegen ein Dritter als Schuldner behandelt[6], so genügt seine formlose Zustimmung nicht, arg. § 794 Abs. 2. Wegen Postsendungen → § 811 Rdnr. 75.

2. Auch der *Gerichtsvollzieher* ist Dritter[7], aber nicht in dem von § 809 gemeinten Sinn, daß er mit Wirkung für den ehemaligen Gewahrsamsinhaber und unabhängig von dessen Entschließung in eine neue Pfändung einwilligen könnte, die diesen als Dritten i. S. d. § 809 träfe[8]. Daher darf der Gerichtsvollzieher zwar die erste, etwa für unzulässig erklärte Pfändung unter Vermeidung des gerügten Mangels aufgrund desselben Titels wiederholen[9]. Er darf und muß[10] auch, falls die Sache aus dem Gewahrsam des Schuldners – im Rahmen des § 739 auch des Ehegatten – stammte, für denselben oder andere Gläubiger *dieses* Schuldners (Ehegatten) erneute Pfändungen vornehmen[11], aber **nicht** solche gegen *andere* Schuldner ohne Gestattung durch den ersten, der insoweit als Dritter i. s. d. § 809 anzusehen ist[12], erst recht nicht weitere Pfändungen (für und gegen wen auch immer), wenn schon die erste Pfändung gegen § 809 verstieß[13]. → auch § 826 Rdnr. 6 zur Anschlußpfändung einer im Gewahrsam eines Dritten gepfändeten Sache.

3. Solange der Gerichtsvollzieher noch *gepfändetes Geld und Versteigerungserlöse* besitzt, gehören sie ohnehin offensichtlich[14] noch dem Schuldner oder Dritten, jedenfalls nicht dem Gläubiger[15] und dürfen daher aufgrund eines *gegen den Gläubiger* gerichteten Titels nicht vor Auslieferung an ihn erneut gepfändet werden; anders nach freiwilliger Zahlung an den Gerichtsvollzieher[16].

4. Ist der Dritte zur Herausgabe bereit, so muß sich der Gerichtsvollzieher, ähnlich wie bei der Haftung mit fremdem Vermögen[17], vergewissern, ob die Sachen zum Vermögen des Schuldners und nicht etwa zu dem eines Vierten gehören[18]. Ohne Bereitschaft des Inhabers darf in den Gewahrsam oder Mitgewahrsam[19] einer Person, die nach dem Titel oder der Klausel nicht Vollstreckungsschuldner ist[20], nicht eingegriffen werden, sollte der Dritte auch unzweifel-

---

[1] → § 808 Rdnr. 7 ff.
[2] Ganz h. M. *MünchKommZPO-Schilken* Rdnr. 6 mwN.
[3] Freilich nicht gegen dessen Willen, ausführlich *Schilken* DGVZ 1986, 145 f. u. *MünchKommZPO* Rdnr. 4. Falls der Gläubiger zwar Pfändung, aber unter Belassung der Sache in seinem Gewahrsam wünscht, weil er vorläufig nicht verwerten will, so ist auch diesem Antrag zu entsprechen *Schilken* aaO. Ob der Gläubiger sich den Gewahrsam rechtmäßig verschafft hat, ist für die Pfändung unerheblich *Kabisch* DGVZ 1960, 161; *Schilken* (Fn. 2) Rdnr. 3 mwN. Wenn jedoch die Pfändung auf eine Umgehung des § 863 BGB hinausläuft (s. auch § 864 BGB), kann ihr u. U. nach § 766 begegnet werden, → Rdnr. 45 vor § 704.
[4] Beispiel: Gemeinde bei Pfändung von Grabsteinen *OLG Köln* DGVZ 1992, 118.
[5] → § 808 Rdnr. 7. Unklar (Gewahrsam u. zugleich Besitzdienerschaft eines Tankstellenverwalters?) *BGH* JZ 1978, 723 = NJW 1859. Zum Angestellten des Dritten s. auch *BGH* JZ 1978, 200 = KTS 170 = WM 174 u. → Rdnr. 10; wegen des Konkursverwalters → § 766 Fn. 89, § 772 Rdnr. 3; wegen des Zollamts → § 808 Fn. 134.
[6] → § 766 Rdnr. 31.
[7] H.M. *Baumbach/Hartmann*[53] Rdnr. 2 mwN, insoweit richtig *AG Rheine* DGVZ 1984, 123 mwN. → aber Fn. 10.
[8] *Brox/Walker*[4] Rdnr. 250 f.
[9] *OLG Düsseldorf* DGVZ 1977, 187 = NJW 1978, 221 = JuS 351.
[10] § 809 bezweckt nicht seinen Schutz; er muß also nicht (etwa sich selbst gegenüber?) seine Herausgabebereitschaft »erklären« *Schilken* DGVZ 1986, 146 f., wohl aber prüfen, ob die Pfändung zulässig ist → den folgenden Text.
[11] Entgegen *AG Rheine* (Fn. 7) jedoch nicht dem vom Schuldner dem GV überwiesenen Beträge, solange sie auf dessen Konto stehen → § 826 Rdnr. 2. Zur Pfändung von gepfändetem Geld und Verwertungserlösen durch konkurrierende Gläubiger → § 826 Rdnr. 2, zu gegen den Gläubiger gerichteten Pfändungen → § 850 Fn. 16. Über Pfändung freiwillig an GV gezahlten Bargeldes → § 815 Rdnr. 23.
[12] → Rdnr. 9 und § 826 Rdnr. 6. *Gerlach* ZZP 89 (1976), 320 ff.; *Schilken* (Fn. 10) 147.
[13] *OLG Düsseldorf* OLGZ 1973, 53.
[14] → § 808 Rdnr. 3.
[15] → § 815 Rdnr. 3, § 819 Rdnr. 1–3, auch 4. Es sei denn, die Pfandsache gehörte ihm → § 808 Rdnr. 4.
[16] → § 815 Rdnr. 23; *AG Homburg/Saar* DGVZ 1993, 117 (keine Pfändung des beim GV befindlichen Erlöses zugunsten des Schuldners). Insoweit zu eng *OLG Stettin* JW 1931, 2152[28]; zu weit *Gerlach* (Fn. 12) 324 Fn. 113.
[17] → § 808 Rdnr. 5.
[18] *Schilken* (Fn. 2) Rdnr. 4; vgl. auch *BGH* JZ 1978, 200 zu III = KTS 170 = WM 174.
[19] An den zu pfändenden Sachen. Über (Mit-)Gewahrsam an Räumen → § 808 Rdnr. 17, § 758 Rdnr. 26 ff.
[20] → Rdnr. 35 ff. vor § 704.

haft[21] materiellrechtlich verpflichtet sein[22]. § 809 schützt so Dritte vor Pfändungen ohne rechtliches Gehör[23]. Dies gilt auch für solche Mitberechtigte, deren Recht zum Widerspruch nach § 771 ausgeschlossen ist durch die §§ 735, 745, 748[24]. Zum Eingriff in den Gewahrsam des Ehegatten des Schuldners → § 739, über eheähnliche Verhältnisse → § 739 Rdnr. 11, § 808 Rdnr. 9 a. E., zum Mitbesitz bei Eltern und Kindern usw. in häuslicher Gemeinschaft → § 808 Rdnr. 16.

4a Eine *Ausnahme* soll nach h. M. gelten, wenn der Dritte im Zusammenwirken mit dem Schuldner (§ 288 StGB) Sachen in seinen Gewahrsam genommen hat, um sie dem Vollstreckungszugriff zu entziehen[25]. Der Gerichtsvollzieher hat jedoch weder die Aufgabe noch die Möglichkeit, zuverlässig durch Beweiserhebung festzustellen, ob die (insbesondere subjektiven!) Voraussetzungen des § 288 StGB vorliegen oder ob die Übergabe an den Dritten auf einem gültigen Rechtsgrund beruht, und eine Verletzung des Gewahrsams auf bloßen Verdacht hin erlaubt § 809 sicher nicht[26]. Auch das Vollstreckungsgericht ist zur Entscheidung *solcher* materiellrechtlicher Fragen nicht gemäß §§ 766, 793 zuständig[27]. Weniger bedenklich ist die Nichtbeachtung des Drittgewahrsams, wenn der Dritte ausdrücklich zugibt, daß er keinerlei Rechte in Bezug auf die Sache hat und sie nur vorübergehend für den Schuldner aufbewahrt[28], denn dann wäre, soweit hier nicht ohnehin nur ein »Scheingewahrsam« anzunehmen ist[29], seine Weigerung offensichtlich arglistig, → Rdnr. 45 vor § 704.

5 Ist der **Dritte nicht zur Herausgabe bereit,** so ist der Gläubiger, falls er nicht nach dem AnfG vorgehen kann, auf den Weg der §§ 846 f. angewiesen. Dann trifft nicht den Dritten die Last, sein angebliches Recht nach § 771 geltend machen zu müssen[30], sondern der Gläubiger muß es notfalls durch Herausgabeklage überwinden[31]. → auch § 848 Fn. 10 zur Immobiliarvollstreckung[32].

6 2. Erlangt der Dritte erst **nach der Pfändung** den Besitz am Pfandstück, so ist er, falls gutgläubiger Erwerb ausscheidet[33], zwar zur Herausgabe an den Gerichtsvollzieher verpflichtet; dieser darf aber keine Gewalt ausüben und hat auch kein Durchsuchungsrecht[34], wenn der Dritte der Herausgabe (nicht nur der »Pfändung«, → Rdnr. 8) nicht selbst zugestimmt hat.

7 3. Über **gemeinschaftlichen Gewahrsam** → § 808 Rdnr. 17, zu *Schrankfächern* (Safe, Bankfach) → § 808 Rdnr. 17 Fn. 135, § 857 Rdnr. 80. Wegen der *Anschlußpfändung* → § 826 Rdnr. 6.

---

[21] LG Oldenburg DGVZ 1983, 58; *Blomeyer* ZwVR § 45 II 2; *Baur/Stürner*[11] Rdnr. 449; anders freilich im Falle → Fn. 28 f.
[22] → § 771 Rdnr. 48 a. E.; LG Oldenburg, Blomeyer (Fn. 21); für den Bürgen KG DGVZ 1966, 64; → auch Fn. 26.
[23] Verkannt von BVerfG NJW-RR 1991, 1101 bei Räumungen, s. *Münzberg* FS für J. Gernhuber (1993), 791 f.
[24] → Rdnr. 2–4 vor § 735.
[25] AG Dortmund DGVZ 1994, 12; obiter LG Tübingen DGVZ 1992, 137 (dort allerdings verneint); OLG Hamburg HGZ 1916 Beilage 117 (Weitergabe der vom Schuldner soeben empfangenen Heuer an seinen angeblichen Gläubiger vor den Augen des GV), LG Stuttgart DGVZ 1969, 168; vgl. auch LG Berlin DGVZ 1969, 71; ebenso die 18. Aufl. Fn. 1a; *Schönke/Baur*[9] § 26 II 4; *Hartmann* (Fn. 7) Rdnr. 1; *Blomeyer* ZwVR § 45 II 2; *Göhler* MDR 1965, 341; *Noack* MDR 1967, 895; *Werner* DGVZ 1986, 53 f.
[26] LG Oldenburg (Fn. 21, insoweit obiter); *Stürner* (Fn. 21); *Gerhardt*[2] § 8 I 2; *Jauernig* ZVR[19] § 17 III; *Schilken* (Fn. 2) Rdnr. 6; *Thomas/Putzo*[18] Rdnr. 4; *Bruns/Peters*[3] § 21 III 3; *Herde* Probleme der Pfandverfolgung (1978), 13 ff. Vgl. auch den Bericht von *Jakobs* DGVZ 1986, 35 f. zu 1.
[27] *Gerhardt*[2] § 8 I 2.
[28] *Stürner* (Fn. 21); *Bruns/Peters* (Fn. 26); *Blomeyer* (Fn. 25); *Lüke* Fälle zum ZPR[2] 132; *Noack* Vollstreckungspraxis[5] 266. – Auch insoweit abl. *Herde* (Fn. 25) mit beachtlichen Gründen; *Jauernig* (Fn. 26). Daß in solchen Fällen eine Klage des Dritten nach § 771 scheitern könnte, → § 771 Rdnr. 45 ff., ist aber kein Grund, schon den GV oder das Gericht nach § 766 darüber entscheiden zu lassen.
[29] Er wäre unbeachtlich *Schilken* (Fn. 2) Rdnr. 6 mwN.
[30] → § 771 Rdnr. 3, § 808 Rdnr. 2.
[31] → § 847 Rdnr. 11.
[32] Zwangsverwaltung ist unzulässig, soweit durch sie in den Besitz nicht herausgabebereiter Dritter eingegriffen wird BGH MDR 1986, 140[43].
[33] → § 803 Rdnr. 22.
[34] → § 808 Rdnr. 37.

II. Erklärung der Herausgabebereitschaft

§ 809 verweist nach Wortlaut und Sinn auch auf die Wegschaffung der Sache nach § 808 Abs. 2. Aber selbst wenn die Sache im Gewahrsam des Dritten belassen werden soll, läßt § 809 nicht die bloße Bereitschaft genügen, das Anlegen der Siegelmarken zu dulden, sondern verlangt eindeutig auch hier die **Bereitschaft zur Herausgabe,** also zur nachträglichen Abholung zum Zwecke der Verwertung (§§ 814 ff.). Das Wort »Pfändung« kann folglich hier nicht im engen Sinn des ersten Pfändungsakts gemeint sein. Die Einwilligung in den Pfändungsakt ist jedoch in der Regel als Einverständnis mit der alsbald folgenden Wegschaffung zum Zweck der Verwertung aufzufassen, → auch Rdnr. 11[35]. Wegen § 771 → aber Rdnr. 10.

8

Die Einwilligung kann stillschweigend erklärt werden[36]; ob sie aus der widerspruchslosen[37] Unterzeichnung des Pfändungsprotokolls gefolgert werden kann, ist Tatfrage[38], wird aber grundsätzlich zu verneinen sein. Sie kann auch nachträglich erteilt werden[39] und ist unwiderrufliche[40] Prozeßhandlung. Erklärt sich der Dritte nur bedingt zur Herausgabe bereit, so ist diese verweigert, sofern nicht die Bedingungen, z. B. Vorbehalt seines Pfandrechts, von *allen* Beteiligten angenommen werden[41]. Die Einwilligung kann jedoch auf diese eine Pfändung beschränkt werden und ist im Zweifel so auszulegen[42]. Auch wenn für mehrere Gläubiger zugleich gepfändet werden soll, handelt es sich nicht um eine unzulässige Bedingung, wenn der Dritte nur die Pfändung zugunsten bestimmter Gläubiger gestattet[43].

9

Durch die Gestattung der Pfändung verliert der Dritte zwar den Besitz und das Recht dazu; jedoch liegt darin nicht notwendig ein Verzicht auf Pfand- und Vorzugsrechte oder – bei irrtümlicher Einwilligung – gar auf Eigentum, so daß dem Dritten insoweit die Klagen nach § 771[44] oder § 805[45] verbleiben.

10

Eine Pflicht des Dritten zur Einwilligung besteht gegenüber dem Gerichtsvollzieher nicht; ob er dem Schuldner dazu verpflichtet ist, bestimmt sich nach materiellem Recht.

III. Durchführung der Pfändung

Ist die Pfändung zulässig, so muß sie wie → § 808 Rdnr. 20–32 durchgeführt werden. Über § 808 Abs. 2 Satz 1 hinaus muß hier allerdings angenommen werden, daß die Sache auch auf Verlangen des Dritten *wegzunehmen* ist[46]. Wegen der *Abholung* zum Zwecke der Versteigerung oder bei nachträglich eintretender Gefährdung → § 808 Rdnr. 36 f.

11

---

[35] Vgl. § 118 Nr. 2 GVGA; zust. *Schilken* (Fn. 2) Rdnr. 7.

[36] S. *OLGe Dresden* SeuffArch 57 (1902), 432; *Naumburg* OLGRsp 25, 177; *Nürnberg* OLGRsp 31, 112; *Hartmann* (Fn. 7) Rdnr. 5; *Schilken* (Fn. 2) Rdnr. 7. – A.M. *Wieczorek*[2] Anm. B I b.

[37] Eine Unterzeichnung unter Protest ist keine Einwilligung, *KG* DGVZ 1964, 7.

[38] S. auch *RG* HRR 1927 Nr. 535; ferner *OLGe München* Blätter für Rechtsanwendung 50, 423 f.; *Jena* ThürBl 1945, 257 f. u. → Fn. 36.

[39] Allg. M. *OLGe Dresden* SächsAnn 17, 283; *Naumburg* (Fn. 36).

[40] *Hartmann* (Fn. 7) Rdnr. 5; *Thomas/Putzo*[18] Rdnr. 3; *Schilken* (Fn. 2) Rdnr. 7.

[41] Vgl. *LG Düsseldorf* DGVZ 1961, 121 f.

[42] → Rdnr. 2 und → § 826 Rdnr. 6 Fn. 25.

[43] *Schilken* (Fn. 2) Rdnr. 8 mwN auch zur Gegenansicht.

[44] Sofern nicht nur das (verlorene) Besitzrecht geltend gemacht wird *BGH* (Fn. 18), → auch § 737 Fn. 10; *Gerlach* (Fn. 12) 329. – A.M. *Hartmann* (Fn. 7) Rdnr. 5; *Jauernig* ZwVR[19] § 17 III; *Zöller/Stöber*[19] Rdnr. 8: nur bei irrtümlicher Herausgabe, unter bedenklicher Berufung auf *BGH* (Fn. 18). Dort wird jedoch ausdrücklich bestätigt, daß ein Rechtsverlust des Dritten bezüglich Sachen aus dem Vermögen des Schuldners eintreten kann; die irrtümliche Herausgabe ist anschließend lediglich als Beispiel angeführt (ebenso *BGH* JZ 1978, 723 = NJW 1859).

[45] H.M.; → auch § 805 Rdnr. 4 ff., 17, 29. – A.M. *Wieczorek*[2] Anm. B II (nur wenn die Sache beim Dritten verbleibt).

[46] Vgl. § 137 Abs. 1 GVGA; *Wieczorek*[2] Anm. C I b.

IV. Verstöße gegen § 809, Rechtsbehelfe

12 Verstöße gegen § 809 machen die Pfändung nicht nichtig sondern anfechtbar[47]. Die Erinnerung nach § 766 steht hier nur dem eigenen Gewahrsam behauptenden Dritten zu[48], nicht auch dem Schuldner[49] oder einem sonstigen Dritten[50]. → auch § 878 Rdnr. 13 a. E. Der Dritte kann außerdem[51] Klage nach § 771[52] oder § 805[53] erheben, nicht aber eine Besitzstörungsklage gegen Gerichtsvollzieher oder Gläubiger[54]. War aber der Dritte (wenn auch irrtümlich) zur Herausgabe bereit, so bleibt ihm nur § 771, weil die Pfändung zulässig war und bis zum stattgebenden Urteil bleibt[55].

§ 810 [Pfändung ungetrennter Früchte]

(1) ¹Früchte, die von dem Boden noch nicht getrennt sind, können gepfändet werden, solange nicht ihre Beschlagnahme im Wege der Zwangsvollstreckung in das unbewegliche Vermögen erfolgt ist. ²Die Pfändung darf nicht früher als einen Monat vor der gewöhnlichen Zeit der Reife erfolgen.

(2) Ein Gläubiger, der ein Recht auf Befriedigung aus dem Grundstück hat, kann der Pfändung nach Maßgabe des § 771 widersprechen, sofern nicht die Pfändung für einen im Falle der Zwangsvollstreckung in das Grundstück vorgehenden Anspruch erfolgt ist.

Gesetzesgeschichte: Bis 1900 § 714 CPO. Änderung RGBl. 1898 I 256.

1 I.¹ § 810 gestattet die **Pfändung der** sog. **stehenden Früchte** (Früchte auf dem Halm).

1. Die mit dem Boden zusammenhängenden Erzeugnisse eines Grundstücks sind nach § 94 BGB wesentliche Bestandteile des Grundstücks, also unbewegliche Sachen. § 810 behandelt sie jedoch *für die Vollstreckung als bewegliches Vermögen* (§ 803) desjenigen, dem sie nach der Trennung zufallen würden (→ Rdnr. 5). Es wird also die Besitzergreifung nach § 808 und damit ein gesonderter Besitz an ihnen zugelassen[2]. Im übrigen bleiben die Früchte unbewegliche Sachen[3] und Bestandteile des Grundstücks; sie können deshalb als solche nach § 93 BGB nicht Gegenstand besonderer Rechte sein.

2 Eine *Ausnahme* gilt aber für das *Pfändungspfandrecht*[4]; es entsteht auch hier sofort mit jeder gültigen Pfändung[5]. Auch nach der Gegenmeinung, die ein Pfandrecht erst ab Trennung

---

[47] RGStr JW 1931, 2127; OLG München HRR 1941, Nr. 142; *Rosenberg/Schilken*[10] § 51 I 3; *Hartmann* (Fn. 7) Rdnr. 4, 7; nach *Mohrbutter* Handbuch² 206 entsteht Verstrickung, aber kein Pfändungspfandrecht, → dagegen § 803 Rdnr. 6, § 804 Rdnr. 7. – A.M. *RG* Gruch. 44 (1900), 186f.; *Müller* PfändPfandR (1907), 160 mwN.
[48] Vgl. *OLGe Dresden* SeuffArch 57 (1902), 432; *Düsseldorf* LeipZ 1921, 182; *LG Frankfurt/M.* DGVZ 1989, 61.
[49] → § 766 Rdnr. 28 Fn. 152; *Göhler* MDR 1965, 342; allg. M. (*BGH* NJW 1953, 902f. betrifft nicht die Pfändung, → § 808 Fn. 159, 161).
[50] A.M. die in Fn. 47 a.E. Genannten.
[51] → § 766 Rdnr. 55.
[52] → § 771 Rdnr. 69.
[53] → § 805 Rdnr. 16f.
[54] *Stein* Grundfragen (1913) 111; *G. Lüke* NJW 1957, 425; *Schilken* DGVZ 1988, 50; → § 771 Rdnr. 67. – A.M. *LG Bielefeld* NJW 1956, 1879 = DGVZ 1957, 58.
[55] → § 771 Rdnr. 5; *Jauernig* (Fn. 26).

[1] Vgl. *Jaeckel/Güthe* ZVG⁷ Vorbem. 22 f. vor § 1; *Steiner/Teufel* ZVG⁹ §§ 20/21 Rdnr. 84; *Oertmann* ZZP 41 (1911) 1ff.; *Noack* Rpfleger 1969, 113ff.
[2] Unabhängig vom bürgerlichen Recht, s. dazu *Oertmann* (Fn. 1) 26ff.; OLG München OLGrsp 26, 1; RGZ 108, 272.
[3] RGZ 18, 367; 60, 317; OLG Posen OLGrsp 2, 341f.
[4] Ebenso wie für das Früchtepfandrecht des Düngemittel- u. SaatgutG, → § 813a Rdnr. 7 (Lit: *Palandt/Bassenge* BGB⁵³ Rdnr. 3 vor § 1204).
[5] § 804 Rdnr. 7. RGZ 18, 365f.; *Emmerich* Pfandrechtskonkurrenzen (1909) 67; *Falkmann/Hubernagel* ZV³ 572ff.; *F. Schulz* in Festg. für Zitelmann (1923) 151ff.; *Noack* (Fn. 1) 115; *Baumbach/Hartmann*⁵³ Rdnr. 1; *MünchKommZPO-Schilken* Rdnr. 9; *Wieczorek*² Anm. A III.

und bis dahin nur eine Anwartschaft darauf anerkennt[6], richten sich jedoch Rang und Zulässigkeit (z.B. § 14 KO/§ 89 InsO) nach dem Zeitpunkt der Pfändung[7].

2. § 810 bezieht sich nicht auf alle Früchte im Sinne des § 99 BGB, sondern nur auf **periodisch zu erntende Früchte**[8], etwa Ackerfrüchte und Obst[9], also nicht auf stehendes Holz[10] oder auf Mineralien, Torf und dgl.[11], wohl aber auf Sträucher und Bäume, die zum Zwecke des Verkaufs als Jungpflanzen gezogen werden (Baumschulen)[12]. Aber auch die periodisch geernteten Früchte dürfen nicht gepfändet werden, soweit dies auch nach der Trennung nicht zulässig wäre, also wenn sie nach der Trennung § 811 Nrn. 2–4 unterfallen oder *Zubehör* des Grundstücks sein würden (§§ 97f. BGB). § 865 Abs. 2 gilt hier entsprechend, weil die Behandlung als bewegliches Vermögen auch zuungunsten des Gläubigers eintreten muß, wie sie sonst zu seinen Gunsten gilt[13].

II. Die Pfändung setzt voraus, daß die Früchte sich im **Gewahrsam des Schuldners** oder *eines zur Herausgabe bereiten Dritten* befinden, § 808f. § 739 ist vor der Trennung nicht anwendbar, da § 1362 BGB stehende Früchte wegen § 93 BGB nicht erfaßt[14]. Maßgebend ist in aller Regel (→ Fn. 2) der Besitz des Grundstücks, und zwar der Besitz des zur Fruchtziehung Berechtigten. Auf verpachteten oder dem Nießbrauch unterliegenden Grundstücken darf daher aufgrund eines Titels *gegen Eigentümer oder Verpächter* nur unter den Voraussetzungen des § 809 gepfändet werden; über Rechtsbehelfe → § 766 Rdnr. 55 u. § 771 Rdnr. 30 Fn. 213.

Umgekehrt kann aufgrund eines *gegen Pächter oder Nießbraucher* lautenden Titels gepfändet werden, denn die Früchte fallen nach der Trennung in ihr Vermögen[15]. Der Eigentümer hat daher kein Widerspruchsrecht nach § 771[16]; bei verpachteten Grundstücken steht ihm auch § 956 Abs. 1 S. 2 BGB entgegen. Auch der Käufer der Früchte hat kein Widerspruchsrecht[17].

Das *Pfandrecht des Verpächters* steht der Pfändung nicht entgegen, → § 805 Rdnr. 4f. Wegen §§ 93f. BGB entsteht es zwar erst mit der Trennung und vorher nur als Anwartschaft, während das Pfändungspfandrecht nach §§ 804 Abs. 1, 810 Abs. 1 diesem Hindernis nicht ausgesetzt ist (→ Rdnr. 2) und dadurch stets den Rangvorteil zu erhalten scheint. Es wäre jedoch ungerechtfertigt, den gegenüber sonstigen Pfändungsgläubigern dem Verpächter durch § 585 BGB eingeräumten Vorteil, dessen Wichtigkeit das Gesetz noch durch zeitliche und gegenständliche Verstärkung (im Vergleich zu § 559 BGB) betont, nur deshalb entfallen zu lassen, weil aus Zweckmäßigkeitsgründen die Pfändung schon vor Trennung gestattet ist. Daher darf ein Versehen des Gesetzgebers angenommen werden, das zu berichtigen ist durch rangwahrende Gleichstellung der Pfandrechtsanwartschaft mit dem bei Trennung entstehenden Pfandrecht; so erlangt der Verpächter ein Vorzugsrecht im Sinne des § 805[18].

---

[6] 16. Aufl. Fn. 4 u. außer den dort Genannten noch *Stein* Grundfragen (1913) 35f.; *Schwinge* Der fehlerhafte Staatsakt (1930) 101; *Henckel* Prozeßrecht und materielles Recht (1970) 334 Fn. 86.
[7] Vgl. hierzu *Oertmann* (Fn. 1) 40; *Jaeger/Henckel* KO⁹ § 15 Rdnr. 54.
[8] Das »noch nicht vom Boden getrennt« bedeutet nur, daß der natürliche Zusammenhang mit der Stelle des Wachstums bestehen muß.
[9] Zur Fortsetzung des Pfandrechts an Surrogaten (Most, Getreidekörner) RGZ 74, 248; 161, 113.
[10] Vgl. RGSt 3, 175; *Noack* (Fn. 1). – A.M. *Oertmann* (Fn. 1) 35.
[11] *Noack* (Fn. 1); *Brox/Walker*⁴ Rdnr. 231; hier ebenso *Oertmann* (Fn. 1) 34f.
[12] LG Bayreuth DGVZ 1985, 42.

[13] *Brox/Walker*⁴ Rdnr. 231; *Oertmann* (Fn. 1) 46; *Noack* (Fn. 1) 114.
[14] → Fn. 3 und § 739 Fn. 46.
[15] Vgl. RGZ 18, 368; 37, 212; *Richert* Büro 1970, 569ff.; *Wieczorek*² Anm. B I b 1, 2; i.E. (mit verfehlter Begr) auch AG Oldenburg DGVZ 1988, 79.
[16] *Kupisch* JZ 1976, 427; *Schilken* (Fn. 5) Rdnr. 12.
[17] → § 771 Rdnr. 33 Fn. 230. S. aber wegen sicherungshalber übertragener Pächterrechte *Richert* (Fn. 15).
[18] So i.E. die ganz h.M. *Schilken* (Fn. 5) Rdnr. 5; vgl. schon *Oertmann* (Fn. 1) 41f. mwN u. jetzt z.B. RGRK-*Gelhaar*¹² § 585 BGB Rdnr. 4; *Kilger/K. Schmidt* KO¹⁶ § 49 Anm. 9; *Jaeger/Lent* KO⁸ § 49 Anm. 51. Zuweilen wird dies mit § 99 BGB begründet, was aber im Hinblick auf § 93 BGB kaum genügt; denkbar wäre, daß das Verpächterpfandrecht bereits an der Anwartschaft des Päch-

7   Bei *nicht* verpachteten Grundstücken ist mangels gegenteiliger Anhaltspunkte vom Gewahrsam der im Grundbuch als Eigentümer oder Nießbraucher eingetragenen Personen auszugehen. – Der *Früchtepfandberechtigte*[19] kann sein Pfandrecht nach § 805 geltend machen; es geht allen sonstigen dinglichen Rechten vor, auch dem Pfandrecht des Verpächters, §§ 2 Abs. 4, 4 DüngemittelG.

8   III. Die Pfändung darf nach *Abs. 1 S. 2* nicht früher als **einen Monat vor der gewöhnlichen Zeit der Reife** erfolgen, um nicht die weitere Kultur zu gefährden und den Erlös wegen des Risikos zu stark herabzudrücken. Es kommt nicht auf die konkrete Reifezeit im betreffenden Jahr oder gar auf die Meinung des Schuldners, sondern nur auf die gewöhnliche Zeit der Reife nach Beschaffenheit der Fruchtgattung und der örtlichen Verhältnisse an[20], über die gegebenenfalls ein Sachverständiger[21] zu hören ist und die in Dienstvorschriften festgelegt werden kann. Bei Jungpflanzen, die auch noch mehrjährig gehandelt werden, kommt es auf den frühesten Zeitpunkt an, in dem man sie zu verkaufen pflegt[22]. Da es sich nicht um einen absolut bestimmten Zeitpunkt handelt, macht ein Verstoß die Pfändung nicht ungültig sondern nur anfechtbar[23]. Die Überprüfung nach § 766 können der Schuldner und interessierte Dritte, z.B. spätere Pfändungsgläubiger und Realgläubiger beantragen[24]. Über die Folgen einer Heilung, falls die Pfändung bis zum Beginn der Monatsfrist noch nicht aufgehoben ist, → Rdnr. 137 ff. vor § 704, § 766 Rdnr. 42, § 878 Rdnr. 19.

9   Die **Pfändung**, bei der ein landwirtschaftlicher Sachverständiger zugezogen werden soll, wenn ihr Wert 1000,- DM übersteigt (§ 813, §§ 150 f. GVGA), geschieht nach § 808[25]. Die Beschaffenheit des Ortes (Garten, Acker, -größe) entscheidet über die Art der Ersichtlichmachung; in der Regel sind Pfandtafeln, zumeist wohl auch eine (zumindest lose) Umzäunung geboten, u. U. sogar die Bestellung eines Hüters[26].

10   Wegen der Aberntung und Versteigerung → § 824.

IV. Die Rechte der Realgläubiger

11   1. Die Pfändung stehender Früchte ist **unzulässig**, sobald sie im Wege der **Zwangsvollstreckung in das unbewegliche Vermögen** beschlagnahmt sind, s. §§ 20 ff., 148 ZVG[27]. Die Früchte werden als Bestandteile des Grundstücks stets, auch bei der Zwangsversteigerung[28], von der Beschlagnahme des Grundstücks erfaßt, § 21 Abs. 1 ZVG, außer wenn ein *Pächter* das Grundstück besitzt, § 21 Abs. 3 ZVG mit § 956 BGB[29]. Gegen ihn dürfen also trotz Beschlagnahme die Früchte noch gepfändet werden, nicht dagegen, wenn Besitz und Nutzung einem anders Berechtigten zustehen, z.B. einem Nießbraucher, es sei denn, er hätte nach § 771 die Aufhebung der Beschlagnahme ihm gegenüber erreicht. Rechte des Eigentümers nach §§ 23 Abs. 1 S. 2, 24 ZVG ändern nichts an der Beschlagnahme, erlauben also keine Ausnahme von § 810.

12   Die wegen *solcher Beschlagnahme* unzulässige Pfändung kann vom Schuldner wie von jedem Realgläubiger, im Falle der Zwangsverwaltung auch vom Verwalter (§ 152 ZVG), durch Erinnerung nach § 766[30], beseitigt werden; ist dies nicht geschehen, kann jeder Real-

---

ters (§ 956 BGB) entsteht, vergleichbar mit der Lage bei der Eigentumsanwartschaft, s. *BGHZ* 35, 88 u. → § 805 Rdnr. 5 Fn. 21. – A.M. 18. Aufl. mit *OLG Braunschweig* OLGRsp 13, 202; *Emmerich* (Fn. 5) 139.
[19] → Fn. 4.
[20] *RGZ* 42, 382 f.; *BGHZ* 120, 374 = NJW 1993, 1793 zu 6. Wegen Spargel vgl. *OLG Braunschweig* BrschwZ 48, 108.
[21] → § 813 Rdnr. 16 ff.
[22] → Fn. 12; a. M. *Zöller/Stöber*[19] Rdnr. 4 (keine zeitliche Bindung).

[23] *RGZ* 34, 377; *OLG Königsberg* HRR 1931 Nr. 143.
[24] Vgl. *RGZ* 34, 377 f.
[25] → dort Rdnr. 20 ff.
[26] → § 808 Rdnr. 28 f.; vgl. § 152 Nr. 2 GVGA.
[27] Nicht nach § 173 S. 1 ZVG; hier greift aber § 14 KO/ § 89 InsO ein.
[28] Vgl. *RGZ* 143, 33, 244.
[29] *OLG Braunschweig* OLGRsp 13, 202.
[30] → auch § 766 Rdnr. 33 bei Fn. 180.

gläubiger den Erlös vom pfändenden Gläubiger als ungerechtfertigte Bereicherung fordern[31], → auch § 804 Rdnr. 22 f., 27.

Eine Beschlagnahme **nach** der Pfändung läßt diese weder unwirksam werden noch liefert 13 sie einen Grund zur Entstrickung (→ aber Rdnr. 14). Wegen des Fortgangs der Mobiliarvollstreckung und der etwa nötigen Anmeldung nach § 37 Nr. 4 ZVG → § 824 Rdnr. 2. Nachträgliche Konkurseröffnung hindert die Verwertung gemäß § 824 grundsätzlich nicht, vgl. § 127 Abs. 2 KO[32].

2. Rechte der Realgläubiger nach Abs. 2

a) Auch einer nach Abs. 1 Satz 1 zulässigen Pfändung *vor* Beschlagnahme können nach 14 **Abs. 2** die Realgläubiger (§ 1 ZVG) gemäß § 771 widersprechen, weil ihnen auch die Früchte haften. Klageberechtigt sind die eingetragenen oder nicht eingetragenen, persönlichen[33] oder dinglichen Gläubiger des § 10 ZVG, ohne Rücksicht auf die Fälligkeit ihrer Forderungen. Aber ihr Recht entfällt, wenn der pfändende Gläubiger beweist (»sofern nicht«), daß sein Anspruch dem des Klägers in der Reihe des § 10 (nicht § 155 Abs. 2) ZVG vorgeht. Die Pfändung nur *persönlicher* Gläubiger ist wegen § 10 Nr. 5 ZVG stets bedroht durch nachträgliche Beschlagnahme für andere persönliche Gläubiger, während ein Widerspruch der nach § 10 Nrn. 1–4 ZVG Berechtigten kaum zu erwarten ist, solange sie sich als ausreichend gesichert ansehen. Bei *Zwangsverwaltung* steht dem *Verwalter* die Klage zu[34].

b) Das § 771 zugeordnete Recht der Realgläubiger geht auf **Unzulässigkeitserklärung der** 15 **Pfändung,** damit die Früchte auf dem Grundstück verbleiben[35]. Der Realgläubiger kann sich aber mit dem minderen Recht aus § 805 begnügen[36], denn vollstreckungsrechtlich gehören die Früchte zum beweglichen Vermögen, → Rdnr. 1.

Pfändet der vorrangige Realgläubiger selbst, so kann er früheren Pfändungen nach Abs. 2 widersprechen[37]; erstrebt er aber ohnehin die sofortige Verwertung, so wird er nach § 805 vorgehen oder sein besseres Recht an den Früchten nach § 878 verfolgen[38]. Klagen mehrere Realgläubiger und macht auch nur einer von ihnen sein Recht nach § 771 geltend, so muß die Vollstreckung für unzulässig erklärt werden. Über einstweilige Anordnungen → § 771 Rdnr. 44, § 805 Rdnr. 28; wegen Beendigung der Zwangsvollstreckung → § 771 Rdnr. 11 f.

c) Das Widerspruchsrecht entfällt, wenn die Früchte beim *besitzenden Pächter* gepfändet 16 werden, weil dann die Realgläubiger nach § 21 Abs. 3 ZVG kein Recht darauf haben oder erlangen[39]. Ist dagegen ein *anderer Nutzungsberechtigter* Pfändungsschuldner, so kann ein Realgläubiger nur widersprechen, wenn er dem Nutzungsberechtigten in der Reihenfolge des § 10 ZVG vorgeht. Sonst hätte der Gläubiger die Einrede, daß er das bessere Recht seines Vollstreckungsschuldners[40] pfänden und nach der Überweisung selbst gemäß § 771 verfolgen könnte, so daß es arglistig wäre, ihn auf diesen Umweg zu verweisen, obwohl nur die Rangfrage im Widerspruchsprozeß geklärt werden müßte[41].

---

[31] Allg. M. *Hartmann* (Fn. 5) Rdnr. 4; *MünchKomm-ZPO-Schilken* Rdnr. 6; *Wieczorek*[2] Anm. A II b 1.
[32] OLG Schleswig SchlHA 1967, 86; *Noack* (Fn. 1) 115.
[33] Erst die Beschlagnahme gibt ihnen den Rang des § 10 Nr. 5 ZVG.
[34] *Jaeckel/Güthe* (Fn. 1) Rdnr. 23. – A. M. *Zeller/Stöber* ZVG[14] § 152 Rdnr. 10 (2).
[35] Abs. 2 gilt auch nach Aberntung; OLG Königsberg JW 1932, 3195.
[36] So auch *Hoche* NJW 1952, 961; *Teufel* (Fn. 1) §§ 20/21 Rdnr. 87; *Stöber* (Fn. 22) Rdnr. 13.
[37] Zust. *Schilken* (Fn. 5) Rdnr. 10 gegen *Noack* (Fn. 1) 114, der hier schon den Pfändungsrang nach dem Rang der dinglichen Rechte bestimmen will unter Berufung auf RGZ 103, 140, das aber nicht diesen Fall betrifft.
[38] → § 804 Rdnr. 8; zust. *Schilken* (Fn. 5) Rdnr. 10.
[39] OLG Braunschweig (Fn. 29); *Jaeger/Lent* KO[8] § 49 Rdnr. 53, allg. M.
[40] Die Sachfrüchte werden zwar nach § 21 ZVG ohne Rücksicht auf solche Nutzungsrechte in die Immobiliarmasse einbezogen; aber der Nutzungsberechtigte kann sein vorrangiges Recht nach § 771 verfolgen, vgl. *Jaeckel/Güthe* (Fn. 1) Rdnr. 4.
[41] So im Erg. *Jaeckel/Güthe* (Fn. 1) Rdnr. 23 a. E. Zust. *Schilken* (Fn. 5) Rdnr. 11. Vgl. auch zur Zulassung ähnlicher Einreden gegenüber der Widerspruchsklage → § 771 Rdnr. 47.

17 3. Außerdem können die Realgläubiger der Pfändung solcher Früchte, die unter § 811 Nr. 4[42] fallen oder im Fall der Trennung Zubehör sein würden (→ Rdnr. 3), nach § 766 widersprechen, und zwar auch dann, wenn der pfändende Gläubiger im Rang vorgeht. Bei Pachtgrundstücken sind sie dagegen wegen § 21 Abs. 3 ZVG regelmäßig nicht interessiert.

§ 811 [Unpfändbare Sachen]

Folgende Sachen sind der Pfändung nicht unterworfen:
1. die dem persönlichen Gebrauch oder dem Haushalt dienenden Sachen, insbesondere Kleidungsstücke, Wäsche, Betten, Haus- und Küchengeräte, soweit der Schuldner ihrer zu einer seiner Berufstätigkeit und seiner Verschuldung angemessenen, bescheidenen Lebens- und Haushaltsführung bedarf; ferner Gartenhäuser, Wohnlauben und ähnliche Wohnzwecken dienende Einrichtungen, die der Zwangsvollstreckung in das bewegliche Vermögen unterliegen und deren der Schuldner oder seine Familie zur ständigen Unterkunft bedarf;
2. die für den Schuldner, seine Familie und seine Hausangehörigen, die ihm im Haushalt helfen, auf vier Wochen erforderlichen Nahrungs-, Feuerungs- und Beleuchtungsmittel oder, soweit für diesen Zeitraum solche Vorräte nicht vorhanden und ihre Beschaffung auf anderem Wege nicht gesichert ist, der zur Beschaffung erforderliche Geldbetrag;
3. Kleintiere in beschränkter Zahl sowie eine Milchkuh oder nach Wahl des Schuldners statt einer solchen insgesamt zwei Schweine, Ziegen oder Schafe, wenn diese Tiere für die Ernährung des Schuldners, seiner Familie oder Hausangehörigen, die ihm im Haushalt, in der Landwirtschaft oder im Gewerbe helfen, erforderlich sind; ferner die zur Fütterung und zur Streu auf vier Wochen erforderlichen Vorräte oder, soweit solche Vorräte nicht vorhanden sind und ihre Beschaffung für diesen Zeitraum auf anderem Wege nicht gesichert ist, der zu ihrer Beschaffung erforderliche Geldbetrag;
4. bei Personen, die Landwirtschaft betreiben, das zum Wirtschaftsbetrieb erforderliche Gerät und Vieh nebst dem nötigen Dünger sowie die landwirtschaftlichen Erzeugnisse, soweit sie zur Sicherung des Unterhalts des Schuldners, seiner Familie und seiner Arbeitnehmer oder zur Fortführung der Wirtschaft bis zur nächsten Ernte gleicher oder ähnlicher Erzeugnisse erforderlich sind;
4 a. bei Arbeitnehmern in landwirtschaftlichen Betrieben die ihnen als Vergütung gelieferten Naturalien, soweit der Schuldner ihrer zu seinem und seiner Familie Unterhalt bedarf;
5. bei Personen, die aus ihrer körperlichen oder geistigen Arbeit oder sonstigen persönlichen Leistungen ihren Erwerb ziehen, die zur Fortsetzung dieser Erwerbstätigkeit erforderlichen Gegenstände;
6. bei den Witwen und minderjährigen Erben der unter Nummer 5 bezeichneten Personen, wenn sie die Erwerbstätigkeit für ihre Rechnung durch einen Stellvertreter fortführen, die zur Fortführung dieser Erwerbstätigkeit erforderlichen Gegenstände;
7. Dienstkleidungsstücke sowie Dienstausrüstungsgegenstände, soweit sie zum Gebrauch des Schuldners bestimmt sind, sowie bei Beamten, Geistlichen, Rechtsanwälten, Notaren, Ärzten und Hebammen die zur Ausübung des Berufes erforderlichen Gegenstände einschließlich angemessener Kleidung;
8. bei Personen, die wiederkehrende Einkünfte der in den §§ 850 bis 850 b bezeichneten Art beziehen, ein Geldbetrag, der dem der Pfändung nicht unterworfenen Teil der Einkünfte für die Zeit von der Pfändung bis zu dem nächsten Zahlungstermin entspricht;
9. die zum Betrieb einer Apotheke unentbehrlichen Geräte, Gefäße und Waren;

---

[42] → § 811 Rdnr. 38 ff.

10. die Bücher, die zum Gebrauch des Schuldners und seiner Familie in der Kirche oder Schule oder einer sonstigen Unterrichtsanstalt oder bei der häuslichen Andacht bestimmt sind;

11. die in Gebrauch genommenen Haushaltungs- und Geschäftsbücher, die Familienpapiere sowie die Trauringe, Orden und Ehrenzeichen;

12. künstliche Gliedmaßen, Brillen und andere wegen körperlicher Gebrechen notwendige Hilfsmittel, soweit diese Gegenstände zum Gebrauch des Schuldners und seiner Familie bestimmt sind;

13. die zur unmittelbaren Verwendung für die Bestattung bestimmten Gegenstände.

Gesetzesgeschichte: Bis 1900 § 715 CPO. Änderung RGBl. 1934 I 1070. Neubekanntmachung BGBl. 1950 535. Änderung BGBl. 1953 I 952, 1984 I 364 (Nr. 14), 1990 I 1762 (Nr. 14 aufgehoben). Geplant ist ein neuer Abs. 2 → Rdnr. 72.

Stichwortregister zu § 811

Ackerbau → Rdnr. 38
Angestellte → Rdnr. 44
Anrufbeantworter → Rdnr. 51
Anwalt → Rdnr. 38 Fn. 287, 290, 293
Anwendungsbereich → Rdnr. 10
Apotheken → Rdnr. 65
Arbeit, persönliche → Rdnr. 42
Arbeits- und Kapitalwert → Rdnr. 42, 45
Arbeitsbücher → Rdnr. 67
Arbeitskleidung → Rdnr. 51, 58
Arbeitsplatzsicherung → Rdnr. 38
Architekt → Rdnr. 38, Fn. 289, 290, 293
Arzneimittel → Rdnr. 65
Arzt (Land-, Stadt-) → Rdnr. 38, Fn. 297, 319, 321
Aschenurnen → Rdnr. 74
Atemgerät → Rdnr. 38, Fn. 321
Aufzuchttiere → Rdnr. 39
Ausländer → Rdnr. 20, 58
Auslegung → Rdnr. 6 f.
Ausputzmaschine → Rdnr. 38, Fn. 240
Auszubildende → Rdnr. 48
Bäcker → Rdnr. 46
Baumschulen Rdnr. 38
Bauunternehmer → Rdnr. 46
Bauzeichner → Rdnr. 38, Fn. 293
Beamte → Rdnr. 44
Beleuchtungsmittel → Rdnr. 33
Berufsgeräte → Rdnr. 51
Berufsvorbereitung → Rdnr. 48
Beschlagnahmte Güter → Rdnr. 74
Bestattungsgegenstände → Rdnr. 71
Besteck → Rdnr. 38
Betrieb durch Stellvertreter → Rdnr. 57
Betriebsgeräte → Rdnr. 51
Betriebsmaschinen → Rdnr. 51
Betten → Rdnr. 38
Beweisurkunden → Rdnr. 67
Bildnisse → Rdnr. 74
Blutdruckmesser → Rdnr. 74

Briefe → Rdnr. 68
Bücher → Rdnr. 29, 51, 66 f.
Bügeleisen → Rdnr. 38
Bügelmaschine → Rdnr. 38
Bundesbahn → Rdnr. 75
Büroausstattung → Rdnr. 59
Büroeinrichtungen → Rdnr. 51
CD-Spielgeräte → Rdnr. 38
Computer, -programme → Rdnr. 51, 66, 67 a.E., § 808 Rdnr. 1b
Couch → Rdnr. 38
Deckungsstock von Versicherungen → Rdnr. 78
Deputate → Rdnr. 38, Fn. 218
Dienstausrüstungsgegenstände → Rdnr. 58
Dienstkleidung → Rdnr. 58
Dienstpersonen → Rdnr. 34, 58
Diktiergeräte → Rdnr. 51
Drehstühle → Rdnr. 70
Drucker → Rdnr. 51
Düngemittel → Rdnr. 38
Ehegatte des Schuldners → Rdnr. 55
Ehrenzeichen → Rdnr. 69
Eigentum des Gläubigers → Rdnr. 15, 15a
Eisenbahnbetriebsmittel → Rdnr. 75
Entsafter → Rdnr. 30
Erwerbstätigkeit, persönliche → Rdnr. 44
Erzieher → Rdnr. 44
Fachbücher → Rdnr. 51, 58
Fahrräder → Rdnr. 29
Familie, Familienmitglieder → Rdnr. 31, 34, 36, 55
Familienbilder → Rdnr. 68
Familienpapiere → Rdnr. 68
Fernseher → Rdnr. 38, Fn. 256
Feuerungsmittel → Rdnr. 33
Fischzucht → Rdnr. 38
Forstwirtschaft → Rdnr. 38
Fotokopierer → Rdnr. 51
Freundschaftsringe → Rdnr. 68

Friteusen → Rdnr. 30
Ftoapparate → Rdnr. 29
Fuhrunternehmer → Rdnr. 46
Gartengeräte, -zäune → Rdnr. 24
Gartenhäuser → Rdnr. 32
Gärtnereien → Rdnr. 38
Gastwirte → Rdnr. 46
Gedenksteine (Grabsteine) → Rdnr. 71
Geflügel → Rdnr. 35
Geflügelzucht → Rdnr. 38
Gehilfen → Rdnr. 43, 45,
Geistliche → Rdnr. 44
Geld → Rdnr. 11, 33, 53, 61 ff., 75, 77, 78
Gemischtwarenhändler → Rdnr. 46
Geschäftsbücher → Rdnr. 67
Geschirr → Rdnr. 38
Geschirrspülmaschinen → Rdnr. 30
Gesellschaft bürgerlichen Rechts → Rdnr. 43
Getränkevorrat → Rdnr. 57, Fn. 256
Gewerbetreibende → Rdnr. 46
Gleichartige Sachen (Auswahl) → Rdnr. 56
GmbH → Rdnr. 43
Grabgitter → Rdnr. 71
Graburnen Rdnr. 74
Großgärtnerei → Rdnr. 46
Grundstückszubehör → Rdnr. 40
Handelsbücher → Rdnr. 67
Handelsvertreter → Rdnr. 46
Handfeuerwaffen → Rdnr. 74
Handlungsgehilfen → Rdnr. 44
Handwerker → Rdnr. 46
Handwerksmaschinen → Rdnr. 38, Fn. 240
Hardware → Rdnr. 51
Haupt- und Nebenbetriebe Rdnr. 38
Hausierer → Rdnr. 46
häusliche Gemeinschaft → Rdnr. 31
Haustrunk → Rdnr. 74
Heizgeräte → Rdnr. 38
Heizkissen → Rdnr. 78, Fn. 132
Herausgabeansprüche → Rdnr. 12, § 883 Rdnr. 18
Hilfsmittel für Kranke → Rdnr. 70
Hinterbliebene → Rdnr. 57
Hochseekabel → Rdnr. 75
Hochzeitskleider → Rdnr. 71
Holz → Rdnr. 39
Hypothekenbanken → Rdnr. 78
Imkerei → Rdnr. 38
Inhaberpapiere, verbotene → Rdnr. 74
Insolvenzverfahren → Rdnr. 42, 65, Fn. 61, 126
Juristische Personen → Rdnr. 43, 65, § 882a
Kaffeemaschinen → Rdnr. 38
Kaffeemühlen → Rdnr. 38
Kahnschiffer → Rdnr. 46
Kaninchen → Rdnr. 35
Karussellbetreiber → Rdnr. 46
KG → Rdnr. 43
Klavier (Gastwirtschaft) → Rdnr. 38, Fn. 256

Kleider → Rdnr. 38
Kleinkaufleute → Rdnr. 46
Kleintiere → Rdnr. 35
Konkurs → Rdnr. 42, 65, Fn. 61, 126
Kontobücher → Rdnr. 67
Kostüme der Schauspieler → Rdnr. 51
Kraftfahrzeuge → Rdnr. 29, 46, 51, 70, Fn. 253, 260, 294, 296 ff., 305
Küchenherde → Rdnr. 38
Küchenmaschinen → Rdnr. 30
Kühlschränke → Rdnr. 29, 38
Kundenkartei → Rdnr. 38, Fn. 344
Künstler → Rdnr. 44
Ladeneinrichtungen → Rdnr. 51
Landwirtschaftserzeugnisse → Rdnr. 38
Landwirtschaftsgeräte → Rdnr. 38
Landwirtschaftsvorräte → Rdnr. 38
Lebensmittel, gesundheitsschädliche → Rdnr. 74
Lose verbotener Lotterien → Rdnr. 74
Marktstand → Rdnr. 38, Fn. 253, 284
Maschinen → Rdnr. 46, 51
Mastvieh → Rdnr. 39
Mietbücherei → Rdnr. 46
Mikrowellengerät → Rdnr. 30
Minderjährige Erben → Rdnr. 57
Minderkaufleute → Rdnr. 46
Mitarbeit von Gehilfen → Rdnr. 36, 50, 54
Mitglieder der Streitkräfte → Rdnr. 59
Möbeltransporteure → Rdnr. 46
Musiker → Rdnr. 29, Fn. 300
Musikinstrumente → Rdnr. 29, Fn. 300
Musiklehrer → Rdnr. 52
Nähmaschine → Rdnr. 38, Fn. 240
Nahrungsmittel → Rdnr. 33
Naturalien → Rdnr. 41
Nebenbetriebe → Rdnr. 38
Notar → Rdnr. 38, Fn. 293
Obstbau → Rdnr. 38
Öfen → Rdnr. 38
OHG → Rdnr. 43
Orden → Rdnr. 69
Originalwerke mit Urheberschutz → Rdnr. 76
Pachtinventar → Rdnr. 40
Patentanwälte → Rdnr. 58
Pensionsinhaber → Rdnr. 46
Pfandbriefbanken → Rdnr. 78
Plattenspieler → Rdnr. 38
Postsendungen → Rdnr. 75
Privatlehrer → Rdnr. 44
Rechtsanwalt → Anwalt
Rechtsfolgen → Rdnr. 8
Referendare → Rdnr. 48
Registrierkassen → Rdnr. 67
Richter → Rdnr. 58
Rollstühle → Rdnr. 70
Röntgenanlage → Rdnr. 38, Fn. 321
Rundfunkgeräte → Rdnr. 38, 79

Schaubuden → Rdnr. 46
Schauspieler → Rdnr. 51
Schiedsmann → Rdnr. 60
Schlachter → Rdnr. 46
Schränke → Rdnr. 38
Schreibmaschinen → Rdnr. 51
Schreibtische → Rdnr. 51
Schreibwarenhändler → Rdnr. 46
Schuhmacher → Rdnr. 46
Schüler → Rdnr. 48
Schutz Dritter → Rdnr. 23
Schutzzweck → Rdnr. 3 f., 14, 23
Selbständige → Rdnr. 44
Software → Rdnr. 51
Sprechzimmerausstattung → Rdnr. 59
Staubsauger → Rdnr. 38
Staubsauger → Rdnr. 29
Steuerberater → Rdnr. 38, Fn. 292
Stoffe → Rdnr. 38
Studenten → Rdnr. 48, Fn. 293
Stühle → Rdnr. 38
Surrogate → Rdnr. 11, 75, 77, Fn. 68
Taschenrechner → Rdnr. 51
Taufkleider → Rdnr. 71
Taxiunternehmer → Rdnr. 46
Teppiche → Rdnr. 29
Theaterunternehmen → Rdnr. 46
Thermometer, ungeeichte → Rdnr. 74
Tiefkühltruhe → Rdnr. 38
Tiefkühltruhen → Rdnr. 29
Tierärzte → Rdnr. 59
Tiere → Rdnr. 41
Tiere → Rdnr. 35 f., § 765a Rdnr., § 811c
Tische → Rdnr. 38
Tonbandgeräte → Rdnr. 51
Tonbandgeräte → Rdnr. 38

Trauringe → Rdnr. 68
Unselbständige Arbeit → Rdnr. 44
Unterbrechung des Betriebs → Rdnr. 38
Unterbrechung des Berufs → Rdnr. 48
Unterkünfte → Rdnr. 32
Verfassungsrecht → Rdnr. 2
Verkaufsfahrer → Rdnr. 46
Verkaufskioske → Rdnr. 51
Verlöbnisringe → Rdnr. 68
Versicherungsagenten → Rdnr. 38, Fn. 293
Verstöße gegen § 811 → Rdnr. 21–23
Verwirkung → Rdnr. 9
Verzicht des Schuldners → Rdnr. 8
Videokassettenvermieter → Rdnr. 46
Videorecorder → Rdnr. 38
Viehbestände Rdnr. 38
Viehhändler → Rdnr. 46
Viehzucht → Rdnr. 38
Wählautomat → Rdnr. 38, Fn. 291
Warenbestände → Rdnr. 53
Warmwasserbereiter → Rdnr. 38
Wartezimmerausstattung → Rdnr. 59
Wartezimmereinrichtungen → Rdnr. 51
Wäscheschleuder → Rdnr. 38
Wäschetrockner → Rdnr. 38
Waschmaschine → Rdnr. 38
Wasserenthärtungsanlagen → Rdnr. 30
Weinbau → Rdnr. 38
Witwen → Rdnr. 57
Wohnboote → Rdnr. 32
Wohnlauben → Rdnr. 32
Wohnwagen → Rdnr. 32
Zahnärzte → Rdnr. 59
Zeitpunkt der Unpfändbarkeit → Rdnr. 17
Zimmervermieter → Rdnr. 46

Übersicht:

I. Allgemeines	
1. Grundgedanke	1
2. Entwicklung; Auslegung	5
3. Rechtlicher Charakter; Verzicht	8
II. Gemeinsames für § 811 Nr. 1–14	
1. Anwendungsbereich	10
2. Geldsurrogate; Wert	11
3. Eigentum Dritter oder des Gläubigers	14
4. Maßgebender Zeitpunkt	17
5. Ausländer	20
6. Bindung an Entscheidung	
III. Verstöße gegen § 811	21
IV. Die einzelnen Nrn. des § 811	
§ 811 Nr. 1	24
§ 811 Nr. 2	33
§ 811 Nr. 3	35
§ 811 Nr. 4	38
§ 811 Nr. 4a	41
§ 811 Nr. 5	42
§ 811 Nr. 6	57
§ 811 Nr. 7	58
§ 811 Nr. 8	61
§ 811 Nr. 9	65
§ 811 Nr. 10	66
§ 811 Nr. 11	67
§ 811 Nr. 12	70
§ 811 Nr. 13	71
V. Der geplante Abs. 2	73
VI. Weitere Pfändungsbeschränkungen	74

I. Allgemeines[1]

1. § 811 zählt Gegenstände auf, deren Pfändung er verbietet. **Gemeinsamer Grund** dieser Pfändungsverbote ist der **Schutz des Schuldners aus sozialen Gründen** im öffentlichen Interesse[2].

a) Die Zwangsvollstreckungstätigkeit des Staates ist an die verfassungsmäßige Ordnung gebunden (Art.1 Abs. 3 GG); sie muß im Einklang mit den elementaren Verfassungsgrundsätzen stehen und somit auch dem **Sozialstaatsprinzip** (Art.20, 28 GG) entsprechen[3]. »Das Gebot des sozialen Rechtsstaats ist in besonderem Maße auf einen Ausgleich sozialer Ungleichheiten zwischen den Menschen ausgerichtet und dient zuvörderst der Erhaltung und Sicherheit der menschlichen Würde«[4]. Das bedeutet allerdings nicht, daß jede Regelung, die zu Härten oder Unbilligkeiten führen könnte, zu modifizieren wäre[5]. Der **Schutz-** und **Fürsorgegedanke**[6] verpflichtet den Staat daher nur, jedem Menschen, der wegen seiner sozialen Lage der Hilfe der Allgemeinheit bedarf, durch staatliche Hilfe die Führung eines Lebens zu ermöglichen, das der Würde des Menschen entspricht, Art.1ff. GG[7], und ihn vor dem Verlust dieser Lebensqualität zu bewahren[8]. Diese Pflicht wird vor allem durch das Bundessozialhilfegesetz erfüllt[9]. Art und Weise der dort getroffenen Regelungen lassen den Schluß zu, daß auch die §§ 811ff. und teilweise die durch besondere Vorschriften (→ Rdnr. 74ff.) erlassenen Pfändungsverbote den **Schutzgedanken** des Sozialstaatprinzips verwirklichen sollen[10]. Die staatliche Pflicht zur Vollstreckung[11] reicht nur so weit, wie ein menschenwürdiges Leben des Schuldners nicht gefährdet wird. So erklärt sich auch die Zusammensetzung des Katalogs der Pfändungsverbote, die dem Schuldner die wichtigsten zum Lebensunterhalt benötigten Gegenstände belassen (Nrn. 1–4 a, 12), seine Erwerbsfähigkeit sichern (Nrn. 4–7, 9) oder eine Umgehung des Lohnpfändungsschutzes verhindern (Nr. 8). Schließlich sind Sachen unpfändbar, die dem innersten Persönlichkeitsbereich zuzuordnen sind (Nrn. 10, 11, 13).

Die gesetzlichen Pfändungsverbote des § 811 beruhen daher nicht auf privatrechtlicher Wertung[12], sondern sie stellen sich als zwingende, öffentlich-rechtliche Schranken der staatlichen Vollstreckungsgewalt dar. Sie ergeben sich heute aus den Grundrechten Art.1 und 2 GG und aus dem Sozialstaatsprinzip der Art. 20 und 28 GG[13], nicht etwa aus einer Abwägung zwischen dem gleichermaßen nach Art. 14 GG geschützten Vermögen des Schuldners und dem Anspruch des Gläubigers[14]. Freilich hat der Staat auch für besonders schutzwürdige Gläubiger einzutreten, wie die Berücksichtigung auch seiner Not in den §§ 765a, 813a, 850b Abs. 2, 850d, 850f zeigt. Der übrige Schuldnerschutz der ZPO, auch § 811, läßt für eine

---

[1] Lit: *Jonas/Pohle* ZVNotR[16] (1954) 59ff. (teilweise überholt); *Lippross* Grundlagen usw.(1983); *Noack* Vollstreckungspraxis[5] (1970) 20ff., 240ff.; *E. Schneider* DGVZ 1980, 177ff. Zu älterer Lit → 19. Aufl.

[2] *BayObLG* NJW 1950, 697 = MDR 558 mit RGZ 72, 183f., BT-Drucks. 134/94 S. 65, ganz h.M. → aber Fn. 12.

[3] *Maunz/Dürig/Herzog/Scholz* (Stand 1992) Rdnr. 44 cc zu Art. 1 Abs. 1. Insoweit zust., als existentielle Grundrechte des Schuldners betroffen sind, *MünchKommZPO-Schilken* Rdnr. 2 Fn. 18.

[4] *BVerfGE* 35, 355f. = NJW 1974, 230 (Armenrecht, jetzt Prozeßkostenhilfe).

[5] *BVerfGE* 26, 61f. = NJW 1969, 1341 (zu § 1708 aF BGB).

[6] *BVerfGE* MDR 1966, 534f.; *Maunz* Staatsrecht[28] § 13 I 2.

[7] Vgl. § 1 Abs. 2 BSHG; *Maunz* (Fn. 6) § 13 I 4.

[8] *Maunz/Dürig/Herzog/Scholz* (Fn. 3) Rdnr. 43, 44 zu Art. 1 Abs. 1; *Nipperdey* Grundrechte II (1954) 7; *Maunz* (Fn. 6) § 13 I 4.

[9] Vgl. die Komm. *Gottschick/Giese*[8]; *Knopp/Fichtner*[6]; *Schellhorn/Jirasek/Seipp*[9].

[10] *Maunz/Dürig/Herzog/Scholz* (Fn. 3); *E. Schneider* (Fn. 1) 179 mwN; *Lippross* (Fn. 1) 119ff.; *G. Lüke/Beck* JuS 1994, 24 (Würde des Menschen, persönliche Handlungsfreiheit); BT-Drucks. 134/94 S. 67.

[11] → Rdnr. 16 vor § 704.

[12] A.M. *Henckel* Prozeßrecht und materielles Recht (1970), 351ff.; *Scherf* Vollstreckungsverträge (1971) 73ff. Sowohl für privat- als auch verfassungs- u. öffentlichrechtliche Herleitung *Schilken* (Fn. 3) Rdnr. 2.

[13] So schon sinngemäß RGZ 72, 183; 128, 85; ebenso *BayObLG* u. BR-Drucks. 134/94 (Fn. 2); allgemein *Nipperdey* (Fn. 8) II 26ff.; *Maunz* (Fn. 6) § 13 I 4; auch *Henckel* (Fn. 12) 350, obwohl er § 811 als privatrechtlichen Vollstreckungsschutz begreift.

[14] Dazu *Münzberg* DGVZ 1988, 85; → auch Rdnr. 44a vor § 704 zum Grundsatz der Verhältnismäßigkeit, der im Rahmen des § 811 nicht ins Spiel gebracht werden sollte *Schilken* (Fn. 3) Rdnr. 2.

Wertung der Gläubigerinteressen keinen Raum mehr, denn sie setzen bereits die äußerste Grenze der Belastbarkeit des Schuldners. Auch eine Abgrenzung subjektiver Privatrechte von Gläubiger und Schuldner[15] oder die Beachtung von Interessen der Rechtspflege stehen nicht in Frage und sind jedenfalls vom Gesetz nicht intendiert[16]; es versteht den Vollstreckungsschutz (ebenso wie den Konkurs) – in Verbindung mit den langen Verjährungsfristen der §§ 218 ff. BGB – lediglich als Aufschub der Rechtsdurchsetzung, nicht als Verhinderung des Vollstreckungserfolgs[17]. Das privatrechtliche Anspruchs- und Haftungssystem bleibt unberührt; andernfalls müßte der Schuldner folgerichtig schon im Erkenntnisverfahren oder nachträglich gemäß § 767 seine Armut mit Erfolg geltend machen können und Vertragspfandrechte müßten folgerichtig erlöschen, sobald die Voraussetzungen des § 811 eintreten.

b) Die Pfändungsverbote des § 811 und das BSHG dienen somit unmittelbar dem Schutz 3 und der Erhaltung des Existenzminimums in gegenseitiger Ergänzung. Wäre eine sog. Kahlpfändung zulässig, so würde der Schuldner der Sozialhilfe unterliegen. Er hätte dadurch einen Rechtsanspruch[18] gegenüber dem Staat auf Wiedergutmachung des durch die Vollstreckung eingetretenen »Erfolgs« der Pfändung. Letztlich wäre der Staat verpflichtet, mit der einen Hand zu geben, was er zuvor mit der anderen Hand dem Schuldner zugunsten eines Gläubigers weggenommen hat[19]. Sozialhilfe und Pfändungsverbote müssen daher aufeinander abgestimmt und an gleichen Maßstäben ausgerichtet sein, um in sinnvoller Weise dem Verfassungsgebot gerecht zu werden[20]. Die Verwirklichung des sozialstaatlichen Schutzgedankens erfolgt **vorrangig im öffentlichen Interesse**, hinter dem die Interessen der Parteien zurückzutreten haben[21].

Der Gläubiger trägt das Risiko, ob der Schuldner zahlungsfähig ist oder pfändbare Gegen- 4 stände besitzt. Damit hat der Gläubiger keineswegs die Aufgabe, die staatliche Sozialhilfe zu entlasten, denn auf fiskalische Interessen muß er keine Rücksicht nehmen[22]. Dennoch wird durch die Pfändungsverbote der Schuldner nicht einseitig bevorzugt. Auch dem Gläubiger kommt es zugute, wenn dem Schuldner ein Bereich menschenwürdigen Lebens verbleibt, der ihm Raum zur Entfaltung seiner Persönlichkeit läßt. Nur so wird dem Schuldner ein Anreiz gegeben, seine Verpflichtungen aus eigener Kraft zu erfüllen[23].

2. Die Regelung in § 811 war anfangs recht starr ausgefallen und wurde dazu noch eng 5 ausgelegt. Das führte vor allem in wirtschaftlich schwierigen Perioden (Zweiter Weltkrieg, Zusammenbruch, Währungsumstellung 1948) zu Unzulänglichkeiten. Hieraus entstand das Zwangsvollstreckungsnotrecht[24], das die Mängel des Schuldnerschutzes mehr oder weniger verdeckte. Dieses Notrecht wurde jeweils wieder abgebaut a) durch Änderung der Nrn. 1, 5, 6[25], b) durch Übernahme der Nr. 1 HS 2, Nrn. 3, 4, 4a aus dem Notrecht, Hinzufügung der

---

[15] Anders z. B. Art. 592–2 c.pr.c., s. *Wietek/Müssig* DGVZ 1980, 1 (Privilegierung sachbezogener Forderungen). → dazu Rdnr. 73.
[16] *J. Blomeyer* ZZP 89 (1976) 491 f.; wohl auch *Zöller/Stöber*[19] Rdnr. 3. Dies verkennen z. B. *Jonas/Pohle* (Fn. 1) 68; *Henckel* (Fn. 12) 349 ff.; *Jaeger/Henckel* KO[9] § 1 Rdnr. 64.
[17] *J. Blomeyer* (Fn. 16). – A.M. *Henckel* (Fn. 12) 352, der den (tatsächlich häufigen!) Mißerfolg der ZV zur Begründung seiner Auffassung (→ Fn. 13) heranzieht.
[18] Zu § 4 Abs. 1 BSHG vgl. die Komm. (Fn. 9).
[19] *Jonas/Pohle* (Fn. 1) 62; *Noack* DGVZ 1969, 114; *E. Schneider* (Fn. 1) 179.
[20] Zur inhaltlichen Bezogenheit von Sozialhilfe und Pfändungsverbot nach § 811 vgl. RGZ 72, 183; OLG Köln JW 1933, 535; *Jonas/Pohle* (Fn. 1) 62; *Noack* (Fn. 19); *Säcker* NJW 1966, 2347.

[21] Grundlegend RG (Fn. 20); BayObLG (Fn. 2); OLG Bremen MDR 1952, 237; OLG Köln JMBlNRW 1956, 64; KG DGVZ 1960, 94 u. 174; *Stöber* (Fn. 16); *Noack* (Fn. 1) 21 u. → Fn. 19.
[22] → § 765 a Rdnr. 7. Dies verkennt *Henckel* (Fn. 12) 359 f. Es handelt sich weder um entschädigungslose Überwälzung staatlicher Aufgaben auf Private noch um ein Sonderopfer; vgl. BGHZ 6, 270; 13, 316; ebenso *Lippross* (Fn. 1) 102 u. 137. Außerdem übersieht *Henckel*, daß die angebliche Ungleichheit auch durch Verlagerung auf die privatrechtliche Ebene nicht beseitigt würde.
[23] *Jauernig* ZwVR[19] § 31 I; *Jonas/Pohle* (Fn. 1) 63; *Henckel* (Fn. 12) 358; *E. Schneider* (Fn. 1) 179; krit. *Alisch* DGVZ 1981, 106 f.
[24] → Rdnr. 12 vor § 704.
[25] Durch G vom 24.X.1934 (RGBl I 1070).

Nr. 14 aF (jetzt § 850c) und Anpassung der Nr. 8 an den damals eingeführten Lohnpfändungsschutz[26].

6 Der Wandel in der Auffassung – vom bloß negativ gefaßten Schuldnerschutz aus sozialpolitischer Zweckmäßigkeit hin zur Konkretisierung eines Verfassungsgebots – muß bei der **verfassungskonformen Auslegung** des § 811 Beachtung finden, insbesondere wenn es um ausfüllungsbedürftige Tatbestandsmerkmale geht, wie z.B. »erforderlich, angemessen, unentbehrlich, notwendig« oder darum, welcher Naturalien (Nr. 4a) der Schuldner »bedarf«[27]. Entscheidungen vor Geltung des GG können insoweit nur noch bedingt herangezogen werden. Aus der rechtlichen und inhaltlichen Verknüpfung von staatlicher Sozialhilfe und Pfändungsverboten nach § 811 ergibt sich, daß die einschlägigen Vorschriften des BSHG bei der Auslegung des § 811 mitzubeachten sind[28]. So sind die persönlichen und örtlichen Verhältnisse des Einzelfalls (vgl. § 3 Abs. 1 BSHG) zu berücksichtigen, aber auch die Zielsetzung, die Kräfte des Schuldners zur Selbsthilfe (vgl. § 7 BSHG) anzuregen; vgl. auch §§ 12, 88 sowie 18 Abs. 1, 30 Abs. 1 BSHG.

7 Eine vollständige Erfassung aller sozial notwendigen Pfändungsverbote in § 811 ist nie zu erreichen, doch muß gerade deshalb eine begriffsjuristische Auslegung den Zweck dieser Normen gänzlich verfehlen[29]. Durch teleologische Auslegung[30] unter Beachtung des sozialstaatlichen Grundgedankens ist vielmehr eine zeitgemäße[31], den Einzelfall berücksichtigende[32] Interpretation zu erreichen. Eine schon deshalb unzulässige einschränkende Auslegung[33] ist auch nicht durch den Hinweis auf § 765a zu rechtfertigen[34]. § 765a kann nur dann Anwendung finden, wenn die Pfändung sonst zulässig wäre[35]. § 811 gilt unabhängig von subjektiven Gläubiger- oder Schuldnerinteressen, die bei § 765a eine Rolle spielen[36], da nur das menschenwürdige Existenzminimum des Schuldners erheblich ist → Rdnr. 1, 2. Durch Austauschpfändung (§§ 811a, 811b) und Vorwegpfändung (§ 811d) kommt den Gläubigerinteressen ein Ausgleich für die Beschränkung der staatlichen Vollstreckungsgewalt in § 811 zu.

8 3. Die Pfändungsbeschränkungen des § 811 sind ebenso wie jene der §§ 850 ff. **prozeßrechtlicher Natur**[37] und stehen deshalb neben etwaigen Beschränkungen des materiellen Anspruchs[38]. § 811 ist **von Amts wegen** zu beachten; die Vollstreckungsorgane haben die Voraussetzungen selbständig zu prüfen[39]. Jeder **Verzicht** des Schuldners vor (h.M.), bei oder nach der Pfändung (str.) ist **nichtig**[40], da er über die sich aus der öffentlich-rechtlichen Bindung der Vollstreckungsgewalt an das Sozialstaatsprinzip ergebenden Pfändungsverbote nicht verfügen kann[41]. Die Gegenansicht hält einen Verzicht bei oder nach der Pfändung für wirksam[42], zumindest wenn er ausdrücklich und in Kenntnis des Pfändungsverbots erklärt

[26] VollstreckungsmaßnG vom 20. VIII.1953 (BGBl I 952).
[27] *Lippross* (Fn. 1) 149; → dazu Einl. (20. Aufl.) Rdnr. 65, 529. A.M. *Alisch* (Fn. 23) 108; krit. gegen voreiligen Rückgriff auf Verfassungsrecht *G. Lüke/Beck* (Fn. 10) 23.
[28] *Säcker* (Fn. 20); vgl. auch *Gilleßen/Jakobs* DGVZ 1978, 129; *Schilken* (Fn. 3) Rdnr. 2 Fn. 19; *G. Lüke/Beck* (Fn. 10) 24.
[29] Am teilweise veralteten Wortlaut darf nicht festgehalten werden. Vgl. *Wieczorek*[2] Anm. A II.
[30] Vgl. Einl. (20. Aufl.) Rdnr. 40, 57 ff.
[31] *Jonas/Pohle* (Fn. 1) 68; *E. Schneider* (Fn. 1) 184; *Baumbach/Hartmann*[53] Rdnrn. 1, 9 (aber keine entspr. Anw.).
[32] Undifferenzierte Verwertung der Kasuistik ist unangebracht *Jonas/Pohle* (Fn. 1) 68; *Noack* DGVZ 1969, 116.
[33] A.M. *K. Blomeyer* ZV[2] 89.
[34] So noch 18. Aufl. u. *Thomas/Putzo*[18] Rdnr. 1; LG Bonn MDR 1965, 304.

[35] *Henckel* (Fn. 12) 378.
[36] → § 765a Rdnr. 5 ff.
[37] → Rdnr. 2; zust. *Schilken* (Fn. 3) Rdnr. 8 gegen *Henckel u. Scherf* (Fn. 12).
[38] → Rdnr. 41, 104 vor § 704.
[39] § 120 GVGA, allg. M.
[40] RGZ 72, 183; 128, 85; BayObLG (Fn. 2); OLGe Bremen MDR 1952, 237 = BB 558; Frankfurt NJW 1953, 1835 u. Rpfleger 1954, 194; Köln Rpfleger 1969, 439; Nürnberg OLGRsp 23, 216; LGe Berlin DGVZ 1953, 118; Stuttgart ZZP 69 (1956) 447; *Bloedhorn* DGVZ 1976, 107 f.; *Blomeyer* ZwVR § 44 III 4 b; *Brox/Walker*[4] Rdnr. 303; *Jonas/Pohle* (Fn. 1) 69 f.; *Lippross* (Fn. 1) 184 ff.; *Mümmler* DGVZ 1963, 120; *Noack* (Fn. 1) 20 u. (Fn. 19); *Stöber* (Fn. 16) Rdnr. 10; *Thomas/Putzo*[18] Rdnr. 5; *Wieczorek*[2] Anm. A III c.
[41] *Lippross* (Fn. 1) 184 ff. leitet dies aus der Menschenwürde ab.
[42] KG JR 1952, 281; DGVZ 1956, 89; OLGe Celle OLGRsp 17, 196; Hamburg OLGRsp 4, 368; Karlsruhe OLGRsp 14, 174; LGe Bremen MDR 1951, 752; Bonn

ist⁴³. Sie gründet ihre Auffassung überwiegend darauf, daß der Schuldner die unpfändbaren Gegenstände auch veräußern, verpfänden⁴⁴, dem Gläubiger in Zahlung geben⁴⁵ oder zur Sicherung übereignen könne⁴⁶. § 811 läßt aber eine Berücksichtigung des rechtsgeschäftlichen Verfügungswillens des Schuldners grundsätzlich nicht zu⁴⁷; dies darf auch nicht durch eine vergleichende materiellrechtliche Betrachtungsweise aufgeweicht werden⁴⁸. Die gegenteilige Ansicht führt aber auch in der Praxis zu Schwierigkeiten, da sie dem Vollstreckungsorgan die Prüfung auflastet, ob bei einem Verzicht des Schuldners dessen Geschäftsfähigkeit gegeben ist, ob Willensmängel vorliegen, ob der Schuldner über den Gegenstand allein verfügen kann (BGB-Gesellschaft, Erben, Ehegatten) oder ob auch andere Erinnerungsberechtigte (z.B. zum Hausstand gehörende Personen) den Verzicht erklärt bzw. ihm zugestimmt haben⁴⁹.

Selbstverständlich kann der Schuldner die Erinnerung unterlassen und diese Absicht seinem Gläubiger mitteilen. Ein solches Verhalten läßt vermuten, der Schuldner habe noch bisher nicht erkennbare Ausweichmöglichkeiten, kann aber auch nur ein Zeichen vollständiger Resignation vor der durch staatliche Gewalt gestärkten Position des Gläubigers sein. Wird zu einem späteren Zeitpunkt doch noch Erinnerung eingelegt, so ist darzulegen, daß sich die Verhältnisse inzwischen geändert haben⁵⁰. Daraus sollte jedoch nicht der Schluß gezogen werden, ein trotz geänderter Verhältnisse *bindender* Verzicht auf die Erinnerung sei zulässig; hier bestehen die gleichen Bedenken wie gegen den Verzicht auf die Unpfändbarkeit selbst⁵¹. Nur in besonders gelagerten Ausnahmefällen, die nach strengen Maßstäben zu untersuchen sind⁵², können ein Verzicht oder ein sonstiges Verhalten des Schuldners als **Verwirkung** der Erinnerungsmöglichkeit nach § 811 angesehen werden⁵³. So z.B., wenn der Schuldner in unlauterer Absicht durch sein Verhalten den Gläubiger von der Durchführung anderer Vollstreckungsmaßnahmen, insbesondere einem Offenbarungsverfahren, solange abhält, bis der Schuldner andere pfändbare Gegenstände beiseite geschafft oder versteckte pfändbare Gegenstände für sich (oder andere Gläubiger) verwertet hat. Die Verwirkung, die der Gläubiger mit der Arglisteinrede geltend machen kann⁵⁴, tritt jedoch nicht wegen privatrechtlicher Interessen ein⁵⁵, sondern dem Schuldner wird der Schutz versagt, weil und soweit sein rechtsmißbräuchliches Verhalten einen Verlust des öffentlichen Interesses an seinem sozialen

Rechtsschutz zur Folge hat⁵⁶. Soweit *Dritten* das Erinnerungsrecht überhaupt zusteht, → Rdnr. 23, können sie sich trotzdem auf § 811 berufen⁵⁷.

II. Gemeinsames für § 811 Nrn. 1–14

10   1. Die Pfändungsverbote des § 811 gelten nach § 295 AO, § 5 BVwVG und entsprechend für die Verwaltungsvollstreckung nach Landesgesetzen⁵⁸. Sie finden **ausschließlich** bei der Vollstreckung von **Geldforderungen** Anwendung⁵⁹, wobei (anders als beim Lohnpfändungsschutz) die Art der Geldforderung gleichgültig ist⁶⁰. Richtet sich der Titel gegen den Anfechtungsgegner auf bestimmte Sachen, so gilt § 811 nicht⁶¹. Zu Ansprüchen des Eigentümers der zu pfändenden Sache → Rdnr. 15, 15a, 73. Die Befreiungen gelten auch bei *Arrest-* und *Austauschpfändung*, gleichgültig, ob die Befreiungsgründe bereits bei der ersten Pfändung galten oder nicht geltend gemacht wurden⁶². Vgl. auch §§ 559 S. 3, 581, 704 BGB; wegen anderer Pfandrechte usw. → Rdnr. 15, 40 jeweils a.E. Der *Erbe* kann sich hinsichtlich der Nachlaßgegenstände ebenfalls auf § 811 berufen⁶³. Wegen der Vollstreckung von Ansprüchen auf *Herausgabe* unpfändbarer Gegenstände → § 883 Rdnr. 18.

11   2. § 811 gilt für die im Gesetz aufgeführten und ihnen sinngemäß gleichzustellenden Gegenstände⁶⁴, aber nicht für Hilfspfändungen von Urkunden⁶⁵ → § 808 Rdnr. 2. **Geldsurrogate** dafür sind nur im Rahmen der Nrn. 2 und 3 ausdrücklich für unpfändbar erklärt⁶⁶. Eine entsprechende Anwendung auf Geld, das für andere – ebenso unentbehrliche – Gegenstände bestimmt ist, ist unzulässig⁶⁷. Aus der zeitlichen Beschränkung von vier Wochen (vgl. auch Nr. 8) ist zu erkennen, warum das Gesetz andere Fälle nicht einbezogen hat. Hinzu käme die praktische Schwierigkeit, eine entsprechende Einwendung des Schuldners sachlich nachzuprüfen. Auch § 811a Abs. 3 bietet zur Analogie keinen Anlaß, denn dort ist die Zulässigkeit der Pfändung von vornherein bedingt durch den Austauschzweck; ähnlich liegt es bei dem *Erlös aus der Versteigerung einer unpfändbaren Sache*, wenn die Pfändung noch vor Auskehrung des Erlöses für unzulässig erklärt wird → Fn. 117, denn dann ist die Unpfändbarkeit des Erlöses nur eine Folge der sich an ihm fortsetzenden Rechte an der Sache⁶⁸.

12   *Ansprüche des Schuldners auf Herausgabe* der nach § 811 unpfändbaren Sachen sind selbst unpfändbar, → § 847 Rdnr. 2. → aber auch Rdnr. 30.

13   Ist eine Sache unpfändbar, so ist – außer für Nr. 14 – ihr **Wert** gleichgültig⁶⁹. Auch daß die Gebrauchsvorteile im Verhältnis zum Wert des Pfandstücks geringfügig sind, schließt den

---

⁵⁶ S. *BayObLG* (Fn. 2); vgl. auch §§ 25, 45 BSHG.
⁵⁷ H.M.; *KG* Rpfleger 1957, 415; *K. Blomeyer* ZV² § 15 III 2; *Noack* MDR 1966, 809 f. u. BB 1966, 1007.
⁵⁸ Z.B. § 45 SaarlVwVG.
⁵⁹ Allg.M. Also weder bei §§ 883 ff. (*Pardey* DGVZ 87, 163) noch beim Zurückbehaltungsrecht des GV → § 885 Rdnr. 39. Zur »Geldforderung« → Rdnr. 1 ff. vor § 803.
⁶⁰ Abgesehen von Nr. 8 → Rdnr. 62 a.E. Dazu *Noack* BB 1966, 1007.
⁶¹ H.M. *OLG Hamm* NJW 1962, 1827 = JMBlNRW 235 = MDR 1963, 319 = Büro 51 = DGVZ 121 mwN. S. auch *Jonas/Pohle* (Fn. 1) 65 f.; *Noack* (Fn. 19); *Wieczorek²* Anm. A I; *Stöber* (Fn. 16) Rdnr. 8; *Mohrbutter* (Fn. 42) 167. Dagegen galt § 811 zugunsten des Übernehmers nach § 419 BGB *OLG Hamm* MDR 1954, 490 = JMBlNRW 117; *Stöber* aaO. – A.M. *Wieczorek²* Anm. A I. – Zu Rechtsfolgen im Konkurs/Insolvenzverfahren s. *Henckel* (Fn. 16) Rdnr. 62; *Noack* KTS 1966, 149 f. Jedoch gehört ab 1999 der Erlös einer vom Gemeinschuldner veräußerten, unpfändbaren Sache zur Masse wegen der von § 1 KO abweichenden Regelung des § 35 InsO.

⁶² *OLG Düsseldorf* JMBlNRW 1954, 103.
⁶³ *LG Berlin* JW 1938, 1917; *Noack* (Fn. 19).
⁶⁴ Vgl. *Deissler* ABC der unpfändbaren Sachen (1962, weitgehend überholt); *Noack* (Fn. 19) 20 f., 240 f., 312 f. sowie den Stichwortkatalog bei *Wieczorek²*.
⁶⁵ *LG Frankfurt a.M.* DGVZ 1990, 170 (Flugschein).
⁶⁶ → aber auch § 811 a Rdnr. 30.
⁶⁷ *OLG Posen* OLGRsp 4, 365; *Hartmann* (Fn. 31) Rdnr. 1; *Wieczorek²* Anm. A II a; *Stürner* (Fn. 42) Rdnr. 345; *Jonas/Pohle* (Fn. 1) 68; *Noack* (Fn. 19); *Lippross* (Fn. 1) 170.
⁶⁸ *Jonas/Pohle* (Fn. 1) 71; *LG Rottweil* DGVZ 1993, 57. → auch § 819 Rdnr. 1 ff. Im Falle § 885 Abs. 4 handelt es sich jedoch nicht um Pfändungserlös, so daß nur § 811 Nr. 2, 3, 8 in Betracht kommen → § 885 Rdnr. 46. – A.M. *Wieczorek²* Anm. A II a (stets nur bei Nrn. 2, 3 und 8).
⁶⁹ *LG Heilbronn* MDR 1992, 1001 = Rpfleger 1993, 119 f. = DGVZ 12; *Hartmann* (Fn. 31) Rdnr. 10; *Pardey* DGVZ 1987, 112.

Schutz des § 811 noch nicht aus⁷⁰. S. jedoch zur *Austauschpfändung* bei Nrn. 1, 5, 6 die Anm. zu §§ 811a, 811b.

3. Grundsätzlich *unerheblich* ist, wem die Gegenstände *gehören*⁷¹. Ebenso wie der Gläubiger nicht gehindert ist, eine in seinem Eigentum stehende Sache pfänden zu lassen → § 804 Rdnr. 13 f., ist dem Schuldner umgekehrt eine Berufung auf § 811 nicht deshalb versagt, weil die Pfandsache ihm nicht gehört; das Gesetz *schützt* hier den *Besitz* und die *Gebrauchsmöglichkeit*⁷². Folgerichtig können eigene Sachen des Schuldners pfändbar sein, eben weil er oder seine Familienangehörigen entsprechende fremde Sachen für eine nicht absehbare Zeit⁷³ mitbenützen können⁷⁴. 14

§ 811 gilt auch gegenüber dem **Eigentum des Gläubigers**, wenn er ihm zur Sicherung übereignete Sachen wegen der gesicherten Forderung beim Schuldner pfänden läßt⁷⁵. Er kann als Eigentümer die Herausgabe- statt der Geldvollstreckung wählen und so § 811 ausschalten; geht er diesen Weg nicht, so handelt der Schuldner auch nicht arglistig, wenn er sich auf § 811 beruft⁷⁶. Der Streit um die Herausgabepflicht könnte sonst dem zuständigen Prozeßrichter entzogen und (formell nur incidenter, aber praktisch endgültig) in das Vollstreckungsverfahren verlagert werden⁷⁷. Vollends abwegig ist es, Zahlungstitel in Abzahlungssachen als »latente« Entscheidungen über den Herausgabeanspruch anzusehen⁷⁸. Manche wollen § 811 zumindest dann nicht gelten lassen, wenn das Sicherungseigentum unstreitig bzw. offenkundig sei⁷⁹ oder der Gläubiger gerade wegen der durch den übereigneten Gegenstand gesicherten Forderung vollstrecke⁸⁰. Es sind aber weder die Vollstreckungsorgane⁸¹ noch die über Erinnerungen und Beschwerden entscheidenden Vollstreckungsgerichte für solche Entscheidungen über das Eigentum⁸² des Gläubigers oder Dritter zuständig⁸³, und die Unzuständigkeit eines Gerichts verbietet nicht nur Entscheidungen aufgrund streitigen, sondern auch aufgrund unstreitigen Sachverhalts⁸⁴. Außerdem würde der rechtliche Unterschied zwischen 15

---

⁷⁰ *OLG Celle* MDR 1954, 427.
⁷¹ Allg.M. *OLGe Bamberg, Köln* OLGRsp 4, 150; 20, 338; *Karlsruhe* HRR 1933 Nr. 1705; *AG Frankfurt* DGVZ 1974, 27.
⁷² *OLGe Braunschweig* SeuffArch 61 (1906), 253; *Hamm* MDR 1984, 856 = DGVZ 139 f.; *Schleswig* SchlHA 1957, 184; *LG Darmstadt* MDR 1958, 43; *AG Mosbach* DGVZ 1968, 141 = MDR 1969, 151; *AG Lüdinghausen* DGVZ 1968, 92; *G. Lüke* Fälle zum ZPR² 161 Fn. 31; *Schilken* (Fn. 3) Rdnr. 11.
⁷³ Dazu *LG Berlin* DGVZ 1954, 71; *AG Köln* DGVZ 1964, 121. – Nicht bei Leihe *OLG München* BayrZ 1909, 153.
⁷⁴ *OLGe Bamberg* OLGRsp 4, 151; *Hamburg* MDR 1955, 175; *Schleswig* DGVZ 1956, 28 = Büro 67; *Celle* DGVZ 1969, 151 = Büro 362.
⁷⁵ Ganz h.M. BR-Druck. 134/94 S. 67; *OLGe Bremen* MDR 1952, 237; *Celle* DGVZ 1962, 139; *Frankfurt* MDR 1953, 242 = NJW 1835; *Hamm* DGVZ 1989, 43; *Köln* Rpfleger 1969, 439; *Schleswig* SchlHA 1957, 184; *Stuttgart* JW 1933, 1735; *KG* NJW 1960, 682 = DGVZ 94; *LGe Berlin* DGVZ 1979, 8; *Braunschweig* NdsRpfl 1954, 70; *Detmold* DGVZ 1979, 59; *Heilbronn* NJW 1989, 148; *Hildesheim* MDR 1961, 511; DGVZ 1989, 172; *Mannheim* Justiz 1977, 99; *München I* DGVZ 1972, 61; *Oldenburg* MDR 1979, 1032 = NdsRpfl 1980, 33; *Rottweil* (Fn. 68); *Stuttgart* MDR 1952, 688 u. ZZP 69 (1956) 447; *Blomeyer* ZwVR § 44 III 2; *Jonas/Pohle* (Fn. 1) 21 f.; *Lüke* JZ 1959, 119; *Mümmler* DGVZ 1963, 116 ff. u. Büro 1974, 1481; *Lipproß* (Fn. 1) 84 Fn. 8; *Schilken* (Fn. 3) Rdnr. 11; *Stürner* (Fn. 42) Rdnr. 337; *Thomas/Putzo*¹⁸ Rdnr. 4; *Stöber* (Fn. 16) Rdnr. 7; *Schilken* (Fn. 3) Rdnr. 11.

– Zur Gegenansicht s. *LG Stuttgart* DGVZ 1980, 91 u. Fn. 79 f.
⁷⁶ *OLG Hamm* (Fn. 72) a.E.; *LG Oldenburg* DGVZ 1991, 119. – A.M. *Geißler* DGVZ 1990, 85.
⁷⁷ *OLG Hamm* (Fn. 72) a.E.
⁷⁸ So aber *Hadamus* Rpfleger 1980, 421 f. (rechtskraftfähig? oder etwa auch bei Titeln nach § 794 Abs. 1 Nr. 1, 5?).
⁷⁹ *OLGe Hamburg* MDR 1953, 685; *Karlsruhe* HRR 1934 Nr. 63; *München* MDR 1971, 580; *LGe Berlin* JR 1949, 579; *Bonn* NJW 1961, 367; *Siegen* DGVZ 1972, 139; *Limburg* DGVZ 1975, 73 u. 121; *AGe Würzburg* DGVZ 1975, 78; *Günzburg* DGVZ 1976, 94; *Unna* DGVZ 1976, 95; *Kempten* DGVZ 1991, 44; *Offenbach* DGVZ 1986, 158; *Wuppertal* DGVZ 1983, 173; *Hartmann* (Fn. 31) Rdnr. 6; *Bruns/Peters*¹¹ § 22 IV 4; *Wacke* JZ 1987, 385; *Furtner* MDR 1963, 448; *Mohrbutter* (Fn. 42) 166; *Wangemann* MDR 1953, 593; *Wieczorek*² Anm. A III d.
⁸⁰ *OLG Oldenburg* MDR 1957, 172; *LGe Bremen* MDR 1951, 752; *Bielefeld* MDR 1952, 433; *Stuttgart* ZZP 69 (1956) 447.
⁸¹ *Schilken* (Fn. 3) Rdnr. 11.
⁸² Ansprüche nach § 985 BGB u.ä. erweitern nicht die Wirkungen von Zahlungstiteln; *LG Stuttgart* (Fn. 75); *Mümmler* (Fn. 83); *Lüke* NJW 1954, 1316 u. JZ 1959, 119; *Hein* ZZP 69 (1956) 241.
⁸³ *Mümmler* DGVZ 1963, 116 mwN; *Noack* (Fn. 1) 21 f.
⁸⁴ Offenkundigkeit des Sicherungseigentums ist ein für das ZV-Verfahren ungeeignetes Kriterium, vgl. *LG Stuttgart* (Fn. 80).

§ 811 II   Zweiter Abschnitt: Zwangsvollstreckung wegen Geldforderungen

der Vollstreckung nach § 808 und jener nach § 883 in einer von ihrem Sinn nicht gedeckten Weise praktisch aufgehoben[85], das eine Kombination von Erfüllung und Herausgabeanspruch regelmäßig ausschließende materielle Recht[86] würde unterlaufen, und jede Sicherungsübereignung käme einem unzulässigen Verzicht auf den Pfändungsschutz gleich[87], → Rdnr. 8 f.

15a Ebenso haben, solange die geplante Einführung eines neuen Abs. 2 (→ Rdnr. 73) nicht in Kraft tritt, alle das Eigentum betreffende Überlegungen auszuscheiden, wenn der Verkäufer unter *Eigentumsvorbehalt* auf Abzahlung verkaufte Sachen wegen der restlichen Kaufpreisforderung beim Schuldner pfändet (→ § 814 Rdnr. 12ff.); hier gilt § 811, gleichgültig ob Gegenansprüche des Schuldners bestehen[88], denn auch darüber hat nur das Prozeßgericht zu entscheiden[89]. Zum Verzicht des Schuldners auf den Schutz des § 811 und zur Einrede der Arglist → Rdnr. 8 f. – Ergibt sich allerdings aus dem Titel, daß dem Gläubiger die gepfändete Sache auch wegen eines (trotz Unpfändbarkeit bestehenden) **privaten Pfandrechts** oder kaufmännischen Zurückbehaltungsrechts für diese Forderung haftet, → § 804 Rdnr. 8 Fn. 30, so ist § 811 nicht anzuwenden; der Gerichtsvollzieher hat dies aber nur zu beachten, wenn vollstreckbare Ausfertigungen diese Voraussetzungen erkennen lassen[90].

16 Gleichgültig ist, ob der Schuldner die Gegenstände nur als Erbe, auch bei beschränkter Haftung, im Gewahrsam hat; der Kreis der unpfändbaren Gegenstände bestimmt sich nach der Person des Erben[91]. Das gilt auch für § 1990 BGB, der den Erben nicht schlechter stellen will als im Nachlaßkonkurs/insolvenzverfahren (§ 1 Abs. 4 KO/§ 36 Abs. 1 InsO, vgl. auch § 1990 Abs. 2 BGB, § 221 KO/§ 321 InsO); »Herausgabe« bedeutet hier Duldung der Vollstreckung wegen Geldforderungen[92].

17 4. Für den Gerichtsvollzieher sind die Verhältnisse zum **Zeitpunkt der Pfändung** maßgebend. Für weitere Pfändungen derselben Sache (→ § 826) ist § 811 erneut zu prüfen[93]. Fallen die Voraussetzungen nach der Pfändung fort oder treten sie erst später ein, so kommt es auf den *Zeitpunkt der Entscheidung* gemäß §§ 766, 793 an[94]. Für den nachträglichen Wegfall der Voraussetzungen des § 811 ist dies allgemein anerkannt[95] (arg. § 811d); Erinnerungen oder

---

[85] *LG Oldenburg* (Fn. 75). Wählt der Gläubiger trotz des absehbaren Risikos nach § 811 nur die Zahlungsklage, so muß er auch eine zusätzliche Klage auf Herausgabe in Kauf nehmen; *LG Mannheim* (Fn. 75); der Schuldner kann durch rechtzeitige Herausgabe die Prozeßkosten vermeiden.
[86] *BGHZ* 54, 214 bejaht einen Herausgabeanspruch des Vorbehaltsverkäufers erst nach Ausübung des Rücktrittsrechtes. Dieser muß also vom Erfüllungsanspruch Abstand genommen haben, um die aus seiner Eigentümerposition folgenden Rechte in Anspruch nehmen zu können. Damit wäre es unvereinbar, dem Gläubiger zu gestatten, die ausschließlich dem Herausgabeanspruch zukommende Privilegierung in Bezug auf § 811 in den Dienst des Erfüllungsanspruchs zu stellen.
[87] *Jauernig* (Fn. 23) § 32 II A; s. auch *OLG Stuttgart* MDR 1971, 132. → auch Fn. 46.
[88] *OLGe Celle* MDR 1973, 58 u. RPfleger 1972, 324 = DGVZ 152; *Frankfurt* JW 1934, 1432; *Hamburg* JW 1938, 3256; *München* MDR 1957, 427; *Schleswig* DGVZ 1978, 9 (11); *LGe Aachen* DGVZ 1974, 27, *Berlin* DGVZ 1973, 71, *Freiburg* DGVZ 1974, 85; *Hagen* DGVZ 1966, 114; *Kiel* DGVZ 1974, 85; *Köln* DGVZ 1979, 60; *Konstanz* DGVZ 1966, 113; *Oldenburg* DGVZ 1991, 119; *Saarbrücken* DGVZ 1976, 90; *Hein* (Fn. 82); *Lüke* (Fn. 82); *Mümmler* (Fn. 75); *Noack* (Fn. 1) 21; *Schilken* (Fn. 82) Rdnr. 11.
[89] A.M., wenn Eigentumsvorbehalt offenkundig oder unstreitig, oder Schuldner keine Ansprüche nach § 13 VerbrKrG (früher §§ 1–3 AbzG) hat: *OLG Hamburg* MDR 1958, 109; *LGe Bamberg* JW 1938, 897; *Hagen* JW 1938, 1049 (*Sebode*); *Duisburg/Hamborn* MDR 1959, 399; *Essen* Rpfleger 1960, 172; *Freiburg* MDR 1960, 1018 u. DGVZ 1974, 95; *Kiel, Rottweil, Siegen, Verden* DGVZ 1974, 95; 1975, 59; 1972, 139; 1971, 63; *AGe Kempten, Siegen* DGVZ 1991, 44; 1977, 29; *Hartmann* (Fn. 31) Rdnr. 6; *Wieczorek*[2] Anm. A III d; *Mohrbutter* (Fn. 42) 166; *Wangemann* MDR 1953, 593; *Ohr* NJW 1954, 787; *Seip* DGVZ 1975, 113; *Bohn* DGVZ 1973, 167; *Serick* Eigentumsvorbehalt (1963) I § 12 IV.
[90] Insoweit unklar *AG Biedenkopf* DGVZ 1979, 94; nach *Wieczorek*[2] Anm. A III d genügt Nachweis im Verfahren des § 766.
[91] Vgl. *Jaeger/Weber* KO[8] § 214 Rdnr. 33 mwN; *LG Berlin* DGVZ 1938, 279; *Hartmann* (Fn. 31) Rdnr. 10; *Noack* (Fn. 19). Zum Vermögensübernehmer → Fn. 61.
[92] → § 794 Rdnr. 6 a.E. – A.M. 18. Aufl. Fn. 14; *KG* OLGRsp 1, 431; *OLG Celle* OLGRsp 17, 195; *Hartmann* (Fn. 31) Rdnr. 10; *Noack* (Fn. 19).
[93] *OLG Düsseldorf* JMBlNRW 1954, 103, h.M.
[94] *OLGe Karlsruhe, Stuttgart* DGVZ 1954, 107 *OLG Köln* DGVZ 1965, 108; *LGe Berlin* Rpfleger 1977, 262; *Göttingen* BB 1953, 183; *Heidelberg* WuM 1976, 270; *Säcker* NJW 1966, 2345 mwN; *Brox/Walker* JA 1986, 64.
[95] *OLG Posen* OLGRsp 29, 210; *Thomas/Putzo*[18] Rdnr. 3; *Stöber* (Fn. 16) Rdnr. 9; *Stürner* (Fn. 42) Rdnr. 341; *Jonas/Pohle* (Fn. 1) 67; *Schilken* (Fn. 3) Rdnr. 13.

Beschwerden werden insoweit unbegründet → § 766 Rdnr. 42. Treten die Voraussetzungen des § 811 jedoch erst *nach der Pfändung* ein, so soll nach h.M. § 811 unanwendbar sein[96], weil sonst der Schuldner sich durch Veräußerung der ihm belassenen Sachen nachträglich die Unentbehrlichkeit der gepfändeten verschaffen könnte[97]. Das ist nur insoweit richtig, als einem auf solche Weise mißbräuchlich handelnden Schuldner[98] der gesetzliche Schutz nicht zusteht → Rdnr. 9, und hierfür nicht dem Gläubiger die Beweislast aufzuerlegen ist, denn er würde sich in solchen Fällen nahezu immer in Beweisnot befinden. Der Mißbrauch darf jedoch nicht mit der h.M. einfach unterstellt, sondern er kann nur vermutet werden; können der Schuldner oder berechtigte Dritte (→ Rdnr. 23) aber beweisen, daß die nachträgliche Unpfändbarkeit nicht mißbräuchlich herbeigeführt wurde (→ Fn. 118), so ist ihre Erinnerung nach § 811 begründet[99].

Daß die Sachen gerade im maßgebenden Zeitpunkt in Gebrauch sind, ist nicht erforderlich[100], → auch Fn. 267 und zur Berücksichtigung der Zukunft Rdnr. 27, 48.

18

Eine vorübergehende, gegen den Willen des Schuldners erfolgte Aufhebung des Gewahrsams an den geschützten Gegenständen ändert nichts an der Unpfändbarkeit[101].

19

Fällt die zur Zeit bestehende Unpfändbarkeit wahrscheinlich *demnächst weg*, so kommt eine *Vorwegpfändung* nach § 811d in Betracht, → dort insbesondere Rdnr. 3.

5. Daß der Schuldner **Ausländer** ist, spielt keine Rolle[102]. Nur im Falle der Nr. 9 muß der Betrieb im Inland liegen[103].

20

6. Rechtskräftige Entscheidungen über die Pfändbarkeit binden die Parteien[104], stehen aber einer Austauschpfändung nicht entgegen.

III. Verstöße gegen § 811

21

Über die Pfändbarkeit entscheidet zunächst der *Gerichtsvollzieher* nach seiner eigenen Überzeugung[105]. Hat er Zweifel, findet er aber nicht genügend eindeutig Pfändbares, so darf er pfänden unter Verweisung des Schuldners auf § 766[106]; denn es ist ihm nicht zuzumuten, eine Amtspflichtverletzung gegenüber dem Gläubiger zu riskieren, wohl aber dem Schuldner, Erinnerung einzulegen nach pflichtgemäßer Belehrung durch den Gerichtsvollzieher. Sieht dieser jedoch wegen *ernsthafter* Zweifel von der Pfändung ab, so sollte darin trotz § 120 Nr. 1

---

[96] So 18. Aufl.; *LG Bochum* DGVZ 1980, 37 (es übersieht, daß nicht die Veränderung selbst, sondern das Gericht der Pfändung die Wirksamkeit nimmt, § 766), *Jauernig* (Fn. 23) § 32 II E; *Mohrbutter* (Fn. 42) 164f. u. die → Fn. 95, 97 Genannten.
[97] *OLGe Braunschweig* BrschwZ 1947, 53, 153; *Kiel* HRR 1937 Nr. 37; *Celle, Düsseldorf* DGVZ 1942, 44; 1954, 136; *KG* NJW 1952, 751; *LGe Berlin, Münster* DGVZ 1965, 8; 1968, 189; *AG Sinzig* DGVZ 1990, 95; *Hellwig* System 2, 319 u. die → Fn. 96 Genannten; weitere Nachweise bei *Schilken* (Fn. 3) Rdnr. 14 Fn. 59.
[98] Weitergehend *Schilken* (Fn. 3) Rdnr. 14: jedes Verhalten, das der gebotenen Einrichtung auf die Pfändung widerspricht.
[99] *Säcker* (Fn. 94), s. auch *OLGe Karlsruhe, Stuttgart* (Fn. 94); *LG Göttingen* BB 1953, 183; *Blomeyer* ZwVR § 44 III 3 b, 4 b; *Bruns/Peters*[3] § 22 IV 2; *Brox/Walker*[4] Rdnr. 295; *Wieczorek*[2] Anm. B II a. Ähnlich *Schilken* (Fn. 3) Rdnr. 14, der statt von Mißbrauch allgemeiner von Verhalten spricht, daß die gebotene Berücksichtigung der Pfändung durch den Schuldner vermissen läßt.
[100] Vgl. *OLGe Posen* OLGRsp 7, 307; *Kiel* SeuffArch 67 (1912), 168; *Wieczorek*[2] Anm. B I a 1; *LGe München, Köln* DGVZ 1983, 93f; 1982, 62 (dort Druckfehler: »nicht« fehlt); einschränkend bei längerem Nichtgebrauch *OLG Köln* DGVZ 1982, 63 (5 Jahre Strafhaft); *Pardey* DGVZ 1987, 181: höchstens 6 Monate.
[101] *OLG Schleswig* SchlHA 1949, 132; s. auch *OLG Bamberg* JR 1953, 424 u. → Rdnr. 48 Fn. 267.
[102] *Riezler* Internationales ZPR (1949) 663; *Wieczorek*[2] Anm. A III a; zu Nr. 7 *Hartmann* (Fn. 31) Rdnr. 46; → auch Rdnr. 59.
[103] *Kotzur* DGVZ 1989, 165.
[104] → § 766 Rdnr. 50, *OLG Köln* DGVZ 1986, 13f.= NJW-RR 488.
[105] § 58 GVGA.
[106] § 120 Nr. 1 GVGA, allg. M.

§ 811 III, IV   Zweiter Abschnitt: Zwangsvollstreckung wegen Geldforderungen

GVGA[107] keine Amtspflichtverletzung gesehen werden, falls die Pfändbarkeit umstritten ist[108].

22 Ein **Verstoß gegen § 811** führt nicht zur Nichtigkeit der Pfändung[109] oder des Pfandrechts[110]. **Die Pfändung ist nur anfechtbar**; Schuldner oder geschützte Dritte können *nur* nach § 766 bzw. § 793 die Aufhebung herbeiführen[111], im Falle einer Verwaltungsvollstreckung durch Anfechtungsklage[112]. Der Gerichtsvollzieher ist zur Entstrickung ohne Anweisung des Gerichts oder des Gläubigers nicht befugt[113], und *nach durchgeführter Versteigerung* kann der Verfahrensfehler nicht mehr zur Begründung einer Bereicherungsklage[114] oder eines Schadensersatzanspruchs nach § 823 BGB gegen den Gläubiger[115] geltend gemacht werden[116]; anders mag es sich verhalten, wenn § 826 BGB zutrifft. Solange sich allerdings der Erlös noch beim Gerichtsvollzieher befindet, kann der Schuldner gemäß § 766 die Freigabe erreichen[117]. Da sich § 811 als Ausnahme zu § 808 darstellt, tragen Schuldner bzw. Dritte im Verfahren nach § 766 die **Beweislast** (vgl. § 559 S. 3 BGB)[118]. Der *Gläubiger* kann Erinnerung einlegen, wenn der Gerichtsvollzieher zu Unrecht die Pfändung unterlassen hat.

23 **Dritte** können die Verletzung des § 811 nicht schon deshalb geltend machen, weil sie rechtlich oder tatsächlich an der Unpfändbarkeit interessiert sind; insbesondere kann sich nicht der Eigentümer der gepfändeten Sache anstelle des Schuldners auf § 811 berufen[119] und im Falle der Nr. 5 nicht der Arbeitgeber für den Arbeiter oder umgekehrt. Anders, wenn der Vorbehalt ausdrücklich oder stillschweigend zu ihren Gunsten lautet, wie in den zu → § 766 Rdnr. 33 Fn. 177 aufgezählten Fällen[120], ferner in Nr. 5 für den *Ehegatten*[121]. Dies ergab sich auch mittelbar aus den nunmehr aufgehobenen §§ 861 f. Das gleiche gilt für den Ehegatten des Schuldners, wenn ohne Titel gegen ihn nach § 739 für seinen Bedarf erforderliche Sachen gepfändet werden, die bei entsprechendem Bedarf des Schuldners nach § 811 geschützt wären[122]. Mit der Klage nach § 771 können diese Mängel nicht gerügt werden. Auch der Konkursverwalter kann die Erinnerung einlegen[123]. Wegen der Realgläubiger → Rdnr. 40.

IV. Zu den **einzelnen Nummern** des § 811 ist folgendes zu bemerken:
Zu Nr. 1:

24 A. Nr. 1 Halbsatz 1 umfaßt die dem **persönlichen Gebrauch** und die dem **Haushalt** dienenden Sachen des Schuldners und der mit ihm in häuslicher Gemeinschaft lebenden (→ Rdnr. 31) Personen. Zum »Haushalt« kann auch ein kleiner Vor- oder Gemüsegarten gehö-

---

[107] Den Wortlaut »... pfändet er ...« deutet die h. M. über das Dürfen hinaus als Müssen. Im Amtshaftungsprozeß könnte der GV jedoch nur zu der unrichtigen (aber angesichts in Lit u. Rsp vertretbarer Meinung unwiderlegbaren) Behauptung verleiten, er sei von der Unpfändbarkeit überzeugt gewesen.

[108] Vgl. auch *RG* WarnRsp 20 Nr. 131.

[109] → Rdnr. 128 ff. vor § 704, jetzt allg. M. Zum früheren Streitstand → 19. Aufl. Fn. 86, 88.

[110] → Fn. 514 vor § 704; zur Gegenansicht → dort Fn. 515 u. *RGZ* 18, 393; *Schilken* (Fn. 3) Rdnr. 15.

[111] → § 766 Rdnr. 19, 53, 55; Dritte auch dann, wenn Anfechtung des Schuldners erfolglos war, es sei denn sie wären dessen Rechtsnachfolger → § 766 Rdnr. 50.

[112] *BVerwG* NJW 1961, 332; *G. Lüke/Beck* (Fn. 10) 23 mwN.

[113] *RGZ* 18, 392; *LG Berlin* DGVZ 1962, 47; § 120 Nr. 2 GVGA, allg. M. → auch § 775 Rdnr. 1 ff.

[114] → Fn. 562 vor § 704 u. *OLG Marienwerder* OLGRsp 10, 378; *OLG München* NJW 1959, 1832; *Baur/Stürner* Rdnr. 343; *Bruns/Peters*[3] § 20 III 2 e; *Jahr* ZZP 79 (1966) 358 Fn. 33; *Lüke* (Fn. 72) mit zutreffendem Hinweis, daß § 811 nicht das Eigentum, sondern nur die Gebrauchsmöglichkeit schützt → Rdnr. 14; *Stöber* (Fn. 16) Rdnr. 9; *Wieczorek*[2] Anm. A III b 2; *Stürner* (Fn. 42)

Rdnr. 343 mwN. – A. M. *Blomeyer* ZwVR § 30 IV 1; *Hartmann* (Fn. 31) Rdnr. 2; *Schilken* (Fn. 3) Rdnr. 16. *Henckel* (Fn. 12) will § 812 BGB scheitern lassen, wenn in der Unterlassung der Erinnerung ein Verzicht zu sehen sei (im übrigen verweist er den Gläubiger auf die Aufrechnung).

[115] → Rdnr. 24 vor § 704.

[116] *Wieczorek*[2] Anm. A III b 2. – A. M. *Hartmann* (Fn. 31) Rdnr. 2; *Stöber* (Fn. 16) Rdnr. 9.

[117] *OLG Kiel* JW 1934, 177; *Jonas/Pohle* (Fn. 1) 71; *Baur/Stürner*[11] Rdnr. 342; *Brox/Walker*[4] Rdnr. 305; *Schilken* (Fn. 3) Rdnr. 16; vgl. auch § 811a. – A. M. *Henckel* (Fn. 12) 337 Fn. 92.

[118] *Stöber* (Fn. 16) Rdnr. 39; *Schilken* (Fn. 3) Rdnr. 16. Die Parteistellung als Erinnerungsführer oder -gegner ist dagegen hier wie sonst unbeachtlich → § 286 Rdnr. 48.

[119] *AG Lüdinghausen* DGVZ 1968, 92. S. auch *J. Blomeyer* Erinnerungsbefugnis Dritter (1966) 61 f., 65 f., 77 f.; *Münzberg* ZZP 80 (1967) 493 ff.

[120] Zust. *Schilken* (Fn. 3) Rdnr. 19.

[121] → Rdnr. 55.

[122] S. auch *Pohle* MDR 1955, 1; ZZP 68 (1955) 269; *Noack* (Fn. 57); gilt auch für getrennt lebende Ehegatten *OLG Bamberg* JR 1953, 424; s. a. *Wieczorek*[2] Anm. C III b.

[123] *OLG Dresden* SächsAnn 21, 275.

ren; dann sind Gartengeräte und -zäune unpfändbar[124]. Die Anführung von Beispielen beruht auf früheren Gesetzesfassungen und ist heute kaum von Bedeutung (»insbesondere«), da die genannten Gegenstände nahezu immer zum Mindeststandard gehören, → auch Rdnr. 7. § 811 Nr. 1 überschneidet sich z.T. mit den Nrn. 5, 7, 10 ff. In jedem Fall muß es sich um *bewegliche Sachen* handeln; ausgenommen ist Grundstückszubehör, § 865. Wegen Wohnlauben u.ä. → Rdnr. 32.

a) Der Schuldner muß der Gegenstände zu einer seiner Berufstätigkeit und seiner Verschuldung **angemessenen, bescheidenen Lebens- und Haushaltsführung** bedürfen. Diese unbestimmten Begriffe ermöglichen eine individuelle Beachtung der Umstände[125]. Erheblich sind berufliche, soziale, örtliche Verhältnisse, aber auch persönliche Bedingungen wie Alter des Schuldners, Zahl und Alter der in häuslicher Gemeinschaft lebenden Personen, Wohnverhältnisse, besondere Belastungen, Schicksalsschläge, körperliche und geistige Behinderungen u.ä., → Rdnr. 6. Der Schuldner hat allerdings keinen Anspruch auf standesgemäßen Haushalt, sondern nur auf eine Lebens- und Haushaltsführung in bescheidenen Grenzen[126], also z.B. nicht auf Ausstattung zweier wechselnd benutzter Wohnungen[127]. Jeder Schuldner muß sich auf sie umstellen, gleichgültig, welche soziale Stellung er einnimmt[128]. Im Einzelfall können gleichartige Gegenstände bei berufstätigen Schuldnern unpfändbar, bei Rentnern pfändbar sein und umgekehrt[129]. 25

Auf einen Stand äußerster Dürftigkeit darf der Schuldner nicht gebracht werden, → Rdnr. 3, denn das will § 811 Nr. 1 gerade verhindern[130]. Daraus ergibt sich eine zwingende unterste Grenze der Pfändbarkeit[131]; *diese* darf weder mit der Begründung unterschritten werden, andere kämen mit einem noch geringeren Bestand an Möbeln usw. aus[132], noch mit dem Argument, das Gesetz fordere eine angemessene Berücksichtigung des Grades und der Art der Verschuldung[133], welches freilich *oberhalb* dieser untersten Grenze stets in die Abwägung einzubeziehen ist[134]. Gelegentlich wird übersehen, daß die Gegenstände nicht mehr (wie früher) »unentbehrlich« sein müssen[135]. Die Rechtsprechung hat die unterste Pfändungsgrenze in stetiger, zeitgemäßer Fortentwicklung zu konkretisieren[136]. 26

Der Gerichtsvollzieher entscheidet nach den von ihm gegenwärtig angetroffenen Verhältnissen[137], also ohne Rücksicht auf die Möglichkeit späterer Neuanschaffung oder auf den Sachwert, s. auch § 811 a, § 811b. Soweit sich aber schon jetzt künftige Veränderungen *zuverlässig* abzeichnen[138], sind sie zu beachten, z.B. wenn der im Elternhaus lebende Schuldner bereits das Aufgebot bestellt hat; zum Aufbau des Haushalts bestimmte Gegenstände sind dann schon gegenwärtig unpfändbar[139]. Von mehreren gleichartigen Gegenständen, die 27

---

[124] *LG Münster* JMBlNRW 1953, 127.
[125] *Jonas/Pohle* (Fn. 1) 75; *Jauernig* ZwVR[19] § 32 II D 1. Rsp-Analyse bei *E. Schneider* (Fn. 1).
[126] Vgl. für den Konkurs *LG Lüneburg* FamRZ 1955, 301.
[127] Geschützt ist nur die häufiger genutzte, *AG Korbach* DGVZ 1984, 154.
[128] Widersprüchlich *LG Hamburg* ZMR 1960, 50; zu Gegenständen des gehobenen Bedarfs s. *Herzig* Büro 1967, 270; *Bohn* DGVZ 1973, 168.
[129] *Jonas/Pohle* (Fn. 1) 75.
[130] Vgl. *RGZ* 72, 183; *BayObLG* (Fn. 2); *LG Heilbronn* (Fn. 69).
[131] *Jonas/Pohle* (Fn. 1) 62 f., 75.
[132] So aber *OLG Köln* MDR 1969, 151 (Heizkissen). Zur Erforderlichkeit der Möblierung *LG Wiesbaden* DGVZ 1989, 104.
[133] Bedenklich *OLG Schleswig* SchlHA 1955, 201; *Jonas/Pohle* (Fn. 1) 75.
[134] Insofern richtig *G. Lüke* JuS 1994, 24; zweifelhaft ist jedoch die von ihm aaO befürwortete Einbeziehung des § 850d in die Frage der Pfändbarkeit.

[135] Z.B. *LG Berlin* DGVZ 1965, 8; *AGe Stolzenau* ZMR 1961, 28; *Marbach* DGVZ 1965, 40; richtig *OLG Hamm* (Fn. 77).
[136] Dabei sind auch Änderungen in der sozialen Struktur zu beachten. Eine zunehmende Technisierung des Haushalts zur Entlastung der Hausfrau darf nicht durch eine entgegenstehende Interpretation des § 811 verhindert werden *Mohrbutter* (Fn. 42) 160; *Noack* (Fn. 1) 253; vgl. auch *Willenberg* MDR 1962, 960.
[137] → Rdnr. 17, 21, h.M. *Schilken* (Fn. 3) Rdnr. 19 mwN in Fn. 71.
[138] Bloße Wahrscheinlichkeit genügt nicht; insoweit richtig § 122 Nr. 2 GVGA.
[139] *LG Göttingen* NdsRpfl 1949, 158. Ebenso für im Hausratsverfahren zugewiesene, aber noch nicht in alleinigen Besitz genommene Gegenstände *OLG Bamberg* JR 1953, 424; *LG Berlin* Rpfleger 1960, 412 = DGVZ 1961, 29. – A.M. *OLG Celle* Büro 1969, 363; *Schilken* (Fn. 3) Rdnr. 19.

§ 811 IV   Zweiter Abschnitt: Zwangsvollstreckung wegen Geldforderungen

einzeln betrachtet unter den Pfändungsschutz des § 811 Nr. 1 fallen, sind so viele zu pfänden, daß der Rest für eine bescheidene Lebensführung ausreicht. Die Auswahl trifft der Gerichtsvollzieher, → Rdnr. 56. Auch fremde Gegenstände sind u. U. in den Bedarf einzubeziehen[140].

28   Unter diesen Voraussetzungen und Einschränkungen sind solche Sachen **grundsätzlich unpfändbar**, die der Aufbewahrung, Zubereitung und dem Verbrauch von *Nahrungsmitteln* dienen[141], wie Taschen, Töpfe, Geschirr, Besteck, Küchenschrank, Gas- oder Elektroherd[142], elektrischer Warmwasserbereiter[143], Kaffeemaschine[144], jedoch nicht mehr elektrische Kaffeemühle[145]; ein Kühlschrank[146] u. ä. (zur Tiefkühltruhe → Rdnr. 29); ebenso *Bekleidungsgegenstände* und die zu ihrer Herstellung, Aufbewahrung oder Erhaltung dienenden Sachen, wie Stoffe[147], in diesem Zusammenhang auch Bügeleisen (aber nicht Bügelmaschine[148]), bei häufigem Gebrauch Nähmaschine[149], Kleiderschrank oder Kommode. Mit Rücksicht auf die Abnutzung ist dem Schuldner auch ein Bestand an Kleidungsstücken zum Wechseln und als Ersatz zu belassen. Das Wachstum von Kindern ist zu berücksichtigen. Auch Kleidungsstücke, die nur zeitweilig oder bei besonderen Anlässen getragen werden, wie Sonntagsanzug, Sommer- und Wintermantel, gehören hierher. – Gleiches gilt für Sachen, die dem Schuldner ein *Wohnen* im Sinne einer angemessenen, bescheidenen Lebensführung ermöglichen[150], insbesondere Betten, Tisch, Stühle, Couch, Schrank[151], Öfen und andere Heizgeräte[152]. Generell unpfändbar sind ferner Gegenstände, die im Sinne einer sachgemäßen Haushaltsführung der Ordnung und Sauberkeit dienen[153], z.B. Staubsauger[154], Waschgeräte[155] z.B. Wäscheschleuder[156], bei Haushalten mit minderjährigen Kindern auch Wäschetrockner[157], Waschmaschinen[158], bei denen die Rechtsprechung aber auch oft auf die Zahl der zum Haushalt gehörenden Personen, insbesondere Kinder, abstellt[159]. – Die *Beziehungen zur Umwelt* und die Teilnahme am kulturellen Leben gehören heute zu einer angemessenen Lebensführung[160], so daß Rundfunkgeräte[161], nach jetzt h. M. auch Fernsehgeräte[162], Arm-

---

[140] → Rdnr. 15 a.E., *AG Landau* DGVZ 1991, 14 f.
[141] *Jonas/Pohle* (Fn. 1) 72; *Kürzel* ZMR 1972, 262.
[142] *KG* DGVZ 1956, 133.
[143] *AG Bochum-Langendreer* DGVZ 1967, 188.
[144] *Schilken* (Fn. 3) Rdnr. 45.
[145] *OLG Köln* (Fn. 132); *Schilken* (Fn. 3) Rdnr. 45; anders noch unter früheren Marktverhältnissen die 20. Aufl. (heute ist gemahlener Kaffee üblich u. nur unwesentlich teurer)
[146] *Schilken* (Fn. 3) Rdnr. 45; *OLG Frankfurt* MDR 1964, 1012 = BB 1197 = Rpfleger 276 = DGVZ 85; *AGe Düren, Kiel* DGVZ 1968, 126 u. 172; *AGe Bruchhausen-Vilsen, München* DGVZ 1970, 61; 1974, 95. Zur älteren Rsp, die z.T. mit Einschränkungen die Pfändbarkeit bejahte, → 19. Aufl. Fn. 115 u. *E. Schneider* (Fn. 1) 181 f. Ein ausreichend kühler Raum, der den Kühlschrank entbehrlich macht, ist heute so selten (die Lagerung z. B. neben Heizöltanks ist nicht zumutbar), daß hierfür der Gläubiger den Nachweis führen müßte; vgl. aber auch *Hartmann* (Fn. 31) Rdnr. 22; *LG Hamburg* JVBl 1972, 182; *AG Hagen* DGVZ 1972, 125.
[147] *OLG Stuttgart* OLGRsp 42, 37.
[148] *Schilken* (Fn. 3) Rdnr. 43.
[149] *KG* DGVZ 1953, 116; *Hartmann* (Fn. 31) Rdnr. 17; *Thomas/Putzo*[18] Rdnr. 8; *Wieczorek*[2] Anm. D III b 2; *Stöber* (Fn. 16) Rdnr. 15; *Jonas/Pohle* (Fn. 1) 73; *Noack* (Fn. 1) 252. – A.M. *OLG Köln* (Fn. 132); *Schilken* (Fn. 3) Rdnr. 46; einschränkend *Hannover* NJW 1960, 2248 (nur unpfändbar, wenn Mittel für Konfektionsware nicht ausreichen).
[150] *Jonas/Pohle* (Fn. 1) 73.
[151] *Hartmann* (Fn. 16) Rdnr. 17; *Wieczorek*[2] Anm. D III b; *Mohrbutter* (Fn. 42) 159; *Stöber* (Fn. 16) Rdnr. 15; *OLG Schleswig* SchlHA 1955, 201; *AG Bochum-Langendreer* (Fn. 143).
[152] Z.B. Ölöfen, fahrbare Heizkörper, Heizkissen, s. *AG Bochum-Langendreer* (Fn. 143); *Schilken* (Fn. 3) Rdnr. 44. – A.M. *OLG Köln* (Fn. 132).
[153] *Jonas/Pohle* (Fn. 1) 72.
[154] *Wieczorek*[2] Anm. D III b 2; *Thomas/Putzo*[18] Rdnr. 8; a.M. *AGe Jülich, Wiesbaden* DGVZ 1983, 62; 1993, 158.
[155] *LG Hannover* DGVZ 1958, 125; *Wieczorek*[2] Anm. D III b 3; *Mohrbutter* (Fn. 42) 159; *Noack* (Fn. 1) 252; *Schumacher* DGVZ 1957, 41.
[156] *Thomas/Putzo*[18] Rdnr. 9; einschränkend *LG Traunstein* MDR 1963, 58; *Schilken* (Fn. 3) Rdnr. 49: nur eventuell bei vielköpfiger Familie u. beschränkter Trockenmöglichkeit.
[157] *AG Heidelberg* DGVZ 1981, 31; einschränkend *Schilken* (Fn. 3) Rdnr. 49 wie oben → Fn. 122g.
[158] *LG Berlin* NJW-RR 1992, 1038; *E. Schneider* (Fn. 1) 184; *Thomas/Putzo*[18] Rdnr. 8; *Wieczorek*[2] Anm. D III b 3.
[159] *OLG Köln* (Fn. 132); *LGe Essen* DGVZ 1968, 27; *Berlin* DGVZ 1967, 148 u. DGVZ 1968, 11; *Köln* 1967, 73; *AGe Bochum-Langendreer* (Fn. 143); *Heidelberg* (Fn. 157); *Wattenscheid* DGVZ 1971, 78. **Pfändung bejahten** *LG Konstanz* DGVZ 1991, 25 bei Einzelperson; *AG Berlin-Schöneberg/LG Berlin* DGVZ 1990, 15 bei zwei Personen, obwohl eine schwer herzkrank u. die andere berufstätig war.
[160] *BFHE* 159, 421 = NJW 1990, 1871 = DGVZ 118 = Büro 1358; *G. Lüke* (Fn. 134) 24. A.M. *OLG Köln* (Fn. 132).
[161] *KG* MDR 1962, 745; *OLGe Hamm* JBLNRW 1951,

band- oder Taschenuhr[163], ein Fahrrad[164] unpfändbar sind, aber nicht Videorecorder[165], Plattenspieler, Tonbandgeräte und CD-Geräte (diese nur nach Nrn. 5ff.). Stereoanlagen sind pfändbar, wenn daneben Fernseh- oder einfaches Rundfunkgerät vorhanden ist[166].

Zumindest im Einzelfall unpfändbar können sein: einfacher Fotoapparat[167], Musikinstrumente und Bücher[168], der PKW bei einem körperlich behinderten Schuldner[169], Teppiche z. B. bei fußleidendem Schuldner[170], Staubsauger[171], die Tiefkühltruhe, falls z. B. der Schuldner einen Kühlschrank mit Tiefkühlfach nicht besitzt und zum Einkauf auf Personen angewiesen ist, die nicht zu seinem Haushalt gehören[172].   29

Grundsätzlich pfändbar sind alle Sachen, die den Bedürfnissen eines bescheidenen Hausstands nicht[173] oder nicht mehr dienen, z. B. Entsafter, Friteusen, Küchenmaschinen, vom Herd getrennte Mikrowellengeräte[174], Geschirrspülmaschinen[175], Wasserenthärtungsanlagen[176]. Überläßt der Schuldner Gegenstände für geraume Zeit Dritten, so kann vielfach auf Entbehrlichkeit geschlossen werden[177].   30

b) In den Schutz der Nr. 1 sind nicht nur der *Schuldner* und *seine Familie* sowie die Hausangestellten einbezogen, sondern **alle in der häuslichen Gemeinschaft des Schuldners lebenden Personen** ohne Rücksicht darauf, ob sie gesetzlich unterhaltsberechtigt oder sonstwie wirtschaftlich vom Schuldner abhängig sind[178], allerdings mit Ausnahme solcher, die, obwohl im Wohnbereich des Schuldners, getrennten Haushalt führen[179]. Dieser Schutz begründet ein selbständiges Recht zur Erinnerung nach § 766[180].   31

B. Nr. 1 Halbsatz 2 ist mit geringen Änderungen aus § 19c der ZwVollstrVO vom 26.V. 1933 übernommen. Danach sind unpfändbar *Gartenhäuser*, *Wohnlauben* und ähnliche, **Wohnzwecken dienende Einrichtungen** wie Wohnwagen, Wohnboote, die der Zwangs-   32

506; *Nürnberg* MDR 1950, 750; *Schleswig* JR 1949, 578; jetzt ganz h.M. – A.M. noch *OLG Köln* JMBlNRW 1950, 176; *LGe Regensburg* NJW 1950, 548; *Koblenz*, *Schweinfurt* DGVZ 1958, 90; 1959, 106. Es genügt allerdings einfaches Empfangsgerät für Inlandsempfang (s. auch § 811a) *LG Kassel* MDR 1951, 45.

[162] So die heute ganz h.M., nach wohl ü. M. auch trotz vorhandenem Rundfunkgerät (obwohl *BVerwG* NJW 1989, 924f. es weiterhin ablehnt, Mittel für Schwarzweißgeräte zum »notwendigen« Lebensunterhalt zu rechnen): *BFH* (Fn. 160); *FG Münster* DGVZ 1990,31; *LGe Augsburg*, *Frankfurt/M*. DGVZ 1993, 55, 1988, 154. Dann ist jedoch das Radio pfändbar *OLG Stuttgart* NJW 1987, 196 = DGVZ 1986, 152; *LGe Detmold*, *Hannover*, *Bochum* 1990, 26, 60; 1983, 12; nur insofern a.M. *LGe Itzehoe*, *Bonn* DGVZ 1988, 11; *Lippross* (Fn. 1) 126; *Schilken* (Fn. 3) Rdnr. 44.
A.M. (pfändbar, falls Rundfunkgerät vorhanden) noch 20. Aufl. sowie *LGe Aachen*, *Bremen*, *Wiesbaden* DGVZ 1988, 154; 1986, 186; 1991, 157; *Mümmler* Büro 1987, 460. *G. Lüke/Beck* Jus 1994, 22 treten für Einzelfallabwägung ein. Zum Ganzen *Pardey*, DGVZ 1987, 116. Zur Austauschpfändung Farb- gegen Schwarzweiß-Gerät → § 811a Rdnr. 3. Zur diesbezüglich relevanten Veränderungen der allgemeinen Lebensverhältnisse seit 1975 zutreffend *VGH Kassel* NJW 1993, 550 gegen *BVerwG* NJW 1989, 924.

[163] *Hartmann* (Fn. 31) Rdnr. 17; *Thomas/Putzo*[18] Rdnr. 8; *Wieczorek*[2] Anm. D II b 4.

[164] *OLG Braunschweig* NJW 1952, 751; *AG Wilhelmshaven* DGVZ 1959, 188; ein nur sportlichen Zwecken dienendes Rad ist aber pfändbar; dazu auch *Mümmler* Büro 1990, 14.

[165] Vgl. *AG Düsseldorf* DGVZ 1988, 125 (dort auch Nr. 5 verneint).

[166] *Schilken* (Fn. 3) Rdnr. 48.

[167] *Schilken* (Fn. 3) Rdnr. 44.

[168] *Wieczorek*[2] Anm. D IIb 3; allgemein für Unpfändbarkeit *Lippross* (Fn. 1) 150;

[169] *OLG Celle* Büro 1967, 768; *LG Lübeck* DGVZ 1979, 25; *Schmidt/Futterer* DAR 1961, 219. → auch Rdnr. 51 zu Nr. 5.

[170] *KG* DGVZ 1967, 105.

[171] Wenn Teppichboden vorhanden ist oder andere Reinigungsart für Teppiche örtlich ausscheidet *Schilken* (Fn. 3) Rdnr. 47.

[172] Sonst ist sie pfändbar *LG Kiel* DGVZ 1978, 115; *AGe Essen* (Fn. 42); *Paderborn* DGVZ 1979, 27; *Bohn* (Fn. 89); *Hartmann* (Fn. 31) Rdnr. 23. Generell für Pfändbarkeit: *AG Itzehoe* DGVZ 1984, 30; *Schilken* (Fn. 3) Rdnr. 48.

[173] Z.B. Haushaltsauflösung *OLG Dresden* SächsAnn 27, 169; → auch Rdnr. 18f.

[174] *Schilken* (Fn. 5) Rdnr. 45.

[175] *AG Heidelberg* DGVZ 1981, 31; *Bohn* (Fn. 72) 167f.; *Schilken* (Fn. 3) Rdnr. 44.

[176] *Schilken* (Fn. 3) Rdnr. 49; a.M. *AG Schleswig* DGVZ 1977, 62f.

[177] Vgl. *OLG Naumburg* JW 1935, 145; *Wieczorek*[2] Anm. B I a 1; → auch Rdnr. 17.

[178] *Schilken* (Fn. 3) Rdnr. 19; für solche Einschränkung aber *OLG Schleswig* SchlHA 1952, 12; ihm folgend *Hartmann* (Fn. 26) Rdnr. 15; *Stöber* (Fn. 16) Rdnr. 12. Zum Schutz des getrennt lebenden Ehegatten s. *OLG Bamberg* (Fn. 101); *LG Schweinfurt* DGVZ 1957, 108; *Pohle* ZZP (→ Fn. 122); *Noack* DGVZ 1966, 129f.; MDR 1966, 809f.

[179] Hingegen kommt es nicht auf entgeltliche oder unentgeltliche Raumnutzung an, so noch 20. Aufl. mit *Wieczorek*[2] Anm. D III a 2. – A.M. (jederzeit häusliche Gemeinschaft) *Schilken* (Fn. 3) Rdnr. 19.

[180] → Rdnr. 33, ganz h.M. S. auch *LG Essen* (Fn. 158): Ehefrau des nach Pfändung verstorbenen Schuldners hat Erinnerungsrecht auch nach Ausschlagung der Erbschaft.

vollstreckung in das bewegliche Vermögen unterliegen (d.h. solche, die nicht Grundstücksbestandteile sind[181]), wenn der Schuldner oder seine Familie sie zur ständigen Unterkunft benötigt; nur gelegentliche Benutzung, z.B. während der Sommermonate, genügt nicht[182]. Die Größe, eine einfache oder luxuriöse Ausstattung oder sonstige Einzelumstände sind ohne Bedeutung, ebenso wie die Festigkeit der tatsächlichen Verbindung mit dem Boden[183]. Selbst zwei zusammengebaute Behelfsheime können unpfändbar sein[184]. Auch Unterkünfte von größerem Wert genießen den Schutz[185]; jedoch kommt dann eine Austauschpfändung in Betracht[186], s. § 811 a. Auf die Ähnlichkeit mit Gartenhäusern usw. ist heute nicht mehr abzustellen[187]. Bei überwiegend gewerblicher Nutzung[188] entfällt der Schutz. Der Begriff Familie ist derselbe wie → Rdnr. 31, 34[189].

33   **Zu Nr. 2: Nahrungs-, Feuerungs- und Beleuchtungsmittel** sind, wenn sie in Natur vorhanden sind, dem Schuldner zu belassen, soweit sie auf *vier Wochen* hinaus »erforderlich« sind; damit ist ein geringerer Grad der Unentbehrlichkeit bezeichnet[190]. Falls solche Vorräte für diesen Zeitraum nicht vorhanden sind, ist der zu ihrer Beschaffung bzw. Ergänzung erforderliche **Geldbetrag** unpfändbar, soweit der genannte Personenkreis zu versorgen ist, es sei denn, die Beschaffung ist auf anderem Wege gesichert; dies hängt vor allem von Zeitpunkt und Höhe des zu erwartenden Lohns ab[191], → Rdnr. 61 ff. und zur Unpfändbarkeit des Arbeitsentgelts §§ 850 ff. – Wegen der Unpfändbarkeit des Deputats landwirtschaftlicher Arbeitnehmer und der Pfändung von Holz → Rdnr. 38 ff. Die Bedürfnisse eines Gewerbebetriebs bleiben bei Nr. 2 außer Betracht[192].

34   Zur *Familie* gehören nur die in der Hausgemeinschaft stehenden Angehörigen (auch Pflegekinder) des Schuldners ohne Rücksicht auf eine gesetzliche Unterhaltsberechtigung. Geschützt ist ferner der Bedarf von in der Hausgemeinschaft lebenden, zu *häuslichen Diensten* dauernd angestellten Personen im Gegensatz zu Gewerbe- und Handlungsgehilfen, Auszubildenden u. dgl.; → auch Fn. 178.

Eine Austauschpfändung kommt hier nicht in Betracht, s. § 811 a Abs. 1.

35   **Zu Nr. 3:** Ein **Mindestbestand an Vieh,** wie ihn u.U. auch der Nichtlandwirt im wesentlichen zur Nutzung oder Verwendung im eigenen Haushalt unterhält, soll dem Zugriff entzogen sein. Unpfändbar sind nach Wahl des Schuldners eine Milchkuh oder zwei Schweine, Ziegen, oder Schafe. Der Schuldner kann statt der Milchkuh zwei Tiere gleicher oder verschiedener Art unter den genannten Gattungen wählen. Ob die Tiere Milch geben, ist belanglos. Wählt der Schuldner nicht, so muß es der Gerichtsvollzieher tun. Kleintiere in *beschränkter Zahl*, z.B. Geflügel oder Kaninchen[193], sind zusätzlich unpfändbar.

36   Die in Nr. 3 genannten Tiere müssen zur *Ernährung* des Schuldners, seiner Familie usw. *erforderlich*[194] sein. Zum Begriff der Familie und der im Haushalt helfenden Hausangehöri-

---

[181] → § 803 Rdnr. 2, § 864 Rdnr. 8.
[182] *OLG Zweibrücken* Rpfleger 1976, 329 = DGVZ 172, *Hartmann* (Fn. 31) Rdnr. 24; vgl. auch *Wieczorek*² Anm. D IV a 2.
[183] *OLG Nürnberg* JW 1933, 715 (abl. *Jonas*); *Vennemann* MDR 1952, 48; s. auch *OLG Hamm* MDR 1951, 738; *OLG Hamburg* DGVZ 1951, 166.
[184] *OLG Nürnberg* MDR 1950, 621 (*Pohle*).
[185] *OLG Zweibrücken* (Fn. 182).
[186] *OLG Hamm* (Fn. 183); *OLG Nürnberg* (Fn. 184).
[187] *Wieczorek*² Anm. D IV a. – A.M. *OLG Celle* NdsRpfl 1952, 86; *OLG Oldenburg* Rpfleger 1952, 421; *OLG Hamm* DGVZ 1953, 60; *LG Münster* JMBlNRW 1952, 120; *LG Braunschweig* DGVZ 1975, 25; *Noack* (Fn. 1) 243, 304.
[188] S. auch § 811 Nr. 5; dagegen *OLG Celle* NdsRpfl 1958, 191 = DGVZ 192; *AG Hamburg* MDR 1952, 753.

[189] Erinnerungsrecht auch für die getrennt lebende Ehefrau, wenn nur noch die Familie des Schuldners die Wohnlaube bewohnt; *AG Wandsbeck* GruBo 1957, 271; vgl. auch *Pohle* ZZP 68 (1955) 269.
[190] *OLG Düsseldorf* MDR 1950, 285; *Schilken* (Fn. 3) Rdnr. 22; → auch Rdnr. 26 u. *Jonas/Pohle* (Fn. 1) 79.
[191] Steht mit Sicherheit *vor* Ablauf von 4 Wochen Geld für die Wiederbeschaffung zur Verfügung, so ist der unpfändbare Betrag entsprechend zu kürzen (»soweit«), *Stöber* (Fn. 16) Rdnr. 17; *Schilken* (Fn. 3) Rdnr. 22. – A.M. *Wieczorek*² Anm. E II c 3.
[192] Vgl. *LG Berlin* DGVZ 1979, 43 ff. mwN.
[193] Vgl. *OLG Celle* DGVZ 1968, 133.
[194] → dazu Fn. 190.

gen → Rdnr. 31; der Bedarf der in der Landwirtschaft oder im Gewerbe tätigen Hausangehörigen ist bei Nr. 3 mit zu berücksichtigen[195]. Wegen der *Futter- und Streuvorräte* oder des zu ihrer Beschaffung erforderlichen *Geldbetrags* gilt das → Rdnr. 33 Ausgeführte.

Auf den Wert der Tiere kommt es hier nicht an; § 811a ist nicht anwendbar. Tiere, die für berufliche, gewerbliche oder landwirtschaftliche Zwecke benötigt werden, können nach den Nrn. 4, 5, 6 unpfändbar sein; im übrigen s. § 811c. 37

In **Nr. 4** soll die **Landwirtschaft** als Ganzes[196] erhalten werden mit den zum Wirtschaftsbetrieb erforderlichen Geräte-, Vieh-, Dünger-Beständen und Erzeugnissen usw.[197]. Der ursprüngliche Zweck, für die Allgemeinheit besonders wichtige Betriebe (vgl. auch Nr. 9) zu schützen, ist heute überholt. Geblieben ist der vom öffentlichen Interesse getragene Zweck (→ Rdnr. 3), dem Landwirt die Grundlage seines Lebensunterhalts solange nicht zu nehmen, wie ein Konkurs vermieden werden kann. Es geht also wie bei Nr. 5 um Arbeitsplatzsicherung, nicht mehr um Erhaltung des Betriebs[198]. Zur Landwirtschaft gehören Ackerbau, Forstwirtschaft, Wein- und Obstbau, Baumschulen[199], Fischzucht; ferner Viehzucht[200], Gärtnerei[201], Geflügelzucht[202] und Imkerei, sofern die Tierzucht nicht unabhängig von einer entsprechenden Bodenfläche betrieben wird[203]. Daß diese Betriebe den Hauptbetrieb bilden, ist nicht erforderlich[204]. Anderseits erstreckt sich Nr. 4 nicht auf gewerbliche Nebenbetriebe[205]; insoweit kann aber § 811 Nr. 5 eingreifen[206]. Der Betrieb muß nicht im Inland liegen und der Landwirt kann Ausländer sein[207]. Ob der Schuldner Eigentümer, Eigenbesitzer, Pächter, Nießbraucher usw. ist, macht an sich keinen Unterschied; die praktische Bedeutung der Nr. 4 beschränkt sich jedoch wegen § 865 Abs. 2 (→ Rdnr. 40) auf die letzteren Gruppen. Zeitweilige Unterbrechung des Betriebs schadet nicht[208]. Das Privileg erstreckt sich auf Geräte und Vieh, soweit sie zum Wirtschaftsbetrieb nach objektiven Maßstäben erforderlich[209] sind, nicht nur, soweit sie nach den persönlichen Verhältnissen des Schuldners unentbehrlich sind[210]. 38

Der Begriff »erforderlich« soll einer zu engen Auslegung vorbeugen[211]. Zu belassen sind daher der notwendige Dünger sowie die Erzeugnisse[212], soweit sie zur Fortführung der Wirtschaft oder Sicherung des Unterhalts des Schuldners, seiner Familie (→ Rdnr. 31) und 39

---

[195] *Hartmann* (Fn. 31) Rdnr. 27; *Wieczorek*² Anm. F I a.
[196] *Hartmann* (Fn. 31) Rdnr. 27; zum Begriff s. Richtlinien zur landwirtschaftlichen Schuldenregelung vom 13. VI. 34 (amtliche Mitteilung in Entschuldungssachen Heft 66).
[197] Ausführlich *Jonas/Pohle* (Fn. 1) 82.
[198] *Henckel* (Fn. 12) 361; beide Zwecke betont *Schilken* (Fn. 3) Rdnr. 24; → auch Rdnr. 42 ff. Zur Geschichte s. *Jonas/Pohle* (Fn. 1) 80. – A.M. *Noack* Büro 1979, 652; *Lippross* (Fn. 1) 104.
[199] BGHZ 24, 169 = NJW 1957, 1197.
[200] Vgl. AG Aachen DGVZ 1961, 141 mit RGZ 142, 380; OLG Braunschweig JW 1932, 2456; OLG Celle JW 1932, 2456; AG Aachen DGVZ 1932, 2462; AG Schopfheim DGVZ 1976, 62. Unter den Voraussetzungen → Fn. 203 auch (Reit-)Pferdezucht (a.M. LG Oldenburg DGVZ 1980, 170: »Gewerbebetrieb«); Nr. 4 gilt dann allerdings nicht für die aufgezüchteten Pferde → Rdnr. 39. Wegen Nr. 5 → Rdnr. 53.
[201] Nicht das bloße Züchten von Topfpflanzen, OLG Rostock OLGRsp 25, 179; *Mohrbutter* (Fn. 42) 161.
[202] Nach früher h.M. nur bei **überwiegender** Verwendung wirtschaftseigenen Futters oder einer für die Ernährung des Geflügels wesentlichen eigenen Weidefläche, s. auch Richtlinien (Fn. 196) A 3. Diese Einschränkungen sind überholt LG Hildesheim NdsRpfl 1971, 257; *Hartmann* (Fn. 31) Rdnr. 29. → zur älteren Rsp → 19. Aufl.

Fn. 154 u. *Noack* DGVZ 1973, 17 ff. → auch 19. Aufl. § 851a Fn. 2.
[203] Vgl. OLG Königsberg JW 1932, 1070[11], h.M. Nach LG Frankenthal MDR 1989, 364 muß die Bodennutzung die überwiegende Versorgungsgrundlage darstellen; → auch Fn. 202 u. AG Schopfheim (Fn. 200).
[204] Allg. M., z.B. OLGe Hamm JW 1931, 2145[16]; Celle, Karlsruhe OLGRsp 2, 354; 4, 152.
[205] Z.B. Molkerei, Brauerei, deren Gerät nach § 811 Nr. 4 ebensowenig unpfändbar ist wie etwa der für einen Brennereibetrieb erforderliche Kartoffelvorrat. Mitbenutzung für einen Nebenbetrieb berührt das Pfändungsprivileg freilich nicht.
[206] OLG Düsseldorf JMBlNRW 1968, 18 = DGVZ 73; LG Bochum DGVZ 1964, 10 (Hühnerfarm); → auch Fn. 246.
[207] → Rdnr. 20; *Hartmann* (Fn. 31) Rdnr. 30.
[208] AG Schopfheim (Fn. 200); *Wieczorek*² Anm. G II b; *Noack* (Fn. 202).
[209] AGe Varel, Lörrach, Neuwied DGVZ 1960, 156; 1968, 59; 1975, 63 u. 1979, 62.
[210] LG Duisburg DGVZ 1951, 11.
[211] S. OLG Düsseldorf (Fn. 206).
[212] Dabei ist gleichgültig, ob die Erzeugnisse *oder* ihre Verkaufserlöse benötigt werden → Fn. 216. Eine Abgrenzung durch das Merkmal der Unmittelbarkeit findet im Gesetz keine Stütze.

seiner Arbeitnehmer erforderlich sind, vgl. auch § 98 Nr. 2 BGB. Erzeugnisse sind sowohl die Früchte auf dem Halm[213] wie die abgeernteten, und nicht nur Früchte i.e. S., wie in § 810, sondern auch forstwirtschaftliche Erzeugnisse, namentlich Holz[214], ebenso noch nicht voll ausgemästetes Mastvieh und sonstiges zur Aufzucht benötigtes Vieh[215]. Da § 851a die Forderungen aus dem Verkauf landwirtschaftlicher Erzeugnisse gegen eine Vollstreckung schützt, sind die Erzeugnisse auch unpfändbar, wenn sie nur durch Veräußerung für die angeführten Zwecke gebraucht werden[216].

40 Nach § 98 Nr. 2 BGB sind die hier bezeichneten Gegenstände mit Ausnahme der stehenden Früchte (§ 810 Rdnr. 1 f.)[217] *Zubehör* des Grundstücks und dadurch nach § 865 Abs. 2 der Pfändung überhaupt entzogen, soweit sich die Hypothek auf sie erstreckt (§ 1120 BGB), falls sie in das Eigentum des Grundstückseigentümers gelangt sind, also nicht z.b. das Inventar des Pächters. In diesen Grenzen können auch die Realgläubiger nach § 865 der Pfändung widersprechen (→ § 766 Rdnr. 33); → auch § 810 Rdnr. 12. Nr. 4 gilt **nicht** im Konkurs/Insolvenzverfahren (§ 1 Abs. 2 KO/§ 36 Abs. 2 Nr. 2 InsO) und bei der Vollstreckung des *Verpächters gegen den Pächter* wegen einer durch das Verpächterpfandrecht gesicherten Forderung, da sich das Pfandrecht auch auf die Gegenstände der Nr. 4 erstreckt, § 585 Satz 2 BGB; → aber Rdnr. 15 Fn. 90.

41 **Nr. 4 a** erklärt *bei Arbeitnehmern in landwirtschaftlichen*[218] *Betrieben* die ihnen als Vergütung gelieferten **Naturalien** für unpfändbar. Ob der Arbeitnehmer landwirtschaftliche Dienste leistet (oder z.B. als Buchführer u.ä.), gilt gleich, ebenso ob die Dienste im Haupt- oder Nebenbetrieb erfolgen. Nr. 4a gilt nur, soweit der Schuldner und seine Familie die Naturalien zum Unterhalt benötigen. Ob sie zur Ernährung oder zur Deckung sonstiger notwendiger Lebensbedürfnisse bestimmt sind (also z.B. Brennmaterial, Kleidung) und ob sie im Betrieb des Arbeitgebers gewonnen wurden, macht keinen Unterschied. Zum Begriff der Familie → Rdnr. 31, 34. Das von den Deputaten *ernährte Vieh ist nicht geschützt,* u.U. greift Nr. 3 ein. Zur Pfändbarkeit des *Anspruchs* auf Naturalvergütungen → §§ 850 Rdnr. 59 f., 850e Rdnr. 71 ff., § 851 Rdnr. 31. Austauschpfändung scheidet aus, s. auch § 811a Abs. 1.

42 **Nr. 5** schützt den **Erwerb durch persönliche Arbeit**, damit der Schuldner seine Arbeitskraft zur Beschaffung des Lebensunterhalts für sich und seine Angehörigen einsetzen kann, → Rdnr. 4; sie nimmt daher Sachen von der Pfändung aus, die zur Aufnahme[219] oder Fortsetzung der Erwerbstätigkeit erforderlich sind. Nr. 5 will dem Schuldner den Arbeitsplatz bis zur Grenze des Konkurses/Insolvenzverfahrens erhalten, nicht aber einen ruinösen Schuldnerbetrieb vor Stillegung oder Insolvenz bewahren[220]. Der Umfang des Pfändungsverbots richtet sich daher nach dem räumlichen und sachlichen Bereich der persönlichen Arbeitsleistung unter Rücksichtnahme auf die technische Entwicklung und die Wettbewerbsfähigkeit[221]. Seine Grenze findet das Pfändungsverbot jedoch dort, wo die Ausnutzung fremder Arbeitskraft sowie der Sach- und Kapitalmittel die persönliche Leistung überwiegen (»kapitalistische Arbeitsweise«)[222]. Die tatsächliche Ausgestaltung des Arbeitsplatzes ist dabei zu beachten,

---

[213] Vgl. *OLG Jena* SeuffArch 55 (1900), 370; *Ebeling* DGVZ 1956, 33.
[214] KB 1898, 190 u. → Rdnr. 33.
[215] *RGZ* (Fn. 200); *LG Rottweil* MDR 1985, 1034.
[216] *AG Aachen* DGVZ 1961, 141; *Jonas/Pohle* (Fn. 1) 84; *Schumacher* DGVZ 1959, 133; 1962, 69. – A.M. *OLG Celle* NdsRpfl 1961, 244 = MDR 1962, 149 = DGVZ 24; *LG Kleve* DGVZ 1980, 38; *AG Neuwied* (Fn. 209); *Wieczorek*² Anm. G III c; *Stöber* (Fn. 16) Rdnr. 22; vgl. auch *Walbaum* RdL 1969, 230.
[217] Der im Betrieb gewonnene Dünger stets, § 98 Nr. 2 BGB, sonstiger Dünger nur in den Grenzen des § 97 BGB; zur Zubehöreigenschaft von Futtersilos *LG Hildesheim* (Fn. 202); *Noack* (Fn. 202).

[218] Also z.B. nicht Deputate der Bergarbeiter.
[219] Für Pfändungsschutz im Aufbaustadium *Pardey* DGVZ 1987, 181
[220] Das Zubehör eines Gewerbebetriebs gehört daher grundsätzlich zur Masse, gleichgültig, ob es vorher pfändbar war *Noack* BB 1966, 1007. Zum Problem einer Weiterführung des Betriebs im Konkurs/Insolvenzverfahren *Schick* NJW 1990, 2360f.
[221] *Mohrbutter* (Fn. 42) 161; *Kotzur* (Fn. 103) 166; ausführlich *Noack* (Fn. 32). *LG Frankfurt/M* DGVZ 1994, 28: Gegenstände, die branchenüblich sind u. Konkurrenzfähigkeit gewährleisten.
[222] Allg.M. seit *OLG Karlsruhe* JW 1935, 3319; vgl. auch *LGe Berlin* DGVZ 1976, 71; *Hildesheim* DGVZ

weshalb die Kasuistik nur von begrenztem Wert ist. Das gilt besonders für ältere Entscheidungen, da die fortschreitende technische Entwicklung und der Wandel der wirtschaftlichen Anschauungen, → Rdnr. 6, eine ständige Erweiterung des Pfändungsschutzes bewirkt haben.

a) Der **Personenkreis** ist durch die Worte »die aus ihrer körperlichen oder geistigen Arbeit oder sonstigen persönlichen Leistung ihren Erwerb ziehen« umgrenzt. Gemeint sind daher nur *natürliche, nicht* auch *juristische Personen*[223], ebensowenig OHG und KG[224], außer wenn für sämtliche Inhaber die persönlichen Voraussetzungen der Nr. 5 gegeben sind, z.B. wenn der Geschäftsführer einer GmbH alleiniger Gesellschafter ist und er seinen Unterhalt überwiegend aus persönlicher Arbeitsleistung für die GmbH zieht[225], oder wenn die Voraussetzungen auf *alle* Gesellschafter einer BGB-Gesellschaft oder OHG zutreffen[226]. Entscheidend ist der wirtschaftliche Charakter der Tätigkeit, nicht die rechtliche Natur der damit zu erfüllenden Verträge. Ob der Schuldner seinen Beruf wirtschaftlich selbständig oder unselbständig, ob er ihn als Haupt- oder Nebenberuf ausübt[227], ist hier bedeutungslos. Aber die **persönliche Tätigkeit des Schuldners** im Gegensatz sowohl zur Leistung anderer (Gehilfen) wie zur Ausnutzung sachlicher Betriebsmittel muß das wirtschaftlich Wesentliche sein[228]. 43

aa) Bei in **unselbständiger Stellung** Tätigen überwiegt die persönliche Arbeitsleistung immer. Dazu gehören sowohl gewerbliche wie land- und forstwirtschaftliche Arbeiter, aber auch alle Angestellten, selbst wenn sie Handlungsgehilfen i.S.d. §59 HGB oder leitende Angestellte nach § 5 Abs. 3 BetrVG sind, ferner Künstler, Privatlehrer, Erzieher usw. Hierzu zählen auch Beamte, die jedenfalls unter Nr. 7 fallen, → Rdnr. 58 f. 44

bb) Bei Personen in **selbständiger Stellung**, die eine Kunst, eine Wissenschaft, ein Handwerk oder Gewerbe gleich welcher Art als Beruf zum Erwerb ihres Lebensunterhalts ausüben, ist eine Abgrenzung oft schwierig. Zu beachten ist, daß weder die Beschäftigung von Mitarbeitern und Gehilfen[229] noch die Verwendung wertvoller sachlicher Betriebsmittel[230] dem Schuldner von vornherein das Merkmal der persönlichen Erwerbstätigkeit nimmt[231]. Eine reine Arbeitsleistung wie beim Lohnarbeiter ist nicht erforderlich[232], jedoch muß bei der Mitarbeit von Gehilfen die eigene Tätigkeit des Schuldners ausschlaggebend bleiben[233]. Ebenso muß bei der Ausnutzung von Sachmitteln der erzielte Gewinn *im wesentlichen* auf persönlicher Arbeitsleistung und nicht vorrangig auf dem in Sachwerten investierten Kapital beruhen[234]. Daher ist im Grundsatz auf einen Vergleich des Arbeitswertes der Leistungen des Schuldners mit dem Nutzungswert des Gegenstands (Kapitalwert) abzustellen[235], wobei der 45

1976, 27; *Oldenburg* DGVZ 1993, 12 (Sonnenstudio); *Saarbrücken* DGVZ 1994,30 (vollkaufmännisches Ladengeschäft); *Bochum* DGVZ 1982, 43; *Hamburg* DGVZ 1984, 26; *AG Schweinfurt* Büro 1977, 1287 (*Mümmler*); *AG Heidenheim* DGVZ 1975, 75; *Lippross* (Fn. 1) 164.

[223] *AG Steinfurt,* DGVZ 1990, 62; *Schilken* (Fn. 3) Rdnr. 28. – A.M. *App* GmbHR 1985, 97; ders. GmbHR 1987, 420 ff. Er unterscheidet auch bei der GmbH persönliche und kapitalistische Arbeitsweise.

[224] *LGe Berlin, Lörrach* DGVZ 1937, 252; 1969, 188; *Noack* DB 1970, 1819 u. 1977, 196 zu D, h.M.

[225] *AG Düsseldorf* DGVZ 1991, 175.

[226] *OLG Oldenburg* NdsRpfl 1963, 256 = NJW 1964, 505 = DGVZ 27; *AGe Bersenbrück* DGVZ 1992, 78; *München* Büro 1952, 90; *Noack* DB 1970, 1819; *Mohrbutter* (Fn. 42) 162; *Schilken* (Fn. 3) Rdnr. 28: Unpfändbarkeit nur bei OHG unf KG möglich; a.M. für Einmann-GmbH, OHG u. KG *Noack* (Fn. 224) sowie *Thomas/Putzo*[18] Rdnr. 18: keine Unpfändbarkeit; vgl. auch *Jauernig* (Fn. 125) §32 II D 2.

[227] Allg.M. *KG* JW 1935, 58; *OLGe Koblenz* Büro 1956, 29; *Hamm* Rpfleger 1956, 46; vgl. auch KB 1898, 191; *AG Karlsruhe* DGVZ 1989, 141.

[228] *BGH* NJW 1993, 922; *OLGe Düsseldorf* DGVZ 1968, 73 = JMBlNRW 18; *Hamm* JMBlNRW 1951, 273; *Neustadt* NJW 1951, 80; *KG* Rpfleger 1958, 225 sowie → Fn. 222.

[229] *Hartmann* (Fn. 31) Rdnr. 34; *Thomas/Putzo*[18] Rdnr. 26; *Wieczorek*[2] Anm. J Ia 4; *Stöber* (Fn. 16) Rdnr. 285; *Jonas/Pohle* (Fn. 1) Rdnr. *Noack* DGVZ 1969, 117; BB 1966, 1008; *Mohrbutter* (Fn. 42) 162.

[230] Vgl. *AG Hannover* DGVZ 1975, 15.

[231] Allg. M., → Fn. 229.

[232] Zust. *LG Bochum* DGVZ 1982, 44.

[233] *OLG Hamm* (Fn. 227); *Noack* (Fn. 229); *Mohrbutter* (Fn. 42) 162.

[234] Allg.M.; *Noack* (Fn. 1) 313 u. (Fn. 229); *Jonas/Pohle* (Fn. 1) 87 sowie → Fn. 222.

[235] *OLGe Braunschweig* NdsRpfl 1953, 162; *Düsseldorf, Neustadt* (Fn. 228); *LG Kassel* DGVZ 1961, 124; *Noack* (Fn. 229). – Bedenklich *LG Duisburg* JR 1951, 665. – Vgl. auch den ähnlichen Berechnungsvergleich bei § 950 BGB.

Arbeitswert angesichts der heute notwendigen Fachkenntnisse zum Bedienen moderner Geräte nicht zu gering angesetzt werden sollte[236]. Einen sicheren Anhaltspunkt bietet hier der Verdienst eines mit ähnlichen Aufgaben betrauten Arbeitnehmers; dabei sollte allerdings beachtet werden, daß durch die weitgehende Verwendung von Maschinen und das Vordringen der Automation die persönliche Arbeitsleistung dessen, der die Maschine einrichtet, überwacht und bedient, eine erheblich höhere Einschätzung als früher erfahren muß[237]. Das Pfändungsprivileg entfällt nur dann, wenn der Nutzungswert des investierten Kapitals den Arbeitswert fast erreicht oder sogar übersteigt[238].

46   cc) Besondere Schwierigkeiten in der Abgrenzung ergeben sich bei **Handwerkern** und ähnlichen Gewerbetreibenden. Ob der Schuldner ein Handwerk i. S. der einschlägigen gewerberechtlichen Vorschriften betreibt und in die Handwerksrolle eingetragen ist, ist nicht entscheidend[239]. Die Rechtsprechung hat sich hier der wirtschaftlichen und technischen Entwicklung anzupassen: die Verwendung von Maschinen[240], Motoren[241], Kraftfahrzeugen[242] usw. nimmt einem Betrieb noch nicht den handwerksmäßigen Charakter[243]; die technische Entwicklung darf nicht zu einer Verringerung des Pfändungsschutzes führen. Niemand braucht sich auf die Möglichkeit primitiverer Arbeitsmethoden verweisen zu lassen, selbst wenn andere Betriebe noch vereinzelt in veralteter Weise arbeiten[244]. Je nach Branchenzugehörigkeit ist daher der Schutzbereich weit zu ziehen und kann auch kleinere automatische Geräte umfassen. Liegt jedoch der *Schwerpunkt* der Tätigkeit auf der Anwendung und Ausnutzung sächlicher Betriebsmittel, so greift Nr. 5 nicht ein; so wohl zumeist nicht für Bauunternehmer[245], Großgärtner[246], Mietbücherei[247], Videokassettenvermieter[248], Schuhmacher mit eigener fabrikmäßigen Produktion[249], Theaterunternehmer. Ob bei Inhabern von Schaubuden, Karussells und dgl.[250], Vermietern von landwirtschaftlichen Maschinen[251], Kahnschiffern[252] u.a.[253] die sächliche oder persönliche Seite überwiegt, ist nur nach

---

[236] *Lippross* (Fn. 1) 164.
[237] *Noack* (Fn. 229); *Mohrbutter* (Fn. 42) 162.
[238] KG HRR 1925 Nr. 1913; OLG Neustadt (Fn. 228); OLG Düsseldorf (Fn. 235); LG Berlin (Fn. 222); *K. Schmidt* MDR 1972, 376 Fn. 36.; auch → Fn. 263.
[239] Auch der »unwürdige Schuldner« (z. B. Schwarzarbeiter) wird geschützt, ebenso OLG Koblenz DGVZ 1963, 41; LG Bielefeld MDR 1954, 426 (abl. *Freybe*); *Lippross* (Fn. 1) 165; *Noack* Büro 1978, 975; s. auch *Wieczorek*[2] Anm. J I b 2; *Schumacher* ZZP 68 (1955) 165.
[240] Z.B. RG WarnRsp 21 Nr. 28; OLG Braunschweig (Fn. 235: Metzgereimaschinen); OLG Darmstadt OLGRsp 15, 165 Fn. 1 (Bohrmaschine); OLG Koblenz Büro 1956, 29 (elektrische Nähmaschine u.a. Schneidergeräte); KG DGVZ 1956, 121 = Rpfleger 47 (Sägemaschinen); LG Berlin DGVZ 1965, 28 u. LG Köln DGVZ 1966, 172 (Auspuffmaschinen); LG Verden DGVZ 1972, 92 u. AG Hoya DGVZ 1973, 77 (Handwerksmaschinen); AG Schweinfurt (Fn. 222) sowie insgesamt, auch zu den folgenden Fn. *Bloedhorn* (Fn. 1) 110.
[241] KG JW 1935, 58; OLG Braunschweig (Fn. 235).
[242] OLGe Hamm DGVZ 1956, 158 = Rpfleger 46; Celle MDR 1969, 226 = Rpfleger 1968, 290 = DGVZ 184 = Büro 647; LGe Oldenburg DGVZ 1968, 12; Frankfurt ZZP 69 (1956), 450; *Münster* JMBlNRW 1952, 251; Braunschweig MDR 1970, 338; Berlin DGVZ 1967, 137; AG Neuwied DGVZ 1977, 94; ferner → Fn. 258. Vgl. auch LG Kiel OLGRsp 29, 214 (Motorboot des Fischers).
[243] *Lippross* (Fn. 1) 164.

[244] OLG Darmstadt (Fn. 118); OLG Braunschweig (Fn. 235); → auch Rdnr. 49 ff.
[245] KG OLGRsp 10, 379; OLG Kiel OLGRsp 20, 351; a.M. LG Hamburg Büro 1951, 435. Zur Pfändung von Baumaschinen *Seesemann* GruBo 1958, 359.
[246] OLG Rostock OLGRsp 25, 179; OLG München DGVZ 1933, 37; LG Kassel DGVZ 1961, 124. – A.M. LG Göttingen NdsRpfl 1957, 74.
[247] LG Düsseldorf DGVZ 1963, 204 = MDR 1964, 63 gegen AG Gelsenkirchen-Buer DGVZ 1962, 157.
[248] LG Frankfurt/M. NJW-RR 1988, 1471 m.w.N.; AG Dortmund DGVZ 1988, 158. – A.M. LG Augsburg DGVZ 1989, 138 f.
[249] LG Duisburg (Fn. 235).
[250] Für Pfändbarkeit OLG Dresden OLGRsp 4, 153; 19, 6; 26, 396; 37, 175; OLG Breslau OLGRsp 26, 395; KG OLGRsp 29, 211; OLG Karlsruhe JW 1932, 3190; vgl. auch AG Hannover (Fn. 230). – A.M. OLG Jena JW 1930, 568; LG Köln Büro 1965, 1015; AG Köln Büro 1965, 932.
[251] OLG Kassel OLGRsp 15, 9; OLG Düsseldorf DGVZ 1968, 73 = JMBlNRW 18 = RdL 1967, 213 (pfändbar).
[252] Vgl. OLG Kiel SeuffArch 63 (1908), 299.
[253] Z.B. PKW einer Marktstandinhaberin unpfändbar, KG Rpfleger 1958, 225 = DGVZ 186, ebenso bei Gaststätteninhaber AG Mönchengladbach DGVZ 1977, 94, vgl. auch zum Stichwort »Kraftwagen« *Wieczorek*[2] Anm. J II b.

den Verhältnissen des Einzelfalls zu beurteilen. Auch bei **Zimmervermietern**[254], Inhabern von Pensionen[255] und Hotels sowie **Gastwirten**[256] entscheidet der konkrete Geschäftsbetrieb.

dd) Auch **Kleinkaufleute** fallen, wenn ihre persönliche Tätigkeit im Vordergrund steht → Rdnr. 46, unter Nr. 5[257], ohne Rücksicht darauf, ob sie Minderkaufleute (§ 4 HGB) sind oder nicht. Hierher können gehören Fuhr- und Taxiunternehmer (ohne Unterschied zwischen Personen- und Lastwagen), Möbeltransporteure[258], aber auch, falls die Ausnutzung der sächlichen Betriebsmittel nicht überwiegt[259], Kaufleute, die ihr Gewerbe im Umherziehen betreiben[260], wie Verkaufsfahrer, Handelsvertreter[261], Hausierer[262], bei denen der Gesichtspunkt des Warenhandels gegenüber dem des persönlichen Transports, des Aufsuchens und Anwerbens von Kunden usw. zurücktritt[263]; auch Viehhändler[264], sowie solche Handwerker, die zugleich Kleinkaufleute sind, z.B. Schlachter[265], Bäcker, Gemischt- und Schreibwarenhändler u.ä.[266]

47

ee) **Zeitweilige Nichtausübung** des Berufs schließt die Befreiung nicht aus[267]. Gleiches gilt, wenn der zu Erwerbszwecken eingerichtete Betrieb noch nicht eröffnet ist[268]. Wie bei Nr. 1 sind auch voraussehbare Entwicklungen zu berücksichtigen → Rdnr. 27; deshalb fallen auch Berufsvorbereitungen unter Nr. 5[269], → Rdnr. 17. Auszubildende, Schüler, Studenten[270], Referendare genießen daher den Schutz. Die bloße Möglichkeit, daß künftig der Beruf ergriffen oder wieder aufgenommen werden wird, reicht nicht aus[271], besonders wenn feststeht, daß dies vorerst noch ausscheidet[272]. Wegen nicht mehr benutzter Gerätschaften → Fn. 100, über den Betrieb durch Stellvertreter → Rdnr. 57.

48

---

[254] Unter Berücksichtigung des persönlichen Einsatzes, z.B. bei der Zimmerreinigung, s. *OLG Frankfurt* OLGRsp 7, 352; *OLG Kiel* OLGRsp 16, 327f.; *OLG München* OLGRsp 20, 353; *KG* OLGRsp 25, 180; JW 1937, 3050; *OLG Kassel* SeuffArch 65 (1910), 382; *LG Göttingen* MDR 1952, 627. – A.M. *KG* JR 1928 Nr. 687.

[255] Vgl. *OLG Kassel* OLGRsp 22, 378; *LG Bielefeld* NJW 1958, 1192; *LG Berlin* (Fn. 222); *AG Gelnhausen* DGVZ 1961, 190; *LG Bonn* DGVZ 1962, 98; *Schumacher* DRiZ 1963, 59 u. 81; zum Hotelinventar, wenn es nicht Zubehör ist, DGVZ 1936, 119; 1937, 45; 1938, 361.

[256] Pfändbar: *OLG Celle* (gesamter Betrieb) u. *OLG München* (Biervorrat) OLGRsp 13, 203f.; *OLG Posen* (Teppich) OLGRsp 16, 302; *OLG Darmstadt* (elektrisches Klavier) JW 1932, 3190; *LG Lübeck* (Fernsehgerät) SchlHA 1958, 174; *LG Flensburg* Büro 1968, 1008; *AG Bremerhaven* DGVZ 1957, 75; *AG Frankfurt* DGVZ 1958, 72. – Unpfändbar: *KG* JW 1926, 615; *OLG Kiel* JW 1929, 213 (Klavier); *LG Lübeck* (Fernseher) SchlHA 1956, 336 = DGVZ 28; *LG Ulm* (Kasse u. Kaffeemaschine) DGVZ 1960, 28; *LG Hildesheim* (Sahnespender) MDR 1962, 996. Allgemein zur Pfändbarkeit von Fernsehgeräten in Gaststätten *v. Münch* NJW 1958, 133; *Schumacher* DGVZ 1959, 68f.

[257] *OLG Düsseldorf* MDR 1957, 428 = JMBlNRW 115; *KG* Rpfleger 1956, 47; 1958, 225 = DGVZ 186; *OLG Hamm* JMBlNRW 1961, 8 = MDR 420 = DGVZ 57; *LG Lübeck* SchlHA 1970, 117; ausführlich *Noack* BB 1966, 1007. – A.M. *OLG Dresden* JW 1931, 2143.

[258] *KG* JW 1929, 2835; *OLG Neustadt* NJW 1951, 80; *KG* (Fn. 253); *LG Braunschweig* DGVZ 1951, 44; *LG Lüneburg* MDR 1955, 748; *LG Darmstadt* NJW 1955, 347; *LG Bonn* MDR 1960, 770 = DGVZ 173; *LG Berlin* DGVZ 1966, 74; *AG Osterode* Büro 1963, 568; s. auch *Quardt* Büro 1963, 727, 1964, 7.

[259] *OLG Hamm* JMBlNRW 1951, 273; vgl. *AG Hamburg* Büro 1964, 286.

[260] *OLG Frankfurt* VersR 1952, 142; *KG* (Fn. 253); *LG Braunschweig* MDR 1970, 338; *OLG Hamm* Rpfleger 1956, 46 (PKW des reisenden Schneidermeisters); *AG Köln* JMBlNRW 1968, 19 (Fotograf); ablehnend bei stehendem Gewerbebetrieb *OLG Rostock* OLGRsp 22, 374; *OLG Nürnberg* OLGRsp 23, 216f.; *OLG Stuttgart* JW 1930, 2068; *LG Göttingen* Büro 1963, 568; *AG Hamburg* (Fn. 259).

[261] *KG* DGVZ 1967, 181; *LG Mannheim* BB 1974, 1458; *AG Hoya* DGVZ 1971, 143; *AG Iserlohn* DGVZ 1975, 63.

[262] *OLG Stuttgart* HRR 1933 Nr. 56.

[263] *OLG München* OLGRsp 22, 374f.; *OLG Nürnberg* BayrZ 1926, 159; *OLG Düsseldorf* JMBlNRW 1957, 115; *OLG Hamm* (Fn. 257). – A.M. *OLG Frankfurt* OLGRsp 29, 211; *LG Hannover* Büro 1956, 28; *LG Münster* DGVZ 1968, 189; *AG Bad Münder* DGVZ 1968, 159.

[264] *OLG München* OLGRsp 14, 174; *OLG Kiel* JW 1930, 2906, zu Großhändlern s. auch Fn. 263.

[265] *OLG Kiel* SeuffArch 67 (1912), 168; *OLG Braunschweig* NdsRpfl 1953, 162; *AG Witten* DGVZ 1961, 12.

[266] *KG* OLGRsp 31, 106; JW 1930, 653; OLGRsp 39, 77; *LG Schleswig* DGVZ 1950, 169; *LG Stade* DGVZ 1960, 12; *LG Köln* DGVZ 1964, 108; *AG Köln* Büro 1965, 326.

[267] Allg.M. *KG* JW 1932, 3190; *OLG Köln* JMBlNRW 1956, 64; *OLG Hamm* Büro 1953, 209; *LGe Tübingen* DGVZ 1976, 28; *Göttingen* NdsRpfl 1959, 36 = DGVZ 92; *Düsseldorf* DGVZ 1962, 110; *Kiel* SchlHA 1984, 75f.

[268] *LGe Hannover* NJW 1953, 1717; *Göttingen* NdsRpfl 1953, 71; *Kotzur* (Fn. 103) 166; *Pardey* DGVZ 1987, 181.

[269] *Thomas/Putzo*18 Rdnr. 25; *Wieczorek*2 Anm. J I a.

[270] *Paulus* DGVZ 1990, 152; *AG Heidelberg* DGVZ 1989, 15

[271] *OLG Karlsruhe* BadRPr 14, 90; *LG Berlin* DGVZ 1966, 89.

[272] Z.B. bei längerer Freiheitsstrafe *OLG Hamburg* JW 1939, 250; *OLG Köln* DGVZ 1982, 62; anders bei vorübergehender Strafhaft *AG Flensburg* DGVZ 1953, 124.

49 b) Nach aF waren nur die zur persönlichen Berufsausübung unentbehrlichen Gegenstände freigegeben; die nF wollte einer bisher durch die Wiederholung des Wortes »persönlich« besonders nahegelegten engen Auslegung entgegentreten, → Fn. 194. Dem geschützten Schuldner, → Rdnr. 43 ff., soll erhalten bleiben, was **erforderlich ist, um die Erwerbstätigkeit in der bisherigen Weise fortzusetzen**[273] – nicht gemeint ist die persönliche Fortsetzung im Sinne der Tätigkeit eines ohne technische Hilfsmittel oder ohne Gehilfen arbeitenden Einzelhandwerkers oder dgl.

50 Die Grenzen der Unpfändbarkeit sind nach den Bedürfnissen des arbeitenden Schuldners festzulegen[274]. Das Merkmal »erforderlich« ist nach wirtschaftlichen und betriebstechnischen Erwägungen zu bestimmen[275] (z.B. Umfang, Lage und Art des Betriebs, Höhe des durchschnittlichen Umsatzes[276], betriebliche Organisation). Dabei kommt es nicht darauf an, daß der Betrieb objektiv zweckmäßig gestaltet ist und ob für den Schuldner bei Reorganisation Gegenstände als entbehrlich wegfallen könnten. Es ist nicht Aufgabe des Vollstreckungsorgans, in den Schuldnerbetrieb einzugreifen oder ihn gar zu rationalisieren[277]. Die Gegenstände müssen für die Arbeitstätigkeit des Schuldners erforderlich sein und zur Ausgestaltung des Arbeitsplatzes gehören, nicht aber unmittelbar dem Arbeitsvorgang selbst dienen[278]. Auch solche Gerätschaften sind geschützt, die der Schuldner zwar persönlich, aber unter Zuhilfenahme von Angestellten und in gegenseitiger Ergänzung mit solchen bedient und solche, die selbständig von Hilfspersonen bedient werden, aber lediglich der weiteren »Verarbeitung« persönlicher Leistungen des Schuldners dienen (z.B. mehrere Schreibmaschinen, die Angestellte des Handelsvertreters zur kaufmännischen Abwicklung der persönlich durch den Schuldner abgeschlossenen Verträge benötigen). Insbesondere will die Neufassung verhindern, daß Handwerkern z.B., die zu ihrer Hilfe einen oder mehrere Angestellte haben, alles bis auf einen für eine Einzelperson ausreichenden Bestand von Werkzeug etc. genommen wird[279]. Die Vorschrift läßt hier bewußt der praktischen Handhabung einen verhältnismäßig weiten Spielraum.

51 Geschützt werden daher u.a. **Gerätschaften**, die zur Herstellung und Bearbeitung von Gegenständen dienen wie Ausputz-, Bohr-, Metzgerei-, Näh-, Sägemaschinen[280], Hebebühnen und Hochdruckreiniger für Kraftfahrzeuge[281], Ladeneinrichtungen[282], in beschränktem Maße Ausstellungsstücke, falls Kundschaft Präsentation erwartet[283], Verkaufskioske[284], Büroeinrichtungen, z.B. Schreibtische[285], -maschinen[286], Tonband- und Diktiergeräte[287], Taschenrechner[288], Computer mit Drucker[289], Fotokopierer[290], automatische Anrufbeantwor-

---

[273] *BGH* (Fn. 228).
[274] *LGe Berlin* (Fn. 239); *Mannheim* (Fn. 261); *AG Köln* (Fn. 250).
[275] Vgl. *Noack* DGVZ 1969, 118; BB 1966, 1007; *LG Heilbronn* MDR 1994, 405.
[276] *LG Stade* DGVZ 1960, 12.
[277] *LG Berlin* DGVZ 1961, 123.
[278] → Fn. 275.
[279] *OLG Stuttgart* DGVZ 1952, 152; *Wieczorek*[2] Anm. J I a 5.
[280] → Fn. 240 sowie *Noack* (Fn. 275) mwN.
[281] *LG Bochum* (Fn. 232); *Schilken* (Fn. 3) Rdnr. 53.
[282] → Fn. 255, 256.
[283] *LG Saarbrücken* DGVZ 1988, 158 (Einbauküchen); zust. *Schilken* (Fn. 3) Rdnr. 51.
[284] Auch ein Marktstand ist geschützt; insoweit wird Nr. 1 2. Halbsatz durch Nr. 5 ergänzt, *LG Aschaffenburg* NJW 1952, 752; *LG Regensburg* DGVZ 1978, 45; *AG Berlin-Tempelhof-Kreuzberg* DGVZ 1959, 122; *Jonas/Pohle* (Fn. 1) 88; *Noack* (Fn. 1) 305. – A.M. *OLG Celle* NdsRpfl 1958, 191 = DGVZ 192; *AG Hamburg* MDR 1952, 75.

[285] *AG Iserlohn* DGVZ 1975, 63; a.M. *Wieczorek*[2] Anm. J II b »Schreibtisch«.
[286] *OLG Düsseldorf* JMBlNRW 1953, 105; *LG Berlin* DGVZ 1958, 175.
[287] *LGe Göttingen* NdsRpfl 1959, 36 = DGVZ 92; *Mannheim* MDR 1966, 516 = Rpfleger 269 = DGVZ 40 (Diktiergerät des Anwalts), zust. *Schilken* (Fn. 3) Rdnr. 52. – Für Pfändbarkeit (wohl überholt) *LG Berlin* DGVZ 1958, 108 (Fabrikbetrieb); DGVZ 1960, 75 (Architekt); DGVZ 1965, 71 (Steuerberater).
[288] So noch für Rechenmaschine *LG Berlin* DGVZ 1957, 62 u. 1960, 75, (Architekt).
[289] *LG Heilbronn* MDR 1994, 405 für elektotechnisches Planungsbüro; verneint für Buchführung eines Architekten von *LG Frankfurt/M.* DGVZ 1990, 58.
[290] *Spörlein* AnwBl 1968, 116 (Anwalt); *LG Frankfurt*, DGVZ 1990, 58 (Architekt); auch bei Schriftsteller *Schilken* (Fn. 3) Rdnr. 52. – A.M. *LG Berlin* DGVZ 1985, 142 (Anwalt).

ter²⁹¹, Wartezimmereinrichtungen²⁹². Auch das Rüstzeug zu geistiger Arbeit gehört hierher, z.B. je nach den Verhältnissen die Fachbücherei, Hard- und Software²⁹³ oder das Labor des Gelehrten; ebenso Sachen zum persönlichen Gebrauch wie *Arbeitskleidung*, Kostüme der Schauspieler; *Kraftfahrzeuge*, falls sie zum Transport von Waren²⁹⁴ oder zum Besuch der Kundschaft²⁹⁵ oder der Patienten eines Arztes²⁹⁶ erforderlich sind, falls der Arbeitsplatz nicht oder nur unter unzumutbarem Zeitaufwand mit öffentlichen Verkehrsmitteln erreichbar ist²⁹⁷, falls damit Lohnfahrten ausgeführt werden²⁹⁸ u.ä.; s. auch Nr. 7. – Eine Kasuistik für einzelne Berufszweige ist wegen der notwendigen Beachtung moderner Entwicklungen nicht sinnvoll und könnte dazu verleiten, die individuelle Würdigung des Einzelfalls zu vernachlässigen.

Auf den **Wert** der Gerätschaften kommt es nicht an, → Rdnr. 13, anders bei der Austauschpfändung §§ 811 a, b. Es widerspricht dem Sinn der Nr. 5 (→ Rdnr. 4), in Zahlungsschwierigkeiten geratene Schuldner durch Entzug moderner Geräte auf eine primitivere, weniger rationale Betriebsführung zurückzuwerfen²⁹⁹. Unpfändbar sind danach z.B. das Instrument und die Noten des Musiklehrers³⁰⁰. 52

Den *Gegensatz* zu Gerätschaften und Materialvorräten bilden Geld³⁰¹, **Warenbestände** und dgl.; diese sind der Pfändung **nicht** entzogen³⁰²; hier kann aber § 765a eingreifen. Ausnahmsweise können zum Verkauf bestimmte Gegenstände unpfändbar sein, wenn der Wert des Gegenstands gegenüber der persönlichen Arbeitsleistung des Schuldners klar zurücktritt³⁰³. 53

Ob der Schuldner die Gegenstände zur Zeit der Pfändung gerade *selbst* benützt oder dies durch einen Gehilfen geschieht, ist gleich³⁰⁴. Ist der Schuldner als *Gehilfe im fremden Betrieb* tätig, so bleiben nur solche Sachen frei, die er zur Tätigkeit als Gehilfe braucht³⁰⁵, nicht aber solche, die er zum Betrieb des Arbeitgebers stellt³⁰⁶. 54

Inwieweit sich der Schutzbereich der Nr. 5 auch auf den **Ehegatten und die Familie** des Schuldners erstreckt, ist umstritten³⁰⁷. Vor der Geltung des § 739 nF konnte der nicht 55

---

²⁹¹ *LGe Berlin* DGVZ 1965, 117; *Mannheim* (Fn. 212). *AG Iserlohn* (Fn. 285); nicht Wählautomat *LG Düsseldorf* DGVZ 1986, 44.
²⁹² *LG Berlin* DGVZ 1965, 71 (bei Steuerberater bis auf einfache Einrichtungen pfändbar).
²⁹³ Für Bauzeichner *LG Hildesheim, AG Holzminden* DGVZ 1990, 30; für Doktorarbeit des Studenten *Paulus* entgegen *AG Heidelberg* (beide Fn. 270); verneint für Versicherungsagenten *LG Koblenz* Büro 1992, 265 (a.M. *AG Bersenbrück* DGVZ 1990, 78); nicht für Buchhaltung eines Architekten *LG Frankfurt/M.* (Fn. 290); zur Erforderlichkeit für Rechtsanwalt und Notar *LG Frankfurt/M.* (Fn. 221). → auch Rdnr. 67 a.E., § 808 Rdnr. 1b.
²⁹⁴ *AG Bersenbrück* DGVZ 1992, 140: PKW des Gastwirts im ländlichen Bereich; *AG Karlsruhe* DGVZ 1989, 141f.: Gastwirt im Nebenerwerb.
²⁹⁵ → Fn. 242, 258, 261 sowie *Noack* (Fn. 1) 312ff.
²⁹⁶ Für Landarzt *Pardey* DGVZ 1987, 181. – A.M. für Stadtarzt *LG Hildesheim* DGVZ 1950, 42; *FG Bremen* DGVZ 1994, 14.
²⁹⁷ *LGe Stuttgart, Rottweil, Heidelberg* DGVZ 1986, 78; 1993,57; 1994, 9; zum Ganzen *Pardey* DGVZ 1987, 180,182; *LG Tübingen* DGVZ 1992, 137 läßt genügen, daß ein Kind des Schuldners während der Arbeitszeit in Tagesheim gebracht werden muß. Pfändbar ist das Auto des bei seiner Ehefrau gegen Minimallohn beschäftigten Schuldners *AG Augsburg* DGVZ 1992, 190. Zu Kraftfahrzeugen Behinderter → Rdnr. 70, zum Gebrauch schuldnereigener Autos durch Ehegatten → Rdnr. 55.
²⁹⁸ *Schilken* (Fn. 3) Rdnr. 55; von *OLG Neustadt* NJW 1951, 80 nur aus den Gründen → Fn. 222 verneint.

²⁹⁹ S. die Beispiele → Fn. 285ff.
³⁰⁰ *OLG Hamburg* OLGRsp 33, 106; *Schilken* (Fn. 3) Rdnr. 54 mwN; vgl. auch *AG Mönchengladbach* DGVZ 1974, 29 für Berufsmusiker mit mehreren Instrumenten.
³⁰¹ *LG Berlin* (Fn. 192) mwN; anders für unbedingt nötiges Wechselgeld *LG Heidelberg* DGVZ 1971, 138f.; *AG Horbach a.N.* DGVZ 1989, 78
³⁰² *KG* JW 1931, 2142; *OLG Köln* DB 1967, 422 = DGVZ 1968, 164; *LGe Münster, Köln, Lübeck* DGVZ 1968, 189; 1983, 44; 1982, 78 (a.M. Schriftl.); *Düsseldorf* DGVZ 1985, 74; *AG Frankfurt* DGVZ 1974, 26; *Lippross* (Fn. 1) 165. – Einschränkend *OLG Frankfurt* BB 1959, 645 = DGVZ 1960, 125; *LG Tübingen* (Fn. 267) mit Anm. *Noack* DB 1977, 195 B; *AG Köln* DGVZ 1992, 47. – Zur Verwertung u.U. durch den Schuldner selbst → § 825 Fn. 55.
³⁰³ *OLG München* DGVZ 1933, 37; *LG Kassel* DGVZ 1961, 124; *AG Gelsenkirchen-Buer* (Fn. 247). → auch Fn. 263.
³⁰⁴ *KG* OLGRsp 31, 105; JW 1926, 615; *LGe Berlin* DGVZ 1964, 88; 1965, 28 u. 71; *Oldenburg* DGVZ 1968, 12; *Lübeck* (Fn. 257); *AGe Witten* (Fn. 265); *Köln* (Fn. 250).
³⁰⁵ Bei entsprechender Entfernung ein Moped *LG Traunstein* MDR 1963, 319, oder ein PKW *OLG Oldenburg* MDR 1962, 486.
³⁰⁶ *OLGe Dresden, Breslau, München* OLGRsp 10, 380; 14, 175; 20, 352; *Kiel* SeuffArch 67 (1912), 169. – A.M. *OLG Breslau* OLGRsp 16, 328.
³⁰⁷ **Dafür** *OLGe Darmstadt* OLGRsp 4, 366; *Hamm* (Fn. 72); *LG Nürnberg-Fürth* DGVZ 1963, 101 (Anm.

schuldende Ehegatte seine Arbeitsausrüstung bereits nach § 809 verteidigen, so daß vor allem, wenn der Schuldner in Gütergemeinschaft lebte[308], Nr. 5 Anwendung fand. Der nicht schuldende Ehegatte, der den Gegenstand ausschließlich selbst, insbesondere im eigenen Gewerbebetrieb, benutzt oder von seinem Ehegatten getrennt lebt, kann zwar auch heute noch der Pfändung nach § 809 widersprechen, → § 739 Rdnr. 18; des zusätzlichen Schutzes nach Nr. 5 bedarf er nicht[309]. Liegen diese Voraussetzungen aber nicht vor, z. B. wenn der schuldende Ehegatte den Gegenstand mitbenutzt, so wäre die Folge, daß die Berufsausrüstung des schuldenden Ehegatten wesentlich besser geschützt wäre als die des nicht schuldenden. Dies gilt besonders dann, wenn auch die Verteidigung nach § 771 versagt, weil der Schuldner Eigentümer ist oder sein Ehegatte eigene Rechte nicht zu beweisen vermag. Eine solche Schlechterstellung kann der Gesetzgeber, der den Wortlaut der Nr. 5 bei der Neufassung des § 739 unverändert ließ, nicht beabsichtigt haben. Da Nr. 5 letztlich den Unterhalt der Familie schützt[310], kann es nicht darauf ankommen, welcher Ehegatte die Sache für seinen Erwerb benötigt[311]. Für die Überwindung des Gewahrsams wirkt § 739 zwar nur *zugunsten* des Gläubigers[312]; im Rahmen des § 811 Nr. 5 ist aber das Vermögen beider Ehegatten auch *zulasten* des Gläubigers als Einheit anzusehen[313]. Auch der nichtschuldende Ehegatte kann daher die Unpfändbarkeit der zur Fortsetzung seiner Erwerbstätigkeit benötigten Sachen geltend machen, selbst wenn § 739 gegen ihn wirkt[314].

56   Unter *mehreren gleichartigen Sachen*, von denen nur eine oder einige entbehrlich sind, hat der Gerichtsvollzieher die Auswahl zu treffen. Das verbleibende Stück muß aber auf Dauer verfügbar sein[315]; darauf ist besonders zu achten, wenn es Dritten gehört → Rdnr. 14 a. E.

57   Nr. 5 umfaßt nicht Gegenstände, die zur Ausübung der Berufstätigkeit durch einen *Stellvertreter* erforderlich sind[316]. Diese Lücke füllt **Nr. 6** für den Fall aus, **daß Witwen oder minderjährige Erben** (nicht nur eigene Kinder) einer der unter Nr. 5 fallenden Personen das Erwerbsgeschäft ohne eigene Tätigkeit[317] durch einen Stellvertreter fortführen lassen. Voraussetzung ist, daß der Ehemann bzw. Erblasser das Geschäft bereits begonnen hatte; auf nachträglich eingerichtete Betriebe findet Nr. 6 keine Anwendung, während anderseits nicht erforderlich ist, daß der Betrieb genau in der bisherigen Weise fortgeführt wird; im übrigen → Rdnr. 42 ff. Der Stellvertreter muß den Betrieb nicht persönlich weiterführen, dies kann auch ein Gehilfe tun.

58   Durch **Nr. 7** erfährt Nr. 5 lediglich eine genauere Inhaltsbestimmung[318], → daher Rdnr. 42. **Dienstkleidung** und **Dienstausrüstungsgegenstände** jeder Art des tätigen Schuldners sind unpfändbar. Sie müssen zum Gebrauch des Schuldners *bestimmt* sein; im Verkaufsgeschäft sind sie im selben Umfang pfändbar wie sonstige Ware.

59   Wegen des Begriffs der Beamten → § 850 Rdnr. 21, des Geistlichen → § 383 Rdnr. 36. Auch Richter, Patentanwälte, Zahn- und Tierärzte[319] gehören hierher. Ausländische Schuldner sind ebenfalls geschützt → Rdnr. 20, auch die Mitglieder der Streitkräfte[320]. Die Aufzählung ist

---

Mümmler) = FamRZ 650; *Wieczorek*[2] Anm. J I a 6; *Schilken* (Fn. 3) Rdnr. 28 (anders aber Rdnr. 55 Fn. 176); *Pohle* (Fn. 122); *Beitzke* ZZP 68 (1955) 246; *Berner* Rpfleger 1958, 204; *Noack* JR 1970, 337. – **Dagegen** OLG Stuttgart DGVZ 1963, 152 = FamRZ 297; *LG Göttingen* NdsRpfl 1954, 9; *Hartmann* (Fn. 31) Rdnr. 28; *Hj. Müller* ZwVR gegen Ehegatten (1970) 41 f.

[308] *OLGe Kiel, Frankfurt* OLGRsp 4, 152; 19, 8.
[309] Ausführlich *Noack* (Fn. 307).
[310] *Pohle, Beitzke, Berner* (alle Fn. 307). – A.M. *Müller* (Fn. 307); er verkennt, daß in Nr. 5 gerade die Existenz der Familie auf dem Spiel steht. → auch Rdnr. 42.
[311] *OLG Hamm, LG Nürnberg-Fürth, Pohle* (alle Fn. 307); *LG Siegen* DGVZ 1985, 153 = NJW-RR 1986, 224. Vgl. auch § 1360 nF BGB.
[312] → § 739 Rdnr. 21a.

[313] *LGe Nürnberg-Fürth, Stuttgart* sowie *Mümmler* (alle Fn. 307).
[314] *LG Siegen* (Fn. 252); *Pardey* (Fn. 297).
[315] *OLG Nürnberg* BayrZ 1927, 28.
[316] *OLG Posen* OLGRsp 31, 108; *OLG Frankfurt* OLGRsp 31, 108 (gegen OLGRsp 11, 109).
[317] Soweit Hinterbliebene selbst tätig bleiben, gilt für sie Nr. 5. Ist **nur** der Vormund für Mündel tätig, gilt ausschließlich Nr. 6; a. M. *Hartmann* (Fn. 31) Rdnr. 45.
[318] *Lippross* (Fn. 1) 162.
[319] Zum Vollstreckungsschutz des Arztes *Weimar* DGVZ 1978, 184.
[320] *Hartmann* (Fn. 31) Rdnr. 46, vgl. Art. 10 Abs. 3 des früheren Truppenvertrags → 18. Aufl. V B vor § 1 u. arg. Art. 34 Abs. 3 im Vergleich zu Abs. 4 ZusatzAbk-NTS, → Einl. (20. Aufl.) Rdnr. 666.

veraltet, da der Schlußhalbsatz der Nr. 7 praktisch denselben Inhalt hat wie Nr. 5. Nur im Verhältnis zu § 811 a haben die in Nr. 7 genannten Berufe eine (kaum mehr gerechtfertigte) besondere Bedeutung, → § 811 a Rdnr. 2. Der Kreis der **zur Berufsausübung erforderlichen Gegenstände** ist hier wie bei Nr. 5 weit zu ziehen; es gehören dazu nicht nur Werkzeuge, sondern auch Instrumente[321], fachwissenschaftliche Bücher, angemessene Büro-, Sprech- oder Wartezimmerausstattung[322] u. ä., → Rdnr. 51 f. Daß andere Angehörige der gleichen Berufsgruppe u. U. ohne gleichartige Gegenstände auskommen müssen, ist nicht entscheidend. Luxuseinrichtungen sind nicht geschützt; zum Begriff »erforderlich« → Rdnr. 50. Die Erwähnung *angemessener Kleidung* enthält eine gewisse Erweiterung der Nr. 1, → Rdnr. 28; nicht unbedingt dazu gehört die Kleidung zu gesellschaftlichen Zwecken.

Sinngemäß gilt das Privileg auch für Personen, welche die Sache nur zu einer unentgeltlich übernommenen Tätigkeit im Allgemeininteresse nebenberuflich benötigen (z.B. Schiedsmann). **60**

Nr. 8 schließt die Lücke zwischen § 811 und §§ 850 ff., indem sie unpfändbares Gehalts-, Lohn- und Renteneinkommen[323] auch nach dessen Auszahlung für unpfändbar erklärt, um das Existenzminimum des Schuldners zu sichern. Ob das **Geld** im Einzelfall tatsächlich aus einer solchen Zahlung stammt, ist bedeutungslos[324]. Der Gerichtsvollzieher hat auch nicht nachzuprüfen, ob sich noch Teile der o. g. Bezüge auf dem Konto des Schuldners befinden. Daß auch **Guthaben** bei Geldinstituten den entsprechenden Schutz genießen, ist jetzt in §§ 835 Abs. 3 S. 2, 850k geregelt[325], entsprach schon davor der h. M.[326] und war zunächst nur in Einzelgesetzen, dann in § 55 SGB I bestimmt worden, der den Pfändungsschutz für Guthaben und Bargeld[327] regelt für alle Geldbezüge, die sich nach dem SGB richten[328]. **61**

Wegen der einzelnen Kategorien und der Berechnung der unpfändbaren Beträge s. §§ 850—850c. Für Nr. 8 muß außerdem berechnet werden, wieviel hiervon auf den Zeitraum vom Tage der Pfändung bis zum nächsten Bezugstermin entfällt. Dabei ist § 850f Abs. 1 Buchstabe a[329] zu beachten, aber nicht § 850c Abs. 4[330] und § 850f Abs. 2, 3[331]. Für Unterhaltsgläubiger ist zwar grundsätzlich auf § 850d Abs. 1 S. 1—3 sowie § 54 Abs. 3 S. 1 SGB I Rücksicht zu nehmen[332]; weist aber der Schuldner nach, daß noch weitere Unterhaltsberechtigte (§ 850d Abs. 2) vorhanden sind, so ist dem Gerichtsvollzieher eine Berechnung insoweit kaum zuzumuten, sondern er richtet sich allein nach § 850c Abs. 1—3, gegebenenfalls § 850f Abs. 1 Buchstabe a und verfährt im übrigen wie → Rdnr. 63 a. E. **62**

Zur Berechnung des Bargeldanteils muß der Gerichtsvollzieher u. a. die Zahlungsperioden, die Höhe der Bezüge und die Anzahl der Unterhaltsberechtigten kennen. Kann er diese Informationen weder vom Schuldner noch anderweitig erhalten, so muß er das Bargeld bis auf **63**

---

[321] *KG* OLGRsp 25, 180 (Atemgerät bei Arzt); überholt *OLG Hamm* JMBlNRW 1953, 40 (Röntgenanlage bei Zahnarzt pfändbar).
[322] → auch Fn. 285.
[323] Nicht einmalige Kapitalbeträge, s. für § 850b *KG* NJW 1980, 1341 = MDR 676; a. M. *Sieg* FS für Klingmüller (1974) 452.
[324] I. E. ebenso *LG Karlsruhe* DGVZ 1988, 43. Anders für § 850 Abs. 4 SGB I *LG Regensburg* Rpfleger 1979, 467 = DGVZ 1980, 126; s. dagegen *Heinze* Bochumer Komm. (1979) § 55 SGB I Rdnr. 28.
[325] → dazu § 835 Rdnr. 48 ff., § 850k Rdnr. 1 ff.; *Gilleßen/Jakobs* DGVZ 1978, 129.
[326] *OLG Frankfurt* OLGZ 1973, 61 = Büro 157 = Rpfleger 67; *LG Essen* NJW 1974, 1002 = MDR 409 = Rpfleger 166; *LG Göttingen* NdsRpfl 1977, 82; ältere Nachweise → 19. Aufl. Fn. 249.
[327] § 55 Abs. 4 SGB I regelt die Geldpfändung wie § 811 Nr. 8. Zum Verfahren → § 850i Rdnr. 125.

[328] §§ 22 BAFöG, 149 Abs. 2, 3 AFG, 119 Abs. 3, 4 RVO, 76 AVG, 92 RKG, 70 a BVG, 12 Abs. 1 BKGG sind durch § 55 SGB ersetzt. Daneben gilt noch § 10 Abs. 3 GradFöG (i. d. Fassung vom 22.1.1976 BGBl. I 207). Vgl. die Komm. zum SGB I *Hauck/Haines* (1976) § 55 Rdnr. 17; *Brudenski/v. Maydell/Schellhorn* (1976) § 55 Rdnr. 31, 40 ff.; *Heinze* (Fn. 324) § 55 Rdnr. 6 ff.; *Mümmler* Büro 1976, 1165; *Terpitz* BB 1976, 1564.
[329] *Christmann* DGVZ 1991, 7 f.
[330] *Christmann* (Fn. 329); a. M. *Gilleßen/Jakobs* (Fn. 325).
[331] *Christmann* (Fn. 329).
[332] Zust. *Schilken* (Fn. 3) Rdnr. 33 mit Rdnr. 6; a. M. *Christmann* (Fn. 329): Gläubiger möge Forderung pfänden u. dabei § 850d geltend machen; damit wäre aber die nach Nr. 8 zu stellende Frage, wieviel von dem **jetzt** vorhandenen Bargeld gepfändet werden darf, nicht gelöst.

den Notbedarf (→ Rdnr. 33) pfänden³³³ und darauf hinweisen, daß der Schuldner beim Vollstreckungsgericht die Aufhebung der Pfändung wegen Nr. 8 beantragen könne³³⁴ (→ auch § 762 Rdnr. 3, § 763 Rdnr. 1); ob das ein Antrag gemäß § 766 oder in entsprechender Anwendung des § 850k Abs. 1 ist³³⁵, kann offen bleiben. – Dieser Antrag käme trotz § 766 Abs. 1 S. 2 bzw. analog § 850k Abs. 3 zu spät, würde das Geld unverzüglich (→ § 815 Rdnr. 1) an den Gläubiger abgeliefert werden³³⁶. Das liefe dem Zweck der Nr. 8 zuwider → Rdnr. 2, 3, 8, besonders wenn man bedenkt, daß Schuldner bei Pfändungen abwesend sein können. Daher muß der Gerichtsvollzieher die Ablieferung angemessen aufschieben (→ auch § 819 Fn. 24), jedoch nicht länger als zwei Wochen, arg. §§ 815 Abs. 2 S. 2, 835 Abs. 3³³⁷.

64   Nach § 78 Abs. 1 BVG i.d.F. vom 27.VI.1977 (BGBl. I 1037) ist bei der *Kapitalabfindung* während der nach § 76 Abs. 1 BVG festgesetzten Verwendungsfrist ein der ausgezahlten Abfindungssumme gleichkommender Betrag unpfändbar³³⁸. Diese Vorschrift geht § 55 SGB vor.

Zur Unpfändbarkeit von Geld in anderen Fällen → Rdnr. 22, 33, 36, 75, 77, 78.

65   **Nr. 9** soll verhindern, daß einer rentabel arbeitenden Apotheke wichtige Medikamente entzogen und solche durch sachunkundige Personen veräußert werden. »Unentbehrlich« bedeutet hier, daß größere Warenvorräte teilweise pfändbar sein können³³⁹. Die Privilegierung gegenüber Nr. 5 ist ebenso unzeitgemäß wie in Nr. 4³⁴⁰. Im Konkurs/Insolvenzverfahren gilt Nr. 9 nicht, § 1 Abs. 2 KO/§ 36 Abs. 2 Nr. 2 InsO. Die Problematik bei juristischen Personen (→ Rdnr. 43) entfällt hier wegen §§ 8, 14 f. ApothG. Im übrigen → Rdnr. 20, 48³⁴¹. → auch Rdnr. 73.

66   **Nr. 10** setzt *nicht* voraus, daß die **Bücher** erforderlich oder unentbehrlich sind, es genügt ihre Bestimmung zum Gebrauch in Kirche und Schule usw. »Kirche« bedeutet jede staatlich anerkannte oder geduldete Religionsgemeinschaft; »Schule« jede Lehranstalt, auch Fach- und Fortbildungs- und Berufsschulen; andere Unterrichtsanstalten sind z.B. die Universitäten, technische Hochschulen, Fachhochschulen, Konservatorien. *Computerprogramme* können zwar Büchern gleichstehen, → aber § 808 Rdnr. 1b a. E. Im übrigen können Bücher, Hard- und Software auch unter Nr. 5 und 7 fallen. → auch Rdnr. 73. Denkbar erscheint auch eine vorsichtige Ausdehnung auf andere Gegenstände, die eng mit der Religionsausübung verbunden sind³⁴².

67   Nach **Nr. 11**, die auch für Kapitalgesellschaften gilt³⁴³, sind u. a. *Geschäftsbücher* unpfändbar; dazu gehören nicht nur kaufmännisch geführte Handelsbücher, sondern auch Beibücher, Konto- und Arbeitsbücher sowie solche des Nichtkaufmanns, selbst wenn sie abgeschlossen sind; s. aber § 1 Abs. 3 KO/§ 36 Abs. 2 Nr. 1 InsO. Gleiches gilt für Akten, Rechnungen, Quittungen und Korrespondenz, soweit sie für den Schuldner als Beweisurkunden, für die Vollstreckung aber nur als Makulatur in Betracht kommen³⁴⁴. Registrierkassen und moderne

---

³³³ So wohl auch *Christmann* DGVZ 1991, 7 f., aber ohne Nr. 2 zu erwähnen. Ähnlich *Gilleßen/Jakobs* (Fn. 325), die aber den Notbedarf nicht wie Nr. 2, sondern analog § 835 Abs. 3 S. 2 nur für 2 Wochen berechnen wollen.
³³⁴ Zust. *Schilken* (Fn. 3) Rdnr. 33; *Gilleßen/Jakobs* (Fn. 325).
³³⁵ So *Gilleßen/Jakobs* (Fn. 325); eher dürfte Nr. 8 mit § 766 zutreffen *Schilken* (Fn. 3) Rdnr. 33.
³³⁶ § 766 Rdnr. 37 f.
³³⁷ Ähnlich → § 850i Rdnr. 125 für § 55 Abs. 4 SGB-I. *Gilleßen/Jakobs* (Fn. 325) befürworten **Hinterlegung** für 2 Wochen analog §§ 835 Abs. 2 S. 2 u. 815 Abs. 1 S. 2; die Gesetzeslücke nötigt aber wohl nicht zu Hinterlegungskosten, s. dazu § 73 GVO (Dienstkonto) → § 815 Rdnr. 14.
³³⁸ S. *Binter/Schulz* BVG (1977, Loseblatt) § 78.

³³⁹ *Schilken* (Fn. 3) Rdnr. 34 mwN.
³⁴⁰ Ebenso BVerfGE 7, 377; ausführlich *Kotzur* (Fn. 103) 167; *Lipproß* (Fn. 1) 106; → Rdnr. 38.
³⁴¹ Vgl. *OLG Köln* NJW 1961, 975 (sicherungsübereignete Arzneimittel unpfändbar). – *Herzog* Büro 1967, 635 betont die Allgemeininteressen allzu stark.
³⁴² *Wacke* DGVZ 1986, 164 mwN (z. B. Kultleuchter); *Stöber* (Fn. 16) Rdnr. 34. – A.M. für Gebetsteppich *AG Hannover* DGVZ 1987, 31 (Schriftl.).
³⁴³ *App* (Fn. 223).
³⁴⁴ Anders bei selbständigen Vermögenswerten *KG* OLGSp 17, 194 (Kundenlisten); *Schilken* (Fn. 3) Rdnr. 36. Für Unpfändbarkeit einer Kundenkartei *OLG Frankfurt* MDR 1979, 316 = OLGZ 338 = BB 136; *App* DGVZ 1985, 98.

Aufzeichnungsgeräte (z.B. elektronische Kassen, Computer) können in der Regel nicht nach Nr. 11, sondern nur nach Nrn. 5, 6 oder 10 unpfändbar sein. Denn aus den Worten »in Gebrauch genommen« folgt, daß die genannten Gegenstände wegen der *darin schon enthaltenen* Aufzeichnungen geschützt sind und nur deshalb dem Schuldner zum weiteren Gebrauch verbleiben müssen. Aus Nr. 11 sollte daher nicht gefolgert werden, daß die gewählte Art der Aufzeichnung in jedem Falle dem Schuldner auch für die Zukunft gesichert wird. Werden daher statt Büchern Computerprogramme benützt, so können bisherige Daten durch Ausdruck und/oder Diskettenspeicherung abgesondert und die Schuldner darauf verwiesen werden, künftig die Aufzeichnung schriftlich vorzunehmen, so daß Hard- und Software vorbehaltlich anderer Nrn. des § 811 pfändbar sind[345].

Familienpapiere sind Urkunden, die sich auf die persönlichen Verhältnisse des Schuldners und seiner Familie im weitesten Sinne beziehen; Familienbilder und Briefe, auch Verstorbener, müssen sinngemäß geschützt werden[346]. *Trauringe* sind nur die vom Schuldner als Zeichen seiner Eheschließung verwendeten, auch nach Auflösung der Ehe oder wenn sie nicht mehr getragen, sondern als Familienandenken aufbewahrt werden[347]; nicht aus Anlaß der Hochzeit geschenkte Beisteckringe u.ä. Ringe, die als Zeichen eines bestehenden Verlöbnisses getragen werden, sind entgegen h.M.[348] entsprechend geschützt, nicht aber sog. Freundschaftsringe. 68

Orden und *Ehrenzeichen* sind nur die von einer in- oder ausländischen (auch ehemaligen) Staatsgewalt verliehenen, nicht dagegen Vereinsabzeichen, Wettbewerbspreise, Ausstellungsmedaillen. Da die in ihnen verkörperten ideellen Werte das Wichtigste sind, darf zwischen Originalen und Dubletten, Miniaturen usw. nicht unterschieden werden[349]. Sie sind unpfändbar, solange sie sich im Besitz des Ausgezeichneten befinden, aber auch über seinen Tod hinaus, wenn sie nach Bestimmung der Stiftungsurkunde den Angehörigen verbleiben sollen oder eine Rückgabepflicht nicht vorgesehen ist. Sie werden aber pfändbar, sobald Erben die Veräußerung anstreben. 69

Der Begriff Hilfsmittel der Krankenpflege in **Nr. 12** umfaßt auch Rollstühle, das Rundfunkgerät für den Blinden oder Gelähmten u. dgl., behindertengerechte Drehstühle[350], u. U. auch den PKW berufstätiger Behinderter[351], was allerdings zugleich Anwendung der Nr. 5 voraussetzt, während nicht erwerbstätigen Behinderten grundsätzlich die Benutzung erreichbarer Taxis zugemutet werden kann[352]. Wie bei → Rdnr. 66 genügt die Bestimmung zum erwähnten Zweck[353]; sie entfällt, wenn der Schuldner die Sache als veraltet verkaufen will[354]. Wegen der Familie → Rdnr. 31. → auch Rdnr. 73. 70

Nr. 13 setzt einen Todesfall in der Familie oder im Hause des Schuldners voraus, enthält also nicht etwa (wie Nr. 9) ein Privileg von Bestattern oder Sargfabriken. Für die Bestattung bestimmte[355] Sachen sind entgegen der h.M. auch Gedenksteine[356], Grabgitter u. dgl., wenn 71

---

[345] Insoweit noch immer zutreffend die Begr *LG Berlin* DGVZ 1967, 6 (Registrierkasse); für Computer einer GmbH *AG Steinfurt* DGVZ 1990, 62; *Winterstein* DGVZ 1991, 20 gegen die wohl etwas zu großzügige Auslegung durch *Paulus* DGVZ 1990, 152; → auch Fn. 285 ff.
[346] *Hartmann* (Fn. 31) Rdnr. 51; *Wieczorek*² Anm. R II; *Lippross* (Fn. 1) 127.
[347] *Hartmann* (Fn. 31) Rdnr. 51.
[348] *Hartmann* (Fn. 31) Rdnr. 51; *Schilken* (Fn. 3) Rdnr. 36; *Stöber* (Fn. 16) Rdnr. 35.
[349] A.M. *Hartmann* (Fn. 31) Rdnr. 51.
[350] *LG Kiel* (Fn. 267).
[351] *OLG Celle* Büro 1967, 768 = DGVZ 185; *LGe Bielefeld* DGVZ 1972, 126; *Köln* MDR 1964, 604; *Lübeck* DGVZ 1979, 25; *Hannover* DGVZ 1985, 121; *AG Germersheim* DGVZ 1980, 127; *Schilken* (Fn. 3) Rdnr. 37; *Pardey* DGVZ 1987, 184: strenger Maßstab. –

A.M. *LGe Waldbröl* DGVZ 1991, 119; *Düsseldorf* Büro 1988, 1581; ihnen ist insoweit zuzustimmen, als zwar notwendige, aber mit Taxi durchführbare Fahrten keine Unpfändbarkeit des Autos rechtfertigen.
[352] *Köln* DGVZ 1986, 14 = NJW-RR 488; *E. Schneider* MDR 1986, 726.
[353] A.M. *Schilken* (Fn. 3) Rdnr. 37.
[354] *OLG Hamm* JMBlNRW 1961, 235 = DGVZ 186.
[355] Über Grenzen des Begriffs »Bestimmung« → Rdnr. 70 a.E.
[356] *LGe Oldenburg* DGVZ 1992, 92; *Verden* DGVZ 1990, 31; *AGe Aalen* und *Walsrode* DGVZ 1989, 188; *Kaiserslautern* DGVZ 1987, 77; *Hartmann* (Fn. 31) Rdnr. 53; *Thomas/Putzo*¹⁸ Rdnr. 37; ausführlich *Wacke* DGVZ 1986, 164 f. – **A.M.** *OLG Köln* DGVZ 1992, 119 = OLGZ 1993, 113; *KG* JW 1935, 2072; *LGe Weiden* DGVZ 1990, 142; *Hamburg* DGVZ 1990, 90; *Koblenz*

sie auch erst nach der Bestattung aufgestellt werden. Entsprechende Anwendung auf Hochzeits- oder Taufkleider oder -geräte ist nicht zulässig[357].

72   Nr. 14 ist seit 1.IX.1990 durch § 811 c (ergänzend § 765 a Abs. 1 S. 2) ersetzt. Eine *Austauschpfändung* ist für die Nrn. 9 – 14 *nicht* zugelassen, § 811a Abs. 1(str.)[358].

73   **V. Eine als Abs. 2 geplante Privilegierung der Vorbehaltsverkäufer**[359] soll folgenden Wortlaut erhalten:

«*Eine in Abs. 1 Nr. 1, 4, 5 – 7 bezeichnete Sache kann gepfändet werden, wenn der Verkäufer wegen einer durch Eigentumsvorbehalt gesicherten Geldforderung aus ihrem Verkauf vollstreckt. Die Vereinbarung des Eigentumsvorbehalts ist durch Urkunden nachzuweisen.*«

Solche Pfändung lohnt freilich nur, wenn dem Gläubiger trotz gemäß § 13 VerbrKrG (→ § 814 Rdnr. 14 ff.) ein Überschuß verbleibt oder der Schuldner diese Rücktrittsfolgen nicht nach § 767 geltend macht. Sie ist unzulässig für die nicht genannten Nrn. des Abs. 1.

VI. Weitere Pfändungsbeschränkungen

74   Unpfändbar sind Sachen, deren **Veräußerung** durch den Gerichtsvollzieher **unzulässig** ist, z.B. Leichen, Aschenurnen; gesundheitsschädliche Lebensmittel[360], unter §§ 52 f. WeinG fallende Getränke vorbehaltlich gemäß § 54 WeinG zugelassener Ausnahmen, Haustrunk nach § 56 Abs. 2 WeinG[361]; Lose verbotener Lotterien; verbotene Inhaberpapiere; Handfeuerwaffen ohne amtliches Beschußzeichen[362]; ungeeichte Thermometer, Blutdruckmesser etc.[363], Bildnisse, die nach § 22 KunstUrhG (s. § 141 Nr. 5 UrhG) nicht verbreitet werden dürfen[364]. S. auch §§ 810, 863. Dagegen macht die **Beschlagnahme lebenswichtiger Bedarfsgüter** diese nicht unpfändbar, → § 814 Rdnr. 6 ff. Zur Unpfändbarkeit von **Zubehör eines Grundstücks** und **von der Immobiliarbeschlagnahme erfaßter Sachen** → § 865 Rdnr. 36.

75   Aufgrund **besonderer Vorschriften** sind der Pfändung entzogen:
1. Bestimmte Sachen bei der Vollstreckung gegen Bund, Länder und andere *juristische Personen des öffentlichen Rechts*, s. § 882a Abs. 2;
2. der dem Schuldner bei der *Austauschpfändung* überlassene Geldbetrag, § 811a Abs. 3; wegen anderer Geldbeträge → Rdnr. 22, 33, 36, 61, 64, 77, 78;
3. **Fahrbetriebsmittel** der einem öffentlichen Verkehr dienenden **Eisenbahnen**, § 4 Abs. 2 des G über Maßnahmen zur Aufrechterhaltung des Betriebs von Bahnunternehmen des öffentlichen Verkehrs vom 7.III.1934 (RGBl. II 91, geändert durch Art. 100 EGInsO) mit Verweisung auf das G vom 3.V. 1886 (RGBl. 131); s. auch die internationalen Eisenbahn-Übereinkommen → § 723 Rdnr. 10.
4. **Hochseekabel** sowie deren mithaftendes Zubehör nach § 31 KabelpfandG vom 31.III.1925 (RGBl. I 37), → § 864 I 5;
5. **Postsendungen** (nicht nur Briefe) im Gewahrsam der Deutschen Post AG nach § 23 Abs. 1 PostG.

DGVZ 1988, 11; *Wiesbaden* NJW-RR 1989, 575; *Schilken* (Fn. 3) Rdnr. 38; *Christmann* DGVZ 1986, 57, die jedenfalls im Falle der Pfändung für Lieferanten auch kein entgegenstehendes Pietätsgefühl annehmen (*OLG Köln* aaO: nur nach § 765a geltend zu machen). – Für Pfändbarkeit bei vorbehaltenem Eigentum *LG Stuttgart* DGVZ 1991, 59; offenlassend *Wacke* DGVZ 1986, 167. → dazu Rdnr. 15a, 73.
[357] → auch Rdnr. 72 a. E.
[358] → § 811a Rdnr. 1.
[359] BR-Drucks. 134/94 S. 7, Begr S. 67. Dazu *Mark-*

wardt DGVZ 1994,1; *Münzberg/Alisch/Brehm* DGVZ 1980, 72; *Schmidt-von Rhein* DGVZ 1986, 81ff.; *Werner* DGVZ 1986, 36.
[360] Lebensmittel- und BedarfsgegenständeG (Sartorius Nr. 280).
[361] Vom 27.VIII.1982 (BGBl. I 1196).
[362] Überlassung an Erwerber wäre nach § 55 Abs. 1 Nr. 8 ordnungswidrig; *RGSt* 28, 316. Wegen zugelassener Waffen → § 814 Rdnr. 7.
[363] § 1 Eichordnung vom 12.VIII.1988 (BGBl. I 1657).
[364] *KG* OLGRsp 25, 168.

6. Originale von **Werken, die den Urheberschutz genießen** (z. B. Manuskripte), sind nach §§ 114 Abs. 1, 116 Abs. 1 UrhG nur mit Einwilligung des Urhebers[365] oder seines Rechtsnachfolgers[366] pfändbar, außer wenn der Zugriff nötig ist zur Durchführung der Vollstreckung in ein Nutzungsrecht am Werk (→ § 857 Rdnr. 103) oder wenn es sich um Werke der Baukunst oder um veröffentlichte (§ 6 Abs. 1 UrhG) Werke der bildenden Künste handelt, §§ 114 Abs. 2, 116 Abs. 2 UrhG. Zur Verwertung → § 814 Rdnr. 6 a. E. – Vorrichtungen zur Vervielfältigung oder Funksendung eines Werkes sowie nach §§ 70 f. UrhG geschützte Ausgaben, nach § 72 UrhG geschützte Lichtbilder und nach §§ 75 S. 2, 85, 87, 94 f. UrhG geschützte Bild- und Tonträger dürfen gemäß § 119 UrhG nur von Gläubigern gepfändet werden, die zur Nutzung des Werks mittels dieser Vorrichtungen berechtigt sind, → § 857 Rdnr. 22 und für künftige Patentrechte § 857 Rdnr. 20. Zum urheberrechtlichen Schutz von Computerprogrammen → § 808 Rdnr. 1a, § 857 Rdnr. 22a.

7. Pfändungsbeschränkungen, die für **Miet-** und **Pachtzinsen** wegen der Zweckgebundenheit im Interesse der Erhaltung des Grundstücks und der Befriedigung rangbesserer Realgläubiger gelten, bestehen auch für *Barmittel* und *Guthaben*, die aus Miet- und Pachtzinszahlungen herrühren und die der Schuldner zum fraglichen Zweck braucht, s. § 851b Abs. 1 S. 2.

8. Nach § 34a *HypothekenbankG*[367] sind Zwangsvollstreckungen in die im Hypothekenregister eingetragenen **Hypotheken und Wertpapiere** nur wegen Ansprüchen aus Hypothekenpfandbriefen zulässig; das gleiche gilt für **Geld**, das dem Treuhänder zur Deckung der Hypothekenpfandbriefe in Verwahrung gegeben ist; s. auch § 52c des G i. d. F. vom 29. III. 1930[368]. Entsprechende Vorschriften enthalten § 5 *PfandbriefeG*[369], § 35 Schiffsbank G[370] sowie für den Deckungsstock bei Lebens-, Kranken- und Unfallversicherungen §§ 77, 79 des VersicherungsaufsichtsG[371].

§ 811 a [Austauschpfändung]

(1) Die Pfändung einer nach § 811 Nr. 1, 5 und 6 unpfändbaren Sache kann zugelassen werden, wenn der Gläubiger dem Schuldner vor der Wegnahme der Sache ein Ersatzstück, das dem geschützten Verwendungszweck genügt, oder den zur Beschaffung eines solchen Ersatzstückes erforderlichen Geldbetrag überläßt; ist dem Gläubiger die rechtzeitige Ersatzbeschaffung nicht möglich oder nicht zuzumuten, so kann die Pfändung mit der Maßgabe zugelassen werden, daß dem Schuldner der zur Ersatzbeschaffung erforderliche Geldbetrag aus dem Vollstreckungserlös überlassen wird (Austauschpfändung).

(2) ¹Über die Zulässigkeit der Austauschpfändung entscheidet das Vollstreckungsgericht auf Antrag des Gläubigers durch Beschluß. ²Das Gericht soll die Austauschpfändung nur zulassen, wenn sie nach Lage der Verhältnisse angemessen ist, insbesondere wenn zu erwarten ist, daß der Vollstreckungserlös den Wert des Ersatzstückes erheblich übersteigen werde. ³Das Gericht setzt den Wert eines vom Gläubiger angebotenen Ersatzstückes oder den zur Ersatzbeschaffung erforderlichen Betrag fest. ⁴Bei der Austauschpfändung nach Absatz 1 Halbsatz 1 ist der festgesetzte Betrag dem Gläubiger aus dem Vollstreckungserlös zu erstatten; er gehört zu den Kosten der Zwangsvollstreckung.

(3) Der dem Schuldner überlassene Geldbetrag ist unpfändbar.

---

[365] → dazu § 857 Rdnr. 22., aber auch Rdnr. 22a.
[366] Seiner Einwilligung bedarf es nicht nach Erscheinen des Werks, § 116 Abs. 2 S. 1 Nr. 2 mit § 6 Abs. 2 UrhG.
[367] I. d. F. vom 5. II. 1963 (BGBl. I 81).
[368] RGBl. I 108.
[369] I. d. F. vom 8. V. 1963 (BGBl. I 312).
[370] Vom 8. V. 1963 (BGBl. I 302).
[371] Vom 6. VI. 1931 (RGBl. I 315).

(4) Bei der Austauschpfändung nach Absatz 1 Halbsatz 2 ist die Wegnahme der gepfändeten Sache erst nach Rechtskraft des Zulassungsbeschlusses zulässig.

Gesetzesgeschichte: Seit 1953 BGBl. 1953 I 952.

I. Allgemeines[1]

1 § 811 soll dem Schuldner den *Gebrauch* sichern, wobei der *Wert* der Sache unbeachtlich ist[2]. Für diese Zurücksetzung der Interessen des Gläubigers schafft § 811a einen Ausgleich, von dem allerdings nur noch selten Gebrauch gemacht wird, weil nur wenige pfändbare Sachen einen Erlös erwarten lassen, der den Aufwand lohnt. Diese **Austauschpfändung** ist nur bei wenigen Gruppen unpfändbarer Sachen zulässig → Rdnr. 2, gestattet eine Ersatzleistung → Rdnr. 3 ff., verlangt aber in § 811a eine *gerichtliche Zulassung* → Rdnr. 9 ff., die auch nach der vorläufigen Austauschpfändung durch den *Gerichtsvollzieher* (dann allerdings befristet) vom Gläubiger beantragt werden kann, § 811b. § 811a ist eine echte Ausnahmeregelung zur zwingenden Vorschrift des § 811 und darf nicht dazu dienen, den Schutzzweck des § 811[3] zu unterlaufen. Der Austausch darf die Tauglichkeit des *geschützten* Gebrauchs nicht mindern, setzt also die sachlich-technische Adäquanz der zu tauschenden Gegenstände in ihrem Gebrauchswert voraus[4], → Rdnr. 3. Welcher Gebrauchswert geschützt ist, muß aber durch Auslegung des § 811 genau ermittelt werden; unerheblich ist die tatsächliche Gebrauchsweise.

II. Voraussetzungen der Zulassung

2 **1.** Abs. 1 erlaubt den Austausch nur für **Sachen, die nach § 811 Nrn. 1, 5 oder 6 unpfändbar** sind. Er ist daher ausgeschlossen, wenn ein anderes Pfändungsverbot *allein* oder *neben* den angeführten Vorschriften eingreift[5]. Diese Beschränkung ruft zu Recht Kritik hervor[6], die jedoch nach geltendem Recht eine Analogie gegen den Wortlaut *nicht* rechtfertigt[7].

3 **2.** Die **Ersatzleistung** muß dem in § 811 Nrn. 1, 5 oder 6 geschützten Verwendungszweck genügen. Dieser Zweck bestimmt die Art des Ersatzstücks, ist aber auch für die Anforderungen wesentlich, die an Güte und Haltbarkeit zu stellen sind. Entscheidend ist somit nicht, ob die Ersatzsache der Gattung nach dem unpfändbaren Gegenstand entspricht[8], sondern allein der geschützte **Verwendungszweck** nach seiner Ausgestaltung im Einzelfall. Ob eine Sache dem Verwendungszweck genügt, wird nach technischer Betrachtungsweise durch Vergleich des Gebrauchsvorteils der unpfändbaren Sache mit dem des angebotenen oder zu beschaffenden Ersatzstücks ermittelt[9]. Die Ersatzsache darf in ihrer Gebrauchsfunktion *nicht unglei-*

---

[1] Ältere Lit → 20. Aufl. Fn. 1; *Noack* Büro 1969, 97; *Ziege* NJW 1955, 49. – Zur Gesetzesgeschichte → § 811a I der 18. u. 19. Aufl., über entspr.Anw. im Konkurs *Jaeger/Henckel* KO[9] § 1 Rdnr. 65 mwN, zur VerwVollstr → § 811 Rdnr. 10.
[2] → § 811 Rdnr. 13. Auch in Nr. 5 spielt der Kapitalwert nur als Merkmal zur Abgrenzung von persönlicher Arbeitsleistung und Kapitalnutzung eine Rolle.
[3] → Rdnr. 1, 3 ff.
[4] *LG Bochum* DGVZ 1961, 9; *MünchKommZPO-Schilken* Rdnr. 4; *Wieczorek*[2] Anm. A III a 1; *Noack* Büro 1969, 99. – Einschränkend *Baumbach/Hartmann*[53] Rdnr. 2.
[5] H.M. *Ziege* (Fn. 1); *Noack* (Fn. 1); zur entspr.Anw. → Fn. 7.

[6] Vgl. die Überschneidungen in § 811 Nrn.1, 5, 6 mit Nrn.4, 7, 9, 12 u. die Beispiele bei *Schumacher* ZZP 67 (1954), 255.
[7] H.M. *AG Bremen* DGVZ 1984, 157; *Wieczorek*[2] Anm. A I a 1–4; *Schilken* (Fn. 4) Rdnr. 2; *Zöller/Stöber*[19] Rdnr. 2; *Thomas/Putzo*[18] Rdnr. 1; *Rosenberg/Schilken*[10] § 52 IV. – Anders *OLG Köln* NJW-RR 1986, 488 = DGVZ 1986, 14 für PKW, dessen Pfändbarkeit zu Unrecht gemäß § 811 Nr. 12 (→ dort Rdnr. 70) rechtskräftig verneint worden war; *E. Schneider* MDR 1986, 726. Weitergehend (auch für Nrn.4 und 7) *Pardey* DGVZ 1987, 182.
[8] *Schilken* (Fn. 4) Rdnr. 4; *Pardey* DGVZ 1987, 114.
[9] Z.B. einfaches Radio statt wertvollem Gerät *LG Kassel* MDR 1951, 45; statt Musiktruhe (heute auch Stereo-

chartig sein. Handwringmaschinen oder Wäscheschleudern ersetzen daher nicht Waschmaschinen → § 811 Fn. 158, Handwerkszeug hat einen anderen Gebrauchswert als Maschinen[10]. Auch die Haltbarkeit[11] ist zu berücksichtigen: nicht jeder gebrauchte LKW ersetzt einen neuen[12]. Ein Ersatzstück genügt nicht, wenn es den Schuldner zu einer unwirtschaftlichen, unzeitgemäßen Arbeitsmethode nötigen oder seine Lebenshaltung unter den Standard sinken lassen würde, den § 811 ihm belassen will; denn sonst wird der Sinn der Pfändungsverbote umgangen[13].

Es ist grundsätzlich auf den **Zeitpunkt** der an sich unzulässigen *Pfändung* abzustellen; ändern sich die Verhältnisse später, so ist der *Zeitpunkt der Entscheidung* gemäß § 766 oder § 793 maßgebend[14] wie in → § 811 Rdnr. 17; zu bereits absehbaren Änderungen → § 811 Rdnr. 27 Fn. 139, Rdnr. 48 Fn. 269. 4

Der Ersatz kann in dreifacher Weise geleistet werden: 5

a) Der Gläubiger bietet ein bestimmtes, auch gebrauchtes, Ersatzstück an oder erbietet sich zur Beschaffung. Sind Gattungssachen erst zu beschaffen, wird dies zweckmäßig dem Schuldner überlassen, → Rdnr. 6. Über Art, Zeit usw. der Ersatzleistung → Rdnr. 23 ff. Eine Austauschpfändung liegt nicht vor[15], wenn die jetzt zu pfändende Sache durch Freigabe einer bereits gepfändeten entbehrlich und damit pfändbar wird ohne Verstoß gegen § 811 und ohne gerichtliche Zulassung.

b) Stattdessen kann der Gläubiger auch den **Geldbetrag** zur Verfügung stellen, der zur Beschaffung eines geeigneten Ersatzstücks (→ Rdnr. 3) erforderlich ist. Dieser Weg wird im allgemeinen vorzuziehen sein[16], bedingt jedoch, daß für den Schuldner ein Ersatzstück erwerbbar ist. Bei der Bemessung des Betrags sind besonders günstige Erwerbsmöglichkeiten des Schuldners (z. B. Händlerrabatte), aber auch notwendige Käuferunkosten (Transport) zu berücksichtigen. 6

c) Die dritte Möglichkeit darf nur *ausnahmsweise* gewählt werden, wenn dem Gläubiger eine rechtzeitige Ersatzleistung gemäß → Rdnr. 5, 6 nicht möglich oder nicht zuzumuten ist, insbesondere wegen eigener wirtschaftlicher Schwierigkeiten. Dann darf dem Schuldner der zur Ersatzbeschaffung erforderliche **Geldbetrag** (→ Rdnr. 6) **aus dem Vollstreckungserlös überlassen werden**. 7

3. Die **Zulassung** muß nach Lage der Verhältnisse **angemessen** sein. Es sind strenge Maßstäbe anzulegen; insbesondere muß zu erwarten sein, daß der Vollstreckungserlös den Wert des geeigneten Ersatzstücks **erheblich** übersteigen wird. Dem Sinn der Pfändungsverbote[17], würde es widersprechen, nähme der Gläubiger auf jedes noch so geringwertige Vermögensstück nach § 811 a Zugriff, nur weil eine gebrauchstaugliche Sache von noch geringerem Wert aufzutreiben ist[18]. 8

---

kompaktanlage) OLG Hamm JMBlNRW 1958, 267 = DGVZ 1959, 61; *LG Göttingen* DGVZ 1963, 157 = NdsRpfl 82; aufgrund gewandelter Lebensverhältnisse nicht mehr Radio- statt Fernsehgerät → § 811 Fn. 162, wohl aber Schwarzweiß- statt Farbfernsehgerät, → § 811 Fn. 162 auch zur Gegenansicht. Beispiele aus älterer, z.T. überholter Rsp.: Bett mit Matratze statt Schlafcouch OLG *Celle* NdsRpfl 1951, 101; Behelfsheim statt wertvoll ausgebautem Heim OLG *Nürnberg* MDR 1950, 621; Trockenpresse statt Postkartenrotationsmaschine OLG *Düsseldorf* DGVZ 1960, 183; einfache Taschenuhr statt goldener Uhr *LG Berlin* JW 1934, 1438; kleiner PKW statt Luxuswagen AG *Mosbach* MDR 1969, 151 = DGVZ 1968, 141.
[10] → § 811 Rdnr. 42 ff. A.M. OLG *Hamm* JR 1954, 423, das bei einer an sich nach § 811 Nr. 5 unpfändbaren Maschine Argumente aus § 811 Nr. 1 verwertet; dagegen auch *Schilken* (Fn. 4) Rdnr. 4 Fn. 4.

[11] Nicht unbedingt die Güte, *Schilken* (Fn. 4) Rdnr. 5 gegen *Stöber* (Fn. 7) Rdnr. 3.
[12] Vgl. AG *Flensburg* DGVZ 1954, 95; zust. *Pardey* DGVZ 1987, 183.
[13] Ebenso *Stöber* (Fn. 7) Rdnr. 3; einschränkend OLG *Hamm* (Fn. 10); *Hartmann* (Fn. 4) Rdnr. 2.
[14] Anders h.M. OLG *Düsseldorf* Büro 547 = DGVZ 183 = MDR 1961, 62, s. dagegen § 811 Fn. 94. Richtig ist, daß für § 811 u. § 811 a gleiche Maßstäbe gelten müssen.
[15] A.M. OLG *Nürnberg* MDR 1950, 621.
[16] OLG *Celle* (Fn. 9).
[17] → § 811 Rdnr. 3 ff.
[18] LGe *Kassel* DGVZ 1954, 106; *Bochum* DGVZ 1961, 9; AG *Berlin-Tiergarten* DGVZ 1962, 113; *Jonas/Pohle* ZVNotrecht (1954), 105.

Aber auch bei wertvollen Gegenständen ist eine Austauschpfändung unzulässig, wenn eine erhebliche Wertdifferenz zwischen voraussichtlichem Vollstreckungserlös und Wert des geeigneten Ersatzstücks nicht zu erwarten ist. Entscheidend ist daher nicht der absolute Wert der Pfandsache, sondern nur der voraussichtliche Vollstreckungserlös[19], d.h. in der Regel der Versteigerungserlös, der meist unter dem Marktwert liegt, s. auch § 817a Abs. 1. Ob der Wertunterschied *erheblich* ist (Abs. 2 S. 2), richtet sich nach dem speziellen Vollstreckungsgegenstand, so daß sich ein Mindestwert nicht ziffernmäßig vorschreiben läßt[20]. Dieselbe Wertdifferenz kann bei geringwertigen Sachen erheblich sein, bei schwerer verwertbaren wertvolleren Gegenständen nicht[21]. Höhe und Art der beizutreibenden Forderung sind für die Wahl zwischen → Rdnr. 5, 6 oder 7 unwesentlich[22]. Die Austauschpfändung kann z.B. auch unangemessen und damit unzulässig sein, wenn das Interesse des Gläubigers an ihr bei objektiver Betrachtung gegenüber den Nachteilen, die der Schuldner durch sie erleiden würde, unverhältnismäßig gering ist[23], ein besonderer ideeller Wert für den Schuldner verloren geht[24] oder schon der vorübergehende Entzug des Gebrauchs (→ Rdnr. 7) zu einer unzumutbaren Härte führt. Solange der Schuldner noch ausreichend pfändbare Habe besitzt, auch Forderungen, die eine Befriedigung des Gläubigers erwarten lassen, ist eine Austauschpfändung regelmäßig nicht angemessen[25].

III. Die gerichtliche Zulassung

9 1. Sie setzt die Zustellung des Titels nach § 750 und einen **Antrag** des Gläubigers voraus, der im Falle des Abs. 1 HS 1 ein bestimmtes Ersatzstück, jedoch noch nicht einen Geldbetrag im Falle des Abs. 1 HS 2[26] bezeichnen muß. Er kann schriftlich oder zu Protokoll des Urkundsbeamten erklärt werden und unterliegt nicht dem Anwaltszwang. Befristet ist er nur bei der vorläufigen Austauschpfändung, → § 811b Rdnr. 3; zum Inhalt → Rdnr. 11.

10 2. **Zuständig** ist das *Vollstreckungsgericht* → § 764 Rdnr. 2f.; vorbehaltlich §§ 5f. RpflG[27] entscheidet der Rechtspfleger, § 20 Nr. 17 RpflG.

11 3. Für das **Verfahren** gilt der Grundsatz der *fakultativen mündlichen Verhandlung*[28]. Auch dem Schuldner ist *vor* der Zulassung rechtliches Gehör zu gewähren[29]. Sache des Gläubigers ist es, die Voraussetzungen → Rdnr. 2–8 darzulegen und notfalls zu beweisen[30], während die Beweislast für außergewöhnliche Umstände, die eine Unangemessenheit begründen könnten, den Schuldner trifft. Glaubhaftmachung nach § 294 ist keiner Partei nachgelassen. Eine Überzeugung wird sich jedoch im Rahmen der freien Beweiswürdigung meist schon aufgrund der Akten (Vollstreckungstitel, Pfändungsprotokoll; zu diesem → auch § 762 Rdnr. 1f.) und etwaiger Auskünfte des Gerichtsvollziehers bilden. Wertfragen können oft aufgrund der

---

[19] Ausführlich *Ziege* NJW 1955, 48; zust. *Schilken* (Fn. 4) Rdnr. 9. Auszugehen ist vom auf den Gläubiger entfallenden Reinerlös abzüglich aller voraussichtlichen Kosten *AG Berlin-Tiergarten* (Fn. 18); anders wohl *OLG Hamm* (Fn. 9).
[20] *Ziege* (Fn. 19); *Schilken* (Fn. 4) Rdnr. 9; a.M. *LG Bochum* (Fn. 4) u. *Wieczorek*² Anm. A III b 3, die unzutreffend § 811 Nr. 14 aF herangezogen hatten.
[21] *LG Berlin* DGVZ 1991, 91 läßt z.B zu erwartenden Erlös von 500 DM für ein Farbfernsehgerät genügen gegen Aushändigung eines alten Radios u. eines Schwarzweißgeräts. *LG Mainz* NJW-RR 1988, 1150 hält 220–250 DM, die nach allen Abzügen für eine Titeltilgung übrig bleiben würden, für zu gering (bedenklich), während *LG Köln* DGVZ 1982, 62f. u. *Pardey* DGVZ 1989, 55 noch 100 DM für ausreichend ansehen.

[22] Zust. *Schilken* (Fn. 4) Rdnr. 9. – A.M. für die Art der Forderung *Hartmann* (Fn. 4) Rdnr. 6.
[23] *Noack* (Fn. 1); *Ziege* (Fn. 1).
[24] *Hartmann* (Fn. 4) Rdnr. 4; *Noack* (Fn. 1) 291; *Pardey* DGVZ 1987, 117.
[25] Allg. M. *Ziege* (Fn. 19) verneint hier schon das Rechtsschutz8; es geht aber um Begründetheit.
[26] *Schilken* (Fn. 4) Rdnr. 11 gegen *AK-ZPO-Schmidt-vom Rhein* Rdnr. 3.
[27] Z.B. wenn schon eine Erinnerung gegen die Pfändung dieser Sache anhängig ist.
[28] → § 128 Rdnr. 39ff.
[29] → Rdnr. 20, 21c vor § 128, s. aber § 811b.
[30] Zust. *Schilken* (Fn. 4) Rdnr. 10.

Lebenserfahrung beantwortet werden; im übrigen wird das Gericht entsprechend § 287 nach seinem Ermessen den Umfang der Beweiserhebung über Wertfragen bestimmen dürfen[31]. Die Prüfung des Wertes (→ Rdnr. 8) schließt jene der Eignung → Rdnr. 3 ein, so daß schon das Gericht, nicht erst der Gerichtsvollzieher, beide Fragen sorgfältig prüfen muß[32].

4. Die Entscheidung ergeht als **Beschluß**. Zur Verkündung oder förmlichen Zustellung von Amts wegen sowie zur Kostenentscheidung → § 766 Rdnr. 41a; zur Kostenverteilung → § 788 Rdnr. 37ff. Wegen Anwaltsgebühren s. § 58 Abs. 3 Nr. 4 BRAGO. 12

Falls das Gericht den Antrag nicht als unzulässig oder unbegründet zurückweist, muß es die zu pfändende *Sache genau bezeichnen,* ebenso die Ersatzleistung; Geldbeträge sind zu beziffern, auch im Falle → Rdnr. 7. Es hat die Art der Ersatzleistung zu bestimmen → Rdnr. 5–7, kann dem Gläubiger aber auch mehrere Wege zur Wahl stellen. Beim Angebot eines Ersatzstückes (Rdnr. 5) muß dieses entweder individuell oder als Gattungssache so genau bezeichnet werden, daß der Gerichtsvollzieher vor einer Pfändung auch prüfen kann, ob die Ersatzleistung ordnungsmäßig ist, → Rdnr. 18. Der *Wert des Ersatzstücks* muß festgesetzt werden, § 811 a Abs. 2 S. 3, um eine sichere Grundlage für die Verteilung zu schaffen → Rdnr. 20, nicht erst nachträglich auf eine Erinnerung hin[33]. 13

5. Der Beschluß hat die **Wirkung**, daß die bisher unpfändbare Sache nunmehr beim Schuldner sofort *gepfändet,* jedoch erst *nach der Ersatzleistung* in den Fällen → Rdnr. 5, 6 bzw. *nach Rechtskraft* im Falle Rdnr. 7 *weggenommen* werden darf[34], s. § 811a Abs. 1 (»... vor der Wegnahme...«) und § 811 Abs. 4. Zur Pfändung → Rdnr. 17, zur Wegnahme → Rdnr. 18. 14

Das Gericht ist an seine Entscheidung gebunden, § 577 Abs. 3; → aber für die Zeit nach Rechtskraft § 577 Rdnr. 9. Zur Berichtigung oder Ergänzung in sinngemäßer Anwendung der §§ 319, 321 → § 329 Rdnr. 24ff. (20. Aufl.). 15

6. Der Beschluß des Rechtspflegers unterliegt, falls der Schuldner (→ Rdnr. 11) gehört wurde oder der Antrag abgelehnt ist, der befristeten Erinnerung nach § 11 Abs. 1 S. 2 RpflG, die im Falle § 11 Abs. 2 S. 3, 4 RpflG als sofortige Beschwerde gilt[35], arg. § 811a Abs. 4; → aber § 766 Rdnr. 8 Fn. 43. Zur *weiteren sofortigen Beschwerde* → § 577 Rdnr. 1ff., § 568 Rdnr. 2ff. 16

IV. Das Vollstreckungsverfahren

1. Die **Pfändung** der bisher unpfändbaren Sache setzt nur den Erlaß (nicht die Rechtskraft) der gerichtlichen Zulassung voraus → Rdnr. 14. Aus den Gründen → Rdnr. 18 muß der Gerichtsvollzieher die Sache auch dann beim Schuldner belassen, wenn sonst eine Wegnahme nötig wäre, → § 808 Rdnr. 22ff. 17

2. Die **Wegnahme** hängt von der Art der vorgesehenen Ersatzleistung ab. Soll hierfür Geld aus dem Vollstreckungserlös entnommen werden → Rdnr. 7, so ist die Rechtskraft des Zulassungsbeschlusses abzuwarten, § 811a Abs. 4; in den Fällen → Rdnr. 5, 6 muß der Ersatz dem Schuldner spätestens bei Wegnahme überlassen werden. Zur Überlassung → Rdnr. 23ff. Der Gerichtsvollzieher muß prüfen, ob die ihm nachzuweisende oder ihm selbst übertragene Ersatzleistung dem Beschluß entspricht. Bei davon abweichendem Angebot, auch bei offen- 18

---

[31] *Wieczorek*[2] Anm. B II b 2 verweist hier auf §§ 813, 144.
[32] *Ziege* (Fn. 19); *Noack* (Fn. 1) 292.
[33] Dies hält *Wieczorek*[2] Anm. B II b 2 für zulässig.
[34] Insofern könnte man mit der h. M. von konstitutiver Wirkung sprechen *Hartmann* ZZP 67 (1954), 200; *Schilken* (Fn. 4) Rdnr. 11; a. M. *G. Lüke* Fälle zum ZPR[2] 155.
[35] *Wieczorek*[2] Anm. B III.

sichtlichen Sach- oder Rechtsmängeln hat er die Wegnahme ebenso wie das Angebot, soweit er dabei eingeschaltet ist (→ Rdnr. 24), abzulehnen.

19   3. Für die **Verwertung** ergeben sich wenig Besonderheiten. Wird der Zuschlag wegen § 817a Abs. 2 oder Nichterreichung des nach → Rdnr. 7, 13 erforderlichen Nettoerlöses[36] nicht erteilt, so ist die Sache in den Fällen → Rdnr. 7 bis zum nächsten Verwertungsversuch auch dann dem Schuldner zu überlassen, wenn nach → § 808 Rdnr. 22 ff. Wegschaffung nötig wäre. Entsprechende Anwendung des § 77 Abs. 2 ZVG ist nur in den Fällen → Rdnr. 7 vertretbar[37], denn bei → Rdnr. 5 oder 6 ist der Schuldner durch den Ersatz geschützt.

20   4. Ist Ersatzleistung aus dem Vollstreckungserlös vorgesehen → Rdnr. 7, so ist diesem bei der **Verteilung** zuerst der vom Gericht festgesetzte Betrag zu entnehmen und durch den Gerichtsvollzieher dem Schuldner auszuhändigen, s. § 811 Abs. 1 Halbsatz 2. Bei einer Ersatzleistung des Gläubigers, → Rdnr. 5, 6, gehört zu den vorab zu entnehmenden, an den Gläubiger abzuführenden notwendigen Kosten der Zwangsvollstreckung (§ 788) nach § 811a Abs. 2 S. 4 auch der Betrag, den das Gericht als Wert des Ersatzstücks oder als zur Ersatzbeschaffung erforderlich festgesetzt hat.

21   5. Wird vor der Verwertung ein **Zulassungsbeschluß** im Beschwerdeverfahren oder nach Rechtskraft aufgrund neuer Tatsachen (→ Rdnr. 15) **aufgehoben**, so ist zugleich die Pfändung für unzulässig zu erklären, arg. § 811b Abs. 2, → dort Rdnr. 4. Zur Aufhebung der Pfändung s. §§ 775 Nr. 1, 776. Eine Analogie zu § 717 Abs. 2 scheidet aus, → dort Rdnr. 65f.[38] Nach der Verwertung wäre ein Aufhebungsbeschluß gegenstandslos.

V. Die Ersatzleistung

22   1. Die Ersatzleistung aus dem Vollstreckungserlös (→ Rdnr. 7) ist Aufgabe des Gerichtsvollziehers und richtet sich als Teil des Vollstreckungsverfahrens nach Prozeßrecht, → Rdnr. 20.

23   2. Die Ersatzleistung **durch den Gläubiger** (→ Rdnr. 5 f.) kann außerhalb der Zwangsvollstreckung geschehen und ist dann nur nachzuweisen als Voraussetzung für die Wegnahme und Verwertung. Sie untersteht deshalb den Vorschriften des bürgerlichen Rechts[39], bei deren Anwendung jedoch der besondere prozessuale Zweck zu beachten ist.

a) Zum **Gegenstand** der Ersatzleistung → Rdnr. 3.

24   b) Der **Zeitpunkt** der Ersatzleistung ist nur mittelbar dadurch festgelegt, daß erst von ihm an die Sache weggenommen werden darf, → Rdnr. 18. Eine Leistung *vor* Wegnahme oder gar Pfändung ist riskant für den Gläubiger und erschwert, falls sie nach der Zulassung geschieht, den Nachweis der Ersatzleistung, der dem Gerichtsvollzieher entsprechend § 756[40] nur durch öffentlich beglaubigte Urkunden geführt werden darf, → § 756 Rdnr. 7, 7b, 8. Vorzuziehen ist daher die entsprechend § 756 eröffnete Möglichkeit, die Ersatzleistung *durch den Gerichtsvollzieher* bewirken zu lassen[41], wobei er als Vertreter des Gläubigers handelt[42]. Zur Ablehnung des Angebots durch den Gerichtsvollzieher → Rdnr. 18; zur Ablehnung durch den Schuldner → Rdnr. 26.

---

[36] S. § 145 Nr. 2e GVGA u. → Rdnr. 20.
[37] Weitergehend *Wieczorek*[2] Anm. A IV c 4.
[38] A.M. *Wieczorek*[2] Anm. IV b.
[39] Dazu eingehend *Hartmann* (Fn. 34).
[40] Allg. M. *Hartmann* (Fn. 34); *Jonas/Pohle* (Fn. 18) 113; *Noack* (Fn. 1) 292; *Lüke* Fälle zum ZPR[2] 154.
[41] So auch § 124 Nr. 3d GVGA.
[42] → § 753 Rdnr. 2a bei Fn. 15; *Lüke* (Fn. 40) 154 Fn. 8.

c) Unter der **Überlassung** des Ersatzes (Abs. 1) ist grundsätzlich die Übertragung des 25
Eigentums[43] *und des unmittelbaren Besitzes* zu verstehen, denn der Zweck der Ersatzleistung verlangt, daß der Schuldner die Sache dauernd nutzen kann, → § 811 Rdnr. 1, 14 ff. Zur Übereignung s. § 929 BGB; die Übereignungssurrogate der §§ 930, 931 BGB genügen nicht.

An der fehlenden Annahme des Übereignungsangebots durch den Schuldner darf die 26
Austauschpfändung nicht scheitern, da sonst die Anwendung des Vollstreckungszwangs vom guten Willen des Schuldners abhinge. Deshalb ist der Übereignung ein **Angebot gleichzustellen**, das den Erfordernissen → § 756 Rdnr. 1 a ff. entspricht. Der Ersatz ist deshalb am Ort der Pfändung zu überlassen[44]. – Bei Ablehnung seines Angebots ist der Gläubiger zur Hinterlegung berechtigt; ob er zu ihr verpflichtet ist[45], kann offen bleiben, da für den Fortgang der Vollstreckung das Angebot ausreicht und der Gläubiger es zur Vermeidung von Beweisschwierigkeiten in Anwesenheit des Gerichtsvollziehers bzw. durch diesen wiederholen kann → Rdnr. 24. In der Regel kann in einer Verweigerung der Annahme ein *Verzicht* des Schuldners nicht gesehen werden, → § 811 Rdnr. 8 f.

d) Weder Wortlaut noch Sinn des § 811 a rechtfertigen die Annahme, daß der Schuldner 27
einen **Anspruch auf den Ersatz** durch die gerichtliche Zulassung, die Pfändung oder die Wegnahme erwerben müßte[46]. Bei Wegnahme ohne ordnungsgemäße Ersatzleistung kann er gemäß § 766[47] Rückgabe und, falls der Gläubiger die Behebung des Mangels verweigert, aufgrund dieser neuen Tatsache die Aufhebung des Beschlusses (→ § 577 Rdnr. 9) und damit auch der Pfändung (§§ 775 f.) erreichen[48]. Dem Schutzgedanken des § 811 entspricht es jedoch, einen gesetzlichen Anspruch des Schuldners auf Leistung eines dem Zulassungsbeschluß entsprechenden Ersatzes entstehen zu lassen, sobald die *Verwertung durchgeführt* ist[49].

Bei **Rechts- oder Sachmängeln** der Ersatzleistung kann der Schuldner die sich aus §§ 493, 28
459 ff. BGB ergebenden Rechte in entsprechender Anwendung geltend machen[50], ebenso solche wegen positiver Forderungsverletzung. Allerdings scheidet bei sinngemäßer Anwendung § 459 Abs. 2 BGB aus, weil eine Zusicherung praktisch nicht in Betracht kommt. Der Gläubiger haftet nach § 459 Abs. 1 BGB für *Fehler,* welche die Tauglichkeit zu dem durch § 811 Nrn. 1, 5, 6 geschützten Gebrauch nicht nur unerheblich aufheben oder mindern. *Wandelung* zwecks Rückerlangung der verwerteten Sache scheidet aus[51]; möglich ist sie nur zwecks Rückerlangung des dem Gläubiger nach Abs. 2 S. 4 überlassenen Betrags[52]. *Minderung* (§§ 462, 472, 480 BGB) kann in der Weise verlangt werden, daß der Gläubiger den Wertunterschied zwischen dem mangelhaften und einem mangelfreien Ersatzstück zahlen muß[53]. Nur wenn das Ersatzstück vom Gericht der Gattung nach bestimmt war, kann der Schuldner an Stelle des mangelhaften ein mangelfreies verlangen[54].

Bei *Rechtsmängeln* besteht ein Anspruch auf Lieferung einer mangelfreien Sache oder 29
Zahlung des Minderwertes, s. §§ 440, 325, 323 BGB; auf die Verjährung von Gewährleistungsansprüchen ist § 477 Abs. 1 BGB (sechs Monate) entsprechend anzuwenden[55]. An-

---

[43] *Pohle* MDR 1950, 622 u. *Hartmann* (Fn. 4) Rdnr. 5; *Hartmann* (Fn. 34); *Stöber* (Fn. 7) Rdnr. 3, 11.
[44] *AG Berlin-Tiergarten* DGVZ 1962, 113.
[45] Dafür *Hartmann* NJW 1953, 1857; dagegen *Schilken* (Fn. 4) Rdnr. 7.
[46] *Wieczorek*² Anm. C III a 1; *Lüke* (Fn. 40).
[47] → § 756 Rdnr. 10b-10 d.
[48] *Wieczorek*² Anm. B II a 1, C III a hilft mit § 326 BGB (aber ein Anspruch entsteht wohl kaum vor Verwertung → Fn. 49) u. § 767 (analog?).
[49] *Jonas/Pohle* (Fn. 18) 114; *Schilken* (Fn. 4) Rdnr. 7. – A.M. *Lüke* (Fn. 40) 163: nur Rückerstattung des dem Gläubiger nach Abs. 2 S. 4 überlassenen Betrags.

[50] Allg. M.
[51] *Lüke* (Fn. 40) 157; insofern auch richtig *Hartmann* (Fn. 45).
[52] Was freilich im Regelfall daß der Erlös nicht alles abdeckt, nur nützt, wenn man aus dem Schutzzweck des § 811 a folgert, daß diese Rückerstattung Vorrang hat gegenüber der Titeltilgung, insbesondere Aufrechnung ausgeschlossen ist, so zutreffend *Lüke* (Fn. 40) 157.
[53] Aufrechnen kann er nicht, § 394 BGB u. analog Abs. 3 (→ Rdnr. 30 zu d); *Lüke* (Fn. 40) 158.
[54] Freilich erst nach Verwertung, → Fn. 49.
[55] Ebenso *Noack* (Fn. 1) 294.

30   3. Die **Ersatzleistung** ist unpfändbar:
a) als in Natur geleistetes Stück (→ Rdnr. 5) nach Maßgabe des § 811 Nrn. 1, 5, 6;
b) als gemäß → Rdnr. 6 oder 7 überlassener Geldbetrag nach § 811a Abs. 3, der auch auf Geldleistungen zum Ausgleich des Minderwertes (→ Rdnr. 28) zu beziehen ist;
c) als *Anspruch auf Leistung eines Ersatzstücks* (→ Rdnr. 27) ebenso wie das Ersatzstück selbst, → § 847 Rdnr. 2[56].
d) Soweit Geldbeträge nach dem zu b Ausgeführten unpfändbar sind, ist bei sinngemäßer Anwendung des § 811a Abs. 3 auch ein *Anspruch auf Auszahlung* dieses Geldbetrags wegen seiner Zweckbindung unpfändbar (→ auch Fn. 53), es sei denn, der Lieferant der Ersatzsache will auf den Betrag Zugriff nehmen, → § 851 Rdnr. 23.

§ 811 b [Vorläufige Austauschpfändung]

(1) ¹Ohne vorgängige Entscheidung des Gerichts ist eine vorläufige Austauschpfändung zulässig, wenn eine Zulassung durch das Gericht zu erwarten ist. ²Der Gerichtsvollzieher soll die Austauschpfändung nur vornehmen, wenn zu erwarten ist, daß der Vollstreckungserlös den Wert des Ersatzstückes erheblich übersteigen wird.

(2) Die Pfändung ist aufzuheben, wenn der Gläubiger nicht binnen einer Frist von zwei Wochen nach Benachrichtigung von der Pfändung einen Antrag nach § 811a Abs. 2 bei dem Vollstreckungsgericht gestellt hat oder wenn ein solcher Antrag rechtskräftig zurückgewiesen ist.

(3) Bei der Benachrichtigung ist dem Gläubiger unter Hinweis auf die Antragsfrist und die Folgen ihrer Versäumung mitzuteilen, daß die Pfändung als Austauschpfändung erfolgt ist.

(4) ¹Die Übergabe des Ersatzstückes oder des zu seiner Beschaffung erforderlichen Geldbetrages an den Schuldner und die Fortsetzung der Zwangsvollstreckung erfolgen erst nach Erlaß des Beschlusses gemäß § 811a Abs. 2 auf Anweisung des Gläubigers. ²§ 811a Abs. 4 gilt entsprechend.

Gesetzesgeschichte: Seit 1953 BGBl. 1953 I 952.

I. Zweck des § 811 b[1]

1   Er ermöglicht **eine vorläufige Austauschpfändung durch den Gerichtsvollzieher**, wenn dieser einen Gegenstand antrifft, der die Voraussetzungen des § 811a erfüllt. Sonst könnte der Schuldner die Sache veräußern, nachdem sie entdeckt ist und bevor man sie gemäß § 811a pfänden dürfte. Will der von der Pfändung benachrichtigte Gläubiger die Verwertung durchführen lassen, so muß er baldigst den Antrag nach § 811a stellen. Gibt er die Sache frei[2] oder versäumt er die Frist des Abs. 2 trotz Benachrichtigung, so wird die Pfändung aufgehoben.

---

[56] Zust. *Schilken* (Fn. 4) Rdnr. 12.

[1] Allgemeines → § 811a Fn. 1.
[2] → § 803 Rdnr. 15 f.

II. Besonderheiten des Verfahrens

1. Die (vorläufige) Pfändung der an sich unpfändbaren Sache ist in **Abs. 1** allein dem *Gerichtsvollzieher* überlassen. Er *muß von sich aus prüfen,* ob eine Zulassung durch das Gericht zu erwarten ist, ob also der Gläubiger voraussichtlich einen Antrag stellen wird und alle anderen zu → § 811a Rdnr. 2 ff. dargestellten Voraussetzungen gegeben sein werden. **Abs. 1 S. 2** hebt die Prüfung des *Wertverhältnisses*[3] zwar als besonders wichtig hervor; der Gerichtsvollzieher soll aber auch auf andere Bedenken achten. Da die abschließende Prüfung dem Gericht obliegt, muß der Gerichtsvollzieher sich bei seiner nur vorläufigen Prüfung mit Wahrscheinlichkeit begnügen und darf von der Beschlagnahme nur bei *ernsten Zweifeln* über die Erfolgsaussichten absehen, falls sonst Pfändbares nicht ausreicht. Auch das Hinzuziehen eines Sachverständigen sollte er (abgesehen von § 813 Abs. 1 S. 2) dem Gericht überlassen[4]. Die *Wegnahme ist noch nicht gestattet,* → auch § 811a Rdnr. 18. Die vorläufige Pfändung hat gleiche Wirkungen wie eine endgültige.

2. Von der Pfändung hat der Gerichtsvollzieher **den Gläubiger** unverzüglich zu **benachrichtigen**; Zustellung ist nicht geboten, es gilt § 270 Abs. 2 S. 2 entsprechend[5]. Die Mitteilung muß nach **Abs. 3** den Hinweis enthalten, daß es sich um eine Austauschpfändung handelt und daß die Benachrichtigung die **Frist** des Abs. 2 in Lauf setzt[6]. Ohne Benachrichtigung darf die Pfändung nicht aufgehoben werden. Ein Verstoß gegen die Belehrungspflicht kann zwar Amtshaftung und die Nichterhebung von Kosten auslösen[7], macht aber die Benachrichtigung des Gläubigers nicht unwirksam und hindert daher nicht die Aufhebung der Pfändung nach Abs. 2[8]; § 231 gilt hier jedoch nicht[9]. Ein verspäteter Antrag hindert daher nicht[10] die **Aufhebung der Pfändung** durch den Gerichtsvollzieher[11], falls er nach Ablauf der **Zweiwochenfrist** auf Anfrage vom Vollstreckungsgericht erfährt, daß ein Antrag noch nicht oder verspätet eingegangen ist. Das Risiko einer unrichtigen Auskunft des Vollstreckungsgerichts trägt der Gläubiger, wenn er dem Gerichtsvollzieher von seinem Antrag nicht rechtzeitig Kenntnis gegeben hatte.

3. Für die **gerichtliche Zulassung** gilt das → § 811a Rdnr. 9 ff. Ausgeführte mit der Abweichung, daß der *Antrag* des Gläubigers *befristet* ist, → Rdnr. 3. – Wenn das Gericht die Zulassung rechtskräftig *abgelehnt* hat, muß der Gerichtsvollzieher ebenfalls die Pfändung aufheben, nachdem er sich vom wirksamen Erlaß des Beschlusses[12] überzeugt hat.

4. Zur **Wegnahme** und der weiteren Vollstreckung auf Anweisung des Gläubigers → § 811a Rdnr. 17 ff., zur Ersatzleistung → § 811a Rdnr. 22 ff.

---

[3] → § 811a Rdnr. 8.
[4] Anders *J. Mohrbutter* Handbuch usw.[2] 169.
[5] *Wieczorek*[2] Anm. B II a; *Zöller/Stöber*[19] Rdnr. 2.
[6] A.M. AG Bersenbrück DGVZ 1992, 61. Ferner nach § 124 Nr. 3a S. 2 GVGA: gewöhnlicher Verkaufswert, voraussichtlicher Erlös, Vorschlag für geeigneten Ersatz u. Hinweis, daß die ZV nach der Zulassung nur auf Anweisung fortgesetzt wird.
[7] § 11 GVKostG mit Nr. 13 GVKostGr.
[8] *Baumbach/Hartmann*[53] Rdnr. 5; *MünchKommZPO-Schilken* Rdnr. 5. a.M. anscheinend (oder war dort jeweils die Benachrichtigung ganz unterblieben? Dann richtig) OLG München DGVZ 1983 140 = Büro 1418; LG Berlin DGVZ 1991, 91.
[9] Anders *Wieczorek*[2] Anm. B II a 1.
[10] *Hartmann, Schilken* (beide Fn. 8); a.M. *Wieczorek*[2] Anm. B II b 1.
[11] Allg. M., s. § 124 Nr. 3b, c GVGA. → auch § 811d Fn. 9.
[12] → § 811a Rdnr. 12.

§ 811c Unpfändbarkeit von Tieren

(1) Tiere, die im häuslichen Bereich und nicht zu Erwerbszwecken gehalten werden, sind der Pfändung nicht unterworfen.

(2) Auf Antrag des Gläubigers läßt das Vollstreckungsgericht eine Pfändung wegen des hohen Wertes zu, wenn die Unpfändbarkeit für den Gläubiger eine Härte bedeuten würde, die auch unter Würdigung der Belange des Tierschutzes und der berechtigten Interessen des Schuldners nicht zu rechtfertigen ist.

Gesetzesgeschichte: eingefügt durch Art. 2 des Gesetzes vom 20.8. 1990 (BGBl. 1762), in Kraft seit 1.9.1990, ersetzt § 811 Nr. 14a.F. Früherer § 811c wurde § 811d.

I. Allgemeines

1   Da nicht jede Veräußerung, sondern nur diejenige durch den **Gerichtsvollzieher** verhindert werden soll, Tiere aber diesen Unterschied nicht spüren, schützt § 811c in Wahrheit nicht das Tier, sondern trägt einer **vermuteten engen emotionalen Beziehung zwischen Mensch und dem im häuslichen Bereich gehaltenen Tier Rechnung**[1]. Diese läßt nach Abs. 1 grundsätzlich eine Pfändung nicht zu[2], was aber durch Abs. 2 dahingehend relativiert wird, daß die Pfändung dann zulässig sein soll, wenn die Beziehung im Vergleich zu den Interessen des Gläubigers als nicht schutzwürdig erscheint. Diese Regelung bringt ein erhebliches Maß an Rechtsunsicherheit mit sich[3], da sie eine Abwägung von inkomparablen Größen (Geld gegen Gefühle) gebietet, ohne dafür Maßstäbe anzugeben.

II. Voraussetzungen der Unpfändbarkeit (Abs. 1)

2   1. Das Tier muß **im häuslichen Bereich** gehalten werden. Dieses Merkmal entspricht der Formulierung des § 811 Nr. 14 aF, sodaß die für diese Vorschrift erarbeiteten Maßstäbe weiterhin Gültigkeit besitzen[4]. Danach ist eine räumliche Nähe zum Schuldner erforderlich. Sie besteht vor allem in der Wohnung und im Wohnhaus – auch Zweitwohnung und Ferienhaus – sowie auf dem Wohngrundstück[5], ebenso in einem Wohnwagen oder Zelt. Ein gewisses freies Herumstreunen, das der Natur des Tieres entspricht, ändert daran nichts[6]. Ist die räumliche Nähe vorhanden, so braucht es sich nicht um Tiere einer domestizierten Art zu handeln; insofern ist es unzutreffend, wenn schlagwortartig von Haustieren gesprochen wird[7].

3   2. **Gehalten** wird das Tier, wenn es sich nicht nur vorübergehend im Bereich des Schuldner befindet[8]. Dies ergibt sich zwar nicht aus dem vom Normzweck nicht vergleichbaren Begriff des Tierhalters des § 833 BGB, folgt jedoch daraus, daß nur eine *auf gewisse Dauer angelegte* Beziehung zwischen Mensch und Tier die typische schutzwürdige emotionale Anbindung vermuten läßt. Das bedeutet aber nicht, daß das Tier längere Zeit beim Schuldner gewesen sein muß[9].

---

[1] *Münzberg* ZRP 1990, 215 ff.; a.M. *Lorz* MDR 1990, 1060 Fn. 34.
[2] Vgl. BR-Drucks. 380/89 S. 7.
[3] Krit. dazu *Münzberg* (Fn. 1).
[4] Vgl. BR-Drucks. 380/89 S. 12, wonach insoweit keine sachliche Änderung erfolgen sollte.
[5] *Lorz* (Fn. 1); nicht in Geschäftsräumen *MünchKommZPO-Schilken* Rdnr. 3.
[6] *Lorz* (Fn. 1).
[7] *Schilken* (Fn. 5) Rdnr. 3.
[8] *Baumbach/Hartmann*[53] Rdnr. 1; *MünchKommZPO-Schilken* Rdnr. 2; a.M. *Zöller/Stöber*[19] Rdnr. 2 (auch vom Schuldner nur vorübergehend in Pflege gehaltenes Tier).
[9] *Schilken* (Fn. 8) Rdnr. 2.

3. Nicht zu Erwerbszwecken darf das Tier gehalten werden. Ein solches liegt dann vor, wenn die wirtschaftliche Nutzung des Tieres im Vordergrund steht. Unberührt bleibt daher z.B. die Pfändbarkeit von Stall-, Zirkus- und Zootieren. Eine Einschränkung kann sich allenfalls aus § 811 (insbesondere Nrn. 3,4 und 5) ergeben. Jedoch macht nicht jegliche Nutzung das Tier pfändbar. Ist der wirtschaftliche Nutzen lediglich Nebenzweck, so verbleibt es bei der Unpfändbarkeit, so z.B. bei der auch als Mäusefängerin auf dem Bauernhof gehaltenen Hauskatze[10].

III. Zulassung der Pfändung (Abs. 2)

Sie kommt nur in Betracht, wenn eine Unpfändbarkeit nicht auf anderen Vorschriften beruht, z.B. § 811 Nr. 5. Voraussetzung für die Zulassung der Pfändung ist zunächst ein **hoher (materieller) Wert** des Tieres. Ein solcher kann nach den Zielvorstellungen der Neuregelung nur dann angenommen werden, wenn der zu erwartende Erlös die Wertgrenze des § 811 Nr. 14 a. F. von DM 500.- beträchtlich übersteigt[11]. Eine nicht zu rechtfertigende Härte für den Gläubiger liegt vor, wenn seinen Vermögensinteressen nach **Abwägung** mit den Gefühlsinteressen[12] des Schuldners und Belangen des Tierschutzes im Einzelfall der Vorrang zukommt.

Der nach dem Gesetzeswortlaut geforderte **Einbezug von Belangen des Tierschutzes in die Abwägung** darf jedoch nicht zu dem Fehlschluß verleiten, daß Beschränkungen und Verbote, die sich aus dem Tierschutzgesetz ergeben, durch überwiegende Interessen des Gläubigers überspielt werden könnten. Da das Tierschutzgesetz die Vollstreckungsorgane nicht von seinem Anwendungsbereich ausnimmt, ist nämlich davon auszugehen, daß seine Regelungen auch im Zwangsvollstreckungsverfahren strikt und absolut zu respektieren sind[13]. Die gesetzliche Aufforderung zur Berücksichtigung tierschützender Belange kann daher allenfalls so verstanden werden, daß auch das natürliche Bedürfnis des Tieres selbst, seine angestammte Beziehung zu seiner Umgebung und zu den es umsorgenden Menschen aufrechtzuerhalten, mit in die Abwägung einzubeziehen ist. Wie jedoch die Intensität der Gefühle bei Tier und Mensch festgestellt geschweige denn bewertet werden sollen, verschweigt das Gesetz freilich. Abschließend läßt sich daher lediglich festhalten, daß eine Pfändung umso eher in Betracht kommt, je höher der Wert des Tieres und je kurzzeitiger und loser das emotionale Band zwischen Tier und Schuldner ist.

IV. Verfahren

Für Verfahren, Beweislast und Rechtsbehelfe gelten die zu § 811 a aufgestellten Grundsätze entsprechend, → § 811 a Rdnr. 9 ff. Der die Pfändung zulassende Beschluß macht das Tier bereits mit seinem Wirksamwerden für den antragstellenden Gläubiger – und nur für diesen – pfändbar. Andere Gläubiger bedürfen – auch für eine Anschlußpfändung – eines eigenständigen Zulassungsbeschlusses, für den die Voraussetzung (Härte) in ihrer Person vorliegen muß. *Ohne* Zulassung gemäß § 857 pfändbar ist jedoch der Anspruch des Schuldners gegen den Gerichtsvollzieher auf Auskehrung des Übererlöses.

---

[10] *Lorz* (Fn. 1) 1061 will auch als Hobby gehaltene Bienen dazurechnen.
[11] BR-Drucks. 380/89 S. 13; *Stöber* (Fn. 8) Rdnr. 3. Hingegen für 500 DM nur als Mindestgrenze *Hartmann* (Fn. 8) Rdnr. 2; *Schilken* (Fn. 5) Rdnr. 5.

[12] Vermögensinteressen werden durch die §§ 803 ff., abgesehen von § 803 Abs. 2, § 812, ohnehin nicht geschützt, s. auch *Münzberg* (Fn. 1); a.M. *Schilken* (Fn. 5a) Rdnr. 8.
[13] *Münzberg* (Fn. 1) 215.

§ 811 d [Vorwegpfändung]

(1) ¹Ist zu erwarten, daß eine Sache demnächst pfändbar wird, so kann sie gepfändet werden, ist aber im Gewahrsam des Schuldners zu belassen. ²Die Vollstreckung darf erst fortgesetzt werden, wenn die Sache pfändbar geworden ist.

(2) Die Pfändung ist aufzuheben, wenn die Sache nicht binnen eines Jahres pfändbar geworden ist.

Gesetzesgeschichte: Seit 1953 BGBl. 1953 I 952 § 811 c, ab 1990 BGBl. I 1762 § 811 d.

I. Allgemeines[1]

1 Eine Sache darf grundsätzlich nicht gepfändet werden, solange sie unpfändbar ist[2]. Die **Vorwegpfändung** nach Abs. 1 (ebenso § 295 AO 1977) durchbricht diese starre Regel und sichert dadurch den Gläubiger vor einer Veräußerung durch den Schuldner sowie vor dem Zufall, daß konkurrierende Gläubiger den Eintritt der Pfändbarkeit zeitiger ausnutzen.

II. Voraussetzungen

2 1. Abs. 1 gestattet die Vorwegpfändung für **Sachen aller Art**, die (noch) unpfändbar sind nach § 811 oder anderen Vorschriften, → § 811 Rdnr. 74 ff.

3 2. Voraussetzung ist die **Erwartung**, daß die Sache **demnächst pfändbar wird**, z. B. weil der geschützte Gebrauch anderweitig gewährleistet (Neuanschaffung) oder unnötig wird (Berufs- oder Betriebsaufgabe bzw. -umstellung, Wegzug von Haushaltsmitgliedern). Erforderlich ist ein hinreichender Grad von Wahrscheinlichkeit[3] dafür, daß die Unpfändbarkeit spätestens *innerhalb eines Jahres* (arg. Abs. 2) wegfallen wird[4].

III. Verfahren

4 1. Der **Gerichtsvollzieher** *muß selbständig prüfen*, ob die Voraussetzungen → Rdnr. 2, 3 gegeben sind. Bejaht er das und findet er keine anderen pfändbaren Gegenstände, so *muß er pfänden*; das »kann« in § 811 d Abs. 1 räumt ihm keine Ermessensfreiheit ein[5]. Beanstanden die Parteien sein Verhalten, so können sie Erinnerung (§ 766) einlegen.

5 2. Die **Pfändung** ist *nur ersichtlich zu machen*[6]; eine Wegnahme ist zunächst verboten, Abs. 1. Dies gilt entsprechend, wenn nach § 809 zu pfänden ist. Besteht der Dritte auf Inbesitznahme durch den Gerichtsvollzieher, so ist die Pfändung undurchführbar[7].

6 3. Das **weitere Verfahren** hängt davon ab, ob die Sache *innerhalb eines Jahres* seit der Beschlagnahme *pfändbar* wird.

a) Wird sie fristgemäß pfändbar, so ist die Vollstreckung wie sonst fortzusetzen, § 811 d Abs. 1 S. 2. Ein besonderer Antrag des Gläubigers ist nicht erforderlich, aber zu empfehlen,

---

[1] *Herzig* Büro 1968, 851; *Noack* Vollstreckungspraxis⁵ (1970) 298 ff.; *Huken* KKZ 1978, 228. Zur entsprechenden Anwendung → § 811 Rdnr. 10.
[2] → § 811 Rdnr. 17 f.
[3] S. *AG Berlin-Tempelhof-Kreuzberg* DGVZ 1958, 109 ff. (Höhe der Verschuldung eines Gewerbetreibenden).
[4] *Herzig* (Fn. 1) 854; *Noack* (Fn. 1) 299.
[5] *Wieczorek*² Anm. A II; *Herzig* (Fn. 1) 855.
[6] → § 808 Rdnr. 28 f.
[7] *Wieczorek*² Anm. B II; *MünchKommZPO-Schilken* Rdnr. 5; *Herzig* (Fn. 1) 855; *Huken* (Fn. 1).

da der Gerichtsvollzieher nicht ständig kontrollieren kann, ob die Pfändbarkeit etwa eingetreten ist.

b) Ist die Pfändbarkeit in Jahresfrist *nicht* eingetreten[8], so hat der Gerichtsvollzieher die Pfändung aufzuheben[9]. Er muß jedoch den Gläubiger vorher so rechtzeitig benachrichtigen, daß dieser noch im Wege der Erinnerung (s. besonders § 766 Abs. 1 S. 2) die Aufhebung verhindern könnte.

§ 812 [Pfändung von Hausrat]

Gegenstände, die zum gewöhnlichen Hausrat gehören und im Haushalt des Schuldners gebraucht werden, sollen nicht gepfändet werden, wenn ohne weiteres ersichtlich ist, daß durch ihre Verwertung nur ein Erlös erzielt werden würde, der zu dem Wert außer allem Verhältnis steht.

Gesetzesgeschichte: Seit 1900 RGBl. 1898 I 256.

I. Durch § 812 (ebenso § 295 AO 1977, § 5 BVwVG, s. auch § 36 Abs. 3 InsO) werden solche Sachen der Pfändung entzogen, die 1

1. zum **gewöhnlichen Hausrat** (vgl. § 811 Nr. 1) gehören, im Gegensatz zu solchen, die darüber hinausgehenden, insbesondere Luxusbedürfnissen dienen. Eine Beschränkung des Anwendungsbereichs auf Hausrat i. e. S., Möbel, Küchengerät und dgl.[1] entspricht weder dem Zweck der Bestimmung noch ihrem Wortlaut[2], so daß auch dem persönlichen Gebrauch dienende Gegenstände wie Wäsche und Kleider[3] den Schutz genießen. Entsprechend ist die Vorschrift entgegen der h. M.[4] auf im Wohnbereich gebrauchte Wirtschafts- und gewerbliche Geräte anwendbar, jedoch nicht auf Kraftfahrzeuge[5]. Für die Vollstreckung anderer als Geldansprüche scheidet § 812 aus[6].

2. Diese Sachen müssen im Haushalt des Schuldners **tatsächlich gebraucht werden**. Soweit 2
der Schuldner ihrer zur angemessenen, bescheidenen Haushaltsführung *bedarf*, sind sie bereits durch § 811 Nr. 1 geschützt. Unter § 812 fallen also Gegenstände, die diesen Bedarf überschreiten. Der Begriff »Gebrauch« ist sinngemäß weit zu fassen: Reservestücke für rasch abgenutzte oder schon kaum mehr gebrauchsfähige Sachen können auch dazugehören[7].

3. Die Gegenstände müssen erkennbar[8] von **geringem Wert** sein. Während es nach § 803 3
Abs. 2 darauf ankommt, ob die Kosten der Zwangsvollstreckung gedeckt würden, ist hier maßgeblich, ob der Erlös in einem *erheblichen Mißverhältnis zu dem Gebrauchswert für den Schuldner*[9] stehen würde. Wegen Anschlußpfändungen → § 803 Rdnr. 29. Trotz der Formu-

---

[8] Bei Anschlußpfändung weiterer Gläubiger (§ 826) beginnt die Frist mit jeder Anschlußpfändung neu, *AG Berlin-Tempelhof-Kreuzberg* (Fn. 3); *Wieczorek*² Anm. C III.
[9] H.M. *Schilken* (Fn. 7) Rdnr. 6, vgl. § 122 Nr. 1 GVGA. Abs. 2 ist eine gesetzliche Ausnahme von der Regel, daß GV ohne gerichtliche Entscheidung oder Freigabe Pfändungen nicht endgültig beseitigen dürfen (→ § 755 Rdnr. 1–3). – A.M. *Jonas/Pohle* ZVNotrecht¹⁶ (1954) 110, 119.
[1] Zum Fernseher *LG Essen* DGVZ 1969, 127; 1973, 24.
[2] A.M. *Wieczorek*² Anm. B I.
[3] Jetzt allg. M. *Bruns/Peters*³ § 22 III 4; *Münch*-

KommZPO-Schilken Rdnr. 1 mwN; *Thomas/Putzo*¹⁸ Rdnr. 1.
[4] *Schilken* (Fn. 3) Rdnr. 2 mwN; *Thomas/Putzo*¹⁸ Rdnr. 1; s. aber auch *Wieczorek*² Anm. A II, B I a.
[5] *Pardey* DGVZ 1987, 167, der jedoch bei Verkaufswert bis 500 DM § 811 Nr. 1 anwenden will.
[6] → § 811 Rdnr. 10.
[7] A.M. *Schilken* (Fn. 3) Rdnr. 3.
[8] *LGe Kiel, Itzehoe* DGVZ 1978, 115; 1988, 120; s. auch § 813.
[9] *LG Hannover* DGVZ 1990, 60 (Radio, Videorecorder); *Pardey* (Fn. 5) 112 mwN. Es geht also um **Verhältnismäßigkeit** *Schilken* (Fn. 3) Rdnr. 1; *Münzberg* DGVZ 1988, 84, nicht allein um Verschleuderung von Vermö-

§ 812 II, III – § 813   Zweiter Abschnitt: Zwangsvollstreckung wegen Geldforderungen   864

lierung »außer allem Verhältnis« dürfen nicht zu hohe Anforderungen gestellt werden. Geht es etwa um jahrelang in Gebrauch stehende Sachen, deren Neuwert ein Vielfaches des jetzt zu erwartenden Erlöses von weniger als 100 DM betrug, so sind sie im Zweifel unpfändbar. Wenn freilich der Gläubiger die Sache nach § 825 selbst erwerben will, kommt zu seinem Verwertungs- ein eigenes Gebrauchsinteresse hinzu, das zu einer abweichenden Wertung führen kann[10]. Zur Zusicherung des Gläubigers, nur zum Zwecke der Verwertung nach § 825 pfänden zu wollen, → § 803 Rdnr. 32.

4   II. Diese Sachen **sollen** nicht gepfändet werden. *Für die Vollstreckung* hat dieser Unterschied zu den Eingangsworten des § 811 keine Bedeutung, da auch hier die Entschließung des Gerichtsvollziehers nur zunächst maßgebend ist und der Nachprüfung durch das Vollstreckungsgericht unterliegt, § 766; ebenso ist für den Konkurs durch § 1 Abs. 4 KO/§ 36 Abs. 1 InsO jede Verschiedenheit beseitigt. Aber dem Pfandrecht des Vermieters, Verpächters und Gastwirts, §§ 559, 585, 704 BGB, unterliegen auch die in § 812 bezeichneten Gegenstände[11].

5   Pfändet der Gerichtsvollzieher unter Berufung auf § 812 nicht, so vermerkt er dies unter Angabe des geschätzten Wertes im Protokoll, § 135 Nr. 6 GVGA. Aus einem unzureichenden Ergebnis bei der Versteigerung von Hausrat darf nicht schon eine Pflichtwidrigkeit des Gerichtsvollziehers gefolgert werden.

6   III. Zur Wirksamkeit und zur Erinnerung nach § 766 gilt auch hier das zu § 811 Rdnr. 21 ff. Ausgeführte; zum geschützten Personenkreis → § 766 Rdnr. 33.

§ 813   [Schätzung]

(1) ¹Die gepfändeten Sachen sollen bei der Pfändung auf ihren gewöhnlichen Verkaufswert geschätzt werden. ²Die Schätzung des Wertes von Kostbarkeiten soll einem Sachverständigen übertragen werden. ³In anderen Fällen kann das Vollstreckungsgericht auf Antrag des Gläubigers oder des Schuldners die Schätzung durch einen Sachverständigen anordnen.

(2) Ist die Schätzung des Wertes bei der Pfändung nicht möglich, so soll sie unverzüglich nachgeholt und ihr Ergebnis nachträglich in der Niederschrift über die Pfändung vermerkt werden.

(3) Zur Pfändung von Früchten, die von dem Boden noch nicht getrennt sind, und zur Pfändung von Gegenständen der in § 811 Nr. 4 bezeichneten Art bei Personen, die Landwirtschaft betreiben, soll ein landwirtschaftlicher Sachverständiger zugezogen werden, sofern anzunehmen ist, daß der Wert der zu pfändenden Gegenstände den Betrag von 1000 Deutsche Mark übersteigt.

(4) Die Landesjustizverwaltung kann bestimmen, daß auch in anderen Fällen ein Sachverständiger zugezogen werden soll.

Gesetzesgeschichte: Seit 1953 BGBl 1953 I 952.

---

gen, *Lippross* Grundlagen (1983), 131 gegen *Behr* Kritische Justiz 1980, 165. Die Praxis stellt allerdings nicht selten auf Verschleuderung ab, z.B. *LG Coburg* DGVZ 1990, 90 (links oben).

[10] *Pardey* (Fn. 5) 112.
[11] H.M. *RGSt* 31, 310; *Haase* JR 1971, 323 mwN; *Schilken* (Fn. 3) Rdnr. 5.

I. Allgemeines und Geltungsbereich.

Die Einhaltung des Mindestgebots (§ 817a) setzt eine **Schätzung** der zu verwertenden Sache voraus.

§ 813[1] erfaßt alle Zwangsvollstreckungen in bewegliche **Sachen**, sofern die Verwertung nach den Vorschriften der ZPO durchzuführen ist[2]. Für die Vollstreckung in nichtkörperliche Gegenstände gilt er nicht[3], wohl aber für Wertpapiere, die keinen Börsen- oder Marktpreis haben[4], für noch geltende Münzen dann, wenn ein Anhalt für einen über den Nennwert hinausgehenden Sammlerwert besteht[5]. Über Ersatzteile an Luftfahrzeugen → § 817a Rdnr. 2.

II. Die Schätzung

1. Zu schätzen ist der **gewöhnliche Verkaufswert**, Abs. 1 S. 1. Dabei handelt es sich um den Durchschnittspreis, der nach der objektiven Beschaffenheit der Sache, den allgemeinen Wirtschaftsverhältnissen, insbesondere der Marktlage, und den besonderen örtlichen und zeitlichen Verhältnissen im freien Verkehr erfahrungsgemäß gezahlt werden würde, nicht denjenigen Betrag, der angelegt werden müßte, um entsprechende Gegenstände (z. B. beim Altwarenhändler) zu kaufen. Versteigerungspreise[6], Ausverkaufs- oder sonstige Ausnahme-(Sonderangebots-)preise sind unmaßgeblich[7]. Bei Börsenpreisen zählt die Notierung der Nachfrage.

Soweit *Festpreise* bestehen, bestimmen sie den gewöhnlichen Verkaufswert, *Mindest- und Höchstpreise* begrenzen ihn nach oben oder unten; Preise, die bei verbotenen Geschäften und insgeheim gezahlt werden (Schwarzmarktpreise), sind nicht zu beachten. Zum Preisrecht bei der Erteilung des Zuschlags oder sonstiger Verwertung → § 817a Rdnr. 11. Bei *Gold- oder Silbersachen* ist wegen § 817a Abs. 3 auch gesondert der Metallwert zu schätzen.

2. Zuständig ist

a) in der Regel (→ aber § 811a Rdnr. 8, 11) der **Gerichtsvollzieher**. Er besitzt aufgrund seiner beruflichen Tätigkeit auf weiten Gebieten hinreichende Sachkunde. Von sich aus einen Sachverständigen für die Schätzung[8] zu beauftragen, ist er außer in den Fällen → Rdnr. 5f., 16 nicht mehr befugt[9].

b) Ein **Sachverständiger** *muß* schätzen, wenn *Kostbarkeiten* gepfändet werden, wenn das Vollstreckungsgericht es anordnet oder wenn die Landesjustizverwaltung es für besondere Fälle allgemein bestimmt hat, → dazu Rdnr. 16.

Kostbarkeiten sind Gegenstände, deren Wert im Verhältnis zu ihrem Umfang besonders hoch ist und die auch nach den allgemeinen Anschauungen des Handels und Verkehrs als

---

[1] Zur Geschichte → 19. Aufl. I 1 u. § 817a I, *Schultes* DGVZ 1994, 162.
[2] Vgl. § 127 Abs. 1 KO (141 Nr. 2 Abs. 1 S. 2 GVGA), §§ 65 ZVG, 295 AO (→ § 811 Rdnr. 10), § 6 JBeitrO (459 StPO), § 66 SozGB X (→ § 794 Rdnr. 100 Nr. 16); → auch Rdnr. 3 ff. vor § 704. Zur VerwVollstr (→ Rdnr. 7 vor § 704) *Seither* Rpfleger 1969, 232 mwN, zum ZVG *Zeller/Stöber* ZVG[14] § 65 Rdnr. 2.
[3] *LG Berlin* DGVZ 1962, 174; *Noack* MDR 1970, 890; *MünchKommZPO-Schilken* Rdnr. 2 (→ aber auch § 844 Rdnr. 7). – A.M. *LG Essen* NJW 1957, 108; Rpfleger 1973, 410 (*Petermann* 387); *LG Münster* DGVZ 1969, 171.
[4] → § 821 Rdnr. 10 f. Hier wird man aber (ebenso bei § 813 Abs. 1 S. 2) ohne Sachverständigen kaum auskommen, der nach Abs. 1 S. 3 zu bestellen ist; ebenso *Zöller/Stöber*[19] § 821 Rdnr. 9.
[5] *OLG München* DGVZ 1991, 24 = Büro 1406.
[6] *OLG Jena* DGVZ 1933, 5.
[7] Die AV des RJM in DJ 1943, 249 ist überholt, → auch § 817a Rdnr. 11.
[8] Wegen anderer Gründe → Rdnr. 16 a.E., 18 zu b.
[9] *LGe München II* Rpfleger 1978, 456; Bayreuth, Konstanz DGVZ 1985, 42; 1994, 140; Aachen Büro 1986, 1256; *Schilken* AcP 181, 362 ff. u. *Schultes* (Fn. 1) 164 f. je mwN. – A.M. *Pawlowski* ZZP 90 (1977) 367; *Mümmler* DGVZ 1973, 84; *Baumbach/Hartmann*[53] Rdnr. 4; *Wieczorek*[2] Anm. B II b 2.

§ 813 II   Zweiter Abschnitt: Zwangsvollstreckung wegen Geldforderungen   866

solche anzusehen sind[10], also Juwelen, Münzen, Kunstwerke[11], Antiquitäten, u.U. auch Sachen aus Edelmetallen, Briefmarkensammlungen[12], Spitzen[13], Pelze[14], wissenschaftliche Apparate, Kinofilme[15], Orientteppiche[16], neuwertige oder größere Computer, wertvollere Software[17] usw. In Zweifelsfällen sollte der Gerichtsvollzieher Sachen als Kostbarkeiten behandeln[18].

7   Das *Vollstreckungsgericht* kann nach Abs. 1 S. 3 die Schätzung durch einen Sachverständigen über → Rdnr. 5f. hinaus nur *anordnen*, wenn Gläubiger oder Schuldner dies beantragen; der Gerichtsvollzieher oder gar Dritte[19] haben kein Antragsrecht. Schätzungen des Gerichtsvollziehers, anderer Sachverständiger im Auftrag des Gerichts oder anderer Personen oder Stellen stehen einer (neuen) Anordnung nicht entgegen. Das Gericht entscheidet über den Antrag nach pflichtgemäßem Ermessen durch Beschluß. Gibt es ihm statt, so endet das gerichtliche Verfahren mit der Bestellung[20], vorbehaltlich eines Rechtsbehelfs. Wird der Antrag gestellt, so muß der Gerichtsvollzieher die Versteigerung von Amts wegen aufschieben, arg. § 817a. Stammt der Antrag vom Schuldner, so empfiehlt sich Benachrichtigung des Gerichtsvollziehers durch das Gericht.

8   Zuständig ist nach § 20 Nr. 17a RpflG der *Rechtspfleger*; gegen die Ablehnung durch ihn ist die befristete Erinnerung gegeben, § 11 Abs. 1 S. 2 RpflG, gegen die Entscheidung durch den Richter nach § 11 Abs. 3 RpflG mit § 793 die sofortige Beschwerde[21]. Wird dagegen das Verhalten des Gerichtsvollziehers nicht nur zur Begründung des Antrags nach Abs. 1 S. 3, sondern auch noch mit anderem Ziel gerügt, z.B. wegen Zuziehung eines Sachverständigen entgegen → Rdnr. 4, so hat über diese selbständige Erinnerung gemäß § 766 der Richter (§ 20 Nr. 17a RpflG) zu entscheiden, wogegen wiederum die sofortige Beschwerde nach § 793 stattfindet. Die Zuständigkeitsteilung im letzten Falle entspricht durchaus dem Zweck des RpflG, Richter von Routineanordnungen zu entlasten.

9   *Anordnungen der Landesjustizverwaltungen* sind aufgrund des § 813 Abs. 4 nur für den Bereich der Landwirtschaft ergangen, → Rdnr. 16ff., insbesondere Fn. 31.

10 Die **Auswahl** des Sachverständigen[22] ist Sache der die Begutachtung anordnenden Stelle, also zu → Rdnr. 6 des Gerichtsvollziehers, zu → Rdnr. 7 des Vollstreckungsgerichts und zu → Rdnr. 9, – wenn die Justizverwaltungen nichts Abweichendes bestimmen – wieder des Gerichtsvollziehers. Wegen landwirtschaftlicher Sachverständiger → Rdnr. 16.

11 3. Zu schätzen ist grundsätzlich **bei der Pfändung**, Abs. 1 S. 1; ist dies nicht möglich, z.B. weil der Sachverständige nicht erreichbar ist, soll die Schätzung unverzüglich nachgeholt werden, **Abs. 2**. Gleiches gilt, wenn sie irrtümlich unterblieben war; sie ist im Pfändungsprotokoll zu vermerken, Abs. 2, s. auch § 762 Abs. 2 Nr. 2.

12 4. Die **Bedeutung der Schätzung** ergibt sich aus § 817a und § 825[23], ferner bei der Frage der Überpfänduug, § 803 Abs. 1 S. 2, oder der zwecklosen Pfändung nach § 803 Abs. 2[24].

---

[10] RGZ 100, 111; 116, 113; 120, 313.
[11] Daß sie in § 429 Abs. 2 HGB neben Kostbarkeiten genannt sind, weist nur darauf hin, daß bei ihnen nicht der Materialwert gilt.
[12] BGH NJW 1953, 902.
[13] RGZ 94, 115.
[14] RGZ 75, 190; 116, 113. – Zweifelnd RG JW 1913, 875.
[15] RGZ 94, 119, im Ergebnis a.M. RG JW 1913, 382.
[16] KG NJW-RR 1986, 201; *Mümmler, Noack* DGVZ 1973, 83; DGVZ 1975, 39.
[17] *Paulus* DGVZ 1990, 153 zu 2a; ausführlich *Styliani Bleta* Software in der ZV (Diss. Tübingen 1994), § 16. Zur Pfändung → § 808 Rdnr. 1a.
[18] AG Schwäbisch Hall DGVZ 1990, 79 unter Hinweis auf KG NJW-RR 1986, 201 → § 817a Fn. 10.

[19] LG Berlin DGVZ 1978, 113f.; .
[20] OLG Hamm DGVZ 1961, 184f. = JMBlNRW 237.
[21] → § 793 Rdnr. 1; LG Köln DGVZ 1957, 122 = ZZP 70 (1957) 373; *Thomas/Putzo*[18] Rdnr. 7; *Noack* DGVZ 1967, 37; *Schilken* (Fn. 3) Rdnr. 5, 9; *Stöber* (Fn. 4) Rdnr. 10; i.E. auch *Hartmann* (Fn. 9) Rdnr. 10; *Wieczorek*[2] Anm. B III a; deren Begr, schon im Antrag liege eine Erinnerung, ist jedoch unrichtig, wenn der GV noch gar nicht geschätzt hat, und unpraktikabel, weil die Zuständigkeit des Rpfl oder Richters nicht davon abhängen darf, wann der GV schätzt, zust. *Schilken* (Fn. 3) Rdnr. 9.
[22] Zur Amtshaftung OLG München DGVZ 1980, 122f.
[23] → dort Rdnr. 9.
[24] S. z.B. AG Freiburg DGVZ 1969, 187.

Unterlassungen der Schätzung, der vorgeschriebenen Zuziehung eines Sachverständigen oder der Aufnahme in das Protokoll (Abs. 1 S. 2, Abs. 2, 3) können mit der Erinnerung nach § 766 angefochten werden.

Inwieweit unrichtige Schätzwerte des *Gerichtsvollziehers* auf Verfahrensmängeln im Sinne des § 766 beruhen, ist im Einzelfall zweifelhaft. Gegen eine Erinnerung spricht, daß das Vollstreckungsgericht die Schätzung ohnehin nicht selbst vornehmen, sondern lediglich den Gerichtsvollzieher ohne bindende Weisungen zur Neuschätzung veranlassen dürfte[25]. Ist aber der Gerichtsvollzieher trotz der Beanstandungen bei seinem Schätzwert geblieben, so wäre der Erfolg einer Neuschätzung und damit einer Erinnerung zweifelhaft, so daß der Antrag nach § 813 Abs. 1 S. 3 als die einzig sinnvolle Spezialregelung zur Erreichung einer besseren Schätzung anzusehen ist[26]. Auf dem gleichen Weg kann der unrichtigen Schätzung eines *Sachverständigen* begegnet werden, denn die Vorschrift verbietet die Wiederholung nicht[27]. Bei mehrfachen Schätzungen ist die letzte maßgebend. → auch § 806 Rdnr. 4 Fn. 7.

13

Eine **erneute Schätzung** durch den Gerichtsvollzieher ist insbesondere dann angebracht, wenn Veränderungen der allgemeinen oder örtlichen wirtschaftlichen Verhältnisse die Marktlage wesentlich verändert haben (z.B. Kursverfall) oder zwischen Schätzung und Verwertung eine längere Zeitspanne liegt. Die Berichtigung offenbarer Unrichtigkeiten wie Schreibfehler etc. ist dem Schätzer gestattet, nicht jedoch eine Neuschätzung aus eigenem Antrieb[28]. Selbstverständlich läge es nicht im Sinne der Regelung, wenn lediglich mit Rücksicht auf unzureichende Gebote Schätzwerte herabgesetzt würden, um die Pfandstücke auf jeden Fall zu verwerten.

14

5. **Verstöße** gegen § 813 berühren die Wirksamkeit einer Pfändung oder Verwertung *nicht*, da es sich nur um sog. Sollvorschriften handelt; sie können jedoch Amtshaftung begründen.

15

III. Landwirtschaftliche Sachverständige

1. Die Hinzuziehung landwirtschaftlicher Sachverständiger schreibt **Abs. 3** vor für die *Pfändung stehender Früchte* und zur Pfändung von Gegenständen der in § 811 Nr. 4 bezeichneten Art bei *Personen, die Landwirtschaft betreiben*[29]. Sie ist erforderlich, wenn der Wert der zu pfändenden Sachen voraussichtlich 1000 DM übersteigt. Für die Berechnung sind einerseits die stehenden Früchte und die Gegenstände des § 811 Nr. 4 zusammenzurechnen, andererseits die voraussichtlich unpfändbaren Sachen mit einzurechnen, so daß die Hinzuziehung nicht etwa erst bei einem zu erwartenden pfändbaren Überschuß von eintausend Mark nötig wird. Nach §§ 150 Nr. 1 S. 2, 152 Nr. 3a und b GVGA soll der Gerichtsvollzieher auch bei *geringerem Wert einen Sachverständigen zuziehen*, wenn der Schuldner es verlangt und die Vollstreckung weder verzögert noch unverhältnismäßig verteuert wird. Dem wird man zustimmen können, falls der Sachverständige ohnehin aus den → Rdnr. 18 zu b) genannten Gründen zuzuziehen ist, auf die sich die Einschränkung des § 813 Abs. 1 S. 3 nicht bezieht.

16

2. Die *Auswahl der Sachverständigen*[30] aus dem Kreis der mit den örtlichen Verhältnissen vertrauten Personen, z.B. gegenwärtigen oder früheren Landwirten, sowie die Bestimmung

17

---

[25] → § 753 Rdnr. 1; *LGe Lüneburg* DGVZ 1954, 44; *Köln* (Fn. 21); *Essen* NJW 1957, 108.
[26] *LG Aachen* Büro 1986, 1256 mwN; *Schilken* (Fn. 3) Rdnr. 9; *Stöber* (Fn. 4) Rdnr. 10: *Thomas/Putzo*[18] Rdnr. 7. Für Dritte bleibt allerdings nur § 766 → Fn. 19. – A.M. *Hartmann* (Fn. 9) Rdnr. 9; aber *KG* (Fn. 16) hat nicht solchen Fall entschieden.
[27] → Rdnr. 7; *LG Köln* (Fn. 21); aber auch *Wieczorek*[2] Anm. B III b. Solange nicht ein neues Gutachten vorliegt, ist allerdings der GV grundsätzlich an die erste gebunden *OLG München* DGVZ 1980, 122; *Schilken* (Fn. 9) 366.
[28] Anders wohl *Wieczorek*[2] Anm. B II d 2.
[29] → § 810 Rdnr. 9, § 811 Rdnr. 38 f.
[30] → Fn. 22.

ihrer Zahl obliegt hier dem Gerichtsvollzieher, dem die Dienstvorschriften nähere Anweisungen erteilen können. Eine Sachverständigen*pflicht* besteht nicht, die Beeidigung oder eidesstattliche Versicherung ist ausgeschlossen.

18   3. Zum *Aufgabenbereich* des Sachverständigen gehören a) die Schätzung des gewöhnlichen Verkaufswertes, b) die Feststellung der gewöhnlichen Reifezeit (§ 810), die Unentbehrlichkeit nach § 811 Nr. 4, die Zubehöreigenschaft (§ 865)[31] und wohl auch die bestmögliche Verwahrung, Pflege und Verwertung. In den letztgenannten Punkten bindet das Gutachten den Gerichtsvollzieher jedoch nicht.

19   IV. Die Schätzung ist für den Gerichtsvollzieher Nebentätigkeit zur Pfändung und wird durch die **Gebühren** für diese abgegolten[32]. Wegen des Entgelts für den Sachverständigen s. §§ 150 Nr. 4, 152 Nr. 3 GVGA[33], → auch § 788 Rdnr. 7.

§ 813 a geplanter Fassung [Verwertungsaufschub durch Gerichtsvollzieher]

(BR-Drucks. 134/94 Art.1 Nr. 17, Begr S. 80 ff.) war bei Drucklegung (November 1994) noch nicht in Kraft. Der Entwurf ist jedoch vorsorglich in den Erläuterungen → § 754 Rdnr. 9 a mit berücksichtigt.

§ 813 a [Aussetzung der Verwertung]

(1) Das Vollstreckungsgericht kann auf Antrag des Schuldners die Verwertung gepfändeter Sachen unter Anordnung von Zahlungsfristen zeitweilig aussetzen, wenn dies nach der Persönlichkeit und den wirtschaftlichen Verhältnissen des Schuldners sowie nach der Art der Schuld angemessen erscheint und nicht überwiegende Belange des Gläubigers entgegenstehen.

(2) Wird der Antrag nach Absatz 1 nicht binnen einer Frist von zwei Wochen nach der Pfändung gestellt, so ist er ohne sachliche Prüfung zurückzuweisen, wenn das Vollstreckungsgericht der Überzeugung ist, daß der Schuldner den Antrag in der Absicht der Verschleppung oder aus grober Nachlässigkeit nicht früher gestellt hat.

(3) Anordnungen nach Absatz 1 können mehrmals ergehen und, soweit es nach Lage der Verhältnisse, insbesondere wegen nicht ordnungsmäßiger Erfüllung der Zahlungsauflagen, geboten ist, auf Antrag aufgehoben oder abgeändert werden.

(4) Die Verwertung darf durch Anordnungen nach Absatz 1 und Absatz 3 nicht länger als insgesamt ein Jahr nach der Pfändung hinausgeschoben werden.

(5) ¹Vor den in Absatz 1 und in Absatz 3 bezeichneten Entscheidungen ist, soweit dies ohne erhebliche Verzögerung möglich ist, der Gegner zu hören. ²Die für die Entscheidung wesentlichen tatsächlichen Verhältnisse sind glaubhaft zu machen. ³Das Gericht soll in geeigneten Fällen auf eine gütliche Abwicklung der Verbindlichkeiten hinwirken und kann hierzu eine mündliche Verhandlung anordnen. ⁴Die Entscheidungen nach den Absätzen 1, 2 und 3 sind unanfechtbar.

(6) In Wechselsachen findet eine Aussetzung der Verwertung gepfändeter Sachen nicht statt.

---

[31] S. §§ 150 Nr. 2, 152 Nr. 3 GVGA.
[32] *Hartmann* Kostengesetze[26] § 33 GVKG Rdnr. 2.
[33] Es ist die ortsübliche Vergütung zu gewähren. Das ZSEG gilt nicht unmittelbar, sondern nur als Anhaltspunkt, *Hartmann* (Fn. 32) § 35 GVKG Rdnr. 10. – A.M. *Wieczorek*² Anm. B II c 2.

Gesetzesgeschichte: Seit 1953 BGBl 1953 I 952. Geplante Änderungen: BR-Drucks. 134/94 als neuer § 813b mit Ergänzungen und Klarstellungen, → Rdnr. 1a, 10, 11a. Zum geplanten § 813a nF → § 754 Rdnr. 9a.

I. Allgemeines und Geltungsbereich[1]

1. § 813a erlaubt gerichtlichen **Verwertungsaufschub** unter Festsetzung von Zahlungsfristen. Der Druck drohender Verwertung verschafft dem Gläubiger oft eher Befriedigung als die Verwertung selbst, die zum Nachteil aller Beteiligten häufig eine Verschleuderung mit sich bringt. Das Risiko des Gläubigers ist dabei gering, da er das Pfandrecht behält. Obwohl in den meisten Gerichtsbezirken sehr selten in Anspruch genommen[2], ist § 813a keineswegs eine bedeutungslose Vorschrift. Denn allein schon die Möglichkeit seiner Inanspruchnahme veranlaßt – neben Eigeninteressen[3] – zahllose Gläubiger zu vergleichbaren Regelungen durch Vereinbarung, vermittelt und oft vorläufig eingeleitet durch Gerichtsvollzieher → §§ 753 Rdnr. 5, § 754 Rdnr. 9 a-c, 813a Rdnr. 9, 817 Rdnr. 2f., § 766 Rdnr. 23. So kommt es, daß verhältnismäßig selten verwertet und doch häufig erheblicher Vollstreckungserfolg erzielt wird. 1

Der **geplante § 813a nF** (BR-Drucks. 134/94 S. 7f.) will diese Praxis (zumindest teilweise) ersetzen und gegen bisherige Unsicherheiten absichern durch Verwertungsaufschub seitens des **Gerichtsvollziehers von Amts wegen** (Abs. 1 nF), erlaubt aber dem Gläubiger, der Teilzahlungen nicht zugestimmt hatte, den Widerspruch (Abs. 2 nF), → § 754 Rdnr. 9a. 1a

2. § 813a **gilt nur für Sachen, die wegen Geldforderungen**[4] gepfändet und nach den Vorschriften der ZPO zu verwerten sind[5]. Da er zweifellos zu den Vorschriften über *Verwertung gepfändeter Sachen* gehört, gilt er nach § 847 Abs. 2 unmittelbar, sobald die Sache an den Gerichtsvollzieher herausgegeben ist[6], also unabhängig von der Frage, ob und unter welchen Voraussetzungen man darin eine »Pfändung« sieht oder nicht[7]. Unmittelbare oder entsprechende Anwendung auf **andere Vollstreckungsarten**, etwa die Pfändung von Forderungen, die Herausgabevollstreckung (vgl. § 885 Abs. 4) oder das Offenbarungsverfahren[8] (vgl. § 900 Abs. 4), ist *unzulässig*. Nach § 765a können freilich vergleichbare Rechtsfolgen erzielt werden[9]. Gleiches gilt für die Pfändung von Bargeld, das nicht verwertet, sondern abgeliefert wird[10], sowie innerhalb eines Insolvenzverfahrens, → auch § 814 Rdnr. 11. § 813a scheidet von vornherein aus, solange eine Verwertung noch nicht erlaubt ist (§§ 720a, 930). Unter dem Gesichtspunkt der Wirtschaftlichkeit sollte ein Verwertungsaufschub bei *leicht verderblichen Sachen*[11], *Saisonartikeln* oder falls hohe *Lagerkosten* entstehen, nicht gewährt werden. Rechte Dritter oder des Gläubigers an der Pfandsache stehen nicht entge- 2

---

[1] S. (auch zur Geschichte – G vom 24.X.1934) *Jonas/Pohle* ZwVNotR[16] (1954) 125ff.; *Seither* Rpfleger 1969, 232; *E. Schneider* Büro 1965, 183; *Noack* JR 1967, 369; *Bloedhorn* DGVZ 1977, 111. Zur **Reform** s. *Gaul* JZ 1973, 479; *Hanke, Jakobs* DGVZ 1986, 23, 36; *Seip* DGVZ 1974, 17; *Zeiss* JZ 1974, 566 = DGVZ 178 III; *Mümmler, Behr, Holch, Eich/Lübbig* DGVZ 1972, 49; 1977, 162; 1990, 133; 1991, 34; *Schilken* Rpfleger 1994, 144.

[2] Örtlich unterschiedlich. Auf mehreren Tagungen berichteten viele Rechtspfleger, daß sie jährlich höchstens ein bis zweimal § 813a anwenden.

[3] *Eich/Lübbig* DGVZ 1991, 34 zu I 3.

[4] → Rdnr. 1ff. vor § 803.

[5] → § 808 Rdnr. 1f., § 847 Rdnr. 12, 13, § 813 Rdnr. 1 Fn. 2. Bei Geldstrafen schließen § 459 StPO, § 6 Abs. 1

Nr. 1 JBeitrO Maßnahmen nach § 813a zwar nicht ausdrücklich aus, aber sie wirken wie Zahlungserleichterungen u. obliegen daher nur den Vollstreckungsbehörden, §§ 459aff. StPO; *LG Essen* Büro 1975, 638 mwN; a.M. *Wieczorek*[2] Anm. B I c 1.

[6] So schon 20. Aufl. Fn. 2; *Zöller/Stöber*[19] Rdnr. 2; a.M. *MünchKommZPO-Schilken* Rdnr. 2 Fn. 2.

[7] → dazu § 847 Rdnr. 12.

[8] *OLG München* BayJMBl 1953, 94; *LG Dortmund* DRpflege 1936, Nr. 278 (noch zu § 18 ZwVVO).

[9] → dort Rdnr. 15.

[10] § 815 Abs. 1; → aber § 811 Rdnr. 63u. zugunsten Dritter § 819 Fn. 24 u. § 815 Rdnr. 4ff.

[11] Besonders bei § 810 (*Baumbach/Hartmann*[53] § 810 Rdnr. 1 wollen hier § 813a stets ausschließen); s. auch §§ 720a Abs. 2, 930 Abs. 3.

gen, solange die Pfändung besteht, wohl aber gesetzliche Pfandrechte[12], wenn sie (§ 559 S. 2 BGB) das Pfändungspfandrecht auszuhöhlen drohen[13]. § 813a schützt nur die gepfändete Sache, nicht ihren Erlös nach Versteigerung.

3 3. Zur Konkurrenz mit weiteren Vollstreckungsschutznormen sowie anderen prozessualen oder materiellrechtlichen Behelfen gilt das → § 765a Rdnr. 33, 35 Ausgeführte entsprechend. Für den Bereich des § 864 gelten allein die §§ 30a ff. ZVG, auch soweit bewegliche Sachen mitbetroffen sind, §§ 20 Abs. 2, 55 ZVG, 1120 ff. BGB. Wegen §§ 459 ff. StPO → Fn. 5.

II. Voraussetzungen des Aufschubs[14] nach Abs. 1

4 1. Der Schutz muß nach der **Persönlichkeit des Schuldners** angemessen erscheinen; alle Schuldner, auch juristische Personen[15], können ihn in Anspruch nehmen. Wegen Unredlichkeit oder Unzuverlässigkeit (z.B. Betrug, Prozeßverschleppung, nach § 3 Abs. 1 Nr. 1 AnfG anfechtbare Handlungen oder dgl.) kann sich aber ein Aufschub wegen *Schutzunwürdigkeit* verbieten.

5 2. Die **wirtschaftlichen Verhältnisse** des Schuldners müssen so beschaffen sein, daß er zwar *zur Zeit* nicht zahlen kann, aber voraussichtlich s p ä t e r Zahlungsfristen (→ Rdnr. 16) einzuhalten vermag.

6 3. Bei der **Art der Schuld** ist vor allem auf die wirschaftliche Bedeutung für den Gläubiger zu achten. Auf laufenden Unterhalt oder Arbeitslohn, u.U. auch auf zweckgebundene Zahlungen[16] ist er oft dringlicher angewiesen als auf ältere Rückstände. Wichtig ist z.B., ob es sich um Schadensersatz wegen vorsätzlicher Tat handelt oder ob der Gläubiger durch dingliche Rechte gesichert ist. Besondere Zurückhaltung ist bei der Vollstreckung in anfechtbar erworbene Sachen geboten[17]. Wie bei § 765a[18] spielen materiellrechtliche Einwendungen des Schuldners keine Rolle.

7 Schlechthin **ausgeschlossen** ist nach **Abs. 6** die Anordnung in **Wechselsachen**, d.h. soweit ausschließlich wegen der in → § 602 Rdnr. 2, 3, 5 oder § 605a (Scheck) genannten Ansprüche vollstreckt wird, ohne Rücksicht darauf, ob das Urteil im Wechsel- oder Scheckprozeß ergangen ist[19]; ebenso bei der Vollstreckung wegen Ansprüchen, die durch ein **Früchtepfandrecht** gesichert sind, in die haftenden Früchte, s. § 5 des G zur Sicherung der Düngemittel- und Saatgutversorgung (WiGBl 1949 S. 8; BGBl 1950 I 37, 1951 I 476) i.V.m. Art. 5 Nr. 6 u. Art. 6 VollstreckungsmaßnG vom 20. VIII. 1953 (BGBl I 952).

8 4. **Überwiegende Belange des Gläubigers** dürfen nicht entgegenstehen, z.B. ein besonderes Interesse an sofortiger Befriedigung wegen eigener dringender Verpflichtungen, besonders bei Gefahr von Insolvenzverfahren; → auch Rdnr. 6. Wie bei § 765a ist sorgfältige Abwägung geboten[20]. Die vorgeschriebene Rücksicht auf Belange »des Gläubigers« zeigt, daß die *Aussetzung immer nur für bereits vorgenommene Pfändungen gilt*. Für weitere – auch

---

[12] → § 805 Rdnr. 5.
[13] *Noack* (Fn. 1); anders, wenn für pünktliche Zahlung an den Vermieter gesorgt wird, → Rdnr. 16 a.E.
[14] Gegen formularmäßige Handhabung mit Recht *Kleybolte* NJW 1954, 1097; *Friese* NJW 1955, 447; *E. Schneider* Büro 1970, 366.
[15] *Schilken* (Fn. 6) Rdnr. 2; *Stöber* (Fn. 6) Rdnr. 2. – A.M. *Wieczorek*[2] Anm. B I a.
[16] In der Regel kein Aufschub bei Heizungskostenanteilen *AG Köln* JMBlNRW 1954, 42.

[17] *Wieczorek*[2] Anm. A II a 1 will hier § 813a überhaupt nicht anwenden.
[18] → dort Rdnr. 8.
[19] Wie § 200 Nr. 6 GVG, → § 223 Rdnr. 21; *LG Traunstein* MDR 1962, 765; *Noack* DGVZ 1974, 50 mwN, ganz h.M. Gegen Anwendung in Scheckssachen *Stöber* (Fn. 6) Rdnr. 2.
[20] → § 765a Rdnr. 5ff.

desselben Gläubigers – bedarf es neuer Anträge, so daß für jede noch nicht beschiedene Pfändung vorbehaltlich → Rdnr. 16 zunächst Verwertung verlangt werden könnte. Schon deshalb sind Vereinbarungen unter konkurrierenden Gläubigern[21] einer solchen Verfahrenshäufung überlegen, → auch Rdnr. 13.

5. Die Aussetzung darf *mehrmals* erfolgen, äußerstenfalls bis zu **einem Jahr** seit Pfändung, **Abs. 3, 4.** Eine Bewilligung einstweiliger Einstellung durch den Gläubiger kann die gesetzlich bestimmte Zeitgrenze nicht verschieben[22]. Für eine Fristüberschreitung *durch das Gericht* ist auch mit Zustimmung des Gläubigers kein Raum[23], es sei denn unter den Voraussetzungen des § 765a[24]; → aber Rdnr. 99 vor § 704, § 766 Rdnr. 23.

9

III. Das Verfahren

1. Nötig ist ein **Antrag** des Schuldners, der aus den Gründen → Rdnr. 8, 13 alle Gläubiger benennen muß, die bereits die Sache gepfändet haben. Da er sachlich einer Erinnerung entspricht, kann das Gericht entsprechend § 766 Abs. 1 S. 2, auch schon vor Anhörung des Gläubigers, **vorläufige Anordnungen** treffen, was durch einen geplanten Abs. 1 S. 2 bestätigt werden soll[25], und mit Zahlungsauflagen verbinden[26]; für sie gilt das → § 765a Rdnr. 20 Fn. 85, 86, 89 f. Ausgeführte entsprechend.

10

Der Antrag muß nach bisheriger Fassung des Abs. 2 binnen einer **Frist von zwei Wochen seit der Pfändung** gestellt werden; er setzt voraus, daß erfolgreich gepfändet wurde[27]. Die Frist kann nicht verlängert werden, s. § 224 Abs. 2, § 233 mit § 223 Abs. 3.

11

Bei **Fristversäumnis** ist der Antrag ohne sachliche Prüfung zurückzuweisen, wenn das Gericht der Überzeugung ist, daß der Schuldner ihn in Verschleppungsabsicht oder auch grober Nachlässigkeit nicht früher gestellt hat. Anders als → § 296 Rdnr. 108 ist der durch Verspätung begründete Verdacht im Zweifel vom Schuldner auszuräumen[28], z.B. weil er schuldlos von der Pfändung späte Kenntnis erhielt, rechtzeitig zu erwartende Zahlungseingänge überraschend ausblieben oder ein Verwertungsaufschub außerhalb des § 813a bewilligt war[29] und angemessene Zeit **vor** dessen Ende der Antrag gestellt wird. Daß nach dem geplanten **§ 813b Abs. 2 S. 2 nF** die Zweiwochenfrist nach einem Verwertungsaufschub durch den **Gerichtsvollzieher** (§ 813a nF) erst mit dem *Ende des Verwertungsaufschubs beginnen* soll[30], verzögert unnötig die Vollstreckung und sollte dahin abgeändert werden, daß der Antrag innerhalb eines Zeitraums (etwa eine Woche?) **vor** dem Ende des Aufschubs zu stellen ist (ähnlich § 721 Abs. 3). Wird diese Vorschrift Gesetz, so steht zu befürchten, daß die Praxis sie entsprechend auf vereinbarten Verwertungsaufschub anwendet, was dem Zweck des Abs. 2 S. 1, Verschleppung zu verhindern, ebenfalls zuwiderlaufen würde. Zu wiederholten Anträgen → Rdnr. 19 a. E.

11a

2. Zuständig ist das **Vollstreckungsgericht**[31], und zwar der Rechtspfleger, § 20 Nr. 17 RpflG. Zur Aussetzung durch den *Gerichtsvollzieher* im erklärten oder vermuteten Einver-

12

---

[21] → Rdnr. 1 a. E.
[22] OLG Celle NJW 1954, 723.
[23] A.M. *Seither* Rpfleger 1968, 381; *Stöber* (Fn. 6) Rdnr. 11.
[24] → dort Rdnr. 33.
[25] BR-Drucks. 134/94 S. 8.
[26] → Rdnr. 16. *Lipschitz* DRiZ 1953, 104 f.; *Seither* (Fn. 1). Die von *Seither* befürworteten, durch befristeten Widerspruch des Gläubigers auflösend bedingten Aussetzungsbeschlüsse (eine Art umgekehrten Mahnverfahrens) sind abzulehnen, schon wegen § 813a Abs. 5 S. 1 (»vor«).

[27] LG Göttingen NdsRpfl 1948, 177.
[28] *Jonas/Pohle* (Fn. 1) Anm. 5b; *Herzig* Büro 1967, 633. Abschwächend *Schilken* (Fn. 6) Rdnr. 11: nur Indiz zuungunsten des Schuldners.
[29] → Rdnr. 1 a. E., Rdnr. 1a.
[30] BR-Drucks. 134/94 S. 8; dazu *Markwardt* DGVZ 1993, 19.
[31] Zur JBeitrO → auch Fn. 5, § 813 Fn. 2 u. gegenüber ZV-Akten des im Rahmen der VerwVollstr oder verwaltungsgerichtlicher ZV ersuchten GV *Gaul* JZ 1979, 508 mwN.

ständnis des Gläubigers oder aufgrund des geplanten § 813a nF → § 754 Rdnr. 9a-9c. Unbedenklich ist jedenfalls ein nur ganz kurzfristiges Absehen von Verwertungshandlungen, wenn der Gläubiger von Anträgen des Schuldners nach § 813a[32] verständigt ist und keine Gefahr[33] droht.

13   3. Das **Verfahren** folgt den Grundsätzen der fakultativen mündlichen Verhandlung[34]. Vor einem Aussetzungsbeschluß sind, soweit dies ohne erhebliche Verzögerung[35] geschehen kann, die im Antrag benannten Gläubiger zu hören, § 813a Abs. 5 S. 1. Das Gericht hat nach S. 3 stets zu prüfen, ob eine *gütliche Abwicklung* möglich ist und durch eine *mündliche Verhandlung* gefördert werden könnte. Dabei sollten nachpfändende Gläubiger möglichst mit einbezogen werden → Rdnr. 8 a.E. Die in S. 2 zwingend vorgeschriebene Glaubhaftmachung will nur der Gefahr[36] vorbeugen, daß Gerichte ihre Entscheidungen zu bereitwillig auf reine Behauptungen des Schuldners und Pfändungsprotokolle gründen[37]. Eine Beschränkung auf präsente Beweismittel (§ 294 Abs. 2) ist damit nicht gewollt[38]. In der Regel wird das Gericht, vor allem nach persönlicher Anhörung der Parteien, durch Vorlage von Geschäftspapieren und Einsicht in andere Prozeß- und Vollstreckungsakten im Wege freier Beweiswürdigung eine hinreichende Vorstellung von den tatsächlichen Verhältnissen erlangen, zumal volle Überzeugung dabei nicht zu fordern ist[39]; gegenüber eidesstattlichen Versicherungen der Parteien ist auch hier Zurückhaltung geboten[40].

14   Die **Beweislast** trifft den *Schuldner*, soweit er Behauptungen über seine wirtschaftlichen Verhältnisse oder die Art der Schuld aufstellt, während der *Gläubiger* dartun muß, daß seine Belange überwiegen (→ Rdnr. 8) oder der Schuldner nicht schutzwürdig ist (→ Rdnr. 4).

15   4. Der **Beschluß** des Rechtspflegers ist, auch wenn er verkündet ist, stets beschwerten Parteien zuzustellen wegen § 11 Abs. 1 S. 2 RpflG[41]. Für einen Beschluß des Richters (§§ 5 f. RpflG) genügt zwar formlose Mitteilung wegen Abs. 5 S. 4[42]; trotzdem ist die Zustellung sinnvoll, wenn die Fortdauer des Aufschubs unmittelbar mit der Einhaltung von Zahlungsfristen verknüpft ist[43]. Zumindest ablehnende, besser alle[44] Beschlüsse sind zu *begründen*, vor allem wenn der Antrag für unzulässig gehalten wird[45].

16   a) Ist der Antrag zulässig und begründet, so muß der Beschluß die **Verwertung zeitweilig aussetzen**, am besten mit kalendermäßiger Befristung, die jedenfalls bei der ersten Aussetzung die Jahresfrist (→ Rdnr. 9) nicht voll ausschöpfen sollte. Abs. 1 zwingt zur Anordnung von Zahlungsfristen, überläßt es aber dem Ermessen, entweder Ratenzahlungen festzusetzen oder einen Endtermin für die vollständige Tilgung, also nur einmalige Stundung, zu bestimmen[46]. Außerdem kann das Gericht auch **sonstige Auflagen**[47] für den Schuldner vorsehen, z.B. Tilgung älterer, auch nicht titulierter, aber unstreitiger Ansprüche des Gläubigers oder pünktliche Zahlung von Mietzinsen, wenn einem Vermieterpfandrecht unterliegende Sachen gepfändet sind. Zur Wirkung nicht rechtzeitiger Zahlung → Rdnr. 21.

17   b) Die **Kostenentscheidung** nach § 788 Abs. 3[48] ist trotz Unanfechtbarkeit vollstreckbar

---

[32] → besonders Rdnr. 10.
[33] → z.B. § 808 Rdnr. 23.
[34] → § 128 Rdnr. 39 ff.
[35] Da vorläufige Anordnungen möglich sind → Rdnr. 10 a.E., sollte die Anhörung auch in eiligen Fällen nur unterbleiben, wenn ihr längerfristige Hindernisse im Wege stehen.
[36] S. dazu *E. Schneider* (Fn. 14).
[37] Insoweit unrichtig *Pupp* DGVZ 1991, 89.
[38] A.M. *Wieczorek*² Anm. B III c.
[39] → § 294 Rdnr. 6.
[40] → § 294 Rdnr. 16.
[41] → § 329 Rdnr. 35; *Stöber* (Fn. 6) Rdnr. 13.

[42] → Rdnr. 18.
[43] → Rdnr. 21; *Wieczorek*² Anm. B IV e.
[44] Stattgebende jedenfalls, wenn der Gläubiger Einwendungen erhoben hatte *Stöber* (Fn. 6) Rdnr. 11.
[45] A.M. *Wieczorek*² Anm. B IV e.
[46] Zust. *Schilken* (Fn. 6) Rdnr. 13; a.M. *Stöber* (Fn. 6) Rdnr. 11.
[47] auch § 765a Rdnr. 15f.; *Schilken* (Fn. 6) Rdnr. 13 mwN. – Eine Beschränkung der Auflagen auf die Titelforderung würde sich in den zu Fn. 13 genannten Fällen gegen den Schuldner kehren. Vgl. auch *Wieczorek*² Anm. B IV c 1.
[48] → § 788 Rdnr. 41.

i.S.d. § 103 Abs. 1[49]. Wegen der *Gebühren* des Gerichts s. GKG KV Nr. 1642 nF, des Anwalts § 57 Abs. 1, § 58 Abs. 3 Nr. 3 BRAGO. Zum Gegenstandswert s. § 57 Abs. 2 S. 6 BRAGO[50] und über Prozeßkostenhilfe s. § 20 Nr. 5 RpflG.

5. Gegen die Entscheidung des Rechtspflegers ist die befristete Erinnerung nach § 11 Abs. 1 S. 2 i.V.m. Abs. 2 S. 3 RpflG gegeben. Die Entscheidung des *Richters* ist nach **Abs. 5 S. 4** grundsätzlich **unanfechtbar**, auch die Kostenentscheidung[51]. Nur in den → § 707 Rdnr. 23 genannten Ausnahmefällen ist es vertretbar, die sofortige Beschwerde auch hier zuzulassen[52]. Falsche Ermessensausübung[53] oder Überschreitung der Frist des Abs. 4[54] können *nicht mit der Beschwerde* gerügt werden[55]. 18

Anträge dürfen **wiederholt** werden, nach Ablehnung jedoch nur aufgrund neuer Tatsachen[56]. Aussetzungsbeschlüsse können nach **Abs. 3** auf **Antrag aufgehoben** oder **geändert** werden, soweit es tatsächliche Veränderungen rechtfertigen, z.B. wegen Nichteinhaltung von Zahlungsfristen, Nichterfüllung sonstiger Auflagen, aber auch bei weiterer Verschlechterung der Verhältnisse des Schuldners oder zur Berichtigung etwaiger Fehler bei der Fristberechnung, → Fn. 54. Solche Anträge können zwar jederzeit gestellt werden; eine Zurückweisung ohne Sachprüfung entsprechend Abs. 2 scheidet aus[57]. Jedoch gebietet dessen Rechtsgedanken, eine unangemessen späte Antragstellung bei der Abwägung zugunsten des Gläubigers zu berücksichtigen[58]. 19

6. Die Anordnung hat die rein prozessuale **Wirkung**, daß die Vollstreckung nicht fortgesetzt werden darf[59], solange der Aufschub wirkt (→ Rdnr. 21). Materiellrechtliche Bedeutung hat sie nicht, insbesondere ändert sie nicht die Fälligkeit, so daß gegen Bürgen und Mitschuldner dennoch vorgegangen werden kann[60]. Da die Pfändung erhalten bleibt, ist für weitere Pfändungen § 803 Abs. 1 S. 2 zu beachten[61]. Die Pfändung ist auch nicht fruchtlos i.S.d. § 807[62]. 20

7. Die Aussetzung **tritt** ohne weiteres **außer Kraft**, wenn sie befristet ist und die Zeit abgelaufen ist[63]. Ist die Verwertung »mit der Maßgabe ausgesetzt, daß sie außer Kraft tritt«, wenn der Schuldner die angeordneten Zahlungsfristen nicht einhält, so wird die Anordnung bei Säumnis wirkungslos[64]. Der Gläubiger kann dann, da nicht er die Säumnis, sondern der Schuldner die Einhaltung der Raten zu beweisen hat[65], den Gerichtsvollzieher mit der Fortsetzung der Vollstreckung beauftragen. Um eine Überforderung des Gerichtsvollziehers zu vermeiden[66], sollte die Fortdauer des Aufschubs ausdrücklich vom Nachweis der Zahlun- 21

---

[49] → § 103 Rdnr. 10.
[50] Dazu → § 3 Rdnr. 62 »Vollstreckungsschutz«. Ebenso *Schilken* (Fn. 6) Rdnr. 18. Vgl. auch *Noack* (Fn. 1) 370 u. wegen wiederholter Anträge *Mümmler* DGVZ 1973, 186.
[51] *LG Mönchengladbach* Büro 1969, 451.
[52] H.M. *OLGe Celle* (Fn. 22); *Frankfurt-Darmstadt* NJW 1955, 1483; *Stuttgart* zit. in *LG Stuttgart* Rpfleger 1960, 413; ZZP 69 (1956) 182; *LGe Hamburg* MDR 1954, 178; *Itzehoe u. Lübeck* SchlHA 1958, 141, 1959, 81; *Brox/Walker*[4] Rdnr. 1254; *Stöber* (Fn. 6) Rdnr. 17. – A.M. *OLG Frankfurt* MDR 1956, 238.
[53] Str. ist auch hier der Fall eindeutiger Ermessensüberschreitung (→ § 707 Fn. 162 u. die dort Fn. 166 geäußerten Zweifel) *Hartmann* (Fn. 11) Rdnr. 14.
[54] *LG Hamburg* (Fn. 52). *OLG Celle* (Fn. 22) hielt die Beschwerde nicht wegen Fristüberschreitung für zulässig, sondern weil das AG als unzulässig abwies u. das LG entgegengesetzt entschied (§ 568 Abs. 2). – A.M. *Wieczorek*[2] Anm. B V b 1.
[55] A.M. *OLG München* OLGZ 1968, 176; *LG Essen* (Fn. 5).

[56] *Thomas/Putzo*[18] Rdnr. 10; *Wieczorek*[2] Anm. B V a 2; *Stöber* (Fn. 6) Rdnr. 16. → auch § 707 Rdnr. 22.
[57] *Schilken* (Fn. 6) Rdnr. 11. A.M. *LG Itzehoe* SchlHA 1958, 141 mit der Maßgabe, daß es auf die Kenntnis des Schuldners von der Fortsetzung der Verwertung ankomme; ebenso *Hartmann* (Fn. 11) Rdnr. 9; *Stöber* (Fn. 6) Rdnr. 16.
[58] → auch Rdnr. 11 a.
[59] → § 775 Rdnr. 22 ff.
[60] → auch Rdnr. 104 vor § 704.
[61] → § 807 Rdnr. 18.
[62] → § 803 Rdnr. 26 a.E.
[63] Davon zu unterscheiden sind Zahlungsfristen, die wohl *Hartmann* (Fn. 11) Rdnr. 6 meinen, wenn sie nach fruchtlosem Fristablauf die Anordnung des Fortgangs der ZV verlangen (?); dies entspräche Abs. 3.
[64] *LG Frankfurt* NJW 1954, 724.
[65] → § 726 Fn. 6.
[66] *Thomas/Putzo*[18] Rdnr. 11 halten deshalb solche Anordnungen für unzulässig. – Wie hier *Berner* Rpfleger 1953, 407; *Lipschitz* ZZP 68 (1955) 301; *Seither* (Fn. 1) mwN.

gen in der Form des § 775 Nr. 4, 5 abhängig gemacht werden; sonst müßte auf Erinnerung doch wieder das Vollstreckungsgericht tätig werden (Verzögerung).

§ 814 [Öffentliche Versteigerung]

Die gepfändeten Sachen sind von dem Gerichtsvollzieher öffentlich zu versteigern.

Gesetzesgeschichte: Bis 1900 § 716 Abs. 1 CPO.

1 I.[1] Gepfändete Sachen werden ohne besonderen Antrag[2] und vorbehaltlich → Rdnr. 7, 11, § 816 Rdnr. 1 ohne Aufschub **verwertet**, regelmäßig durch *Veräußerung* im Wege der *öffentlichen Versteigerung* nach §§ 814, 816 ff. Freihändige Verwertung findet statt bei marktgängigen Wertpapieren, § 821, im Notfall bei Gold und Silbersachen, § 817 a Abs. 3 S. 2, bei anderen Sachen nur auf besondere Anordnung des Vollstreckungsgerichts nach § 825, die auch bei Einigung der Beteiligten nicht entbehrlich ist; anders nach Entstrickung → § 825 Fn. 8.

2 **Allen Verwertungsmöglichkeiten ist gemeinsam**, daß die Veräußerung *durch ein Staatsorgan* oder *auf dessen Anordnung* (§ 825) aufgrund der Pfändung geschieht. Ob es sich dabei *nur* um gesetzliche Folgen der Pfändung oder des Pfändungspfandrechts handelt[3], ist nach der → § 804 Rdnr. 1 vertretenen Ansicht unerheblich, spielt aber auch nach der Gegenmeinung praktisch keine Rolle, solange man mit der insoweit ü. M. anerkennt, daß weder vor noch bei der Veräußerung gesondert zu prüfen ist, ob und in welchem Umfang das Pfändungspfandrecht entstanden ist[4], sondern allenfalls ob einer der Fälle → Rdnr. 11 vorliegt. Wohl aber setzt die Veräußerung eine **gültige Pfändung**[5] voraus und ist dann bei Beachtung auch der anderen wesentlichen Versteigerungsvorschriften → Rdnr. 4 gesetzmäßig und wirksam, ohne daß es auf einen guten Glauben des Erstehers ankäme[6]. Sie ist nicht Pfandverkauf nach den §§ 1233 ff. BGB; der auch in § 1233 Abs. 2 BGB hervorgehobene Unterschied besteht u. a. darin, daß dort der Versteigerer[7] zwar ebenfalls als Amtsperson tätig wird[8], aber seine Verfügungsmacht aus dem privaten Pfandrecht des Gläubigers ableitet, nach h. M. als Vertreter[9], während hier der **hoheitliche Verfügungsakt** allein auf den §§ 814 ff. beruht und nicht auf einem Verfügungsrecht des Eigentümers oder Pfandgläubigers[10].

---

[1] Vgl. *G. Lüke* ZZP 68 (1955) 341; *G. Huber* Versteigerung gepfändeter Sachen (1970); *Lindacher* JZ 1970, 360; *Nikolaou* Der Schutz des Eigentums usw. (Diss. Tübingen 1993); *Noack* Büro 1973, 262; *Säcker* JZ 1971, 156; *Stein* Grundfragen (1913) 55 ff.

[2] Arg. §§ 755, 775. – Anträge auf Pfändung ohne Verwertung sind – über §§ 720a, 772, 773, 775, 930 hinaus – nicht zulässig AG *Erlangen* DGVZ 1969, 29 (zust. *Mümmler* 46). Davon zu unterscheiden ist der Aufschub der Verwertung → § 754 Rdnr. 9a-c.

[3] → § 804 Rdnr. 21.

[4] A. M. *Noack* DGVZ 1975, 40.

[5] → § 804 Rdnr. 21; h. M., → Fn. 13. Dies folgt nicht allein aus dem Wortlaut des § 814, sondern vor allem aus der wertenden Überlegung, daß es sich um eine Voraussetzung der Wirksamkeit, nicht nur der Zulässigkeit (so aber *E. Schneider* DRiZ 1963, 143) oder Rechtmäßigkeit handelt → § 817 Rdnr. 23. Selbst wenn man für eine entspr. Anw. des § 1244 BGB auf den guten Glauben an wirksame Verstrickung eintreten wollte (dagegen treffend *Brox/Walker*[4] Rdnr. 412, *MünchKommZPO-Schilken* § 817 Rdnr. 13), könnte so eine Nichtigkeit des Übertragungsakts ebensowenig überwunden werden wie im bürgerlichen Recht eine nichtige Einigungserklärung. – A. M. OLG *Bamberg* JW 1931, 2137 (zust. *Lent*); *Bruns/Peters*[3] § 23 IV 4c; *Staudinger/Wiegand* BGB[12] Anh. zu § 1257 Rdnr. 29 mwN; *Wieczorek*[2] Anm. B II a 1; *Huber* (Fn. 1) 137 ff. Vgl. auch *Schwinge* Staatsakt (1930) 109: Konversion in ein Rechtsgeschäft.

[6] → § 817 Rdnr. 21.

[7] Er muß dort nicht GV sein, vgl. § 383 Abs. 3 BGB.

[8] Vgl. RGZ 144, 262 = JW 1934, 1646 (*Lentz*); *Sebode* DGVZ 1961, 51.

[9] A. M. *Huber* (Fn. 1) 42 f.; aber »öffentlich« i. S. d. §§ 1235, 383 BGB bedeutet ebenso wie die Tätigwerden einer Amtsperson noch nicht »hoheitlich«, sondern nur eine durch Amtspflichten gewährleistete Offenheit der Versteigerung für alle, → Rdnr. 5 u. zur Vereinbarkeit von Amtstätigkeit und Vertretung § 753 Rdnr. 2, § 754 Rdnr. 7 ff., § 82, 89 f.

[10] H. M., → § 817 Rdnr. 21 Fn. 65 f. Vgl. schon RGZ 156, 398 = JW 1938, 898; RGZ 153, 261; a. M. *Pesch* JR 1993, 359.

Die Regeln des BGB über den Pfandverkauf sind daher – mit Ausnahme der in §§ 816 Abs. 4, 817 Abs. 1 ausdrücklich genannten §§ 1239, 156 BGB – weder unmittelbar[11] noch entsprechend[12] anwendbar; es fehlt an einer rechtsähnlichen Lage[13]. Diese findet sich vielmehr bei der Zwangsversteigerung von Grundstücken[14] nebst beweglichem Zubehör[15], §§ 55, 90 ZVG. Zur Trennung von Zuschlag und Eigentumsübertragung → § 817 Rdnr. 19 und zum lastenfreien Erwerb des Erstehers → dort Rdnr. 21. 2a

II. Sowohl die freihändige Veräußerung als auch die Versteigerung erfolgen in aller Regel durch den **Gerichtsvollzieher**, der dabei nicht als Beauftragter des Gläubigers handelt, jedoch kraft seiner Amtspflicht dessen Weisungen in den Grenzen des Gesetzes nachzukommen hat[16]. Sowohl beim Zuschlag bzw. der mit dem Erwerber zu treffenden Abrede im Falle des § 825 wie bei der Eigentumsübertragung wird der Gerichtsvollzieher *nur* als Beamter tätig, nicht als Vertreter des Gläubigers oder des Schuldners, obwohl seine Handlungen für beide wirken[17]. Dennoch ist die Versteigerung nach § 135 BGB und anderen Vorschriften eine Verfügung, wenn auch keine rechtsgeschäftliche des Schuldners oder gar des Gläubigers[18]. 3

III. Die **Versteigerung** ist in den §§ 814, 816 bis 819 geregelt; Ergänzungen enthalten die Dienstvorschriften[19]. Die »Öffentlichkeit« (→ Rdnr. 5) gehört zu den wesentlichen Voraussetzungen der Versteigerung; ebenso die zwingenden Regeln über die Bezahlung[20]. Abweichungen davon liegen außerhalb der Machtbefugnisse des Gerichtsvollziehers und hindern den Eigentumserwerb[21]. Bei allen übrigen Vorschriften tritt der Eigentumserwerb auch bei 4

---

[11] So noch *RGZ* 61, 333 u. 126, 26 für § 825 (überholt durch RG → Fn. 10) sowie z.B. *Säcker* JZ 1971, 158f.; *Marotzke* NJW 1978, 136, ihm folgend *Pesch* JR 1993, 359.
[12] So aber *KG* JW 1930, 2987 (abl. *Levis*); *Wolff* Festgabe für Hübler (1905) 6ff., 11f.; *Peters* (Fn. 5) § 23 IV 3a, b (nicht bei grober Fahrlässigkeit, → aber § 817 Rdnr. 21 Fn. 68ff.); *Huber* (Fn. 1) 147ff.; *Wieczorek*² Anm. B II a 1.
[13] *RGZ* (Fn. 10), dort für Sachen Dritter; *G. Lüke* ZZP 67 (1954) 370f.; *E. Schneider* (Fn. 5); *Jauernig* ZwVR¹⁹ § 18 IV A; *Rosenberg*⁹ § 191 IV 3a, wohl auch *Rosenberg/Schilken*¹⁰ § 53 III 1a; *Baumbach/Hartmann*⁵³ Einf. Rdnr. 3 zu §§ 814ff.; *Zöller/Stöber*¹⁹ Rdnr. 3.
[14] *BGHZ* 55, 25 = NJW 1971, 800; *RGZ* 156, 399. Dagegen wird u.a. eingewandt, vgl. *Peters* (Fn. 5) § 23 IV 3b; *Huber* (Fn. 1) 153; *Marotzke* (Fn. 11): **1.** Das Grundbuch mindere den Fehler (aber auch im Privatverkehr, trotzdem gilt dort § 892 BGB, bei § 90 ZVG jedoch nicht); **2.** Nichteingetragene seien nach § 37 Nr. 5 ZVG geschützt (die oft ungelesenen Bekanntmachungen des § 39 ZVG rechtfertigen jedoch allein nicht diese gravierende Abweichung vom BGB); **3.** Es gehe bei der Immobiliar-ZV meist um mehrere Gläubiger (in den häufigen Fällen des § 826 ZPO auch!); **4.** Grundpfandgläubiger seien gegenüber jedem Eigentümer zur Versteigerung berechtigt (der beitreibende Gläubiger muß jedoch nicht zu ihnen gehören, § 10 Nr. 5 ZVG); **5.** Der Gedanke einer Allmacht des Staates sei heute nicht mehr haltbar (wohl aber die besondere Stellung der Verwertungsperson nach der gesetzlichen Regelung, s. *Gaul* Rpfleger 1971, 4f.; vgl. auch zur »Eigentumsverwirklichung durch ZV« als Pendant zum Eigentumsschutz des Art. 14 GG *Suhr* NJW 1979, 146 zu IV).**6.** Die h.M. führe zu verfassungswidrigen Ergebnissen bzw. müsse folgerichtig eine Anfechtung des Eigentumserwerbs nach **Art. 19 Abs. 4 GG** zulassen, was bei privatrechtlicher Konstruktion der Veräußerungsmacht entfalle; aber selbst dann bliebe die Veräußerungshandlung Ausübung öffentlicher Gewalt, → § 753 Rdnr. 2, 7, u. die Anfechtung müßte trotz Erwerbs nach (oder entsprechend) § 1244 BGB zulässig sein, richtig *Nikolaou* (Fn. 1), 91. Im übrigen steht für den Wertverlust der Rechtsweg offen → § 771 Rdnr. 73f., § 819 Rdnr. 8), nach Ansicht von *Nikolaou* aaO 63ff., 100ff. über § 23ff. EGGVG sogar bezüglich des Eigentums mit Ausgleich nach § 812 BGB. S. auch *Jauernig* (Fn. 13) u. *A. Blomeyer* JR 1978, 273 gegen *Marotzke* aaO. – De lege ferenda sollte freilich ein kurz befristeter u. ähnlich § 100 ZVG beschränkter Rechtsbehelf erwogen werden; diese Überlegung aufgreifend *Nikolaou* (Fn. 1) 123ff.; vgl. auch *Böhmer* NJW 1999, 537.
[15] Der Gedanke »Wirtschaftseinheit« kann für diese Einbeziehung auch fremder *beweglicher* Sachen entgegen *Huber* (Fn. 1) 154 nicht allein maßgebend sein, denn § 926 BGB läßt ihn für den rechtsgeschäftlichen Verkehr fallen durch Verweisung auf die gegenüber § 892 BGB ungünstigeren §§ 932 ff. BGB. Vielmehr geht es um Sicherheit u. Bietbereitschaft der Bieter (vgl. *BGH* WM 1969, 839; *OLG Frankfurt* DGVZ 1954, 40); auch Bösgläubige zahlen im Vertrauen auf endgültigen Erwerb, u. Prozeßrisiken würden die Bietbereitschaft *allgemein* mindern, was die Gegenmeinung übersieht oder zu gering achtet, z.B. *Säcker* (Fn. 1) 159; *Pinger* JR 1973, 95.
[16] → §§ 753 Rdnr. 2, 754 Rdnr. 9ff., 813a Rdnr. 5, 817 Rdnr. 2f. Auch *RG* (Fn. 10) spricht allgemein von »Verwertung gepfändeter Sachen« und nimmt § 825 nicht aus; ganz h.M.
[17] → § 753 Rdnr. 2, seit langem allg. M. *Gaul* Rpfleger 1971, 1f. mwN. *Peters* (Fn. 5) § 23 IV 2 sieht darin mittelbare Stellvertretung für beide Parteien.
[18] → § 772 Rdnr. 7. Zu § 812 BGB → Rdnr. 141 vor § 704, § 771 Rdnr. 73f., § 804 Rdnr. 24, 27.
[19] Vgl. §§ 141ff. GVGA.
[20] → § 817 Rdnbr. 12, 14, auch § 817a Rdnr. 7.
[21] → § 817 Rdnr. 23.

§ 814 III, IV Zweiter Abschnitt: Zwangsvollstreckung wegen Geldforderungen

Kenntnis des Erwerbers von ihrer Verletzung ein; die §§ 1243 f. BGB finden auch keine entsprechende Anwendung[22]. – Zur Versteigerung von *Schiffen und Luftfahrzeugen* → § 816 Rdnr. 8.

5 IV. Die Versteigerung muß **öffentlich** sein, d. h. es muß, soweit nicht beschränkter Raum oder Gründe der Sicherheit und Ordnung zur Beschränkung zwingen, jedermann zugelassen werden[23]; zur Folge von Verstößen → Rdnr. 4 und § 817 Rdnr. 23 f.

6 Vorschriften, die zur Vermeidung von Auswüchsen im Handel öffentliche Versteigerungen oder öffentliches Feilbieten bestimmter Warengattungen **untersagen,** gelten für die Zwangsversteigerung nicht[24]. **Verstöße gegen §§ 1, 3 UWG**[25] hat der Gerichtsvollzieher nur insoweit zu beachten, als nach den Umständen annehmen muß, daß Personen durch Absprachen vom Bieten abgehalten werden oder Verkäuferringe das Versteigerungsverfahren zur Durchführung von Ausverkäufen mißbrauchen. Dann schließt er die Verdächtigen vom Bieten aus oder unterbricht die Versteigerung[26], soweit er nicht schon durch Berichtigung der in § 813 Abs. 1, § 817 a Abs. 1 genannten Schätzwerte, gegebenenfalls durch Sachverständige, dafür sorgen kann, daß zu geringe Preise erzielt oder aufgrund von »Gefälligkeitstiteln« überhöhte Gebote abgegeben werden[27]. Sofern durch die Versteigerung in Rechte Dritter eingegriffen würde, z. B. durch die mit ihr verbundene Zurschaustellung eines Bildes, § 22 KunstUrhG[28], muß die öffentliche Versteigerung unterbleiben[29]; der Dritte muß Rechte gegebenenfalls nach § 766 geltend machen, wobei dann nur die Verwertung nach § 825 bleibt[30]. → auch zur Softwarepfändung § 808 Rdnr. 1a Fn. 12, Rdnr. 1c Fn. 17. – Zulässig gepfändete Originalwerke der Baukunst und der bildenden Künste[31] dürfen versteigert werden nach Maßgabe der §§ 114 Abs. 2 S. 2, 116 Abs. 2 S. 1 Nr. 2 UrhG.

7 Bei der Versteigerung von zollamtlich überwachten Waren (§§ 90 ff. ZollG vom 18. V. 1970 BGBl I 529), *Tabak* in jeder Form, Zigarettenpapier, Tabakverarbeitungsgeräten, *Bier, Mineralöl, Zucker, Salz, Leuchtmitteln, Süßstoffen, Schaumwein, Tee, Kaffee* sind die einschlägigen steuerrechtlichen Vorschriften zu beachten, ebenso die Vorschriften über das Branntweinmonopol[32]. Bei der Versteigerung von *Schußwaffen* und *Munition* muß der Gerichtsvollzieher die Vorschriften des WaffG sowie landesrechtliche Vorschriften[33] beachten. Wegen nicht zugelassener Waffen → § 811 Rdnr. 74 Fn. 362.

8 Zur Beachtung etwaiger *Preisvorschriften* → § 817 a Rdnr. 11. Die aufgrund des § 10 GetreideG vom 3. VIII. 1977 (BGBl I 1523) festgesetzten Preise gelten nur für freihändige Verkäufe.

9 Inwieweit im übrigen *Erwerbsbeschränkungen* und ähnliche im Bereich der gewerblichen Wirtschaft und der Landwirtschaft ergangene Vorschriften bei Zwangsversteigerungen zu beachten sind, kann mangels positiver Regelung nur nach dem Sinn der verschiedenen Vorschriften beurteilt werden[34]. Grundsätzlich ist davon auszugehen, daß wirtschaftspoliti-

---

[22] → Fn. 5, 13, zur Gegenansicht Fn. 11 f.
[23] *OLG Frankfurt* JR 1954, 184; *Baur/Stürner*[11] Rdnr. 473; *Schilken* (Fn. 5) Rdnr. 7; *Thomas/Putzo*[18] Rdnr. 5; *Wieczorek*[2] Anm. B I a. Durch den Verstoß gegen andere Regeln, die eine möglichst hohe Beteiligung gewährleisten sollen (ausreichende Bekanntmachung, Einhaltung von Ort und Zeit der Versteigerung usw), wird die Gültigkeit nicht berührt. – Über Beschränkungen des Bieterkreises → Fn. 26.
[24] So noch für Edelmetalle usw. der 1960 aufgehobene § 2 Abs. 3 des G vom 29. VI. 1926 (RGBl I 321). – Zum LadenschlußG vgl. *BGH* NJW 1973, 246; *OLG Bremen* NJW 1972, 1996.
[25] Vgl. *OLG Köln* (Str) NJW 1976, 1547 (Orientteppiche, fingierte Titel).
[26] § 145 Nr. 3 GVGA, *Brox/Walker*[4] Rdnr. 400; zust. *Schilken* (Fn. 4) Rdnr. 7; aber nicht mangels Rechtsschutzb (a.M. *Noack* DGVZ 1975, 39). Auch Hinweise an die Kammern und Fachverbände dürften zulässig sein *Noack* aaO. De lege ferenda zu §§ 7 ff. UWG *Witz* WRP 1971, 301 f. Abl. gegenüber der Einführung eines strafrechtlichen Schutzes gegen das Abhalten vom Bieten *Otto Rpfleger* 1979, 41.
[27] Vgl. *Mümmler* DGVZ 1973, 81 f.; *Noack* (Fn. 26); *Fackler/Konermann* Praxis des Versteigerungsrechts (1991), 130 f. *KG* NJW-RR 1986, 201 gewährte wegen manipulierter, überhöhter Preise einstweilige Verfügung auf Unterlassung gegen GV.
[28] S. § 141 Nr. 5 UrhG.
[29] S. auch *KG* OLGRsp 25, 168. § 24 KunstUrhG trifft nicht zu, da es hier nur um die Art der Verwertung geht.
[30] *KG* (Fn. 29).
[31] → § 811 Rdnr. 76.
[32] §§ 90 f. GVO der Länder; nicht mehr für Spielkarten, Zündwaren, Essig, G vom 3. VII. 1980 (BGBl I 761).
[33] Vgl. die Nachweise bei *Schlegelberger/Friedrich* Das Recht der Gegenwart[25] zum Stichwort »Waffen«. Zum Verfahren s. § 113 a, 145 Nr. 1 b GVGA.
[34] S. noch die inzwischen überholten AV des RJM in DJ 1940, 849; 1943, 249, 385, ferner *Lentz* DJ 1943, 314.

sche Ziele der verschiedenen Vorschriften durch die geringe Zahl von Versteigerungen auf dem von ihnen geregelten Gebiet kaum beeinträchtigt werden und daß daher Gerichtsvollzieher solche Vorschriften, die ihnen ohnehin wohl kaum laufend aktuell übermittelt werden könnten, bei der Vollstreckungsverwertung nicht beachten müssen; wird hingegen das Vollstreckungsverfahren ersichtlich dazu benutzt, die fraglichen Vorschriften zu umgehen[35], so wird derartigen Versuchen in geeigneter Weise, z.B. durch Abbruch der Versteigerung, entgegenzutreten sein.

Zur Behandlung von Kraftfahrzeugen und von Ersatzteilen für Luftfahrzeuge → § 808 Rdnr. 31[36], § 817a Rdnr. 2. Wegen der Umsatzsteuer → § 817 Rdnr. 27, über devisenrechtliche Genehmigungen → Rdnr. 58 vor § 704.

V. Die **Veräußerung unterbleibt** stets bei der Pfändung von *Geld* (§ 815) und – u.U. bis zum Eintritt besonderer Voraussetzungen – bei der *Arrestpfändung* (§ 930)[37], der *Sicherungsvollstreckung* (§ 720a) und der vorläufigen Vollstreckung nach Art.39 EuGVÜ[38], beim Bestehen eines *Veräußerungsverbots* und bei der Zugehörigkeit zu einer Vorerbschaft, §§ 772f., aus Gründen des Schuldnerschutzes[39], auf Veranlassung des Gläubigers (→ Rdnr. 3) sowie im Falle der Einstellung, § 775, § 48 VglO, → § 775 Rdnr. 35ff. Konkurseröffnung steht dagegen der Veräußerung nicht entgegen[40]. Der Konkursverwalter ist auch nicht berechtigt, die Verwertung des gepfändeten Gegenstands nach § 127 Abs. 1 KO für sich in Anspruch zu nehmen; dagegen kann er bei Verzögerungen nach § 127 Abs. 2 KO vorgehen[41]. Zur VglO, GesO und (ab 1999) InsO → aber § 775 Rdnr. 35ff., § 804 Rdnr. 37.

VI. Läßt ein **Abzahlungsverkäufer** die wegen des Kaufpreisanspruchs gepfändete Kaufsache verwerten, so gilt das entsprechend **§ 13 Abs. 3 VerbrKrG**[42] als **Rücktritt**, sobald dem Schuldner der Besitz durch die Veräußerung endgültig entzogen wird, gleichgültig, wer die Sache erwirbt und ob die Verwertung nach §§ 814ff. oder nach § 825 stattfindet[43]. Diese Rücktrittsfiktion hat jedoch (wie auch der ausdrücklich erklärte Rücktritt nach § 13 Abs. 1 VerbrKrG) lediglich materiellrechtliche Folgen, die ausschließlich nach §§ 767, 769 geltend gemacht werden dürfen[44]. Ihre Berücksichtigung nach § 765a[45], § 766[46], im Verfahren nach § 825[47] oder durch den Gerichtsvollzieher[48] scheidet aus. Sie ist daher kein Verfahrenshindernis für die Verwertung[49]. Eine Umgehung des Gesetzes liegt darin nicht, denn es verbietet nicht die Wiederansichnahme der Sache[50], sondern knüpft an sie nur die Rechtsfolgen des

---

[35] Vgl. *AG Schöneberg* JW 1939, 115; *Noack* (Fn. 26).
[36] §§ 163–166a GVGA.
[37] Zu den Ausnahmen s. § 930 Abs. 3, § 720a Abs. 2.
[38] → Anh. § 723 Rdnr. 39 nebst Rdnr. 322ff. (§§ 8, 22ff. AVAG).
[39] → § 813a Rdnr. 1–3.
[40] → Rdnr. 61f. vor § 704; zust. *Schilken* (Fn. 5) Rdnr. 3.
[41] *OLG Dresden* ZZP 51 (1926) 489; *Jaeger* ZZP 49 (1925) 270ff., 51 (1926) 492.
[42] S. auch § 6 Abs. 4 FernunterrichtsschutzG (BGBl 1976 I 2525).
[43] BGHZ 55, 59 = NJW 1971, 191 = MDR 211 noch zu § 5 AbzG; zu § 13 Abs. 3 VerbrKrG *Brox/Walker*[4] Rdnr. 439; *Palandt/Putzo* BGB[52] Rdnr. 10; *Erman/Klingsporn/Rebmann* BGB[9] Rdnr. 67, 69, 72f. Zu § 6 AbzG ferner *Rosenberg/Gaul*[10] § 40 V 1; *Serick* Eigentumsvorbehalt (1963) I § 9 II 3c; *Ostler/Weidner* AbzG (1971) § 5 Anm. 132ff.; krit. *Bull* DGVZ 1976, 81; *Ewald* AcP 159 (1960) 76. – Durch Verzicht auf sein Eigentum kann der Gläubiger diese Wirkung nicht abwenden BGHZ 19, 328 = NJW 1955, 338.
[44] *LG Bonn* MDR 1962, 661; *LG Bielefeld* NJW 1970, 337; *Serick* (Fn. 43); *Brehm* JZ 1972, 156; *G. Lüke* Fälle zum ZPR[2] 173 (§ 767 Abs. 2 steht nicht entgegen); *Brox/Walker*[4] Rdnr. 438, 443; *Markwardt* DGVZ 1994, 3 mwN; *Rosenberg/Gaul*[10] § 40 V 1; *Stürner* (Fn. 23) Rdnr. 476u. für § 825 die dort → Fn. 78 Genannten.
[45] So (für § 825) *Hein* ZZP 69 (1956) 251; *Nöldecke* NJW 1964, 2244; *Stehle* Justiz 1957, 95.
[46] *Furtner* MDR 1963, 447 (Treu und Glauben); wohl auch *Honsell* JuS 1981, 711f. (unzulässig mangels Rechtsschutzb).
[47] → § 825 Fn. 77.
[48] So bei freihändigem Erwerb durch Gläubiger *LG Siegen* NJW 1956, 1928, bei Erwerb durch Dritte *LG Köln* MDR 1963, 688: Analogie zu § 775 Nr. 4 nach Vermerk der Rücktrittsfolgen auf dem Titel durch den Gerichtsvollzieher (→ dagegen § 775 Rdnr. 17); noch bedenklicher *AG Uelzen* DGVZ 1971, 175 (»Rechtsmißbrauch«, → Fn. 52).
[49] So die → Fn. 44 Genannten.
[50] Schon daran muß der Vorschlag von *Grund* NJW 1957, 1217f. scheitern, bereits im Kaufpreisurteil die Haftung der Kaufsache auszuschließen; s. im übrigen dagegen *G. Lüke* JZ 1959, 116.

§ 13 Abs. 3 VerbrKrG⁵¹. Wer hier ohne weiteres einen von Amts wegen oder gemäß §§ 765a, 766 zu berücksichtigenden »Mißbrauch« annehmen wollte, müßte folgerichtig *alle* Fälle einbeziehen, in denen ein titulierter Anspruch erlischt und der Gläubiger dies erkennen muß⁵². § 767 trifft aber eine Zuständigkeitsabgrenzung grundsätzlicher Art und ist auch dann zu beachten, wenn der erste Anschein *gegen* den Gläubiger spricht.

13 1. Problematisch ist allein die durch den endgültigen Besitzentzug drohende Einschränkung des auf § 348 BGB (Zug um Zug) verweisenden § 13 Abs. 2 S. 1 VerbrKrG, der dann nur noch auf Geldansprüche anwendbar wäre⁵³. Um dies zu vermeiden, sind zahlreiche Lösungen vorgeschlagen und zum Teil praktiziert worden, die dem Vollstreckungsgericht oder schon dem Vollstreckungsorgan von Amts wegen eine Prüfung der materiellen Frage zumuten⁵⁴. Sie sind sämtlich unvereinbar mit der gesetzlichen Trennung formeller und materieller Vollstreckungsfragen⁵⁵, und außerdem unnötig, weil der Schutz des § 348 BGB systemgerecht verwirklicht werden kann. Dazu **bedarf es keiner Vorverlegung der Rücktrittswirkung** auf den Pfändungsauftrag oder die Pfändung⁵⁶, Wegnahme durch den Gerichtsvollzieher⁵⁷, den Antrag auf Versteigerung⁵⁸, die Anberaumung oder Bekanntmachung des Versteigerungstermins⁵⁹, Antragstellung nach § 825⁶⁰ oder Abholung der Sache zur Versteigerung⁶¹ (in Anlehnung an die in der früheren Rechtsprechung h.M., schon das ernstliche Herausgabeverlangen oder die Erhebung der Herausgabeklage des Verkäufers löse die Folgen des § 13 Abs. 3 VerbrKrG aus⁶²). Solche Vorverlegungen der Rücktrittswirkungen sind begriffsjuristische, Unsicherheit in der Wertung des Gesetzeszwecks verratende Umwege zur Erreichung des vertretbaren Ziels, die Einschränkung **Zug um Zug** nach § 348 BGB mit § 13 Abs. 2 VerbrKrG⁶³ schon **vor Eintritt der Rücktrittswirkungen** zu gewährleisten; denn mehr erfordert der Schutz des Schuldners nicht. Bekennt man sich zu der Wertung, daß der Zweck des § 13 Abs. 2 VerbrKrG zweifellos die Einbeziehung schon der Wegnahme der Sache in die Abwicklung Zug um Zug fordere, um so dem Schuldner den gleichen Schutz zu gewähren wie beim rechtsgeschäftlich erklärten Rücktritt⁶⁴, so ist es methodisch richtiger und redlicher, die Vorverlegung des Einrede nicht über eine Verfälschung des Begriffs der »Wiederansichnahme« zu erreichen⁶⁵, sondern sie unmittelbar auf diesen Gesetzeszweck zu stützen, mag es sich dabei noch um ausdehnende Auslegung oder schon um entsprechende Anwendung handeln⁶⁶.

14 2. Für die Vollstreckung bedeutet dies, daß der Rücktritt und folglich der *Wegfall des Kaufpreisanspruchs* zwar erst durch den mit der Verwertung verbundenen *endgültigen Besitzverlust* ausgelöst wird⁶⁷, die **Einrede des § 348 BGB**⁶⁸ aber **schon gegenüber der**

---

⁵¹ *Markwardt* (Fn. 44).
⁵² Zur wachsenden Tendenz, § 767 zu unterlaufen, → § 766 Rdnr. 53 Fn. 293f., § 775 Rdnr. 32 u. *Münzberg* DGVZ 1971, 167 ff.; *Brehm* JZ 1978, 262; aber auch *Bull* (Fn. 43).
⁵³ Der Schuldner könnte also – anders als nach rechtsgeschäftlich erklärtem Rücktritt – nicht durch Zurückhalten der Sache den Gläubiger zur Erstattung der Beträge nach §§ 1f. AbzG anhalten.
⁵⁴ → Fn. 45 ff. u. § 825 Fn. 77.
⁵⁵ → Rdnr. 21f. vor § 704.
⁵⁶ Nachweise bei *Brehm* (Fn. 44); *Müller-Laube* JuS 1982, 804f. Dagegen auch *BGHZ* 39, 98 = NJW 1963, 761 = *Rpfleger* 238 = DGVZ 70.
⁵⁷ *Serick* (Fn. 43) § 9 II 3b u. die Nachweise bei *Lüke* JZ 1959, 116 Rn. 30. Mit Recht wird auch das vom *BGH* (Fn. 43) abgelehnt.
⁵⁸ So *LG Lüneburg* NJW 1958, 1144 (abl. *Wangemann*).
⁵⁹ So *Serick* (Fn. 43).
⁶⁰ So *Lüke* (Fn. 57) bei Fn. 42 u. 53 mwN; *Hampel* JR 1958, 403.
⁶¹ So *Quardt* Büro 1960, 361; *Wangemann* (Fn. 58).
⁶² RGZ 144, 64; *BGH* (St) NJW 1955, 638; NJW 1965, 2399.
⁶³ Früher § 3 AbzG; vgl. *OLG Koblenz* MDR 1975, 934; *Schaumburg* JR 1975, 446.

⁶⁴ → Fn. 53. Dieser Auslegung steht allerdings der Wortlaut des § 13 Abs. 3 VerbrKrG (früher 5 AbzG) entgegen, wonach Besitzwechsel bereits vorausgesetzt wird; auch die Interessenwertung, daß der Käufer sogar noch als Vollstreckungsschuldner die Kaufsache in die Beschränkung Zug um Zug einbeziehen dürfe, ist nicht selbstverständlich, vgl. auch *BGH* (Fn. 43) a.E.
⁶⁵ Nachteil solcher Konstruktionen: in allen Fällen der Fn. 56–62 ist noch unsicher, ob es zum endgültigen Besitzentzug kommt. Im übrigen läßt sich für die verschiedenen Verwertungsarten ein vor dem Erwerb liegender Zeitpunkt nicht einheitlich festlegen, was der Rechtssicherheit abträglich wäre, s. dazu auch *BGH* (Fn. 56) a.E.; *Brehm* (Fn. 44).
⁶⁶ *Brehm* (Fn. 44); zust. *Brox/Walker*⁴ Rdnr. 440; *Gaul* (Fn. 44) mwN aaO Fn. 115.
⁶⁷ *LG Flensburg* SchlHA 1965, 214; *Sebode* DGVZ 1963, 149; *Noack* MDR 1969, 180; *Brehm* (Fn. 44). Eine **vor Verwertung** erhobene Klage kann folglich nicht einfach mit dem künftigen u. sogar ungewissen (→ Rdnr. 15) Anspruchswegfall begründet werden.
⁶⁸ Früher war zwar str., ob § 3 AbzG als Anspruchseinschränkung von Amts wegen zu beachten war *Palandt/Putzo* BGB⁵⁰ § 3 AbzG Rdnr. 3; *Oesterle* Leistung Zug um Zug (1980), 239 ff. Dies ist hier unerheblich: **1.** geht das nur Prozeßgerichte, nicht ZV-Organe an, **2.** wird die Klage nach § 767 gerade damit begründet.

Verwertung selbst erhoben werden kann. Es handelt sich auch eindeutig um eine **Einwendung gegen die Zwangsvollstreckung** im Sinne des § 767, denn sie betrifft den gesamten titulierten Anspruch, dessen Vollstreckung von einer Gegenleistung abhängig wird, falls der Gläubiger die gepfändete Sache nicht freigibt, sondern die Vollstreckung fortsetzen will[69]. Der *Klagantrag* ist daher, falls die Verwertung der Sache *noch nicht beendet* ist[70], sinnvollerweise sogleich darauf zu richten, daß die Zwangsvollstreckung aus dem Kaufpreistitel mit Ausnahme der Verfahrenskosten[71] in die näher bezeichnete Kaufsache[72] nur noch Zug um Zug gegen Zahlung des dem *Schuldner* nach § 346 S. 1 BGB für den Fall des Rücktritts zustehenden Betrages[73] für zulässig zu erklären ist, bis die Gegenleistung erbracht oder die Kaufsache vom Gläubiger freigegeben[74] ist, → § 767 Rdnr. 44. Für die *Fortsetzung* der Verwertung gilt dann § 756. Damit wird die materielle Prüfung (wenn auch nur als Vorfrage) systemgerecht in den ordentlichen Prozeß verlagert; und es ist nichts Besonderes, daß nicht titulierte Gegenansprüche im Verfahren nach § 767 Berücksichtigung finden, → dort Rdnr. 21. Abweichend von → § 767 Rdnr. 42 dürfte die Klage jedoch *erst ab Pfändung der Kaufsache zulässig* sein, denn vorher wäre der Gläubiger gegen ihre (noch unnötige) Erhebung durch § 93 nur unzureichend geschützt[75]. *Begründet* ist diese Klage, wenn bei Verwertung der gepfändeten Sache Ansprüche des Schuldners nach § 346 S. 1 BGB entstehen und die des Gläubigers nach § 13 Abs. 2 S. 2, 3 VerbrKrG übersteigen würden, → Fn. 73.

3. Sobald der Gläubiger die Kaufsache gepfändet hat, kann nach **§ 769** mit oder ohne Sicherheitsleistung der vorläufige *Aufschub der Verwertung* angeordnet oder die Verwertung nur gegen Sicherheitsleistung gestattet werden; im ersten Fall bezieht sich die Sicherheitsleistung auf den Schaden, der dem Gläubiger durch die Verzögerung der Verwertung entstehen kann, im letzten Fall auf die voraussichtliche Höhe der dem Schuldner (künftig) erwachsenden Ansprüche.

4. Die gegenseitigen Ansprüche werden in diesem Verfahren nur als *Vorfragen* geprüft, → § 767 Rdnr. 3 ff., aber auch dort Rdnr. 5.

5. Der *uneingeschränkte* Antrag des Schuldners, die Zwangsvollstreckung nach § 767 für unzulässig zu erklären, ist dagegen erst begründet, wenn der Schuldner durch die Verwertung Besitz und Anwartschaft endgültig verloren hat und damit der Kaufpreisanspruch erloschen ist[76]. Hat die Klage Erfolg, so ist eine weitere Vollstreckung aus dem Titel unzulässig; ein an die Stelle der Sache getretener Erlös ist durch Rückgabe an den Schuldner zu entstricken, §§ 775 Nr. 1, 776. Daß der Gläubiger Eigentümer des Erlöses ist[77] und außerdem dessen Herausgabe nach § 346 S. 1 BGB beanspruchen kann, darf der Gerichtsvollzieher nicht berücksichtigen[78]. Jedoch kann der Gläubiger diesen Anspruch sowie jenen aus § 13 Abs. 2 S. 2, 3 VerbrKrG vorläufig durch Arrest sichern und den Erlös deshalb erneut pfänden und

---

[69] LG Berlin MDR 1974, 1025. Es geht also nicht um die Unzulässigkeit einer einzelnen Vollstreckungsmaßnahme, → dazu § 767 Rdnr. 7 Fn. 39; die Verwertung bleibt ja gerade zulässig, wenn auch unter Bedingungen.
[70] Zum Antrag **nach** vollständigem Besitzverlust → Rdnr. 17.
[71] Kostenansprüche werden durch § 13 Abs. 2, 3 VerbrKrG nicht berührt.
[72] Damit wird klargestellt, daß der Titel nach Freigabe der Sache wieder ohne Einschränkung vollstreckbar wird.
[73] Zust. *Brox/Walker*[4] Rdnr. 440. Der Schuldner könnte die ihm nach § 346 BGB zustehenden Beträge voll einsetzen; es ist Sache des Gläubigers, den ihm nach § 13 Abs. 2 S. 2, 3 VerbrKrG zustehenden Betrag einredeweise geltenzumachen. Soweit aber der Schuldner eine Aufrechnung mit den Ansprüchen des Gläubigers nach § 13 Abs. 2 S. 2, 3 VerbrKrG nicht selbst erklärt, wird der Gläubiger sie ohnehin vornehmen, so daß ein von vornherein eingeschränkter Antrag des Schuldners sinnvoll ist.
[74] → Fn. 72.
[75] Mit seinem sofortigen Anerkenntnis würde ihm die nicht einfache Nachprüfung der vom Schuldner behaupteten Beträge nach §§ 1, 2 AbzG zugemutet werden, obwohl noch nicht feststeht, ob er die Sache überhaupt pfänden wird.
[76] → Rdnr. 14; zust. *Schilken* (Fn. 5) § 817 Rdnr. 21.
[77] → § 819 Rdnr. 1 f.
[78] S. § 171 Nr. 2 GVGA.

nach § 930 Abs. 2 hinterlegen lassen, falls der Schuldner sich nicht freiwillig mit einer Hinterlegung einverstanden erklärt.

18   VII. Wegen der **Gebühren** s. §§ 19, 21 mit § 13 GVKG.

§ 815 [Gepfändetes Geld]

(1) Gepfändetes Geld ist dem Gläubiger abzuliefern.
(2) ¹Wird dem Gerichtsvollzieher glaubhaft gemacht, daß an gepfändetem Geld ein die Veräußerung hinderndes Recht eines Dritten bestehe, so ist das Geld zu hinterlegen. ²Die Zwangsvollstreckung ist fortzusetzen, wenn nicht binnen einer Frist von zwei Wochen seit dem Tage der Pfändung eine Einstellung der Zwangsvollstreckung beigebracht wird.
(3) Die Wegnahme des Geldes durch den Gerichtsvollzieher gilt als Zahlung von seiten des Schuldners, sofern nicht nach Absatz 2 oder nach § 720 die Hinterlegung zu erfolgen hat.

Gesetzesgeschichte: Bis 1900 § 716 Abs. 2 CPO. Änderung RGBl. 1898 I 256.

I. Pfändung und Verwertung von Geld

1   Wird **Geld** gepfändet, so bedarf es keiner Verwertung; der Gerichtsvollzieher hat das Geld nach Abzug der Kosten[1] unverzüglich an den Gläubiger oder den im Titel als empfangsberechtigt Genannten[2] *abzuliefern*[3], sofern es nicht zu hinterlegen ist[4]. Wegen Zahlungen mit Auslandsbeziehung, Wertsicherung usw. → § 819 Rdnr. 7. Über Rechtsbehelfe bei Verweigerung der Ablieferung oder unrichtiger Berechnung → § 819 Rdnr. 8[5]. Der Prozeßbevollmächtigte bedarf zur Empfangnahme, außer bei Prozeßkosten (§ 81), einer besonderen Ermächtigung, die dem Gerichtsvollzieher durch eine Vollmacht oder sonstige Erklärung des Gläubigers nachzuweisen ist[6].

2   **1. Geld**[7] i. S. d. § 815 ist nicht nur das deutsche Währungsgeld (Münzen, Banknoten), sondern grundsätzlich jedes verkehrsübliche *Zahlungsmittel*, das unmittelbar, d.h. ohne Umtausch, zur Befriedigung des Gläubigers dienen kann. Kommt jedoch ein den Nennbetrag übersteigender *Sammlerwert* in Betracht, auf den Schuldner oder Gläubiger hinweisen oder der dem Gerichtsvollzieher bekannt ist, so muß eine Verwertung nach §§ 813 ff. oder § 825 erfolgen[8]. *Briefmarken, Stempelmarken* und ähnliche über bestimmte Geldbeträge in deutscher Währung lautende und noch gültige Wertzeichen wechselt der Gerichtsvollzieher ohne Versteigerung oder besondere Anordnung (§ 825) in Geld um[9]. Über Fahrkarten, Flugtickets usw. → § 821 Rdnr. 3, 9.

---

[1] → § 819 Rdnr. 6, Rdnr. 15 vor § 803.
[2] → Rdnr. 77 Fn. 374 vor § 704, Rdnr. 5 vor § 803; *Scheld* DGVZ 1983, 163.
[3] Postanweisung oder Überweisung vom Dienstkonto des GV nach § 73 GVO (dazu *Paschold* DGVZ 1992, 86) stehen gleich *Bruns/Peters*³ § 23 III 1; *Jauernig* ZwVR¹⁹ § 18 II. Zur Rechtslage des Guthabens bis zur Abbuchung → Rdnr. 14.
[4] Aus prozessualen Gründen → Rdnr. 21 f., auch § 811 Fn. 337, oder aus materiellen → Rdnr. 5 vor § 803.
[5] Vgl. auch § 818 u. → § 819 Rdnr. 6 f.
[6] → § 81 Rdnr. 22, *LGe Braunschweig, Bielefeld* DGVZ 1977, 23; 1993, 28 (GV darf Urschrift verlangen);

Scherer DGVZ 1994, 105 (Schriftl. empfiehlt Änderung des § 81). Es gelten die §§ 171 ff. BGB; §§ 80 f. finden nicht einmal entspr. Anw. *Wieczorek*² Anm. A III b; *Pawlowski* DGVZ 1995, 179; a. M. *Christmann* DGVZ 1991, 132 f.
[7] Dazu allgemein *Häde* KTS 1991, 365 mwN.
[8] *Häde* (Fn. 7) 369; jedoch ist nicht schon jede 5 DM-Münze, die das doppelte wert ist, schon Kostbarkeit i. S. d. § 813 Abs. 1 S. 2; bei Hinterlegung gilt jedoch § 9 (nicht § 7 Abs. 1) HinterlO *Häde* aaO 370 mwN.
[9] *MünchKommZPO-Schilken* Rdnr. 2; *Zöller/Stöber*¹⁹ Rdnr. 1; a. M. (Ablieferung?) *Häde* (Fn. 7) 369 mwN.

2. Ausländisches Geld und ausländische Wertzeichen fallen nicht unter § 815[10], da die Zahlungswirkung nach Abs. 3 Zahlungsmittel voraussetzt, die der Gläubiger ohne weiteres weitergeben kann. Der Gerichtsvollzieher verwertet sie nach § 821[11]. 3

II. Vorläufige Hinterlegung wegen Drittrechten, Abs. 2

Um *Dritten die Widerspruchsklage* (§ 771) rechtzeitig[12] zu ermöglichen, ordnet **Abs. 2** ein **Hinterlegungsverfahren** an. → auch § 819 Rdnr. 6 Fn. 24 zu kurzfristigem Aufschub der Erlösaushändigung. 4

1. Voraussetzung ist ein die Veräußerung hinderndes **Recht eines Dritten am Geld** (→ § 771 Rdnr. 13 ff.), also nicht etwa das Recht *auf* Erhalt des Geldes, z. B. das Pfändungspfandrecht eines Gläubigers, der die Titelforderung gepfändet hat[13]. Dritter ist auch der Vollstreckungsschuldner, wenn die Vollstreckung nur in bestimmte Vermögensmassen zulässig ist[14], z. B. wenn der unter Vorbehalt (§ 780) verurteilte Erbe behauptet, das Geld gehöre nicht zum Nachlaß, § 781, und in den gleichartigen Fällen des § 786[15], da auch hier dasselbe praktische Bedürfnis besteht und die Klage in den Fällen der §§ 781, 786 sachlich zugleich eine Widerspruchsklage enthält[16]. Abs. 2 ist *entsprechend* anwendbar, wenn der Dritte Rechte gemäß § 805 geltend macht[17]. **Nicht** anwendbar ist Abs. 2 bei §§ 883 f. (str.)[18], bei Pfändung der Titelforderung (→ Fn. 13) und bei der Auskehrung des Versteigerungserlöses[19]; → aber über kurzfristigen Aufschub § 819 Fn. 24. Hat nur der Schuldner das Recht des Dritten glaubhaft gemacht, so hat der Gerichtsvollzieher diesen zu benachrichtigen wie → § 808 Rdnr. 30. 5

2. Das Recht muß mit den erforderlichen Tatsachen dem Gerichtsvollzieher **glaubhaft gemacht werden**, sei es durch den Dritten selbst oder den Schuldner oder einen Vertreter des Dritten mit oder ohne Vollmacht. Mangels abweichender Regelung gilt § 294. Der Gerichtsvollzieher muß daher befugt sein, Zeugen, die ihm gestellt werden, (uneidlich) anzuhören[20] und eidesstattliche Versicherungen des Dritten entgegenzunehmen[21]. Das Erfordernis sofortiger Beweisführung gilt auch hier[22]; doch genügt die Glaubhaftmachung bis zur Ablieferung, d. h. bis zur Auszahlung an den Gläubiger[23]. Glaubhaftmachung und etwaiger Widerspruch durch Gläubiger oder Schuldner sind frei zu würdigen. 6

3. Hält der Gerichtsvollzieher das Recht des Dritten *nicht für glaubhaft*, so hat er das Geld ohne Verzögerung, soweit es nicht aus anderen Gründen zu hinterlegen ist (→ Rdnr. 21 f.), abzuliefern. Er hat nicht abzuwarten, bis der Dritte nach § 766 (etwa Abs. 1 S. 2) vorgeht. Mit der Ablieferung scheidet die Widerspruchsklage aus und für eine Erinnerung nach § 766 ist ebenfalls kein Raum mehr, da das Vollstreckungsgericht die Rückzahlung nicht anordnen 7

---

[10] RGZ 80, 186.
[11] *Schilken* (Fn. 9). – Über auf ausländische Währung lautende *Schuldtitel* → Rdnr. 161 ff. vor § 704, Rdnr. 1 vor § 803, wegen einer schon zur Leistung erforderlichen Genehmigung → Rdnr. 58 vor § 704; zur ZV von Titeln aus der ehemaligen DDR → Rdnr. 148 f. vor § 704.
[12] → § 771 Rdnr. 10 f.
[13] *Münzberg* DGVZ 1985, 145 Fn. 8 a. E. → dazu § 727 Rdnr. 46, 48, § 767 Fn. 214 (in Rdnr. 22), § 771 Fn. 146 (in Rdnr. 19). Auch § 766 scheidet aus (→ § 829 Rdnr. 97 Fn. 470), ebenso entspr. Anw. des § 775 Nr. 4 → § 775 Rdnr. 3 Fn. 17 f., Rdnr. 17 a. E. Dieser gilt nur, wenn der Überweisungsgläubiger den Empfang des Geldes quittiert → § 775 Rdnr. 19 mit Fn. 113. – A.M. *Scheld u. Christmann* DGVZ 1984, 52 u. 1988, 65 ff.
[14] → § 771 Rdnr. 36.
[15] *Schilken* (Fn. 9) Rdnr. 5 mwN.
[16] → § 785 Rdnr. 2.
[17] *Noack* MDR 1974, 814; § 136 Nr. 4 GVGA, allg. M.
[18] *W. G. Müller* DGVZ 1975, 104; *Wieczorek*² Anm. C mwN; a. M. *H. Schneider* DGVZ 1989, 148 f. mwN; *Schilken* (Fn. 9) Rdnr. 5.
[19] A.M. *Noack* MDR 1974, 814 a. E.; JR 1973, 263.
[20] A.M. *Wieczorek*² Anm. B I b 3.
[21] So auch § 136 Nr. 4 GVGA.
[22] Zust. *Schilken* (Fn. 9) Rdnr. 6; a.M. *Baumbach/Hartmann*⁵³ Rdnr. 2.
[23] Im bargeldlosen Verkehr (→ Fn. 3) ist der GV nicht verpflichtet, seine Bankaufträge zu widerrufen.

Münzberg VIII/1994

kann²⁴. Dem Dritten bleiben dann nur Bereicherungs- und Ersatzklagen gegen den Gläubiger²⁵.

8   4. Ist das Recht des Dritten rechtzeitig und genügend glaubhaft gemacht, so hat der Gerichtsvollzieher das Geld zu *hinterlegen*²⁶. Hiergegen kann der Gläubiger Erinnerung nach § 766 einlegen²⁷.

9   5. Der Dritte hat **binnen zwei Wochen** von der Pfändung an (vgl. § 222) eine Entscheidung des für die Widerspruchsklage nach § 771 Abs. 1 zuständigen *Prozeßgerichts* über die Einstellung der Vollstreckung gemäß § 771 Abs. 3 mit § 769 Abs. 1 zu erwirken und vorzulegen. Die Anrufung des Vollstreckungsgerichts nach § 769 Abs. 2 genügt nicht, denn sie liefe auf eine Verlängerung²⁸ des von § 815 Abs. 2 S. 2 dem Gläubiger gerade noch zugemuteten Aufschubs hinaus²⁹.

10 6. Die *rechtzeitig beigebrachte* Entscheidung ist dem Gerichtsvollzieher³⁰ vorzulegen; denn nicht die Rückgabe des Hinterlegten an Parteien, sondern die Fortsetzung der Zwangsvollstreckung ist von der Beibringung abhängig. Eine Vorlage *auch* an die Hinterlegungsstelle kann als Vorsichtsmaßnahme dienen. Das Schicksal des Hinterlegten ergibt sich aus der Entscheidung des Widerspruchsprozesses, §§ 12 ff. HinterlO. Vorher kann nur der Gerichtsvollzieher die Rückgabe verlangen → Rdnr. 11.

11 7. Wird die Entscheidung *nicht rechtzeitig vorgelegt*, so hat der Gerichtsvollzieher das Geld abzuliefern (→ aber Rdnr. 12). Daher muß er sich bei der Hinterlegung die *unbedingte* Rücknahme nach Ablauf von zwei Wochen vorbehalten³¹, sonst müßte er der Hinterlegungsstelle nachweisen, daß keine Entscheidung beigebracht sei. Daß die Rückgabe ferner erfolgt, wenn Gläubiger und Dritter einwilligen, ergibt der Zweck der Hinterlegung; eine gerichtliche Anordnung nach § 109 ist weder zulässig noch erforderlich. Wegen wertgesicherter oder auf ausländische Währung lautender Titel → Rdnr. 156, 162 vor § 704; zur Wirkung der Rückgabe → Rdnr. 21.

12 Wird die Entscheidung dem Gerichtsvollzieher zwar nach Abhebung des hinterlegten Betrags, aber noch vor Ablieferung an den Gläubiger vorgelegt, so ist das Geld erneut zu hinterlegen³².

III. Fiktion der Zahlung nach Abs. 3 HS 1

13 Die Wegnahme des Geldes »**gilt**« **nach Abs. 3 als Zahlung des Schuldners**³³ wie nach § 819 die Empfangnahme des Erlöses durch den Gerichtsvollzieher, hier wie dort jedoch vorbehaltlich der Fälle, in denen zu hinterlegen ist. Daraus ist nicht zu schließen, das Geld gehe sofort mit der Pfändung ohne Entstehung eines Pfandrechts in das Eigentum des Gläubigers über³⁴, womit die Vollstreckung beendet wäre und im Falle nicht glaubhaft gemachter Drittrechte § 771 ausscheiden würde³⁵. Aus Abs. 1, der die Ablieferung an den Gläubiger (statt wie nach

---

²⁴ → § 766 Rdnr. 38.
²⁵ → § 771 Rdnr. 73 ff.
²⁶ › auch Rdnr. 11 f
²⁷ Sie ist wegen § 815 Abs. 2 nur sinnvoll, wenn schnell entschieden werden kann. – *Wieczorek*² Anm. B II b will sie ganz ausschließen; wie hier *Hartmann* (Fn. 22).
²⁸ → § 769 Rdnr. 13 f.
²⁹ Ganz h.M. Auch die Begr. 98, 168 leugnet das Bedürfnis. – A.M. 18. Aufl. Fn. 7; *Wieczorek*² Anm. B III a 1.
³⁰ Zust. *Schilken* (Fn. 9) Rdnr. 8; a.M *Wieczorek*² Anm. B III a 2 (Hinterlegungsstelle); aber GV haben keine Ermittlungspflicht.

³¹ *Hartmann* (Fn. 22) Rdnr. 3; *Schilken* (Fn. 9) Rdnr. 7; *Wieczorek*² Anm. B II b (der über die Notwendigkeit wegen § 15 HinterlO bezweifelt).
³² Zust. *Schilken* (Fn. 9) Rdnr. 8 mwN.
³³ Vgl. zum folgenden *Stein* Grundfragen (1913), 79 ff.; *Messer* Die freiwillige Leistung usw. (1966), 104 ff.
³⁴ So *Jaeger/Lent* KO⁸ § 30 Rdnr. 56; *Hubernagel* ZZP 63 (1943) 92 f.; *Pagenstecher* Gruch. 50 (1906), 281, 285; *Siber* Rechtszwang (1903), 157 f.; *Hellwig* System 2, 308; *Rosenberg*⁹ § 191 IV 2. – Wie hier *Rosenberg/Schilken* § 53 II; vgl. auch *Jaeger/Henckel* KO⁹ § 30 Rdnr. 242.
³⁵ → § 771 Rdnr. 11.

früherem preußischen Recht an das Gericht) bestimmt, ergibt sich dazu nichts. Vom gegenteiligen Standpunkt aus müßte im Falle des Abs. 2 das zunächst erworbene Eigentum des Gläubigers wieder erlöschen, sobald die Glaubhaftmachung erfolgt, und wieder aufleben, wenn die Frist (→ Rdnr. 9) ungenutzt abgelaufen ist; auch das Pfandrecht müßte nachträglich entstehen und wieder vergehen und die Rechte Dritter am Geld müßten erlöschen, aufleben und wieder erlöschen. Schließlich wäre die Fiktion des Abs. 3 ohne Zweck; denn wenn der Gläubiger das Eigentum am Geld des Schuldners in dem auf Befriedigung gerichteten Verfahren erhält, *ist* er befriedigt.

Aus den → Rdnr. 13 genannten Gründen hat die Pfändung von Geld genau dieselbe Wirkung wie jede andere Pfändung[36]. Das Geld bleibt Eigentum desjenigen, dem es vorher gehört hat; es tritt die staatliche Verstrickung ein und es entsteht auch das **Pfandrecht**.

14

Es besteht solange, wie der Gerichtsvollzieher über das Geld verfügen kann. Zahlt er es auf sein Dienstkonto ein, um es dem Gläubiger sofort oder später[37] zu überweisen, so geht der Erlös zwar in das Eigentum der Postbank über; am Guthaben des Gerichtsvollziehers setzt sich aber das Pfandrecht fort bis zur Abbuchung, und falls der Gerichtsvollzieher den Betrag wieder abhebt, um ihn dem Gläubiger in bar auszuhändigen, gilt das gleiche für das von der Postbank empfangene Bargeld. Gegen die Annahme einer solchen Surrogation[38] bestehen keine Bedenken, da es sich bei der Einzahlung auf das Dienstkonto a) nur um amtliche Aufbewahrung handelt für diejenigen, welche Rechte am und auf den Erlös haben[39], b) die Bezeichnung als Dienstkonto ausreichende Publizität erzeugt unter genauer Abgrenzung der Guthabenteile durch den mit der Dienstnummer versehenen Einzahlungsbeleg[40], c) Verfügungen zugunsten Unbeteiligter weder gestattet noch zu befürchten sind. Zur Pfändung solcher Guthaben → § 826 Rdnr. 2, § 809 Fn. 11.

Die Ablieferung durch den Gerichtsvollzieher ist die auf der Pfändung beruhende staatliche Verfügung über das Geld[41]. Erst sie macht den Gläubiger zum Eigentümer, und zwar auch dann, wenn das Geld dem Schuldner nicht gehört[42], → dazu § 819 Rdnr. 9 und wegen der Bereicherungsklage § 771 Rdnr. 73ff. Erst mit der Ablieferung endet daher die Zwangsvollstreckung[43]. Bis dahin ist die Widerspruchsklage auch dann möglich, wenn nicht nach Abs. 2 hinterlegt wurde, und es ist die Anschlußpfändung zulässig → § 826 Rdnr. 2. Ebenso ist eine Anfechtung nach § 30 Nr. 2 KO/§ 131 InsO möglich, da der Gläubiger noch keine Befriedigung erhalten hat[44], → auch § 803 Rdnr. 9.

15

1. Abs. 3 legt lediglich fest, daß *im Verhältnis zwischen Gläubiger und Schuldner die Wirkung der Zahlung zugunsten des Schuldners eintritt*. Die **Gefahr**, daß der Gerichtsvollzieher das erhaltene[45] Geld des Schuldners[46] nicht abliefert, **geht also auf den Gläubiger über**[47]; zur Amtshaftung → § 753 Rdnr. 7. Nur diesen Schutz des Schuldnervermögens vor Störungen innerhalb des vom Schuldner nicht beherrschbaren Verfahrensablaufs bezweckt Abs. 3. Er gilt daher **nicht**, wenn das Vermögen des Schuldners durch die Pfändung gar nicht betroffen wird, weil das Geld einem Dritten gehörte[48]. Dessen Schutz gewährleisten die §§ 815 Abs. 2,

16

---

[36] H.M., *RG* JW 1911, 942 a. E.; *OLG Hamm* OLGRsp 25, 182 f.; *Oertmann* AcP 96 (1905), 25, 42 f.; *Förster/Kann* ZPO³ Fn. 4 sowie alle neueren Komm. u. Lb zur ZV.
[37] → z. B. § 811 Rdnr. 63 a. E., zum Erlös gepfändeter Sachen § 819 Fn. 24.
[38] → auch § 819 Rdnr. 2.
[39] Vgl. § 73 Nr. 2, 3, 6, 8 GVO; *BGHZ* 68, 278 = NJW 1977, 1287 = Rpfleger 246 f. für Zwangsversteigerung.
[40] §§ 73 Nr. 11 ff., 74 Nr. 6 GVO sind entsprechend zu befolgen.
[41] → auch § 814 Rdnr. 2.
[42] *Stein* (Fn. 33) 87 f.; *LG Braunschweig* (Fn. 6). → auch § 814 Rdnr. 2 a zur Pfandveräußerung.
[43] → Rdnr. 117 vor § 704. Zur Hinterlegung → noch § 804 Rdnr. 49 a. E. Vgl. auch *Hartmann* (Fn. 22) Rdnr. 7.
[44] *RGZ* 14, 81; *OLG Dresden* OLGRsp 9, 125; *Henckel* (Fn. 34); *Kilger/K. Schmidt* KO¹⁶ § 30 Anm. 20 (sogar noch nach Ablieferung anfechtbar außer im Falle § 815) mwN; *Thomas/Putzo*¹⁸ Rdnr. 2; *Wieczorek*² Anm. A II b 1; *Hartmann* (Fn. 22) Rdnr. 7; *Stöber* (Fn. 9) Rdnr. 3; – A.M. *RG* SeuffArch 39 (1884), 255 Nr. 177; *Jaeger/Lent* (Fn. 34).
[45] Bei Scheckpfändung (§ 831) daher erst nach Gutschrift auf das Konto des GV, → auch § 754 Fn. 84.
[46] Die Gefahr für **Schecks** trägt jedoch der Schuldner → § 754 Fn. 84.
[47] Ganz h.M. A.M. *Wieczorek*² Anm. A II b 3, III a: § 815 Abs. 3 wirke *nur* zeitlich, im übrigen gelte § 270 BGB.
[48] *Stein* (Fn. 33) 97; *Peters* (Fn. 3); *Gerhardt*² § 8 II 2 a; *Wieczorek*² Anm. A II a; *Brox/Walker*⁴ Rdnr. 421. Hier würde die Fiktion ohnehin nichts nützen: dem *Schuldner*

771; gelingt die Glaubhaftmachung nicht rechtzeitig, so bestehen die bei § 771 Rdnr. 73 ff. genannten Ansprüche, → aber auch Rdnr. 17 Fn. 51. Ebenso selbstverständlich und daher gesetzlich nicht geregelt ist der **Wegfall** der Zahlungsfiktion, wenn vor der Ablieferung die Pfändung aufgehoben wird und der Schuldner das Geld zurückerhält[49].

17   2. **Verfahrensrechtlich** bedeutet die Fiktion, daß die *Ausfertigung* des Titels in Höhe der Wegnahme verbraucht ist[50], auch wenn das Geld nicht an den Gläubiger gelangt. Diese Wirkung tritt jedoch in den Fällen des **Abs. 2** (→ Rdnr. 21 f.) **nicht** schon mit der Wegnahme ein. Gegenüber der als selbstverständlich vorausgesetzten Regel, daß fremdes Geld ohnehin nicht erfaßt werden soll (→ Rdnr. 16), liegt darin insofern eine Abweichung, als es auf die *Glaubhaftmachung*, nicht auf den Bestand des Drittrechts ankommt. Wird allerdings das Geld an den Gläubiger **abgeliefert**, weil die Glaubhaftmachung nicht gelang oder versäumt wurde (→ Rdnr. 7), so muß der Gerichtsvollzieher wie sonst vom Verbrauch der Ausfertigung ausgehen. Daher kann der Gläubiger, wenn er sich nachträglich von dem Recht des Dritten überzeugt, nicht einfach die Vollstreckung fortsetzen unter Berufung auf den Nichteintritt der Zahlungsfiktion, sondern muß sich eine neue Ausfertigung erteilen lassen[51]. Ist die alte dem Schuldner schon nach § 757 Abs. 1 ausgehändigt worden, wird dem Gläubiger aber die Erteilung einer weiteren Ausfertigung versagt, so wird man eine neue Leistungsklage zulassen müssen[52].

18   3. Über **materiellrechtliche Folgen** der Zahlungsfiktion sagt Abs. 3 nichts aus. Ob und in welcher Höhe auch der Anspruch erlischt, ergibt sich ausschließlich aus dem materiellen Recht, §§ 362 ff. BGB; denn Abs. 3 fingiert nicht den Leistungserfolg[53]. Dies gilt auch für das Ende titulierter Verzinsung; es tritt erst mit Erfüllung ein, auch bei Verzugszinsen, da der Schuldner eine Leistungshandlung nicht vorgenommen hat[54]. Zur freiwilligen Leistung → Rdnr. 23. Besteht die Forderung nicht, etwa bei vorläufig vollstreckbaren Urteilen und vollstreckbaren Urkunden nach § 794 Nr. 5, so kommt nur ein Verbrauch der Titelausfertigung (→ Rdnr. 17) in Betracht, nicht aber die Erfüllungswirkung des § 362 BGB[55], auch wenn

---

nicht, weil eine Erfüllungswirkung, wenn man sie überhaupt bejahen könnte (→ dagegen Rdnr. 18 f.), auf Kosten des Dritten einträte (§ 812 BGB), dem *Gläubiger* nicht, weil sein Titel verbraucht würde (→ Rdnr. 17), dem *Dritten* nicht, weil ihn die Fiktion nicht vor dem Verlust des Geldes schützte, sondern ihm allenfalls einen anderen (meist schwächeren) Bereicherungsschuldner bescheren könnte. – **A.M.** Hartmann (Fn. 22) Rdnr. 6; *Gloede* MDR 1972, 292 f.; *Schünemann* JZ 1985, 53 f. (er muß sich entgegenhalten lassen, daß er doch auch bei § 883 u. der Immobiliar-ZV aaO 55 f. eine Rechtsanalogie zu den §§ 135, 161, 184, 353, 499 BGB heranzieht, die nur Verfügungen im Wege der ZV gegen den **Berechtigten** im Auge haben); warum also nicht auch bei Pfändung wegen Geldforderungen?).

[49] Zust. *Schilken* (Fn. 9) Rdnr. 10.
[50] → § 775 Rdnr. 2; zust. *Gerlach* Ungerechtfertigte ZV (1986), 29. Nicht »der Titel« so aber im Anschluß an die ungenaue Formulierung der 20. Aufl. *Münch* Vollstreckbare Urkunde usw. (1989), 140; dies würde nämlich § 733 (→ Fn. 51) ausschließen; dazu *Brehm* ZIP 1983, 1425.
[51] → § 733 Rdnr. 3 a. E., *AG Varel* DGVZ 1961, 79 (Anm. *Kabisch* 67); *Noack* Vollstreckungspraxis[5] 419; *Brox/Walker*[4] Rdnr. 421. Für die Erteilung der neuen vollstreckb.Ausf., die hier u.U. dem Richter überlassen werden sollte (§ 5 Abs. 1 Nr. 2 RpflG), dürften vom Gläubiger vorgelegte Beweismittel genügen. Hier eine gegenüber dem Schuldner rechtskräftige Entscheidung zu verlangen, würde dem Vereinfachungszweck des § 733 zuwiderlaufen; der Schuldner ist genügend geschützt durch die §§ 767, 769 oder 732, → dort Rdnr. 2 ff. u. § 733 Rdnr. 8 ff. Hat der Gläubiger (oder der GV) die Ausfertigung noch → § 757 Rdnr. 4, 5, so genügt neue Klausel *Noack* DGVZ 1967, 36.
[52] Zust. *Blomeyer* ZwVR § 51 IV 2, während *Münch* (Fn. 50) 141 wohl **diesen** Fall nicht berücksichtigt hat. Ein Urteil wird leicht zu erlangen sein, wenn dem Schuldner im Bereicherungsprozeß der Streit verkündet war, → auch § 66 Rdnr. 23 f. – Eine Klage auf Titelherausgabe, verbunden mit einem Feststellungsantrag (§ 280), daß Titel u. Ausfertigung in Höhe des Teiltilgung vermerkten Betrags doch nicht vollstreckbar seien (vgl. *Pohle* JZ 1954, 343 nach Fn. 13), wäre nicht nur umständlich zu vollstrecken, sondern auch unsicher (Schuldner kann die Ausfertigung vernichtet oder versteckt haben).
[53] *Schünemann* (Fn. 48) 52; *Thomas/Putzo*[18] Rdnr. 2; nach der »gemischten Theorie« aus dem Bestand des PfändPfandR *Schilken* (Fn. 9) Rdnr. 12.
[54] A.M. *Bierbach* DGVZ 1993, 182. Aber daß im äußerst seltenen Sonderfall des Abhandenkommens des Geldes wohl schon der Zeitpunkt der Wegnahme als Verzugsende gelten muß, ist kein ausreichender Grund, im Regelfall vom materiellen Recht abzuweichen. Daß der Verzug stets endet, muß noch nicht Erfüllung bedeuten. Zum Verzugsende durch Leistungshandlungen → Fn. 72, § 754 Fn. 84 (Scheck).
[55] → § 708 Rdnr. 4 ff. und § 804 Rdnr. 23 ff.; *Gerlach*

das Geld schon abgeliefert ist. § 815 Abs. 3 fingiert in dessen Fällen auch nicht einen rechtsgrundlosen Erwerb des Gläubigers nach § 812 BGB[56], denn eine Bereicherung um den Erlös tritt nicht schon mit der Pfändung ein, sondern erst durch die Ablieferung; bis dahin können Rechtsbehelfe eine Bereicherung noch verhindern[57], was allerdings einem Schadensersatzanspruch aus § 717 Abs. 2 nicht entgegensteht, → dort Rdnr. 24 Fn. 105.

Gehört das Geld Dritten, so tritt weder bei der Wegnahme die Zahlungsfiktion (→ Rdnr. 16) noch nach der Ablieferung an den Gläubiger die Tilgungswirkung nach § 362 BGB ein. Denn die Zwangsvollstreckung wegen Geldforderungen ist ohnehin nie »Leistung« des Schuldners, noch weniger eines Dritten im Sinne von § 267 BGB, sondern kann ihrem eindeutigen Zweck nach nur dann gesetzlicher *Erfüllungsersatz* sein, wenn ihr Verwertungsgegenstand auch aus dem Vermögen des Schuldners stammt[58]. Ein Verstoß gegen §§ 827 Abs. 2 oder 815 Abs. 2 verhindert hingegen die Erfüllungswirkung nicht, wenn das angebliche Recht nicht besteht oder im Rang nachgeht.   19

Für die Anrechnung von Teilbeträgen, auch bei gleichzeitiger Pfändung wegen mehrerer Ansprüche desselben Gläubigers, gelten die §§ 366 Abs. 2, 367 BGB[59]; → aber auch § 754 Rdnr. 1 b Fn. 23.   20

IV. Ausschluß der Zahlungsfiktion bei Hinterlegung

Die Zahlungsfikton des Abs. 3 **gilt nicht**, wenn das Geld nach Abs. 2 oder § 720 zu **hinterlegen** ist. Treten diese Voraussetzungen erst nach der Wegnahme ein, aber noch vor Ablieferung an den Gläubiger, so fällt die Fiktion wieder weg. Das Fehlen der Zahlungswirkung kann hier jedoch nur derjenige, zu dessen Gunsten hinterlegt wurde, geltend machen, nicht aber jeder sonstige Dritte oder der Insolvenzverwalter. In diesen Fällen bestehen die Verstrickung und das Pfandrecht am Geld auch nach der Hinterlegung fort, soweit nicht gemäß § 7 HinterlO, § 233 BGB die Forderung auf Rückgabe an die Stelle des Geldes tritt[60]. Wird aber, weil der Grund zur Hinterlegung weggefallen ist, das Geld (bzw. bei § 819 der Erlös) dem Gerichtsvollzieher ausgehändigt, so muß diese Empfangnahme nunmehr unter die Regel der Abs. 1 bzw. 3 fallen: der Schuldner gilt als befreit, sobald der Gerichtsvollzieher das Geld erhalten hat, nicht erst mit der Ablieferung an den Gläubiger.   21

Die Ausnahme des Abs. 3 bezieht sich nach ihrem Wortlaut außer auf Abs. 2 nur auf die Hinterlegung nach § 720; aus den → § 804 Rdnr. 50 dargelegten Gründen gilt sie aber auch dann, wenn das gepfändete Geld bzw. der Erlös nach §§ 771[61], 805 Abs. 4, 827 Abs. 2, 3, 854 Abs. 2, 930 Abs. 2 hinterlegt wird[62], sowie im Falle des § 839, wenn der Überweisungsgläubiger gegen den Drittschuldner vollstreckt. Geht dagegen der *Anspruch des Gläubigers von vornherein* nicht auf Zahlung, sondern auf *Hinterlegung*, → Rdnr. 5 vor § 803, so trifft der Gesetzeszweck des Schlußsatzes nicht zu; der Gläubiger wird bereits mit Hinterlegung befriedigt und diese Wirkung ist entsprechend Abs. 3 (→ Rdnr. 13) auf den Zeitpunkt der Wegnahme vorzudatieren[63].   22

Ungerechtfertigte ZV (1986) 26; a.M. *Schünemann* JZ 1985, 53 f.
[56] *Henckel* Prozeßrecht und Materielles Recht (1970) 332; *Schilken* (Fn. 9) Rdnr. 12. Vgl. auch *Peters* (Fn. 3) § 23 IV 6.
[57] → Rdnr. 115 vor § 704.
[58] → § 804 Rdnr. 24–28. Vgl. *G. Lüke* AcP 153 (1954), 543 f.; *Messer* (Fn. 33) 104, 126 f.; *Schilken* (Fn. 9) Rdnr. 12. Wegen § 812 BGB → § 819 Rdnr. 9 ff. – A.M. *Hartmann* (Fn. 22) Rdnr. 6; *Gloede* (Fn. 48); *Schünemann* (Fn. 55). Sogar wenn die Sache dem Gläubiger selbst gehört, kann materiellrechtlich die Titelforderung nur erlöschen, wenn er dies weiß und trotzdem versteigern läßt, → auch zur Genehmigung betroffener Dritter § 804 Fn. 86 a.E.
[59] *OLG Posen* OLGRsp 29, 215.
[60] *KG* OLGZ 1974, 307 = WM 1145 = MDR 1975, 149[61] mwN.
[61] → dazu § 769 Rdnr. 12 a.E.
[62] Allg. M.
[63] Wie hier *Wieczorek*[2] Anm. B I a; *Schilken* (Fn. 9) Rdnr. 12. *Hartmann* (Fn. 22) Rdnr. 9 erwähnen nur die Befriedigungswirkung.

V. Freiwillige Zahlung

23 1. Für freiwillige Zahlungen **des Schuldners** an den Gerichtsvollzieher für den Gläubiger gilt Abs. 3 weder unmittelbar[64] noch entsprechend (str.)[65]; denn sie liegen außerhalb der Vollstreckung und lediglich drohende Vollstreckung rechtfertigt weder eine Abweichung von § 270 BGB noch andere Rechtsfolgen als eine Zahlung durch Dritte → Rdnr. 25. Befreiung tritt hier aber schon nach bürgerlichem Recht ein, gleichgültig, ob man den Gerichtsvollzieher als gesetzlichen Vertreter[66] oder empfangsberechtigten Boten ansieht und unabhängig davon, in welchen Fällen man sofortigen Eigentumserwerb des Gläubigers annimmt[67]. Dies ist der Fall, wenn der Gerichtsvollzieher das Geld nicht auf sein Dienstkonto einzahlen, sondern unmittelbar abliefern will. Dann tritt er nicht als Besitzdiener, sondern als Besitzmittler (Verwahrer) auf, und zwar nicht für den Staat[68], sondern gemäß § 929 BGB für den Gläubiger als mittelbarer Besitzer (§§ 868 BGB)[69]. So gehen Eigentum (und damit Gefahr) sofort auf den Gläubiger über, so daß schon aus diesem Grunde Abs. 3 überflüssig wird[70]. Das bedeutet Erfüllung nach § 362 BGB, falls die Titelforderung besteht[71], und schließt hier Pfändungen zugunsten konkurrierender Gläubiger aus, nicht aber Pfändungen für Gläubiger des Vollstreckungsgläubigers (→ § 809 Rdnr. 3). Daß der Verzug des Schuldners hier sofort endet, ergibt sich schon aus der Vornahme seiner Leistungshandlung[72]. *Verneint* man aber sofortige Befreiung des Schuldners, so mag dieser sein Geld pfänden lassen, um den Schutz des Abs. 3 zu genießen. Da schuldloser Verlust (etwa durch Beraubung des Gerichtsvollziehers) überaus selten ist, beschränkt sich die praktische Bedeutung dieser Frage darauf, ob der Schuldner (nur wenn das Eigentum nicht sofort auf den Gläubiger übergeht) oder der Gläubiger den Amtshaftungsanspruch geltend zu machen hat. Folgt man allerdings der Ansicht, Abs. 3 sei auf Zahlungen für den Gläubiger anwendbar, so treten die → Rdnr. 13 ff. erläuterten Rechtswirkungen ein.

24 Wird das Geld nicht für den Gläubiger gezahlt, sondern zwecks *Hinterlegung* (z. B. § 711) an den Gerichtsvollzieher[73], so scheitert die Anwendung des Abs. 3 ohnehin; aber in solchen Fällen bestünde auch bei Pfändung kein besserer Schutz, Abs. 3 HS 2. – Daß *Dritte* mangels Pfändung nicht nach §§ 771, 815 Abs. 2 vorgehen können, ist nichts Besonderes; auch

---

[64] So aber *Messer* (zu seiner Konstruktion → § 754 Fn. 66); *OLG Hamm* OLGRsp 25, 183 nahm ohnehin Pfändung an.

[65] *Hartmann* (Fn. 22) Rdnr. 7; *Wieczorek*[2] Anm. A II a 1; *Stöber* (Fn. 9) § 755 Rdnr. 4. – Für **entspr. Anw.** AG *Bad Homburg* DGVZ 1991, 121; *Brox/Walker*[4] Rdnr. 314; *Fahland* ZZP 92 (1979), 452 ff.; *Jauernig* ZwVR[19] § 8 II 1 c; *Wieser* DGVZ 1988, 136 f., anders aber für Schecks aaO 130.

[66] → § 754 Rdnr. 7; zur Erfüllungswirkung der Leistung an Vertreter u. Ermächtigte s. *Soergel/Zeiss* BGB[12] § 362 Rdnr. 13. Ob der innere Wille zur Vertretung fehlt, ist unerheblich, §§ 116 S. 1, 164, Abs. 1 S. 2 BGB.

[67] *Palandt/Heinrichs* BGB[53] § 362 Rdnr. 3 a. E.; *Gerhardt*[2] § 8 II 2 a (§ 362 Abs. 2 BGB); für Wohnungseigentumsverwalter *OLG Saarbrücken* OLGZ 1988, 47. → § 755 S. 1, → § 753 Rdnr. 2 a, § 754 Rdnr. 7.

[68] So aber *Rosenberg/Gaul*[10] § 25 IV 1 d mit *Fahland* (Fn. 65) 448 f. Aber der erfüllungswillige, übereignende Schuldner gibt seinen Besitz gerade zugunsten des Gläubigers auf, u. daß der GV mit dem Geleisteten von Amts wegen sorgsam umgehen muß, setzt nicht ein Besitzmittlungsverhältnis zum Schuldner voraus.

[69] *Stein* Grundfragen (1913) 83. Das Besitzmittlungsverhältnis (§ 868 BGB) ergibt sich wie die Vertretungsmacht aus § 754 selbst → dort Rdnr. 7, bedarf also keiner besonderen Vereinbarung; das nach *RGZ* 108, 124 auch bei gesetzlichem Besitzmittlungsverhältnis erforderliche Einverständnis dürfte hier kaum jemals fehlen. Denn es kommt nicht darauf an, ob der GV zur Geldabsonderung verpflichtet ist (darauf stellt *Wieser* DGVZ 1988, 131 ab), sondern ob er sie vornimmt. Nur Verwahrung für Gläubiger nehmen an *MünchKommZPO-Arnold* § 754 Rdnr. 42; *Wieser* DGVZ 1988, 130.

[70] *RGZ* 134, 142 f.; *Stein* (Fn. 33) 83; *Sydow/Busch* ZPO[22] Anm. 6; *Wieczorek*[2] Anm. A II a 1; *Blomeyer* ZwVR § 47 II; unklar jetzt *Thomas/Putzo*[18] Rdnr. 4 (Vertretung bei Übereignung, dennoch entspr. Anw. des Abs. 3). – A.M. *Hartmann* (Fn. 22) Rdnr. 7; *Stöber* (Fn. 9) § 755 Rdnr. 4: Gefahr treffe Schuldner. Zur Haftung des Staates aus § 839 BGB oder öffentlichrechtlichem Verwahrungsverhältnis vgl. *Fahland* (Fn. 65) 448 ff.

[71] Wegen Zahlungen zur Abwendung der ZV aus vorläufig vollstreckbaren Urteilen → § 708 Rdnr. 4–7.

[72] I. E. h.M. *Bierbach* (Fn. 54) 181 mwN; *Soergel/Wiedemann* BGB[12] § 284 Rdnr. 12 mwN auch zu abw. Ansichten. Über Zahlung durch Scheck → § 754 Rdnr. 9 Fn. 84. Zu vorläufig vollstreckbaren Urteilen → § 708 Rdnr. 4a.

[73] *RG* JW 1913, 102.

insoweit verdienen Zahlungen an Vertreter des Gläubigers keine andere Behandlung als die an den Gläubiger selbst; Bereicherungsansprüche entstehen (anders als → § 771 Rdnr. 73 ff.) nach §§ 816, 932 f. BGB gegen den verfügenden Schuldner.

2. Zahlen **Dritte** für den Schuldner an den Gerichtsvollzieher, z. B. der Ehegatte, so kann Abs. 3 ebensowenig gelten, sondern es treten die gleichen Rechtsfolgen ein wie → Rdnr. 23. Zur Zahlung eines Drittschuldners an einen für den Schuldner tätigen Gerichtsvollzieher → § 850 Rdnr. 11. 25

§ 816 [Zeit und Ort der Versteigerung]

(1) Die Versteigerung der gepfändeten Sachen darf nicht vor Ablauf einer Woche seit dem Tage der Pfändung geschehen, sofern nicht der Gläubiger und der Schuldner über eine frühere Versteigerung sich einigen oder diese erforderlich ist, um die Gefahr einer beträchtlichen Wertverringerung der zu versteigernden Sache abzuwenden oder um unverhältnismäßige Kosten einer längeren Aufbewahrung zu vermeiden.
(2) Die Versteigerung erfolgt in der Gemeinde, in der die Pfändung geschehen ist, oder an einem anderen Ort im Bezirk des Vollstreckungsgerichts, sofern nicht der Gläubiger und der Schuldner über einen dritten Ort sich einigen.
(3) Zeit und Ort der Versteigerung sind unter allgemeiner Bezeichnung der zu versteigernden Sachen öffentlich bekanntzumachen.
(4) Bei der Versteigerung gelten die Vorschriften des § 1239 Abs. 1 Satz 1, Abs. 2 des Bürgerlichen Gesetzbuchs entsprechend.

Gesetzesgeschichte: Bis 1900 § 717 CPO. Änderung RGBl. 1898 I 256, BGBl. 1979 I 127 (Abs. 2).

I. Zeit und Ort der Versteigerung

1. § 816 gilt entsprechend, wenn Rechte nach § 844 versteigert werden[1]. Um dem Schuldner Gelegenheit zur Zahlung und den Beteiligten zur Beschaffung von Bietern, sowie Dritten zu etwaiger Widerspruchsklage zu geben, darf **nach Abs. 1 nicht vor Ablauf einer Woche**[2] seit **dem Tage der Pfändung** versteigert werden, was freilich sofortige Festlegung des Termins[3] nicht hindert. Bei Nachpfändungen (§ 826) dürfen nur so viele Sachen versteigert werden, daß diejenigen Gläubiger Befriedigung finden, für welche die Frist schon abgelaufen ist[4]. Ausnahmen gelten nur bei *Einigung der Beteiligten,* die den Gerichtsvollzieher bindet, oder wenn ein Zuwarten beträchtlich wertmindernd (z. B. bei verderblicher Ware[5]) oder zu teuer wäre[6]; hierüber entscheidet der Gerichtsvollzieher vorbehaltlich der Anrufung des Richters (§ 766) durch Gläubiger, Schuldner oder Intervenienten. Die Schätzung ist abzuwarten, notfalls nachzuholen, → § 813 Rdnr. 11. Ein Aufschub von Amts wegen[7] kann auch aus anderen Gründen geboten sein. Teilt z. B. der Gerichtsvollzieher mit, daß eine Pfändung nur 1

---

[1] → § 844 Rdnr. 9.
[2] S. dazu § 142 GVGA (für Kraftfahrzeuge § 164 GVGA, für Luftfahrzeuge → Rdnr. 8) u. zum Erinnerungsrecht eines Dritteigentümers RG JW 1931, 2428. – § 222 gilt entsprechend → Rdnr. 50, 53 vor § 214.
[3] In der Regel Amtspflicht, § 142 Nr. 1 GVGA.
[4] KG OLGRsp 2, 77; OLG Hamburg JW 1929, 122 a. E.
[5] Näheres *Fleischmann/Rupp* Rpfleger 1987, 8.
[6] S. auch § 139 Nr. 5 GVGA (Tiere).
[7] → auch § 754 Rdnr. 9a-9c zu einer Praxis, auf der ein Großteil der z. B. von *Seip* NJW 1994, 353 berichteten Erfolgsstatistik beruht.

bei Verwertung nach § 825 den Anforderungen des § 803 Abs. 2 entspreche (etwa wegen hoher Transportkosten), so darf er dem Gläubiger nicht durch eilige Versteigerung die Gelegenheit zu solchem Antrag nehmen[8].

2   2. An einem **Ort**, der nicht im *Bezirk des Vollstreckungsgerichts* liegt[9], darf nur bei Einigung der Beteiligten oder einer Anordnung nach → § 825 versteigert werden. Das Versteigerungslokal kann durch Dienstvorschrift bestimmt werden, im übrigen entscheidet der Gerichtsvollzieher. In den Wohn- und Geschäftsräumen des Schuldners darf die Versteigerung nur stattfinden, wenn der Schuldner einverstanden ist[10]. Auch bei Entscheidungen nach § 825 bedarf es der Zustimmung des Rauminhabers[11]. Im Falle des § 824 muß jedoch der Schuldner nicht zustimmen, wenn eine Versteigerung nur vom Grundstück aus sinnvoll ist, z.B. weil der Bieter die vor der Trennung versteigerten Früchte zuvor sehen will, oder wenn zur Kostenminderung und Schonung der Früchte Selbstaberntung geboten ist[12]. Stets muß die Öffentlichkeit[13] gewahrt sein. Über den Fall, daß der Schuldner unter Mitnahme der in seinem Gewahrsam belassenen Pfandstücke in eine andere Gemeinde *verzieht*, schweigt das Gesetz. Daraus sollte man nicht folgern, auch in diesem Fall seien Einigung oder gerichtliche Anordnung nötig; hier genügt die Weitergabe des Vollstreckungsauftrags an den für den neuen Wohnsitz zuständigen Gerichtsvollzieher[14].

3   3. **Verstöße** in bezug auf Zeit und Ort machen die Versteigerung nicht unwirksam[15]; sie begründen aber eine Amtshaftung auch Dritten gegenüber[16]. Über rechtzeitige Erinnerung → § 817 Rdnr. 28, § 819 Rdnr. 2.

4   II. Der Versteigerung muß immer, auch bei Verlegung des Termins, eine **öffentliche Bekanntmachung** vorausgehen. Sie bezweckt das Erscheinen zahlreicher Bieter, um ein günstiges Versteigerungsergebnis zu ermöglichen, und unterliegt dem Ermessen des Gerichtsvollziehers, soweit nicht die Dienstanweisungen nähere Bestimmungen enthalten[17]. Daß die Benachrichtigung »jedermann« Kenntnis verschafft[18], läßt sich nur durch Inserate erreichen. Bei geringwertigen[19] oder verderblichen[20] Sachen kann aber ein Ausruf oder Anschlag genügen. Um die Insertionskosten zu mindern, können die zu versteigernden Sachen allgemein bezeichnet sein; der interessierte Personenkreis muß aber wenigstens annähernd ersehen können, worum es sich handelt[21]. Je wertvoller die Sachen, desto genauer sollten die Angaben sein[22]. Unzureichende Angaben können Amtshaftung begründen → Rdnr. 3, ebenso die Verletzung polizeilicher Vorschriften über öffentliche Versteigerungen oder das Unterbleiben der durch Dienstvorschrift angeordneten[23] *Benachrichtigung des Schuldners oder Gläubigers* von dem Versteigerungstermin.

---

[8] *LG Berlin* DGVZ 1982, 41 (Tresor).
[9] Durch diese Erstreckung des Versteigerungsbezirks über die Gemeinde der Pfändung hinaus (seit 1.VII.79) soll der mit Anordnungen nach § 825 oder Einigungsversuchen verbundene Zeitverlust vermieden werden, BT-Drucks. 8/2287 S. 2; vgl. dazu auch *Arnold* MDR 1979, 359.
[10] *OLG Hamm* DGVZ 1984, 150 = NJW 1985, 75; *LGe Berlin, Mönchengladbach* DGVZ 1954, 42; 1965, 7; *Brox/Walker*[4] Rdnr. 397; *MünchKommZPO-Schilken* Rdnr. 3 mwN; a.M. *Baumbach/Hartmann*[53] Rdnr. 4.
[11] *OLG Hamm* (Fn. 10); *Wieczorek*[2] Anm. A II b.
[12] Für Baumschulen *LG Bayreuth* DGVZ 1985, 42; zust. *Schilken* (Fn. 10) Rdnr. 3.
[13] → § 814 Rdnr. 5.
[14] Zust. *Brox/Walker*[4] Rdnr. 397; *Schilken* (Fn. 10) § 814 Rdnr. 4; *Zöller/Stöber*[19] Rdnr. 3.

[15] Zust. *Schilken* (Fn. 10) Rdnr. 6, ganz ü.M. Für Österreich *Rechberger* Die fehlerhafte Exekution (1978), 117. – A.M. *Wieczorek*[2] Anm. A III d.
[16] *RG* (Fn. 2); *KG* (Fn. 4) u. → § 753 Rdnr. 7 mwN. – Diese Haftung ist bei einer den GV bindenden Einigung nach Abs. 1 ausgeschlossen.
[17] Vgl. § 143 Nr. 3 GVGA, für Luftfahrzeuge → Rdnr. 8.
[18] So *Schilken* (Fn. 10) Rdnr. 4.
[19] § 143 Nr. 3a GVGA.
[20] *Fleischmann/Rupp* (Fn. 5) 9.
[21] Vgl. *OLG Dresden* OLGRsp 35, 130 (Versteigerung von Patenten); dazu *Wieczorek*[2] Anm. A III a.
[22] Vgl. § 143 Nr. 2b GVGA (Marke, Alter oder Herstellungsnummer).
[23] § 142 Nr. 4 GVGA. Gesetzliche Ansprüche auf Benachrichtigung bestehen nicht *OLG München* OLGRsp

III. Mitbieten des Gläubigers und des Eigentümers

1. Abs. 4 überträgt die für den Pfandverkauf geltenden Regeln des § 1239 BGB mit Ausnahme des Abs. 1 S. 2, der sachlich in § 817 Abs. 4 enthalten ist, auf die davon grundsätzlich verschiedene Veräußerung gepfändeter Sachen[24]. *Gläubiger und Eigentümer*[25] sind zum *Mitbieten berechtigt*; ein Gebot des Eigentümers oder des Schuldners, nicht nur das Meistgebot, darf[26] jedoch zurückgewiesen werden, wenn der Betrag nicht bar erlegt wird. Bei der Versteigerung eigener Sachen des Gläubigers[27] bietet er als Gläubiger, nicht als Eigentümer. Erhält der Schuldner den Zuschlag, so kann die Sache, soweit der Gläubiger durch den Erlös nicht befriedigt ist, sofort wieder gepfändet werden; auch das Bargeld des Schuldners, wenn ihm die Ersteigerung nicht gelingt. Der *Gerichtsvollzieher* und seine Gehilfen dürfen weder für sich noch durch andere oder als Vertreter eines anderen bieten; dies folgt ohne weiteres aus der amtlichen Stellung, vgl. auch §§ 456, 458 BGB[28].

2. Mängel in bezug auf → Rdnr. 5 führen in den Fällen → § 817 Fn. 82 und bei Erwerb durch Gerichtsvollzieher oder deren Gehilfen zur Unwirksamkeit[29]. Sie können zwar mit rechtzeitiger Erinnerung noch gerügt werden[30], heilen aber mit unbeanstandeter Durchführung der Versteigerung[31].

3. Vorkaufsrechte sind nach §§ 512, 1098 BGB ausgeschlossen.

IV. Wegen der Zwangsvollstreckung in **Schiffe, Schiffsbauwerke und Luftfahrzeuge** → §§ 803 Rdnr. 1, 817a Rdnr. 2, 864 Rdnr. 13, 865 Rdnr. 18, 19, 870a sowie Art. 7 Abs. 2a, b, 11 des Genfer Übereinkommens über die internationale Anerkennung von Rechten an Luftfahrzeugen[32].

§ 817 [Zuschlag und Ablieferung]

(1) Dem Zuschlag an den Meistbietenden soll ein dreimaliger Aufruf vorausgehen; die Vorschriften des § 156 des Bürgerlichen Gesetzbuchs sind anzuwenden.

(2) Die Ablieferung einer zugeschlagenen Sache darf nur gegen bare Zahlung geschehen.

(3) ¹Hat der Meistbietende nicht zu der in den Versteigerungsbedingungen bestimmten Zeit oder in Ermangelung einer solchen Bestimmung nicht vor dem Schluß des Versteigerungstermins die Ablieferung gegen Zahlung des Kaufgeldes verlangt, so wird die Sache anderweit versteigert. ²Der Meistbietende wird zu einem weiteren Gebot nicht zugelassen; er haftet für den Ausfall, auf den Mehrerlös hat er keinen Anspruch.

(4) ¹Wird der Zuschlag dem Gläubiger erteilt, so ist dieser von der Verpflichtung zur baren Zahlung so weit befreit, als der Erlös nach Abzug der Kosten der Zwangsvollstreckung zu seiner Befriedigung zu verwenden ist, sofern nicht dem Schuldner nachgelassen ist, durch

---

40, 408; zu Grenzen der Nachforschungspflicht des GV u. Gläubigers über die Schuldneradresse → aber § 763 Rdnr. 2 Fn. 4.

[24] → § 814 Rdnr. 2.

[25] Z.B. wenn er die Sache nicht verlieren will, seine Klage nach § 771 aber aussichtslos wäre, → dort Rdnr. 45 ff. – Wegen § 13 VerbrKrG → § 814 Rdnr. 12, § 825 Rdnr. 17.

[26] Bei Geboten des Schuldners macht § 145 Nr. 2b GVGA dies mit Recht zur Pflicht des GV.

[27] → § 804 Rdnr. 13 ff.

[28] § 141 Nr. 4 S. 2 GVGA, wonach der GV auch seinen Angehörigen das Mitbieten nicht gestatten darf, hat nur dienstrechtliche Bedeutung.

[29] *Hartmann* (Fn. 10) Rdnr. 9; *Schilken* (Fn. 10) Rdnr. 6. Amtshaftung würde bei Erwerb durch GV wegen kaum zu überwindender Schwierigkeiten beim Beweis der Kausalität (wäre höherer Erlös möglich gewesen?) schutzwürdige Interessen nicht ausreichend wahren.

[30] § 817 Rdnr. 28, § 819 Rdnr. 2.

[31] Zust. *Schilken* (Fn. 10) Rdnr. 6.

[32] Vom 19. VI. 1948 (BGBl 1959 II 129); ausführlich *Bauer* Büro 1974, 1 ff.

Sicherheitsleistung oder durch Hinterlegung die Vollstreckung abzuwenden. ²Soweit der Gläubiger von der Verpflichtung zur baren Zahlung befreit ist, gilt der Betrag als von dem Schuldner an den Gläubiger gezahlt.

Gesetzesgeschichte: Bis 1900 § 718 CPO. Änderung RGBl 1898 I 256.

I. Allgemeines zur Versteigerung[1]

1 1. Die §§ 817 und 817a enthalten mit §§ 806, 816 Abs. 4 die **prozeßrechtlichen Vorschriften über die Versteigerung**.

2 2. Seit langem beträgt die Zahl der Versteigerungen nur wenige Prozent der Vollstreckungsaufträge[2]. Sie werden häufig durch Teilzahlungen abgewickelt, vermittelt vom Gerichtsvollzieher, seltener vom Vollstreckungsgericht (§ 813a).

3 3. Zum kostensparenden Aufschub eines Versteigerungstermins unter Festsetzung bestimmter Zahlungstermine → § 754 Rdnr. 9 a-c[3].

4 4. Mit den Verfassern des ursprünglichen Gesetzes meinte man früher, die Stellung des Gerichtsvollziehers und seine Befugnis zur Verwertung seien privatrechtlicher Art. Später wurde beides als öffentlich-rechtlich angesehen[4]. Anderseits hielt man zunächst daran fest, den Verwertungsvorgang als Verkauf und Übereignung nach § 929 BGB oder als Verkauf und öffentlich-rechtlichen Übereignungsakt[5] anzusehen. Dem Wesen der staatlichen Zwangsverwertung, die ihre Grundlage allein in dem staatlichen Pfändungsakt und dem damit begründeten prozessualen Pfändungspfandrecht hat, wird indessen allein die Auffassung gerecht, die alle einschlägigen Vorgänge, auch den Zuschlag und die sich an ihn anschließende Eigentumszuweisung rein **öffentlich-rechtlich** ansieht[6]. Abgesehen von den ausdrücklichen Verweisungen in § 816 Abs. 4 auf § 1239 BGB und in § 817 Abs. 1 auf § 156 BGB **gelten die Vorschriften des bürgerlichen Rechts nicht**[7]. Auch die »Anwendung« des § 156 BGB ist in Wahrheit keine Übernahme bürgerlich-rechtlicher Vertragsgrundsätze, wie § 817 Abs. 3 zeigt: Der Meistbietende kann sich der »Pflicht« der von ihm angebotenen Zahlung durch bloßes Nichtstun entledigen und haftet nur für einen eventuellen Ausfall in der nächsten Versteigerung, → Rdnr. 20[8]. **Für Anträge und Erklärungen aller Verfahrensbeteiligten einschließlich der Bieter gilt Prozeßrecht**[9], → Rdnr. 157ff. vor § 128, unten Rdnr. 8f.

5 Die öffentlich-rechtliche Natur des Verwertungsvorgangs schließt nicht aus, daß mit Einverständnis der Beteiligten oder, soweit seine Interessen allein in Frage stehen, mit Einwilligung des Gläubigers Abweichungen vorgenommen werden[10].

II. Versteigerung und Zuschlag[11]

6 1. Der Gerichtsvollzieher hat vor Beginn (§ 220 Abs. 1) des Termins die Besichtigung der Sache zu ermöglichen[12].

---

[1] *G. Huber* Versteigerung gepfändeter Sachen (1970); *G. Lüke* ZZP 67 (1954), 356; 68 (1955), 341; *Nikolaou* Der Schutz des Eigentums usw. (Diss. Tübingen 1993), 33ff.; *Noack* Büro 1973, 261. Über die Zwangsverwertung im allgemeinen s. *Jonas* AkadZ 1936, 575ff.

[2] Vgl. schon *Lentz* DJ 1938, 1522 (durchschnittlich 1–5%); *Behr* DGVZ 1977, 163 Fn. 9.

[3] Reformüberlegungen → § 754 Fn. 15, 94; *Behr* DGVZ 1977, 162.

[4] → § 753 Rdnr. 4f., § 803 Rdnr. 3ff., 11.

[5] Vgl. RGZ 61, 333; 104, 302; *Stein* Grundfragen (1913), 70ff.

[6] RGZ 153, 261; 156, 398; allg. M. *Gaul* Gedächtnisschrift für Peter Arens (1993), 111; *Huber* (Fn. 1) 28ff.; *Lindacher* JZ 1970, 361; *Säcker* JZ 1971, 160 sowie die Komm u. Lb zur ZPO; → auch Fn. 57.

[7] → § 814 Rdnr. 2 a.E. Für die Versteigerung von *Pachtinventar*, das nach dem Pachtkreditgesetz verpfändet wurde und für dessen Verwertung der Pfandgläubiger einen vollstreckbaren Titel erlangt hat, sind die §§ 1241–1249 BGB entsprechend anzuwenden, § 10 PachtkreditG vom 5. VIII. 1951, BGBl. I 494.

[8] Es spricht daher einiges dafür, die durch Verlangen der Ablieferung bedingte »Pflicht« nur als Last anzusehen *Gaul* (Fn. 6) 112f.

[9] *Lüke* ZZP 68 (1955), 344, 352; *Gaul* (Fn. 6) 126; *MünchKommZPO-Schilken* Rdnr. 5; *Thomas/Putzo*[18] Rdnr. 3; *Wieczorek*[2] Anm. A III a, C I b; *Noack* Vollstreckungspraxis[5] 413; *Baur/Stürner*[11] Rdnr. 472.

[10] Vgl. *Eckstein* ZZP 42 (1912), 337f.; *Stein* (Fn. 5) 69.

[11] Vgl. §§ 145ff. GVGA.

[12] Schon wegen § 806; s. § 144 Nr. 1 und wegen der

2. Die Forderung des *dreimaligen Aufrufs* ist eine stets zu befolgende, aber für die Gültigkeit des Aktes unerhebliche Ordnungsvorschrift. Zur Bekanntgabe des gewöhnlichen Verkaufspreises und des Mindestgebots → § 817a Rdnr. 5.

3. Die Verweisung auf § 156 BGB zeigt, daß die **Gebote**[13] prozessuale *Anträge* auf Erteilung des Zuschlags sind[14], mögen sie auch einem Vertragsangebot ähnlich sein[15]. Sie erlöschen durch Zurückweisung, Abgabe eines Übergebots und Schluß der Versteigerung[16]. Abweichend von § 81 ZVG hat der Meistbietende *kein Recht auf den Zuschlag*[17]. Die Bieter sind Verfahrensbeteiligte i.w.S. Ihre Gebote mögen zugleich einen bedingten Verpflichtungswillen enthalten (→ Rdnr. 20); das schließt ihre Einordnung als Prozeßhandlungen nicht aus. Sie können weder mit (sonstigen) Bedingungen verknüpft[18] noch angefochten[19], sondern nur bis zum Zuschlag widerrufen werden[20]. Wegen anderer Willensmängel → Rdnr. 227 ff. vor § 128.

Sofern das Mindestgebot (§ 817a) erreicht wird, ist der Gerichtsvollzieher, abgesehen von § 817a Abs. 3 und den Fällen → § 811a Rdnr. 19 Fn. 36, zu einer eigenmächtigen Versagung des Zuschlags wegen ungenügender Gebote nicht berechtigt[21]. Er bedarf dazu der Ermächtigung des Gläubigers, die auch im voraus erteilt werden kann. Das Recht des Gläubigers, ohne Zustimmung des Schuldners die Versagung des Zuschlags zu verlangen, ergibt sich aus § 775 Nr. 4: Kann der Gläubiger unter Aufrechterhaltung der Verstrickung Stundung auf unbestimmte Zeit bewilligen[22], so kann er auch die Pfandverwertung verschieben, zumal die Kosten mehrerer Versteigerungsversuche ihn nur treffen, wenn sie nicht notwendig im Sinne des § 788 sind[23]. Unwirksame (z.B. mangels Prozeßfähigkeit, etwa wegen Minderjährigkeit → § 51 Rdnr. 17) und unzulässige[24] Gebote hat der Gerichtsvollzieher sofort zurückzuweisen. – *Bis zum Zuschlag* kann der Schuldner nach § 775 f. (→ aber auch § 775 Rdnr. 32) oder durch vollständige Zahlung an den Gerichtsvollzieher (§ 757) den Aufschub bzw. Abbruch der Versteigerung erreichen.

4. Zur Beachtung etwaiger *Höchstpreisvorschriften* usw. → § 817a Rdnr. 11[25].

III. Versteigerungsbedingungen

Sie werden vom Gerichtsvollzieher festgesetzt, → auch § 814 Rdnr. 7, § 821 Rdnr. 8 a.E.; etwaige Vereinbarungen (→ Rdnr. 5) müssen sich im Rahmen der Gesetze halten und können daher selbständig nur die Quantitäten, den Zeitpunkt und die Art der Übergabe und dgl. bestimmen. Die gesetzlichen Bestimmungen sind:

Herrichtung der Sachen Nr. 2 GVGA. – Gegen Besichtigung der Pfandkammer außerhalb der Versteigerungstermine *LG Berlin* DGVZ 1966, 86; *Kabisch* DGVZ 1966, 81.

[13] Sie müssen im Termin abgegeben werden, vorherige schriftliche Gebote sind nicht zu berücksichtigen *LG Itzehoe* DGVZ 1978, 122; *Noack* Büro 1973, 263.

[14] *Lüke* ZZP 68 (1955), 344, 350f.; → auch Fn. 9.

[15] Zust. *Gaul* (Fn. 6) 111; → auch Fn. 8, Rdnr. 20.

[16] → Rdnr. 29.

[17] *Gaul* (Fn. 6) 113 mit Hinweis auf *Hahn-Mugdan* 153 f.

[18] *Thomas/Putzo*[18] Rdnr. 3. Nicht allein, weil sie Prozeßhandlungen sind, sondern weil es unzumutbar wäre, daß geringere, aber unbedingte Gebote durch höhere, aber unsichere erlöschen.

[19] Ebenso die → Fn. 9 Genannten; auch für die Immobiliar-ZV gegen die insoweit h.M. *A. Stadelhofer-Wissinger* Das Gebot usw. (1993). Auch dies folgt nicht nur aus der Qualifikation als Prozeßhandlung, → § 806 Fn. 6 (mit Hinweisen zur Gegenmeinung).

[20] *Gaul* (Fn. 6) 125.

[21] RG JW 1907, 192; SeuffArch 65 (1910), 119; *OLG Posen* OLGRsp 26, 397. – A.M. *Eckstein* (Fn. 10). – Unangemessen niedriger Schätzung mit § 813 Abs. 1 S. 3 zu begegnen, nicht mit § 765a, → § 813 Rdnr. 13; a.M. *Behr* KritJust 1980, 165.

[22] → § 754 Rdnr. 9, § 776 Fn. 18.

[23] A.M. wohl *Noack* DGVZ 1967, 35.

[24] Z.B. § 817 Abs. 3 S. 2, → auch § 816 Rdnr. 5 Fn. 26, 28, § 814 Fn. 23; davon zu unterscheiden ist die Verweigerung des Zuschlags auf zu geringe Gebote (§ 817a). – Über Mißbrauch des ZwVR zu Ausverkäufen u. Gesetzesumgehung → § 814 Rdnr. 6, 9.

[25] Die Erhebung eines Aufgelds (vgl. noch die AV des RJM DJ 1943, 385) kommt nicht mehr in Betracht, auch wenn wieder Höchstpreise für die ZV gelten sollten.

12 1. Nach **Abs. 2** darf die **Ablieferung nur gegen bare Zahlung** erfolgen, auch wenn ein anderer Zahlungstermin als der Schluß der Versteigerung (→ Rdnr. 16) festgesetzt wird. Der Gerichtsvollzieher kann *Stundung* (sowohl als Versteigerungsbedingung als auch nachträglich) oder Zahlung durch Scheck nur mit Einwilligung von Gläubiger und Schuldner bewilligen[26], andernfalls haftet er bzw. der Staat[27] beiden für den Schaden, und die eigenmächtige Ablieferung ohne Barzahlung macht den Ersteher nicht zum Eigentümer, → Rdnr. 23.

13 Befindet sich das zu versteigernde Gut in Behältnissen, die einem Dritten gehören (z. B. Bier in fremden Fässern, Teile in Containern etc.), so hat die Versteigerung regelmäßig unter der Auflage einer Frist zur Rücklieferung zu erfolgen, die durch Sicherheitsleistung an den Gerichtsvollzieher sicherzustellen ist[28]; ferner kann eine Mietzinszahlung ab Zuschlag ausbedungen werden.

14 2. **Von der Barzahlung befreit** ist nach **Abs. 4** der *Gläubiger*, soweit er nach Abzug der Kosten (§ 788, § 145 Nr. 6 GVGA) den Erlös bar erhalten würde, so daß er nur diese Kosten[29] und das, was der Schuldner etwa bei einer Austauschpfändung erhält[30], sowie den etwaigen Überschuß bar zu zahlen hat. Im übrigen werden der Anspruch auf das »Kaufgeld« und der Anspruch auf den Erlös[31] gegeneinander verrechnet[32]. Das ist keine »gesetzliche Aufrechnung« mit der Wirkung des § 389 BGB, die mit allen Unsicherheiten der materiellen Rechtslage behaftet wäre, sondern eine bloße Verfahrensvereinfachung, so daß die »Verwendung zur Befriedigung« nach dem im Augenblick des Zuschlags ersichtlichen Verfahrensstand zu beurteilen ist (vgl. auch § 816 Abs. 4, der die ähnliche Regelung des § 1239 Abs. 1 S. 2 BGB ausdrücklich nicht übernimmt). Die Befreiung von der Barzahlungspflicht beim Zuschlag und der Übereignungsakt bleiben daher auch dann wirksam, wenn keine Erfüllungswirkung durch Verrechnung eintreten konnte, weil sich nachträglich Drittrechte als bestehend erweisen[33] oder sich herausstellt, daß die Titelforderung nicht besteht. Zum Bereicherungsausgleich → Rdnr. 15. Dagegen muß der Gläubiger nach **Abs. 4 S. 1** a. E. das ganze Meistgebot bar zahlen, wenn dem Schuldner nachgelassen ist, die Vollstreckung abzuwenden, §§ 711 S. 1, 712 Abs. 1 S. 1, 720[34], oder wenn der Erlös nicht zu seiner Befriedigung, sondern zu der eines vorstehenden Gläubigers bei der Anschlußpfändung[35] oder zur Hinterlegung zu verwenden ist, sei es aufgrund einer gerichtlichen Entscheidung[36] oder auch im Falle des § 827[37]. Dies entspricht sachlich dem § 1239 Abs. 1 S. 2 BGB.

15 Hätte der Erlös, wenn er bar zu zahlen gewesen wäre, einem Dritteigentümer[38] zugestanden, so ist der Gläubiger durch die prozessual richtige[39], aber materiell ungerechtfertigte Befreiung von der Barzahlung beim Zuschlag bereichert, nämlich unmittelbar auf Kosten des Eigentümers, der zwar noch nicht die Sache selbst, aber die Anwartschaft auf den eigentlich ihm gebührenden Erlös verliert[40], während der titulierte Anspruch erhalten bleibt, weil die

---

[26] → § 819 Rdnr. 12.
[27] → § 753 Rdnr. 7.
[28] Vgl. § 145 Nr. 1 Abs. 2 GVGA.
[29] Zur Frage, in welcher Höhe eine Teilbefriedigung auf dem Titel zu vermerken ist (§ 757), s. *AG Varel* DGVZ 1963, 106 (der Vermerk könnte auch lauten: Vom »Erlös« DM x als Kosten, DM y als Tilgung verrechnet).
[30] → § 811a Rdnr. 20.
[31] → § 819 Rdnr. 6–8.
[32] Allg. M. *Reichel* JbfD 53 (1908), 173 sieht hierin eine Entsprechung zur Leistung an Erfüllungs Statt.
[33] BGH NJW 1987, 1881 = JZ 778 (insoweit zust. *Brehm* aaO 781); *G. Lüke* AcP 153 (1954), 547 Fn. 57; *Gerkan* NJW 1963, 1140; *Brox/Walker*[4] Rdnr. 415; *Schilken* (Fn. 9) Rdnr. 18. – A.M. *Schmitz* NJW 1962, 853f., 2335f.
[34] Wenn in den Fällen der §§ 707, 719 der Schuldner die Sicherheit nicht leistet, bleibt es bei der Verrechnung, denn § 720 gilt dafür nicht, → § 707 Rdnr. 7 Fn. 56.
[35] Zust. *Schilken* (Fn. 9) Rdnr. 19; *Zöller/Stöber*[19] Rdnr. 13. Ersteigert aber der vorstehende Gläubiger, ist er von der Barzahlung auch dann befreit, wenn er bisher Stundung gewährt hatte.
[36] Vgl. *RG* Warn 1933, 351[164] = HRR 1934, 258 zu § 805 Abs. 4: es genüge, daß der *Erlaß* der Entscheidung (nicht nur ihr Bevorstehen) dem GV glaubhaft mitgeteilt wird; so auch *Baumbach/Hartmann*[53] Rdnr. 11.
[37] → dort Rdnr. 4 ff.
[38] → § 819 Rdnr. 2 f., § 804 Rdnr. 25 ff. (aber auch dort Fn. 86 a. E.).
[39] → Rdnr. 14 nach Fn. 32.
[40] BGH (Fn. 33); OLG Neustadt NJW 1964, 1803 f. (zu § 825); *Lüke, Gerkan* (Fn. 33); *Jauernig/Schlechtriem* BGB[7] § 812 II 1g aa; *Schilken* (Fn. 9) Rdnr. 18;

Verrechnung materiell fehlschlug[41]. Das Pfändungspfandrecht des Gläubigers[42] steht dem Bereicherungsanspruch nicht entgegen, denn es ist selbst im Verhältnis zum Dritten ohne zureichenden Rechtsgrund erworben[43]. Die Befreiung von der Barzahlung ist nichts anderes als das, was der Gläubiger aufgrund des ungerechtfertigt erlangten Pfandrechts erhalten hat, § 818 Abs. 1 BGB[44].

3. Ist über eine Zahlungsfrist nichts bedungen[45], so muß die Abnahme gegen **Barzahlung im Versteigerungstermin selbst** erfolgen, sonst wird die Sache anderweit versteigert, **Abs. 3 S. 1**. Ein *Anspruch auf Erfüllung* besteht weder für den Gerichtsvollzieher noch für den Gläubiger, wie umgekehrt dem Ersteher aus dem Zuschlag auch kein klagbarer Erfüllungsanspruch gegen den Gerichtsvollzieher erwächst, sondern lediglich eine zu seinen Gunsten bestehende Amtspflicht des Gerichtsvollziehers, die nur nach § 766 durchgesetzt werden[46] und bei Verletzung nur Amtshaftungsansprüche auslösen kann[47]. **16**

Die in **Abs. 3** vorgesehene anderweitige Versteigerung, die für erlaubnispflichtige Waffen auch dann entsprechend stattfindet, wenn dem Meistbietenden die Erwerbserlaubnis versagt wird[48], kann sofort oder in einem neuen Versteigerungstermin vorgenommen werden. Sie erfolgt nicht für Rechnung eines gemäß Abs. 3 säumigen ersten Erstehers, sondern als Wiederholung der ersten Versteigerung[49]. Der säumige Ersteher wird nach **Abs. 3 S. 2** vom Gebot bei der neuen Versteigerung ausgeschlossen und haftet, falls sein Gebot wirksam war[50], demjenigen, dem andernfalls der höhere Ertrag zugefallen wäre[51], für den Ausfall. **17**

4. Über die Gewährleistung vgl. die Bem. zu § 806. **18**

5. Der Ersteher einer **versicherten Sache** tritt nach Maßgabe der §§ 73, 69 ff. VVG in das Versicherungsverhältnis ein.

IV. Zuschlag und Eigentumserwerb

1. Während bei der Immobiliarversteigerung der öffentlichrechtliche Vorgang der Veräußerung eine Einheit bildet[52], zergliedert er sich bei der Versteigerung beweglicher Sachen in **zwei Teile,** den *Zuschlag* und die *Übereignung*. Dies hat den praktischen Grund, daß grundsätzlich[53] erst nach Bezahlung übereignet werden darf und die Bestimmung der Person des **19**

Stöber (Fn. 35) Rdnr. 12, während *Wieczorek*[2] § 771 Anm. C III b 1 im Falle § 825 (anders § 817 D I b 2?) mit *OLG Dresden* SächsAnn 30, 497 den Gläubiger um die Sache selbst als bereichert ansieht, so auch noch 19. Aufl. § 771 Fn. 179 u. *Kaehler* JR 1972, 449 ff. für den Fall, daß der Gläubiger nichts zuzuzahlen hatte; – auch § 819 Rdnr. 9 ff. (für den Versteigerungserlös). – A.M. *Gloede* MDR 1972, 292 f.; *Schmitz* NJW 1962, 2336; *Günther* AcP 178 (1978), 458 (aber es geht nicht um »dingliche« Anwartschaft als Surrogat, sondern um eine vermögenswerte Position i. S. d. § 812 BGB → Fn. 44).

[41] Ebenso wie im Falle → § 815 Rdnr. 19; *Brehm* (Fn. 33) in Ergänzung der insoweit unvollständigen Begr des *BGH*.

[42] → § 804 Rdnr. 10, 22 ff.

[43] → Rdnr. 141 vor § 704, § 771 Rdnr. 73.

[44] So *Schulz* AcP 105 (1909), 419 u. für das ungerechtfertigt erworbene bürgerlich-rechtliche Pfandrecht *Palandt/Thomas* BGB[53] § 818 Rdnr. 14; *Erman/Westermann* BGB[9] § 818 Rdnr. 14; *MünchKommBGB-Lieb*[2] § 818 Rdnr. 24. Ungenau insoweit *BGH* (Fn. 33), der von materiellrechtlich ungerechtfertigter Befriedigung durch **Verrechnung** spricht, die jedoch in diesem Fall gerade nicht eingreift, vgl *Brehm* (Fn. 33). – Der Gläubiger kann wie bei § 951 BGB die Sache zur Verfügung stellen, vgl. BGHZ 23, 61; so v. *Gerkan* MDR 1962, 786 Fn. 20.

[45] → Rdnr. 12.

[46] Zust. *Gaul* (Fn. 6) 113 f.; *Schilken* (Fn. 9) § 814 Rdnr. 8; i. E. auch *G. Lüke* ZZP 68 (1955), 354; *Bruns/Peters*[3] § 23 IV 2 Fn. 16; *Jauernig* ZwVR[19] § 18 IV A; *Stürner* (Fn. 9) Rdnr. 472; *Noack* (Fn. 9) 413. Soweit von einem unklagbaren öffentlich-rechtlichen »Anspruch« gesprochen wird (vgl. z. B. *Peters* aaO), besagt diese (unsichere) Einordnung inhaltlich kaum mehr als die im Text gewählte Terminologie.

[47] Zust. *Gaul* (Fn. 6) 114.

[48] *Winterstein* DGVZ 1989, 58; zu Waffen u. Munition generell → 814 Rdnr. 7 a. E.

[49] Der Schuldner bleibt Eigentümer der Sache *RGZ* 13, 273.

[50] Zur Behandlung unwirksamer Gebote → Rdnr. 9 nach Fn. 23.

[51] Also auch dem Schuldner, soweit sich ein Überschuß ergeben hätte *Brox/Walker*[4] Rdnr. 407.

[52] Dazu *Stadlhofer/Wissinger* Das Gebot in der Zwangsversteigerung (1993); *Gaul* (Fn. 6) 115 ff.

[53] Wegen der Ausnahmen → Rdnr. 5, 12 ff.

Zahlenden sowie der Höhe des Betrags aber vorweg durch den Zuschlag fixiert werden sollen[54]. Dieser bildet – insoweit ähnlich einem privatrechtlichen Kaufvertrag – den Rechtsgrund für die Eigentumszuweisung durch den Gerichtsvollzieher[55], und diese steht wiederum in Paralele zu den §§ 929 ff. BGB. Daraus darf aber nicht geschlossen werden, daß Zuschlag und Eigentumszuweisung privatrechtlicher Art seien.

20   2. Die in Gebot und **Zuschlag** zum Ausdruck kommende Willensübereinstimmung zwischen Bieter und Staatsorgan ist kein schuldrechtlicher Vertrag[56]. Weder Staat noch Gläubiger oder Bieter können aus dem Zuschlag auf Erfüllung klagen, → Rdnr. 16, der Bieter wird gemäß § 817 Abs. 3 nicht einmal an seinem Meistgebot festgehalten, sondern haftet höchstens für den Ausfall bei der nächsten Versteigerung; Gewährleistungsansprüche sind in § 806 ohnehin ausgeschlossen. Wenn überhaupt eine Einigung vertraglicher Art in Betracht kommt, was die Verweisung auf § 156 BGB andeuten könnte, so wäre es ein öffentlichrechtlicher Vertrag, der einige (dürftige) Paralellen zum Kaufvertrag aufweist[57]. Fraglich ist jedoch, ob sich Bieter und Gerichtsvollzieher hier wirklich als »Gleichgeordnete« gegenübertreten, und die bereits genannten Zweifel, ob überhaupt von »gegenseitigen Ansprüchen« im üblichen Sinn die Rede sein kann, sprechen wohl eher dafür, den Zuschlag als einseitigen, wenn auch durch das Meistgebot motivierten[58] Hoheitsakt anzusehen[59]. Jedenfalls läßt der Zuschlag die Eigentumsrechte noch unberührt[60].

21   3. Die **Eigentumszuweisung** durch den Gerichtsvollzieher[61]:
a) Der Gerichtsvollzieher überträgt – regelmäßig Zug um Zug gegen bare Zahlung des Meistgebots[62] – dem Meistbietenden die Sache zu Eigentum. Erst diese *Übertragung kraft hoheitlicher Gewalt*[63] macht den Ersteher zum lastenfreien Eigentümer[64], wie auch Abs. 3 unterstellt. Der Gerichtsvollzieher handelt weder als Vertreter oder Ermächtigter des Eigentümers oder Gläubigers noch in Anmaßung einer solchen Stellung[65], so daß die §§ 929–936, 164–185 BGB nicht gelten[66]. Der Verkauf ist kein Pfandverkauf, so daß auch die §§ 1242 ff. BGB ausscheiden[67]. Das gilt insbesondere von **§ 1244 BGB**, der im Falle unmittelbarer oder entsprechender Anwendung den Erwerb von Dritteigentum stets verhindern würde, mit wohl katastrophalen Folgen für die Bietbereitschaft. Denn *jeder* Erwerber wäre, falls ihm nicht

---

[54] Zust. *Gaul* (Fn. 6) 115.
[55] Zust. *Rosenberg/Schilken*[10] § 53 III 1 a.
[56] A.M. *Säcker* JZ 1971, 158; *Pesch* JR 1993, 360.
[57] So *OLG München* DGVZ 1980, 123 mwN. *Schilken* (Fn. 55); *Stürner* (Fn. 9) Rdnr. 472; *Schilken* (Fn. 7) Rdnr. 4; *Thomas/Putzo*[18] Rdnr. 2, 3; *Peters* (Fn. 46) § 23 IV 2. – A.M. (privatrechtlich) *AG Neustadt/Aisch* DGVZ 1964, 156 f. (zust. *Mümmler*); *Säcker* JZ 1971, 158.
[58] *Gaul* (Fn. 6): Zuschlag als Entscheidung über den Antrag »Gebot«. Damit ist der für etwaige Auslegungsfragen bedeutsame Zusammenhang der Erklärungen (vgl. die Kritik bei *Peters* (Fn. 46) § 23 IV 2) wohl genügend gewahrt.
[59] *G. Lüke* ZZP 68 (1955), 341 ff. u. ihm folgend *Rosenberg* Lb[9] § 191 IV 3 a; *Gaul* (Fn. 6) 111 f.; *Geißler* DGVZ 1994, 34; *Jauernig* (Fn. 46); *Noack* (Fn. 9) 414. Ob der Zuschlag auf ein unwirksames Gebot nichtig (*Lüke* aaO) oder wirksam ist, so *Jauernig* (Fn. 46) u. *Peters* (Fn. 46) § 23 IV 3 b, ist wegen § 817 Abs. 3 S. 1 kaum bedeutsam, wenn bar gezahlt wird (→ Rdnr. 21 ff.), u. eine Haftung nach § 817 Abs. 3 S. 2 setzt ohnehin wirksame Gebote voraus; → auch Fn. 88.
[60] *Wieczorek*[2] Anm. D I b 1 sieht darin noch die Einigung über den Eigentumsübergang.
[61] Dazu *G. Lüke* ZZP 67 (1954), 356 ff.; *Huber* (Fn. 1) 30 ff.

[62] → Rdnr. 12. Der GV darf den Erlös nicht vor der Übereignung abführen RGZ 35, 271; 153, 262. Verzögert sich die Übereignung, so muß er den Erlös zurückbehalten (z.B. auf seinem Dienstkonto → § 819 Rdnr. 2 a.E.) oder hinterlegen.
[63] Seit *RGZ* 156, 397 ff. = JW 1938, 898 ganz h.M.; s. *BGHZ* 55, 25 = NJW 1971, 800. *Pesch* (Fn. 56) hält dies für verfassungswidrig.
[64] RGZ 35, 270; 153, 257; *BGH* (Fn. 63) u. WM 1968, 1356, allg. M.
[65] H.M. *RG* (Fn. 6); *OLG Hamburg* MDR 1953, 103; *Jauernig* (Fn. 46) mwN; *Lindacher* JZ 1970, 361 f.; *Henckel Prozeßrecht u. materielles Recht* (1970), 316 ff.; *Schilken* (Fn. 9) Rdnr. 8; *MünchKomm BGB-Quack*[2] § 932 Rdnr. 9.
[66] *BGH* (Fn. 33 u. 63), → § 814 Rdnr. 2 a. Bei der Verwertung eigener Sachen des Gläubigers bedarf es daher weder eines Verzichts auf das Eigentum noch einer besonderen Ermächtigung oder Vollmacht zur Übereignung, → auch § 804 Rdnr. 13 ff.; davon zu unterscheiden ist der (schuldrechtliche) Wille zur Tilgung fremder Schuld → § 804 Fn. 86. – Zur Gegenansicht → § 814 Fn. 11.
[67] H.M., → § 814 Rdnr. 2, 2 a. Ausführlich zur Gegenansicht *Pinger* JR 1973, 94; *Marotzke* NJW 1978, 133; *Staudinger/Wiegand* BGB[12] Anh. § 1257 Rdnr. 29; offenlassend *Quack* (Fn. 65).

ausnahmsweise der Schuldner selbst sein Eigentum glaubhaft versichert hatte (was in dessen Situation grundsätzlich zu bezweifeln wäre), *grob fahrlässig*[68], weil es insoweit keinerlei Vertrauenstatbestand gibt mangels Eigentumsbehauptung des Schuldners[69] und mangels Prüfung der Eigentumslage durch den Gerichtsvollzieher wegen § 808 Abs. 1[70]. Wer aber die Bösgläubigkeit auf positive Kenntnis[71] oder gar nur auf Arglist[72] beschränken will, verläßt ohnehin die Wertung der §§ 932, 1244 BGB und begünstigt durch Aufstellung solcher nur im seltenen Zufall beweisbaren Tatbestandsmerkmale ungleiche Behandlung gleicher Rechtslagen[73]. Deshalb sollte man besser der h.M. folgen. Es kommt daher nicht darauf an, wer Eigentümer der Sache ist oder ob andere Rechte an ihr bestehen[74]. Das hindert zwar nicht eine Anwendung des § 826 BGB; aber sie läßt den Erwerb unberührt und führt lediglich zur Pflicht auf Rückübereignung oder Ersatz des Schadens in Geld an den ehemals Berechtigten.

Die Übereignung erfolgt regelmäßig durch eine mit dem Übereignungswillen[75] verbundene reale Übergabe, ähnlich der Besitzübertragung nach § 929 BGB[76]; ausnahmsweise genügt die ausdrückliche Zuweisung nur mittelbaren Besitzes (etwa entsprechend § 931 BGB), z.B. wenn sich die Sache nicht am Ort der Versteigerung befindet oder sonstige Transportprobleme entstehen würden[77], → auch § 824 Rdnr. 2. – Die Verstrickung der Sache endet mit der Übergabe[78]; die an der Sache bestehenden Rechte gehen unter und setzen sich fort am Erlös[79].

b) **Wesentliche Voraussetzungen** für den Eigentumsübergang sind nur
aa) eine noch im Zeitpunkt der Übergabe gültige Pfändung[80], nach BGH auch, daß die Sache nicht §§ 93f. BGB unterfällt[81];

---

[68] Umgekehrt gäbe es kaum Abweichungen von der h.M., stellte man wie *Henckel* (Fn. 65) auf Gutgläubigkeit nur in bezug auf Fehlerlosigkeit u. Zulässigkeit des Verwertungsvorgangs ab (als Ersatz für die hier zumeist ausscheidende Erinnerung, → Rdnr. 28): Bösgläubigkeit käme praktisch nur in Betracht bei in Rechtsangelegenheit erfahrenen Erwerbern, was wiederum Bedenken auslösen würde im Hinblick auf die im bürgerlichen Recht bewährte Standardisierung der Sorgfaltsanforderungen.

[69] Erwerber bei **freiwilliger** Versteigerung (§ 383 Abs. 3 BGB) dürfen solche Behauptung als stillschweigend erklärt annehmen u. darauf vertrauen; nur deshalb ist es sinnvoll, daß § 935 Abs. 2 immerhin guten Glauben verlangt, dazu *BGH* NJW 1990, 900 zu II 3 = WM 1902. Selbst wenn aber der Schuldner bei einer Versteigerung nach § 814 anwesend wäre, dürfte man seiner Behauptung in dieser Situation kaum Glauben schenken.

[70] Anders z. B., wenn der GV beim Schuldner den KFZ-Brief findet u. ihn dem Erwerber übergibt *BGHZ* 119, 85 = NJW 1992, 2574. Er lehnt ebenso jedes Vertrauen auf die Verfügungsbefugnis des Schuldners bei Sachpfändung ab, auch wenn der Schuldner den Eingriff schweigend duldet; insoweit richtig *Pesch* (Fn. 56) 364, aber ohne zu sehen, daß § 1244 BGB deshalb – anders als bei freiwilliger Verfügung – stets versagen würde.

[71] So in Anlehnung an den E 1931 *Peters* (Fn. 46) § 23 IV 3; praktische Bedeutung hätte dies wohl nur in den seltenen Fällen eines Erwerbs durch Gläubiger oder Schuldner selbst.

[72] So z.B. *Jauernig* (Fn. 46); *Lippross* Vollstreckungsrecht[5] 79; *AK-ZPO-Schmidt-von Rhein* Rdnr. 6.

[73] Dies gilt auch für *Tiedtke* Gutgläubiger Erwerb usw. (1985), 293ff. Er lehnt die entspr.Anw. des § 1244 zwar ab, will aber dem wissenden Erwerber eine Berufung auf den Erwerb nach § 242 BGB versagen.

[74] Ganz ü.M. seit *RG* (Fn. 63); *Brox/Walker*[4] Rdnr. 411 mwN; *Palandt/Bassenge* BGB[53] Einf. § 929 Rdnr. 2 sowie → § 814 Fn. 10, 13 u. besonders für Eigentumsanwartschaften Dritter (entgegen § 161 Abs. 1 BGB)

BGH (Fn. 63); krit. *Paulus* FS für Nipperdey I (1965), 923ff. Nach der privatrechtlichen Auffassung vom Pfänd-PfandR kommt es hier nicht auf dessen Bestand an.

[75] Erwerbswille des Erstehers hielt *Lent* AkadZ 1937, 333 für nicht erforderlich; anders *Schilken* (Fn. 9) Rdnr. 11: öffentlich-rechtlicher Übereignungsvertrag; i. E. ähnlich *Lüke* (Fn. 61), 369: Antrag auf Übereignung nötig, der jedoch in dem Gebot enthalten sei.

[76] *RGZ* 153, 261 mit 35, 270.

[77] H.M. *OLG München* BayJMBl 1956, 60 = ZMR 170; *Brox/Walker*[4] Rdnr. 411; *Rosenberg/Schilken*[10] § 53 III 1 b; *OLG Köln* JW 1930, 2987 ließ Einigung nach § 854 Abs. 2 BGB genügen (Klavier). Vgl. auch *Lüke* ZZP 67 (1954), 365ff. (Publizität unverzichtbar). – Ungenügend ist die bloße Erklärung, der Ersteher dürfe die Sachen alsbald in Besitz nehmen; insoweit treffend, im übrigen wohl zu eng *RG* (Fn. 76); *OLG München* MDR 1971, 1018[58]; *Thomas/Putzo*[18] Rdnr. 8.

[78] → § 803 Rdnr. 18f.

[79] → § 819 Rdnr. 1f.; auch wenn der bisherige Eigentümer selbst Ersteher ist *Lüke* (Fn. 61), 367; *Furtner* MDR 1963, 445f.

[80] → § 803 Rdnr. 20ff., § 808 Rdnr. 38; *BGH* (Fn. 33); *Gaul* NJW 1989, 2510f.; *Baur/Stürner*[11] Rdnr. 473. – A.M. *Lindacher* JZ 1970, 360ff.; *E. Schneider* DRiZ 1963, 143; *Peters* (Fn. 46) § 23 IV 3c (Mangel kein Gutgläubigkeit unerheblich); *Stöber* (Fn. 35) Rdnr. 9. Zur Gutgläubigkeit des Erstehers an eine wirksame Pfändung → § 814 Fn. 5. Die Wirksamkeit des Erwerbs vom Pfänd-PfandR abhängig zu machen, so *Geißler* (Fn. 59) 36, ist überflüssig, wenn man (wie auch er) der prozessualen Theorie → § 804 Rdnr. 7 folgt, andernfalls aber unangebracht.

[81] *BGHZ* 104, 301 = NJW 1988, 2790[5]; *Pesch* JR 1993, 365; *Stöber* (Fn. 35) § 864 Rdnr. 8; s. dagegen *Gaul* NJW 1989, 2511f.; krit. *Vollkommer/Weinland* EWiR § 825 ZPO 1/88. Zur Frage, ob schon die **Pfändung** in solchen Fällen nichtig ist, → § 865 Rdnr. 36.

bb) daß eine öffentliche Versteigerung stattgefunden hat und das Gebot beglichen ist, soweit nicht ausnahmsweise eine Barzahlung unterbleiben darf[82];

cc) die Einhaltung bekanntgegebener[83] Mindestgebotsgrenzen;

dd) Prozeßfähigkeit oder wenigstens beschränkte Geschäftsfähigkeit des Erwerbers[84];

24 c) Andere Umstände wie Nichtbestehen der Titelforderung, mangelndes Eigentum des Schuldners[85], Unpfändbarkeit (auch infolge Zubehöreigenschaft → § 865 Rdnr. 36), Außerachtlassung einstweiliger Einstellung, Nichtbekanntgabe oder unrichtige Festsetzung der Mindestgebotsgrenzen[86], wegen Minderjährigkeit unwirksames Gebot[87], fehlerhafter Zuschlag[88] und sonstige Verstöße gegen die Ordnungsmäßigkeit des Verfahrens, z.B. voreilige Versteigerung entgeng § 824, berühren die Wirksamkeit der Eigentumsübertragung nicht, und zwar auch insoweit ohne Rücksicht auf den guten oder bösen Glauben des Erstehers[89].

25 d) Daß der Ersteher, obwohl der Rechtserwerb sich nicht durch Privatrechtsgeschäft vollzieht, ebenso wie der Ersteher des ZVG Rechtsnachfolger des Schuldners im Sinne der §§ 265, 325, 445 usw. ist, → § 265 Rdnr. 23 f.

26 e) Scheitert die Eigentumsübertragung (→ Rdnr. 23), ist aber der Besitz schon auf den Ersteher übertragen (→ Rdnr. 21), so ist die Pfandsache entstrickt[90] und kann nur nach § 809 erneut gepfändet oder über den Weg der §§ 846 f. verwertet werden; eine Wegnahme ohne Titel gegen den Dritten scheidet aus[91].

f) Wegen der Übertragung versteigerter **Rechte** → §§ 821, 844.

27 4. Die Zwangsversteigerung unterliegt der **Umsatzsteuer**, wenn auch eine Veräußerung durch den Schuldner umsatzsteuerpflichtig wäre[92]. Zur Börsenumsatzsteuer → § 821 Rdnr. 8 a.E.

28 5. **Erinnerungen** nach § 766 sind gegen den *Zuschlag*[93] und die *Eigentumsübertragung* nur solange zulässig, bis der Eigentumserwerb des Erstehers vollendet ist[94], obwohl die Zwangsvollstreckung grundsätzlich erst mit der Ablieferung des Erlöses an den Gläubiger endet[95]; die (im Gegensatz zur Beschwerde nach §§ 96 f. ZVG) unbefristete Erinnerung würde für den

---

[82] Zur Öffentlichkeit → § 814 Rdnr. 5, zur Zahlung → oben Rdnr. 12, 14; *Schilken* (Fn. 77) § 53 III 1 b aa mwN, h.M. Bei diesen Verfahrensmängeln kommt guter Glaube (Fn. 80) ohnehin nicht in Betracht; a.M. wohl *Henckel* (Fn. 68). S. auch *KG* DGVZ 1956, 55. – A.M. *Stöber* (Fn. 35) Rdnr. 9.

[83] *Schilken* (Fn. 9) Rdnr. 12. Ohne Bekanntmachung (§ 817a Abs. 1 S. 2) könnte der Ersteher wegen des Schätzungsspielraums nicht wissen, ob er Eigentum erwirbt; an diesem Mangel darf daher die Übereignung ebensowenig scheitern wie an einer unrichtigen Schätzung. Ähnlich *OLG München* NJW 1959, 1832; *Noack* Büro 1973, 267; *Hartmann* (Fn. 36) § 817a Rdnr. 1. *Wieczorek*² § 817a Anm. A III will bei Nichtbekanntgabe auf das Erreichen des »richtigen« Wertes abstellen, hält aber zutreffend ein zu niedriges Mindestgebot für unschädlich. – A.M. (Verstoß stets unschädlich, nur Amtshaftung) *Brox/Walker*⁴ Rdnr. 416; *Geißler* DGVZ 1994, 37; *Stöber* (Fn. 35) Rdnr. 9; *Thomas/Putzo*¹⁸ Rdnr. 9; *K. Schreiber* JR 1979, 237, möglicherweise auch *OLG Frankfurt* VersR 1980, 50 (bekanntgegeben?).

[84] Weitergehend (Prozeßfähigkeit unerläßlich) *Schilken* (Fn. 9) Rdnr. 12, → dagegen Fn. 87. A.M. (fehlende Geschäftsfähigkeit stets unschädlich) *Jauernig* (Fn. 46) § 18 IV A.

[85] → § 771 Rdnr. 72. Da der GV beides nicht zu prüfen hat, führen diese Mängel nicht einmal zur Unzulässigkeit, geschweige denn zur Unwirksamkeit der Versteigerung, vgl. *Lindacher* JZ 1970, 361.

[86] → Fn. 83.

[87] A.M. *Schilken* (Fn. 9) Rdnr. 12; *Lackmann* ZVR² Rdnr. 173; *Geißler* (Fn. 59); aber die Haftung nach § 817 Abs. 3 S. 2 trifft Minderjährige mangels wirksamen Gebots nicht, u. nach dem Rechtsgedanken des § 110 BGB ist deren Barzahlung hinnehmbar.

[88] Zu unterscheiden von etwaiger Nichtigkeit des Zuschlagsaktes. Der Akt des Zuschlags ist zwar wesentlich für den Begriff »Versteigerung« (→ Rdnr. 23), aber seine Fehlerfreiheit ist deshalb noch keine wesentliche Verfahrensvoraussetzung für die Übereignung; wie hier *Lüke* (Fn. 46). – A.M. *Lüke* (Fn. 61), 368.

[89] → Fn. 67, 80, 82, Rdnr. 128 vor § 704; z.B. zu § 824 *Schilken* (Fn. 9) dort Rdnr. 3 mwN.

[90] → § 803 Rdnr. 11.

[91] *Noack* DGVZ 1967, 36; *Stöber* (Fn. 35) Rdnr. 9; auch dann, wenn man hier noch Verstrickung bejahen würde, → § 808 Rdnr. 37, § 809 Rdnr. 6.

[92] S. § 1 Abs. 1 Nr. 1 S. 2 lit. a UStG v. 8.2.1991 (BGBl. I 350). Der Umsatz liegt im Verhältnis zwischen Schuldner und Erwerber vor, vgl. *BFH* BStBl.II 1986, 500; *Forgach* BB 1985, 988; *Bunges/Geist* UStG⁴ § 1 Rdnr. 52. Wegen der Hinweis- und Auskunftspflicht des GV s. § 87 GVO der Länder.

[93] Sie steht dem GV nicht zu *AG Düsseldorf* DGVZ 1961, 190.

[94] *Schilken* (Fn. 9) Rdnr. 23.

[95] → Rdnr. 117 vor § 704, § 766 Rdnr. 37 f.; *Hartmann* (Fn. 36) Rdnr. 6, 12; *Thomas/Putzo*¹⁸ Rdnr. 14.

Erwerber eine unerträgliche Unsicherheit bedeuten[96]. Eine Entscheidung wird daher gewöhnlich zu spät erfolgen[97], wenn nicht ausnahmsweise die Zeit für eine einstweilige Anordnung[98] ausreicht, z. B. wenn die Übertragung des Besitzes an den Erwerber noch aussteht[99], s. auch Genfer LuftfahrtÜ[100] Art. 7 Abs. 4. Zu Überlegungen, wie solche Ergebnisse zu vermeiden wären, → § 814 Rdnr. 2a Fn. 14 a. E.

V. Folgen gescheiterter Versteigerung

Wegen eines neuen Versteigerungstermins nach *ergebnislosem Verlauf* des ersten → § 817a Rdnr. 8; im übrigen hat vorbehaltlich des § 817a Abs. 3 der Gläubiger nach § 825 eine Anordnung des Vollstreckungsgerichts über die *anderweitige Verwertung* herbeizuführen, insbesondere, wenn er ohne Versteigerung die Sachen selbst übernehmen will[101]. Andernfalls sind die Pfandstücke dem Schuldner in Anwendung des § 803 Abs. 2 zurückzugeben, womit die Pfändung aufgehoben ist, → § 817a Rdnr. 10.

29

§ 817a [Mindestgebot]

(1) ¹Der Zuschlag darf nur auf ein Gebot erteilt werden, das mindestens die Hälfte des gewöhnlichen Verkaufswertes der Sache erreicht (Mindestgebot). ²Der gewöhnliche Verkaufswert und das Mindestgebot sollen bei dem Ausbieten bekanntgegeben werden.

(2) ¹Wird der Zuschlag nicht erteilt, weil ein das Mindestgebot erreichendes Gebot nicht abgegeben ist, so bleibt das Pfandrecht des Gläubigers bestehen. ²Er kann jederzeit die Anberaumung eines neuen Versteigerungstermins oder die Anordnung anderweitiger Verwertung der gepfändeten Sache nach § 825 beantragen. ³Wird die anderweitige Verwertung angeordnet, so gilt Absatz 1 entsprechend.

(3) ¹Gold- und Silbersachen dürfen auch nicht unter ihrem Gold- oder Silberwert zugeschlagen werden. ²Wird ein den Zuschlag gestattendes Gebot nicht abgegeben, so kann der Gerichtsvollzieher den Verkauf aus freier Hand zu dem Preise bewirken, der den Gold oder Silberwert erreicht, jedoch nicht unter der Hälfte des gewöhnlichen Verkaufswertes.

Gesetzesgeschichte: Bis 1953 in §§ 3, 4 MindestgebotsVO RGBl. 1914 427 und in § 820 enthalten. Änderung BGBl. 1953 I 952.

I. Allgemeines[1]

§ 817a will im Interesse aller Beteiligten[2] und der Allgemeinheit die wirtschaftliche *Verschleuderung*[3] von Pfandstücken bei der Zwangsversteigerung *verhindern*. Vgl. auch § 85a ZVG. Zum *Geltungsbereich* → § 813 Rdnr. 1, für andere Verwertungsarten → § 825 Rdnr. 9ff., über das Verfahren bei unzureichenden Geboten → Rdnr. 8−10, zur Beachtung des allgemeinen Preisrechts → Rdnr. 11.

1

---

[96] *Henckel* (Fn. 65) 317. I.E. ebenso *Lüke* (Fn. 61), 368; *Huber* (Fn. 1) 100ff.; *Thomas/Putzo*[18] Rdnr. 14. Erwägenswert wären kurz befristete Rechtsbehelfe de lege ferenda → auch § 814 Fn. 14 a.E.
[97] → § 766 Fn. 254.
[98] → § 766 Rdnr. 40.
[99] → Rdnr. 22.
[100] → § 816 Rdnr. 8.
[101] → § 816 Rdnr. 5, § 817 Rdnr. 14.

[1] *Noack* DGVZ 1957, 33; 1967, 34ff.; *Büro* 1973, 266f. Zur Geschichte → 19. Aufl. I u. § 813 I 1.
[2] Amtspflicht gegenüber Dritten begründet § 817a ebensowenig wie § 300 AO, *OLG Düsseldorf* NJW-RR 1992, 1246 mwN.
[3] S. auch *Ammermann* MDR 1975, 458.

II. Die Versteigerung

2 1. Nach **Abs. 1 S. 1** darf der Zuschlag nur auf ein Gebot erteilt werden, das mindestens die Hälfte des gewöhnlichen Verkaufswertes erreicht (**Mindestgebot**). Zur Schätzung dieses Wertes → § 813 Rdnr. 2f., zu seiner Bekanntgabe → Rdnr. 5 und wegen *Wertpapieren* → § 821 Rdnr. 10. Nach **Abs. 3 S. 1** dürfen *Gold- und Silberwaren* nicht unter dem Edelmetallwert zugeschlagen werden; wird kein zureichendes Gebot abgegeben, sind sie mindestens zum Metallwert und nicht unter dem halben gewöhnlichen Verkaufswert freihändig zu veräußern, **Abs. 3 S. 2**. Ist also der Metallwert höher als die Hälfte des gewöhnlichen Verkaufswertes, so darf nicht unter dem Metallwert, ist er niedriger, so darf nicht unter der Hälfte des gewöhnlichen Verkaufswertes zugeschlagen werden. Bei *Ersatzteilen für Luftfahrzeuge*, auf die sich ein Registerpfandrecht erstreckt, wird das Mindestgebot unter Berücksichtigung vorrangiger Registerpfandrechte vom Vollstreckungsgericht[4] festgelegt, §§ 71, 100 Nr. 2, 3 LuftfzRG[5], s. auch Art. 10 Abs. 3 Genfer LuftfahrtÜ[6].

3 Abs. 1 und 2 *gelten nicht*, wenn aus den Gründen → § 816 Rdnr. 1 Fn. 5 Eile geboten ist[7].

4 Die Festsetzung des Mindestgebots kann nach §§ 766, 793 angefochten werden; → aber auch § 813 Rdnr. 13. Aufschiebende Wirkung haben die Rechtsbehelfe hier ebensowenig wie sonst. Zur Änderung der Schätzung oder einer erneuten Schätzung → § 813 Rdnr. 14. Mit dem Erwerb des Erstehers werden Rechtsbehelfe oder andere Schätzungen gegenstandslos, → § 817 Rdnr. 28.

5 2. Der geschätzte **Verkaufswert**[8] und das **Mindestgebot** sind nach **Abs. 1 S. 2** vor der Aufforderung zur Abgabe von Geboten **bekanntzugeben**, um den Interessenten einen Anhaltspunkt zu bieten[9]. Die Unterlassung kann zwar Amtshaftung auslösen[10], verpflichtet aber den Gerichtsvollzieher nicht zum Zuschlag auf ein unter dem Mindestgebot liegendes Meistgebot, denn ein Recht auf den Zuschlag gibt es nicht, → § 817 Rdnr. 8. Auch sonstige für die Zwangsversteigerung beachtliche Preisgrenzen[11], sind bekanntzugeben, soweit sie nicht schon bei der Festsetzung des gewöhnlichen Verkaufswertes und des Mindestgebots berücksichtigt sind. Gleiches gilt für den *Metallwert* bei Gold- und Silbersachen.

6 3. Wird ein das **Mindestgebot erreichendes Gebot nicht abgegeben**, so ist ein Zuschlag nicht zu erteilen, Abs. 1, es sei denn, daß alle Pfändungsgläubiger und der Schuldner mit ihm einverstanden sind; denn sie sind die an der Einhaltung der Vorschrift allein Interessierten, kennen das höchste Gebot[12], und die Belange der Allgemeinheit werden durch solche Einzelfälle nicht beeinträchtigt. Auf ein das Mindestgebot *erreichendes* Gebot darf der Zuschlag nicht wegen Unangemessenheit versagt werden, → § 817 Rdnr. 9.

7 4. Ist der Zuschlag auf ein Gebot erteilt, das unter der Hälfte des geschätzten Verkaufswertes liegt, so haftet für diesen Verstoß der Staat[13], nicht aber Gläubiger oder Ersteher nach § 812 BGB[14]; der Erwerb des Erstehers wird dadurch nur unwirksam, wenn ein *bekanntgege-*

---

[4] → § 808 Rdnr. 31 Fn. 201.
[5] → Rdnr. 14 vor § 704.
[6] → § 816 Rdnr. 8.
[7] § 145 Nr. 2c GVGA, ganz h.M. *MünchKommZPO-Schilken* Rdnr. 3 mwN. – A.M. *Wieczorek*² Anm. A IV b.
[8] → § 813 Rdnr. 2f.
[9] Wegen der Änderung eines schon bekanntgegebenen Wertes s. § 132 Nr. 8, § 145 Nr. 2f. GVGA; *LG Frankfurt* DGVZ 1957, 139.
[10] *Schilken* (Fn. 7) Rdnr. 4 mwN. *KG* NJW-RR 1986, 201 gewährte einstweilige Verfügung gegen den GV auf Unterlassung wegen manipulierter, überhöhter Preise.
[11] → Rdnr. 11.
[12] Ganz h.M. *Baumbach/Hartmann*⁵³ Rdnr. 4; *Blo-*

meyer ZwVR § 49 III 3; *Noack* Büro 1973, 267, auch § 145 Nr. 2c GVGA; *Thomas/Putzo*¹⁸ Rdnr. 1. *OLG München* NJW 1959, 1832 läßt dies offen, hält aber mit Recht den **vor** dem Zuschlag erklärten Verzicht des Schuldners für unerheblich, zust. *Schilken* (Fn. 7) Rdnr. 3 Fn. 3. – A.M. *Wieczorek*² Anm. B I b.
[13] → § 753 Rdnr. 7; *LG Essen* DGVZ 1993, 138. Zum Haftungsumfang ausführlich *Ammermann* (Fn. 3), vgl. auch *OLG Frankfurt* § 817 Fn. 83 a.E. Verneint für Dritte von *OLG Düsseldorf* NJW-RR 1992, 1245.
[14] *OLG München* (Fn. 12). Zur eventuellen Haftung des betreibenden Gläubigers nach §§ 823, 826 BGB → § 755 Rdnr. 5.

benes Mindestgebot nicht eingehalten wurde[15], und Bereicherungsansprüche können darauf ebenfalls nicht gestützt werden.

III. Weiteres Verfahren

Wird der **Zuschlag nicht erteilt,** weil das Mindestgebot nicht erreicht ist – gleichviel ob überhaupt keine oder nur ungenügende Gebote abgegeben wurden – so bleibt nach **Abs. 2 S. 1** die *Pfändung* und damit auch das *Pfandrecht* bestehen. Der Gläubiger kann jederzeit einen neuen Versteigerungstermin oder anderweitige Verwertung nach § 825 beantragen.

Im Gegensatz zu §§ 74a Abs. 4, 85a ZVG muß das Mindestgebot auch bei einer **erneuten Versteigerung** erreicht werden, es sei denn, daß nunmehr eine der → Rdnr. 3 aufgeführten Voraussetzungen vorliegt oder eine Einigung zustandekommt, → Rdnr. 6; gleiches gilt im Verfahren nach § 825[16].

Scheitert auch die erneute Versteigerung oder die anderweitige Verwertung und erscheint ein dritter Versuch sinnlos, so ist in entsprechender Anwendung des dem § 803 Abs. 2 zugrunde liegenden Gedankens die Pfändung aufzuheben[17], denn ein Recht auf unbegrenzte Fortdauer der Beschlagnahme hat der Gläubiger ebensowenig wie ein Recht auf Versteigerung entgegen Abs. 1[18].

IV. Preisrecht

Ob allgemeine Preisbildungsvorschriften, wie sie vor allem in Notzeiten erlassen werden, für die Zwangsversteigerung überhaupt Geltung beanspruchen, ist ihrem Wortlaut und Sinn zu entnehmen; im Zweifel ist die Frage zu verneinen, → § 814 Rdnr. 9. Soweit ausnahmsweise Preisbindungen bestehen[19] und für die Zwangsversteigerung gelten, darf das Mindestgebot nicht unter einem Mindest- oder Festpreis bleiben, der gewöhnliche Verkaufswert darf den Höchst- oder Festpreis nicht überschreiten. Bei danach unzureichenden Geboten gilt das → Rdnr. 6, 7 Bemerkte. Bei mehreren, gleichzeitig abgegebenen und gleich hohen Geboten entscheidet das Los[20]. Dabei sind Gebote gleich zu behandeln, die den höchstzulässigen Preis erreichen oder überschreiten.

§ 818 [Einstellung der Versteigerung]

Die Versteigerung wird eingestellt, sobald der Erlös zur Befriedigung des Gläubigers und zur Deckung der Kosten der Zwangsvollstreckung hinreicht.

Gesetzesgeschichte: Bis 1900 § 719 CPO.

---

[15] → § 817 Rdnr. 23.
[16] → § 825 Rdnr. 9.
[17] Nicht bevor der Gläubiger Gelegenheit zur Äußerung hatte, § 145 Nr. 2c GVGA u. → § 803 Rdnr. 15 Fn. 37; *Schilken* (Fn. 7) Rdnr. 5. **Widerspricht** er, so darf nur noch das nach § 766 angerufene VollstrGer die Aufhebung anordnen (a.M. *Schilken* aaO); für den Akt der Aufhebung ist es sachlich nicht zuständig → § 776 Rdnr. 2 Fn. 9, § 803 Rdnr. 15, insoweit a.M. *Hartmann* (Fn. 12) Rdnr. 4 zu C.

[18] *Lippross* Grundlagen usw. (1983), 131 Fn. 92 gegen *Alisch* Wege zur interessengerechten Auslegung usw. (1981), 63 ff.
[19] Vgl. die Nachweise bei *Schlegelberger/Friedrich* Das Recht der Gegenwart[25] zu den Stichworten »Höchstpreise«, »Mindestpreise« u. »Preise«.
[20] Ein Höchstpreis könnte jetzt nicht mehr ohne weiteres als gewöhnlicher Verkaufswert bezeichnet werden (so noch die AV des RJM vom 12. IV. 1943 DJ 249 unter IV).

1 I. Die **Einstellung der Versteigerung** setzt voraus, daß bei einer Mehrheit gepfändeter Sachen durch den Erlös für einen Teil von ihnen (auch wenn er aus einer Verwertung nach § 825 stammt) die Kosten der Vollstreckung, einschließlich derjenigen der Versteigerung (§ 788), und der gesamte Anspruch des Gläubigers gedeckt sind. Zur Mitberücksichtigung vom Schuldner gezahlter Teilbeträge → § 754 Rdnr. 1–2c. Dazu treten nach § 805 vorzugsweise zu befriedigende Ansprüche Dritter, soweit deren Rechte durch Urteil[1] oder einstweilige Anordnung nach § 805 Abs. 4[2] anerkannt sind oder der Schuldner[3] mit der Berücksichtigung einverstanden ist. Eine *Anschlußpfändung* ist nur zu berücksichtigen, wenn auch für sie die Frist des § 816 Abs. 1 abgelaufen ist[4]. An den nicht versteigerten Sachen erlischt die Pfändung erst durch Entstrickung. Sie darf nur dann durch Ablösung des Siegels oder Rückgabe an den Schuldner vorgenommen werden, wenn die Sache nicht noch für andere Gläubiger gepfändet ist, → § 803 Rdnr. 20.

2 II. **Verstöße** gegen § 818 führen zur Amtshaftung[5], beeinträchtigen aber nicht die Wirksamkeit eines Erwerbs, der nicht rechtzeitig nach § 766 verhindert werden konnte, → § 814 Rdnr. 2, § 817 Rdnr. 24, 28 (auch zur Gegenansicht).

§ 819   [Wirkung des Erlösempfanges]

Die Empfangnahme des Erlöses durch den Gerichtsvollzieher gilt als Zahlung von seiten des Schuldners, sofern nicht dem Schuldner nachgelassen ist, durch Sicherheitsleistung oder durch Hinterlegung die Vollstreckung abzuwenden.

Gesetzesgeschichte: Bis 1900 § 720 CPO.

I. Rechte am Erlös[1]

1 1. Wenn der Ersteher (oder der Erwerber bei freihändiger Veräußerung, § 825) den Erlös an den Gerichtsvollzieher zahlt, so *tritt der Erlös an die Stelle der gepfändeten Sache*. Er gelangt so in die staatliche Verstrickung[2], und steht demjenigen zu, dem die Sache gehörte. Alle Rechte an der Sache bestehen nunmehr am Erlös fort, insbesondere das Pfandrecht des Gläubigers[3] und etwaige sonstige Pfandrechte[4]. Diese Surrogation ist zwar in der ZPO nicht ausgesprochen und weder daraus abzuleiten, was der Ersteher oder der Gerichtsvollzieher sich bei der Zahlung gedacht haben mögen[5], noch aus § 1247 S. 2 BGB[6], der hier nicht gilt[7]. Aber dieser Grundsatz ist schon lange vor Geltung des BGB der selbstverständliche Inhalt

---

[1] Zust. *MünchKommZPO-Schilken* Rdnr. 2; a.M. *Zöller/Stöber*[19] Rdnr. 1 (nur rechtskräftiges Urteil); aber nach dem Zweck des § 818 soll der Erlös mit einiger Sicherheit hinreichen.
[2] *Schilken* (Fn. 1); *Wieczorek*[2] Anm. A III. – A.M. *Baumbach/Hartmann*[53] Rdnr. 1 (nur Urteil).
[3] Nur er ist hier betroffen, anders als bei Auszahlung (→ dazu § 805 Rdnr. 18). Wie hier *Hartmann* (Fn. 2); *Schilken* (Fn. 1); a.M. *Stöber* (Fn. 1): alle Beteiligten.
[4] → § 816 Rdnr. 1 Fn. 4.
[5] → § 753 Rdnr. 7 mit § 817a Fn. 13.
[1] Vgl. *Stein* Grundfragen (1913), 77f.; *Noack* MDR 1973, 988. Die umfangreiche Lit über das Recht am Erlös bezieht sich meist auf die Frage der Bereicherung bei Versteigerung fremder Sachen; → dazu § 771 Rdnr. 73–75.
[2] → § 803 Rdnr. 10.
[3] → § 804 Rdnr. 20.
[4] → § 805 Rdnr. 27.
[5] So z.B. *Schultz* Vollstreckungsbeschwerde (1911), 355f.; s. auch *RGZ* 80, 185ff.
[6] So u.a. *Wieczorek*[2] Anm. A I; *Thomas/Putzo*[18] Rdnr. 1; *Wolff* ZV in eine dem Schuldner nicht gehörige Sache (1905), 14ff.; vgl. auch *Pollack* ZHR 1979, 349f. – *RGZ* 156, 399 erwähnt § 1247 S. 2 BGB nur als Parallelfall.
[7] → § 814 Rdnr. 2.

jeder Ordnung der Zwangsvollstreckung gewesen und bedurfte deshalb keiner Normierung[8], wie denn auch das ZVG in §§ 37 Nr. 5, 92 bei gleicher Rechtslage ihn nicht ausspricht, sondern als selbstverständlich voraussetzt. Schließlich fehlt auch jeder sachliche Grund für eine Änderung der dinglichen Rechtslage. Daß § 819 mit seiner **Fiktion der Zahlung** nicht das Gegenteil anordnet, ist für die gleichlautende und gleichwertige Vorschrift bezüglich gepfändeten Geldes → § 815 Rdnr. 14 dargelegt. Nur zugunsten des Schuldners und im Verhältnis zum Gläubiger geht die *Gefahr* auf den Gläubiger über[9], soweit nicht eine Hinterlegung zu erfolgen hat[10].

Der Erlös tritt daher in allen Fällen an die Stelle der Sache[11], und es können deshalb bis zur Ablieferung des Erlöses (→ Rdnr. 6ff.) sowohl Anschlußpfändungen erfolgen[12] wie Klagen nach §§ 771, 805 erhoben werden. In diesem Stadium sind noch Erinnerung und Einstellung des Verfahrens möglich und insolvenzrechtliche Hindernisse[13] zu beachten; dies gilt auch für den vorübergehenden Verbleib des Erlöses auf dem Dienstkonto des Gerichtsvollziehers[14], → aber zur Pfändung § 826 Rdnr. 2. 2

2. Ferner folgt daraus, daß die vom Gerichtsvollzieher bewirkten Zahlungen (→ Rdnr. 9ff.) im Sinne des § 30 KO und des § 6 aF AnfG (§§ 130f. InsO, § 10 nF AnfG) solche aus dem Vermögen des Schuldners sind[15], und daß, wenn ein Dritter Eigentümer oder vorrangiger Pfandgläubiger war, der Gläubiger den Erlös unmittelbar auf dessen Kosten erhalten hat[16]. Zur Fortsetzung der Vollstreckung → § 815 Rdnr. 17. – Über die Rechtslage nach **Hinterlegung** → §§ 804 Rdnr. 49ff., 815 Rdnr. 21f., 826 Rdnr. 2. 3

3. Was für den Erlös gilt, ist entsprechend auf die *Forderung gegen den Ersteher* anzuwenden[17], soweit ausnahmsweise Stundung bewilligt war, → Rdnr. 12 und § 817 Rdnr. 12. 4

II. Auszahlung des Erlöses

Wie der *Gerichtsvollzieher mit dem Erlös zu verfahren hat,* regelt die ZPO (abgesehen von der nach Austauschpfändung den Schuldnern zu überlassenden Beträgen → § 811a Rdnr. 20), nicht ausdrücklich. 5

1. Nur mittelbar kann aus den §§ 817 Abs. 4, 827 Abs. 2 entnommen werden, daß der Gerichtsvollzieher nach Beendigung der Versteigerung durch Übergabe der Sache[18] zunächst die Kosten der Versteigerung abzieht, d.h. seine Gebühren aus § 21 GVKG vorweg entnehmen kann, § 6 S. 1 GVKG[19], und sonstige Kosten (z.B. Transportkosten) vom Erlös des oder der Auftraggeber[20] einbehält, § 6 S. 2 GVKG[21], soweit sich nicht Einschränkungen aus § 7 6

---

[8] *Stein* (Fn. 1) mwN. Das übersieht *Günther* AcP 178 (1978), 457ff. zu Fn. 8, 21.
[9] Zur materiell-rechtlichen Wirkung für Zinsen unrichtig AG Wuppertal DGVZ 1978, 29.
[10] → § 815 Rdnr. 16ff.
[11] Im Ergebnis (nicht in der Begründung) ganz h.M.
[12] § 826 Rdnr. 1f.
[13] → dazu § 775 Rdnr. 35ff.
[14] → § 815 Rdnr. 14.
[15] RGZ 3, 397; vgl. auch (für Zwangsversteigerung) BGHZ 68, 278 = NJW 1977, 1287 = Rpfleger 246f. – Anders, wenn ihm die Sache nicht gehörte, → § 804 Rdnr. 25ff. (aber auch dort Fn. 86 a.E.) u. zur Geldpfändung → § 815 Rdnr. 19.
[16] Fn. 38 und § 771 Rdnr. 73–75.
[17] Vgl. BGH (Fn. 15).
[18] Nicht vorher, denn bis dahin ist noch Einstellung der ZV in die Sache, Anschlußpfändung oder Beschlagnahme nach dem ZVG möglich, → § 817 Fn. 62, Rdnr. 28, § 826 Rdnr. 2.

[19] Ebenso Art. 7 Abs. 6 Genfer LuftfahrtÜ (→ § 816 Rdnr. 8). Zur str. Frage, ob dies auch trotz **Kostenfreiheit** nach § 8 GVKostG gilt, falls der Erlös nicht reicht, → § 788 Fn. 12. Zur Aufteilung solcher Wertgebühren bei nicht ausreichendem Erlös s. § 15 S. 2 GVKG.
[20] Wird dieselbe Sache für mehrere zugleich gepfändet → § 827 Rdnr. 7, so ist ein durch einstweilige Einstellung oder Aussetzung der Verwertung an der Fortsetzung seiner ZV gehinderter Gläubiger »Auftraggeber« i.S.d. § 6 S. 2 GVKG u. »beteiligter Gläubiger« i.S.d. § 168 Nr. 5 GVGA nur für **zuvor** entstandene Kosten; während der Verhinderung entstehende Auslagen belasten daher nur die Betreibenden LG Essen Büro 1972, 634. Da jedoch nach h.M. die in § 6 S. 2 GVKG genannten »sonstigen« Kosten pro Kopf aufzuteilen sind, müssen Betreibende Rücknahme des ZV-Auftrags erwägen, falls zu hohe Kosten drohen LG Essen aaO. Für Anschlußpfändungen → § 827 Rdnr. 4.
[21] Zum früher erhobenen Aufgeld → 20. Aufl. § 817 Fn. 18.

GVKG[22] ergeben (Prozeßkostenhilfe). Der Rest ist, sofern nicht ein Dritter einen vollstreckbaren Titel nach § 805 erwirkt **und** vorgelegt hat[23], »zur Befriedigung des Gläubigers zu verwenden« und bei mehreren Gläubigern nach der Reihe der Pfändungen zu verteilen, es sei denn, daß eine Hinterlegung aus einem der zu § 815 Rdnr. 21, 22 dargelegten Gründe erfolgen muß. Ist in Kürze ein Einstellungsbeschluß zugunsten eines Dritten (§§ 771, 781, 786, 805) zu erwarten, so darf nicht sofort ausgezahlt werden[24]. Weil selbstverständlich, erwähnt das Gesetz nicht mehr, daß ein etwaiger Überschuß dem Schuldner und im Insolvenzfalle der Masse gebührt. Abweichungen, z. B. die Befriedigung des Vorzugsberechtigten ohne Klage, bedürfen der Zustimmung aller Beteiligten[25]. Die Geschäftsanweisungen haben die Berechnung und Verteilung nach diesen Gesichtspunkten angeordnet[26]. Titulierte Verzinsung endet mit der Auszahlung[27]. Hat ein Gläubiger wegen unterschiedlicher Forderungen dieselbe Sache gepfändet, so kann er entsprechend § 366 Abs. 2 BGB die Tilgung abweichend vom Rang seiner Pfändungen bestimmen[28].

7   Zur Auszahlung an den Gläubiger, seinen Prozeßbevollmächtigten oder empfangsberechtigten Dritten → § 815 Rdnr. 1. Wegen Zahlung mit Auslandsbeziehung und einer auch vom Gerichtsvollzieher zu beachtenden Meldepflicht s. § 4 Abs. 1 AWG mit §§ 58a-63 AWV[29] und → Rdnr. 58 vor § 704. Über wertgesicherte oder auf ausländische Währung lautende Titel → Rdnr. 156, 159, 162 vor § 704.

8   2. Die **Pflicht zur Auszahlung ist eine öffentlich-rechtliche,** die Gerichtsvollziehern als Beamten obliegt, keine privatrechtliche[30]. Sie entspricht dem Recht des Gläubigers auf Vollstreckung, das er nach Maßgabe des Titels auch dann hat, wenn ihm der materielle Anspruch fehlt[31], und dem Recht des Schuldners, der die Vollstreckung nur nach Maßgabe des Titels zu erdulden hat, auf Beseitigung überschießender Maßnahmen (vgl. auch § 818). Auch der Gläubiger hat keinen privatrechtlichen Anspruch gegen den Gerichtsvollzieher; es besteht nur ein öffentliches Recht auf Ausfolgung des Erlöses → Rdnr. 9; wegen dessen Pfändung → § 857 Rdnr. 40, 44. Zur Auszahlung an einen Nichtberechtigten → Rdnr. 9.

9   3. Die Auszahlung des Erlöses ist die aus Pfändung und Gesetz[32] folgende **Zwangsverfügung der staatlichen Gewalt.** Eigentümer des Geldes wird, ebenso wie bei der Übergabe der versteigerten Sachen an den Ersteher[33] derjenige, dem es der Gerichtsvollzieher zu Eigentum[34] übergibt, bei Einzahlung oder Überweisung auf ein Konto des Empfängers das Geldinstitut. Dieser Eigentumserwerb entspricht dem bei der Erlösverteilung nach dem ZVG und ist, hier wie dort, nicht auf das BGB zu stützen, weshalb er auch nicht auf den gutgläubigen Empfänger (§ 932 BGB) beschränkt ist. Ob der Schuldner Eigentümer der gepfändeten Sache war, spielt insoweit keine Rolle. Die Verfügungsmacht des Gerichtsvollziehers beruht auf dem Gesetz[35], § 814 Rdnr. 2, so daß er immer als Berechtigter verfügt und daher weder ein guter noch ein böser Glaube[36] an seine Verfügungsmacht noch § 816 BGB in Betracht kommen[37].

---

[22] S. dazu Nr. 10 GVKostGr.
[23] → § 805 Rdnr. 24.
[24] RGZ 153, 262f. mwN; § 170 Nr. 2 GVGA. → auch § 811 Rdnr. 63. – A. M. Alisch DGVZ 1979, 85; Baumbach/Hartmann[53] Rdnr. 1. – Hinterlegung ist jedoch, anders als bei der Geldpfändung, § 815 Abs. 2 – auf bloße Glaubhaftmachung hin nicht zulässig; a.M. nur Noack DGVZ 1978, 100.
[25] → § 805 Rdnr. 18; vgl. auch RG SeuffArch 55 (1900), 476.
[26] §§ 167 Nr. 7, 168 Nr. 5, 169, 170 u. für Beitreibungsverfahren § 271 GVGA.
[27] Zust. MünchKommZPO-Schilken Rdnr. 8. Hat der Ersteher im Einverständnis der Beteiligten (→ § 817 Rdnr. 12) mit Scheck bezahlt, → § 754 Fn. 84.

[28] Brox/Walker[4] Rdnr. 451 mwN; zust. Schilken (Fn. 27) Rdnr. 8.
[29] BGBl. I 1973, 1094f. Dazu § 116 GVGA.
[30] RGZ 134, 143 (GV vertritt bei Auszahlung nicht den Schuldner).
[31] → Rdnr. 21f. vor § 704.
[32] → § 804 Rdnr. 21.
[33] → § 817 Rdnr. 21.
[34] Daher nicht der Schuldner, weil der GV von dessen Eigentum ausgeht (→ § 808 Rdnr. 2), ihm also nur den Besitz zurückgeben will Blomeyer ZwVR § 51 III 2; Brox/Walker[4] Rdnr. 455.
[35] → § 804 Rdnr. 21.
[36] → § 817 Rdnr. 21.
[37] In der prozessualen Lit ganz h. M.; ebenso Münch-

Das schließt nicht aus, daß der Erwerb des Erlöses im Sinne des § 812 ungerechtfertigt sein **10** kann[38], → § 815 Rdnr. 18f. Führt der Gerichtsvollzieher den Erlös z.B. an einen nicht zur Hebung kommenden nachstehenden Gläubiger ab[39], so ist dieser auf Kosten der Berechtigten ungerechtfertigt bereichert[40]. Daß die Zahlung auf die ihm gegen den Schuldner zustehende Forderung erfolgt sei, kann er nicht erfolgreich einwenden; denn der Gerichtsvollzieher hatte den Erlös kraft Amtes und nicht als Vertreter des Schuldners abgeführt → Fn. 30. Aus dem Charakter des Anspruchs auf Ausfolgung des Erlöses (→ Rdnr. 8) folgt, daß nach Auszahlung an den Nichtberechtigten gegenüber dem Gerichtsvollzieher (bzw. Staat) ein Recht auf Erfüllung nicht mehr besteht; der Betroffene muß daher bei Amtspflichtverletzung nach § 839 Abs. 1 S. 2 BGB zunächst gegen den ungerechtfertigt Bereicherten vorgehen[41]. Wegen der Bereicherung im Falle des § 817 Abs. 4 → dort Rdnr. 15.

Gehörte der Erlös dem Schuldner[42], so ist der Gläubiger insoweit befriedigt, als seine **11** Titelforderung bestand[43]. Bereicherungsansprüche des *Schuldners* gegen den Gläubiger werden nicht dadurch ausgeschlossen, daß dem Gläubiger nach Vollstreckungsrecht der Erlös auszuzahlen war. Entscheidend hierfür ist nur, ob der Schuldner trotz des Titels noch das Fehlen der materiell-rechtlichen Forderung und damit der Erfüllungswirkung des § 362 BGB geltend machen kann[44]. Das bis zur Auszahlung des Erlöses bestehende Pfändungspfandrecht steht auch hier nicht entgegen, da es im Verhältnis des Schuldners zum Gläubiger – ähnlich wie etwa die Sicherungsgrundschuld – zwar ein Recht zum Bekommen, aber keinen Rechtsgrund zum Behaltendürfen des Erlöses bildet[45], und folglich das Erlangte (§ 818 Abs. 2 BGB) der Kondiktion unterliegt[46]. Wer nicht in der Forderung des Gläubigers, sondern im Pfändungspfandrecht den für § 812 maßgeblichen Rechtsgrund sehen wollte, müßte dem Schuldner trotz bestehender Forderung die Kondiktion gewähren, wenn – wie es die früher herrschende und zu → § 804 Fn. 20 abgelehnte Ansicht für möglich hält – wegen formeller Mängel nur die Verstrickung, aber kein Pfändungspfandrecht entstanden war und sich der Schuldner nicht rechtzeitig nach § 766 gewehrt hatte[47].

4. Eine *Übertragung* der Forderung (→ Rdnr. 4) im Falle der *Stundung* gegenüber dem **12** Ersteher[48] findet regelmäßig nicht statt; der Gerichtsvollzieher hat bei Fälligkeit die Leistung oder die Raten entgegenzunehmen und an die Empfangsberechtigten abzuführen. Bleibt der Ersteher mit der Leistung in Verzug, so kommt eine Klage des Gerichtsvollziehers gegen ihn nicht in Betracht. Die Vollstreckung kann nur so zu Ende geführt werden, daß das Vollstreckungsgericht nach § 825 die ausstehende Forderung den Empfangsberechtigten zu entspre-

---

KommBGB-Lieb[2] § 812 Rdnr. 269. Insoweit auch zust. die Vertreter der Ansicht, der Erwerb der versteigerten *Sache* hänge u.U. vom guten Glauben ab (→ § 814 Fn. 11f., § 817 Rdnr. 21 Fn. 67f.); vgl. z.B. *Bruns/Peters*[3] § 23 IV 3; *Böhm* Ungerechtfertigte ZV usw. (1971), 64ff.; *Gloede* MDR 1972, 293f. S. aber zur bürgerlichrechtlichen Lit *Lüke* AcP 153 (1954), 534 Fn. 5; *Palandt/Thomas* BGB[53] § 812 Rdnr. 37.

[38] → Rdnr. 3f.; 8. Es handelt sich um einen Erwerb »auf sonstige Weise«, → § 804 Rdnr. 24, 27. Die These, daß »Geleistetes« nicht der Eingriffskondiktion unterliege, kommt hier nicht in Betracht: die für sie angeführten Gründe treffen auf den unter dem Zwang verfahrensrechtlicher Bestimmungen und unter bewußter (aber rechtmäßiger) Nichtberücksichtigung der materiellen Rechtslage vorgenommenen Hoheitsakte des GV nicht zu, ganz gleich, ob man ihn noch in den Begriff »Leistung« zwängen will oder nicht; zudem ist die These ohnehin zweifelhaft, soweit sie nicht darauf Rücksicht nimmt, *wer* geleistet hat. → auch § 771 Rdnr. 73f.

[39] *Lüke* AcP 153 (1954), 536 hält die Übereignung an Dritte für unwirksam, meint aber wohl kaum beteiligte Pfändungsgläubiger. Übereignungen an am Verfahren Unbeteiligte dürften jedoch überhaupt nicht mehr Diensthandlungen, sondern rechtswidrige Rechtsgeschäfte sein, für die § 932 BGB gilt.

[40] Vgl. *BGH* WM 1961, 920.

[41] Vgl. auch *RGZ* 134, 143.

[42] → Rdnr. 1.

[43] Wegen vorläufig vollstreckbarer Urteile → § 708 Rdnr. 4ff.

[44] → § 322 Rdnr. 206. A.M. *Böhm* (Fn. 37) 46f.: § 812 BGB scheide stets aus; gegen ihn *Gaul* AcP 173 (1973), 324ff.

[45] → § 804 Rdnr. 22ff. Ebenso, wenn schon das PfändPfandR verneint wird, denn § 819 ist nicht Rechtsgrund i.S.d. § 812 BGB *Brox/Walker*[4] Rdnr. 453 mwN.

[46] → Rdnr. 141 vor § 704, § 804 Rdnr. 26.

[47] So *Henckel* Prozeßrecht und materielles Recht (1970), 331ff.; insbesondere 337. – A.M. *Palandt/Thomas* (Fn. 37).

[48] → § 817 Rdnr. 12.

chenden Teilen erfüllungshalber⁴⁹ überträgt und ihnen damit die Einziehung in eigenem Namen überläßt.

III. Rechtsbehelfe

13 Gläubiger, Schuldner und vorzugsberechtigte Dritte haben gegen eine unrichtige Verteilung oder gegen die Verweigerung der Auszahlung nur die Erinnerung (§ 766) und anschließend die sofortige Beschwerde (§ 793)⁵⁰, aber nur *bis* zur Ablieferung des Erlöses; danach werden sie gegenstandslos. Behauptet jemand, daß der Erlös oder der Überschuß ihm als Eigentümer der Sachen gehöre → Rdnr. 1, so muß er *vor* der Ablieferung nach § 771 (§ 769) vorgehen. Vgl. auch die → Rdnr. 93 ff. vor § 704 aufgezählten Möglichkeiten einstweiliger Anordnungen. *Nach* Ablieferung sind nur Schadenersatz- oder Bereicherungsansprüche möglich⁵¹, im Falle von Verstößen gegebenenfalls Amtshaftungsansprüche⁵². Zum Vorgehen des Gläubigers, falls ihm der empfangene Erlös wieder entzogen wird oder er diesen zur Prozeßvermeidung freiwillig herausgibt, → § 733 Rdnr. 3 zu 2c, § 815 Rdnr. 17.

§ 820 [aufgehoben]

Gesetzesgeschichte: Bis 1900 § 721 CPO. Seit 1953 BGBl I 952 entfallen. S. jetzt § 817a Abs. 2 S. 1.

§ 821 [Verwertung von Wertpapieren]

Gepfändete Wertpapiere sind, wenn sie einen Börsen- oder Marktpreis haben, von dem Gerichtsvollzieher aus freier Hand zum Tageskurse zu verkaufen und, wenn sie einen solchen Preis nicht haben, nach den allgemeinen Bestimmungen zu versteigern.

Gesetzesgeschichte: Bis 1900 § 722 CPO.

1 I.¹ **Wertpapiere** i. S. des § 821 sind Urkunden, die Trägerin eines Rechts sind und deren Vorlegung unerläßliche Bedingung seiner Ausübung ist. Den Gegensatz bilden Legitimationspapiere und Beweisurkunden, → Rdnr. 4f. Über Hypotheken- und Grundschuldbriefe → § 830 Rdnr. 5, 12ff., § 857 Rdnr. 47f.

2 1. Wertpapiere werden ausnahmslos vom Gerichtsvollzieher **als bewegliche Sache gepfändet**, § 808. Zu Verstößen → Rdnr. 70 vor § 704, § 831 Rdnr. 2. Dies gilt auch für *Wechsel* und andere Orderpapiere, § 831, obwohl sie nicht nach § 821, sondern nach §§ 835, 844 *verwertet* werden. – § 821 gilt **nicht** für *inländische* Banknoten und Wertzeichen², wohl aber für *ausländische*³. Über Wertpapierdepots → § 857 Rdnr. 17.

---

⁴⁹ Übertragung an Erfüllungs Statt (so 20. Aufl.) ist bedenklich wegen §§ 771, 805.
⁵⁰ *LG Kiel* Rpfleger 1970, 72.
⁵¹ → Rdnr. 3f., 10f. sowie Rdnr. 23f., 141f. vor § 704 mwN; ferner § 805 Fn. 89–91.
⁵² → § 753 Rdnr. 7 u. § 817a Rdnr. 7.

¹ *Deumer* Geldvollstreckung in Wertpapiere (1908); *Bauer* Büro 1976, 870; *Kerrer* DGVZ 1992, 114; *Weimar* Büro 1982, 357; *Sebode* DGVZ 1956, 6; §§ 154f. GVGA.
² → § 815 Rdnr. 2.
³ → Rdnr. 12 und § 815 Rdnr. 3; *MünchKommZPO-Schilken* Rdnr. 7. Zum Verfahren des GV bei Auslandsbeziehung → § 819 Rdnr. 7 mit § 116 GVGA.

2. Nach § 821 sind als Wertpapiere **zu verwerten** alle Inhaberpapiere[4], Aktien und Schuldverschreibungen auf den Inhaber[5], einschließlich der Zins- und Gewinnanteilscheine, Pfand-, Renten-, Hypotheken- und Grundschuldbriefe auf den Inhaber[6], Investment- und Immobilienzertifikate auf den Inhaber[7], dem Schuldner übergebene[8], nach Art.5 Abs. 2 ScheckG zahlbar auf den Inhaber gestellten Bankschecks, gleichgültig, ob sie einen Verrechnungsvermerk tragen[9], aber auch Lotterielose, Theater-, Eisenbahnfahrkarten[10] u. ä. (vgl. § 807 BGB); ferner diejenigen *Orderpapiere,* die nicht Forderungspapiere (§ 831) sind, wie z. B. Namensaktien, §§ 10, 67 f. AktG (→ aber auch § 859 Rdnr. 25) u. a. m. Endlich alle *Namenspapiere,* zu denen bergrechtliche Kuxen[11] und auch die an sich indossablen Wechsel usw. des § 831 gehören, wenn die Indossierung ausgeschlossen ist, sowie umgeschriebene Inhaberschuldverschreibungen (§ 806 BGB) und Immobilienzertifikate, bei denen der Berechtigte auf dem Papier vermerkt und im Zertifikatsregister des Ausstellers einzutragen ist[12].

3. Im Gegensatz zu den Wertpapieren sind zwar die **Legitimationspapiere,** § 808 BGB, nicht Träger des Rechts. Aber auch sie sind nach den Vorschriften über die Pfändung beweglicher Sachen pfändbar (sog. **Hilfspfändung);** die Forderung muß dann aber (anschließend) nach §§ 829 oder 857 gepfändet werden, wonach sich auch der Rang bestimmt. Denn eine Verwertung solcher Papiere ohne Anordnungen nach §§ 835, 844 oder 857 Abs. 4, 5 kommt nicht in Betracht. Legt der Gläubiger nicht binnen eines Monats solche Beschlüsse vor, so sind die Papiere dem Schuldner zurückzugeben[13]. Es wäre unnötig, unzweckmäßig und für den Vollstreckungserfolg gefährlich, den Gläubiger darauf zu verweisen, vorher das Recht zu pfänden und dann erst die Urkunde nach § 836 Abs. 3 wegzunehmen[14].

Als Legitimationspapiere kommen insbesondere in Betracht Sparkassenbücher[15] (wegen Postsparkassenbüchern → aber § 831 Rdnr. 4), Pfand-, Depot-, Gepäck- und Versicherungsscheine (§ 4 VVG)[16], Flugtickets[17]. Bei Versicherung für fremde Rechnung können die Rechte des versicherten Dritten, auch wenn er nicht im Besitz des Versicherungsscheins ist, für seine Gläubiger gepfändet werden; eine Überweisung zur Einziehung ist aber nur mit Zustimmung des Versicherungsnehmers zulässig[18]. Dasselbe gilt für alle reinen *Beweisurkunden* wie

---

[4] Vgl. dazu *RGZ* 59, 375 (Lagerschein auf Inhaber). Auch nach Umschreibung auf einen bestimmten Berechtigten, vgl. § 806 BGB, § 154 Nr. 2 GVGA.

[5] *Bauer* Büro 1976, 872, allg. M. Dazu MünchKommBGB-*K. Schmidt*[2] § 741 Rdnr. 47.

[6] → § 830 Rdnr. 27, § 830a Rdnr. 1, § 857 Rdnr. 48. S. auch §§ 154, 156 Abs. 2 GVGA.

[7] Ein Aufhebungsanspruch am Sondervermögen besteht nicht, § 11 KAGG (→ § 771 Fn. 268). S. auch *Berner* Rpfleger 1960, 33; *Stöber*[10] Rdnr. 2102.

[8] Vom Schuldner ausgestellte Schecks nur, wenn sie »bestätigt« sind, da vor deren Begebung noch keine Forderung besteht *Prost* NJW 1958, 1618; *Geißler* DGVZ 1986, 113. A.M. *Höppner* KKZ 1991, 68, weil es sich um Sachpfändung handele (jedoch ist es trotz der Form des § 808 stets Rechtspfändung → § 831 Rdnr. 2).

[9] Arg. Art.5 Abs. 2, 20 ScheckG, *Schilken* (Fn. 3) Rdnr. 2; *Stöber*[10] Rdnr. 2100f.; *Zöller/Stöber*[19] Rdnr. 3, ü. M. – A.M. § 175 Nr. 4 GVGA; *Wieczorek*[2] § 831 Anm. B II a (Behandlung als indossables Papier); offenlassend *Thomas/Putzo*[18] Rdnr. 2, § 831 Rdnr. 3; Wegen der Verwertung → Fn. 34.

[10] Zur Verwertung → Rdnr. 9. Über Flugtickets → Fn. 17.

[11] *Hueck/Canaris* Recht der Wertpapiere[11] § 2 III 1b; *Oppermann* Wertpapiere[6] 211; *Schilken* (Fn. 3) Rdnr. 2 mwN; vgl. auch *RGZ* 28, 257; *RG* Gruch. 51 (1907), 1151f.

[12] *LG Berlin* Rpfleger 1970, 361 = DGVZ 170f. u. die Nachweise → Fn. 7 a. E.

[13] § 156 GVGA, *Geißler* (Fn. 8) 111.

[14] So schon *LG Leipzig* JW 1922, 505 *(Stein);* inzwischen ganz h.M. *Baumbach/Hartmann*[53] Rdnr. 4; *Baur/Stürner*[11] § 26 I 3; *Blomeyer* ZWVR § 57 I 4a; *Geißler* (Fn. 8) 111; *Schilken* (Fn. 3) Rdnr. 2; *Thomas/Putzo*[18] § 808 Rdnr. 2; *Zöller/Stöber*[19] Rdnr. 6. § 156 GVGA spricht vorsichtig von »vorläufigem Inbesitznehmen«; in der Tat ist fraglich, ob es sich überhaupt um Pfändung handelt, nicht wegen § 952 BGB (→ auch § 810 Rdnr. 1), sondern weil die Verwertung nur des Papiers ohne Rechtspfändung sinnlos wäre. – A.M. *RGSt* 29, 9f.; *OLG Dresden* JW 1922, 507; *LG Frankfurt* NJW 1952, 629; *Wieczorek*[2] Anm. B I a (erst nach Überweisung des Rechts) u. noch die 16. Aufl. *Deumer* (Fn. 1) 118ff. befürwortet kombinierte Pfändung ähnlich § 830.

[15] BGHZ 28, 368 = NJW 1959, 622.

[16] RGZ 29, 301; 51, 85; JW 1898, 10; § 156 GVGA. S. näher (z.T. abweichend) *Kisch* Recht 18, 7ff. Zur Pfändung der Seetransportversicherungspolice z.B. BGH NJW 1962, 1437.

[17] *LG Frankfurt/M.* DGVZ 1990, 170. Ist der Anspruch auf Beförderung nicht übertragbar (§ 851), so kann nur ein etwa bestehender Anspruch auf Rücknahme nach §§ 829, 857 gepfändet und nach § 835 überwiesen werden, zust. *Baur/Stürner*[11] Rdnr. 443.

[18] OLG Hamburg NJW 1952, 388 = VersR 1951, 227.

Schuldscheine, Anteilscheine einer Gesellschaft mit beschränkter Haftung[19] und dgl. Zum Fahrzeugbrief → § 808 Rdnr. 24 a. E.

6   II. Bei den Wertpapieren → Rdnr. 3 erstreckt sich die **Wirkung** der Pfändung und der Veräußerung[20] auf die Urkunde und das durch sie verkörperte Recht[21]. Dagegen erstreckt sie sich bei den sog. *Traditionspapieren,* wie Konnossement, Orderlagerschein und Ladeschein, auf die Ware erst mit Übergabe an den Gerichtsvollzieher, da nur die Übergabe des *indossierten* Papiers die dingliche Wirkung auf das Gut selbst hat, → § 831 Rdnr. 5.

III. Die Veräußerung

7   1. Haben die Wertpapiere am Ort der Zwangsvollstreckung oder dem dafür maßgebenden Handelsplatz einen Börsen- oder Marktpreis[22], so muß sie der Gerichtsvollzieher *aus freier Hand* zum Tageskurs veräußern. Eine Veräußerung an entfernten Börsenplätzen bedarf angesichts heutiger Verhältnisse nicht mehr der Anordnung nach § 825[23]. Die Papiere sind, da § 816 nicht gilt, unverzüglich zu veräußern[24], vorbehaltlich anderweiter Einigung der Beteiligten oder Entscheidungen gemäß § 825. Zur freihändigen Veräußerung → § 825 Rdnr. 9ff.

Nimmt der Gerichtsvollzieher die Veräußerung selbst vor, so ist das ebenso wie im Falle des § 825 trotz des Wortlauts (»verkaufen«) ein rein öffentlichrechtlicher Vorgang wie bei der Versteigerung[25]. Bedient sich der Gerichtsvollzieher eines Maklers oder einer Bank als Vertreter[26], was bei Veräußerung auf dem Wertpapiermarkt von § 821 als selbstverständliche Regel vorausgesetzt ist und daher keiner Anordnung nach § 825 bedarf[27], so verkaufen und veräußern diese nach §§ 433, 929ff. BGB[28].

8   In beiden Fällen müssen jedoch – schon wegen der Verkehrsfähigkeit – die für die private Veräußerung der nicht auf den Inhaber lautenden Wertpapiere nach Gesetz, Satzung oder Vertrag vorgesehenen Formen eingehalten werden[29]. Die mit der Veräußerung Beauftragten müssen die Gewährleistungsbeschränkungen des § 806 beim Verkauf ausdrücklich hervorheben. Eine Veräußerung unter dem Tageskurs oder auf Kredit (arg. § 817 Abs. 2) ist nicht statthaft. – Zur *Börsenumsatzsteuer* und dem Hinweis darauf schon in den Versteigerungsbedingungen s. § 88 GVO der Länder mit den Weiterungen, die durch die Neufassung des KapitalverkehrssteuerG (BGBl I 1972, 2130) und durch dessen Änderung (BGBl I 1976, 1184) bedingt sind.

9   Bietet der Aussteller eines nicht an der Börse gehandelten Papiers einen festen Rücknahmepreis, wie z. B. bei Eisenbahnfahrkarten vor Antritt der Fahrt[30], so gilt § 821 entsprechend für die Rückgabe durch den Gerichtsvollzieher[31].

---

[19] RGZ 53, 109; JW 1904, 360[14].
[20] → insbesondere zur Pfändung § 803 Rdnr. 10, § 804 Rdnr. 29ff., § 819 Rdnr. 2–4, zur Veräußerung § 825 Rdnr. 10, 13.
[21] RGZ 61, 330f.; *Baur/Stürner*[11] Rdnr. 4.
[22] Es genügen auch veröffentlichte private Notierungen *Wieczorek*[2] Anm. B III b. Mangels amtlicher Notierungen erkundigt sich der GV bei Banken *Schilken* (Fn. 3) Rdnr. 4 mwN.
[23] Anders noch 20. Aufl. u. *Hartmann* (Fn. 14) Rdnr. 5. Wie hier *Wieczorek*[2] Anm. B III a; *Schilken* (Fn. 3) Rdnr. 4.
[24] *Hartmann* (Fn. 14) Rdnr. 5; *Stöber* (Fn. 14) Rdnr. 8; zweifelnd *Wieczorek*[2] Anm. B IV.
[25] → § 825 Rdnr. 10 Fn. 47f., *Bruns/Peters*[3] § 23 V; *Schilken* (Fn. 3) Rdnr. 5.

[26] Nicht als Gehilfen des GV *Blomeyer* ZwVR § 50 I 3; a.M. *Wieczorek*[2] Anm. B IV a, b 2.
[27] Andernfalls ließen sich die in § 821 gemeinten Kurse kaum erzielen; *Blomeyer* ZwVR § 50 I 1; *Hartmann* (Fn. 14) Rdnr. 5; a.M. *Schilken* (Fn. 3) Rdnr. 5.
[28] Vgl. auch *BGH* JZ 1964, 772 = MDR 999 (zu § 844).
[29] vgl. § 822 mit Bem.
[30] Rückfahrkarten sind nach Antritt der Hinfahrt unübertragbar (s. § 851). Soweit ein Anspruch auf Erstattung des Rückfahrwertes bei Rückgabe besteht, kann er nur nach §§ 829, 857 gepfändet und nach § 835 überwiesen werden.
[31] A.M. *Wieczorek*[2] § 815 Anm. A I b: wie Geld.

2. In Ermangelung eines **Tageskurses** sind die Papiere nach den allgemeinen Vorschriften (also unter Wahrung der Frist des § 816 Abs. 1) zu versteigern; das Mindestgebot, § 817a Abs. 1, ist auch hier einzuhalten[32]. Die Schätzung durch einen kaufmännischen Sachverständigen ist nicht mehr vorgeschrieben[33], aber oft empfehlenswert; der Gerichtsvollzieher wird dann den Parteien einen entsprechenden Antrag an das Vollstreckungsgericht nahelegen, vgl. § 813 Abs. 1 S. 3. In der Regel (z.B. bei Aktien ohne Notiz) wird sich eine freihändige Verwertung nach § 825 anbieten. 10

Bei *Inhaberschecks* (→ Fn. 9) scheidet eine Versteigerung aus; auch Überweisung – wie sonst für indossable Papiere, insbesondere für Orderschecks → § 831 Rdnr. 5 – ist nicht erforderlich, obwohl das Scheckrecht eine Legitimation noch nicht an eine Pfändung allein knüpft[34]. Der Gerichtsvollzieher legt sie wegen Art. 29 ScheckG umgehend vor, muß eine angebotene Zahlung annehmen[35] und benachrichtigt den Schuldner von der Einlösung[36]. Schecks, die der Schuldner »freiwillig« dem Gerichtsvollzieher aushändigt, sind nur dann an den Gläubiger weiterzugeben, wenn der Schuldner dies verlangt oder der Scheck auf den Gläubiger persönlich ausgestellt ist[37]. 11

IV. Wegen der **Gebühren** des Gerichtsvollziehers s. § 21 GVKG. 12

§ 822 [Umschreibung von Namenspapieren]

Lautet ein Wertpapier auf Namen, so kann der Gerichtsvollzieher durch das Vollstreckungsgericht ermächtigt werden, die Umschreibung auf den Namen des Käufers zu erwirken und die hierzu erforderlichen Erklärungen an Stelle des Schuldners abzugeben.

Gesetzesgeschichte: Bis 1900 § 723 CPO.

I. Bei **Wertpapieren auf den Namen** genügt die Übergabe nicht, um den Käufer (im Falle → § 825 Rdnr. 15 den Gläubiger) als Eigentümer zu legitimieren. Nach § 822 ist daher der *Gerichtsvollzieher* auf eigenen oder des Gläubigers Antrag[1] zwecks freihändigen Verkaufs oder Versteigerung durch den Rechtspfleger (§ 20 Nr. 17 RpflG) des Vollstreckungsgericht 1

---

[32] Stöber (Fn. 14) Rdnr. 9.
[33] Anders noch die MindestgebotsVO → 19. Aufl. § 813 I 1.
[34] → § 831 Rdnr. 3; *OLG Hamm* NJW-RR 1988, 379 (Bank zahlt trotz Pfändung »an Scheckeigentümer«); *LG Göttingen* NJW 1983, 635 = DGVZ 1984, 9 f. mwN; *Schilken* (Fn. 3) Rdnr. 2, 6 mwN *Prost* (Fn. 8), der allerdings § 825 anwenden will trotz der naheliegenden Gefahr sofortiger Sperrung; i.E. wie hier *Baumbach/Hefermehl* WechselG u. ScheckG[17] Art. 24 Rdnr. 6; *Geißler* (Fn. 8) 112 f. Auch § 844 scheidet aus (arg. »an Stelle der Überweisung«). Der GV darf daher den erhaltenen Betrag, an dem sich das PfändPfandR fortsetzt (→ § 819 Rdnr. 1 f.), sofort dem Gläubiger aushändigen bzw. bei Verrechnungsschecks dessen Konto angeben *LG Göttingen* aaO. Für Hinterlegung (so aber § 175 Nr. 5 GVGA) besteht – anders als bei den lediglich im Auslandsverkehr vorkommenden Orderschecks – kein gesetzlicher Anlaß. Geht der Scheck zu Protest (im Eilfall durch Protesterhebung des GV), so wäre die unmittelbare Aushändigung an den Gläubiger praktisch, aber wohl systemwidrig, die bloße Überweisung der Rückgriffsforderung aber unzureichend. Das Gericht hat daher auf Antrag des Gläubigers nach § 825 (nicht § 844, s. oben) anzuordnen, daß der GV den Scheck dem Gläubiger zur Verfolgung der Ansprüche nach Art. 40 ScheckG auszuhändigen hat. Um zu vermeiden, daß der Gläubiger dem Scheckverpflichteten als eigenberechtigter Inhaber unter Verschweigung der Pfändung auftritt, wodurch Einwendungen gegenüber dem Schuldner nach Art. 22 ScheckG abgeschnitten werden könnten, sollte das Gericht zugleich anordnen, daß der GV die Pfändung für den Gläubiger auf dem Scheck vermerkt, → auch § 835 Rdnr. 4 für Wechsel.
[35] Wie bei Orderschecks → § 831 Rdnr. 5 a.E.
[36] *Prost* (Fn. 8).
[37] *LG Gießen* DGVZ 1991, 173.
[1] Unter Beifügung des Titels und des Pfändungsprotokolls, § 155 Nr. 3 GVGA; wie hier *Thomas/Putzo*[18] Rdnr. 1. – A.M. *Zöller/Stöber*[19] Rdnr. 1: nur Gläubiger, obwohl durch Vermittlung des GV; weitergehend *MünchKommZPO-Schilken* Rdnr. 3: auch Erwerber (ist er schon vor Erteilung der Ermächtigung Beteiligter?). Nach § 303 AO gibt die Vollstreckungsbehörde die Erklärungen selbst ab.

zur Abgabe der erforderlichen Erklärungen (vgl. auch § 823) zu ermächtigen, falls nicht der Schuldner die Erklärungen umgehend selbst vornimmt. Gläubiger, Schuldner oder Erwerber dürfen einen sich weigernden Gerichtsvollzieher nach § 766 zur Vornahme der Erklärungen anhalten lassen[2].

2 Die Ermächtigung legitimiert den Gerichtsvollzieher, an Stelle[3] des Schuldners auch die Umschreibung im Verzeichnis der Namenspapiere (z.B. im Aktienbuch, § 68 AktG) nach den dafür bestehenden Vorschriften zu erwirken, im Falle § 68 Abs. 2 AktG nach Einholung der Zustimmung. Das mit dem Vermerk der Umschreibung versehene Papier händigt er dem Käufer aus[4] und verfügt erst dann über den Erlös.

3 **II.** § 822 findet auch Anwendung, wenn es zur Übertragung nur einer Abtretung durch Erklärung auf dem Wertpapier (oder einem damit zu verbindenden Blatt) oder eines *Indossaments* bedarf bei solchen **Orderpapieren**, die nicht unter § 831 fallen[5].

4 **III.** Der Beschluß ergeht gebührenfrei; für die Kosten (§§ 57f. BRAGO, 21, 35 Abs. 1 Nr. 7 GVKG) gilt § 788.

§ 823 [Außer Kurs gesetzte Inhaberpapiere]

Ist ein Inhaberpapier durch Einschreibung auf den Namen oder in anderer Weise außer Kurs gesetzt, so kann der Gerichtsvollzieher durch das Vollstreckungsgericht ermächtigt werden, die Wiederinkurssetzung zu erwirken und die hierzu erforderlichen Erklärungen an Stelle des Schuldners abzugeben.

Gesetzesgeschichte: Bis 1900 § 724 CPO.

1 Die **Außerkurssetzung** von Inhaberpapieren ist durch Art.176 EGBGB verboten (vgl. auch Art.26 EGHGB). Dadurch ist § 823 zunächst gegenstandslos geworden, da er die Umschreibung nur als Mittel der Außerkurssetzung behandelt. Es wird jedoch in **§ 806 BGB** dem Aussteller des Inhaberpapieres das Recht zur Umschreibung auf den Namen gegeben; in Art.101 EGBGB ist der Landesgesetzgebung die Befugnis vorbehalten worden, für die Länder und die Körperschaften usw. des öffentlichen Rechts eine Pflicht dazu zu begründen[1]. Für *Aktien* vgl. § 24 Abs. 2 AktG. Auf diese Umschreibung ist § 823 entsprechend anzuwenden[2]. Der Gläubiger hat dann die Wahl, ob er den Verkauf des Namenspapiers nach § 822 oder die Beseitigung der Namensklausel, d.h. die Rückverwandlung in ein Inhaberpapier, nach § 823 vorzieht. *Gebühren:* Wie → § 822 Rdnr. 4.

---

[2] § 155 Nr. 3 GVGA. Dann ist ein »Antrag« des Gläubigers oder Erwerbers an das VollstrGer zweckmäßigerweise gleich als Erinnerung nach § 766 dem Richter (→ § 766 Rdnr. 2, 35) vorzulegen, da dann ohnehin neben der Ermächtigung eine Anweisung an den GV (für die Rpfl nicht zuständig sind) zur Abgabe der Erklärung nötig sein wird, s. § 6 RpflG; vgl. auch *Wieczorek*[2] Anm. A II b.
[3] Die Umschreibung oder das Indossament (→ Rdnr. 3) sollte stets auf die gerichtliche Ermächtigung Bezug nehmen.

[4] Vgl. § 155 Nr. 3 GVGA.
[5] → § 821 Rdnr. 3; allg. M. *A. Blomeyer* ZwVR § 50 I 1; *Thomas/Putzo*[18].
[1] Vgl. für *Bayern* AG v. 20.9.1982 (GVBl. 803); *Berlin* Art.18 Preuß. AGBGB.
[2] § 155 Nr. 2, 3 GVGA; allg. M. Auch § 303 AO 1977 erlaubt der Vollstreckungsbehörde die Erwirkung der Rückumwandlung.

§ 824 [Verwertung ungetrennter Früchte]

¹Die Versteigerung gepfändeter, von dem Boden noch nicht getrennter Früchte ist erst nach der Reife zulässig. ²Sie kann vor oder nach der Trennung der Früchte erfolgen; im letzteren Falle hat der Gerichtsvollzieher die Aberntung bewirken zu lassen.

Gesetzesgeschichte: Bis 1900 § 725 CPO.

I. Noch »stehende« **Bodenfrüchte** dürfen zwar vor der Reife schon **gepfändet** (§ 810), aber erst nach der wirklichen¹ Reife **verwertet** werden; andernfalls würde die dem Erwerber zur Last fallende Gefahr den Preis unverhältnismäßig herabdrücken. Gemeint ist, besonders bei leicht verderblichen Früchten, jener Reifegrad, der noch rechtzeitige Vermarktung vor dem Verderb erlaubt². Abweichungen können von den Beteiligten vereinbart oder vom Vollstrekkungsgericht nach § 825 angeordnet werden. Nach der Reife hängt es vom Ermessen des Gerichtsvollziehers ab, ob es vorteilhafter ist, die Früchte auf dem Halm oder nach vorrangiger Trennung vom Boden zu veräußern³. Über Rechte von Realgläubigern → § 810 Rdnr. 11 ff.

1. Werden die Früchte **vor der Trennung veräußert**⁴, so erwirbt der Ersteher mit der Übergabe das Eigentum an den Früchten. Die Versteigerung darf auf dem Grundstück stattfinden⁵. Für die Besitzverschaffung reicht hier die Gestattung der Aberntung aus; denn aus der Behandlung der Früchte als Bestandteil des beweglichen Vermögens⁶ ist eine Durchbrechung des § 93 BGB zu folgern⁷. Mit der Übergabe scheiden die Früchte aus der Verstrikkung aus⁸. Eine erst jetzt, nach Beendigung der Mobiliarvollstreckung, eintretende Beschlagnahme nach §§ 21, 148 ZVG kann auch auf die Rechte des Erstehers keinen Einfluß mehr haben⁹; dieser muß sein Recht nach § 37 Nr. 5 ZVG wahren.

2. Werden die Früchte erst **nach der Trennung** veräußert, so hat der Gerichtsvollzieher sie abernten zu lassen¹⁰ und kann damit auch den Schuldner beauftragen¹¹. Dann treten die Früchte mit der Trennung in das Eigentum des nach §§ 953 ff. BGB Berechtigten, wobei gleich ist, wer sie trennt und ob es zu Recht geschieht. Das Pfändungspfandrecht entsteht nicht erst mit der Trennung, sondern schon mit der Pfändung¹². Die Versteigerung, für deren Zeitpunkt nur § 816 Abs. 1 gilt, folgt im übrigen den allgemeinen Vorschriften der §§ 816 ff.

II. Zu **Verstößen** und deren Folgen → § 128 vor § 704, § 816 Rdnr. 3, § 817 Rdnr. 24, 28.

---

¹ Allg. M. *MünchKommZPO-Schilken* Rdnr. 3 mwN.
² Damit erübrigt sich wohl regelmäßig die Frage, ob zwar die Trennung schon zur üblichen Aberntezeit, die Versteigerung aber erst im Reifezustand erfolgen dürfe, so *Schilken* (Fn. 1) mit *Wieczorek*² Anm. A II a.
³ Vgl. § 153 Nr. 1 GVGA (Sachverständige).
⁴ Wegen der Hagelversicherung vgl. § 114 VVG.
⁵ → § 816 Rdnr. 2 Fn. 12, § 153 Nr. 2 GVGA.
⁶ → § 810 Rdnr. 1 f.
⁷ → § 817 Rdnr. 21, jetzt ü.M. *Noack* Rpfleger 1969, 177 (IX); *Baumbach/Hartmann*⁵³ Rdnr. 1; *Schilken* (Fn. 1) Rdnr. 4; *Thomas/Putzo*¹⁸ Rdnr. 3; *Zöller/Stöber*¹⁹ Rdnr. 2. Wegen der Erlösauszahlung → jedoch Fn. 9 a. E. – A.M. *AG Bayreuth* DGVZ 1984, 75); *Blomeyer* ZwVR § 49 I 1; *Oertmann* ZZP 41 (1911), 22, 32 f.; *Stein* Grundfragen (1913) 75 f. *Wieczorek*² Anm. B.
⁸ → § 803 Rdnr. 11, zust. *Schilken* (Fn. 1) Rdnr. 4.
⁹ *Schilken* (Fn. 1) Rdnr. 4; *Sydow/Busch* ZPO²² Anm. 1; *Stöber* Rdnr. 2; a.M. *AK-ZPO-Schmidt-von Rhein* Rdnr. 2; *Thomas/Putzo*¹⁸ Rdnr. 3; *Wieczorek*² Anm. B. – Mit Rücksicht auf den Meinungsstreit verbietet § 153 Nr. 3 S. 2 GVGA die Auszahlung des Erlöses vor der Wegschaffung oder zumindest vor dem Ablauf der dafür gesetzten Frist u. jedenfalls bei Beschlagnahme vor Trennung.
¹⁰ Zum Verfahren des GV s. § 153 Nr. 3 GVGA.
¹¹ Vgl. § 153 Nr. 2 Abs. 2 GVGA.
¹² → § 810 Rdnr. 2; zust. *Schilken* (Fn. 1) Rdnr. 4.

§ 825 [Andere Verwertungsart]

Auf Antrag des Gläubigers oder des Schuldners kann das Vollstreckungsgericht anordnen, daß die Verwertung einer gepfändeten Sache in anderer Weise oder an einem anderen Ort, als in den vorstehenden Paragraphen bestimmt ist, stattzufinden habe oder daß die Versteigerung durch eine andere Person als den Gerichtsvollzieher vorzunehmen sei.

Gesetzesgeschichte: Bis 1900 § 726 CPO. Geplante Änderung BR-Drucks. 134/94 Nr. 19.

I. Anordnung anderweitiger Verwertung[1]

1   1. Soll eine gepfändete Sache *auf andere Weise* als nach §§ 814, 816 ff. verwertet werden, so bedarf das nach derzeitigem Recht einer **Anordnung des Vollstreckungsgerichts**[2], **die nur auf Antrag ergeht**, im Bereich des § 305 AO durch die Vollstreckungsbehörde[3]. Vgl. auch § 65 ZVG für Forderungen und Sachen, auf die sich nach § 20 Abs. 2, § 55 Abs. 1 ZVG die Beschlagnahme erstreckt. Erforderlich sind solche Anordnungen z. B. für die Versteigerung an einem *Ort* außerhalb des Vollstreckungsgerichtsbezirks[4] oder vor der in § 824 bestimmten *Zeit*[5] oder für Veräußerung *ohne Barzahlung*[6], sofern nicht die Beteiligten in diesen Fällen die Abweichung vereinbaren[7]. Dagegen genügt das Einverständnis allein nicht für eine andere *Art* der Verwertung, sondern es bedarf einer Anordnung, solange die Sache gepfändet ist[8].

1a   Geplant ist ein **§ 825 nF**[9], wonach das Vollstreckungsgericht nur noch zuständig ist für die Anordnung von Versteigerungen durch andere Personen als den Gerichtsvollzieher (Abs. 2), während dieser auf Antrag einer der Parteien und nach Unterrichtung des Gegners die → Rdnr. 9, 15[10] genannten Verwertungsarten durchführen kann, falls der Antragsgegner zugestimmt hat oder ihm die Unterrichtung bereits zwei Wochen zuvor zugestellt worden war (Abs. 1). Die Frist soll rechtzeitige Rügen nach § 766 Abs. 1 ermöglichen[11]. Sie reicht aus, zumal einstweilige Anordnungen möglich sind → § 766 Rdnr. 40.

2   2. Der **Zweck** des § 825 ist, eine andere Verwertung zu ermöglichen, wenn die Versteigerung einen *dem Wert der Sache entsprechenden Erlös nicht erwarten läßt* und anderweite Verwertung besseren Erfolg erwarten läßt[12]. Zur Feststellung dieser Voraussetzung ist jedes

---

[1] *G. Lüke* NJW 1954, 254; JZ 1959, 114; JuS 1970, 630; ZZP 105 (1992), 442; *Noack* JR 1967, 46; 1968, 49; MDR 1969, 180; ältere Lit → 18. Aufl. Fn. 1.

[2] Zur **Reform** (Zuständigkeit des GV) *Pawlowski* ZZP 90 (1977), 365; *Alisch* DGVZ 1982, 36; *Schilken* Rpfleger 1994, 144 sowie → Rdnr. 1a, s. *Markwardt* DGVZ 1993, 19 nebst Gebührenregelung. *Lüke* ZZP 105 (1992), 442 schlägt für hochwertige Geräte entgeltliche Nutzung durch Dritte vor (im Falle § 811 Nr. 5 außerhalb der Arbeitszeit des Schuldners).

[3] Dies rechtfertigt notwendig gleiche Auslegung *BGH* NJW 1992, 2571 = MDR 1080 f. = Rpfleger 75.

[4] → § 816 Rdnr. 2 Fn. 9.

[5] → § 824 Rdnr. 1. Die Regelung in § 816 Abs. 1 ist jedoch – abgesehen von schnell verderblichen Sachen → dort Rdrn. 1 Fn. 5 – abschließend; a. M. *Zöller/Stöber*[19] Rdnr. 3.

[6] Nur wenn der Schuldner einverstanden ist oder ihm das Risiko z. B. durch Sicherheitsleistung abgenommen wird. Eine Übertragung des Erlösanspruchs auf den Gläubiger an Erfüllungs Statt scheidet aus, wenn andere Pfändungsgläubiger vorhanden sind (arg. § 827 Abs. 2), u. ist wegen §§ 771, 805 auch sonst bedenklich.

[7] → § 816 Rdnr. 1, § 817 Rdnr. 11, § 821 Rdnr. 7.

[8] Zust. *MünchKommZPO-Schilken* Rdnr. 3; ebenso jetzt *Stöber* (Fn. 5) Rdnr. 2. Wegen Freigabe **entstrickte** Sachen (→ § 803 Rdnr. 15 ff.) können vereinbarungsgemäß auf jede Art verwertet werden *BGH* WM 1962, 1177; *Baumbach/Hartmann*[52] Rdnr. 2; *Wieczorek*[2] Anm. A II; vgl. auch *LG Bonn* JR 1960, 345. → auch Rdnr. 18. Überläßt der GV *nur* auf Weisung des Gläubigers dem Schuldner selbst die Verwertung, so bedeutet das Entstrickung *RG* JW 1931, 2109 = HRR 545; anders im Falle → Fn. 55.

[9] BT-Drucks. 134/94 S. 9 (Art. 1 Nr. 19), Begr aaO S. 90 f. S. auch S. 17, 164 zur geplanten nF des § 21 GVKostG.

[10] Begr BT-Drucks. 134/94 S. 91 f. Die Zuweisung an den Gläubiger ist nicht »Versteigerung« i. S. d. Abs. 2 nF u. fällt daher unter Abs. 1 nF.

[11] Die Begr BT-Drucks. 134/94 S. 91, mit der Ankündigung beginne bereits die ZV, ist zweifelhaft; besser wäre ausdrückliche Zulassung der Erinnerung.

[12] *LG Freiburg* DGVZ 1982, 187.

Beweismittel geeignet, auch die dienstliche Äußerung des Gerichtsvollziehers[13]. Ein wichtiges Indiz ist der in der Regel[14], aber nicht immer[15] erforderliche vergebliche Versteigerungsversuch; andererseits ist er auch nicht stets ausreichend, z.B. wenn die Umstände bei der Versteigerung besonders ungünstig waren. Daß *allgemein* ein Verkehrswert nach §§ 814ff. unterschritten zu werden pflegt, reicht nicht aus[16]. Eine Anordnung wird sich z.B. dann empfehlen, wenn der Kreis der Bietinteressenten sehr begrenzt ist. Dies wird etwa bei Spezialmaschinen zutreffen[17] oder bei der Versteigerung einer wertvollen Sammlung in einem kleinen Ort[18].

Nicht bezweckt ist, dem *Gläubiger* eine anderweitige Befriedigungsmöglichkeit zu geben, als sie in dem Schuldtitel vorgesehen ist. Eine Anordnung auf Übereignung an ihn kommt grundsätzlich nur unter den Voraussetzungen → Rdnr. 2 in Betracht, also zu einem von ihm gebotenen Preis, der höher ist als der voraussichtlich nach §§ 814ff. zu erzielende Erlös[19]. Über Abzahlungssachen → Rdnr. 17.

3. Zuständig ist das Amtsgericht, in dessen Bezirk sich die zu verwertenden Gegenstände zur Zeit des Antrags befinden[20]; nach § 305 AO erläßt die Vollstreckungsbehörde selbst die Anordnungen. Den **Antrag** können nur Gläubiger oder Schuldner stellen[21], im Falle des § 127 Abs. 2 S. 2 KO/§§ 166, 173 Abs. 2 S. 2 InsO bei gepfändeten Sachen auch der Verwalter[22], nicht ein Dritter[23], der die Sachen erwerben will. Bei einer Mehrheit von Gläubigern oder Schuldnern ist jeder antragsberechtigt, da das Gericht die übrigen anhören kann, soweit ihre Interessen gefährdet sind. Der Antrag muß einen bestimmten Verwertungsvorschlag enthalten, was aber das Gericht nicht hindert, bis zur Grenze des § 308 einzelne Modalitäten anders festzusetzen oder eine Antragsänderung anzuregen. Er ist zulässig von der Pfändung an, aber nicht mehr, wenn der Zuschlag erteilt ist. Soweit eine abweichende Verwertung abschließend und wirksam vereinbart ist, sind die Beteiligten daran gebunden[24]. Der Antragsgegner kann selbst Gegenanträge stellen, mit denen er eine angeblich bessere Verwertungsmöglichkeit vorschlägt.

4. Die Entscheidung des Rechtspflegers (§ 20 Nr. 17 RpflG) kann nach § 764 Abs. 3 ohne mündliche Verhandlung ergehen[25]. Der Gegner sowie solche Mitgläubiger und Mitschuldner, die antragsberechtigt gewesen wären[26], sollten stets gehört werden, falls dies nicht den Erfolg der Vollstreckung gefährden würde[27]; bei wesentlichen Einwendungen ist mündliche Ver-

---

[13] *LG Koblenz* MDR 1981, 236.
[14] *LG Berlin* Rpfleger 1973, 34 fordert Versteigerungsversuch, wenn mehrere Bietinteressenten vorhanden sind (ebenso das dort zit. *KG*); → auch Fn. 19.
[15] *Schilken* (Fn. 8) Rdnr. 3. → auch Fn. 19.
[16] *LG Freiburg* (Fn. 12).
[17] S. aber auch *LG Berlin* (Fn. 14).
[18] *KG* DGVZ 1953, 59 will abwarten, ob Geschäftsnachfolger Ladeneinrichtung übernimmt; dagegen zu Recht *Wieczorek*² Anm. B III.
[19] *LG Freiburg* (Fn. 12); *Hartmann* (Fn. 8) Rdnr. 12. *LG Bochum* DGVZ 1977, 89 lehnte ab, weil GV unter günstigsten Umständen höheren als vom Gläubiger gebotenen Erlös für möglich hielt; *AG Westerstede* DGVZ 1965, 124 (keine Übereignung zum halben Schätzwert, wenn besseres Versteigerungsergebnis zwar nicht wahrscheinlich, aber möglich ist). Das Mindestgebot (→ Fn. 42) muß der Gläubiger jedoch nicht überbieten, wenn auch eine Versteigerung nicht mehr erbracht hätte *LG Wiesbaden* DGVZ 1965, 138.
[20] → § 764 Rdnr. 4 Fn. 22. Dies auch dann, wenn die Verwertung an einem Ort außerhalb des VollstrGer-Bezirks beantragt wird; das Wesentliche des »Vollstreckungsverfahrens, das stattfinden soll« (§ 764 Abs. 2), ist hier die Überführung der Gegenstände an den anderen Ort *RGZ* 139, 351. Vgl. auch *Gaul* Rpfleger 1971, 86.
[21] *LG Berlin* DGVZ 1978, 114 (II); *Schilken* (Fn. 8) Rdnr. 4.
[22] *OLG Dresden* SeuffArch 67 (1912), 300; *Noack* KTS 1955, 170; *Schilken* (Fn. 8) Rdnr. 4; *Stöber* (Fn. 5) Rdnr. 8. – A.M. *LG Osnabrück* DGVZ 1954, 60.
[23] *LG Berlin* DGVZ 1978, 114.
[24] Dem entsprechende Anträge sind daher unbegründet *Schilken* (Fn. 8) Rdnr. 4; anders (RechtsschutzB fehle) *Brox/Walker*⁴ Rdnr. 432; *Thomas/Putzo*¹⁸ Rdnr. 4. *Wieczorek*² Anm. B II a will nur Klarstellung zulassen, was sicher nicht richtig ist, wenn die Einigung oder ihr Inhalt bestritten ist.
[25] Näheres → § 128 Rdnr. 39ff.
[26] *Schilken* (Fn. 8) Rdnr. 4.
[27] *LG Nürnberg-Fürth* NJW 1961, 1977; bezüglich des Gegners allg. M., z.B. *Schilken* (Fn. 8); *Brox/Walker*⁴ Rdnr. 444 mwN; *Bruns/Peters*³ § 23 IV; *Jauernig* ZwVR¹⁹ § 18 V. – Zur Aufklärungspflicht über Unpfändbarkeit (§ 139) s. *OLG Frankfurt* Rpfleger 1980, 303.

handlung zu empfehlen. Macht der Schuldner geltend, die Sache sei unpfändbar, so behandelt der Rechtspfleger den Einwand als Erinnerung und legt die Akten dem Richter vor, § 20 Nr. 17a RpflG[28]. – Zur Prozeßkostenhilfe → § 119 Rdnr. 15.

6   Die Anordnung setzt wirksame Pfändung voraus[29]. Ob das Gericht die → Rdnr. 2 umschriebene Prognose bejaht, steht in seinem pflichtgemäßen **Ermessen**[30], was aber keine Erweiterung der Zuständigkeit auch auf die Berücksichtigung materiellrechtlicher Fragen bedeutet[31]. Es kann entsprechend § 766 Abs. 1 S. 2 einstweilige Anordnungen erlassen[32]. Eine **Abänderung** der Entscheidung ist nur bei veränderter Sachlage zulässig[33].

7   5. Die Anordnung betrifft zwar eine Vollstreckungsmaßnahme, ist aber doch echte, Parteien und Gerichtsvollzieher bindende **Entscheidung** über Zweckmäßigkeit und Zumutbarkeit[34] der abweichenden Verwertung; außerdem ist sie nicht selbst Verwertungsakt, sondern ordnet diesen nur an[35]. Daher unterliegt sie ebenso wie die Ablehnung der **befristeten Erinnerung**, § 11 Abs. 1 S. 2 RpflG mit § 793[36]. Parteizustellung setzt die Frist nicht in Lauf[37]. → auch Rdnr. 11 Fn. 53.

8   6. Die **Kosten** gehören zu § 788 Abs. 1; für den erfolglosen Antrag des Gläubigers gilt jedoch § 91, denn § 788 würde dem Schuldner hier nicht zur Erstattung der ihm selbst erwachsenen Auslagen verhelfen[38]. Gerichtsgebühren entstehen nicht; über Anwaltsgebühren[39] s. § 58 Abs. 3 Nr. 4a, 61 BRAGO (und, falls der Schuldner den Antrag stellt, § 57 Abs. 2 S. 6 nF BRAGO); zur Mitwirkung des Gerichtsvollziehers s. § 21 Abs. 5 nF GVKG, deren Erstreckung auf alle → Rdnr. 1a genannten Fälle geplant ist.

II. Durchführung der anderweitigen Verwertung

9   1. Ordnet das Gericht die *Veräußerung aus freier Hand* durch den **Gerichtsvollzieher** an, so bedeutet dies, daß Erwerber und Preis nicht im Wege der Versteigerung, sondern durch freie Übereinkunft bestimmt werden sollen (ähnlich der freien Veräußerung kraft Gesetzes,

---

[28] Zust. die h.M. *Schilken* (Fn. 8) Rdnr. 5 mwN; a.M. *G. Lüke* JuS 1970, 630: Entscheidung über Antrag (u. incidenter über Pfändbarkeit). Auch wenn man darin keine Kompetenzüberschreitung des Rpfl sieht, der Verlierer wird doch stets den Richter anrufen.

[29] Nähme man bei Verstößen wie → § 865 Rdnr. 36 Nichtigkeit der Pfändung an, so würde auch die Anordnung nicht heilend wirken *Gaul* NJW 1989, 2512f. S. jedoch dort 2514f. zu *BGHZ* 102, 298 = NJW 1988, 2789.

[30] *LG Nürnberg-Fürth* Rpfleger 1978, 334; *Brox/Walker*[4] Rdnr. 435; *Stöber* (Fn. 5) Rdnr. 2. *Schilken* (Fn. 8) Rdnr. 5 nennt dies Beurteilungsspielraum. Da § 825 keinerlei Maßstäbe setzt, läuft die Verneinung eines Ermessens – so z.B. *Hartmann* (Fn. 8) Rdnr. 6 – praktisch leer, ähnlich *Schilken* aaO.

[31] Zust. *Schilken* (Fn. 8) Rdnr. 5; a.M. *Herninghausen* NJW 1954, 668; *LG Bielefeld* NJW 1970, 337f. → auch Fn. 77f.

[32] → Rdnr. 11; *LG Dresden* JW 1930, 1527; allg. M.

[33] → Rdnr. 7 u. § 577 Rdnr. 8; *LG Nürnberg-Fürth* (Fn. 30); *Hartmann* (Fn. 8) Rdnr. 8.

[34] S. *Pawlowski* ZZP 90 (1977) 366.

[35] → Fn. 43–45, 64; *Schilken* (Fn. 8) Rdnr. 5; *Stöber* (Fn. 5) Rdnr. 12; davon geht auch *BGH* NJW 1992, 2015 = Rpfleger 529 aus für die Fälle → Rdnr. 15 (»durch Vollzug des... Beschlusses«); a.M. *Brox/Walker*[4] Rdnr. 445.

[36] *KG* NJW 1956, 1885 = Rpfleger 253; *LGe Aachen* ZZP 72 (1959) 310; *Bochum* (Fn. 19); *Braunschweig* MDR 1968, 249; *Hamburg* MDR 1959, 45; *Nürnberg-Fürth* (Fn. 27, Fn. 30); *Wiesbaden* DGVZ 1965, 138; *Gaul* Rpfleger 1971, 43; *Schilken* (Fn. 8) Rdnr. 13; *Stöber* (Fn. 5) Rdnr. 12; *Peters u. Jauernig* (Fn. 27). Auf tatsächliche Anhörung des Schuldners (teilweise auf dessen ausdrücklichen Widerspruch) stellen ab *LGe Nürnberg-Fürth* MDR 1955, 748; *Münster* Rpfleger 1962, 215 = DGVZ 172; *Blomeyer* ZwVR § 50 II 1; *Wieczorek*[2] Anm. D; *Henze* Rpfleger 1974, 283, wohl auch *OLG Celle* NJW 1961, 1730f. (s. dagegen *LG Nürnberg-Fürth* Fn. 27).

Stets für Erinnerung (gegen den stattgebenden Beschluß) *LGe Traunstein* MDR 1953, 113; *Siegen* JMBlNRW 1955, 209; *Hartmann* (Fn. 8) Rdnr. 16; *Baur/Stürner*[11] Rdnr. 478; *Gerhardt*[2] § 14 I 1a u. die 18. Aufl. zu Fn. 6. – Zur weiteren Beschwerde *KG* NJW 1975, 224.

[37] → § 329 Rdnr. 73; *LG Berlin* Rpfleger 1975, 103[95].

[38] Zust. *Schilken* (Fn. 8) Rdnr. 14.

[39] Den **Gegenstandswert** bestimmt die h.M. gemäß § 3, 6 nach dem Übernahmepreis *KG* JW 1939, 52 a.E.; *Lappe* Rpfleger 1959, 89; *Noack* JR 1968, 52. Freilich ist sowohl das Interesse des Antragstellers (→ § 3 Rdnr. 3) als auch jenes seines Gegners nicht höher als die Differenz zwischen voraussichtlich nach §§ 814ff. und § 825 erzielbaren Beträgen *Mümmler* Büro 1989, 299 zu 3.1.; bei Übereigung an den Gläubiger also die Differenz zwischen dem von ihm gebotenen u. einem vergleichbaren Versteigerungserlös.

§§ 817a Abs. 3 S. 2, 821). Die Anordnung bindet den Gerichtsvollzieher, ein Wahlrecht steht ihm nicht zu[40]. Der Beschluß kann aber auch den Gerichtsvollzieher anweisen, einer bestimmten Person zu übereignen, die sich dafür erboten hat[41], oder einen Mindestpreis festsetzen. Eine Ermächtigung, die Mindestpreise des § 817a zu unterschreiten, ist durch § 825 nicht gestattet; was § 817a Abs. 2 S. für die anderweitige Verwertung nach ergebnisloser Versteigerung vorschreibt, muß erst recht für eine sofortige freihändige Veräußerung gelten[42]. Übereignung ohne Barzahlung kann gestattet werden, ist aber in der Regel kaum empfehlenswert.

Der Beschluß ist nach dem klaren Gesetzeswortlaut stets *nur Anordnung einer Verwertungsart*, ersetzt also nie die Verwertung, insbesondere die Übereignung durch Gerichtsvollzieher oder andere Personen[43]. § 825 begründet keine Zuständigkeit des Vollstreckungsgerichts für die Übereignung selbst[44]. § 894 ist daher weder unmittelbar noch entsprechend anzuwenden[45]. Aufgrund des Beschlusses muß der Gläubiger die Veräußerung bei dem Gerichtsvollzieher beantragen und sollte dabei angeben, wie die Übergabe erfolgen soll; andernfalls muß der Gerichtsvollzieher ihn dazu auffordern[46]. Die Veräußerung durch den *Gerichtsvollzieher* ist ebenso wie bei der Versteigerung ein *hoheitlicher Verfügungsakt*[47], kein bürgerlich-rechtlicher Kaufvertrag mit anschließender Erfüllung. Zur Protokollierung → § 762 Rdnr. 1. Die Übergabe unterscheidet sich nicht von jener aufgrund einer Versteigerung; mit ihr gehen das Eigentum über[48] und an der Sache bestehende Rechte unter[49] und die Voraussetzungen für die Wirksamkeit sind dieselben wie → § 817 Rdnr. 23[50]. Der Erlös ist Vollstreckungserlös[51]; es gelten die zu § 819 dargestellten Grundsätze unmittelbar. 10

Nach der Übereignung durch Übergabe ist für eine Aufhebung des den Gerichtsvollzieher ermächtigenden Beschlusses kein Raum mehr, die Erinnerung oder Beschwerde hiergegen[52] ist unzulässig und eine bereits eingelegte wird gegenstandslos[53]. Dennoch muß mit der Veräußerung nicht bis zur formellen Rechtskraft gewartet werden, → auch Fn. 45. Die Beteiligten werden ausreichend geschützt, wenn der Beschluß für den Vollzug entsprechend § 766 Abs. 1 S. 2 eine kurze Wartefrist festsetzt, die eine rechtzeitige Anfechtung nebst weiterem Aufschub nach § 572 Abs. 2 oder 3 ermöglicht[54]. Wird *von vornherein* die Übereignung erst nach Rechtskraft zugelassen, so besteht Verschleppungsgefahr. 11

Für Versteigerungen geltende besondere Vorschriften (→ §§ 814 Rdnr. 6ff., 817a Rdnr. 11) sind auch hier zu beachten. 12

---

[40] *LG Nürnberg-Fürth* (Fn. 30); *Stöber* (Fn. 5) Rdnr. 13.
[41] *AG Berlin-Charlottenburg* DGVZ 1978, 92. – Auch an den Gläubiger (→ Rdnr. 15), der, wenn er schon Eigentümer war, die Sache nunmehr frei von Rechten Dritter erwirbt *G. Lüke* JZ 1959, 117. Bei Abzahlungsgut → Fn. 77f.
[42] *KG* DGVZ 1956, 55; *LGe Kassel* DGVZ 1953, 56; *Essen* DGVZ 1972, 186. Der nach § 813 geschätzte Wert kann überschritten werden *KG* DGVZ 1953, 59.
[43] → Fn. 35. Zust. *Schilken* (Fn. 8) Rdnr. 8 a. E. mwN auch zur Gegenansicht, z. B. *Lüke* (Fn. 41).
[44] *Hartmann* (Fn. 8) Rdnr. 12; *Thomas/Putzo*[18] Rdnr. 11; → auch Fn. 64.
[45] A. M. (Beschluß ersetze dingliche Einigung) *RGZ* 126, 25; *LGe Braunschweig* MDR 1968, 249; *Hamburg* MDR 1959, 45; *Wiesbaden* (Fn. 19); *Wieczorek*[2] Anm. E III a 1.
[46] Der GV muß nicht ortsansässige Personen oder Firmen selbst ausfindig machen *LG Nürnberg-Fürth* DGVZ 1992, 136f.
[47] → § 814 Rdnr. 2, § 817 Rdnr. 20.
[48] → § 817 Rdnr. 21ff.
[49] → § 817 Rdnr. 22; auch insoweit aber für öffentlich-rechtlichen Vertrag *Schilken* (Fn. 8) Rdnr. 8. – *OLG Hamburg* OLGRsp 33, 106 ließ die Übereignung vorbehaltlich der Rechte Dritter zu. Damit stünde der Erwerber schlechter als nach § 936 BGB; außerdem ist dies wegen § 806 (→ dort Rdnr. 5) kaum zumutbar.
[50] *Gaul* (Fn. 29) zu *BGHZ* 102, 298 = NJW 1988, 2789.
[51] Auch für § 805, *OLG Hamburg* OLGRsp 19, 152 = SeuffArch 65 (1910) Nr. 82.
[52] Die ZV endet auch hier erst mit der Erlösauskehrung, sofern diese nötig ist, → Rdnr. 117 vor § 704.
[53] *OLGe Dresden* HRR 1938, 1645; *Celle* NJW 1962, 1125 = Rpfleger 450 = DGVZ 1963, 156; *Förster/Kann* ZPO[3] Anm. 2d; *Schilken* (Fn. 8) Rdnr. 13; *Stöber* (Fn. 5) Rdnr. 12; *Thomas/Putzo*[18] Rdnr. 11; *Noack* JR 1967, 46. – A. M. (Rückgängigmachung der Übereignung durch Aufhebung) *OLG Stettin* JW 1934, 1742[15]; *LG Wiesbaden* (Fn. 19); *Wieczorek*[2] Anm. D I (falls der Beschluß die Schuldnererklärung ersetze).
[54] *Thomas/Putzo*[18] Rdnr. 6; *Wieczorek*[2] Anm. B I a; vgl. auch *AG Melsungen* DGVZ 1968, 190; *Herminghausen* DRiZ 1954, 49; *Schröder* DRiZ 1954, 94.

13   2. Ordnet das Gericht an, daß die Sache durch eine **andere Person**[55] als den Gerichtsvollzieher versteigert oder freihändig veräußert werden soll, so wird sie dabei nicht kraft einer ihr zustehenden Amtsbefugnis öffentlich-rechtlich, sondern aufgrund des ihr erteilten (zwar öffentlich-rechtlichen) Auftrags **privatrechtlich tätig**[56]. Die obligatorische Einigung mit dem Erwerber ist ein *Kaufvertrag* und, wenn sie im Wege der *Versteigerung* geschieht, eine solche nach bürgerlichem Recht, die auch den einschlägigen gewerberechtlichen Vorschriften untersteht[57]. Es gelten dann die §§ 433 ff., 929 ff. BGB[58], wobei ein gutgläubiger Erwerb in der Regel an grober Fahrlässigkeit scheitert[59]. Ob der in den Verwertungsvorgang eingeschaltete Dritte zu erkennen gibt, daß er aufgrund einer Anordnung nach § 825 veräußert, ist für die rechtliche Beurteilung der Veräußerung ohne Belang. Der Hinweis wird in der Regel als Ausschluß der Gewährleistung im Umfang des § 806 auszulegen sein. Unterläßt ihn der Dritte, haftet nur er auf Erfüllung, für Mängel, Zusicherung von Eigenschaften usw., nicht aber der Gläubiger, der nicht Verkäufer ist.

14   Die Verteilung, Hinterlegung und Auszahlung des Erlöses bleibt, wenn nichts anderes angeordnet ist, dem Gerichtsvollzieher vorbehalten[60]; der veräußernde Dritte hat daher den Kaufpreis nach Abzug der vereinbarten Spesen an den Gerichtsvollzieher abzuliefern, und erst in diesem Zeitpunkt wird man die in § 819 bestimmte Wirkung der Zahlung als eingetreten ansehen können, ausgenommen den Fall besonderer abweichender Anordnung.

15   3. Ein **Erwerb des Gläubigers**[61] kann durch das Vollstreckungsgericht nur angeordnet werden[62]. Unmittelbare Eigentumszuweisung durch Beschluß unter Ausschaltung des Gerichtsvollziehers[63] wird weder vom Wortlaut des § 825 gedeckt, noch besteht für eine solche Überdehnung der Vorschrift ein Bedürfnis[64], zumal die jedenfalls zur Vollendung des Eigentumserwerbs nötige Besitzübertragung[65] ohnehin nur unter Mitwirkung des Gerichtsvollziehers geschehen darf; denn er ist entweder unmittelbarer oder mittelbarer Besitzer aufgrund der Pfändung oder den ihr nachfolgenden Verwahrungsmaßnahmen[66], und nur er darf auch dem Schuldner den Besitz entziehen[67]. Mit der Besitzübertragung durch den Gerichtsvollzieher oder auf dessen Veranlassung[68] ist auch hier der Eigentumserwerb endgültig → Rdnr. 11[69], und da die sonst letzte Vollstreckungshandlung, die Erlösauszahlung, entfällt, ist zugleich die Zwangsvollstreckung i.w.S. in Höhe des angerechneten Preises beendet[70]; zur endgültigen Berechnung bei Wertsicherungsklauseln und dem maßgeblichen Zeitpunkt → Rdnr. 155 f. vor § 704. – Vorher ist, auch wenn die Anordnung schon rechtskräftig ist, eine

---

[55] Auch den Schuldner (vgl. auch § 150 b ZVG), z.B. bei Warenlagern oder in den Fällen der §§ 810, 824; *Noack* Vollstreckungspraxis⁵ 434. → aber auch Fn. 8.
[56] So für freihändige Verwertung *RGZ* 164, 172 (zu § 844), jetzt ganz h.M. *BGH* (Fn. 3) mwN; *Schilken* (Fn. 8) Rdnr. 11. – *Wieczorek*² Anm.B II b 1 u. *Blomeyer* ZwVR § 50 II 3 nehmen privatrechtlichen Geschäftsbesorgungsvertrag an. – A.M. für Versteigerung durch Dritte *Lüke* NJW 1954, 255: öffentlich-rechtlich kraft Übertragung hoheitlicher Befugnisse; s. dagegen (zu § 844) *BGH* JZ 1964, 772 = MDR 999; ausführlich *BGH* (Fn. 3).
[57] § 34b GewO, VO über gewerbsmäßige Versteigerungen (BGBl. 1976 I 1345, geändert BGBl. 1984 I 1154). Zu Mißbräuchen bei Versteigerung ungebrauchter Ware *Jacoby* GewArch 1987, 80; → auch § 814 Rdnr. 6.
[58] *BGH* (Fn. 3); *Schilken* (Fn. 8) Rdnr. 11.
[59] → § 817 Rdnr. 21 Fn. 68–70. Auch auf die Anordnung kann nicht vertraut werden *Stöber* (Fn. 5) Rdnr. 19, weil das Gericht hier Eigentum ebensowenig prüft wie ein GV.
[60] Zust. *Schilken* (Fn. 8) Rdnr. 11.
[61] Vgl. *LG Bochum* (Fn. 19).

[62] → Rdnr. 10, insbesondere *BGH* (Fn. 35).
[63] So noch 18. Aufl. unter Berufung auf *Stein* Grundfragen (1913) 72 f.; *RGZ* 126, 21.
[64] I.E. wie hier *BGH* (Fn. 35); *OLG Celle* (Fn. 36); *LG Braunschweig* MDR 1968, 249; *Sander* Büro 1955, 123; *Noack* JR 1967, 48; MDR 1969, 180; *Schilken* (Fn. 8) Rdnr. 9 (Anordnung ersetzt nur Zuschlag); *Pesch* JR 1993, 364 f.
[65] *RGZ* 126, 21; h.M. *Brox/Walker*⁴ Rdnr. 429. – A.M. *Hellwig* System 2, 330; *Lüke* (Fn. 41): nur durch Beschluß wie beim Zuschlag nach § 90 ZVG. Wegen weiterer Konstruktionen → 18. Aufl.
[66] → § 808 Rdnr. 33 ff.
[67] Hilfsvollstreckung, so *Lüke* (Fn. 41), ist überflüssig, denn es handelt sich wie sonst um eine Verwertung durch den GV *Noack* MDR 1969, 180.
[68] Eine nötige Versendung muß der GV veranlassen, aber nicht selbst durchführen *LG Berlin* DGVZ 1966, 174; *Peters* (Fn. 27).
[69] *BGH* (Fn. 35): Dritter habe sein »Sicherungseigentum… verloren«; *Brox/Walker* (Fn. 65).
[70] → Rdnr. 114 f. vor § 704.

Einstellung zulässig. Die Zahlung eines etwaigen Überschusses an den Schuldner gehört aber insoweit nicht mehr zur Vollstreckung.

Die Anordnung ist nur auf Antrag des Gläubigers und zu dem von ihm gebotenen Preis zulässig, der die Grenzen des § 817a einhalten muß[71] und nicht niedriger sein darf als, als eine andere Verwertungsart voraussichtlich erbringen würde[72]. Bietet er zu wenig, so ist sein Antrag abzuweisen[73]. Im stattgebenden Beschluß ist der Preis festzulegen. Soweit er den noch titulierten Betrag nebst Kosten übersteigt, ist er bar zu zahlen. Eine solche Anordnung ist wie im Falle des § 817 Abs. 4 ausgeschlossen, wenn bei sonstiger Verwertung der Erlös zu hinterlegen wäre; dann darf die Anordnung nur gegen volle Barzahlung ergehen[74]. Zur Bereicherung des Gläubigers, falls die Sache einem Dritten gehörte, → § 817 Rdnr. 15.[75], zum Schadensersatz → § 771 Rdnr. 76 ff.[76]

16

Bei **Abzahlungsgut** kann entgegen der früher h.M. zu §§ 1, 3, 5 AbzG[77] für die Wirkungen der §§ 4 Abs. 1 Nr. 2, §§ 9, 13 Abs. 3, 18 VerbrKrG hier nichts anderes gelten als bei sonstigen Formen der Verwertung[78]; denn alle zielen sie auf den endgültigen Besitzentzug[79]. Dadurch wird aber die Verwertung nach § 825 nicht zu einer Herausgabevollstreckung[80].

17

4. Unter besonderen Umständen kann auch eine **Überweisung an den Schuldner** auf dessen Antrag[81] in Betracht kommen[82]. Einigen sich beide Parteien auf einen bestimmten Barpreis, so ist § 825 freilich überflüssig, da der Gläubiger nach Erhalt der Zahlung die Sache entstricken lassen[83] und, falls sie ihm gehört, dem Schuldner übereignen kann. Werden dennoch solche Anträge gestellt, so wird das Gericht gemäß § 139 Rücknahme empfehlen[84].

18

---

[71] *LGe Wiesbaden, Essen, Frankfurt/M.* DGVZ 1965, 138; 1972, 186; 1992, 112.
[72] *LGe Koblenz* (Fn. 13); *Bochum* (Fn. 19); *Freiburg* DGVZ 1982, 187, unstr.
[73] *LG Koblenz* (Fn. 13); *Brox/Walker*[4] Rdnr. 429; vgl. auch *OLG Kiel* OLGRsp 31, 114; *Mümmler* Büro 1977, 1657; *Pawlowski* ZZP 90 (1977) 367 Fn. 96. → auch § 803 Rdnr. 32.
[74] Richtig *Stöber* (Fn. 5) Rdnr. 17 gegen die insoweit mißverständliche Formulierung der 20. Aufl.
[75] Zur Gleichheit der Rechtslage *Gerlach* Ungerechtfertigte ZV (1986), 20, 23.
[76] Vgl. den Fall *BGH* (Fn. 35).
[77] Im Gegensatz zur normalen Versteigerung sollte die Überweisung an den Gläubiger schlechthin wegen Umgehung des AbzG (heute VerbrKrG) unzulässig sein nach *LG Mönchengladbach* MDR 1960, 680; *LG Göttingen* BB 1952, 960 = MDR 1953, 370; *LG Verden* zit. bei *Herminghausen* NJW 1954, 668; *Blomeyer* ZwVR § 50 II 4c. Hingegen wollten *LGe Köln* MDR 1963, 689; *Siegen* NJW 1956, 1920 die Überweisung nur zulassen, wenn der Gläubiger mit einem Vermerk auf dem Titel einverstanden ist, daß die Kaufpreisforderung erloschen sei.
Nach a. A. sollte die Anordnung nur zulässig sein, wenn dem Schuldner keine Ansprüche nach §§ 1, 2 AbzG (jetzt § 13 Abs. 2, 3 VerbrKrG) zustehen sollten oder wenn dem Gläubiger ein Überschuß verbleibt (so *Hadamus* Rpfleger 1980, 421 f., der diese materielle Prüfung nur für eine »summarische Sichtung« hält). Wie dies im ZV-Verfahren geprüft werden soll, war wiederum streitig: **a)** in § 765 a *Nöldecke* NJW 1964, 2244, **b)** im Rahmen des § 825 (manche wollten summarisch prüfen) *LG Oldenburg* DGVZ 1968, 57; *AG Bergheim* MDR 1953, 51 = JR 145; *Hartmann* (Fn. 8) Rdnr. 7 (vorbehaltlich § 767); *Wangemann* NJW 1952, 1320; NJW 1952, 1320; *Herminghausen* (Fn. 31); *Hampel* JR 1958, 405; **c)** nur wenn unstr. oder offensichtlich keine Ansprüche des Schuldners mehr bestehen, so 18. Aufl. Fn. 21; *LGe Aachen* NJW 1958, 1003; *Berlin* DGVZ 1961, 91; *Münster* DGVZ 1962, 172; *Peters* (Fn. 27) a. E.
AG Nordheim, LG Aurich lehnten Überweisung an Gläubiger ab, weil er geringeren Übernahmepreis bot als die ursprüngliche Kaufpreisforderung.
[78] Jetzt ü. M. *Brox/Walker*[4] Rdnr. 443; *Lüke* Fälle zum ZPR[2] 172 f.; *Schilken* (Fn. 8) Rdnr. 12 je mwN. Vgl. *OLGe Frankfurt* NJW 1954, 1083 (außer bei Rechtsmißbrauch, dort verneint); *München* MDR 1969, 60 (aber Mißbrauch bejaht); *LGe Berlin* MDR 1974, 1025 = DGVZ 1975, 8; *Bonn* NJW 1956, 753; *Flensburg* SchlHA 1965, 214; *Stuttgart* MDR 1967, 54; *Baur/Stürner*[10] Rdnr. 479 a. E.; *Wieczorek*[2] Anm.B II d 2; *Noack* MDR 1969, 181 u. DB 1972, 1661; *Sebode* DGVZ 1963, 149; *Mümmler* Büro 1977, 1657 (zust. zu *Brehm* JZ 1972, 156).
[79] → § 814 Rdnr. 12 ff. mit Fn. 44 sowie oben Fn. 31, 41.
[80] A. M. *Hadamus* (Fn. 77; → auch § 811 Rdnr. 15).
[81] *Steines* KTS 1989, 315 ff.
[82] *OLG Dresden* DR 1943, 362 in entspr.Anw. auf ZV wegen Auseinandersetzung von Miteigentümern; *Hartmann* (Fn. 8) Rdnr. 12.
[83] → Fn. 8.
[84] Auch wenn man nicht der Ansicht von *Steines* (Fn. 81) 314 folgen will, daß dann das RechtsschutzB fehle (→ dazu auch Fn. 24); denn jedenfalls trüge der Gläubiger mangels Notwendigkeit die Kosten, § 788.

§ 826 [Anschlußpfändung]

(1) Zur Pfändung bereits gepfändeter Sachen genügt die in das Protokoll aufzunehmende Erklärung des Gerichtsvollziehers, daß er die Sachen für seinen Auftraggeber pfände.
(2) Ist die erste Pfändung durch einen anderen Gerichtsvollzieher bewirkt, so ist diesem eine Abschrift des Protokolls zuzustellen.
(3) Der Schuldner ist von den weiteren Pfändungen in Kenntnis zu setzen.

Gesetzesgeschichte: Bis 1900 § 727 CPO. Änderung RGBl. 1898 I 256.

I. Bedeutung der Anschlußpfändung

1 1. Die Pfändung bereits gepfändeter Sachen, die sog. **Anschlußpfändung**[1] (§§ 826, 827), gewährt ein selbständiges Pfandrecht und damit das Recht auf den Teil des Erlöses, der nach Deckung gemäß § 804 Abs. 3 vorgehender Forderungen übrig bleibt; sie ist zugleich eventuelle Erstpfändung für den Fall, daß die erste Pfändung anderweit befriedigt oder die frühere Pfändung aus irgendeinem Grund wirkungslos wird. Sie bedeutet daher nicht etwa eine Anerkennung der ersten Pfändung. Zum Verbot zweckloser Pfändungen → § 803 Rdnr. 29. Die Anschlußpfändung kann auch zugunsten einer anderen Forderung desselben Gläubigers vorgenommen werden. § 826 scheidet aus, wenn sich die zweite Pfändung gegen einen anderen Schuldner richtet[2], z.B. die Ehefrau. Denn die erste Pfändung wirkt nur gegen die Person, gegen die sie kraft des Titels vorgenommen ist[3], und Veräußerungsverbote gegenüber weiteren Schuldnern wären nicht nach außen hin erkennbar, falls die Sache bei einem der Schuldner verbleibt[4]. Gleiches gilt, wenn die erste Pfändung gegen den Schuldner persönlich, die zweite gegen ihn als Verwalter fremden Vermögens gerichtet ist[5]. Jedoch ist § 826 anwendbar in den Fällen → §§ 780–786, z.B. wenn Nachlaß- u. Eigengläubiger pfänden, ebenso in den Fällen → § 786 Rdnr. 8f., falls der Pfandgegenstand für den einen Gläubiger materiell haftet, für den anderen nicht. Ist die Sache bereits nach § 817 Abs. 2 übergeben[6], so ist die erste Pfändung beendet[7], und daher selbst dann eine neue Erstpfändung vorzunehmen, wenn der Schuldner selbst die Sache ersteigert hat. Auch an *gepfändetem Geld* kann bis zur Ablieferung eine Anschlußpfändung stattfinden[8].

2 Der in der Hand des Gerichtsvollziehers befindliche *Erlös* ist zwar nicht gepfändet[9], aber in der Verstrickung und ebenso wie zuvor die Sache Eigentum des Schuldners[10], → § 819 Rdnr. 2; es ist daher kein Grund ersichtlich, weshalb spätere Gläubiger nicht durch Anschlußpfändung auf diesen Vermögenswert zugreifen sollen[11]. Solange sich aber der Erlös oder gepfändetes Geld auf dem Dienstkonto als Guthaben des Gerichtsvollziehers befinden[12], kommt nur Pfändung nach §§ 828ff. in Betracht[13]; ebenso wenn der *hinterlegte* Erlös in das

---

[1] Vgl. *Mümmler* DGVZ 1963, 181; 1973, 20; Büro 1988, 1462; *Gerlach* ZZP 89 (1976) 294ff.; *Geib* Pfandverstrickung (1969) 54ff.; *Binder* Anschlußpfändung (Diss. Frankfurt 1974); zur ält. Lit → 19. Aufl. Fn. 1.
[2] RG Gruch. 29 (1885), 1139; OLG Hamm DGVZ 1963, 4; LG Berlin DGVZ 1962, 141; § 167 Nr. 1 GVGA; ganz h.M. *MünchKommZPO-Schilken* Rdnr. 2 mwN. – A.M. *Gerlach* (Fn. 1) 295ff.
[3] → § 739 Rdnr. 23.
[4] *Geib* (Fn. 1). Hat der GV selbst die Sache in Gewahrsam (→ § 808 Rdnr. 22f.), so unterscheidet sich allerdings der äußere Hergang der Doppelpfändung nicht von dem der Anschlußpfändung, vgl. auch *RG* (Fn. 2) u. → § 808 Rdnr. 20 a.E. – A.M. *Gerlach* (Fn. 1).

[5] Als Konkursverwalter *Zöller/Stöber*[19] Rdnr. 2, Nachlaßverwalter, Testamentsvollstrecker *MünchKommZPO-Schilken* Rdnr. 2.
[6] → dort Rdnr. 21f.
[7] → § 803 Rdnr. 11.
[8] → § 815 Rdnr. 15.
[9] → § 803 Rdnr. 10.
[10] → § 819 Rdnr. 2.
[11] LG Berlin DGVZ 1983, 93 mwN; *Stöber* (Fn. 5); *Thomas/Putzo*[18] Rdnr. 3, jetzt allg. M. – Zur früheren Gegenansicht → § 815 Rdnr. 13 Fn. 34.
[12] → § 815 Rdnr. 14.
[13] → § 857 Rdnr. 44–46 für Gläubiger des Schuldners; zur Pfändung des Übererlöses für diese (aaO

Eigentum des Staates übergegangen¹⁴ oder trotz Veräußerung noch gestundet ist¹⁵. – Zur Pfändung durch Vollstreckungsgläubiger des Gläubigers → § 857 Rdnr. 44.

2. Der Umstand, daß die erste Pfändung im Wege der **Verwaltungsvollstreckung** erfolgt war, steht der Anwendung des § 826 nicht entgegen¹⁶; praktisch wird hier die Form der Anschlußpfändung¹⁷ nur dann zu wählen sein, wenn die Verwaltungsvollstreckung auch im Bereich der Justizverwaltung betrieben worden war, s. die Verweisung in § 6 Abs. 1 Nr. 1 JustizBeitrO. 3

II. Die Anschlußpfändung kann sowohl in den Formen der Erstpfändung durch *Besitzergreifung* nach §§ 808 f., als in der **erleichterten Form** des § 826 erfolgen (»genügt«)¹⁸. Ist zweifelhaft, ob die Erstpfändung zu Recht besteht, muß die erste Form gewählt werden; bei Gegenständen, die der Gerichtsvollzieher nicht im Schuldnergewahrsam belassen hat, die zweite. → auch Fn. 2 f. 4

1. Nach § 826 erfolgt die Pfändung durch die *Erklärung* des Gerichtsvollziehers in dem von ihm aufzunehmenden (neuen) *Protokoll*¹⁹ auch dann, wenn ein anderer Gerichtsvollzieher die erste Pfändung durchgeführt hat. Die Erklärung gegenüber einer bestimmten Person, also insbesondere gegenüber diesem anderen Gerichtsvollzieher oder dem von ihm bestellten Verwahrer der Sache, ist nicht erforderlich. Daher ist auch die Zustellung der Protokollabschrift nach Abs. 2 zwar aus den Gründen → § 827 Rdnr. 1 wichtige Pflicht, aber nicht wesentlich, die Erklärung im Protokoll genügt zur Wirksamkeit²⁰. Die Erklärung ist auch dann wirksam, wenn sie *nicht angesichts der Pfandsachen* abgegeben wird²¹; jedoch gehört es zu den Amtspflichten²² des Gerichtsvollziehers festzustellen, ob die Pfandstücke noch vorhanden und ausreichend als verstrickt gekennzeichnet sind, sowie den zuerst geschätzten Wert zu überprüfen. Bei der Anschlußpfändung des Erlöses (→ Fn. 11) lautet die Erklärung, der Erlös werde auch für ... gepfändet. 5

War die Sache im *Gewahrsam eines Dritten* gepfändet worden, so ist seine Zustimmung nach § 809 für die Anschlußpfändung einzuholen²³, gleichgültig ob sie für die erste Pfändung schon erteilt war oder ob sich die Sache noch immer in seinem Gewahrsam befindet. § 809 will nicht nur dem Besitzschutz des Dritten, sondern auch der Wahrung von dahinterstehenden Rechten dienen, indem die Initiative zum Streit darüber dem Gläubiger aufgebürdet wird²⁴, und auf diesen Schutz kann der Dritte zugunsten des einen Gläubigers verzichten, gegenüber dem anderen nicht²⁵. 6

Fn. 185) zust. *LG Berlin* (Fn. 11); a.M. *Schilken* § 819 Rdnr. 10. Für Gläubiger des Gläubigers → § 857 Rdnr. 40 (Pfändung der Titelforderung). – A.M. *AG Rheine* DGVZ 1984, 123 (trotz Einzahlung auf Dienstkonto; aber § 826 betrifft nur Sachpfändung).

¹⁴ → § 804 Rdnr. 49.
¹⁵ → § 817 Rdnr. 12, § 825 Rdnr. 1.
¹⁶ *Schilken* (Fn. 5) Rdnr. 3; *Wieczorek²* Anm. B II c; *Stöber* (Fn. 5) Rdnr. 6. – A.M. *Baumbach/Hartmann*⁵³ Rdnr. 2; *Binder* (Fn. 1) 44 ff. – Für die Abgaben-ZV s. § 307 AO, auf den § 5 Abs. 1 BVwVG verweist, sowie für die landesrechtlichen Vorschriften die Nachweise zum Stichwort »Verwaltungsvollstreckungsgesetz« bei *Schlegelberger/Friedrich* Das Recht der Gegenwart²⁵. – Zu den Mitteilungspflichten s. § 307 Abs. 2 AO.
¹⁷ § 167 Nr. 10 GVGA schreibt allgemein eine Erstpfändung vor.
¹⁸ Ebenso schon *RG* JW 1900, 650 f. u. die ganz h.M.; → auch Fn. 4.
¹⁹ S. § 167 Nr. 2 GVGA, *RG* Gruch 41 (1897), 1193; *Schilken* (Fn. 5) Rdnr. 5; *Stöber* (Fn. 5) Rdnr. 3. Ein Vermerk auf dem ersten Protokoll dürfte entgegen *Wieczo-*

rek² Anm. C 1 nicht ausreichen. Unrichtige Angaben zu vorgängigen Pfändungen spielen, soweit die Identität der Sachen feststeht, keine Rolle.
²⁰ RGZ 13, 345; Gruch. 41, 1193; *Hartmann* (Fn. 16) Rdnr. 6; *Schilken* (Fn. 5) Rdnr. 5; *Stöber* (Fn. 5) Rdnr. 3; *Thomas/Putzo*¹⁸ Rdnr. 5; § 167 Nr. 2 S. 5 GVGA; krit. *Gaul* Rpfleger 1971, 86 Fn. 327a. Ein Verstoß kann jedoch zur Haftung führen *RG* aaO.
²¹ *OLG Bremen* DGVZ 1971, 4; *LG Braunschweig* DGVZ 1962, 140 = NdsRpfl 1961, 277; *AG Fürth* DGVZ 1977, 14; *Schilken* (Fn. 5) Rdnr. 5 mwN; a.M. *AG Elmshorn* DGVZ 1992, 46 (abl. Schriftl. mit Hinweis auf geplante Änderung des § 167 Nr. 3 GVGA). Es besteht jedoch die Gefahr einer Amtshaftung → Fn. 22,27.
²² § 167 Nr. 3 GVGA.
²³ Falls sie nicht von vornherein auch dafür erteilt ist, was kaum vorkommen wird.
²⁴ → § 809 Rdnr. 5.
²⁵ Daher versagt das Arg., der Gewahrsam sei nicht teilbar. Wie hier die jetzt ganz ü.M. *OLG Düsseldorf* OLGZ 1973, 52 mwN; *Gerlach* (Fn. 1) 325 ff. (ausführlich); *Schilken* (Fn. 5) Rdnr. 4 mwN. – A.M. *Pohle* in 18.

7   2. Die *Benachrichtigung des Schuldners* ist nicht wesentlich und geschieht formlos nach § 763, vgl. auch § 803 Abs. 3.

8   **III.** Die Gültigkeit der Anschlußpfändung setzt voraus, daß die **erste Pfändung** nach § 808 in ihren äußeren Formen dem Gesetz gemäß vollzogen ist; nur das kann der Gerichtsvollzieher prüfen. Die Kenntlichmachung nach § 808 Abs. 2[26] muß also genügend sein und noch zur Zeit der Anschlußpfändung fortdauern[27]. Denn die *Form*erleichterung des § 826 basiert auf der *Ersichtlichkeit* der früheren Pfändung, nicht auf deren Wirksamkeit im Sinne einer Akzessorietät zur früheren Pfändung (str.)[28]. Offensichtlich abhandengekommene Pfandzeichen (Erstprotokoll!) sind daher vorher zu erneuern, weil der Fortbestand der Verstrickung[29] für sich allein nicht ausreicht für die Gültigkeit der Anschlußpfändung[30]. War aber die Ersichtlichmachung von vornherein ungenügend oder erscheint sie dem Gerichtsvollzieher auch nur zweifelhaft, so hat er eine Erstpfändung vorzunehmen, selbst wenn ein Dritter die Pfändung für genügend hält[31].

9   Unschädlich ist die Anfechtbarkeit der früheren Pfändung[32], z. B. weil die Zustellung des Titels unterblieb, die Frist des § 798 nicht gewahrt, gegen § 809 verstoßen wurde[33] oder weil die Pfändung wegen Befriedigung des ersten Gläubigers nach § 776 aufzuheben ist.

10   Sobald die frühere Pfändung aufgehoben ist, rückt der Anschlußgläubiger in die Stellung des ersten Gläubigers ein, und wenn die frühere Pfändung nur äußerlich ordnungsgemäß war, aber in Wahrheit eine Verstrickung nicht begründete[34], so erhält der Anschlußgläubiger diese Stellung sofort[35]. Das Vorrecht des Erstpfändenden kann auch durch Anfechtung wegen Benachteiligung der Gläubiger beseitigt werden. Ist nach der Anschlußpfändung die erste Pfändung fortgefallen, so kann die fortbestehende Anschlußpfändung ihrerseits die Grundlage für eine weitere Anschlußpfändung bilden. – Wegen der Beurteilung der Unpfändbarkeit → § 811 Rdnr. 17.

11   **IV.** Jeder Anschlußgläubiger hat das Recht auf **selbständigen Weiterbetrieb** der Vollstreckung, auch wenn ein anderer Gläubiger Stundung bewilligt oder gegenüber einem der Gläubiger die Einstellung der Vollstreckung[36] oder die Aussetzung der Verwertung verfügt ist[37] (zur str. Frage, inwieweit dies auch bei »hoffnungslosem« Rang gilt, → § 803 Rdnr. 29 Fn. 97, § 765a Fn. 25). Insbesondere kann jetzt die Voraussetzung der Fortschaffung nach § 808 Abs. 2 durch *seine* Gefährdung begründet sein und dadurch die Einwilligung des ersten Gläubigers hinfällig werden[38]. Betreibt er selbständig die Veräußerung, so finden alle Vorschriften der §§ 816 ff. Anwendung[39] und gilt in Beziehung auf die Befriedigung des vorgehenden Gläubigers § 827. Die Verwendung *freiwilliger* Zahlungen bestimmt jedoch grund-

---

Aufl. Fn. 11 mit *LG Dresden* JW 1936, 3087; *Hartmann* (Fn. 16) Rdnr. 3; *Wieczorek*² Anm. C II a.
[26] → § 808 Rdnr. 28 ff.
[27] So i. E. *RG* JW 1931, 2109 = HRR 545; § 167 Nr. 3 S. 2 GVGA.
[28] Richtig *Geib* (Fn. 1) 57 ff.; *Baumann/Brehm* ZwV² § 18 IV 3 a. E.; *Hartmann* (Fn. 16) Rdnr. 3; *Jauernig* ZwVR¹⁹ § 17 VI; *Stöber* (Fn. 11) Rdnr. 3, 8; wohl auch *OLG Düsseldorf* (Fn. 25). – A.M. z. B. *Baur/Stürner*¹¹ Rdnr. 464; *Schilken* (Fn. 5) Rdnr. 3 mwN (aber *LG Berlin* DGVZ 1983, 93 entschied nicht über diese Frage): Die frühere Verstrickung sei als solche einerseits *nötig* (aber die Anschlußpfändung ist selbständige Pfändung u. das dem Anschlußgläubiger aufgebürdete Risiko einer dem GV nicht erkennbaren Nichtigkeit, → Rdnr. 131 vor § 704, ist durch nichts gerechtfertigt), andererseits *genüge* sie trotz Wegfall der Kenntlichkeit, so *Hartmann u. Schilken* aaO (aber das wäre Pfändung ohne jede Publizität; richtig dagegen *RGZ* 35, 339). Krit. *Binder* (Fn. 1) 23 ff.;

Gaul FamRZ 1972, 535 stellt vor allem den historischen Ansatz *Geibs* in Frage.
[29] → § 803 Rdnr. 19 a. E.
[30] → Fn. 28.
[31] Vgl. *RG* (Fn. 27), zugleich zur Pflicht, eventuell unwirksame weitere Pfändungen nachzuholen (zust. *Baumbach* JW 1931, 2109).
[32] Zust. *Stöber* (Fn. 5) Rdnr. 3; *Schilken* (Fn. 5) Rdnr. 3.
[33] *OLG Düsseldorf* (Fn. 25); *KG* OLGRsp 25, 184.
[34] → Rdnr. 129 ff. vor § 704.
[35] → Fn. 28.
[36] *KG* OLGRsp 4, 144 f.; § 167 Nr. 8 GVGA (mit näheren Anweisungen zur Abwicklung).
[37] → § 813a Rdnr. 8. S. auch § 308 Abs. 2 AO.
[38] → § 808 Rdnr. 23.
[39] Auch die Frist des § 816 Abs. 1, → dort Rdnr. 1 Fn. 4.

sätzlich der Schuldner, nicht der Rang[40]. Wird ohne Berücksichtigung des vorgehenden Pfandgläubigers veräußert, so erlischt dessen Pfandrecht an der Sache durch die Veräußerung[41], bzw. das an die Stelle tretende Pfandrecht am Erlös durch die Auszahlung[42]; er hat dann die Bereicherungsklage gegen den Anschlußpfandgläubiger nach § 812 BGB[43].

V. Für **Verstöße** und **Rechtsbehelfe** gilt → § 808 Rdnr. 38 entsprechend mit der Maßgabe, daß wesentliche Voraussetzungen für die Gültigkeit nur die protokollierte Erklärung (→ Rdnr. 5) und die Erkennbarkeit der ersten Pfändung sind (→ Rdnr. 8). Vom Erstpfändenden können Mängel der Anschlußpfändung nicht nach § 766 gerügt werden, weil seine Rechtsstellung nicht berührt wird[44]. 12

VI. Wegen der **Kosten** s. § 788, aber auch § 803 Rdnr. 29 Fn. 61. Die *Gebühr des Gerichtsvollziehers* ist die gleiche wie bei der Erstpfändung und gilt eine Zustellung nach Abs. 2 mit ab, § 17 GVKG mit Nr. 25 GVKostGr. → aber § 788 Fn. 95 zu § 11 GVKostG. Für *Anwaltsgebühren* ist jedoch ein Abzug für unstreitig vorrangige Pfandrechte angemessen[45]. Zum Verteilungsverfahren → § 872 Rdnr. 11. 13

§ 827 [Verfahren bei mehrfacher Pfändung]

(1) [1]Auf den Gerichtsvollzieher, von dem die erste Pfändung bewirkt ist, geht der Auftrag des zweiten Gläubigers kraft Gesetzes über, sofern nicht das Vollstreckungsgericht auf Antrag eines beteiligten Gläubigers oder des Schuldners anordnet, daß die Verrichtungen jenes Gerichtsvollziehers von einem anderen zu übernehmen seien. [2]Die Versteigerung erfolgt für alle beteiligten Gläubiger.
(2) [1]Ist der Erlös zur Deckung der Forderungen nicht ausreichend und verlangt der Gläubiger, für den die zweite oder eine spätere Pfändung erfolgt ist, ohne Zustimmung der übrigen beteiligten Gläubiger eine andere Verteilung als nach der Reihenfolge der Pfändungen, so hat der Gerichtsvollzieher die Sachlage unter Hinterlegung des Erlöses dem Vollstreckungsgericht anzuzeigen. [2]Dieser Anzeige sind die auf das Verfahren sich beziehenden Schriftstücke beizufügen.
(3) In gleicher Weise ist zu verfahren, wenn die Pfändung für mehrere Gläubiger gleichzeitig bewirkt ist.

Gesetzesgeschichte: Bis 1900 § 728 CPO.

I. Ist dieselbe Sache von verschiedenen Gerichtsvollziehern in der Form des § 808 oder in der des § 826 gepfändet worden[1], so soll das weitere Verfahren einheitlich sein. Kraft Gesetzes geht daher der »Auftrag« der nachfolgenden Gläubiger auf den Gerichtsvollzieher 1

---

[40] *Mümmler* DGVZ 1973, 23; *Schilken* (Fn. 5) Rdnr. 7; a.M. *Noack* Vollstreckungspraxis[5] 281; *Lipschitz* DGVZ 1958, 52. Anders ist die Lage bei Zahlung an den GV nach vereinbartem Verwertungsaufschub → 754 Rdnr. 9a.
[41] → § 817 Rdnr. 22.
[42] → § 819 Rdnr. 1f.
[43] → § 819 Rdnr. 10; *Schilken* (Fn. 5) Rdnr. 7 mwN.
[44] → § 766 Rdnr. 30; zum umgekehrten Fall → aber § 766 Rdnr. 32 Fn. 168f. Zust. *Schilken* (Fn. 5) Rdnr. 8.
[45] § 3 Rdnr. 62 »Vollstreckung« zu II: Abzug vorhergehender Pfandrechte. Dies führt allerdings in der Regel schon bei der ersten u. erst recht bei der nächsten Anschlußpfändung zum Wert »Null« u. damit zur Mindestgebühr; *E. Schneider* Streitwertkommentar usw.[10] Rdnr. 5191 will einen nach § 3 geschätzten Betrag abziehen.

[1] Soweit Erst- und Zweitpfändung sich teilweise auf **andere Sachen** beziehen, gilt der gesetzliche (s. aber § 167 Nr. 9 GVGA) Übergang des Auftrags nicht. Unerheblich ist aber, ob dieselbe Sache gegenüber **mehreren Schuldnern**, z.B. Ehegatten, nach § 808 (nicht § 826, → dort Rdnr. 1 Fn. 2) gepfändet ist *MünchKommZPO-Schilken* Rdnr. 2 mwN.

§ 827 I, II   Zweiter Abschnitt: Zwangsvollstreckung wegen Geldforderungen

über, der die erste Pfändung[2] vorgenommen hat, d. h. er ist nunmehr der für die Erledigung sämtlicher Vollstreckungsanträge allein zuständige Beamte und nach seiner Person bestimmt sich eine Amtshaftung. Maßgeblicher Zeitpunkt ist die glaubhafte Kenntnis von weiteren Pfändungen, nicht erst die Zustellung nach § 826 Abs. 2. Die amtlichen Funktionen der nachpfändenden Gerichtsvollzieher erlöschen und sie haben die zur Vollstreckung nötigen Urkunden dem ersten Gerichtsvollzieher abzuliefern[3]. Dieser hat die Verwertung von Amts wegen für alle Gläubiger oder, wenn für einen von ihnen ein Hindernis besteht[4], für die anderen durchzuführen. Zwar bedarf es hierzu keines besonderen Antrags[5], doch ist er dann für nachpfändende Gläubiger zu empfehlen, wenn für den ersten nicht versteigert wird.

2   1. Das Vollstreckungsgericht[6] (Rechtspfleger, § 20 Nr. 17 RpflG) kann auf Antrag eines Gläubigers oder des Schuldners aus besonderen Gründen (z.B. im Falle → Fn. 1) den Vollstreckungsauftrag auf einen anderen Gerichtsvollzieher, auch einen bisher nicht beteiligten, übertragen. Dieser handelt dann für sämtliche Gläubiger.

3   2. Treffen Pfändungen nach der AO oder nach dem BVwVG (Sartorius 112) und solche des Gerichtsvollziehers zusammen, so liegt nach § 308 Abs. 1 AO, § 5 Abs. 1 BVwVG das weitere Verfahren in der Hand der erstpfändenden Stelle[7]. Die Verwertung findet für alle Gläubiger auf Betreiben eines jeden von ihnen statt, § 308 Abs. 2 AO; ein etwa erforderliches Verteilungsverfahren liegt stets in der Hand des Amtsgerichts, § 308 Abs. 4 AO. Gleiches gilt für das Zusammentreffen von Pfändungen nach der ZPO und der JBeitrO (§ 6 Abs. 1 Nr. 1)[8].

4   **II. Verwertet wird für alle beteiligten Gläubiger**, → Fn. 16. Soweit daher eine Einigung der Beteiligten bei der Versteigerung zulässig ist[9], müssen sie sämtlich zustimmen. Sind für einzelne Gläubiger besondere Versteigerungstermine anberaumt, so kann jeder über den für ihn angesetzten bestimmen[10]. → auch § 816 Rdnr. 1. Der Erlös (oder das gepfändete Geld) wird nach Abzug der Verwertungskosten[11] und eines dem Schuldner etwa vorweg nach § 811a Abs. 1 HS 2 zu überlassenden Geldbetrages[12] durch den nunmehr zuständigen Vollstreckungsbeamten verteilt[13]. Reicht er nicht zur Deckung sämtlicher Forderungen, so erfolgt die Verteilung **nach der Reihenfolge der Pfändungen,** § 804 Abs. 3, und, wenn für mehrere Gläubiger zur gleichen Zeit gepfändet ist (→ Rdnr. 7), nach dem Verhältnis der Forderungen. Die Reihenfolge der Pfändungen gilt (abweichend von § 366 BGB) auch bei mehreren Forderungen desselben Gläubigers[14]. Für die einzelne Forderung gilt dagegen § 367 BGB[15] und die Kosten der Zwangsvollstreckung, § 788, teilen den Rang der Hauptfor-

---

[2] → auch § 847 Rdnr. 17.
[3] § 167 Nr. 6 GVGA.
[4] → § 826 Rdnr. 11.
[5] → § 814 Rdnr. 1 Fn. 2; *Schilken* (Fn. 1) Rdnr. 3; *Wieczorek*[2] Anm. A II. – A.M. 18. Aufl.; *Baumbach/Hartmann*[53] Rdnr. 1.
[6] Und zwar das zur Zeit der ersten Pfändung nach § 764 Abs. 2 zuständige, *Falkmann* 307 f.; *Hartmann* (Fn. 5).
[7] Zur Zuständigkeit u. der Möglichkeit abw. Vereinbarung der Beteiligten vgl. *Klein/Orlopp* AO[4] § 308 Anm. 2.
[8] Ist zuerst in einem landesrechtlichen *Verwaltungsverfahren* gepfändet worden, so gilt § 827 nicht. Das Landesrecht (→ die Gesetze Fn. 28 vor § 704) kann aber den Übergang in das Verfahren nach § 827 anordnen, s. z.B. § 15 BWLVwVG (Verweisung auf die AO); § 44 Abs. 4 HessLVwVG.
[9] → § 825 Rdnr. 1.
[10] Vgl. *OLG Hamburg* JW 1929, 122 a. E.
[11] Nur die Gebühren des § 21 GVKG dürfen »vorweg«

entnommen werden, arg. §§ 6 S. 1, S. 2, 15 S. 2 GVKG; § 169 Nr. 3 GVGA; *AG u. LG München I* DGVZ 1974, 58; *Schilken* (Fn. 1) Rdnr. 5; *Zöller/Stöber*[19] Rdnr. 5. Vgl. *Kollmeier* DGVZ 1960, 119 (auch zu § 7 GVKG). Andere Kosten sind nach der Zahl der Auftraggeber zu verteilen, § 6 S. 2 GVKG; jedoch treffen solche Gläubiger, die durch einstweilige Einstellung oder Aufschub der Verwertung an der Verwertung verhindert sind, solche Kosten nur insoweit, als sie vor Eintritt des Hindernisses entstanden waren *LG Essen* Büro 1972, 633f. = DGVZ 1972, 116. – A.M. *Thomas/Putzo*[18] Rdnr. 5 (alle Versteigerungskosten, wie § 169 Nr. 3 aF GVG).
[12] → § 811a Rdnr. 20, § 811b Rdnr. 4.
[13] → § 819 Rdnr. 5ff.
[14] *Schilken* (Fn. 1) Rdnr. 5; *Staudinger/Kaduk* BGB[12] § 366 Rdnr. 15. – A.M. *Hartmann* (Fn. 5) Rdnr. 3: gleicher Rang. Für entspr.Anw. des § 366 Abs. 2 BGB *OLG Düsseldorf* HRR 1937 Nr. 792; *Wieczorek*[2] Anm. B II a 1; *Soergel/Zeiss* BGB[12] § 366 Rdnr. 12.
[15] § 169 GVGA.

derung, vgl. §§ 803, 804 (anders im Falle des § 805). Zur Konkurrenz mehrerer Gläubiger bei Zahlungen des Schuldners → § 826 Rdnr. 11 Fn. 40, bei vereinbartem Verwertungsaufschub § 754 Rdnr. 9 a.

Verlangt aber einer der beteiligten Gläubiger[16] vor Beendigung der Verteilung eine *andere Verteilung* als die vorstehend angegebene und stimmen die anderen Gläubiger nicht zu[17], so ist der Erlös zu *hinterlegen* und dem Vollstreckungsgericht Anzeige zu machen, das dann von Amts wegen das Verteilungsverfahren nach §§ 872ff. einleitet. Die Umständlichkeit dieses Verfahrens und das mit ihm verbundene Kostenrisiko veranlassen jedoch die Konkurrenten oft zu einer Einigung schon in diesem Stadium.- Wegen des Pfandrechts am Hinterlegten → § 804 Rdnr. 49f.; → auch § 771 Rdnr. 10 a. E. Zu Verstößen → Rdnr. 9.

Auch für Abs. 2 ist unerheblich, ob nach § 808 oder § 826 gepfändet ist[18]. Er gilt also auch dann, wenn gegenüber einer Erstpfändung eine frühere Pfändung behauptet wird. Läßt der Konkurs/Insolvenzverwalter eine vor Eröffnung gepfändete Sache verwerten, ist wie Abs. 2 zu hinterlegen, falls er das Absonderungsrecht bestreitet[19] und § 88 InsO unstreitig ausscheidet.

III. **Gleichzeitige Pfändung** zugunsten mehrerer Gläubiger (Abs. 3) soll nach § 168 Nr. 1 GVGA erfolgen, wenn zur Zeit der Pfändung mehrere Anträge vorliegen[20]. Gegen diese Regelung wird zutreffend eingewandt, daß wegen häufiger Überlastung der Gerichtsvollzieher entgegen dem Sinn des § 804 Abs. 3 oft gleicher Rang entsteht trotz wochenlang auseinanderliegender Anträge[21]. Gläubiger konkurrieren im Falle des Abs. 3 – vorbehaltlich etwaiger Vorrechte nach § 804 Abs. 2 – nach dem Verhältnis ihrer Forderungen ohne Rücksicht auf den Zeitpunkt des Antrags[22]. Über die Pfändung ist nur ein Pfändungsprotokoll aufzunehmen, das aber die Vornahme der Pfändung für die mehreren Gläubiger beurkunden muß. Die *Hinterlegung* hat unter denselben Voraussetzungen wie im Falle des Abs. 2 (→ Rdnr. 5) zu erfolgen[23].

IV. Der Erlös aus der Verwertung von **Luftfahrzeugersatzteilen,** auf die sich Registerpfandrechte an Luftfahrzeugen erstrecken[24], ist vom Gerichtsvollzieher nach Abzug seiner Gebühren (§ 6 GVKG) *stets zu hinterlegen* und nach den Vorschriften über das Verteilungsverfahren zu verteilen; beteiligt sind auch alle Gläubiger der Registerpfandrechte, §§ 71, 100 Nr. 4 LuftfzRG[25]. Vgl. auch § 306 AO 1977.

V. Verstöße gegen Abs. 2, 3 können nur nach **§ 766** gerügt werden[26]; andernfalls hilft nur § 812 BGB, wo aber die materielle Berechtigung, also nicht unbedingt die zeitliche Reihenfolge der Pfändungsakte maßgeblich ist, → § 878 Rdnr. 8. 38.

---

[16] Auch wenn ihm gegenüber einstweilen eingestellt oder die Verwertung ausgesetzt ist (z.B. § 813 a, geplant als § 813b nF) oder wenn ein Pfändungsgläubiger nur wegen eines Vorzugsrechts widerspricht, → auch § 804 Rdnr. 39; *nicht* aber ein (ohne Pfändung) vorzugsberechtigter Dritter, → § 805 Rdnr. 19, oder der nachpfändende GV, denn er ist ausgeschieden, *Wieczorek*² Anm. B II b 2; a. M. *RG* Gruch. 41 (1897), 1195.

[17] Einer Zustimmung des Schuldners bedarf es hier nicht; → aber Rdnr. 2–4 vor § 872.

[18] → Rdnr. 1; *Schilken* (Fn. 1).

[19] Obiter *OLG Marienwerder* OLGRsp 29, 169f. (dort war freihändige Verwertung u. Hinterlegung vereinbart).

[20] Ebenso schon *RG* JW 1931, 2109f. a. E. = HRR 545; dem folgt die Praxis, s. z.B. *LG Hamburg* DGVZ 1982, 45.

[21] *Gaul* JZ 1973, 483 Fn. 153; *Schilken* (Fn. 1) § 808 Rdnr. 31 mwN; *Eickmann* DGVZ 1977, 109. Zwar wird man den Rang nicht unmittelbar auf den (für Dritte nicht erkennbaren) Eingang des ZV-Antrags beim GV abstellen können wie §§ 13, 45 GBO, → § 867 Rdnr. 20. Angebracht wäre aber die Regelung, daß der GV, will man ihm nicht allzu zahlreiche Gänge zum Schuldner zumuten, nach der Erstpfändung mehrere Anschlußpfändungen zwar in einem Protokoll, aber je nach Antragseingang mit Angabe unterschiedlicher Reihenfolge (Uhrzeiten) vornimmt. Angesichts der eingefahrenen Praxis sollte dies jedoch nicht in den GVGA, sondern gesetzlich geregelt werden.

[22] *RG* (Fn. 14). Zur Verteilung der Verwertungskosten *LG Essen* (Fn. 9); *Klein* DGVZ 1972, 54; *Mümmler* DGVZ 1972, 100; *Mühl* DGVZ 1972, 166.

[23] Dazu *Münzberg* Rpfleger 1986, 485.

[24] → § 808 Rdnr. 31 Fn. 201, § 817a Rdnr. 2.

[25] → Rdnr. 14 vor § 704.

[26] Zust. *Schilken* (Fn. 1) Rdnr. 8.

10   **VI. Gebühren** des *Gerichts* entstehen nicht (§ 1 GKG). *Anwalts*gebühren fallen neben der allgemeinen Vollstreckungsgebühr hier nicht an, §§ 57, 58 Abs. 1, 2 Nr. 4 BRAGO. Der Antrag nach § 827 Abs. 1 durch den Anwalt des Schuldners ist jedoch bereits Tätigkeit in der Zwangsvollstreckung gemäß § 57 BRAGO. Zum Verteilungsverfahren → § 872 Rdnr. 11. Gebühren des *Gerichtsvollziehers*: §§ 17, 21 GVKG.

§ 828 [Zuständigkeit]

(1) Die gerichtlichen Handlungen, welche die Zwangsvollstreckung in Forderungen und andere Vermögensrechte zum Gegenstand haben, erfolgen durch das Vollstreckungsgericht.

(2) Als Vollstreckungsgericht ist das Amtsgericht, bei dem der Schuldner im Inland seinen allgemeinen Gerichtsstand hat, und sonst das Amtsgericht zuständig, bei dem nach § 23 gegen den Schuldner Klage erhoben werden kann.

Gesetzesgeschichte: Bis 1900 § 729 CPO.

I. **Vollstreckungsorgan** für die Zwangsvollstreckung in Forderungen und andere Vermögensrechte ist das **Gericht**[1]. Der Gerichtsvollzieher stellt nur zu, § 829 Abs. 2, 3. Lediglich bei den §§ 830, 831, 847 werden Gericht *und* Gerichtsvollzieher als Vollstreckungsorgane tätig; zur Vorpfändung → § 845 Rdnr. 6, 9.   1

Die hier in Betracht kommenden Anordnungen und Entscheidungen trifft der **Rechtspfleger** nach Maßgabe des § 20 Nr. 17 RpflG. Wegen der dort vorgesehenen Richtervorbehalte → § 766 Rdnr. 4 f.; s. auch §§ 5 ff. RpflG. Auch bei einem vom Richter erlassenen Pfändungsbeschluß ist für die Ergänzung und Berichtigung der Rechtspfleger zuständig[2].   2

Sachlich zuständig, und zwar nach § 802 ausschließlich, ist als Vollstreckungsgericht nach § 764 das **Amtsgericht**[3], in der Beschwerdeinstanz auch das Beschwerdegericht[4], falls es nicht zurückverweist → § 575 Rdnr. 7. Nur die Rechtspfändung aufgrund eines Arrestbefehls obliegt nach § 930 Abs. 1 S. 1 ausschließlich[5] dem *Arrestgericht*, das den Pfändungsbeschluß mit dem Arrestbefehl verbinden kann, → § 930 Rdnr. 2 ff. Diese Zuständigkeit gilt auch für die Erinnerung → § 766 Rdnr. 35. Für die Überweisung ist aber das Amtsgericht als Vollstreckungsgericht (§ 764) zuständig. Soweit aufgrund einer *Leistungsverfügung* (→ Rdnr. 38 ff. vor § 935) Rechtspfändungen stattfinden, gilt die Regel des § 828, → § 938 Rdnr. 40. Wegen arbeitsgerichtlicher Titel → Rdnr. 12.   3

II. **Örtlich zuständig** ist, ebenfalls ausschließlich (§ 802), das Amtsgericht, bei dem der Schuldner[6] **im Inland seinen allgemeinen Gerichtsstand** hat, §§ 13–19[7]. Für Parteien kraft Amts als Schuldner[8] ist ihr Wohnsitz (§ 13) maßgebend[9]; ebenso beim Nachlaßpfleger, obwohl er nicht Partei ist (→ Rdnr. 26 vor § 50), denn § 780 Abs. 2 behandelt ihn wie den Nachlaßverwalter als Schuldner[10].   4

Ein Titel gegen **mehrere Schuldner** mit verschiedenen allgemeinen Gerichtsständen ist allein noch kein Grund, § 36 Nr. 3 anzuwenden → § 764 Rdnr. 4 a. E. Soll jedoch in dasselbe, mehreren Schuldnern nach Bruchteilen oder gesamthänderisch zustehende Recht vollstreckt   5

---

[1] Lit.: *Stöber*[10] Rdnr. 440 ff. mwN.; *Mülhausen* WPM 1986, 957 (958); wegen nicht aufgrund der ZPO ergangener Titel → Rdnr. 13. Zu Reformbestrebungen → Rdnr. 68 vor § 704; *Gaul* Rpfleger 1971, 82 f.; *Zeiss* ZRP 1982, 74 f.

[2] OLG München Rpfleger 1989, 400; a. M. OLG München Rpfleger 1975, 34; *Stöber*[10] Rdnr. 445.

[3] In Familiensachen ist das Amtsgericht nicht als Familiengericht zuständig → § 764 Fn. 7; anders bei der Vollstreckung nach der JBeitrO, BayObLGZ 1990, 225.

[4] § 766 Rdnr. 47 f.; jetzt allg. M.; OLG Köln Rpfleger 1986, 488; *Stöber*[10] Rdnr. 727; einschränkend noch KG OLG Rsp 37, 194 ff. und Grunsky → § 930 Rdnr. 2; *Stöber*[10] Rdnr. 441 für das Arrestverfahren.

[5] BGH NJW 1976, 1453.

[6] Die ZPO bezeichnet abweichend vom BGB den pfändenden Gläubiger als Gläubiger, den Gläubiger der gepfändeten Forderung als Schuldner, dessen Schuldner als Drittschuldner. Der Drittschuldnerwohnsitz kann nur nach § 23 maßgebend sein, → Rdnr. 6. Zu dieser auffälligen Ausweitung internationaler Zuständigkeit s. *Marquordt*, Das Recht der internationalen Forderungspfändung, Diss. Köln, 1975, S. 10 ff.

[7] Für Soldatenbezüge ist § 9 BGB zu beachten, → § 13 Rdnr. 16, dazu *LG Münster* Rpfleger 1963, 303; *Franke* NJW 1968, 830. Wegen des Nato-Truppenstatuts s. Art. 5 NTS-AG → Einl. Rdnr. 667; § 829 Rdnr. 51.

[8] → Rdnr. 25 ff. vor § 50.

[9] Vgl. BGHZ 88, 331 = NJW 1984, 739.

[10] Wie hier *Stöber*[10] Rdnr. 450 mwN. – A. M. *LG Berlin* JR 1954, 464 (Wohnsitz des Drittschuldners oder Erblassers). Auf den Wohnsitz sonstiger Vertreter des Schuldners kommt es nicht an.

werden, so kann das entsprechend § 36 Nr. 3 zu bestimmende Vollstreckungsgericht durch einheitlichen Beschluß pfänden[11]. Der Gläubiger kann stattdessen auch den Bruchteil jedes Schuldners oder bei Gesamthand jeweils die gesamte Forderung durch die für jeden einzelnen Schuldner zuständigen Gerichte zugleich oder nacheinander pfänden lassen; im Falle der Gesamthand wird aber dann die Pfändung erst wirksam, wenn der letzte Beschluß dem Drittschuldner (§ 829 Abs. 3) zugestellt ist[12].

6   Fehlt ein allgemeiner Gerichtsstand des Schuldners im Inland[13], so ist das Amtsgericht zuständig, in dessen Bezirk sich **Vermögen des Schuldners** befindet (§ 23), für die Pfändung einer Forderung also das Gericht des Drittschuldnerwohnsitzes oder des Ortes der für die Forderung haftenden Sache, → dazu § 23 Rdnr. 20–24; wegen devisenrechtlicher Genehmigungen → § 829 Rdnr. 30. Jedes der Amtsgerichte, bei dem diese Voraussetzung zutrifft, ist für die Pfändung aller Rechte des Schuldners wahlweise zuständig[14], denn § 802 will hier nur andere als nach § 828 begründete Zuständigkeiten ausschließen. § 828 gilt auch für die Pfändung von Hypothekenforderungen, Grundschulden usw. Wegen Schiffsparten s. aber § 858 Abs. 2.

7   Die **internationale Zuständigkeit** ist begründet, wenn ein deutsches Gericht nach § 828 örtlich zuständig ist[15]. Auf den Erfüllungsort kommt es nicht an. Deshalb kann bei einer inländischen Bank ein Konto gepfändet werden, das bei einer Auslandsfiliale geführt wird[16]. Zur Pfändung der Forderung eines inländischen Schuldners gegen einen Drittschuldner im Ausland und zur Pfändung einer inländischen Forderung durch ein ausländisches Gericht → § 829 Rdnr. 24 ff., zur Anerkennung im Inland → § 829 Rdnr. 103.

8   Für die Zuständigkeit ist der Beginn der Vollstreckung maßgebend → Rdnr. 112 vor § 704 und § 764 Rdnr. 3. Die einmal begründete Zuständigkeit bleibt daher für alle im *gleichen* Verfahren nötig werdenden Handlungen einschließlich der Rechtsbehelfe und Änderungsentscheidungen[17] erhalten, auch wenn z. B. der Wohnsitz geändert wird[18]; anders für *neue* Verfahren, → § 764 Rdnr. 4.

9   **III.** Das Gericht prüft seine Zuständigkeit von Amts wegen. Der Gläubiger muß auf Verlangen seine Angaben darüber beweisen. § 281 Abs. 1 und 2 S. 1 gelten auch für Pfändungsgesuche[19], mit der Besonderheit, daß im Rahmen des § 834 nur der Gläubiger, nicht der Schuldner gehört wird. Deshalb entfaltet der Beschluß nicht die Bindungswirkung nach § 281 Abs. 2 S. 2[20]. Haben verschiedene Vollstreckungsgerichte, von denen eines zuständig ist, sich für unzuständig erklärt, wird das Gericht ohne vorherige Anhörung des Schuldners nach § 36 Nr. 6 bestimmt[21]. Rechtskraft i. S. d. § 36 Nr. 6 liegt vor, wenn für den Gläubiger die Frist zur Einlegung der Erinnerung nach § 11 RPflG verstrichen ist[22].

10 Pfändungsbeschlüsse *örtlich* unzuständiger Gerichte sind gültig aber **anfechtbar**, → Rdnr. 128 vor § 704. Eine analoge Anwendung des § 512 a im Beschwerdeverfahren scheidet aus[23]. Beschlüsse *sachlich* unzuständiger Gerichte sind jedoch nur gültig, wenn sie vom

---

[11] → § 36 Rdnr. 25; *BayObLGZ* aaO (das dortige Zitat OLGe *München/Augsburg* muß lauten: NJW 1975, 504) u. Rpfleger 1983, 288.
[12] *RG* JW 1898, 679; *OLG Rostock* OLG Rsp 35, 131.
[13] Die frühere DDR wurde nicht zum Inland i. S. d. §§ 23, 828 gerechnet; dazu 20. Aufl. § 828 Fn. 12.
[14] *RG* JW 1902, 363; *Baumbach/Hartmann*[52] § 828 Rdnr. 4.
[15] Einschränkend *Mössle*, Internationale Forderungspfändung, 1991, 107: nach Völkerrecht müsse ein Inlandsbezug vorliegen.
[16] A. M. *Mülhausen* WM 1986, 989.
[17] *OLG München* Rpfleger 1985, 154 (zu § 850 f.).
[18] *BGH* Rpfleger 1990, 308.
[19] So auch die Gesetzesvorlage BR-Drucksache 134/94 S. 9. Zur Reform *Münzberg* Rpfleger 1987, 274 f.
[20] *Stöber*[10] Rdnr. 455; s. auch *BGH* NJW-RR 1989, 125 = MDR 142; *BGH* NJW 1983, 1859 = FamRZ 579 (falls Gläubiger nicht gehört wurde); a. M. BayObLG NJW-RR 1986, 421 = BayObLGZ 1985, 397.
[21] *BGH* NJW 1983, 1859; BayObLGZ 1990, 257.
[22] *BayObLG* (Fn. 21).
[23] *Stöber*[10] Rdnr. 456 Fn. 41 gegen *OLG München* Büro 1985, 945.

Richter stammen oder bestätigt wurden, → Rdnr. 72 vor § 704[24]. Ob Schuldner oder Drittschuldner die Unzuständigkeit auch im Klageverfahren rügen können, → § 829 Rdnr. 98, 107f., § 850a Rdnr. 4.

IV. Zum **Verfahren** → § 829 II; wegen der Kosten und Gebühren → § 829 Rdnr. 125. **11**

V. Auch für im **arbeitsgerichtlichen Verfahren** erwachsene Titel, → § 794 Rdnr. 100 Nr. 13, ist das Amtsgericht Vollstreckungsgericht; nur als Arrestgericht ist das Arbeitsgericht für Forderungspfändungen zuständig, → Rdnr. 3. **12**

VI. Wegen Rechtspfändungen im **Verwaltungswege** s. §§ 309ff. AO 1977[25], §§ 4f. VwVG, §§ 2, 6 JBeitrO und die → Rdnr. 7 vor § 704 Fn. 28 genannten Landesgesetze[26]. Bei der Vollstreckung nach der VwGO ist Vollstreckungsgericht das Gericht des ersten Rechtszuges; § 167 Abs. 1 S. 2 VwGO. Nach der Rechtsprechung bleibt aber die örtliche Zuständigkeit nicht erhalten, sondern ist neu nach § 828 zu bestimmen[27]. Zur Vollstreckung zugunsten der öffentlichen Hand s. § 169 VwGO, zur finanzgerichtlichen s. §§ 150f. FGO[28], zur sozialgerichtlichen und zur Vollstreckung der Sozialversicherungsträger → § 794 Rdnr. 100 Nr. 15 a. E.[29] **13**

§ 829 [Pfändung von Geldforderungen]

(1) ¹Soll eine Geldforderung gepfändet werden, so hat das Gericht dem Drittschuldner zu verbieten, an den Schuldner zu zahlen. ²Zugleich hat das Gericht an den Schuldner das Gebot zu erlassen, sich jeder Verfügung über die Forderung, insbesondere ihrer Einziehung, zu enthalten.

(2) ¹Der Gläubiger hat den Beschluß dem Drittschuldner zustellen zu lassen. ²Der Gerichtsvollzieher hat den Beschluß mit einer Abschrift der Zustellungsurkunde dem Schuldner sofort zuzustellen, sofern nicht eine öffentliche Zustellung erforderlich wird. ³Ist die Zustellung an den Drittschuldner auf unmittelbares Ersuchen der Geschäftsstelle durch die Post erfolgt, so hat die Geschäftsstelle für die Zustellung an den Schuldner in gleicher Weise Sorge zu tragen. ⁴An Stelle einer an den Schuldner im Ausland zu bewirkenden Zustellung erfolgt die Zustellung durch Aufgabe zur Post.

(3) Mit der Zustellung des Beschlusses an den Drittschuldner ist die Pfändung als bewirkt anzusehen.

Gesetzesgeschichte: Bis 1900 § 730 CPO. Änderung RGBl. 1927 I, 175, 334.

I. Pfändbare Geldforderungen	1		Kontokorrente, Postscheck-	
1. Arten und bedeutsame Merkmale	2		konten –	11
a) betagte und bedingte,	3		Versicherungsansprüche –	15
künftige Forderungen –	4		Pfändungsart richtet sich nach	
Steuererstattungsansprüche			gegenwärtiger Gestaltung des	
u. ä. –	9		Rechts	17

---

[24] Offengelassen von *BGH* WM 1993, 430. – A.M. *Stöber*[10] Rdnr. 457.
[25] Nach §§ 309 Abs. 1, 314 AO 1977 pfändet usw. die Vollstreckungsbehörde selbst. Dazu *K.H.Bauer* DStR 1982, 282 ff; vgl. ferner *Lüke* NJW 1990, 2665.
[26] Wegen Überschreitung der Landesgrenzen s. *BGH* JZ 1971, 188 = NJW 1970, 1842. Zur Verwaltungsvollstreckung, insbesondere der Mitwirkung der Zivilgerichte s. *Gaul* JZ 1979, 496 ff. u. → Rdnr. 7 vor § 704.

[27] *VGH München* NJW 1984, 2484.
[28] Zu Reformplänen (§§ 183–187 des E einer VwPO) s. *Zeiss* (Fn. 1).
[29] Die Wahlmöglichkeit nach § 66 Abs. 4 SGB X gilt auch für Rechtspfändungen, *AG Bonn* Rpfleger 1981, 315.

b) Pfändungsverbote	18
c) Vermögenszugehörigkeit, Treuhand	19
d) Gemeinschaftliche Rechte	21
e) Pfändung eigener Forderungen	22
2. Drittschuldner (→ auch IV, IX)	23
a) Drittschuldner im Ausland	24
b) Exterritoriale im Inland	28
c) Behörden, Nato-Truppen	29
3. Devisenrecht	30
II. Verfahren	31
1. Gesuch des Gläubigers	31
2. Beschlußverfahren	36
3. Prüfungsgrundsätze	37
4. Pfändungsbeschluß, Auslegung, Bestimmtheitsgebot, insbesondere bei	40
a) Bankguthaben,	44
b) Steuererstattung,	45
c) Hinterlegungsansprüchen,	47
d) Rückübertragung von Sicherheiten	48
e) Sozialleistungen	49
Weitere Angaben im Beschluß	50
Arrestatorium, Inhibitorium	51
5. Rechtsbehelfe	53
III. Zustellung	55
1. an den Drittschuldner	56
2. an den Schuldner	59
3. Rechtsbehelfe nur gegen Ablehnung	61
IV. Pfändungswirkungen	63
1. Beschlagnahme: a) Verstrickung	65
b) gegenstandslose Pfändungen	67
2. Pfändungspfandrecht	70
3. Umfang der Pfändung	72
a) bei gegenwärtigen und künftigen Ansprüchen (insbesondere Kontokorrent); nachträgliche Veränderungen	72 / 73
b) Teil- und Vollpfändung	74
c) Erstreckung auf Urkunden und Nebenrechte	80
d) nachträgliche Erweiterung der Pfändung oder Überweisung	83
V. Rechtsstellung des Gläubigers	84
1. Erhaltungsmaßnahmen bis zur Überweisung, Rechtsnachfolge	85
2. Pflichten zur Streitverkündung und Mitwirkung bei Kündigung usw.	88
VI. Rechtsstellung des Schuldners	89
1. Bedeutung des Verfügungsverbots	90
2. Verfügung über das Grundverhältnis	95
3. Leistungsklage	97
4. Erhaltungsrechte	99
5. Konkurrenz mit dem Gläubiger	100
VII. Rechtsstellung des Drittschuldners	101
1. Einfluß auf Leistungspflicht	101
a) Leistung an Schuldner	
b) Anerkennung ausländischer Pfändungen und Beitreibungen	103
c) Hinterlegung, Leistung an Gläubiger und Schuldner	104
d) Auszahlung an unrichtigen Gläubiger	105
2. Einwendungen gegenüber Gläubiger	106
a) unwirksame Pfändungen und anfechtbare Pfändungen (§ 766)	106 / 107
b) Rechtsverhältnis zum Schuldner	110
c) ausgeschlossene Einwendungen	115
d) Einstellung der Vollstreckung	116
3. Einwendungen gegenüber Schuldner	117
4. Feststellungsklage gegen Gläubiger	118
VIII. Rechtsstellung Dritter, insbesondere der wahren Forderungsinhaber, Treuhänder und Pfandgläubiger	119
1. Stille Zession, Pfändung als Vorausverfügung	120
2. Spätere Erwerber und Pfandgläubiger; Grundstückserwerb nach Mietzinspfändung	121
IX. Gläubiger als Drittschuldner	122
X. Mehrfache Pfändungen	124
XI. Kosten und Gebühren	125

I. Zur Pfändung geeignete Geldforderungen

§ 829 regelt die **Pfändung von Geldforderungen**[1]; durch Hypotheken gesicherte Forderungen werden in §§ 830, 837 Abs. 3, durch Schiffshypotheken gesicherte Forderungen in § 830a und solche aus Wechseln und anderen indossablen Papieren in § 831 besonders behandelt. Wegen der Pfändung sonstiger Wertpapiere s. § 821, zur Pfändung von Grund- und Rentenschulden und Eigentümerhypotheken → § 857 Rdnr. 47, 59ff. Postspareinlagen werden nach § 23 Abs. 4 S. 4 PostG durch Wegnahme des Sparbuchs gepfändet → § 831 Rdnr. 4.

1. Geldforderungen sind Ansprüche, die eine Geldzahlung in inländischer oder ausländischer[2] Währung zum Gegenstand haben[3]. Titel und zu pfändende Forderung dürfen auf verschiedene Währungen lauten. Wegen des Devisenrechts → Rdnr. 30. Forderungen auf *Zahlung an Dritte*[4] dürfen, da es um Befriedigung des Gläubigers geht, nur gepfändet werden, wenn die Zahlung an den Dritten lediglich im Interesse des Schuldners liegt, so daß er die Ermächtigung hierzu entweder noch widerrufen kann oder ihm doch wenigstens Schadensersatzansprüche erwachsen können aus einer Nicht- oder Schlechterfüllung[5], ferner, wenn der Schuldner sonstwie die Forderung auf Zahlung an sich umgestalten kann[6]. Ob die Forderung persönlicher oder dinglicher Natur ist, ist unerheblich, ebenso ob sie rechtshängig oder von einer Gegenleistung abhängig ist, vgl. § 844, so daß auch Forderungen aus gegenseitigen Verträgen hierher gehören[7]. Kann der Schuldner Erfüllung nur gegen Abtretung eines Anspruchs gegen einen Dritten verlangen (§ 255 BGB), ist dieser Anspruch zu pfänden und dem Drittschuldner zu überweisen. Auch Naturalobligationen sind pfändbar, weil der Drittschuldner freiwillig leisten kann[8]. Öffentlich-rechtliche Forderungen (z.B. Beamtengehälter, vgl. § 850 Abs. 2) werden ebenfalls erfaßt[9], unabhängig davon, in welchem Rechtsweg sie geltend zu machen sind. Hat ein Staatsorgan eine Geldsumme nicht aus dem Staatsvermögen nach bestimmten Verfahrensregeln an einen Beteiligten auszubezahlen (z.B. nach der HinterlO), unterliegt das Recht auf Auszahlung nach Maßgabe der Verfahrensvorschriften der Pfändung, sofern keine Sondervorschriften bestehen (vgl. § 377 Abs. 1 BGB). Besonderheiten gelten für das Recht auf Auskehrung des Vollstreckungserlöses durch das Vollstreckungsorgan. Das Recht gegen den Gerichtsvollzieher, den noch nicht hinterlegten Vollstreckungserlös auszubezahlen, ist nicht pfändbar. Gläubigern des Vollstreckungsgläubigers steht nur der Zugriff auf die titulierte Forderung offen[10]. Das Recht des Schuldners auf Auskehrung des Übererlöses ist vom Zuschlag an nach § 857 Abs. 2 pfändbar[11]. Auch bei der Immobiliarversteigerung darf das Recht auf Auskehrung des an den Berechtigten fallenden Erlöses nicht mit einer

---

[1] *Schrifttum: Mössle*, Internationale Forderungspfändung, 1991; *Weigelin* Pfändungspfandrecht an Forderungen (1899); *R. Petschek* ZV in Forderungen nach österreichischem Recht I (1901); *Bischoff/Rochlitz* Lohnpfändung³; *Geib* Pfandverstrickung (1969), 64ff.; Ältere Lit. → 18. Aufl. Fn. 1. Zur Reform (EDV) *Smid* Rpfleger 1988, 393; *Brehm*, Festschr. f. Henckel (1995), 41.
[2] Vgl. BGHZ 104, 274; OLG Düsseldorf NJW 1988, 2185.
[3] → I vor § 804.
[4] Zur Eignung als Titelgeldforderung → Rdnr. 5 vor § 803. Dazu *Hoffmann* NJW 1987, 3155 (zu § 329 BGB). – Empfangsbevollmächtigte sind nicht forderungsberechtigt. → auch Rdnr. 102 u. § 850 h Rdnr. 4.
[5] Vgl. *OLG Hamburg* OLG Rsp 31, 115 (wo aber übersehen wird, daß dann die Pfändung zulässig ist, weil sie solche Sekundäransprüche als Surrogate erfaßt → Rdnr. 73). – Liegt die Zahlung an Dritte im Interesse des Drittschuldners, wird aber die Pfändung nicht angefochten u. aufgehoben, so kann dieser seine Befugnis noch im Prozeß einwenden, → Fn. 498, Rdnr. 109 a. E., 110. – Für Pfändbarkeit ohne o.g. Vorbehalt *Baumbach/Hartmann*⁵² Rdnr. 4 (aber OLG München SA 70, 253¹³⁹ betrifft nur Titel auf Zahlung an Dritte → Fn. 4).
[6] Z.B. nach §§ 328 Abs. 2; s. auch § 333 BGB; *Stöber*¹⁰ Rdnr. 34; beim Widerruf einer Bezugsberechtigung (§ 166 Abs. 1 VVG) → Rdnr. 15. Eine durch treuhandähnliche »Hinterlegung« beim Notar unter Festlegung bestimmter Auszahlungsbedingungen geschaffene Rechtslage kann nicht durch einseitigen Widerruf beseitigt werden, wenn sie auch den Drittschuldner sichern soll, *Zimmermann* DNotZ 1980, 453ff.
[7] Vgl. *Flechtheim* ZZP 28 (1901), 262ff. u. die Bem. zu §§ 835, 844.
[8] *Stöber*¹⁰ Rdnr. 36.
[9] Heute unstr.
[10] → § 857 Rdnr. 43.
[11] *Münzberg* ZZP 98 (1985), 362; daneben kann der Gläubiger nach § 826 vorgehen; ebenso *Stöber*¹⁰ Rdnr. 129 mwN.

Forderung gleichgesetzt werden; es handelt sich um ein Befriedigungsrecht, dessen rechtliche Gestalt vom Stadium des Verfahrens abhängt → § 857 Rdnr. 51 ff. Keine Geldforderung begründen Ansätze in Staatshaushaltsplänen[12]. Wegen der Nebenrechte, die keiner besonderen Pfändung bedürfen → Rdnr. 80.

3   a) Forderungen können schon **vor Fälligkeit** und auch vor dem Eintritt einer aufschiebenden **Bedingung** gepfändet werden[13]. Ob das eine oder andere vorliegt, z. B. bei künftigen Zinsen oder Mietzinsen, Lohn- und Gehaltsraten aus jeweils schon bestehenden Schuldverhältnissen, bei Forderungen, deren Geltendmachung noch von einer Willenserklärung des Berechtigten, z. B. einer Kündigung, abhängig ist, spielt für die Pfändbarkeit keine Rolle[14]. Verstrickung und Pfandrecht entstehen in beiden Fällen sofort mit der Pfändung; anders bei künftigen Forderungen → Rdnr. 4 f. Wegen Wahlschulden → § 851 III.

4   **Künftige** Forderungen sind vorbehaltlich des § 851 pfändbar, wenn bereits ein Rechtsverhältnis besteht, das eine hinreichende Konkretisierung erlaubt. Dafür spricht insbesondere, daß der im Einzelfall oft nur sehr unsicher festzustellende Unterschied zwischen bedingten und künftigen Forderungen ein wenig geeignetes Kriterium für die Pfändbarkeit abgäbe und der Abstand zwischen Abtretbarkeit und Pfändbarkeit[15] möglichst klein gehalten werden sollte. Der Beschluß ist unbedingt und schon im Augenblick des Erlasses gültig. Nur die Wirkungen der in ihm getroffenen Anordnungen hängen von der Entstehung des gepfändeten Rechts ab[16].

5   Dies gilt sicher für das *Pfändungspfandrecht*[17]. Der Wortlaut des § 804 Abs. 3 steht nicht entgegen, denn das Pfandrecht ist auch dann durch die Pfändung »begründet«, wenn es erst nach ihr entsteht. Ebenfalls durch § 804 Abs. 3 gedeckt ist, daß bei mehrfacher Pfändung eines künftigen Rechts die Pfandrechte unterschiedlichen Rang nach der Reihenfolge der Pfändungsakte erhalten können, obwohl die Pfandrechte alle im gleichen Zeitpunkt entstehen[18]. So regelt übrigens § 854 Abs. 2 ausdrücklich eine ähnliche Konkurrenz. Dasselbe muß aber auch für die *Verstrickung* des Rechts gelten, die nicht weniger als das Pfändungspfandrecht ein vorhandenes Objekt voraussetzt[19]. Freilich wirkt auch sie im Falle der Entstehung des Rechts – ebenso wie der Rang des Pfändungspfandrechts – zurück auf den Zeitpunkt der Pfändung, denn in ihm sind die Verbote an Schuldner und Drittschuldner ergangen, so daß Verfügungen des Schuldners über das künftige Recht oder vorzeitige Leistungen des Drittschuldners im gleichen Umfang gegenüber dem Gläubiger unwirksam sind wie bei der Pfändung schon bestehender Rechte[20]. Fällt der Schuldner jedoch nach der Pfändung aber vor Entstehung der Forderung in Konkurs, so gilt § 15 KO, falls die Forderung zur Masse gehört und daher auch eine Vorausabtretung anstelle der Pfändung unwirksam gewesen wäre[21]. Zur Vorrats- und Vorauspfändung → § 751 Rdnr. 4. Unschädlich ist die tatsächliche Ungewißheit, wann und ob

---

[12] *LG Mainz* Rpfleger 1974, 166 = KKZ 1975, 35.
[13] BGHZ 53, 32 = JZ 1970, 188 = NJW 242.
[14] Weitere Beispiele: Ansprüche des Verkäufers auf Auszahlung des beim Notar vom Käufer hinterlegten Kaufpreises → Rdnr. 23 a; der Genossen auf Auszahlung des Auseinandersetzungsguthabens nach Einzahlung des Geschäftsanteils, *BGH* NJW 1968, 753; auf Rückzahlung der Sicherheit nach § 713, *Furtner* NJW 1955, 1139; ab dem Erbfall das Vermächtnis nach § 2177 BGB, *RGZ* 67, 429. Oft werden bedingte Forderungen für künftige gehalten.
[15] → Fn. 24.
[16] *RGZ* 135, 141. S. zum schweizerischen Recht *Staehelin* Probleme aus dem Grenzbereich usw. (1968), 47.
[17] *LG Münster* Rpfleger 1991, 379 (*Spellerberg*).
[18] *Münzberg* JZ 1989, 253; *Baur* DB 1968, 252; *Stöber*[10] Rdnr. 30. Vgl. auch *RAG* JW 1938, 979 a. E. Auch bei rechtsgeschäftlich begründeten Pfandrechten ist auf die Bestellung und nicht das Entstehen der Forderung abzustellen, *BGHZ* 93, 71 = NJW 1985, 864.
[19] Die Annahme eines schon jetzt für die Verstrickung tauglichen Gegenstands, so anscheinend *Baur* (Fn. 18), ist in Wahrheit eine (auflösend bedingte!) Bestandsfiktion, die folgerichtig auch für die sofortige Entstehung des Pfändungspfandrechts ausreichen müßte. § 832 sagt hierzu nichts aus, weil er vorsichtig formuliert (»fällig«).
[20] Ebenso *Stöber*[10] Rdnr. 30.
[21] Zur Anwendung des § 15 KO bei Abtretung *BGHZ* 106, 241; *BGH* LM Nr. 1 zu § 15 KO = NJW 1955, 544; *Medicus* JuS 1967, 388. – Anders aber, wenn eine Forderung die Gegenleistung für eine höchstpersönliche Arbeit des Gemeinschuldners oder für eine Veräußerung massefremder Gegenstände (Eigentumsvorbehalt, Sicherungsübereignung) zum Inhalt hat, *Jaeger/Henckel* KO[9] § 15 Rdnr. 45–47; *Marotzke* KTS 1979, 46 ff. Dann steht § 15 KO auch einer Pfändung nicht entgegen.

Verstrickung und Pfandrecht eintreten: sie ist ja mit jeder Rechtspfändung verbunden, weil ihr Gegenstand – im Unterschied zur Sachpfändung – fehlen kann → Rdnr. 38, 67.

Stets erforderlich ist, daß sich der Beschluß auf ein identifizierbares Recht bezieht und erkennen läßt, daß es dem Schuldner erst künftig zustehen wird → Rdnr. 68. Letzteres ist selbstverständlich und muß im Beschluß nicht besonders ausgesprochen werden, wenn ein Surrogat des gepfändeten Rechts von der Pfändung miterfaßt sein soll, z. B. der Anspruch auf Auszahlung des Verwertungsüberschusses bei der Pfändung von Sicherheiten[22] und im Bereich der §§ 832, 850 Abs. 4. Künftige Ersatzansprüche wegen Nichterfüllung oder Ansprüche, die erst durch Ausübung eines mitgepfändeten Gestaltungsrechts entstehen, sind ohne weiteres mitgepfändet[23]. Darüber hinaus läßt die heute ganz h. M. – enger als bei der Abtretung[24] – die Pfändung künftiger Forderungen nur zu, sofern zur Zeit der Pfändung bereits eine **Rechtsbeziehung besteht**, aus der die **künftige Forderung nach Art und Person des Drittschuldners bestimmt werden kann**[25]. Dazu gehören insbesondere künftige Forderungen aus einem *Kontokorrentverhältnis*[26], der Abfindungsanspruch des Gesellschafters, der im Falle des Ausscheidens entsteht[27], *Provisionsansprüche* aus noch nicht abgeschlossenen Geschäften[28], Ansprüche aus noch nicht abgeschlossenen *Prozeßvergleichen*, die *Ansprüche nach § 717 Abs. 2, 3*[29], der *Kostenerstattungsanspruch* ab Klageeinreichung[30]. → Rdnr. 13 vor § 91, der *Gebührenanspruch* des Anwalts gegen die Staatskasse bei *Prozeßkostenhilfe*, soweit der Anwalt bereits beigeordnet ist, nicht aber Ansprüche aus künftigen Beiordnungen[31]; ferner *Konkursausfallgeld*[32], künftige *Sozialversicherungsansprüche*[33], Ansprüche auf *Rückübertragung von Sicherheiten* (→ § 857 Rdnr. 79, zur Bestimmtheit → unten Rdnr. 48), bei Forderungen aber auch das Recht selbst, das aufgrund Sicherungsvertrags abgetreten wurde und zurückerwartet wird[34].

Zum Schutze des Drittschuldners vor Belästigungen, nicht mangels Bestimmtheit[35], sind **Verdachtspfändungen** erhoffter Rechte ausgeschlossen[36]. Bei Forderungen aus *künftigen Warenlieferungen* und *Dienstleistungen* müssen Rechtsbeziehungen (z. B. Rahmenverträge)

---

[22] → Fn. 270.
[23] Zu den Ersatzansprüchen → Fn. 373; zur Ausübung von Gestaltungsrechten beim Versicherungsvertrag → Fn. 408.
[24] Vgl. *Palandt/Heinrichs* BGB⁵³ Rdnr. 11 zu § 398 mwN. Der Unterschied ermöglicht es dem Schuldner, bereits abtretbare, aber noch nicht pfändbare Forderungen an Gläubiger seiner Wahl zu übertragen, ohne daß andere zugreifen können; kritisch dazu *Schwerdtner* NJW 1974, 1787 zu 3; *Gerhardt*² § 9 I 1.
[25] *RG* seit JW 1904, 365 = DJZ 696 ständig, zuletzt *RGZ* 135, 140f. mwN; *BGHZ* 20, 131 = NJW 1956, 790; *BGH* LM § 857 ZPO Nr. 4 = Rpfleger 1959, 273 u. JZ 1981, 225 = NJW 817 mwN; *BGH* NJW-RR 1989, 290; a.M. (auch ohne bestehende Rechtsbeziehung) *Rosenberg/Gaul/Schilken* § 54 I 1 a.
[26] → Rdnr. 11. Zumindest das Grundverhältnis zur Bank muß bestehen. Zur Bestimmtheit → Rdnr. 44.
[27] Vgl. *BGH* JZ 1989, 252.
[28] *RGZ* 138, 253. – A.M. *KG* JW 1932, 3191. → auch § 832 Fn. 1.
[29] Sie sind als bedingte (s. *BGH* → § 717 Fn. 106f.) oder künftige schon vor Aufhebung der Verurteilung pfändbar, zumindest ab dem Zeitpunkt des Antrags auf ZV oder der vollstreckungsabwendenden Leistung (→ § 717 Rdnr. 31) → auch Fn. 267 zur Bestimmtheit.
[30] *Stöber*¹⁰ Rdnr. 169; *Schuschke* Rdnr. 7.
[31] *OLG Dresden* JW 1934, 706; *OLG Köln* JW 1935, 1725. S. *Gaedeke* JW 1935, 1657. → § 832 Rdnr. 5.
[32] → § 850 Rdnr. 52, § 832 Rdnr. 3 u. zur gesonderten Pfändung → § 850i Rdnr. 53.
[33] Die Rechtsprechung ist uneinheitlich; bejahend: *OLG Oldenburg* NJW-RR 1992, 512; *OLG Schleswig* Büro 1988, 540; *OLG Frankfurt* Rpfleger 1989, 115; a.m.z.B. *LG Gießen* DGVZ 1994, 8; *LG Ulm* Rpfleger 1990, 375; *LG München I* Rpfleger 1990, 375; wie hier *David* NJW 1991, 2615 mit einer Übersicht über die Rechtsprechung; *Stöber*¹⁰ Rdnr. 1359 b; *Behr* Rpfleger 1988, 522.
[34] Also nicht nur als gegenwärtige Anwartschaft nach § 857 Abs. 2 (falls auflösend bedingt, → § 857 II 1), sondern auch als »künftiges« Recht nach § 829 mit Zustellung an den Drittschuldner, selbst wenn die Abtretung nicht auflösend bedingt war. Der Sicherungsvertrag genügt hier u. der Grundverhältnis u. der Schwebezustand ist nicht unsicherer als beim Rückübertragungsanspruch. *Liesecke* WPM 1975, 318 ist daher nur für die Pfändung als »gegenwärtiges« Recht u. auch insoweit nur im Ergebnis zuzustimmen; → Rdnr. 67 f.
[35] A.M. *LG Münster* MDR 1988, 464; wie hier *Gerhardt* (Fn. 24).
[36] H.M.; *Stöber*¹⁰ Rdnr. 28; *Schuschke* Rdnr. 7; *Geißler* JuS 1986, 615; *H. Schneider* MDR 1988, 830.

mit dem Drittschuldner vorliegen[37]. Ausgeschlossen ist die Pfändung des künftigen Lohns, solange nur ein Umschulungsverhältnis besteht[38], des künftigen Kaufpreisanspruchs, wenn der Kaufabschluß nur erhofft wird[39], des Anspruchs gegen einen Notar, wenn keine Anhaltspunkte dafür bestehen, daß für den Schuldner auf dem Anderkonto eine Maklergebühr hinterlegt wurde[40]; ferner wenn ungewiß ist, welche von mehreren in Betracht kommenden Personen der Drittschuldner sein wird. Daher genügen *vorvertragliche Rechtsverhältnisse*[41] jedenfalls dann nicht, wenn der Schuldner noch mit mehreren Personen Verhandlungen führt. Ob ein Recht nur erhofft ist, richtet sich ausschließlich nach den Behauptungen des Gläubigers. Von der Pfändung erhoffter Rechte zu unterscheiden sind **Suchpfändungen** *bestehender* Rechte bei denen der Gläubiger auf Verdacht Drittschuldnern (z. B. allen Kreditinstituten am Ort) Pfändungsbeschlüsse zustellen läßt. Sie werden von der h. M. als rechtsmißbräuchlich behandelt[42].

8   Wurde ein Pfändungsbeschluß über ein erhofftes Recht erlassen, obwohl der Gläubiger das Bestehen einer Rechtsbeziehung nicht behauptet hat, so ist er nicht nichtig, aber nach § 766 anfechtbar. Da die Zulässigkeit der Pfändung nicht vom wirklichen Bestand des Rechtsverhältnisses abhängt, sondern davon, ob der Gläubiger ihn behauptet, kommt eine Heilung in Betracht, wenn der Gläubiger im Erinnerungsverfahren vorträgt, das Rechtsverhältnis sei begründet worden, aus dem die künftige Forderung entstehen soll. Denn solche Pfändungen sind ja nicht deshalb abzulehnen, um andere Gläubiger vor Konkurrenten zu schützen, sondern – angesichts der anerkannten Abtretbarkeit solcher Positionen[43] – nur um eine unzumutbare Belästigung des Schuldners und Drittschuldners wegen zu großer Ungewißheit über die künftige Entstehung des Anspruchs zu vermeiden. Hingegen darf die Ungewißheit darüber, ob der Anspruch wirklich entsteht, hier ebensowenig schaden wie bei anderen, zulässigen Pfändungen künftiger Ansprüche. – Davon zu unterscheiden ist der auch die Interessen konkurrierender Gläubiger berührende Fall, daß ein künftiges Recht fälschlich als gegenwärtiges gepfändet ist → Rdnr. 68.

9   **Steuererstattungsansprüche** dürfen nach § 46 Abs. 6 S. 1 AO[44] nicht beim *Finanzamt*[45] gepfändet werden, bevor sie entstanden sind; hiergegen verstoßende Beschlüsse oder Verwaltungsverfügungen sind nichtig, § 46 Abs. 6 S. 2 AO[46]. Eine Abtretungsanzeige am Tage der Entstehung des Anspruchs (§ 46 Abs. 2–5 AO) kann daher jeder Pfändung zuvorkommen! § 46 Abs. 6 Satz 1 verbietet nur den *Erlaß* des Beschlusses. Der Antrag kann schon vor dem Erstattungsstichtag gestellt werden und der Rechtspfleger darf den Beschluß unterzeichnen[47]; die Aushändigung an den Gläubiger ist aber unzulässig. Für Einkommensteuern entsteht der Anspruch grundsätzlich erst mit Ablauf des Erstattungsjahres[48]. Daß bis dahin auch Vorpfändungen nicht wirksam zugestellt werden können, ergibt sich nicht aus dem Wortlaut des § 46 Abs. 6 AO, aber aus der Gesetzesgeschichte[49]. Trotzdem können sie von

---

[37] *OLG Schleswig* SchlHA 1971, 52; *OLG Karlsruhe* JW 1934, 1983; bei fester Kundschaft z. B. eines Lohnfuhrunternehmers ohne Anhalt für ein Ende der Tätigkeit *Stöber*[10] Rdnr. 27 mwN; abl. noch *OLG Kassel* JW 1937, 1025 (*Jonas*); bei Milchlieferungen → auch § 832 Rdnr. 1.
[38] *LG Kleve* MDR 1970, 770.
[39] *KG* NotZ 1933, 284 (obiter); → aber auch Fn. 41. Grenzfall: *OLG Stettin* JW 1936, 2417.
[40] *OLG Köln* Rpfleger 1987, 28 = MDR 66.
[41] *Baur* DB 1968, 253: pfändbar, wenn Schuldgrund und Drittschuldner schon bestimmt sind.
[42] *LG Hannover* DGVZ 1985, 43 = ZIP 60; Anm. *Schulz* DGVZ 1985, 105; dazu *Alisch* DGVZ 1985, 107; zu Recht krit. *Münzberg* ZZP 102 (1989), 131 ff.
[43] → Fn. 24.
[44] I. d. F. vom 20. VIII. 1980 (BGBl. I, 1545).
[45] anders beim Arbeitgeber → Fn. 54.
[46] BT-Drucks. 8/3648, S. 34; also ohne Heilungsmöglichkeit → Rdnr. 134 vor § 704; *Behr* Büro 1989, 2. Diese Privilegierung vor anderen Drittschuldnern ist rechtspolitisch bedenklich, verstößt aber nicht gegen Art. 3 GG, *OLGe Frankfurt* u. *Schleswig* Büro 1978, 935, 1722.
[47] *Schuschke*, Anhang zu § 829 Rdnr. 28; a. M. *OLG Schleswig* Rpfleger 1978, 387; *Stöber*[10] Rdnr. 370.
[48] Dazu u. wegen der Ausnahmen (§ 42 Abs. 2 S. 2 EStG) s. *OLGe Schleswig* u. *Frankfurt* (Fn. 46); *OLG Stuttgart* Büro 1979, 285 = MDR 324 = Justiz 98. Wegen Erstattung anderer Steuern s. *Stöber*[10] Rdnr. 360.
[49] Nach aF war die »Pfändung« unzulässig, was nicht Pfändungsakte sondern verfrühte Pfändungswirkungen vermeiden sollte, also auch jene der §§ 845 Abs. 2, 930, im Ergebnis ganz h. M.; vgl. *Stöber*[10] Rdnr. 371; *Wilke* NJW 1978, 2381; *Mümmler* Büro 1979, 1600; *Noack* DGVZ 1979, 24; *Alisch/Voigt* Rpfleger 1980, 10 f.; *Halaczinsky* BB 1981, 1272. – Die nF wollte aber das Pfändungshindernis nicht lockern sondern nur den Meinungsstreit (nichtig oder anfechtbar?) entscheiden.

großem Wert sein, weil der Gerichtsvollzieher schon vorher gebeten werden darf, am Morgen des Entstehungstages zuzustellen. Das Antragsrecht auf Durchführung der Erstattung wird von der Anspruchspfändung[50] miterfaßt und kann nicht losgelöst von dieser gepfändet werden[51]. Zum Inhalt des Pfändungsbeschlusses → Rdnr. 45. Über die Pflicht zur Herausgabe der Lohnsteuerkarte → § 836 Rdnr. 14. Ist bei Zusammenveranlagung nur einer der Ehegatten Vollstreckungsschuldner, so ist nur dessen anteiliger Erstattungsbetrag zu pfänden[52]. Für den Jahresausgleich, der nur noch[53] vom *Arbeitgeber* gemäß § 42b EStG durchgeführt wird, gilt § 46 Abs. 6 AO nicht; auch ein künftiger Erstattungsanspruch ist daher pfändbar[54]. Er ist nicht Teil des Arbeitseinkommens → § 850 Rdnr. 30 Fn. 75. Zur Bestimmtheit → Rdnr. 45.

§ 46 Abs. 6 AO gilt entsprechend für die vom Finanzamt auf Antrag zu leistenden **Arbeitnehmersparzulagen**, §§ 13 Abs. 4, 14 Abs. 2 5. VermBG[55], und **Wohnungsbauprämien**, §§ 5 Abs. 1, 8 Abs. 1 WoPG 1992[56]. Der Anspruch entsteht erst mit Ablauf des Kalenderjahres, in dem die vermögenswirksamen Leistungen angelegt worden sind, § 13 Abs. 4 5. VermBG, § 4 Abs. 1 WoPG 1992. Entsprechendes gilt für **Investitionszulagen** nach §§ 5 Abs. 3, 5 InvZulG 1986[57], wo jedoch der Ablauf nicht des Kalender- sondern des Wirtschaftsjahres maßgeblich ist[58]. 10

Bei einem **Kontokorrentverhältnis** können neben gegenwärtigen auch künftige **Salden** gepfändet werden[59], und zwar nicht nur das Guthaben zum nächsten vertraglichen Abschluß sondern alle künftigen Salden; denn sie sind nicht weniger bestimmt als der nächste Saldo und die Mehrarbeit wird dem Drittschuldner wie auch sonst (bei Pfändung wiederkehrender Ansprüche) zugemutet[60]. Hier bestehen gegenwärtige und künftige Ansprüche nebeneinander[61] und die Form der Pfändung ist dieselbe. Der Beschluß muß aber deutlich beide Arten pfänden, sonst wird nur der gegenwärtige Saldo zur *Zeit der Zustellung*[62] erfaßt[63]. 11

Einzelne in das Kontokorrent eingestellte Forderungen sind ebensowenig pfändbar wie künftige, für die Verrechnung vorgesehene Eingänge als solche[64]. Dagegen kann, trotz vereinbarter periodischer Abrechnung[65], der künftige[66] *Anspruch auf Auszahlung* des aus 12

---

[50] Jedenfalls bei Befristung nicht erst von der Überweisung, vgl. auch *Stöber*[10] Rdnr. 372; andernfalls könnten insbesondere Arrestgläubiger Antragsfristen nicht wahren.
[51] *OLG Frankfurt* (Fn. 46); *Hübschmann* AO § 46 Rdnr. 33 mwN; *Borggreve* Büro 78, 1590. Zur Mitwirkung des Gläubigers am Erstattungsverfahren s. *Stöber*[10] Rdnr. 372, aber auch *Hübschmann* aaO.
[52] Näheres bei *Stöber*[10] Rdnr. 388; *Borggreve* (Fn. 51), 1586; *Alisch/Voigt* (Fn. 49).
[53] Durch G.v. 25. II. 1992 (BGBl. I, 297) wurde der Ausgleich durch das Finanzamt abgeschafft.
[54] *LG Landau* Rpfleger 1982, 31; *Stöber*[10] Rdnr. 383; a. M. *LG Aachen Rpfleger* 1988, 418.
[55] I. d. F. vom 19. I. 1989; dazu *Stöber*[10] Rdnr. 922.
[56] I. d. F. vom 30. VI. 1992, BGBl. I, 1405.
[57] I. d. F. vom 28. I. 1986, BGBl. I, 231 (mit späteren Änderungen).
[58] *Stöber*[10] Rdnr. 397.
[59] Heute ganz h.M.; *BGHZ* 80, 173ff. = LM Nr. 10 = NJW 1981, 1611 = MDR 730 = Rpfleger 290 = BB 1051 = WPM 542 mwN; *OLG Karlsruhe* Justiz 1980, 143 mwN; *Stöber*[10] Rdnr. 163 mwN; *Canaris* Großkomm. HGB³ (1978) § 357 Anm. 23; *Beitzke* in Festschrift J. Gierke (1950), 9ff.; *Herz* Kontokorrent usw. (1974), 126ff. mwN; *Gaul* Zur Rechtsstellung der Kreditinstitute usw. (1978), 24ff. – Festschr. f. d. Sparkassenakademie, 99ff.; *Liesecke* WPM 1975, 314ff; *Gröger* BB 1984, 25; *Ruthke* ZIP 1984, 538; *Zwicker* DB 1984, 1713. Weitere Lit. zur Kontenpfändung: *M. Stirnberg*, Pfändung von Girokonten, 1983; *Ehlenz/Diefenbach*, Pfändung in Bankkonten und andere Vermögenswerte³, 1990. Zur »Umdeutung« → Fn. 247.
[60] *BGH* (Fn. 59); *OLG Oldenburg* WPM 1979, 593; *LG Frankenthal* Büro 1979, 1326; *LG Göttingen* Rpfleger 1980, 238; NdsRpfl 1980, 153; *Stöber*[10] Rdnr. 164 mwN; *Herz* DB 1974, 1851f.; *Terpitz* WPM 1979, 571; *Berger* ZIP 1980, 947; *Gaul* (Fn. 59), 24f. – A.M. *RGZ* 140, 122; *OLG Oldenburg* MDR 1952, 549; *OLG München* WPM 1974, 958 = Büro 1976, 970; *LG Berlin* MDR 1971, 767; *Beitzke* Fn. 59), 24; *Beeser* AcP 155 (1956), 421f.
[61] § 357 S. 1 HGB gilt aber nach h.M. nur für den »Zustellungssaldo«, *BGH* (Fn. 59); nach Pfändung bestellte Sicherheiten haften dem Gläubiger nur für Salden ab dieser Zeit, *Canaris* (Fn. 59) Anm. 22, 24 mwN.
[62] *BGH* (Fn. 59). Näheres → Rdnr. 72.
[63] *OLG Karlsruhe* (Fn. 59); *Stöber*[10] Rdnr. 163 mwN; *Thomas/Putzo*[18] Rdnr. 46, 47; *Nirschl* JW 1931, 1777; *Ebeling* WPM 1955, 1664. – Pfändungs*anträge* sind aber im Zweifel als Doppelpfändung auszulegen, *Canaris* (Fn. 59) Anm. 25.
[64] *BGH* (Fn. 59). Insoweit zutreffend *Herz* (Fn. 60) gegen *Forgach* DB 1974, 811, 1853, der nicht genügend zwischen Eingängen u. auszahlungsfähigen Guthaben unterscheidet.
[65] Dies ist der Regelfall; vgl. zur Abgrenzung zum Staffelkontokorrent *Herz* (Fn. 60), 5ff.; *BGHZ* 50, 279 = NJW 1968, 2101.
[66] Pfändung des Tagesguthabens im Zeitpunkt der Zustellung ist, wenn man der h.M. → Rdnr. 72 folgt, neben der Pfändung des gegenwärtigen Kontokorrentsaldos überflüssig.

dem einzelnen **Tagesauszug** zwischen den Rechnungsperioden ersichtlichen Guthabens insoweit gepfändet werden, als der Schuldner aus dem zugrundeliegenden Rechtsverhältnis, wie regelmäßig beim Girovertrag, Auszahlung verlangen kann[67], also abzüglich etwa noch nicht gebuchter eigener Forderungen (Spesen, Zinsen) der Bank[68] und solcher Beträge, deren Auszahlung der Schuldner wegen § 357 HGB nicht verlangen könnte[69]. Wurde dem Schuldner vor der Pfändung eine eurocheque-Karte ausgehändigt, geht ein vertragliches Pfandrecht der Bank, das die Zahlungsverpflichtungen aus der Garantie sichern soll, einem Pfändungspfandrecht selbst dann vor, wenn der Schuldner erst nach der Pfändung durch Ausstellung von eurocheques Aufwendungsersatzansprüche begründet[70]. Das Verbot des Abs. 1 S. 1 betrifft im Falle der Pfändung des Anspruchs auf das Tagesguthaben auch Überweisungen usw. an Dritte[71], weil das Recht, durch Überweisungsaufträge zu verfügen, im Anspruch auf Auszahlung des Tagesguthabens eingeschlossen ist[72]. Die Praxis läßt dennoch die Pfändung des Anspruchs auf Durchführung von Überweisungen[73] zu, die rechtliche Bedeutung freilich nur dann erlangt, wenn der Überweisungsauftrag eine Deckungsgrundlage in Form eines Guthabens oder Kredits hat[74]. Der Anspruch auf Auszahlung des Tagesguthabens ist im Beschluß neben oder statt der Pfändung des Saldos besonders auszusprechen[75]. → auch § 851 Rdnr. 36f.

Um zu vermeiden, daß der Schuldner die Buchung von Neueingängen verhindert, kann auch sein **Anspruch auf Gutschrift** eingehender Beträge gepfändet werden[76]. Dabei handelt es sich um eine Hilfspfändung[77], die keinen Zahlungsanspruch des Gläubigers begründet. Die Pfändung bewirkt, daß die Gutschrift erfolgen muß und der Kontoinhaber nicht vor der Gutschrift anderweitig verfügen kann[78]. Neben dem Anspruch auf Gutschrift gibt es keinen **Anspruch auf Auszahlung** laufender Eingänge, der gepfändet werden könnte[79]. Zum Dispositions- und Überziehungskredit → § 851 Rdnr. 37. Zum Umfang der Pfändung → Rdnr. 72, zur Bestimmtheit des Beschlusses → Rdnr. 44, zum Pfändungsschutz bei Bankguthaben → § 850k. Wegen Ansprüchen aus künftigen Krediten, insbesondere debitorischen Konten → § 851 Rdnr. 36f.

13   Bei *Postgirokonten* ist der Anspruch des Postgiroteilnehmers auf Auszahlung des Guthabens nach § 23 Abs. 3 S. 2 pfändbar. Die Stammeinlage ist keine selbständige Forderung. Der Gläubiger sollte bei Pfändung künftiger Guthaben, die auch hier ausdrücklich anzuordnen ist[80], darauf achten, daß nicht der gesamte Betrag ausbezahlt wird, weil das Postgiroamt bei

---

[67] *BGHZ* 84, 325, 371 (I. u. VIII. Senat) = JZ 1982, 609–612 = BB 1575ff. (zust. *Werner/Machunsky* aaO, 1581) = WPM 816, 838 = NJW 2192ff. = MDR 904, 928 = ZIP 932 = JR 1983, 109 (zust. *Rehbein*) = Rpfleger 1977 (krit. *Behr*) mwN auch zur Gegenmeinung, die nach § 851 mit § 613 S. 2 BGB Unpfändbarkeit annimmt; *BFH* NJW 1984, 1919; *Wagner* ZIP 1985, 851 (zur Anspruchsgrundlage); *Häuser* ZIP 1983, 893.

[68] *BGH* (Fn. 67), *Stöber*[10] Rdnr. 166; *K. H. Bauer* DStR 1982, 282. Solche Pfändungen gehen daher, ebenso wie Abtretungen, entgegen *Berger* ZIP 1980, 948ff.; 1981, 583ff. nicht zu Lasten einer Bank, die Kontoüberziehung nicht gestattet, vgl. § 404 BGB.

[69] Vgl. *Herz* (Fn. 59), 161; *OLG Stuttgart* Rpfleger 1981, 445 = WPM 1149.

[70] BGHZ 93, 71 = NJW 1985, 863.

[71] *OLG Köln* ZIP 1983, 810.

[72] Davon zu unterscheiden ist der Anspruch auf Vornahme der Überweisung als Dienstleistungshandlung, der nicht selbständig pfändbar ist; vgl. *Wagner* ZIP 1985, 851.

[73] Diese Pfändung besitzt keine eigenständige Wirkung, zweifelnd *Baßlsperger* Rpfleger 1985, 178; gegen die Zulässigkeit der Pfändung *Häuser* WPM 1990, 129.

[74] *BGH* NJW 1985, 1219 = JZ 489 = Rpfleger 201 (krit. *Grunsky* S. 490).

[75] *BGH* u. *OLG Karlsruhe* (beide Fn. 59); *Stöber*[10] Rdnr. 166c; *Canaris* (Fn. 59) Anm. 24; *Schläger* NJW 1974, 1095. Zur Bestimmtheit → Fn. 248f. – A.M. *LG Hannover* NJW 1974, 1095; *Klee* MDR 1952, 203; *Forgach* DB 1974, 809ff.; ders. einschränkend DB 1974, 1854.

[76] *Stöber*[10] Rdnr. 166; *Beeser* (Fn. 60), 430; *Forgach* DB 1974, 812; *Gleisberg* DB 1980, 866; vgl. auch *BGH* WPM 1973, 892f. *Herz* (Fn. 60) betont richtig, daß damit pfändbare Posten noch nicht sichergestellt sind.

[77] So im Ergebnis *BGH* NJW 1985, 1219 = JZ 489; *Baßlsperger* Rpfleger 1985, 178; a.M. *Canaris*; Bankrecht Rdnr. 189; s. aber dort Rdnr. 409.

[78] *BGH* NJW 1985, 1219.

[79] Vgl. *Baßlsperger* Rpfleger 1985, 178.

[80] *Stöber*[10] Rdnr. 278.

fehlendem Guthaben das Postgirokonto von Amts wegen löschen kann (§ 9 Abs. 3 PostGiroO)[81]. § 357 HGB gilt hier nicht. Wegen *Postspareinlagen* → § 831 Rdnr. 4.

Hervorzuheben ist, daß der *Adressat* gegen die Post keinen Anspruch auf Aushändigung **14** der für ihn bestimmten *Geldsendungen* hat[82], während Ansprüche des *Absenders* auf Übermittlung oder Rückforderung des Geldbetrags gemäß § 23 Abs. 2 PostG nicht pfändbar sind[83]. Die Chance, freiwillige *Trinkgelder* zu erhalten, ist kein Anspruch, → § 850 Fn. 49, auch § 807 Fn. 144. Zur Pfändung von Bedienungsgeld → Rdnr. 112, § 850 Rdnr. 27.

Forderungen aus einem **Versicherungsverhältnis** sind auch schon vor Eintritt des Versiche- **15** rungsfalls als gegenwärtige, wenn auch bedingte Rechte wie Geldforderungen[84] pfändbar. Die Pfändung erfaßt regelmäßig Ansprüche, die durch Ausübung der als Nebenrechte mitgepfändeten Gestaltungsrechte entstehen → Rdnr. 81. Bei einer *Lebensversicherung* auf den Todesfall kann daher schon zu Lebzeiten des Versicherungsnehmers nicht nur der Anspruch auf Prämienrückerstattung und die Versicherungsdividende[85], sondern auch die Versicherungssumme gepfändet werden. Zur Unpfändbarkeit s. §§ 850 Abs. 3, 850b Abs. 1 Nr. 4. Zum Vermögen des Lebensversicherungsnehmers gehören solche Ansprüche, solange eine Bezugsberechtigung Dritter entweder fehlt[86] oder noch widerruflich ist[87], § 166 Abs. 2 VVG. Ist aber bis zum Eintritt des Versicherungsfalles das Bezugsrecht eines Dritten nicht widerrufen, so erwirbt er seinen Anspruch gemäß §§ 331 f. BGB nicht aus dem Vermögen des Versicherungsnehmers und daher trotz Pfändung gegen diesen[88]. Das kann der Gläubiger nur durch Widerruf des Bezugsrechts des Dritten (§ 166 Abs. 1 VVG) verhindern[89]; hierzu ist er[90] schon nach der Pfändung, nicht erst nach der Überweisung[91] berechtigt, da dieser Widerruf vorerst nur der Sicherung des Pfandrechts dient und die Pfändung das Recht dazu als Nebenrecht miterfaßt → Rdnr. 81. Diese Sicherung ist auch bei Arrestpfändung nötig, da der Versicherungsfall vor Überweisung eintreten[92] und das Pfandrecht entleeren könnte → Fn. 88; sie ist auch zumutbar, da der Schuldner vorsorglich das Bezugsrecht für den Fall der Pfändungsaufhebung erneuern kann[93]. Ein rechtzeitiger Eintritt nach § 177 VVG[94] überwindet den Widerruf des Gläubigers, es sei denn ihm wäre der Rückkaufswert schon vom Versicherer gezahlt worden[95]. – Ist das Bezugsrecht Dritter *unwiderruflich*, so können grundsätzlich nur deren

---

[81] Vgl. Stöber[10] Rdnr. 281.
[82] RGZ 43, 100; LG Berlin JW 1938, 606; Stöber[10] Rdnr. 288.
[83] Nur Schadensersatz- u. Gebührenerstattungsansprüche sind pfändbar, § 23 Abs. 5 PostG.
[84] Bohn, Festschr. f. Schiedermaier 1976, 34; G. Boll Fragen der ZV usw. (Diss. Freiburg 1981), 19 f. Vgl. auch RGZ 66, 160. Prölss/Martin Versicherungsvertragsgesetz[24] § 1 Anm. 2 A a mwN sehen sie als aufschiebend bedingt an (aber nicht als »künftig«, → dazu Rdnr. 3 ff.).
[85] Bei vereinbarter Verrechnung mit der Prämie oder Hinzurechnung zur Versicherungssumme ist die Dividende nicht gesondert pfändbar, Haegele BWNotZ 1974, 144. Andernfalls kann sie auch dann beim Versicherungsnehmer gepfändet werden, wenn eine Drittbegünstigung unwiderruflich ist.
[86] BGHZ 32, 47 = NJW 1960, 912; RGZ 66, 159 ff. Im Versicherungsschein muß das Drittrecht nicht genannt werden, LG Karlsruhe VersR 1956, 313; → aber § 840 Rdnr. 7 ff.
[87] München OLG Rsp 32, 224 mwN; Haegele Rpfleger 1969, 157. Als bedingte u. künftige Forderung sie aber auch beim widerruflich Begünstigten pfändbar → Rdnr. 6; Boll (Fn. 84), 25, freilich wegen des Widerrufsrechts meist erfolglos.
[88] BGH (Fn. 86); RGZ 127, 271 = JW 1930, 3628; Bohn (Fn. 84), 37.

[89] Pfändung allein genügt nicht, RG (Fn. 88). Der Widerruf des Gläubigers wirkt nur in Höhe des zur Befriedigung nötigen Betrags, Bohn (Fn. 84) 37.
[90] Auch der Schuldner kann trotz § 829 Abs. 1 S. 2 widerrufen, da er damit das Pfandrecht nur stärkt, Berner Rpfleger 1957, 196; Haegele Büro 1969, 917; → Rdnr. 90.
[91] Stöber[10] Rdnr. 206; Heilmann NJW 1950, 136 (arg. § 177 VVG); Haegele Büro 1969, 917; offenbar auch RG (Fn. 88), dazu Fn. 92. – A. M. RGZ 153, 223 f.; Mohr VersR 1955, 376; Oswald Büro 1959, 146; Prölß JW 1938, 1661; → auch Rdnr. 85 f.
[92] So durch Freitod des Arrestschuldners im Falle RG → Fn. 88. A. M. RGZ 153, 224 f., dem die → 19. Aufl. Fn. 114 noch folgte.
[93] RGZ 153, 224 f. argumentiert also nicht schlüssig; im übrigen ist nicht einzusehen, weshalb der Dritte ein Recht auf Wiederherstellung (vgl. RG aaO) haben sollte.
[94] Er setzt Eintrittserklärung u. Nachweis der Zahlung des Rückkaufwertes an den Gläubiger (§ 177 Abs. 1 S. 2 VVG) innerhalb der Monatsfrist des § 177 Abs. 3 voraus; Prölss/Martin VVG[24] Anm. 2 e, 5 zu § 177 mwN; Heilmann (Fn. 91).
[95] Ob das Eintrittsrecht schon ab Kündigung u. Fälligkeit des Rückkaufwertes erlischt, ist str., s. Prölss/Martin (Fn. 94) Anm. 2d.

Gläubiger die Versicherungsansprüche mit Erfolg pfänden[96], nach Anfechtung der Zuwendung des Bezugsrechts gemäß § 3 AnfG[97] auch Gläubiger des Versicherungsnehmers; → auch Rdnr. 110 a. E. und § 771 Rdnr. 46. Das gilt bei der sog. gemischten Kapitalversicherung jedenfalls für ein unwiderrufliches Bezugsrecht Dritter auf den Todesfall[98]; dieses ist aber dann auflösend bedingt durch den Erlebensfall[99], so daß das daneben dem Versicherungsnehmer verbleibende Bezugsrecht im Erlebensfall als bedingter Anspruch pfändbar bleibt[100]. Zur verbundenen Lebensversicherung → Rdnr. 21.

16   Die Pfändung von Kapitalbeträgen und Todesfallsummen aus *Unfallversicherungsverträgen*, bei denen das Wagnis des Versicherungsnehmers abgedeckt wird (Eigenversicherung), folgt den → Rdnr. 15 dargelegten Regeln. Soweit das Wagnis Dritter versichert ist, wie z. B. bei der Insassenunfallversicherung, steht der Versicherungsanspruch gemäß § 179 Abs. 2 VVG dem Dritten zu[101]. Nach § 76 VVG und § 3 Abs. 2 AKB wird er aber vom Versicherungsnehmer treuhänderisch geltend gemacht. Gläubiger des Dritten können den Auskehranspruch gegen den Versicherungsnehmer pfänden[102]. Zur Unpfändbarkeit von Unfallversicherungsrenten → § 850b Rdnr. 7 und § 850 Rdnr. 48 f. Deckungsansprüche der Schädiger gegen *Haftpflichtversicherer* können trotz § 3 PflichtVG vom Verletzten oder dessen Rechtsnachfolger gepfändet werden[103]. Uneingeschränkt pfändbar sind Ansprüche auf Prämienrückerstattung[104]. Zur relativen Pfändung bei Sachversicherungen → § 851 Rdnr. 18.

17   Unterliegt die Pfändung eines bestehenden Rechts besonderen Vorschriften, so ist es unzulässig, die Pfändung statt nach diesen Vorschriften in einer Form vorzunehmen, die erst der künftigen Gestaltung des Rechts entspricht. Statt eines Grundpfandrechts nach §§ 830, 857 Abs. 6 kann daher nicht der Anspruch auf den Versteigerungserlös gepfändet werden[105]; dieser ist erst mit der Erteilung des Zuschlags in der Zwangsversteigerung pfändbar[106]. Wegen Forderungen, für die eine Hypothek eingetragen aber noch nicht entstanden ist, → aber § 830 Rdnr. 3. Ansprüche auf Rückübertragung einer Sicherungsgrundschuld und, falls es zur Verwertung kommt, auf den vom Grundschuldgläubiger nicht benötigten Mehrerlös sind nach §§ 829, 857 Abs. 1 zu pfänden[107], da der Vollstreckungsgläubiger nicht anders zugreifen kann[108]. Wegen der Pfändung von Anteilsrechten, Auseinandersetzungsguthaben usw. → die Übersicht § 857 Rdnr. 17.

18   b) Die Forderung darf nicht nach § 865 *von der Mobiliarvollstreckung ausgenommen* und nicht nach §§ 850 ff. oder sonstigen Vorschriften[109] **unpfändbar** sein. Über den für Pfändungsschutz maßgeblichen Zeitpunkt, über Verzicht und Verwirkung, Verstöße, Rechtsbehelfe und Heilung → § 850 Rdnr. 13, 18 f., § 766 Rdnr. 42 a. E., Rdnr. 128 ff. vor § 704. Ist die Forderung nur insoweit pfändbar, als sie einen bestimmten Betrag übersteigt, §§ 850c, d, so ist die Pfändung zwar zunächst gegenstandslos, solange die Forderung die Pfändungsgrenze nicht

---

[96] BGHZ 45, 162 = NJW 1966, 1071; OLG Hamburg KTS 1982, 306 f. → aber auch Fn. 100 u. wegen Bardividenden → Fn. 85. Möglich ist eine Pfändung beim Versicherungsnehmer für den Fall des § 168 VVG, *Stöber*[10] Rdnr. 196.
[97] Dazu *Böhle-Stamschräder/Kilger* AnfG[7] § 3 VI; gegen die h. M. *Boll* (Fn. 84), 39 ff. S. auch *OLG Hamburg* KTS 1982, 306 mit Anm. *Häsemeyer* aaO, 307.
[98] *BGH* (Fn. 96).
[99] → Fn. 98.
[100] *Stöber*[10] Rdnr. 197 gegen *BGH* → Fn. 96.
[101] BGHZ 32, 50.
[102] Zum Auskehranspruch s. BGHZ 32, 51 f. mwN.
[103] BGH NJW 1979, 271; s. auch Fn. 210 und § 851 Rdnr. 38.
[104] AG Sinzig NJW-RR 1986, 967.
[105] RGZ 70, 280 ff.; OLG Hamburg MDR 1959, 496; *Stöber*[10] Rdnr. 1989 mwN; *Tempel* JuS 1967, 77 f.; jetzt ganz h. M. – A. M. *OLG Jena* JW 1927, 2643, *Mayer* Gruch. 56, 265 ff.; *Busse* MDR 1958, 825 f., der aber Vorrang des Gläubigers annimmt, welcher das Grundpfandrecht gepfändet hat. Zur Abtretbarkeit s. *BGH* NJW 1964, 813.
[106] Dazu BGHZ 58, 301 ff. = NJW 1972, 1135 = ZZP 86 (1973), 70 (zust. *Peters*). → auch § 857 Rdnr. 51.
[107] Man sollte stets beide zugleich pfänden, s. einerseits *Stöber*[10] Rdnr. 67 mwN (einheitlicher Anspruch), andererseits *BGH* LM Nr. 8 zu § 857 = Rpfleger 1965, 365 (verschiedene Ansprüche, aber Pfändungsbeschluß auslegungsfähig). → auch Fn. 270 u. zur Bestimmtheit Rdnr. 48.
[108] BGH LM Nr. 4 zu § 859 = MDR 1959, 571. Wegen einer Eintragung im Grundbuch s. *LG Karlsruhe* NJW 1971, 2032 f. (abl. v. *Blumenthal*).
[109] → die Übersicht vor § 851 sowie § 850i V C.

übersteigt, aber bei richtiger Fassung des Beschlusses (vgl. § 850c Abs. 3 S. 2) zulässig[110]. Ihre Wirkungen treten ein, sobald die Pfändungsgrenze überschritten wird, § 832, und gewähren dann Vorrang vor späteren Pfändungen, → § 850 Rdnr. 14. Es ist auch zulässig, eine zur Zeit unpfändbare Forderung für den künftigen Fall der Pfändbarkeit zu pfänden, z.B. einen Pflichtteilsanspruch für den Fall der Anerkennung oder Rechtshängigkeit[111].

c) Die Forderung muß im Zeitpunkt der Pfändung zu dem **nach dem Titel haftenden Vermögen gehören**, → Rdnr. 35 ff. vor § 704, 1 ff. vor § 735. Zur Prüfung dieser Voraussetzungen vor der Pfändung → Rdnr. 37–39 und § 771 Rdnr. 1 f. Über die Bedeutung des Mangels → Rdnr. 119 f., über seine Geltendmachung durch den Inhaber → Rdnr. 119, durch den Drittschuldner → Rdnr. 110, durch den Schuldner § 766 Rdnr. 19, § 771 Rdnr. 36. Die Zugehörigkeit zum Vermögen ist nach materiellem Recht zu beurteilen; der Gläubiger kann sich aber auf die Schutzvorschrift des § 15 Abs. 1 HGB berufen[112]. Zur Gläubigeranfechtung → Rdnr. 67, 110 a. E. Forderungen, die der Schuldner entgegen § 399 BGB abgetreten hat, gehören noch zu seinem Vermögen → Fn. 362. Bei relativer Unwirksamkeit kommt es darauf an, ob sich der Gläubiger auf die Unwirksamkeit berufen kann[113]. → auch § 878 Rdnr. 17 zu dem Fall, daß die gepfändete Forderung zwar dem Titelgläubiger haftet, aber erst nach der Pfändung gemäß §§ 727–749 zusätzlich erforderliche Titel oder Vollstreckungsklauseln beigebracht werden, und → § 771 Rdnr. 48 ff. zur Einrede der Haftung im Widerspruchsprozeß. Zur Frage, wann einem Dritten ein die Veräußerung hinderndes Recht zusteht, → § 771 Rdnr. 10, 20 ff. sowie unten Rdnr. 38, 119.

Eine **treuhänderisch** wirksam übertragene Forderung kann vom Gläubiger des *Treugebers* nicht gepfändet werden[114], → Rdnr. 67, 119. Nur der Rückübertragungsanspruch unterliegt der Pfändung nach § 857. Zur Auslegung des Pfändungsbeschlusses → Rdnr. 68. Ebenso kann der Anspruch des Schuldners aus §§ 667, 675 BGB gepfändet werden, wenn sein Beauftragter eine Forderung eingezogen hat[115]. Gleiches gilt für *Treuhandkonten* wie Anderkonten[116] und verdeckte Fremdkonten[117]. Auch Forderungen aus Sonderkonten[118] können nur von Gläubigern des Inhabers gepfändet werden; wer als Inhaber anzusehen ist, entscheiden die näheren Umstände bei Kontoerrichtung[119]. Über beim Notar »hinterlegtes« Geld → Rdnr. 23a.

Gläubiger des *Treuhänders* können zum Treugut gehörende Forderungen zwar pfänden, scheitern aber in der Regel an § 771, → dort Rdnr. 22–27[120].

d) Steht eine Forderung mehreren Schuldnern als Gläubigern **gemeinschaftlich** zu, so ist ihre Pfändung aufgrund eines nur gegen einen von ihnen als Schuldner ergangenen Titels nicht zulässig[121]; → auch § 771 Rdnr. 20. Das gilt insbesondere für Gesellschaften[122] und

---

[110] Bis zur Grenze unzumutbarer Belastung des Drittschuldners (→ auch Rdnr. 8). Sie wird aber nur überschritten, wenn völlig sicher ist, daß die Pfändbarkeit in den nächsten Jahren nicht eintreten wird; nur insoweit ist der üblichen Formel zu folgen, Pfändungen seien unzulässig, wenn in absehbarer Zeit mit einer Pfändbarkeit nicht zu rechnen sei, vgl. *OLG Celle* NdsRpfl 1953, 108; *LG Hannover* Rpfleger 1978, 388; *Büro* 1980, 146; *LG Köln* Büro 1985, 1741; 1986, 781.
[111] BGH Rpfleger 1994, 73 gegen die früher h. M.
[112] BGH NJW 1979, 42. Siehe auch zum Rechtsschein im Prozeß *BGH* LM § 129 HGB Nr. 9 = NJW 1980, 784; *Lindacher* ZZP 96 (1983), 489 ff.
[113] Dazu unten Fn. 342, 454.
[114] BGHZ 11, 41 f.; BGH WM 1987, 191 → § 771 Rdnr. 22.
[115] Z. B. bei Einziehung von Mandantengeld durch Anwalt, *Schalhorn* Büro 1975, 1316.
[116] BGHZ 11, 41 f. a. E. Dazu *Stöber*[10] Rdnr. 405 mwN. → auch Fn. 120.
[117] *Stöber*[10] Rdnr. 409; *Capeller* MDR 1954, 710.
[118] Hier ist in der Kontenbezeichnung neben dem das Konto Eröffnenden oft der Name eines Dritten aufgenommen.
[119] BGHZ 21, 150 f. = LM Nr. 13 zu § 328 BGB = NJW 1956, 1593; BGHZ 61, 75 = NJW 1973, 1754. Ist der Schuldner als Berechtigter anzusehen, so wird das Sonderkonto durch Pfändung »aller« Konten (→ Fn. 238) miterfaßt, *Ehlenz* Büro 1982, 1771 f.
[120] *OLG Köln* NJW-RR 1987, 1365 (Konto des Verwalters nach WEG). Nr. 14 der Geschäftsbedingungen für Anderkonten (NJW 1979, 1441), wonach Banken solche Konten nur als gepfändet ansehen, wenn das aus dem Beschluß »ausdrücklich hervorgeht«, liegt daher auch im wohlverstandenen Interesse des Gläubigers.
[121] Vgl. *RG* JW 1900, 670[30] (noch zum gemeinen, aber §§ 420, 747 S. 2 BGB entsprechenden Recht). *BGH* NJW 1984, 2526[9] wendet § 420 BGB auf den Anspruch auf Erlös bei der Teilungsversteigerung an.
[122] Wegen § 15 Abs. 1 HGB → Rdnr. 19.

Miterben nach §§ 736 und 747, ebenso für Gemeinschaften[123], etwa bei Vermietern einer Bruchteilsgemeinschaft wegen der Zweckbindung[124] sowie bei »Und-Konten«[125]. Auch bei verbundener Lebensversicherung insbesondere zwischen Ehegatten gilt nicht nur für die Ausübung der Gestaltungsrechte[126] sondern auch bezüglich der Versicherungsansprüche das Recht der Gemeinschaft oder Gesellschaft[127]. In all diesen Fällen ist daher aufgrund eines Titels gegen nur einen der Berechtigten dessen **Anteil** zu pfänden → §§ 857 II 1, 859 I-III. – Anders bei Gesamtgläubigern nach § 428 BGB, z. B. Inhabern eines »Oder-Bankkontos«[128] und Teilgläubigern nach § 420 BGB[129]; das Recht der anderen Gläubiger wird nicht berührt[130]. Im übrigen gelten für Vermögensmassen, die der Berechtigung mehrerer unterstehen, die §§ 735 ff., für den Nachlaß die §§ 784 ff. Über mehrere Drittschuldner → Rdnr. 56.

22 e) Der Gläubiger kann auch eine ihm selbst zustehende Forderung pfänden[131]. Der Pfändungsbeschluß muß klarstellen, daß eine Forderung des Gläubigers gepfändet wurde[132].

23 2. § 829 ist nur anwendbar, wenn ein **Drittschuldner** vorhanden ist. Anderenfalls greift § 857 Abs. 2 ein. Wer Drittschuldner ist, bestimmt sich nach materiellem Recht. Über mehrere Drittschuldner → Rdnr. 56. Bei der Arbeitnehmersparzulage nach § 13 des 5. VermBG ist entgegen der früheren Rechtslage[133] das Finanzamt Drittschuldner, das über den Anspruch entscheidet, § 14 Abs. 2 Satz 1 5. VermBG i. V. m. § 46 Abs. 7 AO[134]. Dagegen bestimmen die §§ 72 Abs. 4 a S. 2, 81 Abs. 3 S. 4, 88 Abs. 4 AFG den Arbeitgeber ausdrücklich als Drittschuldner für Kurzarbeiter-, Winter- und Schlechtwettergeld, obwohl es sich um Sozialleistungen handelt. Beim Konkursausfallgeld ist, falls es von der Pfändung des Arbeitseinkommens miterfaßt wird, § 141 k Abs. 2 AFG, notwendig noch der Arbeitgeber Drittschuldner, obwohl das Arbeitsamt mit der Auszahlung befaßt ist, während für die selbständige Pfändung § 141 l Abs. 1 S. 2 AFG der Direktor des Arbeitsamtes Drittschuldner ist, vgl. § 148 AFG, auch wenn dem Konkursverwalter nach § 141 i AFG die Errechnung und Auszahlung übertragen ist[135]. Auch der Gläubiger kann Drittschuldner sein, → Rdnr. 122. Ist Geld oder sind Sachen von einer Behörde mit Beschlag belegt, so ist für die Bestimmung des Drittschuldners (Landes) bzw. der ihn vertretenden Behörde der Verwahrungsort zur Zeit der Zustellung maßgeblich[136], bei hinterlegtem Geld das Land der Hinterlegungsstelle[137].

---

[123] Siehe Fn. 121.
[124] Vgl. *BGH* LM § 743 BGB Nr. 1 = NJW 1958, 1723 mwN; MünchKommBGB²-*Schmidt* § 741 Rdnr. 20, 42 nimmt bei Untervermietung Gesellschaft an.
[125] Pfändung des Anteils: falls Gesamthand, Zustellung an Mitinhaber; falls Bruchteilsgemeinschaft, Zustellung an Bank, → § 859 I 1, § 857 II 1. Sicherer ist Doppelpfändung → Rdnr. 37 a. E. Die gewählte Pfändungsart darf grundsätzlich nicht abgelehnt werden → Rdnr. 38; *LG Oldenburg* Rpfleger 1983, 79 = WPM 78.
[126] Allg. M.; hierbei sind § 725 Abs. 1 bzw. § 751 S. 2 BGB zu beachten. S. die Nachweise → Fn. 127. Auszahlung an den Gläubiger setzt stets Überweisung nach § 835 voraus, → § 859 I 2; *LG Berlin* VersR 1963, 569 f.
[127] Vgl. *LG Berlin* (Fn. 126); *OLG Dresden* JW 1938, 1660 (Gemeinschaft); *AG München* VersR 1956, 751 (Gesellschaft); MünchKommBGB²-*Schmidt* § 741 Rdnr. 21 (i.d.R. Gesamthand). Falsche rechtliche Bezeichnung schadet nicht, vgl. *LG Berlin* aaO. – Dagegen für Einzelpfändung (§ 420 BGB) *Stöber*¹⁰ Rdnr. 210 unter Berufung auf *Sasse* VersR 1956, 752, der aber § 420 BGB für abbedungen hält, soweit für Versicherungssummen Bezugsberechtigte bezeichnet sind.
[128] BGHZ 93, 320 f. = BGH NJW 1985, 1218; Anm. *Grunsky* JZ 1985, 490; *OLG Koblenz* NJW-RR 1990, 1386 (zur Belastung mit dem Ausgleichsanspruch nach § 430 BGB); *Rütten*, Mehrheit von Gläubigern, 1989,

S. 214; *Wagner* WM 1991, 1145; *Noack* DGVZ 1976, 114. Für gemeinschaftliche Forderung mit gegenseitiger Ermächtigung *OLG Karlsruhe* NJW 1986, 93; ähnlich in MünchKommBGB²-*Schmidt* § 741 Rdnr. 50. Zu den Gefahren der Pfändung nur bei einem der Gesamtgläubiger → aber Fn. 450, 394.
[129] → Fn. 121.
[130] *OLG Bremen* OLGZ 1987, 29; *OLG Koblenz* (Fn. 128).
[131] Dagegen *Schuschke* Rdnr. 18; *Rosenberg/Gaul/Schilken*¹⁰ § 54 I 1; *Baur/Stürner*¹¹ Rdnr. 491.
[132] Begründung → Rdnr. 67.
[133] Voraufl. Rdnr. 23.
[134] *Stöber*¹⁰ Rdnr. 920 f.
[135] *Stöber*¹⁰ Rdnr. 1455 rät trotzdem zur Zustellung *auch* an den Konkursverwalter, um Auszahlungen aufzuhalten.
[136] *RG* Gruch. 30, 1172 f. – A. M. (nach preuß. Recht) *RG* JW 1910, 656 f.: die beschlagnahmende Behörde (dort zunächst der Untersuchungsrichter, an dessen Stelle dann das Schöffengericht getreten sei).
[137] Diese vertritt regelmäßig das Land; in Bayern u. Schleswig-Holstein der Leiter der Auszahlungskasse, in Berlin der Generalstaatsanwalt beim KG, in Bremen der Senator für Rechtspflege u. Strafvollzug, s. *Bülow/Mecke* HinterlO² Anhang Nr. 6, S. 253 ff.

Besteht jedoch zugunsten des Vollstreckungsschuldners ein *Pfandrecht am Hinterlegten* entweder nach § 233 BGB oder infolge Fortsetzung seines Pfändungspfandrechts, wie bei Hinterlegungen aus prozessualen Gründen → § 804 Rdnr. 45 ff., so ist der durch diese Hinterlegung gesicherte *Anspruch* zu pfänden[138]. Hier ist also der Anspruchsgegner Drittschuldner, nicht die Hinterlegungsstelle; da sie aber erst nach Kenntnis der Pfändung die Ausfolgung an den Berechtigten sperrt[139], ist auch die Zustellung an sie ratsam[140]. Auch der Anspruch gegen den **Notar** auf Auszahlung des »**hinterlegten**« Kaufpreises ist nicht selbständig ohne den Kaufpreisanspruch pfändbar[141]. Denn das Erlöschen durch Erfüllung (§ 362 BGB) tritt hier im Zweifel erst mit der Auszahlung ein[142]; diese kann der Gläubiger aufgrund der *Kaufpreispfändung* zwar nach h. M. nicht durch Klage aber nach § 15 BNotO im Verfahren der freiwilligen Gerichtsbarkeit[143] oder über die Dienstaufsicht durchsetzen[144]. Ist aber ausnahmsweise mit der Hinterlegung[145] oder dem Eintritt der Auszahlungsbedingungen[146] doch schon Erfüllung eingetreten, so ist das aus der Amtspflicht des Notars folgende, je nach Vereinbarung bedingte Recht des Verkäufers auf Auszahlung zu pfänden, und zwar als Geldforderung mit dem Notar als Drittschuldner[147]. Beide Rechte sollte pfänden, wer unsicher ist, ob schon vor Auszahlung Erfüllung eingetreten ist[148]. An die Bedingungen für die Verwendung des Geldes ist aber der Gläubiger im gleichen Umfang gebunden wie sein Schuldner[149]. Zu noch nicht hinterlegten *Vollstreckungserlösen* → Rdnr. 2 und § 857 Rdnr. 42 ff., 51 ff. Drittschuldner sind auch Parteien kraft Amtes.

a) Hat der *Drittschuldner* seinen Wohnsitz oder Aufenthalt **im Ausland** (wegen der Zustellungen dort → VIII vor § 166, §§ 199 ff. mit Bem.), so steht dies dem Erlaß eines Pfändungsbeschlusses *nicht* entgegen[150]. Die Wirksamkeit der Pfändung kann aber, da an Drittschuldner

---

[138] Z. B. als Anspruch aus § 717 Abs. 2, 3, wenn zugunsten des verklagten Schuldners gemäß §§ 709, 711 f. Sicherheit geleistet wurde, → Fn. 29 u. zur Bestimmtheit → Fn. 267; oder als Klagforderung, wenn der Beklagte des Schuldners nach §§ 711, 712 Abs. 1 S. 1 Sicherheit leistete. Falls der Gläubiger auf einen für seinen Schuldner hinterlegten Erlös seiner ZV, → § 804 Rdnr. 49, zugreifen will.

[139] *Stöber*[10] Rdnr. 303

[140] Ist sie deshalb im Beschluß zur Vereinfachung noch neben dem richtigen Drittschuldner genannt, so berührt das die Wirksamkeit der Pfändung nicht.

[141] *BGH* NJW 1989, 231 = EWiR 1988, 827 (Grunsky); die §§ 372 ff., insbesondere §§ 378 f. BGB, gelten hier nicht, *BGH* LM Nr. 1 zu § 23 BNotO = DNotZ 1965, 343 = BB 818 (dort mit unrichtiger Bemerkung, der BGH habe Befreiung angenommen; *BGH* NJW 1983, 1606 = JR 409 (zust. *Zeiss*); *Lüke* ZIP 1992, 158; a. M. *OLG Celle* DNotZ 1984, 256.

[142] Maßgebend ist der Vertrag, der meist so auszulegen ist, *OLG Celle* NdsRpfl 1964, 134; DNotZ 1968, 504; *OLG Hamm* DNotZ 1961, 200; *LG Köln* DNotZ 1974, 436; *Palandt/Heinrichs* BGB[53] Rdnr. 3 zu § 378; *Rupp/Fleischmann* NJW 1983, 2368 f.; ganz h. M. Vgl. auch *BGH* DNotZ 1965, 343; *Zimmermann* DNotZ 1980, 459 f. mwN (Erfüllung nicht mit Hinterlegung). Die Zweifel von *E. Schneider* Büro 1964, 779 beruhen wohl auf dem Falschzitat BB 1964, 818 → Fn. 141 a. E. Wenn nach der Interessenlage der Käufer nicht die Übermittlungsgefahr tragen soll, so ist eher vereinbarter Gefahrübergang als Erfüllung anzunehmen. Wegen Ausnahmen → Fn. 145 f.

[143] *BGH* WM 1980, 1243; nach Beendigung des Notaramts gilt § 15 BNotO nicht mehr, *BVerfG* NJW 1992, 360.

[144] *OLG Hamm* DNotZ 1983, 62 mwN; *OLG Celle* DNotZ 1976, 692. Möglich bleiben aber Prozesse zwischen den Beteiligten, insbesondere nach einseitigem Widerruf (→ Fn. 6 a. E.), vgl. *Custodis* DNotZ 1976, 696 f.

[145] so *LG Düsseldorf* DNotZ 1951, 477, das aufgrund besonderer Umstände Empfangsbevollmächtigung für den Berechtigten annahm, ebenso bei Vorleistungspflicht des Käufers *Zimmermann* (Fn. 142), 460.

[146] Vgl. *Zimmermann* (Fn. 142), 461 (zur Gefahrtragung → aber Fn. 142 a. E.).

[147] *E. Schneider* u. *Rupp/Fleischmann* (Fn. 142); *Stöber*[10] Rdnr. 1781; *Zimmermann* (Fn. 142), 471, der richtig die Pfändbarkeit des Zahlungsanspruchs nicht daran scheitern läßt, daß es sich um ein durch Leistungsklage nicht durchsetzbares subjektiv-öffentliches Recht handelt. – A.M. *OLG Hamm* (Fn. 144): solche Beschlüsse müßten ausgelegt werden als Pfändung des »Anspruchs auf pflichtgemäße Amtsausübung« nach § 857 u. berechtigten dann den Gläubiger nur gemäß § 19 BNotO. Aber ohne Bezug auf die Auszahlungspflicht, die auch für Dritte erkennbar sein muß (→ Fn. 40, wäre das kein Vermögensrecht u. es bliebe offen, wie seine Überweisung zur Änderung der Auszahlungsrichtung oder zum Recht des Gläubigers auf Schadensersatz führen sollte. KG DNotZ 1978, 183 verneint die Abtretbarkeit, weil das Recht nicht aus vertraglicher Beziehung erwachse (was aber die §§ 398 ff. BGB nicht voraussetzen).

[148] Zur erforderlichen kumulativen Pfändung → Rdnr. 40 a. E.

[149] → Fn. 6 a. E., 498 f. Daher erlangt der Gläubiger wegen § 404 BGB nur aus solchen Kaufpreisteilen Befriedigung, die für den Verkäufer selbst (also nicht für Grundpfandgläubiger u. a.) bestimmt wurden.

[150] Sehr str. Ältere Nachweise → 19. Aufl. Fn. 36. Wie

nicht öffentlich¹⁵¹ oder durch Aufgabe zur Post zugestellt wird, an der Unmöglichkeit der Zustellung scheitern oder daran, daß das Ausland zwar die Zustellung erlaubt, aber in seinem Bereich die Pfändungswirkungen im Drittschuldnerprozeß oder bei konkurrierenden Pfändungen nicht anerkennt¹⁵². Das Zahlungsverbot (nicht nur die Zustellung als solche¹⁵³) ist ein Akt der Gerichtsgewalt, der zwar nicht Vollstreckungsakt gegen den Drittschuldner aber doch hoheitlicher Eingriff in dessen private Rechtsstellung ist¹⁵⁴. Die inländische Gerichtsgewalt erkennt solche Akte der ausländischen Staatsgewalt grundsätzlich für ihren Bereich nur an, wenn sie nicht in die inländische Gebietshoheit übergreifen¹⁵⁵. Daher versagt die Justizverwaltung unter dem Gesichtspunkt des ordre public die Rechtshilfe zur Übermittlung derartiger Befehle in das Inland, und es ist nur folgerichtig, wenn sie regelmäßig¹⁵⁶ auch die Weitergabe entsprechender Zustellungsanträge an das Ausland (vgl. § 199) ablehnt¹⁵⁷. Zur Anerkennung einer ausländischen Forderungspfändung im Inland → Rdnr. 103.

25   Den Erlaß des Pfändungsbeschlusses mit Rücksicht auf die Zustellungsschwierigkeiten abzulehnen¹⁵⁸, geht aber schon um deswillen nicht an, weil bei der Beschlußfassung nicht zu übersehen ist, ob sich die Zustellung demnächst an den Drittschuldner persönlich oder an einen Vertreter im Inland bewerkstelligen läßt¹⁵⁹. Ebensowenig kann die Pfändung etwa allgemein abgelehnt werden, weil das Ausland das Zahlungsverbot nicht anerkenne. Wenn nämlich die Zustellung doch gelingt, sei es im Inland oder ausnahmsweise im Ausland, so ist die Pfändung im Entscheidungsbereich deutscher Gerichte grundsätzlich als wirksam anzusehen, und ob sie darüber hinaus auch im Ausland anerkannt wird, haben deutsche Vollstreckungsgerichte ebenso außer acht zu lassen wie Prozeßgerichte bei ihren Entscheidungen, soweit nicht besondere Vorschriften die Frage der Anerkennung von vornherein einbeziehen¹⁶⁰. Freilich können Schuldner und Drittschuldner dadurch in mißliche Lagen kommen, → dazu Rdnr. 98, 103.

26   Eine Sonderregelung für die internationale Forderungspfändung enthält Art. 18 § 2 des Übereinkommens über den internationalen Eisenbahnverkehr (COTIF) vom 9. V. 1980, G. vom 23. I. 1985, BGBl. II, 1985, 132. Danach setzt die Pfändung einer Forderung zwischen Unternehmen, die nicht demselben Mitgliedstaat angehören, eine Entscheidung eines Gerichts des Staates voraus, dem der Gläubiger angehört.

---

hier *OLG Frankfurt* MDR 1976, 321⁵⁵; *Stöber*¹⁰ Rdnr. 39; *Schack* IZPR Rdnr. 987; *Marquordt* Das Recht der internationalen Forderungspfändung (Diss. Köln 1975), 15 ff; *Bauer* Büro 1975, 1165; *Mössle* (Fn. 1), 99; einschränkend auf natürliche Personen *Mühlhausen* WM 1986, 959; a. M. *LG Stuttgart* NJW 1986, 1442.
¹⁵¹ → Rdnr. 57.
¹⁵² Siehe *Marquordt* (Fn. 150), 131 f. Rechtshilfe bei Zustellung muß noch nicht Anerkennung der Pfändung bedeuten, *Marquordt* aaO, 65 ff.
¹⁵³ Deshalb liegt keine Mitteilung ohne hoheitliche Anordnung vor, deren Zulässigkeit zum Teil bejaht wird, *Hausmann* IPrax 1988, 144; *Gottwald* Festschr. Habscheid (1989), 124; a.M. *Stürner* in: *Habscheid* Der Justizkonflikt mit den Vereinigten Staaten von Amerika (1986), 322 (zur Ladung).
¹⁵⁴ *Mühlhausen* WM 1986, 959; *Mössle* (Fn. 1), 50 f. Nach Abs. 3 teilt die Zustellung diese Rechtsänderung nicht nur mit (so aber *Schack* Rpfleger 1980, 176; *Geimer* IPrax 1986, 208 ff.), sondern führt diese erst herbei, *OLG Karlsruhe* u. *Jonas* JW 1932, 667 f.
¹⁵⁵ RGZ 36, 357; RG SA 63, 41²⁷ (obiter, dort anerkannt, weil Drittschuldner im pfändenden Ausland wohnte); vgl. auch RG JW 1909, 810⁵ (Wirksamkeit sei zu prüfen). Nach *Mössle* (Fn. 1), 50 gibt es insoweit kein völkerrechtliches Verbot. → auch Rdnr. 98, 103.

¹⁵⁶ Anders bei Pfändung solcher Ansprüche, für die im Inland ein ausschließlicher Gerichtsstand besteht, z.B. weil sie ein Grundstück betreffen, → § 830 Rdnr. 9. Näheres s. *Marquordt* (Fn. 150), 65 ff.; *Bauer* (Fn. 150).
¹⁵⁷ Zur Praxis (auch ordre public) s. *Unterreitmayer* Rpfleger 1972, 123; *Marquordt* (Fn. 150), 77, 118 ff. mwN; *Bauer* Büro 1975, 1165 (auch im EG-Bereich keine Zustellung). Für die Schweiz s. noch *Kreisgericht Zürich* MDR 1961, 511; für Österreich *Neumann/Lichtblau/Hoyer* EO⁴ III Anh. zu § 294.
¹⁵⁸ KG JW 1929, 2360, 1936, 2760; *Hoyer* (Fn. 157), 2144 mwN verneinen bereits für die Pfändung die inländische Gerichtsgewalt bzw. internationale Zuständigkeit.
¹⁵⁹ *OLG Karlsruhe* u. *Jonas* (Fn. 154); *OLG Frankfurt* MDR 1976, 321⁵⁵; *AG Bonn* MDR 1961, 511 f.; *Schmidt* MDR 1956, 206 mwN; *Wieczorek*² Anm. F III a 2; *Stöber*¹⁰ Rdnr. 39; *Schack* (Fn. 154); *Marquordt* (Fn. 150), 40 mwN. – RGZ 140, 344 u. *Geib* (Fn. 1), 67 wollen Zustellung im Inland nicht genügen lassen, solange der Drittschuldner noch im Ausland wohnt.
¹⁶⁰ Vgl. RGZ 22, 404 f.; *OLG Frankfurt* (Fn. 159); *Petschek* Die ZV in Forderungen nach österr. Recht I (1901), 18 f.; *Hellwig* System 2, 336; *Stein* Drittschuldner in Festschr. f. Wach I (1913), 465 ff. (13 ff.); *Schmidt* MDR 1956, 204.

Obwohl die Rechtspfändung an der Schwierigkeit, an einen Drittschuldner im Ausland zuzustellen, meist scheitert, regeln die bestehenden Vollstreckungsverträge derzeit noch nicht die Durchführung und Anerkennung von Rechtspfändungen mit grenzüberschreitendem Bezug[161]. 27

b) Ist der *Drittschuldner* als Exterritorialer der deutschen Gerichtsbarkeit nicht unterworfen[162], aber im Inland ansässig, erfolgt die Zustellung analog §§ 199, 202[163]. – Wegen der Exterritorialen als *Schuldner* → Rdnr. 83 f. vor § 704[164]. – Zum NATO-Truppenstatut → Rdnr. 51 a. E. 28

Die zur Vertretung des **Fiskus als Drittschuldner** berufenen Behörden sind nur insoweit die gleichen wie bei gerichtlicher Vertretung (→ § 18 Rdnr. 8–62), als Sondervorschriften fehlen, so etwa bei der *Bundesbahn* → § 18 Rdnr. 42. Häufig sind sie aber im Verordnungswege besonders bestimmt[165]. Im allgemeinen ist es jene Behörde, die eine Erfüllung des zu pfändenden Anspruchs anzuordnen[166] oder über ihn zu entscheiden[167] hat. Bei Bezügen der *öffentlichen Bediensteten* ist es entweder die Beschäftigungsbehörde[168] oder – wie in den meisten Bundesländern – eine zentrale Besoldungs- bzw. Lohnstelle[169]. Zu Bezügen der *Bundeswehrsoldaten* → § 18 Rdnr. 28, zum *NATO-Truppenstatut* → § 18 Rdnr. 62 a. E.[170]. Die Bundespost POSTBANK wird für Postgiro- und Postsparkassenguthaben vertreten durch die kontoführenden Postgiro- und Postsparkassenämter. Für Obligationen, Anleihen und Schatzbriefe des Bundes kommt die *Bundesschuldenverwaltung* in Bad Homburg vdH. auch als depotführende Stelle in Betracht. Zu Ansprüchen aus *Hinterlegungen* → Rdnr. 23, 23 a. Bei *Sozialleistungen* → § 850 i V ist der Leistungsträger (§§ 12, 18–29 SGB AT) Drittschuldner[171], soweit nicht der Arbeitgeber kraft Gesetzes Drittschuldner ist → Rdnr. 23 (zum AFG). Die **Auskunftspflicht** → § 18 Rdnr. 2 dürfte in diesem Bereich entsprechend gelten[172]. 29

Das Verhalten einer Behörde, an die unrichtig zugestellt wurde, ist meist in den Rechtsverordnungen über die Vertretung[173], zuweilen aber auch in besonderen Anordnungen geregelt: sie muß den Pfändungsbeschluß unverzüglich entweder an den Gläubiger zurücksenden und

---

[161] Vorschläge zur Ergänzung der Verträge bei *Marquordt* (Fn. 150), 177 ff. S. aber Bericht *Schlosser* Abl-EG 79, C/59/131.
[162] → Einl. Rdnr. 655 ff. Ausländische Staaten genießen nach Völkerrecht keine umfassende Immunität; vgl. *Schönfeld* NJW 1986, 2980. Das Zahlungsverbot ist kein Verhaltensgebot und verletzt fremde Hoheitsrechte nicht.
[163] *Zöller/Geimer* § 200 Rdnr. 2; a. M. *Schumann* § 203 Rdnr. 5.
[164] Dazu noch *OLG Frankfurt* OLGZ 1981, 370 = ZIP 1981, 1079 = NJW 2650 (Iran; abl. *Gramlich* aaO, 2618); BVerfG 1983, 2766.
[165] Im **Bundesrecht** → Fn. 166 f., 170. In den Ländern (zur allgemeinen gerichtlichen Vertretung → § 18 Rdnr. 51–61) s. zur Drittschuldnervertretung: **Baden-Württemberg** GBl 1955, 8 § 2; **Bayern** GVBl 1977, 88; 1979, 23 u. 1989, 12, § 5; **Berlin** für den Justizbereich AmtsBl 1987, 1484, §§ 15, 17; **Brandenburg** für den Justizbereich JMBl 1992, 78 u. 128; 1993, 112; **Hamburg** für den Justizbereich AmtlAnz 1981, 2077 u. 1982, 781; **Hessen** für den Justizbereich StAnz 1988, 373, 528, 2115, 2298; 1991, 649; 1993, 920; **Mecklenburg-Vorpommern** AmtsBl 1991, 38; **Niedersachsen** NdsMBl 1990, 1321; 1992, 1325; **Nordrhein-Westfalen** für den Justizbereich JMBlNRW 1987, 89; 1992, 199; **Rheinland-Pfalz** für den Justizbereich GVBl 1988, 106; 1990, 112; **Saarland** für den öffentlichen Dienst AmtsBl 1979, 33; **Sachsen** Sächs. GVBl 1991, 400; **Schleswig-Holstein** AmtsBl SchlH 1950, 461; zuletzt geänd. AmtsBl SchlH 1978, 176; **Thüringen** für den Justizbereich GVBl 1992, 133 § 1. In **Sachsen-Anhalt** wird z.Zt. die Vertretungsordnung erstellt. In **Bremen** richtet sich die Drittschuldnervertretung nach den Art. 118, 120 der Landesverfassung.
[166] So z.B. die Vertretungsordnungen des BMJ vom 25. IV. 1958 (BAnz Nr. 82, S. 3) zu A IV, des BMI vom 9. IV. 1976 (GMBl, 162 f.) zu A 2.4 u. der BFV vom 15. XI. 1972 (BAnz Nr. 233) zu 2.2.
[167] So § 46 Abs. 7 AO für Steuererstattung.
[168] Oder, wenn der Schuldner keiner Behörde angehört, die auszahlende Behörde, so z. B. die hessische AnO → Fn. 260 u. Erlaß Schleswig-Holstein vom 30.X.1950 (AmtsBl 66, S. 219) zu III a.
[169] Z.B. Zentrale Besoldungsstelle bei der OFD Saarbrücken, Landesjustizkasse Hessen u. Zentrale Vergütungs- und Lohnstelle Hessen in Kassel, Landesamt für Besoldung und Versorgung Bad.Württ. in Stuttgart usw. *LAG Düsseldorf* Büro 1979, 1087 ließ bei Bezügen eines als Angestellten beschäftigten Professors die Zustellung an das Universitätsinstitut genügen, das den Beschluß an den Kanzler weitergab; dagegen mit Recht *Reich* BayVBl 1981, 621 f. → auch Fn. 229, 319.
[170] Zu den Adressen der Verbindungsstellen der US-Streitkräfte *Stöber*[10] Rdnr. 48. Näheres zur Soldpfändung aufgrund deutscher Unterhaltstitel in DAVorm 1978, 80 ff.; 1983, 796.
[171] *Heinze* SGB AT (1979) § 54 Rdnr. 53; *Stöber*[10] Rdnr. 1312. Zuzustellen ist an das zuständige Arbeitsamt (Direktor) oder an die Bundesanstalt für Arbeit in Nürnberg (Präsident).
[172] Nach fehlgegangener Zustellung → Fn. 175.
[173] → Fn. 165.

ihm die zur Vertretung berufene Stelle nennen, falls sie sie zweifelsfrei erkennen kann[174], oder an die zuständige Stelle weiterleiten und in der Abgabenachricht auf die fehlerhafte Zustellung hinweisen[175]. Eine Weiterleitung ohne Nachricht an den Gläubiger ist jedenfalls unangebracht. Zur Finanzverwaltung → Fn. 260.

30   3. Soweit Leistungen **devisenrechtlich** genehmigungspflichtig sind[176], ist dies nicht nur für die nach dem Schuldtitel zu bewirkende Leistung zu beachten[177], sondern auch für die vom Drittschuldner zu erbringende Leistung[178], und die Pfändung eines Rechts des Schuldners steht devisenrechtlich bereits einer Verfügung des Schuldners gleich. Der Mangel der Genehmigung ist nach § 766 mit der Erinnerung zu rügen, bezüglich der Leistung des Drittschuldners auch im Prozeß gegen diesen; er kann aber durch Erteilung der Genehmigung rückwirkend geheilt werden[179].

II. Verfahren

31   1. Das **Gesuch** des Gläubigers an das Vollstreckungsgericht (§ 828) bedarf keiner besonderen Form[180]. *Schriftliche* Gesuche, auch die übliche Einreichung der ausgefüllten Vordrucke, müssen daher nicht eigenhändig unterschrieben sein[181], falls ihr Inhalt oder beigefügte Anlagen sicher erkennen lassen, daß es sich um ernst gemeinte Anträge, nicht nur Entwürfe handelt[182]. *Mündliche* Gesuche sind zu protokollieren, § 496; die Wirksamkeit der Pfändung hängt jedoch hiervon nicht ab.

32   Bestehen Zweifel über die Ernstlichkeit eines Gesuchs so sind *Rückfragen gemäß §§ 139, 278 Abs. 3* (regelmäßig mit Fristsetzung) einer sofortigen Abweisung vorzuziehen, zumal nach Klarstellung oder Nachholung des Fehlenden im Wege der Erinnerung der Beschluß doch zu erlassen wäre[183]. Ebenso ist zu verfahren, wenn fraglich ist, ob eine wörtliche Übernahme der Angaben des Gläubigers in den Beschluß zu einer Unwirksamkeit der Pfändung mangels Bestimmtheit führen könnte[184] oder auch nur Auslegungsschwierigkeiten befürchten läßt[185] und wenn eine davon abweichende Formulierung des Beschlusses ausscheidet, z.B. weil sie möglicherweise nicht mehr dem vom Gläubiger Gewollten entspricht[186], § 308. Damit genügt der Rechtspfleger dem schutzwürdigen Interesse an klaren Pfändungsbeschlüssen. Besteht daher der Gläubiger trotz Aufklärung auf seiner Fassung, so geht dies auf sein Risiko und das Gesuch ist nur zurückzuweisen, wenn die Pfändung mit Sicherheit unwirksam wäre[187].

33   Da bereits mit Erlaß des Pfändungsbeschlusses die Vollstreckung beginnt[188], ist die vollstreckbare Ausfertigung des Titels (§§ 724 ff., 795) mit dem Gesuch vorzulegen. Zugleich ist

---

[174] So im wesentlichen die AnO → Fn. 166 (des BMJ zu B II 1, des BMI zu B 1.1, der BFV → Fn. 260).
[175] So z.B. in der Hessischen Finanzverwaltung → Fn. 260.
[176] → Einl. Rdnr. 990 ff.
[177] → Einl. Rdnr. 994 f., Rdnr. 58 vor § 704, § 750 Rdnr. 42.
[178] → Einl. Rdnr. 990, 995.
[179] So auch *Wieczorek*² Anm. A I a 1; → Einl. Rdnr. 991, 995 und § 766 Rdnr. 42.
[180] Gleiches gilt für das Gesuch an die Vollstreckungsbehörde in der Verwaltungsvollstreckung. Zur geplanten Einführung von Vordrucken BR-Drucksache 134/94 S. 9.
[181] Anders nur, wenn sie in der Verwaltungsvollstreckung zugleich als Titel dienen, LGe Hechingen, Mannheim u. Stuttgart Justiz 1980, 274, 275, 411 (L) gegen LG Ulm Justiz 1979, 226.
[182] So im Ergebnis, vor allem für Faksimilestempel u. Computeranträge, *Stöber*¹⁰ Rdnr. 469; *Dempewolf* MDR 1977, 801 ff. Ähnlich zu § 900 *Vollkommer* Rpfleger 1975, 420; *AG Groß-Gerau* AnwBl 1975, 240. Vgl. auch BVerwG NJW 1979, 120 zu § 70 VwGO.
[183] → § 766 Rdnr. 42 (zur Frage der Heilung).
[184] Vgl. z.B. *LG Düsseldorf* Büro 1981, 1260 f. Da auch Prozeßgerichte hierüber im Drittschuldnerprozeß entscheiden, darf der Rechtspfleger sich insoweit nicht nur auf die Praxis der ihm übergeordneten Beschwerdegerichte verlassen.
[185] *Hornung* Rpfleger 1977, 292 (zu 2.)
[186] Freilich nur, wenn der Mangel behebbar erscheint, *Thomas/Putzo*¹⁸ Rdnr. 20; *Stöber*¹⁰ Rdnr. 479; davon ist aber im Zweifel auszugehen, vgl. BVerfGE 42, 64 = NJW 1976, 1391 = Rpfleger 389 zur verfassungsrechtlichen Bedeutung des § 139.
[187] Ähnlich wohl *Hornung* (Fn. 185), der auslegungsbedürftige Pfändungen nur solange ausschließen will, wie weitere Aufklärung möglich ist.
[188] → Rdnr. 112 vor § 704.

die Zustellung nach § 750, gegebenenfalls auch die Erfüllung der Voraussetzungen der §§ 751, 765, 798 f., 882 a nachzuweisen. Pfändungen unter der Bedingung, daß solche Voraussetzungen gegeben seien oder noch erfüllt würden, sind ausgeschlossen. Wegen Prozeßvoraussetzungen → Rdnr. 77 ff. vor § 704.

Gibt der Gläubiger den *zu vollstreckenden Betrag* nicht an, so ist anzunehmen, daß er den gesamten Titel ausschöpfen will[189]; ob die Schuld in Wahrheit teilweise getilgt ist, hat der Rechtspfleger ebensowenig zu prüfen wie der Gerichtsvollzieher[190]. Da die Pfändung die ganze Forderung gegen den Drittschuldner erfaßt[191], ist eine Forderungsaufstellung zur Bestimmung des Umfangs der Pfändung selbst bei Vollstreckung wegen einer Restforderung nicht erforderlich. Die Forderungsaufstellung ist aber deshalb geboten, weil der Gläubiger in seinem *Vollstreckungsantrag* sein Begehren angeben muß, das die Obergrenze des vom Drittschuldner zu leistenden Betrags bestimmt. Bei einer Teilpfändung in Höhe des beizutreibenden Betrags ist die Forderungsaufstellung unverzichtbar, weil der Umfang der Pfändung bestimmt sein muß. Vorzulegen ist eine Aufstellung über Hauptbetrag, Zinsen, Prozeß- und Vollstreckungskosten[192]. Das Gesuch darf aber nicht zurückgewiesen werden, soweit ein Teilbetrag trotz unzureichender Angaben bestimmbar ist[193]. Zur Formulierung des Gesuchs bezüglich Zinsen der Titelforderung und Vollstreckungskosten → Rdnr. 79, ferner § 788 Rdnr. 24 f. Über Titel mit Wertsicherungsklausel oder auf ausländische Währung → Rdnr. 150 ff., 161 und besonders zur Rechtspfändung Rdnr. 157 vor § 704. 34

Der Antrag kann ganz oder teilweise *zurückgenommen* werden, solange der Beschluß noch nicht existent ist[194]. Einen schon empfangenen Beschluß kann der Gläubiger vom Rechtspfleger aufheben oder einschränken lassen, um einem Rechtsbehelf des Schuldners zuvorzukommen[195]; im übrigen kann er die Zustellung unterlassen oder, wenn dies nicht mehr gelingt, nach § 843 verzichten. 35

2. Der Beschluß des Rechtspflegers kann nach § 764 Abs. 3 **ohne mündliche Verhandlung** ergehen; Verhandlung mit dem Schuldner ist grundsätzlich schon durch § 834 ausgeschlossen; zu Ausnahmen → § 834 Rdnr. 4. Es gelten die in → § 128 V 4 dargestellten Regeln. Wegen §§ 139, 278 Abs. 3 → Rdnr. 32, 38 f. 36

3. Das Gericht hat, auch wenn ein Anhörungsrecht besteht (→ § 834 Rdnr. 4), lediglich nach Maßgabe der **Behauptungen des Gläubigers** zu entscheiden, deren Wahrheit (wie bei § 331 Abs. 1) zu unterstellen ist[196]. Eine *Schlüssigkeitsprüfung*[197] im Sinne einer abschließenden Beurteilung aller materiellrechtlichen Streitfragen ist nicht Aufgabe des Vollstreckungsgerichts sondern bleibt dem Prozeßgericht vorbehalten[198]. Es ist insoweit nur zu prüfen, ob das zu pfändende Recht nach irgendeiner vertretbaren Rechtsansicht dem Schuldner zustehen kann[199] dann hat der Rechtspfleger dem Gesuch *stattzugeben*, denn gepfändet wird nur das *angebliche* Recht[200]. Ähnlich ist bei Zweifeln über die Bestimmtheit zu verfahren[201]. Zulässig 37

---

[189] Vgl. zu § 754 *LG Koblenz* DGVZ 1982, 77.
[190] → § 754 Rdnr. 1 a.
[191] → Rdnr. 74.
[192] auch § 754 Rdnr. 1; *LG Paderborn* Rpfleger 1987, 318; *LG Gießen* Rpfleger 1985, 245; *Stöber*[10] Rdnr. 465; a.M. noch *LG Essen* Rpfleger 1967, 113; bei Zweifeln ist eine telefonische Klärung geboten, *Münzberg* ZZP 102 (1989), 131; *Stöber*[10] Rdnr. 466 Fn. 19.
[193] *Münzberg* (Fn. 192).
[194] Zum Zeitpunkt → Rdnr. 55.
[195] Ohne Anhörung des Schuldners → § 834 Rdnr. 1. Wer Bedenken hätte, müßte § 766 anwenden (materielle Beschwer des Gläubigers → § 766 Rdnr. 10 a. E.), käme aber zum selben Ergebnis über die Abhilfe durch den Rechtspfleger → § 766 Rdnr. 5.
[196] Allg. M. Zu Abweichungen wegen besonderer Anträge → § 850 Rdnr. 16 f. mit Verweisungen.

[197] Der Begriff wird oft so verwendet, paßt aber genau genommen nur auf Voraussetzungen der Pfändbarkeit, Berechnung des zu vollstreckenden Betrags u. ä., z.B. *LG Würzburg* Rpfleger 1978, 388; *LG Hannover* DAVorm 1976, 658.
[198] *KG* Rpfleger 1980, 198 mwN; zu § 851 *BAG* JZ 1976, 65 = NJW 75. Die Praxis stimmt i. a. überein, auch soweit sie von »Schlüssigkeit« spricht, z.B. *OLG Frankfurt* NJW 1978, 2397; *OLG Köln* ZIP 1980, 579; *Stöber*[10] Rdnr. 485 mwN; *Hornung* (Fn. 185). – Verfehlt aber *OLG Celle* NdsRpfl 1953, 109 (Nr. 7 a. E.), denn auch nach § 766 werden die Vollstreckungsgerichte nicht für die Entscheidung *solcher* Fragen zuständig.
[199] So die Rsp u. Lit. – Fn. 198, 125; ähnlich *OLG Hamm* Rpfleger 1956, 197; *Zöller/Stöber*[18] Rdnr. 4; *Thomas/Putzo*[18] Rdnr. 20; vgl. auch *Mes* Rpfleger 1968, 292.
[200] *Stein* Grundfragen (1913), 41 f.; allg. M.
[201] Rdnr. 32 a. E.

sind auch Anträge auf gleichzeitige Pfändung von Rechten, obwohl nur eines von ihnen materiellrechtlich bestehen kann[202]. Denn die Pfändung des einen *oder* des anderen Rechts wäre unbestimmt[203].

38   *Abzulehnen* ist jedoch das Gesuch, wenn mit Sicherheit feststeht, daß nach den Behauptungen des Gläubigers das Recht dem Schuldner nicht zustehen kann[204], welcher (vertretbaren) Meinung man auch folgen mag, und auch eine Pfändung als künftiges Recht nicht in Betracht kommt. Auch eine *Pfändungsaufhebung* im Erinnerungs(Beschwerde-)verfahren mangels Pfändungsobjekts[205], darf nur auf vom Gläubiger vorgetragene bzw. zugestandene Tatsachen gestützt werden[206] und ist nur zulässig, wenn die Pfändung nach jeder vertretbaren Ansicht zweifelsfrei unwirksam wäre, insbesondere wenn zwischen Gläubiger, Schuldner und Drittschuldner unstreitig oder rechtskräftig festgestellt ist, daß das angebliche Recht dem Schuldner nicht zusteht[207]. Denn der Streit hierüber betrifft grundsätzlich nicht die Art und Weise der Zwangsvollstreckung und darf daher nur im ordentlichen Prozeß ausgetragen werden[208], zumal sich der Rang einer aufgehobenen Pfändung nicht wiederherstellen läßt → § 766 Rdnr. 48. Die gleiche Zurückhaltung gegenüber Aufhebungen ist angebracht, wenn die *Bestimmtheit der Pfändung* bezweifelt wird[209]. Das *Rechtsschutzbedürfnis* darf nur verneint werden, wenn die Pfändung eines Anspruchs unnötig ist, um auf seinen Gegenstand zuzugreifen[210], oder wenn die Entstehung des Rechts nur erhofft wird → Rdnr. 7. Dagegen darf eine Pfändung nur in engen Grenzen nach § 803 Abs. 2 abgelehnt werden → § 803 Rdnr. 30.

39   Einer näheren Darlegung des Gläubigers bedarf es dann, wenn nach seiner eigenen Angabe die Forderung auf den Namen eines Dritten lautet, aber dem Schuldner zusteht[211], → vor allem § 850 h Rdnr. 10, oder wenn besondere Umstände zu prüfen sind; vgl. §§ 850 b Abs. 2, 850 c Abs. 4, 850 d Abs. 1 S. 4, 850 f Abs. 2, 3 und § 54 SGB → § 850 Rdnr. 16.

Für das Gesuch des Gläubigers gilt die *Wahrheitspflicht*, § 138. Er darf auch ihm bekannte, ungünstige Tatsachen nicht verschweigen. Das Gericht kann aus anderen Verfahren gewonnene Kenntnisse verwerten. Zur Anwendung der §§ 139, 278 Abs. 3 → Rdnr. 32.

40   **4.** Der **Pfändungsbeschluß**[212] hat zunächst neben dem Vollstreckungsgericht und den

---

[202] → z. B. Fn. 125, 272, 280, § 857 Rdnr. 91 ff.
[203] Streitig; → Fn. 220.
[204] *OLG Frankfurt* (Fn. 198); *OLG Hamm* Rpfleger 1956, 197; *KG* (Fn. 198); allg. M.
[205] Dann ist der Pfändungsantrag unbegründet. Wie hier wohl *Wieczorek*² Anm. D II b; *Mes* (Fn. 199); *Allorio* ZZP 67 (1954), 336; offenlassend *OLG Frankfurt* (Fn. 198). – Es geht hier ebensowenig um »fehlendes Rechtsschutzbedürfnis« (so aber *OLG Hamm* → Fn. 204; *LG Kempten* Rpfleger 1968, 291; *Stöber*¹⁰ Rdnr. 488; *Tempel* JuS 1967, 78; *Thomas/Putzo*¹⁸ Rdnr. 9 wie in den Fällen pflichtgemäßer Ablehnung wegen Unpfändbarkeit (→ § 850 Rdnr. 15 ff.) oder anderer von Amts wegen zu berücksichtigender Hindernisse (→ Rdnr. 2, 6ff., 17ff.).
[206] Insofern bedenklich *OLG Köln* (Fn. 198), das »Aufklärung« verlangte. Solche Aufhebung ist entgegen *OLG Hamm* Rpfleger 1962, 451 nicht schon deshalb »überflüssig«, weil der Gläubiger zugibt, der Anspruch bestehe nicht; vgl. auch *LG Berlin* Rpfleger 1977, 223 f. Aber sie ist nur bei völliger Gewißheit angebracht, *LG Oldenburg* Rpfleger 1983, 78.
[207] Vgl. *KG* (Fn. 198). Das gilt auch für die in solchen Fällen an sich stets zulässige Erinnerung des Drittschuldners (→ § 766 Rdnr. 32).
[208] *Stöber*¹⁰ Rdnr. 487; *Zöller/Stöber*¹⁸ Rdnr. 26.
[209] → auch Rdnr. 8. Unbedenklich etwa *OLG Frankfurt* → Fn. 218; *LG Berlin* Rpfleger 1977, 223; höchst bedenklich *LG Bonn* DAVorm 1975, 54 f. → dazu auch Fn. 577.

[210] Z.B. in den Fällen → Rdnr. 23 a.E., sobald dem Gläubiger hinterlegtes Geld nach § 13 HinterlO ohne weiteres zusteht, *Stöber*¹⁰ Rdnr. 306 mwN. Für die Pfändung eines Anspruchs auf Schuldbefreiung entfällt das Rechtsschutzbedürfnis nicht schon deshalb, weil der Gläubiger unmittelbar gegen den Drittschuldner vorgehen könnte, *KG* (Fn. 198); ähnlich *Prölss* NJW 1967, 786 gegen *AG München* aaO; *BGH* NJW 1979, 271. → auch Fn. 110, 591. Zulässig ist auch die Wiederholung einer Pfändung, deren Gültigkeit bezweifelt werden könnte, wenn auch nur aufgrund überholter Ansichten oder Mindermeinungen, vgl. *LG Berlin* Rpfleger 1971, 230 f. S. auch zu § 66 Abs. 4 SGB X *AG Bonn* Rpfleger 1981, 315 (freie Wahl der ZV-Art → § 794 Rdnr. 100 Nr. 16).
[211] Zu Treuhandkonten → Rdnr. 20. Wegen nachträglichen Rechtserwerbs durch den Schuldner → Rdnr. 68; wegen Anfechtung einer vor Pfändung geschehenen Übertragung → Rdnr. 110.
[212] Mehrere Forderungen können in einem Beschluß gepfändet werden; zum Ermessen des Gerichts, das die Kostenfolge (→ § 788 Rdnr. 19) berücksichtigen muß, s. *KG* Rpfleger 1976, 327 mwN; enger *Thomas/Putzo*¹⁸ Rdnr. 12 (zweckmäßig bei nur einem Drittschuldner). Bei mehreren (Gesamt-)Schuldnern handelt es sich um mehrere Verfahren, auch wenn nur ein Beschluß ergeht, *LG Braunschweig* Büro 1980, 107.

Parteien[213] den zu vollstreckenden Anspruch nach Schuldtitel und Betrag[214] anzugeben. Eine unrichtige Bezeichnung des Titels ist unschädlich, wenn eine Verwechslung ausscheidet[215]. Wegen Zinsen der Titelforderung und Vollstreckungskosten → Rdnr. 79. Eine **Begründung** ist bei § 850 b Abs. 2, § 54 Abs. 2 SGB nötig[216]. Die *zu pfändende Forderung* ist so **bestimmt** zu bezeichnen, daß ihre Identität gegenüber anderen Forderungen für alle Beteiligten wie auch für weitere Gläubiger[217] einwandfrei ersichtlich ist[218]. Sollen auch künftige Forderungen mitgepfändet werden, müssen diese besonders beantragt werden[219]. Eine *alternative* Pfändung des einen *oder* anderen Rechts wäre unbestimmt[220]; derartige Anträge sind aber im Zweifel als kumulative Pfändungen auszulegen und so zu beschließen.

Bei der *Auslegung* dürfen Umstände, die außerhalb des Beschlusses liegen, nicht herangezogen werden[221], außer bei Offenkundigkeit[222]. Ein Revisionsgericht darf die Auslegung frei nachprüfen[223], auch bei Pfändungen durch Finanzbehörden[224]. Unschädlich sind Ungenauigkeiten, die keinen Zweifel aufkommen lassen[225]; weitergehende Unbestimmtheit macht die Pfändung **nichtig**[226], freilich nur soweit die Unbestimmtheit reicht[227]. 41

Zur rechtzeitigen Aufklärung bei ungenauen Anträgen → Rdnr. 32 Fn. 184 ff. und zu der dringend gebotenen Zurückhaltung, wenn die Aufhebung angeblich unbestimmter Pfändungen begehrt wird, → Rdnr. 38 a. E. Über Ergänzung und Berichtigung → Rdnr. 53.

Bestimmt sein müssen: *Schuldner*[228] und *Drittschuldner*[229], so daß es bei Verwechslungen, fehlenden oder nicht mehr auslegungsfähigen Falschbezeichnungen nicht ausreicht, wenn nur 42

---

[213] Wie auch bei Titel u. Klausel → § 750 Rdnr. 18 ff.; auch wegen § 836 Abs. 3 S. 2 → dort Rdnr. 15 ff.; aber mit dem Unterschied, daß es bei ungenauen Bezeichnungen auf die Erkennbarkeit für die Beteiligten ankommt, → Rdnr. 40. – Zum Prozeßbevollmächtigten → Rdnr. 59; zu Vermerken über seine Empfangsberechtigung → § 835 Rdnr. 6.
[214] Zur Auslegung des Antrags → Rdnr. 34. – Widersprechen die Angaben in Zahlen den Angaben in Worten, so hat der Drittschuldner vom geringeren Betrag auszugehen, *Stöber*[10] aaO; a.M. *OLG Frankfurt* MDR 1977, 676; es nahm Nichtigkeit an u. verwechselte dabei Schuldbetrag mit zu pfändender Forderung). – Wegen §§ 260, 309 AO s. *BFHE* 137, 557.
[215] *OLG Köln* NJW-RR 1989, 190; *LAG Düsseldorf* DB 1968, 1456.
[216] *LG Düsseldorf* Rpfleger 1983, 255 (zu § 850 b).
[217] *RGZ* 160, 40; ganz h.M.; vgl. die Rsp → Fn. 218, 247. S. aber *BGH* LM Nr. 18 = Rpfleger 1978, 247: Erkennbarkeit für Drittschuldner genüge »Einlageverpflichtung zum Gesellschaftskapital« gepfändet statt zu gewährendes Darlehen (Kommanditeinlage war gezahlt); ähnlich für falsche, aber dem Drittschuldner bekannte Adresse des Schuldners, obiter *LAG Mainz* BB 1968, 709.
[218] Zu allgemeinen Anforderungen *BGHZ* 93, 82 = NJW 1985, 1031; *BGH* WPM 1987, 1311 (1312); *BGH* NJW 1983, 886; *BGH* (Fn. 59); *BGH* (Fn. 224 mwN; *BAG* (Fn. 222 beide Entsch.); *OLG Frankfurt* WPM 1980, 1377 = NJW 468; zu älterer Rsp → 19. Aufl. Fn. 61 u. zu wichtigen Einzelfällen → Rdnr. 43 ff.; vgl. auch *Hornung* (Fn. 185) u. *Stöber*[10] Rdnr. 490 ff.
[219] *BGH* NJW 1981, 1612 zur Saldoforderung beim Kontokorrent.
[220] *LG Stuttgart* Rpfleger 1977, 331; *Hornung* (Fn. 185), 294. – A.M. *Globig* NJW 1982, 915. → aber Rdnr. 45.
[221] *BGH* NJW 1988, 2544; *BGHZ* 80, 173 mwN; *BGHZ* 92, 82; es reicht, wenn sie nur für Rechtskundige nachvollziehbar ist, *BGH* Rpfleger 1965, 365. Zulässig ist die Bezugnahme auf mit dem Beschluß festverbundene

(nicht nur beigefügte, *BGH* Rpfleger 1980, 183) Anlagen, *Stöber*[10] Rdnr. 515; ebenso die Gesamtauslegung von Vorpfändung u. Beschluß, *RGZ* 71, 183; aber **nicht** die Berücksichtigung weiterer Urkunden (a.M. noch obiter *RGZ* 42, 330 für dem Drittschuldner Bekanntes), also auch nicht des Pfändungsantrags, *BGH* NJW 1988, 2544; *BGH* Rpfleger 1980, 183; LM Nr. 15; *BAG* Rpfleger 1963, 46[18]; *RGZ* 140, 342; 160, 39; *OLG Frankfurt* MDR 1977, 676; *OLG Düsseldorf* MDR 1974, 409. Verstöße gegen § 308 sind daher nicht korrigierbar mit Hilfe des Antrags; a.M. *Ehlenz* Büro 1982, 1769 zu Fn. 21.
[222] *BAG* Rpfleger 1975, 220; *BAG* Rpfleger 1963, 46.
[223] *BGH* NJW 1988, 2544; NJW 1983, 2774; LM Nr. 1 zu § 830 = NJW 1979, 2046[12] u. → Fn. 224.
[224] *BGHZ* 86, 337 (338); → auch Fn. 231.
[225] → die Fälle Fn. 228–232 und s. *RGZ* 160, 40 f. (falscher Rechtsinhaber: Witwe statt Erbengemeinschaft); *RGZ* 93, 122, 124 (Eigentümer statt Nießbraucher, → dazu auch § 737 Fn. 26 a. E.); *LG Aachen* Rpfleger 1983, 119 (»Grundstück« statt Erbbaurecht unschädlich, wenn Schuldner u. Grundbuch genau bezeichnet).
[226] Ganz h.M. – A.M. *Prost* NJW 1958, 487; vgl. auch *LG Berlin* Rpfleger 1977, 223 f.; *BFHE* 137, 557.
[227] Bestimmte Teile bleiben also gültig; so zur Abtretung *BAG* AP Nr. 6 Bl. 868 a. E. → auch Fn. 245.
[228] Die Rsp fand *nicht ausreichend*: falsche Adresse des Arbeitnehmers in Großunternehmen, *LAG Mainz* BB 1968, 709; falsche Adresse beim Kunden eines Postgiroamts, *OLG Stuttgart* WM 1993, 2020; Vater statt Sohn, *BAG* Rpfleger 1963, 46; falscher Vorname, selbst wenn Arbeitgeber Identität feststellt, *LAG Hamm* BB 1965, 1189; (krit. *Stöber*[10] Rdnr. 511); GmbH, die weder gegründet noch eingetragen ist (wirkt nicht gegen »Handelnden«) *OLG Frankfurt* Rpfleger 1983, 322. – *Ausreichend*: Namen aller Gesellschafter statt der OHG, wenn nach den Umständen klar die OHG betroffen, *BGH* NJW 1967, 822; alternative Bezeichnung bei mehreren Schuldnern, *KG* Rsp 25, 184; s. auch *RG* (Fn. 225).
[229] *Nicht ausreichend*: wenn nur Komplementär genannt, nicht wirksam gegen OHG, *RGZ* 140, 342 f.; »ge-

zufällig eine Zustellung an den richtigen Drittschuldner gelingt oder dieser sonstwie Kenntnis erlangt[230]; ferner *Gegenstand und Schuldgrund*[231] der zu pfändenden Forderung, wobei das Rechtsverhältnis wenigstens in allgemeinen Umrissen anzugeben ist[232]; übermäßige Anforderungen dürfen nicht gestellt werden, da der Gläubiger die Verhältnisse des Schuldners meist nur oberflächlich kennt[233] und eine Offenbarung nach § 807 nur dort nötig werden sollte, wo Pfändungsbeschlüsse Beteiligte und andere Gläubiger nicht mehr ausreichend informieren würden. Eine Angabe der Gesamthöhe der gepfändeten Forderung ist nicht notwendig, kann aber in Grenzfällen die Bestimmtheit wahren. Zur Teilpfändung → Rdnr. 74 ff.

43 Welche Anforderungen zu stellen sind, hängt notwendig vom Einzelfall ab[234], auch davon, ob dem Drittschuldner der Verwaltungsaufwand für die Sperre der Auszahlung noch zumutbar ist. Bei Großorganisationen kann es zur zweifelsfreien Bezeichnung des Schuldners geboten sein, nähere Angaben über Herkunft der Forderung oder Arbeitsstelle des Schuldners in den Beschluß aufzunehmen[235]. Es dürfen jedenfalls keine Angaben verlangt werden, die ein Gläubiger nach der jeweiligen Rechtsprechung zu § 807 nicht einmal bei einer Offenbarung erfahren würde. Genügend bestimmte Angaben werden grundsätzlich nicht entwertet durch unbestimmte Zusätze wie »und aus anderen Rechtsgründen« u.ä.[236]; und vorbehaltlich des Verbots der Überpfändung[237] ist es zulässig, »alle« Forderungen aus bestimmten Rechtsverhältnissen zu pfänden[238], statt Gefahr zu laufen, nur deshalb an Unbe-

---

gen X und alle zukünftigen Arbeitgeber« ist nicht an späteren Arbeitgeber zuzustellen, weil unwirksam, *AG Stuttgart* DGVZ 1973, 61; → auch § 833 Fn. 4 f.
Ausreichend: leitende Firma aus einer Arbeitsgemeinschaft statt der gesamten Arbeitsgemeinschaft, *BGH* LM Nr. 5 = Rpfleger 1961, 363; *BAG* AP § 850 Nr. 7 (zwei ähnlich lautende Firmen); wenn nur OHG/KG im Beschluß genannt, trotzdem gültig gegen persönlich haftenden Gesellschafter, *RAGE* 19, 165 (175); *Ahrens* ZZP 103 (1990), 34, 51 → Rdnr. 80; Universitätsinstitut statt Land als Arbeitgeber, *LAG Düsseldorf* Büro 1979, 1087 (zust. *Mümmler*, aber sehr zweifelhaft!); Theaterintendanz statt Gemeindeverwaltung als Arbeitgeber, *OLG Bamberg* JW 1930, 1753; NWDt. Klassenlotterie statt NWDt. Lotteriegesellschaft mbH, *AG Moers* MDR 1976, 410. Voraussetzung ist immer, daß nach den sonstigen Umständen kein Zweifel besteht. Geschäfts- u. Betriebsbezeichnungen können ausreichen, wenn sie den Drittschuldner zweifelsfrei bezeichnen, *Stöber*[10] Rdnr. 520.
[230] *RGZ* 42, 330f. Für Steuererstattungsansprüche → Rdnr. 45.
[231] *Nicht ausreichend*: die bei *BGH* NJW 1981, 1613 wiedergegebene Bezeichnung für Kontenpfändung, »aus Verträgen oder sonstigen Rechtsgründen«, *BGH* → Fn. 218; *RGZ* 157, 324; »Schadensersatzforderung wegen Nichterfüllung *eines* (!) Kaufvertrags«, *RG* Warn 1920 Nr. 164 = JW 1920, 558; »aus Haushaltsmitteln« s. § 882a Abs. 2, *LG Mainz* Rpfleger 1974, 166. *Ausreichend*, wenn sonstige Umstände klar: »aus neuem Werkvertrag«, *BGH* NJW 1980, 584; »aus Lieferungen und Leistungen (Bohrarbeiten)«, *BGH* NJW 1983, 886; »aus … Arbeitsleistungen gemäß erteilter Abrechnung«, *BGH* NJW 1986, 978; »aus Forderungen aus der Arbeitsgemeinschaft«, *BGH* LM Nr. 5; »Pachtsumme« statt Pachtforderung, *RGZ* 160, 40; »Arbeitseinkommen« umfaßt auch fortlaufend gezahlten Werklohn, *BAG* Rpfleger 1975, 220 u. NJW 1962, 1221; im »Werklohn« sind auch Materialvergütungsansprüche gemäß § 8 Abs. 3 VOB/B inbegriffen, *LG Aachen* ZIP 1981, 785; »Liegenschaftsverkaufspreise« erfassen auch Kaufpreishypothek, sobald nach § 830 Abs. 1 S. 3 eingetragen,

BayObLG Rsp 37, 179; »Vergütungsansprüche aus schon erfolgten Beiordnungen aufgrund Prozeßkostenhilfe«, wobei die Angabe des Prozesses nebst Aktenzeichen zu empfehlen, aber nur dann notwendig ist, wenn mehrere auszahlende Kassenstellen in Betracht kommen, *Gaedeke* JW 1935, 1658 mwN aus der Rsp.
[232] Daher trotz falscher rechtlicher Einordnung *ausreichend*: *BGH* Rpfleger 1978, 247; *LG Koblenz* MDR 1976, 232[53] (Kontokorrentkonto statt Gehaltskonto); s. auch *BAG* Rpfleger 1975, 220. *Nicht ausreichend*: »aus Lieferung von Garagentoren«, wenn in Wirklichkeit Garagen geliefert und aufgestellt wurden (§ 651 BGB), *OLG Hamburg* MDR 1971, 141[66].
[233] *BGH* NJW 1988, 2544; → aber auch § 840 Fn. 12.
[234] Vgl. *RGZ* 42, 330 u. dazu Gruch. 48, 1153 f.; *RGZ* 139, 99. *OLG Köln* MDR 1970, 150 f. ließ »Unternehmerlohn aus Lieferungen und Leistungen« eines Bauunternehmers genügen, während in *BGH* DB 1970, 1486 = WPM 848 der Gläubiger gerade an der konkreteren Wendung »Werkvertrags- und Installationsarbeiten in dem (!) Bauvorhaben Rüsselsheim« scheiterte, weil es dort 3 Bauvorhaben gab.
[235] *OLG Köln* MDR 1970, 150; *Stöber*[10] Rdnr. 511 a.E.
[236] Der Zusatz »oder ungerechtfertigter Bereicherung« hat besonders neben Angaben wie »Darlehen, Vorschüssen« berechtigten Platz, s. z.B. *Celle* OLGZ 1966, 313 a.E., die auch genügen würde »auf Rückzahlung der dem Schuldner am … überwiesenen … DM«, → Fn. 232.
[237] → § 803 Rdnr. 27.
[238] *BGH* NJW 1975, 981; vgl. *OLG Köln* MDR 1970, 150; *LG München* II WPM 1982, 283; *LG Bielefeld* Rpfleger 1987, 116. So hätte im Falle *BGH* → Fn. 234 »aus allen (!) Bauvorhaben in Rüsselsheim« genügen müssen; richtig *BGH* NJW 1983, 886, obwohl das Wort »alle« sogar fehlte. *LG Oldenburg* Rpfleger 1982, 112 legt sogar die Worte »aus einem (!) Konto …« aus als Pfändung aller außer Sonder- u. Anderkonten; s. dagegen *Ehlenz* Büro 1982, 1769.

stimmtheit zu scheitern, weil zufällig mehrere gleichartige Ansprüche gegen den Drittschuldner bestehen[239].

Für einige wichtige Fallgruppen ist zu den *Anforderungen* hinsichtlich der *Bestimmtheit* hervorzuheben[240]:

a) Bei **Bankguthaben** genügt »aus laufender Geschäftsverbindung auf Auszahlung der (gegenwärtigen und künftigen) Guthaben nach erfolgter Abrechnung« für die Pfändung des Kontokorrentsaldos[241]. Daß versehentlich im Formular das Wort »Arbeitseinkommen« nicht gestrichen wurde, ist unschädlich[242]. Die Angabe der Kontonummer ist zweckdienlich, aber nicht erforderlich[243], falls das Guthaben anderweit bezeichnet ist. Formeln wie »aus Bankverbindung« oder »alle Ansprüche ... gegen die Bank, gleichviel aus welchen Rechtsgründen« genügen dazu nicht[244]; sie schaden aber auch nicht, falls ihnen ein hinreichend bestimmter Zusatz folgt[245]. Trotz Angabe einer Kontonummer in einer Anlage sind Ansprüche aus allen Konten gepfändet, wenn die Auslegung des Beschlusses dies ergibt[246]. Unzulässige Pfändungen einzelner kontokorrentgebundener Ansprüche sind nicht umzudeuten in Saldopfändungen[247]. Für die Pfändung von Tagessalden (Rdnr. 12) genügt jedoch der Hinweis auf künftige Eingänge mit den Worten »auf Gutschrift aller Eingänge und fortlaufende Auszahlung der Guthaben sowie auf Durchführung von Überweisungen an Dritte«[248], während die Formulierung »möglicherweise nicht in das Kontokorrent fallende gegenwärtige und künftige Einzelforderungen ...« zu unbestimmt ist. Wird das bisherige Konto aufgelöst und beim selben Drittschuldner durch ein neues ersetzt, so wird dieses von der Pfändung erfaßt, wenn der Wortlaut des Beschlusses solche Auslegung zuläßt[249]. Ist das Konto lediglich mit der Kontonummer bezeichnet, so wird bei einer Umbuchung auf ein anderes Konto vor der Pfändung das neue nur dann erfaßt, wenn es die gleiche Stammnummer aufweist[250]; eine lediglich verwaltungstechnische Änderung der Kontonummer vor oder nach der Pfändung schadet nicht. Bei Filialbanken genügt die Angabe der Hauptstelle als Drittschuldner[251]. Besser ist aber die nach § 183 Abs. 1 zulässige Zustellung an die kontoführende Stelle, da sonst Gefahr besteht, daß diese noch befreiend an den Schuldner leistet[252]. Zur Verdachtspfändung → Rdnr. 7 a. E. Bei *Postgirokonten* ist das kontoführende Postgiroamt zu nennen, das die Deutsche Bundespost POSTBANK vertritt[253]. Für den Überweisungsbeschluß bei *Postsparguthaben* gilt Entsprechendes → § 831 Rdnr. 4. Bei *Versicherungsforderungen* ist eine genaue Kennzeichnung z. B. durch die Versicherungsnummer erforderlich, wenn mehrere Verträge bestehen, aber nicht alle Ansprüche gepfändet werden[254].

b) **Steuererstattungsansprüche** sind nach Steuerart[255] und Erstattungsgrund[256] zu bezeichnen, die

---

[239] → Fn. 234 u. vgl. etwa *Stöber*[10] Rdnr. 498.
[240] Die Frage zweckmäßiger Antragstellung (insbesondere mit Hilfspfändungen) wird ausgeklammert.
[241] *LG Frankenthal* Rpfleger 1981, 445; → Rdnr. 11 und 6.
[242] *BGH* WPM 1973, 892 f. (Sachverhalt auch in KTS 1974, 40). → aber Rdnr. 49 (zu Sozialleistungen).
[243] *BGH* NJW 1982, 2195 a. E.; *Stöber*[10] Rdnr. 157; *Huken* KKZ 1986, 171; *Liesecke* WPM 1975, 318; *Sperl* ZKreditW 1978, 1082; ganz h. M. Sie kann in Grenzfällen hilfreich sein, *BGH* WPM 1977, 840f., wegen ihrer einschränkenden Funktion aber auch Nachteile haben.
[244] *OLG Frankfurt* NJW 1980, 468; *LG Bochum* NJW 1986, 3149; *Gaul* (Fn. 59) mwN; vgl. auch *BGHZ* 13, 42; *LG Düsseldorf* Büro 1984, 1260.
[245] → Rdnr. 43. So in *BGH* (Fn. 242) »insbesondere ... von Ansprüchen aus der Gutschrift einer Überweisung der X-Bank« für eine Vorpfändung; die spätere Pfändung gab noch das Überweisungsdatum an.
[246] *BGH* NJW 1988, 2544.
[247] *BGH* WPM 1982, 233f. (a. E.) = NJW 1150.
[248] *BGH* NJW 1983, 688.
[249] Z. B. bei Formulierungen wie → Fn. 241. Wie hier zum Kontokorrent *Klee* BB 1951, 688 (zu IV); wohl auch *Stöber*[10] Rdnr. 163 in Fn. 39; sein Zitat *OLG Celle* (→ Fn. 236) betrifft nicht diesen Kontowechsel: das Gericht vermißte die Angabe eines bei Pfändung schon bestehenden Rechtsverhältnisses → Rdnr. 6 ff. u. fand die Formulierung des konkurrierenden Gläubigers »aus Vertrag oder ungerechtfertigter Bereicherung nach Abrechnung der Grundschulden« genügend, obwohl das Eingangskonto bei Pfändung noch nicht existierte.
[250] *KG* WPM 1976, 441 (abl. *Büdenbender* aaO 442; wohl auch *Gaul* → Fn. 59): Festgeldkonto, das noch vor seiner Pfändung auf Sparkonto umgebucht war; alle Konten des Schuldners führten die gleiche Stammnummer u. unterschieden sich nur durch Endziffern.
[251] *Sperl* u. *Stöber*[10]; *Huken* KKZ 1986, 171. – A.M. *Prost* NJW 1958, 486; *Liesecke* (Fn. 243), um »Suchpfändungen« zu vermeiden (→ dazu Rdnr. 7); *Thomas/Putzo*[18] Rdnr. 8.
[252] Vgl. *Stöber*[10] Rdnr. 332, 567, 935; *Dohmen* BB 1962, 486f. (auch für Lohnstellen großer Baubetriebe); *Sperl* (Fn. 243), 1084.
[253] § 2 der VO über die Vertretung der Deutschen Bundespost v. 1. 8. 1953.
[254] *LG Frankfurt* NJW-RR 1989, 1466.
[255] *Stöber*[10] Rdnr. 367. – A.M. *OLG Stuttgart* MDR 1979, 324.
[256] *Stöber*[10] (Fn. 255). Der Erstattungszeitraum muß nur angegeben werden, wenn auch künftige Ansprüche pfändbar sind, also nicht gegenüber dem Finanzamt wegen § 46 Abs. 6 S. 1 AO, so daß bei fehlender Angabe alle Rückstände erfaßt werden, *OLG Stuttgart* MDR 1979, 324; *AG Simmern* Büro 1982, 306f. (zust. *Mümmler*); *Stöber*[10] Rdnr. 385. Ob Rückstände schon ausgezahlt sind, klärt sich nach § 840. – A.M. *LG Bonn* DAVorm 1975, 54; *Globig* (Fn. 220).

Steuernummer darf fehlen. Die Bezeichnung »alle Steuererstattungsansprüche des Schuldners« genügt nicht[257]. Drittschuldner ist beim Steuererstattungsanspruch das Finanzamt, das über den Anspruch zu entscheiden hat, § 46 Abs. 7 AO. Soweit nichts anderes bestimmt ist, richtet sich die örtliche Zuständigkeit nach §§ 18–29 AO.

46 Streitig ist, ob die Angabe »Finanzamt X« genügt, wenn der Schuldner zwar in X wohnt, aber dort mehrere Finanzämter bestehen; in der Diskussion geraten die Probleme Bestimmtheit, Zustellung und Aufklärung im Pfändungsverfahren leider durcheinander: Der *fertige Beschluß* ist bestimmt genug. Denn die angegebene Adresse des Schuldners ist zugleich als Behauptung des Gläubigers[258] auszulegen, dort sei der Wohnsitz am Ende des Ausgleichsjahres gewesen; folglich meint auch der Beschluß offensichtlich das Finanzamt dieses Bezirks und wird wirksam, wenn dort die Zustellung gelingt[259]. Diese *Zustellung* ist aber unverzichtbar[260]; wird daher dem unzuständigen Amt zugestellt, so ist der Gläubiger zunächst darauf angewiesen, daß der Beschluß an ihn zurückgelangt, sei es durch Veranlassung des unzuständigen Amts oder – nach Weiterleitung[261] – des zuständigen; denn anders kann er kaum von der Notwendigkeit erneuter Zustellung erfahren. Weil die Zustellung an das unzuständige Finanzamt nicht ausreicht, kann das Gericht dem Gläubiger nahelegen, das Finanzamt genau zu bezeichnen[262]. Bleibt er untätig, ist der Beschluß dennoch zu erlassen, weil der Drittschuldner durch Auslegung bestimmbar ist. Wer entgegen dieser Ansicht den Beschluß verweigern will[263], vermeidet dadurch zwar (möglicherweise zum Nachteil des Gläubigers) Fehlentwicklungen, darf aber die hinreichend bestimmte Pfändung im Drittschuldnerprozeß nicht als unwirksam ansehen, wenn die richtige Zustellung gelang und es nicht zur Aufhebung des Beschlusses gekommen ist.

47 c) Bei Ansprüchen auf **Herausgabe von Hinterlegtem** (§ 13 HinterlO), z. B. in den Fällen der §§ 109, 715, ist entweder das Aktenzeichen oder wenigstens das Datum der Hinterlegung zu nennen, da die Nachprüfung sämtlicher Akten und Register nicht zumutbar ist[264]. Bei *privater Hinterlegung* genügt jedoch z. B. die Formel »aus Bankgeschäft, insbesondere auf Auszahlung von hinterlegten Geldern oder Wertpapieren« auch ohne Angabe der Konto- oder Depotnummer[265], zumindest wenn die kontoführende Stelle als Drittschuldner benannt ist[266]. – Wenn *Pfandrechte an Hinterlegtem* als Nebenrechte von der Pfändung einer Forderung mitgegriffen werden → Rdnr. 23a, richten sich auch die Anforderungen an die Bestimmtheit nur nach dieser Forderung[267].

48 d) Im Bereich der §§ 847, 857 Abs. 1 ist streitig, ob für Ansprüche auf **Rückübertragung von Sicherheiten** diese pauschale Bezeichnung genügt[268] oder ob die haftenden Gegenstände wenigstens in Umrissen bezeichnet werden müssen[269]. Sachen sind in jedem Falle zu benennen; bei Sicherungsrechten sollte die

---

[257] BFH NJW 1990, 2645; abl. *Grunsky* EWiR 1989, 1245; a. M. *Schuschke* Rdnr. 37.

[258] → Rdnr. 37.

[259] So wohl auch *Baur/Stürner*[11] § 28 Rdnr. 498 Fn. 28. – A. M. *OLG Hamm* MDR 1975, 852 = Rpfleger 443, das diese Fälle wie → Fn. 230 behandeln will; ebenso *Forgach* BB 1976, 267; *Borggreve* (Fn. 51), 1587; *Noack* (Fn. 49), 23, weil sie unrichtig auf den Kenntnisstand des Zustellungsorgans abstellen statt auf denjenigen einer rechts- u. sachkundigen Person.

[260] Richtig *Halaczinsky* (Fn. 49), 1271. Zu riskant *Alisch/Voigt* (Fn. 49): nur Weiterleitung u. Wirksamwerden mit Eingang (Stempel) beim zuständigen Amt. So ist nämlich nur Heilung nach § 187 möglich (→ Rdnr. 58), die praktisch ein Drittschuldnerprozeß zu erhoffen ist. dem pflichtgemäßen Ermessen des Gerichts überlassen ist, → § 187 III 2; darauf sollten sich weder Finanzämter noch Gläubiger verlassen. Daher verlangen z. B. die PfändVerfBest der Bundesfinanzverwaltung vom 15. XI. 1972 (BAnz Nr. 233 S. 2) in 1.2 unverzügliche Rücksendung an den Gläubiger, während z. B. für Hessen in der Anordnung vom 20. II. 1978 (StaatsAnz 549) zu A III a. E. zwar Weiterleitung, aber mit Abgabenachricht nebst »Hinweis auf die fehlerhafte Zustellung« angeordnet ist.

[261] Ob das unzuständige Amt den Beschluß zurücksendet oder ihn an das zuständige weiterleitet u. die Rücksendung diesem überläßt, ist freiem Ermessen überlassen, soweit nicht Verwaltungsrichtlinien (→ Rdnr. 29 a. E.) bestehen; denn ein Zeitgewinn des Gläubigers läßt sich hier kaum abwägen mit der Hoffnung auf Heilung. Jedenfalls sollte das zuständige Amt nach Eingang bei ihm nicht auszahlen sondern nach § 372 S. 2 BGB hinterlegen.

[262] Insoweit ist *OLG Hamm* (Fn. 259) zuzustimmen. – A. M. *Alisch/Voigt* (Fn. 49) wegen der Unsicherheiten bei mehrfachem Wohnsitz, § 42c Abs. 2 EStG.

[263] So *OLG Hamm* (Fn. 259).

[264] *KG* Rpfleger 1981, 240.

[265] *RGZ* 108, 318; obiter *KG* (Fn. 264).

[266] Vgl. obiter *KG* (Fn. 264) mwN.

[267] Bei einer Sicherheitsleistung gem. §§ 709, 711f. nach dem Anspruch aus § 717. Da er schon als künftiger pfändbar ist → Fn. 29, darf zur Bestimmtheit nicht mehr verlangt werden als die Bezeichnung des Rechtsstreits u. des § 717 Abs. 2 bzw. 3 als Rechtsgrund, *Stöber*[10] Rdnr. 305.

[268] So *LG Berlin* Rpfleger 1991, 28; *LG Bielefeld* Rpfleger 1987, 116 (bedenklich).

[269] So *OLG Koblenz* Rpfleger 1988, 72; *OLG Frankfurt* Rpfleger 1987, 511; *LG Limburg* NJW 1986, 3148; *LG Aachen* Rpfleger 1991, 326; *LG Bochum* NJW 1986, 3149; *LG Köln* WPM 1980, 783 = ZIP 114; *Stöber*[10] Rdnr. 514; *Hein* Rpfleger 1987, 491; *ders.* WM 1986, 1379. Bei Grundschulden ist nach BGH LM Nr. 15 zumindest das belastete Grundstück anzugeben, vgl. *BGH* NJW-RR 1991, 1197, dort war die fehlende Angabe der Gemarkung unschädlich. Nach *BGH* JZ 1981, 445 ist die Formulierung »auf Auszahlung des Überschusses aus der Verwertung von Sicherheiten« bestimmt genug, soweit

bestimmte Bezeichnung der gesicherten Forderung ausreichen, falls nach dem Wortlaut sämtliche Sicherheiten gemeint sind. Wenn allerdings mehrere Forderungen durch jeweils verschiedene Rechte gesichert sind, wird man die zu erfassenden Sicherungsrechte einzeln bezeichnen müssen. – Solche Pfändungen sind im Zweifel zugleich als Pfändung des Anspruchs auf Auszahlung des Überschusses einer etwaigen Verwertung auszulegen[270]. Da es sich *stets* um bedingte oder gar künftige Ansprüche handelt, muß dies im Beschluß nicht betont werden.

Oft wissen Gläubiger nicht, ob eine Sicherungsabtretung der vermeintlichen Forderung ihres Schuldners geschehen und ob sie auflösend bedingt ist oder nach Tilgung des gesicherten Anspruchs der Rückabtretung bedarf, zumal dieser Unterschied in der Praxis zunehmend verschwindet[271]; dann sollten sie ausdrücklich den Rückübertragungsanspruch gegen den Sicherungsnehmer *und*[272] die angebliche Anwartschaft oder stattdessen die Forderung als künftiges Recht des Schuldners[273] pfänden. Denn eine Auslegung der einfachen Pfändung einer Geldforderung (als gegenwärtige) auch als Pfändung der zuletzt genannten Rechte kommt lediglich im Bereich des § 832 in Betracht → Rdnr. 68 f., und auf eine Umdeutung der Pfändung nur eines der genannten Rückfallrechte als Pfändung auch des anderen[274] sollten Gläubiger sich ebensowenig verlassen.

e) Nicht selten wurden Pfändungsbeschlüsse über **Sozialleistungen** vor allem auf Erinnerung des Drittschuldners aufgehoben wegen ungenauer Bezeichnung des Anspruchs[275], insbesondere durch schlichte Bezugnahme auf die §§ 19, 25, 54 SGB, auch wenn die Stammnummer angegeben ist[276]. Solche ungenauen Bezeichnungen führen nicht nur zur Unbestimmtheit, sondern zeigen vor allem an, daß die differenzierte Behandlung der verschiedenen Ansprüche nach § 54 SGB mißachtet wurde oder die Billigkeitsprüfung nach § 54 SGB a.F. ungenügend war[277]. Daran scheitert auch die Umdeutung eines Formularbeschlusses, in dem die Worte »an den Arbeitgeber« nicht gestrichen wurden, selbst wenn das Arbeitsamt als Drittschuldner erscheint[278]. Wegen gleicher Voraussetzungen erfaßt jedoch die Pfändung von »Arbeitslosengeld« gegebenenfalls auch die Arbeitslosenhilfe[279] und es schadet daher in diesem Falle nicht, wenn beide Ansprüche mit den Worten »und/oder« verbunden werden[280].

Die **Lohnpfändung** kann Ansprüche erfassen, die aus einem neuen Arbeitsverhältnis resultieren, das unmittelbar nach ordentlicher Kündigung mit demselben Arbeitgeber geschlossen wurde[281]. Wird das »gesamte Arbeitseinkommen« gepfändet, wird davon auch ein Anspruch erfaßt, der die Minderung der gesetzlichen Rente bei vorzeitigem Ausscheiden ausgleichen soll[282].

Es ist zulässig, im Beschluß darauf hinzuweisen, daß die Pfändung Nebenrechte (§ 401 BGB) erfaßt, und falls der Schuldner akzessorische Sicherungsrechte oder Pfändungspfandrechte für seine Forderung erworben hat, zusätzlich den Belasteten, also bei gepfändeten Ansprüchen des Drittschuldners dessen Schuldner zu benennen[283], damit auch er durch Zustellung von diesen Pfändungswirkungen erfährt.

---

der Gläubiger die Sicherheit nicht zurückzugeben sondern verwertet hat (dort durch Anmeldung rückständiger Grundschuldzinsen).
[270] So für Sicherungszession zugunsten einer Bank *BGH* Rpfleger 1965, 365. Die zusätzliche (nicht wegen Unbestimmtheit unzulässige alternative) Pfändung solcher Ansprüche ist zu empfehlen, weil unsicher ist, ob eine dingliche Surrogation anerkannt wird; offengelassen bei *BGH* NJW 1982, 1150, 1151 (zum Sicherungseigentum).
[271] Vgl. nur *BGH* NJW 1986, 977.
[272] → Rdnr. 37 u. 40 jeweils a. E.
[273] → Fn. 34.
[274] Die von *Stöber*[10] Rdnr. 771 befürwortete Umdeutung, vgl. auch *Baur* → Fn. 351, könnte ein Prozeßgericht ablehnen mit der Begründung, vorsorgliche Doppelpfändungen seien jedem Gläubiger zuzumuten, weil es sich um eine typische, also bekannt vorauszusetzende Unsicherheit handele; vgl. z. B. *Börker* NJW 1970, 1106 zu II 4; *OLG Düsseldorf* DB 1967, 1760.
[275] Z.B. »Laufende Geldleistungen nach dem AFG gemäß § 54 SGB I« *BSG* ZIP 1982, 1124 mwN = SGb 1983, 247 (zust. *Heinze*); »alle Leistungen aus Sozialversicherung« *OLG Köln* OLGZ 1979, 484; »Zahlung aller Leistungen des Arbeitsamtes...« *OLG Düsseldorf* Rpfleger 1978, 265; »alle Bezüge an Arbeitseinkommen bzw. Leistungen des Arbeitsamtes« *LG Krefeld* DAVorm 1977, 610.
[276] Die Angabe der Versicherungsnummer ist entbehrlich, *von Einem* DGVZ 1988, 4.
[277] *BSG* (Fn. 275) mwN; *KG* Rpfleger 1982, 74; *OLG Zweibrücken* Büro 1980, 1901 f.; *LG Stuttgart* Rpfleger 1977, 331; *LG Kiel* SchlHA 1977, 120; *Hornung* Rpfleger 1979, 85; *Mümmler* Büro 1982, 968. – A.M. *OLG Hamm* Rpfleger 1979, 113[116], weil die Nennung der Stammnummer u. der §§ 19, 25 SGB auf Arbeitslosigkeit, Arbeitsförderung u. Kindergeldbezug hinweise.
[278] *LG Berlin* Rpfleger 1977, 224.
[279] *LGe Berlin* MDR 1977, 1027; *Bonn* Büro 1979, 930 = Rpfleger 1978, 65[69]; s. auch DIV-Gutachten DAVorm 1983, 711.
[280] *LG Würzburg* Rpfleger 1978, 388.
[281] *LG Wiesbaden* MDR 1988, 63.
[282] *LAG Frankfurt* NZA 1988, 660 (L).
[283] Zwar erspart das nicht die Umschreibung des Schuldnertitels auf den Gläubiger → § 804 Rdnr. 31 Fn. 66 f.; *Noack* DGVZ 1975, 99; aber die zulässige Zustellung an den Schuldner des Drittschuldners verhindert befreiende Leistungen an den Vollstreckungsschuldner als Titelinhaber, *LG Frankfurt* Rpfleger 1976, 26 mwN; *Münzberg* DGVZ 1985, 145 gegen *Christmann* DGVZ 1985, 81.

51 **Wesentlicher und unerläßlicher Bestandteil** ist das **Verbot an den Drittschuldner**, dem Schuldner zu zahlen[284] (arrestatorium). Ist streitig, ob ein Recht unter § 829 (§ 857 Abs. 1) oder § 857 Abs. 2 fällt, so muß auf Antrag des Gläubigers das Verbot an den angeblichen Drittschuldner ausgesprochen werden, so daß letztlich das Prozeßgericht über die Wirksamkeit der Pfändung zu befinden hat[285]. → Wegen des im Ausland wohnhaften Drittschuldners → Rdnr. 24. Ist Drittschuldner eine ausländische Behörde nach dem **NATO-Truppenstatut**, spricht das Vollstreckungsgericht kein Verbot aus, sondern richtet ein formloses *Ersuchen* an die deutsche bzw. ausländische Behörde, den anerkannten Betrag beim Amtsgericht zu hinterlegen oder an den Gläubiger auszuzahlen (Art. 35 lit. b Zusatzabkommen). Zuständig ist das Amtsgericht, bei dem der Schuldner seinen allgemeinen Gerichtsstand hat, und sonst das Amtsgericht, in dessen Bezirk die zu ersuchende Stelle sich befindet (Art. 5 Abs. 1 G. zum NATO-Truppenstatut). Erfolgt die Zahlung durch Vermittlung einer deutschen Behörde, ist das Ersuchen von Amts wegen zuzustellen. Die Zustellung bewirkt die Pfändung und Überweisung (Art. 5 Abs. 2 G zum NATO-Truppenstatut).

52 Daneben ist **an den Schuldner das Gebot** zu erlassen, sich jeder Verfügung über die Forderung zu enthalten (inhibitorium); es ist aber für die Gültigkeit der Pfändung nur im Falle § 857 Abs. 2 wesentlich. Zum Umfang des Verbots → Rdnr. 90.

53 5. Wird das Gesuch ganz oder teilweise[286] *abgelehnt*, so wird der ablehnende Beschluß nur dem **Gläubiger** von Amts wegen förmlich zugestellt, § 329 Abs. 2 S. 2. Ihm steht dann die **befristete Erinnerung** bzw., wenn der Richter den Beschluß erlassen hat, die **sofortige Beschwerde** zu → § 766 Rdnr. 10[287]. Nach Aufhebung des Pfändungsbeschlusses ist ein Beschwerdeverfahren mit dem Ziel der Wiederherstellung des Beschlusses ex tunc unzulässig[288] → § 766 Rdnr. 47 f.

Soweit dem Gesuch stattgegeben ist, scheidet die sofortige Beschwerde aus; daher kann der Beschluß insoweit auch ohne Rücksicht auf die Voraussetzungen des § 321 *ergänzt* werden. Geschieht dies aber nach Zustellung, so ist diese zu wiederholen. Das gleiche gilt für eine *Berichtigung*[289], soweit sie über eine Klarstellung hinausgeht, z.B. die Bestimmtheit erst herstellt. Über Erinnerungen nur zur Klarstellung → §§ , 850c Rdnr. 26, 850d Rdnr. 39 a. E., 850e Rdnr. 4 a. E., 74, 850g Fn. 18.

54 Gegen den *Pfändungsbeschluß* hat der nicht gehörte **Schuldner** die **Erinnerung** nach § 766, → dort Rdnr. 3 ff.; beruht jedoch die Pfändung auf einer »Entscheidung« nach Anhörung des Schuldners, so hat dieser die *befristete Erinnerung bzw. sofortige Beschwerde*, → § 766 Rdnr. 7 f.; zur Anhörung § 834 Rdnr. 2–4. Zur Zustellung → Rdnr. 59. Ist ein Mangel zur Zeit der Entscheidung behoben, so scheidet insoweit eine Aufhebung aus[290]. Die Aufhebung der Pfändung mangels Pfändungsobjekts darf nur erfolgen, wenn die Tatsachen vom Gläubiger vorgetragen sind. Wenn die Entscheidungswirkung nicht bis zur Rechtskraft aufgeschoben wird, erlischt das Pfändungspfandrecht mit Aufhebung des Pfändungsbeschlusses[291] und es können Amtshaftungsansprüche begründet werden[292]. Liegt eine Überpfändung[293] vor, ist zu erwägen, ob dieser mit einer Beschränkung *nur der Überweisung* auf einen Teil der gepfände-

---

[284] Der Gebrauch der Gesetzesworte ist nicht zwingend; die Worte »die Forderung werde gepfändet« enthalten aber das Zahlungsverbot noch nicht, vgl. RG WarnRsp 13 Nr. 390; s. auch *Stöber*[10] Rdnr. 503, 505.

[285] *Schuler* NJW 1960, 1423; *Stöber*[10] Rdnr. 507.

[286] Dies durch besonderen Beschluß, damit der Pfändungsbeschluß sofort nach Abs. 2, 3 zugestellt werden kann. – Nach *LG Koblenz* MDR 1990, 1123 ist hier nur die Erinnerung nach § 766 (einheitlich) statthaft.

[287] *OLG Koblenz* NJW-RR 1986, 679. Einverständnis des Gläubigers mit Absetzungen ist noch kein wirksamer Rechtsmittelverzicht, *OLG Köln* Büro 1979, 1642. – A.M. (§ 766) *LG Koblenz* MDR 1979, 944 zu § 850f.

[288] *OLG Koblenz* Rpfleger 1986, 229.

[289] § 329 Rdnr. 24.

[290] → § 766 Rdnr. 42 mwN, auch zur Heilung; wie dort auch (noch zu § 46 AO aF) *OLGe Düsseldorf* u. *Bamberg* Büro 1979, 286 ff.; *OLG Hamm* NJW 1979, 1663.

[291] *OLG Koblenz* Büro 1989, 1733; *OLG Köln* NJW-RR 1987, 380.

[292] *OLG Köln* (Fn. 291).

[293] → § 803 Rdnr. 27 f.

ten Forderungen begegnet werden kann, um das Sicherungsinteresse des Gläubigers nicht zu gefährden[294]. – Zur Abhilfeentscheidung des *Rechtspflegers* → § 766 Rdnr. 5. Wegen Rechtsbehelfen im Falle § 575[295] oder gegen Pfändungen durch Beschwerdegerichte → § 766 Rdnr. 9. Zu Rechtsbehelfen des **Drittschuldners** → § 766 Rdnr. 7 a. E., § 793 Rdnr. 4; → auch unten Rdnr. 106 ff.

Wegen Rechtsbehelfen bezüglich der Zustellung → Rdnr. 61 f.

III. Zustellung

Die **Zustellung** des Pfändungsbeschlusses[296] erfolgt nach Abs. 2 durch den Gläubiger im Parteibetrieb[297]. Er erklärt gewöhnlich schon im Gesuch, ob er die Vermittlung nach § 166 Abs. 2 wünscht oder die Zustellung selbst veranlassen will, s. dazu § 168. Ihm wird der Beschluß nicht von Amts wegen zugestellt, außer das Gesuch wird ganz oder teilweise zurückgewiesen. Die Ausfertigung wird formlos an den Gläubiger übersandt, wenn er die Zustellung selbst veranlassen will. Bei Vermittlung der Zustellung nach § 166 Abs. 2 wird sie dem Gerichtsvollzieher übergeben. Mit der Herausgabe wird der Beschluß noch nicht wirksam, aber rechtlich existent. Zugleich erhält der Gläubiger seine vollstreckbare Ausfertigung zurück[298]. 55

1. Die Zustellung an den **Drittschuldner** geschieht nach den §§ 166 ff.[299], aber mit Angabe der Uhrzeit[300], im Ausland nach § 199[301]. Sie kann auch als *Ersatzzustellung* erfolgen; der Schuldner ist dabei entgegen der h. M. nicht analog § 185 als Ersatzperson (§§ 171 ff., 181) ausgeschlossen[302]; denn § 185 will nicht den Zustellenden sondern nur den Zustellungsadressaten vor den Folgen eines Zugangs ohne Kenntnis schützen[303], hier also den Drittschuldner[304], der jedoch dieses Schutzes hier nicht bedarf, weil eine Leistung, die in Unkenntnis der Pfändung erfolgt, befreit[305]. Wird eine Forderung gegen mehrere *Gesamthandsschuldner* gepfändet, so tritt die Wirkung erst mit der letzten Zustellung ein[306]. Bei einer Gesellschaft 56

---

[294] Vgl. *Stöber*[10] Rdnr. 758 a. E.
[295] Die Erinnerung, → § 766 Rdnr. 9 a. E., ist aber sinnlos, wenn ein LG nach abschließender Beurteilung das AG zum Erlaß eines bestimmten Vollstreckungsaktes anweist, anstatt ihn besser selbst zu erlassen; wegen der umfassenden Bindung (→ § 575 Rdnr. 5) gilt dann § 793.
[296] Die beglaubigte Abschrift muß erkennen lassen, daß ein Rechtspfleger oder Richter den Beschluß unterschrieben hat, *BGH* NJW 1981, 2256 (Fragezeichen statt Name: unheilbar).
[297] *Dressel* Rpfleger 1993, 100. Zu Vorschlägen für Amtsbetrieb → 19. Aufl. Fn. 73.
[298] Ohne einen Vermerk der Pfändung. – A. M. *Wieczorek*[2] Anm. F II.
[299] Jedoch ist der Drittschuldner nicht im Sinne jeder dieser Vorschriften wie eine »Partei« zu behandeln, → z. B. Fn. 301, 316. Für § 173 (Prokurist) muß die gepfändete Forderung im Betrieb des Handelsgewerbes begründet sein.
[300] §§ 38 Nr. 2, 41, 173 Nr. 1 S. 4 GVGA; ein Verstoß berührt die Pfändung nicht → § 191 Rdnr. 5.
[301] *Stöber*[10] Rdnr. 39. Nicht anwendbar ist § 175 (arg. § 829 Abs. 2 S. 4), *Marquordt* (Fn. 150) 57; *Schack* Rpfleger 1980, 176; vgl. auch *BGH* NJW 1979, 218 (im Falle § 313 Abs. 3 nicht einmal gegen Partei zulässig).
[302] A. M. *BAG* NJW 1981, 1399; *Baumbach/Hartmann*[52] Rdnr. 1 zu § 185; *Thomas/Putzo*[18] zu § 185; *Wieczorek*[2] Anm. F III a 1; *Zöller/Stöber*[18] Rdnr. 14; *Hamme* NJW 1994, 1035; daher wird man nunmehr einen Vermerk auf dem Pfändungsbeschluß, daß nicht er-

satzweise an den Schuldner zuzustellen sei, entgegen *LG Kassel* DGVZ 1967, 186 zumindest bei der Pfändung von Arbeitseinkommen doch für beachtlich ansehen müssen, ebenso eine entsprechende Bitte des Gläubigers an den Gerichtsvollzieher bzw., falls dieser z. B. eine Vorpfändung durch die Post zustellen läßt, dessen Vermerk auf dem Umschlag, vgl. *Noack* aaO, 37 f.
Wie hier *RGZ* 87, 414; *BayObLG* Rsp 7, 427; *KG* JW 1936, 2000; *LAG Berlin* AP Nr. 1 zu § 407 BGB; *J. Blomeyer* RdA 1974, 17; *Stöber*[10] Rdnr. 530 Fn. 19; vgl. auch *Noack* DGVZ 1981, 33.
[303] *RG* JW 1938, 1270. Das Verhältnis Schuldner: Gläubiger bleibt also außer Betracht. § 185 darf nicht als umfassender Schutz vor jeglichen Interessenkollisionen zwischen irgendwelchen Beteiligten mißdeutet werden.
[304] Daß der Schuldner später als Streitgenosse (§ 841) Gegner des Drittschuldners werden könnte, ist nur bei Zustellungen bezüglich dieses Prozesses zu beachten, entgegen *BAG* (Fn. 302) aber noch nicht bei Pfändung; außerdem würde das vom *BAG* aaO hervorgehobene Eigeninteresse des Schuldners an der Leistung kaum gefördert durch Unterdrückung der Zustellung.
[305] A. M. *BAG* (Fn. 302), ohne auf § 407 BGB einzugehen; *Noack* (Fn. 302) will dem Drittschuldner die Berufung auf § 407 BGB bei Postvollmacht des Schuldners wegen § 242 BGB versagen, aber hier trifft *BGH* NJW 1977, 582 = JZ 302 f. nicht zu → Rdnr. 101 f.
[306] *RGZ* 75, 180 f.; *AG Köln* DGVZ 1988, 123 (Anwaltssozietät); allg. M.

bürgerlichen Rechts genügt die Zustellung an den Geschäftsführer. Wird dagegen eine Forderung gegen mehrere Gesamtschuldner gepfändet, so tritt die Wirkung gegenüber jedem von ihnen sofort mit der an ihn erfolgenden Zustellung besonders ein[307]. Bei Gesamtgutsverbindlichkeiten wird die Pfändung zwar mit Zustellung an den Alleinverwaltenden wirksam, aber der nichtverwaltende Ehegatte, der nach § 1459 Abs. 2 S. 1 BGB persönlich haftet, ist nicht an der Erfüllung gehindert, wenn an ihn nicht zugestellt wurde[308]. Es empfiehlt sich daher wie bei Unkenntnis des Güterstandes eine Zustellung an beide Ehegatten. Sind *Erben* Drittschuldner, so bedarf es keiner Zustellung an den Testamentsvollstrecker, § 2213 BGB (sie ist aber zulässig und ratsam)[309]. Wegen nichtrechtsfähiger Vereine s. § 171 Abs. 2, 3, die auch entsprechend für Personengesellschaften gelten[310]. Sollen zugleich die Ansprüche nach §§ 128, 161 HGB erfaßt werden, so ist nicht nur auf die Zustellung an jeden haftenden Gesellschafter sondern auch darauf zu achten, daß sie im Beschluß neben der OHG/KG als Drittschuldner erscheinen[311].

Wohnt der Drittschuldner im **Ausland**, ist das Vollstreckungsgericht um Erlaß des Ersuchungsschreibens nach §§ 199, 202 anzugehen → § 202 Rdnr. 2. Scheitert die Zustellung im Rechtshilfeweg, weil die Justizverwaltung die Weiterleitung ablehnt[312], hilft dem Gläubiger eine Übersendung des Pfändungsbeschlusses durch die Post nicht, auch wenn der Drittschuldner dadurch Kenntnis erlangt[313], denn eine Heilung mangelhafter Zustellung nach § 187 setzt voraus, daß eine Zustellung beabsichtigt war[314] → § 187 Rdnr. 3. Dagegen ist § 187 anzuwenden, wenn der Gläubiger das ausländische Zustellungsorgan unmittelbar beauftragt hat und die Zustellung durchgeführt wurde[315]. Zur Zulässigkeit der Pfändung bei ausländischem Drittschuldner → Rdnr. 24 ff.

Über die zur Vertretung des *Fiskus* berufenen Behörden → Rdnr. 29. Wegen der Zustellung an Exterritoriale → Rdnr. 28; zu Personen oder Behörden, die dem NATO-Truppenstatut unterliegen → Rdnr. 51, 60 jeweils a. E.

57   Eine *öffentliche Zustellung* an den Drittschuldner findet nicht statt, denn § 203 Abs. 1 meint mit »Parteien« nur Personen, die zu einem anhängigen Rechtsstreit beizuziehen sind; er ist hier auch nicht entsprechend anwendbar[316]. Die Bestellung eines Abwesenheitspflegers für den Drittschuldner mit unbekanntem Aufenthalt ist nach dem Wortlaut des § 1911 BGB unzulässig[317].

58   Ist die *Zustellung an den Drittschuldner unwirksam*, so ist es auch die Pfändung; eine Heilung ist möglich nach § 187[318], falls der Drittschuldner ausreichend benannt war[319] und

---

[307] Jeder, dem noch nicht zugestellt ist, kann daher befreiend an den Schuldner leisten, *RGZ* 140, 342 ff.; *OLG Braunschweig* OLG Rsp 19, 26 f.; *Stöber*[10] Rdnr. 55; allg. M. Zur Wirkung der Überweisung → § 835 Rdnr. 16 a. E.
[308] *Stöber*[10] Rdnr. 57.
[309] Zur vorsorglichen Zustellung an die Hinterlegungsstelle → Fn. 140; an Schuldner des Drittschuldners → Rdnr. 50.
[310] *BGH* Rpfleger 1961, 364 (zu § 714 BGB); LM Nr. 2 zu § 171 (Handelsgesellschaft).
[311] → Fn. 229 und § 835 Rdnr. 16.
[312] Womit zu rechnen ist → Rdnr. 24.
[313] A. M. *Schack* IZPR Rdnr. 983.
[314] *Mössle* (Fn. 1), 144 ff.
[315] Das Argument, die Souveränität des fremden Staates werde verletzt, wenn nicht dessen Zustellungsrecht angewandt worden sei (*BGH* NJW 1972, 1004; abl. *Geimer*, 1624), trifft hier nicht zu.

[316] *RGZ* 22, 408 ff.; jetzt allg. M. Gegenschlüsse aus §§ 763 Abs. 2, 829 Abs. 2 S. 2, 841, 844 Abs. 2, 875 Abs. 2 wären verfehlt, weil der Schuldner Partei ist.
[317] Vgl. *OLG Zweibrücken* Rpfleger 1987, 201, wo aber der verfassungsrechtlichen Bedenken zu vordergründig hinweggegangen werden; vgl. auch *Brehm* FGG[2] Rdnr. 836.
[318] *BGH* NJW 1985, 863 (zur Vorpfändung); *LG Hamburg* MDR 1954, 425; *BGH* NJW 1980, 1754 zu § 9 VwZG; allg. M.; ausführlich *Stöber*[10] Rdnr. 543 ff. Wiederholung der Zustellung ist allerdings sicherer, s. auch § 173 Nr. 5 GVGA. Zu Mängeln der zugestellten Abschrift s. aber *BGH* NJW 1981, 2256. Zur Unwirksamkeit der Zustellung wegen fehlerhafter Beurkundung der Ersatzzustellung *BGH* NJW 1990, 177 (zum Vollstreckungsbefehl).
[319] → Fn. 229 f. u. Rdnr. 46. Sehr bedenklich daher *LAG Düsseldorf* Büro 1979, 1087.

der Gläubiger die Zustellung betrieben hatte[320], aber nicht nach § 295[321] → Rdnr. 28 vor § 166.

59 2. Unmittelbar nach der Zustellung an den Drittschuldner (»sofort«) hat der Gerichtsvollzieher – ohne zusätzlichen Auftrag des Gläubigers und auch gegen dessen Willen[322] – den Pfändungsbeschluß dem **Schuldner** zuzustellen, zusammen mit einer Abschrift der Urkunde über die Zustellung an den Drittschuldner[323]. War der Schuldner durch einen **Prozeßbevollmächtigten** vertreten, muß an diesen zugestellt werden (§§ 176, 178 S. 2). Er ist daher im Antrag zu benennen. Läßt sich nicht sofort klären, ob die Vertretungsbefugnis erloschen ist (§ 87), ist auch an den Schuldner zuzustellen[324]. Dieselbe Pflicht hat die Geschäftsstelle, wenn sie nach § 196 die Post unmittelbar ersucht hat. § 309 Abs. 2 AO sieht nur eine Mitteilung vor. Ist der Schuldner *gehört* worden vor einer Pfändung[325] oder Überweisung[326], so ist sie ihm wegen der Befristung seiner Behelfe (→ Rdnr. 54) von Amts wegen zuzustellen, § 329 Abs. 2 S. 2 (str.)[327].

Ist die Zustellung an den *Schuldner im Ausland* zu bewirken (§§ 199–202), so erfolgt sie nach Abs. 2 durch Aufgabe zur Post (§§ 175, 192); ist dagegen der Aufenthalt des Schuldners *unbekannt* oder unerreichbar (§ 203), so kann sie an ihn unterbleiben, sofern sie nicht konstitutiv ist, weil ein Drittschuldner nicht vorhanden ist (§ 857 Abs. 2).

60 Daraus und aus Abs. 3 folgt, daß weder die Wirksamkeit der Pfändung noch ihr Rang (§ 804 Abs. 3) von der Zustellung an den Schuldner abhängt[328], auch wenn sie erst erfolgt, nachdem die Zwangsvollstreckung nach § 775 oder wegen Eröffnung des Konkurses oder Vergleichsverfahrens unzulässig geworden ist. Anders nach § 857 Abs. 2; → auch § 830 Rdnr. 8, 28 f. zur Pfändung einer Hypothekenforderung.

Unterliegt der *Schuldner* dem *NATO-Truppenstatut*, so gelten die Art. VIII (5g und 9) NTS sowie Art. 35 f. des Zusatzabkommens nebst Art. 5 der Ausführungsbestimmungen → Einl. Rdnr. 665 ff., 675[329]. Zur Zustellung an Soldaten der *Bundeswehr* s. den Erlaß des BM der Verteidigung vom 16. 3. 1982[330].

61 3. Unterläßt der Gerichtsvollzieher die Zustellung an den Drittschuldner, so hat der **Gläubiger** die **Erinnerung** nach § 766 Abs. 2, da diese Zustellung (anders als die des Titels) zur Vollstreckung gehört[331].

62 Gegen gültig vollzogene Zustellungen, mögen sie auch unzulässig oder rechtswidrig gewesen sein, können *Schuldner und Dritte* sich nicht nach § 766 wehren, sondern nur gegen die Pfändung; denn Zustellungen können nur wegen Mängeln für unwirksam erkannt, aber ebensowenig wie der Zugang eines Privatbriefes »aufgehoben, für unzulässig erklärt« oder sonstwie rückgängig gemacht werden[332].

Die Zustellung an den Schuldner darf zwar nicht unterlassen werden, aber da sie nur bezweckt, dem Schuldner Kenntnis von der Pfändung zu verschaffen, könnte er mit einer Erinnerung lediglich die

---

[320] → § 187 II 1. Daher richtig *LG Koblenz* MDR 1983, 587 f.; *LG Marburg* DGVZ 1983, 120 f. = Büro 1574; *E. Schneider* DGVZ 1983, 35 gegen *LG Marburg* aaO, 26, alle zu § 845. → auch Fn. 589 zum Zweck des Abs. 3.
[321] Vgl. *LAG Baden* MDR 1952, 43; *BGH* (Fn. 296); *Schultz* Vollstreckungsbeschwerde (1911), 342; allg. M.
[322] Weil dadurch das rechtliche Gehör des Schuldners (§ 834!) gesichert wird, *KG* OLGZ 1967, 41 = DGVZ 1966, 153.
[323] Auch in den Fällen §§ 194 f. Der Vorschlag, stattdessen dem Schuldner auf dem Beschluß nur den zustellenden Gläubiger zu nennen, wurde nicht in § 173 Nr. 3 GVGA aufgenommen; mit Recht, denn der Schuldner muß wie der Gerichtsvollzieher (§ 173 Nr. 5 GVGA) die Ordnungsmäßigkeit genau prüfen können.
[324] *Stöber*[10] Rdnr. 493.
[325] → § 834 Rdnr. 2–4, § 850b Rdnr. 29.
[326] → § 835 Rdnr. 4, 44.

[327] Wie hier *Schauf* Rpfleger 1990, 469 (zu § 54 Abs. 6 a.F. SGB I); a.M. *LG Düsseldorf* Rpfleger 1990, 376; *Zöller/Stöber*[18] Rdnr. 31.
[328] *RG* JW 1900, 426 a.E.; *LG Berlin* DGVZ 1959, 169; allg. M.
[329] Zur Soldpfändung s. aber *Stöber*[10] Rdnr. 48 mwN; insbesondere AnwBl 1977, 499 u. DAVorm 1978, 81.
[330] VMBl 1982, S. 130; 1983, S. 182, abgedruckt bei § 752.
[331] *KG* (Fn. 322) gegen *LG Berlin* DGVZ 1966, 155 (nur Dienstaufsichtsbeschwerde); wie hier auch *AG Stuttgart* DGVZ 1973, 61; *Stöber*[10] Rdnr. 541; *Gaul* ZZP 87 (1974), 276; *Noack* u. *Midderhoff* DGVZ 1981, 33; 1982, 25.
[332] *J. Blomeyer* RdA 1974, 16 f. – A.M. *OLG Stuttgart* Büro 1975, 1379 = Rpfleger 407 f.; *Noack* (Fn. 331) u. Büro 1976, 274 f.; *Jaeger/Henckel* KO[9] § 14 Rdnr. 23.

IV. Pfändungswirkungen

63   Die **Pfändung**, deren ersten Akt der Beschluß bildet, wird **wirksam** mit der *Zustellung* des Beschlusses an den *Drittschuldner*, *Abs. 3*, auch wenn der Gläubiger selbst Drittschuldner ist[334]. Zur Zustellung an mehrere Drittschuldner → Rdnr. 56. Die Pfändungswirkungen (§ 804) treten mit jeder gültigen Zustellung sofort ein, auch wenn der Drittschuldner nicht oder erst später davon erfährt[335]. Zum Schutz des Schuldners bei Unkenntnis Rdnr. 101 f.

64   Die *Zustellung an den Schuldner* gehört nicht zum Tatbestand der Pfändung (→ Rdnr. 60); sie heilt daher nicht Mängel der Zustellung an den Drittschuldner und wirkt ohne diese im Bereich der §§ 829, 857 Abs. 1 weder als Pfändung[336] noch als Veräußerungsverbot[337].

1. Beschlagnahme

65   Die **Pfändung als Beschlagnahme** setzt die allgemeinen Bedingungen der Zwangsvollstreckung voraus. Unterbleibt ihre Prüfung oder ist das Ergebnis unrichtig, so ist die Pfändung trotzdem wirksam, bis der Beschluß[338] aufgehoben wird[339].

66   a) Die *Wirkung* der Pfändung ist auch hier die staatliche *Verstrickung*, → § 803 Rdnr. 4 f., d. h. die Bereitstellung der Forderung zu weiterer staatlicher Verfügung. Diese geschieht hier durch Überweisung nach § 835[340] oder Anordnung nach § 844.

67   b) Während aber bei der Sachpfändung diese Wirkung schlechthin eintritt, weil sie an die reale Besitzergreifung anknüpft, kann hier die Pfändung *gegenstandslos* und damit unwirksam sein, wenn die bei ihr lediglich vorausgesetzte Annahme, daß die Forderung bestehe und dem Schuldner (noch) zustehe, nicht zutrifft[341]. Dies gilt auch, wenn der Schuldner die Forderung entgegen §§ 135 f. BGB, z. B. nach Pfändung durch andere Gläubiger[342], oder nur zur Sicherheit abgetreten hat[343]. Wenn daher ein Gläubiger seine eigene Forderung pfändet, muß der Beschluß dies klarstellen[344]. Die Pfändung einer abgetretenen Forderung wird nicht durch spätere erfolgreiche **Anfechtung** nach dem AnfG wirksam[345]. Das Anfechtungsrecht wirkt nach heute h. M. nur zwischen Gläubiger und Anfechtungsgegner; die Erstpfändung schützt auch nach dem Anfechtungsurteil nicht vor Leistung an diesen[346]. Die erforderliche

---

[333] Für Aufhebung aber *Lüke* Fälle zum Zivilverfahrensrecht I (1993), 181; JZ 1959, 273.
[334] → Fn. 589.
[335] Das meint Abs. 3 mit den Worten »ist als bewirkt anzusehen«.
[336] *RG* Gruch. 34, 1172.
[337] *Weigelin* (Fn. 1), 55; s. auch *Fahland* → § 803 Fn. 11 – A. M. *Hellwig* System 2, 337; *Hirsch* Übertragung (1910), 1, 290.
[338] Nicht die »Zustellung« → Rdnr. 62.
[339] → Rdnr. 128 ff. vor § 704, die Bem. zu § 766 sowie unten Rdnr. 97, 107 ff.
[340] Mit ihr ist die staatliche Verfügung abgeschlossen, aber nicht deren Zweck, so daß die Pfändungswirkungen noch andauern, → § 803 Rdnr. 23.
[341] *BAG* NJW 1993, 2699, 2700; *BGHZ* 100, 36 = *BGH* NJW 1987, 1705 (Anm. *Münzberg* ZZP 1988, 436) → Fn. 350; *Lüke* JZ 1957, 243; *J. Blomeyer* RdA 1974, 6; → auch Rdnr. 119 sowie Rdnr. 111–113. – Anders in den Fällen der §§ 821, 831; *Weigelin* (Fn. 1) 19. → auch Fn. 354.
[342] *Stöber*[10] Rdnr. 773.
[343] Selbst wenn der Schuldner vom Zessionar bis auf Widerruf oder bis zu einem Verzug eine **Einziehungsermächtigung** erteilt ist, wie sie bei vorerst »stillen« Lohnabtretungen üblich ist, BGHZ 66, 150 → § 771 Fn. 107; *OLG München* WPM 1975, 282. Das gilt auch dann, wenn noch während der Dauer eines solchen Einziehungsrechts gepfändet wurde, also die Bezüge ohnehin dem Schuldner zugeflossen wären, *BGH* aaO. Bei Arbeitseinkommen hält das BAG allerdings derartige Abtretungen für unwirksam → § 832 Rdnr. 9.
[344] Großzügiger *OLG Köln* WPM 1978, 385 für vom Schuldner an den Gläubiger abgetretene Ansprüche (weil dieser zum Kreis der an der Pfändung Beteiligten gehöre, sei die Bestimmtheit gewahrt).
[345] *BAG* NJW 1993, 2699, 2701; *BGH* NJW 1987, 1703 = ZZP 101 (1988), 426 mit Anm. *Münzberg; Gerhardt* JR 1987, 415; a.M. *RGZ* 61, 152; *K. Schmidt* JuS 1970, 549; *Häsemeyer* KTS 1982, 310; dazu ausführlich die 19. Aufl. Fn. 230.
[346] Vgl. *BAG* NJW 1993, 2699, 2701; *RGZ* 32, 103; *OLG Hamburg* KTS 1982, 306.

neue Pfändung richtet sich gegen den Anfechtungsgegner als Vollstreckungsschuldner aufgrund des im Anfechtungsprozeß erstrittenen Titels[347]. Einlageforderungen einer GmbH (→ § 851 Rdnr. 11) bleiben auch nach Beendigung der Liquidation, Löschung im Handelsregister und Aufhebung des Geschäftsbetriebs bestehen und pfändbar[348]. → auch Rdnr. 19 wegen § 15 HGB (Änderungen in der Person des Schuldners, die bei Pfändung weder eingetragen noch dem Gläubiger bekannt waren) und zur Abtretung entgegen § 399 BGB.

Steht die Forderung dem Schuldner *noch nicht* – auch nicht als betagte oder bedingte – zu, so muß sie ausdrücklich als »zukünftige« gepfändet werden (Ausnahmen → Rdnr. 6); nur dann ist der Staatsakt so auszulegen, daß seine Verbote schon jetzt an Schuldner und Drittschuldner ergehen, aber seine Wirkungen aufgeschoben werden für den Fall, daß der Rechtserwerb auch stattfindet. Daher werden weder Verstrickung noch Pfändungspfandrecht wirksam, wenn der Schuldner ein als »gegenwärtiges« gepfändetes Recht, das er vor der Pfändung bzw. Vorpfändung[349] *abgetreten* hatte, nach der Pfändung zurückerwirbt[350]. Eine solche Pfändung ist außer bei § 832 (→ Rdnr. 69 a.E.) auch nicht ohne weiteres dahin auszulegen, daß statt des abgetretenen Rechts ein angeblicher Anspruch des Schuldners auf Rückabtretung[351] oder das Recht als »zukünftiges« gepfändet sei, weil die Rückabtretung erwartet werde[352]. Zur Ablehnung des Gesuchs und Aufhebung des Beschlusses wegen fehlendem Pfändungsobjekt → Rdnr. 38.   68

Es ist jedoch zu beachten, daß bei wiederkehrenden Leistungen, deren Entstehung jeweils von der Erbringung einer Gegenleistung abhängt, insbesondere **Arbeitseinkommen**, im Zeitpunkt der Pfändung eine dem Schuldner schon zustehende Rate noch nicht vorhanden sein muß → § 832 Rdnr. 1. Daher sind solche Pfändungen gemäß § 832 trotz Sicherungsabtretung gültig und beziehen sich ohne weiteres auf solche künftigen Raten, die erst nach Befriedigung des Zessionars oder sonstiger Erledigung der Abtretung, also von vornherein zugunsten des Schuldners entstehen[353].   69

Darüber hinaus sind Pfändungen nach § 832, da sie ohnehin kraft Gesetzes künftige Ansprüche miterfassen, dahin auszulegen, daß sie auch solche Lohnteile mitgreifen, die noch von der Übertragungswirkung der Sicherungsabtretung erfaßt waren, aber vor ihrer Auszahlung auf den Schuldner zurückfallen bzw. zurückübertragen werden[354].

---

[347] *BGH* NJW 1987, 1705 im Anschluß an die 19. Aufl. Fn. 179.
[348] *BGH* NJW 1980, 2253. Ebenso Bereicherungsansprüche der GmbH wegen Liquidationserlösen, die wegen der Forderung des Gläubigers nicht hätten verteilt werden dürfen, *BAG* JZ 1982, 373 = NJW 1831 f.
[349] Vgl. *RGZ* 82, 229.
[350] *BAG* NJW 1993, 2699, 2700; *BGH* NJW 1989, 231; NJW 1987, 1705 = BGHZ 100, 42; BGHZ 56, 350 f. = NJW 1971, 1941; *OLG Frankfurt* NJW 1978, 2397 a.E.; *OLG München* WPM 1975, 281 (→ dazu Fn. 353); *Merz* NJW 1955, 347 f.; *Lüke* JZ 1957, 243 Fn. 49; *Geib* (Fn. 1), 75 ff. mwN; *Liesecke* WPM 1975, 318; *Baumbach/Hartmann*[52] Rdnr. 45; *Gerhardt* § 9 I 4; *Baur/Stürner*[11] Rdnr. 502; *Thomas/Putzo*[18] Rdnr. 28; *Wieczorek*[2] Anm. C II a; *Stöber*[10] Rdnr. 769. – A.M. *OLG München* NJW 1954, 1124 = BayJMBl 35; *RG* Recht 22 Nr. 1542, mit unterschiedlicher Begründung (meist § 185 Abs. 2 BGB analog); *Denck* DB 1980, 1398 f.; *K. Schmidt* ZZP 87 (1974), 326 ff. (gute Analyse); *ders.* JZ 1987, 893; *A. Blomeyer* ZwVR § 30 III 1; *ders.* Sein und Werden Festg. g.U. v. Lübtow (1970), 809, 817 u. *Tiedtke* NJW 1972, 748 f., JZ 1993, 74, die auch die Verstrickung erst zusammen mit dem Pfandrecht durch den Rechtserwerb eintreten lassen wollen; s. auch *Börker* NJW 1970, 1105. Solche »Pfändungen auf Vorrat« können aber nur hingenommen werden, wenn der Beschluß klarstellt, daß die Forderung dem Schuldner erst zukünftig zustehen wird, → Rdnr. 6, 8 a.E.
[351] → § 857 II 8 a, z.B. aus §§ 812 ff. BGB (*BGH* WPM 1957, 850) oder aus der Sicherungsabrede. Zur Bestimmtheit → Rdnr. 48. Vgl. *OLG Düsseldorf* DB 1967, 1760 u. dazu *Baur* DB 1968, 251; *Börker* (Fn. 350); ausführlich *Stöber*[10] Rdnr. 65 ff., 770 f.
[352] → dazu Fn. 34.
[353] *BAG* NJW 1993, 2699, 2700; BGHZ 66, 154 = NJW 1976, 1091; *OLG Düsseldorf* (Fn. 274); *Baur* (Fn. 351). Insoweit geht es nicht um Anwartschaften, *Baur* aaO (anders, wenn schon entstandene, von der Abtretung erfaßte Raten durch auflösende Bedingung zurückfallen → Fn. 351).
[354] *Börker* (Fn. 350). Solche Raten wären, wenn sie durch auflösende Bedingung zurückfallen, auch als Anwartschaften pfändbar → § 857 Rdnr. 93; diese ausnahmsweise Zulassung zweier Pfändungsformen könnte man mit der Besonderheit des § 832 rechtfertigen.

2. Pfändungspfandrecht

70 Das **Pfändungspfandrecht**[355] entsteht auch hier wie sonst mit der Verstrickung, s. § 804, und zwar bei *gegenwärtigen*, auch bedingten Forderungen und Anwartschaften (→ § 857 Rdnr. 84, 93) sofort, bei *künftigen* Rechten mit deren Entstehung → Rdnr. 5. Ein *Recht zur Verwertung* erhält der Gläubiger erst durch die Überweisung, der Pfandgläubiger des BGB sogar erst durch einen Titel nach § 1277 BGB. Über Inhalt und Bedeutung des Pfändungspfandrechts → § 804 Rdnr. 16 ff., § 835 Rdnr. 9.

71 Dritten gegenüber und im Konkurse hängt die Stellung des Gläubigers davon ab, ob und wann (→ § 804 Rdnr. 37 f.) sein Pfändungspfandrecht entstanden und auch nicht mit der Pfändung wieder aufgehoben ist, z. B. nach § 766 f. mit § 776[356], oder ob es in den Fällen des § 853 nach § 878 aufgrund Urteils oder Einigung relative Rangverschlechterungen erfährt → § 804 Rdnr. 9. Zur relativen Wirkung von Vereinbarungen → § 804 Fn. 156, § 878 Rdnr. 20. Nach der Einziehung durch Gläubiger oder vermeintliche Zessionare können Ansprüche auf Herausgabe des Erlöses gemäß §§ 812, 818 BGB begründet sein, wenn die Pfändung oder Abtretung unwirksam war[357], die bestehenden Rangverhältnisse nicht beachtet wurden oder wenn der Gläubiger sein entstandenes Pfändungspfandrecht oder dessen Rang im Verhältnis zu Dritten ungerechtfertigt auf deren Kosten erlangt hatte[358]. Der Anspruch des nicht befreiten Drittschuldners richtet sich gegen den Leistungsempfänger, da er nicht nur auf die gepfändete Forderung, sondern zugleich auf das Einziehungsrecht leistet[359]. Wurde der Drittschuldner befreit (§ 836 Abs. 2, §§ 407 f.), hat sich der benachteiligte Gläubiger ebenfalls an den Leistungsempfänger zu halten[360]. Eine entsprechende Anwendung der Grundsätze des BGB über die *Wirkung* des Pfandrechts bedarf hier besonders sorgfältiger Prüfung[361], → § 804 Rdnr. 16 ff.

3. Der Umfang der Pfändung

72 a) Pfändung und Pfandrecht erfassen die Forderung so, wie sie im **Zeitpunkt der Pfändung** besteht[362]. Bei Pfändung des *gegenwärtigen* Saldos eines Kontokorrents wird gemäß § 357 S. 2 HGB der fiktive Saldo bei **Zustellung** des Pfändungsbeschlusses oder der Vorpfändung[363] erfaßt. Auf die Überweisung kommt es insoweit nicht an, da schon die (Arrest-)Pfändung die Verstrickung bewirkt[364]. Spätere Gutschriften kommen dem Gläubiger nicht zugute[365]. Schuldposten aus neuen Geschäften sind ihm gegenüber unwirksam. Entsprechend § 404 BGB kommt es dabei darauf an, ob der rechtliche Grund bereits gelegt war[366]. Bei Pfändung des *künftigen* Guthabens ist dagegen nur der künftige vertragliche Saldo erfaßt; der Schuldner kann daher inzwischen über sein Konto weiterhin verfügen[367], und andere Gläubiger sind

---

[355] Zur älteren Theorie → 19. Aufl. Fn. 98.
[356] → §§ 766 Rdnr. 41, 803 Rdnr. 11–14, 23 f., 804 Rdnr. 7 ff., 41–44, 49, 850 Rdnr. 19.
[357] Vgl. *BGH* NJW 1976, 1090 (Anspruch der Bank bei Sicherungsabtretung gegen den Gläubiger); dort auch zur Abzugsfähigkeit der Vollstreckungskosten; dagegen → § 771 Rdnr. 75.
[358] → § 804 Rdnr. 22 ff.; § 878 Rdnr. 38, 39.
[359] *BGHZ* 82, 28 = NJW 1982, 174 (falscher Rang); kritisch zu dieser Begründung *Lieb* ZZP 1982, 1153 ff.; *Schubert* JR 1982, 286; *Buciek* ZIP 1986, 896; s. auch *Gerlach*, Ungerechtfertigte Zwangsvollstreckung und ungerechtfertigte Bereicherung, 1976, 52.
[360] *LG Bremen* NJW 1971, 1366 (zust. *Medicus*); *Lieb* ZIP 1982, 1156; ebenso bei Genehmigung der Leistung an den Nachrangigen *BGHZ* 82, 28 (obiter).
[361] Vgl. *RGZ* 97, 40.
[362] Die Pfändung eines Anspruchs, den der Schuldner einem vertraglichen Verbot zuwider abgetreten hatte (→ § 851 III 1), wird daher nicht unwirksam durch nachträgliche »Genehmigung« des Drittschuldners, *BGHZ* 70, 299 = NJW 1978, 813 = JZ 351. S. auch Fn. 448 u. § 832 Rdnr. 8 a. E.
[363] H. M.; *BGHZ* 80, 173 mwN auch zur Gegenansicht.
[364] *Stöber*[10] Rdnr. 160; *Grigat* BB 1952, 337. – A. M. *Canaris* (Fn. 59) Anm. 8; *Schupp* BB 1952, 218; *Schlegelberger/Hefermehl* HGB[5] (1976) § 357 Rdnr. 5.
[365] *Stöber*[10] Rdnr. 160; *Canaris* (Fn. 59) Anm. 15; *Schlegelberger/Hefermehl* (Fn. 364) Rdnr. 16; *Baumbach/Duden/Hopt* HGB[28] § 357 Anm. 3 A; *Mümmler* Büro 1977, 311; *Beitzke* (Fn. 59), 16 f. – A.M. *Düringer/Hachenburg/Breit* HGB[3] (1932) § 357 Anm. 6; *Ritter* HGB[2] (1932) § 357 Anm. 2.
[366] → Fn. 540. Zu Einzelfragen vgl. *Canaris* (Fn. 59) Anm. 11 u. *Herz* (Fn. 59), 170 ff.
[367] *BGHZ* 84, 325; *Stöber*[10] Rdnr. 165; *Canaris*

an der Pfändung des Zustellungssaldos nicht gehindert[368]; die Verfügungsbefugnis besteht nicht, wenn der künftige Anspruch gegen die Bank auf Auszahlung des Tagesguthabens gepfändet ist → Rdnr. 12. – Die Pfändung beendet nicht das Kontokorrent[369] und gibt dem Gläubiger auch kein Kündigungsrecht[370]. Da die Stellung des Drittschuldners nicht verschlechtert werden darf, kann der Gläubiger Zahlung erst beim nächsten Rechnungsabschluß verlangen[371], es sei denn, dem Schuldner ist wie beim Bankkonto jederzeitige Abhebung erlaubt. Dagegen wirkt eine Vereinbarung, den jeweiligen Saldo in die nächste Rechnungsperiode vorzutragen, nicht gegen den Gläubiger[372].

Wegen *künftiger* Forderungen → Rdnr. 4 f. und § 832. Zum Umfang der Pfändung von *Arbeitseinkommen* → § 850 Rdnr. 9–14, 20–60 und die Bem. zu §§ 850 a–k.

Spätere Verfügungen des Schuldners über die Forderung oder nachträglich entstehende Sekundäransprüche[373] und Surrogate[374] sind dem Gläubiger gegenüber unwirksam, während *anderweitige Veränderungen*, die nachträglich nicht durch Verfügung des Schuldners eintreten, wie z.B. der Verzug des Drittschuldners, die Unmöglichkeit der Leistung, der Eintritt einer die gepfändete Forderung auflösenden Bedingung[375] u. dgl., auch für und gegen Gläubiger wirken. Wegen Vereinbarungen über Rangänderungen und über nur teilweise Ausnutzung des Einziehungsrechts → § 804 Fn. 156, § 832 Rdnr. 8 f.

b) Ist die *gepfändete Forderung größer als die zu vollstreckende*, so wird sie dennoch **in voller Höhe** von der Pfändung erfaßt, soweit sich nicht aus dem Beschluß ein anderes ergibt[376]. Eine Beschränkung der Pfändung auf die Höhe des beizutreibenden Betrags würde im Konkurs des Drittschuldners nur eine diesem Teilbetrag entsprechende Quote ermöglichen[377]; der Drittschuldner könnte Einwendungen in Höhe des Teilbetrags erheben, während er die am Rest der Forderung Berechtigten (nachpfändende Gläubiger oder Zessionare) befriedigt. Dies läßt sich nur durch einen *Vorrang* an der ganzen Forderung verhindern[378]; er wird nur durch »Vollpfändung« erreicht[379]. Nachpfändende Gläubiger werden dadurch nicht benachteiligt, §§ 853, 856[380]; für eine unbeschränkte (→ Rdnr. 90) Verfügung des Schuldners

---

(Fn. 59) Anm. 24; *Sprengel* MDR 1952, 10; *Grigat* BB 1952, 337; *Scherer* NJW 1952, 1398; *Herz* (Fn. 59), 132 f.; *ders.* DB 1974, 1851; *Berger* (Fn. 60). – A.M. *Klee* MDR 1952, 203; *Forgach* (Fn. 64).

[368] *Stöber*[10] Rdnr. 165 a; a.M. *Gröger* BB 1984, 25.

[369] Heute unstr.; vgl. *Canaris* (Fn. 59) Anm. 16 mwN.

[370] RGZ 140, 222; *Grigat* BB 1952, 819 f.; *Canaris* (Fn. 59) Anm. 18 f.; *Schlegelberger/Hefermehl* (Fn. 364) Rdnr. 7; *Baumbach/Duden/Hopt* HGB[28] § 357 Anm. 2 B. – A.M. *Düringer/Hachenburg/Breit* (Fn. 365) Anm. 20; *Beitzke* (Fn. 59) 20.

[371] *Stöber*[10] Rdnr. 162; *Canaris* (Fn. 59) Anm. 17; *Schlegelberger/Hefermehl* (Fn. 364) Rdnr. 8; *Beeser* AcP 155 (1956), 426 ff.; *Baumbach/Duden/Hopt* HGB[28] § 355 Anm. 6 A; im Ergebnis wohl auch *Herz* (Fn. 59), 151 ff. (157 Fn. 2); *Sprengel* MDR 1952, 9; *Beitzke* (Fn. 59), 17 f., da sie den üblichen Girovertrag voraussetzen.

[372] *Stöber*[10] Rdnr. 162; *Canaris* (Fn. 59) Anm. 19; *Beitzke* (Fn. 59), 19. – A.M. *Schlegelberger/Hefermehl* (Fn. 364); *Grigat* BB 1952, 335 Fn. 10; *Ritter* (Fn. 365).

[373] Z.B. §§ 280, 281, 283, 286, 463, 635 BGB werden von selbst erfaßt, *Stöber*[10] Rdnr. 702; *BGH* NJW 1989, 39 (40); auch Ansprüche gemäß §§ 19 S. 3, 26 S. 2 KO (so für §§ 146, 20 ZVG, *OLG Frankfurt* NJW 1981, 235). Ein Titel gegen den Drittschuldner (→ auch § 835 Rdnr. 24) über die Hauptleistung erstreckt sich jedoch nicht auf Sekundäransprüche.

[374] *Münzberg* JZ 1989, 254.

[375] Vgl. *KG* OLG Rsp 22, 388; *RG* JW 1932, 344 f.: Renten sollten mit Pfändung erlöschen; → auch Fn. 343

a.E. u. § 832 Fn. 33. Nach *Bischoff* GmbHR 1984, 64 ist § 158 BGB anzuwenden, wenn die Pfändung auflösende Bedingung ist und nicht das ganze Rechtsverhältnis betroffen ist.

[376] H.M. *BGH* NJW 1986, 978; 1975, 738; → auch *KG* u. *OLG Hamm* → Fn. 388; *Zunft* NJW 1955, 443 f.; *Geib* (Fn. 1), 78 ff.; *Stöber*[10] Rdnr. 756; *Bohn* Pfändung von Hypotheken usw. (1964), 68 f.; *Wieczorek*[2] Anm. E II a (der ab § 803 F I a Überpfändung bejaht); *Thomas/Putzo*[18] Rdnr. 32; ältere Lit. → 19. Aufl. Fn. 110. – A.M. *OLG Dresden* JW 1938, 57 (»gesundes Volksempfinden«); *Jonas* JW 1937, 2134 f.; *Hauke* JW 1937, 3204; *Jauernig* ZV[19] § 19 V 4; *Mohrbutter* Handbuch[2] § 16 II 2; *Paulus* DGVZ 1993, 129.

[377] Vgl. *OLG Stettin* OLG Rsp 19, 150 (volle Quote bei Vollpfändung). → auch Rdnr. 86.

[378] Die gesetzlich nicht vorgesehene, aber zulässige Einräumung eines Teilvorrangs gegenüber dem Rest, *Stöber*[10] Rdnr. 761 f.; → auch § 830 Rdnr. 23, mag für § 853 bedeutsam sein, schützt aber nicht gegen die im Text genannten Nachteile.

[379] So besonders Mot. 434, die nicht das Wesen der Teilpfändung verkannten (so *Jonas* → Fn. 376 mit *Jaeger* LZ 1909, 194), sondern den Gläubiger eben nicht auf sie beschränken wollten (*Zunft* NJW 1955, 443).

[380] *Zunft* (Fn. 379). – *Jauernig* ZV[19] § 19 V 4 u. *Jonas* (Fn. 376) übersehen, daß sogar Vollüberweisungen spätere Pfandrechte erlauben, §§ 853, 856, u. daß Drittschuldner nur bei Unkenntnis vorrangiger Pfändungen an Nachrangige leisten würden → § 853 I.

über den Restbetrag besteht auch kein Schutzbedürfnis, solange der Gläubiger nicht befriedigt ist[381]. Gegen eine eventuelle *Überpfändung* kann der Schuldner nach § 766 vorgehen[382] → § 803 Rdnr. 28.

Obiges gilt auch für die Pfändung *mehrerer Forderungen;* sie werden jeweils voll erfaßt und der Anspruch des Gläubigers muß nicht auf sie verteilt werden[383], → aber § 803 Rdnr. 27.

75   Eine *Überweisung an Zahlungs Statt* ist wegen § 835 Abs. 2 nur bis zur Höhe des zu vollstreckenden Betrags nebst Kosten und Zinsen zulässig → § 835 Rdnr. 40; wegen übersehener Beträge bleibt nachträgliche Überweisung bis zur Höhe der Pfändung möglich.

76   Die *Überweisung zur Einziehung* aufgrund solcher Vollpfändungen wäre zwar, solange der Drittschuldner solvent ist, vorerst nur in Höhe des zu vollstreckenden Betrags nötig[384], da etwaige Überweisungen an andere Gläubiger keine Rangverschlechterung bedeuten (→ § 835 Rdnr. 46) und eine nachträgliche Überweisung des Restes stets möglich bliebe, um etwa spätere Kosten abzudecken oder im unerwarteten Konkurs- oder Vergleichsfalle den vollen Betrag allein anmelden zu können. Wenn trotzdem in der Praxis die Überweisung nicht auf einen bestimmten Betrag beschränkt wird, so ist das unschädlich, weil die Überweisung zur Einziehung – anders als die Überweisung an Zahlungs Statt – keine zu beziffernde Teilübertragung bewirkt. Der Gläubiger kann vielmehr zu seiner Befriedigung alle Rechtshandlungen vornehmen, die zur Geltendmachung der Forderung nötig sind.

77   Im *Drittschuldnerprozeß* besteht das Prozeßführungsrecht nur bis zu dem im Vollstreckungsantrag genannten Betrag. Eine darüber hinausgehende Prozeßführungsbefugnis[385] ist vom Vollstreckungszweck nicht gedeckt und führte zu einem sinnlosen Rechtsstreit, da das Urteil keine Rechtskraftwirkung gegenüber dem Schuldner entfaltet[386]. Der Schuldner ist befugt, wegen der Restforderung Klage auf Hinterlegung oder auf Leistung nach Befriedigung des Gläubigers zu erheben. Im *Konkurs* des Drittschuldners darf der Gläubiger die ganze Forderung anmelden, da regelmäßig nicht erkennbar ist, wie hoch die Quote sein wird. Zahlung kann er nach Überweisung aber nur in Höhe der Forderungsaufstellung im Pfändungsbeschluß verlangen.

78   Enthält der Beschluß Einschränkungen, so bei der üblichen Wendung »in Höhe des Anspruchs des Gläubigers«, »nur wegen der Hauptforderung«[387] oder ähnlichen Formulierungen, so liegt im Zweifel nur eine *Teilpfändung* vor[388]. Die Pfändung *mehrerer Ansprüche* erfaßt dann jeden Anspruch bis zur Höhe des vollstreckten Betrags[389]. Auf Antrag ist der Vorrang des gepfändeten Teils vor dem Rest im Pfändungsbeschluß[390] anzuordnen; ohne solchen Ausspruch dürfte der Drittschuldner den Rest zuerst tilgen[391].

79   *Zinsen* der Titelforderung sind je nach Antrag entweder bis zum Erlaß des Beschlusses auszurechnen oder ohne Nennung des Betrags ausdrücklich zu erstrecken bis zur Zahlung des Drittschuldners[392]. Zur Überweisung an Zahlungs Statt → § 835 Rdnr. 40.

---

[381] *Zunft* (Fn. 379).
[382] *BGH* NJW 1975, 738.
[383] *BGH* (Fn. 376); *Stöber*[10] Rdnr. 761; *Thomas/Putzo*[18] Rdnr. 32.
[384] Nur sie wollen *Bohn* (Fn. 376) u. *Lüke* (Fn. 333), 182 zulassen; vgl. auch *Jauernig* u. *Jonas* (beide Fn. 380).
[385] Dafür die 20. Aufl. mit der Einschränkung, daß wegen eines Mehrbetrags Klage auf Hinterlegung zu erheben ist.
[386] → § 325 Rdnr. 60; § 835 Rdnr. 24.
[387] *LG Hamburg* NJW-RR 1986, 1445.
[388] So auch die → Fn. 376 als zust. Genannten. – A. M. *A. Blomeyer* ZwVR § 55 III 3 b; ausführlich *Stöber*[10] Rdnr. 762 f.: trotzdem Vollpfändung, weil sonst unbestimmt. RGZ 151, 285 nahm wohl nicht Vollpfändung an, sondern wollte mit den Worten, die »ganze« Forderung sei erfaßt, »wenn auch nur die Höhe der ... zugrundeliegenden Forderung« (!), nur begründen, warum dem Schuldner kein Vorrecht zustehe an dem »für ihn etwa übrig bleibenden Teil«. *KG* u. *OLG Hamm* JW 1931, 2577; 1937, 2133 bejahten Vollpfändung nur wegen der fortlaufenden Zinsen (→ aber Rdnr. 79), KG sogar nur aus grundbuchtechnischen Gründen (§ 830).
[389] → Fn. 383.
[390] Eine der Teilpfändung nachfolgende Überweisung könnte den Rang nicht mehr beeinflussen, → auch Rdnr. 83; Nachholung der Rangordnung durch neuen Pfändungsbeschluß oder Ergänzung des alten wäre gegenüber zwischenzeitlichen Pfändungen u. Abtretungen unwirksam. Zum Anspruch auf den Vorrang s. Mot. *Hahn* 459.
[391] *Stöber*[10] Rdnr. 761 mwN. – A. M. *Wieczorek*[2] Anm. E II b (»im Zweifel« Vorrang des Gläubigers).
[392] H. M.; *Jonas* (Fn. 376); *Baumbach/Hartmann*[52]

Bisher entstandene **Vollstreckungskosten** sind nach Grund und Höhe zu bezeichnen und glaubhaft zu machen[393] und mit den durch die Pfändung entstehenden Kosten im Beschluß anzugeben. Eine vorsorgliche Erstreckung der Pfändung auf künftige Kosten des etwaigen Einziehungsprozesses scheidet jedoch aus[394].

Denn entweder wird der Drittschuldner zur Kostentragung verurteilt, dann schuldet er dem Gläubiger ohnehin persönlich, und wenn die Kosten uneinbringlich sind, hilft auch eine ihretwegen erweiterte Pfändung der gegen den Zahlungsunfähigen gerichteten Forderung nicht. Oder der Gläubiger hat nach § 91 die Kosten insoweit zu tragen, als seine Klage mangels Zahlungspflicht des Drittschuldners unbegründet ist (zur Ersatzfähigkeit → § 835 Rdnr. 29); dann muß der Gläubiger ohnehin nach neuen Vollstreckungsobjekten suchen, schon um den Rest seiner Hauptforderung zu befriedigen, und sein Interesse, Vollstreckungskosten vor Tilgung der Hauptforderung zu verrechnen, ist nicht schutzwürdig genug, um wegen solcher – im Zeitpunkt der Pfändung nach Entstehung, Grund und Betrag noch gänzlich ungewisser – Kosten einen geschätzten Pauschalbetrag im Pfändungsbeschluß aufzuführen. Hat schließlich der Gläubiger trotz begründeter Klage Kosten zu tragen (§§ 93, 95, 344), so sind diese nicht notwendig i. S. d. § 788.

c) Pfändung und Pfandrecht erstrecken sich von selbst auf den über die Forderung ausgestellten *Schuldschein* und ihm gleichwertige **Urkunden**, § 952 BGB[395]. Sie umfassen auch ohne besondere Erwähnung die bis zur Pfändung fällig gewordenen Zinsen. Rückständige Zinsen sollten sicherheitshalber besonders aufgeführt werden, weil streitig ist, ob sie entgegen § 1289 S. 2 BGB kraft Gesetzes mitgepfändet sind[396]. Erfaßt sind **Nebenrechte** in dem Umfang, wie sie bei einer Abtretung nach § 401 BGB mit übergehen würden, z. B. Bürgschaften[397], akzessorische Ansprüche gegen Gesellschafter nach § 128 HGB[398] *Pfandrechte*[399], Vorzugsrechte im Konkurs, das Anrecht auf Hypotheken[400], Vormerkungen[401] usw.[402]. Über die Zustellung an hierdurch Mitbelastete zur Vermeidung von Leistungen an den Schuldner → Rdnr. 50. Ansprüche auf **Auskunft**[403] und **Rechnungslegung**, die dem Forderungsinhaber zur Verfolgung seines Rechts zustehen, sind von der Pfändung auch ohne Hilfspfändung miterfaßt[404]. Bis zur Überweisung steht eine Rechnungslegung Gläubiger und Schuldner gemeinsam zu[405]. Das Vollstreckungsgericht kann aber nicht die Vorlage der Kontoauszüge

80

Rdnr. 45; *Stöber*[10] Rdnr. 763 mwN. Dies würde auch bei Teilpfändung genügen; sie muß zwar in ihrem Umfang bestimmt sein, aber die laufende Verminderung des pfändungsfreien Betrags ist hier genügend berechenbar für Drittschuldner, andere Gläubiger und Zessionare. Sicherer ist jedoch die Angabe eines Höchstbetrags, *Stöber*[10] aaO, noch besser die Vollpfändung → Rdnr. 74.

[393] *LG Gießen* Rpfleger 1985, 245; *Stöber*[10] Rdnr. 834; *Schuschke* Rdnr. 31. Die Prüfung darf nicht in kleinliche Amtsermittlung ausarten, *LG Kassel* DGVZ 1987, 44.

[394] A.M. *A. Blomeyer* (Fn. 388); *Stöber*[10] Rdnr. 843.

[395] → dazu § 830 Rdnr. 5, 13f.; § 836 Rdnr. 14, 17 und zur vorweggenommenen Hilfspfändung → § 821 Rdnr. 4f.

[396] Verneinend *OLG Düsseldorf* Rpfleger 1984, 473 = WPM 1431; *Schuschke* Rdnr. 57; a.M. *Stöber*[10] Rdnr. 695; wegen rückständiger Hypothekenzinsen → § 830 Rdnr. 26.

[397] Zur Mitschuldnerschaft s. zu § 412 BGB *BGH* LM Nr. 31 zu § 67 VVG = NJW 1972, 438f. Im übrigen bedarf es bei jedem Gesamtschuldner besonderer Zustellung; *Ahrens* ZZP 103 (1990), 50. Zum Umfang der Überweisung → § 835 Rdnr. 16 a. E.

[398] *RAG* JW 1938, 978; *Ahrens* ZZP 103 (1990), 51; a.M. *Stöber*[10] Rdnr. 60.

[399] *RGZ* 145, 131f.; *OLG Hamburg* OLG Rsp 12, 141; → dazu Rdnr. 50.

[400] Z.B. aus § 648 BGB oder aus (Sicherungs-)Vertrag. → Rdnr. 3; § 857 Rdnr. 5, 79. Anders bei Grundschuld, vgl. *BGH* MDR 1988, 670.

[401] *BGH* NJW 1975, 980; *BayObLG* u. *OLG Frankfurt* Rpfleger 1975, 47 IV (L), 177[155].

[402] Vgl. *RG* WarnRsp 12 Nr. 281 a. E. (Recht auf Gewinnausstellung). Über weitere Nebenrechte → Rdnr. 81 sowie § 857 I 1 b-d, § 851 III 2.

[403] Z.B. beim Giro- und Kontokorrentverhältnis, *BGH* MDR 1986, 32[22]. Zum Anspruch auf Bekanntgabe der persönlichen Forderung bei Pfändung des Rückgewähranspruchs gegen den Grundschuldgläubiger *AG Dosten* Rpfleger 1984, 424 (Hilfspfändung).

[404] *OLG Zweibrücken* Büro 1989, 706; *LG Frankfurt* Rpfleger 1986, 186; *OLG Karlsruhe* (Fn. 59); *Stöber*[10] Rdnr. 166 k; *Mümmler* Büro 1985, 1136; *Schuschke* Anhang § 829 Rdnr. 7; – a.M. *OLG München* (Fn. 59); *LG Berlin* Rpfleger 1978, 64[69] (schließen selbst Hilfspfändung aus); für selbständige Pfändbarkeit *AG Rendsburg* NJW-RR 1987, 819 = SchlHA 151 (abl. *Kieback*) = WM 1180 (abl. *Hein*); vgl. ferner *LG Itzehoe* NJW-RR 1988, 1394; *Sühr* WM 1985, 741; zum Giroverhältnis *Hadding/Häuser* ZHR 1981, 164f.

[405] *KG* KGBl 11, 46.

anordnen⁴⁰⁶. Beim Überziehungsanspruch aus einem Kontokorrentkreditvertrag ist das Abrufrecht nicht von der Pfändung umfaßt⁴⁰⁷. *Pfändungspfandrechte* des Schuldners sind zwar auch nicht »mitzupfänden«, gehen aber erst mit Klauselumschreibung auf den Gläubiger über, der den titulierten Anspruch gepfändet hat. Zur Teilnahme an Verfahren → Rdnr. 85 ff. Wegen der Erstreckung auf Sekundäransprüche → Rdnr. 73.

81   Auch eine gemäß § 8 Abs. 2 VerglO gewährte Bevorzugung kommt dem Pfändungsgläubiger zustatten. Falls der Beschluß nicht Abweichendes besagt, gehören zu den miterfaßten Nebenrechten bei der Pfändung der *Versicherungsansprüche* auch die Gestaltungsrechte des Versicherungsnehmers, §§ 165, 174 Abs. 1 VVG, nebst den aufgrund ihrer Ausübung entstehenden Geldforderungen⁴⁰⁸, bei *Lebensversicherungen* auch die Befugnis, das Bezugsrecht eines Dritten zu widerrufen → Rdnr. 15.

Zur *Hilfspfändung* einzelner Befugnisse und Nebenrechte, z. B. auf Auskunft von Dritten, → § 857 Rdnr. 5; zur Doppelpfändung im Falle § 255 BGB → § 844 Fn. 23.

82   Dagegen erwirbt der Pfändungsgläubiger an einem zur **Sicherung der gepfändeten Forderung übereigneten oder abgetretenen Gegenstand** (auch Forderung) kein Recht. Hier sind selbständige Rechte übertragen; der Sicherungszweck äußert sich nur im vertraglichen Innenverhältnis. Das gleiche gilt für eine Sicherungsgrundschuld⁴⁰⁹ und einen dem Schuldner vom Drittschuldner erfüllungshalber begebenen Wechsel. Alle diese Rechte können daher nur nach den für sie geltenden Vorschriften gepfändet werden, der Wechsel also nach § 831, Grundschulden am besten zugleich mit der gesicherten Forderung⁴¹⁰, während bei Sicherungsforderungen und Sicherungseigentum (soweit nicht schon § 809 entgegensteht) Widerspruchsklagen drohen, solange die Verwertungsreife noch nicht eingetreten ist → § 771 Rdnr. 26 f. Das Pfändungspfandrecht erstreckt sich auch nicht auf den Kostenerstattungsanspruch aus einem von dem Schuldner über die gepfändete Forderung geführten Rechtsstreit⁴¹¹.

Nicht in diesen Zusammenhang gehört die Frage, ob ein (selbständiger) Anspruch miterfaßt wird, obwohl er nicht ausdrücklich benannt ist, → z. B. Rdnr. 44 f., 48 f. und besonders zu Arbeitseinkommen § 850 Rdnr. 53 f.

83   d) Eine nachträgliche **Erweiterung des Umfangs der Pfändung**, sei es auch nur wegen weiterer Kosten oder Zinsen, kann ebenso wie die Erneuerung aufgehobener Pfändungen (→ § 766 Rdnr. 48) nur durch Zustellung des neuen oder ergänzten Beschlusses an den Drittschuldner und nur mit einem diesem Zeitpunkt entsprechenden Rang wirksam werden. Wegen nachträglicher Änderung von Pfändungsfreigrenzen → § 850 d Rdnr. 33 f., 37, 42, 47, § 850 e Rdnr. 19 ff., § 850 g Rdnr. 1 ff., 13. – Die nachträgliche Erweiterung einer zunächst nur teilweise beschlossenen **Überweisung** wird zwar auch erst durch Zustellung wirksam, behält aber bis zur Höhe der ursprünglichen Pfändung deren Rang, → auch Rdnr. 76.

V. Rechtsstellung des Gläubigers

84   **Die Rechtsstellung des Gläubigers** ist hier nur insoweit zu erörtern, als sie durch die *Pfändung* begründet wird, ihm also auch dann gebührt, wenn er die Überweisung, § 835, (noch) nicht beantragt hat oder als *Arrestgläubiger* nach § 930 nicht erlangen kann. Wegen der Stellung als Überweisungsgläubiger → § 835 V.

85   1. Dem Gläubiger stehen dann noch keine Befugnisse zu, die auf die *Einziehung* der Forderung abzielen. Er kann deshalb **nicht** Leistung an sich verlangen, durch Kündigung die

---

⁴⁰⁶ *LG Frankfurt* (Fn. 404); *Stöber*¹⁰ Rdnr. 166 k.
⁴⁰⁷ *LG Lübeck* NJW 1986, 1115.
⁴⁰⁸ BGHZ 45, 162; *Boll* (Fn. 84), 20 mwN.
⁴⁰⁹ Vgl. RGZ 135, 274; *Stöber*¹⁰ Rdnr. 701; *Wieczorek*² Anm. G II c 3.
⁴¹⁰ Darin liegt keine Überpfändung, *Stöber*¹⁰ Rdnr. 1879.
⁴¹¹ RG HRR 31 Nr. 144.
⁴¹² RGZ 153, 224; allg. zu den Befugnissen des Gläubigers *Stöber*¹⁰ Rdnr. 554 ff. Zur Mitwirkung bei Kündigungen → aber Rdnr. 88.

Fälligkeit herbeiführen⁴¹² oder sonst rechtsgeschäftlich über die Forderung verfügen. Dagegen kann er zur **Erhaltung seines Pfandrechts** tätig werden *auch trotz einstweiliger Einstellung*⁴¹³, insbesondere Wechsel protestieren lassen, → § 831 Rdnr. 5, und, sofern das erforderliche Feststellungsinteresse vorliegt, z.B. weil Verjährung droht, nach § 256 gegen den Drittschuldner auf Feststellung der Forderung klagen⁴¹⁴. Er hat dann nur zu beweisen, daß die Forderung entstanden⁴¹⁵ und von der Pfändung ergriffen war; ihren Untergang⁴¹⁶ oder ihre Abtretung⁴¹⁷ bzw. Verpfändung (vor der Pfändung) hat der Drittschuldner zu beweisen. Ebenso kann der Gläubiger gegen Dritte, welche die Forderung für sich beanspruchen, die Feststellung ihrer Nichtberechtigung erreichen oder ihren Erwerb anfechten⁴¹⁸. Dem Gläubiger ist nach § 288 Abs. 2 Einsicht in Akten eines Prozesses zwischen Schuldner und Drittschuldner zu gewähren⁴¹⁹. Zum vorbeugenden und deliktischen Rechtsschutz → § 804 Rdnr. 20⁴²⁰. Der Gläubiger kann den *Arrest* zur Sicherung der gepfändeten Forderung erwirken oder entsprechend § 1281 BGB verlangen, daß fällige Beträge für ihn und den Schuldner gemeinsam *hinterlegt* werden⁴²¹, um sie nach der Überweisung bei der Hinterlegungsstelle zu erheben. Stattdessen könnte er auch verlangen, daß der Drittschuldner an ihn und den Schuldner *gemeinschaftlich leiste*. Das ist aber für *Geld*forderungen ohne praktischen Wert, da man die §§ 1287 f. BGB wohl entsprechend anwenden müßte und die Hinterlegung ungleich einfacher ist. Zur Zuständigkeit der Prozeßgerichte → § 835 Rdnr. 21.

Der Gläubiger kann ferner die gepfändete Forderung zum *Konkurs des Drittschuldners* 86
anmelden⁴²², das Stimmrecht im Konkurs (und ebenso im Vergleichsverfahren nach §§ 74 f. VerglO) aber nur mit dem Schuldner gemeinschaftlich ausüben⁴²³ und auch die Konkursdividende oder Vergleichsquote nur für sich und den Schuldner verlangen. Gewährt die Forderung ein Recht nach § 10 ZVG, so ist der Gläubiger im Falle der *Zwangsversteigerung* oder Zwangsverwaltung zur Anmeldung und eventuell zur Beschwerde als Beteiligter berechtigt⁴²⁴; bei einer Hypothek usw. ist er nach § 9 Nr. 2 ZVG Beteiligter. Diese und andere in Rdnr. 80 erwähnten Nebenrechte können aber bis zur Überweisung nur insoweit geltend gemacht werden, als das Erhaltungsinteresse reicht, Erlösrechte also lediglich mit dem Ziel der Hinterlegung für beide⁴²⁵. Zum Antragsrecht für Steuererstattungsansprüche → Rdnr. 9, zum Widerruf von Versicherungsbezugsrechten → Rdnr. 15.

Ist die gepfändete Forderung *rechtshängig*, so wird der Gläubiger (Teil-)Rechtsnachfolger 87
im Sinne des § 265⁴²⁶ und als solcher schon zur einfachen Streithilfe, § 66, nicht aber zur streitgenössischen oder zur Hauptintervention⁴²⁷ berechtigt. Der Schuldner ist an einem

---

⁴¹³ Sie hemmt nur das Einziehungsrecht → § 775 Rdnr. 26, ihre Vorläufigkeit gebietet die Erhaltung des Pfandrechts ebenso wie den Schutz des Schuldners.
⁴¹⁴ RGZ 27, 346 = WarnRsp 12 Nr. 281. Zu § 208 BGB → § 840 Rdnr. 17.
⁴¹⁵ Zur Last des Drittschuldners, substantiiert zu bestreiten, falls bestimmtes Guthaben behauptet wird u. Anhaltspunkte für Unrichtigkeit der Auskunft nach § 840 vorgetragen sind, s. BGH NJW 1983, 688.
⁴¹⁶ OLG Darmstadt OLG Rsp 4, 144.
⁴¹⁷ Vgl. auch für § 847 BGH LM Nr. 1 zu § 846 = ZZP 69 (1956), 271 = NJW 1956, 912. – A.M. *Baur* DB 1968, 253 Fn. 53 (aber der BGH sagt zunächst nur, daß der Gläubiger für die prozessuale *Geltendmachung* sein Pfandrecht nicht beweisen müsse, während er die Beweislast für den Fortbestand der Forderung nicht auf den Staatsakt, sondern auf allgemeine Regeln stützt, → dazu 19. Aufl. § 282 IV 2 nach Fn. 55, IV 4 a u. für Prozesse zwischen Pfändungsgläubiger u. Zessionar RGZ 73, 279).
⁴¹⁸ RGZ 61, 150. → auch § 771 Rdnr. 45 f.
⁴¹⁹ SchlHOLG Büro 1989, 859 (Scheidungsakten).

⁴²⁰ Vgl. KG OLG Rsp 29, 208 f. für gepfändete Mietforderungen; RGZ 108, 320 f. für Aktien.
⁴²¹ RGZ 104, 35; 108, 320; SA 68, 125; *Stein* Grundfragen (1913), 31; *Rosenberg/Gaul/Schilken*¹⁰, § 55 I 3 a bb; ganz h.M. – A.M. OLG Hamburg OLG Rsp 25, 228.
⁴²² Vgl. *Jaeger/Lent* KO⁸ § 67 Rdnr. 9.
⁴²³ *Stöber*¹⁰ Rdnr. 558; a.M. *Wieczorek*² Anm. G IV d.
⁴²⁴ Vgl. OLG Dresden SA 59, 120 (dort nach Überweisung).
⁴²⁵ Vgl. *Burghart* BlfRA Bd. 73, 403; *Stöber*¹⁰ Rdnr. 557; *Wieczorek*² Anm. G IV b.
⁴²⁶ BGH Rpfleger 1986, 275 = NJW 3207; BGH NJW 1983, 886; aber jedenfalls für Leistungsklagen auch ohne Überweisung, denn der Schuldner verliert schon die Sachlegitimation für *diesen* Antrag auf Leistung an sich allein → Rdnr. 97. Wie hier *Baumbach/Hartmann*⁵² Rdnr. 49; vgl. auch *Hellwig* System I, 366. – A.M. (erst nach Überweisung) RG JW 1906, 810⁵.
⁴²⁷ RGZ 20, 420 f.; OLG Frankfurt OLG Rsp 15, 118 f.; allg. M. → auch § 64 Rdnr. 11.

Verzicht oder an der Rücknahme von Rechtsmitteln nicht gehindert. Ist die Forderung *vollstreckbar*, so kann der Gläubiger *vor* der Überweisung, wenn sie erst nach geraumer Zeit zu erwarten ist, in Ermangelung einer unbeschränkten Einziehungsbefugnis nur in entsprechender Anwendung des § 727 die Erteilung einer eingeschränkten Vollstreckungsklausel in dem Sinne verlangen, daß sie auf Leistung an Gläubiger und Schuldner gemeinsam abstellt oder daß ihm die Vollstreckung unter der Bedingung der Hinterlegung für beide gestattet wird[428]. So kann er z.B. das Offenbarungsverfahren gegen den Drittschuldner noch vor Überweisung betreiben. Über das Recht auf *Überweisung* oder anderweitige Verwertung → §§ 835, 844 mit Bem. Zur Konkurrenz mit Befugnissen des Schuldners → Rdnr. 100. Zur Zwangsvollstreckung des Schuldners → Rdnr. 90.

88   2. Die Pfändung begründet für den Gläubiger die **Pflicht zur Streitverkündung** an den Schuldner, wenn er die Forderung in den ihm gestatteten Grenzen einklagt, § 841, und die Pflicht gegenüber dem Schuldner, bei der *Einziehung* der Leistung für beide gemeinschaftlich und bei der *Kündigung* (wichtig für Hypotheken wegen § 1160 BGB) *mitzuwirken*, vgl. § 1285f. BGB. Daraus folgt die Pflicht, im Konkurs- bzw. Vergleichsverfahren des Drittschuldners zur Ausübung des Stimmrechts mitzuwirken. Dagegen findet § 842 erst nach der Überweisung Anwendung.

VI. Rechtsstellung des Schuldners

89   Der **Schuldner** bleibt trotz Pfändung *Inhaber der Forderung*, jedoch ist ihm nach Abs. 1 S. 2 »jede« *Verfügung über sie verboten*[429].

90   1. Entgegen dem Wortlaut sind dem *Schuldner*[430] nur solche **Verfügungen** verboten, die das *gepfändete Recht des Gläubigers beeinträchtigen würden*[431]. Erlaubt bleiben Verfügungen zur Erhaltung oder Stärkung der gepfändeten Forderung, mit Einwilligung oder Genehmigung des Gläubigers sogar diesem nachteilige[432]. Auch eine *Übertragung* ist daher nicht verboten, wenn sie den Gläubiger weder rechtlich noch tatsächlich benachteiligt[433], insbesondere wenn der Schuldner dem Erwerber dabei die Pfändung mitteilt, die Übertragung dem Pfändungsgläubiger anzeigt und diesem vor allem nicht etwaige Beweismittel oder sonstige das Recht betreffende Urkunden durch Übergabe an den Erwerber entzieht[434]. Der Schuldner kann nach h.M.[435] auf Leistung an sich und den Gläubiger gemeinsam oder auf Hinterlegung *klagen*. Gegen eine anhängige Zwangsvollstreckung des Schuldners kann der Drittschuldner lediglich nach § 767 einwenden, die Sachbefugnis stehe dem Schuldner nur noch beschränkt zu[436]. Der Schuldner sollte zur Vermeidung einer Klage nach § 767 freiwillig sein Vollstreckungsgesuch auf Hinterlegung oder Zahlung an den Pfändungsgläubiger richten. Bei Vermächtnissen bleibt dem Schuldner entsprechend § 9 KO die Ausschlagung frei[437]. Zur Zulässigkeit der Verfügung über das Rechtsverhältnis, dem die Forderung entspringt → Rdnr. 95.

---

[428] *Wieczorek*[2] Anm. G IV a 1. – A.M. *Petschek* (Fn. 1). Zur Konkurrenz mit einer dem Schuldner etwa schon erteilten Klausel → § 727 Rdnr. 46, 48; *Münzberg* DGVZ 1985, 147.
[429] → § 803 Rdnr. 5. *Fahland* Das Verfügungsverbot (1976), 21 ff. leitet das Verfügungsverbot nicht aus Abs. 1 S. 2 ab sondern aus der Beschlagnahme; ohne diese wird es jedenfalls nicht wirksam. Siehe auch *Peters* ZZP 90 (1977), 308 ff.
[430] Nur ihm, → Rdnr. 102.
[431] *BGH* LM Nr. 4 zu § 859 = NJW 1968, 2060 mwN; *Rosenberg/Gaul/Schilken*[10] § 55 I 3 a bb; ganz h.M. *Berner* Rpfleger 1966, 75 regt deshalb die Änderung der üblichen Vordrucke an.

[432] Vgl. *RGZ* 123, 394; *KG* OLG Rsp 10, 170f.; ganz h.M. S. auch § 1284 BGB.
[433] *RGZ* 73, 278; *Tempel* JuS 1967, 79 Fn. 73 mwN. Vgl. auch für das Pfandrecht am Erbteil *RGZ* 87, 324ff.; *BayObLGZ* 59, 62 = NJW 1781f.; auch *BGH* (Fn. 431): Verfügung über Einzelgegenstand bei Pfändung des Erbteils.
[434] Erfordert eine Übertragung die Übergabe einer Urkunde an den Erwerber, so ist sie ebenso verboten wie die Weitergabe gepfändeter beweglicher Sachen.
[435] Vgl. *Stöber*[10] Rdnr. 564 mwN.
[436] *Münzberg* DGVZ 1985, 145 auch zur Erinnerungsbefugnis des Gläubigers nach § 732 analog.
[437] Vgl. *OLG Bamberg* OLG Rsp 1, 20.

Verboten ist insbesondere die Einziehung[438], der Erlaß, die Aufrechnung[439], der Aufrechnungsvertrag[440], die Zustimmung zur Verfügung des Nichtberechtigten[441] oder eine sonstige Aufhebung[442] oder Minderung[443], z.B. durch Stundung, auch wenn die Verfügung nicht auf die Beeinträchtigung des Gläubigers abzielt, oder wenn eine Verfügung im technischen Sinne nicht vorliegt, wie z.B. bei der Verhinderung des Eintritts einer Bedingung[444], bei der Zurücknahme einer Kündigung, beim Vergleich über eine Klagforderung, der den gepfändeten Anspruch aus § 717 Abs. 2 hinfällig werden läßt[445] usw. Gleichzustellen sind Verfügungen, die im Wege der *Zwangsvollstreckung gegen den Schuldner* erfolgen, z.B. der Zuschlag des vermieteten Hauses an den Mieter-Drittschuldner[446]. Wegen der *Aufrechnung* durch den Drittschuldner → Rdnr. 111 und, falls er der Gläubiger ist, → § 835 Rdnr. 15. Zu Veränderungen, die nicht Verfügungen des Schuldners sind, → Rdnr. 73. **91**

Verfügungen und Abreden des Schuldners mit dem Drittschuldner *vor der Pfändung*[447] *bleiben wirksam*[448], wenn der Schuldner nicht noch nach der Pfändung zustimmen müßte; z.B. Einziehungsabreden für GmbH-Anteile[449] und Tilgungsbeschränkung bei Gesamtgläubigerschaft[450]. **92**

Verbotswidrige Verfügungen sind nach §§ 135f. BGB *gegenüber dem Gläubiger unwirksam* bis zur Aufhebung der Pfändung. Die Unwirksamkeit ist also relativ[451] und hat ähnliche Folgen wie § 1276 BGB; für dessen Anwendung bleibt aber neben §§ 135f. BGB kein Raum[452]. Zur Ausdehnung des Verbots auf den Erwerber vermieteter Grundstücke → Rdnr. 121. Gegenüber anderen *Dritten* bleibt die Verfügung wirksam; das gilt nicht nur für Gläubiger, die das Recht nach der Verfügung des Schuldners ebenfalls pfänden wollen[453], sondern auch für den Drittschuldner[454]. Über dessen Schutz → Rdnr. 101ff. **93**

Die Unwirksamkeit tritt nur vorbehaltlich § 135 Abs. 2 BGB ein[455]. Aber soweit seine Anwendung auf Forderungen überhaupt in Frage käme, wird sie schon durch die Art der Pfändung praktisch ausgeschlossen, s. §§ 821, 830–831. **94**

---

[438] Auch wenn der Schuldner aufgrund eines Titels gegen den Gläubiger die eigene Forderung (→ Rdnr. 22) nachträglich selbst pfändet; daher pfändet er besser die gegen ihn gerichtete Titelforderung seines Gläubigers, falls er nicht einfach aufrechnen kann, → Rdnr. 122 u. zur Einstellung → § 775 Rdnr. 16.

[439] Zwar wird die Aufrechnungslage durch Pfändung u. Überweisung nicht berührt (vgl. auch §§ 404ff. BGB), aber ihre Ausnützung zum Nachteil des Gläubigers widerspricht dem Verfügungsverbot; → auch Rdnr. 122.

[440] *BGH* NJW 1987, 1703, 1704.

[441] *BGH* NJW 1987, 1706.

[442] Hingabe an Zahlungs Statt, *OLG Braunschweig* OLG Rsp 17, 21; Mitteilung der Schuldübernahme gemäß § 415 Abs. 1 S. 2 BGB, nach Pfändung des Befreiungsanspruchs des Verkäufers aus Hypothekenübernahme, *RG* JW 1928, 2859⁴⁴.

[443] Nach Pfändung eines durch Vormerkung gesicherten Anspruchs darf der Inhaber der Vormerkung keinen Rangvortritt mehr bewilligen, *BayObLG* Rpfleger 1975, 47 IV.

[444] Zur Anwartschaft → § 857 Rdnr. 85.

[445] → § 717 Rdnr. 15 a.E.

[446] *KG* OLG Rsp 10, 170 (vgl. noch §§ 57ff. ZVG, § 573 BGB).

[447] Zur Beweislast *BGH* NJW 1986, 1925.

[448] Sie können aber auch nicht zum Nachteil des Gläubigers beseitigt werden, *BGHZ* 70, 299; → auch § 832 Rdnr. 8 a.E.

[449] Sie können aber aus anderen Gründen als §§ 135f. BGB ungültig sein, → § 859 II 4 Fn. 44 der 19. Aufl. u. noch *OLG Frankfurt* DB 1974, 84f.; *Noack* Büro 1976,

1608f. *Heckelmann* ZZP 92 (1979), 38ff. verweist den Gläubiger nur auf das AnfG.

[450] *BGH* LM Nr. 13 zu § 428 BGB = NJW 1979, 2038: Abrede, daß nur an übrige Gesamtgläubiger zu zahlen ist, wenn die Forderung bei einem von ihnen gepfändet wird; *Rütten* (Fn. 128) § 5 V 2 c; a.M. *Wagner* ZIP 1985, 856. *BGH* aaO läßt zugleich die Auslegung als Aufrechnungsverbot zu; dagegen *Tiedtke* NJW 1980, 2496ff.

[451] *BGHZ* 58, 25 = NJW 1972, 428. *OLG Stuttgart* Rpfleger 1975, 407 f.u. die Rsp → Fn. 458. – Für absolute Unwirksamkeit *A. Blomeyer* ZwVR § 55 IV 1 a; *Lüke* (Fn. 333).

[452] Schon gar nicht, wenn man ihm entgegen der h.M. absolute Unwirksamkeit entnehmen will; denn weder der Zweck der ZV noch die Sicherung des Gläubigers erfordern einen so tiefen Eingriff. Daher wendet *BayObLG* NJW 1959, 1781f. richtig § 1276 BGB nur auf die Verpfändung, §§ 135f. BGB auf die Pfändung an; vgl. auch *BGH* (Fn. 431). – A.M. die Rsp bis 1910, → 19. Aufl. Fn. 140.

[453] Hatte der Schuldner es also übertragen, so steht es ihm nicht mehr zu → Rdnr. 67, zumindest nicht als »gegenwärtiges« Recht, → dazu Rdnr. 68f. Dann kann aber noch eine Anfechtung helfen.

[454] Z.B. im Verhältnis zum Schuldner; gegenüber dem Gläubiger bleibt es freilich bei der Unwirksamkeit (insoweit mißverstanden von *OLG München* → NJW 1978, 1438). Verbotswidrige Zahlung schließt daher Aufrechnung gegenüber dem Empfänger aus; zur Aufrechnung gegenüber dem Gläubiger → aber Rdnr. 111.

[455] → auch § 804 Rdnr. 43.

95   2. Verboten ist dem Schuldner nur die Verfügung über die **gepfändete Forderung** und deren Nebenrechte. Wird daher lediglich einem von mehreren mitschuldenden oder -haftenden Drittschuldnern die Pfändung zugestellt und handelt es sich auch nicht um solche Nebenrechte, auf die sich die Pfändung von selbst erstreckt → Rdnr. 80f., so ist eine Leistung an den Schuldner durch die anderen Mithaftenden, an die (noch) nicht zugestellt ist, wirksam[456]. Wurde eine rechtshängige Forderung gepfändet, ist der Schuldner nicht gehindert, sich gegenüber dem Drittschuldner zu verpflichten, seine Berufung gegen das klagabweisende Urteil zurückzunehmen[457]. Ist die Forderung nur ein Bestandteil eines **weitergreifenden Rechtsverhältnisses**, so wird die Verfügung über dieses durch die Pfändung grundsätzlich nicht ausgeschlossen, auch wenn sie die Forderung beeinflußt. Es ist daher namentlich bei der Pfändung von *Mieten, Gehältern* und ähnlichen Geldforderungen, § 832, der Schuldner nicht gehindert, das Miet- oder Dienstverhältnis zu beendigen oder, soweit es durch die Sachlage objektiv geboten ist (vgl. den ähnlichen Gesichtspunkt in § 23 Abs. 1 S. 2 ZVG), abzuändern[458]. Der Schuldner kann auch wirksam ein vor der Pfändung vereinbartes Rücktrittsrecht ausüben[459]. Die Pfändung der Abfindungsforderung hindert den Gesellschafter nicht, den Geschäftsanteil zu übertragen[460]. Zum Gewinnanspruch des Gesellschafters → § 851 Rdnr. 15.

96   Wird dagegen unter *Aufrechterhaltung der tatsächlichen Verhältnisse* (Wohnen im Hause, Fortsetzung des Arbeitsverhältnisses nach kurzer Unterbrechung und dgl., → § 832 Rdnr. 2) lediglich das alte Rechtsverhältnis durch ein neues mit demselben Drittschuldner (vgl. § 833), ganz oder im wesentlichen gleichartiges ersetzt, so ist eine solche Verfügung – wenn sie nicht nach § 138 BGB nichtig oder Scheingeschäft ist – dem Gläubiger gegenüber unwirksam, wenn sie nur die sachlich auf die gepfändete Geldforderung gerichtete Verfügung durch nebensächliche Verabredungen umhüllt[461].

97   3. Der **Klage des Schuldners** gegen den Drittschuldner **auf Leistung an sich** steht der Einwand der Pfändung entgegen, da sein Anspruch jetzt eingeschränkt ist[462]. Verlangt man mit der h. M. bei § 265 eine Klagänderung[463], ist die Klage als unbegründet abzuweisen, wenn nicht der Antrag nunmehr auf die dem Schuldner verbleibenden Erhaltungsrechte[464], Hinterlegung oder gemeinschaftliche Leistung gerichtet wird[465]. Zur Pfändung rechtshängiger Forderungen → Rdnr. 87. Der Schuldner kann zwar die Nichtigkeit der Pfändung entgegenhalten, nicht aber Gründe, die ihn nur zur Anfechtung berechtigen, denn sein Anspruch bleibt eingeschränkt, solange die Pfändung besteht, und diese kann nur durch das nach § 802 hierfür ausschließlich zuständige Vollstreckungsgericht gemäß § 766 oder durch Verzicht nach § 843 beseitigt werden[466]. Hat der Gläubiger die Forderung erst nach Schluß der mündlichen Verhandlung, aufgrund deren der Drittschuldner verurteilt wurde, gepfändet, oder ist über die gepfändete Forderung ein Titel gemäß § 794 Abs. 1 bzw. 5 errichtet[467], so kann der

---

[456] → Fn. 307.
[457] *BGH* NJW 1989, 40.
[458] Vgl. *OLG Braunschweig* BrschwZ 52, 155f.; *OLG Hamburg* OLG Rsp 6, 416; *LAG Bayern* Amtsbl. des ArbMin 67 (Teil C), 34; *Reichel* ZZP 38 (1909), 253ff. Vgl. auch *KG* OLG Rsp 14, 177f. (Mitgliedschaft einer Genossenschaft); *BAG* NJW 1981, 1060f. (Vergleich über Ende des Arbeitsverhältnisses wirke gegen Krankenkasse trotz gesetzlichem Übergang; obiter auch für Pfändung).
[459] Vgl. *BGH* NJW 1986, 919 (zur Abtretung); a.M. *Zöller/Stöber*[18] Rdnr. 18. Wird das Rücktrittsrecht nach der Pfändung vereinbart, kommt § 407 BGB zur Anwendung, *BGH* aaO.
[460] Vgl. *Münzberg* JZ 1989, 254 zu den Rangverhältnissen.
[461] Im Ergebnis ebenso *München* u. *Kiel* OLG Rsp 20, 194, 379; *Wieczorek*[2] Anm. G III b 5 (Scheingeschäft); *Stöber*[10] Rdnr. 562, 969f. -A.M. *KG* OLG Rsp 21, 90; *OLG München* BayrZ 1907, 22.
[462] → Rdnr. 85–87, 91 u. vgl. für Arrestpfändung *RGZ* 25, 427f.; 48, 232; *RG* SA 63, 41[27].
[463] → § 265 Rdnr. 42.
[464] → Rdnr. 99.
[465] Vgl. *RG* (Fn. 462). *OLG Dresden* SächsArch 2, 374ff. wollte »vorbehaltlich der Rechte des Pfandgläubigers« verurteilen; ähnlich wohl *RG* JW 1900, 418[21]. Eine Verurteilung nur zur Hinterlegung oder Leistung an beide *ohne* Antragsänderung – als das »Mindere« wird wohl hier nicht möglich sein; → aber § 848 Fn. 12.
[466] So bei Unpfändbarkeit *RG* JW 1903, 50[19]; grundsätzlich auch *RGZ* 146, 295 (Feststellungsklage); ebenso für die Klage gegen den Gläubiger *RGZ* 40, 366f.
[467] Vgl. *BAG* SAE 1980, 165.

Drittschuldner, solange die Klausel noch auf den Schuldner allein lautet, dessen Zwangsvollstreckung nur nach §§ 767, 769 abwenden[468], soweit sie über die Ausübung von Erhaltungsrechten, insbes. Sicherungsmaßnahmen[469] hinausgeht. Dagegen begründet die Pfändung kein Beitreibungsverbot, das nach § 766 geltend zu machen wäre[470]. Steht § 767 Abs. 2 entgegen, weil die Pfändung vor Schluß der mündlichen Verhandlung wirksam, aber im Prozeß verschwiegen wurde, so bleibt nur die Hinterlegung zugunsten des Schuldners und des Gläubigers[471], die der Drittschuldner nach §§ 767, 769 einwenden kann. § 775 Nr. 4 ist hier nur anzuwenden, wenn entweder der Drittschuldner selbst der Pfändende ist[472] oder wenn er (nach Überweisung) die Quittung des Pfändungsgläubigers vorlegt. Zur Vollstreckungsmöglichkeit des Schuldners → § 727 Rdnr. 44 und, falls dieser schon beim Drittschuldner gepfändet hat, → oben Rdnr. 80 a.E.

Das Dargelegte gilt auch im Verhältnis zu dem im Inlande verklagten *ausländischen* **98** *Drittschuldner*. War diesem der (deutsche) Pfändungsbeschluß wirksam zugestellt, so kann der klagende *Schuldner* gegenüber dem Einwand der Pfändung nicht geltend machen, daß sie im Ausland nicht anerkannt werde. Andererseits muß der vom Schuldner im Inland verklagte Drittschuldner sich auf ausländische Pfändungen unter den gleichen Voraussetzungen berufen können wie gegenüber der inländischen Klage eines Pfändungsgläubigers, → Rdnr. 103.

4. Der Schuldner kann **trotz der Pfändung** die auf Ausübung zu seinen und des Gläubigers **99** Gunsten **beschränkten Erhaltungsrechte**[473] geltend machen[474]. Ihm bleibt das Recht, eine noch nicht fällige gepfändete Forderung wie nach § 1283 BGB zu **kündigen**[475], soweit nötig (→ Rdnr. 88) mit dem Gläubiger gemeinsam. Er kann **Klage** auf Hinterlegung oder Leistung an sich und den Gläubiger gemeinsam erheben[476]. Die Klage unterbricht die Verjährung[477]. Der Schuldner kann sich auch gegenüber Gegenansprüchen des Drittschuldners wegen seiner gepfändeten Forderung auf ein Zurückbehaltungsrecht berufen[478]. Die Pflichten zur Mitwirkung bei der Einziehung treffen auch den Schuldner.

5. Sofern danach **Gläubiger und Schuldner konkurrierende Befugnisse** haben, bewirkt die **100** Prozeßführung des einen nach h.M. keine Rechtskraft für oder gegen den anderen[479]. Der Drittschuldner muß danach im Drittschuldnerprozeß gegen den Schuldner Widerklage erheben, wenn er auch diesem gegenüber eine verbindliche Entscheidung herbeiführen will. Wenn jedoch die Forderung nach Eintritt der Rechtshängigkeit gepfändet wird[480], wirkt die Rechtskraft nach § 325 auch für und gegen den Gläubiger als Rechtsnachfolger[481], falls nicht die Klage deshalb abgewiesen wird, weil der Schuldner auf seinem ursprünglichen Antrag auf Leistung an ihn selbst beharrt. Abgesehen von einem bei Pfändung bereits anhängigen Prozeß ist demgemäß auch bei getrennten Prozessen die Einrede der Rechtshängigkeit nicht begründet[482]. Bei gemeinsamer Klage liegt notwendige Streitgenossenschaft nicht vor, denn die

---

[468] *RGZ* 25, 427f.; *RG SA* 52, 373. – A.M. *Jecht* MDR 1962, 183; er übersieht, daß auch ein *teilweiser* Wegfall der Sachbefugnis unter § 767 fällt.
[469] *LG Berlin* MDR 1989, 76.
[470] *Münzberg* DGVZ 1985, 145ff. gegen *Christmann* DGVZ 1985, 84.
[471] *BGH* NJW 1983, 886 mwN. Zweifelnd *Brehm* JZ 1983, 649 Fn. 62.
[472] → Rdnr. 122 sowie § 775 Rdnr. 3, 16.
[473] Sie entspricht den Rechten des Gläubigers zur Erhaltung seines Pfandrechts vor der Überweisung → Rdnr. 85f.
[474] Allg.M.; vgl. *BGH* JZ 1986, 154; *RGZ* 108, 320 (Leistung an beide); *OLG Naumburg* OLG Rsp 14, 20 (Hinterlegung im Falle § 938 Abs. 2); schon zum früheren Recht *RGZ* 17, 293.
[475] *OLG Dresden* u. *Hamburg* OLG Rsp 12, 142; 14, 175.
[476] *Zöller/Stöber*[18] Rdnr. 18.
[477] *BGH* JZ 1986, 154.
[478] *OLG Braunschweig* JR 1955, 342 (A. *Blomeyer*).
[479] → § 325 Rdnr. 60; ferner *OLG Hamburg* OLG Rsp 39, 53; *Stöber*[10] Rdnr. 546 Fn. 18. – A.M. noch *Mendelssohn/Bartholdy* Grenzen der Rechtskraft (1900), 460f. (vom Schuldner erstrittenes Urteil wirke auf den Gläubiger).
[480] So im Falle *BGH* (Fn. 471); dazu *Kubis* JR 1983, 319. Vgl. auch zur Abtretung *BGH* NJW 1979, 924.
[481] *BGH* NJW 1989, 40.
[482] *OLG Dresden* SächsArch 18, 72f.; vgl. auch *OLG Hamburg* (Fn. 479) zu § 148.

Verteidigung kann wegen der relativen Wirkung des Verfügungsverbots (→ Rdnr. 93) jedem gegenüber eine andere sein und einheitliche Entscheidung ist nicht nötig[483].

VII. Die Rechtsstellung des Drittschuldners[484]

Wegen seiner Stellung **nach** der Überweisung → § 835 Rdnr. 34 ff.

101   1. Infolge des Zahlungsverbots ist der Drittschuldner **nicht mehr verpflichtet, an den Schuldner allein zu zahlen.**

a) Zahlt er dem *Schuldner,* so ist dies dem Gläubiger gegenüber unwirksam[485], außer wenn *er* beweist, daß er oder sein zur Zahlung befugter Vertreter in *Unkenntnis der Pfändung* geleistet hat[486]. Denn obwohl die Pfändung trotz Unkenntnis wirksam wird, darf doch der unbeteiligte Drittschuldner nicht schlechter behandelt werden als bei der Abtretung oder Verpfändung der Forderung, §§ 407 (412), 1275 BGB, und wenn Dritte nach § 135 f. BGB den Schutz des guten Glaubens genießen, so muß der Drittschuldner sich erst recht auf entsprechende Anwendung des § 407 BGB berufen können[487]. Die förmliche Zustellung begründet allein noch keine Kenntnis, auch wenn keine Ersatzzustellung vorgenommen wurde. Entscheidend ist entsprechend § 166 Abs. 1 BGB die tatsächliche Kenntnis der Person, die innerhalb der Organisation des Drittschuldners befugt ist, die Zahlung vorzunehmen und darüber zu entscheiden hat, an wen zu leisten ist[488]. Sind mehrere Personen zur Zahlung ermächtigt, ist nur auf die Kenntnis des Handelnden abzustellen[489]. Beruht die Unkenntnis auf fehlerhafte Organisation des Drittschuldners, kann sich dieser nicht auf § 407 BGB berufen[490]. Hat der Drittschuldner bzw. der Sachbearbeiter trotz Zustellung an eine vertretungsberechtigte Person keine Kenntnis erlangt, obliegt ihm der Beweis dafür, daß kein Organisationsfehler vorliegt[491]. Erlangt der Drittschuldner erst nach einer einmalig vorzunehmenden Banküberweisung Kenntnis, ist er nach der Rechtsprechung des BGH nicht verpflichtet, den Eintritt des Leistungserfolgs durch Widerruf der Überweisung zu verhindern[492]. Die weitergehende Annahme, das Zahlungsverbot begründe keine Handlungspflicht[493], ist abzulehnen. Einen Dauerauftrag hat der Drittschuldner der veränderten Empfangszuständigkeit anzupassen[494]. Wenn der Zeitraum zwischen Zustellung des Pfändungsbeschlusses und dem Auszahlungstemin so kurz ist, daß die auszahlende Stelle auch bei aller Beschleunigung nicht benachrichtigt werden konnte, wird der Drittschuldner frei[495], sofern ein Berufen auf Unkenntnis nich gegen Treu und Glauben verstößt[496].

---

[483] → § 62 Rdnr. 11 bei Fn. 37; vgl. *OLG Hamburg* OLG Rsp 15, 10; *Baumbach/Hartmann*[52] Rdnr. 53.

[484] Dazu *Stein* (Fn. 160), 449; *Prost* NJW 1958, 485; *Stöber*[10] Rdnr. 565 ff.; *Reetz,* Die Rechtsstellung des Arbeitgebers als Drittschuldner, 1985.

[485] Auch dann, wenn der Drittschuldner wegen Verschweigens der Pfändung zur Leistung an den Schuldner verurteilt war, *BGH* (Fn. 471).

[486] *BGHZ* 105, 358, 359 = NJW 1989, 905; *RGZ* 87, 418; obiter *BGH* (Fn. 471); *LAG Berlin* AP Nr. 1 zu § 407 BGB; *KG* JW 1936, 2000 (→ aber Fn. 496).

[487] *RGZ* 87, 415; *BGH* (Fn. 471); *Hellwig* System 2, 350 f.; *Stein* (Fn. 160), 17 (469); h.M. – A.M. *OLG Hamburg* OLG Rsp 11, 185 f.; *Josef* AcP 114 (1916), 124 ff.; *Flume* Allg. Teil des Bürgerlichen Rechts[3] II (1979), 360; möglicherweise auch *BAG* NJW 1981, 1399.

[488] *Stöber*[10] Rdnr. 935 a; *BGH* NJW 1977, 581 (zur Abtretung).

[489] Vgl. MünchKommBGB-*Thiele,* BGB § 166 Rdnr. 21; a.M. *Stöber*[10] Rdnr. 566 a.E.; anders entscheidet die h.M. bei organschaftlicher Vertretung.

[490] *BGH* NJW 1977, 582; zust. *Denck* ZZP 102 (1989), 8, soweit nicht Datenschutz die »kenntnishindernde Organisation« erzwinge. *Dohmen* BB 1962, 487 will die Kenntnis der Hauptverwaltung des Drittschuldners nur gelten lassen, wenn die örtliche Zahlstelle durch bestimmte Weisungen beschränkt ist.

[491] *Stöber*[10] Rdnr. 566 (zur Ersatzzustellung).

[492] *BGH* NJW 1989, 905 = JZ 299 (zust. *Brehm*) = WM 1762; dazu *Münzberg* EWiR 1989, 103; a.M. *Stöber*[10] Rdnr. 565a; *Rothe* BB 1961, 291.

[493] So *BGH* (Fn. 492).

[494] *Stöber*[10] Rdnr. 565a; *Brehm* JZ 1989, 301; *Vollkommer* Rpfleger 1991, 222; offenlassend *BGH* (Fn. 492).

[495] *OLG Kiel* SchlHA 1914, 219 f., *Stöber*[10] Rdnr. 567; *LAG Hamm* MDR 1983, 964.

[496] *Lüke* JZ 1959, 275; *Dohmen* (Fn. 490); *BGH* NJW 1977, 582 für § 407 BGB, wenn aufgrund Organisationsmangels der Zahlungsberechtigte nicht rechtzeitig Kenntnis erlangen konnte. *KG* (Fn. 490) verlangte von vornherein schuldlose Unkenntnis; dagegen mit Recht *Wieczorek*[2] Anm. G III b 2.

Hat der Drittschuldner rechtzeitig von der Zustllung Kenntnis, so ist eine Berufung auf § 407 BGB nicht mehr möglich, auch nicht für **Dritte**, die deshalb für eine Erfüllung der gepfändeten Forderung sorgen müssen, weil der Drittschuldner nach Erlangung der Kenntnis seine Geschäftsfähigkeit oder Verwaltungs- und Verfügungsbefugnis verloren hat. Denn § 407 BGB schützt, nachdem die auf der Aktivseite eingetretene Rechtsänderung einmal bekannt geworden ist, nicht mehr vor Informationsmängeln, die bei späteren Änderungen innerhalb der Passivseite unterlaufen. Das gilt nicht nur für Leistungen durch den Betreuer oder Konkursverwalter des Drittschuldners, sondern auch für die Bundesanstalt für Arbeit, wenn sie Konkursausfallgeld an den Schuldner zahlt, weil sie über die Pfändung seines Arbeitseinkommens vor Konkurseröffnung (s. § 41 k Abs. 2 AFG) nicht informiert wurde[497].

Zur Lage des Drittschuldners bei unrichtigen Abzügen gemäß §§ 850 ff. → § 850c Rdnr. 23. Rdnr. 101 gilt auch für andere Erfüllungshandlungen des Drittschuldners, so für die Zahlung an einen Dritten, zu welcher der Drittschuldner gegenüber dem Schuldner in dessen Interesse[498] vertraglich berechtigt oder verpflichtet[499] war; zur Aufrechnung → Rdnr. 111. Er darf jedoch, wenn eine Forderung im Falle des § 428 BGB nur bei einem der Gesamtgläubiger gepfändet ist, weiterhin an den anderen leisten[500]. – Über gutgläubige Leistungen an *Dritte* → Rdnr. 105; zum Schutz bei Aufhebung des Beschlusss → § 836 Rdnr. 2 ff. 102

b) Eine vorrangige *ausländische Pfändung* kann der Drittschuldner dem Schuldner oder dem Gläubiger im inländischen Prozeß grundsätzlich nur entgegenhalten, wenn sie im Inland anerkannt wird. 103

Für die Anerkennung gilt § 328 nicht. Sie sollte im Inland auch ohne Staatsverträge und ohne Rücksicht auf Gegenseitigkeit bejaht werden: a) wenn entweder der Schuldner[501] oder der Drittschuldner im pfändenden Ausland wohnt oder ihm an seiner ausländischen Zweigniederlassung zugestellt wurde, zumindest wenn die Forderung im dortigen Bereich entstanden ist[502]; b) wenn die dortigen Formvorschriften und Zuständigkeitsregeln eingehalten wurden. Falls nach diesem Recht die Pfändung mit einer Zustellung an den Schuldner wirksam wurde, sollte zusätzlich der Nachweis gefordert werden, daß der Drittschuldner Kenntnis erlangte[503].

Jedoch muß der Drittschuldner in jedem Falle als befreit gelten, wenn er durch ein streitiges ausländisches Urteil, das auch im Inland anzuerkennen und zu vollstrecken gewesen wäre, zur Leistung aus dem dortigen Vermögen gezwungen wurde[504], weil man dort entweder die deutsche Pfändung nicht anerkannt[505] oder eine ausländische Pfändung für vorrangig gehal-

---

[497] SG Kassel ZIP 1981, 1013 mwN auch zur Gegenansicht u. zum Regreß wegen der unterlassenen Information.
[498] → Rdnr. 2. Durfte jedoch der Drittschuldner (Bauherr) in seinem eigenen Interesse an einen Gläubiger des Schuldners (Subunternehmer) zahlen, dann ist die gepfändete Forderung (Werklohn) von vornherein so eingeschränkt, was der Drittschuldner entsprechend § 404 BGB (→ Rdnr. 110) einwenden kann, OLG Stuttgart NJW 1960, 204 f.; zust. *Baur/Stürner*[11] Rdnr. 521.
[499] Vor der Pfändung vereinbarte »treuhänderische Hinterlegung« eines Kaufpreises beim Notar ist trotz Pfändung des Kaufpreisanspruchs gestattet, wenn sie, wie in der Regel, nicht nur dem Interesse des Verkäufers dient u. daher ohnehin noch nicht zur Erfüllung führt, → dazu Fn. 141 f. u. zur Bindung an die vereinbarten Bedingungen → Fn. 6. Wie hier *Rupp/Fleischmann* NJW 1983, 2368 f.
[500] BGH NJW 1979, 2038, auch zur Abrede, daß an den anderen gezahlt werden *muß*; *Rütten* (Fn. 128), 214; a.M. *Wagner* ZIP 1985, 856.
[501] *Marquordt* (Fn. 150), 100 f.; zugleich 87 ff. gegen die engeren Auffassungen von Nußbaum u. Rheinstein; *Schack* Rpfleger 1980, 177 f. Vgl. auch *Hellwig* System 2, 335 (199).

[502] Siehe die Nachweise bei *Schack* (Fn. 501) u. *Marquordt* (Fn. 150), 82; *W. Wengler* Festschr. zum 41. DJT (1955), 329 Fn. 62.
[503] Das sollte im Hinblick auf den Schutzzweck des § 829 Abs. 3 als ordre public (→ § 328 VII b) gelten. *Schack* (Fn. 501) greift auf Art. 27 Nr. 2 GVÜ zurück.
[504] Die Vorauflagen gingen im Anschluß an *Stein* (Fn. 160) u. *Jonas* (Fn. 154) nicht auf Art u. Qualität des Zwanges ein. Der Drittschuldner kann jedoch den Schutz vor Doppelleistung auf Kosten des Gläubigers, der immerhin eine – aus inländischer Sicht ihm gebührende – Befriedigungschance zu verlieren droht, nur erwarten, wenn er dessen Pfändung im Prozeß zu verteidigen suchte.
[505] *Stein, Jonas* (Fn. 504); *Hellwig* (Fn. 501). – A.M. RGZ 77, 253 f. für erzwungene Leistung an den Schuldner, weil das ausländische Urteil nicht gegen den Pfändungsgläubiger wirke. Letzteres trifft zu; aber der Drittschuldner ist daran gebunden u. hat daher dort keine Chance auf einen Ausgleich wegen doppelter Zahlung, u. selbst wenn er einen Titel auf Ersatz erstritte, rangierte er noch hinter dem hiesigen Gläubiger, der auch nach der hier vertretenen Ansicht doch wenigstens seine Titelforderung, möglicherweise auch andere Befriedigungsaussichten behält. Vgl. auch *Wengler* (Fn. 502), 330 ff.

ten hatte⁵⁰⁶. Denn der Schutz, der einem in Unkenntnis freiwillig Zahlenden nach § 407 BGB zukommt, gebührt auch dem, der trotz Kenntnis gar nicht anders handeln kann. Das gilt auch gegenüber einer Klage des Schuldners, → Rdnr. 98 a. E.

104   c) Trotz Abs. 1 S. 1 besteht an sich die Leistungspflicht fort; auf einen schon eingetretenen Verzug hat die Pfändung keinen Einfluß⁵⁰⁷. Der Drittschuldner ist aber nicht nur auf Verlangen *verpflichtet*, für beide zu hinterlegen oder an beide zu leisten, sondern zur Hinterlegung für beide mit befreiender Wirkung nach § 372 S. 2 Alt. 1 BGB⁵⁰⁸ berechtigt. Die oft günstigere Zahlung auf ein (verzinsliches) Sonderkonto setzt das Einverständnis des Gläubigers und des Schuldners voraus. Wird eine vorherige Abtretung behauptet, bestimmt sich das Hinterlegungsrecht nach § 372 S. 2 Alt. 2 BGB⁵⁰⁹. Denn durch sie wird die Pfändung zwar meistens gegenstandslos, aber der Drittschuldner darf im Rahmen des § 372 BGB von der Gültigkeit des Leistungsverbots ebenso ausgehen wie von der Überweisung im Falle des § 836 Abs. 2.

105   d) Leistet oder hinterlegt der Drittschuldner vor der Überweisung zugunsten eines nachrangigen *Gläubigers* in der irrigen Meinung, dessen Pfändung sei die einzige, und erhält dieser nach Überweisung zu Unrecht den Betrag, so ist § 1275 BGB mit seiner Verweisung auf § 408 Abs. 2 BGB entsprechend anzuwenden. → auch § 836 Rdnr. 8 ff.

Leistungen an einen vermeintlichen, dem Drittschuldner *vor* der Pfändung vom Schuldner angezeigten *Zessionar* sind nicht nur gegenüber dem Schuldner nach Maßgabe des § 409 BGB wirksam, sondern auch gegenüber dem Pfändungspfandgläubiger⁵¹⁰. Anders, wenn *nach* der Pfändung vom Schuldner eine Zession angezeigt wird, weil § 409 BGB Verfügungsbefugnis des Anzeigenden voraussetzt⁵¹¹.

106   2. Gegen eine **Klage des Gläubigers** hat der Drittschuldner, soweit er nicht schon durch Berufung auf gutgläubige oder im Ausland erzwungene Leistung befreit ist → Rdnr. 101, 103, 105, zunächst

a) alle **Einwendungen gegen die Gültigkeit und Wirksamkeit der Pfändung**⁵¹², und zwar grundsätzlich in Konkurrenz mit §§ 766, 793⁵¹³. Nichtig ist ein Pfändungsbeschluß, der ohne Rechtsgrundlage einen zusätzlichen pfändbaren Betrag festsetzt⁵¹⁴. Weitere Unwirksamkeitsgründe sind Unbestimmtheit (→ Rdnr. 41), unwirksame Zustellung (→ Rdnr. 58), Nichtbestand des gepfändeten Rechts (→ Rdnr. 67). Dagegen kann der Drittschuldner nicht geltend machen, die Forderung sei *nach der Pfändung* durch Konfusion erloschen. Zu fehlerhaften Beschlüssen wegen Unzuständigkeit → § 828 Rdnr. 10. Auch bei Fristversäumung nach § 929 Abs. 3 ist die Pfändung unwirksam. Zu den allgemeinen Kriterien der Nichtigkeit → Rdnr. 129 ff. vor § 704. Einwendungen, mit denen der Drittschuldner als Erinnerungs- bzw. Beschwerdeführer erfolglos war, sind auch im Prozeß unbeachtlich⁵¹⁵. Zur negativen Feststellungsklage des Drittschuldners → Rdnr. 118.

107   Er kann jedoch – ebenso wie der Schuldner – *Gründe*, die *lediglich* aus *vollstreckungsrechtlichen Gründen zur Anfechtung* der Pfändung berechtigen, nur im Wege der *Erinnerung* nach § 766 geltend machen. Dies folgt weder aus dem Pfändungspfandrecht⁵¹⁶ noch allein aus

---

⁵⁰⁶ So wohl auch *Schack* (Fn. 501).
⁵⁰⁷ RGZ 49, 202.
⁵⁰⁸ Vgl. *Mugdan* BGB II, 52; dort ist als Anwendungsbeispiel die mit Arrest belegte Forderung genannt.
⁵⁰⁹ Vgl. *Münzberg* ZZP 101 (1988), 446 f.
⁵¹⁰ Denn als Teilrechtsnachfolger (→ Rdnr. 87) kann er nicht stärkere Rechte haben als der Schuldner, BGHZ 56, 348 = NJW 1971, 1941.
⁵¹¹ BGH ZZP 101 (1988), 426 (433) Anm. *Münzberg*.
⁵¹² BAG NJW 1989, 2148.
⁵¹³ Zur Begründung → § 766 Rdnr. 27, wie dort noch OLG Frankfurt NJW 1981, 468.
⁵¹⁴ BAG NZA 1989, 821.

⁵¹⁵ War nur der Schuldner Erinnerungsführer, so entfaltet die Zurückweisung nicht Rechtskraft gegen den Drittschuldner → § 766 Rdnr. 50. Nur insoweit ist *BAG* AP Nr. 3 (Grunsky) = Rpfleger 1972, 438 zuzustimmen, daß die Wirksamkeit der Zustellung unabhängig von etwaigen Erinnerungsverfahren im Prozeß erneut zu prüfen sei. Wie hier ausführlich *Grunsky* aaO.
⁵¹⁶ *Lüke* JuS 1962, 421; vgl. auch BGHZ 66, 80 = NJW 1976, 851 = JZ 287; *Pohle* JZ 1962, 344. – *Baur/Stürner*¹¹ Rdnr. 374 folgert umgekehrt die *Zulässigkeit* der o. g. Einwendungen aus dem *Fehlen* des Pfändungspfandrechts u. »damit auch des Einziehungsrechts« (→ dagegen § 835 Rdnr. 9, 26).

prozeßökonomischen Einsichten⁵¹⁷ oder aus vermeintlich besserer Sachkunde des Vollstreckungsgerichts⁵¹⁸, sondern daraus, daß wirksame Pfändungen⁵¹⁹ als Hoheitsakte so lange zu beachten sind, bis sie von der dafür allein zuständigen Stelle aufgehoben oder geändert werden, hier also nach §§ 802, 828 durch das Vollstreckungsgericht⁵²⁰. Bis dahin hat der Gläubiger die durch die Pfändung erworbenen Rechte und Pflichten.

Diese Ansicht ist auch prozeßwirtschaftlich, vor allem wenn Drittschuldner sich daran gewöhnen, **108** rechtzeitig Erinnerung einzulegen, statt die Klage des Gläubigers abzuwarten⁵²¹. Denn nach § 766 wird erfahrungsgemäß schneller entschieden, weil die Vollstreckungsgerichte ständig mit solchen Fragen befaßt sind. Meist geht es um eine einzige Rüge. Sie macht die Klage oft entbehrlich, nicht nur wenn die Pfändung aufgehoben wird, sondern auch bei Zurückweisung, zumal diese gegen den Drittschuldner als Antragsteller Rechtskraft entfaltet, → § 766 Rdnr. 50. Umgekehrt schließt aber die rechtskräftige Verurteilung des Drittschuldners eine nachträgliche Aufhebung der Pfändung nicht aus; der Drittschuldner könnte diese nach §§ 767, 769 geltend machen, falls der Gläubiger ihm die vollstreckbare Ausfertigung des Urteils nicht freiwillig übergibt.

Folgt das Prozeßgericht der hier vertretenen Ansicht und läßt es dies pflichtgemäß nach § 278 Abs. 3 erkennen, so hat sogar ein bisher untätiger Drittschuldner keine Überraschungsentscheidung zu fürchten. Er darf noch nach Rechtshängigkeit Erinnerung einlegen und der Prozeß kann auf Antrag ausgesetzt werden⁵²². Daher besteht auch kaum ein Bedürfnis, die Einrede der Arglist zu gestatten, weil mit einer Aufhebung nach § 766 zu rechnen sei⁵²³.

Das gilt für den Einwand der **Unpfändbarkeit** nur, wenn der Pfändungsbeschluß über sie **109** befindet⁵²⁴, was z.B. bei § 850 h nur teilweise möglich ist⁵²⁵. Insbesondere dürfen die auf Erweiterung oder Einschränkung der Pfändbarkeit gerichteten Anträge, → § 850 Rdnr. 16 f., nur vom Vollstreckungsgericht beschieden werden, s. auch § 850 g. Keine Entscheidung trifft das Gericht beim Blankettbeschluß nach § 850 c Abs. 3 S. 2, der auf die Pfändungstabelle Bezug nimmt. Wo die Pfändbarkeit nicht wie bei §§ 850 b Abs. 2, 850 f Abs. 2, 54 Abs. 2 SGB-I in einem kontradiktorischen Verfahren *mit Anhörung des Schuldners* (→ § 834 Rdnr. 2, 3), sondern allein aufgrund der Angaben des Gläubigers geprüft wird, entfaltet der Pfändungsbeschluß keine materielle Bindungswirkung im Drittschuldnerprozeß⁵²⁶. Der Pfändungsbeschluß soll die Verfügung des Schuldners ersetzen. Würde eine rechtsgeschäftliche Verfügung des Schuldners keine Wirkung entfalten, erzeugt auch der Pfändungsbeschluß keine materiellen Wirkungen⁵²⁷. Das ist bei fehlender Rechtsinhaberschaft unbestritten → Rdnr. 67 und

---

⁵¹⁷ So aber wohl *BGH* LM Nr. 3 zu § 851 = Rpfleger 249. S. dagegen *Gaul* Rpfleger 1971, 89.
⁵¹⁸ Darauf stellt *BAG* JZ 1977, 65 = NJW 75 ab.
⁵¹⁹ Nicht *nur* die Überweisung, auf die *Lüke* (Fn. 516) u. in erster Linie wohl auch *BGH* (Fn. 516) an sich zutreffend abstellen: denn die Frage darf z.B. für Arrestpfändungen nicht anders entschieden werden als nach Überweisung.
⁵²⁰ So für fehlende Titelzustellung *BGH* (Fn. 516); für fehlenden Titel gegen Mitgesellschafter (§ 736) *BGH* WPM 1977, 841 f. u. allgemein (»Funktionsteilung«) *Lüke* (Fn. 516); *Gaul* Rpfleger 1971, 89; *A. Blomeyer* ZwVR § 56 X 5; *Gerhardt*² § 9 II 1; ausführlich *J. Blomeyer* RdA 1974, 10 ff. zugleich gegen die Bedenken von *Henckel* ZZP 84 (1971), 453, so könnte § 400 BGB umgangen werden.
⁵²¹ *Pohle* JZ 1962, 345 mit dem richtigen Hinweis, daß einer rechtskräftigen Verurteilung des Drittschuldners doch der Boden entzogen werden könnte mittels Aufhebung der Pfändung durch das an die Urteilsgründe nicht gebundene Vollstreckungsgericht. Wenn allerdings bis zur Revision noch Erinnerung eingelegt ist, kann das *BAG* NJW 1971, 2095 (zu 3) nur noch mit der widersprüchlichen Begründung helfen, daß es sich »an die Entscheidung des Vollstreckungsgerichts gebunden« fühlt

und doch ihren Bestand in Frage stellt mit der Prüfung, ob § 850 d überhaupt anwendbar war.
⁵²² Entsprechend §§ 148 ff., zumal es sich wie bei den §§ 151 ff. um das Abwarten einer auf anderem Wege nicht zu erlangenden rechtsgestaltenden Aufhebung handelt. *Pohle* JZ 1962, 345 will § 148 unmittelbar anwenden. Auch *J. Blomeyer* RdA 1974, 12 wendet §§ 151 ff. an.
⁵²³ Vgl. auch *Pohle* AP Nr. 4 zu § 850d.
⁵²⁴ Ähnlich *Baur/Stürner*¹¹ Rdnr. 374. Soweit der Beschluß »selbstbeschränkend« die Unpfändbarkeit offen läßt (sei es zulässig oder nicht), kann sie stets im Prozeß geltend gemacht werden, ausführlich *J. Blomeyer* (Fn. 520), 13 ff.; *Otto* SAE 1972, 118, bei abstrakter Bezugnahme auf die Pfändungstabelle also bis zu dieser Höhe, je nachdem ob u. wieviele Unterhaltsberechtigte im Beschluß erwähnt sind. Entsprechendes gilt, wenn im Bereich des § 850 e Angaben des Gläubigers fehlen. → auch Fn. 526 (über § 850h). Wegen § 852 → dort II.
⁵²⁵ Denn hier sind Anspruchshöhe und Pfändungsumfang kaum zu trennen, *RAGE* 15, 295 f.; *Pohle* JZ 1962, 346, *A. Blomeyer* u. *J. Blomeyer* (Fn. 520); *Gerhardt* (Fn. 520).
⁵²⁶ Vgl. *BAG* NJW 1977, 75.
⁵²⁷ *Baur/Stürner*¹¹ Rdnr. 374 stellen auf das fehlende Pfändungspfandrecht ab.

sollte bei Verfügungsbeschränkungen (Unabtretbarkeit, §§ 851 Abs. 1, 852 und der gleichgestellten gesetzlichen Unpfändbarkeit (§ 850 c) nicht anders beurteilt werden, da der Pfändungsbeschluß auch hier nur verweigert werden darf, wenn nach keiner vertretbaren Rechtsansicht die Voraussetzungen der Pfändbarkeit vorliegen[528]. Wegen der begrenzten Prüfungskompetenz des Vollstreckungsgerichts hat jeder Pfändungsbeschluß insoweit Blankettcharakter. Die Annahme weitergehender Rechtsfolgen ist auch deshalb bedenklich, weil allein Gläubigerbehauptungen die Grundlage der Entscheidung bilden (→ Rdnr. 37). Dies läßt sich nur rechtfertigen, wenn die Wirkungen des Beschlusses auf das Notwendige beschränkt sind. Die Gegenmeinung[529] stellt auf Prozeßökonomie und das Dogma ab, ein Staatsakt sei nur ausnahmsweise nichtig[530]. Die Erinnerung ist aber nicht besser als ein Prozeß zwischen Schuldner bzw. Gläubiger und Drittschuldner geeignet, die Pfändbarkeit zu klären, weil die Prüfungsbefugnis im Verfahren nach § 766 nicht weiter gehen kann als bei der Pfändung. Ganz verfehlt ist es, insoweit auf das Vertrauen in die Wirksamkeit eines Staatsakts abzustellen. Der Pfändungsbeschluß ist ein Tatbestand mit materiellrechtlichen Rechtsfolgen, aber er entscheidet nicht konstitutiv darüber, ob diese Folgen eintreten. Deshalb ist ein Vertrauen auf materielle Rechtsfolgen nicht schutzwürdig → auch § 836 Rdnr. 2. Auch soweit eine Leistung an den Pfändungsgläubiger schon dem **Inhalt des Anspruchs** widerstreiten würde, → z. B. § 851 Rdnr. 21 (*Zweckbindung*), kann die aus dieser materiellen Beschränkung der Leistungspflicht folgende Unpfändbarkeit auch *im Prozeß* geltend gemacht werden[531].

110 b) Im übrigen sind bis zur Aufhebung der gültigen Pfändung oder Einstellung der Zwangsvollstreckung *nur solche Einwendungen gestattet, die trotz gültiger Pfändung erheblich sind*, also auch dann Erfolg hätten, wenn die Pfändung unanfechtbar wäre. Zulässig sind wie nach § 404 BGB **Einwendungen** usw., die dem Drittschuldner schon **zur Zeit der Pfändung**[532] **gegen den Schuldner zustanden**[533]. Der Einwand, daß die Forderung nicht besteht[534] oder schon vorher *abgetreten* war[535], sei es auch nur zu treuen Händen, richtet sich gegen die Wirksamkeit der Pfändung. Trotzdem hat der Gläubiger nicht zu beweisen, daß der Schuldner noch im Zeitpunkt der Pfändung aktivlegitimiert war[536]. Dem Einwand, die Forderung sei vor der Pfändung abgetreten worden, kann der Gläubiger nicht die erfolgreiche Anfechtung nach dem AnfG entgegenhalten. Die Anfechtung beseitigt zwar einen Widerspruch des Anfechtungsgegners nach § 771, weiterreichende vollstreckungsrechtliche Wirkungen erzeugt sie nicht; die Pfändung ist nach der Anfechtung zu wiederholen[537].

111 Zulässig ist die **Aufrechnung**[538] mit Forderungen *gegen den Schuldner*, wenn die Voraussetzungen der Aufrechnung schon zur Zeit der Pfändung vorlagen, sollte auch die Erklärung erst

---

[528] Davon ging auch die Vorauflage aus; vgl. dort die Verweisung auf Rdnr. 37.

[529] *RGZ* 66, 234 (differenzierend nach Unpfändbarkeit aus materiellem Recht und Prozeßrecht); *RGZ* 93, 77; *Münzberg* in der 20. Aufl.; *Pohle* JZ 1962, 344; *Lüke* JuS 1962, 421; *Baumbach/Hartmann*[52] Rdnr. 55; *Thomas/Putzo*[18] Rdnr. 13; *Jauernig* ZV[19] § 33 I J; *Zöller/Stöber*[18] Rdnr. 24. – Wie hier *BAG* NJW 1977, 75; *Stein* (Fn. 160) und die 18. Aufl.; *Hellwig*, System 2, 349 (materielle Nichtigkeit); *Henckel* (Fn. 521); MünchKommZPO-*Smid* Rdnr. 55; *Baur/Stürner*[11] Rdnr. 374 (die die Gegenmeinung für herrschend halten); *Stöber*[10] Rdnr. 752 differenziert wie das *RG* aaO.

[530] Vgl. insbesondere *Pohle* (Fn. 529).

[531] *RAGE* 16, 145 = JW 1936, 1245; *RGZ* 66, 234 (vgl. auch 93, 77f.); *BGH* (Fn. 517); *BAG* (Fn. 518); *Rosenberg/Gaul/Schilken*[10] § 55 II 1 c cc.

[532] Auch hier genügt, daß die Einwendung oder Einrede wenn auch noch nicht »entstanden«, so doch »begründet« war (§ 404 BGB), d. h. daß ihre rechtlichen Grundlagen schon bestanden, *BGH* NJW 1986, 919; → Rdnr. 111;

zur Beendigung des Grundverhältnisses → Rdnr. 95 u. 114 a. E.

[533] *BGH* WPM 1981, 305 (mangelnde Fälligkeit, Zahlung auf Sperrkonto); *RGZ* 8, 278 f. (rechtskräftige Verurteilung des Schuldners zur Löschung seiner verdeten Hypothek); *RG* JW 1910, 63[7] (Zurückbehaltungsrecht); JW 1913, 276[19] (durch Zeitablauf erloschener Versicherungsanspruch). → auch Rdnr. 102. Zum Gleichbehandlungsgrundsatz des § 19 GmbHG s. aber § 851 Rdnr. 13.

[534] Vgl. *BGHZ* 70, 320 = NJW 1978, 943 = MDR 644.

[535] *BGH* NJW 1987, 1705.

[536] Zur Beweislast → Text bei Fn. 415 ff.

[537] *BGH* NJW 1987, 1703; zust. *Münzberg* ZZP 101 (1988), 439 ff.; *Henckel* EWiR § 11 AnfG 1/87; → Rdnr. 67.

[538] Aufrechnungsverbote im Verhältnis zwischen Schuldner u. Drittschuldner wirken auch zwischen Gläubiger u. Drittschuldner; zu § 19 Abs. 2 S. 2 GmbHG u. § 66 Abs. 1 S. 1 AktG → § 851 Rdnr. 13.

nachher erfolgen, § 392 BGB[539]; wie bei § 406 BGB genügt es aber, wenn die Grundlage der Gegenforderung noch vor der Pfändung bestanden hat[540]. Eine solche, dem *Gläubiger* erklärte[541] Aufrechnung wird auch nicht durch eine Zahlung ausgeschlossen, die aufgrund der Pfändung nach §§ 135f. BGB gegenüber dem Gläubiger unwirksam ist[542]. Die unwirksame Zahlung enthält keinen Verzicht auf die Aufrechnungsbefugnis. Für eine Aufrechnung *mit eigenen Forderungen gegen den Gläubiger* entsteht die Gegenseitigkeit (§ 387 BGB) erst mit der Überweisung. Mit Forderungen des Schuldners kann der Drittschuldner nicht aufrechnen[543]; ebensowenig mit eigener Forderung gegen »fiktive« Ansprüche gemäß § 850 h Abs. 2, → dort II D 4 (Rdnr. 37). Zur Verrechnung von Vorschüssen → § 850 e Rdnr. 14ff.

Vor der Pfändung bedingter, betagter oder zukünftiger Forderungen abgeschlossene *Aufrechnungsverträge*[544], deren Wirkungen vereinbarungsgemäß ohne besondere Erklärungen eintreten, sind wie andere Vorausverfügungen gegenüber dem Gläubiger wirksam[545]. 112

Bei der Pfändung und Überweisung des Lohnes eines **Kellners**, der nach dem Serviersystem beschäftigt wird, ist jedoch der Drittschuldner (Gastwirt) verpflichtet, den gepfändeten Betrag von dem Lohn des Kellners einzubehalten und an den Pfandgläubiger abzuliefern. Denn in solchen Fällen liegt im Zweifel kein bindender Aufrechnungsvertrag vor[546] sondern eine **Inkassoabrede**, die nur der Vereinfachung dient und im Zweifel mit diesem Zweck steht und fällt (§ 158 Abs. 2 BGB). Sie wird daher von selbst unwirksam, wenn sie durch Dazwischentreten von Drittinteressen ihre Bedeutung entscheidend verändern würde, wie es bei einer Pfändung der Fall ist[547]. Zumindest ist sie für beide Teile jederzeit widerruflich. Eine Pflicht des Drittschuldners zum Widerruf läßt sich allerdings nach geltendem Recht nicht begründen[548]. Wer daher der Ansicht nicht zu folgen vermag, daß solche Abreden durch die Pfändung von selbst hinfällig werden, muß dem Gläubiger raten, zusätzlich das Widerrufsrecht seines Schuldners pfänden[549] und sich überweisen[550] zu lassen. Dies gilt auch dann, wenn von dem Bedienungsgeld nach dem Tarifvertrag andere als gesetzliche Abzüge nicht gemacht werden dürfen[551]. Behält der Kellner nach der Pfändung das Bedienungsgeld ein, so kann sich der Gastwirt gegenüber dem Gläubiger hierauf nicht berufen[552]. Nach wohl überwiegender Meinung, die ebenso für die Provisionsansprüche des inkassoberechtigten **Handelsvertreters** zu entscheiden pflegt[553], soll es hierbei jedoch nicht darauf ankommen, ob ein bindender Aufrechnungsvertrag anzunehmen ist[554]. Das ist zumindest dann verfehlt,

---

[539] *OLG Celle* ZIP 1983, 468; *OLG Dresden* OLG Rsp 16, 375 will § 406 BGB anwenden.
[540] *BGH* Rpfleger 1980, 99⁹¹ = NJW 584f.; *OLG Köln* OLGZ 78, 321¹⁰⁹, Celle (Fn. 539); *LG Aachen* ZIP 1981, 786; s. auch *Denck* AcP 176 (1976), 534; *AG Köln* ZIP 1983, 931 (Bankgebühr).
[541] Gegenüber dem verbotswidrigen Empfänger bleibt sie ausgeschlossen → Fn. 454.
[542] *BGH* NJW 1972, 428; *OLG Hamm* OLG Rsp 24, 254f.; *OLG Düsseldorf* NJW 1962, 1920 (auch zu § 393 BGB); *LAG Berlin* AP Nr.1 zu § 407 BGB; *Hellwig* System 2, 347 Fn. 25; *Werner* NJW 1972, 1697f.; *Liesecke* WPM 1975, 319; *Noack* DGVZ 1981, 35; *Wieczorek*² Anm. G II b 1; *Stöber*¹⁰ Rdnr. 573; erst recht, wer absolute Unwirksamkeit annimmt, → Fn. 451 a. E. Vgl. auch *BGH* WPM 1981, 305: der Gläubiger darf Vorteile, die durch eine ihm gegenüber unwirksame Leistung entstehen, redlicherweise für sich in Anspruch nehmen. – Einschränkend *LAG Saarbrücken* NJW 1978, 2055 (nur bei Zwangslage des Drittschuldners); ähnlich *Denck* NJW 1979, 2375ff. (nur bei Gegenleistungsinteresse des Drittschuldners).
A.M. *RG* Gruch. 56, 1068; *OLG Hamburg* MDR 1958, 432⁷⁰; *Baur/Stürner*¹¹ Rdnr. 521; *Bruns/Peters* ZV² § 23 IX 4; *Thomas/Putzo*¹⁸ Rdnr. 39; *Reinicke* NJW 1972, 793ff., 1698 (der auch sonstige Einwendungen ablehnt, gegen letzteres *Denck* aaO).
[543] *AG Langen* MDR 1981, 237.
[544] Zum Kontokorrent → Rdnr. 12, 72.
[545] *BGH* NJW 1968, 835; *Böttcher* Festschr.f. Schima (1969), 106; *Stöber*¹⁰ Rdnr. 575; *Gernhuber*, Die Erfüllung und ihre Surrogate (1983), 302; differenzierend *RGZ* 138, 258; einschränkend auf die Voraussetzungen des § 392 BGB: *BAG* AP Nr.1 zu § 392 BGB = SAE 1967, 253 (Fenn) = BB 35 (Trinkner); dagegen *Fenn* u. *Trinkner* aaO je mwN. Eine bloße Übung hat diese Wirkung nicht, *BGH* VersR 1970, 368. § 394 BGB gilt auch hier.
[546] A.M. *RAGE* 20, 128 = JW 1938, 3316, das aber die Bindung entfallen läßt, → dagegen Fn. 554.
[547] *Stöber*¹⁰ Rdnr. 900 mwN; ähnlich für Inkassovollmacht *und* Aufrechnungsvertrag beim Handelsvertreter *LG Dortmund* MDR 1957, 750 = VersR 1958, 58; *Stöber*¹⁰ Rdnr. 899 Fn. 56. *KG* OLG Rsp 7, 319f. nahm nur Pflicht des Drittschuldners zum Widerruf an, verurteilte ihn aber doch.
[548] *LG Bochum* BB 1957, 1159. – A.M. beim Handelsvertreter *KG* (Fn. 547).
[549] Denn es ist zweifelhaft, ob es sich um ein Nebenrecht der Forderung handelt.
[550] Sogar bei Arrestpfändung, denn die *Ausübung* des Widerrufsrechts ist einerseits schon jetzt zur Sicherung erforderlich, andererseits noch nicht selbst Befriedigung.
[551] *RAG* (Fn. 546).
[552] *RAG* (Fn. 546) u. ArbRS 45, 191; *BAGE* 17, 161 = AP Nr. 4 zu § 611 BGB = NJW 1966, 469 = Rpfleger 255 (Berner); *Stöber*¹⁰ Rdnr. 899f. mwN.
[553] *LG Dortmund* (Fn. 547); *LG Hamburg* MDR 1961, 856; *LG Köln* VersR 1952, 321; differenzierend *RGZ* 138, 257f. S. auch *KG* → Fn. 547.
[554] So schon *RAGE* 5, 136; 6, 204; SA 86, Nr. 20; *BAG*

wenn der Drittschuldner mit der Aufrechnungsvereinbarung auch eine Sicherung seiner bestehenden oder künftigen Gegenforderung erstrebt hat, die ebenso durch Vorausabtretungen des Schuldners hätte erreicht werden können; eine Mißachtung solcher Verträge außerhalb des Bereichs der §§ 117, 138 BGB, § 3 AnfG würde dem Gläubiger Rechte einräumen, die er bei seinem Schuldner gar nicht pfänden kann, weil dieser sie nicht hat[555].

113 Zulässig sind ferner die Einreden des *Zurückbehaltungsrechts*[556], die aus *gegenseitigem Vertrag* wegen Nicht- oder Schlechtleistung des Schuldners[557], die aus Schiedsvertrag mit dem Schuldner, §§ 296 Abs. 3, 1027a[558], die mangelnder Kostenerstattung, § 269 Abs. 4[559], die Vereinbarung, daß zunächst nicht auf die gepfändete Forderung, sondern auf die dafür erfüllungshalber gegebenen (nicht mitgepfändeten) *Wechsel* oder *Schecks* zu zahlen sei[560], der Ablauf von *Verjährungs- oder Ausschlußfristen*[561]. Ferner kann der Drittschuldner dem Gläubiger ein eigenes Pfandrecht entgegenhalten[562]. Zu Forderungen auf Zahlung an Dritte → oben Rndr. 2.

114 Auf seinen guten Glauben kann sich der Gläubiger gegenüber Einwendungen auch dann nicht berufen, wenn er es nach §§ 405, 2366 BGB könnte, denn er ist weder Zessionar noch erwirbt er seine Rechte aus der Pfändung (bzw. Überweisung) durch Rechtsgeschäft. Ebensowenig finden die Beschränkungen des Art. 17 WG oder des § 364 Abs. 2 HGB Anwendung. Wohl aber können die Einreden wegen der besonderen Rechtsbeziehungen zwischen Gläubiger und Drittschuldner unwirksam sein[563]. Einwendungen, die erst nach der Pfändung gegen den Anspruch des Schuldners entstanden sind, stehen dem Drittschuldner nur zu, wenn sie nicht auf einer Verfügung beruhen, die dem Gläubiger gegenüber unwirksam ist[564]. An einer Kündigung des Vertrages, aus dem gepfändete Forderungen stammen, hindert die Pfändung den Drittschuldner ebensowenig[565] wie den Schuldner; wegen Ausnahmen Rdnr. 96. Zur Aufrechnung → Rdnr. 111.

115 c) Der Drittschuldner kann **keine Einwendung** herleiten aus sachlichen Mängeln, die *nur dem Schuldner* die Beseitigung der Pfändung ermöglichen. Dahin gehören Einreden gegen den *zu vollstreckenden Anspruch*, §§ 767f.[566]. Dies gilt auch, wenn der Schuldner nach § 826 BGB Herausgabe des unredlich erlangten Titels verlangen könnte[567]. Für Arbeitgeber gilt keine Besonderheit. Einwendungen gegen den titulierten Anspruch führen auch bei Titeln nach § 794 Abs. 1 Nr. 1 und 5 nicht zu Nichtigkeit der Pfändung, solange der Titel wegen gültiger Vollstreckungsklausel vollstreckbar ist, und dagegen kann nur der Schuldner nach §§ 732, 768 vorgehen. Zu Abreden zwischen vorpfändendem Gläubiger, Schuldner und Drittschuldner → § 832 Rdnr. 8. Daß auch andere Gläubiger die Forderung gepfändet haben,

---

(Fn. 552), zu Unrecht auf § 850h hinweisend, denn Aufrechnungsverträge können billigenswerte Gründe haben, s. sofort. S. auch *Stöber*[10] Rdnr. 899 Fn. 56. Wegen § 392 BGB → Fn. 555. In AP Nr. 1 u. 2 zu § 392 BGB läßt das *BAG* offen, ob § 392 BGB auch für Aufrechnungsvereinbarungen gilt.
[555] Vgl. *Trinkner* BB 1967, 36. Im wesentlichen wie hier *Stöber*[10] (Fn. 554). S. auch *LG Bochum* (Fn. 548).
[556] BGH MDR 1980, 51 (auch Schadensersatzanspruch aus 326 BGB, während *LG Aachen* → Fn. 40 Aufrechnung annimmt); *OLG Karlsruhe* BadRpr 01, 306; *OLG Hamburg* OLG Rsp 6, 416. → ferner Fn. 533.
[557] → Fn. 556.
[558] → § 1025 Rdnr. 41 Fn. 152 (20. Aufl.).
[559] Vgl. *RGZ* 33, 359.
[560] *RG* LZ 33, 1199f.; aber nicht, soweit Wechsel schon zu Protest gegangen u. *nach* Pfändung durch neue ersetzt worden sind, *OLG Köln* OLGZ 1966, 560.
[561] → Fn. 533. Zu tariflichen Verfallfristen s. *Schaub* NJW 1965, 2329.
[562] *BGH* NJW 1985, 1218 (1220) zu § 19 Abs. 2 AGB-

Banken; *OLG München* WPM 1974, 959; *Liesecke* WPM 1975, 319; vgl. auch *RGZ* 108, 321f. (Verwertungsrecht).
[563] Vgl. *RG* JW 10, 63.
[564] Vgl. *RGZ* 21, 367.
[565] *BGH* ZIP 1982, 1482f. = WPM 1364 (Untermietverhältnis).
[566] *BGH* NJW 1982, 383 (386) mwN; *BAG* AP Nr. 2 = NJW 1964, 689 (zu II 3) (betr. Wahlrecht des Schuldners); *LAG Frankfurt* DAVorm 1974, 130; *RGZ* 93, 77; *OLG Celle* OLG Rsp 6, 10; *OLG Rostock* SA 66, 147; *RAGE* 21, 46 (Verjährung); *Stöber*[10] Rdnr. 577, 664; ausführlich *J. Blomeyer* RdA 1974, 2ff. – A.M. *Denck* ZZP 92 (1979), 79f. für die Lohnpfändung (»Fürsorgerecht«), obwohl er richtig Parallelen zur Zession zieht. Das gilt auch für einen aus materiellen Gründen nichtigen Vergleich, solange er mit einer gültigen Vollstreckungsklausel versehen ist, → § 794 Rdnr. 54f.; a. M. *BAG* → § 794 Fn. 313 (Arglist). Ein Fehlen der Klausel oder ihre Ungültigkeit ist nach § 766 zu rügen, → Rdnr. 107.
[567] *BAG* NJW 1989, 1053 = JZ 1989, 351.

hat bis zur Überweisung nur zur Folge, daß der Klag- oder Arrestantrag ihre Mitberechtigung berücksichtigen muß. Im übrigen greift nur § 853 ein. Anders nach der Überweisung, → § 835 Rdnr. 46.

d) Eine einstweilige **Einstellung der Zwangsvollstreckung**, § 775 Nr. 2, wirkt aber auch im Verhältnis zwischen Gläubiger und Drittschuldner und zwingt wohl zur Aussetzung des Verfahrens[568] nach § 148, falls der Gläubiger auf Leistung an sich allein klagt[569]. Erst recht kann der Drittschuldner die *endgültige* Einstellung der Zwangsvollstreckung einwenden, § 775 Nr. 1, auch wenn ein Prozeßgericht sie ausgesprochen hat und daher Verstrickung und Pfändungspfandrecht noch nicht durch Aufhebung des Pfändungsbeschlusses seitens des Vollstreckungsgerichts erloschen sind, → § 775 Rdnr. 26, § 835 Rdnr. 11[570]. 116

3. Gegen eine *Klage des Schuldners* auf Leistung an sich selbst stehen dem Drittschuldner außer dem Einwand der Pfändung alle Einwendungen gegen den Anspruch unbeschränkt zu, auch aus der Zeit nach der Pfändung[571]; denn ihm gegenüber handelt der Schuldner auch dann noch wirksam, → Rdnr. 93. 117

4. Ihm zustehende Einreden kann der Drittschuldner auch mit *negativer Feststellungsklage gegen den Gläubiger* geltend machen[572]. Das Interesse (§ 256) an einer Feststellung, daß die Forderung nicht (mehr) bestehe, ergibt sich zwar noch nicht allein aus der Pfändung[573], wohl aber wie sonst aus jeder Berühmung des Gläubigers, → § 256 Rdnr. 65[574]; versäumt daher der Drittschuldner, seine Einwendung dem Gläubiger (§ 840) vor Klagerhebung mitzuteilen, um ihn zum Verzicht nach § 843 zu bewegen, so trägt er zwar die Kosten nach § 93, verliert aber – entgegen BGH – dadurch noch nicht sein Interesse an alsbaldiger Feststellung[575]. Wegen § 766 fehlt allerdings grundsätzlich das Interesse an einer Feststellung nach § 256, daß die Pfändung aus *vollstreckungsrechtlichen* Gründen unwirksam sei[576]; bei angeblich unbestimmter Pfändung sollte aber der Drittschuldner zwischen § 256 und § 766 wählen dürfen[577], weil im Erinnerungsverfahren von der Möglichkeit der Aufhebung nur zurückhaltend Gebrauch gemacht wird. 118

VIII. Rechtsstellung Dritter

Rechte Dritter, denen die Forderung *von vornherein* zusteht[578], auch als Gesamtgläubigern neben dem Schuldner, oder denen sie vorher *abgetreten*[579] oder *verpfändet* war[580], werden 119

---

[568] Stöber[10] Rdnr. 753; u. U. auch im Feststellungsprozeß, denn das Merkmal »alsbald« in § 256 könnte dadurch zweifelhaft werden.
[569] Wegen der Erhaltungsmaßnahmen, die nicht berührt werden → Rdnr. 85; § 835 Rdnr. 11 a. E.
[570] A.M. *J. Blomeyer* RdA 1974, 13: erst nach Aufhebung gemäß § 775.
[571] OLG Hamburg SA 53, 234[133].
[572] RGZ 66, 70, 72; BGHZ 69, 144 = NJW 1977, 1881 mwN. Zur Befugnis des Finanzamts, über die Wirksamkeit des Pfändungsbeschlusses durch Verwaltungsakt zu entscheiden, *BFH* NJW 1988, 1998[13].
[573] So aber *RG* (Fn. 572); dagegen mit Recht *Gaul* (Fn. 59), 32.
[574] Denn § 766 scheidet insoweit regelmäßig aus → Rdnr. 37 f. Der Antrag kann die Leistungspflicht, aber auch die Wirksamkeit der Pfändung leugnen, *Lüke* JZ 1959, 272 Fn. 12 mwN. Da eine Berühmung wohl fehlte, ist *BGH* (Fn. 572) im Ergebnis zuzustimmen.
[575] Nicht anders als bei Klagen ohne Mahnung, Abmahnung usw. → § 93 Rdnr. 11, 16, 22; richtig *Reinelt* NJW 1978, 272. – A.M. *BGH* (Fn. 572); *Gaul* (Fn. 59), 30 ff.; *Baumbach/Hartmann*[52] Rdnr. 58.

[576] → § 766 Rdnr. 53 und 54 zur Konkrrenz. Vgl. auch oben Rdnr. 107. Insoweit könnte man der Begründung des *BGH* (Fn. 572) zustimmen, wäre es dort nicht ausgerechnet um mangelnde Bestimmtheit gegangen.
[577] A.M. *BGH* (Fn. 572), der den Gläubiger auch dann allein auf § 766 verweist u. damit möglicherweise das Vollstreckungsgericht selbst dann zur Entscheidung über die Bestimmtheit drängt, wenn es sich beachtlichen abweichenden Meinungen gegenübersieht. Eine Aufhebung wäre z.B. bedenklich, wenn das Vollstreckungsgericht strengere Anforderungen an die Bestimmtheit stellt als etwa der BGH, weil jedenfalls der alte Rang der Pfändung verlorenginge. Aber auch die Bejahung der Bestimmtheit wäre in solchen Fällen problematisch, weil ihre Rechtskraftwirkung im Drittschuldnerprozeß (→ § 766 Rdnr. 50) umstritten ist.
[578] Wegen Treuhandkonten (Ander- oder Eigenkonten) → Rdnr. 20 u. § 771 Rdnr. 23.
[579] Auch als bedingte, *BGH* LM Nr. 14 zu § 313 BGB, oder künftige Forderung, *RG* JW 1913, 132.
[580] Ebenso bei Nießbrauch *OLG Kiel* OLG Rsp 15, 366.

durch die Pfändung nicht berührt. Dennoch können sie nach § 771 geltend gemacht werden[581]; dies ist aber nicht Voraussetzung für eine Leistungsklage des wahren Gläubigers[582].

120   1. Insbesondere geht eine Abtretung auch dann dem Recht des Pfändungsgläubigers vor, wenn sie dem Drittschuldner noch nicht angezeigt war, § 398 BGB[583], vorbehaltlich des dem Drittschuldner nach § 408 Abs. 2 BGB zustehenden Rechts, sich auf seine Unkenntnis zu berufen. Handelt es sich um *Forderungen, auf die sich die Hypothek erstreckt,* also um Miet- und Pachtzinsen, Rechte auf wiederkehrende Leistungen, die mit dem Eigentum am Grundstück verbunden sind, so ist die Pfändung als Verfügung des Schuldners über die Forderung anzusehen[584]. Sie ist daher innerhalb der in §§ 1124, 1126 BGB bestimmten Zeitgrenzen (→ § 865 Rdnr. 13 ff.) auch dem älteren Hypothekengläubiger gegenüber wirksam, wenn sie vor der Beschlagnahme der Forderung zugunsten des Hypothekengläubigers gemäß §§ 22 Abs. 2, 151 ZVG erfolgt. Entsprechendes gilt für Versicherungsforderungen (§ 1127 BGB) nach Ablauf der Jahresfrist, §§ 1129, 1123 Abs. 2 S. 1 BGB, während bei Gebäudeversicherungen die Befreiung erst mit der Auszahlung an den Pfändungsgläubiger[585] eintritt, falls die Fristen des § 1128 Abs. 1 BGB ohne Widerspruch verstrichen sind und die Anmeldung der Hypothek nach § 1128 Abs. 2 BGB unterblieben war. Eine dem § 1124 BGB entsprechende Regelung ist in dem G über die Pfändung von Miet- und Pachtzinsforderungen wegen Ansprüchen aus *öffentlichen Grundstückslasten* vom 9. III. 1934 (RGBl. I, S. 181) getroffen. → auch § 865 Rdnr. 38.

121   2. *Spätere Erwerber* oder Pfandgläubiger müssen die Pfändung gegen sich gelten lassen, außer wenn die Pfändung wie eine Verfügung des Schuldners (→ Fn. 584) ihnen gegenüber unwirksam ist, z.B. nach BGB §§ 161, 353, 2115 (vgl. § 773), oder wenn sie im Verhältnis zum Zessionar oder dem Schuldner als dessen Rechtsvorgänger[586] gegen Treu und Glauben verstößt; anders nach BGB §§ 184 (Genehmigung), 499 (Wiederkauf). Der *Erwerber oder Ersteher eines vermieteten oder verpachteten Grundstücks,* der in die Vertragsrechte eintritt, muß eine Verfügung über den Miet- und Pachtzins, auch wenn er sie nicht kannte, gegen sich gelten lassen, soweit sie den Zins des laufenden und, sofern der Eigentumsübergang bzw. die Beschlagnahme des Grundstücks nach dem 15. Tage des Monats erfolgt, auch den des folgenden Monats betrifft, §§ 573ff. BGB, §§ 57, 57b ZVG. Die Pfändung wirkt auch hier wie eine Verfügung des Schuldners, obwohl eine ausdrückliche Gleichstellung nicht erfolgt ist[587], und der Erwerber unterliegt Verfügungsbeschränkungen wie der Schuldner (→ Rdnr. 90ff.).

IX. Gläubiger als Drittschuldner

122   **Drittschuldner** kann auch der **Gläubiger selbst** sein[588]. Der Gläubiger hat dann den Pfändungsbeschluß sich selbst zustellen zu lassen; Zustellung nur an den Schuldner wäre wirkungslos, da ein Drittschuldner vorhanden ist[589]. Diese Pfändung kann, solange sie nicht nur Arrestpfändung ist, zu demselben Ergebnis führen wie die Aufrechnung oder noch vorteilhafter sein als diese; sie ist daher von praktischem Wert, wenn die Aufrechnung des Gläubigers

---

[581] *BGH* WPM 1981, 648f. → § 771 Rdnr. 20 u. zur Beweislast dort Rdnr. 3.
[582] *KG* OLGZ 1973, 49 = MDR 233f.
[583] »Stille« Abtretung, → Rdnr. 67; nichts anderes ergibt sich aus §§ 407, 410 BGB, *OLG Hamm* Rpfleger 1978, 186.
[584] *RGZ* 76, 118; *OLGe Dresden* u. *Posen* OLG Rsp 4, 229; 10, 122; 8, 208.
[585] Vgl. *OLG Breslau* OLG Rsp 14, 111.
[586] Vgl. *BGH* WPM 1973, 892 vor § 704 (dort Verstoß verneint).

[587] *RGZ* 58, 181 ff.; 103, 137 (140).
[588] *RGZ* 20, 371 ff.; *RG* JW 1928, 2859; 1938, 2400; *OLG Köln* NJW-RR 1989, 190; *OLG Stuttgart* Rpfleger 1983, 409; *LG Berlin* Rpfleger 1975, 374[325] = Büro 1510 (→ § 850b Rdnr. 34); *Oertmann* AcP 81 (1893), 109f.
[589] *RGZ* 20, 369 = WarnRsp 13 Nr. 390 (Übersendung oder Zustellung nach § 329 Abs. 3 durch Gericht genügen nicht, weil § 829 Abs. 3 nicht nur Kenntnisnahme sondern auch Offenlegung des Pfändungswillens bezweckt); *Stöber*[10] Rdnr. 33, 526.

aus materiellrechtlichen oder prozeßrechtlichen Gründen nicht oder nicht mehr zulässig ist[590]. Das Rechtsschutzbedürfnis für die Pfändung fehlt aber auch dann nicht, wenn die Aufrechnung möglich wäre[591]. Außerdem kann der Gläubiger mit der Pfändung (insoweit auch schon aufgrund Arrestes) eine ihm wegen der Rückwirkung des § 389 BGB nicht genehme Aufrechnung des Schuldners verhindern, z.B. wenn seine Forderung seit der Aufrechnungslage höher verzinste als die des Schuldners. Wegen der Überweisung in diesen Fällen → § 835 Rdnr. 15, wegen der Anwendung des § 775 Nr. 4 → dort Rdnr. 16. Jedoch dürfen auf diese Weise nicht gesetzliche Aufrechnungsverbote umgangen werden, was nach § 766 gerügt werden kann[592].

Bis zur Überweisung kann der Schuldner wie der Gläubiger Hinterlegung verlangen[593]; der **123** Gläubiger ist als Drittschuldner zur Hinterlegung berechtigt.

Zur Pfändung einer dem *Gläubiger selbst zustehenden Forderung* → Rdnr. 22.

X. Mehrfache Pfändungen

Für die **Pfändung schon gepfändeter Forderungen** gilt keine von § 829 abweichende Form; **124** bei Forderungen aus Wechseln und anderen indossablen Papieren geschieht wegen § 831 eine Anschlußpfändung nach § 826. → auch § 803 Rdnr. 29. Für den Rang der Gläubiger gilt § 804 Abs. 3, aber nur im Verhältnis der Gläubiger untereinander; dem Schuldner und Drittschuldner gegenüber hat jeder ein volles Pfandrecht[594]. → aber wegen der *Einziehung* § 835 Rdnr. 46 und wegen der *Hinterlegung* durch den Drittschuldner § 853.

XI. Kosten und Gebühren

Über **Kosten** s. § 788, Prozeßkostenhilfe s. § 119; wegen **Gebühren** s. KV Nr. 1640 n. F.[595], **125** § 64 Abs. 3 S. 2 SGB X und zur Vorschußlast § 65 Abs. 5 GKG[596] (anders § 12 Abs. 4 S. 2 ArbGG); ferner § 16 GVKG[597], §§ 57, 58 Abs. 1 BRAGO[598]. Zu Kosten der Einziehung → § 835 Rdnr. 28 ff.

---

[590] → Fn. 588.
[591] *OLG Köln* NJW-RR 1989, 190. Ob die Aufrechnung zulässig u. zumutbar ist, kann zweifelhaft sein; das Vollstreckungsgericht hat die Notwendigkeit der Pfändungskosten zu prüfen, § 788 Abs. 1. Wie hier *v. Gerkan* Rpfleger 1963, 369 f.; *Rimmelspacher/Spellenberg* JZ 1973, 271 ff.; *Stöber*[10] Rdnr. 33 (auch wenn *nur* der Gläubiger oder nur der Schuldner aufrechnen könnte). → auch Rdnr. 40 vor § 704, oben Rdnr. 38 a. E. – A.M. *LG Düsseldorf* MDR 1964, 332; wohl auch *Wieczorek*[2] Anm. A III a.
[592] So *v. Gerkan* (Fn. 591) für § 393 BGB; *Hachenburg/Ulmer* GmbHG[7] Rdnr. 71 a. E. mwN für § 19 Abs. 2 GmbHG u. vgl. den ähnlichen Fall → § 809 Fn. 3 a. E. – A.M. *Rimmelspacher/Spellenberg* (Fn. 591); wohl auch *LG Düsseldorf* (Fn. 591); *LG Berlin* (Fn. 588). Nach *OLG Hamburg* WM 1978, 63 = BB 63 ist die Pfändung möglich trotz Aufrechnungsverbots wegen unwiderruflichen Dokumentenakkreditivs; krit. dazu *Kremers* BB 1978, 64, der den Fall mit dem der (unzulässigen) Pfändung des Auszahlungsanspruchs gegen die Akkreditivbank gleichsetzt. Bei § 766 ist aber die eingeschränkte Prüfungskompetenz des Vollstreckungsgerichts zu beachten (→ Rdnr. 37).
[593] RGZ 17, 292.
[594] Siehe auch *BayObLG* SA 57, 43.
[595] Näheres s. *Stöber*[10] Rdnr. 845 ff. mwN; *Mümmler* Büro 1989, 298; *ders.* Büro 1990, 17 (Pfändung mehrerer Forderungen). Zu Überweisungskosten → § 835 Rdnr. 5.
[596] Dazu *LG Frankenthal* Rpfleger 1984, 288 (keine Zurückweisung, wenn Vorschuß nicht bezahlt wird).
[597] Der Gerichtsvollzieher darf im Falle der Prozeßkostenhilfe für den Gläubiger nicht auf dem Pfändungsbeschluß vermerken, daß ihm die Gebühren zu überweisen seien, *AG Hamburg* DAVorm 1974, 284.
[598] Näheres s. *Stöber*[10] Rdnr. 854 ff. mwN. Zum Wert → noch Rdnr. 15 vor § 803; dazu *Lappe* Rpfleger 1983, 248 (II); über mehrere Rechtspfändungen aufgrund eines Titels s. *Hartmann* KostenG[25] 2 zu Nr. 1149 a.F. KV, gegen mehrere Schuldner s. aber *LG Braunschweig* NdsRpfl 1979, 245. Bei völlig unwahrscheinlichen künftigen Forderungen ist der Streitwert auf die niedrigste Gebührenstufe festzusetzen, *OLG Köln* MDR 1987, 61.

§ 830 [Pfändung von Hypothekenforderungen]

(1) ¹Zur Pfändung einer Forderung, für die eine Hypothek besteht, ist außer dem Pfändungsbeschluß die Übergabe des Hypothekenbriefes an den Gläubiger erforderlich. ²Wird die Übergabe im Wege der Zwangsvollstreckung erwirkt, so gilt sie als erfolgt, wenn der Gerichtsvollzieher den Brief zum Zwecke der Ablieferung an den Gläubiger wegnimmt. ³Ist die Erteilung des Hypothekenbriefes ausgeschlossen, so ist die Eintragung der Pfändung in das Grundbuch erforderlich; die Eintragung erfolgt auf Grund des Pfändungsbeschlusses.

(2) Wird der Pfändungsbeschluß vor der Übergabe des Hypothekenbriefes oder der Eintragung der Pfändung dem Drittschuldner zugestellt, so gilt die Pfändung diesem gegenüber mit der Zustellung als bewirkt.

(3) ¹Diese Vorschriften sind nicht anzuwenden, soweit es sich um die Pfändung der Ansprüche auf die im § 1159 des Bürgerlichen Gesetzbuchs bezeichneten Leistungen handelt. ²Das gleiche gilt bei einer Sicherungshypothek im Falle des § 1187 des Bürgerlichen Gesetzbuchs von der Pfändung der Hauptforderung.

Gesetzesgeschichte: Bis 1900 § 731 CPO. Änderung RGBl. 1898 I, 256.

1 **I. 1. Forderungen, für die eine Hypothek besteht**, werden in der besonderen Form des § 830 gepfändet¹, s. auch § 310 AO. Diese beruht darauf, daß die Hypothek dem rechtlichen Schicksal der Forderung folgt (s. aber auch § 837 Abs. 3), und paßt sich den Formen der rechtsgeschäftlichen Übertragung und Verpfändung (§§ 1153f., 1274 BGB) an. Daher ordnet § 830 eine *zweiteilige* Pfändung an: zu dem Pfändungsbeschluß, der der Einigung entspricht², muß die Übergabe des Briefes oder Eintragung ins Grundbuch treten, außer im Falle des § 837 Abs. 3.

So werden Störungen durch gutgläubigen Erwerb oder Leistungsempfang praktisch verhindert, ohne § 135 Abs. 2, §§ 893, 1138 (vgl. auch 1144, 1160) BGB auszuschalten, was im Widerspruch zum rechtsgeschäftlichen Verkehr stünde.

2 **2.** § 830 gilt auch für bedingte und künftige Forderungen³; er ist nach § 857 Abs. 6 auf **Grundschulden** usw. entsprechend anzuwenden. Die Pfändung nicht akzessorischer Grundpfandrechte erfaßt aber nicht die persönliche Forderung; für sie ist ein gesonderter Pfändungsbeschluß nach § 829 zu erwirken. Zur Eigentümerhypothek → § 857 Rdnr. 59 ff., wegen des Anspruchs auf den Erlös → § 829 Rdnr. 17. Zur *Vorpfändung* → § 845 Rdnr. 25.

3 **3.** § 830 gilt nur, wenn die *Hypothek im Zeitpunkt der Pfändung bereits besteht*. Entsteht sie nachher, z. B. weil sie erst dann eingetragen wird oder bei der Pfändung zwar eingetragen war, aber nach § 1117 Abs. 1 S. 1 BGB dem Eigentümer als vorläufige Eigentümergrundschuld zustand⁴, so bleibt die vorher nach § 829 vollzogene Pfändung wirksam und das Pfändungspfandrecht erstreckt sich ohne weiteres auf die Hypothek, vgl. § 1274 Abs. 1 mit § 1153 BGB⁵, und auf den Hypothekenbrief, § 952 Abs. 2 BGB⁶. Ist die Hypothek nach Erlaß

---

¹ Lit.: *Fischer* ArchBürgR 14, 233 ff.; *Tempel* JuS 1967, 75, 117, 167, 215, 268; *Bohn* Pfändung von Hypotheken usw.⁶ (1964); *Balser/Bögner* Vollstreckung im Grundbuch⁹, 136 ff. je mwN. Zur älteren Lit. → noch 19. Aufl.
² Daher ist die Pfändung trotz Eintragung oder Briefübergabe unwirksam, wenn der Beschluß nichtig ist.
³ → § 829 Rdnr. 3 ff. Vgl. § 1113 Abs. 2, § 1190 BGB u. dazu *KG* OLG Rsp 14, 94. Zu Ansprüchen auf Bestellung der Hypothek → § 829 Fn. 400, auf Rückübertragung von Grundpfandrechten → § 829 Rdnr. 17, 48, § 857 Rdnr. 79.

⁴ *OLG Hamm* Rpfleger 1980, 483.
⁵ Zum Anspruch auf Grundbuchberichtigung *OLG Hamm* (Fn. 4); *KG* JR 1927 Nr. 318, HRR 31 Nr. 1048. Der Pfändungsbeschluß kann dahin ergänzt werden, daß die Forderung nun durch Hypothek gesichert ist u. der Brief an den Gläubiger herauszugeben ist, → dazu Fn. 6 u. Rdnr. 14 f.; *Tempel* (Fn. 1), 76; *Gerhardt*² § 9 III 2 Fn. 84 mwN.
⁶ *RG* Gruch. 45, 1166.

des Beschlusses durch Zuschlag *erloschen* (§ 91 ZVG), bevor die Pfändung durch Briefübergabe oder Eintragung wirksam werden konnte, so kann die Pfändung der Forderung und damit auch des etwa an die Stelle der Hypothek getretenen Erlösanspruchs nur durch erneute Zustellung des Pfändungsbeschlusses nach § 829 Abs. 2 wirksam werden; die frühere Zustellung nach § 830 Abs. 2 genügt nicht, weil sie nur durch Briefübergabe bzw. Eintragung hätte wirksam werden können[7].

§ 830 gilt nicht entsprechend für Forderungen, für die eine Hypothekenvormerkung eingetragen ist, oder für Veräußerungsverbote, die eine Hypothek betreffen[8], → dazu § 938 Rdnr. 25. 4

II. Gegenstand der Pfändung ist die **Forderung** als Ganzes oder mit Beschränkung auf die Zinsen[9]; Pfändung der Hypothek ohne die Forderung ist ausgeschlossen. Abgesehen von Höchstbetragshypotheken, → § 837 Rdnr. 6, kann auch die Forderung[10] niemals ohne die Hypothek gepfändet werden, falls diese schon besteht, und folgeweise im Falle der *Gesamthypothek* nur mit der Hypothek an allen Grundstücken[11]. Ebenso ist eine Pfändung des Hypothekenbriefes nach § 808 oder § 821 unzulässig; denn selbst wenn er ein Wertpapier wäre, so bildet er doch keinen selbständigen Gegenstand der Pfändung[12]. Über den Anspruch auf Herausgabe des Briefs → Rdnr. 17 und § 847 Rdnr. 2. 5

Dem Pfändenden steht der *öffentliche Glaube* des Grundbuchs, § 892 BGB, *nicht* zur Seite, weil er nicht durch Rechtsgeschäft erwirbt[13]; daher gelten auch die Beschränkungen der Einrede nach §§ 1138, 1157 BGB ihm gegenüber nicht[14]. Zur Wirkung der Pfändung → § 829 Rdnr. 65 ff. 6

III. Der **Pfändungsbeschluß** ist von dem nach § 828 zuständigen Gericht zu erlassen. Er muß die zu pfändende Forderung sowie trotz § 1153 BGB die *Hypothek*[15] bzw. den Brief genau bezeichnen, da er selbst den Titel für die Wegnahme des Briefes bzw. die Grundlage für die Eintragung bildet. Sind diese Angaben ungenügend und erwirkt der Gläubiger nicht die Ergänzung des Beschlusses[16], so kann die Pfändung nur durch bewilligte Eintragung (§ 19 GBO) wirksam werden. Die ausdrückliche Anordnung der Wegnahme ist ratsam. Bei der *Teilpfändung* muß ein bestimmter Betrag angegeben werden, der die Höhe der Pfändung bestimmt. Werden dabei laufende Zinsen geltend gemacht, fehlt es an der Bestimmtheit zur Bildung eines Teilbriefes (§ 1152 BGB, § 61 GBO)[17]. Deshalb muß entweder ein Zeitraum für die Zinsen angegeben[18] oder die Vollpfändung gewählt werden. 7

Drittschuldner ist der Schuldner der gepfändeten Forderung; ist er aber nicht der Eigentümer des Grundstücks, so sind Schuldner *und Eigentümer* Drittschuldner; denn gepfändet werden die Forderungen und die Hypothek[19]. Eine ungenaue Bezeichnung ist jedoch unschädlich[20]; wenn auch die Zustellung sowohl an den Drittschuldner wie an den Schuldner[21] 8

---

[7] *Tempel* (Fn. 1), 77 mwN. Der Beschluß muß nicht neu erlassen werden; er darf nun als Pfändung der Forderung nebst Erlösanspruch ausgelegt werden (so für Eigentümergrundschuld *RGZ* 75, 316 f. = JW 1911, 413).
[8] Siehe auch *RGZ* 90, 341 f.
[9] *RGZ* 74, 78 ff. Wegen eines Teilbriefs (→ Rdnr. 16, 19) in diesem Falle s. *KG* HRR 31 Nr. 2060.
[10] Auch die Zins- und sonstigen Ansprüche, auf die sich die Hypothek erstreckt, → § 829 Rdnr. 120; dazu *Stöber* Rpfleger 1962, 399. → aber Rdnr. 25.
[11] *KG* RJA 8, 136 ff.; nicht erforderlich ist ein einheitlicher Pfändungsbeschluß, *Stöber*[10] Rdnr. 1846 mwN.
[12] *RGZ* 66, 27, SA 58, 147, Gruch. 49, 365.
[13] *RGZ* 59, 315 f.; 60, 221 f.; 90, 338.
[14] Prot. BGB 3, 588; *Fischer* (Fn. 1), 292.
[15] Vgl. obiter *BGH* NJW 1975, 980 a. E.
[16] Sie ist (jedenfalls vor Zustellung) unbedenklich (→ dazu § 329 Abs. 2), da Dritte mangels Rückwirkung nicht beeinträchtigt werden, ebenso § 174 Nr. 3 GVGA, *Tempel* (Fn. 1), 80.
[17] Vgl. *Stöber*[10] Rdnr. 1850; *Tempel* JuS 1972, 79.
[18] Vgl. *OLG Oldenburg* Rpfleger 1970, 101: Beschränkung des Antrags auf die bis zum Antrag beim Grundbuchamt entstandenen Zinsen.
[19] *OLG Dresden* OLG Rsp 25, 185 f.; *Bohn* (Fn. 1) Rdnr. 126, 131; *Gerhardt*[2] § 9 III 2a mwN. – A.M. (nur Eigentümer) für preuß. Recht RGZ 40, 395 f. Gerade umgekehrt Mot. BGB 3, 710.
[20] *KG* KGBl 1903, 80; *OLG Dresden* (Fn. 19) u. BlfRA 78, 69 f.; *Wieczorek*[2] Anm. C II a 3; *Baumbach/Hartmann*[52] Rdnr. 2; *Stöber*[10] Rdnr. 1805, solange nur ein Drittschuldner erkennbar ist.
[21] Vor Wirksamkeit der Pfändung (→ IV, V) kann sie den Schuldner zur Abtretung veranlassen, weshalb *Tempel* (Fn. 1), 118 u. *A. Blomeyer* ZwVR § 57 I 3 b sie bei Buchhypotheken ausschließen wollen. S. aber wegen des

§ 830 III, IV   Zweiter Abschnitt: Zwangsvollstreckung wegen Geldforderungen   976

nach der Absicht des Gesetzes erfolgen soll und in gewisser Hinsicht wichtig ist (→ Rdnr. 14 Fn. 37, Rdnr. 26, 28f.), so ist doch abweichend von § 829 Abs. 3 die auch hier vorzunehmende *Zustellung an den Drittschuldner* zum Wirksamwerden der Pfändung und zur Entstehung des Pfandrechts *weder erforderlich noch genügend*[22.] Stattdessen tritt alternativ das Erfordernis der *Übergabe des Briefs* (→ IV) oder der *Eintragung* (→ V); wo die eine notwendig ist, genügt die andere nicht: auch wenn der Brief verloren ist, wäre die Eintragung wirkungslos; sie kommt bei der Briefhypothek nur als Berichtigung des Grundbuchs *nach* Vollzug der Pfändung in Betracht[23]. Solange die Übergabe des Briefs bzw. die Eintragung nicht erfolgt ist, hat die Zustellung des Beschlusses keine Pfändungswirkung, → auch Rdnr. 28f. Dies wird praktisch, falls die Hypothek nach der Zustellung erlischt. Bestand die Hypothek bei Zustellung, so bewirkt diese auch keine Pfändung der persönlichen Forderung[24]. Die Zweckmäßigkeit der Regelung steht dahin.

9   Da die Zustellung an den Drittschuldner für die Pfändung nicht wesentlich ist, greift eine im *Ausland* vorzunehmende Zustellung nicht in die ausländische Zwangsgewalt ein; deshalb bestehen die Bedenken → § 829 Rdnr. 24f. hier nicht.

10   IV. Bei **Briefhypotheken**, d. h. allen Hypotheken, für die nicht die Erteilung des Hypothekenbriefs ausgeschlossen ist, muß zum Pfändungsbeschluß die **Übergabe des Hypothekenbriefs an den Gläubiger** treten, d. h. der Gläubiger oder sein Besitzmittler[25] muß den unmittelbaren Allein- oder Mitbesitz so erlangen, daß der Schuldner jeden unmittelbaren Besitz verliert[26]. Darüberhinaus sind die Ersatzmittel der Übergabe (§ 1274 Abs. 1 mit § 1205 Abs. 2, § 1206, vgl. auch §§ 930f. BGB) hier nicht zugelassen[27]; → aber auch Rdnr. 20. und für weitere Pfändungen Rdnr. 31. Entbehrlich ist die Übergabe nur, wenn der Gläubiger den Brief schon unmittelbar besitzt oder ihm ein Dritter den Besitz vermittelt, vgl. § 929 S. 2 BGB[28]; in diesem Falle ist die Pfändung mit der Aushändigung des Beschlusses an den Gläubiger vollzogen[29], → § 829 Rdnr. 55 a. E. Zur Teilbriefbildung → Rdnr. 16, 19.

11   Der Brief muß *für die Dauer der Pfändung im Besitz des Gläubigers verbleiben*, vgl. §§ 1278, 1253 BGB. Die Pfändung endet daher, wie bei beweglichen Sachen → § 803 Rdnr. 19, mit der Rückgabe des Briefes an den Schuldner oder einen Dritten, der dem Schuldner Besitz vermittelt, ohne Rücksicht darauf, ob bei der Rückgabe die Absicht der Entstrickung bestand oder nicht[30].

---

rechtlichen Gehörs *KG* OLGZ 1967, 43f. u. *Bohn* (Fn. 1) Rdnr. 137. Bei Briefhypotheken sollte sie jedenfalls mit dem Wegnahmeversuch verbunden werden.
[22] *RGZ* 76, 233f.; *OLGe Dresden, Posen* u. *KG* OLG Rsp 4, 183; 6, 135; 14, 178; 15, 11. Vgl. auch Prot. BGB 3, 587f., Begr. 98, 169.
[23] *KG* OLG Rsp 15, 11f.; 33, 155; vgl. *OLG Celle* NdsRpfl 1958, 93; *Hintzen* Rpfleger 1991, 242. Näheres bei *Bohn* (Fn. 1) Rdnr. 176; *Tempel* (Fn. 1), 123f.
[24] *RGZ* 76, 234.
[25] Der den Gläubiger in dieser Angelegenheit vertretende Notar ist Besitzmittler, *OLG Hamburg* OLG Rsp 23, 213 (dort allerdings fragwürdig, weil es sich um Teilpfändung handelte, der Notar also auch für den *Schuldner* besaß), ebenso die Hinterlegungsstelle, sobald die Voraussetzungen des § 376 Abs. 2 BGB eintreten, *RGZ* 135, 274f., → auch Rdnr. 12 (Gerichtsvollzieher), nicht aber das Vollstreckungsgericht, dem der Brief nur zur Legitimation vorgelegt wird, *RGZ* 59, 318f., auch nicht das Grundbuchamt, vgl. *OLG Oldenburg* Rpfleger 1970, 101 = NdsRpfl 114. Daß der Besitzmittler außerdem noch für andere *Gläubiger* besitzt, schadet nicht.

[26] Vgl. *BGHZ* 85, 263 (zur Teilabtretung); *A. Blomeyer* ZwVR § 57 I 4; *OLG Frankfurt* NJW 1955, 1483f. (stellt auf tatsächliche Verfügungsmacht ab); *Danziger* u. *Oberneck* Gruch. 50, 19 u. 570f. – A. M. *KG* OLG Rsp 15, 12 (→ Fn. 82); *Tempel* (Fn. 1), 119.
[27] Vgl. *Palandt/Bassenge* BGB[53] § 1205 Rdnr. 1, 3, 4. Wie hier *Danziger* u. *Oberneck* (Fn. 26); vgl. auch *RGZ* 135, 275; *RG* WarnRsp 21 Nr. 97. – A. M. *Tempel* (Fn. 1), 119; *Stöber*[10] Rdnr. 1817f.
[28] Vgl. *Palandt/Bassenge* (Fn. 27) § 929 Rdnr. 22. War der Brief z. B. nach § 94 StPO beschlagnahmt u. ergeht dann ein Pfändungsbeschluß zugunsten des Fiskus, so genügt das, *KG* JW 1935, 3236.
[29] *OLG Kiel* OLG Rsp 9, 128f. hält die Zustellung für maßgeblich, ebenso *Wieczorek*[2] Anm. C II b 1. Sie hat aber nur nach Abs. 2 *vor* einer Übergabe diese Bedeutung; wie hier *Baumbach/Hartmann*[52] Rdnr. 6; *Zöller/Stöber*[18] Rdnr. 4.
[30] *RGZ* 92, 266ff.

Im einzelnen ist zu der **Übergabe** des Briefes zu bemerken:

1. Übergibt der Schuldner oder ein Dritter den Brief **freiwillig**, so wird damit die Pfändung bewirkt, auch wenn die Herausgabe nicht im Hinblick auf die Pfändung erfolgte[31]. Die Übergabe an den Gerichtsvollzieher genügt, da er dem Gläubiger nach § 754 den Besitz vermittelt, → § 755 Rndr. 2[32]. 12

2. Erfolgt die Übergabe nicht freiwillig, so kann sie, wie **Abs. 1 S. 2** ausdrücklich als zulässig unterstellt, im Wege der **Zwangsvollstreckung** erwirkt werden. Diese »Hilfsvollstreckung« beschlagnahmt nicht den Hypothekenbrief als Befriedigungsobjekt, – was rechtlich unzulässig wäre → Rdnr. 5 a. E. –, sondern verschafft den *Besitz* des Briefs, um die Pfändung der Forderung zu vollenden. Es geht also nicht um eine Pfändung nach §§ 808–827, sondern um eine *Zwangsvollstreckung zur Herausgabe einer Sache*, §§ 883 ff.[33]. 13

Den Titel für diese Vollstreckung, der hier wie sonst unerläßlich ist, bildet nicht der (auf eine Geldleistung lautende) Schuldtitel, sondern der *Pfändungsbeschluß*[34]; er sollte deshalb das Gebot zur Herausgabe des genau bezeichneten Briefs[35] enthalten. Aber notwendig ist nur, daß die Hypothekenforderung gekennzeichnet ist. Erfolgt die Pfändung allerdings aufgrund des Vollstreckungstitels nach §§ 846 f., so ist sie nicht nichtig; der Herausgabeanspruch wird verstrickt[36]. Einer *Vollstreckungsklausel* bedarf der Pfändungsbeschluß ebensowenig wie der Überweisungsbeschluß nach § 836 Abs. 3 S. 2[37]. Er muß aber als Titel dem Schuldner gemäß § 750 zugestellt werden[38]; § 929 Abs. 3 gilt auch hier, falls der Haupttitel ein Arrestbefehl ist. In Bezug auf eintretende Vollstreckungshindernisse (→ Rdnr. 60 ff. vor § 704) ist der Pfändungsbeschluß in seiner Eigenschaft als Herausgabetitel in gleicher Weise abhängig vom Vollstreckungstitel wie Kostenfestsetzungsbeschlüsse, → § 104 Rdnr. 68. 14

a) Besitzt der **Schuldner** den Brief, so hat ihn der Gerichtsvollzieher nach § 883 wegzunehmen und dem Gläubiger abzuliefern. Schon mit Wegnahme wird nach Abs. 1 S. 2 die Pfändung wirksam[39]; das Pfandrecht am Brief entsteht nach § 952 BGB (nicht nach § 804 ZPO). Findet der Gerichtsvollzieher den Brief nicht vor, so gilt § 883 Abs. 2[40], auch wenn der Haupttitel ein Arrestbefehl ist. 15

Wird nur ein *Teil der Hypothek* des Schuldners *gepfändet* (→ § 829 Rdnr. 74, 79), so kann der Gläubiger nicht die Herausgabe des Briefes an sich erwirken, weil der Schuldner dann nicht über den Rest verfügen könnte, § 1154 BGB[41]. Dies hindert jedoch nicht, den Pfändungsbeschluß als Titel auf Herausgabe an das Grundbuchamt oder den vom Gläubiger zu benennenden Notar zwecks Teilbriefbildung anzusehen, was zweckmäßigerweise im Beschluß anzuordnen ist[42]. Der Gerichtsvollzieher hat nach der Wegnahme die Weiterleitung unter Hinweis auf die Teilpfändung zu veranlassen. Ob der Gläubiger, um zum *Antrag* auf Teilbriefbildung befugt zu sein, zusätzlich das Recht des Schuldners hierzu[43] pfänden und sich 16

---

[31] Auch wenn das Grundbuchamt ihn entgegen § 60 GBO herausgibt, *OLG Düsseldorf* OLGZ 1969, 209.

[32] Siehe *OLG Düsseldorf* (Fn. 31). – Vgl. die abweichende Begründung bei *Messer*, Die freiwillige Leistung des Schuldners in der ZV, 1966, 138 ff. (Beschlagnahme durch Unterwerfung).

[33] Jetzt allg. M. *LG Köln* → Fn. 34 läßt offen, ob nach § 808 oder § 883.

[34] H. M.; *LG Köln* MDR 1963, 935[66] (bei Eigentümergrundschulden auch für die Herausgabe einer löschungsfähigen Quittung), s. auch über § 886 → Fn. 48, 50. – A. M. (nur zusammen mit dem Vollstreckungstitel) § 174 Nr. 2 S. 3 GVGA, *Tempel* (Fn. 1), 119; *Stöber*[10] Rdnr. 1813 (anders noch 5. Aufl.).

[35] Wegen anderer Urkunden (z. B. Nachweis der Rechtsnachfolge des Schuldners) s. § 792, aber auch *Tempel* (Fn. 1), 80, a. E.

[36] *BGH* LM Nr. 1 → § 829 Fn. 223.

[37] So auch § 174 Nr. 2 GVGA, ganz h. M.

[38] → Fn. 37.

[39] Die Bestimmung hat nur dann selbständige Bedeutung, wenn die regelmäßige Besitzmittlung (→ Fn. 32) ausnahmsweise versagt, z. B. bei abweichend geäußertem Willen, u. zeigt im übrigen an, daß die Herausgabevollstreckung in bezug auf Rechtsbehelfe erst mit der tatsächlichen Ablieferung endet, → Rdnr. 120 vor § 704.

[40] Nicht § 807, *OLG Celle* OLG Rsp 13, 225; a. M. *Baumbach/Hartmann*[52] Rdnr. 9.

[41] So für Eigentümergrundschulden *OLG Oldenburg* (Fn. 25); *KG* JW 1938, 900 erörtert die Wegnahme nicht.

[42] *Tempel* (Fn. 1), 80, 122.

[43] Es setzt nur die Absicht der Teilung, nicht ihre Bewilligung, Beantragung oder gar Vollendung voraus, *OLG Oldenburg* (Fn. 25) mwN. Zur Lage, wenn schon Teilrechte bestehen, s. RGZ 59, 318; *KG* (Fn. 41); *Bohn* (Fn. 1) Rdnr. 217 ff.

überweisen lassen muß, ist im Hinblick auf § 792 zweifelhaft[44], aber zu empfehlen, weil dies allgemein für notwendig gehalten wird[45]. Die Pfändung wird wirksam mit der Aushändigung des Teilbriefes an den Gläubiger[46] oder Gerichtsvollzieher, arg. § 830 Abs. 1 S. 2.

17 b) Hat ein **Dritter** den Brief im Gewahrsam, so muß[47] und kann der Gläubiger den angeblichen *Anspruch des Schuldners auf Herausgabe* aufgrund des Pfändungsbeschlusses[48] pfänden und sich überweisen lassen[49]. Diese Pfändung erfolgt nach § 886, nicht nach § 847, denn sie dient nicht unmittelbar der Geld- sondern der Herausgabevollstreckung und eine »Verwertung« nach § 847 Abs. 2 steht nicht in Frage[50], → Rdnr. 13. Folglich steht sie auch dem Arrestgläubiger zu[51]; die Offenbarungsversicherung ist nach § 883, nicht § 807 abzugeben, und es ist Herausgabe nicht an einen Gerichtsvollzieher sondern an den Gläubiger anzuordnen, → § 886 I. Vorpfändungen, → § 845 Rdnr. 25, sind ratsam. Überweisung an Zahlungs Statt ist ausgeschlossen, nicht nach § 849, sondern weil es auf den Wert des Herausgabeanspruchs nicht ankommt.

18 Ob der Schuldner gegen den Dritten einen Anspruch auf Herausgabe hat, ist wie sonst Frage des bürgerlichen Rechts. Hervorzuheben ist, daß auch das *Grundbuchamt* Dritter im Sinne des § 886 sein kann[52], insbesondere im Falle einer Vereinbarung nach § 1117 Abs. 2 BGB. Befindet sich aber der Brief *vor* der Aushändigung in der Verwahrung des Grundbuchamts, § 1117 Abs. 1 BGB, so hat der Schuldner die Hypothek überhaupt nicht erworben[53]; es kann dann nur sein Anspruch auf Abtretung der Eigentümerhypothek gepfändet werden.

19 Eine Abtretung oder Pfändung und Überweisung des Anspruchs auf Vorlegung an das Grundbuchamt nach § 1145 BGB genügt noch nicht als Übergabe, weil seine Durchführung dem Gläubiger nicht den Besitz (→ Rdnr. 10) am Stammbrief verschaffen würde[54]; die Pfändung wird erst mit Aushändigung des Teilbriefs an den Gläubiger wirksam[55]. Zum Antrag auf Teilbriefbildung ist der Gläubiger befugt, wenn das Recht des Schuldners hierzu vom Gläubiger gepfändet und ihm überwiesen worden ist (→ Rdnr. 16) und wenn der Brief dem Grundbuchamt vorliegt[56]. Ist der **Dritte selbst Gläubiger** eines Teils der Hypothek, ohne daß schon Teilbriefe gebildet sind, so sind zugleich die Ansprüche des Schuldners nach §§ 749, 752 und 894, 896 BGB zu pfänden[57].

20 Der Dritte kann zur Herausgabe nur im Wege der Klage genötigt werden, und das Pfandrecht an der Hypothekenforderung entsteht auch hier erst mit der *Übergabe des Briefs* seitens des Dritten. Die bloße Überweisung des Herausgabeanspruchs kann nicht als Ersatz der Übergabe gelten, denn § 870 BGB setzt eine Abtretung voraus, während eine Überweisung zur Einziehung die Inhaberschaft nicht berührt[58] und die Überweisung an Zahlungs Statt hier ohnehin ausscheidet, → Rdnr. 17; zudem wäre auch die Abtretung als solche noch ungenü-

---

[44] Es wird sachlich keine »neue« Urkunde hergestellt, sondern eine Teilausfertigung.
[45] Siehe die Nachweise bei *OLG Oldenburg* (Fn. 25).
[46] → Fn. 45. – Weitergehend *Tempel* (Fn. 1), 122; *Bohn* (Fn. 1) Rdnr. 215.
[47] Eine Anordnung im Pfändungsbeschluß kann nicht getroffen werden, *KG* OLG Rsp 13, 229.
[48] *BGH* NJW 1979, 2045; ganz h. M. – A.M. *Stöber*[10] Rdnr. 1822.
[49] Allg. M.; *RG* JW 1902, 530; *OLG Rostock* OLG Rsp 33, 111 f.; *Güthe* BlfRA 76, 617 f.; s. auch *RGZ* 59, 318; 63, 217 f. u. die Rsp → Fn. 52 ff.
[50] *BGH* (Fn. 48); *RGZ* 74, 83; *Baumbach/Hartmann*[52] Rdnr. 10; *Thomas/Putzo*[18] Rdnr. 6; *Zöller/Stöber*[18] Rdnr. 6; ganz h. M. – A.M. noch *RG* (Fn. 49), das § 847 zitierte, ohne das Problem anzusprechen; *Stöber*[10] (Fn. 48), der weder § 847 noch § 886 anwenden will. Die Gegenmeinung beachtet nicht genügend, daß wegen § 952 BGB die Erstreckung des Pfandrechts auf den Brief niemals wie § 847 Rdnr. 12 durch Pfändung u. Umwandlung sondern nur durch Vollendung der Hypothekenpfändung geschehen kann → Fn. 6, s. auch *KG* OLG Rsp 11, 113.
[51] *OLG Frankfurt* OLG Rsp 29, 270; obiter *RG* JW 1934, 2764; s. auch *BGH* (Fn. 48).
[52] *KG* OLG Rsp 11, 113; 25, 188; 29, 218; JR 1925 Nr. 945; vgl. auch *Ricks* JW 1931, 569 u. *Goldmann* JW 1931, 2084; *Stöber*[10] Rdnr. 1825 ff.
[53] *KG* OLG Rsp 11, 113.
[54] *RGZ* 69, 43; Gruch. 54, 1024 f.
[55] *KG* JW 1938, 900 a. E.; h. M. – A.M. *Tempel* (Fn. 1), 120.
[56] *OLG Oldenburg* (Fn. 25).
[57] *RGZ* 59, 318; s. auch *KG* JW 1938, 900.
[58] *RGZ* 63, 217 f.; Gruch. 54, 1024; *KG* OLG Rsp 11, 112 f.; 15, 12; 29, 218; JW 1927, 1428; jetzt ganz h. M. – A.M. *Tempel* (Fn. 1), 122.

gend, → Rdnr. 10⁵⁹. Hat der Dritte den Hypothekenbrief hinterlegt, so steht die Annahmeerklärung des Pfändungsgläubigers an die Hinterlegungsstelle der Übergabe gleich⁶⁰.

c) Ist der **Brief verloren**, so muß das Recht des Schuldners auf Kraftloserklärung und Neuausstellung (§ 1162 BGB, §§ 67 f. GBO) gepfändet⁶¹ und durchgeführt werden⁶². **21**

V. Bei der **Buchhypothek**, d. h. einer Hypothek, bei der die Erteilung des Hypothekenbriefs durch Einigung und Eintragung, § 1116 BGB, oder kraft Gesetzes (Sicherungshypothek), § 1185 BGB, ausgeschlossen ist, und bei Hypotheken, die nach § 453 ZGB DDR bestellt wurden (Art. 233 § 6 Abs. 1 EGBGB), muß zu dem Pfändungsbeschluß die **Eintragung** der Pfändung⁶³ in das Grundbuch treten, für die der Beschluß den Titel bildet⁶⁴. Erst dann ist die Pfändung wirksam. Bei *Gesamthypotheken* entsteht das Pfandrecht erst mit der Eintragung auf dem letzten Grundstück⁶⁵. Da die Eintragung kein Akt der Zwangsvollstreckung i. e. S. ist, bedarf es dazu weder einer Vollstreckungsklausel noch einer Zustellung gemäß § 750, → Rdnr. 52 vor § 704, und das Grundbuchamt wird nicht Vollstreckungsgericht⁶⁶. Aber die Eintragung steht im Dienste der Vollstreckung der Geldforderung und ist demgemäß nicht mehr zulässig, wenn die Fortsetzung der Zwangsvollstreckung durch Eröffnung des Konkurses oder Vergleichsverfahrens oder durch Einstellung nach § 775⁶⁷ gehindert ist. **22**

Die Eintragung herbeizuführen, ist Sache des Gläubigers; das Vollstreckungsgericht ersucht nicht nach § 789. Zum Verfahren s. §§ 13 ff., 71 ff. GBO. Die Pfändung von *Teilen der Hypothek* ist nur durchführbar, wenn der Teil bestimmt ist⁶⁸; für den Rang mehrerer Pfändungen und für den einer Pfändung gegenüber anderen Eintragungen, insbesondere der Löschung der zu pfändenden Hypothek, gilt § 17 GBO. Gibt der Pfändungsbeschluß das Rangverhältnis des gepfändeten Hypothekenteils zum Rest nicht an, so haben beide gleichen Rang⁶⁹. → auch VIII. Eine *Vormerkung* zur Sicherung eines »Anspruchs auf Erwerb des Pfändungspfandrechts« nach § 883 BGB ist unzulässig, → Rdnr. 16 vor § 704 Fn. 55⁷⁰. Ist die Hypothek nicht oder nicht allein auf den Namen des Schuldners eingetragen, so ist zunächst das Grundbuch zu berichtigen. → dazu § 792 und § 857 Rdnr. 66⁷¹. Dies gilt insbesondere bei Hypotheken, die nur auf den Namen eines Ehegatten eingetragen sind, der die Pfändung aufgrund eines nur gegen den anderen Gatten ergangenen Titels dulden muß, → Rdnr. 2, 3 vor § 735, §§ 740 Rdnr. 4, 745 Rdnr. 2. **23**

Abs. 1 gilt im Regelfalle auch für die Höchstbetragshypothek, § 1190 BGB. → aber § 837 Rdnr. 6. **24**

VI. Abweichend von Abs. 1 sind die in **Abs. 3** bezeichneten Hypothekenforderungen nur **25**

---

⁵⁹ → Fn. 60.
⁶⁰ *RGZ* 135, 274f. → auch Fn. 25.
⁶¹ *Seuffert/Walsmann* Anm. 2 a mwN. Auch *Horber/Demharter* GBO¹⁹ § 67 Anm. 2 b u. *KG* OLG Rsp 38, 10 meinen offenbar diesen Pfändungs- und Überweisungsbeschluß, nicht den die Hypothek betreffenden (sonst wäre die Kritik *Tempels* (Fn. 1), 121 berechtigt); a. M. *Stöber*¹⁰ Rdnr. 1830.
⁶² Vgl. *RGZ* 84, 315f. (für Abtretung). S. dazu *Palandt/Bassenge* BGB⁵³ § 1162 Rdnr. 1, auch wegen besonderer Fälle ohne Aufgebot bzw. Ausschlußurteil. Erst die Übergabe des neuen Briefs bewirkt die Pfändung, *KG* HRR 31 Nr. 1708.
⁶³ Die Überweisung wird nur eingetragen, wenn sie an Zahlungs Statt erfolgt.
⁶⁴ So auch *KG* ZBlFG 2, 270.
⁶⁵ *RGZ* 63, 75f.; *KG* JW 1936, 887f. = HRR Nr. 440. S. auch *Zöller/Stöber*¹⁸ Rdnr. 9 mwN.

⁶⁶ *RGZ* 65, 379.
⁶⁷ *BayObLG* SA 65, 424.
⁶⁸ → Rdnr. 7 a. E.; *KG* KGJ 24, 132ff., HRR 33 Nr. 964; vgl. auch für die Pfändung mehrerer Hypotheken in einem Beschluß *KG* OLG Rsp 4, 486f.
⁶⁹ *OLG Oldenburg* (Fn. 25); *Tempel* (Fn. 1), 79f. Der Vorrang kann auf Antrag des Gläubigers in den Beschluß aufgenommen werden, *Tempel* aaO mwN; s. noch §§ 880, 1151 BGB.
⁷⁰ *RGZ* 56, 14f.; 60, 426, *OLG Dresden* ZZP 33 (1904), 85f.; OLG Rsp 6, 403f.
⁷¹ Ausführlich *Bohn* (Fn. 1) Rdnr. 135ff.; *Tempel* (Fn. 1), 118. S. aber auch *OLG Hamburg* Rpfleger 1976, 371 = Büro 1977, 860 zu § 29 GBO bei der Eigentümergrundschuld.

nach § 829 zu pfänden, weil auch für ihre Übertragung nicht § 1154 (→ Rdnr. 1) sondern die §§ 398 ff. BGB gelten. **Es sind dies die Forderungen**

26 1. auf **Rückstände von Zinsen**[72] und andere Nebenleistungen[73], d. h. auf solche Beträge, die im Zeitpunkt der Pfändung bereits fällig sind[74], ferner auf die Kosten der Kündigung und der dinglichen Rechtsverfolgung, §§ 1159, 1118 BGB. Sie werden immer **nur durch Zustellung an den Drittschuldner** nach § 829 Abs. 3 gepfändet; die Pfändung nach § 830 erstreckt sich sonach auf diese Beträge nicht, auch wenn der Pfändungsbeschluß sie mitumfaßt (arg. Abs. 3 »soweit«). Ein Anspruch auf Übergabe des Briefs über die Hauptforderung entsteht durch Pfändung nach Abs. 3 nicht. Dagegen bewirkt das Pfandrecht, daß die Hypothek für diese Forderungen auch bei der Vereinigung mit dem Eigentum nicht erlischt, § 1178 BGB.

27 2. Ist die Hypothek für die Forderung aus einer **Schuldverschreibung auf den Inhaber**, einem **Wechsel** oder einem anderen indossablen Papier bestellt, so wird sie wegen § 1187 BGB nach § 821 bzw. § 831 durch den Gerichtsvollzieher gepfändet, → § 808 mit Bem. Pfändungsbeschluß und Eintragung sind weder erforderlich noch zulässig.

28 VII. Im Regelfalle des Abs. 1 genügt die Zustellung des Pfändungsbeschlusses an den oder die Drittschuldner zur Pfändung nicht, → Rdnr. 8. Der Drittschuldner könnte also noch bis zur Briefübergabe bzw. Eintragung wirksam an den Schuldner leisten oder Rechtsgeschäfte mit ihm zum Nachteile des Gläubigers abschließen, obwohl ihm das richterliche Zahlungsverbot bereits zugestellt ist. Dies verhindert **Abs. 2** dadurch, daß die Pfändung **gegenüber dem Drittschuldner** – also *nicht* dem Schuldner oder Dritten, insbesondere konkurrierenden Gläubigern[75] – mit der Zustellung des Beschlusses **als bewirkt gilt**. Seine Handlungen sind also, soweit sie den Gläubiger benachteiligen würden, schon von da an diesem gegenüber unwirksam[76]; er ist zur Hinterlegung berechtigt und auf Verlangen verpflichtet, → § 829 Rdnr. 104.

29 Aber diese halbe Wirkung der Pfändung ist **nur** als eine **Rückdatierung** der wirklichen Pfändung, nicht etwa als eine selbständige Vollstreckungsmaßregel gemeint[77]. Sie kommt sonach nur dann praktisch zur Geltung, wenn die Pfändung (durch Übergabe oder Eintragung) nachfolgt; bis dahin entsteht ein Schwebezustand, der namentlich dann endet, wenn feststeht, daß Übergabe oder Eintragung durch Erwerb eines Dritten oder Erlöschen der Hypothek unmöglich geworden sind[78]. Daher sollte der Drittschuldner, solange der Gläubiger ihm den Briefbesitz nicht nachweist bzw. die Eintragung im Grundbuch noch aussteht, Zins- und Tilgungsraten ausschließlich hinterlegen, und dem Gläubiger ist wegen §§ 378, 1163 Abs. 1 BGB zu raten, den Anspruch des Schuldners gegen die Hinterlegungsstelle auf Herausgabe aller vor Wirksamkeit der Pfändung hinterlegten Beträge nach § 829 zu pfänden[79].

30 VIII. Die **weitere Pfändung** der gepfändeten Hypothekenforderung oder – nach Bildung von Teilbriefen – des schon gepfändeten Teils **durch andere Gläubiger** bietet
1. in den Fällen der **Buchhypothek** (→ Rdnr. 22 f.), sowie bei den *Rückständen* und *Inhaberhypotheken* (→ Rdnr. 26 f.) keine Besonderheiten. → § 829 Rdnr. 124. Das Rangverhältnis wird hier stets durch den Zeitpunkt bestimmt, in dem die Pfändungen wirksam werden, → dazu Rdnr. 22, 26 f., nicht durch Abs. 2 → Fn. 75.

---

[72] Anders, wenn das Zinsrecht selbst gepfändet wird, *RGZ* 74, 78 ff. → § 857 I 1 d a. E.
[73] Nach h. M. nicht Tilgungsbeträge, *RGZ* 54, 89 ff.; *KG* OLG Rsp 5, 256 ff.; *Bohn* (Fn. 1) Rdnr. 224; *Stöber*[10] Rdnr. 1798 Fn. 8.
[74] Eine Pfändung *künftig* fällig werdender Zinsraten *ohne* Briefübergabe bzw. Eintragung wird auch später nicht wirksam, *RG* Recht 16 Nr. 523.
[75] *OLG Düsseldorf* NJW 1961, 1267; *Tempel* (Fn. 1),

124; *Stöber* Rpfleger 1958, 259; *Zöller/Stöber*[18] Rdnr. 11 je mwN.
[76] A. M. hinsichtlich Löschungsbewilligung *OLG Dresden* OLG Rsp 4, 183 f.
[77] *RGZ* 76, 233; SA 64, 373; *KG, OLG Hamburg* u. *BayObLG* OLG Rsp 14, 178, 211; 33, 108.
[78] *RGZ* 76, 233 f.; *BayObLG* (Fn. 77); *Hellwig* System 2, 372; *Stöber* Rpfleger 1958, 258. → aber auch Rdnr. 3 a. E.
[79] Vgl. *Tempel* (Fn. 1), 118.

2. Bei Briefhypotheken ist zu unterscheiden: 31

a) Sind mehrere Pfändungsbeschlüsse ergangen, *bevor* einer der Gläubiger den *Besitz des Briefes* erlangt hat, so bedarf es in gleicher Weise im Verhältnis aller Gläubiger der Wegnahme des Briefes[80]. Wird der Gerichtsvollzieher von verschiedenen Gläubigern mit der Wegnahme beauftragt, so erlangen sie, gleichviel in welcher Reihenfolge die Aufträge beim Gerichtsvollzieher eingegangen sind, *mit der Wegnahme des Briefes gleichen Rang*. Dasselbe gilt, wenn die Gläubiger sich sämtlich den *Anspruch auf Herausgabe* gegen einen dritten Besitzer des Briefs überweisen lassen, → Rdnr. 17–20; dann wird man sinngemäß auch § 854 insoweit anwenden müssen, als der Dritte den Brief einem Gerichtsvollzieher für alle Gläubiger zu übergeben hat, während eine Verwertung selbstverständlich ausscheidet, → Rdnr. 17[81].

b) Wird der Gerichtsvollzieher aufgrund des zweiten Pfändungsbeschlusses mit der Wegnahme des Briefes zu einer Zeit beauftragt, in der er den Brief noch in Gewahrsam hat, so bestehen keine durchschlagenden Bedenken dagegen, daß er das Gewahrsamsverhältnis nunmehr auf den zweiten Gläubiger erstreckt und dies in einer äußerlich der Anschlußpfändung, § 826, entsprechenden Form urkundlich niederlegt[82], mit der Folge, daß nunmehr der zweite Gläubiger das Pfandrecht an der Hypothek im Range nach dem ersten Gläubiger erwirbt, und der Gerichtsvollzieher den Brief im Gewahrsam behalten muß, sofern sich die Gläubiger über den Mitbesitz nicht anderweit verständigen[83]. 32

c) Ist ein *Pfändungsgläubiger* im Besitz des Hypothekenbriefes, so bereitet die Durchführung einer weiteren Pfändung keine Schwierigkeiten, wenn der erste Gläubiger dem zweiten freiwillig den Mitbesitz einräumt[84]. 33

Tut er es nicht, so ergibt sich folgende Schwierigkeit: Wollte man den zweiten Gläubiger darauf verweisen, den Anspruch des Schuldners auf Herausgabe des Briefes nach Befriedigung des ersten oder den Anspruch auf den Überschuß im Falle der Zahlung oder Hinterlegung seitens des Drittschuldners zu pfänden[85], so würde durch eine solche sekundäre Pfändung ein Pfandrecht an der Hypothekenforderung selbst nicht entstehen und der zweite Gläubiger wäre gegen eine weitere Pfändung seitens des ersten Gläubigers oder auch seitens eines Dritten nicht gesichert. 34

Man wird daher diese Lücke des Gesetzes sinngemäß in der Weise ausfüllen müssen, daß man dem zweiten Gläubiger einen unmittelbar gegen den ersten Gläubiger gerichteten und klagbaren *Anspruch auf Übertragung des Mitbesitzes*[86] in der Form der Ingewahrsamnahme des Briefes durch den Gerichtsvollzieher zuerkennt, denn aus dem zweiten Pfändungsbeschluß ist dem zweiten Gläubiger ein Anrecht auf den Brief erwachsen, während der erste Gläubiger aus seiner Pfändung kein Recht hat, nachfolgende Gläubiger von dem Zugriffsobjekt schlechthin fernzuhalten. 35

IX. Wegen der **Kosten** → § 829 Rdnr. 125 sowie §§ 64, 71 KostO, § 22 GVKostG. 36

---

[80] KG JW 1937, 405 (obiter).
[81] LG Hildesheim DGVZ 1960, 73 f.; *Baumbach/Hartmann*[52] Rdnr. 7; *Stöber*[10] Rdnr. 1861. Ebenso *Frantz* NJW 1955, 169, der aber (wie *Wieczorek*[2] Anm. D II b) den Rang nach der Reihenfolge der Anspruchspfändungen bestimmen will, weil er dem Erstpfändungsgläubiger ein Vorrecht auf den Briefbesitz zuspricht (?) u. eine Besitzmittlung durch den Gerichtsvollzieher außerhalb § 830 Abs. 1 S. 2 verneint; → dagegen Fn. 39. Im Ergebnis wie *Frantz*, aber folgerichtig *Tempel* (Fn. 1), 124, weil er die Pfändung schon vorher für wirksam hält.
[82] So auch im Ergebnis KG JW 1937, 405 sowie LG Hildesheim, *Frantz*, *Baumbach/Hartmann* (alle Fn. 81); *Stöber*[10] Rdnr. 1860; *Wieczorek*[2] Anm. D II a 1; *Zöller/Stöber*[18] Rdnr. 6; *Bohn* (Fn. 1) Rdnr. 202. Eine Anschlußpfändung nach § 826 ist dies nicht, da es nur um Wegnahme geht. Der Gerichtsvollzieher wird auch nicht im Dienste einer Übereignung tätig (arg. § 952 BGB → § 837 Rdnr. 4), so daß der Hinweis von *Tempel* (Fn. 1), 123, nach dem Eigentumsübergang gemäß § 897 dürften Gläubiger des ehemaligen Schuldners die Sache auch nicht mehr pfänden, ins Leere geht. – A.M. *Tempel* aaO (es genüge aber Pfändung u. Überweisung des künftigen Herausgabeanspruchs des Schuldners gegen den Erstgläubiger durch den Zweitgläubiger).
[83] Vgl. OLG Frankfurt NJW 1955, 1483 f.
[84] Vgl. KG HRR 1929 Nr. 1968 = DNotZ 1930, 241.
[85] So aber *Wieczorek*[2] Anm. D II c.
[86] Daß dieser nach *bürgerlichem* Recht nicht zu begründen ist (so richtig *Tempel* → Fn. 82), folgt nur daraus, daß es dort zwangsweise Verpfändung nicht gibt; aber in der ZV ist die Ermöglichung mehrfacher Pfändung ein allgemein geltender Grundsatz, so daß der Anspruch notwendig durch das *Prozeßrecht* gewährt wird (ähnlich § 840, der den Dritten viel mehr belastet). Dies gilt auch gegenüber einem Vertragspfandgläubiger, zumal er durch die Einräumung des Mitbesitzes keine Nachteile erleidet; a.M. *Wieczorek*[2] Anm. D II c.

§ 830a [Pfändung von Schiffshypothekenforderungen]

(1) Zur Pfändung einer Forderung, für die eine Schiffshypothek besteht, ist die Eintragung der Pfändung in das Schiffsregister oder in das Schiffsbauregister erforderlich; die Eintragung erfolgt auf Grund des Pfändungsbeschlusses.

(2) Wird der Pfändungsbeschluß vor der Eintragung der Pfändung dem Drittschuldner zugestellt, so gilt die Pfändung diesem gegenüber mit der Zustellung als bewirkt.

(3) ¹Diese Vorschriften sind nicht anzuwenden, soweit es sich um die Pfändung der Ansprüche auf die im § 53 des Gesetzes über Rechte an eingetragenen Schiffen und Schiffsbauwerken vom 15. November 1940 (Reichsgesetzbl. I S. 1499) bezeichneten Leistungen handelt. ²Das gleiche gilt, wenn bei einer Schiffshypothek für eine Forderung aus einer Schuldverschreibung auf den Inhaber, aus einem Wechsel oder aus einem anderen durch Indossament übertragbaren Papier die Hauptforderung gepfändet wird.

Gesetzesgeschichte: Seit 1940. Eingefügt durch SchiffsVO vom 21. XII. 1940 RGBl I 1609.

1   I. Die **Schiffshypothek** besteht nur als *Buchhypothek*, §§ 3, 8 SchiffsRG vom 15. XI. 1940 (RGBl I 1499). § 830 a (ebenso § 311 AO 1977) enthält deshalb die gleiche Regelung wie § 830 Abs. 1 S. 3, Abs. 2 für die Buchhypothek. § 53 SchiffsRG entspricht dem § 1159 BGB, erweitert um Erstattungsansprüche des Gläubigers für vertragliche Zahlungen an den Versicherer. S. 2 des Abs. 3 stimmt sachlich mit dem auf § 1187 BGB verweisenden Satz 2 des § 830 Abs. 3 überein, → daher § 830 Rdnr. 22 ff.

2   II. Nach § 99 Abs. 1 LuftfzRG (→ Rdnr. 14 vor § 704) gilt § 830 a sinngemäß für **Registerpfandrechte an Luftfahrzeugen**, die in der Luftfahrzeugrolle (oder nach dortiger Löschung noch im Pfandrechtsregister, § 98 Abs. 2 S. 2 des G) eingetragen sind. Registergericht ist zur Zeit das AG Braunschweig, § 78 des G und Verwaltungsanordnung vom 14. XII. 1954 (BAnz Nr. 245). Wegen ausländischer Luftfahrzeuge s. § 106 des G (→ auch § 816 Rdnr. 8).

3   III. Zwangsvollstreckungen in die im *Deckungsregister* eingetragenen, durch Schiffshypotheken gesicherten Darlehensforderungen sind nur wegen der Ansprüche aus den Schiffspfandbriefen zulässig, § 35 SchiffsbankG vom 8. V. 1963 BGBl I 301.

§ 831 [Pfändung indossabler Papiere]

Die Pfändung von Forderungen aus Wechseln und anderen Papieren, die durch Indossament übertragen werden können, wird dadurch bewirkt, daß der Gerichtsvollzieher diese Papiere in Besitz nimmt.

Gesetzesgeschichte: Bis 1900 § 732 CPO

1   I. ¹**Wechsel und andere indossable Papiere** (§ 363 HGB) sind, da der Drittschuldner nur dem durch das Papier legitimierten Gläubiger zur Zahlung verpflichtet ist, *Wertpapiere* und werden daher als bewegliche Sachen nach §§ 821 bzw. 808 f. **gepfändet**[2], sofern der Schuldner nach wertpapierrechtlichen Grundsätzen legitimierter Inhaber ist. Beim Wechsel sind

---

[1] *Deumer* Geldvollstreckung in Wertpapiere (1908); *Jacobi* Wechsel- und Scheckrecht (1954/55); Judicium 4, 20ff.; *Stöber*[10] Rdnr. 2080 ff.; *Weimar* Büro 1982, 357; *Geißler*, Vollstreckungsrechtliche Behandlung der Order-Papiere, DGVZ 1986, 110; vgl. auch § 312 AO 1977.

[2] Nach § 175 Nr. 2 GVGA sollen solche Papiere nur gepfändet werden, wenn der Gläubiger ausdrücklich dazu anweist oder andere Pfandstücke nicht ausreichen.

legitimiert der erste Wechselnehmer und Besitzer, für deren Recht eine ununterbrochene Indossamentenkette spricht. Ein Anspruch des Schuldners, der der Hingabe des Wechsels zugrundeliegt, wird von der Pfändung nicht ergriffen, kann jedoch zusätzlich nach § 829 gepfändet werden. *Ausländische Werte* sind pfändbar; zur Verwertung → § 821 Rdnr. 12.

Die **Bedeutung** des § 831 liegt darin, die Pfändung der Forderungen aus indossablen Papieren dem Gerichtsvollzieher als *Rechtspfändung* zuzuweisen. Dies ist für die **Verwertung** von Bedeutung, die nicht nach §§ 814 ff. erfolgt, sondern nach den Grundsätzen der Rechtspfändung. § 831 stellt außerdem klar, daß bei indossablen Papieren neben der Pfändung durch den Gerichtsvollzieher die Pfändung nach § 829 ausscheidet, obwohl wertpapierrechtliche Forderungen auch durch einfache Abtretung übertragbar sind. Der Pfändungsbeschluß nach §§ 829, 857 wäre wirkungslos[3], da die Besitzergreifung nach § 808 die Beschlagnahme nach § 829 ersetzt; er ist auch nicht zulässig, um die nach § 808 Abs. 3 erforderliche Mitteilung an den Schuldner zu ersetzen. Wird jedoch ein im indossablen Papier verbriefter Anspruch auf *Herausgabe von Sachen* unrichtig nach §§ 846 f., statt nach § 831 gepfändet, so ist der Beschluß nebst der Anordnung, die Sachen an den Gerichtsvollzieher herauszugeben, zwar fehlerhaft aber bis zur Aufhebung nach § 766 wirksam, und wenn der Gerichtsvollzieher noch vor der Aufhebung die Sachen erhält, entsteht ein Pfandrecht an ihnen, womit der Mangel geheilt ist[4]. Im Gewahrsam des Schuldners dürfen solche Papiere niemals belassen werden, vgl. § 808 Abs. 2. Ist ein Dritter nicht zur Herausgabe des Papiers bereit (§ 809), so ist nach §§ 846 f. zu verfahren[5]. Zur Anschlußpfändung s. § 826.

II. 1. § 831 bezieht sich auf solche Papiere, die durch Indossament übertragen werden und eine Forderung verbriefen, wie **Scheck** und **Wechsel**. § 831 ist aber auch dann anwendbar, wenn im konkreten Fall eine andere wertpapierrechtliche Übertragung in Betracht kommt wie beim Blankoindossament (vgl. Art. 14 Abs. 2 Nr. 3 WG). Scheidet eine wertpapierrechtliche Übertragung aus, weil das Papier eine negative Orderklausel trägt, läßt die h. M. dennoch eine Pfändung nach § 831 zu[6]. Für unausgefüllte Blankoakzepte, die noch keine Wechsel sind, gilt § 831 entsprechend. Die Ausfüllungsbefugnis ist nach §§ 831, 808 mitgepfändet[7]. Beim *Inhaberscheck* bestehen für die Pfändung keine Besonderheiten, aber die Verwertung wird eigenen Regeln unterworfen: Der Gerichtsvollzieher legt den Scheck ohne Überweisungsbeschluß vor[8]. § 831 gilt für kaufmännische Anweisungen, Verpflichtungsscheine, Konnossemente[9], Lager- und Ladescheine und Transportversicherungspolicen, § 363 HGB, dagegen **nicht** für Bodmereibriefe[10] und indossable Wertpapiere anderer Art, wie Namensaktien[11] usw., → § 821 Rdnr. 3.

2. Nach § 23 Abs. 4 PostG (BGBl. 89 I, 1449) gilt § 831 für **Postspareinlagen** entsprechend[12]; *gepfändet* werden sie durch Wegnahme des Postsparbuchs, falls der Schuldner darin legitimiert ist, *verwertet* werden sie nach §§ 835 ff. Die Ausweiskarte verbleibt beim Schuld-

---

[3] *RGZ* 61, 331; *Deumer* (Fn. 1), 66 ff.; *Schwinge* Staatsakt (1930), 48 f.; *Stöber*[10] Rdnr. 2082.
[4] *BGH* LM Nr. 1 = WPM 1980, 871 f.
[5] *KG* JW 1926, 2111.
[6] *Wieczorek*[2] Anm. B II a; *Geißler* (Fn. 1); *Stöber*[10] Rdnr. 2100 wollen § 821 anwenden.
[7] *LG Darmstadt* DGVZ 1990, 157; *Schmalz* NJW 1964, 141; *Weimar* (Fn. 1), 358 f.; *Stöber*[10] Rdnr. 2090; *Baumbach/Hefermehl* WG[18] Art. 10 Rdnr. 4. – A.M. *Feudner* NJW 1963, 1239 f. (analog § 829); *Wieczorek*[2] Anm. B I (Hilfsvollstreckung nach § 888); *A. Blomeyer* ZwVR § 43/2; *Mohrbutter*[2] § 14 III (§ 857, danach erst § 831).
[8] → § 821 Rdnr. 11; *LG Göttingen* NJW 1983, 635. Damit wird einem praktischen Bedürfnis Rechnung getragen. Daß Gläubiger und Gerichtsvollzieher nach Scheckrecht eigentlich nicht legitimiert sind, darf nicht übersehen werden.
[9] *BGH* (Fn. 4).
[10] Art. 1 Nr. 2 SeerechtsändG v. 21. VI. 1972 (BGBl. I, 966).
[11] Auch nicht »gebundene« Namensaktien (§ 68 Abs. 2 AktG), *Baumbach/Hartmann*[52] Rdnr. 1. – A.M. *Bauer* Büro 1976, 873 f.
[12] Siehe auch § 312 S. 2 AO 1977. Zu Einzelheiten vgl. *Kämmerer/Eidenmüller* Kommentar zum Post- und Fernmeldewesen § 23 PostG Anm. 14; *Altmannsperger* Komm. zum PostG § 23 Rdnr. 16 ff.; *Stöber*[10] Rdnr. 2092 ff.; *Weimar* (Fn. 1).

ner¹³. Wegen der nach § 23 Abs. 3 S. 2 PostG zulässigen Pfändung von Postgiroguthaben¹⁴ → § 829 Rdnr. 13.

5   III. Durch die Pfändung des Papiers wird die verbriefte *Forderung* mit den in § 829 dargestellten Wirkungen gepfändet¹⁵; dagegen erstreckt sich das Pfandrecht auf die nach dem Konnossement usw. auszuliefernden Waren erst nach der Herausgabe an den Gerichtsvollzieher nach § 847. Die **Verwertung** erfolgt *nur* nach Maßgabe der §§ 835 ff., 844¹⁶, 846 f., 849, nicht nach §§ 814 ff.¹⁷, auch wenn es sich um in blanko girierte, an der Börse verkäufliche Wechsel handelt¹⁸. Der Gerichtsvollzieher hat die Papiere erst dann an den Gläubiger abzuliefern, wenn ihm die nach § 835 oder § 844 ergangene Anordnung vorgelegt wird¹⁹. Ist schon vorher die Aufnahme eines Protestes oder einer Erklärung nach Art. 40 Nrn. 2, 3 ScheckG erforderlich, so hat der Gerichtsvollzieher diese in Vertretung des Gläubigers bei Vorlage zu veranlassen; denn solche zur Erhaltung des Pfandrechts dienenden Tätigkeiten (vgl. Art. 43 f. WG, Art. 29, 40 f. ScheckG) sind schon vor der Überweisung oder Anordnung anderweitiger Verwertung geboten. Aus dem gleichen Grund muß der Gerichtsvollzieher eine bei Vorlegung angebotene Zahlung entgegennehmen²⁰.

6   IV. Über **Erinnerungen** nach § 766 entscheidet bezüglich der *Pfändung* das Gericht des § 764 Abs. 2; für die *Verwertung* nebst Einwendungen gegen die Überweisung ist das Gericht des § 828 Abs. 2 zuständig.

V. Wegen der **Kosten** s. § 788. Die Pfändungsgebühren richten sich nach § 17 Abs. 1 GVKG; wegen der Überweisungsgebühren s. Nr. 1640 KV zum GKG.

§ 832 [Pfändungsumfang bei fortlaufenden Bezügen]

Das Pfandrecht, das durch die Pfändung einer Gehaltsforderung oder einer ähnlichen in fortlaufenden Bezügen bestehenden Forderung erworben wird, erstreckt sich auch auf die nach der Pfändung fällig werdenden Beträge.

Gesetzesgeschichte: Bis 1900 § 733 CPO.

1   I. Das Gesetz faßt **Ansprüche auf fortlaufende Bezüge** (→ Rdnr. 4 ff.) auch über den Rahmen des § 850 Abs. 4 hinaus (→ dort Rdnr. 53) als ein *Ganzes* auf, das nur bezüglich der Erfüllung in einzelne Raten zerfällt. Dabei macht es keinen Unterschied, ob es sich rechtlich um künftige Fälligkeiten eines schon bestehenden Anspruchs oder um künftige Forderungen handelt, sofern deren Grundlage eine bereits bestehende **einheitliche Rechtsbeziehung** ist¹.

---

¹³ Obwohl eine entsprechende gesetzliche Regelung nicht mehr besteht, muß der durch den Überweisungsbeschluß legitimierte Gläubiger die Ausweiskarte auch heute nicht vorlegen, zumal die Vorlegung in solchen Fällen üblichen Zahlung durch Überweisung ohnehin entfällt, s. auch § 175 Nrn. 1, 3 Abs. 2 GVGA. So auch *Wieczorek*² Anm. B III a; *Stöber*¹⁰ Rdnr. 2096. Im Ergebnis auch *Algner* DGVZ 1978, 8 (Sicherungskarte werde durch Überweisungsbeschluß in Höhe der gepfändeten Forderung außer Kraft gesetzt).
¹⁴ Vgl. auch *Kämmerer/Eidenmüller* (Fn. 12) Anm. 8 ff.
¹⁵ *RGZ* 61, 331 f.
¹⁶ → dort besonders Rdnr. 8 f., 12.
¹⁷ *RGZ* 35, 376. Eine Versteigerung nach § 814 ist ungültig, *RGZ* 35, 75, selbst wenn Gläubiger und Schuldner sich darüber geeinigt haben (→ § 825 Rdnr. 1).

¹⁸ *RGZ* 35, 75 f.
¹⁹ § 175 Nr. 4 GVGA. Wegen der Benachrichtigung des Gläubigers und der Rückgabe des Schuldtitels s. § 175 Nr. 3 GVGA.
²⁰ So § 175 Nr. 5 GVGA. Das Abwarten gerichtlicher Anordnungen, vgl. *Prost* NJW 1958, 1619, würde insbesondere bei Schecks in der Regel die Nichteinhaltung der kurzen Vorlegungsfrist bedeuten u. die Gefahr einer Sperrung durch den Aussteller erhöhen. Eine sofortige Ablieferung des Geldes an den Gläubiger, vgl. § 1294 BGB, wäre jedoch durch diesen Zweck nicht mehr gedeckt, weshalb die GVGA aaO zu Recht die Hinterlegung vorschreibt. Wegen der Verwertung von Inhaberschecks → Rdnr. 3.

¹ Vgl. *RGZ* 138, 252; *OLG Naumburg* JW 1931, 1048 (*Hoffmann*); *OLG Frankfurt* JW 1927, 726 (*Reichel*);

Die Pfändung ergreift, wenn sie ohne Beschränkung auf einen bestimmten Zeitraum erfolgt, von selbst[2] die gesamten, auch die erst künftig fällig werdenden Bezüge; eine fällige, der Pfändung unterworfene Leistung zum Zeitpunkt der Pfändung muß daher nicht vorhanden sein[3]. Dies gilt insbesondere auch dann, wenn die Fälligkeit der einzelnen Raten nicht bloß durch den Eintritt eines bestimmten Zeitpunkts, sondern – wie gerade bei Gehalts- und Lohnforderungen – durch die erst zu leistende Arbeit bedingt ist (vgl. auch § 844), sofern nur das Rechtsverhältnis, dem die Leistung entspringt, *im wesentlichen dasselbe* bleibt (s. § 833).

Ob ein solches einheitliches Verhältnis besteht, ist weniger nach rechtlichen als nach *wirtschaftlichen* Gesichtspunkten, vor allem nach den im Arbeitsleben geltenden Verkehrsanschauungen zu beurteilen[4]. 2

Die Pfändung dauert daher fort, wenn nur das Rechtsverhältnis zum Drittschuldner durch ein anderes ersetzt wird[5], ohne daß die Vergütung die Eigenschaft »Arbeitseinkommen« einbüßt[6], oder wenn der Schuldner nach vorübergehender Unterbrechung[7] seine Arbeit bei demselben Drittschuldner wieder aufnimmt, es sei denn die Lösung des Dienstverhältnisses wäre endgültig gemeint gewesen[8]; ebenso bei Arbeitslosenhilfe oder -geld, wenn zwischendurch eine Arbeit aufgenommen wird[9] oder ein Anspruch auf Anschlußarbeitslosenhilfe entsteht[10]. Daß durch die Änderung oder Unterbrechung eine Pfändung vereitelt werden sollte[11], ist ebensowenig für die Annahme der Pfändungsfortdauer erforderlich wie etwa der Nachweis, daß die Vereinbarung wegen §§ 116f. oder § 138 BGB nichtig sei. Zur Beweislast → Fn. 8 a.E.

Werden Beträge erst nach Konkurseröffnung fällig, so erstreckt sich die Pfändung auf sie[12], 3 außer wenn sie – wie bei Mietzinsen – noch von einer Gegenleistung aus der Konkursmasse

---

Stöber[10] Rdnr. 969 ff.; *Grunsky* ArbGG[6] § 62 Rdnr. 16, → auch Fn. 4. – A. M. *KG* JW 1932, 2142, 3191 (Provisionsanspruch aus noch nicht abgeschlossenen Geschäften, → § 829 Fn. 28). – Inhaltsgleich § 313 Abs. 1 AO 1977.
[2] *OLG Colmar* OLG Rsp 14, 344.
[3] *BAG* NJW 1993, 2699, 2700; *KG* OLG Rsp 14, 93; *Baur* Betrieb 1968, 253; *Stöber*[10] Rdnr. 967.
[4] *BSG* Büro 1982, 1178 mwN u. MDR 1983, 86 f. = NJW 958 (L); *MünchArbR/Hanau* § 72 Rdnr. 26. Maßgeblich ist, ob die Überwachung der Pfändungen »nur wenige und dem Arbeitgeber aus seiner Fürsorgepflicht durchaus zumutbare Schwierigkeiten macht«, *BAG* AP Nr. 2 (zust. *Baumgärtel*) = Rpfleger 1958, 82.
[5] → § 833 Rdnr. 1, 3; *LG Wiesbaden* MDR 1988, 63; *LAG Berlin* ArbRsp 32, 126 (Ersetzung abgelaufenen Zeitvertrags durch neuen); *LAG Hamburg* ArbRS 28 (1936); bedenklich *OLG Breslau* JW 1930, 1087[15], das zwar richtig darauf abstellt, ob sich das neue Dienstverhältnis im wesentlichen als Fortsetzung des alten darstelle, dies aber bei einer erheblichen Verschlechterung einer Schauspielergage schon verneint.
[6] Z.B. wenn der bisher zumindest arbeitnehmerähnliche Schuldner (→ § 850 Rdnr. 25) jetzt nur noch Gesellschafter ist. Wenn man das von *RAG* 19, 165 erwähnte Kriterium »im wesentlichen dasselbe Rechtsverhältnis« in dieser Richtung auffaßt, wird man es beibehalten können.
[7] Z. B. Entlassung nur wegen Arbeitsmangels etwa 3–4 Monate im Winter *BAG* (Fn. 4); *LAG Bremen* Rpfleger 1957, 302 mwN; *LG Lübeck* NJW 1954, 1125; insbesondere bei ständiger Wiedereinstellung eines Saisonarbeiters, auch wenn er zur Überbrückung woanders zu arbeiten pflegt; *Riedel* MDR 1958, 897; *Stöber*[10] Rdnr. 969; Wiederaufnahme der Arbeit im Stammbetrieb nach vorübergehender Tätigkeit für ein anderes Mitglied derselben Bauarbeitsgemeinschaft *LAG Bad. Württ.* AP Nr. 3 zu § 823; Unterbrechung wegen Freiheitsstrafe oder Haft *LG Essen* MDR 1963, 226; nach *LAG Düsseldorf* BB 1969, 137 sogar trotz 7-monatiger Abwesenheit wegen Strafhaft, Arbeitslosigkeit u. 2-wöchentlicher Arbeit für anderen Betrieb; Grundwehrdienst oder Wehrübung, vgl. §§ 1, 10 ArbeitsplatzschutzG i.d.F. vom 14. IV. 1980 BGBl. I, 425. – S. aber auch *BAG* AP Nr. 1 (*Pohle*) = NJW 439: »nein«, wenn Schuldner 5 Monate woanders fest beschäftigt war. – Die Gesetzesvorlage BR-Drucksache 134/94 S. 10 sieht eine Frist von 9 Monaten vor.
[8] *BAG* NJW 1993, 2701, 2702; *OLG Düsseldorf* NZA 1985, 564 (L); *LAG Düsseldorf* BB 1955, 802 (Neueinstellung nur aus sozialen Gründen); *LAG Hamm* BB 1953, 736 (fristlose Entlassung wegen Vertragsbruchs, auch wenn Unterbrechung nur kurz war). Jedoch muß die Wiedereinstellung nicht zugesichert sein; es genügt Wahrscheinlichkeit, *LAG Bremen* (Fn. 7); *OLG Hamm* NJW-RR 1993, 1325; bejahte diese nach achtmonatiger Tätigkeit bei einer anderen Firma mit teilweise identischen Inhabern; vgl. auch *BAG* AP Nr. 2: es ließ zu, diese Wahrscheinlichkeit aus der vom Betrieb häufig geübten Wiedereinstellung zu schließen. Enger aber *LAG Hamm* BB 1957, 1110; *Süsse* BB 1970, 63 (sie müsse zumindest ernsthaft in Erwägung gezogen worden sein). Darüber hinaus wird man dem Drittschuldner stets die Beweislast für die Absicht der Endgültigkeit aufbürden müssen, falls er den Schuldner einige Monate später doch wiedereinstellt.
[9] *BSG* Büro 1982, 1178 für Arbeitslosengeld auch nach Leistungsunterbrechung wegen Krankheit oder zeitweise fehlender Verfügbarkeit, zust. *Mümmler* aaO mwN. Anders *BSG* NJW 1963, 556 = Rpfleger 1964, 313 (krit. *Berner* aaO, 300) für Krankengeld, wenn der Schuldner zwischen zwei Krankheitsfällen arbeitsfähig war. *AG Bottrop* Büro 1987, 462 stellt beim Arbeitslosengeld darauf ab, ob aufgrund derselben Anwartschaft geleistet wird.
[10] *BSG* MDR 1989, 187.
[11] Vgl. *ArbG Bremen* BB 1955, 802.
[12] *Jaeger/Henckel* KO[9] § 1 Rdnr. 144; *Wieczorek*[2] Anm. A I. → auch § 829 Fn. 21.

abhängig sind[13]. Nach § 141 k Abs. 2 AFG erfaßt die Pfändung auch Konkursausfallgeld. § 832 gilt auch für fingierte Lohnansprüche nach § 850 h Abs. 2.

Trotz Erstreckung der Pfändung auf künftig fällig werdende Beträge kann der Gläubiger gegen den Drittschuldner Klage auf künftige Leistung nur nach § 859 erheben[14].

4 **II.** Unter § 832 fallen außer den Lohn- und Gehaltsforderungen[15] (einschließlich Arbeitnehmersparzulage[16], Pensionen u. dgl.) als **ähnliche** in fortlaufenden Bezügen bestehende **Forderungen**: private Ruhegehaltsansprüche, Provisionsansprüche dauernd angestellter Agenten[17], Sozialleistungen[18], ferner Unterhalts- und ähnliche Renten, auch wenn die Leistungen aus Naturalien bestehen[19], sofern es sich nur um gleichmäßige Bezüge vertretbarer Sachen handelt. Die Ähnlichkeit muß aber nicht gerade darin bestehen, daß die Forderung auch zum Unterhalt bestimmt ist oder aus persönlicher Dienstleistung herrührt[20]; es genügt, daß auf Grund einer *einheitlichen Rechtsbeziehung* bei deren Fortdauer *laufend neue Raten* fällig werden bzw. neue Ansprüche entstehen. Daher gehören hierher Bezüge aus Reallasten[21], die Forderung auf Zinsen[22] und die Miet- und Pachtzinsen[23]. Es bedarf daher bei ihnen nicht einer Pfändung aller Ansprüche aus dem Vertrag, um die künftigen Raten zu erfassen[24]. Dies gilt umso mehr, wenn die Mietzinsen als Früchte eines Nießbrauchs usw. gepfändet werden[25].

5 **Nicht** hierher gehören Forderungen, die, wenn auch in häufiger Wiederkehr, nicht auf der Grundlage einer einheitlichen Rechtsbeziehung, sondern in jedem Fall durch selbständige Tatbestände begründet werden. Ebensowenig die Einkünfte eines Rechtsanwalts oder Notars von den Parteien oder die Erstattungsansprüche des Rechtsanwalts gegen die Staatskasse aus der *künftigen* Zuweisung von Prozeßkostenhilfesachen[26] oder die Einkünfte eines Arztes aus seiner Praxis[27].

6 Wegen der *Pfändungsbeschränkungen* s. §§ 850 ff., wegen der Verfügung über das Rechtsverhältnis selbst → § 829 Rdnr. 95 f.

7 **III.** Das **Pfandrecht** erstreckt sich in dem → § 829 Rdnr. 72 ff. und § 850 Rdnr. 53 ff. näher bezeichneten Umfang auf jede künftige Rate, solange der Anspruch darauf dem Schuldner zusteht, und behält seinen **Rang** bis zu einer Aufhebung der Pfändung (→ §§ 776 Rdnr. 2, 804 Rdnr. 17, 19 f.). Soweit der Drittschuldner mit befreiender Wirkung erfüllt oder aufrechnet[28], geht das Pfandrecht nur an der betreffenden Anspruchsrate mit dieser unter, setzt sich aber an der nächsten fort, bis der Gläubiger den im Titel ausgewiesenen Betrag samt Kosten erhalten hat.

---

[13] *Henckel* Festschr. f. F. Baur (1981), 454 ff.
[14] Zur Anwendbarkeit des § 259 bei Lohnpfändungen *MünchArbR/Hanau* § 72 Rdnr. 117.
[15] Wegen des Urlaubsgeldes → § 850 a Rdnr. 13 ff.
[16] Sie gehören aber nicht zum Lohn oder Gehalt, → § 850 Rdnr. 30; BAG NJW 1977, 75; – a.M. *Koch* RdA 1979, 153.
[17] OLG Stettin OLG Rsp 6, 418; OLG Hamburg OLG Rsp 31, 118.
[18] Trotz kurzer Unterbrechungen.
[19] Sog. Ausgedinge, KG OLG Rsp 14, 93; arg. § 846; a.M. wohl *MünchArbR/Hanau* § 68 Rdnr. 4 bei Sachzuwendungen im Arbeitsverhältnis (wegen § 399 BGB).
[20] So aber RGZ 138, 252; *Stöber*[10] Rdnr. 965; *Baumbach/Hartmann*[52] Rdnr. 4. – Wie hier *Thomas/Putzo*[18] Rdnr. 1 (Miete u. Pacht); *Schuschke* Rdnr. 3.
[21] A.M. *Stöber*[10] Rdnr. 966 (nur wenn sie unter § 850 b fallen).
[22] *Baumbach/Hartmann*[52] Rdnr. 4. – A.M. *Stöber*[10] Rdnr. 966 Fn. 10 (aber dann könnten Zinsen ohne die Hauptforderung nicht mit fortlaufender Wirkung gepfändet werden).
[23] *Thomas/Putzo* (Fn. 20); h.M. – A.M. KG OLG Rsp 20, 356; *Stöber*[10] Rdnr. 223 (nur beim Nießbrauch).
[24] Wie hier RG WarnRsp 14 Nr. 102; KG JW 1935, 1043; s. auch OLG Kiel OLG Rsp 20, 379 u. (trotz Ablehnung des § 832) auch OLG Breslau OLG Rsp 20, 356 f. – A.M. KG OLG Rsp 26, 400.
[25] Vgl. auch OLG Jena OLG Rsp 7, 310; KG OLG Rsp 20, 366.
[26] Wie hier *Stöber*[10] Rdnr. 965 Fn. 5.
[27] Anders bei Ansprüchen der Kassenärzte aus der Kassenpraxis, auch wenn sich die Forderung nach den den einzelnen Patienten geleisteten Diensten bemißt, OLG Nürnberg JW 1926, 2471; *Stöber*[10] (Fn. 26). – Zur Offenbarung der Einzelansprüche → § 807 Rdnr. 34 Fn. 189.
[28] → § 829 Rdnr. 92 f., 101 ff., § 835 Rdnr. 34 f.

Diese Erstreckung des Pfandrechts wird auch nicht dadurch verhindert, daß der Gläubiger – 8
mit oder ohne seinen Willen – vom Drittschuldner weniger als den pfändbaren Betrag
ausgezahlt erhält[29]. **Vereinbart** daher der Gläubiger mit dem Schuldner und dem Drittschuldner, daß an den Schuldner künftig mehr als der pfändungsfreie Betrag ausgezahlt werden
soll[30], dann erstreckt sich das Pfandrecht auch dann auf künftige Anspruchsraten, wenn die
volle Befriedigung ohne diese Vereinbarung schon vorher eingetreten wäre[31]. Denn ein
nachrangiger Gläubiger ist zwar nicht an solche Vereinbarungen unter Dritten gebunden, hat
aber zumindest für die Zeit *vor* seiner Pfändung kein Recht darauf, daß vorrangige Gläubiger
sich möglichst schnell befriedigen[32]. Der Nachpfändende kann deshalb, falls er der Vereinbarung nicht zustimmt oder ihre Abänderung zu seinen Gunsten nicht erreicht (was oft vernünftig wäre, um die Weiterarbeit des Schuldners nicht zu gefährden), *erst ab dem Zeitpunkt
seiner Pfändung* erwarten, daß entgegen der Vereinbarung nur noch der pfandfreie Betrag an
den Schuldner ausgezahlt wird. Denn sie würde von da an zu seinen Lasten wirken durch
Verzögerung seiner Befriedigung. Den Vertragsparteien darf aber nicht ohne weiteres unterstellt werden, diese Benachteiligung Dritter beabsichtigt zu haben; daher ist ihre Vereinbarung im Zweifel als *auflösend bedingt* durch die nächste Pfändung eines anderen Gläubigers
auszulegen[33]. Ist sie aber unbedingt, so wird man – je nach dem voraussichtlichen Umfang der
Verzögerung für den Dritten – ein Beharren auf ihr ungeachtet der Nachpfändung als
mißbräuchliche Ausnützung des durch Pfändung erlangten Umfangs der Sicherung ansehen
können. Dies berechtigt den Nachpfändenden in entsprechender Anwendung des § 803
Abs. 1 S. 2[34], gemäß § 766 (→ dort Rdnr. 30) die Erstpfändung ex nunc auf den Betrag der
Vereinbarung beschränken zu lassen[35], falls diese nicht bis zur Entscheidung über die Erinnerung (→ § 766 Rdnr. 42) beendet oder vergleichsweise abgeändert wird.

Anstelle einer Vereinbarung, nach der mehr als der pfändungsfreie Betrag ausbezahlt 9
werden soll, könnte der Gläubiger seine Pfändung von vornherein auf jene Teilbezüge
beschränken, die er jeweils einziehen will, und sich den pfändbaren Rest zur Sicherheit
abtreten lassen unter Erteilung einer (vorläufigen) Einziehungsermächtigung für den Schuldner. Das BAG nimmt jedoch an, daß solche Abtretungen »verwirken«, sobald und soweit sie
späteren Pfändungen entgegenstehen würden[36].

---

[29] A.M. *BAG* AP Nr. 5 zu § 829 (*Grunsky*) = NJW
1975, 1575 f. (dazu *Heiseke* aaO, 2311 f.) = WPM 871:
das Pfandrecht erlösche ohne Rücksicht auf tatsächliche
Befriedigung, sobald bei voller Ausschöpfung der pfändbaren Beträge die Befriedigung eingetreten wäre (eine
höchst trügerische »hypothetische Kausalität«, denn niemand weiß, ob der Schuldner dann noch dort weitergearbeitet hätte, vgl. *Denck* DB 1980, 1396). Das läßt sich
weder auf Gesetz noch auf schutzwürdige Interessen Dritter stützen, s. auch *Grunsky* (Fn. 36) zu 2.

[30] Darin kann im Zweifel nicht eine Stundung des zu
vollstreckenden Anspruchs (richtig *Grunsky* → Fn. 29),
wohl aber ein (endgültiger oder vorläufig) Teilverzicht
auf das Einziehungsrecht bezüglich der jeweiligen Raten
(→ § 843 Rdnr. 1) oder (und) eine Teilermächtigung
(§ 185 BGB) des Schuldners zur Ausübung des Einziehungsrechts (so *K.-J. Heinze* MDR 1958, 79) gesehen
werden. Eine Auslegung als vertragliche Einschränkung
des Pfändungspfandrechts (so wohl die Vorinstanz in
BAG → Fn. 29) wäre kaum interessengerecht, auch wenn
man sie für möglich hielte, → dazu § 804 Fn. 156. Denn
bei Änderung der Umstände könnte das Pfändungspfandrecht nicht privat wieder »erhöht« werden, es wäre Neupfändung (Rang?) oder Teilabtretung nötig, wozu der
Schuldner vielleicht nicht mehr bereit wäre.

[31] → Fn. 29.

[32] *Stöber*[10] Rdnr. 959; *Denck* (Fn. 29); wohl auch
Grunsky (Fn. 29). – A.M. *BAG* (Fn. 29).

[33] *Stöber*[10] (Fn. 32). Möglich wäre auch vorbehaltener
Widerruf oder Rücktritt, vgl. *Sönksen* MDR 1958, 561.
Das wie auch immer herbeigeführte Ende der Vereinbarung bewirkt, daß der gesamte pfändbare Betrag dem
Erstpfänder gebührt, *Stöber*[10] aaO (er rät zur Hinterlegung).

[34] *BAG* (Fn. 29) zu III 2 a nimmt hier echte Überpfändung an. Sie liegt aber bei § 832 nicht vor, solange noch
die nächste Rate zur Befriedigung nötig ist; vergleichbar
mit der Überpfändung ist nur, daß die erlangte Sicherung
nicht gesetzlichen Zwecken dient.

[35] Vgl. *Grunsky* (Fn. 29); er ging aaO noch nicht näher
auf den Rechtsgrund für eine solche Erinnerung ein. Sein
weiterer Vorschlag, der Nachrangige möge auf Leistung
an den Vorrangigen auch gegen dessen Willen klagen,
scheitert, wenn der beklagte Drittschuldner einwendet,
daß *er* nach der Vereinbarung nur an den Schuldner zu
leisten habe.

[36] *BAG* AP Nr. 6 zu § 829 (*Grunsky*) = DB 1980, 835
(*Denck*, 1396) = SAE 204 (*Sieg*). Die Begründung überzeugt nicht; das Ergebnis ist vertretbar, weil nicht bloße
Einziehungsermächtigung (dieses Wort wurde nicht benutzt) sondern wohl Teilrückabtretung gemeint war: die
Erlaubnis, den monatlich 5.000 DM überschießenden Teil

§ 833 [Pfändungsumfang bei Diensteinkommen]

(1) Durch die Pfändung eines Diensteinkommens wird auch das Einkommen betroffen, das der Schuldner infolge der Versetzung in ein anderes Amt, der Übertragung eines neuen Amtes oder einer Gehaltserhöhung zu beziehen hat.
(2) Diese Vorschrift ist auf den Fall der Änderung des Dienstherrn nicht anzuwenden.

Gesetzesgeschichte: Bis 1900 § 734 CPO.

1   I. ¹Die Pfändung eines **Diensteinkommens**, vgl. §§ 850 ff., erstreckt ihre Wirkungen auf alle *späteren Veränderungen* dieses Einkommens, sofern der Drittschuldner derselbe bleibt. Dazu gehören z.B. die Versetzung in ein anderes Amt *desselben* Dienstherrn (besonders im Staatsdienst, gleich, ob innerhalb desselben oder eines anderen Verwaltungszweigs), der Wechsel vom Angestellten- zum Beamtenverhältnis, Pensionierung² oder Wiederanstellung eines in den Ruhestand getretenen Bediensteten. Bei *Gehaltserhöhung* erstreckt sich die Pfändung auf den Mehrbetrag; zur Überschreitung der Pfändungsgrenze durch die Erhöhung der Bezüge → § 829 Rdnr. 18, zur Aufhebung des Anstellungsverhältnisses → § 829 Rdnr. 95 f.

2   Wenn dagegen ein *Wechsel des Dienstherrn* eintritt, Abs. 2, wie beim Übertritt aus dem Landes- in den Gemeinde- oder Privatdienst usw., bedarf es eines neuen Pfändungsakts. Das gilt jedoch nicht, wenn ganze Verwaltungen unter Beibehaltung des Personal- und Sachbestands übernommen werden, z.B. bei Eingliederung von Gemeinden oder Änderung innerstaatlicher Ländergrenzen³, → auch Rdnr. 3. Dienstherr ist, wer das Gehalt zu zahlen hat, ohne Rücksicht darauf, wem der Dienst geleistet wird und welche Person oder Behörde den Dienstherrn vertritt.

Eine Änderung des Abs. 2 in Richtung einer Fortwirkung der Pfändung trotz Arbeitgeberwechsels⁴ könnte zumindest auf neue Zustellung wohl kaum verzichten⁵ und höchstens eine Rückwirkung des Ranges einführen.

3   II. § 833 gilt an sich nur für Diensteinkommen, d.h. Dienstbezüge der Beamten usw. Aber auch die Pfändung der **Arbeitsvergütungen privater Arbeitnehmer** wird selbstverständlich nicht dadurch beendet, daß der *Schuldner* bei demselben Unternehmer usw. eine andere Stellung übernimmt, → § 832 Rdnr. 2, § 850 Rdnr. 56, oder Ruhegelder usw. bezieht, → § 850 Rdnr. 34 f. Ferner bleibt die Wirksamkeit einer Pfändung auch dann erhalten, wenn in der Person des *Drittschuldners* rechtlich, aber nicht tatsächlich eine Änderung eintritt⁶. Ebenso wirken Verstrickung und Pfändungspfandrecht fort, wenn auf Seiten des Arbeitgebers bei gleichbleibender wirtschaftlicher Gestaltung des Arbeitsverhältnisses ein Personenwechsel durch Erbgang oder *Übertragung des Gesamtbetriebs* (vgl. § 613a BGB) stattfindet, gleichgültig ob die Firma mitübernommen wird⁷. Es geht hier nicht um Rechts- oder Pflichtnachfolge⁸, sondern um die Beurteilung der Identitätsfrage nach den gleichen wirtschaftlichen

---

an den Schuldner auszuzahlen, sollte keine jederzeit widerrufliche, vorläufige Ermächtigung nach § 185 BGB sein sondern dem Schuldner eine verläßliche Rechtsstellung verschaffen. Ähnlich *Sieg* u. *Grunsky* aaO. Zur Auslegung im Wortlaut unklarer, aber im Ziel klarer Abreden als Abtretung s. auch BGH WPM 1980, 1172.
¹ Inhaltsgleich § 313 Abs. 2 AO 1977.
² *RG* Gruch. 51, 1078 f.; *OLG Kiel* SA 68, 482. Dasselbe gilt bei einer sonstigen gesetzlichen Verminderung der Bezüge, *BayObLG* OLG Rsp 25, 187 f.
³ Ähnlich *Wieczorek*² Anm. A II.
⁴ Vgl. *Gaul* JZ 1973, 483; *Behr* Rpfleger 1981, 422.

⁵ Zur Problematik: *Gaul* (Fn. 4), Bericht der Arbeitsgruppe »Stärkung der Forderungspfändung« in Materialdienst der Ev. Akademie Bad Boll 19/81 S. 101 (ISSN 170 5962).
⁶ Allg. M., z.B. Umwandlung einer OHG in eine KG, RAGE 19, 165 = JW 1938, 978, Fusion.
⁷ *LAG Hamm* BB 1976, 364 = DB 440; *Stöber*¹⁰ Rdnr. 972; *Baumbach/Hartmann*⁵² Rdnr. 1; wohl auch *Zöller/Stöber*¹⁸ Rdnr. 2; *Wieczorek*² Anm. A II.
⁸ Denn was als Verbindlichkeit übergehen kann (das Grundverhältnis), ist nicht gepfändet, und was gepfändet ist (künftiges Entgelt), entsteht neu in der Person des

Gesichtspunkten wie in § 832, → dort Rdnr. 2. Der Gläubiger sollte sich jedoch nicht darauf verlassen, daß der neue Drittschuldner durch die von ihm übernommene Personalverwaltung aktenmäßig Kenntnis nimmt, denn ihm gegenüber war das Zahlungsverbot nicht erlassen; zur Vermeidung der Nachteile gutgläubiger Auszahlung an den Schuldner (→ § 829 Rdnr. 101) sollte der Gläubiger daher den neuen Drittschuldner um schriftliche Bestätigung bitten, andernfalls den alten Pfändungsbeschluß erneut zustellen lassen.

Das Überwechseln zu einem anderen Arbeitgeber innerhalb einer *Arbeitsgemeinschaft* des Baugewerbes ist jedoch eine Änderung gemäß Abs. 2[9]. → auch Rdnr. 2 a. E.   4

§ 834 [Kein Gehör des Schuldners]

Vor der Pfändung ist der Schuldner über das Pfändungsgesuch nicht zu hören.

Gesetzesgeschichte: Bis 1900 § 735 CPO.

I. Der Schuldner darf vor der *Pfändung* über das Pfändungsgesuch weder mündlich noch   1
schriftlich gehört werden, um zu verhüten, daß er über die Forderung verfügt und so die Pfändung vereitelt. Dieser **Aufschub rechtlichen Gehörs**, der nicht gegen Art. 103 I GG verstößt[1], reicht soweit wie sein Zweck. § 834 gilt daher nur *vor* Erlaß des Pfändungsbeschlusses und ist erneut anzuwenden, wenn derselbe Gläubiger aus einem anderen Titel oder aus demselben Titel in ein anderes Recht des Schuldners vollstreckt. Im Erinnerungs- und Beschwerdeverfahren ist der (das Verfahren nicht betreibende) Schuldner solange nicht zu hören, wie noch nicht wirksam gepfändet ist[2], z. B. wenn der Gläubiger noch vor Zustellung einer gänzlichen oder teilweisen Ablehnung entgegentritt[3] oder wenn eine Teilpfändung erweitert wird[4]. Auch Rechtsbehelfe stehen dem Schuldner vor der Pfändung nicht zu. Er kann deshalb eine vom Gläubiger erwirkte Beschwerdeentscheidung, durch die das Vollstreckungsgericht angewiesen wird, den Pfändungs- und Überweisungsbeschluß zu erlassen, nicht anfechten[5].

Das Anhörungsverbot des § 834 bezog sich in der ursprünglichen Fassung der ZPO nur auf   2
die gewöhnliche Forderungspfändung, bei der besondere Voraussetzungen der Pfändbarkeit nicht zu prüfen sind. In diesen Fällen begegnet die Regelung keinen Bedenken, zumal der Überweisungsbeschluß bis zur Anhörung des Schuldners aufgeschoben werden kann[6]. Das einseitige Verfahren widerspricht aber rechtsstaatlichen Grundsätzen, wenn im Pfändungsverfahren aufgrund der Umstände des Einzelfalles zu prüfen ist, welches Existenzminimum dem Schuldner verbleiben soll (wie bei § 850 f Abs. 2). Bei der Ausgestaltung der §§ 850 ff. wurde nur unzulänglich bedacht, daß das einseitige Pfändungsverfahren nicht geeignet ist, die besonderen Voraussetzungen der Pfändbarkeit festzustellen[7]. Nur bei der Billigkeitsprüfung nach §§ 850 b ist eine Anhörung des Schuldners vorgeschrieben. Die Rechtspraxis berücksichtigt in den übrigen Fällen nicht, daß die Verweigerung rechtlichen Gehörs vor der

---

Drittschuldners, mag er auch z. B. Erbe sein. – A. M. *Wieczorek*[2] § 832 Anm. B I c.
[9] *LAG BadWürtt* AP Nr. 3 zu § 832 = BB 1967, 80 = DB 166. Zur Rückkehr in den Stammbetrieb → aber § 832 Fn. 7.
[1] *BVerfGE* 8, 98; *BayObLG* Rpfleger 1986, 99 = NJW-RR 1986, 422.
[2] *OLG Köln* NJW-RR 1988, 1467; *OLG Hamm* Rpfleger 1957, 25; *LG Aurich* Rpfleger 1962, 413; *Thomas/Putzo*[18] Rdnr. 2; *Wieczorek*[2] Anm. B; *Stöber*[10] Rdnr. 483.
[3] *KG* NJW 1980, 1342 u. vgl. *LG Frankenthal* Büro 1979, 1326 a. E. Ebenso im Verfahren gemäß § 36 Nr. 6, *BGH* NJW 1983, 1859 = FamRZ 578.
[4] *OLG Koblenz* MDR 1975, 939; *OLG Düsseldorf* Rpfleger 1973, 186; *LG Frankenthal* Rpfleger 1982, 231.
[5] *OLG Köln* (Fn. 2) nimmt dies auch dann an, wenn der Schuldner zur Stellungnahme aufgefordert wurde. Die Begründung, der Schuldner sei nicht Verfahrensbeteiligter, überzeugt nicht.
[6] Dafür generell *Hoeren* NJW 1991, 410.
[7] Insoweit zutreffend *Rosenberg/Gaul/Schilken*[10] § 56 I 4 d; *Baur/Stürner* Rdnr. 357.

Entscheidung Ausnahme sein muß. Die Literatur unterstützt die grobschlächtigen[8] Lösungen überwiegend[9] ohne differenzierte Interessenabwägung. In allen Fällen, in denen das Vollstreckungsgericht konstitutiv über die Pfändungswirkungen entscheidet, ist der Schuldner vorher zu hören.

3   Bei Anträgen nach §§ 850 f Abs. 2, 3, 850 d, 850 c Abs. 4 besteht nicht die Gefahr, daß der Schuldner die Zwangsvollstreckung durch Abtretung vereitelt, weil der erweiterte Zugriff den unpfändbaren und damit unabtretbaren Teil der Forderung betrifft. Interessen des Gläubigers können nur berührt werden, wenn sich der Schuldner einen Vorschuß auszahlen läßt, da die h.M. trotz des Verfügungsverbots Erfüllbarkeit künftiger Lohnforderungen annimmt[10]. Dabei ist aber zu berücksichtigen, daß durch vorzeitige Einziehung der Vermögenswert nicht aus dem Schuldnervermögen ausscheidet und der Gläubiger bei der Pfändung künftigen Lohnes auf eine bloße Aussicht zugreift, die zu einer Rechtsposition nur dann erstarkt, wenn der Schuldner bereit ist, seine Arbeit fortzusetzen. Gegen eine Anwendung des § 834 spricht vor allem, daß in den Verfahren nach §§ 850 f Abs. 2, 850 d vielfach darüber entschieden wird, welcher Mindestbetrag dem Schuldner für ein menschenwürdiges Leben zu belassen ist[11]. Auch beim Antrag auf Zusammenrechnung nach § 850 e Nr. 2 ist der Schuldner zu hören[12], → § 850 e Rdnr. 45. Auf das Änderungsverfahren nach § 850 g ist § 834 unmittelbar nicht anwendbar. Eine Analogie kommt jedenfalls dann nicht in Betracht, wenn der Schuldner im Ausgangsverfahren (z.B. § 850 f Abs. 2) zu hören war[13].

4   Die *Anhörung ist zulässig*, wenn das betreffende Recht von diesem Gläubiger schon einmal aufgrund desselben Titels gepfändet war, mag auch der Pfändungsbeschluß inzwischen wieder aufgehoben sein[14]. Beantragt der Gläubiger ausdrücklich[15] die Anhörung des Schuldners, so verzichtet er auf den Schutz des § 834; dann ist die Anhörung zulässig[16]. Grundlage des Beschlusses ist aber das Vorbringen des Gläubigers, da in diesen Fällen das Verfahren nicht kontradiktorisch ist.

5   II. Über das **Gehör vor der Überweisung**, wenn diese nicht schon im Pfändungsbeschluß angeordnet war, → § 835 Rdnr. 4, 44, § 844 Rdnr. 4.

6   III. Gesetzwidrige Anhörung hat keine Folgen für die Pfändung, kann aber wie die Verletzung des Anspruchs auf rechtliches Gehör zur Amtshaftung führen[17]. Zur Auswirkung auf die Art der Anfechtung → § 766 Rdnr. 7 f.

§ 835 [Überweisung von Geldforderungen]

(1) Die gepfändete Geldforderung ist dem Gläubiger nach seiner Wahl zur Einziehung oder an Zahlungs Statt zum Nennwert zu überweisen.

(2) Im letzteren Falle geht die Forderung auf den Gläubiger mit der Wirkung über, daß er,

---

[8] So *Hager* KTS 1991, 15 (zu § 850 f Abs. 2).
[9] Vgl. 20. Aufl.; MünchKommZPO-*Smid* Rdnr. 1; *Schuschke* Rdnr. 1 und 2; vgl. aber *Baumbach/Hartmann*[52] Rdnr. 7.
[10] *BAG* NZA 1987, 485; MünchArbR-*Hanau* § 69 Rdnr. 4 mwN. Diese Ansicht ist bedenklich, weil sie dem Zweck des § 850 c widerspricht.
[11] Für Anhörung: *OLG Hamm* NJW 1973, 1333f. zu § 850 f Abs. 3 *Baumbach/Hartmann*[52] Rdnr. 7; – a.M. *OLG Koblenz*, *OLG Düsseldorf*, *LG Frankenthal* (alle Fn. 3); *OLG Celle* MDR 1972, 958; *Bohnert* JuS 1980, 217 (§ 834 analog); *Stöber*[10] Rdnr. 1195 und die 20. Aufl.
[12] A.M. *LG Frankenthal* (Fn. 3); *Stöber*[10] Rdnr. 1140, 1159; *Hornung* Rpfleger 1982, 52 und die 20. Aufl.

[13] Gegen Anhörung die 20. Aufl. Rdnr. 3.
[14] Z.B. wenn der Gläubiger Beschwerde gegen die nur teilweise Pfändung des Rechts oder weitere Beschwerde einlegt; *OLG Hamm* (Fn. 2) betraf nur die Beschwerde des Schuldners.
[15] *Baumbach/Hartmann*[52] Rdnr. 2 will eindeutig erkennbares Einverständnis genügen lassen.
[16] *OLG Celle* MDR 1972, 958; *KG* Rpfleger 1978, 335[330] (obiter); *Schneider* MDR 1972, 912; *Stöber*[10] Rdnr. 481; jetzt allg. M.; s. *LG Bonn* Büro 1979, 928 mwN.
[17] Vgl. den Fall *OLG Hamm* (Fn. 2).

soweit die Forderung besteht, wegen seiner Forderung an den Schuldner als befriedigt anzusehen ist.

(3) ¹Die Vorschriften des § 829 Abs. 2, 3 sind auf die Überweisung entsprechend anzuwenden. ²Wird ein bei einem Geldinstitut gepfändetes Guthaben eines Schuldners, der eine natürliche Person ist, dem Gläubiger überwiesen, so darf erst zwei Wochen nach der Zustellung des Überweisungsbeschlusses an den Drittschuldner aus dem Guthaben an den Gläubiger geleistet oder der Betrag hinterlegt werden.

Gesetzesgeschichte: Bis 1900 § 736 CPO. Änderungen RGBl. 1898 I, 256, BGBl. 1978 I, 333 (Abs. 3 S. 2).

I. Bedeutung der Überweisung 1	VI. Stellung des Schuldners 32
II. Verfahren, Wirksamkeit, Überweisungskosten (→ auch V 5), Zahlstelle, Rechtsbehelfe 4	VII. Stellung des Drittschuldners 34
	VIII. Überweisung an Zahlungs Statt 37
	1. Voraussetzungen, Verfahren 37
III. Arten der Überweisung, Wahlrecht 7	2. Nennwert, Teilüberweisung, Rang 39
IV. Überweisung zur Einziehung 8	3. Wirkungen und Rechtsbehelfe 41
1. Wirkungen, Verhältnis zur Pfändung 8	IX. Mehrfache Überweisung derselben Forderung 46
2. Einstellung der ZV 11	
V. Stellung des Gläubigers 14	X. Abs. 2 S. 3: Zahlungssperrfrist bei Kontenguthaben 48
1. Materielle Befugnisse 14	1. Voraussetzungen 48
2. Prozessuale Befugnisse 20	2. Wirkungen 50
3. Bedeutung des Einziehungsrechts 25	
4. Streitverkündung an Schuldner 27	XI. Arbeitsgerichtliches Verfahren 52
5. Kosten der Einziehung 28	
6. Fortsetzung der ZV 31	

I. Bedeutung der Überweisung

Die **Überweisung** ist die normale Form der **Verwertung** gepfändeter Forderungen. Die 1 Pfändung gewährt dem Gläubiger in Abweichung von § 1282 BGB noch nicht das Recht auf Befriedigung durch Leistung des Drittschuldners. Dazu bedarf es vielmehr einer auf der Pfändung ruhenden staatlichen Verfügung über das gepfändete Recht, regelmäßig der Überweisung, die dem Gläubiger eine Mehrung seiner Rechte gewährt[1]. Über andere Verwertungsverfügungen s. §§ 844, 857 Abs. 4, 5. Die Unterscheidung von Pfändung und Überweisung wurde im Hinblick darauf geschaffen, daß es Vollstreckungsbefugnisse ohne Verwertungsrecht (Arrest, Sicherungsvollstreckung) gibt. Für Rechtshandlungen, die über eine bloße Sicherung hinausgehen, insbesondere irreversible Rechtsfolgen herbeiführen, ist der Pfändungsbeschluß keine ausreichende Grundlage. Zu den Befugnissen des Arrestgläubigers → § 930 Rdnr. 9. Über weitere Überweisungsverbote siehe §§ 772f. und 782f. Ein Überweisungsbeschluß, der aufgrund eines Arrests ausgesprochen wird, ist nichtig, weil der Titel die Verwertungsmaßnahme nicht deckt[2].

Pfändung und Überweisung können, abgesehen von § 831 und den → Rdnr. 1 a. E. genannten Fällen, **gleichzeitig** beantragt und – mit Ausnahme der Überweisung an Zahlungs Statt → Rdnr. 37, 44 – in demselben Beschluß ausgesprochen werden. Da der Schuldner vor der Pfändung nicht zu hören ist (§ 834), führt die Zusammenfassung des Pfändungsbeschlusses 2

---

[1] Vgl. *Stein* Grundfragen (1913), 63 f. [2] *BGH* WM 1993, 430.

§ 835 I, II Zweiter Abschnitt: Zwangsvollstreckung wegen Geldforderungen

mit dem Überweisungsbeschluß zu einer Verletzung des Anspruchs auf rechtliches Gehör[3]. Zahlt der Drittschuldner unmittelbar nach Zustellung des Pfändungs- und Überweisungsbeschlusses an den Gläubiger oder erfolgt die Überweisung an Zahlungs Statt, lassen sich Fehler nicht mehr im Erinnerungsverfahren korrigieren → § 766 Rdnr. 38 a. E. Deshalb ist die Wirkung des Überweisungsbeschlusses aufzuschieben, damit der Schuldner Erinnerung einlegen und Maßnahmen nach § 766 Abs. 1 S. 2 beantragen kann. → auch Rdnr. 44. Die Pfändung ist immer der logisch vorangehende, die Überweisung bedingende Akt. Folgt die Überweisung der Pfändung nach, so ist die örtliche Zuständigkeit erneut zu beurteilen → § 764 Rdnr. 4; ebenso ist vorher zu prüfen, ob das zu überweisende Recht mit dem gepfändeten identisch ist[4] und ob die Pfändung (noch) wirksam ist, z. B. bei Wechseln nach § 831. S. noch §§ 772 f. Die §§ 14 f. KO hindern nicht die Überweisung nach Konkurseröffnung aufgrund der vorher wirksam gewordenen Pfändung[5]. Nach Einstellung der Vollstreckung ist die Überweisung unzulässig[6]; zur Einstellung *nach* wirksamer Überweisung → Rdnr. 11 f.

3   Eine Überweisung kann weder ohne Pfändung noch vor ihr wirksam werden. Dies gilt auch für einen Betrag, um den eine Überweisung die Pfändung übersteigt[7]. Überweisungsbeschlüsse dürfen jedoch vor Zustellung der Pfändung an den Drittschuldner erlassen werden. Bei § 831 ist die Überweisung vor wirksamer Pfändung unzulässig und bleibt unwirksam. Sobald der einer gültigen Pfändung etwa anhaftende Mangel geheilt ist, bleibt auch die Überweisung wirksam, bedarf also keiner Wiederholung, → Rdnr. 128 ff. vor § 704.

II. Verfahren

4   Über das **Verfahren** → § 829 II. Der Beschluß muß wie bei der Pfändung hinreichend bestimmt sein → § 829 Rdnr. 40 ff. Bei Verwendung üblicher Formulare für andere Rechte als Geldforderungen sollte daher der Text angepaßt werden[8]. Erwirkt der Gläubiger die Überweisung vorerst nicht zum vollen Betrag der Pfändung, so kann sie später ohne Rangverlust erweitert werden. Soll vor der Überweisung der *Schuldner gehört* werden (→ z. B. Rdnr. 44, § 844 Rdnr. 4, 8–14, § 857 V), so darf das erst nach wirksamer Pfändung geschehen, soweit § 834 reicht (→ dort Rdnr. 1–4). – Der Beschluß wird dem Gläubiger formlos ausgehändigt. Bei Wechseln usw. kann er auf das Papier selbst gesetzt werden, doch ist dies nicht wesentlich.

5   Da in Abs. 3 S. 1 auch § 829 Abs. 3 angeführt ist, wird die Überweisung – abgesehen von § 837 Abs. 1 – erst **wirksam** mit ihrer Zustellung an den Drittschuldner[9], so daß bei üblicher Verbindung von Pfändung und Überweisung deren Wirkungen gleichzeitig eintreten. Zur mehrfachen Überweisung derselben Forderung → Rdnr. 7, 34 f., 45–47.

Für **Überweisungskosten** gilt § 788. In Betracht kommen nur Zustellungsgebühren bei getrennter Überweisung sowie bei der Verwertung indossabler Papiere (§ 831); sonst entstehen nur die Pfändungsgebühren → § 829 Rdnr. 125, auch wenn die Überweisung erst nach der Pfändung oder nach einer teilweisen oder anderen Art der Überweisung beantragt wird, KV Nr. 1640, § 57 Abs. 2, § 58 Abs. 1 BRAGO.

---

[3] *Hoeren* NJW 1991, 410; wohl auch MünchKomm-ZPO-*Smid* § 835 Rdnr. 7; dagegen *Kahlke* NJW 1991, 2688.
[4] OLG Colmar OLG Rsp 20, 358. Zur Bestimmtheit → § 829 Rdnr. 40 ff.
[5] *Jaeger/Henckel* KO⁹ § 14 Rdnr. 23.
[6] OLG Königsberg OLG Rsp 4, 149 f. → auch § 775 Rdnr. 25 f.
[7] Vgl. RG Gruch 37, 422; KG OLG Rsp 5, 330 f. (zu § 844). – A.M. *Wieczorek*² Anm. B III (Auslegung als gleichzeitige Pfändung).

[8] Zur Auslegung s. KG ZZP 96 (1983), 369 (zust. *Münzberg* 372 f.) = Büro 1983, 463: Vordruck »die bezeichnete Forderung« genügt auch für Grundschuld, die im selben Beschluß neben der Forderung gepfändet ist.
[9] Ist der Gläubiger selbst Drittschuldner, so genügt die Aushändigung an ihn (anders als bei der Pfändung, → § 829 Rdnr. 122, wo der genaue Zeitpunkt wichtig werden kann); *Wieczorek*² Anm. C III; *Stöber*¹⁰ Rdnr. 582.

Brehm VIII/1994

Begehrt der Gläubiger, daß im Beschluß eine *Zahlstelle* für ihn angegeben wird (»zu 6
Händen des RA X« oder »Konto-Nr bei Bank Y«), so darf dem nur entsprochen werden, wenn
aus der Fassung für den Drittschuldner klar hervorgeht, daß dies nicht staatliche Anordnung
sondern nur eine Bitte des Gläubigers ist[10]. Begehrt ein Prozeßbevollmächtigter einen solchen Vermerk, so muß darin klargestellt werden, daß dem Drittschuldner die Prüfung der
Empfangsvollmacht obliegt[11]. Ist aber schon nach dem Titel an einen Dritten zu leisten, z.B.
bei § 1587b Abs. 3 BGB, so ist dies in den Beschluß aufzunehmen, womit dem Drittschuldner
Zahlung nur an den Dritten aufgegeben wird[12].

Wegen der *Rechtsbehelfe* gegen einen Überweisungsbeschluß → § 829 Rdnr. 53f. sowie
unten Rdnr. 43 zur Überweisung an Zahlungs Statt.

III. Arten der Überweisung

Die Überweisung erfolgt entweder **zur Einziehung** oder **an Zahlungs Statt**, und zwar nach 7
Wahl des Gläubigers, soweit sie nicht ausgeschlossen ist, z.B. gemäß § 837 Abs. 3, § 837a
Abs. 3, § 851 Abs. 2, ferner wenn nach dem Titel (z.B. § 1615o BGB) oder aus prozessualen
Gründen, insbesondere gemäß § 839, zu hinterlegen oder an einen Dritten zu leisten ist (→
Rdnr. 4f. vor § 803) und deshalb nur zur Einziehung überwiesen werden darf; s. auch § 6
JBeitrO, §§ 314f. AO. Das Wahlrecht steht auch dem Gläubiger zu, der selbst Drittschuldner
ist[13] oder der eigene Rechte pfändet[14]. *Im Zweifel* ist anzunehmen, daß der Gläubiger die
Überweisung zur Einziehung als die regelmäßige und mit keinem Risiko verbundene Art der
Verwertung wählt. Im Beschluß muß die Art der Überweisung bestimmt bezeichnet sein. Ist
die Überweisung zur Einziehung ausgesprochen, so kann diejenige an Zahlungs Statt nachfolgen.

Das Umgekehrte ist rechtlich unmöglich und es können auch gegenüber dem Schuldner keine weiteren
Pfändungspfandrechte entstehen, nachdem eine Überweisung an Zahlungs Statt wirksam wurde. Da sie
aber unwirksam sein könnte (→ auch Rdnr. 3) und ferner bei nachfolgenden Pfändungen der Rechtspfleger nicht zu prüfen verpflichtet ist, ob vorhergehende gültig sind, bildet eine Überweisung an Zahlungs
Statt verfahrensmäßig kein grundsätzliches Hindernis für weitere Pfändungen und Überweisungen jeder
Art. Zu materiellrechtlichen Wirkungen bei unwirksamer Überweisung → Rdnr. 34, 44.

Besonders geregelt ist die Übertragung der Forderung gegen den Ersteher bei der *Zwangsversteigerung* in §§ 118ff. ZVG.

IV. Die Überweisung zur Einziehung[15]

1. Sie scheidet die Forderung weder aus dem Vermögen des Schuldners aus noch aus der 8
Verstrickung; sie bewirkt keine Befriedigung des Gläubigers und beendet deshalb die
Zwangsvollstreckung noch nicht, → Rdnr. 118 vor § 704, obwohl das Vollstreckungsgericht
nicht mehr für den Gläubiger tätig wird. Sie verleiht ihm die bis dahin fehlende Befugnis, die
Forderung einzuziehen, d.h. vom Drittschuldner die Leistung zu verlangen (→ V) und sie dem

---

[10] *Stöber*[10] Rdnr. 494 mwN auch zu abweichenden Ansichten; *Zöller/Stöber*[18] Rdnr. 5.
[11] → Fn. 12.
[12] LG Essen Rpfleger 1973, 185 zur Beitreibung eines Zwangsgeldes (→ § 888 II 4); *Stöber*[10] Rdnr. 581.
[13] *Weigelin* Pfändungspfandrecht (1899), 73f.; ältere Rspr. → 20. Aufl. Fn. 11. Die Überweisung zur Einziehung ist von Wert für die etwaige Aufrechnung → Rdnr. 15, § 829 Rdnr. 122, u. bei Ansprüchen ohne Nennwert die einzige Möglichkeit (so erhält z.B. der Gläubiger nach § 848 Abs. 2 seine Sicherungshypothek, wenn er das geschuldete Grundstück an den Sequester des Schuldners aufläßt, ohne daß dieser die Belastung beanstanden kann). – A.M. *Fischer* ZZP 20 (1849), 174f.; *Rimmelspacher/Spellenberg* JZ 1973, 172 (nur an Zahlungs Statt).
[14] LAG Berlin BB 1969, 1353 zur Einziehungsüberweisung.
[15] Vgl. *Kohler* Grünhuts ZZP 14 (1890), 25; *Falkmann* ZZP 15 (1891), 510ff.; *Weigelin* (Fn. 13), 67ff.; *Schmidt-Jortzig* Die Auswirkung usw. (Diss. München 1969).

eigenen Vermögen zuzuführen. Mit dieser Leistung (oder einem Erfüllungsersatz → Rdnr. 14) erlöschen gleichzeitig die gepfändete[16] und die zu vollstreckende Forderung in Höhe des Erlangten[17]; diese Erfüllungswirkung, → § 804 Rdnr. 24, ist rein materiellrechtlich und verbraucht nicht den Titel oder die Ausfertigung, so daß der Schuldner nach § 767 klagen muß, falls der Gläubiger trotzdem weiter vollstreckt. Ist die gepfändete Forderung größer als die titulierte (→ § 829 Rdnr. 74, 76), darf der Gläubiger nicht mehr vereinnahmen, als der Titel ihm gestattet[18]. Im Falle des § 839 kann der Gläubiger nur Hinterlegung zu seinen Gunsten verlangen[19] und erst nach endgültiger Vollstreckbarkeit ist er zur Erhebung legitimiert.

9   Das Pfändungspfandrecht verleiht diese Befugnisse noch nicht → § 829 Rdnr. 70, und wenn der Gläubiger den Drittschuldner verklagt, so macht er nicht sein Pfändungspfandrecht, sondern aufgrund der Überweisung sein Einziehungsrecht[20] und damit auch das Gläubigerrecht seines Schuldners geltend[21].

10 Zur Teilüberweisung → Rdnr. 4. Die Überweisung kann ganz oder teilweise aufgehoben werden, ohne daß die Pfändung nebst Pfändungspfandrecht entfällt. Das gilt erst recht, solange eine Überweisung unwirksam ist, weil sie vor der Pfändung erfolgte → Rdnr. 3. Zur Übertragbarkeit des Einziehungsrechts – Rdnr. 26.

11 2. Wird nach der Überweisung die *Zwangsvollstreckung eingestellt*, so ist, auch wenn die Pfändung noch andauert[22], jedenfalls die Ausübung aller aus der Überweisung folgenden Rechte gehemmt[23]. Jeder weitere, auf Befriedigung zielende Schritt des Gläubigers ist dann unzulässig[24] und in der Regel auch rechtswidrig → Rdnr. 24 vor § 704. Erhaltungsmaßnahmen bleiben zulässig, solange bei nur einstweiliger Einstellung die Pfändung noch fortbesteht; auch die Auskunftspflicht (§ 840) wird dann weder gehemmt noch beseitigt, denn sie bereitet die Befriedigung nur vor und dient darüber hinaus noch anderen Zwecken → § 840 Rdnr. 1.

12 Eine Leistung des Drittschuldners an den Gläubiger in Kenntnis der Einstellung ist gegenüber dem Schuldner und konkurrierenden Gläubigern unwirksam, falls der Einstellung die Aufhebung nachfolgt. Kennt der Drittschuldner die Einstellung nicht, so befreit ihn seine Leistung an den *Gläubiger*[25], ganz gleich ob man dies auf einen »Erstrecht-Schluß« aus § 836 Abs. 2 stützt oder darauf, daß die Einstellung erst mit seiner Kenntnisnahme ihm gegenüber wirke[26]. Leistung an den *Schuldner* erlaubt die Einstellung als solche ebensowenig wie die Aufhebung der Überweisung, solange die Pfändung nicht aufgehoben ist. Denn das Pfändungspfandrecht bleibt vorerst erhalten und die Hemmung der Einziehungsbefugnis kann wieder entfallen; so bei einstweiliger Einstellung mit deren Ende[27], in besonders gelagerten Fällen sogar noch bei Rückgängigmachung einer endgültigen Einstellung[28]. Daher ist die

---

[16] Dadurch auch Verstrickung nebst Pfandrecht → § 803 Rdnr. 23, § 804 Rdnr. 41.
[17] Zur dogmatischen Konstruktion *Schünemann* JZ 1985, 858; *Bucuk* ZIP 1986, 858.
[18] → § 829 Rdnr. 77.
[19] Soweit Hinterlegung *nicht* nach § 839 oder aus den Gründen → Rdnr. 7 geboten ist, kann der Gläubiger sie nicht statt Leistung wählen, OLG Karlsruhe SA 63, 43[28].
[20] Vgl. auch *BGHZ* 82, 28 = NJW 1982, 173.
[21] *RGZ* 8, 278 f. Vgl. auch *Henckel* ZZP 84 (1971), 453.
[22] So bei einstweiliger Einstellung (→ § 775 Rdnr. 12 ff.), aber auch wenn die ZV für unzulässig erklärt oder sonst endgültig eingestellt wird von einem anderen als dem Vollstreckungsgericht, das dann die Pfändung erst noch aufheben muß → § 775 Rdnr. 26, § 776 Rdnr. 2, § 829 Rdnr. 116. Mit einer Aufhebung der Pfändung erlischt die Überweisung endgültig, → auch Rdnr. 3.
[23] Für einstweilige Einstellung → § 775 Rdnr. 12 Fn. 69, für endgültige → § 775 Rdnr. 26, mit der die Überweisung praktisch schon ihre Wirkung verliert, gleichgültig ob die Einstellung schon die Aufhebung umfaßt (→ § 766 Rdnr. 41) oder ob die Aufhebung erst nachfolgt → Fn. 22. → auch Rdnr. 10. Kommt es aber nicht zur Aufhebung der Pfändung, so kann die Hemmung der Einziehungsbefugnis wieder entfallen → Rdnr. 12 a.E.
[24] Klauselerteilung ist noch kein Akt der Einziehung, *KG* JW 1936, 2754 = HRR Nr. 1059.
[25] Zur Leistung an nachrangige Gläubiger → § 829 Rdnr. 71 sowie Rdnr. 105.
[26] → dazu § 775 Rdnr. 26 a.E.; § 836 Rdnr. 3.
[27] → § 775 Rdnr. 30 (auch Rdnr. 29 a.E.).
[28] Nämlich wenn die erst nach der Pfändung verfügte, dann als unrichtig erkannte Einstellung oder Unzulässigerklärung so rechtzeitig wieder aufgehoben wird, daß eine Aufhebung der Pfändung noch verhindert werden kann → § 803 Rdnr. 13 f. Das ist bei Rechtspfändungen nur möglich, wenn die Einstellung noch nicht die Aufhebung umfaßte → Fn. 22; außerdem ist diese Möglichkeit verschlossen, wenn während einer Einstellung unzulässig gepfändet worden war → § 775 Rdnr. 28 f.

Hinterlegung fälliger Beträge gemäß § 372 BGB bei Einstellung auch noch nach der Überweisung erlaubt, → auch § 775 Rdnr. 27.

Der Drittschuldner kann die Einstellung *einredeweise* → § 829 Rdnr. 116 – und wenn gegen ihn ein Urteil auf Leistung an den Vollstreckungsgläubiger schon ergangen war, mit der *Vollstreckungsgegenklage*, § 767[29] – geltend machen; der Schuldner dagegen und Dritte im Falle des § 771 haben nur die Möglichkeit, den Drittschuldner dazu aufzufordern und ihm in einem Prozeß als Streitgehilfen beizutreten. **13**

V. Die Stellung des Gläubigers. Einziehungsrecht und Prozeßführungsbefugnis

1. Aufgrund der Überweisung kann der Gläubiger im eigenen Namen (→ Rdnr. 22, 25) alle **Rechtsgeschäfte und sonstige dem Schuldner als Forderungsinhaber gestattete Handlungen vornehmen, die dem Zwecke dienen, die Leistung des Drittschuldners herbeizuführen oder zu ersetzen**[30]. Er kann namentlich die nicht fällige Forderung *kündigen*[31], auch Sparguthaben aus vermögenswirksamen Leistungen vor Ablauf der Sperrfrist, falls der Schuldner Auszahlung verlangen könnte[32]; zur Pfändbarkeit → § 851 Rdnr. 10. Der Gläubiger kann den Drittschuldner durch Mahnung in Verzug setzen, bei Rückzahlungsansprüchen wegen § 651 d BGB den Mangel anzeigen, ein dem Schuldner zustehendes Selbsthilferecht (§ 229 BGB), Ersetzungsrecht oder *Wahlrecht ausüben*; er kann eine *Leistung an Zahlungs Statt* mit dem Drittschuldner vereinbaren und mit der überwiesenen Forderung gegen eine ihm gegenüber bestehende Forderung des Drittschuldners *aufrechnen*[33]. Zum Widerruf von Bezugsrechten Dritter → § 829 Fn. 89 ff. Zum Antrag auf Steuererstattung → § 829 Fn. 50. **14**

Soweit der **Gläubiger selbst Drittschuldner ist** (→ § 829 Rdnr. 122) und nicht den Weg über Abs. 2 gewählt hat[34], kann er die Titelforderung mit der gepfändeten Forderung noch aufrechnen, wobei seine Erklärung an den Schuldner für den Fall, daß nur dieser aufrechnen dürfte, zugleich als Mitteilung auszulegen ist, daß der Gläubiger für den Schuldner gegenüber sich selbst aufgerechnet hat[35]. Die Überweisung zur Einziehung bewirkt hier noch keine Konfusion[36], sondern erst der Weg über Abs. 2, auf den der Gläubiger noch nachträglich übergehen kann. Da jedoch die Einziehung sinnlose »Zahlung an sich selbst« wäre[37], bejahte die Rechtsprechung bisher eine Tilgung der Titelforderung a) durch Annahme einer Aufrechnung schon mit der Überweisung[38], b) durch Erklärung des Gläubigers an den Schuldner, befriedigt zu sein[39], c) ab Rechtskraft eines vom Schuldner gegen den Drittschuldner erstrittenen Urteils, das wegen der nach Rechtshängigkeit vom Beklagten erwirkten Pfändung und Überweisung auf Leistung an ihn selbst lautete[40]. **15**

---

[29] Zur Tenorierung → § 767 Fn. 340 f.
[30] Dazu *BGH* → NJW 1982, 174; NJW 1978, 1914; *Stöber*[10] Rdnr. 602.
[31] *RGZ* 76, 282. → auch § 857 I 1. An die Person des Schuldners gebundene Handlungen kann der Gläubiger jedoch nicht durch eigene ersetzen, z.B. eine den Anspruch oder dessen Fälligkeit erst auslösende Wissenserklärung (so bei Abtretung *LG Frankfurt* WPM 1978, 442 f.) oder das Verlangen des Kindes gemäß § 1934 d BGB → § 852 I a. E.
[32] Insoweit ganz h.M. Maßgebend ist der Sparvertrag (AGB). Über ihn sagt die lediglich prämienerhaltende Festlegung noch nichts aus, *LG Bamberg* MDR 1987, 243; *LG Essen* Rpfleger 1973, 147; *Stöber*[10] Rdnr. 335 mwN; a.M. *LG Karlsruhe* MDR 1980, 765; *AG Augsburg* NJW 1976, 1827; *AG Biberach* WPM 1978, 1334. Steht die vorzeitige Auszahlung im Ermessen der Bank (zu einer solchen Auslegung des § 22 Abs. 3 KWG s. *Muth* DB 1979, 1120), so bindet das den Gläubiger, hindert aber nicht die Überweisung; vgl. *Brych* DB 1974, 2054 gegen *Borrmann* aaO, 382. Das Abwarten der Sperrfrist hat

Vorteile, da die Bank dann keine Beträge zurückhalten muß, *Stöber*[10] aaO.
[33] *RGZ* 58, 108 f.
[34] → Fn. 13. Die Tilgung ex nunc nach Abs. 2 (→ Fn. 117) kann nachteilig sein, wenn die gepfändete Forderung des Schuldners seit der Aufrechnungslage stärker angewachsen ist als die Titelforderung. Zur umgekehrten Lage → § 829 Rdnr. 122 nach Fn. 591.
[35] → auch § 829 Fn. 592 wegen gesetzlicher Aufrechnungsverbote.
[36] *KG* KGJ 52, 206 f. → auch Rdnr. 8.
[37] Auch interne Umbuchungen können jedoch wie Zahlungen wirken, z.B. wenn der Fiskus bei ihm Hinterlegtes pfändet, *OLG Karlsruhe* (Fn. 13).
[38] *RGZ* 33, 292 (bedenklich wegen Abschneidung der Wahlmöglichkeit des Gläubigers → Fn. 34, 117 u. § 829 Text nach Fn. 591).
[39] *KG* (Fn. 36); *Weigelin* (Fn. 13).
[40] *RG* JW 1938, 2400 (unbedenklich, weil dem Gläubiger bis dahin die u.U. vorteilhafte Aufrechnung nicht abgeschnitten wird → Fn. 34).

16 Alle diese Rechte darf der Gläubiger nur geltend machen, um den im Vollstreckungsantrag genannten *Betrag* geltend zu machen. Das bedeutet aber nicht, daß die Forderung nur zu diesem Betrag zu überweisen ist, wenn die gepfändete Forderung das Vollstreckungsbegehren übersteigt. Der Gläubiger kann deshalb im Konkurs die ganze Forderung anmelden und vom Konkursverwalter Zahlung bis zur Höhe des zu vollstreckenden Betrags verlangen[41]. Eine Einziehung darüber hinaus unter Vorbehalt der Rückerstattung des Überschusses an den Schuldner ist ausgeschlossen, selbst wenn es sich um einen Wechsel usw. (§ 831) über einen höheren Betrag handelt. → aber § 829 Rdnr. 76 ff. Die Befugnisse des Gläubigers erstrecken sich andererseits auf die *Nebenrechte* → § 829 Rdnr. 80 f., 86. Diese Erstreckung kann für die Mithaft Dritter fehlen, z. B. bei der Haftung von OHG/KG-Gesellschaftern für die Gesellschaft nach § 128 HGB. Gegenüber den haftenden Gesellschaftern muß das Recht erst gepfändet und überwiesen sein, ehe der Gläubiger es geltend machen kann[42].

17 Nach Überweisung kann der Gläubiger wirksam *Erklärungen empfangen*, die sonst an den Schuldner zu richten wären, so die Aufrechnung des Drittschuldners sowie Erklärungen und sonstige Handlungen, die nach §§ 202, 205, 208 BGB die Verjährung hemmen oder unterbrechen[43].

18 Zu *anderen Verfügungen* über die Forderung ist der Gläubiger dem *Schuldner* gegenüber nicht befugt; insoweit werden seine Rechte aus der Pfändung durch die Überweisung nicht erweitert. Er kann also die gepfändete Forderung **nicht** abtreten[44]; Nachlässe oder Stundungen, auch durch Vergleich, wirken nicht gegen den Schuldner[45], es sei denn der Gläubiger verrechnet die Forderung in voller Höhe des überwiesenen Betrages auf die zu vollstreckende Forderung[46] oder erwirkt gerichtliche Maßnahmen → § 844 Rdnr. 14.

19 Inwieweit der Gläubiger befugt ist, *Gegenleistungen* an den Drittschuldner zu erbringen, bestimmt sich nach § 267 BGB[47]; eine Pflicht dazu hat er keinesfalls, und wenn er die Gegenleistung bewirkt, kann er jedenfalls vorzugsweise Befriedigung dafür aus der Leistung des Drittschuldners nicht verlangen[48]. → aber § 844 Rdnr. 13 f.

20 2. Verfahrensbefugnisse. a) Der Gläubiger darf einen vom Drittschuldner nach der Pfändung hinterlegten Betrag von der Hinterlegungsstelle erheben[49] und die Eintragung einer Sicherungshypothek betreiben, etwa aufgrund des § 648 BGB oder nach § 866[50]. Die schon aufgrund der Pfändung mögliche Teilnahme am Konkurs-, Vergleichs-, Zwangsversteigerungs- oder Zwangsverwaltungsverfahren des Drittschuldners berechtigt ab Überweisung zum Empfang der Quote bzw. des Erlöses → Rdnr. 16.

21 b) Soweit es zur Befriedigung erforderlich ist, kann der Gläubiger die Forderung durch **Klage** oder in dem für die Durchsetzung oder Sicherung des Anspruchs sonst vorgesehenen **gerichtlichen** oder **verwaltungsbehördlichen Verfahren** geltend machen, z.B. nach § 218 Abs. 2 AO, § 33 FGO, §§ 916 ff.[51], §§ 155 f. KostO[52], § 128 BRAGO[53], § 15 BNotO oder

---

[41] → auch § 829 Rdnr. 77.
[42] *Stöber*[10] Rdnr. 60. – A.M. *RAG JW* 1938, 979. Das ist ebensowenig haltbar wie im umgekehrten Fall, s. *RG* → § 829 Fn. 229, 307: Zumindest die Pfändung ist unverzichtbar, mögen auch bei Überweisung die Ansprüche als Einheit anzusehen sein.
[43] *BGH NJW* 1978, 1914 f. = *JR* 504 (*Schubert*) gegen *Marburger JR* 1972, 15.
[44] Vgl. *RG* (Fn. 33). Anders das allein dem Gläubiger zustehende Einziehungsrecht → Fn. 80.
[45] Wohl aber zwischen Gläubiger und Drittschuldner, arg. § 842, den Schuldner auf den Schadensausgleich verweist, *BGH* → Fn. 43.
[46] *RGZ* 169, 55 f. Ein solcher Schritt lohnt nur, wenn jede andere ZV hoffnungslos ist.
[47] Zum Widerspruchsrecht des Schuldners nach § 267 Abs. 2 BGB → § 857 Rdnr. 85.

[48] A.M. wohl *Flechtheim ZZP* 28 (1901), 262 ff., besonders 273 f. Wegen § 788 → dort Fn. 115.
[49] Dazu *RG JW* 1900, 425 f.; *OLG Dresden SächsAnn* 24, 388 f. Entsprechendes gilt, wenn der Herausgabeanspruch gegen die Hinterlegungsstelle gepfändet und überwiesen wird, *OLG Frankfurt Rpfleger* 1993, 360.
[50] → aber §§ 847 a; 848 Rdnr. 3, 5; § 857 II 8 a (Einschaltung eines Treuhänders/Sequesters).
[51] Zum Arrest schon vor Überweisung → § 829 Rdnr. 85, zur Sicherung eines gepfändeten Anspruchs auf Rückübertragung einer Grundschuld s. *LG Freiburg* u. *Hoche NJW* 1956, 144 ff.
[52] Der Notar hat dann die Klausel (→ § 794 Rdnr. 100 Nr. 19) dem Gläubiger zu erteilen, *Hartmann* Kostengesetze[24] Anm. 2 zu § 155 KostO.
[53] Vgl. *KG JW* 1937, 1654 (noch zum ArmAnwErstG), auch wegen der nach § 836 Abs. 3 zu erzwingenden Aus-

Dienstaufsichtsbeschwerde[54], § 1994 BGB, § 35 BJagdG; sind dem Schuldner Leistungen i. S. v. § 54 SGB I bereits bewilligt, so kann der Gläubiger ohne Vorverfahren klagen[55]. Gegenstand einer Entscheidung des Finanzamts durch Abrechnungsbescheid kann dabei auch die Wirksamkeit des Pfändungs- und Überweisungsbeschlusses sein[56]. Zur Legitimation genügt die Überweisung, § 836 Abs. 1. *Rechtsweg*[57] und *Zuständigkeiten*[58] ändern sich nicht durch die Überweisung, so ist beim Arbeitseinkommen das ArbG[59], beim Steuererstattungsanspruch das Finanzgericht[60] und bei Dienst- bzw. Versorgungsbezügen eines Beamten das Verwaltungsgericht zuständig[61]. Anderes gilt, wenn das Gesetz an die Person des Klägers bzw. Antragstellers anknüpft, so in § 689 Abs. 2, oder wenn zwar der Schuldner seine Forderung im Verwaltungswege hätte beitreiben können, dies aber dem Gläubiger als Privatperson verwehrt ist, → auch Rdnr. 8 vor § 704[62].

c) Der Gläubiger muß im eigenen Namen als Partei (→ Rdnr. 36 vor § 50) klagen. Ihm stehen der Urkunden- und Wechselprozeß und das Mahnverfahren in gleichem Umfang wie dem Schuldner offen. Die Überweisung muß spätestens zum Schluß der mündlichen Verhandlung wirksam sein. Der Gläubiger hat nur zu beweisen, daß die Forderung entstanden und von der Pfändung ergriffen ist. Er kann auch künftig fällig werdende Forderungen gemäß § 259 geltend machen, die ihm zur Einziehung überwiesen wurden[63]. An einen Schiedsvertrag des Schuldners ist er gebunden[64]. 22

Ist die Forderung gegen den Drittschuldner im Zeitpunkt der Überweisung bereits *rechtshängig* und stimmt der Drittschuldner einer Übernahme des Prozesses durch den Gläubiger nicht zu (§ 265 Abs. 2 S. 2), so bleibt der Schuldner Kläger; der Gläubiger kann ihm dann nur als Streitgehilfe beitreten, aber nicht prozessuales Verhalten vorschreiben oder verbieten[65]. Das stattgebende Urteil muß nach h. M. auf Leistung an den Gläubiger ergehen[66], bei Teilpfändung bezüglich des nicht verstrickten Restes auf Leistung an den Schuldner und für Forderungsteile, die zwar gepfändet aber noch nicht überwiesen sind, auf Leistung an beide → § 829 Rdnr. 99. 23

Ist die überwiesene Forderung schon für den Schuldner[67] *vollstreckbar*, so kann der Gläubiger den Titel als Rechtsnachfolger für sich allein[68] ausfertigen lassen, → § 727 Rdnr. 14, 45–48, und er muß dies, wenn er die nach dem Titel geschuldeten Kosten für sich festsetzen lassen will[69]. Dann kann er auch Rechtshandlungen nach dem AnfG anfechten. 24

Über Rechtskraftwirkungen der Urteile im Prozeß zwischen Gläubiger und Drittschuldner → § 325 Rdnr. 60, im Prozeß zwischen Schuldner und Drittschuldner → § 829 Rdnr. 100. Zum Urteil auf Hinterlegung → § 856 Rdnr. 8.

3. Obwohl die außergerichtlichen und gerichtlichen Handlungen des Gläubigers auch dem 25

---

künfte (z. B. über etwa anzurechnende Vorschüsse) u. Versicherung der Auslagen.

[54] → § 829 Fn. 144 (zum Anspruch gegen den Notar auf Anzahlung »hinterlegter« Beträge).
[55] *BSG* Büro 1982, 1177 (§ 54 Abs. 5 SGG).
[56] *BFH* NJW 1988, 1998.
[57] Siehe z. B. *BSG* ZIP 1982, 1124.
[58] Auch des Familiengerichts, *OLG Hamm* FamRZ 1978, 602.
[59] *MünchArbR-Hanau* § 72 Rdnr. 110; → § 1 Rdnr. 221.
[60] *BFH* NJW 1988, 1407.
[61] Hess. *VGH* ZBR 1992, 87.
[62] Er muß sich also auf dem vorgesehenen Rechtsweg den für ihn vollstreckbaren Titel beschaffen.
[63] *LAG Hamm* BB 1992, 784 (LS); *Stöber*[10] Rdnr. 953; → § 259 I 1.
[64] → § 1025 Rdnr. 41.
[65] *BGH* NJW 1989, 39 f.

[66] → § 265 IV 2a; s. auch *RG* (Fn. 40); *OLG Hamburg* MDR 1967, 849. Wird die Pfändung verschwiegen, → § 829 Fn. 471, 485.
[67] Er muß im Titel als Gläubiger genannt sein.
[68] *OLG Frankfurt* NJW 1983, 2266. Zur Rechtslage vor Überweisung → § 829 Rdnr. 87.
Ist die Forderung mehreren Gläubigern zur Einziehung, aber keinem von ihnen an Zahlungs Statt überwiesen, so sind sie zwar alle Rechtsnachfolger i. S. d. § 727 *RGZ* 57, 329. Aber die Klausel sollte dann jedem nur mit der sich aus § 853 ergebenden Einschränkung erteilt werden, daß der Drittschuldner die Vollstreckung durch Hinterlegung abwenden kann; denn dies erspart allen Beteiligten eine Klage des zur Zahlung Verurteilten nach § 767, die dieser ab der zweiten Pfändung gegenüber jedem Gläubiger erheben könnte u. mit der er diese Einschränkung erreichen würde.
[69] *KG* OLG Rsp 13, 113 f.

Schuldner gegenüber wirken, handelt er nicht als Vertreter des Schuldners[70] sondern kraft seines **eigenen Einziehungsrechts**[71], das ihm durch die Überweisung verliehen ist und die Grundlage bildet für die Leistung des Drittschuldners an den Gläubiger; diese bezweckt also nicht nur die Tilgung der Forderung des Schuldners sondern auch die Erledigung des Einziehungsrechts[72]. Mag es auch aus dem ursprünglich umfassenden Forderungsrecht des Schuldners herausgetrennt sein, weshalb der Gläubiger insoweit zum Rechtsnachfolger wird; die *Klagebefugnis* als solche hat er aber ebensowenig vom Schuldner[73] wie ein Zessionar. Daher ist er hinsichtlich seines Einziehungsrechts auch nicht Prozeßstandschafter[74], und er ist selbst dann zur Prozeßführung befugt, wenn er das Einziehungsrecht nur behauptet, aber die Forderung sich im Prozeß als nicht bestehend erweist[75]. Ferner kann er auch dann klagen, wenn der Schuldner es als nichtrechtsfähiger Verein nicht dürfte[76].

26   Das Einziehungsrecht hängt zwar vom Bestand der gepfändeten Forderung ab[77], jedoch nicht vom Willen des Schuldners wie etwa die rechtsgeschäftliche Einziehungsermächtigung[78]. Anders als diese ist es eine *selbständige materiellrechtliche Befugnis*, die dem Gläubiger zwar zum Zwecke seiner Befriedigung gewährt wird, aber in ihrem Bestand nicht abhängt von *dessen* Forderung[79]. Es kann nach h.M. auch ohne diese übertragen[80] oder gepfändet[81] werden → dagegen § 857 Rdnr. 41. Freilich darf hierbei der eindeutige Zweck der §§ 850 ff. nicht umgangen werden, die gegebenenfalls entsprechend anzuwenden sind[82].

27   4. Der Gläubiger ist gegenüber dem Schuldner zur **Streitverkündung**, § 841, und zur unverzüglichen Ausübung seiner Rechte, § 842, verpflichtet.

---

[70] Jetzt ganz h.M. – A.M. noch Mot. 433, s. auch *RGZ* 21, 366; aus das sich widersprechenden §§ 308 (»namens«) und 310 Abs. 1 (»Streit verkünden«) österr. EO s. *Neumann/Lichtblau*, Exekutionsordnung⁴, 2208ff. Handeln mit Wirkung für andere muß nicht immer Vertretung sein, → auch § 753 Rdnr. 2 Fn. 6 u. für manche → Rdnr. 14 ff. genannten Handlungen scheidet Vertretung ohnehin aus, weil sie nicht Rechtsgeschäfte sind. Vor 1900 betrachtete *RGZ* 27, 294 mwN den Gläubiger als procurator in rem suam, vgl. auch *RGZ* 63, 218; 65, 416. Das ist dem geltenden Recht fremd.

[71] *RGZ* 58, 108; 164, 349; *BGH* (Fn. 20).

[72] *BGH* (Fn. 20).

[73] So auch *Schmidt-Jortzig* (Fn. 15), 148. – A.M. *E.Schneider* Büro 1966, 193.

[74] → Rdnr. 36 vor § 50 mwN auch zur Gegenansicht.

[75] Die Klage ist daher unbegründet, *BGH* NJW 1956, 912f.; *Thomas/Putzo*¹⁸ Rdnr. 7 zu § 836, nicht unzulässig; ebenso, wenn andere Gläubiger im Rang vorgehen → Rdnr. 46.

[76] *RGZ* 54, 300; 76, 281f. Zum früheren ehelichen Güterrecht → 19. Aufl. Fn. 38.

[77] *OLG Königsberg* SA 64, 395¹⁸⁶; aber nicht davon, wem die Forderung nach wirksamer Pfändung zusteht → § 829 Rdnr. 90, *Schmidt-Jortzig* (Fn. 15), 130.

[78] Sie ist unpfändbar, *BAG* → § 832 Fn. 36, s. auch über den Unterschied zum Einziehungsrecht schon *OLG Celle* → Fn. 80.

[79] *Schmidt-Jortzig* (Fn. 15), 131. Daher kann der Gläubiger (nach Überweisung einer Regreßforderung des Schuldners gegen dessen Anwalt) im Drittschuldnerprozeß sogar vorbringen, sein rechtskräftiges Urteil bejahe zu Unrecht den Titelanspruch, *BGH* MDR 1983, 43⁴¹ = VersR 1982, 975. → auch § 829 Rdnr. 115 f.: Solange Entscheidungen nach §§ 767, 769 nicht ergehen, bleibt das Einziehungsrecht Grundlage für die befreiende Leistung, → Rdnr. 25.

[80] *OLGe Celle* u. *Dresden* SA 43, 377²⁴⁹; 57, 171⁹⁶; *Schmidt-Jortzig* (Fn. 15), 128 f. (136) mwN; vgl. auch *OLG Karlsruhe* OLG Rsp 15, 394 (zur Ausübung); *Bischoff/Rochlitz* Lohnpfändung³ 52. → aber auch Fn. 82. – A.M. 16. Aufl. Fn. 24.

[81] *BAG* → § 832 Fn. 36; *OLG Kiel* OLG Rsp 15, 284 (dort einfach als »Anspruch« bezeichnet); *LG Osnabrück* NJW 1956, 1076 f.; *Schmidt-Jortzig* (Fn. 15), 138 f.; *Baumbach/Hartmann*⁵² Rdnr. 3; *Planck/Flad* BGB III⁵ (1938) Anm. 1 b ß zu § 1282; *Staudinger/Riedel/Wiegand* BGB¹² (1981) § 1282 Rdnr. 2 mwN. – A.M. *OLG Stuttgart* Rpfleger 1983, 409; *KG* KGBl 1906, 64; *OLG Hamburg* ZZP 51 (1926), 481 f.; *OLG Dresden* HRR 37 Nr. 1262; *Fleischmann* NJW 1956, 1076 f. (weil es öffentlich-rechtliche Befugnis sei); *Rosenberg*⁹ § 192 I 2 b; *Baur/Stürner*¹¹ Rdnr. 516; *Reichel* ZZP 51 (1926), 482; *Wieczorek*² Anm. F IV c; *Stöber*¹⁰ Rdnr. 590 (er setzt es aaO Rdnr. 126 Fn. 2 unrichtig mit dem Pfändungspfandrecht gleich, → dazu § 804 Fn. 132); *Soergel/Augustin* BGB¹² § 1282 Rdnr. 5; *Schuschke* § 835 Rdnr. 5.

[82] Da durch Zahlung des Drittschuldners auch die Titelforderung erlischt → Rdnr. 8, muß ein vollstreckender Unterhaltsgläubiger nach § 850b ebenso vor einer Pfändung seines Einziehungsrechts geschützt werden wie vor einer Pfändung seines Unterhaltsanspruchs, *Schmidt-Jortzig* (Fn. 15), 140 f.; insoweit zutreffend auch *Fleischmann*, *OLGe Hamburg* u. *Dresden* (alle Fn. 81). Entsprechendes gilt für eine Abtretung oder Aufrechnung, →§§ 850 Rdnr. 61, 850b Rdnr. 34. – Ferner darf das Einziehungsrecht (ebenso wie der titulierte Anspruch) eines nach § 850d Bevorrechtigten insoweit nicht gepfändet werden, als der über § 850c hinausgehende Mehrbetrag einem Nichtbevorrechtigten zugute käme, *Schmidt-Jortzig* aaO. → dazu § 850d Rdnr. 12, 13.

5. Die **Kosten der Einziehung** vermindern, soweit sie notwendig waren, als Vollstreckungskosten (§ 788) den Reinerlös, → auch Rdnr. 36. Hat der Gläubiger gegen den Drittschuldner geklagt oder gegen ihn vollstreckt, so gelten für diese Kosten im Verhältnis zwischen Gläubiger und Drittschuldner die §§ 91, 788. Der Gläubiger kann aber – anders als bei der Überweisung an Zahlungs Statt – solche Kosten, zu deren Tragung der Drittschuldner verurteilt ist, im Falle der Uneinbringlichkeit vom Schuldner nach § 788 verlangen[83]. Über ihre Beitreibung → § 829 Rdnr. 79. Zu den Kosten eines Steuerberaters → § 788 Fn. 102. 28

Wurde der Gläubiger zur Tragung der Kosten verurteilt, so hat der Schuldner diese zu ersetzen, wenn der Prozeß Aussicht auf Erfolg versprach[84] oder wenn er nötig war, weil die Auskunft nach § 840 nicht rechtzeitig erteilt wurde[85]; ebenso bei Klagerücknahme im Prozeß nach verspäteter Auskunft, § 269 Abs. 3 S. 2, 3[86]. Die Gegenmeinung[87] legt § 788 zu eng aus und bürdet so dem Gläubiger das schon für den Titel getragene Prozeßkostenrisiko zum zweiten Male auf; das ist heute bedenklicher denn je, weil oft nur der Zugriff auf Forderungen Erfolg verspricht. Bei Kostenvergleichen ist die Notwendigkeit besonders zu prüfen[88]. 29

Zu den vom Schuldner zu ersetzenden Kosten gehören auch Anwaltsgebühren im *arbeitsgerichtlichen Verfahren* des ersten Rechtszuges gegen den Drittschuldner. Denn § 12a ArbGG gilt nicht für das Verhältnis zwischen Gläubiger und Schuldner[89]; zwar schließt er entsprechend auch materiell-rechtliche Ersatzansprüche aus, weil diese ebenso prozeßabschreckend wirken könnten[90], aber hier steht nur ein Prozeßwille des Gläubigers in Frage und eine Analogie würde dessen Prozeßrisiko entgegen der gesetzlichen Wertung des § 788 noch erhöhen. Zum Parallelproblem im Verhältnis zum Drittschuldner → § 840 Rdnr. 26. Die Notwendigkeit anwaltlicher Vertretung ist zumindest nach dem Wegfall des § 11 Abs. 1 S. 2 aF ArbGG (BGBl. 1979 I, 545) nicht strenger zu beurteilen[91] als bei anderen Maßnahmen zur Durchführung der Vollstreckung (→ § 788 Rdnr. 18). Freilich ist das ArbG nicht zuständig für die Festsetzung solcher Kosten und wird auch schon durch § 12a ArbGG daran gehindert[92]; zulässig ist aber die Berechnung durch das gemäß § 788 Abs. 1 S. 1 HS 2 beitreibende Vollstreckungsorgan oder die Festsetzung durch das Prozeßgericht, von dem der Titel gegen den Schuldner stammt, → § 788 Rdnr. 24, 27. 30

6. Soweit aus der Einziehung eine **Befriedigung nicht zu erlangen ist**, kann der Gläubiger die Vollstreckung fortsetzen. Zum Streit über die (Höhe der) Erfüllungswirkung → Rdnr. 8 nach Fn. 16. 31

---

[83] *KG* Rpfleger 1977, 178; *OLG Köln* Rpfleger 1974, 165 mwN.; a.M. *OLG Bamberg* Büro 1994, 612.
[84] Vgl. die in Fn. 89 Genannten; *LAG Bremen* NJW 1961, 2324f.; *LG Ulm* AnwBl 1975, 239; *Quardt* Büro 1958, 121; für Vergleich *AG Herborn* MDR 1966, 849.
[85] *LG Mainz* NJW 1973, 1134.
[86] → Fn. 97.
[87] *OLG Karlsruhe* Rpfleger 1994, 118; *OLG Koblenz* Büro 1991, 602; *KG* MDR 1989, 745; *Baumbach/Hartmann*[52] Rdnr. 12; *Wieczorek*[2] Anm. F III a 2.
[88] Insoweit richtig *LG München* MDR 1966, 338 = DGVZ 88.
[89] *OLG München* Rpfleger 1990, 528 (mit guter Begründung); *OLG Schleswig* Büro 1992, 500; *LG Berlin* DGVZ 1990, 138; *OLG Köln* (Fn. 83); *OLG Düsseldorf* MDR 1990, 730; die *LGe Ulm* (Fn. 84), Berlin u. Düsseldorf AnwBl 1980, 518; 1981, 75, Büro 1981, 463, Mainz NJW 1973, 1134, Bielefeld MDR 1970, 1021f., Krefeld MDR 1972, 788, obiter Tübingen NJW 1982, 1890 = Rpfleger 392; *LAG Mannheim* BB 1968, 295, 70, 237; *ArbGe Würzburg* u. *München* AnwBl 1978, 238f.; *Stöber*[10] Rdnr. 963, *Hansens* Büro 1983, 3 mwN (Nachweise überwiegend noch zu § 61 Abs. 1 ArbGG aF); *LG Oldenburg* Rpfleger 1991, 218. – A.M. *LAG Frankfurt* AnwBl 1979, 28 im Leitsatz (die Gründe lehnen nur die Kostenfestsetzung durch ein ArbG zutreffend ab); *LG Hamburg* MDR 1962, 829f. (dagegen *Remé* aaO); *Wieczorek*[2] § 788 Anm. B II a.E.
[90] *Loritz* (→ § 788 Fn. 42) 69 mwN; *BAG* AnwBl 1978, 310.
[91] Vgl. *ArbG Würzburg* (Fn. 89); *Hansens* (Fn. 89). *KG* (Fn. 83) ließ offen, ob besondere glaubhaft gemachte Gründe den Kostenersatz rechtfertigen.
[92] *LAG Frankfurt* (Fn. 89); *LAG Hamm* MDR 1979, 347; im Ergebnis auch *ArbG Würzburg* (Fn. 89), das aber übersah, daß es dafür unzuständig war.

VI. Stellung des Schuldners

32 Der **Schuldner** bleibt auch nach der Überweisung Inhaber der Forderung[93] trotz des Verfügungsverbots gemäß § 829. Er kann daher, ähnlich wie vor Überweisung, noch auf Feststellung der Forderung klagen, wenn ein Interesse daran besteht, und sie im Konkurs- oder Vergleichsverfahren anmelden; freilich stehen jetzt Stimm- und Erlösrechte dem Gläubiger allein zu[94]. Solange der Schuldner eine vollstreckbare Ausfertigung gegen den Drittschuldner besitzt (→ dazu § 727 Rdnr. 44, 46), kann er auch das Offenbarungsverfahren betreiben[95]. Dagegen darf er nicht die Leistung für sich verlangen[96], auch nicht unbeschadet der Rechte des Gläubigers[97], und darauf gerichteten Beitreibungsversuchen des Schuldners kann der Gläubiger mit der Erinnerung bzw. Rechtsgestaltungsklage auf Beseitigung der Vollstreckungsklausel, der Drittschuldner mit einer Vollstreckungsgegenklage begegnen. Einer Klage des Drittschuldners gemäß § 767 ZPO ist nach der Überweisung zur Einziehung in vollem Umfang stattzugeben, da das Einziehungsrecht nur dem Vollstreckungsgläubiger zusteht[98]. Ebenso entfällt für den Schuldner das Recht, auf Hinterlegung zu klagen. Die Anfechtung von Rechtshandlungen des Drittschuldners steht jetzt nur noch dem Gläubiger zu.

33 Gestattet ist aber bei besonderer Interessenlage[99] die Klage auf *Leistung an den Gläubiger*[100]; denn hier treffen rechtliches Interesse und materielle Inhaberschaft, soweit sie verblieben ist, zusammen. Der Schuldner kann daher u. U. Verzögerungsschäden selber abwenden, statt sie abzuwarten und nach § 842 vom Gläubiger Ersatz zu verlangen.

VII. Stellung des Drittschuldners

34 Dem **Drittschuldner** stehen gegenüber dem Gläubiger wie dem Schuldner alle *Einreden* in demselben Umfang und im gleichen Verfahren zu wie vor der Überweisung, → § 829 Rdnr. 101 ff. Dem Vollstreckungsgläubiger, der Befriedigung wegen eines an ihn abgetretenen Anspruchs sucht, kann der Drittschuldner entgegenhalten, daß der frühere Inhaber des titulierten Anspruchs verpflichtet ist, ihn von der gepfändeten und zur Einziehung überwiesenen Forderung freizustellen[101]. Zudem kann er jetzt *mit eigenen Forderungen gegen den Gläubiger gegenüber dem überwiesenen Anspruch aufrechnen*[102] und einwenden, daß die Überweisung als solche unwirksam sei, → § 836 Rdnr. 2. Nach Überweisung darf und muß der Drittschuldner sich nicht mehr durch Hinterlegung befreien[103] außer in folgenden Fällen: verpflichtet zur Hinterlegung bleibt er gemäß § 839, berechtigt hierzu bleibt er bei mehrfacher Pfändung (→ Rdnr. 46), nach Einstellung (→ Rdnr. 12 a. E.) und wenn die Gültigkeit der

---

[93] Allg. M., *BGH* (Fn. 20).
[94] So zum Stimmrecht *Wieczorek*[2] § 829 Anm. G IV d (anders aaO § 835 Anm. F V b: nur bei Überweisung an Zahlungs Statt).
[95] *E. Schneider* Büro 1976, 146; *Stöber*[10] Rdnr. 606.
[96] Auch wenn der Gläubiger Drittschuldner ist, *KG* OLG Rsp 17, 339 f. Die Klage ist unbegründet, *Lüke* ZZP 76 (1963), 26 bei Fn. 74 (a.M. *E.Schneider* → Fn. 73; *Baumbach/Hartmann*[52] Rdnr. 15: unzulässig).
[97] RGZ 49, 204; 77, 145; *BGH* NJW 1968, 2060.
[98] A. A. *LG Berlin* MDR 1989, 76.
[99] Z.B. wegen Verjährung, Gefährdung von Sicherheiten, drohenden Vermögensverfalls des Drittschuldners. § 842 bietet hier nicht vollen Schutz.
[100] *RG* (Fn. 97); RGZ 83, 118 f.; JW 1938, 2400; *BGH* (Fn. 97) u. NJW 1979, 924. – A.M. *OLG Hamburg* OLG Rsp 3, 157 (h); *Stein* Drittschuldner in FS f. *Wach* I (1913), 11 (463) f.; *E.Schneider* (Fn. 73).

[101] *BGH* NJW 1985, 1768.
[102] *RG* (Fn. 33). Erst das selbständige Einziehungsrecht (→ Rdnr. 25 f.) erzeugt Gegenseitigkeit, die durch bloße Pfändung noch nicht begründet wird. → § 829 Rdnr. 111. Gegenüber der **Titelforderung gegen den Schuldner** ist mangels Gegenseitigkeit die Aufrechnung **nicht** möglich u. überdies unnötig, weil sie als Folge der Aufrechnung mit der überwiesenen Forderung ohnehin erlischt, *RG* aaO. In *BAG* AP Nr. 1 zu § 776 war »Titelforderung« die des Einziehungsprozesses, s. Tatbestand zu 1 b = 3 b! Daher unrichtig in der Begründung *BAG* aaO zu III 4 u. in der Sache *Denck* RdA 1977, 141; ZZP 92 (1979), 74. Zur Aufrechnung mit Forderungen gegen den Schuldner → § 829 Rdnr. 111, zu Aufrechnungsverboten → § 850 Rdnr. 61 ff.
[103] RGZ 77, 144; *OLG Karlsruhe* SA 63, 43. – A.M. *OLG Hamburg* OLG Rsp 3, 157 unter Berufung auf *RGZ* 17, 293 f.

Pfändung oder Überweisung, einer Abtretung[104] oder deren Vorrang[105] ungewiß ist, → z.B. § 829 Fn. 260. Zur Abwehr von Beitreibungshandlungen des Schuldners → § 829 Rdnr. 97 bei Fn. 468, aber auch oben Fn. 95.

Zum Schutz des Drittschuldners bei gutgläubiger Zahlung an Nichtberechtigte und über seine Bereicherungsansprüche: → § 829 Rdnr. 101 f. (Zahlung an Schuldner oder Dritte trotz Pfändung), § 829 Rdnr. 71, 105, 120, § 836 Rdnr. 8 ff. (an vermeintlich vorrangige Zessionare oder Pfändungsgläubiger), § 836 Rdnr. 2 ff. (an vermeintlichen Pfändungsgläubiger statt an Schuldner oder Zessionar). Für Bereicherungsansprüche ist zu beachten, daß Zahlungen an (vermeintlich berechtigte) Pfändungsgläubiger nicht als Leistungen auf die Titelschuld[106] sondern als Leistungen an diese aufgrund ihres Einziehungsrechts anzusehen sind → § 829 Rdnr. 71. Zur Zahlung auf nach Konkurseröffnung zugestellte Pfändungen → § 836 Rdnr. 6. 35

Kosten und Gefahr für die Übersendung von Geld hat der Drittschuldner nach § 270 Abs. 1, 3 BGB nur insoweit zu tragen, als sie auch bei Zahlung an den Schuldner entstanden wären. Mehrkosten trägt der Gläubiger[107], der sie nach § 788 auf den Schuldner abwälzen kann[108]. 36

Der Drittschuldner kann solche Mehrkosten von der gepfändeten Forderung absetzen[109] im Wege der Aufrechnung, wenn er einen Erstattungsanspruch *gegen den Gläubiger* hat, sei es kraft Vereinbarung mit ihm, §§ 662, 670 BGB, oder kraft Gesetzes nach § 270 Abs. 3 BGB. Erstattungsansprüche *gegen den Schuldner* sind aber wegen § 392 BGB nur aufrechenbar, falls die Grundlagen der Ansprüche schon zur Zeit der Pfändung bestanden haben, insbesondere wenn sie schon vor Pfändung etwa im Arbeitsvertrag vereinbart waren[110], während Ansprüche aus § 683 BGB[111] erst nach der Pfändung entstehen. Für **Holschulden** gilt § 270 BGB nicht; dessen Abs. 3 scheidet daher aus dem Kreis der o. g. Möglichkeiten aus, wenn der Drittschuldner freiwillig das Geld überweist[112].

VIII. Die Überweisung an Zahlungs Statt[113]

1. Sie findet nur auf besonderen Antrag des Gläubigers und nur bei Geldforderungen statt; sie scheidet aus in den Fällen § 839 und § 851 Abs. 2, sowie dann, wenn die gepfändete Forderung von einer Gegenleistung abhängt, weil dann ein bestimmter Nennwert fehlt. Da die sofort eintretenden Rechtsfolgen eine nachträgliche Gewährung rechtlichen Gehörs gemäß § 766 ausschließen, muß vor allem in den Fällen des § 834 dafür gesorgt werden, daß der Überweisungsbeschluß nicht schon zusammen mit der Pfändung wirksam wird, → Rdnr. 44. Ein Verstoß hiergegen kann Ansprüche aus Staatshaftung auslösen. Über konkurrierende Überweisungen zur Einziehung und an Zahlungs Statt → Rdnr. 7, 45. 37

Daß ein Urteil nur vorläufig vollstreckbar ist, steht nicht entgegen. Wird es später aufgehoben, so ist der vermeintlich »befriedigte« Gläubiger nach § 717 Abs. 2 bzw. 3 zur Rücküber- 38

---

[104] Trotz § 409 BGB, *OLG Köln* VersR 1977, 576.
[105] *ArbG Hamburg* BB 1968, 83 f. → z.B. § 832 Rdnr. 8 f. (Vereinbarungen).
[106] BGHZ 82, 28; *Lieb* ZIP 1982, 1155, 1157. Bestand die Titelschuld nicht mehr, so ist der Gläubiger bereichert (→ § 804 Rdnr. 22 ff.) auf Kosten des Schuldners, wenn § 836 Abs. 2 gilt, andernfalls auf Kosten des Drittschuldners, *Lieb* aaO, 1156 f. Bei freiwilliger Leistung gilt § 816 Abs. 2 (*Lieb* aaO), bei ZV § 812 BGB, → auch § 804 Rdnr. 24, 27.
[107] Denn § 270 Abs. 3 BGB belastet die gleiche Person mit den Kosten, die auch die Gefahr trägt, nicht zum Empfang nicht mehr berechtigten Schuldner. Wie hier *Stöber*[10] Rdnr. 608 mwN auch zur Gegenmeinung.
[108] Jedoch nicht einfach durch Erhöhung des Einzugsbetrags sondern nur über neue Pfändung, → § 829 Rdnr. 79. – A.M. *Stöber* (Fn. 107); aber ZV-Kosten erwei-

tern den Pfändungsumfang nur auf den Wegen → § 788 Rdnr. 25 oder 27, der Gläubiger kann sie nicht privat in die alte Pfändung u. Überweisung einrechnen.
[109] *Stöber* (Fn. 107).
[110] Dazu *Brill* DB 1976, 2402 (auch wegen sonstiger Lohnpfändungskosten). Ungenau *Gutzmann* BB 1976, 701; sie übersieht wohl die 1. Alternative des § 392 BGB.
[111] Siehe die Nachweise bei *Brill* (Fn. 110), 2401, insbesondere zum Interesse des Schuldners an solchen Aufwendungen u. zu § 679 BGB.
[112] Nur insoweit ist *LAG Düsseldorf* BB 1953, 947 zuzustimmen.
[113] *Mümmler* Büro 1979, 315 f.
[114] Von da an gebühren dem Gläubiger nur noch Zinsen aus der überwiesenen Forderung → Rdnr. 42, was je nach der Zinsdifferenz von Vorteil oder Nachteil sein kann gegenüber einer Überweisung zur Einziehung.

tragung der Forderung oder zur Erstattung des vom Drittschuldner erhobenen Betrags zu verurteilen. Bei anderen Titeln ist dafür eine besondere Klage nötig → § 717 Rdnr. 65 ff.

39   2. Die Überweisung kann nur zum **Nennwert** erfolgen; → aber § 844 Rdnr. 13. Bei wiederkehrenden Bezügen können nur die einzelnen Hebungen an Zahlungs Statt überwiesen werden; das Recht selbst wäre, wenn nicht eine Ablösungssumme oder Kapitalisierung unter Abzug der Zwischenzinsen vereinbart ist, nur nach § 844 zu verwerten, weshalb die Überweisung zur Einziehung wohl besser ist.

40   Ist der Nennwert größer als der nebst Kosten zu vollstreckende Betrag, so ist nur in Höhe dieses Betrags zu überweisen.

Daher sollte der Gesamtbetrag in der Überweisungsformel beziffert werden. Jedoch ist auch eine Formulierung wie »in Höhe des Anspruchs des Gläubigers« so auszulegen, allerdings mit der Einschränkung, daß **Zinsen aus den titulierten Ansprüchen**, soweit die Pfändung nicht ohnehin auf den bis zum Erlaß ausgerechneten Zinsbetrag beschränkt ist, den Teilbetrag der überwiesenen Hauptforderung nur erhöhen um den bis zur Zustellung der Überweisung aufgelaufenen (und dann vom Drittschuldner auszurechnenden) Zinsbetrag der Titelforderung[114].

War die Forderung von vornherein nur in dieser Teilhöhe gepfändet worden, so kann ein im Pfändungsbeschluß noch nicht angeordneter Vorrang gegenüber dem Rest nicht mehr im Überweisungsbeschluß nachgeholt werden[115]. Ergriff die Pfändung einen höheren Betrag als den nunmehr überwiesenen → § 829 Rdnr. 74 f., so erlischt sie für den Rest erst mit ihrer Aufhebung[116]; → auch § 829 Rdnr. 75, 83.

41   3. Diese Art der Überweisung hat nach Abs. 2 die **Wirkung einer Abtretung** der Forderung mit allen Nebenrechten an den Gläubiger, §§ 398 ff. BGB.

42   a) Soweit die überwiesene Forderung frei von Einreden *besteht*, wird der Gläubiger befriedigt[117], falls auch sein titulierter Anspruch bestand (→ § 804 Rdnr. 20–28). Dieser erlischt in Höhe des überwiesenen Nennwertes, mit ihm also auch seine Verzinsung. Dies gilt auch dann, wenn sich hernach die überwiesene Forderung als uneinbringlich erweist. Ein Rückgriff gegen den Schuldner steht dem Gläubiger nicht zu; § 365 BGB ist nicht anzuwenden[118]. Auch uneinbringliche Kosten des Prozesses gegen den Drittschuldner trägt der Gläubiger hier allein; § 842 gilt nur für die Überweisung zur Einziehung.

43   Die Wirkungen treten, da Abs. 2 einen zeitlichen Aufschub nicht vorsieht, sofort mit der Zustellung des Überweisungsbeschlusses ein. Folglich sind Erinnerung und Beschwerde wegen Beendigung der Zwangsvollstreckung nicht mehr zulässig[119].

Denn eine Rücküberweisung durch Staatsakt mit der Wirkung, daß die Rechtsfolgen der vorhergehenden Überweisung rückwirkend entfielen, ist der ZPO unbekannt, und die Aufhebung des Überweisungsbeschlusses allein könnte solche schon eingetretenen Wirkungen nicht wieder beseitigen[120]. Zudem würde das Recht auf den gesetzlichen Richter (Art. 101 Abs. 1 S. 2 GG) verletzt, wenn das Vollstreckungsgericht statt des zuständigen Prozeßgerichts (→ Rdnr. 38) über Ansprüche auf Rückgängigmachung der Folgen entscheiden würde[121].

---

[115] → § 829 Rdnr. 78 a. E.
[116] A.M. *Baumbach/Hartmann*[52] Rdnr. 23; *Wieczorek*[2] Anm. E II b: Verstrickung entfalle von selbst. Aber auch wenn man hier Verbrauch der Ausfertigung annähme, könnte sie doch nicht stärker wirken als eine Aufhebung des Titels, → § 776 Rdnr. 2–4.
[117] War der Gläubiger selbst Drittschuldner, → § 829 Rdnr. 122, so wirkt die Tilgung nach Abs. 2 auch dann nicht gemäß § 389 BGB zurück, wenn Aufrechnung gegen die Titelforderung möglich gewesen wäre, *Rimmelspacher/Spellenberg* JZ 1973, 272 f.
[118] Insoweit weicht Abs. 2 von dem an sich vergleichbaren § 364 BGB ab.

[119] → § 766 Rdnr. 38; wie dort noch *LG Düsseldorf* Büro 1982, 305; zust. *Münzberg* Rpfleger 1982, 329 ff. – A.M. *OLG Düsseldorf* Rpfleger 1982, 192 = WPM 703 = ZIP 366; *Stöber*[10] Rdnr. 598 mwN.
[120] Dazu ausführlich *Münzberg* (Fn. 119) gegen BT-Drucks. 8/1414 S. 41, der die bisher zu § 850k gebildete h. M. leider folgt, → dazu auch Rdnr. 49 Fn. 136. Wie → Rdnr. 43 f. auch *Eickmann* Rpfleger 1982, 456, wohl auch schon die Mot. 434 (»definitiv«).
[121] *Münzberg* (Fn. 119).

Das rechtliche Gehör ist daher *vor* Eintritt der Übertragungswirkung zu wahren; dies ist 44
ohne unzumutbare Verzögerung möglich, wenn (am besten schon im Pfändungsbeschluß) die
Ankündigung zugestellt wird, daß nach Ablauf einer für die Anhörung gesetzten Frist ab
Zustellung die Überweisung an Zahlungs Statt erfolge[122] oder wenn die Wirkung aufgeschoben wird → Rdnr. 1.

b) Soweit die überwiesene Forderung *nicht besteht* oder durch *Einreden* nach §§ 404 ff. 45
BGB entkräftet werden kann, bleibt nach § 835 Abs. 2 die Titelforderung ungetilgt; der
Gläubiger kann also, notfalls über den Weg einer weiteren vollstreckbaren Ausfertigung
weiter vollstrecken. Geht eine Überweisung zur Einziehung im Range vor oder besteht ein
bürgerliches Pfandrecht an der Forderung, so erwirbt der Gläubiger sie zwar, aber seine
Befriedigung tritt nur vorbehaltlich der vorrangigen Rechte ein. Behauptet der Schuldner
gegenüber dem weiter vollstreckenden Gläubiger die Tilgung, so muß er nach § 767 klagen;
die Rechtskraft des Urteils zwischen Gläubiger und Drittschuldner steht ihm nicht entgegen
→ § 829 Rdnr. 100.

IX. Mehrfache Überweisung

Überweisungen zur Einziehung für mehrere Gläubiger oder verschiedene Titel desselben 46
Gläubigers sind zulässig[123] und haben untereinander den *Rang ihrer Pfändungen*, nicht den
der Überweisungen[124], → § 829 Rdnr. 76, 83. Der Nachrangige kann Anträge nach §§ 844,
857 Abs. 4, 5 stellen[125]; aber er erhält sein Einziehungsrecht nur vorbehaltlich des Vorrangigen[126]. Er kann zwar über jene Rechte hinaus, die ihm schon die Pfändung verschaffte (→
§ 829 Rdnr. 84 ff.), auf Leistung an sich klagen[127]; der Drittschuldner kann sich aber nach
§ 853 verteidigungsweise auf frühere Pfändungen oder Verpfändungen berufen[128], es sei
denn, daß alle[129] Rangbesseren mit befreiender Leistung an den Nachrangigen einverstanden
sind[130]. → auch § 837 Rdnr. 3 Fn. 5 und § 844 Fn. 7. Über Vereinbarungen, daß dem Schuldner mehr als der pfändungsfreie Betrag des Arbeitseinkommens auszuzahlen sei, → § 832
Rdnr. 8 f. Wegen ausländischer Pfändungen → § 829 Rdnr. 103.

Ein zur Leistung bereiter Drittschuldner sollte trotz des gesetzlichen Schutzes (→ § 836 47
Rdnr. 8 ff.) den Weg des § 853 wählen, wenn er sich der Rangverhältnisse nicht völlig sicher
ist; besondere Vorsicht ist in den Fällen der Teilüberweisung (→ Rdnr. 4, 10) geboten, → auch
Fn. 125.

Über konkurrierende Überweisungen zur Einziehung und *an Zahlungs Statt* → Rdnr. 7, 34,
45, ferner § 771 Rdnr. 20, falls jene an Zahlungs Statt zuerst wirksam wurde.

---

[122] *Münzberg* (Fn. 119).
[123] Allg. M.; *RGZ* 97, 40 a. E. – Zum Befriedigungsvorrecht des Verletzten vor dem Sozialversicherungsträger im Falle → § 829 Rdnr. 16 a. E.; vgl. zu § 3 PflichtVG *BGH* NJW 1979, 271 (noch zu § 1542 RVO, s. jetzt § 116 SGB-X).
[124] Auch beim Arrest, *BGHZ* 66, 396 f. = LM § 776 Nr. 1 = NJW 1976, 1453 = MDR 1014 = JR 421 (*Berg*) = Rpfleger 298; vgl. auch *RGZ* 164, 169. Daher wurde in *RGZ* 71, 309 voreilig an Nachrangige gezahlt.
[125] → Fn. 124.
[126] Daher kann man es als Anwartschaft bezeichnen (dadurch bedingt, daß der Vorrangige es zur Befriedigung nicht benötigt oder nach § 843 verzichtet), die außer der Vereinnahmung des Erlöses schon alle Befugnisse auslöst.

[127] *RGZ* 97, 40 u. → Fn. 124; *OLG Hamm*, EWiR 1990, 619.
[128] Mit dem Erfolg, daß er nur nach *seiner* Wahl zur Zahlung *oder* Hinterlegung verurteilt wird, *RG* JW 1913, 885[25]; *OLG Braunschweig* OLG Rsp 19, 27 f.; *BayObLG* NS 1, 657, wo nur der Fall ausgenommen ist, daß die Gläubiger nach Einigung gemeinsam vorgehen. Zur Beweislast des Drittschuldners s. *LAG Düsseldorf* BB 1966, 34. *RGZ* 57, 326 betrifft diesen Fall nicht, → dazu Fn. 68.
[129] Zur Stellung nicht zustimmender Gläubiger → § 832 Rdnr. 8.
[130] Dieser kann dann Leistung an sich verlangen, auch ohne Verzichte (§ 843) der anderen, *RG* (Fn. 128).

X. Speerfrist bei Konten

48 Die befristete Zahlungssperre des Abs. 3 S. 2 gilt seit 1. IV. 1978 und soll dem Schuldner ermöglichen, den Antrag nach § 850 k rechtzeitig zu stellen[131].

1. **Voraussetzung** ist die Pfändung und Überweisung eines Konteguthabens einer natürlichen Person[132] bei einem *Geldinstitut* (→ dazu § 850 Rdnr. 5). Der Wortlaut erfaßt über seinen eigentlichen Zweck hinaus auch Guthaben aus einmaligen Zahlungseingängen, obwohl für diese § 850k nicht gilt, → dort II 2, denn das Geldinstitut soll nicht prüfen müssen, ob es sich um wiederkehrende Leistungen handelt[133]. Gleiches gilt für Guthaben, die unter § 55 SGB I fallen[134]. Abs. 3 S. 2 wirkt kraft Gesetzes; ein Hinweis im Überweisungsbeschluß ist zweckmäßig, aber nicht erforderlich[135].

49 Bei Überweisungen *an Zahlungs Statt* ermöglicht schon der verfassungsrechtlich gebotene Aufschub der Zustellung des Beschlusses (→ Rdnr. 37, 44) dem Schuldner den rechtzeitigen Antrag nach § 850k, nach dem sich dann von vornherein die Höhe der Überweisung richtet. Um aber dem Gesetzeszweck des Abs. 3 S. 2 auch dann zu genügen, wenn die Überweisung an Zahlungs Statt unrichtig mit der Pfändung verbunden ist, wird man analog Abs. 3 S. 2 einen Aufschub der Übertragungs- und Befriedigungswirkung annehmen müssen, der folgerichtig gemäß § 850k Abs. 3 noch verlängert werden kann[136]. Versäumt aber der Schuldner die Frist des Abs. 3 S. 2 oder erwirkt er nicht rechtzeitig die Verlängerung nach § 850k Abs. 3, so versagt § 850k ebenso wie bei einer Zahlung nach Fristablauf im Falle der Überweisung zur Einziehung.

50 2. **Wirkungen**: Der Drittschuldner darf erst zwei Wochen nach Zustellung des Überweisungsbeschlusses (bei getrennter Überweisung: nicht des Pfändungsbeschlusses) an den Gläubiger leisten oder hinterlegen; vorher darf er auch nicht mit einer Forderung gegen den Gläubiger aufrechnen[137]. Zur Fristberechnung s. § 222. Im übrigen wird die sofortige Wirksamkeit der Überweisung *zur Einziehung* durch Abs. 3 S. 2 nicht berührt → Fn. 136; anders bei Überweisung *an Zahlungs Statt* → Rdnr. 49. Bei mehreren Konten ist die Wirkung für jedes Guthaben getrennt zu prüfen.

51 Wenn der Drittschuldner vor Ablauf der Frist an den Gläubiger leistet oder hinterlegt, ist das gemäß § 135 BGB dem Schuldner gegenüber unwirksam, wenn und soweit dieser die Aufhebung der Pfändung erreicht[138]. Das Geldinstitut muß dann dem Schuldner den Betrag wieder gutschreiben[139], was aber nicht im Wege der Erinnerung, sondern durch Klage geltend zu machen ist.

XI. Arbeitsgerichtliches Verfahren

52 Wegen der Zuständigkeit der **Arbeitsgerichte** für den Drittschuldnerprozeß Rdnr. 21, wegen der Kosten § 12a ArbGG; → aber auch Rdnr. 30. Für den Streitwert gilt § 12 Abs. 7 ArbGG[140] ohne Rücksicht auf die Art der Titelforderung[141].

---

[131] BT-Drucks. 8/693, S. 47; 8/1414, S. 41.
[132] *Stöber*[10] Rdnr. 1287.
[133] H.M.; *Hornung* Rpfleger 1978, 360; *Arnold* BB 1978, 1320; *Meyer ter Vehn* NJW 1978, 1240 gegen *Hartmann* NJW 1978, 1320. *Stöber*[10] nimmt wohl an, daß bei solchen Konten die Bank zum Aufschub nur berechtigt, nicht verpflichtet sei, vgl. aaO einerseits Rdnr. 588, andererseits Rdnr. 1286.
[134] Vgl. BT-Drucks. 8/693, S. 49f. → auch § 850 i Rdnr. 114.
[135] *Stöber*[10] Rdnr. 588, 1285 Fn. 18 mwN; a. M. *Behr* Büro 1979, 312.
[136] *Münzberg* (Fn. 119). Der noch im RegE für beide Überweisungsarten vorgesehene Aufschub der Wirksamkeit, BT-Drucks. 8/693 S. 47, wäre der Überweisung an Zahlungs Statt gerechter geworden. »Im Interesse des Gläubigers« (meinte man etwa, Überweisungen beeinflußten den Rang?) wählte man dann nur den Aufschub der Leistungspflichten u. -rechte des Drittschuldners, glaubte, durch Aufhebung der Pfändung nach § 850k die Übertragungs- u. Befriedigungswirkung rückgängig machen zu können, → dagegen Rdnr. 43.
[137] *Thomas/Putzo*[18] Rdnr. 9.
[138] *Arnold* (Fn. 133) 1320 Fn. 72; *Hartmann* (Fn. 133); *Stöber*[10] Rdnr. 1285.
[139] Bereicherungsansprüche des voreiligen Drittschuldners (→ auch Rdnr. 35) dürften hier zumindest an § 814 BGB scheitern.
[140] Dazu *Grunsky* ArbGG[6] § 12 Rdnr. 7; MünchArbR-*Brehm* § 379 Rdnr. 110.
[141] LAG Hamm MDR 1983, 170.

§ 836 [Wirkung der Überweisung]

(1) Die Überweisung ersetzt die förmlichen Erklärungen des Schuldners, von denen nach den Vorschriften des bürgerlichen Rechts die Berechtigung zur Einziehung der Forderung abhängig ist.

(2) Der Überweisungsbeschluß gilt, auch wenn er mit Unrecht erlassen ist, zugunsten des Drittschuldners dem Schuldner gegenüber so lange als rechtsbeständig, bis er aufgehoben wird und die Aufhebung zur Kenntnis des Drittschuldners gelangt.

(3) ¹Der Schuldner ist verpflichtet, dem Gläubiger die zur Geltendmachung der Forderung nötige Auskunft zu erteilen und ihm die über die Forderung vorhandenen Urkunden herauszugeben. ²Die Herausgabe kann von dem Gläubiger im Wege der Zwangsvollstreckung erwirkt werden.

Gesetzesgeschichte: Bis 1900 § 737 CPO. Änderung RGBl. 1898 I, 256.

I. Wirkung der Überweisung

Die **Überweisung** überträgt als Staatsakt auf den Gläubiger das Recht zur Einziehung (→ § 835 V) oder die Forderung selbst (→ § 835 VIII) auch dann, wenn Übertragungen dieser Art durch Rechtsgeschäfte des Schuldners nach bürgerlichem Recht besondere *Formen* erfordern. Das BGB kennt solche Vorschriften nur für die Abtretung, §§ 1154f. BGB (→ dazu § 837 Rdnr. 2), nicht für die Übertragung einer Einziehungsbefugnis. Abs. 1 ist daher insoweit für die Überweisung *zur Einziehung* nahezu gegenstandslos, abgesehen von Art. 18 WG, Art. 23 ScheckG. Die Überweisung bei *Wechseln* oder anderen indossablen Papieren hat aber nicht die stärkere Wirkung eines Vollindossaments; denn der Schuldner soll nicht wechselrechtlichen Regreßansprüchen ausgesetzt sein.

1

II. Schutz des Drittschuldners

Abs. 2 soll ähnlich wie die §§ 407, 409 BGB[1] den **Drittschuldner schützen**, der aufgrund eines zwar zugestellten[2], aber ohne Kenntnis des Drittschuldners **aufgehobenen** Überweisungsbeschlusses an den Gläubiger gezahlt oder ein Rechtsgeschäft mit ihm geschlossen hat. Bei einem von vornherein aus prozessualen Gründen **nichtigen** Überweisungsbeschluß lehnt der BGH die Anwendung der Bestimmung ab[3]. Diese Einschränkung ist abzulehnen, denn Abs. 2 soll den Drittschuldner gerade bei Verfahrensmängeln schützen. Abs. 2 gilt entsprechend für eine nach § 844 beschlossene Verwertung. Zum Verzicht ohne Benachrichtigung des Drittschuldners → § 843 Rdnr. 5. Bestand die Titelforderung und gehörte dem Schuldner das gepfändete Recht, so ist der Gläubiger durch die befreiende Zahlung nach Abs. 2 befriedigt, auch im Sinne des § 104 Abs. 1 VerglO[4]. Abs. 2 gilt nur für Forderungen, die der Beschluß erfaßt, schützt also nicht vor Rechtsirrtum über den Pfändungsumfang[5] und die Pfändbarkeit. Abs. 2 wirkt, wie die §§ 407, 409 BGB[6], nur **zugunsten** des Drittschuldners;

2

---

[1] Der Schutz gegenüber anfänglicher Unwirksamkeit entspricht § 409 BGB, der gegenüber einer Aufhebung (Parallele zur Rückabtretung, *Denck* JuS 1979, 409) dem § 407 BGB.
[2] Zur Heilung unwirksamer Zustellungen → § 829 Rdnr. 58, ferner Fn. 260.
[3] *BGHZ* 121, 98 = NJW 1993, 735 = ZZP 107 (1994), 98 (abl. *Walker*): Überweisungsbeschluß aufgrund eines Arrestbefehls; wie hier *Rosenberg/Gaul/Schilken*[10] § 55 II 1 aa; *Wieczorek*[2] B II; – a.M. *Zöller/Stöber*[18] Rdnr. 7. – Bei materieller Unwirksamkeit gilt Abs. 2 nicht → § 829 Rdnr. 109.
[4] *OLG Düsseldorf* ZIP 1980, 623.
[5] *BAG* NJW 1977, 75; vgl. auch *BAG* Rpfleger 1975, 220 = WPM 503. Zum Irrtum über Freibeträge im »Blankettbeschluß« → aber § 850c Rdnr. 23.
[6] *RGZ* 53, 420; 70, 89.

dieser kann sich also auf eine Ungültigkeit der Überweisung in der gleichen Weise wie bei der Pfändung berufen (→ § 835 Rdnr. 34, § 829 Rdnr. 101 ff.), ebenso auf eine Einstellung oder Aufhebung. Gründe, die lediglich zur Anfechtung der Pfändung oder Überweisung berechtigen, können nur im Wege der Erinnerung geltend gemacht werden → § 829 Rdnr. 107.

3   Dieser Schutz versagt, wenn der Drittschuldner **Kenntnis von der Aufhebung**[7] auf irgendeinem Wege erhält[8], z.B. durch Vorlegung des Beschlusses seitens des Schuldners. Geht der Aufhebung eine **Einstellung** voraus oder wird eine Aufhebung nach § 572 Abs. 2, 3, § 765a Abs. 4 erst später wirksam, so steht deren Kenntnis einer Kenntnis der Aufhebung gleich[9]. Die Beweislast dafür trägt, wer die Forderung gegen den Drittschuldner geltend macht[10].

4   1. Abs. 2 erfaßt nur von vornherein oder durch Aufhebung **unwirksame Überweisungsbeschlüsse**. Denn die Leistung aufgrund fehlerhafter aber *wirksamer*, also (noch) nicht aufgehobener, z.B. trotz Anfechtung und etwaiger Einstellung zu Recht oder Unrecht bestätigter Beschlüsse befreit den Drittschuldner ohnehin, also ohne Rücksicht auf Kenntnis des Mangels.

5   Die Worte »auch wenn er zu Unrecht erlassen ist« haben also keine selbständige Bedeutung, sondern stellen lediglich klar, a) daß weder eine Aufhebung noch ihr Bekanntwerden **nach** der Leistung zu Ungunsten des Drittschuldners zurückwirken, gleichgültig ob der Grund zur Aufhebung schon beim Erlaß oder später gegeben war, b) daß nicht nur die Unwirksamkeit (→ Fn. 7) sondern erst recht die bloße Anfechtbarkeit wirksamer Überweisungen, auch wenn der Drittschuldner diese kennt, seiner befreienden Leistung nicht entgegenstehen, sofern diese noch vor Kenntnis der Aufhebung oder Einstellung erfolgt, c) daß die Befreiung nicht davon abhängt, ob ein Mangel (z.B. Unpfändbarkeit) nur zur Anfechtbarkeit oder zur Unwirksamkeit führt.

6   2. Abs. 2 schützt »**dem Schuldner gegenüber**«, d.h. wenn er wirklich Inhaber der Forderung ist[11] und der Drittschuldner daher auf das Einziehungsrecht des Gläubigers vertrauen durfte[12]. Stand der Anspruch dem Schuldner nie zu, wird der Drittschuldner durch eine Leistung an den Gläubiger nicht frei, weil sie auf einem vom Pfändungs- und Überweisungsbeschluß unabhängigen Irrtum über die Gläubigerstellung des Vollstreckungsschuldners beruht[13]. Gegenüber einem *Dritten*, dem infolge Abtretung durch den Schuldner die Forderung zusteht, wird der Drittschuldner nicht nach Abs. 2 sondern nur gemäß § 408 Abs. 2 BGB geschützt, also wenn er bis zur Zahlung eine Abtretung nicht kannte, § 408 Abs. 1 mit § 407 BGB[14]. Abs. 2 hilft dem Drittschuldner auch nicht, wenn er leistet auf eine gegen § 14 KO verstoßende Pfändung (zur Überweisung → § 835 Fn. 5); er wird nur gemäß § 8 Abs. 2, 3 KO befreit, denn das Einziehungsrecht kann gegenüber §§ 7 f. KO nicht stärker sein als die gepfändete Forderung[15]. Aus Abs. 2 folgt hier nur, daß eine dem Drittschuldner ebenfalls unbekannte, vom Konkursverwalter erwirkte Aufhebung der Pfändung oder Einstellung einer Befreiung nach § 8 Abs. 2 oder 3 KO nicht entgegensteht. Zum Schutz *gegenüber konkurrierenden Pfändungsgläubigern* → Rdnr. 8 ff.

---

[7] Nicht von einer anfänglichen Nichtigkeit, *BAG* Rpfleger 1975, 220; *Bruns/Peters* § 23 IX 4; unklar z.B. *Thomas/Putzo*[18] Rdnr. 10. Denn die Unsicherheit der Abgrenzung zur bloßen Anfechtbarkeit soll nicht Risiko des Drittschuldners sein (sie war früher stärker als heute, aber noch immer werden lediglich anfechtbare Pfändungen leider häufig unklar als »unwirksam« bezeichnet). Genau genommen geht Abs. 2 also noch über einen Schutz des »Vertrauens auf Wirksamkeit« hinaus.
[8] *Stöber*[10] Rdnr. 618 (also nicht nur durch Zustellung).
[9] Allg. M. → § 775 Rdnr. 26 Fn. 152 f., § 835 Rdnr. 12 f.
[10] *BGHZ* 66, 396 zur Klage eines konkurrierenden Gläubigers.
[11] Gemeint ist der Titelschuldner; nennt der Beschluß trotz Bezugnahme auf den Titel versehentlich eine andere Person, z.B. den Geschäftsführer, so steht das der Anwendung des Abs. 2 nicht entgegen, *OLG Düsseldorf* (Fn. 4); → auch Rdnr. 4 f.
[12] *OLG Colmar* OLG Rsp 8, 265 f.; *RG* JW 1930, 551 f. a.E (wo es aber nicht darauf ankam, vgl. *Oertmann* aaO; s. auch *RGZ* 128, 83 zum gleichen Sachverhalt). Krit. de lege ferenda *Stein* Festschr. f. Wach I (1913), 479.
[13] *BGH* NJW 1988, 495; vgl. auch *Seibert* WM 1984, 524.
[14] *BGHZ* 66, 396; *KG* OLG Rsp 23, 17 f.; *Gaul* (§ 829 Fn. 59), 20.
[15] Ähnlich wie bei Abtretung nach Konkursbeginn, *Jaeger/Henckel* KO[9] § 7 Rdnr. 20, § 8 Rdnr. 5; vgl. *Denck* (Fn. 1), 409 gegen *LG* Berlin KTS 1963, 185, das § 836 anwendet (statt richtig § 8 Abs. 2 KO).

3. Abs. 2 verträgt keine Umkehrung; er schützt **nicht** das Vertrauen des Drittschuldners 7 darauf, daß ein ihm bekannter, in Wahrheit wirksamer und noch fortbestehender Beschluß *unwirksam* oder bereits *aufgehoben* sei. Abs. 2 erspart zwar dem Drittschuldner die Pflicht oder Last zur eigenen Prüfung der Rechtsbeständigkeit, gewährt ihm aber auch nicht das Recht, sich auf eine solche Prüfung zu verlassen, wie auch die §§ 407 ff. BGB das Vertrauen auf eine vermeintliche Unwirksamkeit[16] oder Aufhebung der Abtretung nicht schützen; denn der Drittschuldner kann sich durch Hinterlegung nach § 372 BGB[17] oder Abwarten der Stellungnahme des angeblichen Zessionars (s. auch § 409 Abs. 2 BGB), hier des Pfändungsgläubigers, selbst helfen. Solange dieser nicht zustimmt, ist daher eine Zahlung an den Schuldner oder an bisher nachrangige Gläubiger riskant. Das gilt auch dann, wenn dem Drittschuldner die beglaubigte Abschrift eines noch nicht rechtskräftigen, aufhebenden Beschlusses zugestellt oder vorgelegt wird; denn sie beweist noch nicht zuverlässig, daß die Aufhebung gegenüber dem Gläubiger wirksam geworden ist, besonders in den Fällen, in denen die Vollziehung der Entscheidung bis zum Ablauf der Beschwerdefrist hinausgeschoben ist (→ § 766 Rdnr. 43 und § 765a Rdnr. 13), wenn die Beschlußformel (unrichtig) den Aufschub der Entscheidungswirkung nicht erkennen läßt[18].

4. Gegenüber einem **vorrangigen Gläubiger**, dessen Pfändung dem Drittschuldner **unbe-** 8 **kannt** blieb[19], schützt § 408 Abs. 2 BGB, zumindest wenn der Drittschuldner an den einzigen ihm bekannten Pfändungsgläubiger leistet. Leistungen an einen vermeintlichen Zessionar, den der Schuldner vor der Pfändung dem Drittschuldner angezeigt hatte, sind nach Maßgabe des § 409 BGB auch gegenüber dem Pfändungspfandgläubiger als Teilrechtsnachfolger des Schuldners wirksam, → § 829 Rdnr. 105. Wird dem Drittschuldner nach einer wirksamen Forderungspfändung eine Abtretungsurkunde vorgelegt, die auf einen Zeitpunkt vor der Pfändung ausgestellt ist, so wird er weder nach § 408 noch nach § 409 BGB von der Leistungspflicht gegenüber dem Vollstreckungsgläubiger frei[20].

Ist dem Drittschuldner die **mehrfache Pfändung bekannt**, so kann er sich stets nach § 853 9 schützen vor unrichtiger Einschätzung des Ranges oder des (Fort-)Bestandes der Pfändungen. Die Anlehnung des Abs. 2 an §§ 407, 409 BGB (→ Fn. 1), wo es nur um *eine* Abtretung geht, trifft hier nicht zu; deshalb erwähnt Abs. 2 nur den Schutz »dem Schuldner gegenüber«.

Dennoch läßt die jetzt wohl h.M.[21] **Abs. 2 auch gegen vorrangige Gläubiger** wirken, deren 10 Pfändung der Drittschuldner **kennt**, nämlich wenn er an einen anderen Überweisungsgläubiger leistet, der nach seiner Kenntnis den besseren Rang zu haben scheint. Der Drittschuldner, der an den nicht mehr berechtigten oder nachrangigen Pfandgläubiger geleistet hat, wird danach über den Wortlaut des § 836 Abs. 2 ZPO hinaus vor den Ansprüchen des wahren oder rangbesseren Pfandgläubigers geschützt, wenn die Pfandgläubiger ihre Rechte von einem Vollstreckungsschuldner ableiten, dem der Anspruch tatsächlich zugestanden hat. Wurde das Rangverhältnis zwischen Unterhaltsgläubigern vom Vollstreckungsgericht mit rückwirkender Kraft verändert (§ 850 d Abs. 2 a), so kann sich der Drittschuldner nicht für Zahlungen für die Zeit vor Bekanntwerden des Beschlusses auf § 836 Abs. 2 berufen, wenn er bisher auf den Pfändungs- und Überweisungsbeschluß nichts geleistet hat[22].

---

[16] *RGZ* 102, 387.
[17] Leistung an den Gläubiger ist zu gefährlich, denn die Aufhebung könnte wirksam sein oder werden → Rdnr. 3.
[18] *Schuler* NJW 1961, 720; *Zöller/Stöber*[18] Rdnr. 7. – A.M. *OLG Stuttgart* NJW 1961, 34 (zust. *Riedel*), das über § 407 helfen will; *Baumbach/Hartmann*[52] Rdnr. 4; im Ergebnis auch *Denck* (Fn. 1), 411, obwohl er richtig § 836 Abs. 2 ebenso ablehnt wie §§ 407, 409 BGB.
[19] Etwa wegen Ersatzzustellung; wann »Unkenntnis« anzunehmen ist, → § 829 Rdnr. 101.

[20] *BGH* NJW 1987, 1703.
[21] *BGHZ* 66, 395 → § 835 Fn. 124; zust. *Berg* JR 1976, 422; *BAG* NJW 1990, 2641, 2643; *Gaul* (§ 829 Fn. 59), 18f.; *Stöber* (Fn. 8); mit abw. Begründung *Denck* → Fn. 1. – A.M. *RG* JW 1930, 552 (obiter); *Schuler* (Fn. 18), → dazu Rdnr. 11.
[22] *BAG* NJW 1991, 1774, 1775; vgl. auch *BAG* NJW 1990, 2641.

11   Die Erweiterung des Abs. 2 auch gegen vorrangige Gläubiger entspricht kaum der gesetzlichen Wertung. Das **Risiko der Beweislast** für die Kenntnis des Drittschuldners (→ Rdnr. 3) sowie der Unsicherheit einer Wiedererlangung des Betrags vom unberechtigten Empfänger ist zwar nach Abs. 2 einem **Schuldner** zuzumuten, denn er hat es zur Vollstreckung kommen lassen und könnte auch in der Regel dem Drittschuldner den Wegfall einer Pfändung rechtzeitig melden. Das trifft aber nicht auf **Pfändungsgläubiger** zu. Diesen Unterschied verkennt das Argument der h. M., Pfändungsgläubiger könnten als Teilrechtsnachfolger des Schuldners nicht besser stehen als dieser[23]. Außerdem trifft das zweite Argument der h. M., der Berechtigte könne sich schützen, indem er den Drittschuldner nach §§ 853, 856 zur Hinterlegung zwinge[24], nur auf solche Gläubiger zu, die von der mehrfachen Pfändung erfahren, was gerade beim Vorrangigen oft nicht der Fall ist[25]; seine Unkenntnis versperrt ihm praktisch den Weg über § 853, der dem Drittschuldner – **risikolos** für alle Beteiligten! – offen steht[26] und daher eine rigorose Übertragung des für Abtretungen nach §§ 404 ff. BGB nötigen »Schlechterstellungsverbotes«[27] auf Pfändungen gerade erübrigt. – Zum Ausgleich der Bereicherung je nachdem, ob der Drittschuldner befreit ist oder nicht, → § 829 Fn. 357, § 835 Fn. 106.

III. Auskunft und Herausgabe der Urkunden.

12   1. Nach **Abs. 3** ist der Schuldner zur vollständigen **Auskunftserteilung** (→ auch § 807 Rdnr. 33) verpflichtet, ähnlich § 402 BGB. Diese Pflicht ist innerhalb des anhängigen Vollstreckungsverfahrens nicht erzwingbar, wie die Beschränkung des Abs. 3 S. 2 auf Urkunden beweist. Denn dort wäre für eine nähere Feststellung des Gegenstandes und des Umfangs der Auskunft kein Raum; *nach* Pfändung scheidet insoweit auch § 807 aus[28]. → aber Rdnr. 18. Der Gläubiger muß auf Auskunft klagen und das Urteil nach § 888 vollstrecken[29]. Zur Pfändung der Ansprüche von Notaren und Prozeßkostenhilfeanwälten → § 835 Rdnr. 21 Fn. 53 f. Für die schuldhafte Verletzung der gesetzlichen Pflicht gelten die §§ 286, gegebenenfalls 280 oder 823 BGB; → auch § 893 mit Bem. Zur Kollision zwischen Auskunftspflicht und Schweigepflicht → § 807 Rdnr. 34[30].

13   Die Geltendmachung *dem Schuldner gegenüber Dritten* zustehender Rechte auf Rechnungslegung u. ä. – soweit sie von der Forderungspfändung mitumfaßt oder zusätzlich gepfändet sind – durch den Gläubiger wird durch § 836 Abs. 3 nicht berührt. → auch Rdnr. 18.

14   2. Außerdem muß der Schuldner alle über die gepfändete Forderung vorhandenen **Urkunden herausgeben**, nicht nur solche, auf die sich das Pfandrecht erstreckt[31], sondern auch bloße Beweisurkunden[32] (vgl. § 402 BGB). Es kann nur die Herausgabe solcher Urkunden verlangt werden, die den Bestand der Forderung beweisen, nicht aber ihre Werthaltigkeit betreffen[33].

---

[23] So *BGH* u. *Gaul* (Fn. 21) im Anschluß an *Oertmann* (Fn. 12). – Das Arg. trifft nur zu im Falle → § 829 Fn. 510: dann scheidet § 853 aus (→ dort II), u. die Rechtsnachfolge ist von vornherein »belastet« durch die Abtretungsanzeige, auf die der Drittschuldner sich daher auch zu Lasten eines späteren Pfändungsgläubigers verlassen darf.

[24] So *BGH* und *Gaul* (Fn. 21).

[25] Z.B. wenn die Zweitpfändung erst nach der Auskunft (§ 840) erfolgte oder diese unvollständig war (§ 840 Abs. 2 S. 2 hilft nicht, wenn der Drittschuldner nach der Leistung insolvent wird). S. auch *Stein* → § 829 Fn. 160: die Klage auf Hinterlegung komme kaum vor, weil die Gläubiger nichts voneinander wüßten.

[26] Anders die bei Abtretung (u. mit ihnen konkurrierende Pfändungen) erlaubte Hinterlegung nach § 372 BGB; sie ist riskant, weil die Ungewißheit »nicht auf Fahrlässigkeit« beruhen darf. Daher muß § 409 BGB auch gegenüber Pfändungsgläubigern wirken → § 829 Fn. 510, aber nicht § 836 Abs. 2.

[27] Auf diese stützt *Denck* (Fn. 1), 410 das von *BGH* (Fn. 21) gewonnene Ergebnis.

[28] → § 807 Rdnr. 33 zum Offenbarungszweck; ebenso noch *LG Hamburg* Rpfleger 1982, 387.

[29] *LG Hamburg* (Fn. 28) mwN. Das ist keine Familiensache, *OLG Nürnberg* FamRZ 1979, 524. – Ist im Inland wirksam gepfändet, so trifft die Auskunftspflicht auch den im Ausland ansässigen Schuldner.

[30] Bei der Pfändung von Sozialleistungsansprüchen ist Abs. 3 besonders wichtig wegen der Geheimhaltungspflicht des Drittschuldners, *Mümmler* Büro 1981, 340. Diese steht aber der Herausgabe der Lohnsteuerkarte nicht entgegen, *AG Duisburg* MDR 1982, 856.

[31] → § 829 Rdnr. 80. Gepfändet sind auch diese Urkunden nicht, → auch § 830 Rdnr. 5, 13.

[32] Z.B. Sparkassenbücher (auch bei Sparprämienguthaben s. *Bauer* Büro 1975, 290), nicht die Sicherungskarten, *Algner* DGVZ 1978, 8; Postsparbuch, *AG Frankfurt* DGVZ 1991, 129; ferner Versicherungsscheine, *OLG Frankfurt* Rpfleger 1977, 221 = Büro 855; *LG Darmstadt* DGVZ 1991, 9; *AG* u. *LG Limburg* DGVZ 1975, 10 f.; *Mümmler* Büro 1977, 1328; Kontoauszüge, *AG Rendsburg* NJW-RR 1987, 819, a. M. *AG Göppingen* DGVZ

Die Anordnung einer Herausgabe allein zu Sicherungszwecken ist von der Vorschrift nicht gedeckt. Anders verfährt zum Teil die Praxis, wenn die Herausgabe der Euroscheckformulare und der Euroscheckkarte angeordnet wird[34], damit der Schuldner nicht nach der Pfändung Aufwendungsersatzansprüche der Bank begründen kann, die durch Vertragspfandrechte gesichert sind, welche dem Pfändungspfandrecht nach § 1209 BGB im Range vorgehen[35]. Bei Pfändung des Anspruchs auf Erstattung von Einkommensteuer (→ § 829 Rdnr. 9) gilt Abs. 3 für die Lohnsteuerkarte des *Schuldners*[36], nicht aber seiner Ehefrau[37]; falls erforderlich[38], sind auch weitere Nachweise herauszugeben.

a) Der Überweisungsbeschluß bildet zugleich nach Abs. 3 S. 2 den **Vollstreckungstitel** zur Erzwingung der Herausgabe[39]. Eine besondere Herausgabeanordnung muß der Überweisungsbeschluß nicht enthalten[40]. Er bedarf *keiner Vollstreckungsklausel*; es genügt die vollstreckbare Ausfertigung des Schuldtitels in Verbindung mit der Ausfertigung des Überweisungsbeschlusses[41], in dem die Urkunden einzeln und bestimmt bezeichnet sein müssen[42], was auch nachträglich beantragt werden kann[43]; er ist nach § 750 zuzustellen[44]. Zu vollstrecken ist nach §§ 883, 886[45]. Zur Hilfspfändung von Legitimationspapieren noch vor der Forderungspfändung → § 821 Rdnr. 4, zum Hypothekenbrief → § 830 Rdnr. 14–16. 15

b) Verbleibt die Urkunde nach Befriedigung des Gläubigers nicht bestimmungsgemäß beim Drittschuldner und hat daher der Schuldner ein schutzwürdiges Interesse an ihrer Wiedererlangung, z.B. wenn nur **ein Teil der Forderung** überwiesen wurde, so kann der Gläubiger zwar auch *Herausgabe* verlangen, muß aber die Urkunde nach Gebrauch zurückgeben[46]. Dies ist im Überweisungsbeschluß auszusprechen; er bildet dann den Vollstreckungstitel für die Rückgabe, § 794 Nr. 3[47]. Fehlt dieser Ausspruch, so kann der Schuldner einen Ergänzungsbeschluß beantragen[48]. 16

1989, 29; Lohnabrechnungen, *LG Ravensburg* Rpfleger 1990, 266, a.M. *LG Hannover* DGVZ 1989, 26; Leistungsbescheide des Arbeitsamts, *Baumbach/Hartmann*[52] Rdnr. 6, a.M. *LG Hannover* Rpfleger 1986, 143, *Zöller/Stöber*[18] Rdnr. 9, *Schuschke* Rdnr. 7 mwN; Vollstreckungstitel und Schriftwechsel über die gepfändete Forderung, *Noack* DGVZ 1975, 99; Quittungen (auch löschungsfähige, *LG Köln* DGVZ 1964, 42); Mietverträge, Urlaubskarten nach Pfändung des Anspruchs auf Urlaubsgeld (*Quardt* BB 1958, 1212f.). S. dazu *Kuhnt* ZZP 43 (1913), 348ff.; *Dohmen* DGVZ 1961, 26, § 156 GVGA.

[33] *LG Hof* DGVZ 1991, 138.
[34] *LG Dortmund* DGVZ 1992, 188.
[35] Zum Rang *BGHZ* 93, 71ff.
[36] *LG Freiburg* Büro 1994, 368; dazu *Hoeren* CR 1994, 399. – Zum früheren Lohnsteuerjahresausgleich: *OLG Düsseldorf* MDR 1973, 414 = KKZ 174; *LG Kaiserslautern* Rpfleger 1984, 473; *LG Hof* DGVZ 1991, 139; *LG Kiel* Büro 1981, 943. – A.M. *LG Koblenz* DGVZ 1994, 57; *LG Braunschweig* MDR 1980, 585; DGVZ 1983, 76 (mit Hinweis auch auf das Steuergeheimnis); *LG Darmstadt* Rpfleger 1984, 473 (bei Durchführung des Lohnsteuerjahresausgleichs durch den Arbeitgeber); *Stöber* Rdnr. 391: arg.: Gläubiger habe kein Antragsrecht; s. aber Rdnr. 372.
[37] Der Schuldner hat insoweit kein Recht zum Besitz, s. *LG Berlin* Rpfleger 1975, 229f.; *Noack* DGVZ 1979, 24. – A.M. *Alisch/Voigt* Rpfleger 1980, 12.
[38] Für Fehlzeiten des Schuldners reicht Glaubhaftmachung, *FG Düsseldorf* BB 1975, 1334. → auch Fn. 42.
[39] Vgl. die Entscheidungen → Fn. 54, *OLG Frankfurt* (Fn. 32); *AG* u. *LG Limburg* (Fn. 32); *AG Dortmund* DGVZ 1980, 29; *LG Darmstadt* DGVZ 1991, 9. – A.M.

LG Dresden ZZP 39 (1909), 526; *LG Leipzig* JW 1922, 506, aufgehoben durch *OLG Dresden* aaO, 507. → dazu § 821 Rdnr. 4 f. – S. auch § 315 Abs. 2 S. 3, Abs. 3 AO.
[40] *LG Darmstadt* DGVZ 1991, 10.
[41] *Stöber*[10] Rdnr. 624; a.M. *AG Bad Schwartau* DGVZ 1981, 63 (allein der Pfändungs- und Überweisungsbeschluß) mit abl. Anm. der Schriftl.; *Kuhnt* (Fn. 32), 354f. S. auch § 174 Nr. 2 S. 3 GVGA. Der Überweisungsbeschluß ist zwar Titel – entgegen der Schriftl. DGVZ 1981, 63 –, vollstreckbar aber nur zusammen mit dem Schuldtitel; → auch § 757 Rdnr. 1.
[42] Zur näheren Bezeichnung von Versicherungsscheinen s. *AG Frankfurt* (Fn. 39); *AG* u. *LG Limburg* (Fn. 32); von Attesten, Meldekarten usw. (→ dazu Fn. 38) *LG Berlin* Rpfleger 1975, 230; MDR 1974, 498; großzügiger *Baumbach/Hartmann*[52] Rdnr. 7. Bei Lohnsteuerkarten (→ Fn. 36f.) ist auch auszusprechen, daß der Gläubiger sie binnen einer zugleich festzusetzenden Frist beim Finanzamt einzureichen hat, *LG Essen* Rpfleger 1973, 147; *Stöber* Rpfleger 1973, 123.
[43] → § 829 Rdnr. 53; ebenso § 174 Nr. 3 GVGA, *LG Limburg* (Fn. 32); *AG Dortmund* (Fn. 39); *LG Hannover* Rpfleger 1994, 221; ganz h.M.
[44] § 174 Nr. 2 GVGA.
[45] *OLG Frankfurt*, *AG Limburg* (Fn. 32); *Noack* (Fn. 32); *Mümmler* (Fn. 32). – A.M. *Baumbach/Hartmann*[52] Rdnr. 8.
[46] *RGZ* 21, 368f.; *Kuhnt* (Fn. 32), 360ff. – A.M. *Wieczorek*[2] Anm. C II b: nur Anspruch auf Einräumung des Mitbesitzes, aber doch Wegnahme durch den Gerichtsvollzieher (was nicht genügt, wenn der Drittschuldner Vorlage oder gar Übergabe verlangen kann).
[47] *Kuhnt* (Fn. 32), 362f.; *Stöber*[10] Rdnr. 625.
[48] *Stöber* (Fn. 47).

Hat der Drittschuldner kein Recht auf Vorlage des Originals[49], so wird dem Schuldner im Überweisungsbeschluß nachzulassen sein, die Herausgabe der Urkunde durch Hingabe einer beglaubigten Abschrift zu ersetzen[50].

17 c) Sind die Urkunden im **Besitz eines Dritten**, der zur Herausgabe nicht bereit ist, so kann gegen ihn weder nach § 836 noch gemäß § 847 vollstreckt werden[51]. Der Gläubiger muß auf Herausgabe der Urkunden klagen, und zwar insoweit, als § 952 BGB eingreift (z. B. beim Schuldschein, im Fall → § 830 Fn. 4–6 auch beim Hypothekenbrief), aufgrund seines Pfandrechts[52], im übrigen aufgrund seines Einziehungsrechts nach §§ 835, 836 Abs. 3, da – auch ohne besondere Anordnung[53] – gemäß § 886 (nicht 847, → § 830 Fn. 50) der Anspruch des Schuldners gegen den Dritten (z. B. seinen Arbeitgeber) auf Herausgabe der Urkunde für mit überwiesen gilt[54], soweit ein solcher nach bürgerlichem Recht besteht[55]. Befindet sich aber die Urkunde, z. B. ein Titel (→ Fn. 32), beim *Gerichtsvollzieher* und gibt er sie nicht heraus, so muß der Gläubiger nach § 766 vorgehen[56].

18 3. Die Ansprüche gemäß Abs. 2 und 3 werden nicht dadurch ausgeschlossen, daß der Gläubiger vom *Drittschuldner* (§ 840) die Auskünfte erhalten oder den Inhalt der Urkunden erfahren könnte[57].

4. Wegen der Kosten und Gebühren → § 829 Rdnr. 125, ferner § 22 GVKostG mit Nr. 30 GVKostGr[58].

§ 837 [Überweisung einer Hypothekenforderung]

(1) ¹Zur Überweisung einer gepfändeten Forderung, für die eine Hypothek besteht, genügt die Aushändigung des Überweisungsbeschlusses an den Gläubiger. ²Ist die Erteilung des Hypothekenbriefes ausgeschlossen, so ist zur Überweisung an Zahlungs Statt die Eintragung der Überweisung in das Grundbuch erforderlich; die Eintragung erfolgt auf Grund des Überweisungsbeschlusses.

(2) ¹Diese Vorschriften sind nicht anzuwenden, soweit es sich um die Überweisung der Ansprüche auf die im § 1159 des Bürgerlichen Gesetzbuchs bezeichneten Leistungen handelt. ²Das gleiche gilt bei einer Sicherungshypothek im Falle des § 1187 des Bürgerlichen Gesetzbuchs von der Überweisung der Hauptforderung.

(3) Bei einer Sicherungshypothek der im § 1190 des Bürgerlichen Gesetzbuchs bezeichneten Art kann die Hauptforderung nach den allgemeinen Vorschriften gepfändet und überwiesen werden, wenn der Gläubiger die Überweisung der Forderung ohne die Hypothek an Zahlungs Statt beantragt.

Gesetzesgeschichte: Seit 1900 RGBl. 1898 I, 256.

---

[49] Darüber zu befinden ist nicht Sache des Schuldners oder Gerichtsvollziehers; deshalb bedarf es der Erlaubnis → Fn. 50 im Beschluß; a. M. *Stöber* (Fn. 47).
[50] *Kuhnt* (Fn. 32), 362 f.
[51] Auch wenn der Drittschuldner sie besitzt, *AG Duisburg* (Fn. 30); a. M. *Bauer* Büro 1971, 898; DB 1974, 2481.
[52] *OLG Hamburg* OLG Rsp 12, 141 f.
[53] Sie ist aber zulässig u. zweckdienlich, *LG Mannheim* BB 1974, 1442 = Justiz 460.
[54] RGZ 21, 364; JW 1904, 92 f.; *OLG Dresden* SA 77, 31; *LAG Düsseldorf* MDR 1983, 85 u. *LG Essen* Rpfleger 1973, 146 f. (»übergegangen«); *AG Duisburg* (Fn. 30); *Mümmler* (Fn. 32), 1330. – A. M. *Oberneck* Gruch. 50, 562 f.; unklar *Noack* DGVZ 1979, 24 (Anspruch sei zu

pfänden); ähnlich *Stöber*[10] Rdnr. 392, aber auch Rdnr. 626. – S. auch § 315 Abs. 4 AO.
[55] Vgl. *OLG Hamburg* OLG Rsp 13, 208.
[56] *Noack* DGVZ 1975, 99; *Baumbach/Hartmann*[52] Rdnr. 10. Vgl. auch *AG Neustadt/Rbge.* DGVZ 1976, 75 (Klage unzulässig).
[57] *Herzig* Büro 1966, 910; *Schuschke* Rdnr. 8; *Stöber*[10] Rdnr. 623 mwN (*OLG Dresden*). – A. M. *LG Hannover* Büro 1986, 302; *AG Göppingen* DGVZ 1989, 29; *AG Bonn* Rpfleger 1963, 126 (Rechtsschutzbedürfnis fehle); *Zöller/Stöber*[18] Rdnr. 9. Aber der Gläubiger handelt richtig, wenn er den ohnehin genug belästigten Drittschuldner möglichst schont.
[58] Nicht Nr. 26, sie betrifft die Hilfspfändung → § 821 Rdnr. 4.

I. Die **Überweisung von Hypothekenforderungen**[1] erfordert nach Abs. 1 den Überweisungsbeschluß und im Regelfalle seine *Aushändigung* an den Gläubiger, → auch § 829 Rdnr. 55. Die Zustellung ist abweichend von § 835 Abs. 3 für den Eintritt der Wirkung nicht wesentlich. Dabei wird jedoch vorausgesetzt, daß die Pfändung bereits gemäß § 830 durch Briefübergabe oder Eintragung wirksam ist. Andernfalls bleibt die Überweisungswirkung trotz Aushändigung so lange aufgeschoben, bis die Pfändung wirksam vollzogen ist.

Einer Eintragung der Überweisung in das Grundbuch bedarf es auch bei der Buchhypothek nicht, sofern die Überweisung *zur Einziehung* erfolgt; sie ist daher neben der Eintragung der Pfändung nicht zulässig[2]. Wird dagegen die Überweisung der *Buchhypothek an Zahlungs Statt* ausgesprochen, so muß sie *neben* der Pfändung eingetragen werden unter Beachtung des § 39 GBO. Den Antrag hat der Gläubiger zu stellen unter Vorlage einer Ausfertigung des Überweisungsbeschlusses.

Wird die *Briefhypothek an Zahlungs Statt* überwiesen, so ersetzt dieser Beschluß die öffentlich beglaubigte Abtretungserklärung nach § 1155 BGB, § 836 Abs. 1[3].

II. Durch die Überweisung erlangt der **Gläubiger** auch hier das Einziehungsrecht → § 835 V. Er kann nach seiner Befriedigung ohne Zuziehung des Schuldners dem Drittschuldner löschungsfähige Quittung erteilen[4], im Falle mehrfacher Überweisungen (→ § 835 Rdnr. 46) aber nur dann, wenn er der erstpfändende ist[5]. Dagegen wäre eine sog. abstrakte Löschungsbewilligung eine ihm nicht zustehende anderweitige Verfügung, → § 835 Rdnr. 18[6].

Der Schuldner bleibt als Inhaber der Forderung auch Inhaber der Hypothek. Umschreibung auf den Namen des Gläubigers kann nur bei Überweisung an Zahlungs Statt verlangt werden und nur dann wird er auch Eigentümer des Briefes, § 952 BGB. Wegen der Einreden des Drittschuldners → § 830 Rdnr. 6.

III. Abs. 2 zieht die Folgerung aus § 830 Abs. 2, indem er die dort genannten Forderungen (§ 830 Rdnr. 25–27), die nicht wie Hypothekenforderungen zu pfänden sind, vom Anwendungsbereich des § 837 Abs. 1 ausnimmt. Schuldverschreibungen auf den Inhaber werden daher nach § 821 verwertet, → dort Rdnr. 7–10; für die übrigen Forderungen gilt § 835, so daß die Überweisung erst mit Zustellung wirksam wird.

IV. Forderungen, für die eine **Höchstbetragshypothek** im Sinne des § 1190 BGB bestellt ist, können wie andere Forderungen mit Buchhypothek gepfändet werden[7]. Das Pfandrecht entsteht dann durch Eintragung nach § 830 Abs. 1, die Überweisung erfolgt nach § 837 Abs. 1. Diese Forderungen können aber nach § 1190 Abs. 4 BGB gegen die Regel des § 1153 Abs. 2 BGB auch *ohne* die Hypothek übertragen werden, und diese Trennung tritt von selbst ein, wenn die Forderung nach den allgemeinen Grundsätzen, d. h. ohne Eintragung in das Grundbuch, übertragen wird. Daher gestattet § 837 Abs. 3 dem Gläubiger, wenn er die Forderung ohne die Hypothek *erwerben* will, die Hauptforderung allein nach den allgemeinen Grundsätzen zu pfänden. Er muß aber *schon mit dem Pfändungsgesuch* den Antrag auf Überweisung der Forderung ohne Hypothek *an Zahlungs Statt* verbinden. Geschieht dies nicht, sei es, daß er die Pfändung allein oder daß er neben ihr die Überweisung zur Einziehung beantragt, so bleibt es bei der Regel der §§ 830, 837. Stellt er dagegen den Antrag, so ist im Beschluß die Trennung von Hauptforderung und Hypothek kenntlich zu machen; Pfändung und Überweisung werden dann mit der Zustellung an den Drittschuldner wirksam.

---

[1] *Haegele* Büro 1954, 257f.; *Stöber*[10] Rdnr. 1837 ff. S. auch § 315 Abs. 1 S. 2 AO.
[2] *KG* KGJ 33, 276; *OLG Karlsruhe* BadRPr 1902, 146.
[3] *BGHZ* 24, 332 = NJW 1957, 1439 (obiter).
[4] *OLG Hamm* Rpfleger 1985, 187; *KG* OLG Rsp 3, 392f.; 8, 210; 15, 377; SA 59, 153.
[5] *KG* ZBlFG 1911, 365f.
[6] *KG* OLG Rsp 8, 210; 15, 377; KGJ 52, 206.
[7] Wegen der Abtretung vgl. *KG* OLG Rsp 15, 387.

§ 837a [Überweisung einer Schiffshypothekenforderung]

(1) ¹Zur Überweisung einer gepfändeten Forderung, für die eine Schiffshypothek besteht, genügt, wenn die Forderung zur Einziehung überwiesen wird, die Aushändigung des Überweisungsbeschlusses an den Gläubiger. ²Zur Überweisung an Zahlungs Statt ist die Eintragung der Überweisung in das Schiffsregister oder in das Schiffsbauregister erforderlich; die Eintragung erfolgt auf Grund des Überweisungsbeschlusses.

(2) ¹Diese Vorschriften sind nicht anzuwenden, soweit es sich um die Überweisung der Ansprüche auf die im § 53 des Gesetzes über Rechte an eingetragenen Schiffen und Schiffsbauwerken vom 15. November 1940 (Reichsgesetzbl. I S. 1499) bezeichneten Leistungen handelt. ²Das gleiche gilt, wenn bei einer Schiffshypothek für eine Forderung aus einer Schuldverschreibung auf den Inhaber, aus einem Wechsel oder aus einem anderen durch Indossament übertragbaren Papier die Hauptforderung überwiesen wird.

(3) Bei einer Schiffshypothek für einen Höchstbetrag (§ 75 des im Absatz 2 genannten Gesetzes) gilt § 837 Abs. 3 entsprechend.

Gesetzesgeschichte: Seit 1940 RGBl. I, 1609.

1   I. Die **Schiffshypothek** besteht nur als *Buchhypothek*, vgl. §§ 3, 8 SchiffsRG; zur Pfändung s. § 830a. § 837a enthält daher dieselbe Regelung wie § 837 für die Buchhypothek. § 53 SchiffsRG entspricht dem § 1159 BGB. Der Satz 2 des Abs. 2 stimmt sachlich mit dem auf § 1187 BGB verweisenden Satz des § 837 Abs. 2 überein. S. auch § 315 Abs. 1 S. 2 AO. Die in Abs. 3 geregelte Höchstbetragsschiffshypothek entspricht einer Sicherungshypothek nach § 1190 BGB.

Im einzelnen → die Bem. zu § 837. Besonderheiten ergeben sich bei der Schiffshypothek nicht.

2   II. Für **Registerpfandrechte an Luftfahrzeugen** gilt § 837a ebenso wie § 830a (→ dort Rdnr. 2) sinngemäß.

§ 838 [Überweisung einer Faustpfandforderung]

Wird eine durch ein Pfandrecht an einer beweglichen Sache gesicherte Forderung überwiesen, so kann der Schuldner die Herausgabe des Pfandes an den Gläubiger verweigern, bis ihm Sicherheit für die Haftung geleistet wird, die für ihn aus einer Verletzung der dem Gläubiger dem Verpfänder gegenüber obliegenden Verpflichtungen entstehen kann.

Gesetzesgeschichte: Seit 1900 RGBl. 1898 I, 256.

1   I. Sind Forderungen durch **Pfandrechte** an **beweglichen Sachen** gesichert, so ergreift die Pfändung und Überweisung auch diese, → § 829 Rdnr. 80. Der Gläubiger kann daher nach der Überweisung vom Schuldner die Herausgabe des Pfandes verlangen, arg. § 1251 Abs. 1 BGB, nötigenfalls im Wege der Klage, die sich auf den Überweisungsbeschluß zu stützen hat. Eine entsprechende Anwendung der in § 836 Abs. 3 für die Urkunden gestatteten Zwangsvollstreckung aufgrund des Überweisungsbeschlusses erscheint ausgeschlossen, da diese Vorschrift in mehrfacher Beziehung regelwidrig ist[1].

---

[1] Ganz h. M. – A. M. *Baumbach/Hartmann*[52] Rdnr. 2.

II. Erlangt der Gläubiger den Besitz, so tritt er gegenüber dem Verpfänder in die *Pflichten* 2
des bisherigen Pfandgläubigers, d. h. des Schuldners, ein, namentlich hinsichtlich der Verwahrung des Pfandes und in bezug auf Versehen beim Pfandverkauf, §§ 1215 ff. BGB. Für die Verpflichtung zum Schadensersatz haftet aber der bisherige Pfandgläubiger (Schuldner) wie ein selbstschuldnerischer Bürge, § 1251 Abs. 2 S. 2 BGB. Wie ihm nun diese Haftung aus Billigkeitsgründen ganz erlassen wird, wenn der Übergang der Forderung ohne seinen Willen kraft Gesetzes erfolgt, § 1251 Abs. 2 S. 3 BGB, so trägt auch § 838 der Zwangslage des Schuldners Rechnung: der Schuldner kann die **Herausgabe verweigern**, bis ihm für seine Schadenshaftung *Sicherheit* geleistet ist[2]. Ist in dem für die Entscheidung maßgebenden Zeitpunkt (→ § 300 III) die Sicherheit nicht geleistet, so ist die Klage abzuweisen; § 274 BGB ist nicht entsprechend anzuwenden[3]. Da § 838 ein rein materiellrechtlicher Satz ist, der (wie z. B. § 806) lediglich wegen seiner Beziehung auf die Zwangsvollstreckung in die ZPO gesetzt ist, ist die Sicherheit nicht als prozessuale nach § 108, sondern nach § 232 BGB zu leisten. Ihre Rückgabe kann weder von dem überweisenden Vollstreckungsgericht noch von dem Prozeßgericht, vor dem die Einrede erhoben wurde, nach § 109 angeordnet werden.

§ 839 [Überweisung bei Vollstreckungsabwendung]

Darf der Schuldner nach § 711 Satz 1, § 712 Abs. 1 Satz 1 die Vollstreckung durch Sicherheitsleistung oder Hinterlegung abwenden, so findet die Überweisung gepfändeter Geldforderungen nur zur Einziehung und nur mit der Wirkung statt, daß der Drittschuldner den Schuldbetrag zu hinterlegen hat.

Gesetzesgeschichte: Bis 1900 § 738 CPO. Änderung BGBl. 1976 I, 3281.

I. In diesen Fällen wird die Befriedigung von Geldforderungen vorerst aufgeschoben, → 1
§§ 711 Rdnr. 9, 712 Rdnr. 4. Daher darf **nur zur Einziehung überwiesen** werden; im Beschluß ist auszusprechen, daß der Drittschuldner den Schuldbetrag zu **hinterlegen** hat. Die Hinterlegung befreit ihn. Das Pfandrecht des Gläubigers setzt sich an dem Rückforderungsanspruch des Schuldners gegen die Hinterlegungsstelle als Surrogat für die gepfändete Forderung fort (§ 233 BGB, § 7 Abs. 1 HinterlO). Wegen Einreden usw. → § 835 VII.

II. Auf den Fall, daß die Zwangsvollstreckung gemäß §§ 707, 719 gegen Sicherheitsleistung 2
eingestellt wird, kann § 839 auch nicht entsprechend angewendet werden[1]. Das gilt erst recht, wenn ein Schuldner den Antrag nach § 712 Abs. 1 S. 1 versäumt hat, mit einem Antrag nach § 712 Abs. 1 S. 2 unterlegen ist oder durch ein Vorbehaltsurteil (§§ 302 Abs. 3, 599 Abs. 3) rechtskräftig verurteilt ist[2]; denn § 839 ist keine den §§ 765 a, 813 a verwandte Vollstreckungsschutzbestimmung, sondern folgerichtiger Vollzug eines Urteilsausspruchs ohne weiteres Ermessen.

---

[2] A.M. *Baumbach/Hartmann* → Fn. 1: stets Wegnahme durch Gerichtsvollzieher; er verweigere die Herausgabe bis zur Sicherheitsleistung. Nach österreichischem Recht kann er Hinterlegung der Pfandsache verlangen, vgl. *Petschek* (§ 829 Fn. 1), 132 ff.
[3] *Oesterle* Leistung Zug um Zug (1980), 127 ff. mwN auch zur Gegenmeinung aaO Fn. 248; a. A. *Stöber*[10] Rdnr. 704.

[1] *BGH* NJW 1968, 398; *LG Hamburg* MDR 1952, 45; vgl. auch *LG Berlin* DGVZ 1970, 117 (zu § 817 Abs. 4). – A.M. *Wieczorek*[2] Anm. A I.
[2] A.M. für den letzten Fall *AG Hamburg-Blankenese* MDR 1970, 426[72]; der Gläubiger stünde damit schlechter als nach § 711 S. 1, weil eigene Sicherheitsleistung (→ § 711 Rdnr. 11) hier ausscheidet.

§ 840 [Erklärungspflicht des Drittschuldners]

(1) Auf Verlangen des Gläubigers hat der Drittschuldner binnen zwei Wochen, von der Zustellung des Pfändungsbeschlusses an gerechnet, dem Gläubiger zu erklären:
1. ob und inwieweit er die Forderung als begründet anerkenne und Zahlung zu leisten bereit sei;
2. ob und welche Ansprüche andere Personen an die Forderung machen;
3. ob und wegen welcher Ansprüche die Forderung bereits für andere Gläubiger gepfändet sei.

(2) ¹Die Aufforderung zur Abgabe dieser Erklärungen muß in die Zustellungsurkunde aufgenommen werden. ²Der Drittschuldner haftet dem Gläubiger für den aus der Nichterfüllung seiner Verpflichtung entstehenden Schaden.

(3) ¹Die Erklärungen des Drittschuldners können bei Zustellung des Pfändungsbeschlusses oder innerhalb der im ersten Absatz bestimmten Frist an den Gerichtsvollzieher erfolgen. ²Im ersteren Fall sind sie in die Zustellungsurkunde aufzunehmen und von dem Drittschuldner zu unterschreiben.

Gesetzesgeschichte: Bis 1900 § 739 CPO.

I. Die Auskunftspflicht[1].

1 1. Die Auskunft des **Drittschuldners**[2] soll dem Gläubiger nicht nur die riskante Entscheidung erleichtern, ob (vgl. §§ 842–844) und wie er die gepfändete Forderung eintreibt, sondern ihn auch darüber aufklären, ob mit Widerspruchsklagen (§ 771) oder Verteilungsverfahren (§§ 872 ff.) zu rechnen ist, was zu weiteren Vollstreckungsmaßnahmen Anlaß geben kann[3]; daher gilt § 840 auch im Falle § 835 Abs. 2; → auch Fn. 13. Die Pflicht ähnelt nur teilweise der eines Zeugen[4], denn sie besteht nicht gegenüber Organen der Rechtspflege und fordert tatsächliche Auskunft nur nach Abs. 1 Nr. 2 und 3, erlaubt aber in Nr. 1 eine Willens-[5] oder zumindest Absichtserklärung, → Rdnr. 8, 14 ff. Es handelt sich um eine **selbständige, vollstreckungsrechtliche Auskunftspflicht**[6], s. auch § 316 AO; bei mehreren Drittschuldnern trifft sie jeden einzeln[7].

---

[1] *Oertmann* JR 1933, 1; *Marburger* JR 1972, 7; *Gaul* (→ § 829 Fn. 59), 33 ff., *Linke* ZZP 87 (1974), 284; *Rudershausen* Die Klagemöglichkeiten nach § 840 (Diss. Heidelberg 1975); *Reetz*, Die Rechtsstellung des Arbeitgebers als Drittschuldner in der Zwangsvollstreckung, 1985. – Zu Geschichte u. Vorbildern s. Mot. 434 = *Hahn* 459; RGZ 60, 332 f. ältere Lit. → 19. Aufl. Fn. 1.

[2] Zur Auskunft des Schuldners → § 836 Rdnr. 12 ff.

[3] Dabei geht es nicht nur um Pfändung weiterer Forderungen »auf Verdacht« (vgl. BGH WPM 1978, 677 a. E. = JuS 710), sondern auch um kostenträchtige Maßnahmen z.B nach §§ 864 ff., was noch zusätzlich mit der Diskussion um den Verhältnismäßigkeitsgrundsatz belastet ist, vgl. *Gerhardt* ZZP 95 (1982), 469, 482 ff.; *Münzberg* Festschrift f. A. Ligeropoulos (Athen 1983 oder 1984). Dieser Auskunftszweck wird von BGH aaO verkürzt u. im Urteil → Fn. 13 ganz übersehen.

[4] Dazu Mot. (Fn. 1); *Jahn* JW 1912, 672 f.; *Linke* (Fn. 1), 290; *Gaul* (Fn. 1), 34; *Wieczorek*² Anm. A.

[5] RGZ 41, 421; OLG München NJW 1975, 175; LG Braunschweig NJW 1962, 2308; *Jahn* (Fn. 4).

[6] *Jahn* (Fn. 4), 673; *Baumbach/Hartmann*⁵² Rdnr. 2 mwN (prozessuale Pflicht); s. auch *Linke* ZZP 87 (1974), 287 mwN: »öffentlich-rechtliche Komponente«. Die Einordnung als bloße »Last«, so LG Nürnberg-Fürth ZZP 96 (1983), 118 mwN u. Anm. *Waldner* (es zit. dafür versehentlich auch die 19. Aufl.), ist fragwürdig im Hinblick auf § 840 Abs. 2 S. 2, *Waldner* Anm. aaO 122. Von geringer Bedeutung ist, ob man die Pflicht auch aus materiellem Recht herleitet, so z.B. OLG Köln OLGZ 1979, 115 = MDR 1978, 941; bejahen sollte man jedenfalls schon ab Zustellung (→ Rdnr. 3) ein gesetzliches Sonderschuldverhältnis, wie es die Rsp für § 278 u. § 254 Abs. 2 BGB voraussetzt, *Gerhardt*² § 9 I 4 b; vgl. auch BGH → Fn. 25; *Brehm* JZ 1983, 650. Zu § 823 Abs. 2 BGB s. RG → Fn. 85.

[7] Bei Pfändung einer Forderung gegen Gesamthandsschuldner muß allen zugestellt sein. Testamentsvollstrecker (→ § 829 Rdnr. 56) müssen auch dann Auskunft geben, wenn nur den Erben zugestellt wurde. Wer von mehreren gesetzlichen Vertretern zu handeln hat, bestimmt nicht der Gläubiger (→ auch § 807 Rdnr. 44 f.).

Geheimhaltungspflichten bewirken lediglich, daß nicht mehr offenbart werden darf als § 840 vorsieht. Daher haben auch Banken und Sparkassen[8] (s. auch § 6 PostG), Sozialversicherungsträger[9], Rechtsanwälte[10] und Ärzte[11] die Auskunft zu erteilen.

2. Die Pflicht setzt voraus: a) die *Zustellung* eines formell gültigen[12] Pfändungsbeschlusses, auch vor Überweisung, so daß Pfändung nach §§ 720a oder 930, 936 genügt[13]; auch bei § 830 genügt die Zustellung[14], Vorpfändung (§ 845) reicht nicht aus[15], ebensowenig nach Wortlaut und Zweck die Pfändung gemäß § 831[16]. → aber auch § 845 Fn. 35.

b) Der Drittschuldner muß auf Verlangen des Gläubigers durch den Gerichtsvollzieher *aufgefordert* werden. Dies muß, wenn es die Wirkung des Abs. 1, Abs. 2 S. 2 haben soll, *in die Zustellungsurkunde* über den Pfändungsbeschluß aufgenommen werden[17]; mündliche Erklärung gegenüber dem Schuldner ist nicht vorgeschrieben, so daß auch Ersatzzustellung wirksam ist[18]. Bei Zustellung durch die Post gilt Abs. 1 nicht, weil dem Drittschuldner das Recht zur sofortigen, für ihn kostenlosen mündlichen Erklärung (Abs. 3) verbleiben muß, der Postbote aber diese nicht wirksam entgegennehmen und beurkunden kann[19]. Öffentliche Zustellung scheidet hier aus → § 829 Rdnr. 57.

Die Aufforderung kann auch *nachträglich* unter Bezugnahme auf den Pfändungsbeschluß durch den Gerichtsvollzieher zugestellt werden, wenn auch der Gläubiger u. U. die Mehrkosten tragen muß; nochmalige Zustellung des Beschlusses wäre eine überflüssige Formalität[20].

Wegen *wiederholter* Aufforderung nach Auskunftserteilung → Rdnr. 13, zur einfachen Anfrage des Gläubigers → Rdnr. 32.

II. Die Erklärung

1. Der Drittschuldner hat sich, persönlich oder durch einen Vertreter[21], innerhalb von **zwei Wochen nach Zustellung** (s. § 222) zu erklären[22]. Durch eine einstweilige Einstellung der Vollstreckung wird die Auskunftspflicht weder gehemmt noch beseitigt. Die Erklärung ist

---

[8] *RG* HRR 32 Nr. 1794; *OLG München* WPM 1974, 957; *Gaul* (Fn. 1), 33 f. mwN; *Bauer* Büro 1973, 698 (er hält aber unrichtig das Bankgeheimnis für durch die Pfändung ganz erledigt); *Liesecke* WPM 1975, 319; *A. Blomeyer* ZwVR § 55 Fn. 97. – A.M. *Nebelung* BB 1953, 781.

[9] Für Anwendung des § 840 auch *Stöber*[10] Rdnr. 1306; *Burdenski/v. Maydell/Schellhorn* SGB AT (1976) § 54 Rdnr. 41 f.; *Heinze* SGB AT (1979) § 54 Rdnr. 53. – A.M. wohl *Mümmler* Büro 1981, 340; 1982, 968.

[10] *OLG Karlsruhe* WPM 1980, 350.

[11] → auch § 807 Rdnr. 34 (als Schuldner).

[12] Also nicht wegen Unbestimmtheit unwirksame Pfändungen, *LG Frankfurt* NJW-RR 1989, 1466; *OLG Stuttgart* WM 1993, 2020, 2022. Daß sie nicht erlassen werden dürfen, falls die Unbestimmtheit sicher feststeht, → § 829 Fn. 187, schützt daher auch den Drittschuldner vor »Suchpfändungen«. Insofern bedenklich *AG Groß-Gerau* MDR 1981, 1025 f.
Auf eine Unwirksamkeit mangels Bestehens der gepfändeten Forderung kommt es natürlich hier nicht an, arg. Abs. 1 Nr. 1, *Gaul* (Fn. 1), 36; *OLG Schleswig* NJW-RR 1990, 448.

[13] *BGHZ* 68, 289 = LM Nr. 1 (L; *Merz*) = NJW 1977, 1199 = MDR 746 = JR 462 (*Schreiber*) = JZ 802 = Büro 1073 = BB 867 = DB 1043 = Rpfleger 202 = KTS 244 = WPM 537, h. M. – A.M. *Gaul* (Fn. 1), 40 ff.

[14] Die zur Wirksamkeit der Pfändung nötige, zuweilen umständliche Briefbeschaffung oder Eintragung (→ § 830 Rdnr. 10 ff.) kann durch Auskunft überflüssig werden. Wie hier *Stöber*[10] Rdnr. 628.

[15] Jetzt allg. M.; s. *BGH* (Fn. 13) mwN; ausführlich *Gaul* (Fn. 1), 38 f. Zur Haftung für freiwillige Auskunft *OLG Stuttgart* NJW 1959, 581 (aus Vertrag); zust. *Gaul* aaO, 46; *Mümmler* Büro 1975, 1416; zum Haftungsausschluß *Zunft* aaO, 1229.

[16] *Wieczorek*[2] Anm. B; *Stöber*[10] Rdnr. 628. – Anders in Österreich, *Neumann/Lichtblau* u. a. EO[4], 2179.

[17] *RGZ* 60, 332 ff. = JW 1905, 320[8]. Anders § 6 Abs. 2 S. 3 JBeitrO, § 316 Abs. 2 AO.

[18] Jetzt h. M. Anders noch (bedauernd) *Jahn* (Fn. 4). Hierbei abgegebene Erklärungen durch nicht vertretungsberechtigte Personen sind dem Drittschuldner nicht zuzurechnen, vgl. auch *LAG Mannheim* AP Nr. 3 zu § 183 = DB 1958, 576.

[19] H.M.; *Jakobs* DGVZ 1987, 1; *LG Tübingen* MDR 1974, 677 = VersR 983 (L) u. alle Komm., § 173 Nr. 2 Abs. 2 S. 2, § 21 Nr. 4 a GVGA; *Stöber*[10] Rdnr. 633 mwN auch zur Gegenansicht; z. B. *LG Schweinfurt* DGVZ 1956, 71 = BayJMBl 41. Vgl. auch *RG* → Fn. 17. – Nach § 6 Abs. 2, 3 JBeitrO, § 316 AO besteht diese Besonderheit nicht.

[20] *ArbG Rendsburg* BB 1961, 1233 (L); *Stöber*[10] Rdnr. 634 Fn. 15; *Noack* DGVZ 1961, 36; a. M. *Wieczorek*[2] Anm. B I a.

[21] Denn es handelt sich nicht um Zeugenpflicht → Rdnr. 1; § 164 BGB gilt nur insoweit, als es sich bei Nr. 1 um eine Willenserklärung handelt → Rdnr. 15 f. Wegen der Kosten → Rdnr. 35.

[22] Die Frist läuft auch ab Ersatzzustellung, *Stöber*[10] Rdnr. 637; *Zöller/Stöber*[18] Rdnr. 9; a. M. *Wieczorek*[2] Anm. D.

dem Gläubiger abzugeben (Abs. 1) oder, wenn es innerhalb der Frist geschieht, dem Gerichtsvollzieher (Abs. 3 S. 1). Eine *Erklärung bei der Zustellung* ist nach Abs. 3 S. 2 in die Urschrift der Zustellungsurkunde aufzunehmen und vom Drittschuldner zu unterschreiben, § 762 Nr. 4[23]. Bei späterer Abgabe ist sie dem Gerichtsvollzieher schriftlich oder zu Protokoll[24], oder dem Gläubiger schriftlich oder mündlich (→ aber Fn. 25 f.) mitzuteilen. Es ist Sache des Drittschuldners, sich den Beweis rechtzeitiger *Abgabe*[25] zu sichern → Rdnr. 21, z. B. durch Erklärung zu Protokoll[26]. Der Gerichtsvollzieher muß den Drittschuldner nicht erneut nach der Zustellung aufsuchen[27], ebensowenig wenn er die Aufforderung nicht selbst zugestellt hatte[28].

7   2. Der **Umfang** der Auskunftspflicht[29] geht nicht weiter als die Aufforderung nach Abs. 1 Nrn. 1–3; stellt der Gläubiger nicht alle Fragen, so beschränkt sich die Pflicht entsprechend. Wegen Geheimhaltungspflichten → Rdnr. 2.

8   Zu **Nr. 1** ist die *Höhe* der etwaigen Leistungsbereitschaft anzugeben (»inwieweit«), und zwar, wie aus der Trennung der Nr. 1 von Nrn. 2 und 3 erhellt, auf die Forderung des Schuldners als solche, also unabhängig von Rang und Einziehungsrecht des anfragenden Gläubigers[30]. Daher gilt Nr. 1 trotz Verpfändung[31], während die Mitteilung einer Abtretung der ganzen Forderung auch ohne Angabe der Höhe zugleich die Fragen Nrn. 1 und 2 erledigt, falls andere Prätendenten fehlen; dann kann der etwaige Rückabtretungsanspruch gepfändet werden, womit § 840 den Zessionar trifft. Andererseits folgt aus Wortlaut und Zweck (→ Rdnr. 1) der Nrn. 1 und 2, daß der vom Schuldner nach §§ 850 ff. beanspruchte Teil auch dann (insgesamt) anzugeben ist, wenn man die h. M. → Rdnr. 9 vertritt[32]. Bei wiederkehrenden Ansprüchen oder Ratenvereinbarungen sind daher jeweils tatsächlich auszuzahlenden Beträge zu nennen, also nach Abzug des etwa dem Schuldner nach den §§ 850 ff. Verbleibenden[33]. Nr. 1 gilt auch für *Anderkonten*, falls sie ausdrücklich gepfändet sind[34]. In den Fällen → § 829 Rdnr. 23a ist die Hinterlegungsstelle bzw. der verwahrende Notar anzugeben.

9   Eine nähere *Begründung* oder Aufgliederung für die anerkannte Höhe, eine noch nicht eingetretene Fälligkeit, ein gänzliches oder teilweises Bestreiten oder für etwaige Abzüge gemäß §§ 850 ff. ist nicht nach § 840 geschuldet[35], ebensowenig die Vorlage von Belegen[36]. Es kann allerdings im Interesse des Drittschuldners liegen, Einwendungen wie Aufrechnung oder

---

[23] § 173 Nr. 2 GVGA.
[24] Er muß sie dem Gläubiger ohne Verzug übermitteln, § 173 Nr. 2 GVGA.
[25] BGHZ 79, 275 = LM Nr. 6 = NJW 1981, 990 = MDR 493[44] = BB 1367; *OLG Düsseldorf* WPM 1981, 1148; *Thomas/Putzo*[18] Rdnr. 8 verlangen **Zugang** vor Fristablauf. Aber die ohnehin kurze Überlegungsfrist muß bis zur **Abgabe** zur Verfügung stehen; *AG Frankfurt* SozVersR 1985, 140; *Stöber*[10] Rdnr. 637; *Noack* KKZ 1979, 142; u. wann rechtzeitige Erklärungen an den Gerichtsvollzieher zum Gläubiger gelangen (→ Fn. 23), liegt ohnehin nicht in der Hand des Drittschuldners. – Zur Bedeutung dieses Unterschieds → Rdnr. 24.
[26] Das der Gerichtsvollzieher auch nach Fristablauf aufnehmen kann, aber nicht muß, *LG München II* DGVZ 1976, 187; *AG Würzburg* DGVZ 1977, 78.
[27] *LG München II* (Fn. 26); *LG Wolfratshausen* DGVZ 1976, 175. – A.M. wohl *Baumbach/Hartmann*[52] Rdnr. 8. Aber *AG Würzburg* DGVZ 1977, 78 sagt nicht, ob es die Zeit nach Zustellung meint, die übrige Rsp betrifft nur die JBeitrO → Fn. 28.
[28] Z.B. in den Fällen → Fn. 17; so zu § 6 JBeitrO *OLG Hamm* DGVZ 1977, 188 = JMBl NRW 1978, 102 = Büro 768; auch nicht als Vollziehungsbeamter, *OLG Frankfurt* DGVZ 1978, 157.
[29] § 301 Nr. 2, 5 öst. EO verlangen noch Auskunft über Abhängigkeit von Gegenleistungen u. etwaige Rechtshängigkeit.
[30] RGZ 41, 422, Mot. → Fn. 1; *LAG Hannover* NJW 1974, 768 = KKZ 130: Bezifferung der gepfändeten Forderung in gegenwärtiger Höhe.
[31] Insoweit bedenklich die Begründung *BGH* WPM 1980, 107 = DB 830 (Angabe der Höhe fehlte!). Bezüglich der abgetretenen Rechte war das Auskunftsverlangen in der Tat verfehlt, → bei folgendem Text.
[32] *Mümmler* Büro 1981, 340 meint, der Pfändungsumfang bei Arbeitseinkommen sei nur nach der Gegenansicht → Fn. 35 a. E. anzugeben.
[33] *VG Frankfurt* NJW 1971, 1479, das aber noch mehr verlangte; *Reetz* (Fn. 1), S. 28, → dagegen Fn. 35 f.
[34] Andernfalls wird nur ihr Vorhandensein erwähnt, Nr. 14 der Geschäftsbedingungen NJW 1979, 1441.
[35] *OLG München* NJW 1975, 174 = BB 350 = WPM 210 u. Büro 1976, 972; vgl. auch WPM 1974, 959; *LG Braunschweig* (Fn. 5); *LG Berlin* Rpfleger 1978, 65[69]; *Rixecker* Büro 1982, 1763; *Jonas* JW 1937, 210; *Stöber*[10] Rdnr. 642, 939. – A.M. (Angaben über Lohnaufgliederung, steuer- u. sozialversicherungsrechtliche Abzüge, Einzelheiten zu §§ 850 ff.) *VG Frankfurt* (Fn. 33); *Reetz* (Fn. 1); *Bauer* Büro 1975, 437 ff. (auf Bitte des Gläubigers); *Quardt* BB 1958, 484.
[36] BGHZ 86, 23 = NJW 1983, 688.

Verrechnung³⁷, Einreden³⁸, für die §§ 850ff. erhebliche Umstände³⁹ usw. näher zu bezeichnen, insbesondere bevor er auf negative Feststellung klagt⁴⁰. Die §§ 260f. BGB gelten hier weder unmittelbar noch über § 242 BGB entsprechend⁴¹; anders nur, wenn der Gläubiger mitgepfändete Auskunfts- und Rechenschaftsansprüche des *Schuldners* gegen den Drittschuldner⁴² geltend macht. Auch auf die §§ 138 oder 396f. ist eine Pflicht zur Vollständigkeit über § 840 hinaus nicht zu stützen, denn der Drittschuldner ist nach § 840 weder mit einer Partei noch mit einem Zeugen vergleichbar⁴³.

Diese Enge der Auskunftspflicht beläßt dem Gläubiger besonders bei der Pfändung von Arbeitseinkommen ein beträchtliches Risiko. Das ist aber zur Schonung des Drittschuldners, dessen Haftungsrisiko sich sonst bedeutend erhöhen würde, gesetzlich gewollt (Auskunft durch Schuldner, § 836 Abs. 3!) und darf daher nicht richterlich korrigiert werden⁴⁴. Arbeitgeber sollten zwar freiwillig auf Bitte des Gläubigers dessen mißliche Lage lindern durch weitere Auskünfte und tun dies oft⁴⁵; aber die Haftung nach Abs. 2 S. 2 darf dadurch nicht unzumutbar erweitert werden. **10**

Bei der Pfändung *anderer Vermögensrechte* gebietet die »entsprechende« Anwendung (§ 857 Abs. 1), die Zwecke des § 840 voll zu wahren. Daher sind bei der Pfändung von Anwartschaften, z.B. aus Vorbehaltskauf, bedingter Sicherungsübereignung oder – abtretung, von bedingten schuldrechtlichen Ansprüchen auf Rückübertragung die Bedingungen für den etwaigen Rechtserwerb des Schuldners nach Art und Umfang (z.B. Höhe der Restschuld) anzugeben⁴⁶. **11**

Nach **Nrn. 2 und 3** sind Art und Umfang der einzelnen Rechte (auch bekannte Abtretungen → Rdnr. 8) sowie die Namen und Anschriften der angeblich Berechtigten anzugeben⁴⁷, bei Pfändungen und Vorpfändungen⁴⁸ auch die Höhe der Titelforderungen abzüglich der vom Drittschuldner schon getilgten Beträge (Nr. 3: »wegen welcher Ansprüche«). Wegen Anderkonten → Fn. 34 und § 829 Rdnr. 20. **12**

Alle Angaben sind nach dem Stand zur Zeit der Mitteilung zu machen mit Ausnahme nachrangiger (Nr. 3: »bereits«) Pfändungen⁴⁹. Spätere *Ergänzungen oder Berichtigungen* mit oder ohne Wiederholung der Aufforderung des Gläubigers können die Haftung nach Abs. 2 S. 2 ausschließen oder mindern; ein Anspruch darauf besteht aber nach Abs. 1 grundsätzlich nicht⁵⁰. Hängen jedoch die Höhe der Forderung, ihre Fälligkeit usw. von Umständen ab, die erst nach der Auskunft eintreten (→ z.B. Rdnr. 11), so begründet eine *wiederholte* Aufforderung⁵¹ nach angemessener Zeit insoweit die Pflicht zur Ergänzung⁵². Das Ende wiederkehrender Bezüge muß der Drittschuldner nicht dem Gläubiger mitteilen. **13**

---

³⁷ Hierzu erforderliche Willenserklärungen oder Verwaltungsakte (§§ 51f. SGB) gegenüber dem Gläubiger werden jedoch nicht durch die Auskunft ersetzt, *BSG* MDR 1989, 187.
³⁸ Z.B. Stundung unter Hingabe von Wechseln an Schuldner, *OLG Köln* OLGZ 1966, 561.
³⁹ → § 850c Rdnr. 22 a.E.
⁴⁰ Zur Zulässigkeit → § 829 Rdnr. 118.
⁴¹ *BGH* (Fn. 36); *LAG Frankfurt* BB 1956, 530; a.M. *Linke* (Fn. 1), 296 (womit der Gläubiger gegen den Drittschuldner mehr Rechte hätte als der Schuldner, → auch den folgenden Text).
⁴² Zur Bankauskunft *LG München* WPM 1977, 569; *Gaul* (Fn. 1), 52; zur Lohnabrechnung *LG Marburg* Rpfleger 1994, 309 (bejaht); *LG Mainz* aaO (verneint). Mitgepfändete Auskunftsrechte beschränken sich aber auf die gepfändeten Forderungen.
⁴³ *Gaul* (Fn. 1), 50; → auch Rdnr. 1.
⁴⁴ A.M. *Bauer* (Fn. 35).
⁴⁵ Vgl. *Bauer* (Fn. 35); *Stöber*¹⁰ Rdnr. 939 a.E.
⁴⁶ *Stöber*¹⁰ Rdnr. 1493; *Noack* KKZ 1979, 144; 1981, 26f.

⁴⁷ *LAG Hannover* (Fn. 30), allg.M. Bei Lebensversicherungen z.B. Bezugsberechtigte, *Heilmann* NJW 1950, 135, → § 829 Rdnr. 15.
⁴⁸ Sie sind wegen § 845 Abs. 2, § 930 anzugeben, falls sie nicht früher als 3 Wochen vor der Auskunft zugestellt wurden.
⁴⁹ *Stöber*¹⁰ Rdnr. 644f.
⁵⁰ So trotz vom Gläubiger behaupteter Unrichtigkeit *BGH* (Fn. 36); *OLG Köln* ZIP 1981, 964f. (keine laufenden Angaben über Guthaben); *AG Gelsenkirchen-Buer* DGVZ 1969, 61. Zum Grenzfall *OLG Hamm* DR 1939, 1920 vgl. *AG Nürnberg* MDR 1962, 745. – RGZ 149, 256 ließ dies offen. – Anders bei unvollständiger und unrichtiger Auskunft *Brehm* JZ 1985, 633. Die Frage spielt nur für die Begründung einer Ersatzpflicht eine Rolle.
⁵¹ Sie ist wie → Rdnr. 5 vorzunehmen; a.M. (nur mit nochmaliger Pfändung) *Schalhorn* Büro 1973, 790.
⁵² Wie hier *Stöber*¹⁰ Rdnr. 635; *Rudershausen* (Fn. 1), 127ff.; *Gaul* (Fn. 1), 51 bei Pfändung künftiger Kontokorrentsalden, → dazu § 829 Rdnr. 12.

III. Wirkungen einer Anerkennung gemäß Abs. 1 Nr. 1

14 Die Motive[53] führen nur die *Pflicht zur Auskunft* auf die allgemeine Zeugnispflicht zurück[54], nicht etwa eine Pflicht zur *Anerkennung* ohne Vorbehalte. Also ist die Folgerung, in Nr. 1 könne kein Schuldanerkenntnis gemeint sein, weil das Gesetz dazu nicht zwingen dürfe[55], nicht schlüssig[56]. Vielmehr hat der »zur Leistung Bereite« (Nr. 1) die **Wahl**[57], ob er ein Schuldanerkenntnis erklärt oder seinen Zahlungswillen nur als Tatsache kundgibt, was sich als Absichtserklärung ebenfalls von der typischen Zeugenaussage deutlich abhebt[58]. In *beiden* Fällen können bestimmte Einwendungen und Einreden, auch unsichere, ausdrücklich vorbehalten werden, was in der Diskussion oft vernachlässigt wird. Jedenfalls will und darf der Gläubiger sich auf die Redlichkeit einer Anerkennung verlassen; dies muß nicht nur hinsichtlich der Haftung, Abs. 2 S. 2, sondern schon im Einziehungsprozeß Folgen haben:

15 Ist die Anerkennung als Absichts- bzw. **Wissenserklärung** auszulegen, so treffen den Drittschuldner für darin nicht vorbehaltene rechtshindernde oder -vernichtende Einwendungen bzw. Einreden Beweisnachteile. Die Rechtsprechung geht von einer Umkehr der Beweislast aus, wenn der Drittschuldner die Erklärung widerruft[59]. Die folgerichtige Konsequenz ist, daß auch die Substantiierungslast des Gläubigers im Drittschuldnerprozeß gemindert und nur die Vorlage der Drittschuldnererklärung zur Anspruchsbegründung verlangt wird[60]. Dabei werden aber Beweis- und Substantiierungslast unzulässig mit Gesichtspunkten der Beweiswürdigung vermengt[61]. Der Richter kann zwar regelmäßig aufgrund der Wissenserklärung davon ausgehen, daß die anspruchsbegründenden Tatsachen vorliegen, er darf aber nicht auf einen schlüssigen und substantiierten Vortrag des Klägers verzichten. Der Beweis des Drittschuldners ist Gegenbeweis[62], der darauf gerichtet ist, die Überzeugung des Richters zu erschüttern. Ein **abstraktes Anerkenntnis** nach § 781 BGB wird so gut wie nie in Betracht kommen, weil der Drittschuldner den Gläubiger wohl kaum endgültig sichern will durch Schaffung eines anderen als des gepfändeten Anspruchs[63]. Möglich ist aber ein **schuldbestätigendes Anerkenntnis**; es hätte nach h. M. den Ausschluß bekannter oder auch voraussehbarer[64], in der Auskunft nicht vorbehaltener Einwendungen und Einreden zur Folge[65], nach der Gegenansicht nur ein mit Abs. 2 S. 2 vergleichbares Schadensersatzrisiko[66].

16 Die Meinungen darüber, wie die Anerkennung **im Zweifel auszulegen** sei, hat sich zugunsten der *Wissenserklärung* gewandelt[67], während man früher überwiegend vertragsmäßige,

---

[53] S. 434.
[54] Daß die Erklärung Zeugnis *sei*, ist den Mot. (Fn. 1) nicht zu entnehmen; a. M. *BGHZ* 69, 328 = NJW 1978, 44; *Marburger* (Fn. 1), 9 ff.
[55] So die bei *Marburger* (Fn. 1) zu Fn. 52 Genannten, auch *OLG Köln* ZIP 1981, 964.
[56] Zutreffend *RGZ* 29, 339; *OLG München* → Fn. 69.
[57] *OLG Köln* WPM 1978, 384. Daher ist es entgegen *Linke* (Fn. 1), 294 Fn. 49 nicht »unlogisch«, aufgrund prozessualer Pflicht materiellrechtliche Erklärungen abzugeben.
[58] *RG* (Fn. 5). Vgl. auch *BGHZ* 66, 254 = NJW 1976, 1260 (»Bestätigungserklärung«). Die Begründung des *BGH* (Fn. 54), für Nr. 1 könne die Erklärung schwerlich andere Bedeutung haben als für Nrn. 2 u. 3, überzeugt nicht.
[59] *BGH* (Fn. 54) mit widersprüchlicher Begründung, weil von »Beweiswert« der Erklärung die Rede ist; *Bruns/Peters* § 23 IX 4; *Wieczorek*² Anm. D IV a 2; krit. *Flieger* MDR 1978, 797; *Ebel*, Berichtigung, transactio und Vergleich (1978), 127 f.
[60] So *LAG Berlin* DB 1991, 1336.

[61] Dagegen grundsätzlich *Brehm*, Die Bindung des Richters an den Parteivortrag usw. (1982), 122 ff.
[62] *Baumann/Brehm* ZV² § 20 III 1 B Fn. 63; *Zöller/Stöber*¹⁸ Rdnr. 5; *MünchKommZPO-Smid* Rdnr. 17; wohl auch *Oertmann* (Fn. 1).
[63] *Pohle* AP 54 Nr. 46; *Marburger* (Fn. 1), 9 ff. – A. M. → Fn. 68.
[64] Zur Abgrenzung s. *BGH* LM § 781 BGB Nr. 7 = NJW 1971, 2220 = MDR 837 = JR 1972, 22 (*Zeiss*) u. *BGH* → Fn. 65; *RGZ* 41, 423.
[65] *OLG Köln* (Fn. 57); *OLG München* → Fn. 69 mwN. Der Umfang ist jeweils durch Auslegung zu ermitteln; so bei Anerkennung nach Zession *BGH* (Fn. 64) u. LM Nr. 11 zu § 404 BGB = NJW 1973, 2019. Über die Wirkungen, auch im Vergleich zu § 781 BGB, s. *Crezelius* DB 1977, 154 ff.
[66] *Marburger* (Fn. 1), 14 mwN.
[67] Vgl. *BGH* u. *Marburger* (Fn. 1) 9; *LAG Berlin* DB 1991, 1336; *LG Aachen* ZIP 1981, 787 u. die überwiegende Lit., z. B. *Benöhr* NJW 1976, 174. In Österreich: »außergerichtliches Geständnis«, *Neumann/Lichtblau* u. a. EO⁴, 2179 mwN.

teils abstrakte[68], teils bestätigende[69] Schuldanerkenntnisse annahm. Zumindest die sofortige Anerkennung in der Zustellungsurkunde sollte in der Regel als Wissenserklärung aufgefaßt werden[70]. *Bestätigende Anerkenntnisse* kommen in Betracht, wenn der Drittschuldner Unklarheiten beseitigen oder auf alle Fälle eine Klage vermeiden wollte, → z. B. Rdnr. 18[71] und dies dem Gläubiger ersichtlich war[72], insbesondere aufgrund von Verhandlungen[73] vor der Anerkennung. Im Anwendungsbereich der AO zwingt jedoch der doktrinär gefaßte § 316 Abs. 1 S. 2[74] den zum Schuldanerkenntnis bereiten Drittschuldner, dieses getrennt zu erklären. Stets betrifft die Anerkennung nur die gepfändete Forderung, nicht auch die Wirksamkeit der Pfändung oder Überweisung[75]. Zur Haftung → Rdnr. 21 ff.

Von der Überweisung an unterbricht ein § 208 BGB unterfallendes Verhalten die **Verjährung**, insbesondere durch bestätigendes Anerkenntnis oder Bitte um Stundung; wird diese vom Gläubiger gewährt, so wirkt sie zwar nicht gegen den Schuldner, hemmt aber nach §§ 202, 205 BGB die Verjährung, → § 835 Rdnr. 17 f. Bedenklich ist die Anwendung des § 208 BGB auf eine nur als Wissenserklärung auszulegende Auskunft, da der redliche Drittschuldner ihr nicht entgehen kann und dadurch gegen seinen Willen die Einrede verlöre[76]. 17

Will daher der Drittschuldner ersichtlich eine wegen Verjährung drohende Klage vermeiden, so ist seine Erklärung zu Nr. 1 nicht lediglich als tatsächliche Auskunft sondern als Anerkenntnis auszulegen, denn eine zusätzliche Erklärung nach § 208 BGB zu verlangen wäre kaum zumutbar, auch in den Fällen → Fn. 74. 18

IV. Auskunftsklage

Der Auskunftsanspruch ist **nicht klagbar**[77]. Das folgt nicht aus einer prozessualen (vollstreckungsrechtlichen) oder gar staatsbürgerlichen[78] Einordnung der Pflicht, sondern in erster Linie aus der Überlegung, daß sich der Drittschuldner auf das Notwendigste beschränken kann und der Gläubiger nicht mehr erfährt als durch die Klageerwiderung im Drittschuldnerprozeß. Nur wenn man davon ausgeht, der Drittschuldner habe dem Gläubiger die nötigen Informationen und Beweismittel für eine schlüssige Klagebegründung an die Hand zu geben[79], ist es folgerichtig, von der Klagbarkeit auszugehen. Dabei wird aber übersehen, daß der Gläubiger nach der Entscheidung des Gesetzes erforderliche Auskünfte beim Schuldner einzuholen hat (§ 836 Abs. 3). Auch wer die Klagbarkeit befürwortet, müßte dem Gläubiger aus prozeßtaktischen Gründen von der Auskunftsklage abraten. Denn die Vollstreckung nach 19

---

[68] *KG* OLG Rsp 27, 133 (mit *RG* aaO Fn. 1); wohl auch *RGZ* 41, 421 f.; heute noch *Wieczorek*[2] Anm. D IV a 2; die weitere Rsp u. Lit. bei *Marburger* (Fn. 1) in Fn. 6 lassen z. T. offen, ob »abstrakt« oder »bestätigend«.
[69] *OLG München* NJW 1975, 174 = BB 350 = WPM 210 (zumindest bei Kaufleuten) mwN, *OLG Köln* (Fn. 57); *OLG Braunschweig* NJW 1977, 1888 (L), weitere Nachweise bei *BGH* (Fn. 54). Für Behörden s. aber auch *BGH* MDR 1979, 663[40] = BauR 249 = NJW 1306 (L): Anerkenntnis nur bei ganz eindeutigen Anzeichen anzunehmen (dort zur Abtretung).
[70] Vgl. auch *Stöber*[10] Rdnr. 642.
[71] *OLG München* (Fn. 69) u. *OLG Köln* (Fn. 57). Darin kann die (vom *BGH* → Fn. 54 zu pauschal verneinte) Gegenleistung liegen.
[72] → Fn. 69.
[73] Sie folgen zuweilen einer ersten Auskunft, z. B. auf Nachfrage des Gläubigers, u. schließen ab mit Anerkenntnis, vgl. auch *OLG Köln* (Fn. 57).
[74] »Die Erklärung ... zu Nummer 1 gilt nicht als Schuldanerkenntnis«. Auslegungsregel wäre besser gewesen als Fiktion.

[75] Allg. M., *BAG* Rpfleger 1963, 46[18]. Insoweit ist also eine Prüfung, ob die Geschäftsgrundlage fehle oder weggefallen sei (so *OLG München* → Fn. 69), überflüssig. Zur Geltendmachung von ZV-Mängeln → § 829 Rdnr. 106 ff.
[76] Entgegen Fehlzit. in der Lit. ließ *BGH* LM Nr. 9 zu § 208 BGB (→ § 835 Fn. 43) gerade deshalb diese Frage offen. Wie hier *Marburger* (Fn. 1), 15 mwN; *Schubert* JR 1978, 506.
[77] *BGHZ* 91, 126 = 1984, 673 (zust. *Brehm*) und Anm. *Waldner* JR 1984, 469; *LAG Hamburg* NJW-RR 1986, 744; *MünchKommZPO-Smid* Rdnr. 18; *Stöber*[10] Rdnr. 652; *Baumann/Brehm* ZV[2] § 20 III 1 b; *Brox/Walker* ZV[3] Rdnr. 624; *Waldner* ZZP 96 (1983), 121 ff.; *Schreiber* (Fn. 13); – a. M. *Baur/Stürner*[11] Rdnr. 506; *Rosenberg/Gaul/Schilken*[10] § 55 I 3 b; *Stürner*, Die Aufklärungspflicht der Parteien des Zivilprozesses, 1976, S. 321; *Reetz* (Fn. 1), 140 ff.
[78] So *MünchKommZPO-Smid* Rdnr. 2.
[79] So offenbar *Baur/Stürner*[11] (Fn. 77).

§ 888 ist zeitraubend und zudem umstritten[80]; die Leistungsklage führt schneller zum Erfolg und unterbricht darüber hinaus die Verjährung. Ihr Kostenrisiko ist gerade nach versäumter Erklärung durch die Haftung nach Abs. 2 S. 2 stark gemindert und sie dürfte durch erzwungene Auskünfte selten entbehrlich werden, so daß die zuweilen betonte Kostengünstigkeit des Auskunftsprozesses[81] wenig Gewicht hat.

20 § 316 Abs. 2 S. 3 AO und die darauf verweisenden (oder entsprechende Regelungen enthaltenden) Verwaltungsvollstreckungsgesetze des Bundes (§ 5 Abs. 1) und der Länder sparen das Problem aus durch *Zwangsgeld ohne Urteil*, aber ohne die Haftandrohung des § 334 AO[82].

V. Schadensersatz

21 1. Der gemäß → Rdnr. 4 aufgeforderte *Drittschuldner* haftet dem Gläubiger für den aus *schuldhafter Unterlassung oder Verspätung* der Erklärung erwachsenen **Schaden** ohne Rücksicht auf dessen Vorhersehbarkeit[83]. Ihn trifft auch die *Beweislast* für die Rechtzeitigkeit seiner Auskunft sowie dafür, daß er oder die gemäß § 278 BGB für ihn Handelnden (→ Fn. 6) an einer Unterlassung oder Verspätung nicht schuld seien[84]; wegen unrichtiger Erklärungen → Rdnr. 31. Anspruchsgrundlagen sind § 840 Abs. 2 S. 2, auch § 823 Abs. 2 oder § 826 BGB[85]. § 254 BGB ist anwendbar[86], auch dessen Abs. 2 S. 2 mit § 278 BGB. Der Gläubiger ist nach § 249 BGB so zu stellen, als wäre ihm die Auskunft rechtzeitig erteilt worden[87].

22 a) Die Haftung wird durch den Rahmen begrenzt, den die Pfändung zieht. Sie ist *ausschließlich* auf den Schaden des Gläubigers beschränkt, der durch den Entschluß verursacht ist, die gepfändete Forderung gegen den Drittschuldner geltend zu machen oder davon abzusehen[88]. Dieser Schaden umfaßt zunächst die **Kosten** eines gegen den *Drittschuldner* unnütz geführten **Prozesses**, → Rdnr. 17 vor § 91, soweit sie durch rechtzeitige, zumutbare Erklärung vermieden worden wären. Gleiches gilt für den Ausfall infolge unterlassener Maßnahmen gegen den Drittschuldner[89]. *Nicht* erfaßt werden Schäden, die durch das Unterlassen einer Pfändung aus weiteren Titeln entstanden sind. Eine weitergehende Haftung kann sich aber aus § 826 BGB ergeben[90]. Nicht zu ersetzen sind nach h.M. uneinbringliche Kosten eines erfolgreichen Rechtsstreits gegen den *Schuldner* nach § 926 Abs. 1, den der Arrestgläubiger ganz oder teilweise unterlassen hätte, wenn vom Drittschuldner die als einziges Vermögen des Schuldners gepfändete Forderung oder deren Höhe rechtzeitig bestritten worden wäre[91]. Denn der Arrestschuldner kann nach § 926 den Arrestgläubiger jederzeit zur Geltendmachung der gesamten durch den Arrest gesicherten Forderung zwingen.

---

[80] Treffend *Waldner* ZZP 96 (1983), 121, auch gegen die von *Linke* (Fn. 1), 295 ff. u. *OLG Köln* OLGZ 1979, 115 befürwortete Anwendung des § 261 BGB; → auch bei Fn. 41 (*BGH*). *Wieczorek*² A lehnt trotz Bejahung der Klage § 888 ab.

[81] Vgl. *Linke* (Fn. 1), 292, 297 mwN; *Gaul* (Fn. 1) 53, auch zu § 254.

[82] Zur Erzwingbarkeit der Drittschuldnerauskunft aufgrund der Verwaltungsvollstreckungsgesetze der Länder s. *Henneke* JZ 1987, 751.

[83] Heute ganz h.M.; *BGH* (Fn. 25); ausführlich *OLG Düsseldorf* (Fn. 25); anders noch *Stein*, Festschr. f. Wach I (1913), 7.

[84] *BGH* (Fn. 25) mwN; zust. *Brehm* (Fn. 6); jetzt ganz h.M. – A.M. *OLG Düsseldorf* (Fn. 25), 204, aufgehoben durch *BGH* (Fn. 25).

[85] RGZ 149, 256; RArbG ArbRS 41, 405; *Wieczorek*² Anm. E; BGHZ 98, 291 = JZ 1987, 46 m. Anm. *Brehm* = JR 1987, 195 m. Anm. *Smid*.

[86] *BGH* ZIP 1982, 1482 (Gläubiger verließ sich auf Pfändung von Mietzins aus Untermiete, die jederzeit kündbar war); *OLG Düsseldorf* → Fn. 25 (Unterlassung oder zu späte Vornahme von Maßnahmen zur Kostenminderung). → auch Rdnr. 24. – Hält man die Auskunftsklage für zulässig, so könnte ihre Versäumung Mitverschulden sein, vgl. *Schreiber* (Fn. 13), insbesondere könnten Zahlungsklagen, bevor auf Auskunft geklagt wurde, voreilig sein, so *OLG Hamburg* SA 74 (1919), 133; vgl. auch *OLG Düsseldorf* (Fn. 25). Aus den Gründen → Rdnr. 19 dürfte dies aber zu verneinen sein; vgl. auch *OLG Karlsruhe* (Fn. 10), das sofortige Zahlungsklage nicht beanstandet.

[87] *BGH* (Fn. 54) gegen die Ansicht von *Oertmann* (Fn. 1), 5, der Drittschuldner sei zu behandeln, als bestünde die Schuld; s. auch *RG* JW 1888, 288.

[88] *BGH* (Fn. 85).

[89] *BGH* (Fn. 85); *OLG Düsseldorf* VersR 1991, 424.

[90] *BGH* (Fn. 85).

[91] *BGH* (Fn. 13); zust. die Lit. Zur Kritik an der Entscheidung im einzelnen s. die Vorauflage.

Wird streitig, ob der Gläubiger auch im Falle rechtzeitiger Auskunft geklagt hätte (**Kausali- 23 tät**), so wird man von ihm hierfür nicht vollen Beweis verlangen dürfen[92], denn sonst könnte der Drittschuldner regelmäßig mit dem Einwand durchdringen, er hätte die kürzeste Auskunft (→ Rdnr. 9 f.) erteilt und es bleibe offen, wie der Gläubiger sich danach entschieden hätte.

Klagt der Gläubiger voreilig, so fehlt es entweder schon an der Ursächlichkeit einer 24 Verspätung der Erklärung, in der Regel auch ihrer Unterlassung, oder es gilt zumindest § 254 BGB. Da mit Erklärungen an den Gerichtsvollzieher nach Zustellung gerechnet werden muß (mögen diese auch selten sein), dürfte die Einreichung einer Klage schon am zweiten Tage nach Fristablauf verfrüht sein[93], selbst wenn man den Zugang an den Gläubiger oder Gerichtsvollzieher innerhalb der Frist verlangt, → dazu Fn. 24, 25. Ging jedoch eine ohnehin verspätete Erklärung erst kurz vor Klageeinreichung zu, so kommt es darauf an, ob ein Aufschub der Klage noch zuzumuten war[94].

Erklären *Gläubiger und Drittschuldner* die Hauptsache für erledigt, so kann im Rahmen des 25 § 91a der Kostenschaden von vornherein vermieden werden, da es dann nicht auf ein erledigendes Ereignis ankommt und § 840 Abs. 2 S. 2 eindeutig zeigt, wie das billige Ermessen in solchen Fällen auszuüben ist[95].

Ist allerdings abzusehen, daß noch Beweisaufnahmen nötig werden, z. B. über Schuld oder Mitschuld, so ist dieser Weg kaum zu empfehlen; denn es ist unsicher, ob das Gericht von dem Grundsatz, daß demjenigen, welcher im Prozeß unterlegen wäre, die Kosten auferlegt werden[96], eine Ausnahme machen wird, → § 91a Fn. 69, und die Folgen übereinstimmender Erledigung sind nur durch Vergleich oder Verzicht auf Kostenentscheidung zu beseitigen, → § 91a Rdnr. 19, 25. Gerade deshalb sollte aber u. U. Beweis erhoben werden, wenn die erhebliche Tatsache erst später streitig geworden ist.

Bei – hier leider häufiger – nur *einseitig bleibender Erledigungserklärung* scheidet dieser 26 Weg aus[97]. Der Gläubiger muß dann, weil die früher geübte entsprechende Anwendung des § 93[98] heute nicht mehr für zulässig gehalten wird[99], entweder *seine Klage ändern,* oder die ihm durch Klagerücknahme bzw., falls eine nach § 269 erforderliche Einwilligung versagt wird, durch Klageabweisung entstandenen Kosten mit **neuer Klage** als Schadensersatz verlangen[100]. Dazu zählen uneingeschränkt auch die im arbeitsgerichtlichen Verfahren erwachsenen Anwaltskosten[101]. Für die Klage auf Schadensersatz ist nach h. M. grundsätzlich das

---

[92] *OLG Hamburg* HRR 30 Nr. 1166; *LG Stuttgart* Rpfleger 1990, 265 (»voraussichtlich«). Zur Ursächlichkeit vgl. auch *BGH* WPM 1962, 526.
[93] A. M. *BGH, OLG Düsseldorf* (Fn. 25).
[94] Vgl. *OLG Karlsruhe* (Fn. 10): dort Mitschuld verneint. – auch § 788 Fn. 226 zur Frage, ob der Gläubiger seinen Anwalt nach Erteilung des Klageauftrags rasch benachrichtigen muß, wenn ihm dann noch die verspätete Erklärung zugeht.
[95] *OLG Köln* Büro 1980, 466; *Linke* (Fn. 1), 301; *E. Schneider* MDR 1981, 361. Vorteil: man entgeht in Grenzfällen wie → Fn. 93 dem »Alles-oder-Nichts-Prinzip« auch über § 254 BGB hinaus.
[96] → § 91 a Rdnr. 29; *BGH* LM Nr. 13 zu § 176 = MDR 1981, 126²⁵ = Büro 209. *LAG Hamm* MDR 1982, 695¹²⁵ hat deshalb § 840 nicht im Rahmen des § 91 a berücksichtigt.
[97] → § 91 a Rdnr. 11, 42. Wie dort *BGH* II.ZS (auch nicht wegen Rechtsmißbrauchs, so aber *Olzen* JR 1981, 247 f., oder widersprüchlichen Verhaltens) LM Nr. 5 = Büro 1979, 1640 = MDR 1000 = WPM 1128 = Rpfleger 412 (L); ebenso VIII.ZS (Fn. 25); *Linke* (Fn. 1), 301 f.
[98] → § 91 a Fn. 75 u. 19. Aufl. § 840 Fn. 28 mwN.

ferner *OLG Karlsruhe* (Fn. 10, durch *BGH* → Fn. 25 zu einem Feststellungsurteil abgeändert); *Wieczorek*² E IV; *Rudershausen* (Fn. 1), 25 ff. u. gegen *BGH* → Fn. 99 noch *Baumbach/Hartmann*⁵² Rdnr. 19.
[99] *BGH* (Fn. 25) a. E. sowie WPM 1981, 387 mit dem richtigen Hinweis, daß mehr zur Entscheidung stünde als nur die Veranlassung zur Klage, – z. B. Rdnr. 21 (zu § 254 BGB).
[100] Daß die anderen Wege offenstanden, beseitigt nicht das Rechtsschutzbedürfnis, *BGH* (Fn. 97); a. M. *Wieczorek*² (Fn. 98).
[101] *BAG* NJW 1990, 2643 = EzA Nr. 3 zu § 840 (zust. *Schilken* mwN); *OLG Koblenz* ZIP 1991, 101; *LG Köln* NJW-RR 1990, 125; *LG Rottweil* NJW-RR 1989, 1469; *Grunsky* ArbGG⁴ § 12 a Rdnr. mwN; *Thomas/Putzo*¹⁸ Rdnr. 18; *Zöller/Stöber*¹⁸ Rdnr. 14; *Behr* Rpfleger 1990, 244; *Becker-Eberhard*, Grundlagen der Kostenerstattung bei der Verfolgung zivilrechtlicher Ansprüche, 1985, S. 194 ff.; *Loritz*, Die Konkurrenz materiellrechtlicher und prozessualer Kostenerstattung, 1981, S. 68 f.; a. M. noch *BAGE* 24, 486 = NJW 1973, 1061 unter Berufung auf § 61 Abs. 1 S. 1 ArbGG aF (jetzt § 12 a); *LG Saarbrücken* NJW-RR 1989, 62.

ordentliche Gericht zuständig, ausnahmsweise das ArbG, wenn die erhobene Auskunftsklage auf Schadensersatz umgestellt wird[102].

27 Wählt der Gläubiger die in solchen Fällen stets sachdienliche[103] **Klageänderung**, was auch hilfsweise geschehen kann, so muß er nach h. M. den neuen Antrag entweder beziffern[104] oder Feststellung der Ersatzpflicht beantragen[105], verbunden mit dem weiteren Antrag[106], dem Beklagten die *gesamten* Kosten des Verfahrens aufzuerlegen[107], was je nach dem Ergebnis der zugleich einzubeziehenden Entscheidung über § 254 BGB ganz oder anteilig zu geschehen hat. Ein nach einseitiger Erledigungserklärung gestellter (unbezifferter) Antrag, die Erledigung festzustellen und den Drittschuldner nach § 840 zur Tragung der Verfahrenskosten zu verurteilen, kann als Feststellungsantrag ausgelegt werden[108].

28 Eine **Aufrechnung** mit dem Ersatzanspruch gegen die Kostenforderung[109] hilft nicht, soweit der Schaden höher ist als diese[110]; außerdem könnte darüber weder im anhängigen Prozeß (→ § 104 Rdnr. 15) noch im Festsetzungsverfahren streitig entschieden werden, so daß doch ein neuer Prozeß (§ 767) nötig wäre, → § 104 Rdnr. 13 ff.

Das Interesse an alsbaldiger Feststellung (§ 256) besteht allerdings nur, wenn eine spätere Leistungsklage sich erübrigt, wenn also für die anschließende Kostenentscheidung, obwohl sie teilweise auf materiellem Recht beruht → Fn. 106, ausnahmsweise die **Festsetzung** gemäß §§ 103 ff. zugelassen wird[111].

29 b) Ersatzfähig sind ferner den Gläubiger treffende **Kosten**: wenn er den säumigen Drittschuldner nach Fristablauf erneut auffordert[112] oder mangels fristgemäßer Auskunft vorsorglich weiter pfändet und der Schuldner deshalb nach § 803 Abs. 1 S. 2 in einem Erinnerungsverfahren obsiegt[113].

30 c) Ein durch Verschweigen oder zu späte Auskunft verursachter **Verlust von Befriedigungsaussichten** ist zu ersetzen, wenn der Gläubiger weitere *Vollstreckungsmaßnahmen aufgrund seines Titels gegen den Schuldner versäumt*, deren Vornahme vor Fristablauf Erlöse erbracht hätte[114], oder wenn er – durch das Verhalten des Drittschuldners irregeführt – den überwiesenen Anspruch, der bei rechtzeitiger Auskunft noch eintreibbar gewesen wäre, nicht weiter verfolgte[115]. Zur Ursächlichkeit → Rdnr. 23.

---

[102] LAG Köln AnwBl. 1990, 277; vgl. auch BAG NZA 1985, 289, wo die Zuständigkeit der Arbeitsgerichte für Klagen auf Auskunftserteilung verneint wird.
[103] BGH (Fn. 25).
[104] BGH (Fn. 97) u. WPM 1981, 387 mwN. → aber Fn. 111 a. E. – In Prozeßvergleichen kann der Kostenbetrag offenbleiben → § 794 Rdnr. 35; wegen notarieller Urkunden → § 794 Rdnr. 88 Fn. 521.
[105] So wegen Berechnungsproblemen BGH (Fn. 99); Sieg DRiZ 1952, 26; Linke (Fn. 1), 305; Rudershausen (Fn. 1), 35 ff; OLG Düsseldorf NJW-RR 1988, 574.
[106] Da solche Kostenentscheidungen hinsichtlich des *ursprünglichen* Klageantrags nicht auf § 91 sondern materiell auf § 840 beruhen, BGH WPM 1981, 388 a. E., ist der Antrag nötig; ohne ihn müßten nach § 308 Abs. 2 diese Kosten nach § 91 (vgl. E. Schneider MDR 1981, 356; Olzen → Fn. 97) oder § 269 Abs. 3 S. 2 dem Kläger auferlegt werden; vgl. auch Linke (Fn. 1), 305.
[107] So tenorierte BGH WPM 1981, 386 *neben* dem feststellenden Ausspruch; zust. Olzen (Fn. 97), während Linke (Fn. 1), 306 u. Sieg (Fn. 105) den Tenor auf die Kostentragung beschränken will, was noch deutlicher offenbaren würde, daß es in Wahrheit um ein unbeziffertes Leistungsurteil geht → Fn. 111 a. E.
[108] BGH WPM 1981, 387 f. (VIII. ZS); der II. ZS (Fn. 97) erwog dies nicht u. wies ab; OLG Düsseldorf (Fn. 25) sah sich an o. g. Auslegung gehindert durch einen zusätzlichen, bezifferten Antrag.

[109] So Baumbach/Hartmann[52] Rdnr. 17.
[110] Z. B. wegen der Gerichtskosten, vgl. Linke (Fn. 1), 299; BGH (Fn. 25).
[111] Richtig Olzen (Fn. 97); Sieg (Fn. 105). Daher ist BGH (Fn. 105) wohl auch so zu verstehen, was aber wegen der Abweichung von nach h. M. geltenden Grundsatz → § 103 Rdnr. 1 Fn. 3 besser im Urteil klargestellt werden sollte. Entgegen E. Schneider (Fn. 106) verstößt das nicht gegen Art. 101 Abs. 2 S. 2 GG, denn der Richter entscheidet hier voll über Ansprüche, deren Betrag er ausdrücklich identifiziert mit dem, was nach §§ 91, 103 ohnehin festzusetzen wäre. Die zusätzlich nötige, »gemischte« Kostenentscheidung wirkt dann aber doch als unbeziffertes Leistungsurteil (wie es eigentlich jede Kostenentscheidung ist, auch durch § 103 gedeckt); wäre es dann nicht gleichwertig u. sogar aufrichtiger, von vornherein ein unbeziffertes Leistungsurteil zuzulassen mit dem Zusatz im Tenor, daß der Betrag nach § 104 festzusetzen sei u. zugleich die vom Beklagten zu tragenden Prozeßkosten abdecke?
[112] AG Offenbach AnwBl. 1981, 115: Anwaltskosten, → auch Rdnr. 35.
[113] Obiter BGH (Fn. 3).
[114] BGH (Fn. 54).
[115] RArbG (Fn. 85).

d) § 840 verlangt wahrhaftige Angaben. Die Haftung tritt daher auch wegen schuldhaft **falsch oder unvollständig** abgegebener Erklärungen ein[116], z.B. voreiliger Anerkenntnisse, die von weiterer Vollstreckung abhalten (→ Rdnr. 1 zum Auskunftszweck); ebenso unrichtige Angaben über den Grund eines Bestreitens, falls sie ursächlich werden (→ Rdnr. 23) für die Unterlassung einer an sich begründeten Klage. Eine Schadensersatzpflicht besteht aber nicht wegen mangelhafter Drittschuldnerauskunft, wenn die Pfändung wegen nachträglicher Ereignisse ins Leere geht[117]. Der sachliche *Schutzbereich* der Haftungsnorm wird zudem begrenzt durch den Zweck der Auskunftspflicht. Daher sind Schäden, die zwar im Vertrauen auf eine fehlerhafte Auskunft, aber nicht in Bezug auf den titulierten Anspruch entstehen, *nicht* nach Abs. 2 S. 2 zu ersetzen[118]. Der Drittschuldner muß auch nicht die unrichtige Erklärung als wahr gelten lassen, → Fn. 87. Klagt der Gläubiger gegen den Drittschuldner auf Zahlung, obwohl dieser eine negative Auskunft hinsichtlich der Ansprüche des Schuldners erteilt hat, so steht dem Gläubiger kein Schadensersatzanspruch wegen der Prozeßkosten gegen den Drittschuldner zu, wenn er die Auskunft schließlich als richtig akzeptiert[119].

Die *Darlegungs- und Beweislast* trifft für die Unrichtigkeit den Gläubiger[120], für die Schuldfrage den Drittschuldner, → Rdnr. 21. 31

2. Läßt der Drittschuldner eine unmittelbare **formlose Anfrage** des Gläubigers oder eine durch die Post zugestellte Aufforderung unbeantwortet, so scheidet Abs. 2 S. 2 als Anspruchsgrundlage aus; er gibt dann allerdings Veranlassung zur Leistungsklage, § 93[121]. Erklärt er sich jedoch auf solche oder aus anderen Gründen unberechtigte Anfragen (→ Fn. 15, Rdnr. 9 f., 13) schuldhaft falsch oder unvollständig, so muß er Ersatz leisten; denn er hat den Anschein erweckt, trotz Formmangel dem § 840 genügen zu wollen[122]. 32

3. Für die Schadensersatzklage sind die **ordentlichen Gerichte** auch dann **zuständig**, wenn für die gepfändete Forderung die Gerichte für Arbeitssachen ausschließlich zuständig sind[123]. Die Gerichte für Arbeitssachen sind nach § 2 Abs. 3 ArbGG zuständig, wenn nach einer Lohnpfändung mit der Leistungsklage hilfsweise ein Schadensersatzanspruch geltend gemacht oder der Klageantrag auf Schadensersatz umgestellt wird[124]. 33

VI. Beseitigung der Erklärungsfolgen

Die Auskunft kann, soweit sie nicht Willenserklärung ist (→ Rdnr. 1, 14 ff.), *widerrufen* werden[125]; andernfalls unterliegt sie der *Anfechtung* nach §§ 119 ff. BGB[126] oder der *Kondiktion*[127]. Eine Beseitigung oder Kondiktion der Erklärung schließt jedoch, außer in den Fällen 34

---

[116] *RG* (Fn. 85) u. HRR 32 Nr. 1794; *BGH* (Fn. 54). Zum Begriff »unrichtig« s. *OLG Hamm* (Fn. 50); *OLG München* Büro 1976, 968; *OLG Köln* OLGZ 1966, 561; *LG Braunschweig* (Fn. 5); *LAG Mannheim* (Fn. 18).
[117] *LAG Hamm* BB 1990, 2341.
[118] *LG Detmold* ZIP 1980, 1081 (Gläubiger gab Schuldner weiteren Kredit).
[119] *OLG Hamm* MDR 1987, 770.
[120] Siehe aber *BGH* (Fn. 36) zur Last des Drittschuldners, substantiiert zu bestreiten, wenn der Gläubiger Anhaltspunkte für eine Unrichtigkeit schlüssig vorträgt; dazu *Brehm* (Fn. 6).
[121] A.M. *Wieczorek*² Anm. B IV c.
[122] *OLG Hamm* (Fn. 50); *RG* (Fn. 85); *Stöber*¹⁰ Rdnr. 653. Es geht hier wohl um analoge Anwendung des Abs. 2 S. 2, *Gaul* (Fn. 1) 45, gegebenenfalls um vertragliche Haftung → Fn. 15 a. E. *A.Blomeyer* ZwVR § 55 IV 2 nimmt bei formlosen Anfragen Verzicht auf Zustellung an. – A.M. *RG* (Fn. 17); *LG Tübingen* (Fn. 19); nur nach §§ 823 ff. BGB: *Wieczorek*² Anm. B IV c, E; *Zöller/Stöber*¹⁸ Rdnr. 12. *BGH* (Fn. 92) ließ dies offen.

[123] *BAG* NZA 1985, 289 obiter Schuschke Rdnr. 14; anders noch *BAGE* 10, 39 und MünchKommZPO-*Smid* Rdnr. 39.
[124] *LG Köln* (Fn. 101); *Grunsky* ArbGG⁵ § 2 Rdnr. 144; *Schuschke* Rdnr. 14.
[125] *BGH* (Fn. 54); *Marburger* (Fn. 1), 15; *Wieczorek*² Anm. D IV a 2.
[126] Das Nichtbestehen der Forderung wird aber in der Regel nur unbeachtlicher Motivirrtum sein, vgl. *KG* mit *RG* (Fn. 68); *Marburger* (Fn. 1), 8 mwN, besonders wenn der Anerkennende selbst die Rechtslage für zweifelhaft hielt, *v.Tuhr* Allg. Teil II 2, 266. Auch als reine Absichts- bzw. Bestätigungserklärung (→ Rdnr. 14 Fn. 58) wäre die Auskunft analog §§ 119 ff. BGB anfechtbar, *v.Tuhr* aaO II 1, 112; jedoch ist Anfechtung unnötig, wenn der Drittschuldner beweist, daß seine Bestätigung unrichtig war, *BGH* (Fn. 58).
[127] *RArbG* ArbRS 36, 103. Daß noch Einwendungen entgegenstehen, ist freilich kein ausreichender Kondiktionsgrund, *v.Tuhr* (Fn. 126), 267; *Marburger* (Fn. 1), 8 f. mwN. Ob bestätigende Anerkenntnisse einer Korrektur

des § 123 BGB, für schon vorher angelegte Schäden die Haftung nach Abs. 2 S. 2 oder nach § 122 BGB nicht aus[128], und die Beweisnachteile → Fn. 56 werden auch nicht durch Widerruf ausgeräumt[129]. Nehmen aber Gläubiger und Drittschuldner im Falle von Verhandlungen übereinstimmend eine erhebliche Tatsache an, die in Wahrheit nicht gegeben ist, so kommt eine Analogie zu § 779 BGB in Betracht, wenn gerade solche Übereinstimmung den Drittschuldner davon abhielt, sich gewisse Einwendungen vorzubehalten[130].

35 **VII.** Wegen der **Gebühren** des *Gerichtsvollziehers* s. §§ 16 Abs. 3, 36 Abs. 1 Nr. 5 und Abs. 2, 37 GVKG. – Nach §§ 57f. BRAGO gehören für den *Anwalt des Gläubigers* die Aufforderungen → Rdnr. 4 noch zur Zwangsvollstreckung[131], nicht mehr die Aufforderung zur Leistung[132] oder die Androhung einer Auskunftsklage[133]. Der *Anwalt des Drittschuldners* erhält, wenn er die Auskunft erteilt, seine Gebühr nicht nach § 57 BRAGO, sondern nach § 118 (bei einfachen Schreiben nach § 120) BRAGO[134].

Der Drittschuldner kann die **Kosten der Drittschuldnererklärung** nicht vom Gläubiger verlangen[135]. Von praktischer Bedeutung ist die Frage vor allem für die Kosten eines Anwalts, den der Drittschuldner einschaltet. Eine Kostentragung des Gläubigers kommt nicht in Betracht, wenn der Anwalt beauftragt wurde, den rechtlichen Bestand der Forderung oder den Umfang der Auskunftspflicht zu klären, weil der Anwalt in diesen Fällen nicht im Interesse des Gläubigers tätig war. Eine analoge Anwendung des § 670 BGB scheidet ebenso aus wie die Anwendung der § 261 Abs. 3, § 811 BGB. – Im Verhältnis des *Gläubigers zum Schuldner* gilt § 788[136].

§ 841 [Pflicht zur Streitverkündung]

Der Gläubiger, der die Forderung einklagt, ist verpflichtet, dem Schuldner gerichtlich den Streit zu verkünden, sofern nicht eine Zustellung im Ausland oder eine öffentliche Zustellung erforderlich wird.

Gesetzesgeschichte: Bis 1900 § 740 CPO.

1 **I.** Die **Pflicht zur Streitverkündung** nach § 841 besteht, wenn der Gläubiger, sei es aufgrund der Pfändung, sei es aufgrund der Überweisung zur Einziehung oder an Zahlungs Statt[1], gegen den Drittschuldner auf Verurteilung zur Leistung, Hinterlegung oder auf Feststellung klagt[2]; denn eine dem Gläubiger nachteilige Entscheidung berührt auch die Interessen des

---

durch § 812 BGB unterliegen, ist umstritten, s. *Marburger* aaO; *Zeiss* AcP 164 (1964), 76f. Sie ist aber unnötig, weil schon die Auslegung ergibt, welche Einwendungen u. Einreden unter welchen Umständen noch erhoben werden können, vgl. *Crezelius* (Fn. 65) mwN, auch zur Beweislast.
[128] *Wieczorek* (Fn. 125).
[129] *BGH* (Fn. 54); *Marburger* (Fn. 1), 15; vgl. auch *Wieczorek* (Fn. 125): »Aufklärungslast«.
[130] Vgl. *v. Tuhr* (Fn. 126), 268f.
[131] *Hartmann* Kostengesetze[21] § 58 BRAGO 2 A mwN; *Zöller/Stöber*[18] Rdnr. 17.
[132] *Hartmann* (Fn. 131) § 57 BRAGO 2 A d mwN.
[133] Ist der Anwalt schon beauftragt, notfalls die Auskunftsklage zu erheben, so gilt § 32 statt § 120 BRAGO, *LG Berlin* Büro 1981, 1528.
[134] *Schumann/Geißinger* BRAGO[2] § 118 Rdnr. 119;

Gerold/Schmidt[7] § 57 Rdnr. 25; *Stöber*[10] Rdnr. 864; *Mümmler* Büro 1977, 1520; ausführlich *Olschewski* MDR 1974, 714. – A.M. (§ 57 BRAGO) *Hartmann* (Fn. 132) u. die 19. Aufl. Fn. 41.
[135] *BAG* JZ 1985, 628 (zust. *Brehm*) = NJW 523; offengelassen bei *BGH* JZ 1985, 629; *Zöller/Stöber*[18] Rdnr. 11; *Petersen* BB 1986, 188. – A.M. die 20. Aufl. mwN in Fn. 127; MünchKommZPO-*Smid* Rdnr. 8; *Eckert* MDR 1986, 799 (§ 670 BGB analog); *Thomas/Putzo*[18] Rdnr. 12.
[136] Allg. M. Anwaltskosten des Drittschuldners aber wohl nur, wenn der Gläubiger dazu verurteilt ist (Rechtsmitteleinlegung wird man ihm aber kaum zumuten dürfen).

[1] *Stöber*[10] Rdnr. 660.
[2] *OLG Karlsruhe* BadRPr 10, 14. Zur Klage → §§ 829 Rdnr. 85, 835 Rdnr. 21 ff.

Schuldners³. Die *Pflicht* (nicht das Recht zur Streitverkündung) entfällt, wenn Zustellung im Ausland⁴ oder öffentliche Zustellung erforderlich wäre. Zum Verfahren s. §§ 72 ff. Verklagt der *Schuldner* den Drittschuldner, so gilt § 841 *nicht* entsprechend für eine Streitverkündung gegenüber dem Gläubiger.

II. Hat die Streitverkündung **stattgefunden**, so bestimmt sich ihre **Wirkung** gegenüber dem Schuldner nach §§ 74 und 68, mag er sich am Prozeß beteiligen oder nicht. Tritt er als Streitgehilfe bei, so gilt § 69 nicht, denn das Urteil bewirkt keine Rechtskraft zwischen Schuldner und Drittschuldner, → § 829 Rdnr. 100. Im Fall des § 850 h kann der Schuldner auch dem Drittschuldner beitreten⁵. 2

III. **Unterbleibt** die Streitverkündung, obwohl die Pflicht dazu bestand, und unterliegt der Gläubiger gegen den Drittschuldner, so hat der Schuldner, gegen den nun anderweitig vollstreckt wird, einen *Schadensersatzanspruch gegen den Gläubiger* wegen mangelhafter Prozeßführung, → § 68 Rdnr. 6 ff., sofern nicht der Gläubiger nachweist, daß der Prozeß auch trotz der Streitverkündung verloren worden wäre. Hinsichtlich des Bestehens der Forderung muß der Schuldner nicht mehr nachweisen, als er damals gegenüber dem Drittschuldner hätte beweisen müssen⁶. Inzwischen verlorengegangene Beweismittel gehen aber zu Lasten des Gläubigers. Rechnet der Schuldner mit dem Ersatzanspruch auf, muß er nach § 767 klagen. 3

Nach *Überweisung an Zahlungs Statt* hat der Schuldner nur die Klage nach § 767 mit der Begründung, daß die eingeklagte Forderung dennoch bestehe, → § 835 Rdnr. 45. 4

Der *Drittschuldner* kann aus der Unterlassung der Streitverkündung keine Einwendung für sich ableiten⁷.

§ 842 [Schadensersatz bei verzögerter Beitreibung]

Der Gläubiger, der die Beitreibung einer ihm zur Einziehung überwiesenen Forderung verzögert, haftet dem Schuldner für den daraus entstehenden Schaden.

Gesetzesgeschichte: Bis 1900 § 741 CPO.

I. Ist dem Gläubiger die Forderung zur Einziehung überwiesen, so haftet er dem Schuldner für den durch die **Verzögerung der Beitreibung** entstehenden Schaden. Verzögerung ist der schuldhafte¹, d. h. sachlich unangemessene und vermeidbare Aufschub². Beitreibung bedeutet sowohl außergerichtliche Einziehung wie Klage und Zwangsvollstreckung, → § 835 V. Der Schuldner kann aber nicht wegen der Verzögerung die Aufhebung des Pfändungs- und Überweisungsbeschlusses verlangen. Ein mitwirkendes Verschulden des Schuldners wird nach § 254 BGB berücksichtigt, sofern er selbst klagen konnte und durch die Nichterhebung der Klage zu Schaden gekommen ist³. 1

---

³ *BGH* JR 1978, 504 = WPM 633; *BAG* → § 829 Fn. 302. – Nach § 316 Abs. 3 AO gelten die §§ 841–843 entsprechend.
⁴ Auch im Bereich des EuGVÜ oder bilateraler Abkommen, denn die Ermöglichung oder Erleichterung der Streitverkündung im Ausland (vgl. z. B. EuGVÜProt. Art. V Abs. 1 S. 2 → Einl. Rdnr. 920) bedeutet noch keine Änderung des § 841. – A.M. *Wieczorek*² Anm. A.
⁵ *LAG BadWürtt* AP Nr. 3 zu § 850 h; *Stöber*¹⁰ Rdnr. 662.
⁶ In der Regel also nur, daß die Forderung einmal entstanden war, → § 282 IV 2. – A.M. *Wieczorek*² Anm. A II a.

⁷ *OLG Karlsruhe* WPM 1980, 350 mwN.
¹ Allg. M.
² Z.B. durch Stundung oder Ratenzahlungsvergleich → § 835 Rdnr. 18.
³ *LAG Hamm* DB 1988, 1703. Man wird jedoch nicht bei jedem Zögern des Gläubigers sogleich dem Schuldner die Klage gegen den Drittschuldner (→ § 829 Rdnr. 90, § 835 Rdnr. 33) zumuten dürfen, vor allem nicht, wenn der Gläubiger bereits einen Titel gegen den Drittschuldner hat.

2 II. War die Forderung *an Zahlungs Statt* überwiesen, so trägt der Gläubiger die Folgen verzögerter Geltendmachung selbst, → § 835 Rdnr. 42.

§ 843   [Verzicht des Pfandgläubigers]

¹Der Gläubiger kann auf die durch Pfändung und Überweisung zur Einziehung erworbenen Rechte unbeschadet seines Anspruchs verzichten. ²Die Verzichtleistung erfolgt durch eine dem Schuldner zuzustellende Erklärung. ³Die Erklärung ist auch dem Drittschuldner zuzustellen.

Gesetzesgeschichte: Bis 1900 § 742 CPO.

1 I. § 843 gestattet dem **Gläubiger**, der in andere Gegenstände vollstrecken will, auf die durch die Pfändung und Überweisung zur Einziehung erworbenen Rechte zu **verzichten**. Da sonst nur Vollstreckungsorgane Pfändungswirkungen vorzeitig aufheben können (→ § 803 Rdnr. 11 ff.), bedurfte diese Ausnahme gesetzlicher Regelung; sie gilt entsprechend nach § 316 Abs. 3 AO. Der Verzicht auf die durch Pfändung erworbenen Rechte schließt den auf die Einziehungsbefugnis mit ein[1]. (Teil-)Verzichte *nur* auf das Einziehungsrecht oder (Teil-)Ermächtigungen des Schuldners zur Ausübung des Einziehungsrechts sind in § 843 nicht gemeint, widersprechen aber nicht dem Gesetz[2]; allerdings müssen sie dann als unwirksam betrachtet werden, wenn der Gläubiger damit nur § 842 umgehen will, und haben wohl nur in den Fällen der vereinbarten Aufteilung fortlaufender Bezüge → § 832 Rdnr. 8 ff. praktische Bedeutung[3]. – Der Übergang von der Überweisung zur Einziehung zu derjenigen an Zahlungs Statt (§ 835 Rdnr. 7) ist kein Verzicht.

2 Für »Rangvereinbarungen« unter Pfändungsgläubigern (→ § 804 Rdnr. 38 Fn. 156, § 832 Rdnr. 8 f.) gilt § 843 nicht[4]. Auch materiell-rechtliche Verzichtserklärungen[5] und Erlaßverträge nach § 397 BGB[6] sind von § 843 zu unterscheiden; sie sind zulässig[7], lassen aber die Pfändung bis zum völligen Untergang der gepfändeten Forderung (→ § 803 Rdnr. 23) ebenso unberührt wie der Verzicht nur auf das Einziehungsrecht → Rdnr. 1.

3 Für die *Kosten* der aufgegebenen Pfändung gilt § 788[8]; → auch § 835 Rdnr. 29.

4 II. Der Verzicht muß **dem Schuldner**[9] erklärt werden. Die in S. 2 vorgeschriebene Zustellung (im Parteibetrieb, → II 3 vor § 166) ist für die Wirksamkeit nach h. M. nur vorbehaltlich des § 295 Abs. 1 wesentlich[10] oder sogar entbehrlich[11]. Beide Ansichten sind bedenklich wegen der Unsicherheit für die Beteiligten, besonders für den Drittschuldner[12], den das Gesetz ohnehin benachteiligt, indem es anders als bei der Pfändung, welche erst mit Zustellung an den Drittschuldner wirksam ist, den Verzicht schon mit der Erklärung an den

---

[1] Er ist somit Aufgabe prozessualer wie materieller Rechte (→ § 804 III, § 835 Rdnr. 26); da er regelmäßig dazu dient, den Verfahrensweg für aussichtsreichere Pfändungen freizumachen (vgl. § 803 Abs. 1 S. 2), dürfte die prozessuale Wirkung als die primäre anzusehen sein, weshalb der Verzicht Prozeßhandlung ist (→ vor § 128 Rdnr. 257); h. M.

[2] H.M. *Dieser* Verzicht dürfte allerdings kaum Prozeßhandlung, eher Rechtsgeschäft sein, → Rdnr. 2. – Zu einem Teilverzicht → § 832 Rdnr. 8 f. u. Fn. 30. Dazu → noch § 850 e Rdnr. 76, 81.

[3] → dort auch über ihr Verhältnis zu Nachpfändungen.

[4] *RG* JW 1913, 885[25].

[5] *BAG* AP Nr. 1 zu § 776 = DB 1963, 420 (L); → auch Fn. 2 u. vgl. *BGH* NJW 1983, 886 f.

[6] *LAG Berlin* AP Nr. 1 zu § 843.

[7] Vgl. auch *RG* JW 1935, 3541[12]; *Baumbach/Hartmann*[52] Rdnr. 3.

[8] Vgl. *RGZ* 15, 409; *Stöber*[10] Rdnr. 683.

[9] Nach § 311 Abs. 2 der österr. EO dem Gericht, vgl. *Neumann/Lichtblau* (1976), 2242 f.

[10] So *RGZ* 139, 175 f.; *Wieczorek*[2] Anm. B I. Daher wirkt der formlose Zugang nur, wenn der Schuldner zumindest stillschweigend auf die Zustellung verzichtet.

[11] *BGH* NJW 1983, 886 f., NJW 1986, 977 f.; MünchKommZPO-*Smid* Rdnr. 3.

[12] Weniger wegen der öffentlich-rechtlichen Natur des Pfändungspfandrechts. Wie hier *Thomas/Putzo*[18] Rdnr. 1; *Brehm* JZ 1983, 649.

Schuldner wirksam sein läßt, während die Zustellung an den Drittschuldner nur Mitteilung ist[13].

Mit dem Verzicht entfallen die **Wirkungen** der Pfändung und Überweisung von selbst. Einer Aufhebung der Beschlüsse bedarf es nicht; sie kann aber schon wegen § 836 Abs. 2 verlangt werden, denn die Gültigkeit von Beschlüssen ist sicherer als die privater Erklärungen, zumal § 843 S. 3 nicht vorschreibt, daß dem Drittschuldner auch ein Nachweis der Zustellung an den Schuldner zugestellt wird[14]. 5

Wird der Verzicht nach Erhebung der Klage gegen den Drittschuldner erklärt, so gilt § 265, da das materielle Einziehungsrecht und die Prozeßführungsbefugnis auf den Schuldner zurückfallen → § 835 Rdnr. 23–26[15]. Etwaige Schadensersatzansprüche nach § 842 aus der Zeit vor dem Verzicht bleiben unberührt. 6

III. Eine gegenüber Schuldner oder Drittschuldner eingegangene unbedingte **Verpflichtung zum Verzicht** berührt den zu vollstreckenden Anspruch ebensowenig wie der Verzicht selbst, wie S. 1 klarstellt; sie kann daher vom *Schuldner* nicht nach § 767[16], sondern nur nach §§ 766, 775 f. geltend gemacht werden. Nur für den *Drittschuldner* ist der ihm versprochene Verzicht eine Einrede gegen das Einziehungsrecht und damit auch gegen den ihm gegenüber zu vollstreckenden Anspruch; folglich kann *er* sie im Einziehungsprozeß oder nach § 767 geltend machen. Ist die Pflicht noch an Bedingungen geknüpft, so kommt nur eine Klage auf Abgabe des Verzichts (§ 894) in Betracht, → § 766 Rdnr. 22. – Zur Frage, ob der Drittschuldner negative Feststellungsklage gegen den Gläubiger erheben darf, ohne ihn vorher zum Verzicht aufgefordert zu haben, → § 829 Rdnr. 118. 7

IV. Der Verzicht eines von mehreren Gläubigern kommt nicht dem Schuldner, sondern dem Nachrangigen zugute[17] → auch § 850e Rdnr. 76–78, 81.

§ 844 [Andere Art der Verwertung]

(1) Ist die gepfändete Forderung bedingt oder betagt oder ist ihre Einziehung wegen der Abhängigkeit von einer Gegenleistung oder aus anderen Gründen mit Schwierigkeiten verbunden, so kann das Gericht auf Antrag an Stelle der Überweisung eine andere Art der Verwertung anordnen.

(2) Vor dem Beschluß, durch welchen dem Antrag stattgegeben wird, ist der Gegner zu hören, sofern nicht eine Zustellung im Ausland oder eine öffentliche Zustellung erforderlich wird.

Gesetzesgeschichte: Bis 1900 § 743 CPO.

I. Normzweck

Das Gericht kann *auf Antrag*[1] eine **andere Art der Verwertung** anordnen, wenn der gewöhnliche Weg der Überweisung schwierig wäre, z. B. weil die Forderung bedingt, betagt, 1

---

[13] H.M.; wohl in Anlehnung an § 1255 Abs. 1 BGB. Kritisch *Stein* (§ 829 Fn. 160), 19 (=471) f.
[14] Vgl. dazu *Stein* (Fn. 13). – Wie hier RG Gruch. 37, 427; *Baumbach/Hartmann*[52] Rdnr. 3; *Zöller/Stöber*[18] Rdnr. 3; *Wieczorek*[2] Anm. B I; *Stöber*[10] Rdnr. 682; *Baur/Stürner*[11] Rdnr. 513; *Schumacher* DGVZ 1960, 36. – A.M. OLG Hamburg OLG Rsp 14, 180 f.; OLG München BayJMBl 1954, 159, während *Thomas/Putzo*[18] Rdnr. 3 wenigstens bei besonderem Rechtsschutzbedürfnis die Aufhebung zulassen wollen.

[15] *Stöber*[10] Rdnr. 684. – A.M. OLG Posen OLG Rsp 25, 189 f.
[16] A.M. *Wieczorek*[2] Anm. B I; *Stöber*[10] Rdnr. 678.
[17] Auch Teilverzichte bevorrechtigter Gläubiger, LG Bayreuth DAVorm 1976, 359 f.
[1] Zur Geltung des § 308 → § 825 Rdnr. 4; *Schuschke* Rdnr. 3.

von einer Gegenleistung abhängig ist[2] oder weil der Drittschuldner zahlungsunfähig oder im Konkurs ist. S. auch § 65 ZVG, § 317 AO. Die Anordnung ist vor allem von Bedeutung bei der Verwertung *anderer Vermögensrechte* nach §§ 857, 829 (z. B. GmbH-Anteile)[3], sammelverwahrte Schuldbuchforderungen (Wertrechte), bei denen kein Herausgabeanspruch nach § 7 Abs. 1 DepotG besteht[4], Anteil am Nachlaß[5]; dazu auch §§ 857 Abs. 4, 5, 858, 859 mit Bem. Vereinbarungen ersetzen die Anordnung nicht; aber der Gläubiger kann unter Verzicht gemäß § 843 mit dem Schuldner eine andere Art der Verwertung vereinbaren[6], → § 825 Rdnr. 1 Fn. 8. Für die Wertpapiere des § 821 gilt § 844, → § 821 Rdnr. 11 Fn. 34 Abs. 2.

II. Das Verfahren

2   1. Der **Antrag** kann vom *Gläubiger* schon mit dem Pfändungsgesuch gestellt werden (→ aber Rdnr. 7); soweit der Schuldner zu hören ist (→ Rdnr. 4), muß das Gericht wegen § 834 die Entscheidung darüber aussetzen, bis ihm die Pfändung nachgewiesen ist. *Nach* der Pfändung können *Gläubiger oder Schuldner* den Antrag stellen, auch noch nach einer Überweisung zur Einziehung; bei mehrfacher Pfändung auch der *nachpfändende Gläubiger*[7]. Nicht antragsberechtigt sind Arrestgläubiger (§ 930) und Drittschuldner. Durch wirksame Überweisung an Zahlungs Statt wird der Antrag gegenstandslos[8].

3   2. Die **Zuständigkeit** des Vollstreckungsgerichts, § 828, bestimmt sich nach der Zeit des Antrags; denn die erstrebte Anordnung ist ein neues Verfahren, während die Ausführungshandlungen → Rdnr. 8 ff. unselbständig sind, also die Zuständigkeit nicht mehr verändern, auch wenn sie woanders stattfinden[9]. Örtliche Unzuständigkeit macht die Anordnung nur anfechtbar[10]; daher bindet die Bejahung der Zuständigkeit durch das Gericht den mit der Verwertung beauftragten Gerichtsvollzieher[11]. Zur Entscheidung durch den Rechtspfleger → § 828 Rdnr. 2.

4   3. **Anhörung des Gegners** ist unnötig, wenn der Antrag abgelehnt wird[12]. Stattgeben darf man dem Antrag nur nach Anhörung des Gegners[13], es sei denn, daß er sich im Ausland[14] aufhält oder sein Aufenthalt unbekannt ist. Für die Anhörung genügt die Gelegenheit zu schriftlicher Erklärung. Eine mündliche Verhandlung ist freigestellt, § 764 Abs. 3. Die h. M. geht davon aus, der *Drittschuldner* sei nicht anzuhören, weil § 844 dies nicht vorschreibe. Wenn aber der Drittschuldner durch die Entscheidung in seinen Rechten betroffen sein kann, ist ihm rechtliches Gehör zu gewähren[15].

5   4. Der Beschluß ist **zuzustellen**, weil die sofortige Erinnerung statthaft ist (§§ 793, 11 Abs. 1 S. 2 RpflG mit § 329 Abs. 3); bei Ablehnung dem Antragsteller, bei Bewilligung beiden Parteien sowie konkurrierenden Pfändungsgläubigern, soweit sie bekannt sind. Auch die

---

[2] Vgl. *Flechtheim* ZZP 28 (1901), 262 ff. u. → Fn. 23.
[3] *LG Köln* Rpfleger 1989, 511 (zur Erlangung der Gesellschafterstellung); *LG Hannover* DGVZ 1990, 140 (Versteigerung des Geschäftsanteils durch Gläubiger); *Polzius* DGVZ 1987, 35.
[4] *Stöber*[10] Rdnr. 1787 a; *Erk* Rpfleger 1991, 236.
[5] *Eickmann* DGVZ 1984, 65.
[6] *Mot.* 434 = *Hahn* 459.
[7] → § 835 Fn. 124. Vorrangige Gläubiger können nicht nach § 771 widersprechen, aber im Erinnerungs- bzw. Beschwerdeverfahren (→ Rdnr. 6) geltend machen, daß diese Verwertung für sie ungünstig sei, *RGZ* 97, 41.
[8] Vgl. *Stöber*[10] Rdnr. 1467.
[9] → § 764 Rdnr. 4 f.; *RGZ* 61, 332; auch für § 766 gegen Maßnahmen des Gerichtsvollziehers aus einem anderen Bezirk, *LG Münster* JW 1917, 705.

[10] A.M. *Wieczorek*[2] Anm. A III (mit Annahme einer Heilungsmöglichkeit nach § 1244 BGB).
[11] *AG Konstanz* DGVZ 1967, 190. Über den örtlich zuständigen Gerichtsvollzieher → Fn. 32.
[12] A.M. MünchKommZPO-*Smid* Rdnr. 5.
[13] Auch wenn er über frühere Anträge schon gehört war; wie hier *Wieczorek*[2] Anm. B II a. – A.M. *KG* OLG Rsp 10, 392 f.
[14] A.M. *Eickmann* Rpfleger 1982, 452 (Verstoß gegen Art. 103 Abs. 1 GG).
[15] Anders noch die 20. Aufl.; MünchKommZPO-*Smid* Rdnr. 6 mit unzutreffenden Überlegungen zur Beteiligteneigenschaft des Drittschuldners; *Zöller/Stöber*[18] Rdnr. 5.

Zustellung[16] an den Drittschuldner wird stets angezeigt sein, weil seine Rechtsstellung und u. U. sein Kredit[17] von der Anordnung stark betroffen sein können.

5. Gegen den Beschluß des Rechtspflegers haben alle beschwerten Beteiligten, auch der Drittschuldner[18], die **befristete Erinnerung** (§ 11 Abs. 1 S. 2 RpflG mit § 793) wie in den Fällen des § 825 (→ dort Rdnr. 7)[19]. Ist die Verwertung schon beendet, so gilt das → § 825 Rdnr. 11 Ausgeführte entsprechend. **6**

III. Die Wirkungen

Die *Anordnung* darf erst ergehen, wenn eine Überweisung zulässig wäre[20], und beruht, wie **7** die Überweisung (§ 835 Abs. 1), auf der Pfändung[21]; sie ist staatliche Verfügung über die gepfändete Forderung → § 803 Rdnr. 3. War diese daher nur zum Teil gepfändet, → dazu § 829 Rdnr. 74ff., so ist die Anordnung für den überschießenden Betrag ebenso wie bei Überweisungen (→ 835 Rdnr. 3) wirkungslos[22]. Die wichtigsten Anordnungen, die in den Fällen → Rdnr. 8–12 noch nicht die Verwertungsakte sind (→ auch § 825 Rdnr. 7, 10) und daher auch etwaige Klagen nach § 771 noch nicht ausschließen, → dort Rdnr. 11, 72, sind folgende[23]:

1. Die **Versteigerung der Forderung** oder des Wechsels oder sonstigen indossablen Papiers, **8** mit dem die Forderung daraus gepfändet ist (§ 831) und zusammen mit der Wechselurkunde durch die Versteigerung auf den Erwerber übertragen wird[24]; sie geschieht durch den Gerichtsvollzieher[25] oder eine andere Person (→ § 825 Rdnr. 13f.).

a) Der *Gerichtsvollzieher* versteigert in sinngemäßer Anwendung der §§ 816ff.[26]. Die **9** Vorschrift über das Mindestgebot (§ 817a Abs. 1) gilt jedoch nicht[27], ebensowenig § 813[28]. Das Vollstreckungsgericht kann und wird in der Regel aber einen Mindestpreis im Anordnungsbeschluß festsetzen[29], dessen Höhe es selbst, eventuell mit Hilfe eines Sachverständigen, schätzen kann[30]. Der Gerichtsvollzieher darf den Zuschlag aber auch ohne eine derartige Festsetzung nur gegen ein angemessenes Gebot erteilen[31]. Das Gericht sollte den Versteigerungsort bestimmen, → § 816 Rdnr. 2, vor allem wenn das Recht besondere Beziehungen zu einem anderen Ort aufweist[32]. Auch hier bedeutet der Zuschlag im Zweifel noch nicht Übertragung des Rechts (→ § 817 Rdnr. 20, insbesondere Fn. 60), die in der Regel erst durch nachfolgende Erklärung des Gerichtsvollziehers und zweckmäßig erst nach Zahlung des

---

[16] Zwingend für Zustellung *Stöber*[10] Rdnr. 1471. A.M. *Baumbach/Hartmann*[52] Rdnr. 8; *Wieczorek*[2] Anm. B IV c.

[17] Z.B. bei Überweisung unter dem Nennwert.

[18] A.M. *Wieczorek*[2] Anm. B IV c und gegen ihn *Stöber*[10] Rdnr. 1480 Fn. 31; wie hier *OLG Frankfurt* Rpfleger 1976, 372; *LG Lüneburg* DGVZ 1976, 88.

[19] *Gaul* Rpfleger 1971, 43 mwN. Ohne Zustellung läuft die Frist nicht. Bei fehlender Anhörung des Gegners wollen *Baumbach/Hartmann*[52] Rdnr. 9 u. *Wieczorek*[2] Anm. B IV § 766 anwenden. → ferner § 766 Rdnr. 3ff.

[20] Bei Wertpapieren (→ Rdnr. 1 a. E.) auch nach § 930 Abs. 3, → dort III; weitergehend *Wieczorek*[2] Anm. A II a 2: analog auch bei anderen Rechten.

[21] Ist die Forderung *nur verpfändet*, so scheidet § 844 jedenfalls dann aus, wenn der Gläubiger bisher nur einen auf Zahlung lautenden Titel hat, KG HRR 31 Nr. 703; aber auch ein Duldungstitel ersetzt nicht die nach § 844 nötige Pfändung (KG aaO ließ das offen). – A.M. *Baumbach/Hartmann*[52] Rdnr. 2.

[22] Vgl. RG Gruch. 37, 422; KG OLG Rsp 5, 330f.

[23] Kann der Schuldner vom Drittschuldner nur dann Erfüllung verlangen, wenn er ihm zugleich einen anderen Anspruch abtritt (vgl. § 255 BGB), so wird auch dieser Anspruch zu pfänden und nach § 844 dem Drittschuldner zu übertragen sein.

[24] RGZ 61, 331.

[25] Vgl. § 172 Nr. 2 GVGA.

[26] *Baur/Stürner*[11] Rdnr. 518; *Thomas/Putzo*[18] Rdnr. 3; *Wieczorek*[2] Anm. B III a 1. – Versteigerung nach Privatrecht (vgl. § 156 BGB) nur auf besondere Anordnung des Gerichts, *Baumbach/Hartmann*[52] Rdnr. 3; – a.M. *Stöber*[10] Rdnr. 1473 Fn. 15.

[27] *LG Berlin* DGVZ 1962, 173; *LG Krefeld* Rpfleger 1979, 147; *Zöller/Stöber*[18] Rdnr. 6; a.M. *LG Essen* NJW 1957, 108; *Eickmann* DGVZ 1984, 67; *Petermann* Rpfleger 1973, 387.

[28] A.M. *LG Münster* DGVZ 1969, 172.

[29] *LG Berlin* (Fn. 27); *LG Hannover* DGVZ 1990, 140.

[30] *LG Krefeld* (Fn. 27).

[31] *LG Hannover* (Fn. 29) verlangt vom Gerichtsvollzieher die Einholung eines Gutachtens, wenn der Anordnungsbeschluß kein Mindestgebot enthält.

[32] Vgl. den Fall JW 1917, 705f.

Gebots geschieht³³. Die Übertragung ersetzt – ähnlich § 836 Abs. 1 – alle Formen, die bei entsprechender Erklärung des Schuldners zur Wirksamkeit gesetzlich erforderlich wären, z.B. Beurkundung nach § 15 Abs. 3 GmbHG³⁴ oder die Schriftform der Abtretung nach §§ 1154, 1192, 1200 BGB³⁵. Dem Erwerber ist eine beglaubigte Abschrift des Protokolls zu erteilen, damit er etwaige Registereintragungen erwirken kann; bei *Briefrechten* gehört die Übergabe (im Falle teilweiser Übertragung nach Teilbriefbildung) ebenso zum Übertragungsakt wie bei beweglichen Sachen, → § 825 Rdnr. 10. Bei Wechseln genügt die Übergabe³⁶, ein Indossament ist unzulässig → § 836 Rdnr. 1. Benötigt der Erwerber nach materiellem Recht noch eine *besondere Legitimation* gegenüber dem Drittschuldner, so kann der Gerichtsvollzieher entsprechend § 822 zur Erklärung bzw. Beurkundung ermächtigt werden. Für die Gewährleistung gilt § 806.

10   b) *Versteigerungen durch Privatpersonen* richten sich jedoch – ebenso wie bei § 825 (→ dort Rdnr. 13 f.) – nach bürgerlichem Recht³⁷, d.h. der Versteigerer schließt mit dem Ersteher den Kaufvertrag über das Recht und überträgt es ihm auf Grund seiner auf der gerichtlichen Anordnung beruhenden Ermächtigung, wobei alle Formvorschriften des materiellen Rechts – unter entsprechender Anwendung des § 822 – zu beachten sind. § 806 gilt auch hier, wobei allerdings dem Erwerber bekannt gemacht werden muß, daß die Veräußerung aufgrund einer Pfändung geschieht (vgl. auch § 461 BGB).

11   c) Der *Erlös* wird entsprechend § 819 (→ dort Rdnr. 5 ff.) wie der Erlös gepfändeter Sachen behandelt.

12   2. Wird der **freihändige Verkauf** angeordnet, insbesondere die Diskontierung von Wechseln³⁸, so ändert sich lediglich die Form der Abrede mit dem Erwerber³⁹. Er kann in der Anordnung bestimmt werden⁴⁰. Die Übertragung erfolgt nach herrschender Doktrin wie bei § 825 öffentlichrechtlich, wenn der Gerichtsvollzieher sie vornimmt, sonst⁴¹ in Formen des bürgerlichen Rechts⁴².

13   3. Das Gericht kann auch die **Überweisung an Zahlungs Statt** an den Gläubiger zu einem Schätzwert anordnen, der, etwa wegen der Befristung oder einer noch zu bewirkenden Gegenleistung, unter dem Nennwert bleibt. Dann treten dieselben Wirkungen wie bei § 835 Abs. 2 ein, nur daß der Gläubiger lediglich in Höhe des Schätzwertes befriedigt wird.

14   4. Das Gericht kann sich auf eine **Überweisung zur Einziehung** beschränken, aber dabei die *Rechte des Gläubigers erweitern*, indem es z.B. gestattet, mit dem Drittschuldner besondere Zahlungsbedingungen oder einen Vergleich zu vereinbaren⁴³, letzteres allerdings nur, wenn die Verwertung sonst zu scheitern droht. Dagegen kann es ihn nicht ermächtigen, die etwa erforderliche Gegenleistung mit der Wirkung zu erbringen, daß seine Ersatzforderung dafür an dem Pfandrecht teilnimmt; denn das Pfandrecht erhält seinen Umfang nur durch die Pfändung, → § 804 Rdnr. 7⁴⁴; → auch § 835 Rdnr. 19.

---

³³ Daß der Gerichtsvollzieher diese Trennung ausdrücklich vorher klarstellt, wird vom LG Dresden JW 1939, 120 mit Recht für zweckmäßig, aber nicht für notwendig gehalten.
³⁴ Zur Verwertung von GmbH-Anteilen s. OLG Frankfurt (Fn. 18); LG Köln Rpfleger 1989, 511; LG Essen Rpfleger 1973, 410; Petermann (Fn. 27); *Stöber*¹⁰ Rdnr. 1611 ff. u. → § 859 II 4.
³⁵ *Stöber*¹⁰ Rdnr. 1473.
³⁶ RGZ 61, 332.
³⁷ BGH LM Nr. 6 zu § 892 = JZ 1964, 772 (Geltung der §§ 892 f. BGB für Hypothek); *Baur/Stürner*¹¹ Rdnr. 518; *Stöber*¹⁰ Rdnr. 1474.
³⁸ OLG Hamburg OLG Rsp 29, 221.
³⁹ Anders MünchKommZPO-*Smid* Rdnr. 16.
⁴⁰ AG Berlin-Charlottenburg DGVZ 1978, 92 für GmbH-Anteil.

⁴¹ Auch der Gläubiger selbst kann dazu ermächtigt werden, KG JW 1935, 3236²⁷.
⁴² *Schuschke* Rdnr. 4; anders *Stöber*¹⁰ Rdnr. 1476. – RGZ 164, 172 sah im Verwaltungszwangsverfahren die Übertragung eines GmbH-Anteils durch den Leiter der Vollstreckungsabteilung (Post) als bürgerlich-rechtlich an.
⁴³ *Schuschke* Rdnr. 2; MünchKommZPO-*Smid* Rdnr. 10; Bohn Pfändung von Hypotheken usw. (1964) Rdnr. 80; Bruns/Peters² § 23 IX 3; Falkmann/Hubernagel ZwV³ Anm. 2 b (Stundung). Eine hierdurch entstehende Verzögerung ist nicht schuldhaft (→ § 842 Rdnr. 1). – A.M. *Wieczorek*² Anm. B III b 1; *Stöber*¹⁰ Rdnr. 604, 1479: unzulässig.
⁴⁴ *Flechtheim* (Fn. 2), 278 f.; Fromherz ZZP 38 (1909), 60; *A.Blomeyer* ZwVR § 55 VI 3.

5. Stößt auch eine Veräußerung auf Schwierigkeiten, so kann eine **Verwaltung oder** 15
Verpachtung in Betracht kommen. Daß § 857 Abs. 4 sie sogar für unveräußerliche Rechte
erlaubt, schließt sie bei veräußerlichen nicht aus[45]; auch die Erwähnung der »zu benutzenden
Sache« in § 857 Abs. 4 S. 2 ist nur zweckmäßige Regelung eines Sonderfalles und bedeutet
nicht, daß solche Maßnahmen auf Sachnutzungsrechte beschränkt wären.

IV. Kosten und Gebühren

Zusätzliche Gerichts- und Anwaltsgebühren[46] fallen für das Verfahren nach § 844 nicht an. 16

§ 845 [Vorpfändung]

(1) ¹Schon vor der Pfändung kann der Gläubiger auf Grund eines vollstreckbaren Schuldtitels durch den Gerichtsvollzieher dem Drittschuldner und dem Schuldner die Benachrichtigung, daß die Pfändung bevorstehe, zustellen lassen mit der Aufforderung an den Drittschuldner, nicht an den Schuldner zu zahlen, und mit der Aufforderung an den Schuldner, sich jeder Verfügung über die Forderung, insbesondere ihrer Einziehung, zu enthalten. ²Der Gerichtsvollzieher hat die Benachrichtigung mit den Aufforderungen selbst anzufertigen, wenn er von dem Gläubiger hierzu ausdrücklich beauftragt worden ist. ³Der vorherigen Erteilung einer vollstreckbaren Ausfertigung und der Zustellung des Schuldtitels bedarf es nicht.
(2) ¹Die Benachrichtigung an den Drittschuldner hat die Wirkung eines Arrestes (§ 930), sofern die Pfändung der Forderung innerhalb eines Monats bewirkt wird. ²Die Frist beginnt mit dem Tage, an dem die Benachrichtigung zugestellt ist.

Gesetzesgeschichte: Bis 1900 § 744 CPO. Änderungen RGBl. 1898 I, 256; BGBl. 1950, 455; 1979 I, 127 (Abs. 1 S. 2); 1990 I, 2847 (Abs. 2 S. 1).

I. Die Vorpfändung[1]

§ 845 bezweckt, dem Vollstreckungsgläubiger einen Schaden zu ersparen, der ihm durch 1
die Verzögerung einer gerichtlichen Pfändung entstehen könnte[2]. Zur beschleunigten Sicherung des Ranges (§ 804 Abs. 3) ist in § 845 eine Vorpfändung von Forderungen durch **private Benachrichtigung des Drittschuldners** mit der Wirkung eines Arrestes zugelassen. Vgl. auch § 22 Abs. 2 ZVG. In der *Verwaltungsvollstreckung* sind Vorpfändungen nicht vorgesehen, sie brächten keinen Zeitgewinn; anders noch § 42 der preuß. VO vom 15. XI. 99 (GS 545). → auch Rdnr. 12 (Nato-Bereich).

1. Vorausgesetzt sind **vollstreckbare**, d. h. zur Zeit der Benachrichtigung bereits zur sofortigen Vollstreckung geeignete **Schuldtitel**, auch Arreste[3] und einstweilige Verfügungen, soweit sie *Geldleistungen* anordnen[4]. Es ist nicht erforderlich, daß der Gläubiger den Vollstreckungstitel bereits körperlich in Händen hat, ein derartiger Titel muß nur zu seinen Gunsten bestehen[5]. Hängen der Anspruch (→ §§ 726 Rdnr. 3 ff.) oder die Befugnis zur Vollstreckung

---

[45] *Stöber*[10] Rdnr. 1478.
[46] LG Berlin Rpfleger 1990, 92.
[1] *Kirchberger* ZZP 38 (1909), 461 f.; JW 1915, 491; *Schachtel* Gruch. 72, 170 ff. (zu § 22 Abs. 2 S. 3 ZVG); *Noack* Rpfleger 1967, 136 ff. u. DGVZ 1974, 161; *Mümmler* Büro 1975, 1413 ff.; *Stöber*[10] Rdnr. 795 ff. – Zu Lebensversicherungsansprüchen ZfV 1963, 655.
[2] *BayObLG* Rpfleger 1985, 59.

[3] RGZ 8, 433; RG JW 1907, 207[14].
[4] Nicht auf Herausgabe von Sachen, vgl. OLG Kiel JW 1938, 2848[42] (Herausgabe eines Kindes). – A.M. *Wieczorek*[2] Anm. A II a.
[5] LG Frankfurt Rpfleger 1983, 32.
[6] Ausführlich KG KGBl 1912, 79 (noch zu § 710 a. F.); allg. M.

(→ § 726 Rdnr. 9) von einer Bedingung ab, so muß sie zuvor eingetreten sein[6]. Das gleiche gilt für Sicherheitsleistungen des Gläubigers nach §§ 707, 719, 732, 769 f. usw., sofern von ihnen die Vollstreckung und nicht nur die Verwertung abhängig gemacht wurde, → § 707 Rdnr. 7, unten Fn. 55, während für Titel nach § 720 a Abs. 1 die Vorpfändung wie die Pfändung schon vor Sicherheitsleistung zulässig ist[7]. Für Titel auf Leistung Zug um Zug (§ 726 Abs. 2) muß der Schuldner befriedigt oder im Annahmeverzug sein, vgl. § 765, und im Fall des § 751 Abs. 1 muß der Ablauf des Kalendertags abgewartet werden. Ob der Gläubiger für die o. g. Tatsachen bereits *Nachweise* besitzt, ist für die Vorpfändung[8] unerheblich. Jedoch gehört das *Fehlen* solcher Voraussetzungen trotz des neuen Abs. 1 S. 2 zum alleinigen Risikobereich des Gläubigers. Daher ist die Vorpfändung wie bisher *nur wirksam*, wenn sie sämtlich vorliegen (anders als bei der staatlichen Pfändung, → § 750 Rdnr. 7)[9]. Zum Fehlen des Antrags → aber Fn. 19.

3   Dagegen bedarf es nach **Abs. 1 S. 3 nicht** einer *vollstreckbaren Ausfertigung* (§§ 724 ff.), auch nicht bei gerichtlichen Vergleichen oder vollstreckbaren Urkunden, selbst wenn inzwischen ein Personenwechsel (§ 727) eingetreten ist[10], und auch nicht der *Zustellung* des Schuldtitels (§ 750), der in § 750 Abs. 2 bezeichneten sonstigen Urkunden[11], der Hinterlegungsquittungen nach § 751 Abs. 2[12] und der in § 765 genannten Urkunden. All das wird erst für die Pfändung benötigt → Rdnr. 16.

4   Auch *Wartefristen* (→ § 750 Rdnr. 5 f.) müssen nicht abgelaufen sein[13], da sie erst mit der nach Abs. 1 S. 3 gerade entbehrlichen Zustellung beginnen; jedoch sollte der Gläubiger (vor allem bei den Monatsfristen) das Risiko einer nicht rechtzeitigen Pfändung einkalkulieren, → auch Rdnr. 16, 27 zu a).

5   2. Die Benachrichtigung ist nur wirksam, wenn im entscheidenden Zeitpunkt der Zustellung an den Drittschuldner[14] die später zu pfändende Forderung mindestens als künftiges Recht dem Schuldner gegen den in der Benachrichtigung bezeichneten Drittschuldner zusteht (→ § 829 Rdnr. 67–69). Zu Steuererstattungsansprüchen → aber § 829 Rdnr. 9. Wegen §§ 857 f. → Rdnr. 6. *Unpfändbarkeit* führt nicht nur zur Anfechtbarkeit, → § 829 Rdnr. 109, § 850 Rdnr. 19, § 865 Rdnr. 36 f. Etwas anderes gilt, wenn man die Vorpfändung deshalb für unzulässig hält, weil eine die Pfändbarkeit erst begründende Entscheidung noch fehlt, → § 850 b Rdnr. 33, § 850 i Rdnr. 93; denn eine Unpfändbarkeit, die gerichtlich noch behoben werden kann, schließt die Vorpfändung nicht aus.

6   3. Die Vorpfändung ist eine **schriftliche Erklärung des Gläubigers** oder seines nach §§ 80 ff. legitimierten[15] Prozeßbevollmächtigten. Oft erfährt der Gerichtsvollzieher durch Befragung des Schuldners (§ 806 a) vor dem Gläubiger, ob pfändbare Rechte vorhanden sind, z. B. Arbeitsentgelt. **Abs. 1 S. 2**[16] bestimmt daher, daß der **Gerichtsvollzieher** die Benachrichtigung auf ausdrücklichen Auftrag des Gläubigers *selbst* anfertigen darf, falls es sich nicht um nach §§ 857 f. zu pfändende Rechte handelt, § 857 Abs. 7. Einen solchen Auftrag, der zugleich als Zustellungsantrag anzusehen ist, wird man annehmen dürfen, wenn der Gläubiger dem

---

[7] BGH NJW 1985, 863; KG Rpfleger 1981, 240 f.
[8] A.M. für Abs. 1 S. 2 *Gilleßen/Jakobs* DGVZ 1979, 104; dagegen *Münzberg* ZZP 98 (1985), 360.
[9] RGZ 83, 334; KG (Fn. 6); OLG Naumburg OLG Rsp 21, 112; *Stöber*[10] Rdnr. 803; *Thomas/Putzo*[18] Rdnr. 8. Das gilt auch im Falle Abs. 1 S. 2, *Münzberg* DGVZ 1979, 163 f.; zust. *Stöber*[10] aaO; *Thomas/Putzo*[18] Rdnr. 4; – a.M. *Hornung* Rpfleger 1979, 288.
[10] RGZ 71, 180 f.; BGH JR 1956, 186; KG (Fn. 7); LG Frankfurt Rpfleger 1983, 32 mwN.
[11] RGZ 71, 182.
[12] KG OLG Rsp 15, 3 f.
[13] So für § 750 Abs. 3 KG (Fn. 7); LG Frankfurt (Fn. 10); *Münzberg* (Fn. 9); *Stöber*[10] Rdnr. 798 mwN; für § 798 die → dort Fn. 17 Genannten u. BGH NJW 1982, 1150 = WPM 233 = ZIP 292 mwN; OLG Düsseldorf NJW 1975, 2210 = DGVZ 1976, 24; LG Hannover Büro 1981, 1417 = Rpfleger 363 (L); *Braun* DGVZ 1976, 145; *Gerhardt* ZIP 1981, 1399. – A.M. *Wieczorek*[2] Anm. A II b 1; *Mümmler* (Fn. 1), 1415; *Gilleßen/Jacobs* (Fn. 8); für § 798 auch *Stöber*[10] aaO.
[14] Vgl. RGZ 64, 216.
[15] Vgl. RGZ 64, 217.
[16] Zur Gesetzgebungsgeschichte s. Fn. 16 der 20. Aufl. sowie Fn. 13 ff. der 19. Aufl.

Gerichtsvollzieher eine unterschriebene Erklärung mitgibt, in der lediglich Forderung und Drittschuldner offengelassen sind[17]. Stillschweigende Aufträge begründen keine Ermächtigung oder gar Pflicht zur Anfertigung[18]; aber mit der »Ausdrücklichkeit« will das Gesetz nicht neue Wirksamkeitsvoraussetzungen schaffen, sondern nur dem Gerichtsvollzieher bzw. Staat Vorwürfe oder gar Amtshaftungsansinnen des Gläubigers ersparen. Daher ist die Vorpfändung nicht nichtig, sondern nur anfechtbar (→ Rdnr. 128 vor § 704), wenn ein wirksamer Auftrag fehlt[19]. Bittet der Gläubiger, nur sinnvolle Vorpfändungen anzufertigen[20] oder davon Abstand zu nehmen, wenn die Sachpfändung ausreicht, so hat der Gerichtsvollzieher nach der ihm ersichtlichen Lage zu entscheiden; es werden dadurch keine Ermittlungspflichten begründet, die über diejenigen des § 806 a hinausgehen. Unterläßt er eine ihm aussichtslos erscheinende Vorpfändung, so kann der Gläubiger ihn trotzdem dazu anweisen oder ihm eine selbst angefertigte Benachrichtigung zwecks Zustellung übersenden; ein Vorgehen nach § 766 wäre in solchen Fällen verfrüht. Daß der Auftrag nur zusammen mit Sachpfändungstätigkeiten auszuführen sei, ist weder dem Gesetz noch seiner Begründung zu entnehmen[21].

Den **Inhalt** bildet die *Benachrichtigung*, daß die Pfändung bevorstehe, und die *Aufforderung an den Drittschuldner*, nicht an den Schuldner zu zahlen. Beides ist wesentlich[22], abgesehen von den Fällen des § 857 Abs. 2 aber nicht die Aufforderung an den Schuldner, sich jeder Verfügung über die Forderung zu enthalten[23]. Der Rang der Vorpfändung wird nur dann gewahrt, wenn sowohl die zu pfändende Forderung[24] wie der Titel so genau bezeichnet werden, daß die Identität der Vorpfändung mit der späteren Pfändung nicht nur für den Drittschuldner, sondern objektiv durch Auslegung erkennbar ist[25]. Geringe Ungenauigkeiten sind hier wie bei § 829 (→ dort Rdnr. 41 ff.) unschädlich. → auch § 850 d Rdnr. 48.   7

4. Die Benachrichtigung ist dem Drittschuldner und dem Schuldner durch den Gerichtsvollzieher zuzustellen. Eine ohne dessen Mitwirkung zugegangene Benachrichtigung ist unwirksam[26]. Eine Heilung dieses Zustellungsmangels scheidet aus[27], bei anderen Fehlern ist § 187 anwendbar[28]. Öffentliche Zustellung an den Drittschuldner ist nicht zulässig, weil dieser nicht Partei i. S. d. § 203 ist. Für die Wirksamkeit ist lediglich die **Zustellung** an den **Drittschuldner** von Bedeutung, arg. § 845 Abs. 2 S. 1; trotzdem ist auch die Zustellung an den **Schuldner** durch Abs. 1 vorgeschrieben, was ihm rechtzeitiges Gehör sichert → Rdnr. 11. Neben der Abschrift der Benachrichtigung ist dem Schuldner wegen der Monatsfrist des Abs. 2 auch eine Abschrift der Urkunde über die Zustellung an den Drittschuldner zuzustellen[29]. Das Unterlassen der Benachrichtigung des Schuldners kann Schadensersatzansprüche begründen. Den Gerichtsvollzieher trifft eine entsprechende Amtspflicht, obwohl in § 845 nicht auf § 829   8

---

[17] Vgl. *Bauer* DGVZ 1972, 38 zur früheren Rechtslage. »Generelle« Anträge für etwaige künftige ZV gegen beliebige Schuldner sind unzulässig, OVG Berlin DGVZ 1983, 91 (entschieden für die Zeit vor Geltung des Abs. 1 S. 2 nF).
[18] Vgl. die Gesetzesbegründungen BR-Drucksache 242/75, 193/77; BT-Drucksache 8/693.
[19] *Baumbach/Hartmann*[52] Rdnr. 8; *Stöber*[10] Rdnr. 803; *Münzberg* ZZP 98 (1985), 360.
[20] Gebräuchliche Vordrucke formulieren (nicht sehr glücklich) »sofern sofortige Beschlagnahme geboten erscheint«, s. *Seip* DGVZ 1979, 85.
[21] A.M. *Stöber*[10] Rdnr. 801 i. Richtig ist, daß der Gerichtsvollzieher nicht zur »Dauerüberwachung« verpflichtet wird, also den Auftrag als erledigt behandeln darf, wenn er bis zum Abschluß der Sachpfändungstätig-

keit keine pfändbaren Forderungen kennt, *Stöber*[10] aaO.
[22] RG SA 49 Nr. 222. Mündliche Aufforderung (§ 763) genügt nicht.
[23] RGZ 8, 419.
[24] Vgl. RGZ 64, 216 f. Näheres → § 829 Rdnr. 40 ff.
[25] OLG Düsseldorf MDR 1974, 409[69]; *Noack* DGVZ 1974, 162 (vor allem zur Kontenpfändung). Wegen Inhaltsänderungen der Forderung → Rdnr. 16.
[26] LG Hechingen DGVZ 1986, 188; LG Marburg DGVZ 1983, 119; LG Koblenz DGVZ 1984, 58.
[27] LG Hechingen, LG Marburg (Fn. 26); a.M. AG Kassel Büro 1983, 1738. – § 187 setzt Zustellungsabsicht voraus.
[28] BGHZ 93, 71 (75) = NJW 1985, 863.
[29] LG Stuttgart DGVZ 1990, 15; a.M. *Zöller/Stöber*[18] Rdnr. 3.

Abs. 2 S. 2 (dort Fn. 322) verwiesen wird[30]. Wegen Abs. 2 S. 2 ist die Zustellung unverzüglich dem Gläubiger mitzuteilen. – Im Falle § 857 Abs. 2 ist auch für § 845 die Zustellung an den Schuldner wesentlich; hier ist § 203 anwendbar, so daß eine öffentliche Zustellung an den Schuldner möglich ist.

9 Die Zustellung ist im Falle des Abs. 1 S. 2 nicht »vollstreckende« Tätigkeit des Gerichtsvollziehers[31]; er hat sie daher nicht vom Vorliegen aller Voraussetzungen für eine wirksame Vorpfändung abhängig zu machen oder hierfür gar Nachweise zu fordern[32], sondern muß nur auf sorgfältige Angaben bedacht sein, den Gläubiger auf etwaige Bedenken wie Unpfändbarkeit hinweisen[33], und, falls er wie üblich zugleich mit Sachpfändungen betraut ist, § 803 Abs. 1 S. 2, gegebenenfalls auch § 751 Abs. 1 beachten. Da aber der Gläubiger auf die Zustellung angewiesen ist, kommt ihre *Ablehnung* im Ergebnis doch einer Vollstreckungsverweigerung gleich und berechtigt ihn deshalb zur Erinnerung nach § 766[34]; → aber auch Rdnr. 6 a. E. Eine unzulässige Aufforderung nach § 840 (→ dort Fn. 15) ist kein Grund zur Ablehnung der Zustellung, wohl aber zur Ablehnung der Entgegennahme der Erklärung nach § 840[35]. Die Zustellung ist stets Eilsache[36].

10 5. Obwohl die Vorpfändung nicht aller formellen Voraussetzungen einer Zwangsvollstreckung bedarf, ist sie doch ihrem Wesen und ihrer Wirkung nach ein Akt der **Zwangsvollstreckung**, → Rdnr. 111 vor § 704 (auch für § 779). Daher müssen die Voraussetzungen der Pfändung vorliegen, mit Ausnahme der Klausel und Zustellungen nach §§ 750, 751 Abs. 2, 765 → Rdnr. 4. Der Gläubiger (nicht der Gerichtsvollzieher) hat die §§ 850 ff.[37] und bei Ansprüchen auf Herausgabe von Sachen i. S. v. § 846 (→ Rdnr. 25, § 847 Rdnr. 1) die §§ 811, 865 zu beachten[38]; auch § 14 KO ist anzuwenden[39].

11 Gegen die Vorpfändung ist sowohl die **Erinnerung** (→ Fn. 19 und § 766 Rdnr. 2 Fn. 9) als auch die Widerspruchsklage (§ 771, → dort Rdnr. 9) zulässig. Das Rechtsschutzinteresse für die Erinnerung oder die anschließende Beschwerde entfällt aber, wenn der Pfändungsbeschluß nicht rechtzeitig erwirkt und die Benachrichtigung damit wirkungslos wurde[40]. Wurde die Pfändung rechtzeitig bewirkt, ist nur der Pfändungsbeschluß angreifbar, es sei denn der Schuldner trägt ein über die Kostenfrage hinausgehendes Interesse am Wegfall der rangwahrenden Vorpfändung vor[41]. Das Vollstreckungsgericht kann die Vorpfändung aufheben, aber nicht erweitern oder nach einer Aufhebung wieder anordnen[42]. Durch die Aufhebung im Rahmen einer Erinnerung wird die Vorpfändung endgültig unwirksam, so daß eine Beschwerde wegen verfahrensrechtlicher Überholung unzulässig ist[43]. Ob die *örtliche Zuständigkeit*

---

[30] § 178 Nr. 2 a. E. mit § 173 Nr. 3 GVGA, *Noack* DGVZ 1974, 161; *Mümmler* (Fn. 1), 1416; *Wieczorek*² Anm. C II a.

[31] Auch nicht die Anfertigung nach Abs. 1 S. 2 n. F., bei der es sich um gesetzlich erlaubte Übertragung von Befugnissen des Gläubigers handelt, BT-Drucks. 8/693 u. dazu *Münzberg* (Fn. 9), 161 ff. – A. M. für Abs. 1 S. 2 n. F. *Gilleßen/Jakobs* (Fn. 8), 104 f.; wohl auch *G. Müller* NJW 1979, 906; *Arnold* MDR 1979, 360.

[32] *Münzberg* (Fn. 9), 161 f. – A. M. *Gilleßen/Jakobs* (Fn. 8); *Stöber*¹⁰ Rdnr. 801 e; wohl auch *Gerhardt* (Fn. 13).

[33] Damit ist dem »Interesse des Gläubigers an der Wirksamkeit« (*Gerhardt* Fn. 13) genügt. Eine Ablehnung als unzulässig (so die Gegenansicht → Fn. 32) geht unnötig darüber hinaus.

[34] *Baumbach/Hartmann*⁵² Rdnr. 15; *Noack* Rpfleger 1967, 138; *Stöber*¹⁰ Rdnr. 811 a. E.; *Wieczorek*² Anm. C II b 1. – Der Gerichtsvollzieher hat gegen eine Anweisung des Vollstreckungsgerichts zur Zustellung kein Beschwerderecht, KG JR 1949, 151. Gleiches muß für die Pflicht nach Abs. 1 S. 2 n. F. gelten. Zur örtlichen Zuständigkeit → Rdnr. 11.

[35] Vgl. auch AG Nienburg NdsRpfl 1964, 43 = DGVZ 1965, 213; *Mümmler* (Fn. 1), 1416 mwN in Fn. 13 auch zur Gegenansicht.

[36] RG JW 1938, 1452; *Stöber*¹⁰ Rdnr. 800, § 178 Nr. 2 GVGA.

[37] LAG Frankfurt DB 1989, 1732.

[38] Deshalb sind bei der Vorpfändung von Arbeitsentgelt Vordrucke entsprechend den bei Gericht gebräuchlichen zweckmäßig, um unnötige Erinnerungen zu vermeiden; s. *Lipschitz* DRiZ 1954, 50.

[39] LG Detmold KTS 1977, 126; *Wieczorek*² Anm. B IV b 1; *Noack* Büro 1976, 278.

[40] OLG Köln Rpfleger 1991, 261; KG JW 1933, 1270¹³.

[41] OLG Köln Rpfleger 1991, 261; OLG Hamm Rpfleger 1971, 113 (dort erfolgte die Pfändung sogar nach Einlegung der Erinnerung).

[42] Vgl. auch OLG Hamm (Fn. 41). Anders *Noack* Büro 1976, 278.

[43] OLG Köln NJW-RR 1989, 1406 verneint das Rechtsschutzbedürfnis.

durch § 764 Abs. 2⁴⁴ oder § 828 Abs. 2 bestimmt wird⁴⁵, sagt das Gesetz nicht. Funktionsgerecht ist die Anwendung des § 828 Abs. 2 für Erinnerungen des Schuldners oder Drittschuldners, während bei Ablehnung durch den Gerichtsvollzieher § 764 Abs. 2 gelten sollte, → auch zur Prozeßkostenhilfe Fn. 83. Gegen die Zustellung als solche ist die Erinnerung ebensowenig gegeben wie bei der Pfändung, → § 829 Rdnr. 62.

6. Zum **Devisenrecht** → Rdnr. 58 vor § 704. Die Vorpfändung ist auch im Gegensatz zur Pfändung (→ § 829 Rdnr. 30) noch nicht als nach § 32 Abs. 2 AWG genehmigungsbedürftige Verfügung über das zu pfändende Recht anzusehen. Im Bereich des *Nato-Truppenstatuts* scheidet § 845 aus, Art. 5 NTS-AG → 20. Aufl. Einl. Rdnr. 667.

II. Wirkung

Die Zustellung der Benachrichtigung an den Drittschuldner hat nach **Abs. 2**, sofern die Pfändung innerhalb eines Monats bewirkt wird, die **Wirkung** eines vollzogenen **Arrestes** (§ 930), also einer in Vollziehung eines Arrestbefehls erfolgten Forderungspfändung⁴⁶. Das gilt auch für eine Sicherungspfändung nach § 720 a⁴⁷. Es wird also der *privaten* Prozeßhandlung des Gläubigers, obwohl eine staatliche Beschlagnahme durch Pfändung noch nicht stattgefunden hat, dieselbe Wirkung wie einer Verstrickung nebst Arrestpfandrecht beigelegt, aber mit der Besonderheit, daß beides ersatzlos wegfällt, wenn die fristgerechte Pfändung nicht gelingt.

Die h. M. sieht darin ein **auflösend bedingtes Pfandrecht**⁴⁸. Diese Konstruktion ist praktisch brauchbar, weil sie einerseits die Rangwahrung bei rechtzeitiger Pfändung, andererseits den (vom Gesetz offenbar beabsichtigten) rückwirkenden Wegfall bei fruchtlosem Fristablauf erklärt. Allerdings bringt sie – wie § 845 selbst – nicht genügend zum Ausdruck, daß bei rechtzeitiger Pfändung, falls ihr ein Titel gemäß § 704 oder § 794 (also nicht nur §§ 916 ff.) zugrunde liegt, zu den Wirkungen des Arrestpfandrechts die eines Vollstreckungspfandrechts hinzutreten, → § 930 IV; zudem handelt es sich um eine Befristung mit Endtermin, die selbst wieder auflösend bedingt ist durch rechtzeitige Pfändung, was aber ohne Bedenken einer auflösenden Bedingung gleichgesetzt werden kann, vgl. auch § 163 BGB.

Zu den Wirkungen der Pfändung, die einstweilen durch die Vorpfändung eintreten, → § 829 IV. Hervorzuheben ist die Unwirksamkeit der *Verfügungen des Schuldners*, → § 829 Rdnr. 90 ff., die Berechtigung des Drittschuldners zur Hinterlegung⁴⁹ und die Gleichstellung der Vorpfändung mit der Verfügung über Mietzinsen für § 573 BGB (→ Fn. 63). Die *Auskunftspflicht* nach § 840 wird durch die Vorpfändung nicht begründet (→ § 840 Rdnr. 3).

III. Rechtzeitige Pfändung

1. Der Vorpfändung muß eine innerhalb der Frist wirksam werdende⁵⁰ *staatliche Pfändung derselben Forderung* (→ Fn. 25) folgen, andernfalls verliert die Vorpfändung ihre Wirkung. »Bewirkt sein« muß aber nach Abs. 2 nur der Pfändungsakt; ob das Pfandrecht zugleich oder später entsteht, ist daher unerheblich, z. B. bei künftigen Forderungen oder bei vorzeitiger

---

⁴⁴ So *OLG Naumburg* NaumbZtg 1910, 66; Sydow/Busch²² Anm. 3 A zu § 766 mwN.

⁴⁵ So *OLG Karlsruhe* BadRpr 1909, 54; Stöber¹⁰ Rdnr. 811; Wieczorek² § 766 Anm. C I a; Zöller/Stöber¹⁸ Rdnr. 8.

⁴⁶ RGZ 26, 427; KG OLG Rsp 3, 445; *OLG Hamburg* OLG Rsp 35, 132 (mangels Arrestanordnung keine Haftung aus § 945, offengelassen von *BGH* JR 1956, 186 f.). – Wegen § 177 VVG *Mohr* VersR 1955, 376; *Berner* Rpfleger 1957, 195 Fn. 23.

⁴⁷ BGHZ 93, 71, 74.

⁴⁸ Jetzt allg.M. – RGZ 26, 427; 59, 92; 83, 334; 151, 267 f. betonten nur die Rückwirkung der rechtzeitigen, wirksamen Pfändung.

⁴⁹ Vgl. *OLG Dresden* OLG Rsp 14, 210; 16, 374. → noch Rdnr. 16, 23 sowie § 829 Rdnr. 104 f.

⁵⁰ Vor Zustellung ist die Pfändung nicht »bewirkt«, → § 829 Rdnr. 63. Anders beim »Vollzug« in § 929 Abs. 2, → Rdnr. 19.

selbständiger Pfändung des Konkursausfallgeldes, § 141 I Abs. 1 S. 2 AFG. Hat sich seit der Vorpfändung der Gegenstand der Vollstreckung geändert, so muß die *Form der Pfändung* der neuen Rechtslage entsprechen, z.B. im Fall der Hinterlegung[51], der Bestellung einer Hypothek, für die gepfändete Forderung oder ihrer Umwandlung im Fall der Zwangsversteigerung[52]. Die Pfändung eines Geschäftsanteils scheitert nicht daran, daß schon vorher die Auseinandersetzung eingeleitet war[53]; gleiches gilt, wenn an die Stelle des vorgepfändeten Anspruchs schon ein Sekundäranspruch getreten war, → § 829 Rdnr. 73, wenn nur das Surrogat derselben Pfändungsform unterliegt. Zwischenzeitliche Verringerung der Forderung schadet hier ebensowenig wie eine Erhöhung; zur Rangwahrung → Rdnr. 24. Ein Pfändungs- und Überweisungsbeschluß wird nicht dadurch überflüssig, daß der Drittschuldner vor Ablauf der Frist an den Gläubiger leistet[54].

17 Wird die Pfändung abgelehnt oder aufgehoben, weil sie unzulässig ist, so verliert die Vorpfändung, falls dem Gläubiger nicht noch innerhalb der Frist eine weitere, zulässige Pfändung gelingt, ebenfalls ihre Wirkung. So z.B., wenn inzwischen eine Einstellung[55] der Vollstreckung aus dem Titel, nicht nur der Vorpfändung (→ Rdnr. 10) erfolgt, der Konkurs über das Vermögen des Schuldners, §§ 14 f. KO[56], oder das Vergleichsverfahren, § 47 VglO[57], eröffnet wird oder die Forderung durch Vollstreckung in das *unbewegliche Vermögen* beschlagnahmt ist, § 865[58]. Im Vergleichsverfahren verliert die Vorpfändung ihre Wirkung, wenn die erst nach Beginn der Sperrfrist des § 28 VglO erfolgte Pfändung nach §§ 87 oder 104 VglO unwirksam wird[59]. Für eine Konkursanfechtung ist der Zeitpunkt der Vorpfändung maßgebend.

18 Wird die Forderung nachträglich unpfändbar, so schützt die Vorpfändung den Gläubiger nicht vor einer Ablehnung oder Aufhebung der Pfändung.

19 Eine Arrestpfändung innerhalb der Frist des § 845, aber nach Ablauf der Frist des § 929 Abs. 2 ist wirksam, weil die Vorpfändung schon Beginn der Zwangsvollstreckung ist, → Rdnr. 10, 13 f.[60].

20 2. Unerheblich ist, ob die Pfändung geeignet wäre, *jetzt* ein neues Pfändungspfandrecht zu begründen, → § 804 Rdnr. 7, denn sie findet das Pfandrecht schon vor, → Rdnr. 13 f. Daher bleibt außer Betracht, ob der Schuldner seither die Forderung abgetreten oder der Drittschuldner an ihn geleistet hat, ob ein allgemeines Veräußerungsverbot nach § 106 KO, § 59 VglO ergangen ist[61], weil es die Pfändung nicht ausschließt → § 772 Rdnr. 1, 5f. (wegen §§ 14f. KO, 28, 87, 104 VglO → aber Rdnr. 17), und ob, sofern der Nachlaßkonkurs eröffnet wird, die Pfändung nach Eintritt des Erbfalls erfolgte[62]. Gleiches gilt bei der Pfändung von Mietzinsen, wenn seither das Grundstück, etwa durch Zwangsversteigerung, veräußert wurde, → § 829 Rdnr. 121[63].

21 3. Die Monatsfrist beginnt mit dem Tag der Zustellung an den Drittschuldner und ist nach § 187 Abs. 1 BGB zu berechnen. Eine Verlängerung ist ausgeschlossen, § 224 Abs. 2, tritt aber

---

[51] Vgl. *RG* JW 1898, 49; s. auch *Stein* SächsArchRpfl 4, 3. – dazu noch § 829 Rdnr. 23a, 47.
[52] Vgl. *RG* (Fn. 51).
[53] BGH LM Nr. 5 zu § 859 = Rpfleger 1972, 91.
[54] A.M. *LG Frankenthal* Rpfleger 1985, 245 (fehlendes Rechtsschutzbedürfnis).
[55] Auch bei nur einstweiliger Einstellung ist die Pfändung abzulehnen, *OLG Darmstadt* JW 1933, 1539, es sei denn, das Gericht läßt ausdrücklich eine Pfändung (ohne Verwertung) zu, → § 707 Rdnr. 7. – Wie hier *Stöber*[10] Rdnr. 805 Fn. 44; a.M. *Baumbach/Hartmann*[52] Rdnr. 12. Ein Verstoß macht die Pfändung nicht unwirksam, u. ihre Aufhebung hängt davon ab, ob im Zeitpunkt der Entscheidung die Einstellung noch besteht, → §§ 766 Rdnr. 42, 775 Rdnr. 29 Fn. 164.
[56] Vgl. *RGZ* 26, 425, 42, 366; *Jaeger/Henckel* KO[9] § 14 Rdnr. 25.; – auch Fn. 39.
[57] *Jauernig* ZwVR[19] § 19 X.
[58] *RGZ* 59, 92, JW 1905, 89; *KG* KGBl 1904, 81 f.
[59] *RGZ* 151, 265 = JW 1936, 2314 = DJ 1167; *Böhle-Stamschräder/Kilger*[11] § 28/4; jetzt allg. M.
[60] → § 929 Rdnr. 13; jetzt ganz h.M. – A.M. *RG* Gruch. 52, 149; *OLG München* JW 1934, 2638[16].
[61] A.M. *RGZ* 26, 425; *Jaeger/Lent* KO[8] § 106 Fn. 6; *Wieczorek*[2] Anm. B IV b 1; *Noack* Büro 1976, 277; dagegen vgl. *Stein* (Fn. 51), 1 ff.
[62] A.M. *RG* Gruch. 52, 150 f.; *Wieczorek* (Fn. 61).
[63] *KG* OLG Rsp 21, 108 ff.; s. auch *Riedel* ZZP 38 (1909), 250. – A.M. *OLG Dresden* SächsAnn 29, 468.

durch Zustellung *mehrerer* Benachrichtigungen[64] nacheinander tatsächlich ein, wenn auch u. U. mit Rangnachteilen, da die Pfändung auch dann immer nur auf eine innerhalb des letzten Monats vor ihr liegende Benachrichtigung zurückwirkt[65]. Zur Erinnerung nach Fristablauf → Fn. 41.

Eine rechtzeitige oder *verspätete Pfändung* wird durch eine unwirksame oder unwirksam gewordene Vorpfändung nicht beeinträchtigt, selbst wenn im Beschluß auf sie Bezug genommen ist. Über ihren Rang → aber Fn. 66.   22

IV. Wirkung der Pfändung

Wird die Frist durch eine ordnungsmäßige Pfändung gewahrt, so besteht die **Wirkung der Pfändung** in der Erstarkung zum endgültigen Pfandrecht, dessen *Rang* sich ausschließlich *nach dem Zeitpunkt der Vorpfändung* bestimmt. Voraussetzung für die Vordatierung ist also die Ordnungsmäßigkeit *beider* Akte[66]. Dies gilt für den Rang gegenüber anderen Pfändungspfandgläubigern[67], § 804 Abs. 3, für den Rang an der etwa vom Drittschuldner hinterlegten Leistung[68] und für die Anfechtung im Konkurs: das Pfandrecht ist durch die Vorpfändung, nicht durch die Pfändung erworben[69]. Eine Parallele zur Pfändung *nach* Konkurseröffnung besteht nicht, denn sie scheitert schon an § 14 KO, → Fn. 56, 66.   23

Der *Umfang* der Pfändung wird durch den Pfändungsbeschluß, nicht durch die Vorpfändung bestimmt. Soweit er die Vorpfändung übersteigt[70], erstreckt sich der durch Vorpfändung gesicherte Rang nicht auf den überschießenden Teil. Jedoch liegt nicht dieser Fall sondern Identität vor, wenn zur Zeit der Pfändung eine Forderung schon entstanden ist, die in der Benachrichtigung noch als künftige bezeichnet war; ebenso, wenn die Benachrichtigung gegenwärtige und künftige Guthaben nennt (→ dazu § 829 Rdnr. 12 f., 72) und diese sich erhöht haben. Wegen § 850 c Abs. 4 → dort Fn. 94.   24

V. Hypothekenforderungen

Zulässig ist die Vorpfändung auch bei **Hypothekenforderungen,** wobei es weder der Briefübergabe noch der Eintragung in das Grundbuch[71] bedarf, die aber als Grundbuchberichtigung zulässig ist[72]. Die endgültige Wirkung setzt aber eine voll wirksame Pfändung nach § 830[73], nicht nur die Zustellung des Beschlusses voraus, sie tritt auch hier nur vorbehaltlich der Rechte gutgläubiger Dritter ein, §§ 892, 1138, 1155 BGB. Wegen Vormerkungen → § 830 Fn. 70. Nach § 846 erfolgt die Vorpfändung ferner in (aber nicht »wegen«) **Ansprüche auf Herausgabe**, auch im Fall des § 886 einschließlich der nach dieser Vorschrift zu vollziehenden Hilfspfändungen, und, falls nicht der Gerichtsvollzieher die Erklärungen fertigt (→ Rdnr. 6),   25

---

[64] Dazu *E. Schneider* Büro 1969, 1027; gegen ihn (mit Recht, falls Schneider nicht nur den Rang meinte) *Stöber*[10] Rdnr. 808 Fn. 51: Erfassung allen noch nicht an Schuldner abgeführten Lohns durch jeweils letzte Vorpfändung.
[65] *A. Blomeyer* ZwVR § 55 V 2.
[66] Siehe auch *RG* WarnRsp 1913 Nr. 351.
[67] *RGZ* 43, 427.
[68] Vgl. *RG* (Fn. 51).
[69] *RGZ* 17, 331; 42, 365; 83, 332 ff.; *Baumbach/Hartmann*[52] Rdnr. 10; *Böhle-Stamschräder/Kilger* KO[14] Anm. 14 zu § 30; *Jaeger/Lent* KO[8] § 30 Rdnr. 36. – A.M. *OLG Naumburg* OLG Rsp 26, 401; *Förster/Kann* 7.
[70] Die Heranziehung der Vorpfändung zur Auslegung (→ § 829 Fn. 221) bedeutet nicht, daß der Pfändungsbeschluß im Zweifel auf den Umfang der Vorpfändung beschränkt sei, *Schütz* NJW 1965, 1010 f.
[71] *Stöber*[10] Rdnr. 1866. Vgl. auch *RGZ* 71, 183 (Eigentümergrundschuld oder Erlös daraus). – A.M. *OLG Köln* Rpfleger 1991, 241 (abl. *Hintzen*).
[72] *OLG Celle* NdsRpfl 1958, 93 (bei Briefhypotheken dürfte allerdings § 41 Abs. 1 GBO entgegenstehen), *Schanz* BayrZ 1908, 302 ff.; *Bohn* (§ 830 Fn. 1), 60 je mwN. – A.M. *A. Blomeyer* ZwVR § 57 I 8; aber § 845 Abs. 2 gewährt Arrestwirkungen, die unvollendete gerichtliche Pfändungen nicht haben.
[73] *OLG Hamburg* OLG Rsp 14, 211. Der Eintragungsantrag wahrt die Frist nicht, anders § 932 Abs. 2, *KG* OLG Rsp 45, 203.

nach § 857 in alle anderen Rechte, einschließlich der Eigentümerhypothek, auch solche ohne Drittschuldner, bei denen § 857 Abs. 2 entsprechend anzuwenden ist[74].

26 Bei **Wechseln** und anderen **indossablen Papieren** ist die Vorpfändung **unzulässig**, denn ihr Zweck (→ Rdnr. 1) setzt voraus, daß das Vollstreckungsgericht schon für die *Pfändung* (nicht erst für die Verwertung) zuständig ist, und das ist nach § 831 nicht der Fall[75]. Erst recht gilt dies für die Wertpapiere der §§ 821–823. Außerdem würde eine Vorpfändung den Gläubiger nicht vor einer wirksamen Begebung der Papiere schützen. Allerdings können Ansprüche des Schuldners auf Herausgabe des Wechsels, (§ 846 f.) sowie der Anspruch vorgepfändet werden, welcher der Hingabe der Wechsel zugrunde liegt (→ § 831 Rdnr. 1).

VI. Kosten und Gebühren

27 Die **Kosten** fallen unter § 788 und sind regelmäßig notwendig im Sinne des § 91[76]. Eine Wiederholung (→ Rdnr. 21) kann notwendig sein[77]; hatte allerdings der Gläubiger ohne plausible Gründe die rechtzeitige Pfändung aufgrund der *ersten* Vorpfändung nicht einmal versucht, so ist deren Notwendigkeit zweifelhaft[78]. Das gleiche gilt a), wenn der Gläubiger gesetzliche Wartefristen nicht freiwillig (→ Rdnr. 4) einhält und auch nicht darzulegen vermag, daß besondere Eile geboten war (z.B. Arrestgrund), wofür ihn die Beweislast jedenfalls dann trifft, wenn der Schuldner unmittelbar nach Ablauf der Frist leistete oder seine Sicherheit erbrachte[79]; b) wenn vor Zustellung eines Titels vorgepfändet wurde, dessen Betrag der Schuldner erst mit der Zustellung erfuhr, z.B. bei Kostentiteln[80].

Wegen der **Gebühren** und Auslagen des Gerichtsvollziehers s. §§ 16 a, 36 Abs. 1 Nr. 1 a GVKG, wegen derjenigen des Rechtsanwalts §§ 57 f. BRAGO[81]. Kosten weiterer selbständiger Vorpfändungen sind nach h.M. nicht erstattungsfähig, wenn eine einheitliche Vorpfändung durch den Anwalt möglich gewesen wäre[82]. Prozeßkostenhilfe gewährt das nach § 764 Abs. 2 zuständige Gericht[83]. Die Bewilligung für die Forderungspfändung erstreckt sich auf die Vorpfändung[84].

§ 846 [Zwangsvollstreckung in Herausgabeansprüche]

Die Zwangsvollstreckung in Ansprüche, welche die Herausgabe oder Leistung körperlicher Sachen zum Gegenstand haben, erfolgt nach den §§ 829 bis 845 unter Berücksichtigung der nachstehenden Vorschriften.

Gesetzesgeschichte: Bis 1900 § 745 CPO.

1 I. Die §§ 846–849 (s. auch § 318 AO) regeln die Vollstreckung in **Ansprüche auf Herausgabe** (individuell bestimmter) **oder Leistung** (der Gattung nach bestimmter) **körperlicher Sa-**

---

[74] *RG* (Fn. 71); *OLG Hamburg* OLG Rsp 23, 213; *KG* (Fn. 71). Auch die Rechte → § 857 19. Aufl. Fn. 39 ff. (Patent), *Klauer/Möhring/Nirk* Patentrechtskomm.³ § 9 Rdnr. 91 a.E.; *Stöber*[10] Rdnr. 1726; – a.M. *Lindenmaier/Weiss* PatentG⁶ § 9 Anm. 6.
[75] *Baumbach/Hartmann*[52] Rdnr. 1; *Thomas/Putzo*[18] Rdnr. 1; *Zöller/Stöber*[18] Rdnr. 1; *Wieczorek*² Anm. B I. – A.M. *Sydow/Busch* Anm. 1.
[76] → § 788 Rdnr. 20a; *KG* MDR 1987, 595, DR 1939, 1190; *AG Schöneberg* SchlHA 1954, 18; *Noack* Rpfleger 1967, 138; *Mümmler* (Fn. 1), 1418 f. – Zu eng *OLG München* NJW 1973, 2070[12].
[77] *Baumbach/Hartmann*[52] § 788 Rdnr. 48 »Vorpfändung«; *Rosenberg* Lb⁹ § 193 II 3; *Stöber*[10] Rdnr. 812; a.M. *Wieczorek*² Anm. C III c.
[78] *LAG Köln* MDR 1993, 915, verneint in diesem Fall die Notwendigkeit.
[79] Vgl. auch *OLG Zweibrücken* Büro 1988, 929.
[80] *Münzberg* (Fn. 9), 166.
[81] Dazu *Hartmann* Kostengesetze[21] 2 zu § 58; *LG Frankenthal* Büro 1979, 1326.
[82] *LG Kempten* Büro (Anm. *Mümmler*); *Zöller/Stöber*[18] Rdnr. 6.
[83] *Behr* Rpfleger 1981, 266 Fn. 18.
[84] *Schuschke* Rdnr. 12.

chen, einschließlich der Wertpapiere, → § 808 Rdnr. 1. Beim Wechsel sind die §§ 846 ff. anzuwenden, wenn der Schuldner Wechselgläubiger und ein Dritter Besitzer ist[1]; dagegen ist der Anspruch auf Verschaffung einer Wechselforderung nach § 857 zu pfänden. Zur Sammelverwahrung → § 857 Rdnr. 17. Die §§ 846 ff. gelten für die Pfändung dinglicher oder persönlicher Ansprüche auf Herausgabe (mit oder ohne Übereignung) beweglicher oder unbeweglicher Sachen[2]. Über Ansprüche auf ein Tun oder Unterlassen, das weder auf Zahlung noch auf Herausgabe gerichtet ist, → § 857 Rdnr. 78 f.; wegen Anwartschaften und Rechten des Sicherungsgebers → § 857 II 9–11.

II. Die Vollstreckung in solche Ansprüche verhilft dem Geldgläubiger wegen der Verschiedenheit des Gegenstands nicht unmittelbar zur Befriedigung; deshalb muß sie anschließend auf den Gegenstand des Anspruchs erstreckt werden. Die dadurch bedingten Abweichungen von den §§ 829–845 enthalten die §§ 847–849, 854–856. 2

III. Wegen der **Gebühren** s. KV 1640, §§ 57, 58 (besonders Abs. 2 Nr. 4) BRAGO, § 18 Abs. 1 GVKG. 3

§ 847 [Herausgabeansprüche auf bewegliche Sachen]

(1) Bei der Pfändung eines Anspruchs, der eine bewegliche körperliche Sache betrifft, ist anzuordnen, daß die Sache an einen vom Gläubiger zu beauftragenden Gerichtsvollzieher herauszugeben sei.

(2) Auf die Verwertung der Sache sind die Vorschriften über die Verwertung gepfändeter Sachen anzuwenden.

Gesetzesgeschichte: Bis 1900 § 746 CPO.

I. Anwendungsbereich[1]

Nach § 847 sind pfändbar Ansprüche auf **Herausgabe** oder **Leistung beweglicher Sachen** 1 (→ § 846 Rdnr. 1), auch betagte, künftige[2] und solche, die von der Gewährung einer Gegenleistung abhängig sind[3], wobei auch hier der Arrestbefehl als Vollstreckungstitel genügt. Die Pfändung ist sofort zulässig, wenn zwar die Sache zur Zeit noch Bestandteil einer unbeweglichen Sache ist, der Anspruch aber auf Herausgabe nach Trennung geht[4], oder wenn sie zwar im Bereich des Dritten noch Grundstückszubehör ist, die Eigenschaft aber durch bestimmungsmäßige Leistung an den Schuldner verlieren würde.

Ausgeschlossen sind Ansprüche ohne Drittschuldner, unpfändbare Ansprüche (§§ 850 f., 2 865), Ansprüche auf ein bestimmtes Verhalten öffentlicher Organe, z. B. auf Erteilung einer vollstreckbaren Ausfertigung u. dgl. und solche, die nicht zum Vermögen des Schuldners gehören[5]. Zu Ansprüchen auf *Postsendungen* → § 829 Rdnr. 14. Mit Rücksicht auf *Abs. 2* sind

---

[1] Die Pfändung durch den Gerichtsvollzieher nach § 831 kommt hier nur in Betracht, wenn der Dritte herausgabebereit ist.
[2] Vgl. *RGZ* 22, 407; *OLG Dresden* OLG Rsp 33, 113; ausführlich *Stöber*[10] Rdnr. 2012.

[1] Lit.: *Franke* ZZP 10 (1887) 109 ff.; *A. Blomeyer* JZ 1955, 5 f.; *Noack* DGVZ 1978, 97 ff.
[2] Zur Kündigung → § 835 zu Fn. 31 u. bei Ansprüchen des Automatenaufstellers auf Rückgabe *K. Schmidt* MDR 1972, 378 IV 2 a; s. aber auch *Döllerer* BB 1971, 537 (ZV gegen Leasinggeber).
[3] Siehe auch *RG* WarnRsp 1914 Nr. 347 u. → § 835 Rdnr. 19 sowie *Stöber*[10] Rdnr. 2012.
[4] *KG* OLG Rsp 2, 354. Die weitere Durchführung ist erst nach Trennung zulässig.
[5] Zur Pfändung des Anspruchs auf Herausgabe dem Patentamt eingereichter Modelle *Hüfner* LeipZ 1914, 625 ff.

ferner Ansprüche unpfändbar, deren Gegenstand eine nach §§ 811 f., 865 usw. *unpfändbare*[6] und auch nicht nach § 811 a austauschbare oder demnächst pfändbar werdende (§ 811 c)[7] Sache oder eine Beweisurkunde bildet, die nicht für sich allein[8] Gegenstand selbständiger Rechte und folgeweise der Geldvollstreckung sein kann, wie Hypothekenbriefe[9], Fahrzeugbriefe[10], Sparbücher[11]; solche Urkunden im Dienst und zum Zwecke der Pfändung des verbrieften Rechts sowie ein Anspruch des Schuldners auf deren Herausgabe unterliegen nur der Hilfspfändung[12]. Über den Schutz des Drittschuldners → § 836 Rdnr. 2 ff.

3   Einen Versuch, die freiwillige Herausgabe nach § 809 zu erreichen, setzt § 847 nicht voraus. Ist jedoch der Gläubiger selbst Drittschuldner (→ § 829 Rdnr. 122), weil er die Sache im Gewahrsam hat, so muß er sie nach § 809 pfänden lassen; die Anrufung des Vollstreckungsgerichts ist hier sinnloser Umweg.

II. Die Pfändung

4   1. Sie geschieht entsprechend §§ 829 ff. durch Erlaß und Zustellung des Pfändungsbeschlusses, bei Ansprüchen *aus* indossablen Papieren (Konnossement, Lagerschein) durch Wegnahme des Papiers gemäß § 831[13], falls es der Schuldner oder ein zur Herausgabe bereiter Dritter (§ 809) in Gewahrsam hat. Zu unterscheiden davon ist die Pfändung von Ansprüchen des Schuldners auf Herausgabe eines solchen Papiers, § 846 Rdnr. 1, oder auf Verschaffung des ihm noch nicht zustehenden verbrieften Anspruchs, → § 857 Rdnr. 78. Bei der Pfändung des Anspruchs auf Rückübertragung zur Sicherheit übereigneter Sachen empfiehlt es sich, zusätzlich den Anspruch auf Auszahlung des dem Sicherungsgeber verbleibenden Mehrerlöses zu pfänden[14].

In dem *Pfändungsbeschluß*[15] ist der Anspruch, insbesondere sein Gegenstand ausreichend zu bezeichnen, → § 829 Rdnr. 40 ff.[16], dem Drittschuldner zu verbieten, an den Schuldner zu leisten (§ 829 Abs. 1 S. 1)[17], dem Schuldner zu gebieten, sich jeder Verfügung über den Anspruch zu enthalten (§ 829 Abs. 1 S. 2) und außerdem ohne besonderen Antrag[18] stets (auch bei Arrestpfändung, → Rdnr. 10) anzuordnen, daß die Sache an einen vom Gläubiger zu beauftragenden **Gerichtsvollzieher herauszugeben sei** (nach § 318 Abs. 2 AO an den Vollziehungsbeamten). Dadurch soll, da die Sachen regelmäßig nicht zur Hinterlegung geeignet sind (vgl. § 372 BGB), der Drittschuldner einen Ersatz für die Hinterlegung erhalten, wie auch die §§ 854 f. im Vergleich mit § 853 zeigen. Die Anordnung ist daher für die Wirksamkeit des Pfändungsbeschlusses nicht wesentlich[19], wie ja auch indossable Papiere ohne die Anordnung zu pfänden sind, § 831. Das Herausgabegebot hat nur Bedeutung für die Vorbereitung bzw. Sicherung der Verwertung, → Rdnr. 8 ff. Fehlt es, so ist es auf Antrag nachträglich zu

---

[6] *OLG Celle* JW 1935, 1718; *OLG Düsseldorf* DR 1941, 639; *KG* OLG Rsp 37, 202 (zu § 865); *BFH* BB 1976, 1350 (zu § 368 Abs. 2 AO a.F. = § 318 AO 77); ganz h.M. – A.M. *LG Lübeck* SchlHA 1970, 116 (abl. *Bürck*). → aber auch § 811 Rdnr. 30.

[7] Hier ist die Anordnung nach § 847 Abs. 1 entsprechend zu modifizieren (arg. § 844). S. auch *Wieczorek*[2] Anm. B I b.

[8] Sie werden von der Forderungspfändung erfaßt → § 829 Rdnr. 80.

[9] Zur Hilfspfändung nach § 886 → § 830 Rdnr. 17 f.

[10] *LG Berlin* DGVZ 1962, 186; *Noack* (Fn. 1), 99; zur Wegnahme → § 808 Rdnr. 24, 31.

[11] Sind sie im Gewahrsam des Schuldners oder seines Ehegatten (§ 739), so werden sie unmittelbar durch Hilfspfändung weggenommen, → § 821 Rdnr. 4.

[12] → §§ 821 Rdnr. 4, 829 Rdnr. 80, 830 Rdnr. 13 ff., 836 Rdnr. 15, 17, 857 Rdnr. 5, 66.

[13] *BGH* WPM 1980, 871 f. – A.M. *Wieczorek*[2] A II.

[14] *Stöber*[10] Rdnr. 1504; da nicht sicher ist, ob dingliche Surrogation anerkannt wird; offengelassen in *BGH* NJW 1982, 1150, 1151 (aber als naheliegend bezeichnet).

[15] Siehe *Stöber*[10] Rdnr. 2016 ff.

[16] Vgl. *OLG Köln* JW 1921, 535 (Juwelen); *LG Lübeck* SchlHA 1956, 204 (»pachtweise überlassene Gegenstände« zu unbestimmt). Zur Rückübertragung von Sicherungseigentum → § 829 Rdnr. 48.

[17] Dies wird nicht durch Abs. 1 überflüssig, weil daneben noch andere Leistungshandlungen in Betracht kommen können, die der Drittschuldner nicht gegenüber dem Schuldner vornehmen kann.

[18] Allg. M.; die Anordnung darf allenfalls auf Antrag gemäß § 844 durch geeignetere Maßnahmen ersetzt werden.

[19] Allg. M.; *RG* WarnRsp 1914 Nr. 347 = JW 416[17]; *OLG Celle* OLG Rsp 10, 381 ff.

erlassen[20] und wie der Pfändungsbeschluß zuzustellen[21]; das ist auch nach Konkurseröffnung zulässig, da die Anordnung der Pfändung nachfolgt[22]. Zur Vorpfändung → § 845 Rdnr. 25.

2. Der *Gerichtsvollzieher* soll in der Anordnung nicht bezeichnet werden; denn der Gläubiger muß ihn erst nach §§ 754 f. zur Empfangnahme gemäß § 757 legitimieren; vorher ist die Herausgabepflicht nicht erfüllbar. Eine Ernennung durch das Gericht erfolgt nur nach § 854 Abs. 1.

3. Steht der Anspruch auf Herausgabe einer unteilbaren Sache dem Schuldner und einem Dritten nach Bruchteilen zu (→ § 829 Rdnr. 21), so darf sich die Pfändung nur auf den ideellen Anteil des Schuldners erstrecken und ist die Anordnung dahin zu erlassen, daß der vom Gläubiger zu beauftragende Gerichtsvollzieher zusammen mit dem Dritten zum Empfang berechtigt sei[23].

4. Außer in den Fällen des § 844 darf nur Herausgabe an den Gerichtsvollzieher angeordnet werden (nicht an den Gläubiger selbst); nur diese Herausgabe hat die → Rdnr. 11 ff. erörterten Folgen[24]. S. auch § 854 Abs. 1.

III. Wirkung der Pfändung

Zur **Wirkung** der Pfändung und des Pfandrechts an dem Anspruch gilt das → § 829 IV – VIII Ausgeführte entsprechend. Jedoch fallen mit der Anordnung nach Abs. 1 das Recht und die Pflicht des Drittschuldners zur Hinterlegung oder zur Leistung an Gläubiger und Schuldner gemeinschaftlich fort[25]; an ihre Stelle tritt das Recht und die Pflicht zur Herausgabe an den Gerichtsvollzieher. Solange das Herausgabegebot nicht ergangen ist und der Gerichtsvollzieher dem Drittschuldner nicht bezeichnet ist, wäre eine Klage unbegründet[26]; es genügt jedoch, daß diese Voraussetzungen bei Erlaß des Urteils vorliegen.

Die Klage kann, wie die auf Hinterlegung, vom Gläubiger (s. auch § 841) wie auch vom Schuldner erhoben werden[27], und zwar schon vor Überweisung, also auch nach §§ 720 a, 930 (→ Rdnr. 10). Die Sachen selbst sind bis zur Herausgabe noch nicht gepfändet[28] oder beschlagnahmt im Sinne des § 136 StGB[29], wohl aber tauglicher Gegenstand einer Klage nach § 771, → dort Rdnr. 10. Dies gilt auch dann, wenn der Herausgabeanspruch nach Pfändung zwar durch Übergabe an einen Dritten untergegangen ist, aber die Herausgabe an den Gerichtsvollzieher oder erneute Pfändung durch diesen (→ Rdnr. 12) weiterhin unmittelbar droht[30].

IV. Überweisung zur Einziehung

Die **Überweisung zur Einziehung** ist im Gegensatz zu der an Zahlungs Statt (§ 849 und arg. § 854), auch hier zulässig, aber für die Klage auf Herausgabe an den Gerichtsvollzieher nicht erforderlich[31]. Der Gläubiger kann schon aufgrund der Pfändung alle Rechtshandlungen

---

[20] Z.B. wenn die genaue Bezeichnung der Sache nach der Auskunft des Schuldners (§ 836 Abs. 3) berichtigt werden muß, vgl. *LG Berlin* MDR 1977, 59.
[21] → § 829 Rdnr. 55.
[22] *OLG München* OLG Rsp 19, 12 f.; *Noack* (Fn. 1), 97.
[23] RGZ 13, 176; JW 1893, 235; *Stöber*[10] Rdnr. 2020.
[24] BGHZ 72, 334 = JR 1979, 283 (*Olzen*).
[25] *Thomas/Putzo*[18] Rdnr. 2; *Stöber*[10] Rdnr. 2023. – A.M. *Baumbach/Hartmann*[52] Rdnr. 3. Allerdings wird man auf §§ 372, 383 BGB zurückgreifen müssen, wenn durch Verzögerung der Benennung des Gerichtsvollziehers Schaden droht.
[26] Vgl. *OLG Köln* (Fn. 16).
[27] Vgl. *OLG Braunschweig* BrschwZ 1944, 170 f.

[28] BGHZ 67, 383 = NJW 1977, 384 = JZ 270; RGZ 13, 344.
[29] RGSt 24, 202.
[30] → § 771 Rdnr. 10, 11. Letzteres übersieht *Olzen* JR 1979, 285 f.
[31] *OLG Rostock* SA 67, 381[213]; *Hoche* NJW 1955, 161 f.; *Noack* (Fn. 1), 100; *Stöber*[10] Rdnr. 2026; MünchKommZPO-*Smid* Rdnr. 12. – A.M. *OLG Dresden* OLG Rsp 33, 113; anscheinend auch *RGZ* 25, 187; § 176 Nr. 2 S. 2 GVGA; *Jauernig* ZwVR[19] § 20 II 1; *Baur/Stürner*[11] Rdnr. 532; *Baumann/Brehm* § 21 II 2 b; *Rosenberg/Gaul/Schilken*[10] § 57 I, die damit den Arrestgläubiger dem guten Willen des Drittschuldners ausliefern.

vornehmen, die zur Sicherung erforderlich sind → § 829 Rdnr. 85. Verwertet wird im Falle des § 847 die Sache, nicht der Anspruch. Die Herausgabe an den Gerichtsvollzieher ist noch nicht Verwertung; es entsteht nur ein Pfandrecht an der Sache. Deshalb muß auch dem Arrestgläubiger die Befugnis zustehen, auf Herausgabe an den Gerichtsvollzieher zu klagen; sonst könnte er bezüglich des Sachwertes keine Sicherung erreichen. Der Überweisungsbeschluß ist aber zur Verwertung der Sache vorzulegen → Rdnr. 14.

V. Herausgabe durch den Drittschuldner

11   1. Ob der Drittschuldner die Sache **freiwillig herausgeben** will, steht bei ihm, und ob er sich dadurch dem Schuldner oder Dritten schadensersatzpflichtig macht, bestimmt sich nach bürgerlichem Recht[32]. Bei Verweigerung darf der Gerichtsvollzieher die Sachen nicht wegnehmen; der *Gläubiger* muß vielmehr auf Ablieferung an den Gerichtsvollzieher (unter Beachtung des § 841) **klagen**[33]. Das Urteil wird nach § 883 f. vollstreckt; bei Ansprüchen auf Übereignung gilt daneben § 894, → Fn. 38.

12   2. **Im Zeitpunkt der Herausgabe** an den Gerichtsvollzieher entsteht anstelle des durch die Anspruchspfändung begründeten Pfandrechts ein solches an der Sache[34]. Eine förmliche Sachpfändung nach § 808 muß nicht erfolgen[35], auch wenn man keine dingliche Surrogation analog § 1287 Abs. 1 BGB annimmt, sondern einen erneuten Pfändungsakt, für den Abs. 2 Formerleichterungen vorsieht.

Daß jedenfalls die Empfangnahme den äußeren Tatbestand des § 808 erfüllt, wird wichtig bei Unregelmäßigkeiten: Geht der gepfändete Anspruch vor Herausgabe an den Gerichtsvollzieher unter, so entfällt mit dem Gegenstand des Pfandrechts dieses selbst, soweit es sich nicht an einem dem Schuldner zustehenden Ersatzanspruch fortsetzt, → § 829 Fn. 373. Gelangt danach die Sache noch zum Gerichtsvollzieher, so wird man dies als selbständige Pfändung nach § 808[36] anzusehen haben, auch wenn der Gerichtsvollzieher nur eine Empfangnahme nach § 847 protokolliert (§ 762). Das gleiche wird man annehmen müssen, wenn die Pfändung des Herausgabeanspruchs unerkannt nichtig war.

Das Pfandrecht an der Sache entsteht auch dann, wenn der Schuldner das Eigentum erst mit Herausgabe, noch später, z. B. als Eigentumsanwärter[37] oder überhaupt nicht erwirbt, → auch § 804 Rdnr. 10 f.[38]. Anders im Grundstücksrecht (§ 848 Abs. 2), → auch § 867 IV 1, und beim bürgerlich-rechtlichen Pfandrecht (§ 1287 BGB), wo erst der Eigentumserwerb das Pfandrecht entstehen läßt. *Dritte* können ihre Rechte an der Sache schon vor der Herausgabe, auch noch bei einer zwischen konkurrierenden Gläubigern vereinbarten treuhänderischen Verwahrung[39] nach § 771 oder § 805 geltend machen[40]. Letzteres kann auch der Drittschuldner

---

[32] Vgl. dazu *BGH* WPM 1980, 871 f.; → auch Fn. 40.
[33] OLG Rostock (Fn. 31); allg. M.
[34] BGHZ 67, 383 = NJW 1977, 384, 385.
[35] *Zöller/Stöber*[18] Rdnr. 5; aus der dinglichen Surrogation analog § 1287 Abs. 1 BGB schließt *OLG München* (Fn. 22) die Unanwendbarkeit des § 15 KO.
[36] *Olzen* (Fn. 30) hält diese in solchen Fällen wohl zutreffend für nötig, was *BGH* (Fn. 24) offen läßt. Jedoch muß der Anspruch nicht bei jeder treuhänderischen Privatverwahrung untergehen, z. B. dann nicht, wenn sie den Besitz des Drittschuldners als mittelbaren bestehen läßt.
[37] Ob der Dritte dann überhaupt herausgeben muß, ist im Prozeß → Rdnr. 11 zu klären.
[38] So auch *Zöller/Stöber*[18] Rdnr. 5. Anders, wenn man das Pfandrecht als bürgerlichrechtliches ansieht (*Wieczorek*[2] Anm. B III b will jedoch Eigenbesitz genügen lassen). – *Hoche* (Fn. 31), 162 will bei Ansprüchen auf Übereignung die beiderseitigen Einigungserklärungen vom Gesetz unterstellen oder fingieren; aber § 847 Abs. 1 will nicht § 929 BGB ersetzen, sondern sieht nur für das *eine* Merkmal »Übergabe« einen anderen Empfänger vor. Wie bei § 1287 BGB vollzieht sich die Einigung (üblicherweise stillschweigend) zwischen Drittschuldner und Gerichtsvollzieher als Vertreter des Schuldners, nicht anders als in § 848 Abs. 2 S. 1 (so auch *Thomas/Putzo*[18] Rdnr. 3; *Baur/Stürner*[11] Rdnr. 533 u. ausführlich *J. Blomeyer* Rpfleger 1970, 230 f. mit Fn. 33).
[39] → § 771 Rdnr. 10 a. E.
[40] Auch der Vorbehaltsverkäufer (→ § 771 Rdnr. 18), es sei denn, der Gläubiger erkennt das Vorrecht an. Dazu u. zur Haftung des Gläubigers, wenn er die Freigabe der Sache im Falle des § 847 schuldhaft verweigert oder verzögert, s. *BGH* (Fn. 28).

selbst, → § 805 Rdnr. 16, wenn er ein älteres Pfandrecht hat. Zur Auszahlungssperre bei in Kürze zu erwartendem Einstellungsbeschluß → § 819 Rdnr. 6.

Wird der *Anspruch* auf Herausgabe nacheinander für *mehrere Gläubiger* gepfändet[41], so bestimmt sich die **Rangordnung** unter *ihnen*, obwohl die Pfandrechte an der Sache gleichzeitig entstehen → Rdnr. 12, nach der Zeit der Pfändung des Anspruchs, wie sich aus der Sondervorschrift des § 854 Abs. 2 ergibt[42]. Dagegen geht ein Pfändungspfandrecht, das durch *Pfändung der Sache vor der Herausgabe* an den Gerichtsvollzieher für einen Gläubiger desselben Schuldners[43] entstanden ist, dem auf Grund der Anspruchspfändung und der späteren Herausgabe entstandenen Pfandrecht vor; denn die für Pfandrechte an Sachen gegenüber konkurrierenden Gläubigern erforderliche Publizität[44] wird erst durch den Besitz des Gerichtsvollziehers hergestellt, und die Bereitschaft des Dritten, die Sache herauszugeben (§ 809), ist weder eine Verfügung über die Sache, noch wird dem *Drittschuldner* durch die Pfändung des Anspruchs die Verfügung über die *Sache* verboten[45]. 13

Aber der Dritte macht sich durch die Duldung einer nachträglichen Sachpfändung (§ 809) dem Gläubiger schadensersatzpflichtig, weil er dessen Pfandrecht am Herausgabeanspruch verletzt[46]. – Wird die Sache sofort bei ihrer Übernahme durch den Gerichtsvollzieher noch für andere Gläubiger gepfändet (s. § 826), so ist das nicht »gleichzeitige«, sondern nachrangige Pfändung[47]. Zum Erlöschen des Herausgabeanspruchs vor der Übernahme → Rdnr. 12.

VI. Verwertung

1. Auf die Verwertung der herausgegebenen Sache sind die *Vorschriften über die Verwertung gepfändeter Sachen* anzuwenden, **Abs. 2.** Damit ist nur geregelt, *wie* die Verwertung zu erfolgen hat (so klarer § 318 Abs. 2 Satz 2 AO), nämlich durch ein Anhangsverfahren nach den §§ 814–825. *Ob* die Verwertung erfolgt, hängt jedoch davon ab, ob a) der Titel zur Verwertung berechtigt, b) der Gläubiger dieses Recht auch ausnützt, indem er die Überweisung zur Einziehung beantragt und erhält. 14

Hat er den Anspruch *lediglich gepfändet*, insbesondere als Arrestgläubiger (→ Rdnr. 10) oder in den Fällen der §§ 720 a (→ dort Rdnr. 6 f.), 772 f., 782, so verbleibt die Sache beim Gerichtsvollzieher, → § 930 II. Verwertet wird sie nur im Falle des § 930 Abs. 3 (§ 720 a Abs. 2) oder wenn nach Leistung der Sicherheit (§ 720 a Abs. 1 S. 2) bzw. Eintritt der in → § 930 IV 1 genannten Voraussetzungen die *Überweisung nachträglich* erwirkt und zugestellt ist[48], → § 835 Rdnr. 1, 5. 15

2. Ist dem Gläubiger der Anspruch *von vornherein zur Einziehung überwiesen*, so kann die Sache sogleich verwertet werden; im Fall des § 839 wird der Erlös hinterlegt. 16

3. Ist nach der Anspruchspfändung, aber vor der Herausgabe ein Pfändungspfandrecht an 17

---

[41] Das hat nur Erfolg, solange der Drittschuldner noch etwas zu leisten hat, also bei bloßen Herausgabeansprüchen nicht mehr, wenn die Sache dem Gerichtsvollzieher schon übergeben ist (dann nur § 826), während bei Ansprüchen auf Übereignung die Herausgabe allein noch nicht vollständige Erfüllung ist u. daher der Anspruch noch bis zur Einigung zur Pfändung geeignet ist, was *Stöber*[10] Rdnr. 2029 übersieht.
[42] *RGZ* 13, 344; *KG* OLG Rsp 11, 113 mwN; allg. M.
[43] Oder seines Ehegatten, → § 739 Rdnr. 23. Wird die Sache vor der Herausgabe für einen *anderen* Gläubiger aufgrund seines Titels gegen den besitzenden Dritten gepfändet, so steht das Verfügungsverbot → § 803 Rdnr. 5 einer Herausgabe aufgrund der Anspruchspfändung entgegen, solange die Sachpfändung besteht.
[44] Zudem ist fraglich, ob Abs. 2 überhaupt eine echte Surrogation regelt oder nur eine Formerleichterung für Sachpfändungen.
[45] *RGZ* 13, 344; *KG* KGBl 1896, 47; h. M. (zur älteren Lit. 18. Aufl. Fn. 26). – A.M. *KG* KGBl 1899, 36 f.; *Jacobi* DJZ 1905, 1002; *Hellwig* System 2, 363.
[46] Vgl. *Emmerich* Pfandrechtskonkurrenzen (1909), 64; *Stöber*[10] Rdnr. 2031 sieht den Grund des Schadensersatzes im Verstoß gegen das Verfügungsverbot. – A.M. *OLG Königsberg* SA 63, 298; *Wieczorek*[2] Anm. B III a.
[47] *Stöber*[10] Rdnr. 2030. § 176 Nr. 7 GVGA ist insoweit irreführend formuliert.
[48] Denn der Eintritt der o. g. Voraussetzungen vervollständigt nur den Titel bzw. das Pfändungspfandrecht, gewährt aber noch nicht die → § 835 Rdnr. 8 genannten Befugnisse des Gläubigers. – A.M. *Stöber*[10] Rdnr. 2028; wohl auch *Noack* (Fn. 1), 99.

der Sache entstanden[49], so ist nach § 827 zu verfahren. Vollstreckungsgericht für dieses Verfahren ist das Amtsgericht, in dessen Bezirk die Herausgabe stattgefunden hat[50], → § 764 Rdnr. 4.

VII. Rechtsbehelfe und Kosten

18 Wegen der **Rechtsbehelfe** → § 829 Rdnr. 53 f. (Erinnerung der Parteien, und zwar beim Gericht des § 764 Abs. 2 gegen das Verfahren des Gerichtsvollziehers, im übrigen beim Gericht der Pfändung, § 828 Abs. 2); → noch neben Rdnr. 8 und 11: § 829 Rdnr. 106 ff., § 835 Rdnr. 20 ff., 34 f. (Gläubiger: Drittschuldner), § 829 Rdnr. 97 f., § 835 Rdnr. 32 f. (Schuldner: Drittschuldner). Wegen der **Kosten**[51] → § 829 Rdnr. 125, § 835 Rdnr. 28 f., § 846 Rdnr. 3.

§ 847 a [Herausgabeansprüche bei Schiffen]

(1) Bei der Pfändung eines Anspruchs, der ein eingetragenes Schiff betrifft, ist anzuordnen, daß das Schiff an einen vom Vollstreckungsgericht zu bestellenden Treuhänder herauszugeben ist.

(2) ¹Ist der Anspruch auf Übertragung des Eigentums gerichtet, so vertritt der Treuhänder den Schuldner bei der Übertragung des Eigentums. ²Mit dem Übergang des Eigentums auf den Schuldner erlangt der Gläubiger eine Schiffshypothek für seine Forderung. ³Der Treuhänder hat die Eintragung der Schiffshypothek in das Schiffsregister zu bewilligen.

(3) Die Zwangsvollstreckung in das Schiff wird nach den für die Zwangsvollstreckung in unbewegliche Sachen geltenden Vorschriften bewirkt.

(4) Die vorstehenden Vorschriften gelten entsprechend, wenn der Anspruch ein Schiffsbauwerk betrifft, das im Schiffsbauregister eingetragen ist oder in dieses Register eingetragen werden kann.

Gesetzesgeschichte: Seit 1940 RGBl. I, 1609.

1 I. § 847 a (s. auch § 318 Abs. 4 AO) regelt die Pfändung eines Anspruchs, der ein **eingetragenes** (→ § 870 a I) **Schiff** oder eintragungsfähiges[1] **Schiffsbauwerk** (Abs. 4) betrifft, wie § 848 für Ansprüche, die eine unbewegliche Sache betreffen. Die »Schiffshypothek« (Abs. 2) ist stets Sicherungshypothek, da das SchiffsRG vom 15. XI. 1940 eine dem § 1138 BGB entsprechende Vorschrift nicht enthält; → allerdings § 870 a III a. E. – Zu den Einzelheiten → § 848. Wegen des Arrestes → § 931, wegen § 720 a → dort Fn. 11.

2 II. Betrifft der Anspruch ein **nicht eingetragenes** Wasserfahrzeug, so gilt § 847.

3 III. Für die in die Luftfahrzeugrolle **eingetragenen Luftfahrzeuge** gilt § 847 a sinngemäß nach § 99 LuftfzRG mit der Maßgabe, daß an die Stelle der Schiffshypothek das Registerpfandrecht tritt; Näheres → § 830 a, s. auch § 318 Abs. 4 AO. Die Zwangsvollstreckung erfaßt nicht Ersatzteile, auf die sich ein Registerpfandrecht nach § 71 LuftfzRG erstreckt, § 99 Abs. 1 LuftfzRG; sie werden als bewegliche Sachen gepfändet, § 100 LuftfzRG; → aber § 808 Rdnr. 31; für ausländische Luftfahrzeuge s. § 103 ff. LuftfzRG, → auch § 816 Rdnr. 8 (Genfer LuftfahrtÜ). – Wegen des Arrestes → § 928 II.

---

[49] Zum Rang → Rdnr. 13.
[50] Siehe auch *RG* JW 1895, 240.
[51] Die Übernahme der Sache durch den Gerichtsvollzieher gehört zur ZV, *OLG Hamburg* JW 1937, 563³³; *OLG Königsberg* JW 1929, 3323¹³ betrifft § 938 Abs. 2.

[1] Vgl. § 66 SchiffsregisterO (RGBl. I 1940, 1591); s. auch § 170 a ZVG und EinigVtr Anl. I Kap. III Sachgebiet B Abschnitt III.

§ 848 [Herausgabeansprüche bei Grundstücken]

(1) Bei Pfändung eines Anspruchs, der eine unbewegliche Sache betrifft, ist anzuordnen, daß die Sache an einen auf Antrag des Gläubigers vom Amtsgericht der belegenen Sache zu bestellenden Sequester herauszugeben sei.

(2) ¹Ist der Anspruch auf Übertragung des Eigentums gerichtet, so hat die Auflassung an den Sequester als Vertreter des Schuldners zu erfolgen. ²Mit dem Übergang des Eigentums auf den Schuldner erlangt der Gläubiger eine Sicherungshypothek für seine Forderung. ³Der Sequester hat die Eintragung der Sicherungshypothek zu bewilligen.

(3) Die Zwangsvollstreckung in die herausgegebene Sache wird nach den für die Zwangsvollstreckung in unbewegliche Sachen geltenden Vorschriften bewirkt.

Gesetzesgeschichte: Bis 1900 § 747 CPO. Änderung RGBl. 1898 I, 256.

I. Bedeutung[1]

Ansprüche auf **Herausgabe unbeweglicher Sachen** zu Besitz oder Eigentum (Abs. 2) werden als bewegliches Vermögen gepfändet; § 866 Abs. 3 gilt daher nicht[2]. Nur die »herausgegebene« Sache unterliegt nach Abs. 3 der Immobiliarvollstreckung. Zum Begriff der unbeweglichen Sache → § 864 I, über Miteigentum → § 847 Rdnr. 6. Wegen *entsprechender* Anwendung nach § 857 Abs. 1 → dort Rdnr. 79. Vgl. auch § 318 Abs. 3 AO 1977.   1

II. Pfändungsbeschluß

Gepfändet wird wie bei § 847 durch Pfändungsbeschluß des nach § 828 Abs. 2 zuständigen Vollstreckungsgerichts. Wesentlich für die Wirksamkeit ist auch hier allein das dem Drittschuldner zugestellte Verbot, → § 829 Rdnr. 51[3]. Die *Überweisung* geschieht nur zur Einziehung, § 849, vgl. auch § 855; → dazu Rdnr. 12. Die Anordnung, daß die Sache an einen Sequester herauszugeben oder aufzulassen sei, ist für die Wirksamkeit des Pfändungsbeschlusses nicht wesentlich → § 847 Rdnr. 4 a.E. Zur *Bestellung des Sequesters*[4] ist der Rechtspfleger (§ 20 Nr. 17 RpflG) des Amtsgerichts der belegenen Sache zuständig, das dann für diesen Teil der Vollstreckung Vollstreckungsgericht wird[5]. Ist es auch für die Pfändung zuständig, so kann die Ernennung schon im Pfändungsbeschluß erfolgen.   2

Der Gläubiger muß sie beantragen (s. aber auch § 855) unter Vorlage des Pfändungsbeschlusses nebst Anordnung und dann den ernennenden Beschluß entweder gleichzeitig mit dem Pfändungsbeschluß nach § 829 zustellen lassen oder nachträglich die Zustellung an Drittschuldner und Schuldner bewirken. Liegen die Grundstücke in verschiedenen Gerichtsbezirken, so ist für jeden ein Sequester zu bestellen[6]. Bei Verzug darf der Drittschuldner entsprechend § 303 BGB handeln[7]. Für die Klage auf Herausgabe an den Sequester[8] gilt das   3

---

[1] *Stöber*[10] Rdnr. 2034 ff.
[2] *KG* OLG Rsp 1, 207 f.; KGJ 35 A 316; HRR 1930 Nr. 2024; jetzt ganz h. M.
[3] *RG* WarnRsp 1913 Nr. 390 = Gruch. 57, 1087.
[4] Siehe auch § 318 Abs. 3 AO 1977 »Treuhänder«. Geeignet kann jede Person oder Gesellschaft sein; Pflicht zur Amtsübernahme besteht nicht. S. auch *Noack* JR 1963, 296 u. Büro 1977, 1317.
[5] Vgl. Mot. 436; zur Vergütung → Fn. 42 f.
[6] § 36 Nr. 4 gilt nur, wenn dasselbe Grundstück oder zusammenhängende Grundstücke in verschiedene Bezirke hineinragen; für weitergehende entsprechende Anwendung *Wieczorek*[2] Anm. A II a 2; *Stöber*[10] Rdnr. 2037 a.E.
[7] *Baumbach/Hartmann*[52] Rdnr. 3; *Wieczorek*[2] Anm. A I b. S. auch zur nicht rechtzeitigen Bestellung *BGH* 68, 397 = WPM 1967, 657 (Haftung nach § 842; keine Analogie zu § 206 BGB gegenüber bedingtem oder befristetem Rücktrittsrecht des Drittschuldners).
[8] Der Sequester darf nicht klagen, aber der Schuldner, → § 847 Rdnr. 10; *RG* HRR 1935 Nr. 1710 = JW 3541[12]; *BGH* BB 1968, 397; h. M.

zu § 847 Rdnr. 9 Ausgeführte. Das Urteil wird nur auf Antrag des Klägers nach § 885 vollstreckt.

III. Die Durchsetzung des Anspruchs richtet sich nach seinem Inhalt:

4   1. Geht der Anspruch **nur auf Herausgabe**, so endet die auf der Pfändung beruhende Vollstreckung, nachdem die Sache dem Sequester freiwillig oder zwangsweise übergeben ist; ein Pfandrecht an der Sache entsteht nicht und der Sequester ist als solcher zur Verwaltung (z. B. durch Einziehung von Mieten) nicht befugt[9]. Da der Besitz Dritter weder der Eintragung einer Sicherungshypothek, §§ 866 f., noch der Zwangsversteigerung oder (falls es sich um Miet- oder Pachtbesitz handelt) Zwangsverwaltung entgegensteht, § 17 Abs. 1, § 146 Abs. 1 ZVG, ist diese Anspruchspfändung allenfalls mittelbar der Befriedigung des Gläubigers dienlich, falls er aus besonderen Gründen Interesse an der Besitzlage hat[10]; → auch Rdnr. 12.

5   2. Geht der Anspruch auf **Übereignung** (Auflassung), sei es mit, sei es ohne Besitzübertragung[11], so erfolgt nach **Abs. 2**, der dem § 1287 BGB entspricht, die **Auflassung** seitens des Drittschuldners *an den Sequester als Vertreter des Schuldners*. Verweigert der Drittschuldner die Erklärung, so hat der Gläubiger[12] ihn aufgrund der Pfändung[13], also auch bei der Arrestpfändung[14], darauf zu verklagen (Vollstreckung nach §§ 894 f.). Einer Klage gegen den Schuldner fehlt das Rechtsschutzinteresse, da er bei der Auflassung nicht mitwirken muß[15]. Schon vorher kann der Gläubiger die Eintragung einer Vormerkung[16] für das Recht seines Schuldners auf Auflassung gemäß §§ 883, 885 BGB im Wege einstweiliger Verfügung gegen den Drittschuldner[17] beantragen.

6   Ist die *Auflassung an den Schuldner schon erklärt*, aber noch nicht eingetragen, so ist zwar der Auflassungsanspruch als wesentlicher Teil des Übereignungsanspruchs erfüllt, aber noch nicht der Übereignungsanspruch als Ganzes; er besteht trotz § 13 Abs. 2 GBO bis zur Eintragung fort, §§ 362, 873 BGB, auch wenn er vom Veräußerer nur noch Erfüllung von Nebenpflichten verlangt, eventuell die Wiederholung der etwa fehlerhaften Auflassung[18]. Das rechtfertigt trotz mancher Bedenken[19] die Wahl des Gläubigers, noch immer nach § 848 vorzugehen[20], statt sich auf die unsichere Pfändung der Anwartschaft (→ § 857 II 10) zu

---

[9] Aber ein nach § 844 zu verwertender Gegenstand (Anspruch) ist nicht mehr vorhanden, h. M.; vgl. *Stöber*[10] Rdnr. 2042 Fn. 13. – A. M. *Wieczorek*[2] Anm. B II (Verwaltung gemäß § 844).

[10] Z. B. um den Eigenbesitz eines Dritten zu beseitigen, vgl. *Zeller/Stöber* ZVG[13] § 147 Rdnr. 2.2, oder um die stillschweigende Verlängerung eines abgelaufenen Mietvertrages zu vermeiden im Hinblick auf die bevorstehende ZV nach § 866, vgl. §§ 57 a, 150 Abs. 2, § 152 Abs. 2 ZVG; → auch § 810 Rdnr. 4 ff.

[11] Im ersten Fall ist auch die Herausgabe anzuordnen; der Antrag »auf Herausgabe« schadet nicht, vgl. *OLG Dresden* OLG Rsp 33, 113. – A.M. *Hoche* NJW 1955, 161 f.; *Stöber*[10] Rdnr. 2037.

[12] Auch der Schuldner darf es, → § 829 Rdnr. 99; klagt er auf Auflassung an sich selbst, weil er zu Unrecht die Pfändung für unwirksam hält, so kann auch ohne Klageänderung zur Auflassung an den Sequester verurteilt werden, *RG* JW 1935, 3542[12] a. E. (»als das Mindere«).

[13] Nicht aufgrund der Überweisung, → § 847 Fn. 31. Auch nach Überweisung kann die Auflassung nur an den Sequester, nicht an den Gläubiger verlangt werden, *RG* JW 1903, 242.

[14] A.M. *OLG Dresden* (Fn. 11), → dagegen § 847 Rdnr. 10.

[15] *BGH* WPM 1978, 12.

[16] Eine schon für den Schuldner eingetragene wirkt nun für den Gläubiger, *KG* JbfrG 8, 318; ein Widerspruch nach § 899 BGB ist daher unnötig, *A. Blomeyer* ZwVR (1975) § 59 II 1 Fn. 7 gegen *AG Freudenstadt* MDR 1972, 1033.

[17] Nicht gegen den Schuldner, denn der Gläubiger macht dessen Recht (Auflassungsanspruch), nicht dessen Pflicht geltend. *Fraeb* ZZP 59 (1935), 391; mißverstanden von *Rosenberg* Lb[9] § 194/3.

[18] Vgl. *RGZ* 113, 405; *Stöber*[10] Rdnr. 2072 ff.; *Horber/Demharter* GBO[18] Anh. zu § 26 17 b; *Vollkommer* Rpfleger 1969, 412 (Anspruch ist noch vormerkfähig, ebenso *KG* DNotZ 1971, 420).

[19] *Hoche* NJW 1955, 933 (gegen ihn *Raiser* Dingliche Anwartschaften 1961, 93 Fn. 215). Dem Sequester verbliebe z. B. entgegen § 848 Abs. 2 nur die Bewilligung nach Abs. 2 S. 3. – *J.Blomeyer* Rpfleger 1970, 232 hält erneute Auflassung für nötig.

[20] *KG* NotZ 1926, 104 = JR 1925, Nr. 1914 = JbfrG 4, 342; *LG Essen* NJW 1955, 1401 (zust. *Horber*); *Löwisch/Friedrich* JZ 1972, 304; *Stöber*[10] Rdnr. 2079; *Vollkommer* (Fn. 18), 413; *Sponer* Anwartschaftsrecht (1965), 168 mwN in Fn. 7; *Münzberg* Festschr. f. Schiedermair (1976), 457; vgl. zur Auflassung an den Schuldner vor Pfändung, aber nach Vorpfändung auch *OLG Bremen* NJW 1954, 1689. – A.M. (nur Pfändung der Anwartschaft) *OLG Jena* OLG Rsp 23, 214 f.; *Hoche* (Fn. 19); *Thomas/Putzo*[18] Rdnr. 2. – Jedenfalls bleibt § 848 Abs. 1 anwendbar, solange der Schuldner noch nicht unmittelbar besitzt.

beschränken[21]. Diese stellt zudem keine Rechtsbeziehungen zum Veräußerer her und ermöglicht es auch dem Gläubiger nicht, anderweitiger Veräußerung entgegenzutreten[22]. Zum Rang → Rdnr. 9.

Soweit *nach* Auflassung zur Eintragung des Schuldners[23] als Eigentümer *Urkunden* vorzulegen sind, hat der Gläubiger sie nach § 792 zu beschaffen[24]. Ist nach der Pfändung an den Sequester[25] oder schon vor der Pfändung (→ Rdnr. 6) an den Schuldner[26] aufgelassen[27], so erwirbt der Gläubiger mit der vom Sequester zu beantragenden Eintragung des Schuldners als Eigentümer, § 873 BGB, nach **Abs. 2 S. 2** eine **Sicherungshypothek** (§ 1184 BGB) für seine Forderung nebst Vollstreckungskosten (→ Rdnr. 14), und zwar *ohne Eintragung*[28]; zum Rang → Rdnr. 9. Die *Bewilligung* der Eintragung (§ 19 GBO) nach **Abs. 2 S. 3** betrifft nur die erforderliche Grundbuchberichtigung[29]. Sie sollte schon bei Auflassung erklärt und beide Eintragungsanträge sollten zugleich gestellt werden, da auch gegenüber der noch nicht eingetragenen Sicherungshypothek § 892 BGB gilt, so daß sie späteren rechtsgeschäftlichen[30] Erwerbern bei gutem Glauben nicht entgegensteht[31]. Bezog sich der Anspruch auf mehrere Grundstücke, so entsteht eine Gesamthypothek[32]. 7

Die Hypothek entsteht nicht, auch nicht als Eigentümerrecht, wenn ihre Grundlage, die Pfändung, unwirksam ist[33]; die Bestellung des Sequesters ist jedoch unabhängig von der Pfändung wirksam, wenn auch anfechtbar, so daß die Auflassung an ihn auch wirksam ist und zum Eigentumsübergang führt, falls es zur Eintragung des Schuldners kommt[34]. 8

Ist der Anspruch für *mehrere Gläubiger* gepfändet, so sind die Sicherungshypotheken in der Reihenfolge der Pfändung einzutragen. Treffen nach der Auflassung Pfändungen nach § 848 (→ Rdnr. 6) mit solchen der Anwartschaft zusammen, so entscheidet wie sonst das Wirksamwerden über den **Rang** der späteren Sicherungshypotheken[35]. Welcher Gläubiger die Übereignung an den Schuldner betrieben hat, ist gleich[36]. S. auch § 855. – Der Sicherungshypothek gehen die *anläßlich der Veräußerung* bewilligten Rechte (vgl. § 185 BGB) im Rang vor[37], nicht aber spätere, wenn auch vor der Pfändung vom (noch nicht berechtigten) Schuldner bewilligte weitere Rechte[38]. 9

---

[21] Besonders wegen *BGH* WPM 1975, 255 = Rpfleger 432[365] (Pfändung unwirksam, falls Eintragungsantrag des Anwärters zurückgewiesen wird, selbst wenn neuer Antrag Erfolg hat); → dagegen § 857 II 10 u. *Münzberg* (Fn. 20), 439 ff.; *Stöber*[10] Rdnr. 2067 ff.

[22] Er selbst kann den gepfändeten Anspruch (→ § 829 Rdnr. 85, § 916 Rdnr. 15) durch Veräußerungsverbot sichern lassen (→ § 938 Rdnr. 25, s. auch § 888 Abs. 2 BGB).

[23] Wegen (unzulässiger) Eintragung des Sequesters s. *OLG Rostock* OLG Rsp 43, 160.

[24] Dazu *Gebel* LeipZ 1933, 1383 ff.; *Wieczorek*[2] Anm. B II b 4.

[25] Für entsprechende Anwendung des § 848 Abs. 2 S. 2 bei unmittelbarer Auflassung an den Schuldner unter stillschweigender Genehmigung des Sequesters *OLG Bremen* NJW 1954, 1689 = MDR 559; *Rosenberg* Lb[9] § 194/3; *Stöber*[10] Rdnr. 2046; sogar ohne Sequesterbestellung *OLG Celle* JR 1956, 146 a. E. Dagegen *J. Blomeyer* Rpfleger 1970, 232; *A. Blomeyer* (Fn. 16) § 59 II 3.

[26] Dann muß die Analogie → Fn. 25 wie bei der Anwartschaftspfändung (→ § 857 II 10) bejaht werden; dem Sequester obliegen nur noch die zur Eintragung erforderlichen Erklärungen, vgl. *KG* (Fn. 20).

[27] Dabei ist die Zustellung der Beschlüsse zu prüfen, → auch Fn. 33.

[28] Vgl. *RG* WarnRspr 1913 Nr. 390; *OLG Rostock* OLG Rsp 43, 160.

[29] *BayObLG* 1972, 46 = Rpfleger 182 = DNotZ 536; jetzt allg. M. – A. M. noch *Hellwig* System 2, 364; → auch Rdnr. 13 Fn. 41. – Den Eintragungsantrag kann auch der Gläubiger stellen, § 13 Abs. 2 GBO.

[30] § 892 BGB schützt nicht Zwangseintragungen, → § 867 IV 1 a. E.

[31] *KG* HRR 1930, 2024 (deshalb möglichst gleichzeitige Erledigung beider Anträge); vgl. auch *Baumbach/Hartmann*[52] Rdnr. 9. Unrichtig *OLG Bremen* (Fn. 25), denn in § 892 Abs. 2 BGB ist der Eintragungsantrag des Erwerbers, nicht der des nicht eingetragenen Berechtigten gemeint.

[32] *OLG München* JbfrG 22, 165 (§ 867 Abs. 2 gilt nicht). *Wieczorek*[2] Anm. B II b 11 leitet aus § 803 Abs. 1 S. 2 ein Recht des Schuldners auf Aufteilung der Forderung entsprechend § 867 Abs. 2 her; das Sicherungsbedürfnis des Gläubigers geht jedoch vor.

[33] *RG* WarnRspr 1913 Nr. 390; allg. M.

[34] Nicht anders als beim zu Unrecht bestellten Zwangsverwalter, s. *BGHZ* 30, 173. Wie hier *Thomas/Putzo*[18] Rdnr. 6; *Wieczorek*[2] Anm. B II b 10. – A. M. noch 19. Aufl. mit *RG* WarnRspr 1913 Nr. 390.

[35] *Wolfsteiner* JZ 1969, 154; *Vollkommer* (Fn. 18); *Stöber*[10] Rdnr. 2078.

[36] *OLG Braunschweig* HRR 1935, Nr. 1711.

[37] *KG* (Fn. 20); *BayObLG* (Fn. 29) mwN; *LG Frankenthal* Rpfleger 1985, 231; allg. M.

[38] Vgl. *BayObLG* (Fn. 29); *BGHZ* 49, 207 f. = LM Nr. 9/10 zu § 857 = NJW 1968, 493 = MDR 313 = Rpfleger 83 = BB 271.

10   3. Ist der Schuldner schon Eigentümer und unmittelbarer Besitzer, aber nicht eingetragen, so ist der Berichtigungsanspruch zu pfänden nach § 857, → dort Rdnr. 82[39].

11   4. Wegen der Besonderheiten bei *Wertsicherungsklauseln* und auf ausländische Währung lautenden Titeln → Rdnr. 161 vor § 704.

IV. Weitere Vollstreckung (Abs. 3)

12   Mit der Herausgabe oder Auflassung an den Sequester ist die Anspruchspfändung erledigt, denn nur die Vollstreckung in den Herausgabeanspruch spielt sich im Rahmen der Mobiliarvollstreckung ab. Daher bestimmt **Abs. 3**, abweichend von § 846, daß nicht eine Verwertung im Anhangsverfahren, sondern eine selbständige **Zwangsvollstreckung in das unbewegliche Vermögen** stattfinden soll. *Diese* Vollstreckung beruht auf dem ursprünglichen Schuldtitel, nicht auf der Pfändung des Herausgabeanspruchs, dessen Überweisung wie bei → § 847 Rdnr. 10 auch für die Rechtsfolgen § 848 Abs. 2 S. 2 und Abs. 3 unnötig ist[40]. Wer nicht nur Arrest- oder Sicherungsgläubiger (§ 720 a) ist, geht daher nach §§ 866 ZPO, 15, (146) ZVG vor, nachdem er sich den dinglichen Titel beschafft hat, → § 866 II. In den Fällen → Rdnr. 4 können Arrest- oder Sicherungsgläubiger nur nach § 932, sonstige Gläubiger nach §§ 866 f. statt der Zwangsversteigerung oder -verwaltung eine Sicherungshypothek eintragen lassen; für sie gilt aber dann § 866 Abs. 3.

V. Rechtsbehelfe und Kosten

13   Wegen der **Rechtsbehelfe** → § 847 Rdnr. 18. Gegen die Ernennung des Sequesters ist die Erinnerung nach § 766, gegen die Ablehnung der Ernennung die Erinnerung nach § 11 Abs. 1 S. 2 RpflG (→ Anh. zu § 576) zulässig, ebenso stets gegenüber der Festsetzung der Vergütung. Für die Eintragung der Sicherungshypothek gilt § 71 GBO[41]; → auch § 867 Rdnr. 28.

14   Zu den **Kosten** (§ 788) gehört auch die Vergütung für den Sequester[42], die das bestellende Gericht[43] (Rechtspfleger) entsprechend § 153 ZVG festsetzt[44] und für deren Zahlung zunächst der Gläubiger haftet; zur Vorlage der Grunderwerbssteuer → § 788 Fn. 156. Wegen der *Gebühren* → § 846 Rdnr. 3.

§ 849   [Keine Überweisung an Zahlungs Statt]

Eine Überweisung der im § 846 bezeichneten Ansprüche an Zahlungs Statt ist unzulässig.

Gesetzesgeschichte: Bis 1900 § 748 CPO.

1   Eine **Überweisung an Zahlungs Statt** kann nicht erfolgen, da die bezeichneten Ansprüche keinen Nennwert haben.

---

[39] A.M. *Wieczorek*[2] Anm. C II (§ 848 Abs. 2 analog; s. aber auch *Wieczorek*[2] Anm. B II a 2).
[40] Ebenso *Hoche* (Fn. 11), 165; *OLG München* SA 60, 427, gewährt doch § 848 Abs. 2 zunächst nur Sicherung, nicht Befriedigung, *Ronke* Festschrift f. Nottarp (1961), 102.
[41] H.M.; *KG* OLG Rsp 1, 207.
[42] H.M.; a.M. *Noack* KTS 1957, 74. Zur Höhe s. *OLG Celle* Rpfleger 1969, 216; *LG München* Rpfleger 1969, 212; ausführlich *Zeller* ZVG[11] § 153 Rdnr. 6 ff. S. auch *OLG Frankfurt* Büro 1970, 103 (nach Bezahlung keine Festsetzung). Der Beschluß ist kein Leistungstitel zugunsten des Sequesters, *OLG Hamburg* Rpfleger 1957, 88; a.M. *Noack* aaO, 75.
[43] → Rdnr. 2 Fn. 5; *Wieczorek*[2] Anm. A II b; *Stöber*[10] Rdnr. 2039.
[44] *OLG Breslau* OLG Rsp 19, 155; *LG Altona* JW 1935, 2305[61] (*Fraeb*); *LG München* Rpfleger 1951, 320; h.M.

§ 850 [Pfändungsschutz für Arbeitseinkommen]

(1) Arbeitseinkommen, das in Geld zahlbar ist, kann nur nach Maßgabe der §§ 850 a bis 850 i gepfändet werden.

(2) Arbeitseinkommen im Sinne dieser Vorschrift sind die Dienst- und Versorgungsbezüge der Beamten, Arbeits- und Dienstlöhne, Ruhegelder und ähnliche nach dem einstweiligen oder dauernden Ausscheiden aus dem Dienst- oder Arbeitsverhältnis gewährte fortlaufende Einkünfte, ferner Hinterbliebenenbezüge sowie sonstige Vergütungen für Dienstleistungen aller Art, die die Erwerbstätigkeit des Schuldners vollständig oder zu einem wesentlichen Teil in Anspruch nehmen.

(3) Arbeitseinkommen sind auch die folgenden Bezüge, soweit sie in Geld zahlbar sind:
a) Bezüge, die ein Arbeitnehmer zum Ausgleich für Wettbewerbsbeschränkungen für die Zeit nach Beendigung seines Dienstverhältnisses beanspruchen kann;
b) Renten, die aufgrund von Versicherungsverträgen gewährt werden, wenn diese Verträge zur Versorgung des Versicherungsnehmers oder seiner unterhaltsberechtigten Angehörigen eingegangen sind.

(4) Die Pfändung des in Geld zahlbaren Arbeitseinkommens erfaßt alle Vergütungen, die dem Schuldner aus der Arbeits- oder Dienstleistung zustehen, ohne Rücksicht auf ihre Benennung oder Berechnungsart.

Gesetzesgeschichte: Bis 1934 in § 749 CPO und § 850 ZPO (RGBl. 1898, 573) nur Verweisung auf G vom 21. VI. 1869 (Nordd. Bund BGBl., 242; Änderung RGBl. 1917, 1102; 1919 I, 589). Seit 1934 Regelung in ZPO § 850 Abs. 1, § 850 f RGBl. 1934 I, 1070, dann Verweisung auf §§ 1 f. Lohnpfändungs-VO RGBl. 1940 I, 1451 und von dort wieder in ZPO BGBl. 1953 I, 952.

I. Überblick zu §§ 850–850k	1	3. Ruhegelder u. ä.	33
1. Grundgedanke	1	a) für Beamte	33
2. Entwicklung der Gesetzgebung	4	b) für Nichtbeamte	34
3. Auslegung	5	4. Hinterbliebenenbezüge	36
II. Geltungsbereich der §§ 850 ff.	6	5. Sonstige Vergütungen	37
III. Sonstiger Vollstreckungsschutz	8	6. Gemischte Ansprüche	44
IV. Forderung – eingenommenes Geld	9	7. Wettbewerbsentschädigungen (a), vertragliche Versicherungsrenten (b), Ersatzansprüche, Konkursausfallgeld, Streikgeld (c, d)	
V. Der maßgebliche Zeitpunkt	13		
VI. Verfahrensgrundsätze	15		
1. Geltendmachung der Pfändungsbeschränkungen, Beweislast	15		45
2. Verzicht, Verwirkung	18	VIII. Umfang der Pfändung	53
3. Verstöße, Rechtsbehelfe	19	1. Erfaßte Ansprüche (Abs. 4)	53
VII. Arbeitseinkommen, § 850	20	2. Sachlicher, persönlicher und zeitlicher Umfang	54
1. Beamtenbezüge	21	IX. Naturalbezüge	59
2. Arbeits- und Dienstlöhne	24	X. Verfügungen (Abtretung, Aufrechnung, Zurückbehaltungsrecht)	61

I. Überblick zu §§ 850–850 k[1]

1. Die §§ 850 ff. regeln den Pfändungsschutz von **Arbeitseinkommen**. Wie die §§ 811 ff. dienen sie dem *Schutz des Schuldners aus sozialen Gründen auch im öffentlichen Interesse*[2], **1**

---

[1] Lit.: *Adam/Lermer/Ried* Pfändungsschutz¹²; *Bischoff/Rochlitz* Lohnpfändung³; *Bock/Speck* Einkommenspfändung (1964); *Boewer* Lohnpfändung (1972); *Boewer/Bommermann* Lohnpfändung und Lohnabtre-

konkretisieren damit den Schutzgedanken des Sozialstaatsprinzips[3] und bilden *zwingende, öffentlich-rechtliche Schranken der Vollstreckung*[4].

2   Da die Pfändung des Arbeitseinkommens nicht zuletzt wegen § 811 oft die einzige Chance für volle Befriedigung bietet, hat das Gesetz mit einer gewissen Elastizität die Pfändungsschranken modifiziert, wenn sonstige Pfändungen nicht ausreichen oder die Art der zu vollstreckenden Forderung auf besonders wichtige Belange des Gläubigers hinweist, z. B. in den §§ 850 b Abs. 2, 850 d, 850 f Abs. 2.

3   Soweit die Unpfändbarkeit reicht, erhält sie nicht nur *unmittelbar* dem Schuldner ein für ihn und seine Familie unentbehrliches Einkommen, sondern sie führt darüber hinaus zu einer *mittelbaren* Lohnsicherung[5] durch Versagen der Abtretung, Verpfändung, Aufrechnung und nach h. M. auch des Zurückbehaltungsrechts, → Rdnr. 61 ff.

4   2. Zur **Entwicklung der Gesetzgebung** bis 1978 → die Vorauflagen zu I.

Wegen des Anstiegs der Lebenshaltungskosten und der Sozialhilfesätze wurden durch das 6. Gesetz zur Änderung der Pfändungsfreigrenzen vom 1. 4. 1992[6] die Pfändungsfreigrenzen nach §§ 850 c, 850 a Nr. 4, § 850 b Abs. 1 Nr. 4 und § 850 f. Abs. 3 angehoben. Außerdem wurde in § 850 f Abs. 1 ein weiterer Tatbestand eingefügt, nach welchem dem Schuldner auf Antrag ein Teil seines Arbeitseinkommens belassen werden kann. Die §§ 850 ff. gelten uneingeschränkt auch in den neuen Bundesländern[7].

5   3. Für die **Auslegung** der §§ 850 ff. gilt das → § 811 Rdnr. 6 f. Ausgeführte entsprechend. Mittels teleologischer Auslegung ist unter Absage an eine begriffsjuristische Anwendungstechnik in Übereinstimmung mit dem Sozialstaatsgebot für eine zeitgemäße, ein menschenwürdiges Leben ermöglichende Anwendung der Vorschriften Sorge zu tragen.

II. Geltungsbereich der §§ 850 ff.

6   1. Die §§ 850 ff. gelten für *jede Zwangsvollstreckung wegen Geldforderungen* (→ vor § 803) nach der ZPO, auch bei der Vollziehung von Arresten (§§ 928, 930) sowie im Konkurs (§ 1 Abs. 4 KO). Ob der Schuldner Deutscher, Ausländer oder Staatenloser ist, begründet keinen Unterschied[8]. Bei NATO-Truppenmitgliedern und dem zivilen Gefolge sind Bezüge nur pfändbar, soweit sie nach dem Recht des Entsendestaates der Pfändung unterliegen → Einl. Rdnr. 675[9]. Nicht zu diesen Bezügen gehört die Witwenrente einer im Inland lebenden Witwe eines amerikanischen Truppenangehörigen[10].

7   2. Für die *Beitreibung außerhalb der ZPO* (→ § 828 Rdnr. 13) gelten die §§ 850 ff. entsprechend, entweder durch unmittelbare Bezugnahme in den Bundes- und Landesgesetzen oder mittelbar über §§ 319, 324 Abs. 3 S. 5 AO, soweit nicht besondere Regelungen eingreifen, → z. B. Rdnr. 28 a. E.

III. Sonstige Vollstreckungsschutzvorschriften

8   Nach § 850 Abs. 1 kann in Geld zahlbares Arbeitseinkommen nur nach Maßgabe der §§ 850 a ff. gepfändet werden. Das »nur« bedeutet nicht den Ausschluß weitergehender

---

tung (1987); *Bohn/Berner* Pfändbare u. unpfändbare Forderungen Bd. 2 Pfändungsschutz[3]; *Henckel* Prozeßrecht u. materielles Recht (1970), 349 ff.; *Walter* Lohnpfändungsrecht[3].

[2] *RGZ* 146, 401; 151, 285; *BGHZ* 4, 153; 13, 360; *Stöber*[10] Rdnr. 872; ferner die Lit. → 19. Aufl. Fn. 3.

[3] BT-Drucks. 8/693, S. 45.

[4] → Fn. 2 u. § 811 Rdnr. 1 ff.

[5] Vgl. *Henckel* (Fn. 1), 398 ff.

[6] BGBl. I, 745; dazu *Smid* NJW 1992, 1935.

[7] Dazu *Wagner* NJ 1991, 167.

[8] *Stöber*[10] Rdnr. 881.

[9] Dazu *Schwenck* NJW 1964, 1000; 1976, 1562; *Stöber*[10] Rdnr. 45 ff. je mwN; zur ZV wegen Unterhalts für Ehegatten u. Kinder s. Schreiben des US-Hauptquartiers v. 20.IX.1977 an das BJM = AnwBl 1977, 499; dazu DAVorm 1978, 81. → § 850 d Rdnr. 31.

[10] *LG Stuttgart* NJW 1986, 1442 leitete aber die Unpfändbarkeit aus § 54 SGB I (Lohnersatzfunktion) ab.

Vollstreckungsschutzvorschriften → Übersicht vor § 851 sowie § 850 i Rdnr. 52 ff. Demnach gilt auch § 765 a, obgleich er bei dem Ausbau des Lohnpfändungsschutzes selten zutreffen wird → § 765 a Rdnr. 34. Für Heimkehrer → Anhang § 765 a.

IV. Forderungen – eingenommenes Geld

1. Die §§ 850 ff. beziehen sich unmittelbar nur auf die dort bezeichneten **Forderungen**, nicht auch auf die daraus *eingenommenen Gelder*; → aber Rdnr. 10, 12. Eingenommen ist das Geld, wenn es an den Schuldner oder – auf solche Weise, daß er darüber frei verfügen oder es sonstwie seinem Zweck zuführen kann[11] – an einen Dritten als Zahlstelle, Vertreter oder Empfangsermächtigten nach §§ 362 Abs. 2, 185 BGB gezahlt ist[12]. Dies trifft zu bei Gutschriften auf Bank- oder Postscheckkonten des Schuldners u. ä.[13], auch dann, wenn der Schuldner als Forderungsinhaber mit einer Empfangsermächtigung Dritter z. B. unmittelbar Tilgungswirkungen erreichen will oder die Empfangsbank den Betrag vereinbarungsgemäß mit Schuldposten verrechnet[14]. 9

Eine in diesen Fällen durch Zahlung oder Gutschrift entstehende *neue Forderung* des Schuldners kann gepfändet werden und ist nur noch nach **§ 850 k** oder § 55 SGB geschützt. Das gilt auch dann, wenn die Zustellung den Drittschuldner (Arbeitgeber) zwischen Überweisung und Gutschrift erreicht hatte und damit noch die ursprüngliche Forderung verstrickt war[15], aber der Drittschuldner die Gutschrift nicht mehr verhindern konnte und daher entsprechend §§ 1275, 407 BGB befreit wurde → § 829 Rdnr. 101. 10

Dagegen ist das Geld noch **nicht eingenommen**, solange es nur überwiesen aber noch nicht gutgeschrieben ist. Nach dem Zweck der §§ 850 ff. (→ Fn. 11) bleibt der Pfändungsschutz auch dann im gleichen Umfang wie für die ursprüngliche Forderung erhalten, wenn der Empfänger den Betrag zwar an den Schuldner abzuliefern verpflichtet ist, aber dessen Weisungen nicht unterliegt, mag auch die geschützte Forderung als solche schon vor Ablieferung erfüllt sein wie z. B. bei *freiwilliger* Zahlung des Drittschuldners an den für den Schuldner tätigen Gerichtsvollzieher, → dazu § 755 Rdnr. 2[16]. Das gleiche gilt für den Anspruch des Schuldners gegen die Hinterlegungsstelle, wenn der Drittschuldner eines nach §§ 850 ff. geschützten Anspruchs gemäß § 372 BGB mit befreiender Wirkung **hinterlegt**[17] oder wenn der Gerichtsvollzieher den zugunsten des Schuldners beim Drittschuldner beigetriebenen Betrag hinterlegt[18]. Einer Hinterlegung kommt die Einzahlung auf ein Sperrkonto gleich[19]. Ist der Schuldbetrag mit Pfandrechtswirkung hinterlegt, → § 804 Rdnr. 45, 48 ff., so kann nicht das Pfandrecht ohne Forderung gepfändet werden, → §§ 804 Fn. 132, 829 Rdnr. 23 a. 11

2. **Eingenommene Geldmittel** unterliegen, falls sie nicht einem Konto des Schuldners gutgeschrieben wurden (→ Rdnr. 10), nur noch dem Vollstreckungsschutz nach **§ 811 Nr. 8** bzw. § 55 SGB, → § 811 Rdnr. 61 ff. 12

---

[11] *OLG Celle* NJW 1960, 1015 mwN.
[12] *LG Düsseldorf* MDR 1977, 586 = Rpfleger 183 = WPM 1366; *Stöber*[10] Rdnr. 17; h. M. Anders *LG Koblenz* MDR 1955, 618 bei Zahlung an Prozeßbevollmächtigten.
[13] Allg. M.; *RGZ* 133, 256; *KG* NJW 1957, 1443; *OLG Celle* NJW 1960, 1015; Rpfleger 1962, 282.
[14] Vgl. *RG* (Fn. 13).
[15] Erst die Gutschrift tilgt sie, *BGHZ* 6, 121 = NJW 1952, 929; NJW 1959, 1176; *Boewer* (Fn. 1), 175; *Stöber*[10] Rdnr. 936.
[16] *OLG Hamburg* OLG Rsp 29, 235; *LG Berlin* DGVZ 1976, 154 = FamRZ 1979, 347 (L); *Stöber*[10] Rdnr. 18. Freiwillig an den Gerichtsvollzieher gezahltes Geld ist aber nicht als Anspruch gegen diesen (so *LG Berlin* aaO) sondern nach §§ 808 f. zu pfänden, → § 809 Rdnr. 3, § 815 Rdnr. 23, während bei gepfändetem Geld u. Versteigerungserlösen vor Ablieferung noch die titulierte Forderung besteht (→ § 815 Rdnr. 13 ff.) u. deshalb diese oder das Einziehungsrecht (→ § 835 Rdnr. 25) zu pfänden ist → § 857 II 5 a.
[17] *LG Düsseldorf* (Fn. 12); *LG Aachen* Büro 1982, 1424; *LSozG Mainz* BB 1978, 663; *Stöber*[10] Rdnr. 19. Zur Pfändung → § 829 Rdnr. 47.
[18] *KG* JW 1933, 231; → auch Fn. 16.
[19] *LG Verden* MDR 1953, 495. Soweit jedoch der Schuldner schon darüber verfügen kann, hat er das Geld »eingenommen«, *KG* NJW 1957, 1443, → Rdnr. 9.

V. Der maßgebliche Zeitpunkt

13   *Ob und in welcher Höhe* (§§ 850 c – e) eine Forderung pfändbar ist, entscheidet zunächst der **Zeitpunkt** der *Pfändung*, bei *künftig fälligen* Forderungen, z. B. Raten laufender Bezüge, der Eintritt der Fälligkeit[20]. Zur nachträglichen Änderung → aber § 850 g und für Änderungen, die nicht unter § 850 g fallen, → § 766 Rdnr. 42, vgl. auch § 811 Rdnr. 17. Bei der **Vorpfändung** nach § 845 muß die Pfändbarkeit noch zur Zeit der *staatlichen Pfändung* bestehen. Soweit es sich um laufende Bezüge handelt, ist späteren Änderungen durch Nachpfändung oder Beschränkung der Pfändung (§ 850 g) Rechnung zu tragen.

14   Sind fortlaufende Bezüge nach §§ 850 c, d insoweit gepfändet, als sie einen bestimmten Betrag übersteigen, so wird die Pfändung bei richtiger Fassung des Beschlusses ohne weiteres wirksam, wenn die Pfändungsgrenze überschritten wird, → § 829 Rdnr. 18, § 832 Rdnr. 7 ff. und unten Rdnr. 54 ff. Daher gibt die Nichtüberschreitung der Freigrenze dem Schuldner kein Recht auf Aufhebung der Pfändung; wegen des Drittschuldners → § 829 Fn. 110.

Wegen **Rückständen** und geleisteten **Vorschüssen** → §§ 850 e Rdnr. 14–18, 850 g Rdnr. 11, 850 h Rdnr. 35 f., 42.

VI. Verfahrensgrundsätze

15   Es gelten die allgemeinen Vorschriften §§ 828 ff.
1. Geltendmachung der Pfändungsbeschränkungen, Beweislast. – Der Gläubiger muß grundsätzlich nicht dartun, daß die Forderung ganz oder teilweise pfändbar sei; denn eine Entscheidung über Sachverhalte steht dem Gericht bei Erlaß des Pfändungsbeschlusses nicht zu, → § 829 Rdnr. 37 f., und wäre bei dem Verbot, den Schuldner zu hören (§ 834), regelmäßig auch unausführbar. Nur wenn sich die Beschränkung *aus dem Vorbringen des Gläubigers selbst* ergibt – wegen seiner Wahrheitspflicht → § 829 Rdnr. 39 a. E. –, darf das Gericht den Beschluß nicht oder doch nur bis zur zulässigen Höhe erlassen; denn diese Beschränkungen sind grundsätzlich **von Amts wegen** zu berücksichtigen[21]. Wegen § 851 → dort I 7. Zu sog. Blankettbeschlüssen → § 850 c Rdnr. 21, § 850 i Rdnr. 86, 107.

16   In den Fällen § 850 b Abs. 2, § 850 c Abs. 4, § 850 d , § 850 f Abs. 2, 3 ist das Verfahren kontradiktorisch → auch § 834 Rdnr. 2, 3. Der *Gläubiger* hat die Voraussetzungen des erweiterten Zugriffs darzulegen und zu beweisen. Soweit der Schuldner den Ausschluß der Pfändung behauptet, trifft ihn die Beweislast → § 850 d Rdnr. 43. Zum vorherigen Gehör des Schuldners → § 834 Rdnr. 2 f. ; § 850 b Rdnr. 29.

17   Wird Vollstreckungsschutz nur **auf Antrag** gewährt, § 850 f Abs. 1, § 850 i Abs. 1, 2, § 850 k Abs. 1, so muß der Schuldner die den Antrag begründenden Umstände darlegen und beweisen. Für die Pfändung wirkt sich der Unterschied zu → Rdnr. 15 praktisch kaum aus; anders im Erinnerungsverfahren, → Rdnr. 19, und für Abtretung, Aufrechnung und Verpfändung, → Rdnr. 61 f. und § 850 i Rdnr. 36. Zur Pflicht des *Drittschuldners*, den pfändbaren Lohnteil auszurechnen, → § 850 c Rdnr. 21.

18   **2.** Da die Beschränkungen auch im öffentlichen Interesse aufgestellt sind, können sie weder durch **Vertrag**[22] noch durch einseitigen **Verzicht** des Schuldners beseitigt werden[23]. Eine **Verwirkung** etwa dadurch, daß der Berechtigte die Arbeitsvergütung nicht einzieht, gibt es hier nicht, anders als bei § 811 → dort Rdnr. 9. Auch durch Stundung oder Ratenvergleich wird der Pfändungsschutz nicht berührt.

---

[20] *RGZ* 171, 224 f.
[21] Allg. M. seit *RGZ* 151, 279 ff.; *KG* JW 1930, 562. Amtsermittlung der Tatsachen scheidet jedoch aus, auch in den Antragsverfahren → Rdnr. 16 f.; allg. M.
[22] *RGZ* 128, 81 (85); *KG* NJW 1960, 682; *LG Oldenburg* MDR 1962, 658; ganz h. M.
[23] *RG* Gruch. 61, 301; *RGZ* 106, 205; *Stöber*[10] Rdnr. 874; ganz h. M.

3. Verstöße, Rechtsbehelfe[24]. Pfändungsbeschlüsse, die ohne Anhörung des Schuldners 19 erlassen wurden und gegen die §§ 850 ff. verstoßen, entfalten keine materielle Wirkung → dazu § 829 Rdnr. 109; Leistungen des Drittschuldners auf ein angebliches Einziehungsrecht (nach Überweisung) sind nach § 812 BGB zurückzugewähren[25], da § 836 Abs. 2 hier nicht gilt → dort Rdnr. 2. Eine Forderung, die unpfändbar ist, wird nicht wirksam verstrickt[26], und es entsteht auch kein Pfändungspfandrecht[27]. Wird der Pfändungsbeschluß im kontradiktorischen Verfahren erlassen, in dem das Vollstreckungsgericht konstitutiv über den Umfang der Pfändbarkeit entscheidet (→ die Fälle Rdnr. 16), ist der Beschluß nur anfechtbar. Die Erinnerung steht hier auch dem *Drittschuldner* zu → § 766 Rdnr. 32 Fn. 171, sowie *Dritten*, die betroffen sind (z. B. § 850 c Abs. 4). Der Antrag nach § 850 i Abs. 1 steht nur dem Schuldner und den geschützten Personen zu. Zum für die Entscheidung maßgeblichen Zeitpunkt → Rdnr. 13, zur Nichtüberschreitung der Freigrenzen → Rdnr. 14 a. E.

VII. Arbeitseinkommen

Der Begriff *Arbeitseinkommen* ist weit zu fassen[28]: Bezüge oder Vergütungen, deren 20 Rechtsgrundlage gegenwärtige oder frühere Arbeitsleistungen[29] oder Zusagen von Arbeitsleistungen[30] sind, z. B. auch das während des Urlaubs zu zahlende, dem normalen Lohn entsprechende Entgelt[31]. Ob der Gesichtspunkt des Entgelts oder der Alimentierung[32] überwiegt, ist ohne Belang; ebenso ob Leistung und Gegenleistung in einem Mißverhältnis zueinander stehen; zu Vergütungen, die teils auf Dienst-, teils auf anderen Leistungen beruhen, → Rdnr. 44. Ob die Bezüge einmalig (→ § 850 i II) oder *wiederkehrend* zahlbar sind, ist nur dafür entscheidend, *welche* Pfändungsschutzvorschrift in Betracht kommt, spielt aber für den Begriff Arbeitseinkommen keine Rolle[33], wie die Einbeziehung des § 850 i Abs. 1 in § 850 Abs. 1 zeigt → auch Rdnr. 41 f., 50 ff. Wegen der Gleichstellung besonderer Ansprüche aus Arbeitsverhältnissen → Rdnr. 45–52. Geschützt durch die §§ 850–850 k sind nur *Geldansprüche*; wegen *Naturalbezügen* → Rdnr. 59. Die in Abs. 2 aufgezählten Einkunftsarten werden gleich behandelt; welcher Gruppe ein Bezug einzugliedern ist, berührt daher den Pfändungsumfang nicht.

---

[24] Dazu *Christmann* Rpfleger 1988, 458.
[25] Zum Streitstand → § 811 Fn. 114. Bei der Sachpfändung entstehen aber andere Rechtsfolgen, weil die Pfändung unpfändbarer Sachen wirksam ist. Nach *Gerhardt*[2] § 9 II 3 steht der Bereicherungsanspruch dem Schuldner zu.
[26] BGH NJW 1979, 2045 steht dem nicht entgegen, weil der Verstoß gegen § 850 c keine Verletzung des Verfahrensrechts darstellt.
[27] RGZ 106, 206; 151, 285; *Baur/Stürner*[11] Rdnr. 72; *Rosenberg/Gaul/Schilken*[10] § 56 VII 2; a. M. *Jauernig* ZwVR[19] § 33 I J; *Baumbach/Hartmann*[52] Rdnr. 55 zu § 829 und die 20. Aufl.
[28] H. M.; *LAG Frankfurt* DB 1988, 1456; MünchArbR-*Hanau* § 72 Rdnr. 137; *Stöber*[10] Rdnr. 875. S. auch § 14 Abs. 1 SGB IV, § 19 EStG.
[29] Auch aufgrund »faktischer Arbeitsverhältnisse«; vgl. *Pohle* zu *LAG Düsseldorf* AP 52 Nr. 187 zu § 61 KO; *Hueck/Nipperdey* Arbeitsrecht[7] Bd. I, 361 Fn. 33, *Stöber*[10] Rdnr. 881. Ebenso Tätigkeiten, die gegen ein Beschäftigungsverbot verstoßen (z. B. Schwarzarbeit), *LAG*

Düsseldorf Betrieb 1969, 931; *Zöller/Stöber*[18] Rdnr. 2; vgl. auch *BAG* NJW 1977, 1608 (§ 19 AFG).
[30] *Hueck/Nipperdey* (Fn. 29) § 45 II 3; ob die Arbeit geleistet wird, ist z. B. bei §§ 615 f. BGB nicht entscheidend → Rdnr. 50. Zur Grenze der Pfändbarkeit bei noch unsicherer Vergütung → aber § 829 Rdnr. 7.
[31] *BAG* AP Nr. 5 zu § 850 (zust. *Pohle*) = NJW 1966, 222. Vgl. auch *BAG* Rpfleger 1975, 220 = WPM 503; *Stöber*[10] Rdnr. 987; MünchArbR-*Hanau* § 72 Rdnr. 160 mwN. § 850 a nimmt darüber hinausgehenden Urlaubsbezügen u. den anderen dort genannten Leistungen nur die Pfändbarkeit, nicht die Eigenschaft als Arbeitseinkommen.
[32] *LG Bielefeld* FamRZ 1958, 383 (Krankengeldzuschuß); *BAG* Rpfleger 1960, 247 (Ansprüche, denen das unmittelbare Austauschverhältnis zur geleisteten Arbeit fehlt, z. B. Abgangsentschädigung).
[33] *BAG* AP Nr. 3 (*Pohle*) = NJW 1962, 1221 f.; *OLG Hamm* BB 1972, 855; *Boewer/Bommermann* (Fn. 1) Rdnr. 368, 865; → auch Rdnr. 41 u. § 850 e Fn. 59 f.

1. Dienst- und Versorgungsbezüge der Beamten

21 a) **Beamter** ist, wer nach Beamtenrecht ausdrücklich in das Beamtenverhältnis berufen worden ist. Unmittelbarer Dienstherr kann der Bund, ein Land, eine Gemeinde, ein Gemeindeverband oder eine sonstige Körperschaft, Anstalt oder Stiftung des öffentlichen Rechts sein. Hierher gehören also auch die Beamten der Bundesbank, der öffentlich-rechtlichen Religionsgesellschaften und der Verbände von solchen. Gleichgültig ist, ob der Schuldner Beamter auf Lebenszeit, Zeit, Probe oder Widerruf ist. Unterhaltszuschüsse und Vergütungen bei Beschäftigungsaufträgen von Referendaren und anderen Beamtenanwärtern sind daher Arbeitseinkommen gemäß § 850 ff.[34]. Wegen der Begründung des Beamtenverhältnisses s. §§ 2 ff. BRRG und §§ 4 ff. BBG[35]. Ebenso wie das Gehalt der Beamten gehören hierher die Amtsbezüge der Richter, der Vorsitzenden und Mitglieder der Bundesregierung und der Landesregierung, der Berufssoldaten, Soldaten auf Zeit[36], der Wehrsold und die Bezüge nach §§ 12 a, 13, 13 a USG[37] solcher Soldaten, die aufgrund der Wehrpflicht Wehrdienst leisten[38], sowie die Bezüge der Notarvertreter und Notarverweser, §§ 43, 59 BNotO[39]. Wenn Geistliche, Lehrer, Ärzte, Techniker usw. im staatlichen und kommunalen Dienst nicht Beamte sind, genießen sie als Angestellte den gleichen Lohnpfändungsschutz.

22 b) **Dienstbezüge** sind die Bezüge nach den Beamten- und Besoldungs- bzw. Versorgungsgesetzen[40], wie Grundgehalt, Amts- und Stellenzulagen, Ortszuschlag, Ausgleichszuschlag, Diäten, Übergangs- und Wartegelder, alle Versorgungsbezüge, Gebührenanteile usw.[41]. Wegen Beihilfe → § 851 Rdnr. 21.

23 Die früheren Kindergeldzuschläge gehörten zum Arbeitseinkommen. Für das **Kindergeld** gilt jetzt § 54 SGB[42]. Wegen unpfändbarer Ansprüche → § 850 a mit Bem. und § 850 i Rdnr. 52, 54 f., wegen zweckgebundener Ansprüche → § 851 Rdnr. 21.

2. Arbeits- und Dienstlöhne

24 Arbeits- und Dienstlöhne sind Vergütungen für Dienstleistungen des Schuldners im Rahmen von Arbeits- oder Dienstverhältnissen[43] bei bestehender *persönlicher oder wirtschaftlicher Abhängigkeit*. Zu Bezügen aus nicht abhängiger Arbeit → Rdnr. 37 ff. – Wegen der dem Lohn in gewissem Umfang gleichgestellten Entgeltansprüche der Heimarbeiter, § 27 HeimArbG[44], → § 850 i IV. – Wegen bereits eingenommener Gelder und Banküberweisungen → Rdnr. 9–12.

25 a) Ein Unterschied zwischen Arbeits- und Dienstlohn wirkt sich bei § 850 nicht aus. Der Begriff Dienstlohn soll insbesondere die Bezüge »arbeitnehmerähnlicher Personen« erfassen, die in wirtschaftlich abhängiger Stellung aufgrund Dienst- oder Werkverträgen für andere

---

[34] *OLG Bamberg* Büro 1974, 239 = Rpfleger 30, *OLG Braunschweig* MDR 1956, 44 (abl. *Schwab*) = NJW 1955, 1599; *Stöber*[10] Rdnr. 876, 1002. → auch § 850 a Fn. 67.
[35] *Sartorius* Nr. 160.
[36] *Stöber*[10] Rdnr. 876, 904 mwN. – Zur Zustellung an Drittschuldner → § 829 Rdnr. 51, § 18 Rdnr. 28, 62, an den Schuldner → § 829 Rdnr. 60 a. E.
[37] I. d. F. vom 9. IX. 1980 BGBl. I, 1685.
[38] So die h. M.; *OLG Neustadt* BB 1962, 1344 = Rpfleger 384; *Baumbach/Hartmann*[52] Rdnr. 3; *Nuppeney* Rpfleger 1962, 162, 199; *Stöber*[10] Rdnr. 905, 912 mwN. – A. M. *LG Wuppertal* MDR 1961, 696 (unbeschränkt pfändbar); *Rewolle* Betrieb 1962, 936 u. *Stehle* NJW 1962, 854 (unpfändbar); *Rocke* NJW 1961, 2197. – Andere Ansprüche nach USG gehören nicht dazu; dafür wird aber der Wehrpflichtige wie ein Lediger ohne Unterhaltspflichten behandelt, *Franke* NJW 1968, 830. Wehrsold, Übergangsgeld u. Sachbezüge sind nach § 850 e Abs. 1 Nr. 3 zusammenzurechnen, *Stöber*[10] Rdnr. 906. Zum Entlassungsgeld → Rdnr. 52.
[39] Wegen der Dienst- u. Versorgungsbezüge beamteter Notare s. *Stöber*[10] Rdnr. 876.
[40] Insbesondere das BeamtVG (BGBl. III, 2030–25, Sartorius Nr. 155).
[41] *Stöber*[10] Rdnr. 877. Zu Aufwandsentschädigungen, Urlaubsgeldern, Treueprämien → § 850 a mit Bem.
[42] § 850 i Rdnr. 48, 83 ff. Zur Rechtslage bis 1975 → 19. Aufl. Fn. 44.
[43] Zu dem (in der 19. Aufl. noch erwähnten) Merkmal »Dauer« → Rdnr. 41, insbesondere Fn. 95.
[44] G v. 14. III. 1951 (BGBl. I, 191), mehrfach geändert.

tätig werden, jedoch dem Direktionsrecht eines »Arbeitgebers« nicht unterliegen und deshalb persönlich selbständig bleiben[45].

Hierzu zählen alle § 5 Abs. 1 und 3 ArbGG unterfallenden Personen[46], also auch Heimarbeiter (→ § 850 i Rdnr. 30) und Hausgewerbetreibende, Ein-Firmen-Handelsvertreter i. S. v. § 92 a HGB, freie Mitarbeiter bei Presse, Rundfunk und Fernsehen, Erfinder u. ä., wenn sie wirtschaftlich abhängige Arbeit leisten, ohne in einem Arbeitsverhältnis zu stehen[47]. 26

In Betracht kommt hier (→ aber Rdnr. 40) nur der Anspruch des *Dienstleistenden* gegen den *Dienstleistungsberechtigten* auf **Vergütung** bzw. ein an dessen Stelle getretener Ersatzanspruch (→ Rdnr. 46 f., 50–52), gleichgültig, ob ein Arbeits-, ein Angestellten-, ein Lehr- oder Volontärverhältnis besteht, ob die Arbeit für bestimmte oder unbestimmte, für kürzere oder längere Zeit oder nur zur Probe geleistet werden soll. Besteht *kein* Rechtsanspruch, so ist eine Pfändung nur über § 850 h möglich. Ein Verzicht auf unabdingbaren Tariflohn schließt jedoch dessen Pfändbarkeit nicht aus[48]. *Besteht* ein Anspruch, so wird die Frage der Pfändbarkeit nicht dadurch berührt, daß der Dienstverpflichtete für den Dienstberechtigten Gelder einzieht und im Wege der Verrechnung den ihm gebührenden Teil einbehält, z. B. bei *Bedienungsgeld*[49] und Inkasso mit -prämie oder Provision[50] (→ auch § 829 Rdnr. 112), Provision u. dgl.[51]. 27

Wie die Vergütung **berechnet** (z. B. Zeit-, Stück- oder Akkordlohn, Tariflohn[52] oder übertarifliche Entlohnung) und in welcher Weise sie gewährt wird (gleichmäßig, in unregelmäßigen Raten oder zu festen Terminen) ist für § 850 gleichgültig; wegen einmaliger Bezüge s. aber § 850 i und wegen Naturalvergütungen → Rdnr. 59. Unerheblich ist auch die **Bezeichnung**, Lohn, Gehalt, Honorar, Provision[53], Diäten[54], Tantieme, Gewinnanteil, Inkassoprämie[55], Teuerungszulage[56], Familien- und Kinderzulage[57], Wohnungsgeld, Ergebnis- und Erfolgsbeteiligung[58], Prämie für Verbesserungsvorschläge[59] und Erfindungsvergütung[60], Unfallverhütungsprämie, Mietkostenzuschuß des Arbeitgebers, Ortszuschlag, Erziehungsbeihilfe, Lehrlingsvergütung, s. auch die teilweise unpfändbaren Bezüge in § 850 a wie Aufwandsentschädigung usw. Zum Arbeitslohn gehören daher ferner: das vom Arbeitgeber gemäß § 3 EntgeltFG[61] während unverschuldeter Krankheit für die Dauer von 6 Wochen gezahlte sog. 28

---

[45] *OLG Hamm* (Fn. 33); *Boewer/Bommermann* (Fn. 1) Rdnr. 374; vgl. § 12 a TVG, *BAG* DB 1963, 345; *Zöllner/Loritz* Arbeitsrecht[4] § 4 VI 2 mwN.
[46] Dazu *Grunsky* ArbGG[6] § 5 Rdnr. 4 ff.
[47] Zum Begriff MünchArbR-*Richardi* § 28 Rdnr. 2; *Grunsky* (Fn. 46) Rdnr. 19 mwN.
[48] *LAG Düsseldorf* BB 1955, 1140; *Romberg* JR 1951, 264; *Stöber*[10] Rdnr. 874.
[49] Das als Zuschlag zu den Preisen kassiert wird; so *RAG* 20, 126 = JW 1938, 3316; *BAG* NJW 1966, 469; DB 1968, 1255; *LG Hildesheim* Rpfleger 1963, 247. – Dagegen erfaßt die Pfändung nicht freiwillige Trinkgelder, *RAG* 11, 357 u. 17, 194 u. JW 1937, 58[50]; *LG Hildesheim* aaO, → § 807 Rdnr. 26 Fn. 144, § 829 Rdnr. 14. Sie sind nach §§ 808 ff. zu pfänden.
[50] *LAG* Düsseldorf DB 1972, 1540 (Taxi).
[51] Bei festangestellten Provisionsvertretern oder Reisenden, *RAG* 7, 172 u. → Fn. 88; *RAG* ArbRsp 1930, 181 u. *KG* OLG Rsp 16, 326 (Taxifahrer); *RAG* ARS 1938, 166 (Schleppgelder); *Leißner* DB 1960, 470. → auch Fn. 53.
[52] → dazu auch Fn. 48.
[53] *OLG Braunschweig* Rpfleger 1952, 90; *Stöber*[10] Rdnr. 881; allg. M.
[54] Entschädigungen für *Bundestagsmitglieder* gemäß § 11 des G vom 18. II. 1977 (BGBl. I, 297) sind zur Hälfte, Amtsausstattung gemäß § 12 des G nicht pfändbar, § 35 des G mit § 851 Abs. 1; für Übergangsgelder u. Altersentschädigungen (§§ 18 f., 22 des G) gelten die §§ 850 ff. u. für Abfindungen nach § 23 des G gilt § 850 i, *Stöber*[10] Rdnr. 109. Die Pfändbarkeit von Sterbegeld u. Hinterbliebenenversorgung richtet sich nach § 51 BeamtVG, → § 850 i Rdnr. 44. – Für *Landtagsabgeordnete* gelten vergleichbare Gesetze; soweit sie die Pfändbarkeit nicht ausdrücklich einschränken, gelten die §§ 850 ff., *OLG Düsseldorf* MDR 1985, 242; *AG Bremerhaven* MDR 1980, 504.
[55] Vgl. zu § 2 LohnFG *BAG* DB 1978, 942.
[56] *OLG Düsseldorf* OLG Rsp 37, 182; *OLG Kiel* SA 75, 205[118].
[57] Vgl. *Stöber*[10] Rdnr. 881.
[58] *LG Berlin* Rpfleger 1959, 132; *Stöber*[10] Rdnr. 881 → auch Fn. 93.
[59] MünchArbR-*Hanau* § 72 Rdnr. 144; a. M. *Boewer/Bommermann* (Fn. 1) Rdnr. 420, 421.
[60] *Walter* (Fn. 1), 36; *Bischoff/Rochlitz* (Fn. 1), 125. – A. M. *Boewer/Bommermann* (Fn. 1) Rdnr. 415–419; *Sikinger* GRuR 1985, 795; BGHZ 93, 82 (offengelassen für Diensterfindung). Differenzierend zwischen freier Erfindung (kein Arbeitseinkommen) und Diensterfindung (Arbeitseinkommen) *Reimer/Schade/Schippel* Recht der Arbeitnehmererfindung[5] Anh. zu § 27 Rdnr. 6; *Stöber*[10] Rdnr. 881, 1233; MünchArbR-*Hanau* § 72 Rdnr. 144.
[61] BGBl. 1994 I, 1014, 1065.

Krankengeld, ebenso das während einer Vorbeugungs-, Heil- oder Genesungskur weitergezahlte Entgelt (§ 9 EntgeltFG)[62]; Urlaubsentgelt[63] und Urlaubsabgeltung[64]; laufend gewährte *Anwesenheitsprämien*[65], *Übergangsgelder* für Berufssoldaten[66] sowie Entlassungsgelder wehrpflichtiger Soldaten[67].

Zum Arbeitseinkommen gehören auch das Arbeitsentgelt bzw. die Ausfallentschädigung *Strafgefangener* aus §§ 39, 43–45 StVollzG[68]. Diese Bezüge sind pfändbar nach §§ 850ff.[69], sobald das nur für Unterhaltsgläubiger pfändbare Überbrückungsgeld aufgefüllt ist, § 51 Abs. 1, 4, 5 StVollzG[70]. Der Anspruch auf Auszahlung des *Eigengeldes* ist jedoch, auch soweit es aus Arbeitsentgelt (nach Abzug der zweckgebundenen Beträge, §§ 47–51 StVollzG) gebildet wurde, nur den Pfändungsbeschränkungen des § 51 Abs. 4, 5 StVollzG unterworfen[71].

29 Wird neben laufenden Vergütungsraten für größere Zeitabschnitte eine weitere Vergütung gewährt – **Jahresumsatztantiemen**, Saisontantiemen u.dgl. –, so werden auch diese Beträge von der Pfändung ergriffen[72]. Zur erforderlichen Umrechnung → § 850 c Rdnr. 10. S. noch § 850 a mit Bem. wegen weiterer Bestandteile des Arbeitseinkommens.

30 Vereinbarte *vermögenswirksame Leistungen* des Arbeitgebers gehören zwar zum Arbeitseinkommen, sind aber nicht übertragbar (§ 13 VIII S. 1 5. VermBG) und daher nach § 851 I **unpfändbar**. Das gleiche gilt für Teile des Arbeitseinkommens, die vor der Pfändung nach § 11 des 5. VermBG *vermögenswirksam angelegt* wurden → § 851 Rdnr. 10. Wegen Prämiensparguthaben → § 851 Rdnr. 21.

Kein Arbeitseinkommen, also von Lohn- und Gehaltspfändungen nicht erfaßt, sind staatliche Bergmannsprämien[73], Bank-, Wertpapierzinsen und Dividenden[74], Gewinnanteile eines Gesellschafters (→ aber § 850 h Fn. 32, 56), Eigengeld der Strafgefangenen (→ Rdnr. 28 a. E.), *Lohnsteuerjahresausgleich*[75], Taschengeldansprüche gegen den Ehegatten (→ § 850 b Rdnr. 12). Auch zu Lasten des Lohnsteueraufkommens gewährte *Arbeitnehmersparzulagen*,

---

[62] *Brill* DB 1970, 1538ff.; *Stöber*[10] Rdnr. 882.

[63] *BAG* NJW 1966, 222; *Boewer/Bommermann* (Fn. 1) Rdnr. 449; *Stöber*[10] Rdnr. 987; a.M. *Feller* JZ 1966, 566.

[64] *LAG Berlin* NZA 1992, 122; *Gaul* NZA 1987, 473, 475; *Boewer/Bommermann* (Fn. 1) Rdnr. 450. – A.M. *Stöber*[10] Rdnr. 988.

[65] *BAG* NJW 1979, 2119.

[66] *AG Krefeld* MDR 1979, 853[78] (anzurechnen auf den der Entlassung folgenden Monat).

[67] *OLG Hamm* Büro 1985, 631; *Stöber*[10] Rdnr. 909. – A.M. *Riecker* Büro 1985, 1772.

[68] Zur Ausbildungsbeihilfe (§ 44 StVollzG) → aber § 850 a Rdnr. 3.

[69] H.M. aufgrund BT-Drucks. 7/918, S. 69–79, 7/3998, S. 23, 35; *OLG Frankfurt* Rpfleger 1984, 426; *OLG Celle* KKZ 1981, 203 (zust. *Ballhausen* NStZ 1981, 79; *LG Karlsruhe* NJW-RR 1989, 1536; *Münzberg* ZZP 102 (1989), 129f.; *Hofmann* ZStrVollZ 1981, 344f. – A.M. *Vollkommer* Rpfleger 1984, 483; *Stöber*[10] Rdnr. 137: Erst das Eigengeld (§ 52 StVollzG) sei pfändbar.

[70] BT-Drucks. 7/918, S. 71 oben (s. auch aaO 69 zur Hausgelderhöhung), insoweit zutreffend *Stöber*[10] Rdnr. 137. – A.M. *Hofmann* (Fn. 69): schon vorher nach §§ 850ff. pfändbar, soweit nach voraussichtlicher Vollzugsdauer angemessene Raten für das Überbrückungsgeld übrig bleiben werden. Diese Unsicherheit will das G wohl kaum in Kauf nehmen.

[71] *LG Berlin* Rpfleger 1992, 128; *Stöber*[10] Rdnr. 134, 137; *Baumbach/Hartmann*[52] Rdnr. 7; nicht verfassungswidrig nach *BVerfG* NJW 1982, 1583; grundsätzlich auch *LG Berlin* Rpfleger 1981, 445, das aber über § 765 a doch nach § 850 c verfährt. – A.M. *LG Karlsruhe* NJW-RR 1989, 1536; *LG Arnsberg* Rpfleger 1991, 520; *Kenter* Rpfleger 1991, 488 (Pfändung nur im Rahmen der §§ 850ff.); *LG Frankfurt* Rpfleger 1989, 33 (Unpfändbarkeit bis zu 20% des Sozialhilferegelsatzes); *LG Koblenz* Rpfleger 1989, 124 (Unpfändbarkeit bis 50.- DM wöchentlich).

[72] *Stöber*[10] Rdnr. 881; → Rdnr. 53ff.

[73] *AG Essen* Rpfleger 1956, 314 (zust. *Berner*); *Sibben* DGVZ 1958, 5; sie sind auch nicht selbständig pfändbar, wohl aber nach § 46 AO Erstattungsansprüche des Arbeitgebers aus § 3 Abs. 1 S. 3 des G, *Stöber*[10] Rdnr. 94.

[74] Sie sind unbeschränkt pfändbar.

[75] H.M.; *Stöber*[10] Rdnr. 377 mwN; *Thomas/Putzo*[18] Rdnr. 12; *Noack* DGVZ 1979, 28; *Alisch/Voigt* Rpfleger 1980, 12 mwN; *Christian* ZBlJR 1979, 364; *LG Aachen* Rpfleger 1988, 418; *LG Braunschweig* NJW 1972, 2315. – A.M. *LAG Hamm* NZA 1989, 529; *LAG Hamm* BB 1965, 669; *LAG Saarland* DB 1976, 1870; *LG Köln* BB 1964, 175.

Zur Pfändung → § 829 Rdnr. 9. Die §§ 850ff. gelten daher nicht (entsprechend) für diesen Anspruch aus dem Steuerschuldverhältnis (§ 37 AO), s. obige Nachweise; a.M. (teils für § 850 c, e, teils analog § 850 i) *LG Köln* aaO; *Quardt* u. *Schall* NJW 1959, 518, 520. Aber im Unterschied zu fehlerhaft einbehaltener Lohnsteuer (Arbeitslohn) geht es hier um zunächst geschuldete Steuerbeträge, die dem Schuldner im Abzugszeitraum vorerst Vorteile durch Minderung des Nettolohns brachten (falls damals schon gepfändet). § 765 a bleibt freilich unberührt.

§ 13 des 5. VermBG (i.d.F. vom 19.1. 1989 BGBl. I, 137), können nur selbständig gepfändet werden ohne die Beschränkung der §§ 850 c, d, i[76]; → auch § 829 Rdnr. 10.

b) **Gleichgültig** ist, ob die Dienstleistungen geistige oder körperliche sind und wie stark sie 31 die Erwerbstätigkeit des Schuldners ausfüllt, ob er also daneben eine andere, ihn überwiegend in Anspruch nehmende Tätigkeit ausübt[77] (→ aber Rdnr. 42, § 850 a Rdnr. 9 f.), ob er ständig oder nur bei Bedarf arbeitet[78] und ob seine Freizeit ihm zusätzliche Tätigkeit ermöglichen würde.

c) Zur Frage, wann ein einheitliches Arbeitsverhältnis vorliegt, → § 832 Rdnr. 2, § 833 32 Rdnr. 1–4. Bei **mehreren Dienstverhältnissen** steht dem Schuldner der Schutz grundsätzlich für jeden Bezug besonders zu[79]. S. aber § 850 e Nr. 2. Wegen sog. *verschleierter Arbeitsverhältnisse* → § 850 h mit Bem.

3. Ruhegelder und ähnliche Bezüge

a) Bei **Beamten** und Regierungsmitgliedern gehören dazu alle laufenden Bezüge, die 33 aufgrund eines dauernd oder vorübergehend gelösten Dienstleistungsverhältnisses gewährt werden, Ruhegehalt, Wartegeld usw. (§ 51 BeamtVG), Übergangsgeld, ebenso bei Soldaten, s. § 48 SVG i.d.F. vom 5.3. 1987 (BGBl. I, 842). Wegen sonstiger Bezüge der Soldaten → § 850 i Rdnr. 45, 54, 57. Unterhaltsbeiträge, die einem Beamten oder Hinterbliebenen auf Lebenszeit oder Zeit in einem auf Entfernung aus dem Dienst oder Aberkennung des Ruhegehalts lautenden Urteils von der Dienststrafkammer bewilligt werden (vgl. § 77 BDO), sind wie Ruhegehalt nur nach §§ 850 ff. pfändbar[80]. Wegen der Mitglieder des Bundestags und der Landtage → Fn. 54.

b) Bei **privaten Ruhegeldansprüchen** oder Leistungen der betrieblichen Altersversorgung 34 macht es für den *Pfändungsschutz* keinen Unterschied, ob das Ruhegeld vom bisherigen Arbeitgeber, einer selbständigen Pensionseinrichtung[81] desselben oder von einem die Ruhegehaltslasten des Dienstherrn tragenden Zusammenschluß, einer ähnlichen Einrichtung[82] oder aufgrund betrieblicher Übung gezahlt wird; freilich bedürfen sie *selbständiger* Pfändung, wenn ein anderer als der Dienstherr Drittschuldner ist und deshalb die Erstreckung nach § 832 ausscheidet, → dazu § 833 Rdnr. 2–4.

Das Ruhegeld genießt den Schutz ohne Rücksicht auf sein Verhältnis zum früheren Dienst- 35 lohn; es muß sich nur um einen mit dem Dienstverhältnis in unmittelbarem Zusammenhang stehenden Rentenanspruch handeln. Ob es sich sachlich als verdiente Altersversorgung oder z.B. als Rentenabfindung für vorzeitiges Ausscheiden darstellt[83], ist unerheblich. Auch Versorgungsbezüge von Vorstandsmitgliedern einer AG oder von Geschäftsführern einer GmbH gehören dazu[84]. Vorruhestandsgeld ist nach § 7 Abs. 3 VRG vom 13. 4. 1984 (BGBl. I, 601) wie Arbeitseinkommen pfändbar. Wegen *gemischter Ansprüche* → Rdnr. 44; zu *Wettbewerbsrenten* und vertraglichen Versicherungsansprüchen → Rdnr. 46–49. Wegen Versorgungsrenten nach Sozialversicherungsgesetzen → § 850 i Rdnr. 39 ff.

---

[76] *BAG* NJW 1976, 75; *Ottersbach* Rpfleger 1990, 57.
[77] H.M.; vgl. *OLG Hamm* AP Nr. 3 zu § 850 a = BB 1956, 209; *Stöber*[10] Rdnr. 873, 881, 887.
[78] Vgl. *RAG* JW 1933, 2930; *Stöber*[10] Rdnr. 881; anders, wenn er nur ganz gelegentlich z.B. als Musiker bei einem Gastwirt auftritt, *BFH* BB 1977, 176.
[79] H.M.; *Stöber*[10] Rdnr. 881; anders die frühere Regelung.
[80] *Stöber*[10] Rdnr. 878. Nur bedingt pfändbar nach § 850 b Nr. 3 sind Bezüge, die dem straf- oder dienststrafrechtlich Verurteilten nach der Entfernung aus dem Beamtenverhältnis auf dem Gnadenweg gewährt werden, *Wittland* DR 1941, 29; *Stöber*[10] aaO.
[81] *BAG* AP Nr. 10 zu § 1 BetrAVG Invaliditätsrente.
[82] Z.B. Insolvenzversicherung, G vom 19. XII. 1974 BGBl. I, 3610, *Stöber*[10] Rdnr. 884.
[83] *LAG Frankfurt* DB 1988, 1456.
[84] *BGH* NJW-RR 1989, 286; NJW 1978, 756; NJW 1981, 2465; auch für »beherrschende«, *Timm* ZIP 1981, 11. → auch Fn. 90.

4. Hinterbliebenenbezüge

36 Hierher gehören Bezüge der Hinterbliebenen von gehalts- und pensionsberechtigten *Beamten, Privatangestellten und Arbeitern*. Hinterbliebene sind *Witwen* und *Kinder* und, soweit im Anschluß an den Tod eines Beamten usw. anderen Personen ein Unterhaltsbeitrag gewährt wird, auch diese Personen (§§ 22, 23 BeamtVG). Zu den Bezügen der Beamten s. §§ 16 ff. BeamtVG. Wegen versorgungsrechtlicher Vorschriften → § 850 i Rdnr. 39 ff.

Sterbe- und *Gnadenbezüge* sind unpfändbar, → § 850 a Rdnr. 34. Wegen bedingt pfändbarer *Schadensersatzrenten* im Falle des *Todes* des Unterhaltspflichtigen → § 850 b Rdnr. 14 und wegen fortlaufender Bezüge aus *Witwen-, Waisen-, Sterbe-* und *Hilfskassen* → § 850 b Rdnr. 18.

5. Sonstige Vergütungen

37 Außer dem eigentlichen Arbeits- und Dienstlohn sind dem Pfändungsschutz **sonstige Vergütungen für Dienstleistungen** aller Art unterstellt, falls die fragliche Beschäftigung die Tätigkeit des Schuldners *vollständig oder zu einem wesentlichen Teile* in Anspruch nimmt, → dazu Rdnr. 42.

a) Der Pfändungsschutz ist damit in doppelter Richtung erweitert:

38 aa) Der Schutz ist auf Vergütungsansprüche erstreckt, deren Grundlage nicht ein Rechtsverhältnis persönlicher oder wirtschaftlicher Abhängigkeit (→ Rdnr. 24 f.) ist, z. B. Dienstvertrag[85], laufende Reihe von *Werkverträgen*[86], Maklerauftragen usw. Aus dem Vertragsverhältnis muß einem Teil gegen den anderen ein Anspruch auf wiederkehrende Zahlungen erwachsen, die sich wirtschaftlich als Vergütung für geleistete – und zwar persönlich geleistete – Arbeiten darstellen[87].

39 Damit ist, sofern auch die Voraussetzung wesentlicher Inanspruchnahme der Erwerbstätigkeit des Schuldners gegeben ist, z. B. die Vergütung der nicht arbeitnehmerähnlichen *Handelsvertreter* (Fixum und Provision) erfaßt[88], ferner die einem Versicherungsvertreter gezahlte Garantiesumme während seiner Ausbildungszeit oder der Aufbauzeit der Agentur[89], Vergütungsansprüche von *Vorstandsmitgliedern einer AG und von Geschäftsführern einer GmbH*[90], die Ansprüche von *Zimmervermietern und Pensionsinhabern,* wenn die Vergütung großenteils für Dienstleistungen gewährt wird und das einzige Einkommen des Schuldner ist[91]. Bezüge von Lizenzspielern der Bundesliga, die Angestellte ihres Vereins sind[92], fallen einschließlich Leistungsprämien bereits als Arbeitseinkommen unter die §§ 850 ff. Bezüge anderer Vertragsspieler von Sportvereinen gehören auch hierher und sind daher nur gemäß → Rdnr. 42 f. geschützt[93].

40 bb) Ferner werden von den »sonstigen Vergütungen für Dienstleistungen« Ansprüche erfaßt, die sich nicht gegen einen Arbeitgeber oder sonstigen Dienstleistungsberechtigten in

---

[85] *BAG* → § 832 Fn. 36 (Beratungsvertrag).
[86] *BAG* BB 1975, 471 = DB 796 = Rpfleger 220 = Büro 904 = WPM 503.
[87] *OLG Hamm* BB 1972, 855; *LAG* Saarbrücken KKZ 1979, 14.
[88] *BGH* NJW 1978, 756; *BAG* AP Nr. 3 zu § 850 ZPO (Pohle) = Rpfleger 1963, 44 (*Berner*); *KG* Rpfleger 1962, 219; *OLG Braunschweig* BB 1951, 894; *OLG Hamm* (Fn. 33); *Wieczorek*² Anm. C II b 1. – A.M. noch *LG Bochum* BB 1957, 1158; *LG Stuttgart* Rpfleger 1950, 250.
[89] *LG Berlin* Rpfleger 1962, 217; *Stöber*¹⁰ Rdnr. 886.
[90] *BGH* u. *Timm* (Fn. 84); a.M. noch *BGHZ* 41, 288.
[91] *OLG Braunschweig* NdsRpfl 1958, 238; *Boewer/Bommermann* (Fn. 1) Rdnr. 377 f.; bei nur gelegentlicher Vermietung → § 850 i III.
[92] Auch wenn sie noch anderweit tätig sind, *BAG* NJW 1980, 470; s. dazu § 850 e Nr. 2.
[93] *OLG Düsseldorf* MDR 1953, 559 = JMBl NRW 208; *Stöber*¹⁰ Rdnr. 889. Erfolgsprämien sind wie Nachzahlungen zu berücksichtigen → § 850 c Rdnr. 9; wegen einmaliger Zahlungen wie Handgeld → § 850 i Rdnr. 5 Fn. 11.

bürgerlich-rechtlichem Sinne richten, z.B. der **Kassenärzte** usw. aus dem kassenärztlichen Verhältnis[94]. Zu Gebührenansprüchen nach § 121 ZPO oder § 11 a ArbGG → aber Rdnr. 41.

b) Die Vergütung muß, wenn sie den ohne Antrag des Schuldners eintretenden Schutz der §§ 850 c, d genießen soll, »fortlaufend«, also **wiederkehrend zahlbar** sein. Gleiche oder annähernd gleiche Größe der einzelnen Raten wird damit nicht erforert. Wesentlich ist vielmehr, daß es sich um Dienstleistungen für eine regelmäßig *auf Dauer angelegte Tätigkeit* handelt; daher können z.B. die Gebührenansprüche der nach § 121 ZPO oder nach § 11 a ArbGG *beigeordneten Anwälte* (§§ 121 ff. BRAGO) in der Regel nur § 850 i unterfallen. Jedoch müssen die zugrunde liegenden *Rechtsverhältnisse* nicht von Dauer sein[95] und können wöchentlich, ja täglich wechseln, so daß auch für Aushilfs- und Gelegenheitsarbeiter § 850 c gelten kann[96]. Wie wiederkehrend geschuldete Bezüge dann tatsächlich gezahlt werden und ob der Schuldner z.B. wegen Kündigung doch nur einmal Lohn erhält, ist unerheblich, da andernfalls Zufälligkeiten die Art des Pfändungsschutzes bestimmen. 41

c) Soweit Vergütungen *nicht* Arbeits- und Dienstlohn sind, setzt der Pfändungsschutz voraus, daß die Dienstleistungen die Erwerbstätigkeit des Schuldners **vollständig oder zu einem wesentlichen Teil** in Anspruch nehmen, daß er also daneben keine andere ihn ganz überwiegend in Anspruch nehmende Tätigkeit ausübt. → auch § 850 i Rdnr. 3. Dem Ermessen des Gerichts ist hierbei ein weiter Spielraum gelassen. Bei Ausübung verschiedener Tätigkeiten können sehr wohl mehrere als des Pfändungsschutzes teilhaftig angesehen werden. Bei Handelsvertretern (→ Rdnr. 39) können z.B. Provisionsansprüche gegen verschiedene Unternehmer geschützt sein, wenn die Tätigkeit für jeden von ihnen einen erheblichen Umfang erreicht; wegen ihrer Zusammenrechnung s. § 850 e Nr. 2. Hat eine Leistung die Erwerbstätigkeit des Schuldners nicht »zu einem wesentlichen Teile« in Anspruch genommen, sondern handelt es sich um vereinzeltes, unregelmäßiges «*Nebeneinkommen*»[97], so ist der Vergütungsanspruch unbeschränkt dem Vollstreckungszugriff offen, *wenn* daneben anderes Einkommen aus Erwerbstätigkeit vorhanden ist, → auch § 850 i Rdnr. 4. 42

Liegt jedoch **nur eine Einnahmequelle vor**, sind die fortlaufenden Vergütungen stets als Arbeitseinkommen zu behandeln[98]. Dies gilt auch für ausschließlich als Gelegenheitsarbeiter Tätige. Denn für die Bestimmung, ob ein wesentlicher Teil der Erwerbstätigkeit in Anspruch genommen wird, kommt es nicht auf die objektive Erwerbsmöglichkeit, sondern die tatsächlich ausgeübte Tätigkeit an[99]. 43

6. Gemischte Ansprüche

Ist der Bezug sowohl Vergütung für Dienstleistung wie (nicht abgesondertes) Entgelt für sonstige Leistungen, z.B. für die Überlassung von *Betriebskapital* oder gewerblicher *Urheberrechte*, so muß, gegebenenfalls im Wege freier Schätzung, festgestellt werden, inwieweit der Bezug Zins-, Miet-[100] oder Lizenzanspruch usw. und inwieweit er beschränkt pfändbarer Lohnanspruch ist. Können sich Gläubiger, Schuldner und Drittschuldner über die Höhe der Beträge nicht einigen, so nimmt das Prozeßgericht im Erkenntnisverfahren die Schätzung 44

---

[94] *BGH* JZ 1986, 498 (*Brehm*); *OLG Hamm* Rpfleger 1958, 280 (zust. *Berner*); *v. Glasow* Rpfleger 1987, 289; *Stöber*[10] Rdnr. 888 mwN. – Zu Einnahmen aus Privatpraxis → § 850 i Rdnr. 5.

[95] *Boewer* (Fn. 1), 177 f. mit Nachweisen zur Gegenmeinung, die wohl die Anwendbarkeit der §§ 850 c, 850 e Nr. 2 (statt § 850 i) begrifflich vermengt mit der anderen Frage, ob verschiedene Einkünfte mit nur einer Pfändung erfaßt werden können (→ Rdnr. 53 ff.).

[96] *Stöber*[10] Rdnr. 887; *Boewer/Bommermann* (Fn. 1) Rdnr. 370. Dies bedeutet praktisch, daß nicht Anträge nach § 850 i, sondern solche nach § 850 e Nr. 2 in Betracht kommen.

[97] *OLG Bamberg* Rpfleger 1974, 30; *Stöber*[10] Rdnr. 887.

[98] *KG* JW 1937, 2232; *OLG Düsseldorf* (Fn. 93); *Stöber*[10] Rdnr. 887.

[99] *BAG* ZIP 1980, 287.

[100] → aber den Grenzfall Rdnr. 39 bei Fn. 91.

vor[101]. Zur Pfändbarkeit des Entgelts für Miete und Lizenz → § 850 i Rdnr. 6 (nicht wiederkehrende Vergütungen) und § 850 i Rdnr. 19 ff. (wiederkehrende Vergütungen).

7. Wettbewerbsentschädigungen, vertragliche Versicherungsrenten, Ersatzansprüche, Konkursausfallgeld

45   Ansprüche aus Arbeits- und Dienstverhältnissen, die weder Lohn (→ Rdnr. 24 ff.) noch sonstige Vergütung (→ Rdnr. 37 ff.) oder Ruhegeld (→ Rdnr. 33 ff.) sind, genießen den Pfändungsschutz der §§ 850 ff. an sich nicht; **Abs. 3** hat jedoch weitere Bezüge den §§ 850 a ff. unterstellt. Über Abs. 3 hinaus sind auch Ersatzansprüche einzubeziehen, → Rdnr. 50 ff.

46   a) **Karenz-Entschädigungen**, die vom früheren Arbeitgeber für Wettbewerbsbeschränkungen nach Beendigung des Arbeitsverhältnisses gezahlt werden, gründen im Arbeits- oder Dienstverhältnis und sind deshalb dem Arbeitseinkommen gleichgestellt. Voraussetzungen, Art und Umfang bestimmen sich für alle Arbeitnehmergruppen (kaufmännische, sonstige Angestellte, Arbeiter) nach den §§ 74 ff., 82 a HGB[102], für technische Angestellte über § 133 GewO. Wird aber das Wettbewerbsverbot erst nach Beendigung des Dienst- oder Arbeitsverhältnisses vereinbart, so bedarf es der Einhaltung der engen Schutzvorschriften der §§ 74 ff. HGB nicht[103]. Karenzentschädigungen sind auf die Dauer der Wettbewerbsbeschränkungen berechnet und deshalb in der Regel wiederkehrend zahlbar, → dazu Rdnr. 41. Werden sie aber von vornherein als einmalig zahlbar vereinbart, so gilt für sie § 850 i[104].

47   Abs. 3 a nennt nur Arbeitnehmer; gleichwohl muß man, dem Sinn des § 850 insgesamt entsprechend, auch die *arbeitnehmerähnlichen Personen* → Rdnr. 25 f. einbeziehen[105], z. B. Ein-Firmen-Vertreter gemäß §§ 90 a, 92 a HGB[106]. Wegen § 87 Abs. 2, 3 und § 89 b HGB → Rdnr. 52. – Entschädigungen, die jemand *als Selbständiger* (z. B. von einem Konkurrenzunternehmen) erhält, fallen jedoch nicht unter Abs. 3 a. Darauf, ob der Berechtigte in der Zeit des Bezugs noch in einem Abhängigkeitsverhältnis steht, kommt es allerdings nicht an.

48   b) **Versorgungsrenten der Lebens- oder Unfallversicherung** (→ auch § 850 b Fn. 8) genießen nach Abs. 3 b Pfändungsschutz, wenn sie auf einem Vertrag beruhen, der zur Versorgung des Versicherungsnehmers oder seiner unterhaltsberechtigten Angehörigen eingegangen ist, also Ruhegelder oder Hinterbliebenenbezüge ersetzen oder ergänzen soll. Es genügt, daß dieser Versorgungszweck zur Zeit der Pfändung herbeigeführt ist, z. B. durch nachträgliche Benennung eines unterhaltsberechtigten Angehörigen als Bezugsberechtigten[107]. Dazu gehören auch Berufsunfähigkeitsrenten[108] und Tagegelder aus Krankenversicherungen[109].

49   Es ist nicht notwendig, daß der Versicherungsnehmer bei Eingehung der Versicherung als Arbeitnehmer oder in einem arbeitnehmerähnlichen Verhältnis tätig war oder überhaupt jemals tätig gewesen ist[110]. Wird statt der Rente vertragsgemäß eine Kapitalabfindung ge-

---

[101] Wie hier *Stöber*[10] Rdnr. 897.
[102] Zur Analogie s. *BAG* AP Nr. 23 zu § 133 f GewO; AP Nr. 24 zu § 611 BGB Konkurrenzklausel; AP Nr. 26 zu § 74 HGB. Nach *BAG* AP Nr. 10 zu § 75 b HGB ist die sog. Hochbesoldetenklausel des § 75 b S. 2 HGB als verfassungswidrig unbeachtlich; vgl. im übrigen *Schaub* RdA 1971, 268; *Boewer* (Fn. 1), 182.
[103] *BAG* AP Nr. 23 u. Nr. 24 zu § 74 HGB.
[104] *Boewer* (Fn. 1), 183; *Stöber*[10] Rdnr. 890; jetzt allg. M.
[105] *Boewer/Bommermann* (Fn. 1) Rdnr. 393; *Baumbach/Hartmann*[52] Rdnr. 13.
[106] *Walter* (Fn. 1), 46; *Boewer/Bommermann* (Fn. 1) Rdnr. 393; h. M. – *Bischoff/Rochlitz* (Fn. 1), 130; *Stöber*[10] Rdnr. 891 wollen *alle* Fälle des § 90 a HGB einbeziehen, ohne auf den Wortlaut des § 850 Abs. 3 a (»Arbeitnehmer«) näher einzugehen.
[107] *Stöber*[10] Rdnr. 892. – A. M. *Berner* Rpfleger 1957, 197.
[108] Soweit sie unpfändbar sind, allerdings nur als Gegenstand der Zusammenrechnung, *OLG Nürnberg* JR 1970, 386; s. dazu § 850 e Nr. 2, 2 a.
[109] *Berner* Rpfleger 1957, 197; *Stöber*[10] Rdnr. 893.
[110] *Bischoff/Rochlitz* (Fn. 1), 131; *Boewer/Bommermann* (Fn. 1) Rdnr. 394; *Walter* (Fn. 106). – A. M. *Bock/Speck* (Fn. 1), 54; *Stöber*[10] Rdnr. 892.

währt, so fällt diese weder unter Abs. 3 b[111] noch unter § 850 i Abs. 1, 2, da sie dann weder Rente noch »Vergütung« ist[112]. Wegen der unter § 850 i Abs. 4 fallenden Bezüge → dort V.

c) **Ersatzansprüche** des Arbeitnehmers gegen den Arbeitgeber, die an die Stelle entgangener oder vorenthaltener Arbeitsvergütungen treten, sind wie Arbeitseinkommen zu behandeln. Ersatzansprüche für *Auslagen* sind schon nach § 850 a Nr. 3 nahezu ausnahmslos der Vollstreckung entzogen. Im übrigen sind sie unter dem Gesichtspunkt der *Zweckgebundenheit* regelmäßig unpfändbar, so z. B. der Anspruch auf vorschußweise Ausantwortung der Beträge zur Entlohnung des von dem Dienstverpflichteten zu stellenden und zu entlohnenden Unterpersonals[113] und ähnliches, → § 851 II 5. Zum Entgelt für selbst gestelltes Arbeitsmaterial → § 850 a Nr. 3. Der Vergütungsanspruch gemäß § 615 BGB, wenn der Dienstberechtigte in Annahmeverzug geraten ist, genießt ebenfalls Pfändungsschutz[114]. 50

Bei *Schadensersatzansprüchen* ist zu unterscheiden, ob der Anspruch den Schutz der §§ 850 a ff. genießt und ob die Pfändung der Arbeitsvergütung auch den Schadensersatzanspruch mit erfaßt, → zur letzten Frage Rdnr. 54. Sofern Schadensersatz den Ausgleich für entgangene[115] oder zu Unrecht vorenthaltene Arbeitsvergütung darstellt, ist er wirtschaftlich Vergütung für bereitgestellte Arbeitskraft und muß sinngemäß den gleichen Schutz genießen wie unmittelbares Arbeitseinkommen, solange der Anspruch dem Arbeitnehmer zusteht[116]. Ansprüche auf Lohnersatz im Falle vorzeitiger Entlassung fallen daher unter die §§ 850 a ff., ebenso ein Schadensersatzanspruch des Arbeitnehmers gemäß § 628 Abs. 2 BGB, soweit der Schaden im Verlust der Lohnansprüche bis zum Ablauf der ordentlichen Kündigungsfrist besteht[117]. 51

d) Zum Arbeitseinkommen gehören ferner Ansprüche, die wirtschaftlich gesehen Vergütungen für ehemalige Dienste oder (und) Abfindungen für die Beendigung des Vertrags sind, z. B. Entlassungsgeld nach § 9 WehrsoldG[118] sog. Bezirksprovisionen nach § 87 Abs. 2, 3 HGB und Ausgleichsansprüche nach Vertragsende gemäß § 89 b HGB[119], der Altersausgleich nach § 48 BeamtVG, Abfindungen nach § 21 BeamtVG, §§ 9 ff. KSchG[120] und aus einem *Sozialplan*, §§ 112 f. BetrVG[121] sowie *Konkursausfallgeld*, für das die §§ 850 a, c, d, f (→ auch § 850 i Rdnr. 53, 115) gelten, gleichgültig ob es *vor* Stellung des Antrags zusammen mit dem Arbeitseinkommen (§ 141 k Abs. 2 AFG) oder *danach* selbständig gepfändet wird (§ 141 l Abs. 2). – Auf einmalige Zahlung gerichtete Abfindungsansprüche unterfallen § 850 i[122]. Zur Kapitalabfindung bei Renten → § 850 b Rdnr. 10. 52

Streikgeld ist zwar kein Arbeitseinkommen, aber wie die o. g. Ersatzansprüche als Ausgleich für entgangene Arbeitsvergütung nur nach Maßgabe der §§ 850 ff. pfändbar[123].

VIII. Umfang der Pfändung, Grundsatz der Einheitlichkeit

1. Der **Abs. 4** stellt klar, daß unter den Begriff des Arbeitseinkommens die aufgezählten Bezüge ohne Rücksicht auf ihre Benennung und Berechnungsart fallen und daß die Pfändung eines Arbeitseinkommens, wie auch immer in dem Pfändungsbeschluß der gepfändete Bezug 53

---

[111] Jetzt allg. M. Anders noch 19. Aufl.
[112] H.M.; ausführlich (auch zur Gegenansicht) *Jaeger/Henckel* KO⁹ § 1 Rdnr. 75. Siehe auch → § 850 b Rdnr. 10, 13, 21.
[113] Vgl. *RAG* BenshS 10, 572.
[114] *Stöber*[10] Rdnr. 895.
[115] Z.B. infolge Unfalls; vgl. *Krebs* VersR 1962, 390.
[116] Nicht nach Übergang auf den Arbeitgeber z.B. nach § 6 EntgeltfG, *Stöber*[10] Rdnr. 896.
[117] *Stöber*[10] Rdnr. 895 (nicht sonstiger Vermögensschaden, → aber § 850 b Abs. 1 Nr. 1).
[118] H.M. → Fn. 67; → auch § 850 a Fn. 68.
[119] Vgl. *Stöber*[10] Rdnr. 891.
[120] *BAG* DB 1980, 358 mwN = SAE 165 (*Herschel*) = MDR 346 = NJW 800 (L); *Stöber*[10] Rdnr. 1234; ganz h.M.
[121] *BAG* NZA 1992, 384; OLG *Düsseldorf* NJW 1979, 2520; *AG Krefeld* MDR 1979, 853[77]; *Heinze* DB 1974, 1814 ff.; *Stöber*[10] Rdnr. 1234.
[122] *BAG* (Fn. 120) u. OLG *Düsseldorf* (Fn. 121), beide mwN auch zur Gegenmeinung (weder § 850 c noch § 850 i); wie *BAG* auch LG *Karlsruhe* MDR 1980, 765; LG *Aachen* Rpfleger 1983, 288; *Boewer* (Fn. 1), 186 f.; *Stöber*[10] Rdnr. 1234, → auch Fn. 104.
[123] *BAG* Büro 1977, 337 f.; *Stöber*[10] Rdnr. 883. – A. M. *Boewer/Bommermann* (Fn. 1) Rdnr. 444.

bezeichnet ist (Gehalt, Lohn, Vergütung, Provision, Zulagen usw.), alle diese Ansprüche erfaßt[124], **nicht** aber die Ansprüche → Rdnr. 30; auch die Pfändung der in § 850 b genannten Ansprüche bedürfen eines besonderen Antrags → dort Rdnr. 26, 33. Zum Irrtum des Arbeitgebers über den Pfändungsumfang → § 836 bei Fn. 5.

54   2. Die Pfändung umfaßt den Anspruch auf Arbeitseinkommen als **einheitliches Ganzes**.
   a) Somit erstrecken sich solche Pfändungen sowohl auf **Rückstände** und Vorschüsse (→ dazu § 850 e Rdnr. 14 ff.) als auch auf **nach der Pfändung fällig werdende Bezüge**. Dies ist in § 832 über den Rahmen von Arbeitseinkommen hinaus auch für andere *wiederkehrend zahlbare* Bezüge geregelt, ergibt sich aber im Bereich des § 850 unmittelbar aus Abs. 4 und gilt daher auch für die → Rdnr. 46–47, 50–51 genannten *nicht wiederkehrenden* Bezüge aus Arbeitsverhältnissen. Ob der Anspruch auf künftige Bezüge noch nicht besteht oder nur noch nicht fällig ist, spielt für den Pfändungsumfang keine Rolle, wenn »Arbeitseinkommen« gepfändet ist und die Bezüge aus einem **einheitlichen Verhältnis** entspringen, insbesondere vom gleichen Drittschuldner geschuldet sind; → dazu §§ 832 Rdnr. 1 f., 833 mit Bem. Zur Frage, in welchem Stadium man schon ein solches Verhältnis annehmen kann, → § 829 Rdnr. 6 f. – Anders als sonst[125] müssen also hier künftige Ansprüche nicht als solche bezeichnet werden, → auch zu vorrangiger Sicherungsabtretung § 829 Rdnr. 69.

55   b) Schon aus § 850 Abs. 4 (Grundsatz der *Einheitlichkeit*) folgt ferner, was § 832 in zu enger Fassung wiederholt und § 833 nochmals klarstellt:
   aa) Die Pfändung erfaßt bei einer **Erhöhung** der Bezüge gleich aus welchem Grunde auch die Mehrbeträge, und sie wirkt trotz **Änderung der Berechnungsart** fort, wenn etwa vom Zeit- zum Akkordlohn oder von der Provision zum festen Lohn übergegangen wird.

56   bb) Trotz **Veränderung der rechtlichen Beziehungen** zwischen Schuldner und Drittschuldner und vorübergehender **Unterbrechung** der Arbeit wirkt die Pfändung grundsätzlich fort, → § 832 Rdnr. 2, § 833 Rdnr. 1–3.

57   cc) Bei einem **Wechsel des Dienstherrn** muß gemäß § 833 Abs. 2 neu gepfändet werden, wenn die Einkünfte aus dem neuen Verhältnis erfaßt werden sollen. Wegen der Einzelheiten und *Ausnahmen* → § 833 Rdnr. 2–4.

58   c) In **zeitlicher Hinsicht** ist es für Abs. 4 ohne Bedeutung, ob sich ein erfaßter Bezug ganz oder teilweise als Vergütung für eine vor der Pfändung liegende Dienstleistung darstellt (z. B. eine Jahrestantieme). → aber § 850 c Rdnr. 9 ff. Trotz Pfändung kann der Schuldner das *Arbeitsverhältnis lösen*, → § 829 Rdnr. 95, 96 und § 832 Rdnr. 2.

IX. Naturalbezüge

59   Ansprüche auf Naturalien – Verpflegung, Deputat, Lieferung von Brennmaterial u. ä., Dienstwohnung – werden nach Abs. 4 (»in Geld«) durch Pfändung des Arbeitseinkommens zunächst nicht miterfaßt. Zur Berechnung des zugriffsfreien Teils der *Geldbezüge* → aber § 850 e Rdnr. 71 ff. Einer *selbständigen Pfändung* sind Naturalbezüge teilweise entzogen → § 851 Rdnr. 26 und § 847 Rdnr. 2 mit § 811 Rdnr. 33 f., 41.

60   Verwandelt sich der Anspruch wegen Nichterfüllung oder Nichtabnahme (z. B. Nichtbenutzung der Dienstwohnung) in einen Geldanspruch, so untersteht er – mag es sich nunmehr rechtlich um Vergütung oder um Schadensersatz handeln – den §§ 850 ff. und wird auch von einer bereits bestehenden Lohnpfändung mitgegriffen[126].

---

[124] *BAG* AP Nr. 1 = Rpfleger 1960, 247; *BAG* (Fn. 120); *OLG Düsseldorf* (Fn. 121); *Stöber*[10] Rdnr. 925 mwN. – Freilich kann der Gläubiger die Pfändung ausdrücklich beschränken.

[125] → § 829 Rdnr. 68.
[126] *Stöber*[10] Rdnr. 1174.

X. Verfügungen

Kraft Gesetzes unpfändbare Forderungen, ebenso aufgrund ihrer Vollstreckung erlangte Einziehungsrechte (→ § 835 Rdnr. 26 a. E.), sind – vorbehaltlich der Ausnahmen (→ Rdnr. 62) – durch § 400 BGB der rechtsgeschäftlichen **Abtretung**, durch § 394 BGB der **Aufrechnung** und durch § 1274 Abs. 2 BGB der **Verpfändung** entzogen. → auch § 850 b Rdnr. 34. Entsprechend gelten § 400 BGB für (unwiderrufliche oder auch widerrufliche) **Einziehungsermächtigungen** für eigene Rechnung und in eigenem Interesse des Ermächtigten[127], und § 394 BGB für **Aufrechnungsverträge** vor Fälligkeit der unpfändbaren Forderung[128]. Auch die Geltendmachung des **Zurückbehaltungsrechts** ist unzulässig, da sie einen der Aufrechnung gleichkommenden Erfolg hätte[129]. 61

Ist dem Gläubiger einer *unpfändbaren, titulierten* Forderung ein Anspruch seines Schuldners nach § 835 überwiesen, so kann gegen diesen Anspruch ebensowenig aufgerechnet werden wie gegen die Titelforderung selbst, weil sonst beide ohne effektive Leistung erlöschen würden, → das ähnliche Problem § 835 Fn. 82.

Dagegen berührt die Möglichkeit, *durch Antrag nach § 850 i Abs. 1, 2 oder nach § 850 f* einen Pfändungsschutz oder dessen Erweiterung oder Beschränkung zu erwirken, die Abtretbarkeit, Aufrechenbarkeit und Verpfändbarkeit nicht, → § 851 Rdnr. 4. Wegen **§ 850 b** → aber dort Rdnr. 34.

Aus Treu und Glauben (§ 242 BGB) ergibt sich die **Ausnahme**[130], vom Aufrechnungsverbot des § 394 BGB daß mit einer Schadensersatzforderung aus *vorsätzlich begangener unerlaubter Handlung* doch aufgerechnet werden kann[131]. Ferner sind Abtretungen und Einziehungsermächtigungen dann *erlaubt*, wenn der durch § 400 BGB Geschützte den pfändungsfreien Betrag vom Zessionar bzw. Ermächtigten bereits vorher erhalten hat[132], oder wenn die Abtretung bzw. Ermächtigung durch die jeweils termingemäß zu leistenden Zahlungen aufschiebend bedingt ist[133]. 62

---

[127] *RGZ* 146, 401; *BGHZ* 4, 153 = NJW 1952, 340²; allg. M.
[128] *BAG* NJW 1977, 1168 mwN; h. M. Zur Verrechnung von Vorschüssen → § 850 e Rdnr. 14.
[129] H.M.; vgl. *BGHZ* 38, 129 = NJW 1963, 246; *BGH* BB 1967, 1143; *BAG* AP Nr. 11 zu § 394 BGB mwN; *OLG Nürnberg* MDR 1977, 231 (für vertragliches Aufrechnungsverbot); MünchArbR-*Blomeyer* § 55 Rdnr. 43; *Hueck/Nipperdey* (Fn. 29), 374 u. alle BGB-Kommentare.
[130] Durch § 51 Abs. 2 S. 2 BeamtVG vom 24. VIII. 1976 (BGBl. I, 2485, 3839 mit späteren Änderungen s. Sartorius Nr. 155) ausdrücklich übernommen.
[131] *RGZ* 85, 116; 135, 3; *BGH* MDR 1993, 762; *BGHZ* 30, 38; *BAG* NJW 1960, 1589; *BAG* NJW 1965, 72; *Deutsch* NJW 1981, 735. Auch *OLG Celle* NJW 1981, 766 steht dem nicht entgegen. A. M. *Hucko* RdA 1965, 266. Doch ist dem Dienstverpflichteten, solange er für den Geschädigten noch arbeitet, das Existenzminimum, auch für Unterhaltsberechtigte, gemäß § 850 d auszuzahlen, *BAG* AP Nr. 8 zu § 394 BGB (*Pohle*); *Stöber*[10] Rdnr. 1261 (insoweit a.m. *Boewer/Bommermann* (Fn. 1) Rdnr. 737), während nach Beendigung des durch das vertragswidrige Verhalten aufgelösten Arbeitsverhältnisses voll aufgerechnet werden darf, *BAG* NJW 1965, 70. – Die Aufrechnung mit einer Schadensersatzforderung aus vorsätzlicher *Vertragsverletzung* ist aber nur in schwerwiegenden Fällen zulässig, vgl. *BAG* NJW 1960, 1500; *BAG* AP Nr. 12 zu § 394 BGB; *BGHZ* 30, 38 = NJW 1959, 1275. Gegen Urlaubsabgeltungsansprüche kann trotz § 394 BGB mit Ansprüchen auf Rückzahlung freiwillig gewährter Urlaubsgratifikation, die bestimmungswidrig Verwendung gefunden hat, aufgerechnet werden, *BAG* NJW 1963, 462. Vgl. ferner *BGH* NJW-RR 1990, 1500. Zur Aufrechnung mit Ansprüchen aus vorsätzlicher Schädigung trotz *vertraglichem Aufrechnungsverbot* s. *BGH* MDR 1977, 309³⁷ = JR 151 = DB 248.
[132] *LG Hagen* NJW-RR 1988, 1232 bezog eine Abtretung an den Vermieter teils auf den pfändbaren, teils auf den unpfändbaren Lohnanteil (in Höhe des Mietgeldes bei schlichter Unterkunft). Obwohl nicht zu verkennen ist, daß der Schuldner durch Abtretung des unpfändbaren Lohnes an den Vermieter im Ergebnis sein unpfändbares Einkommen erhöhen kann, weil die Pfändungsfreigrenzen die Kosten für Unterkunft berücksichtigen, ist diese perfektionistische und der Rechtssicherheit abträgliche Rechtsprechung abzulehnen.
[133] *BGHZ* 4, 153 = NJW 1952, 337; *BGHZ* 59, 115 = NJW 1972, 1705³ mwN; *BAG* WPM 1980, 840 (850) = NJW 1652; *OLG Düsseldorf* FamRZ 1979, 1010f. Ebenso, wenn die Einziehung ausschließlich im Interesse des Geschützten erfolgt, *LAG München* DB 1980, 112 (dort für Streikunterstützung verneint wegen Rückforderungsvorbehalts).
Die o. g. Bedingung erlaubt dem Ermächtigenden die eigene Geltendmachung jeder Rate, nicht nur bis zur Zahlung des Ermächtigten, sondern auch wenn dieser die termingerechte Zahlung versäumt hat. Entgegen *BGH* aaO sollte man daher nicht neben der Bedingtheit auch noch Widerruflichkeit verlangen; im übrigen ist jede, nicht ausdrück-

Letzteres ist allerdings nur dann unbedenklich, wenn man den Zahlungen an den Schuldner denselben Schutz nach § 811 Nr. 8 oder § 850 k zubilligt, wie er den unpfändbaren Bezügen bei Auszahlung an den Schuldner zugekommen wäre.

Über *gesetzliche Ausnahmen* vom Abtretungsverbot → § 851 Rdnr. 2. Die Forderung kann ihren Charakter der Unpfändbarkeit nach einer Legalzession oder Übertragung kraft Hoheitsaktes[134] verlieren[135]. Beim Rechtsnachfolger kommt es darauf an, ob aufgrund seiner persönlichen Verhältnisse Unpfändbarkeit eintritt.

63 Nur *teilweise pfändbare* Bezüge sind in den Grenzen der Pfändbarkeit abtretbar, aufrechenbar usw. – das laufende Arbeitseinkommen also, soweit es die gesetzlichen Freibeträge des § 850 c übersteigt, und wenn die Abtretung oder sonstige Verfügung zugunsten eines bevorzugten Unterhaltsgläubigers (§ 850 d) erfolgt war, in den von individuellen Verhältnissen abhängigen Grenzen jener Vorschrift[136]. Zur Wirkung gesetzlicher Änderungen der pfändungsfreien Beträge *nach* einer solchen Verfügung, aber *vor* Leistung des Drittschuldners → § 850 g Rdnr. 15. Sicherungsabtretung des »gesamten *pfändbaren* Arbeitseinkommens« ist zulässig und geht einer späteren Pfändung vor[137]; → § 829 Rdnr. 69.

Über das *Zusammentreffen* von Abtretungen und Pfändung → §§ 850 b Rdnr. 34, 850 e Rdnr. 85 ff.

§ 850 a [Unpfändbare Bezüge]

Unpfändbar sind
1. zur Hälfte die für die Leistung von Mehrarbeitsstunden gezahlten Teile des Arbeitseinkommens;
2. die für die Dauer eines Urlaubs über das Arbeitseinkommen hinaus gewährten Bezüge, Zuwendungen aus Anlaß eines besonderen Betriebsereignisses und Treugelder, soweit sie den Rahmen des Üblichen nicht übersteigen;
3. Aufwandsentschädigungen, Auslösungsgelder und sonstige soziale Zulagen für auswärtige Beschäftigungen, das Entgelt für selbstgestelltes Arbeitsmaterial, Gefahrenzulagen sowie Schmutz- und Erschwerniszulagen, soweit diese Bezüge den Rahmen des Üblichen nicht übersteigen;
4. Weihnachtsvergütungen bis zum Betrag der Hälfte des monatlichen Arbeitseinkommens, höchstens aber bis zum Betrag von 540 Deutsche Mark;
5. Heirats- und Geburtsbeihilfen, sofern die Vollstreckung wegen anderer als der aus Anlaß der Heirat oder der Geburt entstandenen Ansprüche betrieben wird;
6. Erziehungsgelder, Studienbeihilfen und ähnliche Bezüge;
7. Sterbe- und Gnadenbezüge aus Arbeits- oder Dienstverhältnissen;
8. Blindenzulagen.

Gesetzesgeschichte: Bis 1900 § 749 CPO, dann § 850 ZPO (RGBl. 1898, S. 573) jeweils Abs. 5. Seit 1934 §§ 850 Abs. 2, 850 a RGBl. 1934 I, 1070, dann in § 3 LohnpfändungsVO RGBl. 1940 I, 1451 und von dort wieder in ZPO BGBl. 1953 I, 952. Änderungen BGBl. 1978 I, 333, 1984 I, 364. → ferner § 850 Rdnr. 4.

---

lich als unwiderruflich bezeichnete Ermächtigung ohnehin im Zweifel als widerruflich anzusehen, insoweit bedenklich *OLG Düsseldorf* aaO (»nichtig«).
[134] Dazu grundlegend *Lüke* JZ 1959, 270.
[135] BGHZ 35, 327 = NJW 1961, 1968.
[136] Nur falls ausdrücklich vereinbart (sonst wie § 850

c); bis zur Entscheidung nach § 850 c hinterlegt der Drittschuldner streitige Beträge, *Stöber*[10] Rdnr. 1249 mwN auch zur Gegenmeinung, z. B. *Welzel* MDR 1983, 723.
[137] Bei (teilweiser) Einziehungsermächtigung an den Schuldner s. aber *BAG* → § 832 Fn. 36.

I. Die uneingeschränkt der Pfändung entzogenen Bezüge

Die Bezüge Nr. 1–8 sind – manche nur teilweise – aus sozialen Gründen **absolut** unpfändbar. Der Schuldner kann daher nicht wirksam auf diesen Schutz verzichten → § 850 Rdnr. 18. Nur bevorrechtigte Unterhaltsgläubiger dürfen nach § 850 d Abs. 1 S. 2 auf die Hälfte der Bezüge Nr. 1, 2 und 4 zugreifen. Zur Berechnung der dem Schuldner verbleibenden Teile → § 850 e Rdnr. 2–4. Wegen bedingt pfändbarer Bezüge s. § 850 b; über sonstige unpfändbare Ansprüche → § 850 i V, § 851.

1. Die Bezüge Nr. 1–8 dürfen **nicht selbständig gepfändet** werden. Schuldner, Drittschuldner, bevorrechtigte (§ 850 d) und nachrangige Gläubiger können *Verstöße* grundsätzlich nicht nach §§ 766, 793 rügen, → § 829 Rdnr. 54, 106 ff., § 766 Rdnr. 32 f. Über die Abgrenzung des § 766 zur befristeten Erinnerung und Beschwerde → § 766 Rdnr. 4–10.

2. Sie werden von der Pfändung des Arbeitseinkommens, auch wenn der Beschluß sie nicht ausnimmt, **nur insoweit miterfaßt**, als § 850 a sie für pfändbar erklärt oder ein Beschluß nach § 850 d die Pfändung (bis zur Hälfte) erlaubt. Einen Streit darüber, ob ein Bezug unter § 850 a fällt, können die Beteiligten nicht nach § 766 klären lassen[1], weil es um die materiellrechtliche Wirkung der Pfändung geht → § 829 Rdnr. 109.

Soweit der Pfändungsbeschluß die Grenzen der Unpfändbarkeit selbst offen läßt, kann der *Drittschuldner* sie *im Prozeß* einwenden, denn er greift damit nicht den Beschluß an, sondern dessen Auslegung durch den Gläubiger, → § 829 Rdnr. 109 Fn. 525.

3. Die unpfändbaren Bezüge bleiben bei der **Berechnung** des von der Pfändung *nicht erfaßten Teiles* des Arbeitseinkommens außer Betracht, § 850 e Nr. 1, → dort Rdnr. 2 f.

4. Zu den Folgen der Unpfändbarkeit für die **Abtretung, Verpfändung, Aufrechnung und Zurückbehaltung** → § 850 Rdnr. 61–63. Über die Bezüge Nr. 1, 4 und 5 kann nur in den dort genannten Grenzen rechtsgeschäftlich verfügt werden.

Beide Schutzwirkungen bleiben erhalten trotz Hinterlegung oder vergleichbaren Zahlungen, die dem Schuldner noch nicht freie Verfügung ermöglichen, → § 850 Rdnr. 11.

II. Die einzelnen Nummern

1. Mehrarbeitsstunden

Unpfändbar ist zur Hälfte die **Vergütung für Mehrarbeitsstunden**, also das Entgelt für eine über die gewöhnliche[2] Arbeitszeit *hinausgehende* Dienstleistung.

a) Zusätzliches Entgelt für eine gesteigerte Arbeitsleistung *innerhalb* der gewöhnlichen Arbeits- bzw. Arbeitsbereitschaftszeit (Leistungszulage, Akkord- oder Prämienlohn) fällt nicht unter Nr. 1[3].

b) Sie muß über die normale tarifliche, betriebliche oder kraft Dienstordnung festgelegte Arbeitszeit *hinausgehen*[4], sei es als Verlängerung der täglichen Arbeitszeit oder als *Sonntagsarbeit*. Allerdings darf es sich nicht nur um normalen Sonntagsdienst handeln. Nr. 1 scheidet aus, wenn während einer betrieblichen *Kurzarbeit* jemand davon ausgenommen ist oder vorübergehend mehr, aber nicht länger als sonst üblich arbeitet, ebenso wenn für nicht genommenen Urlaub Abgeltung gezahlt wird[5].

---

[1] A.M. *OLG Düsseldorf* VersR 1967, 750; *Stöber*[10] Rdnr. 929, 978; *Christmann* Rpfleger 1988, 458.

[2] Ganz h.M.; *Baumbach/Hartmann*[52] Rdnr. 2; *Stöber*[10] Rdnr. 980 f.; *Thomas/Putzo*[18] Rdnr. 2; *Boewer/Bommermann*, Lohnpfändung und -abtretung (1987), Rdnr. 465.

[3] H.M.; *Stöber*[10] Rdnr. 983 mwN; *Sibben* DGVZ 1988,

[4] – A.M. *Wieczorek*[2] Anm. B I b 2; in Ausnahmefällen *Bischoff/Rochlitz* Lohnpfändung[3], 138.

[4] *Zöller/Stöber*[18] Rdnr. 2; nicht maßgeblich ist die gesetzliche Arbeitszeit.

[5] *Baumbach/Hartmann*[52] Rdnr. 4; a.M. *Faecks* NJW 1972, 1450 f. (analog).

9 c) Die Vergütung muß eine *zusätzliche* sein; eine gemeinsame Bezeichnung, z. B. Konkursausfallgeld (→ § 850 Rdnr. 52), schadet aber nicht[6]. Sind die zusätzlichen Dienststunden – wie teilweise bei Beamten[7] – ohne eine besondere Vergütung zu leisten oder werden sie nur durch vorherige oder nachträgliche Freizeit ausgeglichen, so kann nicht etwa ein Teil der gleichbleibenden Vergütung als Mehrarbeitsstundenentgelt rechnerisch abgezweigt und der Nr. 1 unterstellt werden[8].

10 Auch die Vergütung für eine in der Freizeit für einen *anderen* Unternehmer geleistete Arbeit (sog. *Nebenverdienst*) genießt die Vergünstigung[9], falls es sich nicht nur um vereinzelte, unregelmäßige Dienste handelt, → § 850 Rdnr. 42 a. E., → auch zur Zusammenrechnung § 850 e Rdnr. 21 ff. Auf die Genehmigung einer Mehrarbeit kommt es nicht an[10], ebensowenig auf die Berechnung der Vergütung nach *Zeit, Stückzahl* oder sonstwie.

11 d) Unter Nr. 1 fällt die *ganze* Mehrarbeitsstundenvergütung, nicht etwa nur die Differenz zwischen dem gewöhnlichen und einem erhöhten Vergütungssatz, der sog. Mehrarbeitszuschlag[11], und der Pfändungsschutz hängt auch nicht von der Höhe des jährlichen Arbeitsverdienstes ab.

12 e) Die Bezüge Nr. 1 haben *zur Hälfte* dem Schuldner uneingeschränkt zu verbleiben, d. h. *ohne Abzüge* zur Erfüllung steuerlicher und sozialrechtlicher Verpflichtungen. Die dafür nötigen Beträge sind dem restlichen Arbeitseinkommen zu entnehmen[12].

2. Urlaubsgelder, Treugelder usw.

13 Die Bezüge Nr. 2 sollen dem Arbeitnehmer höchstpersönlich zukommen: sie sind insoweit unpfändbar, als sie sich im Rahmen des *Üblichen* halten. Soweit sie darüber hinausgehen, ist zu *unterscheiden*: besteht kein Rechtsanspruch gegen den Unternehmer, so werden sie von der Pfändung nicht betroffen[13]; besteht ein Rechtsanspruch, so ist der den üblichen Betrag übersteigende Teil der Zuwendung als Teil der Arbeitsvergütung anzusehen, → § 850 Rdnr. 28 f.

14 Was *üblich* ist, bestimmt sich danach, was in gleichartigen Unternehmen bei ähnlichen Anlässen gewährt wird[14]. Denn damit soll eine Umgehung des § 850 c (Verminderung des pfändbaren zugunsten unpfändbaren Einkommens) verhindert werden[15].

15 a) **Urlaubsgelder** i. S. d. Nr. 2 sind **nur** die zur Deckung erhöhter Aufwendungen in der Urlaubszeit bestimmten Zuschüsse, **nicht** die Urlaubsabgeltung[16], die für den nicht in Natur genommenen Urlaub gezahlt wird und nicht das Urlaubsentgelt, d. h. der vom Arbeitgeber während des Urlaubs weitergezahlte Lohn, → § 850 Fn. 31[17]. Allerdings wird ein während des Urlaubs ganz oder teilweise weitergezahlter Lohn dann zu »Urlaubsgeld«, wenn eine

---

[6] Vgl. *Stöber*[10] Rdnr. 1453 a. E.
[7] § 72 Abs. 2 BBG. Nach § 7 AZV (Sart. I Nr. 170) i. V. m. § 72 Abs. 4 BBG u. § 48 BBesG ist aber auch Mehrvergütung möglich.
[8] *Stöber*[10] Rdnr. 980.
[9] OLG Hamm AP Nr. 3 (zust. *Pohle*) = BB 1956, 209; *Wieczorek*[2] Anm. B I.
[10] *Walter* Lohnpfändungsrecht[3], 61 f.; *Pohle* (Fn. 9); a. M. *Thomas/Putzo*[18] Rdnr. 2 (keine Anwendung bei Schwarzarbeit).
[11] *Stöber*[10] Rdnr. 980; s. zum Begriff der Mehrarbeit auch § 15 AZO. Vgl. auch § 3 b EStG.
[12] H. M.; → § 850 e Rdnr. 6.
[13] → auch § 807 Fn. 156.
[14] Vgl. *Stöber*[10] Rdnr. 986. *Henze* Rpfleger 1980, 456 will das Übliche an Nr. 4 messen.
[15] Ebenso wie § 850 a Nr. 3, *Stöber*[10] Rdnr. 990; vgl. auch *LG Essen* Rpfleger 1970, 179.

[16] H.M. ArbG Bremen AP Nr. 2 zu § 850 a (zust. *Pohle*); LAG Berlin NZA 1992, 122; *Bischoff/Rochlitz* (Fn. 3) Rdnr. 6; *Henze* (Fn. 14) Fn. 3; *Boewer/Bommermann* (Fn. 2) Rdnr. 445 ff.; *Christian* ZBlJW 1979, 364; *Gaul* NZA 1987, 475; *Stehl* DB 1964, 334 ff.; *Thomas/Putzo*[18] Rdnr. 3; *Walter* (Fn. 10), 60; *Baumbach/Hartmann*[52] Rdnr. 4; *Rauscher* MDR 1963, 12 f. u. *Faecks* NJW 1972, 1450 f. (die zugleich § 851 Abs. 2 mit Recht anwenden, so daß dafür nur §§ 850c, d gelten). – A.M. BAG BB 1959, 340; LAG Düsseldorf BB 1966, 1454, *Stöber*[10] Rdnr. 988; einschränkend (nur zugunsten der Unterhaltsgläubiger pfändbar) LAG Bremen AP Nr. 1 zu § 850 a (abl. *Pohle*). *Riedel* Abtretung usw. (1982), 671 verneint zwar § 850 a Nr. 2, nimmt jedoch einen höchstpersönlichen Charakter des Abgeltungsanspruchs u. damit Unpfändbarkeit an.
[17] BAG NJW 1966, 222; *Stöber*[10] Rdnr. 987; MünchArbR-*Hanau*, § 72 Rdnr. 160.

Pflicht zur Lohnzahlung für die Urlaubszeit nicht besteht (z.B. Bezüge, die einem zur privaten Fortbildung beurlaubten Angestellten weiter gewährt werden, → für solche Fälle auch Rdnr. 32).

b) Zuwendungen aus Anlaß **besonderer Betriebsereignisse** – Jubiläumsgaben u. dgl., nicht dagegen regelmäßig wiederkehrende oder allein durch günstigeren Geschäftsgang bestimmte Zuwendungen wie Tantiemen u. ä.[18]. Ob das Betriebsereignis ein allgemeines oder nur in der Person des Schuldners begründet ist (z.B. Dienstjubiläum), gilt gleich. Insofern überschneidet sich der Begriff dieser Zuwendungen mit dem sog. **Treugeld**[19]. 16

3. Aufwandsentschädigungen usw.

a) **Aufwandsentschädigungen**[20]. – Soweit der Bezug durch *Gesetz*, Verordnung, allgemeine Verwaltungsanordnung usw. als Aufwandsentschädigung bestimmt ist, steht damit seine Üblichkeit fest. Ebenso, wenn die Aufwandsentschädigung durch *Tarifvertrag, Betriebs-* oder *Dienstordnung* festgesetzt ist. Im übrigen ist von Amts wegen zu prüfen, ob der Bezug Aufwandsentschädigung ist und ob er sich im Rahmen des **Üblichen** hält, → dazu Rdnr. 14. Bei der Prüfung, ob die Grenze des üblichen überschritten ist, sind mehrere Aufwandsentschädigungen, die demselben Zweck dienen, zusammenzurechnen[21]. Die von den Finanzbehörden als steuerfrei anerkannten Sätze sind grundsätzlich als üblich anzusehen[22]. Soweit häusliche Ersparnis dabei noch nicht berücksichtigt ist, muß sie abgezogen, also als Lohn behandelt werden[23], → Rdnr. 13. 17

Hierzu gehören – in teilweiser Überschneidung mit den Zulagen für auswärtige Beschäftigungen – Reisekosten[24], Tagegelder, Fahrgelder[25], Bürogelder usw., sog. Spesen[26] sowie Kostenerstattungen an einen Stellenbewerber, selbst wenn kein Arbeitsverhältnis begründet wurde[27] und Erstattungsansprüche des Betriebsrates nach § 40 Abs. 1 BetrVG[28] – *nicht* dagegen Wohnungsgeld und die früheren Kinderzuschläge. 18

Unter Nr. 3 fallen auch Entschädigungen, die für eine unentgeltliche, ehrenamtliche Tätigkeit *selbständig* gewährt werden, z.B. den Volkszählern[29], den *Schöffen* und sonstigen *nichtrichterlichen Beisitzern*, ehrenamtlichen Mitgliedern staatlicher Körperschaften und Gemeindeorganen[30], von Ausschüssen u.dgl. in der gewerblichen Wirtschaft usw., aber nicht Verdienstausfallentschädigungen[31]. 19

Ansprüche auf Erstattung der Kosten eines Heilverfahrens oder von Pflegekosten eines *Beamten* sowie auf Unfallausgleich sind in § 51 Abs. 3 BeamtVG ausdrücklich für unpfändbar erklärt. 20

Ob die Entschädigung für den *Einzelfall* oder als *Pauschalbetrag* für bestimmte Zeitabschnitte gewährt wird, gilt gleich[32], ebenso ob die Aufwandsentschädigung getrennt von der 21

---

[18] Siehe dazu *LG Berlin* Rpfleger 1959, 132 u. DR 1941, 1563[24].
[19] Siehe zum Treugeld *LG Berlin* DR 1941, 1563[24].
[20] Dazu *Hohn* BB 1968, 548 ff.
[21] *BezG Frankfurt/Oder* Rpfleger 1993, 457.
[22] *BAG* BB 1971, 1197 = AP Nr. 4 zu § 850a ZPO (*Herschel*); *Wieczorek*² Anm. B III, *Stöber*[10] Rdnr. 990.
[23] *LG Essen* (Fn. 15, dort 20%); *Hohn* (Fn. 20) mwN; *Stöber*[10] Rdnr. 990.
[24] *Hohn* (Fn. 20).
[25] *LAG Düsseldorf* DB 1970, 256; *LG Aachen* → Fn. 30.
[26] *OLG Hamm* BB 1956, 668. Nicht Bergmannsprämien, → dazu § 850 Fn. 73.
[27] *Hohn* (Fn. 20), 549.
[28] *BAG* AP Nr. 3 zu § 40 BetrVG 1972; *LAG Berlin* AnwBl 1987, 239; *ArbG Kiel* BB 1973, 394.

[29] *OLG Düsseldorf* NJW 1988, 977; *LG Düsseldorf* Rpfleger 1988, 31.
[30] Vgl. *OLG Düsseldorf* Rpfleger 1978, 461; *OLG Hamm* FamRZ 1980, 997; *LG Aachen* Büro 1982, 1424 u. *Huken* KKZ 1979, 146 (beide zur Gemeindeordnung NRW). – A.M. *Kohls* NVwZ 1984, 294, der die Unpfändbarkeit aber aus der treuhandartigen Bindung der Aufwandsentschädigung herleiten will. Für Bundestagsabgeordnete s. §§ 12, 31 des G vom 18. II. 1977 (BGBl. I, 297) zuletzt geändert durch G vom 14. XI. 1990, BGBl. I, 2466, für Bundesminister u. parlamentarische Staatssekretäre § 11 des G vom 27. VII. 1971 (BGBl. I, 1164) u. §§ 5 ff. des G vom 24. VII. 1974 (BGBl. I, 1538) Sart. I Nr. 47. → auch § 850 Fn. 54.
[31] Dazu *Huken* (Fn. 30).
[32] *OLG Hamm* BB 1956, 668; *KG* JW 1936, 519; zust. *Jonas* JW 1936, 890; *Stöber*[10] Rdnr. 991.

Vergütung für die geleistete Arbeit gezahlt wird, sofern ein vertraglicher oder gesetzlicher Anspruch auf Zahlung einer Aufwandsentschädigung besteht[33]. Ist der Betrag geschuldet, aber nicht beziffert ausgewiesen, so sind die vom Finanzamt üblicherweise anerkannten Sätze zugrunde zu legen[34]. Ist aber vereinbart, daß die Aufwendungen aus dem deshalb *erhöhten Gehalt* zu tragen sind, so bleibt nur der Weg über § 850 f Abs. 1 a[35]. Entsprechendes gilt für den Anspruch eines Zahnarztes gegen seine kassenzahnärztliche Vereinigung, auf den § 850 a ZPO keine Anwendung findet[36].

22 Die Gebühren des gerichtlich bestellten oder beigeordneten Anwalts (§§ 97ff., 121ff. BRAGO) sind nicht Aufwandsentschädigung, sondern Arbeitsvergütung, → § 850 Rdnr. 41.

23 b) **Auslösungsgelder**[37] und *sonstige soziale Zulagen für auswärtige Beschäftigung* sind Bezüge, die der auswärts Beschäftigte, sei es fern vom sonstigen Arbeitsplatz (Auslösung) oder[38] fern von seiner bisherigen Wohnung (Umzugskosten) oder derzeitigen Wohnung (Trennungsentschädigung, Wegegeld), über die ihm sonst zustehende Vergütung hinaus für erhöhte Aufwendungen erhält[39], auch für die Unterhaltung des vom Geschäftsreisenden beruflich benötigten Kraftwagens[40] u. ä. Dies gilt ohne Rücksicht darauf, ob die geschuldeten Beträge ziffernmäßig besonders ausgeworfen sind[41], und ob der konkrete Betrag sich rechtlich als Ersatz für die Vergangenheit oder als Vorschuß für den beginnenden Zeitabschnitt darstellt[42]. Bedarf es bei der Ausscheidung des Unpfändbaren einer Berechnung, so wird das Gericht zumeist mit einer freien Schätzung aufgrund allgemeiner Lebenserfahrung auskommen[43]; → auch Rdnr. 21.

24 c) **Entgelt für selbstgestelltes Arbeitsmaterial** – gleichviel, ob dafür bestimmte Beträge festgelegt sind oder nicht; im letzten Falle ist der Betrag von der eigentlichen Arbeitsvergütung – meist im Wege der Schätzung – auszuscheiden[44].

25 d) **Gefahren-, Schmutz- und Erschwerniszulagen.** – Erfaßt sind z. B. Zulagen für gewisse Sprengarbeiten, Giftzulagen der Bleiarbeiter und dgl. – nicht reine Leistungszulagen. Erschwerniszulagen müssen zur Abgeltung einer *durch die Eigentümlichkeit der Arbeit verursachten Erschwernis* gewährt werden, z. B. Hitze-, Wasser-, Säure-, Schacht-, Tunnel-, Druckluft-, Taucher-, Stacheldrahtarbeit[45], nicht als Ausgleich für eine ungünstige Arbeitszeit. Daher scheiden Zuschläge für Arbeit an Sonn- und Feiertagen aus; Nacht- und Nachtschichtzuschläge zählen nur hierher, wenn die Art dieser Arbeit, von der unbequemen Zeitlage abgesehen, besonders beschwerlich ist[46]. Die Zulagen dürfen den Rahmen des *Üblichen* nicht übersteigen; Festsetzung durch Gesetz oder Tarifvertrag genügt; wegen Betriebsvereinbarungen → Rdnr. 14. Nr. 3 scheidet aber aus, wenn die Arbeitserschwernisse allgemein durch höheren Tariflohn abgegolten werden; → dazu Rdnr. 21 a. E.

26 **4. Weihnachtsvergütungen**[47]. Der **Rechtsanspruch** (→ Rdnr. 13) kann sich aus Arbeitsvertrag, Gesamtzusage, Tarifvertrag, Betriebsvereinbarung, betrieblicher Übung[48], andernfalls

---

[33] Vgl. *OLG Hamm* u. *KG* (beide Fn. 32). – A.M. *OLG Frankfurt* JW 1936, 343, → aber Fn. 35.
[34] Vgl. *BAG* DB 1971, 1923; *Thomas/Putzo*[18] Rdnr. 4; *Boewer* Lohnpfändung (1972), 210 f. S. auch *KG* u. *Jonas* (beide Fn. 32).
[35] *LAG Baden-Württemberg* BB 1958, 1057; *OLG Frankfurt* JW 1936, 343; obiter *OLG Hamm* BB 1972, 855; ausführlich *Stöber*[10] Rdnr. 992.
[36] *BGH* JZ 1986, 498 (*Brehm*).
[37] Vgl. *RAG* 16, 144; *LAG Baden-Württemberg* (Fn. 35); *Hohn* (Fn. 20), 549.
[38] *Hohn* (Fn. 20), 549.
[39] *Hohn* (Fn. 20), 550 will § 850 a auf Trennungsentschädigungen u. Wegegelder (mit *RAG* DJ 1940, 634) nur solange anwenden, bis ein Wohnungswechsel zumutbar gewesen wäre (in Anlehnung an Regeln für den öffentlichen Dienst).

[40] Bei eigenem Wagen in Überschneidung mit → Rdnr. 24.
[41] *RAG* (Fn. 37); *KG* u. *Jonas* (beide Fn. 32).
[42] Siehe *KG* u. *Jonas* (beide Fn. 32).
[43] Vgl. *RAG* (Fn. 37) a. E.; *Jonas* (Fn. 32), 891.
[44] Nicht aber der Teil einer kassenärztlichen Vergütung, der zur Deckung von Sachaufwendungen (Heilmittel usw.) bestimmt ist, *BGH* JZ 1986, 498 (*Brehm*); *OLG Hamburg* JW 1937, 51; *OLG Dresden* HRR 1937 Nr. 1038; *Stöber*[10] Rdnr. 1178. – A.M. *Wieczorek*[2] Anm. B III a.
[45] Vgl. *BM der Justiz* BB 1952, 859; *Stöber*[10] Rdnr. 997.
[46] *LAG Frankfurt* DB 1989, 1732.
[47] *Schäcker* BB 1963, 517; *Bink* Büro 1967, 945; *Hohn* BB 1966, 1272; *Huken* KKZ 1973, 75.
[48] Dazu *BAG* BB 1957, 750; AP Nr. 22 zu § 242 BGB

aus dem Grundsatz der Gleichbehandlung ergeben[49]. Kündigt der Arbeitgeber freiwillig für ein bestimmtes Jahr eine Weihnachtsvergütung an, so begründet das für dieses Jahr einen Rechtsanspruch; ein Vorbehalt, auf wiederholte Zahlung bestehe kein Anspruch, verhindert nur, daß eine betriebliche Übung entsteht[50].

Die Vergütung soll besondere Anschaffungen ermöglichen und ersetzt das Naturalgeschenk. Hieraus folgt, daß weniger der Zeitpunkt der Gewährung entscheidend ist[51], sondern daß **aus Anlaß** des Weihnachtsfestes gezahlt wird[52]. Nur insoweit ist zeitliche Nähe zum Weihnachtsfest erheblich, etwa als Indiz, falls die Bezeichnung der Gratifikation den Zweck nicht deutlich macht[53]. Deshalb gehören auch Abschlußprämien, Gabesprämien oder 13. Monatsgehälter dazu[54], wenn ihr Entgeltcharakter für Dienste zurücktritt hinter den Zweck, eine Vergütung aus Anlaß des Weihnachtsfestes und eine Beihilfe für vermehrte Aufwendungen anläßlich des Festes zu sein[55]. Dies gilt auch, soweit Konkursausfallgeld anteilig diesem Zweck dient, → Fn. 6. 27

Die Vergütung ist absolut unpfändbar bis zum Betrag eines *halben* Monats-*Brutto*lohnes[56], wie er dem Schuldner zusteht. Abzüge für Steuern usw. bleiben außer Betracht[57], ebenso Einkünfte aus anderen Quellen (Ruhegehälter, Nebenverdienste usw.). Der unpfändbare Teil beträgt höchstens *540 DM (Stand April 1992)*. 28

Soweit danach oder gemäß § 850 d Abs. 1 S. 2 die Weihnachtsvergütung *pfändbar* ist, wird sie ohne weiteres von der Lohnpfändung miterfaßt als Teil der Arbeitsvergütung. Bei der Berechnung nach § 850 c (→ dort Rdnr. 8 ff.) dürfte es am ehesten den Verhältnissen entsprechen, diesen pfändbaren Teil gemäß § 850 e Nr. 2 auf den *Monatslohn* im Dezember zu verrechnen[58], ohne Unterschied, in welchen Zeitabschnitten der Lohn gezahlt wird. Parteivereinbarung (z.B. über Abtretungsverbote) können die Weihnachtsgratifikation nicht der Pfändung entziehen[59]. 29

5. Heirats- und Geburtshilfen

Kinderausstattungsbeihilfen sind, ohne Rücksicht auf Höhe und Üblichkeit, absolut unpfändbar. Dazu gehört der Anspruch der Mutter eines nichtehelichen Kindes nach § 1615 k BGB[60]. 30

Aus der Zweckbindung folgt aber auch die Ausnahme für die Vollstreckung von Ansprüchen, welche aus Anlaß der Heirat oder Geburt entstanden sind, z.B. Hausratbeschaffung, 31

Betriebliche Übung; *Mengel* Die betriebliche Übung (1967), 15 ff.

[49] *BAG* AP Nr. 3, 44, 68 zu § 242 BGB Gleichbehandlung; MünchArbR-*Richardi* Rdnr. 10.

[50] *BAG* AP Nr. 34 zu § 611 BGB »Gratifikation« = NJW Herbst, 1964, 1690.

[51] A.M. *Wieczorek*[2] Anm. B IV a (nur im Dezember gezahlte Vergütungen). Auch die Begrenzung auf den Zeitraum vom 15. XI. bis 15. I. unter Berufung auf lohnsteuer- u. sozialversicherungsrechtlicher Vorschriften – so *Bischoff/Rochlitz* (Fn. 3), 143 – ist verfehlt, da Nr. 4 keinen Zahlungszeitraum angibt, *Boewer/Bommermann* (Fn. 2) Rdnr. 490, 491. Angemessen ist allerdings die bei *Stöber*[10] Rdnr. 999 Fußn. 41 angedeutete Beweislast des Schuldners, falls außerhalb des o.g. Zeitraumes gezahlt wird.

[52] Daran fehlt es bei Vorschüssen im Sommer oder Frühherbst. Im übrigen entscheidet der Wille der Parteien, vgl. *LAG Düsseldorf* BB 1965, 165; *Boewer/Bommermann* (Fn. 2) Rdnr. 491; s. auch *BAG* NJW 1954, 1343.

[53] *Boewer* (Fn. 34), 213.

[54] *LAG Hamm* BB 1961, 1010 f.; *Bischoff/Rochlitz* (Fn. 3), 143; *Walter* (Fn. 10), 84; *Stöber*[10] Rdnr. 999.

[55] So differenzierend von Fall zu Fall *Boewer/Bommermann* (Fn. 2) Rdnr. 493; s. auch *LAG Düsseldorf* u. *BAG* (beide Fn. 52).

[56] Dies folgt aus der Gegenüberstellung zu § 850 e, *Bischoff/Rochlitz* (Fn. 3), 144; *Boewer/Bommermann* (Fn. 2) Rdnr. 497; *Stöber*[10] Rdnr. 999. – A.M. (Nettoeinkommen) *Baumbach/Hartmann*[52] Rdnr. 7; *Bock/Speck* Einkommenspfändung (1964), 63; *Hohn* BB 1966, 1274 f.; *Wieczorek*[2] Anm. B IV b.

[57] *Stöber*[10] Rdnr. 999. Sind also von 400 DM für Steuern 40 DM einzubehalten, so sind 200 DM pfändungsfrei. Wegen des Restes → Rdnr. 29 sowie §§ 850 c, d.

[58] *Baumbach/Hartmann*[52] Rdnr. 7. – A.M. *BAGE* 55, 44 = BB 1987, 1743; *Zöller/Stöber*[18] Rdnr. 11: Zusammenrechnung mit dem übrigen Arbeitseinkommen im Auszahlungsmonat, gegebenenfalls also auch mit dem November- oder Januareinkommen.

[59] *BAG* AP Nr. 21 zu § 611 BGB »Gratifikation« (*Hueck*) = DB 1961, 712; allg.M. → § 851 Abs. 2.

[60] *Stöber*[10] Rdnr. 1001; a.M. MünchKommBGB[3]-*Köhler* § 1615 k Rdnr. 4 wendet § 850 b Abs. 1 Nr. 2 an.

Arzt- und Hebammengebühren u. ä.[61]. Insoweit unterliegt die Pfändung *keiner Beschränkung*, auch nicht nach § 850 c[62]. Greifen mehrere berechtigte Gläubiger zu, so gilt § 804 Abs. 3.

6. Erziehungsgelder usw.

32   Ansprüche auf *Erziehungsgelder, Studienbeihilfen* u. ä. Bezüge (Beihilfen zur Fortbildung) sind – auch gegenüber den in § 850 d genannten Gläubigern – unpfändbar, gleichviel ob die Bezüge von öffentlicher oder privater Seite, insbes. aus Stiftungsmitteln, gewährt werden, und ohne Rücksicht darauf, ob die Bezugsberechtigten Waisen sind oder nicht. Hierzu zählt die gemäß § 10 Abs. 1 BBiG v. 14. VIII. 1969 (BGBl. I, 1112) vom Ausbilder an den Auszubildenden zu gewährende Vergütung[63], der Anerkennungsbetrag als Teil des Pflegegelds[64] und die Ausbildungsbeihilfe nach § 44 StrVollzG[65]. Ansprüche auf Erziehungsgeld nach dem BErzGG vom 6. 12. 1985 (BGBl. I, 2154) sind aber nach § 54 Abs. 3 SGB unpfändbar, der durch das 1. SGBÄndG vom 20. 7. 1988 (BGBl. I, 1046) eingefügt wurde[66].

33   Nicht zu Nr. 6 gehören *Referendarbezüge*[67], Entlassungsgeld nach dem Wehrdienst[68], Kinderzuschläge, soweit sie noch als Bestandteil des Arbeitseinkommens bezahlt werden, das Kindergeld nach dem BKGG[69], die nur nach §§ 54, 55 SGB pfändbaren Ansprüche auf Ausbildungsförderung nach dem BAFöG[70], die Erziehungsbeihilfen nach § 27 BVersG, vgl. Art. II § 1 SGB – I. Zu Stipendienbeträgen nach dem Graduiertenförderungsgesetz → 850 i Rdnr. 46.

7. Sterbe- und Gnadenbezüge

34   Darunter fällt das, was Hinterbliebenen (Witwen, Kinder) oder sonstigen Angehörigen von Beamten (vgl. §§ 16 ff., 51 BeamtVG und § 51 Abs. 1 BRRG) oder anderen Arbeitnehmern nach deren Tode aufgrund des Arbeits- oder Dienstverhältnisses des Verstorbenen zusteht[71], auch wenn die Berechtigten nicht Erben sind. Diese Bezüge sind gänzlich unpfändbar, auch für privilegierte Gläubiger (§ 850 d). Für den Bereich des § 51 BeamtVG ist die Unübertragbarkeit und Unpfändbarkeit dahin modifiziert, daß gewisse Verrechnungen mit Vorschüssen usw. (§ 51 Abs. 3 BeamtVG) sowie eine Aufrechnungsmöglichkeit (§ 51 Abs. 2 BeamtVG) zugelassen sind. Ansprüche aus Versicherungsverträgen gehören nicht hierher[72]; → dazu § 850 Rdnr. 48 und § 850 b Rdnr. 21 ff.

---

[61] → dazu auch § 851 Rdnr. 20, dort auch über Beihilfen im öffentlichen Dienst.
[62] Auch die Abtretung an den Gläubiger, dem die Kosten erwachsen sind, ist wirksam, BAG AP Nr. 1 zu Nr. 4 a Beihilfevorschriften = RdA 1970, 255.
[63] Auch wenn sie gewissen Entgeltcharakter hat: *Boewer/Bommermann* (Fn. 2), Rdnr. 414; *Hoffmann* BB 1959, 852 ff. – A.M. *Stöber*[10] Rdnr. 1002; *Wieczorek*[2] Anm. B VI b für Lehrlingsvergütung u. Ausbildungsbeihilfe.
[64] *LG Hannover* Büro 1979, 1393.
[65] *OLG Celle* KKZ 1981, 203.
[66] Jetzt § 54 Abs. 5 SGB I. Zur früheren Rsp *LG Oldenburg* Rpfleger 1987, 28. – A.M. *OLG Hamm* Rpfleger 1988, 31.
[67] H.M., da diese überwiegend Unterhalts-, teilweise Entgeltcharakter haben, → § 850 Rdnr. 21 Fn. 34.

[68] *LG Koblenz* MDR 1969, 769; *AG Freudenstadt* DA-Vorm 1976, 361; *Stöber*[10] Rdnr. 909 mwN; dieses ist nur nach § 850 i geschützt. – A.M. *Riecker* Büro 1981, 322, wegen des sozialen Zwecks: analog §§ 850 a ZPO, 4 Abs. 1 BSHG (zust. *Thomas/Putzo*[18] § 850 i Rdnr. 2).
[69] → § 850 Rdnr. 23, aber auch § 850 d Rdnr. 16, ferner *OLG Hamm* MDR 1980, 323; *LG Essen* NJW 1966, 1822 f.; *Stöber*[10] Rdnr. 1002.
[70] → § 850 i Rdnr. 46.
[71] Auch Ansprüche auf Versorgung u. Sterbegeld nach § 48 Abs. 2 SoldVersorgG i. d. F. vom 5. III. 1987 (BGBl. I, 842).
[72] *Zöller/Stöber*[18] Rdnr. 14. – A.M. *OLG Bremen* VerBAV 1955, 357.

8. Blindenzulagen

Blindenzulagen sind unpfändbar, einerlei ob sie als Versorgung oder als Dienstvergütung gewährt werden. 35

§ 850 b [Bedingt pfändbare Bezüge]

(1) Unpfändbar sind ferner
1. Renten, die wegen einer Verletzung des Körpers oder der Gesundheit zu entrichten sind;
2. Unterhaltsrenten, die auf gesetzlicher Vorschrift beruhen, sowie die wegen Entziehung einer solchen Forderung zu entrichtenden Renten;
3. fortlaufende Einkünfte, die ein Schuldner aus Stiftungen oder sonst aufgrund der Fürsorge und Freigebigkeit eines Dritten oder aufgrund eines Altenteils oder Auszugsvertrags bezieht;
4. Bezüge aus Witwen-, Waisen-, Hilfs- und Krankenkassen, die ausschließlich oder zu einem wesentlichen Teil zu Unterstützungszwecken gewährt werden, ferner Ansprüche aus Lebensversicherungen, die nur auf den Todesfall des Versicherungsnehmers abgeschlossen sind, wenn die Versicherungssumme 4140 Deutsche Mark nicht übersteigt.
(2) Diese Bezüge können nach den für Arbeitseinkommen geltenden Vorschriften gepfändet werden, wenn die Vollstreckung in das sonstige bewegliche Vermögen des Schuldners zu einer vollständigen Befriedigung des Gläubigers nicht geführt hat oder voraussichtlich nicht führen wird und wenn nach den Umständen des Falles, insbesondere nach der Art des beizutreibenden Anspruchs und der Höhe der Bezüge, die Pfändung der Billigkeit entspricht.
(3) Das Vollstreckungsgericht soll vor seiner Entscheidung die Beteiligten hören.

Gesetzesgeschichte: Bis 1900 § 749 CPO, dann § 850 ZPO (RGBl. 1898, 573) jeweils Abs. 1 Nr. 2–4. Seit 1934 § 850g (RGBl. 1934 I, 1070), dann in § 4 LohnpfändungsVO RGBl. 1940 I, 1451 und von dort wieder in ZPO BGBl. 1953 I, 952. Änderungen BGBl. 1978 I, 333, 1984 I, 364. → ferner § 850 Rdnr. 4.

I. Bedingt pfändbare Bezüge

Die bedingt pfändbaren Bezüge sind grundsätzlich unpfändbar[1]; anders als § 850g aF (1934) ermöglicht Abs. 2 aber die gerichtliche Zulassung der Pfändung. § 850 b gilt auch gegenüber Unterhaltsansprüchen[2]. Zum sachlichen und zeitlichen Geltungsbereich → § 850 Rdnr. 1, 6–14. Abs. 2, 3 sind *entsprechend* anzuwenden nach § 60 Abs. 1 S. 3 BSeuchenG. 1

1. Diese Bezüge sind, solange eine stattgegebene Entscheidung nach Abs. 2 noch nicht ergangen ist, **in voller Höhe unpfändbar** und bei der Berechnung des pfändbaren Teiles eines Arbeitseinkommens außer Betracht zu lassen. 2

2. Abs. 2 erlaubt eine **Pfändung unter folgenden Voraussetzungen:** 3
Daß die Vollstreckung in das sonstige bewegliche Vermögen – pfändbare Sachen und Rechte des Schuldners – zu einer **vollständigen Befriedigung nicht geführt hat** oder **voraussichtlich nicht führen wird**. Der Gläubiger darf nur dann auf andere Zugriffsobjekte verwiesen werden, wenn so eine *vollständige* Befriedigung aussichtsvoll ist; besteht nur Aussicht auf *teilweise* Befriedigung, so ist bei Billigkeit der Pfändung der Zugriff zu gestatten. Zur Darlegungs- und Beweislast → Rdnr. 26 ff.

---

[1] § 850 b ist zwingendes Recht, → § 850 Rdnr. 1, *OLG Hamm* NJW 1947/48, 626. Zur Verfassungsmäßigkeit s. *BVerfG* NJW 1960, 1899.

[2] *RGZ* 106, 206; *Stöber*[10] Rdnr. 1025.

4   Nach den Umständen des Falles muß die Pfändung der **Billigkeit** entsprechen[3]. Die wichtigsten der hierfür abzuwägenden Umstände nennt jetzt ausdrücklich § 54 Abs. 2 SGB-I in Anlehnung an § 850 b (→ § 850 i Rdnr. 66 ff.). Erheblich ist dabei u. a. eine Berücksichtigung der Bedürftigkeit, insbesondere einer Notlage des *Gläubigers*[4]. Auf seiten des *Schuldners* verträgt z. B. eine auskömmliche Altenteilsrente eher eine Kürzung zugunsten des Gläubigers als die Schadensrente eines körperlich Verletzten[5].

5   Werden die Voraussetzungen des Abs. 2 bejaht, so ist die **Pfändung** der Bezüge zulässig nach den für **Arbeitseinkommen** geltenden Vorschriften, d. h. nach §§ 850 c bis g ohne Rücksicht darauf, ob die unter § 850 b fallenden oder mit ihnen zusammentreffenden Bezüge (§ 850 e) Arbeitseinkommen sind[6]; für einmalige Bezüge (→ Rdnr. 18, 21) gilt daher auch § 850 i entsprechend[7]. Es ist also zu *unterscheiden*:

6   Zugunsten **gewöhnlicher Gläubiger** sind die Bezüge in den Grenzen des § 850 c zu pfänden. Auf Antrag des Schuldners kommt aber der *erhöhte Pfändungsschutz* des § 850 f Abs. 1 in Betracht.

Bevorzugte Unterhaltsgläubiger können nach § 850 d über die Grenzen des § 850 c hinaus pfänden).

II. Unter die einzelnen Nummern fallen:

7   **1. Geldrenten wegen Körperverletzung oder Gesundheitsschädigung**, z. B. aus §§ 843, 618 BGB, 62 Abs. 3 HGB; §§ 8 HpflG, 13 Abs. 2 StVG, § 38 Abs. 2 LuftVG, § 30 Abs. 2 AtomG, § 37 Abs. 2 BGrenzSchG. Anders als bei Nr. 2 muß die Rente nicht auf gesetzlicher Vorschrift beruhen. Daher genügt auch ein Anspruch aus *Vertrag*[8] oder Testament[9], falls die Zuwendung zum Ausgleich solcher Schäden bestimmt ist[10], z. B. bei privater Unfallversicherung[11]. Nur soweit sie den Schaden übersteigt[12] oder aus sonstigen Gründen *eindeutig Unterhaltscharakter annimmt,* oder falls der Schaden in der Entziehung einer Unterhaltsrente besteht, beschränkt sich die Unpfändbarkeit nach Nr. 2 auf die »gesetzliche« Höhe[13]. Die Unpfändbarkeit besteht auch insoweit, als sich der Anspruch gegen Schuldübernehmer oder Bürgen richtet.

8   Nr. 1 gilt **nicht** (auch nicht entsprechend) für Schadensersatzansprüche der Eltern gegen einen Arzt wegen Mehraufwendungen an Unterhalt für ein pränatal geschädigtes Kind, dessen Geburt hätte verhindert werden sollen[14]. Gleiches gilt bei Schadensersatzansprüchen wegen Unterhalt für ein unerwünschtes Kind → Rdnr. 14. Auch ein in Rentenform zu zahlendes Schmerzensgeld genießt nicht den Pfändungsschutz des § 850 b[15].

9   Nr. 1 gilt ferner **nicht** für Renten, deren Pfändungsschutz *besonders geregelt* ist, so durch

---

[3] Zur Auslegung → § 850 Rdnr. 5, § 850 e Rdnr. 57 f.; *OLG Köln* Büro 1975, 1381 (Unterhaltspfändung wegen Anwaltsgebühren).
[4] *BGH* NJW 1970, 282.
[5] Vgl. auch *LG Mannheim* MDR 1965, 144[81]: Gelegenheitsarbeiter, der leicht festen Arbeitsplatz finden könnte.
[6] *LG Berlin* Büro 1975, 1511 f.: § 850 Nr. 3 für Sachleistungen als Unterhalt.
[7] *Bock/Speck* Einkommenspfändung (1964), 261.
[8] BGHZ 70, 206; *Baumbach/Hartmann*[52] Rdnr. 2; *Thomas/Putzo*[18] Rdnr. 7.
[9] *Stöber*[10] Rdnr. 1007.
[10] Innerhalb dieser Grenzen ist die Rente ohne Rücksicht auf die Höhe unpfändbar, *OLG Düsseldorf* MDR 1955, 674[644].
[11] *BGH* (Fn. 8).

[12] Auf gesetzliche Höchstbeträge (z. B. § 12 HpflG) kommt es, wenn sie durch Vertrag überschritten werden (→ Fn. 8), nur im Bereich des § 850 b Nr. 2 an.
[13] → Fn. 22. – A. M. (auch für Nr. 1 nur in gesetzlicher Höhe) *Baumbach/Hartmann*[52] Rdnr. 2. Diese Einschränkung ist jedoch nicht haltbar u. auch im Ergebnis überflüssig wegen der Anwendung der §§ 850 c-e → Rdnr. 5.
[14] Weder Regelungslücke noch -bedürfnis: Nr. 1 meint nur den Vollstreckungsschuldner als Verletzten; das Kind selbst hat keine Ansprüche, BGHZ 76, 259 = NJW 1980, 1452, u. bei Titeln gegen Eltern werden der normale Unterhalt für das Kind schon nach § 850 c, die Mehraufwendungen wegen der Schädigung nach § 850 f berücksichtigt, so auch *Rupp/Fleischmann* Rpfleger 1983, 379 f.
[15] *Stöber*[10] Rdnr. 1009.

§§ 54f. SGB-I oder Sonderbestimmungen für Renten aufgrund der Sozialversicherungsgesetze, des BVersG[16] oder solcher Normen, die darauf Bezug nehmen[17].
Der Anspruch auf Entschädigung für Strafverfolgungsmaßnahmen (§§ 1ff. StrEG) und bei Verfolgungsmaßnahmen im Bußgeldverfahren (§§ 46 Abs. 1, 110 OWiG) ist bis zur rechtskräftigen Entscheidung nicht übertragbar (§§ 8, 9, 13 Abs. 2 StreEG) und daher auch nicht pfändbar (§ 851). Nach Zuerkennung durch Entscheidung im Justizverwaltungsverfahren ist der Anspruch vor Auszahlung und ohne Bindung an § 850 b voll pfändbar[18].

Für Ansprüche auf **Kapitalabfindung** wegen Rentenansprüchen gilt Nr. 1 **nicht**[19]. Die Unpfändbarkeit geht aber nicht dadurch verloren, daß durch Zahlungsverzug, verspätete Festsetzung o. ä. Rückstände auflaufen und für diese der Gesamtbetrag in einer Summe im Urteil oder Vergleich festgesetzt oder geltend gemacht wird[20]. **10**

2. Die auf Gesetz beruhenden Unterhaltsrenten[21], im Falle *vertraglicher* Regelung also nur bis zur gesetzlichen Höhe[22]. Dazu kommen noch Unterhaltsrenten, die Nachlaßverbindlichkeiten sind, §§ 1586 b, 1963, 1969, 2141 BGB, da es für § 850 b gleichgültig ist, wer haftet (anders bei § 850 c, d, wo es nur um Bestreitung des Unterhalts aus Einkommen geht). Unterhaltsansprüche nach §§ 1360, 1360a BGB gehören jedoch nur hierher, soweit sie *auf Geld* gerichtet sind[23]. Entsprechendes gilt für den Unterhaltsanspruch der Kinder. Entzieht der Unterhaltspflichtige dem Berechtigten den Unterhaltsanspruch durch sittenwidriges Verhalten, so gilt Nr. 2 (1. Fall) entsprechend für den Schadensersatzanspruch aus § 826 BGB[24]. Rückstände werden von § 850 b erfaßt[25]. Wegen schon ausgezahlter Beträge → § 850 Rdnr. 9–12. **11**

Auch der Taschengeldanspruch des regelmäßig in häuslicher Gemeinschaft lebenden nicht erwerbstätigen Ehegatten fällt als Bestandteil des Unterhaltsanspruchs nach h.M. unter Nr. 2[26]. Seine Pfändung ist unter den Voraussetzungen des Absatzes 2 zulässig. Darin liegt kein Verstoß gegen Art. 6 Abs. 1 GG[27], und auch § 851 steht nicht entgegen[28], da geschuldetes Bargeld als Teil des Unterhalts pfändbar und nicht wie der übrige Unterhalt in Natur zu leisten ist[29]. Über die Höhe ist im Einziehungsprozeß zu entscheiden[30]. Die Gerichte gehen von **12**

---

[16] *Stöber*[10] Rdnr. 1006.
[17] Vgl. z. B. § 60 Abs. 1 S. 1 BSeuchenG. Dagegen war die Pfändung ganz ausgeschlossen nach § 74 des allg. KriegsfolgenG (BGBl. 1957 I 1747; aufgehoben durch das 2. Rechtsbereinigungs G vom 16. XII. 1986 BGBl. I 2441). Auch § 54 b Kriegsgefangenenentschädigungs G und § 25 b Häftlingshilfe G schließen die Pfändung aus. → auch § 850 i Rdnr. 54.
[18] *OLG Hamm* MDR 1975, 938 = NJW 2075; *Stöber*[10] Rdnr. 121; *Wieczorek*[2] Anm. B I b 1; → dazu auch § 850 i Rdnr. 56.
[19] H.M.; *KG* Büro 1980, 1093; *Baumbach/Hartmann*[52] Rdnr. 2; *Boewer* Lohnpfändung in der betrieblichen Praxis (1972), 221f.; *Stöber*[10] Rdnr. 1008; *Bohn* Festschr. f. Schiedermair 1976, S. 43. → auch § 850 Rdnr. 49.
Das *Recht auf* Kapitalabfindung, § 843 Abs. 3 BGB, § 8 Abs. 2 HpflG usw., ist höchstpersönlich u. daher weder als Nebenrecht (→ § 829 Rdnr. 80) noch selbständig pfändbar, ebenso beim Unterhalt (§ 1585 Abs. 2, § 1615 e BGB), → § 851 III 2.
[20] *RG* JW 1936, 2403[17]; *BGH* NJW 1988, 820; *BGH* (Fn. 8); *OLG Düsseldorf* (Fn. 10); *Krebs* VersR 1962, 392; allg. M.
[21] Auch Unterhalt nach § 1615 l BGB, *LG Bonn* NJW 1959, 1044 zu § 1715 BGB aF; *Palandt/Diederichsen*[52] § 1615 l BGB Rdnr. 10; *Stöber*[10] Rdnr. 1010 Fn. 9. – A.M. *Baumbach/Hartmann*[52] Rdnr. 3.
[22] BGHZ 31, 218; allg. M. Im einzelnen → § 850 c Rdnr. 15; § 850 d Rdnr. 8, 10.

[23] *LGe Essen, Berlin, Mannheim, Frankenthal* Rpfleger 1971, 262; 1978, 334; 1980, 237; 1983, 256 je mwN; *Itzehoe* Büro 1983, 306 = SchlHA 1982, 171.
[24] Vgl. die (zu § 850 d entschiedenen) Fälle *OLG Karlsruhe* HRR 1935 Nr. 1713; *KG* NJW 1955, 1112. Sie gehören nicht zu → Rdnr. 14, weil dort ein Dritter ersatzpflichtig wird. Wie hier *Rupp/Fleischmann* (Fn. 14), 379.
[25] BGHZ 31, 218 = NJW 1960, 573; *Gernhuber/Coester-Waltjen* Familienrecht[4] § 45 X 5; *Stöber*[10] Rdnr. 1010; – a. M. *Kropholler* FamRZ 1965, 414f.
[26] *OLG Celle* NJW 1990, 1960; *OLG München* NJW-RR 1988, 894; *OLG Frankfurt* FamRZ 1991, 727; *OLG Köln* NJW 1993, 3335; *LGe Köln* Rpfleger 1993, 455; *Karlsruhe* DGVZ 1993, 92; *Heilbronn* Rpfleger 1992, 400; *Trier* Büro 1991, 1564; *AG Neustadt* Rpfleger 1992, 530 (*Ernst*); *Stöber*[10] Rdnr. 1015; *Mayer* Rpfleger 1990, 281.
[27] *BVerfG* FamRZ 1986, 773.
[28] A.M. (höchstpersönlich und daher unabtretbar): *LG Frankenthal* Rpfleger 1985, 120; *LG Berlin* FamRZ 1978, 185; *LG Essen* NJW 1971, 896; *LG Köln* FamRZ 1961, 1408; *LG Braunschweig* MDR 1972, 610; *AG Dieburg* FamRZ 1991, 729; *Smid* Büro 1988, 1106 (Unpfändbarkeit, soweit Taschengeld als Teil des Wirtschaftsgeldes ausgezahlt wird); MünchKommZPO-*Smid* Rdnr. 7.
[29] *Ackmann* FamRZ 1983, 521 (§ 851 Abs. 2 unnötig).
[30] *OLG Frankfurt* FamRZ 1991, 727; *Zöller/Stöber*[18] Rdnr. 17. – A.M. (Festlegung der Höhe im Vollstreckungsverfahren) *OLG Köln* FamRZ 1991, 587; *OLG Hamm* FamRZ 1990, 547.

einem Betrag in Höhe von 5% des Nettoeinkommens des unterhaltspflichtigen Ehegatten aus[31]. Zur Berechnung der Pfändungsfreigrenze wird das Taschengeld mit der übrigen Unterhaltsleistung zusammengerechnet (§ 850 e Nr. 3). Eine genaue Bestimmung der Höhe ist schon deshalb schwierig, weil der Wert des Naturalunterhaltes nur schwer zu bestimmen ist. Die Rechtsprechung behilft sich mit der Annahme eines fiktiven Barunterhaltsanspruchs, der nach der Düsseldorfer Tabelle wie im Falle des Getrenntlebens berechnet wird[32]. Da Taschengeld zur freien Verfügung bestimmt ist, sollten Unterhaltsberechtigte nicht berücksichtigt werden[33]. Von dem nach § 850 c pfändbaren Betrag wird dem Schuldner ein Mindestbetrag (etwa 50.– DM) belassen[34]. Bei der Billigkeitsprüfung wird ferner berücksichtigt, ob die Pfändung auf eine Befriedigung des Gläubigers auf Kosten des vom Titel nicht betroffenen Ehegatten hinausläuft[35]. Der von den Gerichten geleistete Begründungsaufwand kann nicht darüber hinwegtäuschen, daß die Pfändungsvorschriften nicht auf einen kollektiven Anspruch auf Familienunterhalt zugeschnitten sind[36]. Deshalb sollte auf die fiktive Berechnung der Pfändungsfreigrenzen ganz verzichtet und der dem Schuldner zu belassende Betrag nur nach Billigkeitsgesichtspunkten festgestellt werden[37].

13 *Einmalige* Unterhaltsansprüche fallen **nicht** unter Nr. 2[38]. Zur beschränkten Pfändbarkeit, soweit es sich um zweckgebundene Leistungen[39] oder Befreiungsansprüche[40] handelt, → § 851 Rdnr. 23, 38. Für *Kapitalabfindungen* u. ä. gilt Nr. 2 ebenfalls nicht[41]. *Erstattungsansprüche*[42] gehören ebensowenig hierher wie etwa zur Erfüllung einer Unterhaltspflicht an den Schuldner abgetretene Forderungen[43]. Zudem entfallen die Einschränkungen der Nr. 2 für eine Aufrechnung gegen den Unterhaltsanspruch, wenn der Unterhaltsanspruch auf den Sozialhilfeträger übergeleitet ist[44]. Zum Anspruch aus § 528 BGB → § 852 I.

14 Den Unterhaltsansprüchen stehen solche *Geldrenten* – nicht auch Kapitalabfindungen – gleich, die wegen *Entziehung* einer Unterhaltsrente im Falle des **Todes**[45] des *Unterhaltspflichtigen* dem Unterhaltsberechtigten zustehen, § 844 Abs. 2, §§ 618 BGB, 62 Abs. 3 HGB, § 8 Abs. 2 HpflG, § 13 Abs. 2 StVG, § 38 Abs. 2 LuftVerkG, § 28 Abs. 2 AtomG, § 36 Abs. 2 BGrenzSchG. – Nr. 2 gilt auch für Renten gemäß § 845 BGB[46]. Wegen Sozialrenten → aber Rdnr. 9.

Eine entsprechende Anwendung der Nr. 2 auf vertragliche Schadensersatzansprüche gegen einen Arzt wegen Unterhalts für ein unerwünschtes Kind scheidet aus[47].

---

[31] *OLG München* NJW-RR 1988, 894; *OLG Bamberg* FamRZ 1988, 949; *OLG Zweibrücken* FamRZ 1980, 445; *AG Neustadt* Rpfleger 1992, 530 (*Ernst*).
[32] *OLG Celle* NJW 1991, 1960; *OLG München* FamRZ 1988, 1164.
[33] *Stöber*[10] Rdnr. 1031; a.M. *Mayer* Rpfleger 1990, 282.
[34] *OLG Celle* NJW 1991, 1960.
[35] Bejaht wird die Billigkeit bei hohem Taschengeld und niederer Forderung, *OLG München* NJW-RR 1988, 894 f.
[36] So richtig *Stöber*[10] Rdnr. 1031.
[37] Billigkeitsprüfung und Bestimmung der Pfändungsfreigrenze werden ohnehin nicht stets getrennt; vgl. z.B. *LG Köln* NJW-RR 1992, 835.
[38] *KG* Büro 1980, 1093; *LG Frankenthal* NJW-RR 1989, 1352 (Sonderbedarf); *Stöber*[10] Rdnr. 1012. – A.M. *OLG Karlsruhe* FamRZ 1984, 1090 (Prozeßkostenvorschuß nach § 1360 a Abs. 4 BGB); *OLG Düsseldorf* FamRZ 1982, 498 (Sonderbedarf); *Thomas/Putzo*[18] Rdnr. 8. Wegen § 1615 k BGB → § 850a Rdnr. 30.
[39] Z.B. Prozeßkostenvorschüsse nach § 1360 a Abs. 4, BGHZ 94, 316, 321 f.; *LG Berlin* FamRZ 1971, 173; a.M. *Meyer* Rpfleger 1958, 301.

[40] Z.B. für Arztkosten, *KG* (Fn. 38), oder orthopädische Hilfsmittel, *LG Frankenthal* NJW-RR 1989, 1352.
[41] *OLG Celle* BB 1960, 955 = Rpfleger 1961, 55 (zust. *Berner*); *OLG Bremen* Rpfleger 1954, 48. S. auch → Rdnr. 10. Zum *Recht auf* Kapitalabfindung → Fn. 19 a.E.
[42] Z.B. nach § 1607 Abs. 2, §§ 1608, 1615 BGB, *Baumbach/Hartmann*[52] Rdnr. 3; *Kropholler* FamRZ 1965, 416; ebenso der Erstattungsanspruch der Eheleute untereinander, wenn nur einer von ihnen Aufwendungen für ein gemeinsames Kind getätigt hat, und der übergegangene Anspruch nach § 1615 b BGB.
[43] *OLG Stuttgart* Rpfleger 1985, 407; *OLG Celle* OLG Rsp 37, 180; *Stöber*[10] Rdnr. 1014.
[44] *LG Heilbronn* NJW-RR 1990, 197.
[45] Zur Entziehung des Unterhaltsanspruchs durch den Unterhaltspflichtigen selbst → Fn. 24.
[46] *Krebs* (Fn. 20); *Stöber*[10] Rdnr. 1010; *Wieczorek*[2] Anm. B II a 2; a.M. *OLG Neustadt* VersR 1958, 774; *Palandt/Thomas*[52] § 845 BGB Rdnr. 7. Für entgangene Dienstleistungen des getöteten Ehegatten gilt jetzt § 844 Abs. 2 BGB, *BGHZ* 77, 157 = NJW 1980, 2196.
[47] Für das Kind, weil ihm der Anspruch nicht zusteht, *BGHZ* 76, 249 = NJW 1980, 1450, für die Eltern, weil ihr eigener Unterhalt nicht entzogen ist u. jener für das Kind

3. *Fortlaufende Einkünfte*[48] in Geld (und Naturalien) aus:

a) **Stiftungen** oder – z. B. für Vermächtnisnehmer[49] oder Berechtigte aus einem zu seinen Gunsten zwischen Dritten geschlossenen Vertrag – aufgrund der **Fürsorge und** (nicht »oder«)[50] **Freigebigkeit** eines Dritten bezieht; es muß also bei der Zuwendung die Absicht bestehen, die Lebenshaltung des Schuldners zu verbessern und zu erleichtern[51], und der Erwerb darf für ihn nicht entgeltlich sein[52]. Private *Ruhegehälter* fallen nicht unter Nr. 3, ebensowenig Regelbeihilfen der Staatsbediensteten, da ein Anspruch auf sie besteht → § 851 II 5 a. Freigebigkeit wird dadurch nicht ausgeschlossen, daß der Schuldner ein Pflichtteilsrecht, gesetzliches Erbrecht[53] oder Anwärterrecht hat. Die Zuwendung muß *nicht das Recht selbst*, sondern nur die *fortlaufenden Einkünfte* betreffen. Dabei ist nicht die Form, sondern das sachlich Gewollte entscheidend: auch das Vermächtnis eines bestimmten Kapitals fällt unter Nr. 3, wenn durch völligen Ausschluß von Verwaltung und Verfügung in Wahrheit nur Zinsen vermacht sind[54]. Wer aber selbst das Fruchtziehungsrecht hat, etwa als Nießbraucher, genießt ebensowenig »Freigebigkeit« wie der *Vorerbe*, der wahrer Erbe der Substanz ist, auch wenn ihm die Verwaltung entzogen sein sollte[55].

b) **Auszugs-** und **Altenteilansprüche**[56] sind Versorgungsansprüche des Übergebers eines Grundstückes, eines weichenden Erben oder des überlebenden Ehegatten gegen den Übernehmer[57], auch wenn sie nicht dinglich gesichert sind[58]. Da Altenteilansprüche allein durch den Versorgungszweck bestimmt sind[59], muß es sich nicht um Verträge über landwirtschaftlichen Grundbesitz oder zwischen Eltern und Abkömmlingen handeln[60]. Gegenseitigen Verträgen mit beiderseitigen, etwa gleichwertig gedachten Leistungen fehlt in der Regel der Versorgungszweck[61]. Kaufpreise in der Form von Renten sind z. B. nicht stets Altenteil[62]. Ist aber ein »Kauf« nach Inhalt und Zweck als Altenteilsvertrag anzusehen, so genießt er gleichwohl Pfändungsschutz[63]. *Nießbrauch* ist zwar kein Altenteil gemäß Nr. 3[64]; ein schuldrechtlicher Anspruch muß aber seine Eigenschaft als Altenteil (→ zu Fn. 58) nicht dadurch verlieren, daß er durch Nießbrauch ergänzt oder (teilweise) gesichert ist[65].

Nr. 3 gilt ohne Rücksicht auf die Höhe des Bezuges (anders noch § 850 g aF von 1934) und betrifft als Bundesrecht auch *landesrechtlich nicht übertragbare* Altenteilansprüche[66].

---

nach §§ 850 c oder 850 f berücksichtigt wird, *Rupp/Fleischmann* (Fn. 14), 380. – A.M. *Stöber*[10] Rdnr. 297.

[48] Es genügt laufende Unterstützung des Schuldners, auch ohne Regelmäßigkeit der Zahlungen, *LG München* NStZ 1982, 437 (Untersuchungsgefangene).

[49] RGZ 106, 205.

[50] *OLG Breslau* OLG Rsp 19, 19. Der Schuldner muß fürsorgebedürftig sein, *LG Düsseldorf* Rpfleger 1960, 303.

[51] *OLG Hamburg* HRR 1929 Nr. 1170; *Stöber*[10] Rdnr. 1017; *Baumbach/Hartmann*[52] Rdnr. 7; hierher gehören Gnadenbezüge → § 850 Fn. 80.

[52] Z.B. Renten für Übertragung eines Vermögens (*OLG Breslau* Fn. 50) oder als Kaufpreis (*OLG München* MDR 1953, 434), *Baumbach/Hartmann*[52] Rdnr. 7.

[53] *OLG Kiel* OLG Rsp 1, 250 f.

[54] RGZ 11, 373 f.; 12, 383 f.; *Zöller/Stöber*[18] Rdnr. 7.

[55] A.M. *OLG Dresden* JW 1919, 119[5].

[56] Zum Begriff: *MünchKomm-Pecher* § 96 EGBGB Rdnr. 3 ff. u. *Hornung* Rpfleger 1982, 298 ff.; *OLG Schleswig* Rpfleger 1980, 348 (Wohnrecht).

[57] Vgl. RGZ 162, 57; *KG* MDR 1960, 234; *OLG Hamm* OLGZ 1970, 49; *LG Oldenburg* Rpfleger 1982, 298.

[58] *BGH* (Fn. 4); *LG Oldenburg* (Fn. 57); *Pecher* (Fn. 56) Rdnr. 9, 18 ff.

[59] Vgl. *BGH* (Fn. 4); *KG* (Fn. 57); *OLG Düsseldorf* JMBl NRW 1961, 237; *LGe Oldenburg* (Fn. 57); *Lübeck* SchlHA 1956, 116. S. auch *Stöber*[10] Rdnr. 297. – Volle Versorgung ist nicht Voraussetzung, RGZ 152, 107; *BGH* NJW 1962, 2250, auch vereinbarte Mitarbeit schadet nicht, *BGH* aaO.

[60] Bezügl. städt. Grundstücke RG (Fn. 59); *BGH* (Fn. 4); *BGH* DB 1964, 1223 = FamRZ 506; *BayObLGZ* 1964, 344. Vgl. auch *LG Lübeck* (Fn. 59); *KG* DNotZ 1958, 206 u. → Fn. 57. Bezügl. fehlender Verwandtschaft ebenfalls *OLG Düsseldorf* u. *LG Lübeck* (beide Fn. 59). Vgl. auch *Bock/Speck* (Fn. 7), 260.

[61] Vgl. *BGH* (Fn. 4); *KG* (Fn. 57); *Pecher* (Fn. 56) Rdnr. 6.

[62] *OLG Hamm* (Fn. 57); *OLG München* MDR 1953, 434; *LG Göttingen* NdsRpfl 1960, 108; *AG Hannover* WuM 66, 212.

[63] *OLG Düsseldorf* (Fn. 59). Abgrenzung zur frei pfändbaren Kaufpreisrente: *OLG Hamm* (Fn. 57).

[64] *BGH* (Fn. 4); *LG Oldenburg* (Fn. 57); vgl. auch *BayObLG* Rpfleger 1975, 314 zu § 49 GBO u. *Stöber*[10] Rdnr. 1018. Zur Pfändung → 857 II 4 b, III 1 a.

[65] Vgl. *Hornung* Rpfleger 1982, 299; *BayObLG* (Fn. 64).

[66] Vgl. Art. 96 EGBGB zu den Landesgesetzen *Palandt/Bassenge*[52] Art. 96 EGBGB Rdnr. 5; *Pecher* (Fn. 56) Rdnr. 2.

Eine über Nr. 3 hinausgehende Unpfändbarkeit kann durch Vertrag oder letztwillige Verfügung nicht begründet werden. → aber § 851 Rdnr. 33.

18   4. Nr. 4 betrifft Bezüge aus öffentlichen oder privaten **Witwen-, Waisen-, Hilfs-** und **Krankenkassen**, sofern die Bezüge mindestens zu einem wesentlichen Teil dem Unterstützungszweck dienen[67]. Leistungsträger nach den Sozialgesetzen gehören aber nicht hierher, → § 850 i Rdnr. 39 ff. Ob die Beträge im Einzelfall dazu benötigt werden und ob die Aufwendungen etwa schon aus anderen Mitteln bestritten sind, ist unerheblich. Auch einmalige Bezüge können unter Nr. 4 fallen[68]; die §§ 811 Nr. 8, 850 k gelten jedoch nur für wiederkehrende[69]. Forderungen aus Familienversicherungen verlieren ihre Zweckbestimmung durch Überleitung auf den wirklich Berechtigten nicht, so daß die abgetretene Rente auch für den Gläubiger des mitversicherten Familienmitglieds unpfändbar bleibt[70].

19   Nr. 4 gilt nur, soweit der Unterstützungszweck reicht. Krankentagegeld für Verdienstausfall dient bis zur Pfändungsfreigrenze (§§ 850 c, d) diesem Zweck[71]; darüber hinaus unterliegt es ebensowenig dem Schutz des § 850 b Abs. 1 Nr. 4, wie solches aus einer vertraglichen Unfallversicherung[72], oder der Anspruch auf Rückstände nach dem Tod des Empfängers. Wegen solcher Bezüge → § 850 Rdnr. 48.

20   Der Anspruch auf Sozialhilfe ist stets unpfändbar, § 4 Abs. 1 BSHG; für Ansprüche auf laufende Bezüge nach dem SGB -I (§§ 18–29) gelten die §§ 54 f. SGB – I, → § 850 i Rdnr. 39 ff.

21   Ansprüche aus *Versicherungsverträgen*, → § 829 Rdnr. 15 f., werden als *Renten* von § 850 Abs. 3 b erfaßt. *Einmalige Leistungen* sind nach Nr. 4 nur geschützt, wenn es sich um *Lebensversicherungen* handelt, die *ausschließlich auf den Todesfall des Versicherungsnehmers* abgeschlossen sind[73]. Die Begrenzung auf *4140 DM*[74] bezweckt, daß die durch den Todesfall verursachten Aufwendungen gedeckt werden sollen[75]. Ist daher die Versicherungssumme höher, so ist zwar der Mehrbetrag voll pfändbar und übertragbar; aber in Höhe des Grenzbetrags gilt Nr. 4 trotz des mißglückten Wortlauts[76]. Die Interessen des Gläubigers bleiben durch Abs. 2 gewahrt.

22   Hat der Schuldner **mehrere** solcher Verträge abgeschlossen, von denen einer oder alle die **Höchstsumme nicht erreichen**, so rechnet die wohl h. M. sie zusammen[77]. Umstritten ist, ob dann bei Überschreitung der Höchstsumme **volle** Pfändbarkeit eintritt a) für sämtliche Ansprüche[78], b) nur für den Mehrbetrag[79], c) für den Anspruch aus dem zuletzt abgeschlossenen Vertrag, falls mit ihm die Höchstsumme überschritten wird[80], d) für alle Ansprüche, die übrig bleiben, wenn man vorweg solche Ansprüche der Nr. 4 unterwirft, die zusammen gerade noch unter der Höchstsumme bleiben[81] oder ihr am nächsten kommen[82].

---

[67] Zu Leistungen der Krankenkasse *LGe Oldenburg* Rpfleger 1983, 33; *Dortmund* JW 1936, 3204; *Lübeck* JW 1937, 2611; *AG Starnberg* VersR 1956, 612 (nicht z.B. Forderungen auf Beitragsrückgewähr); *Sturminski* VersR 1971, 1109; *Stöber*[10] Rdnr. 1019; *Bohn* (Fn. 19). – Zum Tagegeld → Fn. 71.

[68] Vgl. den von Nr. 1–3 abweichenden Wortlaut, *LG Oldenburg* (Fn. 67) mwN; *KG* Rpfleger 1985, 73; *Baumbach/Hartmann*[52] Rdnr. 10.

[69] A.M. *LG Oldenburg* (Fn. 67).

[70] *Sieg* VersR 1956, 745; *Baumbach/Hartmann*[52] Rdnr. 10.

[71] *Boewer* (Fn. 19), 225; *Stöber*[10] Rdnr. 1019; *LG Oldenburg* (Fn. 67).

[72] *Zöller/Stöber*[18] Rdnr. 9; *Boewer* (Fn. 19) aaO Fn. 3.

[73] Nicht bei »gemischten« Versicherungen, wenn also die Versicherungssumme *auch* bei Erreichung eines bestimmten Alters fällig wird, mag auch der Erlebensfall unwahrscheinlich sein, u. bei Fremdversicherung; BT-Drucks. 1/4452, S. 3; *BGHZ* 35, 263; *KG* VersR 1964, 326; *AG Köln* VersR 1967, 948; *Kellner* VersR 1979, 117.

[74] Stand April 1992.

[75] Damit soll zugleich eine Armenbestattung aus öffentlichen Mitteln verhindert werden, *LG Mainz* VersR 1972, 142.

[76] *OLG Bamberg* Büro 1985, 1739; *Boewer/Bommermann*, Lohnpfändung u. -abtretung (1987), Rdnr. 531; *Wieczorek*[2] Anm. B IV a. – A.M. *AG Fürth* VersR 1982, 59; *Stöber*[10] Rdnr. 1021; *Berner* Rpfleger 1957, 197 u. 1964, 68 mwN; *Bischoff/Rohlitz* Lohnpfändung[3], 151; *Bock/Speck* (Fn. 7), 262 f., die eine Pfändung des gesamten Betrags zulassen.

[77] So alle → Fn. 78–82 Genannten.

[78] *OLG Hamm* MDR 1962, 661 = Rpfleger 1964, 86[42] = JMBl NRW 97; *LG Essen* VersR 1962, 245; *Haegele* Rpfleger 1969, 157; *Stöber*[10] Rdnr. 1021.

[79] *Wieczorek*[2] Anm. B IV a.

[80] *AG Fürth* (Fn. 76).

[81] *Bock/Speck* (Fn. 76).

[82] *AG Kirchheimbolanden* VersR 1970, 897 (L).

Diese Ansichten bedeuten für den Rechtsverkehr eine vom Gesetz nicht beabsichtigte Unsicherheit 23
über die Befugnis des Schuldners zur Abtretung usw. (→ dazu Rdnr. 34). Sie sind daher nur vertretbar, falls Zessionare von der Sachlage Kenntnis erhalten; das ist nur der Fall, wenn sämtliche unter der Höchstsumme bleibenden Verträge mit demselben Versicherer abgeschlossen sind und Verfügungen von der Anzeige an den Versicherer abhängig machen. Liegen diese Voraussetzungen nicht vor, so muß man sämtliche Ansprüche, die unter der Höchstsumme bleiben, der Nr. 4 unterwerfen, so daß die Zusammenrechnung erst im Verfahren nach Abs. 2 erheblich wird[83]. Das ist kein ungerechtfertigter Vorteil für den Schuldner, denn er muß stets mit Pfändung nach Abs. 2 rechnen und kann seine Rechte nicht einmal abtreten, während jeder Dritte diese Beschränkung aus dem Gesetz erkennen kann.

Eine weitere Pfändungsbeschränkung ergibt sich aus dem früheren § 22 Abs. 1 der 1. DVO 24
HWG[84] für vor dem 1. I. 1962 abgeschlossene Handwerkerlebensversicherungen[85]. Bestehen mehrere solcher Versicherungen, wird der Freibetrag nur einmal gewährt. Ist der Höchstbetrag von 10 000 DM überschritten, so ist der Mehrbetrag pfändbar[86]. Die Unpfändbarkeit bleibt auch dann bestehen, wenn der Schuldner noch unpfändbare Leistungen aus der Angestelltenversicherung erhält[87].

Die von einer sozialen oder karitativen Einrichtung an die *Pflegeeltern* eines Pfleglings 25
gewährten *Unterhaltsgelder* sind als zweckgebunden (→ § 851 Rdnr. 19) der Pfändung nicht unterworfen[88].

III. Das Verfahren

1. Der **Gläubiger** muß die Voraussetzungen der Pfändung, insbesondere die Umstände, aus 26
denen sich die Billigkeit ergibt, **darlegen**[89] und, falls der Schuldner bestreitet, **beweisen**[90]; mit der Wiederholung des Gesetzeswortlauts genügt der Gläubiger seiner Darlegungslast nicht. Für nicht substantiiert bestrittene Behauptungen gilt jedoch § 138 Abs. 3[91].

Fehlt ein schlüssiger Tatsachenvortrag, fordert das Gericht den *Gläubiger* durch Zwischenverfügung 27
zu weiterem Vortrag auf. Nicht zulässig ist es, den Schuldner bei der Anhörung zu veranlassen, das unzulängliche Gläubigervorbringen zu ergänzen[92].

Für den Nachweis der erfolglosen oder aussichtslosen Vollstreckung genügt **Glaubhaftma-** 28
chung durch Vorlage der Fruchtlosigkeitsbescheinigung (→ § 807 Rdnr. 11–15)[93] oder durch amtliche Auskunft des Gerichtsvollziehers[94]. Kennt der Gläubiger keine pfändbaren Rechte, so darf er nicht auf § 807 verwiesen werden[95], so daß insoweit der Schuldner die Darlegungslast hat. Für die übrigen Pfändungsvoraussetzungen ist **voller Beweis** zu führen[96].

---

[83] So (ohne Einschränkung) OLG Düsseldorf VersR 1961, 111; *Berner* (Fn. 76); *Bruck/Möller* VVG[8] Rdnr. 26 (bbb) zu § 15; *Prölß/Martin* VVG[23] Anm. 2 A a zu § 15 mwN.
[84] Vom 13. VII. 39 (RGBl. I, 1255), außer Kraft seit 1. I. 1962, HandwerkerversorgungsG vom 8. IX. 1960 (BGBl. I, 737).
[85] BGHZ 44, 192 (ergänzend zu BGH → Fn. 73) = Rpfleger 254 (zust. Berner); *Stöber*[10] Rdnr. 1022 mwN (auch zur Gegenmeinung vor 1965).
[86] LG Berlin Rpfleger 1973, 223.
[87] BGH (Fn. 73).
[88] LG Münster JW 1936, 2826.
[89] OLG München NJW-RR 1988, 894; OLG Stuttgart Rpfleger 1983, 288; LG Köln Rpfleger 1993, 455. → auch § 829 Rdnr. 31 ff. LG Verden Rpfleger 1986, 100, will jedoch bereits dann von einer Billigkeit der Pfändung ausgehen, falls sich Schuldner und Drittschuldner im Rahmen der Anhörung nicht äußern.

[90] *Stöber*[10] Rdnr. 1027; *Thomas/Putzo*[18] Rdnr. 4; *Walter* Lohnpfändungsrecht[3] (1972), 86; *Wieczorek*[2] Anm. A IV; *Christian* ZBlJR 1979, 366. → § 850 Rdnr. 16.
[91] Sowohl bei schriftlicher als auch mündlicher Anhörung, → § 128 Rdnr. 43, 49, *Stöber*[10] Rdnr. 1029; im Ergebnis auch *OLG Hamm* Rpfleger 1979, 271.
[92] Anders noch die 20. Auflage; s. auch *Münzberg*, Festschr. Tradition und Fortschritt (1977), 227 f.; *OLG Hamm* (Fn. 91).
[93] LG Aachen MDR 1981, 855: Pfändungsprotokoll; *Boewer/Bommermann* (Fn. 76) Rdnr. 515; *Baumbach/Hartmann*[52] Rdnr. 11. – A.M. *Zöller/Stöber*[18] Rdnr. 15; *Thomas/Putzo*[18] Rdnr. 4.
[94] → § 766 Rdnr. 39. Denn der Zwang zur Vorlage von Urkunden (→ § 807 Rdnr. 12) besteht hier nicht.
[95] *Stöber*[10] Rdnr. 1026 Fn. 77.
[96] *Stöber*[10] Rdnr. 1027.

29   2. **Die allgemeinen Regeln** (→ § 829 Rdnr. 31 ff., § 850 Rdnr. 15 ff.) gelten auch hier. Jedoch ist die sonst unzulässige (§ 834) **Anhörung** des Schuldners oder anderer Beteiligter, z. B. Unterhaltsberechtigter, Drittschuldner[97], vor Erlaß des Pfändungsbeschlusses in Abs. 3 vorgeschrieben. Die nach Anhörung zugelassene Pfändung ist ebenso zu *begründen*[98] wie die Ablehnung.

30   3. **Zuständig** ist ausschließlich[99] das Vollstreckungsgericht und damit der Rechtspfleger nach § 20 Nr. 17 RpflG. § 850 b Abs. 2 räumt jedoch dem Gericht einen gewissen Ermessensspielraum ein, so daß die Entscheidung zuweilen rechtlich schwierig sein wird und dann die Sache dem Richter vorzulegen ist, § 5 Abs. 1 Nr. 2 RpflG.

31   4. **Rechtsbehelfe.** Ist das Gesuch ganz oder teilweise abgelehnt, so steht dem *Gläubiger* die befristete Erinnerung, bei Entscheidung durch den Richter die sofortige Beschwerde zu. Näheres → § 829 Rdnr. 53.

32   Für jeden anderen Beteiligten richten sich die Rechtsbehelfe danach, ob er persönlich gehört worden ist[100], auch wenn eine Anhörung zu Unrecht unterlassen wurde, → dazu § 766 Rdnr. 8. Ist also der *Schuldner* gehört worden, so hat er die befristete Erinnerung[101]; bei Entscheidung durch den Richter (→ Rdnr. 30) gilt § 793. Wurde der Schuldner ausnahmsweise nicht gehört, so hat er die Erinnerung nach § 766[102]. Entsprechendes gilt für andere Beteiligte, vor allem für den *Drittschuldner*[103], → § 766 Fn. 42. Wegen der auf Beschwerde ergangenen Entscheidungen → § 766 Rdnr. 9.

Die Fristen beginnen mit der jeweiligen Zustellung, → § 829 Rdnr. 53, 59. Zur Abhilfeentscheidung des Rechtspflegers → § 766 Rdnr. 5.

33   5. Abs. 1 (»unpfändbar sind ...«) geht ersichtlich davon aus, daß bis zum Erlaß des Pfändungsbeschlusses der Bezug als unpfändbar zu behandeln ist. Bis dahin sind auch *Vorpfändungen* unzulässig. Da der Gläubiger vor Verfügungen des Schuldners geschützt ist (→ Rdnr. 34), besteht kein ausreichender Grund, das Gericht innerhalb der Frist des § 845 Abs. 2 zum Erlaß der oft nicht einfachen und zudem mit der Anhörungspflicht nach Abs. 3 belasteten Entscheidung zu drängen. Verstöße führen aber hier nur zur Anfechtbarkeit, nicht zur Nichtigkeit[104].

IV. Verfügungen

34   Die **Abtretung, Aufrechnung, Verpfändung, Einziehungsermächtigung oder Zurückbehaltung** in Ansehung der Bezüge Nr. 1-4 ist wegen der grundsätzlichen Unpfändbarkeit unwirksam, → § 850 Rdnr. 61. Abgesehen von wenigen Ausnahmen (→ § 850 Rdnr. 62) sind daher solche Maßnahmen *erst nach einer Pfändung durch das Vollstreckungsgericht* wirksam und nur so weit diese reicht, auch wenn materiell die Voraussetzungen des Abs. 2 schon vorher gegeben waren[105]. Prozeßgerichte können daher nur darüber befinden, ob ein Bezug § 850 b unterfällt, aber nicht über die Pfändbarkeit[106]. Auch eine Zulassung der Abtretung, Aufrechnung usw. durch gesonderten Beschluß des Vollstreckungsgerichts *außerhalb* des Pfändungsverfahrens, etwa durch »Feststellung« der Pfändbarkeit, wäre gesetzwidrige Überschreitung

---

[97] *LG Verden* Rpfleger 1986, 100; *Stöber*[10] Rdnr. 1029. – A.M. *Wieczorek*[2] Anm. A IV a.
[98] *LG Düsseldorf* Rpfleger 1983, 255 mwN.
[99] Allg. M.; *BGH* (Fn. 58); *OLG Düsseldorf* (Fn. 10) mwN u. FamRZ 1981, 970.
[100] → § 766 Rdnr. 7 f. mwN. Ausführlich *Stöber*[10] Rdnr. 730 a. – A.M. *Boewer* (Fn. 19), 218 f.; *Thomas/Putzo*[18] Rdnr. 6. Vgl. ferner *Schmeken* Pfändungen von Sozialleistungen (Diss. Gießen 1980), 133 ff.
[101] *OLG Frankfurt* Rpfleger 1975, 263; allg. M.

[102] *Baumbach/Hartmann*[52] Rdnr. 18. – A.M. *Boewer/Bommermann* (Fn. 76) Rdnr. 510.
[103] A.M. *Wieczorek*[2] Anm. A IV c.
[104] A.M. *Stöber*[10] Rdnr. 1035; *Wieczorek*[2] Anm. A I a. S. auch § 845 Rdnr. 5, § 850 Rdnr. 19.
[105] Allg. M.; *BGH* (Fn. 4) a. E.; *OLG Düsseldorf* FamRZ 1981, 971; 1982, 498; *KG* OLGZ 1970, 17; *LG Berlin* (Fn. 6), → § 829 Fn. 588. *Riedel* (→ § 850 a Fn. 16), 72.
[106] *BGH* (Fn. 4, 8); allg. M.

der Zuständigkeit und ist daher nicht zulässig[107]. Wer also gegen einen in Abs. 1 genannten Anspruch aufrechnen will, muß diesen nach Abs. 2 pfänden und sich überweisen lassen[108]. – Zur Lage des *Rechtsnachfolgers* → § 850 Fn. 135.

§ 850 c [Pfändungsgrenzen für Arbeitseinkommen]

(1) ¹Arbeitseinkommen ist unpfändbar, wenn es, je nach dem Zeitraum, für den es gezahlt wird, nicht mehr als
  1209 Deutsche Mark monatlich,
  279 Deutsche Mark wöchentlich oder
  55,80 Deutsche Mark täglich
beträgt. ²Gewährt der Schuldner aufgrund einer gesetzlichen Verpflichtung seinem Ehegatten, einem früheren Ehegatten oder einem Verwandten oder nach §§ 1615 l, 1615 n des Bürgerlichen Gesetzbuchs der Mutter eines nichtehelichen Kindes Unterhalt, so erhöht sich der Betrag, bis zu dessen Höhe Arbeitseinkommen unpfändbar ist, auf bis zu
  3081 Deutsche Mark monatlich,
  711 Deutsche Mark wöchentlich oder
  142,20 Deutsche Mark täglich,
und zwar um
  468 Deutsche Mark monatlich,
  108 Deutsche Mark wöchentlich oder
  21,60 Deutsche Mark täglich
für die erste Person, der Unterhalt gewährt wird, und um je
  351 Deutsche Mark monatlich,
  81 Deutsche Mark wöchentlich oder
  16,20 Deutsche Mark täglich
für die zweite bis fünfte Person.

(2) ¹Übersteigt das Arbeitseinkommen den Betrag, bis zu dessen Höhe es je nach der Zahl der Personen, denen der Schuldner Unterhalt gewährt, nach Absatz 1 unpfändbar ist, so ist es hinsichtlich des überschießenden Betrages zu einem Teil unpfändbar, und zwar in Höhe von drei Zehnteln, wenn der Schuldner keiner der in Absatz 1 genannten Personen Unterhalt gewährt, zwei weiteren Zehnteln für die erste Person, der Unterhalt gewährt wird, und je einem weiteren Zehntel für die zweite bis fünfte Person. ²Der Teil des Arbeitseinkommens, der 3796 Deutsche Mark monatlich (876 Deutsche Mark wöchentlich, 175,20 Deutsche Mark täglich) übersteigt, bleibt bei der Berechnung des unpfändbaren Betrages unberücksichtigt.

(3) ¹Bei der Berechnung des nach Absatz 2 pfändbaren Teils des Arbeitseinkommens ist das Arbeitseinkommen, gegebenenfalls nach Abzug des nach Absatz 2 Satz 2 pfändbaren Betrages, wie aus der Tabelle ersichtlich, die diesem Gesetz als Anlage beigefügt ist, nach unten abzurunden, und zwar bei Auszahlung für Monate auf einen durch 20 Deutsche Mark, bei Auszahlung für Wochen auf einen durch 5 Deutsche Mark oder bei Auszahlung für Tage auf einen durch 1 Deutsche Mark teilbaren Betrag. ²Im Pfändungsbeschluß genügt die Bezugnahme auf die Tabelle.

---

[107] *LG Berlin* (Fn. 6); *LG Hamburg* MDR 1984, 1035; *Stöber*[10] Rdnr. 1034; *Riedel* (→ § 850 a Fn. 16), 72 Fn. 29; wohl auch *BGH* MDR 1962, 977[39] (»... eines solchen ... Beschlusses«); *OLG Stuttgart* Rpfleger 1983, 409 mwN. – A.M. *Denck* MDR 1979, 452 mwN.

[108] → dazu § 829 Rdnr. 122 mit *OLG Stuttgart* u. *LG Berlin* aaO Fn. 588.

(4) Hat eine Person, welcher der Schuldner aufgrund gesetzlicher Verpflichtung Unterhalt gewährt, eigene Einkünfte, so kann das Vollstreckungsgericht auf Antrag des Gläubigers nach billigem Ermessen bestimmen, daß diese Person bei der Berechnung des unpfändbaren Teils des Arbeitseinkommens ganz oder teilweise unberücksichtigt bleibt; soll die Person nur teilweise berücksichtigt werden, so ist Absatz 3 Satz 2 nicht anzuwenden.

Gesetzesgeschichte: Bis 1900 § 749 CPO, dann § 850 ZPO (RGBl. 1898, 573) jeweils Abs. 2, 3. Seit 1934 § 850 Abs. 1 (RGBl. 1934 I, 1070), dann in § 5 LohnpfändungsVO RGBl. 1940 I, 1451 und von dort wieder in ZPO BGBl. 1953 I, 952. Änderungen BGBl. 1959 I, 49; 1965 I, 729; 1969 I, 1243 (nur Wortlaut), 1972 I, 221; 1978 I, 333; 1980 I, 677 (nur Umbenennung der Anlage), 1984 I, 364. → ferner § 850 Rdnr. 4.

I. Überblick

1   **1. § 850 c begrenzt die Pfändung** des wiederkehrend zahlbaren Arbeitseinkommens seitens *gewöhnlicher Gläubiger.* Wegen der bevorrechtigten *Unterhaltsgläubiger* s. § 850 d.

Die Regelung ist mit der Zeit immer mehr verfeinert worden. Als **Existenzminimum** soll jedem Schuldner ein begrenzter Lohnanteil in jedem Falle verbleiben. Die Beträge sind in Anpassung an die Entwicklung der wirtschaftlichen Verhältnisse mehrfach geändert worden → § 850 Rdnr. 4. Schon 1978 wurden die Freibeträge in den unteren Einkommensgruppen stärker als in den oberen hinaufgesetzt, s. auch Abs. 2 S. 2, damit die den Beziehern niedrigerer Einkommen pfandfrei verbleibenden Beträge nicht hinter den Leistungen der Sozialhilfe zurückbleiben[1]. Zu Abs. 4 → IV. – Zur zeitlichen Geltung neuer Pfändungsgrenzen → § 850 g Rdnr. 13 ff. – Um den Schuldner an einer Erhöhung seines Verdienstes und damit an einer **Erhaltung oder Verbesserung der Arbeitsleistung** zu interessieren, verbleiben ihm vom Überschuß des Arbeitseinkommens über den unpfändbaren Betrag nach Abs. 1 hinaus (vorbehaltlich Abs. 2 S. 2) zunächst drei Zehntel. Wegen des erhöhten Bedarfs aufgrund gesetzlicher Unterhaltspflichten ist der Grundbetrag je nach Zahl der Unterhaltsberechtigten erhöht (Abs. 1 S. 2), und Abs. 2 hält weitere Zehntel des Mehrbetrags pfändungsfrei. Berücksichtigt werden aber nur fünf unterhaltsberechtigte Personen; deshalb bleibt ein Zehntel des Mehrbetrags stets pfändbar. Die Vorschrift enthält mit dieser Beschränkung eine mit Art. 3 Abs. 1 GG kaum zu vereinbarende Differenzierung[2]. Daß Schuldnern mit größeren Unterhaltslasten in Härtefällen Schutz nach § 850 f gewährt werden kann, ändert daran nichts.

2   **2.** Für § 850 c kommt es nicht darauf an, ob das der Tätigkeit zugrunde liegende Rechtsverhältnis von Dauer ist oder nicht → § 850 Rdnr. 41. § 850 c gilt zugunsten *nicht bevorrechtigter Gläubiger* für *alle* Pfändungen nach §§ 850, 850 b Abs. 2, 850 h, sowie für laufende Sozialleistungen in Geld, § 54 Abs. 4 SGB-I. – Falls Sozialleistungen mit Arbeitseinkommen zusammentreffen, → § 850 e Rdnr. 54 ff.

3   **Sonderregelungen:** Für *bevorrechtigte Unterhaltsgläubiger* bestimmt § 850 c nur die Höchstgrenze des unpfändbaren Lohnteils, § 850 d Abs. 1 S. 3; ähnlich bei der Pfändung *nicht wiederkehrender* Vergütungen, sowie der Vergütung für *Sachnutzungen,* § 850 i Abs. 1 S. 3. Wegen des Zusammentreffens einmaliger Vergütungen mit laufenden Bezügen → § 850 e Rdnr. 51 f. Soweit nach § 850 a Nr. 5 *Heirats- und Geburtsbeihilfen* für bestimmte Gläubiger pfändbar sind, gilt auch nicht die Beschränkung des § 850 c → § 850 a Rdnr. 31. Die Härteklauseln des § 850 f ermöglichen Abweichungen sowohl zugunsten des Gläubigers wie des Schuldners.

---

[1] BR-Drucks. 453/82, S. 42 ff., BT-Drucks. 8/693, S. 45 ff. (49) u. 8/1414, S. 41; *Hartmann* NJW 1978, 609. S. auch *de Grahl,* DAVorm 1982, 3 mit Darstellung der Sozialhilfegrenzen für Hamburg, ferner *Arnold* BB 1978, 1314, *Hornung* Rpfleger 1978, 353, *Behr* Büro 1979, 305, Rpfleger 1981, 383.

[2] Ähnlich *Wieczorek* Anm. A, der aber zu Unrecht auch auf Art. 6 GG abstellt; a.M. die 20. Auflage; *Lippross,* Grundlagen usw. (1983), 124.

Über Vereinbarungen, daß einem Gläubiger der pfändbare Betrag nur teilweise auszuzahlen sei, →
§ 832 Rdnr. 8 f. Zur Schonung des Schuldners kann ein Gläubiger auch von vornherein weniger pfänden
als § 850 c erlaubt; das ist jedoch nur sinnvoll, wenn mit Nachpfändungen nicht zu rechnen ist. Sicherer ist
es, nur die Überweisung zu beschränken und den Arbeitgeber widerruflich zu ermächtigen, den gepfändeten, aber nicht überwiesenen Betrag auszuzahlen.

II. Die Freibeträge

1. Die Teile des Arbeitseinkommens

§ 850 c unterscheidet *drei Gruppen* von Bezügen: Schlechthin unpfändbare → Rdnr. 5, 4
nach Maßgabe der Tabelle pfändbare → Rdnr. 6, stets pfändbare Bezüge → Rdnr. 7.

a) Den sog. **unpfändbaren Grundbetrag** behandelt **Abs. 1**; er richtet sich danach, welche 5
gesetzliche Unterhaltsverpflichtungen der Schuldner hat.

Je nachdem, ob monatlich, wöchentlich oder täglich ausgezahlt wird, bestimmen S. 1 diesen
Grundbetrag für Schuldner *ohne Unterhaltspflichten*, S. 2 für Schuldner *mit Unterhaltspflichten* für bis zu 5 Personen; sind noch mehr Unterhaltsempfänger vorhanden, kann der
Schuldner die Vergünstigung des § 850 f beantragen → § 850 f Rdnr. 3 ff. Zum Kreis der
Unterhaltsberechtigten → Rdnr. 15.

b) Bei Arbeitseinkommen, das die **Beträge zu a) übersteigt**, ist nach **Abs. 2** bis zu einem 6
Einkommen von **3796** DM monatlich (**876** DM wöchentlich, **175,20** DM täglich) die Höhe des
pfändbaren Teiles aus der Tabelle abzulesen. Dabei ist die Höhe des Bezugs (linke Seitenspalte) und der Umfang der Unterhaltspflichten (obere Querspalten 0–5) zu beachten, →
Rdnr. 15 ff.

c) **Stets pfändbar** ist der durch Abs. 1 und Abs. 2 S. 1 nicht erfaßte Teil des Arbeitseinkommens. So ist in *jedem* Falle 1/10 des den Grundbetrag gemäß Abs. 1 übersteigenden Betrages 7
pfändbar, **Abs. 2** S. 1, sowie der gesamte restliche Lohnanteil, der die Höchstbeträge des
Abs. 2 S. 2 übersteigt. Nur nach § 850 f Abs. 1 kann dem Schuldner noch weiterer Schutz
zuteil werden.

2. Die Berechnung

a) Auszugehen ist vom **Nettolohn**, → § 850 e II. Abgetretene oder verpfändete Bezüge 8
werden ebenso mitgezählt[3] wie schon gepfändete oder vorgeschossene Beträge. *Hinzuzurechnen* sind der Wert geschuldeter **Naturalbezüge**, → § 850 e Rdnr. 71 f., und miterfaßte
Bezüge nach § 850 a, → Rdnr. 14. Wegen der Zusammenrechnung aus **verschiedenen Einnahmequellen** fließender Beträge → § 850 e III. *Abzusetzen* sind alle nach anderen Vorschriften
schlechthin unpfändbaren Bezüge, → auch § 850 e Nr. 1, § 850 b Rdnr. 2

b) § 850 c bestimmt, wieviel von dem an *jedem* Zahlungstermin geschuldeten Betrag frei 9
bleiben muß. Dieser Betrag ist jedoch nur maßgebend, soweit er *für den Zeitraum* seit dem
letzten oder bis zum nächsten Zahlungstermin *bestimmt* ist; um dies klarzustellen, sind
jeweils die Worte »monatlich«, »wöchentlich«, »täglich« hinzugefügt. Es kommt somit allein
auf den im Arbeitsvertrag **gewählten Auszahlungszeitraum** an[4]. Bei längerem Bezug von
Krankengeld errechnet sich der pfändbare Betrag aber nicht nach der Tages-, sondern der
Monatstabelle[5]. Über *Vorschüsse*, Abschlagszahlungen und *Rückstände* → § 850 e

---

[3] Denn erst die Berechnung nach § 850 c ergibt, wieweit die Verfügung wirksam ist (»vorgeht«), OLG Hamm Rpfleger 1953, 185 (Berner); allg. M. S. auch → § 850 Rdnr. 61, 63, § 850 b Rdnr. 34.

[4] H.M.; z.B. *Baumbach/Hartmann*[52] Rdnr. 2; *Boewer* Lohnpfändung usw. (1972), 229; *Stöber*[10] Rdnr. 1038.

[5] *LSG Berlin* NZA 1992, 328.

Rdnr. 14 ff. *Nachzahlungen* sind dem Zeitabschnitt zuzurechnen, *für* den (also nicht »in dem«) sie nachträglich gezahlt werden[6]. Darunter fallen auch zusätzlich gewährte Arbeitsvergütungen, wie ein 13., 14. Monatsgehalt, soweit es sich dabei nicht um Weihnachtsgeld handelt → § 850 a Rdnr. 29. → auch Rdnr. 10. War vor Ablauf dieses Zeitraums schon gepfändet und an Schuldner und Gläubiger ausgezahlt worden, so sind die aus der Neuberechnung etwa folgenden Korrekturbeträge (nur) aus der Nachzahlung zu entnehmen. Auch Pfändungen *nach* Ablauf des betreffenden Zeitabschnitts ergreifen (je nach Rang) den Anspruch auf Nachzahlung, soweit der maßgebliche Freibetrag überstiegen ist[7]. Gleiches gilt für Nachzahlungen infolge rückwirkender tariflicher Lohnerhöhung oder einer rückwirkenden Beförderung.

10   Kommt eine *Jahrestantieme* hinzu oder lassen sich Zusatzgehälter nicht bestimmten Zeitabschnitten zurechnen, so sind sie regelmäßig auf das gesamte Jahr anzurechnen unter Einbeziehung der bisher angefallenen Nettolohnbeträge; auf die dem Schuldner belassene Gesamtsumme sind die an ihn laufend ausgezahlten Beträge (wie Vorschüsse) zu verrechnen[8]. → auch § 850 e Rdnr. 14 ff.

11   Dagegen unterfällt Einkommen, das bei Fälligkeit als *Darlehen* geschuldet sein soll, nicht den §§ 850 ff. Es bedarf einer gesonderten Pfändung, soweit die Pfändung des Arbeitseinkommens erst nach der Umwandlung in ein Darlehen erfolgt ist. Nach Pfändung ist eine solche Umwandlung durch Vereinbarung zwischen Arbeitgeber und Schuldner nicht mehr wirksam gegenüber dem Gläubiger[9].

12   Auf welcher Grundlage die in der Periode[10] verdiente Vergütung vertraglich berechnet wird, ist dagegen ohne Belang; die Wochengrenze von **279 DM** gilt daher auch dann, wenn sich der Wochenlohn der Sache nach als Entgelt z. B. nur für vier Tage darstellt[11], wenn ein Verdienstausfall (z. B. an Provision) innerhalb der Periode schwankt[12] oder wenn bei nicht voller Beschäftigung Lohnperioden mit voller und solche mit verringerter Beschäftigung abwechseln[13].

13   Streitig ist, wie der pfändbare Betrag zu berechnen ist, wenn der Schuldner vor Beendigung des Lohnzahlungszeitraums seine Tätigkeit beendet[14]. Manche[15] wollen den fiktiven Verdienst des gesamten Zeitraums ermitteln, danach den pfändbaren Anteil aus der Tabelle ablesen und von diesem Betrag den Bruchteil errechnen, der auf die tatsächliche geleistete Arbeit entfällt. Diese Ansicht widerspricht ebenso dem Gesetz wie eine vom vertraglich vereinbarten Zahlungszeitraum abweichende Abrechnung nach Wochen oder Tagen[16]. Dem Schuldner verbleibt für den gesamten Lohnzahlungszeitraum der volle Freibetrag; bei sofortigem Antritt einer neuen Arbeitsstelle erfolgt eine Zusammenrechnung der mehreren Ar-

---

[6] *LAG Düsseldorf* DB 1956, 259; *ArbG Wetzlar* BB 1988, 2320; *Boewer* (Fn. 4), 233; *Stöber*[10] Rdnr. 1042; *Wieczorek*[2] Anm. A I.
[7] *Stöber*[10] (Fn. 6).
[8] Allg. M.; *Stöber*[10] Rdnr. 1041, 1042.
[9] *Stöber*[10] Rdnr. 1042a. → dazu § 829 Rdnr. 73, 90 ff.
[10] Bei wechselnden Auszahlungszeiträumen richtet sich der unpfändbare Lohnanteil ebenfalls nach der konkreten Periode, in der gezahlt worden ist. Eine Ausgleichsberechnung findet nicht statt, h. M.; vgl. *Boewer* (Fn. 4), 229 f.; *Stöber*[10] Rdnr. 1038.
[11] Vgl. *OLG Köln* NJW 1957, 879: tägliche Lohnzahlung ist auch dann maßgeblich, wenn der Schuldner nicht an allen Tagen der Woche arbeitet. Ein fiktiver Wochenlohn wird *nicht* errechnet, *Bischoff/Rochlitz* Lohnpfändung[3], 157; *Boewer* (Fn. 4), 229; *Stöber*[10] Rdnr. 1038; *Baumbach/Hartmann*[52] Rdnr. 2; *Wieczorek*[2] Anm. A-.I. S. auch *OLG Dresden* JW 1936, 3489.
[12] Sei es infolge Krankheit, Arbeitsfreistellung, entschuldigten oder unentschuldigten Fehlens, *Baumbach/Hartmann*[52] Rdnr. 2; *Boewer* (Fn. 4), 229 f. – A. M. hinsichtlich unentschuldigten Fehlens *Bathe* Pfändung und Abtretung von Lohn und Gehalt (1968) 109.
[13] *RAG* ARS 41, 424 f.; *OLG Dresden* JW 1936, 3489; *OLG Köln* (Fn. 11); *Boewer* (Fn. 4), 230; *Stöber*[10] Rdnr. 1038. – A. M. (Ausgleichsberechnung über Perioden) *LG Essen* NJW 1956, 1930 (zust. *Stehle*); *Jonas* JW 1936, 3489; *Baumbach/Hartmann*[52] Rdnr. 3. – Über die Berechnung bei Akkordlohn s. *LAG Stuttgart* ArbRspr 1929, 12 (*Jonas*); *Gros* ArbGer 1934, 322.
[14] → dazu § 829 Rdnr. 95 f., § 832 Rdnr. 2 u. die Bem. zu § 833.
[15] So *Bathe* (Fn. 12), 109; *Bischoff/Rochlitz* (Fn. 11), 157; *Boewer/Bommermann*, Lohnabtretung u. -pfändung (1987), Rdnr. 557; *Wieczorek*[2] Anm. A I; *Bock/Speck* Einkommenspfändung (1964), 77 f.
[16] *LAG Hameln* BB 1958, 450; *Egner*, Lohn- und Gehaltspfändung (1970), 189.

beitseinkommen nach § 850 e Nr. 2[17]. Die abweichenden Ansichten berücksichtigen nicht, daß § 850 c gerade den Lebensunterhalt für den jeweiligen Lohnabrechnungszeitraum sichern will, was sich auch aus § 811 Nr. 8 und sinngemäß aus § 850 i ergibt[18].

Sonderbezüge nach § 850 a Nr. 1, 4, 5 sind, soweit sie von der Pfändung miterfaßt werden, bei Auszahlung der *laufenden* Lohnrate zuzuzählen. Zur Weihnachtsvergütung → § 850 a Rdnr. 29. **14**

Die **Abrundung** des Arbeitseinkommens nach **Abs. 3 S. 1** bewirkt, daß der pfändbare Betrag nicht linear, sondern gestaffelt steigt, damit die Lohnpfändungstabelle übersichtlicher wird.

3. Einzelheiten über Unterhaltspflichten

a) Voraussetzung ihrer Berücksichtigung ist in allen Fällen des § 850 c, daß der Schuldner einem *Ehegatten* (§§ 1360, 1360 a, 1361 BGB), *früheren Ehegatten* (§ 1569–1586 a BGB mit §§ 26, 37 EheG), *Verwandten* in gerader Linie (§ 1601 BGB)[19] oder der Mutter eines nichtehelichen Kindes gemäß §§ 1615 l, 1615 n BGB[20] Unterhalt gewährt; wegen dieses Personenkreises → § 850 d Rdnr. 3–9. Unberücksichtigt bleibt ein Angehöriger, soweit dies nach § 850 c Abs. 4 bestimmt ist, → Rdnr. 17, 28 ff. Für andere Personen, auch im Haushalt lebende, können die Zusatzquoten nicht in Anspruch genommen werden[21]. Denn nur «**gesetzliche**» Pflichten sind zu berücksichtigen, Abs. 1 S. 2, wenn es auch nicht schadet, daß sie vertraglich konkretisiert sind[22]. Leistungen an Verwandte, die sich selbst vollständig unterhalten können, bleiben also gemäß § 1602 Abs. 1 BGB außer Betracht[23]. Gleiches gilt, wenn der Schuldner gegenüber einem volljährigen Kind nicht unterhaltsverpflichtet ist, weil sein eigener Unterhalt gefährdet ist (§ 1603 Abs. 1 BGB)[24]. Als Schadensersatz geschuldete Unterhaltsrenten (→ § 850 b Rdnr. 14) gehören nur entsprechend hierher, wenn der Berechtigte zu den in Abs. 1 genannten Personen gehört[25]. Unterhaltsansprüche, für die der Schuldner nur mit einer vorhandenen Vermögensmasse beschränkbar haftet, z. B. nach §§ 1371 Abs. 4, 1963, 1969, 1586 b BGB, scheiden hier aus[26]. **15**

b) Unterhaltsleistungen müssen vom Schuldner – freiwillig oder durch Beitreibung[27] – *tatsächlich erbracht* werden[28], wie sich aus dem Gesetzeswortlaut »gewährt« eindeutig ergibt. Ein Unterhaltsgläubiger, der nach Erlaß des Pfändungsbeschlusses des nicht privilegierten Gläubigers vollstreckt, ist nachträglich vom Drittschuldner zu berücksichtigen[29], falls ein Blankettbeschluß erlassen war. Wurden im Pfändungsbeschluß die Unterhaltsberechtigten genannt, ist eine Berichtigung nach § 850 g erforderlich. Nach dem Sinn des § 850 c[30] muß **16**

---

[17] *ArbG Münster* BB 1990, 1708 (L.); *Stöber*[10] Rdnr. 1038 Fn. 1.
[18] → § 811 Nr. 8: »nächster Zahlungstermin«; § 850 i Abs. 1 S. 1: »angemessener Zeitraum«; § 850 i Abs. 1 S. 3: »laufender Arbeits- oder Dienstlohn«.
[19] Z. B. eheliche oder nichteheliche (§§ 1615 a ff. BGB) Kinder, Enkelkinder, Eltern, Großeltern usw. Wegen §§ 1754 f. BGB auch Adoptivkinder, *Baumbach/Hartmann*[52] Rdnr. 5.
[20] Nicht §§ 1615 k, 1615 m BGB.
[21] Z. B. Geschwister, Schwiegereltern, Stiefkinder (BGH NJW 1969, 2007; OLG Hamm Rpfleger 1954, 634), Pflegekinder, *Stöber*[10] Rdnr. 1047.
[22] OLG Frankfurt Rpfleger 1980, 198 f. = Büro 778; allg. M.
[23] *Stöber*[10] Rdnr. 1047.
[24] BAG NJW 1987, 1573 = AP Nr. 8 zu § 850 (Abl. *Stephan*); a. M. *Zöller/Stöber*[18] Rdnr. 5. Das Argument, der Schuldner müsse sich nicht im Interesse der Gläubiger auf § 1603 Abs. 1 BGB *berufen*, trifft nicht, weil die Bestimmung eine Einwendung gibt.
[25] Zur Privilegierung → § 850 d Rdnr. 8 f. – A. M. wohl *Zöller/Stöber*[18] Rdnr. 5. – Falls der Geschädigte nicht zu den in Abs. 1 S. 2 genannten Personen gehört, → § 850 f Rdnr. 17. – A. M. insoweit *Rupp/Fleischmann* Rpfleger 1983, 379 (Schutz des § 850 c stets nur als Ausgleich für § 850 d).
[26] *Stöber*[10] Rdnr. 1047. Denn sie belasten nicht notwendig das laufende Arbeitseinkommen, auch wenn sie unter § 850 d fallen.
[27] LSG NW Rpfleger 1984, 278 (zust. Schultz); OLG Düsseldorf DAVorm 1981, 487.
[28] Allg. M.; BAG NJW 1966, 903; LG Berlin DAVorm 1976, 661; LAG Frankfurt NJW 1965, 2075 a. E.; LAG Mainz BB 1966, 741; *Behr* Rpfleger 1981, 383. Zum Nachweis → Fn. 48, 61.
[29] LSG NW (Fn. 27); *Zöller/Stöber*[18] Rdnr. 5.
[30] Vgl. BT-Drucks. 8/693 S. 45: »damit diesen Schuld-

der Schuldner in dem ihm auferlegten Umfang seiner Unterhaltsverpflichtung nachkommen. Es bedarf jedoch nicht der ziffernmäßigen Festsetzung genauer Beträge für den einzelnen Unterhaltsberechtigten, da dies angesichts der gesetzlichen Pauschalierungen nicht gewollt ist und zu praktischen Schwierigkeiten und Unsicherheiten in der Anwendung des § 850 c führen müßte[31]. Deshalb kann der pfändungsfreie Betrag die tatsächliche Unterhaltsleistung des Schuldners im Einzelfall übersteigen[32].

17   Die Frage eines Freibetrages für **Unterhaltsberechtigte mit eigenem Einkommen** ist seit 1978 abschließend in Abs. 4 geregelt: Solange der Antrag nach Abs. 4 nicht gestellt oder noch nicht beschieden ist, stehen Einkünfte des Ehegatten usw. einer Gewährung des vollen Freibetrags nicht im Wege, selbst wenn der Verdienst des Ehegatten den Freibetrag oder das Arbeitseinkommen des Schuldners erheblich übersteigt[33]. Nur wenn der Schuldner z. B. seinem gutverdienenden Ehegatten *überhaupt keinen* Unterhalt schuldet[34] oder ihn nicht tatsächlich erbringt, entfällt der Freibetrag wie sonst von vornherein, → Rdnr. 15 f. Zur Geltendmachung solcher Umstände → Rdnr. 26, 33. Den Antrag nach § 850 c Abs. 4 kann der Gläubiger auch im Verfahren nach § 850 k stellen[35].

18   Unterhaltsansprüche ehelicher **Kinder**[36] richten sich gegen beide Eltern, so daß — wenn beide verdienen — beiden die Freibeträge des § 850 c zustehen, falls sie beide den Unterhalt auch tatsächlich gewähren[37]. Zu Kindern mit *eigenem Einkommen*[38] → Rdnr. 17, 28 ff.

19   Ist der Unterhalt zunächst von *dritter Seite* geleistet, so steht die freiwillige oder zwangsweise Erfüllung einer **Erstattungspflicht** der Unterhaltsgewährung sachlich gleich, auch wenn sich die Erstattung, wie regelmäßig, auf frühere Raten bezieht.

20   c) Ob der Gläubiger selbst zu den Unterhaltsberechtigten gehört, ist unerheblich, soweit er gewöhnliche Forderungen beitreibt; wegen Unterhaltstiteln s. aber § 850 d.

III. Verfahren nach Abs. 3, Blankettbeschlüsse und Schutz des Drittschuldners

21   Wegen des Verfahrens im allgemeinen → oben § 850 Rdnr. 15 ff.
Der Gläubiger muß über Unterhaltspflichten des Schuldners keine Angaben machen. **Abs. 3 Satz 2** erlaubt, daß ein sog. **Blankettbeschluß** den Umfang des pfändungsfreien Betrages nur abstrakt durch Bezugnahme auf die Tabelle bestimmt und nur die Freibeträge für die erst noch zu ermittelnden Unterhaltsberechtigten bezeichnet[39]; dies gilt auch für die Pfändung laufender Sozialgeldleistungen[40]. Die genaue Ermittlung des pfändbaren Teils des

---

nern hinreichende Mittel zur Bestreitung ihres Lebensunterhalts u. des Lebensunterhalts ihrer Familie verbleiben«; ebenso *Boewer* (Fn. 4), 235.
[31] *BAG* (Fn. 28); *LAG Hamm* BB 1964, 1488; *Boewer* (Fn. 4), 235 f.
[32] Vgl. *BAG* (Fn. 28); *BAG* FamRZ 488 (*Fenn*); *Stöber*[10] Rdnr. 1047. Kritisch *Finger* RdA 1970, 73; *Gernhuber* Anm. zu BAG AP Nr. 2 zu § 850 c.
[33] Vgl. BT-Drucks. 8/693 S. 48 f. (»nur« auf Antrag). Wie hier *BAG* (Fn. 32), DB 1983, 1263; DB 1984, 2468; *Thomas/Putzo*[18] Rdnr. 7; *Arnold* (Fn. 1), 1319 bei Fn. 56.
[34] Z.B. weil zusammenlebende Ehegatten erheblich mehr verdienen als für den Familienunterhalt benötigt wird, *Stöber*[10] Rdnr. 1049, oder wenn der Schuldner als Angestellter seines Ehegatten tätig ist und deshalb nicht zu dessen Unterhalt beiträgt, *LG Dortmund* JW 1936, 2826; *LG Wuppertal* DR 1940, 1576; s. aber auch *Pohle* zu LAG Frankfurt AP Nr. 1 = DB 1956, 1236 (L).
Zur Berücksichtigung von Schulden gegenüber Dritten s. *OLG Karlsruhe* FamRZ 1981, 548.
[35] *Zöller/Stöber*[18] § 850 k Rdnr. 9.

[36] Eigenes Vermögen steht nicht entgegen, § 1602 Abs. 2 BGB.
[37] *BAG* v. 21. I. 75 (Fn. 32); *LG Oldenburg* Rpfleger 1980, 353; *LAG Hamm* (Fn. 31); ganz h.M.; → auch Fn. 28. — A.M. *AG St. Ingbert* MDR 1963, 604; *Finger* RdA 1970, 77.
[38] Auch für Ausbildungsbezüge, Waisenrenten usw. gilt das → Rdnr. 17 Gesagte, solange sie nicht so hoch sind, daß eine Unterhaltspflicht entfällt; dazu *LG Saarbrücken* NJW 1969, 1766; *OLG Düsseldorf* FamRZ 1982, 88; *BGH* FamRZ 1980, 1109.
[39] Dazu die Lit. → Fn. 1; *Rixecker* Büro 1982, 1761 ff. Zur Geschichte *Reetz*, Die Rechtsstellung des Arbeitgebers als Drittschuldner, 1985, 32.
[40] *LG Marburg* Rpfleger 1981, 491 f.; *KG* Rpfleger 1978, 335; *LG Kleve* MDR 1978, 585; *Hornung* Rpfleger 1977, 291; 1978, 66 a. E.; *Stöber*[10] Rdnr. 1402 (ausführlich gegen die Bedenken von *LG Berlin* Rpfleger 1977, 222 u. *Heinze* Bonner Komm. SGB § 54 Rdnr. 38). → auch Rdnr. 26.

Arbeitseinkommens unter Berücksichtigung der gesetzlichen Unterhaltsberechtigten hat dann der *Drittschuldner* vorzunehmen, dem dies aufgrund der Lohnsteuerkarte[41] *und* einer Befragung des Schuldners[42] möglich ist, jedenfalls wenn er dessen Arbeitgeber ist. Andere Drittschuldner, z. B. Kreditinstitute, sind zuweilen auf nähere Angaben im Beschluß angewiesen[43].

Der Drittschuldner kann sich an die Angaben in der Lohnsteuerkarte aber nur halten, wenn im Einzelfall keine Zweifel bestehen, daß die tatsächlichen gesetzlichen Unterhaltspflichten zuverlässig ausgewiesen sind. Seit 1990[44] ist z. B. die Angabe der Kinderzahl in der Lohnsteuerkarte entfallen, so daß für die Feststellung nur die Kinderfreibeträge verbleiben. Für jedes gemeinsame Kind ist der Zähler 0,5 eingetragen. Der Freibetrag ist aber übertragbar, so daß der Zähler 1 sowohl den anteiligen Freibetrag für 2 Kinder als auch den gesamten Freibetrag für nur 1 Kind wiedergeben kann[45]. Erforderliche Feststellungen hat der Drittschuldner insoweit z. B. durch Personalunterlagen zu treffen[46]. Teilt der Arbeitnehmer aber mit, daß er verheiratet ist und auch eine bestimmte Anzahl minderjähriger Kinder zu unterhalten hat, so kann der Drittschuldner von einer entsprechenden Anzahl unterhaltsberechtigter Personen ausgehen[47].

Eigene *Nachforschungen*, ob der Schuldner den nach der Lohnsteuerkarte als Unterhaltsberechtigte ausgewiesenen Personen tatsächlich Unterhalt leistet, können vom Drittschuldner nicht verlangt werden[48]. Dagegen muß er ihm bekannte Unrichtigkeiten von sich aus berücksichtigen, ferner begründeten Anhaltspunkten bzw. Hinweisen des Gläubigers auf mangelnde tatsächliche Erfüllung der Unterhaltspflicht durch Fragen an den Schuldner rechtzeitig nachgehen[49]. Änderungen während einer laufenden Pfändung, z. B. Geburt eines weiteren Kindes, Erlöschen einer Unterhaltspflicht usw., hat der Drittschuldner in seine Berechnung gleichfalls einzubeziehen, soweit sie ihm bekannt werden[50]. Im übrigen ist es Sache des Gläubigers, dem Drittschuldner Veränderungen mitzuteilen. Stets ist dem Drittschuldner eine Mitteilung an den Gläubiger über die beabsichtigte Berechnung und in Zweifelsfällen die Hinterlegung des streitigen Betrages zu empfehlen[51]. → auch § 840 Rdnr. 8–10 und wegen freiwilliger Zahlungen des Schuldners → § 850 e Rdnr. 9. 22

Überzahlung an den Schuldner ist grundsätzlich keine dem Gläubiger gegenüber wirksame Erfüllung, so daß der Drittschuldner an den Gläubiger nochmals den fehlenden Betrag zahlen muß[52], wenn er die Tabelle unrichtig anwendet, insbesondere im Beschluß nicht genannte Unterhaltsberechtigte berücksichtigt, obwohl diese nicht existieren, weggefallen sind oder vom Schuldner keinen Unterhalt beziehen (→ Rdnr. 16, 22). Sind aber dem Drittschuldner diese, den Umfang der Pfändung begründenden Umstände *unbekannt*[53], so kann er sich 23

---

[41] *LAG Mainz* BB 1966, 741; *ArbG Ludwigshafen* BB 1965, 333; *Thomas/Putzo*[18] Rdnr. 2; *Baumbach/Hartmann*[52] Rdnr. 9; *Mümmler* Büro 1981, 177.
[42] Recht u. Pflicht hierzu ergeben sich nicht aus § 840, aber aus dem Arbeitsverhältnis. *Liese* DB 1990, 2065, 2068, sieht die Befragung des Schuldners als Obliegenheit an, der der Arbeitgeber nachzukommen hat, wenn er nicht wegen falscher Berechnung haften will.
[43] → Rdnr. 26. Denn sie können die Unterhaltsberechtigten u. die Höhe des Einkommens (z. B. bei unregelmäßiger oder auf mehrere Banken verteilter Überweisung) nicht so zuverlässig ermitteln wie Arbeitgeber, s. *J. Blomeyer* RdA 1974, 14 Fn. 103 f. Wegen der Sozialversicherungsträger → aber Fn. 40.
[44] Vgl. § 39 EStG i. d. F. des Gesetzes vom 25. 7. 1988 (BGBl. I, 1093).
[45] Ausführlich *Liese* DB 1990, 2065 ff.; *Stöber*[10] Rdnr. 1054 a.
[46] *Zöller/Stöber*[18] Rdnr. 9.
[47] *BAG* NJW 1987, 1573 f. – A. M. *Zöller/Stöber*[18] Rdnr. 9.
[48] Vgl. *LAG Mainz* u. *ArbG Ludwigshafen* (beide Fn. 41); *Grunau* Büro 1961, 268 f.; *Boewer/Bommermann* (Fn. 15) Rdnr. 543; *Stöber*[10] Rdnr. 1054.
[49] *LAG Mainz* (Fn. 41); *Thomas/Putzo*[18] Rdnr. 2; *Stöber*[10] Rdnr. 1054; *Grunau* Büro 1961, 267. – A. M. *Boewer* (Fn. 4), 173.
[50] *Stöber*[10] Rdnr. 1056.
[51] *Stöber*[10] Rdnr. 1057; *Wieczorek*[2] Anm. B II. Vgl. zum Prätendentenstreit, falls statt Hinterlegung ein Sonderkonto eingerichtet wird, *BGH* LM § 812 BGB Nr. 90 = NJW 1970, 463.
[52] Das ist kein Schadensersatz (unklar *LAG Mainz* BB 1966, 741) sondern Erfüllung. → auch Fn. 55.
[53] Wofür wie bei § 407 BGB den Gläubiger die Beweislast trifft, *Rixecker* (Fn. 39), 1765. Zur Beweislage bei Zweifeln vgl. *RGZ* 88, 6. Es kommt grundsätzlich nur auf Tatsachen an, → auch § 836 Fn. 5. Rechtsirrtum kann nur entlasten, soweit dafür auch nach § 407 BGB Raum wäre, also z. B. nicht bei bewußten Zweifeln, da dann eine den Gläubiger nicht gefährdende Hinterlegung angebracht ist (*RGZ* 102, 387) bis zur klarstellenden Entscheidung → Rdnr. 26. – A. M. *Rixecker* (Fn. 39) 1765.

insoweit gegenüber dem Gläubiger ebenso auf § 407 BGB berufen wie bei Unkenntnis der gesamten Pfändung[54]. Kennenmüssen steht der Befreiung nicht im Wege[55]; jedoch können fahrlässige Angaben gegenüber dem Gläubiger zur Schadensersatzpflicht führen, → § 840 Rdnr. 31 f.

24 Auch eine *Überzahlung an den Gläubiger* ist keine wirksame Erfüllung gegenüber dem Schuldner. Beruht sie jedoch auf *unrichtigen Angaben des Schuldners* über gewährten gesetzlichen Unterhalt, so ist zugunsten des Drittschuldners § 409 Abs. 1 BGB entsprechend anzuwenden[56].

25 Der Pfändungsbeschluß, der ohne Anhörung des Schuldners erlassen wird, ergeht stets als Blankettbeschluß[57]. Beantragt der Gläubiger, die Zahl der Unterhaltsberechtigten zu bestimmen, ist der Schuldner zu hören. Andernfalls könnte der Gläubiger durch die einseitige im Pfändungsverfahren nicht nachzuprüfende Behauptung (→ § 829 Rdnr. 37), Unterhaltsberechtigte seien nicht vorhanden, dem Schuldner die Last zuschieben, durch Erinnerung den Pfändungsschutz geltend zu machen. Dies wäre aber unvereinbar mit dem Grundsatz, daß die Pfändungsvoraussetzungen von Amts wegen zu prüfen sind. Ist die Zahl der Unterhaltsberechtigten im Pfändungsbeschluß genannt, so ist sie verbindlich, bis eine Abänderung dem Drittschuldner bekannt wird. → § 836 Rdnr. 3, 5.

26 Besteht Streit über die Zahl der Unterhaltsberechtigten oder die tatsächliche Unterhaltsleistung (→ Rdnr. 16), kann keine Klärung im Wege der Erinnerung begehrt werden, weil der Streit nicht um die formelle Rechtmäßigkeit der Pfändung geht, sondern um deren materiellrechtliche Wirkungen[58]. Abs. 4 ist entsprechend anzuwenden, wenn zweifelhaft ist, wer als unterhaltsberechtigter Angehöriger zu berücksichtigen ist. Antragsberechtigt sind Gläubiger, Schuldner und Drittschuldner. Die Entscheidung ergeht nach Anhörung des Schuldners in einem kontradiktorischen Verfahren, in dem Gläubigerbehauptungen nicht ausreichen, sondern Feststellungen zu treffen sind[59]. Wer eine ihm günstigere Berechnung des unpfändbaren Betrages geltend macht, hat die Beweislast[60]; diese darf jedoch nicht davon abhängen, wie der Drittschuldner die Beträge berechnet hat. Bei Unterhaltsgläubigern *mit Titel* oder solchen, die im Haushalt des Schuldners leben, wird das Gericht einen Nachweis über die tatsächliche *Gewährung* des Unterhalts nur verlangen, wenn der Gläubiger diese ausdrücklich bestreitet[61]. Zum Streit über den Umfang der Unpfändbarkeit im *Einziehungsprozeß* → §§ 829 Rdnr. 109 f.

27 Die Vorwegausscheidung der *Steuer-* usw. Abzüge, § 850 e Nr. 1, und die Behandlung der *zusätzlichen Bezüge* (für Überstunden usw.) nach § 850 a setzt eine besondere Erwähnung im Pfändungsbeschluß nicht voraus. Auch hier ist es nicht Aufgabe des Vollstreckungsgerichts, eine Entscheidung über den Umfang der Pfändung zu treffen; eine entsprechende Anwendung des Abs. 4 scheidet in diesen Fällen aus.

Die Nichtüberschreitung der Freigrenze des § 850 c rechtfertigt nicht die Aufhebung des Pfändungsbeschlusses, → § 850 Rdnr. 14.

---

[54] → § 829 Rdnr. 101. Wie hier *Rixecker* (Fn. 39), 1765; für nachträgliche Änderungen auch *Stöber*[10] Rdnr. 1056. – *Grunau* Büro 1962, 242 wendet § 242 BGB an (*RGZ* 149, 256 betraf aber § 840, → dort Fn. 122).
[55] Im Ergebnis richtig *LAG Mainz* (Fn. 52); *ArbG Ludwigshafen* BB 1965, 333.
[56] *Rixecker* (Fn. 39), 1766. Wie bei § 407 BGB hat der Drittschuldner die Wahl, ob er statt dessen mit seinem Bereicherungsanspruch gegen den Gläubiger (→ § 835 Rdnr. 35 a. E.) aufrechnet gegen die nächsten Auszahlungsraten, → § 835 Rdnr. 34.
[57] Vgl. *LG Bochum* Rpfleger 1985, 370, das anscheinend nur Blankettbeschlüsse für zulässig erachtet.

[58] Anders die 20. Auflage; *Stöber*[10] Rdnr. 1057; *Schuschke* Rdnr. 10; *Behr* Rpfleger 1981, 383 (bei leicht nachweisbaren Tatsachen: § 766); *Hornung* Rpfleger 1978, 354.
[59] Weil die Entscheidung konstitutive Wirkungen hat, sind die Pfändungswirkungen im Prozeß zwischen Schuldner und Drittschuldner und im Drittschuldnerprozeß nach dem konkretisierten Pfändungsbeschluß zu bestimmen.
[60] *Stöber*[10] Rdnr. 1057.
[61] Vgl. *Jonas* JW 1936, 472 u. zur Darlegungslast des Schuldners *OLG Celle* OLGZ 1966, 440.

IV. Unterhaltsberechtigte mit eigenen Einkünften[62]

1. Eigene Einkünfte sind solche aus abhängiger oder selbständiger Erwerbstätigkeit – auch Ausbildungsvergütungen – sowie aus früherer Erwerbstätigkeit (Rente, Pension) oder aus eigenem Vermögen wie Zinsen, Mieteinnahmen[63], Nutzungen eines Nießbrauchers abzüglich der Aufwendungen nach §§ 1037 ff. BGB, Leib-, Waisen- und Versicherungsrenten usw., aber auch regelmäßige Zuwendungen Dritter, die zur Bestreitung des Unterhalts dienen[64], also auch Sozialgeldleistungen wie Mutterschaftsgeld, Kurzarbeitsgeld, Schlechtwettergeld, Wintergeld[65]. Bei befristeten Einkünften ist die Nicht- oder Teilberücksichtigung zeitlich zu begrenzen[66], ebenso bei einmaligen Einkünften, soweit sie noch nicht verbraucht sind, also noch für den Unterhalt zur Verfügung stehen[67]. 28

Nicht hierher gehören Sozialhilfeansprüche wegen §§ 2, 90 BSHG, Leistungen nach dem BAFöG (vgl. dort § 11), Erziehungsgeld nach dem BErzGG[68], die Grundrente nach dem BVersG, weil sie nur dem Ausgleich der Behinderung dient, und das Kindergeld[69].

2. Der **Antrag** steht, ohne Bindung an eine Frist, nur dem **Gläubiger** zu und ist keine Erinnerung[70]. Daher trifft der Rechtspfleger die Anordnung, § 20 Nr. 17 RpflG. Der Antrag kann mit dem Gesuch auf Erlaß des Pfändungs- und Überweisungsbeschlusses oder nachträglich, nicht aber nach Beendigung der Vollstreckung für bereits ausgezahltes Arbeitseinkommen gestellt werden[71]. Er muß nicht auf Nicht- oder Teilberücksichtigung in bestimmter Höhe lauten, sondern kann dies der Ermessensentscheidung des Gerichts überlassen[72]. *Jeder* Gläubiger muß den Antrag für seine Pfändung(en) stellen, → Rdnr. 35. Zur Vorpfändung → Fn. 94. Für die Anwaltsgebühren gilt § 58 Abs. 1 BRAGO. 29

a) Wird der *Antrag mit dem Pfändungsgesuch verbunden*, darf er zusammen mit dem Pfändungsgesuch nur dann beschieden werden, wenn der Schuldner aufgrund gesetzlicher Vorschrift oder auf Antrag des Gläubigers angehört wurde[73]. Die Entscheidung aufgrund des Gläubigervortrags ohne Anhörung des Schuldners verletzt dessen Anspruch auf rechtliches Gehör und ist nicht mehr von § 834 gedeckt. Unzulässig ist eine Entscheidung nach Abs. 4 vor Erlaß eines Pfändungsbeschlusses[74]. Zum Verfahren → Rdnr. 31. 30

b) Über *nachträgliche Anträge* wird durch gesonderten Beschluß entschieden, was ohne mündliche Verhandlung möglich ist (§ 764 Abs. 3). Auch hier ist der Schuldner zu hören[75]. Das Verfahren folgt den für die fakultative mündliche Verhandlung maßgeblichen Grundsätzen, d.h. schlüssiges Gläubigervorbringen kann verwertet werden, wenn und soweit es nicht bestritten ist, der Schuldner sich also nicht äußert oder dem Vorbringen nicht entgegentritt[76]. Bestreitet er die Einkünfte des Unterhaltsberechtigten, so ist der Gläubiger beweispflichtig[77]; 31

---

[62] Siehe BT-Drucks. 8/693, S. 48 f.; die Lit. → Fn. 1 u. Henze Rpfleger 1981, 52.
[63] Diese nicht, soweit sie nur der Erhaltung des Vermögens dienen, *Stöber*[10] Rdnr. 1060; *Hornung* (Fn. 1), 356.
[64] *Arnold* BB 1978, 1318 Fn. 46, z. B. Unterhalt seitens eines Verwandten, auch wenn er in Naturalien (Kost, Wohnung) besteht; *Hornung* (Fn. 1), 356; *Stöber*[10] Rdnr. 1060; Schadensersatzansprüche des Unterhaltsberechtigten gegen Dritte, z. B. aus § 843 BGB, aber *nicht* Ansprüche des *Schuldners* wegen schuldhaft verursachter Mehraufwendungen für seine Angehörigen (→ z. B. § 850 b Fn. 14, 47).
[65] LG Dortmund ZIP 1981, 783; *Hornung* (Fn. 1), 356.
[66] *Hornung* (Fn. 1), 356.
[67] *Hornung* (Fn. 1), 356. – A.M. *Thomas/Putzo*[18] Rdnr. 7: Einmalige Einkünfte sind unbeachtlich.
[68] LG Hagen Rpfleger 1993, 30.
[69] Es ist als Regelfall bereits berücksichtigt bei der Bemessung der Freibeträge nach Abs. 1, 2, BT-Drucks. 8/693, S. 48 u. 10/229 S. 41.
[70] Allg.M. Wegen sachlicher Überschneidungen → Rdnr. 33.
[71] → § 766 Rdnr. 37; *Behr* (Fn. 28) u. *Henze* (Fn. 62).
[72] *Stöber*[10] Rdnr. 1062; a.M. *Hornung* (Fn. 1), 357.
[73] *Arnold* BB 1978, 1319 Fn. 46; a.M. die 20. Auflage und *Stöber*[10] Rdnr. 1064; *Hornung* Rpfleger 1978, 357.
[74] LG Hannover Büro 1992, 265.
[75] Allg.M. Denn die mögliche Pfändungserweiterung liegt noch im normalen Rahmen des § 850 c, → § 834 Rdnr. 2, ferner unten Rdnr. 35.
[76] LG Münster Büro 1990, 1363.
[77] Wie bei § 850 b, → dort Rdnr. 26; *Hornung* (Fn. 1) 357 f.; *Stöber*[10] Rdnr. 1065.

Glaubhaftmachung (§ 294) reicht nicht aus. Der Angehörige ist, zumindest solange er keinen Antrag nach Abs. 4, § 850 g S. 2 gestellt hat, nicht Partei und daher nicht von Amts wegen sondern nur aufgrund Beweisantritts als Zeuge zu hören[78].

32 Der Rechtspfleger (→ Rdnr. 29) entscheidet nach **billigem Ermessen** darüber, ob oder inwieweit ein Angehöriger zu berücksichtigen ist. Maßgebend ist die Höhe seiner Einkünfte unter Berücksichtigung desjenigen Lebensbedarfs, den er aus dem Einkommen des Schuldners zu bestreiten hat[79]. Bei der Bestimmung des Lebensbedarfs geht die Rechtsprechung teils vom Sozialhilfebedarf aus, der um 20 % erhöht wird[80], teils vom Grundfreibetrag nach Abs. 1 S. 1[81]. Die *Beträge des Abs. 1 S. 1* eignen sich aber nur als Richtschnur, nicht als starre Grenze[82]. Gleiches gilt für Unterhaltstabellen[83]. Ist das eigene Einkommen erheblich höher, so wird der Angehörige in der Regel ganz unberücksichtigt bleiben, es sei denn er hätte besondere persönliche oder berufliche Bedürfnisse oder es wären Beträge abzuziehen, die ihm als zweckgebundene Mittel nicht zur freien Verfügung stehen[84]. Je näher die Einkünfte dieser Grenze kommen, desto sorgfältiger ist der Unterhaltsbedarf des Angehörigen zu prüfen; dies bedeutet erhöhte Anforderungen an das Vorbringen des Gläubigers[85], die aber nicht überspannt werden dürfen[86]. Arbeitende haben erhöhten Bedarf, weshalb einem Kind, das soviel verdient wie früher für seinen Unterhalt aufzubringen war, noch ein Unterhaltszuschuß zusteht[87]. Liegt eine Ausbildungsvergütung deutlich unter dem Sozialhilfesatz, so ist der Angehörige voll zu berücksichtigen[88]. Jedenfalls finden Abstriche für den Angehörigen dort ihre Grenze, wo sie zwecks Tilgung von Verbindlichkeiten des Schuldners unangemessen den eigenen Bedarf einschränken würden[89].

33 Stellt sich erst im Verfahren nach Abs. 4 heraus, daß dem Angehörigen ein geschuldeter Unterhalt nicht gewährt wird, → Rdnr. 16 f., kann ein feststellender Beschluß ergehen. Eine Umdeutung in eine Erinnerung ist nicht erforderlich[90]. Eine »Erinnerung«, mit der ein Gläubiger festgestellt haben will, ob ein bestimmter Angehöriger nach § 1602 BGB überhaupt unterhaltsberechtigt ist, wird im Zweifel als Antrag nach Abs. 4 auszulegen sein[91] mit dem Inhalt, den Umfang seiner Berücksichtigung in das Ermessen des Gerichts zu stellen.

34 Wird entschieden, daß ein Angehöriger *ganz unberücksichtigt* zu bleiben hat, so scheidet er bei der Anwendung der Tabelle einfach aus. Bleibt aber ein Angehöriger *teilweise berücksichtigt*, so ist insoweit eine Bezugnahme auf die Tabelle unzulässig, **Abs. 4 HS 2**; der seinetwegen unpfändbare Teil des Arbeitseinkommens ist daher zu beziffern oder nach Quoten zu bestimmen[92]. Im übrigen, also für alle *voll* zu berücksichtigenden Personen, ist aber eine Bezugnahme auf die Tabelle zulässig.

---

[78] Gegen Ausdehnung auf »Beteiligte« (§ 850 b Abs. 3) *Stöber*[10] Rdnr. 1063; *Henze* (Fn. 62). – A.M. *Hartmann* (Fn. 1), 610; *Arnold* (Fn. 1), 1319.
[79] BT-Drucks. 8/693, S. 49; *LG Marburg* Rpfleger 1992, 167.
[80] *LG Münster* Büro 1990, 1363; *AG Hamm* Büro 1990, 1366; vgl. ferner *LG Frankfurt* Rpfleger 1994, 221 (bei Unterhaltsanspruch des Kindes gegen die Ehefrau des Schuldners).
[81] *LG Marburg* Rpfleger 1992, 167.
[82] → Fn. 79.
[83] Siehe z.B. die Düsseldorfer Tabelle FamRZ 1988, 911 u. zu ihrer Heranziehung *Behr* (Fn. 28), 384.
[84] *Hornung* (Fn. 1), 356; *Arnold* (Fn. 1); s. *BAG* (Fn. 33).
[85] Vgl. *Behr* (Fn. 28), 383 f.
[86] Fn. 79.
[87] *Baumbach/Hartmann*[52] Rdnr. 11. Lehrlingsvergütungen sollten wegen des ausbildungsbedingten Mehraufwandes u. aus erzieherischen Gründen nur zur Hälfte auf den Unterhalt angerechnet werden, *Behr* (Fn. 28), 384 mwN; s. auch *BGH* NJW 1972, 1716[17] zu § 1602 Abs. 2 BGB. → ferner Fn. 36.
[88] *LG Saarbrücken* Büro 1988, 671.
[89] *Arnold* (Fn. 84); vgl. *Henze* (Fn. 62), 53: mindestens sollte dem Ehegatten verbleiben, was man nach § 850 d Abs. 1 dem Schuldner beläßt, u. dem zu Hause wohnenden Kind der Regelunterhalt.
[90] Zur analogen Anwendung des Abs. 4 → auch Rdnr. 26. Siehe auch *Hornung* (Fn. 1), 355 f.; *Stöber*[10] Rdnr. 1061 a. E.
[91] Abs. 4 muß auch hier gelten, *Hornung* (Fn. 1) 355; denn sein Bereich läßt sich nur quantitativ u. damit für Gläubiger nicht vorausehbar abgrenzen von den Fällen mangelnder Bedürftigkeit.
[92] BT-Drucks. (Fn. 62), 49; *Hornung* (Fn. 1), 358 mit Berechnungsbeispielen; *Stöber*[10] Rdnr. 1068; a.M. *Behr* Rpfleger 1981, 385: Blankettbeschluß mit Zusatz, daß der pfändbare Betrag sich um …% der Differenz zur nächstniederen Tabellenstufe erhöhe (um bei Einkommensänderungen Anträgen nach § 850 g vorzubeugen). Das ist wohl de lege ferenda zu empfehlen.

Wird erst *nach der Pfändung* bestimmt, daß ein Angehöriger ganz oder teilweise unberück- 35
sichtigt bleibt, so ist auch dieses nun pfändbar gewordene Arbeitseinkommen ohne erneute
Pfändung mit dem **ursprünglichen Rang** (§ 804 Abs. 3) erfaßt[93]. Daher bedarf es auch keiner
Ankündigung solcher Anträge in *Vorpfändungen*[94]. Die Anordnung wirkt aber, da Abs. 4 eine
Erstreckung auf konkurrierende Gläubiger oder Zessionare von Amts wegen nicht vorsieht[95],
nur für und gegen den Antragsteller; an diesen ist also der *für ihn* pfändbar gewordene
Mehrbetrag solange auszuzahlen, bis ein im Range vorgehender Gläubiger auf eigenen
Antrag die Erweiterung auch für sich erwirkt[96]. Für den Mehrbetrag entsteht daher ein
Rangverhältnis erst, wenn solche Anordnungen zugunsten mehrerer Pfändungen ergangen
sind; von da an wird er der rangbesten Pfändung zugeschlagen.

Der Beschluß muß erkennen lassen, ob er Einkommensrückstände seit der Pfändung 36
erfaßt[97]. Den Drittschuldner schützt § 850 g S. 3 entsprechend.

Der Antrag ist abzuweisen, wenn der Angehörige voll berücksichtigt bleiben soll. Teilab- 37
weisung ist nur angebracht, soweit die Anordnung hinter einem bestimmten Begehren des
Gläubigers zurückbleibt, also nicht, wenn der Umfang der Berücksichtigung in das Ermessen
des Gerichts gestellt wurde[98].

4. Eine mit dem Pfändungsbeschluß erlassene Anordnung ist mit diesem auszufertigen und 38
nur dem Gläubiger formlos mitzuteilen, damit er die Zustellung an Drittschuldner und
Schuldner (wie → § 829 Rdnr. 55) veranlassen kann[99].

Die **Zustellung** der Beschlüsse nach Abs. 4 findet von Amts wegen statt: an den *Gläubiger*, 39
wenn seinem Antrag nicht voll stattgegeben wurde; an *Schuldner und Drittschuldner*, wenn
ein erst nach der Pfändung beschiedener Antrag ganz oder teilweise Erfolg hatte.

Formlos zu übersenden sind nachträgliche Beschlüsse dem *Gläubiger*, wenn seinem Antrag 40
voll entsprochen wurde[100], dem *Schuldner* nach völliger Ablehnung des Antrags. Der *Angehörige* erhält nicht von Amts wegen Bescheid, → auch Rdnr. 31 a. E.

5. Wegen der **Rechtsbehelfe** (→ §§ 766 Rdnr. 3–10, 829 Rdnr. 53 f., 850 Rdnr. 19): § 766 41
für den nicht gehörten, § 11 Abs. 1 S. 2 RpflG (§ 793) für den gehörten Schuldner oder
Drittschuldner sowie für den Gläubiger. Im Falle eines unbestimmten Antrags genügt materielle Beschwer für § 766, → dort Fn. 59. Nach *Änderung* des maßgeblichen Sachverhalts gilt
§ 850 g. Daß dort auch der *Unterhaltsempfänger* das Antragsrecht hat, wiewohl er im
Pfändungsverfahren nicht zu hören ist → Rdnr. 31, berechtigt nicht zu dem Umkehrschluß,
ihm sei die Erinnerung nach § 766 zu versagen. Denn § 850 g S. 2 schreibt nur für die
nachträgliche Unrichtigkeit fort, was für die *ursprüngliche* längst anerkannt ist, nämlich daß
Dritte sich stets wehren dürfen, wenn die Pfändung ihre durch §§ 811 ff., 850 c geschützten
Lebensbedürfnisse beeinträchtigt[101].

---

[93] *BAG* DB 1984, 2466; *LAG Hamm* DB 1982, 1676 f.; *Hornung* (Fn. 1), 359; *Stöber*[10] Rdnr. 1071; h. M.
[94] *Stöber*[10] Rdnr. 1074 a; *ArbG Bamberg* Büro 1990, 263 (zum Zessionar); a. M. *Hornung* (Fn. 1) 359.
[95] Ein Zwang zur vollen Ausnutzung der Pfändungsgrenzen besteht ohnehin nicht, → Rdnr. 3 a. E.
[96] Fn. 93.
[97] *LAG Niedersachsen* DAVorm 1977, 520 f.; *Zöller/Stöber*[18] Rdnr. 16; *Mümmler* Büro 1982, 833; → auch § 850 d Fn. 114, § 850 g Rdnr. 11.

[98] *Hornung* (Fn. 1), 359; *Stöber*[10] Rdnr. 1072.
[99] *Stöber*[10] Rdnr. 1073; *Hornung* (Fn. 1), 359.
[100] → Fn. 99.
[101] → §§ 766 Rdnr. 33, 811 Rdnr. 23, 850 Rdnr. 19. Wie hier *OLG Oldenburg* Rpfleger 1991, 261; *OLG Stuttgart* Rpfleger 1987, 255; *Hornung* (Fn. 1), 359. – A. M. *Stöber*[10] Rdnr. 1073; *Henze* (Fn. 62).

Anlage zu § 850 c ZPO*   **Monatstabelle**

* Durch das Sechste Gesetz zur Änderung der Pfändungsfreigrenzen vom 1. April 1992 (BGBl. I S. 745) wurden die Tabellen und Freigrenzen neu gefaßt. Die neuen Pfändungsfreigrenzen gelten ab 1. Juli 1992

Nettolohn monatlich	Pfändbarer Betrag bei Unterhaltspflicht *) für					
	0	1	2	3	4	5 und mehr Personen
	in DM					
1219,99	–	–	–	–	–	–
1220,00 bis 1239,99	7,70	–	–	–	–	–
1240,00 bis 1259,99	21,70	–	–	–	–	–
1260,00 bis 1279,99	35,70	–	–	–	–	–
1280,00 bis 1299,99	49,70	–	–	–	–	–
1300,00 bis 1319,99	63,70	–	–	–	–	–
1320,00 bis 1339,99	77,70	–	–	–	–	–
1340,00 bis 1359,99	91,70	–	–	–	–	–
1360,00 bis 1379,99	105,70	–	–	–	–	–
1380,00 bis 1399,99	119,70	–	–	–	–	–
1400,00 bis 1419,99	133,70	–	–	–	–	–
1420,00 bis 1439,99	147,70	–	–	–	–	–
1440,00 bis 1459,99	161,70	–	–	–	–	–
1460,00 bis 1479,99	175,70	–	–	–	–	–
1480,00 bis 1499,99	189,70	–	–	–	–	–
1500,00 bis 1519,99	203,70	–	–	–	–	–
1520,00 bis 1539,99	217,70	–	–	–	–	–
1540,00 bis 1559,99	231,70	–	–	–	–	–
1560,00 bis 1579,99	245,70	–	–	–	–	–
1580,00 bis 1599,99	259,70	–	–	–	–	–
1600,00 bis 1619,99	273,70	–	–	–	–	–
1620,00 bis 1639,99	287,70	–	–	–	–	–
1640,00 bis 1659,99	301,70	–	–	–	–	–
1660,00 bis 1679,99	315,70	–	–	–	–	–
1680,00 bis 1699,99	329,70	1,50	–	–	–	–
1700,00 bis 1719,99	343,70	11,50	–	–	–	–
1720,00 bis 1739,99	357,70	21,50	–	–	–	–
1740,00 bis 1759,99	371,70	31,50	–	–	–	–
1760,00 bis 1779,99	385,70	41,50	–	–	–	–
1780,00 bis 1799,99	399,70	51,50	–	–	–	–
1800,00 bis 1819,99	413,70	61,50	–	–	–	–
1820,00 bis 1839,99	427,70	71,50	–	–	–	–
1840,00 bis 1859,99	441,70	81,50	–	–	–	–
1860,00 bis 1879,99	455,70	91,50	–	–	–	–
1880,00 bis 1899,99	469,70	101,50	–	–	–	–
1900,00 bis 1919,99	483,70	111,50	–	–	–	–
1920,00 bis 1939,99	497,70	121,50	–	–	–	–
1940,00 bis 1959,99	511,70	131,50	–	–	–	–
1960,00 bis 1979,99	525,70	141,50	–	–	–	–
1980,00 bis 1999,99	539,70	151,50	–	–	–	–
2000,00 bis 2019,99	553,70	161,50	–	–	–	–
2020,00 bis 2039,99	567,70	171,50	–	–	–	–
2040,00 bis 2059,99	581,70	181,50	4,80	–	–	–
2060,00 bis 2079,99	595,70	191,50	12,80	–	–	–
2080,00 bis 2099,99	609,70	201,50	20,80	–	–	–

*) Zu berücksichtigen sind Unterhaltsleistungen des Schuldners gegenüber seinem Ehegatten, einem früheren Ehegatten, einem Verwandten oder der Mutter eines nichtehelichen Kindes nach §§ 1615l, 1615n des Bürgerlichen Gesetzbuchs.

Anlage 2 zu § 850 c ZPO § 850 c IV

Monatstabelle

Nettolohn monatlich	Pfändbarer Betrag bei Unterhaltspflicht *) für					
	0	1	2	3	4	5 und mehr Personen
	in DM					
2 100,00 bis 2 119,99	623,70	211,50	28,80	–	–	–
2 120,00 bis 2 139,99	637,70	221,50	36,80	–	–	–
2 140,00 bis 2 159,99	651,70	231,50	44,80	–	–	–
2 160,00 bis 2 179,99	665,70	241,50	52,80	–	–	–
2 180,00 bis 2 199,99	679,70	251,50	60,80	–	–	–
2 200,00 bis 2 219,99	693,70	261,50	68,80	–	–	–
2 220,00 bis 2 239,99	707,70	271,50	76,80	–	–	–
2 240,00 bis 2 259,99	721,70	281,50	84,80	–	–	–
2 260,00 bis 2 279,99	735,70	291,50	92,80	–	–	–
2 280,00 bis 2 299,99	749,70	301,50	100,80	–	–	–
2 300,00 bis 2 319,99	763,70	311,50	108,80	–	–	–
2 320,00 bis 2 339,99	777,70	321,50	116,80	–	–	–
2 340,00 bis 2 359,99	791,70	331,50	124,80	–	–	–
2 360,00 bis 2 379,99	805,70	341,50	132,80	–	–	–
2 380,00 bis 2 399,99	819,70	351,50	140,80	0,30	–	–
2 400,00 bis 2 419,99	833,70	361,50	148,80	6,30	–	–
2 420,00 bis 2 439,99	847,70	371,50	156,80	12,30	–	–
2 440,00 bis 2 459,99	861,70	381,50	164,80	18,30	–	–
2 460,00 bis 2 479,99	875,70	391,50	172,80	24,30	–	–
2 480,00 bis 2 499,99	889,70	401,50	180,80	30,30	–	–
2 500,00 bis 2 519,99	903,70	411,50	188,80	36,30	–	–
2 520,00 bis 2 539,99	917,70	241,50	196,80	42,30	–	–
2 540,00 bis 2 559,99	931,70	431,50	204,80	48,30	–	–
2 560,00 bis 2 579,99	945,70	441,50	212,80	54,30	–	–
2 580,00 bis 2 599,99	959,70	451,50	220,80	60,30	–	–
2 600,00 bis 2 619,99	973,70	461,50	228,80	66,30	–	–
2 620,00 bis 2 639,99	987,70	471,50	236,80	72,30	–	–
2 640,00 bis 2 659,99	1001,70	481,50	244,80	78,30	–	–
2 660,00 bis 2 679,99	1015,70	491,50	252,80	84,30	–	–
2 680,00 bis 2 699,99	1029,70	501,50	260,80	90,30	–	–
2 700,00 bis 2 719,99	1043,70	511,50	268,80	96,30	–	–
2 720,00 bis 2 739,99	1057,70	521,50	276,80	102,30	–	–
2 740,00 bis 2 759,99	1071,70	531,50	284,80	108,30	2,00	–
2 760,00 bis 2 779,99	1085,70	541,50	292,80	114,30	6,00	–
2 780,00 bis 2 799,99	1099,70	551,50	300,80	120,30	10,00	–
2 800,00 bis 2 819,99	1113,70	561,50	308,80	126,30	14,00	–
2 820,00 bis 2 839,99	1127,70	571,50	316,80	132,30	18,00	–
2 840,00 bis 2 859,99	1141,70	581,50	324,80	138,30	22,00	–
2 860,00 bis 2 879,99	1155,70	591,50	332,80	144,30	26,00	–
2 880,00 bis 2 899,99	1169,70	601,50	340,80	150,30	30,00	–
2 900,00 bis 2 919,99	1183,70	611,50	348,80	156,30	34,00	–
2 920,00 bis 2 939,99	1197,70	621,50	356,80	162,30	38,00	–
2 940,00 bis 2 959,99	1211,70	631,50	364,80	168,30	42,00	–
2 960,00 bis 2 979,99	1225,70	641,50	372,80	174,30	46,00	–
2 980,00 bis 2 999,99	1239,70	651,50	380,80	180,30	50,00	–

*) Zu berücksichtigen sind Unterhaltsleistungen des Schuldners gegenüber seinem Ehegatten, einem früheren Ehegatten, einem Verwandten oder der Mutter eines nichtehelichen Kindes nach §§ 1615l, 1615n des Bürgerlichen Gesetzbuchs.

Monatstabelle

Nettolohn monatlich	Pfändbarer Betrag bei Unterhaltspflicht *) für					
	0	1	2	3	4	5 und mehr Personen
	in DM					
3 000,00 bis 3 019,99	1 253,70	661,50	388,80	186,30	54,00	–
3 020,00 bis 3 039,99	1 267,70	671,50	396,80	192,30	58,00	–
3 040,00 bis 3 059,99	1 281,70	681,50	404,80	198,30	62,00	–
3 060,00 bis 3 079,99	1 295,70	691,50	412,80	204,30	66,00	–
3 080,00 bis 3 099,99	1 309,70	701,50	420,80	210,30	70,00	–
3 100,00 bis 3 119,99	1 323,70	711,00	428,80	216,30	74,00	1,90
3 120,00 bis 3 139,99	1 337,70	721,50	436,80	222,30	78,00	3,90
3 140,00 bis 3 159,99	1 351,70	731,50	444,80	228,30	82,00	5,90
3 160,00 bis 3 179,99	1 365,70	741,50	452,80	234,30	86,00	7,90
3 180,00 bis 3 199,99	1 379,70	751,50	460,80	240,30	90,00	9,90
3 200,00 bis 3 219,99	1 393,70	761,50	468,80	246,30	94,00	11,90
3 220,00 bis 3 239,99	1 407,70	771,50	476,80	252,30	98,00	13,90
3 240,00 bis 3 259,99	1 421,70	781,50	484,80	258,30	102,00	15,90
3 260,00 bis 3 279,99	1 435,70	791,50	492,80	264,30	106,00	17,90
3 280,00 bis 3 299,99	1 449,70	801,50	500,80	270,30	110,00	19,90
3 300,00 bis 3 319,99	1 463,70	811,50	508,80	276,30	114,00	21,90
3 320,00 bis 3 339,99	1 477,70	821,50	516,80	282,30	118,00	23,90
3 340,00 bis 3 359,99	1 491,70	831,50	524,80	288,30	122,00	25,90
3 360,00 bis 3 379,99	1 505,70	841,50	532,80	294,30	126,00	27,90
3 380,00 bis 3 399,99	1 519,70	851,50	540,80	300,30	130,00	29,90
3 400,00 bis 3 419,99	1 533,70	861,50	548,80	306,30	134,00	31,90
3 420,00 bis 3 439,99	1 547,70	871,50	556,80	312,30	138,00	33,90
3 440,00 bis 3 459,99	1 561,70	881,50	564,80	318,30	142,00	35,90
3 460,00 bis 3 479,99	1 575,70	891,50	572,80	324,30	146,00	37,90
3 480,00 bis 3 499,99	1 589,70	901,50	580,80	330,30	150,00	39,90
3 500,00 bis 3 519,99	1 603,70	911,50	588,80	336,30	154,00	41,90
3 520,00 bis 3 539,99	1 617,70	921,50	596,80	342,30	158,00	43,90
3 540,00 bis 3 559,99	1 631,70	931,50	604,80	348,30	162,00	45,90
3 560,00 bis 3 579,99	1 645,70	941,50	612,80	354,30	166,00	47,90
3 580,00 bis 3 599,99	1 659,70	951,50	620,80	360,30	170,00	49,90
3 600,00 bis 3 619,99	1 673,70	961,50	628,80	366,30	174,00	51,90
3 620,00 bis 3 639,99	1 687,70	971,50	636,80	372,30	178,00	53,90
3 640,00 bis 3 659,99	1 701,70	981,50	644,80	378,30	182,00	55,90
3 660,00 bis 3 679,99	1 715,70	991,50	652,80	384,30	186,00	57,90
3 680,00 bis 3 699,99	1 729,70	1 001,50	660,80	390,30	190,00	59,90
3 700,00 bis 3 719,99	1 743,70	1 011,50	668,80	396,30	194,00	61,90
3 720,00 bis 3 739,99	1 757,70	1 021,50	676,80	402,30	198,00	63,90
3 740,00 bis 3 759,99	1 771,70	1 031,50	684,80	408,30	202,00	65,90
3 760,00 bis 3 779,99	1 785,70	1 041,50	692,80	414,30	206,00	67,90
3 780,00 bis 3 796,00	1 799,70	1 051,50	700,80	420,30	210,00	69,90

Der Mehrbetrag über 3 796,00 DM ist voll pfändbar.

*) Zu berücksichtigen sind Unterhaltsleistungen des Schuldners gegenüber seinem Ehegatten, einem früheren Ehegatten, einem Verwandten oder der Mutter eines nichtehelichen Kindes nach §§ 1615l, 1615n des Bürgerlichen Gesetzbuchs.

Anlage 2 zu § 850 c ZPO § 850 c IV

Wochentabelle

Nettolohn wöchentlich	Pfändbarer Betrag bei Unterhaltspflicht *) für					
	0	1	2	3	4	5 und mehr Personen
	in DM					
bis 279,99	–	–	–	–	–	–
280,00 bis 284,99	0,70	–	–	–	–	–
285,00 bis 289,99	4,20	–	–	–	–	–
290,00 bis 294,99	7,70	–	–	–	–	–
295,00 bis 299,99	11,20	–	–	–	–	–
300,00 bis 304,99	14,70	–	–	–	–	–
305,00 bis 309,99	18,20	–	–	–	–	–
310,00 bis 314,99	21,70	–	–	–	–	–
315,00 bis 319,99	25,20	–	–	–	–	–
320,00 bis 324,99	28,70	–	–	–	–	–
325,00 bis 329,99	32,20	–	–	–	–	–
330,00 bis 334,99	35,70	–	–	–	–	–
335,00 bis 339,99	39,20	–	–	–	–	–
340,00 bis 344,99	42,70	–	–	–	–	–
345,00 bis 349,99	46,20	–	–	–	–	–
350,00 bis 354,99	49,70	–	–	–	–	–
355,00 bis 359,99	53,20	–	–	–	–	–
360,00 bis 364,99	56,70	–	–	–	–	–
365,00 bis 369,99	60,20	–	–	–	–	–
370,00 bis 374,99	63,70	–	–	–	–	–
375,00 bis 379,99	67,20	–	–	–	–	–
380,00 bis 384,99	70,70	–	–	–	–	–
385,00 bis 389,99	74,20	–	–	–	–	–
390,00 bis 394,99	77,70	1,50	–	–	–	–
395,00 bis 399,99	81,20	4,00	–	–	–	–
400,00 bis 404,99	84,70	6,50	–	–	–	–
405,00 bis 409,99	88,20	9,00	–	–	–	–
410,00 bis 414,99	91,70	11,50	–	–	–	–
415,00 bis 419,99	95,20	14,00	–	–	–	–
420,00 bis 424,99	98,70	16,50	–	–	–	–
425,00 bis 429,99	102,20	19,00	–	–	–	–
430,00 bis 434,99	105,70	21,50	–	–	–	–
435,00 bis 439,99	109,20	24,00	–	–	–	–
440,00 bis 444,99	112,70	26,50	–	–	–	–
445,00 bis 449,99	116,20	29,00	–	–	–	–
450,00 bis 454,99	119,70	31,50	–	–	–	–
455,00 bis 459,99	123,20	34,00	–	–	–	–
460,00 bis 464,99	126,70	36,50	–	–	–	–
465,00 bis 469,99	130,20	39,00	–	–	–	–
470,00 bis 474,99	133,70	41,50	0,80	–	–	–
475,00 bis 479,99	137,20	44,00	2,80	–	–	–
480,00 bis 484,99	140,70	46,50	4,80	–	–	–
485,00 bis 489,99	144,20	49,00	6,80	–	–	–
490,00 bis 494,99	147,70	51,50	8,80	–	–	–
495,00 bis 499,99	151,20	54,00	10,80	–	–	–

*) Zu berücksichtigen sind Unterhaltsleistungen des Schuldners gegenüber seinem Ehegatten, einem früheren Ehegatten, einem Verwandten oder der Mutter eines nichtehelichen Kindes nach §§ 1615l, 1615n des Bürgerlichen Gesetzbuchs.

Wochentabelle

Nettolohn wöchentlich	Pfändbarer Betrag bei Unterhaltspflicht *) für					
	0	1	2	3	4	5 und mehr Personen
	in DM					
500,00 bis 504,99	154,70	56,50	12,80	–	–	–
505,00 bis 509,99	158,20	59,00	14,80	–	–	–
510,00 bis 514,99	161,70	61,50	16,80	–	–	–
515,00 bis 519,99	165,20	64,00	18,80	–	–	–
520,00 bis 524,99	168,70	66,50	20,80	–	–	–
525,00 bis 529,99	172,20	69,00	22,80	–	–	–
530,00 bis 534,99	175,70	71,50	24,80	–	–	–
535,00 bis 539,99	179,20	74,00	26,80	–	–	–
540,00 bis 544,99	182,70	76,50	28,80	–	–	–
545,00 bis 549,99	186,20	79,00	30,80	–	–	–
550,00 bis 554,99	189,70	81,50	32,80	0,30	–	–
555,00 bis 559,99	193,20	84,00	34,80	1,80	–	–
560,00 bis 564,99	196,70	86,50	36,80	3,30	–	–
565,00 bis 569,99	200,20	89,00	38,80	4,80	–	–
570,00 bis 574,99	203,70	91,50	40,80	6,30	–	–
575,00 bis 579,99	207,20	94,00	42,80	7,80	–	–
580,00 bis 584,99	210,70	96,50	44,80	9,30	–	–
585,00 bis 589,99	214,20	99,00	46,80	10,80	–	–
590,00 bis 594,99	217,70	101,50	48,80	12,30	–	–
595,00 bis 599,99	221,20	104,00	50,80	13,80	–	–
600,00 bis 604,99	224,70	106,50	52,80	15,30	–	–
605,00 bis 609,99	228,20	109,00	54,80	16,80	–	–
610,00 bis 614,99	231,70	111,50	56,80	18,30	–	–
615,00 bis 619,99	235,20	114,00	58,80	19,80	–	–
620,00 bis 624,99	238,70	116,50	60,80	21,30	–	–
625,00 bis 629,99	242,20	119,00	62,80	22,80	–	–
630,00 bis 634,99	245,70	121,50	64,80	24,30	–	–
635,00 bis 639,99	249,20	124,00	66,80	25,80	1,00	–
640,00 bis 644,99	252,70	126,50	68,80	27,30	2,00	–
645,00 bis 649,99	256,20	129,00	70,80	28,80	3,00	–
650,00 bis 654,99	259,70	131,50	72,80	30,30	4,00	–
655,00 bis 659,99	263,20	134,00	74,80	31,80	5,00	–
660,00 bis 664,99	266,70	136,50	76,80	33,30	6,00	–
665,00 bis 669,99	270,20	139,00	78,80	34,80	7,00	–
670,00 bis 674,99	273,70	141,50	80,80	36,30	8,00	–
675,00 bis 679,99	277,20	144,00	82,80	37,80	9,00	–
680,00 bis 684,99	280,70	146,50	84,80	39,30	10,00	–
685,00 bis 689,99	284,20	149,00	86,80	40,80	11,00	–
690,00 bis 694,99	287,70	151,50	88,80	42,30	12,00	–
695,00 bis 699,99	291,20	154,00	90,80	43,80	13,00	–
700,00 bis 704,99	294,70	156,50	92,80	45,30	14,00	–
705,00 bis 709,99	298,20	159,00	94,80	46,80	15,00	–
710,00 bis 714,99	301,70	161,50	96,80	48,30	16,00	–
715,00 bis 719,99	305,20	164,00	98,80	49,80	17,00	0,40
720,00 bis 724,99	308,70	166,50	100,80	51,30	18,00	0,90

*) Zu berücksichtigen sind Unterhaltsleistungen des Schuldners gegenüber seinem Ehegatten, einem früheren Ehegatten, einem Verwandten oder der Mutter eines nichtehelichen Kindes nach §§ 1615l, 1615n des Bürgerlichen Gesetzbuchs.

Wochentabelle

Nettolohn wöchentlich	Pfändbarer Betrag bei Unterhaltspflicht *) für					
	0	1	2	3	4	5 und mehr Personen
	in DM					
725,00 bis 729,99	312,20	169,00	102,80	52,80	19,00	1,40
730,00 bis 734,99	315,70	171,50	104,80	54,30	20,00	1,90
735,00 bis 739,99	319,20	174,00	106,80	55,80	21,00	2,40
740,00 bis 744,99	322,70	176,50	108,80	57,30	22,00	2,90
745,00 bis 749,99	326,20	179,00	110,80	58,80	23,00	3,40
750,00 bis 754,99	329,70	181,50	112,80	60,30	24,00	3,90
755,00 bis 759,99	333,20	184,00	114,80	61,80	25,00	4,40
760,00 bis 764,99	336,70	186,50	116,80	63,30	26,00	4,90
765,00 bis 769,99	340,20	189,00	118,80	64,80	27,00	5,40
770,00 bis 774,99	343,70	191,50	120,80	66,30	28,00	5,90
775,00 bis 779,99	347,20	194,00	122,80	67,80	29,00	6,40
780,00 bis 784,99	350,70	196,50	124,80	69,30	30,00	6,90
785,00 bis 789,99	354,20	199,00	126,80	70,80	31,00	7,40
790,00 bis 794,99	357,70	201,50	128,80	72,30	32,00	7,90
795,00 bis 799,99	361,20	204,00	130,80	73,80	33,00	8,40
800,00 bis 804,99	364,70	206,50	132,80	75,30	34,00	8,90
805,00 bis 809,99	368,20	209,00	134,80	76,80	35,00	9,40
810,00 bis 814,99	371,70	211,50	136,80	78,30	36,00	9,90
815,00 bis 819,99	375,20	214,00	138,80	79,80	37,00	10,40
820,00 bis 824,99	378,70	216,50	140,80	81,30	38,00	10,90
825,00 bis 829,99	382,20	219,00	142,80	82,80	39,00	11,40
830,00 bis 834,99	385,70	221,50	144,80	84,30	40,00	11,90
835,00 bis 839,99	389,20	224,00	146,80	85,80	41,00	12,40
840,00 bis 844,99	392,70	226,50	148,80	87,30	42,00	12,90
845,00 bis 849,99	396,20	229,00	150,80	88,80	43,00	13,40
850,00 bis 854,99	399,70	231,50	152,80	90,30	44,00	13,90
855,00 bis 859,99	403,20	234,00	154,80	91,80	45,00	14,40
860,00 bis 864,99	406,70	236,50	156,80	93,30	46,00	14,90
865,00 bis 869,99	410,20	239,00	158,80	94,80	47,00	15,40
870,00 bis 874,99	413,70	241,50	160,80	96,30	48,00	15,90
875,00 bis 876,00	417,20	244,00	162,80	97,80	49,00	16,40
Der Mehrbetrag über 876,00 DM ist voll pfändbar.						

*) Zu berücksichtigen sind Unterhaltsleistung des Schuldners gegenüber seinem Ehegatten, einem früheren Ehegatten, einem Verwandten oder der Mutter eines nichtehelichen Kindes nach §§ 1615l, 1615n des Bürgerlichen Gesetzbuchs.

Tagestabelle

Nettolohn täglich	Pfändbarer Betrag bei Unterhaltspflicht *) für					
	0	1	2	3	4	5 und mehr Personen
	in DM					
bis 55,99	–	–	–	–	–	–
56,00 bis 56,99	0,14	–	–	–	–	–
57,00 bis 57,99	0,84	–	–	–	–	–
58,00 bis 58,99	1,54	–	–	–	–	–
59,00 bis 59,99	2,24	–	–	–	–	–
60,00 bis 60,99	2,94	–	–	–	–	–
61,00 bis 61,99	3,64	–	–	–	–	–
62,00 bis 62,99	4,34	–	–	–	–	–
63,00 bis 63,99	5,04	–	–	–	–	–
64,00 bis 64,99	5,74	–	–	–	–	–
65,00 bis 65,99	6,44	–	–	–	–	–
66,00 bis 66,99	7,14	–	–	–	–	–
67,00 bis 67,99	7,84	–	–	–	–	–
68,00 bis 68,99	8,54	–	–	–	–	–
69,00 bis 69,99	9,24	–	–	–	–	–
70,00 bis 70,99	9,94	–	–	–	–	–
71,00 bis 71,99	10,64	–	–	–	–	–
72,00 bis 72,99	11,34	–	–	–	–	–
73,00 bis 73,99	12,04	–	–	–	–	–
74,00 bis 74,99	12,74	–	–	–	–	–
75,00 bis 75,99	13,44	–	–	–	–	–
76,00 bis 76,99	14,14	–	–	–	–	–
77,00 bis 77,99	14,84	–	–	–	–	–
78,00 bis 78,99	15,54	0,30	–	–	–	–
79,00 bis 79,99	16,24	0,80	–	–	–	–
80,00 bis 80,99	16,94	1,30	–	–	–	–
81,00 bis 81,99	17,64	1,80	–	–	–	–
82,00 bis 82,99	18,34	2,30	–	–	–	–
83,00 bis 83,99	19,04	2,80	–	–	–	–
84,00 bis 84,99	19,74	3,30	–	–	–	–
85,00 bis 85,99	20,44	3,80	–	–	–	–
86,00 bis 86,99	21,14	4,30	–	–	–	–
87,00 bis 87,99	21,84	4,80	–	–	–	–
88,00 bis 88,99	22,54	5,30	–	–	–	–
89,00 bis 89,99	23,24	5,80	–	–	–	–
90,00 bis 90,99	23,94	6,30	–	–	–	–
91,00 bis 91,99	24,64	6,80	–	–	–	–
92,00 bis 92,99	25,34	7,30	–	–	–	–
93,00 bis 93,99	26,04	7,80	–	–	–	–
94,00 bis 94,99	26,74	8,30	0,16	–	–	–
95,00 bis 95,99	27,44	8,80	0,56	–	–	–
96,00 bis 96,99	28,14	9,30	0,96	–	–	–
97,00 bis 97,99	28,84	9,80	1,36	–	–	–
98,00 bis 98,99	29,54	10,30	1,76	–	–	–
99,00 bis 99,99	30,24	10,80	2,16	–	–	–

*) Zu berücksichtigen sind Unterhaltsleistungen des Schuldners gegenüber seinem Ehegatten, einem früheren Ehegatten, einem Verwandten oder der Mutter eines nichtehelichen Kindes nach §§ 1615l, 1615n des Bürgerlichen Gesetzbuchs.

Tagestabelle

Nettolohn täglich	Pfändbarer Betrag bei Unterhaltspflicht *) für					
	0	1	2	3	4	5 und mehr Personen
	in DM					
100,00 bis 100,99	30,94	11,30	2,56	–	–	–
101,00 bis 101,99	31,64	11,80	2,96	–	–	–
102,00 bis 102,99	32,34	12,30	3,36	–	–	–
103,00 bis 103,99	33,04	12,80	3,76	–	–	–
104,00 bis 104,99	33,74	13,30	4,16	–	–	–
105,00 bis 105,99	34,44	13,80	4,56	–	–	–
106,00 bis 106,99	35,14	14,30	4,96	–	–	–
107,00 bis 107,99	35,84	14,80	5,36	–	–	–
108,00 bis 108,99	36,54	15,30	5,76	–	–	–
109,00 bis 109,99	37,24	15,80	6,16	–	–	–
110,00 bis 110,99	37,94	16,30	6,56	0,06	–	–
111,00 bis 111,99	38,64	16,80	6,96	0,36	–	–
112,00 bis 112,99	39,34	17,30	7,36	0,66	–	–
113,00 bis 113,99	40,04	17,80	7,76	0,96	–	–
114,00 bis 114,99	40,74	18,30	8,16	1,26	–	–
115,00 bis 115,99	41,44	18,80	8,56	1,56	–	–
116,00 bis 116,99	42,14	19,30	8,96	1,86	–	–
117,00 bis 117,99	42,84	19,80	9,36	2,16	–	–
118,00 bis 118,99	43,54	20,30	9,76	2,46	–	–
119,00 bis 119,99	44,24	20,80	10,16	2,76	–	–
120,00 bis 120,99	44,94	21,30	10,56	3,06	–	–
121,00 bis 121,99	45,64	21,80	10,96	3,36	–	–
122,00 bis 122,99	46,34	22,30	11,36	3,66	–	–
123,00 bis 123,99	47,04	22,80	11,76	3,96	–	–
124,00 bis 124,99	47,74	23,30	12,16	4,26	–	–
125,00 bis 125,99	48,44	23,80	12,56	4,56	–	–
126,00 bis 126,99	49,14	24,30	12,96	4,86	–	–
127,00 bis 127,99	49,84	24,80	13,36	5,16	0,20	–
128,00 bis 128,99	50,54	25,30	13,76	5,46	0,40	–
129,00 bis 129,99	51,24	25,80	14,16	5,76	0,60	–
130,00 bis 130,99	51,94	26,30	14,56	6,06	0,80	–
131,00 bis 131,99	52,64	26,80	14,96	6,36	1,00	–
132,00 bis 132,99	53,34	27,30	15,36	6,66	1,20	–
133,00 bis 133,99	54,04	27,80	15,76	6,96	1,40	–
134,00 bis 134,99	54,74	28,30	16,16	7,26	1,60	–
135,00 bis 135,99	55,44	28,80	16,56	7,56	1,80	–
136,00 bis 136,99	56,14	29,30	16,96	7,86	2,00	–
137,00 bis 137,99	56,84	29,80	17,36	8,16	2,20	–
138,00 bis 138,99	57,54	30,30	17,76	8,46	2,40	–
139,00 bis 139,99	58,24	30,80	18,16	8,76	2,60	–
140,00 bis 140,99	58,94	31,30	18,56	9,06	2,80	–
141,00 bis 141,99	59,64	31,80	18,96	9,36	3,00	–
142,00 bis 142,99	60,34	32,30	19,36	9,66	3,20	–
143,00 bis 143,99	61,04	32,80	19,76	9,96	3,40	0,08
144,00 bis 144,99	61,74	33,30	20,16	10,26	3,60	0,18

*) Zu berücksichtigen sind Unterhaltsleistungen des Schuldners gegenüber seinem Ehegatten, einem früheren Ehegatten, einem Verwandten oder der Mutter eines nichtehelichen Kindes nach §§ 1615., 1615n des Bürgerlichen Gesetzbuchs.

Tagestabelle

Nettolohn täglich	Pfändbarer Betrag bei Unterhaltspflicht *) für					
	0	1	2	3	4	5 und mehr Personen
	in DM					
145,00 bis 145,99	62,44	33,80	20,56	10,56	3,80	0,28
146,00 bis 146,99	63,14	34,30	20,96	10,86	4,00	0,38
147,00 bis 147,99	63,84	34,80	21,36	11,16	4,20	0,48
148,00 bis 148,99	64,54	35,30	21,76	11,46	4,40	0,58
149,00 bis 149,99	65,24	35,80	22,16	11,76	4,60	0,68
150,00 bis 150,99	65,94	36,30	22,56	12,06	4,80	0,78
151,00 bis 151,99	66,64	36,80	22,96	12,36	5,00	0,88
152,00 bis 152,99	67,34	37,30	23,36	12,66	5,20	0,98
153,00 bis 153,99	68,04	37,80	23,76	12,96	5,40	1,08
154,00 bis 154,99	68,74	38,30	24,16	13,26	5,60	1,18
155,00 bis 155,99	69,44	38,80	24,56	13,56	5,80	1,28
156,00 bis 156,99	70,14	39,30	24,96	13,86	6,00	1,38
157,00 bis 157,99	70,84	39,80	25,36	14,16	6,20	1,48
158,00 bis 158,99	71,54	40,30	25,76	14,46	6,40	1,58
159,00 bis 159,99	72,24	40,80	26,16	14,76	6,60	1,68
160,00 bis 160,99	72,94	41,30	26,56	15,06	6,80	1,78
161,00 bis 161,99	73,64	41,80	26,96	15,36	7,00	1,88
162,00 bis 162,99	74,34	42,30	27,36	15,66	7,20	1,98
163,00 bis 163,99	75,04	42,80	27,76	15,96	7,40	2,08
164,00 bis 164,99	75,74	43,30	28,16	16,26	7,60	2,18
165,00 bis 165,99	76,44	43,80	28,56	16,56	7,80	2,28
166,00 bis 166,99	77,14	44,30	28,96	16,86	8,00	2,38
167,00 bis 167,99	77,84	44,80	29,36	17,16	8,20	2,48
168,00 bis 168,99	78,54	45,30	29,76	17,46	8,40	2,58
169,00 bis 169,99	79,24	45,80	30,16	17,76	8,60	2,68
170,00 bis 170,99	79,94	46,30	30,56	18,06	8,80	2,78
171,00 bis 171,99	80,64	46,80	30,96	18,36	9,00	2,88
172,00 bis 172,99	81,34	47,30	31,36	18,66	9,20	2,98
173,00 bis 173,99	82,04	47,80	31,76	18,96	9,40	3,08
174,00 bis 174,99	82,74	48,30	32,16	19,26	9,60	3,18
175,00 bis 175,20	83,44	48,80	32,56	19,56	9,80	3,28
Der Mehrbetrag über 175,20 DM ist voll pfändbar.							

*) Zu berücksichtigen sind Unterhaltsleistungen des Schuldners gegenüber seinem Ehegatten, einem früheren Ehegatten, einem Verwandten oder der Mutter eines Nichtehelichen Kindes nach §§ 1615l, 1615n des Bürgerlichen Gesetzbuches.

§ 850 d [Pfändbarkeit bei Unterhaltsansprüchen]

(1) ¹Wegen der Unterhaltsansprüche, die kraft Gesetzes einem Verwandten, dem Ehegatten, einem früheren Ehegatten oder nach §§ 1615 l, 1615 n des Bürgerlichen Gesetzbuchs der Mutter eines nichtehelichen Kindes zustehen, sind das Arbeitseinkommen und die in § 850 a Nr. 1, 2 und 4 genannten Bezüge ohne die in § 850 c bezeichneten Beschränkungen pfändbar. ²Dem Schuldner ist jedoch soviel zu belassen, als er für seinen notwendigen Unterhalt und zur Erfüllung seiner laufenden gesetzlichen Unterhaltspflichten gegenüber den dem Gläubiger vorgehenden Berechtigten oder zur gleichmäßigen Befriedigung der dem Gläubiger gleichstehenden Berechtigten bedarf; von den in § 850 a Nr. 1, 2 und 4 genannten Bezügen hat ihm mindestens die Hälfte des nach § 850 a unpfändbaren Betrages zu verbleiben. ³Der dem Schuldner hiernach verbleibende Teil seines Arbeitseinkommens darf den Betrag nicht übersteigen, der ihm nach den Vorschriften des § 850 c gegenüber nicht bevorrechtigten Gläubigern zu verbleiben hätte. ⁴Für die Pfändung wegen der Rückstände, die länger als ein Jahr vor dem Antrag auf Erlaß des Pfändungsbeschlusses fällig geworden sind, gelten die Vorschriften dieses Absatzes insoweit nicht, als nach Lage der Verhältnisse nicht anzunehmen ist, daß der Schuldner sich seiner Zahlungspflicht absichtlich entzogen hat.

(2) Mehrere nach Absatz 1 Berechtigte sind mit ihren Ansprüchen in folgender Reihenfolge zu berücksichtigen, wobei mehrere gleich nahe Berechtigte untereinander gleichen Rang haben:

a) die minderjährigen unverheirateten Kinder, der Ehegatte, ein früherer Ehegatte und die Mutter eines nichtehelichen Kindes mit ihrem Anspruch nach §§ 1615 l, 1615 n des Bürgerlichen Gesetzbuchs; für das Rangverhältnis des Ehegatten zu einem früheren Ehegatten gilt jedoch § 1582 des Bürgerlichen Gesetzbuchs entsprechend; das Vollstreckungsgericht kann das Rangverhältnis der Berechtigten zueinander auf Antrag des Schuldners oder eines Berechtigten nach billigem Ermessen in anderer Weise festsetzen; das Vollstreckungsgericht hat vor seiner Entscheidung die Beteiligten zu hören;

b) die übrigen Abkömmlinge, wobei die Kinder den anderen vorgehen;

c) die Verwandten aufsteigender Linie, wobei die näheren Grade den entfernteren vorgehen.

(3) Bei der Vollstreckung wegen der in Absatz 1 bezeichneten Ansprüche sowie wegen der aus Anlaß einer Verletzung des Körpers oder der Gesundheit zu zahlenden Renten kann zugleich mit der Pfändung wegen fälliger Ansprüche auch künftig fällig werdendes Arbeitseinkommen wegen der dann jeweils fällig werdenden Ansprüche gepfändet und überwiesen werden.

Gesetzesgeschichte: Bis 1900 § 749 CPO, dann § 850 ZPO (RGBl. 1898, S. 573) jeweils Abs. 4. Seit 1934 § 850 Abs. 3, § 850 b (RGBl. 1934 I, 1070), dann in § 6 LohnpfändungsVO RGBl. 1940 I, 1451 und von dort wieder in ZPO BGBl. I, 952. Änderungen BGBl. 1969 I, 1243, BGBl. 1972 I, 221, BGBl. 1976 I, 1421.

I. Normzweck und Anwendungsbereich

§ 850 d gewährt gewissen Gläubigern das *Vorrecht*, auf Arbeitseinkommen und diesem gleichstehende Bezüge (→ Rdnr. 16–18) *in erweitertem Umfang zuzugreifen* als nach § 850 c. Die vom Einkommen des Schuldners besonders abhängigen Gläubiger sollen nämlich nicht an dessen Stelle staatlicher Fürsorge anheimfallen[1], was bei solchen Gläubigern typisch voraus-

---

[1] → § 811 Rdnr. 1 f., § 850 Rdnr. 1.

sehbar wäre. Der Zweck wird erreicht durch sorgfältige Abwägung des sozialstaatlich gebotenen Schutzes der Mindestbedürfnisse aller in solcher Lage befindlichen Beteiligten. Dabei wird der Grundsatz *zeitlicher* Priorität teilweise aufgegeben zugunsten *sachlicher* Kriterien. Ein Antrag nach § 850 f Abs. 2 kommt in Fällen des § 850 d tatbestandsmäßig nicht in Betracht, und § 850 f Abs. 3 scheidet aus, weil dort die in § 850 d privilegierten Ansprüche ausdrücklich ausgenommen sind; dagegen ist § 850 f Abs. 1 anwendbar → dort Rdnr. 7. Wegen der *Geltungsdauer* des § 850 d → § 850 Rdnr. 9–12.

II. Bevorzugte Unterhaltsgläubiger

2   Die bevorzugten Unterhaltsgläubiger müssen zu dem *Vollstreckungsschuldner* in einem familienrechtlichen Verhältnis stehen. Abs. 2 gliedert sie unter dem Gesichtspunkt der **Reihenfolge** bei der Berücksichtigung ihrer Unterhaltsansprüche in *drei Gruppen*.

1. Erste Gruppe: Abs. 2, a

3   a) *Minderjährige unverheiratete, eheliche und nichteheliche*[2] **Kinder**, auch aus *nichtiger* Ehe (§ 1591 Abs. 1 S. 1 BGB), durch nachfolgende Ehe (§ 1719 BGB) oder Ehelichkeitserklärung (§ 1736 BGB) *legitimierte* sowie die an *Kindes Statt angenommenen* Kinder im Verhältnis zum Annehmenden, §§ 1741 ff. BGB[3], ebenso die sogenannten »Zählkinder«, → dazu § 850 i Rdnr. 88. Zur 1. Gruppe gehören minderjährige Kinder ohne Rücksicht darauf, ob sie erwerbsfähig sind[4], aber nur solange sie unverheiratet sind; dazu gehören auch minderjährige Witwen und Geschiedene[5]; b) der **Ehegatte**, auch wenn er getrennt lebt; c) **frühere Ehegatten**, auch wenn die Ehe geschieden, aufgehoben oder für nichtig erklärt ist; d) die **Mutter eines nichtehelichen Kindes** des Schuldners mit ihrem Anspruch nach §§ 1615 l, 1615 n BGB.

Wegen des Verhältnisses mehrerer der Gruppe zugehöriger Berechtigter → Rdnr. 26 f.

2. Zweite Gruppe: Abs. 2, b

4   Die **übrigen Abkömmlinge**, soweit sie nicht zur 1. Gruppe gehören, und zwar a) *volljährige Kinder* und wegen der vorrangigen Unterhaltspflicht des Ehegatten (§ 1608 BGB) minderjährige verheiratete Kinder; b) *Enkelkinder* (auch Abkömmlinge eines verstorbenen Kindes), wobei die Kinder den Abkömmlingen entfernterer Grade vorgehen.

3. Dritte Gruppe: Abs. 2, c

5   Die Verwandten **aufsteigender Linie**, also Eltern, Großeltern usw., wobei die näheren den entfernteren vorgehen, vgl. § 1606 Abs. 2 BGB.

6   Lebt der Schuldner in *Gütergemeinschaft* und sind bedürftige Verwandte auch des anderen Ehegatten vorhanden, werden die Unterhaltsberechtigten als mit beiden Ehegatten verwandt angesehen (§ 1604 BGB).

---

[2] Und zwar im Verhältnis zu Vater *und* Mutter, BT-Drucksache V/3719, S. 50; BR-Drucksache 131/71, S. 29. Für die Zeit vor Geburt ist § 1615 o BGB zu beachten.

[3] **Nicht** Kinder eines Gatten aus dessen früherer Ehe, *OLG Hamm* Rpfleger 1954, 633 f. (Berner); vgl. auch *BGH* NJW 1969, 2007 (Stiefkinder); *Zöller/Stöber*[18] Rdnr. 16.

[4] Dies ist aber wesentlich für die Frage, wie hoch eine Unterhaltsrente gegenüber dem Kind anzuerkennen ist, → Rdnr. 22 u. Fn. 5.

[5] *Zöller/Stöber*[18] Rdnr. 16. Soweit das geschiedene Kind durch seinen früheren Ehegatten versorgt wird, entfällt wegen §§ 1602, 1615 a BGB schon eine gesetzliche Unterhaltspflicht des Schuldners.

III. Die bevorzugten Ansprüche[6]

Eine Vorzugsstellung haben nur Personen, denen **kraft Gesetzes** ein **Unterhaltsanspruch** zusteht. Der Rechtsgrund muß also in dem unmittelbar auf dem *Gesetz* beruhenden Verhältnis einerseits und dem Unterhaltsbedürfnis andererseits bestehen. Wegen Rückständen → Rdnr. 15.

1. Die einschlägigen Unterhaltsvorschriften sind in Rdnr. 15 zu § 850 c genannt. § 850 d gilt *entsprechend* für Schadensersatzansprüche gegen den Schuldner nach § 826 BGB wegen sittenwidriger Entziehung des Unterhaltsanspruchs[7]; zu sonstigen Schadensersatzansprüchen → aber Rdnr. 10. *Vertragliche* Anerkennung oder Regelung hinsichtlich Umfang, Zahlungsweise, Sicherung u. ä., z.B. im gerichtlichen Vergleich, schaden dem Vorrecht nicht[8]; aber ein den gesetzlichen Umfang übersteigender Betrag fällt nicht mehr unter § 850 d[9]. In den Fällen § 620 Nr. 4 und 6 ist zu vermuten, daß das Gericht den gesetzlichen Unterhalt nicht überschritten hat, → auch § 620 Rdnr. 8.

Ansprüche auf *Prozeßkostenvorschuß* unter Ehegatten nach § 1360 a Abs. 4 BGB sind ebenso Teil der Unterhaltspflicht wie solche des Kindes gegen seine Eltern[10] und unterfallen daher § 850 d[11], im Gegensatz zu den Ansprüchen auf Erstattung von Kosten des Unterhaltsprozesses → Rdnr. 10. *Kosten der Zwangsvollstreckung*, damit auch notwendige Anwaltskosten, richten sich hier nach der Hauptforderung[12]. Wurde wegen eines Unterhaltsanspruchs vollstreckt, ist § 850 d auch dann anwendbar, wenn die Vollstreckung nur teilweise Erfolg hatte[13].

2. Nicht bevorrechtigt sind: die *Schadensersatzansprüche* gegen *Dritte*, die an die Stelle von Unterhaltsansprüchen treten → § 850 b Rdnr. 14; sie werden von § 850 f Abs. 2, 3 erfaßt, so daß keine Gesetzeslücke besteht[14]; der Anspruch der nichtehelichen Mutter auf *Ersatz der Schwangerschafts- und Entbindungskosten* (§ 1615 k BGB), denn er richtet sich nicht nach einem Unterhaltsbedürfnis, sondern als Entschädigungsanspruch nach dem tatsächlichen Aufwand[15]; der Anspruch auf *Kapitalabfindung*, z.B. nach § 1585 Abs. 2 BGB, selbst wenn sie in Raten gezahlt wird[16]; der *Kostenanspruch aus einem Unterhaltsprozeß*[17]; Unterhalt, der über gesetzliche Unterhaltspflichten hinaus versprochen wird[18], oder der ohne gesetzli-

---

[6] *Frisinger* Privilegierte Forderungen in der ZV u. bei der Aufrechnung (1967), 26 ff.; *Behr* Rpfleger 1981, 385 ff.
[7] H.M., *OLG Karlsruhe* HRR 1935, Nr. 1713; *KG* NJW 1955, 1112 unter Berufung auf § 242 BGB; aus § 249 BGB allein – so *Frisinger* (Fn. 6), 66 f. – folgt das noch nicht, weil durch Anwendung des § 850 d der Rang anderer Unterhaltsgläubiger beeinträchtigt sein kann, → Rdnr. 32 f.
[8] RGZ 164, 67 ff.; 166, 381; BGHZ 31, 217 f. = NJW 1960, 572; *OLG Frankfurt* Büro 1980, 778 = Rpfleger 198 mwN.
[9] *Stöber*[10] Rdnr. 1077; *Boewer* Lohnpfändung (1972), 241; *Baumann/Brehm* ZV² § 6 II 3 ß.
[10] Vgl. *OLG Düsseldorf* FamRZ 1968, 208; *Palandt/Diederichsen* BGB⁵² § 1610 Rdnr. 33.
[11] *Stöber*[10] Rdnr. 1084; *Bischoff/Rochlitz* Lohnpfändung³, 164 je mwN; *Wieczorek*² Anm. A I a; *Baumbach/Hartmann*⁵² Rdnr. 2. – A.M. *Boewer* (Fn. 9), 242 unter Berufung auf die Rückzahlungspflicht. – *LG Aachen* FamRZ 1963, 48 bejahte § 850 d nur beim Vorschuß für Unterhaltsprozesse; aber der Unterhaltscharakter folgt aus der Dringlichkeit des Bedürfnisses, nicht aus dessen Gegenstand.
[12] *OLG Hamm* KKZ 1977, 138; *LG Berlin* Büro 1958, 301; *Thomas/Putzo*¹⁸ Rdnr. 6; *Wieczorek*² Anm. A I b; *Boewer* (Fn. 9), 242; *Stöber*[10] Rdnr. 1086; *Mümmler* Büro 1982, 512 f.; *Behr* (Fn. 6), 386; s. auch Fußn. 1 in OLG Rsp 15, 104. – A.M. *Baumbach/Hartmann*⁵² Rdnr. 2; vgl. auch *KG* Rpfleger 1972, 66⁴⁸ a.E.
[13] Siehe dazu *Mümmler* (Fn. 12).
[14] *Rupp/Fleischmann* Rpfleger 1983, 378; MünchKommZPO-*Smid* Rdnr. 5. Anders die h.M. stets unter unrichtiger Berufung auf die Rsp → Fn. 7, die aber nur Schadensersatzansprüche aus § 826 BGB *gegen den Schuldner* betraf.
[15] *Stöber*[10] Rdnr. 1083. Dies gilt auch für Ansprüche gemäß §§ 1615, 1615 m BGB; vgl. *LG Altona* Rpfleger 1936, 497.
[16] H.M.; *Boewer* (Fn. 9), 242 f.; *Stöber*[10] Rdnr. 1013, 1077 mwN; *Christian* ZBl JR 1979, 363.
[17] H.M.; *OLG Celle* JW 1931, 2178⁷¹; *LG Essen* MDR 1960, 681; *LG Berlin* MDR 1966, 932 = Rpfleger 1967, 223 (zust. *Berner* mwN); *LG Offenburg* JR 1964, 347 (abl. *Taeger*); *Stöber*[10] Rdnr. 1085 mwN; *Baumbach/Hartmann*⁵² Rdnr. 2; *Thomas/Putzo*¹⁸ Rdnr. 6. – A.M. obiter *OLG Hamm* (Fn. 12); *Weimar* NJW 1959, 2102 f.; *Behr* (Fn. 6), 386.
[18] Fn. 9.

che Pflicht **kraft Vertrags**[19] als Altenteil oder Leibgedinge[20] zu gewähren ist. § 850 d scheidet auch aus, wenn der Unterhalt absichtlich, z.B. aus steuerlichen Gründen, vom Gesetz losgelöst und nur auf vertragliche Grundlage gestellt wird; das ist im Zweifel anzunehmen, wenn der Unterhalt eines geschiedenen Ehegatten wie eine Leibrente unabhängig von derzeitiger und künftiger Bedürftigkeit festgelegt wird, etwa durch Verzicht auf die Rechte aus § 323 Abs. 4[21].

11   3. Ob das Vorrecht beim **Übergang des Anspruchs** auf Dritte *fortdauert* nach §§ 401 Abs. 2, 412 BGB, kann nicht davon abhängen, ob die *Ansprüche* höchstpersönlich sind[22] und durch Übergang ihren Unterhaltscharakter verlieren[23], denn auf solche Zweckveränderungen nimmt § 401 Abs. 2 (anders als etwa § 399 BGB) gerade keine Rücksicht. Die umstrittene Frage kann daher nur vom Zweck des § 850 d her beantwortet werden. Sieht man ihn *allein* darin, daß der Schuldner sich nur zur Linderung der Not naher Angehöriger noch mehr einschränken soll, dann ist es folgerichtig, bei *jeder* Rechtsnachfolge § 850 d auszuschließen[24].

12   Betont man aber wie hier den öffentlichen Zweck[25], so **bleibt das Vorrecht erhalten**, soweit der jetzige Gläubiger dem ehemaligen den Unterhalt gewährt oder gewährt hat und deshalb der Anspruch auf ihn übergeht[26], wie in den Fällen der §§ 1607 Abs. 2 mit 1584, 1608, 1615 b BGB[27], §§ 90 f. BSHG[28], §§ 116 f. SGB X[29], § 37 BAFöG[30], ferner im Falle einer rechtsgeschäftlichen Abtretung, bei der der Abtretende gleichwertige Gegenleistung erhält oder zuverlässig erhalten wird[31].

13   Andernfalls verliert der Anspruch das Vorrecht, mag er übergangen sein durch Rechtsgeschäft, → § 850 b Rdnr. 34, Überweisung an Zahlungs Statt, auch zur Einziehung → § 835 Fn. 82, Erbgang[32] oder gesetzliche Vorschrift, z.B. § 774 BGB[33]; auch der Erstattungsanspruch nach § 92 BSHG genießt nicht das Vorrecht[34].

14   § 850 d wirkt **nicht** zu Lasten eines *Nachfolgers in die Unterhaltspflicht*, z.B. als Erbe nach § 1586 b BGB[35]. Ansprüche gegen *Bürgen, Schuldübernehmer oder durch Schuldbeitritt Verpflichtete* scheiden hier schon deshalb aus, weil sie insoweit nur auf Vertrag beruhen.

15   **4. Die zeitliche Begrenzung des Vorrechts.** – Der Ablauf des Zeitraums, für den Unterhalt zu leisten ist, berührt den Charakter der Forderung nicht, vgl. §§ 1613, 1360 a Abs. 3 BGB.

---

[19] Z.B. für eine nach früherem Recht schuldig geschiedene Frau, *AG Hamburg* Rpfleger 1965, 279 (zust. *Berner*). Anders der gesetzliche Unterhalt nach § 60 EheG aF.

[20] *Zöller/Stöber*[18] Rdnr. 3. – A.M. *Wieczorek*[2] Anm. A I a.

[21] *OLG Frankfurt* (Fn. 8) mwN.

[22] *BAG* → Fn. 28.

[23] So aber z.B. *Gernhuber/Coester-Waltjen* Lb des Familienrechts[4] § 41 V 4.

[24] So *Frisinger* (Fn. 6), 61 ff. Allein Abs. 1 S. 4 zeigt schon, daß § 850 d auch andere Gründe als die gegenwärtige Not des Bedürftigen gelten läßt.

[25] → Fn. 1.

[26] Zutreffend *Wieczorek*[2] Anm. A II b 2 u. im Ergebnis mit unterschiedlichen Begründungen die h.M., → Fn. 27–33.

[27] *Kropholler* FamRZ 1965, 416 mwN; *Baumbach/Hartmann*[52] Rdnr. 1; *Stöber*[10] Rdnr. 1081 mwN. – Abzulehnen ist analoge Anwendung des § 850 d über § 401 Abs. 2 BGB hinaus, z.B. auf Ansprüche aus §§ 812, 683 S. 2 BGB, denn die Ähnlichkeit im Zweck reicht ohne Übergang des Unterhaltsanspruchs nicht aus, *Frisinger* (Fn. 6), 61; a.M. *Stöber*[10] Rdnr. 1081; *Wieczorek*[2] Anm. A II a.

[28] *BGH* FamRZ 1986, 528; *BAG* NJW 1971, 2094 (abl. *Frisinger* NJW 1972, 76) = AP Nr. 9 (zust. *Biederbick*); *OLG Celle* NJW 1968, 456 (L) = FamRZ 329 *OLG Hamm* (Fn. 12); *LG Aachen* Rpfleger 1983, 360 (zust. *Helwich*) = Büro 1732; *Baur/Stürner*[11] Rdnr. 367; *Bischoff/Rochlitz* (Fn. 11), 162; *Boewer* (Fn. 9), 243 ff.; *Stöber*[10] Rdnr. 1082.

A.M. wegen Wegfalls des Unterhaltssicherungszwecks oder wegen der Höchstpersönlichkeit des Anspruchs *LG Traunstein* MDR 1963, 319; *LG Hanau* NJW 1965, 767 (abl. *Otto* aaO, 1283 f.); *Bethke* FamRZ 1991, 397; *Frisinger* (Fn. 6) 56 ff.; *Behr* (Fn. 5), 386; *Horn* MDR 1967, 171 f.; *Baumbach/Hartmann*[52] Rdnr. 1.

Zum aufschiebend bedingten Übergang → § 727 Fn. 59, dazu *BGH* FamRZ 1982, 25 mwN.

[29] *Boewer/Bommermann*, Lohnpfändung u. -abtretung (1987), Rdnr. 590; MünchKommZPO-*Smid* Rdnr. 6.

[30] *Stöber*[10] Rdnr. 1082; – a.M. *Behr* (Fn. 6), 386.

[31] *Boewer* (Fn. 9), 245; *Boewer/Bommermann* (Fn. 29).

[32] *Boewer* (Fn. 9), 245 mwN; *OLG Hamburg* JW 1937, 51[41]; *LG Würzburg* MDR 1961, 1024; allg.M.

[33] *Stöber*[10] Rdnr. 1080.

[34] *OVG Lüneburg* NJW 1967, 2221; *Wieczorek*[2] Anm. A II a; *Zöller/Stöber*[18] Rdnr. 4.

[35] *LG Berlin* NJW 1938, 608[49] (zu § 1712 BGB aF); MünchKommZPO-*Smid* Rdnr. 8. – A.M. *Frisinger* (Fn. 6), 64; aber es fehlt die familienrechtliche Beziehung → Rdnr. 3–5, derentwegen das Opfer zugemutet wird.

Trotzdem ist die *Vorzugsstellung zeitlich beschränkt*[36]. **Rückstände** genießen nach **Abs. 1 S. 4** das Vorrecht grundsätzlich nur insoweit, als sie nicht länger als *ein Jahr vor dem Antrag* auf Erlaß des Pfändungsbeschlusses[37] fällig geworden sind. Um aber dem Schuldner den Anreiz zu nehmen, Rückstände länger auflaufen zu lassen, ist im Schlußhalbsatz bestimmt, daß der Unterhaltsgläubiger auch wegen älterer Rückstände das Pfändungsprivileg haben soll, wenn der Schuldner trotz Zahlungsmöglichkeit absichtlich nicht geleistet hat. Die seit Eintritt der Böswilligkeit fällig gewordenen Beträge genießen also das Vorrecht[38]. Ist dies nur wegen eines Teils des Rückstandes der Fall, so genießt nur dieser das Vorrecht. Zur Darlegungslast und Feststellung der Absicht → Rdnr. 43.

Zur *Fassung des Pfändungsbeschlusses*, wenn bevorzugte und nicht bevorzugte Anspruchsteile zusammentreffen, → Rdnr. 39. Wegen *Abtretungen* → § 850 Rdnr. 61–63, § 850 e Rdnr. 85 f.

IV. Die von § 850 d erfaßten Bezüge

1. **Arbeitseinkommen**, § 850, → dort Rdnr. 20 ff. Dazu gehören die in § 850 Abs. 3 dem Arbeitseinkommen *gleichgestellten* sowie solche Bezüge, die kraft Gesetzes *wie* Arbeitseinkommen zu pfänden sind, z. B. nach § 54 Abs. 4 SGB – I, also auch Kindergeld[39], zugunsten der Zählkinder als Unterhaltsgläubiger auch der »Zählkindervorteil«[40]. § 850 d ist ferner auf Arbeitslosengeld anwendbar[41]. 16

2. Die **Bezüge des § 850 a Nr. 1, 2 und 4** also *Mehrarbeitsstundenvergütungen, Urlaubsgelder, Treugelder, Weihnachtsvergütungen,* soweit diese Bezüge nicht ohnehin (zur Hälfte) bzw. außerhalb des Rahmens des Üblichen pfändbar sind. Bei solchen Bezügen ist jedoch die Pfändung dahin beschränkt, daß »dem Schuldner mindestens die Hälfte des nach § 850 a unpfändbaren Betrages *zu verbleiben* hat«. Folglich ist dieser Betrag nicht auf den notwendigen Unterhalt anzurechnen, denn sonst würde er nicht dem Schuldner »verbleiben«, sondern vom übrigen Einkommen weggepfändet werden[42]. Das Gericht kann aber auch dem Schuldner von dem Sonderbezug mehr als die Hälfte belassen (»mindestens«). 17

3. Die nach § 850 b Abs. 2 **bedingt pfändbaren** Bezüge → § 850 b Rdnr. 5 f.; ebenso *Überbrückungsgeld* eines Gefangenen, soweit er es nicht zum eigenen notwendigen Unterhalt und zur Erfüllung seiner sonstigen gesetzlichen Unterhaltspflichten für die Zeit von der Pfändung bis zum Ablauf von vier Wochen seit der Entlassung benötigt, § 51 Abs. 5 StVollzG. 18

Sonstige nach §§ 850 ff. und anderen gesetzlichen Vorschriften (z. B. § 54 Abs. 1 SGB-I) unpfändbare Bezüge sind auch für bevorzugte Unterhaltsberechtigte regelmäßig unpfändbar.

V. Der Umfang des Zugriffs[43]

1. Die Ansprüche des Schuldners → Rdnr. 16–18 können **über § 850 c hinaus** gepfändet werden in **individuell vom Vollstreckungsgericht zu bestimmenden Grenzen**[44]. Das Arbeitsgericht darf diese im Einziehungsstreit nicht korrigieren[45]. 19

---

[36] A.M. Kabath Rpfleger 1992, 292, der kritisiert, daß in der Praxis vom Gläubiger Darlegung der Ausnahme (Zahlungsentzug) verlangt wird. Dagegen eingehend Stöber[10] Rdnr. 1090 Fn. 33. Zur Darlegungslast → Rdnr. 43.

[37] Mit Eingang bei Gericht, Recke JW 1935, 326; Stöber[10] Rdnr. 1089. Unerheblich ist, wann die Klage erhoben, der Schuldtitel erwirkt oder der Pfändungsbeschluß erlassen (a. M. LG Göttingen NdsRpfl 1967, 226) sind.

[38] Vgl. KG JW 1936, 2001[83] noch zu § 850 Abs. 3 aF; Recke (Fn. 37).

[39] Zur Berücksichtigung beim Freibetrag → Fn. 82. Kindergeld für Stief- oder Pflegekinder ist nicht auf den notwendigen Unterhalt des Schuldners anzurechnen, da sie nicht unter § 850 d fallen.

[40] Ausführlich KG Rpfleger 1980, 160; OLG München NJW 1980, 895; OLG Stuttgart Büro 1983, 1420; LGe Braunschweig u. Hamburg DAVorm 1983, 320, 856.

[41] BSG FamRZ 1987, 274; Thomas/Putzo[18] Rdnr. 2.

[42] Stöber[10] Rdnr. 1092 mwN.

[43] Vgl. dazu LAG Düsseldorf DAVorm 1977, 149 f.; Henze Rpfleger 1980, 456.

[44] LG Detmold Rpfleger 1993, 357, nimmt aber einen Regelfreibetrag in Höhe von 1200,- DM an.

[45] LAG Frankfurt DB 1990, 639; LAG Saarland Büro

2. Dem Schuldner ist nach Abs. 1 S. 2 **soviel zu belassen**, wie er für seinen notwendigen Unterhalt und zur Erfüllung seiner laufenden gesetzlichen Verpflichtungen gegenüber vorgehenden und gleichstehenden Unterhaltsberechtigten bedarf:

a) Der notwendige Unterhalt

20   Der notwendige Unterhalt[46] umfaßt den gesamten Lebensbedarf. Dazu gehören laufende Aufwendungen für Nahrung, Wohnung, Hausrat, Heizung usw., zur Anschaffung notwendiger Kleidung, Gebrauchsgegenstände, Mittel zur Berufsausübung, in vertretbarem Umfang auch ein Taschengeld, insbesondere zur Aufrechterhaltung der Beziehungen zur Umwelt und zur Teilnahme am kulturellen Leben[47].

21   Es ist in angemessenen Grenzen auf die jetzige[48] Lebensstellung (Erwerbstätigkeit, Gesundheitszustand) des Schuldners Rücksicht zu nehmen; ihm muß das an Unterhalt verbleiben, was zur Erhaltung seiner körperlichen und geistigen Persönlichkeit und seiner Erwerbsfähigkeit notwendig ist. Dabei sind die konkreten Verhältnisse am Wohnort maßgeblich, so daß bei einem Wohnortwechsel gegebenenfalls die Höhe des notwendigen Unterhalts zu ändern ist[49]. Um ein menschenwürdiges Dasein zu gewährleisten müssen die Vorschriften des BSHG mit beachtet werden[50]. Generell bilden die Regelsätze des § 22 BSHG und der hierzu ergangenen Durchführungsverordnungen[51] die unterste Grenze dessen, was noch als notwendiger Unterhalt anzusehen ist, weil sie das Existenzminimum widerspiegeln[52]. Da die Sozialhilfesätze nicht für arbeitende Personen aufgestellt sind, muß schon der Grundbetrag über dem Regelsatz nach dem BSHG liegen[53], wobei stets die gestiegenen Lebenshaltungskosten, die Erhöhung des Durchschnittseinkommens sowie der Sozialhilfesätze zu berücksichtigen sind[54]. Als Richtgröße kann insoweit der doppelte Eckregelsatz der Sozialhilfe (§ 22 BSHG) angesehen werden[55]. Schließlich müssen noch die individuellen Bedürfnisse des Schuldners beachtet werden[56] wie etwa Vollendung des 65. Lebensjahres (§ 23 BSHG), schlechter Gesundheitszustand, besonders hohe Kosten für Fahrt zum Arbeitsplatz, Leistungen an einen Sozialfond des Arbeitgebers, Gewerkschaftsbeitrag, Verpflichtung zu ratenweiser Tilgung einer Geldstrafe[57], nicht dagegen Zahlungen an eine Jubiläumskasse oder Sammlung für einen verstorbenen Kollegen[58]. Eine Erhöhung für arbeitende Schuldner um einen Pauschalbetrag (z.B. 100 DM), der dem Schuldner einen Arbeitsanreiz verschaffen soll, scheidet aus, weil allein der tatsächliche

---

1990, 115; *LAG Niedersachsen* DAVorm 1977, 519; → dazu § 829 Rdnr. 107–109.

[46] Das ist nicht der »angemessene« (§ 1610 BGB), aber doch mehr als der »notdürftige« Unterhalt (§ 65 Abs. 1 EheG aF u. § 1611 BGB aF), vgl. *OLG Naumburg* JW 1935, 3242; *LG Detmold* Rpfleger 1993, 357; *Stöber*[10] Rdnr. 1093; *Boewer* (Fn. 9), 247f.

[47] Vgl. § 12 Abs. 1 BSHG; ferner ausführlich → § 811 Rdnr. 6ff., 24ff.; *Stöber*[10] Rdnr. 1095, 1093; s. auch *OLG Naumburg* (Fn. 46).

[48] Auf frühere gehobene Lebens- u. Erwerbsstellung ist keine Rücksicht zu nehmen, *KG* JW 1936, 3080⁵⁶; *Stöber*[10] Rdnr. 1093.

[49] *LG Hamburg* MDR 1988, 154; zustimmend *Schultz* MDR 1988, 241.

[50] *LG Hannover* Büro 1981, 294f.; *Henze* (Fn. 43); *Boewer* (Fn. 9), 247f.; *Stöber*[10] Rdnr. 1095.

[51] *Heinze* Bonner Kommentar SGB § 54 Rdnr. 31; *Stöber*[10] Rdnr. 1095. S. RegelsatzVO vom 20. VII. 62 (BGBl. I, 515) geändert durch VO v. 10.V. 71 (BGBl. I, 451), 2. ÄndVO v. 21. 3. 1990, BGBl. I, 562 u. 3. ÄndVO v. 7. 10. 1991, BGBl. I, 1971 = Sartorius Nr. 411.

[52] H.M. *BVerfG* NJW 1990, 2869; *BSG* FamRZ 1985, 380; *OLG Köln* Rpfleger 1994, 33, FamRZ 1993, 1226 und Büro 1993, 636; *KG* MDR 1987, 152; *OLG Stuttgart* Rpfleger 1987, 207; *OLG Hamm* Rpfleger 1974, 31 u. 1985, 154; *LG Ellwangen* DAVorm 1992, 362; *LG Hamburg* Büro 1991, 1566. S. auch § 850f. Abs. 1 a i.d.F.v. 1. 4. 1992 sowie die Nachw. in der 20. Auflage.

[53] Vgl. *OLG Celle* NJW 1952, 189; NdsRpfl 1967, 59; *KG* NJW 1953, 1434; *LGe Bayreuth* u. *Saarbrücken* DAVorm 1976, 359f., 660; *LG Hannover* Büro 1981, 294; allg. M.

[54] *LG Hannover* (Fn. 50), das wegen der erhöhten Sozialhilfesätze u. der gestiegenen Lebenshaltungskosten ab 1.7.80 einen pfändungsfreien Grundbetrag von 750 DM gewährt, zu dem noch die Pauschale von 100 DM hinzugerechnet wird. Vgl. ferner *LG Berlin* DAVorm 1968, 206; *Stöber*[10] Rdnr. 1095; *Henze* (Fn. 43), der als Richtgröße etwa das Doppelte des Ecksatzes nach § 22 BSHG ansieht u. damit zu etwa demselben Betrag wie *LG Hannover* kommt.

[55] *KG* NJW-RR 1987, 132; *LG Hannover* Büro 1988, 130; *LG Braunschweig* Büro 1986, 1424; *Henze* (Fn. 43); *Thomas/Putzo*[18] Rdnr. 10; *Zöller/Stöber*[18] Rdnr. 7. – A.M. (Zuschlag von 30%) *LG Stuttgart* Rpfleger 1990, 173; *LG Ellwangen* DAVorm 1992, 362; (25%) *OVG Münster* NJW 1988, 2405; (20%) *LG Hamburg* Büro 1991, 1568; (mind. 15%) *OLG Köln* NJW 1990, 2696; *Kohte* Rpfleger 1990, 18; *Büttner* FamRZ 1990, 461.

[56] Vgl. dazu *Stöber*[10] Rdnr. 1096 mwN; *Henze* (Fn. 43) sowie § 3 BSHG.

[57] *LG Frankfurt* NJW 1960, 2249; *Zöller/Stöber*[18] Rdnr. 7.

[58] *LG Essen* Rpfleger 1960, 249.

Lebensbedarf ausschlaggebend ist[59]. Auch wenn der Schuldner in Kenntnis einer titulierten Unterhaltsverpflichtung seinen Lohn wirksam abgetreten hat, darf nicht fiktiv unterstellt werden, der Betrag stehe ihm zur Verfügung[60]. Ob die Voraussetzungen einer Gläubigeranfechtung vorliegen, ist nicht im Verfahren des § 850 d zu prüfen.

b) Die laufenden gesetzlichen Unterhaltspflichten des Schuldners

Wegen der in Betracht kommenden Unterhaltsberechtigten → Rdnr. 3–5 und wegen der bevorzugten Ansprüche → Rdnr. 7–15. Zur Reihenfolge → Rdnr. 25–28. **22**

aa) Ob und in welcher *Höhe* ein gesetzlicher Unterhaltsanspruch besteht, ist eine Frage des materiellen Rechts. Allerdings muß stets tatsächlich Unterhalt geleistet werden[61]. Der Unterhaltsanspruch ist aber, auch wenn er durch Urteil, Vergleich usw. bestimmt ist, nach dem Zweck des § 850 d nicht unter allen Umständen in voller Höhe einzusetzen, sondern wie auch beim Schuldner nur in der *notwendigen* Höhe[62]. Für Kinder darf die Höhe nicht pauschal ohne Rücksicht auf deren Alter festgesetzt werden[63]. Hierbei darf die Grenze des nach dem BSHG notwendigen Unterhalts erst recht nicht zu Lasten der Unterhaltsgläubiger unterschritten werden[64]. Andererseits sind – wie bei § 1603 BGB – auch *sonstige Verbindlichkeiten des Schuldners* zu berücksichtigen, soweit diese in verständiger und anzuerkennender Weise eingegangen[65], insbesondere den Unterhaltsberechtigten mit zugute gekommen sind. Würden dadurch die Grenzen → Rdnr. 31 überschritten, hilft nur § 850 f Abs. 1.

bb) Durch die Vollstreckung seitens eines gesetzlich Unterhaltsberechtigten sollen die **rangbesseren** nicht beeinträchtigt werden, und **gleichstehenden** soll das Vorhandene **gleichmäßig** – d. h. jedenfalls im Pfändungsverfahren zu gleicher Quote nach Maßgabe der Höhe der Ansprüche, also nicht notwendig zu gleichen Beträgen[66] – zur Verfügung stehen; dies aber nur, soweit es sich um die Erfüllung der **laufenden** gesetzlichen Verpflichtungen handelt. Unter »laufend« sind bei Geldverpflichtungen die letzte vor der Pfändung fällig gewordene Rate und weiter die nach der Pfändung fällig werdenden Raten zu verstehen. **23**

Ob die rangbesseren oder gleichstehenden Unterhaltsberechtigten den Unterhalt in **Naturalien** oder **Geld** zu erhalten haben, ist gleich[67], ebenso, ob der Schuldner ihnen den Unterhalt freiwillig oder gezwungen gewährt. **24**

cc) *Ohne gesetzliche Pflicht* übernommene Unterhaltslasten bleiben hier außer Betracht; sie dürfen nicht dazu führen, den bevorrechtigten Gläubiger schlechterzustellen[68].

---

[59] *OLG Köln* Rpfleger 1994, 33; *LG Hamburg* Büro 1991, 1568; *LG Stuttgart* Rpfleger 1990, 173. – A.M. *Büttner* FamRZ 1990, 462f.
[60] A.M. *LG Saarbrücken* Rpfleger 1986, 23 (abl. *Lorenschat* S. 309).
[61] → § 850 c Rdnr. 16; *LG Berlin* DAVorm 1976, 661; *Bischoff/Rochlitz* (Fn. 11), 167.
[62] *LAG Düsseldorf* (Fn. 43); *LG Deggendorf* NJW 1956, 189 (Zust. *Stehle*); *Berner* Rpfleger 1958, 308; *Behr* (Fn. 6), 387; *Bischoff/Rochlitz* (Fn. 11), 167; *Bock/Speck* Die Einkommenspfändung (1964), 111ff.; *Stöber*[10] Rdnr. 1099. Materiell bleibt die Anspruchshöhe erhalten. – A.M. *LG Essen* MDR 1958, 433[73]; *Boewer* (Fn. 9), 248f.
[63] *OLG Köln* FamRZ 1993, 1226.
[64] *Berner* (Fn. 62); *Stöber*[10] Rdnr. 1099.
[65] *OLG Karlsruhe* FamRZ 1981, 548; *Palandt/Diederichsen* BGB[52] § 1603 Rdnr. 18; s. auch zum Hausbau *BGH* Büro 1982, 157.

[66] *OLG Köln* Rpfleger 1994, 33; *OLG Dresden* DJ 1936, 977; *OLG Frankfurt* MDR 1957, 750; *OLG Schleswig* Büro 1959, 134; *LGe Bremen* Rpfleger 1961, 126; Bayreuth (Fn. 53); Berlin MDR 1961, 512; Ravensburg u. Koblenz DAVorm 1972, 312, 314f.; *Bischoff/Rochlitz* (Fn. 11), 167; *Stöber*[10] Rdnr. 1101; *Berner* Rpfleger 1956, 126; 1958, 308 (s. auch dort wegen der Berechnungsweise). Dabei wird der Ehefrau gelegentlich ein zusätzlicher Anteil gewährt, *Henze* (Fn. 43), 457. – A.M. *Wieczorek*[2] Anm. D I b, der auf die Bedürftigkeit abstellt u. *Behr* (Fn. 6), 387f. (auch für Gleichrangige nur feste Richtsätze schon bei der Pfändung). Aber die gerechte Aufteilung wird meist erst im Erinnerungsverfahren möglich sein, *Berner* aaO; *Stöber*[10] Rdnr. 1102. → auch Rdnr. 37.
[67] *Stöber*[10] Rdnr. 1098.
[68] *OLG Hamm* Rpfleger 1954, 633f. (zust. *Berner*); *Stöber*[10] Rdnr. 1098; allg. M.

c) Die Reihenfolge der Unterhaltspflichten

25 Angehörige der ersten Gruppe gehen solchen der anderen Gruppen, und die der zweiten Gruppe solchen der dritten Gruppe vor; d. h. die Ansprüche von Angehörigen der zurücktretenden Gruppen sind bei Bemessung des dem Schuldner zu belassenden Teiles des Bezuges außer Betracht zu lassen. Zur nachträglichen Korrektur, falls der Gläubiger einer nachrangigen Gruppe zuerst gepfändet hatte, → Rdnr. 37

Innerhalb der einzelnen Gruppen gilt folgendes:

26 aa) In der **ersten Gruppe** → Rdnr. 3 stehen alle minderjährigen unverheirateten *Kinder* untereinander gleich; auf gleicher Stufe steht der *Ehegatte*, frühere Ehegatten und die Mutter eines nichtehelichen Kindes mit ihren Ansprüchen gemäß §§ 1615 l, 1615 n BGB. Nach Abs. 2 a HS 2 kann allerdings der frühere Ehegatte dem neuen vorgehen[69]: Übt der neue Ehegatte keine Erwerbstätigkeit aus, obwohl er kinderlos ist und altersmäßig, gesundheitlich und nach seiner Ausbildung dazu in der Lage wäre, so genießt der frühere Ehegatte unterhaltsrechtlich absoluten Vorrang, § 1582 Abs. 1 S. 1 BGB. Dieser Vorrang bleibt auch dann bestehen, wenn der Unterhaltsschuldner in dritter Ehe wieder seine erste Frau ehelicht[70]. Ist dagegen auch dem neuen Ehegatten wegen zu versorgender Kinder aus zweiter Ehe oder aus Gesundheits- bzw. Altersgründen eine Erwerbstätigkeit nicht zuzumuten, so besteht nach § 1582 Abs. 1 S. 2 BGB ein Vorrang des früheren Ehegatten nur, wenn gemeinsame Kinder aus erster Ehe zu betreuen sind (§ 1570 BGB), wenn die Versagung von Unterhalt dem ersten Ehegatten gegenüber grob unbillig wäre (§ 1576 BGB) oder wenn die Ehe mit dem geschiedenen Ehegatten von langer Dauer war, also etwa 10 bis 15 Jahre währte[71]. Hat der frühere Ehegatte nur Unterhaltsansprüche gemäß §§ 1571–1573, 1575 BGB, so besteht Gleichrang mit dem neuen Ehegatten, der seinen Unterhaltsanspruch auf die §§ 1570 ff. BGB stützen könnte[72]. Der Gleichrang mit minderjährigen unverheirateten Kindern (§ 1609 Abs. 2 BGB) steht nur dem geschiedenen Ehegatten zu[73].

27 Treffen in der ersten Gruppe *mehrere Berechtigte mit gleichem Rang* zusammen, so kann das Vollstreckungsgericht das Rangverhältnis der Berechtigten zueinander auf **Antrag** des Schuldners oder eines Berechtigten (hier nicht des Drittschuldners) nach billigem Ermessen in anderer Weise festsetzen (Abs. 2 a 3. HS)[74], wobei der Antragsteller die Gründe darzulegen und bei Bestreiten auch zu beweisen hat[75]. Vor der Entscheidung sind die *Beteiligten zu hören*, weshalb diese nicht mit dem Pfändungsbeschluß verbunden werden kann, § 834. Das Ermessen bezieht sich nicht nur darauf, zu welchen Beträgen die einzelnen Unterhaltsberechtigten nebeneinander einzusetzen sind; das Gericht kann vielmehr auch unter besonderen Verhältnissen den einen oder anderen ganz unberücksichtigt lassen[76]. Hat schon das Prozeßgericht im Unterhaltsrechtsstreit den Unterhaltsbedarf des Schuldners ermittelt (§ 1603 BGB), so sind diese Feststellungen für das Vollstreckungsgericht nicht bindend, da das Vollstreckungsgericht die gegenwärtigen Verhältnisse zu beachten hat[77].

---

[69] Das gilt nach Art. 12 Nr. 9 des 1. EheRG (BGBl. 1976 I, 1421) nicht für einen Ehegatten, dessen Ehe vor dem 1. VII. 77 geschieden, für nichtig erklärt oder aufgehoben worden ist: dann gleicher Rang nach § 850 d Abs. 2 a aF. S. zum Verhältnis § 850 d Abs. 2 zu § 1582 BGB *Rassow* FamRZ 1980, 542; *LG Frankenthal* Rpfleger 1984, 106.

[70] *AG Bochum* FamRZ 1990, 1003.

[71] *OLG Köln* FamRZ 1993, 1226 f.; *Diederichsen* NJW 1977, 361 f.; *Dieckmann* FamRZ 1977, 163 f.

[72] *Diederichsen* u. *Dieckmann* (beide Fn. 71). Eine endgültige Feststellung des Rangverhältnisses bleibt dem Erinnerungsverfahren oder dem Abänderungsverfahren nach Abs. 2 HS 3 vorbehalten.

[73] *BGH* NJW 1988, 1722.

[74] Vor allem für das Verhältnis des Ehegatten u. eines oder mehrerer Kinder zu einem früheren Ehegatten, oder wenn durch den Regelunterhalt eheliche Kinder gegenüber nichtehelichen benachteiligt werden; s. BT-Drucks. V/3719 S. 50; vgl. *BVerfG* NJW 1969, 1342[1] (zu III 4); *Stöber*[10] Rdnr. 1108; *Behr* (Fn. 6), 386 f.

[75] *Stöber*[10] Rdnr. 1109.

[76] So kann es z.B. bei ZV seitens der nicht mehr erwerbsfähigen geschiedenen Ehefrau die jetzige Ehefrau unberücksichtigt lassen, wenn diese ihren Unterhalt selbst verdienen kann. → dazu auch Rdnr. 26 a. E.

[77] *LG Kassel* Rpfleger 1974, 77; *Behr* (Fn. 6), 387; *Stöber*[10] Rdnr. 1097.

bb) In der **zweiten Gruppe** → Rdnr. 4 gehen die *Kinder* den anderen Abkömmlingen vor. Kinder schließen also die über sie mit dem Schuldner verwandten Enkelkinder aus, auch die Abkömmlinge eines verstorbenen Kindes. Mehrere (eheliche und nichteheliche) Kinder haben untereinander gleichen Rang; ebenso mehrere Enkelkinder untereinander.

28

cc) In der **dritten Gruppe** → Rdnr. 5 schließt der nähere Grad den entfernteren aus.

3. Berücksichtigung aller Einnahmequellen des Schuldners. Bei der Ermittlung des pfändungsfreien Betrags sind tatsächlicher Bedarf und zur Verfügung stehende Mittel abzuwägen. Die dem Schuldner außer seinem gepfändeten Arbeitseinkommen zur Verfügung stehenden **sonstigen Einnahmequellen** sind – hier ohne besonderen Antrag gemäß § 850 e Nr. 2 oder 2 a[78] – mit zu berücksichtigen[79]; selbst gemäß § 850 b bedingt pfändbare[80] und unpfändbare Bezüge, soweit sie zur Deckung des Unterhalts des Schuldners und seiner Familie (→ Rdnr. 22) bestimmt sind und ein besonderer Zweck des Bezuges dies nicht im einzelnen ganz oder teilweise verbietet[81]. Grundsätzlich *voll* zu berücksichtigen sind daher das staatliche Kindergeld[82], auch der »Zählkindervorteil«[83], das der Minderung des Lebensbedarfs dienende Wohngeld oder eine mietfreie Wohnung[84], die Arbeitnehmersparzulage[85], laufende Unterhaltszahlungen, auch freiwillige, die dem Schuldner zur Deckung seines eigenen Lebensbedarfs gewährt werden, falls er seinem Kind nach § 1603 Abs. 2 BGB erweitert unterhaltspflichtig ist[86], laufende Sozialgeldleistungen[87] wie dem Arbeitslosengeld, der Arbeitslosenhilfe, dem Krankengeld, den Renten der gesetzlichen Rentenversicherung, der Verletzten- und Hinterbliebenenrente sowie den Renten nach dem BVG, *nicht* aber der Sozialhilfe[88]; andere, insbesondere unpfändbare Sozialgeldleistungen aber nur, *soweit* es ihr Zweck unter Berücksichtigung der Maßstäbe des § 850 e Nr. 2 a erlaubt[89], → dazu Fn. 78 a. E.

29

Einnahmequellen des *nicht unterhaltspflichtigen Ehegatten*[90] (z. B. bei Unterhaltsansprüchen nichtehelicher Kinder des Ehemannes) kommen nur insoweit in Betracht, als sie eine (teilweise) Entlastung des Unterhaltspflichtigen von Unterhaltslasten gegenüber vorgehenden (gemeinsamen) Berechtigten bewirken und den eigenen Lebensbedarf des Schuldners mit decken helfen; hier ist Vorsicht geboten, denn die Ehefrau braucht es nicht zu dulden, daß ihr

30

---

[78] Sie betreffen die **pauschalierte** Pfändung nach § 850 c, *Stöber*[10] Rdnr. 1104, 1151, während die Einbeziehung aller Einnahmen im Rahmen des § 850 d schon daraus folgt, daß der im **Einzelfall** notwendige »Bedarf« anders gar nicht feststellbar wäre, *KG* JW 1935, 1892[95], u. daher um die berücksichtigungsfähigen Beträge zu kürzen ist, *Bock/Speck* (Fn. 62), 100. Dennoch gestellte Anträge nach § 850 e Nr. 2, 2 a sind aber nicht aus diesem Grunde »abzulehnen«, *LG Frankfurt* Rpfleger 1983, 449; → auch § 850 e Fn. 49.

Daß trotzdem auch im Rahmen des § 850 d die gleiche Abwägung wie in **§ 850 e Nr. 2 a** stattfinden muß, insoweit zutreffend BT-Drucks. 7/868 S. 37, *OLG München* Rpfleger 1979, 244 = FamRZ 1980, 188; *Behr* (Fn. 6), 390, folgt nicht aus unmittelbarer Anwendung des § 850 e Nr. 2 a, sondern aus der **Zweckbestimmung** letztlich auch wieder aus dem Begriff »notwendiger Bedarf« in § 850 d. Wie hier die Rsp → § 850 e Fn. 65.

[79] Also auch Vermögenseinkünfte, *Stöber*[10] Rdnr. 1104; dem Schuldner muß deshalb nicht in jedem Falle ein Freibetrag belassen werden, vgl. *LG Saarbrücken* JW 1938, 606 (Schäfer). – Auch Trinkgeldeinnahmen sind zu beachten, s. *LG Bremen* Rpfleger 1957, 84; (teilweise) eine Bergmannsprämie *AG Essen* Rpfleger 1956, 314.

[80] *LG Bielefeld* Rpfleger 1959, 15 (*Berner*) = FamRZ 1958, 383.

[81] Wie bei Blinden- und Pflegezulagen oder bei den → Rdnr. 17 dem Schuldner verbleibenden Beträgen. Vgl.

AG Essen (Fn. 79) u. *Berner* (Fn. 80); *LG Berlin* JR 1960, 23; *Boewer* (Fn. 9), 248 Fn. 2; Berücksichtigung der Berlinzulage nur, wenn ein Berliner vollstreckt, *KG* FamRZ 1979, 961; *Stöber*[10] Rdnr. 1105.

[82] Wie hier *Stöber*[10] Rdnr. 1104. – A.M. *LG Berlin* NJW 1956, 1722f. Das Kindergeld soll aber allgemein die Unterhaltslast erleichtern (*BSG* NJW 1974, 2152; *Bauer* NJW 1978, 871f.; *OLG Düsseldorf* Büro 1982, 608) u. seine Verwendung ist dem Anspruchsberechtigten freigestellt, *BFH* NJW 1983, 415; *LG Oldenburg* DAVorm 1978, 70; *LG Kaiserslautern* Rpfleger 1981, 446. Wegen des Kindergeldes für Stief- u. Pflegekinder → Fn. 39 a. E. u. *LG Lübeck* Rpfleger 1974, 76.

[83] Vgl. zu §§ 1602f. BGB *OLG Bamberg* FamRZ 1981, 1196.

[84] *BGH* FamRZ 1980, 771 (zum Wohngeld); *Stöber*[10] Rdnr. 1104.

[85] Dem steht *BGH* FamRZ 1980, 984 nicht entgegen. S. auch § 850 Rdnr. 30.

[86] *BGH* NJW 1980, 934.

[87] Siehe dazu *Behr* (Fn. 6), 390; *Hornung* Rpfleger 1978, 240; *Schreiber* NJW 1977, 280. → auch § 850 i Rdnr. 81.

[88] *LG Berlin* MDR 1978, 323; → dazu § 850 i Rdnr. 52.

[89] *Zöller/Stöber*[18] Rdnr. 11.

[90] Vgl. *KG* AP Nr. 1 zu § 850 d (*Pohle*) = FamRZ 1958, 342 = JR 260: Wohnung u. Verpflegung wird von Mutter dem volljährigen Sohn gewährt; *Hetzel* MDR 1959, 353; *Stöber*[10] Rdnr. 1103 mwN.

Arbeitsverdienst im Ergebnis einem Gläubiger des Mannes zufließt[91]. Verfügt ein Elternteil, der das Kind pflegt und erzieht, über eigenes Einkommen, so ist er dem Kind nicht zum Barunterhalt verpflichtet, wenn der andere Elternteil leistungsfähig ist und ein mindestens ebenso hohes Einkommen hat[92].

31 **4. Begrenzung (Abs. 1 S. 3).** – § 850 d stellt gewisse Gläubiger besser. Er darf daher nicht dazu führen, daß dem Schuldner mehr belassen wird als bei der Pfändung seitens eines gewöhnlichen Gläubigers nach § 850 c. → dazu aber auch § 850 f Rdnr. 7.

5. Bezüge von *NATO-Truppenangehörigen*, die Mitglieder der Streitkräfte der Vereinigten Staaten sind, können wegen Unterhalts für Ehegatten und Kinder gepfändet werden, solange der Schuldner in der BRD stationiert ist, und zwar zu 50 % des verfügbaren Gesamteinkommens, wenn noch weiteren Gläubigern dieser Art Unterhalt geleistet wird, andernfalls zu 60 %, jeweils erhöht um 5 % für Rückstände von 12 Wochen oder mehr, → die Nachweise § 850 Fn. 9.

VI. Gläubigerkonkurrenz

1. Mehrere Unterhaltsgläubiger

32 Wegen des Zusammentreffens von *Pfändungen bevorzugter und gewöhnlicher Gläubiger* → § 850 e Rdnr. 75 ff.; wegen der Besonderheiten beim Zusammentreffen mit »Zählkindern« → § 850 i Rdnr. 86 f.

33 Verändert sich die Lage dadurch, daß ein *besser- oder gleichberechtigter* Unterhaltsberechtigter *hinzukommt oder wegfällt* (z. B. Geburt oder Tod eines Unterhaltsberechtigten, Eintritt einer bisher fehlenden Bedürftigkeit, erlöschen der Unterhaltspflicht gegenüber dem Ehegatten usw.), so ändert dies den Bestand der Pfändung unmittelbar nicht. Nur auf Antrag nach § 850 g wird der Freibetrag erhöht um den Betrag, den der Schuldner zur Erfüllung der neuen Unterhaltspflicht benötigt (→ Rdnr. 22–24).

34 Geht der hinzutretende (rangbessere oder gleichrangige) Unterhaltsgläubiger gegen den Schuldner ebenfalls im Wege der Lohnpfändung vor, so gilt zunächst § 804 Abs. 3, d. h. die frühere Pfändung z. B. seitens des nachrangigen Enkelkindes geht der des minderjährigen Kindes vor; sie ist aber nunmehr auf Antrag nach § 850 g dahin abzuändern, daß der freibleibende Lohnteil um den laufenden Betrag für das minderjährige Kind erhöht wird. Dieser Betrag steht dann für das Kind frei und wird nach ganz h. M. von dessen Pfändung erfaßt[93].

Beispiel: Ist dem Schuldner, der 1200 DM Monatslohn netto verdient, bei der ersten Pfändung (Enkelkind) ein Betrag i. H. v. 1000 DM belassen worden und pfändet später ein minderjähriges Kind des Schuldners wegen 150 DM monatlicher Rente, ebenfalls unter Belassung eines Freibetrages von 1000 DM, so ist zunächst nach § 804 Abs. 3 das Enkelkind vor dem minderjährigen Kind zu befriedigen. Auf Antrag ist jedoch der erste Pfändungsbeschluß dahin abzuändern, daß er nur den 1150 DM übersteigenden Betrag ergreift, so daß dem zweitpfändenden Kind 150 DM und dem Enkelkind nur noch 50 DM verbleiben.

---

[91] → auch § 850 c bei Fn. 89; *OLG Stuttgart* JW 1936, 3063; *OLG Frankfurt* MDR 1957, 750 (Hill); *OLG Celle* OLGZ 1966, 440 = FamRZ 203; *LG Hamburg* Rpfleger 1966, 147 (zust. *Berner*); *Hetzel* (Fn. 90); *Stöber*[10] Rdnr. 1103 mwN. – Grundsätzlich gegen Berücksichtigung des Arbeitsverdienstes des Ehegatten *KG* DR 1939, 1191; 1940, 85; *OLG Hamburg* DR 1944, 916; *LG Lüneburg* MDR 1955, 428; *LG Bremen* Rpfleger 1959, 384 (zust. *Berner*); *LG Hildesheim* FamRZ 1965, 278.

[92] *BGH* FamRZ 1980, 994 = NJW 2306.
[93] *Baumann/Brehm* ZV² § 6 II 3 c ß; *Stöber*[10] Rdnr. 1271. War der Rangbessere dagegen schon vorher vorhanden, pfändet er aber erst nach dem Rangschlechteren u. reichen die reservierten Beträge nicht aus → Rdnr. 37.

Ist der Lohn von einem gewöhnlichen Gläubiger gepfändet und erfolgt danach eine »strenge Lohnpfändung« durch einen Unterhaltsberechtigten, so wird der erstrangige Gläubiger dadurch nicht berührt[94]. Dem Unterhaltsberechtigten fällt damit nur der Restbetrag zwischen § 850 c und § 850 d zu (§ 804). → dazu auch § 850 e Rdnr. 75 ff. 35

Pfänden mehrere Unterhaltsgläubiger nacheinander oder gleichzeitig, ohne daß ein einfacher Gläubiger vorhanden ist (§ 850 e Nr. 4 bleibt damit außer Betracht), und reicht das pfändbare Einkommen nicht für eine volle Befriedigung sämtlicher Unterhaltsgläubiger, so gilt unter ihnen § 804 Abs. 3 für den nach § 850 c *allgemein pfändbaren Bereich* und wegen solcher Rückstände, die der Schuldner nicht böswillig hat auflaufen lassen → Rdnr. 15; denn sonst würde der bevorrechtigte Gläubiger schlechter stehen als der Normalgläubiger[95]. 36

Im **Bereich des Vorrechts**, also des über § 850 c hinaus Pfändbaren, bleibt der frühere Beschluß bis zu einer Abänderung nach § 850 g[96] oder § 766 maßgeblich. Bei der Abänderung sind Angehörige derselben Gruppe gleichmäßig (quotenmäßig) zu berücksichtigen[97] und Angehörige verschiedener Gruppen in der Reihenfolge dieser Gruppen. 37

Kann nicht jeder Unterhaltsanspruch voll befriedigt werden, so ist bei *gleichrangig zu Berücksichtigenden* der laufende Unterhalt vorrangig vor dem rückständigen zu gewähren. 38

2. Bevorzugte und nichtbevorzugte Ansprüche desselben Gläubigers

Pfändet der Unterhaltsgläubiger wegen bevorzugter *und* gewöhnlicher Ansprüche – also z.B. auch wegen älterer, nicht absichtlich verursachter Rückstände, → Rdnr. 15, oder Kosten des Rechtsstreits, → Rdnr. 10 –, so ist der *über § 850 c hinaus* gemäß § 850 d ergriffene Teil des Arbeitseinkommens nur auf die bevorrechtigten Anspruchsteile zu verrechnen, und zwar nach §§ 367 Abs. 1, 366 Abs. 2 BGB zunächst auf die Kosten der Vollstreckung, dann auf die Zinsen bevorzugter Rückstände. Soweit sich der von der Pfändung erfaßte Teil des Arbeitseinkommens *in den Grenzen des § 850 c hält*, ist er auf die nicht bevorrechtigten Anspruchsteile zu verrechnen nach §§ 367 Abs. 1, 366 Abs. 2 BGB, also zunächst auf die Kosten des Rechtsstreits, die Zinsen der nicht bevorrechtigten Ansprüche und die ältesten, des Vorrechts ermangelnden Rückstände[98]. Dies gilt im Zweifel auch bei freiwilligen Zahlungen; → allgemein dazu § 850 e Rdnr. 10. Einer besonderen Anordnung dieser Verrechnungsart bedarf es nicht. Der Beschluß muß aber klarstellen, in welchem Umfang der Vorrang gewährt wird. Bei unklarer Fassung des Beschlusses können Gläubiger und Schuldner im Wege der Erinnerung eine ergänzende Anordnung verlangen. 39

VII. Das Verfahren

1. Der Gläubiger muß im **Antrag** – ausdrücklich oder sinngemäß – zu erkennen geben, daß er das Vorrecht beansprucht, und die Voraussetzungen so dartun, daß der Rechtspfleger den pfändbaren Teil bestimmen kann[99]. Fehlen solche Angaben, so ist nur § 850 c anzuwenden. → aber § 850 e Rdnr. 76. 40

---

[94] *LAG Düsseldorf* DAVorm 1977, 149; *Behr* (Fn. 6), 388; *Henze* (Fn. 43), 457.
[95] H.M.; *LAG Düsseldorf* (Fn. 94); *LG Aurich* Rpfleger 1990, 307; *LG Bayreuth* (Fn. 53); ausführlich *Behr* (Fn. 6), 389; *Boewer* (Fn. 9), 251 f.; *Baumbach/Hartmann*[52] Rdnr. 6; *Frisinger* NJW 1970, 715; *Stöber*[10] Rdnr. 1271 Fn. 54. – A.M. *LG Bamberg* MDR 1986, 245; *LG Mannheim* MDR 1970, 245; *Henze* (Fn. 43).
[96] Vgl. *LG Aurich* Rpfleger 1990, 307; *LG Bamberg* MDR 1986, 245. Zum Verhältnis zwischen § 850 g und § 766 → § 850 g Rdnr. 1.
[97] → Rdnr. 23 Fn. 66.
[98] Im Ergebnis ebenso *Kandler* NJW 1958, 2049; *Boewer* (Fn. 9), 251 aaO Fn. 2; s. auch *Wieczorek*[2] Anm. D I a.
[99] *LG Bayreuth* DAVorm 1982, 1099 (zu § 850 d Abs. 1 S. 2); *Stöber*[10] Rdnr. 1116. Dazu gehören vor allem Angaben über weitere Unterhaltsberechtigte u. andere Einkünfte → Rdnr. 22, 29 f. – A.M. *Wimmer* JW 1938, 14 f. (bei fehlenden Angaben sei der Schuldner als ledig zu behandeln).

41 Das Gericht hat bei der **Prüfung, ob der Anspruch bevorrechtigt ist** (→ Rdnr. 7–14), vom Titel auszugehen[100]. Enthält der Tenor keine Angaben über die Natur des Anspruchs, können die Entscheidungsgründe zur Auslegung herangezogen werden. Führt die Auslegung zu keinem Ergebnis, bleibt der Gläubiger auf die Feststellungsklage angewiesen → § 850 f Rdnr. 11.

42 Der Schuldner ist vor einer Entscheidung über den erweiterten Zugriff zu hören[101], weil über dessen Existenzminimum entschieden wird. Eine Vereitelung der Vollstreckung durch Abtretung droht nicht, da der Forderungsteil, auf den der privilegierte Gläubiger zugreifen will, nicht abtretbar ist. Die h. M. lehnt trotz Art. 103 Abs. 1 GG eine Anhörung des Schuldners ab und befürwortet Ermittlungen des Vollstreckungsgerichts, für die es im Gesetz keine Grundlage gibt[102]. Vor der Anhörung ist eine Pfändung nach § 850 c zulässig und zur Rangwahrung geboten.

43 Für ältere als einjährige **Rückstände** muß der Gläubiger, wie aus der Fassung des Abs. 1 S. 4 hervorgeht, nicht beweisen, daß sich der Schuldner absichtlich der Zahlung entzogen hat. Der Gläubiger muß aber im Pfändungsverfahren diese Voraussetzung der erweiterten Pfändung wegen der Rückstände angeben[103]. Nicht erforderlich sind substantiierte Tatsachenbehauptungen. Aufgabe der Darlegungslast im Pfändungsverfahren ist es nicht, aufgrund des einseitigen Parteivortrags eine »Beweiswürdigung« zu ermöglichen, vielmehr ist dem Schuldner mitzuteilen, auf welcher tatsächlichen Grundlage die Pfändung beruht, damit er sich im Pfändungsverfahren wehren kann. Deshalb schadet es nicht, wenn der Gläubiger nur den Gesetzeswortlaut wiederholt[104]. Es reicht aber nicht die Behauptung, dem Schuldner sei Zahlung möglich gewesen[105], denn der Schuldner kann nicht erkennen, daß damit die absichtliche Entziehung der Zahlungspflicht behauptet wird. Der Schuldner trägt die Behauptungs- und Beweislast dafür, daß er sich der Zahlungspflicht nicht entzogen hat[106]. Ein absichtliches Entziehen ist zu verneinen, wenn der Schuldner meinte, aus Rechtsgründen nicht zahlungspflichtig zu sein[107].

44 2. Der Erlaß des **Pfändungsbeschlusses** vollzieht sich nach den allgemeinen Regeln → § 829 Rdnr. 40 ff. Der *Rechtspfleger* trifft auch die Ermessensentscheidung über den dem Schuldner zu belassenden Betrag, § 20 Nr. 17 RpflG.

45 3. § 850 e Nr. 1 geht von der Nettolohnberechnung aus. Der Beschluß ergeht dahin, daß der Bezug, soweit er die Summe von x DM je Woche bzw. Monat übersteigt, gepfändet wird[108]; der Nettobetrag von x DM verbleibt dem Schuldner. Zur Rechtslage, wenn der Schuldner freiwillige Zahlungen an den Gläubiger behauptet, → § 850 e Rdnr. 9.

46 4. Gegen den Beschluß steht dem *Schuldner*, einem zurückgesetzten *Unterhaltsberechtigten*[109], dem *Drittschuldner*[110] und, falls das Gericht vom Antrag nicht abgewichen war, auch dem Gläubiger[111] die **Erinnerung** nach § 766 zu. – *Befristet* nach § 11 Abs. 1 RpflG, § 793 sind Erinnerungen des Gläubigers, wenn seine Anträge ganz oder teilweise zurückgewiesen wurden[112] und jedes Beteiligten, wenn *er* angehört wurde[113], z. B. in den Fällen des Abs. 2 a 3.

---

[100] Vgl. *OLG Frankfurt* (Fn. 8).
[101] → § 834 Rdnr. 2, 3; dort auch zur Gefahr vorzeitiger Erfüllung durch den Drittschuldner.
[102] Vgl. *Stöber*[10] Rdnr. 1018.
[103] A.M. *Kabath* Rpfleger 1992, 292, der keine Darlegung des Gläubigers verlangt.
[104] A.M. die 20. Auflage und *Stöber*[10] Rdnr. 1090.
[105] A.M. *KG* MDR 1987, 767; wohl auch *Stöber*[10] Rdnr. 1089; *Schuschke* Rdnr. 12.
[106] *OLG Oldenburg* MDR 1958, 172; *OLG Hamm* JMBlNRW 1963, 261; *KG* DGVZ 1971, 73; *Stöber*[10] Rdnr. 1090.
[107] *LG Braunschweig* Büro 1986, 1422.

[108] Vgl. *LG Berlin* Rpfleger 1965, 82[49] (zust. *Stöber*); *LG Kassel* Rpfleger 1974, 77 (*Stöber*). Ein Blankettbeschluß scheidet hier aus, *Stöber*[10] Rdnr. 1121; s. aber zur Bezugnahme auf eindeutig bestimmbare, wenn auch gleitende Größen *LG Kassel* aaO (Heimpflegekosten).
[109] → § 850 Rdnr. 19.
[110] → § 829 Rdnr. 109.
[111] *OLG Koblenz* Rpfleger 1978, 227; *LG Frankenthal* Rpfleger 1984, 425; *Christmann* Rpfleger 1988, 459; *Stöber*[10] Rdnr. 1127.
[112] *Christmann* Rpfleger 1988, 459. Näheres → § 829 Rdnr. 53.
[113] → § 766 Rdnr. 7.

HS oder auf Antrag des Gläubigers (→ Rdnr. 27 und Fn. 101). Im Verfahren nach § 766 gilt § 138 Abs. 3, → auch § 850 e Rdnr. 45, 69.

Dabei erfassen Korrekturen *zuungunsten* des Gläubigers auch solche gepfändeten, aber 47 noch nicht an ihn abgeführten Raten, die schon *vor der Entscheidung* fällig geworden waren, falls das Gericht es ausdrücklich anordnet oder erkennbar von dieser »Rückwirkung« ausgeht; letzteres ist im Zweifel anzunehmen[114]. Der rückwirkenden Anordnung anderer Rangverhältnisse braucht der Drittschuldner für die Vergangenheit nur insoweit nachzukommen, als er im Zeitpunkt der Kenntniserlangung noch keine Zahlung geleistet hat[115]. Will der Schuldner dagegen, daß ihm infolge besonderer Verhältnisse ein Teil des an sich nach § 850 d pfändbaren Arbeitseinkommens belassen werde, so kommt nicht die Erinnerung sondern ein Antrag nach § 850 f Abs. 1, über den der Rechtspfleger entscheidet, in Betracht[116]. Wegen der **Abänderung** des Beschlusses bei Veränderung der Verhältnisse → § 850 g mit Bem. → auch § 829 Rdnr. 83.

5. Die **Vorpfändung** nach § 845 wird dadurch, daß die Pfändungsgrenze nach § 850 d erst 48 durch das Gericht bestimmt wird, nicht ausgeschlossen. Der Gläubiger muß in der Pfändungsankündigung angeben, bis auf welchen Freibetrag für den Schuldner er das Einkommen für sich in Anspruch nimmt. Setzt das Gericht einen höheren Freibetrag fest, so wird damit die weitergehende Verstrickung ohne weiteres hinfällig. Nimmt es dagegen einen geringeren an, so wird die Pfändung des Differenzbetrags erst mit der Zustellung des Pfändungsbeschlusses wirksam, → § 845 Rdnr. 24[117].

VIII. Die sog. Vorratspfändung (Abs. 3)[118]

Sie darf nicht verwechselt werden mit der *Voraus- oder Dauerpfändung,* die keine rangwahrende Wirkung für noch nicht fällige Titelraten hat, → § 751 Rdnr. 4[119].

1. Die **Vollstreckung wegen noch nicht fälliger Anspruchsteile** ist in Abweichung von § 751 49 zugelassen:

a) nur für die Vollstreckung *gesetzlicher Unterhaltsansprüche*[120] oder von Ansprüchen auf 50 Renten, die aus Anlaß einer *Verletzung des Körpers oder der Gesundheit* zu zahlen sind. Ob sie auf unerlaubter Handlung oder vertraglicher Erfüllungs- oder Schadensersatzpflicht beruht, ist gleich. Im übrigen → § 850 b Rdnr. 7 f.

Wegen anderer Rentenansprüche (Altenteils-, Vermächtnisrenten u. ä.) kommt eine Vorratspfändung nicht in Frage, noch weniger wegen Kapitalforderungen[121].

b) **Zugriffsgegenstände** der Vorratspfändung nach § 850 d Abs. 3 sind nur aa) *Arbeitsein-* 51 *kommen* i. S. d. § 850 Abs. 1, 2, insbesondere also Gehalt, Lohn, Ruhegelder und Hinterbliebenenbezüge; bb) *fortlaufende Bezüge,* die nach § 850 Abs. 3 dem Arbeitseinkommen *gleich-*

---

[114] BAG AP Nr. 8 (*Bötticher*) = Rpfleger 1962, 170 (*Berner*); *Pohle* zu BAG AP Nr. 4. – Weitergehend (stets »Rückwirkung« für noch offene Beträge) *Bötticher* aaO; *Baumbach/Hartmann*[52] Rdnr. 13. – Um echte »Rückwirkung« handelt es sich hierbei nicht (→ dazu § 766 Rdnr. 44), sondern es werden noch nicht erledigte Teile des zurückliegenden Pfändungsbeschlusses ex nunc aufgehoben, vgl. auch *Pohle* aaO. → aber § 850 f Rdnr. 25.
[115] BAG NJW 1991, 1774.
[116] LG Bayreuth (Fn. 53), → § 850 f Rdnr. 7.
[117] Ebenso *Stöber*[10] Rdnr. 1130.
[118] Lit.: *Baer* NJW 1962, 574 f.; *Quardt* Büro 1961, 520; *Berner* Rpfleger 1962, 237.
[119] Vgl. *OLG Hamm* NJW-RR 1994, 895 = WuB VI.E. § 850 d 1.94 (*Brehm/Aleth*); LG Berlin Rpfleger 1978, 331 f. ließ sie nicht zu.

[120] → Rdnr. 2–9. Die eindeutige Fassung erlaubt keine Analogie, OLG Celle NdsRpfl 1952, 152; *Baur* DB 1968, 252; *Stöber*[10] Rdnr. 688. S. auch *BSG* Büro 1982, 1177 f.
[121] OLG Celle (Fn. 120); OLG Frankfurt NJW 1954, 1774 (Mietzins); OLG Hamm Rpfleger 1963, 19 (*Berner*) (Kaufpreis); OLG Schleswig Rpfleger 1965, 181 (*Berner*) (Pachtzins); LG Essen NJW 1966, 1822 = Rpfleger 1967, 419 (*Berner*); LG Berlin (Fn. 119); *Baur* (Fn. 120) 252; *Stöber*[10] Rdnr. 688 Fn. 2; *Baur/Stürner*[11] Rdnr. 323; ganz h. M., denn die scheinbar abweichende Rsp der *LGe* Mannheim NJW 1949, 869; Bremen Rpfleger 1950, 276; Würzburg NJW 1956, 1160 (Pfändung künftiger Pachtzinsforderungen); Hamburg Rpfleger 1962, 281 (zust. *Berner*) (Mietzins) betrifft nur die nicht rangwahrende Voraus- oder Dauerpfändung → § 751 Rdnr. 4.

gestellt sind oder nach § 54 Abs. 4 SGB – I wie Arbeitseinkommen zu pfänden sind[122]; cc) Bezüge der in *§ 850 a* bezeichneten Art, soweit sie von der Pfändung des Arbeitseinkommens miterfaßt werden, dort Nr. 1, 2, 4; dd) *bedingt pfändbare* Bezüge des § 850 b (vgl. Abs. 2 »... nach den für Arbeitseinkommen geltenden Vorschriften ...«).

52   Für *andere Vermögensobjekte des Schuldners*, z. B. körperliche Sachen nach § 808ff., Bankguthaben oder Einkünfte aus Vermietung, auch andere Rentenansprüche, soweit diese nicht unter § 54 SGB – I fallen → Rdnr. 51, bleibt es bei dem Grundsatz des § 751[123]; zur Voraus- oder Dauerpfändung → aber § 751 Fn. 12.

53   2. Die Vorratspfändung ist nur zulässig, wenn zugleich wegen fälliger Ansprüche vollstreckt wird[124], wenn also wenigstens **eine** der noch zu begleichenden Raten **bereits fällig** ist[125]. Die Gefahr künftigen Zahlungsverzuges allein genügt daher nicht, sie muß in Rückständen zur Zeit der Pfändung zum Ausdruck kommen[126]. Ob ein danach verfrühter Pfändungsantrag zurückzuweisen oder bis zum Eintritt der Fälligkeit der ersten Rate liegen zu lassen ist, ist eine Zweckmäßigkeitsfrage; durch das Liegenlassen des Antrags wird aber eine Priorität vor anderen, begründeten Anträgen nicht geschaffen.

54   3. Liegen die Voraussetzungen des § 850 d Abs. 3 vor[127], so **ist** die Vorratspfändung auszusprechen; das Wort »kann« besagt nur, daß § 751 nicht entgegensteht, erlaubt aber kein Ermessen[128].

55   Eine Beschränkung der Vorratspfändung auf eine bestimmte *Zeit* oder eine bestimmte Zahl von Raten besteht nicht. Sie wirkt, soweit nicht der Gläubiger eine Beschränkung beantragt hat, für die gesamte Zeit der Titelschuld. Sie bleibt auch dann bestehen, wenn der Schuldner die Rückstände getilgt hat und nur noch den laufenden Unterhalt schuldet[129]. Ist allerdings zu erwarten – wofür konkrete Anhaltspunkte bestehen müssen –, daß der Schuldner seine Unterhaltspflicht pünktlich erfüllen wird, so kann eine weitere Ausnutzung der Vorratspfändung rechtsmißbräuchlich sein[130], vor allem wenn der Schuldner nur wegen eines Irrtums in Rückstand geraten ist. Der Schuldner kann Aufhebung der für ihn lästigen Vorratspfändung verlangen, wenn er Sicherheit leistet (§ 777).

Zur Wirkung einer Abänderung oder Ersetzung des Titels → § 725 Rdnr. 7.

56   4. Der **Pfändungsbeschluß** ist dahin zu fassen, daß die Pfändung und Überweisung auch wegen der erst nach seinem Erlaß fällig werdenden Raten des titulierten Anspruchs erfolgt. Daß der Drittschuldner die Raten erst nach Eintritt der Fälligkeit an den Gläubiger zu zahlen hat, ist auch ohne ausdrückliche Anordnung selbstverständlich.

57   Zu beachten ist, daß die Pfändung das Arbeitseinkommen oder die fortlaufenden Sozialleistungen in Geld (§ 54 Abs. 4 SGB – I) *von vornherein* auch wegen der erst künftig fällig werdenden Raten der Titelschuld ergreift. Die Pfändung wird auch insoweit schon mit der Zustellung wirksam; Verfügungen (Pfändungen usw.) vor dem Fälligkeitszeitpunkt beeinträchtigen also die Rangstellung der Vorratspfändung nicht[131]. Nur darin liegt der Unter-

---

[122] *Stöber*[10] Rdnr. 1379.
[123] *OLG Hamm* FamRZ 1980, 1146; *LG Berlin* (Fn. 119) u. ZIP 1982, 1130; *LG Hannover* Büro 1987, 463; *Baumann/Brehm* ZV² § 6 II 3 c Fn. 12.
[124] *OLG Frankfurt* (Fn. 121) u. DAVorm 1984, 709; *KG* Rpfleger 1961, 126 (Fälligkeit bei Erlaß des Beschlusses genügt, auch wenn bei Zustellung schon getilgt), *LG Wuppertal* MDR 1990, 640; *LG Stuttgart* ZZP 71 (1958), 288; *LG Berlin* MDR 1966, 596; *LG Essen* (Fn. 121); *Baur* (Fn. 120); *Stöber*[10] Rdnr. 689 mwN.
[125] Für diese darf aber dann nicht bereits früher ein gesonderter Pfändungsbeschluß erwirkt worden sein, *LG Münster* FamRZ 1971, 667; *Zöller/Stöber*[18] Rdnr. 24; s. auch *Baumann/Brehm* (Fn. 123) Fn. 11.
[126] *OLG Frankfurt* (Fn. 121); *LG Münster* (Fn. 125); *LG Stuttgart* (Fn. 124).

[127] Entscheidend ist der Zeitpunkt des Erlasses des Pfändungsbeschlusses, nicht erst der Zustellung, *KG* (Fn. 124); *LG Göttingen* NdsRpfl 1967, 226; allg. M.
[128] So auch *Stöber*[10] Rdnr. 688 mwN.
[129] *OLG Hamm* (Fn. 127); *KG* (Fn. 124).
[130] *OLG Düsseldorf* MDR 1977, 147; *OLG Hamm* (Fn. 68) stellt auf § 765 a ab.
[131] Allg. M.; *LG Saarbrücken* Rpfleger 1973, 373; *Berner* Rpfleger 1962, 237; *Frisinger* (Fn. 6), 77; *Baumbach/Hartmann*[52] Rdnr. 16; *Stöber*[10] Rdnr. 690.

schied zur Voraus- oder Dauerpfändung → § 751 Rdnr. 4, während sich die Erstreckung des Pfandrechts auf künftige Raten des *gepfändeten Anspruchs* für bereits fällige Titelschulden schon aus § 832 ergibt, → auch § 850 Rdnr. 54.

5. Die Vorratspfändung unterliegt der **Anfechtung** nach allgemeinen Grundsätzen, → Rdnr. 46. Solange aber der Pfändungsbeschluß besteht, kann der Drittschuldner mit befreiender Wirkung zahlen und zur Leistung verurteilt werden[132]. 58

6. Für die *Anwaltsgebühren* sind gemäß § 57 Abs. 2 S. 3 BRAGO die künftig fällig werdenden Raten nach § 17 Abs. 1 bzw. 2 GKG zu bewerten. Im übrigen → wegen der **Kosten** Rdnr. 15 vor § 803, § 829 Rdnr. 125. 59

§ 850 e [Berechnung des pfändbaren Arbeitseinkommens]

Für die Berechnung des pfändbaren Arbeitseinkommens gilt folgendes:

1. ¹Nicht mitzurechnen sind die nach § 850 a der Pfändung entzogenen Bezüge, ferner Beträge, die unmittelbar auf Grund steuerrechtlicher oder sozialrechtlicher Vorschriften zur Erfüllung gesetzlicher Verpflichtungen des Schuldners abzuführen sind. ²Diesen Beträgen stehen gleich die auf den Auszahlungszeitraum entfallenden Beträge, die der Schuldner

a) nach den Vorschriften der Sozialversicherungsgesetze zur Weiterversicherung entrichtet oder

b) an eine Ersatzkasse oder an ein Unternehmen der privaten Krankenversicherung leistet, soweit sie den Rahmen des Üblichen nicht übersteigen.

2. ¹Mehrere Arbeitseinkommen sind auf Antrag vom Vollstreckungsgericht bei der Pfändung zusammenzurechnen. ²Der unpfändbare Grundbetrag ist in erster Linie dem Arbeitseinkommen zu entnehmen, das die wesentliche Grundlage der Lebenshaltung des Schuldners bildet.

2a. ¹Mit Arbeitseinkommen sind auf Antrag auch Ansprüche auf laufende Geldleistungen nach dem Sozialgesetzbuch zusammenzurechnen, soweit diese der Pfändung unterworfen sind. Der unpfändbare Grundbetrag ist, soweit die Pfändung nicht wegen gesetzlicher Unterhaltsansprüche erfolgt, in erster Linie den laufenden Geldleistungen nach dem Sozialgesetzbuch zu entnehmen. ²Ansprüche auf Geldleistungen für Kinder dürfen mit Arbeitseinkommen nur zusammengerechnet werden, soweit sie nach § 54 Abs. 5 des Ersten Buches Sozialgesetzbuch gepfändet werden können.

3. ¹Erhält der Schuldner neben seinem in Geld zahlbaren Einkommen auch Naturalleistungen, so sind Geld- und Naturalleistungen zusammenzurechnen. ²In diesem Falle ist der in Geld zahlbare Betrag insoweit pfändbar, als der nach § 850 c unpfändbare Teil des Gesamteinkommens durch den Wert der dem Schuldner verbleibenden Naturalleistungen gedeckt ist.

4. ¹Trifft eine Pfändung, eine Abtretung oder eine sonstige Verfügung wegen eines der in § 850 d bezeichneten Ansprüche mit einer Pfändung wegen eines sonstigen Anspruchs zusammen, so sind auf die Unterhaltsansprüche zunächst die gemäß § 850 d der Pfändung in erweitertem Umfang unterliegenden Teile des Arbeitseinkommens zu verrechnen. ²Die Verrechnung nimmt auf Antrag eines Beteiligten das Vollstreckungsgericht vor. ³Der Drittschuldner kann, solange ihm eine Entscheidung des Vollstreckungsgerichts nicht zugestellt ist, nach dem Inhalt der ihm bekannten Pfändungsbeschlüsse, Abtretungen und sonstigen Verfügungen mit befreiender Wirkung leisten.

---

[132] Siehe zum Zusammentreffen einer Vorratspfändung mit einer einstweiligen Verfügung *OLG Hamm* FamRZ 1980, 1144.

Gesetzesgeschichte: § 7 LohnpfändungsVO RGBl. 1940 I, 1451 und von dort in ZPO BGBl. 1953 I, 952. Änderungen BGBl. 1972 I, 221, BGBl. 1975 I, 3015, BGBl. 1988 I, 1046; BGBl. 1994 I, 1229.

I. Überblick

1 § 850 e enthält **Ausführungsregeln** für die Berechnung des pfändbaren Teiles des Arbeitseinkommens; sie gelten auch für § 850 h und i, → Rdnr. 51. **Nr. 1** hält am Grundsatz des **Nettolohnes** fest (II); die übrigen Nummern regeln das **Zusammentreffen** verschiedener Arbeitseinkommen (**Nr. 2** → Rdnr. 19 ff.), von Arbeitseinkommen mit laufenden Sozialgeldleistungen (**Nr. 2a** → Rdnr. 56 ff.), von Geldeinkommen mit Naturalbezügen (**Nr. 3** → Rdnr. 71 ff.) und von Pfändungen, Abtretungen usw. zugunsten bevorzugter (§ 850 d) Gläubiger mit Pfändungen zugunsten gewöhnlicher (§ 850 c) Gläubiger (**Nr. 4** → Rdnr. 75 ff.).

II. Die Bestimmung des Nettolohns, Nr. 1

2 **Bei der Berechnung** des dem Gläubiger zukommenden Teiles des Arbeitseinkommens sind als schlechthin dem Schuldner verbleibend **auszuscheiden:**

1. Die nach § 850 a der Pfändung entzogenen Bezüge

a) Gemeint sind nur Bezüge, die ihrer Art nach von der Pfändung eines Arbeitseinkommens miterfaßt sind, § 850 a Nrn. 1–4; soweit das nicht der Fall ist, scheiden sie für die Berechnung von vornherein aus. Bei der Berechnung sind die so erfaßten Bezüge nur insoweit auszuscheiden, als sie nach § 850 a »der Pfändung entzogen« sind: bei Nr. 1 also der halbe Betrag, bei Nrn. 2 und 3 das im Rahmen des Üblichen Liegende, bei Nr. 4 die Hälfte, aber höchstens *540 DM*. Zur Verrechnung der Weihnachtsvergütung auf den Dezemberlohn → § 850 a Rdnr. 29. Heiratsbeihilfen (Nr. 5) sind bei der Vollstreckung wegen Ansprüchen aus Anlaß der Heirat voll einzusetzen. Bedingt unpfändbare Bezüge nach § 850 b sind den unpfändbaren Leistungen nach § 850 a gleichzustellen, soweit keine Entscheidung nach § 850 b Abs. 2 vorliegt, so daß auch sie bei einer Zusammenrechnung nach § 850 e nicht berücksichtigt werden dürfen[1].

3 b) Bei der Vollstreckung seitens *bevorzugter Unterhaltsgläubiger* werden nach § 850 d Abs. 1 Satz 1 die Bezüge des § 850 a Nrn. 1, 2, 4 von der Pfändung teilweise miterfaßt. § 850 e Nr. 1 gilt daher insoweit nicht.

4 c) Der *Drittschuldner* hat die Bezüge gemäß Nr. 1 selbst auszuscheiden, einer Anordnung im Pfändungsbeschluß bedarf es nicht[2]. Versäumt er diese Absetzung und zahlt er deshalb zuviel an den Gläubiger, so bleibt er dem Schuldner gegenüber verpflichtet. Auch wenn schon vor Erlaß des Pfändungsbeschlusses Zweifel oder Meinungsverschiedenheiten über die Höhe der abzusetzenden Beträge bestehen (z. B. über die Berücksichtigung von Aufwandsentschädigung, § 850 a Nr. 3), ist der Beschluß ohne nähere Anordnung zu erlassen. Im Pfändungsverfahren ist grundsätzlich kein Raum für klarstellende Beschlüsse. Die materiellrechtlichen Wirkungen des Pfändungsbeschlusses sind im Prozeß zwischen Schuldner und Drittschuldner oder im Drittschuldnerprozeß zu klären. → auch § 829 Rdnr. 109.

2. Abzusetzende Beträge nach Nr. 1 S. 1

5 Abzusetzen sind nach **Nr. 1 S. 1** auch die aufgrund **steuer-** oder **sozialrechtlicher Vorschriften** zur Erfüllung gesetzlicher Verpflichtungen *des Schuldners* einzubehaltenden und vom Drittschuldner unmittelbar abzuführenden Beträge. Gemeint sind nur periodische Zahlun-

---

[1] *OLG Köln* FamRZ 1990, 190. → § 850 b Rdnr. 2.   [2] *Stöber*[10] Rdnr. 1132 f.

gen, also Lohnsteuer (§ 38 Abs. 1 EStG) und Kirchensteuer, nicht aber vom Schuldner zu zahlende, auf das Gesamteinkommen entfallende Abschlußzahlungen[3] oder Vorauszahlungen auf Einkommensteuer. Sind für den im Ausland wohnenden Schuldner aufgrund eines Freistellungsbescheides vom Arbeitgeber keine Steuern abzuführen, werden Steuern im Rahmen des § 850 e nicht berücksichtigt[4]. Bleibt der pfändbare Betrag wegen solcher, nicht nach § 850 e absetzbarer Belastungen unverhältnismäßig hoch, so kann ein Antrag nach § 850 f Abs. 1 (a) helfen[5].

Bei *Steuern* sind *alle* auf dem Einkommen lastenden Beträge abzusetzen, auch solche, die auf dem Schuldner verbleibende Lohnteile entfallen, z. B. Freibeträge nach §§ 850 c, d, unpfändbare Überstundenvergütungen, Gefahrenzulagen, Weihnachtsvergütungen usw., § 850 a Nrn. 1–5[6]. Denn eine Aufspaltung des Steuerbetrages könnte zu mißlichen Berechnungsschwierigkeiten führen.

6

3. Abzusetzende Beträge nach Nr. 1 S. 2

Nr. 1 S. 2 stellt gewisse Leistungen gleich[7], die der Schuldner

7

a) nach den Vorschriften der *Sozialversicherungsgesetze zur Weiterversicherung* – nicht Höherversicherung – entrichtet oder

b) an eine *Ersatzkasse oder an ein Unternehmen der privaten Krankenversicherung*[8] leistet, soweit sie den Rahmen des Üblichen nicht übersteigen. Einen Anhalt für diese Grenze geben die unter gleichen Verhältnissen erwachsenden Sätze der gesetzlichen Krankenversicherung[9]. Bei Beamten sind üblich die Versicherungsbeiträge zur Abdeckung von der Beihilfe nicht gedeckter Arztkosten[10] sowie Beiträge für eine freiwillige Versicherung bei einer Ersatzkasse, wenn statt einer Inanspruchnahme der Beihilfe des Dienstherrn die freiwillige Versicherung vorgezogen wird[11].

Überweist der *Drittschuldner* die Beträge unmittelbar der Krankenkasse, Ersatzkasse usw., so setzt er diese Beträge auch ohne ausdrücklichen Vorbehalt im Pfändungsbeschluß ab. Es sind alle auf das gesamte Einkommen entfallenden Beträge abzuziehen. Sozialasten nach Nr. 1 a sind, neben Beiträgen zur gesetzlichen Krankenversicherung, die Beiträge zur Unfall-, Arbeitslosen- und Rentenversicherung, wobei der *Arbeitgeberanteil* außer Betracht bleibt. Ebenfalls abzuziehen ist der Anspruch auf vermögenswirksame Leistungen nach dem 5. VermögensbildungsG v. 19.1. 1989 (BGBl. I, 138) der nach § 4 VII des Gesetzes nicht pfändbar ist. Gleiches gilt für die nach § 11 des Gesetzes festgelegten Teile des Einkommens[12]. Zweifel über die Üblichkeit sind nicht im Vollstreckungsverfahren zu klären → Rdnr. 4.

8

4. Nicht abzusetzende Beträge

Sonstige im **Abzugsverfahren** einzubehaltende Beträge – *Beiträge* zu Berufsorganisationen[13], laufende *Spenden* u. ä. – dürfen bei der Berechnung *nicht* abgesetzt werden (anders noch § 7 Nr. 1 S. 2 LohnpfändungsVO).

9

---

[3] *BAG* DB 1980, 837 (offengelassen für Vorauszahlungen).
[4] *BAG* NJW 1986, 2208 (auch zu verfassungsrechtlichen Bedenken).
[5] *BAG* (Fn. 4).
[6] *Henze* Rpfleger 1980, 456; *Zöller/Stöber*[18] Rdnr. 1. – A.M. *Wieczorek*[2] Anm. B I c zu § 850 a.
[7] Zur Geschichte → 19. Aufl. II 3.
[8] Auch für Krankenhausaufenthalts- und Krankenhaustagegeld, *LG Berlin* Rpfleger 1962, 217.

[9] *LG Berlin* (Fn. 8); ein höherer Betrag ist zu berücksichtigen, wenn der Versicherungsschutz dem öffentlicher Kassen entspricht, *KG* Rpfleger 1985, 154.
[10] *LG Hannover* Büro 1983, 1423.
[11] *LG Hannover* Büro 1987, 464.
[12] *Zöller/Stöber*[18] Rdnr. 13 zu § 850.
[13] Siehe dazu *Schaub* Arbeitsrechtshandbuch[7] (1992) § 92 III 1 a. E.

10 Zahlt der Drittschuldner Beträge an den Schuldner zur Weiterleitung an den Gläubiger, trifft ihn das Risiko, ob der Gläubiger die Leistungen erhält. Er sollte sich daher, besonders bei angeblich fortlaufenden freiwilligen Zahlungen per Dauerüberweisung oder im Einzugsverfahren, das schriftliche Einverständnis des Gläubigers einholen, daß diese Beträge an den Schuldner ausgezahlt werden dürfen. Nach einem Widerruf des Gläubigers befreit die Leistung an den Schuldner nicht mehr. Befreiung kann aber durch Leistung des Schuldners eintreten.

Freiwillige Leistungen des Schuldners an den Gläubiger sind auf den gepfändeten Teil, nicht auf den Freibetrag, anzurechnen und befreien den Drittschuldner gegenüber dem Gläubiger[14], soweit der Schuldner auch auf das Einziehungsrecht leisten wollte, wovon im Zweifel auszugehen ist. Soweit der Schuldner auf das Einziehungsrecht leistet, liegt die Leistung eines Dritten nach § 267 BGB vor, die nach dem Rechtsgedanken des § 268 Abs. 2 BGB dazu führt, daß das Einziehungsrecht des Gläubigers auf den Schuldner übergeht. Der Schuldner kann deshalb gegen den Drittschuldner den ursprünglichen Lohnanspruch geltend machen.

11 Soweit Beträge aufgrund Gesetzes oder Abrede bei der Lohnzahlung zur Sammlung in einen **Pensionsfonds** oder dgl. einbehalten werden, ist zu *unterscheiden*. Verbleibt der Betrag dem Drittschuldner, so handelt es sich sachlich um eine Minderung des jeweils fälligen Gehaltsanspruchs im Vergleich zu einem nur rechnungsmäßig höher festgesetzten Gehalt; die Pfändung der Rückvergütungsansprüche aus dem Fonds bei Ausscheiden des Angestellten bestimmt sich sinngemäß nach § 850 i, → dort Rdnr. 8. – Hat dagegen der Drittschuldner den einbehaltenen Betrag an eine andere Stelle abzuführen, so ist er Teil der Vergütung; ein Abzug nach Nr. 1 ist unzulässig.

12 Ist der Schuldner tarifvertragsgemäß in der Sozialversicherung **zusätzlich versichert**, so ist der vom Unternehmer geleistete *Arbeitgeberanteil* nicht als Teil der Vergütung zu verrechnen, weil die zusätzliche Versicherung eine sowohl im Interesse des Beschäftigten wie des Unternehmers getroffene Maßnahme ist.

5. Abschlagszahlungen und Rückstände

13 **Sonstige Beträge**, insbesondere **Abtretungen, Pfändungen** dürfen **nicht** abgesetzt werden[15]. Wegen freiwilliger Ratenzahlung an den Gläubiger → Rdnr. 10.

14 a) Sind **Abschlagszahlungen**[16] oder **Lohnvorschüsse**[17] geleistet, gilt folgendes:

Zunächst ist zu prüfen, ob der Lohnanspruch durch eine Zahlung, die vor der Pfändung erfolgte, bereits erloschen, § 362 BGB, und deshalb von der Pfändung nicht erfaßt ist. Nach Ansicht des BAG tritt Erfüllung erst ein, wenn der Arbeitgeber die geschuldete Abrechnung erteilt hat, weil der Abrechnungsanspruch notwendiger Bestandteil des Lohnanspruchs sei[18]. Diese Ansicht ist verfehlt, weil der Arbeitgeber im Zweifel auf den Lohnanspruch leistet. Jedenfalls besteht keine Geldforderung mehr, wenn der Arbeitgeber nur noch Abrechnung schuldet.

Bei der *Berechnung* des *pfändbaren* Lohnteils ist vom vertraglich vereinbarten Lohn auszugehen ohne Rücksicht auf schon geleistete Zahlungen[19].

15 Hiervon ist jedoch die Frage zu unterscheiden, ob bereits geleistete Zahlungen auf den pfändbaren oder unpfändbaren Teil des Lohnes anzurechnen sind. Die Rechtsprechung

---

[14] Vgl. *LG Bremen* DB 1962, 476.
[15] Auch nicht die Abtretung an ein Heimbauunternehmen, *RGZ* 146, 290 ff. → § 850 c Rdnr. 8 Fn. 3.
[16] Das sind Zahlungen auf den fälligen Lohnanspruch, während Vorschüsse auf den künftigen Lohn bezogen sind.
[17] Zum Begriff → Fn. 16.

[18] *BAG* WM 1987, 769, 770 = AP Nr. 11 zu § 850 (*Stöber*).
[19] H.M. *BAG* WM 1987, 769, 770; *ArbG Berlin* BB 1965, 203 (Provisionsvorschüsse); MünchKommZPO-*Smid* Rdnr. 6; *Boewer* Lohnpfändung (1972), 231; *Denck* BB 1979, 480 S. auch *RGZ* 133, 252, 256. – A.M. *Bischoff* BB 1952, 436; *Stöber*[10] Rdnr. 1266.

verrechnet zunächst auf den unpfändbaren Teil[20] mit der Folge, daß der Gläubiger durch eine Vorauszahlung, die den unpfändbaren Betrag nicht übersteigt, keine Beeinträchtigung erleidet. Dies wird dem Zweck der Lohnpfändungsvorschriften bei *Abschlagszahlungen* gerecht, da sie die Deckung des notwendigen Lebensbedarfs bezwecken. Bei *Vorschußzahlungen* besteht aber die Gefahr, daß der gesamte Restlohn an den Gläubiger abzuführen ist, weil der unpfändbare Teil schon im Vormonat ausbezahlt wurde. Deshalb wurde vorgeschlagen, eine Verrechnung nur bis zur Grenze des nach § 850 d zu belassenden Lebensbedarfs zu erlauben[21] oder den pfändbaren Lohnteil nur von dem noch geschuldeten Lohnteil zu berechnen[22]. Dem Schutzzweck der §§ 850 ff. entspricht es, Leistungen, die innerhalb des Zahlungszeitraums erfolgten, auf den unpfändbaren Teil zu verrechnen. Denn der Schuldner kann nicht zur Sicherung seiner Existenz neben einer Abschlagszahlung oder einem Vorschuß den unpfändbaren Lohnteil beanspruchen. Bei Vorschußzahlungen für künftige Abrechnungsperioden verbleibt der unpfändbare Lohnteil dem Schuldner, sofern noch eine Restforderung besteht. Zur Frage der Erfüllbarkeit → § 834 Fn. 10.

Sollen »Vorschüsse« nach dem ersichtlichen Willen der Parteien demnächst der Aufrechnung unterliegen, so sind sie sachlich **Darlehen** an den Arbeitnehmer. Dann verbleibt nach h. M.[23] dem Schuldner der unpfändbare Lohnanteil, während der Arbeitgeber mit seiner Rückzahlungsrate gegen den überwiesenen Anspruch im Bereich des nach §§ 850 a, 850 c Pfändbaren aufrechnen kann[24], falls dies gegenüber dem Gläubiger erlaubt ist[25]. 16

Nach der Pfändung oder ihrer Erweiterung[26] gewährte Vorschüsse oder Abschlagszahlungen können nie zu Lasten des Gläubigers gehen, → § 829 Rdnr. 101 f., 110 f.[27]. 17

b) **Rückstände.** Beträge, die der Drittschuldner bei Fälligkeit schuldig geblieben ist oder die nicht abgehoben sind, verlieren ihre Eigenschaft als Gehaltsforderung nicht. Sie bleiben Teil der Rate, zu der sie von vornherein gehörten[28]; gleiches gilt für Nachzahlungen (→ § 850 c Rdnr. 9), Restbeträge früherer Raten kommen daher bei der Berechnung des pfändbaren Teiles späterer Raten nicht in Betracht. Zur Verrechnung gilt das zur Vorauszahlung Ausgeführte. 18

III. Das Zusammentreffen mehrerer den Pfändungsschutz genießender Bezüge, Nr. 2

A. Mehrere laufende Arbeitsvergütungen

1. Allgemeines

Wenn ein Schuldner von *mehreren* Arbeitgebern Arbeitseinkommen bezieht, müßte ihm nach § 850 c der pfändungsfreie Betrag in jeweils gleicher Höhe für jeden Bezug belassen werden. Die gerechte Lösung, mehrere Bezüge zur Berechnung des dem Gläubiger zufallen- 19

---

[20] BAG (Fn. 18); dagegen *Stöber* (Fn. 18).
[21] MünchKommZPO-*Smid* Rdnr. 7; s. auch *Denck* (Fn. 19), 481 f.; *Schaub* (Fn. 13) § 90 V 4.
[22] *Stöber*[10] Rdnr. 1266.
[23] Vgl. *BAG* WM 1987, 769; *BAG* NJW 1956, 926; *Stöber*[10] Rdnr. 1262 ff.; *Baumbach/Hartmann*[52] Rdnr. 3. Für eine Gleichstellung i.S. der Darlehenslösung *Denck* (Fn. 19) 482; vgl. dazu auch *Stöber*[10] aaO. → auch § 829 Rdnr. 111. Zur Abgrenzung Vorschuß/Darlehen *RGZ* 133, 252, zutreffend *Larenz* gegen *LAG Düsseldorf* AP § 614 BGB Nr. 1 »Gehaltsvorschuß«; *LAG Bremen* BB 1961, 448; *Stöber*[10] aaO. Die oft schwierige u. zufällige Abgrenzung, sowie die Ungereimtheit, daß kleine Vorauszahlungen den Sozialschutz aufheben können, nicht aber große (Darlehen), ist zutreffender Anlaß für die Kritik an der h. M., → Fn. 20.

[24] → § 835 Rdnr. 34 mit § 829 Rdnr. 111; *ArbG Hannover* BB 1967, 586; *Denck* BB 1979, 481.
[25] Das ist es nicht, soweit die Titelforderung selbst unpfändbar ist, → § 850 Rdnr. 61. Zuerst muß also der Gläubiger seinen unpfändbaren Betrag erhalten.
[26] → §§ 829 Rdnr. 83; 834 Rdnr. 1–3.
[27] Zur für den Arbeitgeber entstehenden Lage vgl. *Bischoff* BB 1952, 434.
[28] *Stöber*[10] Rdnr. 1041.

den pfändbaren Teils zusammenzurechnen, stößt in der technischen Durchführung auf Schwierigkeiten, weil der allein über die mehreren Bezüge genau unterrichtete Schuldner an dieser Zusammenrechnung meist nicht interessiert ist, der Gläubiger die mehreren Einnahmequellen des Schuldners oft nur unzulänglich kennt und jedenfalls von sich aus den Drittschuldnern keine Weisungen über die Zusammenrechnung geben kann, und weil schließlich auf der Drittschuldnerseite mehrere Personen stehen, die voneinander nichts wissen. Deshalb ordnet das Vollstreckungsgericht auf Antrag die Zusammenrechnung an und versieht dabei die Beteiligten mit möglichst genauen Weisungen über die Durchführung. Bis dahin gelten aber die Pfändungs- und Abtretungsgrenzen für jeden einzelnen Bezug, → auch Rdnr. 44, 48.

20   a) Der Zusammenrechnung unterliegen **Arbeitseinkommen** der in § 850 Abs. 1, 2 bezeichneten Art, das ihm in § 850 Abs. 3 **gleichgestellte** Einkommen sowie **Ansprüche auf laufende Geldleistungen nach dem SGB** (Nr. 2 a). Wegen des Zusammentreffens von wiederkehrend und einmalig zahlbaren Arbeitseinkommen → Rdnr. 51; wegen sonstiger Bezüge → Rdnr. 53 und zur Beachtung mehrerer Bezüge bei der Pfändung zugunsten bevorzugter Unterhaltsberechtigter → § 850 d Rdnr. 29 f.

21   b) Die Zusammenrechnung nach **Nr. 2 S. 1** bedeutet zunächst, daß auf Antrag die *mehreren Bezüge addiert* werden. *Nicht gepfändete Bezüge* werden mitgezählt[29], aber dadurch nicht zugunsten des Gläubigers beschlagnahmt. Der Gläubiger kann daher allein aus der von ihm gepfändeten Forderung Befriedigung erlangen.

22   c) Die Zusammenrechnung bewirkt, daß dem Schuldner aus den mehreren Bezügen der *unpfändbare Betrag nur einmal belassen wird*, was den Zugriff erheblich erweitern kann. Nach **Nr. 2 S. 2** ist der «*unpfändbare Grundbetrag*», das ist der Betrag, der nach § 850 c Abs. 1 unpfändbar ist, in *erster Linie dem Arbeitseinkommen* zu entnehmen, *das die wesentliche Grundlage der Lebenshaltung* des Schuldners bildet. Der Gläubiger soll sich also nicht an die bessere Einnahmequelle halten und den Schuldner auf die unsichere verweisen dürfen. Der unpfändbare Grundbetrag ist also auch dann dem Haupteinkommen zu entnehmen, wenn dieses noch nicht gepfändet ist[30]. Das Gericht darf nach dem Wortlaut der Nr. 2 S. 2 (»in erster Linie«) nicht den *Grundbetrag* nach seinem Ermessen verteilen[31].

23   Ist *zweifelhaft*, welcher Bezug die wesentliche Grundlage der Lebenshaltung des Schuldners bildet (geringes Ruhegehalt, daneben Arbeitsvergütung für eine die Arbeitskraft voll in Anspruch nehmende Dauertätigkeit; regelmäßige Tätigkeiten an verschiedenen Wochentagen bei verschiedenen Dienstherren u. ä.), so muß eine Gesamtwürdigung der Höhe der Bezüge sowie ihrer Sicherheit und Stetigkeit entscheiden[32]. So kann ein höheres, aber unsicheres Einkommen als Nebeneinkommen i. S. d. Nr. 2 zu behandeln sein. Kommt keinem der Bezüge das Schwergewicht zu, so darf der Grundbetrag auf mehrere Bezüge *verteilt* werden[33]; das Gericht muß aber versuchen, durch hinreichende Aufklärung der Verhältnisse eine solche verwickelte Berechnung möglichst zu vermeiden. Die Verteilung ist jedoch nötig, wenn keiner der Bezüge, insbesondere der Hauptbezug ausreicht, → Rdnr. 39.

24   Den *unpfändbaren Mehrbetrag* nach § 850 c Abs. 2 kann das Vollstreckungsgericht dagegen nach billigem Ermessen auf das Haupt- oder Nebeneinkommen verteilen; → aber Fn. 40 und Rdnr. 62.

25   **Übersicht**: Die Zusammenrechnung gestaltet sich verschieden, je nachdem, ob gewöhnliche oder bevorrechtigte Gläubiger pfänden → Rdnr. 42 f., ob nur ein Drittschuldner oder mehrere beteiligt sind →

---

[29] Jetzt ganz h. M.; LG Itzehoe SchlHA 1978, 215; Baumbach/Hartmann[52] Rdnr. 5; Stöber[10] Rdnr. 1147; Thomas/Putzo[18] Rdnr. 5; Zöller/Stöber[18] Rdnr. 10.
[30] LG Itzehoe (Fn. 29); Stöber[10] Rdnr. 1147.
[31] LG Berlin DR 1941, 2410; Zöller/Stöber[18] Rdnr. 6; Stöber[10] Rdnr. 1145; Boewer (Fn. 19) 263 ff.; Baumbach/Hartmann[52] Rdnr. 6.

[32] Allg. M. LG Berlin (Fn. 31); Stöber[10] Rdnr. 1145; Hornung Rpfleger 1982, 46; Mümmler Büro 1982, 975.
[33] Stöber[10] Rdnr. 1145; Bischoff/Rochlitz Die Lohnpfändung[3], 175; Hornung (Fn. 32).

Rdnr. 26–29, wieviele Gläubiger welche Bezüge getrennt oder gemeinsam pfänden → Rdnr. 26 ff., ob die Höhe der Beträge schwankt → Rdnr. 41 und ob einer von ihnen ausreicht zur Entnahme des Grundbetrags → Rdnr. 39 f. Zum Verfahren → Rdnr. 44 ff.

2. Bei Pfändungen seitens gewöhnlicher Gläubiger (§ 850 c) ist zu unterscheiden:

a) Werden **mehrere** von **demselben Drittschuldner** geschuldete Bezüge (z. B. Ruhegehalt und zusätzliche Vergütungen) wie in der Regel (→ § 850 Rdnr. 53) von einem **einzigen Pfändungsbeschluß** erfaßt, so ist ein besonderer Antrag auf Zusammenrechnung unnötig[34]; jeder Pfändungsbeschluß ohne bezifferten Freibetrag (→ § 850 c Rdnr. 21) enthält für den Fall, daß er mehrere solcher Bezüge ergreift, *stillschweigend die Anordnung* der Zusammenrechnung, solange sie nicht gesondert beschlossen wird. Der Drittschuldner hat bei der Berechnung von der Summe aller vom Beschluß erfaßter Bezüge auszugehen[35]. Welchem Bezug er den unpfändbaren Grundbetrag entnimmt, ist hier praktisch ohne Bedeutung, solange nicht weitere Gläubiger nur einen oder einzelne der mehreren Bezüge pfänden oder andere Drittschuldner hinzukommen; → dazu Rdnr. 27 ff. 26

Werden die Bezüge zwar bei demselben Drittschuldner, aber ausnahmsweise von **mehreren Pfändungsbeschlüssen** für denselben Gläubiger erfaßt, → z. B. § 850 b Rdnr. 2, so bedarf die Zusammenrechnung *besonderer Anordnung* des Gerichts. Der Gläubiger wird sie regelmäßig in Verbindung mit der Pfändung des zweiten Bezuges oder noch nachträglich erwirken; notwendig ist dies aber nicht. Es genügt die Anordnung, daß die Berechnung des dem Schuldner verbleibenden Teiles so vorzunehmen ist, als ob ein einheitlicher Bezug bestände. 27

b) Pfändet ein Gläubiger unter mehreren – von **verschiedenen Drittschuldnern** geschuldeten – Bezügen **nur den Hauptbezug**, so kann die Anordnung etwa dahin ergehen, daß »vor Berechnung des pfändbaren Arbeitseinkommens den Bezügen des Schuldners der Betrag von x DM monatlich hinzuzurechnen« ist. Da jedoch die Zusammenrechnung nur für die Bestimmung des pfändbaren Betrags bedeutsam ist, die Pfändung aber nicht auf den Nebenbezug erweitert (→ Rdnr. 21), bringt die Zusammenrechnung dem Gläubiger zuweilen weniger ein, als wenn er alle Bezüge gepfändet hätte und diese getrennt abgerechnet würden[36]. 28

Wird **nur der Nebenbezug** bei einem der Drittschuldner gepfändet, so ist der unpfändbare *Grundbetrag* stets und oftmals auch der unpfändbare Mehrbetrag → Rdnr. 24 dem Hauptbezug zu entnehmen, was im Vergleich zur alleinigen Pfändung des Hauptbezugs günstiger sein kann. Ist aber der insgesamt pfändbare Betrag höher als der allein gepfändete Nebenbezug, sollte der Gläubiger auch den Hauptbetrag pfänden, weil die Zusammenrechnung allein nicht zur Erweiterung der Pfändung führt → Rdnr. 21. 29

c) Hat **ein Gläubiger mehrere Bezüge bei verschiedenen Drittschuldnern gepfändet**, muß jedem der beteiligten Drittschuldner gesagt werden, ob er oder ein anderer dem Schuldner den unpfändbaren Grundbetrag und den etwaigen Mehrbetrag nach § 850 c Abs. 2 zu belassen hat[37]. 30

Beispiel: A pfändet den Hauptbezug bei einem Schuldner ohne Unterhaltspflichten in Höhe von 2000 DM bei Arbeitgeber A und den Nebenbezug in Höhe von 1400 DM bei Arbeitgeber B. Zunächst ist durch Zusammenrechnung das *Gesamteinkommen* zu bestimmen. Es beträgt 3400 DM (2000 DM + 1400 DM). Aus diesem Gesamteinkommen ist nach der Pfändungstabelle der *pfändbare Betrag* zu errechnen: Pfändbar sind insgesamt 1533,70 DM. Der Rest (Gesamteinkommen – pfändbarer Betrag)[38] beträgt 31

---

[34] → auch Fn. 54.
[35] So jedenfalls im Ergebnis die allg. M., vgl. *Stöber*[10] Rdnr. 925; *Hornung* (Fn. 32), 45.
[36] Vgl. *Boewer* (Fn. 19), 262, insbesondere Fn. 2 d; *Stöber*[10] Rdnr. 1147; *Hornung* (Fn. 32), 45, 47.

[37] Allg. M.
[38] Vorausgesetzt wird, daß das Gesamteinkommen nach der Grenze des § 850 c Abs. 2 S. 2 bei der Berechnung des pfändungsfreien Betrags zu berücksichtigen ist.

1866,30 DM und ist unpfändbar. Wird der unpfändbare Betrag insgesamt beim Haupteinkommen berücksichtigt, sind an den Gläubiger 2000 DM – 1866,30 DM = 133,70 DM aus dem Haupteinkommen auszuzahlen. Das Nebeneinkommen ist voll pfändbar. Nach § 850 e Nr. 2 Satz 2 muß aber nicht der gesamte unpfändbare Teil dem Haupteinkommen entnommen werden; sondern nur der unpfändbare *Grundbetrag* nach § 850 c Abs. 1. Der insgesamt unpfändbare Betrag in Höhe von 1866,30 DM kann deshalb aufgeteilt werden in den Grundbetrag (1209 DM) und den Rest (657,30 DM), das ist der nach § 850 Abs. 2 unpfändbare *Mehrbetrag*. Wird angeordnet, der Grundbetrag sei beim Haupteinkommen, der Mehrbetrag beim Nebeneinkommen zu berücksichtigen, sind vom Haupteinkommen 791 DM (2000 DM – 1209 DM) und vom Nebeneinkommen 742,70 DM (1400 DM – 657,30 DM) an den Gläubiger auszuzahlen.

32   d) Sind die **mehreren Bezüge** – gleichviel ob von *demselben* oder von *verschiedenen Drittschuldnern* geschuldet – je **von verschiedenen Gläubigern gepfändet**, so ist, solange nicht eine Anordnung nach § 850 e ergangen ist, der Grundbetrag von jedem der Bezüge abzusetzen. Erwirkt nur *ein* Gläubiger die Zusammenrechnung, so bleibt es für die *übrigen* Gläubiger bei dem Lohnabzug aus dem jeweiligen Einzeleinkommen[39]. → auch Rdnr. 37.

33   Ergeht die Anordnung für *sämtliche Pfändungen*, so ist der vom Gesamteinkommen pfändbare Betrag aus der Tabelle zu ermitteln. Sie zeigt aber nur die Verteilung der Summe auf alle Gläubiger und den Schuldner, dagegen nicht, welchen Bezügen und in welcher Höhe der pfändbare Gesamtbetrag zu entnehmen ist. Die Anordnung muß deshalb *genau bestimmen*, was dem Schuldner und den Gläubigern jeweils aus den einzelnen Bezügen zu überlassen ist. Dies ist bei der Pfändung des gesamten Arbeitseinkommens (Haupt- *und* Nebenbezüge) durch jeden Gläubiger unproblematisch.

34   Beispiel: Zunächst wie → Rdnr. 31; dann pfändet auch B beide Einkommen. Stellen beide den Antrag, so errechnet sich zwar der pfändbare Betrag für beide (wie im Beispiel → Rdnr. 31) auf insgesamt 1533,70 DM; aber nach § 804 Abs. 3 steht er allein dem A zu bis zu dessen Befriedigung, erst danach dem B.

35   Pfändet jedoch jeder von mehreren Gläubigern ein anderes Arbeitseinkommen und beantragen alle die Zusammenrechnung, so führt der Abzug des unpfändbaren Grundbetrags vom Haupteinkommen (→ Rdnr. 22) und des pfändungsfreien Mehrbetrags von den Nebenbezügen[40] zu einer vom Gesetz gewollten Begünstigung jener Gläubiger, die das Nebeneinkommen gepfändet haben[41].

36   Beispiel: A pfändet das Haupteinkommen (2000 DM) bei Drittschuldner X, B das Nebeneinkommen (1400 DM) bei Drittschuldner Y. Ohne Zusammenrechnung stünden A 553,70 DM, B 133,70 DM zu. Wenn beide den Antrag stellen, werden insgesamt 1533,70 DM pfändbar, also 846,30 DM mehr. Da vom Nebeneinkommen zu Lasten des B nur der pfändungsfreie Mehrbetrag abgezogen wird, der unpfändbare *Grundbetrag* dem Haupteinkommen zu entnehmen ist, wird der pfändungsfreie Betrag wie im Beispiel → Rdnr. 31 aufgeteilt in *Grundbetrag* und pfändungsfreien *Mehrbetrag*. Der Grundbetrag beträgt 1209 DM, der Mehrbetrag 657,30 DM. Von X bekommt der Schuldner deshalb 1209 DM, von Y 657,30 DM. Die an den Gläubiger abzuführenden Beträge entsprechen der Berechnung → Rdnr. 31 a. E.

---

[39] *Stöber*[10] Rdnr. 1140, allg. M.
[40] Zwar ist auch dieser Betrag meist dem Haupteinkommen zu entnehmen, da der Pfändungszugriff nach dem Sinn des § 850 e Nr. 2 in erster Linie auf das Nebeneinkommen zugelassen werden soll, *Hornung* (Fn. 32) u. *Mümmler* (Fn. 32), 975 f. (beide mit Berechnungsbeispiel); *Stöber*[10] Rdnr. 1146; → auch zu Nr. 2 a Rdnr. 62. Pfänden aber mehrere Gläubiger verschiedene Einkommen, so ist dies ein besonderer Grund, den unpfändbaren Mehrbetrag nur dem (den) Nebeneinkommen zu entnehmen, da es sonst zu einer *übermäßigen* Begünstigung der Gläubiger kommen würde, die das Nebeneinkommen ge-

pfändet haben, *Boewer* (Fn. 19), 263 ff. mwN, im Ergebnis ebenso *Baumbach/Hartmann*[52] Rdnr. 7.
[41] *Stöber*[10] Rdnr. 1146. Insoweit zutreffend *Boewer* (Fn. 19), 264, der allerdings unter Verstoß gegen die Zusammenrechnungsvorschrift den Pfändungsgläubiger des Nebeneinkommens noch weiter dadurch begünstigt, daß er den pfändungsfreien Mehrbetrag nicht nach dem Gesamtbetrag, sondern allein nach dem gepfändeten Nebeneinkommen berechnen u. nur in dieser Höhe zu Lasten des Pfändungsgläubigers des Nebeneinkommens absetzen will. Dadurch wird der Gläubiger des Haupteinkommens gesetzwidrig benachteiligt.

Für eine andersartige Verteilung des Grundbetrags nach Ermessen bleibt kein Raum[42]. Niemals dürfen die Gläubiger insgesamt mehr als den aus der Tabelle ersichtlichen pfändbaren Betrag erhalten.

Erwirkt nur einer der mehreren Gläubiger *die Anordnung*, so hat er den Vorteil, daß er 37 seinen Anteil auch unter Beachtung des zweiten Bezuges erhält, während dem anderen die Zusammenrechnung nicht zugute kommt[43]. Der andere Gläubiger kann aber noch nachträglich[44] die Zusammenrechnung auch für sich erwirken; dann ist die bisherige Anordnung entsprechend § 850 g zu ändern. Wenn sich dadurch der erste Antragsteller ungünstiger stellt, so kann er sich nicht auf zeitlichen Vorrang berufen; denn die Anordnung hat keine mit Prioritätsrechten ausgestatteten Pfändungswirkungen[45], → Rdnr. 21.

Beispiel: Haupt- und Nebeneinkommen werden zunächst von A, dann von B gepfändet. **Ohne** 38 **Zusammenrechnung** erhält B nichts, bis A befriedigt ist, weil der vom Haupteinkommen (2000 DM) pfändbare Betrag von 553,70 DM und der vom Nebeneinkommen (1400 DM) pfändbare Betrag von 133,70 DM, also insgesamt 687,40 DM an A abgeführt werden müssen. **Stellt A den Antrag allein**, so erhält nur er die im Beispiel → Rdnr. 34 errechneten 1533,70 DM; B erhält vorerst nur die Chance, daß A dann schneller befriedigt ist. – **Beantragt aber B die Zusammenrechnung allein**, so erhält er den Differenzbetrag zwischen 1533,70 DM und dem für A pfändbaren Betrag (687,40 DM), also immerhin 846,30 DM. – **Erwirkt aber auch A nachträglich die Zusammenrechnung**, so fällt der Vorteil für B wieder weg, da A nun 1533,70 DM erhält, → Rdnr. 34, 37.

e) Von den *mehreren* gepfändeten Bezügen erreicht möglicherweise *keiner* für sich allein 39 den *unpfändbaren Grundbetrag*, während die Summe der Bezüge ihn überschreitet. Hier ist eine **Verteilung des Grundbetrags** auf mehrere Bezüge zulässig und geboten. Regelmäßig wird der Hauptbezug völlig pfändungsfrei bleiben und der Rest des Grundbetrags mit dem unpfändbaren Mehrbetrag einem anderen Bezug zu entnehmen sein[46].

Beispiel: Gepfändet sind 1100 DM Ruhegehalt und zwei Arbeitslöhne von jeweils 450 DM monatlich. 40 Das Gesamteinkommen beträgt 2000 DM, der insgesamt pfändbare Betrag 553,70 DM. Für den Schuldner verbleiben 1446,30 DM. Dieser Betrag verteilt sich wie folgt: Das Ruhegehalt ist als Haupteinkommen voll auszuzahlen, weil der pfändungsfreie Grundbetrag aus ihm zu entnehmen ist. Da der Grundbetrag aber nicht ausgeschöpft wird, es verbleiben 109 DM (1209 DM – 1100 DM), ist dieser Rest des Grundbetrags zusammen mit dem nach § 850 Abs. 2 unpfändbaren Mehrbetrag i.H.v. 237,30 DM (insgesamt unpfändbarer Betrag – Grundbetrag) dem wahrscheinlich sichersten der beiden Arbeitslöhne zu entnehmen oder beziffert auf beide zu verteilen.

f) Die Berechnung ist schwierig, wenn einer oder mehrere der erfaßten *Bezüge in ihrer* 41 *Höhe schwanken*[47]. Ein Drittschuldner, der die jeweilige Höhe eines fremden Bezugs nicht kennt, muß mit klaren Weisungen versehen werden. Das Gericht muß deshalb eine **durchschnittliche Höhe** des anderen Bezugs im Wege freier Schätzung ermitteln und seiner Anordnung zugrunde legen[48]. Auch bei der Verteilung eines Grundbetrags, → Rdnr. 23, 39, kann es wegen schwankender Bezüge nötig werden, von Durchschnittswerten auszugehen. Die Anordnung kann jederzeit geändert werden, wenn die Entwicklung anders als erwartet verläuft; rückwirkende Kraft hat die Änderung nicht. → § 850 g Rdnr. 11.

---

[42] → Fn. 31. Deshalb ist der Berechnungsvorschlag von *Bock/Speck* Einkommenspfändung (1964), 166 abzulehnen.

[43] Dazu *OLG Stuttgart* Büro 1982, 1747; *LAG Düsseldorf* Rpfleger 1986, 100 (zu Nr. 2 a). Stellt nur der Schuldner den Antrag, → Fn. 50, so wird man ihm die Bevorzugung eines Gläubigers kaum überlassen dürfen; die Zusammenrechnung wird daher dann für alle gerichtsbekannten Pfändungen gelten müssen.

[44] *MünchKommZPO-Smid* Rdnr. 19.

[45] Ebenso *Bock/Speck* (Fn. 42), 164; *Boewer* (Fn. 19), 263; vgl. auch *Stöber*[10] Rdnr. 1147 a.E.

[46] *Stöber*[10] Rdnr. 1145.

[47] Ein Beispiel bei *Bock/Speck* (Fn. 42), 155 ff.

[48] Im Ergebnis ebenso *Bock/Speck* (Fn. 42), 158; *Grunsky* ZIP 1983, 914. – A.M. *Stöber*[10] Rdnr. 1141: da dem Gläubiger der genaue pfändbare Betrag zukomme, müßten sich die Drittschuldner nach jedem Abrechnungszeitraum gegenseitig die Höhe der Bezüge mitteilen (was zu erheblich verzögerter Auszahlung für Schuldner u. Gläubiger führen könnte). Auch eine Verteilung nach Bruchteilen würde dem Drittschuldner, der die Höhe des Ganzen nicht kennt, nicht helfen.

3. Pfändung durch bevorzugte Unterhaltsberechtigte

42 Pfänden nur **bevorzugte Unterhaltsberechtigte**, so sind ohnehin *alle Einnahmequellen* des Schuldners zu berücksichtigen, → § 850 d Rdnr. 29 f. § 850 e Nr. 2 ist hier also ohne praktische Bedeutung, es sei denn, daß im Hinblick auf § 850 d Abs. 1 S. 3 der unpfändbare Lohnteil durch § 850 c begrenzt wird oder eine Pfändung das Vorrecht nicht ausnutzt[49], → § 850 d Rdnr. 31.

43 Beim **Zusammentreffen** von Pfändungen eines **bevorzugten** und eines **gewöhnlichen** Gläubigers bedarf hier nur der Fall der Erörterung, daß der Unterhaltsgläubiger das für die Lebenshaltung wesentliche Arbeitseinkommen und der gewöhnliche Gläubiger das andere gepfändet hat. Dieser kann nach § 850 e Nr. 2 erreichen, daß der Grundbetrag nur vom Hauptbezug abgesetzt wird, → Rdnr. 22, 35. *Soweit* der Grundbetrag aber infolge der privilegierten Pfändung des Unterhaltsgläubigers dem Schuldner nicht verbleibt, → § 850 d Rdnr. 19, muß er zu Lasten des gewöhnlichen Gläubigers gehen.

4. Das Verfahren

44 a) Die Zusammenrechnung setzt den **Antrag** eines *Gläubigers* oder des *Schuldners*[50] voraus. *Außerhalb* eines Vollstreckungsverfahrens (z. B. wegen einer Abtretung) ist er *nicht* zulässig[51]; die Zusammenrechnung kann also auch nicht vom Prozeßgericht angeordnet werden[52]. Jeder Gläubiger muß ihn für sich stellen, → Rdnr. 32, 37. Der Antrag ist an keine Frist gebunden; er kann noch gestellt werden, nachdem andere bereits für dieselben Bezüge eine Anordnung erwirkt hatten. Drittschuldner können die Zusammenrechnung nicht von sich aus vereinbaren. Auch in Vorpfändungen (§ 845) kann die Wirkung einer Zusammenrechnung nicht etwa durch Ankündigung des Antrags vorweggenommen werden[53]. Zur Zusammenrechnung im Falle § 850 k → dort II 4.

45 b) Der Antrag kann sich auch ohne besondere Hervorhebung schlüssig aus dem Vorbringen im Pfändungsgesuch ergeben[54]; er muß begründet und mit Unterlagen belegt sein; amtswegige Ermittlung schreibt § 850 e Nr. 2 nicht vor, und den Gläubiger trifft die *Beweislast* für die seine Vergünstigung rechtfertigenden Tatsachen[55]. Die *Höhe* der in die Zusammenrechnung einzubeziehenden Beträge kann der Gläubiger dadurch erfahren, daß er die weiteren Bezüge ebenfalls pfändet und dann Auskunft nach § 840 und § 836 Abs. 3 verlangt[56], wobei er gleichzeitig erfährt, inwieweit diese Bezüge schon von anderer Seite gepfändet sind und ob sich eine Zusammenrechnung danach überhaupt noch lohnt. Bloße Behauptungen des Gläubigers reichen nicht; der Grundsatz, daß nur »die angebliche Forderung« eines Schuldners gepfändet wird, → § 829 Rdnr. 37, gilt für die Zusammenrechnung weder unmittelbar noch

---

[49] *Stöber*[10] Rdnr. 1138 Fn. 1; *Hornung* (Fn. 32), 46; *LG Frankfurt* → § 850 d Fn. 78.
[50] BT-Drucks. VI/2870 S. 2; MünchKommZPO-*Smid* Rdnr. 18; *Schuschke* Rdnr. 5; z. B. wenn der nächste Gläubiger gerade das Einkommen pfändet, dem nach der 1. Anordnung der (höhere) Freibetrag zu entnehmen war, vgl. *OLG Stuttgart* (Fn. 43). – A.M. *Zöller/Stöber*[18] Rdnr. 4. Zum Umfang von Schuldneranträgen → Fn. 43.
[51] *LG Flensburg* MDR 1968, 58 (Anm. Schriftl. zu *AG Leck* MDR 1968, 57); *Stöber*[10] Rdnr. 1149 gegen *AG Leck* aaO; → auch § 850 b Fn. 107. – A.M. (Analogie zu Nr. 2 bzw. Nr. 4) *Grunsky* (Fn. 48), 910; vgl. auch *Denck* MDR 1979, 452. *Grunsky* geht unrichtig davon aus, daß ohne solche Analogie die Zusammenrechnung »auf eigene Faust« durch Zessionare u. Prozeßgerichte erfolgen dürfte; → dagegen Rdnr. 19 a. E. u. Fn. 52.

[52] Ganz h. M. S. aber zur Prüfung, welche Einkommensteile nach § 1 Abs. 1 KO zur Konkursmasse gehören, *OLG Düsseldorf* NJW 1965, 2409.
[53] *Stöber*[10] Rdnr. 1148, allg. M.
[54] So zu Nr. 2 a *OLG München* Rpfleger 1979, 224; *OLG Bremen* u. *OLG Stuttgart* DAVorm 1982, 377; 1983, 49; *LGe Hannover* NdsRpfl 1979, 245 u. Bielefeld Büro 1982, 1425 (Auslegung). S. auch *AG Stuttgart-Bad Cannstatt* DAVorm 1981, 891. → ferner Fn. 34.
[55] Vgl. *Stöber*[10] Rdnr. 1140; *Zöller/Stöber*[18] Rdnr. 4. – A.M. nur *Wieczorek*[2] Anm. B I a (bloße Behauptung genüge).
[56] *OLG Stuttgart* (Fn. 43) a. E.

entsprechend. Da die Entscheidung des Vollstreckungsgerichts konstitutiv und für das Prozeßgericht bindend ist, muß der Schuldner vorher gehört werden → § 834 Rdnr. 2 a. E.

c) Zuständig ist nach § 20 Nr. 17 RpflG der Rechtspfleger, einerlei ob die Anordnung mit einem Pfändungsbeschluß oder nachträglich gesondert ergeht; zur Vorlage an den Richter bei rechtlichen Schwierigkeiten s. § 5 Abs. 1 Nr. 2 RpflG. 46

d) Die Anordnung muß für den oder die Drittschuldner klar erkennen lassen, wie der Gesamtbetrag bei jeder Zahlung auf Schuldner (Grund- und etwaiger Mehrbetrag) und Vollstreckungsgläubiger zu verteilen ist. Eine allgemeine Formel läßt sich bei der Vielgestaltigkeit der Fälle nicht aufstellen, → aber die Hinweise Rdnr. 28, 30, 33, 41. 47

e) Die nachträgliche Anordnung enthält sachlich eine Änderung des Pfändungsbeschlusses. Der Drittschuldner kann und muß daher, bis ihm die Anordnung zugestellt ist, nach Maßgabe des bisherigen Pfändungsbeschlusses leisten, § 850 g S. 3. 48

f) Der die Zusammenrechnung oder deren Änderung aussprechende *Beschluß* ist dem Schuldner sowie allen betroffenen Gläubigern und Drittschuldnern von Amts wegen zuzustellen. Er ergeht *gebührenfrei*. Eine Ablehnung ist dem Antragsteller zuzustellen. 49

g) Die Anordnung kann wie ein Pfändungsbeschluß, ihre Ablehnung wie die eines Pfändungsgesuchs *angefochten* werden[57]. Zweifel oder Streit zwischen Beteiligten über die Reichweite des Beschlusses können durch klarstellenden Beschluß erledigt werden[58]. 50

Bei veränderten Verhältnissen gilt § 850 g.

B. Zusammentreffen laufender und nicht wiederkehrend zahlbarer Vergütungen, § 850 i

Treffen wiederkehrend zahlbare und nicht wiederkehrend zahlbare Vergütungen zusammen, so ist mit der h. M.[59] eine Zusammenrechnung nach Nr. 2 abzulehnen. Die Zusammenrechnung setzt voraus, daß der insgesamt unpfändbare Teil nach den Lohnpfändungsvorschriften zu berechnen ist. Bei § 850 i wird der Freibetrag vom Vollstreckungsgericht ohne Tabelle festgesetzt. Treffen Arbeitseinkommen und Ansprüche nach § 850 i zusammen, ist bei der Bestimmung des Freibetrags nach § 850 i das Gesamteinkommen zu berücksichtigen. Ist der Unterhalt des Schuldners bereits durch das Arbeitseinkommen gesichert, kommt ein Schutz nach § 850 i nicht mehr in Betracht[60]. 51

Die Frage der Zusammenrechnung hat nur praktische Bedeutung, wenn der Gläubiger lediglich das Arbeitseinkommen gepfändet hat, aber nicht den einmaligen Bezug. Aber dann wird der Schuldner kaum den Antrag nach § 850 i stellen, weil er befürchten muß, daß der Gläubiger mit einer Erweiterung der Pfändung reagiert. Sind beide Ansprüche oder nur der einmalige Bezug gepfändet, ist das Gesamteinkommen schon nach § 850 i Abs. 1 S. 2 zu berücksichtigen. 52

C. Zusammenrechnung von Arbeitseinkommen und sonstigen laufenden Bezügen

Der Streit darüber, ob auch *Sozialleistungen* unter Nr. 2 fallen, ist durch Nr. 2 a beigelegt → Rdnr. 54 ff. Bezüge nach § 850 b sind nur zu berücksichtigen, wenn sie pfändbar geworden sind, → dort Rdnr. 2. Eine Zusammenrechnung mit **Einkünften des Ehegatten** des Schuldners findet nicht statt, weil sich § 850 e nur auf mehrere Einkommen des Schuldners selbst 53

---

[57] → § 829 Rdnr. 53 f. Zur Erinnerung oder Beschwerde des Drittschuldners → § 850 d Fn. 110, *OLG Stuttgart* (Fn. 43). S. auch *OLG Hamm* JMBl NRW 1980, 285 (Kindergeldkasse). – A.M. für Nr. 2 a wegen der Billigkeitsprüfung *Schmeken* ZIP 1982, 1297 f.: stets »Entscheidung« i. S. d. § 793.

[58] *Hornung* (Fn. 32), 52; *Zöller/Stöber*[18] Rdnr. 12.
[59] Vgl. *LG Kiel* SchlHA 1958, 85; *Stöber*[10] Rdnr. 1242; MünchKommZPO-*Smid* Rdnr. 24; anders noch die 20. Aufl.
[60] *Stöber* (Fn. 59).

bezieht[61]. Aber auch eine Zusammenrechnung von Arbeitseinkommen des Schuldners aus unselbständiger Tätigkeit mit solchen aus selbständiger Tätigkeit im Zusammenhang mit Warengeschäften erfolgt nicht[62]. Auch sonstige regelmäßige Einkünfte wie Zinsen oder Mieteinnahmen werden nicht hinzugerechnet[63].

IV. Zusammenrechnung von Arbeitseinkommen mit laufenden Leistungen nach dem Sozialgesetzbuch, Nr. 2 a[64]

56 Pfändet ein **gewöhnlicher Gläubiger**, so kann nach Nr. 2 a das Arbeitseinkommen mit laufenden Sozialleistungen zusammengerechnet werden, soweit beide Leistungen demselben Schuldner zustehen.

57 Die früher vorgeschriebene Billigkeitsprüfung wurde durch das 2. SGBÄndG v. 13. 6. 1994 (BGBl. I 1229) abgeschafft. Laufende Sozialleistungen sind vollstreckungsrechtlich grundsätzlich wie Arbeitseinkommen zu behandeln (§ 54 Abs. 4 SGB) → § 850i Rdnr. 72. Der unpfändbare Grundbetrag ist in erster Linie den Sozialleistungsansprüchen zu entnehmen. Dies ist sachgerecht, weil Sozialgeldleistungen in der Regel das sicherere und beständigere Einkommen darstellen. Während das Arbeitseinkommen oft schwanken oder durch Kündigung ganz ausfallen kann, besteht auf Sozialgeldleistungen im allgemeinen ein nicht entziehbarer Rechtsanspruch (§§ 38 ff. SGB I).

61 Nr. 2 a gilt nicht, wenn wegen **gesetzlicher Unterhaltsansprüche** vollstreckt wird, weil die Pfändungsfreigrenze des § 850c nur gilt, wenn der Gläubiger sein Vorrecht nach § 850d nicht ausübt; im übrigen kann die Freigrenze nur als Höchstgrenze (§ 850d Abs. 1 S. 3) von Bedeutung sein. Es gilt das → Rdnr. 42, 43, 76 ff. Ausgeführte.

65 Lehnt das Gericht eine Zusammenrechnung ab, so zählen die laufenden Sozialgeldleistungen für § 850 c nicht mit.

66 § 850 e Nr. 2 a bezieht sich nur auf **alle laufenden Sozialgeldleistungen** aufgrund des SGB oder solcher Einzelgesetze, die Bestandteil des SGB sind[65], → § 850 i Fn. 57 und Rdnr. 39 ff. **Nicht** erfaßt werden Sozialleistungen, die aufgrund *ausländischer* Rechtsvorschriften gewährt werden[66] und Leistungen, die der Pfändung nicht unterliegen[67]. Nr. 2 a bezieht sich insbesondere nicht auf *Sozialhilfe*, da es nicht ihr Sinn ist, den Gläubiger zu befriedigen und die dadurch wieder eintretende Hilfsbedürftigkeit durch Erhöhung des Bezuges auszugleichen[68].

67 Eine Zusammenrechnung *mehrerer fortlaufender Sozialgeldleistungen* ist zulässig, soweit diese wie Arbeitseinkommen pfändbar sind (§ 54 Abs. 4 SGB).

V. Geld- und Naturalbezüge, Nr. 3

71 Der Anspruch auf Arbeitseinkommen in *Naturalien*[69] (Dienstwohnung, Naturalverpflegung, Deputat u.ä.) ist regelmäßig unpfändbar und wird von der Pfändung erst erfaßt, wenn

---

[61] H.M. *KG* DR 1940, 85; *LG Marburg* Rpfleger 1992, 167; *Zöller/Stöber*[18] Rdnr. 3; *Baumbach/Hartmann*[52] Rdnr. 4; *Boewer* (Fn. 19), 260; *Bock/Speck* (Fn. 42), 150 mwN; s. auch *Fuhrmann* KKZ 1982, 69. → jedoch auch § 850 d Rdnr. 30.

[62] *LG Hannover* Büro 1990, 1059 (Einkünfte aus Kiosk); *AG Hadamar* DGVZ 1989, 189.

[63] *OLG Frankfurt* Büro 1991, 724, 725.

[64] Eingefügt durch Art. II § 15 SGB I (BGBl. 1975 I, 3015). Dazu BT-Drucks. 7/868 S. 37. Geändert durch das 2. SGBÄndG v. 13. 6. 1994 (BGBl. I, 1229).

[65] *LG Aachen* MDR 1992, 521; *LG Hannover* Büro 1979, 292; *Schreiber* NJW 1977, 279; *Mümmler* Büro 1983, 1140; *Zöller/Stöber*[18] Rdnr. 15. S. auch § 4 Abs. 1 S. 2 BSHG, der bei Erlaß des SGB nicht geändert wurde.

Das verstößt nicht gegen Art. 3 GG, da das BSHG sachlich etwas anders als das SGB regelt.

[66] *LG Aachen* MDR 1992, 521.

[67] Z.B. Landesblindengeld *OLG Köln* FamRZ 1990, 190; Kriegsschadenrente *BSG* NJW-RR 1987, 571 (L) auch wenn sie in Form einer Unterhaltsbeihilfe nach LAG gewährt wird.

[68] *LG Hannover* (Fn. 65); *Stöber*[10] Rdnr. 1155; *LAG Hamm* BB 1970, 128 für Schlechtwettergeld nach dem AFG (noch zum alten Recht). Heute fällt dieses zwar unter § 54 SGB I, aber eine Zusammenrechnung wäre aus denselben Gründen in der Regel auch heute noch unbillig, ebenso eine Zusammenrechnung von Sozialhilfe mit einer laufenden Sozialgeldleistung, *LG Bielefeld* (Fn. 54).

[69] Auch bei außergewöhnlich geringer Berechnung u.

er sich in einen Zahlungsanspruch umwandelt → § 850 Rdnr. 59 f.; eine Umwandlung aus Anlaß der Pfändung kommt nicht in Frage. Wohl aber ist bei der Berechnung der Pfändungsgrenzen der Wert der Naturalien gemäß Nr. 3 mit einzusetzen und auf den dem Schuldner zukommenden Teil zu verrechnen[70]. Eine Zusammenrechnung des Arbeitseinkommens mit Sachbezügen, die keine Dienstleistungsvergütung darstellen, erlaubt § 850 e Nr. 3 nicht[71]. Werden an den Ehegatten neben Lohn Sachleistungen erbracht, kann zweifelhaft sein, ob diese als Entgelt für Arbeit oder als Unterhalt im Rahmen der ehelichen Lebensgemeinschaft geleistet werden. Diese Zweifel können nicht in einer klarstellenden Anordnung (→ Rdnr. 74) ausgeräumt werden[72]. – Im Bereich des § 850 d ist Nr. 3 überflüssig[73].

Die Verrechnung hat auch *ohne Anordnung* des Gerichts zu geschehen[74]. Gewähren jedoch *verschiedene* Drittschuldner Geld- und Sachbezüge, so werden die Sachbezüge nur auf Antrag nach Nr. 2 durch das Gericht berücksichtigt[75], wobei der unpfändbare Teil des Arbeitseinkommens stets auf die gesamten Naturaleinkünfte zu verrechnen ist. **72**

Den *Wert* ermittelt grundsätzlich der Drittschuldner selbst. Ist der Wert höher als der unpfändbare Grundbetrag, so sind die Naturalien – da unpfändbar – dennoch dem Schuldner zu belassen. Da das Gesetz über die Wertberechnung schweigt, ist der Geldwert unter Berücksichtigung der Umstände des Einzelfalles festzulegen; dabei können die Richtsätze des Sozialversicherungsrechts[76] und des Steuerrechts[77] zur Feststellung des *ortsüblichen* Wertes dienen[78]. Drittschuldner und Gericht haben grundsätzlich von diesen Werten, die allerdings nicht bindend sind, auszugehen, soweit sich seit deren Festsetzung keine Änderung ergeben hat. Besondere Umstände erlauben eine Abweichung von diesen Sätzen[79]. Hierbei ist darauf abzustellen, wieviel ein Dritter aufgrund der ortsüblichen Verhältnisse für gleichartige Leistungen aufwenden müßte[80]. **73**

Bestehen über den Wert Meinungsverschiedenheiten, so kann nach h.M. jeder Beteiligte eine *klarstellende Anordnung* im Wege der Erinnerung erwirken, welcher der Rechtspfleger **74**

---

wenn der Arbeitgeber die Sache mit geringem Aufwand hergeben kann; dann ist der ortsübliche Wert anzusetzen bzw. der dem Schuldner gewährte Vermögensvorteil, OLG Saarbrücken NJW 1958, 277; *Stöber*[10] Rdnr. 1165. Jedoch nicht bei jeder Lieferung zu verbilligtem Preis; vgl. hierzu *Berner* Rpfleger 1967, 54. Falls die Ehefrau dem bei ihr angestellten Schuldner Kost und Kleidung gewährt, s. *LAG Frankfurt* AP Nr. 1 zu § 850 c (*Pohle*).
[70] *Beispiel:* Der mit einem Unterhaltsberechtigten belastete Schuldner bekommt monatlich 1800 DM sowie Kost und Logis im Wert von 900 DM. Die Zusammenrechnung ergibt ein Gesamteinkommen von 2700 DM. Nach der Pfändungstabelle sind 511,50 DM an den Gläubiger abzuführen. Ohne Zusammenrechnung erhielte der Gläubiger nur 61,50 DM.
[71] *OLG Frankfurt* Büro 1991, 725.
[72] *LG Hannover* Büro 1991, 1405: wegen des kursorischen Verfahrens ist die Frage im Drittschuldnerprozeß zu klären.
[73] → Rdnr. 42 u. § 850 d Fn. 78; *Boewer* (Fn. 19), 266; *Stöber*[10] Rdnr. 1173 (er fordert mit Recht insoweit eine Begründung im Pfändungsbeschluß).
[74] *Stöber*[10] Rdnr. 1169. Zu den sich hieraus ergebenden Schwierigkeiten *Pohle* zu *LAG Hannover* AP 52 Nr. 13. Die Praxis läßt eine Bewertung durch das Gericht zu, vgl. *OLG Hamm* Büro 1962, 700 (für Sachbezüge, die Soldaten gewährt werden); *Bock/Speck* (Fn. 42), 171; *Boewer* (Fn. 19), 267; *Stöber*[10] Rdnr. 1170. → auch Fn. 111.
[75] *Bock/Speck* (Fn. 42), 168; *Stöber*[10] Rdnr. 1172.

[76] *LG Hannover* Büro 1991, 1405; *LAG Hamm* BB 1991, 1496; *Fenn* ZZP 93 (1980), 229; *Stöber*[10] Rdnr. 1168; *Zöller/Stöber*[18] Rdnr. 27. – In § 17 S. 1 Nr. 3 SGB IV (BGBl. 1976 I, 3845) wird die Bundesregierung ermächtigt, durch RechtsVO den Wert von Sachbezügen jährlich im voraus festzusetzen nach dem tatsächlichen Verkehrswert. In den Sachbezugsverordnungen – zuletzt für 1992 vom 12. XII. 1991 BGBl. I, 1642 – werden für Wohnung u. Verköstigung feste Beträge bestimmt, während für sonstige Sachbezüge vom *üblichen Mittelpreis des Verbrauchsorts* auszugehen ist. Nach § 8 Abs. 2 S. 2 EStG gelten diese Werte auch im Steuerrecht. Vgl. auch § 3 Abs. 2 LohnsteuerDVO vom 19. XII. 80 (BGBl. I, 2309).
[77] → Fn. 76.
[78] *Fenn, Stöber* (beide Fn. 76). Zum ortsüblichen Wert → Fn. 76. Bei Altenteilen gilt der Erzeugerpreis, *LG Kiel* SchlHA 53, 77. Zu Sachleistungen an Soldaten s. Erlaß des BMV v. 10. 9. 1968 BVerMBl. 1968, 399, zuletzt geändert durch Erlaß v. 4. 2. 1992 BVerMBl. 1992, 124. Er gibt jedoch nur die Selbstkosten an u. bindet das Vollstreckungsgericht nicht; näheres bei *Kryczum* Büro 1971, 721, *Stöber*[10] Rdnr. 1171 mwN. Allerdings lehnen sich die jetzigen Sätze an die SachbezugsVO → Fn. 105 an.
[79] *Fenn* (Fn. 76); *Zöller/Stöber*[18] Rdnr. 27.
[80] *OLG Saarbrücken* NJW 1958, 227; *ArbG Wilhelmshaven* BB 1960, 50; *Bock/Speck* (Fn. 42), 171; *Boewer* (Fn. 19), 226; *Bischoff/Rochlitz* (Fn. 33), 178; *Zöller/Stöber*[18] Rdnr. 27.

abhelfen kann[81]. Sie soll für das Prozeßgericht bindend sein[82]. Dabei wird aber unzulässig über materielle Wirkungen der Pfändung im Erinnerungsverfahren entschieden → auch § 829 Rdnr. 109.

VI. Zusammentreffen von Pfändungen seitens gewöhnlicher und bevorzugter Gläubiger, Nr. 4[83]

75   1. Hat der **gewöhnliche Gläubiger** zuerst gepfändet und damit den nach § 850 c pfändbaren Teil des Bezuges belegt, so bleibt dem später gemäß § 850 d pfändenden Unterhaltsgläubiger nach dem auch hier geltenden § 804 Abs. 3 nur die Differenzsumme zwischen dem Betrag nach § 850 c und jenem nach § 850 d[84]. Wegen Vereinbarungen, daß dem Schuldner mehr als der Freibetrag verbleiben solle, → § 832 Rdnr. 8f.

76   2. Hat der **Unterhaltsgläubiger** gemäß § 850 d zuerst gepfändet[85], so ist zu unterscheiden:
a) Hat er, was ihm zunächst freisteht, lediglich *im Rahmen des § 850 c gepfändet*[86] oder vermindert er nachträglich durch Teilverzicht seine bevorrechtigte Pfändung auf den Zugriff nach § 850 c (→ auch Rdnr. 81), so würde ein später pfändender gewöhnlicher Gläubiger nach § 804 Abs. 3 zunächst leer ausgehen. **Nr. 4** sieht aber vor, daß auf den Unterhaltsanspruch zunächst »der gemäß § 850 d der Pfändung in erweitertem Umfange unterliegende Teil des Arbeitseinkommens zu verrechnen ist«.

77   Ein Unterhaltsgläubiger soll also nicht durch nur teilweise Ausschöpfung der gesetzlichen Zugriffsmöglichkeit gewöhnlichen Gläubigern den Zugriff blockieren, wodurch der Schuldner ohne innere Berechtigung lediglich infolge der zufällig umgekehrten Reihenfolge der Pfändungen dauernd besser gestellt wäre als im Fall einer vorrangigen Pfändung des gewöhnlichen Gläubigers. Deshalb drängt der zweitpfändende gewöhnliche Gläubiger den Unterhaltsgläubiger in den Bereich der erweiterten Pfändung ab, auch wenn dessen Pfändungsbeschluß anders lautet.

78   Selbstverständlich darf dem Zweitpfändenden auf diese Weise niemals mehr zufallen, als ihm ohne das Zusammentreffen der beiden Pfändungen nach § 850 c zustehen würde[87]. Andererseits kann die Ausdehnung der ersten Pfändung nicht auf die Fälle beschränkt sein, in denen von der betreffenden Rate tatsächlich etwas auf den zweitpfändenden Gläubiger abfällt. Selbst wenn der für den erstpfändenden Unterhaltsgläubiger beizutreibende Betrag so groß ist, daß auch bei der erweiterten Pfändung nach § 850 d der gesamte von der Pfändung erfaßte Teil des Bezuges von dem Unterhaltsgläubiger ausgeschöpft wird, muß die Regelung der Nr. 4 mit dem Erfolge Platz greifen, daß die Rückstände der Unterhaltsschuld eher getilgt werden und der zweitpfändende gewöhnliche Gläubiger auf diese Weise demnächst bei den künftigen Raten des gepfändeten Bezuges eher zum Zuge kommt, als es bei Beschränkung der vorgehenden Pfändung auf den Umfang des § 850 c der Fall wäre.

79   b) Hat der bevorzugte Unterhaltsgläubiger die vorgehende Pfändung in dem *erweiterten* Umfang des § 850 d, jedoch wegen eines so geringen Anspruchs ausgebracht, daß dem Schuldner mehr verbleibt, als ihm in § 850 c belassen ist, so greift ebenfalls die Nr. 4 Platz, d. h. dem Gesamtbetrag des von der erweiterten Pfändung nach § 850 d erfaßten Bezugsteiles ist zunächst der dem Unterhaltsgläubiger zukommende Teil zu entnehmen und der Rest an den zweitpfändenden gewöhnlichen Gläubiger abzuführen. Auch hier darf selbstverständlich letzterer nicht mehr erhalten, als ihm nach § 850 c zufiele, wenn er allein gepfändet hätte.

---

[81] *Stöber*[10] Rdnr. 1170. → auch Fn. 58.
[82] Anders die Festlegung durch den Arbeitgeber; vgl. dazu *OLG Hamm* u. *LAG Hannover* (Fn. 74); *AG Ulm* AP 54 Nr. 46 (*Pohle*).
[83] Siehe dazu *Henze* (Fn. 6).
[84] Vgl. *RAG* DR 1939, 1598; *LAG Düsseldorf* DA-Vorm 1977, 149; *Behr* Rpfleger 1981, 388; *Henze* (Fn. 6), 457; *Zöller/Stöber*[18] Rdnr. 30.
[85] Dazu *Behr* (Fn. 84), 388f.; *Denck* MDR 1979, 450. Wegen *Abtretung* → Rdnr. 85ff.
[86] → auch § 832 Rdnr. 9.
[87] *Zöller/Stöber*[18] Rdnr. 31.

Beispiel: Ein Schuldner verdient monatlich 2700 DM; sein notwendiger Unterhalt wird gemäß § 850 d auf 1800 DM festgesetzt, weil der einzige Unterhaltsgläubiger U wegen monatlich 250 DM Unterhalt und größerer aufgelaufener Rückstände den Lohn pfändet. Später pfändet ihn G gemäß § 850 c. Sobald die dem U zustehenden Rückstände getilgt sind und er nur noch 250 DM monatlich zu fordern hat, sind diese nunmehr dem von der erweiterten Pfändung ergriffenen Lohnteil, also dem Bereich zwischen 1800 und 2188,50 DM (gesetzlicher Freibetrag), zu entnehmen, während G die ihm nach § 850 c Abs. 3 zustehenden 511,50 DM erhält.

3. Die gerichtliche Anordnung nach Nr. 4 S. 2 und 3. – Die in Nr. 4 vorgeschriebene Verrechnung gilt *kraft Gesetzes*, setzt also nicht wie Nr. 2 oder 2 a eine rechtsgestaltende Anordnung des Vollstreckungsgerichts voraus[88]. Aber dem Drittschuldner werden zumindest in dem Fall vorhergehender Pfändung durch den Unterhaltsgläubiger oft die für die neue Berechnung notwendigen Umstände nicht oder nicht sicher genug bekannt sein. Deshalb nimmt **S. 3** dem Drittschuldner die Verantwortung für die richtige Berechnung ab. Dies gilt aber auch dann, wenn der Drittschuldner an sich in der Lage wäre, die Berechnung von sich aus vorzunehmen; denn die Vorschrift macht zwischen den verschiedenen Fällen keinen Unterschied. Der Drittschuldner darf sich, solange ihm nicht eine der Nr. 4 Rechnung tragende Entscheidung **zugestellt** ist, ohne weiteres an den Inhalt der ihm bekannten Pfändungsbeschlüsse halten: er wird befreit, wenn er zunächst an den zeitlich vorgehenden bevorrechtigten Gläubiger (§ 850 d) und an den nachstehenden gewöhnlichen Gläubiger nur insoweit leistet, als der dem Schuldner nach § 850 c verbleibende Betrag durch die Leistung an den Unterhaltsgläubiger noch nicht ausgeschöpft ist.

80

Ist eine solche Anordnung ergangen, so bleibt die Anordnung auch dann wirksam, wenn der Unterhaltsgläubiger nachträglich auf seine Vorzugsstellung aus § 850 d *verzichtet* (→ Rdnr. 76); es bedarf dann nicht etwa einer neuen Anordnung, bis zu deren Erlaß der Drittschuldner nach S. 3 in der Lage wäre, sich durch Auszahlung des Differenzbetrags zwischen der gewöhnlichen und der erweiterten Pfändung an den Schuldner zu befreien.

81

Die **Entscheidung** des Vollstreckungsgerichts ergeht nur auf **Antrag** eines Beteiligten – d. h. eines der Gläubiger (→ auch Rdnr. 86), des Schuldners oder auch des Drittschuldners[89] – als Beschluß durch den Rechtspfleger nach § 20 Nr. 17 RpflG; zu dem Antrag sind alle Beteiligten zu hören. Sie muß die Berechnung im einzelnen darlegen[90], ergeht gebührenfrei, ist den Beteiligten von Amts wegen zuzustellen und unterliegt bei Entscheidung durch den Richter (§ 5 RpflG) der sofortigen Beschwerde nach § 793, sonst der befristeten Erinnerung nach § 11 Abs. 1 S. 2 RpflG[91]. Die Entscheidung ist nur innerhalb eines Vollstreckungsverfahrens zulässig, → auch Rdnr. 44 und § 850 b Rdnr. 34, d. h. der gewöhnliche Gläubiger muß Pfändungsgläubiger sein. Er wird als Begünstigter regelmäßig den Antrag stellen, sobald er gemäß § 840 von der bevorzugten Pfändung (oder Abtretung → Rdnr. 86) Kenntnis erlangt hat.

82

Sind die Pfändungsbeschlüsse (infolge Wohnsitzwechsels des Schuldners) von *verschiedenen Vollstreckungsgerichten* erlassen, so ist für die Entscheidung dasjenige zuständig, das den ersten Beschluß erlassen hat, denn der erinnerungsähnliche Antrag erstrebt eine Änderung eben dieses, nicht des zweiten Beschlusses[92].

83

---

[88] *Stöber*[10] Rdnr. 1276; *Boewer/Bommermann*, Lohnpfändung u. -abtretung (1987), Rdnr. 630. – A.M. *Bock/Speck* (Fn. 42), 208; *Behr* (Fn. 84) Fn. 87: der Beschluß habe konstitutive Wirkung (aber dann wäre S. 3 mißraten; das Wort »kann« wäre ungenau, weil der Drittschuldner nur wie bisher leisten *müßte*, u. die »befreiende Wirkung« wäre dann selbstverständliche Erfüllung an den Berechtigten).

[89] *Thomas/Putzo*[18] Rdnr. 8; *Bischoff/Rochlitz* (Fn. 33), 104; *Boewer/Bommermann* (Fn. 88) Rdnr. 632. – A.M. *Stöber*[10] Rdnr. 1277; *Baumbach/Hartmann*[52] Rdnr. 13; *Bock/Speck* (Fn. 42), 210, weil die Rechtsstellung des Drittschuldners wegen Ziff. 4 S. 3 nicht berührt werde (nicht schlüssig, denn die Übergangsregelungen zu § 850 c schützen den Drittschuldner auf gleiche Art und gewähren ihm trotzdem das Antragsrecht, → § 850 g Rdnr. 13).

[90] Also nicht auf gesetzliche Vorschriften verweisen, *LG Mönchengladbach* Büro 1965, 934; *Stöber*[10] Rdnr. 1277.

[91] *Stöber*[10] Rdnr. 1277; *Wieczorek*[2] Anm. E III c 4. – A.M. *Boewer* (Fn. 19), 255 f.: unbefristete Erinnerung.

[92] → § 764 Rdnr. 5 mit § 828 Rdnr. 8; MünchKomm-ZPO-*Smid* Rdnr. 48; *Bock/Speck* (Fn. 42), 211; *Boewer* (Fn. 19), 255; *Wieczorek*[2] Anm. E III c 4. – A.M. *Stöber*[10] Rdnr. 1277; *Bischoff/Rochlitz* (Fn. 33), 104.

84   4. Das **Verhältnis mehrerer bevorzugter Unterhaltsgläubiger untereinander** regelt § 850 e nicht; insoweit greift § 850 d → dazu § 850 d Rdnr. 33 f., 36–38. Entsprechendes gilt wegen bevorzugter und nichtbevorzugter Ansprüche *desselben Gläubigers* → § 850 d Rdnr. 39.

VII. Zusammentreffen von Abtretungen usw. und Pfändung[93]

85   1. Ist über das Arbeitseinkommen oder den Anspruch auf laufende Sozialleistungen nach dem SGB (soweit zulässig, s. dazu § 53 SGB I) zunächst in den Grenzen des § 850 c durch *Abtretung* oder sonstwie **rechtsgeschäftlich verfügt** (→ § 850 Rdnr. 61), so kommt, wenn der Bezug hernach gepfändet wird, der Pfändungsgläubiger nur insoweit zum Zuge, als der Bezug von der vorausgegangenen Verfügung nicht erfaßt war[94]. Ist aber der Pfändungsgläubiger ein bevorzugter Unterhaltsberechtigter, § 850 d, so fällt ihm der Teil des Bezugs zu, der zwischen dem gesetzlich bestimmten Freibetrag des § 850 c und dem nach § 850 d in dem zu seinen Gunsten ergangenen Pfändungsbeschluß individuell festgesetzten Freibetrag liegt[95].

86   Einer **Sonderregelung** bedurfte nur der Fall, daß die Abtretung oder sonstige rechtsgeschäftliche Verfügung über das Arbeitseinkommen **zugunsten eines bevorzugten Unterhaltsgläubigers** erfolgt war (typischer Fall: die Abtretung eines Teiles des Gehalts an die unterhaltsberechtigte geschiedene Ehefrau). Dann geht die Verfügungsmöglichkeit über die Grenzen des § 850 c hinaus bis zu dem sich aus § 850 d ergebenden, individuell zu bemessenden Freibetrag, → § 850 Rdnr. 63. Auch hier verweist Nr. 4 den Abtretungsgläubiger zunächst auf den nach § 850 d der erweiterten Pfändung unterliegenden Teil des Bezuges → dazu Rdnr. 75 ff. Nr. 4 gilt nur zugunsten eines Pfändungsgläubigers, nicht eines Abtretungsgläubigers[96].

Der Arbeitnehmer kann die Geltung des § 850 e Nr. 4 nicht durch eine Abrede bei der Abtretung ausschließen.

87   2. Zur Einwirkung der Pfändung auf die rechtsgeschäftlich erworbenen Rechte des Unterhaltsgläubigers und zum Verfahren → Rdnr. 77 ff. Das Vollstreckungsgericht hat nicht zu entscheiden, ob die Abtretung usw. wirksam ist[97]. Auch der Unterhaltsgläubiger kann den Antrag stellen. Der Drittschuldner wird hier ebenso durch S. 3 geschützt wie bei konkurrierenden Pfändungen (→ Rdnr. 80 f.). Vor Zustellung der Entscheidung braucht er also an den Pfändungsgläubiger nur das zu leisten, was nach Abzug des dem Schuldner nach § 850 c verbleibenden Freibetrages und des Abtretungsbetrages übrigbleibt.

§ 850 f [Änderung des unpfändbaren Betrages]

(1) Das Vollstreckungsgericht kann dem Schuldner auf Antrag von dem nach den Bestimmungen der §§ 850 c, 850 d und 850 i pfändbaren Teil seines Arbeitseinkommens einen Teil belassen, wenn

a) der Schuldner nachweist, daß bei Anwendung der Pfändungsfreigrenzen entsprechend der Anlage zu diesem Gesetz (zu § 850 c) der notwendige Lebensunterhalt im Sinne des Abschnitts 2 des Bundessozialhilfegesetzes für sich und für die Personen, denen er Unterhalt zu gewähren hat, nicht gedeckt ist,

---

[93] Vgl. *Denck* (Fn. 85), 450 ff.; *Merten* DR 1940, 1979; *Püschel* DR 1941, 977, 2268 ff.
[94] Wegen der Berechnung → § 850 c Rdnr. 8.
[95] Siehe *OLG Düsseldorf* DAVorm 1981, 487 f. u. *Stöber*[10] Rdnr. 1278. Zur Berechnung bei noch weiteren Unterhaltsverpflichtungen *OLG Hamm* Rpfleger 1953, 186 (*Berner*).

[96] *LG Gießen* Rpfleger 1985, 370; *Stöber*[10] Rdnr. 1278; MünchKommZPO-*Smid* Rdnr. 45. – A.M. *Denck* (Fn. 85); *Thomas/Putzo*[18] Rdnr. 8; Baumbach/Hartmann[52] Rdnr. 13.
[97] *Bock/Speck* (Fn. 42), 209.

b) besondere Bedürfnisse des Schuldners aus persönlichen oder beruflichen Gründen oder
c) der besondere Umfang der gesetzlichen Unterhaltspflichten des Schuldners, insbesondere die Zahl der Unterhaltsberechtigten,
dies erfordern und überwiegende Belange des Gläubigers nicht entgegenstehen.

(2) Wird die Zwangsvollstreckung wegen einer Forderung aus einer vorsätzlich begangenen unerlaubten Handlung betrieben, so kann das Vollstreckungsgericht auf Antrag des Gläubigers den pfändbaren Teil des Arbeitseinkommens ohne Rücksicht auf die in § 850 c vorgesehenen Beschränkungen bestimmen; dem Schuldner ist jedoch so viel zu belassen, wie er für seinen notwendigen Unterhalt und zur Erfüllung seiner laufenden gesetzlichen Unterhaltspflichten bedarf.

(3) ¹Wird die Zwangsvollstreckung wegen anderer als der in Absatz 2 und in § 850 d bezeichneten Forderungen betrieben, so kann das Vollstreckungsgericht in den Fällen, in denen sich das Arbeitseinkommen des Schuldners auf mehr als monatlich 3744 Deutsche Mark (wöchentlich 864) Deutsche Mark, täglich 172,80 Deutsche Mark) beläuft, über die Beträge hinaus, die nach § 850 c pfändbar wären, auf Antrag des Gläubigers die Pfändbarkeit unter Berücksichtigung der Belange des Gläubigers und des Schuldners nach freiem Ermessen festsetzen. ²Dem Schuldner ist jedoch mindestens so viel zu belassen, wie sich bei einem Arbeitseinkommen von monatlich 3744 Deutsche Mark (wöchentlich 864 Deutsche Mark, täglich 172,80 Deutsche Mark) aus § 850 c ergeben würde.

Gesetzesgeschichte: § 8 LohnpfändungsVO RGBl. 1940 I, 1451 und von dort in ZPO BGBl. 1953 I, 952. Änderungen BGBl. 1959 I, 49, BGBl. 1965 I, 729, BGBl. 1972 I, 221, BGBl. 1978 I, 333, 1984 I, 364, BGBl. 1992 I, 745. → ferner § 850 Rdnr. 4.

I. A. Härteklausel für den Schuldner, Abs. 1

Die auf Durchschnittsfälle abgestellten §§ 850 c, 850 d Abs. 1 S. 3 berücksichtigen die Unterhaltspflichten und ungewöhnlich hohe eigene Bedürfnisse des Schuldners nicht immer ausreichend. Deshalb könnte der unpfändbare Betrag im Einzelfall hinter den Regelsätzen nach dem BSHG zurückbleiben. Um das zu vermeiden[1], ermöglicht Abs. 1 eine den besonderen Verhältnissen angepaßte Einzelregelung, auch bei der Pfändung laufender Sozialleistungen nach § 54 Abs. 4 SGB I[2]. Der erweiterte Pfändungsschutz des § 850 f ist über § 319 AO auch bei der Vollstreckung von Steuerforderungen zu beachten[3]. 1

1. Voraussetzung der Begünstigung ist, daß einer der Härtefälle des Abs. 1 a, b oder c vorliegt und überwiegende Belange des Gläubigers nicht entgegenstehen. 2

a) Nach **lit. a** muß der Schuldner nachweisen, daß bei Anwendung der Pfändungsfreigrenzen nach der Lohnpfändungstabelle (§ 850 c) der notwendige Lebensunterhalt im Sinne des Abschnitts 2 des BSHG für sich und für die Personen, denen er Unterhalt zu gewähren hat, nicht gedeckt ist. *Zweck* der Regelung ist es, ein Absinken des verbleibenden Einkommens unter die Sozialhilfesätze zu verhindern und zu vermeiden, daß wegen der Pfändung Sozialhilfe zu leisten ist, mit der Folge, daß die Befriedigung des Gläubigers auf Kosten der Allgemeinheit geht[4]. Vor Einfügung des Buchstabens a war streitig, ob beim Eintritt der Sozialhilfebedürftigkeit ein persönlicher Härtegrund (Abs. 1 b) vorliegt, der einen Antrag nach § 850 f Abs. 1 rechtfertigt[5]. Die Bestimmung hat insoweit klarstellende Funktion[6].

Der *erweiterte pfändungsfreie Teil*[7] entspricht dem Betrag, der nach Abschnitt 2 des BSHG 2a

---

[1] BT-Drucks. IV/3303 v. 14. IV. 1965, 16; BT-Drucks. 12/1754 v. 5.12. 1991.
[2] *OLG Frankfurt* Rpfleger 1978, 265 f. (Arbeitslosenhilfe); *Thomas/Putzo*[18] Rdnr. 1.
[3] Dazu *Buciek* DB 1988, 882.
[4] Beide Zwecke sind in der Begründung BT-Drucks. 12/1754 S. 18 genannt.
[5] Bejahend *OLG Köln* FamRZ 1989, 996; *Christmann* Rpfleger 1990, 404; dagegen noch *LG Berlin* Rpfleger 1992, 307.
[6] Vgl. BT-Drucks. 12/1754, S. 17 (rechts).
[7] Es muß nicht notwendig ein pfändbarer Rest verbleiben; so aber *Hornung* Rpfleger 1992, 334, der den Schuldner insoweit auf § 765 a verweist.

an den Schuldner ergänzend als Sozialhilfe zum Lebensunterhalt zu leisten wäre. Art und Umfang *laufender* Sozialhilfeleistungen regelt § 12 BSHG, der den Lebensunterhalt beschreibt (Ernährung, Kleidung usw.). Nach § 22 BSHG sind laufende Leistungen zum Lebensunterhalt außerhalb von Heimen nach Regelsätzen zu gewähren. Die hierzu erlassene Regelsatzverordnung[8] konkretisiert nur, wie die Regelsätze zu bestimmen sind, deren Festsetzung durch die zuständigen Landesbehörden erfolgt. Die Regelsätze enthalten nicht die Kosten für *Unterkunft* und *Heizung*. Diese werden nach konkretem Bedarf ersetzt, soweit sie nicht den nach den Umständen des Einzelfalls angemessenen Umfang übersteigen (§ 3 Regelsatzverordnung)[9]. Neben den laufenden Leistungen bekommt der Sozialhilfeempfänger nach Bedarf *einmalige Leistungen* (§ 21 Abs. 1 BSHG). Ihre Berücksichtigung im Rahmen des Abs. 1 a führt zu Schwierigkeiten; deshalb behilft sich die Praxis mit Pauschalierungen entsprechend dem durchschnittlichen Jahresbedarf[10]. Dem arbeitenden Schuldner ist außerdem ein arbeitsbedingter *Zuschlag* (Mehrbedarf) zu gewähren[11], der pauschal mit 30% des Regelsatzes geschätzt werden kann[12].

Zu prüfen ist nur, ob dem Schuldner aufgrund des geringen verbleibenden Einkommens ein Anspruch auf Sozialhilfe zustünde, wenn die übrigen Voraussetzungen der §§ 11 ff. BSHG vorlägen. Die weiteren Voraussetzungen des Sozialhilfeanspruchs sind im Rahmen des Abs. 1 a nicht zu prüfen. Deshalb ist es unerheblich, ob der Schuldner anderes Einkommen oder Vermögen hat, das die Gewährung von Sozialhilfe ausschließen würde[13]. Auch die Verweigerung zumutbarer Arbeit, die den Anspruch auf Sozialhilfe nach § 25 BSHG ausschließt, ist im Vollstreckungsverfahren nicht zu prüfen.

Hat der Schuldner Vermögen, kann der Gläubiger darauf zugreifen; ein Anspruch auf Verwertung des Arbeitseinkommens bis unter die Sozialhilfegrenze besteht nicht (→ Rdnr. 4). Ob der Schuldner seine Arbeitskraft richtig einsetzt, ist in der Zwangsvollstreckung nicht zu prüfen, weil die Haftung nur den Zugriff auf das *Vermögen* des Schuldners erlaubt. Den Schuldner, dessen Einkommen unter das Existenzminimum abgesunken ist, zu einer besseren Verwertung seiner Arbeitskraft zu zwingen, führte praktisch zur Haftung mit der *Arbeitskraft*, die unser Recht nicht kennt und mit Art. 1 GG schwerlich zu vereinbaren ist[14].

Bei der Berechnung des Sozialhilfebedarfs sind Unterhaltsberechtigte zu berücksichtigen, denen nach bürgerlichem Recht ein Anspruch zusteht. Die Frage zumutbarer Erwerbstätigkeit ist nur für das Bestehen eines Unterhaltsanspruchs von Bedeutung; nicht entscheidend ist, ob der Unterhaltsberechtigte nach dem Sozialhilferecht auf eine Erwerbstätigkeit verwiesen werden könnte[15].

Hat ein Unterhaltsgläubiger gepfändet, richtet sich der pfandfreie Betrag nicht nach der Lohnpfändungstabelle, sondern nach § 850 d. Nach § 850 d Abs. 1 S. 3 darf dem Schuldner aber nicht mehr belassen werden als ihm gegenüber einem nicht bevorrechtigten Gläubiger zusteht. Sinkt danach das Einkommen unter die Sozialhilfegrenze, muß ein erweiterter Freibetrag nach Abs. 1 a festgesetzt werden[16]. Ob der Schuldner sozialhilfebedürftig würde,

---

[8] Vom 20. VII. 1962 BGBl. I, 1962, 515 i.d.F. vom 10. V. 1971 BGBl. I, 1971, 451.

[9] Als Anhaltspunkte dienen die Höchstbeträge nach § 8 WoGG; *OLG Köln* NJW 1992, 2836; eine Pflicht zur Untervermietung bei einer großen Wohnung nimmt *LG Berlin* Rpfleger 1994, 221 an.

[10] Vgl. *LG Hamburg* Rpfleger 1991, 515 (mit einer Übersicht der verschiedenen Quoten, die in der Rechtsprechung angenommen werden und von 10% bis zu 30% reichen); *LG Stuttgart* Rpfleger 1990, 173; *Kohte* Rpfleger 1990, 11; *Büttner* FamRZ 1990, 461; *Künkel* DAVorm 1990, 90. Bedenken dagegen äußert *Stöber*[10] Rdnr. 1176 f.

[11] Auch nach Änderung des BSHG, vgl. Christmann Rpfleger 1995, 99 (zu § 76 Abs. 2 BSHG).

[12] *Hornung* Rpfleger 1992, 337; a.M. *LG Hamburg* (Fn. 10); *LG Stuttgart* Rpfleger 1990, 173, die kleinlich von einem konkret nachzuweisenden Bedarf (z.B. Fahrtkosten) ausgehen.

[13] *Stöber*[10] Rdnr. 1176 k; a.M. *Hornung* Rpfleger 1992, 335.

[14] Lediglich das Unterhaltsrecht kennt eine Arbeitspflicht für den Unterhaltspflichtigen, der kein ausreichendes Vermögen hat; vgl. z.B. § 1360 BGB.

[15] *OLG Köln* NJW 1992, 2836.

[16] *OLG Köln* FamRZ 1989, 997; *OLG Stuttgart* Rpfleger 1987, 207; *LG Hamburg* Rpfleger 1991, 516.

sollte freilich schon bei der Bestimmung des Freibetrags nach § 850 d berücksichtigt werden[17]. → auch Rdnr. 7.

Der Mindestbetrag nach Abs. 1 a ist dem Schuldner auch dann zu belassen, wenn dadurch der Gläubiger sozialhilfebedürftig wird. Die Gegenansicht führt dazu, daß im Verfahren nach § 850 f nur darüber entschieden wird, wer Sozialhilfe zu beantragen hat, wenn nicht ohnehin beide Parteien öffentliche Fürsorge in Anspruch nehmen müssen[18]. Die Rechtsprechung sieht sich außerdem genötigt, die ohnehin perfektionistische gesetzliche Regelung mit neuen Grundsätzen zu einem absoluten Mindestbedarf zu ergänzen[19]. Wegen der Befriedigungsreihenfolge mehrerer Unterhaltsgläubiger → Rdnr. 7. Zur Beweislast → Rdnr. 20.

b) **Abs. 1 b** setzt voraus, daß der Schuldner selbst **besondere Bedürfnisse hat**, d.h. solche, die nicht bereits gemäß §§ 850 a – d, 850 e Nr. 1 Berücksichtigung finden[20]. Als *persönliche Gründe* kommen z.B.[21] Krankheit[22], Invalidität in Betracht. Der Schuldner kann in derartigen Fällen z.B. einen Mehrbedarf für ärztlich verordnete Diätverpflegung geltend machen[23]. Auch einmalige Aufwendungen können berücksichtigt werden. *Berufliche Gründe*[24] sind z.B. überdurchschnittliche Fahrkosten zur Arbeitsstätte[25], besondere Ausgaben anläßlich einer beruflichen Umschulung. Voraussetzung ist immer, daß für den besonderen Aufwand keine ausreichende oder keine vom Einkommen gesondert berechnete Entschädigung bezahlt wird. Zu den berücksichtigungsfähigen Gründen zählt grundsätzlich *nicht* die Abtragung alter Schulden[26], da nur gegenwärtige Bedürfnisse geschützt werden sollen. 2b

b) **Abs. 1 c** setzt voraus, daß der Schuldner **besonders umfangreiche gesetzliche Unterhaltspflichten**[27] hat, sei es, weil er mehr als den in § 850 c berücksichtigten Berechtigten Unterhalt gewährt[28], oder weil die Unterhaltslast infolge besonderer Aufwendungen für Krankheit, Ausbildung der Kinder[29] usw. das Durchschnittsmaß übersteigt[30]. Das gilt auch insoweit, als ein Dritter für die Mehrbelastung aufzukommen hätte, von ihm aber kein Ersatz zu erlangen ist bzw. schon eine Rechtsverfolgung aussichtslos wäre (→ auch Fn. 32). 3

2. a) Die Vergünstigung muß unter den in Abs. 1 a bis c bezeichneten Gesichtspunkten **erforderlich** sein, d.h. ohne sie müßte sich ein das durchschnittliche Maß übersteigender Nachteil ergeben. Der Antrag nach Abs. 1 darf nicht mit der Begründung zurückgewiesen 4

---

[17] → § 850 d Rdnr. 21; vgl. auch *BSG* FamRZ 1985, 379, 380; *KG* NJW-RR 1987, 133, die dem Schuldner auf jeden Fall den Sozialhilfebetrag belassen.
[18] Die Entscheidung nach § 850 f hat dann nur die Wirkung, daß zwei Sozialhilfeanträge zu bearbeiten sind und der Verwaltungsaufwand der Behörde steigt.
[19] *LG Hamburg* Fn. 16 stellt auf das zum Lebensbedarf absolut Unerläßliche i.S.v. § 25 BSHG ab.
[20] *OLG Hamm* Büro 1977, 411. → auch § 850 e Rdnr. 5 Fn. 5 (Steuern).
[21] Ungewöhnlich hohe Energiekosten können berücksichtigt werden, wenn sie notwendig waren, *OLG Hamm* (Fn. 20).
[22] *LG Essen* Rpfleger 1990, 470; *LG Köln* Büro 1966, 254 (Zuckerkrankheit); vgl. allerdings *LG Krefeld* MDR 1972, 152. Die besonderen Bedürfnisse dürfen nicht schon längere Zeit zurückliegen; *OLG Hamm* (Fn. 20); → auch Fn. 26.
[23] *LGe Essen, Frankenthal, Mainz* Rpfleger 1990, 470.
[24] Vgl. *BGH* JZ 1986, 498 (*Brehm*); *KG* HRR 37 Nr. 1613; *v.Glasow* Rpfleger 1987, 289 (Praxiskosten, die mit dem Honorar der kassenärztlichen Vereinigung abgegolten werden). – A.M. *OLG Dresden* HRR 37 Nr. 1038; *OLG Hamburg* JW 1937, 51; *OLG Oldenburg* BB 1958, 1220 (notwendige Kleidung zum Antritt einer neuen Stelle). Für Referendare vgl. *OLG Braunschweig* NJW 1955, 1599.
[25] *KG* JW 1936, 519 u. 890[38]; *OLG Hamm* Rpfleger 1977, 224. Nach *OLG Köln* FamRZ 1989, 996 sind berufsbedingte Fahrkosten sogar generell zu berücksichtigen, soweit sie nicht als unerheblich anzusehen sind.
[26] *Buciek* DB 1988, 882, 883 für Steuerrückstände; *OLG Oldenburg* (Fn. 24) bei Mietrückständen; *OLG Frankfurt* (Fn. 2), 266; vgl. auch *LG Krefeld* MDR 1972, 152; ferner nicht, wenn Schuldner an andere Gläubiger laufend zahlt; *OLG Schleswig* Büro 1957, 511. Die Berücksichtigung älterer Schulden ist aber ausnahmsweise dann möglich, wenn sie zur Befriedigung eines persönlichen Bedürfnisses eingegangen wurden, das noch in der Gegenwart fortbesteht, *OLG Hamm* (Fn. 20); *Stöber*[10] Rdnr. 1179.
[27] → § 850 c Rdnr. 15 ff., § 850 d Rdnr. 7–9. S. auch *LG Koblenz* NJW-RR 1986, 680; *LG Schweinfurt* NJW 1984, 374.
[28] *KG* DR 1941, 1161[12] u. 1162[13]; *LG Osnabrück* FamRZ 1958, 146; *Stöber*[10] Rdnr. 1180. S. auch BT-Drucks. VI 2203, 30f.
[29] Insbesondere wenn diese nicht ohne erhebliche Nachteile abgebrochen werden kann, *Stöber*[10] Rdnr. 1181.
[30] Vgl. zu § 1613 Abs. 2 BGB *OLG Düsseldorf* FamRZ 1981, 76 (kieferorthopädische Behandlung); *Stöber*[10] Rdnr. 1181; *Boewer* Die Lohnpfändung usw. (1972), 274. → auch § 850 b Fn. 14, 47 (pränatal geschädigte u. ungewollte Kinder).

werden, dem Schuldner sei es zumutbar, eigenes Vermögen einzusetzen oder Mittel von anderer Seite zu beschaffen[31], z.B. Schadensersatz gegen den an der Mehrbelastung Schuldigen[32]. Nur bei der Berechnung des Sozialhilfesatzes (Abs. 1 a) sind sozialrechtliche Ansprüche (z.B. auf Wohngeld)[33], die den Lebensbedarf abdecken, zu berücksichtigen. Hat der Schuldner weiteres Vermögen, kann der Gläubiger darauf zugreifen. Das Verfahren nach § 850 f ist zur Ermittlung der gesamten Vermögensverhältnisse ohnehin ungeeignet und hat nicht den Zweck, dem Gläubiger die Mühe weiterer Vollstreckungsmaßnahmen zu ersparen. Daß der *notwendige* Unterhalt (→ § 850 d Rdnr. 20 f.) des Schuldners oder seiner Unterhaltsberechtigten gefährdet wäre, wird *nicht* verlangt.

Mit Streichung des Wortes »ausnahmsweise« hat das Gesetz zum Ausdruck gebracht, daß die Bestimmung keinen Sondercharakter wie etwa § 765 a besitzt, sondern ausnahmslos zur Anwendung kommen muß, wenn die Voraussetzungen gegeben sind[34].

5   b) Die Vergünstigung ist zu versagen, wenn überwiegende **Belange des Gläubigers** entgegenstehen, d.h. wenn der ihm durch die Abschwächung des Pfändungszugriffs erwachsende Nachteil schwerer zu bewerten ist als der besondere Nachteil, der dem Schuldner aus dem Zusammentreffen der Pfändung mit seinen erhöhten Lasten erwächst. In Betracht kommen eine persönliche Notlage des Gläubigers, eigene Unterhaltspflichten und seine wirtschaftliche Lage[35]. Ein Vorrecht kommt weder dem Gläubiger noch dem Schuldner zu. Drohende Sozialhilfebedürftigkeit des Gläubigers rechtfertigt es nicht, dem Schuldner den Pfändungsschutz nach Abs. 1 a zu versagen[36] → Rdnr. 2 b.

6   3. Bei **gewöhnlichen Pfändungen** steht es, wenn das Gericht Abs. 1 für anwendbar hält, in seinem Ermessen, *welchen Betrag* es über § 850 c hinaus dem Schuldner – für die Dauer oder für eine bestimmte Zeit – belassen will[37].

Zweckmäßig wird in dem Beschluß eine einheitliche Summe als zugriffsfrei bezeichnet, nicht ein Zuschlag zum normalen Freibetrag. Freistellung des *gesamten* Einkommens ist nach Abs. 1 b und c nur nach § 765 a und auch nur vorübergehend zulässig[38]; bei Abs. 1 a gilt diese Schranke nicht[39].

7   4. Abs. 1 gilt, wie die Anführung des § 850 d ergibt, auch bei der Pfändung seitens **bevorzugter Unterhaltsgläubiger**, soweit besondere Belastungen des Schuldners nicht schon im Rahmen des § 850 d[40] berücksichtigt wurden wegen § 850 d Abs. 1 S. 3[41]. Das Gericht sollte den Schuldner schon im Verfahren nach § 850 d darauf hinweisen (§ 139), daß er einen Antrag nach § 850 f stellen kann. Bringt der Schuldner Gründe vor, die einen Antrag nach § 850 f Abs. 1 rechtfertigen, ist dies als Antragstellung zu deuten. Die Verfahren zur Festsetzung des pfändungsfreien Betrags nach § 850 d und f sind zusammen zu entscheiden. Dem Schuldner darf mehr belassen werden als § 850 d Abs. 1 S. 3 erlaubt[42]. Das darf aber nicht zur

---

[31] A.M. die 20. Aufl.
[32] Z.B. wegen pränatal geschädigtem Kind.
[33] *LG Aachen* Büro 1990, 118.
[34] BT-Drucks. (Fn. 1). Vgl. ferner *KG* DR 1941, 1162 u. MDR 1966, 423 (L); *Berner* Rpfleger 1965, 293; *Weber* NJW 1965, 1699; *Stöber*[10] Rdnr. 1175a.
[35] S. auch *KG* VersR 1962, 174 f.: Ablehnung, wenn nicht einmal die Zinsen der Titelforderung abgedeckt würden.
[36] A.M. *OLG Celle* Rpfleger 1990, 376, das die Einzelfallprüfung auf die Spitze treibt.
[37] *Stöber*[10] Rdnr. 1183.
[38] Vgl. *OLG Koblenz* Büro 1987, 306; *OLG Düsseldorf* JMBl NRW 1952, 60; *LG Hamburg* Rpfleger 1991, 515, 516; *LG Essen* MDR 1955, 428. → § 765 a Rdnr. 11.
[39] *Stöber*[10] Rdnr. 1184; a.M. *Hornung* Rpfleger 1992, 334.

[40] → dort Rdnr. 21.
[41] *LG Berlin* Rpfleger 1990, 120 hält bei einer Unterhaltsvollstreckung unzutreffend nur die Buchst. b und c für anwendbar. Es kann aber durchaus vorkommen, daß bei unterschiedlicher Anhebung die Sozialhilfesätze höher als die Pfändungsfreigrenzen sind.
[42] Wie hier *OLG Hamm* (Fn. 25); *LG Essen* (Fn. 38); *Stöber*[10] Rdnr. 1183. – *Bock/Speck* Einkommenspfändung (1964) 179 u. *Boewer/Bommermann*, Lohnpfändung u. -abtretung (1987), Rdnr. 767 wenden § 850 f Abs. 1 auch dann an, wenn die Grenze des § 850 d Abs. 1 S. 3 noch nicht erreicht ist; dem kann der Schuldner aber aus den Gründen → § 850 d Rdnr. 21 a.E. schon nach § 766 abhelfen.

Begünstigung solcher Unterhaltsberechtigter führen, die dem pfändenden Gläubiger im Rang nachgehen[43].

Das Vollstreckungsgericht sollte zwar darauf achten, ob es bei der Gewichtung von Umständen, die schon im Erkenntnisverfahren bei der Bemessung der Unterhaltshöhe berücksichtigt wurden, in Widerspruch zur Beurteilung durch das Prozeßgericht gerät. Es ist jedoch an diese **nicht** rechtlich gebunden, weder für »alte« noch für »neue« Tatsachen, denn die materielle Rechtskraft wird dadurch nicht berührt, weil eine Erhöhung des Freibetrags allenfalls die Beitreibungszeit verlängert, aber nicht die Höhe der Titelschuld verringert und überdies solche Gründe nicht in Rechtskraft erwachsen[44].

I. B. Härteklauseln für den Gläubiger

1. Abs. 2 läßt die Beitreibung von Forderungen aus **vorsätzlich begangenen unerlaubten Handlungen**[45], z. B. Unterschlagung, Diebstahl, Körperverletzung, Betrug[46], über § 850 c hinaus zu, → Rdnr. 14. Bedingter Vorsatz reicht aus. Ansprüche aus Gefährdungshaftung, Vertragsverletzung[47], ungerechtfertigter Bereicherung wegen überbezahlten Lohnes oder aus leicht, grob oder bewußt fahrlässigem Handeln scheiden aus. Das Bestehen einer Steuerforderung reicht auch dann nicht aus, wenn diese im Zusammenhang mit einer Steuerhinterziehung steht[48]. Ob es sich um Ersatz eines Vermögens- oder immateriellen Schadens handelt und um eine Kapital- oder Rentenschuld, bleibt sich gleich. Auch für Rückstände gilt Abs. 2 ohne zeitliche Einschränkung[49]. Anerkennung durch Vergleich schadet grundsätzlich nicht[50], u. U. (je nach Auslegung) aber die Umwandlung in eine Darlehensschuld, Aufnahme in eine Gesamtabrechnung u. ä.[51]. Vollstreckungskosten nehmen am Pfändungsprivileg teil[52], aber nicht Verzugszinsen[53] und nach h. M. auch nicht Kosten des Rechtsstreits[54].

8

a) Die Pfändungsbegünstigung kommt auch einem Rechtsnachfolger des Gläubigers zugute[55]; ebenso wirkt sie gegenüber einem unbeschränkt haftenden Erben des Schuldners oder Schuldübernehmer[56].

9

b) Abs. 2 gilt grundsätzlich für **jede Art Vollstreckungstitel**, falls eine vorsätzliche unerlaubte Handlung (zumindest auch) *Anspruchsgrund* ist[57]. → Zur Einschränkung bei Vollstreckungsbescheiden → Rdnr. 11. Bei der Prüfung dieser Voraussetzung kommt dem Vollstreckungsgericht nach bisher h. M. eine *subsidiäre* Prüfungskompetenz zu. Ergibt sich aus dem Titel, daß die Forderung aus unerlaubter Handlung resultiert, ist das Vollstreckungsgericht daran gebunden. Dabei soll es genügen, wenn der Anspruchsgrund aus den Urteilsgründen ersichtlich ist[58], und es wird ein Rückgriff auf die Klagebehauptung und die Prozeßakten für zulässig erachtet[59]. Läßt sich der Haftungsgrund aus dem Titel und den Urteilsgründen nicht

10

---

[43] *Stöber*[10] Rdnr. 1176 n; *LG Braunschweig* Büro 1986, 1422, 1425.
[44] A. M. *OLG Bremen* OLGZ 1972, 486 f., das sogar für »neue« Tatsachen nur § 323 gelten lassen will, während *Stöber*[10] Rdnr. 1183 zutreffend deren Berücksichtigung nach § 850 f zuläßt.
[45] Vgl. zum Grund der Privilegierung *Bötticher* ZZP 85 (1972), 6.
[46] Entzog der Schuldner dem Gläubiger sittenwidrig gesetzlichen Unterhalt, so hilft bereits § 850 d, → dort Fn. 7; wie dort auch *Rupp/Fleischmann* Rpfleger 1983, 378.
[47] Wegen Aufrechnung → aber § 850 Fn. 131.
[48] *BAG* NJW 1989, 2148.
[49] *Stöber*[10] Rdnr. 1190.
[50] *Boewer* (Fn. 30) 276; *Boewer/Bommermann* (Fn. 42) Rdnr. 773.
[51] *Stöber*[10] Rdnr. 1193.
[52] → § 850 d Rdnr. 9, so auch *KG* Rpfleger 1972, 66[48] a. E.
[53] *Stöber*[10] Rdnr. 1191; vgl. auch *LG Aachen* Büro 1980, 468.
[54] *LGe München I* u. *Hannover* Rpfleger 1965, 278; 1982, 232; *Bock/Speck* (Fn. 42), 185; *Boewer/Bommermann* (Fn. 42) Rdnr. 774; *Stöber*[10] Rdnr. 1191. – A. M. mit beachtlichen Gründen *KG* → Fn. 52 (zu § 67 Abs. 2 BVersG).
[55] *ArbG Koblenz* MDR 1979, 611 (L) = KKZ 1981, 66 (Zessionar); *Frisinger* Privilegierte Forderungen in der ZV (1967), 111 ff.
[56] *Frisinger* (Fn. 55), 112 f.; *Stöber*[10] Rdnr. 1192; aber nicht bei Schuldbeitritt, *Frisinger* aaO.
[57] Vollstreckbare Bescheide der öffentlichen Verwaltung u. der Leistungsträger genügen daher nicht, so für Krankenkasse *LSG Mainz* BB 1978, 663.
[58] *Grunau* NJW 1959, 1516; *Hiendl* NJW 1962, 901; *Stöber*[10] Rdnr. 1193.
[59] *OLG Zweibrücken* Büro 1988, 934.

ermitteln, soll das Vollstreckungsgericht zwar eine eigene Prüfungskompetenz haben; diese wird aber überwiegend im Hinblick auf die Eignung des Vollstreckungsverfahrens nach unterschiedlichen Kriterien eingeschränkt. Teils wird dem Vollstreckungsgericht die Befugnis zuerkannt, einen Antrag zurückzuweisen, weil eine umfangreiche Beweisaufnahme nötig wird[60], teils wird eine streitige Verhandlung und Beweisaufnahme vor dem Vollstreckungsgericht überhaupt abgelehnt[61]. Diese Ansicht wurde vom 3. Zivilsenat des BGH zu Recht kritisiert[62]. Gegen eine subsidiäre Prüfungskompetenz des Vollstreckungsgerichts sind zwei Einwendungen zu erheben: (1) Das Vollstreckungsverfahren ist ungeeignet für die Klärung der Frage, ob die titulierte Forderung aus einer vorsätzlichen unerlaubten Handlung resultiert[63]. Das gilt insbesondere dann, wenn man mit der bisher h.M. für eine Anhörung des Schuldners wegen § 834 einen Antrag des Gläubigers voraussetzt und folgerichtig nur den schlüssigen Vortrag des Gläubigers als Entscheidungsgrundlage anerkennt[64]. Eine Beweisaufnahme, nach deren Umfang die Prüfungskompetenz des Vollstreckungsgerichts bestimmt werden könnte, wäre unzulässig. (2) Mit der Annahme einer subsidiären Entscheidungskompetenz des Vollstreckungsgerichts wird eine Bindung an den Titel postuliert, falls dieser den Anspruch qualifiziert. Diese Bindung beruht nicht auf der präjudiziellen Wirkung der Rechtskraft[65], andernfalls könnte das Vollstreckungsgericht bei vorläufig vollstreckbaren Urteilen die unerlaubte Handlung verneinen, selbst wenn sie aus dem Urteilstenor eindeutig hervorgeht. Die Bindung des Vollstreckungsgerichts an den Titel (→ Rdnr. 21 vor § 704) kann nur auf der Kompetenzverteilung zwischen Zwangsvollstreckung und Erkenntnisverfahren beruhen[66]. Eine subsidiäre Prüfungskompetenz des Vollstreckungsgerichts ist deshalb nichts anderes als die Befugnis zur Titelergänzung durch ein Vollstreckungsorgan, die dem Gesetz unbekannt ist. Es ist Sache des Gläubigers, im Erkenntnisverfahren zu beantragen, daß der Schuldgrund in die Verurteilung aufgenommen wird[67]. Hat er dies versäumt, ist es nicht Aufgabe des Vollstreckungsgerichts, durch Würdigung der Klagebegründung oder anderer Bestandteile der Prozeßakten den Rechtsgrund der Verurteilung zu erforschen. Nur so wird vermieden, daß der Schuldner erst im Vollstreckungsverfahren erfährt, daß es im Erkenntnisverfahren auch um den Umfang des Pfändungszugriffs ging.

11 Wurde der Haftungsgrund nicht in den Titel aufgenommen, kann der Gläubiger nach der Rechtsprechung Feststellungsklage erheben[68], der die Rechtskraft des Vorurteils nicht entgegensteht[69]. Die Einordnung dieser Klage als Feststellungsklage[70] ist freilich inkonsequent (aber unschädlich), wenn man eine Bindung an den Titel annimmt und ein Prüfungsrecht des Vollstreckungsgerichts verneint, weil es in Wahrheit um eine Titelerweiterung geht[71]. Die

---

[60] So *Münzberg* in der 20. Aufl.; *Schneider* MDR 1970, 769; *Kirberger* FamRZ 1974, 638, wobei str. ist, ob diese Grenze schon erreicht ist, wenn Zeugen nötig sind; so E. *Schneider* aaO.
[61] *Zöller/Stöber*[18] Rdnr. 9; OLG Zweibrücken (Fn. 59). Für eine weitergehende Prüfungskompetenz aber wohl *Stöber*[10] Rdnr. 1193.
[62] BGHZ 109, 275 = JZ 1990, 392 (*Brehm*) = Rpfleger 246 (*Münch*) = ZZP 103 (1990) 355 (*Smid*) = NJW 834 (*Link*).
[63] So richtig *BGH* (Fn. 62).
[64] Vgl. die 20. Aufl. Rdnr. 22; *Stöber*[10] Rdnr. 1196. – A.M. *BGH* (Fn. 62), der von einer erforderlichen Beweisaufnahme ausgeht; wohl auch *Münch* (Fn. 62) 250.
[65] Die Einordnung bleibt unklar bei *BGH* (Fn. 62). Für Rechtskraftbindung *Münch* (Fn. 62) 249.
[66] Dies habe ich in meiner Urteilsanmerkung (Fn. 62) übersehen.
[67] So die früher h.M.; vgl. ferner *Baumann/Brehm* § 6 II 3 d, S. 69 Fn. 13; *Hoffmann* NJW 1973, 1111, die verlangen, daß sich die unerlaubte Handlung aus dem Titel ergeben muß. Davon ging auch der Rechtsausschuß des Bundestages aus, vgl. BT-Drucksache III/768, 3. Nach *Link* (Fn. 32) ist die Aufnahme des Schuldgrundes erst zulässig, wenn feststeht, daß eine andere Vollstreckung nicht zum Erfolg führt; sonst fehle das Feststellungsinteresse, ebenso OLG Oldenburg NJW-RR 1992, 573.
[68] *BGH* (Fn. 62) Ebenso MünchKommZPO-*Lüke* Rdnr. 18.
[69] A.M. wohl OLG Oldenburg (Fn. 67), dort wird Durchbrechung der Rechtskraft angenommen.
[70] Ebenso *Lüke* (Fn. 68); *Künzl* JR 1991, 91; widersprüchlich *Münch* (Fn. 62), der einerseits von Titelauslegung (S. 248), andererseits von Titelergänzung (S. 250) spricht; für Einordnung als Feststellungsklage auch *Künzl* JR 1991, 94. – Für Leistungsklage *Hiendl* NJW 1962, 901 f.; *Rimmelspacher*, Materiellrechtlicher Anspruch usw. (1970), 241.
[71] Dies erkennt *Smid* ZZP 102 (1989) 47 ff.; seinem Vorschlag, diese Ergänzung ins Klauselverfahren zu ver-

Klage setzt nicht voraus, daß sich der Schuldgrund der vorsätzlichen unerlaubten Handlung erst nachträglich herausstellt[72]. Für *Versäumnisurteile* gilt keine Besonderheit. Unterwirft man die Qualifikation des Anspruchs den Grundsätzen der Feststellungsklage, reicht ein *Vollstreckungsbescheid* nicht aus, auch wenn der Gläubiger die vorsätzliche unerlaubte Handlung im Antrag angegeben hat, weil über Feststellungsanträge im Mahnverfahren nicht entschieden wird. Auch wenn man wie hier von einem erweiterten Leistungsantrag ausgeht, ist ein Mahnbescheid nicht ausreichend, weil das Verfahren nicht für derartige Anträge geschaffen ist[73]. Eine Bindung führte zu einer Aushöhlung des Schuldnerschutzes, weil Gläubiger durch die Angabe des Schuldgrundes, dessen Tragweite der Schuldner nicht erkennt, praktisch die Pfändungsgrenze unterlaufen könnten[74]. Bei *vollstreckbaren Urkunden* beruht die Vollstreckungsbefugnis auf einem Dispositionsakt. Das Vollstreckungsgericht ist auch hier nicht befugt, durch eigene materiellrechtliche Erwägungen die Zugriffsbefugnis zu erweitern, vielmehr muß sich aus der Urkunde ergeben, daß sich der Schuldner wegen einer vorsätzlichen unerlaubten Handlung der Zwangsvollstreckung unterworfen hat.

Soweit der Titel Angaben über den Schuldgrund enthält, sind diese auch auf den *Grad des* 12 *Verschuldens* (Vorsatz) zu beziehen. Bei der Bezeichnung der Zugriffsbefugnis im Titel spielen Überlegungen zur Rechtskraft keine Rolle[75], entscheidend ist allein, daß für die Vollstreckungsorgane die Grundlage ihres Handelns klar erkennbar ist.

c) Abs. 2 gilt solange, wie das Arbeitseinkommen als »Anspruch« gepfändet werden kann, 13 das Geld also noch nicht »eingenommen« ist[76].

d) Das Gericht ist nach Abs. 2 nicht an § 850 c gebunden. Der Umfang des Vollstreckungs- 14 zugriffs ist in sein pflichtgemäßes Ermessen[77] gestellt (»kann«). Bei der danach gebotenen **Interessenabwägung** sind vor allem der dem Schuldner durch die unerlaubte Handlung erwachsene Vorteil und der dem Gläubiger entstandene Schaden, die wirtschaftlichen Bedürfnisse beider Parteien und sonstige Einkünfte erheblich[78]. Dagegen hat das Vollstreckungsgericht nicht den Unrechtsgehalt der Tat zu würdigen[79], da § 850 f nicht in die Nähe einer verfassungswidrigen Strafvorschrift gerückt werden darf. Die Abwägung kann u.U. auch zu einer völligen Ablehnung des Antrags führen.

In jedem Falle muß das Gericht nach Abs. 2 HS 2 dem Schuldner so viel belassen, wie er für 15 *seinen* notwendigen Unterhalt (→ § 850 d Rdnr. 20 f.) und zur Erfüllung seiner *laufenden gesetzlichen Unterhaltspflichten* (→ § 850 d Rdnr. 22) bedarf. Die Grenze der Inanspruchnahme des Schuldners liegt dort, wo seine Hilfsbedürftigkeit beginnt[80]. Als Mindestbehalt muß dem Schuldner ein Betrag in Höhe des Sozialhilfesatzes verbleiben[81]. Die durch § 850 d

---

weisen, ist aber nicht zu folgen, weil es um den Titel und nicht um die Ausfertigung geht; s. auch MünchKomm-ZPO-*Smid* Rdnr. 17.

[72] A.M. *OLG Oldenburg* (Fn. 67).
[73] Richtig *LG Düsseldorf* Rpfleger 1987, 319; *Büchmann* NJW 1987, 172 mit dem richtigen Hinweis, daß die Belehrung des Schuldners im amtlichen Vordruck irreführend wäre, wenn eine Bindung angenommen würde.
[74] Dies wird in der Praxis auch versucht; vgl. etwa *LG Düsseldorf* (Fn. 73) wo eine Kaufvertragsforderung zusätzlich auf Delikt gestützt wurde.
[75] Anders die 20. Aufl., wo im Hinblick auf die Rechtskraft eine Aufnahme der Schuldform für unzulässig erachtet wurde; → dort Rdnr. 22.
[76] → § 850 Rdnr. 9–12. Wie dort Rdnr. 11 für Hinterlegung *LSG Mainz* BB 1978, 663.
[77] *LG Essen* Rpfleger 1971, 325; *Baumbach/Hartmann*[52] Rdnr. 9; *Stöber*[10] Rdnr. 1195; – a.M. *Berner* Rpfleger 1959, 79; *Danzer* MDR 1960, 552. Wegen des Verhältnisses zu § 850 d s. *Rupp/Fleischmann* (Fn. 46).
[78] *LG Aachen* (Fn. 53); z.B. Berücksichtigung einer dem Schuldner auferlegten Geldstrafe *LG Frankfurt* NJW 1960, 2249 (zust. *Zöller/Stöber*[18] Rdnr. 7; abl. *Baumbach/Hartmann*[52] Rdnr. 10); Kindergeld *OLG Düsseldorf* MDR 1976, 410 u. OLGZ 1972, 310; *LG Krefeld* MDR 1976, 410; *LG Berlin* Rpfleger 1974, 167; *LG Essen* (Fn. 77); – a.M. *LG Mannheim* Rpfleger 1971, 114; *LG Krefeld* MDR 1972, 152 (Zuckerkrankheit). Zur Bemessung des Freibetrags s. ferner *LG Kleve* MDR 1970, 853; zur Formulierung des Pfändungsbeschlusses *OLG Karlsruhe* MDR 1971, 401. Auch unpfändbare Sozialgeldleistungen nach § 54 SGB (→ § 850 i V) können berücksichtigt werden; *Stöber*[10] Rdnr. 1196.
[79] A.M. die 20. Aufl. und MünchKommZPO-*Smid* Rdnr. 19. Auch für die Feststellung des Unrechtsgehalts ist das Pfändungsverfahren nicht tauglich.
[80] *AG Krefeld* MDR 1977, 412 (Pfändung der Arbeitslosenhilfe).
[81] *LG Stuttgart* MDR 1985, 150; *LG Koblenz* Büro 1992, 636; *LG Hannover* Rpfleger 1991, 212; *Kohte* Rpfleger 1990, 10.

gebotene unterste Grenze darf nicht zu Lasten der dort genannten Unterhaltsgläubiger durchbrochen werden, → Fn. 91. Zur Gewährleistung des Mindestbehalts ist es zumindest bei laufend wechselndem Einkommen des Schuldners geboten, nicht den pfändbaren, sondern den pfandfreien Betrag zu bestimmen[82]. Andererseits darf dem Schuldner nicht mehr verbleiben als nach § 850 c (§ 850 d Abs. 1 S. 3)[83], sofern der Schuldner dadurch nicht sozialhilfebedürftig wird[84].

Der Freibetrag zur Erfüllung der laufenden gesetzlichen Unterhaltspflichten muß dem Schuldner selbst dann erhalten bleiben, wenn Unterhaltsgläubiger bereits vorrangig in das Arbeitseinkommen des Schuldners vollstrecken. Allerdings sind diese so abgeführten Beträge bis zu der Höhe auf den Mindestfreibetrag anzurechnen, unter dessen Berücksichtigung dem Schuldner der zu seinem eigenen notwendigen Unterhalt erforderliche Betrag verbleibt[85].

16 Die erweiterte Pfändung nach § 850 f Abs. 2 läßt die frühere Einkommenspfändung oder Abtretung[86] zugunsten eines gewöhnlichen Gläubigers unberührt (§ 804 Abs. 3). Dem nach § 850 f Abs. 2 zweitpfändenden Gläubiger bleibt nur die Differenz zwischen dem Betrag nach § 850 c und dem nun erweitert pfändbaren Einkommen[87]. Zahlt der Arbeitgeber über § 850 c hinausgehende Beträge an den gewöhnlichen Gläubiger, so wird er insoweit gegenüber dem erweitert pfändenden Gläubiger nicht befreit[88].

17 2. Abs. 3[89] erlaubt auch für **nicht schon nach § 850 f Abs. 2 oder § 850 d privilegierte Forderungen** eine Verminderung des Pfändungsschutzes, falls das Einkommen des Schuldners die in Abs. 3 genannten Beträge übersteigt. Die Bestimmung ist aus der Furcht geboren, es könnten sich bei höheren Einkommen ungerechtfertigte Freibeträge ergeben, z.B. wenn der nach der Tabelle dem Schuldner wegen eines Unterhaltsberechtigten zusätzlich zu verbleibende Teil den tatsächlich geschuldeten Unterhalt übersteigt[90]. Der Gesetzesperfektionismus, dem diese Vorschrift huldigt, führte zu einer Regelung, die keine praktische Bedeutung hat.

Das Vollstreckungsgericht soll hier unter Berücksichtigung der Belange des Gläubigers und des Schuldners nach **freiem Ermessen** entscheiden. Es hat also ebenfalls eine **Interessenabwägung** vorzunehmen, bei der weitgehend die Erwägungen zur Ermessensentscheidung nach Abs. 2 (→ Rdnr. 14 und § 850 b Rdnr. 3 f.) sinngemäß zu berücksichtigen sind. Unterhalbsberechtigte i. S. d. § 850 d dürfen jedoch nicht benachteiligt werden, wie sich aus der Gegenüberstellung zu Abs. 2 ergibt[91]. Jedenfalls muß dem Schuldner der Betrag gemäß Abs. 3 S. 2 verbleiben. Wegen der Abgrenzung zu § 850 d → dort Rdnr. 8.

II. Das Verfahren

18 1. Die Vergünstigungen setzen **Anträge** voraus, zu denen für *Abs. 1* der Schuldner, die betroffenen Unterhaltsberechtigten und entgegen der h. M. auch der Drittschuldner[92] berechtigt sind, für *Abs. 2 und 3* aber nur der Gläubiger[93].

19 Der Antrag ist nicht an eine Frist gebunden[94]. Er kann auf Umstände gestützt werden, die

---

[82] *LG Stuttgart* MDR 1985, 150.
[83] *LG Berlin* Rpfleger 1974, 167; *LG Bayreuth* DAVorm 1976, 356. → dazu § 843 Fn. 17.
[84] Die Sozialhilfegrenze ist auch ohne Antrag des Schuldners zu berücksichtigen → auch § 850 d Rdnr. 21.
[85] *LG Krefeld* Büro 1979, 1084.
[86] *BAG* MDR 1983, 699[122].
[87] *Stöber*[10] Rdnr. 1197.
[88] *ArbG Koblenz* MDR 1979, 611.
[89] Zuletzt geändert durch Gesetz vom 1. IV. 1992 (BGBl. I, 745).
[90] *Stöber*[10] Rdnr. 1198.

[91] *Boewer/Bommermann* (Fn. 42) Rdnr. 793; *Wieczorek*[2] Anm. E II b 1.
[92] Denn der Antrag ähnelt einer Erinnerung (→ Rdnr. 20) u. liegt, ebenso wie bei §§ 850 c, d (→ 829 Rdnr. 109), auch im Interesse des Drittschuldners. – A. M. *LG Wuppertal* MDR 1952, 237; *LG Essen* NJW 1969, 668; *Wieczorek*[2] Anm. C; *Stöber*[10] Rdnr. 1186.
[93] *Stöber*[10] Rdnr. 1194.
[94] Bei angekündigter Überweisung an Zahlungs Statt ist jedoch die Frist → § 835 Rdnr. 44 einzuhalten; s. dazu *Münzberg* Rpfleger 1983, 333.

vor oder nach der Pfändung eingetreten sind. Die Unanfechtbarkeit eines schon erlassenen Pfändungsbeschlusses und die Rechtskraft über ihn etwa ergangener Entscheidungen gemäß §§ 766, 793, 850 c, d stehen einer Anwendung des § 850 f nicht entgegen, wenn sie auf Tatsachen gestützt wird, die bei der Pfändung noch nicht zu berücksichtigen waren. Es ist dann die bereits nach §§ 850 c, d ausgebrachte Pfändung zu erweitern (Abs. 2, 3) oder einzuschränken (Abs. 1).

2. Zuständig ist ausschließlich das Vollstreckungsgericht (→ § 850 b Rdnr. 30), nicht das Arbeitsgericht[95].

3. Die Anträge richten sich auf Neuregelung, nicht auf Überprüfung des bisherigen Pfändungsbeschlusses[96]. Ob der Schuldner mit einem Antrag eine Entscheidung nach § 850 f Abs. 1 begehrt oder Erinnerung einlegen will, ist durch Auslegung zu bestimmen. Wegen der unterschiedlichen Zuständigkeit scheidet eine Verbindung der Verfahren aus[97]. Was einstweilige Anordnungen sowie eine etwaige mündliche Verhandlung anlangt, steht jedoch der Antrag nach **Abs. 1** sachlich einer Erinnerung gleich[98]. Der Antragsteller muß (bei Bestreiten) den Härtefall des Abs. 1 Buchst. a bis c (→ Rdnr. 2–4), der Gläubiger seine überwiegenden Belange (→ Rdnr. 5) *beweisen*[99]. Für den Beweis, daß der Schuldner sozialhilfebedürftig würde, genügt in der Regel eine sog. Garantiebescheinigung des Sozialamtes[100], die für das Vollstreckungsgericht und den Gläubiger nachvollziehbar sein muß. Bestreitet der Gläubiger, hat er den *Gegenbeweis* zu führen, da der Rechtspfleger regelmäßig davon ausgehen kann, daß das Sozialamt seiner Ermittlungspflicht nachgekommen ist (§ 286). Keine Bindung besteht an eine Rechtsansicht des Sozialamtes[101].

20

Der Gläubiger ist zu **Abs. 1** zu hören. Die Entscheidung ist, wenn sie nicht aufgrund mündlicher Verhandlung verkündet wird, den Parteien und dem Drittschuldner gemäß § 329 Abs. 3 S. 1 von Amts wegen zuzustellen[102] und für Gläubiger und Schuldner oder unterhaltsberechtigte Antragsteller (→ Rdnr. 18) nur mit befristeter Erinnerung bzw. sofortiger Beschwerde anfechtbar[103].

21

Über einen Pfändungsantrag nach **Abs. 2 oder 3** darf nicht allein nach schlüssigem Vorbringen ohne Anhörung des Schuldners entschieden werden[104]. Der Schuldner kann über den unpfändbaren Teil seines Lohns, auf den der Gläubiger zugreifen will, nicht verfügen (§ 400 BGB); deshalb ist eine Einschränkung des rechtlichen Gehörs entsprechend § 834 nicht zu rechtfertigen[105]. Zur Prüfung des Anspruchsgrundes gemäß Abs. 2 → Rdnr. 10–12. Eine den Antrag des Gläubigers ganz oder teilweise *ablehnende* Entscheidung ist wie → Rdnr. 21 zuzustellen. Gibt der Beschluß jedoch dem Antrag nach Abs. 2 oder 3 voll statt, so ist er wie ein Pfändungsbeschluß zu behandeln, → § 829 Rdnr. 55 ff., 83. Die *Rechtsbehelfe* sind hier dieselben wie → § 850 b Rdnr. 31 f.[106].

22

---

[95] *BAG* NJW 1991, 2038. Zur Zuständigkeit der Vollstreckungsbehörde bei der Vollstreckung von Steuerforderungen *Buciek* DB 1988, 884.
[96] *OLG Hamm* (Fn. 25); *OLG Frankfurt* (Fn. 2); *Christmann* Rpfleger 1988, 458, 459; unrichtige Bezeichnung als »Erinnerung« schadet nicht; *LG Bayreuth* (Fn. 83). Andererseits sind Schuldneranträge als Erinnerungen anzusehen, wenn sie sich auf Umstände stützen, die bereits die Pfändung als fehlerhaft erscheinen lassen; *OLG Hamm* DAVorm 1983, 852; *OLG Frankfurt* aaO; *OLG Köln* NJW-RR 1989, 189.
[97] Vgl. *OLG Köln* (Fn. 96): jedenfalls im Rechtsbehelfsverfahren können mit der Erinnerung nicht Anträge nach §§ 765 a, 850 f verbunden werden.
[98] → § 766 Rdnr. 39 f.; ähnlich wie § 732 Rdnr. 9, 13.
[99] → § 850 Rdnr. 17; *OLG Frankfurt* (Fn. 2), 266; *Stöber*[10] Rdnr. 1186.
[100] Davon geht die Gesetzesbegründung aus, BT-Drucksache 12/1754, S. 17, 20. Ebenso *LG Arnsberg*

FamRZ 1993, 1227 (abl. *Schilken*). Eine Bindung des Gerichts an die Bescheinigung besteht nicht, *LG Stuttgart* Rpfleger 1993, 357.
[101] Vgl. *OLG Köln* NJW 1992, 2836; *OLG Frankfurt* Rpfleger 1991, 379; *Stöber*[10] Rdnr. 1186.
[102] *Stöber*[10] Rdnr. 1187.
[103] Ganz h.M. während *LG Koblenz* MDR 1979, 944 stets § 766 anwenden will.
[104] *OLG Hamm* NJW 1973, 1333; *Jauernig* ZV[19] § 33 E 4; *Büchmann* NJW 1987, 174; a.M. 20. Aufl.; *Stöber*[10] Rdnr. 1195; *Christmann* Rpfleger 1988, 460.
[105] → § 834 Rdnr. 3.
[106] Wie dort zu 850 f *OLG Koblenz* MDR 1975, 939; *OLG Düsseldorf* NJW 1973, 1133; wohl auch *LG Aachen* (Fn. 53); *Stöber* Rpfleger 1974, 76; *Zöller/Stöber*[18] Rdnr. 10. – A.M. *Thomas/Putzo*[18] Rdnr. 11 (stets Befristung); ebenso *Baumbach/Hartmann*[52] Rdnr. 14 wegen der Abwägung wirtschaftlicher Interessen.

§ 850 f II – IV – § 850 g I Zweiter Abschnitt: Zwangsvollstreckung wegen Geldforderungen

23   4. Die **Kosten** des Verfahrens fallen unter § 788, → auch dort Rdnr. 37, so daß der Beschluß darüber nicht entscheiden muß[107].

III. Abänderung der Anordnung

24   Eine **Abänderung der Anordnungen** ist jederzeit möglich auf Antrag des Gläubigers, des Schuldners oder eines beteiligten Unterhaltsberechtigten wegen Änderung der Verhältnisse, § 850 g.

25   Soweit die abändernde Entscheidung *zugunsten* des Gläubigers ergeht, kommt ihr in dem Sinne rückwirkende Kraft zu, daß sich die Pfändungswirkung ohne weiteres auf das dem Schuldner bisher Belassene (aber noch nicht von ihm »Eingenommene« → § 850 Rdnr. 9 ff.) und jetzt für den Zugriff Freigewordene miterstreckt, gleichviel ob dieser Betrag in der Zwischenzeit von der Pfändung eines nachfolgenden Gläubigers, demgegenüber eine gleiche Anordnung nicht ergangen war, erfaßt war oder nicht[108]. Zur Lage des Drittschuldners → § 850 g Rdnr. 11.

IV. Verfügungen

26   Die **Abtretung, Verpfändung oder Aufrechnung** wird durch Abs. 1 nicht beschränkt[109]. Ebensowenig erweitert die bloße Möglichkeit der Pfändung nach Abs. 2 die Grenzen rechtsgeschäftlicher Verfügung (zur Aufrechnung → aber § 850 Fn. 131); zu Verfügungen vor der Pfändungserweiterung → Rdnr. 16.

§ 850 g [Änderung der Unpfändbarkeitsvoraussetzungen]

¹**Ändern sich die Voraussetzungen für die Bemessung des unpfändbaren Teils des Arbeitseinkommens, so hat das Vollstreckungsgericht auf Antrag des Schuldners oder des Gläubigers den Pfändungsbeschluß entsprechend zu ändern. ²Antragsberechtigt ist auch ein Dritter, dem der Schuldner kraft Gesetzes Unterhalt zu gewähren hat. ³Der Drittschuldner kann nach dem Inhalt des früheren Pfändungsbeschlusses mit befreiender Wirkung leisten, bis ihm der Änderungsbeschluß zugestellt wird.**

Gesetzesgeschichte: Seit 1934 § 850 Abs. 4 (RGBl. I, 1070), dann in § 8 LohnpfändungsVO RGBl. 1940 I, 1451 und von dort wieder in ZPO BGBl. 1953 I, 952.

I. Geltungsbereich

1   Ändern sich *nach* Erlaß[1] eines Pfändungsbeschlusses Verhältnisse, die den unpfändbaren Teil der Bezüge bestimmen gemäß § 850 b Abs. 2, §§ 850 c, 850 d, 850 e Nr. 2, 2 a, 3, 850 f, 850 i oder solcher Vorschriften, die auf die §§ 850 ff. verweisen, so ist der Beschluß auf Antrag zu ändern. Ein Änderungsgrund liegt z. B. vor, wenn sich die Zahl der Unterhaltsberechtigten vermehrt oder verringert, wenn sich die Lebenshaltungskosten (z. B. durch Umzug)[2] wesent-

---

[107] *AG Hannover* Rpfleger 1969, 396.
[108] *Baumbach/Hartmann*[52] Rdnr. 15; *Stöber*[10] Rdnr. 1189. Zur Rechtsmittelentscheidung, die von der Rechtskraft abhängig gemacht werden sollte, *OLG Köln* FamRZ 1992, 845.
[109] → § 850 Rdnr. 61; allg. M.

[1] Nicht notwendig nach Rechtskraft. Nur soweit ein Blankettbeschluß erlassen ist, kann der Drittschuldner Änderungen von sich aus berücksichtigen, → § 850 c Rdnr. 21 f., 25.
[2] *LG Hamburg* KKZ 1988, 137 = MDR 145, 241 (Anm. *Schultz*); vgl. ferner *Grund* NJW 1955, 1587 (auch

lich ändern, oder wenn für einen anderen Gläubiger ein Zusammenrechnungsbeschluß nach § 850 e erging → § 850 e Rdnr. 37. Die unzutreffende Annahme von Tatsachen *bei* Erlaß fällt dagegen *nicht* unter § 850 g, sondern ist allein mit der Erinnerung angreifbar[3]. Unrichtige Bezeichnung schadet aber nicht, → Rdnr. 3. Wegen Änderungen der Gesetzgebung → Rdnr. 13 ff.

Maßgeblich ist, ob Änderungen seit Erlaß des Pfändungsbeschlusses durch den Rechtspfleger eingetreten sind. Liegt eine Erinnerungs- oder Beschwerdeentscheidung vor, sind auch diejenigen Umstände ausgeschlossen, die Gegenstand des Rechtsbehelfs waren. Zum Verfahrensgegenstand bei der Erinnerung → § 766 Rdnr. 50. Der Schuldner kann deshalb Gründe geltend machen, die er im Erinnerungsverfahren nicht vorgebracht hat, und es kann ein vom Beschwerdegericht erlassener, bestätigter oder geänderter Pfändungsbeschluß abgeändert werden. Wegen der Abgrenzung zur Erinnerung → auch Rdnr. 6. 2

II. Das Verfahren

Der Antrag nach § 850 g ist ein besonderer Rechtsbehelf, der den Verfahrensgrundsätzen des vorangegangenen Verfahrens unterliegt. War der Schuldner vor der abzuändernden Entscheidung zu hören, dann muß ihm auch im Abänderungsverfahren rechtliches Gehör gewährt werden, selbst wenn sachlich eine Erweiterung der Pfändung erstrebt wird[4]. Soweit der Antrag eine *Beschränkung* begehrt, ist er sachlich einer Erinnerung an sich vergleichbar, die im allgemeinen sowohl auf eine ursprüngliche wie auf eine nachträglich eingetretene Unzulässigkeit der Vollstreckung gestützt werden kann; der Schuldner ist daher stets anzuhören. Soweit § 850 g die nachträgliche Unzulässigkeit erfaßt, → Rdnr. 1 f., schließt er jedoch als Sondervorschrift grundsätzlich die *Einlegung* einer Erinnerung aus[5]; über das Zusammentreffen mit der Erinnerung aus *anderen* Gründen → aber Rdnr. 6. Dies ist vor allem für Zuständigkeit und Anfechtung von Bedeutung, → Rdnr. 6 a. E., 9. Entscheidend ist nach allgemeinen prozessualen Grundsätzen nicht die Bezeichnung eines Gesuchs als Antrag oder Erinnerung, sondern sein sachlicher Gehalt[6]; zur Überschneidung → Rdnr. 6. 3

1. Nach S. 2 sind außer dem *Schuldner* und dem *Gläubiger* auch *Dritte,* denen gegenüber der Schuldner kraft Gesetzes unterhaltspflichtig ist[7], **antragsberechtigt**; allerdings nur dann, wenn dem Antragsteller die Änderung zustatten kommen kann, sei es auch erst durch künftig fällig werdende Bezüge. Dadurch, daß ein Unterhaltsberechtigter durch einen Näherberechtigten zunächst zurückgesetzt ist, → § 850 d Rdnr. 25, entfällt also sein selbständiges Antragsrecht noch nicht[8]. Auch dem *Drittschuldner* wird das Antragsrecht über den Wortlaut hinaus zuzubilligen sein[9]. 4

Änderungen der Bemessungsgrundlage für den nach § 850 d festzusetzenden Freibetrag infolge Preissteigerungen sind zu berücksichtigen.

[3] *LG Düsseldorf* Büro 1982, 938; *LG Hannover* Büro 1986, 622; *Wieczorek*[2] Anm. A III a; *Thomas/Putzo*[18] Rdnr. 3; *Baumbach/Hartmann*[52] Rdnr. 1; *Christmann* Rpfleger 1988, 458, 460; *Bötticher* Anm. AP Nr. 8 zu § 850 d. – A.M. *OLG Schleswig* SchlHA 1958, 338; *LG Mannheim* DAVorm 1987, 820; *Stöber*[10] Rdnr. 1202. Ein Zusatzpfändungsbeschluß (so *Wieczorek* aaO) kommt nur in Betracht, wenn dem ersten Beschluß nicht widerspricht; → auch § 829 Rdnr. 83.

[4] A.M. noch die 20. Aufl.

[5] *LG Düsseldorf*; *Bötticher* (alle Fn. 3).

[6] *LG Düsseldorf* (Fn. 3); *LG Bayreuth* DAVorm 1976, 358.

[7] → § 850 c Rdnr. 15 ff., § 850 d Rdnr. 2 ff. So z.B. die jetzige Ehefrau des Schuldners nach dessen Wiederverheiratung. Das Antragsrecht beugt einer etwaigen Kollision oder gar Kollusion zwischen dem Schuldner u. einzelnen unter mehreren Berechtigten vor.

[8] *Boewer/Bommermann,* Lohnpfändung u. -abtretung (1987), Rdnr. 804 verlangen hingegen »unmittelbare Nutznießung« was schon bei der nächsten Gehaltsrate zu Nachteilen führen könnte. Vgl. auch die Formulierungen bei *Baumbach/Hartmann*[52] Rdnr. 1 (»zugute kommt«); *Bock/Speck* Einkommenspfändung (1964), 189 (»zugunsten ... auswirkt«;) andererseits *Stöber*[10] Rdnr. 1202 (»zugute kommen soll«) → auch § 829 Rdnr. 18.

[9] *LAG Frankfurt* DB 1990, 639; *Pohle* Anm. AP 54 Nr. 158; *Thomas/Putzo*[18] Rdnr. 2, → auch § 850 f Rdnr. 18. So wohl auch *Zöller/Stöber*[18] Rdnr. 1 für den Fall, daß der Drittschuldner den pfandfreien Betrag selbst zu errechnen hat (Blankettbeschluß); insoweit steht ihm nach h. M. der Antrag auf Klarstellung nach § 766 offen, → § 850 c Rdnr. 26, 33. – A.M. *Boewer/Bommermann*

5   Eine *Vorankündigung* des Abänderungsbeschlusses nach Art der Vorpfändung, § 845, erscheint nicht zulässig.

2. Die **Entscheidung** ist durch § 20 Nr. 17 RpflegerG grundsätzlich dem *Rechtspfleger* übertragen, auch wenn ein sachlich unter § 850 g fallender Antrag als Erinnerung bezeichnet
6   ist, → Rdnr. 3[10], oder wenn der abzuändernde Pfändungsbeschluß seinerzeit auf Erinnerung vom Richter oder vom Beschwerdegericht erlassen war[11].

Nur wenn *zugleich* Gründe geltend gemacht werden, die nicht § 850 g, sondern § 766 betreffen (z.B. wenn nicht nur neue Verhältnisse vorgebracht, sondern zugleich eine falsche Beurteilung des früher Vorgetragenen geltend gemacht wird oder wenn zugleich nicht unter die §§ 850 ff. fallende Einwendungen erhoben werden), entscheidet der Richter über alles im Erinnerungsverfahren[12], vgl. § 5 Abs. 1 Nr. 4, §§ 6, 7, § 20 Nr. 17 a RpflegerG; der Rechtspfleger kann trotzdem abhelfen. Ebenso können die von § 850 g betroffenen Veränderungen in einem aus *anderen* Gründen wegen dieser Pfändung schon und noch schwebenden Erinnerungsverfahren geltend gemacht werden, so daß auch hier der Richter zuständig wird[13].
7   Wegen dieses Sachzusammenhangs sind auch für die *örtliche* Zuständigkeit die Regeln über Rechtsbehelfe maßgebend, so daß das Gericht des letzten Pfändungsaktes zuständig bleibt[14].

Im Einziehungsverfahren darf das *Prozeßgericht* die Veränderung *nicht* entgegen dem
8   jeweils geltenden Pfändungsbeschluß berücksichtigen, also praktisch nur insoweit, als auch der Drittschuldner sie einwenden könnte, → § 829 Rdnr. 107–109.

3. Der Änderungsbeschluß ist den Parteien (auch dem Unterhaltsberechtigten, der nach S. 2 den Antrag gestellt hat) und dem Drittschuldner *von Amts wegen bekanntzugeben*; wer jedoch nach dem Inhalt des Beschlusses und der Anträge zur sofortigen Beschwerde bzw.
9   befristeten Erinnerung berechtigt ist (→ Rdnr. 9 f.), erhält ihn *von Amts wegen zugestellt*, § 329 Abs. 3.

4. Die **Rechtsbehelfe** gegen den Abänderungsbeschluß sind dieselben wie gegen einen Pfändungsbeschluß oder dessen Ablehnung, → § 850 Rdnr. 19:

a) Wurde die *Pfändung erweitert*, so hat der nicht gehörte Schuldner die Erinnerung nach
10   § 766, → § 829 Rdnr. 54. Gegen eine Ablehnung steht dem Gläubiger die befristete Erinnerung zu[15]; ebenso dem gehörten Schuldner (→ dazu § 834 Rdnr. 3 f., § 766 Rdnr. 8).

b) Gegen die Entscheidung über einen *Antrag auf Einschränkung der Pfändung* (→ Rdnr. 3) steht der jeweils beschwerten Partei und einem gehörten Beteiligten (Antragsteller) die befristete Erinnerung zu. Wer nicht gehört wurde, hat aber nach § 766 vorzugehen[16].

11   ### III. Wirksamkeit des Beschlusses

Der Abänderungsbeschluß wird mit der Bekanntgabe **wirksam**, soweit er die Pfändung *einschränkt*, auch dann, wenn er insbesondere dem Drittschuldner noch nicht zugestellt ist. Dies ergibt sich aus **S. 3**, der dem **Drittschuldner** trotzdem erlaubt, bis zu der an ihn erwirkten

---

(Fn. 9) Rdnr. 803; *Wieczorek*² Anm. B I; MünchKomm-ZPO-*Smid* Rdnr. 5; das wird den Interessen des Drittschuldners nicht gerecht; → auch § 850 e Fn. 112 a.E.

[10] OLG Düsseldorf (Fn. 3); s. auch *Bötticher* (Fn. 3).

[11] *LG Essen* (Fn. 1), 114; *Holthöfer* JW 1936, 2443; *Stöber*¹⁰ Rdnr. 1203; *Zöller/Stöber*¹⁸ Rdnr. 2.

[12] *Stöber*¹⁰ Rdnr. 1203.

[13] Falls das Gericht örtlich zuständig ist, → dazu Fn. 15. – Während eines *Beschwerdeverfahrens* will *LG Essen* (Fn. 1), 113 f. wegen § 577 Abs. 3 die Berücksichtigung der Veränderung *nur* dort (notfalls über Anschlußbeschwerde u. § 572 Abs. 3) zulassen; § 850 g dürfte aber § 577 Abs. 3 als Sondernorm vorgehen.

[14] *BGH* Rpfleger 1990, 308; *OLG München* Rpfleger 1985, 154; *Wieczorek*² Anm. B II; – a.M. *Stöber*¹⁰ Rdnr. 1203: Wohnsitz des Schuldners bei Antragstellung.

[15] Beim Zusammentreffen mit Erinnerung (→ Rdnr. 6) oder nach Anwendung des § 5 RpflegerG ist gegen die Entscheidung des Richters gemäß § 20 Nr. 17 a RpflegerG die sofortige Beschwerde nach § 793 gegeben; s. auch § 11 Abs. 3 RpflegerG.

[16] H.M. *Zöller/Stöber*¹⁸ Rdnr. 3; *Stöber*¹⁰ Rdnr. 1206; *Wieczorek*² Anm. B IV. – A.M. *LG Hagen* Büro 1985, 945; *Grunsky* → Anh. zu § 576 Rdnr. 30 a.E.

Zustellung nach Maßgabe des bisherigen Pfändungsbeschlusses mit **befreiender Wirkung zu leisten**, also selbst dann, wenn der Beschluß schon vorher wirksam geworden war und ohne Rücksicht darauf, ob der Drittschuldner schon vor dieser Zustellung Kenntnis hatte. → auch § 850 e Rdnr. 48. Von der Zustellung an muß er alle Leistungen – auch solche auf noch offene Rückstände – so bewirken, wie wenn der Pfändungsbeschluß von vornherein in der neuen Fassung erlassen wäre. Der Änderungsbeschluß kann den ursprünglichen Pfändungsbeschluß »rückwirkend« korrigieren. Dies muß sich aber unzweifelhaft dem Änderungsbeschluß im Wege der Auslegung entnehmen lassen können[17]. Insoweit haben Parteien und vor allem Drittschuldner ein Recht auf klare Beschlußfassung, notfalls auf Erinnerung[18].

Eine echte »Rückwirkung« liegt darin nicht, → § 850 d Rdnr. 47 und Fn. 114, wegen bereits ausgezahlter Beträge und abgeschlossener Vollstreckungsmaßnahmen gibt es daher keine Korrektur[19].

Auch Parteizustellungen haben diese Wirkung[20], denn sie hängt nicht davon ab, daß zugleich etwaige Rechtmittelfristen beginnen (§ 329).

Soweit der Änderungsbeschluß die Pfändung *erweitert*, kann er wie andere Pfändungsbeschlüsse nicht vor der Zustellung an den *Drittschuldner* im Parteibetrieb wirksam werden, → § 829 Rdnr. 63, 83.

12

IV. Gesetzesänderungen

Bei Änderungen des Lohnpfändungsschutzes regeln meist **Übergangsvorschriften**, ob und wieweit die Gesetzesänderung bereits vor Inkrafttreten ausgebrachte Pfändungen berührt; sie fallen somit regelmäßig nicht unter § 850 g.

13

Das Sechste Gesetz zur Änderung der Pfändungsfreigrenzen (→ § 850 Rdnr. 4) enthält in Art. 2 folgende Übergangsregelung, die mit früheren Übergangsvorschriften sachlich übereinstimmt:

(1) Eine vor dem Inkrafttreten des Artikels 1 ausgebrachte Pfändung, die nach den Pfändungsfreigrenzen des bisher geltenden Rechts bemessen worden ist, richtet sich hinsichtlich der Leistungen, die nach dem Inkrafttreten des Artikels 1 fällig werden, nach den neuen Vorschriften. Auf Antrag des Gläubigers, des Schuldners oder des Drittschuldners hat das Vollstreckungsgericht den Pfändungsbeschluß entsprechend zu berichtigen. Der Drittschuldner kann nach dem Inhalt des früheren Pfändungsbeschlusses mit befreiender Wirkung leisten, bis ihm der Berichtigungsbeschluß zugestellt wird.
(2) Soweit die Wirksamkeit einer Verfügung über Arbeitseinkommen davon abhängt, daß die Forderung der Pfändung unterworfen ist, sind die Vorschriften des Artikels 1 auch dann anzuwenden, wenn die Verfügung vor dem Inkrafttreten des Artikels 1 erfolgt ist. Der Schuldner der Forderung kann nach Maßgabe der bisherigen Vorschriften so lange mit befreiender Wirkung leisten, bis ihm eine entgegenstehende vollstreckbare gerichtliche Entscheidung zugestellt wird oder eine Verzichtserklärung desjenigen zugeht, an den der Schuldner aufgrund dieses Gesetzes weniger als bisher zu leisten hat.

Soweit also Leistungen nach dem Inkrafttreten **fällig** werden, sind nach Abs. 1 des G die dann bestehenden Pfändungsbeschlüsse ohne weiteres den neuen Pfändungsfreigrenzen unterworfen. Zuständig für die Berichtigung des *Pfändungsbeschlusses* ist – anders als bei § 850 g – der Rechtspfleger beim Vollstreckungsgericht am Wohnsitz des Schuldners (§§ 828 Abs. 2, 802). Die Zustellung des Änderungsbeschlusses erfolgt an Gläubiger, Schuldner und Drittschuldner gemäß § 329 Abs. 3 von Amts wegen[21].

14

---

[17] Ganz h.M., *OLG Köln* Rpfleger 1988, 419; *Berner* Rpfleger 1964, 330; *Bötticher* (Fn. 3); *Boewer/Bommermann* (Fn. 9) Rdnr. 814; *Bischoff/Rochlitz* Lohnpfändung[3], 187; *Stöber*[10] Rdnr. 1207 f. – A.M. LG Frankenthal (Fn. 21), 347; *Baumbach/Hartmann*[52] Rdnr. 1.
[18] *Berner* Rpfleger 1962, 170; *Stöber*[10] Rdnr. 1208.
[19] BGH NJW 1991, 1774; *OLG Köln* Rpfleger 1988, 419; *Stöber* (Fn. 17). Auch ein Ausgleich des bisher »zuviel« Bezahlten durch Anrechnen auf das künftige Einkommen verbietet sich.
[20] Vgl. *Jonas* JW 1935, 762; *Zöller/Stöber*[18] Rdnr. 2; s. auch LG Frankenthal Rpfleger 1964, 346.
[21] *Stöber*[10] Rdnr. 1205. – A.M. *Boewer/Bommermann* (Fn. 9) Rdnr. 809.

15   Auf *rechtsgeschäftliche* Verfügungen (→ § 850 Rdnr. 61–63) vor Inkrafttreten sind gemäß Abs. 2 des G die Neuerungen ebenfalls anzuwenden. Wie im Falle des Abs. 1 dem Drittschuldner ist es im Falle des Abs. 2 dem Schuldner der Forderung unbenommen, nach den bisherigen Vorschriften mit *befreiender Wirkung* weiterhin zu leisten, bis eine entgegenstehende vollstreckbare gerichtliche Entscheidung zugestellt wird oder (im Falle des Abs. 2) eine Verzichtserklärung des durch die Verfügung Berechtigten zugeht. Die »vollstreckbare« Entscheidung kann eine einstweilige Verfügung oder ein Urteil im normalen Erkenntnisverfahren sein; das Vollstreckungsgericht des § 828 ist dafür ebensowenig zuständig wie bei § 850 b (→ dort Rdnr. 34 Fn. 107) oder § 850 e (→ dort Fn. 51); → auch § 850 f Rdnr. 26.

§ 850 h [Verschleiertes Arbeitseinkommen]

(1) ¹Hat sich der Empfänger der vom Schuldner geleisteten Arbeiten oder Dienste verpflichtet, Leistungen an einen Dritten zu bewirken, die nach Lage der Verhältnisse ganz oder teilweise eine Vergütung für die Leistung des Schuldners darstellen, so kann der Anspruch des Drittberechtigten insoweit aufgrund des Schuldtitels gegen den Schuldner gepfändet werden, wie wenn der Anspruch dem Schuldner zustände. ²Die Pfändung des Vergütungsanspruchs des Schuldners umfaßt ohne weiteres den Anspruch des Drittberechtigten. ³Der Pfändungsbeschluß ist dem Drittberechtigten ebenso wie dem Schuldner zuzustellen.

(2) ¹Leistet der Schuldner einem Dritten in einem ständigen Verhältnis Arbeiten oder Dienste, die nach Art und Umfang üblicherweise vergütet werden, unentgeltlich oder gegen eine unverhältnismäßig geringe Vergütung, so gilt im Verhältnis des Gläubigers zu dem Empfänger der Arbeits- und Dienstleistungen eine angemessene Vergütung als geschuldet. ²Bei der Prüfung, ob diese Voraussetzungen vorliegen, sowie bei der Bemessung der Vergütung ist auf alle Umstände des Einzelfalles, insbesondere die Art der Arbeits- und Dienstleistung, die verwandtschaftlichen oder sonstigen Beziehungen zwischen dem Dienstberechtigten und dem Dienstverpflichteten und die wirtschaftliche Leistungsfähigkeit des Dienstberechtigten Rücksicht zu nehmen.

Gesetzesgeschichte: Seit 1934 §§ 850 c, d RGBl. I, 1070, dann in § 10 LohnpfändungsVO RGBl. 1940 I, 1451 und von dort wieder in ZPO BGBl. 1953 I, 952.

I. Absatz 1: Vergütung an Dritte, »Lohnschiebung«

A. Allgemeines[1]

1 Abs. 1 behandelt Abreden, wonach der Schuldner keine oder eine Vergütung nur in Höhe des unpfändbaren Lohnteiles erhält, während der gesamte Lohn bzw. der Überschuß in irgendeiner Form an einen Dritten, meist die Ehefrau des Schuldners, zu zahlen ist. Die Vorschrift geht von dem Gedanken der nichtigen Scheinabrede aus und räumt Schwierigkeiten, denen die Praxis vor der gesetzlichen Regelung ausgesetzt war[2], in der konstruktiv einfachen Weise aus, daß sie im Verhältnis zwischen Vollstreckungsgläubiger und Drittschuldner die **Fiktion** aufstellt, daß die vereinbarte Vergütung **nicht dem Drittberechtigten sondern dem Schuldner zustehe**.

---

[1] Lit. (→ auch Fn. 22 zu Abs. 2): *Jaeger* ZZP 60 (1936/37), 74 (noch zu §§ 850 c, d → Gesetzesgeschichte); *Volkmar* DArbR 1937, 36 ff.; *Göttlich* Büro 1956, 233; *Geißler* Büro 1986, 1295.

[2] → 19. Aufl. Fn. 2 f.

B. Die materiellen Voraussetzungen des Abs. 1

1. Es muß sich um **vom Schuldner geleistete Arbeiten oder Dienste** handeln; zwischen ihm und dem Empfänger der Leistungen muß ein Verhältnis bestehen, kraft dessen dem Schuldner normalerweise ein Lohnanspruch zustehen würde. Jedoch ist kein festes, andauerndes Arbeitsverhältnis, das die Erwerbstätigkeit des Schuldners vollständig oder wesentlich in Anspruch nimmt, erforderlich; auch einmalige oder vorübergehende Tätigkeiten sind einzubeziehen[3], sinngemäß ferner die Fälle, in denen der Empfänger der Dienste und der sie Vergütende nicht personengleich sind[4].

2. Der Vergütungspflichtige muß sich **einem Dritten gegenüber zu einer Leistung verpflichtet haben, die nach Lage der Umstände eine Vergütung darstellt**; auf die jeweilige Bezeichnung kommt es dabei nicht an:

a) Der dienstberechtigte Drittschuldner muß also bei der **Begründung des Anspruchs** in der Person des Dritten durch Willenserklärung *mitgewirkt* haben; Gegensatz: die ohne seine Mitwirkung erfolgte *Abtretung* eines dem Schuldner zustehenden Lohnanspruchs an einen Dritten, durch die der Schuldner sein Recht gänzlich verliert[5]. Ob die Verpflichtung bei Begründung des Dienstverhältnisses oder erst später eingegangen ist, gilt gleich.

b) Der Anspruch muß in der Person des Dritten entstanden sein; daher ist der Verpflichtung dem **Dritten** gegenüber ein diesen *berechtigender*[6] Vertrag zu seinen Gunsten (§§ 328 f. BGB) gleichzustellen.

c) Unter **Vergütung** (→ § 850 Rdnr. 20 ff.) ist nicht nur der gewöhnliche Lohn, sondern jede Vermögenszuwendung zu verstehen, die sich wirtschaftlich als Gegenleistung für die Arbeiten oder Dienste darstellt.

Vergütet dagegen bei objektiver Würdigung (→ Rdnr. 8) der »Dritte«, z. B. die Ehefrau, eine Arbeit des Schuldners, die dieser einem anderen leistete, so ist ein Entgelt, das dieser Empfänger der Arbeitsleistung dem Dritten zahlt, nicht als Vergütung der Arbeit des Schuldners im Sinne des § 850 h Abs. 1, sondern ausschließlich als eine dem Dritten geschuldete Leistung anzusehen[7]; sollte die – als Anspruch pfändbare – Vergütung des »Dritten« gegenüber dem Schuldner unzureichend sein, so kann allerdings § 850 h Abs. 2 in Frage kommen.

Die Worte **ganz** oder **teilweise** stellen klar, daß Mischverhältnisse, wie sie zu Verschleierungszwecken häufig eingegangen werden, mitgedeckt sein sollen. Typische Fälle: Die Ehefrau wird neben dem Ehemann gegen eine Vergütung angestellt, die zu ihren eigenen Leistungen in keinem Verhältnis steht, es wird eine übermäßig hohe Gewinnbeteiligung an sie bezahlt[8], oder ein von der Ehefrau des Angestellten in das Geschäft eingeschossenes Kapital wird zu einem das Übliche weit übersteigenden Satz verzinst[9]. Dann muß das Gericht schätzen, wieviel von dem einheitlichen Anspruch des Dritten sachlich als Lohnanspruch des Schuldners anzusehen ist.

---

[3] Sogar aus Werkvertrag, h. M. Vgl. *Baumbach/Hartmann*[52] Rdnr. 2; *Göttlich* (Fn. 1); *Stöber*[10] Rdnr. 1210 u. Fn. 2 (mit Beispielen); *Bock/Speck* Einkommenspfändung (1964), 237; *Bischoff/Rochlitz* Lohnpfändung[3], 189. – A. M. zu Werkverträgen *Boewer/Bommermann* Lohnpfändung u. -abtretung (1987), Rdnr. 820.

[4] Der typische Fall Kassenarzt: Krankenkasse (→ § 850 Fn. 94) wird hier allerdings kaum praktisch werden.

[5] → § 829 Rdnr. 119 f.; *Stöber*[10] Rdnr. 1213; *Göttlich* (Fn. 1), 233; – a. M. *Mohrbutter* Büro 1956, 79 f. Dem Gläubiger hilft insoweit nur § 3 AnfG.

[6] Darf der Arbeitgeber an den Begünstigten leisten, *ohne* daß diesem ein Anspruch zusteht, so gilt § 850 h Abs. 1 nicht, sondern es kann nach § 857 (→ § 829 Rdnr. 2) gepfändet werden u. der Gläubiger kann nach Überweisung die Anordnung des Schuldners ebenso widerrufen, wie wenn der Dritte einen einziehbaren Anspruch hätte, → § 829 Rdnr. 81, auch § 829 Rdnr. 102, § 835 Rdnr. 14. Bei bloßer *Empfangsermächtigung* des Dritten gilt unmittelbar § 829, → dort Rdnr. 2.

[7] A. M. *LG Mannheim* MDR 1954, 178 (auch bedenklich in der Annahme eines Scheingeschäfts) für den Fall, daß nach Konkurs des Mannes die Frau ein branchengleiches Geschäft in den Räumen des liquidierten Unternehmens ihres Mannes eröffnet, diesen für monatlich 240 DM anstellt u. Arbeiten für Kunden ausführen läßt. Hier hätte der Gläubiger nach Abs. 2 pfänden sollen.

[8] *Stöber*[10] Rdnr. 1211; *Göttlich* (Fn. 1), 233.

[9] → Fn. 8.

[10] Vgl. *BGH* WPM 1968, 1254; allg. M.

8   d) »Nach **Lage der Verhältnisse**« bedeutet *objektive* Würdigung aller tatsächlichen Umstände. Obwohl Abs. 1 in der Hauptsache dolose »Schiebungen« treffen will, so ist dies doch nicht Tatbestandsmerkmal; die *subjektive* Auffassung der Beteiligten ist ohne Belang[10].

C. Die Pfändung

9   *Soweit* die Voraussetzungen des Abs. 1 gegeben sind, wird für die Vollstreckung die Forderung des Drittberechtigten als dem Vollstreckungsschuldner zustehend behandelt. Es ergeben sich hier *zwei Möglichkeiten*, die Pfändung des Anspruchs des Drittberechtigten (Abs. 1 S. 1) und die Pfändung des Vergütungsanspruchs des Schuldners (Abs. 1 S. 2), die der Gläubiger, falls er den »Strohmann« kennt, am besten miteinander verbindet, weil die erste eventuelle Restansprüche des Schuldners nicht erfaßt.

10   1. **Pfändung des Anspruchs des Drittberechtigten.** Ist dem Gläubiger das »Schiebungs«-Verhältnis bekannt, so kann er ausdrücklich den **Anspruch des Drittberechtigten** pfänden[11]. Da der Drittberechtigte nach der gesetzlichen Konstruktion nicht selbst Vollstreckungsschuldner ist, sondern nur als ein nicht zu beachtender Strohmann des Arbeitnehmer-Vollstreckungsschuldners behandelt wird, bedarf es *nicht* eines Titels gegen ihn, also auch nicht einer Umschreibung der Vollstreckungsklausel oder der vorherigen Zustellung nach § 750 an ihn[12]. Es ist erforderlich, genügt aber auch, daß diese Vollstreckungsvoraussetzungen gegenüber dem Erbringer der Dienstleistungen als Vollstreckungsschuldner gegeben sind[13]. → noch Rdnr. 13.

11   2. **Pfändung des Vergütungsanspruchs des Schuldners.** Auch wenn nur der **Anspruch des Schuldners** gepfändet wird, S. 2, erstreckt sich in jedem Falle, gleichviel, ob dem Gläubiger das Verhältnis bekannt ist und ob es im Pfändungsbeschluß erwähnt wird oder nicht, diese Pfändung ohne weiteres auf den Anspruch des Drittberechtigten, soweit sich dieser Anspruch als Arbeitsvergütung des Schuldners darstellt; denn diese Vergütung gehört nach der *Fiktion* des § 850 h Abs. 1 bei Pfändungen zum Schuldnervermögen (S. 2).

12   3. **Pfändbarer Betrag.** Die Geltung der **Pfändungsschutzvorschriften** der §§ 850 a ff. wird durch § 850 h Abs. 1 nicht berührt. Da der Lohnanspruch nach Abs. 1 als Forderung des Schuldners behandelt wird, ist der unpfändbare Betrag auch ohne ausdrückliche Anordnung[14] einheitlich nach dem Gesamtbetrag zu berechnen, der dem Schuldner nach Abs. 1 zugerechnet wird, mag er auch gemäß der Vereinbarung aufgeteilt sein.

D. Zustellung

13   Nach **Abs. 1 S. 3** ist der Pfändungsbeschluß dem **Drittberechtigten ebenso wie dem Vollstreckungsschuldner zuzustellen**. Diese Zustellung kann nachgeholt werden, sobald der Drittberechtigte bekannt wird[15]; für die Wirksamkeit ist allein die Zustellung an den **Drittschuldner** wesentlich[16].

---

[11] Ob das »Pfändung gegen den Drittberechtigten« (so *Bischoff/Rochlitz* → Fn. 3 aaO Rdnr. 7) oder gegen den Schuldner ist (so *Stöber*[10] Rdnr. 1216), kann Abs. 1 nicht sicher entnommen werden, ist aber wegen Abs. 1 S. 3 für die Wirksamkeit unerheblich.
[12] *Baumbach/Hartmann*[52]   Rdnr. 4;   *Stöber*[10] Rdnr. 1216; *Göttlich* (Fn. 1), 234; *Boewer/Bommermann* (Fn. 3) Rdnr. 827.
[13] *Stöber*[10]   Rdnr. 1216   u.   *Boewer/Bommermann* (Fn. 3) Rdnr. 827.

[14] *Stöber*[10] Rdnr. 1215 a. E.
[15] Aus den Gründen → Rdnr. 11 dürfte ein Antrag an den Gerichtsvollzieher, der dem Schuldner zugestellt hatte, genügen. Im Interesse der Rechtsklarheit, besonders für den Dritten, ist aber auch die gemäß → Rdnr. 10 wiederholte Pfändung zuzulassen u. deren Kosten sind als notwendig anzusehen; *Recke* JW 1935, 328, → auch § 788 Fn. 213.
[16] Allg. M. → § 829 Rdnr. 51 f.

E. Verhältnis zum Drittschuldner

Ob Abs. 1 anzuwenden ist, d. h. ob der Drittschuldner überhaupt eine Verpflichtung gegenüber einem Dritten eingegangen ist und weiter, ob sich diese zugesagte Leistung als Vergütung i. S. des Abs. 1 darstellt, hat das Vollstreckungsgericht nicht zu prüfen[17]; es wird wie sonst der »angebliche« Anspruch entweder des Schuldners (S. 1) oder des Drittberechtigten (S. 2) gepfändet, wobei dem Beschluß die Angaben des Gläubigers zugrunde zu legen sind. Es gilt § 834. Die Frage ist wie sonst im Prozeß *zwischen Vollstreckungsgläubiger und Drittschuldner* auszutragen[18]; → aber auch Rdnr. 16. Zur Auskunftspflicht des Drittschuldner s. § 840. 14

Treffen Pfändungen nach Abs. 1 zusammen mit solchen der *Gläubiger des Drittberechtigten* (des Strohmannes), oder hat dieser »seinen« Anspruch *abgetreten*, so können dessen Pfändungsgläubiger oder Zessionare keine stärkere Rechtsstellung erwerben, als § 850 h sie dem Inhaber der Forderung beließ. Die relative Unwirksamkeit der Abrede zwischen ihm und dem Vergütungspflichtigen bleibt daher durch solche Akte unberührt, auch wenn die Pfändung gemäß Abs. 1 erst *nachfolgt*[19]. 15

F. Rechtsbehelfe

Zu **Rechtsbehelfen** → §§ 829 Rdnr. 53 f., 850 Rdnr. 19. Die Ansprüche werden ohnehin nur insoweit verstrickt, als § 850 h Abs. 1 S. 1 zutrifft, → § 829 Rdnr. 67. Darüber ist aber vom Vollstreckungsgericht nicht zu befinden; daher kann eine *Erinnerung* des Drittberechtigten[20] nicht mit Erfolg darauf gestützt werden, daß die Voraussetzungen des § 850 h Abs. 1 S. 1 nicht gegeben seien, es sei denn, es wird eine Verwechslung mit der vom Gläubiger angegebenen Person o. ä. gerügt. 16

Der Drittberechtigte, dessen Anspruch gepfändet wurde, kann gegen die Pfändung Drittwiderspruchsklage nach § 771 erheben[21], um klären zu lassen, ob die Voraussetzungen des Abs. 1 S. 1 vorliegen. Denn die Ungewißheit kann auch berechtigte Verfügungen erschweren; er hat daher ein Interesse daran, dies in einem Prozeß mit dem Gläubiger zu klären, dessen Beginn er selbst bestimmen kann. → dazu § 771 Rdnr. 20, 35 f. 17

Wegen der **Kosten** → § 829 Rdnr. 125. Kosten einer wiederholten Pfändung zur Rechtsklarheit (→ Fn. 15) sind als notwendig anzusehen.

II. Absatz 2: Verschleierung einer Vergütung

A. Allgemeines[22]

Abs. 2 behandelt den zweiten typischen Fall der **Lohnschiebung** setzt aber wie Abs. 1 keine Absicht zur Benachteiligung des Gläubigers voraus[23], sondern geht von folgendem Gedanken 18

---

[17] Jetzt allg. M. Anders noch *Recke* JW 1935, 327 f.
[18] Allg. M., → § 829 Rdnr. 37 f. u. zu möglichen Einwendungen des Drittschuldners aaO Rdnr. 106 ff., insbesondere Fn. 526. Zur Zuständigkeit (in der Regel: des Arbeitsgerichts) → § 835 Rdnr. 21.
[19] *Baumbach/Hartmann*[52] Rdnr. 4; *Stöber*[10] Rdnr. 1214; *Bock/Speck* (Fn. 3), 239, allg. M.
[20] → § 766 Rdnr. 30 ff.
[21] *Baumbach/Hartmann*[52] Rdnr. 12; *Zöller/Stöber*[18] Rdnr. 1; *Bischoff/Rochlitz* (Fn. 3), 195 Rdnr. 21; *Boewer/Bommermann* (Fn. 3) Rdnr. 830; *Wieczorek*[2] Anm. A III; – a. M. *Sydow/Busch* § 10 LohnpfVO Anm. 1 D. Zur Zuständigkeit → § 771 Rdnr. 41. – Da ein stattgebendes Urteil zum Wegfall der Einziehungsbefugnis, eine einstweilige Einstellung nach § 771 Abs. 3 zu ihrer Hemmung führt, → § 835 Rdnr. 11 f., kann der Prozeß zwischen Gläubiger u. Drittschuldner ausgesetzt werden → § 148 Rdnr. 22.

[22] Lit. *Bobrowski* Rpfleger 1959, 12; *Prelinger* JR 1961, 454; *Fenn* AcP 167 (1967), 148; FamRZ 1968, 291 (299) u. 1973, 627 ff. *Lepke* ArbuR 1971, 333; *Süsse* BB 1970, 674; *Grunsky* Festschr. für F. Baur (1981), 403 ff.; *Brommann* SchlHA 1986, 49 u. 65; *Geißler* Büro 1986, 1295 u. Rpfleger 1987, 5; *Behr* Büro 1990, 1237.
[23] *RAGE* 15, 327; 16, 21; *BGH* (Fn. 10) u. NJW 1979, 1602. Wohl aber steht der »Verdacht« im Hintergrund

aus: Wer seine Arbeitskraft ohne angemessene Vergütung zur Verfügung stellt, hat gegen den Empfänger der Arbeitsleistung ein Anrecht auf dessen besondere Fürsorge, und zwar auch dahingehend, daß ihm die Tilgung von Schulden ermöglicht wird[24]. Dazu reicht die in solchen Fällen häufige Abgeltung in anderer Weise als durch Geld nicht aus. Deshalb fingiert Abs. 2 eine angemessene Vergütung in Geld und kommerzialisiert so gleichsam die Arbeitskraft des Schuldners[25], allerdings nur zugunsten eines Pfändungsgläubigers[26]. Der Schuldner kann weder darüber verfügen[27] noch hat er einen Rückgriff des Drittschuldners zu befürchten[28].

Bei der Bemessung von **Unterhalt** wird der Rechtsgedanke des Abs. 2 herangezogen und führt zur Höherbewertung der Leistungsfähigkeit bzw. Minderung der Bedürftigkeit[29].

B. Die materiellen Voraussetzungen (Abs. 2 S. 1)

19   Voraussetzung ist, daß der **Schuldner einem Dritten in einem ständigen Verhältnis Arbeiten oder Dienste leistet, die nach Art und Umfang üblicherweise vergütet werden**. Wird dem Schuldner, *ohne daß er Arbeiten zu leisten hätte*, von dem Dritten Unterhalt gewährt, so greift Abs. 2 nicht ein[30]; ebenso wenn der Schuldner *für sich selbst* arbeitet, der Erfolg seiner Tätigkeit also ihm allein[31] oder in einer dem Wert der Arbeit entsprechenden Höhe seinem Gesellschaftsanteil zugute kommt[32], sei es auch verdeckt durch Scheingeschäft, § 117 BGB[33].

20   a) Die **Arbeits-** oder **Dienstleistung** muß nach h. M.[34] nicht auf vertraglicher oder sonstiger rechtlicher Grundlage geschehen; es genügt eine Dienstleistung aufgrund »rein tatsächlicher« Beziehung oder familienrechtlicher Grundlage, bei der kein Anspruch gegen den Drittschuldner besteht. Diese weite Auslegung ist bedenklich, weil selbst für den Gutgläubigen eine Haftung für fremde Schulden begründet wird, ohne daß er sich wie der Anfechtungsgegner auf Wegfall der Bereicherung berufen könnte (vgl. § 7 Abs. 2 AnfG)[35]. Unerheblich ist die vertragliche Gestaltung der Dienstleistung (Dienst-, Werk- oder sontiger Vertrag)[36]. Beispie-

---

der gesetzlichen Regelung u. eine solche Absicht vermag die Beweiswürdigung entscheidend zu beeinflussen, *Pohle* zu *LAG Bremen* AP 54 Nr. 158; s. ferner *LAG Hannover* AP 53 Nr. 53 (*Pohle*). – Dagegen bedenklich *BAG* FamRZ 1973, 627 = AP Nr. 14.

[24] Vgl. *Herschel* DArbR 1940, 84ff.; *Fenn* AcP 167 (1967), 161 mwN aaO Fn. 31.

[25] *Fenn* (Fn. 24), 160; vgl. ferner *Boewer/Bommermann* (Fn. 3) Rdnr. 834; *Lepke* (Fn. 22), 333.

[26] Sicherungszessionare gehen leer aus, *LAG Schleswig* DB 1971, 2414, *LAG Frankfurt* DB 1991, 1388 (L.), h. M.; krit. *Grunsky* (Fn. 22), 413, 419. S. auch *BGH* NJW 1979, 1601f. zu § 839 Abs. 1 S. 2 BGB.

[27] *RAGE* 20, 260; *BGH* VersR 1964, 644; *LAG Düsseldorf* DB 1972, 1028; *LAG Baden-Württemberg* DB 1970, 836. Wohl aber muß, was der Vollstreckungsgläubiger so erhält, bei der Leistungsfähigkeit des Schuldners in einem Unterhaltsprozeß berücksichtigt werden, *OLG Schleswig* u. *Pohle* AP Nr. 1.

[28] *Fenn* (Fn. 24), 181; *Wieczorek*[2] Anm. B 1.

[29] *BGH* NJW 1980, 1688f.; obiter NJW 1983, 684; *OLG Nürnberg* FamRZ 1981, 954; *OLG Koblenz* DA-Vorm 1982, 493 (495); *OLG Köln* FamRZ 1978, 254.

[30] Vgl. *BAG* FamRZ 1973, 626f.; *LAG Düsseldorf* DB 1955, 436; *Baumbach/Hartmann*[52] Rdnr. 8; *Stöber*[10] Rdnr. 1232; *Baur/Stürner*[11] Rdnr. 379.

[31] Vgl. *RAGE* 15, 292f. = JW 1936, 686 (*Jonas*) = ArbRS 25, 145 (*Volkmar*) für den Fall, daß der Schuldner die Landwirtschaft seiner Ehefrau im eigenen Namen u. für eigene Rechnung betreibt, da dann in die Erträgnisse des Betriebs vollstreckt werden kann; zust. *Fenn* (Fn. 24), 161 mwN aaO Fn. 29; *Wenzel* MDR 1965, 1028; *Grunsky* (Fn. 22), 419. – A. M. noch die Vorinstanz zu *RAG* aaO: *LAG Hannover* ArbRS 24, 135 (krit. *Volkmar*).

[32] *Fenn* (Fn. 24), 161 mwN aaO Fn. 29; *Grunsky* (Fn. 22), 419, ganz h. M. Anders bei zu geringer Gewinnbeteiligung für Mitarbeit, → dazu Fn. 56 u. Rdnr. 41.

[33] In solchen Fällen ist in die nur scheinbar, also nichtig übertragenen Sachen (s. §§ 846ff.) und Rechte zu vollstrecken, *Grunsky* (Fn. 22) 405. Bei wirksamer Übertragung hilft nur das AnfG. Für § 850 h Abs. 2 ist es jedoch nicht von Belang, ob z. B. das Geschäft des Ehegatten, in dem der Schuldner arbeitet, früher ihm selbst gehörte oder von Anfang an seinem Ehegatten, zust. *Grunsky* (Fn. 22), 407.

[34] *Baur/Stürner*[11] Rdnr. 379; *Baumbach/Hartmann*[52] Rdnr. 5; *Boewer/Bommermann* (Fn. 3) Rdnr. 837. – A. M. *Grunsky* (Fn. 22), 408 ff.: Abs. 2 bürde dem Drittschuldner nur Beweislast für mangelnde Vergütungspflicht auf (gegen den Wortlaut »unentgeltlich«, den *Grunsky* nur als tatsächliches Unterbleiben einer geschuldeten Zahlung auffaßt aaO 418); zumindest müsse die h. M. aber die Schranken des AnfG einhalten, aaO 409 ff., 423.

[35] Dazu die grundlegende Kritik von *Grunsky* (Fn. 22) 408ff. Er geht davon aus, es streite nur eine widerlegbare Vermutung gegen den Gläubiger, daß eine Vergütung geschuldet sei; S. 422.

[36] *Baumbach/Hartmann*[52] Rdnr. 5; *Fenn* FamRZ 1973, 628; → auch Fn. 3 zu Abs. 1. Wegen Gesellschaften → Fn. 32, aber auch Fn. 56.

le: Schuldner sind wie Arbeiter oder Angestellte im Geschäft der Ehefrau[37], der Eltern[38] oder der Kinder[39] tätig nur gegen Kost, Wohnung und geringes Taschengeld. Das vom Schuldner Geleistete muß aber wirtschaftlich Arbeit oder Dienstleistung sein, *nicht* Austausch von Gütern, für den das AnfG gilt.

b) Die Dienste müssen in einem **ständigen Verhältnis** geleistet werden. Wesentlich ist eine 21 Beziehung von gewisser Dauer oder Regelmäßigkeit; dabei reicht Teilzeitarbeit[40]. Diese Umgrenzung soll einmalige Leistungen ausscheiden. Abs. 2 kann auch Fälle treffen, in denen der Vollstreckungsschuldner dem Dritten die Dienste als Beauftragter eines anderen leistet, der dem Dritten zu solchen Diensten verpflichtet ist[41].

c) Es muß sich um Arbeits- oder Dienstleistungen handeln, die unter Berücksichtigung der 22 *örtlichen, sozialen* usw. *Verhältnisse nach allgemeiner Anschauung*[42] **üblicherweise vergütet** werden[43]. Diese *objektive* Voraussetzung liegt jedenfalls dann vor, wenn der Leistungsempfänger ohne Mitarbeit des Schuldners eine vollbezahlte Arbeitskraft hätte einstellen müssen; → aber auch Rdnr. 29 f.

Die Unterscheidung zwischen dieser »Üblichkeit« und der »Bemessung« der Vergütung in 23 Abs. 2 S. 2 sollte auch bei der Rechtsanwendung aufrechterhalten werden[44]; sie erhöht die Chancen der Rechtsgleichheit, indem sie ermöglicht, den Umständen des Einzelfalles, vor allem den in Abs. 2 S. 2 beispielhaft aufgezählten, verschiedenes Gewicht für die Fragen »Ob« und »Wieviel« beizumessen. Insbesondere darf man das Merkmal »Üblichkeit« nicht von vornherein an engen *verwandtschaftlichen Beziehungen* scheitern lassen[45], wenn etwa der Vater eines nichtehelichen Kindes im elterlichen Betrieb[46] oder verschuldete Eltern im Geschäft ihres Kindes nur gegen Wohnung, Kost und geringes Taschengeld arbeiten. Ihnen ist zwar, geleitet von den Falltypen, die der Gesetzgeber vor allem erfassen wollte[47], schon an dieser Stelle die Bedeutung beizumessen, daß eine nicht vergütete, nur[48] zur Erfüllung *gesetzlicher Unterhaltspflicht* gegenüber Bedürftigen (§ 1610 BGB) geleistete Arbeit ebensowenig unter Abs. 2 fällt[49] wie höchstpersönliche Zuwendungen durch *Krankenpflege* unter Ehegatten oder Verwandten in gerader Linie[50] oder (Mit-)Hilfe im privaten *Haushalt*, den solche Personen gemeinsam führen[51]. Im übrigen hat aber die Verwandtschaft, insbesondere eine *familienrechtliche Mitarbeitspflicht* nur Bedeutung für die Vergütungshöhe, → Rdnr. 27.

---

[37] Vgl. *LAG Mainz* AP Nr. 6; *LAG Bremen* AP Nr. 9; *LAG Frankfurt* BB 1965, 1109 f.; *ArbG Kaiserslautern* AP Nr. 2; *Stöber*[10] Rdnr. 1220. → dazu auch Fn. 33 (Herkunft des Geschäfts) u. Fn. 56 (Schuldner als Gesellschafter).

[38] Vgl. *KG* JR 1958, 260; *BGH* VersR 1964, 642; *Stöber*[10] Rdnr. 1220; *Baur/Stürner*[11] Rdnr. 378.

[39] § 850 h Abs. 2 kann auch bei einer Geschäftsführertätigkeit des Schuldners für eine GmbH Anwendung finden, deren Anteile sich in der Hand der Tochter befinden; vgl. *AG Ahrensberg* MDR 1993, 130.

[40] *Behr* Büro 1990, 1238.

[41] *RAGE* 19, 172 ff. (Schuldner leistet Dienste an OHG als deren unbesoldeter Prokurist im Auftrag seiner Ehefrau, die Gesellschafterin ist, → dazu Fn. 109). – Anders, wenn die Dienste gegen angemessene Bezahlung, die ein Dritter gewährt, geleistet werden; vgl. *LAG Duisburg* ArbRS 32, 107 (*Volkmar*).

[42] Also nicht der einzelnen Beteiligten; ausschlaggebend ist, ob solche Dienste **gemeinhin** nur gegen Vergütung geleistet werden; vgl. *RAG* (Fn. 31), *RAGE* 24, 320 = ArbRS 42, 53 (*Volkmar*); *BAG* AP Nr. 10 (*Pohle*); *BAG* NJW 1978, 343 = AP Nr. 16 (*Pecher*); *OLG Düsseldorf* OLGZ 1979, 224; s. ferner *LAGe Mainz* u. *Frankfurt* (Fn. 37); *Berlin* BB 1963, 348; *Boewer/Bommermann* (Fn. 3) Rdnr. 840.

[43] Arbeiten und Dienste Ordensangehöriger werden üblicherweise nicht vergütet; *BVerfG* NJW 1992, 2471.

[44] *Fenn* (Fn. 24), 163.

[45] Hier liegt der zutreffende Kern der wohl herrschenden, aber nach Wortlaut und Sinn des Abs. 2 S. 2 nicht uneingeschränkt zutreffenden (richtig *Pecher* → Fn. 42) Ansicht, Verwandtschaft sei **nur** bei der Vergütungshöhe zu berücksichtigen, so *LAG Bayern* ARSt 1975, 26 = WA 15; *LAG Mannheim* u. *Hannover* AP 53 Nr. 151, 54 Nr. 37 (jeweils Anm. *Pohle*); *ArbG Radolfzell* ARSt 1964, 183 = WA 88.

[46] → Fn. 38.

[47] Gemeint waren »erwerbsbezogene« Leistungen, nicht persönliche Gefälligkeiten, vgl. *Pecher* (Fn. 42).

[48] Geht die Arbeit darüber hinaus, → Rdnr. 27 Fn. 75.

[49] Im Einklang mit dem Merkmal → Rdnr. 29; wie hier obiter mwN *BAG* AP Nr. 16 (→ Fn. 42) u. *Pecher* aaO Bl. 343; *Fenn* (Fn. 24); *Stöber*[10] Rdnr. 1226 je mwN.

[50] *Pecher* (Fn. 42).

[51] *Pecher* (Fn. 42). Bei Hausarbeit für Gemeinschaften, die weder auf Ehe noch auf naher Verwandtschaft beruhen, soll Abs. 2 unmittelbar gelten, vgl. *LG Münster* Rpfleger 1994, 33 (sehr bedenklich).

24   d) Die Dienste müssen **unentgeltlich** oder gegen eine **unverhältnismäßig geringe Vergütung** geleistet werden. Das letztere bedeutet nicht, daß die tatsächlich gezahlte hinter der angemessenen Vergütung um einen auffällig hohen Betrag zurückbleibt. Vielmehr ist jede Vergütung unverhältnismäßig niedrig, die nach den gesamten Umständen des Falles nicht im richtigen Verhältnis zum Wert der Arbeitsleistung steht[52], der sich *grundsätzlich* an dem einschlägigen tariflichen Mindestlohn[53] oder in Ermangelung eines solchen nach der üblichen Vergütung (§ 612 BGB) orientiert[54]. Erhält der Schuldner für *Mitarbeit in einer Gesellschaft*[55] eine unverhältnismäßig geringe Gewinnquote, so ist der den Gewinn übersteigende Arbeitswert als nach Abs. 2 fingiertes Arbeitseinkommen pfändbar, und zwar, falls nur ein einziger Mitgesellschafter vorhanden ist, gegen diesen als Drittschuldner, da der Arbeitsmehrwert dann diesem allein zugute kommt[56]. → aber Rdnr. 41, wenn der Gläubiger auch auf den regulären Gewinnanteil zugreifen will oder noch weitere Gesellschafter vorhanden sind.

25   Das Tatbestandsmerkmal der Unentgeltlichkeit[57] bzw. der unverhältnismäßig geringen Vergütung muß nach h.M. bei *objektiver* Betrachtung gegeben sein. Danach vermag der Einwand, der Schuldner leiste seine Arbeit im Augenblick zwar unentgeltlich, aber doch in Erwartung einer künftigen Zuwendung des Dienstempfängers[58], wie z.B. bei Mitarbeit im elterlichen Geschäft mit Aussicht auf spätere Übernahme oder unentgeltlicher Haushaltsführung in nichtehelicher Gemeinschaft[59] gegen das Versprechen letztwilliger Zuwendung eines Hausgrundstücks, die Unentgeltlichkeit nicht aufzuheben; denn die Vergütungserwartung des Schuldners ist in der Gegenwart aus objektiver Sicht nicht als »Entgelt« anzusehen[60] und eine erst in der Zukunft sich verwirklichende Vergütung[61] oder ein (zumindest im Umfang, oft auch im Bestand unsicherer) Vermögensausgleich nach dem Scheitern solcher Erwartungen[62] kann in der Gegenwart ebenfalls kein Entgelt i.S.d. Abs. 2 darstellen[63]. Man will mit Abs. 2 dem Gläubiger gerade dann beistehen, wenn Vergütungserwartungen *jetzt* nicht einmal als Anwartschaft pfändbar wären. Falls der Schuldner den erwarteten Vermögenszuwachs tatsächlich erhält, → Rdnr. 30.

---

[52] *RAG* ArbRS 36, 64; *LAG Bremen* DB 1962, 476. – A. M. *LAG Düsseldorf* BB 1955, 1140; *Wieczorek*² Anm. B II d 1 (Mindestunterschreitung von 20 bzw. 30%).

[53] H. M., *BAG* AP Nr. 10 (Fn. 42); *LAG Baden-Württemberg* DB 1967, 691; *Wenzel* MDR 1965, 1027f.; *Fenn* (Fn. 24), 175f. (als Höchstgrenze); *Boewer/Bommermann* (Fn. 3) Rdnr. 845; *Stöber*¹⁰ Rdnr. 1225; *Wieczorek*² Anm. B II b 2. Hat der Schuldner kraft Tarifvertrags oder Allgemeinverbindlichkeitserklärung einen unabdingbaren Anspruch, so kann davon kein Abschlag gemacht werden, *BAG* aaO; *Wenzel* MDR 1966, 973.

[54] Gemeint ist die *Methode* der Vergütungsbestimmung; ob § 612 BGB durch ausdrückliche Bestimmung unanwendbar wird, spielt für § 850 h Abs. 2 gerade keine Rolle, vgl. *Fenn* (Fn. 24), 152; s. auch *Boewer/Bommermann* (Fn. 3) Rdnr. 845; *Bischoff/Rochlitz* (Fn. 3), 193f. Rdnr. 16f.; *Baur/Stürner*¹¹ Rdnr. 380.

[55] → zunächst Rdnr. 19 Fn. 32.

[56] *OLG Düsseldorf* (Fn. 42) für den Fall, daß der Schuldner im allein seiner Frau gehörenden Salon in einer den Betrieb tragenden Weise als Friseur arbeitet u. nur 20% des aus der reinen Friseurtätigkeit (also ohne Verkaufserlöse) fließenden Gewinns erhält; zust. *Grunsky* (Fn. 22), 419 Fn. 48.

[57] Es bedeutet nach h. M., daß eine Vergütung weder ausdrücklich oder stillschweigend vereinbart noch aus sonstigen Gründen *geschuldet* ist (weil dann § 829 ohne § 850 h anwendbar wäre). – A. M. *Grunsky* → Fn. 34. Zu § 1356 Abs. 2 a. F. BGB s. *BGHZ* 46, 390 = NJW 1967, 1078².

[58] Ausführlich *Fenn* (Fn. 24), 165ff.

[59] → Fn. 51 a. E.

[60] *Fenn* (Fn. 24), 167ff. u. FamRZ 1973, 628; *A. Blomeyer* ZwVR § 56 IX 2 a; *Boewer/Bommermann* (Fn. 3) Rdnr. 843; *Zöller/Stöber*¹⁸ Rdnr. 4; zum Zugewinnausgleich *LAG Mainz* (Fn. 37). – A. M. *Grunsky* (Fn. 22), 420 u. zum Zugewinnausgleich 422f. Jedoch darf der Schuldner mit seiner Arbeit nicht zum Nachteil seiner Gläubiger langfristig beim Dienstempfänger eine (bis zur Erfüllung der Erwartungen) »unpfändbare Sparkasse« aufbauen, → auch Fn. 62 a. E.

[61] Vgl. *Bydlinski* Festschr. f. *Wilburg* (1965), 45ff. u. die Zusammenstellung auf S. 47.

[62] Vgl. auch die Fälle der vom *BGH* konstruierten stillschweigenden Innengesellschaft unter Ehegatten, *BGHZ* 8, 249; 31, 197; *BAG* AP Nr. 13 u. 20–24 zu § 612 BGB; ferner *BAG* AP Nr. 1 zu § 812 BGB; *Stöber*¹⁰ Rdnr. 1220. Krit. *Gernhuber/Coester-Waltjen*, Familienrecht⁴, § 20 III 6.
Abs. 2 ist nur überflüssig, soweit solche Ausgleichsansprüche nicht erst nach dem Scheitern einer Ehe usw. entstehen oder »entdeckt« werden, sondern schon zur Zeit der ZV als pfändbare Vermögenswerte zur Verfügung stehen, → Fn. 32.

[63] *Fenn* (Fn. 24), 169ff.; *Boewer/Bommermann* (Fn. 3) Rdnr. 843.

Soweit *Naturalleistungen* gewährt werden (Kost, Wohnung, Kleidung usw.), sind diese unabhängig davon, ob insoweit eine Unterhaltsverpflichtung besteht[64], zu berechnen (→ dazu § 850 e Rdnr. 73) und als Gegenleistung in Anschlag zu bringen[65]. → dazu noch Rdnr. 33 Fn. 91, Rdnr. 36.

C. Die Bemessung des Vergütungsanspruchs (Abs. 2 S. 2)

Sind die Voraussetzungen → Rdnr. 20–24 gegeben, so hängt die Frage, **ob und in welcher Höhe ein »angemessener Vergütungsanspruch«** (Abs. 1 S. 1) anzunehmen ist, von den Umständen des Einzelfalles[66] ab, insbesondere von den in S. 2 genannten: 26

a) Die *Art der Arbeits- oder Dienstleistung*. Wesentlich ist hier vor allem der Umfang, das Erfordernis besonderer Qualifikation sowie, ob der Leistungsempfänger, wenn sich der Schuldner ihm nicht zur Verfügung gestellt hätte, eine vollbezahlte Arbeitskraft hätte annehmen müssen[67]; → dazu auch Rdnr. 29. Insgesamt will dieses Tatbestandsmerkmal den **Wert** der Arbeitsleistung für den Dienstleistungsempfänger und damit die konkrete Höhe der angemessenen Geldvergütung erfassen[68], → wegen der Maßstäbe Rdnr. 24. Daß die Arbeit für den Empfänger aus persönlichen Gründen gesteigerten Wert hat, z. B. wegen besonderen Vertrauens, erhöhter Einsatzbereitschaft usw., ist kein Grund für übertarifliche Bemessung[69].

b) *Verwandtschaftliche, eheliche oder sonstige Beziehungen* zwischen Leistungsempfänger und Schuldner können zur Minderung, ausnahmsweise bis zum Wegfall eines Vergütungsanspruchs führen, jedoch nicht lediglich aus moralischen Gründen[70]. *Familienrechtliche Mitarbeitspflichten*[71] schließen Abs. 2 nicht aus, auch wenn dafür eine Vergütung weder »üblich« noch geschuldet ist, denn von solchen Verhältnissen will das Gesetz gerade absehen[72], wenn z.B. im Falle → Fn. 7 der Schuldner im Geschäft der Ehefrau ohne Entgelt oder unterbezahlt arbeitet[73]. Die Mitarbeitspflicht kann nur den **Anspruch mindern**[74]. Das gleiche gilt, wenn die 27

---

[64] *Fenn* (Fn. 24), 171 f. ausführlich; *Volkmar* zu RAG ArbRS 38, 162 (164 f.); ferner *Boewer/Bommermann* (Fn. 3) Rdnr. 844; *Stöber*[10] Rdnr. 1224.

[65] LAG Bremen (Fn. 37); vgl. ferner KG (Fn. 38); *Boewer/Bommermann* (Fn. 3) Rdnr. 844; *Fenn* (Fn. 24), 170 ff.; *Jaeger* (Fn. 1), 78; *Stöber*[10] Rdnr. 1224; *Lepke* (Fn. 22), 337; *Süsse* BB 1970, 674.

[66] Da Abs. 2 nach h. M. den Zugriff auf Vermögen Dritter erlaubt, bestehen Zweifel, ob die Vorschrift rechtsstaatlichen Anforderungen (Bestimmtheit) genügt. In eine unzumutbare Lage kommt der Drittschuldner vor allem bei mehrfacher Pfändung → dazu Rdnr. 45. Die Vorschrift geht auf den Entwurf 1931 zurück, der eine Zentralisierung beim Vollstreckungsgericht vorsah.

[67] Vgl. RAGE 16, 17 = ArbRS 25, 206; LAG Baden SJZ 1950, 594; LAG Heidelberg AP 50 Nr. 209 f. (*Volkmar*), LAG Bremen DB 1962, 476; LAG Baden-Württemberg DB 1965, 1599; 1967, 691. Dies ist etwa dann anzunehmen, wenn der Schuldner ständig tätig ist, vor allem, wenn nur er die nötigen fachlichen Qualifikationen hat, BAG NJW 1978, 343 (→ Fn. 42); *Stöber*[10] Rdnr. 1226 mwN. Ob der Schuldner angesichts geringer Arbeitsfähigkeit eine andere bezahlte Arbeitsstelle ausfüllen könnte, ist unerheblich, RAG JW 1938, 257; LAG Königsberg ArbRS 29, 143. – Anders, wenn der nur beschränkt arbeitsfähige Schuldner im Geschäft der Frau zwar sehr wichtige Dienste leistet, aber das im Einkünften der Frau unverhältnismäßig hohe Aufwands- u. Heilungskosten benötigt, LAG Leipzig ArbRS 30, 118.

[68] Vgl. *Boewer/Bommermann* (Fn. 3) Rdnr. 847. Ohne Belang ist der durch diese Arbeit erst geschaffene Wert im Vermögen des Drittschuldners; insoweit ungenau *Pecher* (Fn. 42) Bl. 341 zu a, richtig *Grunsky* (Fn. 22) 410 Fn. 27; etwaiger Verlust ist nur gemäß → Rdnr. 29 zu berücksichtigen.

[69] *Fenn* (Fn. 24), 176 ff.

[70] RAG ArbRS 36, 59 (*Volkmar*); LAG Mainz (Fn. 37); LAG Berlin (Fn. 42); LAG Frankfurt (Fn. 37); ArbG Dortmund DB 1991, 2600; *Boewer/Bommermann* (Fn. 3) Rdnr. 848; *Zöller/Stöber*[18] Rdnr. 3. – A. M. LAG Bremen DB 1962, 476.

[71] § 1353 Abs. 1 S. 2 BGB u. dazu BGH NJW 1980, 2197 f.; krit. *Gernhuber/Coester-Waltjen* (Fn. 62), § 20 III; § 1619 BGB; § 12 Abs. 7 HöfeO.

[72] H. M. So zur Mitarbeit des *Ehegatten* RAGE 24, 324 = ArbRS 42, 57 (grundlegend); BAG (Fn. 53); BAG NJW 1978, 343 (Fn. 42); OLG Düsseldorf (Fn. 42); OLG Köln FamRZ 1978, 254; LAG Frankfurt (Fn. 37); *Jaeger* (Fn. 1), 80 f.; *Burckhardt* Der Ausgleich für die Mitarbeit eines Ehegatten (1970), 219 ff. Zur Mitarbeit der *Kinder* im elterlichen Betrieb s. RAG aaO, BGH VersR 1964, 644; BGH AP Nr. 12 = WPM 1968, 1254; BGH (Fn. 23); KG (Fn. 38); *Lepke* (Fn. 22); *Zöller/Stöber*[18] Rdnr. 4; grundsätzlich ebenso *Grunsky* (Fn. 22), 421, → aber Fn. 34.
A. M. (nur soweit familienrechtliche Mitarbeitspflichten überschritten werden) obiter BGH LM Nr. 14 zu § 66 BEG 1956 = RZW 1961, 393 (395); LAG Bremen (Fn. 37); *Baumbach/Hartmann*[52] Rdnr. 7; *Bosch* FamRZ 1958, 84; *Dölle* Familienrecht II (1965), 126; *Wieczorek*[2] Anm. B II c, d.

[73] LG Mannheim (Fn. 7); LAG Bremen (Fn. 37); LAG Baden-Württemberg DB 1967, 691.

[74] BAG AP Nr. 10 (Fn. 42); BGH NJW 1979, 1602

Arbeit zwar *auch* der Erbringung gesetzlichen Unterhalts dient (→ Rdnr. 23), aber das geschuldete Maß übersteigt[75].

28 Anspruchsminderung ist ferner angebracht, wenn der Schuldner zugleich sonstige Verbindlichkeiten gegenüber dem Dienstempfänger »abarbeiten« will[76], sich von diesem Schulden gegenüber Dritten abbezahlen läßt[77] bzw. abbezahlen lassen hat[78] oder von ihm »Vorschüsse« (genauer: freiwillige Zuwendungen im voraus) erhalten hat[79], da in diesen Fällen eine Aufrechnung oder Verrechnung insoweit nicht stattfinden kann als ein wirklicher Vergütungsanspruch fehlt, → Rdnr. 38. Sind jedoch in solchen Fällen von vornherein betragsmäßige Tilgungsabmachungen getroffen, so kommt eine Auslegung als vereinbarte Vergütung in Betracht, so daß Abs. 2 nur noch im Hinblick auf etwaige Unterbezahlung anwendbar bleibt, → Rdnr. 24, bezüglich des vereinbarten Entgelts aber je nachdem die Regeln über Aufrechnung oder Verrechnung von Arbeitseinkommen mit Vorschüssen bzw. Darlehen gelten, → § 850 Rdnr. 61 f., § 850 e Rdnr. 14–17 und § 829 Rdnr. 112.

29 c) Die Berücksichtigung *wirtschaftlicher Leistungsfähigkeit* des Drittschuldners soll vor allem verhindern, daß Betriebe, die nur durch (kostenarme) familiäre Mitarbeit aufrechterhalten werden, infolge der nach Abs. 2 fingierten Vergütungen ihre wirtschaftliche Lebensfähigkeit verlieren[80], insbesondere wenn Rückstände für längere Zeit in Frage stehen → Rdnr. 36. Das kann sich anspruchsmindernd, in krassen Fällen anspruchshindernd auswirken[81].

30 d) »Alle«, also auch in Abs. 2 nicht benannte Umstände können den Anspruch mindern oder entfallen lassen; z. B. daß der Schuldner in den Fällen → Rdnr. 24 Fn. 58–63 den für seine Arbeit erwarteten Zufluß aus dem Vermögen des Drittschuldners erhalten hat. Ob dann nur die bis dahin aufgelaufene[82] oder auch eine Vergütung für die folgende Zeit entfällt oder gemindert wird, ist Sache des Einzelfalles. Soweit hierdurch ein gegen den Drittschuldner bereits titulierter Anspruch wegfällt, gilt § 767.

31 **Nicht** zu berücksichtigen ist die *Art der zu vollstreckenden Forderung*[83], denn die Vergütungsfiktion des Abs. 2 sollte gegenüber mehreren Gläubigern nur einheitlich ausfallen[84]. Auch kann das Tatbestandsmerkmal der angemessenen Vergütung nur in der Beziehung Schuldner – Drittschuldner ermittelt werden, und Unterhaltsgläubiger sollten nicht bei der Festsetzung des Anspruchs *und* im Rahmen des § 850 d, also zweimal bevorzugt werden[85].

(Fn. 23); *OLG Düsseldorf* (Fn. 42); *LAG Mainz* (Fn. 37); → auch Rdnr. 23.
[75] *Fenn* (Fn. 24), 174.
[76] Vgl. *RAG* (Fn. 27); *LG Mainz* (Fn. 42); *Volkmar* zu *LAG Hamburg* ArbRS 29, 217 u. *Jonas* JW 1937, 2314; *Stöber*[10] Rdnr. 1230.
[77] *LAG Mainz* (Fn. 37) a. E.; *Stöber*[10] Rdnr. 1225.
[78] *ArbG Dortmund* DB 1991, 2600.
[79] *RAG* (Fn. 27); *Baumbach/Hartmann*[52] Rdnr. 9; *Süsse* BB 1970, 674.
[80] *RAG* (Fn. 31); *Fenn* (Fn. 24), 177 f; s. auch *BAG* AP Nr. 10 (Fn. 42); *OLG Köln* (Fn. 72); *OLG Düsseldorf* NJW-RR 1989, 390. Richtige Anwendung des Abs. 2 erledigt daher die Bedenken *Grunskys* (Fn. 22), 414 zu a.
[81] *RAGE* 15, 294 (Fn. 31); *RAG* ArbRS 27, 23 (*Volkmar*); *RAG* (Fn. 27); *LAG Hannover* (Fn. 23); *LAG Bremen* (Fn. 37); *ArbG Radolfzell* (Fn. 45). – Die Leistungsfähigkeit ist auch dann beachtlich, wenn ohne den Schuldner eine fremde Arbeitskraft eingestellt werden müßte, *RAG* (Fn. 31); a. M. *LAG Frankfurt* AP 51 Nr. 99 (*Volkmar*); *LAG Mannheim* AP 53 Nr. 151 (*Pohle*) u. BB 1952, 718 = DB 827; *LAG München* WA 104. Ob der Schuldner in anderem Betrieb mehr oder weniger verdienen könnte, ist unerheblich; *RAG* JW 1938, 257; *Zöller/Stöber*[18] Rdnr. 3.
[82] So für Zugewinn bei Ehescheidung *ArbG Heilbronn* BB 1968, 1159; zust. *Stöber*[10] Rdnr. 1226 Fn. 36; *Süsse* BB 1970, 675.
[83] *RAG* (Fn. 27, abl. *Volkmar*); *Boewer/Bommermann* (Fn. 3) Rdnr. 850; *Fenn* (Fn. 24), 178 ff. – A. M. *RAG* 15, 325 = ArbRS 25, 138 u. JW 1936, 1246 (nichteheliches Kind); *LAG München* ArbRS 25, 162; *LAG Breslau* ArbRS 29, 9 f.; *LAG Königsberg* ArbRS 28, 30 u. 33, 11; *LAG Bremen* (Fn. 23); *LAG Düsseldorf* DB 1954, 500; *LAG Mannheim* AP 53 Nr. 151 (Fn. 81); *LAG Hannover* AP 54 Nr. 37 (*Pohle*); *Nikisch* Arbeitsrecht[3] I, 431; *Hueck/Nipperdey*[7] I, 371 Fn. 80; *Stöber*[10] Rdnr. 1225, u., falls die Tätigkeit auf familienrechtlicher Grundlage beruht, auch *Zöller/Stöber*[18] Rdnr. 4.
[84] *RAG* (Fn. 27); *Wieczorek*[2] Anm. B IV a 4; *Fenn* (Fn. 24). Daß ungleiche Beträge in *getrennten* Prozessen rechtskräftig festgesetzt werden, läßt sich zwar nicht verhindern, *RAG* aaO, kann aber oft vermieden werden, s. z. B. *LAG Frankfurt* DAVorm 1974, 130 f.
[85] *Boewer/Bommermann* u. *Fenn* (beide Fn. 83) mwN.

D. Der Umfang der Pfändung

Eine angemessene Vergütung gilt als geschuldet für die Zeit, während der das fragliche Arbeits- oder Dienstverhältnis bestanden hat und weiter besteht, soweit es zeitlich durch den Pfändungsakt erfaßt wird, → dazu Rdnr. 42. 32

1. Zu pfänden ist nach Abs. 1, »wie wenn der Anspruch dem Schuldner zustände«; damit ist auch der Umfang der Pfändung nebst Pfändungsschutz gemeint[86]. Daher hat das Prozeßgericht[87] oder, falls man über den Vergütungsbetrag einig wurde, der Drittschuldner[88] den auszuzahlenden Betrag zu kürzen um die **unpfändbaren Beträge** nach §§ 850 c, d. Soweit der Pfändungsbeschluß sie beziffert oder die Zahl der Unterhaltsberechtigten festgelegt hat (→ Rdnr. 39), sind Prozeßgericht und Drittschuldner daran gebunden bis zu einer Änderung durch das Vollstreckungsgericht[89]. Wegen § 850 g → aber Rdnr. 40. Soweit der Beschluß darüber nicht befindet, hat das Prozeßgericht im Rahmen des § 850 c solche Unterhaltsberechtigte mit einzusetzen, die am Ergebnis der Arbeit des Schuldners teilhaben[90], sei es auch nur durch Kost und Wohnung, die ein der Familie des Schuldners nicht unterhaltspflichtiger Drittschuldner ihnen gewährt[91] oder – bei Mitarbeit im Betrieb des Ehegatten – durch eine als Folge der Mitarbeit des Schuldners eintretende, dessen Selbstverbrauch übersteigende Mehrung des für den Familienunterhalt verwendeten Einkommens des Ehegatten[92]. Für diesen ist dem Schuldner allerdings in der Regel kein Freibetrag einzuräumen[93], es sei denn, daß die Mitarbeit sich ausnahmsweise als Unterhaltsleistung besonderer Art an den dienstempfangenden Ehegatten darstellt[94]. 33

Diese Berechnung[95] ist Teil der Urteilsgründe, wird also nicht rechtskräftig festgestellt und steht daher einer Änderung des pfändungsfreien Betrags durch das Vollstreckungsgericht für die Zukunft nicht entgegen. Soweit aber künftige Zahlungen in Frage stehen, → Rdnr. 37, muß das Prozeßgericht im Interesse einer reibungslosen Vollstreckung auch die jeweiligen Fälligkeitstermine (Monat, Woche) festlegen. 34

Beträge gemäß § 850 e Nr. 1 sind nur insoweit abzuziehen als sie tatsächlich angefallen sind[96]. Wegen Vorschüssen → Rdnr. 28

2. **Rückstände**, die für eine vor Zustellung des Pfändungsbeschlusses liegende Zeit gefordert werden, *kann* der Pfändungsbeschluß miterfassen[97]; ob er es *will*, ist eine Frage der Auslegung, → dazu Rdnr. 42[98]. Soweit danach eine Wirkung für die Vergangenheit besteht, muß der Eintritt einer *Verjährung* ebenso fingiert werden wie der Anspruch selbst. 35

Werden Rückstände gepfändet, so sind vor der Pfändung liegende *tatsächlich bewirkte Leistungen* des Arbeitsleistungsempfängers (Naturalverpflegung, Wohnung, Taschengeld, 36

---

[86] Abs. 1 geht offenbar davon aus, daß der Schuldner irgendwie Beiträge zur Lebenshaltung vom Dienstberechtigten erhält, *Fenn* (Fn. 24), 181 f. Dann darf aber der Gläubiger nicht besser stehen als bei Vergütung in Geld, im Erg. ganz h. M. – A. M. *Grunsky* (Fn. 22), 441 f.; *Nikisch* Arbeitsrecht³ I, § 33 III 8 e.

[87] Rdnr. 43 u. § 835 Rdnr. 21 ff. So die h. M., *Pohle* JZ 1962, 346; *Jonas* JW 1936, 688 a. E. zu *RAG* aaO; *Zöller/Stöber*¹⁸ Rdnr. 7; *Boewer/Bommermann* (Fn. 3) Rdnr. 856.

[88] → § 850 c Rdnr. 21 f.

[89] *Stöber*¹⁰ Rdnr. 1224; → § 829 Rdnr. 109, § 850 c Rdnr. 25.

[90] Auf das Maß der Unterhaltsgewährung kommt es nicht an, bis gemäß § 850 c Abs. 4 entschieden wird, → § 850 c Rdnr. 16 f. – Fehlt solche Teilhabe, so gilt lediglich § 850 c Abs. 1 S. 1; *OLG Frankfurt* (Fn. 42), falls nicht sogar § 850 d zutrifft.

[91] Vgl. auch *LAG Mainz* AP Nr. 6 Bl 748.

[92] *Fenn* (Fn. 24), 185.

[93] H. M., → § 850 c Rdnr. 23, 34; *Stöber*¹⁰ Rdnr. 1224 verneint in solchen Fällen auch den Kinderfreibetrag. – A. M. *Lepke* (Fn. 22), 337; *Boewer/Bommermann* (Fn. 3) Rdnr. 853.

[94] Hier sind jedoch strenge Maßstäbe anzulegen, vgl. auch *LAG Frankfurt* (Fn. 42).

[95] Vgl. dazu noch *RAGE* 15, 292 ff. (Fn. 31) u. 21, 47 ff. = ArbRS 36, 83; *BAG* AP Nr. 10 (Fn. 42).

[96] *RAGE* 21, 52; *Süsse* BB 1970, 674.

[97] *Stöber*¹⁰ Rdnr. 1229; *Baumbach/Hartmann*⁵² Rdnr. 9. – A. M. *LAG Hamm* DB 1990, 1339; *Zöller/Stöber*¹⁸ Rdnr. 6; *Boewer/Bommermann* (Fn. 3) Rdnr. 855; *Geißler* Büro 1986, 1295, 1300 u. Rpfleger 1987, 5, 6. Krit. *Grunsky* (Fn. 22), 406, 411.

[98] H. M. → Fn. 112. – A. M. *Wieczorek*² Anm. B II b u. einschränkend *Stöber*¹⁰ Rdnr. 1228 (Unterstellung, daß geschuldete Vergütungen auch ausbezahlt worden wären).

Geschenke usw.), die sich wirtschaftlich als Vergütungen darstellen, auf die ausgeworfene (volle) Vergütung *anzurechnen,* und zwar zunächst auf den zugriffsfreien Teil und, wenn sie ihn übersteigen, auf den von dem Gläubigerzugriff erfaßten. → auch Rdnr. 28 zu Vorschüssen usw. Eine weitere Minderung kann eintreten, wenn der längere Zeit anfallende Vergütungsbetrag zu groß ist, → Rdnr. 29, oder in den Fällen → Rdnr. 30

37   **3. Künftig fällige** fingierte Ansprüche werden wegen der zur Zeit der Beschlagnahme fälligen Titelforderung nach § 832 ohne weiteres mit ergriffen, aber wegen künftig fälliger Ansprüche des Gläubigers nur gemäß § 850 d Abs. 3. Zur Klage in diesen Fällen → Rdnr. 47.

38   **4. Abtretung und Verpfändung** eines nach Abs. 2 nur fingierten Anspruchs kann der Drittschuldner nicht einwenden[99]. **Aufrechnen** kann er nur mit seinen Forderungen gegen den Gläubiger, → § 835 Rdnr. 34[100], *nicht* mit seinen Ansprüchen gegen den Schuldner[101]. → aber dazu Rdnr. 28.

E. Das Verfahren

39   **1.** a) Das **Vollstreckungsgericht** (Rechtspfleger, § 20 Nr. 17 RpflG) pfändet und überweist den »angeblichen« Vergütungsanspruch, → § 829 Rdnr. 37 f. Mit *Bestand* und *Höhe* des Anspruchs hat es sich *nicht* zu befassen, → Rdnr. 44[102]. Wohl aber bestimmt es die Pfändungsfreibeträge, soweit dies ohne Kenntnis der Art und Höhe des Vergütungsanspruchs schon möglich ist, → § 850 c Rdnr. 21 ff. und zur Bindungswirkung → oben Rdnr. 33. Dies ist grundsätzlich (falls der Gläubiger die Berechtigten angibt) auch für § 850 d möglich, obwohl bestimmte Beträge einzusetzen sind, → dort Fn. 108; denn die → § 850 d Rdnr. 20–30 genannten Umstände können unabhängig von der Höhe des fingierten Anspruchs berücksichtigt werden[103]. Entsprechendes gilt für § 850 f Abs. 1, 2.

40   Eine Entscheidung nach § 850 f Abs. 3 ist aber erst sinnvoll, wenn die Überschreitung des dort genannten Grenzbetrages festgestellt ist; deshalb sollte dem Prozeßgericht die Zuständigkeit dafür nicht abgesprochen werden[104]. Dann wird es aber auch gleich Änderungen nach Erlaß der Pfändung (vgl. sonst § 850 g) mit zu berücksichtigen haben[105].

41   b) Eine Pfändung des *Arbeitseinkommens* wirkt ohne besonderen Ausspruch als Pfändung des nach Abs. 2 fingierten Vergütungsanspruchs[106], ergreift aber zugleich auch wirkliche Ansprüche[107], → dazu Rdnr. 24, freilich nur solche aus Arbeitseinkommen gegen den Drittschuldner, dem der Beschluß zugestellt wurde. Wenn daher im Falle einer Gesellschaft[108] außer dem Ehegatten oder Verwandten noch andere Gesellschafter beteiligt sind[109], muß der Gläubiger nicht nur darauf achten, daß er dem richtigen Drittschuldner zustellt → § 829 Rdnr. 56[110], sondern er sollte außerdem noch den Gesellschafts- bzw. Gewinnanteil des

---

[99] → Rdnr. 18 Fn. 26 f.
[100] Allg. M., *LAG Mainz* (Fn. 42); *Fenn* (Fn. 24), 181 mwN.
[101] Ganz h. M. seit *RAG* (Fn. 27) unter Aufgabe von *RAG* 18, 147 f. = ArbRS 29, 75 f.; s. *Fenn* (Fn. 24), 181; *Süsse* BB 1970, 674 je mwN. – A. M. *Wieczorek*² Anm. B III b 2.
[102] Setzt es dennoch die Höhe der *Vergütung* fest, so ist das Prozeßgericht daran nicht gebunden, *Stöber*¹⁰ Rdnr. 1223.
[103] Vgl. *OLG Schleswig* SchlHA 1956, 294 = Büro 431; *LG Berlin* MDR 1961, 510[83]; *Berner* Rpfleger 1962, 171; *Thomas/Putzo*¹⁸ Rdnr. 2; *Stöber*¹⁰ Rdnr. 1224.
[104] Weitergehend (für alle Anträge nach § 850 f) *Pohle* (Fn. 87); *Lepke* (Fn. 22) 336 u. wohl auch *Stöber*¹⁰ Rdnr. 1224 a. E. Insoweit unklar *Baumbach/Hartmann*⁵² Rdnr. 11.

[105] *Pohle* (Fn. 87); vgl. auch *Volkmar* gegen *LAG Bremen* AP 54 Nr. 158; ferner *Wieczorek*² Anm. B IV a 4 a. E.
[106] *RAGE* 19, 169 f. (Fn. 41); *BGH* JZ 1991, 243, 244 (*Grunsky*); *LG Lübeck* Rpfleger 1986, 99, 100, allg. M.
[107] *RAG* ArbRS 41, 421, unstr. → dazu § 850 Rdnr. 53 ff.
[108] → Fn. 56.
[109] *Zöller/Stöber*¹⁸ Rdnr. 3 halten dies für unerheblich (?). Richtig *RAG* im Falle → Fn. 41: OHG bzw. KG als Drittschuldner, obwohl Dienste nur im Auftrag der Ehefrau (Gesellschafterin neben ihren Brüdern) geleistet wurden. Auch *OLG Schleswig* hat in SchlHA 1968, 72 zutreffend die GmbH als Drittschuldner angesehen, obwohl die Ehefrau 9/10 der Anteile hielt.
[110] Auch Rdnr. 42.

Schuldners pfänden → § 859 I, II, da dieser nicht Arbeitseinkommen ist, also von der Gehaltspfändung nicht erfaßt würde[111].

c) Während bei der Pfändung (wirklicher) wiederkehrend zahlbarer Vergütungen usw. – mangels abweichender Bestimmung im Pfändungsbeschluß – die *Rückstände* von der Verstrickung mitergriffen werden, → § 850 Rdnr. 54, muß bei nach Abs. 2 fingierten Ansprüchen, da sie sachlich unmittelbar erst in der Person des Gläubigers entstehen (→ Rdnr. 18), verlangt werden, daß der Pfändungsbeschluß *bestimmt* erkennen läßt, *für welche Zeit* der Anspruch erfaßt wird. Anderenfalls wirkt er im Zweifel nur für die Zeit ab Zustellung des Beschlusses[112]. Wegen künftiger Ansprüche → Rdnr. 37. **42**

d) Wird derselbe Anspruch nach Abs. 2 *mehrfach gepfändet*, so hat sich das Vollstreckungsgericht mit dem Verhältnis der Pfändungen untereinander nicht zu befassen, → Rdnr. 39, 45. **43**

2. Über den fingierten Anspruch entscheidet wie sonst nur das **Prozeßgericht**[113], also das *Arbeitsgericht*, falls der Schuldner Arbeitnehmer oder arbeitnehmerähnliche Person ist, § 2 Abs. 1 Nr. 2, § 5 ArbGG[114]; andernfalls, z. B. bei zur Vertretung befugten Geschäftsführern, § 5 Abs. 1 S. 3 ArbGG, ist das ordentliche Gericht zuständig[115]. **44**

An **mehrfache Pfändungen** tritt das Prozeßgericht zunächst in getrennten Verfahren der einzelnen Gläubiger heran. Damit die Vergütungsfiktion gegenüber verschiedenen Gläubigern einheitlich ausfällt, sollte es jedoch tunlichst nach § 147 verfahren[116]; im übrigen bleibt konkurrierenden Gläubigern die Streithilfe. Der angemessene Betrag ist zunächst ohne Rücksicht auf die Mehrfachpfändung auszuwerfen unter Abzug des pfändungsfreien Betrags → Rdnr. 33, 36, 39 f. Für mehrfache Pfändungen gilt der Grundsatz der Priorität (§ 804 Abs. 3). Der Drittschuldner kann deshalb nachrangige Pfändungen nicht einwenden[117], wohl aber vorrangige[118]. Der nachrangige Gläubiger kommt aber nicht erst dann zum Zuge, wenn die Vorrangigen tatsächlich befriedigt worden sind. Entscheidend ist, in welchem Umfang der im Rang vorgehende Gläubiger bei richtiger Errechnung des gepfändeten Betrags bisher zu befriedigen war. Es kommt deshalb nicht allein darauf an, was der vorrangige Gläubiger tatsächlich erhalten hat, sondern was ihm bei richtiger Berechnung der angemessenen Vergütung nach Abs. 2 S. 1 zusteht. Hat er bisher kein fiktives Einkommen geltend gemacht, die Pfändung also nicht ausgeschöpft, geht dies nicht zu Lasten des nachrangigen Gläubigers[119]. Der Drittschuldner sollte dem Vorrangigen den Streit verkünden, damit diesem die Möglichkeit genommen wird, die Berechnung mit Erfolg zu bestreiten und nochmals Zahlung zu **45**

---

[111] Letzteres empfiehlt sich auch bei Innengesellschaften, an denen außer dem Schuldner nur seine Ehefrau beteiligt ist; denn es ist str., ob für solche Ansprüche Abs. 2 gilt, bejahend *OLG Frankfurt* (Fn. 42); verneinend, zumindest bei Bildung von Gesellschaftsvermögen, *Fenn* (Fn. 24), 161 Fn. 29.

[112] *RAG* (Fn. 27); *LAG Bayern* DB 1952, 124; *Bischoff/Rochlitz* (Fn. 3), 195 Rdnr. 20; *Lepke* (Fn. 22), 333; *Bock/Speck* (Fn. 3), 241; so wohl auch *Baumbach/Hartmann*[52] Rdnr. 9; *Stöber*[10] Rdnr. 1229. – A. M. *LAG Hamm* DB 1990, 1339: Pfändung rückständiger Ansprüche ist aus Rechtsgründen nicht möglich. S. auch *BAG* AP Nr. 4 u. 8 (→ § 829 Rdnr. 524, § 850 d Fn. 114).

[113] *LG Berlin* (Fn. 103), allg. M.

[114] → § 1 Rdnr. 172; *Fenn* (Fn. 24), 189 f. mwN; *BGHZ* 68, 129 = NJW 1977, 853 = AP Nr. 15, wo wegen § 5 ArbGG offen gelassen wurde, ob § 850 h Abs. 2 auch ein Arbeitsverhältnis fingiere, so aber *LG Braunschweig* MDR 1955, 491; *Baumbach/Hartmann*[52] Rdnr. 12; *Thomas/Putzo*[18] Rdnr. 1; *Wenzel* MDR 1966, 971; *Lepke* (Fn. 22), 334; *Süsse* BB 1970, 672. – Stimmt man dem zu,

so ist das ArbG auch dann zuständig, wenn ohne Arbeitsverhältnis die Dienste familienrechtliche Pflicht gewesen wären, *Grunsky* ArbGG[6] § 5 Rdnr. 12. Das ArbG ist nach § 17 Abs. 2 S. 1 GVG jedenfalls dann zuständig, wenn auch ein arbeitsrechtlicher Anspruch geltend gemacht wird.

[115] *Fenn* FamRZ 1973, 630; *BGH* (Fn. 114): »gleichgestellte Mitarbeiter«.

[116] *Wieczorek*[2] Anm. B IV a 4.

[117] *RAGE* 19, 177 ff.

[118] *BGH* JZ 1991, 243 (zust. *Grunsky*); *ArbG Wesel* BB 1990, 1422; *Brommann* SchLHA 1896, 65, 66 ff.; *Süsse* BB 1970, 675. – A. M. *LAG Köln* DB 1988, 2060; *ArbG Lübeck* MDR 1984, 174: § 850 Abs. 2 entfalte nur Wirkungen zugunsten des Gläubigers, der den Anspruch gerichtlich durchsetzt. Da eine vorrangige Pfändung aber auch das fingierte Einkommen erfaßt (→ Rdnr. 41) gilt § 804 Abs. 3 uneingeschränkt.→ dazu auch § 835 Rdnr. 46.

[119] *BGH* (Fn. 118) (zustimmend *Grunsky*).

verlangen[120]. Ist die Höhe der vorrangigen Pfandrechte im Prozeß nicht feststellbar, so ist auf Hinterlegung zugunsten des Klägers und der Vorrangigen zu erkennen[121].

46 Ist der Erstpfändende ein gewöhnlicher, der klagende Zweitpfändende ein nach § 850 d privilegierter Unterhaltsgläubiger, so ist der dem Zweitpfändenden zufallende Betrag – nach den Regeln → § 850 e Rdnr. 85 – so zu bemessen, als ob er die nach § 850 c pfändungsfreie Summe nicht übestiege.

47 *Künftig fällige* Vergütungen können zwar nicht nach § 258, in der Regel aber nach § 259 eingeklagt werden[122].

48 Die *Beweislast* für die Grund und Höhe rechtfertigenden Tatsachen trifft den Gläubiger[123]. Lebt ein arbeitsfähiger, angeblich nicht berufstätiger Schuldner zusammen mit seiner ein Geschäft betreibenden Ehefrau, so kann das zwar als ein Indiz für seine Mithilfe im Geschäft gewertet werden, besonders wenn es früher ihm gehörte; aber eine »tatsächliche Vermutung«, die dem Gläubiger weiteres Vorbringen ersparen würde, folgt daraus noch nicht[124]. Der Drittschuldner trägt die Beweislast dafür, daß ihm angesichts seiner wirtschaftlichen Leistungsfähigkeit die Zahlung einer Vergütung nicht zugemutet werden kann[125], zumindest aber eine Aufklärungslast[126].

49 Der *Schuldner* ist zur Klage gegen den Drittschuldner[127] nicht berechtigt, soweit der Anspruch nur dem Gläubiger zusteht, → Rdnr. 18. Einer negativen Feststellungsklage gegen den Gläubiger fehlt das Interesse gemäß § 256 Abs. 1, da das Urteil nicht Rechtskraft im Verhältnis zum Drittschuldner schaffen würde.

§ 850 i [Sonderfälle]

(1) ¹Ist eine nicht wiederkehrend zahlbare Vergütung für persönlich geleistete Arbeiten oder Dienste gepfändet, so hat das Gericht dem Schuldner auf Antrag so viel zu belassen, als er während eines angemessenen Zeitraums für seinen notwendigen Unterhalt und den seines Ehegatten, eines früheren Ehegatten, seiner unterhaltsberechtigten Verwandten oder der Mutter eines nichtehelichen Kindes nach §§ 1615 l, 1615 n des Bürgerlichen Gesetzbuchs bedarf. ²Bei der Entscheidung sind die wirtschaftlichen Verhältnisse des Schuldners, insbesondere seine sonstigen Verdienstmöglichkeiten, frei zu würdigen. ³Dem Schuldner ist nicht mehr zu belassen, als ihm nach freier Schätzung des Gerichts verbleiben würde, wenn sein Arbeitseinkommen aus laufendem Arbeits- oder Dienstlohn bestände. ⁴Der Antrag des Schuldners ist insoweit abzulehnen, als überwiegende Belange des Gläubigers entgegenstehen.

(2) Die Vorschriften des Absatzes 1 gelten entsprechend für Vergütungen, die für die Gewährung von Wohngelegenheit oder eine sonstige Sachbenutzung geschuldet werden,

---

[120] Vgl. *RAGE* 20, 264.
[121] So z. B. *LAG Frankfurt* (Fn. 84). In den Fällen → Rdnr. 47 wird das kaum zu vermeiden sein, vgl. auch *RAG* (Fn. 120). Im Streit um die Freigabe des Hinterlegten hat der vorrangige Gläubiger seine Berechtigung darzutun.
[122] *LAG Mannheim* AP 53 Nr. 151 (*Pohle*); *LAG Frankfurt* AP 51 Nr. 99 (*Volkmar*); *Zöller/Stöber*[18] Rdnr. 8.
[123] *LAG Hannover* (Fn. 23); *LAG Hamm* BB 1988, 488 u. 1754 (*Smid*); *LG Lübeck* Rpfleger 1986, 99, 100; *Wieczorek*² Anm. B IV a 3; *Stöber*[10] Rdnr. 1223; *Grunsky* (Fn. 22), 416 Fn. 41; *Boewer/Bommermann* (Fn. 3) Rdnr. 861, ganz h. M. Zur Fragepflicht des Gerichts *LAG Düsseldorf* AP 53 Nr. 52 (*Pohle*) = BB 1952, 576. → auch Fn. 23.

[124] Ausführlich *Fenn* (Fn. 24), 628; *LAG Hamm* BB 1988, 488 u. 1754 (*Smid*). – A. M. *ArbG Kaiserslautern* AP Nr. 2, ihm zust. *Süsse* BB 1970, 671; *Stöber*[10] Rdnr. 1220 Fn. 8.
[125] *Grunsky* (Fn. 22), 416; *Lepke* (Fn. 22), 336.
[126] So die wohl h. M., vgl. *LAG Bremen* (Fn. 37); *LAG Hannover* DB 1952, 634; *OLG Düsseldorf* NJW-RR 1989, 390; *Wieczorek*² Anm. B IV a 3; s. hierzu auch *BGH* AP Nr. 12 (Fn. 72), der dem Drittschuldner jedenfalls Beweisschwierigkeiten anlastet, die durch seine mangelhafte Buchführung entstehen.
[127] → § 829 Rdnr. 97–99, § 835 Rdnr. 32.

wenn die Vergütung zu einem nicht unwesentlichen Teil als Entgelt für neben der Sachbenutzung gewährte Dienstleistungen anzusehen ist.

(3) Die Vorschriften des § 27 des Heimarbeitsgesetzes vom 14. März 1951 (Bundesgesetzbl. I S. 191) bleiben unberührt.

(4) Die Bestimmungen der Versicherungs-, Versorgungs- und sonstigen gesetzlichen Vorschriften über die Pfändung von Ansprüchen bestimmter Art bleiben unberührt.

Gesetzesgeschichte: Seit 1934 § 850 e (RGBl. I, 1070), dann in § 11 LohnpfändungsVO RGBl. 1940 I, 1451 und von dort wieder in ZPO BGBl. 1953 I, 952. Änderung BGBl. 1972 I, 221.

I. Überblick	
II. Nicht wiederkehrend zahlbare Vergütungen, Abs. 1	1
1. Voraussetzungen	2
a) Arbeitseinkommen	3
b) persönlich geleistete Arbeiten u. Dienste	5
c) Abfindungen	7
d) Rückvergütungsansprüche	8
2. Umfang des Schutzes	9
a) Schuldnerbelange	9
b) Gläubigerbelange	13
c) Zusammenrechnung	13
3. Verfahren	14
a) Antrag	15
b) Frist	16
c) Beweislast	17
d) Rechtsmittel	17
e) Verzicht	18
III. Wiederkehrende Vergütungen, Abs. 2	
1. Voraussetzungen	19
a) Wohngelegenheit	20
b) sonstige Sachnutzungen	22
c) Nutzung von Rechten	23
2. Umfang des Pfändungsschutzes	24
3. Verfahren	24
IV. Ansprüche nach § 27 HeimarbeitsG, Abs. 3	25
1. Geschützte Personen	26
a) Heimarbeiter	
b) Hausgewerbetreibende	27
c) gleichgestellte Personen	28
2. Umfang des Pfändungsschutzes	29
a) ständiges Arbeitsverhältnis	30
b) kein ständiges Arbeitsverhältnis	32
c) fremde Hilfskräfte	33
d) Berechnung	34
3. Verfahren	35
4. Abtretung, Verpfändung, Aufrechnung	36
V. Sozialleistungen (Abs. 4) und deren Pfändung	
A. Allgemeines	37
B. Die von § 54 SGB-I erfaßten Sozialgeldleistungen	
1. aus gesetzlicher Versicherung:	
a) Krankenversicherung	39
b) Unfallversicherung	41
c) Rentenversicherung	42
2. Soziale Entschädigung bei Gesundheitsschäden	45
3. Bildungs- und Arbeitsförderung	46
4. Sonstiges	
a) Kindergeld	48
b) Wohngeld	49
c) Jugendhilfe	50
d) Rehabilitation	51
C. Sozialleistungen, für die § 54 SGB-I nicht gilt	
1. Leistungen, die an sich unter das SGB-I fallen	52
a) Sozialhilfe	52
b) Konkursausfallgeld	53
2. Leistungen nach sonstigen Gesetzen	54
D. Pfändbarkeit nach § 54 SGB-I	
1. Allgemeines	60
2. Sach- und Dienstleistungen	61
3. Einmalige Geldleistungen	62
(§ 54 Abs. 2): Billigkeitsprüfung	64
a) Einkommens- und Vermögensverhältnisse	66
b) Art des beizutreibenden Anspruchs	67
c) Zweckbestimmung	68
d) Höhe	69
e) sonstige Gesichtspunkte	70
4. Ansprüche auf laufende Sozialgeldleistungen, Abs. 3	71
a) Begriff	71
b) Gleichstellung mit Arbeitseinkommen	72
c) Unpfändbare Ansprüche (Abs. 3)	73
d) Kindergeld	83

5. Verzicht des Schuldners	92	F. Rechtsbehelfe		111
6. Vorpfändungen	93	G. Pfändungsschutz nach Leistung des Sozialgeldes, § 55 SGB-I		114
E. Verfahren bei Pfändungen nach § 54 SGB-I (Abs. 6)		1. Allgemeines, Konkursausfallgeld		114
1. Zuständigkeit, Antrag	94	2. Schutz der Kontoguthaben für 7 Tage, § 55 Abs. 1–3 SGB-I		116
2. Darlegungslast des Gläubigers, Anhörung des Schuldners	95	3. Schutz nach Ablauf der 7 Tage, § 55 Abs. 4 SGB-I		122
3. Pfändungsbeschluß. Billigkeitsprüfung, Begründungspflicht, Bestimmtheit, Blankettbeschluß	106	a) Kontoguthaben		124
		b) Bargeld		125
4. Nachträgliche Veränderungen	110	4. Verfahren		127

I. Überblick

1 § 850 i regelt zunächst den von §§ 850 a ff. abweichenden Pfändungsschutz für **nicht wiederkehrend zahlbare Vergütungen** aus Dienstleistungen, Abs. 1, → II; **Abs. 2** erstreckt dies auf **Sachbenutzung**, verbunden mit Dienstleistungen, → III.

Abs. 3 betrifft Vergütungsansprüche aus Rechtsverhältnissen, die Elemente des Dienst- oder Werkvertrags nicht notwendig zu enthalten brauchen (Werklieferungsverträge) und für die sowohl § 850 c als auch § 850 i in Betracht kommen, → IV.

Abs. 4 stellt klar, daß die Sondervorschriften über Unpfändbarkeit den §§ 850 ff. als Spezialregelungen vorgehen, → V.

Wegen **unübertragbarer** und infolgedessen **unpfändbarer** Ansprüche → § 851 II.

II. Nicht wiederkehrend zahlbare Vergütungen, Abs. 1

1. Begriff

2 Das sind solche, die aufgrund eines in der Regel einmaligen Tätigwerdens des Schuldners nach Gesetz oder Parteivereinbarung nur zu *einem* nicht wiederkehrenden Termin *geschuldet* sind. Gleichgültig ist die Rechtsform, der die Dienstleistung unterfällt, und wie die Vergütung *tatsächlich* ausbezahlt wird, → § 850 Rdnr. 41.

3 a) Auch diese Vergütungen sind *Arbeitseinkommen* i. S. des § 850 Abs. 1 (→ dazu ausführlich § 850 Rdnr. 20). Hauptanwendungsfälle des § 850 i Abs. 1 sind die Vergütungsansprüche der sog. *freiberuflich Tätigen*, deren wirtschaftliche Lebensgrundlage gleichfalls aus sozialstaatlichen Gründen gegen Kahlpfändung gesichert werden soll[1]. Da es sich um jeweils verschiedene Drittschuldner handelt, ist zwar jeder Vergütungsanspruch einzeln zu pfänden; dieser bildet aber regelmäßig nicht die einzige Einnahmequelle des Schuldners, da er sich in ähnlicher Weise wie fortlaufende (»wiederkehrende«) Einkünfte, wenn auch nicht mit der gleichen Sicherheit wie diese, zu wiederholen pflegt. Deshalb wird hier ein *Antrag des Schuldners* und die Würdigung insbesondere seiner sonstigen Verdienstmöglichkeiten gefordert. Der Schuldner soll allerdings weder schlechter noch besser gestellt sein als sonst. Das zu § 850 Rdnr. 1 f. und 5 Ausgeführte trifft daher auch hier zu; anderseits gilt hier ebenso § 850 Abs. 2 in dem Sinne, daß der Anspruch aus Leistungen entstanden sein muß, die die *Erwerbstätigkeit des Schuldners* vollständig oder zu einem wesentlichen Teil in Anspruch nehmen[2].

---

[1] Vgl. *Lippross* Grundlagen usw. (1983), 155 f.; *Boewer/Bommermann* Lohnpfändung u. -abtretung (1987) Rdnr. 865; *Stöber*[10] Rdnr. 1233; MünchKommZPO-*Smid* Rdnr. 1, 8.

[2] *Stöber*[10] Rdnr. 1233 a. E.; MünchKommZPO-*Smid* Rdnr. 9.

Ist das nicht der Fall, z. B. bei einer kleineren Leistung, die ein Vollbeschäftigter *nebenbei* in   4
seiner Freizeit bewirkt hat, so greift der Pfändungsschutz nicht ein und der Vergütungsanspruch ist in voller Höhe pfändbar. Dieser Ausschluß des Schutzes gilt nicht, wenn nur *eine* Einnahmequelle vorliegt → § 850 Rdnr. 43.

b) Es werden nur Vergütungsansprüche aufgrund *persönlich*, d. h. nicht von fremden, etwa   5
im Betrieb des Schuldners arbeitenden Kräften[3], geleisteter *Arbeiten oder Dienste* erfaßt – gleichviel, ob rechtlich der Anspruch aus einem Dienst-, Werk-, Werklieferungs-, Kauf-, Verlags- oder einem sonstigen Vertrage hergeleitet wird[4]. Unter Abs. 1 fallen daher **insbesondere** die Vergütungsansprüche der Ärzte[5], Zahnärzte, Tierärzte, Hebammen, Rechtsanwälte[6], Architekten, Handelsvertreter, die keine wiederkehrend zahlbare Vergütung beziehen[7], Makler, Notare, Wirtschaftsprüfer, Steuerbevollmächtigten, Pfleger und Vormünder, Konkurs-, Vergleichs- und Zwangsverwalter, Testamentsvollstrecker[8], Gläubigerausschußmitglieder usw.[9], Werklohnforderungen der Handwerker, Gastspielvergütungen der Künstler, Honorarforderungen der Schriftsteller, mögen sie auch rechtlich Kaufpreisforderung aus der Übertragung eines Urheberrechts sein, ebenso der Verkauf eines Werkes der bildenden Kunst oder Tonkunst durch den Künstler selbst, → auch Fn. 12, ebenso wie die Ansprüche der freien Journalisten und der Mitarbeiter des Rundfunks[10]. Dasselbe gilt für Personen, welche ein festes Arbeitseinkommen und *daneben* noch einmalige oder wiederkehrende Vergütungen erhalten[11]; auch hier fallen die einmaligen Vergütungen nur unter § 850 i. Wegen der Zusammenrechnung → § 850 e Rdnr. 51 f. Zu Vergütungen für Arbeitnehmererfindungen → § 850 Rdnr. 28 Fn. 60.

Noch nicht befriedigend gelöst ist in ähnlichen Fällen (z. B. Verkauf oder **Lizenzierung gewerblicher**   6
Urheber- und Erfinderrechte) das Problem der Vergütung für vielleicht schon Jahre zurückliegende, »konservierte« Arbeit. Selbst wenn § 850 i nur den *gegenwärtig* arbeitenden Schuldner schützen wollte (arg. § 850 i Abs. 2), wird man diesen Schutz dem zubilligen müssen, der ständig ohne Ausnutzung fremder Arbeitskräfte gewerbliche Erfindungen oder künstlerische Werke entwickelt[12], besonders wenn er im wesentlichen davon lebt. Von dem in § 850 i Abs. 1 gemeinten »typischen Berufsbild« unterscheidet sich dies nur dadurch, daß Dienstbereitschaft und Dienstleistung nicht immer sofort Abnehmer oder gar Besteller finden; die Schutzwürdigkeit ist eher größer als geringer. Eine Unterscheidung zwischen gewerblichen und nichtgewerblichen Rechten ist nach dem Zweck des § 850 i genauso zweifelhaft wie der Hinweis auf die Ähnlichkeit mit der Rechtspacht[13]. Gewerbliche Rechte werden allerdings oft deshalb für Abs. 1 ausscheiden, weil sie unter Ausnutzung fremder Arbeitskraft erlangt wurden, also Verkauf oder Verpachtung nicht Vergütung für »persönliche« Dienste sind. Das Antragserfordernis und die Ermessens-

---

[3] Solche Vergütungsansprüche des Schuldners unterliegen überhaupt keinem Pfändungsschutz; s. hierzu *Stöber*[10] Rdnr. 1233 aaO Fn. 1; *Baumbach/Hartmann*[52] Rdnr. 1.

[4] *Stöber*[10] Rdnr. 1233; *Baumbach/Hartmann*[52] Rdnr. 1.

[5] LG Kiel SchlHA 1958, 85; *Stöber*[10] Rdnr. 1233; zu Kassenarzthonoraren → § 850 Rdnr. 40, § 832 Fn. 27 u. § 850 a Fn. 44.

[6] Nicht nur gegen den Auftraggeber sondern auch gegen die Staatskasse → § 829 Rdnr. 6, § 850 Rdnr. 41. Zur Pfändbarkeit bei Ärzten und Rechtsanwälten → § 851 Rdnr. 9.

[7] Andernfalls → § 850 Rdnr. 39; KG JW 1935, 1892; *Zöller/Stöber*[18] Rdnr. 1.

[8] Deren Ansprüche sind abtretbar, KG NJW 1974, 752, auch pfändbar (§ 851).

[9] Vgl. OLG Kassel DRPflege 1936, Nr. 277 (Rsp-Beilage); *Stöber*[10] Rdnr. 1233; *Zöller/Stöber*[18] Rdnr. 1; *Wieczorek*[2] Anm. A.

[10] Siehe LG Mannheim MDR 1972, 152 (freie Journalisten); zur Abgrenzung BAG DB 1978, 1036.

[11] So etwa fest angestellte Ingenieure, die (neben Gehalt) für einzelne Erfindungen noch Vergütungen erhalten; Krankenhausärzte, die daneben eine Privatpraxis betreiben; zusätzliches Handgeld für Sportler → § 850 Fn. 93.

[12] So für Gema-Vergütung eines Komponisten KG Rpfleger 1957, 86; *Baumbach/Hartmann*[52] Rdnr. 1; s. auch LG Berlin WRP 1960, 291 (Gebrauchsmusterpfändung), → aber dazu Rdnr. 23. Zust. auch *Möhring/Nicolini/Spautz* UrheberrechtsG (1970) Anm. 4 d zu § 112.

[13] So jedoch *Stöber*[10] Rdnr. 1233 unter Berufung auf OLG Karlsruhe BB 1958, 629 = DB 625, das nur § 850 u. nicht § 850 i entschied, u. LG Essen MDR 1958, 433, das bei Lizenzverträgen die §§ 850 ff. u. damit auch § 850 i für unanwendbar hält; ebenso *Schaub* Arbeitsrechtshandbuch[7] 92 II 6; wohl auch *Bock/Speck* Einkommenspfändung (1964), 52. – Wie hier LG Berlin (Fn. 12); *Walter* Lohnpfändungsrecht[3] (1972), 58 (für Arbeitnehmererfindungen). → auch Rdnr. 23.

kriterien des § 850 i Abs. 1 S. 2–4 bieten dem Gläubiger ausreichenden Schutz. – Wegen der nicht unter § 850 i Abs. 1 fallenden *wiederkehrenden* Vergütungen in solchen Fällen → Rdnr. 22 und § 850 Rdnr. 44.

7   c) § 850 i Abs. 1 gilt für die → § 850 Rdnr. 46, 52 genannten **Abfindungsansprüche**[14], auch wenn sie an die Stelle wiederkehrend zahlbarer Vergütungen treten und durch dauernde Tätigkeit mitverdient worden sind, ebenso für Vergütungen nach § 615 BGB und für **Schadensersatz** als Ausgleich für entgangenes oder zu Unrecht vorenthaltenes Arbeitsentgelt, → § 850 Rdnr. 50 a. E. und Rdnr. 51, falls solche Leistungen *einmalig zahlbar* sind[15]. Zum Streikgeld → § 850 Rdnr. 52 a. E.

8   d) Hierher gehören ferner Auszahlungs- und Rückvergütungsansprüche, die aus *Zurückbehaltungen* von Lohnteilen zu **Pensions-** und ähnlichen **Fonds** entstanden sind[16]; → aber wegen Versorgungsleistungen aus Pensionskassen § 850 Rdnr. 34, 48f. Zu *Lohnrückständen* → § 850 e Rdnr. 18, zum *Urlaubsgeld* → § 850 a Rdnr. 15; wegen des Lohnsteuerjahresausgleichs → § 850 Rdnr. 30 und zur Pfändung § 829 Rdnr. 9, 45.

2. Der Umfang des Schutzes

9   a) Abweichend von § 850 c wird nach **S. 1** dem Schuldner auf Antrag nur ein Betrag pfändungsfrei belassen, den er während eines angemessenen Zeitraums (→ Rdnr. 11) benötigt, um seinen eigenen *notwendigen* Unterhalt und Unterhaltspflichten gegenüber den → § 850 c Rdnr. 15 genannten Personen bestreiten zu können[17]. Dabei sind nach **S. 2** die gesamten wirtschaftlichen Verhältnisse, also nicht nur sonstige Verdienstmöglichkeiten, sondern auch eigenes Vermögen und Einkünfte daraus zu berücksichtigen, → dazu § 850 d Rdnr. 29f.

Die Vorschrift ist bedenklich, weil die Berücksichtigung bloßer Verdienstmöglichkeiten praktisch zu einer Haftung mit der Arbeitskraft führt. Auch die Einbeziehung anderer Vermögenswerte bei der Bestimmung des Schutzes ist kaum gerechtfertigt, weil diese dem Zugriff des Gläubigers unterliegen.

10   **S. 3** beschränkt den Freibetrag auf das, was dem Schuldner nach § 850 a – f (gegenüber pfändenden Unterhaltsgläubigern also nach § 850 d) schätzungsweise verbliebe, wenn er ein entsprechendes laufendes Arbeitseinkommen hätte[18]. Entsprechende Anwendung des § 850 a, z. B. bei Würdigung einer zeitlichen Mehrarbeitsleistung oder Auslagen des Schuldners im Rahmen des § 850 a Nr. 3[19], kann zu einer höheren Bemessung der unpfändbaren Lohnteile führen. § 850 f ist bei entsprechendem Vorbringen des Schuldners oder Gläubigers sinngemäß zu berücksichtigen[20].

11   Welche **Zeitspanne** »angemessen« ist, hängt in erster Linie davon ab, wann die nächste, zum Unterhalt ausreichende Einnahme erwartet wird[21]. Ist das zu ungewiß, so hat das Gericht auf die bisherige Häufigkeit ähnlicher Verdienstmöglichkeiten, aber auch auf die Zeit Rücksicht zu nehmen, in welcher der gepfändete Anspruch erarbeitet wurde[22]; so würde z. B. dem *Schriftsteller*, der an seinem Werk monatelang gearbeitet hat, vom Honorar (bei sonst

---

[14] Ebenso für vertraglich vereinbarte Abfindungsansprüche im Aufhebungsvertrag, *OLG Köln* OLGZ 90, 236.
[15] *Stöber*[10] Rdnr. 895f.
[16] *Jonas* JW 1936, 3348; 1937, 123; wohl auch *Baumbach/Hartmann*[52] Rdnr. 3. – A.M. KG JW 1936, 1221; LG Hamburg JW 1936, 3348.
[17] Als Maßstab eignen sich die Sozialhilfesätze wie → § 850 d Rdnr. 20–22; *OLG Düsseldorf* NJW 1979, 2520; *OLG Köln* OLGZ 90, 236, 240.
[18] Bezogen auf den Zeitraum → Rdnr. 11, s. *OLG Düsseldorf* (Fn. 17).

[19] *Zöller/Stöber*[18] Rdnr. 2.
[20] *Stöber*[10] Rdnr. 1239; *Bock/Speck* (Fn. 13), 246; s. auch *OLG Düsseldorf* (Fn. 17); *LG Kiel* (Fn. 5).
[21] Bei den Abfindungen → § 850 Rdnr. 52 also der Zeitpunkt, in dem unter gebotenen eigenen Bemühungen ein neuer Arbeitsplatz voraussichtlich erhältlich oder sogar schon sichergestellt ist, *OLG Düsseldorf* (Fn. 17).
[22] *Baumbach/Hartmann*[52] Rdnr. 2; *Wieczorek*[2] Anm. A II b 1; *Bock/Speck* (Fn. 13), 246; *Bischoff/Rochlitz* Die Lohnpfändung (1965), 199; *Stöber*[10] Rdnr. 1239.

ähnlichen Verhältnissen) u.U. eine erheblich höhere Quote zu belassen sein als etwa einem *Anwalt*, dessen gleich hoher Gebührenanspruch wesentlich durch die Größe des Objektes bestimmt war.

Abs. 1 läßt bei der Würdigung der rechnerisch zumeist nicht genau faßbaren Momente weiten Spielraum. Im Sinne der Regelung liegt es, wenn sich das Gericht normalerweise auf eine allgemeine Schätzung beschränkt und in der Einzelermittlung der individuellen Verhältnisse des Schuldners nicht zu weit geht[23]. 12

b) Nach Abs. 1 **S. 4** sind auch die **Belange des Gläubigers zu berücksichtigen**, so die Art der Titelschuld[24] oder eine Notlage. Der Schuldner darf dadurch aber nicht sozialhilfebedürftig werden[25]. Für Unterhaltsgläubiger → § 850 d Rdnr. 19–22. 13

c) Zur **Zusammenrechnung** mit wiederkehrendem Einkommen → § 850 e Rdnr. 51. Mehrere einmalige Vergütungen sind ohnehin zusammenzurechnen[26].

3. Das Verfahren

Der Pfändungsbeschluß hat, wenn nicht das Gesuch des Gläubigers eine Einschränkung enthält, zunächst die *ganze Forderung* zu ergreifen. Vor der Pfändung ist sie trotz der Möglichkeit, eine Beschränkung herbeizuführen, abtretbar → § 850 Rdnr. 61 a.E. 14

a) **Antragsberechtigt** sind der *Schuldner* und die Angehörigen usw., deren Unterhalt gesichert werden soll, nicht der Drittschuldner[27]. Das Vollstreckungsgericht entscheidet nach § 20 Nr. 17 RpflG durch den *Rechtspfleger*. Als *Antrag* ist jedes Begehren des Schuldners aufzufassen, mit dem er sich gegen die Pfändung wendet. Im Einziehungsprozeß ist § 850 i ohne oder gar gegen eine Entscheidung des Vollstreckungsgerichts nicht zu berücksichtigen, auch wenn der Schuldner als Streithelfer (→ § 841 Rdnr. 2) beitritt[28]. 15

b) Eine *Frist* ist zwar *nicht* vorgesehen. Nach Leistung des Drittschuldners an den Gläubiger ist aber für den Antrag regelmäßig kein Raum, ebensowenig für *Bereicherungsansprüche*, da die vor Erlaß des Aufhebungsbeschlusses erfolgte Zahlung ordnungsmäßig war[29]. Eine Antragsbefugnis des Schuldners ist aber ausnahmsweise dann gegeben, wenn sich der Gläubiger gegenüber dem Drittschuldner für den Fall eines erfolgreichen Antrages zur Rückzahlung des erlangten Betrages verpflichtet hat[30]. Für den Drittschuldner gilt das → § 850 g Rdnr. 11 Ausgeführte entsprechend. Der Schuldner kann aber, obwohl der Antrag keine Erinnerung ist, einstweilige Anordnungen erwirken[31]. 16

c) Für die den Antrag begründenden Umstände trifft den Schuldner die *Beweislast*[32]. Der Gläubiger muß die Tatsachen → Rdnr. 13 sowie anderweitige Bezüge oder Verdienstmöglichkeiten des Schuldners darlegen und notfalls beweisen[33]. 17

d) Der Gläubiger ist anzuhören, → auch Rdnr. 13. Zur Zustellung und Anfechtbarkeit der Entscheidung gilt das → § 850 f Rdnr. 21 Ausgeführte entsprechend.

e) Ein (vertraglicher oder einseitiger) *Verzicht* des Schuldners auf den Schutz des § 850 i ist ebenso ausgeschlossen wie bei wiederkehrenden Bezügen, → § 850 Rdnr. 18[34]. 18

---

[23] Zust. *Stöber*[10] Rdnr. 1240; s. auch *Boewer/Bommermann* (Fn. 1) Rdnr. 876.
[24] *Bock/Speck* (Fn. 13), 246.
[25] Wie → § 850 f Rdnr. 15.
[26] → Rdnr. 9 u. *OLG Breslau* HRR 1938 Nr. 1252; *Zöller/Stöber*[18] Rdnr. 2.
[27] Allg. M.
[28] → § 829 Rdnr. 109; wie dort *J. Blomeyer* RdA 1974, 16.
[29] *OLG Köln* OLGZ 90, 236; *Boewer/Bommermann* (Fn. 1) Rdnr. 872; *Bischoff/Rochlitz* (Fn. 22), 199 Rdnr. 9; *Stöber*[10] Rdnr. 1236.
[30] *OLG Köln* OLGZ 90, 236.
[31] *Boewer/Bommermann* (Fn. 1) Rdnr. 872. Siehe auch § 850 f Rdnr. 20.
[32] Allg. M., vgl. *LG Mannheim* MDR 1972, 152 (Journalisten).
[33] *KG* JW 1935, 1892[96]; *LG Berlin* (Fn. 12), 292; *Bischoff/Rochlitz* (Fn. 22), 199 Rdnr. 9; *Zöller/Stöber*[18] Rdnr. 2.
[34] *Bock/Speck* (Fn. 13), 247.

III. Wiederkehrende Vergütungen, Abs. 2

19 1. Sie erfaßt **Abs. 2** nur als Entgelt für *Sachbenutzung*, falls das Entgelt zu einem nicht unwesentlichen Teil für daneben geleistete *Dienstleistungen* gewährt wird. Nimmt aber die Dienstleistung die Erwerbstätigkeit des Schuldners *vollständig* in Anspruch, so gelten für *wiederkehrend* zahlbare Vergütungen die §§ 850 Abs. 2, 850 c[35], für *einmalige* § 850 i Abs. 1, wenn – wie oft in solchen Fällen – die Sachbenutzung im Vergleich zur Dienstleistung unwesentlich ist. Da andererseits Abs. 2 nicht eingreift, wenn die Dienstleistung im Vergleich zur Sachleistung unwesentlich ist, erfaßt Abs. 2 typischerweise solche Dienste, die zwar im Verhältnis zur *gesamten Erwerbstätigkeit* des Schuldners nicht wesentlich sind, wohl aber im Verhältnis zur *Sachbenutzung*. Wegen sonstiger gemischter Ansprüche → § 850 Rdnr. 44.

20 a) **Wohngelegenheit.** Hierher gehört die entgeltliche Überlassung möblierter Zimmer unter Gewährung von Dienstleistung (Instandhaltung, Reinigung, Zubereitung von Mahlzeiten usw.). Für § 850 i ist nicht die rechtliche Einordnung (§§ 611, 631, 549 BGB) entscheidend[36], sondern die wirtschaftliche Seite. Die Dienstleistungen müssen nicht wirtschaftlich »überwiegen«[37]; nach der Fassung »nicht unwesentlich« wird man sich mit geringeren Anforderungen begnügen dürfen. Sind die Dienstleistungen unwesentlich, so ist der Anspruch unbeschränkt pfändbar[38].

21 Unter *Dienstleistungen* sind wie in Abs. 1 nur *persönliche*, d.h. solche des Zimmervermieters oder sinngemäß auch seiner Hausgenossen, zu verstehen. Werden die Dienste durch dazu angestelltes Personal geleistet, so entfällt der Schutz des § 850 i.

22 b) **Sonstige Sachbenutzung** *verbunden mit Dienstleistung*. Auch hier kommt es auf die Merkmale → Rdnr. 20 f. an. Beispiele: Lasten- oder Personenbeförderung durch den Besitzer eines Kraftfahrzeuges oder Bootes, Zurverfügungstellung einer Maschine unter Bedienung seitens des Besitzers oder Vermietung einer Garage mit eigenen Pflegearbeiten an den Fahrzeugen.

23 c) Entsprechende Anwendung auf die Nutzung eines **Rechts** ist geboten, falls vertragsgemäß fortlaufend Betreuungs-, Beratungs- oder weitere Entwicklungsdienste in dem von § 850 i Abs. 2 vorausgesetzten Maße geschuldet sind[39], wie dies bei *Lizenzverträgen* nicht selten der Fall ist[40].

Daraus, daß der Gesetzgeber nur den naheliegenden Fall der Sachnutzung herausgegriffen hat, sollte man nicht den Umkehrschluß ziehen, der Schuldner sei bei Rechtsnutzung weniger schutzwürdig. Zu der Analogie sollte man sich mindestens dann entschließen, wenn das Recht außerdem durch persönliche Arbeit des Schuldners erworben wurde (s. die Wertung des Gesetzes in Abs. 1 und dazu → Rdnr. 6).

2. Umfang des Pfändungsschutzes

24 Der **Umfang des Pfändungsschutzes** ist derselbe wie → Rdnr. 9, 10, 13. Liegen die Voraussetzungen des Abs. 2 vor, so ist bezüglich des ganzen Anspruchs die im Abs. 1 vorgeschriebene Abwägung der Verhältnisse und Schätzung des Freibetrages vorzunehmen. Es ist nicht etwa wirtschaftlich der Mietzins vom Dienstlohn zu trennen und der Freibetrag nur von letzterem zu berechnen[41]. Anders bei sonstigen gemischten Ansprüchen, → § 850 Rdnr. 44.

---

[35] → § 850 Rdnr. 39 Fn. 91 u. Rdnr. 43, ebenso *Bischoff/Rochlitz* (Fn. 22), 200 Rdnr. 10. – Zweifelnd *Stöber*[10] Rdnr. 1244 in Fn. 19; aber auf »abhängige« Arbeit kommt es hier gerade nicht an → § 850 Rdnr. 37 f.
[36] *Baumbach/Hartmann*[52] Rdnr. 7.
[37] *Stöber*[10] Fn. 20 zu Rdnr. 1245; *Wieczorek*[2] Anm. B I; *Bock/Speck* (Fn. 13), 249.
[38] *OLG Frankfurt* MDR 1956, 41 u. NJW 1953, 1597; *OLG Hamm* Rpfleger 1957, 313; dann kann nur § 765 a helfen.
[39] Vgl. dazu *OLG Karlsruhe* (Fn. 13) u. *RGZ* 142, 214.
[40] Weitergehend (auch ohne Nebendienste, womit der Schuldner besser stünde als bei Sachnutzung) *LG Berlin* (Fn. 12), wobei unklar bleibt, ob auf wiederkehrende Ansprüche § 850 i Abs. 1 angewandt wurde.
[41] Allg. M., *Stöber*[10] Rdnr. 1246.

3. Verfahren

Wegen des Verfahrens → Rdnr. 14–18, zur Abtretbarkeit usw. → § 850 Rdnr. 61 a. E.

IV. Die Ansprüche nach § 27 HeimarbeitsG

§ 27 HeimArbG[42]: »Für das Entgelt, das den in Heimarbeit Beschäftigten oder den Gleichgestellten gewährt wird, gelten die Vorschriften über den Pfändungsschutz für Vergütungen, die aufgrund eines Arbeits- oder Dienstverhältnisses geschuldet werden, entsprechend«.

1. Es sind dies Entgeltansprüche der *in Heimarbeit Beschäftigten*, d.h. nach § 1 Abs. 1, § 2 Abs. 1 HeimArbG:

a) **Heimarbeiter** sind Personen, die in eigener Wohnung oder selbst gewählter Betriebsstätte allein oder unter Zuhilfenahme von Familienangehörigen im Auftrag von Gewerbetreibenden oder Zwischenmeistern erwerbsmäßig arbeiten, jedoch die Verwertung des Arbeitsergebnisses dem unmittelbar oder mittelbar auftraggebenden Gewerbetreibenden überlassen; die Selbstbeschaffung von Roh- und Hilfsstoffen beeinträchtigt die Eigenschaft als Heimarbeit nicht, s. § 2 Abs. 1, 2 HeimArbG;

b) **Hausgewerbetreibende**, die in der Regel allein oder mit ihren Familienangehörigen oder mit nicht mehr als zwei fremden Hilfskräften (s. dazu § 2 Abs. 2 HeimArbG) oder Heimarbeitern (§ 2 Abs. 1 HeimArbG) arbeiten. Hausgewerbetreibender ist nach § 2 Abs. 2 HeimArbG, wer in eigener Wohnung oder Betriebsstätte im Auftrag von Gewerbetreibenden oder Zwischenmeistern Waren herstellt, bearbeitet oder verpackt, wobei er selbst wesentlich am Stück mitarbeitet, jedoch die Verwertung der Arbeitsergebnisse dem unmittelbar oder mittelbar auftraggebenden Gewerbetreibenden überläßt. Der Umstand, daß er die Roh- und Hilfsstoffe selbst beschafft oder vorübergehend unmittelbar für den Absatzmarkt arbeitet, schließt die Eigenschaft als Hausgewerbetreibender nicht aus;

c) diesen Gruppen können nach § 1 Abs. 2, 3, 4 HeimArbG und der 1. DVO v. 27. 1. 1976 (BGBl. I, 221) durch den Heimarbeiterausschuß mit Zustimmung der obersten Arbeitsbehörde des Landes **gleichgestellt** werden:

aa) Personen, die in der Regel allein oder mit ihren Familienangehörigen in eigener Wohnung oder selbstgewählter Betriebsstätte eine sich in regelmäßigen Arbeitsvorgängen wiederholende Arbeit im Auftrag eines anderen gegen Entgelt ausüben, ohne daß ihre Tätigkeit als gewerblich anzusehen oder der Auftraggeber ein Gewerbetreibender oder ein Zwischenmeister ist (z.B. in der Urproduktion Tätige, Samenzüchterei u. ä.);

bb) Hausgewerbetreibende (→ Rdnr. 27), die mit mehr als zwei Hilfskräften oder Heimarbeitern arbeiten;

cc) andere im Lohnauftrag arbeitende Gewerbetreibende, die infolge ihrer wirtschaftlichen Abhängigkeit eine ähnliche Stellung wie Hausgewerbetreibende einnehmen, sog. »arbeitnehmerähnliche Personen«[43];

dd) Zwischenmeister, d.h. Personen, die, ohne Arbeitnehmer zu sein, ihnen von Gewerbetreibenden übertragene Arbeiten an Heimarbeiter oder Hausgewerbetreibende weitergeben, § 2 Abs. 3 HeimArbG.

Die Gleichstellungsanordnung[44] ist, insbesondere bezüglich der Schutzbedürftigkeit, s. § 1 Abs. 2 S. 2 und 3 HeimArbG, der Nachprüfung durch die Zivil- bzw. Arbeitsgerichte entzogen, § 1 Abs. 4 HeimArbG. Sie erstreckt sich, wenn in ihr nichts anderes bestimmt ist, auch auf den Entgeltschutz und damit auf den Pfändungsschutz des § 27 HeimArbG, s. § 1 Abs. 3 HeimArbG[45].

2. Den Pfändungsschutz genießt der **Anspruch auf Entgelt**, mag sich das Rechtsverhältnis zu dem Auftraggeber als Werk-, Werklieferungs- oder u. U. als echter Kaufvertrag darstellen[46]. Andere Ansprüche aus dem Vertragsverhältnis, z.B. Schadensersatz wegen Nichterfüllung[47],

---

[42] Vom 14. III. 1951 (BGBl. I, 191), zuletzt geändert durch G v. 12. IX. 1990 (BGBl. I, 2002). – Lit.: Maus/Schmidt HeimArbG³. Zur Begriffsbestimmung s. *Wlotzke* DB 1974, 2252; MünchArbR-*Richardi* § 28 Rdnr. 4; *BVerfG* DB 1976, 727 f. u. § 12 SGB-IV.

[43] *Maus/Schmidt* (Fn. 42) Rdnr. 21 ff. zu § 1 HeimArbG; *Schaub* Arbeitsrechtshandbuch⁷ § 163 I 2 a (c).

[44] Siehe dazu *Schaub* (Fn. 43) § 163 I 2 b – d.

[45] *Maus/Schmidt* (Fn. 42) Rdnr. 122 ff. zu § 1 HeimArbG.

[46] *Bischoff/Rochlitz* (Fn. 22), 200 Rdnr. 11; *Schaub* (Fn. 43) § 92 Anm. 9.

[47] Auf sie erstreckt sich eine Pfändung der Vergütung, → § 829 Fn. 373.

genießen den Schutz, soweit es sich sachlich um die Entschädigung für Nichtausnutzung der eigenen Arbeitskraft handelt, → § 850 Rdnr. 51 f.

30 Der Pfändungsschutz reicht hier ebenso weit wie beim Arbeits- und Dienstlohn. Daraus ergibt sich folgende Unterscheidung:

a) Steht der Heimarbeiter usw. zu seinem Auftraggeber in einem Verhältnis, das seine Erwerbstätigkeit *vollständig* oder zu einem *wesentlichen Teil* in Anspruch nimmt, so gelten von vornherein § 850 Abs. 2, § 850 c[48].

31 Den Schutz genießt der ganze Anspruch auf Entgelt, nicht nur der Gegenwert für die aufgewendete Arbeit. Bei Lieferung von Material usw. durch den Heimarbeiter ist also auch der Anspruch auf Auslagenerstattung von dem Schutz des § 850 a Nr. 3 miterfaßt, auch wenn die Auslagen nicht in besonderer Berechnung ausgeworfen sind[49].

32 b) Besteht ausnahmsweise *kein ständiges Verhältnis*, wie es § 850 c voraussetzt, so bleibt dem Heimarbeiter nur der vom Antrag abhängige Schutz nach § 850 i Abs. 1.

Dem Pfändungszugriff schlechthin entzogen ist auch in diesem Falle das Entgelt für das selbstgestellte Arbeitsmaterial, § 850 a Nr. 3.

33 c) Die vom Schuldner an fremde Hilfskräfte zu zahlenden Löhne sind vor Berechnung des pfändbaren Entgelts abzusetzen, → § 850 Rdnr. 50 Fn. 113.

34 d) Der in der Heimarbeit häufige *Stücklohn* wird so auf die Zeiteinheiten des § 850 c Abs. 1[50] umgerechnet, daß das gesamte Entgelt durch die Zahl der Tage von der Ausgabe der Heimarbeit bis zu ihrer Ablieferung geteilt wird und das Ergebnis mit der Anzahl der Arbeitstage in der maßgebenden Zeiteinheit multipliziert wird[51]. Wie bei → § 850 e II ist vom Nettogehalt auszugehen. Bei Tätigkeit für mehrere Auftraggeber gilt § 850 e Nr. 2.

35 3. Das **Verfahren** richtet sich danach, ob die Bezüge wiederkehrend (→ § 850 Rdnr. 15 f., § 850 c Rdnr. 21 ff.) oder einmalig zu zahlen sind (→ Rdnr. 14 ff.).

36 4. Ansprüche der Heimarbeiter können ohne Beschränkung *abgetreten, verpfändet und aufgerechnet* werden, wenn – in den Fällen → Rdnr. 32 – der Pfändungsschutz nur auf Antrag gewährt wird, → § 850 Rdnr. 61.

V. Sozialleistungen (Abs. 4) und deren Pfändung[52]

A. Allgemeines:

37 Nach **Abs. 4** bleiben alle gesetzlichen Vorschriften außerhalb der ZPO über die Pfändung von Ansprüchen bestimmter Art bestehen. Hierzu gehören vor allem sämtliche Sozialleistungen, die früher weitgehend dem Rechtsverkehr entzogen waren. Nach § 54 des am 1. I. 1976 in Kraft getretenen SGB-I[53], zuletzt geändert durch G. v. 13. 5. 1994[54], sind auch Sozialgeldansprüche grundsätzlich pfändbar. Hierfür ist ohne Belang, wann die Titelforderung entstanden ist[55].

---

[48] Allg. M.; → auch § 850 Rdnr. 25 f., 42.
[49] *Stöber*[10] Rdnr. 898; *Bischoff/Rochlitz* (Fn. 22), 200 Rdnr. 11; *Bock/Speck* (Fn 13), 249; *Boewer/Bommermann* (Fn. 1) Rdnr. 891; *Wieczorek*[2] Anm. C II.
[50] → dort Rdnr. 9, 13.
[51] Siehe *Maus/Schmidt* (Fn. 42) Rdnr. 3, 4 zu § 27 HeimArbG; *Stöber*[10] Rdnr. 898.
[52] Lit.: *Behr* Rpfleger 1988, 522; *Hornung* Rpfleger 1977, 286; 1978, 237; 1979, 84; 1988, 213 u. 347; 1989, 1; *Kohte* NJW 1992, 393; *Krasney* NJW 1988, 2644; *Maydell* NJW 1976, 161; *Meierkamp* Rpfleger 1987, 349; *Noack* DGVZ 1976, 177 u. KKZ 1977, 50; 1978, 221; *Schreiber* NJW 1977, 279; *Mümmler* Büro 1979,

813, 1282; 1980, 1149; 1981, 339; 1989, 598; *Münzberg* Festschr. Tradition u. Fortschritt im Recht (1977), 223; *Stöber* Rpfleger 1977, 117; *Wolber* NJW 1980, 24; *Eberhard* DGVZ 1980, 120; *Schmeken* Die Pfändung von Sozialleistungen usw. (Diss. 1980) sowie die Komm. zum SGB.
[53] BGBl. I, 3015. Dazu BT-Drucks. 7/868 S. 21. Krit. zu § 54 SGB-I *Münzberg* (Fn. 52); *Hornung* Rpfleger 1978, 237 u. Fn. 3; *Heinze* Bochumer Kommentar SGB § 54 Rdnr. 5–11.
[54] BGBl. I, 1229, 94.
[55] LG Augsburg Rpfleger 1977, 332.

Die §§ 54 f. SGB-I sollen pfändungsrechtlich zu einer Annäherung zwischen Arbeitseinkommen und Sozialgeldleistungen führen[56]. Diese unterfallen jetzt unmittelbar oder durch entsprechende Verweisungen mit wenigen Ausnahmen (→ Rdnr. 52 ff.) den §§ 54, 55 SGB-I. Durch Art. II §§ 2 ff. SGB-I wurden insbesondere die §§ 119 ff. RVO, 149 AFG, 67 ff. BVersG, 12 Abs. 1–3 BKGG, 2 Abs. 2 WohngeldG und 19 BAFöG aufgehoben. Damit regelt § 54 SGB-I die Pfändbarkeit von Geldleistungen aus nahezu allen Sozialleistungsbereichen. Die einzelnen Ansprüche sind in §§ 3–10 sowie §§ 18–29 SGB-I aufgezählt und sollen sämtlich in den Besonderen Teil des SGB aufgenommen werden[57]. Es sind Dienst-, Sach- und Geldleistungen, § 11 SGB-I.

B. Die von § 54 SGB-I erfaßten Sozialleistungen[58]

1. Versicherungsgesetze: Hierher gehören die wichtigen Leistungen der **Sozialversicherung**[59]. Wegen der Rechte des Versicherten s. § 4 Abs. 2 Nrn. 1, 2 SGB-I.

a) Zur *gesetzlichen Krankenversicherung* gehören die in § 21 Nr. 1–5 SGB-I genannten Sach-, Dienst- und Geldleistungen; Einzelheiten sind im Dritten Kapitel des SGB-V[60] sowie in dem G über die Krankenversicherung der Landwirte[61] geregelt[62]. Zu den Leistungsträgern s. § 21 Abs. 2 SGB-I.

Soweit staatliche Leistungen nach dem MuSchG[63] nicht unpfändbar sind (§ 54 Abs. 3 SGB-I), richtet sich die Pfändung nach § 54 SGB-I.[64] Vom Arbeitgeber nach § 14 MuSchG geleistete Zuschüsse sind dagegen dem Arbeitsentgelt gleichzustellende Leistungen, so daß für sie die §§ 829 ff., 850 ff. ohne Anwendung des § 54 SGB-I gelten[65].

b) Zu Leistungen nach der *gesetzlichen Unfallversicherung* s. § 22 SGB-I sowie die Bestimmungen in der RVO[66] über Rentenabfindungen (§§ 603–616 RVO)[67], Renten an Hinterbliebene, Beihilfen und Sterbegeld (§§ 589–602 RVO), Renten wegen Minderung der Erwerbsfähigkeit (§§ 580–587 RVO) usw. Wegen der Leistungsträger s. § 22 Abs. 2 SGB-I.

c) Unter die Leistungen der *gesetzlichen Rentenversicherung* (§ 23 SGB-I) fallen vor allem berufsfördernde Leistungen zur Rehabilitation nach §§ 9 ff. SGB-VI[68], Renten wegen Berufs- und Erwerbsunfähigkeit, wegen Alters sowie Renten an Hinterbliebene und Witwen, ebenso Witwenabfindungen nach diesem Gesetz. Die Leistungen in der *Altershilfe für Landwirte* nach dem GAL[69] unterfallen gemäß § 23 Abs. 1 Nr. 2 SGB-I ebenfalls dem Pfändungsschutz der §§ 54 f. SGB-I. Eine *private Lebensversicherung* fällt selbst dann nicht unter § 54 I SGB-I, wenn es sich um eine »befreiende« Versicherung im Sinne des Art. 2 § 1 AnVNG handelt, die Voraussetzung für eine Entlassung aus der gesetzlichen Rentenversicherung ist[70].

Zu beachten ist, daß der *Rückzahlungsanspruch* des Versicherten wegen zuviel bezahlter Beiträge (§ 26 SGB-IV) keine »Versicherungsleistung« sondern rein vermögensrechtlich[71] und damit unbeschränkt pfändbar ist; sonst könnte der Schuldner nach Belieben Vermögen der Pfändung entziehen. Anders die *Beitragserstattung nach Wegfall der Versicherungspflicht*[72]. – Wegen der Leistungsträger s. § 23 Abs. 2 SGB-I.

---

[56] *Heinze* (Fn. 53) Rdnr. 4.
[57] Bis dahin gelten als besondere Teile die in Art. II § 1 SGB aufgeführten Einzelgesetze.
[58] Dazu *Mümmler* Büro 1982, 961 f.
[59] Siehe dazu BT-Drucks. 7/868 S. 23.
[60] Vom 20. XII. 1988 (BGBl. I, 2477, 2482).
[61] Vom 10. VIII. 1972 (BGBl. I, 1433), insbesondere geändert durch Gesetz vom 20. XII. 1989 (BGBl. I, 2543, 2555 u. 2557).
[62] Vgl. Art. II § 1 Nr. 4, 9 SGB-I.
[63] I.d.F. vom 18. IV. 1968 (BGBl. I, 315).
[64] *Stöber*[10] Rdnr. 1320.
[65] → Fn. 64.
[66] → Fn. 62.
[67] Durch Art. II § 4 Nr. 1 SGB-I wurde § 617 RVO aufgehoben.
[68] Art. 1 des Rentenreformgesetzes vom 18. XII. 1989 (BGBl. I, 2261).
[69] I.d.F. vom 14. IX. 1965 (BGBl. I, 1448). Vgl. Art. II § 1 Nr. 8 SGB-I.
[70] *BFH* NJW 1992, 527.
[71] *BSG* NJW 1966, 1046 (zu § 1424 RVO).
[72] § 210 SGB-VI; sie gehört zu → Rdnr. 62 ff.; *OLG Karlsruhe* Rpfleger 1984, 156; *KG* Rpfleger 1986, 230, wohl auch *VGH München* NJW 1984, 2484; *Stöber*[10] Rdnr. 1322.

44 Zur Pfändbarkeit der Versorgungsansprüche der *Beamten und ihrer Hinterbliebenen* → § 850 Rdnr. 21 f., 33, 36; wegen Heil- oder Pflegekostenerstattung, Unfallausgleich und Sterbegeld → aber § 850 a Rdnr. 20, 34.

45 2. **Soziale Entschädigung bei Gesundheitsschäden**[73]: Zum Leistungsumfang §§ 5, 24 SGB-I mit den jeweiligen Vorschriften des BVG[74]. Jeweils können noch Ehegatten- und Kinderzuschläge (§§ 33 a, b BVG) sowie Pflegegeld (§ 35 BVG)[75] hinzukommen. Folgende Gesetze sehen eine entsprechende Anwendung des BVG vor, gehören deshalb ebenfalls zum Besonderen Teil des SGB und führen somit zur Anwendung des § 54 SGB-I: § 80 SVG[76], § 59 Abs. 1 BundesgrenzschutzG[77] mit § 80 SVG, § 47 ZivildienstG[78], §§ 4 f. HäftlingshilfeG[79] sowie §§ 51, 60 Bundes-SeuchenG[80] für Impfgeschädigte. Wegen des Verdienstausfalls für Seuchenverdächtige ab der 7. Woche sind gemäß § 49 Abs. 2 BSeuchenG § 47 Abs. 1 SGB-V (früher § 182 RVO) und damit auch die §§ 54 f. SGB-I anwendbar, → Rdnr. 39; wegen der ersten 6 Wochen → Rdnr. 55. Leistungsvorschriften nach Gesetzen, die erst nach dem SGB in Kraft getreten sind, aber auf das BVG verweisen, sind ebenfalls Teil des SGB-BT, da Art. II § 1 Nr. 11 SGB-I keine abschließende Aufzählung enthält[81]. Zu den Leistungsträgern s. § 24 Abs. 2 SGB-I.

46 3. **Bildungs- und Arbeitsförderung**[82]: a) **Bildungsförderung**: s. dazu § 3 Abs. 1 SGB-I. Leistungen sind Zuschüsse und Darlehen für Ausbildung und Lebensunterhalt, § 18 SGB-I, §§ 1, 11–17 BAföG und die Stipendien gemäß den Graduiertenförderungsgesetzen der Länder[83]. Für ihre Pfändung gilt § 54 SGB-I. § 850 a Nr. 6 ist nicht anwendbar, → dort Rdnr. 33; zu § 850 a Nr. 3 → aber Rdnr. 91.

47 b) **Arbeitsförderung**, s. § 3 Abs. 2 SGB-I. Dazu zählen nach § 19 SGB neben Dienstleistungen auch Zuschüsse und Darlehen nach dem AFG[84], z. B. zur beruflichen Ausbildung, Fortbildung und Umschulung (§§ 33–52 AFG); auch **Kurzarbeitergeld** (§§ 63 ff. AFG) sowie **Arbeitslosengeld** (§§ 100 ff. AFG), **Arbeitslosenhilfe** (§§ 134 ff. AFG) und **Konkursausfallgeld** (§§ 141 a ff. AFG), → dazu Rdnr. 53. Wegen des Vorbehalts in § 37 SGB-I gelten allerdings Besonderheiten, → zum Drittschuldner § 829 Rdnr. 23. Wegen der Leistungsträger s. § 19 Abs. 2 SGB-I. Nach § 148 AFG gilt die Bundesanstalt für Arbeit nicht als **Drittschuldner**, obwohl sie der rechtsfähige Schuldner der Leistungen ist, sondern nur der zuständige Direktor des Arbeitsamts[85]. Schwerbehinderte können zusätzliche Geldleistungen nach §§ 20

---

[73] Siehe auch BT-Drucks. 7/868 S. 23; *Mümmler* (Fn. 58), 361 f.
[74] BundesversorgungsG vom 22.VI.1976 (BGBl. I, 1633) i. d. F. vom 22.I.1982 (BGBl. I, 21), zuletzt geändert BGBl. 1992 I, 1225; vgl. Art. II § 1 Nr. 11 SGB-I, → dazu Fn. 57.
[75] Dazu allg. BVerwG NJW 1980, 1119.
[76] SoldatenversorgungsG i. d. F. vom 5.III.1987 (BGBl. I, 842), zuletzt geändert durch Gesetz vom 21.II.1992 (BGBl. I, 266). Ausgleichsansprüche **während** des Dienstverhältnisses sind nach § 85 Abs. 5 SVG unpfändbar. Ansprüche auf **Sterbegeld, einmalige Abfindung, Übergangsbeihilfe** sowie **einmalige Unfallentschädigung** sind nach § 48 Abs. 2 SVG **unpfändbar**. Zum Entlassungsgeld → §§ 850 Rdnr. 52, 850 i Rdnr. 7, wegen sonstiger Dienst- u. Versorgungsbezüge → § 850 Rdnr. 21.
[77] Vom 18.VIII.1972 (BGBl. I, 1835).
[78] I. d. F. vom 31.VII.1986 (BGBl. I, 1205). **Ausgleichsansprüche während des Dienstverhältnisses sind nach § 50 Abs. 5 ZDG**, das **Sterbegeld** u. eine **Unfallentschädigung** (§ 35 Abs. 5 ZDG) nach §§ 50 Abs. 5 mit 35 Abs. 5, 8 ZDG **unpfändbar**.
[79] Vom 29.IX.1969 (BGBl. I, 1793) i. d. F. BGBl. 1987 I, 513, zuletzt geändert durch Gesetz vom 21.XII.1992 (BGBl. I, 2094).

[80] I. d. F. vom 18.XII.1979 BGBl. I, 2262 = Sartorius Nr. 293.
[81] Siehe Begründung (Fn. 53) 35; *Stöber*[10] Rdnr. 1325. Dies gilt z. B. für das G über Entschädigung für Opfer von Gewalttaten (BGBl. 1985 I, 1), nach dessen § 1 die Opfer nach dem BVG versorgt werden. Die Entschädigung für Sachschäden u. Aufwendungen richtet sich nach § 765 a RVO; dafür gelten auch dafür die §§ 54 f. SGB-I, → Fn. 57 mit Art. II § 1 Nr. 4 SGB-I.
[82] → Fn. 73.
[83] BAföG vom 6.VI.1983 (BGBl. I, 645). Vgl. Art. II § 1 Nr. 1 SGB-I, → dazu Fn. 57.
[84] Vom 25.VI.1969 (BGBl. I, 582) = Aichberger Nr. 920 → auch Fn. 85. Vgl. Art. II § 1 Nr. 2 SGB-I u. dazu Fn. 57. Lit.: *Gagel* Komm. zum AFG (1992).
[85] Zur Zuständigkeit ausführlich *Gagel* NJW 1984, 714, der zutreffend aus der mißlichen Lage, in die § 148 AFG den Gläubiger bringt (→ auch § 829 zu Fn. 230), Auskunftspflichten der Arbeitsämter ableitet. Ähnlich wie die Finanzverwaltung (→ § 829 Rdnr. 46) muß daher das unzuständige Arbeitsamt, auch wenn insoweit Verwaltungsvorschriften noch fehlen, den Pfändungsbeschluß unverzüglich dem Gläubiger zurücksenden u. ihm das zuständige Amt nennen, soweit bekannt (z. B. bei Delegation durch den Präsidenten der Bundesanstalt).

Abs. 1 Nr. 3 SGB-I, 31 Abs. 2–5 SchwbG[86] erhalten. Auch Leistungen, die *Arbeitgeber* (z. B. nach §§ 54, 61, 63, 74 ff. AFG) *oder dritte* Personen (z. B. nach § 91 AFG) erhalten, unterfallen § 54 SGB-I, allerdings dessen Abs. 2, wenn sie wie in der Regel nicht laufend anfallen. → Rdnr. 62 ff.

4. Sonstige von § 54 SGB-I erfaßte Ansprüche: a) Nach § 6 SGB-I, §§ 1–11 a BKGG[87] 48 erhalten unter gewissen Voraussetzungen Mütter, Väter, Pflegeeltern, Adoptiveltern, nicht aber die Kinder selbst, **Kindergeldbeträge**, die sich nach der Anzahl der Kinder richten, § 10 BKGG. Wegen der Besonderheiten bei der Kindergeldpfändung → Rdnr. 83 ff. und zur Zusammenrechnung → § 850 e Rdnr. 54 ff. Leistungsträger und Drittschuldner[88] ist das Arbeitsamt, § 25 Abs. 3 SGB-I; anders bei Angehörigen des öffentlichen Dienstes: die Körperschaft, Stiftung oder Anstalt des öffentlichen Rechts, der die Zahlung der Dienstbezüge oder des Arbeitslosenentgelts obliegt, § 45 BKGG.

b) Nach §§ 7, 26 SGB-I i. V. m. §§ 1 ff. WoGG[89] kann **Wohngeld** als Zuschuß zur Miete oder 49 als Zuschuß zu der eigengenutzten Wohnung gewährt werden. → auch Rdnr. 90. Die Leistungsträger werden durch Landesbehörden bestimmt.

c) Über Leistungen in der *Jugendhilfe* s. §§ 8, 27 SGB-I. Einzelregelungen enthält das SGB- 50 VIII[90]. Zum Leistungsträger s. § 27 Abs. 2 SGB-I. Das Gesetz gewährt nur in geringem Umfang Geldleistungen, die für eine Pfändung praktisch ausscheiden.

d) Leistungen *zur Eingliederung Behinderter*, §§ 10, 29 SGB-I. Zu den Leistungsträgern s. 51 die in § 29 Abs. 2 SGB-I genannten Vorschriften.

e) *Unterhaltsvorschüsse und -ausfalleistungen* für alleinerziehende Mütter und Väter[91].

C. Sozialleistungen, für die § 54 SGB-I nicht gilt

1. *Leistungen, die an sich unter das SGB-I fallen* 52

a) **Sozialhilfe**: Das BSHG ist zwar nach Art. II § 1 Nr. 15 SGB-I ein besonderer Teil des SGB. Dennoch wurde § 4 Abs. 1 S. 2 BSHG durch Art. II § 2 ff. SGB-I nicht aufgehoben, s. auch § 37 SGB. Danach ist der Anspruch auf Sozialhilfe *unpfändbar*. Auch eine Zusammenrechnung nach § 850 e Nr. 2 a ist damit ausgeschlossen, → § 850 e Rdnr. 66.

b) Das **Konkursausfallgeld**[92] ist zwar in §§ 141 a ff. AFG geregelt, das zum SGB gehört → 53 Fn. 57, 78. Aber die pfändungsrechtlichen §§ 141 k Abs. 2, 141 l AFG sind über § 37 SGB-I aufrechterhalten. Danach wird dieser Anspruch von der *Pfändung des Arbeitsentgelts erfaßt*[93], wenn sie gemäß § 829 Abs. 3 wirksam wird, *bevor* der Antrag gemäß § 141 e AFG gestellt ist. Schon diese Pfändung berechtigt den Gläubiger zur Antragstellung[94]. Gesetzliche Unterhaltsgläubiger können gemäß § 141 k Abs. 2 S. 2 AFG den Vorschuß § 141 f AFG beantragen, dies aber erst nach Überweisung[95]. – *Nach Antragstellung* durch wen auch immer

---

Desgleichen bei Zuständigkeitswechsel nach wirksamer Pfändung; denn hier empfiehlt sich erneute Pfändung wie bei → § 833 Rdnr. 4 a. E., obwohl die alte Pfändung entgegen der Ansicht der Bundesanstalt fortdauer, weil diese materiell Schuldner bleibt im Gegensatz etwa zum Wechsel des Dienstherrn oder Arbeitgebers, → § 833 Rdnr. 2–4.

[86] I.d.F. vom 26.VIII.1986 (BGBl. I, 1421), zuletzt geändert (BGBl. 1991 I, 1310).

[87] I.d.F. vom 30.I.1990 (BGBl. I, 149) = Aichberger Nr. 900. Vgl. Art. II § 1 Nr. 13 SGB-I u. → dazu Fn. 57.

[88] *Stöber*[10] Rdnr. 1312, 1327. Zum Zuständigkeitswechsel nach wirksamer Pfändung → aber Fn. 85 a. E.

[89] BGBl. 1970 I, 1637 i.d.F. vom 8.I.1991 (BGBl. I, 13). Vgl. Art. II § 1 Nr. 14 SGB-I, → dazu Fn. 57. Dazu BT-Drucks. (Fn. 31), 24 u. *LG Hannover* Rpfleger 1983, 32; *Huken* KKZ 1984, 27 f. → auch Fn. 212.

[90] Vom 26.VI.1990 (BGBl. I, 1163).

[91] UnterhaltsvorschußG vom 23. VII. 1979 (BGBl. I, 1184). Vgl. Art. II § 1 Nr. 18 SGB-I, → dazu Fn. 57.

[92] *Denck* KTS 1989, 263; *Hornung* Rpfleger 1975, 196, 235, 285; *Stutzky* DB 1975, 152; *Maier* SGb 1979, 360; *Stöber*[10] Rdnr. 1449 ff.

[93] Das entspricht seiner Eigenschaft als Arbeitseinkommen → § 850 Rdnr. 52 u. seiner lohnersetzenden Funktion, ähnlich Sekundäransprüchen → § 829 Fn. 373.

[94] *Stöber*[10] Rdnr. 1452 in Fn. 4. Sonst trüge der Gläubiger die Gefahr, daß der Schuldner die Fristen des § 141 e Abs. 1 S. 2, 3 AFG versäumt; außerdem kommt der Antrag des Gläubigers falls der Überweisung scheitert, dem Schuldner oder nachrangigen Gläubigern zugute u. erspart eine Prüfung gemäß § 141 e Abs. 1 S. 3 AFG.

[95] Erst sie verschafft eine der »Übertragung« (§ 141 k Abs. 1 AFG) vergleichbare Stellung.

kann der Anspruch wie Arbeitseinkommen beim Direktor des zuständigen Arbeitsamtes als Drittschuldner[96] gepfändet werden, also ebenfalls gemäß §§ 850 a – f[97], muß aber dann als solcher im Beschluß bestimmt sein. Ab Antragstellung erfaßt eine Pfändung des Lohnes das Konkursausfallgeld nicht mehr[98]. Weiß daher ein Gläubiger, daß gegen den Arbeitgeber des Schuldners Konkurs beantragt oder schon eröffnet ist, so sollte er vorsorglich die selbständige Pfändung *neben* dem Arbeitseinkommen beantragen; das Gericht darf ihre ausdrückliche Aufnahme in den Beschluß nicht ablehnen, da sonst der Gläubiger Gefahr läuft, daß die Pfändung den Anspruch nicht miterfaßt, weil jemand noch vor der Zustellung gemäß § 829 Abs. 3 den Antrag stellt oder schon gestellt hatte[99]. Wegen § 141 l Abs. 1 S. 2 AFG gewähren solche vorzeitigen selbständigen Pfändungen zwar kein Antragsrecht, wahren aber den Rang wie → § 829 Rdnr. 5[100].

54   **2. Leistungen nach sonstigen Gesetzen**: Leistungen nach dem *KriegsgefangenenEntschG* (BGBl. 1987 I, 507 i. d. F. BGBl. 1988 I, 2619) sind nach § 54 b des Gesetzes in der Person des unmittelbar Berechtigten unpfändbar[101]; ebenso sind Leistungen nach den §§ 9 a – 9 c, 18 Häftlingshilfegesetz (HHG)[102] nach § 25 b HHG in der Person des unmittelbar Berechtigten unpfändbar. Weiter gehören hierher Leistungen nach dem *LastenausgleichsG*[103]. Danach ist der Anspruch auf Kriegsschadensrenten unpfändbar, sofern es nicht um Beträge für die Vergangenheit geht (§ 262 LAG). Allerdings ist eine Überleitung dieser Ansprüche auf die Träger der Sozialhilfe und der Kriegsopferversorgung möglich, § 292 LAG. Leistungen nach dem *BEG*[104] sind nur nach Genehmigung durch die Entschädigungsbehörde, welche auch noch nach Pfändung erteilt werden kann[105], pfändbar; jedoch sind Ansprüche der Witwen nach § 4 a BEG, auf Darlehen und Beihilfen nach § 140 Abs. 5 BEG und laufende Entschädigungsrenten nach §§ 26 Abs. 1, 39 Abs. 1, 140 Abs. 2 BEG unübertragbar und damit unpfändbar (§ 851). Nachzahlungen nach rückwirkender Rentenerhöhung und Genehmigung sind pfändbar[106]. Sie sind nicht Arbeitseinkommen i. S. d. §§ 850 ff. Das gleiche gilt für an Ausländer zu gewährende *Rückkehrhilfen*[107].

55   Sofern es bei Ansprüchen nach dem *BSeuchenG* um Impfschäden oder um Verdienstausfallentschädigung für Seuchenverdächtige ab der 7. Woche geht, → Rdnr. 45. Dagegen ist für die Entschädigung bei Vermögensschäden über §§ 57, 60 Abs. 1 S. 3 BSeuchenG § 850 b Abs. 2, 3 entsprechend anzuwenden; die Verdienstausfallentschädigung für die ersten 6 Wochen ist wie Arbeitseinkommen zu pfänden (§§ 49 Abs. 2 S. 2, 60 Abs. 1 S. 1 BSeuchenG).

56   Entschädigungen nach dem *StrEntschG* (BGBl. 1971 I, 157) sind bis zu ihrer endgültigen Festsetzung unübertragbar (§ 13 Abs. 2) und damit unpfändbar → § 850 b Rdnr. 9; dies gilt auch für den Anspruch auf Vorschuß, da die Zahlungsanordnung nicht wie eine rechtskräftige

---

[96] → § 829 Rdnr. 23.
[97] → auch § 850 a Fn. 6 sowie § 850 e Rdnr. 14 ff., falls der Schuldner schon den Vorschuß → Fn. 95 oder Teile des Lohns oder Gehalts erhalten hatte.
[98] Zum Übergang rückständigen Lohnes auf die Bundesanstalt für Arbeit schon ab Antragstellung *BAG* NJW 1983, 592.
[99] Obwohl selbständige Pfändung erst ab Antragstellung möglich ist (§ 141 l Abs. 1 AFG), ist eine verfrühte Pfändung nicht nichtig und wird auch nicht auf Erinnerung (§ 766) aufgehoben; *Stöber*[10] Rdnr. 1459.
[100] So auch *Stöber*[10] Rdnr. 1459.
[101] Siehe dazu auch *Mümmler* (Fn. 58) 965 Fn. 10. Wegen der übrigen Leistungen verweisen die §§ 4 f. des G auf das BVG, was insoweit zur Anwendbarkeit der §§ 54 f. SGB-I führt → Rdnr. 45.
[102] BGBl. 1987 I, 513, zuletzt geändert BGBl. 1992 I, 2094.
[103] Vom 1. X. 1969 (BGBl. I, 1909), zuletzt geändert BGBl. 1992 I, 2094. Dazu *KG* Rpfleger 1970, 207; *Berner* Rpfleger 1954, 21; *Quardt* MDR 1959, 173; *Mümmler* Büro 1983, 1140.
[104] BundesentschädigungsG vom 29. VI. 1956 (BGBl. I, 559 u. 65 I, 1315), zuletzt geändert BGBl. 1991 I, 2317. Ansprüche auf Soforthilfe sowie auf Entschädigung für Freiheitsentziehung u. -beschränkung sind vor Feststellung oder rechtskräftiger Gerichtsentscheidung nicht übertragbar, § 141 Abs. 7, § 46 Abs. 1, § 50 BEG.
[105] *LG Hamburg* RzW 1956, 267; *LG Berlin* Rpfleger 1978, 150 f. Antragsberechtigt ist der Gläubiger. Die nach Pfändung erteilte Genehmigung wirkt entsprechend § 184 Abs. 1 BGB zurück, *LG Berlin* RzW 1959, 545.
[106] *BGH* MDR 1962, 468[31]; 1963, 572[31]; *LG Berlin* (Fn. 105).
[107] G vom 28. XI. 1983 BGBl. I, 1377; wie hier *OLG Oldenburg* NJW 1984, 1469. Drittschuldner ist das Arbeitsamt.

Entscheidung – mit der Folge der Übertragbarkeit und damit auch der Pfändbarkeit – behandelt werden kann[108]. Zu den Ansprüchen Strafgefangener gemäß §§ 39 ff. StrafvollzugsG usw. → § 850 Rdnr. 28 Fn. 68 ff. Für die Unterbringung gilt jetzt § 51 Abs. 4 und 5 StVollzG entsprechend[109].

Bei Leistungen nach dem *UnterhaltssicherungsG*[110] ist die dem einberufenen *Wehrpflichtigen* zu zahlende Verdienstausfallentschädigung (§§ 13, 13a USG) als Ersatz für Arbeitseinkommen (§§ 850 ff.) pfändbar. Dagegen sind Unterhaltsleistungen an Angehörige (§§ 5, 9 USG), Miet- und Wirtschaftsbeihilfen (§§ 7a, 7b USG) sowie die Sonderleistungen (§ 7 USG) nicht pfändbar, da der Schuldner wegen der Zweckbestimmung darüber nicht verfügen kann[111]. Zur Pfändung der Sonderleistungen → § 851 Rdnr. 23 f.

Zu Bezügen der Stationierungsstreitkräfte → § 850 Rdnr. 6 mit Fn. 9, § 850 d Rdnr. 31, zum Pfändungsverfahren → § 829 Rdnr. 29, 51, 60.

57

Über *Bergmannsprämien* → § 850 Fn. 73, zur *Graduiertenförderung* → Rdnr. 46. Wegen Besonderheiten bei *vermögenswirksamen Leistungen* und bei der *Arbeitnehmersparzulage* → § 829 Rdnr. 10, § 850 Rdnr. 30, § 851 Rdnr. 10.

58

Diese nicht vom SGB erfaßten Leistungen sind mit Arbeitseinkommen *nicht zusammenzurechnen* nach § 850 e Nr. 2, 2 a, → auch § 850 e Rdnr. 66. Sie können aber für *Unterhaltsgläubiger* die Bemessung des Freibetrags nach § 850 d Abs. 1 beeinflussen, sofern die jeweilige Leistung auch der Bestreitung des laufenden Lebensunterhalts dienen soll, → auch § 850 d Rdnr. 29[112].

59

D. Pfändbarkeit nach § 54 SGB-I

§ 54 [Pfändung]
(1) Ansprüche auf Dienst- und Sachleistungen können nicht gepfändet werden.
(2) Ansprüche auf einmalige Geldleistungen können nur gepfändet werden, soweit nach den Umständen des Falles, insbesondere nach den Einkommens- und Vermögensverhältnissen des Leistungsberechtigten, der Art des beizutreibenden Anspruchs sowie der Höhe und der Zweckbestimmung der Geldleistung, die Pfändung der Billigkeit entspricht.
(3) Unpfändbar sind Ansprüche auf
1. Erziehungsgeld und vergleichbare Leistungen der Länder,
2. Mutterschaftsgeld nach § 13 Abs. 1 des Mutterschutzgesetzes, soweit das Mutterschaftsgeld nicht aus einer Teilzeitbeschäftigung während des Erziehungsurlaubs herrührt oder anstelle von Arbeitslosenhilfe gewährt wird, bis zur Höhe des Erziehungsgeldes nach § 5 Abs. 1 des Bundeserziehungsgeldgesetzes,
3. Geldleistungen, die dafür bestimmt sind, den durch einen Körper- oder Gesundheitsschaden bedingten Mehraufwand auszugleichen.
(4) Im übrigen können Ansprüche auf laufende Geldleistungen wie Arbeitseinkommen gepfändet werden.
(5) ¹Ein Anspruch des Leistungsberechtigten auf Geldleistungen für Kinder (§ 48 Abs. 1 Satz 2) kann nur wegen gesetzlicher Unterhaltsansprüche eines Kindes, das bei der Festsetzung der Geldleistungen berücksichtigt wird, gepfändet werden. ²Für die Höhe des pfändbaren Betrages bei Kindergeld gilt:
1. Gehört das unterhaltsberechtigte Kind zum Kreis der Kinder, für die dem Leistungsberechtigten Kindergeld gezahlt wird, so ist eine Pfändung bis zu dem Betrag möglich, der bei

---

[108] *OLG Hamm* NJW 1975, 2075.
[109] § 138 Abs. 2 StVollzG (BGBl. 1984 I, 97). → § 850 Fn. 68 ff.
[110] Vom 31.V.1961 (BGBl. I, 661, 1079) i.d.F.v. 14.XII.1987 (BGBl. I, 2614). Dazu *Wagner* Rpfleger 1973, 206.
[111] *Wagner* (Fn. 110), 207; *Stöber*[10] Rdnr. 912.
[112] Dazu *AG Essen* Rpfleger 1956, 314 (*Berner*).

gleichmäßiger Verteilung des Kindergeldes auf jedes dieser Kinder entfällt. Ist das Kindergeld durch die Berücksichtigung eines weiteren Kindes erhöht, für das einer dritten Person Kindergeld oder dieser oder dem Leistungsberechtigten eine andere Geldleistung für Kinder zusteht, so bleibt der Erhöhungsbetrag bei der Bestimmung des pfändbaren Betrages des Kindergeldes nach Satz 1 außer Betracht.

2. Der Erhöhungsbetrag (Nummer 1 Satz 2) ist zugunsten jedes bei der Festsetzung des Kindergeldes berücksichtigten unterhaltsberechtigten Kindes zu dem Anteil pfändbar, der sich bei gleichmäßiger Verteilung auf alle Kinder, die bei der Festsetzung des Kindergeldes zugunsten des Leistungsberechtigten berücksichtigt werden, ergibt.

1. Allgemeines

60 § 54 SGB-I regelt *abschließend* die Pfändbarkeit aller Sozialleistungen, die vom SGB erfaßt werden, → dazu Rdnr. 39 ff. Anders als sonst bei gesetzlicher Zweckbindung (→ § 851 Rdnr. 21) schließt hier die Zweckgebundenheit der Leistung eine Pfändung nicht allgemein aus → Rdnr. 68, 83, 89 f. Auch muß der Leistungsträger einer Pfändung nicht zustimmen. *Fortlaufende Bezüge* sind grundsätzlich wie Arbeitseinkommen pfändbar (Abs. 4). Für den *Zessionar* eines nach § 53 Abs. 2 oder 3 SGB-I wirksam abgetretenen Sozialanspruchs gilt nicht mehr § 54 SGB-I sondern nur ein etwa auf seine Person zutreffender Pfändungsschutz[113]. Dies gilt auch für *Erben*[114]; *Sondernachfolgern* gemäß § 56 SGB-I bleibt jedoch der Schutz des § 54 SGB-I erhalten[115].

Die Pfändung von Sozialleistungen, die der Schuldner noch nicht beantragt hat, die er aber beanspruchen kann, § 38 SGB-I, erfaßt auch das *Antragsrecht*[116]; dieses kann nur zusammen mit dem Anspruch gepfändet werden, → § 857 Rdnr. 3. Zum Verzicht des Schuldners → Rdnr. 92.

2. Sach- und Dienstleistungen

61 Die von § 54 Abs. 1 SGB erfaßten Ansprüche auf **Sach- und Dienstleistungen** (alle Formen persönlicher Betreuung und Hilfe)[117] - sind *unpfändbar* und unübertragbar (§ 53 Abs. 1 SGB), da solche Leistungen gerade auf persönliche Bedürfnisse zugeschnitten sind; dieser Zweck ginge bei einer Leistung an einen Dritten verloren[118]. Dagegen fällt eine einmalige Geldleistung, welche an Stelle einer solchen Sach- oder Dienstleistung ausbezahlt wird, z. B. nach §§ 37 Abs. 4, 38 Abs. 4 SGB-V oder § 11 Abs. 4 BVG, unter § 54 Abs. 2 SGB-I[119]. Für schon geleistete Gegenstände gilt § 811, → auch § 811 Rdnr. 11.

3. Einmalige Geldleistungen (§ 54 Abs. 2 SGB-I): Billigkeitsprüfung

62 Diese Regelung ist nicht an § 850 i sondern an § 850 b angelehnt[120], obwohl der Begriff »einmalige Geldleistung« inhaltlich mit → § 850 i Rdnr. 2 übereinstimmt; daher kommt eine

---

[113] *OLG Stuttgart* Rpfleger 1985, 407 = MDR 944 mwN. → auch § 850 b Fn. 43; soweit erst § 850 d die Abtretung ermöglicht (→ § 850 Fn. 136), wendet *OLG Stuttgart* aaO aber § 850 b Abs. 1 Nr. 2 an.
[114] *Heinze* (Fn. 53) § 58 Rdnr. 5. – A.M. *Stöber*[10] Rdnr. 1359: fehlende Schutzbedürftigkeit sei bei Billigkeitsprüfung zu berücksichtigen.
[115] *Heinze* (Fn. 53) § 56 Rdnr. 30; *Stöber*[10] Rdnr. 1359.
[116] *Stöber*[10] Rdnr. 1308; a. M. *Hoppstock* SGb 1978, 466; für Wohngeld *Huken* (Fn. 89). Der Gläubiger kann es schon vor Überweisung geltend machen, → § 829 Rdnr. 80 f., 85 f. (vgl. auch dort Rdnr. 15 bei Fn. 91); *Stöber*[10] aaO.

[117] Siehe *Heinze* (Fn. 53) Rdnr. 14; *Mümmler* (Fn. 58), 962.
[118] Siehe Begründung (Fn. 53), 32; *Schreiber* Rpfleger 1977, 296.
[119] Der höchstpersönliche Charakter geht dadurch verloren, *Schreiber* (Fn. 118), 296; *Burdenski/v. Maydell/Schellhorn* SGB-I AT 2. Aufl. (1981) § 54 Rdnr. 6; *Stöber*[10] Rdnr. 1334; *Mümmler* (Fn. 58), 963; – a.M. *Heinze* (Fn. 53) Rdnr. 14. Wegen der Zweckbestimmung → aber Rdnr. 68.
[120] BT-Drucks. 7/868, S. 32 u. *OVG Münster* → Fn. 135.

Pfändbarkeit nur[121] bei bejahter Billigkeit in Frage, → Rdnr. 64 ff. Das gilt für schon bestehende Forderungen ebenso wie für künftige[122], vorausgesetzt, sie werden im Pfändungsbeschluß als solche bezeichnet[123].

Um eine *Einzelleistung* handelt es sich dann, wenn mit ihr ein besonderer, einmal entstehender Zweck erreicht werden soll. Dazu zählen Kapitalabfindungen z. B. nach §§ 604, 607 ff. RVO, § 210 SGB-VI, Sterbegeld (§ 589 RVO) und Witwen- oder Waisenbeihilfen in der Unfallversicherung (§§ 600, 601 RVO), aber *nicht* Ansprüche auf Rückzahlung zu Unrecht entrichteter Beiträge → Rdnr. 43. Für Ansprüche eines Rechtsanwalts gegen das Versorgungswerk der Rechtsanwaltskammer ist § 54 Abs. 2 SGB-I entsprechend anzuwenden[124]. Unerheblich ist, ob der als einmalig geschuldete Betrag auf einmal ausbezahlt wird, → Rdnr. 2. Anders, wenn er seiner Anspruchsgrundlage nach eine wiederkehrende Leistung ist[125]. **63**

Pfändungen nach § 54 Abs. 2 SGB-I sind nur zugelassen, wenn sie *nach den Umständen des Einzelfalles der* **Billigkeit** entsprechen; damit sollen die Schuldner- und Gläubigerinteressen in sozial- und rechtspolitisch gerechter Weise gegeneinander abgewogen werden[126]. § 54 Abs. 2 SGB unterscheidet nicht zwischen privilegierten und gewöhnlichen Gläubigern. Verneint das Vollstreckungsgericht die Billigkeit, so verbleibt die betreffende Sozialleistung in *voller* Höhe dem Schuldner. Die Abwägung kann aber ergeben, daß dem Gläubiger nur eine *teilweise* Befriedigung aus der einmaligen Sozialleistung zugestanden wird, so daß er nur wegen einer bestimmten Forderung (z. B. aus vorsätzlicher unerlaubter Handlung, nicht aber wegen einer Darlehensschuld) pfänden darf oder daß von mehreren Gläubigern dem einen der Zugriff versagt, dem anderen dagegen erlaubt wird[127]. **64**

§ 54 Abs. 2 SGB-I regelt die Pfändung einmaliger Sozialgeldleistungen zwar abschließend und verweist, anders als Abs. 4, nicht auf die §§ 850 ff. Aber er zählt nur die wichtigsten, bei der Billigkeitsprüfung zu beachtenden Umstände auf. Daneben sind stets alle bedeutsamen Umstände des Einzelfalls zu beachten, und eben diese sind von der Rechtsprechung zu den §§ 850 ff., teils schon als Motive der Gesetzgebung, teils erst als bei der Anwendung für wichtig erkannte Merkmale und Regeln, in so reichhaltigem Maße verarbeitet worden, daß diese Wertungen auch hier weitgehend als Richtschnur geeignet sind, wenn auch ohne starre Bindung an diese Normen, insbesondere die darin genannten rechnerischen Größen, → Rdnr. 66–68. **65**

a) Zunächst nennt § 54 Abs. 2 SGB-I die *Einkommens- und Vermögensverhältnisse des Schuldners*[128]. Aus ihnen ergibt sich, in welchem Maße der Schuldner auf die jeweilige Sozialleistung angewiesen ist. Dabei ist zu beachten, daß dem Schuldner das für seinen Lebensbedarf (und den seiner unterhaltsberechtigten Angehörigen) Notwendige verbleiben soll[129]; insoweit dienen die Regeln → Rdnr. 9–11 als Ausgangsbasis[130]. **66**

b) Mit der *Art des beizutreibenden Anspruchs* sind die *Belange des Gläubigers* einzubringen wie nach § 850 i Abs. 1 S. 4, → Rdnr. 13. Daher muß der Schuldner besondere Einschränkungen hinnehmen, wenn die baldige Befriedigung der Titelforderung dringend ist wie bei Unterhalt insbesondere der in § 850 d genannten Art[131], Schadensersatz aus unerlaubter, vor **67**

---

[121] Zur Abtretung u. Aufrechnung → aber Fn. 170, 249.
[122] *OLG Karlsruhe, KG* (beide Fn. 72); *OLG Bremen* Büro 1988, 932; *Stöber*[10] Rdnr. 1335; *Maier* SGb 1979, 357; – a. M. *Schmeken* (Fn. 52), 120 ff. (wegen der Besonderheit von Sozialgeldansprüchen). → auch § 829 Fn. 33; zu Ansprüchen auf laufende Sozialgeldleistungen → Fn. 151.
[123] *Hoppstock* (Fn. 116), 466, → dazu § 829 Rdnr. 6, 68.
[124] *OLG Köln* NJW 1988, 1222.
[125] Z. B. einmalige Rentennachzahlungen unterfallen § 54 Abs. 3. → auch § 850 Rdnr. 41 a. E., allg. M.

[126] BT-Drucks. 7/868, S. 32; KG Rpfleger 1982, 74; *OLG Frankfurt* MDR 1978, 324.
[127] *Stöber*[10] Rdnr. 1344.
[128] Dazu *LG Berlin* Rpfleger 1977, 32 = MDR 147; *Maier* (Fn. 122), 358.
[129] *v. Maydell* (Fn. 119) § 54 SGB-I Rdnr. 11.
[130] Ähnlich *Heinze* (Fn. 53) Rdnr. 21.
[131] *Stöber*[10] Rdnr. 1340; *Zöller/Stöber*[18] Rdnr. 18, 22; *Mümmler* (Fn. 58), 965; *OLG Düsseldorf* FamRZ 1979, 806 (Prozeßkostenvorschuß).

allem vorsätzlicher Handlung¹³², lange zurückliegenden Forderungen, die der Gläubiger bisher vergeblich beizutreiben suchte¹³³, wozu auch Mietforderungen gehören können¹³⁴, ferner Ansprüche auf Erstattung solcher Mittel, die dem Schuldner für notwendige Aufwendungen vorgestreckt wurden, in welcher Rechtsform auch immer (§§ 607, 670, 683 BGB usw.), arg. § 53 Abs. 2 Nr. 1 SGB-I¹³⁵.

Anderseits kann dem Schuldner ein besonders hoher Betrag belassen werden, wenn das Schutzbedürfnis des Gläubigers geringer zu bewerten ist, z. B. weil er als Kreditgeber dazu beigetragen hat, daß der Schuldner über seine Verhältnisse lebte¹³⁶, wenn er sich auffällig hohe Kreditkosten gesichert oder als Verkäufer dem Schuldner unnötige Anschaffungen aufgedrängt hat¹³⁷. Solche Gründe dürfen jedoch nicht zur völligen Ablehnung der Pfändung dienen, wenn sie voraussichtlich auf Dauer die einzige Beitreibungsmöglichkeit ist, → auch § 765 a Rdnr. 34.

68 c) Die wohl größte Bedeutung bei der Abwägung der beiderseitigen Belange kommt der *Zweckbestimmung* der zu pfändenden Sozialleistung zu¹³⁸. Ist die Leistung gerade für besondere Bedürfnisse des Schuldners bestimmt, so darf der damit bezweckte Erfolg nicht grundlos vereitelt oder beeinträchtigt werden¹³⁹. Hier kommt dem Schuldnerinteresse ein besonderes Gewicht zu. Daher sind z. B. Ausbildungshilfen, Beihilfen zur Arbeitsaufnahme → Rdnr. 47 oder Abfindungen nach § 607 RVO *grundsätzlich* (→ aber Fn. 143) der Pfändung entzogen, da diese der persönlichen Förderung des Schuldners dienen sollen¹⁴⁰. Gleiches gilt für zweckgebundene Zuschüsse etwa nach § 11 Abs. 3 BVG¹⁴¹, Sterbegeld und Ersatz für einmalige Fahrtkosten.

Im Gegensatz zur starren Regelung des § 850 a können jedoch hier (→ Rdnr. 65), wie nach § 850 b, überwiegende Interessen des Gläubigers *ausnahmsweise* eine (auch teilweise) Pfändung rechtfertigen¹⁴², und *allgemein* steht eine Zweckbestimmung solchen Pfändungen nicht entgegen, welche die Leistung ihrem eigentlichen Zweck zuführen¹⁴³.

69 d) Die *Höhe* der Geldleistungen ist bei der Gewichtung der Zweckbestimmung, bei den zu prüfenden Einkommens- und Vermögensverhältnissen → Rdnr. 66 und auch als allgemeiner Billigkeitsgesichtspunkt von Bedeutung¹⁴⁴. So kann z. B. die Pfändung einer – im Verhältnis zur Titelforderung oder zu den Vollstreckungskosten – sehr geringen Geldleistung unbillig sein¹⁴⁵.

70 e) Als *sonstige Gesichtspunkte* kommen eine besondere Notlage des Gläubigers¹⁴⁶, dessen Gesundheitszustand, bestehende Unterhaltsverpflichtungen u. ä. in Betracht, vor allem, wenn andere Beitreibungsarten aussichtslos¹⁴⁷ sind, also wie bei → § 850 b Rdnr. 4 und § 850 f

---

¹³² In Anlehnung an die in § 850 f Abs. 2 zum Ausdruck kommende Wertung. Für laufende Sozialleistungen → Fn. 158.
¹³³ *OLG Hamm* DAVorm 1985, 1013.
¹³⁴ *LG Flensburg* ZMR 1978, 22 f.; *LG Berlin* (Fn. 128); *Mümmler* (Fn. 58), 965.
¹³⁵ *LG Köln* NJW 1977, 1641 mwN (zu § 54 Abs. 3 SGB-I); *v.Maydell* (Fn. 119) § 54 Rdnr. 12; *Heinze* (Fn. 53) Rdnr. 36; s. auch *OVG Münster* NJW 1982, 1662 (Obdachlosengebühr) sowie *BAG* DB 1970, 1327 u. *Schreiber* (Fn. 118), 296 für vorab vom Gläubiger erbrachte Sachaufwendungen, die nunmehr vom Leistungsträger zu erstatten sind.
¹³⁶ *KG* MDR 1981, 505; *OLG Frankfurt* (Fn. 126); *LG Köln* (Fn. 135); *LG Wiesbaden* Rpfleger 1981, 491 (»Risikodarlehen«). Vermögens- oder Einkommensminderung (z. B. Arbeitslosigkeit) *nach* Vertragsabschluß wirkt aber insoweit nicht zu Lasten des Gläubigers, *LG Kassel* NJW 1977, 303.
¹³⁷ *Zöller/Stöber*¹⁸ Rdnr. 22.

¹³⁸ Dazu BT-Drucks. 7/868, S. 32; *OLG Celle* NJW 1977, 1641; *Meierkamp* Rpfleger 1987, 349, 351; *Hornung* Rpfleger 1977, 291; *Schreiber* (Fn. 118), 296.
¹³⁹ *Heinze* (Fn. 53) Rdnr. 23; *Maier* (Fn. 122), 358. Nicht hierher gehört der allgemeine Lebensbedarf, → zu laufenden Geldleistungen Rdnr. 90; zu § 1303 RVO s. *KG* (Fn. 72).
¹⁴⁰ Zu weiteren Beispielen *Maier* (Fn. 122), 358.
¹⁴¹ Siehe BT-Drucks. 7/868.
¹⁴² *v.Maydell* (Fn. 119) § 54 Rdnr. 14.
¹⁴³ → § 851 Rdnr. 23, z. B. Sterbegeld wegen Bestattungskosten. → auch Rdnr. 81 a. E.
¹⁴⁴ *v.Maydell* (Fn. 119) § 54 Rdnr. 13; *Stöber*¹⁰ Rdnr. 1342. Vgl. auch *Maier* (Fn. 122), 358. Oft wird deshalb nur Pfändung eines *Teils* zuzulassen sein.
¹⁴⁵ *Heinze* (Fn. 53) Rdnr. 23.
¹⁴⁶ *v.Maydell* (Fn. 119) § 54 Rdnr. 15; *Stöber*¹⁰ Rdnr. 1343.
¹⁴⁷ → auch Fn. 158 (*OLG Hamm*). Im Unterschied zu § 850 b Abs. 2 ist dies jedoch nicht generelle Pfändungs-

Rdnr. 17. Wegen privilegierter Forderungen → Rdnr. 67. Dagegen können Einwendungen gegen die titulierte Forderung im Rahmen der Billigkeitsprüfung nicht geltend gemacht werden[148].

4. Ansprüche auf laufende Sozialgeldleistungen[149], § 54 Abs. 4 SGB-I

a) Begriff

Laufende Geldleistungen sind solche, die regelmäßig wiederkehrend für bestimmte Zeitabschnitte geschuldet sind, gleichgültig, ob sie rechtzeitig oder verspätet, zusammenfassend für mehrere Zeitabschnitte[150] oder als Nachzahlung geleistet werden. Dazu gehören alle Arten von Renten, Leistungen nach § 51 Abs. 1 BAföG, Krankengeld, Kindergeld, Wohngeld, Arbeitslosengeld, Kurzarbeitergeld usw., → Rdnr. 39 ff. Pfändbar ist die Sozialleistung als gegenwärtige, sobald der Anspruch dem Grunde nach entstanden ist (§ 40 SGB-I). Künftige Ansprüche sind nach allgemeinen Grundsätzen pfändbar[151] → § 829 Rdnr. 3 ff., 67, § 850 Rdnr. 54. Daher muß zumindest eine Rechtsgrundlage für das Entstehen der zukünftigen Forderung vorhanden sein. Eine Pfändung von Krankengeld oder einer Rente vor Arbeitsaufnahme scheidet daher aus[152]. Die Rentenanwartschaft selbst ist nicht übertragbar und auch nicht pfändbar[153].

b) Gleichstellung mit Arbeitseinkommen

Die Ansprüche auf laufende Sozialleistungen sind grundsätzlich wie Arbeitseinkommen pfändbar. Die frühere Billigkeitsprüfung wurde durch G v. 13. 6. 1994 (BGBl. I 1229) beseitigt, weil sie sich als nicht praktikabel erwiesen hatte[154]. Die Gleichstellung mit Arbeitseinkommen bedeutet *erstens*, daß das Pfandrecht die laufende Geldleistung in demselben Maße ergreift wie Arbeitseinkommen → § 850 Rdnr. 53–58; es erstreckt sich daher auch auf Rückstände, Vorschüsse, vorläufige Leistungen (§ 43 SGB-I) und auf nach der Pfändung fällig werdende Beträge, soweit ein einheitliches Verhältnis vorliegt. Kürzere Unterbrechung des der Leistung zugrunde liegenden Verhältnisses schadet daher nicht; z.B. bei vorübergehender Aufnahme von Arbeit durch einen Empfänger von Arbeitslosengeld oder Arbeitslosenhilfe → § 832 Rdnr. 2. *Zweitens* wird damit auf die §§ 850 c ff. verwiesen[155], die danach unterscheiden, ob wegen Unterhaltsforderungen (§ 850 d) oder sonstiger Ansprüche (§ 850 c)

---

voraussetzung, auch nicht als Bestandteil der Billigkeitsprüfung; Fruchtlosigkeitsbescheinigungen dürfen daher nicht von vornherein vom Gläubiger verlangt werden, *LG Hannover* Büro 1984, 948.
[148] *LGe Berlin* (Fn. 128) u. *Wiesbaden* (Fn. 136) → auch § 765 a Rdnr. 8.
[149] Dazu *Behr* Büro 1994, 521; *Riedel* NJW 1994, 2812.
[150] BT-Drucks. 7/868, S. 31. → auch für einmalige Leistungen Rdnr. 63.
[151] *KG* (Fn. 72); *BFH* NJW 1992, 855; *OLG Oldenburg* NJW-RR 1992, 512; *OLG Celle* Rpfleger 1992, 260 (L.); *SchlHOLG* Büro 1988, 540; *LG Nürnberg-Fürth* Rpfleger 1993, 207; *LG Wuppertal* Rpfleger 1992, 120; *LG Frankfurt* Rpfleger 1990, 375; *LG Marburg* Rpfleger 1989, 163; *LG Hamburg* NJW 1988, 2675; *LG Münster* Rpfleger 1990, 129 u. *LG Aachen* Rpfleger 1990, 376 (nach Ablauf der Wartezeit); *Nieuwenhuis* NJW 1992, 2007; *David* NJW 1991, 2615, 2617; *Stöber*[10] Rdnr. 1346, 1359 b; *Behr* Rpfleger 1988, 522. – Zur Abtretbarkeit *BGH* NJW 1989, 2383 f. – A.M. *OLG Hamm* FamRZ 1993, 90, 91; *LG Aurich* Rpfleger 1991, 165; *LG Frankenthal* Rpfleger 1991, 164; *LG Osnabrück* Büro 1991, 279; *LG Köln* Rpfleger 1990, 129; *LG Bielefeld* Rpfleger 1990, 130; *LGe Ulm* u. *München I* Rpfleger 1990, 375; *LG Berlin* NJW 1989, 1738. Ein Schutz des Drittschuldners wie § 46 Abs. 6 AO (→ § 829 Rdnr. 9) fehlt hier u. wäre auch unangebracht.
[152] *Stöber*[10] Rdnr. 1359 b.
[153] *LG Frankenthal* Rpfleger 1991, 164; *LG Berlin* NJW 1989, 1738. – A.M. *LG Verden* MDR 1982, 677.
[154] Vgl. Begründung BT-Drucksache 12/5187, S. 29. Der Gesetzgeber erkannte auch, daß die bisherige Regelung zu Verwerfungen zum Vollstreckungsrecht geführt hatte. Der grundlegenden Kritik von *Münzberg* (Fn. 52) ist damit Rechnung getragen.
[155] Dazu *OLG Frankfurt* Rpfleger 1978, 265 mwN; *OLG Karlsruhe* DAVorm 1983, 408; *OLG Düsseldorf* DAVorm 1983, 404 mwN; *LG Frankenthal* Rpfleger 1982, 112 f.; *LG Kassel* (Fn. 136); *v.Maydell* (Fn. 119) § 54 Rdnr. 21; *Stöber*[10] Rdnr. 1373; *Schreiber* (Fn. 149); *Hornung* Rpfleger 1982, 47.

gepfändet wird. Zugunsten des Schuldners ist auch § 850 f Abs. 1 zu beachten[156], ebenso zugunsten des Gläubigers § 850 f Abs. 2[157].

73 **c) Unpfändbare Ansprüche (Abs. 3)**

Mit der Beseitigung der Billigkeitsprüfung bei laufenden Geldleistungen durch das G v. 13. 6. 1994 (BGBl. I 1229) wurden in Abs. 3 bestimmte Ansprüche wegen ihrer Zweckbestimmung für unpfändbar erklärt: Nach Nr. 1 das Erziehungsgeld und vergleichbare Leistungen der Länder, nach Nr. 2 Mutterschaftsgeld nach § 13 des MutterschutzG, soweit das Mutterschaftsgeld nicht aus einer Teilzeitbeschäftigung während des Erziehungsurlaubs herrührt oder anstelle von Arbeitshilfe gewährt wird, bis zur Höhe des Erziehungsgeldes nach § 5 Abs. 1 des BundeserziehungsgeldG. Die Einbeziehung des Mutterschaftsgeldes trägt dem Umstand Rechnung, daß Mutterschaftsgeld nach § 7 BundeserziehungsgeldG angerechnet wird und in diesen Fällen die Mutter nur Mutterschaftsgeld, aber kein Erziehungsgeld bekommt[158]. Der Pfändungsschutz ist auf die Arten des Mutterschaftsgeldes beschränkt, die tatsächlich anstelle des Erziehungsgeldes gewährt werden. Unpfändbar sind nach Nr. 3 Geldleistungen, die dafür bestimmt sind, den durch einen Körper- oder Gesundheitsschaden bedingten Mehraufwand auszugleichen. Hierher gehören Grundrente und Schwerstbeschädigtenzulage nach § 31 BVG, Pflegezulage, § 35 BVG, Kleiderverschleißzulage, § 15 BVG, Beihilfe für fremde Führung oder Blindenhund, § 14 BVG, Leistungen zur Beschaffung eines Kraftfahrzeugs nach der KraftfahrzeughilfeVO sowie Leistungen nach § 31 SchwerbehindertenG i.V.m. §§ 19 f. Schwerbehinderten-AusgleichsabgabeVO. *Nicht* erfaßt sind Sozialleistungen, die zum Ausgleich von Einkommensverlusten bezahlt werden, wie die Rente nach § 32 BVG und der Berufsschadensausgleich nach § 30 BVG.

74 § 54 Abs. 3 SGB-I regelt die unpfändbaren Ansprüche nicht abschließend. Die Verweisung auf die Lohnpfändung in Abs. 4 nimmt insbesondere solche Leistungen oder Leistungsanteile aus, für die § 850 a Nr. 3 gilt. Hierher gehören Leistungen nach dem BAföG, soweit deren Verwendung § 850 a Nr. 3 entspricht, z.B. für Fahrtkosten (§ 13 BAföG), Lern- und Arbeitsmittel (§ 14 a BAföG), auswärtige Unterkunft sowie Schulgeld und Studiengebühren; Leistungen nach §§ 33–52 AFG, soweit diese zur Deckung der unmittelbar durch die Ausbildung entstehenden Kosten gewährt werden, z.B. Lehrgangs-, Lehrmittel- oder Fahrtkosten, Kosten für Arbeitskleidung oder auswärtige Unterbringung; Leistungen nach § 53 Nr. 2, 3, 6, 6 a AFG sind in vollem Umfang unpfändbar, während die übrigen Ziffern keine Fälle des § 850 a behandeln[159]; ergänzende berufsfördernde Leistungen nach § 56 Abs. 3 AFG mit Ausnahme der in Nr. 1 und 2 genannten.

83 **d) Kindergeld (Abs. 5)**

Das Kindergeld → Rdnr. 48 ist eine laufende Sozialgeldleistung, die nicht der Lohnergänzung oder dem Lohnersatz dient, sondern in Anbetracht des Sozialstaatsprinzips soziale Gerechtigkeit verwirklichen, eine Art Familienlastenausgleich schaffen[160] und den angemessenen Lebensbedarf der Kinder decken soll. Dieser Zweckbestimmung trägt § 54 Abs. 5 SGB-I Rechnung.

---

[156] → dort Rdnr. 1 a.E. Der Streit darüber, ob § 54 Abs. 3 SGB-I als Sondervorschrift die Anwendung des § 850 f Abs. 1 trotz der gesetzlichen Verweisung ausschließt, so *BFH* DB 1979, 1332; *Heinze* (Fn. 53) § 53 Rdnr. 4; *anders OLG Frankfurt* (Fn. 156); *KG* Rpfleger 1978, 460, *LGe München I* u. *Frankenthal* Rpfleger 1977, 183; 1984, 362; *Schreiber* (Fn. 149); *Noack* (Fn. 149); *Hornung* (Fn. 156), ist müßig. Denn 1. folgt vor allem aus dem Gebot, den Schuldner nicht hilfsbedürftig werden zu lassen → Rdnr. 77, daß festgestellte Tatsachen i. S. d. § 850 f Abs. 1 schon von Amts wegen wie dort zu bewerten sind, *LG Berlin* Rpfleger (Fn. 128). – 2. muß dies erst recht gelten bei entsprechendem Antrag. Richtig formuliert daher *KG* (Fn. 126): »über …§ 850 f hinausgehend«. Beispiel: hoher Mietzins für (angemessene) Wohnung, *LG Koblenz* NJW-RR 1986, 680. Wie hier MünchKomm-ZPO-*Smid* Rdnr. 43.

[157] Vorbehaltlich besonderer Billigkeitsrücksichten u. des Gebotes → Rdnr. 77; *Hornung* (Fn. 156), 47 u. aaO Fn. 10; → auch § 850 f Rdnr. 15. *OLG Hamm* Rpfleger 1983, 410 erwägt entsprechende Anwendung im Rahmen der Billigkeitsprüfung.

[158] Vgl. Begründung BT-Drucksache 12/5187 S. 29.

[159] Weitergehend *Stöber*[10] Rdnr. 1358.

[160] Vgl. dazu Begründung BT-Drucks. 7/868, S. 24 (zu §§ 6, 7 SGB).

Nach § 54 Abs. 5 S. 1 SGB-I können **Geldleistungen für Kinder** nur noch gepfändet werden, wenn ein Kind, das bei der Festsetzung der Geldleistungen berücksichtigt ist, wegen seiner gesetzlichen Unterhaltsansprüche vollstreckt. Zu diesen Geldleistungen zählen neben dem *Kindergeld* der *Kinderzuschlag* des Schwerbeschädigten aus der sozialen Entschädigung (§ 5 SGB-I, § 33 b BVG) sowie vergleichbare Rentenbestandteile, d. h. der *Kinderzuschuß* aus der Rentenversicherung (§ 1262 RVO, § 39 AVG, § 60 KnG)[161] und die *Kinderzulage* in der Unfallversicherung (§ 583 RVO). Ein unterhaltsberechtigtes Kind, für das der Schuldner Kindergeld bezieht, kann in diese Geldleistungen selbst dann vollstrecken, wenn die gesetzlichen Unterhaltsansprüche länger als ein Jahr vor dem Pfändungsantrag fällig geworden sind, denn es gilt keine dem § 850 d Abs. 1 S. 4 vergleichbare Einschränkung[162]. Soweit Kindergeld gepfändet werden soll, das der Schuldner auf ein Sparbuch unter seinem Namen eingezahlt hat, richtet sich die Pfändung nach § 55 SGB-I[163]. 84

Anderen Unterhaltsgläubigern des Schuldners, z. B. Ehefrau, ist der Zugriff auf die Geldleistung für Kinder ebenso verwehrt wie gewöhnlichen nicht bevorrechtigten Gläubigern. Dies gilt auch, wenn wegen einer vorsätzlichen unerlaubten Handlung vollstreckt wird. Selbst Dritte, die anstelle des verpflichteten Schuldners Unterhalt an dessen Kinder geleistet haben, sind nicht zur Pfändung des Kindergeldes berechtigt, auch nicht in den Fällen eines gesetzlichen Forderungsübergangs nach den §§ 90, 91 BSHG, § 116 SGB-X, § 7 UVG oder § 37 BAFöG[164]. Ein nicht gemäß Abs. 4 privilegierter Gläubiger kann sich auch nicht darauf berufen, er vollstrecke wegen einer Forderung, die vom Zweck der Kindergeldleistung erfaßt werde[165]. 85

Das Kindergeld beträgt nach § 10 Abs. 1 BKGG[166] für das erste Kind 70 DM, für das zweite Kind 130 DM, für das dritte Kind 220 DM und für das vierte und jedes weitere Kind je 240 DM monatlich. Das Kindergeld wird jedoch gemindert, wenn das Einkommen des Schuldners die in § 10 Abs. 2 BKGG enthaltenen Grenzen überschreitet. 86

Wegen der **Höhe** des **pfändbaren Betrags** ist zu unterscheiden:

Pfändet ein unterhaltsberechtigtes Kind, für das Kindergeld bezahlt wird (sog. *Zahlkind*) und sind nur Zahlkinder vorhanden, ist das Kindergeld bis zu dem Betrag pfändbar, der bei gleichmäßiger Teilung des Kindergeldes auf jedes dieser Kinder entfällt; **§ 54 Abs. 5 Nr. 1 SGB-I**. Durch diese Regelung werden die Kinder, für die unterschiedliche Kindergeldbeträge bezahlt werden, gleichgestellt. 87

Beispiel: Der Schuldner hat zwei Kinder. Für das erste Kind erhält er 70.– DM, für das zweite 130.– DM. Der Gesamtbetrag ist durch die Anzahl der Kinder zu teilen: 70.– DM + 130.– DM : 2 = 100.– DM.

§ 54 Abs. 5 Nr. 1 S. 2 regelt den Fall, daß neben dem vollstreckenden Zahlkind sog. *Zählkinder* vorhanden sind. Für Zählkinder erhält der Schuldner kein Kindergeld, aber sie werden bei der Höhe des Kindergeldes, das der Schuldner für die übrigen Kinder bezieht, berücksichtigt. Die Berücksichtigung der Zählkinder führt zu dem sog. *Zählkindvorteil*, das ist der Mehrbetrag, den der Schuldner wegen der Berücksichtigung der Zählkinder bekommt. Dieser Zählkindvorteil ist auf die Anzahl der Kinder (Zahl- und Zählkinder) gleichmäßig zu verteilen. Zur Ermittlung des Zählkindvorteils ist zunächst ein fiktives Kindergeld zu errechnen, das der Schuldner ohne Zählkind erhalten würde; § 54 Abs. 5 Nr. 1 S. 2 SGB-I. Dieser fiktive Betrag ist bei Vollstreckung eines Zahlkindes gleichmäßig unter die Zahlkinder zu verteilen. Hinzu kommt der anteilige Zählkindvorteil. 88

---

[161] Der Zuschuß wird nur noch gewährt, wenn der Anspruch am 1. 1. 1984 bestanden hat.
[162] *Stöber*[10] Rdnr. 1387 a.
[163] *OLG Hamm* Büro 1990, 1058.
[164] *Stöber*[10] Rdnr. 1387 a; MünchKommZPO-*Smid* Rdnr. 50; *Baumbach/Hartmann*[52], Grundz § 704 Rdnr. 82; *Hornung* Rpfleger 1988, 213, 217.
[165] MünchKommZPO-*Smid* Rdnr. 50.
[166] Stand: 1. 1. 1992.

§ 850 i V   Zweiter Abschnitt: Zwangsvollstreckung wegen Geldforderungen

Beispiel: Der Schuldner bekommt Kindergeld für zwei Zahlkinder in Höhe von 130.– DM und 220.– DM = 350.– DM. Ein weiteres Kind (Zählkind) lebt bei der Mutter, die dafür Kindergeld bezieht. Ohne das Zählkind betrüge das Kindergeld 70.– DM und 130.– DM = 200.– DM. Das ergibt einen Zählkindvorteil i. H. v. 150.– DM, der gleichmäßig unter *allen Kindern* zu verteilen ist (§ 54 Abs. 5 Nr. 2 SGB-I). Bei Pfändung durch ein Zahlkind ergibt sich ein pfändbarer Betrag i. H. v. 150.– DM.

89   Pfändet ein **Zählkind** wegen seiner gesetzlichen Unterhaltsansprüche, so ist für dieses nach Abs. 5 Nr. 2 nur sein Anteil am Erhöhungsbetrag (Zählkindvorteil) pfändbar. Eine anteilige Pfändung des dem Schuldner gewährten Kindergeldgrundbetrages scheidet aus.

89a   Weil § 54 Abs. 5 SGB-I eine genaue Bestimmung der pfändbaren Kindergeldbeträge ermöglicht, kann der Pfändungsbeschluß als *Blankettbeschluß* erlassen werden[167]. Die Berechnung des gepfändeten Kindergeldanteils obliegt dem zuständigen Arbeitsamt als Drittschuldner. Der Blankettbeschluß geht ins Leere, wenn der vollstreckende Unterhaltsgläubiger nicht (mehr) zu den Kindern gehört, die bei der Festsetzung des Kindergeldes berücksichtigt werden[168]. Der Drittschuldner kann aber nicht einwenden, der Pfändungsbeschluß sei unbeachtlich, weil der Gläubiger nicht wegen einer Unterhaltsforderung vollstrecke.

89b   Der **Umfang** der Pfändung richtet sich nach § 832. Erfaßt werden auch die Beträge, die nach der Pfändung fällig werden. Auch eine *Vorratspfändung* nach § 850 d Abs. 3 ist zulässig[169]. **Änderungen** (z. B. Wegfall eines Kindes) hat der Drittschuldner von sich aus zu berücksichtigen, ohne daß ein Beschluß nach § 850 g ergehen muß[170].

5. Verzicht

92   Der Schuldner kann auf noch nicht gepfändete[171] Sozialleistungsansprüche **verzichten**, § 46 Abs. 1 SGB-I, auch für rückständige Leistungen[172] mit der Wirkung, daß diese nicht mehr gepfändet werden können[173]. Da der Schuldner den Verzicht jederzeit mit Wirkung für die Zukunft widerrufen kann, § 46 Abs. 1 HS 2 SGB-I, bleibt auch das Stammrecht auf künftige Bezüge pfändbar[174] und der Pfändungsgläubiger übt das Widerrufsrecht des Schuldners bereits konkludent aus durch Zustellung des Pfändungsbeschlusses[175].

6. Vorpfändungen

93   **Vorpfändungen** nach § 845 sind zulässig, nicht nur wegen gesetzlicher Unterhaltsforderungen[176] sondern auch dann, wenn die Pfändbarkeit von der Billigkeit abhängt, → Rdnr. 62 ff. (einmalige Geldleistungen). Der Wortlaut des § 54 Abs. 2 SGB-I (»nur«) steht nicht entgegen, denn die Vorpfändung ist zwar schon Vollstreckungsakt aber noch nicht Pfändung, sie greift der Billigkeitsprüfung nicht vor (→ § 845 Rdnr. 24) und zwingt das Gericht nicht, diese Prüfung innerhalb der Frist des § 845 Abs. 2 vorzunehmen[177]. Freilich werden solche Vorpfändungen wegen Überschreitung der Frist oft vergeblich sein, → § 845 Rdnr. 16.

---

[167] Stöber[10] Rdnr. 1387; *Hornung* Rpfleger 1988, 213, 218 u. 347, 349; MünchKommZPO-*Smid* Rdnr. 51.
[168] Stöber[10] Rdnr. 1387.
[169] Stöber[10] Rdnr. 1387 k.
[170] Stöber[10] (Fn. 169).
[171] → § 829 Rdnr. 92.
[172] *Burdenski* (Fn. 119) § 46 Rdnr. 4 gegen Reichsversicherungsamt amtl. Mitteilungen 1928, 152.
[173] Diese Beeinträchtigung der Rechtsverfolgung durch den Gläubiger macht den Verzicht nicht nach § 46 Abs. 2 SGB-I unwirksam; BT-Drucks. 7/868, S. 31.
[174] Isolierte Pfändung des Widerrufsrechts ist nicht möglich, → § 857 Rdnr. 3 ff., wäre aber umdeutbar, wenn nur die künftigen Leistungen bestimmt genug bezeichnet sind.
[175] Trotzdem ist ausdrückliche Erklärung zu empfehlen. Überweisung ist hierzu noch nicht nötig → § 829 Rdnr. 80 f., 85 f. (vgl. auch dort Rdnr. 15 bei Fn. 91). Wie hier *Stöber*[10] Rdnr. 1307.
[176] Insoweit allg. M.; *Stöber*[10] Rdnr. 1414; im übrigen str. → Fn. 177.
[177] *Münzberg* (Fn. 52), 234 f.; *Heinze* (Fn. 53) Rdnr. 9; *Schmeken* (Fn. 52), 103 ff. mwN (108); *Stöber*[10] Rdnr. 1415.

E. Das Verfahren bei Pfändungen nach § 54 SGB-I

1. Zuständigkeit, Antrag

Es gelten die §§ 828 ff. Zur *Zuständigkeit* des Amtsgerichts → die Bem. zu § 828. Nicht jede 94
Billigkeitsprüfung rechtfertigt schon die Vorlage an den Richter, § 5 Abs. 1 Nr. 2 RpflG[178].
Der *Antrag* ist so bestimmt zu stellen, daß der Gegenstand der Vollstreckung feststeht →
§ 829 Rdnr. 40–43, 49[179]. Der Gläubiger muß also die konkrete Sozialgeldleistung benennen, vor allem wenn sich mehrere Ansprüche gegen denselben Leistungsträger[180] richten. Ungenaue Anträge sind zunächst auszulegen, z. B. »Kindergeldvorteil« als Anspruch auf Kindergeld i. H. d. Zählkindvorteils[181], »Arbeitslosenunterstützung« als – geld und -hilfe, → § 829
Fn. 279. Zur Behandlung unklarer Anträge → § 829 Rdnr. 32[182].

2. Darlegungslast und Anhörung

Der Gläubiger hat die Voraussetzungen der Pfändung darzulegen, auch soweit die Pfän- 95
dung von einer Billigkeitsprüfung abhängt. Bei der Billigkeitsprüfung versuchte die Praxis
früher die Darlegungsnot des Gläubigers dadurch zu mindern, daß der Schuldner auf Antrag
zur Ausforschung angehört wurde. Äußerte er sich nicht, wurde nach § 286 ZPO festgestellt,
die Pfändung entspreche der Billigkeit. Diese befremdliche Praxis wurde durch das
1. SGBÄndG[183] auf eine gesetzliche Grundlage gestellt, die bürokratisch und rechtsstaatlich
bedenklich war. Durch G. v. 13. 6. 1994 wurde diese Regelung (Abs. 6) ersatzlos gestrichen.
Die Beseitigung der Anhörungspflicht rechtfertigt jedoch nicht den Schluß, dem Schuldner sei
auch dort kein rechtliches Gehör zu gewähren, wo noch besondere Pfändungsvoraussetzungen (Billigkeit) zu prüfen sind. Der Gläubiger wird durch eine Anhörung kaum gefährdet, weil
einmalige Geldleistungen nach § 53 Abs. 2 SGB-I nur in engen Grenzen abtretbar und
verpfändbar sind. Deshalb ist eine Einschränkung des rechtlichen Gehörs kaum zu rechtfertigen, und es dürfen nicht einseitige Behauptungen des Gläubigers Entscheidungsgrundlage
sein[184]. Nur bei laufenden Geldleistungen, die wie Arbeitseinkommen zu pfänden sind,
scheidet eine Anhörung regelmäßig aus.

3. Pfändungsbeschluß

Der **Pfändungsbeschluß** hat, soweit er auf Billigkeitserwägungen beruht, diese offenzule- 106
gen, auch wenn dem Antrag des Gläubigers voll entsprochen wurde[185]. Nur so ist für
Beteiligte abzuschätzen, ob ein Rechtsbehelf begründet wäre.

Die Sozialgeldleistung ist bestimmt zu bezeichnen, → hierzu und zu den Folgen etwaiger
Unklarheiten § 829 Rdnr. 40 ff., insbesondere Rdnr. 49[186]; → auch wegen unklarer Anträge
oben Rdnr. 94.

Zur Bezeichnung der Parteien und des Drittschuldners → § 829 Rdnr. 40, 42.

Für die Pfändung *laufender* Sozialgeldleistungen durch *gewöhnliche* Gläubiger ist das 107
gleiche Verfahren einzuhalten wie bei Arbeitseinkommen, so daß im Regelfalle ein *Blankett*-

---

[178] *LG Berlin* (Fn. 128).
[179] Siehe außer der Lit. u. Rsp → § 829 Fn. 277–280 noch *OLG Köln* OLGZ 1979, 484; *Maier* (Fn. 122), 359.
[180] Zu den Leistungsträgern s. §§ 12, 18 ff. SGB-I, → Rdnr. 39 ff.
[181] *OLG Karlsruhe* (Fn. 155), 406.
[182] Zur Vermeidung von Erinnerungen u. rangschädlichen Verzögerungen hat schon der Rechtspfleger darauf zu achten, was leider zuweilen versäumt wird, s. z. B. *AGe Heidelberg* u. *Groß-Gerau* MDR 1985, 680 f.
[183] V. 20. VII. 1988 BGBl. I, 1046.
[184] A.M. *Riedel* NJW 1994, 2813.
[185] *OLG Köln* NJW 1988, 2956.
[186] Dazu noch: *LG Saarbrücken* Büro 1984, 786 (bei Erwerbsunfähigkeitsrente Angabe von Versicherungsnummer oder Geburtsdatum nicht nötig).

beschluß genügt, der auf die Tabelle Bezug nimmt, → § 850 c Rdnr. 21 ff.[187]. Anträge nach § 850 c Abs. 4 sind zulässig.

109 Nicht das Vollstreckungsgericht sondern der Leistungsträger selbst hat die für eine *Aufrechnung* gemäß § 51 SGB-I etwa erforderliche Billigkeitsprüfung anzustellen[188]. → dazu § 829 Rdnr. 111.

110 4. Ändern sich nach Erlaß des Pfändungsbeschlusses die Verhältnisse beim Leistungsberechtigten, so ist auf seinen Antrag, auf Antrag des Gläubigers oder eines unterhaltsberechtigten Dritten der Beschluß nach § 850 g abzuändern.

F. Rechtsbehelfe

111 Wurde der Schuldner gehört, so unterliegt der Pfändungsbeschluß als Entscheidung für Gläubiger und Schuldner nicht der unbefristeten Vollstreckungserinnerung (§ 766), sondern nur der befristeten Erinnerung gemäß § 11 RpflG[189]. Um die Rechtsbehelfsfrist in Lauf zu setzen, ist der Pfändungsbeschluß dem Schuldner von Amts wegen zuzustellen[190]. Nach Ablauf der Frist kommen nur noch Änderungen nach § 850 g bzw. § 850 f i. V. m. § 54 Abs. 3 SGB-I in Betracht. Nach § 850 f kann vom Schuldner jederzeit geltend gemacht werden, daß er durch die Pfändung sozialhilfebedürftig geworden ist[191]. Für den nicht anzuhörenden und nicht angehörten Drittschuldner ist der Rechtsbehelf der Vollstreckungserinnerung gegeben. Das gilt auch für den vorschriftswidrig nicht angehörten Schuldner[192].

112 Ein *Leistungsträger* kann aufgrund seiner Fürsorgepflicht (§§ 13–17 SGB-I) auch dann Rechtsbehelfe einlegen, wenn er ausnahmsweise nicht Drittschuldner ist[193]; allerdings nur gegen die Pfändung solcher Leistungen, die er selbst zu tragen hat[194].

113 Für **Verstöße** gegen § 54 SGB-I – etwa unzutreffende oder unterlassene Billigkeitsprüfung – gelten die Grundsätze → § 850 Rdnr. 19. Fehlerhafte Billigkeitsprüfung führt nicht zur Unzulässigkeit sondern zur Zurückweisung als unbegründet. Bis zur Aufhebung anfechtbarer Pfändungen sind Prozeßgerichte an diese gebunden, → § 829 Rdnr. 107, und zugunsten des Drittschuldners gilt § 836 Abs. 2.

Wegen **Kosten und Gebühren** → § 829 Rdnr. 125, § 766 Rdnr. 51, § 793 Rdnr. 7.

G. Pfändungsschutz nach Leistung des Sozialgeldes, § 55 SGB-I[195]

§ 55 [Kontenpfändung und Pfändung von Bargeld]
(1) Wird eine Geldleistung auf das Konto des Berechtigten bei einem Geldinstitut überwiesen, ist die Forderung, die durch die Gutschrift entsteht, für die Dauer von sieben Tagen seit der Gutschrift der Überweisung unpfändbar. Eine Pfändung des Guthabens gilt als mit der Maßgabe ausgesprochen, daß sie das Guthaben in Höhe der in Satz 1 bezeichneten Forderung während der sieben Tage nicht erfaßt.
(2) Das Geldinstitut ist dem Schuldner innerhalb der sieben Tage zur Leistung aus dem nach Absatz 1 Satz 2 von der Pfändung nicht erfaßten Guthaben nur soweit verpflichtet, als der

---

[187] Nachweise → § 850 c Fn. 40.
[188] Dazu *Heinze* (Fn. 53) § 51 Rdnr. 1, 16 f.; *v.Maydell* (Fn. 119) § 54 Rdnr. 53; *Reese* Deutsche Rentenversicherung 1980, 264.
[189] *OLG Frankfurt* Rpfleger 1993, 57; *LG Berlin* Rpfleger 1993, 167; *Kohte* NJW 1992, 393, 399 f.; *Hornung* Rpfleger 1989, 1, 10 u. 274, 275. – A.M. *Zöller/Stöber*[18] Rdnr. 45; *LG Frankenthal* Rpfleger 1989, 273 (abl. *Hornung*) für den Fall, daß sich der Schuldner nicht äußert.
[190] *OLG Frankfurt* Rpfleger 1993, 57.
[191] *Kohte* NJW 1992, 393, 400.
[192] *Hornung* Rpfleger 1989, 1, 10.
[193] Zu solchen Fällen → § 829 Rdnr. 23.
[194] Also nicht die nur mittelbar betroffene Wohnsitzgemeinde, wenn durch Rentenpfändung der Schuldner der Sozialhilfe bedürftig wird; *LG Koblenz* KKZ 1984, 35.
[195] Lit.: *Terpitz* BB 1976, 1564 ff.; *Noack* DGVZ 1976, 112 ff.; *Mümmler* Büro 1976, 1455; *Liesecke* WPM 1975, 322 ff.

Schuldner nachweist oder als dem Geldinstitut sonst bekannt ist, daß das Guthaben von der Pfändung nicht erfaßt ist. Soweit das Geldinstitut hiernach geleistet hat, gilt Absatz 1 Satz 2 nicht.

(3) Eine Leistung, die das Geldinstitut innerhalb der sieben Tage aus dem nach Absatz 1 Satz 2 von der Pfändung nicht erfaßten Guthaben an den Gläubiger bewirkt, ist dem Schuldner gegenüber unwirksam. Das gilt auch für eine Hinterlegung.

(4) Bei Empfängern laufender Geldleistungen sind die in Absatz 1 genannten Forderungen nach Ablauf von sieben Tagen seit der Gutschrift sowie Bargeld insoweit nicht der Pfändung unterworfen, als ihr Betrag dem unpfändbaren Teil der Leistungen für die Zeit von der Pfändung bis zum nächsten Zahlungstermin entspricht.

1. Allgemeines

Ist eine Sozialgeldleistung[196] *auf ein Konto überwiesen*[197], so entfällt der Schutz durch § 54 SGB-I[198]. Dann gilt nicht § 850 k sondern § 55 SGB-I, der sich auch in der Art der Ausgestaltung von § 850 k unterscheidet[199]. Allerdings darf auch hier gemäß § 835 Abs. 3 S. 2 das gepfändete Kontoguthaben erst 2 Wochen nach Zustellung des Überweisungsbeschlusses an den Pfändungsgläubiger abgeführt oder für diesen hinterlegt[200] werden, → dazu § 835 Rdnr. 48. Diese Bestimmung gilt *neben* dem 7-Tage-Schutz des Abs. 1[201]. § 55 SGB-I ist mit Wirkung vom 1. I. 76 (BGBl. 1975 I, 3015) an die Stelle verschiedener ähnlicher Regelungen getreten[202].   114

Konkursausfallgeld unterfällt *nicht* § 55 SGB-I, da für den Anspruch unmittelbar die §§ 850 ff. und damit auch § 850 k ZPO gelten → Rdnr. 53[203].   115

2. Der 7-Tage-Schutz

Der 7-Tage-Schutz für Guthaben nach **§ 55 Abs. 1–3 SGB-I** gilt für laufende und einmalige[204] Sozialgeldleistungen, auch für Nachzahlungen[205]. Sie sind während der ersten 7 Tage[206] nach Gutschrift[207] auf das Konto (→ § 850 k Rdnr. 5) in voller Höhe unpfändbar, gleichgültig, ob dem Schuldner dieser Betrag gerade am Tag der Gutschrift zusteht und ob die Unpfändbarkeitsgrenzen nach §§ 850 c, d erreicht sind. Auch ein Unterhaltsgläubiger kann solange nicht in das Guthaben vollstrecken. Damit geht der Guthabenschutz zeitweilig über § 54 SGB-I hinaus, um die Abwicklung einfacher und sicherer zu gestalten. Rücklagen, die der Schuldner aus pfandfreien Sozialleistungen gebildet hat, unterliegen aber der Pfändung[208].   116

---

[196] Nur diese sind gemeint mit »Geldleistungen«; auch solche aus unpfändbaren Ansprüchen, z.B. nach dem BSHG; *LG Oldenburg* ZIP 1981, 1325 f.; *Stöber*[10] Rdnr. 1423. Einmalige Erstattungsleistungen der Krankenversorgung der Bundesbeamten (KVB) sind nicht erfaßt, *BGH* NJW 1988, 2670.
[197] → dazu § 850 k Rdnr. 1 ff. Dies ist die Regel, vgl. § 47 SGB-I. Auch die Gutschrift aufgrund Verrechnungsschecks; *Terpitz* (Fn. 195), 1565 u. das Eigengeldkonto bei Zahlstellen der Vollzugsanstalten; *OLG Frankfurt* Büro 1978, 853.
[198] → § 850 Rdnr. 10.
[199] Siehe dazu BT-Drucks. 8/693, S. 49 f.
[200] Siehe dazu *Arnold* BB 1978, 1320 Fn. 72; *Heinze* (Fn. 53) § 55 Rdnr. 18.
[201] *Gaul* (→ § 829 Fn. 59).
[202] Z.B. § 119 Abs. 3 RVO, § 149 Abs. 2 AFG, § 12 Abs. 1 BKGG, § 19 Abs. 2 BAföG, § 70 a Abs. 1 BVG. Dabei wurde der Pfändungsschutz auf die Sozialgeldleistungen → Rdnr. 39 ff. ausgedehnt.
[203] *Zöller/Stöber*[18] Rdnr. 1 a.E. zu § 850 k; *Stöber*[10] Rdnr. 1460.
[204] Insoweit besteht ein Unterschied zu § 850 k, *v. Maydell* (Fn. 119) § 55 Rdnr. 13.
[205] *Stöber*[10] Rdnr. 1425. §§ 56, 58 SGB-I erstrecken den Schutz auf Sonderrechtsnachfolger oder Erben.
[206] Der Tag der Gutschrift zählt nicht mit (§ 187 BGB, § 222 ZPO). Läuft die Frist an einem Sonntag oder Feiertag ab, gilt § 193 BGB; hierzu *Liesecke* (Fn. 195), 323; *Terpitz* (Fn. 195), 1565.
[207] Auf den Eingang der Überweisung kommt es ebensowenig an wie auf die Kenntnis des Schuldners von der Gutschrift; *Mümmler* (Fn. 58) 974.
[208] *LG Siegen* Büro 1990, 786.

Geschützt ist das Kontoguthaben des Berechtigten. Dazu gehören auch Dritte, denen gemäß §§ 48 f. SGB-I laufende Geldleistungen überwiesen werden[209], nicht aber die Konten sonstiger Dritter wie Verwandte, Ehegatten u. ä.[210] Dies gilt auch dann, wenn der Berechtigte Bankvollmacht für diese Konten hat[211]. Berechtigter kann auch ein Arbeitgeber sein, z. B. bei Erhalt eines Zuschusses nach § 77 AFG. Erfaßt werden auch sogenannte »Oder«- sowie »Und«-Konten mit gemeinschaftlicher Verfügungsmacht mehrerer Personen[212].

117 Pfändungen[213] innerhalb der Frist »gelten« nach § 55 Abs. 1 S. 2 SGB-I als mit der Maßgabe ausgesprochen[214], daß sie das Guthaben zunächst nur abzüglich der Sozialgeldleistung erfassen, damit der Schuldner über sie verfügen kann, → Rdnr. 119. Dies gilt jedoch nur »während der 7 Tage«, so daß die Pfändung doch mit Fristablauf wirksam wird[215], und nur abzüglich etwaiger Leistungen des Geldinstituts an den Schuldner, → Rdnr. 118. Da nur er, und zwar lediglich befristet geschützt werden soll, nicht etwa konkurrierende Gläubiger, wahrt die Pfändung vor Fristablauf dem Gläubiger den Vorrang (für solche Guthabenteile, die nach Fristablauf für ihn pfändbar bleiben) auch gegenüber solchen Pfändungen, die noch innerhalb der Frist nachfolgen[216]. Die Lage ist insofern vergleichbar mit der Pfändung künftiger Forderungen, → § 829 Rdnr. 5: Verstrickung und Pfandrecht entstehen erst nach Fristablauf, sind aber doch schon durch diese Pfändung »begründet«, § 804 Abs. 3. Freilich gilt dann § 55 Abs. 4 SGB-I, → Rdnr. 122.

118 Will der Schuldner zwischen Pfändung und Fristablauf ganz oder teilweise über sein Guthaben verfügen, so hat er gemäß **§ 55 Abs. 2 S. 1 SGB-I** dem Geldinstitut nachzuweisen, daß das Guthaben »von der Pfändung nicht erfaßt ist«, also in dieser Höhe auf der Sozialgeldleistung beruht, z. B. durch Vorlage des Leistungsbescheids, und daß der gemäß Abs. 1 unpfändbare Teil sich auch nicht nach § 55 Abs. 2 SGB-I vermindert hat, → dazu Rdnr. 119. Der Nachweis erübrigt sich, wenn das Geldinstitut schon sonstwie davon Kenntnis hat, z. B. aufgrund der Gutschriftbelege und Kontoauszüge. Da das Risiko voreiliger Auszahlung (→ auch § 850 c Rdnr. 23) höher ist als das ihres Aufschubs bis zum Nachweis des Schuldners, kann das Gesetz die Auszahlungspflicht nur an zweifellos, z. B. durch Urkunde beweisbare Kenntnis knüpfen wollen[217]; maßgeblich ist nur die Kenntnis des für die Auszahlung oder Überweisung Befugten, → auch § 829 Fn. 486. Eine Pflicht zur Verschaffung oder Bewahrung der Kenntnis, etwa wenn der Sachbearbeiter wechselt, durch besondere Aufzeichnung besteht nicht[218]. Wegen Rechtsbehelfen des Schuldners → Rdnr. 128.

119 Verfügt der Schuldner durch Abhebung oder in anderer Weise über das ohne betragsmäßige Beschränkung[219] gepfändete Guthaben → Rdnr. 120, so mindert sich nach **§ 55 Abs. 2 S. 2 SGB-I** der unpfändbare Teil des Guthabens um den vollen Betrag dieser Verfügung[220]. Hat allerdings der Gläubiger nicht das gesamte Guthaben gepfändet → § 829 Rdnr. 78, so sind

---

[209] *v. Maydell* (Fn. 119) § 55 Rdnr. 14; *Stöber*[10] Rdnr. 1427. – A.M. *Terpitz* (Fn. 195), 1565; *Heinze* (Fn. 53) § 55 Rdnr. 9.
[210] Siehe dazu *LG Berlin* Rpfleger 1972, 181 (noch zu § 119 Abs. 3 RVO); *v. Maydell* (Fn. 119) § 55 Rdnr. 14; *Terpitz* u. *Liesecke* (beide Fn. 195); *Heinze* (Fn. 53) § 55 Rdnr. 9.
[211] BGH NJW 1988, 709.
[212] *Terpitz* (Fn. 195), 1565; *Stöber*[10] Rdnr. 1427; *Zöller/Stöber*[18] Rdnr. 49; *Heinze* (Fn. 53) § 55 Rdnr. 9; *Mümmler* (Fn. 58), 974 u. aaO Fn. 58. Ebenso bei § 850 k, → dort Rdnr. 5.
[213] Zur Kontenpfändung → § 829 Rdnr. 11–13, 44, 72.
[214] Also auch ohne ausdrückliche Einschränkung im Beschluß.
[215] *LG Siegen* Büro 1990, 786; *Gaul* (→ § 829 Fn. 59)

9; *Stöber*[10] Rdnr. 1430, 1436; *Heinze* (Fn. 53) § 55 Rdnr. 14, 20; *v. Maydell* (Fn. 119) § 55 Rdnr. 18, 28. – A.M. *Terpitz* (Fn. 257), 1565.
[216] *Stöber*[10] Rdnr. 1435; → auch § 804 Fn. 36 zu einer vergleichbaren Lage. – Zweifelnd *Gaul* (→ § 829 Fn. 59) 9: »wohl nur ex nunc mit Gleichrang«.
[217] MünchKommZPO-*Smid* Rdnr. 59.
[218] Ähnlich *v. Maydell* (Fn. 119) § 55 Rdnr. 22; *Terpitz* (Fn. 195), 1566; zust. *Gaul* (→ § 829 Fn. 59) 9 aaO Fn. 12 b.
[219] → § 829 Rdnr. 74–77.
[220] *AG München* Büro 1989, 1315 (zust. *Mümmler*). – Die früheren Schutzvorschriften → Fn. 202 hatten nach h.M. das bedenkliche Ergebnis, daß der Schuldner während der Frist stets verfügen konnte, ohne den pfändungsfreien Betrag zu vermindern.

Verfügungen des Schuldners zunächst auf den von vornherein nicht gepfändeten Teil anzurechnen, der Rest auf den wegen § 55 SGB-I unpfändbaren Teil[221].

Ob § 55 Abs. 2 S. 2 SGB-I auch für Verfügungen des Schuldners nach Gutschrift, aber *vor* der Pfändung gilt, ist umstritten[222]. Der Wortlaut spricht eher dagegen, denn S. 1 setzt eine Pfändung schon voraus und S. 2 bezieht sich (»hiernach«) nur auf die in S. 1 genannten Leistungen. Freilich will § 55 SGB-I dem Schuldner nur ermöglichen, die Sozialleistung bestimmungsgemäß zu verwenden, während ein etwaiger Guthabenrest grundsätzlich pfändbar bleiben soll. Hätte der Schuldner aber noch *vor* der Gutschrift der Sozialleistung über sein sonstiges Guthaben restlos verfügt, so wäre das Guthaben aus der Gutschrift der Sozialleistung nach § 55 Abs. 1 S. 1 SGB-I für 7 Tage unpfändbar. Warum dies anders sein soll, wenn der über die Sozialleistung hinausgehende Betrag erst *nach* Gutschrift der Sozialleistung abgehoben wird, ist nicht einzusehen; denn solange noch nicht gepfändet ist, kann der Schuldner sein haftendes Vermögen dem Gläubiger stets durch Verbrauch entziehen.

Folglich entspricht es dem Zweck des § 55 Abs. 2 S. 2 SGB-I, Verfügungen des Schuldners *vor* der Pfändung zunächst auf jenen Teil des Guthabens anzurechnen, den eine Pfändung trotz Abs. 1 erfaßt hätte, wenn sie kurz vor der Verfügung des Schuldners zugestellt worden wäre. Nur soweit diese Verfügung über einen solchen Guthabenteil hinausgeht, mindert sie den nach Abs. 1 unpfändbaren Teil des Guthabens[223].

Beispiel: Das Konto weist 200 DM Guthaben auf. Es kommen 100 DM Sozialleistung hinzu. Der Schuldner hebt 250 DM ab. Sodann überweist jemand einen Kaufpreis von 100 DM. Danach wird das Konto gepfändet ohne Betragsbeschränkung. – Von den 150 DM Guthaben verbleiben 50 DM unpfändbar, da die Abhebung nur 250–200 = 50 DM vom unpfändbaren Betrag »verbraucht« hat in sinngemäßer Anwendung des § 55 Abs. 2 S. 2 SGB-I. – Nach der Gegenmeinung wäre das gesamte Guthaben (150 DM) pfändbar, da die Abhebung den unpfändbaren Betrag von 100 DM schon vor der Pfändung verbraucht hätte.

Nach § 55 Abs. 3 SGB-I sind Leistungen des Geldinstituts an den *Gläubiger* (S. 1) sowie Hinterlegungen (S. 2) *gegenüber dem Schuldner unwirksam*, wenn sie innerhalb der 7 Tage unter Verstoß gegen § 55 Abs. 1 S. 2 SGB-I vorgenommen wurden, was wegen § 835 Abs. 3 S. 2 ohnehin kaum mehr vorkommen dürfte. Guter Glaube hilft dem Drittschuldner nicht, weil der Irrtum über den Pfändungsumfang zu seinen Lasten geht[224]. Ob der Schuldner den Nachweis → Rdnr. 118 vor oder nach der Leistung des Drittschuldners geführt hat, ist unerheblich[225]. Der Schuldner behält daher seine Forderung gegen das Geldinstitut. Obwohl die Unwirksamkeit relativ ist[226], kann der Schuldner nicht auf sie verzichten, z. B. indem er innerhalb der 7 Tage keine Verfügung trifft[227].

Gegenüber dem Gläubiger ist eine voreilige Leistung dieser Art zwar insofern wirksam, als er Eigentümer des an ihn gezahlten Geldes oder (vorbehaltlich wirksamer Stornierung) Berechtigter aus einer Gutschrift zu Lasten des Drittschuldners bzw. aus der Hinterlegung wird; jedoch ist dadurch die Titelschuld noch nicht getilgt und die Vollstreckung noch nicht beendet, so daß sie noch eingestellt und die Pfändung noch aufgehoben werden könnte[228].

120

---

[221] *Heinze* (Fn. 53) Rdnr. 22 mwN auch zur Gegenansicht.
[222] Im Ergebnis verneint von *Heinze* (Fn. 53) § 55 Rdnr. 22 a. E. gegen die → Fn. 223 Zitierten.
[223] MünchKommZPO-*Smid* Rdnr. 59. – A.M. (stets Reduzierung des unpfändbaren Teils) *Liesecke* (Fn. 195), 323; *Terpitz* (Fn. 195), 1566; *Zöller/Stöber*[18] Rdnr. 49; *v.Maydell* (Fn. 119) § 55 Rdnr. 25 f.
Stöber[10] Rdnr. 1436 will die befristete Unpfändbarkeit vom Nachweis des Schuldners abhängig machen, in welcher Höhe dieser vor der Pfändung entnommene Beträge bestimmungsgemäß verwendet habe. Das wäre wegen § 55 Abs. 2 u. 3 SGB-I unzumutbar für den Drittschuldner. Für Sozialleistungen mit Lohnersatzfunktion (→ Rdnr. 81) wäre diese Grenze kaum auszumachen, und gerade bei solchen Bargeschäften des täglichen Lebens, die typischerweise dem Zweck der Sozialleistung entsprechen, wäre nicht einmal mit Urkunden beweisbar, ob das ausgegebene Geld aus dem Guthaben stammte.
[224] § 836 Fn. 4.
[225] *Terpitz* (Fn. 195), 1567; *Stöber*[10] Rdnr. 1433.
[226] BT-Drucks. 7/868 S. 46.
[227] → § 850 Rdnr. 18. Wie hier *Heinze* (Fn. 53) § 55 Rdnr. 19 gegen *v.Maydell* (Fn. 119) § 55 Rdnr. 28.
[228] Zur grundsätzlichen Beendigung der ZV i.e.S. durch *wirksame* Zahlung des Drittschuldners → Rdnr. 118 vor § 704, § 766 Rdnr. 37 f.

Soweit Leistungen des Geldinstituts nach Abs. 3 gegenüber dem Schuldner unwirksam sind, kann das Geldinstitut den Betrag nach § 812 BGB vom Gläubiger zurückverlangen[229], notfalls durch Klage, nicht nach § 766, → dort Fn. 218, unten Rdnr. 128. Die Bereicherung kann aber immer nur im Umfang des jeweils unpfändbaren Teils ungerechtfertigt sein, also nach Fristablauf in den Fällen → Rdnr. 122–124 lediglich in der vom Gericht festgesetzten Höhe.

121   Innerhalb der Frist gelten bezüglich einer *Aufrechnung* die → § 850 Rdnr. 61 ff. genannten Beschränkungen[230]. Folglich darf das Geldinstitut während dieser Zeit grundsätzlich[231] auch keine kontokorrentmäßige *Verrechnung* vornehmen mit der Sozialgeldgutschrift[232], → auch § 850 Fn. 128. Die Auszahlung an den Schuldner darf daher bis zum Fristablauf nicht deshalb verweigert werden, weil der Gutschrift der Sozialleistung Sollposten gegenüberstehen[233]. Nach Fristablauf gilt das gleiche für den Bereich des § 55 Abs. 4 SGB-I[234].

Abtretungen, Verpfändungen oder Einziehungsermächtigungen zu eigenem Nutzen des Ermächtigten scheiden für das Guthaben nach § 400 BGB aus, soweit die Unpfändbarkeit gemäß § 55 Abs. 1 und 4 SGB-I reicht[235]. Denn § 53 SGB-I gilt nur für Ansprüche gegen Leistungsträger und eine Analogie für Bankguthaben ist um so weniger angebracht, als die Ausnahmen → § 850 Rdnr. 62 Fn. 133 Interessen von Schuldner und Zessionar ebenso wahren wie § 53 Abs. 2 Nr. 1 SGB-I[236].

3. Ablauf der Frist

122   Nach Ablauf der Siebentagefrist greift der in Anlehnung an § 811 Nr. 8[237] ausgestaltete Pfändungsschutz nach **§ 55 Abs. 4 SGB-I** ein. Er gilt – wie § 850 k – nur für *laufende Sozialgeldleistungen*, nicht für einmalige, obwohl diese sonst in gleichem Maße geschützt sind, → Rdnr. 62 ff. und § 835 Rdnr. 48 (Zahlungssperre); für sie mutet man also dem Schuldner zu, das Sozialgeld binnen der 7 Tage abzuheben[238].

123   Mit dem »unpfändbaren Teil der Leistung« ist auf § 54 Abs. 4 SGB-I verwiesen, als ob der Anspruch noch gegen den Leistungsträger bestünde. Daher ist zwischen Unterhaltsgläubigern und gewöhnlichen Gläubigern zu unterscheiden, falls nicht – wie bei Sozialhilfe nach § 4 Abs. 1 S. 2 BSHG – der gesamte Betrag unpfändbar ist. Ist der unpfändbare Teil ermittelt, so ist ein Betrag als pfändungsfrei festzusetzen, der dem Verhältnis der Zeitspanne zwischen Pfändung und nächstem Zahlungstermin zur gesamten Zahlungsperiode entspricht[239].

124   a) Steht der Betrag noch ganz oder wenigstens teilweise auf dem **Konto**, so ist über die Höhe des pfandfreien Betrags nebst den damit verbundenen vielfältigen Wertungen nicht vom Geldinstitut als Drittschuldner sondern nur vom Vollstreckungsgericht zu befinden, sobald Schuldner oder Drittschuldner[240] nach § 766 die Einschränkung der Kontenpfändung beantragen[241]. Hat der Schuldner innerhalb der Frist Beträge entnommen, so mindert sich der

---

[229] BT-Drucks. 7/868, S. 42, 46; *Stöber*[10] Rdnr. 1434. Die vom Bundesrat zur Klarstellung dieser Rechtsfolge angeregte Streichung der Worte »dem Schuldner gegenüber« hielt man nicht für nötig.

[230] VGH Kassel NJW 1986, 147 mwN; *Liesecke* (Fn. 195) 323 mwN; *Heinze* (Fn. 53) § 55 Rdnr. 12, 23. Denn §§ 51 f. SGB-I gelten nicht für Bankguthaben sondern nur für den Leistungsträger.

[231] Anders in den Fällen → § 850 Rdnr. 62, z.B. Verrechnung eines gerade auf diese erwartete Sozialleistung gewährten Kredits, *Liesecke* (Fn. 195), 323, nicht aber einer schlichten Überziehung des Kontos; VGH Kassel (Fn. 230).

[232] BGH NJW 1988, 709 u. 2670.

[233] *VGH Kassel* (Fn. 230) mwN; *Heinze* (Fn. 53) Rdnr. 12, 23.

[234] Für § 55 Abs. 4 SGB-I ist zwar eine Erinnerung erforderlich → Rdnr. 124 f. Aber das steht nicht einem Pfändungsschutz auf Antrag (§§ 850 f, i) gleich, für den die §§ 394, 400 BGB nicht gelten, → § 850 Rdnr. 61 a. E.

[235] → Fn. 78.

[236] Daher richtig *Heinze* (Fn. 53) § 55 Rdnr. 37 gegen *v. Maydell* (Fn. 119) § 55 Rdnr. 44.

[237] → dort Rdnr. 61.

[238] A.M. *Zöller/Stöber*[18] Rdnr. 53: § 54 Abs. 2 SGB-I entsprechend (auf Erinnerung).

[239] Zur Berechnung bei Kindergeld *Stöber*[10] Rdnr. 1439 a; *Hornung* Rpfleger 1988, 213, 222.

[240] → Rdnr. 111.

[241] OLG Hamm Büro 1990, 1058; LG Oldenburg (Fn. 196); *Mümmler* (Fn. 58), 974; *Stöber*[10] Rdnr. 1439; *Terpitz* (Fn. 195), 1567; *v. Maydell* (Fn. 119) § 55 Rdnr. 36. – A.M. *Heinze* (Fn. 53) § 55 Rdnr. 33 (Bank müsse über Billigkeit entscheiden, falls es ihr möglich sei).

unpfändbare Teil (→ Rdnr. 123) wie nach → Rdnr. 118 f.[242]. Wegen *Aufrechnung, Abtretung* usw. → Rdnr. 121.

b) Soweit sich § 55 Abs. 4 SGB-I auf die Pfändung von **Bargeld** bei Empfängern laufender Sozialleistungen bezieht, ist er an die Stelle der § 119 Abs. 4 RVO, § 70 a Abs. 2 BVersG, § 149 Abs. 4 AFG getreten. Der Gerichtsvollzieher hat den Pfändungsschutz von Amts wegen zu berücksichtigen. Näheres → § 811 Rdnr. 63. 125

Den Schuldner trifft die Beweislast dafür, daß er die Sozialgeldleistung erhalten hat. Wie bei → § 811 Rdnr. 61 ist aber weder vom Gerichtsvollzieher noch vom Vollstreckungsgericht zu prüfen, ob gerade das vorgefundene Geld aus der Sozialleistung stammt[243]. Denn der Schuldner könnte selbst dann, wenn er das Sozialgeld bar empfangen oder vom Konto abgehoben hat, kaum sicher beweisen, daß gerade das gepfändete Geld hieraus stammt und, falls er vor der Pfändung noch andere Barmittel hatte, ob er dieses oder jenes Geld zuerst ausgegeben hat. Steht aber fest, daß die Sozialgeldleistung für die laufende Zahlungsperiode sich noch ganz oder teilweise auf dem Konto befindet, so ist ein doppelter Schutz gemäß → Rdnr. 126 zu verhindern.

Bei der Berechnung → Rdnr. 123 ist bis zum Beweis des Gegenteils davon auszugehen, daß sich die innerhalb einer Zahlungsperiode zu bestreitenden Ausgaben gleichmäßig verteilen. Damit kann der Schuldner, je nachdem ob er vor der Pfändung schon einen wesentlichen Teil seiner Aufwendungen bestritten hat oder nicht, bevorzugt oder, falls ihm der Beweis mißlingt, auch benachteiligt sein.

Der Bargeldschutz findet zunächst auch dann statt, wenn zugleich Pfändungsschutz für Kontoguthaben in Anspruch genommen wird, da der GV etwaiges Kontoguthaben nicht kennt und das Vollstreckungsgericht andererseits bei der Kontenpfändung nicht zu prüfen hat, ob der Schuldner noch über Bargeld verfügt. Der Gläubiger kann jedoch aufgrund Erinnerung einen doppelten Pfändungsschutz verhindern. Der Satzteil nach dem Komma »ihr Betrag...« bezieht sich nach Wortlaut und Sinn auf Gutschrift *und* Bargeld zusammen, so daß der unpfändbare Teil aus beiden nur einmal zu gewähren ist. So kann der Gläubiger z.B. darlegen, daß der Bargeldschutz entfallen oder eingeschränkt werden muß, weil der Schuldner über den für unpfändbar erklärten Teil des Guthabens noch nicht verfügt hat[244]. 126

4. Verfahren zu § 55 SGB-I

a) Zur Pfändung und Verwertung der durch die Sozialgeldleistung entstandenen bzw. erhöhten *Guthaben* → § 829 Rdnr. 11–13 (Gegenstand der Pfändung), Rdnr. 44 (Bestimmtheit), Rdnr. 72 f. (Umfang), § 835 Rdnr. 1 ff. Der *Pfändungsbeschluß* ergeht zunächst ohne Einschränkung, da die Gerichte, meist auch Gläubiger nicht wissen, ob und in welcher Höhe das vermutliche Guthaben aus Sozialleistungen herrührt. 127

Ein Streit darüber, ob und in welchem Umfang der Siebentageschutz → Rdnr. 116–121 besteht oder – etwa nach unrichtiger Auszahlung oder Verrechnung – bestanden hatte, ist nicht nach § 766 sondern im Prozeßwege zu klären[245], wobei den Schuldner die Beweislast für den Umfang der Unpfändbarkeit gemäß § 55 Abs. 1, 2 SGB-I trifft[246]. 128

---

[242] *Zöller/Stöber*[18] Rdnr. 50 (mit Beispiel).
[243] *Heinze* (Fn. 53) § 55 Rdnr. 28. Die Gründe der Gegenansicht, *LG Regensburg* Rpfleger 1979, 467 (dort für Sozialhilfe), zust. *Stöber*[10] Rdnr. 1440, überzeugen nicht: 1. kommt es auch für § 55 Abs. 1, 2 SGB-I nur darauf an, daß die Sozialleistung überhaupt dem Konto zugeflossen ist → Rdnr. 118, nicht aber darauf, welcher Teil des Guthabens auf ihr beruht; 2. ist der vom *LG Regensburg* aufgestellte Satz, Sozialhilfeempfänger hätten eher Ne-

beneinkünfte als Erwerbstätige, nicht anzuerkennen, auch nicht für sonstige Sozialleistungsempfänger.
[244] Richtig *Heinze* (Fn. 53) § 55 Rdnr. 29.
[245] *LG Oldenburg* (Fn. 196); *Stöber*[10] Rdnr. 1438; *Terpitz* (Fn. 195), 1567; a.M. *Liesecke* (Fn. 195), 323: auch § 766 für Bank oder Schuldner.
[246] Ebenso wie gegenüber dem Drittschuldner nach § 55 Abs. 2 SGB-I.

129 Für die Unpfändbarkeit der Forderung nach § 55 Abs. 4 SGB-I gilt das § 829 Rdnr. 109 Ausgeführte.

b) Zur Pfändung des *Bargeldes* (§ 808) und wegen der Rechtsbehelfe → Rdnr. 125 f.

§ 850 k [Pfändungsschutz für Bankguthaben]

(1) Werden wiederkehrende Einkünfte der in den §§ 850–850 b bezeichneten Art auf das Konto des Schuldners bei einem Geldinstitut überwiesen, so ist eine Pfändung des Guthabens auf Antrag des Schuldners vom Vollstreckungsgericht insoweit aufzuheben, als das Guthaben dem der Pfändung nicht unterworfenen Teil der Einkünfte für die Zeit von der Pfändung bis zu dem nächsten Zahlungstermin entspricht.

(2) ¹Das Vollstreckungsgericht hebt die Pfändung des Guthabens für den Teil vorab auf, dessen der Schuldner bis zum nächsten Zahlungstermin dringend bedarf, um seinen notwendigen Unterhalt zu bestreiten und seine laufenden gesetzlichen Unterhaltspflichten gegenüber den dem Gläubiger vorgehenden Berechtigten zu erfüllen oder die dem Gläubiger gleichstehenden Unterhaltsberechtigten gleichmäßig zu befriedigen. ²Der vorab freigegebene Teil des Guthabens darf den Betrag nicht übersteigen, der dem Schuldner voraussichtlich nach Absatz 1 zu belassen ist. ³Der Schuldner hat glaubhaft zu machen, daß wiederkehrende Einkünfte der in den §§ 850–850 b bezeichneten Art auf das Konto überwiesen worden sind und daß die Voraussetzung des Satzes 1 vorliegen. ⁴Die Anhörung des Gläubigers unterbleibt, wenn der damit verbundene Aufschub dem Schuldner nicht zuzumuten ist.

(3) Im übrigen ist das Vollstreckungsgericht befugt, die in § 732 Abs. 2 bezeichneten Anordnungen zu erlassen.

Gesetzesgeschichte: BGBl. 1978 I, 333.

I. Allgemeines[1]

1 1. Sobald dem Schuldner überwiesene Bezüge seinem Konto gutgeschrieben sind, entfällt nach § 362 BGB der Anspruch[2] und mit ihm der Pfändungsschutz gemäß §§ 850 ff.[3]. Insoweit kann also nur noch die neue Forderung gegen das Geldinstitut, diese aber ohne Einschränkung[4] gepfändet werden; § 811 Nr. 8 greift erst ein, wenn das Geld abgehoben ist. Um diese Lücke zu schließen und bisherige Unklarheiten zu beseitigen[5], soll § 850 k den Beziehern laufender Einkünfte nach §§ 850–850 b *im bargeldlosen Verkehr* die Deckung ihres notwendigen Lebensbedarfs aus dem Konto bis zum nächsten Zahlungstermin sichern.

2 Die Pfändung des Arbeitseinkommens erübrigt sich nicht, wenn das Gehalt des Schuldners auf ein Konto überwiesen wird. Selbst wenn die Kontenpfändung **künftige** Guthaben erfaßt, → § 829 Rdnr. 11 f. sowie unten Rdnr. 20 f., schützt sie nicht davor, daß *nach* der Pfändung a) künftige Bezüge von anderen Gläubigern schon beim Arbeitgeber gepfändet werden (§ 832), b) der Schuldner das Konto aufgibt (Näheres → § 829 Rdnr. 44, 95 f.) oder sich weitere Bezüge bar auszahlen oder auf das Konto eines anderen Instituts überweisen läßt. Insoweit bleibt die Pfändung des Arbeitseinkommens unentbehrlich.

---

[1] Eingeführt durch G vom 28. II. 78 (BGBl. I, 33). Begründungen BT-Drucks. 8/693, S. 49, 8/1414, S. 41 u. BR-Drucks. 193/77, S. 49. Lit.: *Arnold* BB 1978, 1319 ff.; *Behr* Büro 1979, 311 ff. u. Rpfleger 1989, 52 f.; *Hartmann* NJW 1978, 610 f.; *Hornung* Rpfleger 1978, 359 ff.; *Schröder* Büro 1978, 469; *Stöber*¹⁰ Rdnr. 1281 ff.

[2] Soweit die Überweisung nicht gegen eine wirksame Pfändung der Einkünfte verstößt, → § 829 Rdnr. 101 ff.

[3] → § 850 Rdnr. 9–12; *LG Freiburg* ZIP 1982, 432 = WPM 726.

[4] Zu den Gründen für die von § 55 SGB-I und § 811 Nr. 8 abweichende »Antragslösung« für § 850 k s. *Arnold* (Fn. 1) 1319 f.

[5] → § 811 Fn. 326, Begründung zu § 850 k (Fn. 1), *Arnold* (Fn. 1).

2. Der Kontenschutz durch Aufhebung der Pfändung nach Abs. 1 oder 2 setzt voraus, daß 3
die **Pfändung noch besteht**. Sie darf also noch nicht erloschen sein durch Überweisung an
Zahlungs Statt oder Einziehung, → § 803 Rdnr. 11, 23. Der Schuldner muß daher den Antrag
unverzüglich stellen, sobald er von der Pfändung erfährt, damit das Gericht noch innerhalb
der Frist des § 835 Abs. 3 S. 2 entweder die Pfändung aufheben oder, falls dies nicht rechtzeitig möglich ist, nach Abs. 3 die Einziehung oder den Erwerb der Forderung durch den
Gläubiger (§ 835 Abs. 2) vorläufig verhindern kann, → Rdnr. 26 und § 835 Rdnr. 43 f., 49.
Andernfalls ist nur noch ein erhöhter Schutz der nächsten Rate(n) möglich gemäß § 850 f
Abs. 1 (→ auch unten Rdnr. 13), in besonders krassen Fällen nach § 765 a.

3. Im Unterschied zu § 55 SGB-I wird nicht die Unpfändbarkeit der Guthabenforderung für 4
eine bestimmte Zeit angeordnet; deshalb besteht auch keine Verfügungsbeschränkung nach
§ 400 BGB, so daß die Guthabenforderung **abgetreten, verpfändet** und gegen sie **aufgerechnet** werden kann[6]. Es wird lediglich die Pfändung eines bestimmten Gläubigers aufgehoben.
Pfändet ein weiterer Gläubiger, muß der Schuldner einen neuen Antrag stellen.

II. Die geschützten Konten

1. Arten

Geschützt sind **Giro- und Sparguthaben natürlicher Personen**[7] **bei Geldinstituten** wie 5
Banken, Sparkassen, Postgiroamt[8], auch »Und-« sowie »Oder-Konten«, falls auch der
Schuldner verfügungsberechtigt ist[9]; *nicht* Guthaben Dritter, z. B. Angehöriger[10]. Die Zahlstelle einer Haftanstalt ist kein Geldinstitut i. S. d. § 850 k[11].

2. Wiederkehrende Einkünfte

Es müssen **wiederkehrende Einkünfte i. S. d. §§ 850–850 b** oder auf diese verweisender 6
Vorschriften[12], z. B. § 27 HeimArbG[13], § 49 Abs. 2 S. 2, § 60 Abs. 1 S. 2 BSeuchenG[14], § 141 l
Abs. 2 AFG[15] – aber *nicht* § 54 SGB-I[16] oder solche Bezüge, deren Pfändbarkeit *ohne*
Verweisung auf die §§ 850–850 b geregelt ist[17] – **überwiesen** oder, was dem gleichzustellen
ist, auf andere Weise unmittelbar vom Drittschuldner auf das Konto gelangt sein, z. B. durch
Scheckeinreichung[18], und zwar noch für die laufende Zahlungsperiode[19]. Unschädlich ist, daß
das Konto auch für Gutschriften anderer Art dient[20], ferner, daß der Schuldner über den

---

[6] Im Ergebnis richtig *LG Freiburg* (Fn. 3); anders *Baur/Stürner*[11] Rdnr. 355 Fn. 12. Sogar in den Fällen → Rdnr. 20 f. sind künftige Guthaben »der Pfändung unterworfen«, mag auch die Vorwegentscheidung der Pfändungswirkungen im Augenblick ihres Eintretens schon wieder (teilweise) beseitigen. Denn das verbliebene Guthaben kann auch dann noch, wenn der Schuldner es stehen läßt, vom nächsten Gläubiger gepfändet werden, der § 850 k um so weniger zu fürchten hat, je später er es pfändet.
[7] Nicht der Gesellschaften und Vereine; *Arnold* (Fn. 1), 1320; *Stöber*[10] Rdnr. 1287, allg. M.
[8] *LG Bad Kreuznach* Rpfleger 1990, 216; *Stöber*[10] Rdnr. 1281 f., → auch § 850 i Fn. 259 zu § 55 SGB-I. Über Konten bei der Post → § 829 Rdnr. 13, § 831 Rdnr. 4.
[9] *Stöber*[10] Rdnr. 1282; ebenso wie bei § 55 SGB-I, → § 850 i Rdnr. 116 a. E.
[10] → § 850 i Rdnr. 116 zu § 55 SGB-I.
[11] *LG Berlin* Rpfleger 1992, 138.
[12] Entsprechende Anwendung kommt in Betracht für solche Überweisungen, die dem Schuldner Verfügungen über gemäß §§ 850–850 b unpfändbare Ansprüche erlauben → § 850 Rdnr. 62 bei Fn. 133.
[13] → § 850 i Rdnr. 25 u. Art. 3 des G → Fn. 1.
[14] → § 850 i Rdnr. 55 a. E.
[15] → § 850 i Rdnr. 47.
[16] → § 850 i Rdnr. 114.
[17] → § 850 i Rdnr. 54. Eine Analogie zu § 811 Nr. 8 (dort Fn. 232) wird sich jetzt nicht mehr halten lassen, nachdem § 55 SGB-I und § 850 k den Kreis der geschützten Gutschriften festgelegt hat; so auch *Stöber*[10] Rdnr. 1281, 1300: nur § 765 a. Auch der nur für Bargeld geltende § 51 Abs. 4 S. 3 StVollzG (→ § 850 Fn. 70 f.) ist nicht auf Guthaben entsprechend anzuwenden, *LG Berlin* → § 850 Rpfleger 1981, 445. Wohl aber gilt § 850 k für überwiesene Arbeitsentgelte u. Ausfallentschädigungen, falls diese nach Auffüllen des Überbrückungsgeldes gemäß §§ 850 ff. pfändbar geworden waren, → § 850 Fn. 68 f.
[18] *Zöller/Stöber*[18] Rdnr. 2.
[19] Ausführlich *Zöller/Stöber*[18] Rdnr. 3.
[20] *LG Oldenburg* Rpfleger 1983, 33 (a); *Arnold*, 1320;

Betrag der eingegangenen oder erwarteten wiederkehrenden Zahlung noch vor der Pfändung ganz oder teilweise verfügt[21]; das Guthaben muß also bei Pfändung nicht mehr auf dieser Überweisung beruhen[22]. Beim debitorisch geführten Konto geht die Pfändung der Saldoforderung ins Leere, und ein Schutz nach § 850 k ist nicht erforderlich. Pfändet der Gläubiger aber alle Rechte aus dem Girovertrag, ist die Pfändung insoweit entsprechend § 850 k aufzuheben als die Pfändung den Schuldner hindert, über einen gutgeschriebenen Betrag zu verfügen[23].

7   a) Zum Begriff »wiederkehrend« → § 850 Rdnr. 41. Er trifft auch zu auf Vorschuß- und Nachzahlungen, die auf mehrere Perioden umzulegen sind, → § 850 c Rdnr. 9–11 und zur Zusammenrechnung → § 850 e Rdnr. 14–18. Wegen Weihnachtsvergütungen → § 850 a Rdnr. 29.

8   b) Nach Wortlaut und Sinn unterfällt schon die erste Überweisung solcher Bezüge dem Schutz[24]. Läßt der Schuldner nur einen **Teil** seiner Bezüge auf das Konto überweisen, während der Rest bar gezahlt wird oder auf ein anderes Konto gelangt, so ist das noch kein ausreichender Grund, den Schutz des § 850 k von vornherein zu versagen[25]. Erkennt das Gericht nicht, daß es sich nur um einen Bruchteil handelt, so kommt eine Zurückweisung ohnehin nicht in Betracht. Ist aber die Teilung ersichtlich, z. B. weil der Schuldner sie selbst zugibt, so ist eine Erschleichung von Pfändungsschutz anders zu verhindern: Statt den Antrag sofort zurückzuweisen, ist dem Schuldner Gelegenheit zur Offenlegung seiner Gesamteinkünfte zu geben[26], die dann wie mehrere Einkommen von Amts wegen zusammenzurechnen sind. Verschweigt er sich aber darüber, so sind zunächst Stellungnahme und etwaige Anträge des Gläubigers abzuwarten, → Rdnr. 16 und 12. Das bar ausgezahlte oder anderweit überwiesene Restgehalt ist dann anzurechnen auf den nach Abs. 1 dem Schuldner zu belassenden Teil[27]; weist aber der Schuldner nach, daß in diesem Zahlungszeitraum entweder Bargeld oder Guthaben i. S. d. Abs. 1 auf anderen Konten gepfändet sind, so wird das dabei nach § 811 Nr. 8 oder § 850 k als unpfändbar dem Schuldner Belassene auf den anläßlich der jetzigen Kontenpfändung zu ermittelnden Freibetrag nach Abs. 1 angerechnet. Wurde das Einkommen auf verschiedene Konten überwiesen, und haben verschiedene Gläubiger die Guthaben gepfändet, ist fraglich, wie der Freibetrag unter die Gläubiger zu verteilen ist. Da die Gläubiger auf unterschiedliche Rechte zugreifen, gibt es zwischen ihnen kein Rangverhältnis nach zeitlicher Priorität. Deshalb sollte der Freibetrag anteilig unter die Gläubiger aufgeteilt werden[28].

9   Ist bereits das Arbeitseinkommen als solches gepfändet oder abgetreten und gelangt daher von vornherein nur der *unpfändbare Teil* auf das Konto, so ist der Zeitanteil → Rdnr. 14 f. ganz aus diesem Konto freizustellen. Die Pfändung ist insgesamt aufzuheben; eine bezifferte Aufhebung ist nicht erforderlich[29]. Wegen mehrerer Einkünfte → Rdnr. 11 f., wegen Gutschriften nach der Pfändung → Rdnr. 20 f.

Hartmann, 610; *Schröder*, 470; *Behr*, 311 f. u. Fn. 13 (alle Fn. 1).
[21] Über die Gründe dieses Unterschiedes zu § 55 SGB-I (→ § 850 i Rdnr. 119, 124); s. *Stöber*[10] Rdnr. 1283; s. auch *Arnold* (Fn. 1), 1320; *Baur/Stürner*[11] Rdnr. 355.
[22] BT-Drucks. 8/693, S. 49; LG Oldenburg → § 850 b Fn. 67; *Arnold* (Fn. 1), 1320; *Stöber*[10] Rdnr. 1283; allg. M.
[23] Zum erweiterten Guthabenbegriff *Behr* Rpfleger 1989, 52; *Gaul* KTS 1989, 3, 20 ff.; *Stöber*[10] Rdnr. 1284 a.
[24] MünchKommZPO-*Smid* Rdnr. 11; *Thomas/Putzo*[18] Rdnr. 4, während *Baumbach/Hartmann*[52] Rdnr. 2 u. *Arnold* (Fn. 1), 1320 Fn. 66 zweimaligen Eingang verlangen. Kontowechsel erfordert ohnehin neuen Antrag des Schuldners.

[25] So aber *Arnold* (Fn. 1), 1320 Fn. 66; s. dagegen *Münzberg* ZZP 98 (1985), 358 f.
[26] Zugleich mit der Anhörung des Gläubigers (→ Fn. 46), um Verzögerung zu vermeiden; ebenso MünchKommZPO-*Smid* Rdnr. 11.
[27] → Rdnr. 14 f.
[28] Vgl. *Münzberg* ZZP 102 (1989) 136 f.; a. M. *Stöber*[10] Rdnr. 1282 a, der nach dem Prioritätsgrundsatz entscheidet.
[29] LG Hannover Büro 1990, 1059; LG Bielefeld Büro 1990, 1365. – A. M. *Zöller/Stöber*[18] Rdnr. 11.

3. Einmalige Bezüge

Für einmalige Bezüge, die nicht wie → Rdnr. 7 den wiederkehrenden zuzurechnen sind, gilt 10 nach Überweisung nicht § 850 k sondern nur noch § 765 a, auch wenn vorher Pfändungsschutz in Betracht gekommen wäre[30], z.B. nach § 850 a Nr. 3, 5, ferner für einmalig geschuldete Versicherungssummen gemäß § 850 b Nr. 4[31] oder aus früheren Handwerkerversicherungen → § 850 b Rdnr. 24, schließlich für alle Bezüge gemäß § 850 i Abs. 1 (→ dort Rdnr. 2). Urlaubs- und Weihnachtsgelder sind jedoch den wiederkehrenden Bezügen zuzurechnen, → Rdnr. 7, 12.

Gelangen wiederkehrende Einkünfte gemäß §§ 850–850 b **und Sozialleistungen** auf Konten des Schuldners, so sind § 850 k und § 55 SGB-I nebeneinander anzuwenden[32]. Wegen des 11 Pfändungsschutzes und etwaiger Verfügungen des Schuldners *innerhalb von 7 Tagen nach Gutschrift* der Sozialleistung → § 850 i Rdnr. 116–121. Nach Ablauf dieser Frist gilt für den durch Überweisung der Sozialleistung entstandenen Teil des Guthabens § 55 Abs. 4 SGB-I (→ dazu § 850 i Rdnr. 122–124), für den Rest – nur auf Antrag – § 850 k. Zur Ermittlung des »fiktiven Freibetrags« (→ Rdnr. 12 f.) sind jedoch beide Einkunftsarten zusammenzurechnen, und zwar je nachdem, ob sie auf dasselbe oder auf verschiedene Konten gelangten, von Amts wegen oder – für gewöhnliche Gläubiger – entsprechend § 850 e Nr. 2 a auf Antrag, → Rdnr. 12. Wegen privilegierter Unterhaltsgläubiger → § 850 e Rdnr. 54.

4. Umfang des Kontenschutzes nach Abs. 1

a) Zunächst ist zu ermitteln, in welcher Höhe die Beträge → Rdnr. 5 f. gemäß §§ 850 ff. der 12 Pfändung nicht unterworfen gewesen wären, wenn der Gläubiger sie schon beim Drittschuldner der Einkünfte gepfändet hätte (*fiktiver Freibetrag*). Dabei sind *mehrere* auf dasselbe Konto gelangte Einkünfte von Amts wegen zusammenzurechnen[33]. Hat schon eine Zusammenrechnung gepfändeten Arbeitseinkommens stattgefunden, bleibt diese maßgebend, wenn danach der unpfändbare Teil auf das Konto überwiesen wird. Andernfalls wird man, wenn mehrere Einkünfte auf verschiedene Konten gelangt sind, § 850 e entsprechend anwenden, also einen Antrag des Gläubigers verlangen müssen[34], falls ihm nicht § 850 d zugute kommt, → dort Rdnr. 29. Wegen der Verteilung eines *einheitlichen* Einkommens auf mehrere Konten usw. → Rdnr. 8, wegen Gutschriften nach Pfändung → Rdnr. 20 f.

Je nach Art des Gläubigers ist dann von **§ 850 c** oder **§ 850 d**[35] auszugehen; die Berufung 13 auf **§ 850 f** ist sowohl dem Schuldner[36] als auch dem Gläubiger möglich; denn § 850 k unterscheidet nicht danach, ob schon der Anspruch auf die Einkünfte gepfändet bzw. abgetreten war (→ Rdnr. 9) oder ob die gesamten Einkünfte auf das Konto gelangt sind. Ferner sind alle *wiederkehrenden* (→ Rdnr. 7, 10), nach **§ 850 a** und – soweit das Gericht die vom Gläubiger behaupteten[37] Pfändungsvoraussetzungen nicht für gegeben hält – auch nach **§ 850 b** *unpfändbaren* Bezüge dem »fiktiven Freibetrag« zuzurechnen, so daß auch sie dem Schuldner wie Rdnr. 14 f. nur zeitanteilig verbleiben. Entsprechend § 850 c Abs. 4 ist auf Antrag des Gläubigers ein unterhaltsberechtigter Angehöriger des Schuldners mit eigenen Einkünften bei der Festsetzung des Freibetrages nicht einzubeziehen[38].

---

[30] *BGH* NJW 1988, 2670; *Thomas/Putzo*[18] Rdnr. 2; *Hartmann* (Fn. 1), 610; *Arnold* (Fn. 1), 1320 Fn. 67; *Stöber*[10] Rdnr. 1282; s. auch BT-Drucks. 6/2870, S. 2; ebenso bei § 55 SGB-I → § 850 i Rdnr. 122.
[31] Wie bei § 811 Nr. 8, → dort Fn. 323. – A.M. *LG Oldenburg* Rpfleger 1983, 33.
[32] Vgl. BT-Drucks. 8/693, S. 49.
[33] *Grunsky* ZIP 1983, 911; *Stöber*[10] Rdnr. 1292 a.
[34] *Grunsky* u. *Stöber*[10] (Fn. 33).
[35] Zum Verfahren → Rdnr. 17 f.
[36] *Stöber*[10] Rdnr. 1291.
[37] Es ist auch hier wie → § 850 b Rdnr. 26 ff. zu verfahren.
[38] *LG Münster* Rpfleger 1989, 294.

14 b) Von dem »fiktiven Freibetrag« ist der **dem Zeitablauf entsprechende Bruchteil** zu berechnen, welcher bei (gleichmäßig gedachter) Verteilung auf die gesamte vereinbarte oder gesetzliche Zahlungsperiode (z.B. Woche, Monat) auf jene Restzeit entfällt, die ab Wirksamkeit der Pfändung[39] bis zum Ende der Zahlungsperiode reicht. In Höhe dieses Bruchteils[40] ist die Pfändung aufzuheben[41]; er ist um so größer, je früher die Pfändung in die jeweilige Zahlungsperiode fällt. → auch Rdnr. 18.

Dem Zweck der Regelung entspricht es, *Anfang und Ende der Zahlungsperiode* nach den Gutschriftsterminen zu bestimmen, die bei pünktlicher Überweisung üblicherweise eingehalten werden, also nicht nach – aus welchen Gründen auch immer – verfrühten oder verzögerten Eingängen[42].

15 **Beispiel**: Von einem jeweils zum Monatsbeginn überwiesenen Gehalt wären DM 1800,– gemäß § 850 c (§ 850 d, § 850 f) unpfändbar gewesen, hätte der Gläubiger es beim Arbeitgeber gepfändet (fiktiver Freibetrag). Dann sind von der am 7. 1. nach § 829 Abs. 3 zugestellten Guthabenpfändung aufzuheben: 1800 (fiktiver Freibetrag) x 25 (Rest der Zahlungsperiode) ./. 31 (gesamte Zahlungsperiode) = DM 1451,61.

Ein nach Teilaufhebung der Pfändung verbleibender Guthabenrest steht also – vorbehaltlich → Rdnr. 11 – dem Gläubiger zu, gleichgültig wie hoch das Guthaben ist. Selbst wenn ein Schuldner nur den gemäß §§ 850ff. unpfändbaren Betrag auf dem Konto stehen läßt (→ auch Rdnr. 9), kann der Gläubiger also noch einen Bruchteil davon pfänden, der um so größer ist, je später die Pfändung in die Zahlungsperiode fällt.

III. Verfahren

1. Zuständigkeit, Antrag und Entscheidung nach Abs. 1

16 Gepfändet wird das Guthaben für jeden Gläubiger ohne Einschränkung, → Rdnr. 4, auch wenn bekannt ist, daß es durch unpfändbare Bezüge entstand. Auf rechtzeitigen[43] **Antrag des Schuldners**[44] entscheidet der Rechtspfleger, § 20 Nr. 17 RpflG[45], nach Anhörung des Gläubigers[46], falls zweckmäßig auch des Drittschuldners. Der Schuldner muß die Voraussetzungen → Rdnr. 5–8 (11) und 12–14 darlegen und notfalls beweisen[47], vor allem die Höhe aller[48] wiederkehrenden Einkünfte dieser Zahlungsperiode, Zahlungstermine und Unterhaltsberechtigte sowie gegenüber bevorrechtigten Unterhaltsgläubigern (→ Rdnr. 17) auch die Höhe der anderen Unterhaltspflichten. Zur Verschweigung von Einkünften → Rdnr. 8 und 12 mit § 850 e Rdnr. 45.

---

[39] § 829 Abs. 3; nicht ab dem Antrag, so wohl versehentlich *Hartmann* (Fn. 1), 611 im Beispiel.

[40] Allerdings im Falle → Fn. 33 nur bis zu dem Betrag, den der Schuldner als Guthaben aus Arbeitseinkommen geltend gemacht hat; *Grunsky* (Fn. 33), 911. Zu Sozialleistungen → aber Rdnr. 11.

[41] Dazu BT-Drucks. 8/693, S. 49. Ob der Schuldner über weitere Mittel verfügt, ist für Abs. 1 (anders Abs. 2 → Rdnr. 22) bedeutungslos; *Arnold* (Fn. 1) 1320 Fn. 69, es sei denn, es handelte sich um den nicht auf das gepfändete Konto gelangten Rest *derselben* laufenden Rate → Rdnr. 8. Für Interessenabwägung u. sonstiges Ermessen ist im Rahmen Abs. 1 kein Raum; insofern unklar *Hartmann* (Fn. 1), 611 zu 3 b cc.

[42] *Hartmann* (Fn. 1), 611: »Soll-Eingangstag«; *Thomas/Putzo*[18] Rdnr. 6: »bis zum nächsten regelmäßigen Überweisungstermin«.

[43] → Rdnr. 3. Ist Überweisung an Zahlungs Statt beantragt, so stellt der Schuldner seine Anträge nach § 850 k schon bei seiner Anhörung vor Überweisung, → § 835 Rdnr. 44, 49. Falls voreilig überwiesen wurde, → Rdnr. 28.

[44] *Hornung*, 361 (Fn. 1); *Stöber*[10] Rdnr. 1288. Dabei handelt es sich nicht um eine Erinnerung nach § 766.

[45] Auch in Justizbeitreibungssachen ist das Vollstreckungsgericht zuständig, *LG Frankfurt* Rpfleger 1992, 168 u. 359 (*Merla*).

[46] Das ergibt sich schon aus § 850 k Abs. 2 S. 4. Ob der schon zu Abs. 2 gehörte Gläubiger (→ Rdnr. 23 f.) nochmals zur Schlußentscheidung nach Abs. 1 zu hören ist, hängt von der Verfahrenslage ab; nötig ist es, wenn bisher nur glaubhaft gemachte Tatsachen Beweisaufnahmen erfordern.

[47] → § 850 Rdnr. 17. Glaubhaftmachung genügt nur in den Fällen → Rdnr. 22, 29.

[48] → Rdnr. 8. Vorlage der Belege des gepfändeten Kontos genügt also nur, wenn alle Bezüge dorthin überwiesen wurden.

Ist das Guthaben wegen Ansprüchen der in § 850 d Abs. 1 genannten Art gepfändet (→ dort Rdnr. 7ff.), so muß der Gläubiger, wenn er sein Vorrecht berücksichtigt haben will (→ Rdnr. 13), dies bei seiner Anhörung wie → § 850 d Rdnr. 40 zu erkennen geben; zum Vorabschutz → aber Rdnr. 24. Zur Prüfung, ob der Anspruch bevorrechtigt ist, gilt das → § 850 d Rdnr. 41 f. Ausgeführte entsprechend. **17**

Ist der zeitanteilige Freibetrag → Rdnr. 14 f. geringer als das Guthaben, so ist die Pfändung zu diesem *bestimmten Betrag* aufzuheben[49]; in diesem Umfang endet die Pfändung dann sofort, wenn nicht die Wirkung wie → § 766 Rdnr. 43 aufgeschoben wird, was in streitigen Fällen angebracht ist. Der Beschluß ist zu begründen[50] und den Parteien sowie dem Drittschuldner unverzüglich zuzustellen[51]. Kann die Entscheidung nach Abs. 1 nicht sofort ergehen, so kommt nach Abs. 2 ein Schutz des Schuldners vor Notlagen → Rdnr. 22, nach Abs. 3 vor allem eine vorläufige Auszahlungssperre in Betracht, → Rdnr. 26 ff. **18**

War eine Pfändungsaufhebung gemäß Abs. 2 vorausgegangen, so ist, wenn diese geringeren Umfang hatte (→ Fn. 67), in der stattgebenden Beschlußformel ausreichend klarzustellen, daß es sich um Aufhebung in Höhe eines *zusätzlichen* Betrages handelt; stimmen die Beträge nach Abs. 1 und 2 überein[52], so bedarf es dennoch einer Schlußentscheidung darüber, daß der Antrag dadurch schon erledigt ist, soweit er die zur Zeit der Pfändung laufende Zahlungsperiode betrifft[53]; wegen künftiger Gutschriften → Rdnr. 20 f. Über Kosten → Rdnr. 34. **19**

Erfaßt die Pfändung auch Guthaben aus **künftigen Eingängen**, → § 829 Rdnr. 11, 68, so ist zu unterscheiden: **20**

a) Sie werden noch *in der laufenden Zahlungsperiode* gutgeschrieben. – aa) Handelt es sich nicht um Einkünfte gemäß Abs. 1[54], so bleibt das neue Guthaben voll pfändbar, falls das alte ausgereicht hatte zur Abdeckung des Freibetrags. – bb) Entstand es aus weiteren Einkünften gemäß Abs. 1, die, wären sie noch nicht überwiesen worden, zur Erhöhung des Freibetrags geführt hätten, so besteht ein Bedürfnis für eine zusätzliche Teilaufhebung. Dem könnte zwar Rechnung getragen werden durch erneuten Antrag[55]. Dies ist aber vermeidbar, wenn der Schuldner von vornherein die noch in dieser Zahlungsperiode zu erwartenden weiteren Bezüge angibt, so daß das Gericht jedenfalls dann, wenn der Eingang sicher zu erwarten ist, von Anfang an die Pfändung zu dem erhöhten Freibetrag aufheben kann. Steht aber der künftige Eingang nicht sicher fest, so kann das Gericht trotzdem schon jetzt einen weiteren, dem erwarteten Eingang entsprechenden Teil der Pfändung aufheben mit der Maßgabe, daß diese Aufhebung mit Gutschrift der erwarteten, im Beschluß bezifferten Bezüge eintritt[56].

b) Erfaßt die Pfändung weitere Guthaben *in den folgenden Zahlungsperioden*, so müßte nach dem Wortlaut des Abs. 1 der Schuldner für jede einzelne Periode den Antrag erneuern[57]. Werden aber die gleichen Eingänge wiederkehrender Bezüge gemäß Abs. 1 erwartet wie in der gegenwärtigen Periode und ist sicher abzusehen, daß sie jedenfalls nicht geringer aus- **21**

---

[49] *LG Bielefeld* Büro 1990, 1365; *LG Darmstadt* Rpfleger 1988, 419; *LG Kassel* WM 1986, 1329; *LG Köln* Büro 1985, 1272, → auch § 850 c Fn. 43. Zum Beschluß nach vorausgegangenem Vorabschutz (Abs. 2) → Rdnr. 19.
[50] Allg. M.
[51] § 270 Abs. 1, § 329 Abs. 3, allg. M. Dabei ist auf Vollständigkeit der zugestellten Beschlußformel zu achten, → § 836 Rdnr. 7 zu Fn. 18.
[52] → Fn. 67.
[53] *Hornung* (Fn. 1), 361. Das ist keine Erledigung gem. § 91 a.
[54] → auch § 850 Fn. 97, § 850 i Rdnr. 4 f., besonders Fn. 11, sowie oben Rdnr. 10.
[55] § 850 g gilt nach Überweisung nicht mehr, → Rdnr. 1. Aber sein Grundgedanke, aufgrund neuer Sachlage in der Eingangsinstanz Änderungen zuzulassen →

§ 850 g Rdnr. 2, stimmt in solchen Fällen genau überein mit dem Zweck des § 850 k, den Lebensbedarf aus dem Guthaben decken zu können → Rdnr. 1.
Freilich ergibt sich aus eben diesem Zweck, daß der zusätzliche Freibetrag nur für den Zeitanteil der Zahlungsperiode gewährt werden könnte, in dem der Schuldner über das neue Guthaben schon hätte verfügen können, also nicht vor seiner Entstehung; erst dann wird es nämlich auch von der schon vorher zugestellten Pfändung ergriffen → § 829 Rdnr. 4 f.
[56] Solche Bedingtheit der Aufhebungswirkung (der Beschluß ist unbedingt) erzeugt für keinen der Beteiligten Unsicherheiten.
[57] So ist wohl die »entsprechende Anwendung« in BT-Drucks. 8/693, S. 49 gemeint, s. auch *Hornung* (Fn. 1), 360 f.

fallen⁵⁸, so kann auch insoweit auf Antrag des Schuldners schon *vorweg* die Teilaufhebung beschlossen werden⁵⁹. Der geschützte Zeitanteil → Rdnr. 14 beginnt dann allerdings erst mit der Entstehung des ersten Guthabens in dieser neuen Zahlungsperiode⁶⁰. In der Regel wird man aber wohl davon ausgehen dürfen, daß dieser Zeitpunkt zusammentreffen wird mit dem regelmäßigen Eingang der wiederkehrenden Haupteinkünfte → Rdnr. 14 a.E., so daß der Pfändungsschutz doch für die gesamte Zahlungsperiode berechnet werden kann⁶¹. Auch für künftige Guthabenforderungen muß der pfandfrei zu belassende Betrag konkret beziffert werden; eine Blankettfreigabe ist nicht zulässig⁶². Tritt eine Änderung der Bezüge ein, so ist eine Korrektur entsprechend § 850 g → Fn. 48 möglich⁶³. Kann kein bezifferter Betrag als jeweils pfandfrei für die Zukunft benannt werden, so ist es zulässig, die Überweisungen eines bestimmten Auftraggebers mit einem bestimmten Verwendungszweck, insbesondere Lohnüberweisungen, von der Pfändung auszunehmen⁶⁴.

2. Vorabschutz gemäß Abs. 2

22   a) Ist der Antrag gemäß Abs. 1 gestellt, so kann das Gericht – auch von Amts wegen⁶⁵ – nach Abs. 2 S. 1 einer gegenwärtigen Notlage des Schuldners und seiner gesetzlichen Unterhaltsberechtigten vorbeugen durch *sofort wirkende Aufhebung* der Pfändung zu einem Betrag, der in Anlehnung an § 850 d Abs. 1 S. 2⁶⁶ den laufenden, dringend *notwendigen Unterhalt* des Schuldners und der dem Gläubiger vorgehenden Unterhaltsberechtigten sicherstellt oder eine gleichmäßige Befriedigung der gleichstehenden Unterhaltsberechtigten erlaubt, → § 850 d Rdnr. 7–10, 20–30. Der Betrag darf aber nach Abs. 2 S. 2 nicht höher sein als der voraussichtlich nach Abs. 1 anfallende⁶⁷. Schon daraus ergibt sich, daß zuvor die Zulässigkeit (→ auch Rdnr. 3) und wahrscheinliche Begründetheit des Antrags gemäß Abs. 1 zu prüfen sind, freilich auf der Grundlage der vom Schuldner *glaubhaft gemachten* Behauptungen, Abs. 2 S. 3 mit § 294. Sie müssen die Voraussetzungen des Schutzantrags nach Abs. 1 umfassen und zusätzlich die Höhe etwaiger Unterhaltspflichten sowie, da es hier stets nur um »dringenden« Bedarf geht (Abs. 2 S. 1), erkennen lassen, ob dem Schuldner *sonstige Mittel* zur Verfügung stehen bis zum voraussichtlichen Zeitpunkt der Entscheidung gemäß Abs. 1⁶⁸. Fehlen solche Mittel, so ist mit der »Notwendigkeit« auch die Dringlichkeit im Zweifel anzunehmen, wenn nicht der Gläubiger (→ Rdnr. 23) dagegen sprechende Umstände einwendet und glaubhaft macht (→ § 294 V). Denn in der von § 850 d Abs. 1 S. 2 übernommenen Formulierung des Notbedarfs ist das Moment der Dringlichkeit bereits enthalten.

---

⁵⁸ Ist dies unsicher, so sollte man eher nach Abs. 2 verfahren.
⁵⁹ *KG* Rpfleger 1992, 307; *LG Bad Kreuznach* Rpfleger 1990, 216; *LG Osnabrück* Rpfleger 1989, 248; *LG Hannover* Büro 1986, *LG Oldenburg* Rpfleger 1983, 33; *Hornung* (Fn. 1), 360f.; *Stöber*¹⁰ Rdnr. 1297; *Schröder* (Fn. 1), 470. – A.M. *Baumbach/Hartmann*⁵² Rdnr. 2.
⁶⁰ Zur Begründung → Fn. 55 a.E. Insofern ungenau *Stöber*¹⁰ Rdnr. 1297 a.
⁶¹ Insoweit ist *Stöber*¹⁰ Rdnr. 1297 a im Ergebnis zuzustimmen.
⁶² *LG Osnabrück* Rpfleger 1989, 248 (zust. *Hennings*); *LG Darmstadt* Rpfleger 1988, 419.
⁶³ So auch *Behr* Rpfleger 1989, 52, 53. Sind die Bezüge *geringer* als im Aufhebungsbeschluß angenommen, so bemißt sich eine vom Gläubiger beantragte Teilnachpfändung nach dem Zeitanteil wie → Fn. 60 f. Sind sie jedoch *höher*, so richtet sich die zusätzliche Teilaufhebung auf Antrag des Schuldners nach dem Zeitanteil, der mit jener den »Überschuß« verursachenden Überweisung beginnt.

⁶⁴ *LG Bad Kreuznach* Rpfleger 1990, 216.
⁶⁵ Ganz h.M.; *Stöber*¹⁰ Rdnr. 1294. Daß *Hornung* (Fn. 1), 361 zumindest stillschweigenden Antrag fordert, bedeutet praktisch kaum eine Abweichung, da nicht von Amts wegen ermittelt wird (→ § 850 Rdnr. 15) u. der Gläubiger wohl kaum selbst jene Tatsachen vorträgt, aus denen sich die Dringlichkeit des Vorabschutzes ergibt. Daß Abs. 2 nicht *gegen* den Willen des Schuldners anzuwenden ist, folgt ohnehin schon daraus, daß Abs. 1 seinen Antrag voraussetzt.
⁶⁶ BT-Drucks. (Fn. 1), S. 49; *Schröder* (Fn. 1) 370.
⁶⁷ Gegenüber gewöhnlichen Gläubigern wird der Freibetrag nach Abs. 2 meist geringer sein als nach Abs. 1, gegenüber bevorrechtigten i.S.d. § 850 d können die Beträge sich decken, mitunter auch dann, wenn ein Gläubiger sich zu Abs. 1 auf § 850 f beruft, → bei Fn. 36 sowie § 850 f Rdnr. 15.
⁶⁸ *Zöller/Stöber*¹⁸ Rdnr. 13; → dazu § 850 d Rdnr. 29 f.

b) Auch vor dieser Entscheidung ist der *Gläubiger zu hören*, u. U. fernmündlich, es sei denn, der damit verbundene Aufschub wäre dem Schuldner nicht zuzumuten, Abs. 2 S. 4. Darin liegt, obwohl diese teilweise Freigabe an den Schuldner für den Gläubiger endgültige Nachteile bringen kann[69], kein Verstoß gegen Art. 103 GG[70], wenn das Gericht eine sorgfältige Interessenabwägung vornimmt, also nicht jeden Verzögerungsnachteil schon als unzumutbar ansieht[71]. 23

Weist der Titel Ansprüche der in § 850 d Abs. 1 genannten Art aus, worauf von Amts wegen zu achten ist, so ist zu vermuten, daß der Gläubiger das Vorrecht berücksichtigt haben will. Dann sollte das Gericht eher zur Anhörung des Gläubigers tendieren. Sieht es aber davon ab, etwa weil fernmündliche Anhörung nicht gelingt, so muß es den Willen zur Berücksichtigung des Vorrechts unterstellen; denn der Gläubiger kann vor seiner Anhörung kaum wissen, ob auf das Guthaben § 850 k anwendbar ist, so daß Angaben über den Vorrang schon im Pfändungsantrag nicht erwartet werden können. In solchen Fällen ist besonders streng darauf zu achten, ob der Schuldner genügend glaubhaft macht, daß ihm andere als die angegebenen Mittel (→ Rdnr. 22) nicht zur Verfügung stehen. 24

c) Die *Vorabentscheidung* hat einen bezifferten Betrag anzugeben; sie ist zu begründen und den Parteien sowie dem Drittschuldner zuzustellen. Zur Fassung der Schlußentscheidung nach Abs. 1 → Rdnr. 19. Für *künftige Zahlungsperioden* gilt Abs. 2 nicht[72], weil insoweit rechtzeitig gemäß Abs. 1 vorweg entschieden werden kann und die Voraussetzungen doch die gleichen wären wie → Rdnr. 21. 25

3. Einstweilige Anordnungen, Abs. 3

Droht die Sperrfrist des § 835 Abs. 3 S. 2 abzulaufen, bevor dem Drittschuldner ein Beschluß nach Abs. 1 oder 2 bekannt wird, so besteht ein dringendes Bedürfnis, den Aufschub durch einstweilige Anordnung zu verlängern, um die Auszahlung an den Gläubiger oder – im Falle der Überweisung an Zahlungs Statt – den endgültigen Übergang des Anspruchs auf den Gläubiger zu verhindern, → § 835 Rdnr. 49. Dem trägt Abs. 3 Rechnung; er verlangt keinen Antrag, dieser ist aber zu empfehlen besonders wenn Überweisung an Zahlungs Statt beantragt ist. 26

Ist die Forderung *zur Einziehung überwiesen*, so kann angeordnet werden, der Drittschuldner habe die Auszahlung an den Gläubiger[73] zu unterlassen, bis ihm eine Entscheidung nach *Abs. 1* zugestellt werde[74]. Ist das Guthaben erheblich größer als ein aufgrund der Behauptungen des Schuldners möglich erscheinender Freibetrag nach Abs. 1, so sollte auch den Interessen des Gläubigers, besonders wenn er bevorrechtigt ist, Rechnung getragen werden, indem die Auszahlung an ihn nur bis zur Höhe der vom Schuldner beantragten Aufhebung[75] gesperrt wird. 27

Hatte der Gläubiger *Überweisung an Zahlungs Statt* beantragt und war dem Schuldner nicht durch Anhörung vor Überweisung (→ § 835 Rdnr. 44) Gelegenheit für Anträge nach § 850 k gegeben worden, so ergeht die Anordnung dahin, daß die entsprechend § 835 Abs. 3 aufgeschobene Übertragungswirkung (→ § 835 Rdnr. 49) weiter aufgeschoben wird bis ... 28

Die einstweiligen Anordnungen können von einer *Sicherheitsleistung des Schuldners* abhängig gemacht werden, → § 732 Rdnr. 13, z. B. wenn der Überzeugungswert seiner Glaub- 29

---

[69] Ein Aufschub wie → § 766 Rdnr. 43 widerspräche in der Regel dem Eilzweck des Abs. 2.
[70] Siehe dazu Begründung BT-Drucks. 8/693, S. 49; *Schröder* (Fn. 1), 470.
[71] *Hornung* (Fn. 1), 361 mwN; im Ergebnis auch *Behr* (Fn. 1), 313 trotz abweichender Formulierung 312 (»unterbleibt in der Regel«).
[72] So auch *Behr* Rpfleger 1989, 52, 53; *Thomas/Putzo*[18] Rdnr. 10.

[73] »Auszahlung« schlechthin wäre zu weit gefaßt, arg. Abs. 2.
[74] Zu den Vorteilen dieser Formulierung → Rdnr. 31.
[75] Ist im Antrag kein Betrag der begehrten Aufhebung genannt, so sollte die Höhe der Auszahlungssperre zur Sicherheit großzügig bemessen werden.

haftmachung sich der unteren Grenze nähert. Freilich bedeuten solche Anordnungen für mittellose Schuldner praktisch eine Versagung einstweiligen Schutzes, zumal § 720 hier nicht entsprechend gilt[76]. Zur Haftung der Sicherheit → § 707 Rdnr. 8 Fn. 82.

30 Die in § 732 Abs. 2 ebenfalls vorgesehene »Fortsetzung der Vollstreckung gegen *Sicherheitsleistung des Gläubigers*« würde für § 850 k Abs. 3 bedeuten, daß der Drittschuldner die Leistung an den Gläubiger vorläufig nur bewirken darf, wenn der Gläubiger ihm (entsprechend § 751 Abs. 2?) die angeordnete Sicherheitsleistung zugunsten des Schuldners nachweist. Dies dürfte jedoch ausscheiden. Denn im Unterschied zu § 732 (→ § 717 Rdnr. 62) steht hier das Recht zur Vollstreckung nicht in Frage und es fehlt an einem Anspruch des Schuldners, für den eine Sicherheit des Gläubigers haften soll[77]. Besteht besonderer Anlaß, die Zahlung des dazu bereiten Drittschuldners nicht aufzuschieben, so können vergleichbare Wirkungen erzielt werden durch Hinterlegung mit der Maßgabe, daß die Auszahlung von der erwarteten Entscheidung abhängt; solche Anordnungen sind als ein »Weniger« gegenüber dem gesetzlichen Wortlaut zulässig, → § 707 Rdnr. 7 mit § 732 Rdnr. 13.

31 Solche Anordnungen werden durch Vorabentscheidung nach Abs. 2 nicht überflüssig[78], zumal diese im Betrag von der endgültigen Entscheidung nach Abs. 1 abweichen kann[79]. Werden sie wie → Rdnr. 27 formuliert, so wirken sie nach einer Teilaufhebung gemäß Abs. 2 von selbst fort für den verbleibenden Rest des vorläufig gesperrten Guthabens. Bei anderer Formulierung kann es sicherer sein, mit der Entscheidung nach Abs. 2 eine erneute einstweilige Sperrung des Restes zu verbinden.

4. Rechtsbehelfe gegen Beschlüsse nach Abs. 1–3

32 a) Gegen Beschlüsse nach **Abs. 1** steht nicht nur dem Schuldner nach (auch teilweiser) Ablehnung sondern auch dem Gläubiger nach (Teil-)Aufhebung der Pfändung[80] die *befristete Erinnerung* nach § 11 Abs. 1 S. 2 RpflG, § 793 zu. Näheres → § 793 Rdnr. 3, 5 f. Falls die Wirkung der Aufhebung nicht aufgeschoben war, ist die Pfändung zu erneuern (→ § 766 Rdnr. 48). Der Bank usw. als Drittschuldner steht kein Rechtsbehelf zu, denn es geht weder um Vollstreckungsmängel noch um ihre sonstigen schützenswerten Interessen.

33 b) Für Beschlüsse nach **Abs. 2** gilt das gleiche wie → Rdnr. 32. Denn man wird die Vorwegaufhebung wegen ihrer sofortigen und praktisch endgültigen Wirkung nicht sonstigen einstweiligen Anordnungen gleichstellen können. Jedoch verzögern Erinnerungen die begehrte Entscheidung nach Abs. 1, vor allem wenn dem Beschwerdegericht vorgelegt wird, und der Gläubiger kann nur Neupfändung mit Rangverlust erreichen[81].

c) Anordnungen nach **Abs. 3** sind nur beschränkt anfechtbar wie → § 732 Rdnr. 14, § 707 Rdnr. 23 f.[82].

34 **IV. Die Kosten** trägt der Schuldner nach § 788 Abs. 1, soweit sie nicht aus besonderen Gründen billigerweise dem Gläubiger aufzuerlegen sind nach § 788 Abs. 3, → dort Rdnr. 37 ff., besonders Fn. 384–387. Da das Guthaben keinen gesetzlich »unpfändbaren« Teil enthält (→ Rdnr. 4), ist dem Gläubiger das Risiko nicht zuzumuten, schon im Pfändungsantrag einen (mit allen Unsicherheiten) selbst berechneten Teil freiwillig von der Pfändung auszunehmen, zumal er noch nicht weiß, ob ihm bereits andere Gläubiger vorgehen[83].

---

[76] Man wird sie daher möglichst vermeiden, *Behr* (Fn. 1), 312; *Thomas/Putzo*[18] Rdnr. 11.

[77] § 717 Abs. 2, 3 scheiden aus, → dort Rdnr. 66, ebenso § 812 BGB, → § 835 Rdnr. 8 bei Fn. 16, § 850 Rdnr. 19.

[78] *Stöber*[10] Rdnr. 1296; *Hornung*, 361; *Hartmann*, 611 (alle Fn. 1).

[79] → Fn. 67.

[80] Denn sie ist sachlich nachträgliche Zurückweisung des Pfändungsantrags; *Zöller/Stöber*[18] Rdnr. 16; *Thomas/Putzo*[18] Rdnr. 12; *Hornung* (Fn. 1), 361.

[81] *Hornung* (Fn. 1), 362 hält daher Beschwerden des Gläubigers mit dem Zweck des Abs. 2 nur für vereinbar, wenn der Antrag nach Abs. 1 aussichtslos sei. Aber auch eine zu hohe Vorwegaufhebung ist korrekturbedürftig.

[82] *Baumbach/Hartmann*[52] Rdnr. 4 mit § 732 Rdnr. 9.

[83] Erst recht *nicht bevorrechtigte* Gläubiger, denen bei Pfändung kaum bekannt ist, über welche weiteren Mittel der Schuldner verfügt. – A.M. *Zöller/Stöber*[18] Rdnr. 14; *Hartmann* (Fn. 1), 611.

Gebühren für das *Gericht* entstehen nicht, zur Beschwerde s. KV 1906; für den ohnehin mit der Vollstreckung oder ihrer Abwehr beauftragten *Anwalt* ist das Verfahren keine besondere Angelegenheit, § 57 f. BRAGO.

§ 851 [Nicht übertragbare Forderungen]

(1) Eine Forderung ist in Ermangelung besonderer Vorschriften der Pfändung nur insoweit unterworfen, als sie übertragbar ist.

(2) Eine nach § 399 des Bürgerlichen Gesetzbuchs nicht übertragbare Forderung kann insoweit gepfändet und zur Einziehung überwiesen werden, als der geschuldete Gegenstand der Pfändung unterworfen ist.

Gesetzesgeschichte: Seit 1900 RGBl. 1898 I, 256.

Übersicht

(Ansprüche auf Zahlung oder Sachleistung gemäß §§ 846 ff. Über andere Rechte → Übersicht zu § 857)

Abfindung § 21 BeamtVG, §§ 9 f. KSchG → § 850 Rdnr. 52, § 850 i Rdnr. 7
Abgeordnete s. Bundes-, Landtag
Absenderrecht § 23 Abs. 2 PostG → § 829 Rdnr. 14
Abtretungsverbot, vereinbartes → § 851 Rdnr. 27 ff. (s. auch Satzung); gesetzliches → § 850 Rdnr. 61 f.
Akkreditiv → § 851 Rdnr. 34
Aktien, Dividenden u. Ausgleichsansprüche → § 851 Rdnr. 16; Einzahlungsansprüche → § 851 Rdnr. 11
Altenteil → § 850 b Rdnr. 16 f., § 851 Rdnr. 31
Altersausgleich → § 850 Rdnr. 52
Altersgeld, -hilfe (Landwirte) → § 850 i Rdnr. 42, 81
Anerkennungsbetrag → § 850 a Rdnr. 32
Anwaltsvergütung → § 850 Rdnr. 41, § 850 i Rdnr. 5
Arbeitnehmererfindung → § 850 Fn. 60
– sparzulage → § 829 Rdnr. 10, 23, § 832 Fn. 16, § 850 Rdnr. 30
– zulage (Berlin) → § 851 Rdnr. 10
Arbeitseinkommen → § 850 Rdnr. 20 ff.
Arbeitsförderung → § 850 i Rdnr. 47
Arbeitslosengeld → § 850 i Rdnr. 71
– hilfe → § 850 i Rdnr. 47
Arbeitsmaterialienentgelt → § 850 a Rdnr. 24
Architektenvergütung → § 850 i Rdnr. 5
Arztvergütung → § 850 i Rdnr. 5
Aufbauhilfedarlehen → § 851 Fn. 80
Aufrechnung → § 850 Rdnr. 61 f.
Auftrag, Anspruch auf Ausführung → § 851 Rdnr. 9

Aufwandsentschädigung → § 850 a Rdnr. 17 ff.
Ausbildung s. Bildungsförderung
Ausbildungsbeihilfe → § 850 a Rdnr. 32
Ausgleich § 89 b HGB → § 850 Rdnr. 52
Ausgleichsbeträge s. Subventionen
Ausländer s. Rückkehrhilfe
Auslagenerstattung → § 850 a Rdnr. 17 ff., § 851 Rdnr. 21
Auslösungsgeld → § 850 a Rdnr. 23
Auszubildende → § 850 a Rdnr. 32
Auszugsanspruch → § 850 b Rdnr. 16
Baugelder → § 851 Rdnr. 21
Bauträgervermögen → § 851 Rdnr. 20
Bauunternehmervergütung → § 851 Fn. 110
Beamtenbezüge → § 850 Rdnr. 21, § 851 Rdnr. 2
Befreiungsansprüche → § 851 Rdnr. 38 f.
BEG-Ansprüche → § 850 i Rdnr. 54
Behinderte Kinder → § 851 Rdnr. 10
Beihilfe (öff. Dienst) → § 850 b Rdnr. 15, § 851 Rdnr. 21
Beihilfe zur Arbeitsaufnahme → § 850 i Rdnr. 68
Beiträge zur Rentenversicherung, Erstattung → § 850 i Rdnr. 43
Bergmannsprämien → § 850 Fn. 73
Bezirksprovision → § 850 Rdnr. 52
Bildungsförderung → § 850 a Rdnr. 32 f., § 850 i Rdnr. 46 (s. auch Graduiertenförd.)
Bundesgrenzschutz → § 850 i Rdnr. 45
Bundestagsmitglieder → § 850 Fn. 54, § 850 a Fn. 30
Contergangeschädigte → § 851 Rdnr. 10
Darlehensauszahlung → § 851 Rdnr. 36 f.
Diäten → § 850 Rdnr. 22, Fn. 54
Deputat s. Naturalbezüge

Dienstleistungsanspruch → § 851 Rdnr. 9
Dienstvertragsentgelt → § 850 Rdnr. 38, § 850 i Rdnr. 5, 20
Dienstwohnung s. Naturalbezüge
Ehrenämter → § 850 a Rdnr. 19
Eigengeld s. Strafgefangene
Eingliederung Behinderter → § 850 i Rdnr. 51
Einlagenanspruch s. Einzahlungsansprüche
Einstweilige Anordnungen und Verfügungen → § 851 Rdnr. 22
Einzahlungsansprüche auf Aktien, GmbH-, Genossenschafts- und Personengesellschaftsanteile → § 851 Rdnr. 11–13
Einziehungsermächtigung → § 835 Fn. 78, § 832 Fn. 36
Einziehungsrecht → § 835 Rdnr. 26
Entlassungsgeld → § 850 Rdnr. 52, § 850 a Rdnr. 33
Entschädigung nach BEG → § 850 i Rdnr. 54
Erbausgleich Nichtehelicher → § 852 Rdnr. 4
Erbbaurechtsentschädigung → § 851 Rdnr. 9
Erbersatzanspruch → § 852 Rdnr. 3
Erfindervergütung → § 850 Fn. 60 (Diensterfindung), § 850 i Rdnr. 3–6 (freie Erfindung), § 850 i Rdnr. 23 (Nebendienste aus Lizenzverträgen), § 850 Rdnr. 44 (gemischte Ansprüche)
Erlösanspruch aus Grundpfandrecht → § 829 Rdnr. 17
Erschwerniszulage → § 850 a Rdnr. 25
Ersetzungsbefugnis → § 851 Rdnr. 31
Erstattung s. jeweilige Sachtitel
Erziehungsgeld → § 850 a Rdnr. 32
Fahrkosten, -geld → § 850 a Rdnr. 18, 23
Familienversicherungen → § 850 b Rdnr. 18
Feuerversicherungsansprüche → § 851 Rdnr. 18
Flutschadenbeihilfe → § 851 Fn. 80
Fortbildungsbeihilfe → § 850 a Rdnr. 32
Freiberuflich Tätige → § 850 i Rdnr. 3
Freigebigkeiten → § 850 b Rdnr. 15
Freiheitsverletzung (BEG) → § 850 i Fn. 104
Geburtshilfe → § 850 a Rdnr. 30
Gefahrenzulage → § 850 a Rdnr. 25
Gefangene s. Strafgef., Untersuchungshäftlinge
Geistliche → § 850 Rdnr. 21
Gemeinschaftsansprüche → § 829 Rdnr. 21
Genossenschaft, Guthaben → § 859 Rdnr. 17; s. auch Einzahlungsansprüche
Geschäftsführer, Ersatzansprüche gegen sie → § 851 Fn. 38
Geschäftsführervergütung → § 850 Rdnr. 39, § 851 Fn. 49
Gestaltungsrechte → § 851 Rdnr. 31 f., 35, § 857 Rdnr. 3–5, 76 f.
Gewinnansprüche → § 851 Rdnr. 15
Gläubigerausschußmitglieder → § 850 i Rdnr. 5
GmbH, Ansprüche gegen Gesellschafter → § 851 Rdnr. 11–13, gegen Geschäftsführer → § 851 Fn. 38; s. auch Einzahlungsansprüche
Gnadenbezüge → § 850 a Rdnr. 34
Graduiertenförderung → § 850 i Rdnr. 46
Grundrente (§ 31 BVG) → § 850 i Rdnr. 45
Haftentschädigung s. Strafverfolgung
Haftpflichtversicherung s. Befreiungsansprüche
Häftlingshilfe → § 850 i Rdnr. 45, 54
Handelsvertreter → § 850 Rdnr. 26, 39, § 850 i Rdnr. 5
Handwerkerlebensversicherung → § 850 b Rdnr. 24
Hausgeld s. Strafgefangene
Hausratsverteilung → § 851 Rdnr. 31 Fn. 128
Hebammenvergütung → § 850 i Rdnr. 5
Heilkosten → § 850 a Rdnr. 20
Heil- und Pflegekosten, Erstattung → § 850 a Rdnr. 20
Heimarbeitsentgelt → § 850 i Rdnr. 25 ff.
Heiratshilfe → § 850 a Rdnr. 30
Herausgabeansprüche → § 847 Rdnr. 2, 6, § 848 Rdnr. 1, 4, gegen Ehegatten → § 851 Rdnr. 25, 31
Hilfskassen → § 850 b Rdnr. 18
Hilfspfändung → Übersicht § 857 Rdnr. 1
Hilfswerk für behinderte Kinder → § 851 Rdnr. 10
Hinterbliebenenbezüge → § 850 Rdnr. 36
Hinterlegtes → § 829 Rdnr. 23 a, § 857 Fn. 11, Rdnr. 40, 45, 51
Höchstpersönliche Leistungen → § 851 Rdnr. 31 (26, 28)
Honorarforderung → Rdnr. 9
Impfgeschädigte → § 850 i Rdnr. 45
Inhaltsbestimmung → § 857 Rdnr. 14
Inhaltsveränderung → § 851 Rdnr. 26
Innengesellschaft, Gewinn → § 851 Fn. 51
Instandsetzungszuschüsse → § 851 Rdnr. 21
Journalisten → § 850 i Rdnr. 5
Jubiläumsgelder → § 850 a Rdnr. 16
Jugendhilfe → § 850 i Rdnr. 50
Kapitalabfindungen → § 850 b Rdnr. 10, 13, § 850 i Rdnr. 7
Kapitalentnahme (§ 122 HGB) → § 851 Rdnr. 14
Kassenärzte → § 850 Rdnr. 40, § 850 f Fn. 24
Kaufpreisansprüche → § 850 i Rdnr. 5 f., § 851 a Rdnr. 1
KG, Ansprüche gegen Gesellschafter → § 851 Rdnr. 11
Kindergeld → § 850 e Rdnr. 59 ff., § 850 i Rdnr. 48, 83 ff.
Konjunkturzuschlag → 19. Aufl. § 851 Fn. 10
Konkursverwaltervergütung → § 850 i Rdnr. 5
Konkursausfallgeld → § 850 Rdnr. 52, § 850 a Rdnr. 9, § 850 Rdnr. 47, 53, 115
Kontokorrent → § 829 Rdnr. 11 f.
Krankengeld → § 850 i Rdnr. 71, 83
Krankenkassen → § 850 b Rdnr. 18

Krankentagegeld → § 850 b Rdnr. 19
Künstlerhonorar → § 850 i Rdnr. 5
Krankenversicherung → § 850 i Rdnr. 39
Kranzgeld → § 851 Rdnr. 9, § 852 Rdnr. 2
Kreditgewährung → § 851 Rdnr. 36
Kriegsgefangenenentschädigung → § 850 i Rdnr. 54
Kurzarbeitsgeld → § 850 i Rdnr. 47, 71
Landtagsabgeordnete → § 850 Fn. 54
Landwirtschaftliche Erzeugnisse s. Kaufpreis
Lastenausgleichsansprüche → § 850 i Rdnr. 54
Lebensversicherung s. Versicherungsfond.
Lizenzvergütung → § 850 Rdnr. 44, § 850 i Rdnr. 6
Maklervergütung → § 850 i Rdnr. 5
Mehrarbeitsstunden → § 850 a Rdnr. 7 ff.
Mietzins → § 850 Rdnr. 44, § 850 i Rdnr. 20, § 851 Rdnr. 17, § 851 b Rdnr. 1
Minderungsansprüche → § 857 Fn. 31
Mutterschaftsgeld → § 850 i Rdnr. 73
Mutterschutzansprüche → § 850 i Rdnr. 40
NATO-Truppenstatut → § 829 Rdnr. 60, § 850 Rdnr. 6, § 850 d Rdnr. 31
Naturalbezüge → § 850 Rdnr. 59 f., § 851 Rdnr. 31
Nichtvermarktungsprämien → § 851 Fn. 81
Notargelder → § 829 Rdnr. 23 a, § 853 Fn. 7
Notarvergütung → § 850 i Rdnr. 5
Notarvertreter und -verweser → § 850 Rdnr. 21
Oder-Konten → § 829 Rdnr. 21, Fn. 450, 500
OHG, Ansprüche gegen Gesellschafter → § 851 Rdnr. 11
Pachtkredit → § 851 Rdnr. 18
Pachtzins → § 850 i Rdnr. 22 f., § 851 b
Pensionsfonds → § 850 i Rdnr. 8
Pflegegelder → § 850 b Rdnr. 25
Pflegekostenerstattung → § 850 a Rdnr. 20
Pflegervergütung → § 850 i Rdnr. 5
Pflegezulage § 35 BVG → § 850 i Rdnr. 90
Pflichtteil, -ergänzung → § 852 Rdnr. 1
Postgiro, -sparkasse → § 829 Rdnr. 13, 29, 44, § 831 Rdnr. 4, § 857 Fn. 21
Postsendungen → § 829 Rdnr. 14
Prämienbegünstigte Sparverträge → § 835 Rdnr. 14, § 851 Rdnr. 10
Prozeßkostenvorschuß → § 851 Rdnr. 21 f.
Rechtsschutzversicherung s. Befreiungsanspr.
Referendarbezüge → § 850 a Rdnr. 33
Regierungsmitglieder → § 850 Rdnr. 21
Reisekosten → § 850 a Rdnr. 18
Renten, gesetzliche → § 850 b Rdnr. 7–14; § 850 i Rdnr. 41 ff.
Renten, vertragliche → § 850 Rdnr. 48, § 850 b Rdnr. 21
Rentenversicherungsbeiträge, Erstattung → § 850 i Rdnr. 43
Reparationsschäden → § 851 Rdnr. 2
Richterbezüge → § 850 Rdnr. 21
Rückerstattungsansprüche → 19. Aufl. § 851 I 6 (pfändbar)

Rückkehrhilfen an Ausl. → § 850 i Rdnr. 54
Ruhegeld → § 850 Rdnr. 33, privates → § 850 Rdnr. 36, § 850 b Rdnr. 15
Rundfunkmitarbeiter → § 850 i Rdnr. 5
Sach-, Dienstleistungen → § 850 i Rdnr. 61
Sachschadensansprüche → § 811 Rdnr. 11; → § 851 Rdnr. 18
Sachversicherungsansprüche → § 851 Rdnr. 18
Schadensersatzansprüche → § 850 Rdnr. 51, § 850 b Rdnr. 7 ff, § 850 i Rdnr. 7
Schenkung (Rückford.) → § 852 Rdnr. 2
Schmerzensgeld → § 850 b Rdnr. 8
Schmutzzulage → § 850 a Rdnr. 25
Schriftstellerhonorare → § 850 i Rdnr. 5
Schuldbefreiung → § 851 Rdnr. 38 f.
Schwerbehinderte → § 850 i Rdnr. 47, 73
Seuchenverdächtige (Verdienstausfall) → § 850 i Rdnr. 45, 55
Soforthilfe (BEG) → § 850 i Fn. 104
Soldaten → § 850 Rdnr. 21, 52, § 850 i Rdnr. 45, 57 (s. auch Stationierungsstreitkräfte)
Sonderkosten → § 829 Rdnr. 20
Sozialhilfe → § 850 i Rdnr. 52
Sozialleistungen → § 850 i Rdnr. 37 ff.
Sozialplan → § 850 i Rdnr. 52
Sozialversicherung → § 850 i Rdnr. 39 ff.
Sperrkonten → § 851 Rdnr. 21, 24
Spesen s. Auslagenerstattung
Stationierungsstreitkräfte → § 829 Rdnr. 60, § 850 Rdnr. 6, § 850 d Rdnr. 31
Sterbegeld → § 850 a Rdnr. 34, § 850 i Rdnr. 63, 68
Steuerbevollmächtigte, Entgelt → § 850 i Rdnr. 5
Steuererstattungsansprüche → § 829 Rdnr. 9
Stiftungen, Anspr. aus → § 850 b Rdnr. 15
Stille Gesellschaft, Anspr. gegen Gesellschafter → § 851 Rdnr. 11, Gewinn Rdnr. 15 Fn. 51
Stipendien → § 850 i Rdnr. 46
Strafgefangene → § 850 Rdnr. 28, § 850 k Fn. 17, § 851 Rdnr. 25
Strafverfolgung, Entschädigung → § 850 b Rdnr. 9, § 850 i Rdnr. 56
Streikgeld → § 850 Rdnr. 52
Studienbeihilfe → § 850 a Rdnr. 32
Subventionen → § 851 Rdnr. 21, § 851 a Fn. 3
Tagegelder → § 850 a Rdnr. 18
Tantiemen → § 850 Rdnr. 29
Taschengeld → § 850 b Rdnr. 12
Testamentsvollstreckerentgelt → § 850 i Rdnr. 5
Trennungsentschädigung → § 850 a Rdnr. 23
Treugelder → § 850 a Rdnr. 13 ff.
Treuhandkonten → § 829 Rdnr. 20
Übereignungsansprüche → § 847 Rdnr. 11 f., § 848 Rdnr. 5
Umlagen neben Mietzins → § 851 Rdnr. 17, 19 ff.
Umzugskostenerstattung → § 850 a Rdnr. 23
Und-Konten → § 829 Rdnr. 21, § 857 Fn. 79, 375

Unfallausgleich → § 850 a Rdnr. 20
Unfallentschädigung, einmalige → § 851 Rdnr. 10
Unfallversicherung → § 829 Rdnr. 16, § 850 i Rdnr. 41
Unterbringung → § 850 i Rdnr. 56
Unterhaltsgeld für Pflegling → § 850 b Rdnr. 25
Unterhaltsvorschüsse u. -ausfalleistungen → § 850 i Rdnr. 51
Untermietzins → § 851 Rdnr. 25
Untersuchungshäftlinge → § 850 b Fn. 48, Selbstverpflegungskosten → § 851 Rdnr. 20
Unübertragbarkeit s. Abtretungsverbot
Urhebervergütung → § 850 i Rdnr. 6
Urlaubsgelder → § 850 a Rdnr. 13 ff.
Vergleichsverwaltervergütung → § 850 i Rdnr. 5
Verlagsvertrag → § 850 i Rdnr. 5 f.
Vermächtnis auf Gesellschaftsanteil → § 851 Fn. 103
Vermögenswirksame Leistungen u. Anlagen → § 850 Rdnr. 30, § 851 Rdnr. 10
Verpfändung → § 850 Rdnr. 61 f.
Versicherung auf Todesfall → § 850 b Rdnr. 21
Versicherungsbeiträge, Erstattung → § 850 i Rdnr. 43
Versicherungsforderungen → § 829 Rdnr. 15, § 850 b Rdnr. 21 ff., § 851 Rdnr. 18, s. auch Befreiungsansprüche

Vormundvergütung → § 850 i Rdnr. 5
Vorstandsvergütung → § 850 Rdnr. 39
Vorwegvergütung (Gesellschaft) → § 851 Fn. 49
Wahlrecht, -schuld → § 835 Rdnr. 14, § 851 Rdnr. 31
Waisenbeihilfen → § 850 i Rdnr. 63
Waisenkassen → § 850 b Rdnr. 18
Wandelungsansprüche → § 857 Fn. 31
Wegegeld → § 850 a Rdnr. 23
Wehrpflichtige s. Soldaten
Werklohn → § 850 Rdnr. 28, § 850 i Rdnr. 5, 20
Weihnachtsvergütungen → § 850 a Rdnr. 26
Wirtschaftsprüferentgelt → § 850 i Rdnr. 5
Witwenbeihilfen → § 850 i Rdnr. 63
Witwenkassen → § 850 b Rdnr. 18
Wohngeld → § 850 i Rdnr. 49, 71
Zählkindvorteil → § 850 i Rdnr. 86 f.
Zinsansprüche → § 850 Rdnr. 30, 44
Zivildienstpflichtige → § 850 i Rdnr. 45
Zugewinnausgleich → § 852 Rdnr. 2
Zurückbehaltungsrecht → § 850 Rdnr. 61 f.
Zwangsverwaltervergütung → § 850 i Rdnr. 5
Zweckgebundene Ansprüche → § 850 Rdnr. 50, § 850 a, § 850 b, § 850 i Rdnr. 57, § 851 Rdnr. 18 ff.

I. Unpfändbarkeit – Unübertragbarkeit

1 1. Der Grundsatz, daß eine Forderung (wegen anderer Rechte → § 857 Rdnr. 2 f., 26 f., 76 f.) der Pfändung nur insoweit unterworfen ist, als sie nach *materiellem Recht übertragbar* ist, steht in Wechselbeziehung zu § 400 BGB, wonach eine nicht pfändbare Forderung auch unübertragbar ist. Es genügt sonach, daß entweder in einer prozessualen Bestimmung die Unpfändbarkeit oder in einem materiellen Gesetz die Unübertragbarkeit (→ Rdnr. 9 ff.) ausgesprochen ist. Zur Geltendmachung durch Drittschuldner → § 829 Rdnr. 109. Wegen **Aufrechnung, Verpfändung** usw. → § 850 Rdnr. 61 f.

2 2. Sonderregelungen dahin, daß über den Umfang des Pfändbaren hinaus Übertragungen zulässig sind[1], enthalten §§ 244, 262, 294 LAG[2], § 42 *ReparationsschädenG*[3]. Beim Zessionar dürfen die Ansprüche gepfändet werden, → auch § 852 Rdnr. 7; ebenso nach gesetzlichem Übergang, → auch § 850 Rdnr. 62 a. E.

3 Zuweilen sind auch Pfändungen unbeschränkt zulässig trotz gesetzlicher Einschränkung der Abtretbarkeit, z.B. § 859 ZPO (§ 719 BGB), §§ 66, 76 GenG[4], oder Abtretung und Pfändung unterliegen unterschiedlichen, voneinander unabhängigen Beschränkungen, z.B. § 53 Abs. 2, 4, § 54 Abs. 2, 3, § 55 SGB-I, → dazu § 850 i Rdnr. 37 ff. und 60 ff.

Wegen vereinbarter oder sich aus dem Anspruchszweck ergebender Verfügungsbeschränkungen → Rdnr. 18–24, 26 ff.

4 3. Maßgeblich für die Übertragbarkeit ist grundsätzlich der *gesetzliche* Umfang der Pfändbarkeit. Daß Pfändungen im Wege *gerichtlichen* Vollstreckungsschutzes bei Nachweis beson-

---

[1] → auch § 829 Fn. 24, § 850 Rdnr. 62.
[2] → § 850 i Rdnr. 54.
[3] Vom 12. II. 1969 (BGBl. I, 105), zuletzt geändert 24. VII. 1992, BGBl. I, 1389.

derer Voraussetzungen ganz oder teilweise aufgehoben oder von vornherein abgelehnt werden, §§ 765 a, 850 f Abs. 1, § 850 i Abs. 1, 2, §§ 850 k, 851 a, b, ändert daher den Umfang der *Übertragbarkeit* ebensowenig wie die gerichtliche Erweiterung gesetzlicher Pfändungsgrenzen nach § 850 f Abs. 2, 3; anders aber bei §§ 850 b (→ dort Rdnr. 34), 850 d (§ 850 Rdnr. 63).

4. *Landesgesetze* dürfen mangels eines dahingehenden Vorbehalts[5] die Unpfändbarkeit 5 nur auf dem Gebiet des öffentlichen Rechts bewirken, indem sie die Unübertragbarkeit bestimmen[6]. Sie können aber die *Unübertragbarkeit ihrer Gesetzgebungskompetenz unterliegender öffentlich-rechtlicher Forderungen ohne die Folge der Unpfändbarkeit* anordnen[7].

5. Über Pfändungsverbote und -einschränkungen für *Forderungen* → zunächst die **Übersicht** 6 vor Rdnr. 1 mit Verweisungen auf die in §§ 829, 850–850 k, 851 a, 851 b, 852 erläuterten Normen; wegen *anderer Rechte* und solcher Einzelbefugnisse aus Rechtsverhältnissen, die nicht von diesen getrennt pfändbar sind, → die Übersicht § 857 vor Rdnr. 1 sowie, insbesondere zu Pfändungsschranken, die sich aus dem Pfändungszweck oder dem Inhalt des Rechts ergeben, → § 829 Rdnr. 2, 6 f., 9 f., 12, 14, 21. Über sonstige sachliche und zeitliche Beschränkungen der Vollstreckung → die Übersicht vor § 704 »Vollstreckungsschutz«.

6. Das zur Erfüllung unpfändbarer Ansprüche Geleistete[8] unterliegt dem Pfändungsschutz 7 nur nach Maßgabe der § 811 Nr. 8, § 850 k, bei Sozialleistungen § 55 SGB-I (→ § 850 i Rdnr. 114 ff.), im übrigen nur gemäß § 765 a.

7. Soweit die Anwendbarkeit des § 851 von materiellrechtlichen Fragen abhängt, sind 8 Pfändungsgesuche nur dann abzulehnen, wenn die Unpfändbarkeit nach jeder vertretbaren Ansicht feststeht. Deshalb kann die Unpfändbarkeit noch im Drittschuldnerprozeß geltend gemacht werden[9]. Zur Darlegungslast → § 850 Rdnr. 15; zum Verfahren insgesamt und den Rechtsbehelfen § 850 Rdnr. 15–19.

II. Unübertragbare Forderungen[10]

1. Ansprüche sind nach dem **BGB**[11] unübertragbar gemäß §§ 613 S. 2 und 664 Abs. 2 (»im 9 Zweifel«, also wenn sich aus den Vereinbarungen oder Umständen Übertragbarkeit nicht eindeutig ergibt), § 717 S. 1 BGB (wegen der Anteilspfändung s. § 859). Der Anspruch gemäß § 1300 BGB ist nur übertragbar, wenn er vertraglich anerkannt oder rechtshängig ist. Zum Anspruch auf Zugewinnausgleich und Pflichtteilsansprüchen s. § 852. Nach § 27 Abs. 4 ErbbauVO ist der Anspruch auf Entschädigung für das Bauwerk erst ab Fälligkeit abtretbar.

Entgegen der Rechtsprechung des BGH[12] zählen Honorarforderungen von Angehörigen der in § 203 Abs. 1 StGB genannten Berufsgruppen nicht zu den unübertragbaren Ansprüchen. Soweit die Weitergabe von Daten oder Urkunden gegen § 203 StGB verstößt, hat der Gläubiger keinen Anspruch auf Auskunftserteilung und Urkundenherausgabe nach § 836 Abs. 3 (→ § 807 Rdnr. 34). Die Zulässigkeit der Pfändung (und Überweisung) wird davon nicht berührt[13].

Die nach **anderen bundesrechtlichen Vorschriften** ausdrücklich für unübertragbar erklär- 10 ten Ansprüche sind an den jeweils einschlägigen Stellen erörtert, → die Übersichten vor

---

[4] Auf anderer Ebene liegen die hier zu beachtenden Beschränkungen der Rechte aus der Überweisung, → § 859 Rdnr. 17 u. vergleichbare Beschränkungen → § 859 Rdnr. 4 ff., 12 ff.

[5] Vgl. Art. 72 Abs. 1, 74 Nr. 1 GG.

[6] Bis zur Aufhebung der Art. 59–63 EGBGB durch Nichtaufnahme in das BGBl. III konnten die Länder auch auf den dort genannten Gebieten des bürgerlichen Rechts die Unübertragbarkeit u. damit Unpfändbarkeit anordnen. Vgl. auch *RGZ* 64, 214.

[7] Vgl. auch zum preuß. Recht *RGZ* 44, 193 f.; 146, 297.

[8] → dazu § 850 Rdnr. 9–11.

[9] → § 829 Rdnr. 109.

[10] Wegen anderer Rechte s. § 857 Rdnr. 2 f., 26 f., 76 f.

[11] → auch Rdnr. 26 ff. zu § 399 BGB.

[12] *BGHZ* 115, 123 = *NJW* 1991, 2955; *BGHZ* 116, 268 = NJW 1992, 2348; *BGH* NJW 1993, 2371 (Arzt); NJW 1993, 1638; (Rechtsanwalt); dazu jetzt § 49b Abs. 4 BRAO.

[13] *OLG Stuttgart* BB 1994, 1284; im Ergebnis auch zutreffend *Diepold* MDR 1993, 835 f.

Rdnr. 1 sowie zu § 857 vor Rdnr. 1. Außerdem sind zu nennen: die Ansprüche auf *Arbeitnehmerzulage*, § 28 Abs. 10 BerlinFG[14]; auf Renten und Kapitalentschädigung für Contergangeschädigte[15]; auf Sterbegeld, Heil- und Pflegekostenerstattung, Unfallausgleich und einmalige Unfallentschädigung nach § 51 Abs. 3 BeamtVG, auf *vermögenswirksame Leistungen* nach § 2 Abs. 7 S. 2 des 5. VermBG[16], die sich nicht nur auf die zusätzlich zum sonstigen Arbeitseinkommen gewährten Beträge sondern auch auf die Anlage von Teilen des unveränderten Arbeitseinkommens beziehen[17], auch wenn diese DM 936,- jährlich übersteigen[18]. Jedoch sind die aus der vermögenswirksamen Anlage entstandenen Rechte, insbesondere aus Sparverträgen gegen die Bank, pfändbar wie auch andere nach dem SparprämienG[19] begünstigte Werte[20]. Zur Verfügbarkeit vor Ablauf der Sperrfrist → § 835 Rdnr. 14.

11   **2. Einzahlungsansprüche** der **AktienG** oder **GmbH** auf Aktien bzw. Stammeinlagen sind nur *übertragbar*, soweit der Vermögensstand der Gesellschaft dadurch keine Veränderung erfährt, ihr also im Zeitpunkt der Übertragung in Form der Gegenleistung des Zessionars ein vollwertiges Entgelt zufließt[21]. Daraus folgert die h. M.[22], die *Pfändung* sei nur bei »Vollwertigkeit« des titulierten Anspruchs zulässig. Dabei wird Vollwertigkeit angenommen, wenn die Gesellschaft nicht überschuldet ist[23]; darüber hinaus verlangt man zum Teil, daß die Forderung fällig und liquide sei[24]. Weitergehend wird die Vollwertigkeit nur anerkannt, wenn der Gesellschaft eine Gegenleistung zufließt[25]. Auf das Merkmal der Vollwertigkeit wird nur verzichtet[26], wenn die Gesellschaft ihren Geschäftsbetrieb völlig und endgültig eingestellt hat, ihr Vermögen sich in der Einlageforderung erschöpft und mit anderen Gläubigern als dem durch die Pfändung Begünstigten nicht mehr zu rechnen ist[27] oder ein Antrag auf Eröffnung des Konkursverfahrens mangels Masse abgelehnt wurde[28]. Diese Auffassung ist abzulehnen[29]. Sie übersieht, daß es gerade der Zweck der Kapitalaufbringungsvorschriften ist, den Zugriff des Gesellschaftsgläubigers sicherzustellen, der durch die Pfändung erfolgt[30]. Daß die Vollstreckung zu Lasten anderer Gläubiger geht, ist unerheblich, weil Gläubigergleichbehandlung nur im Konkurs und nicht in der Einzelzwangsvollstreckung gewährleistet ist[31]. Im übrigen fiele die Einlageforderung nach § 1 Abs. 1 KO noch nicht einmal in die Konkursmasse. Der von der h. M. verfolgte Zweck könnte ohnehin nur erreicht werden, wenn man das Pfändungsverfahren kontradiktorisch mit Beweisaufnahme[32] ausgestalten würde. Für die Prüfung der Fälligkeit[33] ist zudem kein Raum, wenn aus einem rechtskräftigen Urteil voll-

---

[14] I. d. F. der Bek. vom 2. II. 1990 (BGBl. I, 173), zuletzt geändert 25. II. 1992 (BGBl. I, 297).
[15] § 14 Abs. 5 G vom 17. XII. 1971 BGBl. I, 2018, 1972 BGBl. I, 2045 (Hilfswerk für behinderte Kinder).
[16] G vom 19. I. 1989, BGBl. I, 137, zuletzt geändert 13. XII. 1990 (BGBl. I, 2749).
[17] *Muth* DB 1979, 1118 f.; *Stöber*[10] Rdnr. 917 je mwN. – A. M. *Pröbsting* RdA 1972, 221; *Brych* DB 1974, 2055 f.
[18] *Stöber*[10] Rdnr. 917 mit Fn. 108. – A. M. *Borrmann* DB 1974, 383; *Schaub* Arbeitsrechtshandbuch[7] (1992) § 92 II 23.
[19] G vom 10. II. 1982, BGBl. I, 125.
[20] LG Essen Rpfleger 1973, 147; AG Hildesheim DB 1973, 1807; *Bauer* Büro 1975, 289; *Hauger* DB 1975, 1147; *Thomas/Putzo*[18] § 829 Rdnr. 18; *Stöber*[10] Rdnr. 335; *Borrmann* (Fn. 18); *Christian* ZBlJR 1979, 357. – A. M. *Muth* DB 1979, 1119.
[21] RGZ 133, 82 f.; 149, 295; s. dazu für die AG *Klaus Müller* in Die AktienG 1971, 1 ff. u. zum Wegfall dieses Schutzes der Kapitalgrundlage einer GmbH BGH NJW 1963, 102; DB 1968, 165.
[22] *Hachenburg/Ulmer* GmbHG[8], § 19 Rdnr. 123; *Scholz/Schneider* GmbHG[7], § 19 Rdnr. 121; *Barz* in: Großkomm AktG[3], § 66 Anm. 28; *Lutter* in: Kölner Kommentar z. AktG[2], § 66 Rdnr. 25; *Hefermehl/Bungeroth* in: *Geßler/Hefermehl/Eckardt/Kropff*, AktG, § 66 Rdnr. 79 und die in Fn. 21 Genannten.
[23] Vgl. *K. Schmidt*, Gesellschaftsrecht[2], § 37 II Beispiel Nr. 8; die h. M. geht zurück auf RGZ 133, 83.
[24] *Hachenburg/Ulmer* GmbHG[8], § 19 Rdnr. 123.
[25] So noch die 20. Aufl.; *Rosenberg/Gaul/Schilken*[10] § 54 I 1 b bb; *Baur/Stürner*[11] Rdnr. 387; *A. Blomeyer* § 54 I 1 b; *Wieczorek*[2] Anm. C II b 2; *Stöber*[10] Rdnr. 345; unklar MünchKommZPO-*Smid* Rdnr. 5.
[26] Zur Heilung, die Ausnahmetatbestände erst nachträglich eintreten, BGH NJW 1992, 2229 f.
[27] BGHZ 53, 73 = NJW 1970, 469; bestätigt durch BGH NJW 1980, 2253.
[28] *Scholz/Schneider* GmbHG[7] § 19 Rdnr. 121.
[29] Vgl. *Berger* ZZP 107 (1994), 29, 35 ff.
[30] Vgl. *K. Schmidt* ZHR 157 (1993) 291, 300 ff.
[31] Vgl. *Schumacher* JW 1936, 3155.
[32] Da im Pfändungsverfahren nur der Vortrag des Gläubigers maßgeblich ist → § 829 Rdnr. 37, kann durch entsprechende Behauptung die Beschlagnahme stets erreicht werden.
[33] *Hachenburg/Ulmer* GmbHG[8], § 19 Rdnr. 123.

streckt wird. Soweit man verlangt, dem Gesellschaftsvermögen müsse eine Gegenleistung zufließen[34], wird eine Überlegung des RG[35] zur Forderungsabtretung zu Unrecht auf die Pfändung übertragen.

Bei Personengesellschaften gilt das Vollwertigkeitsprinzip auch nach h.M. nicht[36]; der Einlageanspruch gegen den stillen Gesellschafter (§ 230 I HGB) ist pfändbar, unbeschadet des Widerrufsrechts nach § 610 BGB[37].

Nach *Überweisung* einer GmbH-Einlageforderung kann der Gläubiger trotz § 46 Nr. 2 GmbHG die Zahlung ohne Beschluß der Gesellschafter verlangen[38]. Auch bei der Aktiengesellschaft bedarf es keiner Aufforderung nach § 63 Abs. 1 S. 1 AktG[39]. Der gesellschaftsrechtliche Gleichbehandlungsgrundsatz gilt für den Gläubiger weder bei der Aktiengesellschaft[40] noch bei der GmbH[41]. **12**

Der Drittschuldner kann einwenden, er schulde die Einlage nicht, weil ihm der Anteil nur sicherheitshalber übertragen sei[42]. Aufrechnen kann er mit Forderungen gegen den Gläubiger, aber nicht mit Ansprüchen gegen die Gesellschaft[43]. Die Pfändung und Überweisung von Einlageforderungen erstreckt sich auch auf Rechte, die der Verstärkung des Einlageanspruchs dienen, etwa die Ausfallhaftung nach § 24 GmbHG oder die Rückgriffsrechte nach Durchführung eines Kaduzierungsverfahrens (vgl. §§ 22, 23 GmbHG, § 65 AktG); Rechte hieraus sind daher nicht isoliert pfändbar. Gleiches gilt für die Befugnis zur Kaduzierung. Jedoch kann der Gläubiger nach Pfändung und Überweisung eigenständig das Kaduzierungsverfahren betreiben[44]. Nach der Rechtsprechung des Reichsgerichts sind Ansprüche auf Einzahlung auf Geschäftsanteile von Genossenschaften nicht abtretbar[45]. Dies ist abzulehnen, da dem Gläubiger der gesetzliche Zweck der Genossenschaft nicht entgegengehalten werden kann[46]. Nicht abtretbar und nicht pfändbar sind hingegen (zukünftige) Ansprüche auf Nachschüsse zur Konkursmasse nach § 105 Abs. 1 GenG. **13**

Das Recht zur **Kapitalentnahme gemäß § 122 HGB** sieht die h.M. als unübertragbar und daher unpfändbar an, soweit es über den pfändbaren Gewinnanteil (→ § 859 Rdnr. 4) hinausreicht[47]. Ihre Argumente sind kaum überzeugend[48]. Ist das Entnahmerecht vertraglich nur **14**

---

[34] Vgl. die in Fn. 21 und 22 Genannten.
[35] RGZ 133, 82 f.
[36] BGHZ 63, 338 = NJW 1975, 1022; → aber auch Fn. 107 zu § 399 BGB.
[37] Näheres bei *K. Schmidt* KTS 1977, 5 mwN.
[38] → § 835 Rdnr. 14. Wie hier *RGZ* 76, 436 f.; 131, 147; *Stöber*[10] Rdnr. 344 mwN; *Hachenburg/Ulmer* GmbHG[8] § 19 Rdnr. 124; a.M. *LG Köln* NJW-RR 1989, 1437 für Zwangsvollstreckung aus einer notariellen Urkunde, die Abtretung ersetzen sollte. Gleiches gilt nach h. M. an für gepfändete Ersatzansprüche der GmbH gemäß § 46 Nr. 8 GmbHG; *Scholz* GmbHG[6] § 46 Rdnr. 104 mwN; z. B. *RG* JW 1930, 2685[21] (Liquidator). Schadensersatzansprüche der Gesellschafter fallen ohnehin nicht unter § 46 Nr. 8 GmbHG; *BGH* NJW 1969, 1712.
[39] *Hefermehl/Bungeroth* in: *Geßler/Hefermehl/Eckardt/Kropff* AktG § 63 Rdnr. 33; a.M. *K. Müller* Die AktienG 1971, 2 f.
[40] *Hefermehl/Bungeroth* in: *Geßler/Hefermehl/Eckardt/Kropff* AktG § 63 Rdnr. 33; a.M. *K. Müller* (Fn. 39), S. 10 und noch die 20. Aufl.
[41] *BGH* LM § 19 GmbHG Nr. 9 = NJW 1980, 2253 mwN gegen *RGZ* 76, 434; 133, 81; 149, 293; *Hachenburg/Ulmer* GmbHG[8] § 19 Rdnr. 24; vgl. auch *Frey* Einlagen in Kapitalgesellschaften S. 23 ff.
[42] *RGZ* 131, 147.
[43] § 19 Abs. 2 S. 2 GmbHG; *BGHZ* 53, 75; § 66 Abs. 1 S. 1 AktG; *K. Müller* (Fn. 21), 7 f. Entsprechendes gilt für Zurückbehaltungsrechte; *K. Müller* aaO.
[44] A. A. *RGZ* 86, 419, 421 (GmbH).
[45] *RGZ* 135, 55.
[46] So aber *RGZ* 135, 58.
[47] Nachweise bei *Winnefeld* DB 1977, 897 ff. *Baumbach/Duden/Hopt* HGB[28] Anm. 1 D zu § 122 halten entgegen *RGZ* 67, 18 f. sogar durch Gewinn gedeckte, aber fixe Entnahmerechte für unabtretbar u. unpfändbar (praktisch Unterschied zur Gewinnpfändung: Zahlung könnte vorher verlangt werden, → Fn. 54).
[48] Ausführlich *Winnefeld* (Fn. 47): die Begründung der Mot. II, 614 zu § 717 S. 2 BGB paßt auch für solche Entnahmerechte, was gegen die enge Auslegung durch *RGZ* 67, 18 f. spricht; Alimentationsargumente gehen fehl, sie führen zu mehreren Widersprüchen. Ähnlich *Gansßmüller* DB 1967, 1533 ff. mit zusätzlicher Kritik an *RG* aaO, während *Teichmann* Gestaltungsfreiheit usw. (1970) zumindest die im Gesellschaftsvertrag vereinbarte Abtretung oder nachträgliche Genehmigung der Abtretung bzw. Pfändung für wirksam hält. Allerdings sollte die aus der Treubindung folgende Ausnahme des § 122 Abs. 1 HGB (»offenbarer Schaden der Gesellschaft«) dann auch diesem Anspruch im Drittschuldnerprozeß entgegengehalten werden können, *Winnefeld* (Fn. 47); *Gansßmüller* aaO, 1535 Fn. 10 a. E., insbesondere bei geringer Aussicht auf Gewinn.

Geschäftsführenden gestattet, so ist es ohnehin nach § 717 S. 2 BGB übertragbar[49]. Soweit aber Entnahmen übertragbar wären, ist auf etwaige Pfändungsbeschränkungen nach §§ 850 ff. zu achten[50], → § 850 Rdnr. 37–44.

15   **Gewinnansprüche** des Personengesellschafters werden von einer Pfändung des Gesellschaftsanteils erfaßt[51], sind aber selbständig pfändbar, § 717 S. 2 BGB, auch als künftige[52] und ohne Rücksicht auf Abtretungsverbote[53]. Fällig werden sie erst mit Feststellung des Gewinns[54], die der Gläubiger weder kontrollieren noch beschleunigen oder sonstwie beeinflussen kann[55]. Vorbehaltlich § 138 Abs. 1 BGB hindert das Verfügungsverbot nach Pfändung[56] nicht Änderungen des Gesellschaftsvertrags, welche die Grundlagen der Gewinnverteilung für die Zukunft betreffen[57] und so zum Nachteil des Gläubigers den Gewinn des Schuldners schmälern[58], → auch § 829 Rdnr. 95.

16   Sind keine Gewinnanteilscheine (→ § 821 Rdnr. 3) ausgegeben, so können Ansprüche auf Zahlung von Dividende, auch als künftige, selbständig, also auch ohne die Aktie, gepfändet werden[59]. Wegen der erforderlichen Vorlegung der Aktienurkunde → § 836 Rdnr. 14 ff. Zu Bezugsrechten → § 857 Rdnr. 96. Nicht pfändbar sind hingegen die *mitgliedschaftlichen* Rechte auf Gewinnbeteiligung (§ 58 Abs. 4 AktG) und Ausschüttung des Bilanzgewinns[60]. Gleiches gilt für das Gewinnstammrecht des GmbH-Gesellschafters[61] im Gegensatz zum konkreten Gewinnzahlungsanspruch.

Die Pfändung des Dividendenanspruchs erfaßt nicht den Ausgleichsanspruch nach § 304 AktG[62] und den Abfindungsanspruch nach § 305 AktG.

17   **3. Miet- und Pachtzinsforderungen** sowie aus ihrer Erfüllung herrührende Barmittel sind grundsätzlich pfändbar, arg. § 851 b. Anders hinsichtlich solcher besonders ausgeworfener Beträge, die der Vermieter auf die Mieter umlegen darf, → Rdnr. 19 ff. Zur Untermiete → Rdnr. 25.

18   **4.** Ist eine Forderung nur an **bestimmte Gläubiger** abtretbar, so kann sie nur von diesen gepfändet werden. Andere Gläubiger können auf sie nicht zugreifen. Hierzu zählen nach § 850 a Nr. 5 Heirats- und Geburtsbeihilfen (→ dort Rdnr. 31), nach § 15 VVG die Forderungen aus der *Versicherung* unpfändbarer Sachen[63], nach § 98 VVG bei der Feuerversicherung die Forderung auf die *Entschädigung*, wenn sie nach den Vertragsbestimmungen (§ 97) oder

---

[49] Denn es kann (hier kraft Vertrags) wie Aufwendungsersatz »vor der Auseinandersetzung verlangt« werden. RGZ 67, 18 f. betraf nur Kommanditisten. Erst recht übertragbar u. damit pfändbar ist eine vereinbarte, meist prozentual vom Überschuß berechnete »Vorwegvergütung« der Geschäftsführenden, auch wenn sie dazu führt, daß ein anteiliger Gewinn den Gesellschaftern nicht verbleibt.

[50] *Winnefeld* (Fn. 47) will die §§ 850 ff. nur entsprechend anwenden. Geschäftsführende Gesellschafter können aber »abhängiger« sein als die → § 850 bei Fn. 90 genannten Personen.

[51] Arg. § 725 Abs. 2 BGB, → § 859 Rdnr. 4, 6. Bei »Stillen« u. Innengesellschaften müssen jedoch die Gewinnansprüche selbständig gepfändet werden, falls der Gläubiger sich nicht mit Pfändung des Auseinandersetzungsguthabens begnügt; dazu *Stöber*[10] Rdnr. 1598–1604.

[52] RG JW 1919, 933 mwN; → § 829 Rdnr. 3 ff. Die Pfändung schon entstandener Ansprüche erstreckt sich jedoch nicht von selbst auf künftige wie → § 832 Rdnr. 1, 4.

[53] → Rdnr. 29; BGH WPM 1981, 650 zu III.

[54] Anders, wenn sie als Recht zur Vorwegentnahme gepfändet sind → Rdnr. 14.

[55] *Hueck* Recht der OHG[4] § 17 IV 2; *Zimmer* ZV gegen Gesellschafter usw. (Diss. 1978), 6; h. M.

[56] → § 829 Rdnr. 89 f.

[57] *Zimmer* (Fn. 55), 8; *Staudinger/Keßler* BGB[12] § 717 Rdnr. 13.

[58] Vgl. *Hueck* (Fn. 55); *Wiedemann* Die Übertragung usw. (1965), 304; *Riegger* BB 1972, 116. – Strenger (jede Abänderung zum Nachteil des Gläubigers verstoße gegen Verfügungsverbot) *Stöber*[10] Rdnr. 1563.

[59] *Stöber*[10] Rdnr. 1606 mwN.

[60] *Lutter* in Kölner Kommentar zum AktG[2] (1986 ff.) § 58 Rdnr. 95.

[61] *Hachenburg/Goerdeler/W. Müller* GmbHG[8] (1989 ff.) § 29 Rdnr. 6, 9.

[62] *Biedenkopf/Koppensteiner* in Kölner Kommentar zum AktG[2] § 304 Rdnr. 11; zur Frage des Drittschuldners aaO. Rdnr. 5.

[63] D. h. solcher, in die z. B. nach 811 überhaupt nicht vollstreckt werden darf; § 865 Abs. 2 schließt nur die Mobiliarvollstreckung aus u. gehört daher nicht hierher, RGZ 135, 159. Nach *LG Detmold*, Rpfleger 1988, 154 soll der Anspruch pfändbar sein, wenn der Schutzzweck des § 15 VVG entfällt, etwa weil der Schuldner den unpfändbaren Gegenstand mit eigenen Mitteln erworben hat.

nach Landesrecht (§ 193) nur zur Wiederherstellung des versicherten Gebäudes zu zahlen ist[64]. Nach § 13 PachtkreditG[65] kann der durch Inventarverpfändung gesicherte Anspruch auf Rückzahlung des Darlehens nur an zugelassene Kreditinstitute abgetreten und demgemäß auch nur für sie gepfändet werden. Diese Einschränkungen sind gesetzlich geregelte Folgen einer *Zweckbindung*, die auch sonst wegen gesetzlicher oder vertraglicher Verwendungszwecke zur Beschränkung der Pfändbarkeit führen kann, → Rdnr. 19 ff.

5. Bei verschiedenen Gruppen von Ansprüchen ergibt sich die Unpfändbarkeit des Anspruchs aus einer **Zweckgebundenheit** der dem Schuldner vom Drittschuldner zufließenden Mittel und damit auch des Anspruchs auf diese Leistungen. Die neuere Entwicklung geht dahin, den Kreis der Ansprüche verhältnismäßig weit zu ziehen[66].

a) Im Ausgangspunkt ist zwischen vereinbarter und gesetzlicher (→ Rdnr. 21) Zweckbindung zu unterscheiden. *Vereinbarte* Zweckbindungen allein führen nicht zur Unpfändbarkeit der Forderung. Der Verwendungszweck kann entgegen der h. M.[67] nicht zum Inhalt der zu erbringenden Leistung gerechnet werden mit der Folge, daß die Forderung nach Abs. 1 unpfändbar ist. Leistungszweckvereinbarungen unterfallen Abs. 2 i. V. m. § 399 Alt. 2 BGB[68] und schließen die Pfändung daher nicht aus. Andernfalls wären auch gesetzliche Pfändungsverbote bei vereinbarter Zweckbindung, etwa § 850 a Nr. 3, überflüssig. Dem steht freilich nicht entgegen, daß vertragliche Leistungszweckbindungen eine uneigennützige Treuhandabrede begründen[69], falls deren Voraussetzungen vorliegen[70]. In diesem Fall kann der Drittschuldner[71] entweder nach § 771 intervenieren[72] oder die Treuhandabrede im Drittschuldnerprozeß einwenden[73].

Unabhängig davon, ob der Kreditzweck Motiv oder Vertragsinhalt geworden ist, sind Auszahlungsansprüche aus Kreditverträgen pfändbar, soweit sie nicht einer Treuhandabrede unterliegen oder der Kreditinhaber nur »Zahlstelle« für die Weiterleitung der Gelder ist. Von der Pfändung unberührt bleibt aber § 610 BGB[74]. Das nicht ausgeübte Abrufrecht aus einem Kreditvertrag ist als bloße Handlungsmöglichkeit nicht pfändbar[75] (→ § 857 Rdnr. 3). Auch Ansprüche aus (Sperr[76]-)Konten sind pfändbar, ungeachtet einer Zweckbestimmung der Guthaben; gleiches gilt für Guthaben aus Hypothekendarlehen, über die nur nach Vollendung bestimmter Bauabschnitte verfügt werden darf[77]. Zu Treuhandkonten u. ä. → § 829 Rdnr. 20. Soweit sie nicht ohnehin als laufende Zuwendungen unter § 850 b Nr. 3 ZPO fallen (→ dort Rdnr. 15 Fn. 48), können für bestimmte Zwecke zugunsten eines Strafgefangenen[78] oder Untersuchungshäftlings[79] bei der Haftanstalt freiwillig eingezahlte Beträge mit einer Treuhandabrede verbunden sein. Zu nicht verbrauchten Beträgen als Eigengeld → § 850 Rdnr. 28, zum Hausgeld → Rdnr. 25 Fn. 101.

---

[64] Dazu *Hallbauer* Recht 1908, 686 ff.; *Bauer* Büro 1961, 97. S. auch für Bayern *OLG München* SA 69, 339 (Hagelversicherung). – Zum Wegfall der Zweckbindung s. RGZ 95, 208.

[65] Vom 5. VIII. 1951 (BGBl. I, 494).

[66] Vgl. *Hillebrand*, Rpfleger 1986, 464.

[67] *BGH* Rpfleger 1978, 248 f. = WPM 553; ferner *OLG Hamm*, NJW-RR 1992, 22; kritisch *Wagner* Vertragliche Abtretungsverbote usw. (1994), 431; zur Lit. s. *Blaum* Das Abtretungsverbot usw. (Diss. 1983), 106 in Fn. 9.

[68] Insoweit zutreffend *Blaum* (Fn. 67).

[69] *Gaul*, KTS 1989, 3, 14 erachtet das Treuhandkriterium für zu eng, fordert aber eine »konkrete Zweckabrede«.

[70] Die sich auch auf den Anspruch nach § 572 S. 1 BGB auf Übertragung der Sicherheitsleistung erstrecken kann, i. E. zutreffend daher *OLG Frankfurt*, NJW-RR 1991, 1416.

[71] *BGH* NJW 1991, 839 nahm Zweckgebundenheit bei einem gegen den Anwalt gerichteten Auszahlungsanspruch von nach § 1629 Abs. 3 BGB durch die Eltern im eigenen Namen beigetriebenen Unterhaltsleistungen an. Hier bestand das (gesetzliche) Treuhandverhältnis nicht zum Drittschuldner, sondern zum Kind.

[72] → § 771 Rdnr. 22.

[73] Daher im Ergebnis zutreffend *BGH* Rpfleger 1978, 248.

[74] Vgl. *Gaul*, KTS 1989, 3, 23, auch zu weiteren Einwendungen.

[75] Vgl. aber *Lwowski/Weber* ZIP 1980, 609 ff. m. N., die die Unpfändbarkeit mit der angeblichen Höchstpersönlichkeit der Kreditzusage (dazu → Rdnr. 36 f.) begründen.

[76] Gemeint sind insoweit rechtsgeschäftlich vereinbarte Beschränkungen (Verfügung nur durch Dritte oder mit deren Zustimmung); s. die Aufzählung bei *Kollhosser* ZIP 1984, 389 ff.

[77] Vgl. *BGH* NJW 1985, 1954 = MDR 739[13]. (*BGH* bejaht Pfändrecht der Bank nach § 19 Abs. 2 AGB; zur Vorinstanz *OLG Düsseldorf* ZIP 1983, 668).

[78] Z. B. für Zahnbehandlung, *Stöber*[10] Rdnr. 136 mwN; einschränkend zur Pfändbarkeit *LG Berlin* Rpfleger 1966, 311.

[79] Etwa zur Selbstverpflegung, vgl. *Stöber*[10] Rdnr. 144 a; *Berner* Rpfleger 1961, 205 gegen *LG Düsseldorf* Rpfleger 1960, 304.

21   b) *Gesetzliche* Zweckbindungen (zu Landesgesetzen → Rdnr. 4) schränken die Pfändbarkeit unmittelbar ein, ohne daß ein Rückgriff auf Abs. 2 erforderlich wäre. Solcher Zweckbindung unterliegen z. B. Ansprüche auf Ausgleichsbeträge (*Subventionen*), die im Rahmen der wirtschaftlichen, insbesondere preisregelnden Maßnahmen von öffentlicher (staatlicher oder berufsständischer) Seite gewährt werden, z. B. an Mühlen- oder Bäckereibetriebe[80], aber nur insoweit, als sie zu bestimmten Zwecken verwendet werden *müssen* und nicht nur der allgemeinen Einkommensverbesserung zur Betriebserhaltung, insbesondere als Ersatz für entgangene oder verminderte Verkaufserlöse dienen[81]. Ferner gehören hierher: Ansprüche der Vorgesellschaften auf Erbringung der *Mindestbareinlage*[82], *Prozeßkostenvorschüsse*[83], *Beihilfen* im öffentlichen Dienst[84]; öffentliche Zuschüsse für Wohnungsmodernisierung[85]; Auszahlungsansprüche aus *Baugeldverträgen*, die nur zur Deckung von Leistungen für bestimmte Bauwerke dienen[86]. Gleiches gilt für *Darlehen aus öffentlichen Mitteln*, soweit sie nur für Bauwerke des Empfängers verwendet werden dürfen[87], und für Darlehen aus *Bausparverträgen*[88]. Ferner gehören hierher gesetzlich vorgesehene *Sperrkonten*[89].

Zur Bedeutung der Zweckbestimmung von *Sozialleistungen* → § 850 i Rdnr. 68, 72, insbesondere für Kindergeld Rdnr. 83 ff. Wegen nicht gesetzlich geschuldeter Unterhaltsgelder → § 850 b Rdnr. 25 und zu Ansprüchen auf *Befreiung von einer Schuld* → Rdnr. 38.

22   Eine solche Zweckgebundenheit besteht auch bei (Prozeß)Kostenvorschüssen, die aufgrund einer einstweiligen Anordnung nach §§ 127 a, 620 Nr. 9[90], 621 f. zugebilligt werden. Bei aufgrund einer nicht anders abwendbaren Notlage durch *einstweilige Verfügung*[91] zugesprochenen Geldleistungen folgt die Unpfändbarkeit nicht aus der durch die Notlage geschaffenen Zweckbindung[92], sondern ist abschließend in § 850 b geregelt. Die Rechtsschutzform allein kann keine Zweckbindung begründen.

23   c) Bei zweckgebundenen Ansprüchen sind **Abtretung und Pfändung insoweit zuzulassen**, als sie im Rahmen der Zweckgebundenheit liegen, insbesondere den Personen zugute kommen, für die sie letztlich bestimmt sind, z. B. bei Prozeßkostenvorschüssen dem Anwalt oder dem Gericht wegen Gebührenforderungen, bei Instandsetzungszuschüssen dem Handwerker usw.[93], oder solchen Dritten, die durch eigene Leistungen den bezweckten Erfolg ermöglicht haben[94]. Entsprechendes gilt für eine **Aufrechnung** (§ 394 BGB).

---

[80] *LG Würzburg* MDR 1952, 172; *LG Kiel* DAVorm 1969, 376 a. E.; *BGH* MDR 1970, 2104 (Flutschadenbeihilfe); vgl. auch *BGH* NJW 1957, 1759 (Aufbauhilfedarlehen nach § 48 SHG, zu § 399 BGB).

[81] Daher sind folgende Ansprüche unbeschränkt pfändbar: Gasölbetriebsbeihilfen; *LG Kiel* (Fn. 80); Ausgleichszahlungen im Rahmen der Getreidepreisharmonisierung innerhalb der EG-Länder, *OLG Schleswig* → § 851 a Fn. 3; Nichtvermarktungsprämien nach der EWG-VO Nr. 1078/77, *LG Oldenburg* AgrarR 1979, 152; Ausgleichszahlungen gemäß § 45 a PBefG.

[82] *Lutter* in Kölner Kommentar z. AktG² § 54 Rdnr. 42.

[83] So für den Anspruch des Ehegatten (→ dazu § 850 d Rdnr. 9) *BGH* JZ 1985, 804 = NJW 2263. → auch § 850 b Rdnr. 12.

[84] *Faber* ZBR 1957, 41 f.; *Zöller/Stöber*¹⁸ § 850 a Rdnr. 12; offen lassend *BAG* DB 1970, 1327. Auf Beihilfe besteht ein Rechtsanspruch, *BGHZ* 10, 295; *BVerwG* NJW 1963, 1639. → aber auch Fn. 95.

[85] Vgl. §§ 1, 10, 13 WoModG vom 23. VIII. 1976 BGBl. I, 2429.

[86] Vgl. § 1 Abs. 3 des BaufordG (GSB) vom 1. VI. 1909 (RGBl., 449); geändert BGBl. 1969 I, 645 u. 1974 I, 469): Baugelder sind nur durch Hypothek, Grundschuld oder zeitweiliges Veräußerungsverbot gesicherte Darlehen. Zum Begriff »Empfänger von Baugeld« s. *BGH* NJW 1982, 1037; NJW 1986, 1105 f. Zur Zweckbindung s. *RGZ* 84, 193.

[87] *Stöber*¹⁰ Rdnr. 83.

[88] *OLG Stuttgart* BB 1956, 1012; *Stöber*¹⁰ Rdnr. 88. Der Guthabenteil der Bausparsumme ist aber unbeschränkt pfändbar; *Stöber*¹⁰ aaO; *LG Bremen* NJW 1953, 1397; *LG Naumburg* JW 1935, 816.

[89] *Balkhausen* JW 1935, 22.

[90] So für den Anspruch des Ehegatten (→ dazu § 850 d Rdnr. 9) *BGH* JZ 1985, 804 = NJW 2263. → auch § 850 b Fn. 32 mwN.

[91] → Rdnr. 38 ff. vor § 935.

[92] Anders 20. Aufl. sowie *OLG Hamburg* LeipzZ 1917, 692; *OLG Breslau* JW 1930, 171¹⁰; *Baumbach/Hartmann*⁵² Grundz. vor § 704 Rdnr. 71 »Einstweilige Verfügung«; vgl. auch die Begründung der (allerdings nur Prozeßkostenvorschuß betreffenden) Entscheidung *OLG Naumburg* OLG Rsp 29, 274. – Wie hier *OLG Düsseldorf* OLGZ 66, 315 = JMBl NRW 63; *Stöber*¹⁰ Rdnr. 14 Fn. 2.

[93] Allg. M.; *KG* NJW 1980, 1341 mwN.

[94] Z.B. für Baugeldansprüche *LG Bremen* NJW 1953, 1397, soweit Mietvorauszahlungen des Gläubigers zum Bau verwendet wurden, *Stöber*¹⁰ Rdnr. 82.

Fällt die Zweckbindung weg, z.B. weil der Zweck erreicht ist durch eigene Leistungen des 24
Schuldners[95], so entfällt auch die Pfändungsbeschränkung[96]. Daher kann ein mit Zweckfortfall entstehender Anspruch auf Auszahlung eines Sperrkontos schon vorher als bedingter bzw. künftiger gepfändet werden[97], → § 829 Rdnr. 4 ff.

6. Unbeschränkt pfändbar sind mangels Zweckbindung die Ansprüche auf folgende Lei- 25
stungen: *Untermietzinsen*[98] (wegen Dienstleistungen des Vermieters → aber § 850 Rdnr. 44,
§ 850 i Rdnr. 19 ff.); *Ersatz von Schäden an unpfändbaren Sachen* (→ § 811 Rdnr. 11),
ausgenommen die Versicherungsleistungen → Rdnr. 18; *Herausgabe pfändbarer*[99] *Sachen an
den Ehegatten*[100], soweit der Anspruch nicht auf § 1361 a Abs. 1 S. 2 BGB beruht → Rdnr. 31;
im Rahmen der §§ 850 ff. auch das 30 DM übersteigende Hausgeld Gefangener[101]. Im übrigen
→ die Übersicht vor Rdnr. 1.

III. Die Fälle des Abs. 2

1. **Unübertragbar** sind nach § 399 BGB solche Forderungen[102], 26

a) bei denen die Leistung an einen anderen Gläubiger ihren *Inhalt verändern* würde[103], wie z.B. der nicht in Geld zu leistende familienrechtliche Unterhaltsanspruch eines Ehegatten[104] oder Kindes, das Vermächtnis auf einen KG-Anteil[105], Ansprüche des Mieters auf Instandhaltung der Mietsache[106], → auch Rdnr. 20, 31 ff.; Ansprüche auf Kommanditeinlagen sind an Gesellschaftsgläubiger abtretbar (und daher pfändbar), weil der Kommanditist auch durch Zahlung an den Zessionar frei wird[107];

b) die noch vor der Pfändung[108] *durch Vereinbarung unübertragbar* geworden sind, wie 27
z.B. schon lange üblich bei Schulden der öffentlichen Hand für Leistungen[109], zunehmend
aber auch zwischen Privaten[110], insbesondere aufgrund Allgemeiner Geschäftsbedingun-

---

[95] Anders, wenn sich aus gesetzlicher Zweckbindung ergibt, daß nur an den Schuldner geleistet werden darf; so *Faber* (Fn. 84) für die Beihilfe (zweifelhaft). → auch Rdnr. 31: *BVerwG* 50, 296 = *Buchholz*, 238.911 Nr. 15 BhV (1975) Nr. 1 hielt den Anspruch für höchstpersönlich, entschied aber nur zur Unvererblichkeit. – Zur Bindungsdauer bei Prozeßkostenvorschüssen *BGH* JZ 1985, 803 = NJW 2263; aber auch NJW 1985, 2265.

[96] So auch *Stöber*[10] Rdnr. 81 (Baugeld) u. Rdnr. 410 (Sperrkonto). Sind aber Dritte lediglich in Vorlage getreten, so bleibt die Zweckbindung zu ihren Gunsten bestehen, → Fn. 94.

[97] Was aber zweckbestimmte Verfügungen des Schuldners nicht hindert, *Stöber*[10] Rdnr. 410.

[98] Sie sind nicht zweckgebunden, auch wenn sie der anteiligen Raummiete entsprechen u. der Mieter keine anderen Mittel zum Begleichen der Miete besitzt, *OLG Frankfurt* NJW 1953, 1597; *OLG Hamm* NJW 1957, 68; *Becker* NJW 1954, 1595; *Thomas/Putzo*[18] Rdnr. 2; *Zöller/Stöber*[18] Rdnr. 5. – A.M. *LG Frankfurt* u. *Bögner* NJW 1953, 1598; *John* MDR 1954, 725. – S. aber auch *LG Berlin* NJW 1955, 309.

[99] → § 847 Rdnr. 2.

[100] *Pohle* MDR 1955, 1 ff., besonders bei Fn. 31. Dies hat Bedeutung für Pfändungen nach § 846, soweit § 739 versagt, → dazu § 739 Rdnr. 16 f., § 740 Rdnr. 19; § 808 Rdnr. 11, 13.

[101] *Stöber*[10] Rdnr. 140; arg. § 47 mit § 93 Abs. 2, § 121 Abs. 5 StVollzG (Zweckbindung nur bis 30 DM). Zur Aufrechnung wegen vorsätzlicher Schädigung → § 850 Rdnr. 62; *OLG Karlsruhe* NStZ 1985, 430 f. (*Volckart*) = Justiz 172 zu § 93 StVollzG mwN.

[102] Wegen anderer Rechte s. § 857 Abs. 1, 3 sowie → dort Rdnr. 14 f. u. Fn. 146.

[103] Gemeint ist grundsätzlich der Leistungserfolg, *Ebel* JR 1981, 485 f. Entscheidend ist, ob die Inhaltsänderung im konkreten Fall eintreten würde; *BGH* LM § 399 BGB Nr. 13 = NJW 1972, 2036 (zur Gebrauchsüberlassung an Mieter), u. ob sie so erheblich ist, daß sie schutzwürdige Interessen des Drittschuldners beeinträchtigen würde, *Baumgärtel* JZ 1958, 654; s. auch MünchKommBGB[3]-*Roth* § 399 BGB Rdnr. 8 (Interesse an der Beibehaltung eines bestimmten Gläubigers).

[104] So zu §§ 1360, 1360 a BGB die Rsp → § 850 b Fn. 23. Wegen des Taschengelds → § 850 b Rdnr. 12.

[105] *BGH* JZ 1958, 665 (krit. zur Begründung *Baumgärtel* → Fn. 103).

[106] *LG Berlin* GrundE 1980, 77.

[107] Vgl. *BGHZ* 63, 338 u. NJW 1982, 35; *K. Schmidt* ZHR 157 (1993), 309.

[108] → § 829 Rdnr. 92.

[109] Siehe *Blaum* (Fn. 67), 204 f.

[110] *Blaum* (Fn. 67), 219 ff. Z.B. *BGHZ* 56, 228 = NJW 1971, 1750 (Bauunternehmervergütung). Gegen Ausschluß der Sicherungszessionen s. *Mummenhoff* JZ 1979, 425.

gen¹¹¹ und bei Lohn- und Gehaltsforderungen¹¹². Der Abtretungsausschluß in der Satzung wirkt wie eine Vereinbarung¹¹³.

28   Der Wortlaut des Abs. 2 scheint das gesetzliche Abtretungsverbot → Rdnr. 26 ebenso zu erfassen wie das vereinbarte → Rdnr. 27. Der *gesetzgeberische Gedanke*, daß der Schuldner nicht Vermögen mühelos dem Zugriff seiner Gläubiger entziehen soll durch Verabredung mit dem Drittschuldner, trifft aber nur für die Fälle vertraglicher Abtretungsverbote zu¹¹⁴, während die Inhaltsänderung dem Drittschuldner bei Pfändungen ebensowenig zumutbar sein kann wie bei Abtretungen, insbesondere in den hauptsächlich praktisch werdenden Fällen der Leistungen mit höchstpersönlichem Charakter (→ Rdnr. 31 ff.). Daher wird man wohl der Ansicht beipflichten müssen, daß die ausnahmsweise Zulassung der Pfändung durch Abs. 2 sich entweder von vornherein ausschließlich auf den 2. Fall des § 399 BGB bezieht¹¹⁵ oder doch nur ausnahmsweise den Bereich der Inhaltsänderung (1. Fall) betrifft¹¹⁶. Wird für eine nach § 399 Fall 1 BGB unabtretbare und unpfändbare Forderung ein Abtretungsverbot vereinbart¹¹⁷, bleibt es bei Unpfändbarkeit. Wegen *relativer* Veräußerungsverbote s. § 772.

29   Für den Bereich **vereinbarter** Abtretungsverbote gilt aber ausnahmslos, d.h. ohne Möglichkeit einer Korrektur im Wege der Interessenabwägung¹¹⁸, der Grundsatz, daß die Forderung entgegen Abs. 1 pfändbar ist, wenn auch der zu leistende *Gegenstand* nach §§ 811 ff. oder 857 pfändbar wäre¹¹⁹. → auch § 857 Rdnr. 14 f. Zur Überweisung → § 835 Rdnr. 37.

Aus dem Gesetzeszweck folgt ferner, daß die Begründung eines Rechts unter der auflösenden Bedingung des Gläubigerzugriffs die Pfändung nicht ausschließt¹²⁰. Die Gegenansicht¹²¹ übersieht, daß das Prinzip der Gesamtvermögenshaftung nicht der Parteidisposition unterliegt.

30   **Verbotswidrige Abtretungen** sind unwirksam und hindern daher nicht die nachträgliche Pfändung beim Schuldner¹²². Sie können zwar noch geheilt werden, aber nicht rückwirkend gegenüber einer **vor** der Heilung ausgebrachten **Pfändung**¹²³. Diese bleibt also wirksam,

---

¹¹¹ Siehe auch § 3 AKB, *LG Frankfurt* VersR 1978, 1058 (Versicherungsansprüche pfändbar vor endgültiger Feststellung, → Rdnr. 29). Zur Wirksamkeitskontrolle s. *Blaum* (Fn. 67), 228 ff.
¹¹² Zu Kollektivvereinbarungen *BAG* AP Nr. 4 zu § 399 BGB (Anm. *Larenz*); *LAG Frankfurt* DB 1972, 243; krit. *Blaum* (Fn. 67), 279 ff.
¹¹³ Satzungen wirken nur wie Vereinbarungen; *LG Oldenburg* Rpfleger 1985, 449 (zur Satzung einer Ärztekammer, die Witwenrenten für nicht übertragbar erklärt); *BGHZ* 70, 299 = NJW 1978, 814 = JZ 351 (Genossenschaft); *OLG München* MDR 1991, 453.
¹¹⁴ Die Begr. Nov 98, 174 ging davon aus, daß insoweit die Interessen des Drittschuldners nicht berührt werden.
¹¹⁵ So trotz der Motive (*Hahn/Mugdan*, 158): *Baur/Stürner*¹¹ Rdnr. 389; *Lwowski/Weber* ZIP 1980, 610; *Berger* ZIP 1980, 948; 1981, 586; *Schuschke* Rdnr. 9; *Stauder* Der bankgeschäftliche Krediteröffnungsvertrag (1968), 137 f.; wohl auch *BGH* die 19. Aufl.; *Baumann/Brehm*² § 11 II 2 a y; *Baumbach/Hartmann*⁵² Rdnr. 6; MünchKommBGB³-*Roth* § 400 Rdnr. 1; *Wieczorek*² Anm. B II a, b.
¹¹⁶ *Dornwald* Grenzen u. Umfang usw. (Diss. Köln 1978) sieht überhaupt keinen Anwendungsfall für die »Inhaltsänderung«; *Zöller/Stöber*¹⁸ Rdnr. 3: Nichtpfändbarkeit werde hier die Regel sein.
¹¹⁷ Vgl. *Nörr/Scheyhing*, Sukzessionen (1983), § 3 III 5 a, S. 33.
¹¹⁸ *BGH* MDR 1978, 839 = Rpfleger 247 f.
¹¹⁹ Ist also das aufgrund der unübertragbaren Forderung zu Leistende weder eine Sachübereignung noch eine Rechtsbegründung oder -übertragung sondern nur ein tatsächlicher Zustand, verbunden mit tatsächlichen Möglichkeiten, so fehlt ein »pfändbarer Gegenstand« gemäß Abs. 2, → § 857 Rdnr. 3.
¹²⁰ Vgl. *Nörr/Scheyhing*, Sukzessionen (1983), S. 20, mit dem zutreffenden Hinweis, daß die Möglichkeit zur Gläubigeranfechtung nicht zur Annahme der Wirksamkeit dieser Konstruktion zwingt. Ob man freilich von einem fehlenden Übertragungswillen ausgehen darf (vgl. *Nörr/Scheyhing* aaO), ist zweifelhaft; im Kern wollen die Parteien die Haftungsfunktion subjektiver Rechte beschneiden.
¹²¹ Grundsätzlich bejahend *RG* HRR 1932 Nr. 562; *KG* KGJ 40, 232; *Erman/H. P. Westermann*, BGB⁹ § 400, Rdnr. 3; MünchKommBGB³-*Roth* § 400, Rdnr. 2. Vgl. auch *OLG Düsseldorf* OLGZ 84, 90 (durch Vormerkung gesicherte Rückübereignungspflicht für den Fall der ZV in das geschenkte Grundstück).
¹²² → § 829 Rdnr. 19; *BGH* (Fn. 53) u. NJW 1978, 814 = JZ 351. Denn die Unwirksamkeit ist zwar schwebend bis zur etwaigen Heilung, aber nach zutreffender h.M. nicht nur relativ; *BGH* aaO mwN.
¹²³ *BGH* (Fn. 53, 122) und *BGHZ* 108, 172, und zwar auch dann, wenn man sonst der Heilung rückwirkende Kraft beimessen will, etwa analog § 184 Abs. 1 BGB oder kraft Parteiwillens, dazu *Blaum* (Fn. 67), 146 f., 168 ff. gegen *Denck* BB 1978, 1087. Denn Abs. 2 zeigt, daß Pfändung u. Abtretung eben nicht gleichwertig sein sollen: der Gläubiger erhält sofort ein Pfandrecht, der Zessionar bis zur Heilung nur eine ungeschützte Erwerbschance, s. auch § 184 Abs. 2 BGB u. dazu *Blaum* aaO, 118, 168 ff. Dies gilt auch bei Kollision von Abtretung u. Pfändung vor Entstehung der Forderung, *Blaum* aaO, 170.

gleichgültig ob die Heilung durch vertragliche Aufhebung des Abtretungsverbots eintritt[124] oder ob man hierfür ein einseitiges Rechtsgeschäft (Genehmigung oder Verzicht) genügen läßt[125]. Gleiches gilt, wenn die Wirksamkeit einer Abtretung von vornherein nur von einer zusätzlichen Handlung Dritter abhängig gemacht war, etwa einer *Zustimmung des Drittschuldners*, und erst nach der Pfändung diese Handlung vorgenommen wird oder die Handlung nachträglich überflüssig wird, sei es durch vertragliche Aufhebung der Abrede oder einseitigen Verzicht auf das vereinbarte Erfordernis[126].

2. Bei Leistungen von **höchstpersönlichem Charakter** wäre der Drittschuldner durch die Pfändung und Überweisung beschwert, → Rdnr. 28. 31

a) Hierher gehören – außer Forderungen, die aus diesem Grunde schon durch Gesetz für unübertragbar bzw. unpfändbar erklärt sind[127] – z.B. solche aus § 1361 a Abs. 1 S. 2 BGB[128], ferner manche, bei denen der Schuldner ein *Wahlrecht* oder eine *Ersetzungsbefugnis* hat: Sind beide Leistungen übertragbar, so ist die Forderung als Ganzes[129] pfändbar; der Gläubiger kann nach der Überweisung das Recht des Schuldners ausüben, → § 835 Rdnr. 14[130]. Soweit dagegen eine der Leistungen *höchstpersönlich* ist (z.B. Beköstigung, → Rdnr. 33), ist es auch das Wahlrecht; folglich wird es in solchen Fällen nicht von der Pfändung miterfaßt[131] und ausüben kann es nur der Schuldner. Gleiches gilt, wenn eine der Leistungen aus anderen Gründen zum Schutze des Schuldners unpfändbar ist[132]. Dies hindert jedoch nicht den Erlaß eines Pfändungsbeschlusses[133]:

aa) Der Gläubiger kann seine Pfändung *auf den übertragbaren Anspruchsinhalt beschränken*[134] und 32
somit ein bedingtes bzw. künftiges Recht pfänden (→ § 829 Rdnr. 3ff.), nämlich für den Fall, daß der Schuldner diesen Anspruchsinhalt wählt[135]. Wählt dieser die wegen Höchstpersönlichkeit unübertragbare Leistung, so werden *solche* Pfändungen gegenstandslos.

bb) Beantragt aber der Gläubiger die *Pfändung des Anspruchs ohne Einschränkung*, weil er etwa die Höchstpersönlichkeit nicht vorträgt, so ist dem Antrag stattzugeben[136].

---

[124] Nachweise bei *Blaum* (Fn. 67) 138; wohl auch *BGH* (Fn. 122). Dann ergibt sich die Wirksamkeit der Pfändung schon daraus, daß die Mitwirkung des Schuldners an der Verbotsaufhebung gegenüber dem Gläubiger unwirksam ist, weil einer Verfügung gleichkommt; *Blaum* (Fn. 67), 168, → § 829 Rdnr. 90ff.

[125] So *RG* LZ 1914, 1712; mehrere Senate des *BGH*: WPM 1956, 1225 (I); *BGHZ* 11, 121 (II); NJW 1954, 190 (IV); WPM 1962, 525 (VI); WPM 1958, 1338 (VII) mit der bisher h.M.; s. *Blaum* (Fn. 47), 133 mwN zur Lit. u. ausführlicher Kritik. Offen gelassen in *BGHZ* 40, 161 (VII); WPM 1968, 195 (VIII).

[126] *Blaum* (Fn. 67), 132 Fn. 14; s. die Aufzählung aaO, 68, vor allem im Kreditsicherungs- u. Versicherungsbereich sowie bei Arbeitsvergütungen. Zur Problematik u. Wirksamkeitskontrolle (vor allem in AGB) s. *Blaum* aaO 204ff.

[127] → z.B. Rdnr. 9 sowie § 850 a Rdnr. 13, § 850i Rdnr. 61.

[128] → aber Rdnr. 25 wegen sonstiger Herausgabeansprüchen, sowie § 739 Rdnr. 29 Fn. 91; § 857 Rdnr. 7f. – Umstritten für Taschengeld (→ § 850 b Rdnr. 12) u. Beihilfe (→ Fn. 84, 95).

[129] Unterschiedliche Pfändungsformen (z.B. §§ 829, 830, 831, 847, 848) sind dabei ebenso zu wahren wie bei mehreren selbständigen Ansprüchen. Im Falle der Ersetzungsbefugnis ist ohnehin nur die geschuldete Leistung pfändbar.

[130] Vgl. auch zur Abtretung (§ 401 BGB) *BGH* LM § 413 BGB Nr. 5 = NJW 1973, 1794.

[131] Insoweit ganz h.M. – A.M. *Eckstein* BlfRA 1975, 349. → auch Fn. 136.

[132] *Stöber*[10] Rdnr. 32; *Hellwig* System 2, 353. Beachtlich aber der Vorschlag von *Citron* DJZ 1910, 197f., den Gläubiger wie → § 835 Rdnr. 14 das Wahlrecht seines Schuldners ausüben zu lassen, wenn die Unübertragbarkeit nicht den Schutz des Schuldners sondern nur bezweckt, daß der Drittschuldner nicht an Fremde leisten muß.

[133] A.M. *Falkmann* Recht 1911, 1f. u. noch die 19. Aufl. unter unrichtiger Berufung auf *OLG Hamburg* SA 41, 4723[18], das nur den uneingeschränkten Pfändungsantrag (→ bei Fn. 136) ablehnte u. ausführte, solche Pfändungen könnten dem Gläubiger nicht das Wahlrecht verschaffen u. den Schuldner zu einer bestimmten Wahl nötigen.

[134] Daß es sich bis zur Wahl um einen einheitlichen Anspruch handelt, steht nicht entgegen; a.M. *Falkmann* (Fn. 133), 3, der übersieht, daß dann nur der Schuldner (frei) wählen kann → Fn. 135. Jedenfalls im Ergebnis wie hier *Hellwig* (Fn. 132); DJZ 1907, 1083; *Eckstein* (Fn. 131); *Langheineken* Festg. für Brünneck 1912, 45f.; *Stöber*[10] Rdnr. 32; teilweise a.M. *Citron* (Fn. 132). – Bei Ersetzungsbefugnis → aber auch Fn. 129 a. E.

[135] *Hellwig* (Fn. 132).

[136] Nicht anders als bei Zweifeln über Zugehörigkeit zum Schuldnervermögen → § 829 Rdnr. 37. Zur Erinnerung → § 829 Rdnr. 38.

Diese Grundsätze gelten entsprechend, wenn dem *Drittschuldner* das Wahlrecht oder die Ersetzungsbefugnis[137] zusteht. Da aber die Pfändung seine Rechte nicht erfaßt, verbleibt die Wahl stets ihm.

33   Wegen *Altenteils*-(Ausgedinge-)Forderungen → § 850 b Rdnr. 16 f., 34. Soweit Ansprüche auf Beköstigung im Haushalt des Schuldners und auf ein persönliches Wohnrecht dazugehören, scheidet die Pfändung gleichfalls aus. Dagegen kann – mit den Einschränkungen des § 850 b Abs. 2 – der Anspruch auf die Geldleistung stets, und der auf Lieferung von Naturalien, auch als Ganzes (§ 832), gepfändet werden[138], wenn nicht etwa die zu leistenden Sachen selbst als unentbehrlich unter § 811 fallen, → § 847 Rdnr. 2. Zu anderen höchstpersönlichen Rechten als Geldforderungen → § 857 Rdnr. 13. Wegen »verhaltener« Ansprüche → § 852 Rdnr. 1 f., 4 ff.

34   b) Stets unpfändbar ist das **Akkreditivrecht**[139] als solches[140]. Möglich ist die Pfändung des *Zahlungsanspruchs* aus dem Akkreditiv[141], als zukünftiger Anspruch auch schon vor Einreichung der Dokumente. Will der Gläubiger diese der Bank vorlegen, kann er sie entsprechend § 836 Abs. 3 S. 1 Alt. 2 herausverlangen[142]. Um eine Zahlung auf die Kaufpreisforderung zu verhindern, empfiehlt sich daneben deren Pfändung[143]. Wegen *Darlehensansprüchen* → Rdnr. 36.

35   c) *Nicht* höchstpersönlich sind solche Gestaltungsrechte, die als Nebenrechte von der Pfändung ergriffen werden, → § 829 Rdnr. 80, § 835 Rdnr. 14[144].

36   3. Bei **Kreditgeschäften** ist zu unterscheiden: Der einem *Darlehensvorvertrag* entstammende Anspruch *auf* Kreditgewährung, d. h. Annahme eines entsprechenden Vertragsangebots, ist, auch wenn bereits ein Kreditrahmen zugesagt war, unpfändbar, soweit das Recht auf Abschluß verpflichtender Verträge höchstpersönlicher Natur ist[145]. Das Recht auf Abgabe des Angebots zum Abschluß des Darlehensvertrags ist als bloße Handlungsmöglichkeit (→ § 857 Rdnr. 3) unpfändbar. Gleiches gilt für die vom Schuldner noch nicht angenommene Zuteilung eines Bauspardarlehens[146]. Davon zu unterscheiden ist der künftige Auszahlungsanspruch.

Der Anspruch auf Auszahlung *aus einem Darlehensvertrag*[147] kann jedoch so abgetreten werden, daß durch Zahlungen an den Zessionar der Zedent Darlehensschuldner wird[148];

---

[137] Vgl. *AG Werne/Lippe* Büro 1965, 1020 (Geld statt gewonnene Flugreise). → auch § 852 Fn. 4.

[138] Vgl. noch *KG* OLG Rsp 14, 93, 182 (Ersatzforderung § 92 ZVG, ebenso *LG Frankfurt* Rpfleger 1974, 122); *OLG Breslau* OLG Rsp 22, 385 f.; *OLG Braunschweig* OLG Rsp 22, 384; 25, 193; weitergehend bei Deputatkohlen der Bergarbeiter *LG Essen* MDR 1948, 480; s. ferner *Jonas/Pohle* ZVNotR[16] (1954), 85 f.

[139] Lit. bei *Schlegelberger/Hefermehl* HGB[5] Anh. § 365 vor Rdnr. 139; ferner *Schütz* BB 1964, 332; *Nielsen* DB 1964, 1727; *H. Wassermann*, Die Verwertung usw. (1982); dazu *Kl. Peters* WPM 1982, 54 ff.

[140] Nach h.M. auch dann, wenn es ausnahmsweise »übertragbar gestellt« ist. Das Akkreditiv stellt ein an die Person des Verkäufers gebundenes Recht dar; der Käufer bringt ihm Vertrauen entgegen, da mit der den Zahlungsanspruch entstehenlassenden Einreichung der (möglicherweise unrichtigen) Dokumente die Ware noch nicht beim Käufer ist. § 851 Abs. 2 erlaubt ebenfalls keine Pfändung, da der »geschuldete Gegenstand« die (nicht pfändbare) Abgabe eines Schuldversprechens ist, vgl. *Canaris*, Bankvertragsrecht[3] Rdnr. 1046.

[141] *Hefermehl* (Fn. 139) Rdnr. 238, 147 mwN (Art. 55 der 1983 revidierten Einheitlichen Richtlinien, abgedruckt bei *Canaris*, Bankvertragsrecht[3] Rdnr. 935). Zur Arrestpfändung obiter *OLG Hamburg* WPM 1978, 339 = BB 63 mwN.

[142] Vgl. auch *Canaris*, Bankvertragsrecht[3] Rdnr. 1045; a. A. die 20. Aufl. und *Hefermehl* (Fn. 139) Rdnr. 238 mwN

[143] Wie bei Abtretungen stünde der Einziehung der Kaufpreisforderung nach § 404 entgegen, daß zunächst Befriedigung aus dem Akkreditiv zu suchen ist; ihre Pfändung verhindert aber wenigstens die Wirksamkeit von Zahlungen an den Schuldner außerhalb des Akkreditivs; *Hefermehl* (Fn. 139) Rdnr. 238, 247. Zur Arrestpfändung des Kaufpreisanspruchs s. *OLG Hamburg* (Fn. 141).

[144] → § 829 Rdnr. 15, 81, § 857 Rdnr. 3–5, 76 f.

[145] *OLG Kassel* OLG Rsp 14, 184; *LG Landau* Büro 1985, 1742; *LG Dortmund* Rpfleger 1985, 497 f. = NJW 907; *Stöber*[10] Rdnr. 120; *Terpitz* WPM 1979, 574; *Baur/Stürner*[11] Rdnr. 680 gegen *Grunsky* ZZP 95 (1982), 264 ff. → auch § 857 Rdnr. 3.

[146] *Stöber*[10] Rdnr. 88. Zur beschränkten Pfändbarkeit nach Annahme → Fn. 88.

[147] Er besteht nicht mehr, wenn der Kreditbetrag einem Kontokorrent gutgeschrieben u. auf einem Sonderkonto belastet ist; zur Pfändung des Saldos → § 829 Rdnr. 11 f., 72.

[148] Vgl. schon *RGZ* 66, 361 f.; besonders aber 68, 356 f.; *Gruch* 53, 415; vgl. auch *RGZ* 77, 407. – A. M. *OLG Kassel* OLG Rsp 14, 184.

folglich ist auch seine Pfändung möglich[149], auch schon *vor* Vertragsschluß als vom Verhalten des Schuldners abhängiges künftiges oder bedingtes Recht, da Inhalt, Gläubiger und Schuldner feststehen[150] und die Höhe nicht angegeben werden muß[151]. Ob der Darlehensschuldner oder ein Dritter Zahlungsempfänger sein soll, spielt hierfür keine Rolle. Pfändungen künftiger »*Ansprüche auf Überweisungen an Dritte*« bedeuten daher bei *debitorischen* Konten nichts anderes als Pfändungen künftiger Auszahlungsansprüche aus späteren, vom Gläubiger nicht erzwingbaren Darlehensverträgen[152] und sind daher *neben* der Pfändung der Auszahlungsansprüche unnötig[153], wenn auch zur Klarstellung zulässig[154]. Oft wird jedoch der Gläubiger an §610 BGB oder entsprechenden Vertragsbedingungen scheitern[155], und da vorherige Pfändungen das Recht des Schuldners auf Vertragsabschluß nicht erfassen und er es in der Regel nicht ausüben würde, garantieren auch sie keinen Erfolg. → aber auch Rdnr. 37 a. E. – Wegen zweckgebundener Kredite → Rdnr. 20. Ein aus Darlehensgewährung stammendes *Guthaben* ist pfändbar.

Wird der Kredit nach der sog. Einkontomethode[156] als **Dispositionskredit** gewährt, so kann nur der Schuldner durch Abruf den Auszahlungsanspruch konkretisieren, um den Kreditrahmen auszunutzen. Denn das *Abrufrecht* steht, da es die Auszahlungspflicht des Kreditinstituts erst auslöst, dem Recht auf Vertragsschluß gleich[157] und ist daher regelmäßig als höchstpersönliches Recht[158], jedenfalls aber als bloße Handlungsbefugnis unpfändbar. Das hindert jedoch nicht die Pfändung des noch nicht entstandenen *Auszahlungsanspruchs*: ruft nämlich der Schuldner danach freiwillig ab[159], so entspricht das ebenso einem Bedingungseintritt wie ein erwarteter Vertragsschluß[160]. Freilich werden Schuldner dann selten abrufen. Aber Pfändungen bedingter bzw. künftiger Auszahlungsansprüche können wenigstens verhindern, daß der Schuldner abruft und gleichzeitig über den Betrag verfügt, z.B. durch *Überweisungsauftrag* oder Abhebung trotz Sollstand des Kontos; denn wenn die Bank auszahlt oder die Weisung ausführt, liegt in dem dadurch eingeräumten **Überziehungskredit** zumindest stillschweigend ein neuer Darlehensvertrag[161], auch wenn sie dazu nicht verpflichtet war[162], und

[149] *Erman* Gedächtnisschrift f. Rudolf Schmidt (1966), 273 ff.; *LG Düsseldorf* Büro 1982, 1426; *Esser/Weyers* Schuldrecht II[7] §26 II 3, die mit Recht den bankmäßigen Krediteröffnungsvertrag regelmäßig nicht zu den Vorverträgen zählen. Einschränkend *Stöber*[10] Rdnr. 115 mit *Koch* JW 1933, 2757: in der Regel höchstpersönlich (Vertrauen auf wirtschaftliche Lage des Schuldners).

[150] Vgl. *Gaul*, KTS 1989, 3, 18.

[151] → §829 Rdnr. 3 f., 6–8.

[152] Str. Würde man sie nicht wie im obigen Text, sondern »wörtlich« auslegen, so bestünden Bedenken wegen §851 mit §613 S. 2 BGB; *Wagner* ZIP 1985, 851 mwN. → auch Fn. 154.

[153] Sind nur «*Tagesguthaben*» gepfändet, → §829 Fn. 52, so ist der Gläubiger lediglich vor Überweisungen nach der Entstehung eines solchen Guthabens geschützt, → §829 Fn. 71; insoweit richtig *BGH* VIII. Senat → §829 Fn. 67 a. E. (»*daraus auch keine Überweisungsaufträge* ...«); *Häuser* ZIP 1983, 895; *Wagner* (Fn. 152). Bleibt aber das Konto von vornherein im Soll, so ist die Pfändung künftiger Ansprüche »auf Überweisungen« im o.g. Sinne zuzulassen, → Fn. 162, durch die weder die Bank noch der Schuldner gezwungen wird, solche Ansprüche überhaupt entstehen zu lassen, → Rdnr. 37.

[154] Beispiel: Nr. 4 der Pfändung in *BGHZ* 93, 315 (IX. Senat) = JZ 1985, 487 = NJW 1218. Die Worte »oder auf Überweisung an Dritte« weisen hier nur darauf hin, daß solche Überweisungen auch bei Pfändung genauso unter das Verfügungsverbot fallen sollen wie Auszahlungen an den Schuldner; selbständige Verwertung wäre unmöglich, → auch Fn. 136 a. E. – A.M. *Wagner* (Fn. 152), der wörtlich auslegt u. folgerichtig Unzulässigkeit annimmt.

[155] Z.B. Nr. 17 AGB-Banken. Im einzelnen *Erman* (Fn. 149), 271 f.; *Wagner* JZ 1985, 724 f. mwN (nicht jede ZV führt zu §610 BGB); *Gaul*, KTS 1989, 3, 23 ff. – auch §829 Fn. 562, z.B. §19 Abs. 2 AGB-Banken, dazu *BGH* (Fn. 154) a. E.

[156] Zur Begriffsbildung *Lwowski/Weber* ZIP 1980, 609.

[157] Dogmatische Konstruktionen sind hier beliebig (Abruf als a. Annahme eines über §147 BGB hinaus dauernden Angebots, b. aufschiebende Bedingung, c. vertragsgestaltende Gestaltung); daher wären unterschiedliche Folgen willkürlich.

[158] *RGZ* 51, 115 (120); *LGe Dortmund* (Fn. 145); *Lübeck* NJW 1986, 1115; *Hannover* Büro 1986, 303; *Stöber*[10] Rdnr. 117; *Wieczorek*[2] Anm. B I b 1; *Lwowski/ Weber* ZIP 1980, 611; *Baur/Stürner*[11] Rdnr. 493 a. E.; *Häuser* ZIP 1983, 899; *Wagner* (Fn. 155); *Nasall* NJW 1986, 168 f.; auch *LG Hamburg* NJW 1986, 998 (»nicht antastbare Willensentscheidung des Schuldners«); → auch §835 Fn. 28. – A.M. *OLG Stuttgart* HRR 1928, 1523; *LG Düsseldorf* Büro 1985, 470; *Grunsky* (Fn. 145); *Baßlsperger* Rpfleger 1986, 267.

[159] → dazu §829 Rdnr. 90.

[160] → Rdnr. 36 nach Fn. 149. Wie hier *Wagner* (Fn. 155), 720 f. u. ZIP 1985, 854; eingehend *Gaul*, KTS 1989, 3, 15 ff., mit umfassenden Nachweisen in Fn. 4 (Rechtsprechung) und Fn. 5 (Literatur).

[161] → bei Fn. 152.

[162] *Baßlsperger* Rpfleger 1985, 180 mwN; *Grunsky* JZ 1985, 491 l. Sp.; *Wagner* (Fn. 152), 852; im Ergebnis auch *OLG Köln* ZIP 1983, 810 = WPM 1049 u. *OLG München* als Vorinstanz zu *BGH* (Fn. 154). – A.M. *BGH* (Fn. 154);

38   4. Der Anspruch auf **Befreiung von einer Schuld**, z. B. des Haftpflicht- oder Rechtsschutzversicherten gegen den Versicherer, kann nicht an Dritte[163], sondern grundsätzlich nur an den Gläubiger der Forderung, in den genannten Fällen also an den Geschädigten bzw. Kostengläubiger oder dessen Rechtsnachfolger[164], abgetreten und von diesem gepfändet werden[165]; in dessen Hand setzt sich dann der Anspruch in einen reinen Leistungsanspruch um, bei Befreiung von Geldschuld also in einen Zahlungsanspruch[166]. Frei übertragbar und pfändbar sind aber Ansprüche gegen den Befreiungs(dritt)schuldner auf Erstattung solcher Beträge, die der Schuldner, statt zuvor Freistellung zu verlangen, selbst beglichen hat[167]. – Zur zwangsweisen Einziehung → Rdnr. 6 vor § 803.

39   Der *arbeitsrechtliche Freistellungsanspruch* ist abtretbar und pfändbar[168]. Er verwandelt sich mit der Überweisung in einen Zahlungsanspruch.

Im Falle der vom Gläubiger noch nicht genehmigten *Schuldübernahme*, § 415 BGB, kann der Befreiungsanspruch auch von dem Übernehmer, also dem Schuldner dieses Anspruchs, gepfändet werden mit der Wirkung, daß dann insoweit die in der Schuldübernahme liegende Befreiungswirkung ihre Kraft verliert[169].

40   5. Die unter § 399 BGB fallenden Geldforderungen können nach Abs. 2 (für die übrigen folgt es schon aus § 849) nur zur Einziehung, nicht auch an Zahlungs Statt überwiesen werden[170]. Zur prozessualen Behandlung der Unpfändbarkeit → Rdnr. 8.

§ 851 a [Pfändungsschutz für Landwirte]

(1) Die Pfändung von Forderungen, die einem die Landwirtschaft betreibenden Schuldner aus dem Verkauf von landwirtschaftlichen Erzeugnissen zustehen, ist auf seinen Antrag vom Vollstreckungsgericht insoweit aufzuheben, als die Einkünfte zum Unterhalt des Schuldners, seiner Familie und seiner Arbeitnehmer oder zur Aufrechterhaltung einer geordneten Wirtschaftsführung unentbehrlich sind.

(2) Die Pfändung soll unterbleiben, wenn offenkundig ist, daß die Voraussetzungen für die Aufhebung der Zwangsvollstreckung nach Absatz 1 vorliegen.

Gesetzesgeschichte: Seit 1953 BGBl. I, 952.

---

er übersieht, daß es um Ansprüche aus tatsächlich gewährtem Kredit geht, die vor Entstehung pfändbar sind. Daher hat dies auch entgegen *Grunsky* aaO nichts zu tun mit der umstrittenen Pfändung von Ansprüchen auf Kreditgewährung (→ Fn. 145, 158), die der *BGH* aaO (insofern richtig) offen ließ; s. auch *Wagner* (Fn. 155) 718 Fn. 8.

[163] *BGHZ* 12, 141 = NJW 1954, 795 mwN; h. M. Die Begründung »Inhaltsänderung«, § 399 BGB, ist allerdings zweifelhaft, aber das Recht, befreit zu werden, bliebe stets beim Zedenten u. nur das Einziehungsrecht würde abgespalten; vgl. dazu *RGZ* 158, 12 (Ermächtigung); *OLG Köln* MDR 1979, 935 (Umdeutung in gewillkürte Prozeßstandschaft); *W. Gerhardt* Befreiungsanspruch (1966), 42ff.; *Gursky* KTS 1973, 33. – A.M. *Ebel* JR 1981, 487ff. (abtretbar, soweit nicht § 156 VVG oder Vereinbarungen, z.B. AKB § 3 Abs. 4; AHB § 7 Nr. 3, entgegenstehen).

[164] *BGH* (Fn. 163) u. *Gerhardt* (Fn. 163), 55ff. – Zur Abtretung an andere, falls diese zugleich die Schuld des Befreiungsberechtigten übernehmen; s. *Gerhardt* aaO, 46ff.

[165] *RGZ* 80, 183; 81, 250; *RG* SA 68, 87; *KG* OLG Rsp 22, 387; NJW 1980, 1341 (Befreiungsanspruch gegen Ehemann wegen Arztkosten); s. auch *OLG Celle* OLG Rsp 23, 16f. (Erfüllungsübernahme).
Zur Pfändung trotz unmittelbaren Anspruchs gegen den Drittschuldner → § 829 Fn. 210.

[166] Allg. M. Zur Haftpflichtversicherung *RGZ* 158, 12f.; *BGH* (Fn. 163); zur Bürgschaft *BGH* WPM 1975, 306; *BAG* AP Nr. 45 zu § 611 BGB u. VersR 1966, 882f. (Freistellung des Arbeitnehmers); *Weber* u. *Jansen* NJW 1971, 1680 (Freistellungsanspruch der Komplementär-GmbH gegen Kommanditisten). Für den Konkurs s. *BGHZ* 57, 81 = NJW 1971, 2218 mwN.

[167] *OLG Hamm* WPM 1984, 704; wohl auch *Ebel* (Fn. 163), 489. S. auch § 154 Abs. 2 VVG.

[168] *BGHZ* 66, 1, 4 unter Aufgabe der früheren Rechtsprechung, *BGHZ* 41, 203. Dazu MünchArbR-*Blomeyer* § 58 Rdnr. 6; *Helm* AcP 160, 151 ff.

[169] Vgl. *RG* JW 1928, 2858, → auch Fn. 164 a. E.

[170] Vgl. *BGHZ* 56, 232.

I.[1] Voraussetzungen des Schutzes

1. Der **Schuldner** muß *Landwirtschaft* betreiben, → dazu § 811 Rdnr. 38[2].

2. Die **Forderung** muß dem Verkauf[3] landwirtschaftlicher *Erzeugnisse*[4] des schuldnerischen Betriebes entstammen. *Barmittel* und *Guthaben* aus *Verkäufen* sind hier (anders § 851 b Abs. 1 S. 2) *nicht geschützt* vorbehaltlich § 765 a.

3. Der Verkaufserlös muß benötigt werden entweder **für den Unterhalt** des Schuldners, seiner Familie[5] und seiner Arbeitnehmer oder zur **Aufrechterhaltung einer geordneten Wirtschaftsführung**, also auch zur Zahlung von Löhnen, Steuern, Hypothekenzinsen, für dringliche Instandsetzungen, Anschaffung von Dünger u. dgl., → dazu § 811 Rdnr. 38. Pfändet der eine Gläubiger Tiere des Schuldners, der andere Kaufpreisansprüche für Erzeugnisse dieser Tiere und entsteht dadurch eine Lage, die *entweder* Unpfändbarkeit nach § 811 Nr. 4 *oder* nach § 851 a (aber nicht beides) erheischt, so ist das zuerst entstandene Pfandrecht zu schonen[6].

4. »**Unentbehrlich**« bedeutet, daß bei der Feststellung des Bedarfs ein strengerer Maßstab anzulegen ist als bei → § 811 Rdnr. 36, 39. Der Schutz kann auch für einen Teil der gepfändeten Forderung gewährt werden (»insoweit«). Bei Pfändung mehrerer Forderungen durch denselben Gläubiger, aber nur teilweiser Begründung des Schutzantrages wird es sich meist empfehlen, nicht die Pfändung aller Forderungen anteilmäßig aufzuheben, sondern einige ganz freizugeben[7], bei anderen aber die Pfändung in voller Höhe aufrechtzuerhalten.

5. § 851 a unterscheidet nicht nach der **Art der beizutreibenden Forderung**. Sinngemäß ist jedoch kein Schutz zu gewähren, wenn wegen Ansprüchen für einen Aufwand vollstreckt wird, den § 851 a gerade decken will, z. B. wegen Hypothekenzinsen oder laufender Pachtzinsen[8] und nicht ausnahmsweise ein noch dringenderer Bedarf (z. B. laufende Arbeitslöhne) zu befriedigen ist.

II. Verfahren

1. Der Schutz wird vorbehaltlich → Rdnr. 9 nur auf **Antrag** gewährt durch den Rechtspfleger[9] des *Vollstreckungsgerichts*; § 20 Nr. 17 RpflG.

2. Vor einer Schutzbewilligung ist der Gläubiger zu hören. Ist dies nicht sofort möglich, kann das Gericht mit einer einstweiligen Anordnung wie → § 766 Rdnr. 40 helfen; denn der Antrag ist zwar keine Erinnerung, gleicht ihr aber sachlich. Mündliche Verhandlung wird sich oft empfehlen und Gelegenheit bieten, wo es angebracht ist, auf eine gütliche Abwicklung der Angelegenheit hinzuwirken, obwohl eine dem § 813 a Abs. 5 S. 3 entsprechende Vorschrift hier fehlt. Im übrigen → § 128 Rdnr. 39–50. Die *Beweislast* für die den Aufhebungsantrag begründenden Tatsachen trägt der Schuldner; Glaubhaftmachung (§ 294) genügt nicht. Die Voraussetzungen des § 851 a müssen im Zeitpunkt der Entscheidung vorliegen[10].

---

[1] *Weimar* MDR 1973, 197; *Funk* RdL 1951, 109. Zur Herkunft der Norm s. die Lit. → Rdnr. 12 Fn. 43 f. vor § 704.
[2] Kleinbetrieb als Nebenerwerb eines Arbeiters (0,45 ha, 2 Kühe, überwiegend gekauftes Futter) genügt; *OLG Schleswig* SchlHA 1956, 356.
[3] *OLG Schleswig* SchlHA 1969, 122 will (gegen *LG Kiel* als Vorinstanz) Getreideausgleichszahlungen als Teil des Verkaufserlöses ansehen; – a.M. *Lange* (→ § 851 Fn. 80).
[4] → § 811 Rdnr. 39.
[5] → § 811 Rdnr. 31.
[6] *LG Bonn* DGVZ 1983, 153 = KKZ 32 mit Ausführungen zum Vorrangverhältnis Sach-/Forderungspfändung.
[7] Der Schuldner mag angeben, welche er für »sicherer« hält.
[8] Gegenüber erheblichen Rückständen kann aber der Schutz angebracht sein, *OLG Hamm* RdL 1955, 53.
[9] Ganz h.M., *Stöber*[10] Rdnr. 181; *Niederée* DRpflegerZ (Bonn) 1968, 1 f. (Entstehungsgeschichte) u. alle außer *Baumbach/Hartmann*[52] Rdnr. 4 (Antrag sei Erinnerung) u. *Arndt* § 19 RPflG Anm. 113 Z. 5.
[10] Falsch *OLG Köln* JurBüro 1989, 878 (Zeitpunkt der Antragstellung).

7 3. Der **Beschluß** ist von Amts wegen zuzustellen, da er nach § 11 Abs. 1 S. 2 RpflG der **befristeten Erinnerung** (anstelle § 793 bei Entscheidung durch den Richter) unterliegt, §§ 329 Abs. 3, 577 Abs. 2 S. 1. Wird die Aufhebung einer Pfändung wieder aufgehoben (zur Vermeidung dieser Situation → § 766 Rdnr. 43), so ist erneute Pfändung nötig, → § 766 Rdnr. 48.

8 4. Über die **Kosten** → § 788 Rdnr. 37ff., wegen der *Gebühren* s. § 57, § 58 Abs. 3 Nr. 3 BRAGO. Gerichtsgebühren fallen nur bei erfolgloser Beschwerde an, § 1 Abs. 1 GKG mit KV 1906.

9 5. Liegen die Voraussetzungen des § 851 a Abs. 1 **offenkundig** (§ 291) vor, so soll der Rechtspfleger nach **Abs. 2** schon das Pfändungsgesuch ohne vorheriges Gehör des Schuldners (§ 834) ablehnen.

III. Materiell-rechtliche Entscheidungswirkungen

10 Die gänzliche oder teilweise Aufhebung der Pfändung oder Ablehnung des Pfändungsgesuchs läßt Verzugsfolgen unberührt, → Rdnr. 41, 104 vor § 704. Materiell-rechtliche Verfügungsbeschränkungen wie Abtretung, Aufrechnung und Verpfändung (→ § 850 Rdnr. 61 f.) kommen nicht in Betracht, da die Forderung weder »unpfändbar« ist noch die Aufhebung der Pfändung weitere Pfändungen aufgrund anderer Titel hindert, → auch § 850 k Rdnr. 4 und § 851 Rdnr. 4. Trotz § 851 a Abs. 2 fällt die Forderung auch in die Konkursmasse[11].

§ 851 b [Pfändungsschutz bei Miet- und Pachtzinsen]

(1) ¹Die Pfändung von Miet- und Pachtzinsen ist auf Antrag des Schuldners vom Vollstreckungsgericht insoweit aufzuheben, als diese Einkünfte für den Schuldner zur laufenden Unterhaltung des Grundstücks, zur Vornahme notwendiger Instandsetzungsarbeiten und zur Befriedigung von Ansprüchen unentbehrlich sind, die bei einer Zwangsvollstreckung in das Grundstück dem Anspruch des Gläubigers nach § 10 des Gesetzes über die Zwangsversteigerung und die Zwangsverwaltung vorgehen würden. ²Das gleiche gilt von der Pfändung von Barmitteln und Guthaben, die aus Miet- oder Pachtzinszahlungen herrühren und zu den in Satz 1 bezeichneten Zwecken unentbehrlich sind.

(2) ¹Die Vorschriften des § 813a Abs. 2, 3 und Abs. 5 Satz 1 und 2 gelten entsprechend. ²Die Pfändung soll unterbleiben, wenn offenkundig ist, daß die Voraussetzungen für die Aufhebung der Zwangsvollstreckung nach Absatz 1 vorliegen.

Gesetzesgeschichte: § 19 ZV-VO v. 26. V. 33 RGBl. I, § 851b seit 1953 BGBl. I, 952.

I. Allgemeines[1]

1 Miet- und Pachtzinsen sind pfändbar[2]. Sie haften aber für öffentliche Grundstückslasten[3] sowie den privaten Grundpfandberechtigten[4], denen gegenüber Verfügungen über den Mietzins in bestimmten Grenzen unwirksam sind[5]; der Erwerber des Grundstücks ist ebenfalls

---

[11] *Jaeger/Henckel*[9] § 1 Rdnr. 106.
[1] Lit. → 19. Aufl. Fn. 22 vor § 704 sowie *Jonas/Pohle* ZVNotrecht[16] (1954), 146ff.; *Christian* ZBlJW 1979, 349, 369.
[2] → § 851 Rdnr. 17 und für die Untermiete dort Rdnr. 25 Fn. 97.
[3] → § 865 Rdnr. 38.
[4] → § 865 Rdnr. 13f.
[5] → § 865 Rdnr. 30f.

nach Maßgabe der §§ 573ff. BGB, 57b ZVG gegen Vorausverfügungen geschützt, und für den Konkursfall greift § 12 VO vom 26. V. 33 (RGBl. I, 302) ein[6]. § 19 dieser VO ist durch § 851b ersetzt worden.

II. Voraussetzungen des Schutzes

1. Schuldner können ohne Rücksicht auf persönliche Eigenschaften wie Beruf, Staatsangehörigkeit usw. den Schutz beanspruchen. Sinngemäß muß es sich jedoch um Personen handeln, die als Eigentümer, Erbbauberechtigter, Wohnungseigentümer, Dauerwohnberechtigter, Pächter, Nießbraucher[7] usw. Grundstückslasten (Abs. 1) zu tragen haben.

2. Gegenstand des Schutzes sind sowohl Miet- und Pachtzinsforderungen[8] als auch die aus deren Zahlung herrührenden Barmittel[9] und Guthaben[10], gleichgültig ob das ganze Grundstück oder nur Teilflächen, einzelne Wohnungen usw. vermietet oder verpachtet sind. *Untermietzins* scheidet für § 851b aus[11], es sei denn, er wäre vereinbarungsgemäß unmittelbar an den Vermieter zu zahlen[12] oder der Mieter selbst muß die Aufwendungen tragen.

3. Die Forderungen oder Geldbeträge müssen zu einem in Abs. 1 genannten Zweck **unentbehrlich** sein, → dazu § 851a Rdnr. 3. Das ist zu verneinen, wenn der Schuldner genügend andere Mittel dafür hat[13].

4. Die **Verwendungszwecke** sind:

a) Die *laufende*[14] *Unterhaltung des Grundstücks*[15], einerlei ob es sich um sachliche oder personelle Aufwendungen handelt, z.B. für Kanalisation, Müllabfuhr, Hausmeister, Sammelheizung, Gebäudebrandversicherung usw. Wegen der Unpfändbarkeit der neben der Miete für besondere Zwecke wie Heizung, Beleuchtung oder dgl. erhobenen Umlagen nach § 851 → dort Rdnr. 17.

b) *Notwendige Instandsetzungsarbeiten*, auch wenn sie erst demnächst nötig werden[16].

c) Befriedigung von *Ansprüchen*, die dem Anspruch des Gläubigers *nach § 10 ZVG vorgehen würden*[17]. Dadurch wird die Rangordnung in §§ 10, 11 Abs. 1 ZVG gesichert: Was zur Zahlung der Zinsen und Tilgungsraten auf die 1. Hypothek benötigt wird, ist bei einer Pfändung des 2. Hypothekars geschützt, dagegen z.B. nicht bei einer Pfändung wegen der Grundsteuer. Bei der Bestimmung der Rangordnung ist der Zeitpunkt der Pfändung maßgeblich, so daß später begründete Grundpfandrechte nicht zur Aufhebung nach Abs. 1 führen können[18].

III. Verfahren

1. Sind die Voraussetzungen des Abs. 1 **offenkundig** (§ 291), so soll nach Abs. 2 S. 2 die Pfändung unterbleiben. Bei Sozialwohnungen (Kostenmiete) kann z.B. die Unentbehrlichkeit offenkundig sein, wenn sonst keine Mittel zur Verfügung stehen. Die erste Entschließung

---

[6] Abgedruckt in *Schönfelder* Fn. zu § 21 Abs. 2 KO. Siehe dazu u. insbesondere zu mietvertraglichen Vorauszahlungen *Jonas/Pohle* (Fn. 1); *Böhle-Stamschräder/Kilger* KO[14] § 21 Anm. 4; *Jaeger/Henckel* KO[9] Rdnr. 12ff.

[7] Anders bei Pfändung durch den Eigentümer, *OLG Hamm* Büro 1960, 24.

[8] Abrechenbare Baukostenzuschüsse stehen der Miete gleich.

[9] Dazu → Rdnr. 10.

[10] Nicht der Anspruch aus Hinterlegung angeblich zuviel erhaltener Miete, wenn Gelder dazu geliehen; *OLG Oldenburg* MDR 1956, 614.

[11] *LG Bielefeld* HuW 1956, 39; *LG Berlin* NJW 1955, 310 (nur § 765 a); *OLG Hamm* Rpfleger 1957, 313; *John* MDR 1954, 725; *Noack* ZMR 1973, 290; *Zöller/Stöber*[18] Rdnr. 2. – A.M. *OLG München* MDR 1957, 103 (L); *OLG Weimar* WuM 1964, 116; *Thomas/Putzo*[18] Rdnr. 1 (wie *LG Frankfurt* a.M. NJW 1953, 1598 zu § 851).

[12] *Noack* (Fn. 11).

[13] *KG* NJW 1969, 1860.

[14] Auch Rückstände, soweit sie der Schuldner nicht in unwirtschaftlicher Weise hat auflaufen lassen, *Jonas/Pohle* (Fn. 1), 147f. mwN. – A.M. *Baumbach/Hartmann*[52] Rdnr. 2.

[15] Oder der betroffenen Teilflächen → Rdnr. 3.

[16] *Jonas/Pohle* (Fn. 14).

[17] Siehe dazu *Jonas/Pohle* (Fn. 1), 184ff.

[18] Zutreffend *LG Berlin* Rpfleger 1990, 377.

hierüber trifft das Vollstreckungsorgan, d. h. regelmäßig bei der Pfändung von Forderungen der Rechtspfleger, bei Bargeld der Gerichtsvollzieher.

7   **2.** Ist es **nicht offenkundig**, daß die Voraussetzungen des § 851 b Abs. 1 vorliegen, gilt nach Abs. 1 S. 1 folgendes:

8   a) Der Schutz wird nur auf **Antrag** bewilligt; das → § 813a Rdnr. 11 über die *Befristung* Bemerkte gilt auch hier, Zahlungsauflagen kommen jedoch nicht in Betracht; zu einstweiligen Anordnungen → § 851a Rdnr. 6.

b) **Zuständig** ist das *Vollstreckungsgericht*, und zwar der Rechtspfleger, → § 828 Rdnr. 2.

9   c) Das gerichtliche **Verfahren** verläuft nach Abs. 2 S. 1 wie → § 813a Rdnr. 13 ff., § 851a Rdnr. 6 f.

10 d) Für die **Entscheidung**, die auch dem Mieter oder Pächter zuzustellen ist, → § 766 Fn. 94, und die **Rechtsbehelfe** gilt das → § 851a Rdnr. 7 Gesagte. Lehnt jedoch der Gerichtsvollzieher die Pfändung der Barmittel unter Berufung auf Abs. 2 S. 2 ab, so gilt für die Erinnerung des Gläubigers § 766. – Bei Barmitteln genügt der Beschluß allein nicht zur Aufhebung der Pfändung. → § 776 Rdnr. 2. Waren nicht bestimmt bezeichnete Mietzinsraten gepfändet worden, sondern »der Mietzins wegen und in Höhe« des zu vollstreckenden Anspruchs[19], und wird die Pfändung nur teilweise (→ § 851a Rdnr. 3), nämlich für bestimmte einzelne Raten aufgehoben, so ist im Beschluß die Pfändung auf die jeweils nächsten, nicht durch § 851b geschützten Raten zu erstrecken, weil die Anwendung des § 832 hier umstritten ist[20].

e) Wegen der **Kosten** und *Gebühren* → § 851a Rdnr. 8.

IV. Wirkungen der Pfändungsbeschränkungen

11 Wegen der Wirkungen der Pfändungsbeschränkungen des § 851b Abs. 1, 2 und der aufgrund des § 851b Abs. 1 verfügten Aufhebung einer Pfändung → § 851a Rdnr. 10; zur Teilaufhebung → Rdnr. 10.

§ 852 [Pfändung von Pflichtteilsanspruch und Anspruch des Schenkers]

(1) Der Pflichtteilsanspruch ist der Pfändung nur unterworfen, wenn er durch Vertrag anerkannt oder rechtshängig geworden ist.
(2) Das gleiche gilt für den nach § 528 des Bürgerlichen Gesetzbuchs dem Schenker zustehenden Anspruch auf Herausgabe des Geschenkes sowie für den Anspruch eines Ehegatten auf den Ausgleich des Zugewinns.

Gesetzesgeschichte: Seit 1900 RGBl. 1898 I, 256. Änderung BGBl. 1957 I, 609.

1   I. Der **Anspruch auf den Pflichtteil**, §§ 2303, 1967 Abs. 2 BGB, ist nach § 2317 Abs. 2 BGB unbeschränkt übertragbar[1] und wäre daher nach § 851 Abs. 1 auch unbeschränkt pfändbar. Um aber zu verhindern, daß er gegen den Willen des Pflichtteilsberechtigten geltend gemacht wird, der sich damit über den Willen des Erblassers hinwegsetzen muß, beschränkt **Abs. 1** die Pfändbarkeit auf die Fälle vertragsmäßigen Anerkenntnisses und der Rechtshängigkeit. Die Pfändungsbeschränkungen gelten auch für den modifizierten Pflichtteilsanspruch des § 1511

---

[19] → dazu § 829 Rdnr. 74 ff. (78).
[20] → § 832 Fn. 23 u. Rdnr. 7. Letztlich maßgebend ist die Ansicht des Prozeßgerichts, denn es entscheidet über Auslegung u. damit Umfang der Pfändung. Ob es aber den Beschluß wie im obigen Text auslegen darf, auch wenn die Klarstellung versäumt wurde, so *Jonas/Pohle* (Fn. 1), 151 und die Vorauflage, ist zweifelhaft, weil es dem Drittschuldner nicht zumutbar ist, diese Überlegung nachzuvollziehen.

[1] *RG* SA 68, 239.

Abs. 2 BGB, den Zusatzpflichtteil des § 2305 BGB, den Pflichtteilsergänzungsanspruch des § 2325 BGB und den Ergänzungsanspruch gegen einen Dritten nach § 2329 BGB[2], nicht dagegen für ein Vermächtnis, das dem Pflichtteilsberechtigten hinterlassen ist, § 2307 BGB[3].

Aus denselben Erwägungen gilt **Abs. 2** für die Ansprüche des verarmten Schenkers auf **Herausgabe des Geschenks** nach § 528 BGB[4] und eines Ehegatten auf **Ausgleich des Zugewinns** nach §§ 1363, 1373 ff. BGB. Die Ausgleichsforderung ist ohnedies bis zur Beendigung des Güterstandes nach § 1378 Abs. 3 S. 1 BGB unübertragbar und damit nach § 851 unpfändbar; sie entsteht auch im Falle des § 1384 BGB erst mit der Rechtskraft des Scheidungsurteils[5]. § 852 gilt auch für Ansprüche gegen Dritte nach § 1390 BGB[6].

Der Ausgleich des Zugewinns im Todesfalle durch Erhöhung des gesetzlichen Erbteils, § 1371 BGB, unterfällt nicht Abs. 2, weil er nur entweder als Erbteil (→ § 859 III) oder als Pflichtteil (→ Rdnr. 1) pfändbar wird.

Die gleiche Begrenzung wie im Abs. 1 tritt vermöge des § 851 Abs. 1 bei dem Anspruch nach § 1300 BGB ein.

Auf den **Erbersatzanspruch**, § 1934 a BGB, sind nach § 1934 b Abs. 1 S. 1 BGB die für Pflichtteile geltenden Normen nur »sinngemäß« anzuwenden. Damit scheidet § 852 aus, denn er beruht auf der persönlichen Lage Enterbter (→ Rdnr. 1), während der Erbersatzanspruch als dem Testierwillen unterworfener »Erbanteil in Geld« wie andere Erbteile vom Erbfall an (→ § 857 Rdnr. 10) frei übertragbar und pfändbar ist[7].

Der Anspruch **nichtehelicher Kinder auf vorzeitigen Erbausgleich** ist *nach* notarieller Beurkundung oder rechtskräftiger Entscheidung (§ 1934 d Abs. 4) als Geldforderung übertragbar und pfändbar[8]. *Vorher* ist er abhängig von dem höchstpersönlichen (arg. § 1934 d Abs. 4 S. 2 BGB) und daher unpfändbaren (→ § 851 Rdnr. 31) Recht des Kindes, den Ausgleich zu verlangen oder das Verlangen wieder zurückzunehmen. Ihn als »verhaltenen«[9], d. h. nur durch dieses Verlangen bedingten Anspruch zu übertragen und zu pfänden, ist jedoch unbedenklich[10], → § 829 Rdnr. 3 ff., wenn auch für den Gläubiger der Erfolg unsicher ist; denn dem Kind kann dadurch die freie Entscheidung nicht genommen werden und vorzeitige Zahlungen des Vaters gebühren nicht dem Gläubiger, falls es nicht zur Vereinbarung oder rechtskräftigen Feststellung kommt[11].

---

[2] *Planck* BGB[4] § 2329 Anm. 3 g, allg. M.
[3] *BayObLGZ* 8, 261 f.; *Baumbach/Hartmann*[52] Rdnr. 2; *Stöber*[10] Rdnr. 269; *Zöller/Stöber*[18] Rdnr. 2. – A.M. *Wieczorek*[2] Anm. A für das einem Pflichtteilsberechtigten zugewendete Vermächtnis, soweit es den Pflichtteil abdeckt.
[4] Da es sich bei § 528 Abs. 1 S. 2 BGB nicht um Wahlschuld sondern um eine Ersetzungsbefugnis des Drittschuldners (→ § 851 Fn. 136) handelt, führt ohnehin eine Pfändung erst nach vertraglicher Anerkennung zum Ziel, denn einklagbar ist auch für den Schuldner (Rückforderungsgläubiger) nur der Anspruch aus § 528 Abs. 1 S. 1 BGB. – § 850 b Nr. 2 scheidet aus; *Soergel/Ballerstedt* BGB[11] § 528 Rdnr. 7.
[5] *Gernhuber/Coester-Waltjen* FamR[4] § 36 VII 5. – A.M. *Schwab* Handbuch des Scheidungsrechts[2] (1989) Teil VII Rdnr. 144: mit Rechtshängigkeit des Scheidungsantrags unter aufschiebender Bedingung rechtskräftiger Scheidung.
[6] *Maßfeller/Reinicke* GleichberechtigungsG (1958), 372, allg. M. Auch § 1378 Abs. 3 BGB gilt entsprechend; MünchKommBGB[3]-*Gernhuber* § 1390 BGB Rdnr. 5 a.E. mwN.
[7] MünchKommBGB[2]-*Leipold* (1989) § 1934 b BGB Rdnr. 23 mwN auch zur Gegenansicht, z.B. *Staudinger/Werner* BGB[12] § 1934 b Rdnr. 24. Der Anspruch unterfällt daher auch § 1 Abs. 1 KO u. erhielt im Nachlaßkonkurs den letzten Rang nach Pflichtteils- und Vermächtnisansprüchen, § 226 Abs. 2 Nr. 4–6 KO. Auch der Ausschluß der §§ 2318, 2322 BGB sowie die dem Vermächtnisrecht folgende Annahme und Ausschlagung zeigen den krassen Unterschied zum Pflichtteil.
[8] MünchKommBGB[2]-*Leipold* (1989) § 1934 d BGB Rdnr. 23 mwN, allg. M.
[9] Vgl. *Langheineken* Festg. für Brünneck (1912), 32 ff.
[10] *Damrau* FamRZ 1969, 589; 1970, 612; *Lutter* Erbrecht des nichtehelichen Kindes[2] (1972) 75. – Anders die wohl h.M., *Leipold* (Fn. 8) Rdnr. 22 mwN.
[11] Pfändung u. Überweisung zur Einziehung (die an Zahlungs Statt dürfte wegen § 1934 d Abs. 4 S. 2 BGB ausscheiden, → auch § 851 Rdnr. 40) gewähren dem Gläubiger den in → § 829 Rdnr. 84 ff., § 835 Rdnr. 14 ff. dargestellten Schutz nur bedingt für den Fall, daß es zur notariellen Vereinbarung oder rechtskräftigen Feststellung kommt; bis dahin ist sein Einziehungsrecht gehemmt, seine Klage gegen den Vater wäre noch unbegründet, nur das Kind kann Leistung an den Gläubiger verlangen, → § 835 Rdnr. 33.

Durch solche frühzeitigen Pfändungen können Gläubiger wenigstens gemäß § 836 Abs. 3 oder § 840 von der Entstehung des Anspruchs erfahren, während die Wiederholung einer vorher geleisteten Offenbarung (§ 807) meist an den zeitlichen Sperren der §§ 903, 914 scheitern wird; zudem mindern sie die Gefahr, daß der Schuldner die Entstehung des Anspruchs nur einem willkürlich bevorzugten Gläubiger mitteilt.

5 **II.** In den von § 852 erfaßten Fällen ist **Voraussetzung** entweder die *vertragsmäßige Anerkennung*[12] oder die *Rechtshängigkeit*, deren Wirkungen schon eingetreten sein müssen, § 261 f.; ihr Wegfall nach der Pfändung ist gleichgültig, auch wenn das Gesetz wie bei § 269 Abs. 3 Rückwirkung fingiert[13]. Für die Rechtshängigkeit genügt eine negative Feststellungsklage des Drittschuldners auch dann nicht, wenn der Schuldner ihr entgegengetreten ist, es sei denn, der Anspruch war vom Schuldner abschließend beziffert (→ § 322 Rdnr. 119) worden; denn auch die Höhe eines Pflichtteilsanspruchs usw. muß der Willkür des Berechtigten vorbehalten bleiben. Die Beweislast für diese Voraussetzungen trifft den Gläubiger.

6 Im Pfändungsbeschluß ist zum Ausdruck zu bringen, daß der Anspruch nur insoweit gepfändet wird, als er anerkannt oder rechtshängig ist; fehlt dies, so ist er nur zu ergänzen → § 829 Rdnr. 53, nicht aufzuheben. Liegen vertragliche Anerkennung oder Rechtshängigkeit nach dem Vorbringen des Gläubigers noch nicht vor, so ist die unzulässige Pfändung auf Erinnerung des Schuldners oder Drittschuldners aufzuheben, selbst wenn die Pfändbarkeit demnächst zu erwarten ist. Treten die Voraussetzungen nach der Pfändung ein, so bleibt diese wirksam, auch wenn dies erst während des Erinnerungsverfahrens geschieht[14]. Der Drittschuldner kann die Unpfändbarkeit nur nach § 766 geltend machen[15].

Nach der Rechtsprechung des BGH[16] ist der Pflichtteilsanspruch vor Anerkennung oder Rechtshängigkeit als ein »in seiner zwangsweisen Verwertbarkeit aufschiebend bedingter Anspruch« pfändbar. Diese Vorverlagerung des Gläubigerzugriffs beeinträchtigt die Entscheidungsfreiheit des Pflichtteilsberechtigten (→ Rdnr. 1) nicht und ist daher mit dem Zweck des Abs. 1 vereinbar. Gleiches muß dann aber auch für die Ansprüche nach Abs. 2 gelten.

7 **III.** § 852 will entgegen dem engen Wortlaut nur die persönliche Entscheidung des ursprünglich Berechtigten schützen. Die genannten Ansprüche können daher nach ihrer wirksamen Abtretung ohne Anerkennung oder Rechtshängigkeit von Gläubigern des Zessionars gepfändet werden[17].

§ 853 [Mehrfache Pfändung einer Geldforderung]

Ist eine Geldforderung für mehrere Gläubiger gepfändet, so ist der Drittschuldner berechtigt und auf Verlangen eines Gläubigers, dem die Forderung überwiesen wurde, verpflichtet, unter Anzeige der Sachlage und unter Aushändigung der ihm zugestellten Beschlüsse an das Amtsgericht, dessen Beschluß ihm zuerst zugestellt ist, den Schuldbetrag zu hinterlegen.

---

[12] D.h. jedes Einverständnis über das Bestehen des Anspruchs; Schriftform oder abstraktes Schuldanerkenntnis (§ 781 BGB) sind nicht nötig, es genügt jedes auf Feststellung gerichtete Rechtsgeschäft, z.B. deklaratorisches Anerkenntnis; *OLG Karlsruhe* HRR 1930 Nr. 1164, auch wenn es die Höhe offen läßt; *Baumbach/Hartmann*[52] Rdnr. 1; *Thomas/Putzo*[18] Rdnr. 2. – A.M. *LG Köln* VersR 1973, 679 (§ 781 BGB); *Wieczorek*[2] A II; aber dann könnte der Schuldner nach mündlicher Anerkennung die Leistung empfangen, ohne daß der Anspruch jemals pfändbar gewesen wäre, vgl. *Stöber*[10] Rdnr. 270 Fn. 2.

[13] *Falkmann/Hubernagel*[3] Anm. 2.

[14] → Rdnr. 137 ff. vor § 704, § 766 Rdnr. 42; *OLG Karlsruhe* (Fn. 12); *Baumbach/Hartmann*[52] Rdnr. 2; *Stöber*[10] Rdnr. 275; *Wieczorek*[2] Anm. G; auch in *KG* JW 1935, 3486 angedeutet, aber nicht mit abgedruckt.

[15] *RGZ* 93, 77 f. → § 829 Rdnr. 107, 109.

[16] NJW 1993, 2876 (dazu *Kuchinke* NJW 1994, 1769); vgl. auch *OLG Naumburg* OLG Rsp 40, 154. Abweichend *KG* JW 1935, 3486.

[17] *OLG Karlsruhe* (Fn. 12); jetzt ganz h.M. *Stöber*[10] Rdnr. 272; *Wieczorek*[2] Anm. A; *Palandt/Edenhofer* BGB[53] § 2317 Rdnr. 3; MünchKommBGB[2]-*Frank* (1989) § 2317 BGB Rdnr. 13 mwN. Oft wird die Abtretung mit der Anerkennung vermengt, die ohne Drittschuldner nicht möglich ist, → Fn. 12.

Gesetzesgeschichte: Bis 1900 § 750 CPO.

I.[1] Bei **mehrfacher Pfändung** oder Überweisung **derselben Forderung** durch verschiedene Gläubiger[2] muß der Drittschuldner nicht auf eigene Gefahr prüfen, welcher Gläubiger der Bestberechtigte ist[3], ob eine Überweisung an Zahlungs Statt gültig ist[4] und ob die Schuld zur Befriedigung aller Gläubiger reicht: Die §§ 853–856 ordnen das **Recht und** (auf Verlangen) **die Pflicht des Drittschuldners zur Hinterlegung** bzw. Herausgabe an Gerichtsvollzieher oder Sequester an, wodurch zugleich die Grundlage für das *Verteilungsverfahren* geschaffen wird, §§ 872 ff. Zu hinterlegen ist beim Amtsgericht des Leistungsortes[5].

Diese Erleichterung gegenüber § 372 S. 2 BGB, der sorgfältige Prüfung verlangt[6], kommt *jedem* Drittschuldner zu (da § 853 keine Ausnahme macht), also auch Notaren[7] und der öffentlichen Hand. Zur Verteidigung gegenüber Klagen auf Zahlung → § 835 Rdnr. 46, zur Vollstreckungsklausel bei mehrfacher Pfändung titulierter Forderungen → § 835 Fn. 68. Im Unterschied zur Hinterlegung vor Überweisung, → § 829 Rdnr. 104, muß hier für Rechnung *aller* beteiligten Pfändungsgläubiger hinterlegt werden. Zu Vereinbarungen der Gläubiger über teilweise unpfändbare Forderungen und ihre Wirkung für Nachpfändende → § 832 Rdnr. 8.

II. § 853 gilt nur, wenn dieselbe Forderung für mehrere Gläubiger *gepfändet* ist[8], *nicht,* soweit Pfändung und *Abtretung* zusammentreffen[9]; dann kann sich ein Recht zur Hinterlegung nur aus § 372 S. 2 BGB ergeben. Gleichgültig ist dagegen, ob der Drittschuldner Bedenken gegen die Rechtmäßigkeit der Pfändung hat[10], ob die gepfändete Forderung zur Befriedigung aller Gläubiger ausreicht und ob ein Verteilungsverfahren nach §§ 872 ff. in Aussicht steht[11]. Auf die Voraussetzungen des § 372 BGB kommt es hier nicht an.

Haben mehrere Gläubiger gepfändet, ist der Drittschuldner **berechtigt**, den Schuldbetrag zu *hinterlegen*[12] und dazu **verpflichtet**, wenn die Forderung auch nur einem der Gläubiger an Zahlungs Statt oder zur Einziehung[13] *überwiesen* worden ist und *dieser* Gläubiger die Hinterlegung *verlangt*. Voraussetzung dieser Pflicht ist, daß der Drittschuldner die Leistung erbringen müßte, die Schuld also fällig und noch nicht erloschen ist, eine Vorleistung bewirkt ist, der Wechsel usw. (§ 831) ihm ausgehändigt wird, Art. 39 WG. Für Beträge, die nicht von der Beschlagnahme erfaßt sind, z.B. bei Teilpfändungen oder Teilabtretungen vor Pfändung, entfällt die Hinterlegungspflicht aus § 853[14]. Eine besondere Form für das Verlangen des

---

[1] Lit.: *Hellwig* Verpfändung (1883), 210 ff.; im übrigen bis 1939 → 19. Aufl. Fn. 1. Zur Anwendung der §§ 853–856 über § 320 AO *Gaul* JZ 1979, 503 ff.
[2] Zur Form → §§ 829 Rdnr. 124, 830 Rdnr. 30 ff.; zur Überweisung → § 835 Rdnr. 46 f.
[3] Auch nicht bei nachträglicher Rangänderung, BGHZ 66, 395; dazu § 836 Rdnr. 9–11.
[4] → dazu § 835 Rdnr. 3, 7; § 836 Rdnr. 4 ff.
[5] § 1 Abs. 2 HinterlO; § 374 Abs. 1 BGB; jetzt allg. M., *Zöller/Stöber*[18] Rdnr. 4. Das vereinfacht Zusammentreffen des § 372 BGB mit § 853 erheblich; → dazu Rdnr. 3, 6 u. § 4 HinterlO.
[6] → auch § 836 Fn. 26. Zur Prüfungspflicht der Notare *Zimmermann* DNotZ 1980, 470 ff. u. *OLG Hamm* DNotZ 1983, 61 ff.
[7] Dies wurde wohl im Fall *OLG Hamm* (Fn. 6), 64 übersehen. – Ist nicht der Notar Drittschuldner sondern z.B. der an der notariellen Kaufpreisverwahrung beteiligte Käufer, → § 829 Rdnr. 23 a, so kann der Notar, soweit das verwahrte Geld schon an den Schuldner auszuzahlen wäre, im Einverständnis des Drittschuldners in dessen Namen oder für dessen Rechnung nach § 853 hinterlegen.

[8] Arrestpfändung genügt, *OLG Dresden* SächsArch 4, 738; *Stöber*[10] Rdnr. 783.
[9] RGZ 49, 360 f.; 59, 18; 144, 394 = JW 1934, 2333; *LG Stuttgart* DAVorm 1984, 628. Wird daher in solchen Fällen hinterlegt, so tritt die Wirkung der §§ 853, 872 nur für den Betrag ein, der den mehreren Pfändungsgläubigern gebührt → § 872 Rdnr. 5; *LG Gießen* NJW 1967, 1138 f. (zust. *Hothorn*). Siehe auch *Pohle* zu LAG Frankfurt AP 52 Nr. 86 Ziff. 4.
[10] OLG Celle SA 51, 253.
[11] RG JW 1893, 199; *OLG Celle* (Fn. 10).
[12] → auch § 835 Fn. 127 ff. Die Anlegung auf einem Sonderkonto setzt das Einverständnis aller Beteiligten voraus → § 829 Rdnr. 104 u. *BGH* LM § 812 BGB Nr. 90 = NJW 1970, 463 = MDR 409 = BB 149. Es wirkt nicht gegenüber später pfändenden Gläubigern, so daß dem Drittschuldner davon abzuraten ist.
[13] Zur Hinterlegung für Gläubiger und Schuldner bereits nach Pfändung → § 829 Rdnr. 85.
[14] RGZ 49, 361; s. auch *OLG Dresden* (Fn. 8).

Gläubigers ist nicht vorgeschrieben; doch ist des Beweises wegen (vgl. auch § 93) Zustellung eines Schriftsatzes praktisch geboten.

5   Auf Hinterlegung, Anzeige und Aushändigung kann *jeder Überweisungsgläubiger* nach § 856 klagen. Hat ein solcher Gläubiger die Hinterlegung verlangt, dann kann keiner der Gläubiger mehr Zahlung verlangen, auch wenn schon Leistungsklage erhoben war, und selbst einem rechtskräftigen Leistungsurteil kann der Drittschuldner die Vollstreckbarkeit insoweit nach § 767 nehmen lassen, als nur noch die Hinterlegung vollstreckt werden darf (→ Rdnr. 4 vor § 803), falls nur die Voraussetzungen des § 853 *nach* dem in § 767 Abs. 2 bestimmten Zeitpunkt eingetreten sind.

6   *Zahlt* der Drittschuldner an den bestberechtigten Gläubiger, so befreit ihn dies nach h. M. von seiner Pflicht zur Hinterlegung[15]. Dabei wird übersehen, daß der Gläubiger mit seinem Hinterlegungsbegehren sein Recht auf Durchführung des Verteilungsverfahrens zur Klärung der Rangfragen geltend macht. Hatte er bereits früher wegen der ersten Pfändung, wegen angeblicher Abtretung oder aus sonstigen Gründen nach § 372 BGB[16] hinterlegt, so ist er selbstverständlich insoweit von der Pflicht erneuter Hinterlegung frei, und er wird es auch jetzt noch, wenn z. B. wegen der Konkurrenz von Gläubigern mit Zessionaren die Hinterlegung nach § 372 BGB zulässig ist[17]. Für die befreiende Wirkung ist freilich die *Anzeige* erforderlich. Solange sie fehlt, steht dem Gläubiger daher die Klage nach § 856 zu, → dort Rdnr. 7.

7   **III.** Bei der **Hinterlegung** hat der Drittschuldner dem *Amtsgericht* (nicht der Hinterlegungsstelle), dessen Beschluß ihm *zuerst* zugestellt ist, auch wenn es für die Pfändung nicht zuständig war[18], die Sachlage **anzuzeigen**, d. h. das Nähere über seine Schuld und über *sämtliche*[19] bei ihm vorgenommenen Pfändungen anzugeben[20] und die ihm nach § 829 Abs. 3 oder § 835 Abs. 3 zugestellten Beschlüsse auszuhändigen. Hinterlegung ohne Anzeige hat nicht die Wirkung der §§ 853, 872[21]; die Anzeige kann aber nachgeholt werden[22]. Verweigert der Rechtspfleger die Annahme der Anzeige, so steht dagegen dem Drittschuldner[23] und jedem der Pfändungsgläubiger[24] die befristete Erinnerung zu, § 11 Abs. 1 S. 2 RpflG mit § 793.

8   Stammt der zuerst zugestellte Pfändungsbeschluß im Beschwerde- oder im Arrestverfahren nach §§ 919, 930, 943 von einem Land- oder Oberlandesgericht, so müssen diese Gerichte, im Falle § 6 Abs. 2 S. 2 JBeitrO deren Beitreibungsstellen[25] die Anzeige entgegennehmen und wegen § 873 die Schriftstücke abgeben an das Amtsgericht ihres Sitzes, da das Verteilungsverfahren an den Ort gewiesen ist, von dem der erste Beschluß ausging[26]. Sinngemäß darf die Anzeige auch unmittelbar an dieses Gericht erfolgen[27].

---

[15] *RArbG* 16, 305 = JW 1936, 2666[33]. Zur Zahlung an nur vermeintlich Bestberechtigte → § 836 Rdnr. 8 ff. Siehe auch *Pohle* (Fn. 9).
[16] → § 829 Rdnr. 85 Fn. 421, Fn. 474 u. Rdnr. 104.
[17] *Voß* ArchBürgR AcP 83 (1894), 385; *Hellwig* Wesen usw. (1901/1967) 83 Fn. 14; *Baur* DB 1968, 254.
[18] RGZ 36, 361; *OLG Dresden* SächsArch 6, 238.
[19] Zeigt er die Pfändung eines Gläubigers nicht an u. holt er das auch nicht rechtzeitig nach, so wird er gegenüber diesem Gläubiger nicht befreit, falls dieser im Verteilungsverfahren deshalb nichts erhält (vgl. auch § 856 Abs. 5).
[20] Die die Grundlagen des Verteilungsverfahrens herbeiführende Anzeigeverpflichtung gegenüber einem Einziehungsgläubiger entfällt nicht, wenn der Drittschuldner dem Pfändungsgläubiger nach § 840 Auskunft erteilt hat.
[21] *LG Berlin* Rpfleger 1981, 453. Fehlen außerdem noch die Voraussetzungen des § 372 BGB, so muß der Drittschuldner trotz Hinterlegung zahlen; *KG* OLG Rsp 14, 184.
[22] Notfalls auf Klage nach § 856, *LG Berlin* (Fn. 21). Sie bedeutet dann, a) daß die angezeigten Gläubiger dem Kreis etwa bisher Begünstigter hinzutreten, b) daß Rücknahme ausgeschlossen ist → Rdnr. 9 (a. M. *Wieczorek*[2] Anm. B I: Pflicht zu ausdrücklichem Verzicht).
[23] *RG* (Fn. 11); auch wenn versehentlich nur (oder zugleich) die »Einleitung des Verteilungsverfahrens« abgelehnt wird, *OLG Frankfurt* Rpfleger 1977, 184[171] = Büro 1152, gleichgültig ob der Drittschuldner einen solchen (unnötigen) Antrag zusätzlich gestellt hatte.
[24] A. M. *OLG Rostock* OLG Rsp 19, 1.
[25] Vgl. §§ 2, 6 Abs. 1 Nr. 1 JBeitrO.
[26] *OLG Kiel* SchlHA 1906, 122; *Thomas/Putzo*[18] Rdnr. 5. – A. M. a) *OLG Jena* OLG Rsp 22, 389 f.; *Stöber*[10] Rdnr. 789: AG, das den Beschluß erlassen hätte, wenn es anstelle des oberen Gerichts zuständig gewesen wäre; b) *OLG München* OLG Rsp 29, 239: wahlweise das AG des Sitzes oder dasjenige, dessen Beschluß an 2. Stelle zugestellt war.
[27] *Wieczorek*[2] Anm. C II b 1 hält nur dieses AG für

Im unmittelbaren und entsprechenden Geltungsbereich des § 320 AO[28] ist nach Abs. 1 für **9** die Anzeige auch dann das *Gericht* → Rdnr. 7f. zuständig, wenn die Pfändungsverfügung einer **Vollstreckungsbehörde** *vor* der gerichtlichen Pfändung zugestellt war[29]. Fehlen gerichtliche Pfändungen, so ist nach § 320 Abs. 2 AO für Hinterlegung und Anzeige das Amtsgericht zuständig, in dessen Bezirk die erstpfändende Behörde ihren Sitz hat.

IV. Die Hinterlegung wirkt unter den Voraussetzungen des § 853 **für den Drittschuldner** **10** **befreiend.** Die §§ 373ff. BGB scheiden aus; ein *Verzicht auf Rücknahme ist unnötig*, weil selbstverständlich[30]. Zu Hinterlegungswirkungen für **Schuldner und Gläubiger** → § 804 Rdnr. 49f. und Bem. zu §§ 872ff.

V. Für die **Kosten** der Hinterlegung gilt im Verhältnis zwischen Gläubigern und Schuldner **11** § 788, dort → Rdnr. 10; der Drittschuldner kann sie schon bei der Hinterlegung abziehen[31]; ist dies aber nicht geschehen, so sind sie wie die Kosten des Verteilungsverfahrens nach § 874 Abs. 2 vorweg vom Bestand der Masse abzuziehen[32].

§ 854 [Mehrfache Pfändung eines Anspruchs auf bewegliche Sachen]

(1) ¹Ist ein Anspruch, der eine bewegliche körperliche Sache betrifft, für mehrere Gläubiger gepfändet, so ist der Drittschuldner berechtigt und auf Verlangen eines Gläubigers, dem der Anspruch überwiesen wurde, verpflichtet, die Sache unter Anzeige der Sachlage und unter Aushändigung der ihm zugestellten Beschlüsse dem Gerichtsvollzieher herauszugeben, der nach dem ihm zuerst zugestellten Beschluß zur Empfangnahme der Sache ermächtigt ist. ²Hat der Gläubiger einen solchen Gerichtsvollzieher nicht bezeichnet, so wird dieser auf Antrag des Drittschuldners von dem Amtsgericht des Ortes ernannt, wo die Sache herauszugeben ist.

(2) ¹Ist der Erlös zur Deckung der Forderungen nicht ausreichend und verlangt der Gläubiger, für den die zweite oder eine spätere Pfändung erfolgt ist, ohne Zustimmung der übrigen beteiligten Gläubiger eine andere Verteilung als nach der Reihenfolge der Pfändungen, so hat der Gerichtsvollzieher die Sachlage unter Hinterlegung des Erlöses dem Amtsgericht anzuzeigen, dessen Beschluß dem Drittschuldner zuerst zugestellt ist. ²Dieser Anzeige sind die Schriftstücke beizufügen, die sich auf das Verfahren beziehen.

(3) In gleicher Weise ist zu verfahren, wenn die Pfändung für mehrere Gläubiger gleichzeitig bewirkt ist.

Gesetzesgeschichte: Bis 1900 § 751 CPO.

I. Mehrfache Pfändung

Bei **mehrfacher Pfändung eines Anspruchs**, der eine **bewegliche körperliche Sache** betrifft **1** (§ 847), gilt bezüglich der *Berechtigung und Verpflichtung des Drittschuldners* das → § 853

---

empfangszuständig, bejaht aber für jedes unzuständige Gericht die Möglichkeit einer Weiterleitung unter Abgabenachricht an den Drittschuldner. – Die entsprechende Anwendung des § 281 ist ohnehin unbedenklich.
[28] Z.B. §§ 4f. VwVG, 66 Abs. 1 S. 1, Abs. 2, 3 SGB-X u. Landesgesetze, → Rdnr. 7 vor § 704, auch § 828 Rdnr. 13. Nach § 320 Abs. 1 AO gelten die §§ 853–856 u. § 99 Abs. 1 S. 1 LuftfzRG entsprechend.

[29] *Stöber*[10] Rdnr. 792 a.
[30] RGZ 49, 359; OLG Dresden OLG Rsp 4, 372 mwN, allg. M. Die Anzeige schließt die Rücknahme aus.
[31] *OLG Frankfurt* (Fn. 23), allg. M.
[32] Ist dies versäumt worden, so sind ausbezahlte Gläubiger auf Kosten des in Anspruch genommenen Gläubigers oder Drittschuldners ungerechtfertigt bereichert; so auch (für Drittschuldner) *Thomas/Putzo*[18] Rdnr. 9.

Rdnr. 3 ff. Bemerkte; nur sind nach **Abs. 1** beide nicht auf Hinterlegung sondern auf Herausgabe und Anzeige an den Gerichtsvollzieher gerichtet. Hat der als erster pfändende Gläubiger bis zur Zustellung des Beschlusses keinen Gerichtsvollzieher bezeichnet, → § 847 Rdnr. 5, so wird dieser auf Antrag des Drittschuldners von dem Amtsgericht (Rechtspfleger, § 20 Nr. 17 RpflegerG) des Ortes ernannt[1], wo die Sache herauszugeben ist, also von dem Amtsgericht des Erfüllungsorts für den gepfändeten Anspruch, § 269 BGB, der nicht notwendig der Ort der belegenen Sache ist (§§ 23, 24, 29). Daß nur ein bestimmter Gerichtsvollzieher zuständig sein kann, macht die Bezeichnung oder gerichtliche Anordnung nicht entbehrlich[2], denn diese schaffen erst eine öffentlich-rechtliche Beziehung zwischen Gläubiger und Gerichtsvollzieher, → § 753 Rdnr. 4. Zur *Verwaltungsvollstreckung* usw. → § 853 Fn. 28.

II. Weiteres Verfahren

2 Wegen des Pfandrechts an der herausgegebenen Sache und deren Verwertung → § 847 Rdnr. 12–17. Reicht der **Erlös** aus oder beansprucht niemand eine andere Verteilung als nach der Reihenfolge der Anspruchspfändung, so hat der *Gerichtsvollzieher* ihn zu *verteilen*, → § 819 Rdnr. 6; andernfalls hat der ihn nach **Abs. 2** unter Anzeige bei dem Gericht des ersten Beschlusses (→ § 853 Rdnr. 8 f.) wie nach § 827 Abs. 2 zu *hinterlegen* und es tritt das Verteilungsverfahren nach §§ 872 ff. ein.

III. Gleichzeitige Pfändung

3 Abs. 1 und 2 gelten (wie bei § 827 Abs. 3) auch bei **gleichzeitiger Pfändung** durch Zustellung der Beschlüsse (§ 829 Abs. 3) in einem Akt, **Abs. 3**. Sind in solchen Beschlüssen verschiedene Gerichtsvollzieher bezeichnet, so hat der Drittschuldner die Wahl.

§ 855 [Mehrfache Pfändung eines Anspruchs auf Grundstücke]

Betrifft der Anspruch eine unbewegliche Sache, so ist der Drittschuldner berechtigt und auf Verlangen eines Gläubigers, dem der Anspruch überwiesen wurde, verpflichtet, die Sache unter Anzeige der Sachlage und unter Aushändigung der ihm zugestellten Beschlüsse an den von dem Amtsgericht der belegenen Sache ernannten oder auf seinen Antrag zu ernennenden Sequester herauszugeben.

Gesetzesgeschichte: Bis 1900 § 752 CPO.

1 Bei **mehrfacher Pfändung eines Anspruchs gemäß § 848** gilt für die Rechte und Pflichten des Drittschuldners das zu § 853 Ausgeführte entsprechend. Nur erfolgt die Herausgabe und Anzeige an den vom *Amtsgericht der belegenen Sache* als Vollstreckungsgericht auf Antrag des Gläubigers bereits ernannten oder auf Antrag des Drittschuldners[1] zu ernennenden *Sequester*. → 848 Rdnr. 2. Wegen der Auflassung, des Erwerbs der Sicherungshypothek und

---

[1] Gebührenfrei; jedoch erhält der Anwalt des Drittschuldners die Gebühr aus § 57 BRAGO, auch wenn er nur diesen Antrag stellt (§ 58 Abs. 2 Nr. 4 BRAGO). Wegen der Gebühren des Gerichtsvollziehers s. § 18 GVKG.
[2] Vgl. *Wieczorek*[2] Anm. A I a.

[1] Für seinen Anwalt gilt § 57, für den des Gläubigers § 58 Abs. 2 Nr. 4 BRAGO.

der weiteren Vollstreckung → § 848 Rdnr. 4 ff. Beansprucht ein späterer Gläubiger den Vorrang, so mag er sich ihn gemäß § 899 BGB sichern. – Zur *Verwaltungsvollstreckung* usw. → § 853 Fn. 28.

§ 855 a [Mehrfache Pfändung eines Anspruchs auf Schiffe]

(1) Betrifft der Anspruch ein eingetragenes Schiff, so ist der Drittschuldner berechtigt und auf Verlangen eines Gläubigers, dem der Anspruch überwiesen wurde, verpflichtet, das Schiff unter Anzeige der Sachlage und unter Aushändigung der Beschlüsse dem Treuhänder herauszugeben, der in dem ihm zuerst zugestellten Beschluß bestellt ist.
(2) Absatz 1 gilt sinngemäß, wenn der Anspruch ein Schiffsbauwerk betrifft, das im Schiffsbauregister eingetragen ist oder in dieses Register eingetragen werden kann.

Gesetzesgeschichte: SchiffsVO v. 21. XII. 40 RGBl. I, 1613.

Bei **mehrfacher Pfändung von Ansprüchen gemäß § 847 a** entspricht § 855 a dem § 855 und gilt entsprechend für **eingetragene Luftfahrzeuge**; → die Bem. zu § 847 a und § 855. – Zur *Verwaltungsvollstreckung* usw. → § 853 Fn. 28.

§ 856 [Klage bei mehrfacher Pfändung]

(1) Jeder Gläubiger, dem der Anspruch überwiesen wurde, ist berechtigt, gegen den Drittschuldner Klage auf Erfüllung der nach den Vorschriften der §§ 853–855 diesem obliegenden Verpflichtungen zu erheben.
(2) Jeder Gläubiger, für den der Anspruch gepfändet ist, kann sich dem Kläger in jeder Lage des Rechtsstreits als Streitgenosse anschließen.
(3) Der Drittschuldner hat bei dem Prozeßgericht zu beantragen, daß die Gläubiger, welche die Klage nicht erhoben und dem Kläger sich nicht angeschlossen haben, zum Termin zur mündlichen Verhandlung geladen werden.
(4) Die Entscheidung, die in dem Rechtsstreit über den in der Klage erhobenen Anspruch erlassen wird, ist für und gegen sämtliche Gläubiger wirksam.
(5) Der Drittschuldner kann sich gegenüber einem Gläubiger auf die ihm günstige Entscheidung nicht berufen, wenn der Gläubiger zum Termin zur mündlichen Verhandlung nicht geladen worden ist.

Gesetzesgeschichte: Bis 1900 § 753 CPO.

I.[1] Auf die **Hinterlegung**[2] nebst Anzeige oder die **Herausgabe** (§§ 853–855) kann **jeder Überweisungsgläubiger**, auch ein nachfolgender, **gegen den Drittschuldner klagen, Abs. 1.** Zur *Verwaltungsvollstreckung* usw. → § 853 Fn. 28. Er ist dann zur Beiladung der anderen Gläubiger nicht verpflichtet (→ Rdnr. 3), wohl aber zur *Streitverkündung an den Schuldner*, → § 841 Rdnr. 1. Klagen mehrere Überweisungsgläubiger gemeinsam, so sind sie Streitgenossen nach § 62. Hat nur der Schuldner auf Hinterlegung geklagt, so findet § 856 auf die

1

---

[1] Lit.: *Hellwig* Wesen usw. (1901/1967), 82 ff. sowie → § 853 Fn. 1.
[2] Bezifferung nötig (§ 253), *BGH* WPM 1983, 13 = ZIP 35.

Pfändungsgläubiger und den Drittschuldner keine Anwendung[3], ebensowenig, wenn einer der Überweisungsgläubiger auf Zahlung geklagt hat.

2 Um dem Drittschuldner die mehrfache Prozeßführung mit demselben Ziel zu ersparen, können alle Pfändungsgläubiger, auch solche, die keine Überweisung erlangt haben (Arrestgläubiger) und daher nicht zur Klage berechtigt sind, sich nach Abs. 2 nur als Streitgenossen (§ 62) dem Rechtsstreit anschließen. Da die Anschließung einer Klage ebenso ähnelt wie einer Streithilfe, muß sowohl die mündliche Erklärung in der Verhandlung, vgl. § 261 Abs. 2[4], als auch die Zustellung eines Schriftsatzes entsprechend § 70 Abs. 1[5] oder im Falle des § 496 die Protokollierung in der Geschäftsstelle als Form genügen. Gegen selbständige Klagen der übrigen Gläubiger steht dem Drittschuldner eine prozessuale Einrede zu, die sachlich der Einrede der Rechtshängigkeit entspricht[6]. Gleiches gilt gegenüber einer Zahlungsklage eines Gläubigers.

3 II. Dem Ausschluß mehrfacher Klagen entspricht es, daß in dem zuerst anhängig gewordenen Prozeß mit Rechtskraftwirkung gegenüber sämtlichen beteiligten Gläubigern entschieden wird. Deshalb muß nach **Abs. 3** der **Drittschuldner**, da nur dieser nach §§ 829 Abs. 2, 835 Abs. 3, 846 alle pfändenden Gläubiger kennt, die **Beiladung** sämtlicher Gläubiger beantragen, die eine Pfändung erlangt haben, soweit sie nicht selbst die nämliche Klage erhoben oder sich nach Abs. 2 der Klage angeschlossen haben. Gläubiger, die nach Rechtshängigkeit gepfändet haben, sind zwar ebenfalls beizuladen; ihre Rechtsstellung wird jedoch durch § 265 Abs. 2 S. 3 und § 325 Abs. 1 bestimmt.

4 Diese Beiladung ist eine der Streitverkündung verwandte Aufforderung zum Erscheinen in der mündlichen Verhandlung. Der Drittschuldner hat der Geschäftsstelle nur die Gläubiger zu bezeichnen[7]. Die Ladung geschieht jetzt von Amts wegen, §§ 214, 495, jedoch sollte der Drittschuldner wegen Abs. 4, 5 auch selbst darauf achten; sie ist auch dann nötig, wenn eine Zustellung im Ausland oder eine öffentliche Zustellung erforderlich ist, aber nur zu dem ersten nach der Klageerhebung bzw. der später erfolgten Pfändung stattfindenden Verhandlungstermin, gegebenenfalls auch der höheren Instanz. Einer Wiederholung zu späteren Terminen bedarf es nicht.

Treten die Gläubiger dem Kläger bei, so sind sie nicht Streitgehilfen, sondern Streitgenossen im Sinne des § 62, → dort Rdnr. 6. Das gilt auch für nicht einziehungsberechtigte Gläubiger. Diese können zwar nicht selbständig auf Hinterlegung nach § 853 klagen, aber durch ihr Erscheinen in der mündlichen Verhandlung den Erlaß eines Versäumnisurteils verhindern; das ist ein Widerspruch, aber vom Gesetz gewollt. Systematisch richtiger wäre es, Gläubigern, die nur gepfändet haben, die Stellung eines streitgenössischen Nebenintervenienten einzuräumen.

5 III. Bezüglich der **Einreden**, die der Drittschuldner in dem einheitlichen Prozeß geltend machen kann, ist zu unterscheiden:

1. Einreden, die nur das Recht des *einzelnen* Gläubigers zur Geltendmachung des Anspruchs auf Hinterlegung oder Herausgabe betreffen, → § 829 Rdnr. 106 ff., § 835 Rdnr. 34, können zwar diesem Gläubiger entgegengesetzt werden, führen jedoch zur Abweisung der Klage nur dann, wenn dadurch die Voraussetzung der Hinterlegungspflicht – eine Mehrheit von pfändenden Gläubigern – beseitigt wird. Bleiben auch nur zwei Gläubiger übrig, denen die Einreden nicht entgegenstehen, so sind diese nur insofern erheblich, als im Urteil die

---

[3] *RG* Gruch 29, 1053.
[4] Ebenso *Thomas/Putzo*[18] Rdnr. 2; *Baumbach/Hartmann*[52] Rdnr. 2. Zur Gegenansicht → Fn. 5.
[5] A.M. 18. Aufl., *Wieczorek*[2] Anm. A II a: nur analog § 70.
[6] So auch *Hellwig* (Fn. 1), 84; *Wieczorek*[2] Anm. A II a; *Zöller/Stöber*[18] Rdnr. 1; *Thomas/Putzo*[18] Rdnr. 2. – A.M. (fehlendes Rechtsschutzbedürfnis) *Baumbach/Hartmann*[52] Rdnr. 2.
[7] Darin liegt konkludent der Antrag nach Abs. 3. Wie oben *Thomas/Putzo*[18] Rdnr. 3; *Zöller/Stöber*[18] Rdnr. 2. – A.M. *Baumbach/Hartmann*[52] Rdnr. 3; *Wieczorek*[2] Anm. A II b: Form des § 73.

Gläubiger bezeichnet werden, zu deren Gunsten zu hinterlegen ist. Verbleiben nur noch Gläubiger, denen der Anspruch nicht überwiesen wurde (→ § 856 Abs. 2), ist die Klage jedoch abzuweisen, da diesen ein eigenständiges Einziehungsrecht nicht zusteht; anders, wenn sie nach Klageänderung Hinterlegung auch für den Schuldner verlangen.

2. Einreden, die *den Bestand des gepfändeten Anspruchs* betreffen, kann der Drittschuldner gegen jeden der Gläubiger wie sonst geltend machen, → § 829 Rdnr. 110ff., § 835 Rdnr. 34. Eine *Zahlung* nach mehrfacher Pfändung muß aber an den Bestberechtigten erfolgt sein, → § 853 Rdnr. 6. Dasselbe gilt für die *Aufrechnung*[8]. Erlaß, Stundung und Vergleich mit einem Pfändungsgläubiger sind nur wirksam, wenn dieser die Forderung gemäß § 835 Abs. 2 an Zahlungs Statt erhalten oder in voller Höhe des überwiesenen Betrags auf die zu vollstreckende Forderung verrechnet hatte; zur Ermächtigung durch das Gericht → § 844 Rdnr. 14.

3. In den Fällen → § 853 Rdnr. 6 a.E. ist nur noch die vollständige *Anzeige* geschuldet. Wird sie während der Rechtshängigkeit nachgeholt, so gilt § 91a auch dann, wenn die Klage nicht nur »Anzeige« sondern »Hinterlegung nach § 853« begehrte.

IV. Das **Urteil** wirkt nach **Abs. 4** insoweit, als es über in der Klage erhobene *Ansprüche gemäß §§ 853–855 a* erlassen wird, § 322, also nur für den Betrag, auf den sich die Gesamtheit der Pfändungen (nicht nur der Überweisungen) bezieht, → § 853 Rdnr. 3, 4, 6. Eine Abweisung mangels Aktivlegitimation des einzigen Klägers nützt also dem Drittschuldner nichts. Die Rechtskraft tritt *zugunsten aller Gläubiger* ein, auch wenn sie sich nicht beteiligt haben oder nicht beigeladen worden sind[9]; dagegen tritt sie *zuungunsten eines Gläubigers* nur ein, wenn er sich beteiligt hatte oder beigeladen war. Gegen solche nicht aufgetretene Gläubiger, die zur mündlichen Verhandlung nicht rechtzeitig[10] geladen waren, kann sich der Drittschuldner nach **Abs. 5** nicht auf die ihm günstige Entscheidung berufen.

Ebenso ist das Urteil für alle Gläubiger *vollstreckbar* im Sinne der sich aus §§ 853–855 a ergebenden Anträge. Für nicht teilnehmende Gläubiger gelten die §§ 727, 730 entsprechend[11]. Vollstreckt wird hinsichtlich der Hinterlegung nach § 803 ff., hinsichtlich der Herausgabe von Sachen und der Beschlüsse (§§ 853, 854 Abs. 1 Satz 1) nach §§ 883 ff.

Dem *Schuldner* gegenüber erzeugt das Urteil keine Rechtskraft, vgl. § 829 Rdnr. 100[12].

§ 857 [Zwangsvollstreckung in andere Vermögensrechte]

(1) Für die Zwangsvollstreckung in andere Vermögensrechte, die nicht Gegenstand der Zwangsvollstreckung in das unbewegliche Vermögen sind, gelten die vorstehenden Vorschriften entsprechend.

(2) Ist ein Drittschuldner nicht vorhanden, so ist die Pfändung mit dem Zeitpunkt als bewirkt anzusehen, in welchem dem Schuldner das Gebot, sich jeder Verfügung über das Recht zu enthalten, zugestellt ist.

(3) Ein unveräußerliches Recht ist in Ermangelung besonderer Vorschriften der Pfändung insoweit unterworfen, als die Ausübung einem anderen überlassen werden kann.

(4) ¹Das Gericht kann bei der Zwangsvollstreckung in unveräußerliche Rechte, deren Ausübung einem anderen überlassen werden kann, besondere Anordnungen erlassen. ²Es

---

[8] *Hellwig* Verpfändung (1883), 219 f.
[9] Bei Pfändung nach Rechtshängigkeit ergibt sich die Rechtskraftwirkung aus § 325 Abs. 1 ZPO; vgl. auch *Wieczorek*² Anm. B II.
[10] Da Abs. 5 das rechtliche Gehör zu sichern hat, können nur Termine gemeint sein, in denen noch Tatsachenvortrag zulässig ist, u. falls es sich um den letzten Termin handelt, nur Ladungen unter Einhaltung der Einlassungsfrist. Ähnlich *Wieczorek*² Anm. B II a 2.
[11] OLG Saarbrücken NJW-RR 1990, 1472.
[12] RGZ 83, 117. – A.M. *Bettermann* Vollstreckung des Zivilurteils (1948), 149.

kann insbesondere bei der Zwangsvollstreckung in Nutzungsrechte eine Verwaltung anordnen; in diesem Falle wird die Pfändung durch Übergabe der zu benutzenden Sache an den Verwalter bewirkt, sofern sie nicht durch Zustellung des Beschlusses bereits vorher bewirkt ist.

(5) Ist die Veräußerung des Rechtes selbst zulässig, so kann auch diese Veräußerung von dem Gericht angeordnet werden.

(6) Auf die Zwangsvollstreckung in eine Reallast, eine Grundschuld oder eine Rentenschuld sind die Vorschriften über die Zwangsvollstreckung in eine Forderung, für die eine Hypothek besteht, entsprechend anzuwenden.

(7) Die Vorschrift des § 845 Abs. 1 Satz 2 ist nicht anzuwenden.

Gesetzesgeschichte: Bis 1900 § 754 CPO. Änderungen RGBl. 1898 I, 256, BGBl. 1979 I, 127 (Abs. 7).

Übersicht zu §§ 857–863 ZPO

Abtretungsansprüche → Rdnr. 79, 108
Abzahlungssachen → Rdnr. 90
– s. auch Anwartschaft
Aktienbezugsrecht → Rdnr. 96, 103
Aktiengesellschaft → § 859 Rdnr. 25
Alleinerbe → Rdnr. 2, § 863 Rdnr. 1
Altenteil → Rdnr. 26
Anfechtungsrecht → Rdnr. 3, 13
Anspruch auf Darlehen → Rdnr. 3, 70
Anteilsscheine GmbH → § 859 Rdnr. 18
Anteilsrechte → Rdnr. 17, 108, § 859 passim
– an Grundpfandrechten → Fn. 196, 222, 231
Antragsrechte → Rdnr. 3, 8
Anwartschaftsrecht
– auf bewegliche Sachen → Rdnr. 13 a. E., 84 ff.
– aus Auflassung → Rdnr. 92
– auf Erbrecht → Rdnr. 10
– auf Forderungen → Rdnr. 93
– insbes. Arbeitseinkommen → Rdnr. 95
– auf Grundschulden → Rdnr. 94
Arbeitnehmererfindung → Rdnr. 20
Arbeitsleistung, Anspruch auf → Rdnr. 79
Aufhebung einer Gemeinschaft → Rdnr. 3, 17
Aufhebung von Grundpfandrechten → Rdnr. 82
Auseinandersetzung (Gesellschaft) → § 859 Rdnr. 6 f., 13
Aufhebung von Mietverhältnissen → Rdnr. 3
Auseinandersetzung nach HausratsVO → Fn. 9
Auseinandersetzungsguthaben → § 859 Rdnr. 2, 8 f., 11 f., 15
Auseinandersetzungsrecht → Rdnr. 108 Fn. 234
Auskunftsanspruch → Rdnr. 4 f., § 859 R. 4
Auslandsbeziehung → Rdnr. 16, 24
Automaten, Ansprüche des Aufstellers → Rdnr. 81
Bankschließfächer → Rdnr. 80
Bauhandwerkerhypothek → Rdnr. 5, Fn. 40
bedingte Rechte → Rdnr. 3, 10
Befugnisse zum Handeln → Rdnr. 3

Berichtigung s. Hilfspfändung
Beschränkt veräußerliche Rechte → Rdnr. 15, 108
Bestellung von Rechten (Sicherheiten) → Rdnr. 13, 79
Betriebsgeheimnis → Rdnr. 21
Bezugsrechte (AG, GmbH) → Rdnr. 9, 103
Bürgen, Anspruch gegen → Rdnr. 4
Darlehen, Anspruch auf/aus → § 851 Rdnr. 36 f.
Dauernutzungsrecht → Rdnr. 33, 97, 100
Dauerwohnrecht → Rdnr. 33, 97, 100
Dienstbarkeiten → Rdnr. 28
Duldungsansprüche → Rdnr. 79 a. E.
Eigentümergrundschuld, → Rdnr. 109
– hypothek → Rdnr. 59 ff., 100, 106
– künftige → Rdnr. 62, 64, 66
– vorläufige → Rdnr. 6
Eigentumsvorbehalt s. Anwartschaft
Einlagenanspruch → § 851 Rdnr. 11
Einstweilige Verfügung gegen Schuldner oder Drittschuldner → Rdnr. 106
Einziehung (GmbH) → § 859 Rdnr. 22 f.
Einziehungsermächtigung → Rdnr. 3
Einziehungsrecht → Rdnr. 41
Energielieferungsvertrag, Kündigung → Fn. 21
Entnahmerecht (§ 122 HGB) → § 851 Rdnr. 14 f.
Erbanteil → § 859 Rdnr. 27 ff.
Erbbaurecht, Anspruch nach § 7 ErbbauRVO → Rdnr. 5
Erbbauzins → Rdnr. 47 ff.
Erbschaft → Rdnr. 2, § 863 Rdnr. 2
– künftige → Rdnr. 10
Erbunwürdigkeit, Anfechtungsrecht → Rdnr. 13
Erbteil → § 859 Rdnr. 27 ff.
Erfinderrecht → Rdnr. 3, 20 f.
Erlös aus Pfändung → Rdnr. 42 ff.
– aus Gemeinschaft → Rdnr. 17
– aus Zwangsversteigerung → Rdnr. 51 f., 55, 73 f.
Ersatzhypothek → Rdnr. 59

Familienrechtliche Ansprüche → Rdnr. 7
Filmrechte → Rdnr. 36, 103
Firma → Rdnr. 25
Forderungsanteil → Rdnr. 18
Früchte → Rdnr. 28 a. E., 106
Gebrauchsmuster → Rdnr. 22, 98, 103
Geldsendungen (Post) → § 829 Rdnr. 14
Gemeinschaft → Rdnr. 17, 48
– Aufhebungsanspruch → Rdnr. 3
Genossenschaft → § 859 Rdnr. 16
Gesamtgutanteil → § 860 Rdnr. 1 ff.
Geschäftsführung, Ansprüche aus → § 859 Rdnr. 4
Geschäftsführungsbefugnis (§§ 114 ff. HGB) → § 859 Rdnr. 11
Geschmacksmuster → Rdnr. 23, 98, 103
Gesellschaft des BGB → §§ 736, 859 Rdnr. 1 ff.
Gesellschaft mbH → § 859 Rdnr. 17 f.
Gesellschaft, stille → § 859 Rdnr. 16
Gestaltungsrechte → Rdnr. 3, 76 f.
Gewährleistungsansprüche → Rdnr. 4
Gewerbeberechtigungen → Rdnr. 8, 19
Gewinnanspruch → Fn. 311; § 851 Rdnr. 15 f., § 859 Rdnr. 2, 4, 6, 8 f., 15
Gewinn des Einzelkaufmanns → Rdnr. 2
Girovertrag, Kündigung → Fn. 21
Grundbuchamt, Ansprüche gegen → Fn. 358
Grundbuchberichtigungsanspruch → Rdnr. 5, 7, 8, 9, 82, 108, § 867 Rdnr. 22
Grunddienstbarkeit → § 864 Rdnr. 9
Grundpfandrechte, anteilige → Fn. 196, 222, 231
Grundschuld → Rdnr. 47 ff., 108 a. E.
– des Eigentümers → Rdnr. 59, 100, 108
– s. auch Eigentümergrundschuld
Grundstücke einer Gesellschaft → § 859 Rdnr. 10
Gründungsgesellschaften → § 859 Rdnr. 26
Gütergemeinschaft, Aufhebung → Rdnr. 3
Gütergemeinschaft, fortgesetzte → § 860 Rdnr. 1 ff., § 863 Rdnr. 2 ff.
Handelsgesellschaften → § 736 Rdnr. 1, 9 f., § 859 Rdnr. 11 ff.
Hausrat s. Auseinandersetzung
Heimstätte, Aufhebung der Gemeinschaft → Fn. 82
Hilfspfändung → Rdnr. 5
– Nebenrechte → Rdnr. 66, 69, 108
– Berichtigungsanspruch → Rdnr. 5, 66, 82, 108
– Duldung, Handlung, Unterlassung → Rdnr. 80 f.
– Patenturkunde, Originale, Schlüssel, Verbreitungsvorrichtungen → Rdnr. 80, 103
Hinterlegung → Rdnr. 9, 45, 53
– Anspruch auf → Rdnr. 79
– Rücknahmerecht → Rdnr. 75
– bei Notar (Verwahrung) → § 829 Rdnr. 23a
Höchstbetragshypothek → Rdnr. 69
Höchstpersönliche Rechte → Rdnr. 13
Hypothek → Rdnr. 4, § 830 Rdnr. 5
Hypothek, Anspruch aus § 648 BGB → Rdnr. 5

Hypothekenbrief, Herausgabe → Rdnr. 5
Innengesellschaft → § 859 Rdnr. 2
Jagdpachtrecht → Rdnr. 29
Jagdrecht → Rdnr. 27
Kaduzierung (GmbH) → § 859 Fn. 106
Kapitalentnahme (§ 122 HGB) → § 851 Rdnr. 14, § 859 Fn. 24
Kommanditgesellschaft → § 859 Rdnr. 12 f.
Kommanditgesellschaft auf Aktien → § 859 Rdnr. 12, 14
Konkurrenzverbot → Rdnr. 3
Kontokorrent, Kündigung → Fn. 21, 271
Konzessionen s. Gewerbeberechtigung
Kreditausnützung, s. auch Darlehen → Rdnr. 3, 70
Kundenstamm → Rdnr. 2
Kündigungsrecht → Rdnr. 3, 70, 108, Fn. 271, § 859 Rdnr. 5, 9, 11 ff.
künftige Rechte → Rdnr. 3, 10 f.
Kunstwerk → Fn. 108, 119
Leasingrechte → Rdnr. 30 ff.
Lebensversicherung, Gestaltungsrechte nach §§ 165 f., 174 f., 180 VersVG, insbes. Bezugsrechtswiderruf → § 829 Rdnr. 15 f.
– Kündigung → Fn. 21
– Rückkauf s. Wiederkauf
Leistungen an Dritte → Rdnr. 79
Lizenz → Rdnr. 35, 97 f.
Lohnsteuerjahresausgleich → Rdnr. 3, 5; → auch Rdnr. 8 a. E. u. § 829 Rdnr. 9
Löschung von Hypotheken → Rdnr. 3, 82
Löschungsansprüche → Rdnr. 82
Löschungsvormerkung → Rdnr. 83
Mietrechte → Rdnr. 29
Mietverhältnis, Aufhebung → Rdnr. 3
Minderungsanspruch → Fn. 31
Miteigentum → Rdnr. 17 f., 97, 108
Miterbe → Fn. 1, Rdnr. 97, § 859 Rdnr. 27 ff.
Nachbesserungsansprüche → Rdnr. 4
Nacherbanteil → Rdnr. 57, § 859 Rdnr. 27
Nacherbenrecht → Rdnr. 57 f.
Nachlaß s. Allein-, Nach- u. Vorerbe
Nachpfändende Gläubiger → Rdnr. 105, 114
Namensrechte → Rdnr. 7
Naturalverpflegung → Rdnr. 13
Nebenforderungen → Rdnr. 6
Nebenrechte → Rdnr. 4 f.
Nießbrauch → Rdnr. 28, 97, 106, 112
Notar s. Hinterlegung
Nutzungsrechte → Rdnr. 26 ff., 97, 112
Offene Handelsgesellschaft → § 859 Rdnr. 11 f.
öffentlichrechtliche Befugnisse → Rdnr. 8
Pachtrechte → Rdnr. 29
Patent nebst Anwartschaft → Rdnr. 20, 98, 108, 110, 112
Personenrechtliche Ansprüche → Rdnr. 7
Pfändung → Rdnr. 40
Pfändungspfandrecht → Rdnr. 106 f.

Pfandrecht, Pfanderlös → Rdnr. 4
Postgirokonto → § 829 Rdnr. 13
– Löschung → Fn. 21
Prämiensparvertrag, Kündigung → § 835 Fn. 32
Praxis → Rdnr. 2
Privatkonto (Gesellschaft) → § 859 Rdnr. 4
Prozessuale Rechte → Rdnr. 8
Prüfungsrechte (Gesellschaft) → § 859 Rdnr. 4, 11, 15
Rangvorbehalt → § 867 Rdnr. 36
Reallast → Rdnr. 47
Rechnungslegung, Anspruch auf → Rdnr. 5, § 859 Rdnr. 1, 9
Rechte an unpfändbaren Gegenständen → Rdnr. 13
– auf solche → Fn. 144, 325
Recht auf Kredit → Rdnr. 3, 70
Rechte auf Vergünstigungen → Rdnr. 3
Rechtsbehelfe → Rdnr. 3
Rentenschuld → Rdnr. 47
Rückgewähransprüche → Rdnr. 71, 79
Rückkaufsrecht s. Wiederkaufsrecht
Rücktrittsrechte → Rdnr. 4
Sammelverwahrung → Rdnr. 17
Schenkungswiderruf → Rdnr. 76
Schiffshypothek Anspruch nach § 57 Abs. 3 SchiffsRG → Rdnr. 75
Schiffspart → § 858
Schließ(Schrank)fächer → Rdnr. 80
Schuldbefreiungsanspruch → § 851 Rdnr. 38
Schuldenherabsetzung → Fn. 9
Sekundäransprüche → Rdnr. 11
Sicherungsgrundschuld → Rdnr. 50, 71, 79
Sicherungsübereignung → Rdnr. 91
Software → Rdnr. 22 a
Spielautomaten s. Automaten
Stille Gesellschafter → § 859 Rdnr. 16
Stimmrechte → Rdnr. 3, § 859 Rdnr. 4, 11
Surrogation → Rdnr. 11, 17, 58, 79, 86–88, 92, 96, 108 und Fn. 366, § 858 Rdnr. 3, § 859 Rdnr. 6 mit Rdnr. 17, 19, 32
Teilungsversteigerung → § 859 Rdnr. 7
Teilveräußerung → Rdnr. 110
Testamentsvollstreckung nach § 2338 BGB → § 863 Rdnr. 3
Überlassung der Ausübung (§ 857 Abs. 3) → Rdnr. 15
Übertragungsansprüche → Rdnr. 79, 108
Überweisung → Rdnr. 108 f.
Unselbständige Rechte → Rdnr. 3
Unterlassungsanspruch → Rdnr. 79

– aus UWG → Rdnr. 3
Unternehmen → Rdnr. 2
Urheberrecht → Rdnr. 22, 98, 103, 108
Urkundenvorlegung → Rdnr. 3
Veräußerung → Rdnr. 110 f., § 859 Rdnr. 8
Vereine, Anteilsrechte → § 859 Rdnr. 2
Verfahren → Rdnr. 97 ff.
Verlegerrechte → Rdnr. 37, 97, 98, 108 ff.
Verpachtung, Verwaltung → Rdnr. 112 f.
Versicherung an Eides Statt, Anspruch auf Abgabe → Rdnr. 5
Versicherungssumme, Anspruch auf → § 829 Rdnr. 15 f.
Vertragsstrafe → Fn. 9
Vertretungsbefugnis (§§ 125 f. HGB) → § 859 Rdnr. 11
Verzichtsansprüche → Rdnr. 71, 82
Vollmacht → Rdnr. 3
Vorbenutzungsrecht aus § 7 PatG → Fn. 110
Vorerbe, Nutzungen → § 863 Rdnr. 2 ff.
Vorerbschaft → § 859 Rdnr. 33, § 863 Rdnr. 1
Vorgründungsgesellschaften → § 859 Rdnr. 26
Vorkaufsrecht → Rdnr. 75
Vorlegungsanspruch (Urkunden, Sachen) → Rdnr. 3, 79
Vormerkung (s. auch Löschung) → Rdnr. 83
Vorpfändung → Rdnr. 104 u. § 845 Rdnr. 25 f.
Wahlrecht → Rdnr. 3
Wandelungsanspruch → Rdnr. 4
Warenzeichen → Rdnr. 25
Wechsel → Rdnr. 77, Fn. 245, Rdnr. 101, 108, Fn. 422
Wertpapierrechte, unverbriefte → 19. Aufl. § 857 II 8 e
Widerruf des Bezugsrechts s. Lebensversicherung
Widerruf der Schenkung → Rdnr. 76
Widerruf nach § 178 BGB → Rdnr. 77
Widerspruch (§ 899 BGB) → Rdnr. 66, 82
Widerspruch (§ 711 BGB) → § 859 Rdnr. 4
Wiederkaufsrecht → Rdnr. 77, 97, 110
Wohnungseigentum → § 864 Rdnr. 16
– Anspruch nach § 12 Abs. 2 WEG → Rdnr. 5
Wohnungsrechte → Rdnr. 28
Zeitschriftentitel → Rdnr. 25
Zeitschriftenverlag → Rdnr. 2
Zinsansprüche → Rdnr. 6, 47 ff.
Zuschlag, Recht auf → Rdnr. 9
Zustellung an Drittschuldner → Rdnr. 97
– an Schuldner → Rdnr. 98
– an Dritte → Rdnr. 99

I. Zwangsvollstreckung in sonstige Vermögensrechte. Allgemeines

1   Die §§ 857–863 gelten für die Vollstreckung in alle Gegenstände des *beweglichen Vermögens*, die nach Ausscheidung der Sachen (§§ 808 ff.), der Geldforderungen (§§ 829 ff.) und der

Ansprüche auf Herausgabe oder Leistung von Sachen (§§ 846 ff.) übrigbleiben. § 857 enthält allgemeine Vorschriften; die §§ 858 ff. behandeln einzelne Rechte. S. auch § 321 AO.

Die **Voraussetzungen** des § 857, d. h. die entsprechende Anwendung der §§ 829 bis 856, bedürfen angesichts der erklärlichen Neigung der Gläubiger, pfändbare Gegenstände ausfindig zu machen, scharfer Begrenzung.

1. Gegenstand der Pfändung

Pfändbar sind nur **Rechte** und Anwartschaften an Rechten bzw. Sachen. 2

a) Im Gegensatz dazu stehen **tatsächliche Verhältnisse** und **Vermögensinbegriffe** wie etwa das »Recht« des Alleinerben (→ auch § 863 Rdnr. 1), das nur ein Name für die Inhaberschaft eines Vermögens ist[1], der Geschäftsgewinn des Einzelkaufmannes, das Herausgeben oder der Verlag einer Zeitung[2], das wirtschaftliche Unternehmen als solches[3] und die freiberufliche Praxis[4] oder der Kundenstamm[5], mögen auch diese Gesamtheiten als solche schuldrechtlich veräußerlich sein und zur Konkursmasse gehören[6]. Auch die Parteistellung in einem Schuldverhältnis ist nicht pfändbar[7], es sei denn, sie wurde vertraglich übertragbar ausgestaltet.

b) Ferner sind unpfändbar bloße **Befugnisse**, d. h. Handlungsmöglichkeiten, wie etwa die 3 »Rechte«, Verträge zu schließen, insbes. Kredit aufzunehmen[8], oder Schulden zu bezahlen, von gesetzlich vorgesehenen Rechtsbehelfen oder Vergünstigungen Gebrauch zu machen[9]. → auch zu öffentlich-rechtlichen Befugnissen Rdnr. 8. Pfändbar ist hier höchstens ein künftiges oder (und) bedingtes Recht, das entstehen wird, falls der Schuldner freiwillig die Befugnis nutzt[10], erst recht das durch Ausübung schon entstandene[11].

Einzelbefugnisse, die nur im Rahmen eines bestimmten Rechtsverhältnisses bestehen, können nicht selbständig gepfändet werden[12] sondern dürfen *mit der Pfändung des Rechts, zu dem sie gehören*, vom Gläubiger ausgeübt werden, soweit sie nicht personengebunden sind[13]. → § 829 Rdnr. 85, 86, § 835 Rdnr. 14–25. Dahin gehören z. B. die *Vollmacht*[14], es sei denn, sie diente einem Vermögenserwerb des Schuldners vom Vollmachtgeber[15]; die dem Zedenten erteilte *Einziehungsermächtigung*[16], das Anfechtungsrecht nach dem AnfG und nach §§ 29 ff. KO[17], das Antragsrecht auf Gewährung von Sozialleistungen[18] oder Steuererstattung[19], das

---

[1] Das gilt auch für den Miterben, der sämtliche übrigen Erbteile hinzuerworben hat, *RGZ* 88, 116; *BGH* MDR 1967, 913 (L) = DNotZ 1968, 358.
[2] *RGZ* 68, 49; *KG* SA 54, 46; *OLG* Rsp 38, 225.
[3] *BGH* LM Nr. 6 zu § 37 KO = MDR 1963, 308⁴⁵; *RGZ* 95, 235; 134, 98; *RGSt* 42, 424. – A. M. *OLG Dresden* LeipzZ 1910, 333.
[4] *Hubmann* (Fn. 88), 817.
[5] *OLG Frankfurt* BB 1980, 179 (L).
[6] Siehe dazu *Jaeger/Henckel* KO⁹ § 1 Rdnr. 8, 12.
[7] *RGZ* 70, 226, 229.
[8] → § 851 Rdnr. 36 f. Fn. 157; ferner unten Rdnr. 70, 76; auch Fn. 371.
[9] Vgl. *LG Dresden* JW 1938, 3062⁵⁰ (Schuldenherabsetzung nach SchuldenbereinigungsG v. 17. VIII. 1938); *LG Hannover* NJW 1959, 1279¹² (Herabsetzung der Vertragsstrafe, h. M.); *AG Rathenow* NJ 1948, 110; *Palandt/Diederichsen* BGB⁵³ Anhang II zum EheG, § 8 HausratsVO Rdnr. 1 (»Anspruch« auf Auseinandersetzung nach HausratsVO; wegen der Einzelansprüche → aber § 851 Rdnr. 25). Zu solchen Befugnissen als Nebenrechten gepfändeter Ansprüche → Rdnr. 5 u. z. B. § 829 Fn. 50 f.
[10] → z. B. § 851 Rdnr. 36, § 852 Rdnr. 4, ferner unten Rdnr. 76 a. E. Vgl. auch zur Abtretung *BGH* LM § 413 BGB Nr. 5 = NJW 1973, 1794.
[11] Ebenso wie z. B. § 377 Abs. 1 BGB nicht die Pfändung des schon geltend gemachten Rückgewähranspruchs gegen die Hinterlegungsstelle (→ § 829 Rdnr. 47) hindert, *RG* DR 1940, 454¹⁸. → auch Fn. 287.
[12] Siehe auch *Bergk* Übertragung künftiger Rechte (1912), 35 ff.
[13] → z. B. die Fälle Fn. 10, 109, § 835 Fn. 31, § 851 Rdnr. 31, ferner § 859 Rdnr. 4, 11.
[14] *Wieczorek*² Anm. B II b 2; *Stöber*¹⁰ Rdnr. 1781 a (anders in *Zöller/Stöber*¹⁸ Rdnr. 2: pfändbar, wenn Dritter sie ausüben kann); *Vortmann* NJW 1991, 1038 (Kontovollmacht). → auch Fn. 15.
[15] Vgl. *BayObLGZ* 1978, 194 = Rpfleger 372; ähnlich *Hellwig* System 2, 370 (selbständig pfändbar, wenn im Interesse des Schuldners erteilt). *Baumbach/Hartmann*⁵² Grundz § 704 Rdnr. 113 »Vollmacht« verlangt zusätzlich Unwiderruflichkeit (sie sollte man aber nur als Indiz für das Eigeninteresse ansehen).
[16] → § 835 Fn. 78, auch § 832 Fn. 36.
[17] *RGZ* 30, 74 f.; JW 1909, 6588 (unübertragbar).
[18] → § 850 i Rdnr. 60.
[19] → § 829 Rdnr. 9 Fn. 50 f. – A. M. *LG Hamburg* Rpfleger 1973, 147. Zur Lohnsteuerkarte → Fn. 38.

Wahlrecht als solches[20], die Befugnis, einen Vertrag zu *kündigen*[21], die *Aufhebung eines Mietverhältnisses*[22] oder einer *Gemeinschaft* ohne gleichzeitige Pfändung des Erlösrechts[23] zu verlangen, die Möglichkeit, eine Forderung abzutreten, eine Hypothek löschen zu lassen[24], die Ansprüche auf Herausgabe oder Vorlegung von Urkunden[25], der an einen Betrieb geknüpfte Unterlassungsanspruch aus dem UWG[26], das ebenfalls an den Betrieb geknüpfte Recht auf Konkurrenzverbot, einzelne sich aus einem Anteilsrecht ergebende Befugnisse, z.B. Stimmrechte[27], der an das Erfinderrecht gebundene Anspruch gemäß § 5 PatG[28], die Antragsbefugnis aus § 1447 BGB usw. Zum Rangvorbehalt nach § 881 BGB → § 867 Rdnr. 36.

4 c) Keiner *selbständigen* Pfändung sind insbesondere fähig die → § 829 Rdnr. 80f., § 830 Rdnr. 17 genannten **Nebenrechte** i.e.S., z.B. Pfandrechte und Ansprüche gegen *Bürgen*[29], vertragliche oder gesetzliche (§ 885 BGB) Rechte auf Eintragung von Vormerkungen[30], Gewährleistungsansprüche[31], die Rechte aus §§ 325 f. BGB und vertragliche Rücktrittsrechte[32], weil sie vom Hauptanspruch nicht trennbar sind und deshalb nur mit ihm gepfändet werden können; → aber Rdnr. 5. Wegen prozessualer Befugnisse → Rdnr. 8.

5 d) Aber die Pfändung solcher Einzelbefugnisse und Nebenrechte kann, auch wenn sie schon von der des Hauptrechts mitumfaßt wird, → § 829 Rdnr. 80f.[33], unter Umständen als sog. **Hilfspfändung** im Dienste und zum Zwecke der *Pfändung des Hauptrechts* oder dessen *Verwertung* erfolgen, so insbesondere die des *Berichtigungsanspruchs*[34], der Ansprüche aus § 7 Abs. 2, 3 ErbbauRVO[35], § 12 Abs. 2 WEG[36], auf *Herausgabe von Urkunden*, z.B. Grundpfandbriefen[37], Lohnsteuerkarten[38] und dgl., → auch Fn. 168; ferner die Ansprüche auf *Rechnungslegung*, *Auskunft* bzw. Versicherung an Eides Statt nach materiell-rechtlichen

---

[20] Zur Geltendmachung als Nebenrecht → § 835 Rdnr. 14, aber auch § 851 Rdnr. 31.
[21] *BGHZ* 45, 168 = NJW 1966, 1073 (Lebensversicherung, → auch § 829 Rdnr. 15); *OLG Dresden* OLG Rsp 6, 133 (Energielieferungsvertrag); *Klee* BB 1951, 686 (Girovertrag). Zur Löschung des Postgirokontos s. § 23 Abs. 3 S. 3 PostG.
[22] *LG Coburg* NJW 1949, 270. Vgl. auch *Gwinner* NJW 1949, 616; *Lewald* NJW 1949, 628 zu Nr. 13; *Roquette* DRiZ 1949, 481; *Weis* JR 1951, 140.
[23] *BGHZ* 90, 215 = NJW 1984, 1970 mwN. → dazu Rdnr. 17 u. § 864 Rdnr. 14.
[24] *KG* OLG Rsp 10, 392; s. auch *RGZ* 70, 280f. *RGZ* 101, 231 hielt wohl die isolierte Pfändung für wirksam, wies aber die Klage zutreffend ab. – Gleiches gilt für das Recht aus § 1179 a BGB oder auf Eintragung einer Löschungsvormerkung; *Stöber*[10] Rdnr. 1651. Zur Grundbuchberichtigung → Rdnr. 5 u. § 830 Fn. 71.
[25] *RGZ* 74, 79 f.; *LG Berlin* Rpfleger 1978, 331. Zur Erfassung als Nebenrecht → z.B. Fn. 33, 37, 38 sowie § 829 Rdnr. 80, § 830 Rdnr. 17 Fn. 50, § 836 Rdnr. 14 ff.
[26] *RGZ* 86, 252.
[27] *KG* JW 1932, 757. → auch § 859 Rdnr. 7.
[28] *Klauer/Möhring* Patentrechtskommentar[3] (1971), 247 (pfändbar nur zusammen mit Erfinderrecht).
[29] *RG* SA 65, 144; *OLG Colmar* OLG Rsp 26, 411; *Hellwig* System 2, 371. – Selbständig pfändbar werden sie aber, wenn die Hauptschuld wegen Vermögensverfalls der schuldenden Gesellschaft untergeht; so für Abtretung *BGHZ* 82, 323 = JZ 1982, 252.
[30] *Stöber*[10] Rdnr. 699 mwN, 1900, 2048. → auch Rdnr. 72.
[31] *BGH* (Fn. 10): wie § 401 BGB. Überträgt der Käufer oder Besteller nicht seinen Erfüllungsanspruch, sondern die ihm gelieferte Sache (Werk), so sind seine Gewährleistungsansprüche jedenfalls an den Erwerber abtretbar,

BGH ZIP 1985, 1141 f. = JZ 1986, 85 (*Scheyhing*). Nachbesserungsansprüche sind nach *BGH* NJW 1986, 714 = JR 284 (*Schubert*) auch sonstige Dritte gesondert abtretbar, falls der Leistungsgegenstand unverändert bleibt; ihre Pfändung dürfte jedoch nur für den Fall → § 829 Fn. 5 wirksam sein. Bei Wandelungs- u. Minderungsansprüchen ist jedenfalls die Pfändung (auch durch Dritte) etwaiger aus ihrer Ausübung entstehender Rückzahlungsansprüche unbedenklich, → auch Fn. 10. Gesonderte Pfändung der Ansprüche auf Wandelung u. Minderung durch Dritte ist, wenn überhaupt, wohl nur dann vertretbar, wenn der Schuldner sein Entgelt schon erbracht hat.
[32] Obiter *RGZ* 55, 403 f.; *BGH* (Fn. 10): abtretbar mit dem Hauptanspruch; Rücktritt aber nur mit Einwilligung des Zedenten.
[33] *KG* JW 1930, 1014[7]; 1929, 869; Auskunft u. Rechnungslegung, → dazu § 829 Fn. 403 f.; *LG Berlin* (Fn. 25): Briefherausgabe (→ Fn. 37).
[34] *BGHZ* 33, 83 = NJW 1960, 2094 (obiter); *OLG Köln* Rpfleger 1969, 171. → dazu Rdnr. 66, 82 sowie § 830 Fn. 71, § 867 Rdnr. 22.
[35] *BGH* (Fn. 34, Überweisung zur Ausübung); *Haegele* Rpfleger 1967, 285 mwN auch zur Gegenmeinung.
[36] MünchKommBGB[2]-*Röll* § 12 WEG Rdnr. 7 u. bis zur 40. Aufl. *Palandt/Bassenge* Anm. 4 b bb zu § 12 WEG.
[37] → § 836 Fn. 53, § 830 Rdnr. 17. *LG Berlin* (Fn. 25, 33) will bei Pfändung des Anspruchs auf Grundschuldrückgewähr nur Vermerk »mit Brief« zulassen, nicht ausdrückliche Mitpfändung (?). → auch Rdnr. 63 ff.
[38] → zur Steuererstattung § 836 Rdnr. 14 Fn. 36 f. Solche Hilfspfändungen sind vor der Hauptpfändung mangels Gefahr (anders als → § 821 Rdnr. 4) unnötig und daher unzulässig, *LG Kaiserslautern* Rpfleger 1984, 473. Auch im Falle § 42 b EStG (→ § 829 Fn. 54) scheiden sie als unnötig aus; *LG Darmstadt* Rpfleger 1984, 473.

Vorschriften[39], auf Hypothekenbestellung[40], das Recht zum Widerspruch nach § 267 Abs. 2 BGB[41] usw. Wegen der Nebenrechte bei der Pfändung von Versicherungsansprüchen → § 829 Rdnr. 15 f., 81.

Kein Hindernis selbständiger Pfändung bildet der Umstand, daß ein *vermögenswertes*[42] Recht den Charakter einer *Nebenforderung*[43] hat: *Abhängigkeit* vom Hauptrecht bedeutet hier nicht *Untrennbarkeit*, z.B. bei Zinsansprüchen[44]. 6

2. Vermögensrechte

Pfändbar sind nur **Vermögensrechte**[45], d.h. Rechte, die der Verteilung der geldwerten wirtschaftlichen Güter dienen, gleichviel ob sie auf Sachwerte oder auf persönliche Leistungen gerichtet sind. Daher scheiden aus die Rechte des Personenstandes, Namensrechte, die Firma des Kaufmanns[46], personenrechtliche Ansprüche, die im Familienrecht wurzeln, und Anteilsrechte an Vereinen usw., die nur ideellen Wert haben[47]. *Nicht* erforderlich ist, daß das Recht durch Pfändung und nachfolgende Verwertung im Wege der Einziehung, Veräußerung oder Nutzung[48] *in Geld umsetzbar ist* und *unmittelbar* zur Befriedigung des Gläubigers wegen seiner Geldforderung führt[49]. Das beweist § 848: dort führt erst die zweite selbständige Vollstreckung zur Befriedigung, § 848 Abs. 3. Es kann daher gegen die Hilfspfändung der Ansprüche → Rdnr. 5 kein Bedenken daraus abgeleitet werden, daß sie erst mittelbar zur Befriedigung des Gläubigers führen; dasselbe gilt z.B. für die Pfändung der Anwartschaften → Rdnr. 84 ff. Wegen des Rangvorbehalts → § 867 Rdnr. 36. 7

Nicht nur Privatrechte sind pfändbar, sondern auch Vermögensrechte, die **öffentlich-rechtlich** qualifiziert werden. Das Gericht kann auch einem Hoheitsträger als Drittschuldner ein Zahlungsverbot auferlegen oder Anordnungen nach §§ 844, 857 Abs. 4 und 5 treffen. Gegen die Pfändbarkeit öffentlich-rechtlicher Positionen spricht ferner nicht, daß die Einziehung nicht vor den Zivilgerichten erfolgt. Pfändbar sind daher Ansprüche auf Gehalt[50], Sozialleistungen[51], Ausfolgung von Hinterlegungsmassen[52], das Recht auf den Zuschlag, § 81 Abs. 1 ZVG[53] usw. Der Berichtigungsanspruch[54] ist ohnehin privatrechtlich, da er sich gegen den Eingetragenen auf Zustimmung zur Berichtigung richtet. 8

Die Unpfändbarkeit öffentlich-rechtlicher, insbesondere prozessualer Positionen folgt allerdings häufig aus dem Grundsatz, daß *Befugnisse* nicht pfändbar sind (→ Rdnr. 3). So ist die Berechtigung, bei Gericht Anträge zu stellen[55], Rechtsmittel einzulegen u. ä.[56] ebenso unpfändbar wie die Befugnis, eine günstigere Lohnsteuerklasse zu wählen. Die Pfändung kann ferner scheitern, wenn die öffentlich-rechtliche Position nicht selbständig übertragbar ist, wie 9

---

[39] RG WarnRsp 12 Nr. 281; KG JW 1930, 1014. Teilpfändung der Hauptforderung steht der Pfändung u. Überweisung des unteilbaren Nebenrechts auf Auskunft usw. nicht entgegen, RG JW 1931, 525[10]. Vgl. auch KG JW 1929, 869[3]. Diese Hilfspfändungen sind nicht wegen § 840 überflüssig (richtig AG Dorsten Rpfleger 1984, 425), weil § 840 die Auskunftsklage nicht ermöglicht, → dort Rdnr. 19 u. BGH JZ 1984, 674 (zust. Brehm) = NJW 1901. Sie sind aber in der Regel nicht nötig, weil miterfaßt → Fn. 33.
[40] OLG Kiel OLG Rsp 4, 46 (§ 648 BGB). → § 829 Fn. 400, § 830 Rdnr. 3.
[41] → Rdnr. 85 Fn. 335; Rdnr. 91 Fn. 356.
[42] → Rdnr. 7.
[43] → § 4 Rdnr. 17 ff.
[44] RGZ 74, 78 f. – A.M. KG OLG Rsp. 12, 130 f.
[45] → dazu auch § 1 Rdnr. 43 f.
[46] → Rdnr. 25.

[47] Zu Anteilsrechten → Rdnr. 17 f., zu Vereinsanteilen § 859 Rdnr. 11.
[48] → Rdnr. 108 ff.
[49] Vgl. Nußbaum KGBl 1904, 54 f.; Hirsch Übertragung I, 311 f.; OLG Dresden OLG Rsp 16, 308 u. a., besonders die Entscheidungen → Fn. 320.
[50] → § 829 Fn. 9 f.
[51] → § 850 i Rdnr. 60 f.
[52] → Fn. 11 sowie § 829 Fn. 137 u. Rdnr. 23 a.
[53] Zeller/Stöber ZVG[14] § 81 Rdnr. 3.7.
[54] → Rdnr. 5.
[55] OLG Danzig DJ 1938, 1077; LG Dresden JW 1938, 3062.
[56] OLG München OLG Rsp 21, 112 (Unpfändbarkeit des Anspruchs auf Erlaß eines Urteils im Kostenpunkt); OLG Karlsruhe JW 1931, 2043[14] (Antrag auf Streitwertänderung); Reichel ZZP 33 (1904), 88. → auch oben Fn. 8.

etwa die Befugnis zum Betrieb eines konzessionierten Gewerbes⁵⁷, die öffentlich-rechtliche Arzneimittelzulassung⁵⁸ oder die Rechte gegenüber dem Grundbuchamt auf Vornahme von Eintragungen, z.B. nach der Auflassung⁵⁹. Auch Hoheitsrechte unterliegen nicht der Pfändung.

3. Künftige und bedingte Rechte

10   Für die Pfändung **bedingter und künftiger Rechte** gilt das → § 829 Rdnr. 3 ff. Ausgeführte entsprechend; zu Anwartschaften → Rdnr. 84 ff. Die »Anwartschaft« auf eine künftige Erbschaft scheidet aus, denn die Verwandtschaft begründet für den künftigen Erben noch keinerlei Rechtsbeziehung zu ihr, ebensowenig wie das Testament bei Lebzeiten des Erblassers. Zur Nacherbschaft → Rdnr. 57 f., wegen § 1934 d BGB → § 852 Rdnr. 4.

11   Bereits bestehende Rechte sind grundsätzlich gemäß ihrem gegenwärtigen Zustand zu pfänden, → § 829 Rdnr. 17, soweit nicht vorsorglich Doppelpfändungen angebracht oder doch zulässig sind, z.B. der Anspruch auf Rückübertragung einer Sicherheit neben der Anwartschaft, falls das Sicherungsgut auflösend bedingt übertragen wurde⁶⁰, der Anspruch auf Durchführung von Überweisungen neben dem Tagesguthaben⁶¹, der Anspruch auf Rückübertragung der Sicherungsgrundschuld neben dem nicht benötigten Mehrerlös⁶², die Auflassungsanwartschaft neben dem Übereignungsanspruch⁶³; weitere Fälle → Fn. 82, 278, 368, § 859 Rdnr. 9, 26. Ist ein nicht auf Zahlung gerichtetes Recht gemäß §§ 846 ff. oder § 857 gepfändet und tritt an seine Stelle⁶⁴ kraft Gesetzes oder Vereinbarung z.B. im Falle nicht rechtzeitiger Leistung ein **Sekundäranspruch**, so bedarf dieser als Surrogat keiner erneuten Pfändung⁶⁵. War er aber bei der Pfändung schon entstanden, so ist sie nur wirksam, wenn sie die für den Sekundäranspruch vorgesehenen Formerfordernisse einhält, → insbesondere § 829 Rdnr. 40 ff. Da Gläubiger oft nicht wissen, ob und wann diese Surrogation eintritt, sollte man gestatten, den Primäranspruch *und* den Sekundäranspruch kumulativ zu pfänden, obgleich sie materiellrechtlich nur alternativ bestehen.

4. Pfändbarkeit

12   Das Recht muß **pfändbar** sein, → die Übersicht vor Rdnr. 1. Soweit die Pfändung nicht ausdrücklich verboten ist, wie z.B. nach § 377 Abs. 1 BGB für das Rücknahmerecht des Hinterlegers, oder nur unter bestimmten Voraussetzungen wirksam ist, → z.B. Rdnr. 20 ff., ist auf folgendes zu achten:

a) Ausgenommen sind zunächst jene Rechte, die in Ansehung der Zwangsvollstreckung zum **unbeweglichen Vermögen** gehören, § 864 Abs. 1; → auch Rdnr. 18.

13   b) Sodann folgt aus Abs. 1, der auch auf § 851 verweist, daß Rechte, die **nicht übertragbar** sind⁶⁶, grundsätzlich (→ aber § 857 Abs. 3 und § 859 Abs. 1) der Pfändung nicht unterliegen, z.B. das Anfechtungsrecht nach § 2340 BGB. Soweit die Unveräußerlichkeit auf § 399 mit § 413 BGB beruht, gilt das → § 851 Rdnr. 26, 28, 31 ff. Ausgeführte. Daher sind z.B. *höchstpersönliche* Wohnrechte, Recht auf Naturalverpflegung im Haushalt des Verpflichteten und Ansprüche auf Lieferung von Gas usw. nur für bestimmte Räume⁶⁷ unpfändbar, → die Übersicht vor Rdnr. 1 sowie Rdnr. 76. Ist dem Schuldner das Recht eingeräumt, am Grundstück des Drittschuldners Grundpfandrechte für eigene Forderungen zu bestellen, so ist diese Rechtsstellung *im ganzen* als höchstpersönliches Recht i.w.S.⁶⁸ unpfändbar. Für abtretbar

---

⁵⁷ Vgl. für Taxikonzessionen *KG* OLG Rsp 25, 194 f.; *OLG München* OLG Rsp 29, 241; *LG Köln* MDR 1964, 842. – A.M. *KG* OLG Rsp 29, 240 (wegen des privaten Handels mit Taxinummern).
⁵⁸ *BGH* NJW 1990, 2931.
⁵⁹ *BayObLG* HRR 32 Nr. 1389. → z.B. Rdnr. 92.
⁶⁰ → § 829 Rdnr. 48.
⁶¹ → § 829 Rdnr. 12.
⁶² → § 829 Rdnr. 17.
⁶³ → § 848 Rdnr. 6.
⁶⁴ D.h. soweit das Primärrecht erlischt (also nicht bei § 286 BGB).
⁶⁵ → § 829 Rdnr. 73 Fn. 373 sowie unten Rdnr. 107.
⁶⁶ Über Landesrecht → § 851 Rdnr. 5.
⁶⁷ *OLG Dresden* OLG Rsp 6, 132.
⁶⁸ → dazu auch § 851 Rdnr. 31–37.

und pfändbar wird jedoch der *Einzelanspruch* des Schuldners gehalten, für eine bestimmte Forderung ein Grundpfandrecht zu bestellen[69]. Das ist für den Gläubiger interessant, wenn er auch die Forderung pfändet. Schwierigkeiten bereitet bei der Grundschuld jedoch der Abschluß des Sicherungsvertrags. Soweit für die Grundpfandbestellung schon Vollmachten erteilt sind, → Fn. 14f. Über Dauerwohnrechte und Wohnbesitz → Rdnr. 33f., über Wohnungseigentum → § 864 Rdnr. 11, 16. Unpfändbar sind ferner *Rechte an gemäß § 811 unpfändbaren Gegenständen*, z. B. der Anteil eines Miteigentümers daran[70] oder die Anwartschaft auf ihren Erwerb, → Rdnr. 84. Zu Befreiungsansprüchen → § 851 Rdnr. 38f.

Abs. 1 verweist auch auf § 851 Abs. 2 ZPO. Die Bedeutung dieser Verweisung ist freilich gering, da die h. M. materiellrechtliche Verfügungsbeschränkungen trotz der Vorschriften der §§ 413, 399 Fall 2 BGB unter § 137 S. 1 BGB faßt, falls es sich dabei nicht nur um eine »Inhaltsbestimmung« des Rechts handelt[71]. → § 859 Rdnr. 18 zu GmbH-Anteilen. Über Veräußerungsverbote → § 772 Rdnr. 1ff. **14**

Wird bei unübertragbaren Rechten, deren Ausübung einem anderen überlassen werden kann, die Überlassung vertraglich ausgeschlossen, so ist das Recht entsprechend § 851 Abs. 2 gleichwohl pfändbar. Andernfalls könnte entgegen dem Normzweck der Vorschrift (→ § 851 Rdnr. 28) die nach Maßgabe des Abs. 3 eröffnete Vermögenshaftung durch Parteivereinbarung abbedungen werden[72].

c) Aber auch die wegen ihrer *gesetzlichen* Unveräußerlichkeit unpfändbaren Rechte sind nach **Abs. 3** insoweit der Pfändung unterworfen, als ihre **Ausübung einem anderen überlassen werden kann**, also gegebenenfalls mit der Beschränkung, daß nur bestimmte Personen das Recht ausüben dürfen wie z. B. bei Nebenrechten → Rdnr. 3–5, oder daß die Veräußerung nur an Personen eines bestimmten Kreises erfolgen darf[73]. Damit sollen nicht nur Rechte getroffen werden, die der Berechtigte einen anderen an seiner Stelle ausüben lassen kann[74], sei es tatsächlich, sei es kraft einer obligatorischen Verpflichtung dazu, sondern auch solche, an denen er ein dingliches Ausübungsrecht bestellen darf[75]. Zu *Nießbrauch*, Wohnrecht, Miete, Pacht und Leasing → Rdnr. 28ff. § 863 ist ein Sonderfall. → auch § 864 Rdnr. 14. **15**

5. Auslandsberührung

Wegen der Pfändung von Rechten, die ins **Ausland** hinübergreifen, gilt das → § 829 Rdnr. 24ff. Ausgeführte entsprechend; → auch Rdnr. 24. **16**

---

[69] *OLG Bremen* NJW 1984, 2478 = Rpfleger 1983, 289; krit. *Dubischar* NJW 1984, 2440.
[70] Siehe auch *Hellwig* System 2, 368. – A.M. *Stettin* u. *Feldhahn* Recht 1907, 546. – § 1369 BGB hindert die Pfändung jedoch nicht, → § 739 Rdnr. 29; *K. Schmidt* NJW 1974, 323 gegen *LG Krefeld* NJW 1973, 2304.
[71] So mit *BGHZ* 19, 359 = NJW 1956, 464 die h.M. Zweifelnd *Peters* ZZP 90 (1977), 427. Was noch zur Inhaltsbestimmung gehört, ist aber unsicher: Erlaubt § 413 BGB nur die Vereinbarung der Nichtübertragbarkeit bei Begründung des Rechts? Für Forderungen gestattet § 399 BGB jedenfalls auch die nachträgliche Beschränkung der Übertragbarkeit, obiter BGHZ 40, 160 = NJW 1964, 243. Für enge Auslegung des § 399 gegenüber § 137

BGB MünchKomm³-*Mayer-Maly* § 137 Rdnr. 20; vgl. auch *Raible* Vertragliche Beschränkung usw. (Diss. Tübingen 1969), 88, 169.
[72] *BGHZ* 95, 99 = NJW 1985, 2827.
[73] → auch Fn. 140 u. Rdnr. 29f. sowie 19. Aufl. Fn. 36 (Kaliwirtschaft).
[74] Z.B. Nießbrauch, → Rdnr. 28, Berichtigungsanspruch, → Fn. 34, 421. Vgl. Motive zum EGBGB 101; dazu *Hirsch* (Fn. 49), 305ff.
[75] Das BGB kennt Rechte der zuletzt genannten Art nicht. → aber z.B. Fn. 389, allerdings ist gerade bei Verlagsrechten die Anwendung des Abs. 3 umstritten, *Bappert/Maunz/Schricker* Verlagsrecht² § 28 Rdnr. 44 a.E. mwN.

II. Die unter § 857 fallenden Rechte[76]

1. Anteilsrechte

17   Anteilsrechte, insbesondere an einer *Gemeinschaft nach Bruchteilen*, vgl. §§ 747, 751 S. 2 BGB (z. B. Sammelverwahrung, § 6 DepotG). Das Pfändungspfandrecht am Anteil setzt sich am Veräußerungserlösanspruch[77], bei Forderungsanteilen auch an Geleistetem[78] als Surrogat fort, ebenso an gesetzlichen Ersatzansprüchen[79]. Einer Pfändung des Anspruchs auf Aufhebung der Gemeinschaft bedarf es daneben nicht[80]; sie ist jedoch als Hilfspfändung zulässig[81]. Statt dessen kann jedoch nach h. M. von vornherein das *Recht auf den anteiligen Erlös* einer Veräußerung nach § 753 BGB gepfändet werden[82]. Auch diese Pfändung berechtigt (dann allerdings erst nach der Überweisung[83]) zur Durchführung der Teilung unter Beachtung des § 751 S. 2 BGB, selbst wenn der Aufhebungsanspruch nicht ausdrücklich mitgepfändet ist[84]. Zur Pfändung und Verwertung → Fn. 375, 419 und für den Fall, daß der Erlös nach Berichtigung aller Verbindlichkeiten schon hinterlegt war, → § 864 Rdnr. 14 a.

18   **Miteigentum** an beweglichen Sachen wird nach § 857 gepfändet[85], während Bruchteile an Grundstücken (auch Wohnungseigentum) der Immobiliarvollstreckung unterliegen (§ 864 Abs. 2)[86]. Zur Schiffspart § 858, zu mehreren Gläubigern gemeinschaftlich zustehenden *Forderungen* § 829 Rdnr. 21 und *Grundpfandrechten* unten Fn. 196, zu Anteilen an *Gesellschaften, Erbschaften* usw. § 859, an *Gütergemeinschaften* § 860, an *Nacherbschaften* Rdnr. 57 f., an Bergwerken (Kuxen) § 821 Rdnr. 3.

2. Realgewerbeberechtigungen

19   Realgewerbeberechtigungen (§ 48 GewO), soweit sie nicht nach Landesrecht (Art. 74 EGBGB) zum unbeweglichen Vermögen gehören[87]. Über die persönlichen Rechte, Gewerbekonzessionen u. dgl., → Rdnr. 9. Wegen gewerblicher Unternehmen → Rdnr. 2.

3. Immaterialgüterrechte

20   Das Recht aus dem **Patent**, § 9 PatG[88], und die durch Anmeldung begründete *Anwartschaft*[89] auf Erteilung (§ 6 PatG) sind pfändbar und fallen in die Konkursmasse[90], arg. § 15

---

[76] Vollständigkeit ist schon wegen des Landesrechts nicht möglich.
[77] *K. Schmidt* JR 1979, 320 f., für § 753 Abs. 1 BGB, §§ 180 f. ZVG BGH Rpfleger 1986, 58; → Rdnr. 107.
[78] MünchKommBGB²-*K. Schmidt* § 741 Rdnr. 51.
[79] Zur Surrogation *K. Schmidt* (Fn. 78) Rdnr. 36, 41 f., § 754 Rdnr. 4, zur Pfändung → Rdnr. 11.
[80] Dies folgt nicht aus dem Zweck des § 751 S. 2 BGB, *K. Schmidt* (Fn. 77) mwN, sondern aus daraus, daß der Überweisung nach § 857 Abs. 1 entsprechende Aufgaben zukommen sollen wie bei § 835, → dort Rdnr. 14. Daher kann der Gläubiger nach Überweisung auch eine etwa vereinbarte Kündigung erklären, was aber unnötig ist im Falle des § 751 S. 2 BGB; *Stöber*[10] Rdnr. 1545.
[81] *Stöber*[10] Rdnr. 1548; *OLG Hamm* NJW-RR 1992, 665; a. M. Staudinger/*Huber* BGB¹² § 747 Rdnr. 56. Selbständig übertragbar pfändbar ist das Aufhebungsrecht nicht; *BGH* (Fn. 23); *K. Schmidt* (Fn. 77) mwN; *Stöber*[10] Rdnr. 1545 verneint dann das Rechtsschutzinteresse; → auch 19. Aufl. Fn. 11.
[82] *BGH* (Fn. 23); *K. Schmidt* (Fn. 77) je mwN auch zur Gegenansicht. Diese Abweichung vom Grundsatz → § 829 Rdnr. 17 ist für bewegliches Vermögen unbedenklich wegen gleicher Pfändungsform von Anteil und Erlösanspruch; für Grundstücke → § 864 Rdnr. 14. Für Heimstätten scheidet diese Pfändung schon wegen § 20 HeimstG aus; *LG Aachen* Rpfleger 1967, 219 f.; *Stöber*[10] Rdnr. 1544.
[83] § 751 S. 2 BGB erwähnt zwar nur »Pfändung«, bezieht sich aber nur auf die Überwindung der Aufhebungshindernisse des § 751 S. 1 BGB, nicht auf den Betrieb der Einziehung; → auch § 859 Fn. 28, 39.
[84] → Fn. 80 a. E. u. *K. Schmidt* (Fn. 77), 321.
[85] → § 808 Rdnr. 1; *BGH* Rpfleger 1993, 359 = NJW 935; gegen die h.M. *Marotzke*, FS für Schwab, 1990, S. 277 ff.: analog § 808. Zur Verwertung → Fn. 419.
[86] → § 864 Rdnr. 14.
[87] Solche übertragbaren Rechte dürfen nach § 10 Abs. 2 GewO nicht mehr neu begründet werden.
[88] Lit. zur ZV: *Urs Müller* ZV in Immaterialgüterrechte, Diss. (1978) Zürich; *Ulmer* Immaterialgüterrechte im internationalen Privatrecht (1975); *Hubmann* FS für H. Lehmann (1956 II), 812 ff.; *Reimer* GRUR 64 (1962), 619 ff.; *Pinzger* ZZP 60 (1936/37), 415 ff.; *Tetzner* Das

PatG; ebenso das *vor* Anmeldung dem Erfinder oder seinem Rechtsnachfolger zustehende Recht *auf* das Patent (§ 6 PatG), falls im Zeitpunkt der Zustellung des Beschlusses schon eine im wesentlichen abgeschlossene Erfindung vorliegt, d. h. vom Erfinder für andere erkennbar niedergelegt ist[91] *und* er die Absicht zur wirtschaftlichen Verwertung kundgetan hat[92], was bei Erarbeitung im gewerblichen Betrieb des Schuldners zu vermuten[93], im übrigen vom Gläubiger darzutun ist[94]. Als künftiges Recht kann es aber auch schon für den Fall einer späteren Verwertungsabsicht des Schuldners gepfändet werden[95]. Verlautbart der Schuldner die Verwertungsabsicht nur zugunsten eines bestimmten Dritten, so soll das Erfinderrecht nur für diesen pfändbar sein[96]. Nimmt der Arbeitgeber des Schuldners eine *Arbeitnehmererfindung* unbeschränkt in Anspruch, so ist darin eine Kundgabe der Verwertungsabsicht zu sehen[97]; das Recht zur Inanspruchnahme ist pfändbar, sobald die Inanspruchnahme schriftlich erklärt und zugegangen ist[98]. Nach Kundgabe der Verwertungsabsicht kann der Schuldner über das gepfändete Recht nicht mehr zum Nachteil des Gläubigers verfügen, → § 829 Rdnr. 91[99], so daß ein Widerruf der Verwertungsabsicht unbeachtlich ist; erst recht gilt das nach Anmeldung[100], so daß die Anmeldung nicht mehr ohne Zustimmung des Gläubigers zurückgenommen werden kann[101] und ein Verzicht auf das Patent unwirksam ist[102].

Für *patentfähige Betriebsgeheimnisse* ist der Verwertungswille nach außen getreten, wenn der Schuldner sie im Geheimverfahren ausbeutet; sie fallen dann in seine Konkursmasse[103], während die h. M. die Einzelvollstreckung für unzulässig hält[104]. Auch technische Geheimnis- 21

---

materielle Patentrecht (1972) § 9 Anm. 72 ff.; *Klauer/Möhring* PatG³ (1971), § 9 IX vor Rdnr. 91; *Benkard/Bruchhausen/Rogge/Schäfers/Ullmann* PatG⁹ (1981) § 6 Rdnr. 18, § 15 Rdnr. 29–31, § 139 Rdnr. 17; *Lindenmaier/Weiss* PatG⁶ (1973) § 3 Rdnr. 6, § 9 Rdnr. 61–64; *Busse* PatG u. GebrMG⁴ (1972). Siehe auch *Riedel* Abtretung u. Verpfändung usw. (1982) B IX, 815 ff.

[89] Nicht ein prozessualer Anspruch gegen das Patentamt, → Rdnr. 8; es ist daher nicht Drittschuldner, ganz h. M., *Tetzner* JR 1951, 166; PräsBescheid GRUR 52 (1950), 294.

[90] *KG* JW 1930, 2803¹⁰ (zust. *Kisch*); *BGHZ* 16, 172 (175) = NJW 1955, 629.

[91] Z. B. schriftliche Fixierung. Nach einer Mindermeinung soll dies allein genügen (Nachweise bei *Jaeger/Henckel* KO⁹ § 1 Rdnr. 35). – Zur unfertigen Erfindung s. *Müller* (Fn. 88), 58 f.

[92] H. M. zu § 1 KO *BGH* (Fn. 90); *Henckel* (Fn. 91); *Stöber*¹⁰ Rdnr. 1720 je mwN. Als Kundgabe reichen aus: Lizenzverhandlungen, Vorführungen auf Ausstellungen, Verpfändung u. Sicherheitsübertragung (*Henckel* aaO); wohl auch Vorbereitung zur Anmeldung; s. dazu *Müller* (Fn. 88), 55; *Tetzner* (Fn. 88) § 9 Anm. 74. – auch Fn. 103 u. zur Beweislast → Fn. 93 f. – A.M. *Wieczorek*² Anm. A II b 1 (unpfändbar).

[93] So jedenfalls für geplante Erfindungen *Henckel* (Fn. 91). Weitergehend noch 19. Aufl. Fn. 41 mit *Klauer/Möhring* (Fn. 88) Rdnr. 91: Schuldner müsse stets Verwertungsabsicht widerlegen.

[94] Nach h. M. soll der Gläubiger (im Erinnerungsverfahren?) beweispflichtig sein; vgl. *Tetzner* (Fn. 88); *Stöber*¹⁰ Rdnr. 1720.

[95] Vgl. dazu *BGH* JZ 1994, 1012 (*Berger*); *BGH* (Fn. 90); → dazu § 829 Rdnr. 4 ff. Es handelt sich daher nicht um »Heilung« unwirksamer Pfändung. Sie kommt allenfalls bei der Pfändung als angeblich gegenwärtiges Recht in Betracht (→ § 829 Rdnr. 68) u. nur insoweit ist

Tetzner (Fn. 88) § 9 Anm. 76; *Bley* ZAkDR 1937, 677 ff.; *Stöber*¹⁰ Rdnr. 1720 Fn. 5 zuzustimmen, daß eine Heilung ausscheide. – Für § 1 KO bejaht hingegen *Tetzner* aaO die Heilungsmöglichkeit; jedoch handelt es sich dann bereits um Neuerwerb; *Henckel* (Fn. 91) Rdnr. 35 a. E.

[96] *Tetzner* (Fn. 88) § 9 Anm. 77. Hat der Dritte darauf einen Anspruch (z. B. Forschungsauftrag), so handelt es sich um Erfüllung.

[97] *Henckel* (Fn. 91) Rdnr. 25.

[98] Siehe §§ 7, 6 Abs. 2 G über Arbeitnehmererfindungen (BGBl. 1961 I, 274, 1967 I, 953); *Klauer/Möhring* (Fn. 88), 203 f. – Zur Vergütung → § 850 Rdnr. 28 Fn. 60; für freie Erfindungen → § 850 i Rdnr. 3–6.

[99] Vgl. auch *Henckel* (Fn. 91) Rdnr. 36 zum Konkurs. Verfügungen vor Pfändung (auch Lizenzen) bleiben wirksam, → § 829 Rdnr. 92; zur Lizenzpfändung → Rdnr. 35, 97.

[100] Davon zu unterscheiden ist der Fall, daß der Schuldner trotz Anmeldung angeblich noch keine Absicht wirtschaftlicher Verwertung hatte, was nach *Müller* (Fn. 88), 58 der Pfändung entgegenstehen soll (?), wofür aber dann der Schuldner die Beweislast hat.

[101] *Göttlich* MDR 1957, 12; *Klauer/Möhring* (Fn. 88) Rdnr. 91; *Stöber*¹⁰ Rdnr. 1721. Ebenso *Henckel* (Fn. 91) Rdnr. 36; von *RGZ* 52, 232 f. noch offen gelassen. – A.M. *Wieczorek*² (Fn. 92).

[102] *Tetzner* (Fn. 88) § 9 Anm. 78 Fn. 355 (vgl. auch § 1276 BGB). Für Konkurs *Henckel* (Fn. 91) Rdnr. 36. – A.M. *Müller* (Fn. 88), 57 f. Er hält den Verzicht auch noch nach Patenterteilung für zulässig; etwa trotz Pfändung? Der Rang ginge verloren, wenn der Schuldner nach Aufhebung der Pfändung doch Lizenz erteilt.

[103] *BGH* (Fn. 90).

[104] *Hubmann* (Fn. 88), 828; s. auch bei *Müller* (Fn. 88), 59 f., der aber richtig darauf hinweist, daß die übrigen Gläubiger sich durch Nachpfändung genügend schützen können.

se können pfändbare Vermögensrechte sein[105]. Sog. unselbständige Geschäfts- und Fabrikationsgeheimnisse sind keine pfändbaren Rechte[106].

Zur *Pfändung* und *Verwertung* → Rdnr. 97 ff., wegen Lizenzen und Verlegerrechten → Rdnr. 35–37. Zusatzpatente (§ 10 PatG) und Ansprüche aus vorher erteilten Lizenzen bedürfen besonderer Pfändung.

22 Übertragbar und pfändbar sind **Urheberrechte** an *Gebrauchsmustern*[107], während die Rechte an den in § 2 UrhG genannten *Werken der Literatur, Wissenschaft und Kunst*[108] sowie die ihnen insoweit gleichgestellten Rechte der Verfasser wissenschaftlicher Ausgaben und an Lichtbildern (§ 118 UrhG) nach §§ 112 ff. UrhG nur mit Einwilligung des Urhebers[109] oder seines Rechtsnachfolgers[110] und nur insoweit gepfändet und verwertet werden dürfen, als Nutzungsrechte (§ 31 UrhG) eingeräumt werden können, was z.B. nicht für die Rechte aus §§ 12–14 UrhG zutrifft. Ist das Werk erschienen, so bedarf es der Einwilligung des Rechtsnachfolgers nicht, § 115 S. 2 UrhG.

22a Bei der Zwangsvollstreckung in **Computersoftware**[111] ist zu unterscheiden, ob Gegenstand der Vollstreckung ein Werkexemplar ist oder die Rechte an der Softwareentwicklung (Urheberrecht). Die Vollstreckung in das Werkexemplar (Datenträger mit Programm) folgt den Regeln der Sachpfändung → § 808 Rdnr. 1 a. Urheberrechte hindern die Verwertung infolge des Erschöpfungsgrundsatzes (§ 69 c Nr. 3 S. 2 UrhG) regelmäßig nicht[112]. Die Vollstreckung in Urheberrechte an einem Computerprogramm richtet sich nach § 857. Dabei ist die in § 113 S. 1 UrhG vorgesehene Einwilligung nicht erforderlich, wenn der Urheber die Verwertungsabsicht kundgetan hatte[113]. Das Einwilligungserfordernis soll Urheberpersönlichkeitsrechte sichern, die aber bei Softwareentwicklungen im Regelfall keine Rolle spielen[114]. Aus demselben Grund ist beim Zugriff auf *Nutzungsrechte* (→ Rdnr. 23) an Software die Verweigerung der Einwilligung (vgl. § 34 Abs. 1 S. 2 UrhG) regelmäßig treuwidrig[115].

23 Da ohnehin nur die Nutzungsrechte verwertet werden können und § 113 UrhG eine Beschränkung der Einwilligung auf bestimmte Nutzungsarten nicht ausschließt, sind auch einzelne Nutzungsrechte selbständig pfändbar, obwohl sie Bestandteile des Urheberrechtes sind[116]. Die Pfändung soll nach h.M. erst zulässig sein, wenn die Einwilligung nachgewiesen wurde[117]. Danach bekäme der Schuldner jedoch die Möglichkeit, den Gläubigerwettlauf durch Erteilung der Einwilligung in nachweisbarer Form zu beeinflussen. Für die Pfändung

---

[105] Grundlegend *Pfister* Das technische Geheimnis »Know how« als Vermögensrecht (1974), S. 157 ff. Ob man freilich auf die vorherige schriftliche Niederlegung (→ Fn. 91) verzichten kann (so *Pfister* aaO) erscheint zweifelhaft, da der bloße Gedanke eines Menschen noch kein Vermögensrecht bildet; *Pfister* (aaO, S. 164) muß denn auch aus § 836 Abs. 1 S. 1 zugunsten des Gläubigers einen Anspruch auf schriftliche Niederlegung der Erfindung ableiten, was über einen Auskunftsanspruch hinausgreift. Konsequent ist es jedoch, vom Merkmal der Kundgabe der wirtschaftlichen Verwertungsabsicht (→ Fn. 92) abzusehen, wenn man mit *Pfister* (aaO, S. 17 ff.) ein Persönlichkeitsrecht an der Erfindung verneint.
[106] *Müller* (Fn. 88), 68 f.
[107] Wie beim Patent ist bereits das Recht auf Gebrauchsmuster übertragbar (§ 22 GebrMG) und daher pfändbar, sobald es als Vermögensrecht entstanden ist, vgl. *Göttlich* (Fn. 101); *Stöber*[10] Rdnr. 1541; *Brox/Walker* (1993) Rdnr. 844 mwN. Allgemein zur ZV *Hubmann* u. *Müller* (beide Fn. 88); *LG Berlin* WRP 1960, 291.
[108] Vgl. *Hubmann/Rehbinder* Urheber- und Verlagsrecht[7] (1991) §§ 61 f.; *Ulmer* Urheber- und Verlagsrecht[3] (1980) §§ 134 ff.; *Göttlich* (Fn. 101), 13.
[109] Sie kann nicht durch gesetzliche Vertreter erteilt werden, § 113 S. 2 UrhG; §§ 107, 164 ff. BGB sollen jedoch anwendbar sein, vgl. *Ulmer* (Fn. 108) § 135 II 1. Krit. de lege ferenda *Müller* (Fn. 88), 82.
[110] Für ihn gilt die Einschränkung → Fn. 109 nicht, s. auch für Testamentsvollstrecker § 117 UrhG.
[111] Lit.: *Breidenbach* CR 1989, 873, 971; *Koch* KTS 1988, 49; *Paulus* DGVZ 1990, 151; *ders.*, in: Lehmann (Hrsg.), Rechtsschutz und Verwertung von Computerprogrammen, 2. Aufl., 1993, 841 f.; zu Konkursfragen *Gesper* CR 1989, 8; *Paulus* CR 1987, 651.
[112] Die zur weiteren Nutzung notwendige Vervielfältigung des Programms beim Erwerber ist nach § 69 d Abs. 1 UrhG statthaft. Soweit andere vertragliche Abreden getroffen wurden, spielen diese nach dem Rechtsgedanken des § 851 Abs. 2 in der Vollstreckung keine Rolle.
[113] Vgl. zum Patentrecht Rdnr. 20.
[114] Vgl. *Breidenbach* CR 1989, 972 ff.
[115] *Breidenbach* CR 1989, 974.
[116] *Ulmer* (Fn. 108) § 135 II 3; anders noch die 18. Aufl. Fn. 38.
[117] *Stöber*[10] Rdnr. 1762. Beim Verstoß dagegen wirke jedoch die nachträgliche Einwilligung ebenso zurück wie im Konkurs, vgl. *Ulmer* (Fn. 108) § 135 II 3. Ebenso *Stöber*[10] aaO; a.M. *Sontag* (Fn. 118), 67 mwN dort Fn. 222. Siehe auch zur stillschweigenden Einwilligung *Göttlich* (Fn. 101), 13 zu VI a.

genügt daher die schlüssige Behauptung der erteilten Einwilligung; ein Nachweis ist erst bei der Verwertung erforderlich.

Die Vollstreckung gegen nur einen von mehreren Miturhebern beschränkt sich daher, soweit § 859 Abs. 1 S. 2 ZPO (vgl. § 8 Abs. 2 S. 1 UrhG) einer Pfändung von Nutzungsrechten entgegensteht, auf die Pfändung von Ansprüchen gegen die übrigen Miturheber[118].

Wegen der Originale und der Verbreitungsvorrichtungen → Rdnr. 103. Urheberrechte an Mustern und Modellen (»*Geschmacksmuster*«) sind pfändbar, sobald das Recht angemeldet ist[119]. Wegen Arbeitnehmererfindungen → Rdnr. 20 bei Fn. 97f.

Zur *Pfändung und Verwertung* → Rdnr. 97, 103, wegen Lizenzen und Verlegerrechten → Rdnr. 35 ff.

Ausländische Urheber- und Patentrechte sind im Inland pfändbar, wenn der Berechtigte oder sein Vertreter (s. § 25 PatG) einen inländischen Gerichtsstand hat[120]. → auch Rdnr. 98 a. E.   24

Nicht pfändbar ist die kaufmännische *Firma*, schon weil sie ohne das Handelsgeschäft nicht übertragen werden kann, § 23 HGB[121]. Warenzeichenrechte können ohne den Geschäftsbetrieb übertragen werden, § 8 Abs. 1 WZG[122]. Die Pfändung eines Zeitschriftentitels[123] oder eines Vorbenutzungsrechts aus § 12 Abs. 1 S. 2 PatG scheitert daran, daß eine Übertragung losgelöst von dem Unternehmen nicht zulässig ist[124] und dieses nicht gepfändet werden kann, → Rdnr. 2.   25

4. Nutzungsrechte

Persönliche oder dingliche **Rechte auf die Nutzung** oder **Benutzung fremder Sachen**[125] oder **Rechte**, soweit sie nicht zum unbeweglichen Vermögen gehören wie das Erbbaurecht, § 11 ErbbauRVO, s. dazu § 864. Beim »Altenteil« können nur die einzelnen zugehörigen Rechte gepfändet werden[126].   26

a) Das *Jagdrecht* ist kein selbständiges dingliches Recht und kann als solches auch nicht begründet werden, vgl. § 3 BJagdG und entsprechende landesrechtliche Regelungen; es kann infolgedessen auch nicht selbständiger Gegenstand einer Zwangsvollstreckung sein[127]. Wegen des Jagdpachtrechts → Rdnr. 29.   27

b) **Nießbrauch** und **beschränkte Dienstbarkeiten**, z.B. Wohnungsrechte (§ 1093 BGB) sind nach §§ 1059, 1092 BGB *nicht übertragbar*; da aber ihre Ausübung einem anderen beim Nießbrauch unbedingt[128], bei den genannten Dienstbarkeiten im Falle der Gestattung[129]   28

---

[118] *Sontag* Miturheberrecht (1972), 23 ff., 66 ff.
[119] *Göttlich* (Fn. 101) 13 will die Pfändung beim rechtsgeschäftlichen Erwerber auch vor Anmeldung zulassen; *v. Gamm* GeschmMG² (1989) § 3 Rdnr. 60 und *Furler* GeschmMG⁴ § 3 Rdnr. 21 nur unter den Voraussetzungen der §§ 113 ff. UrhG (s. oben).
[120] *Rietzler* Internationales ZPR (1949), 661; *Schramm* GRUR 1958, 482; für Patentrechte *Benkard/Ballhaus/Bruchhausen* (Fn. 88) § 15 Rdnr. 31 für u. wider. Auch das ausländische Vermögen des Gemeinschuldners gehört zur Sollmasse des Inlandskonkurses, BGHZ 68, 17; *Hanisch* FS 100 Jahre Konkursordnung (1977), S. 139 ff.; *Klauer/Möhring* (Fn. 88); *Lindenmaier/Weiss* PatG⁶ (1973) § 9 Rdnr. 62: wenn das Patentrecht einem Inländer gehört. Vgl. auch *Smoschewer* ZZP 52 (1927), 59 ff. (Film); *Göttlich* MDR 1957, 13. – Entgegen *Schramm* aaO ist jedoch die Pfändungswirkung im Ausland zweifelhaft, → Rdnr. 98.
[121] RGZ 9, 106; 70, 229.
[122] Näher *Repenn* NJW 1994, 175.
[123] RGZ 95, 236.

[124] Siehe § 12 Abs. 1 S. 3 PatG (§ 7 Abs. 1 S. 3 aF), BGH GRUR 1979, 48, 50; *Benkard* (Fn. 88) § 12 Rdnr. 25; *Klauer/Möhring* (Fn. 28) § 7 Rdnr. 35. Zum Konkurs *Henckel* (Fn. 91) § 1 Rdnr. 39.
[125] Unter Umständen auch das vertragsmäßige Recht auf Nutzung der eigenen Sache des Schuldners, RG SA 62, 433.
[126] KG OLG Rsp 8, 131 (Reallast); HRR 1931, Nr. 1706. → auch § 850 b Abs. 1 Nr. 3. – A.M. *Wieczorek*² Anm. B III a 4 (soweit verpachtbar).
[127] *Stöber*¹⁰ Rdnr. 1645; vgl. *Mitzschke/Schäfer* BJagdG⁴ § 3 Rdnr. 7.
[128] Der (nach Eintragung dinglich wirkende) Ausschluß der Ausübung durch Dritte hindert entsprechend § 851 Abs. 2 nicht die Pfändung, BGHZ 95, 99 = MDR 1985, 919f. = NJW 2827 = BB 1883. → Rdnr. 14.
[129] § 1092 BGB. Nach KG OLGZ 1968, 295 = NJW 1883 = DNotZ 752 = MDR 760 = Rpfleger 329 muß sie vereinbart (so auch BGH LM Nr. 7 zu § 1090 BGB = NJW 1963, 2319 = WarnRsp Nr. 187 = MDR 1964, 51 = JZ 100 = DNotZ 613) u. eingetragen (einschränkend BGH

überlassen werden kann, sind sie insoweit, d. h. ihrer Ausübung nach, gemäß Abs. 3 »pfändbar«[130]. Gegenstand der Verstrickung und des Pfändungspfandrechts ist nicht ein besonderes vom Nießbrauch trennbares Ausübungsrecht, sondern der Nießbrauch selbst[131]. Falsche Bezeichnung schadet aber insoweit nicht[132] und die Überweisung zur Einziehung berechtigt ohnehin nur zur Ausübung, → § 829 Rdnr. 14 ff.[133]. Beeinträchtigende Verfügungen (Verzicht) sind dem Gläubiger gegenüber unwirksam[134]. Die Pfändung kann im Grundbuch eingetragen werden[135]; das ist aber für die Wirksamkeit nicht wesentlich, denn § 830 Abs. 1 S. 3 gilt hier nicht (Umkehrschluß aus Abs. 6), auch nicht entsprechend[136]. Wegen der *Durchführung* der Nutzungsvollstreckung → Rdnr. 112.

Kraft Nießbrauchs gezogene Früchte sind als Sachen oder Forderungen nach allgemeinen Grundsätzen zu pfänden.

29   c) Das aus **Pacht** oder **Miete** entspringende persönliche Nutzungsrecht kann nach § 549 BGB einem Dritten nur mit Erlaubnis des Verpächters oder Vermieters überlassen werden. Da besondere Vorschriften fehlen (vgl. dagegen §§ 19 ff. KO), sind die Miet- und Pachtrechte gemäß § 851 Abs. 1, § 857 Abs. 1 unpfändbar[137], es sei denn, daß nach dem Vertrag die Überlassung an Dritte gestattet ist, Abs. 3[138], was in dem Pfändungsgesuch darzulegen ist. Dies gilt auch für den Vermieter oder Verpächter als Gläubiger; er kann nicht dadurch, daß er lediglich zum Zwecke seiner Pfändung eine vom Mieter oder Pächter weder verlangte noch angenommene, auf ihn selbst beschränkte »Erlaubnis« erteilt, das Recht für sich pfändbar machen[139]. Die Pfändung des *Jagdpachtrechts* unterliegt den gleichen Einschränkungen[140]. Bei Erlaubnis i. S. v. § 549 BGB ist auch die Pfändung des Raumnutzungsrechts des Mieters statthaft[141]; Mieterschutzvorschriften finden erst im Rahmen der Verwertungsanordnung nach Abs. 4 Beachtung. → auch Fn. 22. Wegen des persönlichen Wohnrechts eines Ausgedinges (Altenteiles) → Fn. 126.

30   Auch das **Nutzungsrecht des Leasingnehmers**[142] ist als selbständiges Vermögensrecht[143] nur pfändbar, wenn das Leasingobjekt einem Dritten zum Gebrauch überlassen werden

---

LM Nr. 5 zu § 1 KO = NJW 1962, 1392 = BB 733 = MDR 728; ablehnend *LG Detmold* Rpfleger 1988, 372) sein, so daß einseitige Gestattung durch den Eigentümer auch dann nicht genügt, wenn er selbst pfänden will. → auch Fn. 139 (Pacht).
[130] Vgl. *RGZ* 56, 388 ff.; *OLG Breslau* OLG Rsp 22, 386 f.; *KG* JW 1938, 675; *Henckel* (Fn. 91) § 1 Fn. 96 ff.
[131] *BGHZ* 62, 133 = NJW 1974, 796 f.; heute h. M.; ausführl. *Brox/Walker*⁴ (1993) Rdnr. 763; *Stöber*¹⁰ Rdnr. 1710 mwN, auch zur im Schrifttum vorwiegenden Gegenansicht; s. dazu *Schüller* ZV in den Nießbrauch (Diss. Bonn 1978), 23 ff., 126 mwN.
[132] *BGH* (Fn. 131). Das sollte auch weiterhin gelten mangels Verwechslungsgefahr, → auch Fn. 133.
[133] Sie muß daher nicht ausdrücklich auf das Ausübungsrecht beschränkt werden.
[134] *BGH* (Fn. 131); *Schmidt-Jortzig* NJW 1970, 286 f.; s. auch *KG* (Fn. 129).
[135] *RGZ* 74, 85; *OLG Köln* NJW 1962, 1621 f.; *Horber/Demharter* GBO¹⁹ 1 b zu Anhang § 26; *LG Bonn* Rpfleger 1979, 349 (Gefahr lastenfreien Erwerbs Gutgläubiger). – A. M. *KG* KGJ 48, 212; *Strutz* Rpfleger 1968, 146.
[136] *BGH* (Fn. 131). – Auch insoweit a. M. *KG* (Fn. 129); *Wieczorek*² Anm. B III a 1.
[137] *RGZ* 70, 229; 134, 96; *KG* OLG Rsp 19, 22.
[138] Vgl. *Paeck* Arch BR 26, 7 ff. (mit Beschränkung auf den Fall allgemeiner Erlaubnis u. z. T. bedenklichen Folgerungen), sowie *KG* (Fn. 137). Daß vorher im Einzelfall eine Untervermietung erlaubt worden war, genügt nicht, *OLG Hamburg* MDR 1954, 685. – Teilweise a. M. *Hellwig* System 2, 374, der nachträgliche Einholung der Erlaubnis zuließ (richtig, wenn auch Mieter zustimmt).
[139] *KG* (Fn. 137), obiter *KG* OLGZ 1968, 295 = NJW 1884 = Rpfleger 330. → auch Fn. 129 (Wohnungsrecht).
[140] *Stöber*¹⁰ Rdnr. 1645; für BayJagdG *AG Gunzenhausen* BayJMBl 1953, 38; während *Wieczorek*² Anm. B III a 4 die Erlaubnis wohl für unnötig hält. Verwertet werden könnte es aber nur durch Unterverpachtung an jagdpachtfähige Personen (§ 11 Abs. 4 BJagdG), der Verpächter kaum zustimmen (vgl. *Mitzschke/Schäfer* BJagdG⁴ § 11 Rdnr. 90 ff.) werden, wenn sie über § 581 Abs. 2, § 554 BGB Neuverpachtung erreichen können. – A. M. (unpfändbar) *OLG Kassel* SA 64, 333160, die 18. Aufl. zu Fn. 49 b, *Baumbach/Hartmann*⁵² Grundz § 704 Rdnr. 97 »Nutzungsrecht«.
[141] Vgl. aber *Middel* DR 1941, 257; *LG Münster* JMBlNRW 1950, 259.
[142] Lit.: *van Hove* Rechtsnatur usw. (Diss. Freiburg 1976); *Borggräfe* ZV in bewegliches Leasinggut (Diss. Bonn 1976); dazu *E. Peters* ZZP 90 (1977), 425 ff.; *Graf von Westphalen* Leasingvertrag³ mwN; *Canaris* Bankvertragsrecht³; *Döllerer* BB 1971, 535.
[143] Gegen diese h. M. *Canaris* (Fn. 142) Rdnr. 1776: nur Teil des Besitzrechts, Pfändung analog §§ 808 f. Aber § 857 Abs. 4 S. 2 ermöglicht die Inbesitznahme.

darf[144]. Das scheidet aus, wenn auf den Vertrag § 549 BGB anzuwenden ist[145] und eine Gestattung fehlt, → Rdnr. 29. Anders, wenn der Vertrag so gestaltet ist, daß er nicht mehr als mietähnlich eingestuft werden kann[146]; wird in solchen Fällen ein Verbot der Überlassung an Dritte vereinbart, so ist die Pfändung nach § 851 Abs. 2, auf den Abs. 1 verweist (→ Rdnr. 13), zulässig, falls ein Überlassungsverbot nicht ohnehin nach dem AGBG unwirksam ist[147]. Soweit hiernach Pfändungen wirksam werden, → dazu Rdnr. 97, 102, ist ihr Gegenstand wie beim Nießbrauch das Nutzungsrecht selbst[148], und auch hier berechtigt die Überweisung zur Einziehung nur zur Ausübung des Gebrauchs[149]. Zur Verwertung → Rdnr. 112; sie kann an der Kündigung des Leasinggebers scheitern, wenn diese vertraglich erlaubt ist im Falle einer Vollstreckung in das Vermögen des Leasingnehmers[150].

Auf käuflichen Erwerb oder Vertragsverlängerung gerichtete Ansprüche oder Optionsrechte des Leasingnehmers sind, falls seine Gegenleistungspflicht erst mittels Erklärung des Überweisungsgläubigers ausgelöst werden müßte, weder als solche pfändbar[151] noch werden sie von der Pfändung → Rdnr. 30 mitergriffen[152], da dies einem Zwang zum Vertragsschluß gleichkäme[153]; pfändbar sind aber die bei Ausübung der Option durch den Schuldner etwa entstehenden Rechte selbst, → Rdnr. 3, ferner gemäß § 829 sein etwaiger Anspruch auf Restwertbeteiligung[154]. Gegen Pfändungen der Sache durch Gläubiger des Leasingnehmers kann sich der Leasinggeber nach § 771 wehren[155]. 31

Beim **Leasinggeber** verspricht meist nur die Pfändung des vereinbarten Entgelts (§ 829) oder etwaiger Ersatz- oder Versicherungsansprüche Erfolg. Ein Zugriff nach § 847 setzt voraus, daß der Anspruch nicht Geldgebern zusteht; er ist nur von Wert, wenn die Sache nach Vertragsablauf nicht dem Leasingnehmer zusteht und noch brauchbar ist[156]. § 57 a ZVG gewährt ein Kündigungsrecht nur für den Ersteher (vgl. § 848 Abs. 3), nicht für den Gläubiger des Leasinggebers. 32

d) Das **Dauerwohnrecht** oder *Dauernutzungsrecht* (§§ 31, 33 WEG) ist als veräußerliches Vermögensrecht pfändbar, arg. § 33 WEG; zum Verfahren → Rdnr. 97, 100. Bei Veräußerungsbeschränkungen nach § 35 WEG kommt eine Hilfspfändung des Anspruchs auf Zustimmung in Betracht[157]. Bei Veräußerung nach § 844 bzw. § 857 Abs. 5 gelten die § 37 Abs. 3, 33

---

[144] Neben dieser, den Schutz des Leasinggebers betreffenden Einschränkung ist u.U. zugunsten des Schuldners entsprechende Anwendung des § 811 (insbesondere Nr. 5) zu erwägen; *Peters* (Fn. 142), 427; ähnlich wie → § 847 Rdnr. 2. → auch § 811 Rdnr. 14.

[145] So OLG Düsseldorf NJW 1988, 1676; *Graf von Westphalen* (Fn. 142), Rdnr. 567ff., 574 mwN für alle gängigen Leasingverträge.

[146] So für das Finanzierungsleasing ausführlich *Borggräfe* (Fn. 142), 50ff.: Kreditvertrag. Wegen der Nähe zum Kauf (arg. Wertverzehr, kaufmännische Gefahrtragung) s. BGH NJW 1985, 1539ff. = ZIP 682 mwN zu § 6 AbzG, NJW-RR 1986, 594; zur mietrechtlichen Einordnung z.B. BGH NJW 1984, 2687f. Differenzierend *Canaris* (Fn. 142) Rdnr. 1776, → Fn. 147; *van Hove* (Fn. 142) 75ff. (98f.). Bei offenem oder verdecktem Mietkauf kommt auch Pfändung einer Anwartschaft des Leasingnehmers in Betracht wie → Rdnr. 84ff.

[147] Dafür *Borggräfe* (Fn. 142), 126ff.; ähnlich für Vollamortisationsverträge *Canaris* (Fn. 142) Rdnr. 1776 a.E. (§ 9 AGBG). Nach *Walz* WPM 1985, Sonderbeil. Heft 10, S. 10, 14 steht § 549 BGB nicht entgegen, wenn nach Ablauf der Grundvertragszeit der Leasingnehmer darüber entscheiden kann, ob der Leasinggeber wieder frei verfügen darf.

[148] *Borggräfe* (Fn. 142), 119; zust. *Stöber*[10] Rdnr. 267 Fn. 73.

[149] → Fn. 133.

[150] Im kaufmännischen Verkehr steht § 9 AGBG nicht entgegen, BGH ZIP 1984, 186f.

[151] A.M. *Canaris* (Fn. 142) Rdnr. 1778; *Walz* (Fn. 147), 13 u. noch die 19. Aufl. (zusammen mit dem Nutzungsrecht); *van Hove* (Fn. 142).

[152] So auch *Canaris* (Fn. 142) Rdnr. 1778 a.E.

[153] → Rdnr. 3, auch § 851 Rdnr. 36. Wie hier LG Berlin Rpfleger 145f.; *Graf von Westphalen* (Fn. 142) Rdnr. 578 mwN: nicht übertragbar, Rechtsgedanke des § 514 BGB jedenfalls für Kaufoption; *Stöber*[10] Rdnr. 267; grundsätzlich auch *Borggräfe* (Fn. 142) zur Verlängerungsoption; er tritt aber für den Zugriff nach §§ 1, 3, 7 AnfG ein (Benachteiligung durch Verzicht).

[154] Dazu *Borggräfe* (Fn. 142), 147ff.

[155] → § 771 Rdnr. 15, 16 (falls der Leasinggeber auf Dauer Eigentümer bleibt; andernfalls wie ein Vorbehaltsverkäufer → § 771 Rdnr. 18 u. bei Einschaltung eines finanzierenden Dritten → § 771 Rdnr. 26); ebenso *Baur/Stürner*[11] Rdnr. 779. Zu vertragsrechtlichen Folgen einer Pfändung durch den Leasinggeber vgl. BGH NJW 1984, 2688.

[156] Vgl. *Borggräfe* (Fn. 142), 99ff.; → Rdnr. 31.

[157] → oben bei Fn. 35.

§ 38 WEG. Ist das Recht gegen Entgelt bestellt, dann gilt für den Anspruch darauf § 829; s. aber auch § 40 Abs. 1 WEG.

34 Der **Wohnbesitz** ist übertragbar und die im Wohnbesitzbrief benannten Rechte sind pfändbar, § 62 d Abs. 1, 2 S. 2 Nr. 2 des II. WoBauG[158]. Zur Pfändung → Rdnr. 97, zur Verwertung → Rdnr. 110. Wegen der Anteile am zweckgebundenen Bauträgervermögen → § 851 Rdnr. 20 a. E. sowie § 767 Rdnr. 23, § 771 Rdnr. 22.

35 e) **Lizenzen**, also am *Patent* oder *Gebrauchsmuster* bestellte Nutzungsrechte[159], und zwar unbeschränkte wie beschränkte (z.B. Herstellungs- oder Gebrauchs-, ferner Bezirkslizenzen) sind frei übertragbar und demgemäß pfändbar, wenn sie *ausschließlich* und nicht betriebsgebundene[160] sind. Die sog. einfachen Lizenzen sind in der Regel unpfändbar[161]: die persönlichen, weil sie, für die Person des Berechtigten bestellt, meist unübertragbar sind; die Betriebslizenzen, weil sie an den Betrieb geknüpft sind, der als solcher nicht pfändbar ist. Für den Anspruch auf Lizenzgebühr gilt § 829; er wird nicht von der Pfändung des Mutterrechts erfaßt[162]; s. aber § 36 UrhG und → § 850 i Rdnr. 23.

36 Ausschließliche und einfache Nutzungsrechte Dritter an *Urheberrechten* können stets gepfändet werden[163]. Wegen §§ 857, 851 Abs. 2 (vgl. § 34 Abs. 4 UrhG) hängt dies nicht von der Zustimmung des Urhebers ab. Bei Filmrechten ist die Zustimmung des Urhebers für die Verwertung des Verfilmungsrechts für die Filmverfügungsrechte nach §§ 88 Abs. 1 Nr. 2–5 UrhG schon nach § 90 UrhG nicht erforderlich[164]. Über die Hilfspfändung der Filmnegative → Rdnr. 103.

37 f) **Verlegerrechte**, die der Urheber einem Dritten[165] eingeräumt hat, sind pfändbar, arg. §§ 28[166], 36 VerlG. → aber auch Fn. 75 a. E. Für das Original gilt § 116 UrhG[167]. Zum Verfahren → Fn. 166, 377, 389. Hilfspfändung des Anspruchs aus § 10 VerlG ist zulässig[168].

5. Rechte auf die Substanz fremder Sachen oder Rechte

38 a) Rechtsgeschäftliche oder gesetzliche **Pfandrechte** an beweglichen Sachen und an Rechten können nur mit der Forderung übertragen (§ 1250 BGB) und daher nur von der Forderungspfändung mitergriffen, nicht aber eigenständig gepfändet werden[169], → Rdnr. 4 und § 829 Rdnr. 80, § 835 Rdnr. 16.

39 Ist die Forderung dem Gläubiger überwiesen, so kann er die für sie haftenden Sachpfänder nach der Pfandreife zwecks Verwertung vom Schuldner analog §§ 1227, 1231 BGB herausverlangen, obwohl dieser Pfandgläubiger bleibt; denn der Gläubiger hat, soweit sein Einziehungsrecht reicht, eine dem

---

[158] BGBl. 1980 I, 1085. Lit.: *Pick* NJW 1976, 1049; *Schopp* ZMR 1976, 161; Rpfleger 1976, 384.

[159] Lit. bei *Bernhardt/Kraßer* Lb des Patentrechts⁴ (1986) Vor §§ 40–42; *P. Lange* Lizenzvertrag im Verlagswesen (Bern 1979), 8; *H. Stumpf* Lizenzvertrag⁵.

[160] Vgl. RGZ 134, 96; *Klauer/Möhring* (Fn. 88), 512; *Lindenmaier/Weiss* PatG⁶ § 9 Rdnr. 61. Die Pfändbarkeit einer ausschließlichen Lizenz kann durch ein Veräußerungsverbot im Lizenzvertrag grundsätzlich nicht ausgeschlossen werden (§ 851 Abs. 2); *Benkard/Rogge* (Fn. 88) § 15 Rdnr. 30; zweifelnd *Lüdecke/Fischer* Lizenzverträge (1957), A 52 (S. 100).

[161] *Benkard/Rogge* (Fn. 88) § 15 Rdnr. 30.

[162] A.M. *Wertheimer* LeipzZ 1908, 354.

[163] *Möhring/Nicolini/Spantz* UrheberrechtsG (1970/79) § 112 Anm. 4 e; *v. Gamm* UrheberrechtsG (1968) § 34 Rdnr. 19, § 35 Rdnr. 1, § 112 Rdnr. 4. Siehe auch *Hubmann/Rehbinder* Urheber- und Verlagsrecht⁷ (1991) § 61 III 3.

[164] Siehe aber auch *Hubmann/Rehbinder* (Fn. 163) § 61 III 2: falls wegen Pfändung Vorführung ganz unterbleibt, kann Urheber intervenieren, § 771.

[165] RGZ 95, 236.

[166] Ob die danach etwa erforderliche Zustimmung fehlt, ist erst bei der Verwertung zu prüfen (vgl. dazu KG OLG Rsp 37, 197) u. kann vom Verfasser oder dessen Rechtsnachfolger als Drittschuldner (→ Fn. 377) im Vollstreckungsverfahren (→ § 766 Rdnr. 30, 32, § 844 Rdnr. 60, nicht nur nach § 771 geltend gemacht werden (so aber *Stöber*¹⁰ Rdnr. 1778; *Falkmann/Hubernagel* Anm. 7 zu § 857 S. 811). Vgl. auch *Leiss* VerlagsG (1973) § 28 Rdnr. 47 ff. u. zum Verfahren → Fn. 377, 413. – A.M. *Maunz/Schricker* (Fn. 75) § 28 Rdnr. 32 mwN zum Streitwert: Zustimmung sei bereits bei Pfändung zu prüfen.

[167] *Leiss* (Fn. 166) Rdnr. 62.

[168] *Maunz/Schricker* (Fn. 75) § 28 Rdnr. 32; → dazu Rdnr. 5.

[169] RGZ 145, 331 f.

Zessionar ähnelnde (vgl. §§ 401, 1250 BGB) und damit die gegenüber dem Schuldner bessere Stellung[170]. Besitzt der Schuldner das Pfand nicht allein, so darf der Gläubiger entsprechend § 1231 BGB die Rechte des Schuldners ausüben. Für die Verwertung gelten die §§ 1247, 1287, 1288 Abs. 2 BGB entsprechend[171]. Haftet ein Forderungspfandrecht für die gepfändete Forderung, so kann der Gläubiger die Rechte des Schuldners entsprechend §§ 1281 ff. BGB ausüben, und zwar aufgrund seines Einziehungsrechts im eigenen Namen, → § 835 Rdnr. 25 f.

Eine gesonderte Pfändung des **Pfändungspfandrechts** scheidet aus, weil sein Übergang an die Erteilung einer titelübertragenden Klausel geknüpft ist (→ § 804 Rdnr. 31 und Fn. 132). Wird die titulierte Forderung gepfändet, so erhält der Gläubiger nach Umschreibung der Vollstreckungsklausel[172] die Stellung eines Vollstreckungsgläubigers, soweit sein Einziehungsrecht reicht[173]. Diese Pfändung ist möglich, solange der Schuldner als Titelgläubiger noch nicht aus dem Vollstreckungserlös befriedigt ist, also auch noch nach Hinterlegung durch den Gerichtsvollzieher[174] oder Drittschuldner[175], nach Einzahlung auf das Dienstkonto des Gerichtsvollziehers[176] oder solange dem Ersteher eines Pfändungsobjekts der Erlös gestundet ist[177]. 40

Auch das durch den Überweisungsbeschluß erworbene **Einziehungsrecht** ist nicht pfändbar[178], weil es nicht isoliert übertragen werden kann. Außerdem entstünden schwierige Rangprobleme, wenn ein anderer Gläubiger die titulierte Forderung mit dem Pfändungspfandrecht pfändet. Praktische Bedeutung käme der Pfändung des Einziehungsrechts ohnehin nicht zu, weil es nach einer Pfändung weder »eintreibbar« noch weiter teilbar sein soll[179]. 41

Am **Erlös einer Pfandverwertung** nach §§ 814 ff., 844 besteht das Pfändungspfandrecht bis zur Ausfolgung an den Gläubiger fort, ebenso an gepfändetem Geld[180]. Bis dahin können pfänden: 42

aa) **Gläubiger des Vollstreckungsgläubigers** nur dessen *Titelforderung*, während das Recht am Erlös oder auf den Erlös von ihnen nicht als Forderung gegen den Staat oder Gerichtsvollzieher gepfändet werden kann[181] und eine Pfändung von Geld in der Hand des vom Schuldner beauftragten Gerichtsvollziehers nach § 809 nur in Betracht kommt, wenn es aus freiwilliger Zahlung stammt[182]; 43

bb) weitere **Gläubiger des Vollstreckungsschuldners**[183] das erlöste oder gepfändete Geld nach § 826, solange seine Verstrickung andauert, also der Gerichtsvollzieher es noch besitzt[184]. Hat dieser es auf sein Dienstkonto eingezahlt, so kann nur noch das Recht des Schuldners auf den etwaigen Erlösüberschuß von dessen Gläubigern gepfändet werden, und zwar nach § 857 Abs. 2, weil der Gerichtsvollzieher hier nicht Drittschuldner ist[185]. Das 44

---

[170] Ähnlich für Forderungsverpfändung *Westermann* Sachenrecht[5] § 136 II 6 S. 670.
[171] *Westermann* (Fn. 170).
[172] → § 265 Rdnr. 25 mit § 325 III 1, § 727 Rdnr. 12, 14.
[173] → § 835 Rdnr. 24; § 75 Nr. 4 GVGA. Für beim Drittschuldner gepfändete Sachen gelten dann die §§ 815 ff. zugunsten des Gläubigers; er sollte, wenn Forderungen des Drittschuldners gepfändet sind, den Beschluß über die Pfändung der Titelforderung des Schuldners oder die umgeschriebene Klausel auch dem Schuldner des Drittschuldners mitteilen oder zustellen, → § 829 Rdnr. 50.
[174] → §§ 804 Rdnr. 49 f.; 815 Rdnr. 4, 8, 21 f.; 827 Rdnr. 5; 829 Rdnr. 23 a, 47, 50.
[175] → §§ 829 Rdnr. 104; 835 Rdnr. 34, 47, 50 f.; 836 Rdnr. 11; 853 Rdnr. 1 ff.
[176] → §§ 815 Rdnr. 14; 819 Rdnr. 2.
[177] → §§ 817 Rdnr. 12; 819 Rdnr. 12; 825 Rdnr. 1; 844 Rdnr. 11.
[178] A. M. *Münzberg* in der 20. Aufl.
[179] *Münzberg*, 20. Aufl. Fn. 164.
[180] → § 815 Rdnr. 13 f., § 819 Rdnr. 2. Nicht an freiwillig dem Gerichtsvollzieher Gezahltem, → § 809 Rdnr. 3, § 815 Rdnr. 23, § 850 Fn. 16 mwN.
[181] → § 819 Rdnr. 2, § 829 Rdnr. 2. Ebenso für freiwillig Gezahltes *LG Kiel* Rpfleger 1970, 71; *Noack* MDR 1973, 988; a. M. *Densch* DGVZ 1969, 85.
[182] → § 815 Rdnr. 23; s. auch *LG Berlin* → Fn. 184.
[183] Oder derselbe Gläubiger wegen weiterer Geldforderungen.
[184] → § 815 Rdnr. 14, § 826 Rdnr. 2, § 829 Rdnr. 2 u., falls die Sache im Gewahrsam Dritter gepfändet wurde, § 826 Rdnr. 6; *LG Berlin* in DGVZ 1983, 93.
[185] Jetzt allg. M., *Stöber*[10] Rdnr. 23, 130 mwN. – A. M. *Flad* ZZP 54 (1929), 457 f. Zwar ist das Guthaben noch Surrogat der veräußerten Sache samt fortbestehender Pfandrechte → § 815 Rdnr. 14, aber § 826 setzt eine Sache voraus (sei es auch nur als Verstrickungsobjekt wie → § 821 Rdnr. 2, § 831 Rdnr. 1 oder unten Rdnr. 84 ff. u. Rdnr. 87 Fn. 344) u. scheidet daher hier aus.

schließt allerdings nicht aus, die zur Verhinderung einer Auszahlung an den Schuldner ratsame Mitteilung der Pfändung dem Gerichtsvollzieher sicherheitshalber zuzustellen[186]; diese Pfändung des Rechts auf den Übererlös ist auch schon vorher zulässig, also statt der Anschlußpfändung oder sogar – falls ihr Erfolg unsicher ist – neben dieser[187], aber auch schon vor dem Zuschlag in der Versteigerung als künftiges Recht[188].

45 Wird *nach* Pfändung der Titelforderung durch Gläubiger des Vollstreckungsgläubigers der Erlös hinterlegt, so besteht das Pfandrecht fort am etwaigen Recht des Schuldners auf Herausgabe[189]. Bei bereits hinterlegtem Erlös können Gläubiger des Schuldners nur auf den Anspruch auf Herausgabe nach § 13 HinterlO zugreifen (→ § 829 Rdnr. 47). Ist der Erlös *einem Ersteher gestundet*[190], so kann der Anspruch des Schuldners gegen diesen als Drittschuldner[191] gepfändet werden.

46 cc) **Gläubiger des Ehegatten eines Vollstreckungsschuldners** können, wenn eine Sache des Letzteren versteigert wurde, den Erlös nicht nach § 826[192] sondern nur beim Gerichtsvollzieher nach § 809 pfänden, soweit § 739 reicht, → § 809 Rdnr. 2. Im übrigen stehen ihnen die Rechtspfändungen wie → Rdnr. 44f. offen. Zur Pfändung eines Versteigerungserlöses in der Hand des Gerichtsvollziehers durch einen Gläubiger, dessen Titel nicht gegen diesen Vollstreckungsschuldner gerichtet ist, der aber meint, die versteigerte Sache habe seinem Titelschuldner gehört, → § 809 Rdnr. 2.

47 b) **Reallasten, Grundschulden und Rentenschulden**, §§ 1105 ff., 1191 ff., 1199 ff. BGB, sind nach **Abs. 6** als Ganzes[193] pfändbar; Reallasten jedoch nur insoweit, als die einzelnen Leistungen nicht unter § 399 BGB fallen, § 1111 Abs. 2 BGB[194], und nicht etwa das Recht mit dem Eigentum an einem Grundstück untrennbar verbunden ist, §§ 1105 Abs. 2, 1110 BGB, wie es bei noch nicht fälligen Erbbauzinsen stets der Fall ist, § 9 Abs. 2 Satz 2 ErbbauRVO. Ansprüche auf einzelne Leistungen, z. B. Zinsen[195], können nur gemäß Abs. 6 gepfändet werden, falls sie *noch nicht fällig* sind, vgl. §§ 1107, 1159 Abs. 1 BGB und → § 830 Rdnr. 5, 26.

48 Das *Verfahren* bei der Pfändung dieser Rechte folgt, auch wenn sie dem Schuldner nicht allein zustehen[196], nach **Abs. 6** abweichend von Abs. 1 den §§ 830, 837, s. dort die Bem. Der Grund- oder Rentenschuldbrief kann also nur dann als Wertpapier[197] gepfändet werden, wenn er *auf den Inhaber* ausgestellt ist, §§ 1195, 1199 BGB: Dann gilt § 821, obwohl § 857 Abs. 6 keine Ausnahme erwähnt; denn auch § 829 macht stillschweigend dieselbe Ausnahme für Geldforderungen aus Inhaberpapieren[198].

---

[186] → Rdnr. 99.
[187] *Münzberg* ZZP 98 (1985), 362f. zu *Stöber*[10] Rdnr. 130. Enger die 19. Aufl. Fn. 87: nur wenn § 826 ausscheide, → z. B. dort Rdnr. 6; wie dort obiter *LG Berlin* (Fn. 184), das aber richtig Pfändung gegenüber dem Dienstherrn als Drittschuldner ablehnt.
[188] *Flad* (Fn. 185), 455f.; *Münzberg* (Fn. 187) gegen *Stöber*[10] Rdnr. 130; → auch 19. Aufl. Fn. 87.
[189] → § 804 Rdnr. 49f.
[190] → Rdnr. 40 a. E.
[191] § 826 ist aus den gleichen Gründen wie → Fn. 185 a. E. nicht anwendbar. Zur Immobiliar-ZV → aber Fn. 204.
[192] → dort Rdnr. 1.
[193] Bei Mitpfändung von (besonders noch nicht fälligen) Zinsen ist auf Bestimmtheit zu achten; *OLG Frankfurt* Büro 1978, 421 mwN lehnte die Eintragung einer Abtretung »nebst sämtlichen Zinsen« ab, obwohl der Notar nachträglich angab, der Zedent behalte keine Zinsen zurück.
[194] Zur Pfändung der Reallast, wenn die Einzelleistungen teils pfändbar, teils unpfändbar sind, s. *Staudinger/*

Amann[12] § 1111 Rdnr. 6; *Stöber*[10] Rdnr. 1736. *Palandt/Bassenge*[53] § 1111 Rdnr. 2 lehnt eine teilweise Pfändung der Reallast als Stammrecht ab, sofern der Anspruch auf Einzelleistungen unübertragbar ist, offengelassen von *KG* JW 1932, 1564; vgl. zur Auslegung im Hinblick auf die Übertragbarkeit von Einzelleistungen *KG* JW 1935, 2439[21] (zur Pfändung aaO, 2440 a. E.).
[195] → Fn. 193.
[196] Zu den möglichen Fällen s. *Horber/Demharter* GBO[19] § 47 Anm. 2 B; vgl. auch → § 829 Rdnr. 21 für Geldforderungen. Im Falle § 428 BGB (vgl. *BGH* NJW 1975, 4455 ist das gesamte Recht, soweit es dem Schuldner zusteht, zu pfänden, im Falle § 420 BGB der ihm allein zustehende betragsmäßige Teil. Bei Bruchteilgemeinschaft (vgl. *BGH* (Fn. 77); *KG* KGJ 31, 313 u. DR 1944, 245) nur der Anteil des Schuldners wie → Rdnr. 17 u. Fn. 373, wobei aber die Pfändung erst wirksam wird nach Erfüllung aller Voraussetzungen des Abs. 6, → auch für gemeinschaftliche Eigentümergrundschulden Fn. 222, 231. Wegen Gesamthandsanteilen → die Bem. zu § 859.
[197] → § 830 Rdnr. 5 zum Hypothekenbrief.
[198] Vgl. § 156 Abs. 2. GVGA.

Einzelne **Rückstände von Zinsen**, Renten oder Leistungen aus Reallasten, ebenso schon 49
fällige Erbbauzinsansprüche, § 9 Abs. 1 ErbbauRVO, sind gemäß § 830 Abs. 3 nach § 829[199]
zu pfänden. Über die Beteiligung des Pfandgläubigers in der Zwangsversteigerung s. § 9 Nr. 2
ZVG und, falls die Pfändung schon eingetragen ist, § 9 Nr. 1 ZVG.

Bei **Sicherungsgrundschulden** ist die Mitpfändung der gesicherten Forderung ratsam[200]; 50
wegen des Zugriffs auf den *nichtvalutierten Teil* durch Gläubiger des Eigentümers →
Rdnr. 71, 79.

c) Das Recht auf Ausfolgung des bei der **Immobilienversteigerung** auf den Berechtigten 51
entfallenden **Erlöses** ist in der Form zu pfänden, die der jeweiligen Rechtsposition des
Schuldners entspricht:

aa) Beruht sie auf den *Rechten am Grundstück*, so sind diese zu pfänden, solange sie noch
bestehen[201], also in der Regel bis zum Zuschlag, § 91 Abs. 1 ZVG; falls eine Hypothekenpfändung bis dahin noch nicht vollendet ist, weil die Übergabe des Briefs oder die Eintragung
ausstehen, ist eine erneute Zustellung des Pfändungsbeschlusses erforderlich → § 830
Rdnr. 3, 8 a. E. Falsche Bezeichnung (z. B. als Recht am Erlös) schadet nicht, wenn die
Briefübergabe (§ 830 Abs. 1) noch vor dem Zuschlag gelingt, zu den Anforderungen an die
Bestimmtheit → auch § 829 Rdnr. 42.

Ist das Recht durch Zuschlag (§§ 91, 89, 104 ZVG) *erloschen*, so ist das kraft Surrogation an 52
seine Stelle getretene *Recht auf Befriedigung aus dem Erlös* (bzw. aus dem Anspruch des
Eigentümers gegen den Ersteher auf Zahlung des Erlöses an das Vollstreckungsgericht) zu
pfänden; ungenaue Bezeichnung schadet auch dabei nicht, falls dem richtigen Drittschuldner
zugestellt ist[202], also nicht dem Gericht[203], hier auch nicht dem Ersteher[204], sondern bis zur
Hinterlegung dem bisherigen Eigentümer[205]. Da dies für Hypotheken streitig ist, empfiehlt
sich außerdem die Zustellung an den persönlichen Schuldner, falls er nicht der ehemalige
Eigentümer ist. War das erloschene Recht eine Eigentümergrundschuld, so ist der Beschluß
dem Eigentümer nach § 857 Abs. 2 zuzustellen, denn hier fehlt ein Drittschuldner[206], →
Rdnr. 61 f., 73.

Nach Hinterlegung, nämlich der Einzahlung bei der Gerichtskasse[207], ist der *Anspruch* 53
gegen die Hinterlegungsstelle zu pfänden durch Zustellung an diese als Drittschuldner[208].

Auch wo der *Besitz des Briefes* nur für § 126 ZVG bedeutsam ist, sollte jeder Gläubiger die 54
Briefübergabe unverzüglich anstreben, → § 836 Rdnr. 14–18. Ist nämlich das Recht nach § 91
Abs. 2 ZVG bestehen geblieben oder wird der Zuschlag rückwirkend aufgehoben, §§ 89, 90
Abs. 1, § 91 Abs. 1 ZVG, so können zwar Pfändungsgesuche, u. U. auch der schon erlassene
Pfändungsbeschluß sinngemäß in eine Pfändung des bestehen gebliebenen Rechts umgedeu-

---

[199] → § 830 Rdnr. 25 f.
[200] → § 829 Rdnr. 82 Fn. 410 mwN.
[201] → § 829 Rdnr. 17 mwN.
[202] RGZ 71, 183; 75, 316 (»Eigentümergrundschuld« statt Erlösrecht).
[203] → § 829 Rdnr. 2 bei Fn. 11.
[204] BGHZ 58, 302 → § 829 Fn. 106.
[205] Für nicht akzessorische Rechte (Grundschulden) allg. M. Dies muß aber wohl auch für Hypotheken gelten, denn es gilt hier nur noch ein dingliche Haftung (RGZ 40, 397) u. § 1153 BGB gilt vom Erlöschen an nicht mehr, auch wenn die Forderung gegen den vom Eigentümer verschiedenen Schuldner analog § 1143 (arg. § 1147) BGB fortbesteht. Wie hier jedenfalls im Ergebnis (teilweise gestützt auf § 857 Abs. 2) auch *Baumbach/Hartmann*[52] Rdnr. 4; *Baur/Stürner*[11] Rdnr. 530; *Thomas/Putzo*[18] Rdnr. 11; *Zeller/Stöber* ZVG[14] § 107 Rdnr. 3, § 114 Rdnr. 5.20 e) (→ aber auch Fn. 211). – § 401 BGB gilt trotzdem (*Palandt/Heinrichs* BGB[53] § 401 Rdnr. 4 mit *RGZ* 65, 418), denn er setzt § 1153 BGB nicht voraus, vgl. auch BGH LM Nr. 31 zu § 67 VVG = NJW 1972, 437, so daß die Erlösrechte aus Hypotheken nach dem Zuschlag auch durch Pfändung der persönlichen Forderung, d. h. durch Zustellung an den persönlichen Schuldner nach § 829 Abs. 2 erfaßt werden können. – A.M. *Stöber*[10] Rdnr. 1810 u. Rpfleger 1958, 253 (Zustellung an persönlichen Schuldner nötig, auch bei Eigentümerhypotek); *Tempel* JuS 1967, 77 (Zustellung an Eigentümer u. persönlichen Schuldner nötig).
[206] BGH (Fn. 204); RGZ 75, 316. – A. M. OLG Posen in RGZ 43, 428 (an Versteigerungsgericht); OLG Breslau OLG Rsp 20, 355 (an Ersteher, → auch Fn. 211).
[207] BGH (Fn. 204) bejaht diese Pfändungsform schon ab Hinterlegungsanordnung.
[208] BGH (Fn. 204).

tet werden[209]; aber die Formvorschriften gemäß §§ 830, 837, 857 Abs. 6 sind (nachträglich) einzuhalten.

55 bb) Beruht das Recht auf den Erlös *ausschließlich auf der Beschlagnahme* (§§ 10 Nr. 5, 20 ZVG, »persönlicher« Gläubiger), so kann nur die Titelforderung (→ Rdnr. 43) gepfändet werden; ebenso bei Zwangsverwaltung[210].

56 cc) Beruht das Erlösrecht *nur auf dem Eigentum* am Grundstück (Überschuß), so ist der Pfändungsbeschluß nach § 857 Abs. 2 dem Eigentümer, nach Hinterlegung der Hinterlegungsstelle zuzustellen, wodurch die Pfändung wirksam wird. Sie ist hier aber auch schon vor dem Zuschlag als Pfändung künftigen Rechts zulässig, da anders als bei der Pfändung von Rechten an Grundstücken (→ Rdnr. 51) besondere Pfändungsformen nicht umgangen werden[211].

57 d) Ein übertragbares und daher pfändbares Recht ist auch das häufig als Anwartschaftsrecht[212] bezeichnete Recht des Nacherben nach dem Erbfall (→ Rdnr. 10), und zwar – anders als nach Eintritt der Nacherbfolge – auch beim alleinigen Nacherben als Recht auf den Nachlaß als ganzes, beim Mitnacherben aber nur als Recht auf den Anteil an einem solchen, nicht als Recht auf einzelne Sachen, arg. § 859 Abs. 2[213]. Soweit man den Erblasser für berechtigt hält, die Übertragbarkeit des Nacherbenrechts auszuschließen[214], ist jedenfalls die Pfändung nicht ausgeschlossen, § 851 Abs. 2.

58 Wegen fehlender Publizität[215] setzt sich mit Eintritt der Nacherbfolge[216] das Pfandrecht nicht unmittelbar an den jetzt dem alleinigen Nacherben gehörenden (§ 2139 BGB) *beweglichen Sachen*, sondern vorerst nur an dem *Anspruch* gemäß § 2130 BGB fort[217], während die erworbenen *Forderungen* und sonstigen Rechte[218] als Surrogate unmittelbar vom Pfandrecht ergriffen werden und an den erworbenen *Grundstücken* kraft Gesetzes eine Sicherungs(gesamt)hypothek entsteht[219]; beim Mitnacherben setzt sich das Pfandrecht am erworbenen Erbteil fort, s. dazu § 859. Die Ausschlagung wird durch die Pfändung nicht berührt, § 829 Rdnr. 90 a. E. Wegen der Form der Pfändung → Rdnr. 97 bei Fn. 380. Das Pfändungspfandrecht kann beim Nacherbenvermerk berichtigend eingetragen werden[220]. Wegen der Rechte des *Vorerben* s. § 863 Rdnr. 1 ff. und § 859 Rdnr. 33.

e) Wegen der **Rechte auf Bezug von Aktien** → Rdnr. 96.

---

[209] KG JW 1936, 887, → auch Fn. 202 zum umgekehrten Fall.

[210] Stöber[10] Rdnr. 128 u. Rpfleger 1962, 399 gegen die h. M., der Verwalter sei Drittschuldner.

[211] Posen SA 60, 8345. Zeller ZVG[10] Rdnr. 24f. zu § 114 (S. 962; in 11. Aufl. nicht mehr enthalten) sah vom Zuschlag an bis zur Entrichtung des Erlöses den Ersteher als Drittschuldner an, eine für den Pfändungsgläubiger kaum zumutbare Differenzierung; s. dagegen BGH (Fn. 204).

[212] MünchKommBGB[2]-*Gursky* § 2100 Rdnr. 27 mN.

[213] Siehe RGZ 83, 434 ff. (Verpfändung); KG OLG Rsp 26, 332 f., 336 a. E.; *Kretschmar* Recht 1910, 440; *Schlegelberger* BlfRA 78, 104. – A. M. *Du Chesne* BlfRA 75, 235.

[214] RGZ 170, 168.

[215] → § 847 Fn. 44.

[216] Eine erst dann beginnende ZV erfolgt nur noch in die dem Nacherben gehörenden einzelnen Gegenstände einschließlich des Anspruchs aus § 2130 BGB.

[217] Bezüglich der herauszugebenden beweglichen Sachen ist (nachträglich) die Anordnung gemäß § 847 Abs. 1 zu erwirken u. dem Vorerben zuzustellen, → § 847 Rdnr. 4 vor Fn. 20; zu den Rangwirkungen → § 847 Rdnr. 13. Im wesentlichen wie hier Stöber[10] Rdnr. 1661. – Weitergehend (unmittelbare Fortsetzung des Pfandrechts an allen Nachlaßgegenständen) KG OLG Rsp 26, 333 mit unrichtiger Berufung auf RGZ 60, 133, das erst auf den Zeitpunkt der Teilung abstellt; *Baumbach/Hartmann*[52] Grundz § 704 Rdnr. 96 »Nacherbe«. Aber hier hat ein Dritter (Vorerbe) noch Gewahrsam, was die Übergehung des Publizitätsprinzips besonders bedenklich erscheinen läßt. → auch § 859 Rdnr. 33.

[218] → auch bei Fn. 298.

[219] KG (Fn. 217). Denn hier ist § 848 Abs. 2 S. 2 u. 3 anwendbar (freilich nur analog, weil das Eigentum schon kraft Gesetzes überging → § 848 Rdnr. 4); Publizität (→ Fn. 217 a. E.) ist gewahrt durch Eintragung der Pfändung → Fn. 220.

[220] KG u. zur Verpfändung RG (beide Fn. 213). Fehlt der Nacherbenvermerk, so ist er von Amts wegen (§ 51 GBO) nachzuholen, sobald der Gläubiger die Eintragung der Pfändung beantragt, vorausgesetzt, daß das Nacherbrecht gemäß § 29 GBO bewiesen ist; s. auch § 792.

6. Eigentümerhypothek, Eigentümergrundschuld

Hier bietet zunächst der Fall keine Besonderheit, daß der **Eigentümer die Forderung erwirbt**, §§ 1143, 1177 Abs. 2 BGB; denn sie bleibt Gegenstand der Pfändung, so daß § 830 gilt[221]; es ist insoweit unerheblich, daß die dafür bestehende Hypothek dem Eigentümer selbst zusteht und er daher Schuldner und – neben dem Drittschuldner der gepfändeten Forderung – zugleich Drittschuldner des dinglichen Rechts ist, → dazu § 830 Rdnr. 8 f. sowie zu § 830 Abs. 2 unten Fn. 239. Auch wenn der Schuldner nur einen Bruchteil der Forderung erwirbt[222], setzt die Pfändung seines Anteils (→ Rdnr. 17 und Fn. 375) zusätzlich die Wahrung der Formen des § 830 voraus, → Fn. 196. 59

> Ebenso ist der Fall einer sog. **Ersatzhypothek nach § 1182 BGB** zu behandeln[223]. Der Pfändung steht nicht entgegen, daß dem Gläubiger für dieselbe Forderung auf demselben Grundstück schon eine nachrangige Zwangshypothek zusteht[224].

Soweit dagegen dem Eigentümer die Hypothek **ohne Forderung** oder die Grundschuld[225] zusteht, §§ 1163, 1170, 1172 ff., 1177, 1196 f. BGB, §§ 868, 932 ZPO, handelt es sich um eine eigenartige Berechtigung, die weder unter die Forderungsrechte noch unter die Hypothekenforderungen des § 830 fällt; denn es ist jedenfalls *bis* zur Pfändung ein Recht ohne Schuldner, erst mit der Überweisung erhält der Eigentümer eine drittschuldnerähnliche Stellung, → Rdnr. 109 Fn. 429. 60

Sie müßte daher nach § 857 Abs. 2 gepfändet werden[226]: das Fehlen des Drittschuldners macht die übliche Formentsprechung von Verpfändung (§§ 1274, 1192 Abs. 1, § 1154 BGB) und Pfändung (§ 857 Abs. 6, § 830) entbehrlich; § 857 Abs. 2 schränkt damit § 857 Abs. 6 ein, der für *eingetragene* (verbriefte) Rechte an fremder Sache gedacht ist: die kraft Gesetzes entstandene Eigentümerschuld ist weder das eine noch das andere, obwohl sie nach § 1177 BGB als Grundschuld behandelt wird. Der Gläubiger würde so schon ohne Briefübergabe oder Eintragung allein durch Zustellung des Pfändungsbeschlusses an den Eigentümer als Schuldner den Rangvorteil erhalten (§ 804 Abs. 3) und erst anschließend durch Berichtigung[227] bzw. Teilbriefbildung[228] dafür sorgen können, daß ihm dieser Rang nicht durch redlichen Erwerb nach §§ 892, 1155 BGB wieder genommen wird[229], → auch § 803 Rdnr. 22, § 804 Rdnr. 43. – Wegen der sog. künftigen Eigentümergrundschuld im Falle des § 1190 BGB → jedoch Fn. 265. 61

Nach h. M.[230] ist jedoch gemäß § 857 Abs. 6 wie folgt zu pfänden, was auch für den Anteil des Schuldners an einer Eigentümergrundschuld gilt[231]: 62

---

[221] Vgl. *Freudenthal* JW 1904, 602 f.; *Oberneck* Gruch. 50, 551 ff.; *Mayer* Gruch. 56, 265 ff., 521 ff.; *Schmidt-Ernsthausen* JW 1933, 668; *v. Brunn* JbfD 1985, 77 ff.; *Sottung* Pfändung der Eigentümergrundschuld (Diss. Berlin/Köln 1957), 51 ff.; *Tempel* JuS 1967, 215 ff., 268 ff.; *Stöber*[10] Rdnr. 1970 f.

[222] Wird der Gläubiger einer Gesamthypothek für Rechnung u. im Namen aller Eigentümer bzw. Miteigentümer (vgl. *BGH* NJW 1983, 2450) freiwillig befriedigt, so tritt die Folge des § 1172 BGB ein, *Palandt/Bassenge* BGB[53] § 1173 Rdnr. 3. Dann handelt es sich nach h. M. um eine Bruchteilsgemeinschaft; *Baur/Stürner* Sachenrecht[16] § 43 II 2 a. Nach Überweisung kann der Gläubiger die Rechte des Schuldners aus § 1172 Abs. 2 BGB geltend machen, wobei sich das Pfändungspfandrecht am Anteil an dem für den Schuldner einzutragenden Einzelrecht fortsetzt.

[223] *RGZ* 81, 71 ff.

[224] *LG Berlin* WPM IV B 1958, 1315.

[225] Zur Eigentümergrundschuld *Ripfel* DNotZ 1936, 672; *Simon* Büro 1956, 73; *Gadge* Büro 1956, 235; *Sottung* (Fn. 221); *Röll* BayNotV 1964, 365; *Mümmler* Büro 1969, 789; *Stöber*[10] Rdnr. 1913 f.

[226] So *Oberneck, Sottung* u. *Freudenthal* (alle Fn. 221); *KG* OLG Rsp 1, 264; *OLG Celle* OLG Rsp 4, 75; *OLG Naumburg* OLG Rsp 25, 193 ff., (*LG Frankfurt* NJW 1952, 629 läßt offen); *Rosenberg*[9] § 195 I; *Baur/Stürner* Sachenrecht[16] § 46 I 5; *Baur/Stürner*[11] Rdnr. 552 f.; *Frantz* NJW 1955, 170; *Rothoeft* Recht und Staat Heft 323/324 (1966), 33 ff.

[227] Näheres → Rdnr. 65.

[228] Und zwar ohne die → Rdnr. 63 genannten umständlichen Hilfspfändungen, denn §§ 896, 1145 Abs. 1 S. 2 BGB gelten nach wirksamer Pfändung u. Überweisung für den Gläubiger selbst; → auch § 835 Rdnr. 14 ff.

[229] Entgegen *RGZ* 59, 316 f. wäre daher nur der Gläubiger selbst, nicht der Rechtsverkehr gefährdet.

[230] So bis auf *LG Frankfurt* (Fn. 226) die einhellige Rsp seit *RGZ* 55, 379; 56, 13, 185; *BGH* NJW 1961, 601 = Rpfleger 291; s. die Nachweise bei *Stöber*[10] Rdnr. 1929.

[231] → Fn. 196; zur Bruchteilsgemeinschaft ausführlich *Stöber*[10] Rdnr. 1965–1968. Zur Verwertung → Fn. 222 a. E.

a) Der **Pfändungsbeschluß** muß die Eigentümergrundschuld als solche verwechslungsfrei bezeichnen[232]. Seinem Erlaß steht nicht entgegen, daß die Eigentümergrundschuld nur vorläufig[233] oder als solche noch nicht entstanden ist, → § 829 Rdnr. 4[234]. Die Pfändung von Ansprüchen auf Rückübertragung der Hypothek oder dgl. genügt aber nicht[235]. Löschungsvormerkungen machen die Pfändung nicht stets aussichtslos[236]; das gilt auch für Ansprüche aus §§ 1179 a oder b BGB[237]. Da ein Drittschuldner fehlt, muß der Beschluß nur das Verbot an den Eigentümer enthalten[238] und ist nur diesem zuzustellen (Absatz 2). Die Wirkung des § 830 Abs. 2 tritt trotzdem ein[239], aber nur wenn die Pfändung vollendet wird, § 830 Rdnr. 29; → auch Fn. 268.

63 b) Ist die Eigentümergrundschuld aus einer **Briefhypothek** hervorgegangen, so bedarf es zur Pfändung nach § 830 der *Übergabe des Briefes*[240], die auch erzwungen werden kann, → § 830 Rdnr. 13–20. Hat aber der Eigentümer die Hypothek, z.B. nach § 1163 BGB, nur zum Teil erworben, während der Brief in der Hand des bisherigen Hypothekengläubigers verblieben ist, so hat der Eigentümer keinen Anspruch auf Herausgabe, auch nicht auf Mitbesitz[241]. Nach h. M.[242] muß in diesem Falle der Gläubiger pfänden: 1. das Miteigentum seines Schuldners an dem Brief, § 952 BGB[243]; 2. den Anspruch des Schuldners auf Aufhebung dieser Gemeinschaft, § 749 BGB[244]; 3. den Anspruch des Schuldners auf Berichtigung des Grundbuchs, § 894 BGB; 4. den Anspruch auf Vorlegung des Briefs an das Grundbuchamt oder einen Notar, §§ 896, 1145 Abs. 1 S. 2 BGB, zwecks Bildung eines Teilbriefs, um dann durch dessen Übergabe[245] das Pfandrecht an der Hypothek selbst zu erlangen. Inzwischen kann aber für den Gläubiger aufgrund der Pfändung des Berichtigungsanspruchs im Wege einstweiliger Verfügung ein Widerspruch[246] eingetragen werden; der Vorlegung des Briefes bedarf es dazu nach § 41 Abs. 1 S. 2 GBO nicht[247]. → im übrigen Rdnr. 66 zu Fn. 258.

64 Bei der Pfändung **künftiger** Eigentümergrundschulden (→ Fn. 234) verhelfen selbst diese Maßnahmen vorerst nicht zu einer Briefübergabe; geschieht diese aber freiwillig, so entsteht das Pfandrecht sofort mit der Eigentümergrundschuld, → § 829 Rdnr. 5, und kann erst dann eingetragen werden. → auch Rdnr. 69.

---

[232] → § 829 Rdnr. 40 ff. Falls sie noch nicht für den Eigentümer eingetragen ist, muß also das noch für den fremden Gläubiger eingetragene Recht genannt werden. Der Betrag kann zunächst noch offenbleiben, *Stöber*[10] Rdnr. 1930 u. Rpfleger 1961, 208 mwN. → aber Rdnr. 63, 65.
[233] Vgl. § 1163 Abs. 2 BGB u. → Rdnr. 69. Wie hier *Stöber*[10] Rdnr. 1949; *BGHZ* 53, 63 = NJW 1970, 322 läßt Abtretung zu.
[234] *KG* JW 1932, 3191[10]; *OLG Frankfurt* NJW 1962, 640 f. (Anwartschaft gemäß § 1170 Abs. 2 BGB); *H. Schneider* JW 1938, 1632; *Baur/Stürner* Sachenrecht[16] § 46 III; *Baur/Stürner*[11] Rdnr. 554; *Zöller/Stöber*[18] Rdnr. 25; *Tempel* (Fn. 221), 217 f. → aber Fn. 240 u. Rdnr. 64. Es muß jedoch klar ersichtlich sein, daß künftige Beträge gepfändet sind, → § 829 Rdnr. 6; *OLG Celle* JR 1956, 145. – A. M. *Staudinger/Scherübl* BGB[12] § 1163 Rdnr. 91, 37 unter Berufung auf *RGZ* 145, 353 (betr. Vormerkung), auf *BGH* (Fn. 233), der die Verfügungsmöglichkeit des Eigentümers obiter verneint, u. *Wieczorek*[2] § 830 Anm. B IV a mwN (auch zur hier vertretenen Ansicht).
[235] Vgl. *Güthe* BlfRA 76, 611 f. → dazu Rdnr. 79.
[236] Vgl. *BGHZ* 39, 242 = NJW 1963, 1497 = MDR 580 = Rpfleger 234 (*Stöber*) mwN; *BGH* LM Nr. 15 zu § 829.
[237] *Stöber*[10] Rdnr. 1920 ff.
[238] *OLG Colmar* OLG Rsp 7, 316; *Tempel* (Fn. 221), 215; *Zöller/Stöber*[18] Rdnr. 21, jetzt h. M. – A. M. *Güthe* (Fn. 235), 613; *Mayer* Gruch. 56, 284 f.

[239] Nur gegen den Eigentümer, → Fn. 267; dazu *Tempel* (Fn. 221) aaO Fn. 11. *H. Schneider* (Fn. 234) mwN.
[240] Siehe die Rsp → Fn. 230; offengelassen in *BGH* NJW 1979, 2046; ferner *RGZ* 63, 217; 70, 279; *KG* JW 1932, 3191. – *Tempel* (Fn. 221) 216 Fn. 25 u. 29 will bloße Pfändung u. Überweisung des Herausgabeanspruchs oder Vorlegungsanspruchs schon genügen lassen; → dagegen § 830 Rdnr. 19. Sie verhindern aber schon dessen Abtretung an Dritte (auch wenn unrichtig nach § 847 statt § 886 gepfändet wurde; *BGH* aaO).
[241] *RGZ* 69, 36 ff.; Gruch. 54, 1024.
[242] Seit *RGZ* 59, 318. Die Gegenansicht → Rdnr. 61 will vor allem die praktischen Schwierigkeiten → Fn. 243 ff. vermeiden; z. B. *Baur/Stürner*[11] Rdnr. 552.
[243] *Tempel* (Fn. 221), 216 hält Nr. 1 schon für miterfaßt von der Pfändung der Teilgrundschuld.
[244] Unnötig, da Nr. 2 von Nr. 1 miterfaßt, → Rdnr. 17, *Tempel* (Fn. 221).
[245] Nicht schon mit der Vorlegung an das Grundbuchamt, → § 830 Rdnr. 19.
[246] Aber nur, falls der Schuldner als Eigentümer eingetragen ist; *Tempel* (Fn. 221) Fn. 4. Der Widerspruch hilft nur gegen Verfügungen des als Grundpfandrechtsgläubiger Eingetragenen; gegen solche des Eigentümers bietet die Vorpfändung (→ § 845 Rdnr. 25) nur unvollkommenen Schutz.
[247] Siehe dazu *Güthe/Triebel* GBO[6] § 41 Rdnr. 19, 22.

c) Bei **Buchhypotheken** vollendet sich die Pfändung nach h.M. erst durch *Eintragung*[248], also ohne Schwierigkeit, wenn die Eigentümergrundschuld ihrerseits bereits eingetragen ist. Andernfalls kann die Pfändung erst eingetragen werden, wenn das Grundbuch vorher durch Eintragung des Eigentümers berichtigt wird[249]. Aber selbst wenn man abweichend von § 39 GBO mit der wohl h.M. die Zwischeneintragung des Eigentümers für unnötig hält[250], muß jedenfalls der grundbuchmäßig urkundliche Nachweis geführt werden, daß die Forderung ganz oder zu einem bestimmten (!) Teil[251] nicht entstanden oder erloschen ist[252] und die Hypothek dem Eigentümer und nicht etwa einem anderen zugefallen ist[253], vgl. §§ 1164, 1174 BGB. In den Besitz der dazu erforderlichen Urkunden gelangt der Gläubiger aber nicht gemäß § 836 Abs. 3, denn dieser setzt eine gültige Pfändung voraus, während hier die Urkunden diese erst ermöglichen sollen[254]. Ebensowenig hilft die in § 830 gewährte Befugnis, sich den Hypothekenbrief im Zwangswege zu verschaffen; denn sie duldet keine entsprechende Anwendung auf Urkunden, die lediglich die Forderung als solche betreffen[255].

65

Als einziger Ausweg erscheint die *Hilfspfändung des Berichtigungsanspruchs*, der dem Schuldner gegen den eingetragenen Hypothekengläubiger zusteht[256]. Sie gibt nach Überweisung des Anspruchs gemäß § 836 Abs. 3 dem Gläubiger das Recht auf Auskunft seitens des Schuldners (Eigentümers)[257] und auf Erzwingung der Herausgabe derjenigen Urkunden, die der Schuldner selbst besitzt, und legitimiert ihn zur Klage auf Herausgabe gegen den dritten Besitzer der Urkunden (→ § 836 Rdnr. 17); → auch § 792. Eine weitere Wirkung dieser Überweisung ist, daß der Gläubiger im Wege einstweiliger Verfügung die Eintragung eines *Widerspruchs* gegen die Richtigkeit des Grundbuchs herbeiführen kann, § 899 BGB, wozu nur die *Glaubhaftmachung* der Entstehung der Eigentümerhypothek erforderlich ist[258]. Aber dieser Widerspruch richtet sich nur gegen den eingetragenen Hypothekengläubiger als Drittschuldner und verhindert nicht die Verfügungen des Eigentümers über die Hypothek; denn diese ist noch nicht gepfändet und die Pfändung des Berichtigungsanspruchs gibt kein Recht an dem Rechte selbst[259]. Eine Vormerkung zur Sicherung des Anspruchs auf Erwerb des Pfändungspfandrechts ist auch hier ausgeschlossen, → § 830 Rdnr. 23. Zur Überweisung des Berichtigungsanspruchs im Dienste der *Arrestpfändung* → § 830 Rdnr. 17, § 930 Rdnr. 9.

66

Ein anderer Ausweg, um in den Besitz der in dritter Hand befindlichen Urkunden über die Forderung zu gelangen, wäre etwa noch die Pfändung des dem Schuldner (Eigentümer) zustehenden Anspruchs auf Herausgabe nach § 847. Gegen sie spricht zwar nicht, daß sie als selbständige Maßregel unzulässig wäre, § 847 Rdnr. 2, denn sie ist hier nur Hilfsmaßregel, → Rdnr. 5; jedoch bleibt das Bedenken, daß der Gerichtsvollzieher nach § 847 Abs. 2 zwar zu einer Verwertung der herausgegebenen Sachen, nicht aber zu ihrer Ablieferung an den Gläubiger befugt ist.

67

---

[248] → Fn. 230.
[249] *RGZ* 61, 379 f.; *OLG Hamburg* Rpfleger 1976, 371 = Büro 1977, 860; *Tempel* (Fn. 221), 215 f.; *Wieczorek*² Anm. F IV b 1; *Baumbach/Hartmann*⁵² Rdnr. 17 → auch Fn. 264.
[250] So *OLG Hamburg* (Fn. 249) mwN; *OLG Köln* NJW 1961, 368; *KG* OLG Rsp 4, 320; *OLG Jena* OLG Rsp 3, 198; *Horber/Demharter* GBO¹⁹ § 39 Anm. 9 f.; *Brehm* FGG² Rdnr. 761; *Zöller/Stöber*¹⁸ Rdnr. 24.
[251] *KG* u. *OLG Marienwerder* OLG Rsp 4, 486; 22, 380; *OLG Hamburg* (Fn. 249) u. *OLG Köln* (Fn. 250).
[252] *BayObLG* NS 1959, 173 f.; *KG* OLG Rsp 4, 320; 10, 390; 30, 18; JW 1922, 172; *OLG Hamburg* (Fn. 249); *OLG Marienwerder* (Fn. 251).
[253] Vgl. *OLG Köln* (Fn. 250); *OLG Saarbrücken* OLGZ 1967, 104 (Teilablösung einer Grundschuld); *Tempel* (Fn. 221), 216.

[254] A.M. *LG Köln* MDR 1963, 935; *Tempel* (Fn. 221).
[255] → Fn. 254.
[256] → Rdnr. 5, 9, 82; *OLG Hamburg* (Fn. 249); *OLG Zweibrücken* ZZP 45 (1915), 505. Praktisch geht es hier meist um die Erlangung einer löschungsfähigen Quittung; zur isolierten Hilfspfändung des Anspruchs darauf s. *OLG Köln* OLGZ 1971, 153.
[257] Vgl. *OLG Celle* OLG Rsp 14, 185.
[258] *OLG Dresden* SächsAnn 26, 552; *OLG Colmar* OLG Rsp 18, 198 u.a. – Die Pfändung des Berichtigungsanspruches als solche ist nicht eintragungsfähig; *OLG Colmar* aaO; *KG* KGJ 47, 169. – A.M. *OLG Dresden* SächsAnn 25, 154.
[259] *OLG Dresden* OLG Rsp 7, 316; *OLG Königsberg* SA 62, 250.

68 Pfändungen **künftiger brief loser** Eigentümergrundschulden können vor ihrer Entstehung nicht eingetragen und daher nach h. M. auch nicht im Augenblick der Entstehung wirksam werden (anders bei der Briefhypothek, → Rdnr. 64).

69 d) Bei der **Höchstbetragshypothek**, § 1190 BGB, steht die Eigentümergrundschuld als ein unbedingtes Recht erst bei Beendigung des Kreditverhältnisses nach Feststellung der Forderung durch Vertrag oder Urteil dem Eigentümer zur Zeit der Eintragung[260] für den Betrag zu, für welchen die Forderung nicht entstanden ist. Streitig ist, ob der Eigentümer vorher eine aufschiebend bedingte dingliche[261] Anwartschaft[262] hat oder ob er die Hypothek sofort unter der auflösenden Bedingung der Entstehung der Forderung erwirbt[263]. Nach beiden Ansichten kann aber die Pfändung während dieser Schwebezeit nicht eingetragen[264] und damit nicht wirksam werden[265]. Auch die Pfändung eines Berichtigungsanspruchs hilft nicht weiter, da er vor der Feststellung des Betrags nicht besteht[266]. Sobald aber die Eigentümergrundschuld eingetragen wird, kann die Eintragung der Pfändung nachgeholt werden. Inzwischen vollendete Pfändungen Dritter gehen aber im Range vor, denn § 830 Abs. 2 wirkt nicht gegen Dritte[267], und § 161 Abs. 1 S. 2 BGB gilt nicht für die unvollendete Pfändung[268].

70 Durch die Zustellung des Pfändungsbeschlusses wird auch nicht verhindert, daß das Kreditverhältnis fortgesetzt wird und dadurch die Entstehung der Eigentümergrundschuld ganz oder zum Teil entfällt[269]; eine solche Hinderung kann auch nicht durch die Pfändung des sog. Rechts zur weiteren Ausnutzung des Kreditrahmens[270] geschaffen werden[271]. Wird die Pfändung entgegen § 39 GBO gleichwohl eingetragen, so wird sie damit wirksam; denn die Eintragung war zwar verfahrensrechtlich unzulässig (→ Fn. 264), aber die Voraussetzungen des § 830 I 3 ZPO sind erfüllt[272]. Trotzdem verhindert sie nicht die Krediterweiterung und den damit verbundenen Hypothekenerwerb des Kreditgläubigers (→ Fn. 269), arg. § 161 BGB[273].

71 Bei der **zur Sicherung bestellten Grundschuld** entsteht, auch solange sie **nicht** oder nicht voll **valutiert** ist, keine Eigentümergrundschuld in Höhe des nicht valutierten Teiles. Auf den Eigentümer geht die Grundschuld vielmehr nur im Falle der Ablösung nach §§ 1142 f., 1192 BGB über[274]; dann ist sie nach h. M. wie → Rdnr. 62 ff. zu pfänden. Wer den nichtvalutierten Teil erfassen (bzw. wie → Rdnr. 79 Fn. 293 noch durch eigene Tilgung erweitern) will, muß den Anspruch des Grundschuldbestellers auf Rückübertragung der Grundschuld[275] bzw. auf Verzicht pfänden[276], besser beide Ansprüche zugleich[277], → dazu Rdnr. 79 und Rdnr. 108 f. Fn. 423, 430; falls aber die Sicherungsabtretung ausnahmsweise auflösend bedingt ist, kann die Anwartschaft gepfändet werden (→ Rdnr. 94). Ist ungewiß, ob der Eigentümer zur

---

[260] *RGZ* 55, 220 f.; 61, 39.
[261] So *Du Chesne* DJZ 1905, 803. – A.M. *KG* OLG Rsp 10, 389.
[262] So *RG* JW 1905, 434 f.; *RGZ* 51, 117 f.; 56, 323; 61, 376.
[263] *RGZ* 49, 165 f.; 55, 220 f. u. besonders *RGZ* 75, 249 ff.; s. auch 97, 223; 120, 112 f.; 125, 136; *Planck* BGB⁴ § 1190 Fn. 6 a; *Baur/Stürner* Sachenrecht¹⁶ § 42 III 2 b; *Schwab/Prütting* Sachenrecht²⁴ § 65 II; jetzt h. M.
[264] Vgl. zu § 39 GBO *RGZ* 61, 378 f.; 72, 275 f.; 75, 250; 97, 226; JW 1935, 2554²; *Planck* (Fn. 263). – A.M. noch *OLG Jena* OLG Rsp 3, 198; *Güthe* DNotV 1906, 746 f.; *Hellwig* System 2, 373 (§ 327).
[265] *RGZ* 97, 223 ff.; *RG* JW 1935, 2554. – *RGZ* 61, 376 erwog Pfändung der Anwartschaft auf die Eigentümerhypothek (→ Fn. 262) nach § 857 Abs. 2, ließ aber deren Eintragung nicht zu; aaO, 379 f.
[266] *BayObLG* BlfRA 73, 765.
[267] → § 830 Rdnr. 30 Fn. 75.
[268] A.M. *RGZ* 97, 228 u. 18. Aufl. nach Fn. 99. Siehe dagegen *OLG Düsseldorf* NJW 1961, 1266 f.; *Tempel* (Fn. 221), 217 f.

[269] *RGZ* 51, 117; 61, 381; JW 1935, 2554.
[270] Es handelt sich in Wahrheit um die unpfändbare Befugnis, Rechtsgeschäfte abzuschließen bzw. Schulden zu machen, → Rdnr. 3 mwN in Fn. 8.
[271] *RGZ* 51, 119; *OLG Dresden* SächsAnn 30, 446 f.
[272] Vgl. auch *RGZ* 120, 110 (maßgeblich sei »inhaltliche Zulässigkeit«).
[273] *Palandt/Bassenge* BGB⁵³ § 1190 Rdnr. 10; *Stöber*¹⁰ Rdnr. 1954, 1891; *Tempel* (Fn. 199), 218; → auch § 829 Fn. 375. Im Ergebnis auch *RGZ* 51, 117 f.
[274] *RGZ* 78, 67 f.; *OLG Saarbrücken* (Fn. 253). Zur Auslegung einer Zahlung s. *BGH* NJW 1976, 2133.
[275] Zum Anspruch vgl. *BGH* LM Nr. 2 zu § 1163 BGB = JZ 1957, 623 = BB 769 = MDR 1958, 24 = Rpfleger 51; *Weber* AcP 169 (1969), 237. Eintragung solcher Pfändungen im Grundbuch ist nur (a.M. *Blumenthal* NJW 1971, 2033) bei vorgemerkten Ansprüchen möglich, → Fn. 279.
[276] Auch Ansprüche gemäß §§ 1169, 1192 BGB sind abtretbar, *BGH* NJW 1985, 801, daher pfändbar; *Stöber*¹⁰ Rdnr. 1893.
[277] Ausführlich *Stöber*¹⁰ Rdnr. 1890.

Forderungstilgung *oder* zur Grundschuldablösung gezahlt hat, so kann die Pfändung der Rückübertragungs- und Verzichtsansprüche *und zugleich*[278] der Eigentümergrundschuld geboten sein. Solche Pfändungen sind freilich wertlos, wenn der Sicherungsnehmer und der Schuldner (Eigentümer) die Grundschuld nach § 875 BGB aufheben. Eine Pfändung des Zustimmungs«rechts« (§§ 1192, 1183 BGB) scheidet als bloße Handlungsbefugnis (→ Rdnr. 3) (wohl) aus. Zur Pfändung von Aufhebungsansprüchen → Fn. 317.

Der Rückübertragungsanspruch ist schon vor seiner Entstehung oder Fälligkeit *vormerkungsfähig*, § 883 Abs. 1 S. 2 BGB[279]; ist er vorgemerkt, so kann seine Pfändung dort eingetragen werden. Der Gläubiger kann Nebenrechte *auf* Eintragung einer Vormerkung auch ohne ausdrückliche Mitpfändung (→ Rdnr. 4) schon vor Überweisung geltend machen, → § 829 Rdnr. 85[280], auch im Wege einstweiliger Verfügung gemäß § 885 BGB[281]. 72

e) Während der **Zwangsversteigerung** ist die Eigentümerhypothek *bis* zu ihrem Erlöschen durch Zuschlag[282] wie → Rdnr. 62 ff zu pfänden, → § 829 Rdnr. 17, *danach* nur der an ihre Stelle tretende Anspruch, → Rdnr. 52 f., und zur Unschädlichkeit der Bezeichnung als »Eigentümergrundschuld« → Fn. 202. 73

Fällt die Forderung des Hypothekengläubigers erst *nach dem Zuschlag* weg, so entsteht eine Eigentümerhypothek nicht mehr; auf den bisherigen Eigentümer geht vielmehr das Recht auf Befriedigung aus dem Versteigerungserlös über[283]. Zu pfänden ist auch hier nach Abs. 2, → Rdnr. 52 f. 74

f) Eine **Schiffs-Eigentümerhypothek** gibt es nur gemäß §§ 44, 64 Abs. 2, 69 Abs. 1 S. 2 und Abs. 2 S. 1 SchiffsRG; sie ist wie → Rdnr. 59 ff. zu pfänden, ebenso das dem Eigentümer nach §§ 63 Abs. 2, 64 LuftfzRG zustehende **Registerpfandrecht an Luftfahrzeugen**[284]. Die in gewissem Sinne der Eigentümerhypothek entsprechende Befugnis des Schiffseigentümers, an Stelle einer erloschenen, aber noch nicht gelöschten Schiffshypothek im Rang und bis zur Höhe der bisherigen Belastung eine neue Schiffshypothek zu bestellen, ist nicht übertragbar, § 57 Abs. 3 S. 1, 2 SchiffsRG, und demgemäß nach § 851 unpfändbar. 75

7. Handlungsrechte

Von den **Handlungsrechten**, Befugnissen des rechtlichen Könnens, sind *unpfändbar* das Recht zur Zurücknahme hinterlegter Gegenstände, § 377 Abs. 1 BGB (→ aber Fn. 11), das auf Herabsetzung einer *Vertragsstrafe* (→ Fn. 9), ohne besonders vereinbarte Übertragbarkeit das *Vorkaufsrecht* nach § 514 oder § 1094 Abs. 1[285] BGB (§ 1098 Abs. 1 BGB) und stets das nach §§ 1094 Abs. 2, 1103 Abs. 1 BGB, das höchstpersönliche[286] Recht zum *Widerruf einer Schenkung* wegen Undanks, §§ 530 ff. BGB. *Pfändbar* sind aber Ansprüche, die aufgrund der **Ausübung** solcher Handlungsrechte durch den Schuldner entstanden sind[287] oder womöglich entstehen werden[288]. → auch Rdnr. 13 (zu § 2340 BGB) und § 851 Rdnr. 31 f. zum Wahlrecht, ferner § 852 Rdnr. 1 ff. zu weiteren vom Willen des Schuldners abhängenden Rechten. 76

---

[278] Nicht »oder«, → § 829 Rdnr. 40 a. E.
[279] *Stöber*[10] Rdnr. 1900 mwN; insoweit unrichtig *LG Karlsruhe* NJW 1971, 2032 f. → auch Rdnr. 83.
[280] *Stöber*[10] Rdnr. 1900; grundsätzlich auch *LG Freiburg* NJW 1956, 144 (im übrigen unklar, s. Anm. *Hoche* aaO).
[281] *Stöber*[10] Rdnr. 1900, auch wenn man den Anspruch nur als künftigen ansieht, → § 935 Rdnr. 4 u. *Jauernig* BGB[6] § 885 Anm. 3 c. *RGZ* 74, 160 steht nicht entgegen – a.M. *Hoche* (Fn. 280), 146 –, da dort der zu sichernde Anspruch noch einem Dritten zustand.
[282] Auf dessen Rechtskraft kommt es hier nicht an, *RGZ* 75, 316.

[283] *RGZ* 88, 300 ff.; jedoch offenlassend für § 1169 BGB.
[284] → Rdnr. 14 vor § 704, § 830 a Rdnr. 2, § 837 a Rdnr. 2.
[285] Hier muß die Übertragbarkeit eingetragen sein, *BGHZ* 37, 153 = NJW 1962, 13 454, zumindest wie § 874 BGB; *Stöber*[10] Rdnr. 1782 mwN aaO Fn. 1.
[286] Arg. § 530 Abs. 2, § 532 BGB; *Jauernig/Vollkommer* BGB[6] Anm. 2 a, h.M. Ebenso wohl das Widerrufsrecht nach § 527 Abs. 1 BGB; *Stöber*[10] Rdnr. 321.
[287] → Fn. 11, zu § 377 BGB; *RGZ* 108, 114; 163, 153 f. zum Vorkaufsrecht; *Stöber*[10] zur Schenkung.
[288] → Rdnr. 3 Fn. 10.

77 Trotz der Nähe zu Handlungsbefugnissen sollen *pfändbar* sein das *Wiederkaufsrecht*, §§ 497 ff. BGB[289], und das Recht zur Ausfüllung von Blankoabtretungsurkunden[290] und *Wechselblanketten*, obwohl ein Wechsel noch nicht vorliegt[291], → dazu Rdnr. 101 und Rdnr. 108 Fn. 422. Zu Gestaltungsrechten aus Lebens- und Unfallversicherungsverträgen → § 829 Rdnr. 15, zum Aktienbezugsrecht → Rdnr. 96.

8. Sonstige Ansprüche

78 Weiter gehören zu § 857 solche Forderungsrechte und dinglichen Ansprüche, die **nicht auf Geldzahlung oder Leistung von Sachen** – einschließlich der Auflassung[292] – gehen und daher auch nicht unter die §§ 829, 847 f. fallen. → aber auch Rdnr. 3–5 zu solchen Ansprüchen, die als unselbständige Einzelbefugnisse oder Nebenrechte nur zusammen mit dem Hauptrecht von Pfändungen ergriffen werden. Wegen etwaiger Gegenleistungen → § 788 Rdnr. 14 f., § 835 Rdnr. 19. Sind außer dem Schuldner noch andere berechtigt, so ist sein Anteil zu pfänden, → Rdnr. 17 f.

79 a) Nach § 857 sind pfändbar: Ansprüche auf *Arbeitsleistungen* aus Werkverträgen, auf Bestellung oder (Rück-)Übertragung von Rechten. Hierher gehören Ansprüche aus *Sicherungs-* und *Treuhandvereinbarungen* oder, falls diese unwirksam sind, aus § 812 BGB. Ist der gepfändete Rückübertragungsanspruch noch nicht fällig, so kann der Gläubiger die Fälligkeit nur dann gegen den Willen des Schuldners oder Drittschuldners herbeiführen, wenn sie ausschließlich von der Restzahlung der gesicherten Schuld abhängt, die der Gläubiger dann selbst bewirken kann[293]. Bis dahin hindert die Pfändung den Drittschuldner nicht an einer vertragsmäßigen Verwertung. Nach § 857 pfändbar ist der *Anspruch auf Übereignung*, wenn § 847 ausscheidet, weil der Schuldner die Sache schon unmittelbar besitzt, aber die Einigung noch fehlt[294]; auf *Nießbrauch*[295], und *Übertragung von Forderungen*. Die Pfändung des Rückabtretungsanspruchs nach einer Zession hindert den Schuldner nicht, eine vom Zessionar erteilte Einziehungsermächtigung auszuüben. Pfändbar sind ferner Ansprüche auf *Übertragung einer Hypothek* oder *Grundschuld*[296]. Dabei ist streitig, ob entsprechend § 848 Abs. 2 beim Rückübertragungsanspruch ein Sequester zu bestellen ist[297]. Entbehrlich ist sie jedenfalls dann, wenn sich der Schuldner einverstanden erklärt, daß der Drittschuldner den Brief unmittelbar an den Gläubiger übergibt, damit dieser die Eintragung des Rückerwerbs und der Pfändung zugleich beantragen kann. Mit der Übertragung an den Schuldner bzw. Sequester entsteht ein Pfändungspfandrecht an der Grundschuld[298]. Zur Verwertung benötigt der Gläubiger einen Überweisungsbeschluß für die Grundschuld, der bei der Pfändung des Rückübertragungsanspruchs beantragt werden kann[299]. Der Pfändungsbeschluß geht ins Leere, wenn das Grundpfandrecht kraft Gesetzes auf den Vollstreckungsschuldner zurückfällt. Erlischt die Grundschuld in der Zwangsversteigerung, setzt sich das Pfandrecht des

---

[289] Vereinbarte Unveräußerlichkeit hindert nicht Pfändung; *OLG Köln* JR 1955, 225; *Stachels* JR 1954, 130; *Stöber*[10] Rdnr. 1789.
[290] *Nörr/Scheyhing* Sukzessionen, S. 16, die das Ausfüllungsrecht des Blankettnehmers als ein Anwartschaftsrecht verstehen.
[291] *OLG Dresden* SA 47, 443; *Schmalz* NJW 1964, 141; *Weimar* Büro 1982, 358; vgl. auch RGZ 33, 44 f.
[292] → § 848 Rdnr. 5.
[293] *H. Schneider* JW 1938, 1631.
[294] RG JW 1914, 41 517; *BFH* BB 1976, 1350, → § 846 Rdnr. 1. Ob die Sache pfändbar ist, hat hier erst der Gerichtsvollzieher vor ihrer Verwertung zu prüfen, vgl. *BFH* aaO.

[295] *OLG Bamberg* OLG Rsp 1, 18.
[296] → § 829 Rdnr. 17 Fn. 107; *BGH* NJW-RR 1991, 1197; *BGH* Rpfleger 1961, 291; *BGH* LM Nr. 15 zu § 829: §§ 857 Abs. 1, 829 und nicht 857 Abs. 6.
[297] Für Verzicht auf Sequesterbestellung *OLG Celle* JR 1956, 145; *Tempel* JuS 1967, 268; *Stöber*[10] Rdnr. 1895 (außer der Anspruch wurde nicht zur Einziehung überwiesen, Rdnr. 1897); *U. Huber* Sicherungsgrundschuld (1965), 205. – A. M. *Rothoeft* (Fn. 226), 26 ff.
[298] Falls Sequester verlangt wird, nach § 848 Abs. 2; andernfalls analog § 1287 BGB; vgl. *Tempel* JuS 1967, 268; streitig ist, ob dies auch beim Anspruch auf Verzicht gilt, so *Tempel* JuS 1967, 268; a. M. *Stöber*[10] Rdnr. 1893.
[299] *Stöber*[10] Rdnr. 1901.

Gläubigers am Versteigerungserlös fort[300]. Die Verpflichtung zur Löschung einer entstandenen Eigentümergrundschuld hindert die Pfändung des Rückübertragungsanspruchs auch dann nicht, wenn sie durch Vormerkung gesichert war (§ 1179 BGB)[301]. Gleiches gilt für die gesetzlichen Löschungsansprüche nach §§ 1179 a, 1179 b BGB[302].

Ferner sind nach § 857 pfändbar *Ansprüche auf Duldung oder Unterlassung*[303], auf *Vorlegung* von Sachen, Bestellung von *Sicherheiten*[304], auf *Geldleistungen an einen Dritten*[305] oder auf *Hinterlegung*[306]. Wegen des Anspruchs auf Auszahlung eines Darlehens → § 851 Rdnr. 35 ff.

b) Auch **Hilfspfändungen** können nach § 857 vorgenommen werden. Das ist von Bedeutung bei Ansprüchen auf Mitwirkung zur Öffnung bei den unter gemeinschaftlichem Verschluß befindlichen Sachen (**Schrankfächer**, Banksafes), → auch § 808 Rdnr. 17. Es handelt sich hier, selbst wenn der Schuldner seinen Schlüssel an den Gläubiger oder den Gerichtsvollzieher abgeliefert hat, nicht um *Herausgabe*, denn ein Verwahrungsvertrag liegt nicht vor, sondern um die Handlung, die den Zugang zu der Sache eröffnet; es ist also § 857, nicht § 846 anwendbar[307]. Auf den Schlüssel des Schuldners ist § 836 Abs. 3 S. 2 entsprechend anzuwenden[308]. Die Pfändung des Öffnungsanspruchs[309] begründet selbstverständlich noch kein Pfandrecht an in dem Fach befindlichen Sachen; dazu bedarf es nach Erlangung des Zutritts noch der Pfändung nach § 808 (am Inhalt hat eine Bank keinen Mitgewahrsam). Nach Überweisung kann der Gläubiger im Falle der Weigerung des Drittschuldners die Öffnung nur im Wege der Klage durchsetzen[310]. In den Klagantrag darf nicht der Zusatz aufgenommen werden, daß die Öffnung durch einen vom Gläubiger beauftragten Gerichtsvollzieher zu dulden ist, da der Gerichtsvollzieher für den Gläubiger handelt, wenn er den pfändbaren Inhalt in Besitz nimmt, § 808. 80

Hat der Schuldner in von ihm nicht gemieteten Räumen Dritter **Automaten** untergestellt, die er wie üblich *allein* besitzt und öffnen kann[311], verweigert der Dritte den Zutritt des Gerichtsvollziehers und ist man der Ansicht, dieser dürfe den Raum dann weder betreten noch dort pfänden[312], so bedarf es hier der Hilfspfändung eines Anspruchs des Schuldners gegen den Raumbesitzer auf Duldung des Zugangs zum Automaten, ausgeübt durch den Gerichtsvollzieher[313]. Nach Beschaffung des Schlüssels (→ oben bei Fn. 308) ist das Geld nach § 808 zu pfänden[314]. 81

c) Der Anspruch auf **Zustimmung zur Berichtigung des Grundbuchs**, § 894 BGB, ist als Hilfspfändung[315] nur zulässig, wenn er sich auf *Eintragung* des Schuldners richtet. Der 82

---

[300] BGH NJW 1975, 980; Rpfleger 1961, 291 (Anm. Stöber); Stöber¹⁰ Rdnr. 1908; vgl. auch BGH NJW-RR 1991, 1197 (1189).
[301] BGH NJW 1975, 980.
[302] Stöber¹⁰ Rdnr. 1904.
[303] Baumbach/Hartmann⁵² Grundz § 704 Rdnr. 108 »Unterlassung«; Zöller/Stöber¹⁸ Rdnr. 2. – A.M. Wieczorek² Anm. B II c 1.
[304] Aber nicht für beliebige künftige Forderungen, OLG Bremen (Fn. 69).
[305] → dazu § 829 Rdnr. 2.
[306] Siehe RG JW 1896, 658 u. → § 829 Rdnr. 2, zu § 850 h → dort Rdnr. 4 Fn. 6.
[307] LG Berlin DR 1940, 1693²¹; vgl. auch OLG Celle JW 1927, 73; Cohn ArchBR 30, 235 ff., besonders 256; 33, 295 f.; Wernecke ArchBR 39, 351 ff. – A.M. Müller (→ § 804 Fn. 2), 153 f.; Gumbet Stahlkammerfachvertrag (1908), 38 ff.
[308] LG Berlin (Fn. 307); Cohn ArchBR 33, 301; Jaffé DJZ 1911, 871 f.; Stöber¹⁰ Rdnr. 1756 mwN. → auch § 758 Rdnr. 7.
[309] Inhalt: a) Duldung des Zugangs zum Schließfachraum, b) dessen Öffnung, falls wie üblich verschlossen, c) Mitwirkung bei der Öffnung des Fachs; § 851 Abs. 2 überwindet hier etwaige Unübertragbarkeit, LG Berlin (Fn. 307).
[310] Jetzt auch Stöber¹⁰ Rdnr. 1755.
[311] Hat auch (oder nur) der Dritte (Gastwirt) das Öffnungs- und Entnahmerecht, so ist der Anspruch des Schuldners gegen diesen auf den ihm jeweils gebührenden Anteil nach § 829 zu pfänden; Stöber¹⁰ Rdnr. 1509; nimmt man die Gesellschaft an – vgl. aber K. Schmidt MDR 1972, 378 –, ist der Gesellschaftsanteil oder der Gewinnanteil (→ § 859 Rdnr. 4) zu pfänden.
[312] → dagegen § 758 Rdnr. 26, § 808 Rdnr. 18 je mwN.
[313] Im Falle fortgesetzter Weigerung Erwirken eines Titels u. ZV nur nach § 890, OLG Oldenburg DGVZ 1990, 137 mit LG Aurich, aaO S. 136.
[314] Versiegelung des Automatenschlosses genügt keinesfalls bei Gewinn auswerfenden Spielautomaten, § 808 Fn. 3 mwN; anders für Waren- u. Leistungsautomaten K. Schmidt MDR 1972, 380: Vorauspfändung des jeweiligen Inhalts.
[315] → Rdnr. 5, 7, 8, 9 mit Fn. 34.

Anspruch auf *Löschung* eines Rechts (§ 875 BGB) bildet grundsätzlich keinen Gegenstand der Hilfsvollstreckung, denn sie führt auch nicht mittelbar zur Gläubigerbefriedigung[316]. Ansprüche auf *Aufhebung* eines Grundpfandrechts können von nachrangigen Grundpfandgläubigern gepfändet werden[317]. Ansprüche auf *Verzicht* gemäß §§ 1169, 1192 BGB sind nicht auf Löschung gerichtet, § 1168 BGB.

83   d) Ist der Anspruch durch *Vormerkung* gesichert, so erstreckt sich die Pfändung darauf; zur Eintragung im Grundbuch bedarf es nicht des Nachweises, daß der durch die Vormerkung gesicherte Anspruch besteht[318]. → auch Rdnr. 72.

9. Anwartschaftsrechte bei beweglichen Sachen

84   Sind Sachen dem Schuldner **unter Eigentumsvorbehalt**[319] übergeben worden, so hat der Schuldner nicht einen Anspruch gegen den Verkäufer auf Vornahme der zur Eigentumsübertragung erforderlichen Handlungen, der gemäß oder entsprechend § 847 gepfändet werden könnte[320], denn das Eigentum soll mit vollständiger Zahlung von selbst übergehen, und die Anordnung des § 847 an den Verkäufer als Drittschuldner wäre gegenstandslos, da er nichts herausgeben kann; § 847 kommt daher nur in Betracht, wenn der Verkäufer oder ein Dritter die Sache besitzt[321]. Vielmehr hat der Schuldner eine **Anwartschaft** auf den Erwerb des Eigentums nach Erfüllung der Bedingung, die wie andere bedingte Rechte, und zwar nach **h.M.** gemäß § 857[322] beim jeweiligen Inhaber[323] durch Zustellung an den Verkäufer als Drittschuldner[324] gepfändet werden kann, es sei denn, daß die Gegenstände selbst nach § 811 unpfändbar sind[325]. Eine *Sachpfändung* nach § 808 würde für sich allein die Widerspruchsklage des Verkäufers nach § 771 nicht ausschließen, → dort Rdnr. 18[326]; sie ist aber für die Verwertung zusätzlich nötig. In der Praxis genügt sie meist aus tatsächlichen Gründen, → Rdnr. 89.

---

[316] Auch nicht ein Anspruch des Schuldners auf Eintragung einer Löschungsvormerkung; *RG* Gruch. 54, 944; *RGZ* 101, 235[62]; *OLG Dresden* OLG Rsp 18, 235 f.; *Volmer* Gruch. 59, 626. – A.M. *Hellwig* System 2, 369 f.
[317] *Stöber*[10] Rdnr. 1894.
[318] *KG* JW 1937, 249 = HRR Nr. 246.
[319] Lit.: *Rühl* Eigentumsvorbehalt usw. (1930), 86 ff., 167 ff.; *Letzgus* Anwartschaft usw. (1938), 40 ff.; *Berner* Rpfleger 1951, 165; *Raiser* Dingliche Anwartschaften (1961), 87 ff.; *Serick* Eigentumsvorbehalt usw. I (1963) § 12 II; *Georgiades* Eigentumsanwartschaft usw. (1963), 75 f., 140 ff.; *Sponer* Anwartschaftsrecht usw. (1965), 146 ff.; *Haegele* BWNotZ 1969, 406; *Strutz* NJW 1969, 831; *Tiedtke* NJW 1972, 1404; *Frank* NJW 1974, 2211; *Kubisch* JZ 1976, 426 f.; *Hans-Jörg Weber* Sicherungsgeschäfte*[3] (1986), 112 ff.; *Raacke* NJW 1975, 248; *A. Blomeyer* JR 1978, 271; *Brox* JuS 1984, 657; *Fenn* AcP 166, 510, 513; *ders. AcP* 170, 460; *Flume* AcP 161, 385, 402 ff.; *Eichenhofer* AcP 185 (1985), 162. – Zur Anwartschaft aus offenem oder verdecktem Mietkauf beim Leasing s. *Walz* (Fn. 147), 7 ff.
[320] So aber *KG* OLG Rsp 4, 366; *OLG Kiel* SchlHA 1912, 107; *Fromherz* ZZP 38 (1908), 63 f.; 39 (1909), 487 f.; zum Teil auch *Berner* (Fn. 319), 170. → auch Fn. 321, 329. – Zur Auslegung solcher Anspruchs- als Anwartschaftspfändungen s. *BGH* NJW 1954, 1325 ff. → auch § 829 Rdnr. 41 ff.
[321] → § 847 Rdnr. 12 Fn. 37 u. 40. Restzahlungsangebote dürften Herausgabeklage u. Anwartschaftspfändung oft erübrigen → Rdnr. 89.

[322] *BGH* (Fn. 320); *Baur/Stürner* Sachenrecht[16] § 59 V 4; Nachweise bei *Brox* (Fn. 319), 664 Fn. 58. – *Flume* AcP 161 (1962), 404 hält zusätzlich die entsprechende Anwendung des § 808 Abs. 2 für nötig, so daß die Anwartschaftspfändung wirksam würde vor Siegelung der Sache. Zu anderen abweichenden Ansichten → Fn. 326 (nur Sachpfändung), Fn. 338 (nur § 857 Abs. 1), Fn. 344 (nur Anwartschaftspfändung wie § 808).
[323] Nach wirksamer Veräußerung verbleibt keine pfändbare Vermögensposition beim Veräußerer; *BGHZ* 20, 88 = NJW 1956, 6652 = JZ 413.
[324] *BGH* (Fn. 320): § 829 Abs. 2 über § 857 Abs. 1, ausführlich *Noack* DGVZ 1972, 81 f. Jedoch sollte der Gläubiger auf Zustellung an den Schuldner (→ § 829 Rdnr. 59) achten; denn seit *BGHZ* 49, 197 (→ Fn. 361) ist zweifelhaft, ob doch § 857 Abs. 2 gilt (→ dazu Rdnr. 98 u. zum Pfändungsbeschluß § 829 Rdnr. 285); so schon *Strutz* (Fn. 319); *Weber* (Fn. 319), 98. Aber dann entfiele der hier wichtige § 840 → Fn. 334!
[325] → Rdnr. 13 a. E. u. *Stöber*[10] Rdnr. 1495 mwN.
[326] So aber *Flechtheim* RhArch 104, 280; *Raiser* (Fn. 319), 91; *Hübner* NJW 1980, 733; für die Pfändung durch Vermieter *Liermann* JZ 1962, 660 (nur § 805). Vgl. auch *OLG Braunschweig* MDR 1972, 57 (Sachpfändung beim Sicherungsgeber ergreife stets auch Anwartschaft auf Rückerwerb) u. dagegen *Tiedtke* NJW 1972, 1404; ähnlich *Raacke* (Fn. 319): Verfügungsverbot für Anwartschaft durch Sachpfändung u. *Blomeyer* (Fn. 319), 272. – S. dagegen *Emmerich* Pfandrechtskonkurrenzen (1909), 496.

Die Anwartschaftspfändung führt nicht unmittelbar zur Befriedigung des Gläubigers, da auch bei Überweisung des Rechts zur Einziehung[327] das Eigentum auf den Schuldner, nicht auf den Gläubiger übergeht[328], und der Gläubiger den Besitz der Sachen dadurch nicht erlangt[329], so daß auch eine Veräußerung nach Abs. 5 noch nicht möglich wäre[330]. Aber das ist kein Grund, die Pfändung auszuschließen, → Rdnr. 7[331]. Sie führt zunächst zu einem Verfügungsverbot, entsprechend § 829 Abs. 1. Dieses schließt aber gutgläubigen Erwerb der Anwartschaft durch Dritte nach § 135 Abs. 2 BGB[332] ebensowenig aus wie eine Veräußerung der (noch nicht gepfändeten) Sache gemäß § 932 BGB. Ferner hat der Verkäufer als *Drittschuldner*[333] die Auskunftspflicht nach § 840[334] und muß die ihm vom Gläubiger angebotene Gegenleistung sofort (§ 271 Abs. 2 BGB) annehmen; das in § 267 Abs. 2 BGB vorbehaltene Widerspruchsrecht des *Schuldners* ist infolge der Pfändung[335] dem Gläubiger gegenüber unwirksam; denn die Vereitelung des Eintritts der Bedingung wäre eine Verfügung zum Nachteil des Gläubigers, → § 829 Rdnr. 91[336], und die Ablehnung von seiten des *Verkäufers* wäre bösliche Verhinderung des Eintritts, § 162 BGB[337]. 85

Um *die Sache* verwerten zu können, muß der Gläubiger sie zusätzlich nach § 808 pfänden lassen[338], da § 847 außer Anwendung bleibt[339] und das Pfandrecht an nach § 857 gepfändeten Anwartschaften sich nach dessen Erlöschen (Restzahlung) jedenfalls dann nicht kraft Surrogation an der Sache fortsetzt, wenn der Gläubiger diese bis dahin zu pfänden versäumte[340]. Der Gerichtsvollzieher darf das nicht ablehnen, weil für ihn nicht »offensichtlich«[341] ist, daß noch eine Restschuld besteht. Es entsteht auch sofort das Pfändungspfandrecht[342]; zum Rang → Rdnr. 88. Eine Widerspruchsklage des Verkäufers scheitert am Zahlungsangebot des Gläubigers, → Rdnr. 85 a. E. Die Sache ist nach §§ 814 ff. zu verwerten; zur Verwertung der Anwartschaft → Rdnr. 111. Das für die Restzahlung Aufgewandte fällt nicht unter § 788[343]. 86

---

[327] § 835 Abs. 2 scheidet aus, → dort Rdnr. 37 u. *Stöber*[10] Rdnr. 1494. – A. M. *Frank* NJW 1974, 2212. Wegen § 844 → Fn. 330.

[328] *BGH* (Fn. 320); allg. M.; → auch § 835 Rdnr. 32.

[329] A.M. *Baur/Stürner* Sachenrecht[16] § 59 V 4 a: § 847 entsprechend (aber es fehlt Rechtsähnlichkeit, wenn Schuldner schon besitzt, u. § 857 verdrängt doch gerade deshalb § 847, weil ein Anspruch gegen den Verkäufer (§ 846) fehlt, → Fn. 320 f.; außerdem ermächtigt § 847 nicht zur Wegnahme → dort Rdnr. 11).

[330] → Rdnr. 110 u. § 844 Rdnr. 8 ff. Denn wie bei Sachen müßte der Gerichtsvollzieher oder sonstige Veräußerer den Besitz mit übertragen, → § 817 Rdnr. 21; *Bauknecht* NJW 1954, 1750; *Blomeyer* (Fn. 319), 273, weil auch privatrechtlich §§ 929 ff. BGB gelten; *Baur/Stürner* Sachenrecht[16] § 59 V 2 a. – A.M. *Letzgus* (Fn. 319), 47; *BGH* (Fn. 320) ließ dies offen.

[331] *BGH* (Fn. 320).

[332] → § 829 Rdnr. 93 f. Hier gelten §§ 932–936 BGB entsprechend, → § 804 Rdnr. 43 u. zur Anwartschaft *Baur/Stürner* Sachenrecht[16] § 59 V 3, h. M., für den hier gemeinten Fall (existierende Anwartschaft des Veräußerers) wohl auch *Medicus* Bürgerliches Recht[16] Rdnr. 475; *Flume* (Fn. 322), 395 f. u. *Brox* (Fn. 319); 662 erörtern diesen Fall nicht. Insoweit ungenau *BGH* (Fn. 320); *Stöber*[10] Rdnr. 1490 f. u. *Zöller/Stöber*[18] Rdnr. 6. – A.M. *Wiegand* JuS 1974, 211.

[333] → Fn. 324.

[334] → dort Rdnr. 11 Fn. 46 mwN. Zur Auskunft des Schuldners → § 836 Rdnr. 12–18.

[335] Ohne sie (z. B. nur Sachpfändung) kann es nicht als arglistig, unsittlich usw. beiseitegeschoben werden, *KG* OLG Rsp 20, 349 f. – A.M. *Raacke* (Fn. 319): »Nichterwerbsverbot« als Folge der Verstrickung durch Sachpfändung.

[336] *KG* OLG Rsp 20, 350. Vgl. auch *OLG Celle* → Fn. 356.

[337] *BGH* (Fn. 320); *Brox* (Fn. 319), 664 bejaht Analogie zu § 268 BGB für rechtsgeschäftlichen Pfandgläubiger.

[338] H.M. *BGH* (Fn. 320) u. *Ascher* NJW 1955, 46 gegen *Bauknecht* NJW 1954, 1749; *Stöber*[10] Rdnr. 1490 u. die anderen Komm. – A.M. (nur § 857 Abs. 1) *Baur/Stürner* Sachenrecht[16] § 59 V 4; *Baur/Stürner*[11] Rdnr. 550 mwN. in Fn. 28, → auch zur Surrogation Fn. 340 u. 19. Aufl. Fn. 189.

[339] → Fn. 299.

[340] H.M., weil ein Besitz wie → § 808 Rdnr. 33 oder § 847 Rdnr. 12 fehlt, *BGH* (Fn. 320); *Jauernig* ZwVR[19] § 20 III 2 a.E.; *Lüke* Fälle zum Zivilverfahrensrecht (1993), 223; *Brox/Walker*[4] (1993) Rdnr. 809; *Wieczorek*[2] Anm. D I a 4; *Zöller/Stöber*[18] Rdnr. 6. Anders allerdings bei nachträglicher Besitzerlangung vor dem Eigentumsübergang → Fn. 353. – A.M. (Surrogation ohne Rücksicht auf Besitz) *Letzgus* (Fn. 319), 30 ff.; *Baur/Stürner* Sachenrecht[16] § 59 V 4 a; *Baur/Stürner*[11] Rdnr. 550; *Medicus* Bürgerliches Recht[16] Rdnr. 486, z.T. unter Berufung auf die Surrogation beim gesetzlichen Vermieterpfandrecht an Anwartschaften → § 805 Rdnr. 5 (das aber im Unterschied zu § 808 schon von Gesetzes wegen ein besitzloses ist, s. auch die Kritik von *Rothoeft* Recht und Staat Heft 323/324 (1966); *Henckel* ZZP 84 (1971), 454; *Fenn* AcP 170 (1970), 460).

[341] → § 808 bei Fn. 3.

[342] → § 804 Rdnr. 10. Dies macht die bedenkliche Konstruktion von *OLG Braunschweig* (→ Fn. 326) entbehrlich. Wie hier *Stöber*[10] Rdnr. 1496. *BGH* (Fn. 320) ließ die Frage offen.

[343] → dort Rdnr. 15. Die Begründung eines Ersatzanspruches des Gläubigers ist schwierig. Nach *Baur/Stürner*

87 De lege ferenda sollte für solche Anwartschaften die Pfändungs*form* des § 808[344] vorgesehen werden, wobei der Gerichtsvollzieher im Pfändungsprotokoll vermerkt, daß nur die Anwartschaft[345] gepfändet ist, und das Protokoll dem Verkäufer zustellt. Verstrickung von Rechten durch Sachpfändung ist der ZPO ohnehin nicht fremd, wenn Sachbesitz für Verfügungen nötig ist bzw. Rechtsschein erzeugt, §§ 821, 831. Dies würde auch gutgläubigen Erwerb im gleichen Maß wie bei Sachpfändungen von Anfang an hindern und eine Pfandrechtssurrogation wäre ohne zusätzliche Sachpfändung unbedenklich; denn sie erfordert nur Besitz des Gläubigers (Gerichtsvollziehers), nicht Pfändung des Eigentums[346]. Freilich wäre dann die Verwertung des Eigentums erst nach Bedingungseintritt zulässig[347], und für diesen Nachweis gegenüber dem Gerichtsvollzieher fehlt zur Zeit ein gesetzlich geregeltes Verfahren. Der vorläufige Nachweis der Restzahlung[348] sowie eine formularmäßige Benachrichtigung des Verkäufers durch den Gerichtsvollzieher, daß die Verwertung binnen (gesetzlich) bestimmter Frist erfolgen werde, würden genügen, denn der Verkäufer könnte immer noch den Bedingungseintritt gemäß § 771 bestreiten und rechtzeitig weiteren Aufschub nach § 771 Abs. 3 erwirken. Außerdem sollte gesetzlich angeordnet werden, daß auch für diese Rechtspfändung § 840 gilt[349], und klargestellt werden, daß eine etwa vereinbarte Pflicht des Schuldners, die Sache nicht Dritten zu überlassen, dem Besitz des Gerichtsvollziehers nicht entgegensteht[350].

88 Der **Rang** des Gläubigers (§ 804 Abs. 3) richtet sich nach der *Sachpfändung,* wenn diese seiner Anwartschaftspfändung vorausging[351] oder er die Anwartschaft nicht pfändete, weil der Verkäufer der Sachpfändung nicht rechtzeitig oder wegen der Pfändung des Anwartschaftsrechts erfolglos nach § 771 widersprach. Dies gilt auch dann, wenn der Gläubiger zuerst die Anwartschaft, aber die Sache erst nach der Restzahlung pfändet, denn die Anwartschaft samt Pfandrecht war dann schon erloschen, ehe er den Besitz erlangte[352]. Pfändet jedoch der Gläubiger die Sache, solange die von ihm zuvor gepfändete Anwartschaft noch besteht, so wahrt die *Anwartschaftspfändung* ihm kraft Surrogation den Rang[353]. Wer die Restzahlung bewirkte, ist für die Erlösverteilung unerheblich; jeder Gläubiger sollte sich daher zuvor seines Ranges vergewissern. – *Veräußerung der Anwartschaft nach Abs. 5* (→ Rdnr. 111) ist wohl nur anzuordnen, wenn ein nach dem zuvor Ausgeführten vorrangiger Gläubiger sie beantragt.

89 Solche Anwartschaftspfändungen sind selten nötig: Pfändet der Gläubiger bedingt übereignete Sachen, weil andere nicht ausreichen oder der Eigentumsvorbehalt erst später aufgedeckt wird, so erfährt er in der Regel durch den Schuldner oder Verkäufer die Restschuld und gibt die Sache frei, wenn die Restzahlung den voraussichtlichen Erlös erreichen würde[354] oder vorrangige Rechte ersichtlich sind. –

Sachenrecht[16] § 59 V 4 a Fn. 3 sollen §§ 683, 670 BGB anwendbar sein, was wohl an § 681 S. 1 BGB scheitert. Als Anspruchsgrundlage bietet sich aber § 286 Abs. 1 BGB an. Nach *Flume* AcP 161 (1962), 403 gelten § 268 Abs. 3, §§ 412, 401 BGB entsprechend. – A. M. *Jauernig*[19] § 20 III 2 a. E.; *Baumbach/Hartmann*[52] Grundz § 704 Rdnr. 60 »Anwartschaft« A a.

[344] Sie wird von vielen schon de lege lata befürwortet → 19. Aufl. Fn. 191, ferner *Brox/Walker*[4] (1993) Rdnr. 812 ff.

[345] Nicht das Sacheigentum, so daß Rechtswidrigkeit der Pfändung nicht in Frage steht. Das wird z. B. von *Baur/Stürner*[11] Rdnr. 550 u. *Ascher* NJW 1955, 47 f. übersehen. Daher scheidet auch das Widerspruchsrecht (→ Fn. 335) aus; *Brox* (Fn. 319), 665.

[346] Vgl. *BGH* (Fn. 320): Surrogation mangels Besitz abgelehnt.

[347] So auch *Brox/Walker*[4] (1993) Rdnr. 813. Analogie zu §§ 772 f. (so *Münzel* MDR 1959, 350; s. auch *Kupisch* JZ 1976, 427) ist daher entbehrlich.

[348] Wie → § 775 Rdnr. 14 ff.

[349] Durch Zustellung des Protokolls, in den die Anwartschaft vermerkt ist, oder eines Überweisungsbeschlusses, falls man diesen nach dem Vorbild des § 831 für erforderlich hält.

[350] Soll die Vereinbarung die Pfändung der Anwartschaft verhindern, gilt § 851 Abs. 2 entsprechend.

[351] Insoweit richtig *Stöber*[10] Rdnr. 1496. – Für die Lehre, an schuldnerfremden Sachen entstehe kein Pfandrecht (→ dazu § 804 Rdnr. 15), ist die Rangfolge problematisch; s. einerseits *Jauernig* ZV[19] § 20 III 2 a. E. (Rangwahrung durch Anwartschaftspfändung trotz Ablehnung einer Surrogation!); andererseits *Reinicke* MDR 1959, 616 f. (Rangwahrung mit Surrogation, falls Sache vor Bedingungseintritt gepfändet); wieder anders *Bauknecht* NJW 1954, 1750: gleicher Rang für alle Pfändungen vor Bedingungseintritt, → auch § 804 Rdnr. 11, 38.

[352] Nur für diesen Fall verneinte *BGH* (Fn. 320) die Surrogation u. damit den Vorrang der Anwartschaftspfändung, → Fn. 340 (auch zu abweichenden Ansichten, die Surrogation ohne Besitz annehmen u. danach auch den Rang bestimmen).

[353] So richtig *Reinicke* (Fn. 351) u. *Brox* (Fn. 319), 665, wohl auch *Gerhardt*[2] § 10 II 3; im Ergebnis ebenso alle, die Surrogation zu weitgehend bei jeder Anwartschaftspfändung annehmen → Fn. 340 a. E.; sowie *Jauernig* u. *Lüke* (beide Fn. 340). – A. M. *Schumann* ZPO-Klausur (1981) Rdnr. 621; wohl auch *Stöber*[10] Rdnr. 1496.

[354] Dessen Zahlung nicht unter § 788 fällt → Rdnr. 86 a. E.

Andernfalls pflegen Verkäufer die Restschuld auch ohne Anwartschaftspfändung gern anzunehmen, so daß diese nur nötig wird, wenn der Verkäufer die Zahlung nicht annimmt und etwa die Klage nach § 771 androht.

Zur *Pfändung des Abzahlungsgutes seitens des Verkäufers* (Eigentümers), das dem VerbraucherkreditG unterliegt, → § 804 Rdnr. 13, § 814 Rdnr. 12, wegen § 811 in diesen Fällen → dort Rdnr. 15, und zur Verwertung von Abzahlungsgut → § 814 Rdnr. 12, § 825 Rdnr. 17. **90**

Sind **Sicherungsübereignungen** auflösend bedingt durch Befriedigung des gesicherten Anspruchs, so ist die Anwartschaft auf den Rückfall des Eigentums wie das Anwartschaftsrecht des Vorbehaltskäufers (→ Rdnr. 84 ff.) pfändbar[355]. Meist besteht jedoch nur ein Anspruch auf Rückübereignung; zur Pfändung → Rdnr. 79 Fn. 293, zur Bestimmtheit und über den Fall, daß nach Verwertung dem Schuldner ein überschießender Erlös zusteht, → § 829 Rdnr. 48 mit Fn. 270. Sachpfändung allein könnte auch hier an § 771 scheitern; in der Praxis genügt sie aber oft aus tatsächlichen Gründen. Ist unsicher, ob dem Schuldner der Anspruch oder die Anwartschaft zusteht, so pfändet man beide, → § 829 Rdnr. 37, 40 jeweils a. E. Ein Widerspruch des Schuldners nach § 267 Abs. 2 BGB scheidet in beiden Fällen aus[356]. Das zur Restschuldzahlung Aufgewandte fällt nicht unter § 788. **91**

10. Anwartschaft bei Grundstücken

Die durch Auflassung und Eintragungsbewilligung erlangte **Anwartschaft auf den Grundstückserwerb** ist nach h. M. jedenfalls pfändbar[357], wenn sie schon durch den (noch nicht erledigten) Eintragungsantrag des Schuldners nach § 17 GBO verfahrensrechtlich gesichert und dadurch zu einem Anwartschafts*recht* verdichtet[358] oder der Anspruch auf Übereignung vorgemerkt ist[359]. Ihre Pfändung sollte jedoch entgegen der jetzt h. M. auch dann zugelassen werden, wenn der Eintragungsantrag nur vom Veräußerer oder noch gar nicht gestellt oder vom Grundbuchamt zurückgewiesen und noch keine Vormerkung eingetragen ist, mag diese Anwartschaft auch in diesem Stadium noch kein nach § 823 Abs. 1 BGB geschütztes Recht sein[360]. Zu pfänden ist nach § 857 Abs. 2 durch Zustellung an den Auflassungsempfänger (Erwerber)[361]. Mit Eintragung des Schuldners[362] als Eigentümer entsteht eine Sicherungshypothek entsprechend § 848 Abs. 2 S. 2, § 857 Abs. 1[363]; ihr gehen nach h. M.[364] die zugunsten des Veräußerers bewilligten Belastungen vor, die schon eingetragen sind oder nach § 16 Abs. 2 GBO vor Eintragung des neuen Eigentümers zu erledigen sind. Hat der Schuldner aufgrund einer Ermächtigung das Grundstück (z. B. zur Kaufpreisfinanzierung) belastet, geht das von ihm vor der Pfändung bestellte Grundpfandrecht der Sicherungshypothek im Range vor. Belastungen, die er nach der Pfändung bestellt, beeinträchtigen die Rechtsstellung des **92**

---

[355] *Stöber*[10] Rdnr. 1506. Falls der Schuldner nicht besitzt, → Fn. 321.
[356] OLG Celle NJW 1960, 2196 = JR 345 = DB 1155 = NdsRpfl 178; *Stöber*[10] Rdnr. 1504.
[357] A.M. *Hieber* DNotZ 1959, 350; *Kuchinke* JZ 1964, 145; *Löwisch/Friedrich* JZ 1972, 302 f.: nur § 848 (u.a. wegen Gefährdung des Eigentümers nach rechtsgrundloser Auflassung).
[358] BGHZ 49, 197 = NJW 1968, 493.
[359] OLG Hamm NJW 1975, 879; vgl. auch BGHZ 83, 396 = NJW 1982, 1640. OLG Düsseldorf Rpfleger 1981, 199 läßt schon bindende Einigung u. Eintragungsantrag genügen. Krit. zur Vormerkung als Voraussetzung der Pfändbarkeit *Münzberg* FS für Schiedermair (1976), 455 f.; *Eickmann* Rpfleger 1981, 200 f.; *Reinicke/Tiedtke* NJW 1982, 2285; vgl. auch *Vollkommer* Rpfleger 1972, 18.

[360] A.M. *BGH* WPM 1975, 255; krit. *Münzberg* (Fn. 335) 439, 442 f., → auch § 848 Rdnr. 6. – Wie hier die bisher h.M., *Soergel/Stürner* BGB[12] § 873 Rdnr. 14; *Stöber*[10] Rdnr. 2067.
[361] BGHZ 49, 197 ff. ausführlich mit Gegenansicht. → dazu auch Fn. 324.
[362] Ohne Sequester; → § 792 u. zum Antragsrecht des Gläubigers *OLG München* BayJMBl 1953, 10; *LG Düsseldorf* Rpfleger 1985, 306 (Anm. *Münzberg* aaO mwN auch zu § 18 GBO u. zur Eintragung bei der Vormerkung). Siehe auch *BayObLG* Rpfleger 1986, 50 (Verpfändung).
[363] BGHZ 49, 197 ff. (Fn. 358), h.M. – A.M. *J. Blomeyer* Rpfleger 1970, 228 ff. besonders Fn. 45 (nur durch erneute Auflassung); *Ronke* FS für Nottarp (1961), 103 f.
[364] LG Fulda Rpfleger 1988, 252; *Stöber*[10] Rdnr. 2059.

Gläubigers und sind diesem gegenüber unwirksam; ein Rangproblem stellt sich daher nicht[365]. Sicherer ist Doppelpfändung, → § 848 Rdnr. 6!

11. Anwartschaft auf Forderungserwerb

93 Sind Forderungen (etwa sicherungshalber) so abgetreten, daß sie nach Eintritt einer Bedingung von selbst dem Zedenten wieder zufallen sollen (§§ 158, 161 BGB), so entsteht für ihn eine vermögenswerte und veräußerliche **Anwartschaft auf Forderungserwerb**, die durch Zustellung an den Zedenten nach Abs. 2 gepfändet werden kann. Nach Eintritt der Bedingung entsteht dann ein Pfändungspfandrecht[366] an der Forderung mit dem Rang des Pfändungszeitpunktes[367]. Die vom Schuldner zurückerwartete Forderung kann aber hier auch als *künftige* oder bedingte nach Abs. 1 oder, falls sie Geld- bzw. Sachforderung ist, nach § 829 bzw. §§ 846 ff. gepfändet werden, → § 829 bei Fn. 271 f., auch zur vorsorglichen Doppelpfändung, die einer Übertragung der Anwartschaft an Dritte vorbeugt[368]; → aber auch Rdnr. 95.

94 Gleiches gilt für eine (praktisch kaum vorkommende) auflösend bedingte Sicherungsabtretung einer *Grundschuld*[369]; jedoch ist auch diese Anwartschaft in der gleichen Form zu pfänden wie das Vollrecht, → dazu Rdnr. 48 und für die Anwartschaft des Eigentümers Rdnr. 60 ff.

95 Anwartschaften auf Forderungserwerb entstehen freilich nur dann, wenn die auflösend bedingte Abtretung überhaupt wirksam geworden ist, bei Vorausabtretungen also erst mit Entstehung der abgetretenen Forderung. Soweit **künftig wiederkehrende** Anspruchsraten (z. B. Arbeitseinkommen) von einer Vorausabtretung nicht ergriffen sind, weil die *gesicherte* Forderung bereits getilgt ist, werden sie von einer Anwartschaftspfändung nicht erfaßt; sie können nur als künftige Ansprüche des Schuldners je nach Inhalt gemäß § 829 Abs. 2, §§ 846 ff. oder § 857 Abs. 1 durch Zustellung an den Drittschuldner gepfändet werden.

12. Bezugsrecht des Aktionärs

96 Das Bezugs*recht* des Aktionärs ist als Teil des Mitgliedschaftsrechts von der Pfändung der alten Aktie (→ § 808 Rdnr. 1) erfaßt[370], aber nicht selbständig pfändbar. Der Gläubiger kann das Bezugsrecht nicht selbst ausüben[371]. Der nach Ausübung des Bezugsrechts entstehende schuldrechtliche *Bezugsanspruch* ist zwar pfändbar, aber als künftiges Recht erst ab dem Wirksamwerden des Beschlusses über die Kapitalerhöhung (→ auch § 829 Rdnr. 8). Auch die *neue Aktie* ist erst nach Wirksamwerden der Kapitalerhöhung pfändbar, arg. § 191 S. 1 Alt. 1 AktG.

Bezieht der Schuldner die jungen Aktien in Stücken, so ist nach § 847 zu verfahren[372]; im Falle des § 186 Abs. 5 AktG genügt ein gesondertes Sammeldepot des Schuldners, an dem sich das am Bezugsan-

---

[365] Das gilt jedenfalls dann, wenn der Erwerber durch Vormerkung gesichert war; ohne diese Einschränkung BGHZ 49, 197.
[366] Anders als dort besteht hier kein pfändbarer Anspruch auf Rückabtretung; die Interessenlage gleicht insoweit derjenigen zu → Fn. 363, aber der Forderungserwerb des Schuldners ist bereits Surrogat seiner gepfändeten Anwartschaft, → Rdnr. 107.
[367] *Börker* NJW 1970, 1105 f.
[368] Dazu *Börker* (Fn. 367) zu II 1 c. Doppelpfändung ist umso wichtiger, seit die Auslegungspraxis den Unterschied zwischen auflösender Bedingung u. Rückabtretung verwischt u. »stillschweigende« Rückabtretung ohne zugehende Erklärungen anerkennt; vgl. BGH NJW 1986, 977 = WPM 366.
[369] *H. Schneider* (Fn. 234).
[370] *Wiedemann* Großkomm. AktG³ § 216 Anm. 13 nimmt dies nur dann als sicher an, wenn die Erhöhung des Kapitals aus Gesellschaftsmitteln erfolgt, ihm folgend *Stöber*[10] Rdnr. 1607. Aber der Bezugsanspruch gehört zum Substanzwert der Altaktie u. darf dem Pfandgläubiger nicht entzogen werden. Veräußerung der gepfändeten Aktie (§ 821) nebst Bezugsrecht muß daher möglich bleiben, wenn der Schuldner es nicht ausübt. Ob der Gläubiger es selbst ausüben kann, ist eine andere Frage, → Fn. 371. Müssen zur Ausübung durch den Schuldner die Aktien oder Kupons vorgelegt werden, so muß der Gläubiger sie bei der Bezugsstelle einreichen, *Lutter* Kölner Komm. zum AktG² (1985) § 186 Rdnr. 18 für Verpfändung.
[371] *Wiedemann* (Fn. 370) Anm. 9 b zu § 186; *Lutter* (Fn. 370) Rdnr. 18 für Verpfändung; *Stöber*[10] Rdnr. 1607 Fn. 20. Der Schuldner würde hier mit neuen Pflichten (Einlagen) beschwert, → auch Fn. 8 u. § 851 Fn. 144, 156 f.
[372] *Stöber*[10] Rdnr. 1607 (§ 857 Abs. 1).

spruch entstandene Pfandrecht entsprechend §§ 847, 848 (jeweils Abs. 2) fortsetzt, → Rdnr. 107. Zur Verwertung → Rdnr. 103 a. E. und Fn. 436.

Für Bezugsrechte der Gesellschafter einer **GmbH**[373] gilt das → Rdnr. 96 Ausgeführte entsprechend.

III. Das Verfahren

1. Die Pfändung der unter § 857 fallenden Rechte erfolgt nach §§ 828 ff., und zwar 97
a) durch **Zustellung** des Pfändungsbeschlusses an den **Drittschuldner**, sofern ein solcher vorhanden ist[374], oder doch *entsprechend* § 829 an Dritte, gegenüber denen das Recht besteht; so die Mitberechtigten bei Anteilsrechten[375], bei Bruchteilsgemeinschaft an Forderungen aber (zumindest auch) der Drittschuldner[376], Miterben (→ § 859 bei Fn. 162), bei Lizenzen (→ Rdnr. 35) der Lizenznehmer, bei nicht »dinglichen« Verlegerrechten an einzelnen Werken die Verfasser[377], der Eigentümer bei Dauerwohnrecht[378] und Nießbrauch[379], der Vorerbe beim Recht des alleinigen Nacherben (→ Rdnr. 57)[380], der Käufer beim Wiederkaufsrecht[381], beim Aktienbezugsrecht (→ Rdnr. 96) die Gesellschaft[382], im Falle des mittelbaren Bezugsrechts gemäß § 186 Abs. 5 AktG das Kreditinstitut[383]. Ist jedoch die Vorlage eines Kupons (Dividendenscheins) bei der Gesellschaft (§ 186 Abs. 1 AktG) erforderlich, so wird man wohl die §§ 808 f. anwenden müssen[384]. Bei der Anwartschaft aus bedingter Übereignung ist an den Verkäufer zuzustellen. Über den Gläubiger als Drittschuldner → § 829 Rdnr. 122; der Schuldner kann nicht Drittschuldner sein[385]. Zu den Pfändungswirkungen → Rdnr. 106.

b) Ist ein solcher Dritter nicht vorhanden, wie bei Patent-[386], Gebrauchsmuster-[387], Ge- 98
schmacksmuster-[388], Warenzeichen-, Urheber- und (dinglichen) Verlegerrechten[389], Lizenzen[390], genügt (→ aber Rdnr. 99) die Zustellung **an den Schuldner, Abs. 2**[391]. Das Gebot, sich jeder Verfügung zu enthalten, ist hier anders als bei § 829[392] ein für die Wirksamkeit der Pfändung wesentlicher Bestandteil des Beschlusses[393]. Folglich gilt das für Drittschuldner im Ausland Ausgeführte (→ § 829 Rdnr. 24 f.), hier für *Schuldner mit Wohnsitz oder Aufenthalt im Ausland*, entsprechend. Jedoch ist eine etwa erforderliche *öffentliche Zustellung* (§ 829

---

[373] Dazu *Zöllner* in *Baumbach/Hueck* GmbHG¹⁴ § 55 Rdnr. 13 ff. mwN.
[374] Wie bei den Ansprüchen → Rdnr. 30, 78–83.
[375] Obiter *BGH* (Fn. 320) mwN zum Miteigentum, h.M. MünchKommBGB²-*K. Schmidt* § 747 Rdnr. 34 mwN, aber str., daher auf wirksame Zustellung auch an Schuldner (Abs. 2) achten! Übersicht → Rdnr. 17, zu Gesellschaftsanteilen → § 859 Fn. 16, 97.
[376] *LG Oldenburg* Rpfleger 1983, 79; *Stöber*¹⁰ Rdnr. 1549 zu Fn. 15; *Staudinger/Huber* BGB¹² § 741 Rdnr. 57, § 747 Rdnr. 48. – A.M. MünchKommBGB²-*K. Schmidt* § 741 Rdnr. 51 Fn. 186; *Liesecke* WPM 1975, 317; daher auch Zustellung an Mitberechtigte ratsam.
[377] *Leiss* (Fn. 166) Rdnr. 55; *Bappert/Maunz/Schrikker* (Fn. 75) § 28 Rdnr. 33; anders bei dinglichen → Fn. 389.
[378] *Stöber*¹⁰ Rdnr. 1525; zur Eintragung → Fn. 135 f.
[379] RGZ 74, 83, 85 (dort an Hypothek); *Stöber*¹⁰ Rdnr. 1710, allg. M. Zur Eintragung → Fn. 135 f.
[380] *OLG Nürnberg* MDR 1953, 688; *Falkmann/Hubernagel*³ Anm. 7 (S. 809); *Stöber*¹⁰ Rdnr. 1657 (ausführlich); MünchKommBGB²-*Grunsky* § 2100 Rdnr. 32. – Anders die h.M.: § 857 Abs. 2; *KG* OLG Rsp 26, 332 f.; KGJ 42, 241; *Palandt/Edenhofer* BGB⁵³ vor § 2100 Rdnr. 6; *Meikel/Bühler* GBO⁷ § 51 Rdnr. 150; *Kuntze/Ertl/Herrmann/Eickmann* Grundbuchrecht⁴ § 51 Rdnr. 31.
[381] *Stöber*¹⁰ Rdnr. 1789 a.

[382] *Stöber*¹⁰ Rdnr. 1607. In beiden Fällen ist wegen der üblichen Anonymität der Abwicklung auch Zustellung an die depotführende Bank des Schuldners ratsam → Rdnr. 99, damit sie dem Drittschuldner die Beachtung des § 829 Abs. 1 ermögliche.
[383] Die Übertragbarkeit erfolgt nach § 398 BGB, vgl. *Lutter* (Fn. 370) Rdnr. 88.
[384] Denn auch für die Übertragung gelten dann §§ 929 ff. BGB; *Lutter* (Fn. 370) Rdnr. 10 → § 821 Rdnr. 2.
[385] RGZ 43, 427.
[386] → bei Fn. 89, aber auch bei Fn. 397.
[387] Vgl. *Reimer* PatG u. GebrMG³ § 13 GebrMG Anm. I (Bearb. *Trüstedt*) u. *Reimer* aaO § 9 PatG Rdnr. 119.
[388] *Furler* GeschmMG⁴ § 3 Rdnr. 22.
[389] *Leiss* (Fn. 166) Rdnr. 55; *Bappert/Maunz/Schrikker* (Fn. 75) § 28 Rdnr. 33; zu nicht dinglichen → bei Fn. 377.
[390] *Reimer* (Fn. 387) § 9 PatG Rdnr. 119 a. E.; *Tetzner* PatG² (1951) § 9 Rdnr. 91; wohl auch *Lindenmaier* (Fn. 160) § 9 Rdnr. 62.
[391] → auch Rdnr. 44, 46, 52, 56 (Versteigerungserlöse), Rdnr. 61 f. (Eigentümergrundschuld, Fn. 324, 361 und Rdnr. 93 (Anwartschaften).
[392] → § 829 Rdnr. 52 a. E.
[393] *KG* JW 1936, 3335³⁸. Wegen zusätzlicher einstweiliger Verfügungen → Rdnr. 106.

Abs. 2 S. 1) hier zulässig, da der Schuldner »Partei« i. S. v. § 203 ist³⁹⁴, während im Bereich des Abs. 2 die Aufgabe zur Post (§ 829 Abs. 2 S. 4) ausscheidet, weil sie bei Vorhandensein eines Drittschuldners unzulässig ist³⁹⁵ und die Zustellung nach Abs. 2 der Drittschuldnerzustellung entspricht³⁹⁶.

99 Darüber hinaus kann es ratsam sein, die Pfändung solchen **Dritten mitzuteilen**, von denen entweder Leistungen an den Schuldner zu befürchten sind (→ auch § 829 Rdnr. 50) oder die sonstwie auf das gepfändete Recht Einfluß nehmen können, vor allem wenn streitig ist, ob solche Personen wie Drittschuldner zu behandeln sind. Sind solche Mitteilungen geeignet, Gefahren für den Gläubiger abzuwenden, dann ist auch eine Zustellung als notwendig i. S. d. § 788 anzusehen. So z. B. die Pfändungsmitteilung an das Patentamt → Rdnr. 20 f.³⁹⁷, an den Vorerben³⁹⁸, an den Schuldner des Drittschuldners → Fn. 173, an das Vollstreckungsorgan in den Fällen → Rdnr. 44 bei Fn. 186, → auch § 829 Rdnr. 23 a Fn. 140, Rdnr. 50 Fn. 283.

100 c) **Grundschulden** usw. und – nach h. M. – die Eigentümerhypothek sind gemäß § 830 zu pfänden, → Rdnr. 47–50, 59–71. Bei **Dauerwohnrechten** ist die Eintragung der Pfändung im Grundbuch entsprechend § 857 Abs. 6 erforderlich³⁹⁹.

101 d) Rechte, die **in einer Urkunde verkörpert sind**, wie das zur Ausfüllung eines *Blankoakzeptes* → Rdnr. 77, sind entsprechend § 831 zu pfänden, → dort Rdnr. 3 Fn. 7, oben Fn. 197.

102 e) Endlich wird nach **Abs. 4**, wenn eine Verwaltung angeordnet ist (→ Rdnr. 112), die Pfändung auch durch **Übergabe der Sache an den Verwalter** bewirkt, wenn sie nicht schon vorher durch Zustellung wirksam wurde; so z. B. bei Nießbrauch⁴⁰⁰ oder Leasing⁴⁰¹. Die Zustellung selbst wird dadurch nicht erübrigt (vgl. den ähnlichen Fall → § 858 Rdnr. 5).

103 2. Die (zur Wirksamkeit der Pfändung nicht erforderliche) Herausgabe der Patenturkunde kann durch **Hilfspfändung** nach § 836 Abs. 3 erzwungen werden. Die Vorschrift ist entsprechend anzuwenden⁴⁰², wenn der Gläubiger bei der Pfändung von Urheberrechten Originale (etwa Handschriften) und Verbreitungsvorrichtungen (etwa Filmnegative) zur Verwertung des Rechts benötigt; s. dazu §§ 114 (besonders Abs. 2 Nr. 1), 116, 119 UrhG, aber auch § 9 Abs. 5 GeschmacksmusterG. Nach § 114 Abs. 2 UrhG (ohne besondere Einwilligung) gepfändete Originale muß der Gläubiger zurückgeben, wenn er sie nicht mehr benötigt, arg. § 114 Abs. 2 S. 2 UrhG. Dabei ist aber zu beachten, daß das dingliche Recht am Gegenstande – anders als bei den Urkunden, § 952 BGB – nicht dem Urheberrecht zu folgen braucht. Soweit danach gegen den Besitzer des Gegenstandes, z. B. eines Filmnegativs, ein Herausgabeanspruch nicht besteht, wird nur ein Anspruch auf vorübergehende Benutzung zwecks Anfertigung der Vervielfältigung anzuerkennen sein⁴⁰³; zum Rückgewähranspruch und seiner Durchsetzung → § 836 Rdnr. 16. → auch § 847 Fn. 5 zu Patentmodellen.

Ist bei der Zwangsvollstreckung in Bezugsrechtsansprüche (→ Rdnr. 96) als Nachweis ein Dividendenschein beim Kreditinstitut vorzulegen (→ Fn. 370), der noch nicht gepfändet ist, so gilt auch dafür § 836 Abs. 3.

104 3. Nach Abs. 1 ist die **Vorpfändung** unter §§ 857–863 fallender Rechte entsprechend § 845 möglich, auch wenn ein Drittschuldner fehlt, → § 845 Rdnr. 8, 25 jeweils a. E. Jedoch muß der Gerichtsvollzieher hier wegen **Abs. 7**⁴⁰⁴ die Benachrichtigung nicht auf Antrag selbst anferti-

---

³⁹⁴ → § 845 Rdnr. 8 a. E.
³⁹⁵ *Stöber*¹⁰ Rdnr. 531; *Schack* Rpfleger 1980, 176.
³⁹⁶ A.M. *Smoschewer* JR 1927, 467.
³⁹⁷ *Tetzner* (Fn. 88) § 9 Anm. 79 Fn. 358; *Stöber*¹⁰ Rdnr. 1721, der in Rdnr. 1724 gegen die h. M. auch für die Eintragung des Pfandrechts in die Patentrolle eintritt.
³⁹⁸ Ohnehin im Falle → Fn. 380; aber auch dann, wenn die Anwartschaft nur einen Nachlaßteil erfaßt u. daher grundsätzlich nur die Miterben Drittschuldner sind → § 859 Fn. 162.
³⁹⁹ *Stöber*¹⁰ Rdnr. 1525 mwN. → auch Rdnr. 33.

⁴⁰⁰ → Rdnr. 28.
⁴⁰¹ → Rdnr. 30.
⁴⁰² → auch Fn. 308 zur Analogie für Schlüssel.
⁴⁰³ Näheres s. *Smoschewer* ZZP 52 (1927), 51 ff. (im wesentlichen wie hier). Vgl. auch *Ulmer* Urheber- und VerlagsR⁴ § 62; *Erffa* GRUR 1926, 413.
⁴⁰⁴ Er schließt § 845 Abs. 1 S. 2 (→ dort Rdnr. 6) wegen etwaiger rechtlicher Schwierigkeiten für GV aus, BT-Drucks. 7/3838 S. 10 f., und zwar für alle in § 857 Abs. 1 genannten Rechte, also auch für §§ 859–863, obwohl nur § 858 ausdrücklich auf § 857 verweist.

gen; daß es ihm nicht erlaubt sei, ergibt sich aber weder aus dem Wortlaut noch aus der Gesetzesgeschichte[405]. Anders die h. M.[406]. Abs. 7 trifft nicht zu, wenn bei Pfändungen gemäß §§ 829–848 lediglich die Nebenrechte → Rdnr. 3 f., § 829 Rdnr. 80 f. mitgepfändet werden oder Hilfspfändungen nötig sind wie → Rdnr. 5, 66, 82, 103 oder § 821 Rdnr. 4, § 830 Rdnr. 13 f.[407].

4. Zum Pfändungsverfahren → § 829 Rdnr. 31–53 (Gesuch und Beschluß), 55–61 (Zustellung), 124 (mehrfache Pfändung; Zustellung des Beschlusses an den etwa eingesetzten Verwalter, → Rdnr. 102, 112, genügt hierbei nicht), § 834 (Gehör des Schuldners). Über **Rechtsbehelfe** → § 829 Rdnr. 53 f. (Parteien), 101 ff. (Drittschuldner), ferner § 766 Rdnr. 3, 12 ff. Zu **Kosten und Gebühren** → § 829 Rdnr. 125.

105

IV. Pfändungswirkungen

Für die **Pfändungswirkungen** gelten die Bem. zu §§ 803 f. und § 829 Rdnr. 65 ff. entsprechend. Soweit trotz der Verbote von Verfügungen des Schuldners oder Leistungshandlungen des Drittschuldners (→ § 829 Rdnr. 89 ff., 101 ff.) dem Gläubiger nachteiliges Verhalten zu befürchten ist, kommen daneben einstweilige Verfügungen in Betracht, → z. B. Fn. 310, 431. Auch wenn das Recht nur der Ausübung nach übertragbar ist, → Rdnr. 15, 28–30, entsteht das Pfandrecht am Recht selbst, nicht nur an der Ausübungsbefugnis. Bestehende Belastungen des Rechts sind auch gegenüber dem Gläubiger wirksam, → § 829 Rdnr. 92, z. B. beim Nießbrauch die Verwendung der Früchte zur Bestreitung von Abgaben und Hypothekenzinsen[408], bei Eigentümerhypotheken die nach § 1179 BGB vorgemerkten[409] oder gemäß §§ 1179 a, b BGB bestehenden Ansprüche auf Löschung[410]; für Ansprüche des Eigentümers auf Rückübertragung von Fremdgrundschulden → aber Rdnr. 79 a. E.

106

Geht das gepfändete Recht unter, so erlischt auch das Pfandrecht[411], sofern nicht eine Surrogation eintritt, z. B. nach § 92 ZVG oder bei sonstigen Veräußerungen zum Zwecke der Befriedigung des Gläubigers, → Übersicht vor Rdnr. 1 unter »Surrogation«. Das Pfandrecht an dem vor Patentanmeldung gepfändeten Erfinderrecht setzt sich nach Anmeldung an der Anwartschaft fort → Rdnr. 20, dasjenige an der Anwartschaft wird nach Patenterteilung zum Pfandrecht am Recht aus dem Patent[412]. Zur entsprechenden Anwendung der §§ 847 Abs. 2, 848 Abs. 2 → Rdnr. 79, 92 f., 96.

107

V. Die Verwertung

1. Überweisung zur Einziehung nach §§ 835 f. kann erfolgen, soweit das Recht von einem anderen als dem Schuldner ausgeübt werden kann. Dies ist auch bei Verleger-[413] und Urhe-

108

---

[405] Abs. 7 beschränkt nur den sachlichen Umfang der 1979 neu eingeführten **Pflicht** zur Vertretung des Gläubigers nach § 845 Abs. 1 S. 2 (»hat«). Die **Erlaubnis** dazu hatte aber der GV nach h. M. schon früher, → 19. Aufl. § 845 Fn. 16 ff. Der damals nur auf Förderung der ZV bedachte Gesetzgeber hat wohl kaum diese bisherige Tätigkeit des GV einschränken sondern ihn und den Fiskus (→ § 753 Rdnr. 7) nur vor den Risiken → Fn. 404 schützen wollen; daher im Bereich des Abs. 7 keine Amtshaftung zugunsten des Gläubigers, er allein trägt das Risiko, auch im Verhältnis zum Schuldner → Rdnr. 24 vor § 704.

[406] Für Anfechtbarkeit *Baumbach/Hartmann*[52] Rdnr. 19, *Thomas/Putzo*[18] Rdnr. 15. Sogar für Nichtigkeit *Zöller/Stöber*[18] Rdnr. 4; obwohl *Stöber*[10] Rdnr. 803 a. E. richtig erkennt, daß die vom GV »auftragsgemäß wahrgenommene Gläubigerbefugnis keine anderen Wirkungen äußern kann als die vom Gläubiger selbst betriebene Vorpfändung«; also muß jene auch gültig sein, wenn diese es wäre!

[407] Vgl. auch *Seip* DGVZ 1979, 36.

[408] RGZ 56, 390 f.

[409] OLG Kassel SA 65, 411; vgl. auch RGZ 57, 211 für von vornherein nicht valutierten Hypothekenteil. Ebenso für Eigentümergrundschulden, die durch Zahlung auf die Grundschuld entstehen oder zur Zeit der Eintragung der Löschungsvormerkung schon dem Schuldner zustanden.

[410] Näheres bei *Stöber*[10] Rdnr. 1922 ff.

[411] RGZ 64, 214 f. → aber auch § 829 Rdnr. 93–96, § 835 Rdnr. 32.

[412] BGH (Fn. 95); *Göttlich* MDR 1957, 12; *Reimer* (Fn. 387) § 9 PatG Rdnr. 117; *Stöber*[10] Rdnr. 1720 f.

[413] *Leiss* (Fn. 166) Rdnr. 56 f. (§ 835 oder § 844).

berrechten[414], nicht aber bei der Anwartschaft auf Erteilung eines Patents (→ Rdnr. 20) möglich[415]. Sind nur bestimmte Personen fähig, an die Stelle des Schuldners zu treten, so muß der Gläubiger zu ihnen gehören[416]. Weiter muß es sich um konkrete Einzelbefugnisse (nicht Anteilsrechte als solche) handeln, die Dritten gegenüber ausgeübt werden können[417]. Daß der Gläubiger damit *unmittelbar* zu Geld gelangt, ist nicht notwendig, → Rdnr. 7. Er kann dann zum Zwecke der Einziehung die Rechte des Schuldners zur *Kündigung*[418] bzw. *Auseinandersetzung*[419] ausüben, aber vorbehaltlich abweichender Vorschriften[420] immer nur diejenige Leistung verlangen, zu der der Schuldner berechtigt war, → § 835 Rdnr. 14 und zu Verfahrensbefugnissen § 835 Rdnr. 21 ff. Bei der Pfändung des Anspruchs auf *Grundbuchberichtigung* (→ Rdnr. 82) kann er daher nur die Eintragung des *Schuldners*, nicht etwa seine eigene, beanspruchen[421], aber auch dessen Recht nach § 899 BGB ausüben, bei der Pfändung eines *Wechselblanketts* (→ Rdnr. 77) nur den Namen des Schuldners eintragen[422], bei der Pfändung von *Eigentumsanwartschaften* nur diesen zum Eigentümer machen, → Fn. 328, 362. Bei der Pfändung von Ansprüchen auf *Übertragung von Rechten*[423] kann er diese – vorbehaltlich der Überweisung an Zahlungs Statt (→ Rdnr. 109) – nur zugunsten des Schuldners verlangen; zur Einschaltung eines Sequesters entsprechend § 848 Abs. 2 → Fn. 297. Setzt sich hierbei das Pfandrecht fort an dem vom Drittschuldner geleisteten *Recht*[424], so ist fraglich, ob *dessen* Überweisung eines zusätzlichen Ausspruchs bedarf[425]; jedenfalls sollte dieser beantragt werden und das Gericht kann ihn zusammen mit der Überweisung des gepfändeten Anspruchs erlassen für den Fall der Erfüllung[426]. Zur Veräußerung des gepfändeten Rechts berechtigt die Überweisung zur Einziehung nicht, → Rdnr. 110[427]. Bei *Grundschulden* usw.[428] ist die Überweisung nicht in das Grundbuch einzutragen, → § 837 Rdnr. 2.

109 Eine **Überweisung an Zahlungs Statt** ist gemäß Abs. 1 mit § 835 Abs. 1 nur möglich, wenn das Recht einen bestimmten Nennwert hat, z. B. die Eigentümerhypothek; → § 835 Rdnr. 39 f. Aus der Eigentümergrundschuld kann der Pfändungsgläubiger trotz § 1197 Abs. 1 BGB auch

---

[414] *Hubmann/Rehbinder* Urheber- und Verlagsrecht[7] § 61 I 3.
[415] Ganz h. M., Präsident des Patentamts GRUR 1950, 294; *Klauer/Möhring* (Fn. 88) § 9 Rdnr. 91; *Benkrad/Ballhaus/Bruchhausen* (Fn. 88) § 15 Rdnr. 29; *Tetzner* (Fn. 88) § 9 Anm. 78 (anders noch JR 1951, 168); *Stöber*[10] Rdnr. 1725: nur § 857 Abs. 5, § 844. – A. M. *Hubmann* FS für H. Lehmann II (1956), 834 f. u. 18. Aufl. zu Fn. 134 a. Der Gläubiger wird jedoch nach h. M. nicht Beteiligter im Anmeldungsverfahren u. kann bei nicht offengelegten oder bekanntgemachten Anmeldungen ein Recht auf Akteneinsicht u. -abschrift oder sonstige Auskünfte nur durch Klage gegen den Schuldner (Anmelder) geltend machen, § 836 Abs. 3, BPatGerE 6, 220; a. M. *Stöber*[10] Rdnr. 1720 f.
[416] Vgl. *Kormann* ZZP 41 (1911), 349. → Fn. 96 u. § 851 Rdnr. 18, 38. Wegen des Jagdpachtrechts → Fn. 140.
[417] A. M. für das Recht des Mieters *Paech* ArchBR 26, 20 ff.; für gewerbliche Urheberrechte *Wertheimer* (Fn. 162).
[418] Wegen §§ 165, 174 VVG → § 829 Rdnr. 81. Bei unwiderruflichem Bezugsrecht Dritter wird das Kündigungsrecht nur durch Pfändung seitens eines Anfechtungsgläubigers erfaßt, → § 829 Rdnr. 15 bei Fn. 97. Zur Kündigung von Gesellschaften usw. → § 859 Rdnr. 5 f., 11, 13 ff., 20, 26.
[419] Sie ist bei Anteilspfändung (→ aber Fn. 82 f.) gemäß § 751 S. 2 BGB schon vor Überweisung möglich; der Titel darf nicht nur vorläufig vollstreckbar sein; s. ferner §§ 752 f., 1233 Abs. 2 BGB. Für Miteigentum s. A. *Blomeyer* JZ 1955, 6 f. Den Begriff »Ablieferung« in § 817 Abs. 2 sieht er im Falle mittelbaren Besitzes wohl zu eng, → § 817 Fn. 3 u. § 825 Rdnr. 10. Mit- oder Alleinbesitz des Schuldners ist durch Klage auf Herausgabe an die im Urteil gemäß § 753 BGB bestimmte Versteigerungsperson (GV) zu überwinden, A. *Blomeyer* ZwVR § 65 I 1 b. Einfacher ist Sachpfändung u. Abfindung der anderen Miteigentümer, falls diese nicht auf § 771 (→ dort Rdnr. 16) beharren. – Wegen Gesellschaften usw. → § 859 Rdnr. 6, 11 f., 16, 22 f., 26.
[420] Z. B. § 751 S. 2 BGB, → auch § 859 Rdnr. 4 ff., 12 ff., 18 ff.
[421] OLG Posen OLG Rsp 10, 388; OLG Köln (Fn. 34) obiter; *Oberneck* Gruch. 50, 565 f.; für den Fall der Abtretung RGZ 112, 265; s. auch RG JW 1932, 1207. – A. M. OLG Dresden SächsAnn 21, 461.
[422] So auch *Bergk* (Fn. 12), 208; vgl. auch *Weimer* Büro 1982, 357 ff. – Nach OLG Dresden SA 47, 443 (wahlweise?) unter eigenem Namen.
[423] → Rdnr. 71 f., 79.
[424] → Fn. 298. Bei Sachleistungen gelten die §§ 847, 847 a, 848 (jeweils Abs. 2) unmittelbar.
[425] So für Grundschulden *Stöber*[10] Rdnr. 1901 mwN, s. auch aaO Rdnr. 68 a. E. Oder etwa erweiternde Auslegung des Überweisungsbeschlusses bezüglich des gepfändeten Anspruchs?
[426] *Stöber*[10] Rdnr. 1901. Daß diese Überweisung erst wirksam werden kann mit der Entstehung des Pfändungspfandrechts am geleisteten Recht, steht ihrer vorherigen Anordnung nicht entgegen, → auch § 835 Rdnr. 3.
[427] Das Einziehungsrecht ist aber als solches übertragbar, → § 835 Rdnr. 26.
[428] → Rdnr. 47 ff., 59 ff.

dann vollstrecken, wenn sie ihm nicht an Zahlungs Statt überwiesen ist (dann wäre sie ohnehin Fremdgrundschuld), sondern nur zur Einziehung[429]. Einen Nennwert hat auch der Anspruch auf Abtretung einer Geldforderung oder eines ihr nach §§ 592 S. 2, 794 Abs. 1 Nr. 5 S. 2 gleichgestellten Anspruchs[430].

2. Auf Antrag (→ § 844 Rdnr. 1) kann gemäß **Abs. 5** nach Gehör des Gegners (§ 844 Abs. 2) auch die **Veräußerung des Rechts selbst**, wenn sie zulässig ist, wie insbesondere auch bei dem Recht auf das Patent und auf Erteilung des Patents, → Rdnr. 20 f.[431], beim Dauerwohnrecht[432] sowie beim Wiederkaufsrecht[433], im Wege der Versteigerung oder durch Veräußerung aus freier Hand, angeordnet werden (§ 844). Dies gilt auch für die Eigentümerhypothek[434]. Für teilbare Rechte kommt auch Teilveräußerung in Betracht unter Aufhebung der Pfändung für den Rest, sobald der (ranglezte) Gläubiger befriedigt ist[435]. Scheidet beim Bezugsrecht (→ Rdnr. 96) der Bezug neuer Aktien gegen den Willen des Schuldners aus, so ist im Zweifel eine Verwertung wie § 821 zu beschließen[436]. Bei Rechten, die nur in Ansehung der Ausübung veräußerlich sind, wie der Nießbrauch, kann die Ausübungsbefugnis, der Veräußerung entsprechend, gegen Entgelt auf einen Dritten übertragen werden[437] – auch an den Belasteten, selbst wenn dieser der Gläubiger ist. Im übrigen → die Bem. zu § 844 sowie § 859 Rdnr. 18, 33. **110**

Will der Gläubiger die Restzahlung auf eine nach Abs. 1 gepfändete **Eigentumsanwartschaft** (→ Rdnr. 84 ff.) nicht anbieten, so ist eine Veräußerung der Anwartschaft nach Abs. 5[438] nur unter Übertragung des Besitzes auf den Anwartschaftserwerber, also erst nach der Sachpfändung möglich, → bei Fn. 330. Eine noch nicht erledigte Klage gemäß § 771 wäre *nach* dieser Anordnung unbegründet, da auch der Schuldner die Anwartschaft übertragen könnte, → § 771 Rdnr. 18. Aus dem Erlös erhält der Verkäufer den Restkaufpreis, der Gläubiger den Überschuß → § 819 Rdnr. 1 f. Dieser Weg scheidet aus, wenn der Schuldner oder ein Gläubiger den Verkäufer befriedigt hat; → auch Rdnr. 88 a. E. **111**

3. Außerdem kann das Gericht gemäß **Abs. 4** bei der Zwangsvollstreckung in die Nutzungsrechte → Rdnr. 26 ff.[439] *besondere Bestimmungen* treffen, insbesondere eine **Verpachtung** oder eine **Verwaltung** anordnen, wenn die dem Recht unterworfene Sache, z. B. beim Nießbrauch, sich im Gewahrsam des Schuldners oder eines zur Herausgabe bereiten Dritten befindet. Die Sache wird dann an den Verwalter ausgeliefert[440], der vom Vollstreckungsgericht, bei Grundstücken entsprechend § 848 vom Amtsgericht der belegenen Sache als Vollstreckungsgericht zu bestellen ist. Abs. 4 gilt auch für veräußerliche Rechte, → § 844 **112**

---

[429] § 1197 Abs. 1 BGB versagt nur dem Eigentümer persönlich zu »seiner« Befriedigung die ZV; für den Inhalt der Grundschuld bleiben § 1192 Abs. 1, § 1113 Abs. 1 BGB maßgebend; jetzt h. M. *OLG Köln* NJW 1959, 2168; *LG Bremen* NJW 1955, 184 = MDR 1954, 678; *LG Hof* Rpfleger 1965, 369 (zust. *Stöber*); *Westermann* NJW 1960, 1723; *Palandt/Bassenge* BGB⁵³ § 1197 Rdnr. 5; *Stöber*¹⁰ Rdnr. 1960. – A. M. *OLG Düsseldorf* NJW 1960, 1723; *OLG Hamburg* HRR 36 Nr. 20; *KG* JW 1938, 2494³³ (zur Vorpfändung); *LG Darmstadt* MDR 1958, 853; *Horber* NJW 1955, 184, die 18. Aufl. zu Fn. 148 a; weitere Nachweise bei *U. Huber* Sicherungsgrundschuld (1965), 213. – Dinglicher Titel ist stets nötig; *LG Münster* JMBl NRW 1956, 4.
[430] So *OLG Braunschweig* Büro 1969, 442¹²²; *Dempewolf* NJW 1959, 558; *Tempel* JuS 1967, 270; *Brox/Walker*⁴ (1993) Rdnr. 731; *Serick* Sicherungsübertragung (III) § 34 IV 2 a Fn. 99 für den Anspruch auf Abtretung einer Grundschuld, auch wenn diese nicht voll valutiert ist. – A. M. *Stöber* Rpfleger 1959, 86; *LG Köln* MDR 1958, 852.
[431] *LG Berlin* JW 1934, 1744²; *Klauer/Möhring* (Fn. 88) u. zur Veräußerung an den Gläubiger selbst *Tetzner* JR 1951, 169. Wegen einstweiliger Verfügungen, um das Erlöschen solcher Rechte zu verhindern, s. *Tetzner* (Fn. 88) § 5 Anm. 14, § 9 Anm. 79.
[432] *Soergel/Stürner* BGB¹² § 33 WEG Rdnr. 3.
[433] *OLG Köln* (Fn. 289).
[434] *Hirsch* Übertragung I, 265 f., 273 f.
[435] Etwa wenn alle Gläubiger zustimmen oder wegen § 765 a; → z. B. § 859 Rdnr. 18 Fn. 102.
[436] Fn. 370. Im Falle Rdnr. 96 bei Fn. 384 gilt jedoch § 821 unmittelbar.
[437] Über die theoretische Konstruktion s. *Hirsch* (Fn. 434), 170 ff.
[438] Sie ist nach h. M. zulässig; *OLG Dresden* OLG Rsp 35, 182. *Stöber*¹⁰ Rdnr. 1494 übersieht, daß *Bauknecht* NJW 1955, 451 nur eine Anwartschaftspfändung ohne Pfändung gemäß § 808 meint, s. NJW 1954, 1750, u. daß nach Veräußerung der Erwerber, nicht der Schuldner Eigentum erwirbt mit Restzahlung.
[439] Nicht auch z. B. in Anteilsrechte; *KG* JW 1932, 757 (GmbH-Anteile). Wegen des Jagdpachtrechts → Fn. 140.
[440] Zur Wirkung → Rdnr. 102; bei nachfolgenden Pfändungen → aber Rdnr. 105.

Rdnr. 15. Wird für gepfändete *Patentrechte* (→ Rdnr. 20) statt Veräußerung eine Verwaltung angeordnet, so können dabei Lizenzen an Dritte vergeben werden[441]. Der Verwalter hat – unter Verpflichtung zur Rechnungslegung – den Reinertrag (vgl. §§ 1041 ff. BGB) an den Gläubiger abzuliefern, soweit nicht auch der Drittschuldner gemäß § 839 zu hinterlegen hätte. Das Gericht kann auch darüber hinaus eine Hinterlegung anordnen. Näheres über die dem Verwalter zu gewährende Vergütung, die Verwertung der Früchte, die Rechnungslegung hat das Gericht zu bestimmen, soweit nicht Verwaltungsanordnungen hierfür bestehen. Die etwa für die Verwaltung erforderlichen Vorschüsse hat der Gläubiger zu leisten. Ist der zu verwaltende Gegenstand für *mehrere Gläubiger* gepfändet, so ist mit dem Reinertrag unter entsprechender Anwendung des § 854 Abs. 2, 3 und der §§ 872 ff. zu verfahren.

113 Nach der Pfändung des *Rechts auf das Patent* oder Gebrauchsmuster[442] besorgt der Sequester insbesondere die patentamtliche Anmeldung[443]. Soweit dem Gläubiger *Lizenzerträge* gebühren, → wegen eines Antrags nach § 850i dort Rdnr. 6 und 23.

114 4. Kommt eine Überweisung zur Einziehung nicht in Frage, so kann auch zugunsten des *nachpfändenden* Gläubigers gemäß §§ 844, 857 eine andere Art der Verwertung angeordnet werden[444].

§ 858 [Zwangsvollstreckung in Schiffspart]

(1) Für die Zwangsvollstreckung in die Schiffspart (§§ 489 ff. des Handelsgesetzbuchs) gilt § 857 mit folgenden Abweichungen:

(2) Als Vollstreckungsgericht ist das Amtsgericht zuständig, bei dem das Register für das Schiff geführt wird.

(3) ¹Die Pfändung bedarf der Eintragung in das Schiffsregister; die Eintragung erfolgt aufgrund des Pfändungsbeschlusses. ²Der Pfändungsbeschluß soll dem Korrespondentreeder zugestellt werden; wird der Beschluß diesem vor der Eintragung zugestellt, so gilt die Pfändung ihm gegenüber mit der Zustellung als bewirkt.

(4) ¹Verwertet wird die gepfändete Schiffspart im Wege der Veräußerung. ²Dem Antrag auf Anordnung der Veräußerung ist ein Auszug aus dem Schiffsregister beizufügen, der alle das Schiff und die Schiffspart betreffenden Eintragungen enthält; der Auszug darf nicht älter als eine Woche sein.

(5) ¹Ergibt der Auszug aus dem Schiffsregister, daß die Schiffspart mit einem Pfandrecht belastet ist, das einem andern als dem betreibenden Gläubiger zusteht, so ist die Hinterlegung des Erlöses anzuordnen. ²Der Erlös wird in diesem Fall nach den Vorschriften der §§ 873 bis 882 verteilt; Forderungen, für die ein Pfandrecht an der Schiffspart eingetragen ist, sind nach dem Inhalt des Schiffsregisters in den Teilungsplan aufzunehmen.

Gesetzesgeschichte: RGBl. 1898 I, 256. SchiffsVO vom 21. XII. 1940 RGBl. I, 1609.

I.[1] Regelungsbereich

1 Zur Vollstreckung in Schiffe, Schiffsbauwerke und Bruchteile davon → §§ 803 Rdnr. 1, 2, 864, 870a. **Schiffsparten** unterliegen der Vollstreckung in bewegliches Vermögen, §§ 858, 857.

---

[441] *Tetzner* (Fn. 88) § 9 Anm. 78; *Müller* (Fn. 88), 61.
[442] → Fn. 91, 107, 415.
[443] → auch Fn. 431 a. E.
[444] RGZ 164, 169; → § 835 Rdnr. 46; § 844 Rdnr. 2 Fn. 7.

[1] Lit.: *Sebode* DR 1941, 622 f.; *Quardt* Büro 1961, 271; *Huken* KKZ 1973, 228 (Verwaltungsvollstreckung); *Schaps/Abraham* Seerecht⁴ (1978) § 489 HGB Rdnr. 13, 23, 24, 26.

1. Pfändbar ist die Schiffspart, d. h. der Anteil des einzelnen Mitreeders an der Seefahrt betreibenden[2] Reederei *als Gesellschaftsanteil*; Gewinnanteile werden miterfaßt[3]. Auf den Erwerber (→ Rdnr. 6) gehen auch Gewinnansprüche des Schuldners und dessen Haftung für bisherige Verluste über; auch § 504 Abs. 3 HGB kann insoweit hier zur Anwendung kommen. Gewinnansprüche sind aber auch selbständig nach § 829 pfändbar; Drittschuldner sind die Korrespondentreeder oder, falls ein solcher fehlt, die Mitreeder[4].

2. Das **Pfändungspfandrecht** steht älteren Pfandrechten an der Part nach; zur Belastung einer Schiffspart s. § 503 Abs. 3 HGB. Ein Rangverhältnis zwischen Pfandrechten an der Schiffspart und denen am Schiff als Ganzem besteht ebensowenig wie zwischen dem Pfandrecht an einem Gesellschaftsanteil und der Hypothek an einem der Gesellschaft gehörigen Grundstück[5]. Wird das Schiff im Wege der Zwangsversteigerung veräußert, so bleibt das Partpfandrecht an dem der Part entsprechenden Teil des Versteigerungserlöses bestehen[6].

II. Besonderheiten des Verfahrens

1. *Zuständig* ist abweichend von § 828 ausschließlich (§ 802) das Amtsgericht, bei dem das Register für das Schiff geführt wird, d. i. das Gericht des Heimathafens bzw. Heimatortes, § 480 HGB, § 4 SchRegO vom 26. V. 1951 (BGBl. I, 360). Tätig wird der Rechtspfleger, → § 828 Rdnr. 2.

2. Zu *Pfändungsgesuch und Pfändungsbeschluß* → § 829 Rdnr. 31–53, 124. Die Pfändung wird aber erst mit der *Eintragung in das Schiffsregister* wirksam, nicht schon mit Zustellung an den Schuldner; § 857 Abs. 2 scheidet aus. Ist ein *Korrespondentreeder* (§ 492 HGB) bestellt, so »soll« der Beschluß ihm zugestellt werden, obwohl er nicht Vertreter des Schuldners sondern der Reederei ist, § 492 Abs. 3 HGB; folgt die Eintragung nach, so werden die Pfändungswirkungen gegenüber dem Korrespondentreeder nach Abs. 3 S. 2 auf den Zeitpunkt der Zustellung an ihn *vordatiert* wie in § 830 Abs. 2, s. auch § 22 Abs. 1 S. 2, § 151 Abs. 2 ZVG.

3. Die Eintragung muß der *Gläubiger* erwirken (wie bei § 830, → dort Rdnr. 23); § 789 ist nicht anwendbar.

4. Die *Verwertung* darf nach § 858 Abs. 4 nicht durch Überweisung[7], sondern nur entweder im Wege der Veräußerung[8] geschehen, womit die an der Part bestehenden Rechte erlöschen[9], oder durch Verwaltung[10]; wegen ausländischer Erwerber vgl. § 503 Abs. 2 HGB[11]. Dabei muß aber auf die an der Part bestehenden Pfandrechte[12] Rücksicht genommen werden, → Rdnr. 7. Deshalb hat der Gläubiger für den Antrag auf Veräußerung der Part, den er schon mit dem Pfändungsgesuch verbinden kann, einen *Auszug aus dem Schiffsregister* beizubringen, der alle die Part betreffenden Eintragungen enthält (vgl. § 58 SchRegO vom 26. V. 1951) und

---

[2] § 489 Abs. 1 HGB; bei Binnenschiffahrt daher ZV in Miteigentum an eingetragenen Schiffen nach § 846 Abs. 2, § 870 a; *LG Würzburg* Büro 1977, 1289, im Falle § 718 BGB nach § 859 Abs. 1.

[3] *Stöber*[10] Rdnr. 1750. Da dies bei manchen Gesellschaften str. ist → § 859 Fn. 99, *Stöber*[10] Rdnr. 1621, empfiehlt sich ausdrückliche Mitpfändung; *Huken* (Fn. 1), 229.

[4] *Stöber*[10] Rdnr. 1750.

[5] *Abraham* Schiffshypothek (1950), S. 257; *Schaps/Abraham* (Fn. 1) § 503 HGB Rdnr. 6; *Wüstendörfer* Seeschiffahrtsrecht in Ehrenbergs Handbuch des gesamten Handelsrechts VII. Bd. Abt. 2 (1923), S. 265; ders. Neuzeitliches Handelsrecht (1950), S. 104; *Krieger* DJ 1941, 183; *Prüssmann/Rabe* Seehandelsrecht[2] (1983) C 3 zu § 503 HGB mwN; *Baumbach/Hartmann*[52] Rdnr. 1. Daß die Schiffshypothek am ganzen Schiff und das Schiffspartenpfandrecht in der gleichen Abteilung III des Schiffsregisters eingetragen werden, ist bedeutungslos. – A.M. *Wieczorek*[2] Anm. A II b 2; *Pappenheim* Handbuch des Seerechts Bd. II (1906), 196; *Heinerici/Gilgan* Das deutsche Schiffsregisterrecht (1942), 347 (weil die Schiffspart dem Miteigentumsrecht jetzt weitgehend gleichgestellt sei).

[6] *Prüssmann/Rabe, Wieczorek*[2] (Fn. 5).

[7] Sie ist nur zulässig bezüglich des Anspruchs auf den Gewinnanteil, → Rdnr. 2; *Stöber*[10] Rdnr. 1751.

[8] → § 857 Rdnr. 110.

[9] *Zöller/Stöber*[18] Rdnr. 4.

[10] → § 857 Rdnr. 112; *Stöber*[10] Rdnr. 1751.

[11] Dazu *Prüssmann/Rabe* (Fn. 5) B 3 zu § 503 HGB.

[12] Siehe § 503 Abs. 3 HGB.

nicht älter als eine Woche, vom Tage der Einreichung des Antrags zurückgerechnet, sein darf. Ist das Vollstreckungsgericht zugleich Registerbehörde, so genügt die Bezugnahme auf das Schiffsregister, arg. § 17 Abs. 2 ZVG[13]. Ohne diese Voraussetzung ist der Antrag abzulehnen, falls nicht der Auszug innerhalb einer gerichtlichen Frist nachgereicht wird.

7   5. Weist der Auszug *Pfandrechte Dritter* aus, so hat das Gericht zwar die Veräußerung, aber zugleich die *Hinterlegung des Erlöses* anzuordnen, ohne in eine Prüfung des Vorrangs eintreten zu dürfen. Es tritt dann in jedem Falle das Verteilungsverfahren nach §§ 873 ff. ein. Dabei sind in Abweichung von § 874 Abs. 3 Forderungen, für die ein Pfandrecht an der Part eingetragen ist und die noch nicht nach § 873 berechnet sind, nach Maßgabe des Schiffsregisters in den Teilungsplan aufzunehmen.

§ 859 [Pfändung von Gesamthandanteilen]

(1) ¹Der Anteil eines Gesellschafters an dem Gesellschaftsvermögen einer nach § 705 des Bürgerlichen Gesetzbuchs eingegangenen Gesellschaft ist der Pfändung unterworfen. ²Der Anteil eines Gesellschafters an den einzelnen zu dem Gesellschaftsvermögen gehörenden Gegenständen ist der Pfändung nicht unterworfen.

(2) Die gleichen Vorschriften gelten für den Anteil eines Miterben an dem Nachlaß und an den einzelnen Nachlaßgegenständen.

Gesetzesgeschichte: RGBl. 1898 I, 312; BGBl. 1957 I, 609.

I. Gesellschaft bürgerlichen Rechts und Vereine

1   1. Die **Gesellschaft des Bürgerlichen Gesetzbuchs**[1] ist nach dem Grundsatz der *gesamten Hand* gestaltet. Ihr Vermögen ist für die Zwecke der Gesellschaft dinglich gebunden; zur Vollstreckung in dieses Vermögen → § 736 mit Bem. Der *einzelne Gesellschafter* kann weder über seinen Anteil am Gesellschaftsvermögen noch über den Anteil an den einzelnen dazu gehörigen Gegenständen allein verfügen und die Ansprüche der Gesellschafter gegeneinander aus dem Gesellschaftsverhältnis sind nicht übertragbar, mit Ausnahme derjenigen aus der Geschäftsführung, der Gewinnanteile und des Auseinandersetzungsguthabens, §§ 719, 717 BGB. *Unübertragbar* sind insbesondere Ansprüche auf Rechnungslegung[2]. Ansprüche auf Leistung der *Beiträge* sind Bestandteil des Gesamthandsvermögens[3] und unterliegen der Zwangsvollstreckung nach § 736 ZPO. Zur Pfändung von Einlageansprüchen → § 851 Rdnr. 11–13.

2   Dem entspricht die *Unpfändbarkeit des Anteils an den einzelnen Gegenständen* des Gesellschaftsvermögens[4] und die – entgegen §§ 851, 857 Abs. 1 hier ausdrücklich zugelasse-

---

[13] A.M. *Zöller/Stöber*[18] Rdnr. 4. Wie hier *Wieczorek*[2] Anm. B I a.

[1] → § 736 Fn. 1, ferner *Furtner* MDR 1965, 613; *Wiedemann* Übertragung und Vererbung von Mitgliedschaftsrechten usw. (1965); *Emmerich* Zur Stellung des Gläubigers usw. (Diss. Frankfurt 1970); *Hackenbroch* Verpfändung von Mitgliedschaftsrechten usw. (Diss. Köln 1970); *U. Huber* Vermögensanteil, Kapitalanteil und Gesellschaftsanteil usw. (1970); *Reinhardt* Gesellschaftsrecht (1973); *Noack* MDR 1974, 810; *K. Schmidt* JR 1977, 177; KTS 1977, 1; *Noack* KKZ 1978, 27; *G. W. Zimmer* ZV gegen den Gesellschafter usw. (Diss. Bochum 1978); *Smid* JuS 1988, 613.

[2] *RG* Gruch 48, 912 (→ auch Fn. 20, 37, 52).

[3] MünchKommBGB[2]-*Ulmer* § 718 Rdnr. 12; *RGZ* 76, 278. Für den Fall statuarischer Bestimmung beim nichtrechtsfähigen Verein *RGZ* 54, 300.

[4] Vgl. *OLG Hamburg* MDR 1959, 933 (§ 771 bei Verstoß gegen § 859 Abs. 1 S. 2, obwohl Pfändung unwirksam).

ne[5] – *Pfändbarkeit des Anteils an dem Gesellschaftsvermögen* in Abs. 1 für die Gläubiger des einzelnen[6] Gesellschafters. Dies gilt auch nach *Auflösung* der Gesellschaft während der Auseinandersetzung, § 730 Abs. 2 BGB[7]. Bei *Innengesellschaftern* sind nur die Ansprüche auf Gewinn und[8] auf das etwaige Auseinandersetzungsguthaben[9] nach § 829 pfändbar. Über Anteile an Vereinen und Gründungsgesellschaften → Rdnr. 11, 26.

Für Gläubiger der Gesellschaft ist die Anteilspfändung überflüssig, weil sie unmittelbar auf das Gesamthandsvermögen zugreifen können (§ 736) und nach h. M. zwecklos, weil § 725 BGB, § 135 HGB nach h. M. nicht gelten[10]. Solange der Gläubiger noch keinen Titel gegen alle Gesellschafter erwirkt hat, sondern nur gegen einzelne Mitglieder, kommt eine Anteilspfändung in Betracht. Das Kündigungsrecht ist in der Zwangsvollstreckung nicht zu prüfen.

2. Gepfändet wird der **Anteil am Gesellschaftsvermögen** nach § 857 Abs. 1[11]. Der Anteil ist nach h. M. nicht mit den übertragbaren Ansprüchen auf Gewinn und Auseinandersetzungsguthaben gleichzusetzen[12]; er ist ein davon zu unterscheidendes Werterecht, das die Vermögensrechte des Gesellschafters repräsentiert[13]. Drittschuldner sind die übrigen Gesellschafter[14], aber nur in ihrer Eigenschaft als Gesamthänder[15], weshalb die Zustellung an *alle zur Vertretung ermächtigten geschäftsführenden Gesellschafter* (§§ 710, 714 BGB) erforderlich, aber auch genügend ist[16]; nur sie kommen für das an den Drittschuldner zu erlassende Verbot in Betracht. 3

3. Der Pfändungsgläubiger hat **nicht** das Recht, an Stelle des Schuldners die *Rechte des Gesellschafters* auszuüben[17], z. B. Stimm-, Widerspruchs- oder Nachprüfungsrechte gemäß §§ 711, 716 BGB[18], oder bei der Gewinnfeststellung mitzuwirken, selbst wenn ihm der Anteil zur Einziehung überwiesen sein sollte[19], § 725 Abs. 2 BGB. Er kann auch nicht auf Auskunftsrechte des Schuldners zugreifen, soweit sie Interna der Gesellschaft betreffen[20]. Die Gesell- 4

---

[5] Daher genügt schon § 857, wenn der Vertrag Übertragung erlaubt; *Rupp/Fleischmann* Rpfleger 1984, 224.

[6] Er muß in Titel oder Klausel namentlich als Schuldner erscheinen, → § 750 Rdnr. 18. Titel gegen »die Gesellschaft« (→ dazu § 736 Rdnr. 1) genügen für § 859 nicht; *Hüffer* FS für Stimpel (1985), 185 mwN.

[7] OLG Dresden SA 67, 393²²².

[8] → § 851 Rdnr. 50.

[9] BGH WPM 1956, 1027. Die Pfändung erfaßt zugleich das Recht auf Auseinandersetzung, *Stöber*[10] Rdnr. 1603, u. gewährt das Kündigungsrecht nach § 725 Abs. 1 BGB; *K. Schmidt* JR 1977, 181. → auch zur Gemeinschaft § 857 Rdnr. 17.

[10] MünchKommBGB²-*Ulmer* § 725 Rdnr. 13; *Schönle* NJW 1966, 1797 gegen *Clasen* NJW 1975, 2141; dazu *Zimmer* (Fn. 1).

[11] Zur Formulierung *Stöber*[10] Rdnr. 1552; zur Auslegung *BGH* → Fn. 38 u. § 829 Rdnr. 41, 43.

[12] So aber *K. Schmidt* JR 1977, 178; *Thomas/Putzo*[18] Rdnr. 1.

[13] BGH NJW 1986, 1991, 1992; MünchKommBGB²-*Ulmer* § 725 Rdnr. 7; *Smid* JuS 1988, 614, 615; *Rupp/Fleischmann* Rpfleger 1984, 224. Die Pfändung erfaßt nur die Vermögensbeteiligung, nicht die Mitgliedschaft selbst. Rechte aus ihr sind aber erfaßt, soweit sie zur Befriedigung benötigt werden. Zum Umfang der Pfändung s. auch *Emmerich* (Fn. 1) 89 ff.; *Reinhardt* (Fn. 1) Rdnr. 89; *Flume* ZHR 136, 196 ff. sowie FS für Larenz (1973), 779; *Wiedemann* WPM 1975 Sonderbeilage 4, S. 32; krit. dazu *Zimmer* (Fn. 1, 12); *K. Schmidt* (Fn. 13m).

[14] A. M. für Verpfändung RGZ 57, 415; *Soergel/Hadding* BGB¹² § 725 Rdnr. 3 wollen zusätzlich § 857 Abs. 2 anwenden.

[15] Eigentlich »die Gesellschaft als Gesamthand«, richtig *K. Schmidt* (Fn. 12), 179, offengelassen von *BGH* Rpfleger 1972, 91; aber solange sie weder rechts- noch parteifähig ist (str., → § 736 Rdnr. 1), sind eben doch nur die Gesellschafter die Rechtssubjekte.

[16] BGH Rpfleger 1986, 308 = NJW 1991; *Furtner* (Fn. 1); *Smid* JuS 1988, 613, 617; *Bruns/Peters*³ § 26 IV 1; *K. Schmidt* (Fn. 12), 179; im Ergebnis auch *Baumbach/Hartmann*⁵² Rdnr. 1; vgl. auch *Zimmer* (Fn. 1), 55 u. BGH LM Nr. 5 zu § 879 = MDR 1961, 408 (Auseinandersetzungsguthaben gepfändet bei vertretungsbefugter Firma einer Arbeitsgemeinschaft). – A. M. *Wieczorek*² Anm. A III a; *v. Gamm* BGB RGRK¹² § 725 Anm. 2; *Staudinger/Keßler* BGB¹² § 725 Rdnr. 6; *Ulmer* (Fn. 8) § 725 Rdnr. 10; *Brox/Walker*⁴ Rdnr. 775 mwN. Dann würde vor allem bei Publikumsgesellschaften die Pfändung meist scheitern, da auch der Gläubiger die Auskunftsrechte → Fn. 31 nicht ohne wirksame Pfändung des Hauptrechts hat, → § 857 Rdnr. 4, u. § 836 Abs. 3 wirksame Überweisung voraussetzt.

[17] RGZ 60, 130f.

[18] OLG Karlsruhe OLG Rsp 14, 185; *Stöber*[10] Rdnr. 1561; *Zimmer* (Fn. 1), 7; für Verpfändung RGZ 157, 55.

[19] Was zulässig u. zum Erhalt des Erlöses nötig ist, *Rupp/Fleischmann* (Fn. 5), 224.

[20] Zu eng *Baumbach/Hartmann*⁵² Rdnr. 3: sämtliche Auskunftsrechte unpfändbar. Über die Höhe des Anteils sowie auf diesen entfallenden Gewinn oder Verlust muß z. B. die Geschäftsführung Auskunft geben, → § 829 Fn. 404, § 857 Rdnr. 5, denn das sind Nebenrechte der von der Pfändung betroffenen Ansprüche; vgl. auch KG OLG Rsp 21, 386 (Bilanzerteilung); *Baumbach/Hopt* HGB²⁸ § 135 Anm. 4 B u. zur Abtretung BGH MDR 1976, 207. → ferner Fn. 30.

schafter können trotz § 829 Abs. 1 S. 2 über *Gegenstände des Gesellschaftsvermögens* verfügen[21]. Solange die Gesellschaft jedoch besteht, also auch noch während der Liquidation[22], kann der Gläubiger nur den Anspruch seines Schuldners auf den *Gewinnanteil* (§§ 721, 722 BGB) geltend machen, § 725 Abs. 2 BGB[23], während zweifelhaft ist, ob Ansprüche *aus Geschäftsführung* des Schuldners i. S. d. § 717 S. 2 BGB, weil sie nicht dem Anteil entspringen, selbständiger Pfändung[24] bedürfen[25]. Gleiches gilt für Guthaben auf »Privatkonten«[26]. Der Vollstreckungsgläubiger kann aber ausnahmsweise vor Abschluß der Auseinandersetzungsrechnung einen Einzelposten isoliert geltend machen, wenn aufgrund besonderer Umstände feststeht, daß ein auf diese Weise erlangter Betrag auf keinen Fall zurückgezahlt werden muß[27].

5 Die Pfändung gewährt aber, auch schon vor Überweisung[28], *sofern der Titel nicht nur ein vorläufig vollstreckbarer ist*[29], das **Recht, die Gesellschaft ohne Einhaltung einer Kündigungsfrist zu kündigen**, § 725 Abs. 1 BGB[30]. Die Kündigung ist nach h. M. nicht nur den Vertretungsberechtigten sondern *allen* Gesellschaftern – auch dem Schuldner – gegenüber auszusprechen[31], falls der Gesellschaftsvertrag nicht Abweichendes bestimmt. Die einem oder mehreren Gesellschaftern gegenüber erklärte Kündigung wird wirksam, sobald auch die darüber hinaus vorhandenen Gesellschafter von ihr Kenntnis erlangt haben[32]. Zustellung der Pfändung bedeutet noch nicht stillschweigende Kündigung, wohl aber das Verlangen nach Auseinandersetzung oder des Auseinandersetzungsguthabens unter Hinweis auf die Pfändung[33]. Ob auch ein *Gesellschaftsgläubiger* kündigen kann, ist streitig[34].

6 Durch diese Kündigung wird die Gesellschaft sofort aufgelöst, sofern nicht nach § 736

---

[21] *Zöller/Stöber*[18] Rdnr. 4 mwN; *Baur/Stürner*[11] Rdnr. 543; *Rupp/Fleischmann* (Fn. 5), 225 f. mwN.
[22] RGZ 95, 234. Insofern ist § 725 Abs. 2 BGB eine Ausnahme von dem Grundsatz, daß gesellschaftsbezogene Ansprüche ab dem Stadium der Liquidation nur noch unselbständige Auseinandersetzungsposten sind, dazu *H. Messer* FS für Stimpel (1985), 205 ff. mwN. Sie gilt aber nur bei Anteilspfändung, → Rdnr. 9.
[23] Dessen Höhe erfährt der Gläubiger nach § 836 Abs. 3, notfalls durch Klage gegen die Gesellschaft wie → Fn. 20.
[24] → dazu § 851 Rdnr. 14 f. (auch zu § 122 HGB sowie zum Pfändungsschutz für Vergütungen u. Aufwendungen).
[25] Nach h. M. gehen auch sie als unselbständige Posten in die Auseinandersetzungsbilanz ein, MünchKommBGB[2]-*Ulmer* § 725 Rdnr. 13, § 730 Rdnr. 34 ff., u. vereinbarte Vergütungen gelten als Gewinnverteilung, *Ulmer* aaO § 709 Rdnr. 32. Bis zur Auseinandersetzung bleiben sie aber zumindest dann, wenn sie auf Privatkonto verbucht werden, selbständige u. daher pfändbare Ansprüche; vgl. *H. Messer* (Fn. 22), 212.
[26] Sie werden z. B. durch freiwilliges oder vereinbartes »Stehenlassen« des Gewinns gebildet, sind gesondert übertragbar; BGH NJW 1973, 329[8], u. daher pfändbar nach § 829.
[27] BGH NJW-RR 1988, 1247 für den Vorgriff eines ausgeschiedenen BGB-Gesellschafters auf die Abfindung.
[28] Ganz h. M., MünchKommBGB[2]-*Ulmer* (Fn. 8) § 725 Rdnr. 10 mwN; *Brox/Walker*[4] Rdnr. 775. § 725 Abs. 1 BGB gewährt insoweit (→ aber Fn. 39), was sonst nur Überweisung erlaubt, → § 829 Rdnr. 85, § 835 Rdnr. 14 ff. – A. M. *Stöber* Rpfleger 1963, 339, weil § 135 HGB Überweisung verlange u. ein sachlicher Unterschied fehle.
[29] Endgültige Vollstreckbarkeit ist nur Voraussetzung der Kündigung, nicht der Pfändung; MünchKommBGB[2]-*Ulmer* § 725 Rdnr. 12; für die KG BGH LM § 135 HGB Nr. 3 = NJW 1982, 2773. Vorläufig vollstreckbar sind auch anfechtbare, aber auflösend bedingte Endurteile, → § 704 Rdnr. 1; *LG Lübeck* Rpfleger 1986, 315; *Furtner* (Fn. 1), 614; *Baumbach/Hopt* HGB[28] § 135 Anm. 2 B; *Ulmer* in Großkomm. HGB Anm. 6 zu § 135; – a. M. *Staudinger/Keßler*[12] § 725 Rdnr. 7; aber nicht nur der Begriff trifft zu sondern auch der Zweck; vgl. Prot. BGB II, 438.
[30] Ist nach Pfändung die Titelforderung erloschen oder nach § 268 BGB auf die übrigen Gesellschafter übergegangen, s. dazu die Nachweise des BGH → Fn. 16 a. A., so darf der Gläubiger zwar nicht mehr kündigen (Schadensersatz!), aber er kann es doch aufgrund der noch wirksamen Pfändung solange, bis seine ZV eingestellt ist nach §§ 775 f. Erst dann verliert er auch sein Pfändungspfandrecht, → § 804 Rdnr. 31, § 727 Rdnr. 14, 46, 48 sowie § 767 Rdnr. 22 u. Fn. 340. Eine hiernach rechtswidrig, aber wirksam gekündigte Gesellschaft kann durch Beschluß aller fortgesetzt werden, ebenso wie im Falle einer Befriedigung des Gläubigers nach dessen Kündigung; dazu RGZ 169, 155; BGH (Fn. 29) mwN; BGHZ 51, 84 = NJW 1969, 505. Wie hier *Furtner* (Fn. 1), 615; a. M. MünchKommBGB[2]-*Ulmer* § 725 Rdnr. 17.
[31] MünchKommBGB[2]-*Ulmer* § 725 Rdnr. 14 mwN; obiter BGH → Fn. 16 a. A. Daher müssen nicht nur Schuldner nach § 836 Abs. 3 sondern (vor allem, wenn diese nicht alle Adressen kennen) auch die Geschäftsführenden Auskunft geben über die Gesellschafter, → dazu Fn. 20. S. auch zur Kündigung gegenüber geschäftsführender GmbH bei Publikumsgesellschaften BGH WPM 1975, 537.
[32] BGH NJW 1993, 1002.
[33] BGH NJW 1993, 1002; MünchKommBGB[2]-*Ulmer* § 725 Rdnr. 14 mwN.
[34] → Fn. 10 (Pfändung stets zuzulassen). Zur Kündigung → aber auch Fn. 72.

BGB³⁵ die Kündigung nur zum Austritt des Schuldners führt. In jedem Falle³⁶ hat aber nunmehr die **Auseinandersetzung** zu erfolgen, sei es nach §§ 730 ff. oder nach § 738 BGB; dabei fällt alles, was der Schuldner einschließlich seines Gewinns und anderer Ansprüche gegen die Gesellschaft, die aus seiner Beteiligung entspringen³⁷, zu erhalten hat, in das Pfandrecht des Gläubigers³⁸, dem sonach der Aktivsaldo gebührt (vgl. auch §§ 16, 51 KO). Auszahlung erfolgt jedoch erst nach Überweisung; zur Hinterlegung etwa vor Überweisung fälliger Beträge (z. B. Gewinn) → § 829 Fn. 421.

Mit der Kündigung entsteht ein schuldrechtlicher Anspruch gegen die anderen Gesellschafter auf Durchführung der Auseinandersetzung. Der Gläubiger kann nach Überweisung³⁹ sowohl den Schuldner⁴⁰ als auch die übrigen Gesellschafter⁴¹ auf Betreibung der Auseinandersetzung verklagen⁴² und, falls diese schuldhaft verzögert oder vorschriftswidrig vorgenommen wird, Schadensersatz vom Schuldner fordern⁴³ sowie dessen Ersatzansprüche gegen Mitgesellschafter pfänden. Davon zu unterscheiden ist die Frage, ob das Recht besteht, konkrete Auseinandersetzungshandlungen zu verlangen oder gar einzelne Auseinandersetzungsmaßnahmen selbst herbeizuführen, wie die Teilungsversteigerung eines Grundstücks nach § 180 ZVG. Der Gläubiger kann den Anspruch des Gesellschafters auf Durchführung konkreter Auseinandersetzungsmaßnahmen gegen die Mitgesellschafter dann geltend machen, wenn dieser bestimmt ist. Bei einer Gesellschaft, deren Zweck sich im Halten eines Grundstücks erschöpft, kann der Gläubiger auf Einleitung der Teilungsversteigerung klagen⁴⁴. Die Mitgesellschafter können gegen die Klage einwenden, daß andere günstigere Verwertungsmöglichkeiten bestehen. Teilungsversteigerung kann der Gläubiger anstelle des Schuldners nicht beantragen⁴⁵. 7

Das Gericht kann auch die *Veräußerung* des Rechts auf den Gewinnanteil oder auf das Auseinandersetzungsguthaben gemäß § 857 Abs. 5, § 844 anordnen. Für den gesamten Anteil gilt § 857 Abs. 5 nur, wenn er kraft Vereinbarung⁴⁶ frei veräußerlich ist⁴⁷ oder von einem dazu berechtigten Gesellschafter übernommen wird; der Schuldner kann dann nicht selber kündigen, er darf es nur im Normalfalle der Unübertragbarkeit⁴⁸. 8

---

³⁵ → auch Rdnr. 22 zur GmbH.
³⁶ Auf Verlangen des Gläubigers auch trotz vereinbarter Abfindung nach Ausscheiden, soweit dabei übliche Beschränkungen den Gläubiger nicht binden, dazu *P. Ulmer* NJW 1979, 83; *Baur/Stürner*¹¹ Rdnr. 544 mwN; krit. *Bischoff* GmbHR 84, 68 f.; *Engel* NJW 1986, 345 mwN. → auch zur GmbH Rdnr. 22 f.
³⁷ Z.B. Ausgleich für seine Inanspruchnahme aus Gesellschaftsschulden oder solche Aufwendungen, deren Ersatz erst bei Auseinandersetzung verlangt werden kann; vgl. MünchKommBGB²-*Ulmer* § 713 Rdnr. 14, § 714 Rdnr. 38 a.E., § 725 Rdnr. 7; zweifelhaft für die in § 717 S. 2 BGB genannten Ansprüche, → Rdnr. 4 a.E. mit Fn. 25.
³⁸ Auch Abfindungsansprüche aus schon vereinbarter Auseinandersetzung; *BGH* LM Nr. 5 = Rpfleger 1972, 91. § 1365 BGB steht nicht entgegen, → § 739 Rdnr. 29; OLG Hamburg MDR 1970, 419; *Stöber*¹⁰ Rdnr. 1574. – aber wegen etwaiger Verteilung beweglicher Sachen Rdnr. 32; vgl. auch *Wieczorek*² Anm. A IV b.
³⁹ Nur die Kündigung ist vorher gestattet → Fn. 28, nicht weitere Einziehungstätigkeit. → auch § 857 Fn. 83.
⁴⁰ RGZ 90, 20; 95, 233.
⁴¹ *Furtner* (Fn. 1); *K. Schmidt* JZ 1985, 911; *Smid* JuS 1988, 613, 616; *Baur/Stürner*¹¹ Rdnr. 544; MünchKommBGB²-*Ulmer* § 725 Rdnr. 16 mwN. – A.M. *RG* (Fn. 37).

⁴² Zur ZV → § 888 I 1.
⁴³ So bei Abtretung des Auseinandersetzungsanspruchs *RGZ* 90, 20.
⁴⁴ Vgl. BGH ZZP 105 (1992), 487 (*Brehm*) = Rpfleger 1992, 260 (*Hintzen*) = NJW 1992, 830 (das Klagebegehren wird dort mit »Duldung der Zwangsvollstreckung« umschrieben); a.M. RGZ 95, 233.
⁴⁵ *LG Hamburg* Rpfleger 1983, 35 (abl. *Behr*) u. Rpfleger 1989, 513; *Zöller/Stöber*¹⁸ Rdnr. 4; *Zeller/Stöber*¹³ ZVG § 180 Anm. 11.7.; *Mümmler* Büro 1990, 308, 310 (für den Fall, daß dem betroffenen Gesellschafter bei Kündigung nur ein Abfindungsanspruch zusteht). – A.M. *LG Konstanz* Rpfleger 1987, 427; *Hintzen* Rpfleger 1992, 262, 264; *Baumbach/Hartmann*⁵² Rdnr. 3; offengelassen von *BGH* (Fn. 44).
⁴⁶ Vgl. BGH WPM 1961, 303.
⁴⁷ *Furtner* (Fn. 1); *Rupp/Fleischmann* (Fn. 5), 224; MünchKommBGB²-*Ulmer* § 719 Rdnr. 49. – A.M. *Stöber*¹⁰ Rdnr. 1575; er übersieht wohl, daß § 844 (zu unterscheiden von den Fällen → § 851 Fn. 144, 157) Pflichten des Schuldners nicht begründen (→ auch § 806 Rdnr. 5) sondern nur dessen Verfügung ersetzen kann. – Hängt die Veräußerung von Zustimmungen der Gesellschafter ab (vgl. *BGHZ* 13, 179 = NJW 1954, 1155), so sind diese vor dem Beschluß einzuholen.
⁴⁸ Str., vgl. MünchKommBGB²-*Ulmer* § 725 Rdnr. 20 mwN.

9   4. Die Anteilspfändung unterscheidet sich von der Pfändung des *Auseinandersetzungsguthabens*[49] nur insofern[50], als letztere kein Recht auf die Gewinnanteile bis zur Auseinandersetzung gewährt, die in diesem Falle gesondert zu pfänden wären, arg. § 717 S. 2 BGB (»oder«), → dazu § 851 Rdnr. 15; ab dem Liquidationsstadium sind aber Gewinnanteile wie auch andere gesellschaftsbezogene Ansprüche nur noch unselbständige Auseinandersetzungsposten und insoweit nicht mehr selbständig pfändbar, → Fn. 22, 25. Im übrigen erfaßt auch die Pfändung des Auseinandersetzungsguthabens das Recht zur Kündigung[51]. Die Einschränkungen → Fn. 17–20, 37f. bei Ausübung der Schuldnerrechte gelten auch hier[52].

Für den *Rang* ist es grundsätzlich gleich, ob die Pfandrechte durch Anteilspfändung (→ Fn. 38) oder wirksame Einzelpfändung der o.g. Ansprüche erworben wurden[53]. Die Pfändung eines Gesellschaftsanteils geht aber einer zuvor erfolgten Abtretung bzw. Pfändung *künftiger* Ansprüche auf Gewinn und Abfindung vor[54].

10   5. Gehört der Gesellschaft ein *Grundstück*, so entsteht daran durch die Pfändungen → Rdnr. 3 oder 9 kein Pfandrecht[55] und die Verfügung darüber bleibt allen Gesellschaftern möglich[56]; deshalb ist die Pfändung mangels Verfügungsbeschränkung des Schuldners *nicht im Grundbuch* einzutragen[57], auch dann nicht, wenn der gepfändete Anteil kraft Vertrags frei übertragbar ist[58]; denn im Unterschied zum Nachlaß (→ Rdnr. 30) wären Verfügungsbeschränkungen mit dem Gesellschaftszweck unverträglich, besonders bei werbenden Gesellschaften, die in der Regel nach § 738 BGB fortbestehen.

11   6. Mitgliedsanteile am Vermögen **rechtsfähiger Vereine** sind unpfändbar[59], soweit nicht die Satzung Übertragbarkeit anordnet, § 40 BGB. Pfändbar sind aber künftige Ansprüche der Mitglieder gemäß §§ 45, 47 BGB[60]. Im übrigen kann nur das AnfG helfen.

Für **nichtrechtsfähige Vereine** hält die h. M. entgegen § 54 BGB in Angleichung an § 38 BGB die Anteile für unpfändbar[61] und verwehrt einem ausscheidenden Mitglied Abfindungsansprüche[62]. Dadurch können erhebliche Werte den Gläubigern entzogen werden[63]. Bei *wirtschaftlichen* Vereinen, die im Verhältnis zur Mitgliederzahl erhebliches Vermögen ansammeln[64], ist diese Ausschaltung des § 54 BGB und des § 859 für Gläubiger, denen nur das Mitglied, nicht der Verein haftet, unzumutbar[65]. → aber auch § 857 zu Fn. 47.

---

[49] Siehe auch *BGH* (Fn. 16).
[50] *RGZ* 67, 331f. scheint sie sogar völlig gleichzustellen; s. auch *RGZ* 60, 129f.; *OLG Dresden* SA 64, 248.
[51] Arg. § 135 HGB → Rdnr. 12. Begründung Nov. 98, 176 behandelt beides gleich. Wie hier *K. Schmidt* (Fn. 12), 181 mwN; *Stöber*[10] Rdnr. 1576. – A.M. MünchKommBGB²-*Ulmer* (Fn. 8) § 725 Rdnr. 4, 11 mwN; *Rupp/Fleischmann* (Fn. 5), 223f.
[52] Siehe auch *RG* Gruch 48, 912; *KG* OLG Rsp 33, 118. Zur Bilanz → aber Fn. 20.
[53] Vgl. *RGZ* 67, 332f. u. zur Abtretung 60, 130.
[54] BGHZ 97, 392, 394 = NJW 1986, 1991, 1992; *Armbrüster* NJW 1991, 606, 607 für die Abtretung eines Gesellschaftsanteils. → Rdnr. 19.
[55] *Rupp/Fleischmann* (Fn. 5), 225 mwN; → auch Rdnr. 1f., Fn. 21.
[56] *BayObLG* NJW-RR 1991, 361, 362. Im Gegensatz zur Erbteilspfändung bleiben nach § 725 BGB sämtliche Verwaltungs- u. Verfügungsrechte (bis auf die Kündigung) bei allen Gesellschaftern, → Rdnr. 4, 7; über den gepfändeten Anteil kann der Schuldner ohnehin nach § 719 BGB nicht verfügen.
[57] H.M., *OLG Hamm* WM 1987, 972; *OLG Zweibrücken* u. *LG Hamburg* Rpfleger 1982, 413 u. 142 mwN; *Mümmler* Büro 1990, 308, 310; *Baur/Stürner*[11] Rdnr. 543; *Stöber*[10] Rdnr. 1558; *Rupp/Fleischmann* (Fn. 5), 225f.; *Eickmann* Rpfleger 1985, 89, je mwN. –

A.M. *KG* JR 1927 Nr. 2181; *Hintzen* Rpfleger 1992, 262, 263.
[58] MünchKommBGB²-*K. Schmidt* § 726 BGB Rdnr. 19 Fn. 36. – A.M. *Rupp/Fleischmann* (Fn. 5), 225f., auch zum Verfahren, wenn der Nachweis gemäß §§ 22, 29 GBO scheitert. Vgl. auch *OLG Hamm* (Fn. 57) zum Nießbrauch.
[59] § 851 Abs. 1 mit § 38 BGB (§ 54 BGB gilt hier nicht).
[60] *Stöber*[10] Rdnr. 1773.
[61] Obiter *BGH* NJW 1968, 1830 = Rpfleger 320; *Erman/Westermann*[9] § 54 Rdnr. 8; *Soergel/Hadding*[12] § 54 Rdnr. 20; *Stöber*[10] Rdnr. 1774.
[62] *Stöber*[10] Rdnr. 1774; *Staudinger/Coing*[12] § 54 Rdnr. 49; *Soergel/Hadding*[12] § 54 Rdnr. 20. Schon *RGZ* 113, 135 nahm »in der Regel« einen stillschweigenden Ausschluß der §§ 54 S. 1, 738 Abs. 1 S. 2 und Abs. 2 BGB in der Satzung an, falls diese Vorschriften auf den Verein seiner Art nicht passen (dort: katholischer Orden).
[63] Selbst wenn man die Beiträge wegen → Fn. 62 als »verlorenes Vermögen« für unentgeltlich ansieht, würde § 3 Nr. 3 AnfG wegen der Befristung kaum helfen.
[64] Hierzu *Hemmerich* Möglichkeiten u. Grenzen wirtschaftlicher Betätigung von Idealvereinen (1981), 14ff.; *K. Schmidt* AcP 182 (1982), 14ff. mwN.
[65] Vgl. MünchKomm²-*Reuter* § 54 Rdnr. 5, auch Rdnr. 29; *Jauernig* BGB[6] § 54 Anm. 1 d. Die Anwendung des § 54 S. 1 BGB in diesen Fällen erhielte praktische

II. Die Anteile an Handelsgesellschaften

1. Für **Offene Handelsgesellschaften** und **Kommanditgesellschaften** gelten nach h.M. gemäß § 105 Abs. 2, § 161 Abs. 2 HGB die Grundsätze → Rdnr. 1–10, soweit nicht im HGB anderes vorgeschrieben ist[66]; zu empfehlen ist die Pfändung sowohl des Auseinandersetzungsguthabens (§ 135 HGB) als auch des Anteils (§ 859 Abs. 1). Gleiches gilt für die Vollstreckung gegen persönlich Haftende einer **Kommanditgesellschaft auf Aktien**, § 289 Abs. 1 AktG; wegen der Kommanditaktionäre → Rdnr. 15.

12

Zur Pfändung durch *Gesellschaftsgläubiger* → Fn. 8; wegen der Kündigung → aber Fn. 72. Daß die Gesellschaft als Gesamthand Drittschuldnerin ist und die *Zustellung* an die Geschäftsführenden als Vertreter genügt, ist hier allgemein anerkannt[67]. Zum Umfang der möglichen Pfändungen → Rdnr. 4 a. E., 6, 9; wegen § 122 HGB → § 851 Rdnr. 14 f. Die unübertragbaren Rechte[68] aus §§ 114–119, 125, 126 HGB werden nicht erfaßt[69].

Nur das *Kündigungsrecht* des § 725 Abs. 1 BGB – nicht die Pfändung[70] – ist durch das wesentlich engere des § 135 HGB ersetzt, auch wenn nicht nur das Auseinandersetzungsguthaben, sondern der Anteil gepfändet ist[71]. Kündigen kann nur der *Privatgläubiger*, d. h. sein Anspruch muß unabhängig vom Gesellschaftsverhältnis sein und darf nicht auf § 128 HGB beruhen[72]. Folgende Voraussetzungen müssen in beliebiger Reihenfolge[73] eingetreten sein: a) Überweisung zur Einziehung (§ 835); b) endgültige Vollstreckbarkeit des Titels[74]; c) erfolgloser Vollstreckungsversuch irgendeines Gläubigers in das bewegliche Vermögen des Schuldners frühestens[75] innerhalb der letzten sechs Monate vor dem Zeitpunkt, in dem die Voraussetzungen a und b beide eingetreten sind[76]. Gekündigt werden kann nur zum Ende des Geschäftsjahres[77] mit einer Frist von sechs Monaten; eine dem Schuldner zustehende kürzere Kündigungsfrist kommt jedoch auch dem Gläubiger zugute[78].

13

Über die Adressaten der Kündigung → Rdnr. 5 Fn. 31, zu ihrer Wirkung s. §§ 138, 141 f. HGB[79] und zu den – gegenüber → Rdnr. 4, 7 erweiterten – Rechten des Gläubigers s. § 145 Abs. 2, § 146 Abs. 2 S. 2, §§ 147, 152 HGB[80].

14

Gläubiger eines **Kommanditaktionärs** können nicht kündigen, § 289 Abs. 3 S. 2 AktG, so daß sich für sie in der Regel nur die Pfändung der Einzelrechte lohnt, → § 821 Rdnr. 2 f., § 851 Rdnr. 16 sowie unten Rdnr. 25.

15

Die zum 1. VII. 1989 neu geschaffene Rechtsform der **Europäischen wirtschaftlichen Interessenvereinigung** (EWIV)[81], die bislang vor allem als Instrument für die grenzüberschrei-

15a

Bedeutung, wenn sich die Auffassung durchsetzt, daß bei Vereinen von erheblicher wirtschaftlicher Bedeutung nicht mehr von einem Idealverein gesprochen werden kann, so daß die Rechtsfähigkeit nicht durch bloße Eintragung erlangt werden kann. Vgl. zur Auseinandersetzung über die Definition des wirtschaftlichen Vereins ausführl. *Hemmerich* (Fn. 64), 56; dazu *Mummenhoff* AcP 184 (1984), 497 ff.

[66] § 859 Abs. 1 gilt auch hier; *BGH* (Fn. 38); *Baumbach/Hartmann*[52] Anh. 1 zu § 859; *Baumbach/Hopt* HGB[28] § 135 Anm. 2 C zu § 124; *P. Ulmer* in Großkomm. HGB[3] § 135 Anm. 10. – A.M. (nicht § 859 Abs. 1, nur § 857, falls übertragbar) *Furtner* (Fn. 1), 616; *Rupp/Fleischmann* (Fn. 5), 224. M.E. treffen beide Normen zu → Fn. 5. Siehe auch *BGH* NJW 1987, 2703.

[67] *Baumbach/Hartmann*[52] Anh. 1 zu § 859; *Thomas/Putzo*[18] Rdnr. 3; so *Stöber*[10] Rdnr. 1584.

[68] → § 857 bei Fn. 13, 27, 66.

[69] *Stöber*[10] Rdnr. 1585. Zur Bilanzerklärung → aber Fn. 20.

[70] *BGH* (Fn. 29); *Baumbach/Hopt* HGB[28] § 135 Anm. 2 c zu § 135.

[71] *BGH* (Fn. 29).

[72] *Stöber*[10] Rdnr. 1591 mwN; z. B. Prozeßkosten, auch wenn gesellschaftsrechtliche Ansprüche im Streit waren; *BGH* WPM 1978, 675 = DB 1395. Gesellschaftern als Gläubiger kann die Treuepflicht entgegenstehen; obiter *BGHZ* 51, 84 = NJW 1969, 506; s. auch *BGH* WPM 1978, 675.

[73] → Fn. 70.

[74] → Fn. 29.

[75] Spätestens bei Zugang der Kündigung; vgl. *BGH* (Fn. 29).

[76] *BGH* (Fn. 29).

[77] Zur Auskunft über Abweichung vom Kalenderjahr s. § 836 Abs. 3. § 840 trifft nicht zu, → dort Rdnr. 7–11; denn dies erhöht nicht das Risiko des Gläubigers; er kann mit Wirkung zum nächstzulässigen Termin kündigen. – A.M. *Stöber*[10] Rdnr. 1593 mwN.

[78] *Stöber*[10] Rdnr. 1593.

[79] Zur Fortsetzung trotz Kündigung (u. U. als Pflicht der Gesellschafter) s. *BGH* u. *RG* → Fn. 29, 30 mwN.

[80] Siehe auch *RGZ* 95, 233 (Betreibung der Löschung im Handelsregister).

[81] EWG-VO 2137/85 des Rates vom 25. VII. 1985, Amtsblatt der Europäischen Gemeinschaften Nr. L 199, 1; Gesetz zur Ausführung der EWG-VO über die EWIV (EWIV-AG) vom 14. IV. 1988 (BGBl. I, 514).

tende Kooperation von Anwaltsfirmen verwendet wird, gilt nach § 1 Halbs. 2 EWIV-AG als Handelsgesellschaft im Sinne des HGB. Der Gesellschaftsanteil ist daher wie ein OHG-Gesellschaftsanteil zu pfänden[82]. Drittschuldner sind auch hier die übrigen Gesellschafter als Gesamthänder. Die Zustellung des Pfändungsbeschlusses hat an einen der Geschäftsführer zu erfolgen, Art. 19 EWG-VO[83]. Gemäß § 1 EWIV-AG bestimmt sich das Kündigungsrecht des Gläubigers nach § 135 HGB. Die Kündigung führt aber nicht zur Auflösung der Gesellschaft, sondern lediglich zum Ausscheiden des Schuldners aus der Gesellschaft, § 9 S. 1 EWIV-AG. Die Pfändung erfaßt dann den daraus resultierenden Anspruch auf das Auseinandersetzungsguthaben[84].

16 2. Beim **stillen Gesellschafter** sind nur dessen Gewinnansprüche nach § 829[85] und gemäß § 234 Abs. 1 S. 1, § 135 HGB[86] sein Auseinandersetzungsguthaben pfändbar. Nicht erfaßt wird das Prüfungsrecht des Stillen, § 233 Abs. 1, 3 HGB[87]; der Geschäftsinhaber als Drittschuldner muß aber dem Gläubiger den errechneten Gewinnanteil mitteilen[88].

17 3. Die Pfändung des Geschäftsguthabens[89], auch des auf einen von mehreren ganzen Anteilen entfallenden Teilguthabens[90] bei der **Erwerbs- und Wirtschaftsgenossenschaft** als Drittschuldner folgt denselben Grundsätzen wie § 135 HGB; nur ist das Kündigungsrecht des Gläubigers in §§ 65f. GenG[91] anders befristet und an Formvorschriften[92] gebunden. Die Kündigung hat hier stets nur den Austritt des Genossen zur Folge, s. §§ 69ff. GenG; die Kündigung kann nach h. M. zurückgenommen werden[93]. Zum Ausscheiden des Genossen im Falle der Eröffnung des Vergleichsverfahrens über die Genossenschaft s. § 111 Nr. 6 VerglO. Wegen der Auszahlung der Guthaben bei Baugenossenschaften s. G v. 20. VII. 33 und 15. VI. 35 (RGBl. 525, 745).

18 4. Bei der **Gesellschaft mit beschränkter Haftung**[94] ist der Geschäftsanteil auch dann pfändbar, wenn er nach § 15 Abs. 5 GmbHG nur mit Genehmigung der Gesellschaft veräußerlich ist → § 857 Rdnr. 14[95]. Etwa ausgegebene Anteilsscheine unterliegen als Beweisurkunde nur der Hilfspfändung[96]. Die Gesellschaft hat eine dem Drittschuldner gleiche Stellung[97], auch wenn der Schuldner alle Anteile hält[98], § 857 Abs. 1, § 829 Abs. 1 S. 1. Ihr sollte zugleich nach § 829 die vorsorgliche Pfändung der Ansprüche auf Gewinn, § 29 GmbHG, zugestellt

---

[82] *Stöber*[10] Rdnr. 1597.
[83] *Zöller/Stöber*[18] Rdnr. 9 a.
[84] *Stöber*[10] Rdnr. 1597.
[85] → § 851 Fn. 50.
[86] Zur Kündigung → Rdnr. 13f.; dazu dogmatisch u. rechtspolitisch *K. Schmidt* KTS 1977, 5f. Wegen § 268 BGB → Fn. 30.
[87] Es ist unübertragbar, *BGH* (Fn. 20).
[88] So für Abtretung *BGH* (Fn. 20).
[89] Nicht: »des Geschäftsanteils«, s. § 7 Nr. 1, § 66 GenG; § 859 gilt nicht entsprechend. Ungenaue Bezeichnung schadet zwar nicht, → § 829 Rdnr. 40f. Unrichtig aber *OLG Düsseldorf* ZMR 1984, 154, das nach § 765 a ermöglichen wollte, die wirksame Kündigung des Gläubigers rückgängig zu machen (→ Fn. 93), indem es die »Anteilspfändung« aufhob unter Aufrechterhaltung der »Guthabenpfändung« (Tenor ist aaO nicht abgedruckt): nur auf dieser nebst Überweisung beruht die Kündigungs- u. Einziehungsbefugnis!
[90] Arg. § 67 b GenG (str.). Besser ist Vollpfändung, aber Kündigung nur solcher Anteile, die zur Befriedigung ausreichen; *Stöber*[10] Rdnr. 1635f. mwN auch zur Gegenansicht.
[91] Vgl. *OLG Dresden* OLG Rsp 40, 203; *Lang/Weidmüller* GenG[32] (1974) § 66 Rdnr. 3.
[92] Nicht vorgeschrieben ist Beglaubigung der (zweckmäßig beizufügenden) Überweisung; *Stöber*[10] Rdnr. 1636 mwN zur Gegenansicht.

[93] *Meyer/Meulenbergh/Beuthin* GenG[12] § 66 Rdnr. 3; bis zur Einstellung aber nur durch den Gläubiger oder mit dessen Zustimmung, denn bis dahin gelten das Verbot → § 829 Rdnr. 89ff. u. die Überweisungswirkungen → § 835 Rdnr. 14ff., arg. §§ 767, 775f., nicht nur bis zur Befriedigung, wie *Stöber*[10] Rdnr. 1636 meint. → auch Fn. 30, 89.
[94] Lit.: *Schuler* NJW 1960, 1423; *Fischer* GmbHR 61, 21; *Pfaff* GmbHR 64, 92; *Bokelmann* BB 1970, 1235; *Petermann* Rpfleger 1973, 387; *Sachs* u. *Priester* GmbHR 76, 5, 78; *Noack* Büro 1976, 1603; KKZ 1978, 10 u. 203; *Heckelmann* ZZP 92 (1979), 28; *Brennecke* ZV gegen juristische Personen usw. (Diss. Freiburg 1969); *Burkert* Die GmbH (1981); *Bischoff* (Fn. 36), 61.
[95] RGZ 70, 64; RG SA 64, 301; BGHZ 32, 151ff. = JZ 1960, 743; *Bokelmann* (Fn. 94); *Polzius* DGVZ 1987, 33.
[96] → § 821 Rdnr. 4f., § 829 Rdnr. 80; *Schuler* (Fn. 94), 1424; *Polzius* DGVZ 1987, 33.
[97] *Baumbach/Hartmann*[52] § 859 Anh. Rdnr. 3; *Fischer* u. *Pfaff* (beide Fn. 94); *Scholz/Winter* GmbHG[8] § 15 Rdnr. 172; *Stöber*[10] Rdnr. 1623; *Polzius* DGVZ 1987, 33, 34. – A.M. (§ 857 Abs. 2) *OLG Köln* OLG Rsp 13, 206; *Schuler* (Fn. 94); für Verpfändung RGZ 57, 415. Das Verbot an den Drittschuldner u. seine Zustellung dürfen keinesfalls abgelehnt werden, richtig *Schuler* aaO.
[98] § 13 GmbHG, »Trennungsprinzip«; *Baumbach/Hueck* GmbHG[15] § 1 Rdnr. 55. Zur Zustellung → § 171 Rdnr. 6, 10, § 183 Rdnr. 3.

werden⁹⁹, sowie auf etwaige Vergütung für Dienstleistungen, Aufwendungen usw.¹⁰⁰. Wird ohne nähere Bezeichnung »der« Anteil des Schuldners gepfändet, obwohl er mehrere hat, § 15 Abs. 2 GmbHG, so ist dies im Zweifel als Pfändung aller Anteile auszulegen¹⁰¹. Teilpfändung ist möglich¹⁰², aber weder anzuraten noch geboten¹⁰³. Über Gründungsgesellschaften → Rdnr. 26, zu veräußerlichen Bezugsrechten → § 857 Rdnr. 96 a. E.

In den Fällen der § 27 Abs. 2¹⁰⁴, § 30 Abs. 2, §§ 34¹⁰⁵, 58, 72 GmbHG setzt sich das **19** Anteilspfandrecht an den Surrogatansprüchen fort¹⁰⁶; das Gebot des § 829 Abs. 1 S. 2 bezieht sich daher auch auf sie, was aber ihre selbständige Pfändung nicht hindert¹⁰⁷. Läßt der Gläubiger den Anteil pfänden, nachdem der Gesellschafter den *künftigen* Anspruch auf die Abfindung oder das Auseinandersetzungsguthaben abgetreten hat, so erwirbt der Dritte den an die Stelle des Anteils tretenden Abfindungsanspruch belastet mit dem Pfändungspfandrecht¹⁰⁸. Entsprechend kann bei Pfändung der *künftigen* Ansprüche nur ein nachrangiges Pfändungspfandrecht erworben werden, wenn danach noch vor Entstehung der Ansprüche der GmbH-Geschäftsanteil gepfändet wird¹⁰⁹.

Zur Einziehung überwiesen wird der gepfändete Anteil nur¹¹⁰, wenn die hier regelmäßige **20** Veräußerung nach § 857 Abs. 1, 5, § 844 ausscheidet¹¹¹. Die Überweisung des Anteils oder der → Rdnr. 19 genannten Ansprüche kann dann nachgeholt werden. Eine dem Schuldner gestattete Kündigung¹¹² wird nur mit Zustimmung des Gläubigers diesem gegenüber wirksam¹¹³; ordentliche Kündigungsrechte (§ 60 Abs. 2 GmbHG) kann der Gläubiger nach Überweisung des Anteils selbst ausüben¹¹⁴. Wegen §§ 267 f. BGB → Fn. 30.

Die *Veräußerung* geschieht wie → § 844 Rdnr. 7–12¹¹⁵; auch für sie gilt § 15 Abs. 4 **21** GmbHG nicht¹¹⁶. Hat der Schuldner nach Pfändung den Anteil übertragen¹¹⁷, so wirkt die

---

⁹⁹ Ob sie miterfaßt werden, ist nämlich str. (§ 1273 Abs. 2 S. 2 BGB?); *Stöber*¹⁰ Rdnr. 1621 mwN. Falls sie in Legitimationspapieren verbrieft sind, → § 821 Rdnr. 4 f. Ausstattung als Wertpapier (→ § 821 Rdnr. 2) scheidet wohl aus.

¹⁰⁰ Sie werden nicht von Anteilspfändungen erfaßt, *Hachenburg* GmbHG Anh. § 15 Rdnr. 79; *Stöber*¹⁰ Rdnr. 1621; ganz h. M.

¹⁰¹ *Stöber*¹⁰ Rdnr. 1614.

¹⁰² Näheres *Schuler* (Fn. 94), 1425; *Stöber*¹⁰ Rdnr. 1615. Zu § 17 GmbHG s. *Baumbach/Hueck* (Fn. 98) Rdnr. 6 ff. Zu Teilrechten aus Kapitalerhöhung s. *Scholz* GmbHG⁷ Anh. § 57 b Rdnr. 7 zu § 10 KapErhG.

¹⁰³ Auch nicht bei geringer Titelforderung (→ dazu Fn. 247 vor § 704, § 803 Rdnr. 25, 27); Teilung ist auch noch bei Verwertung möglich, → § 857 Rdnr. 110 Fn. 435; vgl. *AG Konstanz* DGVZ 1967, 190.

¹⁰⁴ Dazu *Polzius* DGVZ 1987, 17, 25 f.

¹⁰⁵ → dazu Rdnr. 22.

¹⁰⁶ *Schuler* (Fn. 94), 1426; *Stöber*¹⁰ Rdnr. 1623; ebenso bei Verschmelzung u. Umwandlung; s. dazu *Baumbach/Hueck* (Fn. 98) § 60 Rdnr. 4, 39. Gebühren dem Schuldner daraus Aktien oder andere nach § 808 pfändbare Gegenstände, so ist gemäß § 857 Abs. 1, § 844 der Pfändungsbeschluß entsprechend § 847 zu ergänzen; → auch Rdnr. 32. – Ausschluß nach § 21 GmbHG wird nicht durch Anteilspfändung gehindert; sie führt nach ganz h. M. zum Verfall zugunsten der GmbH u. zur Aufhebung der ZV; *Baumbach/Hueck* (Fn. 98) § 21 Rdnr. 12 f. mwN, das aber wohl nur über § 771.

¹⁰⁷ *Schuler* (Fn. 94), 1426; *Stöber*¹⁰ Rdnr. 1623.

¹⁰⁸ *BGHZ* 104, 351 = JZ 1989, 252 (*Münzberg*) = NJW 1989, 458. Zustimmend *Armbrüster* NJW 1991, 606, 607. Krit. *Marotzke* ZIP 1988, 1509. Nach *BGHZ* 88, 207 = DB 1983, 2513 wird die Vorausabtretung eines Auseinandersetzungsanspruchs hinfällig, wenn vor dessen Entstehung der Geschäftsanteil abgetreten wird.

¹⁰⁹ *Münzberg* JZ 1989, 253, 254 f. Zust. *Stöber*¹⁰ Rdnr. 1623.

¹¹⁰ *LG Berlin* MDR 1987, 592. Arg. § 844 Abs. 1 »an Stelle«; die ganz h. M. will sogar in den Fällen → Fn. 111 nur Überweisung der einzelnen Surrogatansprüche gestatten; *Stöber*¹⁰ Rdnr. 1624 mwN; das ist unnötig u. (beim Übersehen eines Anspruchs im Antrag) gefährlich.

¹¹¹ Das ist der Fall, wenn die GmbH aufgelöst wird oder der Anteil einzuziehen ist, → Rdnr. 22.

¹¹² Dazu *Baumbach/Hueck* (Fn. 98) Anh. § 34 Rdnr. 15 ff., § 60 Rdnr. 46; krit. zur Auslegung als Auflösungsgrund *Meyer-Landrut* FS für Stimpel (1985), 431 ff.

¹¹³ *Stöber*¹⁰ Rdnr. 1620 mwN; *Baumbach/Hueck* (Fn. 98) § 15 Rdnr. 61; denn Kündigung schaltet § 844 aus u. kann zu minderem Erlös führen. → auch Fn. 122 u. § 829 Rdnr. 93.

¹¹⁴ Hilfspfändung des Kündigungsrechts ist zulässig aber nur deklaratorisch (a.M. *Herzig* Büro 1968, 1011: notwendig), → § 857 Rdnr. 3–5; *Stöber*¹⁰ Rdnr. 1624. Die Beschränkungen des § 135 HGB → Rdnr. 14 dürften aber entsprechend gelten; s. auch *Bischoff* (Fn. 36), 68 Fn. 79 u. zur Analogie *Baumbach/Hueck* (Fn. 98) Einl. Rdnr. 27 mwN.

¹¹⁵ → insbesondere zum GmbH-Anteil dort Fn. 1, 11, 18, 34, 37 (hier: §§ 15 f. GmbHG), 29, 31; dazu *Noack* (Fn. 94). Zur Teilung → Fn. 103. Bei freihändiger Veräußerung kann das Angebot an bestimmte Personen angeordnet werden; *AG Berlin-Charlottenburg* DGVZ 1978, 92.

¹¹⁶ *BGH* → Fn. 123; *Stöber*¹⁰ Rdnr. 1627 mwN; anders für freihändigen Verkauf *OLG Hamburg* NJW 1960, 870.

¹¹⁷ → Fn. 107. Der Schuldner kann veräußern bis zur wirksamen Veräußerung nach § 844.

nach § 844 erlassene Anordnung auch gegen den Erwerber[118]. Entsprechendes gilt für eine gegenüber dem Gläubiger unwirksame Einziehung[119]. Veräußerung scheidet aus in den Fällen → Rdnr. 19, 22, Fn. 123 ff., was vor der Anordnung zu prüfen ist[120].

22   Ist die **Einziehung** gepfändeter Anteile[121] nur mit Zustimmung des Schuldners möglich, § 34 Abs. 1 mit Abs. 2 GmbHG, so kann er diese nicht gegen den Willen des Gläubigers erteilen[122]. Ist sie ohne Zustimmung des Schuldners zulässig, § 34 Abs. 2 GmbHG[123], so muß der Gläubiger das nach Ansicht des BGH hinnehmen, a) wenn der Einziehungstatbestand unabhängig von der Pfändung eingetreten ist[124], b) wenn zwar die Pfändung Anlaß für die Einziehung ist, aber entweder eine vollwertige Abfindung gewährt wird[125] oder diese nur solchen Einschränkungen unterliegt, die auch der Schuldner in vergleichbaren Fällen dulden muß[126]. Daß eine nicht vollwertige Abfindung im konkreten Pfändungsfall zur Befriedigung des Gläubigers ausreicht, beseitigt die Unwirksamkeit der Einziehung nicht[127], wenn auch die Berufung des Gläubigers auf die Nichtigkeit der einschlägigen Satzungsbestimmung u. U. unzulässige Rechtsausübung sein kann[128].

23   Der Maßstab der Gleichbehandlung von Gesellschaftern und Gläubigern → Fn. 126 für die Wirksamkeit von Einziehungen nach § 34 GmbHG[129] ist streitig geblieben, weil die zugrundeliegenden Wertungen[130] nur teilweise überzeugen: 1.) muß der Gläubiger nur *wirksame*[131] Einziehungsklauseln »wie Belastungen« hinnehmen[132]. – 2.) werden Abfindungen unter Wert nicht dadurch unbedenklich, daß den Schuldner in vergleichbaren Fällen dieselben Nachteile treffen; denn *er* könnte auch die Vorteile genießen, wenn nur bei seinen Mitgesellschaftern gepfändet wird, nicht aber der Gläubiger, so daß gleiche *Behandlung* von Gesellschaftern und Gläubigern hier ungleiche *Wertung* bedeutet[133]. – 3.) Daher dürfte auch vereinfachte Anteilsbewertung[134] nur wirksam sein, wenn sie sich im Einzelfall ebensogut nachteilig

---

[118] *LG Berlin* DGVZ 1964, 187. Für Rechte, die lediglich durch Einigung übertragen werden (§§ 398, 413 BGB), sei es auch notariell, gibt es keinen lastenfreien Erwerb kraft guten Glaubens wie nach §§ 892, 936 BGB, s. § 1276 BGB.

[119] *LG Gießen* → Fn. 122.

[120] *OLG Frankfurt* BB 1976, 1147 (dort: ob bereits durchgeführte Einziehung wirksam war, → dazu Rdnr. 22 f.).

[121] Dazu *Michalski* ZIP 1991, 147.

[122] Aus gleichen Gründen wie → Fn. 113; *Schuler* NJW 1961, 2282; ähnlich *Heckelmann* (Fn. 94), 47 zur nach Pfändung vereinbarten Einziehung; *LG Gießen* MDR 1986, 155 zur Satzungsänderung nach Pfändung.

[123] Dagegen hilft § 829 Abs. 1 S. 2 nicht, → § 829 Rdnr. 92 Fn. 449; *BGHZ* 65, 22 = NJW 1975, 1835 = BB 1177 (*Mettenheim*); *Heckelmann* (Fn. 94), 47 f.; *Bischoff* (Fn. 36), 64 gegen *Winter* u. *OLG Frankfurt* GmbHR 67, 204; 74, 41, die »Vorwegnehme Verfügung« annehmen, was ohnehin nur für Gründungsgesellschafter, nicht für Nachfolger zutreffen würde; *Bischoff* aaO.

[124] *BGH* (Fn. 95), dessen Formulierung »vor der Pfändung« ungenau ist; *Schuler* (Fn. 122); aber wohl nur auf Versehen beruht.

[125] *BGH* (Fn. 95); *OLG Hamburg* NJW 1960, 871; *Michalski* ZIP 1991, 147, 148; ganz h.M. → Fn. 134 ff. Eingeschränkt *Bischoff* (Fn. 36), 66: nur wenn GmbH personalistische Struktur habe, z. B. durch Klausel gemäß § 15 Abs. 5 GmbHG.

[126] *BGH* (Fn. 123), während *BGH* (Fn. 95) noch vergleichbare Fälle als Maßstab verwarf. Taugliche Vergleichsfälle sollen sein: Ausschließung aus wichtigem Grund, der entweder durch Pfändung eintrete oder ihr doch sehr nahe stehe, *BGH* (Fn. 123); Einziehung, weil ein verheirateter Gesellschafter die Zugewinngemeinschaft nicht ausschließt, *OLG Frankfurt* OLGZ 1978, 86 = NJW 328. Nicht: Einziehung nur wegen schuldhafter Pflichtwidrigkeit oder Geschäftsunfähigkeit.

[127] *BGH* (Fn. 95); dazu *Schilling* JZ 1960, 745. Siehe auch *BGH* (Fn. 123): unwirksam, wenn »eigens darauf angelegt, das Pfändungspfandrecht ... zu vereiteln« (Beweislast beim Gläubiger); *Schuler* NJW 1961, 2281.

[128] *BGH* (Fn. 95) ließ das offen; s. aber *BGH* LM § 142 HGB Nr. 7.

[129] Die Unwirksamkeit der Einziehung ergibt sich zwar aus § 134 BGB mit § 34 Abs. 1 GmbHG, wenn die Einziehungsklausel unwirksam ist, vgl. RGZ 142, 376 f.; *BGH* (Fn. 95); letzteres beurteilt sich aber wiederum nach § 138 BGB (vgl. Formulierung des *BGH* → Fn. 127); *Bischoff* (Fn. 36), 49 ff. gegen *Heckelmann* (Fn. 94), 49 ff., der auch hier Spezialität des AnfG annimmt. Gegen Heranziehung des § 851 (so *RG* aaO) *BGH* (Fn. 123); *Heckelmann* (Fn. 94), 32, 46; *Bischoff* (Fn. 36), 62; Verstoß gegen § 137 S. 1 BGB verneint *BGH* (Fn. 123).

[130] Insbesondere ihre Besonderheiten gegenüber den Grundsätzen, die für Personengesellschaften entwickelt wurden, *Bischoff* (Fn. 36), 66 ff. → dazu Fn. 36.

[131] Auf die Gefahr eines Kreisschlusses (»wirksam, weil Gläubiger wie Schuldner daran gebunden sind«) wies schon *RG* (Fn. 129) hin. *Heckelmann* (Fn. 94), 48 ff. will nur mit AnfG helfen; s. dagegen *Bischoff* (Fn. 36) 62 ff., auch dazu, daß es nur für Gründungsgesellschafter gelten würde (§ 11 AnfG betrifft nur Rechtsnachfolger des Anfechtungsgegners).

[132] → Fn. 123; s. auch *Engel* (Fn. 36), 347.

[133] *Bokelmann* (Fn. 94), 1237 f.; *Heckelmann* (Fn. 94), 36 f.; *Bischof* (Fn. 36), 65. Im übrigen wäre sogar völlige Unentgeltlichkeit der Einziehung erlaubt, gäbe es *nur* diesen Maßstab der »Gleichbehandlung von Gesellschaftern u. Gläubigern«; vgl. *Bokelmann* u. *Bischoff* aaO; folgerichtig ermuntert gerade diese Begründung des *BGH* zu weiteren Einschränkungen der Abfindung; s. nur die Nachweise bei *Baumbach/Hueck* (Fn. 98) § 34 Rdnr. 22.

[134] Z. B. Wert letzter Bilanz; *OLG Frankfurt* (Fn. 126); *Bischoff* (Fn. 36), 70 mwN, dort auch zur minderen Abfindung nicht gleichberechtigter Gesellschafter.

wie vorteilhaft auswirken könnte[135]. – 4.) Nichtberücksichtigung des »good will« ist nicht aus Vereinfachungsgründen[136] sondern nur dann erlaubt, wenn der Buchwert einschließlich stiller Reserven gewährt wird[137]. – 5.) Abfindung in Raten ist jedenfalls dann nicht sittenwidrig, wenn zumindest gesetzliche Verzinsung vorgesehen ist[138] und die Zahlungen nicht an Bedingungen geknüpft sind, die eine Restzahlung praktisch verhindern könnten[139].

Weder Pfändung noch Überweisung (→ Rdnr. 20) ermächtigen den Gläubiger zur Ausübung der dem Schuldner nur als Gesellschafter oder gar Geschäftsführer zustehenden Rechte gemäß §§ 35 f., 46 f., 50, 60 Abs. 1 Nr. 2, 3 mit § 61 Abs. 2 GmbHG[140]. Bei Auflösung (→ Fn. 112 f.) dürften jedoch die § 145 Abs. 2, § 146 Abs. 2 S. 3, § 147 HGB (mit § 66 GmbHG) entsprechend gelten; an Bestimmungen gemäß § 72 S. 2 GmbHG sind Gläubiger stets gebunden im Falle § 55 Abs. 1 Nr. 4 AO. 24

5. Anteile an **Aktiengesellschaften** sind bis zur Eintragung in das Handelsregister unpfändbar, § 851 Abs. 1 mit § 41 Abs. 4 AktG[141]; ebenso für neue Anteile § 191 AktG, → aber § 857 Rdnr. 96 f. zum Bezugsrecht und unten Rdnr. 26 zur Vorgründungsgesellschaft. Wegen der Aktien selbst s. § 821 f., zur selbständigen Pfändung von Dividenden und Ausgleichsansprüchen → § 851 Rdnr. 16. Das Erfordernis der Zustimmung zur Übertragung von *Namensaktien*, § 68 Abs. 2 AktG, steht ihrer Pfändung nicht entgegen, → auch Fn. 95. Zu Einlagenansprüchen der AG → § 851 Rdnr. 11–13. 25

7. Bei den **Vorstufen** zu einer **GmbH** oder **AG** ist zu unterscheiden zwischen Vorgründungsgesellschaft und Vor-GmbH bzw. Vor-AG. 26

Die *Vorgründungsgesellschaft* ist Gesellschaft bürgerlichen Rechts, auf welche die §§ 705 ff. BGB Anwendung finden[142]. In Anteile ist daher wie → Rdnr. 1 ff. zu vollstrecken.

Für die *Vor-GmbH* gilt das GmbHG, soweit dieses nicht Eintragung voraussetzt oder spezielle Gründungsvorschriften eingreifen[143]. § 15 GmbHG ist insoweit noch nicht anwendbar[144]; deshalb ist nach h. M. ein Geschäftsanteil nur als künftiges Recht übertragbar[145]. Jedoch muß die Pfändung des Anteils an der Vor-GmbH ebenso wie nach § 859 Abs. 1 trotz Unübertragbarkeit (→ Rdnr. 2 bei Fn. 5) zulässig sein. Denn eine Pfändung nur des künftigen Geschäftsanteils würde zwar den Rang gegenüber späteren Pfändungen wahren, → § 829 Rdnr. 5, aber z. B. die Auflösung vor Eintragung oder die Umwandlung in eine OHG oder KG nicht hindern können, so daß der Geschäftsanteil nie entstünde und damit auch seine Verstrickung nicht rückwirkend einträte (auch diese setzt nämlich die Entstehung des gepfändeten Rechts voraus, → § 829 Rdnr. 5). Die bei Inkrafttreten des § 859 noch selbstverständliche Pfändbarkeit des Anteils nach Abs. 1 darf daher nicht verlorengehen infolge der modernen Identitätslehre, deren Zwecke außerhalb der Zwangsvollstreckung liegen, zumal für die GmbH eine dem § 41 Abs. 4 AktG entsprechende Vorschrift fehlt. Vertretbar ist allenfalls, die Kündigung → Rdnr. 5 solange auszuschließen, wie ein Antrag auf Eintragung der GmbH gestellt ist; nach Eintragung → Rdnr. 20 f. – Der Gläubiger sollte aber zusätzlich noch den künftigen Geschäftsanteil pfänden, anstatt sich darauf zu verlassen, daß

---

[135] *Bischoff* (Fn. 36), 70 a. E.
[136] Auch *BGH* (Fn. 123) stellt nicht allein darauf ab, sondern auch auf die schutzwürdigen Belange der GmbH, ebenso darauf, ob daneben noch weitere Einschränkungen vorgesehen sind, was z.B. von *OLG Frankfurt* (Fn. 126, Ausschluß stiller Reserven) nicht beachtet wird.
[137] *Bischoff* (Fn. 36), 69; a.M. *OLG Frankfurt* (Fn. 126).
[138] Solche Vorsorge gegen Liquiditätsengpässe kann schon im Hinblick auf den vom GmbHG intendierten Gläubigerschutz kaum unerlaubt sein; außerdem würde auch die Auszahlung bei Auflösung längere Zeit dauern, *Bischoff* (Fn. 36), 68 f. Etwas enger *Schuler* NJW 1961, 2283; *Engel* (Fn. 36), 349 je mwN: übliche bzw. marktgerechte Verzinsung nötig.
[139] Vgl. *BGH* (Fn. 95).
[140] Zum Stimmrecht *RGZ* 139, 228; 157, 55; *OLG München* Büro 1988, 1740; *KG* JW 1932, 757; *LG Köln* Rpfleger 1989, 511; zur Auflösungsklage *Scholz* GmbHG[8] § 61 Rdnr. 7 mwN auch zur h.M., daß der Schuldner hierzu nicht der Zustimmung des Gläubigers bedarf.
[141] *Barz* in Großkommentar zum AktG[3] § 41 Rdnr. 29; *Godin/Wilhelmi* AktG[4] § 41 Anm. 23.
[142] *Zur GmbH*: BGHZ 91, 151 = NJW 1984, 2164; BGHZ 80, 129 ff. = NJW 1981, 1373 ff.; *Scholz-Emmerich* GmbHG[8] § 2 Rdnr. 84; *Hachenburg-Ulmer* GmbHG[8] § 2 Rdnr. 42 f.; *zur AG*: *Godin/Wilhelmi* AktG[4] § 23 Anm. 2; *Barz* (Fn. 141) § 23 Rdnr. 26.
[143] Ganz h.M., BGHZ 91, 151 = NJW 1984, 2164; BGHZ 80, 129 ff. = NJW 1981, 1373 ff.; *Scholz-K. Schmidt* GmbHG[8] § 11 Rdnr. 24; *Ulmer* (Fn. 142) § 11 Rdnr. 7 f.
[144] *Ulmer* (Fn. 142) § 11 Rdnr. 9.
[145] *Hachenburg-Schilling/Zutt* GmbHG[8] § 15 Rdnr. 84 f.; *Baumbach/Hueck* (Fn. 98) § 15 Rdnr. 2; → auch § 829 Rdnr. 3 ff.

die Pfändung des Anteils an der Vor-GmbH fortbesteht am entstehenden Geschäftsanteil wegen Identität, → auch § 857 Rdnr. 11. Wird der Antrag auf Eintragung einer Einmann-GmbH zurückgewiesen, so kann der Gläubiger aus einem Urteil gegen den Gründer der Einmann-Vor-GmbH in die Vermögensgegenstände der Vor-GmbH vollstrecken[146].

Auch für die *Vor-AG* gilt nach h. M. das AktG mit Ausnahme jener Vorschriften, die Eintragung voraussetzen[147]. Übertragbarkeit und damit Pfändbarkeit der Anteilsrechte an der Vor-AG ist bis zur Eintragung durch § 41 Abs. 4 AktG ausgeschlossen, → Fn. 141. Möglich ist aber auch hier die Übertragung und Pfändung des künftigen bzw. aufschiebend bedingten Rechts[148].

III. Miterbenanteil

27 Der **Anteil eines Miterben am Nachlaß**[149] untersteht vor der Teilung der freien Verfügung des Miterben, § 2033 BGB, im Gegensatz zu dem Anteil an den einzelnen Nachlaßgegenständen. Daher gestattet Abs. 2 dem Gläubiger des einzelnen Miterben die *Pfändung des Gesamtanteils* und schließt die des Anteils an einzelnen Gegenständen aus[150], auch als bedingte für den Fall der Auseinandersetzung[151] oder als Pfändung des künftigen Auseinandersetzungsguthabens, da eine dem § 717 BGB entsprechende Bestimmung hier fehlt[152], → § 857 Rdnr. 11. Auch der Anspruch auf die Auseinandersetzung, § 2042 BGB, ist nicht selbständig pfändbar[153] und seine Pfändung ist *neben* der des Erbteils unnötig[154]. Der Rang einer Erbteilpfändung wäre daher durch solche Einzelpfändungen oder -abtretungen nicht gefährdet[155]; sie können aber in Erbteilpfändungen umgedeutet werden[156].

Gleiches gilt auch für *Nacherbenanteile*[157]. Zum *Alleinerben* → § 857 Rdnr. 2 Fn. 1.

28 1. Die **Pfändung des Anteils**[158] ist erst nach dem Erbfall (→ § 857 Rdnr. 10), aber schon vor der Annahme der Erbschaft[159] und nur bis zur Auseinandersetzung der Miterben zulässig[160], aber auch hinsichtlich der Nacherbschaft (→ § 857 Rdnr. 57) und auch dann, wenn Nachlaßverwaltung angeordnet oder ein Testamentsvollstrecker eingesetzt ist, aber nicht mehr nach Erwerb sämtlicher Erbteile, → § 857 Fn. 1. Der Pfändungsbeschluß hat den Erbteil[161] zu bezeichnen und alle übrigen *Miterben* bzw. bei Nacherbschaft die *Mitnacherben* als Drittschuldner zu benennen; denn sie nehmen diesem Recht gegenüber, obwohl es ein absolutes ist, diese Stellung ein[162]. Ist aber ein zur Teilung des Nachlasses berufener Testamentsvoll-

---

[146] *LG Berlin* NJW-RR 1988, 1183.
[147] *Barz* (Fn. 141) § 29 Rdnr. 4; *Godin/Wilhelmi* AktG⁴ § 29 Anm. 4 mwN.
[148] *Godin/Wilhelmi* AktG⁴ § 41 Anm. 23. – A. M. *Barz* (Fn. 141) § 41 Rdnr. 29.
[149] Lit.: *Ripfel* NJW 1958, 692; *Stöber* Rpfleger 1963, 337; 1976, 197; *Sautner* Pfändung und Verpfändung eines Miterbenanteils (Diss. Köln 1966); *Richert* Büro 1970, 1029; *Lehmann* NJW 1971, 1545; *Haegele* BWNotZ 1975, 129.
[150] *BGH* LM § 16 HinterlO Nr. 1 = BB 1966, 1368; s. auch *RGZ* 88, 25 f.; *BayObLG* SA 57, 460; *RGZ* 61, 76.
[151] Vgl. *Planck* BGB⁴ § 2033 Fn. 4. Pfändung einzelner künftiger Ansprüche aus Auseinandersetzung würde ohnehin wohl scheitern, weil sie noch nicht genug bezeichnet werden können, → § 829 Rdnr. 40 f.
[152] *Stöber*¹⁰ Rdnr. 1666; *RGZ* 60, 129 ff. (unabtretbar); s. auch (zu § 2215 BGB) *KG* OLG Rsp 12, 373. – A. M. *Hellwig* System 2, 367; für Abtretung *Sigler* MDR 1964, 372. Vgl. auch für fortgesetzte Gütergemeinschaft *BGH* MDR 1966, 750.
[153] → für andere Gemeinschaften § 857 Fn. 23 u. Rdnr. 17.
[154] *Stöber*¹⁰ Rdnr. 1666. – A. M. *Bauer* Büro 1958, 95.
[155] Anders bei Personalgesellschaften → Rdnr. 9 a. E., 12.
[156] *KG* JW 1931, 1371⁵ (Auseinandersetzungsanspruch); *RGZ* 49, 408; *OLG Braunschweig* OLG Rsp 19, 156 (Recht auf Teilung, auf Herausgabe des Erbteils, das Erbrecht); *OLG Celle* SA 64, 250¹²⁰ (Forderung am Nachlaß); zust. *Stöber*¹⁰ Rdnr. 1666; → auch § 829 Rdnr. 32, 40 f.
[157] → § 857 Rdnr. 57 (auch zum alleinigen Nacherben); *OLG Dresden* SächsAnn 27, 244. – A. M. *Hellwig* System 2, 367.
[158] Auch wenn ein Grundstück zum Nachlaß gehört, *OLG Frankfurt* JR 1954, 183; *BGHZ* 52, 99 = LM Nr. 1 zu § 1258 BGB = NJW 1969, 1347 = MDR 750 = BB 1331 = DB 1102 = Rpfleger 290 = WPM 764, oder ein Anteil an einem Nachlaß, den der Erblasser geerbt hatte; *Stöber*¹⁰ Rdnr. 1672 mwN.
[159] Arg. § 1942 Abs. 1 BGB. Die §§ 747, 778 Abs. 2 regeln nur ZV in einzelne Nachlaßgegenstände, § 778 Abs. 1 u. § 779 nur ZV wegen Nachlaßverbindlichkeiten, → auch § 747 Rdnr. 1. Erbteilpfändung beeinträchtigt nach Ausschlagung den endgültigen Erben nicht → Rdnr. 29.
[160] Im Antrag ist das noch nicht nachzuweisen, → § 829 Rdnr. 37 f.; *OLG Hamburg* OLG Rsp 29, 241.
[161] → aber Rdnr. 27 Fn. 156. Bruchteilbezeichnung ist unnötig.
[162] *RGZ* 86, 295; *OLG Frankfurt* Rpfleger 1979, 205. → dazu § 829 Fn. 306.

strecker bestellt, so hat *er* die Rolle des Drittschuldners[163], ebenso Nachlaßverwalter[164] und Nachlaßpfleger.

Der Schuldner bleibt trotz Pfändung Miterbe; er kann noch ausschlagen[165]. Daher ist bei 29 etwaiger *Veräußerung*[166] nach § 857 Abs. 5 (§ 2033 BGB) die erklärte oder fiktive Annahme gemäß § 1943 BGB abzuwarten[167]. Die §§ 2382 f. BGB gelten entsprechend[168]. – *Überweisung* des Anteils[169] zur Einziehung ist nötig für eine Befriedigung durch Auseinandersetzung, → Rdnr. 31. Ab der Pfändung kann der Schuldner seine Miterbenrechte nur insoweit ausüben, als sie das Pfändungspfandrecht nicht beeinträchtigen, → § 829 Rdnr. 90 f., 93, 97–99, vgl. auch § 1276 BGB. Veräußerung und Belastung des Anteils sind erlaubt[170]; jedoch ist eine dadurch eintretende Vereinigung sämtlicher Erbteile dem Gläubiger gegenüber unwirksam, hindert also nicht die Auseinandersetzung[171]. Zum Testamentsvollstrecker → Fn. 182.

Obwohl die Anteilpfändung noch nicht unmittelbar die einzelnen *Nachlaßgegenstände* 30 erfaßt[172], sind Verfügungen des Schuldners darüber, die er gemeinschaftlich mit den anderen Miterben trifft (§ 2040 Abs. 1 BGB), ohne Zustimmung des Gläubigers diesem gegenüber (relativ) unwirksam[173]. Bei Gegenständen, die nach §§ 873, 929 oder 1154 BGB zu übertragen sind, droht jedoch gutgläubiger lastenfreier Erwerb[174], §§ 936, 892, 878 BGB, im Falle einer Belastung Erwerb des Vorrangs, §§ 1032, 1208 BGB. Daher ist auf Antrag des Gläubigers[175] die *Eintragung der Anteilpfändung im Grundbuch* bzw. Schiffsregister als berichtigende Kundgabe der Verfügungsbeschränkung möglich[176], falls die Miterben schon eingetragen sind[177]. Bei Briefrechten sind auch hierbei die §§ 41 f. GBO zu beachten[178]. Ist noch der Erblasser eingetragen, so muß (§ 39 GBO) und kann der Gläubiger nach der Überweisung zunächst die berichtigende Eintragung der Miterben beantragen[179], wobei er die nach § 792, § 85 FGG zu beschaffenden, gemäß § 35 GBO erforderlichen Urkunden[180] vorzulegen hat. Grundbuchsperre tritt nicht ein[181].

Verfügungen des *Testamentsvollstreckers* im Rahmen des § 2205 BGB sind wirksam[182].

---

[163] *RG* (Fn. 162); *OLG Colmar* OLG Rsp 20, 354; *KG* OLG Rsp 23, 221; ganz h. M.

[164] Obiter *OLG Frankfurt* (Fn. 162); *Stöber*[10] Rdnr. 1670.

[165] Arg. § 9 KO, allg. M. → auch zum Vermächtnis § 829 Fn. 437.

[166] Dazu ausführlich *Eickmann* DGVZ 1984, 65.

[167] → § 844. Insbesondere Rdnr. 9–12: § 2033 Abs. 1 S. 2 gilt nicht bei Veräußerung durch GV selbst; *LG Dresden* JW 1939, 119 (*Armstroff*); s. auch *KG* HRR 1929 Nr. 549; *OLG Frankfurt* (Fn. 158). Wegen nachrangiger Gläubiger → § 844 Fn. 7; ebenso RGZ 87, 325; *BayObLG* → Fn. 172.

[168] Auf die (überwiegend abdingbaren) §§ 2372–2381 BGB ist auch bei Festsetzung der Veräußerungsbedingungen zu achten; wegen § 2376 BGB → aber § 806 Rdnr. 5, § 844 Rdnr. 10. § 512 BGB schließt auch bei freihändiger Veräußerung durch GV das Vorkaufsrecht des § 2034 BGB aus; *BGH* NJW 1977, 37 f.

[169] A.M. *Pringsheim* DJZ 1907, 879: nur des Anspruchs auf Auseinandersetzung.

[170] Rechtslage wie → Fn. 117 f.; s. *Stöber*[10] Rdnr. 1680 mwN. Auch § 1208 BGB gilt hier nicht.

[171] *BayObLGZ* 1959, 50 = NJW 1780.

[172] *BGH* (Fn. 150); *BayObLGZ* 1982, 459 = Rpfleger 1983, 112; für Verpfändung RGZ 84, 396. → aber nach Auseinandersetzung Rdnr. 32.

[173] *BayObLG* (Fn. 171) mwN für Verpfändung u. Pfändung; *BGH* (Fn. 150); Begründung s. RGZ 90, 236 f. (Verpfändung). Zum Testamentsvollstrecker → aber Fn. 182.

[174] Nachweis des Anteilpfandrechts allein könnte neue Eintragungen nicht verhindern, *Ripfel* NJW 1958, 694; *Stöber*[10] Rdnr. 1688.

[175] Auch eines Gläubigers, dem der titulierte Anspruch überwiesen ist; *Ripfel* (Fn. 174).

[176] *OLG Frankfurt* (Fn. 162); obiter *OLG Hamm* (Fn. 57) je mwN; *Hintzen* Rpfleger 1992, 262; für Verpfändung *RG* (Fn. 173). Auch die Vorpfändung, *Stöber*[10] Rdnr. 1682.

[177] Ihrer Bewilligung bedarf es nicht, wenn nach § 22 GBO der Pfändungsbeschluß und alle Zustellungsurkunden → Fn. 162 vorgelegt werden, *Stöber*[10] Rdnr. 1684; wohl unrichtig die Begründung *RG* (Fn. 173) a. E. »weil ihre Rechte nicht betroffen seien«.

[178] *OLG Frankfurt* (Fn. 15); *Stöber*[10] Rdnr. 1685.

[179] Auch wenn man ihn nicht als unmittelbar Begünstigten ansieht; *OLG Zweibrücken* Rpfleger 1976, 214, kann er doch (→ § 835 Rdnr. 14) das Antragsrecht des Schuldners gemäß § 13 Abs. 2 GBO für ihn ausüben; *Stöber* Rpfleger 1976, 200 mwN; *Horber/Demharter* GBO[19] § 13 Anm. 13 C; h. M. § 14 GBO versagt, weil auch die anderen Miterben »Berechtigte« sind.

[180] Gegen den Schuldner nicht als Miterbe ausweisende Erbscheine hat auch der Gläubiger Beschwerderecht nach § 20 FGG; *BayObLGZ* 1973, 224 = Rpfleger 403. Notfalls Hilfspfändung wie → § 857 Fn. 34; *OLG Köln* MDR 1962, 574.

[181] *Stöber*[10] Rdnr. 1688. → auch Fn. 174. Gegen Löschung von Nachlaßrechten s. aber *BayObLG* (Fn. 171).

[182] Denn sie sind es auch gegenüber dem Schuldner;

31 2. Wird der Anteil überwiesen[183], → Rdnr. 29, so kann der Gläubiger den *Anspruch auf Auseinandersetzung*[184] neben dem Schuldner[185] und den übrigen Miterben geltend machen, notfalls mit Teilungsklage[186]; sein Titel muß im Falle § 2044 Abs. 1 BGB endgültig vollstreckbar sein[187]. Er kann den Antrag gemäß § 86 Abs. 2 FGG auch allein stellen[188] und die Rechte des Schuldners auf den Erlösanteil, auf Auskunft, Rechnungslegung usw. für sich in Anspruch nehmen[189]. Er darf ebenso wie der Schuldner[190] nach § 181 Abs. 2 ZVG den Antrag gemäß § 180 ZVG zum Zwecke der Auseinandersetzung stellen[191], jedoch nicht im Bereich des Vollstreckungsschutzes nach § 20 RHeimstG[192]. Ohne seine Hinzuziehung ist eine Auseinandersetzung ihm gegenüber unwirksam, → Rdnr. 29[193]. Die Einziehung von Nachlaßforderungen mit dem Ziel der Hinterlegung für alle Erben ist jedoch nicht nachteilig und daher auch dem Gläubiger gegenüber erlaubt[194].

32 Nach der Auseinandersetzung[195] unterliegen alle auf den gepfändeten Erbteil entfallenden Gegenstände als dessen *Surrogat* nach h.M.[196] ohne weiteres dem Pfändungspfandrecht, insbesondere der Anspruch auf den anteiligen Erlös, § 2047 Abs. 1 BGB, wobei nur für deren *Verwertung* die §§ 847 f.[197] entsprechend[198] gelten. Dies ist bei Forderungen unbedenklich, bedeutet aber regelwidrige Pfändungspfandrechte an beweglichen Sachen ohne Besitz[199] des Gerichtsvollziehers bzw. Gläubigers[200] und Sicherungshypotheken ohne Einschaltung eines Sequesters[201]. Korrekter ist es, die §§ 847 f. auch hinsichtlich der *Entstehung* dieser Belastungen entsprechend anzuwenden[202], so daß der Gläubiger in Ergänzung des Pfändungsbeschlus-

---

daher ist der Gläubiger nicht Beteiligter, wenn nach § 2216 Abs. 2 S. 2 BGB Befugnisse des Testamentsvollstreckers erweitert werden; *BayObLG* (Fn. 172) mwN; *Stöber*[10] Rdnr. 1676. Er ist auch nicht berechtigt, einen Antrag auf Entlassung des Testamentsvollstreckers gemäß § 2227 BGB zu stellen, *OLG Stuttgart* BWNotZ 1992, 52; *Stöber*[10] aaO.
[183] Arrest genügt nicht: Der nach § 2042 Abs. 2, § 2044 Abs. 1 S. 2 anwendbare § 751 S. 2 BGB gestattet noch keine Vorverlegung der Einziehung, → § 857 Fn. 83, auch oben Fn. 39.
[184] § 2042 BGB, *RGZ* 83, 30 für Verpfändung (auch Rechte aus §§ 2038 f.).
[185] *Stöber*[10] Rdnr. 1676. Denn Überweisung bedeutet noch nicht alleiniges Verfügungsrecht, → § 835 Rdnr. 32. S. auch *Ripfel* (Fn. 174), 692.
[186] *BayObLG* (Fn. 172) mwN.
[187] § 751 S. 2 BGB, → dazu Fn. 29.
[188] *RGZ* 60, 133; 95, 232; *BayObLG* (Fn. 172); dies auch schon vor Überweisung, falls der Titel endgültig vollstreckbar ist; *Keidel/Kuntze/Winkler* FGG[13] § 86 Rdnr. 55 mwN. Wegen der Kosten → § 788 Rdnr. 16. – A.M. *Jansen* FGG (1970) § 86 Rdnr. 19.
[189] §§ 2027 f., 2057, 2215 BGB (*KG* OLG Rsp 12, 373 f.); Mitpfändung nicht nötig, aber zulässig → § 857 Fn. 39.
[190] *KG* JFG 17, 40; *OLG Hamm* Rpfleger 1958, 270; *LG Osnabrück* Rpfleger 1956, 103; *LG Wuppertal* NJW 1961, 785; *Noack* JR 1969, 10; *Mohrbutter* Rpfleger 1956, 102. – A.M. *OLG Hamburg* MDR 1958, 45; *LG Frankenthal* Rpfleger 1985, 500 mwN; *Stöber*[10] Rdnr. 1696 mwN u. Rpfleger 1963, 337 (nur wenn Gläubiger zustimmen; aber Hinterlegung genügt, → Fn. 194).
[191] *BGH* FamRZ 1992, 659, 660 = ZIP 1992, 558, 560; *OLG Köln* NJW 1957, 835; *Stöber*[10] Rdnr. 1695 mwN; strenger (nur mit Zustimmung der Erben) *OLG Celle* (Fn. 156). Zum Vorerben → Fn. 205. – Der Erlös ist ebensowenig wie vorher das Grundstück Gegenstand des Pfändungspfandrechts am Erbteil; *BGH* (Fn. 150 u. 158); *BayObLG* (Fn. 172); *Lehmann* NJW 1971, 1545; nach Teilung → aber Rdnr. 32.

[192] *OLG Köln* (Fn. 191); *LG Lüneburg* DNotZ 1971, 188. Strenger *Richert* Büro 1970, 1035: Gesamte Erbteilspfändung unwirksam. Die Schutzvorschrift gilt für Forderungen, die bei Aufhebung des RHeimstG (1. 10. 1993) bestanden, noch bis 31. 12. 1998, G. v. 17. 6. 1993, BGBl. I 912; dazu *Hornung* Rpfleger 1994, 278.
[193] *BGH* (Fn. 150 u. Fn. 158) unter Hinweis auf Anwendbarkeit des § 184 BGB.
[194] *BGH* LM Nr. 4 = NJW 1968, 2059.
[195] Nicht vorher, → Fn. 172 u. Fn. 191 a. E.
[196] *RGZ* 60, 133 f.; *OLG Celle* (Fn. 156); *BayObLG* (Fn. 172); *Ripfel* (Fn. 174); *Keidel/Kuntze/Winkler* (Fn. 188) Rdnr. 63; mit vorbehaltener Einschränkung für Forderungen auch *Liermann* NJW 1962, 2189 f. u. *BGH* (Fn. 158). – A.M. *Stöber*[10] Rdnr. 1693, → Fn. 204. Ebenso für konkurrierende *Vertragspfandrechte BGH* (Fn. 158) allgemein u. insbesondere für Versteigerungserlös; wohl auch *RGZ* 94, 24 (§ 1258 BGB). Insoweit a.M. *RGZ* 84, 397; *Wellmann* NJW 1969, 1903; *Lehmann* NJW 1971, 1545 (er will vorrangigen Vertragspfandrechten am Erbteil mit § 812 BGB helfen); *Stöber*[10] aaO, → Fn. 204.
[197] Gemeint sind wohl die Teile der Vorschriften, die Pfandrecht bzw. Hypothek schon als entstanden voraussetzen.
[198] Es gibt zwar – entgegen *Stöber*[10] Rdnr. 1693 – den *Anspruch* des Schuldners auf Erfüllung des vereinbarten oder durch Urteil erzielten Auseinandersetzungsplans; *Lehmann* (Fn. 191), 1546, aber er ist in der Tat kein Surrogat des Erbteils; denn er entsteht, *bevor* es die Gesamthand durch Übertragung der Nachlaßgegenstände u. damit auch der Erbteil als Pfandobjekt erlöschen, was wiederum *Liermann* (Fn. 196) nicht deutlich macht. Echtes Surrogat *dieses* Anspruchs ist freilich ein wegen schuldhafter Vereitelung entstehender Schadensersatzanspruch des Schuldners gegen die Miterben oder einen Testamentsvollstrecker, → § 829 Fn. 373.
[199] Vgl. auch *Wellmann* (Fn. 196).
[200] § 808 Rdnr. 33 f., § 847 Rdnr. 12.
[201] → auch § 857 Fn. 297.
[202] So *Liermann* (Fn. 196); *Thomas/Putzo*[18] Rdnr. 10;

ses²⁰³ rechtzeitig für die Maßnahmen des § 847 Abs. 1 und § 848 Abs. 1, 2 Sorge tragen muß, → § 847 Rdnr. 4, 13, § 848 Rdnr. 5ff., falls er sich nicht anläßlich einer rechtsgeschäftlichen Auseinandersetzung vertragliche Sicherungsrechte bestellen läßt²⁰⁴.

3. Ist ein *Nacherbe* eingesetzt, so wird im allgemeinen eine Anordnung nach § 857 Abs. 4 zweckmäßig sein²⁰⁵; Veräußerung des Erbteils²⁰⁶ ist aber auch hier nicht ausgeschlossen, da sich die §§ 2114f. BGB und § 773 BGB nur auf Verfügungen über Erbschaftsgegenstände beziehen²⁰⁷. Für die bei der Auseinandersetzung auf den gepfändeten Anteil entfallenden Nachlaßgegenstände gilt § 773. → im übrigen auch § 863 Rdnr. 1.

33

§ 860 [Pfändung von Gesamtgutsanteilen]

(1) ¹Bei dem Güterstand der Gütergemeinschaft ist der Anteil eines Ehegatten an dem Gesamtgut und an den einzelnen dazu gehörenden Gegenständen der Pfändung nicht unterworfen. ²Das gleiche gilt bei der fortgesetzten Gütergemeinschaft von den Anteilen des überlebenden Ehegatten und der Abkömmlinge.

(2) Nach der Beendigung der Gemeinschaft ist der Anteil an dem Gesamtgut zugunsten der Gläubiger des Anteilsberechtigten der Pfändung unterworfen.

Gesetzesgeschichte: RGBl. 1898 I, 312, BGBl. 1957 I, 609.

I. Der Anteil eines **Ehegatten am Gesamtgut** oder an den dazu gehörigen Gegenständen ist bei der Gütergemeinschaft seiner freien Verfügung entzogen, ebenso der Anteil eines *Abkömmlings* bei der *fortgesetzten Gütergemeinschaft*, §§ 1419, 1487 BGB. Daher ist in Abs. 1 die Pfändung ausgeschlossen¹; sie kann auch nicht als Pfändung des künftig nach Beendigung der Gütergemeinschaft zufallenden Anteils² oder des künftigen Auseinandersetzungsanspruchs³ erfolgen, arg. Abs. 2. Wegen §§ 740 und 745 Abs. 1 (unmittelbarer Zugriff auf Gesamtgut) hat dieses Verbot nur für Gläubiger des von der Verwaltung des Gesamtguts ausgeschlossenen Ehegatten und die der Abkömmlinge Bedeutung. Diese Gläubiger müssen sich wegen § 860 Abs. 1 erst einen gemäß § 740 oder § 745 vollstreckbaren Titel verschaffen. S. aber zum Ehegatten, der selbständig ein Erwerbsgeschäft betreibt, § 741 mit Bem.

1

II. Nach **Beendigung** der Gütergemeinschaft (→ § 743 Rdnr. 1) können zwar die Ehegatten oder Abkömmlinge, bzw. deren Erben, ihren Anteil auch nicht veräußern, wohl aber die Auseinandersetzung herbeiführen, §§ 1471ff., 1497 BGB. Bis dahin bedarf es nach §§ 743f. zur Vollstreckung in das Gesamtgut eines Titels gegen *beide* Ehegatten. Es mußte deshalb schon mit Rücksicht auf jene Gläubiger eines der Ehegatten, deren Forderungen erst nach der Beendigung entstanden sind und die daher einen Titel gegen beide Ehegatten nicht erlangen

2

Noack JR 1969, 10; wohl auch *Wieczorek*² Anm. B I a 1. → auch § 857 Rdnr. 58 Fn. 217, Rdnr. 96 Fn. 372, oben Fn. 38 u. Fn. 106.
²⁰³ Bei Pfändung ist die nötige Bezeichnung der Sachen i.d.R. noch nicht möglich, → auch § 847 Fn. 20. Pauschale Anordnung, so *Liermann* (Fn. 196), mag zur Vorbeugung zweckmäßig sein, erspart aber die spätere Ergänzung nicht.
²⁰⁴ Nur diesen Weg sieht *Stöber*¹⁰ Rdnr. 1693 für Vertrags- u. Pfändungspfandgläubiger.
²⁰⁵ Vgl. *Planck* BGB⁴ Fn. 4 vor § 2100; *Stöber*¹⁰ Rdnr. 1702. S. auch *OLG Celle* NJW 1968, 802¹⁹ (Ablehnung der Teilungsversteigerung, wenn Klage nach § 773 sicher ist).

²⁰⁶ Z.B. Übernahme durch anderen Miterben unter Abfindung des Nacherben.
²⁰⁷ A.M. (Analogie) *Eickmann* (Fn. 166), 69.
¹ Siehe auch *BayObLG* OLG Rsp 30, 18 (zu § 53 Abs. 1 S. 2 GBO).
² *OLG München* JW 1926, 2470; vgl. auch *RG* JR 1926, 1027¹³⁶²; *Stöber*¹⁰ Rdnr. 1639. → auch § 829 Rdnr. 18 a.E. – A.M. *BayObLG* OLG Rsp 15, 409 = SA 62 Nr. 183; *Blume* JW 1926, 2470 (vorherige Pfändung werde nach Beendigung wirksam); vgl. auch *BGH* LM Nr. 1 zu § 1497 BGB = MDR 1966, 750 (abtretbar, was dem Zedenten bei Auseinandersetzung zusteht).
³ *LG Frankenthal* Rpfleger 1981, 241; *Stöber*¹⁰ Rdnr. 1639.

könnten[4], gegen die Regel des § 851 die Pfändung des Anteils am Gesamtgut gestattet werden, die danach auch den Gesamtgutgläubigern wahlweise neben dem Zugriff auf das Gesamtgut zusteht[5]. Anteile an den einzelnen Gegenständen sind unpfändbar, → auch § 859 Rdnr. 2.

3   Der Pfändungsbeschluß ist den übrigen am Gesamtgut Berechtigten zuzustellen, → auch § 859 Rdnr. 28. Der Gläubiger kann die Anträge gemäß § 99 Abs. 1 mit § 86 FGG stellen. Seine Befriedigung erfolgt durch Überweisung zur Einziehung, § 857 Abs. 1, § 835. Veräußerung des Anteils ist hier nicht zulässig[6]. Für Eintragungen im Grundbuch gilt das → § 859 Rdnr. 30 Ausgeführte entsprechend.

III. Hat ein Ehepaar die **Eigentums- und Vermögensgemeinschaft** der §§ 13–16 FGB-DDR beibehalten nach Art. 234 § 4 EGBGB[7], dann besteht an den von einem oder beiden Ehegatten während der Ehe durch Arbeit oder aus Arbeitseinkünften erworbenen Sachen, Vermögensrechten und Ersparnissen gemeinschaftliches Eigentum. Da das gemeinschaftliche Vermögen beiden Ehegatten zur gesamten Hand gehört, erklärt § 744 a folgerichtig § 860 für anwendbar[8]. Vor Beendigung der ehelichen Vermögensgemeinschaft ist danach ein Anteil am gemeinschaftlichen Vermögen oder an einzelnen Gegenständen nicht pfändbar. Zwischen Aufhebung der Eigentums- und Vermögensgemeinschaft und Teilung (§§ 39 ff. FGB) ist der Anteil am gemeinschaftlichen Vermögen pfändbar.

§§ 861, 862

Gesetzesgeschichte: RGBl. 1898 I, 312. Aufgehoben durch Art. 2 Nr. 2 GleichberechtG (BGBl. 1957 I, 609), → 19. Aufl. § 739 I 1 a. § 861 ist nur noch für den Bereich der Weitergeltung der §§ 739 ff. a. F. anwendbar, → 19. Aufl. § 739 I 1 b und 16. Aufl.

§ 863 [Pfändungsbeschränkungen bei Erbschaftsnutzungen]

(1) ¹Ist der Schuldner als Erbe nach § 2338 des Bürgerlichen Gesetzbuchs durch die Einsetzung eines Nacherben beschränkt, so sind die Nutzungen der Erbschaft der Pfändung nicht unterworfen, soweit sie zur Erfüllung der dem Schuldner, seinem Ehegatten, seinem früheren Ehegatten oder seinen Verwandten gegenüber gesetzlich obliegenden Unterhaltspflicht und zur Bestreitung seines standesmäßigen Unterhalts erforderlich sind. ²Das gleiche gilt, wenn der Schuldner nach § 2338 des Bürgerlichen Gesetzbuchs durch die Ernennung eines Testamentsvollstreckers beschränkt ist, für seinen Anspruch auf den jährlichen Reinertrag.

(2) Die Pfändung ist unbeschränkt zulässig, wenn der Anspruch eines Nachlaßgläubigers oder ein auch dem Nacherben oder dem Testamentsvollstrecker gegenüber wirksames Recht geltend gemacht wird.

(3) Diese Vorschriften gelten entsprechend, wenn der Anteil eines Abkömmlings an dem Gesamtgut der fortgesetzten Gütergemeinschaft nach § 1513 Abs. 2 des Bürgerlichen Gesetzbuchs einer Beschränkung der im Absatz 1 bezeichneten Art unterliegt.

Gesetzesgeschichte: RGBl. 1898 I, 312.

---

[4] Vgl. *RG* (Fn. 2).
[5] Siehe auch *OLG Colmar* ZZP 41 (1911), 207; *Seuffert* Gruch. 43, 142.
[6] H.M., *Stöber*[10] Rdnr. 1643 mwN; s. auch Mot. zum BGB 4, 405.

[7] Im einzelnen zur Zwangsvollstreckung bei fortgeltendem Güterstand der Eigentums- und Vermögensgemeinschaft s. *Arnold*, DtZ 1991, 80–85.
[8] *Arnold*, DtZ 1991, 80, 85; *Mansel* in Festschrift für Lorenz, (1991) 689, 711f.

I. Der **Vorerbe** ist wahrer Erbe. Ist er Alleinerbe, so gelten die §§ 778 ff. mit der Maßgabe, daß durch Veräußerung und Überweisung einzelner Nachlaßgegenstände dem Recht des Nacherben nicht vorgegriffen werden darf, § 773. Ist er Miterbe, so kann sein Anteil nach § 859 Abs. 2 gepfändet werden. Zur Verwertung → § 859 Rdnr. 33.

II. Davon macht § 863 Abs. 1 eine Ausnahme für den Fall, daß die **Nacherbfolge** gegenüber einem pflichtteilsberechtigten Abkömmling (§§ 2303 ff., 2338 a BGB) wegen Verschwendung oder Überschuldung als sog. **Enterbung in guter Absicht** nach § 2338 BGB[1] oder (Abs. 3) bezüglich des Anteils an der fortgesetzten Gütergemeinschaft nach § 1513 Abs. 2 BGB angeordnet ist. Dieser Grund muß in der Verfügung von Todes wegen angegeben sein[2]. Es sind dann die **Nutzungen** der Erbschaft[3] dem Zugriff der Gläubiger des betroffenen Vorerben insoweit entzogen, als sie zum angemessenen[4] Unterhalt des Vorerben und zur Erfüllung seiner gesetzlichen Unterhaltspflichten[5] erforderlich sind[6]. § 850 d gilt zwar hier nicht; trotzdem ist gegenüber pfändenden gesetzlichen Unterhaltsgläubigern doch nur ein Unterhalt des Vorerben »angemessen«, der sich an → § 850 d Rdnr. 19 ff. orientiert[7]. Die Pfändungsbeschränkung besteht gegenüber allen Gläubigern mit Ausnahme der → Rdnr. 4 genannten. Eine etwa angeordnete Verwaltung des Erbteils (→ § 859 Rdnr. 33) hat die erforderlichen Beträge vorweg dem Erben auszukehren.

III. Hat der Erblasser nach § 2338 Abs. 1 S. 2 bzw. § 1513 Abs. 2 BGB **Testamentsvollstreckung** auf Lebenszeit des Abkömmlings angeordnet, so hat dieser nur Anspruch auf den jährlichen Reinertrag, der nach Abs. 1 S. 2 nur mit der Beschränkung → Rdnr. 2 pfändbar ist.

IV. Die Beschränkungen → Rdnr. 2, 3 gelten nach Abs. 2 **nicht** für **Nachlaßgläubiger**, § 1967 BGB (→ § 28 Rdnr. 2), und für Gläubiger, deren Recht auch gegenüber dem etwa eingesetzten Nacherben gemäß § 326 Abs. 2 (→ dort III 2 und § 242 Rdnr. 9 ff.) oder dem Testamentsvollstrecker gemäß § 2213 BGB (→ § 327 II 2, III 2) wirksam ist. Sind beide Maßregeln angeordnet, so ist auch Wirksamkeit beiden Personen gegenüber erforderlich. Praktisch beschränkt sich sonach die Tragweite des § 863 auf die persönlichen Gläubiger des Erben. Soweit § 863 außer Anwendung bleibt, hilft auch § 850 b Nr. 3 dem Vorerben nicht[8].

V. Die Beschränkungen sind nach **§ 766** vom Schuldner oder von den begünstigten Dritten geltend zu machen, → § 766 Rdnr. 33; dabei obliegt ihnen die Beweislast. Auch der Testamentsvollstrecker ist befugt, Erinnerung einzulegen, da dieser verpflichtet ist, unzulässige Eingriffe in Rechte abzuwehren, die unmittelbar mit dem Nachlaß zusammenhängen[9].

---

[1] § 863 gilt bei Annahme u. Ausschlagung, *RGZ* 85, 350.
[2] § 2338 Abs. 2 S. 1, § 2336 Abs. 2 BGB; *KG* OLG Rsp 21, 340 f.; 24, 99; *OLG Hamburg* SA 73, 171; *OLG Bremen* FamRZ 1984, 213.
[3] Die bis zum Eintritt der Nacherbschaft gezogenen, auch wenn später gepfändet wird; *OLG Breslau* OLG Rsp 19, 23 f. (noch zu § 861). Bei Geld muß, abweichend von § 811, feststehen, daß es als Erbschaftsertrag vereinnahmt ist.
[4] Das Wort »standesgemäß« bezog sich noch auf § 1610 Abs. 1 BGB aF. Jetzt ist die nF maßgebend.
[5] → § 850 d Rdnr. 1 ff.
[6] Die sonst vorhandenen Mittel u. sicher zu erwartenden Einnahmen müssen unzureichend sein, *RG* JW 1902, 634[12] (noch zu § 861).
[7] Zu weit geht *Wieczorek*[2] Anm. B II: überhaupt keine Berufung auf § 863.
[8] → § 850 b Rdnr. 15 a. E.
[9] *OLG Bremen* FamRZ 1984, 213.